SOMMARIO

Schede di sinonimia strutturata:

SINONIMI E CONTRARI

seconda edizione minore

DIZIONARIO FRASEOLOGICO DELLE PAROLE EQUIVALENTI, ANALOGHE E CONTRARIE

di Giuseppe Pittàno

ZANICHELLI

Questo vocabolario è tratto da *SINONIMI E CONTRARI – Dizionario fraseologico delle parole equivalenti analoghe e contrarie di Giuseppe Pittàno* - Seconda edizione maggiore - 1997

Il piano di riduzione dell'opera è stato elaborato, per conto dell'editore, da Beata Lazzarini

Redazione: Beata Lazzarini

Schede di sinonimia strutturata:
stesura a cura di Elena Dal Pra *e di* Malvina Gaddi *e* Alessandro Righini
revisione di Riccardo Tesi

Sinonimi geografici e pseudonimi a cura di Edigeo s.r.l., Milano

Copertina: Anna Maria Zamboni

Progetto grafico, elaborazione automatica dei testi e composizione: Marco Brazzali, Roberto Cagol, Elisabetta Marin, I.CO.GE. Informatica, Trento

Correzione bozze: Lalinea s.r.l.

Coordinamento della stampa e confezione: Giovanni Santi, Mauro Stanghellini

Seconda edizione minore: giugno 1998

Ristampe:

9 8 7 6 2002 2003 2004 2005

Collaboratori del dizionario *SINONIMI E CONTRARI – Dizionario fraseologico delle parole equivalenti analoghe e contrarie di Giuseppe Pittàno*

Seconda edizione 1997:
piano della revisione a cura di Giuseppe Pittàno, *con la collaborazione di* Fabio e Massimo Pittàno *e, per conto dell'editore, di* Beata Lazzarini *e di* Enrico Lorenzi
Ampliamento del lemmario e delle voci sinonimiche: Serena Bersani (*lettere A-C*), Elena Dal Pra (*lettere D-K*), Vincenzo Matera (*lettere L-Z*)
Revisione: Mario Cannella, Monica Quartu

Prima edizione 1987:
piano dell'opera di Giuseppe Pittàno *e, per conto dell'editore, di* Enrico Lorenzi *e* Alessandra Stefanelli
Collaborazioni lessicografiche: Alda Brattella, Andrea Comellini, Alessandro Drudi, Giuseppe Marchetti, Giuseppe Moroni, Carla Xella, Nadia Zerbinati.
Rilettura: Maria Rosa Biagi Oliva (*lettere A-O, Q, S*) e Carla Bertani della Cooperativa "il Nove" (*lettere P, R, T-Z*)

Finito di stampare nel giugno 1999
dalla Grafica Editoriale, Via Enrico Mattei 106, 40138 Bologna
per conto di Zanichelli editore S.p.A., Via Irnerio 34, 40126 Bologna

Edizione Euroclub Italia S.p.A.
su licenza di Zanichelli editore S.p.A., Bologna
Prima edizione 1999

PREFAZIONE

Sinonimia

La ricerca linguistica degli ultimi quarant'anni non ha dedicato alla semantica un'attenzione pari a quella riservata alla grammatica. Tuttavia, nel campo della sinonimia essa ha saputo circoscrivere le numerose contraddizioni e difficoltà con scandagli puntuali, riformulazioni e ridefinizioni.

La riflessione moderna sulla sinonimia, pur senza raggiungere esiti definitivi, del tutto improbabili in discipline che, come questa, oltre all'ambito della linguistica investono quello della logica, della filosofia e della psicologia, ha tuttavia presentato sviluppi assai significativi e passibili di ulteriori arricchimenti.

Considerazioni attente sulla sinonimia risalgono alla fine del sec. XVII. Tra gli studiosi di questo argomento ricordiamo in particolare Girard e C. Ch. du Marsais della prima metà del '700 [1]*). Le loro formulazioni contengono* in nuce *gli esiti più recenti della ricerca sulla sinonimia. Come i linguisti di oggi, essi distinguono tra un concetto in senso stretto di sinonimia e un concetto in senso lato, e negano l'esistenza di termini esattamente sinonimi, vale a dire la possibilità della sinonimia designata oggi come 'reale', 'totale', 'integrale' o 'assoluta'. Non esistono, infatti, parole che abbiano una somiglianza di significato "così completa e perfetta che si possano usare indifferentemente in tutte le occasioni"; tuttavia esistono termini sinonimi nel senso che esprimono una stessa idea principale, ciascuno con propri significati accessori che a quella si accompagnano: sfumature diverse di uno stesso colore.*

La linguistica moderna ha particolarmente indagato, con l'ausilio di metodologie sofisticate, il concetto di sinonimia in senso stretto. Le definizioni che sono state proposte, pur nella diversità delle formulazioni, appaiono sostanzialmente uniformi. Punto di riferimento principale è il contesto: "Come tutte le relazioni di senso – dice J. Lyons – la sinonimia è dipendente dal contesto" [2]*). "La semantica dei lessemi – aggiunge S. Stati – non conosce l'esistenza dei sinonimi. Solo le parole attualizzate possono essere sinonime"* [3]*). Per P. Pupier due termini "sono sinonimi quando sono intercambiabili nel medesimo contesto senza concomitante variazione di significato"* [4]*). "Due o più elementi – chiarisce ancora J. Lyons – sono sinonimi se le frasi che risultano dalla sostituzione dell'uno con l'altro hanno lo stesso significato"* [5]*). Ma poiché, come osserva G. Berruto, "la vera identità di significato tra due o più parole diverse è piuttosto difficile da stabilire"* [6]*), ne consegue che "la perfetta sostituibilità nello stesso contesto non si ha che teoricamente. Quindi, la sinonimia in senso stretto non esiste, dato che c'è sempre il valore stilistico, emotivo, sociale, ecc. a differenziare, sia pure leggermente, parole dal significato apparentemente uguale. Si userà perciò il termine* sinonimia *per intendere 'sinonimia in senso largo' applicabile a due parole che abbiano buona parte del significato uguale; e per lo più si intenderà sinonimia riguardo al significato logico-concettuale"* [7]*).*

Queste ultime osservazioni di G. Berruto riflettono convergenze ormai accolte dalla maggior parte degli studiosi di semantica, i quali in generale accettano la distinzione tra significato "cognitivo" (vale a dire, appunto, logico-concettuale, intellettuale) e significato "emotivo" (cioè affettivo, che coinvolge l'immaginazione e le emozioni).

"La sinonimia – secondo J. Lyons – è legata anche alla relazione di equivalenza*; se una frase implica un'altra frase, e viceversa, allora esse sono equivalenti; se in due frasi equivalenti l'elemento* x *di una frase può essere sostituito dall'elemento* y *dell'altra, allora* x *e* y *sono sinonimi"* [8]*).*

H.E. Brekle, come esempio di sinonimia tra singole parole all'interno di frasi equivalenti, propone "Giovanni ha un cavallo */ Giovanni ha un* ronzino*", dove* cavallo *e* ronzino *risultano sinonimi con la precisazione che si tratta di sinonimia* cognitiva *e non* affettiva *o* emotiva [9]).

Quanto più le precisazioni e le definizioni teoriche appaiono lucide e conseguenti, tanto più sono rivelatrici della dicotomia tra esse e la realtà della lingua, dove quasi mai è possibile accertare con limpidezza il verificarsi di certe rispondenze ed equivalenze. Il ricorso frequente alla nozione di significato "cognitivo" distinto dall'"affettivo" e l'individuazione della sinonimia reale *o* assoluta *tra due termini come perfetta uguaglianza in essi dei due sensi mostrano al contempo, nell'uso vivo della lingua, la consapevolezza della relatività della sinonimia. Perciò, da un punto di vista pratico e pedagogico, interessa soprattutto la sinonimia* incompleta*, la quale permette di definire* sinonimi *quei* termini che presentano forma differente con significato diversamente affine. *La sinonimia rappresenterebbe così la* tendenza di due o più termini ad assumere, in un determinato contesto, lo stesso significato, sino alla ipotetica totale coincidenza.

L'avere inteso la sinonimia come equivalenza *e non come* identità*, ha reso possibile, per i sinonimi, classificazioni e distinzioni categoriali o funzionali diverse. Ricordiamo in sintesi la classificazione proposta da G. Devoto e le distinzioni di S. Ullmann.*

G. Devoto [10]*) elenca vari tipi di sinonimi:*
"– Sinonimi che possono essere distinti in base ad un criterio sempre grammaticale, ma inconscio: esordiente *e* principiante *sono diversi, perché si esordisce con un libro o una recita, mentre principiante si è per lungo tempo in una scienza o in un'arte ...* Distanziare *è avvantaggiarsi dopo aver superato l'avversario*

e quindi non è a rigore sinonimo di superare.
– *Sinonimi che hanno una eco affettiva diversa*: danzatrice *è parola più simpatica di* ballerina; carnefice *meno ostile di* boia ...
– *Sinonimi che hanno una diversa precisione tanto intellettuale quanto affettiva*: esagerazione *generica e* montatura *che indica, più che una cosa ingrandita, una cosa messa su dal niente...*; proteggere, difendere *generici,* salvaguardare, tutelare *particolari.*
– *Sinonimi "socialmente" diversi*: padre *e* babbo, metropolitano e pizzardone, alpino *e* scarpone, *forme letterarie e familiari contrapposte.*
– *Sinonimi "socialmente" diversi, che contrappongono lingua "tecnica" e lingua comune*: *il medico che al collega dice* apiretico, dispnea, eupeptico *e al paziente* sfebbrato, affanno, digestivo.
– *Sinonimi "geograficamente" diversi*: cocomero *e* anguria, popone *e* melone ..., appresso *e* dopo.
– *Sinonimi in lotta per ragioni d'intensità affettiva*: totalitario contro integrale, quadrato *contro* massiccio, inconfondibile *contro* unico. *Un rapporto di sinonimia si può stabilire anche tra una parola e una formula*: pericolato *rispetto a* chi ha corso pericolo, chilometraggio *rispetto a* percorso chilometrico".

S. Ullmann [11]) *fa invece questa distinzione*:
"*1*) *Un termine è* più generale *di un altro*: rifiutare-rigettare
2) *Un termine è* più intenso *di un altro*: ripudiare-rifiutare
3) *Un termine è* più emotivo *di un altro*: rigettare-declinare
4) *Un termine può implicare un'approvazione o una censura morale, mentre l'altro è neutro*: avaro-economo
5) *Un termine è* più professionale *di un altro*: decesso-morte
6) *Un termine è* più letterario *di un altro*: trapasso-morte
7) *Un termine è* più colloquiale *di un altro*: respingere-rifiutare
8) *Un termine è* più locale *o* dialettale *di un altro*: pizzicagnolo-salumiere
9) *Uno dei sinonimi appartiene al linguaggio infantile*: papà-padre".

Il termine 'sinonimia', come mostra già l'ultimo esempio tratto da G. Devoto, è anche estensibile "a gruppi di elementi lessicali che sono uniti in una particolare costruzione sintagmatica. Si potrebbe ben dire, per esempio, che i sintagmi femmina di leone *e* piccolo di tigre *sono sinonimi degli elementi essicali* leonessa *e* tigrotto *rispettivamente"* [12]).

La sinonimia può infine interessare frasi diverse che esprimono un medesimo concetto come, ad esempio, taluni proverbi o modi di dire: fare lo gnorri, fare il nesci, fare orecchie da mercante.

Qui è più che altrove evidente, per la differente impronta stilistica di ciascuna espressione, che trattasi di sinonimia 'cognitiva'.

Antonimia, inversione, iponimia

Altre categorie della semantica connesse alla sinonimia sono:

a) *l'**antonimia**. Il contrario di* sinonimia *è* antonimia. *Secondo G. Berruto, essa è il "rapporto oppositivo tra due termini che indicano i due estremi di una dimensione graduale"* [13]). *Caratteristica fondamentale degli antonimi è, infatti, la graduabilità, che si definisce mediante l'operazione di comparazione. Due termini sono* antonimi *o* contrari *quando una frase comparativa contenente uno di essi implica una frase comparativa corrispondente contenente l'altro. Così, se* Giorgio è più alto di Giovanni *implica* Giovanni è più basso di Giorgio, *e l'altra frase* Giorgio è (ora) più alto di prima (= più di quanto lo era prima) *implica* Giorgio era più basso di quanto lo è (ora), *allora i termini* alto *e* basso *sono antonimi, cioè contrari. Ciò appare meglio comprensibile se teniamo presente che un termine come* grande / piccolo, alto / basso, lontano / vicino, *ecc. è "puramente relativo", tanto che "perde ogni significato quando è privato della sua connotazione di 'più di' e 'meno di'"* [14]).

b) *l'**inversione**. Si parla di* inversione *"quando due parole rappresentano la stessa cosa, la stessa relazione vista da due direzioni opposte* (comprare-vendere)" [15]), marito-moglie, padre-figlio, *ecc.*
La sostituzione di un termine con il termine inverso corrispondente "è associata", analogamente all'antonimia, "con una trasformazione sintattica che permuta i sintagmi nominali" [16]): Gianni è il marito di Isabella / Isabella è la moglie di Gianni; Isabella è la madre di Chiara / Chiara è la figlia di Isabella; Giuseppe comprò l'automobile di Tommaso / Tommaso vendette l'automobile a Giuseppe.

Marito / moglie, madre / figlia, comprò / vendette *sono termini 'inversi'. Si tratta, di una distinzione non operata da tutti i linguisti. Taluni, come il già ricordato Pupier, preferiscono annoverare i termini qui designati come inversi, tra gli antonimi* in senso lato.

c) *l'**iponimia**. L'*iponimia *è definibile propriamente come una* relazione di implicazione unilaterale (ovvero asimmetrica, non reciproca).

In modo semplificato, ma chiaro, G. Berruto la definisce come "appartenenza del significato di una parola ad un significato più ampio rappresentato da un'altra parola" [17]). *Per esempio, il termine* purpureo *implica il termine* rosso; purpureo *è cioè iponimo di* rosso *ma non viceversa* (rosso *non implica, non è iponimo di,* purpureo).

Per questa difficoltà di classificazione, ho preferito ricorrere anche all'adozione del termine CFR. (confronta) *invece di quello di* CONTR. *quando si tratta più di indicazione di confronto o di richiamo che di opposizione.*

Il lettore, infine, non dovrà meravigliarsi se, consultando la voce tenere, *ad esempio, troverà* lasciare *sia come contrario che come sinonimo. Nelle frasi* tieni il posto *e* lascia il posto, tenere *e* lasciare *sono contrari*; *nelle frasi* tieni il motore acceso *e* lascia il motore acceso *sono invece sinonimi*.

Giunto ormai al termine di questo lavoro, sento il dovere di esprimere il mio ringraziamento all'Editore per la generosa assistenza e a coloro che hanno collaborato e contribuito alla riuscita dell'opera: *Alda Brattella, Andrea Comellini, Alessandro Drudi, Beata Lazzarini, Giuseppe Marchetti, Giuseppe Moroni, Carla Xella, Nadia Zerbinati.*

maggio 1987 *Giuseppe Pittàno*

Prefazione alla seconda edizione

In questa seconda edizione il dizionario è stato rivisto integralmente. Sono state aggiunte parole nuove e sono state aggiornate ed ampliate le voci esistenti. Un'attenzione particolare è stata dedicata ai termini che hanno assunto nuovi significati in seguito a mutamenti di costume o innovazioni culturali e tecnologiche. I controlli incrociati realizzati con l'ausilio di mezzi informatici hanno inoltre reso possibile una maggiore uniformità nella stesura delle voci. Complessivamente l'opera è cresciuta di circa il 35%.

Un'innovazione significativa è l'inserimento di **248 schede di sinonimia strutturata**, nelle quali si prende in esame un'intera famiglia di parole, si spiegano le relazioni che intercorrono fra ciascuna di esse; se ne chiariscono le connessioni logiche; si spiegano le sfumature di significato; se ne descrivono gli usi e i contesti più appropriati mediante numerosi esempi. L'elenco delle schede è riportato nel sommario; inoltre, se un termine è trattato in una scheda, la corrispondente voce del dizionario contiene un rimando alla scheda stessa.

Completano questa seconda edizione del dizionario due repertori finali di **Sinonimi geografici** e di **Pseudonimi**. I **Sinonimi geografici** sono quei nomi che in diverse lingue (o in diversi periodi storici) indicano (o hanno indicato) uno stesso luogo: ad esempio *Ginevra, Genève* (*fr.*), *Genf* (*ted.*) oppure *Istanbul, Costantinopoli* (*stor.*), *Bisanzio* (*stor.*); sono presenti inoltre quei luoghi che, per aver avuto contatti con la nostra civiltà, hanno un nome italiano come *Ragusa* per *Dubrovnik* e anche nomi di luoghi italiani che in altre lingue hanno forme difficilmente riconoscibili come Leghorn (*ingl.*) per *Livorno*. Fra gli **Pseudonimi** si trovano i nomi assunti da Papi, artisti, scrittori, filosofi, personaggi pubblici e anche nomi con i quali erano conosciuti in italiano figure come Cartesio o Bacone. Le fonti principali per questi due repertori sono state: per i **Sinonimi geografici** *l'Atlante Zanichelli*, l'Enciclopedia Zanichelli e l'*Atlante della storia dell'arte occidentale Zanichelli*; per gli **Pseudonimi** l'*Enciclopedia Zanichelli*.

La nuova edizione di questo dizionario è stata purtroppo l'ultima opera cui ha posto mano Giuseppe Pittàno, prematuramente scomparso nell'agosto del 1995. Il suo lavoro è stato completato dai lessicografi Mario Cannella e Monica Quartu, con l'ausilio dei collaboratori i cui nomi sono elencati nel retrofrontespizio.

La riduzione per l'edizione minore è opera di Beata Lazzarini.

maggio 1998 l'Editore

NOTE

1) Abbé Girard, *De la justesse de la langue françoise*, Paris, 1718, pp. 26 ss.
C. Ch. du Marsais, *Traité des tropes ou des différents sens dans lesquels on peut prendre un meme mot dans une meme langue*, in C. Ch. du Marsais, *Oeuvres*, t. I - VI, Paris, 1797, t. III, pp. 255 ss. (l'opera era apparsa la prima volta nel 1730).

2) J. Lyons, *Introduzione alla linguistica teorica*, Bari, 1978, p. 592.

3) S. Stati, *Il significato delle parole*, Messina-Firenze, 1975, p. 92.

4) P. Pupier, alla voce 'lessico' in 'La linguistica', a cura di A. Martinet, Milano, 1972, p. 181.

5) J. Lyons, op. cit., pp. 565-566.

6) G. Berruto, *La semantica*, Bologna, 1976, p. 61.

7) G. Berruto, op. cit., p. 61.

8) J. Lyons, op. cit., p. 595.

9) H.E. Brekle, *Introduzione alla semantica*, Bologna, 1975, p. 93.

10) G. Devoto, cfr. *Enciclopedia Italiana*.

11) S. Ullmann, *La semantica. Introduzione alla scienza del significato*, Bologna, 1966, p. 227.

12) J. Lyons, op. cit., p. 596.

13) G. Berruto, op. cit., p. 64.

14) E. Sapir, cit. da J. Lyons, op. cit., p. 615.

15) G. Berruto, op. cit., p. 66.

16) J. Lyons, op. cit., p. 618.

17) G. Berruto, op. cit., p. 63.

AVVERTENZE PER LA CONSULTAZIONE

1. Ordinamento e raggruppamento. I singoli lemmi e locuzioni sono in carattere tipografico nero e in ordine rigorosamente alfabetico: **a (1)**, **a (2)**, **àbaco**, **ab antiquo**, **abàte**, ecc. Sempre in neretto, ma in corpo minore sono i rimandi, le forme riflessive o intr. pron., i riferimenti delle forme alterate e dei participi. Es.: **danàro** *V.* **denaro**, **regolàre** ... **regolarsi**, **pacchétto** ... *dim. di* **pacco**, **dichiarànte** *part. pres. di* **dichiarare**.

2. Struttura della voce. Ogni singola voce è organizzata secondo uno schema fisso: trascrizione fonematica per le parole straniere, etimologia per le parole straniere o per le italiane che richiedono una spiegazione per capirne meglio i sinonimi, qualifica grammaticale, sezione semantica, fraseologia.

3. Vocabolo. Il lemma (o esponente o vocabolo) è la parola o la locuzione o l'affisso di cui tratta la voce e si distingue per il carattere nero; su ogni lemma è indicato anche l'accento tonico; si sono usati due tipi di segnaccento: uno nello stesso carattere nero quando è obbligatorio nella scrittura normale (per es. **bontà**, **perciò**, ecc.) e uno stampato in chiaro quando non ricorre nella scrittura normale (per es. **lodàre**, **brusìo**, ecc.). Ambedue hanno la duplice funzione di segnare la sillaba accentata e di indicare il grado di apertura grave o acuto delle *e* e delle *o* toniche (per es. **argoménto**, **acèrbo**, **adulatóre**, **acròbata**, **perché**, **cioè**).
Gli omografi, cioè le parole uguali come scrittura ma di significato diverso, sono distinti da un numero posto alla fine del lemma tra parentesi tonde in neretto (per es. **gràna (1)** ... **gràna (2)** ...).

4. Rinvio. Si è fatto uso del rinvio per le *varianti di forma*. Si considera variante di forma di un vocabolo quella parola che presenta, rispetto a un'altra più comune nell'uso, differenze fonetiche o grafiche ma ha la stessa base etimologica e gli stessi significati, tali quindi da comportare identica trattazione se venisse sviluppata in maniera autonoma e distinta.
Il rinvio è stato ancora usato per quelle parole che, pur conservando differenze nell'uso e nella frequenza, coprono sostanzialmente le stesse aree di significato; questo soprattutto quando la vicinanza alfabetica è tale da non richiedere una stesura separata. In questo secondo caso viene data l'indicazione della qualifica grammaticale e, ove occorra, del livello d'uso del vocabolo.

5. Qualifica grammaticale. La qualifica grammaticale è abbreviata (*agg.*, *s. m.*, *s. f.*, *v. tr.* ...) ed eventualmente preceduta da una lettera maiuscola in nero (***A***, ***B***, ecc.) nel caso che la stessa voce presenti una certa varietà di funzioni grammaticali (per es. **centràle** ***A*** *agg.* ... ***B*** *s. f.* ...; **abbagliàre** ***A*** *v. tr.* ... ***B*** *v. intr.* ... ***C*** **abbagliarsi** *v. intr. pron.* ...).

6. Sezione semantica. Questa sezione contiene la trattazione dei vari sinonimi e contrari ed è suddivisa in base alle diverse accezioni del lemma contrassegnate da numeri arabi in grassetto (***1***, ***2***, ecc.).
Immediatamente dopo il numero, o se questo manca, dopo la qualifica grammaticale, si trova l'eventuale indicazione dei limiti d'uso stilistici o relativi ai linguaggi specialistici, in carattere corsivo e tra parentesi: (*lett.*), (*poet.*), (*raro*), (*med.*), (*edit.*), (*ing.*), (*biol.*), ecc. oppure una breve spiegazione, sempre in corsivo e tra parentesi, che indica il contesto d'uso dei sinonimi o contrari elencati.
A loro volta, sinonimi e contrari di uso non comune o specialistico sono accompagnati dall'indicazione della loro classe di appartenenza, ad es.: **bambìno** ... bimbo (*fam.*), marmocchio (scherz.), frugolino (*fam.*), pargolo (lett.), putto (*raro*), baby (*ingl.*).
Le sfumature di una certa evidenza all'interno di una accezione sono precedute da un quadratino.
I contrari seguono i sinonimi e sono preceduti dall'abbreviazione **CONTR.**
Esiste un'ulteriore sezione, introdotta dall'abbreviazione **CFR.** (confronta), che accoglie i termini che non sono né sinonimi né in evidente opposizione con il lemma trattato, ma sono comunque ad esso collegati perché appartenenti a uno stesso contesto o insieme specifico. È il caso di: **intramuscolàre** ... **CFR.** ipodermico, sottocutaneo, endovenoso.

7. La fraseologia sinonimica. Questo dizionario dei sinonimi è caratterizzato da una ricca presenza di fraseologia con la corrispondente sinonimia (per es. *battere a macchina*, dattilografare, dattiloscrivere). Laddove è possibile, per la fraseologia figurata si è cercato di dare una sinonimia figurata (per es. *mangiarsi il fegato* (*fig.*), rodersi di rabbia). Le varie frasi sinonimiche sono separate fra di loro da un quadratino.

8. Etimologia. Si dà l'etimologia tra parentesi quadre delle numerose parole straniere accolte nel dizionario e delle parole italiane che richiedono una spiegazione per comprenderne i sinonimi. Ecco due esempi: **fantozziàno** [dal nome del ragionier Ugo *Fantozzi*, personaggio creato dal comico P. Villaggio negli anni Settanta]; **soap opera** ... [loc. ingl., comp. di *soap* 'sapone' e *opera* 'opera', perché furono le società produttrici di detersivi a patrocinare per prime il tipo di trasmissione negli Stati Uniti].

9. Sinonimia strutturata. In queste schede, evidenziate da un fondino grigio, si prende in esame un'intera famiglia di parole; si spiegano le relazioni che intercorrono fra ciascuna di esse; se ne chiariscono le connessioni logiche; si spiegano le sfumature di significato; se ne descrivono gli usi e i contesti più appropriati mediante numerosi esempi. Se un termine è trattato in una scheda, la corrispondente voce del dizionario contiene un rimando alla scheda stessa come nel seguente esempio:

SCIOGLIERE
sinonimia strutturata

... Sciogliere invece un problema equivale a **spiegarlo**, ossia a renderlo intellegibile. Così, detto ad esempio di un dubbio, sciogliere corrisponde a **risolvere**, **chiarire**, **delucidare**...

spiegàre ... *V. anche* SCIOGLIERE;
risòlvere ... *V. anche* SCIOGLIERE ...

10. Appendici. Completano questo dizionario due repertori finali di **Sinonimi geografici** e di **Pseudonimi**. I **Sinonimi geografici** sono quei nomi che in diverse lingue (o in diversi periodi storici) indicano (o hanno indicato) uno stesso luogo: ad esempio *Ginevra, Genève* (*fr.*), *Genf* (*ted.*) oppure *Istanbul, Costantinopoli* (*stor.*), *Bisanzio* (*stor.*); sono presenti inoltre quei luoghi che, per aver avuto contatti con la nostra civiltà, hanno un nome italiano come Ragusa per *Dubrovnik* e anche nomi di luoghi italiani che in altre lingue hanno forme difficilmente riconoscibili come *Leghorn* (ingl.) per *Livorno*. Fra gli **Pseudonimi** si trovano i nomi assunti da Papi, artisti, scrittori, filosofi, personaggi pubblici e anche nomi con i quali erano conosciuti in italiano figure come Cartesio o Bacone.

ABBREVIAZIONI USATE NEL DIZIONARIO

a. = anno
abbigl. = abbigliamento
abbr. = abbreviato, abbreviazione
abl. = ablativo
a.C. = avanti Cristo
acc. = accusativo
acconc. = acconciatura
accr. = accrescitivo
acrt. = accorciativo
aer. = aeronautica
afer. = aferesi, aferetico
aff. = affermativo, affermativamente
agg. = aggettivo, aggettivale, aggettivato
agr. = agricoltura
amer. = americano
anat. = anatomia umana e comparata
ant. = antico, antiquato, arcaico
antifr. = antifrasi
antit. = antitesi, antitetico
anton. = antonomasia
antrop. = antropologia
ar. = arabo
arald. = araldica
arch. = archeologia
art. = articolo, articolato
ass. = assoluto, assolutamente
astrol. = astrologia
astron. = astronomia
atten. = attenuativo
aus. = ausiliare
autom. = automobilismo
avv. = avverbio, avverbiale, avverbialmente
avvers. = avversativo

banca = banca-borsa
biol. = biologia
bot. = botanica
bur. = burocratico, burocraticamente

ca. = circa
calz. = calzaturiera (tecnica)
card. = cardinale
catal. = catalano
caus. = causale
centr. = centrale
cfr. = confronta
chim. = chimica
chir. = chirurgia
cin. = cinese
cine. = cinematografia (arte e tecnica)
cit. = citazione, citato
coll. = collettivo
com. = comune, comunemente
comm. = commercio
comp. = composto, composizione
compar. = comparativo, comparazione
compl. = complemento
conc. = concessivo
concl. = conclusivo, conclusione
cond. = condizionale
cong. = congiunzione
congv. = modo congiuntivo
coniug. = coniugazione
cons. = consonante
consec. = consecutivo
contr. = contrario
corr. = corretto, correttamente
correl. = correlativo, correlazione
corrisp. = corrispondente
cosm. = cosmesi-profumeria
costr. = costruzione, costrutto
crist. = cristiano
cuc. = cucina

d.C. = dopo Cristo
dan. = danese
dat. = dativo
deriv. = derivato, derivazione
desin. = desinenza, desinenziale
det. = determinato, determinativo
dev. = deverbale
dial. = dialettale, dialettalismo
dif. = difettivo
dim. = diminutivo
dimostr. = dimostrativo
dir. = diritto
distr. = distributivo

ebr. = ebraico
ecc. = eccetera
eccl. = ecclesiastico
econ. = economia
edil. = edilizia
edit. = editoria
elab. = elaborazione elettronica dei dati
elettr. = elettrotecnica
elettron. = elettronica
ell. = ellissi, ellittico, ellitticamente
enf. = enfatico, enfaticamente
enol. = enologia
es. = esempio
escl. = esclamativo, esclamazione
est. = estensione, estensivo
etim. = etimologia, etimologico, etimologicamente
etn. = etnologia
euf. = eufemismo, eufemistico
evit. = evitato
f. = femminile
fam. = familiare, familiarmente
farm. = farmacia
ferr. = ferrovia
fig. = figurato, figuratamente
filat. = filatelia
filos. = filosofia
fin. = finale
finl. = finlandese
fis. = fisica
fisiol. = fisiologia umana e comparata
fot. = fotografia
fr. = francese
freq. = frequentativo
fut. = futuro

gael. = gaelico
gener. = generale, generalmente; generico, genericamente
genit. = genitivo
geogr. = geografia
geol. = geologia
geom. = geometria
ger. = gerundio
gerg. = gergale
germ. = germanico
giapp. = giapponese
giorn. = giornalismo
giur. = giuridico
gr. = greco
gramm. = grammatica, grammaticale

id. = idem
idraul. = idraulica
imperat. = imperativo
imperf. = imperfetto
impers. = impersonale, impersonalmente
indef. = indefinito
indet. = indeterminativo
indeur. = indeuropeo
indic. = indicativo
inf. = infinito
infant., *inft.* = infantile
ing. = ingegneria
ingl. = inglese
inter. = interiezione, interiettivo
interr. = interrogativo
intr. = intransitivo
ints. = intensivo, intensivamente
inv. = invariabile
irl. = irlandese
iron. = ironico, ironicamente
irr. = irregolare
it. = italiano
iter. = iterativo, iterativamente

l. = lingua, linguaggio
lad. = ladino
lat. = latino
lett. = letterario, letterariamente
letter. = letteratura
lig. = ligure
ling. = linguistica
loc. = locuzione

m. = maschile
mar. = marina
mat. = matematica
mecc. = meccanica
med. = medicina
mediev. = medievale
merid. = meridionale
meteor. = meteorologia
meton. = metonimia, metonimico
mil. = militare (scienza e tecnica)
min. = mineraria (scienza e tecnica)
miner. = mineralogia
mitol. = mitologia
mod. = moderno
molt. = moltiplicativo
mus. = musica

n. = nome
neerl. = neerlandese
neg. = negazione, negativo, negativamente
nom. = nominativo
nt. = neutro
nucl. = nucleare (scienza e tecnica)
num. = numerale
numism. = numismatica

ogg. = oggetto, oggettivo, oggettivamente
ol. = olandese
omon. = omonimo
onomat. = onomatopea, onomatopeico
ord. = ordinale
oref. = oreficeria
org. az. = organizzazione aziendale
orient. = orientale
orig. = originariamente

pag. = pagina
paleogr. = paleografia
paleont. = paleontologia
parl. = parlato
part. = participio
partcl. = particella
partit. = partitivo
pass. = passato
pedag. = pedagogia
pegg. = peggiorativo
perf. = perfetto
pers. = persona, personale
pesca = pesca (industriale e sportiva)
pitt. = pittura (arte e tecnica)
pl. = plurale
pleon. = pleonasmo, pleonastico, pleonasticamente
poet. = poetico, poeticamente
pol. = polacco
polit. = politica
pop. = popolare, popolarmente
port. = portoghese
poss. = possessivo
pred. = predicato, predicativo
pref. = prefisso
preindeur. = preindeuropeo
prep. = preposizione, prepositivo
pres. = presente
priv. = privativo
prob. = probabile, probabilmente
pron. = pronome, pronominale
prop. = proposizione
propr. = propriamente
pross. = prossimo
prov. = proverbio, proverbiale
provz. = provenzale
psicol. = psicologia
pt. = posta e telegrafo

q.c. = qualcosa
qc. = qualcuno
qual. = qualificativo

rad. = radiofonia
radd. = raddoppiamento
raff. = rafforzativo
rag. = ragioneria
rec. = reciproco, reciprocamente
reg. = regolare
region. = regionale
rel. = relativo
relig. = religione
rem. = remoto
rifl. = riflessivo
rom. = romano, romanesco
rum. = rumeno

s. = sostantivo
scherz. = scherzoso, scherzosamente
scient. = scientifico
scol. = scolastico
sec. = secolo
seg. = seguente
sett. = settentrionale
sign. = significa, significato
sim. = simile, simili, similmente
simil. = similitudine
sin. = sinonimo
sing. = singolare
sl. = slavo
slov. = sloveno
sociol. = sociologia
sogg. = soggetto, soggettivo, soggettivamente
sost. = sostantivo
sott. = sottinteso
sp. = spagnolo
spec. = specialmente
spreg. = spregiativo, spregiativamente
st. = storia
stat. = statistica
stor. = storico
suff. = suffisso
sup. = superlativo, superlativamente
sved. = svedese

t. = termine
teat. = teatro
tecnol. = tecnologia
ted. = tedesco
tel. = telefonia
teol. = teologia
tess. = tessile (tecnica)
tip. = tipografia
tosc. = toscano
tr. = transitivo, transitivamente
tv. = televisione

ungh. = ungherese
urban. = urbanistica

v. = verbo
V. = vedi
var. = variante
vc. = voce
ven. = veneto
venez. = veneziano
verb. = verbale
vetr. = vetraria (tecnica)
vezz. = vezzeggiativo
voc. = vocale
vocat. = vocativo
volg. = volgare, volgarmente

zool. = zoologia
zoot. = zootecnia

PRONUNCIA DELLE PAROLE

Segni convenzionali di scrittura e pronuncia

Nel vocabolario è indicata la pronuncia di tutte le voci composte in nero; per i lemmi italiani la pronuncia è data dall'accento tonico, che non è obbligatorio ed è in carattere chiaro, o dall'accento grafico che invece è obbligatorio ed è in carattere nero. Per i lemmi stranieri viene data la trascrizione fonematica mediante i simboli dell'Associazione Fonetica Internazionale.

´ accento acuto obbligatorio: **perché sé** (*pron.*) **matinée** (*fr.*)
` accento grave obbligatorio: **falò caffè tribù**
ˆ accento circonflesso obbligatorio: **suprême** (*fr.*) **tête-à-tête** (*fr.*) **chaîne** (*fr.*)
´ accento acuto non obbligatorio: **sé** (*cong.*) **réte póllo**
` accento grave non obbligatorio: **bàttere rètto pòlo**
˘ quando una vocale è breve: **bŏnus** (*lat.*) **bĕne** (*lat.*)
¯ quando una vocale è lunga: **tēlum** (*lat.*) **Rōma** (*lat.*)

Le vocali **é, ó, é, ó** (indicate nell'alfabeto fonetico con il simbolo [e, o]) sono vocali chiuse, mentre **è, ò, è, ò** (indicate nell'alfabeto fonetico con il simbolo [ɛ, ɔ]) sono vocali aperte.

Alfabeto fonetico e valore dei segni usati per l'indicazione della pronuncia delle parole straniere

simbolo	*grafia normale*		grafia fonematica
a	*sàno*		'sano
	rìma		'rima
ã	*ampère*	*fr.*	ã'pɛr
ʌ	*bluff*	*ingl.*	blʌf
æ	*jazz*	*ingl.*	dʒæz
b	*cìbo*		'tʃibo
	èba		'ɛrba
	làbbro		'labbro
d	*ràdo*		'rado
	càldo		'kaldo
	càddi		'kaddi
ð	*rutherford*	*ingl.*	'rʌðəfəd
dz	*bónzo*		'bondzo
	azzùrro		ad'dzurro
dʒ	*bìgio*		'bidʒo
	màrgine		'mardʒine
	màggio		'maddʒo
e	*séta*		'seta
	vàlle		'valle
ɛ	*gèlo*		'dʒɛlo
ɛ̃	*gobelin*	*fr.*	gobə'lɛ̃
ə	*Lager*	*ted.*	'la:gər
f	*cìfra*		'tʃifra
	cànfora		'kanfora
	buffóne		buf'fone
g	*rùga*		'ruga
	sàngue		'sangwe
	lèggo		'lɛggo
h	*coherer*	*ingl.*	kou'hiərə
i	*prìmo*		'primo
	màni		'mani
j	*ièri*		'jɛri
	càppio		'kappjo
k	*fuòco*		'fwɔko
	bifólco		bi'folko
	sàcco		'sakko
l	*stàbile*		'stabile
	càlma		'kalma
	bóllo		'bollo
ʎ	*dìrgli*		'dirʎi
	famìglia		fa'miʎʎa
m	*battésimo*		bat'tezimo
	campàna		kam'pana
	amméssso		am'messo

simbolo	*grafia normale*		grafia fonematica
n	*veneràto*		vene'rato
	fumànte		fu'mante
	tónno		'tonno
ɲ	*ségno*		'seɲɲo
ŋ	*doping*	*ingl.*	'doupiŋ
o	*sóle*		'sole
	tàsto		'tasto
ɔ	*mòla*		'mɔla
ɔ̃	*biberon*	*fr.*	bi'brɔ̃
ø	*chartreuse*	*fr.*	ʃar'trøz
œ	*chauffeur*	*fr.*	ʃo'fœr
p	*ripòso*		ri'pɔso
	dirimpètto		dirim'pɛtto
	cappèllo		kap'pɛllo
r	*vàrio*		'varjo
	càrta		'karta
	tórre		'torre
s	*diségno*		di'seɲɲo
	córsa		'korsa
	pàsso		'passo
ʃ	*incònscio*		in'kɔnʃo
	discettàre		diʃʃet'tare
	carità		kari'ta
	costànza		kos'tantsa
	rètto		'rɛtto
θ	*lazo*	*sp.*	'laθo
ts	*fòrza*		'fɔrtsa
	cavézza		ka'vettsa
tʃ	*pèce*		'petʃe
	lanciàre		lan'tʃare
	piccióne		pit'tʃone
u	*sùbito*		'subito
	rubàre		ru'bare
v	*tovàglia*		to'vaʎʎa
	salvàre		sal'vare
	avviàre		avvi'are
w	*uòvo*		'wɔvo
	àcqua		'akkwa
x	*navaja*	*sp.*	na'baxa
y	*brut*	*fr.*	bryt
ɥ	*habitué*	*fr.*	abi'tɥe
z	*divìsa*		di'viza
	sofìsma		sofi'zma
ʒ	*frigidaire*	*fr.*	friʒi'dɛr

(') è il segno dell'accento tonico, anteposto nella trascrizione fonematica a tutta la sillaba tonica (es.: *mattìna* mat'tina)

(:) è il segno della lunghezza, posposto nella trascrizione fonematica alla vocale lunga (es.: *leader ingl.* 'li:də)

a, A

a (1) *s. f.* o *m. inv.* prima lettera dell'alfabeto italiano **FRAS.** *dall'a alla zeta* (*fig.*), dal principio alla fine.

a (2) o **ad** *prep.* ***I*** *introduce diversi complementi* ***1*** (*compl. di luogo*) in, presso, vicino a, su ***2*** (*compl. di età*) all'età di ***3*** (*compl. di mezzo*) con, per mezzo di ***4*** (*compl. di causa*) per, a causa di ***5*** (*compl. di fine*) per, allo scopo di ***6*** (*compl. di limitazione*) di, quanto a ***7*** (*compl. di prezzo*) al prezzo di ***8*** (*compl. predicativo*) come, quale, per ***II*** *introduce varie proposizioni col v. all'inf.* ***1*** (*prop. causale*) perché, poiché, dal momento che ***2*** (*prop. condizionale*) se, qualora ***3*** (*prop. finale*) affinché, perché, per, allo scopo di.

àbaco *s. m.* ***1*** tavoletta (per operazioni aritmetiche) ***2*** aritmetica ***3*** (*arch.*) lastra quadrangolare, parte superiore del capitello.

ab antiquo /*lat.* ab an'tikwo/ o **ab antico** [loc. lat., letteralmente 'dall'antichità'] *loc. avv.* dall'antichità, dai tempi antichi.

abàte *s. m.* superiore (di un monastero o di una badia), priore.

abatìno *s. m.* ***1*** *dim. di* **abate** ***2*** (*spreg.*) pretino mondano ***3*** (*fig., scherz.*) smanceroso □ inconcludente.

abat-jour /*fr.* aba'ʒur/ *s. m. inv.* paralume.

abbacchiàre ***A*** *v. tr.* ***1*** (*raro*) (*di frutti*) bacchiare ***2*** (*fig.*) (*di persona*) abbattere, avvilire, deprimere **CONTR.** incoraggiare, rianimare, far animo ***3*** (*fig., tosc.*) svendere ***B*** **abbacchiarsi** *v. intr. pron.* deprimersi, abbattersi, avvilirsi **CONTR.** farsi animo, rianimarsi.

abbacchiàto *part. pass. di* **abbacchiare**; *anche agg.* (*fig.*) avvilito, abbattuto, depresso □ triste □ umiliato, mortificato, costernato **CONTR.** allegro, contento, gaio, gioioso, lieto, sollevato.

abbacchiatùra *s. f.* (*di frutti*) bacchiatura, battitura, raccolta.

abbacinaménto *s. m.* abbaglio, accecamento, offuscamento (della vista), annebbiamento □ (*est.*) svista.

abbacinànte *part. pres. di* **abbacinare**; *anche agg.* abbagliante, luminosissimo, accecante **CONTR.** opaco, offuscato.

abbacinàre *v. tr.* ***1*** accecare (con un bacino rovente) ***2*** (*est.*) accecare, abbagliare, abbarbagliare ***3*** (*fig.*) ingannare, illudere, affascinare, stordire.

abbacinàto *part. pass. di* **abbacinare**; *anche agg.* ***1*** accecato ***2*** (*est.*) abbagliato, abbarbagliato ***3*** (*fig.*) illuso, ingannato, affascinato.

abbagliaménto *s. m.* (*anche fig.*) abbaglio, abbarbagliamento, barbaglio, offuscamento (della vista), accecamento.

abbagliànte ***A*** *part. pres. di* **abbagliare**; *anche agg.* (*anche fig.*) abbacinante, accecante □ luminosissimo, smagliante, sfolgorante **CONTR.** antiabbagliante, opaco, offuscato ***B*** *s. m.* (*autom.*) faro alto **CONTR.** anabbagliante, faro basso.

abbagliàre ***A*** *v. tr.* ***1*** abbacinare, abbarbagliare □ (*est.*) accecare ***2*** (*fig.*) stupire, affascinare, ammaliare, stregare, stordire, confondere **CONTR.** lasciare indifferente ***3*** (*est.*) illudere, ingannare **CONTR.** disilludere, disingannare ***B*** *v. intr.* (*anche fig.*) mandare bagliori, splendere □ accecare □ sparare (*tv.*) ***C*** **abbagliarsi** *v. intr. pron.* ***1*** confondersi la vista (per luce troppo intensa), restare abbagliato ***2*** (*fig.*) restare sorpreso, restare stordito ***3*** (*fig.*) ingannarsi, illudersi **CONTR.** disilludersi, disingannarsi.

abbagliàto *part. pass. di* **abbagliare**; *anche agg.* ***1*** abbacinato, abbarbagliato, accecato ***2*** (*fig.*) stupito □ affascinato, illuso, ingannato **CONTR.** disilluso, disingannato.

abbàglio *s. m.* ***1*** (*raro*) abbagliamento ***2*** svista, sbaglio, fallo, errore, cantonata, topica, corbelleria, gaffe (*fr.*) □ equivoco, qui pro quo ***3*** illusione, inganno, abbacinamento, allucinazione.

abbaiàre ***A*** *v. intr.* ***1*** (*di cane*) latrare, ululare, urlare ***2*** (*fig.*) (*di persona*) gridare rabbiosamente, urlare, minacciare, insolentire ***B*** *v. tr.* (*lett.*) dire rabbiosamente, eruttare, vomitare (*fig.*).

abbaiàta *s. f.* ***1*** (*di cane*) abbaiare confuso ***2*** (*fig.*) (*di persona*) schiamazzo ostile, canea.

abbaìno [dal colore delle lastre di ardesia, grigie come la veste di un *abatino*, in genovese *abbaén*] *s. m.* ***1*** (*edil.*) finestra sul tetto, lucernaio ***2*** soffitta abitabile, mansarda.

abbandonàre ***A*** *v. tr.* ***1*** lasciare per sempre □ piantare, piantare in asso, ripudiare □ allontanarsi, andarsene □ staccarsi, separarsi □ sloggiare, evacuare, sgombrare □ voltar le spalle, retrocedere □ ritirarsi, defezionare, disertare □ lasciare, lasciare in tronco, lasciare senza aiuto □ discostarsi, distaccarsi, distogliersi **CONTR.** restare, rimanere, fermarsi ***2*** trascurare, disinteressarsi, dimenticare, tralasciare, infischiarsi, rifiutare □ gettare, buttare via □ (*al pericolo, alle intemperie, ecc.*) esporre **CONTR.** curarsi, interessarsi, prendersi cura, custodire, conservare □ detenere, mantenere □ assistere, affiancare ***3*** cessare, desistere, demordere, rinunciare, smettere, troncare □ interrompere □ (*di interesse, di libertà, ecc.*) sacrificare □ (*di pratica, di progetto, ecc.*) accantonare, affossare □ (*di idea, di orgoglio, ecc.*) deporre □ (*di pregiudizi, di sospetti, ecc.*) spogliarsi, liberarsi □ (*di proposta e sim.*) rinfoderare, ritirare □ soprassedere, lasciar perdere, accantonare □ (*di un'impresa*) recedere □ (*di area industriale, ecc.*) dismettere □ (*di situazione e sim.*) uscire **CONTR.** continuare, proseguire, seguitare □ riprendere, ritentare □ ristabilire, ripristinare □ recuperare, riutilizzare ***4*** (*di membra, di cosa*) lasciar cadere, lasciar andare, inclinare, piegare, reclinare **CONTR.** alzare, rialzare, drizzare, risollevare ***5*** (*di corda, di freno, ecc.*) allentare **CONTR.** tirare, tendere ***6*** (*di muscolo, di corpo, ecc.*) rilassare, rilasciare **CONTR.** tendere, contrarre ***7*** (*di fede*) abiurare, rinunciare ***8*** (*di neonato*) esporre, rifiutare ***B*** **abbandonarsi** *v. rifl.* ***1*** lasciarsi andare, rilasciarsi, adagiarsi, appoggiarsi, afflosciarsi, crollare □ (*nel divano e sim.*) sprofondarsi **CONTR.** alzarsi, sollevarsi ***2*** (*fig.*) affidarsi, darsi interamente □ arrendersi, cedere, non resistere □ (*a speranza, a illusioni*) cullarsi □ (*alla lettura, al sonno*) indulgere, immergersi □ (*al dolore, alla disperazione, ecc.*) piombare, sprofondare **CONTR.** resistere, opporsi, sostenere, tener testa □ astenersi □ contenersi, controllarsi, padroneggiarsi, limitarsi, trattenersi ***3*** (*fig.*) avvilirsi, abbattersi, perdersi d'animo, scoraggiarsi **CONTR.** rincuorarsi, riconfortarsi, rianimarsi, riprendere animo ***4*** (*fig.*) trascurarsi, lasciarsi andare, non badare a sé **CONTR.** curarsi, occuparsi di sé, aver cura di sé.

abbandonàto ***A*** *part. pass. di* **abbandonare**; *anche agg.* ***1*** lasciato, piantato, piantato in asso □ dimenticato, negletto (*lett.*) □ smesso, dismesso □ (*di idea, di orgoglio, ecc.*) accantonato, deposto □ trascurato, tralasciato **CONTR.** curato, assistito, protetto, sorvegliato ***2*** (*di membra*) piegato, inclinato, reclinato, sdraiato □ stravaccato (*dial.*), spaparanzato (*region.*) **CONTR.** dritto, eretto, sollevato ***3*** (*di luogo*) deserto, disabitato, inabitato □ incolto □ incustodito □ derelitto, desolato, squallido □ ermo (*lett.*), solitario, romito (*lett.*) **CONTR.** abitato, affollato ***4*** (*al sonno, alla lettura, ecc.*) immerso, sprofondato ***B*** *s. m.* orfano, trovatello, esposto. *V. anche* SOLITARIO

abbandóno *s. m.* ***1*** distacco totale, rinuncia □ cessione □ recessione, ritiro, ritirata, diserzione, defezione □ dimissione □ astensione □ ripudio □ (*di pratica, di progetto, ecc.*) accantonamento, messa in disparte □ (*di luogo, ecc.*) evacuamento, evacuazione, sgombero ***2*** trascuratezza □ degrado, squallore, desolazione □ oblio **CONTR.** cura ***3*** (*di membra*) distensione, rilassamento, rilassatezza, rilascio **CONTR.** tensione, contrazione ***4*** (*di animo*) cedimento, scoraggiamento, scoramento, avvilimento □ languore **CONTR.** animo, ardimento, coraggio, sangue freddo ***5*** (*di sentimenti*) sfogo □ fiducia **CONTR.** chiusura, blocco, ritegno, autocontrollo, sfiducia ***6*** (*di fede*) abiura ***7*** (*di neonato*) esposizione ***8*** (*di uso*) desuetudine, dissuetudine, disuso. *V. anche* RINUNCIA

abbarbagliaménto *s. m.* ***1*** abbagliamento ***2*** (*fig.*) errore, sbaglio.

abbarbagliàre ***A*** *v. tr.* ***1*** abbacinare, abbagliare □ (*est.*) accecare ***2*** (*fig.*) turbare, frastornare ***B*** *v. intr.* mandare barbagli ***C*** **abbarbagliarsi** *v. intr. pron.* ***1*** (*raro, lett.*) rimanere abbagliato ***2*** (*raro, fig.*) turbarsi profondamente □ confondersi.

abbarbagliàto *part. pass. di* **abbarbagliare**; *anche agg.* ***1*** abbacinato, abbagliato ***2*** (*fig.*) turbato, frastornato, illuso **CONTR.** disilluso.

abbarbicàre *v. intr.* e **abbarbicàrsi** *intr. pron.* ***1*** (*di pianta*) emettere radici □ attecchire □ attaccarsi, aggrapparsi, appigliarsi ***2*** (*fig.*) (*di persona*) attaccarsi con forza, avvinghiarsi, aggrapparsi ***3*** (*fig.*) (*di persona*) fissarsi stabilmente **CONTR.** andarsene ***4*** (*fig.*) (*di moda, di vizio, ecc.*) far presa, radicarsi, allignare, prender piede, attecchire **CONTR.** sradicarsi.

abbarbicàto *part. pass. di* **abbarbicare**; *anche agg.* (*anche fig.*) attaccato, radicato, avvinghiato **CONTR.** sradicato.

abbaruffàre ***A*** *v. tr.* (*di cose*) mettere sossopra, scompigliare **CONTR.** mettere a posto, riordinare ***B*** **abbaruffarsi** *v. rifl. rec.* (*di persone*) accapigliarsi, azzuffarsi, colluttare (*lett.*), litigare **CONTR.** rappacificarsi, riconciliarsi, rappattumarsi.

abbassàbile *agg.* calabile, diminuibile, riducibile **CONTR.** aumentabile, alzabile.

abbassalìngua *s. m. inv.* (*med.*) cataglosso.

abbassaménto *s. m.* ***1*** (*di suolo, di prezzo, ecc.*) calo, diminuzione, decrescenza □ depressione, avvallamento, cedimento □ riduzione, ribasso **CONTR.** aumento, innalzamento, incremento ***2*** (*di suolo*) sprofondamento, subsidenza □ (*geol.*) depressione, fossa **CONTR.** sollevamento □ rilievo ***3*** (*fig.*) (*di qualità, di valori*) scadimento, peggioramento □ avvilimento, umiliazione, degradazione **CONTR.** innalzamento, miglioramento, elevazione, nobilitazione, sublimazione ***4*** (*med.*) (*di organo*) prolasso, ptosi.

abbassàre ***A*** *v. tr.* ***1*** (*di cosa*) calare, tirar giù, abbattere, atterrare, avvallare (*raro, lett.*) □ inclinare □ (*di bandiera, di vela, ecc.*) ammainare **CONTR.** alzare, innalzare, ergere, adergere (*poet.*), erigere, sollevare, levare □ sopraelevare, sopraedificare □ (*di bandiera, di insegna, ecc.*) inalberare, issare ***2*** (*di membra*) chinare, reclinare, piegare, volgere in basso **CONTR.** alzare, rialzare, sollevare, risollevare, rizzare, drizzare ***3*** (*di prezzo, ecc.*) diminuire, ribassare, ridurre, sbassare, scemare □ (*di salario, di interesse, ecc.*) appiattire, livellare **CONTR.** aumentare, accrescere ***4*** (*fig.*) (*di persona*) deprimere, umiliare, screditare, sminuire, disonorare □ degradare □ (*di fama e sim.*) offuscare **CONTR.** elevare, esaltare, estollere (*poet.*), ingrandire, onorare, nobilitare, sublimare (*lett.*), idealizzare ***B*** *v. intr.* e **abbassarsi** *intr. pron.* ***1*** (*di misura, di prezzo, ecc.*) diminuire, decrescere, calare □ (*di terreno, di sole, ecc.*) declinare, scendere, digradare, infossarsi, sprofondare, strapiombare, avvallarsi **CONTR.** salire, elevarsi, levarsi □ sorgere, risorgere □ emergere ***2*** (*di luce, di suono, ecc.*) affievolirsi, smorzarsi, attenuarsi, spegnersi **CONTR.** alzarsi, aumentare, crescere, rafforzarsi ***C*** *v. rifl.* ***1*** chinarsi, piegarsi, curvarsi **CONTR.** rialzarsi, sollevarsi, rizzarsi, ergersi, erigersi ***2*** (*fig.*) umiliarsi, degradarsi, diminuirsi □ deprimersi, avvilirsi, annichilarsi, prostrarsi □ cedere **CONTR.** elevarsi, esaltarsi, gloriarsi, gonfiarsi, insuperbirsi, lodarsi, vantarsi, millantare, giganteggiare, nobilitarsi. *V. anche* DIMINUIRE, SCENDERE

abbassàto *part. pass. di* **abbassare**; *anche agg.* ***1*** (*di cosa*) calato, tirato giù □ inclinato □ (*di luce, di suo-

no, ecc.) affievolito □ (*di voce e sim.*) rauco, afono CONTR. alzato, levato, elevato, innalzato, rialzato **2** (*anche fig.*) (*di persona*) chino, chinato, piegato, curvo, prono □ degradato CONTR. eretto, erto □ nobilitato **3** (*di prezzo, di misura, ecc.*) diminuito, scemato, calato, ridotto CONTR. aumentato, cresciuto, accresciuto, salito.

abbàsso **A** *avv.* di sotto, in giù CONTR. di sopra, in su **B** *inter.* giù!, a morte!, M! CONTR. viva!, evviva!, alleluia!, W!

abbastànza *avv.* **1** quanto basta, a sufficienza, bastantemente, sufficientemente, discretamente, relativamente CFR. poco, scarsamente, troppo **2** alquanto, piuttosto, assai, parecchio FRAS. *averne abbastanza* (*fig.*), non poterne più.

abbàttere **A** *v. tr.* **1** (*di cosa*) gettar giù, atterrare, demolire, distruggere, diroccare, sventrare, rovinare, spianare, radere al suolo, disfare, smontare, smantellare □ travolgere, annientare □ (*di olive, di castagne e sim.*) bacchiare □ (*di prezzo*) abbassare, diminuire CONTR. costruire, ricostruire, edificare, erigere, fabbricare, innalzare, elevare, alzare □ puntellare, ristrutturare **2** (*fig.*) (*di persona e cosa*) indebolire, stancare, prostrare, stremare, debilitare, esaurire, fiaccare, infiacchire, sfibrare, snervare, svigorire □ abbacchiare, demoralizzare, deprimere □ sconfortare, sconsolare, scoraggiare, esanimare (*lett.*), disanimare □ destabilizzare, stroncare, umiliare, vincere □ scalzare □ (*di ostacolo, di competitore, ecc.*) superare, sormontare CONTR. rafforzare, rinforzare, irrobustire, invigorire, rinvigorire, riaccendere, ridestare, rinverdire, risvegliare □ incoraggiare, motivare, rianimare □ consolare, sollevare, ringalluzzire (*scherz.*), rasserenare □ entusiasmare, infervorare □ inorgoglire **3** (*di persona o animale*) ammazzare, assassinare, sopprimere, eliminare, uccidere, fulminare (*gerg.*), stendere (*fig.*) □ macellare **B** **abbattersi** *v. intr. pron.* **1** (*di persona o cosa*) cadere, precipitare, crollare □ lasciarsi cadere a terra □ (*di sassi, di pugni, ecc.*) grandinare CONTR. alzarsi, rialzarsi, sollevarsi, risollevarsi, rizzarsi **2** (*fig.*) (*di persona*) accasciarsi, afflosciarsi, stramazzare □ avvilirsi, sconfortarsi, sconsolarsi, scoraggiarsi, sfiduciarsi □ abbacchiarsi, abbioccarsi (*region.*), demoralizzarsi, deprimersi, smontarsi, disanimarsi CONTR. rianimarsi, rinvenire, riprendersi □ rincuorarsi, farsi coraggio, confortarsi, consolarsi, rasserenarsi, sperare, ringalluzzirsi (*scherz.*) □ esaltarsi, imbaldanzirsi. *V. anche* STANCARE

abbattiménto *s. m.* **1** (*di cosa*) atterramento, demolizione, distruzione, diroccamento, sventramento, smantellamento CONTR. costruzione, ricostruzione, edificazione, erezione, fabbricazione, allestimento □ ristrutturazione **2** (*fig.*) (*di persona*) prostrazione, astenia, avvilimento, demoralizzazione, depressione, sconforto □ sfiducia □ scoraggiamento, sconsolatezza, pessimismo □ malinconia, mestizia, tristezza, disperazione CONTR. esaltazione, entusiasmo, ebbrezza, euforia □ allegria, letizia □ speranza □ ottimismo **3** (*di animale*) macellazione □ soppressione, eliminazione. *V. anche* DEBOLEZZA, SCORAGGIAMENTO

abbattùto *part. pass. di* **abbattere**; *anche agg.* **1** (*di cosa*) atterrato, demolito, distrutto, diroccato, diruto (*lett.*) □ disfatto, smantellato □ spianato □ devastato □ travolto CONTR. costruito, ricostruito, edificato, eretto, elevato, fabbricato, innalzato **2** (*fig.*) (*di persona*) avvilito, depresso, demoralizzato, abbacchiato, accasciato, sfiduciato, sgasato (*fam., gerg.*), smontato, lasso (*lett.*), sconfortato, sconsolato, moscio, scoraggiato □ affranto, triste, immalinconito, malinconico, mesto, mogio, afflitto □ mortificato, costernato □ disperato □ pessimista CONTR. allegro, ilare, raggiante □ imbaldanzito, ringalluzzito (*scherz.*), incoraggiato, lieto □ euforico, esaltato, entusiasta □ speranzoso □ ottimista **3** (*di animale*) macellato.

abbazìa *s. f.* monastero, convento □ (*di Certosini*) certosa □ casa religiosa, ritiro.

abbecedàrio [dal nome delle prime quattro lettere dell'alfabeto: *a, b, c, d*] *s. m.* abbiccì, sillabario.

abbelliménto *s. m.* ornamento, adornamento, decorazione, guarnizione, fregio □ fronzolo, frangia, artifizio, orpello □ (*di stile, di discorso, ecc.*) infiorettatura, fioritura CONTR. imbruttimento, deturpamento, deturpazione, deformazione, peggioramento. *V. anche* DECORAZIONE

abbellire **A** *v. tr.* rendere più bello, imbellire, aggraziare, illegiadrire, migliorare □ adornare, ornare, acconciare, agghindare □ decorare, guarnire □ arricchire, ingemmare, pavesare □ (*di soffitto, di stoffa, ecc.*) fregiare, intarsiare □ (*di discorso, di stile, ecc.*) colorire, infiorare, tornire, affinare □ (*di vestiti, di pettinatura, ecc.*) conferire, donare CONTR. imbruttire, disabbellire (*lett.*), deturpare, deformare, peggiorare **B** **abbellirsi** *v. rifl.* farsi bello, adornarsi, ornarsi, abbigliarsi, agghindarsi, azzimarsi CONTR. imbruttirsi, disabbellirsi.

abbellito *part. pass. di* **abbellire**; *anche agg.* imbellito, fatto più bello □ adorno, arricchito □ (*di soffitto, di stoffa, ecc.*) lavorato, decorato, intarsiato, fregiato □ (*di discorso, di stile, ecc.*) infiorato, fiorito, ornato CONTR. imbruttito, deturpato, deformato, sfigurato.

abbeveràre **A** *v. tr.* (*di bestiame*) far bere, condurre a bere, dissetare **B** **abbeverarsi** *v. rifl.* **1** (*di bestiame*) togliersi la sete, dissetarsi, bere **2** (*fig.*) (*di persona*) imbeversi, saziarsi.

abbeveratóio *s. m.* vasca, vaschetta □ (*per maiali*) truogolo □ (*per uccelli*) beverino, pila.

abbiccì [dal nome delle prime tre lettere dell'alfabeto: *a, b, c*] *s. m.* **1** alfabeto **2** abbecedario, sillabario **3** (*fig.*) nozioni elementari, nozioni fondamentali, principi FRAS. *essere all'abbiccì* (*fig.*), essere all'inizio.

abbiènte *agg.*; *anche s. m.* e *f.* agiato, benestante, facoltoso, ricco, danaroso □ possidente, capitalista CONTR. bisognoso, indigente, miserabile, povero, nullatenente, diseredato.

abbiètto e deriv. *V.* **abietto** e deriv.

abbigliaménto *s. m.* **1** indumenti, vestiario, vestimento (*lett.*), vestiti, vesti, abiti □ ornamenti **2** modo di vestire, mise (*fr.*), costume, tenuta, toilette (*fr.*).

abbigliàre **A** *v. tr.* vestire □ vestire con eleganza, agghindare, addobbare (*fig., scherz.*) □ adornare, acconciare, assettare, attillare (*raro*), azzimare, panneggiare (*raro*), parare ***B* abbigliarsi** *v. rifl.* vestirsi □ vestirsi con eleganza, agghindarsi, azzimarsi, abbellirsi, acconciarsi, ornarsi, addobbarsi (*fig., scherz.*), assettarsi, attillarsi (*raro*), pararsi □ mettersi, indossare.

abbinaménto *s. m.* accoppiamento, appaiamento, unione □ sincronizzazione □ paio, coppia **CONTR.** divisione, sdoppiamento, separazione.

abbinàre *A* *v. tr.* accoppiare, appaiare, apparigliare □ accompagnare □ sincronizzare □ armonizzare **CONTR.** dividere, sdoppiare, separare, spaiare, sparigliare ***B* abbinarsi** *v. rifl.* appaiarsi, accoppiarsi.

abbinàta *s. f.* accoppiata.

abbinàto *part. pass. di* **abbinare**; *anche agg.* accoppiato, congiunto, collegato, unito □ sincronizzato **CONTR.** spaiato.

abbindolàre *v. tr.* (*fig.*) imbrogliare, ingannare, accalappiare, raggirare, truffare, incantare, infinocchiare (*fam.*), fregare (*pop.*), circuire, circonvenire, ciurmare (*raro*), cuccare (*fam.*), trappolare (*raro*), turlupinare.

abbioccàre *v. intr.* e **abbioccarsi** *v. intr. pron.* (*region.*) lasciarsi vincere dalla stanchezza, dalla sonnolenza □ abbattersi moralmente, avvilirsi.

abbioccàto *part. pass. di* **abbioccare**; *anche agg.* (*region.*) stanco, assonnato, insonnolito □ avvilito, abbattuto.

abbiòcco *s. m.* (*region.*) colpo di sonno, stanchezza improvvisa.

abbisognàre *v. intr.* ***1*** aver bisogno, bisognare, necessitare □ reclamare, richiedere ***2*** essere necessario, occorrere, bisognare.

abboccaménto *s. m.* colloquio, appuntamento, visita, convegno, incontro, consultazione.

abboccàre *A* *v. tr.* ***1*** (*di pesce*) prendere con la bocca, afferrare con la bocca **CONTR.** sputare, emettere ***2*** (*di recipiente*) riempire fino all'orlo ***3*** (*di tubi e sim.*) collegare, far combaciare ***B*** *v. intr.* ***1*** (*di pesce*) attaccarsi con la bocca ***2*** (*fig.*) (*di persona*) farsi ingannare, cadere in inganno, lasciarsi sedurre ***3*** (*di tubi e sim.*) combaciare ***C* abboccarsi** *v. rifl. rec.* incontrarsi (per parlare), parlarsi, conferire.

abboccàto *part. pass. di* **abboccare**; *anche agg.* ***1*** (*di persona*) di buona bocca **CONTR.** schifiltoso, schizzinoso ***2*** (*di vino*) piuttosto dolce, amabile **CONTR.** secco, asciutto, aspro, asprigno.

abbonaménto *s. m.* ***1*** (*di un servizio*) pagamento anticipato, canone ***2*** (*est.*) tessera.

abbonàre (1) *v. tr.* ***1*** detrarre, defalcare, scontare, scomputare, condonare **CONTR.** aumentare, crescere, accrescere ***2*** (*fig.*) (*di errore e sim.*) perdonare, non considerare ***3*** considerare valido, approvare **CONTR.** respingere.

abbonàre (2) *A* *v. tr.* fare un abbonamento (per uno) ***B* abbonarsi** *v. rifl.* fare un abbonamento (per conto proprio), sottoscrivere □ associarsi □ (*fig.*) (*a multe e sim.*) essere ormai abituato.

abbonàto *part. pass. di* **abbonare (2)**; *anche agg.* e *s. m.* ***1*** tesserato, socio, associato □ sottoscrittore, utente, fruitore ***2*** (*fig.*) (*a multe e sim.*) cliente abituale, habitué (*fr.*).

abbondànte *part. pres. di* **abbondare**; *anche agg.* ricco, copioso, dovizioso, generoso □ opulento, grasso, lauto, pingue □ ampio, largo, grande □ numeroso □ esuberante, esorbitante, traboccante, ridondante □ pieno, denso, folto □ (*di raccolto, di annata*) buono **CONTR.** scarso, scarseggiante, poco, insufficiente, carente, manchevole, deficiente, deficitario □ esiguo, ristretto, avaro, limitato □ mediocre, moderato, modesto □ misero, meschino □ magro, stentato, scarno. *V. anche* DENSO, FREQUENTE, GENEROSO, GRANDE

abbondanteménte *avv.* copiosamente, riccamente, doviziosamente, generosamente □ largamente, grandemente, molto, lautamente, ampiamente, profumatamente □ esaurientemente □ profusamente, diffusamente □ fittamente □ smoderatamente, strabocchevolmente □ a bizzeffe, a iosa, a palate, a staia, a piene mani, a crepapelle, a tutto spiano, a non finire, davanzo, fitto fitto **CONTR.** scarsamente, insufficientemente, limitatamente, avaramente, meschinamente, magramente, poco, poveramente □ modestamente, moderatamente.

abbondànza *s. f.* gran quantità, copia, dovizia, iosa, copiosità □ larghezza, ampiezza □ profusione, profluvio, quantità, nembo (*fig., lett.*) □ ricchezza, opulenza, lautezza □ prosperità, ubertosità □ eccedenza, eccesso, pletora, esuberanza, ridondanza □ valanga, subisso, pioggia, diluvio, torrente, fiume, fiumana, mare, proluvie (*lett.*), caterva □ orgia, serqua, mucchio, sporta, fracasso (*fam.*), fracco (*dial.*), fottio (*volg.*), casino (*pop.*) □ cuccagna, pacchia (*fam.*), grascia (*ant.*) □ lusso **CONTR.** insufficienza, deficienza, scarsezza, scarsità, difetto, mancanza, manchevolezza, manco (*lett.*), penuria, carenza, carestia □ esiguità, ristrettezza, pochezza, modicità, limitatezza, angustia, modestia □ povertà, indigenza, stento, inopia (*lett.*) □ carestia, magra □ fame, digiuno.

abbondàre *v. intr.* avere in abbondanza, essere in abbondanza, sovrabbondare, sopravanzare, eccedere, esorbitare, riboccare, ridondare, rigurgitare, traboccare, averne da vendere, averne fin sopra i capelli **CONTR.** mancare, scarseggiare, difettare.

abbordàbile *agg.* (*fig.*) ***1*** (*di persona*) accessibile, avvicinabile, accostabile □ trattabile □ affabile, cordiale, socievole, alla mano, alla buona □ compiacente □ disponibile **CONTR.** inabbordabile, inaccessibile, inaccostabile, inavvicinabile □ intrattabile □ scontroso, scostante, freddo, burbero ***2*** (*di prezzo, ecc.*) basso, modico, ragionevole, sensato, buono, conveniente **CONTR.** alto, esoso, esagerato.

abbordàggio *s. m.* (*mar., anche fig.*) arrembaggio, abbordo, assalto.

abbordàre *v. tr.* ***1*** (*mar.*) accostarsi di bordo □ andare all'abbordaggio, arrembare ***2*** (*est.*) (*di persona*) accostare, avvicinare, farsi incontro **CONTR.** evitare, scansare, schivare, sfuggire ***3*** (*fig.*) (*di persona, di problema, ecc.*) affrontare risolutamente, prendere di petto **CONTR.** evitare, eludere.

abborracciàre *v. tr.* raffazzonare, cianfrugliare, ciabattare, buttar giù, tirar via, acciabattare, acciarpare **CONTR.** curare, fare con cura, fare con diligenza □ cesellare, tornire.

abborracciàto *part. pass. di* **abborracciare**; *anche agg.* raffazzonato, tirato via, buttato giù alla meglio, buttato giù, alla meno peggio **CONTR.** curato, accurato, ben fatto, rifinito.

abbottonàre ***A*** *v. tr.* (*di abiti, scarpe, ecc.*) chiudere con bottoni □ affibbiare, allacciare **CONTR.** sbottonare □ sfibbiare, slacciare ***B*** **abbottonarsi** *v. rifl.* ***1*** allacciarsi **CONTR.** sbottonarsi, slacciarsi ***2*** (*fig., fam.*) (*di persona*) divenire riservato, chiudersi **CONTR.** sbottonarsi, aprirsi.

abbottonàto *part. pass. di* **abbottonare**; *anche agg.* ***1*** (*di abito, scarpe, ecc.*) chiuso con bottoni, allacciato **CONTR.** slacciato, sbottonato, sfibbiato ***2*** (*fig.*) (*di persona*) riservato, taciturno, chiuso, segreto, cauto, introverso **CONTR.** aperto, estroverso, chiacchierone.

abbottonatùra *s. f.* bottoniera □ chiusura.

abbozzàre (1) *v. tr.* ***1*** (*di opera*) delineare, schizzare, tracciare, schematizzare, tratteggiare □ cominciare, incominciare, iniziare, avviare, impostare □ modellare, sbozzare, sgrossare, digrossare, imbastire **CONTR.** completare, finire, terminare, ultimare, compiere, rifinire, perfezionare ***2*** (*est., fig.*) (*di progetto e sim.*) presentare a grandi linee □ accennare **CONTR.** sviluppare, elaborare.

abbozzàre (2) *v. intr.* frenarsi, pazientare, lasciar correre **CONTR.** spazientirsi.

abbozzàto *part. pass. di* **abbozzare (1)**; *anche agg.* accennato, tratteggiato, schizzato, delineato □ impostato, imbastito, iniziato □ sgrossato □ in nuce (*lat.*) □ rudimentale, schematico **CONTR.** completato, finito, terminato, ultimato, rifinito, compiuto, compito, perfezionato □ sviluppato, elaborato.

abbòzzo *s. m.* ***1*** (*di opera*) schizzo, traccia, scaletta, canovaccio, prima stesura, bozza □ bozzetto, studio, appunto, disegno □ idea, embrione, germe □ saggio, modello □ imbastitura, delineamento, sbozzatura □ minuta, brogliaccio, brutta, treatment (*ingl.*) **CONTR.** lavoro finito, lavoro ultimato □ bella copia, completamento ***2*** (*fig.*) (*di progetto e sim.*) tentativo, accenno. *V. anche* SCHIZZO

abbracciàre ***A*** *v. tr.* ***1*** stringere tra le braccia, avvinghiare, allacciare, gettare le braccia al collo, buttarsi al collo, prendere tra le braccia, stringere al cuore **CONTR.** respingere, allontanare ***2*** (*fig.*) comprendere, racchiudere, includere, contenere □ attorniare, circondare, cingere, circoscrivere, contornare □ avviticchiare ***3*** (*di idee*) accettare, seguire, caldeggiare, sposare ***B*** **abbracciarsi** *v. intr. pron.* avvinghiarsi, aggrapparsi ***C*** *v. rifl. rec.* stringersi reciprocamente fra le braccia, gettarsi le braccia al collo.

abbracciàto *part. pass. di* **abbracciare**; *anche agg.* avvinghiato, stretto, allacciato.

abbràccio *s. m.* abbracciamento, amplesso, stretta.

abbrancàre ***A*** *v. tr.* afferrare, prendere, acchiappare, acciuffare, agguantare, arraffare, attanagliare, brancare (*ant.*), carpire, ghermire, stringere con forza **CONTR.** lasciar andare, abbandonare ***B*** **abbrancarsi** *v. intr. pron.* appigliarsi con forza, tenersi saldamente, afferrarsi. *V. anche* PRENDERE

abbreviaménto *s. m.* abbreviazione.

abbreviàre *v. tr.* accorciare, raccorciare, ridurre, scorciare, tagliare, restringere, diminuire □ sincopare □ compendiare, riassumere, sunteggiare, riepilogare □ decurtare **CONTR.** espandere, estendere, allungare, prolungare, protrarre □ diluire, allargare. *V. anche* DIMINUIRE, TAGLIARE

abbreviàto *part. pass. di* **abbreviare**; *anche agg.* accorciato, raccorciato, ridotto, ristretto, diminuito □ sincopato, tagliato □ compendiato, riassunto, sommario **CONTR.** allungato, prolungato □ esteso, estenso (*raro*), allargato.

abbreviatùra *s. f.* abbreviazione.

abbreviazióne *s. f.* abbreviamento, accorciamento, accorciatura □ sigla □ troncamento **CONTR.** allungamento, allungatura, prolungamento, estensione, amplificazione, espansione, estensione.

abbrivo o **abbrìvio** *s. m.* ***1*** velocità iniziale ***2*** (*fig.*) inizio deciso, spinta, aire (*raro*).

abbronzàre ***A*** *v. tr.* dare il colore bronzo, bronzare, abbrunire, annerire ***B*** **abbronzarsi** *v. intr. pron.* assumere il colore bronzo □ (*est.*) (*di pelle*) scurirsi, abbrustolirsi, rosolarsi **CONTR.** schiarirsi.

abbronzàto *part. pass. di* **abbronzare**; *anche agg.* bruno, scuro, bronzeo, nero (*fam.*) **CONTR.** chiaro.

abbronzatùra *s. f.* colore bruno, tintarella (*fam.*).

abbrunàre *v. tr.* ***1*** (*di bandiera*) fregiare a lutto ***2*** fare bruno, scurire, annerire, brunire, abbronzare **CONTR.** schiarire.

abbrunàto *part. pass. di* **abbrunare**; *anche agg.* a lutto □ (*di bandiera*) a mezz'asta.

abbrustoliménto *s. m.* rosolatura, tostatura □ (*di caffè, di orzo e sim.*) torrefazione.

abbrustolìre ***A*** *v. tr.* arrostire, rosolare, tostare, torrefare, cuocere □ bruciare, strinare ***B*** **abbrustolirsi** *v. intr. pron.* abbronzarsi (*fig.*), strinarsi.

abbrutiménto *s. m.* degradamento, degradazione, imbarbarimento.

abbrutìre ***A*** *v. tr.* ridurre come un bruto, imbestiare **CONTR.** ingentilire, raffinare ***B*** *v. intr.* e **abbrutirsi** *intr. pron.* divenire simile a un bruto, imbestiarsi, degradarsi, disumanarsi **CONTR.** ingentilirsi, raffinarsi.

abbrutìto *part. pass. di* **abbrutire**; *anche agg.* reso bruto, imbestiato **CONTR.** ingentilito.

abbuffàrsi *v. rifl.* mangiare a crepapelle, riempirsi, rimpinzarsi.

abbuffàta *s. f.* ***1*** grande mangiata, scorpacciata, spanciata, strippata (*pop.*) ***2*** (*fig.*) grande abbondanza, pacchia (*fam.*).

abbuiàre ***A*** *v. tr.* fare buio, oscurare, scurire, offuscare, ottenebrare **CONTR.** rischiarare, illuminare ***B*** **abbuiarsi** *v. intr. pron.* (*fig.*) rabbuiarsi, divenire triste, rattristarsi, incupirsi □ annerirsi, scurirsi **CONTR.** allietarsi, rallegrarsi, rasserenarsi ***C*** *v. intr.* e *intr. pron.* (*anche impers.*) divenire buio, oscurarsi □ annottare **CONTR.** farsi giorno.

abbuonàre *V.* **abbonare (1)**.

abbuòno *s. m.* riduzione, ribasso, sconto, defalco, detrazione, diminuzione, scomputo, bonifico □ vantaggio (*sport*), handicap (*ingl., sport*) **CONTR.** aumento, rincaro.

abburattàre *v. tr.* (*di farina*) burattare, vagliare, stacciare, setacciare.

abdicàre ***A*** *v. intr.* ***1*** rinunciare al trono (al potere), dimettersi **CONTR.** accettare, assumere ***2*** (*est.*, *fig.*) rinunciare, rifiutare, respingere **CONTR.** accettare, accogliere, gradire, prendere ***B*** *v. tr.* (*raro, lett.*) rifiutare.

abdicazióne *s. f.* ***1*** rinuncia al trono (al potere), dimissioni **CONTR.** accettazione, assunzione ***2*** (*est.*, *fig.*) rinuncia, rifiuto **CONTR.** accettazione, accoglienza, gradimento. *V. anche* RINUNCIA

aberrànte *part. pres. di* **aberrare**; *anche agg.* deviante, anormale, anomalo, irregolare □ (*est.*) (*di delitto*) spaventoso, perverso **CONTR.** normale, regolare.

aberràre *v. intr.* sviarsi, deviare, errare.

aberrazióne *s. f.* ***1*** (*med.*) irregolarità, anomalia, disfunzione, distorsione □ deformazione □ pazzia **CONTR.** normalità, regolarità ***2*** deviazione morale, sviamento, traviamento, errore, pervertimento **CONTR.** onestà, dirittura, integrità, probità, rettitudine.

abiètto *agg.* spregevole, vile, vituperoso, vituperabile, ignobile, basso, indegno, turpe, miserabile, fetente (*pop.*), lurido □ merda (*volg.*) □ delinquente, cattivo, demonio □ servile, vigliacco, pusillanime **CONTR.** degno, dignitoso, nobile, onorevole, augusto, elevato, stimabile, apprezzato, sublime.

abiezióne *s. f.* abiettezza, bassezza, vigliaccheria, viltà, vergogna, degradamento, degradazione, fango, melma, brago (*lett.*), luridume □ avvilimento, accasciamento **CONTR.** decoro, dignità, elevatezza, nobiltà, sublimità.

àbile *agg.* ***1*** adatto, atto, idoneo **CONTR.** disadatto, incapace, inetto, inidoneo □ inabile, riformato, scartato, rivedibile ***2*** pratico, esperto, consumato, sperimentato □ bravo, buono, valente, valido, provetto, efficiente, destro, capace, competente, ingegnoso, perito, scelto, sapiente, versato, virtuoso □ agguerrito, ferrato, maestro □ accorto, attento □ scaltro, scaltrito, volpino, lesto □ diplomatico **CONTR.** inabile, incapace, incompetente, ignorante, inesperto, imperito (*lett.*), impedito (*fig., fam.*), maldestro, inefficiente, buono a nulla, dappoco ***3*** (*mil.*) idoneo.

abilità *s. f.* ***1*** idoneità, attitudine, disposizione, inclinazione, predisposizione, propensione □ facoltà, dono, arte, dote, talento, stoffa □ competenza, ingegnosità, efficienza, bravura, ingegno, maestria, valentia, validità, destrezza, valore, virtù, virtuosismo □ esperienza, pratica, mestiere, perizia, sicurezza □ mano **CONTR.** inabilità, inidoneità, incapacità, incompetenza, inesperienza, inettitudine, imperizia, inefficienza, ottusità, ignoranza, mediocrità ***2*** astuzia, prontezza, accortezza, furberia □ intraprendenza □ diplomazia **CONTR.** ingenuità, candore, semplicità, dappocaggine. *V. anche* COMPETENZA, FACOLTÀ, INTRAPRENDENZA

abilitàre ***A*** *v. tr.* ***1*** rendere abile, esercitare, impratichire ***2*** (*alla professione*) autorizzare, concedere l'idoneità **CONTR.** riformare, scartare ***B*** **abilitarsi** *v. rifl.* (*alla professione*) conseguire l'abilitazione.

abilitàto *part. pass. di* **abilitare**; *anche agg.* e *s. m.* (*alla professione*) autorizzato, competente, dichiarato idoneo.

abilitazióne *s. f.* (*alla professione*) autorizzazione, idoneità, brevetto, licenza □ (*alla guida*) patente.

abilménte *avv.* ***1*** bene, efficientemente, espertamente, competentemente, bravamente, magistralmente, sapientemente, virtuosamente **CONTR.** male, incompetentemente, inespertamente ***2*** accortamente, avvedutamente, strategicamente, tatticamente, destramente □ maliziosamente □ diplomaticamente **CONTR.** male, inettamente, maldestramente.

abissàle *agg.* ***1*** di abisso □ profondissimo, imo (*poet.*) ***2*** (*fig.*) senza limiti, profondissimo, incalcolabile, enorme, spropositato **CONTR.** limitato, moderato, modesto, esiguo, scarso.

abissìno *s. m.* e *agg.* etiope, etiopico, dell'Abissinia.

abìsso *s. m.* ***1*** voragine, baratro, profondità, precipizio, dirupo, burrone **CFR.** cima, culmine, vetta ***2*** (*est.*, *lett.*) inferno **CONTR.** paradiso ***3*** (*fig.*) grande differenza, differenza abissale, divario incolmabile ***4*** (*fig.*) enorme quantità, subisso ***5*** (*fig.*) rovina, perdizione **CONTR.** redenzione, salvezza **FRAS.** *essere sull'orlo dell'abisso*, essere in grande pericolo. *V. anche* INFERNO

abitàcolo *s. m.* (*di veicoli*) cabina □ gondola, navicella □ (*di bussola magnetica*) chiesuola.

abitànte *part. pres. di* **abitare**; *anche agg.* e *s. m.* e *f.* ***1*** abitatore (*lett.*), dimorante, residente, domiciliato □ stanziato □ cittadino ***2*** (*al pl.*) cittadini, cittadinanza, popolazione.

abitàre ***A*** *v. tr.* occupare, vivere in, popolare ***B*** *v. intr.* risiedere, vivere, alloggiare, dimorare, stare, soggiornare, albergare, stare di casa, aver sede □ domiciliarsi, sistemarsi, stabilirsi, stanziarsi.

abitàto ***A*** *part. pass. di* **abitare**; *anche agg.* popolato, popoloso **CONTR.** disabitato, inabitato, spopolato, deserto, abbandonato, solitario, solingo (*lett.*) ***B*** *s. m.* agglomerato, caseggiato, insediamento, borgo, paese, città, centro urbano.

abitazióne *s. f.* edificio, casa, domicilio, alloggio, alloggiamento, appartamento, stanza, sede, dimora, magione (*lett.*) □ tetto □ recapito, residenza.

àbito *s. m.* ***1*** vestito, veste, vestimento (*lett.*), toilette (*fr.*), indumento, roba (*fam.*) □ divisa, uniforme ***2*** foggia, modo di vestire, tipo di abbigliamento □ tenuta, mise (*fr.*) ***3*** (*fig.*) (*di persona*) abitudine, disposizione, temperamento, tendenza, inclinazione, contegno, costume, habitus (*lat.*) ***4*** aspetto, apparenza ***5*** (*est., fig.*) stato religioso, tonaca, velo, saio **FRAS.** *prender l'abito*, farsi prete, farsi frate, farsi monaca □ *gettar l'abito*, abbandonare la vita ecclesiastica, spretarsi, smonacarsi. *V. anche* ABITUDINE

abituàle *agg.* consueto, consuetudinario, comune, ordinario, solito, usuale, familiare, frequente, giornaliero, naturale, normale □ tradizionale, convenzionale, usato, rituale, sacramentale **CONTR.** inconsueto, insolito, inusitato, anomalo, straordinario, infrequente, raro, accidentale, casuale □ desueto (*lett.*), dissueto (*lett.*) □ nuovo. *V. anche* FREQUENTE

abitualménte *avv.* di solito, comunemente, normalmente, ordinariamente, solitamente, usualmente, naturalmente □ tradizionalmente **CONTR.** eccezionalmente, insolitamente, straordinariamente, infrequentemente, raramente, casualmente, incidentalmente.

abituàre ***A*** *v. tr.* dare l'abitudine, educare, assuefare, avvezzare □ addestrare, esercitare, allenare, costumare, accostumare (*raro*), adusare (*raro*) □ addomesticare, acclimatare, ambientare □ (*a fatiche, a disagi, ecc.*) temprare **CONTR.** disabituare, disavvezzare, divezzare, disassuefare (*raro*) ***B*** **abituarsi** *v. rifl.* assuefarsi □ familiarizzarsi, avvezzarsi, addestrarsi, adusarsi (*raro, lett.*), accostumarsi (*raro*) □ esercitarsi, imparare, impratichirsi, allenarsi □ acclimatarsi, ambientarsi □ (*al vizio, all'ozio, ecc.*) incallirsi **CONTR.** disabituarsi, disassuefarsi (*raro*), disavvezzarsi, divezzarsi □ disimparare. *V. anche* EDUCARE

abituàto *part. pass. di* **abituare**; *anche agg.* assuefatto, avvezzo, uso, usato, accostumato (*raro*), adusato (*raro, lett.*) □ allenato, esercitato, impratichito □ addestrato □ ambientato, acclimatato □ (*a fatica, a intemperie, ecc.*) rotto **CONTR.** disabituato, disavvezzo, dissueto (*lett.*), insueto (*lett.*).

abitudinàrio ***A*** *agg.*; *anche s. m.* consuetudinario, metodico, meticoloso **CONTR.** volubile, capriccioso, incostante, disordinato, sregolato ***B*** *s. m.* frequentatore abituale, cliente, habitué (*fr.*), aficionado (*sp.*).

abitùdine *s. f.* consuetudine, tradizione, convenzione, costume, costumanza, pratica, usanza, uso, abito, habitus (*lat.*) □ assuefazione, vizio, dipendenza □ moda, mania, piega, vezzo □ routine (*fr.*), quotidianità, tran tran, conformismo **CONTR.** desuetudine (*raro*), dissuetudine (*raro*), disuso, disusanza (*raro*). *V. anche* MODA

ABITUDINE
sinonimia strutturata

Abitudine è la disposizione ad agire in un determinato modo, acquisita con la continua e regolare ripetizione degli stessi atti: *buona, cattiva abitudine*; *abitudine inveterata*; avere delle brutte abitudini. **Solito** è un aggettivo che indica ciò che deriva da una lunga abitudine, che non si discosta e non è differente da ciò che si compie altre volte; il sostantivo esiste solo al singolare ed ha una fraseologia molto comune: *al solito,* come sempre; *di solito, per il solito,* come d'abitudine, in genere; *oggi ha fatto più ritardo del solito*; *secondo il mio solito la sera mi addormento presto.* **Consuetudine** è l'uso costante di fare qualcosa: *è sua consuetudine arrivare in ritardo*; la parola indica anche l'insieme delle abitudini e dei sistemi di vita di un'intera collettività avvicinandosi molto al significato di costume e usanza: *secondo le antiche consuetudini del luogo.*

Con **costume** si intende sia il comportamento abituale di una o più persone, che diviene oggetto di studio o di attenzione sociologica: *annotazioni di costume*; *fatto di costume*, sia il complesso delle tradizioni, credenze e simili che caratterizza la vita socio-culturale di una popolazione in una certa epoca: *lo studioso si occupò a lungo dei costumi di quella tribù.* Riferito al comportamento individuale, costume indica anche la condotta morale: *è una persona di cattivi costumi.* **Usanza** è ciò che si fa tradizionalmente in un determinato luogo, tempo e ambiente: *l'usanza delle uova di Pasqua*; *le usanze di campagna e di città.* Più in particolare, la parola può riferirsi al modo diffuso di vivere, agire, comportarsi, che appartiene ad una comunità, a un popolo: *seguire le usanze del paese.* **Convenzione**, usato soprattutto al plurale, indica gli schemi e le regole adottati nel comportamento sociale o nell'ambito culturale; il termine si usa con una sfumatura negativa in riferimento a dettami sociali o culturali piuttosto rigidi, che tendono a contrastare con l'originalità dell'individuo: *infrangere le convenzioni*; *essere schiavo delle convenzioni.*

In senso figurato **abito** è sinonimo di abitudine e indica una disposizione naturale o acquisita per educazione, studio, lungo uso, ecc.: *abito mentale, morale*; *abito delle virtù.* Al contrario **inclinazione** è una attitudine, una propensione che si manifesta esclusivamente come una tendenza spontanea e naturale: *inclinazione per il disegno*; *inclinazione allo studio*; *inclinazione alla vita solitaria.*

L'adattamento o l'abitudine lenta e progressiva ad una nuova situazione si denomina **assuefazione**: *assuefazione al fumo, al clima, alla fatica.* In particolare, il termine si riferisce all'abitudine da parte dell'organismo all'assunzione di certe sostanze tossiche o curative, che possono produrre dipendenza fisica o psicologica: *assuefazione all'alcol.*

Tralasciando il significato medico di disturbo mentale, **mania** in senso esteso si riferisce ad un'abitudine insolita, bizzarra o ridicola: *ha la mania di parlare da solo.* Termine dalla connotazione fortemente negativa è **vizio**, che indica una abitudine radicata, inveterata, consistente nella pratica costante di ciò che è immorale o ritenuto riprovevole, sconveniente: *il vizio della lussuria*; *il vizio di mentire*; *avere il vizio del gioco.* Vizio per estensione si riferisce ad ogni elemento negativo del carattere, dovuto in particolare ad una educazione sbagliata: *è un ragazzo pieno di vizi.* Con **vezzo** si intende invece un modo abituale di parlare, muoversi o atteggiarsi, che può costituire un tratto personale, di solito caratterizzato da una innocua, anche se non sempre gradevole, leziosità di atteggiamenti: *ha il vezzo di arricciarsi i baffi mentre ascolta.*

Tran tran è il ritmo, l'andamento uniforme e monotono di una attività o della quotidianità: *è il solito tran tran*; *il tran tran di sempre.* Di significato e di uso molto vicino a tran tran è anche **routine**, cioè l'abitudine ad agire o pensare sempre nello stesso modo, consolidata a spese dello spirito d'iniziativa e libertà: *la routine di tutti i giorni.*

abitùro *s. m.* abitazione squallida, tugurio, casupola, casipola, catapecchia, baracca, buco, basso, topaia, capanna, spelonca, stamberga, antro, cimiciaio **CONTR.** palazzo, reggia, magione, casa signorile, villa. *V. anche* TOMBA

abiùra *s. f.* (*di fede*) rinunzia, apostasia, abbandono, ripudio, rinnegamento, sconfessione **CONTR.** fedeltà.

abiuràre *v. tr.* (*di fede*) apostatare, abbandonare, ripudiare, rinnegare, tradire, rinunciare, sconfessare.
ablazióne *s. f.* **1** (*geogr.*) erosione superficiale **2** (*chir.*) asportazione.
abluzióne *s. f.* lavaggio, lavata, lavatura, lavacro (*lett.*), lavanda, bagno, aspersione.
abnegazióne *s. f.* rinuncia, disinteresse, sacrificio di sé, dedizione **CONTR.** egoismo, egocentrismo, egotismo.
abnòrme *agg.* sproporzionato □ inconsueto, irregolare, insolito □ mostruoso, assurdo □ enorme **CONTR.** proporzionato □ normale, regolare.
abolire *v. tr.* annullare, abrogare, sopprimere, cancellare, cassare vietare □ proscrivere (*fig.*), distruggere (*fig.*) **CONTR.** instaurare, mettere in vigore, stabilire, creare, istituire, sancire □ reintegrare, restaurare.
abolito *part. pass. di* **abolire**; *anche agg.* annullato, abrogato, cancellato, cassato, tagliato, soppresso, decaduto **CONTR.** instaurato, istituito, creato, stabilito, sancito, vigente □ reintegrato.
abolizióne *s. f.* annullamento, soppressione, abrogazione, cancellazione, cassazione, proscrizione **CONTR.** approvazione, ratifica, omologazione □ ristabilimento, rimessa in vigore □ instaurazione.
abominàre *v. tr.* avere in orrore, aborrire, detestare, sdegnare, disprezzare, spregiare, respingere, esecrare, odiare, rifuggire **CONTR.** adorare, amare, ammirare, apprezzare.
abominévole *agg.* detestabile, esecrabile, esecrando, obbrobrioso, odioso, indegno □ brutto, nefando **CONTR.** adorabile, ammirabile, ammirevole.
abomìnio *s. m.* abominazione, vergogna, vituperio, obbrobrio, disprezzo, odio □ infamia, empietà, nefandezza **CONTR.** onore, lustro. *V. anche* INFAMIA
aborìgeno *agg.*; *anche s. m.* autoctono, indigeno, nativo, originario, abitante primitivo **CONTR.** allogeno, forestiero, straniero, estero.
ab origine /*lat.* ab o'ridʒine/ [loc. lat., letteralmente 'dall'origine'] *loc. avv.* originariamente, fin da principio, fin dall'inizio **CONTR.** fino all'ultimo.
aborrire *v. tr.* e *intr.* avere in orrore, detestare, sdegnare, disdegnare, rifuggire, ripugnare, esecrare, provare avversione, odiare, abominare **CONTR.** adorare, amare, ammirare, apprezzare, approvare □ agognare, anelare, vagheggiare, desiderare.
aborrito *part. pass. di* **aborrire**; *anche agg.* odiato, sdegnato, disdegnato, esecrando, esecrato, abominato **CONTR.** amato, adorato, ammirato, stimato, caro □ agognato, vagheggiato.
abortìre *v. intr.* **1** (*med.*) (*di essere*) interrompere la gravidanza **2** (*fig.*) (*di progetto, di idee, ecc.*) andare a vuoto, fallire, naufragare **CONTR.** riuscire, realizzarsi.
abòrto *s. m.* **1** (*med.*) interruzione della gravidanza **2** (*fig.*) (*di persona*) mostro, mostriciattolo **3** (*fig.*) (*di cosa*) fallimento, cosa mal riuscita.
abrasióne *s. f.* **1** raschiatura, cancellatura **2** (*geogr.*) erosione, corrasione (*geol.*) **3** (*med.*) lesione superficiale, escoriazione, sbucciatura, scorticatura, spellatura.
abrasìvo *agg.* erosivo, corrosivo.
abrégé /*fr.* abre'ʒe/ [vc. fr., 'compendio', part. pass. di *abréger* 'abbreviare'] *s. m. inv.* compendio, sommario, bignami (*pop.*), bigino (*region.*), riassunto.
abrogàre *v. tr.* annullare, revocare, abolire, cancellare, cassare, invalidare **CONTR.** omologare, ratificare, approvare □ istituire □ ristabilire, rimettere in vigore.
abrogàto *part. pass. di* **abrogare**; *anche agg.* annullato, revocato, abolito, decaduto, cassato, cancellato **CONTR.** approvato, ristabilito, vigente.
abrogazióne *s. f.* annullamento, eliminazione, abolizione, cancellazione, cassazione, soppressione, proscrizione, estinzione **CONTR.** approvazione, ratifica, omologazione □ instaurazione □ ristabilimento, rimessa in vigore. *V. anche* DEROGA
ABS /abbi'ɛsse/ [sigla del ted. *A*(*nti*)-*B*(*lockier*) *S*(*ystem*) 'sistema antibloccaggio'] *s. m. inv.*; *anche agg.* antiblocco, antibloccaggio.
abulìa *s. f.* mancanza di volontà, apatia, inerzia □ indolenza, ignavia, accidia, neghittosità, pigrizia, svogliatezza, acedia (*filos.*) □ irresolutezza **CONTR.** volontà, energia, determinazione, risolutezza □ solerzia, stacanovismo (*iron.*). *V. anche* PIGRIZIA
abùlico *agg.*; *anche s. m.* privo di volontà, inerte, apatico □ zombie (*fig.*) □ indolente, pigro, neghittoso, svogliato, accidioso □ irresoluto **CONTR.** attivo, energico, efficientista □ volitivo, volenteroso □ determinato, risoluto □ solerte, stacanovista (*iron.*).
abusàre *v. intr.* **1** usare male, usare illegalmente □ approfittare, approfittarsi, sfruttare □ (*sessualmente*) stuprare, violentare **CONTR.** fare buon uso, rispettare, risparmiare **2** (*di cibo, di bevanda, ecc.*) eccedere, esagerare **CONTR.** controllarsi, moderarsi.
abusivaménte *avv.* indebitamente, illecitamente, illegalmente, irregolarmente, impropriamente, arbitrariamente **CONTR.** debitamente, regolarmente, normalmente, lecitamente.
abusivìsmo *s. m.* arbitrio, illegalità **CONTR.** legalità.
abusìvo ***A*** *agg.* indebito, illecito, arbitrario, illegale, non autorizzato, irregolare □ (*di radio, di televisione, ecc.*) pirata **CONTR.** lecito, legale, normale, regolare ***B*** *s. m.* esercente non autorizzato □ irregolare.
abùso *s. m.* uso cattivo, illecito, irregolarità, eccesso, intemperanza, sfruttamento, soperchieria, illegalità, licenza, arbitrio, ingiustizia □ (*sessuale*) stupro, violenza **CONTR.** legalità, moderazione, moderatezza, temperanza.
acàcia *s. f.* (*bot.*) robinia, gaggia.
a càpo *V.* **accapo**.
àcca *s. f.* o *m.* (*fam.*) niente, nulla.
accadèmia [dal gr. *Akadêmeia*, bosco sacro all'eroe Academo, dove insegnava Platone] *s. f.* **1** (*di studio*) associazione □ scuola superiore □ ateneo **2** (*di spettacolo*) trattenimento **3** (*fig.*) retorica, virtuosismo, vana esibizione.
accademicaménte *avv.* (*fig.*) astrattamente, oziosamente, retoricamente **CONTR.** concretamente, realisticamente.
accadèmico ***A*** *agg.* **1** di accademia **2** universitario **3** (*fig.*) convenzionale, dottorale, retorico, inconcludente, astratto, ozioso **CONTR.** concreto, realistico ***B***

s. m. membro di un'accademia, professore universitario, cattedratico.

accademìsmo *s. m.* tradizionalismo, scolasticismo, pedanteria.

accadére *v. intr.* avvenire, capitare, succedere, intervenire, occorrere □ seguire, sopravvenire, sopraggiungere □ verificarsi, compiersi, operarsi, presentarsi, effettuarsi □ susseguirsi, svolgersi □ (*di fatto, ecc.*) risalire □ (*di guerra, di scandalo, ecc.*) scoppiare, correre (*raro*) □ (*di caso e sim.*) darsi, incogliere (*lett.*).

accadùto ***A*** *part. pass. di* **accadere**; *anche agg.* successo, avvenuto, capitato, toccato □ (*di guerra, di scandalo, ecc.*) scoppiato □ (*di fenomeno atmosferico, ecc.*) venuto ***B*** *s. m.* avvenimento, caso, evento, fatto.

accalappiàre *v. tr.* ***1*** (*di animale*) catturare, prendere al laccio ***2*** (*fig.*) (*di persona*) ingannare, abbindolare, lusingare, sedurre, adescare, infinocchiare, irretire, raggirare, circuire, intrappolare, trappolare (*raro*). *V. anche* SEDURRE

accalcàre ***A*** *v. tr.* stipare, affollare, gremire, pigiare, addensare **CONTR.** diradare, sparpagliare ***B*** **accalcarsi** *v. intr. pron.* affollarsi, stiparsi, assieparsi, fare calca, raccogliersi, pigiarsi, ammassarsi, ammucchiarsi, ammonticchiarsi **CONTR.** diradarsi, sparpagliarsi, sfollare.

accaldàrsi *v. intr. pron.* ***1*** riscaldarsi, sentirsi accaldato, sudare □ faticare **CONTR.** raffreddarsi, rinfrescarsi, infreddolirsi, intirizzirsi ***2*** (*fig.*) (*in una discussione e sim.*) accalorarsi, infervorarsi, scalmanarsi **CONTR.** rimanere indifferente, non scomporsi.

accaldàto *part. pass. di* **accaldarsi**; *anche agg.* ***1*** riscaldato, caldo □ sudato **CONTR.** infreddolito, intirizzito, assiderato ***2*** (*fig.*) (*in una discussione e sim.*) infervorato, accalorato, scalmanato **CONTR.** freddo, impassibile, indifferente, imperturbabile.

accaloràre ***A*** *v. tr.* eccitare, entusiasmare, infervorare, animare **CONTR.** calmare, intiepidire, raffreddare ***B*** **accalorarsi** *v. rifl.* accaldarsi □ accendersi, infervorarsi, infocarsi, riscaldarsi, scaldarsi, incalorirsi, appassionarsi, eccitarsi, entusiasmarsi **CONTR.** calmarsi, intiepidirsi, raffreddarsi.

accaloràto *part. pass. di* **accalorare**; *anche agg.* ***1*** accaldato, riscaldato □ sudato **CONTR.** infreddolito, intirizzito ***2*** (*fig.*) (*in una discussione e sim.*) eccitato, entusiasmato, infervorato, fervoroso **CONTR.** indifferente, freddo, impassibile, imperturbabile.

accampaménto *s. m.* attendamento, campo, alloggiamento, accantonamento, baraccamento □ caravanserraglio □ bivacco □ campeggio, camping (*ingl.*).

accampàre ***A*** *v. tr.* ***1*** acquartierare, attendare, accasermare □ disporre in campo ***2*** (*fig.*) (*di ragione e sim.*) mettere avanti, avanzare, produrre, addurre, affacciare ***B*** **accamparsi** *v. rifl.* ***1*** (*mil.*) attendarsi, acquartierarsi, accasermarsi, rizzare il campo, piantar le tende □ bivaccare, campeggiare □ disporsi in campo **CONTR.** levar le tende, sloggiare ***2*** (*est., fig.*) sistemarsi provvisoriamente, sistemarsi alla meglio.

accampàto *part. pass. di* **accampare**; *anche agg.* ***1*** attendato, acquartierato ***2*** (*fig.*) (*di ragione e sim.*) messo avanti, prodotto, addotto.

accaniménto *s. m.* ***1*** odio, furore, furia, ira, rabbia, stizza ***2*** ostinazione, ostinatezza, caponaggine, insistenza, pervicacia, perseveranza □ zelo, assiduità, tenacia, costanza □ agonismo (*est.*) **CONTR.** incostanza, indolenza, negligenza, svogliatezza. *V. anche* COSTANZA, IRA, STIZZA, ZELO

accanìrsi *v. intr. pron.* ***1*** infierire, sfogarsi □ inferocire, adirarsi, infuriarsi, sdegnarsi, incanire (*lett.*) **CONTR.** indulgere, perdonare ***2*** ostinarsi, perseverare, perdurare **CONTR.** desistere, rinunciare.

accanitaménte *avv.* ostinatamente, caparbiamente, fieramente, rabbiosamente, aspramente, tignosamente (*centr.*), disperatamente **CONTR.** debolmente, fiaccamente.

accanìto *part. pass. di* **accanirsi**; *anche agg.* ***1*** rabbioso, arrabbiato, furioso, feroce, inferocito, spietato □ (*di nemico*) giurato, mortale, acerrimo □ (*di discussione, di polemica, ecc.*) vivo **CONTR.** bonario, indulgente, mite ***2*** ostinato, caparbio, perseverante, tenace □ (*di fumatore, ecc.*) irriducibile, incorreggibile, incallito **CONTR.** arrendevole, condiscendente, docile, remissivo □ recuperabile.

accànto *avv.* e *prep.* vicino, a lato, dallato, accosto, appresso, daccanto, dattorno, di fianco, presso, nei pressi, dappresso **CONTR.** discosto, distante, lontano, lungi (*lett.*).

accantonaménto *s. m.* ***1*** (*di pratica, di progetto, ecc.*) messa in disparte □ rinvio, sospensione, abbandono, archiviazione □ affossamento, insabbiamento ***2*** (*di denaro*) destinazione, assegnazione □ risparmio, riserva, scorta.

accantonàre *v. tr.* ***1*** (*di pratica, di progetto, ecc.*) mettere da parte, rinviare, sospendere □ archiviare, abbandonare □ insabbiare, affossare ***2*** (*di denaro*) destinare, assegnare □ mettere in serbo, risparmiare, conservare **CONTR.** spendere.

accantonàto *part. pass. di* **accantonare**; *anche agg.* (*di denaro*) destinato, assegnato □ messo da parte □ risparmiato □ (*di pratica, ecc.*) sospeso, giacente, fermo **CONTR.** speso.

accaparraménto *s. m.* incetta, requisizione, monopolizzazione □ riserva □ bagarinaggio □ mercato nero.

accaparràre ***A*** *v. tr.* incettare, impegnare, monopolizzare □ accumulare □ prenotare ***B*** **accaparrarsi** *v. rifl.* assicurarsi, procurarsi, conquistarsi, ottenere.

accaparratóre *s. m.*; *anche agg.* (*f.* *-trice*) incettatore, monopolizzatore □ bagarino.

accapigliaménto *s. m.* litigio, rissa, zuffa, colluttazione, cazzottata (*pop.*). *V. anche* ZUFFA

accapigliàrsi *v. rifl. rec.* ***1*** prendersi per i capelli, venire alle mani, azzuffarsi, acciuffarsi, abbaruffarsi, bisticciarsi, litigare, rissare, cazzottarsi (*pop.*) **CONTR.** accordarsi, rappacificarsi, rappattumarsi ***2*** (*fig.*) litigare (a parole), contendere **CONTR.** rappacificarsi.

accàpo ***A*** *avv.* (*di una riga, di uno scritto*) all'inizio, al principio ***B*** *s. m. inv.* capoverso, alinea.

accapponàre ***A*** *v. tr.* (*di gallo*) castrare ***B*** **accapponarsi** *v. intr. pron.* rabbrividire, inorridire **FRAS.** *far* *accapponare la pelle*, far venire la pelle d'oca.

accarezzàre *v. tr.* **1** (*di persona o animale*) carezzare, far carezze, vezzeggiare **CONTR.** maltrattare **2** (*est.*) (*di cosa*) sfiorare, lambire, toccare delicatamente **3** (*fig.*) (*di persona*) adulare, blandire, lusingare **4** (*fig.*) (*di progetto e sim.*) vagheggiare, sognare, cullare.

accarezzàto *part. pass. di* **accarezzare**; *anche agg.* **1** carezzato **CONTR.** maltrattato **2** (*est.*) sfiorato, lambito **3** (*fig.*) (*di progetto e sim.*) vagheggiato, sognato.

accartocciàre ***A*** *v. tr.* avvolgere, incartocciare, incartare □ spiegazzare, raggrinzire, arricciare **CONTR.** scartocciare, svolgere □ stirare, lisciare, stendere, distendere ***B*** **accartocciarsi** *v. intr. pron.* ripiegarsi, raggrinzirsi, arricciarsi **CONTR.** distendersi, stirarsi. *V. anche* AVVOLGERE

accartocciàto *part. pass. di* **accartocciare**; *anche agg.* spiegazzato □ arrotolato, avvolto, incartato, incartocciato □ raggrinzito, arricciato **CONTR.** scartocciato, scartato □ steso, disteso, lisciato, stirato.

accasàre ***A*** *v. tr.* maritare, ammogliare, sposare □ sistemare, collocare, allogare ***B*** **accasarsi** *v. rifl.* maritarsi, ammogliarsi, sposarsi **CONTR.** dividersi, separarsi, divorziare.

accasàto *part. pass. di* **accasare**; *anche agg.* maritato, ammogliato, sposato **CFR.** scapolo, celibe, nubile, zitella, divorziato, separato.

accasciàre ***A*** *v. tr.* prostrare, stancare □ abbattere, demoralizzare, scoraggiare, disanimare □ indebolire, infiacchire **CONTR.** rianimare, incoraggiare, consolare, sollevare, risollevare □ rafforzare, rinvigorire ***B*** **accasciarsi** *v. intr. pron.* **1** cadere, crollare, afflosciarsi, abbiosciarsi **CONTR.** alzarsi, rialzarsi **2** (*fig.*) demoralizzarsi, perdersi d'animo, abbattersi, prostrarsi, avvilirsi, scoraggiarsi, disanimarsi, disperarsi **CONTR.** rianimarsi, risollevarsi, riprendersi □ imbaldanzirsi, inorgoglirsi. *V. anche* STANCARE

accasciàto *part. pass. di* **accasciare**; *anche agg.* riverso, svenuto (*fig.*) □ abbattuto, demoralizzato, depresso, avvilito, sconfortato, sconsolato, scoraggiato, disperato, prostrato **CONTR.** rianimato, riconfortato, risollevato.

accatastàre *v. tr.* ammucchiare, ammassare, accumulare, ammonticchiare, affastellare **CONTR.** sparpagliare.

accattabrighe *s. m. e f. inv.* attaccabrighe, litigioso, attaccalite, rissoso **CONTR.** bonaccione, pacioccone, buon diavolo, buona pasta.

accattàre *v. tr.* elemosinare, mendicare □ (*ass.*) pitoccare, questuare, chiedere l'elemosina.

accattivànte *agg.* seducente, attraente, affascinante, invitante **CONTR.** urtante, ributtante, ripugnante □ scostante.

accàtto *s. m.* accattonaggio.

accattonàggio *s. m.* accatto, mendicità □ cerca, questua, elemosina □ raccolta, colletta.

accattóne *s. m.* mendicante, mendico, pezzente, barbone, clochard (*fr.*), povero, questuante, pitocco.

accavallàre ***A*** *v. tr.* (*di gambe, di catene, ecc.*) sovrapporre □ incrociare ***B*** **accavallarsi** *v. intr. pron.* sovrapporsi, incrociarsi □ ammonticchiarsi, ammucchiarsi, ammassarsi.

accavallàto *part. pass. di* **accavallare**; *anche agg.* sovrapposto, incrociato □ ammucchiato, ammassato.

accecaménto *s. m.* **1** abbagliamento, abbacinamento **2** (*fig.*) (*della mente e sim.*) offuscamento, ottenebramento, oscuramento □ inganno.

accecànte *part. pres. di* **acceccare**; *anche agg.* (*di luce*) abbagliante, abbacinante, allucinante (*raro*), intensissimo **CONTR.** debole, fioco.

accecàre ***A*** *v. tr.* **1** privare della vista, orbare (*raro*) **2** (*est.*) (*di persona, di cose*) appannare, oscurare, velare, schermare □ abbagliare, abbacinare, abbarbagliare **CONTR.** rischiarare **3** (*fig.*) offuscare la ragione, ottenebrare □ ingannare **4** (*est.*) chiudere, ostruire, intasare, turare, otturare **CONTR.** sturare, aprire, liberare ***B*** *v. intr.* divenire cieco.

accecàto *part. pass. di* **accecare**; *anche agg.* **1** reso cieco, orbato (*raro*), cieco **2** (*est.*) appannato, oscurato, velato □ abbagliato, abbacinato **CONTR.** rischiarato **3** (*fig.*) offuscato, ottenebrato □ ingannato.

accèdere *v. intr.* **1** (*di luogo*) accostarsi, appressarsi, avvicinarsi □ avere accesso, entrare, passare **CONTR.** allontanarsi, scostarsi **2** (*fig.*) (*di persona*) acconsentire, aderire, accondiscendere, dare il proprio appoggio **CONTR.** dissentire, discordare.

acceleraménto *s. m.* accelerazione.

acceleràre ***A*** *v. tr.* affrettare, sveltire, velocizzare, rendere più rapido, catalizzare □ incalzare, premere, sollecitare, spingere □ anticipare □ (*di pratica, di proposta e sim.*) disincagliare, sbloccare □ (*di tempo, di ritmo, ecc.*) serrare, stringere **CONTR.** decelerare □ rallentare, frenare, trattenere □ indugiare, temporeggiare □ ritardare, rimandare, posticipare □ prorogare, dilazionare ***B*** *v. intr.* e **accelerarsi** *intr. pron.* crescere di velocità, muoversi più velocemente **CONTR.** rallentare. *V. anche* SPINGERE

acceleràto ***A*** *part. pass. di* **accelerare**; *anche agg.* affrettato, rapido, lesto, svelto, veloce **CONTR.** frenato □ dilazionato □ lento, tardo ***B*** *s. m.* treno locale.

accelerazióne *s. f.* acceleramento, aumento di velocità □ ripresa, scatto **CONTR.** decelerazione, rallentamento □ ritardo.

accèndere ***A*** *v. tr.* **1** appiccare il fuoco, incendiare, bruciare, ardere, dar fuoco □ infiammare, attizzare, infocare, affocare (*lett.*) **CONTR.** spegnere, smorzare, soffocare **2** (*est.*) scaldare, riscaldare, far avvampare **CONTR.** raffreddare **3** (*fig.*) (*di sentimento*) suscitare, destare, infiammare, aizzare, stuzzicare, eccitare, provocare, fomentare, istigare, agitare **CONTR.** calmare, placare, quietare, sedare, smorzare, sopire **4** (*di debito, di ipoteca, ecc.*) fare, contrarre **CONTR.** estinguere **5** (*di meccanismo*) azionare, avviare **CONTR.** spegnere, disattivare, fermare ***B*** **accendersi** *v. intr. pron.* **1** prendere fuoco, incendiarsi, infiammarsi, affocarsi (*lett.*) □ (*est.*) arrossire, avvampare **CONTR.** spegnersi, smorzarsi, estinguersi □ impallidire **2** (*di astro, di luce, ecc.*) divenire luminoso, illuminarsi, brillare, splendere **CONTR.** spegnersi, oscurarsi **3** (*fig.*) (*di persona*) infiammarsi, eccitarsi, scaldarsi, riscaldarsi, accalorarsi, infervorarsi, entusiasmarsi □ commuoversi, turbarsi □ adirarsi, infuriarsi, ribollire **CONTR.** calmarsi, placarsi, quietarsi, sedarsi ***4*** (*di meccanismo*) avviarsi, entrare in funzione **CONTR.** spegnersi, fermarsi. V. *anche* ISTIGARE

accendigàs *s. m. inv.* accendino.

accendino *s. m.* (*fam.*) accendisigaro □ accendigas.

accendisìgaro *s. m.* accendino (*fam.*).

accennàre ***A*** *v. tr.* ***1*** additare, indicare, mostrare, segnalare ***2*** (*est.*) fingere ***3*** (*di disegno*) delineare, abbozzare ***4*** (*mus.*) dare il motivo, dare lo spunto ***B*** *v. intr.* ***1*** far segno □ fare l'atto ***2*** (*fig.*) (*di discorso e sim.*) toccare, menzionare □ alludere, sottintendere □ riferirsi □ insegnare ***3*** (*di tempo, ecc.*) dare indizio, far presentire ***4*** segnare col dito, indicare.

accennàto *part. pass. di* **accennare**; *anche agg.* delineato, abbozzato □ indicato, menzionato, segnalato □ alluso, tacito.

accénno *s. m.* ***1*** avvertimento, cenno, segno ***2*** abbozzo, traccia □ rudimento ***3*** allusione, riferimento □ vago indizio, adombramento □ presentimento.

accensióne *s. f.* ***1*** bruciamento, combustione, ignizione **CONTR.** spegnimento, estinzione ***2*** (*dir.*) (*di un debito, di un'ipoteca*) costituzione **CONTR.** estinzione.

accentàre *v. tr.* ***1*** segnare l'accento, mettere l'accento **CONTR.** disaccentare ***2*** scandire ***3*** (*mus.*) rafforzare.

accentàto *part. pass. di* **accentare**; *anche agg.* con l'accento, tonico □ ritmico **CONTR.** atono.

accentazióne *s. f.* accentatura, accentuazione □ ritmo □ cadenza, calata, pronunzia.

accènto *s. m.* ***1*** elevazione della voce ***2*** pronuncia, cadenza ***3*** (*fig.*) (*di voce*) inflessione, tono ***4*** (*fig.*) accenno ***5*** (*poet.*) voce, parola **FRAS.** *mettere l'accento su* (*fig.*), mettere in rilievo.

accentraménto *s. m.* ***1*** (*di persone o cose*) concentramento, concentrazione, ammassamento, addensamento □ monopolizzazione **CONTR.** divisione, dispersione, sparpagliamento ***2*** (*bur.*) centralizzazione **CONTR.** decentramento.

accentràre ***A*** *v. tr.* ***1*** (*di persone o cose*) riunire insieme, raccogliere, radunare, concentrare, ammassare **CONTR.** disperdere, sparpagliare, spartire ***2*** (*bur.*) centralizzare **CONTR.** decentrare ***3*** (*fig.*) (*di attenzione e sim.*) attirare, far convergere, polarizzare ***B*** **accentrarsi** *v. intr. pron.* concentrarsi, raccogliersi, ammassarsi, riunirsi, radunarsi **CONTR.** disperdersi, sparpagliarsi.

accentuàre ***A*** *v. tr.* ***1*** pronunziare spiccatamente, spiccare, calcare, marcare, sottolineare **CONTR.** attenuare, attutire, smorzare, velare ***2*** (*raro*) accentare ***3*** (*fig.*) aumentare, rafforzare, enfatizzare **CONTR.** attenuare, mitigare ***4*** (*est.*) porre in evidenza, dar rilievo, evidenziare, rilevare, sottolineare, esasperare, esagerare □ esaltare **CONTR.** attenuare, annacquare (*fig.*) ***B*** **accentuarsi** *v. intr. pron.* divenire più evidente □ aggravarsi, crescere, aumentare, accrescersi **CONTR.** attenuarsi, diminuire.

accentuàto *part. pass. di* **accentuare**; *anche agg.* messo in evidenza, evidenziato, marcato, rilevato, spiccato □ esagerato **CONTR.** attenuato, attutito, smorzato, velato □ morbido, debole, scialbo.

accentuazióne *s. f.* ***1*** accentazione ***2*** rilievo, risalto, intensificazione, aumento, radicalizzazione **CONTR.** attenuazione.

accerchiaménto *s. m.* aggiramento, assedio, blocco.

accerchiàre ***A*** *v. tr.* cingere in cerchio, mettersi intorno, circondare, attorniare, cingere □ circuire □ aggirare, chiudere, bloccare □ assediare □ (*di traffico, di persona, ecc.*) imbottigliare ***B*** **accerchiarsi** *v. rifl.* (*fig.*) circondarsi.

accertaménto *s. m.* constatazione, verifica, conferma, controllo, ispezione, rilevamento □ prova, collaudo.

accertàre ***A*** *v. tr.* ***1*** dare per certo, assicurare, garantire, dichiarare, certificare **CONTR.** negare ***2*** (*di verità e sim.*) appurare, verificare, chiarificare, chiarire, constatare, controllare, affermare, stabilire, riscontrare, assodare □ provare, collaudare □ (*di dati, ecc.*) rilevare ***B*** **accertarsi** *v. rifl.* assicurarsi, sincerarsi, chiarirsi, convincersi, garantirsi. V. *anche* CONSTATARE

accertàto *part. pass. di* **accertare**; *anche agg.* sicuro, indubbio, verificato, chiarito, assodato, constatato, positivo, provato **CONTR.** incerto, dubbio, supposto, preteso □ contestabile □ indicativo □ gratuito.

accéso *part. pass. di* **accendere**; *anche agg.* ***1*** ardente, affocato, incendiato, infiammato, ignito (*lett.*) □ caldissimo, ribollente □ luminoso **CONTR.** spento, smorzato, freddo ***2*** (*di motore, di meccanismo, di apparecchio, ecc.*) messo in azione, attaccato, attivato, azionato, inserito, operativo, attivo, in moto, funzionante, collegato **CONTR.** fermo, spento, staccato, disinserito, scollegato ***3*** (*fig.*) (*di discorso, ecc.*) infervorato, entusiasmato, fervente, appassionato, fervido, fervoroso □ desideroso □ adirato, sdegnato □ (*di appetito, di curiosità, ecc.*) stuzzicato **CONTR.** freddo, apatico, impassibile, indifferente ***4*** (*di colore*) vivo, intenso, pieno, vivido, forte, caldo **CONTR.** tenue, spento, smorzato, smorto, pallido, sbiadito, slavato.

accessìbile *agg.* ***1*** (*di luogo*) di facile accesso, raggiungibile, agibile, aperto, penetrabile, praticabile, pervio (*lett.*) □ pubblico **CONTR.** inaccessibile, irraggiungibile, inagibile, impervio, impenetrabile, impraticabile, intransitabile ***2*** (*fig.*) (*di persona*) affabile, cordiale, abbordabile, avvicinabile, accostabile, trattabile, comprensivo, familiare, accondiscendente, disponibile, socievole, alla buona, alla mano **CONTR.** sostenuto, superbo □ burbero, chiuso, inaccessibile, scostante, scontroso, scorbutico, ombroso ***3*** (*fig.*) (*di discorso, di scritto, ecc.*) facile, facilmente comprensibile, semplice, chiaro **CONTR.** difficile, astruso, complicato, incomprensibile ***4*** (*fig.*) (*di prezzo*) modesto, modico, basso, possibile, alla portata di tutti **CONTR.** caro, alto, eccessivo, esoso, proibitivo.

accessibilità *s. f.* ***1*** (*di luogo*) praticabilità, raggiungibilità □ accesso, accessione (*lett.*) **CONTR.** inaccessibilità, impenetrabilità, intransitabilità ***2*** (*fig.*) (*di persona*) affabilità, trattabilità, comprensione **CONTR.** scontrosità.

accèsso *s. m.* ***1*** (*di luogo*) accessibilità □ adito, entrata, ingresso, passaggio, varco, porta, entratura (*raro*) ***2*** (*a scuola e sim.*) ammissione, accoglimento ***3***

(*med.*) attacco, crisi, insorgenza improvvisa **4** (*est., fig.*) (*di sentimento*) impulso improvviso, impeto.

accessòrio ***A*** *agg.* accidentale, incidentale, casuale □ collaterale, complementare, aggiunto, addizionale, annesso □ eccedente, superfluo, non necessario □ marginale, secondario □ ausiliare, sussidiario □ opzionale, voluttuario **CONTR.** essenziale, fondamentale, capitale, centrale, nodale, necessario, primario, prioritario, principale, sostanziale □ integrante ***B*** *s. m. spec. al pl.* appendice, ammennicolo □ (*di auto, ecc.*) complemento, completamento, optional (*ingl.*) **CONTR.** necessario □ nécessaire (*fr.*). *V. anche* SUPERFLUO

accétta *s. f.* ascia, scure, mannaia □ (*a due tagli*) bipenne **FRAS.** *fatto con l'accetta* (*fig.*), grossolano □ *far le parti con l'accetta*, dividere in modo approssimativo □ *tagliare con l'accetta* (*fig.*), tagliare in maniera rozza; giudicare affrettatamente.

accettàbile *agg.* ammissibile, passabile, buono, onesto, ragionevole, decente □ tollerabile □ attendibile, plausibile, concepibile, possibile □ legittimo □ gradito □ (*di sistema, di norme, ecc.*) adottabile □ (*econ.*) bancabile **CONTR.** inaccettabile □ inammissibile, inattendibile □ impensabile □ ricusabile □ sgradito.

accettabilità *s. f.* ammissibilità □ attendibilità, plausibilità **CONTR.** inammissibilità, inattendibilità.

accettàre *v. tr.* **1** (*di persone e cose*) ricevere, gradire, volere, accogliere □ far buon viso □ esaudire, concedere □ adottare □ (*di allievo, di progetto, ecc.*) promuovere **CONTR.** rifiutare, respingere □ negare □ schifare, sgradire (*raro*), spregiare **2** (*di persona*) accogliere, ammettere **CONTR.** emarginare, escludere, cacciare □ proscrivere **3** (*di carica, ecc.*) assumere, prendere **CONTR.** rinunciare, declinare □ abdicare (*anche fig.*) **4** (*di autorità, ecc.*) chinarsi, inchinarsi **CONTR.** combattere, contrastare, resistere **5** (*di proposta, osservazione, ecc.*) ammettere, approvare, seguire, consentire, acconsentire, favorire, aderire □ assimilare, digerire □ (*di consigli, di ragioni, ecc.*) intendere, udire, raccogliere **CONTR.** respingere, bocciare □ ignorare, trascurare **6** (*di causa, di usi, di idee, ecc.*) abbracciare, rispettare, sposare **CONTR.** ricusare, rinnegare, ripudiare, sconfessare, abiurare **7** (*di torto, di merito, ecc.*) riconoscere **CONTR.** rigettare, respingere □ rintuzzare **8** (*di impegno, di onere, di accusa, ecc.*) accollarsi, assumere, sobbarcarsi **9** (*di azione, di comportamento, ecc.*) passare, sopportare, tollerare **CONTR.** biasimare **10** (*di eredità*) adire. *V. anche* UDIRE

accettazióne *s. f.* **1** accoglienza, accoglimento, ammissione, approvazione, consenso, acconsentimento □ gradimento □ riconoscimento, qualificazione (*sport*) □ assunzione □ (*di albergo, di ospedale, ecc.*) reception (*ingl.*), ricevimento, ricezione **CONTR.** rifiuto, rigetto, ripudio, ripulsa (*lett.*), ricusa, ricusazione, confutazione, impugnazione □ disapprovazione □ rinuncia, abdicazione □ emarginazione, esclusione **2** (*di documento, di pacco, ecc.*) ritiro **3** rassegnazione, sottomissione, sopportazione, pazienza **CONTR.** ribellione, opposizione, oppugnazione, protesta, contestazione □ diniego.

accètto *agg.* accettato, accolto □ caro, gradito, grato, gradevole, benvisto **CONTR.** respinto, rifiutato □ sgradito, malaccetto, malgradito, importuno, indesiderato, inviso (*lett.*), odioso.

accezióne *s. f.* (*di vocabolo*) significato, senso, valore.

acchiappàre *v. tr.* **1** afferrare, acciuffare, agguantare, abbrancare, cogliere, ghermire, catturare, prendere **CONTR.** lasciarsi sfuggire, lasciar cadere **2** (*di ladro e sim.*) cogliere sul fatto, sorprendere □ beccare (*fam.*) □ arrestare, fermare, catturare. *V. anche* PRENDERE

acchìto *s. m.* (*nel biliardo*) posizione iniziale **FRAS.** *di primo acchito* (*fig.*), subito.

acciaccàre *v. tr.* ammaccare, schiacciare, sformare, deformare, comprimere, pestare, magagnare (*raro*), spiaccicare **CONTR.** stirare, stendere, distendere. *V. anche* SCHIACCIARE

acciaccatùra *s. f.* acciaccamento, ammaccatura, schiacciamento, schiacciatura, schiacciata, pestata.

acciàcco *s. m.* disturbo fisico, malessere, indisposizione, male, malanno, malattia, infermità. *V. anche* DISTURBO, MALATTIA

acciaierìa *s. f.* fonderia, fucina.

acciambellàre ***A*** *v. tr.* avvolgere **CONTR.** svolgere ***B*** **acciambellarsi** *v. rifl.* avvolgersi su sé stesso, raggomitolarsi, accoccolarsi **CONTR.** stendersi, distendersi. *V. anche* AVVOLGERE

acciarìno *s. m.* battifuoco, focile (*ant.*).

acciarpàre *v. tr.* abborracciare, acciabattare, cianfrugliare **CONTR.** curare, fare con cura, lavorare coscienziosamente.

accidèmpoli *inter.* (*euf.*) accidenti, acciderba, accipicchia.

accidentàle *agg.* **1** casuale, fortuito, episodico, contingente, occasionale, eventuale □ involontario **CONTR.** certo, fisso, abituale, consueto, solito □ studiato, concertato **2** accessorio, secondario, non necessario, non sostanziale **CONTR.** primario, essenziale, necessario, sostanziale, capitale.

accidentalménte *avv.* casualmente, per caso, fortuitamente, incidentalmente, occasionalmente, involontariamente **CONTR.** continuamente, permanentemente.

accidentàto *agg.* **1** (*di persona*) paralizzato **2** (*di terreno*) ineguale, irregolare, sconnesso, movimentato, sconvolto, tormentato, ondulato, mosso **CONTR.** liscio, piano, piatto, uguale, uniforme, regolare.

accidènte *s. m.* **1** evento, caso, contingenza, combinazione, coincidenza, evenienza, avvenimento, vicenda, casualità, fatto fortuito □ incerto, imprevisto □ modalità (*dir.*) **2** disgrazia, incidente, danno, sciagura, sinistro □ cattivo augurio **CONTR.** fortuna □ augurio **3** (*med.*) complicanza, complicazione □ colpo apoplettico, paralisi, malanno, infarto **4** (*fig.*) (*di persona*) tormento, diavolo **CONTR.** angelo **5** niente, nulla **CONTR.** tutto **6** (*di terreno*) ineguaglianza, asperità **7** (*filos.*) contingente **CONTR.** essenza, sostanza **FRAS.** *non capire un accidente*, non capire nulla. *V. anche* INCERTO

accidènti *inter.* accidempoli, acciderba, accipicchia, caspita.

accidèrba *inter.* accidenti.

accìdia *s. f.* ignavia, indolenza, apatia, abulia, inerzia, infingardaggine, neghittosità, ozio, pigrizia, inoperosità, poltroneria, poltronaggine, svogliatezza, scioperataggine □ acedia (*filos.*) CONTR. alacrità, attività, lena, operosità, solerzia, zelo □ intraprendenza. *V. anche* PIGRIZIA

accidióso *agg.* ignavo, indolente, abulico, apatico, inerte, infingardo, neghittoso, ozioso, inoperoso, pigro, poltrone, scioperato, svogliato CONTR. alacre, attivo, operoso, solerte, zelante □ intraprendente.

accigliàrsi *v. intr. pron.* aggrondarsi, rabbuiarsi, corrucciarsi, incupirsi CONTR. rasserenarsi, sorridere.

accigliàto *part. pass. di* **accigliarsi**; *anche agg.* serio, burbero, cupo, tetro, scuro, torvo, aggrondato, corrucciato, minaccioso CONTR. gaio, ilare, lieto, allegro, sereno, sorridente.

accìngersi *v. rifl.* apprestarsi, prepararsi, apparecchiarsi, disporsi □ cominciare, incominciare, principiare, intraprendere CONTR. desistere, cessare, smettere, interrompere, troncare.

acciò *cong.* (*lett.*) *V.* **acciocché**.

acciocché *cong.* affinché, perché, acciò (*lett.*).

acciottolàto ***A*** *agg.* pavimentato, lastricato, selciato, ammattonato CONTR. disselciato ***B*** *s. m.* pavimentazione, lastricato, selciato, pavé (*fr.*).

accipìcchia *inter.* (*euf.*) accidenti, acciderba, accidempoli, caspita.

acciuffàre ***A*** *v. tr.* acchiappare, chiappare, pigliare, prendere, afferrare, agguantare, abbrancare, ghermire □ catturare, arrestare, fermare □ beccare (*fam.*) CONTR. lasciare, mollare ***B*** **acciuffarsi** *v. rifl. rec.* accapigliarsi, azzuffarsi CONTR. rappacificarsi, riconciliarsi. *V. anche* PRENDERE

acciùga *s. f.* ***1*** (*zool.*) alice ***2*** (*di persona*) chiodo, stecco, stecchino, scheletro CONTR. ciccione, balena, botte FRAS. *essere un'acciuga*, essere molto magro □ *pigiati come acciughe*, molto stretti, come le acciughe nel barile.

acclamàre ***A*** *v. tr.* e *intr.* applaudire, plaudire (*lett.*), plaudere (*lett.*), approvare, salutare (*fig.*) CONTR. disapprovare, fischiare ***B*** *v. tr.* ***1*** eleggere per acclamazione, proclamare, conclamare, creare ***2*** (*fig.*) celebrare, lodare, esaltare, elogiare CONTR. biasimare, criticare, denigrare, disprezzare.

acclamazióne *s. f.* ***1*** applauso, plauso, approvazione, ovazione, evviva CONTR. disapprovazione, biasimo, critica, riprovazione, fischiata ***2*** elezione per acclamazione, proclamazione.

acclimatàre ***A*** *v. tr.* ***1*** adattare al clima ***2*** (*est.*) abituare ***B*** **acclimatarsi** *v. rifl.* ***1*** adattarsi al clima ***2*** abituarsi, assuefarsi.

acclimatazióne *s. f.* ***1*** acclimazione, adattamento al clima ***2*** abitudine, assuefazione.

acclùdere *v. tr.* allegare, acchiudere, includere, annettere, unire CONTR. escludere, levare, togliere. *V. anche* UNIRE

acclùso *part. pass. di* **accludere**; *anche agg.* allegato, incluso, annesso, unito CONTR. escluso, tolto.

accoccolàrsi *v. rifl.* accovacciarsi, accosciarsi, acchiocciolarsi, accucciarsi, aggomitolarsi, raggomitolarsi, rannicchiarsi, acciambellarsi.

accodàrsi *v. rifl.* ***1*** mettersi in fila, mettersi in coda CONTR. mettersi in testa, mettersi davanti ***2*** (*fig.*) seguire, aggregarsi CONTR. staccarsi, allontanarsi.

accogliènte *agg.* ***1*** (*di persona*) ospitale, cordiale CONTR. inospitale ***2*** (*di luogo*) piacevole, comodo, confortevole CONTR. scomodo, disagevole.

accogliènza *s. f.* ***1*** benvenuto □ accettazione, accoglimento (*lett.*) □ ricevimento, ricezione, trattamento □ inclusione □ gradimento CONTR. commiato, congedo □ esclusione, emarginazione, cacciata ***2*** (*est.*) ospitalità.

accògliere *v. tr.* ***1*** (*di persona*) ricevere □ ospitare, alloggiare, ricettare (*raro, lett.*), ricoverare, sistemare □ adottare CONTR. congedare, accomiatare □ escludere, allontanare, esiliare ***2*** (*di proposta e sim.*) approvare, ammettere, accettare, aderire, ascoltare, recepire, seguire □ tollerare, fare buon viso □ (*di domanda, di desiderio, ecc.*) esaudire, acconsentire, soddisfare CONTR. respingere, rifiutare, rigettare, ricusare □ silurare □ declinare ***3*** (*di luogo*) tenere (*fam.*), contenere, raccogliere, albergare, allogare. *V. anche* UDIRE

accòlito *s. m.* ***1*** chierico □ chierichetto ***2*** (*fig., anche iron.*) seguace, accompagnatore, fedele, partigiano, cortigiano □ scagnozzo, tirapiedi. *V. anche* SEGUACE

accollàre ***A*** *v. tr.* (*fig.*) (*di impegno e sim.*) addossare, gravare, caricare, incaricare, sovrapporre CONTR. liberare, sgravare ***B*** **accollarsi** *v. rifl.* (*di impegno e sim.*) addossarsi, assumersi, attribuirsi, incaricarsi, caricarsi, sostenere, sobbarcarsi □ (*di tributi statali*) fiscalizzare CONTR. liberarsi, disimpegnarsi, sgravarsi.

accollàto *part. pass. di* **accollare**; *anche agg.* chiuso al collo, accollacciato CONTR. scollato, scollacciato, décolleté (*fr.*).

accòlta *s. f.* (*lett.*) riunione, adunanza, raduno, adunata, raccolta, circolo, cenacolo.

accoltellàre *v. tr.* ferire col coltello, pugnalare □ sbudellare.

accòlto *part. pass. di* **accogliere**; *anche agg.* ***1*** ricevuto, accettato, ospitato, ricoverato □ approvato, accetto, gradito □ (*in una lista, nel novero, ecc.*) ammesso, incluso □ (*di invito, ecc.*) accettato, confermato CONTR. congedato, accomiatato □ dimesso □ allontanato, respinto, scacciato, escluso, proscritto □ sgradito □ declinato, disdetto ***2*** raccolto, riunito CONTR. sparpagliato, disperso, diffuso.

accomiatàre ***A*** *v. tr.* congedare, dare commiato, salutare □ licenziare, mandar via, allontanare □ dimettere CONTR. accogliere, ricevere □ trattenere ***B*** **accomiatarsi** *v. rifl.* congedarsi, andar via, salutare □ licenziarsi, allontanarsi CONTR. arrivare, presentarsi.

accomodaménto *s. m.* ***1*** (*di cosa*) aggiustamento, aggiustatura, accomodatura, riparazione □ riattamento, rabberciamento, assestamento, riassestamento, sistemazione □ adattamento, correzione CONTR. guasto, rottura □ danno, danneggiamento □ deterioramento ***2*** (*di persone*) accordo, arrangiamento, conciliazione, compromesso, transazione □ tacitazione □ modus vivendi (*lat.*) □ (*di lite, di disputa e sim.*) pace, pacificazione, riconciliazione **CONTR.** disaccordo, discordia, dissidio, lite, litigio □ vertenza. *V. anche* CONCILIAZIONE

accomodànte *agg.* conciliante, adattabile, accondiscendente, compiacente □ cedevole, docile □ remissivo, arrendevole **CONTR.** inflessibile, irremovibile, rigido, caparbio, coriaceo □ litigioso, litighino. *V. anche* FLESSIBILE

accomodàre ***A*** *v. tr.* ***1*** (*di cosa*) aggiustare, riparare, raccomodare, racconciare, raggiustare, rabberciare, rammendare, rappezzare, rattoppare □ rimediare □ riattare, riassettare, rinnovare, restaurare □ assestare, riassestare, assettare, sistemare, ordinare, riordinare, rassettare □ acconciare, addobbare □ allogare, collocare □ (*di imbarcazioni*) raddobbare □ (*di meccanismo, di congegno*) regolare, tarare **CONTR.** guastare, rompere, rovinare, danneggiare □ sabotare □ disfare, distruggere □ spaccare, scassare (*fam.*), spezzare, fracassare □ stracciare, strappare □ infrangere, frangere (*lett.*), sbriciolare □ squarciare, lacerare □ sconquassare, sgangherare □ manomettere, scassinare, sfondare ***2*** (*iron.*) (*di persona*) sistemare, conciare ***3*** (*di lite e sim.*) comporre, conciliare, appianare, riconciliare **CONTR.** fomentare ***B*** *v. intr.* essere comodo, tornare utile, far piacere **CONTR.** spiacere, dispiacere ***C*** **accomodarsi** *v. rifl.* ***1*** mettersi a proprio agio, mettersi a sedere, sedersi ***2*** entrare, venire avanti **CONTR.** alzarsi □ uscire, andarsene ***3*** adattarsi, sistemarsi ***4*** accordarsi, aggiustarsi, pacificarsi, rappacificarsi, rappattumarsi, riconciliarsi □ transare **CONTR.** bisticciare, litigare, guastarsi ***5*** abbigliarsi, acconciarsi, riordinarsi.

accomodatùra *s. f.* riparazione, accomodamento, acconciamento, aggiustamento, aggiustatura, raccomodatura, racconciatura □ rappezzatura, rabberciatura, rappezzamento, rappezzo, rattoppatura, rattoppo, raffazzonamento **CONTR.** guasto, rottura, strappo, squarcio, avaria.

accompagnaménto *s. m.* compagnia, seguito, scorta, codazzo, corteggio, corteo, corte, contrappunto (*fig., scherz.*) □ condimento (*fig.*).

accompagnàre ***A*** *v. tr.* ***1*** (*di persona*) andare insieme, seguire, scortare, tener dietro, corteggiare (*raro, lett.*), secondare (*lett.*) □ condurre, guidare, portare □ (*di animali, di acque, ecc.*) menare ***2*** (*di cose*) accoppiare, abbinare, apparigliare, associare, congiungere, unire, aggiungere □ corredare **CONTR.** scompagnare, spaiare □ dividere, separare, disgiungere, staccare, disunire ***B*** **accompagnarsi** *v. rifl.* ***1*** (*di persone*) accoppiarsi □ unirsi, associarsi, aggregarsi, circondarsi □ imbrancarsi □ familiarizzare, frequentare **CONTR.** dividersi, separarsi □ staccarsi, isolarsi ***2*** (*di cose*) armonizzare, sposarsi (*fig.*) □ stare insieme, combinarsi, associarsi **CONTR.** discordare, fare a pugni.

accompagnatóre *s. m.* (*f. -trice*) ***1*** seguace, accolito, satellite ***2*** (*di comitiva*) guida, cicerone, assistente, steward (*ingl.*), tour leader (*ingl.*) □ hostess (*ingl.*) ***3*** (*in balli, in manifestazioni, ecc.*) cavaliere. *V. anche* MUSICISTA, SEGUACE

accomunàre *v. tr.* ***1*** mettere in comune, mettere insieme, associare, unire, legare, affratellare, congregare, consociare □ (*di fatti, di pensieri, ecc.*) ricollegare **CONTR.** dividere, separare, disgiungere, disunire ***2*** mettere alla pari, avvicinare, accostare, uguagliare, assimilare **CONTR.** distinguere, differenziare. *V. anche* UNIRE

acconciaménte *avv.* bene, convenientemente, opportunamente, debitamente □ garbatamente □ comodamente **CONTR.** male, inopportunamente, sconvenientemente.

acconciàre ***A*** *v. tr.* ***1*** (*di cosa*) accomodare, racconciare, aggiustare, riparare □ assettare, ordinare, adattare □ preparare, approntare, allestire □ guarnire □ arredare □ (*di merce, di prodotto*) condizionare, confezionare **CONTR.** guastare, danneggiare, rompere ***2*** (*di persona*) pettinare □ (*est.*) abbigliare, adornare, abbellire, azzimare **CONTR.** spettinare, arruffare, scapigliare ***B*** **acconciarsi** *v. rifl.* ***1*** disporsi, apprestarsi, prepararsi, accingersi □ adattarsi ***2*** (*di capelli*) pettinarsi, ravviarsi **CONTR.** spettinarsi, scapigliarsi ***3*** (*di vestiti*) prepararsi (*fam.*), vestirsi, cambiarsi, abbigliarsi □ agghindarsi, ornarsi, truccarsi.

acconciàto *part. pass. di* **acconciare**; *anche agg.* ***1*** accomodato, aggiustato, riparato **CONTR.** guastato, rotto ***2*** (*di persona*) abbigliato, pettinato, agghindato, azzimato, preparato ***3*** (*di merce, di prodotto*) confezionato, condizionato □ presentato.

acconciatóre *s. m.* (*f. -trice*) parrucchiere, coiffeur (*fr.*), barbiere.

acconciatùra *s. f.* ***1*** (*di cosa*) accomodamento, rassettatura □ preparazione, allestimento ***2*** (*di capelli*) pettinatura □ parrucca ***3*** (*di vesti*) abbigliamento, mise (*fr.*), toilette (*fr.*) □ vestito, abito.

accóncio *agg.* idoneo, conveniente, adeguato, adatto, congruo, confacente, calzante, opportuno, proprio □ apposito □ (*di momento, di occasione, ecc.*) propizio, utile, vantaggioso **CONTR.** disadatto, inadatto, inadeguato, inopportuno, sconveniente.

accondiscendènte *part. pres. di* **accondiscendere**; *anche agg.* accomodante, conciliante □ indulgente, tollerante □ compiacente □ arrendevole, remissivo, docile, supino, acquiescente **CONTR.** rigido, intransigente □ difficile, duro, intrattabile □ caparbio, ostinato.

accondiscendènza *s. f.* condiscendenza □ indulgenza, tolleranza □ arrendevolezza, remissività, docilità □ benevolenza, bonarietà **CONTR.** rigidezza, intransigenza □ ostinazione, caparbietà □ resistenza, opposizione.

accondiscéndere *v. intr.* condiscendere, consentire, concedere, compiacere, esaudire, secondare, acconsentire □ cedere, arrendersi, inchinarsi □ degnarsi **CONTR.** rifiutare, ricusare, negare, opporsi □ ostare, ostinarsi □ scompiacere.

acconsentire *v. intr.* essere d'accordo, concordare, aderire □ accondiscendere, dir di sì, lasciare, accordare, autorizzare, permettere, consentire, concedere, condiscendere □ accogliere, accettare □ assentire □ annuire □ assecondare, favorire □ cedere, rassegnarsi, sopportare □ applaudire **CONTR.** disapprovare □ ricusare, rifiutare □ contraddire, obiettare, confutare □ opporsi □ contrastare, contrariare □ impedire, inibire, interdire, proibire, negare, vietare, recalcitrare, ribellarsi.

accontentàre ***A*** *v. tr.* contentare, soddisfare, esaudire, appagare, compiacere □ servire **CONTR.** scontentare, contrariare ***B*** **accontentarsi** *v. rifl.* contentarsi, essere soddisfatto □ adattarsi **CONTR.** protestare, reclamare, lagnarsi, essere insoddisfatto.

accónto *s. m.* anticipo, caparra, arra, pegno **CONTR.** saldo.

accoppàre ***A*** *v. tr.* (*est., pop., anche fig.*) uccidere, ammazzare, far fuori (*pop.*) ***B*** **accopparsi** *v. intr. pron.* uccidersi, morire.

accoppiaménto *s. m.* appaiamento, abbinamento □ coppia □ collegamento, congiungimento, congiunzione □ unione, mescolanza □ accoppiata, abbinata □ coito, copula, (*di animali*) monta □ (*di animali, di piante*) incrocio □ (*raro*) matrimonio □ (*mecc.*) giunto, fit (*ingl.*) **CONTR.** divisione, separazione □ sdoppiamento.

accoppiàre ***A*** *v. tr.* ***1*** abbinare, appaiare, apparigliare, accompagnare, associare, congiungere, collegare, unire □ (*di animali, di piante*) incrociare **CONTR.** spaiare □ disunire, dividere, disgiungere, separare, scompagnare, staccare, sdoppiare, sparigliare ***2*** (*raro*) sposare ***B*** **accoppiarsi** *v. rifl.* e *rifl. rec.* ***1*** mettersi in coppia, accompagnarsi, appaiarsi, associarsi, congiungersi, unirsi □ copulare **CONTR.** dividersi, disgiungersi, separarsi, spaiarsi, staccarsi, sdoppiarsi □ isolarsi ***2*** sposarsi, maritarsi, ammogliarsi, coniugarsi **CONTR.** divorziare.

accoppiàta *s. f.* abbinata, coppia, paio, binomio □ abbinamento, accoppiamento □ tandem.

accoppiàto *part. pass. di* **accoppiare**; *anche agg.* ***1*** appaiato, abbinato, binato (*tess.*) □ congiunto, collegato, unito, annesso **CONTR.** spaiato, scompagnato □ disgiunto, disunito, separato, diviso ***2*** sposato, maritato, ammogliato, coniugato □ (*di piante*) incrociato **CONTR.** diviso, divorziato, separato □ solo, single (*ingl.*) ***3*** (*di rima*) baciata.

accoràre ***A*** *v. tr.* affliggere, contristare, addolorare, rattristare, attristare □ tormentare, torturare **CONTR.** allietare, rallegrare, consolare ***B*** **accorarsi** *v. intr. pron.* affliggersi, attristarsi, rattristarsi, addolorarsi □ tormentarsi **CONTR.** allietarsi, rallegrarsi, esultare, gioire.

accorataménte *avv.* mestamente, tristemente, sconsolatamente, dolorosamente **CONTR.** allegramente, gioiosamente, lietamente.

accoràto *part. pass. di* **accorare**; *anche agg.* afflitto, angosciato, abbattuto, addolorato, triste, mesto, contristato, sconfortato, rattristato **CONTR.** contento, allegro, gaio, lieto, gioioso, esultante.

accorciaménto *s. m.* accorciatura, abbreviamento, abbreviatura, contrazione, riduzione □ retrazione □ sincope, (*di capelli, ecc.*) spuntatura **CONTR.** allungamento, allungatura □ prolungamento, protrazione □ estensione □ stiramento, cedimento.

accorciàre ***A*** *v. tr.* abbreviare, raccorciare, scorciare, contrarre, ridurre, diminuire, decurtare □ (*di scritto, di discorso*) compendiare, riassumere □ (*di piante, di capelli*) potare □ spuntare, tagliare **CONTR.** allungare □ prolungare, protrarre □ estendere ***B*** **accorciarsi** *v. intr. pron.* abbreviarsi, scorciarsi, ridursi, contrarsi, ritirarsi, diminuire, scemare **CONTR.** allungarsi, protrarsi, dilungarsi, estendersi □ aumentare, crescere. *V. anche* DIMINUIRE, TAGLIARE

accorciativo *agg.* e *s. m.* abbreviativo.

accorciàto *part. pass. di* **accorciare**; *anche agg.* abbreviato, ridotto, più corto, raccorciato □ diminuito, scemato □ riassunto □ (*di piante, di capelli*) potato □ spuntato, tagliato **CONTR.** allungato, prolungato.

accorciatùra *s. f. V.* **accorciamento**.

accordàre ***A*** *v. tr.* ***1*** (*di persone*) mettere d'accordo, affiatare, conciliare, pacificare, rappacificare, riconciliare, ravvicinare, rappattumare **CONTR.** mettere in disaccordo ***2*** (*di cose*) mettere d'accordo, far coincidere, combinare □ uniformare □ conformare □ (*di liti e sim.*) comporre **CONTR.** scombinare ***3*** (*mus.*) intonare □ armonizzare, concertare ***4*** concedere, dare, consentire □ lasciare, dare il permesso, permettere, autorizzare □ condiscendere, accondiscendere, acconsentire □ cedere □ (*di fiducia, di affetto, ecc.*) riporre, dare □ (*di onorificenza, di premio*) conferire □ (*di documento, di dichiarazione*) rilasciare (*bur.*) **CONTR.** negare, denegare (*lett.*), rifiutare, ricusare □ togliere ***B*** **accordarsi** *v. rifl. rec.* mettersi d'accordo, accomodarsi, aggiustarsi, arrangiarsi, conciliarsi, convenire, intendersi, capirsi, combinarsi □ affiatarsi □ convenzionarsi, indettarsi (*raro*), (*con presupposti, con teorie, ecc.*) soddisfare **CONTR.** litigare, contrastare, altercare, discutere, questionare, bisticciare, accapigliarsi □ rivaleggiare, contendere ***C*** *v. intr. pron.* conformarsi, adeguarsi, concordare, essere in armonia **CONTR.** contrastare, stonare, stridere, dissonare, discrepare (*raro, lett.*), discordare, divergere.

accordàto *part. pass. di* **accordare**; *anche agg.* ***1*** (*di colore, di vestito, ecc.*) intonato, armonizzato **CONTR.** stonato, discordante ***2*** (*di prezzo e sim.*) concordato ***3*** (*di permesso e sim.*) dato, concesso, consentito, permesso, autorizzato **CONTR.** negato, rifiutato.

accòrdo *s. m.* ***1*** (*di persona*) concordia, intesa, comprensione, affiatamento, sintonia, armonia, affinità □ unione, coesione, solidarietà □ amicizia, amore, simpatia, fraternità □ (*di opinioni, di sentimenti e sim.*) uniformità **CONTR.** contrasto, disaccordo, antagonismo, disarmonia, discordia, controversia, dissidio, divergenza, attrito, urto, ostilità, screzio ***2*** consenso, consentimento, permesso, benestare, autorizzazione **CONTR.** veto, interdizione, divieto, proibizione ***3*** (*di colore e sim.*) armonizzazione, armonia **CONTR.** stonatura, contrasto ***4*** (*tra persone*) patto, concordato, convenzione □ accomodamento, aggiustamento, arrangiamento □ connubio, intesa □ combutta, comunella □ lega, alleanza, coalizione, compromesso, transazione □ contratto, convenuto, capitolato (*dir.*), costituto (*dir.*) □ scommessa □ (*di litiganti, di lite*) riavvicinamento, riconciliazione, conciliazione, componimento, composizione, pace, pacificazione □ (*in politica*) apertura □ trattato □ (*tra* *imprese*) cartello, consorzio, trust (*ingl.*), intesa □ (*econ.*) sindacato, pool (*ingl.*) **CONTR.** vertenza, conflitto, contesa, scontro, frizione □ competizione, concorrenza □ contrapposizione, opposizione, dissenso □ scissione, scisma, frattura, rottura ***5*** riscontro, corrispondenza, rispondenza, coerenza □ compatibilità **CONTR.** discrepanza, antitesi, divergenza □ incompatibilità ***6*** (*di documento, di dichiarazione*) rilascio (*bur.*) ***7*** (*ling.*) concordanza ***8*** (*mus.*) assonanza, armonia, (*di strumento*) voce. *V. anche* COALIZIONE, SOLIDARIETÀ

accòrgersi *v. intr. pron.* vedere, scorgere, conoscere, comprendere, capire, avvedersi, notare, trovare □ subodorare, intuire, annusare, aver sentore, sentire, indovinare, presentire.

accorgiménto *s. m.* ***1*** avvertenza, cautela, accortezza □ stratagemma, espediente, tattica, mezzo ingegnoso, via, sotterfugio, arte, artificio, astuzia ***2*** accortezza. *V. anche* ARTIFICIO

accorpaménto *s. m.* incorporamento, riunione, inglobamento, fusione, unione, unificazione **CONTR.** scorporo, lottizzazione, frazionamento, ripartizione, smembramento.

accorpàre *v. tr.* unire, unificare, conglobare, riunire **CONTR.** scorporare, lottizzare, frazionare, smembrare.

accórrere *v. intr.* correre, dirigersi, affluire, concorrere, precipitarsi, (*di gruppo, di folla*) rovesciarsi, riversarsi □ correre in aiuto, intervenire **CONTR.** sfollare.

accórso *part. pass. di* **accorrere**; *anche agg.* affluito □ corso in aiuto □ presente **CONTR.** assente.

accortaménte *avv.* abilmente, intelligentemente, destramente, sagacemente, perspicacemente □ avvedutamente, giudiziosamente, sapientemente, saviamente, oculatamente, prudentemente, previdentemente □ scaltramente, astutamente, furbamente □ tatticamente, diplomaticamente, politicamente, maliziosamente **CONTR.** ingenuamente, fanciullescamente, scioccamente, stoltamente, malaccortamente, malavvedutamente, disavvedutamente, imprudentemente, imprevidentemente.

accortézza *s. f.* ***1*** abilità, destrezza, avvedutezza, cautela, finezza, oculatezza, perspicacia, lungimiranza, previdenza, prudenza, sagacia □ scaltrezza, astuzia, furbizia □ diplomazia, politica (*fam.*), savoir-faire (*fr.*), malizia **CONTR.** sciocchezza, stoltezza, ottusità □ sventatezza, disavvedutezza, imprevidenza, imprudenza, irriflessione □ ingenuità, credulità, dabbenaggine ***2*** avvertenza, cautela, accorgimento. *V. anche* PRUDENZA

accòrto *part. pass. di* **accorgersi**; *anche agg.* abile, intelligente, destro, acuto, perspicace, sagace, fine, lungimirante □ sveglio, desto □ avveduto, cauto, oculato, prudente, previdente, circospetto, attento □ sveglio, desto, vigile □ astuto, scaltro, malizioso, volpino (*fam.*), furbo □ diplomatico, politico (*fam.*) **CONTR.** ottuso, sciocco, stolto □ imprudente, imprevidente, disavveduto, malaccorto, sventato, irriflessivo □ ingenuo, sprovveduto, credulone.

accosciàrsi *v. rifl.* accovacciarsi, accucciarsi, accoccolarsi **CONTR.** alzarsi.

accostàbile *agg.* (*di persona*) abbordabile, avvicinabile, accessibile, raggiungibile □ affabile, alla mano, socievole □ gentile, garbato, cortese **CONTR.** inaccostabile, inavvicinabile, irraggiungibile □ sgarbato, scortese □ burbero, intrattabile, scontroso.

accostaménto *s. m.* avvicinamento, appressamento, contatto, approccio □ giustapposizione □ (*di colore, di carte, ecc.*) combinazione **CONTR.** allontanamento, separazione, scostamento.

accostàre ***A*** *v. tr.* (*di persone e cose*) porre accanto, appressare (*lett.*), avvicinare, raccostare, ravvicinare, stringere, unire □ appoggiare □ addossare, approssimare □ mettere a contatto, entrare in contatto, contattare, giungere □ accomunare, associare □ (*di porta, di finestra, ecc.*) socchiudere □ confrontare, giustapporre, paragonare **CONTR.** allontanare, separare, scostare, discostare, allargare (*lett.*), distanziare □ scansare ***B*** *v. intr.* (*mar.*) approdare, abbordare **CONTR.** salpare ***C*** **accostarsi** *v. rifl.* ***1*** avvicinarsi, approssimarsi, appressarsi □ stringersi, unirsi □ rasentare, sfiorare, somigliare **CONTR.** allontanarsi, scostarsi, discostarsi □ scansarsi ***2*** (*fig.*) (*a un'idea e sim.*) aderire, seguire, parteggiare □ (*all'arte, alla fede, ecc.*) volgersi, abbracciare, dedicarsi **CONTR.** contrastare, opporsi, avversare, contestare □ distare. *V. anche* UNIRE

accostàto *part. pass. di* **accostare**; *anche agg.* ***1*** appressato, avvicinato □ addossato, appoggiato **CONTR.** allontanato, scostato, separato ***2*** (*di porte, di finestre*) socchiuso, ravvicinato **CONTR.** aperto, spalancato.

accòsto *avv.* e *prep.* accanto, a lato, allato (*lett.*), vicino, presso, lungo, rasente **CONTR.** lontano, discosto, distante.

accovacciàrsi *v. rifl.* rannicchiarsi, accoccolarsi, accosciarsi, accucciarsi, appiattarsi **CONTR.** alzarsi, rialzarsi, drizzarsi, rizzarsi.

accovacciàto *part. pass. di* **accovacciarsi**; *anche agg.* rannicchiato, appiattato, accoccolato, coccoloni, accucciato **CONTR.** dritto, ritto, in piedi.

accozzàglia *s. f.* ***1*** (*di cose*) congerie, accozzamento, accozzo, miscuglio, amalgama, coacervo, confusione, caos, mucchio, ammasso, farragine, insieme disordinato, misto, calderone, guazzabuglio, zabaione, pot-pourri (*fr.*), pêle-mêle (*fr.*) ***2*** (*di persone*) folla, moltitudine, torma, branco (*spreg.*), manica (*spreg.*), orda (*scherz. o spreg.*), turba, colluvie (*lett., spreg.*). *V. anche* CONFUSIONE, FOLLA

accozzàre *v. tr.* affastellare, radunare, riunire, ammucchiare, ammassare, raccozzare, raccogliere, mescolare, combinare □ (*di scritti, di componimenti, ecc.*) ricucire **CONTR.** dividere, disunire, isolare, separare, staccare, sciogliere, sparpagliare □ scernere, sceverare.

accreditàbile *agg.* credibile □ riferibile □ imputabile.

accreditaménto *s. m.* ***1*** riconoscimento ***2*** (*econ.*) accredito, iscrizione a credito **CONTR.** addebito, addebitamento.

accreditàre *v. tr.* ***1*** (*di notizia e sim.*) dare per credibile, avvalorare, affermare, confermare **CONTR.** togliere credibilità, mettere in dubbio, negare, sfatare, smantellare *2* (*di persona*) dar credito, far stimare **CONTR.** screditare, squalificare *3* (*di denaro*) segnare a credito **CONTR.** addebitare *4* (*di diplomatico*) incaricare *5* (*di giornalista*) autorizzare.

accreditàto *part. pass. di* **accreditare**; *anche agg.* *1* (*di persona*) autorevole, stimato, considerato, qualificato **CONTR.** screditato, esautorato, squalificato *2* (*di diplomatico*) incaricato *3* (*di giornalista*) autorizzato *4* (*di titolo di credito*) girato, trasferito □ addebitato.

accrédito *s. m.* (*econ.*) accreditamento, iscrizione a credito **CONTR.** addebito, addebitamento.

accréscere *A* *v. tr.* aumentare, maggiorare, ingrandire, aggiungere, incrementare □ estendere, ampliare, amplificare, allungare, dilatare □ alimentare, ingrossare, rimpinguare, rimpolpare, sviluppare, moltiplicare, arricchire, avvantaggiare □ (*di prezzo, di valore, ecc.*) rialzare, rincarare, gonfiare **CONTR.** calare, diminuire, impiccolire, intaccare, assottigliare, sottrarre □ abbassare, contrarre, decurtare □ attenuare, alleggerire, alleviare □ smorzare, estinguere □ attenuare *B* *v. intr.* e **accrescersi** *intr. pron.* aumentare, svilupparsi, estendersi, crescere, ampliarsi, ingrandirsi □ (*di numero, di prezzo, ecc.*) salire **CONTR.** calare, decrescere, diminuire, declinare, scemare, attenuarsi, allentarsi □ scendere.

accresciménto *s. m.* aumento, crescita, incremento, ingrandimento □ maggiorazione, amplificazione, ampliamento, dilatazione □ sviluppo, avanzamento, miglioramento, progressione, estensione **CONTR.** calo, diminuzione, decremento □ decurtazione □ flessione, rallentamento. *V. anche* AUMENTO

accrescitivo *agg.* e *s. m.* **CFR.** vezzeggiativo, peggiorativo **CONTR.** diminutivo.

accresciùto *part. pass. di* **accrescere**; *anche agg.* aumentato, cresciuto □ ampliato □ rimpolpato, arricchito □ maggiorato □ (*di temperatura, di prezzo, ecc.*) salito **CONTR.** calato, ridotto, abbassato, diminuito, scemato, attenuato.

accucciàrsi *v. rifl.* (*di cane*) accovacciarsi, fare la cuccia □ (*est.*) accoccolarsi, accosciarsi, rannicchiarsi.

accucciàto *part. pass. di* **accucciarsi**; *anche agg.* accovacciato.

accudìre *A* *v. intr.* (*di cosa*) attendere, dedicarsi, occuparsi, avere cura, eseguire **CONTR.** trascurare, non badare, infischiarsi *B* *v. tr.* (*di persona*) assistere, aiutare, curare □ (*di animali*) governare **CONTR.** trascurare. *V. anche* AIUTARE

acculturàto *agg.* integrato, assimilato.

acculturazióne *s. f.* integrazione culturale, assimilazione.

accumulàre *A* *v. tr.* *1* ammassare, raccogliere, adunare, radunare, ammonticchiare, ammontare, ammucchiare, affastellare, agglomerare, conglomerare, conglobare □ collezionare □ stoccare, immagazzinare □ addensare **CONTR.** disperdere, sparpagliare, disseminare, spandere, spargere *2* (*ass.*) risparmiare □ far provvista **CONTR.** spendere, sprecare, sperperare, dissipare, consumare *B* **accumularsi** *v. intr. pron.* (*di cose*) ammucchiarsi, ammassarsi, agglomerarsi, addensarsi, raccogliersi **CONTR.** disperdersi, dissiparsi.

accumulàto *part. pass. di* **accumulare**; *anche agg.* ammassato, ammucchiato, raccolto □ collezionato □ risparmiato **CONTR.** disperso, sparso, sparpagliato □ dissipato.

accumulatóre *s. m.* (*f. -trice*) *1* (*di denaro*) risparmiatore □ avaro, spilorcio **CONTR.** prodigo □ spendaccione, scialacquatore *2* (*fis.*) batteria.

accumulazióne *s. f.* accumulo, accumulamento, ammasso, ammassamento, ammucchiamento, affastellamento □ deposito, stoccaggio □ (*di rena*) colmata **CONTR.** dispersione, sparpagliamento, disseminazione.

accùmulo *s. m. V.* **accumulazione**.

accurataménte *avv.* attentamente, diligentemente, coscienziosamente, esattamente, precisamente, con precisione, finitamente, minutamente, minuziosamente, meticolosamente, scrupolosamente, perbene, ammodo, appuntino □ gelosamente, religiosamente **CONTR.** trascuratamente, negligentemente, sciattamente, sbadatamente, sbrigativamente, superficialmente, malamente □ alla carlona, all'ingrosso, sottogamba.

accuratézza *s. f.* cura, amore, diligenza, coscienziosità, esattezza, proprietà, precisione, meticolosaggine, attenzione, religiosità □ finezza, eleganza, lindura **CONTR.** negligenza, trascurataggine, trascuratezza, sciatteria, incuria, imprecisione, cialtroneria, grossolanità, pressapochismo, superficialità. *V. anche* ELEGANZA

accuràto *agg.* *1* (*di lavoro e sim.*) fatto con cura, esatto, preciso, minuzioso, scrupoloso □ completo, finito **CONTR.** affrettato, frettoloso, sbrigativo, tirato via, abborracciato, superficiale *2* (*di persona*) diligente, esatto, preciso, meticoloso, metodico, coscienzioso □ ordinato, elegante, stilé (*fr.*) **CONTR.** impreciso, negligente, disordinato □ sciatto, trascurato, trasandato.

accùsa *s. f.* imputazione, incriminazione, addebito, carico, denunzia, querela, impeachment (*ingl.*) □ biasimo, critica, rimprovero □ taccia, nomea □ calunnia, diffamazione, denigrazione **CONTR.** difesa, discolpa, scarico, discarico, sgravio □ giustificazione, scusa.

accusàbile *agg.* incolpabile, imputabile, incriminabile □ tacciabile.

accusàre *A* *v. tr.* *1* (*di persona o cose*) incolpare, imputare, addebitare, incriminare □ denunciare, citare, querelare □ biasimare, censurare, criticare □ tacciare □ calunniare, diffamare, denigrare **CONTR.** scolpare, discolpare, difendere, patrocinare (*dir.*), scagionare □ scusare *2* (*di male, di dolore, ecc.*) manifestare, palesare □ dichiarare □ sentire, provare, avere **CONTR.** nascondere, celare, occultare *B* **accusarsi** *v. rifl.* dichiararsi colpevole, incolparsi **CONTR.** scolparsi, discolparsi, difendersi, giustificarsi, scagionarsi, scusarsi.

accusàto *part. pass. di* **accusare**; *anche agg.* e *s. m.* imputato, convenuto (*dir.*), prevenuto (*raro*), incolpato, incriminato □ denunciato, querelato **CONTR.** accusatore, denunciatore, querelante □ scusato, difeso □ patrocinato, assistito.

accusatóre *s. m.* (*f. -trice*) denunciatore, citante, querelante □ delatore, spia, sicofante (*lett.*) **CONTR.** difensore, avvocato, tutore.

acerbaménte *avv.* **1** (*fig.*) aspramente, acremente, crudelmente, duramente, rigidamente, severamente **CONTR.** benignamente, bonariamente, delicatamente, dolcemente □ umanamente **2** (*fig.*) (*di morto*) immaturamente, innanzitempo, prematuramente **CFR.** a tempo opportuno □ tardi.

acèrbo *agg.* **1** (*di frutto e sim.*) immaturo, prematuro, agro, brusco, verde □ precoce **CONTR.** maturo, fatto, pronto □ dolce, gradevole □ stagionato □ sfatto, passato **2** (*fig.*) (*di persona*) molto giovane, immaturo **CONTR.** adulto, maturo **3** (*fig.*) (*di persona e cose*) aspro, crudele, duro, feroce, intrattabile, rigido, ruvido, severo **CONTR.** amabile, benigno, bonario, clemente, dolce, indulgente, longanime, mite, tollerante **4** (*di situazione, di problema, ecc.*) penoso.

àcero *s. m.* (*bot.*) oppio, loppio.

acèrrimo *agg.* **1** *sup. di* **acre** **2** (*fig.*) accanito, inflessibile, irriducibile, veemente □ (*di nemico*) giurato, mortale **CONTR.** bonario, dolce, indulgente, mite.

acéto *s. m.* (*fig., lett.*) mordacità, arguzia.

acetósa *s. f.* (*bot.*) erba brusca.

acetosèlla *s. f.* (*bot.*) alleluia, erba luiula, trifoglio acetoso.

acetóso *agg.* acido, inacidito, agro.

acherònzia *s. f.* (*zool.*) (*di farfalla*) atropo, testa di morto.

achillèa *s. f.* (*bot.*) millefoglie, centofoglie.

acidaménte *avv.* (*fig.*) aspramente □ malignamente **CONTR.** dolcemente □ benignamente.

acidità *s. f.* **1** (*di sapore*) acetosità, acidume, agrezza, fortore, spunto **CONTR.** dolcezza **2** (*fig.*) (*di persona, di cosa*) acerbità, crudezza, asprezza □ rigore, severità □ mordacità □ acrimonia, acredire **CONTR.** benignità, bonarietà, dolcezza, bontà, benevolenza, mitezza, umanità.

àcido **A** *agg.* **1** (*di sapore*) acre, agro, aspro, brusco, forte □ acetoso, inacidito **CONTR.** alcalino □ neutro □ dolce, dolciastro, dolcigno **2** (*fig.*) (*di persona o cosa*) mordace, maligno, malevolo, pungente, aspro **CONTR.** benigno, benevolo, bonario, dolce, mite **3** (*chim.*) **CONTR.** basico, alcalino □ neutro **B** *s. m.* sapore aspro **CONTR.** sapore dolce.

acìdulo *agg.* leggermente acido, asprigno **CONTR.** amabile, dolce.

àcino *s. m.* chicco □ grano, granello.

àcme *s. f.* **1** (*di malattia*) fase acuta, acuzie (*med.*) **2** (*fig.*) apice, punto culminante, culmine, fase culminante, colmo, massimo, apogeo, vetta □ parossismo **CONTR.** minimo.

àcne *s. f.* (*med.*) foruncoli, brufoli.

aconfessionàle *agg.* (*est.*) laico **CONTR.** confessionale.

aconfessionalìsmo *s. m.* (*est.*) laicismo **CONTR.** confessionalismo.

aconfessionalità *s. f.* (*est.*) laicità **CONTR.** confessionalità.

acònito *s. m.* (*bot.*) napello.

àcqua *s. f.* **1** H_2O □ (*est.*) liquido, linfa (*poet.*), liquore (*lett.*) **2** pioggia **3** (*spec. al pl.*) cure idropiniche □ terme □ acque termali **4** (*pop.*) orina **5** (*spec. al pl.*) liquido amniotico **6** (*fig.*) limpidezza, luminosità, trasparenza **FRAS.** *acqua dolce*, acqua dei fiumi e dei laghi □ *acqua morta*, acqua stagnante □ *acqua viva*, acqua corrente □ *acqua cheta* (*fig.*), gattamorta □ *a fior d'acqua*, alla superficie □ *filo dell'acqua*, corrente □ *sott'acqua* (*fig.*), di nascosto □ *avere l'acqua alla gola* (*fig.*), essere in grave difficoltà □ *fare un buco nell'acqua* (*fig.*), fallire, non riuscire a nulla □ *essere un pesce fuor d'acqua* (*fig.*), trovarsi a disagio □ *all'acqua di rose* (*fig.*), blando; superficiale □ *affogare in un bicchiere d'acqua* (*fig.*), smarrirsi per un nonnulla □ *tirare l'acqua al proprio mulino* (*fig.*), fare il proprio interesse □ *acqua di fuoco* (*fig.*), acquavite □ *acqua fresca* (*fig.*), cosa inefficace □ *acqua passata* (*fig.*), avvenimento trascorso e ormai privo di importanza □ *andare in acqua*, sciogliersi, disperdersi; perdere efficacia □ *della più bell'acqua*, perfetto, come pietre preziose purissime □ *gettare acqua sul fuoco* (*fig.*), alleggerire una situazione tesa; placare una lite; minimizzare □ *confondere le acque* (*fig.*), creare uno stato di confusione □ *smuovere le acque* (*fig.*), sbloccare una situazione □ *portare acqua al mare* (*fig.*), fare cosa inutile.

acquàio *s. m.* lavandino, lavabo, lavello, lavamano, lavatoio, conca, vasca.

acquamarìna *s. f.* **1** (*miner.*) berillo verde azzurrino **2** (*di colore*) azzurro chiaro.

acquaplàno *s. m.* (*sport*) surf (*ingl.*).

acquaràgia *s. f.* essenza di trementina.

acquartieraménto *s. m.* (*mil.*) alloggiamento, accantonamento, base, quartiere (*ant.*).

acquartieràre **A** *v. tr.* (*mil.*) alloggiare, accampare, accasermare, accantonare **B** **acquartierarsi** *v. rifl.* accamparsi, accantonarsi.

acquasànta *s. f.* acqua benedetta.

acquasantièra *s. f.* pila.

acquàtico *agg.* (*di animale o pianta*) d'acqua, acquaiolo, acquatile **CONTR.** terrestre, terricolo □ alato, volante.

acquattàre **A** *v. tr.* (*raro*) nascondere, appiattare, rimpiattare **B** **acquattarsi** *v. rifl.* nascondersi, rimpiattarsi □ rannicchiarsi, accovacciarsi **CONTR.** saltar fuori □ alzarsi, drizzarsi.

acquavìte *s. f.* grappa, fior di vite, acqua arzente □ whisky, vodka, brandy, cognac.

acquazzóne *s. m.* rovescio, rovescione □ nubifragio □ diluvio □ scroscio, acquata □ pioggia, piovasco.

acquerèllo *s. m.* **1** dipinto, quadro **2** vinello. *V. anche* QUADRO

acquerùgiola *s. f.* pioggerella, pioggerellina **CFR.** acquata, acquazzone, rovescio, scroscio.

acquiescènte *agg.* arrendevole, docile, remissivo, sottomesso, consenziente □ zitto, supino □ pusillanime, pavido □ conciliante, trattabile □ connivente **CONTR.** dissenziente, indocile, ostinato, restio, ricalcitrante, ribelle.

acquiescènza *s. f.* arrendevolezza, docilità, remissività, sottomissione □ connivenza, omertà □ adattabilità, adattamento □ rassegnazione □ rinuncia □ consenso, assenso □ pusillanimità, pavidità, pecoraggine **CONTR.** indocilità, opposizione, ostinazione, cocciutaggine, testardaggine.

acquietàre **A** *v. tr.* calmare, placare, pacare, quietare, rabbonire, sedare □ sopire □ appagare, soddisfare, contentare □ tranquillizzare, rasserenare, rassicurare **CONTR.** eccitare, aizzare □ inasprire, provocare, irritare □ travagliare **B** **acquietarsi** *v. intr. pron.* calmarsi, placarsi, quietarsi, attutirsi □ rabbonirsi, rasserenarsi, rassicurarsi, tranquillizzarsi **CONTR.** arrabbiarsi, irritarsi, inquietarsi □ inasprirsi □ eccitarsi, infiammarsi.

acquirènte *s. m. e f.; anche agg.* compratore, acquisitore, cliente **CONTR.** venditore, rivenditore, mercante.

acquisìre *v. tr.* **1** divenire titolare, conseguire □ acquistare, comprare **CONTR.** perdere, vendere, cedere, alineare **2** (*fig.*) (*di nozioni, di esperienza, ecc.*) apprendere, imparare **CONTR.** disimparare.

acquisìto *part. pass. di* **acquisire**; *anche agg.* acquistato, non congenito, contratto □ imparato, appreso **CONTR.** congenito, innato, istintivo, connaturato, connaturale, naturale.

acquisizióne *s. f.* acquisto □ conseguimento **CONTR.** perdita □ vendita, cessione.

acquistàre **A** *v. tr.* **1** (*di cosa*) acquisire, comperare, rilevare □ ottenere, prendere (*fam.*), procacciare, procurarsi □ provvedere **CONTR.** vendere, alienare, cedere, disfarsi, smerciare, spacciare **2** (*di fama, di esperienza, ecc.*) ottenere, guadagnare, conseguire, riportare, procurarsi, procacciarsi, attirarsi, cattivarsi, conciliarsi, riscuotere, acquisire, conquistare □ assumere, prendere **CONTR.** perdere, buttare via **B** *v. intr.* migliorare, fare progressi, progredire, avanzare □ guadagnare **CONTR.** peggiorare, perdere, scapitare. *V. anche* PRENDERE

acquìsto *s. m.* **1** (*di cosa*) compera, compra, spesa, acquisizione **CONTR.** vendita, alienazione, smercio □ cessione **2** (*di persona o cosa*) conquista, guadagno, incremento, vantaggio, ottenimento **CONTR.** perdita, scapito, danno, svantaggio.

acquitrìno *s. m.* palude, pantano, stagno, ristagno, chiana, lama, padule (*tosc., ant.*).

acquitrinóso *agg.* paludoso, acquoso, pantanoso, fangoso, melmoso □ stagnante **CONTR.** arido, asciutto, riarso, secco.

acquolìna *s. f.* **1** *dim. di* **acqua** **2** pioggerella, acquerugiola **CFR.** acquazzone, rovescio, scroscio **3** salivazione, saliva **FRAS.** *far venire l'acquolina in bocca* (*anche fig.*), suscitare appetito, creare desiderio.

acquóso *agg.* **1** (*di sostanza, di cielo*) pregno di acqua □ simile all'acqua □ umido, piovoso **CONTR.** arido, asciutto, secco **2** (*di terreno*) acquitrinoso, paludoso **CONTR.** arido, asciutto, secco.

àcre *agg.* **1** (*di sapore*) brusco, acido, pungente, agro, aspro, piccante (*est.*), penetrante **CONTR.** dolce, zuccheroso, gradevole **2** (*fig.*) (*di persona, di parole, ecc.*) maligno, crudele, malevolo □ astioso, acrimonioso □ mordace, sarcastico, sferzante, tagliente, graffiante, pungente, caustico □ amaro □ violento, virulento **CONTR.** affabile, affettuoso, benevolo, bonario, dolce, mansueto, mite, gentile, benigno.

acrèdine *s. f.* **1** (*di sostanza*) asprezza, acidità **2** (*fig.*) (*di persona, di parole, ecc.*) acrimonia, astio, asprezza, malevolenza, malignità, odio, livore, rancore **CONTR.** affabilità, amabilità, benignità, benevolenza, dolcezza, bontà, mitezza.

acrimònia *s. f.* asprezza, acidità, acerbità, acredine, astio, astiosità, livore, fiele, veleno, malevolenza, malignità, mordacità **CONTR.** affabilità, amabilità, benignità, benevolenza, bonarietà, bontà, dolcezza, gentilezza, mitezza.

acrimonióso *agg.* aspro, acre, astioso, caustico, amaro, malevolo, mordace, ostile **CONTR.** affabile, affettuoso, benigno, benevolo, bonario, dolce, gentile, mite.

acrìtico *agg.* privo di critica, convenzionale, superficiale □ dogmatico **CONTR.** critico.

acròbata *s. m. e f.* **1** funambolo, equilibrista, trapezista, contorsionista, ginnasta □ giocoliere, saltimbanco **2** (*fig.*) opportunista.

acrobazìa *s. f.* **1** esercizio acrobatico, acrobatismo, funambolismo **2** (*fig.*) ingegnosità, salti mortali (*fig.*).

acrocòro o **acròcoro** *s. m.* altopiano, massiccio.

acrònimo *s. m.* sigla. *V. anche* SIGLA

acròpoli *s. f.* (*st.*) rocca, fortezza, cittadella, baluardo.

actinìdia *s. f.* (*bot., est.*) kiwi.

acuìre **A** *v. tr.* **1** (*di cosa*) aguzzare, acuminare, affusolare, appuntare, appuntire □ assottigliare **CONTR.** smussare, spuntare, ottundere **2** (*fig.*) (*di situazione, ecc.*) acutizzare, aggravare, esasperare, esacerbare, inasprire, rincrudire □ eccitare, radicalizzare, estremizzare **CONTR.** smorzare, attenuare, attutire, alleggerire, annacquare, lenire, medicare, sedare, sopire, blandire **3** (*di ingegno, ecc.*) affinare, aguzzare **B** **acuirsi** *v. intr. pron.* (*di situazione, di ingegno, ecc.*) acutizzarsi, esacerbarsi, rincrudirsi, radicalizzarsi □ aggravarsi **CONTR.** attenuarsi, attutirsi, calmarsi, smussarsi, sbollire. *V. anche* ESACERBARE

acuìto *part. pass. di* **acuire**; *anche agg.* (*fig.*) aumentato, esacerbato, acutizzato, esasperato **CONTR.** attenuato, attutito, smorzato.

acùleo *s. m.* **1** (*di insetto*) pungiglione, ago **2** (*di pianta, di animale*) spina, punta **3** (*fig.*) tormento, assillo, angoscia, tribolazione **CONTR.** sollievo, conforto.

acùme *s. m.* **1** (*lett.*) acutezza **2** (*fig.*) prontezza, perspicacia, penetrazione, ingegno, sagacia, finezza, sottigliezza □ intuito, fiuto (*fig.*), occhio (*fig.*) □ chiaroveggenza (*fig.*), lungimiranza **CONTR.** ottusità, grossezza, rozzezza □ dabbenaggine □ miopia (*fig.*).

acuminàto *agg.* appuntito, acuto, puntuto, aguzzo □ affusolato □ affilato, tagliente **CONTR.** ottuso, spuntato, smussato, tondeggiante.

acùstica *s. f.* (*di ambiente*) sonorità.

acùstico *agg.* sonoro.

acutaménte *avv.* **1** sottilmente, prontamente, intelligentemente, argutamente, perspicacemente, sagacemente **CONTR.** ottusamente, stupidamente **2** fortemente, intensamente.

acutézza *s. f.* **1** (*di cosa*) sottigliezza **2** (*fig.*) (*di mente, di ingegno, ecc.*) acume (*lett.*), perspicacia, intuito, finezza, prontezza, penetrazione □ chiaroveggenza, lungimiranza □ lucidità □ intensità, vivezza, vivacità, acuzie (*lett.*) □ arguzia, argutezza, sagacia **CONTR.** ottusità, grossezza, lentezza, rozzezza □ dabbenaggine □ miopia (*fig.*) **3** (*mus.*) altezza.

acutizzàre ***A*** *v. tr.* (*fig.*) (*di situazione, di sensazione, ecc.*) acuire, esasperare, esacerbare, aggravare, estremizzare **CONTR.** attenuare, attutire ***B*** **acutizzarsi** *v. intr. pron.* acuirsi, aggravarsi, esasperarsi **CONTR.** attenuarsi, attutirsi, diminuire. *V. anche* ESACERBARE

acùto ***A*** *agg.* **1** (*di cosa*) acuminato, appuntato, appuntito, aguzzo, puntuto, pungente **CONTR.** smussato, spuntato, ottuso, tondeggiante **2** (*fig.*) (*di sensazione*) penetrante, pungente, aspro, intenso, violento, vivo, forte, profondo □ (*di dolore, ecc.*) lancinante, lacerante, forte, cocente **CONTR.** debole, leggero, fiacco, moderato, scarso □ sordo **3** (*fig.*) (*di mente, di ingegno, ecc.*) pronto, vivido, vivace, perspicace, sottile, fine, intelligente, arguto, astuto, sagace □ lucido **CONTR.** ottuso, lento □ corto, grosso, grossolano, rozzo □ tonto, idiota, stupido, cretino, deficiente □ miope (*fig.*) ***B*** *s. m.* (*di suono*) squillante, cristallino, argentino □ stridente, stridulo □ (*mus.*) nota più alta **CONTR.** basso, sordo □ rauco, roco. *V. anche* ARGUTO, ROBUSTO

ad *V.* **a** (**2**).

adagiàre ***A*** *v. tr.* deporre, posare, mettere □ coricare, distendere, sdraiare, stendere **CONTR.** alzare, sollevare ***B*** **adagiarsi** *v. rifl.* **1** sdraiarsi, adagiarsi, distendersi, stendersi, coricarsi □ rilassarsi □ sedersi □ stravaccarsi (*fam.*), spaparanzarsi (*fam.*) **CONTR.** alzarsi, rialzarsi, sollevarsi, risollevarsi **2** (*fig.*) (*nella speranza, nell'ozio, ecc.*) abbandonarsi, cullarsi, lasciarsi andare □ acquietarsi.

adagiàto *part. pass. di* **adagiare**; *anche agg.* steso, disteso, sdraiato, allungato, coricato □ posto, posato **CONTR.** in piedi, ritto □ sollevato, alzato □ verticale.

adàgio (**1**) ***A*** *avv.* **1** piano, pianino, lentamente, senza fretta, con calma, con comodo, lemme lemme, pian piano, passo passo, a rilento **CONTR.** presto, prontamente, lestamente, speditamente, sveltamente, frettolosamente, celermente, rapidamente, velocemente, precipitevolmente, ratto (*lett.*) **2** cautamente, prudentemente **CONTR.** incautamente, imprudentemente ***B*** *s. m.* (*mus.*) movimento lento **CONTR.** presto.

adàgio (**2**) *s. m.* sentenza, proverbio, massima, detto, motto, aforisma, apoftegma. *V. anche* MASSIMA, PROVERBIO

adamantino *agg.* **1** di diamante, diamantino **2** (*di luce*) splendente, puro **CONTR.** opaco **3** (*est.*) (*di carattere, di sguardo, ecc.*) duro, costante, saldo, irremovibile, freddo **CONTR.** arrendevole, fiacco, incostante, instabile □ dolce.

adamitico [da *Adamo*, che, nello stato di innocenza, nel paradiso terrestre, non aveva bisogno di coprirsi] *agg.* nella frase *in costume adamitico*, nudo.

adattabilità *s. f.* capacità di adattarsi, duttilità, elasticità, flessibilità □ versatilità **CONTR.** inadattabilità.

adattaménto *s. m.* **1** (*di cosa*) accomodamento, contemperamento, fit (*ingl.*) □ arrangiamento, rielaborazione □ versione, riduzione □ sceneggiato (*tv.*), sceneggiatura □ (*di criterio, di norma*) applicazione **2** (*fig.*) (*di persona*) adeguamento, acquiescenza □ rassegnazione, pazienza, sopportazione □ conformismo □ trasformismo (*polit.*) □ ambientamento, ambientazione, rodaggio **CONTR.** disadattamento □ reazione, resistenza, opposizione, ribellione.

adattàre ***A*** *v. tr.* **1** (*di cosa*) adeguare, conformare, contemperare □ acconciare, aggiustare, assestare □ rodare □ approntare, allestire, preparare, proporzionare, uniformare □ rimodellare, riattare **2** disporre, applicare **3** (*di spettacolo*) arrangiare, allestire, sceneggiare □ (*di discorso, di scritto*) ridurre, rielaborare □ (*di vista*) accomodare **4** (*di congegno*) tarare **5** ambientare, acclimatare ***B*** **adattarsi** *v. rifl.* (*di persona*) adeguarsi, conformarsi, assoggettarsi, uniformarsi □ accomodarsi, aggiustarsi, acconciarsi □ rassegnarsi, condiscendere, piegarsi, sottomettersi, sottostare, sopportare □ secondare, assecondare □ ambientarsi, inserirsi, integrarsi □ accontentarsi □ mimetizzarsi, modellarsi **CONTR.** reagire, riluttare, opporsi, ribellarsi ***C*** *v. intr. pron.* (*di persona e cosa*) convenire, essere opportuno, appropriarsi, addirsi, attagliarsi, confarsi, prestarsi, calzare, vestire, quadrare, star bene, intonarsi **CONTR.** non confarsi, sconvenire.

adattàto *part. pass. di* **adattare**; *anche agg.* adeguato, acconcio, conforme □ idoneo, conveniente □ rodato □ intonato □ (*di libro, di scritto*) ad usum Delphini (*lat.*), espurgato, riveduto □ (*di spettacolo*) arrangiato, sceneggiato □ (*di persona*) inserito, integrato □ inquadrato **CONTR.** inadatto, sconveniente □ disadattato.

adàtto *agg.* apposito, specifico □ adeguato, debito, conveniente, convenevole (*lett.*), proporzionato, proprio, degno, opportuno, appropriato, indicato, acconcio, atto, confacente, consono, consentaneo, pertinente, idoneo, calzante □ ideale, perfetto, ad hoc (*lat.*) □ (*di persona*) abile, capace, competente □ (*ad un compito, ad una necessità*) pari, all'altezza, qualificato, rispondente □ (*allo studio, alla musica, ecc.*) portato **CONTR.** disadatto, sbagliato, disacconcio, inadatto, inadeguato, inidoneo □ inopportuno, disdicevole, sconfacente (*lett.*), sconveniente, disconveniente (*lett.*), sproporzionato □ negato.

ADATTO
sinonimia strutturata

Si designa con **adatto** colui o ciò che ha le qualità necessarie o è conveniente ad un dato scopo o ad una determinata situazione: *è la persona adatta a quel lavoro*; *sta aspettando il momento adatto per parlare*; *questo film è adatto anche ai bambini*; *lo studio non è adatto a lui*. **Adeguato** indica ciò che è stato reso pari, proporzionato o conveniente ad una particolare attività: *compenso adeguato al lavoro*; *possibilità adeguate all'obiettivo*. Si dice **congruo**, invece, ciò che coincide e si accorda con determinati bisogni o esigenze: *abbiamo venduto la casa ad un congruo prezzo*.

Opportuno è ciò che più si adatta ad certo momento, ambiente, tempo, desiderio, situazione: *scegliere il luogo e il momento opportuno*; *il tuo intervento non è stato opportuno*; l'espressione *a tempo opportuno*, significa quando sarà il momento, a suo tempo. **Conveniente** è ciò che conviene, che è in linea con le circostanze, ed è sia appropriato sia vantaggioso: *comportarsi, parlare, vestirsi in modo conveniente*. L'aggettivo **debito** si riferisce a ciò che è imposto o richiesto dalla situazione, dalle convenzioni, da obblighi sociali o morali, ed è quindi doveroso e utile: *agire, comportarsi con le debite forme*; *mantenere le debite distanze*; in senso esteso l'aggettivo significa giusto, meritato, proporzionato: *debita punizione*. **Indicato** vuol dire appropriato, efficace: *è il soggetto più indicato per risolvere questo genere di problemi*.

Confacente è ciò che si addice a qualcuno o a qualcosa: *ha modi confacenti al suo rango sociale*; *questa risposta non è confacente alla domanda*. **Consono** significa corrispondente, concordante, adeguato: *risultato consono alle premesse*; *tenore di vita consono alla propria posizione*.

Ciò che riguarda in modo stringente, puntuale, appropriato un determinato argomento si dice **pertinente**: *queste osservazioni non sono pertinenti al tema trattato*. **Calzante**, usato in senso figurato, indica invece qualcosa che si adatta particolarmente bene, che cade a proposito: *esempio, dimostrazione calzante*.

addebitàre *v. tr.* **1** (*di denaro e sim.*) segnare a debito **CONTR.** accreditare **2** (*fig.*) incolpare, accusare, imputare □ attribuire **CONTR.** scusare, scolpare, discolpare.

addébito *s. m.* **1** attribuzione a debito, addebitamento **CONTR.** accreditamento, accredito **2** (*fig.*) imputazione, accusa **CONTR.** discolpa, scarico, giustificazione.

addènda [vc. dotta, lat. 'cose da aggiungere', ger. di *addĕre* 'aggiungere'] *s. m. pl.* (*ad un testo*) aggiunte, integrazioni.

addensaménto *s. m.* condensamento, infittimento, accentramento, agglomeramento, agglomerazione, coagulamento, coagulazione **CONTR.** diradamento, rarefazione, diluizione, sfoltimento.

addensàre **A** *v. tr.* condensare, infittire, raddensare, concentrare, affittire, infoltire, ispessire □ accumulare, ammucchiare □ agglomerare, conglomerare □ stipare, accalcare **CONTR.** diradare, dissipare, dissolvere □ rarefare, diluire, sciogliere **B** **addensarsi** *v. intr. pron.* e *rifl.* infittirsi, condensarsi, infoltirsi, ispessirsi □ rapprendersi, coagularsi □ accalcarsi, affollarsi, stiparsi □ (*di latte*) cagliare **CONTR.** diradarsi, rarefarsi, sfoltirsi □ dissiparsi, dissolversi □ sciogliersi, liquefarsi.

addentàre *v. tr.* afferrare (con i denti), azzannare, mordere, morsicare, masticare, stritolare □ (*est.*) afferrare, stringere.

addentràre **A** *v. tr.* far penetrare, immettere, spingere **CONTR.** estrarre **B** **addentrarsi** *v. intr. pron.* introdursi, inoltrarsi, penetrare, spingersi, internarsi, entrare **CONTR.** uscire, venir fuori. *V. anche* SPINGERE

addéntro *avv.* nell'interno, interiormente □ (*fig.*) profondamente, a fondo □ intimamente **CONTR.** esteriormente, superficialmente **FRAS.** *essere addentro* (*fig.*), essere esperto, essere ferrato, essere informato, essere coinvolto.

addestraménto *s. m.* allenamento, esercitazione, ammaestramento, insegnamento, istruzione, scuola, tirocinio, training (*ingl.*), noviziato, praticantato, preparazione □ (*di animali da corsa*) dressage (*fr.*).

addestràre **A** *v. tr.* allenare, esercitare, ammaestrare, avvezzare, preparare, impratichire, insegnare, formare, avviare □ abituare, assuefare □ (*di animali da corsa*) dressare **CONTR.** disabituare, disavvezzare, disassuefare **B** **addestrarsi** *v. rifl.* esercitarsi, impratichirsi □ allenarsi □ assuefarsi (*raro*), abituarsi **CONTR.** disabituarsi, disassuefarsi (*raro*) □ disimparare. *V. anche* EDUCARE

addestràto *part. pass. di* **addestrare**; *anche agg.* allenato, preparato, esercitato, ammaestrato □ abituato, assuefatto, avvezzato □ scelto **CONTR.** digiuno, inesperto □ disabituato.

addestratóre *s. m.* (*f. -trice*) allenatore, maestro, ammaestratore □ (*di calciatori, di cavalli da corsa, ecc.*) trainer (*ingl.*), mister (*ingl.*).

addétto **A** *agg.* **1** assegnato, incaricato, preposto **CONTR.** estraneo **2** destinato, adibito, impiegato **B** *s. m.* incaricato, operatore □ (*in* diplomazia) attaché (*fr.*).

addiàccio *s. m.* **1** (*di bestiame*) recinto all'aperto, stabbio, stazzo **2** (*mil.*) stazionamento, bivacco, accampamento **FRAS.** *all'addiaccio*, all'aperto.

addiètro *avv.* **1** (*di spazio*) a tergo, dietro, indietro **CONTR.** avanti, davanti, innanzi **2** (*di tempo*) prima, fa, dianzi (*raro*).

addìo **A** *inter.* ciao (*fam.*), arrivederci, bye-bye (*ingl.*), good-bye (*ingl.*) **B** *s. m.* saluto, commiato □ separazione, distacco **FRAS.** *dire addio*, lasciare, abbandonare □ *addio!* (*escl.*), è finita □ *dire addio al mondo* (*fig.*), morire; ritirarsi a vita solitaria; entrare in convento □ *ultimo addio, estremo addio* (*fig.*), ultima visita a un morente; funerale.

addirittùra *avv.* **1** assolutamente, completamente, perfino □ (*enf.*) nientemeno **2** direttamente, senza indugio, senz'altro.

addìrsi *v. intr. pron.* confarsi, affarsi (*lett.*), adattarsi, attagliarsi □ convenire, convenirsi □ prestarsi □ star bene, donare □ armonizzare, intonarsi **CONTR.** sconvenire, disdire (*lett.*) □ star male □ stonare, stridere.

additàre *v. tr.* mostrare (col dito), accennare, segnare □ (*anche fig.*) indicare, segnalare, mostrare □ designare.

additìvo *s. m.* riempitivo, filler (*ingl.*) □ conservante.

addizionàle **A** *agg.* aggiuntivo, aggiunto, accessorio, supplementare **B** *s. f.* sovrimposta.

addizionàre *v. tr.* **1** (*mat.*) fare l'addizione, sommare **CONTR.** sottrarre **2** (*est.*) aggiungere, aumentare □ annettere, unire **CONTR.** detrarre, levare, togliere, sottrarre, defalcare. *V. anche* UNIRE

addizióne *s. f.* **1** (*mat.*) somma **CONTR.** sottrazione

2 aggiunta, giunta, complemento, supplemento **CONTR.** detrazione, deduzione, sottrazione, defalco, diffalco.

addobbàre ***A*** *v. tr.* **1** ornare, parare a festa, adornare, bardare, pavesare, decorare, guarnire, panneggiare (*raro*) **CONTR.** spogliare **2** (*fig., scherz.*) vestire con lusso, abbigliare ***B*** **addobbarsi** *v. rifl.* vestirsi con eleganza, abbigliarsi.

addobbàto *part. pass. di* **addobbare**; *anche agg.* **1** decorato, ornato, parato, pavesato **CONTR.** disadorno, spoglio **2** (*fig., scherz.*) vestito con lusso, agghindato **CONTR.** sciatto, trasandato.

addòbbo *s. m.* ornamento, decorazione, paramento, parato, guarnizione, fregio, panneggio □ drappo, arazzo, pannello. *V. anche* DECORAZIONE

addolcìre ***A*** *v. tr.* **1** (*di cosa*) dolcificare, edulcorare (*raro*), raddolcire, zuccherare, inzuccherare, giulebbare **CONTR.** amareggiare (*raro*) **2** (*fig.*) (*di carattere, di sentimento, ecc.*) attenuare, lenire, mitigare, calmare, moderare, smussare, temperare, ammorbidire, placare, sedare, sopire, ammollire □ medicare □ ingentilire **CONTR.** esasperare, esacerbare, inacerbire, inasprire, irritare, invelenire, avvelenare ***B*** **addolcirsi** *v. intr. pron.* (*di persona*) raddolcirsi, calmarsi, moderarsi, mitigarsi, ammorbidirsi, attenuarsi **CONTR.** inasprirsi, inacerbirsi, inacidirsi, irritarsi, invelenirsi. *V. anche* CONSOLARE

addolcìto *part. pass. di* **addolcire**; *anche agg.* **1** dolcificato, edulcorato, zuccherato, inzuccherato, giulebbato **2** (*fig.*) (*di carattere, di sentimento, ecc.*) attenuato, placato, mitigato, moderato, ammorbidito, smussato, ingentilito **CONTR.** inasprito, esasperato.

addoloràre ***A*** *v. tr.* accorare, affliggere, rattristare, attristare, contristare, rammaricare, rincrescere, spiacere, amareggiare, angosciare, angustiare, crucciare □ crocifiggere, travagliare (*fig.*), martirizzare (*fig.*), martoriare, straziare, torturare □ (*di offesa, contrarietà e sim.*) bruciare, scottare □ ferire **CONTR.** allietare, rallegrare, sollazzare, deliziare □ confortare, consolare ***B*** **addolorarsi** *v. intr. pron.* affliggersi, accorarsi, attristarsi, contristarsi, rattristarsi, desolarsi, amareggiarsi, angosciarsi, angustiarsi, spiacersi, tormentarsi, torturarsi **CONTR.** allietarsi, deliziarsi, rallegrarsi, confortarsi, consolarsi, gioire.

addoloràto *part. pass. di* **addolorare**; *anche agg.* afflitto, dolente, desolato, angustiato, angosciato, mesto, sconsolato, sconfortato, contristato, crucciato, tormentato, tribolato, triste, rattristato, accorato, rammaricato, spiacente, torturato, straziato **CONTR.** confortato, consolato □ allietato □ contento, gaio, allegro, giocondo, giubilante, giulivo, lieto, sereno, radioso, gongolante □ divertito.

addòme *s. m.* (*anat.*) pancia, ventre, epa (*lett.*), alvo (*lett.*).

addomesticàbile *agg.* ammaestrabile, domabile □ docile, mansueto **CONTR.** indomabile, indocile, fiero, selvaggio.

addomesticàre *v. tr.* **1** (*di animale*) domare, ammansare, ammansire, mansuefare □ ammaestrare **CONTR.** inselvatichire **2** (*fig.*) (*di persona*) abituare, assuefare, familiarizzare, avvezzare **CONTR.** disabituare, disassuefare, disavvezzare.

addomesticàto *part. pass. di* **addomesticare**; *anche agg.* **1** (*di animale*) domato, ammansato, ammansito, mansueto, mansuefatto, docile, domestico □ ammaestrato **CONTR.** indomito, selvaggio, selvatico, brado **2** (*fig.*) (*di persona, di elezione, ecc.*) modificato artificiosamente, preparato, predisposto, truccato **CONTR.** autentico, chiaro, regolare.

addominàle *agg.* dell'addome, ventrale, epigastrico.

addormentàre ***A*** *v. tr.* **1** far dormire, indurre al sonno, assonnare, addormire (*poet.*), assopire □ cullare □ narcotizzare, cloroformizzare □ ipnotizzare □ rammollire, arrugginire (*fig.*), impigrire **CONTR.** destare, ridestare, svegliare, risvegliare □ riscuotere, spigrire **2** (*fig.*) (*di male, di sentimento*) attenuare, attutire, mitigare **CONTR.** eccitare, esasperare, inasprire, irritare **3** (*fig.*) (*di mente, di sensi*) assopire, intorpidire **CONTR.** eccitare, sollecitare, risvegliare ***B*** **addormentarsi** *v. intr. pron.* **1** (*di persona, di animale*) prendere sonno, mettersi a dormire, assopirsi, appisolarsi, addormirsi (*lett.*) □ (*est.*) morire **CONTR.** destarsi, ridestarsi, svegliarsi **2** (*fig.*) (*di persona, di mente, ecc.*) impigrirsi, intorpidirsi, spegnersi **CONTR.** risvegliarsi, scuotersi, riscuotersi, scrollarsi.

addormentàto *part. pass. di* **addormentare**; *anche agg.* e *s. m.* **1** (*di persona, di animale*) assopito, dormiente □ assonnato, narcotizzato □ ipnotizzato **CONTR.** desto, sveglio □ insonne **2** (*fig.*) (*di persona, di mente, ecc.*) apatico, fiacco, inattivo, inoperoso, neghittoso, pigro, rammollito □ intormentito, intorpidito **CONTR.** sveglio, alacre, attivo, energico, operoso, pronto, vivace.

addossàre ***A*** *v. tr.* **1** (*di mobile e sim.*) accostare, appoggiare **CONTR.** allontanare, scostare, spostare **2** (*fig.*) (*di responsabilità, di colpa, ecc.*) attribuire, imputare, accollare, imporre, gravare, caricare **CONTR.** liberare, sgravare, alleggerire, dispensare, esimere, evitare ***B*** **addossarsi** *v. rifl.* **1** appoggiarsi, ammassarsi, accalcarsi **CONTR.** allontanarsi, staccarsi **2** (*fig.*) (*di responsabilità, di colpa, ecc.*) prendere, accollarsi, assumersi, sobbarcarsi, caricarsi, incaricarsi, impegnarsi, sostenere □ (*di impegno, di debito, ecc.*) contrarre **CONTR.** esimersi, sgravarsi, rinunciare, declinare. *V. anche* PRENDERE

addòsso ***A*** *avv.* **1** sulle spalle, sul dorso □ sulla persona, indosso **2** in corpo, dentro □ nell'intimo, sotto ***B*** *loc. prep. addosso a* **1** sopra, su **2** molto vicino **3** contro **FRAS.** *mettersi addosso*, indossare □ *tirarsi addosso* (*fig.*), procurarsi, attirarsi □ *avere il diavolo addosso* (*fig.*), essere esagitato □ *mettere le mani addosso*, prendere, afferrare, picchiare, malmenare □ *mettere gli occhi addosso*, desiderare □ *dare addosso* (*fig.*), perseguitare, dare torto, contrariare □ *farsela addosso* (*fig.*), spaventarsi moltissimo, emozionarsi moltissimo.

addótto *part. pass. di* **addurre**; *anche agg.* **1** (*di motivo e sim.*) arrecato, portato, accampato **2** (*di documentazione*) citato, allegato, prodotto.

addottrinàre ***A*** *v. tr.* ammaestrare, istruire, erudire, insegnare, indottrinare, catechizzare ***B*** **addottrinar-**

si *v. rifl.* (*raro*) istruirsi, studiare □ (*scherz.*) scaltrirsi, smaliziarsi.
addottrinàto *part. pass. di* **addottrinare**; *anche agg.* **1** colto, istruito, ammaestrato, indottrinato **CONTR.** incolto, ignorante **2** (*scherz.*) scaltrito, smaliziato **CONTR.** ingenuo.
addùrre *v. tr.* **1** allegare, apportare, citare, produrre, portare, recare, presentare □ (*di ragione, di scuse e sim.*) accampare **2** (*lett.*) arrecare, condurre □ procurare, cagionare.
àde *s. m.* (*lett.*) inferno, inferi, aldilà, averno, erebo, tartaro, oltretomba **CONTR.** paradiso, eden. *V. anche* INFERNO
adeguaménto *s. m.* adeguazione, equilibrio, commisurazione □ pareggiamento, allineamento, accordo □ concordanza, corrispondenza, conformità □ equiparazione, parificazione □ conformismo □ adattamento **CONTR.** sbilanciamento, squilibrio, disaccordo □ discordanza, sconcordanza.
adeguàre ***A*** *v. tr.* **1** (*di cosa*) adattare □ pareggiare, proporzionare, conformare, bilanciare, contrappesare, controbilanciare, commisurare, commensurare (*lett.*), equilibrare □ equiparare, uniformare, parificare, conguagliare, uguagliare **CONTR.** differenziare, diversificare **2** spianare ***B*** **adeguarsi** *v. rifl.* (*di persona, di cosa*) adattarsi, conformarsi, uniformarsi, ispirarsi, modellarsi, allinearsi, accordarsi □ rassegnarsi, sottomettersi □ ambientarsi **CONTR.** discordare, dissentire □ distaccarsi □ contravvenire □ opporsi, resistere.
adeguataménte *avv.* bene, degnamente, debitamente, idoneamente □ convenientemente, congruentemente, efficacemente, opportunamente □ proporzionatamente, proporzionalmente □ appositamente **CONTR.** inadeguatamente, male, sconvenientemente, sproporzionatamente.
adeguatézza *s. f.* convenienza, idoneità, efficacia **CONTR.** inadeguatezza, insufficienza.
adeguàto *part. pass. di* **adeguare**; *anche agg.* giusto, proporzionato, adatto, consentaneo, proporzionale □ conveniente □ idoneo, appropriato, apposito □ congruo, congruente □ competente, confacente, consono, degno □ corrispondente, corrispettivo, conforme □ rispondente, sufficiente, bastante □ propizio, buono □ ambientato □ pari, parificato, equiparato **CONTR.** inadatto, inadeguato □ sproporzionato □ sconveniente. *V. anche* ADATTO
adémpiere ***A*** *v. tr. e intr.* eseguire, sbrigare, svolgere, compiere, effettuare, realizzare, attuare □ soddisfare, assolvere □ osservare, ottemperare, ubbidire □ (*di voto, di promessa, ecc.*) sciogliere, mantenere, onorare **CONTR.** omettere, trasgredire, respingere, rifiutare ***B*** **adempiersi** *v. intr. pron.* avverarsi, verificarsi, realizzarsi, compiersi, attuarsi, effettuarsi. *V. anche* OBBEDIRE, SBRIGARE, SCIOGLIERE
adempiménto *s. m.* compimento, assolvimento, empimento (*ant.*), esecuzione, effettuazione, realizzazione, soddisfacimento, soddisfazione □ obbedienza, osservanza, rispetto **CONTR.** inadempimento, inadempienza, inosservanza, disobbedienza, trasgressione, trasgredimento, omissione. *V. anche* RISPETTO
adempìre *v. tr. V.* **adempiere.**
adèpto *s. m.* affiliato, iscritto, iniziato, seguace, aderente, proselito **CONTR.** profano, estraneo. *V. anche* SEGUACE
aderènte ***A*** *part. pres. di* **aderire**; *anche agg.* attaccato, connesso, unito, contiguo □ (*di abito e sim.*) attillato, sfiancato, stretto □ combaciante, calzante **CONTR.** staccato, disgiunto □ morbido, ampio, blusante ***B*** *s. m.* seguace, partigiano, fautore □ affiliato, socio, iscritto □ iniziato, adepto, proselito **CONTR.** estraneo, oppositore, avversario, nemico. *V. anche* SEGUACE
aderènza *s. f.* **1** adesione, coesione, connessione, contatto □ seguito, consenso, favore **CONTR.** separazione, distacco **2** (*spec. al pl.*) (*fig.*) conoscenze, relazioni, appoggi, entrature, amicizie.
aderìre *v. intr.* **1** (*di cosa*) essere attaccato, combaciare, attaccare, attaccarsi, appiccicarsi □ (*di indumento*) calzare, fasciare □ (*di pneumatico*) far presa, mordere **CONTR.** staccarsi, distaccarsi, discostarsi, scollarsi **2** (*fig.*) (*a un'idea, ad un partito, ecc.*) parteggiare, seguire, sposare, favorire □ iscriversi, accostarsi □ conformarsi □ combinare **CONTR.** avversare, contrastare, opporsi **3** (*fig.*) (*a richiesta, ad appelli, ecc.*) acconsentire, accogliere, accettare, accondiscendere, condiscendere, consentire, corrispondere, partecipare □ siglare, sottoscrivere □ (*alla legge, ai consigli, ecc.*) stare, attenersi **CONTR.** respingere, rifiutare, ricusare, negare, disattendere.
adescaménto *s. m.* allettamento, lusinga, richiamo, seduzione, invito □ esca, pania (*fig.*) □ corruzione **CONTR.** allontanamento, rifiuto.
adescàre *v. tr.* **1** (*di animale*) attirare (con l'esca), prendere, accalappiare, (*di uccelli*) zimbellare **2** (*fig.*) (*di persona*) allettare, attrarre, lusingare, blandire, sedurre, stregare □ ingannare **CONTR.** allontanare, respingere, disgustare. *V. anche* SEDURRE
adescatóre ***A*** *agg.* (*f. -trice*) ammaliante, lusinghiero, seducente **CONTR.** disgustante, ripugnante ***B*** *s. m.* (*f. -trice*) adulatore, ammaliatore, lusingatore, allettatore, seduttore, conquistatore.
adesióne *s. f.* **1** aderenza, presa, adesività **2** (*fig.*) assenso, assentimento, acconsentimento, consenso, benestare, beneplacito, approvazione, appoggio □ partecipazione **CONTR.** dissenso, obiezione, disaccordo, discrepanza, disapprovazione, opposizione, protesta, ostilità.
adesìvo ***A*** *agg.* che aderisce, collante ***B*** *s. m.* colla, collante, autoadesivo.
adèsso *avv.* **1** ora, oggi, in questo momento, attualmente, mo' (*dial.*), presentemente □ momentaneamente □ ormai **CONTR.** allora **2** poco fa, or ora **3** tra poco, in futuro, più tardi, più avanti.
ad hoc /*lat.* a'd ɔk/ [loc. lat., letteralmente 'per ciò'] *loc. agg. e avv.* fatto apposta, appropriato, adatto.
adiacènte *agg.* vicino, limitrofo, contiguo, attiguo, propinquo, confinante, circonvicino, circostante, prossimo, contermine **CONTR.** distante, discosto, lontano, staccato. *V. anche* VICINO
adiacènza *s. f.* **1** vicinanza, prossimità, attiguità **CONTR.** distanza, lontananza **2** (*al pl.*) vicinanze, paraggi, dintorni.

adibìre *v. tr.* destinare, assegnare, riservare, usare, adoperare, impiegare.

ad interim /*lat.* a'd interim/ [lat., comp. della prep. *ad* e *interim* (V.)] *loc. avv.* temporaneamente, provvisoriamente, pro tempore (*lat.*).

àdipe *s. m.* (*del corpo*) grasso, grassezza, pinguedine, lardo (*scherz.*), ciccia (*fam.*).

adiposità *s. f.* grassezza, pinguedine, corpulenza, obesità **CONTR.** magrezza, secchezza □ denutrizione.

adipóso *agg.* grasso, pingue, obeso, cicciuto, corpulento, corpacciuto **CONTR.** magro, secco, asciutto, segaligno, scheletrico, allampanato.

adiràrsi *v. intr. pron.* inquietarsi, irritarsi, indispettirsi, corrucciarsi □ risentirsi, impermalirsi □ indignarsi, sdegnarsi □ impazientirsi, spazientirsi □ inalberarsi, stizzirsi □ arrabbiarsi, incollerirsi, imbestialirsi, inviperirsi, infuriarsi, imbufalirsi, incazzarsi (*volg.*), esasperarsi □ accendersi, alterarsi **CONTR.** calmarsi, raddolcirsi, rabbonirsi, ammansirsi, placarsi, quietarsi □ rasserenarsi, tranquillizzarsi □ ammorbidirsi.

adiràto *part. pass. di* **adirarsi**; *anche agg.* corrucciato, stizzito, irritato, impermabilito, esasperato □ irato, incollerito, iroso □ alterato, acceso □ arrabbiato, furibondo, inviperito, furioso, incazzato (*volg.*) **CONTR.** calmo, pacifico, placido, quieto, sereno, tranquillo □ rabbonito, raddolcito.

adìre *v. tr.* **1** (*la legge*) ricorrere, esperire, rivolgersi **2** (*di eredità*) accettare **CONTR.** rifiutare, rinunciare.

àdito *s. m.* **1** entrata, passaggio, accesso, ingresso, varco **CONTR.** uscita, egresso (*raro*) **2** (*fig.*) opportunità, occasione, possibilità.

ad libitum /*lat.* ad 'libitum/ [loc. lat., letteralmente 'a piacere'] *loc. avv.* a piacere, a volontà.

adocchiàre *v. tr.* **1** guardare, vedere, osservare, notare, scorgere, scoprire **2** guardare con desiderio, occhieggiare.

adolescènte ***A*** *agg.* adolescenziale **CONTR.** adulto ***B*** *s. m. e f.* giovanetto, giovincello, giovinetta, signorinetta, ragazza, fanciulla, ragazzo, efebo, teen-ager (*ingl.*) **CFR.** bambino, giovane, adulto, uomo, donna, anziano, vecchio.

adolescènza *s. f.* pubertà, pubescenza (*lett.*), prima giovinezza **CFR.** infanzia, giovinezza, maturità □ età matura, vecchiaia.

adolescenziàle *agg.* dell'adolescenza, di adolescente, adolescente, efebico **CFR.** infantile, giovanile, virile, maturo, anziano, vecchio.

adombràre ***A*** *v. tr.* **1** ombreggiare, oscurare, offuscare, ottenebrare, annebbiare, aduggiare (*lett.*) **CONTR.** illuminare, rischiarare, schiarire **2** (*fig.*) celare, nascondere, occultare, velare, coprire □ simboleggiare, raffigurare, rappresentare **CONTR.** chiarire, spiegare, determinare, precisare, esplicare ***B*** *v. intr.* e **adombrarsi** *intr. pron.* **1** (*di animale*) spaventarsi, imbizzarrirsi, impennarsi **2** (*fig.*) (*di persona*) turbarsi, offendersi, impermalirsi, inalberarsi, rabbuiarsi **CONTR.** tollerare, sopportare.

adóne [da *Adone*, il mitico giovinetto amato da Venere per la sua bellezza] *s. m.* bel giovane, fusto (*fam.*) **CONTR.** sgorbio, scorfano, scarabocchio.

adoperàre ***A*** *v. tr.* usare, impiegare, servirsi, valersi, avvalersi, utilizzare □ adibire □ ricorrere □ consumare □ maneggiare □ usufruire, godere □ (*di tempo, di denaro, ecc.*) spendere ***B*** **adoperarsi** *v. rifl.* occuparsi, agire, fare, operare, muoversi, procurare □ darsi da fare, studiarsi, curarsi, interessarsi, cercare, tentare □ affaccendarsi, affaticarsi, industriarsi, ingegnarsi, sforzarsi □ prodigarsi, prestarsi, aiutare □ brigare, trafficare, armeggiare **CONTR.** disinteressarsi, infischiarsene. *V. anche* SPENDERE

adoperàto *part. pass. di* **adoperare**; *anche agg.* usato, impiegato, utilizzato □ consumato.

adopràre e deriv. *V.* **adoperare** e deriv.

adoràbile *agg.* (*est.*) delizioso, amabile, attraente, carino, bello, seducente **CONTR.** detestabile, odioso, repellente, ripugnante, abominevole.

adoràre *v. tr.* **1** (*di divinità e sim.*) venerare **2** (*est.*) (*di persona*) amare appassionatamente, riverire, idolatrare □ (*di cosa*) bramare, desiderare **CONTR.** odiare, detestare, esecrare, aborrire, abominare, disprezzare, rifuggire.

adoràto *part. pass. di* **adorare**; *anche agg.* amato, benamato, onorato, riverito, caro □ bramato, desiderato **CONTR.** odiato, detestato, esecrato, disprezzato.

adoratóre *s. m.* (*f. -trice*) **1** veneratore **2** (*scherz.*) corteggiatore, ammiratore, innamorato.

adorazióne *s. f.* **1** (*verso divinità*) culto, venerazione, latria **CONTR.** dileggio, blasfemia, profanazione, sacrilegio **2** (*est.*) (*verso persona*) amore sviscerato, ammirazione, devozione, religione, fanatismo **CONTR.** odio, esecrazione, disprezzo, detestazione, abominazione. *V. anche* AMORE, FANATISMO

adornàre ***A*** *v. tr.* abbellire, imbellire, illegiadrire, ornare, decorare, guarnire, addobbare, arricchire **CONTR.** imbruttire, disabellire, deformare, deturpare, sfigurare ***B*** **adornarsi** *v. rifl.* vestirsi con cura, abbellirsi, ornarsi, agghindarsi, imbellettarsi.

adornàto *part. pass. di* **adornare**; *anche agg.* ornato, decorato, guarnito.

adórno *agg.* ornato, decorato, abbellito, guarnito **CONTR.** disadorno, spoglio, nudo, grezzo, rozzo, brutto, deturpato.

adottàre *v. tr.* **1** (*di persona*) riconoscere come figlio **2** (*fig.*) (*di sistema, di norme, ecc.*) accettare, fare proprio, accogliere, assumere, prendere, usare, eleggere, scegliere, seguire, approvare **CONTR.** respingere, rifiutare, ricusare, ripudiare, scartare.

adozióne *s. f.* **1** (*di persona*) adottamento (*raro*) **2** (*fig.*) (*di libri di testo, ecc.*) scelta, elezione **3** (*fig.*) (*di provvedimento*) attuazione **4** (*di patria*) elezione. *V. anche* SCELTA

ad personam /*lat.* ad per'sɔnam/ [loc. lat., letteralmente 'alla persona'] *loc. agg.* personale, non trasmissibile **CONTR.** trasmissibile, ereditabile.

adulàre *v. tr.* blandire, lusingare, lisciare, lustrare, ungere, insaponare, leccare, piaggiare (*lett.*) □ sviolinare (*fam.*), incensare □ strusciarsi, arruffianarsi, strofinarsi **CONTR.** calunniare, offendere, oltraggiare, denigrare, diffamare, disdegnare, schernire, spregiare, vituperare.

adulatóre *s. m.*; *anche agg.* (*f. -trice*) piaggiatore (*raro*), turiferario, cortigiano, leccatore, lecchino, leccapiedi, leccone, lacchè (*spreg.*), lustrascarpe, leccaculo (*volg., spreg.*) □ ruffiano, incensatore □ lusingatore, panegirista **CONTR.** denigratore, detrattore, diffamatore, calunniatore.

adulatòrio *agg.* cortigianesco, lusingatore, servile, ruffianesco **CONTR.** denigratorio, diffamante, diffamatorio, calunnioso.

adulazióne *s. f.* incensamento, cortigianeria, lusinga, piaggeria, servilismo, blandizia □ lisciamento, lisciata, lisciatura, leccatura, lustratura, sviolinata, sviolinatura (*fam.*), ruffianeria, insaponata □ panegirico, gonfiatura **CONTR.** biasimo, denigrazione, diffamazione, detrazione, calunnia, maldicenza, disprezzo, scherno, vituperio, sferzata, schiaffo.

adulteraménto *s. m. V.* **adulterazione**.

adulteràre *v. tr.* **1** (*di cosa*) alterare, sofisticare, contraffare, falsificare, falsare, snaturare □ mistificare **2** (*fig.*) (*di animo, ecc.*) corrompere, guastare, depravare, viziare **CONTR.** sanare, risanare. *V. anche* GUASTARE

adulteràto *part. pass. di* **adulterare**; *anche agg.* alterato, falsificato, sofisticato □ contraffatto, falso, falsato □ affatturato, manipolato, artefatto □ corrotto **CONTR.** autentico, vero, genuino, puro, schietto □ naturale, nature (*fr.*) □ ruspante (*scherz.*), casereccio, casalingo.

adulterazióne *s. f.* adulteramento, alterazione, sofisticazione □ contraffazione, falsificazione □ mistificazione □ corruzione **CONTR.** autenticità, naturalezza, genuinità, purezza, purità, schiettezza.

adulterìno *agg.* (*di figlio*) spurio, illegittimo, bastardo **CONTR.** legittimo.

adultèrio *s. m.* relazione illecita, tresca, tradimento, infedeltà □ fornicazione.

adùltero *agg.*; *anche s. m.* (*di coniuge*) infedele **CONTR.** fedele.

adùlto ***A*** *agg.* **1** cresciuto, grande, fatto, sviluppato **CONTR.** immaturo, acerbo, piccolo **2** (*di età*) maturo **CONTR.** infantile, giovanile, giovane, tenero, verde ***B*** *s. m.* uomo **CFR.** bambino, ragazzo, giovane, vecchio. *V. anche* GRANDE

adunànza *s. f.* riunione, assemblea, consesso, raduno, radunanza, radunata, adunata, accolta, raccolta, ritrovo □ collegio, consiglio, capitolo (*relig.*), concilio, congregazione □ consulta, parlamento, concistoro □ seduta, sessione □ convegno, congresso, dieta □ compagnia, assembramento, folla.

adunàre ***A*** *v. tr.* raccogliere, radunare, riunire, raggruppare, assembrare, congregare, chiamare, concentrare □ accumulare, ammassare, ammucchiare □ conglobare **CONTR.** disgregare, sciogliere, disperdere ***B*** **adunarsi** *v. intr. pron.* riunirsi, raccogliersi, concorrere, assembrarsi, radunarsi, congregarsi, convenire **CONTR.** sciogliersi, separarsi, sbandarsi.

adunàta *s. f.* raduno, radunata, adunanza, raccolta, riunione, convocazione, accolta, assembramento.

adùnco *agg.* a punta, uncinato, curvo, ricurvo □ (*di naso*) aquilino **CONTR.** dritto, diritto, rettilineo.

aeràre *v. tr.* dare aria, ventilare, arieggiare.

aeràto *part. pass. di* **aerare**; *anche agg.* ventilato, arieggiato, arioso **CONTR.** chiuso, senz'aria, soffocante, afoso.

aeratóre *s. m.* ventilatore.

aerazióne *s. f.* ventilazione, arieggiamento, circolazione d'aria.

aèreo (1) ***A*** *agg.* **1** di aria, aeriforme, gassoso **2** (*est.*) (*di cosa*) lieve, leggero, etereo, vaporoso **CONTR.** greve, pesante **3** (*fig.*) (*di ragionamento*) inconsistente, senza fondamento, vano **CONTR.** consistente, fondato ***B*** *s. m.* (*tecnol.*) antenna.

aèreo (2) *s. m. acrt. di* **aeromobile**; aeroplano, velivolo, idroplano, idrovolante, apparecchio, aviogetto, jet (*ingl.*) reattore.

aerifórme ***A*** *agg.* gassoso, aereo ***B*** *s. m.* gas, vapore.

aerodinàmico *agg.* (*est.*) slanciato, affusolato **CONTR.** tozzo, massiccio.

aeròdromo *s. m.* aeroporto, aeroscalo.

aerolìnea *s. f.* (*aer.*) linea aerea, aviolinea.

aeromòbile *s. m.* pallone, dirigibile □ aereo, aeroplano, apparecchio, velivolo, idrovolante, idroplano □ reattore, aviogetto, jet (*ingl.*).

aeronàuta *s. m.* e *f.* aviatore, pilota.

aeronàutica *s. f.* aviazione.

aeronàve *s. f.* dirigibile □ astronave.

aeroplàno *s. m.* aereo, aeromobile, aviogetto, jet (*ingl.*), velivolo, apparecchio.

aeropòrto *s. m.* campo d'aviazione, aerodromo, aeroscalo, scalo aereo, campo di atterraggio.

aerorimèssa *s. f.* hangar (*fr.*), aviorimessa.

aeroscàlo *s. m.* aeroporto, aerodromo, campo di aviazione.

aerosòl *s. m.* **1** nebulizzazione □ inalazione, aerosolterapia (*med.*) **2** apparecchio per inalazioni, nebulizzatore.

aeròstato *s. m.* pallone volante, pallone aerostatico, dirigibile □ mongolfiera.

àfa *s. f.* afosità, aria greve, aria calda, aria soffocante □ calore, calura, canicola, caldura, caldana, solleone **CONTR.** fresco, frescolino, frescura, refrigerio □ freddo, gelo. *V. anche* CALORE

afasìa *s. f.* (*med.*) disfasia, incapacità di parlare.

affàbile *agg.* amabile, cordiale, socievole, alla mano, espansivo, comunicativo □ amichevole, bonario □ cortese, garbato, gentile □ alla buona, familiare, gioviale □ morbido, accostabile, trattabile **CONTR.** burbero, scorbutico, scostante □ freddo, gelido □ scortese, sgarbato, villano, screanzato, zotico □ rozzo, rustico □ arrogante, sdegnoso, sprezzante □ contegnoso, sussiegoso □ intrattabile, inabbordabile.

affabilità *s. f.* amabilità, cordialità, socievolezza □ familiarità, giovialità □ bonarietà, bonomia □ cortesia, gentilezza, urbanità **CONTR.** freddezza □ scontrosità, rustichezza □ scortesia, sgarbatezza, villania, zoticaggine, zotichezza □ arroganza, sostenutezza, sussiego □ intrattabilità.

AFFABILITÀ
sinonimia strutturata

L'**affabilità** è la piacevolezza e l'umanità nel parlare e nel trattare, la condizione di chi è ben disposto verso gli altri e aperto alla comunicazione: *è una persona dalla squisita affabilità*; *l'affabilità dei suoi* *modi è proverbiale.*

Di uso più frequente e comune sono i termini **cortesia** e **gentilezza**, che indicano l'essere garbati, l'agire in modo educato, con discrezione e delicatezza, nei confronti degli altri: *usare, fare una cortesia*; *gentilezza d'animo, di pensieri.* **Urbanità** si riferisce a chi o a ciò che è civile e compito: *urbanità di modi, d'espressione*; *persona di grande urbanità.* La **galanteria** è invece una finezza e ricercatezza di modi che può diventare cerimoniosa e troppo leziosa: *comportarsi, trattare con galanteria*; per estensione galanterie si dicono i comportamenti, gli atti o i discorsi galanti, in particolare nei riguardi delle donne: *è pieno di galanterie per le signore.*

L'**amabilità** è propriamente la qualità di chi sa farsi amare, di chi suscita amore e, per estensione, acquista il significato di garbo, gentilezza: *la sua amabilità conquistava chiunque*; **amorevolezza** invece è la premura affettuosa, la particolare sollecitudine di chi sente e dimostra amore: *la madre lo accolse con amorevolezza.*

Significati tra loro simili hanno **bonarietà** e **bonomia** che indicano una mitezza schietta e semplice, l'essere indulgenti: *trattare qualcuno con bonarietà*; *comportarsi con bonomia*; bonomia può avere anche una sfumatura negativa ed essere usato in riferimento a troppa ingenuità e semplicioneria.

La **cordialità** è l'essere aperti e calorosi nei rapporti con gli altri, il comportarsi in modo sinceramente affettuoso: *trattare, ricevere, salutare con cordialità.* Il termine **giovialità** si riferisce invece ad un comportamento abitualmente allegro, gaio, sereno: *ci accolsero con giovialità*; mentre la **socievolezza** è la qualità di coloro che cercano e amano la compagnia degli altri o che hanno facilità nell'instaurare e nel mantenere relazioni sociali: *una persona che si distingue per la sua socievolezza.*

D'impiego raro è **degnazione**, termine che propriamente si riferisce (spesso con valore ironico) all'atteggiamento di compiacenza o benevolenza proprio di colui che è o si ritiene superiore a qualcuno: *non ha avuto la degnazione di ascoltarmi.* **Condiscendenza** si dice invece della disposizione ad acconsentire, a venire incontro ai desideri e alle richieste altrui e indica quindi comprensione e adattabilità. Il vocabolo viene di frequente usato anche negativamente, sia in riferimento ad una eccessiva arrendevolezza o debolezza di carattere: *con i figli usava un'eccessiva condiscendenza*, sia con un'accezione molto vicina a degnazione, nel senso cioè di abbassarsi a fare qualcosa: *trattare qualcuno con condiscendenza*, trattarlo dall'alto in basso.

affabilménte *avv.* amabilmente, cordialmente □ amichevolmente, familiarmente, giovialmente □ gentilmente, cortesemente □ piacevolmente.

affaccendàre ***A*** *v. tr.* (*raro*) dare da fare, impegnare ***B*** **affaccendarsi** *v. rifl.* darsi da fare, adoperarsi, scalmanarsi, sforzarsi, affannarsi □ affaticarsi, sgobbare (*fam.*), sfacchinare □ occuparsi □ armeggiare, trafficare, brigare **CONTR.** riposare, respirare □ oziare, poltrire, stare con le mani in mano, stare in panciolle.

affaccendàto *part. pass. di* **affaccendare**; *anche agg.* indaffarato, occupato, preso (*fam.*), impegnato **CONTR.** inoperoso, inattivo, sfaccendato, ozioso.

affacciàre ***A*** *v. tr.* ***1*** mostrare, far vedere ***2*** (*fig.*) (*di pretesa, di proposta, ecc.*) presentare, avanzare, accampare, prospettare **CONTR.** ritirare ***B*** **affacciarsi** *v. rifl.* ***1*** (*di persona*) mostrarsi, comparire, farsi vedere, farsi avanti, sporgersi **CONTR.** ritirarsi, ritrarsi, nascondersi, sparire ***2*** (*di edificio, di finestra, ecc.*) sovrastare, guardare, dare, prospettare (*raro*) ***3*** (*fig.*) (*di idee, ecc.*) presentarsi □ venire in mente **CONTR.** svanire, dileguarsi. *V. anche* GUARDARE

affamàto *agg.* ***1*** famelico, digiuno, allupato □ (*fig.*) miserabile, indigente **CONTR.** inappetente □ sazio, satollo, pago, pieno (*fam.*) ***2*** (*fig.*) (*di denaro, di successo, ecc.*) avido, desideroso, bramoso **CONTR.** indifferente, incurante, noncurante.

affannàre ***A*** *v. tr.* ***1*** dare affanno ***2*** (*fig.*) affliggere, angosciare, angustiare, preoccupare, impensierire, travagliare **CONTR.** consolare, rassicurare, rincorare, incoraggiare, sollevare ***B*** *v. intr.* e **affannarsi** *v. rifl.* ***1*** patire affanno, ansimare ***2*** (*fig.*) agitarsi, preoccuparsi, trepidare, angosciarsi, angustiarsi □ tribolare □ arrabattarsi, sforzarsi □ prodigarsi, scalmanarsi **CONTR.** calmarsi, quietarsi □ tranquillizzarsi, rincorarsi □ rianimarsi, risollevarsi □ respirare, riposare, rilassarsi □ poltrire, oziare.

affannàto *part. pass. di* **affannare**; *anche agg.* ***1*** ansante, ansimante, affannoso, trafelato, anelante, scalmanato ***2*** (*fig.*) ansioso, inquieto, smanioso, convulso, agitato □ angustiato, tormentato, travagliato, turbato **CONTR.** calmo, pacato, pacifico, olimpico, sereno, tranquillo, serafico, impassibile, imperturbabile.

affànno *s. m.* ***1*** respiro difficoltoso, fiato grosso, fiatone, bolsaggine, asma, dispnea, brachipnea (*med.*), tachipnea (*med.*), rantolo, rantolio ***2*** (*fig.*) preoccupazione, inquietudine, assillo, struggimento, ansia, ansietà □ angustia, angoscia, patema, ambascia, afflizione □ pena, dolore, patimento, tribolazione, tribolo, travaglio □ fastidio, cura, peso **CONTR.** calma, sollievo, respiro, serenità, tranquillità. *V. anche* ANGOSCIA

affannosaménte *avv.* angosciosamente, ansiosamente □ dolorosamente, penosamente □ smaniosamente, spasmodicamente **CONTR.** pacificamente, pacatamente, serenamente, tranquillamente, olimpicamente.

affannóso *agg.* ***1*** (*di respiro, ecc.*) faticoso, difficile, ansante, ansimante, anelante, anelo (*poet.*), affannato, asmatico, rantoloso, bolso, sospiroso, spasmodico **CONTR.** facile, libero, regolare, leggero ***2*** (*fig.*) (*di pensiero, di vita, ecc.*) angoscioso, ansioso, doloroso, penoso **CONTR.** piacevole, gradevole, gradito.

affàre *s. m.* ***1*** faccenda, cosa, incombenza, negozio, compito, servizio, impresa □ occupazione, lavoro ***2*** (*comm.*) contratto, pratica, interesse, business (*ingl.*), speculazione □ (*in banca, al gioco*) colpo ***3*** (*dir.*) processo ***4*** avvenimento, caso, fatto ***5*** arnese, aggeggio, roba **FRAS.** *essere in affari*, avere un lavoro non dipendente.

affarista *s. m.* e *f.* uomo d'affari □ faccendiere, trafficante, speculatore, pescecane.
affaróne *s. m. accr. di* **affare**; bazza, cuccagna.
affascinànte *part. pres. di* **affascinare**; *anche agg.* attraente, avvincente, bellissimo, incantevole, delizioso, charmant (*fr.*) □ magico, suggestivo □ fascinoso, malioso, intrigante □ ammaliante, magnetico, incantatore □ fatale, irresistibile, seducente, tentatore □ (*di sguardo, di parola, ecc.*) assassino, ladro, rapinoso **CONTR.** brutto, orrendo, orribile, orrido, repellente, ripugnante, ributtante, disgustoso.
affascinàre *v. tr.* **1** stregare, affatturare **2** (*fig.*) fascinare, ammaliare, incantare, estasiare □ allettare, attrarre, avvincere □ innamorare, sedurre, rapire □ calamitare, magnetizzare, abbagliare, abbacinare **CONTR.** allontanare, disgustare, disilludere, disincantare. *V. anche* IMPRESSIONARE, SEDURRE
affascinàto *part. pass. di* **affascinare**; *anche agg.* **1** stregato, affatturato **2** (*fig.*) ammaliato, incantato, stregato, rapito □ estasiato □ allettato, sedotto, abbagliato, abbacinato **CONTR.** disgustato, disilluso, allontanato.
affastellaménto *s. m.* mucchio, ammasso, accozzamento, accumulamento, accumulazione, coacervo, congerie.
affastellàre *v. tr.* **1** raccogliere, legare **2** ammucchiare, ammonticchiare, ammontare, accumulare, accatastare, ammassare, radunare, accozzare □ conglobare □ abborracciare.
affaticaménto *s. m.* fatica, spossatezza, stanchezza, prostrazione, stress (*ingl.*) **CONTR.** resistenza, vigore.
affaticàre **A** *v. tr.* defatigare, stancare, logorare, prostrare, spossare, stressare □ indebolire, fiaccare **CONTR.** rafforzare, rinforzare, irrobustire, invigorire, tonificare, rinvigorire □ ristorare **B** **affaticarsi** *v. rifl.* **1** stancarsi, logorarsi, spossarsi **CONTR.** rafforzarsi, irrobustirsi, rinvigorirsi **2** (*fig.*) darsi pena, adoperarsi, affaccendarsi, applicarsi, sforzarsi, darsi da fare □ faticare, scalmanarsi, lavorare, sfacchinare, sgobbare □ arrabattarsi **CONTR.** disinteressarsi, trascurare □ risparmiarsi □ oziare □ rilassarsi □ respirare. *V. anche* STANCARE
affaticàto *part. pass. di* **affaticare**; *anche agg.* stanco, stracco (*pop.*), fiacco, estenuato, spossato, provato, lasso (*lett.*), strapazzato, scalmanato, stressato □ indebolito, svigorito **CONTR.** energico, forte □ fresco, riposato.
affàtto *avv.* **1** interamente, assolutamente, completamente, pienamente, appieno, totalmente, perfettamente, del tutto, in tutto e per tutto, proprio **2** per niente, minimamente, punto, mica (*fam.*) **FRAS.** *niente affatto*, per nulla.
affermàre **A** *v. tr.* **1** dire, dichiarare, asserire, sostenere □ giurare □ enunciare □ scommettere □ (*di innocenza, ecc.*) gridare, proclamare, protestare □ (*di un diritto, ecc.*) pretendere □ attestare, accertare, certificare, garantire □ testimoniare, testificare (*raro*) **CONTR.** negare, disdire, denegare (*lett.*), rinnegare, ritrattare **2** (*ass.*) dire di sì, confermare **CONTR.** dire di no, negare **B** **affermarsi** *v. rifl.* **1** (*di persona*) imporsi, avere successo, farsi un nome, distinguersi, segnalarsi, emergere, arrivare, sfondare **CONTR.** fallire, far fiasco **2** (*di moda, di idea, ecc.*) diffondersi, rafforzarsi, attecchire, allignare, invalere **CONTR.** sparire, scomparire, naufragare. *V. anche* GRIDARE
affermativo *agg.* assertivo, asseverativo (*lett.*), confermativo, positivo **CONTR.** negativo.
affermàto *part. pass. di* **affermare**; *anche agg.* **1** detto, dichiarato, asserito, sostenuto, giurato **CONTR.** negato, disdetto, ritrattato **2** (*di persona, di nome e sim.*) arrivato, riuscito, di successo **CONTR.** fallito **3** (*di uso, di moda, ecc.*) invalso, diffuso, affermato, in (*ingl.*) **CONTR.** fuori moda, disusato, out (*ingl.*).
affermazióne *s. f.* **1** asserzione, dichiarazione, enunciazione, asserto, assicurazione, asseverazione (*lett., raro*) attestazione □ testimonianza **CONTR.** negazione, diniego **2** (*di persona, di idea, ecc.*) successo, vittoria, riuscita, realizzazione **CONTR.** insuccesso, sconfitta, fallimento, fiasco, smacco, naufragio. *V. anche* SUCCESSO
afferràre **A** *v. tr.* **1** prendere, pigliare, abbrancare, agguantare, acciuffare, ghermire, aggrappare (*raro*), acchiappare, brancare (*ant.*), artigliare, attanagliare, impugnare □ addentare, azzannare, adunghiare, aggranfiare □ impadronirsi, impossessarsi, arraffare, carpire **CONTR.** abbandonare, lasciare, mollare □ demordere **2** (*fig.*) (*di occasione e sim.*) approfittare, cogliere, profittare, avvantaggiarsi **CONTR.** lasciarsi sfuggire **3** (*fig.*) (*di concetto, di discorso, ecc.*) cogliere, comprendere, capire, penetrare, captare, intuire □ raccapezzarsi □ apprendere **CONTR.** non capire, fraintendere, travisare **B** **afferrarsi** *v. rifl.* **1** attaccarsi, tenersi, abbrancarsi, aggrapparsi, avviticchiarsi **CONTR.** mollare, lasciarsi andare **2** (*fig.*) (*a una scusa, ecc.*) appigliarsi **CONTR.** rinunciare. *V. anche* PRENDERE
afferràto *part. pass. di* **afferrare**; *anche agg.* **1** preso, abbrancato, ghermito, acchiappato, agguantato, addentato, artigliato, impugnato **CONTR.** lasciato, mollato **2** (*fig.*) colto, compreso, capito, intuito **CONTR.** travisato, frainteso.
affettàre (1) *v. tr.* ostentare, fingere, simulare, sbandierare, vantare, far mostra, sfoggiare, posare, atteggiarsi.
affettàre (2) *v. tr.* tagliare a fette □ spezzettare, fare a pezzi. *V. anche* TAGLIARE
affettataménte *avv.* leziosamente, studiatamente, ricercatamente, artificiosamente, cerimoniosamente, complimentosamente, sdolcinatamente, ostentatamente, falsamente, ipocritamente, mellifluamente, sussiegosamente, svenevolmente **CONTR.** naturalmente, semplicemente, spigliatamente.
affettàto (1) *part. pass. di* **affettare (1)**; *anche agg.* studiato, artificioso, falso, ostentato, ricercato, leccato □ caricato, forzato □ convenzionale, formale □ lezioso, sdolcinato, caramelloso, sdilinquito, smorfioso, svenevole □ smanceroso, complimentoso, cerimonioso, manieroso **CONTR.** disinvolto, naturale, semplice, sciolto, spigliato. *V. anche* IPOCRITA, SNOB
affettàto (2) **A** *part. pass. di* **affettare (2)**; *anche agg.* tagliato a fette □ spezzettato, a pezzi **B** *s. m.* salume (salame, prosciutto, coppa, bresaola, ecc.) a fette.

affettazióne *s. f.* **1** (*di comportamento, di vestire, ecc.*) artificiosità, posa, ricercatezza, ostentazione, ostentamento, mostra □ formalismo, maniera, manierismo □ leziosità, preziosismo, preziosità □ smanceria, smorfia, smorfiosità, svenevolezza □ caricatura **CONTR.** disinvoltura, naturalezza, scioltezza, semplicità, spigliatezza **2** (*di parlare*) leziosaggine, birignao **CONTR.** semplicità, pulizia.

AFFETTAZIONE
sinonimia strutturata

L'**affettazione** indica artificiosità, mancanza di naturalezza, una cura eccessiva, esagerata dei modi, del vestire, del parlare per mettere in luce qualità che, magari, non si hanno: *comportarsi, muoversi, scrivere con affettazione*. La **posa** è propriamente l'atteggiamento assunto da chi deve essere ritratto: *stare in posa*; di qui il significato di comportamento innaturale e costruito: *assume pose da intellettuale*. Il sostantivo **mostra** trova impiego in alcune espressioni idiomatiche dove indica il mostrarsi soprattutto per colpire gli altri, per vantarsi: *mettersi in mostra*; *fa gran mostra di sapere tutto*. Anche **ostentazione** si riferisce al comportamento di chi si mostra con l'intento d'imporsi agli altri per vanto, ambizione o per fingere di possedere cose e capacità che non si hanno: *è una continua ostentazione della sua ricchezza*; *la sua forza è solo ostentazione di muscoli*. Con **ricercatezza**, invece, si definisce la qualità di essere particolarmente curati e attenti, o di possedere un'eleganza studiata che spesso può scadere in atteggiamenti di maniera: *usa molta ricercatezza nel vestire*; *la ricercatezza delle parole*.

La **smorfia**, oltre al significato di contrazione del viso che ne altera il normale aspetto (*una smorfia di dolore*), designa un atteggiamento lezioso o affettato: *è una ragazza tutta smorfie*. Anche **smanceria** si usa, specialmente al plurale, in riferimento ad eccessive moine, sdolcinature e vezzi complimentosi o insistiti: *non sopporto le smancerie*. Appartiene a questo stesso ambito semantico anche **caricatura**, che in senso figurato definisce il comportamento o l'atteggiamento affettato, inopportuno o ridicolo che risulta dall'imitazione di qualcosa ritenuto prestigioso o di un livello sociale ed economico molto elevato: *quel ragazzo è la caricatura di un divo del cinema*.

affettività *s. f.* affettuosità, affetto, affezione □ emotività **CONTR.** freddezza, indifferenza, apatia.

affettivo *agg.* **1** di affetto □ emotivo **2** affettuoso, amorevole, premuroso, tenero **CONTR.** freddo, indifferente, apatico.

affètto (1) *s. m.* affezione, affettività, affettuosità, sentimento, amore, amorevolezza, attaccamento, amicizia, bene, benevolenza, simpatia □ premura, tenerezza □ devozione **CONTR.** disaffezione, distacco, disamore □ freddezza, indifferenza □ inimicizia □ astio, livore, malevolenza □ odio. *V. anche* AMORE

affètto (2) *agg.*; *anche s. m.* (*di malato*) colpito, ammalato, sofferente **CONTR.** esente, immune.

affettuosaménte *avv.* amorevolmente, amorosamente, premurosamente, teneramente, dolcemente □ cordialmente, caldamente, calorosamente, espansivamente, simpaticamente, amichevolmente, caramente **CONTR.** freddamente, indifferentemente, ostilmente, astiosamente.

affettuosità *s. f.* **1** affetto, affettività, amore, tenerezza, amorevolezza, amicizia, attaccamento, benevolenza, simpatia □ cordialità, espansività **CONTR.** freddezza, aridità, malevolenza, inimicizia, ostilità **2** tenerezze, coccole (*fam.*), carineria, premura.

affettuóso *agg.* amorevole, amoroso, tenero, premuroso □ espansivo □ affezionato, attaccato, devoto □ amichevole, benevolo, benigno, buono, simpatico, cordiale, caldo, caloroso **CONTR.** freddo, insensibile, indifferente □ duro □ avverso, ostile, acrimonioso, astioso.

affezionàre ***A*** *v. tr.* innamorare **CONTR.** disaffezionare, disamorare, distaccare ***B*** **affezionarsi** *v. intr. pron.* legarsi, attaccarsi □ innamorarsi **CONTR.** disaffezionarsi, disamorarsi, distaccarsi, raffreddarsi.

affezionàto *part. pass. di* **affezionare**; *anche agg.* attaccato, devoto, fedele □ unito, vicino □ amico, appassionato, dedito □ incline, amante □ affettuoso, tenero **CONTR.** disaffezionato, disamorato, avverso, nemico, ostile, contrario.

affezióne *s. f.* **1** affetto, affettività, amore, attaccamento, amicizia, benevolenza, devozione, predilezione, preferenza, simpatia, tenerezza, passione **CONTR.** antipatia, avversione, inimicizia, disaffezione, disamore, disgusto, nausea, ripugnanza, ripulsione, livore, malanimo, malvolere, odio **2** (*med.*) malattia. *V. anche* AMORE, MALATTIA

affiancàre ***A*** *v. tr.* **1** mettere accanto, accostare **2** (*fig.*) sostenere, aiutare, collaborare, difendere, proteggere, sorreggere, fiancheggiare □ spalleggiare, favorire **CONTR.** abbandonare, lasciare, avversare, contrariare, osteggiare ***B*** **affiancarsi** *v. rifl.* mettersi al fianco, allinearsi, fiancheggiare.

affiancàto *part. pass. di* **affiancare**; *anche agg.* **1** messo accanto, accostato **2** (*fig.*) sostenuto, aiutato, difeso, protetto, sorretto, spalleggiato, fiancheggiato, favorito **CONTR.** avversato, contrariato, osteggiato.

affiataménto *s. m.* accordo, intesa, comprensione **CONTR.** disaccordo, discordia, incomprensione.

affiatàre ***A*** *v. tr.* mettere d'accordo, accordare **CONTR.** dividere, staccare ***B*** **affiatarsi** *v. rifl.* e *rifl. rec.* accordarsi, intendersi, familiarizzarsi, fare amicizia, socializzare **CONTR.** inimicarsi, allontanarsi.

affibbiàre *v. tr.* **1** (*di vesti, di scarpe, ecc.*) allacciare, legare, cingere, abbottonare, unire, congiungere **CONTR.** sfibbiare, sbottonare, slacciare, slegare **2** (*fig.*) (*di cosa sgradevole, noiosa*) dare, attribuire, somministrare, rifilare, appioppare, sbolognare, accoccare, assegnare, assestare, imporre □ (*di colpo, di pugno, ecc.*) vibrare **CONTR.** levare, togliere.

affidàbile *agg.* fido, fidato, di fiducia, sicuro, serio, attendibile, raccomandabile **CONTR.** inaffidabile □ infido, malfido.

affidabilità *s. f.* **1** (*di persona, di ditta*) fiducia, serietà, affidamento, attendibilità **CONTR.** inaffidabilità □ sfiducia **2** (*di macchina*) funzionalità, sicurezza, garanzia, reliability (*ingl.*) **CONTR.** insicurezza.

affidaménto *s. m.* ***1*** custodia, consegna □ affido ***2*** fiducia, garanzia, assegnamento, affidabilità, attendibilità, serietà, sicurezza, assicurazione, rassicurazione **CONTR.** sfiducia, diffidenza, dubbio, sospetto, incertezza **FRAS.** *fare affidamento*, avere fiducia, affidarsi. *V. anche* SPERANZA

affidàre ***A*** *v. tr.* consegnare, commettere, lasciare in custodia, dare, rimettere □ lasciare □ assegnare, concedere □ raccomandare □ delegare, demandare, incaricare **CONTR.** ritirare □ levare, togliere ***B*** **affidarsi** *v. rifl.* abbandonarsi, darsi, consegnarsi, raccomandarsi □ ricorrere □ rimettersi, fidarsi, avere fiducia **CONTR.** diffidare, sospettare, dubitare.

affievoliménto *s. m.* indebolimento, infiacchimento, affiochimento □ attenuazione, abbassamento, diminuzione, calo **CONTR.** rafforzamento, invigorimento, rinvigorimento.

affievolìre ***A*** *v. tr.* indebolire, infiacchire, affiochire, fiaccare, snervare, svigorire □ attenuare, calare, diminuire **CONTR.** rafforzare, rinforzare, irrobustire, invigorire, rinvigorire ***B*** *v. intr.* e **affievolirsi** *intr. pron.* attenuarsi, abbassarsi, indebolirsi **CONTR.** rafforzarsi, rinforzarsi, irrobustirsi, invigorirsi, rinvigorirsi, aumentare, crescere.

affievolìto *part. pass. di* **affievolire**; *anche agg.* indebolito, infiacchito, attenuato, abbassato **CONTR.** rafforzato, irrobustito, rinvigorito, aumentato, cresciuto.

affìggere ***A*** *v. tr.* ***1*** (*di avviso, di quadro, ecc.*) attaccare, appendere, fissare □ conficcare **CONTR.** staccare, distaccare, scollare ***2*** (*est.*) (*di sguardo*) fissare, puntare **CONTR.** distogliere, allontanare ***3*** (*lett.*) (*nella memoria*) imprimere ***B*** **affiggersi** *v. rifl.* (*lett.*) guardare fissamente.

affilàre ***A*** *v. tr.* ***1*** (*di lama, di punta, ecc.*) rendere tagliente, raffilare, arrotare, aguzzare, acuminare, temperare, appuntare **CONTR.** ottundere, smussare, spuntare ***2*** (*est.*) (*di viso e sim.*) assottigliare, rendere smunto **CONTR.** ingrassare, ingrossare ***B*** **affilarsi** *v. intr. pron.* dimagrire **CONTR.** ingrassarsi.

affilàto *part. pass. di* **affilare**; *anche agg.* ***1*** (*di lama, di punta, ecc.*) tagliente, arrotato, aguzzato, acuminato, aguzzo, pungente, appuntito □ affusolato **CONTR.** ottuso, smussato, spuntato ***2*** (*di viso e sim.*) sottile, patito, scarno, emaciato, smunto, smagrito **CONTR.** grasso, grosso, grassoccio, paffuto, tozzo, carnoso.

affilatóio *s. m.* acciaino, acciaiolo.

affilatùra *s. f.* affilamento, aguzzamento, aguzzatura, arrotamento, arrotatura **CONTR.** smussamento, smussatura, spuntatura.

affiliàre ***A*** *v. tr.* ***1*** (*dir.*) (*di bambino*) ottenere in affiliazione ***2*** (*a un'associazione*) iscrivere, associare, consociare, aggregare □ (*a una setta e sim.*) iniziare **CONTR.** cacciare, allontanare ***B*** **affiliarsi** *v. rifl.* iscriversi (a un'associazione), associarsi **CONTR.** dissociarsi, dimettersi.

affiliàto ***A*** *part. pass. di* **affiliare**; *anche agg.* (*di associazione*) socio, consociato, iscritto ***B*** *s. m.* ***1*** (*dir.*) minore assunto in affiliazione ***2*** (*di associazione*) iniziato, adepto, seguace, proselito, socio, membro, aderente. *V. anche* SEGUACE

affinaménto *s. m.* perfezionamento, raffinamento, ingentilimento, dirozzamento □ tornitura **CONTR.** peggioramento, deterioramento.

affinàre ***A*** *v. tr.* ***1*** (*di cosa*) rendere fine, assottigliare, digrossare **CONTR.** ingrossare, gonfiare ***2*** (*fig.*) (*di ingegno e sim.*) aguzzare, rendere più penetrante **CONTR.** ottundere ***3*** (*di materia*) purificare, liberare dalle scorie, depurare ***4*** (*fig.*) (*di stile, di gusto*) educare, raffinare, aggraziare, perfezionare, ingentilire, ripulire, migliorare, sgrossare, sgrezzare, dirozzare **CONTR.** peggiorare, imbarbarire, corrompere, deteriorare ***B*** **affinarsi** *v. intr. pron.* ***1*** (*di cosa*) assottigliarsi **CONTR.** ingrossarsi ***2*** (*fig.*) (*di persona, di gusto, ecc.*) migliorare, perfezionarsi, raffinarsi, ingentilirsi, ripulirsi **CONTR.** peggiorare, imbarbarirsi, corrompersi, deteriorarsi. *V. anche* EDUCARE

affinché *cong.* al fine di, perché, acciocché, ché, onde.

affìne ***A*** *agg.* analogo, simile, similare, somigliante, omologo □ omogeneo, (*di nazione, di lingua, ecc.*) sorella, consorella **CONTR.** differente, dissimile, diverso □ contrario, opposto ***B*** *s. m.* parente, congiunto **CONTR.** estraneo □ consanguineo. *V. anche* SIMILE, VICINO

affinità *s. f.* ***1*** (*di idee, di gusti, ecc.*) somiglianza, rassomiglianza, similarità, similitudine, conformità, analogia, relazione, omogeneità, omologia, vicinanza, propinquità, prossimità **CONTR.** differenza, dissimiglianza, diversità ***2*** (*tra persone*) simpatia, attrazione, comprensione, feeling (*ingl.*), sintonia **CONTR.** antipatia, avversione, ripugnanza, ripulsione ***3*** parentela **CONTR.** estraneità □ consanguineità.

affioràre *v. intr.* ***1*** emergere, spuntare, venir fuori, aggallare **CONTR.** immergersi, sprofondare, inabissarsi, affondare ***2*** (*fig.*) (*di verità, di sospetto, ecc.*) mostrarsi, trapelare **CONTR.** scomparire, sparire, svanire.

affioràto *part. pass. di* **affiorare**; *anche agg.* (*anche fig.*) venuto a galla, emerso □ galleggiante □ spuntato □ trapelato **CONTR.** sprofondato, affondato, immerso □ scomparso, svanito.

affissióne *s. f.* esposizione, pubblicazione.

affìsso ***A*** *part. pass. di* **affiggere**; *anche agg.* attaccato, fissato □ esposto al pubblico, pubblicato **CONTR.** staccato, distaccato ***B*** *s. m.* ***1*** avviso, manifesto, cartello, cartellone □ editto ***2*** (*spec. al pl.*) imposte, infissi, telaio, porte, finestre ***3*** (*ling.*) infisso.

affittàre *v. tr.* ***1*** (*di casa, di podere, ecc.*) dare in affitto, appigionare, locare **CONTR.** sfrattare □ escomiare ***2*** (*di cosa*) prendere in affitto □ noleggiare.

affittàto *part. pass. di* **affittare**; *anche agg.* ***1*** (*di casa, di podere, ecc.*) dato in affitto, preso in affitto, locato, appigionato **CONTR.** sfitto ***2*** (*di cosa*) noleggiato.

affìtto *s. m.* locazione, affittanza, fitto, pigione, appigionamento, conduzione, nolo, noleggio **CONTR.** sfratto, escomio.

affittuàrio *s. m.* fittavolo, fittabile (*dial.*), fittaiolo, inquilino, locatario, conduttore **CONTR.** locatore, padrone, proprietario.

afflìggere ***A*** *v. tr.* addolorare, accorare, amareggiare, attristare, angosciare, angustiare, contristare, crucciare, rattristare, struggere □ travagliare, tormentare, vessare, martoriare, torturare, straziare □ (*di malattia*) colpire, funestare **CONTR.** allietare, consolare, confortare, dilettare, rallegrare, rinfrancare, sollevare, risollevare ***B*** **affliggersi** *v. intr. pron.* addolorarsi, rattristarsi, amareggiarsi, angosciarsi, angustiarsi □ spiacersi, dispiacersi, desolarsi, rammaricarsi, recriminare, dolersi □ soffrire, penare, tribolare □ tormentarsi, struggersi, torturarsi, dannarsi □ rodersi **CONTR.** allietarsi, consolarsi, confortarsi, rinfrancarsi, sollevarsi, risollevarsi, dilettarsi, gioire, rallegrarsi, godere, gioire.

afflìtto *part. pass. di* **affliggere**; *anche agg.* e *s. m.* affranto, contristato, addolorato, amareggiato, angustiato, rattristato □ angosciato, crucciato, oppresso □ malinconico, mesto, triste □ sconfortato, sconsolato, infelice □ abbattuto, avvilito, intristito □ contrito, dolente, desolato, spiacente, rammaricato □ tormentato, tribolato, torturato, travagliato, straziato, martoriato **CONTR.** allegro, contento, lieto, felice, gaio, giocondo, giulivo □ giubilante, gongolante, ilare □ sereno, spensierato □ consolato, rinfrancato, sollevato □ radioso, raggiante.

afflizióne *s. f.* ***1*** dolore, pena, patema, patimento, cruccio, ambascia, angoscia □ affanno, cura (*lett.*), tormento, angustia, tavaglio, tribolo □ malinconia, mestizia, tristezza □ infelicità, desolazione, sconforto □ amarezza □ rodimento □ avvilimento, abbattimento, prostrazione □ rammarico, rincrescimento **CONTR.** contentezza, allegria, gioia, letizia, gaudio, gaiezza □ giubilo, esultanza, felicità, spensieratezza □ consolazione, sollievo ***2*** sventura, piaga, ferita, flagello, supplizio, tribolazione, croce **CONTR.** delizia, piacere. *V. anche* MALINCONIA

afflosciàre ***A*** *v. tr.* rendere floscio ***B*** *v. intr.* e **afflosciarsi** *intr. pron.* ***1*** (*di cosa*) ammollirsi, sgonfiarsi, ammoscire, ammoscirsi **CONTR.** indurirsi, gonfiarsi ***2*** (*fig.*) (*di persona*) abbandonarsi □ accasciarsi, svenire, cadere **CONTR.** riprendersi, riaversi, alzarsi.

affluènte *s. m.* (*di fiume*) tributario, immissario, confluente **CONTR.** emissario.

affluènza *s. f.* ***1*** (*di fiumi*) confluenza ***2*** (*di gente*) concorso, afflusso, folla ***3*** (*lett.*) (*di cose*) abbondanza, copia **CONTR.** scarsità, insufficienza. *V. anche* FOLLA

affluìre *v. intr.* ***1*** (*di acque, di merci*) confluire, scorrere **CONTR.** defluire, effluire ***2*** (*di gente*) accorrere, concorrere, convergere, concentrarsi, dirigersi, riversarsi **CONTR.** sfollare □ spargersi, allontanarsi.

afflùsso *s. m.* affluenza, concorso, ondata □ concentrazione, frequenza **CONTR.** deflusso.

affogàre ***A*** *v. tr.* ***1*** (*raro, lett., anche fig.*) annegare □ soffocare ***2*** (*fig.*) mandare in rovina, rovinare **CONTR.** salvare ***B*** *v. intr.* ***1*** annegare, annegarsi ***2*** (*fig.*) (*di debiti*) essere sovraccarico, essere sommerso ***C*** **affogarsi** *v. rifl.* e *intr. pron.* annegare, annegarsi □ (*fig.*) essere sommerso **FRAS.** *affogare in un bicchiere d'acqua* (*fig.*), smarrirsi per un nonnulla.

affogàto *part. pass. di* **affogare**; *anche agg.* ***1*** annegato ***2*** (*fig.*) (*di debiti, di lavoro, ecc.*) oppresso, schiacciato, soffocato.

affollaménto *s. m.* folla, calca, ressa, moltitudine, assembramento, assiepamento, carnaio, formicaio, pigia pigia **CONTR.** sfollamento, solitudine. *V. anche* FOLLA

affollàre ***A*** *v. tr.* accalcare, gremire, riempire, stipare, empire **CONTR.** disertare ***B*** **affollarsi** *v. intr. pron.* radunarsi, stiparsi, accalcarsi, addensarsi, assieparsi, assembrarsi, ammassarsi, ammucchiarsi, attrupparsi, pigiarsi, accorrere in folla **CONTR.** disperdersi, sfollare, spopolarsi, rarefarsi.

affollàto *part. pass. di* **affollare**; *anche agg.* fitto, gremito, stipato, pieno □ (*di luogo*) popoloso □ (*di strada, ecc.*) battuto, frequentato □ carico, colmo **CONTR.** vuoto, deserto □ spopolato □ abbandonato, solitario, romito (*lett.*), solingo (*lett.*).

affondaménto *s. m.* immersione, sommersione (*raro*), inabissamento, sprofondamento □ naufragio **CONTR.** emersione, affioramento, galleggiamento.

affondàre ***A*** *v. tr.* ***1*** mandare a fondo, immergere, inabissare, sommergere, sprofondare, tuffare, annegare **CONTR.** far riemergere, riportare a galla ***2*** (*di coltello, ecc.*) piantare, conficcare **CONTR.** estrarre, togliere ***B*** *v. intr.* e **affondarsi** *intr. pron.* (*anche fig.*) andare a fondo, immergersi, sommergersi, inabissarsi, infossarsi, sprofondare, tuffarsi □ naufragare □ rovinarsi, fallire **CONTR.** affiorare, galleggiare, aggallare, emergere, riemergere.

affondàto *part. pass. di* **affondare**; *anche agg.* colato a picco, sommerso, immerso, sprofondato, affossato, infossato, naufragato **CONTR.** affiorante, emerso, affiorato, sporgente □ galleggiante.

affóndo *s. m.* ***1*** (*sport*) (*spec. nella scherma*) allungo, attacco ***2*** (*fig.*) stoccata, colpo, frecciata, allusione, battuta.

affossaménto *s. m.* ***1*** (*di progetto, di legge, ecc.*) affossatura, morte, bocciatura, accantonamento **CONTR.** approvazione ***2*** (*di terreno*) fossa, fosso, concavità, cunetta, avvallamento, sprofondamento **CONTR.** sporgenza, dosso, rilievo, convessità.

affossàre ***A*** *v. tr.* (*fig.*) accantonare, abbandonare □ (*fig.*) rovinare, distruggere, eliminare ***B*** **affossarsi** *v. intr. pron.* incavarsi, cedere **CONTR.** riempirsi, sporgere.

affrancaménto *s. m.* affrancazione, liberazione, emancipazione □ riscatto, redenzione **CONTR.** asservimento, assoggettamento, sottomissione, soggezione, servitù, ceppo (*fig.*).

affrancàre ***A*** *v. tr.* ***1*** liberare, emancipare, riscattare □ redimere □ svincolare, sciogliere **CONTR.** asservire, assoggettare, sottomettere, sottoporre, condizionare, soggiogare □ tiraneggiare ***2*** (*di corrispondenza*) applicare il francobollo, bollare ***B*** **affrancarsi** *v. rifl.* liberarsi, svincolarsi, emanciparsi □ riscattarsi □ redimersi **CONTR.** impegnarsi, vincolarsi, essere sottomesso, asservirsi, assoggettarsi.

affrancàto *part. pass. di* **affrancare**; *anche agg.* ***1*** libero, emancipato, liberato, redento **CONTR.** asservito, assoggettato, soggetto, sottomesso □ servo, schiavo ***2*** (*di corrispondenza*) munito di affrancatura, bollato.

affrancatùra *s. f.* ***1*** bollatura ***2*** (*est.*) francobollo, bollo.

affrànto *agg.* ***1*** (*di fisico*) spossato, sfinito, stremato, fiaccato **CONTR.** vigoroso, energico, gagliardo ***2*** (*per dolore*) prostrato □ desolato, contrito.

affratellaménto *s. m.* fraternizzazione □ familiarità, unione **CONTR.** disaccordo, dissidio, dissenso.

affratellàre ***A*** *v. tr.* rendere fratelli, accomunare, unire **CONTR.** inimicare, mettere in disaccordo ***B*** **affratellarsi** *v. rifl. rec.* fraternizzare, familiarizzare **CONTR.** inimicarsi, contendersi. *V. anche* UNIRE

affrésco *s. m.* (*fig.*) raffigurazione, descrizione, quadro, scorcio, squarcio. *V. anche* QUADRO

affrettàre ***A*** *v. tr.* ***1*** accelerare, incalzare, sollecitare, stimolare, pressare, spingere □ sveltire, velocizzare □ precipitare **CONTR.** rallentare, ritardare, frenare, trattenere ***2*** (*di nozze, di esame, ecc.*) anticipare **CONTR.** posticipare, differire, procrastinare, prorogare, rinviare ***B*** *v. intr.* e **affrettarsi** *rifl.* ***1*** sbrigarsi, spicciarsi, far presto, precipitarsi **CONTR.** attardarsi, tardare, indugiare, temporeggiare ***2*** muoversi in fretta, correre **CONTR.** andar piano. *V. anche* SPINGERE

affrettatamènte *avv.* frettolosamente, sbrigativamente, rapidamente, in fretta, presto, precipitosamente □ malamente **CONTR.** lentamente, pazientemente, adagio, piano, con calma □ bene, scrupolosamente.

affrettàto *part. pass. di* **affrettare**; *anche agg.* ***1*** (*di lavoro, di decisione, ecc.*) inaccurato, trascurato, fatto in fretta □ sommario, sbrigativo **CONTR.** accurato, diligente, paziente, scrupoloso ***2*** (*di partenza, ecc.*) frettoloso, precipitoso, sollecito, pronto, veloce, tumultuario (*raro*) □ (*di passo, ecc.*) sostenuto, allegro, rapido **CONTR.** lento, tardo.

affrontàre ***A*** *v. tr.* ***1*** (*di nemico, di ostacolo, ecc.*) fronteggiare, opporsi □ combattere □ assalire, aggredire □ (*di pericolo, di critiche, ecc.*) esporsi, sfidare **CONTR.** evitare, scansare, scantonare, eludere, schivare □ scongiurare, sfuggire □ ripiegare, fuggire ***2*** (*di spesa, di onere*) sostenere, fare **CONTR.** evitare, risparmiare ***3*** (*di problema, di situazione, ecc.*) esaminare, toccare, trattare, parlare, svolgere, discutere **CONTR.** schermirsi ***4*** (*di partita, di incontro e sim.*) disputare, giocare ***B*** **affrontarsi** *v. rifl. rec.* scontrarsi □ azzuffarsi, combattersi, venire alle mani **CONTR.** evitarsi, sfuggirsi. *V. anche* PRENDERE

affrontàto *part. pass. di* **affrontare**; *anche agg.* ***1*** (*di nemico, di ostacolo, ecc.*) fronteggiato □ assalito, aggredito, combattuto **CONTR.** evitato, eluso □ scongiurato ***2*** (*di spesa, di onere*) sostenuto, fatto **CONTR.** evitato ***3*** (*di problema, di situazione, ecc.*) esaminato, trattato, toccato, svolto **CONTR.** evitato, eluso ***4*** (*di partita, di incontro e sim.*) disputato.

affrónto *s. m.* ingiuria, insulto, offesa, oltraggio, onta, attacco, sopruso, sopraffazione, villania **CONTR.** complimento, felicitazione, omaggio, ossequio.

affumicàre *v. tr.* ***1*** (*di cosa*) riempire di fumo □ annerire, scurire, oscurare ***2*** (*di alimento*) trattare con fumo.

affumicàto *part. pass. di* **affumicare**; *anche agg.* ***1*** annerito ***2*** (*di occhiali, di vetro, ecc.*) scuro, oscurato **CONTR.** chiaro ***3*** (*di alimento*) trattato col fumo.

affusolàre *v. tr.* assottigliare, appuntire, rastremare **CONTR.** smussare, ingrossare, rendere tozzo.

affusolàto *part. pass. di* **affusolare**; *anche agg.* affusato, fusiforme, sottile, affilato, appuntito □ aerodinamico **CONTR.** smussato, grosso, tozzo, massiccio.

àfide *s. m.* (*zool.*) gorgoglione, pidocchio delle piante.

àfono *agg.* (*med.*) senza voce □ (*est.*) fioco, flebile, soffocato **CONTR.** forte, vivo, sonoro, squillante.

aforìsma *s. m.* massima, detto, precetto, sentenza, motto sentenzioso, assioma, motto, apoftegma, adagio, pensiero, dettato, wellerismo. *V. anche* MASSIMA, PROVERBIO

afosità *s. f.* afa, pesantezza **CONTR.** fresco, frescura, refrigerio □ freddo.

afóso *agg.* soffocante, opprimente, pesante, torrido, canicolare **CONTR.** ventilato, aerato, fresco □ freddo.

afrikaans /ol. afri'ka:ns/ [vc. ol., propriamente 'africano'] *s. m. inv.* lingua boera, boero.

afrodisìaco [da *Afrodite*, la dea dell'amore] *agg.*; *anche s. m.* eccitante, erotizzante, erotico □ venereo.

afróre *s. m.* odore forte, odore sgradevole, fetore, puzzo □ miasma, esalazione **CFR.** aroma, profumo, olezzo (*lett.*), fragranza.

after-shave /ingl. 'a:ftəʃeiv/ [vc. ingl., 'dopo' (*after*) 'rasatura' (*shave*)] *s. m. inv.* dopobarba, lozione, crema.

agènda [lat., 'cose da farsi', da *agenda*, ger. di *agĕre* 'fare'] *s. f.* ***1*** taccuino, diario, notes (*fr.*), block-notes (*ingl.*) □ libretto d'appunti, memorandum (*lat.*) □ rubrica, indirizzario, prontuario, lunario ***2*** (*est.*) (*di argomenti da discutere*) lista, elenco □ programma.

agènte *part. pres. di* **agire**; *anche s. m.* ***1*** (*di affari*) incaricato, commissionario, amministratore, rappresentante, procuratore, intermediario, mediatore, mandatario, sensale, venditore, procacciatore □ broker (*ingl.*) □ esecutore ***2*** (*di polizia*) guardia, poliziotto, sbirro (*spreg.*), questurino (*pop.*), gendarme, milite □ secondino ***3*** (*di parola, di medicinale, ecc.*) elemento, fattore, ingrediente **FRAS.** *agente segreto*, spia □ *agente diplomatico*, ambasciatore □ *agente chimico*, reagente, reattivo.

agenzìa *s. f.* ***1*** (*di affari*) compagnia, società, impresa, intermediaria d'affari ***2*** (*di stampa, di viaggi, ecc.*) organizzazione ***3*** (*di sede centrale*) succursale, ufficio distaccato, distaccamento, dipendenza, filiale, sportello.

agevolaménto *s. m. V.* **agevolazione**.

agevolàre *v. tr.* facilitare, semplificare, appianare, spianare □ aiutare, appoggiare, assistere, favorire, favoreggiare □ liberalizzare **CONTR.** impacciare, impedire, intralciare, ostacolare, contrastare, complicare □ precludere □ proibire, vietare. *V. anche* AIUTARE

agevolàto *part. pass. di* **agevolare**; *anche agg.* facilitato, favorito, aiutato, appoggiato, spianato **CONTR.** contrariato, intralciato, ostacolato.

agevolazióne *s. f.* agevolamento, facilitazione □ vantaggio □ aiuto, appoggio, favore, protezione **CONTR.** complicazione, difficoltà, impaccio, intralcio, ostacolo □ preclusione. *V. anche* FAVORE

agévole *agg.* (*di cosa*) comodo, facile, piano, semplice □ leggero, lieve **CONTR.** disagevole, malagevole

□ difficile, difficoltoso, scomodo, faticoso, arduo, complicato □ logorante, laborioso.

agevolézza *s. f.* comodità, facilità, semplicità, scioltezza **CONTR.** disagevolezza, malagevolezza, difficoltà, impaccio, ostacolo, intoppo.

agevolménte *avv.* facilmente, comodamente, senza sforzo, senza fatica **CONTR.** disagevolmente, malagevolmente, difficilmente, scomodamente □ stentamente.

agganciaménto *s. m.* aggancio, attacco, collegamento **CONTR.** sganciamento, distacco.

agganciàre *v. tr.* ***1*** collegare **CONTR.** sganciare ***2*** attaccare, appendere, sospendere, appiccare, fermare, affibbiare, ancorare, raccomandare □ indicizzare (*econ.*) **CONTR.** sganciare, sfibbiare, staccare ***3*** (*fig., fam.*) (*di persona*) fermare, trattenere.

aggàncio *s. m.* ***1*** (*raro*) agganciamento □ attacco □ (*di veicoli spaziali*) docking **CONTR.** sganciamento, distacco ***2*** (*fig.*) contatto, rapporto, collegamento □ appoggio □ (*spec. al pl.*) aderenze, ammanicamento, appoggi, entrature.

aggéggio *s. m.* oggettino, roba, bazzecola, inezia, quisquilia, gingillo, ninnolo, nonnulla □ utensile, attrezzo, strumento.

aggettàre *v. intr.* sporgere, uscire, risaltare **CONTR.** rientrare.

aggètto *s. m.* (*arch.*) sporgenza, prominenza, sporto, rilievo, risalto, mensola, beccatello (*edil.*), modanatura (*arch.*) **CONTR.** rientro, rientranza.

agghiacciànte *part. pres. di* **agghiacciare**; *anche agg.* (*di delitto, di incidente, ecc.*) orribile, orrendo, spaventoso, spaventevole, terrificante, tremendo, raccapricciante **CONTR.** attraente, gradevole, piacevole, divertente.

agghiaccìàre ***A*** *v. tr.* ***1*** (*di freddo*) congelare, gelare, ghiacciare, raffreddare **CONTR.** scaldare, riscaldare, arroventare ***2*** (*fig.*) (*di persona o cosa*) inorridire, atterrire, raggelare, spaventare, raccapricciare **CONTR.** confortare, consolare, tranquillizzare ***B*** *v. intr.* e **agghiacciarsi** *intr. pron.* congelarsi, gelarsi, raggelarsi, ghiacciarsi, raffreddarsi, aggricciarsi (*dial.*) □ spaventarsi **CONTR.** scaldarsi, riscaldarsi, arroventarsi.

agghiacciàto *part. pass. di* **agghiacciare**; *anche agg.* ***1*** (*dal freddo*) ghiacciato, freddo, gelato, congelato, freddissimo □ intirizzito, assiderato **CONTR.** bollente, rovente, arroventato, caldissimo, torrido ***2*** (*fig.*) (*da paura*) atterrito, spaventato, inorridito **CONTR.** dilettato, divertito, confortato, tranquillizzato.

agghindàre ***A*** *v. tr.* vestire con ricercatezza, abbigliare, vestire, abbellire, ornare, bardare, azzimare, infronzolare ***B*** **agghindarsi** *v. rifl.* vestirsi con ricercatezza, abbigliarsi, abbellirsi, acconciarsi, adornarsi, azzimarsi, lisciarsi, leccarsi, orpellarsi **CONTR.** scomporsi, sciammanarsi.

agghindàto *part. pass. di* **agghindare**; *anche agg.* ben vestito, ornato, abbigliato, acconciato, addobbato (*scherz.*), azzimato **CONTR.** trasandato, malmesso, sciatto, scalcagnato, scalcinato.

aggiogàre *v. tr.* ***1*** (*di animali*) mettere sotto giogo ***2*** (*fig.*) (*di persona, di popolo, ecc.*) soggiogare, sottomettere, subordinare **CONTR.** liberare, emancipare.

aggiornaménto *s. m.* ***1*** (*di professione*) revisione, riqualificazione □ riciclaggio (*fig.*), riconversione ***2*** (*di seduta, di data, ecc.*) dilazione, rinvio, proroga, differimento, ritardo, temporeggiamento ***3*** (*di situazione*) adeguamento **CONTR.** cristallizzazione.

aggiornàre ***A*** *v. tr.* ***1*** (*di seduta, di data, ecc.*) rimandare, rinviare, sospendere, prorogare, differire ***2*** (*di professionisti*) riconvertire, riqualificare, preparare ***3*** (*di cosa, di abbigliamento, ecc.*) modernizzare, rimodernare, rammodernare ***B*** **aggiornarsi** *v. rifl.* tenersi al corrente, seguire, rinnovarsi □ riqualificarsi, riconvertirsi, riciclarsi □ modernizzarsi, rimodernarsi **CONTR.** cristallizzarsi, mummificarsi.

aggiornàto *part. pass. di* **aggiornare**; *anche agg.* differito, sospeso □ al corrente, preparato, up-to-date (*ingl.*), in (*ingl.*), à la page (*fr.*), informato □ rielaborato **CONTR.** arretrato, superato, out (*ingl.*), vecchio, cristallizzato, mummificato.

aggiraménto *s. m.* ***1*** accerchiamento ***2*** (*fig.*) inganno, raggiro, insidia □ elusione (fiscale).

aggiràre ***A*** *v. tr.* ***1*** circondare, accerchiare, attorniare □ eludere ***2*** (*fig.*) raggirare, ingannare, imbrogliare, abbindolare, circuire, infinocchiare (*fam.*) ***B*** **aggirarsi** *v. intr. pron.* ***1*** vagare, muoversi, andare errando □ aleggiare ***2*** (*di spesa, di numero, ecc.*) approssimarsi, ascendere, ammontare.

aggiudicàre ***A*** *v. tr.* ***1*** (*una cosa*) assegnare, concedere **CONTR.** togliere, revocare, espropriare ***2*** (*est.*) (*una vittoria, un premio, ecc.*) attribuire, conferire, consegnare, dare ***B*** **aggiudicarsi** *v. intr. pron.* conquistare, ottenere, meritare, vincere. *V. anche* VINCERE

aggiudicazióne *s. f.* assegnazione, attribuzione, conferimento, consegna **CONTR.** abrogazione, revoca, esproprio.

aggiùngere ***A*** *v. tr.* ***1*** unire, aggregare, allegare, annettere, associare, addizionare, sommare, accompagnare, mescolare □ apporre □ attaccare □ conglobare, interpolare □ connettere, congiungere □ accrescere, arricchire, aumentare, completare, arrogere (*lett.*) □ conferire, infondere **CONTR.** levare, portar via, togliere, eliminare, sottrarre, scomputare □ decurtare, dedurre, detrarre, defalcare, falcidiare □ asportare, amputare □ (*di parole, di brani*) espungere, stralciare ***2*** (*nel discorso*) soggiungere, dire ***B*** **aggiungersi** *v. rifl.* congiungersi, unirsi, aggregarsi, mettersi insieme, sopraggiungere, sovrapporsi, mescolarsi □ innestarsi **CONTR.** separarsi, dividersi, disgiungersi, disunirsi, staccarsi. *V. anche* MESCOLARE, UNIRE

aggiùnta *s. f.* addizione, aggregamento, accrescimento, aumento, annessione, sovrappiù, supplemento, maggiorazione □ coda, frangia □ clausola, codicillo □ postfazione, postscriptum (*lat.*) □ complemento, appendice, apposizione □ contentino □ (*di bevanda e sim.*) correzione □ fit (*ingl., mecc.*) **CONTR.** detrazione, decurtazione, defalcazione, deduzione □ calo, diminuzione, decremento □ sottrazione, scomputo □ asportazione □ eliminazione, falcidia □ espunzione, stralcio.

aggiuntàre *v. tr.* attaccare, connettere, congiungere, unire, cucire **CONTR.** separare, dividere, disgiungere,

disunire, staccare, scucire.
aggiuntivo *agg.* addizionale, complementare, integrativo, supplementare.
aggiùnto ***A*** *part. pass. di* **aggiungere**; *anche agg.* unito, aggregato, allegato, annesso, associato, addizionato, congiunto, sommato, interpolato, mischiato □ accessorio, complementare, addizionale, altro **CONTR.** separato, diviso, disgiunto, disunito, staccato □ sottratto, detratto, dedotto □ scartato □ tolto ***B*** *s. m.* (*di funzionario*) aiuto, coadiutore.
aggiustàbile *agg.* riparabile, accomodabile, rimediabile □ raddrizzabile, correggibile **CONTR.** irreparabile, irrimediabile.
aggiustàggio *s. m.* ***1*** (*mecc.*) rifinitura ***2*** aggiustamento, riparazione **CONTR.** guasto, rottura.
aggiustaménto *s. m.* ***1*** aggiustatura, aggiustaggio, accomodamento, accomodatura, assestamento, contemperamento, riparazione **CONTR.** guasto, rottura, avaria, danno ***2*** (*fig.*) (*tra persone*) accordo, accomodamento, componimento, composizione, conciliazione □ transazione **CONTR.** contrasto, discrepanza, dissidio ***3*** (*di tiro*) correzione. *V. anche* CONCILIAZIONE
aggiustàre ***A*** *v. tr.* accomodare, raccomodare, rassettare, riparare, raggiustare □ rappezzare, rattoppare □ raddrizzare, rettificare, adattare, acconciare □ racconciare, riattare □ rimediare, assestare, conciliare, contemperare □ ordinare, riordinare □ (*di articolo, di sorpresa, ecc.*) cucinare (*fam.*) **CONTR.** guastare, avariare, danneggiare, rompere, spaccare, spezzare, strappare, stracciare, fracassare, squarciare, sgangherare, scassare (*fam.*), sconquassare ***B*** **aggiustarsi** *v. rifl.* (*di cosa*) adattarsi, sistemarsi, assestarsi, accomodarsi **CONTR.** rompersi, spaccarsi ***C*** *v. rifl. rec.* (*tra persone*) mettersi d'accordo, arrangiarsi, accordarsi □ conciliarsi □ transare **CONTR.** litigare, bisticciare, questionare **FRAS.** *aggiustare una lite* (*fig.*), comporre una lite □ *aggiustare per le feste* (*fig.*), conciare male. *V. anche* CORREGGERE
aggiustàto *part. pass. di* **aggiustare**; *anche agg.* accomodato, riparato, sistemato □ rattoppato, rappezzato, ordinato, riordinato, assestato **CONTR.** danneggiato, rotto.
aggiustatùra *s. f.* aggiustamento, accomodamento, accomodatura, raccomodatura, riparazione, racconciatura □ rattoppo, rattoppatura **CONTR.** guasto, danno, danneggiamento, rottura.
agglomeraménto *s. m.* accumulo, mucchio, ammasso, massa, ammassamento, addensamento, agglomerazione.
agglomeràre ***A*** *v. tr.* accumulare, ammassare, ammucchiare, addensare, riunire insieme □ conglobare, conglomerare **CONTR.** disgiungere, disunire, dividere, separare, staccare □ sparpagliare, disperdere □ disgregare ***B*** **agglomerarsi** *v. rifl.* ammassarsi, ammucchiarsi, accumularsi, addensarsi, conglomerarsi **CONTR.** dividersi, disgregarsi.
agglomeràto ***A*** *part. pass. di* **agglomerare**; *anche agg.* riunito, accumulato, ammassato □ fitto, compatto □ denso **CONTR.** diviso, separato □ disgregato □ rado ***B*** *s. m.* ***1*** agglomerazione ***2*** conglomerato ***3*** (*di case*) abitato, paese.
agglomerazióne *s. f.* agglomeramento, massa, ammasso, ammassamento, ammucchiamento □ addensamento, conglobamento, conglomerazione **CONTR.** disunione, disgregazione, divisione, dispersione, separazione.
aggomitolàre ***A*** *v. tr.* raggomitolare, avvolgere **CONTR.** sgomitolare, svolgere, dipanare ***B*** **aggomitolarsi** *v. rifl.* avvolgersi, rannicchiarsi, raggomitolarsi, accoccolarsi, appallottolarsi **CONTR.** drizzarsi, raddrizzarsi, stendersi. *V. anche* AVVOLGERE
aggrappàre ***A*** *v. tr.* (*raro*) afferrare, aggranfiare **CONTR.** abbandonare, mollare ***B*** **aggrapparsi** *v. rifl.* (*anche fig.*) attaccarsi, stringersi, afferrarsi, abbarbicarsi, tenersi forte (con le mani), abbracciarsi, appigliarsi, appiccarsi, reggersi, tenersi, ancorarsi **CONTR.** mollare, staccarsi, abbandonare.
aggravaménto *s. m.* peggioramento, aggravio, complicazione, recrudescenza **CONTR.** miglioramento, attenuamento, attenuazione.
aggravàre ***A*** *v. tr.* ***1*** gravare, caricare, appesantire, opprimere, premere **CONTR.** scaricare, sgravare, alleggerire ***2*** (*fig.*) (*di dolore, di situazione, ecc.*) acuire, acutizzare, esacerbare, esasperare, esacerbare, inasprire, rincrudire, peggiorare **CONTR.** alleggerire, alleviare, attenuare, diminuire, scemare, migliorare ***B*** *v. intr.* e **aggravarsi** *intr. pron.* ***1*** appesantirsi, pesare, premere ***2*** (*di malattia*) acuirsi, peggiorare, acutizzarsi, complicarsi, cronicizzare □ (*di dolore, di situazione, ecc.*) inasprirsi, inacerbirsi, accentuarsi □ incancrenirsi **CONTR.** alleviarsi, attenuarsi, diminuire □ migliorare □ normalizzarsi. *V. anche* ESACERBARE
aggravàto *part. pass. di* **aggravare**; *anche agg.* ***1*** carico, oppresso, gravato, appesantito, caricato, oberato **CONTR.** scarico, sgravato ***2*** peggiorato, acutizzato **CONTR.** migliorato, attenuato, normalizzato.
aggràvio *s. m.* ***1*** aggravamento, inasprimento, carico, peso, fardello, onere □ gravame, tassa, imposta, tributo, balzello **CONTR.** sgravio, scarico, discarico, alleggerimento, alleviamento, sollievo □ ribasso ***2*** (*lett.*) molestia, incomodo, noia.
aggraziàto *agg.* ***1*** bello, grazioso, carino, elegante, estetico, attraente, piacevole, leggiadro, vezzoso, venusto, vago (*lett.*) **CONTR.** brutto, sgraziato, goffo, racchio (*pop.*), ordinario ***2*** fine, raffinato, garbato, di belle maniere **CONTR.** sgarbato, grossolano, rozzo, volgare, villano.
aggredìre *v. tr.* ***1*** assalire, assaltare, attaccare, affrontare, scagliarsi **CONTR.** difendere, riparare ***2*** (*fig.*) (*a parole*) investire, affrontare, apostrofare.
aggregaménto *s. m. V.* **aggregazione**.
aggregàre ***A*** *v. tr.* congregare, aggiungere, mettere insieme, associare, unire, annettere, affiliare, iscrivere **CONTR.** disunire, disaggregare, disgregare, scindere, separare, smembrare, staccare ***B*** **aggregarsi** *v. rifl.* associarsi, confederarsi, accompagnarsi, unirsi, accodarsi, aggiungersi **CONTR.** dissociarsi, separarsi, staccarsi □ decomporsi (*chim.*). *V. anche* UNIRE
aggregàto ***A*** *part. pass. di* **aggregare**; *anche agg.* unito, aggiunto, associato **CONTR.** disgiunto, disgregato, dissociato, separato ***B*** *s. m.* aggregamento, comples-

so, composto, insieme, unione, ammasso □ colonia.

aggregazióne *s. f.* aggregamento, aggregato □ unione, insieme, gruppo □ fusione □ concrezione □ colonia □ associazione, consociazione, compagine □ unificazione, accomunamento, iscrizione **CONTR.** disgregazione, disaggregazione, disgregamento, dissociazione, disunione, separazione, smembramento.

aggressióne *s. f.* assalto, attacco □ violenza □ (*di parole*) apostrofe, invettiva. *V. anche* ASSALTO

aggressività *s. f.* combattività □ violenza, irruenza, impetuosità, veemenza □ grinta, mordente **CONTR.** mansuetudine, mitezza, remissività.

aggressìvo *agg.* violento □ litigioso, minaccioso □ battagliero, combattivo, bellicoso □ grintoso, irruento, impetuoso, veemente, prorompente □ (*di Stato*) espansionista, imperialista **CONTR.** bonario, bonaccione, dolce, mansueto, mite, remissivo.

aggressóre *s. m.* (*f. aggreditrice*) assalitore, assaltatore **CONTR.** aggredito, assalito, attaccato □ vittima.

aggrinzàre ***A*** *v. tr.* corrugare, increspare, aggrinzire □ gualcire, aggricciare (*dial.*), cincischiare **CONTR.** distendere, spianare, stirare ***B*** *v. intr.* e **aggrinzarsi** *intr. pron.* corrugarsi, incresparsi □ incartapecorirsi **CONTR.** distendersi, spianarsi.

aggrinzàto *part. pass. di* **aggrinzare**; *anche agg.* aggrinzito, grinzoso □ rugoso, incartapecorito, vizzo □ corrugato **CONTR.** liscio, disteso.

aggrondàre ***A*** *v. tr.* (*di fronte, di ciglia*) aggrottare, corrugare, raggrinzare, increspare **CONTR.** distendere, spianare ***B*** **aggrondarsi** *v. rifl.* accigliarsi, corrucciarsi, immusonirsi, rabbuiarsi, rannuvolarsi □ turbarsi, impensierirsi, preoccuparsi **CONTR.** calmarsi, rasserenarsi.

aggrondàto *part. pass. di* **aggrondare**; *anche agg.* accigliato, rannuvolato, corrucciato, immusonito, scuro, accipigliato (*raro*) □ pensieroso, turbato, preoccupato **CONTR.** sorridente, sereno, ilare, gaio, giocondo.

aggrottàre *v. tr.* (*di fronte, di ciglia*) accigliare, aggrondare, corrugare, increspare **CONTR.** distendere, spianare, stirare.

aggrovigliàre ***A*** *v. tr.* avviluppare, ravviluppare, avvolgere, intrecciare, intricare □ imbrogliare, intrigare **CONTR.** districare, strigare, sbrogliare, sgrovigliare, dipanare ***B*** **aggrovigliarsi** *v. intr. pron.* attorcersi, avvilupparsi, avvolgersi, imbrogliarsi, ingarbugliarsi, intricarsi, ravvilupparsi **CONTR.** districarsi, sgrovigliarsi, svolgersi, distendersi.

aggrovigliàto *part. pass. di* **aggrovigliare**; *anche agg.* avviluppato, ravviluppato, imbrogliato, ingarbugliato, intricato **CONTR.** districato, sgrovigliato, disteso.

aggrumàre ***A*** *v. tr.* coagulare, raggrumare, rapprendere **CONTR.** diluire, liquefare, sciogliere ***B*** **aggrumarsi** *v. intr. pron.* coagularsi, raggrumarsi, rapprendersi, addensarsi □ cagliare **CONTR.** liquefarsi, sciogliersi.

agguantàre ***A*** *v. tr.* afferrare, prendere, acchiappare, chiappare, acciuffare, ghermire, abbrancare, carpire **CONTR.** abbandonare, lasciar andare, mollare ***B*** **agguantarsi** *v. intr. pron.* afferrarsi, aggrapparsi **CONTR.** mollare, lasciarsi andare. *V. anche* PRENDERE

agguantàto *part. pass. di* **agguantare**; *anche agg.* afferrato, preso, acchiappato, acciuffato, abbrancato, ghermito **CONTR.** abbandonato, mollato.

agguàto *s. m.* imboscata, insidia, appostamento, tranello, trappola.

agguerrìre ***A*** *v. tr.* ***1*** allenare alla guerra ***2*** (*fig.*) (*di prove, di difficoltà, ecc.*) fortificare, rafforzare, rinvigorire, temprare **CONTR.** indebolire, infiacchire, rammollire □ impaurire, intimorire, spaventare ***B*** **agguerrirsi** *v. rifl.* temprarsi, rafforzarsi, rinvigorirsi, prepararsi **CONTR.** indebolirsi, infiacchirsi, rammollirsi □ impaurirsi, intimorirsi, spaventarsi.

agguerrìto *part. pass. di* **agguerrire**; *anche agg.* ***1*** fortificato, difeso, armato **CONTR.** disarmato, sguarnito ***2*** (*fig.*) (*di persona*) temprato, allenato, esercitato □ valoroso, forte **CONTR.** debole, fiacco □ pauroso, timido, vile ***3*** (*fig.*) (*di giocatore, ecc.*) abile, esperto, preparato, valente, valido **CONTR.** inesperto, impreparato, sprovveduto.

aghifórme *agg.* aguzzo, appuntito, puntuto, sottile **CONTR.** ottuso, smussato, spuntato, grosso.

agiataménte *avv.* comodamente, confortevolmente, bene, riccamente **CONTR.** disagiatamente, scomodamente.

agiatézza *s. f.* benessere, prosperità, ricchezza, agio **CONTR.** disagio, miseria, povertà, bisogno, ristrettezze, stenti.

agiàto *agg.* ***1*** comodo **CONTR.** disagiato, scomodo ***2*** ricco, benestante, danaroso, facoltoso, abbiente **CONTR.** indigente, misero, nullatenente, povero, spiantato, bisognoso, squattrinato.

agìbile *agg.* ***1*** (*lett.*) (*di cosa*) fattibile, possibile **CONTR.** impossibile ***2*** (*di strada, di edificio, ecc.*) accessibile, transitabile, percorribile, praticabile □ abitabile, vivibile □ sicuro, solido **CONTR.** inagibile, intransitabile, impercorribile □ inabitabile □ pericolante.

àgile *agg.* ***1*** (*di fisico*) sciolto, lesto, presto (*lett.*), svelto, snello, sottile, slanciato, asciutto, leggero, snodato, flessuoso, felino, nervoso, scattante **CONTR.** impacciato, lento, grosso, pesante, tardo, torpente (*lett.*), legnoso, rigido, arrugginito ***2*** (*fig.*) (*di mente*) pronto, spigliato, disinvolto, vivace, elastico, versatile, perspicace □ (*di stile, di racconto, ecc.*) scorrevole **CONTR.** ottuso, lento, tardo, torpido, duro □ pedante, rigido. *V. anche* FLESSIBILE

agilità *s. f.* ***1*** (*di fisico*) scioltezza, sveltezza, prestezza (*raro*), snellezza, speditezza, leggerezza, lestezza, flessuosità **CONTR.** pesantezza, lentezza, goffaggine, legnosità, tardità (*raro*) ***2*** (*fig.*) (*di mente*) prontezza, vivacità, spigliatezza, elasticità, sottigliezza, perspicacia, versatilità □ (*di stile, di racconto, ecc.*) scorrevolezza **CONTR.** ottusità, grossezza, rozzezza, stupidità.

agilménte *avv.* scioltamente, leggermente, sveltamente, speditamente, prontamente □ (*di stile, di racconto, ecc.*) scorrevolmente **CONTR.** lentamente, goffamente.

àgio *s. m.* ***1*** comodo, comodità, comfort (*ingl.*) □ facilità **CONTR.** disagio, impaccio, incomodo, scomodità ***2*** opportunità, destro, occasione ***3*** (*al pl.*) agiatezza, ricchezze, averi, benessere, lusso **CONTR.** miseria, povertà, indigenza, ristrettezze, stenti. *V. anche* TEMPO

agìre *v. intr.* ***1*** fare, effettuare, eseguire, adoperarsi, muoversi, darsi da fare □ lavorare, operare □ (*di fortuna, di caso, ecc.*) giocare, influire **CONTR.** oziare, poltrire, riposare, dormire, perder tempo, stare con le mani in mano, gingillarsi ***2*** comportarsi, portarsi, contenersi, condursi, governarsi, regolarsi, trattare, procedere □ (*da galantuomo, da studioso, ecc.*) vivere ***3*** (*dir.*) far causa, difendersi.

agitàre ***A*** *v. tr.* ***1*** muovere, sommuovere (*lett.*) □ sbattere, scuotere, sbatacchiare, sballottare, squassare □ scrollare □ dimenare □ mescolare, menare, rimestare, rimescolare, rimenare, tramenare □ frullare, shakerare □ (*di passione, ecc.*) divorare □ (*di bandiera, di fazzoletto, ecc.*) sventolare **CONTR.** fermare, bloccare, immobilizzare □ paralizzare ***2*** (*fig.*) commuovere, emozionare, turbare, conturbare □ inquietare, impressionare, spaventare, sconvolgere, scombussolare, stravolgere □ scaldare, accendere, esagitare (*lett.*), eccitare **CONTR.** calmare, placare, quietare, rasserenare, rabbonire, rassicurare, tranquillizzare ***3*** (*fig.*) dibattere, discutere, trattare ***B*** **agitarsi** *v. rifl.* ***1*** (*di fisico*) contorcersi, divincolarsi, dibattersi, dimenarsi □ ballare, danzare □ gesticolare □ (*di cosa*) vibrare, turbinare, sventolare **CONTR.** fermarsi, bloccarsi, immobilizzarsi ***2*** (*fig.*) (*di comportamento, ecc.*) sbattersi, affannarsi, scalmanarsi, scatenarsi, smaniare □ gasarsi, montarsi **CONTR.** calmarsi ***3*** (*fig.*) (*di animo*) commuoversi, turbarsi, conturbarsi □ emozionarsi, impressionarsi □ eccitarsi □ scaldarsi, scomporsi, scalmanarsi, scatenarsi, inquietarsi □ scombussolarsi, sconvolgersi, stravolgersi **CONTR.** calmarsi, placarsi, quietarsi, ricomporsi □ tranquillizzarsi, rasserenarsi, rassicurarsi ***4*** (*di idee, di sentimenti*) manifestarsi, bollire, ribollire, brulicare, mulinare, fermentare ***5*** (*di persone*) ondeggiare, muoversi □ protestare, scioperare □ combattere **CONTR.** calmarsi. *V. anche* IMPRESSIONARE, MESCOLARE, SCUOTERE

agitàto *part. pass. di* **agitare**; *anche agg.* ***1*** (*di cosa*) mosso, scosso, sbattuto □ scrollato □ (*di mare*) burrascoso, procelloso, tempestoso, cattivo **CONTR.** fermo, fisso, immobile, stabile □ buono, calmo ***2*** (*fig.*) (*di ritmo, ecc.*) frenetico, febbrile, tumultuoso **CONTR.** tranquillo, pacato, calmo, sonnacchioso ***3*** (*di folla, ecc.*) tumultuante, turbolento **CONTR.** silenzioso, ordinato, composto, pacifico ***4*** (*di persona*) esagitato, scalmanato, frenetico □ irrequieto, inquieto, nervoso □ congestionato, convulso, affannato □ eccitato, gasato □ impaziente, fremente, concitato, fremebondo, smanioso □ commosso, turbato, conturbato □ ansioso, preoccupato, teso, allarmato, trepido, trepidante □ confuso, scombussolato, stravolto □ alterato, furioso, furibondo □ apprensivo □ turbolento **CONTR.** calmo, freddo, indifferente, impassibile, imperturbabile, imperturbato, pacato, quieto, placido, pacioccone, posato, sereno, tranquillo, serafico, olimpico.

agitatóre *s. m.* (*f. -trice*) ***1*** (*di persona*) demagogo, capopopolo, tribuno □ sovversivo, sovvertitore, sobillatore □ agit-prop, provocatore, arruffapopoli □ ribelle, rivoluzionario □ sedizioso, fazioso, facinoroso □ attivista, eccitatore **CFR.** conservatore, reazionario, retrogrado, uomo d'ordine □ conciliatore, paciere, pacificatore ***2*** (*di utensile*) scotitoio, shaker (*ingl.*), sbattighiaccio.

agitazióne *s. f.* ***1*** (*di cose, di persone, ecc.*) movimento, sommovimento, fermento □ sbattimento, frenesia, sconvolgimento □ scompiglio, subbuglio, trambusto, can-can, confusione □ rimescolio, rimescolamento, rimestamento, rimescolo □ tumulto, rivoluzione, disordini, rivolta □ (*di mare*) ribollimento, mareggio, maretta **CONTR.** immobilità, fissità, stabilità, calma, quiete, tranquillità, pace □ bonaccia ***2*** (*fig.*) (*di persona*) esagitazione, frenesia, orgasmo □ irrequietezza, inquietudine, nervosismo, irrequietudine □ concitazione, impazienza, smania □ commozione, turbamento □ emozione, palpitazione, batticuore □ ansia, ansietà, preoccupazione, apprensione, trepidazione, allarme □ scombussolamento, stravolgimento, rimescolamento, impressione **CONTR.** calma, pace, placidità, serenità □ freddezza, impassibilità, imperturbabilità □ indifferenza, apatia. *V. anche* RIBELLIONE

agnèllo *s. m.* (*fig.*) timido, mite, persona mansueta □ agnellino **CONTR.** prepotente, soverchiatore, violento □ tigre.

agnòstico *agg.* (*est.*) disinteressato, indifferente, incurante, noncurante □ scettico **CONTR.** interessato, partecipe.

àgo *s. m.* ***1*** (*est.*) (*di bilancia, di bussola, ecc.*) asticciola, lancetta, indicatore, indice ***2*** (*di insetto*) pungiglione, aculeo.

agognàre *v. tr. e intr.* cercare, bramare, concupire, desiderare, desiare (*lett.*), ambire, anelare, aspirare, spasimare, struggersi, sospirare, vagheggiare (*lett.*) **CONTR.** aborrire, detestare, disdegnare, esecrare.

agognàto *part. pass. di* **agognare**; *anche agg.* ambito, cercato, bramato, concupito, sospirato, desiderato, desiato (*lett.*), vagheggiato (*lett.*) **CONTR.** abominato, aborrito, detestato, disdegnato, esecrato.

à gogo /*fr.* a go'go/ [vc. fr., da un antico *gogue* 'gioia, allegria'] *loc. avv.* a volontà, a bizzeffe, a profusione, in abbondanza **CONTR.** scarsamente, limitatamente, poco.

agonìa *s. f.* (*fig.*) angoscia, angustia, ansia, sofferenza, tormento.

agonìsmo *s. m.* (*sport*) competizione □ combattività, impegno, accanimento, spirito di emulazione **CONTR.** fiacca, svogliatezza, lentezza.

agonìstico *agg.* ***1*** competitivo o sportivo ***2*** (*fig.*) battagliero, combattivo, aggressivo **CONTR.** fiacco, svogliato, lento.

agonizzànte *part. pres. di* **agonizzare**; *anche agg. e s. m. e f.* moribondo, morente.

agonizzàre *v. intr.* ***1*** (*di persona*) rantolare, essere in agonia, essere moribondo, essere in fin di vita, essere agli estremi, essere alla fine, essere al lumicino ***2*** (*fig.*) (*di cosa*) languire, essere in declino, venir meno **CONTR.** prender forza, prender vigore, affermarsi.

agrària *s. f.* agronomia, agricoltura.

agràrio *A* *agg.* agricolo, agreste, rurale □ terriero *B* *s. m.* proprietario terriero, latifondista.
agrèste *agg.* *1* agrario, agricolo, campagnolo, contadino, contadinesco, campestre, villereccio, rustico, rurale □ bucolico, pastorale, georgico **CONTR.** cittadino, urbano *2* (*fig.*) rozzo, grossolano, selvatico **CONTR.** fine, raffinato, distinto.
agrìcolo *agg.* agrario, agreste, rurale, contadino.
agricoltóre *s. m.* imprenditore agricolo □ coltivatore, contadino, colono, mezzadro, castaldo, villico, villano, campagnolo.
agricoltùra *s. f.* agronomia, agraria.
agrimensóre *s. m.* agronomo.
agriturìsmo *s. m.* turismo in campagna.
àgro *A* *agg.* *1* (*di sapore*) acido, acre, brusco, aspro, pungente **CONTR.** amabile, dolce, gradevole, soave *2* (*fig.*) (*di parole, di rimprovero*) severo, aspro, pungente, acerbo, duro, rigido **CONTR.** affabile, amabile, dolce, garbato, lieve, blando, soave *B* *s. m.* *1* sapore aspro □ succo di limone *2* (*fig.*) amarezza, tristezza, dolore **CONTR.** dolcezza.
agronomìa *s. f.* scienza agraria, agraria, agricoltura.
agrònomo *s. m.* perito agrario, geometra, agrimensore.
agrùme *s. m. spec. al pl.* **CFR.** arancio, limone, mandarino, bergamotto, cedro, chinotto, pompelmo.
agruméto *s. m.* aranceto, limoneto.
aguzzàre *A* *v. tr.* *1* (*di cosa*) acuminare, appuntire, appuntare □ affinare, assottigliare, affusolare □ arrotare, affilare, temperare □ (*fig.*) (*di appetito, di curiosità, ecc.*) stuzzicare **CONTR.** smussare, spuntare, ottundere, arrotondare *2* (*fig.*) (*di mente, ecc.*) acuire, stimolare, eccitare, tendere **CONTR.** calmare, frenare, moderare *B* **aguzzarsi** *v. intr. pron.* *1* farsi più aguzzo **CONTR.** smussarsi, spuntarsi, ottundersi *2* (*fig.*) acuirsi □ ingegnarsi, sforzarsi.
aguzzìno *s. m.* *1* birro, sbirro, carceriere, sorvegliante □ boia, carnefice *2* (*fig.*) persona crudele □ tormentatore, torturatore, seviziatore, persecutore, vessatore, negriero.
agùzzo *agg.* *1* (*di cosa*) acuminato, appuntito □ acuto, affilato, aculeato, aghiforme, appuntato, puntuto, pungente, sottile, tagliente, cuspidale, cuspidato **CONTR.** smussato, spuntato, ottuso, arrotondato *2* (*fig.*) (*di mente, ecc.*) penetrante, acuto, vivo **CONTR.** tardo, torpido.
àhi *inter.* ahimè, ohimè.
ahimè *inter.* ohimè, ahi.
àia *s. f.* (*di casa contadina*) cortile, corte, bassacorte **FRAS.** *menare il can per l'aia* (*fig.*), mandare per le lunghe.
aìre *s. m.* spinta, rincorsa, slancio, abbrivio.
airóne *s. m.* (*zool.*) sgarza.
aitànte *agg.* robusto, gagliardo, prestante, forte, forzuto, vigoroso □ ardito, valoroso **CONTR.** mingherlino, striminzito, esile, gracile, debole. *V. anche* ROBUSTO
aiutànte *part. pres. di* **aiutare**; *anche s. m. e f.* *1* aiuto, coadiutore, coadiuvante, assistente, ausiliare, collaboratore, cooperatore *2* soccorritore *3* (*tv.*) (*spec. al f.*) valletto.
aiutàre *A* *v. tr.* assistere, coadiuvare, contribuire, collaborare, cooperare □ soccorrere, salvare, sovvenire (*lett.*) □ proteggere, difendere, tutelare, salvaguardare □ agevolare, facilitare, favorire, favoreggiare, spalleggiare, fiancheggiare, affiancare □ appoggiare, sorreggere, sostenere, caldeggiare, dar man forte □ secondare, assecondare □ sussidiare, beneficare □ (*di impresa, di spesa, ecc.*) concorrere □ (*di attività, di azienda, ecc.*) ossigenare □ (*di vestito, di pettinatura, ecc.*) conferire, abbellire □ (*di fortuna, di vita, ecc.*) sorridere, arridere **CONTR.** avversare, combattere, contrariare, contrastare, ostacolare, osteggiare (*lett.*) □ danneggiare, nuocere □ impedire, proibire, reprimere □ boicottare, sabotare, mettere i bastoni tra le ruote □ perseguitare, vessare □ rovinare *B* **aiutarsi** *v. rifl.* ingegnarsi, industriarsi, adoperarsi, sforzarsi **CONTR.** oziare, poltrire, bighellonare, stare con le mani in mano, stare in panciolle *C* *v. rifl. rec.* soccorrersi, spalleggiarsi **CONTR.** combattersi, sbranarsi.

AIUTARE
sinonimia strutturata

Aiutare significa dare aiuto, cioè prestare la propria opera in favore di altri, specialmente se si trovano in stato di pericolo o di bisogno: *aiutare qualcuno in una situazione difficile*; *il vecchio fu aiutato a salire le scale.* **Assistere** vuol dire curare, accudire: *assistere un ammalato*; il termine si usa anche per indicare il prestare aiuto a qualcuno: *assistere un tecnico nel proprio lavoro.* Più raro è l'uso del verbo nella forma intransitiva con il significato di stare vicino a qualcuno per servirlo: *assistere al trono, all'altare.* **Accudire**, usato nella forma transitiva, significa aver cura, prendersi cura: *accudire un bambino, un anziano.*

Soccorrere vuol dire accorrere in aiuto, aiutare qualcuno in uno stato d'emergenza: *i naufraghi sono stati soccorsi dalla nave*; così **salvare** significa mettere in salvo, trarre fuori da un pericolo: *la casa fu salvata dalle fiamme*; *salvare qualcuno dal fallimento, dall'insuccesso*; in particolare il verbo può significare sottrarre alla morte: *salvare la vita*; *i medici disperano di poterlo salvare.*

Coadiuvare significa fornire aiuto a qualcuno e si usa specialmente in riferimento ad un aiuto di tipo professionale: *mi sta coadiuvando nella revisione del lavoro.* Significato molto vicino ha il verbo **collaborare** che indica il lavorare insieme ad altri, l'aiutarsi reciprocamente nello svolgimento di un'attività: *collaboravamo tutti alla riuscita dell'impresa.* **Contribuire** significa prendere parte, aiutare fornendo il proprio contributo, cioè la partecipazione e l'appoggio per raggiungere un fine comune: *contribuire a un'opera, alle spese, al progresso*; *con la sua presenza ha contribuito a risolvere la situazione.*

Favorire vuol dire porgere agli altri un aiuto particolare, incoraggiare, dare la preferenza, anche con parzialità: *favorire i desideri, le aspirazioni, le attitudini*; *favorire un concorrente.* **Appoggiare** usato in senso figurato ha il significato di sostenere, favorire: *appoggiare una candidatura, un partito politi-*

co, una persona. Così **agevolare** significa aiutare venendo incontro agli altri, risolvendo le difficoltà: *il suo successo è stato agevolato dalla famiglia*. Significato molto vicino ha **facilitare**, cioè rendere più facile, appianare: *facilitare la soluzione di un problema; il tuo intervento ha facilitato le cose*. Poco usato e, per lo più, con significato negativo è **favoreggiare**, che si riferisce al proteggere, al coprire con il proprio favore, con la propria complicità: *favoreggiare un intrigo*; *favoreggiare un omicida*.

aiutàto *part. pass. di* **aiutare**; *anche agg.* assistito, affiancato □ soccorso □ agevolato, facilitato, favorito, avvantaggiato □ protetto, sostenuto □ assecondato **CONTR.** avversato, combattuto, contrastato, ostacolato □ danneggiato, svantaggiato.

aiùto *s. m.* ***1*** assistenza, cooperazione, collaborazione, ausilio (*lett.*) □ appoggio, sostegno □ favore, agevolazione □ soccorso, salvataggio □ difesa, protezione, presidio □ intervento, apporto, contributo, concorso □ raccomandazione, spinta, spintarella □ rinforzo, rincalzo □ conforto, consolazione □ beneficio, giovamento □ (*di denaro*) contribuzione, sussidio **CONTR.** danno, impedimento, impaccio, ingombro, intralcio, imbarazzo, difficoltà, ostacolo □ boicottaggio, sabotaggio ***2*** (*di persona*) aiutante, assistente, ausiliare, coadiutore, coadiuvante, collaboratore **CONTR.** avversario, nemico, oppositore. *V. anche* DIFESA, FAVORE

aizzàre *v. tr.* eccitare, accendere, incitare, istigare, sollevare, provocare, sobillare, scatenare □ sguinzagliare □ far incollerire, fare infuriare **CONTR.** ammansire, calmare, placare, pacare, pacificare, quietare, frenare, raffrenare, arginare, moderare, trattenere □ reprimere. *V. anche* ISTIGARE

aizzatóre *s. m.* (*f. -trice*) istigatore, eccitatore, provocatore, sobillatore **CONTR.** conciliatore, pacificatore, paciere.

àla *s. f.* ***1*** elitra (*in alcuni insetti*), vanni (*pl. poet.*) ***2*** (*fig., lett.*) slancio, anelito ***3*** (*fig.*) favore, protezione, difesa **CONTR.** opposizione, persecuzione ***4*** (*est.*) (*di edificio*) lato □ (*di carcere*) braccio, raggio, reparto ***5*** (*di cappello*) falda, tesa ***6*** (*est.*) (*di esercito*) corno (*ant.*), estremità (dello schieramento) ***7*** (*sport*) attaccante laterale □ (*nel calcio*) estrema **FRAS.** *in un batter d'ali* (*fig.*), in un attimo □ *mettere le ali ai piedi* (*fig.*), correre velocemente □ *tarpare le ali* (*fig.*), svigorire, bloccare □ *fare ala*, disporsi ai lati □ *essere sotto l'ala di qualcuno* (*fig.*), godere della sua protezione □ *sulle ali del vento* (*fig.*), velocemente; liberamente □ *sulle ali della fantasia* (*fig.*), con la sola immaginazione.

alabàrda *s. f.* picca □ (*est.*) partigiana, lancia, asta, giavellotto, zagaglia.

à la carte /*fr.* a la 'kart/ [loc. fr., propr. 'alla carta'] *loc. avv.*; *anche agg.* **CONTR.** a prezzo fisso.

àlacre o **alàcre** *agg.* ***1*** pronto, svelto, sollecito, solerte, attivo, dinamico, infaticabile, instancabile, insonne, spoltronito, industrioso, operoso, laborioso, volonteroso **CONTR.** fiacco, lento, pigro, neghittoso, accidioso, ignavo, inerte, indolente, svogliato, poltrone, ozioso, scansafatiche, scioperato, sfaccendato, sfaticato ***2*** (*fig.*) (*di ingegno*) fervido, vivace **CONTR.** lento, ottuso, tardo.

alacreménte *avv.* attivamente, prontamente, sollecitamente, solertemente, speditamente, infaticabilmente, instancabilmente, operosamente, volonterosamente **CONTR.** fiaccamente, lentamente, torpidamente, pigramente, sonnacchiosamente, svogliatamente, ciondoloni, neghittosamente, indolentemente, accidiosamente.

alacrità *s. f.* ***1*** sveltezza, prontezza, dinamismo, solerzia, sollecitudine, velocità, operosità, attività, volontà, infaticabilità, instancabilità, laboriosità **CONTR.** fiacca, lentezza, pigrizia, malavoglia, neghittosità, ignavia, accidia, indolenza, inerzia, poltronaggine, poltroneria, svogliatezza, scioperataggine ***2*** (*fig.*) (*di ingegno*) vivacità, fervore **CONTR.** ottusità, lentezza.

alambìcco *s. m.* distillatore, distillatoio, storta.

alàno *s. m.* (*zool.*) **FRAS.** *alano tedesco*, danese.

à la page /*fr.* a la 'paʒ/ [loc. fr., propriamente 'alla pagina', cioè 'alla più recente pagina dei dettami della moda'] *loc. agg. inv.* all'ultima moda, up-to-date (*ingl.*), in (*ingl.*) □ aggiornato, informato **CONTR.** antiquato, sorpassato, out (*ingl.*) □ disinformato.

alàto ***A*** *agg.* ***1*** con ali, aligero (*lett.*), alipede (*poet.*), volante **CONTR.** (*di insetti*) aptero ***2*** (*fig.*) leggero, veloce **CONTR.** lento ***3*** (*fig.*) (*di pensiero, di parole*) sublime, elevato, ispirato, fervido **CONTR.** dimesso, modesto, piatto, umile, scialbo ***B*** *s. m.* uccello.

àlba *s. f.* ***1*** far del giorno, albore, primo albore, aurora, bruzzolo (*tosc.*) **CONTR.** tramonto, imbrunire, occaso (*lett.*), vespro (*lett.*), vespero (*lett.*), espero (*lett.*), sera ***2*** (*fig.*) (*di tempo*) principio, inizio, prima manifestazione **CONTR.** fine, termine, conclusione.

àlbatro *s. m.* (*bot.*) corbezzolo.

albeggiàre ***A*** *v. intr. impers.* farsi giorno, spuntare l'alba, aggiornare **CONTR.** annottare, farsi notte ***B*** *v. intr.* ***1*** (*di cielo, di orizzonte, ecc.*) imbiancarsi □ (*di neve*) biancheggiare **CONTR.** oscurarsi, scurirsi, imbrunirsi □ nereggiare ***2*** (*fig.*) (*di civiltà*) essere ai primordi, spuntare, profilarsi **CONTR.** tramontare, decadere, declinare.

alberàre *v. tr.* rimboschire, rimboscare **CONTR.** disboscare.

alberèllo *s. m.* (*bot.*) pioppo bianco, tremolo.

albergàre ***A*** *v. tr.* ***1*** (*di persona*) ospitare, alloggiare, ricoverare, accogliere ***2*** (*fig., lett.*) (*di sentimento*) nutrire, racchiudere ***B*** *v. intr.* alloggiare, abitare, dimorare □ annidarsi.

albergatóre *s. m.* (*f. -trice*) locandiere, proprietario d'albergo, oste, ospite.

albèrgo *s. m.* ***1*** alloggio, locanda, ostello □ hôtel (*fr.*), hôtel garni (*fr.*), motel (*ingl.*) ***2*** (*lett.*) ricovero, rifugio, ricetto □ ospitalità.

àlbero *s. m.* ***1*** pianta ***2*** (*mecc.*) asse □ collo d'oca ***3*** (*di famiglia*) ceppo **FRAS.** *albero genealogico*, genealogia, discendenza.

àlbo ***A*** *s. m.* ***1*** (*per avvisi*) quadro, tabella, tabellone, bacheca, tavola ***2*** (*di professionisti*) elenco, registro pubblico *3* (*di foto, di francobolli, ecc.*) raccoglitore, album *4* libro figurato, fumetto *B* agg. (*lett.*) bianco. *V. anche* BIANCO

albóre s. m. *1* (*lett.*) (*di cielo*) chiarore, alba **CONTR.** tramonto *2* (*spec. al pl.*) (*fig.*) (*di civiltà*) inizi, prime manifestazioni, primi segni, primordi **CONTR.** declinare, declino, fine.

àlbum s. m. *1* raccoglitore *2* libro figurato, fumetto.

albùme s. m. bianco dell'uovo (*pop.*), chiara (*pop.*).

alcalìno agg. (*chim.*) basico **CONTR.** acido □ neutro.

alcànna s. f. (*bot.*) henna, henné (*fr.*).

alchìmia o **alchimìa** s. f. *1* (*est.*) chimica *2* (*fig.*) manovra, artifizio □ inganno, falsificazione **CONTR.** chiarezza, limpidezza.

alcióne s. m. (*lett.*) gabbiano, martin pescatore.

àlcol [dall'ar. di Spagna *al-kúhl* 'polvere finissima per tingere le sopracciglia'] s. m. *1* spirito *2* (*est.*) bevanda alcolica **CONTR.** analcolico.

alcòlico *A* agg. *1* di alcol *2* (*di bevanda*) contenente alcol, spiritoso (*raro*) *B* s. m. bevanda alcolica **CONTR.** analcolico.

alcolìsmo s. m. etilismo □ (*est.*) ubriachezza.

alcolìsta s. m. e f. alcolizzato, etilista **CONTR.** astemio.

alcolizzàto *A* agg. intossicato dall'alcol □ (*est.*) ubriaco **CONTR.** astemio □ sobrio *B* s. m. alcolista, etilista □ beone, ubriacone **CONTR.** astemio.

àlcool e deriv. *V.* **alcol** e deriv.

alcunché pron. indef. *1* (*lett.*) qualche cosa *2* (*in frase negativa*) nulla, niente, nessuna cosa.

alcùno *A* pron. indef. qualcuno, uno, certuno *B* agg. indef. *1* (*al pl.*) certo *2* (*al sing.*) (*raro*) qualche *3* (*al sing.*) (*in frasi negative*) nessuno. *V. anche* PARTE

aldilà s. m. l'altro mondo, l'oltretomba, l'Ade, gli Inferi, l'acheronte (*lett.*) **CONTR.** questo mondo, questa vita, vita terreno.

alé inter. forza!, coraggio!, su via!, avanti!

aleatòrio agg. rischioso, azzardato □ dubbio, incerto, imprevedibile **CONTR.** sicuro □ certo, immancabile. *V. anche* INCERTO

aleggiàre v. intr. *1* volare, svolazzare *2* (*fig.*) (*di profumo, ecc.*) spirare, alitare *3* (*fig.*) (*di persona*) aggirarsi.

alemànno agg.; anche s. m. germanico, tedesco, teutone, teutonico.

alesàggio s. m. (*mecc.*) (*di cilindro*) calibro □ alesatura, calibratura.

alesàre v. tr. (*mecc.*) calibrare.

alesatrìce s. f. (*mecc.*) calibratrice.

alesatùra s. f. (*mecc.*) alesaggio, calibratura.

alétta s. f. *1* dim. di **ala** *2* pinna *3* (*mecc.*) sporgenza *4* (*di libro*) risvolto, risguardo.

alfabèto [dal nome delle prime due lettere dell'alfabeto greco *álpha* e *béta*] s. m. *1* (*di una lingua*) lettere □ caratteri *2* (*fig.*) (*di una disciplina*) primi rudimenti, primi elementi, abbiccì **FRAS.** *alfabeto Morse*, alfabeto telegrafico.

alfière s. m. *1* portabandiera, portainsegna, vessillifero (*raro*), gonfaloniere □ banditore *2* (*fig.*) antesignano, precursore, propugnatore, guida, maestro **CONTR.** seguace, imitatore, scolaro, alunno.

alfìne avv. finalmente, alla fine, infine.

alias /lat. 'aljas/ [vc. lat., 'altrimenti'] avv. altrimenti detto.

àlibi [lat. *alĭbi* 'in altro luogo'] s. m. inv. (*fig.*) scusante, giustificazione □ pretesto, scusa. *V. anche* SCUSA

alìce s. f. (*zool.*) acciuga.

alienàre *A* v. tr. *1* vendere, cedere □ (*di proprietà*) trasferire **CONTR.** acquistare, comprare *2* (*fig.*) (*di persona, di simpatia, ecc.*) allontanare, rendere ostile, inimicare, far perdere, distogliere **CONTR.** amicare, conquistare □ avvicinare, accostare *3* fare impazzire *B* **alienarsi** v. rifl. (*di persona, di simpatia, ecc.*) perdere, giocarsi **CONTR.** amicarsi, conquistare.

alienàto part. pass. di **alienare**; anche agg. *1* venduto, ceduto **CONTR.** acquistato, comprato *2* pazzo, demente, folle, infermo di mente, psicopatico, matto **CONTR.** sano di mente. *V. anche* MATTO

alienazióne s. f. *1* (*dir.*) vendita, trasferimento (di proprietà) **CONTR.** acquisto, compera *2* (*psicol.*) demenza, pazzia, follia, insania, mania, psicopatia **CONTR.** sanità di mente.

alièno *A* agg. *1* (*lett.*) altrui, estraneo, straniero, lontano □ scevro **CONTR.** proprio *2* contrario, avverso, sfavorevole □ restio, riluttante **CONTR.** favorevole, incline, portato, propenso, proclive (*raro*), disposto *B* s. m.; anche agg. extraterrestre.

alimentàre (1) *A* agg. commestibile, edule □ (*spec. di vegetali*) esculento □ nutritivo **CONTR.** non commestibile *B* s. m. al pl. commestibili.

alimentàre (2) *A* v. tr. *1* nutrire, nutricare (*lett.*), cibare, pascere, sfamare, sostentare □ satollare, rimpinzare □ ristorare □ allevare □ (*di terreno, ecc.*) fecondare, fertilizzare □ (*di bambino, di malato, ecc.*) imboccare □ (*di pesci*) pasturare □ (*di fuoco*) mantenere vivo □ (*di mente, ecc.*) arricchire, stimolare **CONTR.** affamare, ridurre alla fame *2* provvedere, rifornire **CONTR.** sfornire, lasciar privo *3* (*fig.*) (*di cose, di sentimenti*) favorire, promuovere, accrescere, aumentare, incrementare **CONTR.** abbassare, diminuire, eliminare, estinguere, estirpare, scacciare, distruggere, uccidere *B* **alimentarsi** v. rifl. mangiare, nutrirsi, cibarsi, pascersi, sfamarsi, sostentarsi, satollarsi **CONTR.** digiunare.

alimentatóre s. m. (f. *-trice*) *1* nutritore, almo (*lett.*) *2* (*fig.*) fomentatore, sostenitore □ incitatore, eccitatore *3* (*elettr.*) dinamo.

alimentazióne s. f. nutrizione, sostentamento □ vitto, cibarie, cibo, mangiare (*fam.*), nutrimento. *V. anche* NUTRIMENTO

aliménto s. m. *1* cibo, mangiare (*fam.*), vitto, vettovaglia, viveri, sostentamento, nutrimento □ pasto, vivanda, piatto, pietanza *2* (*al pl.*) mezzi di sussistenza, mantenimento *3* (*fig.*) incentivo, occasione, stimolo. *V. anche* NUTRIMENTO

alìnea s. m. inv. (*gener.*) accapo, capoverso, paragrafo.

alìquota s. f. *1* parte, quota, rata, quantità **CONTR.** totale *2* percentuale, tasso d'imposta.

aliscàfo s. m. idroplano. *V. anche* NAVE

àlito s. m. *1* espirazione, fiato, respiro, respirazione, spiro (*poet.*), afflato (*lett.*) □ anelito □ sospiro *2* (*fig.*) leggero soffio □ (*di vento*) bava, brezza □ odore diffuso. V. *anche* VENTO

allacciaménto *s. m.* **1** allacciatura, annodamento, avvolgimento □ connessione □ (*est.*) erogazione, fornitura **CONTR.** slacciamento, scioglimento **2** collegamento, raccordo.

allacciàre A *v. tr.* **1** (*di vesti, di scarpe, ecc.*) stringere con lacci □ (*est.*) legare insieme, affibbiare, annodare, abbottonare □ chiudere **CONTR.** slacciare, slegare, sfibbiare, sciogliere, staccare, sbottonare □ aprire **2** (*tecnol.*) collegare, congiungere, connettere, raccordare, unire **CONTR.** disgiungere, disunire, separare, staccare **3** (*fig.*) (*di rapporti*) stabilire, stringere **CONTR.** interrompere, troncare **B allacciarsi** *v. rifl.* **1** legarsi, stringersi, abbottonarsi, affibbiarsi, annodarsi **CONTR.** slacciarsi, sbottonarsi, sciogliersi **2** connettersi, congiungersi, collegarsi **CONTR.** disconnettersi, sconnettersi.

allacciàto *part. pass. di* **allacciare**; *anche agg.* **1** affibbiato, annodato, legato, abbottonato □ chiuso **CONTR.** slacciato, slegato, sfibbiato, sciolto, sbottonato □ aperto **2** abbracciato, stretto **CONTR.** sciolto, staccato **3** collegato, congiunto, connesso **CONTR.** separato, disgiunto, scollegato.

allacciatùra *s. f.* **1** abbottonatura, chiusura **2** laccio, legaccio, legatura.

allàccio *s. m.* (*bur.*) collegamento, raccordo, allacciamento.

allagaménto *s. m.* inondazione, alluvione, sommersione, straripamento **CONTR.** prosciugamento.

allagàre A *v. tr.* **1** inondare, coprire d'acqua, sommergere **CONTR.** prosciugare **2** (*est., anche fig.*) invadere, riempire **B** *v. intr.* (*di fiume, ecc.*) straripare **CONTR.** ritirarsi **C allagarsi** *intr. pron.* coprirsi d'acqua, inondarsi **CONTR.** prosciugarsi, seccarsi.

allagàto *part. pass. di* **allagare**; *anche agg.* inondato, invaso, sommerso **CONTR.** prosciugato.

allampanàto *agg.* magro, secco, segaligno, smilzo, smunto, macilento, lungo, spilungone □ quaresima (*fig., fam.*), anima lunga (*fam.*), stoccafisso (*fig., fam.*), stuzzicadenti (*fig.*) **CONTR.** atticciato, grosso, grasso, corpulento, tarchiato, obeso, corpacciuto □ trippone, ciccione, botte.

allappàre *v. tr.* (*di denti*) allegare.

allargaménto *s. m.* espansione, estensione □ ampliamento, amplificazione □ dilatamento, dilatazione □ allargatura, slargo, ingrandimento, sviluppo □ diffusione **CONTR.** contrazione, restringimento, restrizione, stretta, stringimento □ strozzatura □ ritiro, ritrazione □ riduzione, rimpiccolimento, diminuzione, limitazione.

allargàre A *v. tr.* dilatare, ampliare, ingrandire, espandere, estendere □ sviluppare, accrescere □ distendere, spiegare, dispiegare, stendere □ spalancare, aprire, divaricare, slargare □ spargere, sparpagliare, spandere, propagare □ (*di occhi*) sbarrare **CONTR.** stringere, restringere, ridurre, diminuire, rimpicciolire □ circoscrivere, limitare □ comprimere, condensare □ serrare **B allargarsi** *v. rifl.* e *intr. pron.* estendersi, ampliarsi, ingrossarsi, dilatarsi, aprirsi, spandersi, espandersi, spaziare, diffondersi, dispiegarsi, ingrandirsi, crescere, proliferare **CONTR.** restringersi, ridursi, diminuire, rimpiccolirsi, ritirarsi.

allargàto *part. pass. di* **allargare**; *anche agg.* dilatato, divaricato, ampliato, aperto, spalancato, steso, esteso, disteso, spiegato, ingrandito, cresciuto □ (*di significato*) estensivo **CONTR.** stretto, ristretto, serrato, ridotto, circoscritto, diminuito, rimpiccolito □ riduttivo.

allarmànte *part. pres. di* **allarmare**; *anche agg.* inquietante, preoccupante, scoraggiante □ pericoloso **CONTR.** rassicurante, confortante, incoraggiante, tranquillizzante □ sicuro.

allarmàre A *v. tr.* mettere in agitazione, impaurire, inquietare, spaventare, preoccupare □ insospettire **CONTR.** calmare, rassicurare, incoraggiare, tranquillizzare **B allarmarsi** *v. intr. pron.* mettersi in agitazione, impaurirsi, inquietarsi, spaventarsi, preoccuparsi □ insospettirsi **CONTR.** calmarsi, rassicurarsi, tranquillizzarsi.

allarmàto *part. pass. di* **allarmare**; *anche agg.* preoccupato, agitato, impaurito, spaventato □ insospettito **CONTR.** rassicurato, calmato, incoraggiato, tranquillizzato.

allàrme *s. m.* **1** (*mil.*) segnale di chiamata □ chiamata **2** pericolo **CONTR.** rassicurazione **3** timore, agitazione, apprensione, preoccupazione, inquietudine, paura, spavento □ allarmismo **CONTR.** calma, tranquillità. V. *anche* PAURA

allarmìsmo *s. m.* disfattismo, pessimismo □ allarme, preoccupazione, inquietudine, paura **CONTR.** ottimismo, coraggio.

allarmìsta *s. m.* e *f.* disfattista, pessimista □ ansioso, apprensivo □ catastrofico, drammatico, tragico **CONTR.** ottimista □ obiettivo, ragionevole, razionale.

alleànza *s. f.* accordo, intesa, lega, patto, unione, coalizione, federazione, confederazione, fusione, blocco, pool (*ingl.*) □ (*tra imprese*) cartello, trust (*ingl.*) **CONTR.** ostilità, rivalità, contrasto, antagonismo. V. *anche* COALIZIONE

alleàre A *v. tr.* accordare, coalizzare **B allearsi** *v. rifl.* unirsi, associarsi, confederarsi, coalizzarsi **CONTR.** disunirsi, dividersi, separarsi □ rivaleggiare, combattersi. V. *anche* UNIRE

alleàto *part. pass. di* **alleare**; *anche agg.* e *s. m.* compagno, socio, associato, amico, confederato □ cobelligerante **CONTR.** avversario, rivale, nemico, antagonista, oppositore □ concorrente, contendente, competitore.

allegàre A *v. tr.* **1** (*di cosa*) accludere, acchiudere, aggiungere, includere, annettere □ unire, connettere **CONTR.** escludere, levare, togliere □ stralciare **2** (*di ragioni, di prove, ecc.*) addurre, citare, riportare, produrre, presentare, apportare, corredare, riferire **3** (*di denti*) allappare **B** *v. intr.* (*ant.*) (*di metalli*) fare lega. V. *anche* UNIRE

allegàto A *part. pass. di* **allegare**; *anche agg.* **1** accluso, incluso, unito, aggiunto **CONTR.** escluso, levato, tolto **2** (*di ragioni, di prove, ecc.*) addotto, prodotto, portato **B** *s. m.* documento accluso.

alleggeriménto *s. m.* alleviamento, attenuamento, attenuazione, diminuzione, calo, sgravio, scarico, scaricamento, temperamento □ sollievo, ristoro **CONTR.** aggravamento, aggravio, peggiorare □ inasprimento □ congestione, impedimento.

alleggerìre ***A*** *v. tr.* ***1*** rendere leggero □ sgravare, scaricare □ sollevare **CONTR.** gravare, aggravare, appesantire, caricare, oberare ***2*** (*fig.*) alleviare, attenuare, diminuire, mitigare □ sdrammatizzare □ rendere più sopportabile □ (*di scritto, di discorso, ecc.*) sfrondare **CONTR.** accrescere, aumentare, acuire, esasperare, inasprire □ opprimere ***3*** (*scherz.*) derubare, rubare ***B*** **alleggerirsi** *v. rifl.* ***1*** (*di peso*) sgravarsi, scaricarsi □ (*est.*) liberarsi, togliersi **CONTR.** caricarsi, appesantirsi □ peggiorare, aggravarsi ***2*** (*fig.*) sentir sollievo, sentir conforto **CONTR.** sentirsi oppresso ***3*** vestirsi con abiti più leggeri, scoprirsi **CONTR.** coprirsi, imbacuccarsi. *V. anche* DIMINUIRE

allegorìa *s. f.* tropo (*ling.*), figura, figurazione, metafora, traslato, simbolo, allusione □ parabola, apologo □ paragone, similitudine. *V. anche* PARAGONE

allegòrico *agg.* metaforico, simbolico, figurato, traslato **CONTR.** letterale.

allegraménte *avv.* gaiamente, lietamente, felicemente, festosamente, giocondamente, gioiosamente, piacevolmente, spensieratamente, spassosamente, briosamente, festevolmente, gaudiosamente, giulivamente □ giocosamente, scherzosamente **CONTR.** malinconicamente, mestamente, tristemente □ dolentemente, desolatamente, penosamente, sconsolatamente, lacrimevolmente, lacrimosamente □ lagnosamente □ seriamente, severamente □ cupamente □ uggiosamente, drammaticamente, paurosamente.

allegrézza *s. f. V.* **allegria**.

allegrìa *s. f.* contentezza, gaiezza, tripudio, giubilo, gaudio, giocondità, allegrezza, esultanza □ festosità, giocosità, festevolezza □ spensieratezza □ ilarità, riso □ brio, buonumore □ gioia, letizia, godimento, soddisfazione □ festa, sollazzo **CONTR.** abbattimento, afflizione, avvilimento, depressione □ malinconia, mestizia, tristizia (*lett.*), tristezza □ malcontento, scontentezza, scontento □ malumore, mutria □ tetraggine, grigiore, cupezza □ noia, uggia, desolazione □ lutto.

allégro ***A*** *agg.* ***1*** (*di persona*) contento, gaio, giocondo, giulivo, gioioso, sorridente, festante, festevole, festoso □ esultante, giubilante □ ilare, lieto, felice, raggiante □ spensierato **CONTR.** abbattuto, abbacchiato, afflitto, addolorato, angustiato, avvilito, accigliato, depresso, desolato, malinconico, immalinconito, malcontento, mesto, intristito, triste, rattristato, pensieroso, preoccupato, cogitabondo, sconfortato, sconsolato, demoralizzato, giù di corda ***2*** (*di paesaggio*) ameno, ridente, sereno **CONTR.** tetro, cupo, triste, lugubre ***3*** (*di ambiente*) giocoso, scherzoso, festoso, brioso **CONTR.** noioso, uggioso, funebre, funereo, lugubre ***4*** (*di colori, di suoni e sim.*) brillante, sgargiante, acceso, vivo, vivace **CONTR.** smorto, smorzato, spento, freddo, cupo ***5*** (*di vita, di compagnia, ecc.*) spensierato, leggero **CONTR.** serio, severo □ grigio, uggioso ***6*** alticcio, brillo ***7*** (*di commedia, di spettacolo, ecc.*) buffo □ comico, giocoso, farsesco, godibile, spassoso **CONTR.** serio □ impegnato, pesante □ lacrimoso, lacrimevole ***B*** *s. m.* (*mus.*) movimento rapido **FRAS.** *donna allegra* (*fig.*), donna di facili costumi □ prostituta.

allegróne *s. m.* bontempone, giovialone, cordialone, compagnone □ matto, mattacchione, pazzerellone □ burlone □ sagoma (*fam.*), macchietta (*fam.*) □ corcontento **CONTR.** musone, orso, grugnone, piagnone, piagnucolone. *V. anche* MATTO

allelùia *s. m. inv.* ***1*** (*nella liturgia*) lode a Dio ***2*** (*fig.*) evviva! **CONTR.** abbasso!

allenaménto *s. m.* addestramento, esercizio, esercitazione, preparazione, training (*ingl.*).

allenàre ***A*** *v. tr.* addestrare, esercitare, abituare, preparare, sladinare (*fam.*) □ ammaestrare ***B*** **allenarsi** *v. rifl.* abituarsi, esercitarsi, addestrarsi, prepararsi. *V. anche* EDUCARE

allenàto *part. pass. di* **allenare**; *anche agg.* abituato, addestrato, esercitato, preparato, sladinato (*fam.*) **CONTR.** impreparato, fuori allenamento.

allenatóre ***A*** *agg.* addestratore, istruttore ***B*** *s. m.* (*f. -trice*) tecnico sportivo, istruttore, coach (*ingl.*), manager (*ingl.*) □ (*spec. di calciatori e cavalli da corsa*) trainer (*ingl.*) □ (*di calciatori*) mister (*ingl.*) □ (*di calcio, di pallacanestro, ecc.*) panchina (*fig.*) □ (*di pugile*) sparring partner (*ingl.*).

allentaménto *s. m.* distensione, rilassamento, rilasciamento, rilassatezza, allungamento **CONTR.** tensione, contrazione, stringimento.

allentàre ***A*** *v. tr.* ***1*** (*di freno, di stretta, ecc.*) rendere meno teso, slentare (*lett.*), smollare (*fam.*), mollare, lasciare, rilasciare, rilassare □ abbandonare □ (*di vite, di lampadina, ecc.*) svitare, smollare (*fam.*) **CONTR.** tendere, distendere, stringere, serrare, tirare □ tesare ***2*** (*di passo, di respiro, ecc.*) rallentare, ritardare, trattenere **CONTR.** accelerare, affrettare ***3*** (*fig.*) (*di disciplina, di controllo, ecc.*) attenuare, diminuire, mitigare **CONTR.** accrescere, aumentare, irrigidire, inasprire ***B*** **allentarsi** *v. intr. pron.* (*di freno, di stretta, ecc.*) divenire lento □ (*di vite, di lampadina, ecc.*) svitarsi **CONTR.** tendersi, stringersi. *V. anche* DIMINUIRE

allentàto *part. pass. di* **allentare**; *anche agg.* ***1*** (*di freno, ecc.*) meno teso, lento, lasco (*mecc.*) □ (*di vite, di lampadina, ecc.*) svitato, smollato (*fam.*) □ malfermo **CONTR.** tirato, stretto, teso □ serrato □ fermo ***2*** (*fig.*) (*di disciplina, ecc.*) attenuato, diminuito **CONTR.** irrigidito, inasprito.

allergìa *s. f.* ***1*** (*med.*) esagerata reattività □ anafilassi **CONTR.** immunità ***2*** (*est., scherz.*) incompatibilità, avversione, insofferenza, ipersensibilità, idiosincrasia **CONTR.** simpatia, attrazione.

allèrgico *agg.* ***1*** di allergia □ anafilattico **CONTR.** anallergico ***2*** (*scherz.*) contrario, refrattario, insofferente, ipersensibile **CONTR.** propenso, incline, favorevole, portato.

allestiménto *s. m.* apprestamento, approntamento, preparazione, preparativo □ montatura, montaggio □ messa a punto, messa in ordine □ apparecchiatura, apparecchio, apparato □ (*di attività e sim.*) impianto □ (*di spettacoli, manifestazioni, feste e sim.*) edizione, regia **CONTR.** smontaggio, demolizione, abbattimento, smobilitazione □ sparecchiatura.

allestìre *v. tr.* preparare, mettere a punto, apprestare, approntare, apparecchiare, predisporre □ montare, ammannire □ collocare □ (*di nave*) armare □ (*di spettacolo*) arrangiare, adattare, inscenare, rappresentare **CONTR.** disfare, smontare, smobilitare, sparecchiare □ disarmare.

allettaménto *s. m.* adescamento □ attrazione, suggestione, suggestività, seduzione, fascino, richiamo, invito, attrattiva □ adulazione, lusinga, blandimento, blandizia □ appetibilità □ tentazione **CONTR.** repulsione, avversione, ripugnanza.

allettànte *part. pres. di* **allettare** (**1**); *anche agg.* attraente, affascinante, invogliante, seducente, allettevole, invitante, tentante, provocante, eccitante, stuzzicante, lusinghevole, lusinghiero, appetibile, appetitoso □ allettatore, tentatore □ convincente, suadente, suasivo, persuasivo **CONTR.** repellente, rivoltante, stomachevole, ripugnante, antipatico, disgustoso, repulsivo, schifoso, odioso □ dissuasivo.

allettàre *v. tr.* attirare, attrarre □ invitare, invogliare, ingolosire, solleticare □ affascinare, sedurre, tentare, stregare □ blandire, lusingare □ piacere, sorridere □ adescare, persuadere, plagiare □ suadere **CONTR.** disgustare, dispiacere, nauseare, stomacare, allontanare, respingere, repellere. *V. anche* SEDURRE

allettàto *part. pass. di* **allettare**; *anche agg.* attirato, attratto □ adescato, lusingato □ affascinato □ sedotto □ tentato, invogliato, ingolosito **CONTR.** disgustato, allontanato, respinto, nauseato, stomacato.

allevaménto *s. m.* **1** allattamento □ alimentazione, nutrizione **2** (*di animali*) riproduzione e crescita **3** (*di persona*) ammaestramento, educazione.

allevàre *v. tr.* **1** (*di essere*) far crescere, crescere, tirar su □ allattare, mantenere, sostentare □ alimentare, cibare, nutrire, nutricare (*lett.*) **2** (*di persona*) educare, istruire, formare, allenare. *V. anche* EDUCARE

allevàto *part. pass. di* **allevare**; *anche agg.* cresciuto, tirato su □ educato, formato □ mantenuto.

alleviàre *v. tr.* alleggerire, attenuare, calmare, mitigare, sedare, disacerbare, temperare □ confortare, consolare, sollevare □ sgravare **CONTR.** aggravare, appesantire, caricare □ accrescere, aumentare □ esacerbare, inasprire, inacerbire. *V. anche* CONSOLARE

allibìre *v. intr.* turbarsi, sbigottirsi, sbalordirsi, ammutolire.

allibìto *part. pass. di* **allibire**; *anche agg.* turbato, sbigottito, sbalordito, impietrito, di stucco, esterrefatto, stupefatto, annichilito, ammutolito **CONTR.** impassibile, imperturbato.

allibratóre *s. m.* (*in ippica*) registratore di scommesse □ bookmaker (*ingl.*).

allietàre *v. tr.* rallegrare, dilettare, deliziare, divertire, beare, letificare (*lett.*), ricreare, sollazzare □ consolare, letiziare (*lett.*) **CONTR.** rattristare, contristare, addolorare, affliggere, disturbare, amareggiare, angustiare.

allietàto *part. pass. di* **allietare**; *anche agg.* rallegrato, divertito, deliziato □ consolato **CONTR.** amareggiato, infastidito, rattristato, addolorato.

allièvo *s. m.* **1** alunno, discente, discepolo, scolaro, studente □ collegiale, educando □ apprendista, tirocinante, giovane □ (*di accademia militare*) cadetto **CFR.** maestro, insegnante, professore, istitutore, precettore, didatta, docente □ istruttore **2** discepolo, seguace **CONTR.** caposcuola □ leader (*ingl.*), guida. *V. anche* APPRENDISTA, SEGUACE

allignàre *v. intr.* **1** (*di pianta*) prendere (*pop.*), mettere radici, attecchire □ radicare □ barbicare, barbificare □ vivere, prosperare, crescere **CONTR.** seccarsi, disseccarsi, inaridirsi, morire **2** (*fig.*) (*di sentimento, di uso, ecc.*) trovarsi, esistere □ affermarsi, radicarsi, prender piede, dilagare, regnare **CONTR.** sparire, scomparire, morire.

allineaménto *s. m.* **1** schieramento, fila, riga, rango **2** (*fig.*) (*a idee, ecc.*) adeguamento, consenso **CONTR.** dissenso, contestazione, opposizione.

allineàre ***A*** *v. tr.* mettere in fila, disporre, ordinare, schierare **CONTR.** scompigliare, scompaginare, sconvolgere, sparpagliare ***B*** **allinearsi** *v. rifl.* **1** mettersi in linea, mettersi in fila, schierarsi, disporsi **CONTR.** disperdersi, sparpagliarsi, rompere le righe **2** (*a idee, ecc.*) adeguarsi, seguire, conformarsi **CONTR.** dissentire, opporsi, contestare.

allineàto *part. pass. di* **allineare**; *anche agg.* **1** sulla stessa linea, schierato, disposto, ordinato **CONTR.** disperso, sparpagliato, sfalsato **2** (*fig.*) conforme, conformato □ integrato, inserito, adattato, inquadrato **CONTR.** non allineato □ disinserito, emarginato, disadattato.

allòcco *s. m.* (*fig.*) sciocco, balordo, sempliciotto, grullo, fesso (*fam.*), merlo (*fig.*), oca (*fig.*), baccalà (*fig.*) **CONTR.** furbacchione, volpe, volpone, volpaccia, dritto (*fam.*).

allocuzióne *s. f.* discorso solenne, orazione, arringa, concione, messaggio, proclama.

alloggiaménto *s. m.* **1** (*mil.*) stazionamento, accampamento, accantonamento (*mil.*), quartiere (*mil.*), acquartieramento (*mil.*), stanza (*raro, lett.*) **2** alloggio, abitazione, dimora.

alloggiàre ***A*** *v. tr.* accogliere, ospitare, albergare, ricoverare **CONTR.** sloggiare, sfrattare ***B*** *v. intr.* abitare, dimorare, stare, star di casa, vivere, sistemarsi □ (*in albergo, in città, ecc.*) scendere □ accantonare (*mil.*), accasermare, acquartierare (*mil.*).

allòggio *s. m.* **1** abitazione, albergo, dimora, casa, domicilio □ sistemazione, tetto □ alloggiamento (*mil.*) □ ostello □ ospizio **2** appartamento **3** ospitalità.

allontanaménto *s. m.* **1** (*di persona o cosa*) scostamento, distanziamento □ rimozione, eliminazione, esclusione, estromissione □ separazione, distacco □ emarginazione □ (*di ufficio, incarico e sim.*) epurazione □ siluramento □ (*dalla norma, dal giusto, ecc.*) deviazione □ (*di argomento*) digressione **CONTR.** avvicinamento, accostamento, appressamento, arrivo □ assegnazione **2** (*di persona*) congedo □ ritiro, dimissione □ licenziamento, deposizione, destituzione, cacciata, espulsione, sospensione □ ostracismo □ relegazione, segregazione □ partenza □ diserzione □ evasione □ sfollamento **CONTR.** accoglimento, assunzione □ riavvicinamento. *V. anche* EMARGINAZIONE

allontanàre ***A*** *v. tr.* **1** (*di persona o cosa*) scostare, discostare, distanziare □ rimuovere, escludere, eliminare, espellere, estromettere, liquidare □ separare, staccare, distaccare □ deviare, distogliere, sviare, disviare, stornare □ disaffezionare (*lett.*), disamorare □ disperdere, fugare, spazzare □ ributtare, ricacciare, risospingere □ esorcizzare □ (*di pericolo, di danno, ecc.*) scongiurare **CONTR.** avvicinare, radunare, ravvicinare, accostare, addossare, appoggiare, appressare □ annoverare ***2*** mandare via, cacciare, scacciare, discacciare (*lett.*) □ respingere □ relegare, segregare, confinare, esiliare □ sfrattare, sloggiare, sfollare, evacuare □ emarginare, estraniare, tenere lontano □ (*di persona, di simpatia, ecc.*) alienare □ congedare, accomiatare □ licenziare □ (*da un ufficio, da un incarico e sim.*) epurare □ deporre, destituire, disarcionare (*fig.*), sbalzare, sbarazzarsi, scalzare, silurare, spodestare □ (*da una carica, dalle lezioni, ecc.*) sospendere **CONTR.** accogliere, introdurre, ricevere □ assumere □ polarizzare, coinvolgere ***3*** riuscire sgradito, dispiacere **CONTR.** riuscire gradito, piacere, attirare, attrarre □ allettare, interessare □ appassionare □ sedurre, stregare, affascinare ***B*** **allontanarsi** *v. rifl. e intr. pron.* andare lontano □ scostarsi, scansarsi, discostarsi □ staccarsi □ ritrarsi □ partire, partirsi (*lett.*), dipartirsi (*lett.*) □ uscire □ accomiatarsi, andarsene, congedarsi □ abbandonare, lasciare □ estraniarsi □ assentarsi □ dileguarsi □ levarsi, togliersi □ separarsi □ segregarsi, isolarsi, ritirarsi, appartarsi □ sloggiare, sgombrare, sfollare □ (*di principi e sim.*) deflettere, deviare (*di sentimento, di passione, ecc.*) □ disaffezionarsi, disamorarsi, distaccarsi □ dividersi □ (*di strade, di fiumi, ecc.*) divergere **CONTR.** avvicinarsi, accostarsi, approssimarsi □ installarsi □ ricongiungersi.

allontanàto *part. pass. di* **allontanare**; *anche agg.* respinto □ cacciato, discacciato, espulso □ emarginato, reietto □ licenziato, destituito, deposto, scalzato □ liquidato □ deviato, distolto □ strappato, tolto **CONTR.** accolto, ricevuto □ inserito, introdotto □ invitato □ accostato □ affascinato, coinvolto, allettato □ trascinato □ assunto □ richiamato, reintegrato.

allóra ***A*** *avv.* in quell'istante, in quel momento, in quella occasione, lì, quivi □ (*est.*) in quel tempo **CONTR.** ora, adesso ***B*** *in funzione di cong.* ***1*** in tal caso ***2*** ebbene, dunque, ergo (*lat.*) (*lett.*), perciò, poi, beh (*fam.*), sicché **FRAS.** *allora, come allora*, sul momento □ *allora allora*, proprio in quel momento.

allorché *cong.* quando, allorquando, nel momento in cui, non appena.

allòro *s. m.* ***1*** (*bot.*) lauro ***2*** (*fig.*) vittoria, trionfo, gloria, onore **FRAS.** *dormire* (o *riposare*) *sugli allori* (*fig.*), accontentarsi di un primo successo □ *mietere allori* (*fig.*), raccogliere successi.

àlluce *s. m.* (*del piede*) dito grosso, pollicione (*fam.*), ditone (*fam.*).

allucinànte *part. pres. di* **allucinare**; *anche agg.* ***1*** (*di cosa luminosa*) abbagliante, abbacinante, accecante **CONTR.** debole, fioco, smorzato ***2*** (*fig.*) impressionante, spaventoso, pauroso **CONTR.** attraente, gradevole, piacevole.

allucinàre *v. tr.* ***1*** (*di cosa luminosa*) abbagliare, abbacinare, confondere la vista ***2*** (*est.*) ingannare, far travedere ***3*** (*fig.*) impressionare, spaventare.

allucinàto ***A*** *part. pass. di* **allucinare**; *anche agg.* impressionato, spaventato, terrorizzato ***B*** *s. m.* visionario, esaltato.

allucinazióne *s. f.* abbaglio, abbagliamento, illusione, miraggio □ visione, voce, delirio □ inganno, travedimento.

allucinògeno ***A*** *s. m.* droga, stupefacente ***B*** *agg.* stupefacente, narcotico, psichedelico.

allùdere *v. intr.* accennare, sottintendere, riferirsi, fare allusione □ evocare **CONTR.** precisare, specificare.

allungaménto *s. m.* accrescimento, estensione, prolungamento, allungatura (*raro*) □ distensione □ indugio, prolissità **CONTR.** accorciamento, accorciatura, abbreviamento, abbreviatura, contrazione, diminuzione, riduzione, restrizione, ritrazione □ sincope (*est.*).

allungàre ***A*** *v. tr.* ***1*** accrescere, aumentare, espandere, sviluppare, prolungare □ stendere, estendere, distendere, tendere □ dilungare, slungare □ protendere, prostendere (*lett.*) □ sporgere □ tirare, stirare, stiracchiare (*raro*) □ (*di tempi, ecc.*) protrarre, differire **CONTR.** accorciare, raccorciare □ abbreviare, stringere □ compendiare, riassumere, condensare, riepilogare, ricapitolare □ sincopare □ contrarre □ decurtare, diminuire □ ridurre, restringere □ tagliare, troncare ***2*** (*fam.*) dare, porgere ***3*** (*di vino e sim.*) diluire, annacquare, battezzare (*scherz.*) □ temperare, stemperare, tagliare ***B*** **allungarsi** *v. intr. pron.* crescere, accrescersi, svilupparsi, espandersi, estendersi, prolungarsi □ dilungarsi, protrarsi **CONTR.** accorciarsi, abbreviarsi, scorciarsi, contrarsi, ridursi □ ritirarsi □ esser conciso ***C*** *v. rifl.* distendersi, sdraiarsi, stendersi, coricarsi □ adagiarsi □ protendersi, tendersi □ sporgersi **CONTR.** alzarsi, rialzarsi, sollevarsi, risollevarsi □ rannicchiarsi ***D*** *v. intr.* (*sport*) compiere un allungo.

V. anche SPINGERE

allungàto *part. pass. di* **allungare**; *anche agg.* ***1*** prolungato □ proteso □ lungo, oblungo, bislungo □ esteso □ protratto **CONTR.** accorciato, raccorciato □ contratto, sincopato □ panciuto □ abbreviato, riassunto, tagliato ***2*** adagiato, steso, disteso, sdraiato **CONTR.** alzato, dritto, sollevato ***3*** (*di vino e sim.*) annacquato, annaffiato, battezzato (*scherz.*), diluito □ temperato, stemperato, tagliato □ (*di cibo*) brodoso **CONTR.** puro, schietto □ concentrato.

allùngo *s. m.* (*nel ciclismo e nel podismo*) progressiva accelerazione □ (*nel calcio*) passaggio in avanti □ (*nella scherma*) affondo.

allupàto *agg.* affamato, famelico **CONTR.** sfamato, satollo, sazio.

allusióne *s. f.* accenno, cenno, riferimento □ antifona, toccatina (*fig.*) □ allegoria □ evocazione.

allusìvo *agg.* vago □ evocativo **CONTR.** chiaro, preciso.

alluvióne *s. f.* ***1*** straripamento, inondazione, allagamento **CONTR.** prosciugamento □ bonifica ***2*** (*fig., spreg.*) enorme quantità, diluvio, subisso, moltitudine **CONTR.** scarsità.

almanaccàre *v. tr. e intr.* lambiccarsi il cervello, pensare, mulinare, riflettere, fantasticare, congetturare, arzigogolare, ghiribizzare (*lett.*), scervellarsi, elucubrare □ filosofare, filosofeggiare □ cavillare □ escogitare □ astrologare, strologare (*pop.*), cabalare, abbacare (*raro*). *V. anche* PENSARE

almanàcco *s. m.* **1** calendario, taccuino (*ant.*), lunario, effemeride, annuario, barbanera **2** (*est.*) pubblicazione annuale.

alméno *avv.* **1** per lo meno, quantomeno, se non altro, se non di più, a dir poco, come minimo **2** (*con valore ottativo*) oh se!, così.

alóne *s. m.* **1** corona luminosa, cerchio di luce □ (*di astro*) chioma **2** (*fig.*) aureola, nembo, nimbo.

alopecìa *s. f.* (*med.*) calvizie, pelata (*pop.*).

alpàcca *s. f.* argentone, argentana, packfong (*ingl.*).

àlpe *s. f.* **1** (*lett.*) montagna alta, montagna, monte **2** pascolo di alta montagna, alpeggio □ malga.

alpèstre *agg.* montuoso, montagnoso, montano, alpino □ rupestre, roccioso **CONTR.** piano, pianeggiante.

alpinìsta *s. m. e f.* scalatore, rocciatore.

alquànto **A** *agg. indef.* poco, po', diverso, certo **CONTR.** molto, tutto **B** *pron. indef. al pl.* alcuni, diversi, un certo numero **CONTR.** molti, tutti □ nessuno **C** *avv.* parecchio, abbastanza, piuttosto, un poco, un po' **CONTR.** molto.

alt **A** *inter.* altolà!, fermo!, fermi!, basta!, stop! (*ingl.*) **CFR.** avanti!, continua!, continuate!, ancora!, via! **B** *s. m.* ordine di arresto, segnale di arresto, altolà, stop (*ingl.*) **CONTR.** via, avvio.

àlta fedeltà *loc. sost. f. inv.* hi-fi, high-fidelity (*ingl.*).

altaléna *s. f.* **1** dondolo, dondola (*pop.*), biciancola (*tosc.*) **2** (*fig.*) vicenda alterna, avvicendamento □ incostanza, mutabilità, instabilità **CONTR.** costanza, fermezza, stabilità.

altalenàre *v. intr.* **1** giocare con l'altalena, dondolarsi **2** (*fig.*) (*di persona*) oscillare, destreggiarsi, barcamenarsi □ tergiversare.

altaménte *avv.* molto, grandemente, intensamente, profondamente □ nobilmente, dignitosamente **CONTR.** poco, scarsamente, debolmente, mediocremente, infimamente □ bassamente.

altàna *s. f.* loggia, terrazza (sul tetto), belvedere.

altàre *s. m.* ara (*lett.*), tavola liturgica (*eccl.*), mensa (*relig.*) **FRAS.** *il sacrificio dell'altare*, la Messa □ *andare all'altare*, sposarsi; farsi prete □ *innalzare agli altari*, canonizzare □ *porre sugli altari* (*fig.*), esaltare □ *condurre all'altare*, sposare □ *dall'altare alla polvere* (*fig.*), dalla gloria al disonore.

altèa *s. f.* (*bot.*) malvarosa, malvone, malvaccione, bismalva.

alterabilità *s. f.* **1** (*di cosa*) mutabilità, mutevolezza □ deformabilità **CONTR.** inalterabilità, immutabilità, stabilità □ costanza □ corruttibilità **2** (*di persona*) eccitabilità, irascibilità **CONTR.** calma, serenità.

alteraménte *avv.* fieramente, superbamente, orgogliosamente □ sdegnosamente, disdegnosamente, imperiosamente □ dignitosamente, contegnosamente **CONTR.** modestamente, dimessamente □ umilmente □ supplichevolmente □ vergognosamente.

alteràre **A** *v. tr.* **1** (*di cosa*) corrompere, guastare, deteriorare, rovinare □ falsare, contraffare, artefare, falsificare □ svisare, stravolgere, distorcere, travisare □ imbruttire, peggiorare □ manipolare □ denaturare, snaturare, trasfigurare □ inquinare □ (*di alimenti*) adulterare, sofisticare, affatturare □ (*di costumi, di lingua, ecc.*) imbastardire □ mutare **CONTR.** sanare, risanare, ripristinare, restaurare □ (*di alimenti*) conservare **2** (*fig.*) (*di persona*) commuovere, eccitare, sconvolgere, turbare □ far arrabbiare, mandare in bestia **CONTR.** calmare, placare, pacificare, quietare, tranquillizzare **B** **alterarsi** *v. intr. pron.* **1** (*di cosa*) modificarsi, mutare, mutarsi, cambiare, cangiarsi (*lett.*) □ rovinarsi, corrompersi, decomporsi, deteriorarsi, putrefarsi, peggiorare □ (*di vino*) girare (*tosc.*) **CONTR.** risanarsi, migliorare □ conservarsi **2** (*fig.*) (*di persona*) commuoversi, eccitarsi, turbarsi, conturbarsi □ adirarsi, corrucciarsi, irritarsi, sdegnarsi **CONTR.** calmarsi, ricomporsi, placarsi, quietarsi, rasserenarsi, tranquillizzarsi. *V. anche* GUASTARE

alteràto *part. pass. di* **alterare**; *anche agg.* **1** modificato □ cambiato, mutato □ falso, falsato, falsificato □ snaturato, denaturato □ deteriorato, decomposto, putrido, putrefatto, putrescente, guasto, corrotto □ artefatto, contraffatto □ manipolato, mutato □ distorto, travisato □ inquinato □ imbastardito □ (*di alimenti*) adulterato, sofisticato, affatturato **CONTR.** invariato, immutato, inalterato □ genuino, naturale, puro, schietto, sincero, pretto, mero (*lett.*), nature (*fr.*) □ autentico, originale **2** (*fig.*) (*di persona*) turbato, emozionato □ agitato □ eccitato, indignato, sdegnato, irato, adirato □ sconvolto, stravolto **CONTR.** calmo, pacifico, quieto, sereno, tranquillo.

alterazióne *s. f.* **1** (*di cosa*) modificazione, mutamento, mutazione, cambiamento □ deformazione □ degenerazione □ storpiamento, storpiatura □ travisamento □ contraffazione, falsificazione □ (*di prove*) inquinamento (*dir.*) **CONTR.** fissità, immutabilità, stabilità **2** (*di cibo, di documento, ecc.*) adulterazione, sofisticazione □ corruzione, decomposizione, deterioramento **CONTR.** autenticità, genuinità, naturalezza, purezza **3** (*di organo e sim.*) febbre □ aritmia (*med. di cuore*), disfunzione, scompenso, turba □ (*anat.*) vizio **4** (*fig.*) (*di persona*) commozione □ turbamento, conturbamento □ agitazione, via, sdegno. *V. anche* INQUINAMENTO

altercàre *v. intr.* litigare, bisticciare, bisticciarsi, discutere, questionare, disputare, baccagliare (*dial., pop.*), contendere **CONTR.** accordarsi, rappacificarsi, riconciliarsi.

altèrco *s. m.* diverbio, discussione, lite, litigio, battibecco, bisticcio, contesa, contrasto □ controversia, disputa □ diatriba, questione □ scontro, rissa, baruffa □ scenata, piazzata, chiassata **CONTR.** pace, accordo □ conciliazione, riconciliazione. *V. anche* CONTROVERSIA

alter ego /*lat.* alte'r ɛgo/ [lat. 'un altro io'] *loc. sost. m. inv.* sostituto.

alterézza *s. f.* fierezza, dignità, elevato sentire, orgoglio **CONTR.** modestia, umiltà □ soggezione, sottomissione, remissività.

alterìgia *s. f.* arroganza, boria, presunzione, superbia, sussiego, burbanza □ disdegno, sdegnosità, altezzosità, spocchia, supponenza, prosopopea, albagia, vanagloria □ insolenza **CONTR.** modestia, umiltà, semplicità □ sottomissione, remissività, servilismo □ ossequiosità, reverenza. *V. anche* AMBIZIONE

alternànza *s. f.* **1** avvicendamento □ rotazione □ successione, ricambio, turn-over (*ingl.*) □ cambio, turno □ reciprocità □ (*di tempi, di avvenimenti, ecc.*) ruota (*fig.*) **CONTR.** continuità, costanza **2** (*di temi, di motivi, ecc.*) contrappunto, chiaroscuro (*fig.*) □ (*di suoni, di accenti, ecc.*) ritmo.

alternàre **A** *v. tr.* avvicendare, dare il turno, intramezzare, punteggiare (*fig.*) **CONTR.** continuare **B** *v. intr.* e **alternarsi** *rifl.* avvicendarsi, succedersi, darsi il turno, rotare **CONTR.** continuare.

alternataménte *avv.* *V.* **alternamente**.

alternatìva *s. f.* **1** facoltà di scelta, opzione □ dilemma, corno (*fig.*), aut aut (*lat.*) **2** (*est.*) scelta, soluzione, risoluzione, decisione, partito **FRAS.** *in alternativa*, come altra scelta, come altra proposta, invece. *V. anche* SCELTA

alternativaménte *avv.* **1** a turno, alternamente, alternatamente, in successione □ vicendevolmente, scambievolmente **CONTR.** continuamente, continuativamente, di continuo, ininterrottamente **2** in alternativa, altrimenti, invece.

alternatìvo *agg.* (*di progetto, di cinema, ecc.*) diverso □ anticonformista **CONTR.** normale, usuale □ conformista.

alternàto *part. pass.* di **alternare**; *anche agg.* **1** avvicendato, intervallato □ alterno, punteggiato (*fig.*) **CONTR.** continuo, costante **2** (*elettr.*) periodico **CONTR.** continuo.

altèrno *agg.* alternato, avvicendato □ scambievole, vicendevole, reciproco **CONTR.** continuo, continuato, costante, ininterrotto, perpetuo.

altèro *agg.* dignitoso, orgoglioso, fiero □ superbo □ aristocratico **CONTR.** modesto, dimesso, umile □ remissivo, sottomesso, ossequioso, servile.

altézza *s. f.* **1** altitudine, quota □ (*fig.*) elevatezza, eminenza, altura □ spessore □ (*di acque e sim.*) piano, livello □ (*di pozzo, di ghiaccio, ecc.*) profondità □ (*di gradino*) alzata **CONTR.** bassezza, bassura, piano **2** (*est.*) cima, culmine, sommità, vetta **CONTR.** base, piede □ profondità **3** statura **4** (*fig.*) (*di sentimento, di mente, ecc.*) nobiltà, sublimità, dignità, eccellenza, generosità, grandezza, superiorità □ (*di gloria, di potere, ecc.*) fastigio **CONTR.** umiltà, modestia □ meschinità, miseria □ limitatezza **5** (*geogr.*) latitudine **CONTR.** longitudine **6** (*astron.*) elevazione **7** (*mus.*) acutezza **8** (*di carattere tipografico*) corpo. *V. anche* DIGNITÀ, MISURA

altezzosaménte *avv.* sdegnosamente, disdegnosamente, superbamente, arrogantemente, sprezzantemente □ boriosamente, burbanzosamente, spocchiosamente (*raro, tosc.*) □ tronfiamente, sussiegosamente **CONTR.** modestamente, semplicemente, dimessamente, umilmente.

altezzosità *s. f.* arroganza, boria, boriosità, albagia, alterigia, sprezzo, sufficienza, superbia, sussiego, spocchia, burbanza □ presunzione, supponenza **CONTR.** modestia, semplicità, umiltà □ discrezione, riserbo, riservatezza. *V. anche* AMBIZIONE

altezzóso *agg.* arrogante, borioso, altero, sprezzante, disdegnoso, sdegnoso, sufficiente, superbo, superbioso (*raro*), supponente, sussiegoso, spocchioso, prezioso (*fam.*), burbanzoso, presuntuoso, tronfio **CONTR.** modesto, semplice, dimesso, umile, alla buona □ discreto, riservato □ affabile □ alla mano □ democratico □ servile (*spreg.*).

altìccio *agg.* brillo, ebbro, allegro **CFR.** ubriaco, avvinazzato □ astemio.

altipiàno *V.* **altopiano**.

altisonànte *agg.* **1** (*lett.*) sonoro, sonante, risonante, reboante, roboante □ rumoroso, fragoroso **CONTR.** silenzioso, fioco, sordo **2** (*fig.*) ridondante, tronfio, gonfio **CONTR.** piano, naturale, semplice, spoglio **3** (*fig.*) (*di nome*) celebre, illustre □ nobile **CONTR.** umile, comune □ plebeo.

Altìssimo *s. m.* (*per anton.*) Dio. *V. anche* SOVRANO

altitùdine *s. f.* altezza (sul mare), quota □ livello □ coordinata (*geogr.*).

àlto **A** *agg.* **1** dell'altezza di □ elevato, eminente, prominente, rialzato □ (*di persona*) lungo, longilineo, slanciato **CONTR.** basso, poco elevato □ piccolo **2** (*di acqua, ecc.*) profondo **CONTR.** basso **3** (*di regione*) settentrionale **4** (*di stipendio*) ricco, elevato □ (*di prezzo*) caro, sostenuto **CONTR.** basso, vile □ economico **5** (*di voce, di suono*) tonante, forte, sonoro □ acuto **CONTR.** debole, flebile, fioco, smorzato, sommesso □ roco **6** (*fig.*) (*di mente, di sentimento, ecc.*) grande, eccellente, eccelso, egregio, esimio, insigne □ nobile, elevato, profondo, sublime **CONTR.** modesto, piccino, umile □ basso, ignobile, meschino **7** (*di misura*) spesso **8** (*di Pasqua*) in ritardo **CONTR.** bassa **B** *s. m.* **1** parte alta, sopra **CONTR.** basso, sotto **2** cielo **C** *avv.* **1** in su **CONTR.** in basso, rasoterra **2** forte, fortemente **CONTR.** a bassa voce, sommessamente **FRAS.** *in alto mare* (*fig.*), ancora lontano dalla conclusione □ *andare a testa alta* (*fig.*), essere fiero, avere la coscienza tranquilla □ *fare alto e basso*, farla da padrone □ *gli alti e i bassi* (*fig.*), le alterne vicende □ *guardare dall'alto in basso* (*fig.*), guardare con alterigia □ *far cadere dall'alto* (*fig.*), concedere con degnazione □ *mirare in alto* (*fig.*), avere grandi ambizioni. *V. anche* GRANDE

altolà *inter.*; *anche s. m. inv.* alt, stop (*ingl.*).

altolocàto *agg.* autorevole, importante, stimato, influente □ bene.

altoparlànte *s. m.* amplificatore (di suono), diffusore, cassa □ microfono □ megafono.

altopiàno *s. m.* zona elevata, pianoro, acrocoro **CFR.** bassopiano, piana, pianura, bassa (*pop.*), bassura □ collina, montagna.

altrettànto **A** *agg. indef.* nello stesso numero, nella stessa quantità, nella stessa misura, tanto **B** *anche pron. indef.* lo stesso □ la stessa misura **C** *avv.* nello stesso modo, similmente, ugualmente.

altriménti *avv.* **1** in altro modo, diversamente, differentemente **CONTR.** ugualmente, allo stesso modo **2** in caso contrario, se no, oppure **CONTR.** nello stesso caso.

àltro **A** *agg. indef.* **1** differente, diverso **CONTR.** simile, uguale, identico, stesso, medesimo **2** nuovo, secondo, aggiunto □ un secondo, novello **3** restante, rimanente ***4*** (*di tempo passato*) scorso, precedente, antecedente ***5*** (*di tempo futuro*) prossimo, venturo, seguente, susseguente ***B*** *pron. indef.* ***1*** persona diversa □ cosa diversa ***2*** (*al pl. m.*) estranei □ gente, prossimo ***C*** *in funzione di s.* altra cosa **FRAS.** *l'un l'altro*, a vicenda, reciprocamente □ *se non altro*, almeno □ *senz'altro*, certamente □ *tra l'altro*, per giunta □ *più che altro*, soprattutto □ *tutt'altro*, niente affatto.

altroché *inter.* certamente!, senza dubbio!, sì!

altrónde *avv.* (*lett.*) da altro luogo **FRAS.** *d'altronde*, d'altra parte, ad ogni modo.

altróve *avv.* in altro luogo, in altra parte, via **CFR.** qui, là.

altrùi ***A*** *agg. poss. inv.* di altri, degli altri, del prossimo □ alieno estraneo **CONTR.** suo, proprio ***B*** *in funzione di s.* la roba d'altri ***C*** *pron. indef. inv.* (*lett.*) altra persona, altri, gli altri.

altruìsmo *s. m.* amore per il prossimo, filantropia, filantropismo, generosità, carità □ dedizione □ umanità, umanitarismo **CONTR.** egoismo, egotismo, egocentrismo □ individualismo.

altruìsta *s. m.* e *f.*; *anche agg.* filantropo □ generoso, umano, caritatevole, disinteressato **CONTR.** egoista, egotista, egocentrico, individualista □ interessato. *V. anche* GENEROSO

altruisticaménte *avv.* generosamente, caritatevolmente □ filantropicamente **CONTR.** egoisticamente, egocentricamente, interessatamente.

altruìstico *agg.* generoso, caritatevole □ filantropico **CONTR.** egoista, egoistico, individualistico.

altùra *s. f.* ***1*** altezza ***2*** colle, collina, monte, rilievo, clivo, poggio □ prominenza □ cima, sommità **CONTR.** bassa (*pop.*), bassura □ avvallamento ***3*** (*est.*) alto mare.

alùnno *s. m.* allievo, scolaro, studente, discepolo, discente □ apprendista **CONTR.** insegnante, istitutore, istruttore, docente, didatta □ maestro. *V. anche* APPRENDISTA

alveàre *s. m.* ***1*** cassetta per le api, arnia, apiario □ bugno, favo ***2*** (*fig.*) caseggiato popolare.

àlveo *s. m.* ***1*** (*di fiume*) letto, fondo ***2*** (*lett.*) cavità ***3*** (*lett.*) ventre, utero.

alzàre ***A*** *v. tr.* ***1*** elevare, innalzare, levare, rialzare, sollevare, ergere, adergere (*lett.*), estollere (*lett.*) □ issare, inalberare, rizzare, drizzare **CONTR.** abbassare, sbassare, deporre, calare □ chinare, inclinare □ ripiegare, reclinare □ sdraiare □ adagiare, coricare, distendere □ rovesciare □ ammainare □ spingere in basso ***2*** (*di suono, di prezzo, ecc.*) aumentare, far crescere, dilatare **CONTR.** abbassare, diminuire, moderare ***3*** (*di costruzione*) costruire, erigere, fare, edificare □ sopraelevare **CONTR.** abbattere, atterrare, demolire, diroccare, buttar giù ***B*** **alzarsi** *v. intr. pron.* ***1*** (*di essere o cosa*) crescere, aumentare □ adergersi (*poet.*), elevarsi, erigersi □ emergere, svettare □ assurgere □ (*di rabbia e sim.*) montare **CONTR.** calare, diminuire ***2*** (*di astri, ecc.*) sorgere, spuntare, levarsi, salire **CONTR.** abbassarsi, calare, tramontare, declinare ***3*** (*di vento*) montare, arrivare, soffiare **CONTR.** cadere, smettere, cessare ***C*** *v. rifl.* ***1*** (*di essere*) tirarsi su, sollevarsi, rizzarsi, drizzarsi **CONTR.** sedersi, assidersi □ allungarsi, sdraiarsi, distendersi □ accasciarsi, accovacciarsi ***2*** (*fig.*) riprendersi, guarire, lasciare il letto **CONTR.** ammalarsi, mettersi a letto ***3*** levarsi in volo, innalzarsi, decollare (*aer.*) **CONTR.** calare, scendere, atterrare, posarsi □ precipitare **FRAS.** *alzare la cresta* (*fig.*), insuperbire □ *alzare il gomito* (*fig.*), bere troppo □ *alzare i tacchi* (*fig.*), andarsene, fuggire □ *non alzare un dito* (*fig.*), non far nulla □ *alzarsi al canto del gallo, alzarsi con i polli* (*fig.*) alzarsi molto presto □ *alzarsi col piede sinistro* (*fig.*), essere irritabili, di pessimo umore.

alzàta *s. f.* ***1*** alzamento, sollevamento, innalzamento, elevazione **CONTR.** abbassamento ***2*** (*di gradino*) altezza **CONTR.** pedata ***3*** (*di mobile*) parte superiore □ vetrina □ piattaia □ frontalino ***4*** fruttiera ***5*** (*nella pallavolo*) passaggio **FRAS.** *alzata d'ingegno*, trovata ingegnosa □ *alzata di testa* (*fig.*), puntiglio, decisione avventata □ *alzata di scudi* (*fig.*), ribellione.

alzatàccia *s. f.* levataccia.

alzàto *part. pass. di* **alzare**; *anche agg.* levato, ritto, sollevato □ rialzato, innalzato □ in piedi **CONTR.** abbassato □ seduto □ sdraiato □ adagiato □ prostrato □ chino, chinato □ rovesciato.

amàbile *agg.* ***1*** affabile, cordiale, gioviale, socievole □ simpatico □ piacevole, piacente, garbato, gentile, cortese, grazioso, caro, carino □ adorabile, attraente **CONTR.** antipatico, odioso □ sgarbato, scortese □ scorbutico, selvatico □ spigoloso, spinoso □ detestabile, insopportabile, intrattabile □ spiacevole, sgradevole ***2*** (*di vino*) aromatico, profumato, fruttato, dolce, gradevole, abboccato **CONTR.** secco, brut (*fr.*), dry (*ingl.*), asciutto □ agro, acidulo, amaro, aspro.

amabilità *s. f.* ***1*** affabilità, cordialità, giovialità, socievolezza □ cortesia, gentilezza, squisitezza, soavità, garbo, grazia □ simpatia **CONTR.** sgarbatezza, sgarberia, scortesia, villania □ antipatia □ selvatichezza, sostenutezza ***2*** (*di vino*) dolcezza, gradevolezza **CONTR.** asciuttezza, asprezza. *V. anche* AFFABILITÀ

amabilménte *avv.* affabilmente, cordialmente, giovialmente □ socievolmente, gentilmente, cortesemente, garbatamente □ graziosamente, adorabilmente, simpaticamente **CONTR.** sgarbatamente, villanamente, scortesemente □ asciuttamente, antipaticamente, odiosamente.

amàlgama *s. m.* ***1*** (*di metalli*) lega ***2*** (*anche fig.*) mescolanza, mescolamento, miscuglio, miscela, mistura, composto, impasto □ accozzaglia □ unione.

amalgamàre ***A*** *v. tr.* (*anche fig.*) unire, impastare, mescolare, mischiare, legare □ (*di cocktail*) shakerare **CONTR.** dividere, separare, staccare, sciogliere, sbriciolare ***B*** **amalgamarsi** *v. rifl.* (*anche fig.*) fondersi, unirsi, incorporarsi, mescolarsi, legare **CONTR.** dividersi, separarsi, staccarsi, sbriciolarsi. *V. anche* MESCOLARE, UNIRE

amànte ***A*** *part. pres. di* **amare**; *anche agg.* appassionato □ incline, propenso □ affezionato **CONTR.** avverso, contrario, nemico, ostile ***B*** *s. m.* e *f.* ***1*** (*di cosa*) amatore, amico, adoratore, innamorato **CONTR.** nemico ***2*** (*di persona*) uomo, donna, moroso (*pop.*), fidanzato, ganzo (*spreg.*) □ mantenuto, mantenuta.

amanuènse *s. m.* scrivano, scriba □ copista, copiatore □ scritturale.

amaraménte avv. dolorosamente, tristemente, crudelmente, spiacevolmente □ aspramente **CONTR.** dolcemente, lietamente, gioiosamente, piacevolmente.

amàre ***A*** v. tr. ***1*** provare amore, voler bene, essere innamorato, provare affetto, adorare, idolatrare, venerare, diligere (*lett.*), vagheggiare (*fig., lett.*), aver caro, essere attaccato **CONTR.** odiare, malvolere, detestare, aborrire, abominare, esecrare, rifuggire □ disamorarsi, disaffezionarsi, raffreddarsi, stancarsi, staccarsi ***2*** (*verso una classe sociale, verso i poveri*) sentire solidarietà, essere solidale, difendere **CONTR.** disprezzare, disdegnare ***3*** (*di una cosa*) interessarsi, piacere, andar matto **CONTR.** disinteressarsi, non curarsi, trascurare ***4*** (*est.*) (*di piante*) richiedere, aver bisogno ***5*** (*di denaro, di gloria*) desiderare fortemente, essere avido, bramare **CONTR.** aborrire, disdegnare, respingere ***B*** **amarsi** v. rifl. rec. volersi bene, adorarsi, idolatrarsi, essere innamorati **CONTR.** odiarsi, detestarsi, aborrirsi.

amareggiàre ***A*** v. tr. ***1*** (*raro*) rendere amaro **CONTR.** addolcire, edulcorare ***2*** (*fig.*) affliggere, addolorare, spiacere, crucciare, rattristare, contristare, addolorare, avvelenare (*fig.*) **CONTR.** allietare, rallegrare, dilettare, deliziare ***B*** **amareggiarsi** v. rifl. crucciarsi, addolorarsi, affliggersi, rattristarsi, contristarsi □ tormentarsi **CONTR.** allietarsi, rallegrarsi, dilettarsi, deliziarsi, gioire, esultare, tripudiare.

amareggiàto agg. afflitto, mesto, triste, deluso, dispiaciuto, addolorato, rammaricato, rattristato **CONTR.** contento, allegro, lieto, felice, beato □ consolato.

amarèna s. f. visciola, marasca, amarasca, agriotta.

amarézza s. f. ***1*** (*di sapore*) amaro, amaritudine (*lett.*) **CONTR.** dolcezza ***2*** (*fig.*) tristezza, accoramento, afflizione, cordoglio, delusione, dispiacere, dolore, mestizia **CONTR.** contentezza, beatitudine, letizia, gioia, piacere, godimento, soddisfazione, tripudio ***3*** (*fig.*) astio, disgusto, acredine, rancore, dispetto, fiele **CONTR.** benevolenza, benignità, simpatia.

amàro ***A*** agg. ***1*** **CONTR.** dolce, zuccherato, zuccheroso ***2*** (*fig.*) doloroso, molesto, spiacevole, deludente, triste □ aspro, acre, duro, cattivo, crudele, acrimonioso, caustico (*fig.*), bruciante (*fig.*) □ maligno, mordace, sarcastico, sardonico, sferzante □ funesto **CONTR.** dolce, amabile, gioioso, lieto, soave, piacevole □ benigno, bonario, mite ***B*** s. m. ***1*** **CONTR.** dolce ***2*** (*di liquore*) bitter (*ingl.*), amaricante ***3*** (*fig.*) amarezza, dolore □ rancore, acredine, astio, disgusto **CONTR.** dolcezza, gioia, piacere, soddisfazione. *V. anche* CRUDELE, SPIACEVOLE

amarógnolo o **amarògnolo** agg. (*di sapore*) un po' amaro, tendente all'amaro **CONTR.** dolciastro, mieloso.

amàto part. pass. di **amare**; anche agg. e s. m. ***1*** caro, diletto, prediletto, favorito, preferito, adorato, idolatrato, benamato, benvoluto **CONTR.** odiato, detestato, malvisto, aborrito, abominato, esecrato, maledetto ***2*** bello, lui (*fam.*), damo (*tosc.*), fiamma (*fig.*).

amatóre s. m. (*f.* -*trice*) ***1*** (*di persona*) amante, amico, innamorato □ ammiratore ***2*** (*di una causa*) fautore, sostenitore **CONTR.** detrattore, denigratore □ avversario, antagonista, rivale ***3*** (*di cosa*) appassionato □ collezionista □ ricercatore, studioso ***4*** dilettante, amateur (*fr.*) (*raro*) **CONTR.** professionista □ intenditore, esperto.

amàzzone [dal nome delle *Amazzoni* (dal greco *a-* e *mazós* 'mammella'), le mitiche donne guerriere che secondo la leggenda si bruciavano la mammella destra per manovrare meglio l'arco] s. f. ***1*** donna decisa, generalessa, gendarme (*scherz.*) □ virago ***2*** cavallerizza.

ambascerìa s. f. ***1*** ambasciata, legazione, delegazione, deputazione, missione diplomatica ***2*** (*est.*) messaggio, ambasciata.

ambàscia s. f. ***1*** difficoltà di respiro, affanno, oppressione ***2*** (*fig.*) angoscia, travaglio, afflizione, ansia, accoramento, crepacuore, dolore, fastidio, tortura **CONTR.** quiete, serenità, tranquillità.

ambasciàta s. f. ***1*** (*di comunicazione*) ambasceria, messaggio ***2*** (*di persone, di edificio*) legazione, missione diplomatica, deputazione, delegazione.

ambasciatóre s. m. (*f.* -*trice*) ***1*** (*dir.*) agente diplomatico, rappresentante diplomatico □ delegato, nunzio, inviato ***2*** (*di comunicazione*) messaggero, annunciatore, nunzio, messo, legato □ portavoce □ latore, portatore, araldo.

ambedùe agg. num. inv.; anche pron. inv. tutti e due, l'uno e l'altro, entrambi, ambo (*lett.*) **CONTR.** nessuno dei due, né l'uno né l'altro □ uno solo, uno dei due.

ambientalìsta s. m. e f. ecologista □ verde (*fig.*).

ambientaménto s. m. ambientazione, acclimatizzazione, adattamento (all'ambiente) □ localizzazione, collocazione.

ambientàre ***A*** v. tr. adattare, abituare all'ambiente □ acclimatare □ localizzare, collocare ***B*** **ambientarsi** v. rifl. ***1*** abituarsi all'ambiente, adattarsi, adeguarsi, inserirsi □ acclimatarsi □ assuefarsi □ familiarizzare ***2*** (*di cinema, di romanzo, ecc.*) svolgersi, situarsi, avvenire, accadere.

ambientàto part. pass. di **ambientare**; anche agg. adattato all'ambiente □ abituato, inserito, adeguato □ collocato, sito, posto **CONTR.** disambientato, spaesato, sperso, sperduto □ sradicato, déraciné (*fr.*) □ sbalestrato.

ambientazióne s. f. ***1*** ambientamento, adattamento (all'ambiente) □ localizzazione ***2*** (*di cinema, romanzo, ecc.*) ambiente, ricostruzione ambientale □ scena.

ambiènte s. m. ***1*** luogo, località, paese, zona, territorio ***2*** (*est., fig.*) società, classe □ ambito, cerchia, circolo, sfera, giro, mondo, milieu (*fr.*), (*di letterati, di artisti, ecc.*) fucina, humus (*lat.*) □ (*di cinema, romanzo, ecc.*) ambientazione, scena, scenario, sfondo, atmosfera, clima, contesto, realtà □ (*del cinema, del teatro, ecc.*) firmamento, olimpo (*fig.*) ***3*** stanza, camera, locale, vano.

ambiguaménte avv. equivocamente, oscuramente, enigmaticamente, fumosamente, tortuosamente □ subdolamente, doppiamente, falsamente, fintamente □ loscamente □ elusivamente **CONTR.** chiaramente, esplicitamente, semplicemente □ evidentemente, palesemente □ espressamente □ schiettamente, lealmente.

ambiguità *s. f.* ***1*** equivocità, equivoco, dubbio □ enigma, rebus (*lat.*) □ incertezza, confusione □ fumosità, oscurità □ (*di discorso, di comportamento, ecc.*) tortuosità, bizantinismo **CONTR.** semplicità, chiarezza □ certezza, evidenza, trasparenza ***2*** (*fig.*) elusività, mezzotermine □ doppiezza, finzione, falsità, impostura, ipocrisia **CONTR.** franchezza, schiettezza, sincerità □ lealtà □ onestà, rettitudine.

ambìguo *agg.* ***1*** equivoco, oscuro, confuso, enigmatico, fumoso □ dubbio, incerto □ amletico □ elusivo, sfuggente □ larvato, velato **CONTR.** semplice, chiaro, esplicito □ certo, evidente, indubbio, indubitabile □ palmare, palpabile ***2*** (*fig.*) (*di persona, ecc.*) doppio, equivoco □ falso, finto, losco, subdolo □ (*di morale, di coscienza*) elastico (*fig.*) **CONTR.** franco, schietto, sincero □ leale □ onesto, retto. *V. anche* ENIGMATICO, INCERTO

ambìre *v. tr.* e *intr.* desiderare, bramare, aspirare, agognare, cercare, invocare, volere, pretendere, vagheggiare (*fig., lett.*) **CONTR.** respingere, ricusare, rifiutare, trascurare. *V. anche* VOLERE

ambìto (1) *part. pass. di* **ambire**; *anche agg.* desiderato, agognato, ricercato, cercato, invocato **CONTR.** rifiutato, respinto.

àmbito (2) *s. m.* campo, cerchia, ambiente, circuito, orbita, giro, sfera, entourage (*fr.*), milieu (*fr.*) □ confini, estensione, limite, raggio (*fig.*), perimetro □ (*della letteratura, delle scienze, ecc.*) dominio, campo.

ambizióne *s. f.* desiderio □ velleità, pretesa □ meta, mira, sogno, obiettivo, aspirazione □ brama, bramosia, cupidigia □ arrivismo, carrierismo, sete di potere, sete di gloria, mania di grandezza □ vanagloria, vanità.

AMBIZIONE
sinonimia strutturata

L'**ambizione** è il desiderio fortissimo di ottenere o raggiungere qualcosa: *la sua maggior ambizione era quella di navigare*; il vocabolo usato in senso negativo si riferisce alla brama incontrollata, insaziabile, di successi, potere e onore: *avere un'ambizione sfrenata*. **Pretesa** indica invece un'esigenza eccessiva e ingiustificata: *essere pieno di pretese*; *queste sono pretese assurde*; *ha la pretesa di credersi infallibile*. Usato figuratamente, il termine da un lato coincide con il significato di **presunzione**, cioè l'avere un'esagerata stima di sé, del proprio valore e delle proprie possibilità: *ha la pretesa di sapere tutto*; *la sua presunzione non ha limiti*; dall'altro indica invece la ricerca di effetti estetici raffinati o di un tono elevato che sconfina nell'ostentazione e in atteggiamenti velleitari: *casa di grandi pretese*; *abito pieno di pretese*. La **velleità** è un'aspirazione, un desiderio irrealizzabile perché non commisurato alle reali possibilità del soggetto: *velleità artistiche, politiche*; *avere delle velleità*; mentre pretesa e ambizione si riferiscono all'eccesso nel volere qualcosa, il significato di velleità sottolinea l'inadeguatezza e la sproporzione tra l'oggetto o lo scopo prefissato e le capacità individuali di colui che vuole o aspira a qualcosa.

La **superbia** è un'esagerata opinione di sé e delle proprie capacità che si manifesta con un misto di superiorità e di disprezzo per gli altri: *montare, salire in superbia*; *essere gonfio di superbia*; *avere molta superbia addosso*. Nella teologia cattolica, la superbia indica in particolare uno dei sette vizi capitali, che consiste nell'affermare l'eccellenza della propria persona fino a disconoscere la propria dipendenza da Dio. L'**alterigia** denota invece l'atteggiamento, il modo di fare fiero e orgogliosamente distaccato di chi ha un'alta concezione di sé: *è una persona piena di alterigia*; *salutare qualcuno con alterigia*. Così l'**altezzosità** indica la qualità di chi è pieno di sé e ha comportamenti di tipo snobistico: *guardare con altezzosità*; *altezzosità del carattere*. Significato decisamente più forte ha il termine **arroganza** che indica un modo di comportarsi insolente, che manca di rispetto verso gli altri, da parte di chi ritiene sé stesso superiore o migliore: *parlare, rispondere, trattare con arroganza*.

La **boria** è l'essere vanitosi e pieni di prosopopea, che si manifesta con l'esibizione di sé e dei propri meriti reali o immaginari: *essere pieno di boria*; *mettere su boria*. Pressoché sinonimo di boria e alterigia, ma di tono letterario, è il termine **albagia**, col quale si indica l'ostentazione di una vanità pomposa e tronfia. La **spocchia** è invece la vanteria saputa e supponente: *quanta spocchia!*; il vocabolo si usa in riferimento a chi ha un atteggiamento vanitoso particolarmente antipatico e indisponente. **Sufficienza** in senso figurato denota un modo di fare molto sostenuto e sussiegoso, proprio di chi risparmia sé stesso non dedicando troppa attenzione agli altri né dando loro confidenza: *prendere, avere un'aria di sufficienza*; *trattare con sufficienza*.

ambizióso *agg.* ***1*** (*di progetto, ecc.*) superbo, grandioso □ assurdo, irragionevole, utopistico **CONTR.** modesto, semplice □ possibile, realizzabile ***2*** (*di persona*) assetato di potere, desideroso di gloria □ velleitario □ arrivista, arrivistico, carrierista, carrieristico □ vanitoso, vanaglorioso **CONTR.** modesto, semplice, tranquillo, moderato.

àmbo *agg. num.* (*lett.*) entrambi, tutti e due, l'uno e l'altro, ambedue **CONTR.** nessuno dei due, né l'uno né l'altro □ uno solo, uno dei due.

ambrosiàno [da S. *Ambrogio*, patrono di Milano] *agg.* (*est.*) milanese, meneghino (*fam.*).

ambulànte ***A*** *agg.* non fisso □ girovago □ vagabondo, nomade □ circolante **CONTR.** fermo, fisso, stabile ***B*** *s. m.* e *f.* venditore girovago, bancarellista.

ambulànza *s. f.* autoambulanza, autolettiga □ (*est.*) Croce Rossa, Croce Verde.

ambulatòrio ***A*** *agg.* ambulatoriale ***B*** *s. m.* studio, gabinetto, consultorio, dispensario □ pronto soccorso.

àmen [lat. eccl. *āmen*, dall'ebr. *āmēn* 'è vero, certamente'] *inter.* (*nella liturgia*) così sia, così è **FRAS.** *in un amen*, in un attimo.

amenaménte *avv.* ***1*** piacevolmente, gaiamente, giocondamente, deliziosamente **CONTR.** tristemente, cupamente ***2*** argutamente □ facetamente, scherzosamente, spiritosamente **CONTR.** seriamente □ severamente.

amenità *s. f.* ***1*** (*di luogo, di paesaggio*) dolcezza, piacevolezza, gaiezza, giocondità, letizia, delizia, vaghezza, bellezza **CONTR.** tristezza, cupezza ***2*** (*di dote*) arguzia, facezia, bizzarria, comicità ***3*** (*spreg.*) (*di discorso*) ridicolaggine, stupidità, sciocchezza.

amèno *agg.* ***1*** (*di luogo, di passaggio*) piacente, ridente, gaio, lieto, piacevole, dilettevole, gradito, bello **CONTR.** inospitale, cupo, brullo, triste □ macabro ***2*** (*di ambiente*) vivace, gioioso, giocondo, festoso, allegro **CONTR.** grave, serio, severo ***3*** (*di persona*) allegro, divertente, brioso, arguto, faceto, spiritoso, scherzoso, festante, gustoso, ridanciano **CONTR.** burbero, cupo, imbronciato, ingrugnato (*fam.*) □ ombroso, lamentoso, pesante, stucchevole, asfissiante ***4*** (*di persona, di discorso*) bizzarro, strano, ridicolo, risibile **CONTR.** equilibrato, posato. *V. anche* ARGUTO

americanàta *s. f.* (*scherz.*) spacconata □ bizzarria, stranezza.

americàno *agg.*; *anche s. m.* dell'America □ statunitense, yankee (*ingl.*) (*spec. spreg. o scherz.*).

amiànto *s. m.* (*miner.*) asbesto.

amichévole *agg.* ***1*** (*di comportamento*) tra amici, di amico, da amico, amico, confidenziale, fraterno, cameratesco ***2*** (*di saluto, ecc.*) affabile, cordiale **CONTR.** freddo ***3*** (*di parola, di sguardo, ecc.*) affettuoso, amorevole, benigno, benevolo **CONTR.** avverso, contrario, nemico □ malevolo, ostile, astioso, velenoso, sinistro.

amichevolménte *avv.* ***1*** confidenzialmente, in camera charitatis (*lat.*) □ familiarmente, cameratescamente □ di comune accordo □ de plano (*lat.*) (*dir.*) □ favorevolmente ***2*** affabilmente, cordialmente **CONTR.** freddamente ***3*** affettuosamente, fraternamente, amorevolmente □ benignamente, benevolmente **CONTR.** ostilmente, malignamente.

amicìzia *s. f.* ***1*** dimestichezza, confidenza, familiarità □ amistà (*lett.*) □ affetto, affezione, affettuosità, amorevolezza □ accordo, concordia, armonia, sintonia □ solidarietà, fratellanza, fraternità □ fiducia □ intimità, confidenza, affiatamento, intesa □ legame □ benevolenza □ simpatia □ cameratismo, cordialità □ (*est.*) relazione, amore **CONTR.** disarmonia, discordia □ malanimo, malvolere, malevolenza, astio, maltalento (*lett.*), inimicizia, odio, ostilità, avversione, antipatia, aborrimento, repulsione, ripugnanza ***2*** persona amica, relazione amichevole ***3*** (*al pl.*) appoggi, agganci, conoscenze, protezioni, ammanicamento. *V. anche* AMORE, SOLIDARIETÀ

amìco ***A*** *agg.* caro, diletto □ affiatato □ amichevole, benevolo □ devoto, affeziont o □ favorevole, propizio **CONTR.** avverso, contrario, nemico □ malevolo, ostile □ sfavorevole ***B*** *s. m.* ***1*** conoscente, compagno, camerata □ confidente □ fratello (*fig.*), alleato, compare, socio □ fautore, sostenitore, simpatizzante □ amatore, estimatore, appassionato □ difensore, protettore, paladino **CONTR.** avversario, nemico □ antagonista, concorrente, rivale, oppositore, oppugnatore ***2*** (*euf.*) amante, innamorato, spasimante, ganzo (*spreg.*), fidanzato, uomo, concubino, boy-friend (*ingl.*) **FRAS.** *amici per la pelle* (*fig.*), amici strettissimi □ *amico del cuore*, l'amico preferito □ *amico del giaguaro* (*fig.*), falso amico.

àmido *s. m.* (*est.*) appretto, salda.

amlètico [dal nome di *Amleto*, l'irresoluto principe danese, protagonista dell'omonima tragedia di Shakespeare] *agg.* (*est.*), irresoluto, incerto, ambiguo, contraddittorio, misterioso **CONTR.** aperto, franco, schietto, sicuro. *V. anche* INCERTO

ammaccàre ***A*** *v. tr.* schiacciare, acciaccare, pestare, contundere, deformare, sformare, magagnare (*raro*), segnare **CONTR.** spianare, stirare, lisciare ***B*** **ammaccarsi** *v. intr. pron.* deformarsi, schiacciarsi **CONTR.** spianarsi, stirarsi. *V. anche* SCHIACCIARE

ammaccàto *part. pass. di* **ammaccare**; *anche agg.* deformato, schiacciato, segnato, sformato, magagnato (*raro*) □ pesto □ contuso □ (*di frutto*) tocco (*raro*) **CONTR.** perfetto, intatto, spianato, liscio, levigato.

ammaccatùra *s. f.* ammaccamento, schiacciamento, schiacciata, schiacciatura, acciaccatura, acciaccamento □ contusione, ecchimosi, pestata **CONTR.** prominenza, rialzo, rilievo □ protuberanza, bozza.

ammaestraménto *s. m.* addottrinamento, insegnamento □ addestramento □ istruzione, educazione □ disciplina □ scuola, lezione □ norma, regola, precetto □ ammonimento, consiglio, guida □ (*di un discorso, di una favola, ecc.*) morale.

ammaestràre *v. tr.* ***1*** (*di persona*) insegnare, istruire, educare, addottrinare, erudire □ formare □ digrossare □ indirizzare, guidare □ indottrinare, catechizzare □ (*spec. di animale*) addomesticare, domare, mansuefare, scozzonare **CONTR.** diseducare ***2*** (*ad un lavoro*) addestrare, allenare. *V. anche* EDUCARE

ammaestràto *part. pass. di* **ammaestrare**; *anche agg.* istruito, educato, addottrinato □ indottrinato □ abile, esperto □ addestrato, esercitato **CONTR.** indotto (*lett.*), ignorante □ inabile, inesperto.

ammaestratóre *s. m.* (*f.* -*trice*) ***1*** (*di persona*) educatore, maestro ***2*** (*di animale*) domatore, addestratore.

ammainàre *v. tr.* tirar giù, abbassare, calare □ raccogliere, ripiegare **CONTR.** alzare, issare, innalzare, inalberare □ elevare, sollevare **FRAS.** *ammainare la vela* (*fig.*), rinunciare, ritirarsi.

ammalàre ***A*** *v. tr.* ***1*** (*raro*) provocare malattie **CONTR.** risanare, guarire, ristabilire ***2*** (*fig.*) corrompere, guastare ***B*** *v. intr.* e **ammalarsi** *intr. pron.* cadere malato, contrarre una malattia, infermarsi (*lett.*), allettarsi **CONTR.** guarire, risanarsi, sanarsi, ristabilirsi, rimettersi in salute.

ammalàto *agg.*; *anche s. m.* malato, sofferente, affetto □ infermo, ammalazzato, indisposto, allettato, degente □ paziente **CONTR.** sano, forte, robusto, vegeto □ risanato, guarito, ristabilito.

ammaliànte *part. pres. di* **ammaliare**; *anche agg.* affascinante, seducente, incantevole, bellissimo, stupendo, (*di sguardo, di parola, ecc.*) assassino (*fig.*) **CONTR.** bruttissimo, orribile, ripugnante, repellente, disgustoso.

ammaliàre *v. tr.* **1** affatturare, stregare **2** (*fig.*) incantare, fascinare, affascinare, avvincere, incatenare (*fig.*), conquistare, sedurre, abbagliare, innamorare, rapire (*fig.*) □ illudere **CONTR.** disincantare, deludere, disgustare. *V. anche* SEDURRE

ammaliàto *part. pass. di* **ammaliare**; *anche agg.* (*fig.*) **1** affatturato, stregato **2** incantato, affascinato, avvinto, sedotto, sbalordito **CONTR.** deluso, disgustato, nauseato.

ammaliatóre *s. m.*; *anche agg.* (*f. -trice*) incantatore, seduttore, maliardo, fascinatore (*lett.*), affascinatore, tentatore □ (*al f.*) circe, maga, maliarda, sirena □ (*di città, di vita, ecc.*) tentacolare (*fig.*).

ammànco *s. m.* disavanzo, deficit (*lat.*), scoperto, buco (*gerg.*) **CONTR.** sopravanzo, attivo.

ammanettàre *v. tr.* mettere le manette, impacchettare (*fig.*) □ (*est.*) arrestare, fermare **CONTR.** liberare, sciogliere.

ammannìre *v. tr.* preparare, allestire, apparecchiare, approntare □ (*di pranzo, ecc.*) imbandire **CONTR.** sparecchiare, disfare.

ammansìre **A** *v. tr.* **1** mansuefare, addomesticare, domare **2** (*fig.*) calmare, placare, rabbonire, abbonire, quietare, chetare □ mitigare **CONTR.** aizzare, eccitare, inasprire, irritare, provocare **B** *v. intr.* e **ammansirsi** *intr. pron.* **1** divenire mansueto **2** (*fig.*) calmarsi, placarsi, abbonirsi, quietarsi, rabbonirsi **CONTR.** adirarsi, irritarsi □ invelenirsi, inviperirsi, imbestialirsi.

ammansìto *part. pass. di* **ammansire**; *anche agg.* **1** mansuefatto, mansueto, addomesticato, domato **CONTR.** selvatico **2** (*fig.*) calmato, placato, rabbonito □ mitigato **CONTR.** inasprito □ irritato, imbestialito, inferocito, eccitato.

ammantàre **A** *v. tr.* **1** avvolgere con un manto **2** (*fig.*) coprire, vestire, rivestire, paludare **CONTR.** svestire, scoprire, svelare **B** **ammantarsi** *v. rifl.* **1** (*di persona*) avvolgersi in un manto □ (*est.*) vestirsi, coprirsi **CONTR.** svestirsi, spogliarsi **2** (*fig.*) simulare, ostentare **C** *v. intr. pron.* (*di prato, di albero, ecc.*) ricoprirsi, rivestirsi **CONTR.** spogliarsi.

ammantàto *part. pass. di* **ammantare**; *anche agg.* vestito, rivestito, coperto, avvolto, paludato **CONTR.** svestito, denudato, spoglio.

ammaràggio *s. m.* (*di aereo*) discesa sull'acqua, splashdown (*ingl.*).

ammassàre **A** *v. tr.* ammucchiare, accatastare, accumulare, aggruppare, coacervare (*raro*), abbarcare, abbicare, raggruppare, concentrare, ammontare, ammonticchiare, affastellare, accastellare □ agglomerare, conglomerare, conglobare □ raccogliere, radunare, riunire, accentrare, adunare □ stipare, costringere (*lett.*) **CONTR.** disperdere, disseminare, spargere, spandere, sparpagliare **B** **ammassarsi** *v. intr. pron.* affollarsi, accalcarsi, accentrarsi, assieparsi, stiparsi, radunarsi, raccogliersi, raggrupparsi, aggrupparsi □ accumularsi, ammucchiarsi, ammonticchiarsi **CONTR.** disperdersi, spargersi, sparpagliarsi, sfollare. *V. anche* COSTRINGERE

ammassàto *part. pass. di* **ammassare**; *anche agg.* ammucchiato, accumulato, riunito, raggruppato, concentrato □ agglomerato, conglomerato, conglobato □ stipato **CONTR.** sparso, disperso, sparpagliato.

ammàsso *s. m.* **1** mucchio, massa, congerie, coacervo (*lett.*), insieme, accozzaglia, colluvie (*lett.*), aggregato □ moltitudine, quantità □ catasta, monte, montagna, fascio, gruppo, valanga, cumulo □ raggruppamento □ ammassamento, affastellamento, accumulo, agglomerazione, agglomeramento, conglobamento, conglomerazione **CONTR.** dispersione, spargimento, sparpagliamento, disseminazione **2** (*di generi alimentari*) centro di raccolta, raccolta □ deposito, magazzino.

ammatassàre *v. tr.* avvolgere, avvoltolare, avviluppare **CONTR.** dipanare □ sciogliere, sbrogliare, svolgere. *V. anche* AVVOLGERE

ammattiménto *s. m.* impazzimento □ turbamento □ fastidio, noia.

ammattìre *v. intr.* **1** diventare matto, impazzire, insanire (*lett.*), uscir di senno **CONTR.** rinsavire, rinsanire **2** (*fig.*) impazzire, arrovellarsi, preoccuparsi, rompersi il cervello □ perdere la calma.

ammattìto *part. pass. di* **ammattire**; *anche agg.* impazzito, fuori di sé **CONTR.** sano, savio □ rinsavito.

ammattonàre *v. tr.* pavimentare (con mattoni) □ (*est.*) selciare, acciottolare, lastricare.

ammattonàto **A** *part. pass. di* **ammattonare**; *anche agg.* pavimentato (con mattoni) **B** *s. m.* pavimento di mattoni □ (*est.*) selciato, acciottolato, lastricato.

ammazzaménto *s. m.* **1** uccisione, assassinio, omicidio □ massacro, carneficina, sterminio, strage **2** (*fig.*) lavoraccio, faticaccia.

ammazzàre **A** *v. tr.* **1** uccidere, far morire, dare la morte, assassinare, sopprimere, eliminare, trucidare, accoppare, abbattere, freddare, massacrare, macellare **2** (*fig.*) (*di lavoro pesante, di preoccupazione*) affaticare, stancare □ deprimere, mortificare **B** **ammazzarsi** *v. rifl.* **1** darsi la morte, togliersi la vita, uccidersi, suicidarsi, sopprimersi **2** (*fig.*) affaticarsi molto, stancarsi **C** *v. intr. pron.* morire, perire. *V. anche* STANCARE

ammazzasètte [da *'che ammazza sette persone'*, un personaggio di un'antica favola che con un solo colpo aveva ucciso sette mosche] *s. m. inv.* smargiasso, spaccone, fanfarone, millantatore, gradasso, guascone, bravaccio, rodomonte, capitan Fracassa, spaccamontagne **CONTR.** modesto, timido, umile □ agnello, agnellino.

ammènda *s. f.* **1** (*dir.*) pena pecuniaria, sanzione, multa, penale, contravvenzione (*est.*) **2** (*fig.*) riparazione, risarcimento □ scusa, penitenza. *V. anche* SCUSA

ammennìcolo *s. m.* **1** appoggio, prova □ (*est.*) pretesto, cavillo **2** (*fig.*) accessorio, bagattella, bazzecola, inezia, nonnulla, quisquilia, sciocchezza.

ammésso *part. pass. di* **ammettere**; *anche agg.* **1** ricevuto, accolto, accettato □ tollerato □ approvato, permesso □ promosso **CONTR.** respinto, rigettato □ escluso, espulso □ proibito, interdetto □ bocciato (*fam.*) **2** concesso, posto, supposto **3** (*di torto, di colpa, ecc.*) confessato, riconosciuto **CONTR.** negato, respinto.

amméttere *v. tr.* **1** (*in un luogo, ad un esame, ecc.*)

far entrare, introdurre, accettare, accogliere, ricevere □ iscrivere □ associare □ promuovere, passare **CONTR.** mandar via, escludere, respingere, estromettere □ ricusare □ rifiutare, rigettare, eliminare □ radiare □ bocciare (*fam.*) **2** permettere, consentire □ volere □ autorizzare, concedere □ approvare □ subire, tollerare, patire, accettare **CONTR.** proibire, impedire, interdire, vietare □ negare, confutare, discutere, eccepire □ disapprovare, contestare □ protestare, contendere **3** porre, supporre, presupporre, immaginare **4** confessare, riconoscere, convenire **CONTR.** sconfessare, negare, respingere, contraddire, controbattere, ribattere.

ammiccàre *v. intr.* fare cenni d'intesa, strizzare l'occhio, far l'occhiolino.

amministràre *v. tr.* **1** dirigere, governare, guidare, condurre, reggere, regolare, aver cura, curare □ (*di negozio*) esercire, gestire □ (*di somme, di capitali*) maneggiare **CONTR.** abbandonare, trascurare **2** (*raro*) (*di sacramenti*) somministrare, dispensare.

amministrativaménte *avv.* sotto l'aspetto amministrativo □ per via amministrativa □ burocraticamente.

amministrativo **A** *agg.* dell'amministrazione □ burocratico **B** *s. m.* burocrate, impiegato, contabile.

amministràto *part. pass. di* **amministrare**; *anche agg.* diretto, governato, guidato, retto, condotto.

amministratóre *s. m.* (*f. -trice*) **1** procuratore, agente, gerente, gestore, curatore, intendente, economo □ burocrate, impiegato, contabile □ (*di azienda agricola*) fattore, castaldo, massaio (*dial.*) □ (*di fabbriceria*) fabbriciere **2** (*di enti, di comuni, ecc.*) dirigente, responsabile, governatore **CONTR.** amministrato.

amministrazióne *s. f.* **1** governo, esercizio, gestione, gerenza, direzione, cura □ (*spec. pubblica*) burocrazia □ (*di azienda, di organizzazione*) management (*ingl.*) **2** contabilità, cassa **3** azienda, ente, ufficio **4** amministratori, dirigenti, responsabili **FRAS.** *di ordinaria amministrazione* (*fig.*), normale, abituale.

ammiràbile *agg. V.* **ammirevole**.

ammirabilménte *avv. V.* **ammirevolmente**.

ammiràre *v. tr.* contemplare, estasiarsi □ guardare meravigliato, meravigliarsi □ lodare, stimare, rispettare □ entusiasmarsi **CONTR.** disprezzare, disdegnare, rifuggire, biasimare, sprezzare, odiare, abominare, aborrire □ deridere. *V. anche* GUARDARE

ammiràto *part. pass. di* **ammirare**; *anche agg.* **1** contemplato, visto **2** lodato, stimato, rispettato **CONTR.** disprezzato, odiato, abominato □ deriso **3** (*di persona*) incantato, rapito, estasiato, estatico.

ammiratóre *s. m.* (*f. -trice*) **1** adoratore, appassionato, amatore, fan (*ingl.*), aficionado (*sp.*), estimatore □ entusiasta □ fanatico, fissato, maniaco **CONTR.** derisore, dileggiatore □ invidioso **2** corteggiatore, innamorato, filarino (*fam., scherz.*). *V. anche* SEGUACE

ammirazióne *s. f.* meraviglia, stupore □ stima, considerazione, rispetto □ adorazione, devozione □ fanatismo □ entusiasmo **CONTR.** disprezzo, disdegno, disistima, biasimo □ indifferenza □ orrore, raccapriccio, schifo □ derisione, scherno. *V. anche* ENTUSIASMO, FANATISMO, INVIDIA

ammirévole *agg.* ammirabile, mirabile, ammirando (*lett.*), bellissimo, meraviglioso, stupendo, stupefacente, sorprendente, edificante, esemplare, encomiabile, lodevole **CONTR.** brutto, orrendo, orribile, orrido, mostruoso □ repellente, disgustoso, ripugnante, schifoso □ biasimevole, riprovevole, condannabile, inglorioso.

ammirevolménte *avv.* ammirabilmente, mirabilmente, meravigliosamente, stupendamente □ lodevolmente, encomiabilmente □ egregiamente, benissimo, perfettamente **CONTR.** orrendamente, orribilmente, mostruosamente □ riprovevolmente □ male, malissimo, malamente.

ammissìbile *agg.* attendibile, credibile, possibile, plausibile, probabile, concepibile □ immaginabile, ipotizzabile, ragionevole □ accettabile □ permissibile, tollerabile □ giustificabile, scusabile □ confessabile **CONTR.** inaccettabile, inammissibile □ inattendibile, impossibile, incredibile, inimmaginabile, inconcepibile.

ammissibilità *s. f.* attendibilità, credibilità, possibilità, plausibilità □ accettabilità **CONTR.** inammissibilità, inaccettabilità, inattendibilità, impossibilità.

ammissióne *s. f.* **1** accettazione, accoglimento, accesso □ approvazione □ concessione □ (*a scuola e sim.*) idoneità □ iscrizione □ promozione □ (*nello sport*) qualificazione **CONTR.** esclusione, espulsione, rifiuto, rigetto, estromissione □ bocciatura (*fam.*) □ squalifica **2** (*di colpa, di errore, ecc.*) confessione, riconoscimento **CONTR.** sconfessione, negazione.

ammobiliàre *v. tr.* mobiliare, arredare.

ammodernaménto *s. m.* rinnovo, rimodernamento, rimodernatura **CONTR.** invecchiamento.

ammodernàre *v. tr.* rammodernare, rimodernare, modernizzare, ringiovanire, svecchiare □ rinnovare **CONTR.** invecchiare.

ammodernàto *part. pass. di* **ammodernare**; *anche agg.* rimodernato, rinnovato □ nuovo **CONTR.** invecchiato, vecchio □ superato, obsoleto.

ammòdo **A** *avv.* accuratamente □ garbatamente, convenientemente, perbene **CONTR.** male □ sgarbatamente, sconvenientemente **B** *agg. inv.* equilibrato, saggio □ perbene, cortese, garbato, gentile, compito, educato, beneducato, per la quale **CONTR.** scortese, sgarbato, villano, screanzato, maleducato.

ammogliàre **A** *v. tr.* dare moglie, sposare, accasare **B** **ammogliarsi** *v. rifl.* prendere moglie, sposarsi, accasarsi.

ammogliàto *part. pass. di* **ammogliare**; *anche agg.* e *s. m.* sposato, accasato, coniugato **CONTR.** celibe, scapolo, single (*ingl.*).

ammollàre (1) **A** *v. tr.* ammollire, immollare, inumidire, bagnare, inzuppare **CONTR.** asciugare, seccare, disseccare, prosciugare **B** *v. intr.* e **ammollarsi** *intr. pron.* diventare molle, immollarsi, inumidirsi, bagnarsi **CONTR.** asciugarsi, seccarsi, disseccarsi, inaridirsi, prosciugarsi.

ammollàre (2) *v. tr.* **1** allentare, mollare **CONTR.** tendere, tirare **2** (*fig.*) (*di schiaffo e sim.*) affibbiare, appioppare.

ammollàto *part. pass. di* **ammollare** (**1**); *anche agg.* inumidito, bagnato, intriso, zuppo, impregnato, imbevuto **CONTR.** arido, asciutto, secco, seccato.

ammollìre ***A*** *v. tr.* ***1*** (*di cosa*) rendere molle, rammollire, ammollare, ammorbidire, intenerire **CONTR.** indurire, assodare, rassodare, solidificare ***2*** (*fig., lett.*) (*di persona*) placare, quietare □ addolcire, intenerire, raddolcire □ infiacchire **CONTR.** eccitare □ irritare □ esacerbare, inasprire, esasperare ***B*** **ammollirsi** *v. intr. pron.* ***1*** (*di cosa*) rammollirsi □ ammorbidirsi, intenerirsi **CONTR.** assodarsi, rassodarsi, solidificarsi □ indurirsi ***2*** (*fig.*) (*di persona*) ammansirsi, raddolcirsi, intenerirsi □ infiacchirsi **CONTR.** adirarsi, inasprirsi, irritarsi, esacerbarsi, esasperarsi.

ammoniménto *s. m.* ***1*** avviso, avvertimento, consiglio, esortazione, monito □ persuasione □ ammaestramento, insegnamento, esempio, scuola □ (*della coscienza, della natura, ecc.*) voce ***2*** ammonizione, osservazione, correzione, rimprovero, predicozzo (*fam.*), richiamo, rimbrotto, riprensione, biasimo **CONTR.** elogio, encomio, lode, plauso (*raro*) □ consenso. *V. anche* CONSIGLIO

ammonìre *v. tr.* ***1*** avvertire, avvisare □ suggerire, consigliare, dire □ esortare, raccomandare □ ammaestrare □ predicare ***2*** rimproverare, riprendere, richiamare, correggere, sgridare, gridare (*fam.*), rimbrottare **CONTR.** elogiare, encomiare, esaltare, lodare. *V. anche* CORREGGERE, GRIDARE

ammonìto ***A*** *part. pass. di* **ammonire**; *anche agg.* ***1*** avvertito, avvisato □ consigliato ***2*** rimproverato, sgridato, corretto **CONTR.** elogiato, encomiato, esaltato, lodato ***B*** *s. m.* (*dir.*) vigilato speciale.

ammonizióne *s. f. V.* **ammonimento**.

ammontàre ***A*** *v. tr. V.* **ammonticchiare** ***B*** *v. intr.* (*di conto, di cifra, ecc.*) assommare, ascendere, fare, aggirarsi ***C*** *in funzione di s. m.* totale, somma, cifra, importo.

ammonticchiàre ***A*** *v. tr.* ammontare, accumulare, accatastare, ammassare, ammucchiare, affastellare, coacervare (*raro*) **CONTR.** disperdere, spargere, spandere, sparpagliare ***B*** **ammonticchiarsi** *v. rifl.* (*raro*) accalcarsi, ammassarsi, pigiarsi **CONTR.** dividersi, disperdersi, sparpagliarsi.

ammonticchiàto *part. pass. di* **ammonticchiare**; *anche agg.* ammucchiato, accatastato, affastellato **CONTR.** disperso, sparso, sparpagliato.

ammorbàre *v. tr.* ***1*** infettare, contagiare, attossicare (*lett.*) **CONTR.** purificare, disinfettare ***2*** (*di odore, ecc.*) impuzzolentire, appestare, impestare, appuzzare **CONTR.** profumare ***3*** (*fig.*) (*di pensieri, di sentimenti, ecc.*) corrompere, depravare **CONTR.** correggere, emendare. *V. anche* GUASTARE

ammorbidiménto *s. m.* ***1*** (*di cosa*) intenerimento, ammollimento, rammollimento **CONTR.** indurimento, assodamento, rassodamento, solidificazione ***2*** (*fig.*) (*di persona, di rapporti, ecc.*) addolcimento □ avvicinamento **CONTR.** irrigidimento, inasprimento □ rottura.

ammorbidìre ***A*** *v. tr.* ***1*** (*di cosa*) rendere morbido, ammollire, intenerire, ammosciare, ammoscire, rammollire, rammorbidire **CONTR.** indurare (*ant.*), indurire, assodare, rassodare, solidificare ***2*** (*fig.*) (*di persona*) addolcire, raddolcire, intenerire **CONTR.** eccitare, esacerbare, esasperare, inasprire □ irritare ***B*** *v. intr.* e **ammorbidirsi** *intr. pron.* ***1*** (*di cosa*) diventare morbido, rammorbidirsi, intenerirsi, ammollirsi, rammollirsi, ammosciarsi □ rinvenire **CONTR.** indurirsi, assodarsi, rassodarsi, solidificarsi ***2*** (*fig.*) (*di persona*) addolcirsi, raddolcirsi, intenerirsi, mitigarsi **CONTR.** inasprirsi, irritarsi, adirarsi, esacerbarsi, esasperarsi.

ammorbidìto *part. pass. di* **ammorbidire**; *anche agg.* ***1*** rammollito, intenerito, reso tenero **CONTR.** indurito, rassodato ***2*** (*fig.*) (*di persona*) addolcito, intenerito **CONTR.** inasprito, esacerbato, esasperato.

ammortaménto *s. m.* (*di debito*) ammortizzamento, estinzione, pagamento.

ammortizzàbile *agg.* estinguibile **CONTR.** inestinguibile.

ammortizzaménto *s. m.* (*di debito*) ammortamento.

ammortizzàre *v. tr.* ***1*** (*di debito*) ammortare, estinguere, pagare ***2*** (*di colpo, di rumore, ecc.*) attutire, attenuare, indebolire **CONTR.** aumentare, accrescere.

ammortizzatóre *s. m.* (*di veicoli*) sospensione.

ammosciàre ***A*** *v. tr.* afflosciare, ammoscire □ ammorbidire **CONTR.** indurire, rassodare ***B*** *v. intr.* e **ammosciarsi** *intr. pron.* ammoscirsi, afflosciarsi □ ammorbidirsi **CONTR.** indurirsi, rassodarsi.

ammoscìre *v. tr. V.* **ammosciare**.

ammucchiàre ***A*** *v. tr.* accumulare, ammassare, accatastare, cumulare, ammontare, ammonticchiare, affastellare, accastellare, abbarcare, abbicare, coacervare (*raro*) □ stipare □ (*di denaro, beni, ecc.*) tesaurizzare, capitalizzare **CONTR.** disperdere, spargere, spandere, sparpagliare □ spartire □ spendere ***B*** **ammucchiarsi** *v. intr. pron.* affollarsi, ammassarsi, accalcarsi, far ressa, pigiarsi, stiparsi □ accumularsi **CONTR.** dividersi, disperdersi, sparpagliarsi.

ammucchiàto *part. pass. di* **ammucchiare**; *anche agg.* ammassato, ammonticchiato, accumulato, accalcato, pigiato **CONTR.** disperso, sparpagliato, sparso.

ammuffìre *v. intr.* ***1*** (*di cibo*) fare la muffa, muffire, andare a male (*pop.*), guastarsi, infunghire (*tosc.*) ***2*** (*fig.*) (*di persona o cosa*) invecchiare, intristire, sciuparsi **CONTR.** rifiorire.

ammuffìto *part. pass. di* **ammuffire**; *anche agg.* ***1*** (*di cibo*) andato a male (*pop.*), muffido, muffoso (*raro*), guasto, muffo (*dial.*), infunghito (*tosc.*), mucido (*raro*) ***2*** (*fig.*) (*di persona o cosa*) vecchio, superato, retrivo **CONTR.** fresco, nuovo, giovane.

ammutinaménto *s. m.* ribellione, rivolta, insurrezione, sedizione, sollevazione, tumulto, pronunciamento, insubordinazione. *V. anche* RIBELLIONE

ammutinàre ***A*** *v. tr.* (*raro*) sollevare, fare ribellare ***B*** **ammutinarsi** *v. intr. pron.* ribellarsi, rivoltarsi, insorgere, sollevarsi, tumultuare.

ammutinàto *part. pass. di* **ammutinare**; *anche agg.* e *s. m.* insorto, ribelle, rivoltoso, sedizioso, sovversivo.

ammutolìre ***A*** *v. intr.* (*est.*) tacere, azzittirsi □ perdere la parola **CONTR.** parlare, diventar loquace, chiacchierare □ sgolarsi, sfiatarsi **B** *v. tr.* (*raro*) rendere muto.

ammutolìto *part. pass. di* **ammutolire**; *anche agg.* muto, ridotto al silenzio, zitto.

amnesìa *s. f.* perdita di memoria □ (*est.*) dimenticanza, smemorataggine □ oblio (*poet.*).

amnistìa *s. f.* (*est.*) condono, grazia, indulto, remissione **CFR.** condanna.

amnistiàre *v. tr.* (*est.*) graziare, perdonare, condonare **CONTR.** condannare, punire.

amnistiàto *part. pass. di* **amnistiare**; *anche agg.* e *s. m.* (*est.*) graziato, condonato **CONTR.** condannato, punito.

àmo *s. m.* **1** (*per pescare*) uncino □ ronciglio, grappino **2** (*fig.*) lusinga, insidia, inganno, esca.

amóre *s. m.* **1** (*verso persone*) affettuosità, affezione, amorevolezza, tenerezza, bene, affetto □ attaccamento, devozione, adorazione, idolatria □ propensione, inclinazione □ religione □ passione □ cotta (*scherz.*) □ amicizia, simpatia **CONTR.** odio, avversione □ inimicizia, antipatia □ disamore, distacco, disaffezione □ animosità, astio □ fobia □ freddezza, indifferenza □ sdegno, esecrazione, abominazione **2** (*per i poveri, per il prossimo*) solidarietà, carità, pietà, generosità, filantropia **CONTR.** egoismo **3** attrazione sessuale, passione **4** relazione amorosa, storia, love story (*ingl.*) □ (*al pl.*) amoreggiamenti, relazioni amorose, avventure **5** (*di ideali*) aspirazione, interesse, predilezione **CONTR.** avversione, antipatia, ostilità □ incompatibilità **6** (*di gloria, di denaro, ecc.*) forte desiderio □ brama, cupidigia, avidità **CONTR.** disinteresse, indifferenza **7** solerzia, zelo, passione, accuratezza **CONTR.** indifferenza, disinteresse **8** (*di persona*) amato, innamorato, filarino (*fam.*), fiamma (*scherz.*), flirt (*ingl.*), moroso (*dial.*), tesoro **9** dio dell'amore, Eros **FRAS.** *amore di sé*, egoismo □ *d'amore e d'accordo*, in pieno accordo □ *per amore o per forza*, in ogni modo □ *amor proprio*, orgoglio □ *per amor del cielo, per amor di Dio*, per pura bontà d'animo □ *essere un amore* (*fig.*), essere molto gradevole o bello. *V. anche* SOLIDARIETÀ, ZELO

AMORE
sinonimia strutturata

Amore ha un'ampia gamma di significati. Nella sua accezione più generica la parola indica un sentimento di bene, una profonda e forte inclinazione verso l'altro o verso sé stessi: *amore paterno, materno, filiale, fraterno*; *amore per un amico*; *amore di sé*; più in particolare con *amor proprio* s'intende lo spiccato senso del proprio valore e della propria dignità che può trasformarsi in superbia o ambizione. Sempre in riferimento ad esseri umani, il vocabolo designa da un lato una forte attrazione, anche erotica, verso una persona di cui si desidera l'unione o la vicinanza fisica e una corrispondenza di affetti: *amore corrisposto, infelice, tormentato, morboso, tenero, sensuale, romantico, libero*. Dall'altro, quel sentimento di solidarietà e carità verso gli altri esseri umani che può tradursi in atti o opere di bene: *amore per il prossimo, per gli oppressi, per il nemico*; *amore dell'umanità*. La parola può inoltre riferirsi in modo esclusivo e pregnante al rapporto sessuale.

Meno impegnativo e coinvolgente dell'amore, l'**amicizia** è un legame tra persone fondato sulla simpatia, su sentimenti di bene e di stima reciproca, sulla comunanza di interessi, obiettivi, ideali: *allacciare, stringere, rompere un'amicizia*; *l'amicizia interessata* è invece un'amicizia non sincera, legata al danaro, all'utile.

Termine più generale dei due precedenti è **affetto**, cioè un vivo sentimento di bene nei confronti di qualcuno, che può configurarsi di volta in volta come amicizia, amore o semplice inclinazione: *avere, nutrire, provare, portare affetto per qualcuno*; *reprimere, frenare il proprio affetto*; *affetto per i figli, per i genitori, per gli amici*. **Affezione**, più in particolare, è una disposizione affettuosa dell'animo: *nutrire affezione*; *provava un'affezione particolare per gli animali*; il termine, di uso non frequente, ha una connotazione più sfumata e più generica rispetto ad affetto. Un significato molto vicino ad affezione ha la parola **attaccamento**, che viene usata più comunemente per indicare un particolare legame affettivo che ci unisce ad una persona o ad un gruppo: *nei confronti di quel suo amico ha un particolare attaccamento*; *i tifosi hanno dimostrato allo stadio tutto il loro attaccamento verso la propria squadra*.

La **passione** è una forma di amore sensuale travolgente, violenta, che assorbe completamente le energie e i pensieri individuali e tende a imporsi come fulcro dell'intera sfera affettiva di una persona: *passione folle, torbida, inconfessata*; *una passione che non gli dà pace*; passione può riferirsi anche all'oggetto stesso di tale amore: *quella donna è stata la sua grande passione*. Per estensione il termine indica qualunque inclinazione o interesse che viene prediletto in modo speciale: *la passione dello sport, della lettura, della montagna, del gioco*; *la politica è la sua passione*. L'**adorazione**, in senso proprio, è un atto di reverenza, di venerazione cultuale verso la divinità. In senso esteso, il termine indica invece un amore sviscerato, cieco, o semplicemente una forte inclinazione verso qualcuno, che a differenza della passione può non essere sensuale: *per quel bambino ha un'adorazione*; sempre in accezione estensiva, con le espressioni *essere, stare in adorazione* si indica un'ammirazione estatica per qualcuno, l'essere completamente rapito da qualcosa: *stava in adorazione di quel volto di ragazza per ore intere*. Un'adorazione esasperata o una forma di passione estrema possono diventare **idolatria**. Usato in senso figurato, il vocabolo indica infatti una forma di amore e di ammirazione eccessivi, esaltati, che arrivano alla venerazione del proprio oggetto e alla sua trasformazione in una sorta di feticcio: *il pubblico ha per quel famoso attore una vera idolatria*; *fu preso da un'idolatria per quella donna*. La **devozione** invece è propriamente un atteggiamento spirituale di deferenza e dipendenza verso la divinità. In accezione traslata la parola indica un ossequio, un affetto molto rispettoso e quasi sottomesso ispirato da una dedizione spontanea, da un'abnegazione per qualcuno o qualcosa: *devozione per un benefattore*; *devozione alla famiglia, alle istituzioni patrie.*

Dolcezza figuratamente indica un sentimento gentile, di intima felicità e serena bontà: *avere l'animo colmo di dolcezza.* Così la **tenerezza** è un sentimento particolarmente delicato, vicino alla commozione, suscitato da amore, affetto o compassione, soprattutto nei confronti di chi è debole o indifeso: *i vecchi, i bambini, i cuccioli suscitano tenerezza*; *provare tenerezza per i propri figli.*

amoreggiàre *v. intr.* fare all'amore, parlarsi (*pop.*), flirtare, filare (*fig. scherz.*) □ corteggiare □ civettare.

amorétto *s. m.* **1** *dim. di* **amore** **2** amore frivolo, filarino □ cotta, passioncella, flirt (*ingl.*) **3** (*spec. al pl.*) amorino.

amorévole *agg.* affettuoso, amoroso, tenero □ benevolo, buono, benigno, amichevole □ materno, paterno, fraterno, filiale □ dolce, carezzevole □ premuroso, sollecito **CONTR.** burbero □ scortese, sgarbato □ sprezzante □ astioso, ostile □ malevolo, cattivo.

amorevolézza *s. f.* affettuosità, affetto, amore, tenerezza □ benevolenza, benignità, bontà □ dolcezza □ premurosità, sollecitudine □ cura, attenzione, riguardo **CONTR.** malevolenza, malanimo □ avversione, ostilità □ astio □ scortesia, sgarbatezza, sgarberia, malgarbo □ incuria, indifferenza. *V. anche* AFFABILITÀ

amorevolménte *avv.* amorosamente, dolcemente, teneramente, soavemente, affettuosamente □ amichevolmente □ benevolmente, benignamente, caramente □ cristianamente □ filialmente, fraternamente, maternamente, paternamente **CONTR.** scortesemente, sgarbatamente □ bruscamente □ ostilmente □ sprezzantemente.

amòrfo *agg.* **1** informe **CONTR.** formato **2** (*fig.*) privo di personalità, privo di carattere, insulso, anodino **CONTR.** originale □ personale.

amorìno *s. m.* **1** *dim. di* **amore** **2** (*di scrittura o pittura*) (raffigurante il dio Amore) putto, puttino, amoretto **3** (*fig.*) fanciullino, fanciulletto **4** (*bot.*) reseda, melardina.

amorosaménte *avv. V.* **amorevolmente**.

amoróso ***A*** *agg.* amorevole, tenero, affettuoso □ premuroso, sollecito □ passionale, appassionato, ardente □ galante □ benevolo, benigno □ caldo, fervido **CONTR.** disamorato, disinnamorato, freddo, indifferente, staccato □ ostile, sprezzante ***B*** *s. m.* moroso (*pop.*), innamorato, amante, fidanzato □ spasimante, corteggiatore, pretendente, cascamorto, vagheggino, cicisbeo.

amperàggio *s. m.* (*di corrente elettrica*) intensità.

ampiaménte *avv.* estesamente, copiosamente, diffusamente, largamente, abbondantemente, grandemente, riccamente **CONTR.** poco, scarsamente □ insufficientemente, strettamente, angustamente □ stringatamente, schematicamente, asciuttamente.

ampiézza *s. f.* **1** (*di luogo*) estensione, larghezza, grandezza, spaziosità, vastità **CONTR.** strettezza, ristrettezza, limitatezza, piccolezza, angustia **2** (*di cose*) abbondanza, diffusione, ricchezza **CONTR.** povertà, scarsezza, miseria, esiguità, insufficienza □ stringatezza, schematicità **3** (*di mente e sim.*) apertura, larghezza **CONTR.** chiusura, ristrettezza **4** (*di voce*) registro.

àmpio *agg.* **1** (*di spazio*) capace, capiente, esteso, spazioso, vasto, grande, largo, lato (*lett.*) □ aperto, panoramico **CONTR.** stretto, ristretto, esiguo, limitato, piccolo, angusto, striminzito **2** (*est.*) (*di cose*) abbondante, copioso, numeroso, ricco, generoso **CONTR.** scarso, insufficiente, povero, misero **3** (*di mentalità*) aperto, largo, cosmopolita **CONTR.** chiuso, ristretto. *V. anche* GENEROSO, GRANDE

amplèsso *s. m.* **1** (*lett.*) abbraccio, stretta **2** (*euf.*) coito, copula.

ampliaménto *s. m.* (*anche fig.*) allargamento, allargatura, ingrandimento, dilatamento, dilatazione, espansione, accrescimento □ aumento, incremento, sviluppo **CONTR.** restringimento, stringimento, rimpiccolimento, rimpicciolimento, diminuzione, limitazione, riduzione, restrizione □ taglio, decurtazione. *V. anche* AUMENTO

ampliàre ***A*** *v. tr.* (*anche fig.*) allargare, slargare, ingrandire, dilatare, estendere, accrescere, aumentare, espandere, sviluppare, incrementare **CONTR.** restringere, stringere, impiccolire, rimpicciolire, rimpiccolire, diminuire, ridurre, limitare □ circoscrivere □ tagliare, decurtare ***B*** **ampliarsi** *v. intr. pron.* allargarsi, slargarsi, ingrandirsi, dilatarsi, espandersi □ aumentare, crescere, svilupparsi **CONTR.** restringersi, ridursi, diminuire, calare.

ampliàto *part. pass. di* **ampliare**; *anche agg.* allargato, ingrandito, esteso, aumentato, dilatato, sviluppato **CONTR.** ristretto, diminuito, ridotto □ circoscritto □ tagliato, decurtato.

amplificàre *v. tr.* **1** (*anche fig.*) (*spec. di suono, di volume, ecc.*) accrescere, aumentare, potenziare **CONTR.** diminuire, limitare, ridurre **2** (*fig.*) (*di virtù, di pregi, ecc.*) ingrandire, magnificare, esaltare, esagerare **CONTR.** disprezzare, minimizzare.

amplificatóre *s. m.* (*di suono*) altoparlante, megafono □ microfono.

amplificazióne *s. f.* **1** (*anche fig.*) (*spec. di suono, di volume, ecc.*) accrescimento, aumento, potenziamento □ enfasi □ iperbole (*ling.*) **CONTR.** diminuzione, riduzione **2** (*fig.*) (*di virtù, di pregi, ecc.*) esaltazione, enfatizzazione, esagerazione **CONTR.** minimizzazione □ disprezzo, misconoscimento (*raro*). *V. anche* AUMENTO

ampólla *s. f.* **1** vasetto, boccetta **2** (*est.*) fiala, bottiglia □ oliera.

ampollosaménte *avv.* pomposamente, prolissamente, retoricamente, verbosamente, ridondantemente **CONTR.** semplicemente, sobriamente, concisamente, stringatamente.

ampollosità *s. f.* magniloquenza (*lett.*), grandiloquenza (*lett.*), marinismo, retorica, ridondanza, prolissità, verbosità, frondosità, gonfiezza **CONTR.** semplicità, naturalezza, essenzialità, sobrietà, concisione, stringatezza, cortezza (*raro*).

ampollóso *agg.* gonfio, magniloquente, pomposo,

prolisso, retorico, barocco, tronfio, frondoso, declamatorio, oratorio, ridondante **CONTR.** semplice, naturale, piano, conciso, sobrio, essenziale, disadorno □ stringato, laconico □ pedestre □ colloquiale.

amputàre *v. tr.* **1** (*di organo*) asportare □ segare, tagliare, mozzare □ troncare, recidere, mutilare, resecare (*med.*) **CONTR.** attaccare, congiungere, unire, saldare **2** (*fig.*) (*di scritto, di discorso*) accorciare, ridurre, tagliare □ eliminare, stralciare **CONTR.** ampliare, allargare, aggiungere, allungare. *V. anche* TAGLIARE

amputazióne *s. f.* asportazione, resezione (*med.*), mutilazione, recisione, taglio, troncamento.

amulèto o **amuléto** *s. m.* talismano, portafortuna, scacciaguai □ feticcio.

anacorèta *s. m.* asceta, eremita, romito (*lett.*), solitario, stilita. *V. anche* SOLITARIO

anacronìsmo *s. m.* **1** incongruenza cronologica, inattualità **2** (*est.*) cosa fuori tempo.

anacronìstico *agg.* fuori tempo, inattuale □ antiquato, superato **CONTR.** sincronico, contemporaneo.

analfabèta *agg.*; *anche s. m.* e *f.* illetterato, ignorante □ asino, somaro **CONTR.** alfabeta (*raro*) □ colto, dotto, sapiente, istruito □ intellettuale.

analfabetìsmo *s. m.* ignoranza **CONTR.** alfabetismo, cultura, dottrina, istruzione □ alfabetizzazione.

analgèsico *agg.* e *s. m.* antidolorifico, antalgico □ anestetico □ calmante, sedativo, tranquillante □ cachet (*fr.*).

anàlisi *s. f.* **1** (*di elemento*) divisione, scomposizione, scissione, separazione, sezione, studio, anatomia (*raro*) **CONTR.** sintesi □ composizione, ricomposizione, unificazione **2** (*di situazione, di cosa*) esame, osservazione, indagine, investigazione, ricerca, studio, saggio □ (*di testo*) critica, esegesi, esegetica □ (*di argomento*) trattazione **CONTR.** sunto, sinossi **3** psicoanalisi **FRAS.** *in ultima analisi*, in definitiva. *V. anche* ESAME

analìsta *s. m.* e *f.* **1** analizzatore **2** psicoanalista, strizzacervelli (*scherz.*).

analìtico *agg.* **1** di analisi □ portato all'analisi □ esegetico **2** particolareggiato, descrittivo, capillare **CONTR.** sintetico, sommario, succinto, sinottico.

analizzàre *v. tr.* (*est.*) (*di cosa, di situazione*) esaminare, esplorare, studiare, vagliare, valutare, considerare, anatomizzare, sezionare, sviscerare, pesare **CONTR.** sintetizzare, riassumere, compendiare, riepilogare.

analogaménte *avv.* similmente, ugualmente, conformemente, omologamente, parallelamente, omogeneamente **CONTR.** differentemente, diversamente, contrariamente.

analogìa *s. f.* similitudine, similarità, affinità □ somiglianza, rassomiglianza □ conformità, omogeneità, omologia □ congruenza, prossimità, vicinanza □ nesso, rapporto, relazione **CONTR.** dissomiglianza, diversità, differenza, discrepanza □ contrasto, opposizione, contrapposizione □ incongruenza.

analògico *agg.* di analogia □ affine, simile, conforme **CONTR.** dissimile, difforme, diverso □ (*elab.*, *gener.*) digitale.

anàlogo *agg.* affine, simile, somigliante, similare, omologo, conforme, congenere, consimile □ correlativo, parallelo **CONTR.** differente, dissimile, dissomigliante, diverso □ contrario, opposto, contrastante, contrapposto □ discrepante, incongruente, incongruo. *V. anche* SIMILE

anarchìa *s. f.* **1** mancanza di governo □ sovversivismo, nichilismo, nullismo **CFR.** assolutismo, dittatura, democrazia, conformismo **2** (*fig.*) confusione, disordine, babilonia, disorganizzazione, caos **CONTR.** ordine, armonia, disciplina, organizzazione.

anàrchico *agg.*; *anche s. m.* **1** nichilista, libertario □ sovversivo, ribelle □ anarcoide **CFR.** assolutista, legittimista, legalitario, garantista, democratico, conformista **2** (*fig.*) caotico, confuso, disordinato, disorganizzato **CONTR.** ordinato, disciplinato, organizzato.

anatèma o (*raro*) **anàtema** *s. m.* **1** scomunica **2** (*est.*) maledizione, imprecazione, esecrazione **CONTR.** benedizione **3** (*est.*) sacrilegio.

anatomìa *s. f.* **1** (*di cadavere*) dissezione, necroscopia, autopsia **2** (*est.*) (*di un corpo*) forma, struttura **3** (*fig.*) (*di situazione*) analisi minuziosa, analisi **CONTR.** sintesi, compendio.

anatomizzàre *v. tr.* **1** (*di cadavere*) dissecare, sezionare **2** (*fig.*) (*di situazione*) esaminare minuziosamente, analizzare **CONTR.** sintetizzare.

ànca *s. f.* fianco □ lombo.

ancestràle *agg.* **1** atavico, antico **2** (*fig.*) profondo, radicato.

ànche *cong.* e *avv.* **1** pure **2** persino, perfino, infino **3** oltre a ciò, ancora, inoltre, finanche, altresì.

ancheggiàre *v. intr.* dimenare i fianchi, ondeggiare, sculettare.

anchilosàre *v. tr.* e **anchilosàrsi** *intr. pron.* (*di membra*) irrigidire, irrigidirsi, paralizzare, paralizzarsi, rattrappire, rattrappirsi.

anchilosàto *part. pass. di* **anchilosare**; *anche agg.* **1** colpito da anchilosi □ rattrappito **2** (*fig.*) (*di mente*) rigido, bloccato **CONTR.** agile, sciolto.

anchorman /*ingl.* 'æŋkə mæn/ [loc. ingl. d'America, propr. 'uomo àncora'] *loc. sost. m. inv.* conduttore, presentatore, intrattenitore, showman (*ingl.*).

àncora (1) *s. f.* (*mar.*) arpione, rampicone, ormeggio **FRAS.** *gettar l'ancora* (*fig.*), fermarsi, indugiare □ *levare l'ancora* (*anche fig.*), partire, salpare □ *ancora di salvezza* (*fig.*), ultima speranza.

ancóra (2) ***A*** *avv.* **1** anche allora, anche ora, tuttora **2** fino ad ora, sinora, peranco (*lett.*) **3** allora **4** dell'altro, in aggiunta, di più **5** di nuovo, nuovamente, un'altra volta, riecco ***B*** *cong.* persino, perfino, anche, fino, finanche.

ancoràggio *s. m.* **1** (*mar.*) ormeggio □ approdo □ cala, calanca, porto □ fonda **2** collegamento.

ancoràre ***A*** *v. tr.* **1** gettare l'ancora □ attraccare, ormeggiare **CONTR.** levare l'ancora, disormeggiare, salpare **2** (*est.*) agganciare, assicurare, fermare, fissare, trattenere **CONTR.** disancorare □ sganciare, staccare, liberare **3** (*fig.*) (*di valore*) rapportare, agganciare, indicizzare (*econ.*) **CONTR.** liberalizzare ***B*** **ancorarsi** *v. rifl.* **1** gettare l'ancora, ormeggiarsi **CONTR.** salpare, disancorarsi **2** (*est.*, *anche fig.*) aggrapparsi, attaccarsi, stabilirsi **CONTR.** sganciarsi, staccarsi, liberarsi.

ancoràto *part. pass. di* **ancorare**; *anche agg.* **1** ormeggiato **2** (*anche fig.*) agganciato, assicurato, fissato **CONTR.** sganciato, staccato, liberato **3** (*fig.*) (*di valore*) rapportato, agganciato, indicizzato (*econ.*) **CONTR.** liberalizzato, libero.

andaménto *s. m.* **1** svolgimento, procedimento, processo, sviluppo, regime, trend (*ingl.*), tenore, treno, (*di discorso, di idee, ecc.*) filo □ (*di vicende, di avvenimenti, ecc.*) piega, andazzo □ funzionamento □ costume, moda **2** andatura, camminata.

andànte *part. pres. di* **andare**; *anche agg.* **1** che va, in movimento **CONTR.** fermo, fisso **2** (*di muro, ecc.*) continuo, continuato **CONTR.** discontinuo **3** (*di anno, ecc.*) corrente, in corso **CFR.** passato, scorso, venturo, prossimo **4** (*fig.*) (*di merce*) comune, usuale □ grossolano, ordinario, scadente □ dozzinale, alla buona **CONTR.** fine, pregiato, pregevole, scelto **5** (*di stile*) facile, scorrevole **CONTR.** difficile, astruso, involuto. *V. anche* BANALE

andàre **A** *v. intr.* **1** camminare □ marciare, passeggiare, incedere (*lett.*) □ correre □ avanzare, procedere □ avviarsi, partire, ire (*lett.*), gire (*lett.*) □ spostarsi, muoversi □ aggirarsi, circolare □ peregrinare, pellegrinare □ viaggiare **CONTR.** stare, restare, rimanere □ sostare □ arrestarsi, fermarsi □ soffermarsi, indugiare, trattenersi **2** recarsi, presentarsi, dirigersi, indirizzarsi, portarsi, spingersi, trasferirsi, concorrere (*lett.*), farsi **CONTR.** venire, tornare, ritornare, redire (*poet.*) **3** (*di strada*) condurre, portare, arrivare, percorrere, attraversare, passare, costeggiare, sboccare, finire **4** (*est.*) essere destinato **5** (*di moneta*) avere corso, valere □ costare **CONTR.** essere fuori corso **6** (*est.*) diventare, trasformarsi **7** (*est.*) condursi, comportarsi, essere **8** (*est.*) (*di tempo, di memoria, ecc.*) dileguarsi, scomparire, sparire, consumarsi □ passare, trascorrere □ morire **9** accadere, succedere **10** (*di affare, di lavoro, ecc.*) procedere **CONTR.** fermarsi, bloccarsi **11** (*di apparecchio*) funzionare, marciare □ (*di aereo, di aquilone, ecc.*) volare □ (*di imbarcazione*) navigare **CONTR.** rompersi □ incepparsi, incantarsi **12** (*di indumento*) stare, calzare, essere adatto □ (*di cosa, di cibo, ecc.*) garbare, piacere, andare a genio, gustare, sfagiolare (*pop., fam.*) **CONTR.** dispiacere, disgustare **13** occorrere, essere necessario **14** usare, essere in voga, essere di moda **15** andare via, irsene (*lett.*), dipartirsi (*lett.*), uscire □ congedarsi, assentarsi □ fuggire, defilarsi, svicolare, salpare (*fig., scherz.*) □ sbaraccare (*fam.*), sloggiare, sgombrare, smammare (*dial., pop.*) □ emigrare □ disertare **CONTR.** rimanere, restare, permanere, sostare **16** ritirarsi, abbandonare, togliersi, lasciare, licenziarsi **17** (*euf.*) morire, spirare **CONTR.** arrivare, nascere **B** *in funzione di s. m.* **1** andata □ viaggio **2** passo, andatura, portamento **3** (*fig.*) velocità, ritmo □ rendimento, produttività, resa **FRAS.** *andare a fondo* (o *a picco*), inabissarsi; (*fig.*) rovinarsi □ *andare addosso*, investire □ *andare dentro*, andare in prigione □ *andare per le lunghe*, dilungarsi □ *lasciar andare*, lasciar correre □ *lasciarsi andare*, abbandonarsi; (*fig.*) scoraggiarsi □ *andare a male*, guastarsi □ *va da sé che*, è logico che □ *andare a finire*, concludersi; nascondersi, cacciarsi □ *andarci di mezzo*, essere coinvolto □ *andare e venire*, andirivieni, viavai □ *a lungo andare*, col passare del tempo □ *andar buca*, andar male □ *andare forte* (*fig.*), avere successo. *V. anche* SPINGERE

andàta *s. f.* **1** l'andare □ cammino, viaggio **CONTR.** ritorno, rientro **2** andatura, camminata **3** (*sport*) turno, girone.

andàto *part. pass. di* **andare**; *anche agg.* **1** (*di tempo*) passato, trascorso **CFR.** presente, futuro, venturo **2** (*di cosa, di persona, ecc.*) finito, perduto, rovinato, spacciato □ andato a male, avariato **CONTR.** salvo □ sano.

andatùra *s. f.* **1** andata, camminata, falcata, passo □ deambulazione □ marcia, movenza, movimento □ incesso (*lett.*), portamento **2** (*sport*) ritmo, velocità, allure (*fr.*) □ (*di cavallo*) modo di correre.

andàzzo *s. m.* usanza criticabile, cattiva abitudine □ (*spreg.*) moda, tendenza, costume, consuetudine, uso □ (*est., fig.*) andamento, modo, maniera, sistema, ritmo, passo.

andicappàre e deriv. *V.* **handicappare** e deriv.

andirivièni *s. m.* **1** andare e venire, viavai, va e vieni □ traffico, passaggio □ carosello, flusso □ folla **2** (*est.*) labirinto, meandro, giravolta. *V. anche* FOLLA

àndito *s. m.* corridoio, entrata, atrio, ingresso, vestibolo, anticamera □ androne □ antiporta □ (*est.*) ripostiglio.

andrògino *agg.; anche s. m.* ermafrodito.

andròide *agg.* robot, automa.

andróne *s. m.* corridoio d'ingresso, andito, atrio □ antiporta.

anèddoto *s. m.* episodio, fatterello, storiella, notizia curiosa.

anelànte *part. pres. di* **anelare**; *anche agg.* **1** (*di respiro*) affannato, affannoso, ansante, anelo (*poet.*), ansimante **CONTR.** regolare, calmo, tranquillo **2** (*est.*) tendente, aspirante, anelo (*poet.*), mirante, bramoso, desideroso.

anelàre **A** *v. intr.* **1** (*lett.*) respirare con difficoltà, ansare, ansimare **CONTR.** respirare liberamente **2** (*fig.*) agognare, bramare, aspirare, desiderare, desiare (*lett.*), vagheggiare (*lett.*) □ mirare, tendere □ smaniare, sospirare **CONTR.** aborrire, disdegnare, respingere, rifiutare, trascurare, infischiarsi **B** *v. tr.* (*poet.*) emettere, esalare **CONTR.** immettere, inspirare.

anèlito *s. m.* **1** (*lett.*) (*di respiro*) affanno, ansia □ (*est.*) alito, respiro **2** (*fig.*) (*di gloria, ecc.*) desiderio, brama, aspirazione **CONTR.** disdegno, rifiuto.

anèllo *s. m.* **1** cerchietto, cerchio, boucle (*fr.*) □ (*est.*) cintura, chiostra (*lett.*), corona **2** (*est.*) (*di sposi*) fede, vera **3** (*al pl.*) anella (*lett.*) **4** (*di capelli*) riccio, ricciolo **5** boccola (*mecc.*) **6** (*di catena*) maglia **FRAS.** *anello stradale*, raccordo anulare □ *ad anello*, circolare.

anemìa *s. f.* **1** (*med.*) oligoemia □ linfatismo **2** (*fig.*) fiacchezza, indebolimento, spossatezza, stanchezza **CONTR.** energia, forza, gagliardia, robustezza, vigore.

anèmico **A** *agg.* **1** (*med.*) oligoemico □ linfatico **2**

(*est.*) pallido, smorto **CONTR.** colorito, sanguigno ***3*** (*fig.*) fiacco, debole, spossato, stanco, svigorito **CONTR.** energico, forte, gagliardo, robusto, vigoroso ***B*** *agg.*; *anche s. m.* oligoemico.

anèmone *s. m.* **FRAS.** *anemone dei boschi*, silvia □ *anemone di mare*, attinia.

anestesia *s. f.* anestetizzazione □ (*est.*) narcosi, cloroformizzazione, eterizzazione.

anestètico *agg.*; *anche s. m.* analgesico, calmante (*est.*) □ soporifero, narcotico **CONTR.** eccitante, stimolante, tonico.

anestetizzàre *v. tr.* (*est.*) narcotizzare, cloroformizzare, eterizzare **CONTR.** eccitare, stimolare.

anfiteàtro *s. m.* ***1*** circo, arena, stadio, campo, agone (*poet.*) ***2*** (*per lezioni*) aula (a gradinate) ***3*** (*di teatro*) galleria (a gradinate).

anfitrióne [dal nome del protagonista della commedia di Molière, *Amphytrion*, derivata da Plauto] *s. m.* (*lett.*) padrone di casa, ospite **CONTR.** invitato, ospite.

ànfora *s. f.* (*est.*) vaso □ boccale, mezzina (*tosc.*).

anfràtto *s. m.* avvallamento stretto □ recesso sinuoso, piega □ scoscendimento, burrone, precipizio, dirupo.

angariàre *v. tr.* fare angherie, opprimere, tiranneggiare, vessare □ perseguitare, tormentare, far patire, maltrattare **CONTR.** trattar bene, beneficare, aiutare, soccorrere, favorire.

angèlico *agg.* ***1*** di angelo, simile ad un angelo ***2*** (*est.*) bello □ dolce, mite, buono, innocente, puro, perfetto □ serafico **CONTR.** brutto □ demoniaco, diabolico, satanico, infernale □ perfido, perverso, malvagio, impuro, corrotto, depravato **FRAS.** *salutazione angelica*, Ave Maria.

àngelo *s. m.* ***1*** creatura celeste, spirito celeste, messaggero divino, intelligenza celeste **CONTR.** diavolo, demone, satana, demonio, tentatore, belzebù ***2*** (*fig.*) persona buona, persona perfetta **CONTR.** diavolo, anticristo, furfante, canaglia, mascalzone **FRAS.** *Angelo custode* (*fig.*), protettore □ *angelo del focolare* (*fig.*), la madre di famiglia, la donna □ *Angelo delle tenebre*, il Diavolo.

angherìa *s. f.* ***1*** (*est.*) tassa esorbitante, gravezza ***2*** (*fig.*) prepotenza, sopruso, torto, ingiustizia, oppressione, persecuzione, vessazione, maltrattamento, soperchieria, violenza **CONTR.** giustizia, rispetto, liberalità, magnanimità. *V. anche* PREPOTENZA

anglicìsmo *s. m.* inglesismo, anglismo (*raro*).

angolàre ***A*** *agg.* ***1*** che ha angoli ***2*** ad angolo, squadrato ***3*** in angolo ***B*** *s. m.* cantonale, angoliera, cantoniera **FRAS.** *pietra angolare* (*fig.*), fondamento, sostegno.

angolazióne *s. f.* ***1*** (*fot., cine., tv.*) punto di vista ***2*** (*fig.*) prospettiva, punto di vista □ chiave, taglio ***3*** (*sport*) tiro diagonale.

angolièra *s. f.* cantoniera, cantonale.

àngolo *s. m.* ***1*** canto, cantonata, cantone □ spigolo □ (*di strada, di fiume, ecc.*) gomito □ (*di fazzoletto, di grembiule, ecc.*) cocca □ (*di occhio*) coda □ (*di foglio, di pagina*) orecchia ***2*** luogo appartato, cantuccio, posto, parte ***3*** (*sport*) (*di campo*) vertice ***4*** (*sport*) corner (*ingl.*), calcio d'angolo ***5*** (*fis., astron.*) inclinazione. *V. anche* PARTE

angolosità *s. f.* (*fig.*) (*di carattere*) asprezza, durezza, scabrosità **CONTR.** dolcezza, bonarietà, bonomia, amabilità.

angolóso *agg.* ***1*** con angoli, angolato □ spigoloso ***2*** (*est.*) (*di corpo, ecc.*) duro, ossuto, rigido, scarno **CONTR.** tornito, morbido, fine, delicato ***3*** (*fig.*) (*di carattere*) scabroso, duro, intrattabile, scontroso, permaloso, aspro **CONTR.** affabile, amabile, cordiale, cortese, garbato, gentile, delicato, malleabile.

angòscia *s. f.* affanno, angustia, ambascia, ansia, ansietà, tensione, disperazione, tormento, travaglio, agonia, inquietudine, oppressione, preoccupazione, tribolo, tortura, tribolazione, ossessione □ batticuore, cardiopalmo □ incubo, inferno □ spina, morsa **CONTR.** calma, benessere, placidità, quiete, serenità, tranquillità. *V. anche* INFERNO

ANGOSCIA
sinonimia strutturata

Il termine **angoscia** è in generale assimilabile ad **ansia**: entrambi designano uno stato emotivo negativo, accompagnato da agitazione, irrequietezza e timore per mali futuri di fronte ai quali l'individuo si sente impotente e risulta incapace di esercitare un efficace controllo razionale e volontario. A differenza della paura che ha un oggetto determinato e un carattere episodico, l'angoscia non si riferisce a nulla di preciso ma è un sentimento che rispecchia la precarietà della condizione umana e il suo essere sospesa tra finito e infinito. Infine, nell'uso corrente, con angoscia o ansia si indica uno stato d'animo di incertezza e di apprensione prevalentemente momentaneo e legato alle contingenze della vita quotidiana: *un'attesa piena d'angoscia*; *essere o stare in ansia per qualcuno*.

L'**affanno** è una difficoltà di respirazione, una concitazione dovuta a malattia, emozioni, fatica: *quando sale le scale gli viene l'affanno*; in senso figurato il vocabolo si riferisce a uno stato ansioso, di pena: *dare, recare affanno*; *stare in affanno per qualcuno*. La **preoccupazione** è un pensiero che provoca ansia e timore: *le sue condizioni destano preoccupazione*; la parola si riferisce anche alla persona, alla cosa o al fatto che preoccupa: *quel bambino è la mia preoccupazione*. **Tensione** è in senso proprio la condizione di ciò che è teso; figuratamente indica uno stato di eccitazione nervosa e di instabilità emotiva: *era pieno di tensione per l'esame*; oppure, in determinati contesti, uno sforzo di attenzione: *tensione mentale*; o, ancora, l'effetto di partecipazione affettiva che produce un'opera creativa: *una pagina ricca di tensione drammatica*. L'**inquietudine** è invece una condizione di ansia, di turbamento, di agitazione: *destare inquietudine*; *tenere nell'inquietudine*.

Cruccio è un dolore, qualcosa che affligge e provoca pena: *darsi cruccio*; il termine è usato spesso per indicare delle beghe, dei fastidi, delle seccature: *avere molti crucci*. Il **tormento** è un dolore acuto provocato da mali o disagi fisici: *il tormento delle ferite, del caldo, della sete*; di qui il significato figurato di strazio, dolore morale, patimento insistente, continuo: *il tormento dell'invidia, della gelosia*; *quel pensiero è il suo tormento.*

La **desolazione** è uno stato sia di devastazione e rovina sia di estremo abbandono: *la guerra portò desolazioni*; *la desolazione dei campi incolti.* Usato in riferimento ad una condizione interiore, il termine indica un dolore particolarmente sconsolato, accompagnato da un senso di solitudine e di squallore: *il suo viso era l'immagine della desolazione.* La **disperazione** è lo stato d'animo di chi non nutre più alcuna speranza, e che quindi è caduto nell'avvilimento profondo, nello sconforto totale: *abbandonarsi alla disperazione*; *essere ridotto, in preda alla disperazione*; il termine, per estensione, si usa, inoltre, sia in riferimento alla persona o cosa che fa disperare: *la matematica è la sua disperazione*; sia in riferimento ad una cosa molto desiderata che non si spera più di poter conseguire: *la promozione è la sua disperazione.*

angosciàre ***A*** *v. tr.* affannare, opprimere, angustiare, tormentare, torturare, travagliare, martoriare, straziare **CONTR.** allietare, rallegrare □ calmare, confortare, consolare, incoraggiare, rasserenare, sollevare, tranquillizzare ***B*** **angosciarsi** *v. intr. pron.* affannarsi, travagliarsi (*lett.*), affliggersi, crucciarsi, tormentarsi, soffrire, angustiarsi, preoccuparsi, penare, tribolare **CONTR.** allietarsi, rallegrarsi □ rincorarsi, rianimarsi, calmarsi, rasserenarsi, riconfortarsi, tranquillizzarsi.

angosciàto *part. pass. di* **angosciare**; *anche agg.* angustiato, oppresso, travagliato, tormentato, martoriato, torturato, straziato □ ansioso, anelo (*poet.*) **CONTR.** sereno, tranquillo, placido □ spensierato □ allietato, contento, gaio, gioioso, giulivo, lieto.

angosciosaménte *avv.* affannosamente, ansiosamente, dolorosamente, tormentosamente □ disperatamente, spasmodicamente, ossessivamente **CONTR.** placidamente, serenamente, tranquillamente □ lietamente, gaiamente.

angoscióso *agg.* affannoso, tormentoso, ansioso, spasmodico, straziante, kafkiano **CONTR.** sereno, placido, tranquillo □ lieto, calmo, gaio.

anguìlla *s. f.* ***1*** (*zool.*) ceca, capitone ***2*** (*fig.*) persona agilissima ***3*** (*fig.*) furbone **CONTR.** semplicione, ingenuo **FRAS.** *anguilla elettrica*, gimnoto □ *fare l'anguilla, essere un'anguilla* (*fig.*), essere molto elusivi.

angùria *s. f.* (*sett.*) cocomero.

angùstia *s. f.* ***1*** (*di spazio*) strettezza, esiguità, pochezza, ristrettezza, limitatezza □ carenza, mancanza, insufficienza **CONTR.** ampiezza, larghezza, spaziosità, vastità □ abbondanza, sufficienza ***2*** (*fig.*) (*di cose*) penuria, ristrettezza, povertà, miseria, indigenza **CONTR.** abbondanza, agiatezza, benessere, opulenza, ricchezza ***3*** (*fig.*) (*di persona*) grettezza, meschinità, miseria **CONTR.** generosità, liberalità, magnificenza ***4*** (*fig.*) (*di sentimento*) angoscia, affanno, afflizione, ansia, ansietà, trepidazione, trepidanza (*lett.*), infelicità, inquietudine, preoccupazione, pena, travaglio, tribolazione **CONTR.** contentezza, gioia, giubilo, giocondità, letizia, piacere, soddisfazione. *V. anche* TIMORE

angustiàre ***A*** *v. tr.* angosciare, affliggere, addolorare, inquietare, opprimere, preoccupare, rattristare, scottare, bruciare, travagliare, tribolare, tormentare, torturare **CONTR.** allietare, rallegrare □ confortare, consolare, sollevare, risollevare ***B*** **angustiarsi** *v. intr. pron.* angosciarsi, affliggersi, addolorarsi, crucciarsi, macerarsi, divorarsi, friggere, inquietarsi, rattristarsi, preoccuparsi, tormentarsi, soffrire, patire, penare, rammaricarsi, rincrescersi **CONTR.** allietarsi, rallegrarsi □ confortarsi, rincorarsi, rianimarsi, risollevarsi □ calmarsi.

angustiàto *part. pass. di* **angustiare**; *anche agg.* afflitto, angosciato, addolorato, rattristato □ tormentato, travagliato, tribolato, rammaricato, rincresciuto **CONTR.** allegro, contento, lieto □ rincorato, rianimato, risollevato.

angùsto *agg.* ***1*** (*di luogo*) stretto, ristretto, piccolo □ breve □ scomodo, disagevole **CONTR.** ampio, aperto, esteso, largo, spazioso, sconfinato, capace □ comodo ***2*** (*fig.*) (*di persona*) gretto, limitato, meschino, misero, piccino **CONTR.** generoso, largo, liberale, magnanimo.

ànima *s. f.* ***1*** spirito, parte spirituale, psiche, coscienza **CONTR.** corpo, materia ***2*** principio vitale, forza vitale, soffio vitale, respiro, spiro (*poet.*), vita ***3*** persona, individuo □ animatore ***4*** spettro, ombra ***5*** (*est.*) (*di cosa*) nucleo, elemento centrale, parte interna □ (*pop.*) (*di frutto*) seme, nocciolo □ (*di noce*) gheriglio □ (*di bottone*) fondello **CONTR.** esterno □ buccia, scorza ***6*** (*fig.*) animo, calore, energia, ispirazione, sentimento, spiritualità **CONTR.** freddezza, distacco ***7*** (*fig.*) impulso, sostegno, fattore determinante **FRAS.** *rendere l'anima*, morire □ *anima e corpo*, con tutte le forze □ *con tutta l'anima*, profondamente □ *toccare l'anima* (*fig.*), commuovere □ *rompere l'anima* (*fig., fam.*), seccare, disturbare □ *volere un bene dell'anima*, amare moltissimo □ *non c'è un'anima viva*, non c'è nessuno □ *vendere l'anima al diavolo*, scendere a gravi compromessi □ *anima gemella*, partner ideale □ *anima nera* (*fig.*), persona malvagia; consigliere occulto di cattive azioni □ *aprire l'anima*, confidarsi □ *dare l'anima* (*fig.*), impegnarsi con tutto sé stesso. *V. anche* COSCIENZA

animàle (**1**) *s. m.* ***1*** essere vivente, essere animato ***2*** (*est.*) uomo ***3*** bestia ***4*** (*fig.*) persona rozza, ignorantone, materialone **CONTR.** persona ragionevole, persona civile.

animàle (**2**) *agg.* ***1*** di essere animato, degli animali ***2*** corporeo, materiale, animalesco **CONTR.** spirituale, nobile, elevato, dignitoso.

animalésco *agg.* animale, bestiale, bruto, brutale, ferino, belluino □ irragionevole □ primitivo **CONTR.** umano, nobile, dignitoso, spirituale.

animàre ***A*** *v. tr.* ***1*** infondere l'anima, infondere la vita ***2*** (*di cosa*) dare vita, dare vivacità, dare vivezza, dare vigore, avvivare (*lett.*), ravvivare, vivacizzare, vivificare □ stimolare, promuovere □ (*di racconto, di descrizione e sim.*) colorire □ (*di spettacolo e sim.*) condurre □ (*di festa*) movimentare CONTR. spegnere, smorzare, indebolire ***3*** (*di persona*) incitare, esortare, sollecitare, incoraggiare □ eccitare, elettrizzare, imbaldanzire, invigorire CONTR. disanimare, dissuadere, distogliere, smontare, scoraggiare, demoralizzare □ allontanare, spaventare ***B*** **animarsi** *v. intr. pron.* ***1*** (*di persona*) rianimarsi, incoraggiarsi □ scaldarsi, eccitarsi CONTR. abbattersi, avvilirsi, disanimarsi, sconfortarsi, accasciarsi ***2*** (*di cosa*) ravvivarsi, vivacizzarsi, scaldarsi CONTR. spegnersi, smorzarsi, infiacchire.

animataménte *avv.* vivacemente, briosamente, energicamente, calorosamente CONTR. fiaccamente, lentamente, indolentemente, pigramente.

animàto *part. pass. di* **animare**; *anche agg.* ***1*** (*di essere*) vivo, sensibile, vivente CONTR. inanimato, esanime, morto ***2*** (*di volto*) espressivo □ (*di persona*) vivace, brioso □ energico, disposto, intenzionato CONTR. spento, smorto □ maldisposto, restio, riluttante □ scoraggiato ***3*** (*fig.*) (*di discussione, di mercato, ecc.*) vivo, vivace, pieno di vita, movimentato FRAS. *cartone animato*, cartoon (*ingl.*).

animatóre *s. m.*; *anche agg.* (*f. -trice*) ***1*** incitatore, eccitatore, istigatore □ stimolatore, promotore □ anima ***2*** (*di cinema, ecc.*) cartonista, fumettista.

animazióne *s. f.* vivacità, vivezza, brio, verve (*fr.*) □ ardore, calore □ eccitazione □ vita, movimento, affollamento □ (*pedag.*) drammatizzazione CONTR. calma, flemma, freddezza, pacatezza □ vuoto, silenzio, desolazione.

ànimo ***A*** *s. m.* ***1*** anima, spirito, capacità volitiva, cuore □ intimo, interno, fondo ***2*** coraggio, ardire, ardimento, audacia, intrepidezza, energia, forza CONTR. timidezza, timore, esitazione □ paura, fifa (*fam.*), tremarella (*fam.*), trepidazione, viltà ***3*** mente, pensiero, parere, opinione ***4*** disposizione di spirito, intenzione, inclinazione, tendenza, proposito, proponimento ***5*** carattere, indole, natura, temperamento □ morale ***B*** *in funzione di inter.* coraggio!, forza! orsù!, via!, suvvia! FRAS. *stare di buon animo*, stare tranquillo □ *di buon animo*, volentieri □ *perdersi d'animo*, scoraggiarsi □ *mettere l'animo in pace*, rassegnarsi. *V. anche* INDOLE

animosità *s. f.* malanimo, malevolenza, malvolere, inimicizia, ostilità, antipatia, avversione, odio □ rancore, risentimento CONTR. affetto, amicizia, amore □ benevolenza, benignità, simpatia □ solidarietà.

animóso *agg.* ***1*** ardito, ardimentoso, audace, coraggioso, prode, intrepido, valoroso □ sicuro, energico, forte, risoluto CONTR. timido, timoroso, tremebondo, trepido □ vigliacco, vile, codardo, pusillanime ***2*** (*lett.*) focoso, ardente, impetuoso, vivace CONTR. fiacco, freddo ***3*** (*lett.*) avverso, maldisposto, ostile CONTR. benigno, benevolo, favorevole, amico. *V. anche* PRODE

annacquàre *v. tr.* ***1*** (*di vino, di latte*) innacquare (*raro*), allungare, tagliare, battezzare (*fam.*) ***2*** (*di piante, di campi*) irrorare, annaffiare, bagnare, irrigare ***3*** (*fig.*) (*di tono, di notizia, di discorso, ecc.*) moderare, temperare, mitigare, ridurre, attenuare □ indebolire, infiacchire CONTR. accentuare, acuire, aumentare, rafforzare, rinforzare, rinvigorire ***4*** (*econ.*) (*di un capitale*) sopravvalutare.

annacquàto *part. pass. di* **annacquare**; *anche agg.* ***1*** (*di vino, di latte*) allungato, tagliato, battezzato (*fam.*) CONTR. puro □ liscio ***2*** (*fig.*) (*di discorso, ecc.*) debole, indebolito, fiacco, svigorito, sbiadito CONTR. vivo, vivido, vigoroso, vivace.

annaffiàre *v. tr.* (*di pianta, ecc.*) innaffiare, annacquare, adacquare, spruzzare, bagnare, irrorare, irrigare □ aspergere CONTR. asciugare, seccare, prosciugare, disseccare, inaridire.

annaffiàta *s. f.* spruzzo d'acqua, spruzzata, bagnata □ (*est.*) pioggerella, pioggerellina, piovasco.

annaffiàto *part. pass. di* **annaffiare**; *anche agg.* ***1*** irrigato, bagnato, irrorato □ spruzzato ***2*** (*di vino*) annacquato, allungato.

annasàre *v. tr.* (*lett., dial.*) annusare, fiutare, odorare.

annaspàre *v. intr.* ***1*** gestire, gesticolare, muoversi scompostamente, brancolare, brancicare ***2*** (*fig.*) affaccendarsi a vuoto, affaticarsi senza costrutto, armeggiare, arrabattarsi ***3*** (*fig.*) confondersi, imbrogliarsi.

annebbiàre ***A*** *v. tr.* ***1*** coprire di nebbia ***2*** (*fig.*) oscurare, offuscare, velare, adombrare, appannare, obnubilare (*lett.*), ottenebrare □ intorbidare, confondere □ stordire CONTR. snebbiare, schiarire, rischiarare, rasserenare ***B*** **annebbiarsi** *v. intr. pron.* ***1*** coprirsi di nebbia ***2*** (*fig.*) offuscarsi, appannarsi, intorbidarsi, velarsi, oscurarsi, confondersi CONTR. chiarirsi, schiarirsi, rischiararsi, rasserenarsi.

annebbiàto *agg.* ***1*** (*anche fig.*) (*di cielo, di sole, ecc.*) appannato, offuscato, velato, fumoso, nuvoloso, imbrociato CONTR. chiaro, terso, limpido, vivido, luminoso □ scintillante, sfolgorante ***2*** (*di persona, di mente, ecc.*) intorpidito, assonnato □ confuso, stordito CONTR. lucido, sveglio, pronto.

annegàre ***A*** *v. tr.* (*anche fig.*) affogare, affondare, sommergere □ annullare, distruggere, sopprimere ***B*** *v. intr.* e **annegarsi** *intr. pron.* e *rifl.* ***1*** affogare, affogarsi ***2*** (*fig.*) perdersi, sprofondare, annullarsi.

annegàto *part. pass. di* **annegare**; *anche agg.* e *s. m.* ***1*** affogato ***2*** (*fig.*) annullato, distrutto.

annerìre ***A*** *v. tr.* annerare, abbrunare, brunire, oscurare, scurire, affumicare □ abbronzare CONTR. imbiancare, imbianchire, schiarire, sbianchire, candeggiare ***B*** *v. intr.* e **annerirsi** *intr. pron.* divenire nero, scurirsi, oscurarsi, abbuiarsi CONTR. imbiancarsi, schiarirsi.

annessióne *s. f.* unione, aggiunta, incorporamento, incorporazione □ ampliamento, aumento □ conquista CONTR. distacco, divisione, separazione.

annèsso o **annésso** ***A*** *part. pass. di* **annettere**; *anche agg.* attaccato, congiunto, aggiunto, incorporato, legato, unito □ accluso, allegato □ accoppiato □ connesso, collegato CONTR. disgiunto, diviso, disunito, separato, staccato, sciolto, slegato ***B*** *s. m. spec. al pl.* accessori.

annèttere o **annéttere** *v. tr.* ***1*** congiungere, accoppiare, collegare, legare □ aggregare, aggiungere □ addizionare □ allegare, accludere **CONTR.** disgiungere, dividere, disunire, separare, staccare, sciogliere, slegare **2** (*di territorio*) incorporare, occupare **FRAS.** *annettere importanza*, dare importanza.

annichiliménto *s. m.* (*anche fig.*) annichilamento, annichilazione, annientamento, distruzione □ annullamento **CONTR.** costruzione, edificazione, erezione.

annichilìre A *v. tr.* **1** (*di cosa*) annichilare, distruggere, annientare □ (*fig.*) polverizzare, schiacciare **CONTR.** costruire, edificare **2** (*fig.*) (*di persona*) abbattere, avvilire, deprimere, umiliare **CONTR.** esaltare, glorificare, magnificare, vantare, valorizzare **B annichilirsi** *v. rifl. e intr. pron.* annientarsi, abbassarsi, deprimersi, umiliarsi **CONTR.** esaltarsi, magnificarsi, vantarsi. *V. anche* SCHIACCIARE

annichilìto *part. pass. di* **annichilire**; *anche agg.* annientato, distrutto □ depresso, umiliato **CONTR.** esaltato, magnificato, glorificato.

annidàre A *v. tr.* **1** porre nel nido **CONTR.** snidare, scovare **2** (*fig.*) (*di sentimenti, di vizi, ecc.*) accogliere, dar ricetto, albergare □ nascondere, covare, tener riposto **CONTR.** esporre, esprimere, esternare, manifestare, palesare **B annidarsi** *v. rifl.* **1** farsi il nido **2** (*est.*) (*di sentimenti, di vizi, ecc.*) nascondersi, occultarsi **CONTR.** esternarsi, manifestarsi, palesarsi **3** (*fig.*) albergare, trovare ricetto, rifugiarsi.

annidàto *part. pass. di* **annidare**; *anche agg.* **1** posto nel nido **2** (*anche fig.*) nascosto, occultato **CONTR.** manifesto, palese.

annientaménto *s. m.* **1** (*di cosa*) distruzione, annullamento, annichilamento, annichilimento, abbattimento, demolizione, disfacimento, polverizzazione, sfacelo, sterminio **CONTR.** edificazione, erezione, costruzione **2** (*fig.*) (*di persona*) accasciamento, depressione, prostrazione **CONTR.** baldanza, energia, animo, forza d'animo, esaltazione.

annientàre *v. tr.* **1** (*di cosa*) annichilare, annichilire, distruggere, demolire, disfare, annullare □ debellare, sconfiggere, vincere □ schiacciare, estirpare, sradicare (*raro*) □ sterminare □ polverizzare **CONTR.** edificare, erigere, costruire **2** (*fig.*) (*di persona*) abbattere, deprimere, prostrare, umiliare, mortificare □ confondere **CONTR.** esaltare, glorificare, magnificare, vantare. *V. anche* SCHIACCIARE, VINCERE

annientàto *part. pass. di* **annientare**; *anche agg.* (*anche fig.*) annullato, annichilito □ debellato □ schiacciato, sconfitto, vinto, demolito, distrutto □ disfatto, prostrato □ umiliato, mortificato **CONTR.** esaltato, magnificato.

anniversàrio A *agg.* ricorrente □ annuale **B** *s. m.* **1** (*di cosa*) ricorrenza, commemorazione annuale, celebrazione **2** (*di persona*) compleanno, genetliaco □ festa.

ànno *s. m.* **1** dodici mesi □ annata, millesimo **2** (*spec. al pl.*) (*di uomo*) vita, età, primavera **3** (*di studio*) classe, corso **FRAS.** *verdi anni*, la giovinezza □ *con gli anni*, con l'andar del tempo.

annodàre A *v. tr.* **1** (*di cose*) legare, stringere, allacciare □ accoppiare, congiungere, concatenare, unire **CONTR.** snodare, slegare, slacciare, sgroppare, sciogliere □ disgiungere, disunire, dividere, staccare **2** (*fig.*) (*di relazione, di amicizia*) fare, stringere, allacciare, intrecciare, avviare, iniziare **CONTR.** rompere **B annodarsi** *v. intr. pron.* avvilupparsi, allacciarsi □ fare nodo, stringersi, congiungersi, concatenarsi □ (*raro, fig.*) imbrogliarsi, arruffarsi, ingarbugliarsi **CONTR.** snodarsi, slegarsi, sciogliersi.

annodàto *part. pass. di* **annodare**; *anche agg.* legato, allacciato, serrato, stretto, congiunto, unito **CONTR.** slegato, snodato, sciolto, diviso, separato.

annoiàre A *v. tr.* tediare □ stancare, stufare (*fam.*) □ stuccare, saziare □ importunare, infastidire, molestare, seccare, scocciare (*fam.*), rompere (*volg.*), asfissiare, pesare **CONTR.** allietare, deliziare, dilettare, divertire, rallegrare, ricreare □ svagare, distrarre, divagare □ interessare, piacere, appassionare **B annoiarsi** *v. intr. pron.* tediarsi, stufarsi (*fam.*), stancarsi □ seccarsi, scocciarsi (*fam.*), infastidirsi (*fam.*) **CONTR.** divertirsi, svagarsi □ interessarsi, farsi prendere, appassionarsi. *V. anche* STANCARE

annoiàto *part. pass. di* **annoiare**; *anche agg.* tediato, stanco, stufo (*fam.*), stucco □ seccato, scocciato (*fam.*), rotto (*volg.*), scoglionato (*volg.*) □ infastidito □ disgustato, nauseato □ disattento, svagato **CONTR.** divertito □ allegro, contento, lieto, soddisfatto □ interessato, attento, preso.

annóso *agg.* carico d'anni, vecchio, anziano, vetusto, secolare □ antico, antiquato **CONTR.** giovane, fresco, novello, nuovo, recente. *V. anche* ANTICO

annotàre *v. tr.* **1** notare, registrare, appuntare, segnare, scrivere, rubricare □ (*di contabilità*) scritturare **2** (*di scritto*) commentare, chiosare, postillare, glossare (*raro*). *V. anche* REGISTRARE

annotazióne *s. f.* **1** nota, notazione, appunto, memoria, promemoria □ (*di contabilità*) scritturazione **2** postilla, chiosa, commento, glossa, scolio □ (*lett., raro*) osservazione.

annottàre *v. intr. impers.* farsi notte, far buio, abbuiarsi, imbrunire **CONTR.** aggiornare, farsi giorno, albeggiare.

annoveràre *v. tr.* numerare, enumerare, calcolare, contare □ computare, conteggiare □ catalogare □ passare in rassegna □ ascrivere, includere, mettere **CONTR.** togliere, allontanare.

annuàle A *agg.* annuo **B** *s. m.* anniversario, commemorazione, ricorrenza.

annuìre *v. intr.* assentire □ acconsentire, consentire, condiscendere **CONTR.** negare □ rifiutare, ricusare.

annullaménto *s. m.* abolizione, abrogazione, soppressione, cancellazione, eliminazione □ invalidazione, invalidamento (*raro*), proscrizione, revoca, revocazione □ rescissione, risoluzione, scioglimento □ (*di reato, ecc.*) estinzione □ (*di legge e sim.*) cassazione □ (*di contratto*) storno (*comm.*) □ annientamento, annichilamento □ distruzione □ elisione □ obliterazione **CONTR.** instaurazione □ convalidamento, convalida, ratifica □ accettazione, approvazione □ legittimazione.

annullàre A *v. tr.* **1** sopprimere, abolire, proscrivere □ azzerare □ elidere □ infirmare □ invalidare □ (*di scritto*) biffare □ (*di contratto*) disdettare, rescindere (*dir.*), stornare (*comm.*) □ (*di decreto, di proposta, ecc.*) ritirare, revocare, abrogare, cassare □ (*di voto, di obbligo, ecc.*) sciogliere □ (*di impegno, di invito, ecc.*) disdire □ (*con sigillo, con timbro*) obliterare, timbrare □ (*di svantaggio, di distacco*) rimontare CONTR. instaurare, decretare, sancire, convalidare, confermare, rimettere in vigore, attuare ***2*** (*est.*) vanificare, rendere vano ***3*** (*di persona, di sentimenti, ecc.*) annientare, distruggere, cancellare □ frustrare □ estinguere CONTR. far rinascere ***B*** **annullarsi** *v. intr. pron.* cessare, sparire, svanire ***C*** *v. rifl. rec.* eliminarsi, elidersi o escludersi. *V. anche* SCIOGLIERE

annùllo *s. m.* (*dei francobolli, ecc.*) annullamento, timbro, timbratura, obliterazione.

annunciàre *v. tr.* ***1*** annunziare, far sapere □ avvertire, avvisare □ comunicare, informare, notificare, partecipare □ proclamare, dichiarare, dire □ manifestare, palesare, rivelare □ propalare, divulgare, predicare, diffondere □ segnalare □ (*di notizia*) recare □ predire, presagire, preconizzare CONTR. celare, tacere, occultare, coprire, nascondere ***2*** (*di tempesta, ecc.*) indicare, essere indizio, promettere, minacciare ***3*** (*di persona*) far entrare, introdurre CONTR. congedare.

annunciàto *part. pass. di* **annunciare**; *anche agg.* comunicato, notificato, proclamato, divulgato, rivelato CONTR. celato, taciuto, nascosto.

annunciatóre *s. m.; anche agg.* (*f. -trice*) ***1*** ambasciatore □ messaggero, messo, nunzio □ avvisatore, diffusore, divulgatore □ rivelatore, foriero (*lett.*) □ propagatore, propalatore □ relatore □ spacciatore □ precorritore, precursore, presago, profeta ***2*** (*di radio, di tv., ecc.*) speaker (*ingl.*), lettore, commentatore, mezzobusto (*gerg.*).

annùncio *s. m.* ***1*** annunzio, avviso, comunicazione, messaggio, notificazione □ notizia, informazione □ dichiarazione, bollettino, segnalazione □ bando □ (*di giornali*) inserzione □ pubblicità, réclame (*fr.*) □ (*di matrimonio, di morte, ecc.*) partecipazione ***2*** (*fig.*) profezia, promessa □ segno premonitore □ indizio, presagio, sintomo, segno □ pronostico. *V. anche* INFORMAZIONE

annusàre *v. tr.* ***1*** fiutare, odorare □ (*di droga*) sniffare (*gerg.*) ***2*** (*fig.*) (*di pericolo, di imbroglio, ecc.*) accorgersi, intuire, indovinare, avvertire, nasare (*region.*).

annuvolaménto *s. m.* rannuvolamento, oscuramento CONTR. rasserenamento, rischiaramento, schiarita.

annuvolàre ***A*** *v. tr.* ***1*** (*di cielo*) rannuvolare, oscurare CONTR. rasserenare, rischiarare, schiarire ***2*** (*fig.*) (*di persona*) offuscare, turbare ***B*** **annuvolarsi** *v. intr. pron* ***1*** (*di cielo, di tempo*) oscurarsi, rabbuffarsi CONTR. rasserenarsi, rischiararsi, aprirsi, schiarirsi, rimettersi ***2*** (*fig.*) (*di persona*) turbarsi, rannuvolarsi, corrucciarsi, rabbuiarsi □ agitarsi, inquietarsi CONTR. rasserenarsi, tranquillizzarsi, acquietarsi, placarsi.

anomalìa *s. f.* anormalità, irregolarità, deviazione dalla norma □ eccezione □ (*di disposizione di organi*) eterotassia (*biol.*), deformità, malformazione CONTR. normalità, regolarità, norma, regola, consuetudine.

anòmalo *agg.* anormale, irregolare □ eccezionale, inconsueto, eteroclito (*lett.*) □ vizioso, aberrante CONTR. normale □ abituale, comune, consueto, naturale, ordinario, solito, regolare, regolamentare.

anònimo ***A*** *agg.* ***1*** (*di persona, di scritto*) senza nome, sconosciuto, ignoto, incognito □ oscuro □ non firmato □ di autore sconosciuto, adespoto (*lett.*) CONTR. conosciuto, noto □ nominato □ firmato □ celebre, famoso ***2*** (*fig.*) (*di cosa*) impersonale, senza rilievo, comune CONTR. originale, personale ***3*** (*di persona*) insignificante, incolore, scialbo ***B*** *s. m.* autore sconosciuto FRAS. *conservare l'anonimo*, non farsi riconoscere.

anoressìa *s. f.* (*med.*) inappetenza, disappetenza □ inedia CONTR. (*med.*) bulimia □ appetito, fame.

anormàle *agg.* e *s. m.* e *f.* ***1*** (*di cosa*) anomalo, atipico, irregolare, eteroclito (*lett.*) □ eccezionale □ innaturale, aberrante, mostruoso CONTR. normale, naturale, regolare □ ordinario, solito, comune ***2*** (*di persona*) malato, tarato □ deviante, squilibrato, irresponsabile, pervertito, degenerato CONTR. sano, responsabile, equilibrato, saggio, savio.

anormalità *s. f.* ***1*** (*di cosa*) anomalia, irregolarità, eccezionalità □ eccezione, stranezza, mostruosità CONTR. normalità, naturalezza ***2*** (*di persona*) handicap (*ingl.*), anomalia □ degenerazione □ squilibrio, pazzia CONTR. sanità, normalità, equilibrio.

ànsa *s. f.* ***1*** (*di utensile, di vaso*) manico, orecchio, maniglia ***2*** (*est.*) (*di mobile, di costruzione*) sporgenza, rientranza ***3*** (*di fiume*) sinuosità, curva, meandro □ baia.

ansànte *part. pres. di* **ansare**; *anche agg.* ***1*** affannato, affannoso, ansimante, boccheggiante, anelante, anelo (*poet.*), trafelato ***2*** (*lett.*) ansioso CONTR. calmo, tranquillo.

ànsia *s. f.* affanno, angoscia, angustia, ansietà, apprensione, pensiero, preoccupazione, ambascia, inquietudine, incertezza, suspense (*ingl.*), emozione □ paura, pavidità, timore, dubbio, tema (*lett.*), ossessione □ smania, agitazione, impazienza, orgasmo, spasimo □ trepidazione, trepidanza (*lett.*), tensione □ batticuore, cardiopalmo CONTR. calma, flemma □ serenità, tranquillità, placidezza, olimpicità □ indifferenza. *V. anche* ANGOSCIA, PAURA, TIMORE

ansietà *s. f. V.* **ansia**.

ansimànte *part. pres. di* **ansimare**; *anche agg.* affannato, affannoso, boccheggiante, anelante (*lett.*), ansante, trafelato □ sbuffante.

ansimàre *v. intr.* ***1*** ansare, boccheggiare ***2*** (*fig.*) (*spec. di locomotiva*) sbuffare.

ansiolìtico *s. m.; anche agg.* (*farm.*) calmante, sedativo CONTR. eccitante, stimolante.

ansióso *agg.* ***1*** affannato, agitato, nervoso □ angosciato, angustiato, inquieto, apprensivo, teso, impensierito □ trepidante □ emozionato CONTR. tranquillo, sereno, calmo □ pacifico, placido, olimpico ***2*** bramoso, desideroso, smanioso, impaziente CONTR. paziente, tranquillo.

ànta *s. f.* ***1*** (*di dittico, di polittico*) tavola ***2*** (*di mobile*) scuretto, imposta, sportello, battente.

antagonìsmo *s. m.* emulazione □ gara, competizione, rivalità, concorrenza □ contrasto, contesa, discordia, opposizione, contrarietà □ dualismo **CONTR.** accordo, alleanza □ concordia, armonia, pace, intesa, amicizia. *V. anche* DISCORDIA

antagonìsta *agg.*; *anche s. m.* e *f.* avversario, competitore, oppositore, rivale, concorrente, contendente, nemico □ emulo **CONTR.** compagno, amico, collega, cooperatore, socio, alleato. *V. anche* RIVALE

antagonìstico *agg.* competitivo □ contrario, rivale, opposto, oppositivo **CONTR.** alleato, cooperatore, cooperativo.

antàlgico *s. m.*; *anche agg.* (*med.*) antidolorifico, antinevralgico.

antàrtico ***A*** *agg.* del polo sud, australe, meridionale **CONTR.** artico, boreale, nordico ***B*** *s. m.* polo sud **CONTR.** polo nord.

antecedènte ***A*** *agg.* anteriore, trascorso, precedente, preesistente, passato **CONTR.** conseguente, seguente, susseguente, successivo, posteriore, ulteriore ***B*** *s. m.* precedente, premessa **CONTR.** conseguenza, conclusione.

antecedenteménte *avv.* prima, pria (*poet.*), avanti, anteriormente, precedentemente □ dapprincipio, dapprima **CONTR.** poi, dopo, appresso, successivamente, in seguito, posteriormente.

antecedènza *s. f.* anteriorità, precedenza, priorità **CONTR.** posteriorità.

antecessóre *s. m.* predecessore **CONTR.** successore.

antefàtto *s. m.* premessa, precedente, precedenti **CONTR.** conseguenza.

ante litteram /*lat.* 'ante 'litteram/ [loc. lat. mod., propriamente 'prima della lettera'] ***A*** *loc. agg. inv.* antesignano, precorritore, precursore **CONTR.** tardivo ***B*** *loc. avv.* anzitempo, prematuramente, precocemente **CONTR.** tardivamente.

antenàto *s. m.* avo, progenitore, proavo, avolo, bisavolo, arcavolo, capostipite, precessore (*ant.*), predecessore, primogenitore, ascendente □ (*spec. al pl.*) vecchi, padri, nonni, ascendenza, seme (*lett.*) **CONTR.** discendente, postero, nipote, figlio, progenie, successore.

ANTENATO
sinonimia strutturata

L'**antenato** è colui che è vissuto molti anni prima delle generazioni attuali; il termine si può riferire sia ad un appartenente alla medesima famiglia sia, in senso più esteso, agli uomini vissuti in epoche precedenti alla nostra: *ritratti degli antenati di famiglia; i nostri antenati per scrivere usavano carta e calamaio.* Il **predecessore** è in generale chi ha preceduto gli altri, per esempio in un'attività o in un ufficio: *il mio predecessore aveva fallito in quest'incarico*; soprattutto al plurale, il sostantivo indica chi è vissuto prima dell'attuale generazione: *i nostri predecessori non potevano prevedere questi progressi scientifici.*

Primogenitore è, secondo il racconto biblico, chi ha dato origine all'umanità: *Adamo ed Eva sono i nostri primogenitori*; di uso prevalentemente letterario, il termine, specialmente al plurale, si riferisce ai predecessori, agli antenati in generale. **Capostipite** è chi ha dato origine a una stirpe, a una progenie, cioè il primo antenato di una famiglia: *il nostro capostipite era nobile.* **Progenitore** ha lo stesso significato di capostipite, ma può indicare anche i predecessori: *conservare la memoria dei progenitori.*

Avo è il nonno, il genitore del padre o della madre; specialmente al plurale, il termine si riferisce agli antenati, soprattutto di famiglia: *gli avi paterni.* **Avolo** è una forma rara e letteraria per avo. Il **bisavolo** o **bisavo** è il bisnonno e, in senso esteso, al plurale indica gli antenati di famiglia; anche **proavo** significa bisnonno, ma è un vocabolo d'uso più letterario. Parola di uso non comune è **arcavolo** cioè il genitore del bisavolo, il trisnonno; per estensione arcavoli si dicono i lontani antenati.

Ascendente in questo contesto terminologico è il parente in linea ascendente diretta, cioè il genitore, il nonno, il bisnonno e così via: *il suo amico ha degli ascendenti famosi.* **Radice** significa qui genitore, progenitore, capostipite; usato in questo senso il termine è raro e poetico: *Io fui radice de la mala pianta / che la terra cristiana tutta aduggia* (DANTE).

antepórre *v. tr.* mettere innanzi, porre innanzi, premettere, preporre □ preferire, scegliere, prescegliere, prediligere □ stimare di più **CONTR.** posporre, posticipare, subordinare.

anterióre *agg.* ***1*** antecedente, precedente, passato, pristino (*raro*) □ preesistente **CONTR.** seguente, susseguente, successivo, posteriore, ulteriore ***2*** avanti, davanti, innanzi **CONTR.** dopo, dipoi □ dietro, appresso □ didietro, retrostante.

anteriorità *s. f.* antecedenza, precedenza, preesistenza □ preminenza, priorità **CONTR.** posteriorità, seguito, successione.

anteriorménte *avv.* ***1*** davanti □ sopra **CONTR.** dietro ***2*** prima, pria (*poet.*), precedentemente, antecedentemente **CONTR.** dopo, poi, dipoi, posteriormente, ulteriormente.

antesignàno *s. m.* (*fig.*) capo, guida, maestro, precursore, precorritore, primo, pioniere, alfiere, portabandiera, vessillifero, ante litteram (*lat.*) □ animatore **CONTR.** seguace, discepolo, scolaro.

antibattèrico *s. m.*; *anche agg.* battericida **CONTR.** batterico.

antibloccàggio *s. m. inv.*; *anche agg. inv.* antiblocco, ABS.

antiblòcco *V.* **antibloccaggio**.

antibràccio *s. m.* avambraccio.

anticàglia *s. f.* (*spec. spreg.*) antichità □ cosa antiquata, vecchiume, calia, rigatteria, bric-à-brac (*fr.*) **CONTR.** novità.

anticaménte *avv.* nel tempo antico, nei tempi antichi, una volta, in passato, nel tempo che fu, al tempo dei tempi, originariamente, prima **CONTR.** oggi, oggidì, al giorno d'oggi, attualmente, odiernamente □ modernamente □ recentemente.

anticàmera *s. f.* ingresso, entrata, atrio, vestibolo, andito, corridoio □ sala d'aspetto **FRAS.** *fare anticamera* (*fig.*), aspettare per essere ricevuti.

antichità *s. f.* ***1*** vecchiezza, vetustà, arcaicità □ passato, tempo antico, secoli remoti **CONTR.** attualità, modernità, novità ***2*** (*spec. al pl.*) anticaglia, cimelio □ reperti archeologici.

anticipàre *v. tr.* ***1*** fare prima del tempo **CONTR.** posticipare ***2*** dare in anticipo ***3*** (*ass.*) essere in anticipo, arrivare prima, anticipare □ precorrere, prevenire, preludere, premettere □ affrettare **CONTR.** ritardare.

anticipataménte *avv.* con anticipo, in anticipo, preventivamente, prima □ precocemente, prematuramente, anzitempo **CONTR.** con ritardo.

anticipàto *part. pass. di* **anticipare**; *anche agg.* dato in anticipo, fatto in anticipo, pagato in anticipo □ premesso □ prematuro, precoce **CONTR.** ritardato, differito □ tardivo.

anticipazióne *s. f. V.* **anticipo**.

antìcipo *s. m.* ***1*** anticipazione □ (*di somma di denaro*) acconto, caparra □ prefinanziamento **CONTR.** ritardo, rinvio, differimento, proroga □ (*di pagamento*) sofferenza (*fig.*) ***2*** (*di fatti, di avvenimenti, ecc.*) prefigurazione ***3*** (*ling.*) prolessi **FRAS.** *essere in anticipo* (*fig.*), precorrere i tempi.

antìco ***A*** *agg.* ***1*** vecchio, vetusto (*lett.*), prisco (*lett.*), pristino (*lett.*), remoto, annoso, arcaico, primitivo, primiero (*poet.*), originario □ anziano □ (*di parole, di argomento, ecc.*) vieto (*spreg.*) **CONTR.** attuale, contemporaneo, moderno, odierno □ giovane ***2*** passato, di vecchia data, d'una volta □ obsoleto, antidiluviano, sorpassato **CONTR.** nuovo, novello, recente, moderno, d'oggi ***B*** *s. m. solo sing.* antichità ***C*** *s. m. spec. al pl.* avi, antenati, progenitori **CONTR.** discendenti, posteri, nipoti, pronipoti **FRAS.** *in antico*, anticamente □ *all'antica*, secondo le antiche usanze; (*spreg.*) in modo antiquato, superato.

ANTICO
sinonimia strutturata

Antico è, nell'accezione più generica, tutto ciò che risale a tempi molto lontani o che è caratteristico del passato: *storia, arte, età antica*; *antiche scritture*; *antiche leggi*; *virtù antiche*; l'aggettivo, tuttavia, può riferirsi a qualcosa di non remoto, ma avvertito lontano o superato allo stato attuale: *provare un antico dolore*; *un'antica amicizia*. In senso più specifico, antico si definisce un oggetto, per esempio un mobile, un quadro, un tappeto, che sia stato realizzato nei secoli precedenti, e che per questo acquista particolare valore al momento presente: *un arredamento antico*; *un antico prezioso*. Per antonomasia, si chiamano *antichi* gli individui vissuti nei tempi e nelle civiltà precedenti alla nostra: *le conoscenze geografiche degli antichi*; *gli antichi e i moderni*. Come termine storiografico, infine, antico si riferisce in maniera puntuale al periodo storico precedente al Medioevo, cioè al periodo classico e post-classico della civiltà greco-latina: *la storia della filosofia antica*; *le lingue dell'Italia antica*; *la civiltà antica*.

L'aggettivo **vecchio** si riferisce sia alle persone che hanno un'età avanzata e che attraversano il periodo della vecchiaia, sia alle piante, agli animali e alle cose che hanno molti anni di vita: *viso vecchio*; *un vecchio cane*; *un vecchio ulivo*; *vino, legno, formaggio vecchio*, cioè **maturo**, **stagionato**; *la luna vecchia* è la luna nel suo ultimo quarto. Per estensione, vecchio indica ciò che è d'altri tempi o di un periodo antecedente, soprattutto in contrapposizione a nuovo: *un vecchio palazzo*; *le vecchie mura*; *un vecchio mobile*; a differenza di antico, vecchio è più generico e tende a qualificare qualcosa piuttosto per il suo aspetto decadente o passato che per la pregevolezza di essere appartenuto ad un epoca lontana dalla nostra. In senso traslato, poi, l'aggettivo acquista il significato di durevole nel tempo, oppure di esistente e abituale da molto tempo: *una vecchia abitudine*; *un vecchio vizio*; *una vecchia storia* è una storia o un accadimento particolare che si considera ormai concluso; *una vecchia conoscenza* è una persona già vista molte volte, che si conosce da parecchio. Sempre in senso figurato, la parola acquista diversi significati, ad esempio definisce qualcosa di **superato**, di **sorpassato**: *leggi, usanze vecchie*; oppure di **logoro**, di usato nel tempo: *scarpa, abito vecchio*; inoltre può significare esperienza, lunga perizia: *vecchio lupo di mare*; *essere vecchio del mestiere*; *una vecchia volpe* è una persona scaltrita dall'esperienza. **Annoso** è, al contrario di vecchio, termine poco frequente per indicare ciò che ha molti anni: *una quercia annosa*; più spesso l'aggettivo viene usato per designare qualcosa che dura da molti anni, che si trascina a lungo nel tempo: *compiere studi annosi*; *è un problema annoso*.

Vetusto è un termine letterario che significa molto antico e, in quanto tale, degno di rispetto e venerazione: *templi vetusti*; *vetuste memorie*. Anche **prisco** è un aggettivo letterario, appartenente al linguaggio poetico tradizionale, che vuol dire di tempi antichissimi, lontanissimi: *lo stile dei moderni e 'l sermon prisco* (PETRARCA). Di uso corrente, **anziano** si riferisce a chi è piuttosto avanti con gli anni, anche in confronto ad altri più giovani di lui: *ormai è un uomo anziano*; *lo studente più anziano ha ventidue anni*. L'aggettivo indica inoltre chi da un certo periodo di tempo occupa un ufficio o una carica: *vota per ultimo il magistrato più anziano*. **Remoto**, invece, è ciò che è molto lontano nel tempo e appartiene ad un passato imprecisato o a qualcosa di cui non c'è traccia nel momento presente: *l'uomo preistorico ha abitato la regione in tempi remoti*; *cercare le cause remote di un avvenimento*. Più in particolare, nella terminologia grammaticale con *passato remoto* ci si riferisce ad un tempo storico dell'indicativo usato per esprimere un'azione del passato che si è conclusa, in contrapposizione al passato prossimo, che esprime invece un'azione più vicina nel tempo.

Primitivo vuol dire proprio di una fase iniziale o di ciò che era stato prima del momento attuale: *significato primitivo*; *hanno restituito l'affresco ai suoi colori primitivi*. Il termine ha inoltre il significato antonomastico di appartenente al tempo della preistoria o a civiltà che, seppure cronologicamente attuali, somigliano per certi aspetti a quelle del lontano passato: *animali primitivi*; *tribù, popolazioni, usanze primitive*. L'aggettivo **originario**, invece, significa proprio delle origini o che ha relazioni col periodo della formazione, nascita, origine di qualcosa: *il monumento è stato restituito alla sua originaria bellezza*; *alterare il tessuto urbanistico originario di un centro storico*. Infine, **arcaico** si riferisce a ciò che è molto antico, oppure, specie come termine storiografico che denota gli aspetti più antichi di letteratura, arte, lingua, a ciò che risale alla fase più antica di un'epoca o di una civiltà: *periodo arcaico della letteratura latina*; *scultura greca arcaica*.

anticoncezionàle *s. m.*; *anche agg.* antifecondativo, contraccettivo **CFR.** pillola, spermicida □ profilattico, preservativo.

anticonformìsmo *s. m.* originalità, eccentricità □ personalità, autonomia, libertà **CONTR.** conformismo, perbenismo.

anticonformìsta *s. m.* e *f.*; *anche agg.* originale, eccentrico, autonomo, personale, libero, nonconformista, alternativo, anarcoide □ (*di musica, arte, letteratura*) underground (*ingl.*) **CONTR.** conformista, benpensante, burocrate, borghese (*est.*).

anticonformisticaménte *avv.* autonomamente, originalmente, personalmente, liberamente, eccentricamente.

anticongelànte *agg.*; *anche s. m.* antigelo.

anticrìsto *s. m.* (*fig.*) persona diabolica, diavolo **CONTR.** angelo, santo.

anticrittogàmico *agg.* antiparassitario, pesticida (*est.*).

antidiluviàno *agg.* (*fig.*) antichissimo, preistorico, primitivo, vecchissimo, remotissimo □ antiquato, vieto, fuori moda □ obsoleto, sorpassato, superato **CONTR.** nuovissimo, recentissimo, attuale, moderno.

antidolorìfico *s. m.*; *anche agg.* (*med.*) antalgico, analgesico, antinevralgico.

antìdoto *s. m.* ***1*** (*est.*) contravveleno **CONTR.** veleno ***2*** (*fig.*) rimedio, ricetta □ conforto, sollievo.

antieconòmico *agg.* dispendioso, costoso **CONTR.** economico, redditizio.

antiestètico *agg.* brutto, sproporzionato, malfatto, di cattivo gusto, kitsch (*ted.*) **CONTR.** estetico, bello, proporzionato, benfatto, di gusto.

antifebbrìle *s. m.* (*med.*) antipiretico, febbrifugo.

antifecondatìvo *agg.* e *s. m.* anticoncezionale, contraccettivo **CFR.** pillola, spermicida □ profilattico, preservativo.

antifemminìsta *agg.*, *s. m.* e *f.* misogino, maschilista **CONTR.** femminista.

antiflogìstico *s. m.* e *agg.* antinfiammatorio **CONTR.** flogistico, infiammatorio.

antìfona *s. f.* ***1*** (*fig.*) allusione, avvertimento □ (*est.*) discorso noioso ***2*** (*fig.*) ammonimento, rimprovero, rimbrotto, predicozzo **CONTR.** approvazione, elogio, encomio, lode ***3*** (*relig.*) responsorio **FRAS.** *capire l'antifona* (*fig.*), capire un'allusione.

antifràstico *agg.* ironico, eufemistico.

antigèlo *s. m.* e *agg.* anticongelante.

antìlope *s. f.* (*zool.*) gazzella.

antimeridiàno *agg.* mattutino **CONTR.** postmeridiano, pomeridiano.

antimilitarìsmo *s. m.* pacifismo **CONTR.** militarismo.

antimilitarìsta *s. m.* e *f.*; *anche agg.* pacifista **CONTR.** militarista, guerrafondaio.

antinébbia *s. m. inv.*; *anche agg.* fendinebbia.

antinfiammatòrio *s. m.* e *agg.* (*med.*) antiflogistico **CONTR.** infiammatorio, flogistico.

antinomìa *s. f.* contraddizione □ contrasto, discordanza, discrepanza **CONTR.** concordanza, conformità, corrispondenza. *V. anche* CONTRADDIZIONE

antiparassitàrio *agg.* e *s. m.* pesticida (*est.*), anticrittogamico □ insetticida, disinfestante.

antipàsto *s. m.* hors-d'oeuvre (*fr.*), stuzzichino (*fam.*).

antipatìa *s. f.* avversione, odio, inimicizia, malevolenza, repulsione, ripulsione, ripugnanza, ribrezzo, disgusto □ fastidio, uggia, intolleranza □ incompatibilità □ aborrimento □ orrore, fobia **CONTR.** simpatia, affinità, amicizia □ inclinazione, attrazione, propensione, attrattiva.

antipaticaménte *avv.* con antipatia, indisponentemente, odiosamente, sgradevomente **CONTR.** simpaticamente, piacevolmente, amabilmente.

antipàtico *agg.*; *anche s. m.* odioso, indisponente, urtante, irritante, insopportabile, detestabile, ripugnante, repellente □ sgradevole, spiacevole, fastidioso, uggioso □ (*di personaggio, di provvedimento, ecc.*) inviso, impopolare **CONTR.** simpatico, gradito □ piacevole, piacente, allettante, attraente, allettevole, seducente, invitante □ amato, caro, popolare. *V. anche* SPIACEVOLE

antipirètico *s. m.*; *anche agg.* (*med.*) antifebbrile, febbrifugo.

antìpode *s. m. spec. al pl.* (*est.*) regioni remote **FRAS.** *essere agli antipodi* (*fig.*), avere idee opposte.

antiquàto *agg.* in disuso, disusato, anacronistico, obsoleto, obsolescente, superato, arcaico, antidiluviano, medievale □ invecchiato, vecchio, vecchiotto, annoso □ vieto, frusto, stantio □ (*di persona, di mentalità, ecc.*) parruccone □ fuori moda, démodé (*fr.*), out (*ingl.*) **CONTR.** moderno, recente, attuale, odierno, in (*ingl.*), up-to-date (*ingl.*), alla moda, à la page (*fr.*).

antirrìno *s. m.* (*bot.*) bocca di leone.

antirùggine *s. m.* minio.

antisèttico *agg.*; *anche s. m.* disinfettante, asettico **CONTR.** infettivo, settico.

antistànte *agg.* prospiciente □ di fronte, dirimpetto **CONTR.** retrostante.

antìtesi *s. f.* contrapposizione □ contrasto, contrapposto, opposizione, contraddizione, negazione **CONTR.** accordo, armonia. *V. anche* CONTRADDIZIONE

antitètico *agg.* contrario, contrastante, contrapposto, opposto, oppositivo **CONTR.** concordante, conforme.

antologìa *s. f.* raccolta, crestomazia (*lett.*), florilegio, fiore, zibaldone, scelta, selezione, miscellanea, silloge (*lett.*) □ centone (*est.*). *V. anche* SCELTA

antonomàsia *s. f.* **FRAS.** *per antonomasia*, per eccellenza.

àntro *s. m.* ***1*** caverna, spelonca, grotta, speco (*lett.*), cavità, voragine ***2*** (*fig.*) (*di abitazione*) tugurio, topaia, stamberga, catapecchia, abituro, buco, tana.

antròpico *agg.* dell'uomo, umano.

antropofagìa *s. f.* cannibalismo.

antropòfago *agg.; anche s. m.* cannibale.

anulàre *agg.* ad anello, circolare, tondo.

ànzi ***A*** *cong.* invece, all'opposto, al contrario, bensì □ o meglio, o piuttosto ***B*** *prep.* (*lett.*) prima di, innanzi **CONTR.** dopo ***C*** *avv.* (*lett.*) prima.

anzianità *s. f.* longevità □ (*est.*) (*di servizio*) durata, lavoro, impiego.

anziàno ***A*** *agg.* ***1*** di età avanzata, avanti con gli anni, annoso, attempato, vecchio, vecchiotto, stagionato (*scherz.*) **CFR.** infantile, giovanile □ fiorente ***2*** decano, veterano, senior (*lat.*), seniore (*lett.*), maggiore **CONTR.** junior (*lat.*) ***B*** *s. m.* persona anziana, vecchio, vegliardo, nonno **CFR.** bambino, ragazzo, adolescente, giovane, giovanotto, uomo. *V. anche* ANTICO

anziché *cong.* invece di, piuttosto che, prima di.

anzidétto *agg.* suddetto, predetto, sopraccennato, sopraddetto, sopraccitato, sopraindicato, succitato, sunnominato.

anzitèmpo *avv.* prima del tempo, in anticipo, anticipatamente, prematuramente, precocemente □ ante litteram (*lat.*) **CONTR.** tardivamente, in ritardo.

anzitùtto *avv.* prima, prima di tutto, innanzitutto, in primis (*lat.*) **CONTR.** infine □ secondariamente, in subordine, dopo, poi.

apartheid /*ol.* a'partheit/ [vc. ol., da *apart* 'separato' e il suff. *-heid*, che denota stato, condizione] *s. f. inv.* segregazione razziale, segregazionismo, discriminazione razziale □ razzismo.

apatìa *s. f.* abulia □ insensibilità □ noncuranza, disinteresse, indifferenza □ indolenza, accidia, neghittosità, pigrizia □ torpore, sonnolenza, torpidezza □ svogliatezza, passività □ impassibilità **CONTR.** interesse □ alacrità, solerzia □ attività, laboriosità, operosità, volontà □ energia, dinamicità □ fervore, ardore, calore, fregola, slancio, smania, empito (*lett.*) □ ebbrezza, eccitazione. *V. anche* PIGRIZIA

apaticaménte *avv.* abulicamente □ indifferentemente □ indolentemente, pigramente, torpidamente **CONTR.** energicamente, attivamente, solertemente, attentamente, smaniosamente.

apàtico *agg.; anche s. m.* abulico, inerte □ torpido, letargico, addormentato, indifferente, insensibile, incurante, noncurante □ indolente, pigro, neghittoso, accidioso, svogliato □ zombie (*fig.*) □ impassibile **CONTR.** alacre, solerte □ attivo, volonteroso, industrioso, operoso □ energico, dinamico, intraprendente, volitivo □ entusiasta, appassionato □ emotivo, emozionabile, sensibile, impressionabile, eccitabile □ isterico.

aperitivo *s. m.* e *agg.* stomatico, eupeptico, stomachico.

apertaménte *avv.* ***1*** chiaro, chiaramente, dichiaratamente, scopertamente, esplicitamente, limpidamente □ liberamente □ manifestamente, palesemente □ pubblicamente **CONTR.** oscuramente, elusivamente □ implicitamente, tacitamente, velatamente, copertamente □ subdolamente, insidiosamente □ di soppiatto, furtivamente, nascostamente, occultamente, sottomano, sottobanco □ riservatamente, segretamente **CONTR.** ipocritamente, falsamente, slealmente ***2*** (*fig.*) franco, francamente, lealmente, schiettamente, sinceramente.

apèrto ***A*** *part. pass. di* **aprire**; *anche agg.* ***1*** allargato, divaricato, dilatato □ spaccato, squarciato, rotto **CONTR.** stretto, serrato □ intero, integro ***2*** (*di porta e sim.*) disserrato, schiuso, dischiuso, spalancato **CONTR.** chiuso, serrato, rinserrato, sbarrato, sprangato ***3*** (*di pacco e sim.*) scartato, sballato □ manomesso **CONTR.** impacchettato, incartato, chiuso, sigillato ***4*** (*di abito e sim.*) sfibbiato, slacciato, sbottonato **CONTR.** allacciato, abbottonato, affibbiato ***5*** (*di ufficio, di negozio*) in funzione, in attività □ inaugurato ***6*** (*di bottiglia, recipiente, ecc.*) stappato, sturato □ cominciato, iniziato **CONTR.** chiuso, tappato □ nuovo ***7*** (*di luogo*) libero □ ampio, spazioso, esteso, largo, vasto, arioso, aprico (*lett.*) □ comodo, agevole, accessibile □ pubblico □ (*di condotto*) pervio **CONTR.** stretto, ristretto, angusto, piccolo, limitato □ scomodo, disagevole, impenetrabile, recondito □ riservato, privato □ occluso ***8*** (*di assemblea, di discorso, ecc.*) iniziato, cominciato □ intavolato **CONTR.** finito, terminato, concluso ***9*** (*est.*) (*di discorso, ecc.*) chiaro, evidente, palese, esplicito □ (*di intenzione, di scopo, ecc.*) manifesto, scoperto **CONTR.** oscuro, velato, elusivo, ermetico, larvato, implicito, simbolico □ occulto, coperto, celato, nascosto ***10*** (*fig.*) (*di persona*) franco, leale, schietto, sincero □ disponibile □ espansivo, cordiale **CONTR.** insincero, subdolo, ipocrita, sleale, insidioso, perfido □ scivoloso, viscido, strisciante, sfuggente □ introverso, asociale, scostante ***11*** (*fig.*) (*di persona*) svelto, pronto, sveglio, intelligente □ (*di mentalità*) cosmopolita, elastico, illuminato □ libero **CONTR.** idiota, stupido, tonto, torpido □ chiuso, ristretto □ fossilizzato □ inibito ***B*** *s. m.* luogo libero **CONTR.** chiuso **FRAS.** *all'aperto*, all'aria aperta, fuori; (*di gara*) outdoor (*ingl.*) **CONTR.** indoor (*ingl.*) □ *a braccia aperte* (*fig.*), con gioia, con affetto, con cordialità □ *a viso aperto* (*fig.*), con franchezza, con coraggio. *V. anche* FLESSIBILE

apertùra *s. f.* ***1*** l'aprire, l'aprirsi □ inaugurazione, inizio, avviamento, instaurazione, fase iniziale □ (*di discorso, di opera musicale, ecc.*) esordio, ouverture (*fr.*) (*mus.*) **CONTR.** chiusura □ conclusione, fine, termine ***2*** fenditura, spaccatura, spacco, fessura □ spiraglio, □ feritoia □ taglio, ferita □ interstizio, spazio, cavità □ sfiatatoio, sfogo, sfogatoio □ foro, occhiello □ buco, falla, buca □ botola □ (*di argine, di muro, ecc.*) breccia □ varco, passaggio, comunicazione, entrata, uscita, ingresso, porta □ imboccatura, sbocco, bocca □ (*di siepe*) callaia □ (*di nave*) boccaporto □ (*di palcoscenico*) boccascena □ (*di tubo e sim.*) bocchetta □ (*di botte*) cocchiume **CONTR.** chiusura, serratura □ barriera, sbarramento □ occlusione, ostruzione, otturazione, blocco, piombatura, sigillatura ***3*** (*di mente e sim.*) ampiezza, larghezza □ elasticità □ disponibilità, sensibilità **CONTR.** strettezza, ristrettezza, piccolezza, piccineria ***4*** (*polit.*) accordo, collaborazione **CONTR.** chiusura ***5*** incisione □ iato (*anat.*), rima (*anat.*) □ condotto, meato □ drenaggio (*med.*).

àpice *s. m.* ***1*** (*di cosa*) cima, vertice, sommità, tetto, vetta, punta **CONTR.** fondo, profondità, estremità inferiore, imo (*lett.*) ***2*** (*fig.*) (*di gloria, di carriera, ecc.*) acme, culmine, vertice, sommo grado, apogeo, pienezza, colmo, non plus ultra (*lat.*), top (*ingl.*), massimo.

aplomb /*fr.* a'plɔ̃/ [vc. fr., propriamente 'a piombo'] *s. m. inv.* ***1*** (*di abito*) perfetta caduta ***2*** (*fig.*) disinvoltura, spigliatezza, sicurezza **CONTR.** timidezza, insicurezza, goffaggine.

apocalìsse [da *Apocalisse*, il nome dell'ultimo libro del Nuovo Testamento, scritto da Giovanni] *s. f.* (*fig.*) catastrofe, disastro, fine del mondo.

apocalìttico *agg.* (*fig.*) disastroso, catastrofico, atroce, terribile □ biblico **CONTR.** fausto, favorevole, felice, fortunato, propizio.

apòcope *s. f.* (*ling.*) troncamento.

apòcrifo *agg.* (*di scritto*) non autentico, falso, spurio □ incerto **CONTR.** autografo □ autentico, originale □ sicuro.

apòllo [da *Apollo*, l'avvenente dio greco delle arti] *s. m.* giovane bellissimo, ganimede, fusto (*fam.*) **CONTR.** mostro, mostriciattolo, sgorbio, scorfano, scarabocchio.

apologìa *s. f.* ***1*** (*di fede, di dottrina, ecc.*) difesa ***2*** esaltazione, elogio, lode, encomio, panegirico **CONTR.** critica, denigrazione □ diffamazione, calunnia □ stroncatura. *V. anche* DIFESA, LODE

apòlogo *s. m.* allegoria, favola, parabola, racconto.

apoplessìa *s. f.* (*med.*) colpo apoplettico, infarto, emorragia cerebrale, paralisi.

apostasìa *s. f.* (*di fede*) abiura, rinnegamento, ripudio □ defezione **CONTR.** accettazione, conferma, fedeltà.

apòstata *s. m.* e *f.* (*di fede*) rinnegato, infedele, traditore □ transfuga **CONTR.** fedele, devoto.

a posteriori /*lat.* a poste'rjɔri/ [loc. lat., propriamente 'da ciò che è dopo', comp. di *ā* 'da' e *posteriori* 'seguente'] *loc. agg.* e *avv.* (*est.*) induttivo **CONTR.** a priori, deduttivo.

apostolàto *s. m.* (*est.*) missione, propaganda, propagazione, crociata □ sacerdozio □ dedizione totale.

apostòlico *agg.* ***1*** di apostolo ***2*** (*est.*) papale.

apòstolo *s. m.* ***1*** discepolo di Cristo ***2*** (*est.*) (*di una fede*) propugnatore, diffusore, sostenitore, fautore □ pioniere, promotore, banditore □ predicatore, convertitore, missionario □ sacerdote **CONTR.** avversario, nemico, antagonista, oppositore **FRAS.** *il principe degli apostoli*, San Pietro □ *l'apostolo delle genti*, San Paolo.

apostrofàre *v. tr.* (*a parole*) investire, aggredire, assalire, scagliarsi □ inveire □ redarguire, rimproverare.

apostrofàto *part. pass. di* **apostrofare**; *anche agg.* redarguito, rimproverato.

apòstrofe *s. f.* (*di parole*) invettiva □ richiamo □ rimprovero, aggressione.

apoteòsi *s. f.* ***1*** (*di eroi e imperatori romani*) deificazione, divinizzazione ***2*** (*fig.*) (*di persona*) celebrazione, esaltazione, glorificazione, magnificazione (*lett.*), lode □ trionfo **CONTR.** denigrazione, detrazione (*raro, lett.*) □ diffamazione, calunnia. *V. anche* LODE

appagaménto *s. m.* soddisfacimento, esaudimento, soddisfazione, gratificazione □ piacere, felicità □ sazietà □ pienezza, completezza **CONTR.** inappagamento, insoddisfazione, sete (*fig.*) □ delusione, scontento, frustrazione.

appagàre ***A*** *v. tr.* soddisfare, contentare, accontentare, esaudire, compiacere, gratificare □ beare, dilettare □ saziare, sfamare, dissetare □ placare, acquietare, quietare **CONTR.** scontentare, scompiacere, lasciare insoddisfatto, frustrare ***B*** **appagarsi** *v. rifl.* compiacersi □ contentarsi, soddisfarsi, ritenersi soddisfatto □ pascersi, saziarsi, dissetarsi **CONTR.** essere scontento, essere insoddisfatto.

appagàto *part. pass. di* **appagare**; *anche agg.* soddisfatto, accontentato □ pago, contento, compiaciuto, entusiasta □ saziato □ quietato □ esaudito, realizzato **CONTR.** inappagato, deluso, insaziato, insoddisfatto, frustrato, scontento, dispiaciuto, contrariato □ inesaudito.

appaiaménto *s. m.* accoppiamento, abbinamento, coppia □ unione, congiunzione **CONTR.** sdoppiamento, separazione.

appaiàre ***A*** *v. tr.* accoppiare, abbinare □ apparigliare, associare, unire, congiungere **CONTR.** spaiare, disappaiare, sdoppiare, scompagnare, sparigliare □ separare ***B*** **appaiarsi** *v. rifl.* abbinarsi, accoppiarsi, unirsi, congiungersi □ (*raro*) sposarsi **CONTR.** spaiarsi, spagliarsi, dividersi, separarsi.

appallottolàre ***A*** *v. tr.* dar forma di palla □ raggomitolare **CONTR.** stendere, lisciare, sciorinare, stirare ***B*** **appallottolarsi** *v. intr. pron.* raggomitolarsi, aggomitolarsi, rannicchiarsi **CONTR.** stendersi, distendersi, rizzarsi, drizzarsi.

appaltatóre *s. m.*; *anche agg.* (*f. -trice*) impresario, imprenditore, assuntore, accollatario (*raro*), concessionario.

appàlto *s. m.* impresa, concessione, accollo (*raro*) □ monopolio, privativa.

appannàggio *s. m.* ***1*** (*di governante, ecc.*) assegno annuo, rendita fissa ***2*** stipendio, retribuzione ***3*** (*fig.*) prerogativa, corredo.

appannaménto *s. m.* offuscamento, oscuramento, annebbiamento **CONTR.** schiarimento, rischiaramento.

appannàre ***A*** *v. tr.* (*anche fig.*) offuscare, annebbiare, velare □ intorbidare **CONTR.** schiarire, rischiarare, forbire, lucidare, lustrare □ illimpidire ***B*** **appannarsi** *v. intr. pron.* annebbiarsi, oscurarsi, offuscarsi, velarsi **CONTR.** schiarirsi, rischiararsi □ illimpidirsi.

appannàto *part. pass. di* **appannare**; *anche agg.* ***1*** (*anche fig.*) annebbiato, oscurato, torbido, offuscato, velato **CONTR.** chiaro, limpido, trasparente, terso □ lucido □ sfavillante ***2*** (*di suono*) attutito, smorzato **CONTR.** forte, sonoro.

apparàto *s. m.* ***1*** preparativo, allestimento □ apparecchio, assetto □ spiegamento ***2*** paramento, ornamento □ lusso, sfarzo □ solennità ***3*** apparecchiatura, impianti *4* (*anat.*) organi *5* (*bur.*) dirigenti, impiegati □ sistema.

apparecchiàre *A* v. tr. *1* preparare, allestire, apprestare, approntare, predisporre, disporre □ ammannire **CONTR.** sparecchiare, disfare *2* (*ass.*) preparare la tavola, imbandire **CONTR.** sparecchiare *B* **apparecchiarsi** v. rifl. (*lett.*) prepararsi, disporsi, accingersi, apprestarsi, approntarsi.

apparecchiàto part. pass. di **apparecchiare**; anche agg. preparato, pronto, allestito, approntato, disposto □ imbandito **CONTR.** disfatto, sparecchiato.

apparécchio s. m. *1* allestimento, apprestamento, preparativo *2* apparato □ corredo, attrezzatura, apparecchiatura □ dispositivo, congegno, macchina □ strumento, utensile *3* (*per anton.*) aeroplano, aereo, aeromobile, velivolo, elicottero, idrovolante.

apparentàre *A* v. tr. *1* imparentare *2* (*est.*) alleare *B* **apparentarsi** v. rifl. *1* imparentarsi *2* (*est.*) allearsi.

apparènte part. pres. di **apparire**; anche agg. *1* visibile, evidente, manifesto □ esterno, estrinseco **CONTR.** invisibile, impercettibile, microscopico □ nascosto, intimo, interno, intrinseco *2* illusorio, fittizio □ esteriore, superficiale □ formale **CONTR.** vero, reale, effettivo, certo, concreto □ sostanziale. *V. anche* IMMAGINARIO

apparenteménte avv. in apparenza, a prima vista, esteriormente, superficialmente □ formalmente □ falsamente, fintamente **CONTR.** realmente, effettivamente, concretamente □ sostanzialmente.

apparènza s. f. *1* presenza, sembiante (*poet.*), aspetto, sembianza (*lett.*) □ figura □ aria, cera, colore (*fig.*), faccia □ immagine, parvenza (*lett.*), esteriorità, look (*ingl.*) □ forma (*ingl.*) **CONTR.** realtà, effettività, sostanza *2* mostra, lustro, sfoggio, lustra (*lett.*), pompa □ risalto, spicco □ fantasma, ombra, miraggio □ vista, finzione, fumo, illusione, illusorietà □ vanità □ simulazione, inganno □ vernice, crosta (*fig.*), scorza, superficie □ velo, velame (*fig. lett.*) **CONTR.** verità, realtà, sostanza, materialità **FRAS.** *salvare le apparenze*, rispettare la forma □ *stare alle apparenze*, valutare approssimativamente, non approfondire.

apparigliàre v. tr. abbinare, accoppiare, appaiare, accompagnare **CONTR.** spariglíare, spaiare, separare.

apparìre v. intr. *1* presentarsi, comparire □ mostrarsi, farsi vedere □ sbucare □ farsi avanti □ (*in un elenco, tra i candidati, ecc.*) figurare, essere **CONTR.** scomparire, sparire, disparire, dileguarsi, cancellarsi □ allontanarsi □ eclissarsi, dissolversi, svanire *2* (*di astro*) nascere, spuntare, sorgere, levarsi **CONTR.** calare, tramontare *3* essere chiaro, essere evidente, risultare, balzare, emergere □ delinearsi, prospettarsi, configurarsi □ (*di malattia, di difficoltà, ecc.*) insorgere *4* mettersi in vista, far mostra di sé, far bella figura *5* parere, sembrare □ (*simpatico, buono, ecc.*) riuscire.

appariscènte agg. vistoso, chiassoso, sgargiante, sfacciato □ sfarzoso, pomposo □ formoso, imponente, maestoso □ spettacoloso, scenografico, coreografico **CONTR.** sobrio, tranquillo □ modesto, misero □ incolore, invisibile, insignificante.

appariscènza s. f. vistosità, chiassosità, risalto, spicco □ imponenza, maestosità **CONTR.** modestia, squallore.

apparizióne s. f. *1* comparsa, comparizione (*raro*) □ manifestazione **CONTR.** scomparsa, sparizione *2* fantasma, spettro, immagine, visione.

appàrso part. pass. di **apparire**; anche agg. comparso, spuntato, manifestatosi, sorto, insorto, nato **CONTR.** scomparso, disparso, sparito, svanito.

appartaménto s. m. alloggio, abitazione, quartiere, locale □ (*di albergo*) suite (*fr.*).

appartàre *A* v. tr. mettere in disparte, allontanare, separare, dividere, segregare **CONTR.** aggregare, unire, mischiare *B* **appartarsi** v. rifl. mettersi in disparte, isolarsi □ ritirarsi, allontanarsi, separarsi, confinarsi, nascondersi, rintanarsi □ seppellirsi (*fig.*) □ segregarsi, rinchiudersi **CONTR.** mostrarsi, comparire, farsi vedere □ frequentare la gente.

appartàto part. pass. di **appartare**; anche agg. *1* (*di luogo*) isolato, lontano, remoto, distante, separato, recondito, riposto, segreto □ romito (*lett.*), solitario □ raccolto **CONTR.** vicino, in vista *2* (*di persona*) solitario, solo □ isolato, in disparte □ defilato, seppellito (*fig.*) □ (*di vita, di esistenza, ecc.*) ritirato **CONTR.** estroverso, socievole. *V. anche* SOLITARIO

appartenènte part. pres. di **appartenere**; anche agg. proprio, concernente, pertinente, inerente, attinente, relativo, riguardante, spettante **CONTR.** estraneo, improprio, inadatto.

appartenènza s. f. proprietà, spettanza □ attinenza, inerenza, pertinenza, competenza, relazione, legame **CONTR.** estraneità.

appartenére v. intr. *1* (*di proprietà*) essere di proprietà *2* (*ad associazione, ecc.*) far parte, essere iscritto, militare **CONTR.** essere estraneo *3* essere dovuto, attenere, spettare, concernere, competere, riguardare, toccare, convenire □ confarsi, addirsi **CONTR.** sconvenire, disdire *4* (*di elemento geometrico*) giacere (*mat.*).

appassionànte agg. emozionante, entusiasmante, commovente, thrilling (*ingl.*) **CONTR.** noioso, monotono.

appassionàre *A* v. tr. *1* (*a qualcosa*) infervorare, fare innamorare, entusiasmare, emozionare, interessare, incuriosire **CONTR.** disaffezionare, disamorare, distogliere, allontanare *2* (*di persona*) commuovere, eccitare, turbare, scaldare **CONTR.** lasciare indifferente *B* **appassionarsi** v. intr. pron. *1* (*per qualcosa*) sentirsi attratto, innamorarsi, interessarsi, incuriosirsi □ accalorarsi, infervorarsi, scaldarsi □ entusiasmarsi **CONTR.** disinteressarsi, trascurare *2* commuoversi □ emozionarsi **CONTR.** allietarsi, rallegrarsi, compiacersi, congratularsi, gioire, godere, giubilare, esultare.

appassionataménte avv. con passione, passionalmente, focosamente, ardentemente, caldamente □ entusiasticamente, fervorosamente, infervoratamente, freneticamente □ follemente, perdutamente, sfegatatamente, svisceratamente **CONTR.** spassionatamente, freddamente, indifferentemente.

appassionàto part. pass. di **appassionare**; anche agg. *1* (*per qualcosa*) entusiasta, interessato □ fanatico, tifoso, amante, ammiratore □ dedito □ commosso, emozionato, turbato **CONTR.** freddo, distaccato, indifferente, disinteressato, apatico **2** (*di giudizio, di discorso e sim.*) passionale, acceso, ardente, caloroso, entusiastico, fervoroso, vibrante, vibrato □ ispirato, poetico, lirico □ parziale, soggettivo, non obiettivo **CONTR.** imparziale, obiettivo, sereno.

appassìre *v. intr.* e **appassìrsi** *intr. pron.* **1** (*di fiori, di piante, ecc.*) avvizzire, sfiorire, inaridirsi, ingiallire, seccarsi, languire **CONTR.** fiorire, rifiorire, sbocciare, prosperare, rinverdire, verdeggiare, rinascere **2** (*fig.*) illanguidire, sfiorire, venir meno, indebolirsi, svigorirsi **CONTR.** ringiovanire, invigorirsi, rinvigorirsi.

appassìto *part. pass. di* **appassire**; *anche agg.* **1** (*di fiori, di piante, ecc.*) sfiorito, passo (*ant.*), vizzo, avvizzito, disseccato, secco, inaridito, morto **CONTR.** verdeggiante, lussureggiante, fiorito, verde, virente (*poet.*), vivo, vegeto **2** (*fig.*) indebolito, intristito, svigorito, sciupato, moscio **CONTR.** fresco, fiorente, florido, prosperoso, rigoglioso, vigoroso.

appellàre A *v. tr.* (*raro, lett.*) chiamare □ nominare, denominare **B appellarsi** *v. intr. pron.* **1** (*dir.*) ricorrere in appello **2** fare appello, rivolgersi, rimettersi.

appellativo *s. m.* **1** epiteto, soprannome, nomignolo □ denominazione **2** (*di carica, di dignità, ecc.*) titolo **3** (*ling.*) nome comune.

appèllo *s. m.* **1** chiamata per nome, chiama (*raro*) **2** invito, convocazione, ordine di presentarsi **3** (*est.*) richiamo, implorazione, invocazione, istanza **4** (*dir.*) ricorso **FRAS.** *fare appello*, invocare, ricorrere □ *mancare all'appello*, essere assenti, non presentarsi □ *senza appello*, definitivo, irrevocabile.

appéna A *avv.* **1** a fatica, a stento, con difficoltà **CONTR.** agevolmente, facilmente **2** soltanto, non di più □ assai poco **3** da poco, or ora **B** *cong.* subito dopo che, tosto che.

appèndere A *v. tr.* **1** attaccare, fissare, affiggere, appiccare, sospendere, agganciare **CONTR.** staccare, distaccare, sganciare **2** (*lett.*) impiccare **B appendersi** *v. rifl.* attaccarsi, appiccarsi.

appendiàbiti *s. m.* attaccapanni.

appendice *s. f.* aggiunta, accessorio, complemento, supplemento □ coda, membro □ (*di antropodi*) antenna.

appesantìre A *v. tr.* **1** rendere pesante, gravare, aggravare, caricare, opprimere **CONTR.** alleggerire, alleviare, scaricare, sgravare, sfrondare □ snellire, sveltire **2** (*fig.*) (*di mente, ecc.*) impigrire, intorpidire **B appesantirsi** *v. intr. pron.* **1** diventare pesante, aggravarsi □ (*di fisico, ecc.*) ingrassare, ingrossarsi **CONTR.** alleggerirsi □ snellirsi **2** (*fig.*) (*di mente*) intorpidirsi, diventare lento.

appesantìto *part. pass. di* **appesantire**; *anche agg.* diventato più pesante, aggravato, gravato □ ingrassato, sfatto **CONTR.** alleggerito □ snellito.

appéso *part. pass. di* **appendere**; *anche agg.* attaccato, agganciato, appiccato, sospeso □ pendente, pendulo, pensile **CONTR.** staccato, sganciato.

appestàre *v. tr.* **1** infettare, contagiare **2** impuzzolentire, impuzzire, impestare, ammorbare, attossicare (*fig., lett.*) □ inquinare **CONTR.** profumare, aromatizzare □ risanare **3** (*fig.*) corrompere, depravare, guastare, contaminare **CONTR.** purificare, risanare, mondare. V. *anche* GUASTARE

appestàto A *part. pass. di* **appestare**; *anche agg.* e *s. m.* ammalato di peste □ infetto **B** *agg.* ammorbato, impuzzolentito **CONTR.** profumato, odoroso, olezzante, fragrante.

appetìbile *agg.* desiderabile, stuzzicante, allettante **CONTR.** inappetibile (*raro*), repellente, ripugnante.

appetìre *v. tr.* (*lett.*) volere, desiderare, bramare, concupire **CONTR.** essere sazio, essere nauseato.

appetìto *s. m.* **1** desiderio di cibo, fame, appetenza (*lett.*), stomaco (*fig., fam.*) **CONTR.** inappetenza □ nausea, sazietà **2** (*fig.*) desiderio, cupidigia, brama, voglia, inclinazione □ istinto **CONTR.** avversione, disgusto, antipatia, odio, ripugnanza. V. *anche* CUPIDIGIA

appetitosaménte *avv.* con appetito, avidamente, gustosamente □ bramosamente **CONTR.** svogliatamente.

appetitóso *agg.* **1** gustoso, saporito, stuzzicante, ghiotto, saporoso, buono **CONTR.** insipido, cattivo, disgustoso, nauseante, nauseabondo, ripugnante, stomachevole, stucchevole **2** (*fig.*) allettante, attraente, piacente, piacevole, solleticante, stimolante, bello **CONTR.** repellente, ributtante, ripugnante, sgradevole, spiacevole, brutto.

appezzaménto *s. m.* campo, terreno, podere.

appianàre A *v. tr.* **1** (*di suolo*) spianare, livellare, pareggiare **CONTR.** rendere accidentato **2** (*fig.*) (*di ostacoli*) rimuovere, togliere **CONTR.** suscitare, fomentare **3** (*fig.*) agevolare, facilitare **CONTR.** ostacolare, impacciare, impedire, intralciare **B appianarsi** *v. intr. pron.* (*di difficoltà*) risolversi, chiarirsi **CONTR.** complicarsi, confondersi, ingarbugliarsi, imbrogliarsi. V. *anche* SCIOGLIERE

appiattàre A *v. tr.* (*raro*) nascondere, occultare, rimpiattare, acquattare **CONTR.** scoprire, svelare, rivelare **B appiattarsi** *v. rifl.* nascondersi, occultarsi, rimpiattarsi **CONTR.** scoprirsi, mostrarsi, farsi vedere.

appiattiménto *s. m.* **1** (*di cosa*) schiacciamento, schiacciatura, compressione **2** (*fig.*) (*di salario, di interesse, ecc.*) livellamento, calo □ (*di concetti e sim.*) volgarizzamento **CONTR.** differenziazione.

appiattìre A *v. tr.* **1** rendere piatto, schiacciare **2** (*fig.*) (*di salario, di interesse, ecc.*) livellare, abbassare □ uniformare **B appiattirsi** *v. rifl.* **1** farsi piatto, schiacciarsi **CONTR.** sollevarsi, rialzarsi **2** (*fig.*) (*di salario, di interesse, ecc.*) livellarsi, abbassarsi. V. *anche* SCHIACCIARE

appiccàre A *v. tr.* **1** appendere, sospendere, appigliare, agganciare, congiungere **CONTR.** staccare, distaccare, sganciare **2** (*est.*) impiccare **3** (*raro*) cominciare, attaccare **B appiccarsi** *v. rifl.* **1** attaccarsi, aggrapparsi, afferrarsi, appigliarsi, appendersi, apprendersi (*fig., lett.*), prendere **CONTR.** staccarsi, sganciarsi, separarsi **2** impiccarsi.

appiccàto *part. pass. di* **appiccare**; *anche agg.* attaccato, appeso, affisso □ congiunto, unito □ sospeso □ impiccato **CONTR.** staccato, sganciato, separato.

appiccicàre A *v. tr.* **1** attaccare, incollare, saldare **CONTR.** scollare, staccare, distaccare **2** (*fig.*) appioppare, attribuire, affibbiare, dare **B appiccicarsi** *v. rifl.* (*anche fig.*) attaccarsi, incollarsi, aderire **CONTR.** scollarsi, staccarsi.

appiccicaticcio *agg.* **1** (*di cosa*) appiccicoso, colloso, vischioso, viscoso, attaccaticcio, glutinoso **CONTR.** fluido, scorrevole **2** (*fig.*) (*di persona*) importuno, molesto, noioso, fastidioso **CONTR.** discreto, riservato, riguardoso.

appiccicàto *part. pass. di* **appiccicare**; *anche agg.* incollato, congiunto, attaccato □ applicato, cucito □ posticcio **CONTR.** scollato, staccato.

appiccicóso *agg. V.* **appiccicaticcio.**

appièno *avv.* (*lett.*) pienamente, completamente, del tutto, affatto.

appigliàrsi ***A*** *v. rifl.* (*anche fig.*) (*di persona*) afferrarsi, attaccarsi, aggrapparsi □ abbarbicarsi □ (*di animali e piante*) rampicare (*raro*) **CONTR.** staccarsi, separarsi, abbandonare ***B*** *v. intr. pron.* (*di incendio*) appiccarsi, estendersi.

appìglio *s. m.* **1** appoggio, sostegno, rampino, appicco, appiccagnolo, attacco, presa **2** (*fig.*) pretesto, cavillo, scusa, scappatoia, occasione, addentellato. *V. anche* SCUSA

appioppàre *v. tr.* (*fig., fam.*) dare, imporre, affibbiare □ (*di merce, ecc.*) rifilare, sbolognare (*fam.*) □ (*di soprannome, ecc.*) appiccicare □ (*di schiaffo, ecc.*) dare, assestare, vibrare, mollare, accoccare □ (*di responsabilità, ecc.*) attribuire **CONTR.** ricevere.

appisolàrsi *v. intr. pron.* assopirsi, addormentarsi □ dormicchiare, sonnecchiare, pisolare **CONTR.** svegliarsi, destarsi, scuotersi.

applaudìre *v. tr. e intr.* **1** battere le mani □ acclamare **CONTR.** fischiare □ deridere **2** (*est.*) plaudere (*lett.*), plaudire (*lett.*), approvare, consentire, acconsentire □ lodare, celebrare, encomiare □ esaltare, osannare **CONTR.** biasimare, censurare, criticare, disapprovare, sindacare, condannare.

applàuso *s. m.* **1** battimano, acclamazione, ovazione, plauso (*lett.*) □ chiamata (*teat.*) □ evviva, osanna **CONTR.** fischi, fischiata **2** (*est.*) approvazione, consenso, assenso □ elogio, encomio, esaltazione, lode **CONTR.** disapprovazione, dissenso, censura, critica, biasimo, condanna **FRAS.** *applauso a scena aperta*, panetto.

applicàre ***A*** *v. tr.* **1** apporre, attaccare, mettere □ accostare, avvicinare **CONTR.** staccare, distaccare, togliere □ allontanare **2** (*fig.*) (*di nome, di multa, ecc.*) dare □ attribuire, assegnare □ infliggere, irrogare **3** (*fig.*) (*di mente, ecc.*) impiegare, rivolgere, dedicare **CONTR.** distogliere **4** (*fig.*) (*di legge*) mettere in atto, far valere, attuare **CONTR.** abrogare, annullare, revocare **5** (*di metodo, ecc.*) usare, adattare □ riferire **6** (*di sconto e sim.*) praticare ***B*** **applicarsi** *v. rifl.* dedicarsi, consacrarsi, rivolgersi, darsi, addarsi (*lett.*), attendere, coltivare □ studiare molto, lavorare molto, impegnarsi □ affaticarsi **CONTR.** disinteressarsi, non curarsi, trascurare, abbandonare □ gingillarsi, dondolarsi (*fig.*).

applicatìvo *agg.* applicabile, pratico **CONTR.** inapplicabile, teorico.

applicàto ***A*** *part. pass. di* **applicare**; *anche agg.* **1** attaccato, appiccicato **CONTR.** staccato, distaccato **2** attribuito, dato, assegnato, destinato, irrogato **3** usato, impiegato **4** (*di scienza*) pratico **CONTR.** puro, teorico **5** intento, assorto **CONTR.** distratto ***B*** *s. m.* impiegato, subordinato.

applicazióne *s. f.* **1** attaccatura, incollatura **CONTR.** distacco, separazione **2** guarnizione, ornamento **3** (*fig.*) (*di criterio, di norma*) adattamento, riferimento **4** (*fig.*) (*di legge*) attuazione, realizzazione **5** (*fig.*) (*della mente*) attenzione, concentrazione, impegno, diligenza □ sforzo **CONTR.** disinteresse, trascuratezza, disattenzione, distrazione, sbadataggine, svagataggine, inavvedutezza.

applique /*fr.* a'plik/ [vc. fr., da *appliquer* 'applicare'] *s. f. inv.* lampada da parete □ mensola, braccio.

appoggiàre ***A*** *v. tr.* **1** addossare, accostare □ sovrapporre □ poggiare, basare □ (*di gomito e sim.*) puntare, puntellare **CONTR.** scostare, allontanare **2** (*est.*) posare, deporre **3** (*fig.*) (*di idee, di persone, ecc.*) sostenere, favorire, difendere, aiutare, agevolare, assecondare, fiancheggiare, spalleggiare □ incoraggiare □ proteggere, assistere, patrocinare □ soccorrere, solidarizzare □ caldeggiare, raccomandare, introdurre □ (*di ipotesi, di discorso, ecc.*) suffragare, avvalorare, supportare, confortare, rinforzare □ (*di squadra, di atleta e sim.*) tenere **CONTR.** avversare, attaccare, contrariare, osteggiare, combattere □ demolire □ sabotare □ perseguitare ***B*** *v. intr.* poggiare, reggersi ***C*** **appoggiarsi** *v. rifl.* **1** sostenersi, reggersi, puntellarsi, sorreggersi □ addossarsi **2** (*fig.*) rivolgersi, ricorrere, raccomandarsi, contare, fare assegnamento **3** (*fig.*) (*di teoria, di prova*) fondarsi, basarsi. *V. anche* AIUTARE

appoggiàto *part. pass. di* **appoggiare**; *anche agg.* **1** addossato, accostato □ sovrapposto, poggiato **CONTR.** scostato, allontanato **2** (*fig.*) (*di persona, di proposta*) incoraggiato □ agevolato, favorito, sostenuto, fiancheggiato □ difeso, patrocinato □ protetto □ introdotto, raccomandato □ caldeggiato **CONTR.** avversato, combattuto, compromesso, demolito.

appòggio *s. m.* **1** sostegno, base, supporto **2** (*fig.*) aiuto, favore, protezione □ difesa, assistenza □ soccorso □ amicizia, simpatia □ facilitazione, agevolazione □ (*di denaro, ecc.*) concorso, sussidio, apporto, raccomandazione, spinta, spintarella, spintone □ (*spec. al pl.*) agganci, sponda (*fig.*), ammanicamento, santi (*fig., pop.*), protettori **CONTR.** avversione, inimicizia, malevolenza, ostilità, opposizione, ostruzionismo □ attacco □ sabotaggio. *V. anche* DIFESA, FAVORE

appollaiàrsi *v. rifl.* **1** (*di uccelli*) accovacciarsi, posarsi **2** (*est.*) (*di persona*) rannicchiarsi, accoccolarsi **CONTR.** stendersi, distendersi, drizzarsi.

appollaiàto *part. pass. di* **appollaiarsi**; *anche agg.* **1** (*di uccelli*) accovacciato, posato **2** (*est.*) (*di persone*) rannicchiato, accoccolato **CONTR.** steso, disteso, dritto.

appórre *v. tr.* (*di affrancatura, di firma, ecc.*) porre sopra, mettere, aggiungere, applicare **CONTR.** togliere, levare.

apportàre *v. tr.* **1** portare, recare, arrecare, cagionare, produrre **2** (*di motivo, di prova, ecc.*) addurre, allegare, produrre, citare.

appòrto *s. m.* **1** contributo, contribuzione, aiuto □ collaborazione **CONTR.** impedimento, intralcio, ostacolo **2** somma, capitale □ contributo, sussidio.

appositaménte *avv.* apposta, a bella posta, intenzionalmente, di proposito □ specificamente, espressamente □ opportunamente, adeguatamente, acconciamente **CONTR.** involontariamente, casualmente, per caso.

appòsito *agg.* adatto, adeguato, appropriato, acconcio, particolare, speciale **CONTR.** inadatto, disadatto, inadeguato, non appropriato.

apposizióne *s. f.* aggiunta, aggiunzione, complemento, supplemento **CONTR.** detrazione, sottrazione, defalco.

appòsta *A avv.* appositamente, a bella posta, deliberatamente, determinatamente, intenzionalmente, meditatamente, specificamente, specificatamente, espressamente, volontariamente, di proposito, studiatamente, scientemente, ex professo (*lat.*) **CONTR.** senza volere, involontariamente, per caso, fortuitamente, senza intenzione □ di getto, istintivamente *B in funzione di agg. inv.* fatto appositamente, espressamente □ specifico, adatto, destinato **CONTR.** provvisorio, temporaneo.

appostaménto *s. m.* **1** agguato, insidia, imboscata □ (*di cacciatori*) balzello, tesa **2** (*di luogo di caccia*) capanno, uccellanda, uccellatoio, roccolo.

appostàre *A v. tr.* fare la posta □ adocchiare, prendere di mira □ spiare *B* **appostarsi** *v. rifl.* mettersi in agguato, nascondersi.

apprèndere *A v. tr.* **1** imparare □ comprendere, afferrare, percepire, capire **CONTR.** disapprendere, disimparare **2** conoscere, sapere *B* **apprendersi** *v. rifl.* afferrarsi, attaccarsi, aggrapparsi, appigliarsi **CONTR.** staccarsi, lasciarsi andare *C v. intr. pron.* (*fig., lett.*) (*di incendio, di passione*) propagarsi, appiccarsi, comunicarsi. *V. anche* UDIRE

apprendiménto *s. m.* **1** studio, conoscenze □ comprensione **CONTR.** dimenticanza **2** (*anche fig.*) ammaestramento, esercizio, pratica □ indottrinamento.

apprendista *s. m.* e *f.* praticante, tirocinante, allievo □ novizio, principiante, giovane, garzone, operaio, lavorante, commesso, bardotto **CONTR.** maestro □ esperto, perito, veterano.

APPRENDISTA
sinonimia strutturata

L'**apprendista** nel linguaggio giuridico è propriamente colui che è stato assunto con un contratto di apprendistato, cioè mediante un rapporto di lavoro subordinato finalizzato all'addestramento professionale. Comunemente il vocabolo è usato per indicare chiunque si avvia all'apprendimento di un mestiere: *apprendista falegname.*

Garzone designa chi si esercita in un lavoro subordinato molto semplice e rudimentale: *il garzone del macellaio, del fornaio, del lattaio.* **Lavorante** è invece un dipendente che esegue attività manuali, soprattutto artigianali, già più complete e specializzate del garzone: *passare da garzone a lavorante.* Il **commesso** è un addetto, un dipendente di un negozio.

Praticante è chi fa un tirocinio professionale, cioè deve acquisire la pratica necessaria per esercitare una professione: *praticante giornalista, avvocato*; a differenza di apprendista il termine è solitamente usato in riferimento a chi comincia una professione intellettuale.

L'**allievo** è chi viene educato, istruito dall'insegnamento di uno o più maestri: *allievi di una scuola*; *gli allievi di un famoso chirurgo*; il vocabolo indica inoltre un militare istruito e addestrato ad una certa specializzazione, oppure il militare che frequenta un corso per diventare ufficiale: *allievo marconista*; *allievo ufficiale.* **Alunno** vuol dire scolaro, discepolo, discente: *in quella classe ci sono venti alunni.* In particolare alunno si usa in riferimento agli scolari delle scuole elementari, delle medie inferiori e superiori.

Principiante è chi si trova nella fase iniziale di apprendimento di una scienza, di un'arte, di uno sport, di una disciplina. Il vocabolo spesso viene usato anche per indicare la mancanza di esperienza di qualcuno o per sottolineare una mansione che non richiede molta esperienza o competenze particolari: *si tratta di un lavoro da principianti.* **Novizio** si dice chi sta per entrare in un ordine religioso ma non ha ancora pronunciato i voti. Per estensione la parola si riferisce a chi è nuovo di un lavoro e non ha ancora acquisito la pratica necessaria: *quel giovane medico è proprio un novizio.*

Il **dilettante** è chi si dedica ad una scienza, ad un'arte, ad uno sport non per lucro ma solo per diletto personale, per passione: *dilettante di musica, di pittura, di poesia*; *artista, ciclista, chimico dilettante*; *compagnia teatrale di dilettanti.* Il termine è frequentemente usato in senso esteso per indicare da un lato chi manca di esperienza, di perizia: *rispetto a come giochi tu è solo un dilettante*; dall'altro spregiativamente in riferimento a chi si occupa di qualcosa in modo poco serio, con faciloneria e superficialità: *fa il poliziotto dilettante*; *in politica è un dilettante.*

Il **volontario** è chi presta la propria opera gratuitamente o semigratuitamente presso enti o istituti, per acquisire in cambio esperienza o per conseguire un certo titolo: *assistente medico volontario*; il termine si riferisce inoltre a chi svolge una attività volontaria gratuita e disinteressata di assistenza o soccorso a bisognosi, malati, indigenti, tossicodipendenti, profughi: *molti volontari sono accorsi nelle zone terremotate*; *donatore volontario di sangue, di organi.*Il sostantivo viene adoperato anche per designare chi si arruola in una formazione militare o paramilitare per libera scelta e decisione personale; *un reparto di volontari*; *un volontario della guerra di liberazione.*

apprendistàto *s. m.* pratica, tirocinio, praticantato, noviziato.

apprensióne *s. f.* agitazione, ansia, ansietà, pena □ paura, timore, tema (*lett.*), inquietudine, preoccupazione □ allarme, tensione □ sospetto, dubbio □ scrupolo □ turbamento, emozione □ batticuore, trepidanza (*lett.*), trepidazione **CONTR.** calma, impassibilità, quiete, serenità, sicurezza, tranquillità, imperturbabilità. *V. anche* PAURA, TIMORE

apprensìvo *agg.* agitato, ansioso □ inquieto, preoccupato □ timoroso, trepidante □ catastrofico, allarmista, tragico, drammatico **CONTR.** calmo, quieto, sereno, tranquillo, imperturbabile.

appressàre ***A*** *v. tr.* (*lett.*) avvicinare, accostare, approssimare **CONTR.** allontanare, scostare, scansare ***B*** *v. intr.* e **appressarsi** *rifl.* (*raro*) avvicinarsi, accostarsi, approssimarsi, rasentare **CONTR.** allontanarsi, scostarsi, levarsi.

apprèsso ***A*** *avv.* e *prep.* ***1*** presso, accanto, daccanto, vicino, nei pressi, nelle vicinanze **CONTR.** lontano ***2*** dopo, poi, in seguito **CONTR.** prima, innanzi ***3*** dietro **CONTR.** davanti ***B*** *in funzione di agg. inv.* successivo, seguente **CONTR.** precedente, anteriore.

apprestàre ***A*** *v. tr.* ***1*** approntare, allestire, preparare, disporre, predisporre, apparecchiare **CONTR.** concludere, finire, terminare ***2*** (*ant.*) offrire, somministrare ***B*** **apprestarsi** *v. rifl.* prepararsi, accingersi, disporsi, predisporsi, apparecchiarsi.

apprètto *s. m.* salda, amido.

apprezzàbile *agg.* ***1*** (*di qualità*) notevole, considerevole, pregevole, ragguardevole, rimarchevole, stimabile, lodabile, lodevole, encomiabile **CONTR.** disprezzabile, disdicevole, spregevole □ dozzinale, ordinario □ insignificante, da poco ***2*** (*di quantità*) grande, congruo, sensibile, elevato **CONTR.** piccolo, irrisorio ***3*** (*med.*) grosso, grande, rilevato.

apprezzaménto *s. m.* ***1*** valutazione, stima, giudizio, opinione, parere □ encomio □ (*del pubblico, dei lettori, ecc.*) favore ***2*** (*econ.*) rivalutazione, rialzo, crescita, ascesa **CONTR.** deprezzamento, svalutazione, ribasso, calo. *V. anche* FAVORE

apprezzàre *v. tr.* ***1*** (*fig.*) stimare, considerare, rispettare □ giudicare, valutare **CONTR.** disistimare □ misconoscere ***2*** pregiare (*lett.*), gradire, aver caro **CONTR.** disprezzare, sdegnare, disdegnare, snobbare, aborrire.

apprezzàto *part. pass. di* **apprezzare**; *anche agg.* stimato, valutato, considerato, quotato, ricercato □ rinomato, noto **CONTR.** disprezzato, screditato, criticato □ denigrato, misconosciuto □ oscuro.

appròccio *s. m.* ***1*** avvicinamento, accostamento □ avance (*fr.*) **CONTR.** allontanamento ***2*** (*fig.*) primo contatto.

approdàre *v. intr.* ***1*** (*mar.*) giungere a riva, giungere in porto, accostare, attraccare, gettare l'ancora **CONTR.** salpare, levare l'ancora, prendere il largo □ navigare ***2*** (*fig.*) (*di scopo*) riuscire, giungere.

appròdo *s. m.* ***1*** (*di imbarcazione*) attracco □ scalo, porto, banchina, molo, ancoraggio □ riva, proda ***2*** (*fig.*) (*di persona*) punto di arrivo, sbocco □ porto.

approfittàre ***A*** *v. intr.* profittare □ avvantaggiarsi, giovarsi, servirsi, valersi, avvalersi □ cogliere, afferrare □ abusare ***B*** **approfittarsi** *v. intr. pron.* abusare, sfruttare **CONTR.** fare buon uso.

approfondiménto *s. m.* indagine approfondita □ perfezionamento.

approfondìre ***A*** *v. tr.* ***1*** (*di solco*) rendere più profondo ***2*** (*fig., lett.*) (*di sentimenti*) acuire, aggravare **CONTR.** alleggerire, alleviare, diminuire ***3*** (*fig.*) (*di problema*) studiare a fondo, indagare a fondo, andare a fondo, scavare, sviluppare, sviscerare ***B*** **approfondirsi** *v. intr. pron.* ***1*** farsi più profondo ***2*** acuirsi, aggravarsi **CONTR.** alleggerirsi, alleviarsi.

approfondìto *part. pass. di* **approfondire**; *anche agg.* studiato a fondo, sviscerato □ esauriente **CONTR.** superficiale.

approntàre *v. tr.* apprestare, allestire, preparare, apparecchiare, predisporre □ provvedere, ammannire.

appropriàrsi *v. rifl.* ***1*** impadronirsi, impossessarsi □ trattenere, tenersi □ rubare □ attribuirsi, arrogarsi, investirsi ***2*** adattarsi, convenire, calzare □ quadrare **CONTR.** sconvenire.

appropriàto *part. pass. di* **appropriarsi**; *anche agg.* adeguato, apposito, adatto, debito, opportuno, indicato, atto □ calzante, pronto, conveniente, confacente, congruo, giusto, retto, proprio, buono (*pop.*), ad hoc (*lat.*) **CONTR.** disadatto, inadatto, improprio, inopportuno, sconveniente.

appropriazióne *s. f.* presa di possesso **FRAS.** *appropriazione indebita*, furto, rapina, ruberia.

approssimativaménte *avv.* circa, all'incirca, a un dipresso, press'a poco, pressapoco, quasi, pressoché, suppergiù □ vagamente, indicativamente, genericamente, grossolanamente **CONTR.** esattamente, proprio, precisamente □ matematicamente, letteralmente.

approssimatìvo *agg.* ***1*** vicino al vero, indicativo ***2*** (*est.*) sommario, impreciso, inesatto, vago, generico **CONTR.** esatto □ preciso, certo, sicuro □ matematico, letterale □ (*di numero, ecc.*) tondo.

approssimazióne *s. f.* ***1*** avvicinamento, accostamento **CONTR.** allontanamento ***2*** imprecisione, grossolanità, vaghezza, pressappochismo **CONTR.** precisione, esattezza **FRAS.** *per approssimazione*, all'incirca.

approvàre *v. tr.* ***1*** (*di proposta, di azione, ecc.*) dire di sì, assentire □ consentire, acconsentire, accettare, accogliere, ammettere □ autorizzare, avallare □ lodare, applaudire **CONTR.** respingere, rigettare, rifiutare □ disapprovare, biasimare, censurare, criticare, condannare □ contestare □ eccepire, obiettare □ confutare, contraddire ***2*** (*di titolo, di legge, ecc.*) convalidare, omologare, riconoscere, ratificare, confermare □ sanzionare, legalizzare □ votare, varare □ sottoscrivere **CONTR.** invalidare, abrogare, cassare ***3*** (*di candidato*) ritenere idoneo, promuovere, passare **CONTR.** bocciare, respingere, trombare (*scherz.*), silurare.

approvàto *part. pass. di* **approvare**; *anche agg.* ***1*** accettato, accolto, condiviso, ammesso □ lodato, applaudito **CONTR.** rifiutato, bocciato, respinto, ricusato □ disapprovato, biasimato, censurato, condannato, criticato, contestato ***2*** (*di titolo, di documento, ecc.*) convalidato, omologato, ratificato, rato (*dir.*), sanzionato, autorizzato □ (*di legge*) varato **CONTR.** impugnato, invalidato □ revocato ***3*** (*di candidato*) promosso **CONTR.** bocciato, respinto, trombato (*scherz.*).

approvazióne *s. f.* ***1*** consenso, assenso, sì, adesione, accettazione, accoglimento, gradimento, favore □ benestare, beneplacito, placito, placet (*lat.*), legittimazione, crisma, exequatur (*lat.*), imprimatur (*lat.*) □ conferma, avallo □ visto □ nullaosta □ applauso, plauso, lode, elogio, encomio □ compiacimento **CONTR.** veto, rifiuto, no, bocciatura, ricusazione □ censura □ critica, riprovazione, condanna □ biasimo □ disapprovazione, dissenso □ malcontento, protesta, contestazione □ attacco ***2*** (*di titolo, di legge, ecc.*) convalida, ratifica, ratificazione, sanzione □ firma, legalizzazione, omologazione □ varo **CONTR.** invalidamento □ annullamento, cassazione □ revoca, revocazione □ oppugnazione ***3*** (*di candidato*) promozione □ idoneità, ammissione **CONTR.** bocciatura, trombatura (*scherz.*), siluramento. *V. anche* FAVORE

approvvigionaménto *s. m.* provvista, annona, provvigione (*lett.*), rifornimento □ riserva.

approvvigionàre ***A*** *v. tr.* rifornire ***B*** **approvvigionarsi** *v. rifl.* rifornirsi.

appuntaménto *s. m.* convegno, incontro, ritrovo, rendez-vous (*fr.*) □ abboccamento, colloquio □ (*dal medico, dall'estetista, ecc.*) seduta.

appuntàre (1) ***A*** *v. tr.* ***1*** (*con spillo, ago, ecc.*) fissare, fermare, attaccare, cucire **CONTR.** staccare, scucire ***2*** (*di matita, ecc.*) appuntire ***3*** puntare □ mirare, fissare **CONTR.** allontanare, distogliere ***B*** **appuntarsi** *v. intr. pron.* rivolgersi, dirigersi, tendere.

appuntàre (2) *v. tr.* prendere appunti, prendere nota, scrivere, segnare, notare, annotare □ registrare. *V. anche* REGISTRARE

appuntàto *part. pass. di* **appuntare (2)**; *anche agg.* notato, annotato, scritto, segnato (*fam.*), registrato.

appuntire *v. tr.* fare la punta, appuntare, aguzzare, acuminare □ (*di matita*) temperare **CONTR.** spuntare, smussare, ottundere.

appuntito *part. pass. di* **appuntire**; *anche agg.* aguzzo, acuminato □ affusolato, affilato, appuntato, puntuto, aghiforme □ pungente □ penetrante **CONTR.** spuntato, smussato, ottuso.

appùnto (1) *s. m.* ***1*** annotazione, nota, scritto, memoria, promemoria, abbozzo ***2*** (*fig.*) rimprovero, rilievo, rimarco (*bur.*), riprensione (*lett.*), biasimo, censura, critica **CONTR.** lode, elogio, encomio, approvazione.

appùnto (2) *avv.* proprio, giusto, già, precisamente, esattamente **CONTR.** invece, al contrario, viceversa.

appuràre *v. tr.* constatare, riscontrare, verificare, chiarire, accertare, controllare, provare. *V. anche* CONSTATARE

apribottiglie *s. m.* levacapsule, cavatappi, cavaturaccioli.

a priori /*lat.* a pri'ɔri/ [loc. lat., propriamente 'da ciò che è prima', comp. di *ā* 'da' e *priori* 'precedente'] *loc. agg.* e *avv.* ***1*** deduttivo **CONTR.** induttivo ***2*** fin da prima, fin dall'inizio **CONTR.** a posteriori.

aprire ***A*** *v. tr.* ***1*** disserrare, schiudere, spalancare, dischiudere, dissigillare, dissuggellare □ sballare, spacchettare, scartare, scartocciare □ srotolare, svolgere □ sfibbiare, slegare, sganciare, slacciare, □ scavare, fendere, incidere, sezionare □ spaccare, rompere, squarciare □ sturare, stappare □ dilatare, allargare **CONTR.** chiudere, serrare, sbarrare, sprangare □ occludere, ostruire, tappare, turare, bloccare, otturare □ saldare, sigillare, piombare □ barricare □ allacciare, abbottonare, affibbiare, agganciare, legare, annodare □ avvolgere, involgere, involtare, infagottare, avvoltolare, avviluppare □ impacchettare □ tamponare, suturare □ stringere, restringere □ avvicinare, rastremare ***2*** (*di compasso, di braccia, ecc.*) allargare, divaricare, distendere, stendere **CONTR.** stringere, restringere ***3*** (*fig.*) (*di sentimenti*) dichiarare, spiegare □ manifestare, rivelare, palesare, scoprire **CONTR.** celare, nascondere, occultare ***4*** (*fig.*) (*di scuola, ecc.*) fondare, istituire ***5*** (*di celebrazioni, ecc.*) cominciare, iniziare □ inaugurare ***6*** (*fig.*) (*di discorso, ecc.*) intavolare ***B*** *v. intr.* e **aprirsi** *intr. pron.* ***1*** fendersi, rompersi, spaccarsi, creparsi, sbuzzarsi (*tosc., fam.*), squarciarsi □ disserrarsi □ allargarsi, espandersi, spiegarsi □ slacciarsi, svolgersi □ (*di fiore, ecc.*) schiudersi, dischiudersi, fiorire, sbocciare **CONTR.** chiudersi, serrarsi, stringersi, restringersi, otturarsi, turarsi ***2*** (*di scuola, di anno, ecc.*) cominciare, iniziare, principiare □ inaugurarsi **CONTR.** concludersi, finire, terminare ***3*** (*di cielo*) rasserenarsi, schiarire **CONTR.** coprirsi, annuvolarsi ***C*** *v. rifl.* (*fig.*) (*di persona*) confidarsi, sfogarsi, aprire l'animo, sbottonarsi **CONTR.** tacere, rimanere abbottonato **FRAS.** *aprire gli orecchi, aprire gli occhi* (*fig.*), stare attento.

àquila *s. f.* (*fig.*) intelligentone, cima, genio, geniaccio, testa, testa d'uovo **CONTR.** scemo, stupido, idiota, cretino, tonto, imbecille, deficiente **FRAS.** *occhio d'aquila* (*fig.*), occhio acutissimo □ *nido d'aquila* (*fig.*), luogo solitario (in montagna).

aquilino *agg.* ***1*** dell'aquila ***2*** (*est.*) (*di naso*) adunco, arcuato **CONTR.** diritto □ greco.

aquilóne (1) *s. m.* ***1*** (*di vento*) tramontana ***2*** (*lett.*) nord, settentrione **CONTR.** meridione, mezzogiorno, sud.

aquilóne (2) *s. m.* cervo volante, drago volante, cometa.

àra (1) *s. f.* (*lett.*) altare □ (*est.*) tempio.

àra (2) *s. f.* (*agrimensura*) 100 mq.

àra (3) *s. f.* (*zool.*) macao, pappagallo.

arabésco ***A*** *agg.* arabo □ alla foggia araba ***B*** *s. m.* (*est.*) fregio □ svolazzo, ghirigoro, girigogolo, sgorbio, geroglifico (*fig.*).

àrabo *agg.*; *anche s. m.* dell'Arabia **FRAS.** *parlare arabo* (*fig.*), parlare in modo incomprensibile.

aràchide *s. f.* (*bot., pop.*) nocciolina americana, spagnoletta (*bot., dial.*), bagigi (*sett.*).

aràldo *s. m.* (*est.*) banditore □ messo, messaggero, ambasciatore.

aràre *v. tr.* ***1*** (*di terra*) dissodare, assolcare □ coltivare, lavorare ***2*** (*fig.*) solcare.

aràto *part. pass. di* **arare**; *anche agg.* dissodato, mosso, smosso □ lavorato, coltivato.

arbitràre *v. tr.* (*di controversia*) decidere, risolvere □ (*sport*) dirigere, fare da arbitro.

arbitrariaménte *avv.* ad arbitrio, abusivamente, illegalmente, illegittimamente, senza autorizzazione, tirannicamente □ (*di accusa, di affermazione, ecc.*) gratuitamente **CONTR.** legalmente, legittimamente, regolarmente.

arbitràrio *agg.* abusivo, illegale, illegittimo, irregolare, ingiusto, capriccioso □ (*di accusa, di affermazione, ecc.*) gratuito □ poliziesco (*spreg.*) **CONTR.** legale, legittimo, giusto, regolare.

arbitrio *s. m.* ***1*** autorità, potere, potestà, facoltà, libertà, licenza □ prepotenza, sopruso, abuso □ dispotismo, tirannia □ capriccio, piacere, desiderio, voglia □ discrezione, libito (*lett.*) □ abusivismo, illegalità **CONTR.** discrezione, moderazione □ democrazia □ legalità ***2*** volontà, piacere, piacimento. *V. anche* FACOLTÀ, PREPOTENZA

àrbitro *s. m.* ***1*** signore, padrone □ regolatore ***2*** (*sport*) giudice, direttore di gara, fischietto (*gerg.*), giacchetta nera (*gerg.*).

àrca *s. f.* ***1*** sarcofago, sepolcro, tomba ***2*** cassa, cassapanca, cassettone □ baule, forziere, scrigno □ madia **FRAS.** *arca di scienza*, persona molto colta □ *essere come l'arca di Noè*, essere un luogo molto affollato. *V. anche* TOMBA

arcàico *agg.* ***1*** antico, primitivo, primordiale, preistorico □ vetusto (*lett.*), vecchio, antiquato, disusato, desueto, dissueto, sorpassato, out (*ingl.*) ***2*** (*geol.*) azoico **CONTR.** moderno, fresco, nuovo, recente, in (*ingl.*), up-to-date (*ingl.*). *V. anche* ANTICO

arcaìsmo *s. m.* voce antiquata **CONTR.** neologismo.

arcanaménte *avv.* misteriosamente, inspiegabilmente, enigmaticamente □ occultamente, segretamente **CONTR.** palesemente, chiaramente, manifestamente.

arcàno ***A*** *agg.* misterioso, enigmatico, occulto, ignoto, nascosto, segreto, cabalistico, esoterico **CONTR.** chiaro, evidente, manifesto, noto, palese, spiegabile ***B*** *s. m.* segreto, mistero, enigma, rebus (*lat.*). *V. anche* ENIGMATICO

arcàta *s. f.* arco, fornice (*arch.*), volta.

arcàvolo *s. m.* nonno del nonno, trisavolo □ antenato **CFR.** avolo, bisavolo, trisavolo. *V. anche* ANTENATO

archè *s. f.* (*filos.*) principio.

archètipo *s. m.* primo esemplare, primo modello, originale, capostipite □ prototipo, campione □ (*fig.*) modello ideale **CONTR.** copia, imitazione, riproduzione. *V. anche* MODELLO

archibùgio *s. m.* (*est.*) schioppo, fucile, trombone.

architettàre *v. tr.* ***1*** (*anche fig.*) ideare, pensare, progettare, creare, immaginare ***2*** (*di trame, di imbrogli, ecc.*) macchinare, ordire, tramare, covare **CONTR.** sventare, mandare a vuoto, rendere vano.

architettàto *part. pass. di* **architettare**; *anche agg.* ***1*** ideato, progettato □ ***2*** (*fig.*) (*di trame, di imbrogli, ecc.*) macchinato, ordito, tramato **CONTR.** sventato.

architétto o **architètto** *s. m.* ***1*** (*est.*) ingegnere, urbanista ***2*** (*fig.*) ideatore, autore, artefice, costruttore, creatore.

architettùra *s. f.* ***1*** strutturazione ***2*** (*est.*) costruzione, edificio □ (*fig.*) insieme, economia, contesto ***3*** (*est.*) (*di lingua, di romanzo, ecc.*) struttura, ossatura.

architràve *s. m.* trave principale, epistilio, trabeazione, sopraccolonnio (*ant.*), soprassoglio, cornicione (*est.*).

archiviàre *v. tr.* ***1*** (*di documento*) mettere in archivio ***2*** (*est.*) (*di questioni*) mettere da parte, accantonare **CONTR.** curarsi, interessarsi, occuparsi.

archiviazióne *s. f.* schedatura □ accantonamento.

archìvio *s. m.* schedario, casellario □ (*nelle antiche case romane*) tablino □ (*elab.*) file (*ingl.*).

archivìsta *s. m.* e *f.* conservatore, documentarista.

arcière *s. m.* balestriere (*est.*), sagittario.

arcìgno *agg.* accigliato, aggrondato □ imbronciato, irritato □ severo □ aspro, duro, brusco, burbero **CONTR.** calmo, ridente, sereno, dolce, gentile, bonario, benigno, mite, tenero. *V. anche* SEVERO

arciprète *s. m.* parroco, canonico.

àrco *s. m.* ***1*** (*mat.*) mezzo cerchio, curva ***2*** (*arch.*) arcata, volta, voltone, fornice (*arch.*), (*di chiesa*) protiro (*arch.*) ***3*** (*fig.*) (*di tempo*) durata, svolgimento, estensione, lasso, spazio ***4*** (*al pl.*) strumenti a corda ***5*** (*mus.*) archetto ***6*** (*mil.*) balestra (*est.*) ***7*** (*del piede*) fiosso.

arcobaléno *s. m.* iride.

arcuàre ***A*** *v. tr.* inarcare, curvare, flettere **CONTR.** drizzare ***B*** **arcuarsi** *v. rifl.* inarcarsi, (*di legno*) imbarcarsi **CONTR.** drizzarsi.

arcuàto *part. pass. di* **arcuare**; *anche agg.* inarcato, ad arco, curvo, ricurvo, curvilineo, lunato, falcato □ (*di naso*) aquilino **CFR.** diritto, dritto, rettilineo.

ardènte *part. pres. di* **ardere**; *anche agg.* ***1*** (*di cose*) arroventato, caldo, cocente, bruciante, bollente, scottante, infocato, ignito (*lett.*), incandescente, affocato (*lett.*), fiammeggiante, rovente □ (*di clima*) canicolare, torrido □ (*di febbre, di scottature, ecc.*) urente (*lett.*) □ luminoso, scintillante **CONTR.** spento, freddo, gelato, gelido, ghiacciato, algido, algente (*poet.*) ***2*** (*fig.*) (*di persona, di discorso, ecc.*) impetuoso, animoso, acceso, fervido, fervente, fervoroso, focoso, veemente □ vivo, effervescente, vulcanico □ appassionato, struggente □ (*di sguardo, di parole, ecc.*) incendiario **CONTR.** freddo, glaciale □ impassibile, indifferente □ svogliato □ pacifico, calmo, flemmatico, placido □ frigido.

ardenteménte *avv.* appassionatamente □ fervidamente, ferventemente, fervorosamente □ entusiasticamente □ focosamente, impetuosamente, veementemente □ smaniosamente, freneticamente □ fortemente **CONTR.** freddamente, flemmaticamente, blandamente, debolmente, tiepidamente, svogliatamente.

àrdere ***A*** *v. tr.* ***1*** bruciare, abbruciare (*raro*) □ accendere, incendiare, infiammare, infocare □ incenerire **CONTR.** spegnere, smorzare ***2*** (*di sole, di caldo*) inaridire, seccare **CONTR.** far rifiorire, far verdeggiare ***3*** (*fig.*) (*di passione*) infiammare, struggere, consumare, eccitare □ stimolare, spronare **CONTR.** frenare, raffrenare, trattenere ***B*** *v. intr.* ***1*** (*di fuoco, di legna, ecc.*) essere acceso, bruciare, divampare, avvampare, fiammeggiare, vampeggiare (*raro*) ***2*** (*di sole, di fiaccola, ecc.*) brillare, risplendere, scintillare ***3*** (*fig.*) (*per caldo, per desiderio, ecc.*) essere intenso

□ bollire, ribollire □ infiammarsi □ struggersi □ desiderare, bramare **CONTR.** essere freddo, essere indifferente, essere distaccato ***4*** (*fig., lett.*) (*di battaglia*) infierire, imperversare **CONTR.** placarsi, sedarsi.

ardèsia ***A*** *s. f.* lavagna ***B*** *in funzione di agg. inv.* (*posposto a un s.*) (*di colore*) grigio bluastro.

ardiménto *s. m.* coraggio, audacia, ardire, arditezza, animo, baldanza, bravura, cuore, fegato, intrepidezza, prodezza, valore, virtù □ risolutezza, decisione, fermezza □ temerità, spavalderia, temerarietà **CONTR.** timore, imbarazzo, cautela □ paura, panico, fifa (*fam., scherz.*), tremarella, viltà, vigliaccheria, pusillanimità, pavidità, codardia □ trepidanza, trepidazione □ scoraggiamento, sfiducia, sgomento. *V. anche* INTRAPRENDENZA

ardimentóso *agg. V.* **ardito**.

ardire ***A*** *v. intr.* rischiare, arrischiarsi, attentarsi, cimentarsi, osare, avere l'animo, avere il coraggio □ presumere **CONTR.** esitare, dubitare, temere, impaurirsi, tremare, trepidare ***B*** *in funzione di s. m.* ardimento □ sfrontatezza, spudoratezza.

arditaménte *avv.* coraggiosamente, audacemente, animosamente, bravamente, intrepidamente, valorosamente, ardimentosamente □ baldanzosamente, temerariamente **CONTR.** timidamente, timorosamente, paurosamente, pavidamente □ vilmente, vigliaccamente, codardamente.

ardito *part. pass. di* **ardire**; *anche agg.* ***1*** coraggioso, animoso, audace, bravo, prode, impavido, intrepido □ ardimentoso □ baldanzoso □ risoluto, deciso **CONTR.** timido, timoroso, irresoluto, tremante, tremebondo, trepido, trepidante □ pauroso, pavido, pusillanime, vile, vigliacco, codardo, imbelle ***2*** avventato, arrischiato, azzardoso, sconsiderato, sconsigliato, spavaldo, temerario □ (*di linguaggio, di comportamento, ecc.*) libero, disinvolto, osé (*fr.*) □ spinto □ sporco, sconcio, lascivo, licenzioso, hard (*ingl.*), pornografico, osceno **CONTR.** cauto, guardingo, prudente, riflessivo, pulito ***3*** (*fig.*) (*di idea, di concetto, ecc.*) nuovo, originale **CONTR.** vecchio, stantio, antiquato, vieto (*lett.*). *V. anche* PRODE

ardóre *s. m.* ***1*** calore intenso, caldo, arsura **CONTR.** freddo, gelo, ghiaccio ***2*** (*fig.*) (*di sentimento*) passione, fiamma, fuoco, vampa, incendio, slancio, trasporto □ brama, desiderio, frenesia □ alacrità, lena, zelo □ fervore, infervoramento □ foga, veemenza, vigore, impeto, empito (*lett.*) □ entusiasmo **CONTR.** pigrizia, svogliatezza, neghittosità, indolenza □ freddezza, distacco □ apatia, inerzia, indifferenza □ lentezza ***3*** (*med.*) infiammazione, flogosi. *V. anche* CALORE, ENTUSIASMO, ZELO

àrduo *agg.* ***1*** (*di cammino, ecc.*) ripido, scosceso, impervio □ difficile, disagevole, malagevole, faticoso □ scomodo **CONTR.** facile, agevole, piano ***2*** (*fig.*) (*di impresa, di compito*) difficile, difficoltoso, duro, improbo, ponderoso, astruso, intricato, oscuro □ (*di momento, di situazione*) critico **CONTR.** semplice, facile, chiaro, piano.

àrea *s. f.* (*est.*) spazio, superficie, estensione □ zona, regione □ piazza, piazzola □ (*di verde, industriale, ecc.*) cintura (*fig.*) □ campo, bacino, dipartimento □ distretto □ (*di medico, di veterinario*) condotta, comprensorio □ (*mil.*) postazione.

arèna (**1**) o **arèna** *s. f.* sabbia, rena □ spiaggia, arenile.

arèna (**2**) *s. f.* anfiteatro, agone, arringo, circo, politeama, stadio □ teatro all'aperto, cinema all'aperto.

arenàre *v. intr.* e **arenàrsi** *intr. pron.* ***1*** (*di imbarcazione*) restare in secco, incagliarsi, insabbiarsi, vararsi (*mar.*) **CONTR.** disincagliarsi ***2*** (*fig.*) (*di persona, di pratica, ecc.*) fermarsi, arrestarsi, rimanere sospeso **CONTR.** continuare, procedere, proseguire.

arenària *s. f.* (*miner.*) pietra serena.

arenìle *s. m.* spiaggia □ battigia, battima, riva, riviera.

àrgano *s. m.* verricello, paranco, burbera, gru, mulinello, palanco, binda (*mecc.*).

argent de poche /*fr.* ar'ʒɑ̃ də 'pɔʃ/ [loc. fr., propr. 'denaro di tasca'] *loc. sost. m. inv.* spiccioli □ (*est.*) paghetta, mancetta, paga settimanale, settimana.

argentìno *agg.* ***1*** (*lett.*) simile all'argento, argenteo ***2*** (*di suono*) chiaro, limpido, sonoro, squillante **CONTR.** cupo, grave, profondo, cavernoso, sepolcrale.

argènto *s. m.* (*est., al pl.*) argenteria **FRAS.** *argento vivo* (*pop.*), mercurio □ *avere addosso l'argento vivo* (*fig.*), non poter star fermo.

argentóne *s. m.* alpacca, argentana, packfong (*ingl.*).

argilla *s. f.* creta, caolino.

arginàre *v. tr.* ***1*** cingere di argini □ chiudere ***2*** (*fig.*) contenere, moderare, frenare, porre freno, arrestare, circoscrivere, limitare, tamponare **CONTR.** sfrenare, aizzare, eccitare, stimolare.

àrgine *s. m.* ***1*** diga, ripa (*lett.*), riva, terrapieno, sponda, spalletta, molo, coronella □ (*di strada, di fosso, ecc.*) ciglio, scarpata, ciglione ***2*** (*fig.*) (*contro il male, ecc.*) barriera, freno, impedimento, ostacolo, riparo, baluardo, difesa **CONTR.** libertà, sfogo, effusione. *V. anche* DIFESA

argomentàre ***A*** *v. tr.* (*raro*) *V.* **arguire** ***B*** *v. intr.* ragionare, disquisire, disputare, discutere □ addurre argomenti **CONTR.** vaneggiare, sragionare ***C*** **argomentarsi** *v. rifl.* (*raro*) adoperarsi, sforzarsi ***D*** *in funzione di s. m.* ragionamento, discussione. *V. anche* GIUDICARE, PENSARE

argomentazióne *s. f.* dimostrazione, deduzione, induzione, congettura, ragionamento, discussione □ dissertazione, esposizione, (*di un problema, di una questione e sim.*) elemento, dato (*spec. al pl.*), prova, ragione. *V. anche* RAGIONE

ARGOMENTAZIONE
sinonimia strutturata

Per **argomentazione** si intende innanzitutto il **ragionamento**, il **raziocinio**, ossia il procedere ordinato e conseguente del pensiero: *un'argomentazione poco convincente*; *perdersi in inutili ragionamenti*; *è un raziocinio insoddisfacente nelle conclusioni*; il ragionamento segue un determinato percorso, e per questo è detto anche **via**: *siamo arrivate a conclusioni identiche seguendo vie diverse*; *il principio è dimostrabile anche per altra via.* In particolare, un procedimento logico consistente nel derivare da una o più premesse date una conclusione che ne rappresenta la conseguenza logicamente necessaria si definisce tecnicamente **deduzione**; il particolare ragionamento deduttivo formale che prevede che, date due proposizioni o premesse, ne consegue di necessità una terza, si chiama **sillogismo** (ad esempio: *tutti gli Stati hanno dei confini*; *l'Italia è uno Stato*; *quindi l'Italia ha dei confini*). Correntemente, la deduzione è il ricavare razionalmente un giudizio da fatti, indizi, fenomeni, ecc.: *deduzione inesatta, arbitraria*; il procedimento inverso, ossia il trarre da osservazioni ed esperienze particolari i principi generali in esse implicati si dice **induzione**. Quest'ultimo termine viene usato di rado nel linguaggio comune, in cui corrisponde a una **congettura**, ossia a una supposizione soggettiva e ipotetica: *la sua è una semplice induzione*; *cominciò una serie di congetture.*

Spesso l'argomentazione consiste in un complesso di ragionamenti opportunamente concatenati allo scopo di convalidare o confutare una tesi: *argomentazioni giuridiche, filosofiche.* In questo senso, si risolve nella **dimostrazione**, che pure tende a provare la verità di un assunto: *dimostrazione di un teorema, di una tesi.* Si avvicina abbastanza anche **dissertazione**, che indica un discorso o uno scritto su un determinato argomento condotto con metodo scientifico. L'argomentazione è anche alla base della **discussione**, ossia dell'esame di qualcosa; *mentre discussione evoca l'idea di un dibattito e di un esame non ancora concluso,* **esposizione** suggerisce più una relazione finale o unilaterale.

argoménto *s. m.* ***1*** prova, ragione, ragionamento ***2*** occasione, motivo, pretesto, scusa ***3*** materia, oggetto, campo, terreno (*fig.*), tema, questione, tesi, assunto □ (*di romanzo, di film, ecc.*) trama, intreccio, orditura, contenuto, soggetto □ (*di elenco, di spesa, ecc.*) voce ***4*** (*raro*) indizio, segno. *V. anche* RAGIONE

arguìre *v. tr.* dedurre, argomentare (*raro*), congetturare, concludere, desumere, evincere, inferire (*ant.*), intuire, pensare, presumere, supporre, opinare □ rilevare, riscontrare. *V. anche* PENSARE

argutaménte *avv.* acutamente, sottilmente, finemente □ spiritosamente □ scherzosamente, umoristicamente, briosamente, lepidamente, facetamente, piacevolmente, amenamente, brillantemente **CONTR.** ottusamente □ banalmente, insulsamente, insipidamente □ austeramente, seriamente, severamente, gravemente □ tristemente, mestamente.

argùto *agg.* acuto, fine, sottile □ spiritoso, faceto, lepido □ brillante, vivace, frizzante, brioso □ scherzoso, umoristico □ piacevole, sapido, saporoso □ pepato, salace, piccante **CONTR.** lento, tardo, ottuso □ austero, aspro, monotono, pedante, pesante, spento, scialbo, insipido, insulso, scipito.

ARGUTO
sinonimia strutturata

Arguto è chi ha una mente attenta e penetrante unita ad uno spirito garbatamente mordace: *un arguto conversatore*; l'aggettivo indica anche ciò che è fatto o detto in modo arguto: *motto arguto*; *domanda, risposta, osservazione arguta.*

Al medesimo ambito semantico, quando vengano usati in senso figurato, sono connessi **sottile**, **fine** e **acuto**. Sottile, in particolare, si riferisce alla capacità di penetrare e analizzare a fondo questioni o problemi, riuscendone a cogliere le sfumature, le particolarità, le minuzie: *ingegno, mente, intelligenza, spirito sottile*; *fare una sottile distinzione.* Così fine significa dotato di grande sottigliezza e acume: *udito, vista fine*; *ha un fine ingegno.* Acuto indica l'essere perspicace, cioè l'avere un'intelligenza che riesce a comprendere l'intimo delle cose; la fraseologia dell'aggettivo è in parte comune a quella di sottile: *mente, intelligenza acuta*; *ingegno acuto*; *è un acuto osservatore.*

Vivace, invece, vuol dire sveglio e attento, pieno di vita e di estro: *mente vivace*; *essere dotato di una vivace intelligenza.* Anche **pronto** ha il significato di svelto e vivo di mente, agile e veloce nelle operazioni intellettive: *memoria pronta*; *intelligenza pronta.*

Frizzante significa spiritoso e pungente: *motto frizzante*; *risposta, battuta frizzante.* **Ameno** vuol dire allegro e divertente, di tono leggero e poco impegnativo: *compagnia, lettura amena*; un *tipo ameno* è in particolare una persona bizzarra, originale o che ama scherzare. **Faceto** è chi o ciò che è piacevole, scherzoso e arguto: *persona faceta*; *discorso faceto.* Infine, di uso non frequente è **lepido**, che significa piacevole per le sue arguzie e divertente nello scrivere o nel parlare: *un discorso, un autore lepido.*

argùzia *s. f.* ***1*** acutezza, argutezza, finezza, sottigliezza □ brio, briosità, spirito, vivacità, verve (*fr.*) **CONTR.** austerità, gravità, serietà, severità □ banalità, insulsaggine, insipidezza ***2*** facezia, freddura, frizzo, battuta, motto, spiritosaggine, sortita.

ària (1) *s. f.* ***1*** atmosfera, aere (*poet.*), aura (*poet.*), etere (*poet.*), etra (*poet.*) □ vento ***2*** spazio, cielo ***3*** (*est.*) clima, tempo, stagione ***4*** (*mus.*) melodia, canto, cantata, cavatina, motivo □ (*fig.*) clima, atmosfera, andazzo (*pop.*) **FRAS.** *colpo d'aria* (*fig.*), corrente □ *aver la testa per aria* (*fig.*), essere distratto □ *saltare in aria*, esplodere □ *andare all'aria* (*fig.*), andare a monte □ *cambiar aria* (*fig.*), andarsene □ *essere nell'aria* (*fig.*), stare per accadere □ *campato in aria* (*fig.*), senza fondamento □ *aria fritta* (*fig.*), discorso banale o risaputo □ *buttare, gettare all'aria*, mettere a soqquadro; far fallire □ *campare d'aria* (*fig.*), essere molto poveri; essere molto magri □ *darsi l'aria di...*, volere apparire in un dato modo □ *senza aver l'aria*, con simulata o apparente indifferenza □ *sentire che aria tira* (*fig.*), valutare una situazione. *V. anche* VENTO

ària (2) *s. f.* ***1*** (*fig.*) aspetto, apparenza, espressione, atteggiamento, tono, cera, faccia, sembiante (*lett.*), forma **2** (*di persona*) sufficienza, boria, sussiego **FRAS.** *aver l'aria*, parere □ *darsi delle arie*, vantarsi.

aridaménte *avv.* freddamente, indifferentemente □ cerebralmente □ grettamente **CONTR.** calorosamente, affettuosamente, amorevolmente, cordialmente.

aridità *s. f.* **1** (*di clima*) secchezza, asciuttezza, siccità, secco, arsura, alidore (*tosc.*), secca (*dial.*) □ (*di terreno*) sterilità, infecondità, magrezza **CONTR.** umidità, umidezza, umidore □ fecondità, fertilità, feracità (*lett.*), grassezza **2** (*fig.*) (*di persona*) povertà di sentimento, freddezza, insensibilità, indifferenza **CONTR.** calore, affettuosità, amorevolezza, cordialità, sensibilità, sentimento.

àrido *agg.* **1** (*di clima*) asciutto, secco, desertico **CONTR.** umido, bagnato **2** (*est.*) (*di campo, di terreno*) brullo, assetato, inaridito, riarso, infecondo, sterile, magro **CONTR.** fecondo, fertile, ubertoso (*lett.*), ferace (*lett.*), grasso □ irrigato, irriguo, acquitrinoso □ fangoso, limaccioso **3** (*fig.*) (*di persona*) freddo, cerebrale, gelido, insensibile □ gretto, meschino **CONTR.** caldo, ricco, buono, sentimentale □ generoso, nobile **4** (*fig.*) (*di scritto*) scarno, laconico □ povero di idee, disadorno **CONTR.** vivace, brillante, fantasioso.

arieggiàre ***A*** *v. tr.* **1** dare aria, aerare, ventilare □ (*est.*) esporre all'aria **CONTR.** chiudere **2** somigliare □ imitare □ rammentare ***B*** *v. intr.* voler somigliare, atteggiarsi, cercare di essere **CONTR.** differenziarsi, distinguersi.

arième o (*raro*) **ariete** *s. m.* montone.

ariétta *s. f.* **1** *dim. di* **aria** **2** brezza fresca, venticello **3** (*mus.*) canzoncina, cavatina.

arióso *agg.* aerato, arieggiato, ventilato, aperto □ aprico (*lett.*), luminoso □ spazioso **CONTR.** chiuso, privo d'aria, soffocato, soffocante.

aristocràtico *agg.*; *anche s. m.* **1** nobile, nobiluomo, blasonato, titolato, patrizio, gentilizio, gentilesco, nobiliare **CFR.** plebeo, popolano, borghese, ricco **2** (*est.*) raffinato, elegante, fine, gentiluomo **CONTR.** popolano, plebeo □ rozzo, grossolano, volgare, villano, zotico, popolano, paria **3** (*est., spreg.*) altezzoso, borioso, disdegnoso, superbo, schizzinoso **CONTR.** modesto, umile, semplice, affabile, alla mano, democratico.

aristocrazia *s. f.* **1** nobili, nobiltà, patriziato, ottimati, gotha (*ted.*), olimpo (*fig., iron.*) **CFR.** popolo, volgo □ borghesia **2** (*fig.*) fior fiore, crème (*fr.*) **3** (*fig.*) raffinatezza, signorilità, eleganza **CONTR.** rozzezza, volgarità, grossolanità.

aritmeticaménte *avv.* matematicamente, rigorosamente **CONTR.** vagamente, inesattamente.

aritmètico *agg.* **1** matematico **2** (*fig.*) chiaro, preciso, rigoroso, esatto **CONTR.** impreciso, incerto, inesatto, vago.

aritmìa *s. f.* (*med.*) irregolarità, alterazione **CONTR.** euritmia.

arlecchinàta *s. f.* buffonata, burattinata, scempiaggine.

arlecchìno [da *Arlecchino*, la famosa maschera bergamasca con l'abito a losanghe multicolori] ***A*** *s. m.* (*fig.*) buffone, burattino **CONTR.** persona seria ***B*** *in funzione di agg. inv.* multicolore, variopinto.

àrma *s. f.* **1** (*est.*) esercito, milizia **2** servizio militare **3** (*arald.*) stemma, insegna **FRAS.** *presentare le armi*, rendere gli onori militari □ *venire alle armi*, venire a battaglia □ *deporre le armi* (*fig.*), arrendersi □ *fatto d'armi*, combattimento □ *essere alle prime armi* (*fig.*), essere ancora inesperto □ *affilare le armi* (*fig.*), prepararsi alla lotta □ *passare per le armi* (*fig.*), uccidere; giustiziare □ *sotto le armi* (*fig.*), in servizio militare □ *con armi e bagagli* (*fig.*), con tutto ciò che si possiede.

armàdio *s. m.* guardaroba **CFR.** cassettone, canterano, comò, trumeau (*fr.*), bacheca, credenza, dispensa, vetrina, cofano, stipo, cantonale, scaffale, scansia, classificatore.

armamentàrio *s. m.* strumenti, attrezzi, ferri □ corredo, equipaggiamento, dotazione.

armaménto *s. m.* **1** armi **2** (*di lavoro*) attrezzi, strumenti, attrezzatura, corredo, equipaggiamento, dotazione **3** (*edil., ferr.*) armatura, sovrastruttura.

armàre ***A*** *v. tr.* **1** fornire di armi, dare le armi **CONTR.** disarmare **2** mobilitare, chiamare alle armi **CONTR.** congedare, smobilitare **3** (*di arma*) caricare **4** (*di attrezzi*) provvedere, munire, fornire, attrezzare, corredare, dotare, allestire **CONTR.** sfornire, sguarnire, privare, levare, togliere **5** (*anche fig.*) fortificare, corazzare, invigorire, rinvigorire **CONTR.** indebolire, infiacchire, debilitare, svigorire **6** (*di volta, di arco, ecc.*) centinare, sostenere ***B*** **armarsi** *v. rifl.* **1** prendere le armi **CONTR.** deporre le armi **2** (*fig.*) (*di volontà, di coraggio, ecc.*) provvedersi, munirsi, premunirsi, fornirsi **CONTR.** deporre, rinunciare.

armàto ***A*** *part. pass. di* **armare**; *anche agg.* **1** fornito di armi, agguerrito, difeso **CONTR.** disarmato, inerme, indifeso **2** rafforzato, corazzato **3** (*fig.*) (*di volontà, di coraggio, ecc.*) corredato, equipaggiato, fornito, munito, provveduto **CONTR.** privo, sfornito, sprovvisto, mancante, senza ***B*** *s. m.* soldato, armigero (*lett.*) **FRAS.** *armato fino ai denti* (*fig.*), armato di tutto punto, con tutte le armi possibili.

armatùra *s. f.* **1** corazza, lorica, usbergo (*lett.*), bardatura, (*del cavallo d'arme*) barda, armamento, catafratta **2** (*est.*) struttura, sostegno, ossatura, scheletro, telaio, traliccio, impalcatura, incastellatura □ (*edil., tecnol.*) castello, castelletto, gabbia, gabbione □ (*di arco, di volta, ecc.*) centina **3** (*fig.*) difesa, riparo, salvaguardia.

armeggiàre *v. intr.* **1** maneggiare le armi □ combattere, guerreggiare, giostrare **2** (*fig.*) affaccendarsi, arrabattarsi, adoperarsi, trafficare, agitarsi, annaspare, dimenarsi **CONTR.** starsene inattivo, oziare, bighellonare, ciondolare **3** (*fig.*) intrigare, tramare, macchinare.

armeggìo *s. m.* **1** armeggiamento, arrabattamento, affaccendamento **CONTR.** inerzia, apatia **2** (*fig.*) intrigo, maneggio, trama, macchinazione.

armerìa *s. f.* **1** (*mil.*) deposito di armi, arsenale □ santabarbara, polveriera **2** collezione di armi.

armìgero ***A*** *agg.* (*lett.*) armato □ militare, guerresco, bellicoso **CONTR.** disarmato, inerme □ imbelle, pauroso, pavido (*lett.*), timido, timoroso ***B*** *s. m.* uomo d'armi, guerriero, soldato, militare **CONTR.** civile, borghese.

armistìzio *s. m.* tregua □ pausa, pace.

armonìa *s. f.* ***1*** (*mus.*) (*di suoni*) assonanza, consonanza □ eufonia □ concordanza, concento (*lett.*), concerto, accordo □ musicalità, suono, voce □ musica, melodia, sinfonia **CONTR.** disarmonia, discordanza, dissonanza, stonatura, cacofonia ***2*** (*fig.*) (*tra cose o persone*) euritmia □ corrispondenza, rispondenza, coerenza □ ordine, uniformità, omogeneità, conformità □ proporzione, equilibrio, simmetria **CONTR.** antitesi, incoerenza, incongruenza, conflitto, discordanza □ disordine, scompenso, sproporzione, squilibrio, asimmetria ***3*** (*fig.*) (*tra persone*) affiatamento, intesa, accordo, sintonia, buon accordo, concordia □ coesione, unione □ pace, amicizia, affetto, simpatia **CONTR.** disaccordo, discordia, dissenso, dissidio, dissapore □ inimicizia, ostilità, antipatia □ attrito, screzio, divergenza, frizione ***4*** (*di forme*) bellezza, leggiadria, plasticità **CONTR.** bruttezza, deformità.

armònico *agg. V.* **armonioso.**

armoniosaménte *avv.* armonicamente, eufonicamente □ bene, esteticamente □ simmetricamente, proporzionatamente □ omogeneamente, organicamente □ musicalmente, melodicamente, melodiosamente **CONTR.** disarmonicamente, sproporzionatamente, antiesteticamente, male □ disorganicamente.

armonióso *agg.* ***1*** (*di suono*) armonico, eufonico, melodioso, musicale, intonato, dolce, (*di voce*) vellutato □ canoro, canterino **CONTR.** disarmonico, dissonante, inarmonico (*lett.*), stonato □ stridulo, stridente, aspro ***2*** (*fig.*) (*di cosa o persona*) proporzionato, ben fatto, ben strutturato, plastico, tornito □ estetico, bello, carino □ ben congegnato, equilibrato, organico □ simmetrico, omogeneo **CONTR.** brutto, antiestetico, sproporzionato, squilibrato, asimmetrico □ disorganico.

armonizzàre ***A*** *v. tr.* ***1*** (*mus.*) mettere in armonia, arrangiare, concertare ***2*** (*fig.*) (*di cose*) mettere d'accordo, accordare, conformare, equilibrare □ fondere, abbinare □ (*di concetti, di brani, ecc.*) saldare ***B*** *v. intr.* (*di colori, ecc.*) essere in armonia, concordare, fondersi, conciliarsi □ star bene, intonarsi, legare **CONTR.** discordare, dissonare, contrastare □ fare a pugni, star male, stonare, stridere.

arnése *s. m.* ***1*** (*di lavoro*) attrezzo, strumento, utensile, congegno ***2*** (*est., fam.*) oggetto, cosa, roba, affare ***3*** abbigliamento, veste ***4*** suppellettili, masserizie □ (*di serie di utensili*) batteria **FRAS.** *male in arnese*, malvestito; malconcio □ *rimettere in arnese*, riparare qualcosa di rotto; aiutare qualcuno a riacquistare la salute o il benessere perduto; rivestire □ *cattivo arnese* (*fig.*), persona poco affidabile o poco raccomandabile.

àrnia *s. f.* alveare, apiario, bugno.

aròma *s. m.* ***1*** fragranza, profumo, odore, effluvio (*lett.*), olezzo, bouquet (*fr.*) **CONTR.** puzzo, puzza, fetore, lezzo, odoraccio, peste, tanfo, fortore ***2*** (*spec. al pl.*) spezie, droghe, essenze, oli essenziali.

aromàtico *agg.* odoroso, fragrante, profumato, olezzante, balsamico **CONTR.** puzzolente, fetente, fetido, pestilenziale, putido (*lett.*).

aromatizzàre *v. tr.* profumare, odorare □ (*di alimento*) speziare **CONTR.** appestare, appuzzare, impuzzire.

aromatizzàto *part. pass. di* **aromatizzare**; *anche agg.* profumato □ (*di alimento*) speziato □ (*di erbe, di aria*) balsamico.

arpìa [dalle *Arpie*, mostri mitologici con volto di donna, corpo di animale e ali di uccello] *s. f.* ***1*** (*fig.*) megera, versiera, strega **CONTR.** fata, venere, dea, angelo, sirena ***2*** (*fig.*) persona avara e rapace.

arpióne *s. m.* ***1*** (*mecc.*) nottolino ***2*** (*di persiana*) cardine, ganghero ***3*** uncino, raffio, ronciglio, caviglia, appiccagnolo, attaccagnolo, chiodo ***4*** (*pesca*) arpone, fiocina.

arrabattàrsi *v. intr. pron.* affaticarsi, faticare, sforzarsi, ingegnarsi, industriarsi, affannarsi, darsi da fare, agitarsi, armeggiare, giostrare, annaspare □ barcamenarsi, arrangiarsi, vivacchiare **CONTR.** starsene inoperoso, starsene inerte, oziare, starsene con le mani in mano, starsene in panciolle.

arrabbiàre ***A*** *v. intr.* (*di cane*) prendere la rabbia ***B*** *v. intr.* e **arrabbiarsi** *intr. pron.* (*di persona*) adirarsi, esasperarsi, impermalirsi, impennarsi (*fig.*), incollerirsi, incazzarsi (*volg.*), incagnarsi (*pop.*), incavolarsi (*euf.*), infuriarsi, inferocirsi, imbestialirsi, imbufalirsi, inviperirsi, irritarsi, stizzirsi, fremere **CONTR.** calmarsi, pacificarsi, placarsi, quietarsi, acquietarsi, rabbonirsi, raddolcirsi, rasserenarsi.

arrabbiàto *part. pass. di* **arrabbiare**; *anche agg.* ***1*** (*di cane*) rabbioso, idrofobo ***2*** (*di persona*) incollerito, infuriato, irato, adirato, iroso, invelenito, inviperito, incazzato (*volg.*), incavolato (*euf.*), stizzito, imbestialito, fremente, rabido (*poet.*) **CONTR.** calmo, pacifico, placido, pacato, quieto, sereno, sorridente, tranquillo ***3*** (*di avversario, di sostenitore, ecc.*) accanito, fiero, ostinato **CONTR.** indifferente, disinteressato ***4*** (*di attacco, di lotta, ecc.*) disperato, furibondo, furioso. *V. anche* NERO

arrabbiatùra *s. f.* collera, furore, ira, irritazione, rabbia, incazzatura (*volg.*), incavolatura (*euf.*) **CONTR.** calma, pacatezza, tranquillità, serenità. *V. anche* IRA

arraffàre *v. tr.* afferrare, prendere, pigliare, strappare, rapire, carpire, abbrancare □ rubare, rapinare, predare, taccheggiare, sgraffignare (*fam.*), piluccare (*fig.*) **CONTR.** portare □ regalare.

arrampicàrsi *v. intr. pron.* salire faticosamente, inerpicarsi, rampicare, rampare (*raro*), issarsi, risalire, scalare, dare la scalata **CONTR.** scendere, calarsi, rotolare, precipitare, ruzzolare **FRAS.** *arrampicarsi sugli specchi* (*fig.*), sostenere tesi inaccettabili, tentare imprese impossibili.

arrampicàta *s. f.* ***1*** salita ***2*** (*sport*) ascensione, scalata □ (*libera*) free climbing (*ingl.*).

arrampicatóre *s. m.* (*f.* *-trice*) ***1*** scalatore, rocciatore, crodaiolo, free climber (*ingl.*) ***2*** (*fig.*) arrivista, carrierista, rampante, yuppie (*ingl.*).

arrancàre *v. intr.* ***1*** (*est.*) avanzare a fatica □ claudicare, zoppicare ***2*** vogare ***3*** (*fig.*) affannarsi, angustiarsi, travagliarsi **CONTR.** calmarsi, quietarsi, tranquillizzarsi. *V. anche* CAMMINARE

arrangiaménto *s. m.* ***1*** accordo, accomodamento, compromesso ***2*** (*di spettacolo*) adattamento, versione, allestimento ***3*** (*mus.*) armonizzazione, strumentazione, concertazione.

arrangiàre ***A*** *v. tr.* ***1*** (*di cosa*) accomodare alla meglio, aggiustare alla meglio, rabberciare, rassettare, racconciare □ (*di articolo, di sorpresa, ecc.*) cucinare (*fig., fam.*) ***2*** (*fig.*) (*di persona*) malmenare, maltrattare, conciare per le feste ***3*** (*di spettacolo*) allestire, adattare ***4*** (*di musica*) armonizzare, strumentare, concertare ***B*** **arrangiarsi** *v. intr. pron.* ***1*** mettersi d'accordo, accordarsi, venire a un accomodamento, aggiustarsi **CONTR.** contrastare, litigare, questionare, contendere, bisticciare ***2*** ingegnarsi, darsi da fare, destreggiarsi □ barcamenarsi, riuscire a cavarsela, campicchiare, vivacchiare.

arrangiàto *part. pass. di* **arrangiare**; *anche agg.* ***1*** (*di spettacolo*) allestito, adattato ***2*** (*di musica*) armonizzato, concertato, strumentato ***3*** rimediaticcio, rimediato.

arrangiatóre *s. m.* (*f. -trice*) ***1*** (*di spettacolo*) allestitore ***2*** (*di musica*) armonizzatore, strumentatore, concertatore □ (*di notizie, di musica, ecc.*) manipolatore. *V. anche* MUSICISTA

arrecàre *v. tr.* ***1*** (*di cosa*) recare, portare, apportare, addurre **CONTR.** levare, togliere ***2*** (*fig.*) (*di danno, di gioia, ecc.*) dare, causare, cagionare, procurare, produrre, importare (*raro*) □ (*di colpo, di pugnalata, ecc.*) inferire **CONTR.** evitare, impedire, togliere.

arredaménto *s. m.* (*est.*) mobili, mobilio, ammobiliamento, arredo □ suppellettili, masserizie.

arredàre *v. tr.* ammobiliare, attrezzare, equipaggiare, fornire **CONTR.** smobiliare, sguarnire, spogliare.

arrèdo *s. m. V.* **arredamento**.

arrembàggio *s. m.* ***1*** (*mar.*) (*di nave*) abbordaggio, assalto, saccheggio ***2*** (*fig.*) assalto, attacco disperato **FRAS.** *andare all'arrembaggio* (*fig.*), partire di slancio per conquistare qualcuno o qualcosa.

arrèndersi *v. intr. pron.* ***1*** consegnarsi al nemico, capitolare, darsi per vinto, abbassare le armi, chiedere la resa, alzare bandiera bianca □ crollare, sottomettersi **CONTR.** combattere, difendersi, resistere, fronteggiare, lottare a oltranza, ostinarsi ***2*** (*fig.*) (*all'evidenza, alla ragione, ecc.*) abbandonarsi, cedere, piegarsi, demordere, disarmare, rassegnarsi, darsi per vinto **CONTR.** opporsi, resistere, impuntarsi, incaponirsi, incaparbirsi, intestardirsi □ riluttare.

arrendévole *agg.* ***1*** (*di cosa*) cedevole, flessibile, duttile, pieghevole, elastico, maneggevole, morbido, tenero **CONTR.** duro, rigido, resistente, coriaceo ***2*** (*di persona*) remissivo, sottomesso, debole, manovrabile □ accomodante, condiscendente, conciliante, tollerante, malleabile □ docile, mansueto, mite □ benigno, bonario □ acquiescente, compiacente **CONTR.** inflessibile, fermo, irremovibile, irriducibile □ grintoso, duro □ caparbio, cocciuto, puntiglioso, ostinato, incaponito, testardo □ riottoso, ribelle, recalcitrante □ intransigente □ implacabile, bellicoso, indomabile. *V. anche* FLESSIBILE

arrestàre ***A*** *v. tr.* ***1*** (*di cosa*) fermare, bloccare □ impedire, ostacolare □ arginare □ interrompere, sospendere □ troncare □ placcare, stoppare, intercettare □ ritenere, rattenere (*lett.*) □ (*di pratica, di proposta, ecc.*) insabbiare □ (*di sentimenti, di passioni, ecc.*) reprimere **CONTR.** continuare, proseguire, avviare, innescare, provocare, incentivare ***2*** (*di persona*) ammanettare, prendere, catturare □ carcerare, incarcerare, imprigionare **CONTR.** liberare, rilasciare, dimettere, scarcerare ***B*** **arrestarsi** *v. rifl.* fermarsi, restare, ristare (*lett.*), soffermarsi, indugiare, sostare □ interrompersi □ arenarsi, insabbiarsi, incagliarsi □ (*di macchina, di meccanismo, ecc.*) incantarsi, incepparsi □ (*di attività, di economia, ecc.*) ristagnare **CONTR.** rimettersi in moto, proseguire, procedere, seguitare, marciare □ andare, camminare □ circolare. *V. anche* PRENDERE

arrestàto *part. pass. di* **arrestare**; *anche agg.* ***1*** (*di cosa*) fermato, interrotto **CONTR.** rimesso in moto ***2*** (*di persona*) catturato, imprigionato, detenuto, incarcerato **CONTR.** liberato, rilasciato, scarcerato ***3*** (*di persona*) (*anche fig.*) immobilizzato □ (*nel rugby*) placcato.

arrèsto *s. m.* ***1*** (*di cosa*) fermata, indugio, ritardo, sosta □ (*di veicolo, di meccanismo, ecc.*) panne (*fr.*), tilt (*ingl.*) □ interruzione, sospensione, stop (*ingl.*) □ bloccaggio, ostruzione □ otturamento, otturazione □ (*di pratica, di proposta, ecc.*) insabbiamento □ (*di attività, di economia, ecc.*) ristagno, paralisi, stallo, stasi **CONTR.** continuazione, proseguimento, prosecuzione □ circolazione □ corso □ risveglio, sviluppo ***2*** (*di persona*) cattura, fermo, blocco, immobilizzazione □ carcerazione, incarceramento, imprigionamento **CONTR.** liberazione, rilascio, scarcerazione.

arretraménto *s. m.* retrocessione, regressione, ritirata, ripiegamento, rinculo **CONTR.** avanzamento, progressione, avanzata □ progresso.

arretràre ***A*** *v. tr.* mandare indietro, tirare indietro, fare indietreggiare **CONTR.** portare avanti, avanzare □ (*di soldati, di polizia e sim.*) caricare ***B*** *v. intr.* e **arretrarsi** *intr. pron.* indietreggiare, retrocedere, ritirarsi, indietreggiare, ripiegare, ritrarsi, regredire, rinculare, recedere (*raro*) **CONTR.** avanzare, avanzarsi, inoltrarsi, procedere, spingersi avanti.

arretratézza *s. f.* scarso sviluppo, sottosviluppo, ignoranza □ feudalesimo (*fig.*) **CONTR.** progresso, civiltà, cultura, sviluppo.

arretràto ***A*** *part. pass. di* **arretrare**; *anche agg.* ***1*** rimasto indietro, sorpassato □ retrocesso, ritiratosi **CONTR.** avanzato, portato avanti ***2*** (*di numero, di rivista*) vecchio, precedente ***3*** (*di persona, di gente, ecc.*) non aggiornato, non progredito □ sorpassato □ sottosviluppato, incivile □ cristallizzato (*fig.*) □ retrivo □ provinciale **CONTR.** aggiornato, moderno, up-to-date (*ingl.*), evoluto, progredito, civile □ industrializzato, sviluppato ***4*** (*di pagamento, di rate*) incompiuto □ insoluto, non pagato **CONTR.** compiuto □ pagato, saldato ***B*** *s. m.* ***1*** debito scaduto ***2*** (*di stipendio, di paga*) somma ancora da riscuotere ***3*** (*fig.*) faccenda in sospeso, conto da saldare, debito.

arricchiménto *s. m.* miglioramento, aumento □ guadagno, profitto **CONTR.** impoverimento, depauperamento, depauperazione, immiserimento. *V. anche* GUADAGNO

arricchìre ***A*** *v. tr.* ***1*** rendere ricco, locupletare (*lett.*) □ accrescere, aggiungere, aumentare, impinguare, rimpolpare **CONTR.** impoverire, depauperare, spolpare, immiserire ***2*** (*fig.*) ornare, adornare, abbellire, impreziosire, decorare, guarnire **CONTR.** imbruttire, deturpare, sguarnire, devastare ***B*** *v. intr.* e **arricchirsi** *rifl.* e *intr. pron.* diventare ricco, farsi ricco, guadagnare □ trarre vantaggio **CONTR.** impoverirsi, immiserirsi, dissanguarsi.

arricchìto *part. pass. di* **arricchire**; *anche agg.* e *s. m.* ***1*** divenuto ricco □ accresciuto **CONTR.** impoverito, depauperato, dissanguato, immiserito ***2*** (*fig.*) ornato, decorato, guarnito, abbellito □ integrato □ (*di scritto e sim.*) rimpolpato **CONTR.** imbruttito, deturpato, sguarnito.

arricciàre ***A*** *v. tr.* ***1*** avvolgere a riccio, fare i ricci, arricciolare, inanellare □ (*est.*) accartocciare, piegare, torcere **CONTR.** lisciare, stendere, tirare, stirare ***2*** (*di naso, di stoffa, ecc.*) increspare, corrugare, raggrinzare **CONTR.** spianare, stendere, distendere ***3*** (*di muro*) incalcinare ***B*** **arricciarsi** *v. intr. pron.* ***1*** diventare riccio □ (*est.*) accartocciarsi ***2*** (*di naso, di stoffa, ecc.*) incresparsi, raggrinzarsi **CONTR.** spianarsi, stendersi, distendersi.

arricciàto *part. pass. di* **arricciare**; *anche agg.* ***1*** inanellato □ ricciuto, crespo **CONTR.** liscio, tirato ***2*** (*di naso, di stoffa, ecc.*) increspato, corrugato, raggrinzito □ (*di tessuto*) bouclé (*fr.*) **CONTR.** liscio, disteso.

arricciatùra *s. f.* ***1*** arricciamento, onda, ondulazione □ (*di capelli*) permanente □ accartocciatura **CONTR.** lisciamento, lisciatura, spianamento ***2*** (*di naso, di stoffa, ecc.*) increspatura □ grinza □ (*di abito*) sbuffo, sboffo ***3*** (*di muro*) incalcinatura.

arrìdere *v. intr.* sorridere, essere propizio, favorire **CONTR.** contrariare, contrastare, essere contro. *V. anche* RIDERE

arrìnga *s. f.* ***1*** discorso, orazione, concione, allocuzione ***2*** (*dir.*) perorazione, difesa **CONTR.** requisitoria. *V. anche* DIFESA

arringàre *v. tr.* e *intr.* pronunciare un'arringa, parlare, concionare (*lett.*), perorare □ esortare, incitare.

arringatóre *s. m.* (*f. -trice*) oratore, conferenziere, allocutore, concionatore.

arrischiàre ***A*** *v. tr.* rischiare, azzardare, mettere in pericolo, mettere a repentaglio, avventurare, cimentare, provare, tentare, osare, ardire □ (*di posto, di reputazione, ecc.*) giocare (*fig.*) **CONTR.** respingere, rifiutare ***B*** **arrischiarsi** *v. rifl.* rischiare, attentarsi, azzardarsi, avventurarsi, osare, ardire, cimentarsi □ esporsi, sbilanciarsi, compromettersi **CONTR.** essere cauto, essere prudente, star sul sicuro.

arrischiàto *part. pass. di* **arrischiare**; *anche agg.* ***1*** rischioso, pericoloso **CONTR.** sicuro, senza pericolo ***2*** ardito, ardimentoso, audace, coraggioso □ temerario, azzardato, imprudente, avventato, spericolato **CONTR.** timido, pauroso, vile □ cauto, guardingo, avveduto, accorto, prudente.

arrivàre ***A*** *v. intr.* ***1*** pervenire, giungere, venire, provenire □ sopraggiungere, sopravvenire, capitare □ (*all'improvviso*) piombare, piovere (*fig.*) □ (*di notizia e sim.*) diffondersi **CONTR.** andarsene, assentarsi, partire, allontanarsi □ ritirarsi □ scappare, svicolare, accomiatarsi, congedarsi ***2*** (*est.*) raggiungere, toccare, giungere, sboccare, spingersi, stendersi □ uguagliare ***3*** (*fig.*) essere capace, riuscire ***4*** capire ***5*** (*ass.*) affermarsi, farsi una posizione ***6*** (*in una gara e sim.*) classificarsi, essere **CONTR.** fallire ***B*** *v. tr.* (*raro*) raggiungere □ cogliere, colpire. *V. anche* SPINGERE

arrivàto *part. pass. di* **arrivare**; *anche agg.* ***1*** giunto, venuto, pervenuto, capitato, sopraggiunto **CONTR.** partito ***2*** affermato **CONTR.** fallito.

arrivedérci *inter.* a presto, bye-bye (*ingl.*), good-bye (*ingl.*).

arrivìsmo *s. m.* carrierismo, ambizione **CONTR.** modestia.

arrivìsta *s. m.* e *f.* carrierista, arrampicatore, ambizioso, rampante, yuppie (*ingl.*) □ (*est.*) politico, politicante **CONTR.** modesto.

arrìvo *s. m.* ***1*** venuta, avvento, comparsa **CONTR.** partenza, dipartita (*lett.*) □ allontanamento, distacco ***2*** luogo di arrivo, traguardo, linea di arrivo **CONTR.** linea di partenza ***3*** (*al pl.*) merci arrivate.

arroccàre ***A*** *v. tr.* (*fig.*) coprire, difendere, proteggere **CONTR.** scoprire ***B*** **arroccarsi** *v. rifl.* ***1*** (*fig.*) mettersi al sicuro, coprirsi, proteggersi, difendersi **CONTR.** scoprirsi, esporsi ***2*** (*sport*) (*nel calcio*) chiudersi in difesa, fare il catenaccio **CONTR.** scoprirsi.

arrochìto *agg.* roco, rauco, affiochito **CONTR.** chiaro, sonoro.

arrogànte *agg.*; *anche s. m.* e *f.* tracotante, prepotente □ presuntuoso, superbo, altezzoso, supponente, sdegnoso, gonfio □ burbanzoso, protervo, spavaldo □ sfrontato, strafottente, offensivo, insolente, oltraggioso **CONTR.** modesto, semplice, umile, affabile, benigno, cortese, discreto, dolce, garbato, gentile, mite.

arroganteménte *avv.* altezzosamente, insolentemente, offensivamente, prepotentemente, protervamente, tracotantemente, presuntuosamente, superbamente, sdegnosamente, sfrontatamente, spavaldamente **CONTR.** modestamente, semplicemente, umilmente, affabilmente, cortesemente, dolcemente, gentilmente.

arrogànza *s. f.* alterigia, altezzosità, sdegnosità, tracotanza, albagia (*lett.*), iattanza, insolenza, presunzione, prepotenza, spavalderia, protervia, sfrontatezza, strafottenza, supponenza, sicumera, superbia **CONTR.** modestia, semplicità, umiltà, mitezza, affabilità, cortesia, discrezione, dolcezza, garbo, gentilezza. *V. anche* AMBIZIONE, PREPOTENZA

arrossìre *v. intr.* ***1*** diventare rosso, tingersi di rosso, arrossarsi, accendersi, avvampare, infiammarsi, imporporarsi ***2*** diventare rosso, vergognarsi **CONTR.** impallidire, sbiancarsi, scolorarsi.

arrostìre ***A*** *v. tr.* (*di vivanda*) rosolare, abbrustolire, tostare, grigliare, cuocere a fuoco vivo **CFR.** lessare, bollire ***B*** *v. intr.* e **arrostirsi** *intr. pron.* (*fig.*) abbronzarsi troppo, cuocersi.

arrostìto *part. pass. di* **arrostire**; *anche agg.* rosolato, abbrustolito, tostato **CFR.** lesso, lessato, bollito, in umido, a bagnomaria.

arròsto *A* *s. m.* carne arrostita **CFR.** lesso, bollito, umido, stracotto *B* *agg.* arrostito **CFR.** lessato, bollito, in umido, a bagnomaria.

arrotàre *v. tr.* *1* (*di lama*) affilare, molare, dare il taglio, rendere tagliente □ aguzzare, acuminare, assottigliare **CONTR.** smussare, ottundere, arrotondare *2* (*di pavimento*) levigare, lisciare **CONTR.** irruvidire *3* (*di denti*) digrignare, sfregare insieme *4* (*di veicolo*) investire, urtare.

arrotàto *part. pass. di* **arrotare**; *anche agg.* *1* (*di lama*) tagliente, affilato, molato, assottigliato **CONTR.** smussato, ottuso *2* (*di pavimento*) levigato, lisciato **CONTR.** ruvido, scabro *3* (*di veicolo*) investito, urtato.

arrotìno *s. m.* arrotatore, arrotacoltelli.

arrotolàre *v. tr.* avvolgere, avvoltolare, involgere □ (*di orlo, di manica e sim.*) rimboccare, arrovesciare, rincalzare **CONTR.** srotolare, svolgere, distendere, spiegare, dispiegare.

arrotolàto *part. pass. di* **arrotolare**; *anche agg.* avvolto, accartocciato □ (*di orlo, di manica e sim.*) rimboccato, arrovesciato, rincalzato **CONTR.** srotolato, spiegato.

arrotondaménto *s. m.* *1* tornimento (*raro*), tornitura □ smusso, smussamento □ bombatura *2* (*di cifra*) accrescimento, aumento □ calo, diminuzione.

arrotondàre *A* *v. tr.* *1* (*di cosa*) rendere rotondo, bombare, tornire, smussare *2* (*di prezzo, di numero*) far cifra tonda, accrescere, aumentare □ calare, diminuire □ completare *B* **arrotondarsi** *v. intr. pron.* *1* diventare rotondo *2* (*est.*) ingrassare **CONTR.** dimagrire.

arrotondàto *part. pass. di* **arrotondare**; *anche agg.* *1* reso tondo, bombato *2* (*di prezzo, di numero*) accresciuto, aumentato □ calato, diminuito □ completato.

arrovellàre *A* *v. tr.* (*raro*) tormentare, angustiare, infastidire **CONTR.** calmare, placare, rasserenare *B* **arrovellarsi** *v. rifl.* *1* arrabbiarsi, irritarsi, stizzirsi, adirarsi **CONTR.** calmarsi, placarsi, quietarsi, rabbonirsi, rasserenarsi *2* sforzarsi, darsi da fare, lambiccarsi □ ammattire **CONTR.** oziare, poltrire, stare con le mani in mano **FRAS.** *arrovellarsi il cervello* (*fig.*), scervellarsi, cercare a tutti i costi una soluzione.

arroventàre *A* *v. tr.* rendere rovente, infiammare, infocare **CONTR.** raffreddare, refrigerare, agghiacciare *B* **arroventarsi** *v. intr. pron.* diventare rovente, infocarsi **CONTR.** raffreddarsi, agghiacciarsi.

arroventàto *part. pass. di* **arroventare**; *anche agg.* rovente, ardente, infocato, infiammato □ caldissimo, bollente, incandescente **CONTR.** freddo, gelido, ghiacciato.

arruffapòpoli o **arruffapòpolo** *s. m. e f.* agitatore, mestatore, demagogo, sobillatore, caporione, capopopolo, tribuno, agit-prop (*russo*) **CONTR.** pacificatore, paciere.

arruffàre *A* *v. tr.* *1* (*di capelli, di fili*) scompigliare, scomporre, ingarbugliare, rabbuffare, scarmigliare, scapigliare, spettinare **CONTR.** lisciare, districare, pettinare, ravviare, acconciare *2* (*fig.*) (*di questione, ecc.*) confondere, disordinare, complicare, intricare, imbrogliare, sconvolgere, turbare **CONTR.** ordinare, riordinare, rassettare, dipanare, sbrogliare *B* **arruffarsi** *v. rifl.* (*di capelli, di fili*) scarmigliarsi, ingarbugliarsi **CONTR.** lisciarsi, pettinarsi, ravviarsi *C* *v. intr. pron.* (*di questione, ecc.*) imbrogliarsi **CONTR.** chiarirsi, dipanarsi.

arruffàto *part. pass. di* **arruffare**; *anche agg.* *1* (*di capelli, di fili*) disordinato, scompigliato, scapigliato, scarmigliato, spettinato, ingarbugliato **CONTR.** pettinato, ordinato, assettato *2* (*di questione, ecc.*) confuso, caotico, imbrogliato, intricato **CONTR.** sbrogliato, chiaro, evidente.

arruffóne *s. m.* confusionario, pasticcione, annaspone, acciabattone □ imbroglione.

arrugginire *A* *v. tr.* *1* (*di ferro*) rendere rugginoso, ossidare **CONTR.** dirugginire *2* (*fig.*) (*di persona, di mente, ecc.*) indebolire, intorpidire □ corrompere, guastare **CONTR.** rafforzare, invigorire, migliorare *B* *v. intr.* e **arrugginirsi** *intr. pron.* *1* (*di ferro*) ricoprirsi di ruggine, ossidarsi *2* (*fig.*) (*di persona, di mente, ecc.*) intorpidirsi, perdere la forma, svigorirsi **CONTR.** rafforzarsi, invigorirsi.

arrugginìto *part. pass. di* **arrugginire**; *anche agg.* *1* (*di ferro*) rugginoso, ossidato *2* (*fig.*) (*di persona, di mente, ecc.*) intorpidito, indebolito, lento **CONTR.** agile, vivace.

arruolaménto *s. m.* *1* (*mil.*) coscrizione, leva, reclutamento **CONTR.** congedo *2* (*di personale*) ingaggio, assunzione **CONTR.** licenziamento.

arruolàre *A* *v. tr.* *1* (*mil.*) reclutare, chiamare alle armi, coscrivere **CONTR.** congedare, riformare, scartare *2* (*di personale*) assumere, assoldare, ingaggiare **CONTR.** licenziare *B* **arruolarsi** *v. rifl.* entrare nell'esercito.

arruolàto *A* *part. pass. di* **arruolare**; *anche agg.* reclutato □ coscritto □ assunto, ingaggiato, preso (*fam.*), assoldato □ (*mil.*) abile, idoneo **CONTR.** licenziato □ congedato □ riformato, scartato *B* *s. m.* coscritto, recluta **CONTR.** veterano.

arsèlla *s. f.* (*zool.*) vongola, tellina.

arsenàle *s. m.* *1* cantiere, darsena *2* fabbrica di armi □ deposito di armi □ armeria □ polveriera, santabarbara *3* (*est.*) accolta, cantiere.

àrso *part. pass. di* **ardere**; *anche agg.* bruciato, riarso, infocato, torrido □ incendiato □ asciutto, secco, disseccato, inaridito **CONTR.** fresco, umido, inumidito, bagnato.

arsùra *s. f.* *1* calore eccessivo, calura, secco, siccità, aridità **CONTR.** umidità, acquosità *2* secchezza, bruciore, gran sete **CONTR.** freschezza, refrigerio, ristoro.

àrte *s. f.* *1* creatività □ attività artistica *2* creazione artistica □ stile, tocco *3* mestiere, lavoro, professione *4* metodo, modo, tecnica, regola *5* (*est.*) abilità, destrezza □ accorgimento □ artificio, astuzia, stratagemma **CONTR.** semplicità, naturalezza *6* (*nel Medioevo*) corporazione **FRAS.** *arti liberali*, arti intellettuali □ *belle arti*, pittura, scultura, architettura □ *a regola d'arte*, perfettamente □ *essere senz'arte né parte* (*fig.*), non sapere far niente □ *ad arte*, artificiosamente, a bella posta. *V. anche* LAVORO

artefàre *v. tr.* alterare, contraffare, falsificare, falsare.

artefàtto *part. pass. di* **artefare**; *anche agg.* alterato, non genuino, sofisticato, affatturato, adulterato □ artificiale, artificioso □ modificato □ falso, falsificato, finto, fittizio □ innaturale, sforzato CONTR. genuino, naturale, buono, semplice, vero, schietto □ originale, autentico □ spontaneo.

artéfice *s. m.* e *f.* artista, autore, demiurgo (*fig.*), ideatore, fattore (*lett.*) □ artigiano, operaio, maestro, fabbro.

artèria *s. f.* ***1*** (*anat.*) vaso ***2*** (*est., fig.*) via di comunicazione, strada.

àrtico ***A*** *agg.* boreale, settentrionale, nordico CONTR. antartico, australe, meridionale ***B*** *s. m.* polo nord, artide CONTR. polo sud, antartide.

articolàre ***A*** *v. tr.* ***1*** (*di membra*) muovere ***2*** (*di parola*) pronunciare distintamente, pronunciare, proferire, dire ***3*** (*fig.*) (*di legge, di manifestazione*) scindere, suddividere, distinguere, separare CONTR. congiungere, riunire ***B*** **articolarsi** *v. rifl.* ***1*** (*di membra*) muoversi, snodarsi ***2*** (*fig.*) (*di legge, ecc.*) scindersi, suddividersi, distinguersi CONTR. congiungersi, riunirsi.

articolataménte *avv.* chiaramente, distintamente CONTR. confusamente.

articolàto ***A*** *part. pass. di* **articolare**; *anche agg.* ***1*** libero, sbloccato CONTR. bloccato, paralizzato, rigido ***2*** snodato □ sinuoso, frastagliato ***3*** (*fig.*) (*di suono, di discorso, ecc.*) chiaro, distinto, scorrevole □ ben congegnato CONTR. disarticolato, inarticolato, confuso, farraginoso ***4*** (*di veicolo*) con rimorchio ***B*** *s. m.* autotreno, tir.

articolazióne *s. f.* ***1*** (*anat.*) giuntura, congiuntura, nodo, legamento ***2*** (*di cose*) collegamento, cerniera, connessura, commessura, commettitura ***3*** (*di parole*) pronuncia, scansione.

articolista *s. m.* e *f.* giornalista, pubblicista, columnist (*ingl.*) colonnista.

artìcolo *s. m.* ***1*** (*di legge, di regolamento e sim.*) parte, punto, capitolo, paragrafo ***2*** (*di giornale*) pezzo, scritto, corrispondenza, servizio ***3*** (*di merce*) capo, oggetto, prodotto, roba.

artificiàle *agg.* ***1*** (*di allattamento, di cibo, ecc.*) non naturale, ottenuto artificialmente CONTR. naturale □ genuino, casalingo, casereccio, ruspante (*fig., scherz.*) ***2*** (*fig.*) artefatto, finto, fittizio, fattizio (*raro*), falso □ falsificato, contraffatto □ posticcio □ innaturale, artificioso, non spontaneo CONTR. naturale, genuino, schietto, semplice, spontaneo.

artificio *s. m.* ***1*** espediente, ingegnosità, arte, accorgimento, astuzia, stratagemma, trovata, invenzione □ frode, inganno, malizia ***2*** affettazione, artificiosità, ricercatezza, preziosismo, ricerca di effetto, mancanza di naturalezza, messinscena, posa CONTR. naturalezza, semplicità, spontaneità, immediatezza, schiettezza, genuinità FRAS. *fuochi di artificio*, fuochi pirotecnici. *V. anche* GIOCO

ARTIFICIO
sinonimia strutturata

In senso proprio con **artificio** s'intende l'uso di determinati mezzi tecnici che consentono di realizzare un'opera: *uno scrittore che conosce tutti gli artifici del mestiere*. Per estensione, la parola indica un rimedio, un provvedimento ingegnoso e abile che cerca di migliorare le apparenze, di ottenere particolari effetti o di compensare difetti di natura: *gli artifici della moda*; *per sembrare più giovane usa ogni sorta d'artifici*. L'**espediente** è un rimedio, qualcosa che viene escogitato per risolvere una situazione difficile: *ricorrere agli espedienti*; *vivere d'espedienti*, arrangiarsi alla meglio. Così **trovata** indica ciò che è stato pensato, inventato per liberarsi da una situazione imbarazzante, incresciosa: *una bella trovata*; il termine è usato anche per indicare una buona idea, un'idea felice: *questa sì che è una trovata*. Il **ripiego** è una soluzione, una via d'uscita provvisoria e non soddisfacente che serve per liberarsi da una momentanea difficoltà, da un problema: *abbiamo scovato un ripiego*.

Accorgimento, in questo ambito semantico, si riferisce ad un provvedimento avveduto e studiato: *grazie a particolari accorgimenti riuscì a mascherare le sue intenzioni*. Lo **stratagemma** è un piano o una mossa pensati con sagacia per sorprendere e sopraffare il nemico; il vocabolo si usa in senso esteso in riferimento a qualunque espediente scaltro: *inventare uno stratagemma*; *riuscì a fuggire con uno stratagemma*. **Astuzia** indica un'idea o un'azione sottilmente elaborate per raggiungere uno scopo anche non buono: *per vincere usava mille astuzie*; *conosce ogni più piccola astuzia per aggirare quegli ostacoli*.

Vocabolo usato non frequentemente è infine **lenocinio**, che, in senso proprio designa l'attività di favoreggiamento e sfruttamento della prostituzione; la parola in senso figurato, indica invece una forma di allettamento o d'artificio compiuto per raggiungere un effetto stilistico seducente, accattivante: *lenocinio di stile*; *i lenocinii dell'arte*.

artificiosaménte *avv.* affettatamente, ricercatamente, studiatamente, in modo innaturale, falsamente, fintamente CONTR. naturalmente, semplicemente, spontaneamente, schiettamente, genuinamente.

artificiosità *s. f.* affettazione, artificio, ricercatezza, mancanza di naturalezza, preziosismo, teatralità CONTR. naturalezza, freschezza, semplicità, schiettezza, spontaneità, immediatezza, genuinità.

artificióso *agg.* ***1*** ingegnoso CONTR. rozzo, grossolano ***2*** affettato, artefatto, artificiale, innaturale, studiato, sforzato, caricato, ricercato, manieroso, non spontaneo CONTR. naturale, semplice, fresco, schietto, spontaneo, sincero, genuino, immediato, vero.

artiglio *s. m.* ***1*** (*di rapace*) unghia, unghione, granfia, grinfia, sgrinfia (*pop.*), branca (*lett.*) □ (*di gatto, di uccelli*) unghiello, unghiolo ***2*** (*fig.*) mano avida, mano feroce.

artista *s. m.* e *f.* ***1*** artefice, autore □ maestro, pittore, scultore, architetto, musicista, attore, poeta, scrittore □ esecutore, interprete ***2*** (*est.*) maestro d'arte □ intenditore d'arte ***3*** (*est.*) stravagante, bizzarro, bohémien (*fr.*).

artisticaménte *avv.* in modo artistico, da artista, fi-

nemente, raffinatamente, elegantemente **CONTR.** rozzamente, grossolanamente.
artìstico *agg.* **1** dell'arte □ degli artisti **2** bello, fine, elegante, estetico, raffinato, di gusto **CONTR.** rozzo, grossolano, andante, commerciale, di cattivo gusto, kitsch (*ted.*).
àrto *s. m.* membro □ braccio, gamba.
artrìte *s. f.* (*med.*) infiammazione delle articolazioni □ (*est.*) reumatismo.
arzigogolàre *v. intr.* almanaccare, astrologare, elucubrare, pensare, rimuginare, lambiccarsi, fantasticare, ghiribizzare (*raro*) □ sottilizzare, cavillare, stiracchiare (*fam.*). *V. anche* PENSARE
arzigogolàto *part. pass. di* **arzigogolare**; *anche agg.* **1** complicato, cervellotico, artificioso, contorto □ cavilloso **CONTR.** chiaro, semplice, naturale **2** lezioso, barocco, rococò (*fr.*) **CONTR.** lineare, essenziale, sobrio.
arzìllo *agg.* agile, vispo, vivace, energico, pronto, svelto, giovanile, vegeto, rubizzo, brioso **CONTR.** mogio, lento, grave, pesante, acciaccato, acciaccoso, malandato, fiacco, cadente.
asbèsto *s. m.* (*miner.*) amianto.
ascendènte **A** *part. pres. di* **ascendere**; *anche agg.* ascensionale **B** *s. m.* **1** antenato, avo **CONTR.** discendente, nipote, pronipote **2** (*fig.*) autorità, influsso, influenza, potere, carisma. *V. anche* ANTENATO
ascendènza *s. f.* antenati, avi, genealogia **CONTR.** discendenza, posterità, nipoti, pronipoti. *V. anche* FAMIGLIA
ascéndere o **ascèndere** **A** *v. intr.* **1** salire, innalzarsi, montare **CONTR.** scendere, discendere, venir giù, calarsi, smontare **2** (*fig.*) innalzarsi, elevarsi, raggiungere **3** (*di numero*) ammontare, assommare, giungere a, aggirarsi **B** *v. tr.* (*raro, lett.*) salire, scalare.
ascensióne *s. f.* salita, ascesa (*lett.*) □ scalata, arrampicata **CONTR.** discesa.
ascésa *s. f.* **1** erta, rampa **CONTR.** discesa **2** (*lett.*) salita, ascensione **CONTR.** discesa, calata **3** (*fig.*) avanzamento, successo, affermazione **CONTR.** insuccesso, fallimento □ caduta □ decadenza, declino.
ascèsso *s. m.* (*med.*) enfiagione, enfiatura (*raro*), empiema, postema, bubbone, flemmone (*med.*), tubercolo (*med.*), orzaiolo (*med.*).
ascèta *s. m.* **1** mistico, eremita, anacoreta, monaco, cenobita, devoto, santone, fachiro **CONTR.** miscredente, materialista, ateo **2** (*est.*) persona austera, contemplativo **CONTR.** gaudente, vitaiolo, viveur (*fr.*).
ascètico *agg.* (*est.*) contemplativo, mistico, spirituale, anacoretico □ austero, severo, morigerato **CONTR.** materialista, frivolo. *V. anche* SEVERO
ascetìsmo *s. m.* misticismo, misticità, spiritualismo, spiritualità, contemplazione, mortificazione **CONTR.** materialismo, frivolezza, mondanità.
àscia *s. f.* scure, accetta, mannaia.
ascìssa *s. f.* (*mat.*) coordinata cartesiana, asse delle x **CONTR.** ordinata.
asciugacapélli *s. m.* föhn (*ted.*) □ casco.
asciugamàno *s. m.* asciugatoio, canovaccio, panno, salvietta □ (*est.*) accappatoio.
asciugàre **A** *v. tr.* **1** prosciugare, rasciugare □ seccare, disseccare, essiccare □ inaridire □ disidratare □ stagionare □ deumidificare □ tergere, detergere, astergere, forbire □ tamponare **CONTR.** bagnare, inumidire, umettare, umidificare □ reidratare □ riumidificare □ ammollare, immollare, intridere, impregnare, inzuppare, infradiciare □ annaffiare, irrigare, irrorare **2** (*fig.*) (*di tasca, di portafoglio, ecc.*) svuotare, privare, prosciugare □ (*di persona*) smungere (*fig.*) **CONTR.** riempire, rifornire **B** **asciugarsi** *v. rifl.* detergersi **CONTR.** bagnarsi, lavarsi **C** *v. intr. e intr. pron.* prosciugarsi, inaridirsi, seccarsi, essiccarsi □ riassorbirsi **CONTR.** inumidirsi, immollarsi, ammollarsi, impregnarsi, infradiciarsi.
asciugàto *part. pass. di* **asciugare**; *anche agg.* prosciugato, asciutto, secco **CONTR.** bagnato, umido, inumidito, infradiciato.
asciugatóio *s. m. V.* **asciugamano**.
asciugatùra *s. f.* asciugamento, prosciugamento, essiccamento **CONTR.** inumidimento, umidificazione.
asciuttaménte *avv.* **1** (*di parlare*) concisamente, laconicamente **CONTR.** ampiamente, diffusamente, prolissamente **2** (*di agire*) bruscamente, recisamente, seccamente **CONTR.** affabilmente, cordialmente, gentilmente, amabilmente.
asciuttézza *s. f.* **1** secco, secchezza, aridità **CONTR.** umidità, umidezza, umido, umidore, umore, acquosità **2** (*di corpo*) magrezza, snellezza □ gracilità, esilità **CONTR.** rotondità, grassezza, polposità, corpulenza **3** (*di stile*) concisione, brevità, stringatezza **CONTR.** prolissità, enfasi.
asciùtto **A** *agg.* **1** secco, arido, inaridito, rasciugato, alido (*lett.*), arso, riarso, adusto (*lett.*) □ seccato, asciugato, prosciugato **CONTR.** bagnato, umido, inumidito, ammollato, acquoso, madido, fradicio, zuppo □ acquitrinoso, paludoso **2** (*di tempo*) limpido, sereno, secco **CONTR.** piovoso, piovviginoso □ coperto, nuvoloso, nebbioso **3** (*fig.*) (*di corpo*) magro, snello, smilzo, agile, scarno □ esile, gracile □ nervoso, scattante **CONTR.** grasso, grosso, gonfio, adiposo, corpulento, pingue, molle, molliccio **4** (*fig.*) (*di tasca, di portafoglio, ecc.*) vuoto **CONTR.** pieno, rifornito **5** (*fig.*) (*di stile*) sobrio, misurato, breve, conciso, laconico, serrato, stringato **CONTR.** ampio, abbondante, diffuso, prolisso, verboso, declamatorio **6** (*fig.*) (*di carattere*) freddo, riservato □ scontroso, sgarbato **CONTR.** affabile, amabile, cordiale, espansivo, estroverso, garbato, gentile **B** *s. m.* terreno asciutto □ terraferma **C** *avv.* asciuttamente, concisamente, seccamente **CONTR.** affabilmente, cordialmente, gentilmente **FRAS.** *restare all'asciutto* (*fig.*), restare senza soldi □ *rimanere a bocca asciutta* (*fig.*), rimanere digiuno.
ascoltàre *v. tr.* **1** udire, sentire, intendere, prestare attenzione, stare attento □ origliare, orecchiare (*raro*), spiare **2** dar retta, accogliere, obbedire □ esaudire **CONTR.** respingere, rifiutare, rigettare **3** (*med.*) auscultare. *V. anche* UDIRE
ascoltatóre *s. m.* (*f. -trice*) uditore □ spettatore □ (*al pl.*) uditorio, (*di programma radio e tv.*) audience (*ingl.*).

ascólto *s. m.* **1** ascoltazione, audizione, udienza □ (*di telefonata e sim.*) intercettazione □ (*di programma radio e tv.*) audience (*ingl.*) **2** (*med.*) auscultazione **FRAS.** *dare ascolto*, dar retta.

ascrìvere *v. tr.* **1** iscrivere, annoverare **CONTR.** escludere, togliere dal numero **2** attribuire, imputare, addebitare □ riferire □ apporre, assegnare □ computare (*lett.*).

asèpsi *s. f.* disinfezione, sterilizzazione **CONTR.** sepsi, infezione.

asèttico *agg.* **1** disinfettato, sterilizzato, antisettico **CONTR.** settico, infetto, infettato **2** (*fig.*) privo di passionalità, freddo, sterile **CONTR.** caldo, passionale.

asfaltàre *v. tr.* bitumare, catramare, incatramare.

asfàlto *s. m.* bitume, catrame.

asfissìa *s. f.* **1** (*med.*) soffocamento, soffocazione **2** (*fig.*) noia, oppressione, fastidio, seccatura **CONTR.** gradevolezza, piacevolezza, divertimento.

asfissiànte *part. pres. di* **asfissiare**; *anche agg.* **1** soffocante **CONTR.** ventilato **2** (*fig.*) (*di persona, di discorso*) noioso, opprimente, fastidioso, pesante, seccante, snervante **CONTR.** divertente, gradevole, gradito, ameno, piacevole.

asfissiàre **A** *v. tr.* **1** (*med.*) soffocare □ gasare **2** (*fig., fam.*) (*di persona, di discorso*) opprimere, molestare, infastidire, annoiare, seccare, rompere (*volg.*) **CONTR.** dilettare, divertire, deliziare, sollazzare **B** *v. intr.* soffocare **C** **asfissiarsi** *v. rifl.* soffocarsi.

asfìttico *agg.* (*fig.*) (*di persona, di discorso*) senza vitalità, spento, scialbo, svigorito **CONTR.** vitale, vivace, prospero, rigoglioso.

asìlo *s. m.* **1** rifugio, ricovero, tetto, ricetto (*lett.*), ricettacolo, nascondiglio □ covo □ ritiro **CONTR.** luogo pericoloso **2** (*per bambini, per anziani, ecc.*) ospizio, istituto, casa □ orfanotrofio **3** scuola materna, giardino d'infanzia, Kindergarten (*ted.*), nursery (*ingl.*), pouponnière (*fr.*).

asimmetrìa *s. f.* sproporzione, disarmonia, squilibrio **CONTR.** simmetria, proporzione, armonia, equilibrio.

asimmètrico *agg.* sproporzionato, squilibrato, disarmonico **CONTR.** simmetrico, proporzionato, armonico, equilibrato.

asinàggine *s. f. V.* **asineria**.

asinàta *s. f. V.* **asineria**.

asinerìa *s. f.* asinaggine, asinità, somaraggine, ciucaggine, balordaggine, castronaggine (*pop.*), goffaggine, ignoranza, scempiaggine, cretineria, stolidezza, stupidità □ asinata, cretinata, fesseria, scemenza, sciocchezza, castroneria (*pop.*), sproposito **CONTR.** saggezza, senno, sapere, saviezza, cervello □ istruzione, dottrina, sapienza.

àsino *s. m.* **1** (*zool.*) somaro, ciuco, ciuccio (*merid.*) **2** (*fig.*) zoticone, cretino, sciocco, scemo □ testardo, cocciuto, testone, zuccone □ ignorante, analfabeta **CONTR.** intellettuale, colto, erudito, studioso, sapiente □ talento, cima (*fig.*) **FRAS.** *asino calzato e vestito*, persona ignorante o stupida □ *credere all'asino che vola*, essere molto creduloni □ *lavare la testa all'asino* (*fig.*), far cosa inutile.

àsma *s. f.* affanno, dispnea, bolsaggine.

asmàtico *agg.* affannoso, faticoso, rantoloso, bolso, imbolsito.

asociàle *agg.*; *anche s. m. e f.* chiuso, introverso, riservato, solitario, taciturno, rospo (*fig., spreg.*) □ disadattato, disinserito **CONTR.** sociale, socievole, aperto, estroverso. *V. anche* SOLITARIO

àsola *s. f.* occhiello.

asperità *s. f.* **1** asprezza, ruvidezza, ruvidità, rugosità, scabrezza, scabrosità **CONTR.** levigatezza, morbidezza **2** (*fig.*) difficoltà, impedimento, accidente, durezza **CONTR.** facilità, agevolezza.

aspettàre *v. tr.* **1** attendere **CONTR.** andarsene **2** (*ass.*) indugiare, trattenersi, star fermo □ pazientare **CONTR.** affrettarsi, spicciarsi, muoversi **3** desiderare, bramare, aspirare □ (*di occasione, di momento*) spiare (*fig.*) **CONTR.** disdegnare, aborrire **4** (*fig.*) sperare, augurarsi, ripromettersi, prevedere **CONTR.** disperare **FRAS.** *aspettare un bambino* (*fig.*), essere incinta.

aspettativa *s. f.* **1** attesa, aspettazione □ speranza, assegnamento □ prospettiva □ desiderio **2** (*bur.*) dispensa del servizio. *V. anche* SPERANZA

aspettàto *part. pass. di* **aspettare**; *anche agg.* **1** atteso □ fatidico **CONTR.** imprevisto, inaspettato, inatteso, insospettato **2** desiderato, sospirato **CONTR.** inopinato.

aspètto (1) *s. m.* (*di sala*) attesa.

aspètto (2) *s. m.* **1** vista, sguardo **2** (*est.*) faccia, sembiante (*lett.*), fisionomia, lineamento, viso, volto □ figura, corpo, personale, struttura, fisico, complessione, corporatura □ cera □ aria, apparenza, parvenza, sembianza □ atteggiamento, piglio, presenza, portamento □ look (*ingl.*), immagine □ veste (*fig.*), ruolo □ ritratto, effigie □ facciata, esteriorità, forma □ (*di corpo celeste*) fase **3** (*di situazione*) punto di vista, prospettiva, chiave, lato □ (*morale, economico, ecc.*) profilo, risvolto.

aspirànte *part. pres. di* **aspirare**; *anche agg. e s. m. e f.* anelante □ candidato, concorrente, pretendente.

aspiràre **A** *v. tr.* **1** inspirare, inalare, fiutare **CONTR.** espirare, emettere, soffiare **2** (*est.*) trarre a sé, tirare, risucchiare □ (*di liquido*) pompare **CONTR.** rimettere **B** *v. intr.* anelare, ambire, desiderare, sospirare, vagheggiare, agognare, bramare, concupire (*lett.*) □ mirare, aspettare, cercare, tendere □ esigere, pretendere, volere □ concorrere **CONTR.** respingere, ricusare, rifiutare, rigettare. *V. anche* VOLERE

aspirazióne *s. f.* **1** inspirazione, inalazione □ (*nei camini*) tiraggio **CONTR.** espirazione, emissione **2** (*fig.*) desiderio, voglia, velleità, anelito, brama, amore, fine, mira, scopo, ideale □ pretesa **CONTR.** apatia, disinteresse, indifferenza, noncuranza.

aspirìna *s. f.* (*farm.*) acido acetilsalicilico.

àspo *s. m.* (*tess.*) arcolaio, dipanatoio, naspo, bindolo, guindolo, incannatoio.

asportàbile *agg.* mobile, amovibile **CONTR.** inamovibile.

asportàre *v. tr.* portare via, levare, cavare, togliere, prelevare □ estirpare, eliminare, enucleare, sradicare, rimuovere, strappare □ amputare **CONTR.** aggiungere, apportare, mettere, immettere.

asportazióne *s. f.* **1** (*med.*) escissione, ablazione, espianto, exeresi, amputazione, resezione □ (*di dente*) estrazione **2** detrazione, sottrazione, prelievo, prelevamento □ asporto, eliminazione, estirpazione, avulsione (*raro*), enucleazione, sradicamento, troncamento, mozzamento, mutilazione **CONTR.** aggiunta, aggiungimento, aggiunzione, accrescimento, aumento.

aspòrto *s. m.* asportazione **FRAS.** *da asporto*, takeaway (*ingl.*).

aspraménte *avv.* **1** acerbamente, acidamente, acremente, arcignamente □ severamente, bruscamente, seccamente □ crudamente, crudelmente, duramente □ fieramente, mortalmente **CONTR.** indulgentemente, benignamente, benevolmente, affabilmente, amabilmente □ dolcemente, teneramente **2** accanitamente, fortemente, impetuosamente, ostinatamente **CONTR.** debolmente, blandamente, mollemente, fiaccamente.

asprézza *s. f.* **1** (*di sapore*) sapore aspro, acredine, acerbezza (*raro*), acerbità, agrezza (*lett.*), bruschezza, fortore **CONTR.** dolcezza, delicatezza, amabilità, soavità, pastosità **2** (*di tatto*) ruvidità, ruvidezza, asperità, scabrezza, scabrosità **CONTR.** levigatezza, liscezza (*raro*), morbidezza **3** (*fig.*) (*di carattere, di parole, ecc.*) durezza, crudezza, crudeltà, inclemenza, severità □ rigore, rigidità, rigidezza □ rudezza, rusticità □ angolosità, spigolosità □ barbarie, rozzezza □ (*di discorso, di scritto, ecc.*) virulenza **CONTR.** amabilità, dolcezza, bonarietà, benevolenza, bonomia, garbatezza, gentilezza, mitezza, tenerezza.

àspro *agg.* **1** (*di sapore*) agro, brusco, acerbo □ acre, forte, irritante, pungente **CONTR.** amabile, dolce, zuccheroso, piacevole, gradevole, gradito **2** (*di tatto*) ruvido, scabro, irto, ispido **CONTR.** liscio, levigato, piano **3** (*est.*) (*di luogo*) malagevole, scosceso, difficile, difficoltoso, dirupato, rupestre, impervio, impraticabile, selvaggio **CONTR.** agevole, comodo, facile, pianeggiante, praticabile **4** (*est.*) (*di suono*) acuto, stridente, stridulo **CONTR.** armonioso, melodioso, musicale, dolce, flautato, vellutato **5** (*fig.*) (*di carattere*) rigido, rigoroso, duro, austero, severo □ arcigno □ cattivo, crudo, crudele □ burbero, scontroso □ scortese, sgarbato □ intrattabile □ angoloso, spigoloso □ rozzo, rude □ (*di discorso, di lingua, ecc.*) tagliente, virulento **CONTR.** amabile, benevolo, bonario, cortese, garbato, gentile, mite **6** (*fig.*) (*di rimprovero, di lotta, ecc.*) animoso, forte, fiero, impetuoso **CONTR.** debole, fiacco, molle. *V. anche* CRUDELE, SEVERO

assaggiàre *v. tr.* **1** (*di cibo*) assaporare, sentire, gustare, degustare, pregustare □ libare, delibare (*lett.*), prelibare (*lett.*) □ spilluzzicare, sbocconcellare **2** (*fig.*) (*di forze, ecc.*) provare, saggiare, sperimentare, tentare, tastare.

assàggio *s. m.* **1** degustazione, delibazione (*lett.*), prelibazione (*raro*) **2** piccola quantità, pezzetto, sorso **3** (*fig., raro*) esperimento, prova, saggio **4** (*fig.*) campione, scampolo.

assài **A** *avv.* **1** abbastanza, sufficientemente **CONTR.** insufficientemente **2** molto, tanto, parecchio, considerevolmente, notevolmente **CONTR.** poco, scarsamente, modestamente **B** *in funzione di agg.* parecchio, numeroso **CONTR.** poco, scarso.

assàle *s. m.* (*di ruota*) asse, sala.

assalìre *v. tr.* **1** investire, attaccare, affrontare, aggredire, assaltare, caricare, scagliarsi, avventarsi, dare addosso, stringersi addosso, fare impeto, muovere guerra □ (*di nave*) arrembare □ (*a parole*) apostrofare, inveire, tuonare **CONTR.** scappare, fuggire, sfuggire, evitare, eludere, schivare, indietreggiare, ritirarsi **2** (*fig.*) (*di paura, di pensiero, ecc.*) impadronirsi, invadere, prendere, opprimere.

assalitóre *s. m.* (*f. -trice*) aggressore, attaccante, assaltatore, investitore □ invasore, invaditore (*raro*) **CONTR.** aggredito, assalito, attaccato, investito.

assaltàre *v. tr.* dare l'assalto, assalire, attaccare, aggredire, caricare.

assaltatóre *s. m.* (*f. -trice*) assalitore, aggressore, attaccante **CONTR.** assalito, aggredito, attaccato.

assàlto *s. m.* **1** attacco, carica, impeto, investimento □ colpo di mano, aggressione □ offensiva, battaglia, invasione □ irruzione, scorreria, incursione □ espugnazione, presa □ abbordaggio, arrembaggio □ (*fig.*) (*di invidia e sim.*) morso **CONTR.** contrassalto, contrattacco, controffensiva □ fuga, ritirata, rotta, disfatta **2** (*sport, scherma*) scontro **3** (*pugilato*) ripresa.

ASSALTO
sinonimia strutturata

Nel linguaggio militare l'**assalto** è un atto tattico con il quale le truppe più avanzate concludono la fase decisiva del combattimento precipitandosi sulle posizioni avversarie: *reparti d'assalto*; *i mezzi d'assalto*, sono invece i mezzi navali destinati a colpire le unità nemiche nei porti. Per estensione con assalto si intende un'azione violenta che danneggia qualcuno o qualcosa: *muovere all'assalto*; *prendere d'assalto*; *assalto al treno*. Nel linguaggio corrente è diffusa l'espressione *assalto alla diligenza*, un modo di dire che si riferisce figuratamente al tentativo da parte di più persone di impossessarsi di qualcosa in modo proditorio. Appartiene alla lingua odierna anche la locuzione aggettivale *d'assalto* che è usata per indicare chi svolge un incarico o esercita una professione con particolare grinta e determinazione: *pretore d'assalto*; *giornalista d'assalto*.

L'**offensiva**, in senso tecnico-militare, è una forma di lotta armata che consiste nel prendere l'iniziativa delle operazioni di guerra imponendosi al nemico e annullandone la capacità operativa: *preparare un'offensiva*; *arrestare un'offensiva*. In senso esteso, il termine si usa in riferimento ad una azione decisa che viene organizzata, strutturata, allo scopo di ottenere qualcosa: *offensiva sindacale, politica*; con *offensiva di pace*, s'intende in particolare la pressione psicologica sull'opinione pubblica internazionale per il raggiungimento della pace. Pressoché sinonimo di offensiva, il termine **attacco** nell'ambito della tecnica militare o sportiva indica un'azione aggressiva: *muovere all'attacco*; in particolare nel calcio si usa in riferimento all'azione condotta dai giocatori della linea più avanzata della squadra. In senso figurato, l'attacco è una critica particolarmente ostile e violenta condotta allo scopo di ottenere un obiettivo determinato o per esercitare una pressione psicologica su qualcuno: *i giornali hanno condotto una serie di attacchi contro la politica governativa.* La **carica** è l'azione risolutiva della lotta per sopraffare l'avversario e in questo senso il termine è sinonimo di assalto e attacco: *alla carica*; *carica di cavalleria*; *carica alla baionetta.* In senso figurato, l'espressione *tornare alla carica* significa insistere con qualche richiesta che era stata respinta: *i creditori sono tornati alla carica.*

L'**aggressione** è un atto di violenza che consiste nell'assalire con impeto, subitaneamente: *subire un'aggressione*; *aggressione a mano armata*; il termine oltre ad indicare un'atto di tipo doloso, ha anche il significato di azione armata improvvisa di uno Stato contro un altro Stato: *reprimere, prevenire atti di aggressione*; *l'aggressione nazista alla Polonia nel 1939.* La **battaglia** è uno scontro di notevoli proporzioni tra eserciti avversari, costituito da una serie di combattimenti coordinati: *dare, ingaggiare, tenere, accettare, rifiutare battaglia*; *battaglia offensiva, controffensiva, difensiva*; *battaglia aerea, terrestre*; in particolare, la *battaglia campale* è uno scontro combattuto in campo aperto tra eserciti contrapposti e, in senso figurato, uno scontro aperto il cui esito ha valore decisivo: *c'è voluta una battaglia campale per ottenere quelle riforme sindacali.* In generale, il vocabolo vuol dire lotta, contrasto: *la vita è una continua battaglia.*

L'**invasione** è l'occupazione di un territorio altrui per motivi diversi: *invasione di un esercito*; *le invasioni barbariche*; nel lessico sportivo con *invasione di campo* s'intende tuttavia l'illecita occupazione del terreno di gioco compiuta dagli spettatori durante o dopo una partita. L'**incursione** è un attacco, una rapida azione di guerra dentro un territorio nemico: *durante la notte ci furono due incursioni aeree*; per estensione, il vocabolo si riferisce a qualunque azione improvvisa compiuta a danno di qualcuno: *i ladri hanno fatto un'incursione in banca.* **Irruzione** in generale indica l'entrare a forza, con impeto, in un luogo: *l'irruzione delle acque*; il termine ha anche il significato più specifico di azione violenta ad opera di una massa armata che si abbatte su un luogo per devastarlo o sull'avversario per travolgerlo: *l'esercito fece irruzione nel campo nemico.*

assaporàre *v. tr.* **1** (*di cibo*) gustare, degustare, assaggiare, libare □ sorseggiare, centellinare **CONTR.** trangugiare, divorare, ingollare, ingurgitare □ tracannare **2** (*fig.*) (*di sentimenti, di musica*) godere, godersi □ ascoltare.

assassinàre *v. tr.* **1** (*di persona*) uccidere, ammazzare, sopprimere **2** (*fig.*) (*di reputazione, ecc.*) danneggiare, rovinare, guastare, sciupare **CONTR.** accomodare, riparare.

assassìnio *s. m.* **1** (*di persona*) uccisione, omicidio, ammazzamento, delitto, soppressione **2** (*fig.*) (*di cosa*) danneggiamento, rovina, violenza, sopruso, attentato **CONTR.** accomodatura, aggiustamento, riparazione.

assassìno ***A*** *s. m.* omicida, uccisore, sicario, killer (*ingl.*) □ massacratore, trucidatore, terrorista, attentatore □ (*fig.*) brigante, bandito, grassatore, malandrino, malfattore, masnadiero, malvivente □ uomo malvagio ***B*** *agg.* **1** malvagio, criminale **2** (*fig.*) (*di sguardo, di parola, ecc.*) seducente, attraente, provocante, affascinante, ammaliante **CONTR.** disgustoso, repellente, ripugnante, ributtante, antipatico.

àsse (1) *s. f.* tavola, tavolone, tavolato, pancone, assito □ mensola, palchetto □ tagliere.

àsse (2) *s. m.* **1** (*tecnol.*) (*di ruota*) sala, assale □ (*di campana*) bilico □ (*dell'aratro*) bure □ (*di penna*) rachide **2** (*mat.*) retta, segmento, linea **3** (*mecc.*) albero, perno **FRAS.** *asse stradale*, mediana della carreggiata, mezzeria.

assecondàre *v. tr.* secondare, aiutare, favorire, appoggiare, incoraggiare, sostenere, caldeggiare □ acconsentire, cedere, condiscendere, compiacere, indulgere, esaudire □ ottemperare, ubbidire **CONTR.** avversare, contrariare, contrastare, combattere, osteggiare, ostacolare, opporsi. *V. anche* OBBEDIRE

assediàre *v. tr.* **1** (*di luogo*) cingere d'assedio, bloccare, circondare, accerchiare, asserragliare, oppugnare (*lett.*), affamare **CONTR.** toglier l'assedio, sbloccare, liberare **2** (*est.*) chiudere tutt'attorno □ attorniare, affollare **3** (*fig.*) (*di persona*) importunare, infastidire, tormentare, assillare, molestare.

assediàto *part. pass. di* **assediare**; *anche agg.* e *s. m.* **1** **CONTR.** assediante, assediatore (*raro*) **2** (*est.*) attorniato, circondato **3** (*fig.*) (*di persona*) importunato, infastidito, assillato, oppresso.

assèdio *s. m.* **1** (*di luogo*) accerchiamento, cerchio, blocco, stretta **CONTR.** sblocco, liberazione **2** (*fig.*) (*di persona*) importunità, molestia, insistenza.

assegnaménto *s. m.* **1** assegnazione, attribuzione **2** rendita, provento, entrata, rimunerazione, assegno **CONTR.** spesa, sborso, esborso, uscita **3** (*fig.*) affidamento □ fiducia, speranza, confidenza, affidamento, fondamento, aspettativa, calcolo, conto. *V. anche* SPERANZA

assegnàre *v. tr.* **1** dare, fissare, aggiudicare, attribuire, consegnare □ dispensare, distribuire, dividere, ripartire □ infliggere **CONTR.** togliere, levare, privare **2** (*di incarico*) dare, affibbiare, appioppare, accollare □ eleggere, nominare, rimettere, conferire □ destinare, adibire □ passare □ (*di denaro*) stanziare, erogare □ (*di sede*) mandare, inviare **CONTR.** togliere, allontanare **3** (*di termine, di tempo*) stabilire, prescrivere, fissare. *V. anche* DIVIDERE

assegnàto *part. pass. di* **assegnare**; *anche agg.* **1** attribuito, dato, consegnato □ inflitto **CONTR.** tolto, levato **2** destinato, adibito, addetto □ (*di denaro*) accantonato □ stanziato, erogato **3** da pagare, contro assegno **CONTR.** affrancato.

assegnazióne *s. f.* **1** aggiudicazione, attribuzione □ consegna □ conferimento □ dotazione □ distribuzione, divisione, ripartizione □ (*di denaro*) accantonamento □ erogazione, stanziamento **CONTR.** incameramento **2** destinazione □ nomina □ deputazione **CONTR.** allontanamento, espulsione, destituzione.

asségno *s. m.* **1** assegnamento, assegnazione □ rendita, denaro, provvigione, sussidio, stipendio, congrua **2** (*banca*) titolo di credito, cartevalori, chèque (*fr.*) **3** somma da pagare **FRAS.** *assegno di studio*, presalario □ *assegno turistico*, travellers' cheque (*ingl.*).

assemblàggio *s. m.* (*tecnol.*) unione, montaggio **CONTR.** smontatura.

assemblàre *v. tr.* (*tecnol.*) unire, montare **CONTR.** smontare. *V. anche* UNIRE

assemblèa *s. f.* **1** (*dir.*) parlamento, dieta, consiglio, giunta, senato, camera, concistoro (*relig.*), sinodo (*eccl.*) **2** (*est.*) adunanza, adunata, congresso, riunione, raccolta, consiglio, seduta, sessione, assise, consesso, sinedrio (*fig., scherz.*) **3** (*di protesta, di solidarietà, ecc.*) manifestazione, dimostrazione.

assembraménto *s. m.* adunanza, adunata, raduno, riunione, moltitudine, affollamento, ammassamento, capannello, crocchio □ calca, folla, pigia pigia □ dimostrazione **CONTR.** sfollamento. *V. anche* FOLLA

assennataménte *avv.* giudiziosamente, avvedutamente, equilibratamente, sensatamente, saggiamente, saviamente □ cautamente, prudentemente **CONTR.** avventatamente, dissennatamente, insensatamente, insipientemente, imprudentemente, sconsideratamente, storditamente, follemente.

assennatézza *s. f.* senno, giudizio, buonsenso, cervello, criterio, avvedutezza, discernimento, prudenza, saggezza, saviezza, responsabilità **CONTR.** avventatezza, dissennatezza, imprudenza, insipienza, sventatezza, sconsideratezza, irresponsabilità, storditaggine, faciloneria. *V. anche* PRUDENZA, SAGGEZZA

assennàto *agg.* giudizioso, prudente, cauto, equilibrato, maturo, quadrato, avveduto, ragionevole, riflessivo, saggio, savio, sensato, responsabile □ benpensante **CONTR.** avventato, dissennato, imprudente, insensato, irresponsabile, scapato, sventato, scervellato, sconsiderato, facilone, scriteriato □ squinternato, tocco, bislacco, matto, picchiatello.

assènso *s. m.* consenso, approvazione, assentimento, acconsentimento (*raro*), adesione, beneplacito, benestare, licenza **CONTR.** dissenso, disapprovazione, disaccordo, disvolere, divergenza, negazione, diniego, rifiuto, veto.

assentàrsi *v. intr. pron.* allontanarsi, andarsene, partire, ritirarsi **CONTR.** arrivare, giungere, tornare, ritornare, presentarsi, intervenire, presenziare.

assènte *agg.* **1** non presente, lontano, distante □ contumace □ inesistente **CONTR.** presente, astante, convenuto, intervenuto, partecipante **2** (*fig.*) (*di mente*) distratto, disattento, svagato, imbambolato, assorto, astratto, estraneo **CONTR.** attento, raccolto, vigile.

assenteìsmo *s. m.* **1** (*dal lavoro*) assenza **CONTR.** presenza, assiduità **2** (*fig.*) disinteresse, indifferenza, apatia, astensionismo, disimpegno, qualunquismo **CONTR.** partecipazione, impegno, zelo.

assenteìsta *agg.; anche s. m. e f.* **1** (*dal lavoro*) assente **CONTR.** presente **2** (*fig.*) astensionista □ indifferente, apatico, disimpegnato **CONTR.** partecipe, impegnato.

assentìre *v. intr.* annuire □ consentire, acconsentire, approvare, accondiscendere, concedere, permettere **CONTR.** disapprovare, dissentire, discordare, negare, vietare.

assènza *s. f.* **1** (*di persona*) lontananza □ distanza, distacco, separazione, estraneità □ contumacia **CONTR.** presenza, vicinanza **2** (*di cosa*) mancanza, difetto, carenza, inesistenza, privazione, vuoto **CONTR.** presenza □ abbondanza, copia, eccedenza, eccesso, sovrabbondanza.

asserìre *v. tr.* dire, affermare, sostenere, assicurare, asseverare (*raro*), attestare, testimoniare, dichiarare, certificare, garantire, proclamare, giurare □ scommettere □ pretendere **CONTR.** negare, smentire, dissentire.

asserragliàre **A** *v. tr.* chiudere, serrare, barricare, sbarrare, bloccare **CONTR.** aprire, disserrare, spalancare **B** **asserragliarsi** *v. rifl.* barricarsi, rinchiudersi, fortificarsi, mettersi al sicuro, tapparsi.

assertóre *s. m.* (*f. -trice*) sostenitore, propugnatore, difensore, fautore **CONTR.** negatore, oppositore.

asserviménto *s. m.* assoggettamento, sottomissione □ ceppo (*fig.*), catene (*fig.*), prigionia (*fig.*) □ giogo (*fig.*) **CONTR.** affrancamento, emancipazione, liberazione.

asservìre **A** *v. tr.* assoggettare, sottomettere □ infeudare □ vincere **CONTR.** affrancare, emancipare, liberare **B** **asservirsi** *v. rifl.* rendersi servo, assoggettarsi, sottomettersi, infeudarsi, obbligarsi **CONTR.** affrancarsi, emanciparsi, liberarsi.

asserzióne *s. f.* affermazione, asserto, assicurazione, attestazione, dichiarazione, asseverazione □ assunto, tesi □ giudizio **CONTR.** negazione, opposizione.

assestaménto *s. m.* **1** accomodamento, aggiustamento, assetto, ordine, ordinamento, regolamento, sistemazione □ consolidamento □ rodaggio **CONTR.** confusione, disordine, scompiglio, soqquadro, sconvolgimento, sovvertimento □ dissesto **2** (*edil., costr.*) abbassamento (delle strutture), calo.

assestàre **A** *v. tr.* **1** mettere in sesto, ordinare, adattare, aggiustare, assettare, accomodare, regolare, sistemare **CONTR.** buttare all'aria, mettere sottosopra, disordinare, confondere, scompigliare, dissestare, scombinare, scombussolare, scompaginare, sconvolgere **2** (*est.*) (*di schiaffo, ecc.*) affibbiare, appioppare, mollare, rifilare, accoccare, azzeccare, dare, menare, vibrare **CONTR.** ricevere, subire, prendere, beccarsi (*pop.*) **B** **assestarsi** *v. rifl.* adattarsi, assettarsi, aggiustarsi, sistemarsi.

assestàto *part. pass. di* **assestare**; *anche agg.* **1** ordinato, assettato, accomodato, aggiustato, sistemato **CONTR.** confuso, caotico, disordinato, scompigliato, scombussolato □ dissestato **2** (*fig.*) (*di persona*) assennato, avveduto, giudizioso, equilibrato **CONTR.** avventato, dissennato, sconsiderato, sventato, squilibrato **3** (*di pugno, di calcio, ecc.*) dato, inferto, vibrato.

assetàto *agg.* **1** tormentato dalla sete, sitibondo (*lett.*) **CONTR.** dissetato **2** (*est.*) (*di terreno, di piante, ecc.*) arido, riarso, secco, inaridito **CONTR.** umido, bagnato, innaffiato, irrigato **3** (*fig.*) (*di denaro, di gloria, ecc.*) avido, bramoso, desideroso, cupido, smanioso **CONTR.** sazio, soddisfatto □ disgustato, nauseato, stomacato.

assettàre ***A*** *v. tr.* accomodare, sistemare, ordinare, assestare, disporre □ abbigliare, acconciare, adornare **CONTR.** disordinare, scompigliare, scomporre, scombinare ***B*** **assettarsi** *v. rifl.* assestarsi, sistemarsi □ abbigliarsi, adornarsi □ ravviarsi **CONTR.** disordinarsi, arruffarsi.

assettàto *part. pass. di* **assettare**; *anche agg.* ordinato, assestato, sistemato □ attillato □ ravviato **CONTR.** arruffato, disordinato □ trasandato, trascurato.

assètto *s. m.* ***1*** ordine, sistemazione, composizione, strutturazione, disposizione □ apparato, struttura □ regolamento □ assestamento **CONTR.** confusione, disordine, caos, scompiglio, sconvolgimento, arruffio ***2*** (*est.*) abito, tenuta, equipaggiamento.

assicuràre ***A*** *v. tr.* ***1*** rendere sicuro, mettere al sicuro, dar sicurezza □ difendere, proteggere, preservare, cautelare, tutelare, salvaguardare, riparare □ ancorare, attaccare, affrancare, fermare, legare □ salvare **CONTR.** esporre a rischio, esporre a pericolo ***2*** dire, affermare, dichiarare □ attestare, dimostrare, certificare □ testificare (*raro*), testimoniare □ giurare, asseverare □ promettere □ garantire □ (*di fedeltà, di gratitudine, ecc.*) protestare **CONTR.** negare, smentire ***3*** (*di fama, ecc.*) meritare, procacciare ***B*** **assicurarsi** *v. rifl.* ***1*** accertarsi, controllare, verificare, sincerarsi ***2*** mettersi al sicuro, cautelarsi, garantirsi, cauzionarsi □ puntellarsi, reggersi, sostenersi ***3*** accaparrarsi, procurarsi.

assicuràto *part. pass. di* **assicurare**; *anche agg.* ***1*** sicuro, certo, garantito □ promesso □ (*di rischio, di conto, ecc.*) coperto **CONTR.** incerto, insicuro ***2*** fermato, fissato, legato, ancorato **CONTR.** slegato, staccato, libero.

assicurazióne *s. f.* ***1*** affermazione, asserzione □ attestazione □ garanzia, cauzione, guarentigia, sicurtà (*raro*) □ impegno, promessa, parola □ rassicurazione ***2*** (*dir.*) contratto assicurativo.

assideràre ***A*** *v. tr.* ghiacciare, gelare, intirizzire, intorpidire **CONTR.** scaldare, riscaldare ***B*** *v. intr.* e **assiderarsi** *intr. pron.* congelarsi, ghiacciarsi, gelarsi, intirizzirsi, intorpidirsi **CONTR.** scaldarsi, riscaldarsi, aver caldo.

assideràto *part. pass. di* **assiderare**; *anche agg.* agghiacciato, gelato, infreddolito, intirizzito, intormentito **CONTR.** accaldato, sudato.

assiduaménte *avv.* continuamente, costantemente, frequentemente □ diligentemente, indefessamente, pazientemente **CONTR.** saltuariamente, sporadicamente, con discontinuità □ negligentemente, sbadatamente.

assiduità *s. f.* ***1*** continuità, frequenza, costanza □ accanimento **CONTR.** incostanza, saltuarietà, sporadicità, discontinuità ***2*** diligenza, pazienza, perseveranza, zelo, cura, industria **CONTR.** negligenza, svogliatezza, trascuratezza, oscitanza (*raro*), incuria □ assenteismo. *V. anche* COSTANZA, ZELO

assìduo *agg.* ***1*** (*di cosa*) continuo, costante, incessante, ininterrotto, frequente, persistente, diuturno (*lett.*) **CONTR.** discontinuo, incostante, interrotto, occasionale, saltuario, sporadico, raro ***2*** (*di persona*) frequente, frequentatore, abituale, fedele □ diligente, paziente, perseverante, zelante, instancabile, indefesso **CONTR.** saltuario, sporadico □ negligente, svogliato, trascurato, incurante. *V. anche* FREQUENTE

assième ***A*** *avv.* insieme ***B*** *s. m.* complesso, unione **FRAS.** *mettere assieme*, riunire.

assiepaménto *s. m.* calca, folla, ressa, affollamento, pigia pigia. *V. anche* FOLLA

assiepàre ***A*** *v. tr.* (*lett.*) far siepe □ (*fig.*) circondare, chiudere, ostruire ***B*** **assieparsi** *v. intr. pron.* affollarsi, accalcarsi, ammassarsi, far ressa **CONTR.** disperdersi, spargersi, sparpagliarsi, sfollare, andarsene.

assillànte *part. pres. di* **assillare**; *anche agg.* fastidioso, noioso, molesto, insistente, ossessivo, ossessionante, pressante, seccante, snervante, soffocante, tormentoso, scocciante (*fam.*) **CONTR.** piacevole, gradevole, divertente, dilettevole.

assillàre ***A*** *v. tr.* molestare, tormentare, assediare, infastidire, ossessionare, seccare, scocciare (*fam.*) □ (*di domande, ecc.*) martellare (*fig.*) □ (*di pensiero, di preoccupazione, ecc.*) attanagliare, trivellare, torturare **CONTR.** liberare, dare pace ***B*** *v. intr.* (*lett.*) smaniare.

assillàto *part. pass. di* **assillare**; *anche agg.* tormentato, molestato, assediato, infastidito, seccato, scocciato (*fam.*) **CONTR.** liberato.

assillo *s. m.* ***1*** (*zool.*) estro, tafano ***2*** (*fig.*) tormento, cura (*lett.*), affanno, lavorio, ossessione, incubo, pensiero, preoccupazione, peso □ (*di invidia, di gelosia, ecc.*) tarlo, chiodo □ stimolo, incitamento, eccitamento, incentivo, pungolo **CONTR.** freno, ritegno.

assimilàre ***A*** *v. tr.* ***1*** (*lett.*) rendere simile, parificare, uguagliare, accomunare **CONTR.** differenziare, diversificare ***2*** (*biol.*) assorbire, digerire, smaltire **CONTR.** non digerire ***3*** (*fig.*) far proprio, accettare, assorbire, imbeversi ***B*** **assimilarsi** *v. intr. pron.* diventare simile, rendersi simile, imitare **CONTR.** differenziarsi, diversificarsi.

assimilazióne *s. f.* ***1*** (*biol.*) (*di cibo*) digestione, elaborazione ***2*** (*fig.*) (*di nozioni, ecc.*) apprendimento, acculturazione ***3*** (*fig.*) (*di partiti, di società, ecc.*) fusione.

assiòlo *s. m.* (*zool.*) chiù, chiurlo.

assiòma *s. m.* verità evidente □ massima, aforisma, sentenza, adagio, principio, dogma, postulato, proposizione, detto, motto, asserto. *V. anche* MASSIMA

assistènte ***A*** *part. pres. di* **assistere**; *anche agg.* aiutante, coadiuvante ***B*** *s. m.* e *f.* collaboratore, aiuto, aiutante, ausiliare, tirapiedi (*fig., spreg.*) □ accompagnatore, guida, hostess (*ingl.*) □ sorvegliante, vigilatore □ (*in spiaggia, in piscina*) bagnino □ (*nel pugilato*) secondo.

assistènza *s. f.* ***1*** presenza **CONTR.** assenza ***2*** cura, vigilanza, sorveglianza **CONTR.** indifferenza, noncuranza, trascuratezza ***3*** aiuto, ausilio, soccorso □ appoggio, sostegno □ collaborazione, cooperazione □ protezione □ patrocinio □ patronato (*lett.*) □ consulenza □ beneficenza **CONTR.** danno, impedimento, nocumento (*lett.*), ostacolo, sabotaggio, vessazione, pregiudizio ***4*** previdenza sociale, assistenza sociale, mutua, previdenza.

assistenziàle *agg.* ausiliario □ dell'assistenza sociale, previdenziale, mutualistico □ di beneficenza, di carità.

assìstere ***A*** *v. intr.* guardare, vedere, presenziare, partecipare, intervenire **CONTR.** star lontano, essere assente ***B*** *v. tr.* curare, accudire, custodire, governare, prendersi cura □ vegliare □ aiutare, soccorrere □ coadiuvare, cooperare □ appoggiare, sostenere □ agevolare, favorire □ difendere, patrocinare □ (*di Dio, di santi, ecc.*) benedire **CONTR.** disinteressarsi, trascurare, abbandonare, non badare. *V. anche* AIUTARE

assistito *part. pass. di* **assistere**; *anche agg. e s. m.* aiutato, soccorso □ curato, accudito, sorvegliato □ (*di candidato, di proposta, ecc.*) patrocinato, difeso □ mutuato **CONTR.** trascurato, abbandonato, derelitto.

àsso *s. m.* ***1*** (*in alcuni giochi di carte*) carico ***2*** (*fig.*) campione, fuoriclasse, drago, cannone, fuoriserie □ persona eccezionale **CONTR.** nullità, schiappa, sbercia (*tosc.*) **FRAS.** *avere l'asso nella manica* (*fig.*), essere sicuro di riuscire □ *piantare in asso* (*fig.*), lasciare bruscamente, abbandonare □ *essere un asso* (*fig.*), essere bravissimo.

associàre ***A*** *v. tr.* ***1*** rendere partecipe, far partecipare, prendere, ammettere, affiliare, iscrivere **CONTR.** escludere, allontanare, respingere ***2*** mettere insieme, unire, federare, confederare, accomunare, aggregare, congregare, fondere, consociare, consorziare □ abbinare, appaiare, accoppiare □ avvicinare, accostare □ mettere in relazione, collegare **CONTR.** dissociare, disunire, dividere, separare, staccare, scindere ***B*** **associarsi** *v. rifl.* ***1*** unirsi, aggregarsi, confederarsi, consociarsi, consorziarsi, allearsi, coalizzarsi, fondersi **CONTR.** dividersi, dissociarsi, separarsi, staccarsi ***2*** abbonarsi, iscriversi □ affiliarsi **CONTR.** disabbonarsi ***3*** (*fig.*) partecipare, condividere **CONTR.** estraniarsi, dissociarsi, isolarsi. *V. anche* UNIRE

associàto *part. pass. di* **associare**; *anche agg. e s. m.* ***1*** partecipe □ membro, socio, affiliato □ iscritto, tesserato, alleato, federato, confederato, consociato, consorziato □ aggregato, aggiunto **CONTR.** dissociato, solo, separato ***2*** abbonato ***3*** accomunato, assimilato □ legato, connesso, collegato.

associazióne *s. f.* ***1*** associamento, unione □ aggruppamento, riunione **CONTR.** dissociazione, disunione, separazione ***2*** (*biol.*) linkage (*ingl.*) ***3*** compagnia, gruppo, società □ lega, corporazione, sodalizio □ circolo, club (*ingl.*), accademia, collegio □ federazione, confederazione, consociazione, consorzio, cooperativa □ comunità (*di professionisti, di religiosi, ecc.*) □ organizzazione, organismo, istituto, istituzione □ confraternita, ordine, congregazione, setta □ racket (*ingl.*) (*spreg.*) ***4*** (*fig.*) (*di idee*) collegamento, comunanza ***5*** (*biol.*) simbiosi, parassitismo.

assodàre ***A*** *v. tr.* ***1*** (*anche fig.*) rassodare, solidificare, rapprendere, indurare, indurire, consolidare □ irrobustire **CONTR.** ammollare, ammollire, ammorbidire, rammollire, intenerire □ indebolire, debilitare, fiaccare ***2*** (*fig.*) (*di verità, di fatti, ecc.*) accertare, constatare, provare, stabilire ***B*** **assodarsi** *v. intr. pron.* (*anche fig.*) rassodarsi, solidificarsi, indurirsi, consolidarsi, condensarsi, rapprendersi, rafforzarsi, invigorirsi **CONTR.** rammollirsi, intenerirsi, ammorbidirsi, indebolirsi, fiaccarsi. *V. anche* CONSTATARE

assodàto *part. pass. di* **assodare**; *anche agg.* ***1*** rassodato, indurito **CONTR.** rammollito ***2*** (*fig.*) accertato, constatato, provato, stabilito.

assoggettaménto *s. m.* sottomissione, sommissione (*lett.*), asservimento □ conquista □ plagio □ adattamento **CONTR.** affrancamento, affrancazione, emancipazione, liberazione, redenzione.

assoggettàre ***A*** *v. tr.* sottomettere, asservire, soggiogare, vincere □ subordinare □ plagiare **CONTR.** affrancare, emancipare, liberare, redimere ***B*** **assoggettarsi** *v. rifl.* adattarsi, sottomettersi, sottostare, subire, rassegnarsi, sopportare, ubbidire **CONTR.** affrancarsi, emanciparsi, liberarsi, ribellarsi □ esimersi, sottrarsi. *V. anche* OBBEDIRE

assolàto *agg.* soleggiato, solatio, aprico (*lett.*) **CONTR.** ombroso, ombreggiato.

assoldàre *v. tr.* ***1*** ingaggiare, arruolare, reclutare ***2*** (*est.*) pagare, retribuire, remunerare, salariare, prezzolare.

assoldàto *part. pass. di* **assoldare**; *anche agg.* ***1*** ingaggiato, arruolato, reclutato ***2*** (*est.*) pagato, retribuito, prezzolato □ mercenario.

assòlto *part. pass. di* **assolvere**; *anche agg.* ***1*** esentato, liberato, sciolto, prosciolto, svincolato □ perdonato, graziato, amnistiato **CONTR.** obbligato, vincolato □ condannato, dannato, imprigionato ***2*** (*di dovere, di impegno, ecc.*) soddisfatto, compito, compiuto, ottemperato, adempiuto □ onorato, mantenuto, rispettato, risolto **CONTR.** respinto, rifiutato.

assolutaménte *avv.* ***1*** in assoluto, generalmente **CONTR.** relativamente ***2*** in ogni caso, ad ogni costo, necessariamente □ categoricamente, nettamente, incondizionatamente, tassativamente **CONTR.** condizionatamente ***3*** del tutto, completamente, interamente, totalmente, strettamente, letteralmente, matematicamente, affatto, perfettamente □ addirittura **CONTR.** parzialmente.

assolutìsmo *s. m.* dogmatismo □ dispotismo, tirannia, totalitarismo, dittatura **CFR.** democrazia, liberalismo, parlamentarismo.

assolutìsta *s. m. e f.; anche agg.* assolutistico □ despota, tiranno **CFR.** democratico, liberale.

assolutìstico *agg.* ***1*** assolutista □ dittatorio, dittatoriale, dispotico, tirannico **CFR.** liberale, democratico ***2*** (*fam.*) prepotente, autoritario □ dottrinario, manicheo **CONTR.** tollerante, libertario, docile, mite.

assolùto *agg.* ***1*** (*lett.*) illimitato, totale, completo **CONTR.** relativo, limitato ***2*** (*di verità, ecc.*) generale, universale □ dogmatico, assiomatico □ matematico **CONTR.** particolare, relativo, contingente ***3*** (*di ordine, ecc.*) perentorio, tassativo, deciso, categorico □ manicheo ***4*** (*di governo*) dispotico, totalitario, tirannico, dittatoriale **CFR.** democratico, liberale ***5*** (*di obbedienza, di padronanza, ecc.*) ottimo, perfetto, profondo, stretto □ cieco, esclusivo, incondizionato **CONTR.** scarso, limitato, condizionato, relativo, parziale ***6*** (*di buio*) pesto ***7*** (*di silenzio*) sepolcrale.

V. anche SOVRANO

assoluzióne *s. f.* **1** proscioglimento, liberazione □ (*est.*) indulto, grazia, amnistia □ perdono **CONTR.** incriminazione, impeachment (*ingl.*), condanna, castigo, punizione **2** (*relig.*) (*dei peccati*) perdono, remissione **3** (*di compito*) assolvimento, espletamento (*bur.*), espletazione (*raro*), compimento. V. anche PERDONO

assòlvere *v. tr.* **1** (*da obblighi*) dispensare, disobbligare, esentare, esimere, esonerare, liberare, sciogliere, prosciogliere **CONTR.** obbligare, costringere, vincolare **2** (*dir.*) dichiarare innocente **CONTR.** condannare, castigare, punire **3** (*relig.*) rimettere i peccati, perdonare **4** (*di compito*) adempiere, espletare (*bur.*), compiere, eseguire, soddisfare **CONTR.** disattendere.

assolviménto *s. m.* adempimento, compimento, soddisfacimento □ (*di debito*) soluzione, pagamento **CONTR.** inadempienza □ insolvenza.

assomigliàre **A** *v. tr.* **1** paragonare, confrontare **2** rendere simile **CONTR.** differenziare **B** *v. intr.* e **assomigliarsi** *intr. pron.* essere simile, somigliare, rassomigliare, sembrare, parere, ricordare, avvicinarsi **CONTR.** differenziarsi, differire, diversificarsi, distare.

assonànza *s. f.* accordo, armonia, corrispondenza, concordanza **CONTR.** dissonanza, disarmonia, disaccordo.

assonnàto *agg.* insonnolito, sonnacchioso, sonnolento, addormentato **CONTR.** desto, sveglio, vigile.

assopiménto *s. m.* sopore, sonno **CONTR.** risveglio.

assopìre **A** *v. tr.* **1** (*di persona*) addormentare **CONTR.** svegliare, risvegliare, destare, ridestare **2** (*fig.*) (*di sentimenti*) calmare, addolcire, placare, quietare, chetare, sedare, sopire □ tranquillizzare **CONTR.** eccitare, elettrizzare □ scuotere, spronare, stimolare **B** **assopirsi** *v. intr. pron.* **1** (*di persona*) addormentarsi, appisolarsi **CONTR.** svegliarsi, risvegliarsi, destarsi, ridestarsi **2** (*fig.*) (*di sentimenti*) calmarsi, placarsi, quietarsi, tranquillizzarsi **CONTR.** eccitarsi, scuotersi, riscuotersi.

assorbènte **A** *part. pres. di* **assorbire**; *anche agg.* asciugante, permeabile, bibace (*raro, lett.*), bibulo (*raro, lett.*) **CONTR.** impermeabile, idrorepellente **B** *s. m.* pannolino, tampone.

assorbìre *v. tr.* **1** imbeversi, impregnarsi, bere, succhiare **CONTR.** essere impermeabile **2** (*fig.*) (*di idee, di modi, ecc.*) rendere proprio, assimilare **CONTR.** rifiutare, opporsi **3** (*fig.*) (*di energia, ecc.*) consumare, esaurire, richiedere **CONTR.** produrre, dare **4** (*fig.*) (*di tempo, di impegno*) impegnare, occupare.

assordànte *part. pres. di* **assordare**; *anche agg.* rimbombante, rintronante, rumorosissimo, fragoroso, scrosciante **CONTR.** fievole, smorzato, sommesso.

assordàre **A** *v. tr.* **1** rendere sordo □ (*est.*) assordire, stordire, intronare, rintronare □ rimbombare, rumoreggiare **2** (*fig.*) frastornare, infastidire **B** *v. intr.* divenire sordo.

assortiménto *s. m.* (*di merci*) scelta, raccolta, collezione, serie, fornimento, varietà, quantità. V. anche SCELTA

assortìre *v. tr.* **1** (*di merce*) disporre, distinguere, ordinare, classificare **CONTR.** confondere, mescolare **2** (*di negozio*) rifornire.

assortìto *part. pass. di* **assortire**; *anche agg.* **1** vario, variato, diverso, composito, composto **2** scelto, ordinato, armonico **CONTR.** confuso, disordinato, disarmonico.

assòrto *agg.* intento, assorbito, immerso, preso (*fam.*), raccolto, sprofondato, rapito □ cogitabondo, meditabondo, pensoso, pensieroso, soprappensiero □ trasognato, assente **CONTR.** distratto, svagato.

assottigliaménto *s. m.* affilamento, aguzzamento □ rastremazione □ diminuzione, calo, riduzione **CONTR.** ingrossamento, ispessimento □ accrescimento, aumento.

assottigliàre **A** *v. tr.* **1** (*di cosa*) affilare, arrotare, aguzzare, acuminare □ rastremare □ affusolare **CONTR.** ottundere, smussare □ ingrossare, ispessire **2** (*di viso, ecc.*) dimagrire, far dimagrire, smagrire, sfinare **CONTR.** ingrassare, ingrossare **3** (*fig.*) (*di scorte*) diminuire, ridurre **CONTR.** accrescere, aumentare **4** (*fig.*) (*di ingegno*) acuire, affinare **CONTR.** ottundere **B** **assottigliarsi** *v. intr. pron.* **1** divenir sottile, rastremarsi □ dimagrire **CONTR.** ingrossarsi **2** (*fig.*) (*di scorte*) diminuire, scemare, ridursi **CONTR.** accrescersi, crescere, aumentare.

assuefàre **A** *v. tr.* abituare, avvezzare, accostumare, adusare (*lett.*) □ addestrare, addomesticare **CONTR.** disassuefare, disabituare, disavvezzare, divezzare **B** **assuefarsi** *v. rifl.* abituarsi, prender l'abitudine, avvezzarsi, accostumarsi (*raro*), adusarsi (*lett.*) □ acclimatarsi, ambientarsi □ incallirsi (*fig.*) **CONTR.** disabituarsi, disavvezzarsi, divezzarsi, svezzarsi, perdere l'abitudine.

assuefàtto *part. pass. di* **assuefare**; *anche agg.* abituato, avvezzo, accostumato □ (*a fatica, a intemperie, ecc.*) temprato, rotto **CONTR.** disabituato, disavvezzo.

assuefazióne *s. f.* dipendenza □ abitudine, consuetudine, pratica □ acclimatazione, ambientamento **CONTR.** desuetudine (*raro*), dissuetudine (*lett.*). V. anche ABITUDINE

assùmere **A** *v. tr.* **1** (*di impegno, di onere, ecc.*) accettare, addossarsi □ contrarre □ avocare (*dir.*) □ (*di azienda e sim.*) rilevare **CONTR.** rifiutare, declinare, rinunciare □ ritirarsi, lasciare, deporre □ abdicare **2** (*di contegno, ecc.*) prendere, adottare, acquistare, avere □ (*di valore, di carattere, ecc.*) rivestire **3** (*di personale*) prendere, chiamare, dare lavoro, prendere alle dipendenze, ingaggiare, impiegare, occupare, stipendiare □ arruolare, reclutare **CONTR.** licenziare, allontanare, rimuovere, defenestrare (*fig.*), epurare (*fig.*), sfoltire **4** (*al trono*) innalzare **CONTR.** deporre, detronizzare, destituire **B** **assumersi** *v. rifl.* attribuirsi, addossarsi, prendersi, accollarsi, sobbarcarsi, sostenere, avocare (*dir.*) □ (*di tributi statali*) fiscalizzare **CONTR.** lasciare, declinare, rinunciare, ritirarsi. V. anche PRENDERE

assùnto *part. pass. di* **assumere**; *anche agg.* **1** accettato, contratto, addossato **CONTR.** rifiutato, deposto, declinato **2** preso alle dipendenze, impiegato, ingaggiato, arruolato **CONTR.** licenziato, allontanato, destituito ***3*** (*di fama, ecc.*) acquistato **CONTR.** perso.

assunzióne *s. f.* ***1*** (*al trono, ad una carica*) elevazione, innalzamento, installazione **CONTR.** deposizione, detronizzazione, rimozione, sospensione, destituzione ***2*** (*di impiego, di lavoro*) chiamata □ nomina □ accettazione □ arruolamento, reclutamento □ (*di attore e sim.*) scritturazione, scrittura **CONTR.** licenziamento, allontanamento, defenestrazione (*fig.*), epurazione (*fig.*), estromissione ***3*** (*di tributi statali*) fiscalizzazione.

assurdaménte *avv.* illogicamente, irragionevolmente, irrazionalmente, incoerentemente, incongruentemente, inconcepibilmente, pazzamente, pazzescamente, balordamente **CONTR.** logicamente, ragionevolmente, razionalmente, coerentemente.

assurdità *s. f.* controsenso, paradosso, incongruenza, nonsenso, assurdo, incoerenza, astrazione, illogicità, irragionevolezza, irrazionalità, contraddizione □ stravaganza, balordaggine, pazzia □ bestialità, bestemmia (*fig.*) **CONTR.** logica, logicità, coerenza, congruenza, ragionevolezza, razionalità, buonsenso.

assùrdo ***A*** *agg.* illogico, paradossale, abnorme, incongruente, incongruo, incoerente □ contraddittorio □ inconcepibile, insostenibile □ irragionevole, insensato, irrazionale, impossibile □ gratuito, ridicolo, stravagante □ folle, pazzesco □ sconclusionato, sballato **CONTR.** logico, coerente, congruente, ragionevole, razionale, possibile, sensato, esatto ***B*** *s. m.* assurdità, paradosso, controsenso, nonsenso.

ASSURDO
sinonimia strutturata

L'aggettivo **assurdo** si riferisce a ciò che è contrario al senso comune, all'evidenza e alla ragione: *pensiero, giudizio assurdo*; *dire cose assurde*; *tutto questo mi sembra assurdo*. **Illogico** significa opposto alla logica, alla ragione: *fare discorsi illogici*; *usare argomentazioni illogiche*. Così **incoerente** vuol dire non coerente, cioè che manca di coesione interna, di nessi logici, quindi contraddittorio e incostante: *persona, discorso incoerente*; *comportarsi, agire in modo incoerente*.

Irragionevole indica ciò che è privo di ragione; il termine, per estensione, si usa soprattutto in riferimento a chi non adopera il proprio raziocinio né vuole intendere ragione: *è l'essere più irragionevole che io conosca*. Anche **irrazionale** significa privo di ragione e indica chi agisce senza usare le proprie facoltà razionali ed è dominato da impulsi e passioni che non riesce a controllare: *è un uomo irrazionale*; in questo senso l'aggettivo, a differenza di irragionevole, indica una mancanza di razionalità non tanto per volontà quanto per incapacità o impossibilità. Irrazionale significa anche privo di fondamento logico: *teoria irrazionale*; in ambito filosofico il vocabolo indica in particolare ciò che non si riesce ad analizzare e a comprendere con la ragione. L'aggettivo infine è usato anche per indicare ciò che non si presta a soddisfare le esigenze pratiche e funzionali: *hanno una casa molto bella ma irrazionale*. **Insensato** vuol dire che manca di senso, irragionevole e senza giudizio: *passione insensata*; *discorso insensato*; *è un giovane insensato*.

Incredibile è ciò che è difficile o impossibile credere perché contrario a ciò che normalmente accade in situazioni analoghe: *storia incredibile*; in senso lievemente diverso dall'accezione precedente, il termine significa anche non comune, straordinario, particolare: *è una persona incredibile*; *ricchezza, impresa incredibile*. Significato più forte ha **inconcepibile**, che indica ciò che non può essere concepito, cioè pensato e compreso dalla mente umana e non può essere accettato perché è contrario alla ragione e al buon senso: *una soluzione del genere è assolutamente inconcepibile*.

Paradossale si riferisce a qualcosa che appare in contrasto con l'opinione comune, e quindi risulta insensato, impossibile: *tesi paradossale*; per estensione il termine assume il significato di bizzarro, strano: *individuo paradossale*. Così **stravagante** significa singolare, che esce dall'uso comune e, quindi, eccentrico, originale: *discorsi stravaganti*; *gli artisti sono considerati stravaganti*. **Ridicolo** designa invece qualcosa o qualcuno che è talmente strano e fuori dal comune da suscitare il riso e da essere considerato buffo, insulso o grottesco: *aspetto ridicolo*; *figura ridicola*; in senso figurato il vocabolo si usa per indicare qualcosa di inadeguato o di poco valore e insignificante: *mi hanno proposto un compenso ridicolo*. **Pazzesco** in senso proprio indica ciò che attiene o è degno di un pazzo: *si è scatenato con una furia pazzesca*; l'aggettivo si usa familiarmente nell'accezione iperbolica di straordinario e incredibile: *ha una cultura pazzesca*; *ha una forza pazzesca*; *è un film pazzesco*. In senso figurato vuol dire invece irragionevole, assurdo: *si è comportato in maniera pazzesca*.

àsta *s. f.* ***1*** bastone □ bacchetta □ barra, sbarra, traversa □ bandierina (*sport*) □ biella (*mecc.*) □ manico □ antenna, palo □ pertica □ (*di bilancia*) giogo □ (*per livellare o traguardare*) biffa □ (*di funamboli*) bilanciere ***2*** (*di arma*) lancia, giavellotto, picca, alabarda, zagaglia ***3*** (*di vendita*) incanto, licitazione □ appalto, concorso ***4*** (*di lettera, di nota, ecc.*) gamba.

astànte *s. m.* e *f.* presente □ spettatore, (*al pl.*) pubblico □ circostante **CONTR.** assente, lontano.

astanterìa *s. f.* pronto soccorso □ infermeria.

astèmio *agg.*; *anche s. m.* ***1*** astinente (da alcol) ***2*** (*est.*) sobrio, temperante **CONTR.** etilista, alcolista, alcolizzato □ beone, bevitore, ubriacone.

astenérsi *v. rifl.* ***1*** trattenersi, contenersi, frenarsi, temperarsi, privarsi, rinunciare □ guardarsi, evitare □ (*da cibo, da bevande, ecc.*) digiunare **CONTR.** abbandonarsi, cedere, darsi □ straviziare, bagordare ***2*** (*ass.*) (*nelle votazioni*) non votare **CONTR.** votare.

astenìa *s. f.* debolezza, fiacchezza, sfinimento, esaurimento □ depressione, abbattimento, cachessia (*med.*) **CONTR.** stenia, energia, forza, robustezza, vigore. *V. anche* DEBOLEZZA

astensióne *s. f.* rinuncia, abbandono □ privazione **CONTR.** accettazione, accoglimento, accoglienza.

astensionìsmo *s. m.* (*da votazioni*) assenteismo **CONTR.** partecipazione, impegno.
astensionìsta *s. m.* e *f.*; *anche agg.* assenteista **CONTR.** impegnato, partecipe.
asterìsco *s. m.* (*tip.*) stelletta, stelloncino, trafiletto (*giorn.*) □ nota, richiamo, rimando.
asticèlla *s. f.* **1** *dim. di* **asta** **2** regolo, bastoncino, sbarretta, stecca.
astinènza *s. f.* astensione, rinuncia □ sobrietà, temperanza, misura, moderazione □ digiuno, dieta, vigilia □ continenza, castità, castimonia (*lett.*) □ mortificazione **CONTR.** incontinenza, intemperanza, smoderatezza, eccesso □ gozzoviglia, stravizio, bagordo, bisboccia, deboscia.
àstio *s. m.* malanimo, malvolere, odio, ruggine, antipatia, avversione, malevolenza, inimicizia, fiele, veleno, ostilità, astiosità, acredine, acrimonia □ rancore, livore **CONTR.** affetto, amicizia, amore, amorevolezza, benevolenza, simpatia. *V. anche* ODIO
astiosaménte *avv.* odiosamente, con livore, ostilmente, acremente, velenosamente **CONTR.** affettuosamente, amichevolmente, amorosamente, benevolmente, benignamente.
astiosità *s. f. V.* **astio**.
astióso *agg.* malevolo, ostile, acre, acrimonioso, ringhioso, velenoso □ vendicativo, rancoroso, livoroso **CONTR.** affettuoso, amichevole, amorevole, benevolo, benigno.
astràrre ***A*** *v. tr.* (*lett.*) allontanare, distogliere, staccare **CONTR.** applicare, rivolgere ***B*** *v. intr.* prescindere, non considerare **CONTR.** considerare, tener presente ***C*** **astrarsi** *v. rifl.* concentrarsi.
astrattaménte *avv.* **1** in modo astratto, idealmente, accademicamente (*fig.*) **CONTR.** concretamente, praticamente, de facto (*lat.*), realisticamente **2** distrattamente **CONTR.** attentamente.
astràtto *part. pass. di* **astrarre**; *anche agg.* **1** (*di concetto*) mentale, immaginario □ fuori della realtà, irreale □ ideale, teorico, speculativo □ accademico (*fig.*) □ immateriale, incorporeo **CONTR.** concreto, pratico, empirico **2** (*di discorso*) vago, indeterminato, generico **CONTR.** determinato, esatto, preciso □ concreto, realista, realistico **3** (*lett.*) (*di persona*) assorto, immerso, rapito **CONTR.** attento, vigile **FRAS.** *in astratto*, astrattamente, in generale. *V. anche* IMMAGINARIO
astrazióne *s. f.* **1** concetto astratto **CONTR.** concretezza, positività **2** (*fig.*) assurdità **3** (*lett.*) distrazione **CONTR.** attenzione, applicazione **4** eccezione, esclusione **FRAS.** *fare astrazione*, prescindere.
àstro *s. m.* stella, pianeta, mondo, sole, satellite, gemma, lume.
astrolàbio *s. m.* sestante.
astronàuta *s. m.* e *f.* cosmonauta.
astronàve *s. f.* cosmonave, aeronave.
astronòmico *agg.* (*fig.*) esagerato, eccessivo, iperbolico, megagalattico **CONTR.** moderato, modesto, limitato, piccolo.
astruserìa *s. f. V.* **astrusità**.
astrusità *s. f.* astruseria, astrusaggine, oscurità, incomprensibilità, inafferrabilità □ difficoltà, complessità □ enigma, mistero **CONTR.** chiarezza, semplicità, facilità, intelligibilità.
astrùso *agg.* difficile, incomprensibile, complicato, complesso □ enigmatico, oscuro, misterioso, sibillino, contorto, lambiccato □ ermetico, cabalistico, esoterico **CONTR.** chiaro, comprensibile, decifrabile, intelligibile, trasparente, semplice, facile, accessibile □ evidente, manifesto, ovvio, palese, lampante, lapalissiano. *V. anche* ENIGMATICO
astùccio *s. m.* scatoletta, cassetta, custodia, cofanetto, busta, fodero, guaina, scrigno, scatola, teca □ portamatite, portapenne, portalapis □ (*per toilette, per il trucco*) trousse (*fr.*), nécessaire (*fr.*).
astutaménte *avv.* scaltramente, fubescamente, machiavellicamente, furbamente, maliziosamente □ accortamente, avvedutamente, oculatamente □ subdolamente, tristamente (*raro*) □ destramente, ingegnosamente, strategicamente, abilmente □ acutamente, sagacemente, finemente **CONTR.** apertamente, candidamente, francamente, ingenuamente, semplicemente, schiettamente.
astùto *agg.* scaltro, furbo, furbesco, volpino, malizioso, machiavellico □ accorto, avveduto, oculato □ destro, ingegnoso, strategico, politico (*fig.*), abile □ acuto, sagace, sottile, fino, lesto, perspicace, sveglio, occhiuto (*fig., lett.*) □ dritto (*fam.*), volpe □ marpione, pellaccia (*fig., spreg.*) □ calcolatore, subdolo, gesuitico, levantino (*raro, fig.*), tristo **CONTR.** franco, aperto □ candido, semplice, ingenuo, sempliciotto □ indifeso □ malaccorto, malavveduto □ merlo, merlotto, oca, mestolone (*fig., lett.*).
astùzia *s. f.* **1** astutezza (*raro*), scaltrezza, furberia, furbizia, malizia, machiavellismo □ (*di qualità*) accortezza, avvedutezza, oculatezza □ destrezza, abilità, ingegno, ingegnosità, politica □ acume, sagacia, sagacità (*raro*), sottigliezza, finezza, lestezza, perspicacia □ calcolo, gesuitismo **CONTR.** candore, ingenuità, dabbenaggine, semplicioneria □ schiettezza, semplicità, sincerità, franchezza, linearità **2** (*di mezzo*) espediente, artificio, accorgimento, stratagemma, furbata, drittata (*gerg.*), escamotage (*fr.*) □ strategia, tattica □ raggiro, trappola, imbroglio. *V. anche* ARTIFICIO
atàvico *agg.* primordiale, ancestrale.
ateìsmo *s. m.* negazione di Dio □ (*est.*) agnosticismo □ miscredenza, incredulità, irreligiosità **CONTR.** teismo □ religiosità, fede, pietà, devozione.
atelier /*fr.* atə'lje/ [vc. fr., 'mucchio di schegge di legno', poi 'cantiere', dall'ant. fr. *astelle* 'scheggia di legno'] *s. m. inv.* **1** laboratorio □ studio **2** boutique (*fr.*), sartoria.
atenèo [dal lat. *Athenaeum* 'tempio di Atena', istituto di istruzione superiore fondato a Roma da Adriano] *s. m.* università, (*nel medioevo*) studio □ accademia, istituto superiore.
àteo *agg.*; *anche s. m.* negatore di Dio □ (*est.*) agnostico □ senzadio, miscredente, scettico, incredulo, irreligioso □ (*spreg.*) empio, eretico **CONTR.** credente, religioso, pio, fedele, devoto.
atìpico *agg.* anormale, originale □ eccezionale **CONTR.** tipico, normale □ emblematico.
atlèta *s. m.* e *f.* **1** sportivo, ginnasta, giocatore, cam-

pione, sportsman (*ingl.*) **2** (*est.*) uomo robusto, fusto (*fam.*) **CONTR.** mezza cartuccia **3** (*fig.*) (*di ideali*) difensore, campione.

atlètico *agg.* forte, gagliardo, aitante, prestante, robusto, vigoroso **CONTR.** debole, gracile, delicato, mingherlino, striminzito.

atmosfèra *s. f.* **1** aria, aere (*poet.*) □ cielo **2** (*fig.*) ambiente, clima, aura (*lett.*), dimensione.

atòmico *agg.* **1** nucleare **2** (*fig.*) (*di bellezza, ecc.*) eccezionale, travolgente, straordinario **CONTR.** insignificante, modesto, trascurabile.

atomizzàre *v. tr.* **1** nebulizzare, vaporizzare **2** distruggere con l'atomica.

atomizzatóre *s. m.* nebulizzatore, vaporizzatore, atomizer (*ingl.*).

àtomo *s. m.* **1** (*est.*) frammento, corpuscolo, elemento **2** (*fig.*) nonnulla, briciolo.

àtono *agg.* **1** (*di sillaba*) non accentato **CONTR.** tonico, accentato **2** (*est.*) debole, fiacco **CONTR.** forte **3** (*fig.*) inespressivo, indifferente **CONTR.** espressivo, vivo, energico.

atòssico *agg.* (*est.*) innocuo **CONTR.** tossico, velenoso.

àtrio *s. m.* **1** vestibolo, entrata, ingresso, anticamera, andito, androne, hall (*ingl.*) □ (*di cinema, di teatro*) ridotto □ (*di casa romana*) cavedio, (*nelle antiche basiliche*) nartece **2** (*anat.*) (*del cuore*) orecchietta.

atróce *agg.* atro (*lett.*), crudele, efferato, feroce, disumano, inumano, barbaro, spietato, orrendo, orribile, orrido, tremendo, terribile, straziante □ odioso, esecrabile, insopportabile, immane, apocalittico **CONTR.** dolce, mite, soave, benevolo, benigno, clemente, mansueto, umano. *V. anche* CRUDELE

atroceménte *avv.* crudelmente, efferatamente, ferocemente, barbaramente, spietatamente, orrendamente, orribilmente, terribilmente **CONTR.** dolcemente, mitemente, soavemente, benevolmente, benignamente, blandamente, umanamente.

atrocità *s. f.* crudeltà, efferatezza, ferocia, barbarie, spietatezza □ nefandezza, scellerataggine □ orrore □ sevizia, tortura **CONTR.** dolcezza, mitezza, soavità, benevolenza, benignità, umanità.

atrofizzàre **A** *v. tr.* **1** indebolire, rendere atrofico **2** (*fig.*) (*di mente, ecc.*) consumare, ottundere, spegnere, indebolire, paralizzare **CONTR.** rafforzare, sviluppare **B** **atrofizzarsi** *v. intr. pron.* **1** diminuire, indebolirsi **2** (*fig.*) (*di mente, ecc.*) consumarsi, ottundersi, svigorirsi, paralizzarsi **CONTR.** rafforzarsi, svilupparsi.

attaccabottóni *s. m.* e *f.* (*fam.*) chiacchierone, seccatore, scocciatore (*fam.*), rompiscatole (*fam.*).

attaccabrìghe *s. m.* e *f. inv.* (*fam.*) attaccalite, litighino, litigioso, rissoso, rissaiolo **CONTR.** pacificone.

attaccaménto *s. m.* **1** unione, congiungimento □ aderenza, adesione □ legame **CONTR.** distacco, staccamento (*raro*), scollatura **2** (*fig.*) (*di sentimenti*) affetto, affezione, devozione, fedeltà, amore, passione **CONTR.** avversione, disamore, disaffezione, distacco, indifferenza. *V. anche* AMORE

attaccànte **A** *part. pres. di* **attaccare**; *anche agg.* **1** assalitore, assaltatore, aggressore **CONTR.** attaccato, assalito, aggredito □ vittima **2** appiccicoso, colloso, attaccaticcio **CONTR.** fluido, scorrevole **3** (*nel gioco*) sfidante **B** *s. m.* (*nel calcio*) avanti, punta **CONTR.** difesa.

attaccapànni *s. m.* appendiabiti, gruccia, appiccagnolo, attaccagnolo, uncino, gancio, beccatello.

attaccàre **A** *v. tr.* **1** incollare, agglutinare, conglutinare □ appiccicare, applicare □ aggiungere, aggiuntare □ congiungere, connettere, unire □ assicurare, saldare, agganciare, fermare, legare, fissare, affissare (*raro, lett.*) □ affiggere, appuntare, appendere, sospendere **CONTR.** staccare, distaccare, scollare, sganciare □ scollegare, sconnettere □ levare, togliere, disaggregare, scindere, separare □ scucire **2** (*fig.*) (*di febbre, di vizio, ecc.*) trasmettere, comunicare, contagiare, diffondere **CONTR.** liberare **3** (*di avversario*) assalire, assaltare, aggredire, investire, caricare, dare addosso, fare impeto, andare all'attacco **CONTR.** difendersi, reagire, contrattaccare □ evitare, sfuggire, schivare, eludere **4** (*fig.*) (*di idee*) avversare, combattere, criticare, osteggiare **CONTR.** approvare, elogiare, lodare, appoggiare, sostenere, difendere **5** (*di lite, di discorso, ecc.*) cominciare, iniziare, ingaggiare, dar l'avvio, appiccare (*raro*) **CONTR.** concludere, finire, terminare **B** *v. intr.* **1** aderire, appiccicarsi **CONTR.** staccarsi **2** (*di pianta, di moda*) attecchire, prendere (*fam.*) **CONTR.** morire, finire **3** andare all'assalto **CONTR.** contrattaccare, reagire, difendersi □ ritirarsi, indietreggiare, fuggire, scappare **4** cominciare, iniziare, avviarsi **CONTR.** concludersi, finire, terminare **C** **attaccarsi** *v. intr. pron.* **1** aderire, incollarsi, prendere (*fam.*), appiccicarsi **CONTR.** staccarsi, scollarsi **2** (*di febbre, di vizio, ecc.*) trasmettersi, diffondersi **3** (*di persone, di rampicante, ecc.*) appigliarsi, appendersi, appiccarsi, abbarbicarsi, avviticchiarsi, aggrapparsi (*anche fig.*), afferrarsi, tenersi, ancorarsi, apprendersi **4** (*fig.*) (*di persona*) affezionarsi, legarsi, prendersi **CONTR.** disaffezionarsi, disamorarsi, distaccarsi, straniarsi **5** punzecchiarsi, infastidirsi, litigare, sbranarsi. *V. anche* UNIRE

attaccatìccio *agg.* **1** appiccicoso, appiccicaticcio, colloso, gommoso, glutinoso, vischioso **CONTR.** fluido, scivoloso, scorrevole **2** (*fig.*) (*di persona*) fastidioso, importuno, molesto, seccante **CONTR.** divertente, gradito, piacevole.

attaccàto *part. pass. di* **attaccare**; *anche agg.* **1** incollato, saldato, unito, agganciato, legato, fissato, appiccicato □ annesso □ connesso, congiunto □ applicato, cucito □ abbarbicato, avviticchiato □ appeso, appiccato, sospeso □ affisso, appuntato **CONTR.** staccato, distaccato, scollato □ sganciato □ scisso, separato, sconnesso **2** (*fig.*) (*di persona*) affezionato, legato, devoto **CONTR.** disaffezionato, disamorato □ avverso, ostile **3** aggredito, assalito □ punzecchiato.

attaccatùra *s. f.* attacco, connessione, congiungimento, connessione, giunzione, giuntura, unione, commettitura, commessura □ (*di manica*) scalfo.

attàcco *s. m.* **1** attaccatura, connessione, collegamento, giunzione, giuntura, commessura, commettitura, unione □ raccordo □ snodo, giunto □ addentellato (*arch.*) **CONTR.** distacco, divisione, separazione, sganciamento, slegamento **2** (*elettr.*) presa **3** assalto, aggressione, offensiva, combattimento, battaglia, carica, incursione, irruzione, scorreria, colpo di mano, oppugnazione (*lett.*) □ (*sport*) forcing (*ingl.*), serrate **CONTR.** contrattacco, contrassalto, controffensiva □ ritirata, capitolazione, fuga, disfatta **4** (*di febbre, di ira, ecc.*) accesso **5** (*fig.*) critica, rimprovero, polemica □ offesa, affronto, insulto, invettiva **CONTR.** approvazione, lode □ appoggio, sostegno **6** (*di musica, di lavoro, ecc.*) avvio, inizio. *V. anche* ASSALTO

attanagliàre *v. tr.* **1** (*di tenaglia*) afferrare **2** (*est.*) (*di persona*) abbrancare, stringere forte, serrare **CONTR.** mollare, lasciar andare **3** (*fig.*) (*di preoccupazione, ecc.*) assillare, travagliare, tormentare, straziare.

attardàre **A** *v. tr.* (*lett.*) rallentare, frenare, trattenere **CONTR.** affrettare, accelerare **B** **attardarsi** *v. intr. pron.* fermarsi, trattenersi, indugiare **CONTR.** affrettarsi, sbrigarsi, spicciarsi.

attecchìre *v. intr.* **1** (*di pianta*) mettere radici, allignare, far presa, attaccare, pigliare, prendere, radicarsi, prosperare, crescere □ barbicare, abbarbicarsi, barbificare **CONTR.** seccarsi, disseccarsi, inaridirsi, morire **2** (*fig.*) (*di moda, di vizio, ecc.*) diffondersi, affermarsi, propagarsi **CONTR.** morire, svanire, sparire.

atteggiaménto *s. m.* **1** espressione, mimica □ gesto, atto □ posa, positura, postura, posizione □ movenza, andatura, portamento □ aria, piglio □ aspetto **2** (*est.*) contegno, comportamento, condotta □ stile, tono, tratto, modo, maniera.

atteggiàre **A** *v. tr.* disporre, muovere □ (*di viso*) comporre, improntare **B** **atteggiarsi** *v. rifl.* voler sembrare, affettare, arieggiare, ostentare, posare, fingere, impostarsi, improntarsi, impancarsi □ (*a giudice, a moderatore, ecc.*) erigersi, ergersi.

attempàto *agg.* anziano, anzianotto, maturo, vecchiotto **CFR.** bambino, ragazzo, giovane, adolescente □ vecchio.

attendaménto *s. m.* accampamento, campo, bivacco □ campeggio, camping (*ingl.*).

attendàrsi *v. intr. pron.* piantare le tende, accamparsi, bivaccare, campeggiare.

attèndere **A** *v. tr.* **1** aspettare, stare in attesa, pazientare □ indugiare, trattenersi □ stazionare, fermarsi **CONTR.** andarsene □ affrettarsi, spicciarsi, sbrigarsi, muoversi **2** sperare **CONTR.** disperare **B** *v. intr.* (*al lavoro, allo studio, ecc.*) accudire, applicarsi, dedicarsi, badare, interessarsi, occuparsi, esercitare □ (*di cosa*) sorvegliare **CONTR.** disinteressarsi, distogliersi, non curare, trascurare, tralasciare, infischiarsi.

attendìbile *agg.* **1** (*di cosa*) prevedibile, probabile, possibile **CONTR.** imprevedibile, improbabile **2** (*di persona, ecc.*) credibile, affidabile, serio □ (*di notizia, ecc.*) fondato □ accettabile, ammissibile, verosimile, verosimigliante □ autentico, documentato **CONTR.** inattendibile, inaffidabile □ incredibile, inverosimile □ infondato. *V. anche* VERO

attendibilità *s. f.* credibilità, credito, probabilità, possibilità □ verosimiglianza □ affidabilità **CONTR.** inattendibilità, inaffidabilità □ incredibilità □ improbabilità □ inverosimiglianza.

attenére **A** *v. tr.* (*lett.*) mantenere, osservare, rispettare **CONTR.** trasgredire, violare, contravvenire **B** *v. intr.* spettare, concernere, appartenere, riguardare, riferirsi **C** **attenersi** *v. rifl.* (*fig.*) conformarsi, osservare, seguire, stare, tenersi **CONTR.** trasgredire, violare, contravvenire, derogare, discostarsi. *V. anche* OBBEDIRE

attentaménte *avv.* diligentemente, accuratamente, coscienziosamente □ esattamente □ oculatamente □ prontamente, sollecitamente, studiosamente □ delicatamente □ fissamente **CONTR.** negligentemente, malamente, alla carlona □ disattentamente □ distrattamente, sbadatamente, sventatamente □ inavvedutamente, inconsideratamente.

attentàre **A** *v. intr.* insidiare **B** **attentarsi** *v. intr. pron.* osare, ardire, arrischiarsi, azzardarsi.

attentàto *s. m.* tentativo criminoso □ terrorismo □ assassinio, misfatto, delitto.

attènto *agg.* diligente, scrupoloso, accurato, coscienzioso, meticoloso □ preciso, esatto □ curioso, interessato □ desto, sveglio, pronto, teso, intento □ vigile, sollecito, premuroso, solerte □ previdente □ cauto, circospetto, oculato **CONTR.** negligente, superficiale, trascurato, sciatto □ impreciso, inesatto □ disinteressato, annoiato, disattento, distratto, assente, svagato, soprappensiero, trasognato, imbambolato □ sbadato, sventato, dimentico, smemorato □ noncurante, incurante □ inavveduto, inconsiderato, disavveduto, incauto.

attenuànte **A** *part. pres. di* **attenuare**; *anche agg.* scusante, attenuativo, dirimente **CONTR.** aggravante **B** *s. f.* scusante, scusa, giustificazione □ (*dir.*) discriminante **CONTR.** aggravante. *V. anche* SCUSA

attenuàre **A** *v. tr.* **1** (*di urto*) attutire, ammortizzare, assorbire □ (*di rumore, ecc.*) abbassare, ridurre, smorzare, ovattare, diminuire **CONTR.** aggravare, accrescere, aumentare **2** (*fig.*) (*di dolore, di ricordo, ecc.*) alleggerire, alleviare, mitigare, moderare, temperare, calmare, confortare, sopire, lenire □ addolcire, edulcorare, affievolire, diminuire, addormentare, intiepidire, raffreddare, smorzare, spegnere **CONTR.** accrescere, accentuare, acuire, acutizzare, intensificare, aumentare, aggravare, inasprire, inacerbire □ drammatizzare, enfatizzare, esaltare, sottolineare, ingigantire, esulcerare (*fig.*) **B** **attenuarsi** *v. intr. pron.* (*fig.*) alleviarsi, indebolirsi, affievolirsi, attutirsi, calare, diminuire, scemare, calmarsi, smorzarsi □ addolcirsi, disacerbarsi (*lett.*), rammorbidirsi □ impallidire □ intiepidirsi, raffreddarsi **CONTR.** aumentare, accrescersi □ accentuarsi, acuirsi, acutizzarsi, intensificarsi □ aggravarsi, inasprirsi, inacerbirsi, incrudirsi, rinvigorirsi □ radicalizzarsi, cronicizzare, incancrenirsi (*fam.*). *V. anche* DIMINUIRE

attenuàto *part. pass. di* **attenuare**; *anche agg.* **1** (*di rumore, ecc.*) attutito, affievolito, fievole, ovattato, smorzato, soffocato **CONTR.** aumentato □ forte, distinto, chiaro, udibile **2** (*fig.*) (*di dolore, di ricordo, ecc.*) alleviato, diminuito, scemato, calmato, addolcito □ raffreddato, spento **CONTR.** accresciuto, accentuato, acuito, acutizzato, aumentato, aggravato, inasprito.

attenuazióne *s. f.* calo, diminuzione □ addolcimento, alleggerimento, alleviamento, attenuamento, lenimento, mitigamento, mitigazione, diminuzione □ (*ling.*) eufemia, eufemismo **CONTR.** aumento □ accentuazione, intensificazione, aumento, aggravamento, inasprimento, rincrudimento, recrudescenza.

attenzióne *s. f.* **1** diligenza, scrupolosità, studio, coscienziosità, meticolosità, accuratezza □ esattezza, precisione □ curiosità, interesse □ prontezza, tensione, vigilanza □ solerzia, zelo, sollecitudine □ applicazione, concentrazione □ riflessione, oculatezza, occhio □ precauzione, cautela, avvertenza, prudenza □ considerazione **CONTR.** negligenza, trascuratezza, superficialità □ disattenzione, svagatezza, disinteresse □ sbadataggine, smemorataggine, sventatezza □ incuria, noncuranza □ disavvedutezza, disavvertenza, inavvertenza, cecità (*fig.*) □ distrazione **2** (*spec. al pl.*) cortesia, gentilezza, premura, riguardo **CONTR.** scortesia, sgarberia, villania. *V. anche* ZELO

atterràre **A** *v. tr.* **1** (*di albero, di aereo, ecc.*) abbattere, rovesciare □ (*di muro, di costruzione, ecc.*) demolire, distruggere, disfare, diroccare **CONTR.** innalzare, alzare, rialzare, rizzare, drizzare, erigere, costruire, edificare □ sollevare **2** (*fig., lett.*) (*di persona*) umiliare □ avvilire, prostrare □ vincere **CONTR.** esaltare □ confortare, risollevare, rincuorare, incoraggiare **B** *v. intr.* (*aer.*) scendere, toccar terra, arrivare **CONTR.** decollare, alzarsi, involarsi, partire. *V. anche* SCENDERE

atterrìre **A** *v. tr.* impaurire, intimidire, intimorire, terrorizzare, terrificare, spaventare □ sgomentare, sbigottire □ agghiacciare, inorridire **CONTR.** rianimare, rincuorare, incoraggiare, risollevare **B** **atterrirsi** *v. intr. pron.* spaventarsi, impaurirsi □ sbigottirsi □ inorridire **CONTR.** rianimarsi, farsi animo, tranquillizzarsi.

atterrìto *part. pass. di* **atterrire**; *anche agg.* impaurito, terrorizzato, spaventato □ sgomento, sbigottito, esterrefatto □ agghiacciato **CONTR.** imperterrito, imperturbabile, impassibile.

attésa *s. f.* **1** aspettativa, aspettazione □ fermata, scalo, tappa □ permanenza, stazionamento □ indugio, bada (*lett., raro*) **2** curiosità, speranza □ ansia, apprensione, inquietudine **CONTR.** indifferenza, disinteresse, noncuranza. *V. anche* SPERANZA

attéso *part. pass. di* **attendere**; *anche agg.* **1** aspettato □ previsto, sperato □ desiderato, invocato □ sospirato, benedetto □ fatidico **CONTR.** inatteso □ inaspettato, imprevisto, impensato, improvviso, inopinato, insperato **2** dato, considerato.

attestàre *v. tr.* affermare, riaffermare, asserire, confermare, dichiarare □ testificare (*raro*), testimoniare □ protestare □ asseverare, giurare □ assicurare, garantire □ certificare, provare, dimostrare chiaramente **CONTR.** negare, smentire.

attestàto **A** *part. pass. di* **attestare**; *anche agg.* affermato, dichiarato, garantito, testimoniato, testificato (*raro*) **CONTR.** negato, smentito **B** *s. m.* attestazione □ fede (*bur.*), dichiarazione □ diploma □ patente □ certificato, documento, atto □ contrassegno □ giustificativo □ (*fig.*) (*di amicizia, di fedeltà, ecc.*) pegno, prova.

attestazióne *s. f.* **1** affermazione, dichiarazione, asserzione, testimonianza, testificazione (*ant.*), giuramento, deposizione (*dir.*) □ assicurazione, conferma **2** (*est.*) attestato, atto, certificato, certificazione, documento, diploma, fede (*bur.*) **3** (*fig.*) (*di affetto, di stima, ecc.*) dimostrazione, segno, prova, indizio □ protesta.

attìguo *agg.* contiguo, vicino, circonvicino, circostante, confinante, contermine (*raro*), prossimo, adiacente, finitimo, limitrofo, viciniore (*bur.*) **CONTR.** lontano, distante, distaccato, discosto. *V. anche* VICINO

àttila [dal nome del re degli Unni, soprannominato per la sua opera di devastazione *flagello di Dio*] *s. m. e f. inv.* (*fig.*) devastatore, distruttore, flagello, vandalo.

attillàto *agg.* **1** (*di persona*) elegante, agghindato, azzimato, assettato, lindo **CONTR.** trasandato, trascurato, sciatto, scalcagnato, scalcinato **2** (*di abito*) fasciato, stretto, aderente, ben modellato **CONTR.** largo, cascante.

àttimo *s. m.* minuto, secondo, istante, momento □ baleno, battibaleno, lampo, batter d'occhio, fiat (*lat.*) **CONTR.** eternità, perpetuità.

attinènte *agg.* attenente, riguardante, concernente, pertinente, relativo, connesso □ rispettivo, spettante, appartenente **CONTR.** estraneo, alieno.

attinènza *s. f.* **1** inerenza, pertinenza, appartenenza, spettanza, competenza □ connessione, nesso, correlazione, rapporto, relazione, riferimento, riguardo, legame **CONTR.** estraneità **2** parentela, amicizia **3** (*al pl.*) accessori, annessi.

attìngere **A** *v. tr.* **1** (*lett.*) toccare, raggiungere (*anche fig.*) **2** (*di acqua*) prendere, tirar su, raccogliere **CONTR.** versare **3** (*fig.*) (*di denaro, di notizia, ecc.*) trarre, derivare, ricavare, rilevare, ottenere, procacciarsi, procurarsi, avere, sapere **B** *v. intr.* (*lett.*) pervenire, giungere.

attìnia *s. f.* (*zool.*) anemone di mare.

attiràre *v. tr.* **1** trarre, tirare, attrarre, richiamare □ risucchiare, trascinare □ accentrare □ (*di uccelli*) zimbellare **CONTR.** allontanare, respingere, fugare **2** (*fig.*) (*di simpatia, di applausi, ecc.*) cattivarsi, acquistarsi, procurarsi, ottenere, guadagnare □ adescare, allettare, ingolosire, piacere, tentare □ calamitare, polarizzare, catalizzare, sensibilizzare □ incuriosire, interessare □ chiamare □ imbonire □ (*di lode, di rimprovero, ecc.*) valere **CONTR.** allontanare, respingere □ distogliere □ distrarre □ estraniare □ disamorare □ ributtare, ripugnare.

attitùdine *s. f.* disposizione, idoneità, inclinazione, predisposizione, propensione, istinto, tendenza, vocazione □ dono, bernoccolo, talento, stoffa □ abilità, capacità, facoltà **CONTR.** inidoneità, inattitudine □ imperizia, incapacità, inettitudine, inabilità, dappocaggine. *V. anche* FACOLTÀ

attivaménte *avv.* alacremente, solertemente □ energicamente □ dinamicamente □ intensamente □ industriosamente, laboriosamente, operosamente □ fattivamente, efficientemente **CONTR.** fiaccamente, debolmente, lentamente □ indolentemente, torpidamente, pigramente, accidiosamente, neghittosamente, infingardamente □ inoperosamente, oziosamente □ svogliatamente □ inconcludentemente.

attivàre *v. tr.* mettere in azione, rendere operante, iniziare, avviare □ (*fig.*) (*di fantasia, di sensi, ecc.*) solleticare **CONTR.** disattivare, inattivare, fermare, frenare, bloccare.

attivìsmo *s. m.* dinamismo, dinamicità, attività, energia **CONTR.** indolenza, pigrizia, svogliatezza, inoperosità. *V. anche* ENERGIA

attivìsta *s. m.* e *f.* propagandista, militante, agitatore, agit-prop (*russo*).

attività *s. f.* ***1*** attivismo □ alacrità, prontezza, solerzia □ speditezza, dinamismo □ laboriosità, operosità □ energia, risolutezza □ efficienza, fattività □ vivacità □ daffare **CONTR.** riposo, ozio □ apatia, inerzia □ fiacca, torpore, torpidezza □ lentezza □ inattività, inazione □ inoperosità □ pigrizia, accidia, ignavia, indolenza, neghittosità, fannullaggine, infingardaggine □ poltroneria, poltronaggine, scioperataggine ***2*** esercizio, negozio □ impresa, industria □ lavoro, mestiere, occupazione, professione ***3*** funzione, opera, operazione, servizio **CONTR.** disoccupazione, inattività ***4*** (*econ.*) attivo **CONTR.** passività, passivo. *V. anche* FUNZIONE, LAVORO

attivo ***A*** *agg.* ***1*** (*di intelletto*) pratico **CONTR.** contemplativo ***2*** alacre, solerte, pronto, sollecito, energico, risoluto □ laborioso, industrioso, operoso, industre (*lett.*), volonteroso, zelante □ spedito, vivace, vivo, vitale, dinamico □ efficace, efficiente, fattivo □ (*di macchina, di impianto, ecc.*) operante, operativo, in funzione, acceso, inserito, funzionante **CONTR.** inattivo □ inoperoso, ozioso □ fiacco, lento, torpido □ svogliato, abulico, apatico, inerte □ pigro, indolente, neghittoso, ignavo, accidioso, infingardo, scioperato □ molle, debole □ inefficiente, inconcludente □ fermo, spento, staccato, disinserito ***3*** (*gramm.*) **CONTR.** passivo ***4*** (*econ.*) positivo, proficuo, vantaggioso □ (*fig.*) (*di commercio, di negozio, ecc*) avviato **CONTR.** passivo, deficitario ***B*** *s. m.* (*econ.*) attività, profitto, provento, entrate, reddito, utile □ crediti **CONTR.** passivo, debiti, indebitamento, deficit (*lat.*) □ disavanzo, ammanco, scoperto, buco, perdita.

attizzàre *v. tr.* ***1*** (*di fuoco*) accendere □ ravvivare, riattizzare, riaccendere **CONTR.** spegnere, estinguere, soffocare, smorzare ***2*** (*fig.*) (*di sentimento*) aizzare, eccitare, fomentare, istigare, provocare, rinfocolare, suscitare, stuzzicare **CONTR.** calmare, placare, sopire, estinguere, sedare, mitigare. *V. anche* ISTIGARE

àtto (1) *s. m.* ***1*** azione, passo, mossa □ opera, operazione □ cosa, fatto ***2*** movenza, movimento, atteggiamento □ moto, mossa, gesto, cenno, verso, segno ***3*** comportamento, condotta ***4*** (*est.*) (*di sentimento*) dimostrazione, espressione, estrinsecazione, manifestazione □ dichiarazione, attestazione ***5*** (*dir.*) documento giuridico, scrittura □ verbale □ contratto □ attestato, fede (*bur.*) ***6*** (*al pl.*) (*di relazioni, di interventi e sim.*) raccolta ***7*** (*di opera teatrale*) tempo, parte **FRAS.** *mettere in atto*, realizzare □ *all'atto pratico*, in pratica □ *prendere atto*, tener conto, constatare.

àtto (2) *agg.* ***1*** abile, capace, competente □ idoneo, adatto **CONTR.** inabile, incapace, inetto □ inidoneo, inadatto ***2*** appropriato, proporzionato, conveniente □ degno **CONTR.** disadatto, sconveniente ***3*** teso, mirante, finalizzato, tendente.

attònito *agg.* impressionato, sbalordito, esterrefatto, sorpreso, stupefatto, stupito, sbigottito, strabiliato □ smarrito, stordito □ incantato, imbambolato **CONTR.** impassibile, imperturbabile, indifferente, freddo.

attorcigliàre ***A*** *v. tr.* avvolgere, avviticchiare, torcere, attorcere, contorcere, torcigliare **CONTR.** svolgere, spiegare ***B*** **attorcigliarsi** *v. rifl.* e *intr. pron.* avvolgersi, torcersi **CONTR.** svolgersi, spiegarsi.

attóre *s. m.* (*f. -trice*) ***1*** declamatore, interprete, commediante, teatrante, artista □ divo, stella, star (*ingl.*) □ (*al pl.*) cast (*ingl.*) **CONTR.** spettatore ***2*** (*fig.*) protagonista, eroe ***3*** (*dir.*) ricorrente, citante, querelante, accusatore **CONTR.** convenuto, accusato, querelato.

attorniàre ***A*** *v. tr.* ***1*** circondare, cingere, abbracciare, accerchiare, far cerchio, contornare □ assediare ***2*** (*fig.*) circuire, aggirare, ingannare □ corteggiare ***B*** **attorniarsi** *v. rifl.* circondarsi, contornarsi.

attórno *avv.* e *prep.* in giro, intorno, all'intorno, in cerchio □ vicino **FRAS.** *darsi d'attorno* (*fig.*), darsi da fare □ *levarsi d'attorno* (*fig.*), liberarsi □ *stare attorno* (*fig.*), occuparsi, importunare.

attraccàre *v. tr.* e *intr.* (*mar.*) ormeggiare, gettare l'ancora, ancorare, approdare □ arrembare **CONTR.** disormeggiare, salpare, partire, prendere il largo.

attràcco *s. m.* (*mar.*) approdo □ pontile, banchina **CONTR.** partenza.

attraènte *part. pres.* di **attrarre**; *anche agg.* affascinante, seducente, piacente, desiderabile, allettante, allettevole, tentante, fascinoso, irresistibile, invitante, appetitoso, solleticante, interessante, adorabile □ bello, grazioso □ piacevole, simpatico, dilettevole, amabile □ provocante □ lusinghiero, lusinghevole □ magico, suggestivo, malioso □ convincente, promettente □ magnetico □ (*di sguardo, di parola, ecc.*) assassino (*fig.*), ladro (*fig.*) **CONTR.** brutto, antipatico □ repellente, ripugnante, ributtante, stomachevole, repulsivo, rivoltante, schifoso, disgustoso □ spiacevole, sgradevole □ urtante.

attràrre *v. tr.* ***1*** attirare, tirare, trarre, richiamare □ risucchiare □ accentrare □ calamitare, catalizzare, polarizzare □ trascinare □ richiamare **CONTR.** allontanare, fugare, respingere ***2*** (*fig.*) allettare, lusingare, piacere, sedurre, rapire, affascinare, stregare □ solleticare, tentare, ingolosire, avvincere, prendere (*fam.*), interessare **CONTR.** respingere, ripugnare, disgustare, stomacare, ributtare, schifare, □ distogliere, allontanare □ infastidire, indisporre, seccare, scocciare (*fam.*). *V. anche* SEDURRE

attrattìva *s. f.* fascino, bellezza, grazia □ seduzione, allettamento, blandizia, lusinga, richiamo □ incanto, malia, magia, incantesimo, magnetismo □ charme (*fr.*), glamour (*ingl.*), sex appeal (*ingl.*) □ interesse, simpatia **CONTR.** repulsione, ripugnanza, disgusto, schifo, nausea □ antipatia, avversione. *V. anche* IN-

CANTESIMO

attraversaménto *s. m.* **1** passaggio, transito, traversata **2** (*di strade*) incrocio, intersecazione, intersezione, crocevia □ (*pedonale*) strisce, zebre.

attraversàre *v. tr.* **1** traversare, incrociare, intersecare □ valicare, varcare, oltrepassare, superare, saltare □ penetrare, percorrere □ fendere, solcare, tagliare □ guadare, traghettare □ trasvolare **2** (*fig.*) (*di tempo, di difficoltà, ecc.*) vivere, sperimentare, passare, trascorrere. *V. anche* TAGLIARE, TRAVERSARE

attraversàto *part. pass. di* **attraversare**; *anche agg.* **1** percorso, traversato, intersecato, incrociato **2** (*fig.*) ostacolato, impedito **CONTR.** agevolato, aiutato.

attravèrso **A** *avv.* (*lett.*) trasversalmente, obliquamente, di sbieco, di sghembo **CONTR.** per diritto **B** *prep.* **1** da parte a parte, da una parte all'altra **2** mediante, per mezzo.

attraziòne *s. f.* **1** (*fig.*) allettamento, attrattiva, fascino, lusinga, seduzione, richiamo, incanto, malia, magnetismo □ vivo interesse, simpatia, inclinazione **CONTR.** disgusto, repulsione, ribrezzo, ripulsione, ripugnanza, nausea, schifo □ antipatia, avversione **2** (*di spettacolo*) numero sensazionale, richiamo **3** (*terrestre*) forza di gravità, gravitazione.

attrezzàre **A** *v. tr.* rifornire del necessario, corredare, equipaggiare, armare □ arredare **CONTR.** disattrezzare, sfornire **B** **attrezzarsi** *v. rifl.* fornirsi, rifornirsi, corredarsi, equipaggiarsi.

attrezzàto *part. pass. di* **attrezzare**; *anche agg.* fornito, rifornito, equipaggiato, corredato.

attrezzatùra *s. f.* attrezzi, corredo, attrezzamento, ferri, dotazione, utensileria, armamentario, equipaggiamento, armamento □ batteria, set (*ingl.*), servizio □ apparecchio, impianto.

attrezzìsta *s. m.* e *f.* ginnasta □ (*teat.*) trovarobe.

attrézzo *s. m.* arnese, strumento, utensile □ arredo □ (*al pl.*) attrezzatura.

attribuìre *v. tr.* **1** conferire, dare, assegnare, affidare □ concedere, accordare □ aggiudicare □ (*di bene, di denaro, ecc.*) devolvere □ addossare, affibbiare, appioppare **CONTR.** togliere, levare, privare, spogliare, espropriare **2** (*di opera, di colpa, ecc.*) ascrivere, addebitare, imputare, ritenere □ riferire □ tacciare.

attribuìto *part. pass. di* **attribuire**; *anche agg.* **1** assegnato, accordato, aggiudicato, dato □ addossato, affibbiato, appioppato **CONTR.** tolto, sottratto **2** (*di opera, di colpa, ecc.*) ascritto, riferito, ritenuto □ imputato **3** (*di potere, di valore*) nominale, convenzionale, teorico **CONTR.** effettivo, reale, vero.

attribùto *s. m.* **1** caratteristica, carattere, condizione, natura, proprietà, qualità □ titolo, qualifica □ privilegio **2** (*est.*) distintivo □ simbolo, segno, emblema, immagine **3** (*ling.*) aggettivo. *V. anche* PRIVILEGIO

attribuzióne *s. f.* **1** assegnazione, aggiudicazione, conferimento □ (*di debito, di responsabilità, ecc.*) imputazione □ (*di carica ecc.*) investitura **CONTR.** revoca **2** mansione, ufficio **3** (*al pl.*) facoltà, poteri, diritti □ obblighi.

attrito *s. m.* **1** (*fis.*) sfregamento, sfregatura, strofinio, strofinamento, frizione, confricazione (*raro*) □ resistenza **2** (*fig.*) (*di persone*) contrasto, dissidio, discordia, dissenso, disaccordo, disarmonia, divergenza, urto, tensione **CONTR.** accordo, pace, armonia, concordia, intesa, consenso, unanimità. *V. anche* DISCORDIA

attruppàre **A** *v. tr.* (*lett.*) radunare, ammassare, riunire **CONTR.** sciogliere, disperdere **B** **attrupparsi** *v. intr. pron.* riunirsi, affollarsi, ammassarsi □ aggregarsi **CONTR.** sciogliersi, disperdersi.

attuàbile *agg.* realizzabile, effettuabile, eseguibile, fattibile, esperibile, possibile, praticabile **CONTR.** inattuabile, infattibile, irrealizzabile, impossibile.

attuabilità *s. f.* fattibilità, possibilità **CONTR.** inattuabilità.

attuàle *agg.* **1** presente, odierno, contemporaneo, corrente □ fresco, recente □ nuovo, moderno **CFR.** passato □ futuro **CONTR.** inattuale, vecchio, antiquato, remoto, sorpassato, démodé (*fr.*), obsoleto □ datato **2** in atto, effettivo, vigente **CONTR.** potenziale, virtuale.

attualità *s. f.* **1** realtà, effettività, consistenza **CFR.** potenzialità, eventualità **2** modernità, novità □ moda, voga **CONTR.** inattualità.

attualménte *avv.* **1** realmente, effettivamente **2** ora, adesso, oggi, oggidì, oggigiorno **CFR.** una volta, allora □ poi, domani, in futuro.

attuàre **A** *v. tr.* effettuare, realizzare, eseguire, fare, creare, concretare, esperire □ adempiere, avverare **CONTR.** ignorare, trascurare □ differire, rimandare, soprassedere □ distruggere, annullare **B** **attuarsi** *v. intr. pron.* effettuarsi, realizzarsi, compiersi, adempiersi, avverarsi.

attuàto *part. pass. di* **attuare**; *anche agg.* effettuato, realizzato, eseguito **CONTR.** ignorato, trascurato □ distrutto, annullato.

attuazióne *s. f.* realizzazione, effettuazione, esecuzione, compimento □ (*di provvedimento*) adozione **CONTR.** inadempienza, inadempimento □ differimento, dilazione, proroga, rinvio.

attutire **A** *v. tr.* attenuare, smorzare, mitigare □ smussare □ quietare, chetare, calmare, diminuire □ addormentare, sedare, sopire □ (*di colpo, di rumore, ecc.*) ammortizzare, ovattare **CONTR.** acuire, accentuare, esasperare, inasprire □ esaltare, sottolineare **B** **attutirsi** *v. intr. pron.* attenuarsi, quietarsi, acquietarsi, calmarsi, mitigarsi, smorzarsi **CONTR.** acuirsi, acutizzarsi, esasperarsi, inasprirsi. *V. anche* DIMINUIRE

attutìto *part. pass. di* **attutire**; *anche agg.* attenuato, smorzato, soffocato, mitigato, calmato, diminuito □ (*di passo e sim.*) felpato, ovattato **CONTR.** acuito, accentuato, vivo, inasprito.

audàce *agg.* **1** ardimentoso, coraggioso, intrepido, ardito, valoroso, animoso □ arrischiato, azzardato, temerario □ intraprendente **CONTR.** trepidante, trepido (*lett.*), timido, timoroso, pauroso □ vile, vigliacco, pusillanime, imbelle, pavido, codardo, circospetto, prudente **2** (*est.*) erotico, pornografico □ (*di film, di vestito, ecc.*) provocante, indecente, spinto, piccante, osé (*fr.*) □ insolente, sfacciato, sfrontato, spudorato □ disinibito, disinvolto, libero **CONTR.** sobrio, pudico, controllato **3** (*est.*) (*di idea, di moda, ecc.*) innovatore, rivoluzionario **CONTR.** tradizionale, sorpassato.

audaceménte *avv.* arditamente, coraggiosamente,

intrepidamente, valorosamente, animosamente □ temerariamente □ spudoratamente **CONTR.** timidamente □ paurosamente □ timorosamente □ pavidamente □ vilmente, vigliaccamente, codardamente.

audàcia *s. f.* ardire, ardimento, arditezza, coraggio, animo, cuore, fegato, stomaco, intrepidezza, valore □ temerarietà □ sfacciataggine, sfrontatezza, spudoratezza **CONTR.** timidezza □ timore, paura □ indecisione, incertezza □ codardia, viltà, vigliaccheria, pusillanimità. *V. anche* INTRAPRENDENZA

audience /*ingl.* 'ɔdjens/ [vc. ingl., dal lat. *audientia(m)* 'udienza'] *s. f. inv.* pubblico, ascoltatori □ lettori □ ascolto, indice di ascolto.

àudio *s. m. inv.* (*tv.*) voce, suono **CONTR.** video.

audiocassétta *s. f.* musicassetta.

audizióne *s. f.* ascolto, ascoltazione □ (*di spettacolo e sim.*) provino, casting (*ingl.*).

àuge *s. f. solo sing.* apice, culmine, vertice, massimo grado **FRAS.** *essere in auge*, essere al culmine del successo.

auguràre ***A*** *v. tr.* auspicare □ desiderare, sperare **CONTR.** deprecare ***B*** **augurarsi** *v. rifl.* aspettarsi, sperare.

auguràto *part. pass. di* **augurare**; *anche agg.* desiderato, sperato **CONTR.** deprecato.

augùrio *s. m.* ***1*** auspicio, pronostico □ oroscopo □ indizio, presagio ***2*** desiderio, speranza, voto **CONTR.** malaugurio, maledizione, iettatura. *V. anche* SPERANZA

augùsto ***A*** *agg.* sacro, maestoso, venerabile, nobile, solenne **CONTR.** abietto, vile, spregevole ***B*** *s. m.* pagliaccio, clown (*ingl.*).

àula *s. f.* ***1*** classe ***2*** sala ***3*** (*per le lezioni universitarie*) teatro, anfiteatro.

àulico *agg.* ***1*** di corte ***2*** nobile, colto, raffinato, elevato, solenne **CONTR.** modesto, dimesso, alla buona ***3*** (*fig.*) (*di stile*) togato, solenne **CONTR.** semplice, piano.

aumentàbile *agg.* estendibile, estensibile, ingrandibile, ampliabile **CONTR.** diminuibile, abbassabile, riducibile.

aumentàre ***A*** *v. tr.* accrescere, ingrandire, ingrossare, incrementare, maggiorare, sviluppare, potenziale □ ampliare, dilatare, estendere, espandere □ accentuare, intensificare, moltiplicare □ gonfiare, amplificare □ allungare, prolungare □ alzare, rialzare, innalzare □ addizionare, aggiungere □ arricchire, rimpinguare **CONTR.** calare, ridurre, impiccolire, rimpiccolire, diminuire □ alleggerire, allentare □ rallentare □ ribassare, sottrarre, togliere □ ovattare, smorzare □ sminuire, attenuare □ mitigare, placare, calmare ***B*** *v. intr.* crescere, accrescersi, ingrandirsi, ingrossarsi □ alzarsi, rialzarsi, elevarsi, salire □ estendersi, ampliarsi, dilatarsi, espandersi □ accentuarsi □ apprezzarsi **CONTR.** calare, diminuire, ridursi, decrescere, abbassarsi, scendere, rimpiccolirsi, scemare □ affievolirsi, attenuarsi □ deprezzarsi, svalutarsi.

auménto *s. m.* accrescimento, crescita, incremento, ingrandimento, ingrossamento, potenziamento □ ampliamento, amplificazione, dilatazione, espansione, estensione □ crescendo, progressione □ ripresa, rimonta □ rialzo, lievitazione, rincaro □ maggiorazione □ accentuazione, intensificazione, sviluppo □ arricchimento □ moltiplicazione, (*di paga*) soprassoldo **CONTR.** calo, decremento, decrescenza, diminuzione □ assottigliamento, flessione □ impiccolimento □ rimpiccolimento □ riduzione □ sottrazione □ attenuamento, attenuazione □ ribasso, abbassamento □ caduta □ ristagno, ristagnamento □ svalutazione (*econ.*) □ decurtazione, defalcazione, detrazione, taglio.

AUMENTO
sinonimia strutturata

Il fatto dell'aumentare, cioè dell'ingrandire e del crescere si dice **aumento**; il termine si usa soprattutto in riferimento alla quantità e al prezzo: *aumento della popolazione, di spese, di richieste*; *aumento della benzina, del pane*; in quest'ultimo senso sinonimi propri sono rispettivamente **rincaro**, che indica in particolare l'aumento del prezzo delle merci: *c'è stato un rincaro della carne*; *rincaro della vita*, aumento del costo della vita, e **rialzo**, usato non solo in riferimento ai prezzi ma anche alle quotazioni di borsa: *rialzo del petrolio*; *le azioni di quel gruppo sono in rialzo*.

L'**accrescimento** è l'azione o il modo dell'accrescere: *l'accrescimento delle responsabilità*. In campo biologico la parola indica il complesso dei processi attraverso i quali gli organismi viventi aumentano di massa e volume, cioè si sviluppano: *accrescimento degli embrioni*; *disturbi dell'accrescimento*. Nel linguaggio tecnico del diritto l'accrescimento è l'acquisto, a favore del coerede, della quota di un altro contitolare rimasta vacante. In ambito linguistico il termine ha inoltre lo stesso significato di **amplificazione**, cioè l'esagerazione retorica di un discorso o di singole parole ottenuta grazie alla precisazione di particolari o alla ripetizione di termini o frasi equivalenti; l'accorgimento letterario dell'amplificazione o accrescimento, crea suggestioni e tende a intensificare e innalzare il registro di un testo: *Ormai son giunto al fine, ormai son vinto, / né più posso fugir né aver diffesa* (BOIARDO).

L'aumento di volume di un corpo dovuto a trasformazione di gas o di vapore si chiama nel lessico tecnico della fisica **espansione**: *macchine, motori a espansione*. Nel linguaggio politico ed economico la parola designa qualsiasi fenomeno che comporti il diffondersi in uno spazio o lo sviluppo di un settore determinato: *la politica di espansione territoriale della Prussia*; *l'espansione economica del Giappone*. La **dilatazione** è un'estensione, un'aumento di volume: *dilatazione delle narici, della bocca, dello stomaco*; *dilatazione dell'orizzonte*; *dilatazione di un gas*. Così l'**ampliamento** è un allargamento, il rendere più ampio e vasto qualcosa: *lavori di ampliamento*. La **lievitazione** in senso proprio è il processo di fermentazione e di conseguente aumento di volume della pasta per effetto del lievito. Usato in senso figurato il vocabolo significa in generale crescita, sviluppo: *lievitazione dei prezzi*.

Potenziamento indica l'attività del rafforzare, del far progredire, del portare ad un alto grado di efficienza: *potenziamento del settore industriale, dell'attività commerciale*. **Incremento** significa aumento, accrescimento nel senso di un maggiore sviluppo e prosperità: *incremento delle esportazioni, del prodotto interno lordo*; *incremento della popolazione*, in statistica è il trend crescente di un gruppo demografico. **Intensificazione** vuol dire rendere più forte, più efficace, più incisivo qualcosa: *intensificazione delle ricerche, degli studi, degli aiuti, della propaganda*.

àura *s. f.* **1** (*lett.*) venticello, brezza, zefiro (*lett.*), aria, etere (*lett.*), etra (*poet.*) **2** (*fig., lett.*) atmosfera, ambiente morale □ clima storico **3** (*fig.*) credito, favore **CONTR.** discredito.

àureo *agg.* **1** d'oro **2** simile all'oro, dorato □ (*di colore*) luteo (*lett.*) **3** (*est.*) luminoso, splendente **CONTR.** opaco, scuro, appannato **4** (*lett., fig.*) nobile, pregevole, prezioso, ottimo, perfetto **CONTR.** meschino, modesto, spregevole, vile, volgare.

aurèola *s. f.* **1** (*dei santi*) nimbo, nembo, raggiera, diadema, corona (*fig., lett.*) **2** (*est.*) alone **3** (*fig.*) splendore di gloria, fama □ santità.

auròra o **auróra** *s. f.* **1** primo mattino □ (*est.*) alba **CFR.** tramonto, sera, notte, vespro, crepuscolo, espero (*lett.*), occaso (*lett.*) **2** (*fig.*) inizio, principio **CONTR.** declino, tramonto, fine, termine, conclusione **FRAS.** *l'aurora della vita* (*fig.*), la prima giovinezza.

ausiliàre ***A*** *agg.* ausiliario, sussidiario, accessorio **CONTR.** primario, principale, essenziale ***B*** *s. m. e f.* aiuto, aiutante, collaboratore, coadiutore, cooperatore, assistente.

ausiliàrio *agg. e s. m. V.* **ausiliare**.

ausiliatrìce *agg.; anche s. f.* (*della Madonna*) soccorritrice.

auspicàbile *agg.* augurabile, desiderabile, sperabile □ gradito **CONTR.** deprecabile □ sgradito.

auspicàre *v. tr.* **1** (*lett., est.*) pronosticare, vaticinare **2** (*est.*) augurare, sperare **CONTR.** deprecare, scongiurare.

auspicàto *part. pass. di* **auspicare**; *anche agg.* fausto, felice, benedetto **CONTR.** deprecato, inauspicato □ infausto, infelice.

auspìcio *s. m.* **1** (*st.*) divinazione **2** (*est.*) pronostico, predizione, previsione, presagio, profezia, vaticinio □ augurio, voto □ speranza **3** (*fig.*) (*spec. al pl.*) protezione, favore, patrocinio, patronato **CONTR.** opposizione, ostilità, persecuzione. *V. anche* FAVORE, SPERANZA

austeraménte *avv.* **1** (*di mangiare, di vivere, di vestire, ecc.*) sobriamente, parcamente, frugalmente, spartanamente **CONTR.** raffinatamente, elegantemente □ mondanamente □ riccamente, lussuosamente **2** (*di trattare*) rigidamente, seriamente, severamente, gravemente, aspramente, fermamente **CONTR.** benignamente, bonariamente, dolcemente, giovialmente □ scherzosamente.

austerità *s. f.* **1** rigidezza, rigidità, rigore, rigorosità, serietà, severità □ inflessibilità, asprezza, durezza □ fermezza □ solennità, gravità **CONTR.** bonarietà, benignità, clemenza, indulgenza, tolleranza, dolcezza, giovialità, giocosità **2** (*di cibo, di vestito, ecc.*) sobrietà, frugalità **CONTR.** raffinatezza, eleganza □ lusso, sfarzo **3** (*econ.*) economia rigida, austerity (*ingl.*) **CONTR.** finanza allegra.

austèro *agg.* rigido, rigoroso, serio, severo □ duro, aspro, inflessibile, fermo □ solenne, compassato, grave □ continente, sobrio, frugale, spartano, cenobitico **CONTR.** dolce, benigno, bonario, clemente □ indulgente, tollerante, corrivo □ spensierato, scherzoso, giocoso □ salottiero, mondano. *V. anche* SEVERO

australe *agg.* antartico, meridionale, sud **CONTR.** artico, boreale, settentrionale, nordico.

autarchìa *s. f.* **1** autocontrollo, self-control (*ingl.*) **2** autonomia, indipendenza **CONTR.** dipendenza, soggezione, sottomissione, servaggio.

autàrchico *agg.* **1** autosufficiente **2** nazionale, interno.

aut aut /*lat.* 'aut 'aut/ [lat., o... o] *s. m. inv.* alternativa □ scelta □ dilemma.

autenticaménte *avv.* veramente, fondatamente, genuinamente, prettamente **CONTR.** falsamente, illusoriamente, speciosamente (*lett.*).

autenticàre *v. tr.* **1** (*dir.*) (*di documento*) autentificare (*raro*), convalidare □ vistare, vidimare **CONTR.** invalidare, annullare **2** (*est.*) (*di opera d'arte, di dichiarazione, ecc.*) confermare, dichiarare autentico.

autenticàto *part. pass. di* **autenticare**; *anche agg.* convalidato, riconosciuto autentico **CONTR.** invalidato.

autenticazióne *s. f.* autentica, certificazione, convalida, convalidazione, convalidamento, omologazione, ratifica □ (*di opera d'arte*) expertise (*fr.*) **CONTR.** invalidazione.

autenticità *s. f.* **1** (*di documento*) validità, ufficialità **CONTR.** falsità **2** (*di prodotto, ecc.*) genuinità, originalità, verità, veracità (*lett.*) □ (*di opera d'arte*) expertise (*fr.*) **CONTR.** contraffazione, adulterazione, sofisticazione, alterazione, falsificazione **3** (*di sentimento, di comportamento, ecc.*) naturalezza, schiettezza, sincerità, veridicità **CONTR.** illusorietà, mistificazione, speciosità (*lett.*).

autèntico *agg.* **1** (*di documento*) valido, convalidato □ ufficiale **CONTR.** invalidato, annullato **2** vero, buono (*fam.*), reale □ originale, originario **CONTR.** falso, matto (*fam.*), fasullo, finto, imitato □ spurio, apocrifo **3** (*est.*) (*di prodotto*) doc, vero, puro, pretto, genuino, ruspante (*fig.*) □ autorevole, degno di fede, credibile, attendibile **CONTR.** adulterato, manipolato, falsificato, contraffatto □ fittizio □ inattendibile, incredibile. *V. anche* VERO

autìsta *s. m.* automobilista, pilota, conducente, conduttore, chauffeur (*fr.*), autiere (*mil.*).

autoaccensióne *s. f.* autocombustione.

autoambulànza *s. f.* autolettiga, ambulanza.

autoammirazióne *s. f. V.* **autocompiacimento**.

autoarticolàto *s. m.* autosnodato, bilico □ autocarro, camion, T.I.R., truck (*ingl.*).

autobiografìa *s. f.* memorie, memoriale, ricordi, ricordanze (*lett.*), vita □ confessioni.

autobótte *s. f.* autocisterna.

àutobus o **autobùs** [fr. *autobus*, comp. di *auto-* e *bus*] *s. m.* automezzo pubblico, bus □ pullman, autopullman, corriera, torpedone □ filobus **FRAS.** *perdere l'autobus* (*fig.*), perdere l'occasione.

autocàravan [comp. di *auto-* e *caravan*] *s. f. inv.* motorcaravan, camper (*ingl.*).

autocàrro *s. m.* camion, truck (*ingl.*), autotreno, T.I.R.

autocistèrna *s. f.* autobotte.

autocombustióne *s. f.* autoaccensione.

autocommiserazióne *s. f.* vittimismo **CONTR.** autocompiacimento.

autocompiaciménto *s. m.* autoesaltazione, autoammirazione, narcisismo, vanità, vanagloria **CONTR.** autocommiserazione, vittimismo □ modestia, riserbo, umiltà.

autocontròllo *s. m.* autodominio, controllo, self-control (*ingl.*) □ autarchia **CONTR.** impulsività.

autocorrièra *s. f.* corriera, pullman, torpedone.

autòcrate *s. m.* **1** sovrano assoluto □ (*est.*) despota, dittatore, tiranno **CONTR.** democratico **2** (*fig.*) prepotente, soverchiatore **CONTR.** giusto, illuminato □ buono, mite.

autocràtico *agg.* dispotico, tirannico **CONTR.** democratico, liberale □ mite, indulgente.

autocrazìa *s. f.* governo assoluto, dispotismo, tirannia, tirannide **CONTR.** democrazia, liberalismo, parlamentarismo.

autòctono *agg.* indigeno, aborigeno, originario, nativo **CONTR.** allogeno, estero, forestiero, immigrato, straniero □ esotico.

autodecisióne *s. f.* autodeterminazione. *V. anche* LIBERTÀ

autodemolitóre *s. m.* demolitore, sfasciacarrozze (*centr.*).

autodeterminazióne *s. f.* autodecisione. *V. anche* LIBERTÀ

autòdromo o (*evit.*) **autodròmo** *s. m.* (*di automobili*) pista, circuito.

autoesaltazióne *s. f. V.* **autocompiacimento.**

autogòl *s. m. inv.* (*nel calcio*) autorete.

autògrafo ***A*** *agg.* (*di scritto*) originale, di pugno, chirografo □ (*di testamento*) olografo **CONTR.** apografo, apocrifo ***B*** *s. m.* **1** (*letter.*) originale, manoscritto **CONTR.** copia **2** (*est.*) firma.

autolettiga *s. f.* autoambulanza.

autolibro *s. m.* bibliobus.

autolìnea *s. f.* autoservizio.

autòma *s. m.* robot.

automaticaménte *avv.* **1** macchinalmente, meccanicamente **2** (*fig.*) inconsciamente, inconsapevolmente, involontariamente **CONTR.** consciamente, consapevolmente, volontariamente.

automàtico *agg.* **1** (*tecnol.*) meccanico **CONTR.** manuale **2** (*fig.*) inconscio, inconsapevole, involontario, macchinale **CONTR.** consapevole, volontario, voluto, fatto apposta **3** (*fig.*) (*di reazione*) conseguente, successivo.

automatìsmo *s. m.* meccanismo.

automatizzàre *v. tr.* meccanizzare.

automatizzazióne *s. f.* automazione.

automazióne *s. f.* automatizzazione, meccanizzazione.

automèzzo *s. m.* autoveicolo.

automòbile *s. f.* auto, autoveicolo, autovettura, vettura, macchina.

automobilista *s. m.* e *f.* (*di automobile*) autista, conducente, pilota, conduttore.

automotrice *s. f.* (*ferr.*) motrice, locomotiva, locomotrice, locomotore.

autonomìa *s. f.* **1** libertà, indipendenza □ emancipazione **CONTR.** dipendenza □ soggezione, sottomissione, servitù, schiavitù, sudditanza, subordinazione **2** (*est.*) autarchia, autosufficienza □ autogoverno, autodecisione, autodeterminazione **3** decentramento **CONTR.** centralizzazione. *V. anche* LIBERTÀ

autònomo ***A*** *agg.* **1** autosufficiente, autarchico **2** (*est.*) libero, indipendente □ staccato **CONTR.** dipendente □ soggetto, subordinato, sottomesso, asservito □ suddito, satellite (*polit.*) **3** decentrato **CONTR.** centralizzato **4** (*di lavoratore*) free lance (*ingl.*) **CONTR.** dipendente ***B*** *agg.* e *s. m.* (*polit.*) extraparlamentare.

autopsìa *s. f.* necroscopia, sezione, dissezione.

autopùbblica *s. f.* taxi.

autopùllman [comp. di *auto-* e *pullman*] *s. m. inv.* torpedone, pullman, autobus, bus.

autóre *s. m.* (*f. -trice*) **1** creatore, artefice, fattore □ (*est.*) padre □ inventore, scopritore, ideatore □ promotore □ istigatore, fomentatore □ responsabile **2** artista, scrittore, letterato, commediografo, drammaturgo, romanziere, poeta, prosatore □ pittore, scultore, architetto □ compositore □ (*di soggetti cinematografici, televisi e sim.*) soggettista.

autoréte *s. f.* autogol.

autorévole *agg.* qualificato, accreditato, stimato, considerato, prestigioso, potente, importante □ influente □ (*fig.*) (*di contegno, di discorso, ecc.*) fermo, deciso, risoluto □ ufficiale **CONTR.** irrilevante, insignificante, trascurabile, screditato, squalificato.

autorevolézza *s. f.* autorità, prestigio, rilevanza, levatura, considerazione, importanza, influenza □ credibilità, attendibilità □ competenza □ potenza, potere **CONTR.** irrilevanza, trascurabilità, modestia, nullità □ soggezione.

autorevolménte *avv.* con autorità, influentemente, prestigiosamente **CONTR.** modestamente, trascurabilmente.

autorimèssa *s. f.* rimessa, garage (*fr.*), box (*ingl.*).

autorità *s. f.* **1** diritto, forza, potere, potestà, facoltà, veste, competenza □ comando □ signoria □ sovranità, padronanza □ supremazia □ imperiosità, autorevolezza, fermezza, decisione, risolutezza □ carattere, grinta, polso □ (*dir.*) mandato, procura **CONTR.** dipendenza, obbedienza, soggezione, sottomissione, servitù **2** (*spec. al pl.*) (*est.*) personalità, capi, notabili □ boss (*ingl.*), big (*ingl.*), vip (*ingl.*), ottimati, alte cariche, barbassori (*raro*) □ persone autorevoli □ qualcuno, celebrità, personaggio **3** ascendente, influenza, influsso, peso, potenza, rilievo □ credito, prestigio, stima **CONTR.** cattiva fama, discredito **4** carica, posizione. *V. anche* DIGNITÀ, FACOLTÀ

autoritàrio *agg.* (*est.*) prepotente, arrogante □ dittatoriale, dispotico, severo, rigoroso, deciso □ inflessibile, duro □ assolutista □ (*di tono*) imperioso, imperativo CONTR. democratico □ benigno, bonario, mite.

autoritarìsmo *s. m.* dispotismo □ rigore, inflessibilità CONTR. democrazia, liberalismo □ bonarietà, mitezza.

autorizzàre *v. tr.* **1** permettere, consentire, concedere, accordare □ delegare □ ammettere, tollerare □ (*alla professione*) abilitare □ (*di giornalista*) accreditare CONTR. proibire, vietare, interdire, impedire □ negare, rifiutare □ precludere **2** giustificare, legittimare, approvare, convalidare CONTR. disapprovare, invalidare.

autorizzàto *part. pass. di* **autorizzare**; *anche agg.* **1** accordato, permesso, lecito, consentito □ (*alla professione*) abilitato □ (*di giornalista*) accreditato CONTR. proibito, impedito, interdetto, vietato **2** approvato, convalidato, legittimato, ufficiale CONTR. disapprovato, invalidato.

autorizzazióne *s. f.* permesso, consenso □ concessione □ nulla osta, visto □ benestare, beneplacito □ mandato, delega □ patente, licenza, brevetto □ (*alla professione*) abilitazione CONTR. proibizione, divieto, interdizione □ preclusione, rifiuto. *V. anche* FACOLTÀ

autoservìzio *s. m.* autolinea.

autosufficiènte *agg.* autonomo □ autarchico CONTR. dipendente □ handicappato, disabile, inabile.

autosufficiènza *s. f.* autonomia □ autarchia CONTR. dipendenza.

autotrasportatóre *s. m.* camionista, corriere, spedizioniere.

autotrèno *s. m.* autocarro, camion, T.I.R., truck (*ingl.*) □ autoarticolato, autosnodato.

autoveìcolo *s. m.* automezzo.

autovettùra *s. f.* automobile, auto, vettura, macchina.

autùnno *s. m.* **1** stagione autunnale **2** (*est., fig.*) declino FRAS. *l'autunno della vita* (*fig.*), la tarda maturità.

àva *s. f.* nonna, avola, bisnonna (*lett.*), antenata, progenitrice.

avallànte *part. pres. di* **avallare**; *anche agg.* garante, fideiussore, mallevadore □ responsabile.

avallàre *v. tr.* **1** (*di cambiale, ecc.*) garantire **2** (*fig.*) (*di tesi, di prove, ecc.*) sostenere, confermare, avvalorare CONTR. invalidare, smentire, minare, sconfessare, contraddire, demolire **3** convalidare □ vistare, firmare, siglare □ ratificare □ approvare CONTR. bocciare, negare, rifiutare □ disapprovare, dissentire.

avàllo *s. m.* **1** (*di cambiale, ecc.*) garanzia, firma di garanzia, fideiussione **2** (*fig.*) (*di tesi, di prove, ecc.*) sostegno, conferma, conforto, riprova CONTR. smentita **3** consenso, benestare, approvazione □ convalida CONTR. rifiuto, bocciatura.

avàna [dal colore dei sigari dell'*Avana*, capitale della repubblica di Cuba] *s. m. inv.*; *anche agg.* (*di colore*) marrone chiaro, tabacco, biondo, beige (*fr.*).

avance /*fr.* a'vãs/ [vc. fr., da *avancer* 'avanzare'] *s. f. inv.* approccio, proposta, profferta.

avanguàrdia *s. f.* **1** reparto avanzato CONTR. retroguardia **2** (*est., fig.*) (*di movimento culturale*) innovazione, movimento innovatore, precursore, punta FRAS. *essere all'avanguardia* (*fig.*), essere davanti agli altri, precedere.

avanguardìsta *s. m. e f.* **1** (*di movimento culturale*) innovatore, pioniere **2** antitradizionalista CONTR. reazionario.

avanscopèrta *s. f.* ricognizione, esplorazione.

avanspettàcolo *s. m.* varietà, rivista.

avànti **A** *avv.* **1** (*di spazio*) innanzi, dinnanzi, dinanzi CONTR. dietro, indietro **2** (*di tempo*) prima, dapprima, antecedentemente CONTR. poi, dopo, in seguito, posteriormente **B** *prep.* **1** (*di spazio*) davanti, dinnanzi CONTR. dietro **2** (*di tempo*) prima di CONTR. dopo **C** *in funzione di agg.* (*posposto a un s.*) prima, precedente, anteriore CONTR. dopo, seguente, successivo **D** *s. m. inv.* **1** (*nel calcio*) attaccante **2** (*di segnale, ecc.*) via □ verde CONTR. stop (*ingl.*), alt (*ingl.*) □ rosso **E** *inter.* **1** si accomodi!, accomodati!, ecc. **2** forza!, coraggio! FRAS. *andare avanti* (*fig.*), fare progressi □ *tirare avanti* (*fig.*), vivere □ *farsi avanti* (*fig.*), mettersi in vista □ *essere avanti* (*fig.*), essere a buon punto □ *d'ora in avanti*, d'ora in poi.

avant'ièri o **avantièri** *avv.* l'altro ieri, ieri l'altro, ierlaltro.

avanzaménto *s. m.* **1** avanzata CONTR. ritirata, arretramento, ripiegamento, retrocessione **2** (*bur.*) promozione CONTR. degradazione, destituzione, retrocessione **3** (*fig.*) progresso, progressione □ incremento, accrescimento □ ascesa, miglioramento □ sviluppo, evoluzione CONTR. regresso, regressione □ diminuzione, calo □ decadenza, declino, decadimento □ involuzione.

avanzàre (1) **A** *v. intr.* **1** andare avanti, venire avanti, procedere, inoltrarsi □ camminare □ incedere □ marciare □ muovere, puntare CONTR. indietreggiare, retrocedere, recedere, rinculare, ripiegare, ritirarsi, ritrarsi, arretrare **2** (*fig.*) (*di carriera, di studio, ecc.*) progredire, crescere, migliorare, acquistare □ evolversi, svilupparsi CONTR. regredire □ involvere, tornare indietro **3** (*di costruzione*) sporgere in fuori, sopravanzare CONTR. rientrare **B** *v. tr.* **1** (*di cosa*) portare in avanti, protendere, spingere avanti CONTR. ritirare **2** (*fig.*) (*di proposta, di domanda, ecc.*) presentare, proporre, porgere, affacciare, azzardare □ (*di ragione e sim.*) accampare **3** (*fig.*) (*in abilità, ecc.*) superare, vincere, sorpassare CONTR. essere inferiore **4** (*fig.*) (*di carriera*) elevare, promuovere CONTR. retrocedere, degradare **C** **avanzarsi** *v. intr. pron.* **1** farsi innanzi, camminare □ entrare, presentarsi CONTR. farsi indietro, retrocedere, ritirarsi, indietreggiare, arretrare, arretrarsi □ uscire, andarsene **2** (*fig.*) approssimarsi, avvicinarsi CONTR. allontanarsi. *V. anche* CAMMINARE

avanzàre (2) **A** *v. tr.* **1** dover avere, essere creditore CONTR. dovere, essere debitore **2** risparmiare, mettere da parte, serbare, conservare, accantonare CONTR. spendere, consumare, sperperare, scialacquare **B** *v. intr.* rimanere, restare, essere d'avanzo, residuare □ sovrabbondare, soverchiare, sovreccedere CONTR. mancare, scarseggiare.

avanzàta *s. f.* avanzamento, progresso □ puntata offensiva, vittoria □ espansione, boom (*ingl.*) **CONTR.** ritirata, ripiegamento, indietreggiamento, arretramento □ riflusso, recessione.

avanzàto *part. pass. di* **avanzare** (**1**); *anche agg.* ***1*** collocato avanti **CONTR.** arretrato, retrocesso ***2*** (*fig.*) avvantaggiato **CONTR.** svantaggiato ***3*** (*fig.*) (*di persone, di idee, ecc.*) innovatore, innovativo, avanguardistico, rivoluzionario, d'avanguardia □ (*di Paese, di economia, ecc.*) industrializzato, sviluppato, evoluto, progredito **CONTR.** tradizionalista, conservatore, retrogrado □ cristallizzato □ arretrato, sottosviluppato ***4*** (*di età*) inoltrato, maturo, tardo **CONTR.** giovane, tenero, giovanile, verde (*fig.*) ***5*** (*di giorno, di notte e sim.*) fatto, inoltrato, alto, profondo ***6*** (*di stagione, ecc.*) tardivo **CONTR.** prematuro, precoce.

avànzo *s. m.* ***1*** resto, residuo, rimanenza, rimasuglio □ restante, rimanente □ sopravanzo, supero (*comm.*), surplus (*fr.*), eccedenza, eccedente, sovrabbondanza □ giacenza □ fondiglio, scorie, cascame, mondiglia, rifiuto, scarto □ ritaglio, scampolo, pezzo □ risparmio □ cicca (*fig.*), mozzicone (*fig.*), moncone □ residuato, rudere □ rottame, macerie, detriti **CONTR.** intero, totale, il tutto □ disavanzo, deficit (*lat.*) □ sbilancio (*econ.*), spareggio ***2*** (*al pl.*) rovine, resti, ruderi, macerie, vestigia ***3*** (*mat.*) resto **FRAS.** *avanzo di galera, avanzo di forca*, delinquente. *V. anche* RIFIUTO

avaraménte *avv.* tirchiamente, pidocchiosamente, micragnosamente (*merid.*), spilorciamente □ grettamente, sordidamente, meschinamente, ingenerosamente **CONTR.** generosamente, liberalmente, abbondantemente, lautamente, prodigamente, prodigalmente.

avarìa *s. f.* (*di nave, di motore, ecc.*) danno, guasto, rottura □ (*est.*) deterioramento, danneggiamento **CONTR.** accomodatura, aggiustamento.

avariàre ***A*** *v. tr.* guastare, danneggiare, rovinare, sciupare, deteriorare **CONTR.** riparare, aggiustare ***B*** *v. intr.* e **avariarsi** *intr. pron.* guastarsi, rovinarsi, sciuparsi, deteriorarsi, marcire. *V. anche* GUASTARE

avariàto *part. pass. di* **avariare**; *anche agg.* guasto, danneggiato, rovinato, deteriorato □ corrotto, fradicio, marcio, marcito, andato (*fam.*) **CONTR.** perfetto, funzionante □ sano, intatto.

avarìzia *s. f.* spilorceria, taccagneria, tirchieria, ingenerosità, pidocchieria, pitoccheria, interesse, micragna (*merid.*) □ cupidigia, esosità, avidità □ grettezza, meschinità, piccineria, squallore, sordidezza **CONTR.** generosità, larghezza, liberalità, magnificenza, grandiosità □ prodigalità, munificenza □ signorilità, nobiltà, grandezza. *V. anche* CUPIDIGIA

avàro *agg.* e *s. m.* ***1*** taccagno, tirchio, spilorcio, tirato, stretto, micragnoso (*merid.*), pidocchioso, tignoso (*centr.*), pittima (*est., raro*), arpagone, cacastecchi (*pop.*), sparagnino (*dial.*), stitico (*fam.*) □ gretto, sordido, meschino, squallido, pitocco □ avido, esoso, cupido □ interessato, venale □ (*est.*) usuraio, strozzino □ risparmiatore, economo **CONTR.** generoso, largo, liberale, munifico, munificente, magnifico, brillante, splendido, disinteressato, prodigo □ nobile, signorile, signore □ spendaccione, dilapidatore, dissipatore, scialacquatore, spendereccio, sprecone, sciupone ***2*** (*fig.*) (*di raccolto, di terra, ecc.*) scarso □ magro, improduttivo, povero **CONTR.** abbondante □ fecondo, fertile, rigoglioso □ ricco.

àve [vc. dotta, lat. *ăve*, formula di saluto] ***A*** *inter.* salve!, salute! ***B*** *s. f.* e *m. inv.* avemaria.

avellàno *s. m.* (*bot.*) nocciolo.

avére ***A*** *v. tr.* ***1*** possedere, essere fornito, essere provvisto, detenere, disporre □ (*di amici, ecc.*) contare, annoverare □ (*di bene, di pensione, ecc.*) fruire, godere **CONTR.** mancare, essere sprovvisto ***2*** (*di cose, di vestiti, di scarpe, ecc.*) portare, indossare, vestire, calzare ***3*** (*di posizione, di posto, di lettera, ecc.*) ottenere, conseguire, ricevere **CONTR.** respingere, ricusare, rifiutare ***4*** (*di febbre, di malattia, ecc.*) essere affetto, essere in preda ***5*** (*di fame, di sonno, ecc.*) avvertire, provare, sentire □ soffrire, patire ***6*** (*di contegno*) prendere, assumere ***7*** (*di ufficio, di carica, ecc.*) occupare, ricoprire □ (*di ruolo, di carattere, ecc.*) rivestire ***8*** (*di premio, di riconoscimento, ecc.*) meritare, guadagnarsi ***9*** (*seguito da agg. o sost.*) stimare, giudicare, ritenere, reputare ***B*** *v. intr.* (*raro*) esserci ***C*** *in funzione di s. m. spec. al pl.* ricchezze, beni, sostanze, denaro, proprietà, mezzi, patrimonio, roba, capitale, denaro, fortuna **FRAS.** *avere a che fare*, avere rapporti □ *averne fin sopra i capelli* (o *gli occhi*) (*fig.*), essere arcistufo □ *avercela con uno*, provare rancore verso uno □ *avere del padre*, assomigliare al padre □ *avere a mente*, ricordare □ *aversela a male*, offendersi. *V. anche* FACOLTÀ, FORTUNA

aviatóre *s. m.* (*f. -trice*) pilota, aeronauta.

aviazióne *s. f.* ***1*** aeronautica ***2*** (*est.*) arma aerea.

avidaménte *avv.* con avidità, bramosamente, famelicamente, ingordamente, insaziabilmente, cupidamente, vogliosamente, rapacemente □ smaniosamente □ esosamente □ (*di cibo*) appetitosamente, ghiottamente, golosamente, voracemente **CONTR.** moderatamente, apaticamente □ frugalmente, svogliatamente.

avidità *s. f.* brama, avarizia, esosità, venalità, cupidigia, bramosia, rapacità, ingordigia, desiderio, smania, voglia, golosità, ghiottoneria, gola, insaziabilità, voracità, fame, sete **CONTR.** sazietà, svogliatezza, indifferenza, disinteresse, frugalità. *V. anche* CUPIDIGIA

àvido *agg.* bramoso, desideroso, smanioso, cupido, voglioso, famelico, affamato, assetato, sitibondo, insaziabile □ ingordo, goloso, ghiotto, vorace □ quattrinaio, venale, interessato □ esoso **CONTR.** disinteressato □ pago, appagato, sazio, satollo, pieno □ nauseato □ disdegnoso □ indifferente □ parco, frugale.

aviolìnea *s. f.* aerolinea, linea aerea.

aviorimèssa *s. f.* aerorimessa, hangar (*fr.*).

avìto *agg.* degli avi, ereditario □ antico.

àvo *s. m.* ***1*** (*lett.*) nonno, avolo, bisnonno (*lett.*), ascendente **CONTR.** discendente ***2*** (*spec. al pl.*) antenato, progenitore **CONTR.** postero, posterità, progenie. *V. anche* ANTENATO

avùlso *agg.* strappato, divelto □ separato, staccato, a sé stante □ déraciné, sradicato **CONTR.** piantato, conficcato, infisso □ unito, riunito □ ambientato, inserito □ collegato.

avvalérsi *v. intr. pron.* valersi, giovarsi, servirsi, adoperare, fruire, approfittare **CONTR.** respingere, rifiutare, ricusare.

avvallaménto *s. m.* abbassamento, depressione □ incavo, incavatura, cavità, cunetta, infossamento, affossamento, affossatura □ bassura, valle □ scoscendimento □ sprofondamento, cedimento, frana **CONTR.** rialto, rialzo □ rilievo, prominenza, convessità, sporgenza, sporto □ dosso, altura. *V. anche* VALLE

avvallàre ***A*** *v. tr.* (*raro, lett.*) abbassare, volgere a terra **CONTR.** alzare, sollevare ***B*** **avvallarsi** *v. intr. pron.* abbassarsi, incavarsi, infossarsi □ sprofondare, cedere, franare, formare una depressione **CONTR.** elevarsi, alzarsi, rialzarsi, sollevarsi, risollevarsi □ sporgere.

avvallàto *part. pass. di* **avvallare**; *anche agg.* depresso, incavato, infossato □ incassato **CONTR.** sporgente, prominente, rilevato, convesso.

avvaloràre ***A*** *v. tr.* dare valore, convalidare, confermare, confortare, corroborare, comprovare, accreditare, appoggiare **CONTR.** togliere valore, invalidare, demolire, smantellare □ contraddire ***B*** **avvalorarsi** *v. intr. pron.* rafforzarsi, acquistar vigore **CONTR.** indebolirsi.

avvampàre ***A*** *v. intr.* ***1*** prender fuoco, accendersi, divampare, infiammarsi, ardere, bruciare **CONTR.** spegnersi, smorzarsi, estinguersi ***2*** (*di sdegno, di rabbia, ecc.*) arrossire, vampeggiare (*raro*) **CONTR.** impallidire ***3*** (*di cielo, ecc.*) risplendere, rilucere, brillare **CONTR.** essere opaco ***B*** *v. tr.* infiammare, far bruciare, incendiare **CONTR.** raffreddare.

avvantaggiàre ***A*** *v. tr.* dare vantaggio, privilegiare □ accrescere, aumentare, incrementare, migliorare **CONTR.** penalizzare □ diminuire, danneggiare, peggiorare, pregiudicare, nuocere (*fig.*) ***B*** **avvantaggiarsi** *v. rifl.* ***1*** procurarsi un vantaggio, approfittare, trarre profitto, beneficiare, usufruire, valersi, guadagnare **CONTR.** perdere ***2*** (*est.*) approfittare □ (*di occasione e sim.*) afferrare ***3*** (*est.*) prevalere, sopravanzare, (*di avversari*) staccare (*sport*) **CONTR.** essere inferiore.

avvantaggiàto *part. pass. di* **avvantaggiare**; *anche agg.* favorito, privilegiato **CONTR.** svantaggiato, penalizzato, sacrificato, pregiudicato.

avvedérsi *v. intr. pron.* rendersi conto, accorgersi, avvertire, capire, comprendere, trovare.

avvedutaménte *avv.* accortamente, oculatamente, previdentemente, perspicacemente □ cautamente, guardingamente, prudentemente □ saviamente, sensatamente, assennatamente, giudiziosamente □ scaltramente, astutamente □ destramente, abilmente **CONTR.** disavvedutamente, inavvedutamente, avventatamente, sventatamente, inconsultamente, irriflessivamente □ temerariamente, incoscientemente □ imprudentemente, incautamente □ ingenuamente.

avvedutézza *s. f.* cervello □ senno, giudizio, criterio, accortezza, oculatezza, previdenza, perspicacia, sagacia, lungimiranza, finezza □ assennatezza, saggezza □ consapevolezza, responsabilità □ abilità, destrezza □ cautela, prudenza, attenzione □ astuzia, scaltrezza, furbizia □ avvertenza, accorgimento **CONTR.** avventatezza, sconsideratezza, disavvedutezza, sventatezza, innavedutezza □ temerarietà □ miopia (*fig.*) □ imprudenza, imprevidenza □ ingenuità, sprovvedutezza, dabbenaggine. *V. anche* PRUDENZA, SAGGEZZA

avvedùto *part. pass. di* **avvedersi**; *anche agg.* assennato, responsabile, giudizioso, saggio, sensato □ previdente, prudente, oculato, accorto □ sagace, lungimirante □ cauto, circospetto, guardingo □ astuto, scaltro, furbo, volpino (*scherz.*) **CONTR.** disavveduto, avventato, sconsiderato □ irriflessivo, incosciente, spericolato, temerario □ imprevidente, improvvido □ imprudente □ incauto □ malaccorto, sbadato, sventato □ semplicione, ingenuo.

avvelenaménto *s. m.* intossicazione □ inquinamento **CONTR.** disintossicazione □ disinquinamento. *V. anche* INQUINAMENTO

avvelenàre ***A*** *v. tr.* ***1*** (*di cibo, ecc.*) rendere velenoso, versare veleno, attossicare (*lett.*) □ inquinare **CONTR.** svelenire, disintossicare □ decontaminare ***2*** (*di persona*) intossicare □ uccidere col veleno ***3*** (*fig.*) turbare, amareggiare **CONTR.** allietare, rallegrare, addolcire, raddolcire ***4*** (*fig.*) guastare, corrompere, rovinare **CONTR.** salvare, redimere ***B*** **avvelenarsi** *v. rifl.* ***1*** prendere il veleno, intossicarsi **CONTR.** disintossicarsi ***2*** uccidersi col veleno.

avvelenàto *part. pass. di* **avvelenare**; *anche agg.* ***1*** intossicato □ infetto (*med.*) □ inquinato **CONTR.** disintossicato □ disinquinato ***2*** ucciso col veleno ***3*** velenoso **CONTR.** innocuo ***4*** (*fig.*) irato, rabbioso **CONTR.** bonario, calmo ***5*** (*fig.*) guastato, corrotto, rovinato **CONTR.** salvato, redento **FRAS.** *avere il dente avvelenato* (*fig.*), nutrire rancore.

avvenènte *agg.* bello, leggiadro, grazioso, carino, vezzoso, piacente, amabile **CONTR.** brutto, mostruoso, sgraziato, goffo.

avvenènza *s. f.* bellezza, grazia, leggiadria, charme (*fr.*) □ gentilezza di modi **CONTR.** bruttezza, mostruosità, sgraziataggine, goffaggine.

avveniménto *s. m.* fatto, evento, vicenda, episodio, caso, accadimento (*raro*) □ accidente, incidente □ avventura □ affare, faccenda □ circostanza, congiuntura, evenienza, occasione. *V. anche* SUCCESSO

avvenìre (1) *v. intr.* accadere, capitare, succedere □ seguire, intervenire (*lett.*), sopraggiungere, verificarsi, darsi, svolgersi, aver luogo □ maturarsi, compiersi, realizzarsi □ (*di fatto e sim.*) risalire □ (*di guerra, di scandalo, ecc.*) scoppiare □ (*di fortuna e sim.*) toccare.

avvenìre (2) ***A*** *agg. inv.* futuro, venturo **CONTR.** passato, trascorso ***B*** *s. m. inv.* ***1*** futuro, domani □ poi **CONTR.** passato, ieri ***2*** (*est.*) sorte □ benessere, grandezza.

avvenirìstico *agg.* futuribile **CONTR.** passatista.

avventàre ***A*** *v. tr.* ***1*** (*di cosa*) scagliare, gettare, lanciare, catapultare, scaraventare, proiettare, vibrare **CONTR.** trattenere ***2*** (*fig.*) (*di giudizio, ecc.*) dire a caso, azzardare ***B*** **avventarsi** *v. rifl.* lanciarsi, gettarsi, buttarsi, scagliarsi, slanciarsi, precipitarsi □ assalire, investire, caricare **CONTR.** frenarsi, trattenersi.

avventataménte *avv.* inconsideratamente, sconsideratamente, imprudentemente, incautamente, inconsultamente, irriflessivamente, sventatamente □ precipitosamente CONTR. consideratamente, ponderatamente, giudiziosamente, prudentemente, cautamente, assennatamente, avvedutamente, sensatamente, oculatamente.

avventatézza *s. f.* imprudenza, imprevidenza, inconsideratezza, sconsideratezza, sventatezza, leggerezza, precipitazione CONTR. consideratezza, ponderatezza, prudenza, cautela, giudizio, saggezza, assennatezza, avvedutezza, previdenza, riflessione.

avventàto *part. pass. di* **avventare**; *anche agg.* e *s. m.* imprudente, imprevidente, inconsulto, inconsiderato, sconsiderato, incauto, irriflessivo □ precipitoso, frettoloso □ temerario, ardito, arrischiato, rischioso, azzardato, azzardoso CONTR. cauto, previdente, guardingo, prudente, avveduto, giudizioso, oculato □ ponderato, riflessivo, assennato, saggio □ tranquillo, sicuro.

avventìzio *agg.* temporaneo, provvisorio, instabile, incerto, casuale, accidentale, occasionale □ (*di lavoratore*) precario CONTR. stabile, duraturo, fisso, certo □ ordinario, di ruolo. *V. anche* INCERTO

avvènto *s. m.* ***1*** venuta, arrivo CONTR. partenza, dipartita ***2*** (*est.*) (*al trono, ecc.*) assunzione, elevazione CONTR. destituzione, rimozione.

avventóre *s. m.* (*f. -trice*) cliente, frequentatore assiduo, habitué (*fr.*).

avventùra *s. f.* ***1*** avvenimento, fatto, episodio, caso, vicenda □ imprevisto □ peripezia, vicissitudine, traversia □ romanzo (*fig.*) □ impresa rischiosa, cimento ***2*** sorte, destino, fortuna, ventura, fato □ caso, coincidenza, fatalità ***3*** amore passeggero, scappatella, flirt (*ingl.*) FRAS. *per avventura*, per caso; accidentalmente □ *correre l'avventura*, tentare la sorte. *V. anche* SUCCESSO

avventuràre ***A*** *v. tr.* affidare, arrischiare, azzardare ***B*** **avventurarsi** *v. rifl.* arrischiarsi, cimentarsi, esporsi □ tentare, azzardare, rischiare □ (*in una vicenda*) imbarcarsi.

avventurièro ***A*** *s. m.* ***1*** giramondo, girovago ***2*** (*est.*) imbroglione, gabbamondo, impostore, lestofante, mestatore, bucaniere, filibustiere, pirata CONTR. galantuomo, brav'uomo ***3*** casanova ***B*** *agg.* amante dell'avventura.

avventuróso *agg.* ***1*** (*di persona*) avventuriero ***2*** (*est.*) (*di viaggio, ecc.*) ricco di avventure □ rischioso, pericoloso □ picaresco, rocambolesco, romanzesco CONTR. sicuro, tranquillo ***3*** (*lett.*) avventurato, fausto, favorevole, felice, propizio CONTR. sfortunato, infausto, infelice, sfavorevole.

avveràre ***A*** *v. tr.* concretare, realizzare, attuare, effettuare ***B*** **avverarsi** *v. intr. pron.* realizzarsi, verificarsi, attuarsi, effettuarsi □ adempiersi, compiersi.

avversàre *v. tr.* contrariare, perseguitare, contrastare, attaccare, combattere, osteggiare, opporsi, odiare CONTR. secondare, assecondare, aiutare, appoggiare, proteggere, favorire, difendere, sostenere, soccorrere, solidarizzare, simpatizzare.

avversàrio ***A*** *s. m.* antagonista, competitore, contendente □ emulo, rivale □ oppositore, oppugnatore □ nemico □ controparte CONTR. alleato, amico, compagno □ socio, compare □ sostenitore, simpatizzante, fan (*ingl.*) ***B*** *agg.* contrario, avverso, ostile, nemico CONTR. amico, favorevole, solidale. *V. anche* RIVALE

avversàto *part. pass. di* **avversare**; *anche agg.* combattuto, ostacolato, osteggiato, contrariato, contrastato CONTR. aiutato, incoraggiato, appoggiato, protetto, fiancheggiato, sostenuto, favorito.

avversióne *s. f.* ostilità, antipatia, inimicizia, malevolenza, malvolere □ contrarietà □ odio, animosità, astio, malanimo □ ripugnanza, repulsione, allergia (*fig.*), disgusto, nausea, ripulsione, idiosincrasia, fastidio □ tedio, uggia □ aborrimento □ fobia CONTR. amore, simpatia, affezione, attaccamento, amicizia □ attrazione, attrattiva, predisposizione, inclinazione, propensione □ predilezione, preferenza □ devozione □ benevolenza □ appoggio, solidarietà. *V. anche* ODIO

avversità *s. f. spec. al pl.* calamità, disgrazia, male, contrarietà, malasorte, sfortuna, sventura, disdetta, iella (*fam.*), scalogna (*fam.*), iattura, infelicità, sciagura □ traversia, vicissitudine, odissea, peripezia CONTR. fortuna, felicità, successo, ventura, cuccagna, buon vento.

avvèrso ***A*** *agg.* contrario, sfavorevole, nemico, ostile □ maldisposto, malevolo, malintenzionato □ (*di sorte e sim.*) disgraziato, sfortunato, inclemente CONTR. amico, favorevole □ devoto □ solidale, fausto, propizio, benigno, benevolo □ devoto ***B*** *prep.* contro CONTR. per, a favore, pro.

avvertènza *s. f.* ***1*** accorgimento, accortezza, avvedutezza, precauzione □ attenzione, cautela, cura, riguardo □ circospezione, consideratezza, considerazione, diligenza, riflessione CONTR. avventatezza, disavvertenza, distrazione, inavvedutezza, imprudenza, imprevidenza, sconsideratezza ***2*** ammonimento, avviso, avvertimento □ (*spec. in fondo a uno scritto*) nota bene ***3*** (*spec. al pl.*) istruzioni, informazioni □ norma, consigli, indicazione. *V. anche* INFORMAZIONE

avvertiménto *s. m.* ammonimento, ammonizione, monito, richiamo □ avvertenza, avviso, consiglio □ segnale, indice, segnalazione □ esortazione, raccomandazione, suggerimento □ istruzione, indicazione. *V. anche* CONSIGLIO

avvertìre *v. tr.* ***1*** avvisare, informare, annunciare, far sapere □ segnalare, preavvertire, preavvisare, prevenire CONTR. tenere all'oscuro ***2*** ammonire, consigliare, esortare, indurre, raccomandare, suggerire, far intendere CONTR. sconsigliare, dissuadere, distogliere ***3*** notare, osservare, avvedersi, percepire, provare, sentire, udire, intuire, annusare (*fig.*) □ conoscere. *V. anche* CORREGGERE, UDIRE

avvertìto *part. pass. di* **avvertire**; *anche agg.* ***1*** ammonito, informato, avvisato □ istruito □ consapevole, conscio CONTR. tenuto all'oscuro ***2*** accorto, cauto, avveduto, vigile CONTR. malaccorto, disavveduto, sbadato, sventato ***3*** sentito, udito, intuito, percepito, indovinato □ provato.

avvezzàre ***A*** *v. tr.* abituare, adusare (*lett.*), costumare, accostumare, assuefare, educare, addestrare □ addomesticare CONTR. disabituare, disavvezzare, disassuefare, divezzare ***B*** **avvezzarsi** *v. rifl.* abituarsi, assuefarsi, accostumarsi, adusarsi (*lett.*) CONTR. disabituarsi, disavvezzarsi, divezzarsi, disassuefarsi. *V. anche* EDUCARE

avvézzo *agg.* abituato, uso, usato, avvezzato, assuefatto, accostumato, adusato (*lett.*), rotto □ pratico, esperto **CONTR.** disabituato, disavvezzo □ ignaro, inesperto, digiuno.

avviaménto *s. m.* ***1*** avvio, incamminamento, indirizzo, instradamento, orientamento □ iniziazione, preparazione, propedeutica, introduzione □ inizio, principio, cominciamento, incominciamento □ attivazione □ apertura □ (*di attività, di casa, ecc.*) impianto **CONTR.** conclusione, cessazione, fine, termine ***2*** (*di impresa commerciale*) valore ***3*** (*mecc.*) (*di motore*) messa in moto ***4*** (*di gara e sim.*) partenza.

avviàre ***A*** *v. tr.* ***1*** (*di persona*) indirizzare, incamminare, instradare, orientare □ dirigere, guidare □ introdurre □ addestrare **CONTR.** arrestare, fermare, trattenere ***2*** (*di lavoro, ecc.*) imbastire, impostare, abbozzare, cominciare, incominciare, principiare, iniziare □ intraprendere, impiantare, imprendere (*lett.*) **CONTR.** concludere, finire, terminare, compiere ***3*** (*di motore, di meccanismo e sim.*) mettere in moto, accendere, attivare, azionare **CONTR.** spegnere, fermare, bloccare ***4*** (*di sistema, di modo, ecc.*) inaugurare **CONTR.** concludere ***5*** (*di lettera, di pratica, ecc.*) spedire, mandare, inoltrare (*bur.*) **CONTR.** ricevere ***6*** (*di discorso, di trattativa, ecc.*) intavolare □ (*di causa e sim.*) promuovere **CONTR.** chiudere, dirimere ***7*** (*di gara, di battaglia, ecc.*) ingaggiare ***B*** **avviarsi** *v. intr. pron.* ***1*** (*di persona*) mettersi in via, incamminarsi, andare, partire, muovere, muoversi □ dirigersi, puntare □ (*fig.*) indirizzarsi, instradarsi, orientarsi **CONTR.** fermarsi, trattenersi, sostare ***2*** (*di motore*) mettersi in moto, accendersi **CONTR.** spegnersi, morire ***3*** (*fig.*) prepararsi, stare per.

avviàto *part. pass. di* **avviare**; *anche agg.* ***1*** incamminato, indirizzato □ orientato, incanalato, convogliato ***2*** (*di lavoro*) imbastito, impostato □ incominciato, iniziato, intrapreso **CONTR.** concluso, finito, terminato ***3*** (*fig.*) (*di commercio, di negozio, ecc.*) prospero, attivo **CONTR.** passivo ***4*** (*di sistema, di modo, ecc.*) inaugurato ***5*** (*di discorso, di trattativa ecc.*) intavolato **CONTR.** chiuso ***6*** (*allo studio, alla professione, ecc.*) introdotto ***7*** (*di causa e sim.*) promosso **CONTR.** chiuso.

avvicendaménto *s. m.* turnover (*ingl.*), ricambio □ rotazione, turno, cambio □ giro, ruota □ alternanza, altalena.

avvicendàre ***A*** *v. tr.* alternare, ruotare □ mutare, cambiare □ sostituire ***B*** **avvicendarsi** *v. rifl. rec.* alternarsi, succedersi, ruotare.

avvicinàbile *agg.* (*fig.*) abbordabile, accessibile, accostabile □ socievole, affabile, cordiale, gentile, alla mano **CONTR.** inabbordabile, inaccostabile, inavvicinabile □ burbero, intrattabile, sgarbato, scontroso, scostante.

avvicinaménto *s. m.* accostamento, approssimazione, approccio, ravvicinamento, giustapposizione **CONTR.** allontanamento, scostamento, distacco □ separazione, rottura.

avvicinàre ***A*** *v. tr.* ***1*** mettere vicino, ravvicinare, accostare, appressare, approssimare □ unire, riunire □ stringere □ accomunare **CONTR.** allontanare, scostare, discostare, distaccare, distanziare □ distogliere □ rimuovere, togliere □ dividere, separare ***2*** abbordare, entrare in rapporto, contattare **CONTR.** evitare, scansare ***B*** **avvicinarsi** *v. intr. pron.* ***1*** farsi vicino, venire, accostarsi, appressarsi, approssimarsi, avanzarsi □ sfiorare, rasentare □ (*di tempo, di crisi, ecc.*) prepararsi □ (*di pericolo, di minaccia, ecc.*) sovrastare **CONTR.** allontanarsi, levarsi, togliersi, scansarsi □ staccarsi, distaccarsi, scostarsi, discostarsi □ straniarsi, separarsi ***2*** (*fig.*) assomigliarsi, essere simile □ (*di colore*) tendere, tirare **CONTR.** differire, distinguersi. *V. anche* UNIRE

avvilènte *part. pres. di* **avvilire**; *anche agg.* deprimente, demoralizzante, sconfortante, sconsolante, scoraggiante, disperante □ degradante, umiliante, mortificante **CONTR.** rincorante, rasserenante, incoraggiante, entusiasmante, esaltante, inebriante □ gratificante.

avviliménto *s. m.* accasciamento, abbattimento, depressione, scoraggiamento, scoramento, sconforto, sfiducia, demoralizzazione, prostrazione, lipemania (*med.*) □ abiezione, degradazione □ mortificazione, umiliazione **CONTR.** ardimento, baldanza, coraggio, sicurezza, arditezza, animo □ conforto, sollievo, allegria □ entusiasmo, esaltazione, euforia □ gratificazione, soddisfazione. *V. anche* SCORAGGIAMENTO

avvilìre ***A*** *v. tr.* ***1*** svilire, svalutare, invilire (*lett.*), sminuire □ degradare **CONTR.** rivalutare, valorizzare, nobilitare ***2*** deprimere, demoralizzare, sconfortare, scoraggiare, scorare, contristare, disanimare, prostrare, abbacchiare, smontare (*fig.*) □ umiliare, mortificare □ (*di superbia e sim.*) rintuzzare **CONTR.** confortare, riconfortare, rincorare, rianimare, rinfrancare, rasserenare, rassicurare, incoraggiare, sollevare □ ringalluzzire, imbaldanzire □ insuperbire □ gratificare ***B*** **avvilirsi** *v. intr. pron.* ***1*** perdersi d'animo, abbattersi, abbacchiarsi, accasciarsi, deprimersi, contristarsi, demoralizzarsi, disanimarsi, esanimarsi (*lett.*), abbiosciarsi (*fig.*), abbioccarsi (*region.*), scoraggiarsi, sconfortarsi, sfiduciarsi □ smontarsi, disperare **CONTR.** confortarsi, consolarsi, rinfrancarsi, rasserenarsi, rassicurarsi, rianimarsi, rincorarsi, riprendersi, risollevarsi, farsi coraggio □ ringalluzzirsi ***2*** umiliarsi, degradarsi, invilirsi, abbassarsi, diminuirsi **CONTR.** elevarsi, innalzarsi, nobilitarsi.

avvilìto *part. pass. di* **avvilire**; *anche agg.* depresso, sconfortato, contristato, disanimato, demoralizzato, disincentivato, mogio, abbacchiato, abbattuto, accasciato, abbiosciato (*fig.*), abbioccato (*region.*), prostrato, sconsolato, scoraggiato, scorato (*lett.*), sfiduciato **CONTR.** rinfrancato, euforico, felice, lieto, allegro, baldanzoso, soddisfatto, contento, raggiante □ ringalluzzito, imbaldanzito.

avviluppàre ***A*** *v. tr.* ravviluppare, avvolgere, involgere, involtare, ravvolgere, rinvolgere, rinvoltare, inviluppare, ravvoltolare □ cingere, aggrovigliare, ammatassare, intricare, impigliare, imbrogliare **CONTR.** svolgere, srotolare, sviluppare, disinvolgere □ districare, strigare, sciogliere □ dispiegare, aprire ***B*** **avvilupparsi** *v. rifl.* ravvolgersi, avvolgersi, ravvoltolarsi, invilupparsi ***C*** *v. intr. pron.* ingarbugliarsi, aggrovigliarsi, imbrogliarsi, intricarsi, impigliarsi **CONTR.** districarsi. *V. anche* AVVOLGERE

avvinazzàto *part. pass. di* **avvinazzare**; *anche agg. e s. m.* ubriaco, ebbro, alticcio, bevuto, sborniato, sbronzo □ beone, ubriacone □ alcolizzato, alcolista, etilista.

avvincènte *part. pres. di* **avvincere**; *anche agg.* appassionante □ trascinante, emozionante □ affascinante, seducente, suggestivo, attraente, interessante, fascinoso, malioso, suadente, coinvolgente, irresistibile **CONTR.** scostante, repellente, ripugnante, sgradevole.

avvìncere *v. tr.* ***1*** (*lett.*) legare, stringere, cingere, avviticchiare, avvinghiare, unire **CONTR.** slegare, sciogliere □ liberare ***2*** (*fig.*) appassionare □ attrarre, affascinare, ammaliare, magnetizzare, incantare, rapire, sedurre **CONTR.** allontanare, disgustare, ripugnare, stomacare, nauseare. *V. anche* SEDURRE

avvinghiàre ***A*** *v. tr.* cingere, abbracciare, stringere, avviticchiare, avviluppare, legare **CONTR.** svincolare, liberare, sciogliere ***B*** **avvinghiarsi** *v. rifl. rec.* stringersi, abbracciarsi, cingersi, abbarbicarsi, avviticchiarsi **CONTR.** svincolarsi, liberarsi, sciogliersi.

avvìnto *part. pass. di* **avvincere**; *anche agg.* ***1*** avvinghiato, stretto □ abbracciato **CONTR.** svincolato, slegato, sciolto ***2*** (*fig.*) affascinato, attratto, ammaliato, incantato, sedotto, trascinato **CONTR.** disgustato, nauseato, stomacato.

avvìo *s. m.* avviamento, attacco, partenza, innesco, input (*ingl.*), start (*ingl.*) □ principio, esordio, inizio, instaurazione □ (*di racconto, di azione, ecc.*) spunto □ (*di lettera, di pratica, ecc.*) inoltro (*bur.*) **CONTR.** conclusione, fine, termine, cessazione □ ultimazione, definizione, espletamento, espletazione □ finale.

avvisàglia *s. f.* ***1*** indizio, sintomo, segnale, segno, spia, cenno, prodromo □ presentimento ***2*** (*mil.*) breve combattimento, scaramuccia.

avvisàre *v. tr.* ***1*** dare avviso, avvertire, segnalare □ annunciare, far sapere, informare □ riferire, riportare ***2*** ammonire, consigliare, esortare, suggerire **CONTR.** dissuadere, sconsigliare.

avvisàto *part. pass. di* **avvisare**; *anche agg.* avvertito, informato, istruito □ consapevole **CONTR.** lasciato all'oscuro, ignaro.

avvìso *s. m.* ***1*** avvertimento, avvertenza, annuncio □ notizia, notificazione, comunicazione, comunicato, messaggio, circolare, bollettino □ informazione □ segnalazione □ scritta, dicitura □ partecipazione ***2*** foglio affisso, bando, editto, grida, manifesto, locandina, manifestino □ affiche (*fr.*), cartello, cartellone □ tabella □ civetta (*giorn.*) ***3*** inserzione (pubblicitaria), pubblicità ***4*** consiglio, ammonimento, ammonizione, monito (*lett.*) □ diffida ***5*** parere, opinione, idea ***6*** sintomo, segnale, sentore □ premonizione. *V. anche* INFORMAZIONE

avvistaménto *s. m.* riconoscimento, vista.

avvistàre *v. tr.* scorgere, riconoscere, distinguere, vedere.

avvistàto *part. pass. di* **avvistare**; *anche agg.* scorto, riconosciuto, visto.

avvitàre ***A*** *v. tr.* invitare, stringere, fermare □ (*di abito*) sfiancare, sciancrare **CONTR.** svitare ***B*** **avvitarsi** *v. rifl.* (*aer.*) cadere a vite.

avviticchiàre ***A*** *v. tr.* (*di rampicante*) cingere, avvolgere, abbracciare, avvinghiare, avvincere **CONTR.** sciogliere, sviluppare, svincolare ***B*** **avviticchiarsi** *v. intr. pron. e rifl.* (*di rampicante*) afferrarsi, avvolgersi, attorcigliarsi, avvinghiarsi, attaccarsi, rampicare □ (*fig.*) (*di persona*) stringersi **CONTR.** sciogliersi, svincolarsi, staccarsi.

avvizziménto *s. m.* appassimento, rinsecchimento □ deperimento □ (*fig.*) invecchiamento **CONTR.** rifiorimento □ (*fig.*) ringiovanimento □ freschezza, gioventù.

avvizzìre ***A*** *v. tr.* rendere vizzo, fare appassire □ (*fig.*) invecchiare **CONTR.** far rifiorire □ (*fig.*) ringiovanire ***B*** *v. intr.* diventare vizzo, appassire, sfiorire □ (*fig.*) invecchiare, intristire **CONTR.** prosperare, fiorire, rifiorire, sbocciare, verdeggiare □ (*fig.*) ringiovanire.

avvizzìto *agg.* sfiorito, appassito, fané (*fr.*), vizzo, moscio, mencio (*tosc.*) □ (*di persona, di fisico, ecc.*) rugoso, incartapecorito □ sfatto □ invecchiato **CONTR.** fiorente, fiorito, verdeggiante, rigoglioso, lussureggiante, florido, vivo □ liscio, fresco □ giovane, giovanile.

avvocàto *s. m.* ***1*** laureato in legge □ legale, procuratore □ giureconsulto, giurisperito □ leguleio (*spreg.*), azzeccagarbugli, causidico (*spreg.*), cavalocchio, mozzorecchi (*spreg.*), paglietta (*dial.*) ***2*** (*est.*) protettore, patrocinatore, patrono □ consulente, consigliere □ difensore.

avvòlgere ***A*** *v. tr.* ***1*** involtare (*fam.*), rinvoltare, rinvolgere, inviluppare, ravviluppare □ avviluppare, fasciare □ avvoltolare, ravvoltolare □ affardellare, affagottare, infagottare, arrotolare, aggomitolare, ammatassare □ aggrovigliare □ imballare, impacchettare, incartocciare, incartare, involgere, ravvolgere □ attorcigliare, torcigliare (*raro*) □ legare □ cingere, circondare, cerchiare **CONTR.** svolgere, srotolare, spiegare, dispiegare □ aprire, scartare, scartocciare, sballare, sciogliere ***2*** coprire, ricoprire, rivestire, foderare, vestire ***3*** (*raro, fig.*) aggirare, ingannare, imbrogliare ***B*** **avvolgersi** *v. intr. pron.* girarsi intorno □ (*est.*) aggrovigliarsi, attorcigliarsi, avviticchiarsi ***C*** *v. rifl.* avvilupparsi, invilupparsi, avvoltolarsi □ infagottarsi, affagottarsi □ ravvolgersi, ravvilupparsi, cingersi, stringersi addosso **CONTR.** levarsi, liberarsi, togliersi, deporre.

AVVOLGERE
sinonimia strutturata

Avvolgere significa propriamente volgere intorno, piegare attorno o su sé stesso qualcosa: *avvolgere una corda, una benda, un filo*; per estensione il verbo significa circondare oppure coprire: *le fiamme avvolgevano la casa*; *avvolgere un bimbo in un plaid*; *avvolgere un oggetto nella carta.* Usato nella forma pronominale avvolgersi vuol dire attorcigliarsi: *il filo si avvolgeva in un rocchetto.* Così **avviluppare**, usato sia come verbo transitivo che riflessivo, significa avvolgere strettamente o con cura: *avvilup-*

parono il ferito nelle coperte; *avvilupparsi in un mantello*; il verbo, tuttavia, può essere usato anche nel significato di avvolgere disordinatamente, in modo intricato e confuso: *avviluppare fili, cordami*, da cui il senso figurato di imbrogliare, raggirare, confondere o confondersi: *avviluppare con astuzie, avvilupparsi nei propri pensieri*. **Inviluppare** o **invilupparsi** vuol dire avvolgere o avvolgersi più volte in qualcosa: *inviluppare nelle bende*; *invilupparsi in un pastrano*; di qui i significati figurati di irretire, essere trascinati in difficoltà e impacci o impelagarsi: *l'hanno inviluppato in un brutto giro*; *si è inviluppato in una situazione compromettente*.

Infagottare significa avvolgere formando un fagotto, cioè un pacco, un mucchio fatto alla meglio; in senso figurato il verbo indica il vestire qualcuno con indumenti molto pesanti e voluminosi per proteggerlo dal freddo: *lo infagottarono con scialli e coperte*; di qui, sempre in senso figurato, il significato di vestire in modo goffo, inadatto, sgraziato: *quell'abito lo infagottava*. **Involgere** significa mettere un oggetto dentro a qualcosa che lo ricopre e lo racchiude: *involgere l'argenteria in panni di lana*; raramente il verbo è usato in senso figurato per indicare il trascinare qualcuno in guai, in situazioni intricate. **Incartare** è avvolgere qualcosa nella carta: *incartare un regalo*; **imballare** invece indica il confezionare in balle cioè in grossi involti: *imballare lana, cotone*; il verbo si riferisce anche al sistemare le merci in contenitori adatti a spedizioni e magazzinaggi: *imballare libri, mobili, porcellane*. **Impacchettare** vuol dire racchiudere, involgere qualcosa formando un pacchetto o mettere in un pacchetto: *impacchettare della frutta*.

Fasciare è sia l'avvolgere con una fascia, ossia bendare, sia il ricoprire qualcosa con una fascia, rivestendolo: *gli fasciarono il braccio ferito*; *fasciare di carta un libro*. Il verbo ha inoltre il significato di circondare la struttura di una nave con il fasciame, cioè un rivestimento impermeabile di lamiere metalliche o tavole di legno. Usato in modo assoluto fasciare indica aderire, avvolgere strettamente: *indossava un abito che la fasciava molto*.

Avvoltolare significa avvolgere molte volte e in modo disordinato: *le lenzuola erano avvoltolate sul letto*. **Accartocciare** o **accartocciarsi** vuol dire piegare o ripiegarsi come un cartoccio, formando un cartoccio: *accartocciare una pagina*; *le foglie si sono accartocciate*; per estensione il verbo indica l'incurvarsi su sé stesso di qualcuno: *si era accartocciato vicino al muro per difendersi dal freddo*. **Aggomitolare** indica l'avvolgere in gomitoli; nella forma riflessiva, come nel caso di accartocciarsi, il termine si riferisce al rannicchiarsi, all'avvolgersi su sé stesso: *si era aggomitolato sul letto*. **Ammatassare** significa ridurre in matassa, cioè a un insieme di fili disposti ordinatamente uno sull'altro: *ammatassare la lana*; comunemente il verbo è usato anche in senso figurato per indicare l'accatastare, il disporre una cosa sull'altra: *hanno ammatassato un sacco di roba nel ripostiglio*. **Acciambellare** è l'avvolgere a forma di ciambella; il termine è usato più frequentemente nella forma riflessiva, nel senso di ripiegarsi su sé stesso come una ciambella: *il gatto si acciambellò sulla poltrona*.

avvolgìbile ***A*** *agg.* arrotolabile ***B*** *s. m.* persiana, tapparella (*pop.*), serranda, saracinesca.

avvolgiménto *s. m.* ***1*** avviluppamento, arrotolamento, ravvolgimento, circonvoluzione □ spira, spirale □ voluta □ giro, rotolo, viluppo **CONTR.** scioglimento, sviluppo, svolgimento ***2*** (*fig., raro*) imbroglio, inganno, intrigo, raggiro ***3*** (*mil.*) aggiramento, manovra avvolgente.

avvòlto *part. pass. di* **avvolgere**; *anche agg.* involto, ravvolto, cinto, circondato □ circonfuso □ ricoperto, avviluppato, inviluppato, ravviluppato □ fasciato □ affagottato □ ammantato □ foderato □ incartato □ attorto, girato, attorcigliato □ arrotolato **CONTR.** sciolto, svolto, aperto, spiegato □ scartato.

avvoltóio *s. m.* (*fig.*) persona avida, rapace.

aziènda *s. f.* impresa, esercizio, industria, ditta, casa □ ente, società □ amministrazione.

azionàre *v. tr.* muovere, avviare, far funzionare, accendere, manovrare **CONTR.** fermare, frenare, bloccare, spegnere.

azióne (1) *s. f.* ***1*** opera, operazione, operato, attività, lavoro □ moto, movimento □ (*di snodo, di articolazione, ecc.*) gioco **CONTR.** inattività, inerzia, inazione, ozio ***2*** atto, fatto, gesto, mossa, passo □ pratica □ prassi □ impresa □ iniziativa ***3*** manifestazione ***4*** fatto d'armi, scontro, battaglia ***5*** (*di opera*) soggetto, svolgimento, trama, scena ***6*** (*dir.*) causa, processo ***7*** (*sport*) manovra ***8*** opera, influenza, influsso.
V. anche FUNZIONE

azióne (2) *s. f.* (*di capitale*) quota, parte, titolo di credito, titolo.

azzannàre *v. tr.* ***1*** addentare, mordere, morsicare □ afferrare **CONTR.** lasciar andare, mollare ***2*** (*fig., raro*) criticare, denigrare **CONTR.** elogiare, lodare.

azzardàre ***A*** *v. tr.* ***1*** arrischiare, mettere a repentaglio, rischiare □ avventurare, avventurarsi, osare □ tentare □ cimentarsi ***2*** (*di proposta, di domanda, ecc.*) fare, avanzare ***B*** **azzardarsi** *v. intr. pron.* arrischiarsi, rischiare, cimentarsi, osare.

azzardàto *part. pass. di* **azzardare**; *anche agg.* audace, temerario, arrischiato, avventato, risicato (*tosc.*) □ aleatorio **CONTR.** cauto, guardingo, prudente, timoroso □ certo, sicuro.

azzàrdo *s. m.* ***1*** pericolo, rischio **CONTR.** sicurezza, tranquillità ***2*** caso, fortuna, sorte, alea, biribissi.
V. anche FORTUNA

azzeccagarbùgli *s. m.* avvocato, causidico, leguleio (*spreg.*), cavalocchio, mozzorecchi (*spreg.*), paglietta (*dial.*).

azzeccàre *v. tr.* ***1*** colpire nel segno, prendere (*fam.*), raggiungere, beccare (*fig., fam.*), centrare □ affibbiare, appioppare, assestare, menare, vibrare **CONTR.** sbagliare la mira ***2*** (*fig.*) indovinare, imbroccare, infilare □ riuscir bene **CONTR.** fallire, sbagliare, errare, bucare, mancare.

azzeccàto *part. pass. di* **azzeccare**; *anche agg.* colto nel segno, centrato, colpito, imbroccato □ (*fig.*) indovinato, infilato **CONTR.** sbagliato.
azzeràre *v. tr.* **1** portare a zero **2** (*est.*) annullare, cancellare.
azzimàto *agg.* vestito con cura, acconciato, attillato, agghindato, abbellito, lisciato, impomatato **CONTR.** sciatto, trasandato, trascurato, sciamannato (*tosc.*).
azzittìre ***A*** *v. tr.* azzittare, far tacere, zittire **CONTR.** far parlare ***B*** *v. intr.* e **azzittirsi** *intr. pron.* azzittarsi, far silenzio, zittirsi, tacere, ammutolire **CONTR.** parlare.
azzuffàrsi *v. rifl.* e *rifl. rec.* venire alle mani, picchiarsi, abbaruffarsi, menarsi (*pop.*), darsele (*fam.*), suonarsele (*fam.*), pestarsi (*pop.*), accapigliarsi, affrontarsi, cazzottarsi (*pop.*), attaccar briga, scontrarsi, lottare, rissare, litigare **CONTR.** rappacificarsi, rappaciarsi, pacificarsi, riconciliarsi.
azzurràggio *s. m.* candeggio, imbianchimento.
azzùrro *agg.* e *s. m.* **1** blu, turchino, zaffiro, celeste, ceruleo (*lett.*), cilestrino (*lett.*), ciano (*lett.*), pervinca, oltremare □ (*di cielo*) terso **2** (*sport*) italiano, nazionale **FRAS.** *pesce azzurro*, sardine, acciughe, sgombri □ *il principe azzurro* (*est.*), lo sposo ideale, lo sposo sognato.
azzurrógnolo o **azzurrògnolo** *agg.* azzurro pallido, azzurrastro, grigio-azzurro, bluastro, turchinetto.

b, B

b *s. m.* o *f.* **FRAS.** *di serie b* (*fig.*), inferiore, di qualità inferiore, meno importante, scadente **CONTR.** eccellente, ottimo, superiore.

babàu *s. m.* ***1*** mostro, spauracchio, orco ***2*** (*est.*) persona terribile.

babbagigi *s. m.* (*bot.*) dolcichini.

babbèo *agg.*; *anche s. m.* sciocco, semplicione, scimunito, stupido, tonto, citrullo, cretino, ebete, fesso, gonzo, rimbambito, scemo, sempliciotto, stolido (*lett.*), stolto, balordo, babbuino, baccalà, baggiano, barbagianni, bietolone, calandrino, cucco, grullo, merlo **CONTR.** intelligente, vivace, scaltro, furbo, marpione.

bàbbo *s. m.* (*fam.*) padre, papà (*fam.*), pa' (*merid.*), genitore (*lett.*).

babbùccia *s. f.* pantofola, ciabatta, pianella, scarpina (di lana).

babbuìno *s. m.* (*fig.*) babbeo, balordo, sciocco.

babèle [dalla biblica torre di *Babele*, dal cui crollo ebbe inizio la confusione delle lingue] *s. f.* confusione, disordine, trambusto, manicomio, caos, casino (*pop.*), bailamme, baraonda, cagnara (*fam.*), diavolio, cancan, bolgia, pandemonio, quarantotto, scompiglio, anarchia, putiferio, ridda **CONTR.** ordine, tranquillità, pace, quiete, silenzio. *V. anche* CONFUSIONE

babórdo *s. m.* ***1*** (*di nave*) fianco sinistro **CONTR.** tribordo ***2*** (*mar.*) sinistra **CONTR.** dritta, destra.

baby /*ingl.* 'beibi/ [ingl., dim. di *babe*, voce infant.] ***A*** *s. m.* e *f. inv.* ***1*** neonato, bebè, lattante ***2*** bambino, bimbo ***B*** *s. f. inv.* (*fam.*) ragazza, giovane donna ***C*** *in funzione di agg.* ***1*** (*di abiti, di moda*) infantile, per bambino ***2*** (*di misura*) piccolo **CFR.** grande, medio.

baby-sitter /*ingl.* 'beibi 'sitə/ [lett. 'assistente (*sitter*) di bambino (*baby*)'] *s. f.* e *m. inv.* bambinaia, sorvegliante (di bambini), custode (di bambini), nurse (*ingl.*), bonne (*fr.*), fräulein (*ted.*), dada (*fam.*).

bacàre ***A*** *v. tr.* ***1*** (*di cibo*) guastare ***2*** (*fig.*) (*di animo, di mente*) corrompere, contaminare **CONTR.** risanare, guarire ***B*** *v. intr.* e **bacarsi** *intr. pron.* ***1*** (*di cibo*) far vermi, guastarsi ***2*** (*fig.*) (*di mente, di animo*) corrompersi, contaminarsi **CONTR.** risanare, guarire.

bacàto *part. pass. di* **bacare**; *anche agg.* ***1*** (*di cibo*) guastato dai bachi, guasto, marcio **CONTR.** sano, intatto ***2*** (*fig.*) (*di mente, di animo*) guasto, corrotto, deviato, viziato □ malato, tarato, con idee sbagliate **CONTR.** sano, pulito, chiaro.

bàcca *s. f.* ***1*** (*bot.*) chicco, grano □ coccola □ bagola (*dial.*) ***2*** (*di collana*) perla, grana, grano.

baccalà *s. m.* ***1*** merluzzo (salato ed essiccato) □ (*pop., sett.*) stoccafisso ***2*** (*fig.*) persona magra, persona allampanata, acciuga, chiodo, stecco **CONTR.** ciccione, grassone ***3*** (*fig.*) stupido, sciocco, babbeo, bietolone, salame, cetriolo, carciofo, merlo, oca, allocco, barbagianni **CONTR.** furbo, scaltro, dritto.

baccalaureàto *s. m.* ***1*** (*in Francia*) baccellierato, licenza superiore □ (*nei paesi anglosassoni*) laurea ***2*** diplomato, laureato.

baccanàle [dal lat. *Bacchanāle*, festa in onore di Bacco] *s. m. spec. al pl.* orgia, festa orgiastica □ bagordo, baldoria, gozzoviglia, crapula (*lett.*), festa chiassosa, carnevale, carnevalata, fescennino (*est.*).

baccàno *s. m.* fracasso, frastuono, chiasso, strepito, clamore, rumore, schiamazzo, fragore, cagnara (*fam.*), caciara (*centr.*), canea, canizza, gazzarra, pollaio, cancan, diavolio, bailamme, casino (*pop.*), putiferio, quarantotto, sarabanda **CONTR.** silenzio, quiete, tranquillità, pace, calma. *V. anche* CHIASSO

baccèllo *s. m.* ***1*** (*bot.*) frutto, legume, guscio, scorza, siliqua ***2*** (*tosc.*) fava fresca ***3*** (*fig., tosc.*) sciocco, semplicione, sempliciotto **CONTR.** furbo, furbone, dritto.

bacchétta *s. f.* ***1*** verga, bastoncino, bacchetto, ramo, canna ***2*** (*di frusta e sim.*) manico, impugnatura ***3*** (*mus.*) stecca ***4*** (*mus.*) arco, archetto ***5*** (*sport*) asta ***6*** (*segno di comando*) scettro, bastone ***7*** (*arch.*) tondino, modanatura (tonda e sottile) **FRAS.** *a bacchetta*, con assoluta autorità, dispoticamente.

bacchettóne *s. m.* bigotto, beghino, baciapile, baciasanti, paolotto, pinzochero, collotorto, bizzoco, santarello, santocchio, santone □ clericale □ ipocrita, tartufo, fariseo **CFR.** miscredente, ateo, empio, blasfemo, mangiapreti, anticlericale □ laico □ pio □ leale. *V. anche* IPOCRITA

bacchiàre *v. tr.* (*di olive, di castagne e sim.*) abbacchiare, abbattere, percuotere (col bacchio), raccogliere.

bacchiatùra *s. f.* (*di olive, di castagne e sim.*) battitura, raccolta.

bàcchio *s. m.* pertica, bastone, batacchio.

bàcco [da *Bacco*, dio del vino] *s. m.* ***1*** (*lett.*) vino ***2*** (*scherz.*) vizio del bere, ubriachezza, sbornia, sbronza (*fam.*), balla (*dial.*) **FRAS.** *per bacco!, per baccone!, per bacco baccone!, per bacchissimo!, corpo di bacco!*, per Dio!, Dio buono!, sant'Iddio!, per dindirindina!

bachèca *s. f.* (*per avvisi*) albo, vetrina □ (*per mostre*) cassetta, vetrinetta, teca.

bacheròzzo *s. m.* ***1*** bruco, baco □ insetto ***2*** (*dial.*) scarafaggio, blatta ***3*** (*fig.*) uomo disgustoso, verme (*fig.*).

baciapile *s. m.* e *f. inv.* bigotto, bacchettone, baciasanti, pinzochero, collotorto, paolotto, beghino, bizzoco, santarello, santocchio, santone □ clericale □ ipocrita, tartufo, fariseo **CFR.** miscredente, ateo, blasfemo, empio, mangiapreti, anticlericale □ pio □ laico □ leale, sincero. *V. anche* IPOCRITA

baciàre ***A*** *v. tr.* ***1*** (*di persone e cose*) dare un bacio, dare baci, sbaciucchiare ***2*** (*fig.*) (*di cose*) sfiorare, lambire, toccare appena, carezzare ***B*** **baciarsi** *v. rifl. rec.* (*di persone*) darsi un bacio, darsi dei baci, scambiarsi dei baci ***C*** *v. intr. pron.* (*raro*) (*di cose*) combaciare, essere a contatto **FRAS.** *baciarsi i gomiti*, essere molto soddisfatto.

bacìle *s. m.* ***1*** bacino, bacinella, catino, catinella, lavabo, lavamano ***2*** (*arch.*) echino, ovulo.

bacillo *s. m.* ***1*** (*biol.*) microbo, microbio, batterio, schizomicete, cocco, virus ***2*** (*fig.*) infezione, contagio, decadimento, corruzione.

bacinèlla *s. f.* ***1*** *dim. di* **bacino** ***2*** bacile, catino, catinella.

bacìno *s. m.* ***1*** bacinella, bacile, catino, catinella, recipiente, vassoio ***2*** (*anat.*) pelvi, cavità pelvica ***3*** (*di acqua*) serbatoio, cisterna, vasca, peschiera, bottaccio □ lago artificiale ***4*** (*geol.*) area depressa, depressione, conca ***5*** (*di fiume*) valle, vallata ***6*** (*di minerali*) area, zona, giacimento ***7*** (*mar.*) cantiere, darsena, porto, dock (*ingl.*). *V. anche* VALLE

backgammon /*ingl.* 'bækgamən/ [vc. ingl., comp. di *back* 'indietro' e *gammon* 'gioco'] *s. m. inv.* (*gioco*) tavola reale, tric trac, sbaraglino.

background /*ingl.* 'bækgraund/ [vc. ingl., letteralmente 'retrofondo', comp. di *back* 'dietro' e *ground* 'fondo'] *s. m. inv.* fondo, sfondo, sottofondo, sostrato, retroterra, retroscena, preparazione.

backup /bɛ'kap, *ingl.* 'bæk ʌp/ [vc. ingl., comp. di *to back* 'appoggiare' (da *back* 'schiena, schienale') e *up* 'su'] *s. m. inv.* (*elab.*) copia di riserva.

bàco *s. m.* ***1*** (*zool.*) larva □ insetto □ bruco, bacherozzo, bacherozzolo □ bombice (del gelso) ***2*** (*pop.*) verme, bigatto (*sett.*) ***3*** (*fig.*) pensiero fisso, fissazione, tarlo, rodimento.

bacon /*ingl.* 'beikən/ [vc. ingl., dall'ant. fr. *bacon*, di origine francone (*bakko*, della stessa radice dell'ingl. *back* 'parte posteriore del corpo')] *s. m. inv.* pancetta affumicata, lardo affumicato.

bacùcco [dal nome del profeta (*H*)*abacuc*, rappresentato nella pittura come un vecchio barbuto] *agg.*; *anche s. m.* (*f. -a*) vecchio e rimbecillito, rincitrullito, cucco, matusa (*gerg.*) **CONTR.** giovanile, aitante, sveglio.

bàda *s. f.* ***1*** (*lett., raro*) attesa, indugio ***2*** vigilanza, sorveglianza **FRAS.** *tenere a bada*, tenere a freno, trattenere, sorvegliare, guardare.

badàre ***A*** *v. intr.* ***1*** prendersi cura, occuparsi, aver cura, curarsi, vigilare, vegliare **CONTR.** trascurare ***2*** (*di azioni*) fare attenzione, stare attento, porre mente, considerare, pensare **CONTR.** sorvolare, distrarsi, svagarsi ***3*** (*di lavoro, di interessi*) dedicarsi con impegno, impegnarsi, interessarsi, attendere **CONTR.** disinteressarsi, disimpegnarsi ***B*** *v. tr.* ***1*** sorvegliare, custodire, vigilare, curare, controllare, guardare, osservare **CONTR.** trascurare ***2*** (*di azioni*) continuare, indugiare, trattenersi **CONTR.** smettere, cessare **FRAS.** *badare a sé stesso*, custodirsi, curarsi **CONTR.** trascurarsi. *V. anche* GUARDARE, PENSARE

badéssa *s. f.* ***1*** (*di convento*) superiora, madre superiora, priora ***2*** (*fig.*) donnone, donna maestosa, matrona.

badge /*ingl.* bædʒ/ [vc. ingl., dapprima 'emblema, segno distintivo di un cavaliere o di una schiera'] *s. m. inv.* (*di partecipanti a convegni, congressi, ecc.*) placchetta di riconoscimento □ distintivo.

badilànte *s. m.* sterratore, scariolante, terrazziere.

badìle *s. m.* pala.

bàffo *s. m.* ***1*** (*spec. al pl.*) mustacchi, mostacchi, mostacci, favoriti, peli (del labbro) ***2*** (*fig., est.*) (*di inchiostro, di colore*) macchia, sgorbio ***3*** (*spec. al pl.*) onda spumosa **FRAS.** *ridere sotto i baffi*, ridere di nascosto, ridere con malizia o compiacimento □ *da leccarsi i baffi, coi baffi* (*fig.*), squisito, eccellente, gustosissimo, buonissimo □ *non fare un baffo*, non intimidire per nulla.

bagagliàio *s. m.* ***1*** (*ferr.*) carro merci, vettura portabagagli ***2*** (*aer.*) vano bagagli ***3*** (*autom.*) baule, bagagliera, portabagagli, portapacchi.

bagàglio *s. m.* ***1*** equipaggio, fardello, fagotto, pacco, involto, sacco, borsa, valigia, zaino, equipaggiamento, soma ***2*** (*mil.*) salmerie, impedimenti ***3*** (*fig.*) (*di studio, di esperienza*) patrimonio, possesso, corredo.

bagarinàggio *s. m.* incetta, accaparramento, borsanera.

bagarìno *s. m.* (*spec. di biglietti per spettacoli*) incettatore, accaparratore, borsanerista.

bagarre /*fr.* ba'gar/ [vc. fr., dal provz. *bagarro*, di origine basca (*batzarre* 'riunione')] *s. f. inv.* ***1*** (*sport*) finale veloce e confuso ***2*** (*est.*) tumulto, confusione, mischia.

bagattèlla o **bagatèlla** *s. f.* bazzecola, inezia, quisquilia, sciocchezza, nonnulla, piccolezza, minuzia, baia, ammenicolo, carabattola, fesseria, futilità, nonnulla, pinzillacchera (*scherz.*), ridicolaggine, stupidaggine, zacchera (*raro*).

baggianàta *s. f.* stupidaggine, stupidata, sciocchezza, cretinata, corbelleria, castronaggine (*pop.*), castroneria (*pop.*), minchioneria (*pop.*), enormità, ridicolaggine, scemenza, scempiaggine.

bagìgi [abbr. di *babbagigi*] *s. m. pl.* (*sett.*) noccioline americane, arachidi.

baglióre *s. m.* ***1*** (*di corpo luminoso*) barbaglio, splendore, chiarore, fulgore, sfolgorio, lampeggiamento, luce, luccichio, luccicare, luminosità, nimbo (*lett.*) □ lampo, baleno, folgore □ fiamma **CONTR.** caligine, offuscamento, opacità ***2*** (*fig.*) (*di civiltà e sim.*) albore, manifestazione, apparizione **CONTR.** crepuscolo, scomparsa, fine.

bagnànte ***A*** *part. pres. di* **bagnare**; *anche agg.* ***B*** *s. m. e f.* chi fa il bagno (spec. in mare) □ (*est.*) villeggiante (in località marina o termale).

bagnàre ***A*** *v. tr.* ***1*** cospargere di liquido, immergere nel liquido, aspergere, cospergere (*lett.*) □ (*di sudore, di rugiada*) imperlare □ (*di lacrime*) rigare **CONTR.** asciugare, rasciugare, prosciugare, detergere ***2*** (*di piante, di panni, ecc.*) innaffiare, annaffiare, annacquare, adacquare, irrorare, umettare, irrigare, inumidire, ammollare, spruzzare CONTR. seccare, essiccare, disseccare, disidratare ***3*** (*di cose assorbenti*) inzuppare, imbevere, impregnare, intingere, intridere, infradiciare, macerare CONTR. strizzare ***4*** (*fig.*) (*di occasione felice*) festeggiare bevendo, bere, brindare ***5*** (*di corsi di acqua, di mare*) toccare, lambire, costeggiare, passare ***B*** **bagnarsi** *v. rifl.* fare il bagno □ cospargersi d'acqua ***C*** *v. intr. pron.* ammollarsi, inzupparsi, impregnarsi, infradiciarsi, inumidirsi, aspergersi CONTR. asciugarsi, prosciugarsi, seccarsi, essiccarsi, disidratarsi, inaridirsi.

bagnaròla *s. f.* ***1*** (*dial.*) tinozza, vasca, bagno ***2*** (*scherz.*) automobile vecchia e scassata, caffettiera, macinino, trabiccolo.

bagnasciùga *s. m.* spiaggia, costa, riva, battigia, battima, proda.

bagnàto ***A*** *part. pass. di* **bagnare**; *anche agg.* ***1*** irrorato, innaffiato, annaffiato, umettato, irrigato, umido, inumidito, asperso, lavato, spruzzato □ madido, fradicio, infradiciato, molle, mollo, zuppo, mezzo □ rugiadoso, rorido (*poet.*) CONTR. asciutto, asciugato, seccato, inaridito, riarso, disidratato, assetato, essiccato ***2*** (*di cose assorbenti*) inzuppato, intriso, imbevuto, immerso, macerato, ammollato, impregnato CONTR. prosciugato ***3*** (*fig.*) (*di luogo*) lambito, toccato, sfiorato ***B*** *s. m.* terreno bagnato, luogo bagnato.

bagnatùra *s. f.* ***1*** annaffiata, innaffiata, irrigazione □ inumidimento CONTR. asciugata, prosciugamento, essiccazione, essiccamento ***2*** immersione, macerazione ***3*** bagno, balneazione ***4*** (*spec. al pl.*) (*raro*) stagione dei bagni.

bàgno *s. m.* ***1*** immersione, bagnatura, balneazione, nuotata ***2*** lavata, doccia, docciatura (*raro*), aspersione, lavacro, alluvione, lavanda, lavaggio, lavatura, abluzione, bagnata ***3*** (*di metallo*) immersione, soluzione, rivestimento ***4*** stanza da bagno, vasca, bagnarola (*dial.*) □ acqua ***5*** gabinetto, camerino (*fam.*), latrina, ritirata, servizi, toilette (*fr.*), water (*ingl.*), cesso (*pop.*) ***6*** (*spec. al pl.*) (*fig.*) stabilimento balneare, terme, acque, fanghi ***7*** (*est.*) stabilimento di pena, penitenziario, carcere, casa di lavoro, casa di forza, reclusorio FRAS. *bagno di sole*, elioterapia, cura del sole □ *bagno di sangue*, strage, massacro, carneficina, macello □ *bagno turco*, bagno di vapore, sauna.

bagolàro *s. m.* (*bot., pop.*) arcidiavolo, spaccasassi, fraggiracolo, frassignuolo.

bagórdo *s. m. spec. al pl.* stravizi, gozzoviglie, baldoria, bisboccia, carnevale, crapula (*lett.*), orgia, baccanale, deboscia CONTR. sobrietà, astinenza, digiuno, penitenza.

baguette /*fr.* ba'gɛt/ [vc. fr., letteralmente 'bacchetta', dall'it. *bacchetta*] *s. f. inv.* ***1*** (*abbigl.*) baghetta, guarnizione, orlo, cordoncino, spiga ***2*** brillante (rettangolare) □ pietra preziosa ***3*** (*di pane*) sfilatino, filoncino.

bah *inter.* mah!, sarà vero?, forse, chissà!, vada come vuole.

bàia *s. f.* insenatura, golfo, rientranza, rada, cala, ansa, porto □ fiordo.

bailàmme [dalla rumorosa festa turca del *bairam*] *s. m. inv.* caos, confusione, baraonda, babele, babilonia, bordello (*pop.*), casino (*pop.*), cagnara (*fam.*), canea, canizza, chiasso, baccano, chiassata, diavolio, pandemonio, cancan, schiamazzo, marasma, putiferio, quarantotto, ridda, sarabanda CONTR. ordine, tranquillità, quiete, pace, silenzio.

baiòcco *s. m.* soldo, denaro, quattrino, moneta.

bàita *s. f.* casetta, casupola, capanna, ricovero, rifugio, baracca, baracchino, malga, casera (*lett.*) □ cascina.

balaùstra *s. f.* balaustrata, parapetto, ringhiera, colonnato.

balbettàre ***A*** *v. intr.* ***1*** balbutire (*lett.*), tartagliare, barbugliare, farfugliare, incespicare, impappinarsi, ingarbugliarsi, impuntare, intaccare, intopparsi, annaspicare, scilinguare CONTR. parlare spedito, scandire, sillabare ***2*** cominciare a parlare, ciangottare ***B*** *v. tr.* dire confusamente, pronunciare confusamente, biascicare CONTR. dire chiaramente.

BALBETTARE
sinonimia strutturata

Balbettare significa parlare ed esprimersi con titubanza, con ripetizione di sillabe o arresti di parole, a causa di una malformazione anatomica o per motivi psicologici. Il verbo ha inoltre il significato di cominciare a parlare, sillabare: *il bambino già balbetta.* Nella forma transitiva, acquista il significato particolare di pronunciare, dire in modo confuso e spezzato, poco chiaro e comprensibile: *balbettò una scusa.* In senso figurato si può usare, inoltre, in relazione al manifestarsi di incertezza, di insicurezza, o alla scarsa conoscenza in una disciplina o nella padronanza di una lingua: *balbetta un po' di francese.* Sinonimo di balbettare, ma usato solo nel linguaggio letterario è invece **balbutire**.

Tartagliare si riferisce a un particolare balbettio che è il parlare ripetendo più volte la lettera o la sillaba iniziale del vocabolo, mentre **scilinguare** significa pronunciare male le parole, come se non si avesse la lingua o non la si potesse muovere con naturalezza. **Ciangottare** è invece detto, specialmente nei riguardi dei bambini, dell'esprimersi stentato e esitante. **Barbugliare** è il parlare in modo confuso, smozzicando le parole: *non riesco a capire cosa barbugli*; un significato molto simile ha **farfugliare** che indica il parlare in maniera disarticolata e indistinta, ed è usato spesso in riferimento alle persone anziane.

Nel suo significato figurato **incespicare** è sinonimo di balbettare perché si riferisce alla mancanza di speditezza e sicurezza, soprattutto nel parlare: *incespica spesso nella lettura.* Così **impappinarsi** significa imbrogliarsi, confondersi nel parlare, nel rispondere, nel recitare: *dalla paura ci siamo impappinati tutti e due*; raramente il verbo è usato anche transitivamente con il significato di far confondere qualcuno: *lo impappinò con una domanda a trabocchetto.* **Ingarbugliarsi** in senso figurato vuol dire perdere il filo del discorso, far confusione, intricarsi nel parlare: *ingarbugliarsi in un discorso difficile*. Infine **intoppare** è il trovare ostacolo, l'aver difficoltà nel parlare oppure nella pronuncia: *intoppò in una parola illeggibile*; *quando si emoziona intoppa*.

balbettìo s. m. balbettamento, tartagliamento □ farfuglio, biascichio, ciangottio.

balbùzie s. f. tartagliamento, blesità (*med.*).

balbuziènte agg. e s. m. e f. balbo, bleso, tartaglione, scilinguato.

balconàta s. f. ***1*** balcone, terrazza ***2*** (*di teatro, di stadio*) gradinata ***3*** (*di nave*) galleria (di balconi).

balcóne s. m. terrazza, loggia, finestra con ringhiera, balconata, poggiolo, bow-window (*ingl.*), verone (*lett.*) □ ballatoio.

baldacchìno s. m. ***1*** capocielo, sopraccielo, drappo □ padiglione, tenda, cortina, cortinaggio ***2*** (*di nicchie, di tombe e sim.*) coronamento.

baldànza s. f. sicurezza, spavalderia, iattanza, ardimento, arditezza, coraggio, franchezza (*lett.*), valore, vigoria **CONTR.** paura, timore, trepidazione, timidezza, esitazione, confusione, viltà, vigliaccheria, avvilimento, scoraggiamento, sfiducia, sgomento, costernazione.

baldanzosaménte avv. spavaldamente, sicuramente, arditamente, coraggiosamente **CONTR.** timidamente, con esitazione, pavidamente, vilmente.

baldanzóso agg. spavaldo, sicuro, ardito, ardimentoso, coraggioso **CONTR.** timido, pauroso, pavido, vile, codardo, scoraggiato, avvilito, costernato, sgomento, smarrito.

bàldo agg. disinvolto e sicuro, coraggioso, baldanzoso **CONTR.** insicuro, timido, esitante, pauroso, pavido, vile, scoraggiato.

baldòria s. f. ***1*** allegria rumorosa, festa allegra, carnevale, carnevalata, cuccagna, tripudio □ (*spreg.*) gozzoviglia, baccanale, saturnali (*lett.*), bagordo, crapula, bisboccia, cagnara, cancan, gazzarra **CONTR.** penitenza ***2*** (*tosc.*) (*in occasione di feste*) falò, fiammata.

balenaménto s. m. lampeggiamento, lampo, balenio.

balenàre v. intr. ***1*** (*di cielo*) lampeggiare ***2*** (*est.*) (*di cose*) splendere all'improvviso, scintillare, guizzare, sfolgorare, baluginare, corruscare (*lett.*), raggiare, rifulgere, risplendere, sfavillare, vampeggiare (*raro*) ***3*** (*di idee*) sorgere all'improvviso, manifestarsi all'improvviso. *V. anche* RIDERE

balèngo agg. (*dial., sett.*) ***1*** (*di persona*) balordo, stravagante, strambo, bizzarro ***2*** (*di cosa*) fasullo, contraffatto.

balenìo s. m balenamento, scintillio, sfolgorio, barbaglio, guizzo, luce, lampeggiamento, gibigiana (*sett.*).

baléno s. m. lampo, folgore, folgorio, sfolgorio, bagliore, barbaglio, lampeggiamento, guizzo, sprazzo **FRAS.** *in un baleno* (*fig.*), in un attimo, in un amen.

balèra s. f. locale da ballo, pista da ballo (spec. all'aperto).

balèstra s. f. ***1*** (*mil.*) arco □ catapulta, mangano, scorpio (*lett.*), scorpione, balista (*lett.*) ***2*** (*mecc.*) molla ad arco, sospensione.

balestrière s. m. arciere.

bàlia (1) s. f. nutrice □ (*ant.*) levatrice □ (*raro*) bambinaia, sorvegliante (di bambini), baby-sitter (*ingl.*), nurse (*ingl.*), bonne (*fr.*), fräulein (*ted.*) **FRAS.** *tenere a balia* (*fig.*), allevare, proteggere, controllare.

balìa (2) s. f. (*lett.*) autorità, potere assoluto, potestà, facoltà, arbitrio, signoria **FRAS.** *in balia di*, in potere di, alla mercé di, preda di, in preda a.

bàlla s. f. ***1*** fardello, involto, fagotto, collo ***2*** (*est.*) sacco (di iuta) ***3*** (*fig.*) frottola, panzana, fandonia, bugia, bomba (*dial.*), bubbola, bagola (*sett.*), canard (*fr.*) (*giorn.*), cannonata, carota (*fam.*), fola, invenzione, menzogna, palla (*fam.*), pallonata (*fam.*), patacca, bufala, trappola (*fam.*) **CONTR.** verità ***4*** (*dial.*) sbornia, ubriacatura, sbronza.

ballàbile ***A*** agg. che si può ballare ***B*** s. m. canzone da ballo, musica da ballo.

ballàre ***A*** v. intr. ***1*** danzare, far quattro salti (*fam.*) ***2*** (*est.*) (*per gioia*) saltare, saltellare ***3*** (*per rabbia, per nervoso*) agitarsi, fremere ***4*** (*di cose*) oscillare, tentennare, sobbalzare, traballare ***5*** (*fig.*) (*di veste*) essere largo, essere sproporzionato **CONTR.** stringere, essere stretto ***B*** v. tr. (*di ballabile*) danzare, eseguire, fare.

ballast /ingl. 'bæləst/ [vc. ingl., propriamente 'zavorra'] s. m. inv. ***1*** (*di binario, di strada*) massicciata ***2*** (*fis.*) (*di lampada fluorescente*) reattore.

ballatóio s. m. ***1*** balcone, balaustrata, loggia, loggiato, corridoio, pianerottolo, terrazzino ***2*** (*in alpinismo*) cengia.

ballerìna s. f. ***1*** danzatrice, baiadera, mima, girl (*ingl.*), showgirl (*ingl.*), danseuse (*fr.*) ***2*** scarpetta scollata, paperina ***3*** (*zool.*) cutrettola, batticoda □ motacilla flava ***4*** (*bot.*) morella, bugola, erba morta, morandola.

ballerìno s. m. ***1*** danzatore □ mimo, coreografo, boy (*ingl.*) ***2*** cavaliere **FRAS.** *cavalli ballerini*, cavalli da circo.

ballìsta s. m. e f. (*scherz.*) fanfarone, bugiardo, smargiasso, spaccone, millantatore, contaballe (*pop.*), contafrottole, pallonaio (*merid.*), parabolone, pataccone (*dial.*), blaguer (*fr.*).

bàllo s. m. ***1*** danza, balletto □ carola (*lett.*) □ pantomima ***2*** giro di danza ***3*** ballabile ***4*** festa danzante, veglione, veglia, festival **FRAS.** *ballo di San Vito* (*pop.*), corea □ *corpo di ballo*, compagnia di ballerini □ *essere in ballo* (*fig.*), essere impegnato, andare di mezzo □ *mettere in ballo, tirare in ballo*, rendere partecipe, coinvolgere, discutere, mettere in discussione, addurre come scusa.

ballon d'essai /fr. ba'lɔ̃ d e'sɛ/ [vc. fr., letteralmente 'pallone (*ballon*) di prova (*d'essai*)'] loc. sost. m. inv. ***1*** pallone-sonda ***2*** (*fig.*) notizia-sonda, tentativo.

ballonzolàre v. intr. ***1*** ballare a salti, saltellare □ ballare alla buona, ballare in famiglia ***2*** saltellare, camminare saltellando, balzellare, zompare (*centr.*), muoversi sussultando.

ballòtta s. f. caldallessa, castagna lessa, mondina.

baloccàre ***A*** v. tr. ***1*** divertire, far divertire, trastullare **CONTR.** rattristare, annoiare ***2*** (*raro*) tenere a bada, badare ***B*** **baloccarsi** *v. rifl.* ***1*** giocare, giocherellare, scherzare, divertirsi, trastullarsi, darsi bel tempo, spassarsela ***2*** gingillarsi, perdere il tempo **CONTR.** lavorare, impegnarsi.

balòcco *s. m.* giocattolo, gioco, gingillo, ninnolo, trastullo. *V. anche* GIOCO

balordàggine *s. f.* storditaggine, stolidezza, insensatezza, stupidaggine, grulleria, grullaggine, citrulleria, cretineria, dabbenaggine, gaglioffaggine, goffaggine, insulsaggine, minchionaggine (*pop.*), scempiaggine, sciocchezza, zucconaggine □ assurdità, strampaleria, castroneria, cavolata, corbelleria, cretinata, scemenza **CONTR.** intelligenza, acume □ buonsenso, saggezza, equilibrio, sensatezza.

balordaménte *avv.* ***1*** scioccamente, stupidamente, stoltamente, stolidamente, storditamente, cretinamente, goffamente **CONTR.** intelligentemente, vivacemente, acutamente, furbamente ***2*** assurdamente, insensatamente **CONTR.** sensatamente, ragionevolmente.

balórdo *agg.; anche s. m.* ***1*** (*di persona*) sciocco, tonto, stupido, grullo, scemo, cretino, imbecille, mammalucco, fesso, gaglioffo, stolido, insensato, oca, gonzo, allocco, babbeo **CONTR.** intelligente, acuto, sveglio, vivo, vivace, dritto, furbo ***2*** piccolo delinquente ***3*** stordito, intontito, imbranato **CONTR.** sveglio, pronto, agile ***4*** (*di idea, di discorso*) assurdo, strampalato, privo di senso, sbilenco **CONTR.** sensato, ragionevole ***5*** (*di cosa*) malriuscito, malfatto ***6*** (*di tempo*) incerto, instabile, variabile, capriccioso, brutto □ uggioso **CFR.** bello, sereno.

balsamèlla *s. f.* béchamel (*fr.*), besciamella.

balsàmico ***A*** *agg.* ***1*** (*di clima, di medicamento*) medicamentoso, salutare, salubre, sano, lenitivo, benefico **CONTR.** nocivo, insano, dannoso, pernicioso ***2*** (*fig.*) (*di erbe, di aria*) profumato, odoroso, aromatico, aromatizzato, olezzante, redolente (*poet.*) **CONTR.** puzzolente, pestilente, pestifero, ammorbante, mefitico ***B*** *s. m.* balsamo, lenimento, lenitivo.

balsamìna *s. f.* (*bot.*) begliuomini.

balsamìte *s. f.* (*bot.*) erba amara.

bàlsamo *s. m.* ***1*** (*di medicamento*) lenimento, medicamento balsamico, unguento ***2*** (*fig.*) (*di parole, di azioni, ecc.*) rimedio, conforto, sollievo, ristoro, consolazione, toccasana **CONTR.** colpo, mazzata, grave dolore ***3*** cibo ristoratore, bevanda ristoratrice □ leccornia **CONTR.** schifezza, tossico.

baluàrdo *s. m.* ***1*** bastione, fortificazione, fortilizio, forte, fortezza, muraglia, acropoli, bastia, caposaldo, cittadella, vallo, propugnacolo (*raro*), casamatta ***2*** (*fig.*) (*di persona, di idee, ecc.*) difesa, bastione, corazza, sostegno, riparo, egida, argine, diga □ ostacolo, impedimento. *V. anche* DIFESA

baluginàre *v. intr.* ***1*** balenare, lampeggiare, scintillare, guizzare ***2*** (*fig.*) (*di idee, di ricordi*) balenare, presentarsi rapidamente, presentarsi confusamente.

bàlza *s. f.* ***1*** (*di luogo*) dirupo, balzo, rupe, scoglio, scogliera □ gradino ***2*** (*di veste, di tenda e sim.*) orlo, frangia, frappa, striscia, guarnizione, bordo, bordatura, bordura, vivagno (*lett.*), falpalà, volante, volant (*fr.*), ruche (*fr.*) ***3*** (*di cavallo*) balzana.

balzàno *agg.* ***1*** (*di cavallo*) che ha le balzane ***2*** (*fig.*) (*di essere o cosa*) stravagante, bizzarro, strano, bislacco, eccentrico, curioso, capriccioso, lunatico, cervellotico, originale, pazzerello, picchiato, picchiatello, strampalato **CONTR.** equilibrato, posato, ordinato, normale, tranquillo.

balzàre ***A*** *v. intr.* ***1*** saltare, saltare su, scattare, rimbalzare, lanciarsi, gettarsi, scagliarsi, guizzare, schizzare ***2*** (*per emozione*) sussultare, trasalire, sobbalzare ***3*** (*fig.*) (*di cose*) risaltare, essere evidente, spiccare, apparire **CONTR.** scomparire, nascondersi ***B*** *v. tr.* (*raro*) sbalzare, ribaltare, rovesciare **CONTR.** rialzare, risollevare.

balzellóni *avv.* a piccoli balzi, a saltelli, balzellando, saltellando.

bàlzo (1) *s. m.* ***1*** salto, zompo (*dial.*), guizzo, scatto, slancio, rimbalzo ***2*** (*di cuore*) sussulto, trasalimento, soprassalto, scossa, sobbalzo, trabalzo (*raro*), strabalzo (*raro*) ***3*** (*di temperatura*) sbalzo.

bàlzo (2) *s. m.* ***1*** (*di terreno*) sporgenza, rilievo, rialzo, prominenza **CONTR.** avvallamento, depressione, cavità ***2*** (*di luogo*) balza, dirupo, rupe, scoglio ***3*** (*di veste, di tenda e sim.*) orlo, frangia, striscia, guarnizione, falpalà, volante, volant (*fr.*), ruche (*fr.*).

bambàgia *s. f.* cotone (in fiocchi), cotone idrofilo, ovatta **FRAS.** *essere di bambagia* (*fig.*), essere molto delicato □ *nella bambagia* (*fig.*), con ogni riguardo, con ogni premura, nella mollezza.

bambìna *s. f.* ***1*** fanciulla □ bimba, piccina, piccola (*fam.*), pupa (*pop.*), mammola (*ant., lett.*) □ ragazza, giovane donna ***2*** (*est.*) figlia.

bambinàia *s. f.* sorvegliante, custode (di bambini), baby-sitter (*ingl.*), nurse (*ingl.*), bonne (*fr.*), fräulein (*ted.*), dada (*fam.*).

bambinàta *s. f.* bambinaggine, puerilità, ragazzata □ birichinata, monelleria.

bambinésco *agg.* puerile, infantile, fanciullesco □ ingenuo, innocente, inesperto **CFR.** virile, senile, maturo, esperto.

bambìno ***A*** *s. m.* ***1*** fanciullo □ bimbo (*fam.*), marmocchio (*scherz.*), frugolino (*fam.*), moccioso, piccino (*fam.*), pupo (*fam.*), piccolo (*fam.*), piccirillo (*dial.*), pargolo (*lett.*), pargoletto (*lett.*), infante (*lett.*), fantolino (*lett.*), bambolo (*lett.*), putto (*raro*), puttino (*raro*), creatura, coccolo (*fam.*), innocente, maschietto, pulcino (*fam.*), bebé (*fam.*), baby (*ingl.*) **CFR.** ragazzo, adolescente, adulto, uomo, anziano, vecchio ***2*** (*spec. al pl.*) (*est.*) figlio ***3*** (*fig., iron. o scherz.*) (*di persona adulta*) bambinone, sciocсherello, immaturo, ingenuo ***B*** *agg.* ***1*** (*di persona*) molto giovane ***2*** (*di mente, di carattere, ecc.*) inesperto, semplice, immaturo, ingenuo **CONTR.** esperto, maturo, abile, furbo.

bambinóne *s. m.* ***1*** *accr. di* **bambino** ***2*** (*fig., scherz.*) ingenuo, giocherellone, immaturo **CONTR.** vecchietto.

bambocciàta *s. f.* ***1*** bambinata, ragazzata ***2*** (*est.*) pagliacciata, carnevalata, burattinata, buffonata, buffoneria, fantocciata, farsa, sceneggiata.

bambòccio *s. m.* ***1*** bambino grassoccio ***2*** (*fig.*) semplicione, sempliciotto, persona inesperta **CONTR.**

furbone, dritto (*fam.*) **3** (*anche fig.*) fantoccio, pupazzo, burattino, pupo.

bàmbola *s. f.* **1** pupa, pupattola, fantoccio, bambolotto **2** (*fig.*) donna bella, donna vistosa, vamp (*ingl.*) □ bimba graziosa.

bambolòtto *s. m.* **1** pargoletto paffuto (*lett.*), pargolo (*lett.*) **2** pupazzo, bambola, fantoccio, pupa, pupattola.

banàle *agg.* convenzionale, comune, usuale, senza originalità, conformista, impersonale, superficiale, ovvio, trito, rifritto, piatto, scialbo, prosaico, oleografico, incolore, insignificante, insipido, corrente, andante, fumettistico (*spreg.*) **CONTR.** originale, eccentrico, estroso, raro, non comune, stravagante, strano, colorito, capriccioso, incomparabile, eccezionale.

BANALE
sinonimia strutturata

Si dice **banale** ciò che è scontato, di poco conto, privo di quasiasi originalità e significato particolare: *storia banale*; *conversazione banale*; *è stato solo un banale incidente*. Usato in senso spregiativo l'aggettivo **convenzionale** è sinonimo di banale e indica il seguire passivamente, senza immaginazione e spirito critico gli usi più tradizionali e diffusi: *discorso convenzionale*; *atto convenzionale*. Collegato ai significati precedenti è inoltre l'aggettivo **comune**, specie quando si riferisce a ciò che è molto seguito, usuale, generalmente accettato e, quindi, ordinario, solito, non raro: *opinione comune*; *doti non comuni*; *gente comune*.

Sempre in riferimento a mancanza di originalità e di caratteristiche peculiari si usa **impersonale**: *stile impersonale*; così anche **insignificante**, che indica l'essere totalmente privo di interesse, di pregi o qualità particolari, è spesso riferito alla mancanza di personalità: *persona insignificante*. Analogamente **incolore**, letteralmente senza colore, in senso figurato può designare una cosa o una situazione priva di interesse o di vitalità, scialba: *vita incolore*; *giornate incolori*.

Nel significato di comune, assai diffuso, facilmente reperibile si usa **corrente**: *il parlare corrente*; *merce corrente*; **andante**, invece, indica ciò che si smercia facilmente a basso prezzo e, per estensione, ciò che ha una qualità scadente ed è di poco valore: *mobili andanti*; *tessuto andante*.

Qualcosa che risulta inespressivo o mancante di rilievo si dice **piatto**: *conversazione piatta*; *vita piatta*. **Ovvio**, nel suo significato primario, è ciò che si presenta al pensiero o all'immaginazione in modo naturale e spontaneo; l'aggettivo, usato con sfumatura negativa, è inoltre sinonimo di banale quando si riferisce a qualcosa di talmente logico ed evidente fino al punto di essere del tutto prevedibile e scontato: *dire cose ovvie*. Nella stessa area di significato, l'aggettivo **trito**, assieme al suo intensivo **ritrito**, è detto figuratamente di ciò che si conosce, si ripete, si utilizza da troppo tempo e perciò è ormai senza efficacia e manca di novità: *argomento trito*; *scuse trite e ritrite*; così **rifritto** si usa per indicare un argomento vecchio e troppo sfruttato, che si tenta di riciclare o far passare per nuovo, ma che in realtà ha esaurito da tempo i suoi contenuti: *idee rifritte*.

Tutto ciò che è realizzato mediante l'oleografia, cioè il sistema di riproduzione a stampa di un dipinto a olio diffuso soprattutto nell'Ottocento e caratterizzato da colori vivaci e banali, si denomina propriamente **oleografico**. Da questo significato proprio dell'aggettivo si è sviluppata un'accezione metaforica e spregiativa per indicare qualcosa del tutto privo di originalità e stereotipato: *descrizione oleografica di un ambiente*.

Gli aggettivi **conformista** e **conformistico** indicano invece colui o ciò che si adegua in modo acquiescente e passivo agli usi, ai comportamenti e alle opinioni prevalenti di un certo gruppo sociale o di un determinato periodo storico: *persona conformista*; *atteggiamenti conformistici*.

banalità *s. f.* **1** mediocrità, convenzionalità, conformismo, impersonalità, insipidezza, piattezza, prosaicità, tritume (*spreg.*) **CONTR.** originalità, stranezza, stravaganza, eccentricità, rarità, incomparabilità □ inventiva, intelligenza **2** sciocchezza, cretinata, stupidaggine, cosa banale.

banalménte *avv.* piattamente, insipidamente, impersonalmente, tritamente, pedestremente **CONTR.** estrosamente, originalmente.

banàna *s. f.* **1** frutto del banano **2** (*est.*) boccolo, onda, ciocca.

bànca *s. f.* **1** (*econ.*) banco, istituto di credito, istituto bancario, istituto di emissione, monte, cassa, merchant bank (*ingl.*) **2** (*di organi del corpo, ecc.*) deposito **FRAS.** *banca dati* (*elab.*), data base (*ingl.*).

bancàle *s. m.* banco, incastellatura, tavola, pallet (*ingl.*).

bancarèlla *s. f.* **1** *dim. di* **banca** **2** (*di ambulante*) banco, banchetto.

bancarellìsta *s. m.* e *f.* ambulante.

bancaròtta *s. f.* (*anche fig.*) fallimento, tracollo, crac, crollo, capitombolo. *V. anche* TRACOLLO

banchettàre *v. intr.* pranzare lautamente, gozzovigliare, bisbocciare.

banchétto *s. m.* **1** *dim. di* **banco** **2** (*est.*) (*di ambulante*) bancarella **3** pranzo, cena, festino □ (*lett.*) convito, convivio, simposio, imbandigione, agape.

banchina *s. f.* **1** *dim. di* **banca** **2** (*di porto*) approdo, molo, rialzo, calata, imbarco, imbarcadero, imbarcatoio, sbarcatoio, attracco, scalo **3** (*di stazione*) marciapiede, quai (*fr.*) □ (*di strada*) margine, ciglio, bordo □ spartitraffico.

banchìsa *s. f.* banchiglia, pack (*ingl.*), distesa di ghiacci.

bànco *s. m.* **1** panca, scanno, sedile, bancale □ (*est.*) posto **2** (*di negozio*) tavolo, bancone □ (*di artigiani, spec. calzolai*) deschetto **3** bancarella **4** (*est.*) negozio, bottega, botteghino **5** (*econ.*) banca, istituto di credito, monte, cassa **6** (*geol.*) strato, ammasso, colmata □ (*di animali*) branco, colonia **7** (*di nebbia*) coltre, cortina **8** (*di sabbia*) secca.

Bàncomat [marchio registrato, prob. da *banc(a aut)omat(ica)*] *s. m. inv.* (*est.*) sportello automatico.

banconòta *s. f.* (*banca*) biglietto (di banca), cartamoneta, carta, moneta.

band /*ingl.* bænd/ [vc. ingl., cfr. *banda* (*3*)] *s. f. inv.* orchestra (da ballo), orchestra jazz, jazz-band (*ingl.*) □ gruppo, complesso.

bànda (**1**) *s. f.* lato, parte, canto, fianco. *V. anche* PARTE

bànda (**2**) *s. f.* ***1*** striscia, nastro, guarnizione, fascia, fascetta □ (*di stoffa, di colore*) riga ***2*** (*cine.*) nastro, pista, colonna □ (*di radio, di tv, ecc.*) canale ***3*** (*fis.*) (*di spettro di un gas*) tratto continuo □ (*di onde elettromagnetiche*) serie.

bànda (**3**) *s. f.* ***1*** (*ant.*) insegna, drappo, bandiera, vessillo, stendardo ***2*** (*di guerriglieri, di malviventi*) squadra, masnada, gruppo, accozzaglia di banditi, associazione per delinquere, gang (*ingl.*) ***3*** (*est.*) brigata, compagnia, combriccola, comitiva, congrega, carovana, ghenga (*scherz.*), manica (*spreg.*) ***4*** (*di suonatori*) complesso, fanfara, corpo di musica, band (*ingl.*).

bandèlla *s. f.* ***1*** *dim. di* **banda** (**3**); fanfara ***2*** (*edit.*) risvolto, risguardo, aletta, ribaltina ***3*** spranga, sbarra.

banderuòla *s. f.* ***1*** bandierina, drappella, gagliardetto ***2*** insegna girevole, girandola, manica segnavento, anemoscopio, ventarola, pennoncello ***3*** (*fig.*) (*di persona*) voltagabbana, trasformista, camaleonte, misirizzi, girella, puttana (*volg.*) **CONTR.** persona di carattere, persona coerente.

bandièra *s. f.* ***1*** drappo, drappella, stendardo, vessillo, fiamma, orifiamma, pavese, gagliardetto, gonfalone, pennello, guidone, pennone, labaro □ (*di nazione, di società sportiva, ecc.*) colori ***2*** (*fig.*) insegna, simbolo **FRAS.** *bandiera abbrunata, a mezz'asta*, bandiera a lutto □ *voltare bandiera, cambiare bandiera* (*fig.*), cambiare idea, cambiare partito.

BANDIERA
sinonimia strutturata

La **bandiera** è un drappo di stoffa attaccato ad un'asta, di uno o più colori, con o senza disegni, che simboleggia uno Stato, un'organizzazione, un'associazione, un partito politico, una squadra sportiva, un corpo militare, ecc. Alcune locuzioni di uso comune sono: *bandiera bianca*, che rappresenta il segno di resa o la volontà di parlamentare; *bandiera gialla*, che un tempo segnalava una malattia contagiosa a bordo di una nave; *bandiera di cortesia*, cioè quella dello Stato straniero nelle cui acque territoriali si trova la nave; *bandiera di comodo*, che viene offerta da alcuni paesi agli armatori che desiderano avere particolari facilitazioni fiscali; *bandiera ombra*, quella usata per nascondere la vera nazionalità di imbarcazioni che vogliono eludere certe imposizioni fiscali. Diversi anche i modi di dire: *piantare la bandiera*, che significa impossessarsi di un luogo, anche in senso figurato; *abbandonare la bandiera*, cioè disertare; *alzare la propria bandiera*, esprimere le proprie idee; *portare la bandiera*, cioè primeggiare. Bandiera è un termine generico che può avere numerose accezioni. Al contrario i seguenti vocaboli possono indicare tipi più specifici dell'oggetto.

Stendardo è la bandiera nelle milizie antiche. Fino alla seconda guerra mondiale era la bandiera dei reggimenti di cavalleria e artiglieria ed era più piccola rispetto a quella degli altri corpi. Lo stendardo, inoltre, nelle processioni cattoliche è la bandiera che porta l'immagine del patrono, distinguendo fra loro congregazioni e confraternite. Il **pennone** è uno stendardo di grandi dimensioni, usato in particolare dalla cavalleria italiana e francese fino alla metà del secolo diciottesimo. Il **guidone** invece è un piccolo stendardo colorato che i sergenti d'ala dell'antico esercito italiano portavano per segnalare l'allineamento ai drappelli di soldati. Il termine indica anche una bandiera triangolare segnaletica come, ad esempio, quelle che vengono issate sulle imbarcazioni.

Il **vessillo** nell'antico esercito romano era un quadrato di stoffa rossa appeso in cima a un'asta tramite una sbarra trasversale. La parola è usata anche in senso esteso per indicare un'insegna, una bandiera: *il vessillo tricolore*; *il vessillo militare*; figuratamente, compare in espressioni come *innalzare il vessillo della rivolta*, cioè scatenare una rivolta; *tenere alto il vessillo*, onorare, difendere un emblema, un simbolo: *tenere alto il vessillo della libertà*. Il **labaro** era il vessillo degli imperatori romani costituito da un pezzo di seta quadrata sul quale Costantino fece apporre il monogramma del nome di Cristo (le due lettere greche chi e rho sovrapposte) circondato da una corona d'alloro. Labaro indica anche l'insegna di associazioni combattentistiche, ex combattentistiche e, in senso figurato, il simbolo di una fede comune a più persone.

In particolare lo stendardo degli antichi comuni oppure il vessillo militare o le varie insegne di certe magistrature, corporazioni cittadine o compagnie religiose si chiama **gonfalone**. L'**orifiamma** è invece un gonfalone di seta rossa terminante a due o tre punte, cosparso di stelle e fiamme d'oro che anticamente era l'insegna dei re di Francia.

La **fiamma** è una bandiera speciale della marina militare con i colori nazionali, costituita da una striscia triangolare di stoffa, lunga e sottile che viene innalzata sull'albero come segno distintivo della nave.

La parola **pavese** designa una gala di bandiere, cioè un insieme ornamentale di bandiere di vari tagli e colori che percorrono la nave da poppa a prua in segno di festa. In particolare si usa dire *piccolo pavese* quando sono disposte le sole bandiere nazionali in cima d'albero e la gran bandiera a poppa, *gran pavese* quando sono aggiunte tutte le bandiere segnaletiche.

Il **gagliardetto** è una banderuola triangolare che una volta le navi a remi o a vela mettevano alla testa degli alberi. Oggi gagliardetto si usa soprattutto in riferimento a bandierine utilizzate come segni o simboli da associazioni politiche o sportive. La **drappella**, infine, è un piccolo drappo rettangolare ricamato con lo stemma del reggimento e appeso alla tromba come decorazione.

bandierìna *s. f.* **1** *dim. di* **bandiera** **2** (*sport*) asta, paletto **FRAS.** *tiro dalla bandierina*, calcio d'angolo.

bandìre *v. tr.* **1** (*di concorso, di asta, ecc.*) indire, annunziare, proclamare, promulgare, rendere pubblico, pubblicare, preconizzare (*lett.*) **2** (*di persona*) esiliare, mettere al bando, confinare, relegare, cacciar via, scacciare, espellere, proscrivere **CONTR.** chiamare, richiamare in patria **3** (*fig.*) (*di cose*) mettere da parte, tralasciare, eliminare, togliere, proibire **CONTR.** introdurre, mettere, portare.

bandìta *s. f.* (*di caccia, di pesca*) zona di protezione, zona di ripopolamento, riserva.

bandìto **A** *part. pass. di* **bandire**; *anche agg.* esiliato, messo al bando, confinato, fuoriuscito, scacciato, relegato, proscritto **B** *s. m.* fuorilegge, malvivente, brigante, furfante, ladrone, masnadiere, malfattore, malandrino, bravo (*st.*), pirata □ rapinatore, grassatore, gangster (*ingl.*), rapitore, sequestratore, terrorista, assassino, sicario, killer (*ingl.*), bandolero (*sp.*). *V. anche* LADRO

banditóre *s. m.* (*f. -trice*) **1** (*di bando, di avviso*) araldo, lettore, urlatore **2** (*di idee, di novità*) promotore, propagandista, alfiere, diffusore, promulgatore, divulgatore, predicatore, apostolo, preconizzatore (*lett.*) **3** (*di asta*) direttore.

bàndo *s. m.* **1** annuncio, avviso, notificazione, editto, legge, comunicazione, chiamata, grida (*lett.*), proclama, manifesto, ordine, ukase (*russo*) **2** condanna, espulsione, cacciata, esilio, ostracismo, confino, proscrizione, deportazione **FRAS.** *porre in bando, mettere al bando*, bandire, condannare, esiliare; (*fig.*) mettere da parte.

bàndolo *s. m.* **1** (*di matassa*) capo, inizio, principio **2** (*fig.*) (*di un problema*) soluzione, via di uscita □ (*di discorso*) filo **FRAS.** *perdere il bandolo* (*fig.*), confondersi.

bandóne *s. m.* **1** lastra metallica, lamina, lamiera, latta **2** saracinesca.

bang /*ingl.* 'bæŋ/ [vc. onomat.] **A** *inter.* bum! **B** *s. m. inv.* (*di sparo, di urto e sim.*) rumore, fragore, boato, scoppio, busso **FRAS.** *bang sonico* (*aer.*), boato.

banlieue /*fr.* ban'ljø/ [vc. fr., letteralmente 'periferia'] *s. f. inv.* periferia, sobborghi, cintura, dintorni, sobborgo, suburbio, zona suburbana, hinterland (*ted.*), comprensorio.

bàntam [ingl. *bantam* 'piccolo gallo da combattimento'] *s. m.* (*sport*) peso gallo.

bar [fr. *bar*, dall'ingl. *bar* 'barra', per la sbarra di appoggio che esisteva in alcuni locali] *s. m. inv.* caffè, caffetteria, mescita, bottiglieria, degustazione, buffet (*fr.*), buvette (*fr.*), pub (*ingl.*), snack-bar (*ingl.*), saloon (*ingl. d'America*).

bara *s. f.* feretro, cassa (da morto), cataletto, catafalco, sarcofago.

baràbba [da *Barabba*, il malfattore liberato al posto di Cristo] *s. m. inv.* briccone, malfattore □ mariuolo, birichino.

baràcca *s. f.* **1** capanna, capannone, casotto, riparo, magazzino, ricovero, baita □ (*spreg.*) abituro, tugurio, bicocca **2** (*spreg.*) (*di veicolo, di arnese, ecc.*) trabiccolo (*scherz.*), trappola (*fam.*) **3** (*fam.*) famiglia, impresa, azienda (di non facile conduzione) **4** (*di burattini*) teatrino **FRAS.** *piantare baracca e burattini* (*fig.*), abbandonare tutto, andarsene. *V. anche* FAMIGLIA

baraccaménto *s. m.* insieme di baracche, villaggio di baracche, baraccopoli □ campo, accampamento, bidonville (*fr.*), favela (*port.*).

baraccàto *s. m.* senzatetto □ (*est.*) sfollato.

baracchìno *s. m.* **1** *dim. di* **baracca** **2** (*per militari e alpinisti*) ricovero, rifugio, baita **3** (*pop.*) (*di gelati, di giornali*) edicola, chiosco.

baraccóne *s. m.* **1** *accr. di* **baracca** **2** (*di fiera, di circo*) tendone, padiglione.

baraccòpoli *s. f.* baraccamento, tendopoli, bidonville (*fr.*), slum (*ingl.*), favela (*port.*).

baraónda *s. f.* rumore, chiasso, chiassata, trambusto, cagnara (*fam.*), gazzarra □ gran confusione, babilonia, babele, disordine, ridda, tumulto, confusione, caos, casino (*pop.*), casotto (*pop.*), bailamme, pollaio, macello, carnevale, finimondo, pandemonio, putiferio, rivoluzione **CONTR.** ordine, tranquillità, pace, quiete, silenzio.

baràre *v. intr.* **1** (*al gioco*) ingannare **2** (*est.*) truffare, imbrogliare, raggirare.

bàratro *s. m.* abisso, precipizio, burrone, borro (*lett.*), orrido, dirupo, strapiombo □ (*fig.*) abisso, rovina, gorgo **CONTR.** culmine.

barattàre *v. tr.* scambiare, cambiare, mutare, permutare, convertire.

baràtto *s. m.* scambio, cambio, contraccambio, permuta, permutazione.

baràttolo *s. m.* vaso, vasetto, latta, lattina, scatola, bussolotto.

barba *s. f.* **1** (*del mento, delle guance*) peli, pelosità, onor del mento (*lett., scherz.*), pizzo, pizzetto, mosca **2** (*fig.*) uomo barbuto □ (*est.*) autorità □ saggio, esperto **3** (*bot.*) radice, radichetta, filamento **4** (*fig.*) noia, tedio, lagna, pizza (*pop.*), zuppa, menata (*fam.*), rottura (*fam.*) **FRAS.** *farsi la barba*, radersi □ *farla in barba a*, imbrogliare, ingannare □ *servire di barba e capelli* (*fig.*), trattare duramente, fare il pelo e il contropelo.

barbablù [da *Barbablù*, il protagonista di una favola di Perrault] *s. m. inv.* **1** marito violento e geloso **2** (*est.*) spauracchio, mostro.

barbafòrte *s. m.* (*bot.*) cren, rafano.

barbagiànni [da *barba* (2) 'zio' e *Gianni*] *s. m.* (*fig.*) babbeo, scimunito, balordo, sciocco, scemo, mestolone (*lett.*), minchione (*pop.*), marmotta, merlo **CONTR.** dritto, sveglio.

barbàglio (1) *s. m.* bagliore, abbagliamento, chiarore, lampo, lampeggiamento, baleno, fulgore, folgorio, gibigiana (*sett.*).

barbaglìo (2) *s. m.* balenio, lampeggio, folgorio, scintillio, lampo.

barbanéra [dalla figura dell'astronomo con *barba nera* raffigurato in copertina] *s. m. inv.* calendario, almanacco, lunario.

barbaraménte *avv.* selvaggiamente, crudelmente,

atrocemente, ferocemente, brutalmente, efferatamente, spietatamente, rozzamente, vandalicamente, inumanamente **CONTR.** civilmente, umanamente, educatamente.

barbàrico *agg.* **1** dei barbari **2** (*est.*) barbaro, disumano, crudele, feroce, brutale, ferino, incivile, vandalico, selvaggio **CONTR.** civile, umano, gentile, cortese, fine, colto.

barbàrie *s. f. inv.* **1** (*detto di condizione*) inciviltà, selvatichezza, rozzezza **CONTR.** civiltà, progresso, cultura, raffinatezza **2** (*detto di atto*) ferocia, crudeltà, spietatezza, efferatezza, brutalità, bestialità, atrocità, nefandezza, disumanità, inumanità **CONTR.** bontà, generosità, pietà, umanità.

barbarìsmo *s. m.* forestierismo, esotismo, parola straniera, locuzione straniera, forma straniera **CFR.** francesismo, gallicismo, spagnolismo, ispanismo, lusismo, inglesismo, anglicismo, anglismo, americanismo, tedeschismo, germanismo, olandesismo, slavismo, arabismo, turchismo, ebraismo, nipponismo, ecc.

bàrbaro **A** *s. m.* **1** persona incivile, selvaggio **CONTR.** persona civile **2** (*spec. al pl.*) (*per i greci e i romani*) forestiero, straniero **CFR.** greco, romano **3** (*est.*) persona arretrata, persona incivile **B** *agg.* **1** (*per i greci e i romani*) forestiero, straniero **CFR.** greco, romano **2** (*est.*) primitivo, selvaggio, baluba, ottentotto, rozzo, incivile, bruto, vandalo, incolto, gotico (*lett.*), ostrogoto **CONTR.** civile, evoluto, colto, raffinato **3** atroce, crudele, brutale, efferato, disumano, inumano, feroce, nefando, barbarico, snaturato, spietato **CONTR.** buono, mite, umano, generoso, gentile, cortese □ pio, pietoso. *V. anche* CRUDELE, ROZZO

barbecue /*ingl.* ba:bikju:/ [vc. ingl., dallo sp. *barbacoa*, da una l. indigena amer.] *s. m. inv.* **1** cottura all'aperto (su braci o alla griglia) **2** griglia, graticola, gratella (per cottura all'aperto).

barbière *s. m.* parrucchiere, acconciatore, coiffeur (*fr.*), conciateste, barbitonsore (*scherz.*), figaro (*scherz.*), tonsore (*ant.*), tosacani (*scherz.*).

barbìno **A** *s. m.* **1** *dim. di* **barba**; barbetta, pizzetto **2** (*tosc.*) nettatoio (per rasoio) **B** *agg.* **1** gretto, meschino **CONTR.** intelligente, aperto, generoso **2** fatto male, senza grazia **FRAS.** *fare una figura barbina*, fare una gran brutta figura.

barbitùrico *agg.* e *s. m.* sedativo, calmante, tranquillante □ ipnotico, sonnifero, narcotico, soporifero **CONTR.** eccitante, stimolante.

barbògio *agg.*; *anche s. m.* **1** vecchio e rimbambito, rimbecillito, decrepito **CONTR.** giovane, sveglio, giovanile, arzillo **2** (*est.*) brontolone, rompiscatole, noioso **CONTR.** bonaccione, bonario **3** antipatico, odioso **CONTR.** simpatico, piacevole, amabile, arguto.

barbóne *s. m.* **1** *accr. di* **barba** **2** cane **3** barbuto, chi ha la barba lunga **4** (*est.*) vagabondo, mendicante, accattone, clochard (*fr.*).

barbóso *agg.* noioso, pesante, tedioso, seccante, stuccante, stucchevole, lagnoso, uggioso **CONTR.** brillante, vivace, interessante, piacevole.

barca (**1**) *s. f.* **1** (*di covoni*) bica **2** (*fig.*) (*di soldi, di debiti e sim.*) mucchio, gran quantità.

barca (**2**) *s. f.* **1** imbarcazione, navicella, canoa, canotto, scialuppa, lancia, sandolino, tartana, gondola □ (*est.*) battello, traghetto □ (*gerg.*) yacht (*ingl.*) **2** (*fig.*) famiglia, lavoro, affare **FRAS.** *la barca di Pietro* (*fig.*), la Chiesa. *V. anche* NAVE

barcàccia *s. f.* **1** *pegg. di* **barca** (**2**) **2** (*nei teatri*) palco, grande palco, baignoire (*fr.*).

barcaiòlo *s. m.* **1** nocchiero, battelliere, poppiere, canottiere, rematore, vogatore, gondoliere **2** traghettatore, tragittatore (*raro*), passatore (*ant.*), navicellaio (*raro*) **3** noleggiatore (di barche).

barcamenàrsi *v. intr. pron.* (*di persona*) destreggiarsi, arrangiarsi, difendersi, ingegnarsi, arrabattarsi, maneggiarsi (*raro*), tergiversare, oscillare, altalenare, navigare.

barcollaménto *s. m.* ondeggiamento, oscillazione, traballamento, vacillamento **CONTR.** saldezza, sicurezza, stabilità.

barcollàre *v. intr.* **1** stare malfermo, ondeggiare, oscillare, traballare, vacillare, pencolare, barellare (*lett.*) **CONTR.** essere fermo, essere stabile **2** (*fig.*) perdere autorità, perdere stima, diminuire **CONTR.** rafforzarsi, crescere.

barcollóni *avv.* barcollando, ondeggiando, vacillando, traballando **CONTR.** sicuramente, saldamente.

barcóne *s. m.* **1** *accr. di* **barca** (**2**) **2** (*per ponti di barche*) barca piatta, chiatta, zatterone, pontone.

bardàna *s. f.* (*bot.*) lappa.

bardàre **A** *v. tr.* **1** (*di cavallo*) mettere la barda **2** mettere i finimenti, sellare, imbrigliare **3** (*fig.*) vestire vistosamente, agghindare, addobbare **B** *v. rifl.* (*scherz.*) adornarsi pomposamente, vestirsi pomposamente.

bardatùra *s. f.* **1** (*del cavallo*) finimento, basto **2** (*scherz.*) abbigliamento pomposo **3** armatura.

bàrdo *s. m.* **1** (*dei popoli celtici*) poeta, vate **2** (*est.*) cantore, poeta patriottico, celebratore.

barèlla *s. f.* **1** lettuccio, portantina, lettiga, palanchino **2** cataletto.

barellière *s. m.* lettighiere, portantino.

bargèllo *s. m.* **1** (*nel medioevo*) magistrato di polizia **2** (*est.*) capo degli sbirri **3** sbirro, poliziotto **4** palazzo del bargello.

baricèntro *s. m.* (*fis.*) centro di gravità.

barìle *s. m.* **1** botticella, fusto, doglio (*lett.*) **2** (*fig.*) grassone, ciccione, obeso.

barìsta *s. m.* e *f.* **1** (*di bar*) servitore (al banco), cameriere, caffettiere (*raro*), barman (*ingl.*) **2** proprietario (di bar).

barlùme *s. m.* **1** luce incerta, luce debole, chiarore □ penombra, crepuscolo **2** (*fig.*) (*di speranza, di intelligenza, ecc.*) indizio, accenno, raggio, spiraglio.

barman /*ingl.* 'ba:mən/ [vc. ingl., letteralmente 'uomo (*man*) del bar (*bar*)'] *s. m.* barista, cameriere.

bàro *s. m.* (*al gioco*) truffatore, trappolone □ (*est.*) imbroglione, raggirone, truffaldino.

barocchìsmo *s. m.* tendenza al barocco, gongorismo, preziosismo, secentismo, spagnolismo, marinismo.

baròcco **A** *s. m.* rococò **B** *agg.* **1** rococò □ (*est.*) secentesco **2** (*fig.*) fastoso, enfatico, pesante, ampolloso, spagnolesco, ricercato, ridondante, bizzarro, esagerato **CONTR.** contenuto, sobrio, semplice, misurato, casto, severo, austero, essenziale.

baróne *s. m.* (*f. -essa*) ***1*** gran feudatario ***2*** nobile ***3*** (*est.*) personaggio molto potente, signore, capo, despota, boss (*ingl.*), satrapo (*raro*).

bàrra *s. f.* ***1*** asta, sbarra, verga, spranga, palanca, palo, putrella, stanga ***2*** (*di congegno*) leva di comando, joystick (*ingl.*) □ timone ***3*** tramezzo, barriera, ringhiera ***4*** (*di segno grafico*) lineetta.

barràre *v. tr.* ***1*** sbarrare, contrassegnare (con barre o con lineette) ***2*** (*raro*) chiudere, barricare **CONTR.** aprire, liberare.

barricàre ***A*** *v. tr.* ***1*** ostruire con barricate ***2*** (*est.*) sbarrare, barrare, chiudere, fortificare **CONTR.** aprire, liberare ***B*** **barricarsi** *v. rifl.* rinchiudersi, asserragliarsi, fortificarsi, trincerarsi **CONTR.** uscire fuori, liberarsi.

barricàta *s. f.* riparo, vallo, trincea, ostacolo, sbarramento **FRAS.** *essere dall'altra parte della barricata* (*fig.*), dissentire radicalmente.

barrièra *s. f.* ***1*** sbarramento, chiusura □ confine, dogana □ (*in autostrada*) casello □ guardrail (*ingl.*) □ cancello, steccato, stecconata, recinzione, transenna, reticolato, chiudenda □ muraglia, muro □ diga **CONTR.** apertura ***2*** (*fig.*) impedimento, argine, cortina, ostacolo, difficoltà, divisione, diaframma (*fig.*) ***3*** (*aer.*) punto critico, limite ***4*** (*sport*) schieramento compatto.

barrocciàio *s. m.* ***1*** carrettiere, vetturale ***2*** (*est.*) ignorantone, zoticone **CONTR.** raffinato, persona fine.

barroccìno *s. m.* calesse, carretto, carretta.

barròccio *s. m.* carro, plaustro.

barùffa *s. f.* scaramuccia, mischia, zuffa, tafferuglio, parapiglia, cazzottata, colluttazione, rissa, tumulto □ contrasto, lite, litigio, alterco, battibecco, bisticcio, piazzata. *V. anche* ZUFFA

baruffàre *v. intr.* litigare, venire alle mani **CONTR.** rappacificarsi.

barzellétta *s. f.* facezia, freddura, arguzia, storiella, spiritosaggine, aneddoto □ battuta, motto, gag (*ingl.*) □ quisquilia, bazzecola.

basaménto *s. m.* ***1*** (*di costruzione*) base, fondamento, zoccolo ***2*** (*di cosa*) struttura di base, punto di appoggio ***3*** (*di motore*) incastellatura.

basàre ***A*** *v. tr.* ***1*** (*di cosa*) collocare sulla base, appoggiare, fondare ***2*** (*fig.*) (*di teoria, di discorso, ecc.*) fondare, poggiare, imperniare, impostare ***B*** **basarsi** *v. intr. pron.* ***1*** fondarsi, posare, porsi, poggiare, appoggiarsi, imperniarsi, consistere ***2*** (*est.*) fare assegnamento.

bàse ***A*** *s. f.* ***1*** parte inferiore, disotto, basamento, dado (*arch.*), fondamento, piedistallo □ plinto (*arch.*), zoccolo, piede, sostegno, predella, appoggio, supporto □ (*di albero*) ceppo □ (*di recipiente, di sacco, ecc.*) culo **CONTR.** cima, cresta, culmine, disopra, sommità □ fastigio, pinnacolo ***2*** (*fig.*) (*di ragionamento, di idea, ecc.*) principio, caposaldo, fulcro, cardine, perno, fondamento, piattaforma, origine, radice, retroterra □ (*di una scienza, di un'arte e sim.*) elementi □ (*di uno Stato, ecc.*) pilastro, impalcatura ***3*** (*mil.*) zona militare, stazione, postazione, quartiere, acquartieramento ***4*** lato orizzontale, larghezza **CONTR.** altezza ***5*** (*di solido*) faccia di appoggio ***6*** (*di partito, di sindacato e sim.*) iscritti, militanti **CONTR.** vertice, esecutivo ***7*** (*di trucco*) fondo, fondotinta ***8*** (*sport*) vertice ***9*** (*chim.*) alcali ***B*** *in funzione di agg.* fondamentale, principale, essenziale, primario, di fondo **CONTR.** secondario, complementare **FRAS.** *in base a*, secondo, stando a, sul fondamento di □ *a base di*, costituito principalmente di.

basétta *s. f.* fedina, scopettone.

bàsico *agg.* ***1*** basilare, fondamentale, essenziale **CONTR.** complementare, secondario ***2*** (*chim.*) alcalino **CONTR.** acido, neutro.

basilàre *agg.* fondamentale, sostanziale, essenziale, elementare, centrale, nodale, basico, capitale, cardinale **CONTR.** complementare, secondario, dappoco, marginale, superfluo.

basìlica *s. f.* tempio, cattedrale, duomo, santuario, chiesa.

basìsta *s. m. e f.* ***1*** (*di partito, di organizzazione*) sostenitore della base ***2*** (*nella malavita*) organizzatore □ informatore, palo.

basket /*ingl.* 'ba:skit/ *s. m. inv.* (*sport*) *acrt. di* **basket-ball**; pallacanestro □ canestro.

bàssa *s. f.* bassa pianura, piana, bassura **CONTR.** altopiano, altura.

bassaménte *avv.* ***1*** volgarmente, meschinamente, ignobilmente, indegnamente, abiettamente, infimamente, spregevolmente, perfidamente **CONTR.** nobilmente, elevatamente, egregiamente ***2*** (*raro*) a voce bassa, sottovoce **CONTR.** forte, a voce alta, altamente.

bassézza *s. f.* ***1*** scarsa elevatezza, piccolezza **CONTR.** altezza, elevatezza, grandezza ***2*** (*fig.*) (*di prezzo*) esiguità, modestia, modicità **CONTR.** eccessività, esagerazione ***3*** (*fig.*) miseria morale, piccineria, degradamento, abiezione, abiettezza, brutalità, perfidia, ignobiltà, grettezza, trivialità, luridume, sozzura, volgarità, servilismo **CONTR.** nobiltà d'animo, statura, fierezza, magnanimità, probità, spiritualità, sublimità ***4*** (*fig.*) viltà, indegnità, vigliaccata, vigliaccheria **CONTR.** coraggio, prodezza, dignità.

bàsso ***A*** *agg.* ***1*** poco elevato, poco alto, corto, inferiore alla media **CONTR.** alto, grande, lungo, slanciato ***2*** stretto, poco esteso **CONTR.** esteso, spazioso, largo ***3*** posto in basso, disotto, imo (*lett.*), inferiore **CONTR.** posto in alto, superiore ***4*** (*di fiume, di zona*) a valle, verso il mare □ vicino alla foce **CONTR.** a monte, verso il monte, vicino alla sorgente ***5*** (*di suono, di voce*) grave, cupo, sordo, profondo, rauco, sommesso, sepolcrale **CONTR.** acuto, alto, squillante, stentoreo, tonante ***6*** (*di pressione*) debole **CONTR.** alto ***7*** (*di ceto*) meno importante, comune, umile, modesto, povero, oscuro **CONTR.** nobile, abbiente, ricco ***8*** (*di animo*) abietto, volgare, meschino, brutale, immorale, ignobile, indegno, servile, spregevole, vile **CONTR.** buono, dignitoso, nobile, eletto, elevato, eminente, morale, sublime ***9*** (*di prezzo*) piccolo, scarso, moderato, modico, conveniente, contenuto, esiguo, accessibile, abbordabile **CONTR.** alto, caro, elevato, sostenuto, salato ***10*** (*geogr.*) meridionale, del sud, australe **CONTR.** alto, settentrionale, del nord, boreale ***11*** (*di acqua*) **CONTR.** profondo ***12*** (*di epoca*) tardo **CONTR.** alto, primo □ (*di Pasqua*) in anticipo **CONTR.** alto ***B*** avv. ***1*** in giù, verso terra **CONTR.** in su, verso l'alto ***2*** (*di parlare, di cantare*) sommessamente, sottovoce **CONTR.** a voce alta ***C*** s. m. ***1*** parte inferiore, fondo, basamento **CONTR.** parte alta, alto, cima, vetta ***2*** (*mus.*) strumento dai toni gravi, bordone □ cantante con voce grave ***3*** (*a Napoli*) seminterrato (d'abitazione) **FRAS.** *bassa stagione*, il periodo meno frequentato (di stagione turistica) □ *a basso* o *da basso*, giù. *V. anche* SCARSO

bassofóndo s. m. ***1*** (*di mare*) secca ***2*** (*al pl.*) strati sociali infimi □ malavita ***3*** (*est.*) luoghi di malavita **CONTR.** quartieri alti, quartieri bene.

bassopiàno s. m. pianura (poco elevata), bassura, piana **CONTR.** altopiano, monte, plateau (*fr.*).

bàsta ***A*** inter. ***1*** finiscila, piantala, finiamola, finitela, piantatela, smettila, smettiamola, smettetela, alt, ferma, stop **CONTR.** ancora, continua, continuiamo, continuate □ bis ***2*** niente altro **CONTR.** altro ***B*** cong. purché, a patto che.

bastànte part. pres. di **bastare**; anche agg. sufficiente, adeguato, bastevole (*lett.*), occorrente **CONTR.** insufficiente, inadeguato.

bastàrdo ***A*** agg. ***1*** (*di figlio*) illegittimo, naturale, adulterino, spurio **CONTR.** legittimo ***2*** (*di animale*) ibrido, non di razza **CONTR.** di razza, puro ***3*** (*fig.*) spurio, corrotto, degenerato, alterato **CONTR.** puro, incorrotto, sano ***4*** (*fig.*) irregolare, eterogeneo **CONTR.** regolare ***B*** s. m. ***1*** (*pop.*) (*di figlio*) illegittimo, trovatello, esposto, figlio di N.N. **CONTR.** figlio legittimo ***2*** (*di animale*) incrocio, sangue misto, mezzosangue, meticcio **CONTR.** animale di razza.

bastàre ***A*** v. intr. ***1*** essere sufficiente, occorrere **CONTR.** mancare, bisognare ***2*** durare, valere **CONTR.** finire, esaurirsi ***B*** v. intr. impers. essere sufficiente.

bastiménto s. m. nave, vascello, mercantile, veliero, naviglio, piroscafo, motonave, galeone, transatlantico, legno (*lett.*).

bastióne s. m. ***1*** fortificazione, fortezza, baluardo, fortilizio, forte, mura fortificate, spalto ***2*** (*fig.*) difesa, protezione, baluardo, argine. *V. anche* DIFESA

bàsto s. m. ***1*** (*di bestie da soma*) sella, bardatura ***2*** (*fig.*) peso eccessivo, carico, soma **FRAS.** *mettere il basto* (*fig.*), sottomettere, domare.

bastonàre ***A*** v. tr. ***1*** percuotere, legnare, battere, randellare, manganellare, mazzolare, mazziare (*dial.*), picchiare, bussare, suonare, tamburare (*raro*), pestare, stangare, spianare le costole, rompere il groppone ***2*** (*fig.*) attaccare violentemente, criticare aspramente, maltrattare, colpire, castigare, strapazzare ***B*** **bastonarsi** v. rifl. rec. percuotersi, picchiarsi, randellarsi, darsele di santa ragione.

bastonàta s. f. ***1*** legnata, randellata, manganellata, bussata, bastonatura, colpo, botta, percossa ***2*** (*fig.*) batosta, mazzata, stangata, danno, disgrazia, sfortuna, dissesto **CONTR.** fortuna, colpo fortunato.

bastonatùra s. f. ***1*** bastonata, legnata, randellata, manganellata, bussata, menata (*fam.*), pestaggio, suonata ***2*** (*fig.*) danno, disgrazia, duro colpo **CONTR.** fortuna, colpo fortunato.

bastoncìno s. m. ***1*** dim. di **bastone**; verghetta, asticciola, bacchetta, bacchetto, cannetta, stecca ***2*** (*sport*) (*nella staffetta*) testimone □ (*nello sci*) racchetta ***3*** (*edil.*) tondino ***4*** (*di cosmetici, ecc.*) stick (*ingl.*).

bastóne s. m. ***1*** ramo, lęgno, canna □ (*per bacchiare*) bacchio, batacchio □ alpenstock (*ted.*), giannetta, bordone, batocchio (per ciechi), stampella □ pertica, asta, stanga, sbarra, palo □ manganello, randello, clava, mazza, sfollagente ***2*** (*di re, di autorità*) scettro, bacchetta, pastorale, ferula (*ant.*), verga, bacolo (*lett.*) ***3*** (*fig.*) aiuto, sostegno, appoggio.

batàcchio s. m. ***1*** bastone, clava, bacchio ***2*** (*di campana*) battaglio, batocchio ***3*** (*di porta*) batocchio, battaglio, battente, battiporta, picchio, picchiotto.

batàta s. f. patata americana.

batimetro s. m. scandaglio **CONTR.** altimetro.

batòcchio s. m. V. **batacchio**.

batòsta s. f. ***1*** percossa, botta, bastonata, bussata, picchiata, suonata, legnata, mazzata, stangata ***2*** (*fig.*) grave disgrazia, grande sconfitta, dissesto, scoppola, colpo, burrasca, grave perdita, grave danno, débâcle (*fr.*) □ paga (*fam.*) □ forte scossa **CONTR.** grande fortuna, successo.

battage /fr. ba'taʒ/ [vc. fr., propriamente 'battitura', dal v. *battre* nell'espressione *battre la grosse caisse* 'battere la grancassa'] s. m. inv. pubblicità massiccia, lancio (pubblicitario), campagna (pubblicitaria), propaganda, martellamento (pubblicitario), strombazzamento, tambureggiamento.

battàglia s. f. ***1*** scontro, scaramuccia, combattimento, conflitto, zuffa, mischia, fatto d'armi, assalto, attacco, azione, campagna, marte (*raro, lett.*), pugna (*lett.*), certame (*lett.*) ***2*** (*fig.*) (*di idee, di sentimenti, ecc.*) contrasto, lotta, tenzone (*lett.*), lite, controversia, scontro **CONTR.** pace, accordo, consenso, tregua. *V. anche* ASSALTO, ZUFFA

battagliàre v. intr. lottare, combattere, far battaglia, guerreggiare, azzuffarsi, litigare, pugnare (*lett.*) □ polemizzare **CONTR.** essere in pace, andare d'accordo, concordare.

battaglièro agg. bellicoso, guerresco, guerriero, combattivo, marziale, rissoso, litigioso, pugnace (*lett.*) □ agonistico □ polemico, aggressivo **CONTR.** pacifico, mansueto, tranquillo, pacioccone.

battàglio s. m. ***1*** (*di campana*) batacchio, batocchio, martello ***2*** (*di porta*) battiporta, picchio, picchiotto, battente, batacchio, batocchio.

battèllo s. m. imbarcazione, piroscafo, traghetto, navicella, scialuppa, palischermo, barca, bragozzo, burchiello, paranza, zattera, canotto, sloop (*ingl.*). *V. anche* NAVE

battènte ***A*** agg. (*di pioggia*) scrosciante, sferzante ***B*** s. m. ***1*** (*di porta, di finestra e sim.*) imposta, scuro, scuretto, persiana, gelosia, anta, sportello, impannata □ stipite ***2*** batacchio, batocchio, battaglio, battiporta, picchio, picchiotto, battitoio, martello.

bàttere ***A*** v. tr. ***1*** percuotere, colpire, picchiare, tempestare □ menare, bastonare, randellare, staffilare, cinghiare, conciare (*antifr.*), tonfare (*tosc.*) □ (*di* *vento, di pioggia e sim.*) sferzare, flagellare **2** (*di metallo*) lavorare a caldo, modellare **3** (*di moneta*) coniare **4** (*di cereali*) trebbiare **5** (*di carne, di verdura*) pestare, tritare, schiacciare **6** (*est.*) (*di luogo*) percorrere, scorrere, esplorare, perlustrare, girare, frequentare CONTR. abbandonare, lasciare **7** (*fig.*) (*di avversario*) vincere, superare, distaccare, distanziare, sconfiggere, sopraffare, sottomettere, sbaragliare □ (*di malattia*) debellare □ (*di record*) polverizzare CONTR. perdere, arrendersi, ritirarsi, cedere **8** (*mus.*) (*di tempo*) scandire, dirigere, regolare, indicare, marcare □ (*di strumento*) tempellare (*ant.*) **9** (*di orologio*) rintoccare, suonare, scandire, scoccare **10** (*sport*) (*nel tennis, nel calcio e sim.*) dare il primo colpo, tirare **B** *v. intr.* **1** (*di pioggia, di vento*) cadere con insistenza, cadere con violenza, soffiare con violenza, colpire □ (*di onda*) sciabordare, frangersi **2** (*a una porta*) bussare **3** (*di cuore, di polso*) palpitare, pulsare CONTR. fermarsi, arrestarsi **4** (*fig.*) (*su un argomento*) insistere, persistere CONTR. smettere, mollare **5** (*di prostituta*) prostituirsi, fare la battona **C** **battersi** *v. rifl.* (*di petto, di testa*) percuotersi, colpirsi, picchiarsi, flagellarsi **D** *v. intr. pron.* (*fig.*) (*per qualcuno, per qualcosa*) combattere, lottare, gareggiare □ rivendicare CONTR. rinunciare, cedere **E** *v. rifl. rec.* affrontarsi, scontrarsi, combattersi, contrastarsi FRAS. *battersela*, fuggire, svignarsela, ritirarsi □ *battere a macchina*, dattilografare, dattiloscrivere □ *battere in ritirata*, ritirarsi, fuggire □ *battere i tacchi* (*fig.*), ritirarsi, fuggire □ *battere le mani*, applaudire □ *battersi il petto* (*fig.*), pentirsi □ *in un batter d'occhio*, in un attimo. *V. anche* SCHIACCIARE, VINCERE

batterìa *s. f.* **1** unità d'artiglieria **2** (*di serie di utensili*) completo, serie, servizio, set □ pezzi, attrezzi, attrezzatura, arnesi **3** (*mus.*) strumenti a percussione **4** (*di orologio*) suoneria **5** (*fis.*) insieme di pile, pila, accumulatore **6** (*per allevamento industriale*) gabbie **7** (*sport*) gara eliminatoria, turno eliminatorio FRAS. *scoprire le batterie* (*fig.*), rivelare le proprie intenzioni.

battericìda *agg.* che distrugge i batteri, antibatterico CONTR. fermentante, attivatore batterico.

battèrico *agg.* dei batteri, microbico, batteriologico, bacillare CONTR. antibatterico.

battèrio *s. m.* bacillo, germe, microbo, microbio, microrganismo, schizomicete, cocco, spirillo.

batteriològico *agg.* **1** della batteriologia **2** batterico, microbico.

batterìsta *s. m.* e *f.* suonatore di batteria, percussionista.

battésimo *s. m.* **1** (*relig.*) primo sacramento **2** (*fig.*) inaugurazione, iniziazione, primo incontro, varo (*mar.*) FRAS. *tenere a battesimo*, fare da padrino, fare da madrina □ *battesimo di sangue* (*fig.*), martirio.

battezzàre *v. tr.* **1** (*di persona*) dare il battesimo, amministrare il battesimo **2** tenere a battesimo **3** dare il nome, nominare, chiamare **4** (*est.*) bagnare, spruzzare **5** (*scherz.*) (*di vino*) annacquare, allungare.

battezzàto *part. pass. di* **battezzare**; *anche agg.* e *s. m.* **1** cristiano CONTR. pagano **2** (*scherz.*) (*di vino*) annacquato, allungato CONTR. puro, schietto.

battibaléno *s. m.* attimo, momento brevissimo, istante, lampo.

battibécco *s. m.* disputa, diverbio, bisticcio, contrasto, discussione, schermaglia, alterco, baruffa, lite, litigio, scontro, rissa.

batticuòre *s. m.* **1** palpitazione, palpito, tachicardia, cardiopalmo **2** (*fig.*) ansia, apprensione, tremarella, tremito, tremore, agitazione, trepidazione, commozione, angoscia, timore, paura, spavento. *V. anche* PAURA

battigia *s. f.* battima, bagnasciuga, arenile, riva, spiaggia, proda.

battilàrdo *s. m. inv.* tagliere.

battimàno *s. m.* **1** applauso CONTR. fischi, zittii **2** (*fig.*) plauso, approvazione CONTR. disapprovazione, rimprovero, condanna.

battipòrta *s. m.* **1** batacchio, batocchio, battente, picchio, picchiotto, battaglio **2** seconda porta (di riparo alla prima), battente.

battiscópa *s. m. inv.* (*di parete*) zoccolo.

battiségola *s. m. inv.* (*bot., tosc.*) fiordaliso.

battistràda *s. m. inv.* **1** (*di corteo*) guida **2** (*est.*) precursore, staffetta.

bàttito *s. m.* **1** colpo, botta **2** (*di cuore, di polso*) pulsazione, palpito, palpitazione □ fremito, frullo □ ritmo.

battitóre *s. m.* **1** (*nel gioco*) tiratore **2** esploratore, perlustratore, cacciatore FRAS. *libero battitore* (*fig.*), autonomo, indipendente.

battitùra *s. f.* **1** colpo, percossa, botta, picchiata **2** (*di un colpo*) impronta **3** (*di cereali*) trebbiatura □ (*di olive, di castagne, ecc.*) bacchiatura, abbacchiatura.

bàttola *s. f.* **1** (*di strumento musicale*) tabella, raganella, crepitacolo **2** (*di utensile*) spianatoio, spianatrice **3** (*fig., raro*) ciarlone, chiacchierone.

battóna *s. f.* (*pop.*) prostituta (da marciapiede), puttana (*volg.*).

battùta *s. f.* **1** colpo, percossa, botta □ (*di tamburo*) rullo **2** (*di dattiloscritto*) lettera, carattere, spazio **3** (*teat.*) frase, discorso □ risposta **4** freddura, facezia, barzelletta, spiritosaggine, arguzia, argutezza, boutade (*fr.*), frizzo, lazzo, scappata, lepidezza, motto, gag (*ingl.*), sortita, trovata, uscita, stoccata **5** (*mus.*) misura, tempo, ritmo **6** caccia, partita di caccia **7** (*fig.*) (*di polizia*) rastrellamento, perlustrazione **8** (*di palla, di pallone*) messa in gioco, rimessa in gioco, servizio, lancio CONTR. ribattuta **9** (*sport*) colpo di stacco FRAS. *non perdere una battuta* (*fig.*), stare molto attento □ *battuta d'arresto* (*fig.*), sosta, attesa, pausa, interruzione □ *alle prime battute* (*fig.*), all'inizio, agli inizi.

battùto **A** *part. pass. di* **battere**; *anche agg.* **1** percosso, colpito, picchiato, malmenato, pestato, tempestato, conciato (*antifr.*) **2** (*di metallo*) lavorato al martello, martellato, laminato **3** (*di moneta*) coniato **4** sconfitto, vinto, superato, debellato, sgominato, abbattuto, umiliato, affranto □ (*di record*) polverizzato CONTR. imbattuto, insuperato, inviolato **5** (*di terreno*) sterrato **6** (*di luogo*) frequentato, affollato, trafficato ***B*** *s. m.* ***1*** (*di verdura, di carne*) trito, pesto ***2*** (*edil.*) pavimento di terra, pavimento in calcestruzzo ***3*** perdente, soccombente **CONTR.** vincente.

batùffolo *s. m.* ***1*** (*di cotone*) fiocco, bioccolo, involto, tampone, zaffo (*med.*) ***2*** (*di bimbo o di animale grasso*) bambolotto.

baùle *s. m.* ***1*** cofano, cassa, cassone □ forziere, arca (*lett.*) ***2*** (*di auto e sim.*) bagagliera, bagagliaio, portabagagli **FRAS.** *fare i bauli* (*fig.*), andarsene.

baulétto *s. m.* ***1*** *dim. di* **baule** ***2*** cofanetto, portagioie, portagioielli ***3*** borsetta (a forma di baule), beauty-case (*ingl.*).

bàva *s. f.* ***1*** schiuma, liquido schiumoso □ saliva ***2*** (*del baco da seta*) filo ***3*** (*di vento*) soffio leggero, alito, bavetta, buffo, refolo ***4*** (*di metallo fuso*) sbavatura **FRAS.** *avere la bava alla bocca* (*fig.*), essere furibondo. *V. anche* VENTO

bavaglìno *s. m.* ***1*** *dim. di* **bavaglio** ***2*** tovagliolino, pettorina.

bavàglio *s. m.* ***1*** (*per tappare la bocca*) panno, fazzoletto, fascia ***2*** (*per proteggere il petto*) bavaglino, tovagliolo, pettorina **FRAS.** *mettere il bavaglio* (*fig.*), impedire di parlare, soffocare, far tacere.

bàvero *s. m.* (*di abito*) colletto, solino, collare, collo **FRAS.** *prendere per il bavero* (*fig.*), aggredire, imbrogliare.

bazàr [dal persiano *bàzàr* 'mercato'] *s. m.* ***1*** mercato orientale ***2*** (*est.*) emporio, magazzino, bottegone, negozio, bottega. *V. anche* MERCATO

bazooka /*ingl.* bə'zu:kə/ [vc. ingl. d'America, propriamente 'strumento simile a un trombone' dal pop. *bazoo* 'trombetta' (?)] *s. m. inv.* ***1*** (*mil.*) lanciarazzi anticarro ***2*** (*di cinepresa*) cavalletto.

bàzza *s. f.* colpo fortunato, fortuna, cuccagna, affarone **CONTR.** sfortuna, disgrazia, scalogna, tegola.

bazzècola *s. f.* bagattella, inezia, quisquilia, baia, nonnulla, niente, futilità, piccolezza, sciocchezza, stupidaggine, barzelletta, minuzia, miseria, briccica, taccola (*ant.*), zacchera (*raro*), zeccola (*raro*), pinzillacchera.

bazzicàre *v. tr.* e *intr.* frequentare, praticare, intrattenersi sistematicamente.

be' *V.* **beh.**

beàre ***A*** *v. tr.* rendere beato, appagare □ allietare, deliziare, dilettare, estasiare ***B*** **bearsi** *v. intr. pron.* dilettarsi, estasiarsi, deliziarsi, compiacersi, crogiolarsi, gongolare.

beat /*ingl.* bi:t/ [vc. ingl., letteralmente 'battuto, avvilito, esaurito', sottinteso *generation* 'generazione'] *s. m.* e *f. inv.* e *agg.* contestatore, anticonformista □ capellone, hippy (*ingl.*) **CONTR.** conformista **FRAS.** *beat generation*, generazione contestataria, gioventù bruciata.

beataménte *avv.* celestialmente □ felicemente, dolcemente, tranquillamente, serenamente, bellamente, spensieratamente, contentamente (*ant.*) **CONTR.** tristemente, infelicemente □ nervosamente.

beatitùdine *s. f.* piena felicità, contentezza, gioia, letizia, piacere, dolcezza, esultanza, estasi, soddisfazione, nirvana (*fig.*), pace, paradiso **CONTR.** infelicità, tristezza, amarezza, insoddisfazione, dannazione.

beàto ***A*** *part. pass. di* **beare**; *anche agg.* contento, felice, fortunato, esultante, giubilante, gongolante, estasiato □ sereno, tranquillo, soddisfatto, radioso □ santo, benedetto, celestiale **CONTR.** infelice, triste, sfortunato, misero □ insoddisfatto, nervoso ***B*** *s. m.* (*est.*) eletto **CFR.** santo **CONTR.** dannato **FRAS.** *il regno dei beati*, il paradiso □ *il Beatissimo Padre*, il papa.

beauty-case /*ingl.* 'bju:ti 'keis/ [comp. di *beauty* 'bellezza' e *case* 'cassetta'] *loc. sost. m. inv.* (*per toeletta*) bauletto, valigetta, scatola, borsetta, nécessaire (*fr.*), trousse (*fr.*).

beccamòrti *s. m.* (*spreg.*) becchino, necroforo, seppellitore, fossore (*lett.*).

beccàre ***A*** *v. tr.* ***1*** (*di uccello*) prendere col becco, becchettare ***2*** (*est.*) (*di persona*) mangiare, mangiucchiare ***3*** (*di uccelli, di insetti*) colpire, ferire (col becco, col pungiglione) ***4*** (*fig., fam.*) (*di segreto, di voto, ecc.*) riuscire a ottenere, carpire, strappare □ cogliere, azzeccare □ (*di malanno, ceffone, ecc.*) prendere, pigliare, buscare □ (*di offesa*) ricevere (*fam.*) □ (*di qualcuno, spec. in fallo*) sorprendere, cogliere, pescare, scovare □ (*di ladro e sim.*) pizzicare (*pop.*), acciuffare, acchiappare, catturare ***B*** **beccarsi** *v. rifl. rec.* ***1*** (*di uccelli*) colpirsi col becco, darsi delle beccate ***2*** (*fig.*) (*di persona*) bisticciare, litigare, becchettarsi, punzecchiarsi. *V. anche* PRENDERE

beccheggiàre *v. intr.* (*di imbarcazione, di aereo*) oscillare (longitudinalmente) **CONTR.** rollare, rullare.

becchéggio *s. m.* (*di imbarcazione, di aereo*) oscillazione, oscillamento **CONTR.** rollio, rullio.

becchime *s. m.* (*per uccelli*) mangime, cibo.

becchìno *s. m.* beccamorti, necroforo, seppellitore, fossore (*lett.*), affossatore.

bécco *s. m.* ***1*** (*di uccello*) rostro ***2*** (*di insetto*) pungiglione ***3*** (*scherz., fig.*) (*di persona*) bocca ***4*** (*est.*) (*di oggetto*) sporgenza, punta ***5*** (*di apparecchio a gas*) beccuccio, bruciatore, cannello **FRAS.** *non avere il becco di un quattrino*, essere senza soldi, essere in bolletta □ *bagnarsi il becco* (*fig.*), bere □ *aprire il becco* (*fig.*), parlare □ *chiudere il becco, tenere il becco chiuso* (*fig.*), tacere □ *mettere il becco* (*fig.*), intromettersi (spec. a sproposito) □ *restare a becco asciutto* (*fig.*), non avere nulla, restare escluso.

beccùccio *s. m.* ***1*** (*di oggetti*) punta, cannello, ugello ***2*** (*per capelli*) pinzetta.

bécero ***A*** *s. m.* (*tosc.*) volgarone, ignorantone, maleducato, zoticone, cafone, zoccolo, zoccolaio □ (*fig.*) carrettiere, facchino **CONTR.** signore ***B*** *agg.* volgare, sgarbato, insolente, zotico, plebeo, ignorante **CONTR.** raffinato, fine, educato.

beduìno [dall'ar. *bedawì*, abitante del deserto, nome dei nomadi arabi delle steppe e dei deserti del Medio Oriente e dell'Africa settentrionale] *s. m.* (*fig.*) rozzo, incivile, maleducato, ignorante.

beeper /*ingl.* 'bi:pə*/ [vc. ingl., dal v. *to beep* 'far bip'] *s. m. inv.* cicalino, cercapersone, bip bip, bip.

befàna *s. f.* ***1*** (*pop.*) epifania ***2*** vecchia dei regali (della notte dell'epifania) ***3*** (*est., spreg.*) vecchia, vecchiaccia brutta, carampana, strega.

bèffa *s. f.* ***1*** burla, celia, farsa, gioco, scherzo, tiro birbone, cilecca (*tosc.*), birichinata, gabbo (*raro*) □ delusione, scorno **2** scherno, derisione, dileggio, ludibrio, canzonatura, corbellatura (*pop.*), irrisione, baia, berta (*lett.*), sarcasmo. *V. anche* GIOCO

beffardaménte avv. ironicamente, sarcasticamente, sardonicamente, scherzosamente **CONTR.** seriamente, austeramente.

beffàrdo agg. (*spec. di tono, di risata, di espressione, ecc.*) canzonatorio, ironico, mordace, satirico, derisorio, scherzoso, caustico, derisore, dileggiatore, schernevole, schernitore, sardonico, mefistofelico □ (*spec. di persona*) beffeggiatore, faceto, ridanciano, motteggiatore, dicace (*lett.*) **CONTR.** serio, austero, severo, grave. *V. anche* CINICO

beffàre **A** v. tr. **1** dileggiare, deridere, prendere in giro, burlare, canzonare, beffeggiare, schernire, irridere, sbertucciare, motteggiare, scornare, sfottere (*pop.*), berteggiare, coglionare (*volg.*), minchionare (*pop.*) **2** gabbare, giocare, ingannare, turlupinare, buscherare, imbrogliare, uccellare (*lett.*), corbellare **B** **beffarsi** v. intr. pron. prendersi gioco, deridere, ironizzare, irridere. *V. anche* RIDERE

beffeggiàre v. tr. beffare, berteggiare, canzonare, deridere, schernire, scornare, sbeffare, dileggiare, farsi beffe, celiare, corbellare (*pop.*), satireggiare.

beffeggiatóre **A** s. m. (*f. -trice*) (*lett.*) derisore, canzonatore, corbellatore, irrisore, schernitore, burlone **B** agg. canzonatorio, beffardo, ironico, satirico **CONTR.** serio, serioso, contegnoso, grave.

bèga s. f. **1** litigio, contrasto, lite, bisticcio **2** briga, noia, molestia, grattacapo, seccatura, grana (*fam.*), fastidio, scocciatura (*fam.*), rompicapo, rottura (*volg.*), rompimento (*pop.*).

beghìno s. m. (*spreg.*) bigotto, pinzochero, bacchettone, baciapile, collotorto.

begliuòmini s. m. pl. (*bot.*) balsamina.

bèh inter. (*fam.*) **1** bene!, proprio così! **2** allora, ebbene, dunque.

beige /fr. bɛʒ/ agg. e s. m. inv. (*di colore*) sabbia, grigio nocciola, nocciola, avana, lionato, falbo (*lett.*), sauro, marrone chiaro, noisette (*fr.*).

belàre v. intr. **1** (*di pecora o capra*) emettere belati **2** (*fig., fam.*) (*di persona*) piagnucolare, lamentarsi, frignare, gemere, mugolare **3** (*fig.*) parlare con voce tremula.

bèlla s. f. **1** (*est.*) (*di donna*) amata, innamorata, fidanzata, dulcinea (*scherz.*) **2** (*di scritto*) bella copia **CONTR.** brutta, brutta copia, mala, malacopia, minuta **3** (*nel gioco*) partita decisiva, spareggio.

bellaménte avv. **1** elegantemente, garbatamente, diplomaticamente **CONTR.** in malo modo, malamente, sgarbatamente, senza tatto **2** tranquillamente, beatamente, serenamente **CONTR.** nervosamente.

bellavìsta s. f. bella veduta, bel panorama.

bellézza s. f. **1** (*di cosa, di luogo*) beltà, vaghezza, incanto, magnificenza, raffinatezza, splendore, splendidezza, amenità, gradevolezza, armonia, suggestività **CONTR.** bruttezza, bruttura, tristezza, orrore, squallore, schifo, sconcio, oscenità, mostruosità **2** (*di persona*) avvenenza, belluria (*tosc.*), freschezza, garbo, leggiadria, estetica, dolcezza, grazia, graziosità, eleganza, fascino, attrattiva, prestanza, squisitezza, piacevolezza, formosità, venustà (*lett.*), vezzosità **CONTR.** grossolanità, goffaggine, bruttezza, sgradevolezza, spiacevolezza, deformità, sconcezza, laidezza **3** cosa bella, persona bella □ fiore, gemma, schianto (*fam.*), sogno **CONTR.** cosa brutta, persona brutta, scorfano (*pop.*).

bellicosaménte avv. guerrescamente, marzialmente □ riottosamente, aggressivamente, pugnacemente **CONTR.** pacificamente □ tranquillamente.

bellicóso agg. **1** guerriero, armigero (*lett.*), guerresco, guerrafondaio, marziale, agguerrito, cruento (*raro*), marzio (*lett.*) **CONTR.** imbelle, pacifico, amante della pace **2** indocile, battagliero, combattivo, aggressivo, pugnace (*lett.*), riottoso, rissaiolo, rissoso **CONTR.** mite, arrendevole, remissivo, tranquillo.

belligerànte agg. e s. m. e f. combattente, contendente, guerreggiante, in guerra **CFR.** neutrale, in pace.

belligerànza s. f. stato di guerra **CFR.** pace, neutralità.

bellimbùsto s. m. damerino, cicisbeo, ganimede, vagheggino, zerbinotto, cascamorto, casanova, civettone, farfallone, pappagallo, bullo, elegantone, figurino, moscardino (*raro*), gagà, dandy (*ingl.*) **CONTR.** sbrindellone, sbrendolone (*tosc.*), zingaro (*spreg.*).

bèllo **A** agg. **1** (*di cosa, di luogo*) gradevole, ridente, piacevole, suggestivo, dolce, delizioso, incantevole, ameno, splendido, magnifico, paradisiaco, vago (*lett.*) □ elegante, artistico, estetico □ (*di cibo*) appetitoso, gustoso □ (*di tempo*) buono, sereno, soleggiato □ (*di mare*) calmo, tranquillo, liscio **CONTR.** brutto, sgradevole, orrido, orribile, sconcio, squallido, triste □ nuvoloso, incerto, cattivo, pessimo, inclemente, perturbato □ mosso, grosso, agitato, ondoso, tempestoso **2** (*di persona*) avvenente, attraente, piacente, prestante, grazioso, armonioso, appariscente, adorno (*lett.*), affascinante, aggraziato, vezzoso, angelico, leggiadro, adorabile, seducente, ammaliante, desiderabile, ben fatto, formoso, fico (*gerg.*), venusto (*lett.*) **CONTR.** brutto, repellente, sgraziato, malformato, malfatto, goffo, disarmonico, sproporzionato, sporco, laido, turpe, racchio (*pop.*) **3** (*di patrimonio, di capitale e sim.*) vistoso, cospicuo, notevole, grande □ (*di lavoro*) interessante, gratificante **CONTR.** piccolo, modesto, scarso □ umile, vile **4** (*di azione*) buono, nobile, generoso **CONTR.** degradante, meschino, cattivo, ignobile **B** s. m. **1** bellezza, grazia, eleganza **CONTR.** bruttezza **2** tempo buono, sereno **CONTR.** maltempo, brutto **3** amato, moroso (*pop.*) **4** (*di spettacolo, di cerimonia, ecc.*) punto culminante, culmine, apice, clou (*fr.*) **FRAS.** *belle lettere*, letteratura □ *belle arti*, arti figurative □ *bel mondo*, società ricca ed elegante □ *bell'ingegno*, ingegno vivace □ *bello spirito* (*iron.*), persona spiritosa □ *bella stagione*, primavera □ *farsi bello*, adornarsi, attribuirsi meriti non propri □ *bell'e*, già, quasi, proprio □ *darsi bel tempo* (*fig.*), darsi all'ozio, ai piaceri □ *a bello studio, a bella posta*, con intenzione, apposta □ *bell'e buono*, vero e proprio □ *dirne delle belle* (*iron.*), dire delle assurdità, dire delle sciocchezze □ *bel bello*, adagio adagio, lemme lemme, tranquillamente □ *alla bell'e meglio*, in modo approssimativo, all'incirca □ *sul più bello*, nel momento culminante □ *del bello e del buono*, molta fatica.

bélva *s. f.* **1** animale feroce, fiera, bestia **2** (*fig.*) persona crudele, persona feroce, persona spietata, persona bestiale, cannibale, iena, mostro **CONTR.** persona mite, persona umana, persona pietosa.

belvedére **A** *s. m. inv.* **1** terrazza, osservatorio, bellavista **2** panorama, bella vista **B** *in funzione di agg.* (*posposto al nome*) panoramico.

belzebù [da *Beelzeboúb*, nome greco di un'antica divinità fenicia] *s. m. inv.* principe dei diavoli, diavolo, demonio, satana **CONTR.** angelo.

benché *cong.* **1** (*con valore conc.*) sebbene, quantunque, malgrado, nonostante, ancorché, contuttoché (*lett.*), comecché (*ant.*) **2** (*con valore avvers.*) ma, tuttavia.

bènda *s. f.* **1** striscia, lista, fasciatura, fascia, soggolo, bendatura, garza **2** (*di sacerdoti, di dignitari*) infula, velo □ diadema **FRAS.** *avere la benda agli occhi* (*fig.*), non rendersi conto della realtà.

bendàggio *s. m.* **1** bendatura, fasciatura, bende **2** (*sport*) fasciatura (delle mani del pugile).

bendàre **A** *v. tr.* **1** fasciare, coprire con bende, avvolgere **CONTR.** sbendare, sfasciare **2** coprire gli occhi (con una benda) **B** **bendarsi** *v. rifl.* **1** fasciarsi, avvolgersi, mettersi la benda **CONTR.** sbendarsi **2** coprirsi gli occhi (con una benda) **CONTR.** scoprirsi.

bendispósto *agg.* favorevole, disponibile **CONTR.** maldisposto, sfavorevole.

bène **A** *avv.* **1** (*di agire*) rettamente, onestamente, giustamente, convenientemente, doverosamente, degnamente, lodevolmente, disciplinatamente, bravamente □ soddisfacentemente, acconciamente, adeguatamente, abilmente **CONTR.** male, malamente, ingiustamente, disonestamente □ alla carlona, maldestramente, inettamente **2** (*di stare, di essere*) in salute, in forze **CONTR.** male **3** (*di parlare, di comprendere e sim.*) con sicurezza, con proprietà, propriamente, facilmente, efficacemente, egregiamente, perfettamente **CONTR.** male, confusamente, senza sicurezza, scorrettamente, a malapena **4** (*di vivere, di passarsela*) agiatamente, nell'agiatezza, riccamente, felicemente, piacevolmente **CONTR.** nella ristrettezza, poveramente **5** (*di vestire, di comportarsi*) elegantemente, con gusto, armonicamente, armoniosamente □ educatamente **CONTR.** rozzamente, male **B** *in funzione di agg. inv.* di buona famiglia, ricco, qualificato, perbene, per la quale □ (*di abitazione, di quartiere, ecc.*) signorile, chic (*fr.*), alto, altolocato **CONTR.** modesto, povero **C** *in funzione di inter.* **1** bravo!, bravi!, evviva!, urrà! **2** sta bene, va bene, all right (*ingl.*), okay (*ingl.*) **D** *s. m.* **1** (*di cosa*) bontà, buono □ onestà, giustizia **CONTR.** male □ disonestà, ingiustizia **2** (*di azione*) opera di misericordia, opera pia, carità **3** beneficio, giovamento, utilità, vantaggio, benedizione **CONTR.** svantaggio, maleficio, danno, inutilità **4** (*di sentimento*) affetto, amore **CONTR.** odio, avversione **5** persona amata, amore **CONTR.** persona odiata, nemico **6** (*econ.*) necessità, bisogno, esigenza **7** (*spec. al pl.*) roba, averi, sostanze, ricchezza, interessi, proprietà, possedimenti, patrimonio, capitale, tesoro, fortuna **FRAS.** *stare poco bene*, essere indisposto □ *gli sta bene!*, se lo merita! □ *va bene!*, d'accordo! □ *di bene in meglio*, sempre meglio □ *bene o male*, in un modo o nell'altro. *V. anche* FACOLTÀ, FORTUNA, POSSEDIMENTO

benedétto *part. pass. di* **benedire**; *anche agg.* **1** (*di cose*) consacrato, santificato □ (*di acqua*) lustrale **2** (*di persona*) beato, santo, sacro, venerabile **CONTR.** reprobo **3** (*est.*) (*di terra, di luogo*) colmo di ogni bene, fertile, ricco **CONTR.** povero, arido **4** (*di momento, di occasione*) fausto, fortunato, beneaugurato, salutare □ auspicato, atteso, desiderato **CONTR.** maledetto, disgraziato, sfortunato □ indesiderato, malaugurato, esecrato, brutto.

benedìre *v. tr.* **1** (*di cose*) consacrare (con la benedizione), santificare **CONTR.** sconsacrare **2** (*di persona*) invocare la protezione divina, augurare bene **CONTR.** maledire, imprecare **3** (*di persona o cosa*) ringraziare, essere grato, lodare, esaltare **CONTR.** maledire, bestemmiare, esecrare, detestare **4** (*di Dio, di santi e sim.*) proteggere, assistere, tutelare **CONTR.** perseguitare, mandare in rovina **5** (*scherz.*) (*di vino*) annacquare **FRAS.** *mandare* (o *andare*) *a farsi benedire* (*fig.*), mandare (o andare) alla malora, mandare (o andare) al diavolo.

benedizióne *s. f.* **1** (*di cose*) consacrazione **CONTR.** sconsacrazione **2** funzione religiosa **3** (*di persona e cosa*) invocazione di bene, augurio **CONTR.** maledizione, anatema, esecrazione, imprecazione, invettiva, malaugurio **4** (*di persona*) riconoscenza, gratitudine, riconoscimento **CONTR.** ingratitudine **5** (*di Dio, dei santi*) protezione, favore, tutela, provvidenza **CONTR.** avversione, ostilità **6** (*di persona o cosa*) bene, fortuna, dono **CONTR.** calamità, disgrazia, sfortuna, piaga, peste. *V. anche* FORTUNA

beneducàto *agg.* educato, compito, civile, urbano, ammodo, garbato, gentile, bennato (*lett.*), perbene, per la quale **CONTR.** maleducato, sgarbato, incivile, screanzato, villano, rozzo.

benefattóre *s. m.*; *anche agg.* (*f. -trice*) oblatore, offerente, donatore, filantropo, caritatevole, generoso, protettore **CONTR.** egoista, avaro, tutto per sé □ strozzino.

beneficènza *s. f.* carità, assistenza, aiuto, soccorso, filantropia, opera pia, beneficio □ sussidio, offerta, elemosina, oblazione, obolo **CONTR.** mendicità.

beneficiàre **A** *v. intr.* (*di rendita, di beni*) trarre utile, avvantaggiarsi **B** *v. tr.* (*di persona*) fare del bene, aiutare **CONTR.** danneggiare, nuocere.

beneficiàrio *agg.* e *s. m.* **1** commendatario, donatario (*dir.*), legatario (*dir.*), usufruttuario (*dir.*) **CONTR.** donatore, legante (*dir.*), testatore (*dir.*) **2** intestatario, destinatario.

benefìcio *s. m.* **1** aiuto, favore, piacere, servigio, servizio, privilegio, ufficio (*raro*), beneficenza **CONTR.** danno, torto, ingiuria **2** (*est.*) bene, utilità, utile, vantaggio, profitto, frutto, interesse, giovamento, sollievo □ guadagno, ricavo, ricavato □ (*eccl.*) canonicato, commenda, congrua, prebenda **CONTR.**

svantaggio, maleficio, detrimento, disastro, piaga **FRAS.** *con beneficio di inventario* (*fig.*), con riserva □ *beneficio accessorio*, fringe benefit (*ingl.*). *V. anche* FAVORE, GUADAGNO, PRIVILEGIO

benèfico *agg.* ***1*** (*di cosa*) utile, vantaggioso, giovevole, provvido, provvidenziale, almo (*lett.*) □ salubre, salutare, balsamico **CONTR.** svantaggioso, dannoso □ nocivo, insalubre, pernicioso ***2*** (*di persona*) che fa del bene, caritatevole, soccorrevole, umano, umanitario, beneficente (*lett.*) □ generoso **CONTR.** malefico, vessatorio □ avaro, egoista. *V. anche* GENEROSO

benemèrito ***A*** *agg.*; *anche s. m.* meritevole, benemerente (*lett.*), encomiabile, degno **CONTR.** immeritevole, indegno ***B*** *s. m.* (*ant.*) merito, benemerenza, riconoscimento **CONTR.** demerito **FRAS.** *la Benemerita* o *l'arma benemerita*, i carabinieri, l'arma dei carabinieri.

beneplàcito *s. m.* ***1*** approvazione, adesione, favore, consenso, consentimento (*lett.*), assenso □ autorizzazione, permesso, benestare, placet (*lat.*) **CONTR.** disapprovazione, opposizione ***2*** (*raro*) volontà, potestà, capriccio, arbitrio. *V. anche* FAVORE

benèssere *s. m. solo sing.* ***1*** salute, sanità, floridezza, fitness (*ingl.*) □ felicità, euforia □ refrigerio, sollievo **CONTR.** malessere, disturbo, cattiva salute, malattia □ disagio, angustia ***2*** agiatezza, prosperità, ricchezza, lusso **CONTR.** miseria, bisogno, necessità, indigenza, nullatenenza, povertà □ sottosviluppo.

benestànte *s. m. e f.*; *anche agg.* abbiente, agiato, ricco, facoltoso, danaroso **CONTR.** indigente, povero, bisognoso, diseredato, misero, nullatenente.

benestàre *s. m. inv.* ***1*** (*raro*) benessere **CONTR.** malessere ***2*** approvazione, adesione, autorizzazione, via libera, disco verde, consenso, assenso, avallo, beneplacito, permesso, consentimento (*lett.*), nullaosta, okay (*ingl.*), placet (*lat.*), exequatur (*lat.*) **CONTR.** disapprovazione, opposizione, dissenso.

benevolènza *s. f.* indulgenza, accondiscendenza, favore, benignità, benvolere, bontà, bonomia, buonagrazia, grazia (*lett.*), amorevolezza, affetto, affettuosità, mitezza, cordialità, familiarità, amicizia, bonarietà, comprensione, degnazione □ carità, pietà, umanità, clemenza **CONTR.** malevolenza, inimicizia, astio, animosità, livore, disdegno, cattiveria, malanimo, malvolere, ostilità, crudezza. *V. anche* FAVORE

benevolménte *avv.* benignamente, affabilmente, amichevolmente, cordialmente, amorevolmente, bonariamente, umanamente, favorevolmente, indulgentemente, mitemente, caritatevolmente **CONTR.** severamente, astiosamente, animosamente, ostilmente, aspramente, inumanamente.

benèvolo *agg.* benigno, buono, affabile, affettuoso, gentile, amichevole, fraterno, paterno, protettivo, cordiale, amorevole, clemente, indulgente, bonario, benevolente (*lett.*), umano, mite, caritatevole, soccorritore, favorevole **CONTR.** malevolo, maldisposto, severo, cattivo, maligno, avverso, ostile, scortese, animoso, astioso.

benfàtto *agg.* ***1*** (*di persona o cosa*) ben formato, armonico, proporzionato **CONTR.** malfatto, malformato, disarmonico, brutto, antiestetico ***2*** (*fig.*) (*di persona, di animo*) nobile, elevato, buono **CONTR.** ignobile, malvagio.

beniamìno [dal biblico *Beniamino*, figlio prediletto di Giacobbe] *s. m.* ***1*** figlio prediletto **CONTR.** pecora nera, cenerentola ***2*** (*est.*) favorito, prediletto, cocco (*fam., scherz.*), coccolo (*fam.*), benamato, preferito, protetto, pupillo **CONTR.** perseguitato, avversato.

benignità *s. f.* bontà, benevolenza, benvolere, amorevolezza, dolcezza, mitezza, condiscendenza, bonarietà, degnazione, compiacenza, cortesia, affabilità □ indulgenza, clemenza, umanità, pietà, carità **CONTR.** malevolenza, animosità, acredine, acrimonia, malanimo, disdegno, sdegnosità, sussiego, irritazione, ostilità, acidità, malignità, rigore, rigidità, severità, durezza, crudezza □ crudeltà, perfidia, ferocia, spietatezza, inumanità, disumanità.

benìgno *agg.* ***1*** (*di persona*) ben disposto, simpatico, socievole, affettuoso, dolce, cortese, trattabile, buono, mansueto, benevolente, clemente, amorevole, amoroso, amichevole, paterno, affabile, arrendevole, umano, caritatevole, compassionevole, cristiano, misericordioso **CONTR.** maligno, mal disposto, cattivo, torvo, truce, animoso, malvagio, perfido, reprobo, inumano, disumano ***2*** (*di giudizio, di atteggiamento e sim.*) indulgente, favorevole, benevolo, protettivo, mite, compiacente, condiscendente **CONTR.** duro, severo, avverso, scortese, sfavorevole, negativo, astioso, acre, rigido, spietato ***3*** (*di malattia*) non pericoloso, non mortale **CONTR.** maligno, mortale, crudele, letale, incurabile, esiziale.

benintenzionàto *agg.* ben disposto, favorevole, disponibile **CONTR.** malintenzionato, mal disposto.

benintéso *avv.* certamente, naturalmente **FRAS.** *beninteso che*, purché.

bènna *s. f.* pala meccanica □ scavatrice, ruspa.

benpensànte *s. m. e f.*; *anche agg.* ***1*** saggio, assennato, perbene, moderato **CONTR.** dissennato, scriteriato ***2*** (*est.*) conformista, conservatore, borghese, tradizionalista **CONTR.** anticonformista, malpensante, innovatore, rivoluzionario.

benservito *s. m.* ***1*** attestato di servizio ***2*** (*est., iron.*) licenziamento.

bensì *cong.* però, ma, invece, anzi, al contrario, contuttociò, nondimeno.

benvenùto *s. m.* saluto □ accoglienza.

benvìsto *agg.* gradito, accetto **CONTR.** malvisto, sgradito.

benvolére ***A*** *v. tr.* volere bene, stimare **CONTR.** malvolere, disistimare ***B*** *in funzione di s. m. solo sing.* affetto, benignità, benevolenza **CONTR.** malevolenza, odio.

benvolùto *part. pass. di* **benvolere**; *anche agg.* benaccetto, amato, stimato, diletto **CONTR.** malvoluto, odiato, disprezzato.

benzina *s. f.* carburante □ super, supercarburante.

beóne *s. m.* bevitore, ubriacone, avvinazzato, crapulone, sbornione (*pop.*), trincatore, trincone (*fam.*), spugna (*fig.*) □ alcolizzato, alcolista, etilista **CONTR.** astemio.

beòta [dal nome degli abitanti della *Beozia*, ritenuti stupidi] *s. m. e f.*; *anche agg.* (*fig.*) stupido, idiota, cretino, sciocco, somaro, tardo, tonto, lento, scemo, grullo, calandrino, carciofo, minchione (*pop.*) CONTR. intelligente, sveglio, sapiente.

berceau /*fr.* bɛr'so/ [vc. fr., dal lat. pop. *bércium* 'pergola'] *s. m. inv.* bersò, pergolato (di rampicanti), pergola.

berceuse /*fr.* bɛr'søz/ *s. f. inv.* (*mus.*) ninna nanna.

berciàre *v. intr.* (*tosc.*) urlare, gridare, strillare, vociare, sbraitare, ragliare. *V. anche* GRIDARE

bére ***A*** *v. tr.* ***1*** (*di liquido*) inghiottire, mandare giù, tracannare, trangugiare, sorseggiare, sorbire, centellinare, ingollare, scolare, trincare, degustare ***2*** (*di terreno, di materia assorbente*) assorbire CONTR. essere impermeabile ***3*** (*di motore*) consumare, bruciare (carburante) ***4*** (*ass.*) sbevazzare, alzare il gomito, ubriacarsi, inebriarsi, avvinazzarsi, sborniarsi CONTR. essere astemio ***5*** dissetarsi, togliersi la sete, abbeverarsi ***6*** brindare, libare ***7*** (*di persona semplice*) credere ingenuamente CONTR. diffidare ***B*** *in funzione di s. m. solo sing.* bevanda □ vino, alcol. *V. anche* PRENDERE

BERE
sinonimia strutturata

Della famiglia di termini designanti l'atto di mandare giù o assumere dalla bocca un liquido il più generico è senz'altro il verbo **bere**: *bere un bicchier d'acqua*; *bere un uovo*; *bere a garganella, a collo, a sorsi*. Accanto a bere esistono poi vocaboli più specifici non strettamente riferiti all'assunzione di liquidi. **Inghiottire**, ad esempio, indica il mandare giù rapidamente sia cibi sia, un po' più raramente, bevande: *inghiottire un boccone*; *inghiottire dell'acqua*. In senso figurato il verbo significa sopportare, tollerare: *inghiottire offese, amarezze*; oppure sommergere, far sprofondare: *inghiottito dalle acque, dalle sabbie mobili*. Col più frequente riferimento a cibi solidi, **ingollare** vuol dire invece inghiottire ingordamente, precipitosamente, quasi senza masticare o riuscire a sentire il gusto: *ingollò il pranzo in due bocconi*. Di significato molto vicino a ingollare è anche **trangugiare**, cioè ingerire voracemente e con velocità, ingozzare senza sentire il sapore: *trangugiare un boccale di birra, una medicina*. Analogamente a inghiottire il verbo è usato anche in senso figurato: *trangugiare bocconi amari*; *trangugiare la bile*.

Altri verbi, più in dettaglio, si riferiscono all'attività del bere con particolare foga o intensità, soprattutto bevande alcoliche. Così **tracannare** significa propriamente mandare giù nella canna della gola, bere con ingordigia, in un fiato solo: *tracannò un bicchiere di vino*. Anche **trincare** si riferisce al bere smodatamente e con avidità, soprattutto gli alcolici: *trincare vino, grappa*; il termine inoltre può essere usato in senso assoluto sempre in relazione al consumo di alcolici: *gli piace trincare*.

Sorseggiare, al contrario, è il bere a piccoli sorsi: *sorseggiare una bibita*. Di significato equivalente, ma di uso meno comune del precedente, è **centellinare**, verbo che indica sempre il bere a piccoli sorsi, assaporando: *centellinare un vino, un liquore*. Usato figuratamente centellinare designa il gustare qualcosa a piccole dosi, con lentezza voluta, con compiacimento, cercando di ricavarne il maggior piacere: *centellinava le parole piano piano*. Così **sorbire** significa prendere una bevanda lentamente, aspirando a sorsi: *sorbire un caffè, un tè*. Il termine viene comunemente usato anche col significato figurato di sopportare o subire a lungo qualcosa di particolarmente noioso o stancante: *sorbirsi una predica*. Infine **degustare**, più precisamente, significa assaggiare qualcosa, anche per professione, allo scopo di riconoscerne la qualità o poter giudicare il sapore: *degustare un vino, una prelibatezza*.

bergamàsco *agg.* orobico.

berlìna (1) *s. f.* ***1*** (*di condannati*) pubblico ludibrio, gogna ***2*** (*fig.*) scherno, derisione, dileggio FRAS. *mettere alla berlina* o *in berlina* (*fig.*), esporre al ridicolo.

berlìna (2) [da *Berlino*, la città dove comparve per la prima volta] *s. f.* ***1*** carrozza di gala ***2*** automobile chiusa, limousine (*fr.*) CONTR. spider (*ingl.*), cabriolet (*fr.*).

bermùda [dalle *Bermude*, dove tale indumento è abitualmente usato] *s. m. pl.* calzoni al ginocchio, pantaloncini, shorts (*ingl.*).

bernòccolo *s. m.* ***1*** (*di cosa*) protuberanza, prominenza, bozza, bugna, sporgenza, gonfiore, bitorzolo ***2*** (*fig.*) (*di persona*) disposizione, vocazione, predisposizione, attitudine, propensione, tendenza CONTR. idiosincrasia, avversione, ripugnanza.

berrétto *s. m.* copricapo, cappello, berretta.

bersagliàre *v. tr.* ***1*** (*di cosa*) prendere di mira, mirare ***2*** (*est.*) (*di domande, di pugni, ecc.*) colpire ripetutamente, tempestare ***3*** (*fig.*) (*di persona*) perseguitare, vessare, tormentare CONTR. favorire, aiutare.

bersaglièra *s. f.* (*scherz.*) virago FRAS. *alla bersagliera* (*fig.*), disinvoltamente, decisamente, energicamente, spavaldamente.

bersàglio *s. m.* ***1*** punto, segno, mira, meta, brocca (*ant.*) ***2*** (*fig.*) scopo, obiettivo ***3*** (*est.*) (*di persona*) oggetto.

bersò *s. m.* ***1*** pergolato (di rampicanti), pergola, berceau (*fr.*), capanno ***2*** (*arch.*) volta a botte.

bestémmia *s. f.* ***1*** (*verso Dio, Madonna e santi*) blasfema (*lett.*), moccolo (*pop.*), canchero (*dial.*), giaculatoria (*antifr.*) ***2*** imprecazione, maledizione, vituperio, parolaccia, turpiloquio CONTR. preghiera, invocazione, giaculatoria ***3*** (*est.*) assurdità, sproposito, eresia.

bestemmiàre *v. tr.; anche ass.* ***1*** (*di Dio, Madonna e santi*) offendere con bestemmie, imprecare, tirare moccoli (*pop.*), sacramentare (*pop.*), smoccolare (*pop.*), smadonnare (*pop.*) CONTR. pregare ***2*** (*di sorte*) maledire CONTR. benedire ***3*** (*fig.*) (*di lingua straniera*) parlare stentatamente, biascicare CONTR. parlare speditamente ***4*** (*fig.*) dire spropositi, dire assurdità.

bestemmiatóre *s. m.; anche agg.* (*f. -trice*) blasfemo, sacrilego, empio, bocca sacrilega CONTR. pio, timorato di Dio.

béstia *s. f.* ***1*** animale, belva, fiera, quadrupede ***2***

(*fig.*) bruto, rozzo, mostro, violento **CONTR.** signore **3** (*fig.*) asino, somaro, ignorante, incapace **CONTR.** bravo, sapiente **FRAS.** *bestia feroce*, fiera □ *andare in bestia*, infuriarsi □ *bestia nera* (*fig.*), spauracchio.

bestiàle *agg.* **1** di bestia, ferino, belluino **CONTR.** umano **2** (*est.*) brutale, animalesco, feroce, crudele, spietato, bruto, selvaggio, mostruoso, irragionevole **CONTR.** delicato, mite, ragionevole, equilibrato **3** (*fig.*) enorme, grandissimo, eccezionale **CONTR.** piccolissimo **4** (*gerg.*) bellissimo, interessantissimo, intrigante (*gerg.*), fantastico, meraviglioso, sensazionale **CONTR.** insignificante. *V. anche* CRUDELE

bestialità *s. f.* **1** brutalità, animalità, crudeltà, violenza, ferocia, spietatezza, barbarie, disumanità **CONTR.** umanità, gentilezza, cortesia, mitezza **2** (*fig.*) sproposito, topica, assurdità, enormità, cretinata, cazzata (*volg.*), somaraggine, eresia **CONTR.** cosa giusta, verità, cosa sensata.

bestialménte *avv.* **1** animalescamente, brutalmente, selvaggiamente □ (*est.*) spietatamente **CONTR.** cristianamente **2** (*gerg.*) eccezionalmente, enormemente.

bestiàme *s. m.* bestie domestiche □ armento, gregge, mandria **FRAS.** *bestiame grosso*, buoi e vacche □ *bestiame minuto*, pecore e capre.

best seller /*ingl.* best 'selə/ [vc. ingl., comp. di *best* 'il migliore' e *seller* 'ciò che si vende'] *loc. sost. m. inv.* (*di libro, disco e sim.*) libro più venduto, libro di maggior successo, disco di maggior successo, autore di maggior successo.

betòn *s. m.* calcestruzzo.

béttola *s. f.* (*spreg.*) osteriaccia, osteria, fiaschetteria, taverna, cantina, trattoria, gargotta, bistrot (*fr.*).

bettolìno *s. m.* **1** *dim. di* **bettola** **2** (*in stazione, caserma e sim.*) spaccio, cambusa.

BèV *s. m.* (*fis., amer.*) GeV, un miliardo di elettronvolt.

bevànda *s. f.* bibita, beveraggio, bere, beva (*raro*), drink (*ingl.*) □ liquore, tisana, pozione, beverone, decotto, sciroppo. *V. anche* NUTRIMENTO

beveróne *s. m.* **1** bevanda, beveraggio, intruglio **CONTR.** nettare **2** (*est.*) bevanda medicamentosa, pozione.

bevìbile *agg.* potabile, consumabile **CONTR.** imbevibile.

bevitóre *s. m.* (*f. -trice*) beone, ubriacone, trincatore, trincone (*fam.*), spugna (*fig.*) **CONTR.** astemio.

bevùta *s. f.* bicchierata, rinfresco, brindisi, degustazione, libagione, trincata.

bevùto *agg.* ubriaco, ebbro, sbronzo (*fam.*), avvinazzato.

bèzzo [dal ted. della Svizzera *petz* 'orso', raffigurato in una moneta di Berna] *s. m. spec. al pl.* soldi, quattrini, denari, sghei (*ven.*), palanche (*pop.*).

biàda *s. f.* **1** (*per bestiame*) foraggio, mangime, granaglie, cereale **2** (*al pl.*) (*lett.*) messi.

biancàstro *agg.* tendente al bianco, bianco sporco, albiccio (*lett.*), lattato, lattescente, lattiginoso, pallido, grigio **CFR.** nerastro.

biancheggiàre **A** *v. intr.* **1** apparire bianco, tendere al bianco, imbianchire **CFR.** nereggiare **2** (*est.*) albeggiare, farsi chiaro, schiarire **CONTR.** annottare, abbuiare, imbrunire **B** *v. tr.* imbiancare **CFR.** annerire.

biancherìa *s. f.* indumenti intimi, lingerie (*fr.*), intimo □ telerie.

bianchézza *s. f.* biancore, candidezza, candore, color bianco, chiarezza □ chiarità □ pallore, pallidezza **CFR.** nerezza, nero.

biànco **A** *agg.* **1** (*di cosa*) candido, color latte, latteo, lattescente, lattiginoso, cereo, color neve, niveo, pallido, argenteo, eburneo (*lett.*), albo (*raro, lett.*), chiaro **CFR.** nero, scuro, bruno, corvino **2** (*anche fig.*) (*di cose*) immacolato, pulito, incontaminato **CONTR.** sporco, contaminato **3** (*di capelli*) canuto **4** (*di pagina*) non scritto, senza scrittura **CONTR.** scritto **5** (*di sport, di vacanza e sim.*) invernale, sulla neve, di montagna **B** *s. m.* **1** colore bianco **CONTR.** nero **2** parte bianca, parte scritta **3** (*di persona*) persona di pelle bianca **CFR.** nero, giallo, pellerossa **4** (*di uovo*) albume, chiara (*pop.*) **FRAS.** *non distinguere bianco da nero* (*fig.*), non capire nulla □ *far vedere nero per bianco* (*fig.*), dare a intendere una cosa per un'altra □ *il bianco dell'occhio* (*pop.*), la sclerotica □ *il bianco dell'uovo* (*pop.*), l'albume □ *mettere nero su bianco*, mettere per scritto □ *in bianco* (*di cibo*), senza sughi e droghe; (*di pesce*) lesso □ *di punto in bianco*, all'improvviso, inaspettatamente, di sorpresa, alla sprovvista.

BIANCO
sinonimia strutturata

Una sensazione visiva dovuta a una particolare miscela di luci monocromatiche e, più in generale, tutto ciò che ha colore particolarmente chiaro, in contrapposizione a ciò che è nero o più scuro, si dice **bianco**: *razza bianca*; *pane bianco*; *carni bianche*. **Chiaro**, invece, è ciò che è pieno di luminosità, oppure, soprattutto in riferimento ai colori, tutto ciò che possiede una tonalità tenue, poco intensa: *la giornata è chiara*; *il rosa e l'azzurro sono colori chiari*. Si usa chiaro anche per indicare qualcosa dotato di una certa trasparenza, di limpidezza o purezza: *un'acqua chiara*; *cristallo chiaro*; da questo significato discende il senso figurato dell'aggettivo di onesto, sincero, schietto: *persona chiara*; *propositi chiari*. Riferito propriamente ad un bianco puro e luminoso è anche **candido**, ma l'aggettivo usato in senso figurato acquista il significato particolare di innocente, sincero, dall'animo semplice e ingenuo: *coscienza candida*; *candide parole*; *ragazzo candido*. Analogamente **immacolato** può essere usato sia per indicare in modo un po' enfatico un bianco abbagliante: *biancheria immacolata*, sia per indicare ciò che è senza macchia e quindi **pulito incontaminato**, avvicinandosi così al senso figurato di bianco: *pagina pulita, foglio incontaminato*.

Pallido, invece, significa privo del suo colorito naturale e, spesso, si riferisce ad un incarnato patito, espressione di una condizione di sofferenza o di spavento momentaneo: *volto pallido*; *pallido come un morto*; *pallido di timore*. Così **cereo**, oltre al suo significato letterale di relativo alla cera, ha l'accezione di pallido come la cera: *viso cereo*; *mani ceree*.

Latteo, **lattescente** e **lattiginoso** sono aggettivi che indicano un colore e un aspetto simile a quello del latte; **niveo** invece è ciò che è candido come la neve: *collo niveo*. Così **eburneo**, d'impiego prevalentemente letterario, indica un bianco candido come l'avorio: *denti eburnei*; mentre **argenteo** si riferisce a ciò che ha il colore, lo splendore, i riflessi dell'argento: *chiome argentee*; *luna argentea*. Nel significato di bianco, infine, esiste anche **albo**, che è tuttavia parola di uso raro e letterario: *l'alba colomba scaccia i corbi neri* (T. CAMPANELLA).

bianconéro *agg.*; *anche s. m.* (*calcio*) juventino.

biancóre *s. m.* (*lett.*) ***1*** (*di cosa*) candore, candidezza, bianchezza **CONTR.** nerezza ***2*** (*di alba*) chiarore, lucore (*lett.*), luce diffusa **CONTR.** oscurità, buio.

biancospìno *s. m.* (*bot.*) albaspina, prunalbo (*poet.*).

biascicaménto *s. m.* biascichio, masticazione.

biascicàre *v. tr.* ***1*** (*di cibo*) mangiare lentamente, mangiare svogliatamente, masticare male, rimasticare, ruminare ***2*** (*fig.*) parlare con difficoltà, parlare alla meglio, ciancicare, ciangottare, farfugliare, tartagliare **CONTR.** parlare bene.

biascichìo *s. m.* ***1*** (*di cibo*) biascicamento, masticazione ***2*** (*di lingue*) balbettio.

biasimàbile *agg.* (*raro*) *V.* **biasimevole**.

biasimàre *v. tr.* criticare, disapprovare, deplorare, deprecare, riprendere, censurare, sindacare, riprovare, rimproverare, redarguire, condannare, obiurgare (*lett.*), vituperare, rampognare (*lett.*), stigmatizzare, sferzare (*fig.*), flagellare (*lett.*), marchiare (*fig.*) **CONTR.** approvare, lodare, elogiare, acclamare, applaudire, celebrare, incensare, esaltare, ammirare, decantare, encomiare. *V. anche* CORREGGERE

BIASIMARE
sinonimia strutturata

Biasimare vuol dire esprimere un giudizio morale fortemente negativo sull'operato o sul comportamento di qualcuno: *biasimare la condotta di qualcuno*. **Disapprovare** significa letteralmente non approvare, cioè non essere d'accordo, giudicare non conveniente: *tutti disapprovavano il suo modo di fare*; il verbo si usa anche in modo assoluto: *la gente disapprova in silenzio*. Di significato più forte è **riprovare** cioè disapprovare con disprezzo e avversione, rifiutare: *riprovare un'azione*; *riprovare un libro*, cioè non permetterne la pubblicazione; *riprovare uno scritto*, non riconoscerlo, rifiutarlo. Anche **condannare** significa biasimare con particolare forza, riconoscendo implicitamente una possibile colpa o responsabilità: *lo condannavano per il suo comportamento*; mentre **deprecare** è disapprovare con decisione, fermamente: *deprecare la corruzione, il peccato*.

Usato negativamente **criticare** indica il giudicare disapprovando e biasimando: *criticare le abitudini*; *critica qualunque cosa*; così **censurare**, che vuol dire criticare severamente, soprattutto dal punto di vista morale, esprimere in modo manifesto una riprensione, una disapprovazione: *censurare l'operato di qualcuno*; *censurare un'iniziativa*. **Sindacare** si usa in senso figurato con il significato di sottoporre a critiche e controlli con minuziosità e insistenza, dando giudizi e sentenziando su persone, azioni e fatti: *non aver diritto di sindacare la vita privata di qualcuno*. **Stigmatizzare** ha il significato di criticare e disapprovare vivacemente, di bollare, marchiare con parole di forte biasimo: *stigmatizzò le sue pretese*. Il verbo **vituperare** vuol dire invece biasimare offendendo gravemente, con aggressività, ingiuriando: *non lasciarsi vituperare da nessuno*.

Rimproverare significa ammonire, biasimare per far ravvedere, cambiare, con l'intento di educare, di migliorare: *rimproverare uno scolaro*; *lo rimproverò per il suo egoismo*. Di significato molto vicino è **riprendere**, cioè rimproverare per correggere: *riprendere un bambino con dolcezza*; in questo senso il verbo vuol dire anche criticare qualcosa come sbagliato, erroneo: *riprendere l'ignoranza*. Stesso significato dei due precedenti ha il termine più ricercato **redarguire**: *lo redarguì per le sue mancanze*. Di uso letterario sono sia **obiurgare**, che significa rimproverare solennemente, sia **rampognare**, che vuol dire rimproverare duramente, con asprezza.

biasimévole *agg.* degno di biasimo, biasimabile (*raro*), riprovevole, deplorabile, deprecabile, criticabile, censurabile, redarguibile, riprensibile (*lett.*), deplorevole, condannabile, vituperabile, indegno, inglorioso, inqualificabile, disdicevole, sconveniente **CONTR.** lodevole, elogiabile, stimabile, approvabile, impeccabile, inappuntabile, ineccepibile, irreprensibile, encomiabile, ammirevole, meritorio.

biàsimo *s. m.* critica, ammonimento, ammonizione, rimprovero, rimbrotto, appunto, accusa, disapprovazione, riprovazione, riprensione (*lett.*), rimostranza, censura, condanna, deplorazione, deprecazione, disprezzo, crucifige (*lat.*), obiurgazione (*lett.*), rampogna (*lett.*), requisitoria, vituperio **CONTR.** elogio, lode, plauso, encomio, complimento, ammirazione, acclamazione, approvazione, incensamento, panegirico.

Bìbbia *s. f.* ***1*** Storia sacra, Sacra Scrittura, Antico e Nuovo Testamento, Vangelo ***2*** (*est.*) (*con iniziale minuscola, di scritto o di persona*) fonte certa, bocca della verità.

bibelot /*fr.* bibə'lo/ *s. m. inv.* soprammobile (di poco pregio), ninnolo, carabattola, gingillo.

biberon /*fr.* bibə'rõ/ *s. m. inv.* poppatoio.

bìbita *s. f.* bevanda dissetante, soft-drink (*ingl.*), beveraggio, beva (*raro*).

bìblico *agg.* ***1*** della Bibbia ***2*** (*fig.*) (*di impresa*) solenne, grandioso, imponente, enorme, apocalittico ***3*** (*di parole*) profetico, divino.

bibliografia *s. f.* ***1*** descrizione di libri, catalogazione di libri ***2*** elenco dei libri (su un argomento, su un autore, ecc.), letteratura ***3*** opere, libri (di un dato periodo).

bibliotèca *s. f.* raccolta di libri, collezione di libri,

collana □ libreria □ studio.
bicchieràta *s. f.* (*est.*) bevuta (in compagnia), rinfresco, drink (*ingl.*), brindisi, libagione (*scherz.*), party (*ingl.*).
bicchière *s. m.* **1** calice, coppa, nappo (*lett.*), gotto, boccale, cratere (*archeol.*) **2** (*di granata*) involucro **3** (*per dadi*) bussolotto **FRAS.** *il bicchiere della staffa*, il bicchiere del congedo □ *fondo di bicchiere* (*fig.*), diamante falso.
biciclétta *s. f.* bici (*fam.*), biciclo, ciclo, dueruote (*fam.*), velocipede (*scherz.*), tandem **FRAS.** *bicicletta da neve*, ski-bob (*ingl.*).
bicolóre **A** *agg.* **1** che ha due colori **CFR.** monocolore, tricolore, policromo **2** (*fig.*) (*di governo*) bipartitico, di due partiti **CFR.** tripartitico, quadripartitico, pentapartitico **B** *s. m.* governo di due partiti **CFR.** monocolore, tripartito, quadripartito, pentapartito.
bicùspide *agg.* **1** a due cuspidi, a due punte, a due cime, bicorne **2** (*anat.*) (*di valvola*) mitrale.
bid /*ingl.* bid/ *s. m. inv.* (*banca*) corso, prezzo.
bidèllo *s. m.* inserviente, messo, usciere, custode, addetto, fattorino, valletto.
bidonàre *v. tr.* (*pop.*) imbrogliare, truffare, raggirare, intrappolare, buscherare (*pop.*).
bidonàta *s. f.* (*pop.*) imbroglio, raggiro, truffa, bidone (*pop.*).
bidóne *s. m.* **1** (*di recipiente*) stagna, fusto, tanica, latta, canister (*ingl.*) □ portaimmondizie, cassonetto **2** (*pop.*) (*di cosa*) bidonata (*pop.*), truffa, imbroglio, raggiro □ trappola **3** (*est., spreg.*) (*di atleta, di artista, ecc.*) incapace, brocco, schiappa, cane □ (*est., spreg.*) (*di veicolo vecchio*) carretta, macinino, catenaccio.
bidonvìa *s. f.* cabinovia.
bidonville /*fr.* bidɔ̃'vil/ [vc. fr., da *bidon* 'bidone' e *ville* 'città'] *s. f. inv.* quartiere di baracche, baraccopoli, baraccamento, favelas (*port. brasiliano*), slum (*ingl.*).
bièco *agg.* **1** (*spec. di sguardo*) obliquo, torvo, truce, storto, losco, cagnesco **CONTR.** dritto, retto **2** (*est.*) (*di persona, di parole, ecc.*) sinistro, oscuro, minaccioso, cattivo, malvagio, truculento, patibolare, pravo (*lett.*), rio (*lett.*) **CONTR.** sereno, mite, buono.
bièlla *s. f.* (*mecc.*) albero, braccio, tirante, asta.
biennàle **A** *agg.* **1** di due anni, bienne **CFR.** annuale, triennale, quadriennale, ecc. **2** (*di manifestazione, di mostra e sim.*) che ricorre ogni due anni **B** *s. f.* manifestazione, mostra, esposizione (che si fa ogni due anni).
bietolóne *s. m.* **1** *accr. di* **bietola**; atreplice **2** (*fig.*) (*di persona*) babbeo, sciocco, scemo, cretino, insulso, semplicione, giuggiolone, mestolone (*lett.*), merlo, baccalà, cetriolo, carciofo **CONTR.** furbone, abile.
biétta *s. f.* **1** cuneo, zeppa, calzatoia, cavicchio, rincalzo **2** (*fig.*) bazza, mento (sporgente).
bìfido *agg.* biforcuto, bicorne, biforme, bipartito, a due punte □ (*di piedi di ruminanti*) bisulco (*ant.*).
bifólco *s. m.* **1** boaro, vaccaro, contadino, aratore, vaccaio, cafone (*merid.*) **2** (*fig.*) ignorante, villanzone, villano, rozzo, screanzato **CFR.** raffinato, snob (*ingl.*).
biforcaménto *s. m.* biforcazione, bipartizione, diramazione □ (*di strade*) bivio, crocevia, crocicchio.
biforcàre **A** *v. tr.* (*di cose*) dividere in due, diramare, bipartire **B** **biforcarsi** *v. intr. pron.* (*di strade, di fiumi, ecc.*) dividersi (in due), ramificarsi, diramarsi, bipartirsi **CONTR.** congiungersi, unirsi.
biforcazióne *s. f.* diramazione □ (*di strade, di fiumi, ecc.*) divisione, bivio, crocevia, crocicchio, separazione, divergenza, divaricazione □ bipartizione, dicotomia **CONTR.** confluenza, congiungimento.
biforcùto *agg.* bifido, bipartito, a due punte, bicorne, biforme **FRAS.** *lingua biforcuta* (*fig.*), lingua maligna.
bifrónte *agg.* **1** che ha due fronti, con due facce, bicefalo **2** (*fig.*) (*di persona*) ambiguo, doppio, sleale **CONTR.** chiaro, leale, onesto **3** (*di comportamento*) contrastante, opposto **CONTR.** coerente, rettilineo **4** (*di parola*) che si può leggere alla rovescia (es. *ala*).
big /*ingl.* big/ *s. m. inv.* personaggio importante, personalità, celebrità, divo, protagonista, qualcuno, capo, notabile, autorità, alto papavero, leader (*ingl.*), vip (*ingl.*), grande, pezzo grosso, colosso, demiurgo (*iron.*), magnate, padreterno **CONTR.** povero diavolo. *V. anche* GRANDE
bigàtto *s. m.* (*sett.*) **1** baco da seta, filugello, bombice **2** verme, baco.
big bang /big'bɛng, *ingl.* 'big 'bæŋ/ [loc. ingl., propr. 'grande esplosione', comp. di *big* 'grande' e *bang* 'scoppio'] *loc. sost. m. inv.* esplosione primordiale.
bighellonàre *v. intr.* ciondolare, vagabondare, girovagare, girellare senza scopo, girandolare, gironzolare □ oziare, poltrire, gingillarsi, trastullarsi, dondolarsi **CONTR.** fare, lavorare, sfacchinare, impegnarsi, industriarsi.
bighellóne *s. m.* ozioso, ciondolone, dondolone, fannullone, gingillone, vagabondo, girellone, girandolone, girovago, perdigiorno, perditempo, pelandrone, scansafatiche, sfaccendato, sfaticato, michelaccio.
bigiàre *v. tr.* (*anche ass., sett.*) marinare la scuola, saltare la scuola, far fughino (*dial.*), salare, fare forca (*region.*), fare sega (*region.*).
bigìno *s. m.* (*sett., pop.*) libretto con traduzione, traduttore □ (*est.*) bignamino, abrégé (*fr.*).
bìgio *agg.* **1** (*di colore*) grigio, grigio spento, cinerino, cinereo, cinerognolo, grigiastro, sale e pepe **2** (*fig.*) (*di persona*) indeciso, incerto, poco chiaro **CONTR.** sicuro, deciso, chiaro. *V. anche* INCERTO
bigliettàio *s. m.* (*est.*) controllore.
bigliettería *s. f.* (*nei locali pubblici, nelle stazioni e sim.*) vendita di biglietti, botteghino, sportello, chiosco.
bigliétto *s. m.* **1** (*per corrispondenza*) foglietto, cartoncino **2** (*per servizi vari*) carta, cedola, cartella, scontrino, talloncino, bolletta, contromarca, tessera, ricevuta, tagliando, buono, scheda, coupon (*fr.*), ticket (*ingl.*) **3** (*di denaro*) carta, moneta, banconota, pezzo **FRAS.** *biglietto di banca*, carta-moneta.
bignàmi o **bignamìno** [dal nome dell'autore ed

editore di libretti riassuntivi di manuali scolastici, E. *Bignami*] s. m. (*pop.*) riassunto, sunto, estratto, sintesi, compendio, breviario, bigino (*sett.*), abrégé (*fr.*).
bignè [fr. *beignet*, da *beigne* 'bugna, bernoccolo'] s. m. bombolone, krapfen (*ted.*), bomba, cremino.
bigodìno s. m. (*per capelli*) molletta, diavoletto.
bigóncio s. m. bigoncia, mastello, brenta.
bigòtto [forse dall'ant. ted. *bi got* 'per Dio', intercalare spregiativo dei Normanni] s. m. e agg. bacchettone, baciapile, beghino, baciasanti, pinzochero (*spreg.*), bizzoco (*spreg.*), collotorto, paolotto, pietistico (*spreg.*), santocchio, santarello, santone □ clericale □ tartufo, ipocrita, fariseo **CFR.** empio, blasfemo, ateo, miscredente, mangiapreti, anticlericale □ pio □ laico □ leale, sincero. *V. anche* IPOCRITA
bijou /fr. bi'ʒu/ [vc. fr., dal bretone *bizou* 'anello', da *biz* 'dito'] s. m. inv. **1** gioiello, gioia, gemma, prezioso, pietra preziosa **2** (*fig.*) (*di cosa*) raffinatezza, eleganza, magnificenza **3** (*di persona*) delizia, amore, tesoro.
bikìni [dall'atollo di *Bikini*, dove fu sperimentata l'atomica, da cui il significato di 'esplosivo, atomico'] s. m. due pezzi, reggiseno e mutandine **CFR.** monochini, topless (*ingl.*), top (*ingl.*).
bilància s. f. **1** libra, bascula, stadera **2** (*astrol.*) settimo segno dello zodiaco **3** (*pesca*) rete quadra **FRAS.** *porre sulla bilancia* (*fig.*), valutare, esaminare.
bilanciaménto s. m. centratura, equilibratura □ compenso, compensazione **CONTR.** squilibrio.
bilanciàre **A** v. tr. **1** (*con bilancia*) pesare **2** (*fig.*) (*di idee, di progetti e sim.*) considerare, confrontare, esaminare **3** (*anche fig.*) (*di conto*) pareggiare, adeguare, far corrispondere, compensare **CONTR.** spareggiare, sbilanciare, differenziare **4** (*di peso, di corpo*) equilibrare, centrare, librare, porre in bilico, contrappesare, controbilanciare **CONTR.** squilibrare **B** **bilanciarsi** v. rifl. e rifl. rec. **1** (*di persona*) equilibrarsi, tenersi in equilibrio **CONTR.** perdere l'equilibrio, ondeggiare, oscillare **2** (*di cose*) pareggiarsi, corrispondere, essere uguale, quadrare, controbilanciarsi **CONTR.** differenziarsi.
bilancière s. m. **1** (*mecc.*) braccio oscillante **2** (*per coniare*) torchio □ pressa **3** (*di funamboli*) asta, pertica.
bilancìno s. m. **1** dim. di **bilancia** **2** cavallo di rinforzo, rinforzo, pertichino, trapelo.
bilàncio s. m. **1** rendiconto, resoconto, conteggio, conto, contabilità, budget (*ingl.*) □ resa dei conti □ prospetto **2** (*fig.*) (*di azioni, di situazioni*) valutazione riassuntiva, rassegna, esame.
bilateràle agg. (*di patto, accordo e sim.*) tra due parti, a due **CFR.** unilaterale, monolaterale, trilaterale, ecc.
bìle s. f. **1** (*anat.*) fiele **2** (*fig.*) ira, collera, stizza, rabbia, furore, furia, sdegno □ invidia, livore **CONTR.** calma, tranquillità, serenità. *V. anche* INVIDIA, IRA, STIZZA
bìlia s. f. **1** (*di biliardo*) palla □ buca **2** pallina.
biliardìno s. m. flipper (*ingl.*).
bìlico s. m. **1** equilibrio instabile, instabilità **CONTR.** equilibrio, stabilità **2** (*di campana*) perno, asse, centro, traversa girevole **3** (*di sportello, di finestra, ecc.*) cerniera **4** (*fig.*) dubbio, incertezza **CONTR.** sicurezza, certezza.
bilinguìsmo s. m. diglossia **CFR.** monolinguismo, plurilinguismo.
bilióne s. m. **1** (*in Italia, Francia e USA*) miliardo **2** (*in Germania e Gran Bretagna*) mille miliardi.
bìmbo s. m. **1** bambino, pargolo (*lett.*), fanciullo, maschietto, marmocchio (*scherz.*), baby (*ingl.*), bebé (*fam.*), pupo (*fam.*), creatura, putto (*raro*), frugoletto **CFR.** adolescente, ragazzo, giovane, vecchio, anziano **2** figlio piccolo **3** (*iron.*) immaturo, ingenuo, inesperto **CONTR.** maturo, abile, furbo.
bimensìle agg. quindicinale **CFR.** mensile, trimestrale, ecc.
binàrio (1) agg. doppio, duplice **CONTR.** semplice, singolo, unico.
binàrio (2) s. m. (*di treno, di tram e sim.*) rotaie, guide **CONTR.** monorotaia.
binàto agg. abbinato, accoppiato, duplicato, gemello, gemino **CONTR.** singolo, semplice, unico, spaiato.
bìngo /'bingo, *ingl.* 'biŋgou/ [vc. ingl. d'orig. oscura, forse da *bing*, vc. onomat. indicante il suono del campanello che trilla per indicare il vincitore] s. m. inv. tombola □ (*est.*) centro!
binòcolo s. m. cannocchiale gemello.
biodegradàbile agg. decomponibile □ ecologico **CONTR.** indegradabile.
biografìa s. f. vita, ritratto, profilo, storia, medaglione, coccodrillo (*giorn.*).
bióndo **A** agg. (*di colore*) giallo chiaro, dorato, flavo (*lett.*), platinato, fulvo, avana, falbo (*lett.*) **CONTR.** moro, scuro **B** s. f. pl. (*gerg.*) sigarette.
biosfèra s. f. ecosfera.
biosistèma s. m. ecosistema.
biotìna s. f. vitamina H.
biovulàre agg. (*biol.*) dizigotico.
bipartìre **A** v. tr. (*anche fig.*) dividere in due, dimezzare, biforcare **CFR.** riunire, unire, unificare **B** **bipartirsi** v. intr. pron. (*anche fig.*) dividersi in due, biforcarsi, diramarsi **CFR.** unirsi, riunirsi, unificarsi.
bipartìtico agg. (*spec. di governo*) bipartito, di due partiti, bicolore **CFR.** monocolore, tricolore, tripartitico, ecc.
bipartìto **A** part. pass. di **bipartire**; anche agg. **1** diviso in due □ biforcuto, bifido **2** (*fig.*) (*spec. di governo*) di due partiti, bipartitico, bicolore **B** s. m. governo di due partiti, alleanza di due partiti **CFR.** monocolore, tripartito, quadripartito, pentapartito.
bipartizióne s. f. divisione in due parti □ biforcamento, biforcazione, diramazione □ dicotomia **CFR.** unificazione.
bip bip s. m. inv. (*est.*) cicalino, cercapersone, beeper (*ingl.*), bip.
bìpede **A** agg. con due piedi **CFR.** quadrupede **B** s. m. **1** animale con due piedi **2** (*scherz.*) uomo **CFR.** animale.
bipènne o **bipénne** s. f. (*lett.*) scure, mannaia, accetta, ascia.
bìrba s. f. **1** birbante, birbone, briccone, birbaccione, mascalzone, canaglia, imbroglione **CONTR.** galantuo-

mo *2* (*scherz.*) ragazzaccio, monello, birichino.
birbacciòne *s. m.* birba, birbone, birbante, briccone, furfante, canaglia □ imbroglione, furbone, furbo.
birbànte *s. m.* *1* birbone, briccone, birbaccione, cattivo, mascalzone, canaglia, brigante, farabutto, sciagurato, scellerato, malfattore, manigoldo, mariolo, imbroglione, furbo, ribaldo, buonalana (*iron.*) □ galeotto *2* (*scherz.*) monello, birichino, ragazzaccio, birba.
birbanterìa *s. f.* birichinata, bricconata, bricconeria, birboneria, birbonata, birbonaggine, birbantaggine, cialtroneria, mascalzonata, malefatta, canagliata, scellerataggine, boiata (*pop.*).
birbonàta *s. f.* malefatta, mascalzonata, birbanteria, birbantaggine, birbonaggine, bricconata, bricconeria, birboneria, canagliata, carognata, furfanteria, sciaguratagine, ribalderia, porcata, porcheria, boiata (*pop.*), bruttura (*lett.*) □ birichinata, marachella, gherminella, monelleria.
birbóne *A* *s. m.* furfante, birbante, briccone, brigante, mascalzone, canaglia, carogna, imbroglione, furbo, furbacchione, birbaccione, birba, manigoldo, malandrino, farabutto, scellerato, sciagurato, tristo (*lett.*) □ birichino, monello *B* *agg.* *1* cattivo, maligno, malvagio, mancino, sleale **CONTR.** buono, benigno *2* (*raff., scherz.*) (*di fame, di tempo, ecc.*) intenso, boia (*pop.*).
birbonerìa *s. f.* birbanteria, birbantaggine, bricconata, bricconeria, birbonaggine, birbonata, canagliata.
birème *s. f.* galea, galera **CFR.** trireme, quadrireme. *V. anche* NAVE
biribìssi *s. m.* *1* gioco d'azzardo, lotteria *2* azzardo, alea.
birichinàta *s. f.* monelleria, birbanteria, birbonata, bambinata, bambinaggine, gherminella, marachella.
birichìno *A* *s. m.* *1* ragazzo vivace, monello, birba, scugnizzo (*a Napoli*) *2* (*est.*) birbone, birbante, briccone, furbone, furbastro, malandrino (*scherz.*) *B* *agg.* (*di persone, di sguardo, ecc.*) vispo, irrequieto, vivace, scaltro, furbo, malizioso, sbarazzino.
birignào *s. m.* (*di attore*) pronuncia affettata, affettazione □ (*est.*) ricercatezza, cantilena, noiosità.
birìllo *s. m.* (*di biliardo*) ometto.
bìro [dal nome dell'ungherese Lázló *Birò*, l'inventore] *s. f.* penna a sfera.
bìrra *s. f.* cervogia (*raro*), cervisia (*raro*) **FRAS.** *a tutta birra* (*fig.*), a grande velocità □ *dare la birra* (*fig.*), superare nettamente □ *farci la birra* (*pop.*), considerare inutile.
bis *A* *inter.* di nuovo!, replica!, ancora! **CONTR.** basta! *B* *in funzione di s. m.* replica, ripetizione *C* *in funzione di agg.* (*spec. di treno, di convoglio*) supplementare **FRAS.** *fare il bis*, replicare, ripetere; prenderne ancora.
bisàccia *s. f.* borsa, sacca, zaino, bolgia (*ant.*) □ tasca.
bisàvolo *s. m.* bisavo, bisnonno □ antenato, avo. *V. anche* ANTENATO
bisbètico *agg.*; *anche s. m.* litigioso, puntiglioso, brontolone, stizzoso, rabbioso, scorbutico, caratterino, difficile □ stravagante, lunatico □ (*spec. al f.*) (*est.*) suocera □ (*est.*) zitella, zitellone **CONTR.** accondiscendente, pacifico, placido, bonario □ metodico.
bisbigliàre *A* *v. intr.* *1* parlare sottovoce, mormorare, sussurrare, brusire, confabulare, pispigliare (*raro*), ciangottare □ (*di fronde*) frusciare **CONTR.** urlare, gridare, vociare, sbraitare *2* far pettegolezzi, spettegolare, sparlare, malignare, dir male **CONTR.** dir bene, elogiare *B* *v. tr.* dire sottovoce, mormorare, sussurrare.
bisbìglio (1) *s. m.* *1* mormorio, sussurro, sussurrio, brusio, parlottio, pispiglio (*raro*), pissi pissi, murmure (*poet.*), ronzio, rumorio, chiacchierio, chiacchiericcio □ (*di fronde*) fruscio **CONTR.** urlo, grido, strepito, strido, latrato *2* voce, pettegolezzo, mormorazione, diceria, chiacchiera.
bisbiglìo (2) *s. m.* mormorio, sussurrio **CONTR.** grido, vocio.
bisbòccia *s. f.* baldoria, gozzoviglia, bagordo, allegro festino, crapula (*lett.*), mangiata, stravizio, orgia, carnevale **CONTR.** astinenza, digiuno, continenza, penitenza.
bisbocciàre *v. intr.* fare bisboccia, fare baldoria, gozzovigliare, banchettare, bagordare, gavazzare, straviziare **CONTR.** fare penitenza, digiunare.
bìsca *s. f.* casa da gioco, casinò.
bìschero *s. m.* *1* (*di strumenti a corda*) pirolo, cavicchio, collabo *2* (*pop., tosc., fig.*) sciocco, scemo, imbecille, fesso, stupido, minchione, pirla (*volg., sett.*) **CONTR.** furbacchione.
bìscia *s. f.* *1* serpe, serpente, aspide (*lett.*) *2* (*fig.*) persona strisciante, infida **FRAS.** *a biscia*, a zigzag □ *biscia d'acqua*, mangiarospi.
biscòtto *s. m.* *1* galletta, tarallo, chicca (*inft.*) *2* terracotta non smaltata *3* buffetto, biscottino, colpetto (sulla guancia).
bisecànte *s. f.* (*geom.*) bisettrice.
bisessuàle *A* *agg.* bisessuato, monoclino, ermafrodito **CONTR.** unisessuale, unisessuato, monosessuale *B* *s. m. e f.* **CFR.** omosessuale, eterosessuale.
bisettrìce *s. f.* (*geom.*) bisecante.
bisìllabo *A* *agg.* (*di parola*) di due sillabe, disillabo **CFR.** monosillabo, trisillabo, quadrisillabo, polisillabo *B* *s. m.* parola di due sillabe □ verso di due sillabe.
bislàcco *agg.*; *anche s. m.* stravagante, bizzarro, strano, balzano, ridicolo, strambo, curioso, cervellotico, lunatico, strampalato, tocco, picchiato, picchiatello (*scherz.*) **CONTR.** equilibrato, sensato, assennato.
bisnipóte *s. m. e f.* pronipote.
bisnònno *s. m.* (*f. -a*) bisavo, bisavolo, proavo □ avo, antenato.
bisognàre *A* *v. intr.* occorrere, abbisognare, essere utile, necessitare, avere bisogno, avere necessità **CONTR.** averne abbastanza, bastare *B* *v. intr. impers.* occorrere, essere necessario, essere giocoforza, importare, servire, convenire, dovere.
bisógno *s. m.* *1* necessità, urgenza, emergenza, esigenza, stimolo, desiderio, fame (*fig.*), opportunità, uopo (*lett.*), occorrenza **CONTR.** sufficienza, superfluità *2* (*est.*) povertà, miseria, indigenza, penuria, disagio, privazione, ristrettezza, stretta, stento, ino-

pia (*lett.*) **CONTR.** abbondanza, ricchezza, opulenza, agiatezza, benessere ***3*** (*spec. al pl.*) necessità corporali, defecazione, minzione.

bisognóso *agg.* e *s. m.* ***1*** bisognevole ***2*** povero, misero, indigente, disagiato, nullatenente, inope (*lett.*) **CONTR.** ricco, agiato, benestante, abbiente, danaroso, facoltoso.

bissàre *v. tr.* ripetere, rifare, fare il bis, replicare.

bistécca *s. f.* fetta di carne, fettina, costata, costoletta, cotoletta, braciola, paillard (*fr.*), filetto, fiorentina, fracosta (*dial.*).

bisticciàre *v. intr.* e **bisticciarsi** *v. rifl. rec.* litigare, altercare, questionare, accapigliarsi, beccarsi, becchettarsi **CONTR.** fare la pace, rappacificarsi, andare d'accordo, accordarsi.

bistìccio *s. m.* ***1*** lite, litigio, alterco, baruffa, bega, diverbio, battibecco, contrasto, scontro **CONTR.** pace, accordo ***2*** (*lett.*) gioco di parole, calembour (*fr.*), scambietto, spiritosaggine □ allitterazione □ polisenso.

bistrattàre *v. tr.* maltrattare, trattare male, strapazzare, malmenare, offendere, villaneggiare, umiliare **CONTR.** trattare bene, rispettare, onorare, venerare.

bistrattàto *part. pass. di* **bistrattare**; *anche agg.* maltrattato, strapazzato, ingiuriato, villaneggiato, umiliato, offeso **CONTR.** trattato bene, rispettato, onorato, venerato.

bistrot /*fr.* bis'tro/ *s. m. inv.* caffè (spec. a Parigi) □ bettola, osteria, mescita, taverna, pub (*ingl.*).

bìsturi [forse dall'ant. italiano *pistorese*, di Pistoia, città famosa per le sue lame] *s. m.* (*med.*) lancia, lancetta, coltello, coltello chirurgico, ferro.

bisùnto *agg.* molto unto, unto e sporco, sudicio **CONTR.** pulito, nitido, netto **FRAS.** *unto e bisunto*, molto unto.

bitórzolo *s. m.* bernoccolo, catorzolo, protuberanza, bozza, bozzo, prominenza □ brufolo, foruncolo, pustola, tubercolo.

bitorzolùto *agg.* bernoccoluto, nodoso **CONTR.** liscio, levigato.

bìtter [ingl., letteralmente 'amaro'] ***A*** *agg. inv.* amaro **CONTR.** dolce ***B*** *s. m. inv.* (*di bevanda*) amaro □ (*est.*) aperitivo.

bitumàre *v. tr.* rivestire col bitume, incatramare, asfaltare □ (*di falla*) turare.

bitumatrìce *s. f.* asfaltatrice, catramatrice, bonza.

bitumatùra *s. f.* asfaltatura, incatramatura.

bitùme *s. m.* catrame, asfalto, pece.

bivaccàre *v. intr.* ***1*** stare al bivacco, passare la notte all'addiaccio □ attendarsi, accamparsi ***2*** (*fig.*) sistemarsi provvisoriamente, sistemarsi alla meglio.

bivàcco *s. m.* campo all'aperto, campo all'addiaccio, accampamento, campeggio, attendamento, tendopoli, camping (*ingl.*) □ tappa.

bivalènte *agg.* (*est.*) con due possibilità, con due interpretazioni, a due soluzioni, a due usi **CFR.** monovalente, polivalente.

bìvio *s. m.* ***1*** (*di strada e sim.*) biforcazione, incrocio, crocicchio, crocevia, diramazione **CFR.** trivio, quadrivio ***2*** (*fig.*) incertezza, dubbio, indecisione **CONTR.** risolutezza, sicurezza, decisione. *V. anche* SCELTA

bizantinìsmo *s. m.* capziosità, sottigliezza, cavillo, pignoleria, pedanteria, oziosità, ambiguità, sofisma **CONTR.** chiarezza, semplicità, agilità.

bizantino [da *Bisanzio* città assai raffinata] *agg.* ***1*** (*est.*) (*di eleganza, di gusto*) eccessivamente raffinato, snob (*ingl.*) **CONTR.** rozzo, grossolano ***2*** (*fig.*) (*di discussione, di discorso*) cavilloso, pedante, ozioso, inutile, capzioso **CONTR.** chiaro, semplice, evidente.

bìzza *s. f.* capriccio, stizza. *V. anche* STIZZA

bizzarrìa *s. f.* stramberia, stranezza, stravaganza, originalità, eccentricità, estrosità, estro, curiosità, fantasia, ghiribizzo, singolarità, strampaleria, pazzia, amenità, snobismo, velleità □ scherzo, ruzzo, grillo, capriccio, americanata (*scherz.*), paradosso **CONTR.** equilibrio, posatezza □ conformismo. *V. anche* CAPRICCIO

bizzàrro *agg.* ***1*** (*di essere, di cosa*) originale, strano, strambo, strampalato, cervellotico, lunatico, tipo, stravagante, grottesco, balengo (*sett.*), estroso, capriccioso, fantasioso, singolare, curioso, bislacco, ghiribizzoso (*raro*), balzano, buffo, matto, pazzo, pazzoide, pazzerello, svitato, tocco, toccato, picchiato, picchiatello, eccentrico, comico, risibile, esotico, eteroclito (*lett.*), paradossale, ameno, snob (*ingl.*), snobistico □ artista (*fig.*) **CONTR.** normale, comune, equilibrato □ conformista ***2*** (*di cavallo*) focoso, ombroso **CONTR.** posato. *V. anche* MATTO, SNOB

bizzèffe *vc.*; *solo nella loc. avv. a bizzeffe*, in grande quantità, a iosa, abbondantemente **CONTR.** poco, scarsamente.

bizzòco *s. m.*; *anche agg.* (*spreg.*) bigotto, bacchettone, baciapile, paolotto, tartufo, ipocrita **CFR.** mangiapreti, anticlericale □ persona pia, persona sincera, persona aperta.

bizzóso *agg.* ***1*** (*di persona*) stizzoso, rabbioso, collerico, irritabile, capriccioso **CONTR.** sereno, equilibrato, pacifico, bonaccione, tranquillo ***2*** (*di cavallo*) focoso, ombroso **CONTR.** posato.

black-out /*ingl.* blæk 'aut/ [vc. ingl., 'oscuramento', comp. di *black* 'nero, scuro' e *out* 'fuori'] *s. m. inv.* ***1*** oscuramento totale, buio □ (*est.*) totale mancanza, interruzione completa ***2*** (*fig.*) silenzio assoluto, silenzio stampa.

blandaménte *avv.* dolcemente, carezzevolmente, soavemente, teneramente □ leggermente, debolmente, delicatamente, gradevolmente **CONTR.** amaramente, bruscamente, nettamente, violentemente, duramente, crudamente, aspramente □ imperiosamente, ferreamente □ efficacemente, energicamente.

blandìre *v. tr.* (*lett.*) ***1*** (*di persona*) accarezzare, carezzare, coccolare, cullare **CONTR.** maltrattare, strapazzare ***2*** (*fig.*) (*di dolore, di ira e sim.*) lenire, attenuare, calmare, molcere (*lett.*) **CONTR.** accentuare, acuire, provocare, esaltare, inasprire ***3*** (*di persona*) lusingare, allettare, adulare, incensare, inzuccherare, leccare, lisciare, lustrare, sviolinare, ungere, vezzeggiare, piaggiare (*lett.*), adescare, corteggiare **CONTR.** respingere, allontanare.

blandìzia o **blandìzie** *s. f. spec. al pl.* allettamento, lusinga, adulazione, attrattiva, moine, carezze, parole mielate, piaggeria, sviolinata, vezzeggiamento **CONTR.** ingiuria, repulsa.

blàndo *agg.* dolce, delicato, carezzevole, piacevole, mite, affabile, soave, tenero, affettuoso □ (*di cura, di farmaco, ecc.*) debole, leggero □ all'acqua di rose **CONTR.** aspro, agro, brusco, spicciativo, amaro, irritante, sgradevole, spiacevole, violento, bruto, crudo □ drastico, radicale, efficace, energico, forte.

blasé /*fr.* bla'ze/ [vc. fr., part. pass. di *blaser* 'rendere insensibile'] *agg.*; *anche s. m. inv.* scettico, indifferente, insensibile, impassibile, cinico □ vissuto **CONTR.** passionale, sensibile.

blasfèmo ***A*** *agg.* empio, irriverente **CONTR.** pio, devoto ***B*** *s. m.* bestemmiatore.

blasonàto *agg.*; *anche s. m.* nobile, aristocratico, titolato, patrizio, gentiluomo **CFR.** plebeo, popolano, proletario, borghese.

blateràre *v. intr.* e *tr.* (*spreg.*) cianciare, ciarlare, urlare, chiacchierare a vanvera, cicalare.

blàtta *s. f.* scarafaggio, bacherozzo □ piattola.

blazer /*ingl.* 'bleizə/ *s. m.* giacca sportiva, giacca di maglia.

blèso *agg.* balbuziente, balbo, tartaglione.

blìnda *s. f.* (*di automezzo, di cassaforte, ecc.*) blindaggio, corazza, copertura, rivestimento, protezione.

blindàre *v. tr.* (*di automezzo, di cassaforte, ecc.*) corazzare, rivestire, proteggere, rafforzare.

blindàto *part. pass. di* **blindare**; *anche agg.* (*di automezzi, di cassaforte, ecc.*) corazzato, rivestito, protetto, fortificato, rafforzato □ (*est.*) presidiato □ (*fig.*) bloccato.

blitz /*ingl.* blits/ [vc. ingl., dal ted. *Blitzkrieg*, propriamente 'guerra lampo' (comp. di *Blitz* 'lampo' e *Krieg* 'guerra')] *s. m. inv.* incursione improvvisa, irruzione.

bloccàggio *s. m.* blocco, arresto, sistema di blocco □ (*raro*) freno, frenatura, frenata **CONTR.** sblocco, liberazione, apertura.

bloccàre ***A*** *v. tr.* ***1*** (*di città, di fortezza e sim.*) assediare, asserragliare, cingere, circondare, isolare, accerchiare □ (*di comunicazione, di viveri, ecc.*) tagliare, interrompere **CONTR.** liberare, togliere l'assedio □ sbloccare ***2*** (*di passaggio*) sbarrare, ingombrare, intralciare, chiudere, occludere, precludere, impedire l'accesso, vietare, proibire □ intasare, ingorgare, tappare, strozzare □ (*di flusso e sim.*) tamponare, stagnare □ (*di traffico e sim.*) imbottigliare, paralizzare **CONTR.** aprire, rendere transitabile, rendere agibile, decongestionare, sveltire ***3*** (*di meccanismo*) arrestare, fermare, frenare, inceppare, serrare, immobilizzare **CONTR.** sbloccare, attivare, avviare, azionare, mettere in funzione, mettere in moto, far funzionare ***4*** (*di persona, di palla, ecc.*) prendere saldamente, afferrare con sicurezza □ intercettare, neutralizzare □ marcare, placcare □ stoppare **CONTR.** lasciare, mollare ***5*** (*fig.*) (*di mente, di animo*) chiudere, inibire, castrare (*fig.*), sclerotizzare **CONTR.** aprire, disinibire, liberare ***6*** (*di credito, di programmazione, ecc.*) congelare □ (*di pratica, di proposta*) insabbiare, boicottare, ibernare (*fig.*) ***7*** (*di malattia, di danno, ecc.*) prevenire ***B*** **bloccarsi** *v. intr. pron.* ***1*** (*di meccanismo*) fermarsi, arrestarsi improvvisamente, non funzionare più, rompersi, chiudersi, incagliarsi, incantarsi, incepparsi, ingolfarsi, spegnersi, saltare, inchiodarsi, gripparsi □ (*di conduttura, di passaggio, ecc.*) strozzarsi, ingorgarsi, intasarsi □ (*di traffico, di circolazione, ecc.*) congestionarsi, impazzire □ (*di pratica, di proposta, ecc.*) insabbiarsi **CONTR.** mettersi in moto, marciare, procedere, funzionare, andare □ liberarsi, aprirsi ***2*** (*fig.*) (*di persona*) chiudersi, inibirsi, frenarsi **CONTR.** scrollarsi, sfogarsi, disinibirsi ***3*** (*di flusso, di liquido, ecc.*) stagnarsi **CONTR.** effondersi, espandersi.

blocchétto *s. m.* ***1*** *dim. di* **blocco (1)** ***2*** cubetto, tassello.

blòcco (1) *s. m.* ***1*** (*di materia*) massa, masso, macigno, pietra, sasso, massello (*costr.*), roccia □ (*di ghiacciaio*) seracco □ (*di metallo*) lingotto □ (*di banconote, di fogli, ecc.*) mazzetta ***2*** (*di merce*) notevole quantità, lotto, stock (*ingl.*), partita ***3*** (*fig.*) (*di forze, di partiti e sim.*) alleanza, coalizione, unione **CONTR.** disunione ***4*** (*per appunti*) bloc-notes (*fr.*), notes, bollettario □ (*fig.*) (*di proposte, di soluzioni, ecc.*) pacchetto **FRAS.** *in blocco*, in massa, nell'insieme □ *blocchi di partenza* (*sport*), attrezzi di appoggio. *V. anche* COALIZIONE

blòcco (2) *s. m.* ***1*** (*di congegno*) bloccaggio, bloccamento, arresto, fermo, freno, inceppamento, tilt (*ingl.*) **CONTR.** sblocco, rimessa in funzione, rimessa in moto, ripresa ***2*** (*di città, di fortezza e sim.*) assedio, accerchiamento, isolamento **CONTR.** liberazione, rottura dell'assedio ***3*** (*di passaggio*) interruzione, sbarramento, chiusura, occlusione □ (*di traffico e sim.*) imbottigliamento, intasamento, ingorgo, paralisi □ (*sul luogo di lavoro*) picchettaggio, picchettamento □ serrata **CONTR.** apertura, passaggio □ transitabilità ***4*** (*di funzione organica*) interruzione, arresto, congestione, occlusione **CONTR.** ripresa, ristabilimento ***5*** (*di mente, di animo*) chiusura, inibizione, preclusione **CONTR.** sblocco, liberazione, espansione, espansività, stimolo ***6*** (*di credito, di programmazione, ecc.*) congelamento □ (*econ.*) strozzatura **CONTR.** incentivo, incentivazione ***7*** (*di pratica, di trattativa, ecc.*) insabbiamento, stallo ***8*** (*di avversario*) marcatura, placcaggio, presa (*sport*) **FRAS.** *posto di blocco*, posto di sbarramento, posto di controllo. *V. anche* INIBIZIONE

block-notes /*ingl.* blɔk 'nouts/ [vc. ingl., letteralmente 'fogli (*notes*) (legati) in blocco (*block*)'] *V.* **bloc-notes**.

bloc-notes /*fr.* blɔk 'nɔt/ *s. m. inv.* taccuino, libretto per appunti, agenda (a fogli staccabili), notes, block-notes (*ingl.*), notebook (*ingl.*).

blu *agg.*; *anche s. m.* azzurro cupo, azzurrognolo, turchino, turchese, pervinca, celeste, ceruleo, cobalto, oltremare, indaco, glauco, ciano (*lett.*).

bluàstro *agg.* tendente al blu, azzurrognolo, violaceo, cianotico, livido.

bluff /*ingl.* blʌf/ *s. m. inv.* inganno, finzione, imbroglio, raggiro □ vanteria, smargiassata, sbruffonata, millanteria, strombazzatura □ notizia infondata

CONTR. verità, realtà.
bluffàre *v. intr.* **1** (*al gioco*) fingere (di avere carte buone) **CONTR.** dichiarare il vero **2** (*fig.*) ingannare, imbrogliare, vantarsi, millantarsi **CONTR.** dire la verità, essere autentico.
blùsa *s. f.* **1** camicetta (da donna), blouse (*fr.*) **2** camiciotto da lavoro, tuta.
blusànte *agg.* (*di abito*) non aderente, sbuffante in vita **CONTR.** aderente.
blusòtto *s. m.* camiciotto.
bòa *s. f.* **1** galleggiante, gavitello **2** (*est.*) palloncino (per segnalazioni), segnale luminoso.
boàto *s. m.* **1** rombo, rimbombo, tuono, cannonata, muggito (*fig., lett.*), muglio (*raro*) **2** (*aer.*) bang sonico, boom (*ingl.*).
bob /*ingl.* bɔb/ *s. m. inv.* guidoslitta.
bobìna *s. f.* **1** (*per avvolgervi filo, carta, pellicola, ecc.*) supporto, rocchetto, rotolo, rullo, cilindro, spola **2** filo, nastro, pellicola □ pizza (*gerg.*) **3** reattore (*elettr.*) **FRAS.** *bobina d'accensione*, trasformatore.
bócca *s. f.* **1** (*di essere*) cavità orale □ (*est.*) fauci, labbra, becco, rostro, riso (*poet.*) **2** (*fig.*) persona a carico **3** (*di vaso, di tubo, ecc.*) apertura, imboccatura, orlo, sbocco, presa □ (*di un condotto*) luce **4** (*di fiume*) foce **CONTR.** sorgente □ (*di ghiacciaio*) porta (*geogr.*) **5** (*di montagna, di mare*) stretto, strettoia, passo **6** (*di vulcano*) cratere (*geol.*) **FRAS.** *restare a bocca aperta* (*fig.*), stupirsi, sbalordirsi, meravigliarsi, trasecolare, strabiliare □ *restare a bocca asciutta*, rimanere digiuno; (*fig.*) rimanere deluso □ *essere di bocca buona*, mangiare di tutto; (*fig.*) contentarsi facilmente □ *fare la bocca a* (*fig.*), abituarsi a □ *non aprir bocca* (*fig.*), non dire nulla, non parlare, tacere □ *chiudere* (*cucire, tappare*) *la bocca* (*fig.*), far tacere □ *tenere la bocca chiusa* (o *cucita*) (*fig.*), tacere □ *mettere in bocca* (*fig.*), suggerire, attribuire □ *acqua in bocca!*, silenzio! □ *bocca da fuoco*, pezzo di artiglieria □ *bocca di lupo* (*mar.*), nodo scorsoio □ *bocca di leone* (*bot.*), antirrino.
boccàccia *s. f.* **1** *pegg. di* **bocca** **2** smorfia, ghigno, sberleffo, verso **3** bocca amara (*spec. per cattiva digestione*) **4** (*fig.*) boccalone, maldicente, sguaiato.
boccàglio *s. m.* (*di tubo, di presa e sim.*) imboccatura, estremità.
boccàle *s. m.* **1** brocca, anfora, caraffa, bucchero, gotto, mezzina (*tosc.*), orcio, tazza **2** (*di birra*) pinta, bicchiere.
boccapòrto *s. m.* (*di nave*) apertura, botola, portello.
boccàta *s. f.* **1** (*di cibo*) boccone, morso **2** (*di fumo*) tirata (*fam.*), tiro (*fam.*) **FRAS.** *una boccata di aria* (*fig.*), un po' d'aria, una passeggiatina.
boccétta *s. f.* **1** bottiglietta, ampolla, fiala, flacone **2** (*di biliardo*) pallino.
boccheggiàre *v. intr.* **1** respirare affannosamente, ansimare, ansare, trafelare (*ant.*), rantolare **2** agonizzare, tirare gli ultimi respiri (*pop.*).
bocchétta *s. f.* **1** *dim. di* **bocca** **2** (*est.*) (*di vaso, di tubo e sim.*) apertura □ boccaglio **3** (*di serratura*) borchia **4** (*di tombino*) coperchio.
bocchettóne *s. m.* (*di tubo, di serbatoio e sim.*) imboccatura.
bocchìno *s. m.* **1** *dim. di* **bocca** **2** (*di strumento a fiato, di pipa*) imboccatura.
bòccia *s. f.* **1** (*scherz.*) capo, testa **2** bottiglia, ampolla, vetro **3** (*per gioco*) palla, sfera **FRAS.** *a bocce ferme*, meditatamente, a freddo.
bocciàre **A** *v. tr.* **1** (*di legge, di candidato, di proposta, ecc.*) respingere, trombare, silurare, stangare, cannare (*gerg.*) □ disapprovare, non approvare, rifiutare **CONTR.** approvare, promuovere, passare, varare **2** (*di boccia*) colpire **CONTR.** sbagliare **B** *v. intr.* (*di candidato*) essere respinto **CONTR.** essere promosso.
bocciatùra *s. f.* (*di proposta, di legge e sim.*) disapprovazione, affossamento, siluramento □ (*di studente, ecc.*) stangata, trombata, trombatura **CONTR.** approvazione, firma, varo □ promozione.
boccìno *s. m.* **1** *dim. di* **boccia** **2** (*nel gioco delle bocce*) pallino.
bocciòlo o (*raro*) **bòcciolo** *s. m.* boccio, boccia, bottone, gemma.
bóccolo *s. m.* (*di capelli*) ciocca, riccio, ricciolo, buccola, banana.
boccóne *s. m.* **1** (*di cibo*) boccata, morso, parte, pezzo **2** (*est.*) cibo, pasto □ ghiottoneria **FRAS.** *boccone amaro* (*fig.*), umiliazione, rimprovero □ *a pezzi e bocconi*, poco per volta.
boccóni *avv.* prono, disteso sul ventre **CONTR.** supino, supinamente, riverso, disteso sul dorso.
body /*ingl.* 'bɔdi/ [vc. ingl., propriamente 'corpo'] *s. m. inv.* (*abbigl.*) guaina, costume, calzamaglia, tutina, pagliaccetto.
body building /*ingl.* 'bɔdi 'bildiŋ/ [loc. ingl., comp. di *body* 'corpo' e *building*, part. pres. di *to build* 'fabbricare, trasformare'] *loc. sost. m. inv.* culturismo, cultura fisica.
bofonchiàre *v. intr.* brontolare, borbottare, parlottare, mugolare, mugugnare, grugnire. *V. anche* PARLARE
bòia **A** *s. m.* **1** carnefice, giustiziere, uccisore, impiccatore, fucilatore, assassino, esecutore (di morte) **2** (*est.*) delinquente, aguzzino **3** manigoldo, malfattore, gaglioffo, furfante **CONTR.** galantuomo **B** *in funzione di agg.* (*pop.*) (*di mondo, di fame, ecc.*) cattivo, triste, malvagio, terribile, cane.
boiàta *s. f.* **1** (*pop.*) cattiveria, crudeltà **2** birbonata, bricconata, birbanteria, ribalderia **3** (*di cosa fatta male*) porcheria, schifo, schifezza **CONTR.** capolavoro, meraviglia.
boicottàggio [V. *boicottare*] *s. m.* **1** isolamento, blocco, embargo, esclusione, interdizione **2** ostacolo, impedimento, ostruzionismo, sabotaggio **CONTR.** favoreggiamento, aiuto.
boicottàre [da J. *Boycott*, duro amministratore al quale nel 1880 si ribellarono i coloni] *v. tr.* **1** isolare, bloccare, interdire, escludere **2** ostacolare, sabotare, impedire, incagliare **CONTR.** favorire, aiutare, collaborare, supportare.
boicottatóre *s. m.*; *anche agg.* sabotatore, ostruzionista.
boiler /*ingl.* 'bɔilə/ [vc. ingl., propriamente 'bollitore'] *s. m. inv.* scaldacqua, scaldabagno, riscaldatore, bollitore.

bòlgia *s. f.* ***1*** borsa, sacca, bisaccia ***2*** (*dell'Inferno dantesco*) fossa ***3*** (*fig.*) babilonia, bordello, casino (*pop.*).

bòlide *s. m.* ***1*** meteorite, aerolito, uranolite, meteora, stella cadente, stella filante ***2*** (*est.*) (*di veicolo, di persona, ecc.*) fulmine, folgore, lampo, razzo □ automobile da corsa.

bólla (1) *s. f.* ***1*** (*di vapore, di gas e sim.*) sferetta ***2*** (*nel vetro e nel metallo fuso*) occlusione ***3*** (*med.*) vescichetta, vescicola, pustola, rigonfiamento.

bólla (2) *s. f.* ***1*** sigillo ***2*** (*di papa, di regnante*) lettera (munita di sigillo), breve, enciclica, diploma ***3*** (*di merce*) bolletta, ricevuta, polizza, contromarca, fattura.

bollàre *v. tr.* ***1*** (*di documento, di merce*) timbrare, marcare, contrassegnare, vistare, vidimare, segnare, punzonare, suggellare ***2*** (*di corrispondenza*) affrancare ***3*** (*fig.*) (*di persona*) colpire moralmente, infamare, diffamare, disonorare, stigmatizzare, marchiare, etichettare, tacciare **CONTR.** onorare, elogiare, esaltare.

bollàto *part. pass. di* **bollare**; *anche agg.* ***1*** (*di lettera, di documento, di merce*) timbrato, marcato, contrassegnato, segnato, punzonato ***2*** (*di corrispondenza*) affrancato ***3*** (*fig.*) (*di persona*) colpito moralmente, disonorato, infamato, diffamato, marchiato **CONTR.** onorato, esaltato, elogiato **FRAS.** *carta bollata*, carta legale, carta da bollo.

bollènte *part. pres. di* **bollire**; *anche agg.* ***1*** che bolle ***2*** (*di cosa*) ardente, scottante, rovente, arroventato, infocato, caldissimo, cocente, fumante **CONTR.** freddo, gelido, ghiacciato, gelato ***3*** (*fig.*) (*di persona*) focoso, impaziente, fervido, fervente, fervoroso (*lett.*), passionale **CONTR.** calmo, tranquillo, apatico, frigido, glaciale.

bollétta (1) *s. f.* ***1*** *dim. di* **bolla (2)** ***2*** (*di consegna, di pagamento*) bolla, ricevuta, biglietto, polizza, marca, contromarca, buono, cedola, tagliando, ticket (*ingl.*) ***3*** (*della luce, del telefono e sim.*) nota, conto ***4*** bulletta, brocca, borchia.

bollétta (2) *s. f.* (*raro*) povertà, miseria **FRAS.** *in bolletta*, senza denaro, senza una lira, senza il becco di un quattrino, squattrinato, pulito, al verde.

bollettìno *s. m.* ***1*** *dim. di* **bolletta (1)** ***2*** (*di consegna, di pagamento*) polizza, ricevuta, foglietto ***3*** annuncio, avviso, comunicazione, comunicato, informazione ***4*** rivista, notiziario, giornale, gazzetta, gazzettino, rassegna, periodico, pubblicazione. *V. anche* INFORMAZIONE

bollilàtte *s. m.* bollitore.

bollìre ***A*** *v. intr.* ***1*** (*di liquido*) formare bolle, entrare in ebollizione, gorgogliare, barbugliare, borbogliare, bulicare, brulicare ***2*** (*est.*) (*di cibo*) cuocersi ***3*** (*di persona*) fremere, ardere, agitarsi **CONTR.** calmarsi, placarsi, sbollire ***B*** *v. tr.* (*di cibo*) lessare.

bollito ***A*** *part. pass. di* **bollire**; *anche agg.* lessato, allesso, cotto ***B*** *s. m.* carne bollita, lesso.

bollitóre *s. m.* boiler (*ingl.*), autoclave □ bollilatte, samovar (*russo*).

bollitùra *s. f.* ***1*** bollita, bollore □ lessatura, cottura ***2*** (*di metalli*) saldatura.

bóllo *s. m.* ***1*** timbro, sigillo, contrassegno, segno, marchio, stampiglia, impronta, stampo, conio, punzone, suggello, marcatura, timbratura ***2*** francobollo, marca da bollo, affrancatura □ tassa **FRAS.** *carta da bollo*, carta legale, carta bollata □ *in bollo*, in carta bollata. *V. anche* IMPRONTA

BOLLO
sinonimia strutturata

Il **bollo** è un'impronta, una traccia che viene posta per autenticare, identificare, registrare qualcosa, ad esempio atti, documenti, generi alimentari, ecc.: *bollo postale*; *carta da bollo*; *marca da bollo*; il bollo può essere d'inchiostro oppure a secco, per incisione. Il **sigillo** è invece un'impronta solitamente fatta su cera o metallo tramite una matrice incisa in negativo. Costituiscono sigilli anche accessori di metallo o plastica o ancora dei segni materiali come, per esempio, quelli che si mettono sui locali momentaneamente chiusi per accertamenti allo scopo di impedire che qualcuno vi penetri; comunque la caratteristica del sigillo è quella di garantire l'integrità e sancire l'inviolabilità di ciò su cui viene posto: *apporre i sigilli*. Di qui i modi di dire *avere il sigillo alle labbra* o *le labbra sigillate*, cioè non poter parlare, e *mettere i sigilli alla labbra di qualcuno*, cioè impedirgli di parlare. **Suggello** è forma letteraria di sigillo.

Marchio è un segno che viene impresso su qualcosa per distinguerlo; in particolare indica il segno, per esempio un simbolo o un nome, che l'imprenditore usa per caratterizzare i suoi prodotti: *marchio di fabbrica*; *marchio brevettato*; inoltre il termine si usa in riferimento alla marca di riconoscimento che viene impressa sugli animali e allo strumento usato per tale scopo: *questo è il marchio della nostra fattoria*. Una volta il marchio era un segno che si stampava a fuoco sulla fronte o sulla spalla di alcuni malviventi: *marchio d'infamia*; di qui il significato figurato di connotato indelebile e negativo: *ha il marchio del ladro*. Il **contrassegno** è un particolare segno che serve per riconoscere, segnalare, distinguere qualcosa o qualcuno: *apporre, mettere il contrassegno*; *portava una spilla come contrassegno*.

Timbro è propriamente lo strumento di legno o metallo che serve per imprimere scritte o bolli. In senso esteso il vocabolo è usato per indicare il bollo stesso, per esempio il segno di annullamento che viene stampato sulla corrispondenza. **Timbratura** è sinonimo di timbro in quest'ultima accezione; in particolare si chiama timbratura il timbro applicato sui francobolli. Lo **stampo** è un attrezzo meccanico con la modellatura dell'oggetto da riprodurre improntata in vuoto: *essere fatto con lo stampo*; in senso figurato si usa per indicare una cosa o una persona uguale a molte altre sia per le caratteristiche positive che per quelle negative: *è un uomo di vecchio stampo*; *con persone di quello stampo è meglio non aver rapporti*. Il **conio** è il pezzo di acciaio che porta inciso il tipo, il modello che si vuole riprodurre su monete o medaglie: in particolare *fior di conio*, si dicono le monete nuovissime; il termine si riferisce anche alla stessa impronta così ottenuta. Il **punzone** è un attrezzo di acciaio duro con un'estremità profilata a lettera, numero, sigla o altri segni che serve a marcare i metalli; il punzone per le monete è il conio.

bollóre *s. m.* **1** (*di cosa*) ebollizione, bollitura, ribollimento, sobbollimento, gorgoglio **2** (*est.*) (*di temperatura*) calore, caldo eccessivo, ardore, arsura **CONTR.** gran freddo, gelo **3** (*fig.*) (*di persona*) agitazione, eccitazione, fervore **CONTR.** calma, quiete, freddezza, frigidità. *V. anche* CALORE

bolognése *agg.*; *anche s. m. e f.* petroniano, felsineo □ (*sport*) rossoblù.

bolscevìco *agg.*; *anche s. m.* comunista, massimalista **CONTR.** menscevico, minimalista.

bolscevìsmo *s. m.* comunismo, massimalismo.

bómba ***A*** *s. f.* **1** ordigno esplosivo, granata, shrapnel (*ingl.*), siluro □ spezzone **2** (*fig., dial.*) fandonia, balla, grossa bugia **CONTR.** verità **3** (*est.*) notizia esplosiva, notizia clamorosa, scoop (*ingl.*) **4** (*fig.*) droga, doping (*ingl.*) **5** krapfen (*ted.*), bombolone, bignè **6** gomma da masticare, chewing-gum (*ingl.*) ***B*** *in funzione di agg. inv.* (*di notizia, di fatti*) esplosivo, clamoroso, che desta scalpore **FRAS.** *a prova di bomba* (*anche fig.*), molto solido, molto robusto □ *tornare a bomba* (*fig.*), tornare all'argomento.

bombardaménto *s. m.* **1** lancio di bombe, cannoneggiamento □ caduta di bombe **2** (*fig.*) (*di pugni, di domande, ecc.*) gragnola, raffica **3** (*di mass media*) intensa propaganda, pressione, martellamento.

bombardàre *v. tr.* **1** (*di bersaglio*) colpire con bombe, sganciare bombe, cannoneggiare **2** (*fig.*) (*di persona*) sottoporre a forte pressione, premere, investire, martellare.

bombardière *s. m.* **1** caccia-bombardiere, fortezza volante □ cannoniere **2** (*fig.*) (*nel pugilato*) bomber (*ingl.*).

bombàre *v. tr.* incurvare, arrotondare.

bombàto *part. pass. di* **bombare**; *anche agg.* convesso, incurvato, ricurvo, arrotondato, bombé (*fr.*), tondeggiante, a cupola **CONTR.** concavo.

bomber /*ingl.* 'bɔmə/ [vc. ingl., propriamente 'bombardiere'] *s. m. inv.* (*nel calcio*) cannoniere □ (*nel pugilato*) bombardiere.

bómbice *s. m.* baco da seta, bigatto (*sett.*).

bombolóne *s. m.* **1** *accr. di* **bombola** **2** (*tosc.*) bomba **3** (*di dolce*) bignè, krapfen (*ted.*), cremino.

bonàccia *s. f.* **1** (*di mare, di vento*) calma, bel tempo **CONTR.** temporale, tempesta, bufera, burrasca, fortunale, mareggiata, maltempo **2** (*fig.*) quiete, tranquillità, pace **CONTR.** agitazione, irrequietezza, nervosismo.

bonaccióne *agg.*; *anche s. m.* semplice, affabile, quieto, tranquillo, bonario, pacioccone, corcontento, cordialone **CONTR.** litigioso, iracondo, polemico, irrequieto, aggressivo, attaccabrighe.

bonariaménte *avv.* affabilmente, benevolmente, indulgentemente, mitemente, tranquillamente, pacificamente, placidamente, socievolmente **CONTR.** malignamente, malamente, nervosamente, rigidamente, autoritariamente, severamente, inflessibilmente, spietatamente.

bonarietà *s. f.* bonomia, semplicità, mitezza, bontà, affabilità, dolcezza, indulgenza, benevolenza, benignità, accondiscendenza, socievolezza **CONTR.** severità, malignità, cattiveria, aggressività, rigidezza, acidità, acrimonia, asprezza, autoritarismo, irosità, durezza, inflessibilità, spietatezza. *V. anche* AFFABILITÀ

bonàrio *agg.* mite, dolce, indulgente, arrendevole, condiscendente, affabile, trattabile, socievole, semplice, pacifico, pacioccone, pacioso, bonaccione, placido □ benevolo, buono **CONTR.** burbero, bisbetico, arcigno, autoritario, severo, duro, drastico, rigido, scontroso, inflessibile, aggressivo, litigioso, violento, irritabile, iroso, stizzoso □ cattivo, malvagio, maligno.

bonbon /*fr.* bɔ̃:bɔ̃/ [fr. *bonbon*, reduplicazione infant. di *bon* 'buono'] *s. m. inv.* confetto, pasticcino, zuccherino, chicca.

bonìfica *s. f.* **1** (*di terreno*) risanamento, miglioria, prosciugamento, drenaggio, rimessa a coltura, colonizzazione □ decontaminazione **CONTR.** impaludamento, abbandono **2** (*est.*) terreno bonificato □ colmata □ appoderamento **CONTR.** palude, acquitrino □ terra incolta **3** (*fig.*) (*di ambiente, di costumi, ecc.*) rinascita, miglioramento, pulizia **CONTR.** corruzione, degrado.

bonificàre *v. tr.* **1** (*di terreno*) risanare, rendere coltivabile, rimettere a coltura, coltivare, colonizzare, abbonire □ prosciugare, dragare, drenare, essiccare, colmare □ appoderare □ (*di acque, di ambiente*) disinquinare **CONTR.** abbandonare, trascurare, isterilire **2** (*est.*) (*da mine, da malattie, ecc.*) liberare, sgombrare □ decontaminare **CONTR.** minare □ contaminare **3** (*econ.*) eseguire un bonifico **4** (*fig.*) (*di ambiente, di costumi, ecc.*) risanare, migliorare, ripulire **CONTR.** inquinare, contagiare.

bonìfico *s. m.* **1** riduzione, abbuono **CONTR.** aumento **2** (*econ.*) ordine di versamento (a favore di terzi).

bonomìa *s. f.* mitezza, semplicità, bonarietà, affabilità, benevolenza **CONTR.** asprezza, angolosità, cattiveria, malignità, aggressività, irosità. *V. anche* AFFABILITÀ

bontà *s. f.* **1** mitezza, dolcezza, delicatezza, amorevolezza, mansuetudine, benignità, generosità, altruismo, carità, pietà, clemenza, buon cuore, affettuosità, soavità, umanità, cuore **CONTR.** cattiveria, durezza, crudeltà, rozzezza, malvagità, malignità, perfidia, malanimo, acredine, egoismo, disumanità, scelleratággine **2** benevolenza, cortesia, cordialità, favore, indulgenza, bonarietà **CONTR.** malevolenza, scortesia **3** (*di cibo, di vino e sim.*) gradevolezza, piacevolezza, amabilità, gustosità, prelibatezza, squisitezza **CONTR.** disgusto, schifezza **4** (*di metodo, di cura e sim.*) utilità, efficacia, validità, valore, vantaggio, virtù, pregio, giustezza **CONTR.** svantaggio, inutilità.

bon ton /*fr.* bɔ̃:tɔ̃/ [loc. fr., propriamente 'buon (*bon*) gusto (*ton*)'] *loc. sost. m. inv.* signorilità, educazione, garbo, raffinatezza, buone maniere **CONTR.** rozzezza, ignoranza.

bookmaker /*ingl.* 'bukmeikə/ [vc. ingl., comp. di *book* 'libro, registro, lista' e *maker* 'compilatore'] *s. m. inv.* (*in ippica*) allibratore.

boom /*ingl.* buwm/ [vc. ingl., di origine onomat.] *s. m.* ***1*** (*econ.*) intenso sviluppo, impetuoso rialzo, esplosione economica, crescita, fioritura **CONTR.** recessione, ristagno, crisi, depressione, stagnazione, crac ***2*** (*fig.*) rapida affermazione, rapida espansione, avanzata □ popolarità, successo **CONTR.** crollo, rapido tramonto ***3*** (*aer.*) boato. *V. anche* SUCCESSO

borbottàre ***A*** *v. intr.* parlare confusamente, bofonchiare, brontolare, mormorare, sussurrare, mugugnare (*dial.*), parlottare, gorgogliare, grugnire, mugolare **CONTR.** scandire ***B*** *v. tr.* dire confusamente, farfugliare, masticare, biascicare, barbugliare **CONTR.** dire chiaramente.

borbottio *s. m.* brontolio, brontolamento, borboglio, mormorio, parlottio, grugnito, rumorio, rumoreggiamento □ (*di ventre*) borborigmo □ (*di liquido*) gorgoglio.

bòrchia *s. f.* ***1*** (*di chiodo e sim.*) capocchia ***2*** (*di cintura, di borsa e sim.*) dischetto, rosetta, bulletta, boccola, brocca □ (*di finimenti*) falera ***3*** (*per attacchi*) guarnizione ***4*** (*di serratura*) bocchetta.

bordàre *v. tr.* ***1*** orlare, profilare, listare, incorniciare, filettare, contornare ***2*** (*di vela*) distendere.

bordàta *s. f.* ***1*** (*di veliero*) zigzag controvento ***2*** (*di cannoni*) sparo simultaneo (sullo stesso bordo) ***3*** (*fig.*) (*di fischi, di urla e sim.*) sequela, serie, sfilza, raffica, salva, uragano.

bordatùra *s. f.* ***1*** (*di lamiera*) sagomatura ***2*** (*di veste, di tenda e sim.*) bordura, orlatura, orlo, profilo, profilatura, lista, contorno, bordo, bordatura, bordure (*fr.*), vivagno, balza, falpalà, cimosa, lembo, falda.

bordèllo *s. m.* ***1*** postribolo, casa di tolleranza, casa di malaffare, casa chiusa, casino (*pop.*), lupanare, maison (*fr.*) ***2*** (*fig.*) ambiente corrotto, luogo di malaffare, luogo malfamato ***3*** (*fig.*) casino (*pop.*), luogo di gran confusione □ confusione, disordine, rumore, frastuono, fracasso, subbuglio, bolgia, babele, casotto, chiassata, caravanserraglio **CONTR.** ordine, tranquillità, calma.

borderò *s. m.* ***1*** (*di titoli, di monete, ecc.*) distinta, elenco, nota ***2*** (*di teatro, di cinema e sim.*) rendiconto giornaliero ***3*** (*di giornalisti, di fotografi e sim.*) nota dei compensi.

bórdo *s. m.* ***1*** (*di nave*) fianco ***2*** (*est.*) nave ***3*** (*di strada e sim.*) orlo, margine, estremità, ciglio, banchina, limite, lato □ (*di letto*) sponda ***4*** (*di tessuto, ecc.*) bordura, bordatura, marginatura, balza, falda, lembo, guarnizione, falpalà, frappa, cimosa, orlatura □ (*numism.*) contorno **FRAS.** *a bordo di*, su, in □ *virare di bordo* (*fig.*), cambiare opinione.

bordùra *s. f.* ***1*** (*di veste, di tenda e sim.*) bordatura, orlatura, lista, frangia, balza ***2*** (*di giardino e sim.*) margine, bordo, orlo ***3*** (*di arazzo*) decorazione ***4*** (*di pietanza*) guarnizione, contorno. *V. anche* DECORAZIONE

boreàle *agg.* settentrionale, nordico, del nord, artico **CONTR.** meridionale, australe, del sud.

borgàta *s. f.* ***1*** borgo, paese, villaggio, terra, contrada, gruppo di case, frazione, castello (*ant.*) ***2*** (*di Roma*) rione popolare (periferico), sobborgo, suburbio.

borghése ***A*** *agg.* ***1*** della borghesia **CFR.** nobile, patrizio, proletario, plebeo ***2*** (*di abito*) civile **CFR.** militare, talare, ecclesiastico, sacerdotale ***B*** *s. m.* e *f.*; *anche agg.* (*est.*) benestante, benpensante, amante del quieto vivere, conservatore, conformista □ (*spreg.*) meschino, banale, filisteo, gretto, retrivo, reazionario, passatista **CONTR.** anticonformista, progressista, rivoluzionario **FRAS.** *in borghese*, in abito civile, senza divisa, senza uniforme.

borghesìa *s. f.* classe benestante, classe conservatrice, conservatori, borghesi, benpensanti **CFR.** proletariato □ nobiltà.

borghigiàno *s. m.*; *anche agg.* paesano, terrazzano (*raro*), forese (*ant.*), villico (*lett.*), rurale **CONTR.** cittadino.

bórgo *s. m.* ***1*** (*di campagna*) paese, terra, villaggio, villa (*lett.*), vico (*lett.*), borgata, abitato, gruppo di case, castello (*ant.*), frazione ***2*** (*di città*) quartiere, sobborgo.

borgomàstro *s. m.* sindaco (spec. in Germania).

bòria *s. f.* vanagloria, boriosità, albagia, spocchia, alterigia, altezzosità, sdegnosità, sicumera, sufficienza, sussiego, burbanza, tracotanza, presunzione, superbia, tronfiezza, importanza, millanteria, prosopopea, gigionismo, gonfiaggine (*lett.*), fumo, blague (*fr.*), orgoglio, vanità, ventosità (*lett.*) **CONTR.** umiltà, modestia, semplicità. *V. anche* AMBIZIONE

boriosità *s. f.* boria, albagia, spocchia, prosopopea, ambizione, superbia, altezzosità, gonfiezza, burbanza **CONTR.** umiltà, modestia, semplicità.

borióso *agg.* vanaglorioso, vanitoso, ambizioso, superbo, altero, tronfio, altezzoso, burbanzoso, gonfio, gradasso, millantatore, presuntuoso, protervo, prezioso, sdegnoso, sprezzante, sussiegoso, sufficiente, tracotante, spocchioso, ostentatore □ (*di atteggiamento e sim.*) gladiatorio, spagnolesco **CONTR.** umile, modesto, semplice, sommesso.

borràccia *s. f.* fiasca, fiaschetta, bottiglia.

borraccìna *s. f.* (*bot.*) muschio, teppa.

bórsa (1) *s. f.* ***1*** sacchetto, bisaccia, tascapane, sacco, sacca, saccoccia, tasca □ busta, cartella, borsello, borsetto, borsetta, sporta, rete (per la spesa), valigia, valigetta, zaino, tracolla, carniere, scarpiera (da viaggio), necessaire (*fr.*), scarsella (*ant.*), bolgia (*ant.*) □ bagaglio ***2*** (*est.*) denaro, soldi, portafoglio, portamonete ***3*** (*di studenti, di ricercatori*) sussidio, finanziamento, borsa di studio ***4*** (*sport*) (*nel pugilato*) somma pattuita, compenso ***5*** (*anat.*) sacca ***6*** (*per acqua*) boule (*fr.*) ***7*** (*fig., pop.*) persona noiosa, noia, solfa.

bórsa (2) *s. f.* mercato finanziario, mercato dei titoli.

borsaiòlo *s. m.* ladro, tagliaborse, borseggiatore, taccheggiatore, scippatore. *V. anche* LADRO

borsanéra *s. f.* mercato nero, strozzinaggio □ bagarinaggio, incetta.

borsanerìsta *s. m.* e *f.* strozzino, pescecane □ bagarino, incettatore.

borseggiàre *v. tr.* derubare, rapinare, rapire.

borseggiatóre *s. m.* (*f. -trice*) borsaiolo, tagliaborse, ladro. *V. anche* LADRO

borséggio *s. m.* furto, rapina, taccheggio, scippo.

borsellino *s. m.* portamonete, portafoglio, borsello, scarsella (*ant.*).

boscàglia *s. f.* bosco, foresta, macchia, selva.

boscaiòlo *s. m.* taglialegna, spaccalegna, legnaiolo (*est.*), lavoratore del bosco, tagliatore, tagliaboschi □ guardaboschi.

boschivo *agg.* **1** boschereccio, silvestre, silvano **2** boscoso, coltivato a bosco, ricco di boschi, alberato, forestale **CONTR.** deserto, privo di vegetazione, arido, brullo, nudo.

bòsco *s. m.* (*anche fig.*) selva, foresta, boscaglia, macchia, albereto, giungla, parco.

boscóso *agg.* coperto di boschi, boschivo, selvoso, silvestre, alberato, arborato, forestale **CONTR.** deserto, privo di vegetazione, arido, brullo, calvo, nudo.

boss /*ingl.* bɔs/ *s. m. inv.* capo, capoccia, padrone, principale, dirigente, chairman (*ingl.*) □ (*spreg.*) caporione □ personaggio, padreterno, personalità, magnate, notabile, barone (*fig.*), vip (*ingl.*) □ (*di mafia*) capobastone, capomafia, padrino.

bòssolo *s. m.* **1** (*per votazione*) urna **2** (*per dadi*) bussolotto **3** (*di proiettili*) involucro.

bòtola *s. f.* apertura, portello, boccaporto, caditoia, trabocchetto, buca.

bòtta *s. f.* **1** (*di corpo contundente*) percossa, picchiata, bussa, bastonata, legnata, randellata, nerbata, manganellata, battuta, battitura, pestata, briscole (*fam.*), sorbe (*dial.*) □ urto, cozzo, cozzata, colpo □ manata, pacca □ contusione, ferita, ammaccatura, ecchimosi, livido **2** (*fig.*) (*di danno, disgrazia*) batosta, duro colpo **3** (*di rumore*) esplosione, fragore, busso, sparo, detonazione, scoppio **4** (*fig.*) (*di parole, di discorso*) battuta, frecciata, frizzo, allusione mordace **5** (*sport*) (*nella scherma*) colpo **FRAS.** *a botta calda* (*fig.*), lì per lì, sul momento □ *tenere botta*, resistere, perseverare □ *botta e risposta* (*fig.*), scambio di battute.

bótte *s. f.* **1** fusto, barile **2** (*dial., rom.*) carrozzella, carrozza **3** (*edil.*) soffitto semicilindrico **FRAS.** *essere in una botte di ferro* (*fig.*), essere al sicuro.

bottéga *s. f.* **1** (*di rivenditore*) negozio, spaccio, rivendita, vendita, banco, emporio, esercizio, bazar, boutique (*fr.*), fondaco (*ant.*) **2** (*di artigiano*) laboratorio, officina **3** (*di artista*) studio. *V. anche* MERCATO

bottegàio *s. m.* gestore di bottega, negoziante, commerciante, dettagliante, esercente, venditore, rivenditore, gerente □ (*spreg.*) mercante, trafficante **CFR.** cliente, compratore, acquirente.

botteghino *s. m.* **1** *dim. di* **bottega** **2** (*di teatro e sim.*) biglietteria **3** banco del lotto, lotto □ chiosco delle scommesse, ricevitoria.

bottiglia *s. f.* boccia, fiasco, ampolla, boccale, borraccia, caraffa, thermos (o termos), sifone, vetro □ (*bottiglia da vino*) bordolese, borgognona, canadese, chiantigiana, renana, sciampagnotta, toscanella; magnum, mignon, millesimata **FRAS.** *bottiglia Molotov*, bottiglia incendiaria.

bottiglierìa *s. f.* fiaschetteria, spaccio di vini, enoteca, bar, mescita, cantina, osteria.

bottino *s. m.* refurtiva, preda, spoglio, razzia, rapina.

bòtto *s. m.* **1** (*di corpo contundente*) botta, percossa, colpo **2** (*di rumore*) scoppio, esplosione, fragore, sparo, detonazione □ (*di campana*) tocco, rintocco **3** (*spec. al pl.*) fuochi d'artificio **FRAS.** *di botto*, all'improvviso □ *in un botto*, in un attimo.

bottóne *s. m.* **1** (*di indumenti, di scarpe e sim.*) dischetto, brocca, brocchetta **2** (*mecc.*) perno **3** (*di apparecchi elettrici, fotografici e sim.*) pulsante, interruttore, tasto, dispositivo di messa in moto, dispositivo di accensione **4** (*bot.*) bocciolo, boccio, gemma **FRAS.** *stanza dei bottoni* (*fig.*), direzione, posto di comando, centro del potere.

bottonièra *s. f.* **1** (*di indumenti e scarpe*) abbottonatura, fila di bottoni, affibbiatura **2** (*di pulsanti*) quadro, pulsantiera. *V. anche* QUADRO

boule /*fr.* bul/ [vc. fr., letteralmente 'bolla, corpo sferico'] *s. f. inv.* **1** (*chim.*) bolla **2** borsa (per acqua) □ scaldino.

boulevard /*fr.* bulə'var/ [dal neerlandese *bolwere* 'opera (*were*) di fortificazione con tavole (*bol*)'] *s. m. inv.* viale (di circonvallazione).

bouquet /*fr.* bu'kɛ/ [letteralmente 'boschetto', dim. di *bois* 'bosco'] *s. m. inv.* **1** (*di fiori*) mazzo, mazzolino **2** (*di vino, di essenza*) profumo, aroma.

bourbon /*ingl.* 'bə:bən/ [da *Bourbon* County, nel Kentucky, località d'origine] *s. m. inv.* whiskey americano.

boutade /*fr.* bu'tad/ [vc. fr., dall'it. *botta*(*ta*) ?] *s. f. inv.* battuta, trovata, sfottio (*pop.*), frizzo, motto di spirito.

boutique /*fr.* bu'tik/ [vc. fr., propriamente 'bottega'] *s. f. inv.* negozio, bottega, atelier (*fr.*), modisteria.

bovàro *s. m.* vaccaro, vaccaio, mandriano, pastore □ buttero.

box /*ingl.* bɔks/ [vc. ingl., originariamente '(recinto di legno di) *bosso*'] *s. m. inv.* **1** (*di locale*) compartimento, reparto **2** (*per animali*) recinto □ stalla **3** (*autom.*) posto di rifornimento **4** garage (*fr.*), autorimessa, rimessa, posto macchina □ (*nelle piste automobilistiche*) paddock (*ingl.*), recinto **5** (*per bambini*) recinto **FRAS.** *box office* (*cine.*), botteghino, cassa; incasso.

boxe /*fr.* bɔks/ [vc. fr., dall'ingl. *box*] *s. f. inv.* pugilato.

boxeur /*fr.* bɔk'sœr/ [da *boxe*] *s. m. inv.* pugile, pugilatore.

boy /*ingl.* bɔi/ [vc. ingl., letteralmente 'ragazzo'] *s. m. inv.* **1** (*di rivista*) ballerino **2** (*di albergo*) giovane inserviente, fattorino **3** (*nel tennis*) raccattapalle **4** (*ippica*) mozzo di stalla.

boy-friend /*ingl.* 'bɔi 'frend/ [vc. ingl., comp. di *boy* 'ragazzo' e *friend* 'amico'] *s. m. inv.* amico, fidanzato, ragazzo, filarino (*fam., scherz.*), moroso, flirt.

boy-scout /*ingl.* 'bɔi 'skaut/ [vc. ingl., letteralmente 'giovane (*boy*) esploratore (*scout*)'] *s. m. inv.* giovane esploratore.

bòzza (1) *s. f.* **1** (*edil.*) bugna, bozzo **2** (*di cosa, di testa, ecc.*) protuberanza, bernoccolo, gonfiore, bi-

torzolo.
bòzza (2) s. f. **1** (*di scritto*) prima stesura, minuta, brutta copia, abbozzo, bozzetto, schizzo, traccia **2** (*tip.*) prova di stampa. *V. anche* SCHIZZO
bozzettista s. m. e f. **1** (*lett.*) autore di bozzetti **2** cartonista, cartellonista.
bozzétto s. m. **1** modello, abbozzo, bozza, schizzo, macchietta, disegno, studio, progetto, prova **2** racconto, novella □ medaglione. *V. anche* SCHIZZO
bòzzo s. m. **1** (*edil.*) bozza, bugna **2** (*di cosa, di testa, ecc.*) bernoccolo, protuberanza, bitorzolo, bozza, gonfiore.
braccàre v. tr. **1** (*di selvaggina*) stanare, levare, incalzare □ cacciare **2** (*fig.*) (*di persona*) inseguire, cercare, ricercare con ostinazione, pedinare, tallonare, perseguitare, spiare.
bracciàle s. m. **1** (*ornamento*) braccialetto, armilla **2** (*di orologio*) cinturino **3** (*contrassegno*) fascia **4** (*nel gioco del pallone a bracciale e sim.*) copertura, protezione.
braccialétto s. m. **1** dim. di **bracciale 2** (*ornamento*) armilla, bracciale, cerchio, cerchietto, girello (*ant.*).
bracciànte s. m. e f. (*in agricoltura*) (lavoratore) giornaliero, cafone (*merid.*), forese (*merid.*), lavorante, garzone, operaio (*lett.*), salariato agricolo, scariolante (*sett.*).
bràccio s. m. **1** (*dell'uomo*) arto superiore □ (*est.*) bicipite, omero □ (*spreg.*) zampa **2** (*fig.*) (*della legge e sim.*) facoltà, forza, potere, autorità **3** (*al pl.*) (*fig.*) manodopera, lavoratori, operai, braccianti **4** (*di mobile, di macchina*) parte sporgente, bracciolo, biella, sostegno, appoggio **5** (*di mulino a vento*) pala **6** (*di carcere*) ala, reparto, raggio **7** (*di fiume, di lago*) ramo, diramazione **8** (*di mare, di terra*) canale, stretto, istmo **9** (*di misura*) mezzo metro (circa) **10** (*di edificio*) ala, lato, ramo FRAS. *parlare a braccio* (o *a braccia*), parlare improvvisando □ *alzare le braccia* (*fig.*), arrendersi □ *incrociare le braccia* (*fig.*), scioperare □ *sentirsi cascare le braccia* (*fig.*), avvilirsi, scoraggiarsi.
bracciòlo s. m. (*di poltrona, di sedia, ecc.*) sostegno, braccio, appoggio.
bràce s. f. carbone acceso, carbonella, cinigia, tizzone □ (*est.*) fuoco FRAS. *farsi di brace* (*fig.*), arrossire violentemente □ *essere sulle braci* (*fig.*), essere impaziente.
bracière s. m. scaldino, incensiere, caldano, caldanino, veggio (*tosc.*).
braciòla s. f. bistecca, costoletta, costata, cotoletta, filetto, carbonata.
bradisìsmo s. m. (*di suolo*) innalzamento □ abbassamento.
bràdo agg. **1** (*spec. di equini e bovini*) non addomesticato, libero, selvatico CONTR. addomesticato, domestico, docile **2** (*di allevamenti*) all'aperto CONTR. al chiuso, in stalla **3** (*fig., est.*) brutale, bruto, primitivo, rozzo, selvaggio CONTR. civile, educato, gentile, mite.
brain-trust /*ingl.* 'brein trʌst/ [vc. ingl. d'America '*trust* di cervelli (*brain*)'] loc. sost. m. inv. trust di cervelli, gruppo di esperti, équipe (*fr.*).
bràma s. f. desiderio ardente, anelito, aspirazione □ avidità, bramosia, smania, ardore, febbre, ambizione, amore, voglia, talento (*lett.*), tentazione, cupidigia □ concupiscenza, foia, passione □ fame, sete, appetito, gola, golosità, ingordigia, voracità CONTR. avversione, ripugnanza, sdegno □ sazietà, apatia, noia, indifferenza. *V. anche* CUPIDIGIA
bramanèsimo s. m. induismo.
bramàre v. tr. (*lett.*) desiderare, cercare, anelare, agognare, ambire, aspirare, appetire, sognare, concupire, ardere, spasimare, smaniare, vagheggiare (*lett.*), incapricciarsi, amare, adorare CONTR. disprezzare, disdegnare, rifiutare, ripugnare.
bramìre v. intr. **1** (*di animale*) emettere bramiti, ruggire, rugliare, mugghiare **2** (*est., lett.*) (*di persona*) gridare selvaggiamente.
bramìto s. m. **1** (*di animale*) urlo, grido, ruggito, ruglio **2** (*est.*) (*di persona*) grido selvaggio.
bramosaménte avv. avidamente, ardentemente, vogliosamente, desiderosamente, cupidamente (*lett.*), golosamente CONTR. apaticamente, con indifferenza.
bramosìa s. f. brama, desiderio, avidità, ambizione, smania, voglia, cupidigia □ fame, gola, ingordigia, sete □ concupiscenza, fregola, libidine, passione CONTR. avversione, sdegno, ripugnanza, rifiuto. *V. anche* CUPIDIGIA
bramóso agg. avido, smanioso, desideroso, affamato, ghiotto, goloso, ingordo, assetato, sitibondo (*lett.*), voglioso, ansioso, anelante, desioso (*lett.*), vago (*lett.*), cupido (*lett.*), invidioso (*ant.*) □ (*spec. di sguardo e sim.*) rapace, concupiscente (*lett.*), famelico (*lett.*) CONTR. avverso, contrario, sazio, nauseato, stufo.
brànca s. f. **1** (*di animale*) zampa, artiglio, tentacolo, granfia **2** (*fig.*) (*di persona*) mano avida, mano rapace, mano, grinfia **3** (*di arnese*) impugnatura, estremità **4** (*di albero*) ramo **5** (*fig.*) (*di sapere, di economia, ecc.*) ramo, settore, campo, sfera, dominio, parte, ripartizione, suddivisione. *V. anche* PARTE
brancàta s. f. **1** (*di cosa*) manata, manciata **2** (*raro*) (*di animale*) zampata, artigliata **3** (*raro*) (*di persona*) branco, compagnia.
brancicàre A v. intr. (*anche fig.*) annaspare, brancolare, andare tentoni, andare alla cieca **B** v. tr. toccare, palpare, palpeggiare, tastare, tasteggiare, maneggiare, ciancicare (*dial.*), rimenare.
brànco s. m. **1** (*di animali*) mandria, gregge, armento, banco, sciame, torma, stormo, volata **2** (*est.*) (*di persone*) folla, frotta, gruppo □ (*spreg.*) orda, masnada, accozzaglia, ciurma, ciurmaglia, marmaglia, pecorame, pecorume.
brancolàre v. intr. (*anche fig.*) andare tentoni, andare alla cieca, annaspare, brancicare.
brànda s. f. (*da campo, da spiaggia, ecc.*) letto, lettuccio, giaciglio □ amaca.
brandèllo s. m. frammento, brano, pezzo, pezzetto, parte, avanzo □ (*di tessuto*) cencio, straccio, sbrendolo (*tosc.*), sbrindello (*pop.*) □ (*fig.*) (*di pudore, di dignità, ecc.*) piccola quantità, briciola, briciolo. *V. anche* PARTE

brandìre *v. tr.* (*di spada, di bastone e sim.*) impugnare saldamente, agitare con forza □ alzare minacciosamente.

brandy /*ingl.* 'brændi/ [vc. ingl., da *brandwine* 'vino bruciato'] *s. m. inv.* acquavite, arzente (*raro*), cognac (*fr.*), whisky (*ingl.*).

bràno *s. m.* **1** (*di cose*) pezzo, brandello, piccola quantità **2** (*di opera letteraria o musicale*) pezzo, parte, frammento, passo, passaggio, frase. *V. anche* PARTE

branzìno *s. m.* (*zool., sett.*) spigola.

brasàto **A** *part. pass. di* **brasare**; *anche agg.* cotto sulla brace, cotto a fuoco lento **B** *s. m.* carne brasata □ stracotto, stufato.

bravàta *s. f.* **1** provocazione **2** spavalderia, millanteria, ostentazione □ smargiassata, spacconata, cannonata, gesta (*iron.*), prodezza (*fam.*), gradassata, guasconata, rodomontata.

bràvo **A** *agg.* **1** (*di capacità*) abile, valente, capace, esperto, competente, qualificato, valido, efficiente, sicuro, perito CONTR. incapace, inesperto, ignorante, incompetente, inefficiente, insicuro **2** (*di sentimenti*) buono, onesto, dabbene, probo, umano, virtuoso, leale, semplice CONTR. cattivo, disonesto, malvagio, disumano **3** (*di soldato e sim.*) animoso, coraggioso, prode, valoroso, audace, ardito CONTR. vile, imbelle, pusillanime, codardo, pauroso **B** *in funzione di inter.* bene!, forza!, coraggio! evviva! urrà! CONTR. male!, bestia!, cane! **C** *s. m.* (*spec. nell'Italia secentesca*) sgherro, bandito, birro (*ant.*), giannizzero, scherano, cagnotto, satellite, sicario. *V. anche* PRODE

bravùra *s. f.* abilità, perizia, maestria, valentia, capacità, esperienza, competenza, destrezza, efficienza, sicurezza □ (*raro*) (*di soldati e sim.*) valore, virtù, ardimento, coraggio CONTR. incapacità, incompetenza, inesperienza, imperizia, inefficienza, insicurezza □ viltà, codardia. *V. anche* COMPETENZA

break (**1**) /*ingl.* 'breik/ [vc. ingl., da *to break* 'staccare, interrompere'] **A** *inter.* (*sport*) separatevi!, staccatevi! **B** *s. m. inv.* intervallo, sosta, pausa, buco, interruzione.

break (**2**) /*ingl.* 'breik/ [vc. ingl., di etim. discussa] *s. f. inv.* (*autom.*) giardinetta, familiare, station-wagon (*ingl.*).

breakfast /*ingl.* 'breikfast/ [vc. ingl., propriamente 'rottura (*break*) del digiuno (*fast*)'] *s. m. inv.* prima colazione, colazione, spuntino.

bréccia (**1**) *s. f.* apertura, spaccatura, rottura, squarcio, buco, falla, passaggio, rotta.

bréccia (**2**) *s. f.* pietrisco, pietre, ghiaia, sassi, ciottoli.

bretèlla *s. f.* **1** (*spec. al pl.*) (*di vestiario*) spalline **2** (*ferr.*) traversina □ (*fig.*) (*di vie di comunicazione*) raccordo, collegamento, svincolo.

brève **A** *agg.* **1** (*nel tempo*) di poca durata, rapido, veloce, lesto □ momentaneo, passeggero, fugace, fuggevole, effimero CONTR. lungo, duraturo, diuturno (*lett.*), eterno **2** (*est.*) (*di discorso, di scritto e sim.*) conciso, stringato, succinto, asciutto, sintetico, telegrafico, schematico, serrato, laconico, tacitiano, compendioso, sinottico, brachilogico, scheletrico CONTR. prolisso, verboso, sbrodolato, diffuso, interminabile □ fiume **3** (*nello spazio*) poco esteso, corto, piccolo, stretto, angusto CONTR. esteso, lungo, grande, largo, spazioso, vasto **B** *s. m.* (*di papa, di re*) lettera, bolla, enciclica FRAS. *tra breve*, tra poco □ *in breve, a farla breve*, in poche parole. *V. anche* FUGACE

breveménte *avv.* rapidamente, velocemente, fugacemente, fuggevolmente □ tout court (*fr.*) □ concisamente, stringatamente, schematicamente, sinteticamente, sommariamente, compendiosamente, laconicamente, lapidariamente CONTR. lungamente, a lungo □ prolissamente, diffusamente, dettagliatamente, distesamente.

brevettàre *v. tr.* **1** (*di persona*) abilitare, patentare **2** (*di invenzione, di marchio*) tutelare, riconoscere come esclusivo □ inventare.

brevettàto *part. pass. di* **brevettare**; *anche agg.* **1** (*di persona*) munito di brevetto, patentato **2** (*di cosa*) garantito, protetto, coperto da brevetto.

brevétto *s. m.* **1** (*di invenzione*) paternità, invenzione esclusiva, privativa, concessione **2** (*di abilità*) patente, licenza, idoneità, certificato, abilitazione, autorizzazione.

breviàrio *s. m.* **1** (*eccl.*) ufficio, salterio, ore canoniche **2** (*di libro*) compendio, sommario, riassunto, bignami (*pop.*) **3** (*est., fig.*) vangelo (*fig.*).

brevi manu /*lat.* 'brɛvi 'manu/ [loc. lat., letteralmente 'con una mano (*manu*) corta (*brevi*)'] *loc. avv.* direttamente, personalmente, a mano.

brevità *s. f.* **1** (*di tempo*) breve durata, fugacità, rapidità, velocità, fuggevolezza CONTR. lunghezza, lunga durata, lentezza **2** (*di discorso, di scritto e sim.*) concisione, stringatezza, schematicità, asciuttezza, laconicità, compendiosità, brachilogia CONTR. prolissità, verbosità, retorica (*spreg.*) **3** (*di cosa*) piccolezza, cortezza, strettezza, angustia, poca estensione, pochezza, limitatezza, esiguità CONTR. vastità, spaziosità, larghezza.

brézza *s. f.* venticello, arietta, zefiro (*lett.*), aura (*lett.*) CONTR. raffica, folata. *V. anche* VENTO

brìcco *s. m.* cuccuma, caffettiera, teiera, samovar.

bricconàta *s. f.* birbanteria, birbonata, birboneria, monelleria, marachella, bricconeria, malefatta, canagliata, carognata, cattiveria, mascalzonata, furfanteria, ribalderia, scelleratagine, sciaguratagine, porcata, porcheria.

briccóne **A** *s. m.* **1** birbone, brigante, furfante, ribaldo, mascalzone, cialtrone, imbroglione, gaglioffo, lestofante, manigoldo, mariolo, cattivo, malvagio, tristo, disonesto, farabutto, scellerato, canaglia, lazzarone, barabba (*raro*), scampaforca (*raro*) CONTR. galantuomo **2** (*est., fam.*) birichino, birbante, birba, birbaccione, monello, furbone, furbacchione, furbo, astuto CONTR. sempliciotto, ingenuo **B** *agg.* malvagio, disonesto, imbroglione CONTR. buono, onesto, leale, sincero.

bricconerìa *s. f.* birbanteria, birboneria, malefatta, cialtroneria, marioleria, sciaguratagine □ marachella, bricconata, birbonata.

briciola *s. f.* **1** (*di pane e sim.*) mollica, mica, minuzzolo, briciolo □ frantume, granello, zinzino **2** (*fig.*)

quantità minima, brandello (*fig.*), molecola **CONTR.** moltissimo ***3*** inezia, nonnulla, briccica (*tosc.*) **FRAS.** *andare in briciole*, frantumarsi □ *ridurre in briciole*, frantumare, sminuzzare, distruggere.

brìciolo *s. m.* ***1*** briciola, minuzzolo, mica ***2*** (*est.*) quantità minima, atomo, grammo, grano, brandello (*fig.*) □ inezia, nonnulla.

bricolage */fr.* briko'laʒ/ [vc. fr., da *bricoler* 'passare da un'occupazione ad un'altra, fare piccoli lavori'] *s. m. inv.* lavoro per hobby, hobby (*ingl.*), passatempo, fare-da-sé, fai-da-te, do-it-yourself (*ingl.*).

briefing */ingl.* 'bri:fiŋ/ [vc. angloamericana, da *to brief* 'riassumere'] *s. m. inv.* istruzioni, ragguagli □ conferenza informativa, seminario.

brìga *s. f.* ***1*** molestia, fastidio, rogna (*fam.*), bega, grattacapo, rompimento (*pop.*), rottura (*pop.*), noia, cruccio, difficoltà, impegno ***2*** controversia, lite, contrasto, litigio.

brigantàggio *s. m.* banditismo, pirateria, gangsterismo, terrorismo, malandrinaggio (*lett.*), malvivenza (*raro*).

brigànte *s. m.* ***1*** bandito, pirata, fuorilegge, malandrino, malvivente, masnadiero, predone, ladrone, gangster (*ingl.*), terrorista, malfattore, rapitore, delinquente, rapinatore, grassatore, saccheggiatore ***2*** (*est.*) furfante, lazzarone, farabutto, imbroglione, manigoldo, canaglia **CONTR.** galantuomo ***3*** (*fam., scherz.*) briccone, birbante, birbone, furbone, furbacchione, furbastro, monello **CONTR.** semplicione, ingenuo. *V. anche* LADRO

brigantésco *agg.* piratesco, banditesco, furfantesco.

brigàre *v. intr.* ***1*** (*lett.*) darsi da fare, adoperarsi, sforzarsi, affaccendarsi, ingegnarsi, trafficare **CONTR.** infischiarsi, star con le mani in mano ***2*** intrigare, imbrogliare, manovrare, raggirare, mestare, intrallazzare.

brigàta *s. f.* ***1*** (*di amici, di persone*) gruppo, comitiva, compagnia, banda, ganga, ghenga, combriccola, carovana ***2*** (*mil.*) due reggimenti ***3*** (*est.*) (*di combattenti, di partigiani e sim.*) raggruppamento, squadra, unità.

brìglia *s. f. spec. al pl.* ***1*** (*di cavallo*) redini, guide ***2*** (*di cavallo*) finimenti ***3*** (*fig.*) freno, guinzaglio, guida, controllo, disciplina ***4*** (*per sorreggere bambini*) strisce, guide, bretelle, dande ***5*** (*idraul.*) sostegno, diga, argine **FRAS.** *a briglia sciolta* (*fig.*), sfrenatamente, liberamente □ *tirare la briglia* (*fig.*), usare rigore.

brigóso *agg.* molesto, noioso, difficile, rognoso **CONTR.** facile, leggero, piacevole.

brillaménto *s. m.* ***1*** sfolgorio ***2*** (*di mina*) esplosione, scoppio.

brillànte ***A*** *part. pres. di* **brillare (1)**; *anche agg.* ***1*** (*di cosa*) lucente, rilucente, tralucente (*poet.*), luccicante, luminoso, luminescente, splendente, scintillante, sfavillante, splendido, lampante (*raro*), smagliante, radioso, raggiante, rifulgente, risplendente, sfolgorante, fosforescente, gemmeo (*lett.*) □ (*di pelle*) lucido, glacé (*fr.*) □ (*di suono, ecc.*) squillante □ (*di colore*) allegro **CONTR.** spento, buio, scuro, opaco, sbiadito, slavato ***2*** (*est.*) (*di persona*) vivace, spiritoso, brioso, piacevole, arguto, vivo, fantasioso, inventivo **CONTR.** grigio, noioso, barboso □ (*di idea, ecc.*) riuscito, felice, centrato, elegante, geniale, ottimo, imbroccato, azzeccato, indovinato **CONTR.** infelice, pessimo ***3*** (*di carriera, di azione, ecc.*) fortunato, ben riuscito, magnifico **CONTR.** sfortunato ***B*** *s. m.* ***1*** diamante, rosetta, solitario, baguette (*fr.*) ***2*** (*est.*) anello con brillante.

brillanteménte *avv.* vivacemente, prontamente, spiritosamente, briosamente, piacevolmente, argutamente, elegantemente □ ottimamente, magnificamente, magistralmente, eccellentemente, perfettamente **CONTR.** noiosamente, barbosamente, tediosamente □ mediocremente, pessimamente.

brillantina *s. f.* pomata (per capelli), manteca.

brillàre (1) ***A*** *v. intr.* ***1*** (*di cosa*) risplendere, splendere, luccicare, scintillare, sfolgorare, ardere, sfavillare, fulgere (*lett.*), rifulgere, rilucere, tralucere, lustrare, lampeggiare, dardeggiare, rutilare (*lett.*), folgorare (*lett.*), irradiare, raggiare, accendersi □ (*di occhi*) ridere **CONTR.** essere offuscato □ velarsi ***2*** (*fig.*) (*di persona*) spiccare, distinguersi, farsi notare, emergere, eccellere, primeggiare **CONTR.** scomparire, nascondersi, restare inosservato ***3*** (*di mina*) esplodere, scoppiare ***B*** *v. tr.* (*di mina*) fare esplodere. *V. anche* RIDERE

brillàre (2) *v. tr.* (*di riso, orzo e sim.*) lucidare.

brillìo *s. m.* luccichio, scintillio, sfavillio, fosforescenza, sfolgorio, sfolgoramento □ tremolio.

brillo *agg.* leggermente ubriaco, alticcio, un po' bevuto, allegro, sborniato (*pop.*), sbronzo (*fam.*) **CONTR.** sobrio.

brìna *s. f.* ***1*** rugiada congelata, brinata, ghiaccio, galaverna, ghiacciata ***2*** (*fig., raro, lett.*) canizie incipiente.

brinàta *s. f.* brina, ghiacciata, galaverna, gelo.

brindàre *v. intr.* (*per augurare, per festeggiare*) fare brindisi, libare (*lett.*), bere □ (*di occasione felice*) bagnare.

brìndisi [dalla loc. ted. (*ich*) *bring dir's* 'te lo offro'] *s. m.* bevuta, cincin, cin cin, bicchierata, libagione (*scherz.*) □ saluto, augurio.

brìo *s. m.* briosità, allegria, buonumore, vivacità, esuberanza, vita, vitalità, gaiezza, piacevolezza, arguzia, argutezza, comicità, umorismo □ spigliatezza, scioltezza, spirito, disinvoltura, estro, verve (*fr.*), animazione **CONTR.** monotonia, noia, pedanteria, aridità, freddezza.

brioche */fr.* bri'ɔʃ/ [vc. fr., dall'ant. normanno *brier* 'impastare col matterello'] *s. f. inv.* focaccina, pasta.

briosaménte *avv.* allegramente, vivacemente, animatamente, argutamente, brillantemente, comicamente, scherzosamente, piacevolmente, spiritosamente, spigliatamente **CONTR.** noiosamente, pedantemente, aridamente.

briosità *s. f.* brio, vivacità, gaiezza, arguzia, argutezza, piacevolezza, spigliatezza, disinvoltura, estro, verve (*fr.*) **CONTR.** monotonia, noia, pedanteria, aridità, freddezza.

brióso *agg.* allegro, vivace, gaio, arguto, faceto, lepido, scherzoso, spigliato, disinvolto, sciolto, svelto, vispo, vivo, brillante, esuberante, ridente, piacevole, ameno, spiritoso, estroso, pimpante (*fam.*) □ effervescente, spumeggiante, animato, pepato **CONTR.** monotono, goffo, noioso, pedante, scialbo, arido, freddo, compassato.

brìvido *s. m.* ***1*** tremore, tremito, tremolio □ sussulto, palpito, fremito □ ribrezzo, raccapriccio, orrore, pelle d'oca ***2*** (*fig.*) forte emozione, impressione, eccitazione, turbamento, sbigottimento.

brizzolàto *agg.* ***1*** (*di animale*) maculato, chiazzato, variegato, picchiettato ***2*** (*est.*) (*di capelli*) pepe e sale, grigio, bianco-grigio.

bròcca *s. f.* orcio, boccale, caraffa, coppo, mezzina (*tosc.*) □ giara.

bròcco *s. m.* ***1*** (*di pianta*) brocca, ramo secco, stecco, spino, sterpo, bronco ***2*** germoglio ***3*** (*di cavallo*) ronzino, rozza, brenna, bucefalo (*scherz.*) ***4*** (*est., fig.*) (*di persona, spec. di atleta*) buono a nulla, incapace, schiappa, cane, bidone, sbercia (*fam., tosc.*) **CONTR.** campione, fuoriclasse.

bròccolo *s. m.* ***1*** cavolo romano ***2*** cima di rapa ***3*** (*fig.*) (*di persona*) stupido.

bròda *s. f.* ***1*** (*di pasta, di legumi e sim.*) liquido, acqua di cottura ***2*** (*est., spreg.*) brodaglia, broscia, sbobba (*pop.*), sciacquatura ***3*** fanghiglia ***4*** (*fig.*) (*di discorso, di scritto*) lungaggine, insulsaggine, lagna.

brodàglia *s. f.* broda, broscia, sbobba (*pop.*), sciacquatura **CONTR.** golosità, ambrosia, manna.

brodétto *s. m.* (*cuc.*) guazzetto.

bròdo *s. m.* ***1*** (*di carne, di verdure*) consommé (*fr.*) ***2*** (*spreg.*) broda, brodaglia, broscia **FRAS.** *tutto fa brodo* (*fig.*), tutto serve.

brogliàccio *s. m.* ***1*** registro provvisorio, elenco provvisorio ***2*** scartafaccio, malacopia, brutta (*fam.*), brutta copia, minuta, abbozzo ***3*** diario.

broker /*ingl.* 'broukə/ [vc. ingl., da una vc. fr., che significava 'colui che vende il vino alla brocca'] *s. m. inv.* (*banca*) agente di cambio, intermediario, mediatore, agente.

bróncio *s. m.* muso, grugno, cipiglio, mutria □ malumore **CONTR.** festosità **FRAS.** *fare* (*tenere, avere*) *il broncio* (*fig.*), aversene a male, essere irritato.

brontolàre ***A*** *v. intr.* ***1*** (*di persona*) mormorare, bofonchiare, farfugliare, mugugnare, borbottare, borbogliare (*raro, lett.*), grugnire □ lagnarsi, lamentarsi, fiottare (*centr.*) **CONTR.** soddisfarsi, accontentarsi ***2*** (*di tuono, di mare, ecc.*) rumoreggiare, bubbolare (*tosc.*), rugliare (*poet.*), tuonare □ (*di liquido*) gorgogliare ***B*** *v. tr.* ***1*** dire sottovoce, mormorare, borbottare ***2*** rimproverare, rimbrottare.

brontolio *s. m.* ***1*** brontolamento, rimprovero, borbottio, mormorio, mugugno, grugnito, ringhio ***2*** rumore, rumoreggiamento, bubbolio (*lett.*), ronzio, ruglio, rugghio (*lett.*), tuono, voce □ (*di ventre*) gorgoglio, borborigmo, borbottamento.

brontolóne *s. m.; anche agg.* borbottone, bisbetico, seccatore, scocciatore (*fam.*), barbogio, lumacone.

brónzeo *agg.* ***1*** di bronzo, bronzino ***2*** color bronzo, bruno, abbronzato ***3*** (*di voce, di suono*) forte, stentoreo ***4*** (*fig.*) (*di atteggiamento*) duro, impudente, sfacciato, impenetrabile.

bronzìna *s. f.* ***1*** (*mecc.*) cuscinetto ***2*** campanella, campanellino, sonaglio.

brónzo *s. m.* ***1*** lega di rame e stagno ***2*** statua, scultura (in bronzo) ***3*** (*lett.*) campana ***4*** (*lett.*) cannone, pezzo d'artiglieria **FRAS.** *faccia di bronzo* (*fig.*), sfrontato, impudente.

brossùra *s. f.* paperback (*ingl.*), brochure (*fr.*) **CONTR.** cartonato, cartonatura.

brucàre *v. tr.* ***1*** (*di pecore, capre e sim.*) pascere, rodere, strappare (a piccoli morsi), mordere ***2*** (*di frasche, di rami*) sfogliare, sfrondare ***3*** (*di olive*) spiccare, staccare, raccogliere (dal ramo).

bruciacchiàre ***A*** *v. tr.* strinare, bruciare qua e là ***B*** **bruciacchiarsi** *v. intr. pron.* e *rifl.* strinarsi, scottarsi.

bruciànte *part. pres. di* **bruciare**; *anche agg.* ***1*** cocente, scottante, ardente, rovente, caldo, canicolare, torrido, fervido (*lett.*), urente (*lett.*), ustorio **CONTR.** tiepido, fresco ***2*** (*fig.*) (*di dolore, di sconfitta e sim.*) doloroso, vergognoso, umiliante, cocente, amaro, duro, grave □ (*di discorso, di parola, ecc.*) caustico, corrosivo ***3*** (*di scatto, ecc.*) fulmineo, rapidissimo, improvviso **CONTR.** lento ***4*** (*di cambiale*) in scadenza.

bruciapélo *nella loc. avv. a bruciapelo* ***1*** (*di un colpo*) da molto vicino ***2*** (*fig.*) (*di domanda, di discorso*) alla sprovvista, improvvisamente, all'improvviso.

bruciàre ***A*** *v. tr.* ***1*** incendiare, accendere, dar fuoco, affocare (*lett.*), ardere, fiammeggiare **CONTR.** spegnere, estinguere, smorzare ***2*** (*est.*) cuocere troppo, tostare, carbonizzare, abbrustolire □ incenerire, cremare □ strinare, bruciacchiare ***3*** ustionare, infiammare, scottare ***4*** (*di ferita, di porro e sim.*) cauterizzare, cicatrizzare ***5*** (*di gelo, di ruggine, ecc.*) corrodere, intaccare, inaridire, seccare ***6*** (*fig.*) (*di passione, di tempo*) consumare rapidamente, struggere, infiammare, esaurire ***7*** (*fig.*) (*di avversario*) vincere, sconfiggere, superare, surclassare ***8*** (*di scuola, di lezioni*) marinare ***9*** (*fig.*) (*di motore*) bere, consumare ***B*** *v. intr.* ***1*** (*di fuoco, di legna, ecc.*) essere acceso, ardere, avvampare, incendiarsi, consumarsi bruciando **CONTR.** spegnersi ***2*** (*di cosa*) essere molto caldo, scottare **CONTR.** gelare ***3*** (*di alcol, di ferita, ecc.*) produrre bruciore, produrre infiammazione, irritare, frizzare **CONTR.** lenire, calmare ***4*** (*fig.*) (*di passione, di sentimento e sim.*) essere intenso, ardere □ patire, soffrire ***5*** (*di offesa, di contrarietà e sim.*) dispiacere, rincrescere, indispettire, rammaricare, addolorare **CONTR.** rallegrare, allietare, fare piacere, dare gioia ***C*** **bruciarsi** *v. intr. pron.* e *rifl.* ***1*** (*di parti del corpo*) scottarsi, ustionarsi, strinarsi □ darsi fuoco ***2*** (*di cosa*) prendere fuoco, carbonizzarsi □ (*di lampadina, di valvola, ecc.*) fulminarsi (*fam.*), saltare ***3*** (*fig.*) (*di persona*) sprecarsi, perdersi, compromettersi, rovinarsi, fallire **CONTR.** riuscire, avere successo **FRAS.** *bruciare le tappe* (*fig.*), accelerare, affrettarsi □ *bruciarsi le ali* (*fig.*), danneggiarsi, rovinarsi. *V. anche* VINCERE

bruciàta *s. f.* caldarrosta.

bruciàto ***A*** *part. pass. di* **bruciare**; *anche agg.* ***1*** consumato dal fuoco, incendiato, arso, riarso, incenerito, carbonizzato, cremato, strinato, bruciacchiato, cotto troppo, usto (*poet.*) **2** (*est.*) ustionato, infiammato, scottato, cotto **3** (*di ferita, di porro e sim.*) cauterizzato **4** (*di colore*) marron scuro, color caffè, bruno **5** (*fig.*) (*di persona, di tentativo, ecc.*) sprecato, rovinato, perduto, fallito, precocemente esaurito, consumato **6** (*di lampadina, di valvola, ecc.*) fulminato (*fam.*) **B** s. m. bruciaticcio.

bruciatùra s. f. scottatura, ustione, incendio □ cauterizzazione.

brucióre s. m. **1** (*di scottatura, di puntura, ecc.*) dolore, irritazione, prurito, infiammazione, brucio **2** (*fig.*) umiliazione, mortificazione **3** (*fig.*) desiderio ardente, desio (*lett.*), ardore, fervore, brama, bramosia, febbre.

brùco s. m. **1** baco, bacherozzo, bacherozzolo **2** (*pop.*) verme, ruga.

brùfolo o **brùffolo** s. m. (*di pelle*) foruncolo, pustola, papula, bollicina.

brughièra s. f. landa, steppa, gerbido (*dial.*).

brulicànte part. pres. di **brulicare**; anche agg. formicolante, pullulante, nereggiante.

brulicàre v. intr. **1** (*di insetti, di folla*) bulicare (*raro*), muoversi confusamente, formicolare, rimescolarsi **2** (*fig.*) (*di pensieri*) agitarsi, fervere, pullulare, turbinare, mulinare, frullare, bollire.

brulichìo s. m. brusio, formicolio, rimescolio, brulicame, confusione, folla □ (*fig.*) (*di pensieri*) turbinio, carosello, ridda, turbine, vortice. *V. anche* FOLLA

brùllo agg. (*di terreno, di pianta*) arido, nudo, spoglio, calvo (*raro*), scabro (*lett.*), sterile, infecondo, improduttivo, gerbido (*sett.*) □ desolato, squallido, triste **CONTR.** lussureggiante, rigoglioso, ubertoso, esuberante, ricco, boscoso, selvoso, verdeggiante □ ameno, ridente.

brùma s. f. **1** foschia, nebbia, nebulosità, caligine, smog (*ingl.*) **CONTR.** limpidezza, sereno **2** inverno, invernata **CONTR.** estate. *V. anche* NEBBIA

brumóso agg. **1** (*lett.*) fosco, brumale (*raro*), nebbioso, caliginoso, pieno di smog **CONTR.** sereno, terso, chiaro **2** invernale **CONTR.** estivo.

brunch /ingl. brʌntʃ/ [vc. ingl., fusione di *br*(*eakfast*) 'prima colazione' e (*l*)*unch* 'pranzo'] s. m. inv. prima colazione abbondante, colazione, pranzo.

brùno **A** agg. e s. m. (*di colore*) scuro, scuriccio, marron scuro, bruciato, nericcio, nerastro, moro, morello, morato, seppia, terra di Siena, color tabacco, testa di moro, bronzeo, color cioccolato, color noce, color caffelatte, castano □ (*di pelle*) abbronzato **B** s. m. **1** (*est.*) oscurità, tenebre □ crepuscolo **CONTR.** luce, giorno **2** abito nero, lutto.

brùsca s. f. spazzola (dura) □ striglia.

bruscaménte avv. **1** aspramente, burberamente, sgarbatamente, asciuttamente, recisamente, sbrigativamente, ruvidamente, seccamente, crudamente **CONTR.** dolcemente, blandamente, amorevolmente, garbatamente, cerimoniosamente **2** improvvisamente, inaspettatamente, repentinamente, rapidamente **CONTR.** lentamente, a poco a poco, progressivamente.

brùsco **A** agg. **1** (*di sapore, di gusto e sim.*) aspro, acre, agro, acido, acerbo, pungente **CONTR.** dolce **2** (*est.*) (*di persona, di modi, ecc.*) sgarbato, burbero, cattivo, crudo, spicciativo, sbrigativo, militaresco, chiuso, ruvido, reciso, sgradevole □ austero, rigido, arcigno, introverso **CONTR.** garbato, delicato, blando, estroverso, carezzevole, cerimonioso, caldo **3** (*di mutamento*) improvviso, inatteso, imprevedibile, imprevisto, rapido **CONTR.** lento, previsto **B** s. m. sapore aspro, sapore agro **FRAS.** *tra il lusco e il brusco*, all'imbrunire.

brùscolo s. m. fuscello, festuca, pagliuzza □ pezzettino, granello, minuzzolo.

brusìo s. m. mormorio, bisbiglio, sussurrio, pispiglio (*raro*), pissi pissi, vocio, chiacchierio, chiacchiericcio, cicalio, cicaleccio, brontolio □ rumorio, brulichio, ronzio **CONTR.** urla, frastuono, rumore, grida confuse.

brustolìno s. m. seme di zucca (salato e tostato).

brutàle agg. **1** belluino (*raro, lett.*), ferino (*lett.*) **2** (*est.*) feroce, violento, selvaggio, bestiale, animalesco, bruto, crudo, crudele, disumano, inumano, barbaro, barbarico, basso, grossolano, malvagio, spietato, volgare, irragionevole **CONTR.** umano, ragionevole, mite, civile, gentile. *V. anche* CRUDELE

brutalità s. f. bestialità, ferocia, crudeltà, barbarie, disumanità, inumanità, mostruosità, grossolanità, malvagità, spietatezza, bassezza □ durezza, verismo, volgarità □ (*spec. di atto*) violenza, sevizia **CONTR.** umanità, gentilezza, cortesia, civiltà, mitezza.

brutalizzàre v. tr. trattare brutalmente, maltrattare, violentare, seviziare, torturare.

brutalménte avv. bestialmente, animalescamente □ ferocemente, crudelmente, barbaramente, selvaggiamente, disumanamente, inumanamente, spietatamente, violentemente □ grossolanamente, crudamente, volgarmente **CONTR.** umanamente, civilmente, ragionevolmente □ delicatamente, urbanamente.

brùto **A** agg. animalesco, irragionevole, brutale, selvaggio, violento, crudele, feroce, bestiale, brado, disumano, inumano, barbaro, grossolano, irrazionale, malvagio, volgare **CONTR.** umano, ragionevole, mite, blando, civile, gentile, educato **B** s. m. bestia, animale, belva, mostro □ stupratore, violentatore, deflloratore (*lett.*). *V. anche* CRUDELE

brùtta s. f. (*fam.*) brutta copia, malacopia, abbozzo, minuta, brogliaccio **CONTR.** bella, bella copia.

bruttézza s. f. brutto, bruttura □ sgradevolezza, spiacevolezza, sconvenienza □ sconcezza, laidezza, sozzura □ goffaggine, sgraziataggine, disarmonia, deformità, difformità (*lett.*), informità, orrore **CONTR.** bellezza, venustà, grazia, charme (*fr.*), garbo, leggiadria, armonia, avvenenza, prestanza, vezzosità, splendore □ dolcezza.

brùtto **A** agg. **1** (*di aspetto*) sgradevole, spiacevole, disarmonico, sgraziato, racchio (*pop.*), deforme, difforme (*lett.*), malfatto, malformato, goffo, disgraziato, infelice, sciagurato □ antiestetico, difettoso, disadorno □ mostruoso, grottesco, orribile, orrendo, abominevole, disgustoso, schifoso, orrido, ripugnante, ributtante, degradante, desolante □ ignobile, di nessun pregio, antipoetico □ (*di film e sim.*) inguardabile, trash (*ingl.*) CONTR. bello, piacevole, gradevole, armonico, aggraziato, attraente, ben fatto, elegante □ pregevole **2** (*di comportamento, di parole, ecc.*) grossolano, sconcio, sconveniente, sudicio, laido, turpe, sporco, pornografico, immorale, osceno CONTR. pulito, morale **3** (*di strada, di situazione, ecc.*) buio, scomodo, difficoltoso, difficile, penoso CONTR. comodo, confortevole, tranquillo, felice **4** (*di tempo*) cattivo, piovoso, nuvoloso, nebbioso, uggioso CONTR. bello, buono, sereno, chiaro, clemente **B** *s. m. solo sing.* **1** bruttezza, bruttura, sgradevolezza, disgustosità, schifosità CONTR. bello, bellezza, gradevolezza **2** cattivo tempo, nuvolo CONTR. tempo bello, sereno FRAS. *brutto male* (*euf.*), tumore maligno □ *brutta copia*, malacopia, minuta, brogliaccio □ *con le brutte*, in modo sbrigativo, rudemente, rozzamente □ *vedersela brutta*, trovarsi in difficoltà □ *guardare brutto* o *di brutto*, guardare male, con ostilità. *V. anche* OSCENO, SPIACEVOLE

bruttùra *s. f.* **1** (*di aspetto*) brutto, bruttezza, schifosità, mostruosità, orrore, turpitudine CONTR. bellezza, fiore **2** (*di contenuto*) sozzura, sudiciume, sporcizia, lordura, oscenità, sconcezza, illuvie (*raro*), merda (*volg.*) **3** (*lett.*) (*di azione*) malefatta, canagliata, birbonata.

bùa *s. f.* (*inft., fam.*) dolore, male, ferita □ malattia.

bubbóne *s. m.* **1** tumefazione, ascesso, piaga, pustola, flemmone (*med.*), tumore **2** (*fig.*) (*di corruzione e sim.*) male pericoloso, pericolo, minaccia, piaga, morbo.

bùca *s. f.* **1** (*del terreno, di acque, ecc.*) cavità, cava, apertura, buco, fossa, sterro, depressione, infossamento, sprofondamento, voragine, fenditura, inghiottitoio, squarcio, pozzo, pozza □ tana, antro, nascondiglio □ (*di esplosione*) cratere □ (*di bigliardo*) bilia CONTR. prominenza, sporgenza **2** (*di monte*) valle stretta, gola, strettoia **3** (*per lettere*) cassetta **4** (*del suggeritore*) botola **5** (*di locale*) ristorante sotterraneo, cantina, grotta, grottino **6** (*fig.*) deficit (*lat.*), buco, debito, dissesto FRAS. *in buca* (*fig.*), in difficoltà, in stato di inferiorità.

bucanéve *s. m.* (*bot.*) foraneve, galanto.

bucàre **A** *v. tr.* **1** (*di cosa appuntita*) forare, perforare, trivellare, sforacchiare, crivellare, bucherellare, traforare, trapassare, trafiggere, trapanare CONTR. tappare, otturare, ostruire, chiudere, turare, tamponare **2** (*di spino, di spillo e sim.*) pungere, ferire **3** (*di gomma, di pneumatico*) forare **B** *v. intr.* **1** (*di ciclista, di automobilista e sim.*) subire una bucatura, forare **2** (*sport*) mancare un colpo, fallire, sbagliare CONTR. azzeccare, assestare il colpo, prendere a segno **C** **bucarsi** *v. intr. pron.* e *rifl.* **1** (*di persona*) pungersi, ferirsi **2** (*di pneumatico*) forarsi **3** (*gerg.*) iniettarsi droga, drogarsi, farsi (*gerg.*), siringarsi.

bucàto (1) *s. m.* **1** (*di panni*) lavatura, pulitura, lavaggio **2** panni, biancheria FRAS. *di bucato*, pulitissimo, appena lavato.

bucàto (2) **A** *part. pass.* di **bucare**; *anche agg.* **1** (*di cosa*) forato, perforato, bucherellato, crivellato, sforacchiato, trapanato, trapassato, trivellato, rotto, punto **2** (*di pneumatico*) forato **3** (*sport*) mancato, sbagliato **B** *s. m.* laterizio forato, tavella, tavellone FRAS. *avere le mani bucate* (*fig.*), scialacquare, spendere con facilità.

bucatùra *s. f.* **1** foratura, perforazione □ foro **2** (*di gomma, di pneumatico e sim.*) foratura **3** (*giorn.*) buco, vuoto.

bùcchero *s. m.* vaso, coppa, boccale, ciotola (di argilla nera).

bùccia *s. f.* **1** (*di frutto, di pianta e sim.*) scorza, corteccia, pelle, superficie, pellicola, tegumento, guscio, coccia (*merid.*), lolla, membrana □ (*spec. di rettili*) spoglia CONTR. anima (*pop.*) **2** (*est.*) (*di formaggio, di salame e sim.*) pellicola, pellicina, crosta, involucro **3** (*fam.*) pelle, vita FRAS. *rivedere le bucce*, controllare severamente.

bucherellàre *v. tr.* bucare, forare, tarlare, sforacchiare, foracchiare, crivellare.

bucherellàto *part. pass.* di **bucherellare**; *anche agg.* bucato, tarlato, tarmato, traforato, sforacchiato, foracchiato, crivellato □ poroso, spugnoso.

buchétta *s. f.* **1** *dim.* di **buca** **2** (*per lettere*) cassetta.

bùco *s. m.* **1** cavità, cavo, scavo, apertura, buca □ voragine, crepaccio □ squarcio, rottura, fenditura, crepatura, breccia □ pertugio, fessura, spiraglio, feritoia, sfiatatoio, sfogo, sfogatoio □ foro, foratura, traforo, perforazione □ (*di botte*) cocchiume □ (*nelle porte*) gattaiola □ (*di porta, di parete, ecc.*) spia, spioncino □ (*di serratura*) toppa CONTR. protuberanza **2** (*di animale*) tana, nascondiglio, covo, antro, grotta, spelonca **3** (*del naso, delle orecchie e sim.*) foro, orifizio **4** (*gerg.*) iniezione (di droga), dose (di droga), pera (*gerg.*) **5** (*di locale*) catapecchia, stamberga, tana, tugurio, spelonca, topaia, abituro, bugigattolo CONTR. reggia **6** (*fig.*) lavoro da poco, impieguccio **7** (*fig.*) (*in un discorso*) mancanza, lacuna, vuoto **8** (*giorn.*) bucatura, vuoto **9** (*nel lavoro*) intervallo, pausa, interruzione, sosta, break (*ingl.*), tempo libero **10** (*di denaro*) debito, passivo, ammanco, disavanzo, deficit (*lat.*) CONTR. credito, attivo **11** (*sport*) fallimento, sbaglio, azione non riuscita FRAS. *fare un buco nell'acqua* (*fig.*), fallire.

bucòlico *agg.* pastorale, idilliaco, idillico, arcadico, campestre, rurale.

budèllo *s. m.* **1** (*pop.*) intestino, viscere **2** (*fig.*) tubo **3** (*di via*) vicolo (lungo e stretto), vicoletto.

budget /*ingl.* 'bʌdʒit/ [vc. ingl., dal fr. *bougette* 'piccola borsa (*bourse*)', poi 'borsa del ministro del tesoro', quindi 'bilancio dello stato'] *s. m. inv.* **1** bilancio, preventivo, consuntivo □ piano finanziario **2** (*est.*) stanziamento, somma a disposizione.

budìno *s. m.* **1** (*cuc.*) dolce, pudding (*ingl.*), timballo, sformato, pasticcio **2** (*raro*) sanguinaccio.

bùe *s. m.* **1** giovenco, manzo, vitello **2** carne di bue **3** (*fig.*) (*di persona*) stolido, ignorante, sciocco, tardo CONTR. sveglio, intelligente **4** uomo fortissimo, ercole.

bùfala *s. f.* (*fig., scherz.*) errore, svista madornale □ bugia, balla, frottola, panzana □ spettacolo mediocre.

bufèra *s. f.* **1** tempesta, tormenta, fortunale, uragano, nubifragio, ciclone, turbine, burrasca, procella (*lett.*) CONTR. bonaccia, calma, bel tempo **2** (*fig.*) (*di sen-

timento, di situazione) grave sconvolgimento, grave tensione, furore, furia, eccitazione **CONTR.** tranquillità, quiete, pace. *V. anche* BURRASCA

buffer /*ingl.* 'bʌfer/ [vc. ingl., letteralmente 'cuscinetto'] *s. m. inv.* (*di cervello elettronico*) memoria di transito.

buffet /*fr.* by'fɛ/ *s. m. inv.* ***1*** credenza, armadio a vetri ***2*** (*nei ricevimenti*) tavola di rinfreschi, rinfresco ***3*** (*in stazione, in luogo di attesa e sim.*) posto di ristoro, caffè, bar, ristorante, ristoratore (*raro*), caffetteria, buvette (*fr.*).

buffétto *s. m.* ***1*** (*delle dita*) schiocco ***2*** colpetto (sulla gota), biscotto.

bùffo ***A*** *agg.* ***1*** faceto, allegro, grottesco, farsesco, carnevalesco, ridicolo, risibile, scherzoso **CONTR.** serio, serioso, severo, austero, strano, curioso □ singolare, paradossale, bizzarro, stravagante, sui generis (*lat.*) **CONTR.** normale, comune ***2*** (*di commedia, opera musicale e sim.*) comico, burlesco **CONTR.** serio ***B*** *s. m.* ***1*** attore comico, giullare, pagliaccio **CONTR.** attore tragico, attore drammatico ***2*** (*solo sing.*) (*di cose, di fatto*) comicità, curiosità, stranezza, ridicolo.

buffonàta *s. f.* buffoneria, bambocciata, burattinata, pagliacciata, arlecchinata, pulcinellata, carnevalata, farsa, commedia, burletta, parodia, ridicolaggine, ciarlataneria, ciarlatanata, scherzo.

buffóne *s. m.* ***1*** (*nel medioevo*) giullare, giocoliere ***2*** (*di spettacolo*) comico, pagliaccio, clown (*ingl.*), commediante ***3*** (*est.*) burlone, macchietta, bontempone, allegrone ***4*** (*spreg.*) ciarlatano, ciurmadore (*ant.*), pagliaccio, zanni, burattino, arlecchino, brighella, pulcinella, sciocco, voltagabbana, banderuola.

buffonerìa *s. f.* buffonata, bambocciata, burattinata, carnevalata, farsa, pagliacciata, ridicolaggine, ciarlataneria.

buffonésco *agg.* carnevalesco, farsesco, giullaresco, claunesco, burattinesco, arlecchinesco, pagliaccesco, comico, ridicolo, risibile **CONTR.** serio, serioso, austero.

buggeràre *v. tr.* (*fam.*) ingannare, imbrogliare, buscherare (*pop.*), truffare, raggirare, gabbare, turlupinare.

buggeratùra *s. f.* raggiro, imbroglio, truffa, buscheratura (*pop.*), inganno, turlupinatura, presa in giro, fregatura (*pop.*).

bugìa (1) *s. f.* portacandele (poggiante su piatto), candeliere, candelabro □ lumino a olio (portatile).

bugìa (2) *s. f.* menzogna, falso, falsità, fandonia, fanfaluca, frottola, mendacio (*lett.*), panzana, pallonata, balla, palla, cannonata, bomba (*dial.*), bubbola, bufala, pispola, carota (*fam.*), ciancia, impostura, patacca (*dial., sett.*), bugiarderia, invenzione, favola, fiaba, fola, leggenda **CONTR.** verità.

BUGIA
sinonimia strutturata

Bugia è un'affermazione coscientemente contraria alla verità: *dire, raccontare bugie, un sacco di bugie*; più in particolare, con l'espressione *pietosa bugia*, si indica una bugia che serve a coprire una realtà dolorosa, amara. La bugia può essere di diversa entità, da grave a leggera - come, per esempio, le bugie dei bambini - mentre la **menzogna** è un'asserzione, una dichiarazione consapevolmente falsa, in cui l'intenzione di mentire è più deliberata; la parola ha quindi un significato più forte: *menzogne sfacciate, spudorate*. Una **falsità** è un'azione o una frase che non corrisponde al vero; il termine dunque può indicare qualcosa contrario alla verità non solo in riferimento a ciò che viene detto, ma anche al modo di agire, di operare: *le sue falsità presto saranno smascherate*. Comunque, a differenza della bugia e della menzogna, la falsità può non essere intenzionale, poiché si può dire qualcosa di falso senza saperlo. Molto grave e sempre rivolta all'inganno è al contrario l'**impostura**, cioè la menzogna e la frode radicate come abitudini, come costanti del comportamento: *vivere nell'impostura*. Anche **mendacio** significa bugia, menzogna ma è una forma rara e letteraria.

In questo ambito semantico, **invenzione** indica qualunque notizia, storia o chiacchiera inventata, ideata appositamente, soprattutto per danneggiare qualcuno: *sono tutte invenzioni delle male lingue*. **Fandonia** invece è la notizia, la vicenda, il racconto inventato per scherzo oppure per vanteria: *raccontava sempre e solo grosse fandonie*; diversamente dalla bugia, nella fandonia può esserci un misto di falso e di vero o può mancare completamente la consapevolezza di dire cose non vere: *quell'ubriaco sta dicendo un sacco di fandonie*. Così **frottola** è la bugia di poco conto, la fandonia: *raccontare frottole*; similmente **panzana** significa fandonia, sciocchezza palesemente inventata: *dire panzane*.

Con **favola** qui si intende la chiacchiera, la diceria sul conto di qualcuno o su un avvenimento: *su quell'episodio si raccontano un mucchio di favole*; favola indica inoltre l'oggetto stesso delle dicerie: *quell'individuo è diventato la favola del paese*. Anche il termine **fola** significa favola, narrazione fantastica, ma il suo uso in questa accezione propria è limitato al linguaggio letterario; d'impiego corrente, invece, è il suo significato estensivo di cosa non vera, chiacchiera, frottola: *sono tutte fole senza fondamento*. La **ciancia**, infine, è la chiacchiera, il discorso futile, insensato, scombinato che non corrisponde alla verità: *raccontare, dire delle ciance*.

bugiardàggine *s. f.* falsità, ipocrisia, menzogna, falsificazione, calunnia, bugiarderia **CONTR.** verità, sincerità.

bugiàrdo ***A*** *agg.* ***1*** falso, calunnioso, ciarlatanesco, ingannatore, insincero, ipocrita, simulatore, dissimulatore, finto, ballista (*scherz.*), mendace (*lett.*) **CONTR.** sincero, leale, franco, schietto ***2*** (*lett.*) illusorio, fallace, menzognero, ingannevole **CONTR.** vero, veritiero ***B*** *s. m.* falso, mentitore, ballista (*scherz.*), fanfarone, millantatore, impostore, mitomane, simulatore, spergiuro, blagueur (*fr.*), parabolone (*raro*), contaballe (*pop.*), contafrottole. *V. anche* IPOCRITA

bugigàttolo *s. m.* ***1*** stanzino buio, ripostiglio, sgabuzzino, buco, sottoscala, stambugio *2* abitazione squallida, stamberga, buco, catapecchia, tana CONTR. reggia, palazzo, villa.

bùgno *s. m.* arnia, alveare.

bùio ***A*** *agg.* ***1*** oscuro, scuro, tenebroso, fosco, nero, fondo, cupo, caliginoso (*lett.*), cieco, tetro, funereo, atro (*lett.*), opaco □ (*di cielo e sim.*) nebbioso, nuvoloso, coperto CONTR. luminoso, chiaro, limpido, lucente, sfavillante, risplendente, scintillante ***2*** (*fig.*) (*di persona*) corrucciato, triste, cupo, minaccioso CONTR. felice, raggiante ***3*** (*fig.*) (*di discorso, di situazione*) incomprensibile, astruso □ intricato, confuso □ incerto, difficile, brutto CONTR. evidente, semplice, chiaro □ felice, bello, lieto, dorato ***B*** *s. m.* ***1*** oscurità, tenebra, caligine, ombra, opacità, offuscamento, foschia, notte, oscuramento, black-out (*ingl.*) CONTR. luminosità, luce, biancore, chiarore ***2*** (*fig.*) ambiguità, incomprensibilità, astrusità, confusione CONTR. chiarezza, evidenza ***3*** (*fig.*) amnesia, dimenticanza FRAS. *essere al buio* (*fig.*), ignorare □ *tenere al buio* (*fig.*), nascondere. *V. anche* INCERTO, NERO

bùlbo *s. m.* ***1*** globo □ bolla □ sfera ***2*** radice, tubero □ (*di giacinto, di tulipano, ecc.*) cipolla.

bulimìa *s. f.* fame smodata CONTR. anoressia, inappetenza.

bulìno *s. m.* cesello, ciappola, scalpello.

bulldog /*ingl.* 'buldɔg/ [vc. ingl, comp. di *bull* 'toro' e *dog* 'cane'] *s. m. inv.* (*est.*) molosso, mastino.

bulldozer /*ingl.* 'buldouzə/ [da *bulldoze*, nell'ingl. d'America 'intimidire con la forza'] *s. m. inv.* trattore, cingolato, caterpillar (*ingl.*), apripista.

bùllo *s. m.* spavaldo, bellimbusto, gradasso, patacca (*dial.*) □ teppista, bravaccio.

bungalow /*ingl.* 'bʌngəlou/ [vc. ingl., di origine indostana: *banglā* 'bengalese', cioè originariamente '(casa) del Bengala'] *s. m. inv.* villino.

bùnker [vc. ted., *Bunker*, dall'ingl. *bunker*, propriamente 'deposito (di carbone in un'officina)'] *s. m. inv.* ricovero militare, casamatta, rifugio blindato, fortino.

buòna *s. f.* (*fam.*) bella copia, bella CONTR. malacopia, minuta.

buonafède *s. f.* sincerità, onestà, convinzione onesta, fiducia, lealtà, ingenuità CONTR. malafede, slealtà, doppiezza, frode.

buonagràzia *s. f.* cortesia, gentilezza, benevolenza CONTR. scortesia, ignoranza.

buonànima *s. f.* defunto, scomparso, compianto, deceduto, estinto, povero (*fam.*), trapassato (*lett.*).

buonanòtte o **buòna nòtte** *inter.* e *s. f.* buon riposo, sonno felice FRAS. *...e buonanotte!, ...e buonanotte sonatori!, e buonanotte al secchio!*, adesso basta!, e qui non ci riusciamo più!

buoncostùme o **buòn costùme** *s. m.* morale comune, morale, moralità CONTR. malcostume, immoralità.

buongràdo *vc.; solo nella loc. avv. di buon grado*, volentieri CONTR. malvolentieri.

buongustàio *s. m.* ***1*** amatore della buona cucina, gourmet (*fr.*), gastronomo ***2*** (*est.*) intenditore, buon conoscitore, raffinato CONTR. rozzo, dilettante.

buongùsto *s. m. solo sing.* ***1*** gusto, finezza, eleganza, senso del decoro CONTR. cattivo gusto, kitsch (*ted.*) ***2*** delicatezza, buonsenso, intelligenza CONTR. indelicatezza.

buòno (1) ***A*** *agg.* ***1*** (*di natura, di qualità*) onesto, morale, probo, dabbene, giusto, virtuoso, bravo CONTR. cattivo, disonesto, immorale, ingiusto ***2*** (*di animo*) generoso, benevolo, benigno, caritatevole, di cuore, pietoso, umano, altruista, filantropico, cristiano, pio, santo, clemente, amorevole CONTR. malvagio, disumano, spietato, avaro, insensibile ***3*** (*di modi*) dolce, affettuoso, amorevole, affabile, cortese, discreto CONTR. duro, scortese, ignorante, rozzo ***4*** (*di carattere*) quieto, tranquillo, sereno, mite, mansueto, docile, paziente, angelico, bonario CONTR. nervoso, rissoso, irritabile, instabile, mutevole ***5*** (*di motivo, di ragione*) giusto, valido, plausibile, accettabile, conveniente CONTR. ingiusto, infondato, inaccettabile ***6*** (*di lavoro*) esatto, rigoroso, ben fatto, accurato, soddisfacente, serio, bello CONTR. inesatto, brutto, mal fatto ***7*** (*di rimedio, di consiglio*) appropriato, efficace, conveniente, salutare, utile, giovevole, valevole CONTR. inefficace, inutile, vano ***8*** (*di affare*) propizio, positivo, favorevole, vantaggioso CONTR. sfavorevole, svantaggioso, dannoso ***9*** (*di compagnia, di comitiva*) gradevole, piacevole, divertente, bello CONTR. sgradevole, noioso ***10*** (*di cibo, di bevanda*) squisito, appetitoso, prelibato, gustoso, soave, delicato, delizioso □ (*di odore*) profumato, fragrante CONTR. disgustoso, cattivo, ripugnante □ fetido ***11*** (*di raccolto, di annata*) abbondante, notevole, ricco, considerevole, copioso CONTR. povero, scarso, misero ***12*** (*di terreno*) fertile, produttivo, redditizio CONTR. arido, improduttivo, avaro ***13*** (*di fisico*) solido, robusto, forte, sano CONTR. debole, gracile, malato, esile ***14*** (*di lavoratore, di professionista*) capace, esperto, valido, idoneo, energico, provetto, abile, valente, sicuro, ferrato CONTR. incapace, inesperto, inetto, debole, modesto ***15*** (*spesso iron.*) (*di società, di ambiente*) borghese, ricco, bene CONTR. basso, plebeo, umile, proletario ***B*** *s. m.* ***1*** bontà, bene CONTR. cattiveria, male ***2*** (*di tempo*) bello, bel tempo, sereno CONTR. brutto tempo, cattivo tempo FRAS. *alla buona*, in modo semplice, alla meglio □ *essere in buona*, essere di buon umore, essere ben disposto □ *con le buone*, senza asprezza, cortesemente □ *con le buone o con le cattive*, in ogni modo □ *buono a nulla*, incapace, inetto □ *buon per me*, per mia fortuna □ *un poco di buono*, un briccone. *V. anche* MORALE, SAGGEZZA

buòno (2) *s. m.* ***1*** ricevuta, tagliando, polizza, scontrino, talloncino, bolletta, biglietto, cedola, coupon (*fr.*), contromarca, ticket (*ingl.*), voucher (*ingl.*) ***2*** titolo di Stato, obbligazione.

buonóra ***A*** *nella loc. avv. di buonora*, di buon mattino, per tempo CONTR. tardi ***B*** *nella loc. inter. alla buonora!*, finalmente!

buonsènso o **buòn sènso** *s. m. solo sing.* saggezza, equilibrio, senso comune, senno, cervello, saviezza, sensatezza, discernimento, assennatezza, prudenza, giudizio, criterio □ delicatezza, buongusto CONTR.

dissennatezza, imprudenza, balordaggine, grullaggine, insensatezza □ indelicatezza. *V. anche* PRUDENZA, SAGGEZZA

buontempóne *s. m.* spensierato, gaudente, compagnone, gioviale, burlone, tipo ameno, mattacchione, allegrone, festaiolo, fumista, caposcarico **CONTR.** morigerato, austero, parco, severo, serioso, solitario, gufo.

buonumóre o **buòn umóre** *s. m.* allegria, allegrezza, contentezza, giocondità, giovialità, ilarità, gaiezza, brio **CONTR.** malumore, tristezza, scontento, malcontento, malinconia **FRAS.** *di buonumore*, allegro, ben disposto, gioviale.

buonuòmo o **buòn uòmo** *s. m.* ***1*** persona perbene, galantuomo □ ingenuo, mite **CONTR.** disonesto, cattivo □ furbone, prepotente ***2*** (*come appellativo*) signore!

buonuscìta *s. f.* ***1*** compenso, denaro, somma, indennizzo ***2*** indennità, liquidazione.

burattinàta *s. f.* ***1*** commedia di burattini ***2*** (*fig.*) buffonata, buffoneria, bambocciata, fantocciata, pagliacciata, arlecchinata, pulcinellata, carnevale, carnevalata, farsa, ridicolaggine, ciarlataneria.

burattìno *s. m.* ***1*** marionetta, fantoccio, bamboccio, pupazzo, pupazzetto, pupo ***2*** (*fig.*) (*di persona*) buffone, girella, zimbello, pagliaccio, arlecchino, pulcinella, voltagabbana, sciocco **FRAS.** *piantar baracca e burattini* (*fig.*), abbandonare tutto, andarsene.

burbanzóso *agg.* borioso, insolente, arrogante, orgoglioso, altero, altezzoso, sdegnoso, sprezzante, superbo, tracotante, spocchioso, protervo, gladiatorio, spagnolesco **CONTR.** umile, bonario, sommesso.

bùrbero *agg.* severo, serio, austero, rigido, scontroso, arcigno, accigliato, imbronciato, orso □ brusco, ruvido, sgarbato, scortese, aspro, scostante, spinoso **CONTR.** gentile, garbato, mite, bonario, gioviale, cordiale, sorridente, affabile. *V. anche* SEVERO

bureau /*fr.* by'ro/ *s. m. inv.* ***1*** scrittoio, scrivania □ stipo ***2*** (*di albergo e sim.*) ufficio, studio, direzione.

buriàna *s. f.* ***1*** (*dial.*) temporale improvviso, burrasca, tramontana ***2*** (*fig., pop.*) trambusto, chiasso, scompiglio, baldoria, confusione □ burrasca, sfuriata.

burìno *s. m.* e *agg.* ***1*** (*spreg.*) contadino **CONTR.** cittadino ***2*** (*est.*) zotico, grossolano, ignorante, buzzurro, tamarro (*region.*) **CONTR.** civile, educato, fine.

bùrla *s. f.* ***1*** scherzo, beffa, tiro birbone, pasquinata, sfottitura, sfottò (*pop., fam.*), presa in giro, celia, cilecca (*tosc.*), canzonatura, derisione, corbellatura, baia, berta (*lett.*), gabbo (*raro*), mattata, gioco, farsa, carnevalata, commedia ***2*** quisquilia, sciocchezza, nonnulla **CONTR.** difficoltà. *V. anche* GIOCO

burlàre ***A*** *v. tr.* beffare, canzonare, schernire, deridere, dileggiare, prendere in giro, prendere per i fondelli (*fam.*), coglionare (*pop.*), minchionare, sfottere (*pop.*), berteggiare (*lett.*), corbellare (*pop.*), motteggiare, uccellare, zimbellare ***B*** *v. intr.* scherzare, giocare, celiare ***C*** **burlarsi** *v. intr. pron.* farsi beffe, farsi gioco, gabbarsi, ridersi. *V. anche* RIDERE

burlésco ***A*** *agg.* ***1*** giocoso, scherzoso, comico, carnevalesco, carnascialesco (*lett.*), ridicolo, faceto, derisorio, buffo, brillante, ironico, risibile, umoristico, canzonatorio **CONTR.** serio, serioso, tragico ***2*** (*di stile*) caricaturale, bernesco, eroicomico ***B*** *s. m.* caricaturale, comico.

burlétta *s. f.* ***1*** *dim. di* **burla**; scherzo, scherzetto ***2*** celia, ridicolaggine, buffonata, pagliacciata, farsa, canzonatura, corbellatura (*pop.*) **FRAS.** *mettere in burletta*, mettere in ridicolo.

burlóne ***A*** *s. m.* buontempone, tipo ameno, mattacchione, macchietta, pazzerellone, buffone, allegrone, compagnone, beffeggiatore, corbellatore (*pop.*), spiritosone, giovialone, chiassone, caposcarico, fumista **CONTR.** burbero, musone, impiastro ***B*** *agg.* scherzoso, ridanciano, canzonatore, spiritoso, arguto, allegro **CONTR.** lamentoso, malinconico, tetro, contegnoso, serio, austero, accigliato.

buròcrate *s. m.* ***1*** impiegato, funzionario (spec. di alto grado), amministrativo, amministratore, colletto bianco (*fig.*) ***2*** (*fig., spreg.*) formalista, pedante, gretto, fiscale **CONTR.** persona elastica.

burocraticaménte *avv.* per via burocratica, amministrativamente □ (*fig., spreg.*) fiscalmente, pedantemente **CONTR.** senza burocrazia, elasticamente.

burocràtico *agg.* ***1*** della burocrazia, dei funzionari, amministrativo ***2*** (*fig., spreg.*) metodico, pedante, formalista, gretto, fiscale, cancelleresco, notarile **CONTR.** aperto, elastico, agile.

burocratismo *s. m.* fiscalismo, formalismo, pedanteria **CONTR.** elasticità, agilità.

burocratizzàre *v. tr.* ***1*** rendere burocratico, ufficializzare ***2*** (*fig., spreg.*) fiscalizzare **CONTR.** liberalizzare.

burocrazìa *s. f.* ***1*** amministrazione (spec. pubblica) ***2*** (*fig., spreg.*) formalismo, fiscalismo, grettezza, pedanteria, lungaggine **CONTR.** snellezza, liberalismo, agilità, elasticità ***3*** burocrati, funzionari, impiegati (spec. pubblici).

burràsca *s. f.* ***1*** (*di tempo*) tempesta, perturbazione, bufera, fortunale, temporale, turbine, tormenta, uragano, procella (*lett.*), mareggiata **CONTR.** calma, bonaccia, bel tempo ***2*** (*fig.*) (*di avvenimento*) sconvolgimento, disgrazia, disavventura, batosta □ finimondo, scompiglio, buriana (*dial.*), sfuriata **CONTR.** tranquillità, quiete, pace.

BURRASCA
sinonimia strutturata

Nel linguaggio della meteorologia si chiama tecnicamente **burrasca** un vento molto forte che, in base alla scala di classificazione dei venti dell'ammiraglio inglese Beaufort, può produrre, a seconda della sua intensità, un'ampia gamma di effetti: dalla difficoltà a tenere aperti gli ombrelli fino allo sradicamento degli alberi. Il vocabolo nell'uso corrente e non tecnico viene usato per indicare una forte perturbazione, specialmente marina, con vento impetuoso: *far burrasca*; *il mare è in burrasca*. In senso figurato burrasca si usa per indicare disavventura, disgrazia: *ne abbiamo passate di burrasche*, oppure irritazione, collera: *c'è aria di burrasca*. Il **fortunale** è una perturbazione atmosferica molto intensa, caratterizzata da vento fortissimo con una velocità tra i 105 e 115 km all'ora; il fortunale è più violento della burrasca, produce a terra gravi devastazioni e, in mare, onde altissime: *un fortunale s'abbatté sulla costa*. Di eccezionale violenza è anche l'**uragano**, il grado massimo della scala di Beaufort, con vento che supera i 115 km all'ora. Il termine indica propriamente i cicloni tropicali e, in generale, nell'uso corrente le perturbazioni di particolare furia, con piogge torrenziali e vento vorticoso: *si scatenò un uragano*; *la città fu investita da un uragano*. L'uragano provoca devastazioni gravissime, con distruzioni di case e affondamenti di navi.

Viene invece chiamato **mareggiata** un violento moto ondoso che si abbatte lungo la costa; la potenza delle masse d'acqua spostate dalla mareggiata può travolgere e distruggere qualsiasi costruzione incontri, moli, ponti, strade. Gli uragani tropicali possono provocare mareggiate che si spingono fin nell'entroterra.

La **tempesta** è fenomeno atmosferico violento, caratterizzato da vento di fortissima intensità, con o senza pioggia, grandine o neve: *la tempesta infuria*; *aria foriera di tempesta*. Se non è accompagnata da precipitazioni si ha solo una *tempesta di vento*, diversamente una *tempesta di pioggia* o *di neve*. Vi sono anche le *tempeste di mare* e le *tempeste di sabbia*; queste ultime si verificano nelle regioni desertiche quando il vento solleva grandi quantità di polveri. Numerose sono le locuzioni in cui il vocabolo compare in senso figurato: *nell'aria c'è odor di tempesta*, si preannunciano rimproveri e sgridate; *una tempesta di sassi, di proiettili, d'urli, di domande*, una gragnuola, una fitta quantità; *avere il cuore in tempesta*, essere sconvolto dalle passioni, turbato; *una tempesta in bicchier d'acqua*, una grande agitazione per nulla. Termine letterario è invece **procella**, che significa tempesta impetuosa, burrasca.

Il **turbine** è un movimento vorticoso dell'aria, un vortice di vento che solleva da terra neve, sabbia, polvere: *turbine di vento, di neve, di sabbia*. La **bufera** è un vortice di vento, una tempesta con pioggia, neve o grandine: *la bufera avvolse la capanna*; con **tormenta**, invece, si indica in particolare una bufera o un turbine di neve pulverulenta, di aghetti nevosi trasportati dal vento sulle cime e sulle creste d'alta montagna: *il monte era battuto dalla tormenta*.

Il **temporale**, infine, è una perturbazione atmosferica nella quale sono presenti fenomeni elettrici come lampi e fulmini seguiti da tuoni, raffiche di vento, pioggia e talvolta grandine: *minaccia, scoppia un temporale*.

burrascosaménte avv. (*spec. fig.*) tempestosamente, tumultuosamente, tormentosamente, convulsamente **CONTR.** tranquillamente, pacificamente.

burrascóso agg. ***1*** (*di tempo*) tempestoso, procelloso (*lett.*), turbinoso, temporalesco, fortunoso (*ant.*), impetuoso, cattivo, da lupi **CONTR.** calmo, quieto, immobile, sereno ***2*** (*fig.*) (*di avvenimento, di situazione*) agitato, convulso, violento, tormentoso, tumultuoso, turbolento, contrastato **CONTR.** tranquillo, pacifico.

burróne s. m. baratro, scoscendimento, precipizio, voragine, abisso, strapiombo, dirupo, scarpata, orrido, borro, forro, botro, anfratto, foiba, dolina, vallone. *V. anche* VALLE

burróso agg. ***1*** butirroso ***2*** (*fig.*) tenerissimo, delicatissimo, morbidissimo.

bus /*ingl.* bʌs/ [acrt. di *autobus*] s. m. inv. autobus, filobus, vettura □ corriera, autopullman, torpedone.

buscàre v. tr. e **buscàrsi** v. intr. pron. procacciarsi, procurarsi □ prendersi, beccarsi □ cercare, guadagnarsi, ricevere, ottenere **FRAS.** *buscarsele* (*fam.*), essere picchiato, prendersele.

buscheràre v. tr. (*pop.*) buggerare, ingannare, imbrogliare, truffare, raggirare, beffare, gabbare, turlupinare, bidonare (*pop.*), corbellare (*pop.*).

buscheratùra s. f. (*pop.*) buggeratura, raggiro, truffa, imbroglio, inganno, turlupinatura, presa in giro, fregatura (*pop.*).

busìllis [dal lat. *in diebus illis* ('in quei giorni' che un ignorante aveva storpiato in *in die busillis* o in *In-die busillis* e non riusciva perciò a capirne il senso)] s. m. inv. difficoltà, intoppo, punto difficile, inciampo, ostacolo.

business /*ingl.* 'biznis/ [vc. ingl., col significato originario di 'impresa, lavoro'] s. m. inv. affare, attività economica, transazione □ impresa commerciale, impresa industriale.

bùssa s. f. spec. al pl. colpo, botta, percossa, bastonatura, picchiata, legnata, randellata, manganellata, sorbe (*dial.*).

bussàre ***A*** v. intr. (*alla porta*) battere, picchiare, martellare ***B*** v. tr. ***1*** (*di persona o animale*) (*raro*) percuotere, battere, picchiare, bastonare, legnare, randellare, manganellare ***2*** (*al gioco*) avere buon gioco **CONTR.** lisciare, strisciare **FRAS.** *bussare a quattrini* (*fig.*), chiedere soldi.

bussàta s. f. ***1*** (*alla porta*) picchio, colpo □ (*di persona o animale*) bastonata, bastonatura ***2*** (*fig., tosc.*) danno, batosta.

bùsso s. m. ***1*** colpo, picchio ***2*** forte rumore, botta, tonfo, scoppio, rimbombo, bang (*ingl.*).

bùssola s. f. ***1*** (*fig.*) orientamento, controllo ***2*** (*fig.*) norma, guida.

bussolòtto s. m. (*per giochi di dadi, di prestigio*) barattolo, bossolo, bicchiere, scatola **FRAS.** *gioco dei bussolotti*, gioco di prestigio; (*fig.*) travisamento (della realtà).

bùsta s. f. ***1*** (*per corrispondenza*) custodia, involucro, plico ***2*** (*per documenti*) cartella, carpetta, borsa, portafogli, guaina ***3*** (*per occhiali e attrezzi vari*) astuccio, contenitore, boîte (*fr.*) □ sacchetto, shopper (*ingl.*).

bustarèlla s. f. ***1*** dim. di **busta** ***2*** (*fig.*) compenso illecito, soldi sottobanco, tangente, mazzetta, sbruffo (*gerg.*), stecca (*gerg.*), pizzo (*merid.*).

bustìno s. m. ***1*** dim. di **busto** ***2*** (*abbigl.*) corpetto (con stecche), corsetto, corsaletto, guêpière (*fr.*) ***3*** (*di abito femminile*) parte superiore.

bùsto s. m. ***1*** tronco, torace, torso, fusto, petto, vita ***2*** (*scultura*) scultura (dalla vita in su), erma ***3***

(*abbigl.*) guaina, guêpière (*fr.*), corsetto, corpetto, bustino, fascetta.

buttàre ***A*** *v. tr.* ***1*** gettare, lanciare, scagliare, tirare, scaraventare, catapultare, proiettare □ schiaffare, sbattere, cacciare □ mandare giù, lasciare cadere **CONTR.** prendere, tirare su, raccogliere, tirare indietro, trattenere ***2*** (*fig.*) (*di tempo, di fatica, ecc.*) sciupare, dissipare, disperdere, sprecare, dilapidare **CONTR.** risparmiare, economizzare, utilizzare ***3*** (*di liquido*) emettere, perdere, lasciare uscire **CONTR.** trattenere ***4*** (*di pianta*) gemmare, ributtare, rigettare, rimettere, produrre, generare, germogliare, germinare, prolificare, pullulare ***5*** (*nel gioco*) calare, giocare, scartare ***B*** **buttarsi** *v. rifl.* ***1*** gettarsi, lanciarsi, scagliarsi, slanciarsi, precipitarsi, fiondarsi, scaraventarsi, piombare, saltare, avventarsi, irrompere **CONTR.** frenarsi, trattenersi ***2*** (*in una impresa*) impegnarsi, impegolarsi **CONTR.** disimpegnarsi, abbandonare ***3*** osare, tentare, provarci **CONTR.** ritirarsi **FRAS.** *buttar giù* (*fig.*), abbattere, demoralizzare □ *buttare all'aria* (*fig.*), mettere sottosopra, far fallire; destrutturare □ *buttare via*, gettare, cestinare; dilapidare; (*fig.*) sprecare.

butteràto *agg.* vaioloso, pustoloso.

bùttero *s. m.* mandriano, bovaro, guardiano (spec. di bufali, tori, cavalli), cow-boy (*ingl.*), cavallaio, vaccaio, pastore.

buzzùrro *s. m.* ***1*** castagnaro, caldarrostaio ***2*** (*spreg.*) nuovo arrivato (in città) ***3*** ignorantone, villano, tanghero, zotico, incivile, villanzone, rozzo, burino, cafone, tamarro (*region.*) **CONTR.** raffinato, civile, snob (*ingl.*).

bwana /*swahili* 'bwana/ [in swahili, letteralmente 'padrone, signore'] *s. m. inv.* padrone, capo **CFR.** sahib.

bye-bye /*ingl.* 'bai 'bai/ [vc. ingl., inizialmente propria del linguaggio inft.] *inter.* addio, arrivederci, ciao.

by night /*ingl.* 'bai 'nait/ [vc. ingl., letteralmente 'presso (*by*) la notte (*night*)'] *loc. agg.* e *avv.* notturno, di notte.

by pass /*ingl.* 'bai pa:s/ [vc. ingl., letteralmente 'presso (*by*) il passaggio (*pass*)'] *loc. sost. m. inv.* (*med., urban.*) bipasso, collegamento, derivazione, ponte, raccordo, deviazione, diramazione.

bypassàre /baipas'sare/ *v. tr.* (*di ostacolo*) scavalcare, superare, sorpassare.

c, C

cabarè s. m. inv. **1** adattamento di **cabaret** **2** (*region.*) vassoio.
cabaret /fr. kaba'rɛ/ [dall'ol. *cabret*, dal piccardo *cambrette* 'cameretta'] s. m. inv. café-chantant (*fr.*), caffè concerto, music-hall (*ingl.*), night-club (*ingl.*), varieté (*fr.*), boîte (*fr.*), cave (*fr.*).
cabina s. f. **1** (*di nave*) cameretta **2** (*di ascensore e sim.*) vano **3** (*di autoveicoli, di aerei, ecc.*) abitacolo **4** (*di spiaggia, di piscina e sim.*) capanno, casotto, spogliatoio.
cabinovia s. f. bidonvia, funivia.
cabriolet /fr. kabriɔ'lɛ/ [fr., da *cabrioler* 'fare capriole'] s. m. inv. **1** carrozzina, calesse **2** (*di automobile*) decappottabile, convertibile **CONTR.** berlina.
cacào s. m. (*est.*) cioccolata, cioccolato.
cacàre **A** v. intr. (*volg.*) defecare, evacuare, scaricare, andar di corpo, liberarsi **B** v. tr. (*volg.*) espellere, eliminare **FRAS.** *cacarsi sotto* (*fig.*), avere paura □ *cacare uno* (*fig.*), disprezzare uno, ignorare uno.
cacarèlla s. f. **1** (*pop.*) dissenteria, diarrea, sciolta (*fam.*) **CONTR.** stitichezza **2** (*fig.*) paura, fifa, tremarella **CONTR.** coraggio, baldanza. *V. anche* PAURA
cacasótto s. m. e f. inv. (*pop.*) vigliacco, pavido, pusillanime, incapace, calabrache (*pop.*) **CONTR.** coraggioso, responsabile.
càcca s. f. **1** (*inft., pop.*) escrementi, feci, sterco, merda (*volg.*), popò (*inft.*) **2** (*est., inft.*) sudiciume, sporcizia, porcheria.
càccia s. f. **1** venagione, uccellatura, uccellagione, battuta, cattura □ pesca **2** (*est.*) selvaggina, cacciagione, preda **3** (*est.*) (*di persona*) inseguimento, ricerca, appostamento, battuta **4** (*fig.*) (*di notizia, di impiego, ecc.*) cerca, ricerca, scoperta.
cacciagióne s. f. selvaggina, caccia, uccellagione □ preda, carniere, uccelletti.
cacciàre **A** v. tr. **1** (*di animale o persona*) inseguire, cercare, ricercare, braccare **2** (*est.*) allontanare, scacciare, espellere, epurare, bandire, esiliare, licenziare, mandare via, sbattere, sbaraccare (*fam.*), escludere □ (*di attacco, di nemico, ecc.*) ributtare, ricacciare, risospingere □ (*da una carica, da una sede, ecc.*), trasferire, sbalzare, sbalestrare, scalzare, defenestrare (*fig.*), sfrattare (*est.*), estromettere **CONTR.** chiamare, ricevere, accettare, accogliere □ confermare, introdurre, reintegrare **3** (*fig.*) (*di pensieri, di preoccupazioni, ecc.*) eliminare, allontanare, rimuovere, respingere, fugare **CONTR.** procurarsi, cercare **4** (*di persona o cosa*) spingere, ficcare, conficcare □ mettere, emettere, buttare, nascondere **CONTR.** tirare fuori, riprendere, liberare, estrarre, togliere **B** v. intr. andare a caccia, uccellare **C** **cacciarsi** v. rifl. (*anche fig.*) mettersi, entrare, introdursi, infilarsi, intrufolarsi, intromettersi, slanciarsi, nascondersi □ (*nei guai, nei debiti, ecc.*) ficcarsi, ingolfarsi □ (*fam.*) nascondersi, finire, andare a finire **CONTR.** uscire, venire fuori, liberarsi.
cacciàta s. f. allontanamento, scacciata, espulsione, esilio, bando, proscrizione, sfratto (*est.*) □ epurazione, defenestrazione (*fig.*), esclusione, estromissione **CONTR.** chiamata, invito, accoglienza □ reintegrazione.
cacciatóre s. m. (f. *-trice*) **1** uccellatore, battitore, guardiacaccia **2** (*fig.*) (*di notizie, di onori, ecc.*) cercatore, ricercatore **FRAS.** *cacciatore di frodo*, bracconiere.
cacciatorino s. m. salamino.
cacciavìte s. m. giravite.
cacciùcco [turco *Kačukli* 'minutaglia'] s. m. brodetto.
càccola s. f. **1** dim. di **cacca** **2** (*spec. al pl.*) (*di capre, di pecore e sim.*) sterco, cacca (*pop.*) **3** (*pop.*) muco □ cispa.
cache-pot /fr. kaʃ'po/ [vc. fr., propr. 'nascondi-vaso', comp. di *cacher* 'nascondere' e *pot* 'vaso'] s. m. inv. portavasi.
cachet /fr. ka'ʃɛ/ [vc. fr., da *cacher* 'nascondere'] s. m. inv. **1** (*farm.*) cialdino, capsula, ostia □ (*est.*) compressa, pastiglia, pasticca, pillola, discoide □ analgesico, antinevralgico **2** (*di attore, di cantante e sim.*) contratto, remunerazione, gettone, compenso, ingaggio **3** (*per capelli*) colorante, tinta, tintura.
caciàra s. f. (*centr.*) gazzarra, confusione, schiamazzo, strepito, baccano, fracasso, clamore, casino (*pop.*) **CONTR.** quiete, tranquillità, silenzio, pace.
càcio s. m. (*tosc.*) formaggio **FRAS.** *come il cacio sui maccheroni* (*fig.*), a proposito.
cadaùno agg. e pron. indef. ciascuno, ognuno, ciascheduno.
cadàvere s. m. **1** (*di persona*) salma, spoglia □ corpo morto, corpo, morto **2** (*di animale*) carogna, carcassa.
cadavèrico agg. (*fig.*) macilento, emaciato, smunto, sparuto, spettrale, pallido **CONTR.** florido, prosperoso, colorito, rubicondo, sano.
cadènte part. pres. di **cadere**; anche agg. **1** (*di costruzione*) fatiscente, vacillante, traballante, crollante, diroccato **CONTR.** saldo, solido, fermo, stabile **2** (*di persona*) vecchio, decrepito, sfatto, disfatto, debole, ciondolante, malandato **CONTR.** vigoroso, arzillo, energico, florido, robusto, saldo, sano, vegeto, rigoglioso **3** (*di meteorite, di stella*) cascante **4** (*di anno, di mese e sim.*) morente, uscente, che se ne va

CONTR. entrante.

cadènza *s. f.* **1** (*di voce, di suono*) modulazione, accentazione, accento, inflessione, cantilena, calata **2** (*di passo, di marcia, ecc.*) portamento, ritmo, allure (*fr.*), andatura, passo □ (*est.*) frequenza **3** (*mus.*) passaggio.

cadenzàre *v. tr.* ritmare, scandire, cantilenare, modulare.

cadére *v. intr.* **1** (*anche fig.*) precipitare, cascare, piombare, stramazzare, ribaltarsi, capitombolare, ruzzolare, tonfare (*raro*), procombere (*lett.*), accasciarsi, afflosciarsi, crollare, tracollare □ rovinare, abbattersi, schiantarsi, sfasciarsi, diroccarsi, sprofondare □ (*di liquido, di fluido*) colare □ (*di neve*) fioccare □ (*di pioggia, di cenere, di sassi, ecc.*) piovere **CONTR.** alzarsi, levarsi, rizzarsi, rialzarsi, assurgere (*lett.*) □ reggersi, sostenersi □ resistere, tenere duro **2** incappare, incorrere, inciampare (*fig.*) **CONTR.** evitare, sfuggire **3** (*lett.*) soccombere, morire, perire □ (*di speranze*) svanire, sfumare, tramontare, finire **4** (*di capelli*) diradarsi □ (*di abito, ecc.*) scendere, pendere, spiovere **5** (*fig.*) (*di regime, di governo e sim.*) finire, essere rovesciato **CONTR.** nascere, formarsi **6** (*fig.*) (*di vento, di sole, ecc.*) calare, finire, scendere, tramontare □ diminuire, placarsi **CONTR.** levarsi, salire, sorgere, spuntare □ crescere, aumentare, soffiare **7** (*fig.*) (*di fatto, di festa, ecc.*) ricorrere, accadere, capitare, apparire, presentarsi, giungere, arrivare, venire **8** (*di parola*) uscire, terminare, finire **CONTR.** cominciare, iniziare **FRAS.** *cadere dalle nuvole* (*fig.*), meravigliarsi □ *cadere in piedi* (*fig.*), cavarsela con poco danno □ *cadere dalla padella nella brace* (*fig.*), capitare di male in peggio □ *fare cadere le braccia* (*fig.*), fare disperare, deprimere.

CADERE
sinonimia strutturata

Cadere significa spostarsi senza sostegni dall'alto verso il basso, con lentezza o rapidità: *le foglie sono cadute dagli alberi*; *gli è caduta la matita di mano*. In questo significato il termine è molto vicino a **cascare**, usato più familiarmente, che vuol dire cadere, soprattutto all'improvviso: *cascare dal letto*; i due verbi hanno parte della fraseologia corrente, figurata e non, in comune: *cadere* o *cascare a pezzi*, è detto di oggetti vecchissimi, logori e si usa anche per indicare una grande stanchezza, il sentirsi distrutti; *cadere* o *cascare dal sonno, dalla stanchezza*; *caderci* o *cascarci*, significa credere a un inganno, cedere a lusinghe; *cadere* o *cascare di dosso*, si riferisce di solito ad abiti troppo larghi. Cadere inoltre può indicare lo scendere rapidamente di qualcosa che causa distruzioni: *il soffitto cadde con un rumore assordante*; in questo senso il verbo è più vicino a **crollare**, cioè cadere con impeto al suolo, distruggersi: *l'edificio è crollato*; *le piante sono crollate a terra sotto la furia del vento*; per estensione, il termine si riferisce al lasciarsi andare di schianto, per dolore o disperazione: *quando seppe la notizia crollò sulla sedia*; in senso figurato, sia crollare sia cadere indicano l'essere distrutto e annientato: *la monarchia crollò*; *l'impero romano cadde sotto l'impatto delle invasioni barbariche*.

Usato nella forma intransitiva, **rovinare** significa cadere giù violentemente, fragorosamente: *la casa rovinò a terra*; inoltre il verbo può indicare più specificamente il cadere dall'alto: *i massi rovinarono nella scarpata*. Così anche **precipitare**, come verbo intransitivo, indica il cadere con velocità e violenza verso il basso: *l'aereo è precipitato al suolo*; di qui in accezione figurata, il verbo significa susseguirsi, evolvere rapidamente, in modo incontrollato: *la situazione è precipitata*; *gli eventi precipitano*. Anche **piombare** in tale area semantica ha il significato di cadere dall'alto di peso, con forza o inaspettatamente: *un fulmine piombò sull'albero*, in senso figurato il verbo designa lo scivolare in uno stato di profondo abbattimento: *piombare nello sconforto, nella più nera disperazione*. **Stramazzare** indica il cadere a terra pesantemente, di botto, per malore o percosse: *il cavallo frustato stramazzò per terra*; *si è sentito male ed è stramazzato sul pavimento*.

Un piccolo gruppo di verbi, poi, designa una caduta seguita da uno o più rovesciamenti. **Ribaltare** significa, appunto, cadere rovesciandosi, andando sottosopra: *si è ribaltato con gli sci*. **Ruzzolare** invece è il cadere rotolando o rivoltandosi: *ruzzolare dalle scale, dal letto*; così anche **capitombolare** indica il cadere rotolando: *è capitombolato per le scale*.

cadétto [fr. *cadet*, dal guascone *capdet* 'capo'] **A** *agg.; anche s. m.* **1** (*di figlio*) secondogenito, minore **CONTR.** primogenito, maggiore **2** (*sport*) di serie B, di secondo piano **B** *s. m.* (*di accademia militare*) allievo.

caducità *s. f.* **1** transitorietà, fugacità, fuggevolezza, labilità, temporaneità, fragilità, vanità, mutabilità, corruttibilità (*lett.*) **CONTR.** stabilità, saldezza, durevolezza, solidità, persistenza, invariabilità, immutabilità, perennità, eternità **2** (*dir.*) inefficacia, decadenza.

cadùco *agg.* **1** effimero, fugace, labile, passeggero, fuggevole, fragile, perituro (*lett.*), precario, transitorio, temporaneo, momentaneo, provvisorio, transeunte (*lett.*), instabile, corruttibile (*lett.*), vano □ finito, mortale, terrestre, temporale **CONTR.** saldo, duraturo, stabile, durevole, inestinguibile, perpetuo, eterno □ spirituale, ultraterreno **2** (*di organo animale o vegetale*) deciduo **CONTR.** perenne, permanente **FRAS.** *mal caduco* (*pop.*), epilessia. *V. anche* FUGACE

cadùta *s. f.* **1** capitombolo, crollo, ruzzolone, tombolo, tombola (*fam.*), tonfo, stramazzata (*raro*), rotolone, ruzzolata, cascata (*fam.*), volo **CONTR.** risalita, ascesa, salita **2** (*di terreno, di impalcatura, ecc.*) cedimento, schianto **3** (*di organo*) prolasso (*med.*), ptosi (*med.*) **4** (*di denti, di capelli, ecc.*) perdita **5** (*fig.*) (*di città, di governo, ecc.*) capitolazione, resa, cessazione, rovina, disastro, rovesciamento, fine, morte **CONTR.** nascita, formazione, crescita, tenuta **6** (*di tensione, di prezzo, di moneta, ecc.*) calo, diminuzione, discesa, tracollo **CONTR.** aumento, salita, crescita, rimonta, recupero ***7*** (*d'acqua*) salto ***8*** (*lett.*) colpa, peccato. *V. anche* TRACOLLO

cadùto ***A*** *part. pass. di* **cadere**; *anche agg.* ***1*** cascato, precipitato, crollato, piombato, ruzzolato, stramazzato □ morto, perito, finito ***2*** (*di regime, di governo e sim.*) finito, rovesciato **CONTR.** creato, sorto ***3*** (*di vento, di sole, ecc.*) calato, tramontato □ diminuito **CONTR.** nato, salito □ cresciuto, aumentato ***4*** (*di liquido*) colato ***5*** (*di speranza, di illusione, ecc.*) infranto ***6*** (*di festa, di anniversario e sim.*) avvenuto ***B*** *s. m.* morto in combattimento, morto in guerra, morto, vittima **CONTR.** scampato, sopravvissuto, superstite.

café-chantant /*fr.* ka'fe ʃã'tã/ [vc. fr., propriamente 'caffè cantante'] *loc. sost. m. inv.* caffè-concerto, cabaret (*fr.*), varietè (*fr.*), night (*ingl.*), night-club (*ingl.*), music-hall (*ingl.*).

caffè *s. m.* ***1*** (*est.*) espresso ***2*** bar, caffetteria, bistrot (*fr.*) □ (*in stazione, luogo d'attesa e sim.*) buffet (*fr.*), buffetteria.

caffellàtte *s. m. inv.* cappuccio, cappuccino, latte macchiato.

caffetterìa *s. f.* bar, caffè, buffet (*fr.*).

caffettièra *s. f.* ***1*** bricco, cuccuma ***2*** (*scherz.*) vecchia locomotiva, vecchia automobile, bagnarola (*region.*).

cafonàggine *s. f.* cafoneria, rozzezza, grossolanità, volgarità, trivialità, villania, inurbanità, sgarbatezza, zoticaggine □ cafonata **CONTR.** raffinatezza, garbo, garbatezza, finezza, signorilità, gentilezza, urbanità, civiltà, nobiltà, galateo.

cafonàta *s. f.* cafonaggine, villanata, grossolanità, volgarità, sgarberia, insulto, sgarbo **CONTR.** cortesia, garbatezza, gentilezza.

cafóne ***A*** *s. m.* (*dial., merid.*) contadino, villico, bifolco, bracciante ***B*** *agg.*; *anche s. m.* (*est., spreg.*) villano, zotico, rozzo, buzzurro, tanghero, villanzone, becero (*tosc.*), screanzato, insolente, incivile, ignorante, carrettiere (*fig.*), cavernicolo (*fig.*), zoccolaio (*fig.*) **CONTR.** garbato, gentile, gentiluomo, signore, beneducato, snob (*ingl.*). *V. anche* ROZZO

cafonerìa *s. f. V.* **cafonaggine**.

cagionàre *v. tr.* causare, provocare, generare, ingenerare, comportare, determinare, arrecare, addurre, apportare, fare, produrre, suscitare, originare, partorire (*fig.*) □ (*di lode, di rimprovero, ecc.*) valere, procurare **CONTR.** impedire, evitare, scansare, sventare, ostacolare.

cagionévole *agg.* debole, malaticcio, infermiccio (*raro*), ammalazzato, infermo, fragile, gracile, precario, cattivo, egro (*lett.*) **CONTR.** sano, robusto, forte, vegeto, florido, prospero, vigoroso.

cagliàre ***A*** *v. intr.* (*di latte*) coagularsi, aggrumarsi, raggrumarsi, rapprendersi, stringersi, addensarsi, rappigliarsi, condensarsi ***B*** *v. tr.* quagliare (*dial.*), coagulare.

càglio *s. m.* ***1*** quaglio, presame, chimasi, coagulo ***2*** (*zool.*) abomaso.

cagnàra *s. f.* ***1*** (*di cani*) latrato, canea, canizza ***2*** (*fig., fam.*) chiasso, rumore, frastuono, baccano, casino (*pop.*), gazzarra, fracasso □ babele, baraonda, baldoria, bailamme, bordello (*fig.*), cancan □ rissa, litigio, chiassata **CONTR.** silenzio, tranquillità, quiete, pace.

cagnésco *agg.* (*fig.*) (*di sguardo, di atteggiamento*) ostile, minaccioso, malvagio, sinistro, bieco, torvo, cattivo, irato, sdegnato, accigliato **CONTR.** mite, sereno, bonario, calmo, cordiale, amichevole, amabile **FRAS.** *guardare in cagnesco* (*fig.*), guardare torvo □ *stare in cagnesco* (*fig.*), essere sdegnato.

caimàno *s. m.* (*est.*) coccodrillo, alligatore.

càla *s. f.* calanca, rada, insenatura, rientranza, golfo, baia, seno, darsena, porto, ancoraggio.

calabresèlla *s. f.* (*di gioco di carte*) terziglio.

calabróne *s. m.* ***1*** bofonchio (*dial.*) ***2*** (*fig.*) corteggiatore, importuno, seccatore, scocciatore, rompiscatole.

calafatàggio *s. m.* ***1*** (*di scafo di nave*) impeciatura, incatramatura ***2*** (*di scafo metallico*) saldatura.

calafatàre *v. tr.* ***1*** (*di scafo di nave*) impeciare, incatramare, impegolare, stoppare, turare ***2*** (*di scafo metallico*) saldare, stagnare.

calamàro *s. m.* ***1*** (*zool.*) calamaretto, totano ***2*** (*spec. al pl.*) (*fig.*) occhiaie livide.

calamìta *s. f.* ***1*** magnete ***2*** (*fig.*) attrattiva, richiamo.

calamità *s. f.* catastrofe, disastro □ sciagura, sventura, disgrazia, lutto, flagello, rovina, peste (*fig.*), lue (*fig., lett.*), castigo (*fig.*), cataclisma **CONTR.** fortuna, ventura, benedizione.

calamitàre *v. tr.* ***1*** magnetizzare ***2*** (*fig.*) (*di sguardo, di attenzione, ecc.*) attirare, attrarre, ipnotizzare, affascinare, suggestionare, stregare **CONTR.** respingere, allontanare, distrarre.

calamitàto *part. pass. di* **calamitare**; *anche agg.* ***1*** magnetizzato ***2*** (*fig.*) (*di sguardo, di attenzione, ecc.*) attirato, attratto, ipnotizzato, affascinato, suggestionato, stregato **CONTR.** respinto, allontanato, distratto.

calàndra *s. f.* ***1*** (*tecnol.*) spianatrice, lucidatrice, levigatrice, pressa, laminatoio ***2*** (*di carrozzeria di auto*) parte anteriore ***3*** (*di fuoribordo*) carenatura.

calandràre *v. tr.* laminare, spianare, levigare, lucidare, satinare.

calandratùra *s. f.* laminazione, laminatura, levigatura, lucidatura, satinatura.

calànte *part. pres. di* **calare**; *anche agg.* decrescente, declinante, discendente, declive (*lett.*), tramontante, scemante, in calo, decadente **CONTR.** crescente, sorgente, levante, nascente, in crescita, saliente (*lett.*).

calàre ***A*** *v. tr.* ***1*** abbassare, mandare giù, tirare giù **CONTR.** sollevare, alzare ***2*** (*di vela*) ammainare **CONTR.** issare, drizzare ***3*** (*fig.*) (*di prezzo, di pretese, ecc.*) diminuire, abbassare, ribassare, rinvilire, decurtare, deprezzare **CONTR.** aumentare, elevare, maggiorare, incrementare, ampliare ***4*** (*nel gioco*) giocare, mettere giù, buttare ***B*** *v. intr.* ***1*** discendere, scendere, digradare **CONTR.** salire, risalire ***2*** (*di peso, di volume, ecc.*) diminuire, scemare, decrescere, ridursi, rimpicciolire, abbassarsi, attenuarsi, perdere □ (*di vegetazione e sim.*) diradarsi **CONTR.** aumentare, crescere, ingrandire, ingrossarsi, salire ***3*** (*di moneta, di prezzo, ecc.*) svalutarsi, slittare **CONTR.** lievitare ***4*** (*di astro*) tramontare, declinare, scendere, coricarsi, scomparire □ (*di vento*) cadere **CONTR.** sorgere, apparire, nascere, spuntare, levarsi **5** (*di controllo e sim.*) allentarsi **C calarsi** *v. rifl.* discendere, scendere, venire giù **CONTR.** salire, inerpicarsi, arrampicarsi, scalare, ascendere, sollevarsi, issarsi, inerpicarsi. *V. anche* DIMINUIRE, SCENDERE

calàta *s. f.* **1** discesa, scesa, calo **CONTR.** salita, arrampicata, scalata, ascesa, elevazione **2** (*di popoli, di barbari, ecc.*) invasione, discesa **CONTR.** ritirata, risalita **3** (*di luogo*) china, scesa, discesa, declivio, pendio, pendice, sdrucciolo, pendenza **CONTR.** erta, salita **4** (*di lingua*) cadenza, cantilena, inflessione, accentazione, accento, pronuncia **5** (*di porto*) banchina, dock (*ingl.*) □ porto, scalo **6** (*di astro*) tramonto **CONTR.** sorgere.

calàto *part. pass. di* **calare**; *anche agg.* **1** disceso, sceso **CONTR.** salito, assurto, innalzato, levato **2** (*di peso, di volume, ecc.*) diminuito, scemato, ridotto **CONTR.** cresciuto, accresciuto, aumentato, salito, ingrossato **3** (*di tenda, di serranda, ecc.*) abbassato, tirato giù **CONTR.** alzato, sollevato **4** (*di astro*) tramontato **CONTR.** spuntato, sorto, nato **5** (*di vento*) caduto **CONTR.** levato **6** (*di vegetazione, di nebbia, ecc.*) diradato.

càlca *s. f.* moltitudine, folla, ressa, assiepamento, pigia pigia, pigìo, affollamento, frotta, turba, torma, pressa, stretta, mischia, assembramento, brulicame, formicolaio, formicaio, carnaio, serra serra, piena, pienone **CONTR.** vuoto □ solitudine. *V. anche* FOLLA

calcàgno *s. m.* tallone, garretto **FRAS.** *avere qualcuno alle calcagna* (*fig.*), avere qualcuno sempre dietro, essere inseguito □ *mostrare le calcagna* (*fig.*), fuggire.

calcàre *v. tr.* **1** calpestare, pigiare, schiacciare, pestare, conculcare (*raro, lett.*), soppressare (*raro*) **2** premere, pressare, pigiare, comprimere, stringere □ spingere **3** (*fig.*) (*di strada e sim.*) percorrere **4** (*fig.*) esagerare, eccedere □ vessare, opprimere, gravare, soverchiare (*lett.*) **5** (*fig.*) (*di parole*) accentuare, evidenziare, rilevare, sottolineare, caricare, ribadire **CONTR.** sorvolare, sfumare, saltare **FRAS.** *calcare le scene* (*fig.*), recitare □ *calcare le orme di uno* (*fig.*), imitare uno □ *calcare la mano* (*fig.*), esagerare. *V. anche* SCHIACCIARE, SPINGERE

càlce *s. m. solo sing.* (*fig.*) parte bassa, basso, fondo, piè □ *in calce* (*fig.*), in fondo, a piè di pagina.

calcestrùzzo *s. m.* beton, conglomerato cementizio.

calcétto *s. m.* calcio-balilla □ calcio a cinque.

calciàre A *v. intr.* **1** scalciare **2** spingare (*lett.*) **B** *v. tr.* (*di pallone*) colpire, tirare, sferrare.

calcìna *s. f.* malta.

càlcio (1) *s. m.* **1** (*di persona*) pedata, calcagnata, colpo **2** (*di animale*) zampata, unghiata **3** (*fig.*) ingiuria, insulto, vigliaccata, ingratitudine **4** (*sport*) football (*ingl.*), pallone **FRAS.** *dare un calcio* (*fig.*), abbandonare, piantare □ *trattare a calci* (*fig.*), trattare villanamente □ *calcio d'angolo*, corner, tiro dalla bandierina □ *calcio di rigore*, rigore, penalty (*ingl.*) □ *calcio di rimbalzo*, drop (*ingl.*) □ *calcio a cinque*, calcetto.

càlcio (2) *s. m.* (*di armi da fuoco*) piede.

càlcio-balilla *loc. sost. m.* calcetto.

calcioscommésse *s. m. inv.* totonero.

càlco *s. m.* (*di scultura, di disegno, ecc.*) impronta, modello, copia, riproduzione, gesso □ traccia. *V. anche* IMPRONTA, MODELLO

calcolàbile *agg.* computabile, misurabile, numerabile, valutabile, annoverabile, presuntivo **CONTR.** incalcolabile, innumerevole, incomputabile, inestimabile.

calcolàre *v. tr.* **1** (*mat.*) contare, computare, conteggiare □ (*est.*) dosare **2** (*tra gli amici, come presente, ecc.*) annoverare, considerare, includere, comprendere **CONTR.** escludere, eliminare, trascurare **3** (*fig.*) (*di vantaggio, di danno, ecc.*) stimare, esaminare, valutare, giudicare □ presumere, prestabilire, preventivare, prevedere **4** (*fig.*) (*di gesto, di parola, ecc.*) ponderare, misurare, pesare, soppesare. *V. anche* GIUDICARE

calcolatóre *agg.*; *anche s. m.* (*f. -trice*) **1** computista, contabile **2** (*fig.*) (*di persona*) ragionatore, furbo, scaltro, astuto, freddo, accorto □ interessato, opportunista, utilitarista, venale **CONTR.** svagato, semplice, ingenuo, azzardoso, imprudente, sventato, poeta (*fig.*) □ disinteressato, generoso, aperto **3** (*di macchina*) calcolatrice □ elaboratore, computer, personal computer, cervello elettronico, ordinatore (*raro*).

càlcolo *s. m.* **1** (*mat.*) computo, conteggio, conto, totalizzazione **2** (*per anton.*) matematica **3** (*fig.*) (*di cosa*) stima, valutazione, misurazione **4** (*fig.*) (*di aspettativa*) assegnamento, conto, affidamento **5** (*est.*) congettura, previsione, ipotesi, supposizione, proiezione **6** (*fig.*) (*di comportamento*) premeditazione □ astuzia □ freddezza, cerebralismo □ interesse, tornaconto, opportunismo **CONTR.** sconsideratezza, leggerezza, avventatezza, imprudenza, irriflessione □ disinteresse, generosità, prodigalità □ ingenuità, spontaneità **7** (*med.*) urolito, pietra (*raro*).

caldàia *s. f.* **1** caldaio, calderone, paiolo, pentolone □ serbatoio **2** (*tecnol.*) autoclave, digestore **3** (*di alambicco*) cucurbita.

caldallèssa *s. f.* ballotta, succiola (*tosc.*).

caldaménte *avv.* calorosamente, entusiasticamente, appassionatamente, affettuosamente, cordialmente, vivamente, sentitamente, sinceramente, festosamente **CONTR.** freddamente, gelidamente, tiepidamente, distaccatamente, tranquillamente, serenamente, equilibratamente.

caldàna *s. f.* **1** calura, calore, canicola, caldura, afa **CONTR.** freddo, gelo, rigore **2** (*al viso o al capo*) vampa, vampata, scalmana **CONTR.** brivido, pallore **3** (*fig.*) (*d'ira*) sfuriata. *V. anche* CALORE

caldarròsta *s. f.* bruciata, arrostita.

caldeggiàre *v. tr.* appoggiare, sostenere, incoraggiare, raccomandare, favorire, aiutare, assecondare, promuovere □ (*di idea e sim.*) abbracciare, sposare **CONTR.** avversare, ostacolare, osteggiare, combattere, contrastare, opporsi.

calderàio *s. m.* padellaio, ramaio, stagnaio, stagnino, magnano (*region.*).

calderóne *s. m.* **1** pentolone, paiolo, caldaia **2** (*fig.*) guazzabuglio, accozzaglia, confusione, casino (*pop.*), casotto (*pop.*) □ insieme indistinto, congerie.

càldo **A** *agg.* **1** (*di cosa, di clima*) ardente, scottante, bollente, bruciante, infocato, torrido, afoso, cocente, rovente **CONTR.** freddo, gelido, ghiacciato, congelato **2** (*fig.*) (*di persona, di discorso, ecc.*) impetuoso, focoso, irruente, appassionato, passionale, acceso □ avventato, balzano **CONTR.** calmo, tranquillo, sereno, equilibrato, pacato **3** (*fig.*) (*di saluto, di simpatia, ecc.*) affettuoso, cordiale, vivo, sincero, sentito, allegro, caloroso, vibrante, entusiastico □ amoroso **CONTR.** freddo, algido, distaccato, arido, asettico (*fig.*) **4** (*di alimento*) appena cotto, appena sfornato, fumante, bollente, riscaldato **CONTR.** freddo, raffreddato **5** (*fig.*) (*di notizia, di avvenimento, ecc.*) molto recente, fresco, nuovo **CONTR.** vecchio, passato **6** (*est., fig.*) (*di colore, di luce, ecc.*) intenso, luminoso, vivo, vivido **CONTR.** freddo, spento, scuro **7** (*fig.*) (*di voce*) gradevole, carezzevole, vellutato, morbido, dolce **CONTR.** aspro, secco, brusco, distaccato **8** (*di momenti, di giorni, ecc.*) critico, difficile, duro, teso **CONTR.** calmo, tranquillo, sereno **B** *s. m.* **1** calore, caldura, temperatura elevata, afa, canicola **CONTR.** freddo, fresco, frescura, refrigerio, gelo **2** (*fig.*) ardore, desiderio, entusiasmo **CONTR.** indifferenza, freddezza, frigidità **FRAS.** *a caldo*, con immediatezza, subito □ *a sangue caldo* (*fig.*), con impeto, eccitato □ *a calde lacrime* (*fig.*), dirottamente □ *pigliarsela calda* (*fig.*), preoccuparsi, agitarsi □ *non fare né caldo né freddo* (*fig.*), lasciare indifferente. *V. anche* CALORE

calendàrio *s. m.* **1** almanacco, lunario, effemeride, barbanera, taccuino (*ant.*) **2** programma, timing (*ingl.*).

calènde *s. f. pl.* (*nel calendario romano*) primo giorno del mese **FRAS.** *alle calende greche*, mai.

calendimàggio *s. m.* primo maggio.

calèndola o **calèndula** *s. f.* calta, fiorrancio, collandria (*pop.*).

calèsse *s. m.* barroccino, carrozza, carrozzella, cabriolet.

calibràre *v. tr.* **1** (*mecc.*) alesare **2** (*di strumento*) tarare, regolare **3** (*fig.*) (*di parole, di forze, ecc.*) misurare, controllare.

càlibro *s. m.* **1** (*tecnol.*) diametro interno □ (*mecc.*) (*di cilindro*) alesaggio **2** (*est.*) bocca da fuoco **3** (*fig.*) (*di persona*) portata, importanza, rilevanza, qualità, carattere **FRAS.** *grosso calibro* (*fig.*), persona molto importante, pezzo da novanta.

càlice *s. m.* bicchiere, coppa, flûte (*fr.*), nappo (*lett.*) **FRAS.** *a calice*, svasato.

calìgine *s. f.* **1** fuliggine □ nebbia, bruma, foschia, nebulosità □ buio, oscurità, tenebra **CONTR.** limpidezza, serenità, trasparenza □ chiarore, bagliore **2** (*fig.*) (*di mente, di spirito*) offuscamento, ottenebramento **CONTR.** lucidità, perspicacia, chiarezza. *V. anche* NEBBIA

caliginóso *agg.* fuligginoso □ brumoso, fosco, nebbioso, nebuloso, vaporoso, velato □ (*lett.*) opaco, scuro, tenebroso **CONTR.** limpido, nitido, terso, sereno, trasparente, chiaro, risplendente.

càlle **A** *s. m.* (*poet.*) callaia, viottolo, sentiero, cavedagna, redola (*tosc.*) **B** *s. f.* **1** (*di Venezia*) via, viuzza, strada **2** (*est.*) vicolo, chiasso, chiassetto, chiassuolo.

calligrafìa *s. f.* **1** bella scrittura **2** (*est.*) scrittura, grafia.

callìsta *s. m. e f.* pedicure □ podologo.

càllo *s. m.* **1** (*med.*) durone, callosità, occhio di pernice, occhio pollino **2** (*di cavallo*) ugnella.

callosità *s. f.* indurimento, ispessimento, callo, durone.

callóso *agg.* **1** indurito **CONTR.** liscio, morbido **2** (*fig.*) (*di coscienza*) incallito, insensibile, duro **CONTR.** sensibile.

càlma *s. f.* **1** (*di cielo, di mare, ecc.*) bonaccia, quiete, tranquillità **CONTR.** tempesta, burrasca, bufera, agitazione, movimento **2** (*fig.*) (*di luogo, di situazione, ecc.*) silenzio, distensione, equilibrio, serenità, tranquillità, pace, requie **CONTR.** turbolenza, agitazione, trambusto, subbuglio, confusione, disordine, baccano, casino (*pop.*) **3** (*fig.*) (*di persona, di spirito, ecc.*) tranquillità, mansuetudine, quiete, serenità, pacatezza, placidità, pazienza, imperturbabilità, impassibilità, flemma, posatezza □ lentezza **CONTR.** irrequietudine, agitazione, ansia, ansietà, inquietudine, apprensione, nervosismo, irritabilità, bile □ rapidità, velocità.

calmànte *agg.*; *anche s. m.* lenitivo, mitigativo, tranquillizzante □ sedativo, analgesico, anestetico, antispasmodico, antispastico, antalgico, antidolorifico, antinevralgico, nepente (*est., mitol.*), anodino □ ansiolitico, tranquillante, barbiturico, psicofarmaco **CONTR.** eccitante □ tonico, stimolante □ ossessionante, stressante.

calmàre **A** *v. tr.* **1** placare, sedare, quietare, acquietare, smorzare, spegnere □ mitigare, rabbonire, abbonire, pacificare, conciliare, ammansire, tranquillizzare, abbonacciare **CONTR.** irritare, eccitare, esasperare, provocare, esacerbare, istigare, aizzare, inasprire, fomentare, innervosire, inquietare, preoccupare, sconvolgere **2** (*di dolore, di ira, ecc.*) alleviare, lenire, addolcire, blandire (*lett.*), attutire, attenuare, sopire, placare, mitigare, smorzare, temperare □ (*di malato, di abbattuto, ecc.*) confortare, consolare, rasserenare, rassicurare **CONTR.** aumentare, acutizzare, esasperare □ deprimere, abbattere, turbare **B** **calmarsi** *v. intr. pron.* **1** quietarsi, acquietarsi, pacarsi (*lett.*), rabbonirsi, ammansirsi, mansuefarsi, addolcirsi, tranquillizzarsi, rasserenarsi, rassicurarsi **CONTR.** inquietarsi, preoccuparsi, irritarsi, innervosirsi, agitarsi, adirarsi, alterarsi, spazientirsi, angustiarsi, angosciarsi, arrabbiarsi, incollerirsi, stizzirsi, infuriarsi **2** (*di dolore, di ira, ecc.*) attutirsi, placarsi, attenuarsi, mitigarsi, smorzarsi, sbollire, assopirsi (*lett.*), svanire **CONTR.** esacerbarsi, acuirsi, inasprirsi, riacutizzarsi, rinfocolarsi.

calmieràre *v. tr.* (*di prezzi*) regolare, regolamentare, fissare, contenere, controllare.

càlmo *agg.* **1** (*di cielo, di mare, ecc.*) quieto, tranquillo, fermo **CONTR.** agitato, burrascoso, tempestoso **2** (*fig.*) (*di persona, di carattere, ecc.*) sereno, tranquillo, quieto, pacato, pacifico, pacioso, placido, paziente, posato, mansueto, imperturbabile, impassibile, flemmatico, olimpico □ lento **CONTR.** irritabile, eccitabile, agitato, nervoso, teso, suscettibile, insofferente, tormentato, nevrotico, stressato □ veloce ***3*** (*di luogo*) raccolto, silenzioso, quieto, intimo, riposante, idilliaco **CONTR.** rumoroso, chiassoso.

càlo *s. m.* ***1*** calata, discesa, abbassamento □ (*edil., costr.*) assestamento **CONTR.** sollevamento, risalita ***2*** (*fig.*) (*di vista, di peso, ecc.*) diminuzione, abbassamento, riduzione, attenuazione, affievolimento, alleggerimento, assottigliamento, deperimento, perdita □ (*di voti e sim.*) emorragia **CONTR.** aumento, rafforzamento, recupero, invigorimento ***3*** (*fig.*) (*di prestigio, di potere, ecc.*) declino, decadenza, caduta **CONTR.** ascesa, ripresa ***4*** (*fig.*) (*di salario, di interesse, ecc.*) appiattimento, livellamento, decurtazione, detrazione □ (*econ.*) (*di titoli*) cedenze □ (*econ.*) (*di moneta, di beni*) svalutazione, deprezzamento □ (*di prezzi, di importazioni, ecc.*) contrazione, flessione, decremento, decrescenza, ribasso, sconto **CONTR.** incremento □ accrescimento, caro, lievitazione, maggiorazione, rialzo.

calóre *s. m.* ***1*** caldo, bollore, afa, calura, caldura, caldana, canicola, vampa **CONTR.** freddo, frescura, fresco ***2*** (*fig.*) (*di sentimenti*) fervore, entusiasmo, ardore, impeto, vigore, eccitazione, vivacità, vitalità, passione, premura, sollecitudine, slancio, animazione, cordialità **CONTR.** freddezza, indifferenza, calma, insensibilità, aridità, apatia, indolenza, intorpidimento, frigidità ***3*** (*di animale*) estro ***4*** (*med.*) febbre. *V. anche* ENTUSIASMO

CALORE
sinonimia strutturata

Nel linguaggio della fisica si definisce tecnicamente **calore** una forma di energia della materia dipendente dall'energia di movimento, o energia cinetica, propria delle particelle che costituiscono la materia stessa: *calore solare, terrestre*. Il termine nell'uso corrente si impiega per indicare la sensazione di caldo prodotta da un corpo, da una superficie, da un oggetto: *il benefico calore della fiamma*. Calore si usa anche in riferimento all'elevata temperatura atmosferica raggiunta in determinati periodi dell'anno: *il calore estivo*.

In senso figurato sta ad indicare un'intensa partecipazione affettiva: *il calore della famiglia* e trova impiego frequente in alcune espressioni nelle quali prende il significato di **fervore**, **entusiasmo**, **ardore**: *parlare con calore*; *difendere con calore le proprie posizioni*. Si tenga presente che la parola, nell'espressione idiomatica *in calore*, designa nel linguaggio corrente il periodo in cui la femmina di alcuni animali è disposta all'accoppiamento: *la mia gatta è in calore*.

Altri termini si riferiscono a tipi particolari di calore. Ad esempio, **caldo** è parola con la quale si denomina una temperatura elevata di un ambiente, un calore intenso che produce sensazioni gradevoli o fastidiose: *in questo appartamento c'è molto caldo*; *era avvolto dal caldo delle coperte*. Con caldo si formano alcune espressioni idiomatiche di uso comune: in particolare, *lavorare a caldo* si dice di metalli resi incandescenti e malleabili dal fuoco; *prendere qualcosa di caldo* significa invece ristorarsi con un cibo o una bevanda caldi; in senso figurato *tenere qualcuno* o *qualcosa in caldo* vuol dire tenersi buono qualcuno oppure mettere da parte qualcosa aspettando che arrivi il momento opportuno per utilizzarla. Inoltre, in usi antonomastici e spesso preceduto dall'articolo determinativo, caldo si riferisce all'estate o al clima caldo di alcuni periodi dell'anno: *quest'anno il caldo è arrivato tardi*; *un'ondata di caldo fuori stagione*.

La **canicola** è invece propriamente il periodo più caldo dell'estate: *la canicola estiva brucia*; in senso esteso, il termine si usa in riferimento al forte riscaldamento di alcune ore del giorno: *nelle prime ore pomeridiane di luglio c'è la canicola*. Con **afa**, in particolare, ci si riferisce ad un'aria calda particolarmente pesante, stagnante, carica di umidità: *oggi non si respira, c'è un'afa insopportabile*. Per indicare il calore molto intenso, soffocante dell'estate disusato è il raro **caldura**, mentre sono dell'uso corrente alcuni termini come **calura**, che in particolare si riferisce al caldo opprimente e afoso: *la calura delle spiagge in agosto*; o **bollore**, che in senso esteso indica il caldo eccessivo, ardente: *il bollore dell'estate mediterranea*.

Più specifici e delimitati dal contesto sono invece **caldana** e **vampa**. La caldana è propriamente una vampata di calore improvviso alla testa causata da un afflusso maggiore di sangue: *mi prendono delle caldane improvvise*. Vampa, invece, si riferisce sia ad un'ondata di calore molto forte dovuto ad un flusso di aria caldissima (e in questo significato è sinonimo di calura e bollore) o ad una sorgente di calore, sia ad una folata di vento caldo: *la vampa del sole d'agosto*; *le vampe del forno, del camino*; *fu investito da una vampa di scirocco*.

calorifero *s. m.* termosifone, radiatore, termoconvettore.

calorosaménte *avv.* fervidamente, entusiasticamente, vivacemente, festosamente, cordialmente, espansivamente, animatamente **CONTR.** freddamente, tiepidamente, con indifferenza, con distacco.

calorosità *s. f.* cordialità, calore, ardore, fervore, impeto, entusiasmo **CONTR.** freddezza, indifferenza, distacco.

caloróso *agg.* ***1*** (*di cibo, di bevanda*) riscaldante, infiammante, irritante **CONTR.** rinfrescante ***2*** (*di persona*) **CONTR.** freddoloso ***3*** (*fig.*) (*di carattere*) focoso, impetuoso, irruente, animato, appassionato **CONTR.** calmo, tranquillo, pacato, equilibrato ***4*** (*fig.*) (*di discorso, di saluto, ecc.*) affettuoso, cordiale, fervido, festoso, entusiasta, caldo, vibrante □ (*di applauso*) scrosciante **CONTR.** freddo, tiepido, indifferente, distaccato.

calòscia *s. f.* soprascarpa.

calòtta *s. f.* ***1*** (*di meccanismo, di motore*) coperchio, copertura, emisfero □ (*di protezione*) campana ***2***

(*anat.*) volta **3** (*di copricapo*) papalina, zucchetto, zuccotto.

calpestàre *v. tr.* **1** pestare, premere, calcare, schiacciare **2** (*fig.*) (*di persona*) maltrattare, opprimere, strapazzare, soverchiare (*lett.*), tiranneggiare **CONTR.** trattare bene, rispettare **3** (*fig.*) (*di affetti, di diritti, ecc.*) disprezzare, offendere, conculcare, violare **CONTR.** esaltare, onorare. *V. anche* SCHIACCIARE

calpestàto *part. pass. di* **calpestare**; *anche agg.* **1** pestato, premuto, schiacciato **2** (*fig.*) (*di persona*) maltrattato, oppresso, strapazzato, soverchiato (*lett.*), tiranneggiato **CONTR.** rispettato, considerato **3** (*fig.*) (*di affetti, di diritti, ecc.*) disprezzato, offeso, conculcato, violato **CONTR.** esaltato, onorato.

calpestìo *s. m.* scalpiccio, trapestio (*pop.*), rumorio, stropiccio.

calumet /*fr.* kaly'mɛ/ [forma normanno-piccarda, corrispondente al fr. *chalumeau* 'cannello (di paglia)'] *s. m. inv.* (*di pellirosse*) pipa sacra **FRAS.** *fumare il calumet della pace* (*fig.*), rappacificarsi.

calùnnia *s. f.* diffamazione, maldicenza, malignità, insinuazione, impostura, mormorazione, denigrazione, detrazione (*fig., raro*), falsa accusa, ciancia, ciarla, mendacio (*lett.*) **CONTR.** elogio, lode, esaltazione, apologia.

calunniàre *v. tr.* denigrare, diffamare, infamare, screditare, insinuare, mormorare, detrarre (*fig., raro*) **CONTR.** esaltare, elogiare, lodare, glorificare, incensare.

calunniatóre *s. m.* (*f. -trice*) diffamatore, maldicente, denigratore, impostore, detrattore, malalingua, linguaccia, linguacciuto, lingualunga, mormoratore, sparlatore, pettegolo, vituperatore (*lett.*), sicofante (*est., lett.*), cornacchia, vipera **CONTR.** elogiatore, lodatore, incensatore.

calunniosaménte *avv.* falsamente, bugiardamente, malignamente **CONTR.** sinceramente, benevolmente.

calunnióso *agg.* diffamatorio, menzognero, falso, mendace, inventato, maligno, denigratorio, ingannevole, bugiardo **CONTR.** elogiativo, apologetico, sincero.

calùra *s. f.* (*lett.*) calore, caldo afoso, caldura, caldana, afa, vampa, canicola, arsura, solleone **CONTR.** frescura, fresco, freddo, refrigerio, rezzo (*poet.*). *V. anche* CALORE

calvàrio [dal luogo dove Gesù fu crocifisso, dal lat. *calvāria* 'teschio'] *s. m.* **1** Via Crucis **2** (*est.*) tribolazione, sofferenza, tormento, tortura (*fig.*), travaglio, via crucis (*fig.*), dolore, pena, inferno **CONTR.** godimento, piacere.

calvìzie *s. f. inv.* alopecia, pelata (*pop.*) **CONTR.** capigliatura, capelli, chioma, zazzera.

càlvo *agg.; anche s. m.* **1** pelato, rapato, spelacchiato, rasato **CONTR.** chiomato, capelluto, zazzeruto, capellone, zazzerone **2** (*fig.*) (*di luogo*) spoglio, nudo, brullo **CONTR.** verdeggiante, boscoso, alberato.

càlza *s. f.* **1** calzerotto, pedalino (*dial.*), calzino, calzetto, calzettone **2** (*est.*) calzamaglia **3** (*est.*) maglia, lavoro a maglia.

calzamàglia *s. f.* body (*ingl.*), tutina □ (*est.*) calza, collant □ fuseaux (*fr.*), pantacalze.

calzànte **A** *part. pres. di* **calzare**; *anche agg.* **1** (*di indumento*) aderente, attillato **CONTR.** largo **2** (*fig.*) (*di discorso, di risposta, ecc.*) appropriato, efficace, acconcio, adatto, conveniente, proprio, confacente, pronto **CONTR.** improprio, inadatto, inefficace **B** *s. m.* calzatoio, corno, calzascarpe **CONTR.** tirastivali, cavastivali. *V. anche* ADATTO

calzàre **A** *v. tr.* **1** (*di indumento*) infilare, mettere, portare, avere **CONTR.** sfilare, levare, togliere **2** (*di mobile, di botte, ecc.*) puntellare, rincalzare, appuntellare **CONTR.** scalzare **B** *v. intr.* **1** (*di indumento*) aderire, adattarsi, andare bene, vestire **2** (*fig.*) (*di discorso, di argomento, ecc.*) convenire, adattarsi, attagliarsi, confarsi, quadrare, appropriarsi **FRAS.** *calzare a pennello, a cappello* (*fig.*), andare benissimo.

calzatóio *s. m.* calzante, calzascarpe, corno **CONTR.** tirastivali, cavastivali.

calzatùra *s. f.* scarpa, calzare (*lett.*) **CFR.** ciabatta, pantofola, pianella, babbuccia, zoccolo, stivale, sandalo, ciocia, caloscia.

calzeròtto *s. m.* calzino, calzetto, pedalino (*dial.*).

calzétta *s. f.* calzino, calzetto, pedalino (*dial.*) **FRAS.** *mezza calzetta* (*fig.*), persona mediocre.

calzétto *s. m.* calzetta, calzino, calza, calzerotto.

calzettóne *s. m. spec. al pl.* calze grosse, knickerbockers (*ingl.*).

calzìno *s. m.* calzerotto, calzetto, pedalino (*dial.*).

calzolàio *s. m.* **1** ciabattino **2** (*est.*) pantofolaio, pianellaio, zoccolaio, scarparo.

calzoncìni *s. m. pl.* brachette, pantaloncini, pants (*ingl.*), shorts (*ingl.*).

calzóne *s. m. spec. al pl.* pantaloni, brache.

camaleónte *s. m.* **1** (*zool., est.*) lucertola **2** (*fig.*) (*di persona*) opportunista, banderuola, girella, ipocrita, voltafaccia, trasformista, saltimbanco, ciarlatano, funambolo. *V. anche* IPOCRITA

camaleòntico *agg.* mutevole, incostante, funambolico, ipocrita, opportunistico **CONTR.** coerente, costante, lineare. *V. anche* IPOCRITA

cambiàbile *agg.* **1** sostituibile, mutabile, commutabile, permutabile, scambiabile, convertibile, correggibile, modificabile, trasformabile **CONTR.** inconvertibile, immutabile, incommutabile, invariabile, insostituibile **2** (*fig.*) (*di persona, di carattere, ecc.*) mutevole, volubile, alterabile, incostante, instabile, mobile, fluttuante **CONTR.** costante, coerente, fermo, pertinace, tenace, perseverante.

cambiàle *s. f.* **1** pagherò, tratta, effetto, vaglia cambiario **2** (*fig.*) promessa.

cambiaménto *s. m.* mutamento, cambio, commutazione, tramutazione, tramutamento, conversione, correzione, variazione, variante, alterazione, modificazione, mutazione, rinnovamento, innovazione, riforma □ rivolgimento, rivoluzione, capovolgimento, ribaltamento, giravolta, svolta, virata □ evoluzione, trasformazione, palingenesi, metamorfosi, trasfigurazione □ (*di sede, di abitazione, ecc.*) trasferimento, trasloco □ (*fig.*) (*di idee, ecc.*) voltafaccia **CONTR.** immutabilità, staticità, inalterabilità, costanza, coerenza. *V. anche* TRASFORMAZIONE

cambiàre **A** *v. tr.* **1** mutare, variare, modificare, sostituire, cangiare (*lett.*), alternare, avvicendare, invertire, rovesciare CONTR. lasciare, mantenere, conservare ***2*** (*fig.*) (*di parole, di atteggiamento, ecc.*) travisare, falsare, svisare, girare CONTR. rispettare ***3*** (*di cose*) scambiare, permutare, barattare, sostituire, surrogare ***4*** (*di denaro, di moneta*) spicciolare, convertire, sostituire, trasformare ***5*** (*di velocità*) variare, accelerare, decelerare, modificare ***6*** (*di situazione, di istituzione, ecc.*) trasformare, correggere, modificare, mutare, rimpastare, riformare, rinnovare, tramutare, convertire, migliorare, peggiorare ***B*** *v. intr.* ***1*** (*di persona, di situazione*) mutare, correggersi, evolvere, migliorare, peggiorare ***2*** (*di condizioni atmosferiche*) mutare, variare, volgere, voltare, voltarsi ***C*** **cambiarsi** *v. rifl.* (*di abbigliamento*) mutarsi □ (*est.*) vestirsi, acconciarsi □ svestirsi ***D*** *v. intr. pron.* (*raro*) (*di persona*) modificarsi, mutare, rinnovarsi, trasformarsi □ (*di cosa, di situazione*) tramutarsi, divenire, convertirsi, capovolgersi FRAS. *cambiare aria* (*fig.*), squagliarsela □ *cambiare colore, espressione*, alterarsi, mutare, trasformarsi, sbiancarsi, impallidire □ *cambiare le carte in tavola, in mano* (*fig.*), girare la frittata, fare un voltafaccia □ *cambiare casa*, traslocare. *V. anche* CORREGGERE

càmbio *s. m.* ***1*** cambiamento, sostituzione, alternanza, avvicendamento, mutamento □ turno ***2*** (*di cose*) scambio, baratto, permuta, sostituzione, permutazione ***3*** (*di denaro, di moneta*) scambio, conversione, sostituzione, trasformazione □ (*fig.*) contraccambio, contropartita, compenso ***4*** (*mecc.*) (*di bicicletta*) rapporto CFR. frizione.

cambùsa [dall'ol. *Kabuis* 'cucina sulla nave'] *s. f.* (*nelle navi*) dispensa, bettolino.

càmera (1) *s. f.* ***1*** stanza, locale, vano, ambiente, sala ***2*** (*per anton.*) stanza da letto ***3*** (*est.*) arredamento, mobili, mobilia ***4*** (*polit.*) (*per anton.*) assemblea dei deputati □ (*al pl.*) camera e senato, parlamento CFR. senato ***5*** camera a gas, camera ardente, camera blindata, camera oscura ***6*** (*est.*) (*di organizzazione*) associazione, ente, confederazione, unione, sindacato, corporazione FRAS. *camera di sicurezza*, cella.

càmera (2) *s. f.* macchina fotografica, cinepresa, telecamera.

cameraman /*ingl.* 'kæmərəmən/ [vc. ingl., comp. di *camera* 'camera (2)' e *man* 'uomo'] *s. m. inv.* (*cine., tv.*) operatore.

cameràta (1) *s. f.* ***1*** dormitorio, stanzone ***2*** compagnia, circolo, sodalizio, accolta, gruppo, associazione, congregazione, riunione, combriccola.

cameràta (2) *s. m. e f.* ***1*** compagno, amico, commilitone, sodale ***2*** fascista, camicia nera.

cameratésco *agg.* amichevole, confidenziale, solidale CONTR. indifferente, ostile, freddo.

cameratìsmo *s. m.* amicizia, solidarietà, dimestichezza, familiarità, confidenza CONTR. inimicizia, avversione, freddezza, indifferenza. *V. anche* SOLIDARIETÀ

camerièra *s. f.* domestica, donna, colf, serva (*spec. spreg.*), bonne (*fr.*) □ (*di birreria, di caffè e sim.*) chellerina.

camerière *s. m.* domestico, servo (*spec spreg.*), servitore, servente (*ant.*), famiglio (*ant.*), lacchè (*ant.*) □ (*di bar*) barista, barman (*ingl.*).

camerìno *s. m.* ***1*** (*di teatro e sim.*) stanzino, spogliatoio ***2*** (*fam.*) gabinetto, toletta, toilette (*fr.*), bagno, cesso (*pop.*), latrina ***3*** (*di nave militare*) cabina.

càmice *s. m.* grembiule, gabbana FRAS. *camice bianco* (*fig.*), medico; tecnico, ricercatore.

camicétta *s. f.* ***1*** *dim. di* **camicia** ***2*** blusa, blusetta, blouse (*fr.*), corpetto.

camìcia *s. f.* ***1*** camicetta, camiciotto, blusa, blusetta, blouse (*fr.*) ***2*** (*tecnol.*) involucro, intercapedine, rivestimento ***3*** (*bur.*) fascia, copertina, carpetta FRAS. *in maniche di camicia*, senza giacca □ *rimanere in camicia* (*fig.*), diventare povero □ *nato con la camicia* (*fig.*), fortunato □ *sudare sette camicie* (*fig.*), faticare molto □ *giocarsi la camicia* (*fig.*), perdere tutto (al gioco) □ *Camicie nere*, fascisti, camerati □ *Camicie brune*, nazionalsocialisti, nazisti □ *Camicie verdi*, leghisti □ *Camicie rosse*, garibaldini.

camiciòtto *s. m.* ***1*** *accr. di* **camicia** ***2*** blusotto, tuta.

camìno *s. m.* ***1*** focolare, fuoco ***2*** (*est.*) comignolo, canna fumaria, fumaiolo □ ciminiera ***3*** (*in alpinismo*) solco ***4*** (*di vulcano*) condotto, pozzo ***5*** (*di terreno carsico*) pozzo.

càmion *s. m. inv.* ***1*** autocarro ***2*** (*est.*) autotreno, autoarticolato, autosnodato, autocisterna.

camionàle *agg.*; *anche s. f.* camionabile, rotabile, carrabile, carreggiabile, carrozzabile.

camioncìno *s. m.* ***1*** *dim. di* **camion** ***2*** furgone, furgoncino.

camionétta *s. f.* jeep (*ingl.*).

camionìsta *s. m.* guidatore di camion, autotrasportatore, autista, conduttore, conducente.

camminaménto *s. m.* ***1*** (*mil.*) trincea, trinceramento, scavo, cammino ***2*** (*di caccia*) passaggio mascherato.

camminàre *v. intr.* ***1*** procedere, avanzare, venire, ire (*lett.* o *centr.*), muoversi, errare, girare, incedere, passeggiare, deambulare (*lett.*), marciare, percorrere, vagare, vagabondare, arrancare, incamminarsi CONTR. fermarsi, arrestarsi, sostare, soffermarsi ***2*** (*est.*) (*di veicolo, di congegno*) andare, funzionare CONTR. bloccarsi ***3*** (*fig.*) (*di scienza, di società, ecc.*) progredire, avanzare, svilupparsi, procedere, migliorare CONTR. arrestarsi ***4*** (*fig.*) (*di discorso, di film, ecc.*) svolgersi, filare, dipanarsi, svilupparsi CONTR. ingarbugliarsi.

CAMMINARE
sinonimia strutturata

Il significato proprio e principale di **camminare** è spostarsi a piedi: *camminare piano, in fretta, a fatica*; *camminare molto, poco*; il verbo, di uso molto comune, trova posto in diverse locuzioni figurate: *camminare sulle uova*, significa camminare con attenzione, muoversi con circospezione e cautela in situazioni delicate; *camminare dritto*, vuol dire comportarsi in modo onesto; *camminare sul sicuro*, significa evitare ostacoli e noie, praticare vie già note e così essere certi di quello che si sta facendo.

Avanzare è invece l'andare o venire avanti: *l'uomo avanzò nella stanza*; *le truppe avanzavano nella neve*; comuni le espressioni figurate: *avanzare negli anni*, invecchiare; *avanzare nella conoscenza, nello studio*, progredire in questi settori. Anche **procedere** significa andare avanti, camminare avanzando: *procedere a passo lento, a passo svelto, a passo d'uomo*; *procedere oltre*, seguitare il cammino; *procedere contro*, muovere contro. **Percorrere** vuol dire fare, coprire un certo tragitto: *percorrere una strada in automobile, in bicicletta, a piedi*; *ha percorso tutti quei chilometri a nuoto*; *percorrere una brillante carriera*, in senso figurato significa essere arrivato in alto passando attraverso le varie fasi.

L'andare avanti, il camminare a passo di marcia, soprattutto riferito a reparti militari e, in senso esteso, lo sfilare in modo uniforme e ordinato è espresso mediante il verbo **marciare**: *l'esercito marciava nella pianura*; *il corteo degli scioperanti marcia nelle vie della città*. Il verbo si riferisce anche in modo generico al muoversi, all'andare: *il treno marcia a duecento chilometri all'ora*. Nella forma **marciarci**, di uso regionale e figurato, sta ad indicare l'approfittarsi di una situazione senza darlo troppo a vedere: *dice che non sta bene, quello ci marcia*.

Incedere indica il camminare con gravità e solennità: *il sovrano incedeva lentamente verso il trono*. **Arrancare** è il camminare muovendosi come gli zoppi o gli sciancati; da questo significato proprio, piuttosto raro, si è sviluppato un senso estensivo, d'uso corrente, riferito al camminare, all'avanzare con grande fatica, a stento, affannosamente, al limite delle proprie possibilità: *il vecchio arranca per le scale*; *l'auto arrancava sulla salita*.

Passeggiare è l'andare a spasso o a passeggio, cioè il camminare tranquillamente senza uno scopo preciso, per svago: *passeggiare in compagnia*; *abbiamo passeggiato lungo la riva del mare per ore*; in senso esteso il verbo indica anche il camminare avanti e indietro, su e giù: *passeggiare nervosamente*; *mentre aspettavo di fare l'esame, ho passeggiato nel corridoio*. Termine letterario non frequente è invece **deambulare**, che vuol dire camminare, passeggiare, e viene usato anche in contesti ironico-scherzosi: *deambulava come un ossesso in attesa del suo turno*.

Vagare significa spostarsi da un posto all'altro, andare qua e là senza una meta precisa, senza un percorso sicuro e prestabilito: *vagare per il mondo, per la città, nei campi, fra la gente*; *vagare nell'oscurità*; il verbo ha inoltre il significato di girare, muoversi da un luogo all'altro in apparenza senza uno scopo, ma in realtà cercando qualcosa di definito: *il lupo vaga nel bosco in cerca di una preda*. **Errare**, di tono più sostenuto del verbo precedente, è il vagare senza sapere dove andare, il peregrinare: *avevano perso il sentiero ed erravano nella foresta*. **Vagabondare** significa propriamente fare il vagabondo, vivere da vagabondo, cioè come chi non ha una dimora fissa e si sposta qua e là; per estensione il verbo indica l'andare in giro senza itinerari fissi, per divertimento, per distrazione: *abbiamo vagabondato tutta la notte*.

camminàta s. f. ***1*** passeggiata, scarpinata, sgambata, cammino, trottata, marcia, moto, giro, girata, tragitto, gita, escursione ***2*** (*di modo di camminare*) andatura, andata, passo, andamento, incedere, incesso (*lett.*), marcia, deambulazione.

camminatóre s. m. (f. *-trice*) podista, pedone, marciatore.

cammìno s. m. ***1*** (*anche fig.*) percorso, strada, via, tragitto, itinerario, viaggio, giro □ camminamento, passaggio, varco ***2*** (*est.*) (*di astri*) moto ***3*** (*di fiume*) corso ***4*** (*di nave*) rotta ***5*** (*di tecnica, ecc.*) progresso, sviluppo.

camòrra s. f. ***1*** malavita, mala (*gerg.*), cricca, camarilla, congrega, consorteria, combriccola, conventicola, combutta □ (*est.*) mafia, cosca □ racket (*ingl.*) ***2*** (*fig.*) prepotenza, arroganza, prevaricazione.

camorrìsta s. m. e f. ***1*** mafioso, malvivente, malavitoso, delinquente ***2*** (*fig.*) prepotente, rissoso, arrogante, insolente **CONTR.** mite, timido, arrendevole.

campàgna s. f. ***1*** contado, agro, campo **CONTR.** città ***2*** (*est.*) fondo, podere, tenuta, possesso, possedimento, terreno, terra, villa (*lett.*) ***3*** (*est.*) (*di attività economica, sportiva, ecc.*) stagione, raccolta ***4*** (*mil.*) guerra, conflitto, spedizione, operazione ***5*** (*fig.*) (*elettorale, pubblicitaria, ecc.*) propaganda, battage (*fr.*) ***6*** (*fig.*) esperienza amorosa, battaglia ***7*** (*fig.*) crociata. *V. anche* POSSEDIMENTO

campagnòla s. f. fuoristrada, jeep (*ingl.*).

campagnòlo ***A*** agg. agreste, contadinesco, rurale, villereccio (*lett.*), campestre, rustico **CONTR.** cittadino, inurbato, civico, urbano ***B*** s. m. contadino, agricoltore, coltivatore, villico (*lett.*), colono, villano **CONTR.** cittadino.

campàna s. f. ***1*** bronzo (*lett.*), squilla, martinella ***2*** (*mus.*) padiglione ***3*** (*fig.*) (*di contendenti*) versione, opinione, ragione □ parte ***4*** (*di protezione*) vaso, calotta ***5*** (*di gioco infantile*) settimana **FRAS.** *a campana*, scampanato, svasato □ *tenere sotto una campana di vetro*, custodire con molta cura.

campanèlla s. f. ***1*** dim. di **campana** ***2*** sonaglio, tintinnabolo, bubbolo, campanello, squilla, bronzina ***3*** (*bot., pop.*) campanula, convolvolo.

campanèllo s. m. ***1*** sonaglio, campanella, tintinnabolo, bubbolo ***2*** (*est.*) (*elettrico*) soneria □ (*est.*) pulsante.

campanìle s. m. ***1*** torre campanaria ***2*** (*fig.*) paese natio □ campanilismo **FRAS.** *di campanile* (*fig.*), gretto, meschino □ paesano, strapaesano □ tra squadre della stessa città.

campanilismo s. m. (*est.*) provincialismo, municipalismo (*raro, spreg.*), campanile □ (*est.*) regionalismo, sciovinismo.

campanilìstico agg. provinciale, municipale (*spreg.*), sciovinista □ fazioso, settario **CONTR.** cosmopolita.

campàre (1) ***A*** v. intr. ***1*** vivere, esistere □ campicchiare, vivacchiare, vivucchiare, vegetare, sopravvivere, tirare avanti CONTR. morire, perire *2* (*fig.*) mantenersi, sostenersi *B* v. tr. liberare, salvare, scampare, difendere, proteggere, aiutare, tutelare, nutrire, mantenere, allevare FRAS. *tirare a campare*, badare a vivere.

campàre (2) v. tr. campire, evidenziare, rilevare, fare risaltare CONTR. attenuare, sfumare.

campàto part. pass. di **campare (2)**; anche agg. (*fig.*) fondato, basato, collocato FRAS. *campato in aria* (*fig.*), infondato.

campeggiàre v. intr. *1* accamparsi *2* (*di turisti, di sportivi, ecc.*) attendarsi, soggiornare, piantare la tenda *3* (*anche fig.*) (*di figura, di personaggio, ecc.*) spiccare, risaltare, avere rilievo, rilevare, grandeggiare, stagliarsi, staccare.

campéggio s. m. camping (*ingl.*) □ attendamento, tendopoli, accampamento, bivacco.

camper /*ingl.* 'kæmpə/ [vc. ingl., propriamente 'campeggiatore', da *to camp* 'accamparsi'] s. m. inv. (*est.*) autocaravan, motorhome (*ingl.*).

campèstre agg. agreste, campagnolo, rurale, rustico, contadinesco, contadino, bucolico, georgico, villereccio (*lett.*), villico (*lett.*) CONTR. cittadino, urbano.

campicchiàre v. intr. vivacchiare, vivucchiare, stentare, arrangiarsi CONTR. scialare, scialacquare.

camping /*ingl.* 'kæmpiŋ/ [ingl., deriv. da *to camp* 'campeggiare'] s. m. inv. campeggio □ attendamento, accampamento, tendopoli, bivacco.

campionàre v. tr. (*di campioni di merce*) esaminare, classificare, scegliere.

campionàrio s. m. (*di merci*) saggio, scelta, mostra, esempio. *V. anche* SCELTA

campionàto s. m. gara, competizione, torneo.

campióne *A* s. m. (f. *-essa*) *1* guerriero, eroe, cavaliere *2* (*fig.*) difensore, propugnatore, paladino, sostenitore, fautore CONTR. oppositore, avversario, nemico *3* (*di sport, di gioco, ecc.*) atleta, vincitore, primatista □ asso, modello, fuoriclasse, fuoriserie, re (*fig.*) CONTR. brocco, schiappa, cane (*fig.*) *4* (*di merce, di lavoro, ecc.*) mostra, saggio, tipo, esemplare, assaggio (*fig.*), provino, specimen (*lat.*) □ standard (*ingl.*) *5* (*fis.*) (*di unità di misura*) prototipo, modello, archetipo *6* (*min.*) (*di roccia*) carota, testimone *7* (*ling.*) corpus (*lat.*) *B* in funzione di agg. inv. (posposto a un s.) *1* vittorioso, vincitore *2* esemplare, panel (*ingl.*).

càmpo s. m. *1* agro *2* (*spec. al pl.*) (*est.*) campagna □ podere, fondo, appezzamento, coltivazione *3* (*di minerali, di gas*) giacimento *4* (*sport*) terreno, arena, pista □ (*di tiro a volo*) stand *5* (*di torneo, di giostra e sim.*) lizza *6* (*di truppa*) accampamento, bivacco, baraccamento, attendamento, raccolta, accantonamento *7* (*fis.*) area, zona, regione *8* (*cine.*) spazio *9* (*di dipinto, di rilievo*) sfondo, superficie *10* (*arald.*) fondo, sfondo *11* (*di attività, di studio, ecc.*) ambito, ambiente, ramo, materia, argomento, settore, branca, sfera, dominio *12* (*a Venezia*) piazza FRAS. *campo d'aviazione*, aeroporto □ *campo di tiro*, tirassegno □ *campo di concentramento*, lager (*ted.*).

camposànto s. m. cimitero, certosa, sepolcreto.

camuffàre *A* v. tr. mascherare, travestire, truccare, trasformare *B* **camuffarsi** v. rifl. *1* travestirsi, mascherarsi, truccarsi, trasformarsi □ mimetizzarsi *2* (*fig.*) fingersi, infingersi.

canàglia *A* s. f. solo sing. (*lett., spreg.*) ciurmaglia, gentaglia, marmaglia, plebaglia, canagliume, feccia, genia, razzaccia, cialtronaglia, furfantaglia, plebaglia, minutaglia CONTR. gente perbene *B* s. f. furfante, farabutto, mascalzone, delinquente, carogna, cialtrone, lazzarone, malfattore, malvivente, manigoldo, teppista, cattivo, ribaldo, rifiuto, scellerato, sciagurato, barone (*lett.*), scampaforca (*raro*) □ (*anche scherz.*) birbante, birbone, briccone, brigante CONTR. galantuomo, angelo (*fig.*), santo (*fig.*). *V. anche* RIFIUTO

canagliésco agg. furfantesco, carognesco, cialtronesco, bricconesco, birbantesco, birbonesco.

canàle s. m. *1* naviglio, emissario, roggia, alveo *2* stretto, braccio di mare *3* (*est.*) condotto, collettore, chiavica, cloaca, fogna □ fosso, fossato, borro, gora, incanalatura □ tubo, conduttura, doccia, doccione, gronda, grondaia, scolo, sifone *4* (*di erosione*) solco, incassatura *5* (*di radio, di tv., ecc.*) onda, banda, gamma di frequenza □ programma *6* (*anat.*) dotto, drenaggio, vaso, speco, meato, tromba, tuba *7* (*fig.*) via, tramite, mezzo, veicolo.

canalizzàre v. tr. incanalare, inalveare, imbrigliare, regolare.

canalizzazióne s. f. regolazione, incanalamento, inalveazione.

cànapo s. m. fune, corda, cima, capo, gomena, sartia, cavo, gherlino.

canarino [da *canarino*, il passeriforme che prende il nome dalle isole *Canarie*, da cui proviene] in funzione di agg. inv. (posposto a un s.) (*di colore*) giallino.

cancàn [deformazione infant. di *canard*, 'anitra'; la danza sarebbe detta così per i movimenti che ricordano lo sculettare dell'anitra] s. m. inv. *1* (*est.*) chiasso, casino (*pop.*), chiassata, baccano, strepito, fracasso, frastuono, cagnara (*fam.*), baldoria, gazzarra CONTR. silenzio, quiete, tranquillità *2* confusione, bailamme, babele, subbuglio, trambusto, scompiglio, agitazione CONTR. ordine, calma, serenità *3* (*fig.*) scandalo, pettegolezzo, chiacchiera, malignità, maldicenza.

cancellàre *A* v. tr. *1* (*di scritto, di disegno, ecc.*) depennare, cassare, abradere, biffare, obliterare (*lett.*) □ (*di parole, di brani*) espungere, correggere *2* (*fig.*) (*di legge, di ricordo, ecc.*) annullare, eliminare, abrogare, abolire, invalidare, estinguere, proscrivere, revocare, depennare, sopprimere, azzerare, distruggere, spegnere □ dimenticare, rimuovere CONTR. conservare, mantenere, confermare, convalidare *B* **cancellarsi** v. intr. pron. scomparire, dileguarsi CONTR. apparire, comparire. *V. anche* CORREGGERE, PULIRE

cancellàta s. f. inferriata, cancello, recinzione, grata, griglia.

cancellatùra s. f. cancellazione, cassatura, espunzione, depennamento, cassamento (*raro*) □ frego, segno, abrasione, litura, rasura, esarazione.

cancellazióne *s. f.* **1** (*di scritto, di disegno, ecc.*) cancellatura, frego, cassatura, cassamento (*raro*), espunzione, depennamento, obliterazione (*lett.*) **2** (*fig.*) (*di legge, di debito, ecc.*) abrogazione, abolizione, annullamento, cassazione, eliminazione, soppressione, estinzione, revocazione, proscrizione **CONTR.** convalida, sanzione, conservazione.

cancellerésco *agg.* (*fig.*) (*di stile, di modi, ecc.*) pedante, burocratico, conformista, curialesco (*spreg.*), formale, prolisso, burbanzoso **CONTR.** semplice, agile, vivace, anticonformista.

cancellière *s. m.* **1** attuario, segretario, archivista **2** ministro della giustizia **3** (*in Germania e in Austria*) primo ministro.

cancellìno *s. m.* cimosa, cassino.

cancèllo *s. m.* cancellata, saracinesca, inferriata, barriera, serrame, transenna.

canceròġeno *agg.* canceroso, tumorale, oncogeno, neoplasico, neoplastico □ (*est.*) mutageno.

cancrèna *s. f.* **1** necrosi, putredine, putrefazione **2** (*fig.*) piaga, flagello, cancro, corruzione, sfacelo □ vizio insanabile.

càncro *s. m.* **1** (*med.*) tumore, carcinoma, blastoma, sarcoma, neoplasma, neoplasia, neoformazione **2** (*fig.*) corrosione, disfacimento □ cancrena, piaga, male, flagello **3** (*fig.*) (*di gelosia, di invidia, ecc.*) fissazione, monomania, mania.

candeggiànte *part. pres. di* **candeggiare**; *anche agg.* e *s. m.* sbiancante.

candeggiàre *v. tr.* sbiancare, imbiancare **CONTR.** annerire.

candeggìna *s. f.* ipoclorito sodico, varechina.

candéggio *s. m.* imbianchimento, decolorazione, sbianca.

candéla *s. f.* cero, cera, moccolo, lume, torcia.

candelàbro *s. m.* candeliere, doppiere, bugia, lumiera, torciera.

candelière *s. m.* candelabro, doppiere, bugia, portacandele.

candidaménte *avv.* ingenuamente, schiettamente, semplicemente, sinceramente, innocentemente, inespertamente **CONTR.** astutamente, scaltramente, ipocritamente, furbescamente, maliziosamente, malignamente.

candidàre **A** *v. tr.* proporre, presentare **CONTR.** bocciare, trombare (*fig., scherz.*) **B** **candidarsi** *v. rifl.* proporsi, presentarsi.

candidàto *s. m.* **1** (*a una carica*) aspirante, pretendente **2** (*a un concorso, a un esame*) concorrente, esaminando.

candidatùra *s. f.* presentazione, proposta □ (*a un premio, spec. all'Oscar*) nomination (*ingl.*) **CFR.** bocciatura, trombatura (*fig., scherz.*).

candidézza *s. f.* **1** bianchezza, candore, nitidezza, biancore **CONTR.** nerezza (*raro*) **2** (*raro, fig.*) innocenza, ingenuità, purezza, sincerità, schiettezza, semplicità, lealtà **CONTR.** malizia, malignità, doppiezza, astuzia, scaltrezza, furbizia, furberia.

càndido *agg.* **1** bianco, luminoso, immacolato, eburneo, latteo, niveo **CONTR.** nero, scuro, corvino **2** (*fig.*) innocente, puro, semplice, illibato, verginale □ ingenuo, inesperto, sempliciotto □ schietto, franco, leale, sincero **CONTR.** smaliziato, malizioso, peccaminoso □ scaltro, astuto, accorto, furbo, sveglio, avveduto, furbacchione, volpe (*fig.*), furbesco □ falso, finto, ipocrita, insincero, doppio. *V. anche* BIANCO

candìre *v. tr.* giulebbare, confettare, caramellare, sciroppare.

candìto *part. pass. di* **candire**; *anche agg.* giulebbato, confettato, caramellato, sciroppato, glacé (*fr.*).

candóre *s. m.* **1** candidezza, bianchezza, nitidezza, splendore **CONTR.** nero, nerezza (*raro*) **2** (*fig.*) innocenza, purezza, semplicità □ sincerità, schiettezza □ ingenuità, inesperienza, semplicioneria **CONTR.** malizia, malignità □ doppiezza, ipocrisia, simulazione □ scaltrezza, furberia, astuzia, furbizia, fraudolenza **3** (*fig.*) verginità, illibatezza, pudicizia, pudore **CONTR.** spudoratezza, carnalità.

càne **A** *s. m.* **1** (*fig.*) (*di persona*) aguzzino, iracondo, crudele, spietato, malvagio **2** (*spreg.*) (*di attore, di professionista, ecc.*) cagnaccio (*fig.*), incapace, inabile, maldestro, brocco, schiappa **CONTR.** campione, divo, big, specialista, bravo **3** (*di meccanismo*) dente **B** *in funzione di agg. inv.* (*posposto a un s.*) **1** (*pop.*) (*di mondo, di paese, ecc.*) malvagio, tristo, cattivo, boia (*pop.*) **CONTR.** buono, felice **2** (*pop.*) (*di freddo, di fame, ecc.*) grande, forte, intenso **CONTR.** poco, debole **FRAS.** *da cani* (*fig.*), orrendo, duro, pessimo, malissimo, crudelmente, duramente □ *cane lupo*, pastore tedesco □ *essere come cane e gatto* (*fig.*), non andare mai d'accordo □ *come un cane bastonato*, avvilito, mogio, umiliato □ *drizzar le gambe ai cani* (*fig.*), tentare l'impossibile □ *non c'è un cane* (*fig.*), non c'è anima viva □ *cane sciolto* (*fig.*), deputato isolato, autonomo.

canèa *s. f.* **1** (*di cani*) canizza, cagnara (*raro*), abbaiata **2** (*est.*) (*di persone*) rumore, cagnara (*fig., fam.*), confusione, chiassata, strepito, schiamazzo, fracasso, baccano, frastuono, bailamme, gazzarra, baldoria, casino (*pop.*) **CONTR.** silenzio, tranquillità, quiete.

canèstro *s. m.* **1** cesta, canestra, paniere, cestello, corba, corbello, gerla, fiscella, cista, canister (*ingl.*) **2** (*sport*) (*nella pallacanestro*) cesto.

cangiàbile *agg.* **1** (*lett.*) cangiante, trasformabile, mutabile, variabile, mutevole, cambiabile, convertibile, permutabile **CONTR.** immutabile, inconvertibile, permanente, invariabile **2** (*fig., raro*) (*di persona*) volubile, incostante, instabile, fluttuante, leggero, debole, superficiale **CONTR.** fermo, costante, saldo, stabile, solido.

cangiànte *agg.* e *s. m.* (*di colore*) allocroico, gatteggiante, iridescente, variegato **CONTR.** monocromo, monocromatico.

canìcola *s. f.* (*est.*) grande caldo, calore, calura, caldura, caldana, afa, vampa, solleone **CONTR.** freddo, gelo, rezzo (*poet.*). *V. anche* CALORE

canicolàre *agg.* (*est.*) caldissimo, estivo, soffocante, ardente, torrido, afoso, cocente, infocato, bruciante, rovente **CONTR.** freddissimo, gelido.

canìle *s. m.* **1** (*per cane*) cuccia, casotto **2** (*fig.*) (*di ambiente*) tana, covacciolo, covile.

canìno *agg.* di cane, da cane **FRAS.** *tosse canina*, pertosse □ *rosa canina*, rosa selvatica, rosa di bosco, rosa di macchia, rosa di siepe, rosellina.

canister /*ingl.* 'kænistə/ [vc. ingl., stessa etim. dell'italiano *canestro*, dal lat. *canistru(m)*] *s. m. inv.* tanica, bidone, latta, canestro.

cànna *s. f.* ***1*** bambù □ (*est.*) culmo **CFR.** rattan ***2*** (*est.*) bastone, pertica □ (*per ciechi*) batocchio ***3*** (*di organo, di camino, ecc.*) tubo ***4*** (*fig.*) gola, trachea, esofago ***5*** (*fig.*) (*di acquedotto, di acquaio, e sim.*) tubo, cannella, doccione, doccia, condotto ***6*** (*fig., poet.*) zampogna **FRAS.** *povero in canna* (*fig.*), poverissimo.

cannàre *v. tr.* (*gerg.*) sbagliare, fallire □ (*a un esame*) respingere, bocciare.

cannèlla *s. f.* ***1*** *dim. di* **canna** ***2*** tubicino, cannula, ugello □ (*est.*) rubinetto □ (*di botte*) spina.

cannèllo *s. m.* ***1*** *dim. di* **canna** ***2*** cilindretto, asticciola, cannetta, rocchetto, pezzetto □ (*mecc.*) ugello ***3*** (*fig.*) (*di ghiaccio*) ghiacciolo ***4*** calamo, cannuccia, asticciola, portapenne ***5*** (*zool.*) cannolicchio, cappalunga.

cannétta *s. f.* ***1*** *dim. di* **canna** ***2*** (*est.*) (*per scrivere*) penna ***3*** bastoncino (da passeggio).

cannìbale [sp. *caníbal*, alterazione di *caribal*, a sua volta da *caribe*, parola della lingua dei *Caraibi* (o *Caribi*), che significa 'ardito'] *s. m.* e *f.* ***1*** antropofago ***2*** (*fig.*) aguzzino, belva, iena, mostro, carnefice, boia, bestia.

cannibalésco *agg.* (*fig.*) crudele, feroce, spietato, disumano, efferato, selvaggio, truce, sanguinario, bestiale, perverso, brutale, degenerato **CONTR.** umano, civile, buono.

cannibalìsmo *s. m.* ***1*** antropofagia ***2*** (*fig.*) crudeltà, ferocia, atrocità, efferatezza, brutalità, inumanità, disumanità, sadismo, inesorabilità, truculenza, spietatezza, nequizia (*lett.*), ferinità (*lett.*), perversità **CONTR.** umanità, bontà, mitezza, pietà, clemenza, benignità, compassione.

cannocchiàle *s. m.* **FRAS.** *a cannocchiale* (*est.*), a tubi rientranti, telescopico.

cannolìcchio *s. m.* (*zool.*) cannello, cappalunga.

cannòlo *s. m.* (*di dolciume*) cannoncino.

cannonàta *s. f.* ***1*** colpo di cannone ***2*** (*est.*) (*di cannone*) rimbombo, rombo, rintrono, boato, tuono ***3*** (*fig.*) fandonia, vanteria, bugia, fola, frottola, panzana, fanfaluca (*fig.*), balla (*fig.*), millanteria, spacconata, smargiassata, bravata ***4*** (*fig.*) (*di cosa o persona eccezionale*) portento, prodigio, fenomeno, sorpresa, meraviglia, spettacolo ***5*** (*fig.*) (*nel calcio*) stangata, stoccata, staffilata, svirgola.

cannóne ***A*** *s. m.* ***1*** pezzo da fuoco, bocca da fuoco, bombarda, bronzo (*lett.*), pezzo ***2*** (*di stufa, di acquaio, ecc.*) tubo ***3*** (*di equino*) stinco ***4*** (*fig.*) (*di persona*) portento, fenomeno, asso, eccezione ***B*** *in funzione di agg. inv.* (*posposto a un s.*) (*fig.*) grassissimo **CONTR.** magrissimo.

cannoneggiàre *v. tr.*; *anche intr.* bombardare, colpire.

cannonière *s. m.* ***1*** bombardiere, artigliere ***2*** (*fig.*) (*nel calcio*) goleador (*sp.*), bomber (*ingl.*) □ fromboliere.

cànnula *s. f.* cannello, cannellino □ catetere.

canòa *s. f.* canotto, piroga, kayàk.

canòcchia *s. f.* (*zool.*) cicala di mare, squilla (*dial.*), pannocchia.

cànone *s. m.* ***1*** norma, principio, regola, schema, misura, criterio, precetto, metodo, disciplina, regime ***2*** (*di affitto, di abbonamento, ecc.*) quota, pagamento, mensile, fitto, annualità □ abbonamento ***3*** (*eccl.*) norma giuridica, legge, decisione ***4*** (*relig.*) anafora ***5*** (*di libri, di leggi, ecc.*) elenco, catalogo, raccolta, serie ***6*** (*di critica, di morale, ecc.*) modello, modo di pensare, mentalità. *V. anche* MISURA

canonicàto *s. m.* ***1*** (*di canonico*) prebenda ***2*** (*est.*) beneficio, sinecura, vantaggio, facilitazione, pacchia.

canònico *agg.* valido, regolare, legittimo □ (*fig.*) tipico, rituale **CONTR.** illegittimo, irregolare.

canonizzàre *v. tr.* santificare, beatificare.

canonizzàto *part. pass. di* **canonizzare**; *anche agg.* santificato, beatificato.

canonizzazióne *s. f.* santificazione **CFR.** beatificazione.

canòro *agg.* ***1*** (*di uccello*) canterino ***2*** (*di suono*) melodioso, armonioso, eufonico, armonico, musicale **CONTR.** stonato, cacofonico, inarmonico, disarmonico.

canottièra *s. f.* (*est.*) maglietta, vogatore.

canòtto *s. m.* barchetta, palischermo, canoa, scialuppa, iole.

canovàccio *s. m.* ***1*** strofinaccio, asciugamano, asciugatoio, cencio, panno ***2*** (*fig.*) (*di commedia, di film e sim.*) trama, intreccio, ordito, soggetto, scenario □ traccia, schema, abbozzo, sommario.

cantambànco *s. m.* ***1*** cantastorie, giullare, menestrello ***2*** (*spreg.*) ciarlatano.

cantànte *part. pres. di* **cantare**; *agg.*; *anche s. m.* e *f.* cantore, canterino, voce, interprete □ canzonettista □ cantautore □ vocalist (*ingl.*). *V. anche* MUSICISTA

cantàre ***A*** *v. intr.* ***1*** modulare, gorgheggiare, canterellare, canticchiare, intonare, vocalizzare, stornellare ***2*** (*di animale*) cinguettare, ciangottare, fischiare, frinire □ gracidare ***3*** (*fig.*) (*di spia e sim.*) confessare, parlare, riferire, soffiare, spiattellare, fare la spia **CONTR.** tacere ***B*** *v. tr.* ***1*** canterellare, canticchiare, intonare ***2*** (*fig.*) (*di poeta e sim.*) celebrare, magnificare, lodare, esaltare **CONTR.** vituperare, denigrare ***C*** *s. m.* poemetto □ storia in versi.

cantastòrie *s. m.* e *f. inv.* ***1*** cantambanco, cantimbanco, giullare, menestrello ***2*** (*spreg.*) ciarlatano.

canterìno ***A*** *agg.* canoro, cantaiolo (*raro*), melodioso, armonico, armonioso **CONTR.** stonato, disarmonico ***B*** *s. m.* cantatore, cantore, cantante.

càntico *s. m.* canto, inno, salmo, lauda, canzone.

cantière *s. m.* arsenale, darsena, squero (*venez.*), bacino □ fabbrica, officina.

cantilèna *s. f.* ***1*** filastrocca, ninna nanna, nenia, cantafavola, limerick (*ingl.*) ***2*** (*est.*) (*di tono, di voce*) cadenza, calata, inflessione, ritmo, parlata ***3*** (*fig.*) (*di discorso*) tiritera, tirata, lungaggine, lungagnata, chiacchierata, birignao.

cantìna *s. f.* ***1*** tinaia, celliere □ (*est.*) dispensa ***2*** (*est.*) interrato, seminterrato, scantinato, sotterraneo, sottosuolo **3** osteria, bettola, canova, taverna, mescita, enoteca, bottiglieria, fiaschetteria, pub (*ingl.*), buca, grotta (*region.*), cave (*fr.*).

cantinière *s. m.* (*f. -a*) vinaio, oste, bettoliere, taverniere, tavernaio, chellerina, vinattiere (*lett.*), vinaio □ (*nei conventi*) celleraio.

cànto (1) *s. m.* **1** melodia, canzone, canzonetta, cantata, aria, arietta, lied (*ted.*) **2** (*di animale*) cinguettio, gorgheggio, trillo, verso, voce, fischio, gracidio **3** (*di strumento musicale*) suono **4** (*lett.*) lirica, poesia, poema, inno, canzone, carme, cantico, ode.

cànto (2) *s. m.* **1** (*di strada, di edificio e sim.*) angolo, spigolo, cantone, cantuccio, cantonata, svolta, voltata **2** parte, lato, banda, fianco **FRAS.** *in un canto, da un canto* (*fig.*), da parte, in disparte □ *d'altro canto*, d'altronde. *V. anche* PARTE

cantonàta *s. f.* **1** (*di edificio*) angolo, spigolo, svolta, voltata, canto, cantone **2** (*fig.*) errore, equivoco, abbaglio, granchio, sbaglio, malinteso, svarione, dirizzone, qui pro quo, fallo, svista, sfarfallone, sproposito, topica (*fam.*), marronata (*pop.*), marrone (*pop.*), gaffe (*fr.*).

cantóne (1) *s. m.* **1** (*di luogo*) angolo, canto, cantuccio, parte, lato **2** luogo remoto **3** (*di bandiera*) comparto, striscia, ripartizione.

cantóne (2) *s. m.* (*in vari stati*) regione, distretto.

cantonière *s. m.* casellante, stradino, guardabarriere, guardalinee (*ferr.*).

cantùccio *s. m.* **1** *dim. di* **canto (2)**; (*di stanza, di mobile, ecc.*) angolo, canto, cantone, spigolo, angoletto, angolino **2** (*est.*) nascondiglio, ripostiglio.

canùto *agg.* **1** (*di capelli, di barba*) bianco **CFR.** nero, scuro, bruno, grigio, biondo, ramato **2** (*di persona*) vecchio, anziano □ (*fig., lett.*) autorevole, saggio.

canyon /*ingl.* 'kænjən/ *s. m. inv.* cañón (*sp.*), valle, forra, gola, canalone. *V. anche* VALLE

canzonàre *v. tr.* burlare, deridere, beffare, dileggiare, schernire, irridere, punzecchiare, motteggiare, satireggiare, scherzare (*region.*), sfottere (*pop.*), corbellare, berteggiare (*lett.*), sbeffare, sbeffeggiare, sbertare (*lett.*), sbertucciare (*lett.*), minchionare (*pop.*), coglionare (*volg.*), zimbellare **CONTR.** lodare, rispettare, ammirare, apprezzare, riverire.

canzonatòrio *agg.* beffardo, derisorio, dileggiatore, schernitore, ironico, irrisorio, sbeffeggiatore, corbellatore (*pop.*), ridanciano, burlesco, epigrammatico, satirico.

canzonatùra *s. f.* derisione, punzecchiatura, sfottimento, beffa, baia, burla, celia, gabbo, corbellatura (*pop.*), coglionatura, minchionatura (*pop.*), berta (*lett.*), burletta, irrisione, dileggio, scherno, scherzo, motteggio, blague (*fr.*).

canzóne *s. f.* **1** (*lett.*) poesia, lirica **2** (*mus.*) canto, canta, canzonetta, lied (*ted.*) **3** (*fig.*) noia, monotonia, ripetizione, barba (*fig.*) **FRAS.** *canzone a ballo*, ballata.

càos *s. m.* confusione, disordine, disorganizzazione, anarchia (*fig.*), casino (*pop.*), baraonda, babilonia, babele, bailamme, rivoluzione, scompiglio, scombuglio (*ant.*), soqquadro, macello (*fig.*), subbuglio, trambusto, tafferuglio, tumulto, accozzaglia, pandemonio, diavolio, guazzabuglio, miscuglio, arruffio, ridda, marasma □ (*di passioni, idee, ecc.*) magma **CONTR.** ordine, organicità, organizzazione, assetto, sistemazione, regola, regolazione, quiete, armonia. *V. anche* CONFUSIONE

caòtico *agg.* (*fig.*) disordinato, confuso, congestionato, accozzato, arruffato, ingarbugliato, scompigliato, intricato, babelico, mescolato, rimescolato, impazzito, informe, tumultuario, indisciplinato, disorganico, anarchico **CONTR.** ordinato, tranquillo, armonico, sistemato, assestato, regolato, organizzato, organico, sistematico.

capàce *agg.* **1** (*di luogo, di cosa, ecc.*) ampio, spazioso, largo, vasto, comodo, capiente, ricettivo **CONTR.** piccolo, stretto, angusto, limitato, circoscritto **2** (*di persona*) atto, idoneo, acconcio, adatto **CONTR.** inadatto, inidoneo **3** (*est.*) abile, bravo, buono, valido, valente, sapiente, eccellente, impegnato, destro, valoroso □ esperto, competente, consumato, perito, provetto, specializzato, sperimentato, sicuro □ (*di tiratore, di guardia, ecc.*) scelto **CONTR.** incapace, impreparato, inetto, maldestro, cattivo, somaro (*fig.*) □ inesperto, principiante, novizio, novellino **4** (*est.*) intelligente, dotato, provveduto, acuto, ingegnoso, svelto, pronto □ disposto **CONTR.** sprovveduto, sciocco, cretino, deficiente, dappoco, incapace, rammollito (*fig.*) **FRAS.** *è capace che* (*fam.*), è possibile che, è probabile che.

capacità *s. f.* **1** (*di cosa*) capienza, misura, contenuto, volume, ampiezza, grandezza, tenuta, larghezza, portata, stazza **2** (*di persona*) abilità, facoltà, risorsa, competenza, bravura, efficienza, perizia, mestiere, professionalità, sapienza, destrezza, valentia, valore, virtù □ intelligenza, ingegno, ingegnosità, sagacia □ idoneità, facilità, attitudine, stoffa (*fig., fam.*), talento □ potere, possibilità, prerogativa **CONTR.** incapacità, imperizia, inettitudine, inidoneità, inabilità, incompetenza, dappocaggine, dilettantismo, nullità **3** (*econ.*) produttività. *V. anche* COMPETENZA, COSCIENZA, FACOLTÀ, MISURA

capacitàre **A** *v. tr.* convincere, persuadere, sincerare **CONTR.** dissuadere **B** **capacitarsi** *v. intr. pron.* credere, rendersi conto, concepire, convincersi, persuadersi.

capànna *s. f.* **1** ricovero, baracca, baita, rifugio, casotto, tucul, isba **2** (*est.*) tugurio, abituro, catapecchia, stamberga, topaia, bicocca, casupola **CONTR.** villa, palazzo, reggia.

capannèllo *s. m.* **1** *dim. di* **capanno** **2** (*di persone*) crocchio, cerchio, circolo, assembramento, gruppetto, gruppo.

capànno *s. m.* **1** casotto, capanna, ricovero, capannuccia, riparo, chiosco □ (*di caccia, di pesca*) appostamento, casino, uccellaia **2** (*di spiaggia*) cabina, casotto, spogliatoio **3** (*di giardino*) bersò, pergola, pergolato, frascato.

capannóne *s. m.* **1** *accr. di* **capanno** **2** tettoia, magazzino, deposito, hangar (*fr.*) □ fienile, pagliaio.

caparbiaménte *avv.* testardamente, ostinatamente, cocciutamente, pervicacemente, tenacemente, accanitamente, irremovibilmente, pertinacemente, riottosamente, puntigliosamente, tignosamente (*centr.*) **CONTR.** docilmente, arrendevolmente.

caparbieria *s. f. V.* **caparbietà**.

caparbietà *s. f.* caparbieria, testardaggine, cocciutaggine, caponaggine, caponeria (*raro*), irremovibilità, puntiglio, puntigliosità, piccosità (*raro*), impuntatura, rigidezza, inflessibilità, ostinazione, ostinatezza, insistenza, pervicacia, persistenza, pertinacia, tenacia **CONTR.** arrendevolezza, docilità, cedevolezza, condiscendenza, remissività, persuadibilità, incostanza, flessibilità.

capàrbio *agg.* cocciuto, ostinato, testardo, insistente, irremovibile, puntiglioso, inflessibile, rigido, duro, coriaceo, mulo (*fig.*), testone, pervicace, pertinace, persistente, tenace, volitivo □ (*di opposizione, di rifiuto, ecc.*) sistematico, accanito **CONTR.** arrendevole, docile, condiscendente, conciliante, cedevole, remissivo, accomodante, flessibile, correggibile, persuadibile □ blando.

CAPARBIO
sinonimia strutturata

L'aggettivo **caparbio** indica chi non demorde, chi persiste nel seguire la sua idea o l'obiettivo che si era prefissato, ed agisce senza dare retta a suggerimenti, consigli, pareri o critiche degli altri: *ha un temperamento caparbio*. **Ostinato** si dice di una persona molto risoluta e ferma nei suoi propositi, che si impunta e pretende di fare di testa propria anche in modo irragionevole o inopportuno: *individuo, nemico ostinato*; *è un ostinato sostenitore delle sue idee*. **Pervicace** è chi si accanisce con una particolare insistenza, accompagnata anche da una certa protervia: *peccatore pervicace*.

Di significato ancora più forte sono gli aggettivi **testardo** e **cocciuto**. Il termine testardo si usa in riferimento a chi, per mancanza di elasticità mentale, si rifiuta assolutamente di prendere in considerazione l'opinione degli altri e si incaponisce ottusamente nei suoi disegni o nelle sue azioni: *quell'uomo è testardo come un mulo*; così è cocciuto chi si incapriccia dei propri convincimenti, del proprio modo di fare e di essere, e vuole sostenerli a tutti i costi, senza tenere in nessun conto osservazioni e consigli: *è un ragazzo cocciuto che non dà mai retta a nessuno*.

Tenace significa resistente; usato in senso figurato, l'aggettivo vuol dire saldo, radicato, fermo, perseverante: *memoria tenace*; *amicizia, odio tenace*; *è un uomo tenace, non si rassegnerà facilmente*. **Pertinace** è chi dimostra una grande fermezza e costanza di idee, d'intenti, d'azione: *volontà pertinace*. **Volitivo** è chi possiede e dimostra una volontà spiccata, forte, inflessibile: *personalità volitiva, carattere volitivo*.

Puntiglioso si usa in riferimento a chi insiste nel fare o nel dire qualcosa con puntiglio, cioè per partito preso, oppure spinto dall'orgoglio personale o dall'amor proprio: *temperamento puntiglioso*. **Fissato** si dice invece di chi ha un'idea fissa, ossessiva, alla quale pensa continuamente e sulla quale si ostina perché è incapace di distoglierne l'attenzione: *è un vecchio fissato con le sue idee*; *è una persona fissata per l'ordine*. **Irriducibile** indica figuratamente chi è assolutamente convinto delle proprie idee e perciò non desiste dai suoi propositi e non si lascia persuadere in alcun modo: *terrorista, criminale irriducibile*; *è un suo nemico irriducibile*.

capàrra *s. f.* ***1*** arra, pegno, anticipo, acconto, deposito, malleveria, cauzione, sicurtà ***2*** (*fig.*) garanzia, anticipazione.

capeggiàre *v. tr.* guidare, comandare, capitanare, dirigere, reggere, dominare **CONTR.** ubbidire, subire, sottomettersi.

capeggiatóre *s. m.* (*f. -trice*) capo, guida, capobanda, capoccia (*scherz., spreg.*), dominatore, leader (*ingl.*).

capéllo *s. m. spec. al pl.* capigliatura, chioma, crine (*lett.*), criniera (*est.*), zazzera **FRAS.** *avere un diavolo per capello* (*fig.*), essere arrabbiatissimo □ *spaccare un capello in quattro* (*fig.*), fare un'analisi sottile □ *non torcere un capello* (*fig.*), non fare alcun male □ *mettersi le mani nei capelli* (*fig.*), disperarsi □ *averne fin sopra i capelli* (*fig.*), non poterne più □ *sentire rizzarsi i capelli* (*fig.*), inorridire □ *prendersi per i capelli* (*fig.*), litigare.

capellóne *s. m.; anche agg.* ***1*** capelluto, chiomato, zazzeruto **CONTR.** calvo, pelato, rapato ***2*** (*gerg.*) hippy (*ingl.*), bohémien (*fr.*), beat (*ingl.*).

capèstro *s. m.* ***1*** (*per impiccare*) corda, fune, cappio, laccio ***2*** (*est.*) forca, patibolo ***3*** (*di animale*) cavezza.

capezzàle *s. m.* ***1*** guanciale, cuscino, origliere (*raro, lett.*), piumaccio ***2*** (*est.*) (*spec. di malato*) letto.

capiènte *agg.* capace, grande, vasto, ampio **CONTR.** piccolo, modesto.

capiènza *s. f.* capacità, volume.

capigliatùra *s. f.* chioma, capellatura, capelli, criniera, zazzera, crine (*lett.*).

capillàre *agg.* ***1*** sottile, stretto, esile, fine **CONTR.** grosso, spesso, grande ***2*** (*fig.*) (*di indagine e sim.*) minuzioso, analitico, meticoloso □ (*di organizzazione, di propaganda, ecc.*) esteso, ramificato, diffuso, articolato **CONTR.** generico, sommario, modesto □ circoscritto, limitato, settoriale.

capillarità *s. f.* ***1*** sottigliezza ***2*** (*fig.*) (*di indagine*) minuziosità □ (*di organizzazione, di propaganda, ecc.*) estensione, diffusione **CONTR.** genericità, sommarietà □ limitatezza.

capillarménte *avv.* ad uno ad uno, singolarmente □ minuziosamente □ in modo ramificato **CONTR.** genericamente, sommariamente.

capìre ***A*** *v. tr.* ***1*** intendere, afferrare, cogliere, centrare (*fig.*), penetrare, percepire, comprendere, distinguere, scernere (*lett.*), vedere (*fig.*), vederci chiaro, avvedersi, accorgersi, realizzare (*fig.*), sgamare (*gerg.*), intuire □ decifrare, decodificare □ (*di concetto, di materia, ecc.*) apprendere, digerire (*fig.*) □ (*di persona, di opera, ecc.*) inquadrare □ (*di errore, di ammanco, ecc.*) riscontrare, rilevare **CONTR.** fraintendere, travisare, stravolgere, storcere, svisare, deformare ***2*** (*di preoccupazione, di imbarazzo, ecc.*) giustificare, comprendere, scusare ***B*** v. intr. ***1*** intendere, afferrare, intuire, essere intelligente ***2*** (*lett.*) entrare, includere, abbracciare, stare ***C*** **capirsi** v. rifl. rec. intendersi, comprendersi, essere d'accordo, andare d'accordo, accordarsi **CONTR.** fraintendersi, litigare. *V. anche* UDIRE

capirósso s. m. (*zool., pop.*) cardellino, penelope, anatra matta □ (*centr., sett.*) fischione □ (*centr.*) moriglione.

capitàle ***A*** agg. ***1*** (*di pena, di peccato, ecc.*) mortale **CONTR.** veniale ***2*** (*di fatto, di argomento, ecc.*) principale, fondamentale, essenziale, importantissimo, precipuo, primario, predominante, dominante, sostanziale, basilare, centrale, culminante, vitale **CONTR.** secondario, accidentale, accessorio, complementare, minimo ***B*** s. f. città principale □ metropoli ***C*** s. m. ***1*** (*econ.*) somma fruttifera, valore fruttifero, fondi, denaro ***2*** (*est.*) ricchezza, denaro, patrimonio, beni, valore, averi, proprietà, sostanza, fortuna, possesso, risorse, rendite ***3*** (*fig.*) padroni, padronato, capitalisti **CONTR.** lavoro □ proletariato, classe operaia, lavoratori. *V. anche* FORTUNA

capitalìsmo s. m. (*est.*) potere economico, proprietà, capitalisti **CONTR.** proletariato □ collettivismo, comunismo, socialismo.

capitalista ***A*** s. m. e f. ***1*** proprietario, ricco, abbiente, possidente **CONTR.** nullatenente, povero, indigente, diseredato ***2*** (*est.*) padrone, industriale **CONTR.** proletario ***B*** agg. capitalistico **CONTR.** socialista, comunista.

capitanàre v. tr. ***1*** (*raro*) (*di soldati e sim.*) guidare, capitaneggiare (*raro*), capeggiare, condurre ***2*** (*est.*) (*di impresa, di squadra, ecc.*) dirigere, comandare, guidare, essere a capo, governare **CONTR.** obbedire, seguire.

capitàno s. m. ***1*** capo, comandante, governante, guida □ condottiero, duce (*lett.*), guerriero, stratego ***2*** (*est.*) (*di impresa, di squadra, ecc.*) capo □ caposquadra **CONTR.** dipendente □ gregario ***3*** (*di imbarcazione*) skipper (*ingl.*).

capitàre ***A*** v. intr. ***1*** (*di persona*) arrivare, sopraggiungere, giungere, venire □ venirsi a trovare, finire, incappare, piombare ***2*** (*di cose*) accadere, presentarsi, intervenire, sopravvenire, occorrere (*lett.*) □ (*di lettere, di proteste, ecc.*) piovere (*fig.*) □ (*di fortuna, di malattia, ecc.*) toccare, incogliere (*lett.*) ***B*** v. intr. impers. succedere, accadere, avvenire.

capitàto part. pass. di **capitare**; anche agg. ***1*** (*di persona*) arrivato, sopraggiunto, venuto, giunto, finito ***2*** (*di cosa*) accaduto, successo, avvenuto, sopravvenuto, toccato.

capitolàre v. intr. ***1*** cedere, arrendersi, piegarsi, sottomettersi **CONTR.** attaccare, assalire, aggredire ***2*** (*fig.*) subire, rassegnarsi, rinunciare **CONTR.** insistere, resistere.

capitolazióne s. f. ***1*** convenzione, accordo, patti, negoziato, trattativa ***2*** (*est., anche fig.*) resa, caduta □ rinuncia, rassegnazione, sottomissione **CONTR.** attacco, aggressione, presa, occupazione.

capitolìno [da *capitolīnu(m)*, agg. di *Capitōliu(m)* 'Campidoglio'] agg. (*est.*) romano.

capìtolo s. m. ***1*** (*di libro*) capo, parte, suddivisione ***2*** (*al pl.*) (*di trattato*) patto, convenzione ***3*** (*relig.*) collegio, adunanza, riunione **FRAS.** *avere voce in capitolo* (*fig.*), godere di credito, avere prestigio, potere. *V. anche* PARTE

capitombolàre v. intr. ruzzolare, cadere, cascare, rotolare, precipitare, stramazzare, tombolare (*fam.*), tonfare (*raro*) **CONTR.** alzarsi. *V. anche* CADERE

capitómbolo s. m. ***1*** ruzzolone, ruzzolata, rotolone, cascata, caduta, capriola, tombola, tombolone ***2*** (*fig.*) fallimento, rovescio, rovina, dissesto, bancarotta, crac **CONTR.** fortuna.

capitóne s. m. (*est.*) anguilla.

càpo ***A*** s. m. (f. *scherz.* -*a*) ***1*** testa, cranio, capoccia (*dial.*), zucca (*scherz.*), boccia (*scherz.*), coccia (*merid.*) ***2*** (*fig.*) intelletto, mente, animo, pensiero, cervello, intelligenza ***3*** (*est.*) (*di persona*) governante, dirigente, leader (*ingl.*), direttore, padrone, principale, presidente, chairman (*ingl.*), responsabile, superiore, soprastante (*raro*), gerarca, rettore (*lett.*), corifeo (*lett.*) □ guida, comandante, capitano, condottiero, duce (*lett.*) □ (*mar.*) sottufficiale □ capoccia, caporione (*spreg.*), capeggiatore, boss (*ingl.*), caudillo (*sp.*), padrino □ capofila, capolista □ organizzatore □ notabile, autorità, dignitario, maggiorente, ottimate, big (*ingl.*) □ sahib, bwana (*swahili*) **CONTR.** subalterno, inferiore, soggetto, dipendente, sottoposto, subordinato, sottostante, suddito, gregario ***4*** (*di azienda*) quadro ***5*** (*spec. al pl.*) (*di bestiame*) unità, individuo ***6*** (*anche fig.*) (*di cosa*) cima, estremità, punta, polo, inizio, origine, bandolo, principio □ (*di fune*) doppio **CONTR.** fine, conclusione ***7*** (*di spillo, di chiodo e sim.*) testa, capocchia **CONTR.** punta ***8*** (*di vestiario e sim.*) articolo, genere, oggetto ***9*** (*di filati*) canapo, corda ***10*** (*geogr.*) promontorio, sporgenza ***B*** in funzione di agg. inv. (posposto a un s.) dirigente, comandante **FRAS.** *essere a capo*, comandare, dirigere □ *non sapere dove battere il capo* (*fig.*), non sapere che pesci pigliare □ *chinare il capo* (*fig.*), rassegnarsi, sottomettersi □ *alzare il capo* (*fig.*), ribellarsi □ *fra capo e collo* (*fig.*), all'improvviso □ *lavata di capo* (*fig.*), rimprovero □ *non avere né capo né coda* (*fig.*), essere disordinato, essere inconcludente □ *capo d'accusa*, imputazione □ *in capo al mondo* (*fig.*), lontanissimo □ *in capo a* (*fig.*), tra □ *venire a capo* (*fig.*), concludere, risolvere □ *per sommi capi* (*fig.*), sommariamente □ *capo dello Stato*, presidente della Repubblica □ *capo del governo*, presidente del consiglio. *V. anche* QUADRO

capoàrea s. m. e f. (*org. az.*) area manager (*ingl.*).

capobànda s. m. ***1*** (*di banda musicale*) direttore ***2*** (*di malviventi*) caporione, capoccia ***3*** (*scherz.*) capo, capeggiatore, leader (*ingl.*).

capobastóne s. m. (*di mafia*) caporione, capomafia, boss (*ingl.*).

capòcchia s. f. testa, capo, punta □ (*di fungo, di chiodo, ecc.*) cappella □ (*di chiodo e sim.*) borchia **FRAS.** *a capocchia*, a vanvera.

capòccia ***A*** s. m. ***1*** (*di famiglia colonica*) capo, reggitore, vergaro, massaio ***2*** (*di lavoranti, di pastori,* ecc.) sorvegliante *3* (*spreg.*) (*di malviventi*) caporione, boss (*ingl.*) ***B*** s. f. (*dial.*) testa, capo.

capocciàta s. f. (*dial., scherz.*) zuccata, testata, craniata.

capoccióne s. m. *1* (*dial., est.*) testone *2* (*fig., scherz.*) genio, intelligenza *3* (*dial., fig., spreg.*) caporione, boss (*ingl.*).

capocòllo s. m. coppa.

capocuòco s. m. maître (*fr.*), chef (*fr.*).

capofamìglia s. m. e f. *1* padre, madre, patriarca *2* (*di famiglia colonica*) reggitore, vergaro.

capofìla s. m. e f. inv. *1* primo □ testa **CONTR.** coda, ultimo *2* capo, principale esponente.

capofìtto agg. (*raro*) **FRAS.** *a capofitto*, col capo all'ingiù; (*fig.*) con grande impegno.

capogìro s. m. vertigine, stordimento, giracapo, giramento **FRAS.** *da capogiro* (*fig.*) □ (*di prezzo*) altissimo, vertiginoso. *V. anche* STORDIMENTO

capolavóro s. m. *1* capodopera (*raro*) *2* opera d'arte, meraviglia, gioiello (*fig.*) **CONTR.** boiata, porcheria, obbrobrio.

capolìnea s. m. terminale, terminal (*ingl.*) □ stazione iniziale.

capolìno s. m. dim. di **capo** **FRAS.** *fare capolino*, sporgersi, spuntare.

capolìsta s. m. e f. capo, primo **CONTR.** ultimo, fanalino di coda.

capomàfia s. m. (*est.*) capobastone, mammasantissima (*gerg., merid.*), padrino, boss (*ingl.*).

caponàggine s. f. caponeria (*raro*), testardaggine, caparbietà, cocciutaggine, ostinazione, ostinatezza, accanimento, protervia, zucconaggine, puntiglio, pervicacia **CONTR.** arrendevolezza, remissività, docilità, condiscendenza.

capopòpolo s. m. demagogo, caporione, arruffapopoli, tribuno, sovvertitore, rivoluzionario, agitatore **CONTR.** gregario, seguace.

caporàle s. m. *1* (*est.*) ignorantone, autoritario, prepotente, rozzo, villano **CONTR.** persona civile, persona educata *2* (*di operai*) caposquadra, capo.

caporétto [dalla località *Caporetto*, dove l'esercito italiano subì una grave sconfitta durante la prima guerra mondiale] s. f. inv. (*fig.*) grave sconfitta, disfatta **CONTR.** vittoria, trionfo.

caporióne s. m. (*spreg.*) capo, boss (*ingl.*), capoccia, capobanda, capopopolo, capobastone, capoccione (*dial.*), arruffapopoli, demagogo, tribuno (*fig., spreg.*), ras (*fig., spreg.*).

caposàldo s. m. *1* punto fortificato, baluardo *2* (*fig.*) elemento essenziale, base, fondamento, sostegno, colonna, cardine, principio.

caposcuòla s. m. e f. (*nelle arti, nelle scienze, ecc.*) innovatore, iniziatore, fondatore, creatore, maestro **CONTR.** seguace, epigono.

caposquàdra s. m. e f. *1* (*di lavoratori*) capoccia *2* (*di squadra sportiva*) capitano *3* (*mil.*) comandante, capo, condottiero.

capostìpite s. m. *1* primo antenato, padre, patriarca, progenitore, fondatore, ceppo (*fig.*) *2* (*est.*) (*di esemplare*) archetipo, modello **CONTR.** copia, riproduzione, trascrizione, duplicato. *V. anche* ANTENATO

capotàre V. **cappottare**.

capote /fr. ka'pɔt/ [vc. fr., da *cape* 'cappa'] s. f. inv. (*di autoveicoli*) cappotta, mantice, tettuccio.

capottàre V. **cappottare**.

capovèrso s. m. *1* alinea, accapo, daccapo *2* (*est.*) paragrafo, comma.

capovòlgere ***A*** v. tr. *1* voltare, rovesciare, ribaltare, invertire, arrovesciare, rivoltare **CONTR.** raddrizzare, alzare *2* (*fig.*) (*di situazione e sim.*) ribaltare, rovesciare, sovvertire, invertire, sconvolgere, sommuovere, rivoluzionare, trasformare ***B*** **capovolgersi** v. intr. pron. *1* rovesciarsi, ribaltarsi, cappottare, rivoltarsi *2* (*fig.*) (*di situazione e sim.*) cambiarsi, mutarsi, innovarsi (*raro*), trasformarsi radicalmente □ cambiare.

capovolgiménto s. m. *1* inversione, rovesciamento, ribaltamento *2* (*fig.*) (*di situazione e sim.*) cambiamento, mutamento, trasformazione, innovamento, sovvertimento, sconvolgimento.

capovòlta s. f. *1* (*raro*) capovolgimento, ribaltamento *2* capriola □ (*nel nuoto*) virata, kiefer (*ingl.*).

capovòlto part. pass. di **capovolgere**; anche agg. *1* voltato, rovesciato, ribaltato, invertito, rivoltato *2* (*di situazione e sim.*) cambiato, mutato, trasformato.

càppa s. f. *1* mantello, ferraiolo, tabarro, cappotto, domino, pipistrello *2* camino *3* (*fig.*) (*del cielo*) volta *4* (*mar.*) (*di boccaporto, di strumenti*) copertura *5* (*di nebbia, di fumo, ecc.*) cortina **FRAS.** *cappa di piombo* (*fig.*), peso, angoscia, oppressione □ *film, racconti di cappa e spada* (*fig.*), film, racconti di avventure di armi e di corte.

cappalùnga s. f. (*zool.*) cannello, cannolicchio.

cappèlla [dal luogo dove era venerata la *cappa* di S. Martino di Tours] s. f. *1* oratorio, edicola, tempietto, sacrario, sacello, chiesina *2* tabernacolo, nicchia.

cappèllo s. m. *1* copricapo □ berretto *2* (*est.*) (*di chiodo e sim.*) testa, capocchia *3* (*est.*) (*di comignolo*) copertura *4* (*fig.*) (*di scritto, di discorso*) introduzione, preambolo, premessa **FRAS.** *cappello a cilindro*, tuba □ *cappello duro*, bombetta, cilindro, tuba □ *cappello di paglia*, magiostrina □ *cavarsi il cappello, fare tanto di cappello* (*fig.*), riconoscere il merito □ *prendere cappello* (*fig.*), impermalirsi.

càpperi inter. (*euf.*) perbacco!, caspita!, cospetto!, perdinci!, diamine!, cavolo!

càppio s. m. *1* calappio, laccio, nodo, fiocco, annodatura, legame, legatura, legamento *2* capestro, corda.

cappòtta s. f. adattamento di **capote**.

cappottàre v. intr. (*di aereo, di autoveicolo*) ribaltarsi, capovolgersi, rovesciarsi **CONTR.** drizzarsi, raddrizzarsi.

cappòtto s. m. pastrano, mantello, paltò, paletot (*fr.*), gabbano, cappa, soprabito, tabarro, ferraiolo, palandrana, palamidone (*scherz.*), zimarra (*scherz.*).

cappuccìno (1) s. m.; anche agg. (*di frate*) francescano.

cappuccìno (2) [dal colore dell'abito dei frati *cappuccini*] s. m. cappuccio, caffellatte, latte macchiato.

cappùccio (1) s. m. *1* copricapo □ bautta, domino *2* (*di biro*) coperchietto, cappelletto *3* (*di bottiglia*) tappo, capsula.

cappùccio (2) *s. m. abbr. di* **cappuccino (2)** cappuccino, caffellatte, latte macchiato.

capriccio *s. m.* ***1*** ghiribizzo, grillo, bizzarria, originalità, arbitrio, singolarità, fantasticheria, fisima, frivolezza, stramberia, frullo, ruzzo, stravaganza, ticchio, fissazione, idea, mania, ubbia, pazzia ***2*** gusto, voglia, velleità, desiderio, piacimento, sfizio, tentazione, vizio, estro, fantasia, libito (*lett.*), talento (*lett.*), vaghezza (*lett.*) ***3*** (*di bambino*) bizza, puntiglio, ripicca ***4*** (*est.*) (*di innamoramento*) infatuazione, flirt (*ingl.*) ***5*** (*di cosa strana*) bizzarria, stranezza, singolarità, curiosità ***6*** (*mus.*) CFR. scherzo. *V. anche* STIZZA

CAPRICCIO
sinonimia strutturata

Il **capriccio** è un desiderio, un'idea o un atto imprevedibili, inaspettati e singolari, spesso dovuti a leggerezza, volubilità o improvvisazione: *cavarsi, togliersi, levarsi un capriccio*; *fare i capricci*, significa avere un comportamento strano e incostante ed è riferito soprattutto ai bambini che si lamentano, si agitano e sono stizziti per qualcosa. Il termine per estensione si usa in riferimento a un'infatuazione amorosa passeggera: *per lui quella ragazza è solo un capriccio*; capriccio indica anche un fatto strano, curioso o inspiegabile: *i capricci della sorte, del destino*.

Bizzarria è un comportamento, un'azione o un'idea bizzarri, cioè non comuni, fuori dall'ordinario, originali: *le sue bizzarrie stupiscono chiunque*; così la **stravaganza** indica l'atto, il discorso, l'atteggiamento eccentrici, che vanno al di là della consuetudine, degli usi abituali: *è noto a tutti per le sue stravaganze*. La **stramberia** si riferisce ad un'azione, ad un discorso o simili balzani, strani, sconclusionati; a differenza dei precedenti, il termine è usato con una connotazione negativa: *è una delle sue solite stramberie*.

La **fantasia** è l'immaginazione, l'inventiva, cioè la facoltà della mente umana che permette di rappresentare in immagini contenuti inesistenti o di associare e rielaborare liberamente i dati dell'esperienza. In questo contesto semantico, la parola si riferisce ad un'idea, ad un desiderio insoliti, singolari, lontani dalla realtà: *insegue solo le sue fantasie*; *non dar peso alle sue fantasie*. Nell'uso corrente fantasia trova impiego in alcune locuzioni idiomatiche: *avere la fantasia di qualcosa*, significa desiderarla; *togliersi la fantasia*, vuol dire esaudire un proprio desiderio, un capriccio; *cosa di fantasia*, è una cosa strana. **Fantasticheria** è l'attività del fantasticare, cioè dell'immaginare a ruota libera, dell'almanaccare con la mente, del fare congetture fantastiche: *come al solito si perde dietro alle sue fantasticherie*; rispetto a fantasia, il vocabolo ha una sfumatura negativa perché sottolinea più l'aspetto futile e chimerico dell'abbandonarsi all'immaginazione che quello creativo.

In senso figurato **grillo** significa idea curiosa, strampalata, capriccio: *venire, saltare il grillo*, venire il capriccio; *avere un sacco di grilli per la testa*, significa avere idee e aspirazioni fantasiose; così il **ghiribizzo** è un improvviso capriccio, un'idea strana: *saltare il ghiribizzo*. **Fisima** si usa invece per indicare un'idea fissa oppure una piccola fissazione o mania caratteriale, inconsueta e strana: *avere delle fisime*; *essere pieno di fisime*.

capricciosaménte *avv.* ***1*** bizzarramente, irragionevolmente, volubilmente, in modo balzano, cervelloticamente, fantasticamente CONTR. ragionevolmente, saggiamente, equilibratamente, giudiziosamente ***2*** estrosamente, stravagantemente, originalmente, eccentricamente, snob (*ingl.*) CONTR. ordinariamente, comunemente, normalmente.

capriccióso *agg.* ***1*** (*di persona*) balzano, lunatico, volubile, incostante, strambo, pazzerello, picchiatello (*scherz.*), illogico, irragionevole □ (*spec. di bambino*) viziato, bizzoso, malavvezzo □ tignoso, stizzoso, puntiglioso CONTR. ragionevole, equilibrato, savio, saggio, logico, metodico, abitudinario, consuetudinario, sistematico, posato, riflessivo, giudizioso ***2*** (*di persona o cosa*) estroso, originale, bizzarro, stravagante, ghiribizzoso, cervellotico, fantasioso, frivolo, curioso, singolare, insolito, eccentrico, grottesco, strambo, snob (*ingl.*), arbitrario, velleitario CONTR. solito, normale, comune, ovvio, ordinario, banale, trito, abusato, semplice, usuale ***3*** (*di tempo, di stagione e sim.*) mutevole, instabile, balordo CONTR. stabile.

caprifòglio *s. m.* (*bot.*) madreselva, abbracciabosco.

capriòla *s. f.* ***1*** salto, capovolta, piroetta ***2*** (*est.*) capitombolo, ruzzolone, rotolone, ruzzolata ***3*** (*di ballerino*) scambietto.

càpro *s. m.* becco, irco, caprone, montone FRAS. *capro espiatorio* (*fig.*), vittima.

capróne *s. m.* ***1*** capro, irco, becco, montone ***2*** (*fig., spreg.*) (*di persona*) zotico, rozzo, tanghero, zoticone, sudicione, sozzone.

càpsula *s. f.* ***1*** involucro, rivestimento, contenitore ***2*** (*di arma da fuoco*) cappellotto □ (*di proiettile, di missile*) ogiva ***3*** (*di medicinale*) cialda, cialdino, cachet (*fr.*), pillola, perla, ostia ***4*** (*tecnol.*) scodelletta, scodella ***5*** (*di dente*) rivestimento.

captàre *v. tr.* ***1*** cattivarsi, attirarsi, propiziarsi, acquistarsi CONTR. alienarsi, allontanare ***2*** (*di suono, di immagine, ecc.*) intercettare, ricevere, cogliere ***3*** (*fig.*) (*di pensiero, di desiderio, ecc.*) indovinare, intuire, intendere, afferrare, fiutare, cogliere.

capziosaménte *avv.* cavillosamente, pretestuosamente, artificiosamente CONTR. schiettamente, semplicemente, chiaramente.

capziosità *s. f.* cavillosità, sottigliezza, sofisticheria, bizantinismo, pedanteria □ cavillo, rampino (*fig.*), sofisma, pretesto, arzigogolo CONTR. semplicità, schiettezza, chiarezza.

capzióso *agg.* cavilloso, sottile, sofisticato, arzigogolato, tendenzioso, artificioso, bizantino CONTR. semplice, schietto, chiaro.

carabàttola *s. f.* **1** (*spec. al pl.*) cianfrusaglia, chincaglieria, rigatteria, minuzzaglia, bibelot (*fr.*), bric-à-brac (*fr.*) **2** (*fig.*) bazzecola, bagattella, inezia, baggianata, sciocchezza, nonnulla.

carabìna *s. f.* (*est.*) fucile, flobert.

carabinière *s. m.* gendarme, milite, carabba (*pop., gerg.*), caramba (*pop., gerg.*) □ (*al pl.*) centododici, 112.

caràffa *s. f.* brocca, boccale □ bottiglia.

caràmbola *s. f.* (*fig.*) urto, spinta, scontro, spintone, collisione.

caramèlla *s. f.* **1** zuccherino, chicca, pastiglia, pasticca, drop (*ingl.*), confetto, dolciume **2** (*fam.*) monocolo, occhialetto.

caramellàre *v. tr.* candire, confettare.

caramellóso *agg.* **1** dolciastro **2** (*fig.*) sdolcinato, lezioso, stucchevole, smaccato, svenevole, smorfioso, smanceroso, affettato **CONTR.** brusco, burbero, austero, rigido, energico, rude, sgarbato.

caraménte *avv.* affettuosamente, amorevolmente, simpaticamente, teneramente, cordialmente, dolcemente, gentilmente, delicatamente **CONTR.** freddamente, indifferentemente, rudemente.

caràttere *s. m.* **1** (*dell'alfabeto*) segno, lettera, grafema □ cifra **2** (*tip.*) lettera, tipo **3** (*est.*) scrittura, grafia □ battuta, mano (*fig.*) **4** (*di persona*) indole, personalità, natura, temperamento, tempra, disposizione, umore, inclinazione, animo, complessione (*raro*), habitus (*lat.*), stampo (*fig.*) **5** (*di persona*) fermezza, polso (*fig.*), grinta, costanza, mordente **CONTR.** incostanza, instabilità **6** (*di cosa*) caratteristica, impronta, marchio, attributo, qualità, stile, tipo, tono, ordine, peculiarità, requisito, particolarità, dimensione, volto (*fig.*) □ (*di parole, di romanzo, ecc.*) sapore (*fig.*) □ (*di periodo, di ambiente, ecc.*) spirito, mentalità, temperie. *V. anche* IMPRONTA, INDOLE

caratteriàle *agg.*; *anche s. m.* (*est.*) (*di bambino*) difficile, impulsivo, aggressivo.

caratterìno *s. m.* **1** *dim. di* **carattere** **2** (*iron.*) caratteraccio, persona difficile, bisbetico, litigioso, capriccioso, puntiglioso, stizzoso.

caratterìstica *s. f.* **1** qualità, nota, dato, contrassegno, carattere, attributo, requisito, particolarità, prerogativa, privilegio, proprietà, facoltà, peculiarità, singolarità, distintivo, stigma, tipicità, essenza, modalità □ impronta, marchio □ (*di avvenimento, di discorso, ecc.*) dimensione □ (*di scritto, di pittura, ecc.*) mano (*fig.*) □ (*di lingua, di nazione, ecc.*) natura, genio □ (*di periodo, di ambiente, ecc.*) temperie, spirito, mentalità **2** (*specie al pl.*) fisionomia, connotati, tratti □ (*di animale, di vegetale*) habitus (*lat.*) (*biol.*). *V. anche* FACOLTÀ, PRIVILEGIO

caratteristicaménte *avv.* originalmente, tipicamente **CONTR.** genericamente.

caratterìstico *agg.* proprio, tipico, peculiare, personale, specifico, rappresentativo, singolare, speciale, unico, particolare, esclusivo, distintivo, inconfondibile □ (*di male*) endemico □ (*di accento*) pretto □ (*di locale, di costume, ecc.*) pittoresco, folkloristico **CONTR.** comune, impersonale, generico, solito, normale, generale, universale, indistinto.

caratterizzàre *v. tr.* **1** distinguere, qualificare, dimostrare, rivelare, manifestare, differenziare, definire, designare, contrassegnare, contraddistinguere, diversificare, individuare □ (*di vita, di carattere, ecc.*) informare (*fig.*) **CONTR.** eguagliare, confondere, nascondere **2** (*di epoca, di situazione, ecc.*) rappresentare, descrivere, interpretare, figurare, delineare, configurare.

caratterizzazióne *s. f.* definizione, rappresentazione, descrizione.

caravan /*ingl.* kærə'væn/ [vc. ingl. 'carovana, carrozzone', poi 'roulotte'] *s. m.* roulotte (*fr.*) **CFR.** camper (*ingl.*).

carbóne *s. m.* **1** (*est.*) bragia, bracia, brace, carbonella **2** (*raro, est.*) (*di colore*) nero **FRAS.** *essere sui carboni accesi* (*fig.*), provare un acuto disagio □ *carbone bianco*, energia elettrica. *V. anche* NERO

carbonèlla *s. f.* brace, bragia, bracia.

carburànte *s. m.* combustibile □ petrolio, benzina, nafta, metano, gas, gas liquido.

carburàre *v. intr.* (*fig., gerg.*) essere energico, essere dinamico, essere in forma **CONTR.** essere debole.

carcàssa *s. f.* **1** scheletro, ossatura **2** (*est.*) (*di animale*) cadavere, scheletro, carogna, carcame **3** (*fig.*) (*di persona, di cosa*) rottame, sfasciume, ciabatta (*pop.*), cencio, coccio, rudere, relitto, carretta, catorcio (*fam.*), catenaccio (*scherz.*) **4** (*di natante, di macchinario, ecc.*) struttura portante, ossatura, scheletro, castello, intelaiatura, fusto, telaio, sostegno.

carceràre *v. tr.* imprigionare, incarcerare, rinchiudere, recludere, ingabbiare, arrestare, detenere, segregare **CONTR.** scarcerare, sprigionare, liberare, rilasciare.

carceràto *part. pass. di* **carcerare**; *anche agg.* e *s. m.* incarcerato, imprigionato, detenuto, prigioniero, arrestato, galeotto, recluso, segregato, ergastolano **CONTR.** liberato, libero, rilasciato.

carcerazióne *s. f.* detenzione, incarcerazione, imprigionamento, arresto, reclusione, segregazione □ carcere, custodia, prigionia, cattività **CONTR.** scarcerazione, rilascio, liberazione.

càrcere *s. m.* e *f.* **1** prigione, galera, penitenziario, stabilimento penale, colonia penale, bagno penale, gattabuia (*pop., scherz.*), reclusorio (*raro*) **2** (*est.*) carcerazione, reclusione.

carcerière *s. m.* **1** secondino, guardiano, custode **2** (*fig., spreg.*) aguzzino, carnefice, cerbero, oppressore, tiranno, despota, prepotente, soverchiatore.

cardàre *v. tr.* cardeggiare, carmunare, scardassare, pettinare, scapecchiare, garzare.

cardinàle **A** *agg.* principale, fondamentale, basilare **CONTR.** secondario, complementare **B** *s. m.* porporato, principe della Chiesa **C** *in funzione di agg. inv.* (*posposto al s.*) (*di colore*) porpora.

càrdine *s. m.* **1** (*di porta, di finestra*) perno, ganghero, arpione **2** (*fig.*) (*di dottrina, di sistema, ecc.*) fondamento, sostegno, base, principio, supporto, caposaldo, colonna □ (*di questione, di ragionamento, ecc.*) fulcro □ (*di vicenda, di problema, ecc.*) chiave.

cardiopàlmo *s. m.* **1** batticuore, palpitazione, tachicardia **CONTR.** bradicardia, brachicardia **2** (*fig.*) ansia, agitazione, trepidazione, affanno, angoscia **CONTR.** tranquillità, serenità, pace.

carènte *agg.* mancante, insufficiente, deficiente, deficitario, incompleto, limitato, inadeguato, scarso, monco, privato □ difettoso, imperfetto **CONTR.** completo, sufficiente, intero, totale, perfetto, idoneo, adeguato, abbondante, copioso. *V. anche* SCARSO

carènza *s. f.* mancanza, penuria, assenza, insufficienza, scarsezza, angustia, scarsità, limitatezza, deficienza, difetto, privazione, manchevolezza, vuoto (*fig.*) **CONTR.** abbondanza, eccedenza, esorbitanza, eccesso, sufficienza, profusione, dovizia, copia, copiosità.

carestìa *s. f.* ***1*** penuria, mancanza, scarsità, scarsezza, magra (*fig.*), rarità, difetto **CONTR.** abbondanza, eccedenza, sufficienza, eccesso, profusione, dovizia, copia, copiosità, cuccagna (*fig.*), grascia (*ant., fig.*) ***2*** (*est.*) miseria, indigenza, ristrettezza, povertà, fame **CONTR.** ricchezza, prosperità, dovizia, benessere.

carézza *s. f.* ***1*** amorevolezza, tenerezza, accarezzamento □ (*al pl.*) effusioni ***2*** (*est.*) (*di vento, di sole, ecc.*) tocco leggero ***3*** (*est.*) blandizia, moina, lusinga, vezzo, vezzeggiamento, smanceria, festa, blandimento (*lett.*), vellicamento, lisciamento, zuccherino (*fig.*) **CONTR.** sgarbo, sgarberia, insulto, scortesia, villania, offesa, insolenza.

carezzàre *v. tr.* ***1*** (*anche fig.*) accarezzare, lisciare, vellicare, coccolare ***2*** (*fig.*) lusingare, blandire, vezzeggiare, adulare, compiacere, accattivare **CONTR.** offendere, urtare, provocare, contrariare, inasprire ***3*** (*di speranza e sim.*) coltivare.

carezzévole *agg.* piacevole, amorevole, dolce, garbato, lusinghiero, suadente, blando, insinuante, affettuoso, caldo, incantevole, amabile, languido, molle, tenero **CONTR.** ruvido, burbero, brusco, violento, sgradevole, spiacevole, antipatico, scostante, sferzante, minaccioso, minatorio.

càrgo *s. m. inv.* ***1*** nave da carico, nave mercantile ***2*** aereo da carico, aereo da trasporto. *V. anche* NAVE

cariàre ***A*** *v. tr.* ***1*** (*est.*) (*di denti*) produrre la carie, guastare ***2*** (*est.*) corrodere, consumare, intaccare, erodere, sgretolare ***B*** **cariarsi** *v. intr. pron.* guastarsi, bacarsi, corrompersi.

cariàtide [dal gr. *karyátis*, 'donna di Caria', perché a sostenere gli architravi vennero raffigurate le donne di Caria fatte prigioniere dagli Ateniesi] *s. f.* ***1*** (*arch.*) atlante, telamone ***2*** (*fig.*) (*di persona*) mummia, statua ***3*** sorpassato, nostalgico.

càrica *s. f.* ***1*** grado, incarico, poltrona (*fig.*), dignità, autorità, responsabilità, onere □ (*di parlamento, di consiglio regionale, ecc.*) seggio □ ufficio, occupazione, posto, mansione, funzione, impiego ***2*** (*fig.*) (*fisica o morale*) energia, spinta, forza, potenza, impulso □ (*di ottimismo e sim.*) iniezione ***3*** (*di bombe, di armi e sim.*) esplosivo □ caricamento ***4*** (*di soldati, di polizia e sim.*) urto, assalto, attacco, impeto **CONTR.** fuga, arretramento, indietreggiamento **FRAS.** *tornare alla carica* (*fig.*), insistere di nuovo □ *dare la carica*, caricare □ *in carica*, in servizio, detentore del titolo, attuale **CONTR.** ex. *V. anche* ASSALTO, DIGNITÀ, ENERGIA, FUNZIONE

CARICA
sinonimia strutturata

La **carica** è un compito, di solito piuttosto elevato e importante, attestato da un particolare titolo qualificante: *carica di sindaco, di ministro, di presidente*; *ricoprire, rivestire una carica*; *le più alte cariche dello Stato*, sono coloro che occupano ruoli istituzionali di grande rilievo; *essere in carica*, significa essere nell'esercizio di un'importante funzione. Il **grado** indica in questo ambito semantico la posizione che una persona occupa in una gerarchia, in un'amministrazione: *grado militare*; *passare di grado*, essere promosso, avanzare nella carriera; *essere al grado più alto della carriera*.

L'**incarico** è una commissione, un'incombenza o un compito di solito rilevante, anche temporaneo e speciale: *assumere, ricevere, rilevare, rifiutare, accettare un incarico*; *ho l'incarico di accompagnarti a casa*; in politica si dice incarico il compito di formare il governo, mentre l'incarico esplorativo è la verifica delle condizioni necessarie alla formazione di un nuovo governo. La **responsabilità** indica l'essere responsabile, cioè il dover rispondere e rendere conto delle proprie azioni: *assumersi le proprie responsabilità*; *ha la responsabilità dell'andamento di tutta l'organizzazione*. Nell'ambito del diritto, l'**onere** è un'imposizione a un soggetto da parte della legge che comporta conseguenze a lui favorevoli sul piano giuridico: *oneri sociali*; per estensione, con onere si intende un peso, un obbligo gravoso: *assumersi un onere*.

Anche il termine **ufficio** può avere diversi significati. In senso esteso indica un'incombenza, un incarico: *conferire un ufficio a qualcuno*; *ufficio spinoso, delicato*; *ufficio di paciere, di arbitro*; in campo giuridico ufficio si riferisce alla funzione di cui è investito un funzionario: in particolare *d'ufficio*, vuol dire per iniziativa autonoma di un funzionario, d'autorità; *difensore d'ufficio*, è l'avvocato designato dal giudice a colui che non può procurarsene uno di sua fiducia. Il vocabolo indica inoltre il compito, l'occupazione che una persona svolge all'interno di un'azienda: *trascurare l'ufficio*. La **mansione** è invece un lavoro assegnato, un compito, un dovere: *svolgo la mansione di operaio*; soprattutto al plurale, il vocabolo è usato in riferimento al complesso delle attività che deve svolgere il lavoratore assunto: *adempiere alle proprie mansioni*.

In questo contesto **posto** indica un incarico, un impiego, un lavoro: *cercare un posto*; *perdere il posto*; *posto di professore, di cuoco, di ferroviere*; in particolare *mettere* o *mettersi a posto*, significa trovare una buona occupazione per sé o per qualcun altro. **Poltrona** ha il significato figurato di impiego, di posto, o di carica, particolarmente redditizio e conveniente, perché si ritiene comporti un lavoro poco faticoso e di un certo prestigio: *occupa la poltrona di direttore generale*; *cerca in tutti i modi di conservare la poltrona*; con l'espressione *stare attaccato alla poltrona*, si intende il non voler lasciare e difendere in tutti i modi il proprio posto di lavoro.

caricàre *A v. tr.* **1** porre, mettere, sistemare, collocare, imbarcare **CONTR.** scaricare **2** (*di peso eccessivo*) aggravare, sovraccaricare **CONTR.** alleggerire **3** (*fig.*) (*di debiti, di impegni e sim.*) accollare, addossare, oberare, colmare, gravare, sovraccaricare, opprimere, onerare **CONTR.** alleggerire, sgravare, alleviare **4** (*di cibo*) riempire, appesantire, rimpinzare **5** (*fig.*) (*di colore, di dose, ecc.*) eccedere, calcare, rafforzare, esagerare, esasperare **CONTR.** attenuare, alleggerire, moderare **6** (*fig.*) (*di persona*) montare, stimolare, gasare (*gerg.*), esaltare **CONTR.** smontare, calmare **7** (*di soldati, di polizia e sim.*) attaccare, assalire, assaltare, avventarsi **CONTR.** scappare, fuggire, sfuggire, arretrare, indietreggiare **8** (*sport*) ostacolare **9** (*di arma*) armare **B caricarsi** *v. rifl.* **1** gravarsi, riempirsi **CONTR.** scaricarsi **2** (*fig.*) (*di debiti, di impegni e sim.*) accollarsi, addossarsi, sovraccaricarsi **CONTR.** alleggerirsi, sgravarsi **3** (*fig.*) montarsi la testa, gasarsi (*gerg.*), esaltarsi **CONTR.** calmarsi, smontarsi **FRAS.** *caricare la mano* (*fig.*), eccedere □ *caricare le tinte* (*fig.*), esagerare nel descrivere.

caricàto *part. pass. di* **caricare**; *anche agg.* **1** sistemato, collocato, messo **CONTR.** scaricato **2** (*di persona*) attaccato, assalito **3** (*sport*) ostacolato **4** carico, gravato, aggravato, riempito, colmato **CONTR.** scarico, vuoto, libero **5** (*fig.*) esagerato, smaccato, sperticato, eccessivo, esagerato **6** (*fig.*) affettato, manierato, ricercato, artificioso, svenevole, lezioso, teatrale (*fig.*, *spreg.*) **CONTR.** naturale, semplice, modesto, spontaneo, disinvolto **7** (*fig.*) (*di persona*) montato, gasato (*gerg.*), esaltato.

caricatùra *s. f.* **1** ritratto satirico, disegno satirico, scritto satirico, satira, parodia □ macchietta **2** (*est.*) ridicolizzazione, goffaggine **3** esagerazione, eccesso **CONTR.** attenuazione. *V. anche* AFFETTAZIONE

caricaturàle *agg.* **1** satirico, parodistico, burlesco **2** (*est.*) ridicolo, goffo, grottesco **CONTR.** serio, normale, naturale **3** (*est.*) esagerato, eccessivo, iperbolico **CONTR.** misurato, moderato.

càrico *A s. m.* **1** (*di merce*) caricamento **CONTR.** scarico **2** (*anche fig.*) fardello, peso, soma, basto, gravame **3** (*fig.*) (*di lavoro, di doveri, ecc.*) aggravio, onere, obbligo, impegno, responsabilità, peso, pensiero **4** accusa, colpa **5** (*tecnol.*) forza, peso, potenza **6** (*nella briscola*) asso, tre **B** *agg.* **1** (*anche fig.*) caricato, pieno, sovraccarico, colmo, colmato, riempito, ingombro, inzeppato, zeppo, gremito, affollato, stipato, pigiato, traboccante, ricco, gravido **CONTR.** vuoto, sgombro, privo **2** (*fig.*) (*di preoccupazioni, di debiti, ecc.*) oppresso, gravato, coperto, oberato, vessato □ (*di anni e sim.*) onusto (*lett.*) **CONTR.** libero, sgravato **3** (*di colore, di suono*) intenso, forte, scuro, profondo, violento **CONTR.** tenue, delicato, sbiadito, slavato, sfumato, chiaro **4** (*est.*) (*di bevanda, di profumo, ecc.*) concentrato, forte, denso, pesante **CONTR.** leggero, delicato **5** (*di orologio, di congegno*) pronto, funzionante **CONTR.** scarico **FRAS.** *persona a carico* (*fig.*), persona da mantenere □ *deporre a carico* (*fig.*), deporre contro.

carìno *agg.* leggiadro, piacevole, bellino, grazioso, aggraziato, avvenente, delizioso, vezzoso, charmant (*fr.*), adorabile, piacente, armonioso, gentile, garbato **CONTR.** sgraziato, brutto, sgradevole, sgarbato.

cariocinèsi *s. f.* (*biol.*) mitosi.

carìsma *s. m.* **1** (*relig.*) grazia, dono divino **2** (*fig.*) prestigio personale, ascendente, influenza.

carismàtico *agg.* (*fig.*) prestigioso.

carità *s. f.* **1** amore, affetto **CONTR.** odio, avversione **2** filantropia, umanità, benevolenza, altruismo, pietà, compassione, misericordia, bontà, benignità, cuore (*fig.*), indulgenza **CONTR.** egoismo, cattiveria, malevolenza, malignità, durezza, disumanità, crudeltà **3** beneficenza, bene, elemosina, obolo, sovvenzione, offerta, elargizione, aiuto, soccorso **4** (*est.*) cortesia, favore, piacere **FRAS.** *carità pelosa* (*fig.*), carità interessata □ *per carità!* (*iron.*), per piacere!, per favore!

caritatévole *agg.* pietoso, pio, umano, umanitario, benevolo, altruista, compassionevole, misericordioso, buono, benigno, indulgente, soccorrevole (*lett.*), soccorritore, filantropo, benefattore, benefico, generoso, cristiano **CONTR.** egoista, cattivo, malevolo, maligno, duro, disumano, crudele, spietato. *V. anche* GENEROSO

caritatevolménte *avv.* pietosamente, piamente, umanamente, benevolmente, generosamente, misericordiosamente, benignamente, indulgentemente, filantropicamente, cristianamente **CONTR.** egoisticamente, malevolmente, malignamente, duramente, crudelmente, spietatamente, inumanamente.

carlòna [da *Carlo Magno*, rappresentato come un bonaccione nei poemi cavallereschi più tardi] *vc.*; *solo nella loc. avv. alla carlona*, alla buona, frettolosamente, trascuratamente, grossolanamente, negligentemente **CONTR.** diligentemente, bene, accuratamente, seriamente, attentamente, scrupolosamente, esattamente.

càrme *s. m.* poesia, canto, lirica, poemetto, poema, ode.

carmìnio [lat. mediev. *carminiu*(*m*), prob. dall'incontro fra l'ar. *qírmiz* 'colore scarlatto' e il lat. *mĭnium* 'minio'] **A** *s. m.* colore rosso vivo, cinabro, cocciniglia **B** *agg.* rosso vivo.

carnagióne *s. f.* colorito, incarnato, carnato (*tosc.*), cera, tinta, colore □ pelle, carne. *V. anche* TINTA

carnàio *s. m.* **1** (*est.*) strage, massacro, eccidio, macello, carneficina, ecatombe, scempio, sterminio **2** (*spreg.*) (*di folla*) calca, moltitudine, ressa, pigia pigia, affollamento, torma, turba, brulicame, formicolio. *V. anche* FOLLA

carnàle *agg.* **1** corporeo, corporale, fisico **CONTR.** spirituale, morale **2** (*di amore, di peccato, ecc.*) lussurioso, sensuale, libidinoso, lascivo, voluttuoso, impudico, materiale, passionale **CONTR.** pudico, casto, puro, verecondo, pudibondo, freddo, spirituale **3** (*di rapporto*) sessuale, intimo **CONTR.** spirituale, platonico **4** (*di parente*) congiunto, consanguineo **FRAS.** *fratello carnale*, figlio degli stessi genitori.

carnalità *s. f.* **1** lussuria, sensualità, libidine, concupiscenza, lascivia, voluttà **CONTR.** pudicizia, purità, castità, candore **2** corporeità, materialità **CONTR.** spiritualità.

carnalménte *avv.* **1** sensualmente, lussuriosamente, voluttuosamente, impudicamente **CONTR.** castamente, pudicamente, puramente **2** sessualmente **CONTR.** platonicamente, spiritualmente.

carnascialésco *agg.* **1** (*lett.*) carnevalesco, allegro, burlesco, faceto **CONTR.** serio, grave, austero, severo, lugubre **2** (*est.*) buffonesco, ridicolo, giullaresco **CONTR.** serio, austero, severo.

càrne *s. f.* **1** (*di uomo, di animale*) tessuti molli, polpa, muscolo, ciccia **2** (*est.*) corpo, natura umana **CONTR.** spirito **3** consanguineo, figlio, figlia **4** (*spec. al pl.*) costituzione, fisico, carnagione, aspetto **5** (*di frutto*) polpa **FRAS.** *carne della mia carne*, figlio mio, figlia mia □ *mettere molta carne al fuoco* (*fig.*), intraprendere troppe cose contemporaneamente □ *non essere né carne né pesce* (*fig.*), non avere caratteristiche definite □ *in carne e ossa*, in persona □ *in carne*, florido.

carnéfice *s. m.* **1** boia, giustiziere, impiccatore, esecutore, uccisore **2** (*fig., lett.*) tormentatore, tiranno, manigoldo, aguzzino, persecutore, martirizzatore, oppressore, despota, vessatore, carceriere **CONTR.** vittima.

carneficìna *s. f.* distruzione, massacro, strage, eccidio, uccisione, macello, ecatombe, scempio, sterminio, carnaio, ammazzamento.

carnet /*fr.* kar'nɛ/ [fr., dal lat. *quaterni* 'foglio piegato in quattro'] *s. m. inv.* libretto, taccuino, quaderno.

carnevalàta *s. f.* **1** mascherata, baldoria, festa, gazzarra, baccanale, allegria **2** (*est., fig.*) carnevale, pagliacciata, buffonata, bambocciata, burattinata, burla.

carnevàle *s. m.* **1** (*fig.*) tempo di baldorie **CONTR.** quaresima **2** (*fig.*) baccanale, baldoria, festa, bisboccia, bagordo, gozzoviglia **3** (*fig.*) baraonda, chiasso, confusione, casino (*pop.*) **4** (*fig., spreg.*) carnevalata, pagliacciata, bambocciata, burattinata.

carnevalésco *agg.* **1** carnascialesco (*lett.*) **2** (*fig.*) buffonesco, buffo, ridicolo, burlesco, faceto, pagliaccesco, burattinesco, benevolo, scherzoso, bernesco **CONTR.** serio, austero, severo.

carnière *s. m.* borsa □ (*est.*) cacciagione, selvaggina.

carnosità *s. f.* **1** escrescenza **2** (*fig.*) (*di frutto*) pienezza **3** (*di linea, di colore, ecc.*) pastosità, morbidezza **CONTR.** durezza, freddezza **4** (*di persona*) formosità, floridezza.

carnóso *agg.* **1** pingue, grasso, grassoccio, pienotto, ciccioso, muscoloso, formoso, florido, cicciuto, polputo, polpacciuto, tondo, paffuto, pasciuto, opulento (*lett.*) **CONTR.** magro, secco, rinsecchito, segaligno, affilato, asciutto, esile, sottile, scarno, ossuto, striminzito **2** (*di labbra, ecc.*) tumido, turgido **CONTR.** sottile **3** carneo **4** (*est.*) (*di frutto, di vegetale, ecc.*) polposo, morbido, sugoso **CONTR.** secco, asciutto.

càro (1) **A** *agg.* **1** amato, diletto, prediletto, adorato, benamato **CONTR.** odiato, detestato, esecrato, inviso, aborrito, malvoluto, malaccetto, malvisto **2** gradevole, gradito, grato, simpatico, dolce, gentile, amabile, soave, accetto, grazioso, garbato, piacevole, cortese, delicato **CONTR.** sgradevole, sgradito, ostico, antipatico, aspro, rude, urtante, spiacevole **3** (*di cosa*) prezioso, importante, pregiato, speciale **CONTR.** irrilevante, trascurabile, insignificante **4** (*di prezzo e sim.*) costoso, dispendioso, salato, pepato, sconveniente (*raro*) **CONTR.** economico, conveniente, basso, vantaggioso, a buon mercato, accessibile **B** *in funzione di avv.* a caro prezzo, molto, assai, parecchio □ profumatamente **CONTR.** niente, nulla, poco **C** *s. m.* amico, amato □ (*al pl.*) genitori, figli, parenti, congiunti, familiari, amici **FRAS.** *pagarla cara* (*fig.*), scontarla duramente.

càro (2) *s. m.* (*di prezzi*) rincaro, rialzo, escalation (*ingl.*) **CONTR.** diminuzione, calo.

carógna *s. f.* **1** (*di animale*) carcassa, cadavere, carcame **2** (*fig.*) (*di persona*) vigliacco, cattivo, mascalzone, farabutto, birbone, furfante, manigoldo, ribaldo, scellerato, lazzarone, cialtrone, canaglia, delinquente.

carognàta *s. f.* mascalzonata, vigliaccata, lazzaronata, birbonata, bricconata, canagliata, furfanteria, infamia, iniquità, malvagità, perfidia, scelleratagine, scelleratezza, turpitudine. V. *anche* INFAMIA

carosèllo [napoletano *carusiello* 'palla di creta' (simile alla testa di un *caruso* 'ragazzo') perché i giocatori si lanciavano palle di creta] *s. m.* **1** (*di cavalieri*) torneo, torneamento, quintana **2** (*est.*) (*di veicoli e sim.*) viavai, andirivieni, confusione **3** (*fig.*) (*di fatti, di pensieri, ecc.*) turbine, turbinio, accavallamento, vortice, folla, brulichio, ridda **4** (*di gioco infantile*) giostra, girotondo. V. *anche* FOLLA

carotàggio *s. m.* (*min.*) prelievo, prelevamento.

carovàna [persiano *kârwân* 'compagnia di mercanti che fanno viaggio insieme'] *s. f.* **1** convoglio, colonna □ (*di gente*) massa, schiera, fila, corrente (*fig.*) **2** (*est.*) brigata, comitiva, compagnia, banda, combriccola, drappello **3** (*est., lett.*) tirocinio, noviziato, pratica **4** (*di facchini, di scaricatori e sim.*) cooperativa, corporazione.

carpétta *s. f.* cartella, busta, custodia, raccoglitore, camicia (*bur.*).

carpìre *v. tr.* **1** rapinare, rubare, sottrarre, rapire, sgraffignare, involare (*lett.*) □ prendere, afferrare, ghermire, strappare, abbrancare, agguantare, artigliare, arraffare, impossessarsi **CONTR.** dare, regalare **2** estorcere, frodare, truffare □ (*di denaro e sim.*) spillare □ (*di un bene, di un posto, ecc.*) usurpare □ (*di segreto*) confidare □ (*fig.*) (*di vantaggio, di risultato, ecc.*) ricavare, ottenere, conseguire □ (*di buona fede e sim.*) sorprendere. V. *anche* PRENDERE

carpóni *avv.* gattoni.

carràbile *agg.* **1** carrozzabile, carreggiabile, rotabile, viabile, percorribile □ (*di passo*) carraio **2** (*est.*) camionabile, camionale.

carràio **A** *agg.* carrozzabile, carreggiabile, rotabile, percorribile □ (*di passo*) carrabile **B** *s. m.* carradore.

carré /*fr.* ka're/ [vc. fr., propriamente 'quadrato'] **A** *s. m. inv.* **1** (*di abito*) sprone **2** (*di maiale*) lombata **B** *in funzione di agg.* (*di pane*) a cassetta.

carreggiàbile *agg.* **1** carrabile, carrozzabile, carraio, rotabile **2** (*est.*) camionale, camionabile.

carreggiàta *s. f.* **1** corsia stradale □ (*est.*) sede stradale **2** carrareccia **3** rotaia, solco, guida **4** scartamento **5** (*fig.*) retta via, giusto cammino, direzione giusta **FRAS.** *mettersi in carreggiata* (*fig.*), cominciare a funzionare, entrare in argomento □ *rimettersi in carreggiata* (*fig.*), ritornare sulla strada giusta, rientrare in argomento □ *uscire di carreggiata* (*fig.*), commettere un errore, divagare, cambiare argomento.

carrellàta *s. f.* (*fig.*) rassegna, panoramica.

carrétta *s. f.* **1** carretto, barroccio, biroccio, barroccino, biroccino, carriolo **2** (*spreg.*) (*di veicolo vecchio*) bidone (*gerg.*), carcassa, carriola, trabiccolo, macinino **FRAS.** *tirare la carretta* (*fig.*), tirare avanti stentatamente.

carrettiére *s. m.* **1** carrettaio, barrocciaio, birocciaio □ vetturale, fiaccheraio, conducente, cocchiere **2** (*fig.*) volgarone, becero, villano, cafone, buzzurro, screanzato, insolente, sguaiato **CONTR.** gentiluomo, signore, raffinato.

carrétto *s. m.* **1** *dim. di* **carro** **2** carretta, biroccino, barroccino, carriola □ truck (*ingl.*).

carrièra *s. f.* **1** professione, impiego, corso di studio, curricolo, curriculum (*lat.*) **2** (*est.*) promozione **CONTR.** retrocessione **3** (*fig.*) strada, fortuna, successo **CONTR.** sfortuna, insuccesso **4** (*di andatura*) corsa, velocità, rapidità, speditezza, celerità **CONTR.** lentezza **FRAS.** *fare carriera*, avanzare, avere successo.

carrierìsta *s. m. e f.* arrivista, ambizioso, arrampicatore, rampante.

càrro *s. m.* **1** barroccio, biroccio, carretto □ carriaggio □ carrozzone, carrettone □ treggia, treggione □ cocchio **2** (*ferr.*) vagone **3** veicolo, autoveicolo **FRAS.** *Piccolo carro*, Orsa minore □ *Gran carro*, Orsa maggiore □ *mettere il carro davanti ai buoi* (*fig.*), agire prematuramente □ *essere l'ultima ruota del carro* (*fig.*), essere il meno importante □ *carro di Tespi*, teatro ambulante □ *carro armato*, autoblinda, tank (*ingl.*).

carròzza *s. f.* **1** carrozzella, carrozzino, calesse, calessino, landò, landau (*fr.*), berlina, fiacre (*fr.*), coupé (*fr.*), cab (*ingl.*), cabriolet (*fr.*), giardiniera, cocchio, baghero (*ant.*), botte (*rom.*), vettura **2** (*ferr.*) vagone.

carrozzàbile *agg.; anche s. f.* rotabile, carrabile, carreggiabile, carraio, camionabile, camionale.

carrozzèlla *s. f.* **1** *dim. di* **carrozza** **2** carrozza, carrozzino, landò, fiacre (*fr.*), cab (*ingl.*), calesse, calessino, botte (*rom.*), botticella (*rom.*), vettura **3** (*per neonato*) carrozzina, passeggino **4** sedia a rotelle.

carrozzìna *s. f.* **1** *dim. di* **carrozza** **2** (*per neonato*) carrozzino, carrozzella, passeggino **3** sedia a rotelle.

carrozzóne *s. m.* **1** (*di circo, di zingari e sim.*) carro, carrettone, roulotte (*fr.*) □ (*per detenuti*) cellulare, furgone □ carro funebre **2** (*fig.*) ente inefficiente.

carrùcola *s. f.* puleggia, girella, ruota, paranco, bozzello (*mar.*) **FRAS.** *ungere la carrucola* (*fig.*), corrompere.

càrta *s. f.* **1** (*est.*) foglio, pagina, papiro (*ant.*) **2** (*raro*) lettera, biglietto **3** (*di moneta*) banconota, biglietto, cartamoneta **4** (*est.*) (*di vivande, di vini e sim.*) lista, nota, menu (*fr.*) **5** (*di Stato, di enti, ecc.*) costituzione, statuto, legge fondamentale **6** (*est.*) scritto, scrittura, libro **7** (*est.*) certificato, documento, pezza, incartamento, tessera □ (*spec. al pl.*) scartoffie (*spreg.*) **8** (*geogr.*) carta geografica, mappa, pianta, mappamondo, planisfero **9** (*spec. al pl.*) (*da gioco*) mazzo **FRAS.** *carta bollata*, carta legale □ *carta bianca* (*fig.*), pieni poteri □ *mandare a carte quarantotto* (*fig.*), mandare all'aria, mandare in malora □ *mangiare alla carta*, mangiare secondo il menu □ *avere le carte in regola* (*fig.*), essere qualificato □ *fare carte false* (*fig.*), fare di tutto □ *carte scoperte* (*fig.*), apertamente, chiaramente, senza nascondere nulla □ *mettere le carte in tavola* (*fig.*), parlare chiaramente; agire con franchezza □ *giocare l'ultima carta* (*fig.*), fare un estremo tentativo □ *avere buone carte in mano* (*fig.*), avere buone possibilità di successo.

cartacarbóne *s. f.* carta copiativa.

cartamonéta *s. f. solo sing.* biglietto di banca, banconota, carta, moneta, cartavalori.

cartapésta *s. f.* **FRAS.** *di cartapesta* (*fig.*), fragile, debole, fiacco, vile **CONTR.** forte, energico, retto.

cartàta *s. f.* cartoccio, involto, pacco, fagotto, cartocciata.

cartéggio *s. m.* **1** corrispondenza **2** (*est.*) raccolta di lettere.

cartèlla *s. f.* **1** biglietto, scheda, foglio **2** (*di scritto*) facciata, foglio, pagina **3** (*di credito*) documento, certificato **4** (*arch.*) tabella **5** (*per fogli e sim.*) custodia, borsa, carpetta, portafogli, busta, raccoglitore, classificatore □ fascicolo, dossier (*fr.*), incartamento, pratica, inserto.

cartellìno *s. m.* **1** *dim. di* **cartello** (**1**) **2** foglietto, cartoncino, etichetta □ (*est.*) prezzo **3** modulo, scheda.

cartèllo (**1**) *s. m.* **1** avviso, manifesto, affisso □ scritta, iscrizione, soprascritta (*raro*) **2** (*di negozio, di strada, ecc.*) insegna, targa □ indicatore, segnale.

cartèllo (**2**) *s. m.* **1** (*tra imprese*) contratto, intesa, accordo, convenzione, consorzio, gruppo, sindacato, trust (*ingl.*), pool (*ingl.*) **2** (*est.*) (*spec. in politica*) alleanza, intesa.

cartellóne *s. m.* **1** *accr. di* **cartello** (**1**); (*di pubblicità*) manifesto, avviso, affisso, affiche (*fr.*) □ réclame (*fr.*) **2** (*della tombola*) tabellone, tabella, cartella **3** (*teat., sport*) programma.

cartellonìsta *s. m. e f.* bozzettista.

càrter [dal n. dell'inventore I.H. *Carter*] *s. m. inv.* copricatena.

cartesiàno [da *Cartesio*, il celebre filosofo razionalista francese] *agg.* (*fig.*) razionale, evidente, chiaro, logico, speculativo **CONTR.** irrazionale, illogico, oscuro.

cartevalóri *s. f. pl.* (*gener.*) cartamoneta, titolo, carta bollata, cambiale, francobollo, marca, assegno, azione.

cartìna *s. f.* **1** *dim. di* **carta** □ mappa, pianta **2** (*per aghi, per spilli, ecc.*) bustina **3** (*farm.*) involucro, presina □ dose.

cartòccio *s. m.* **1** involto, involucro, pacco, pacchetto, cartoccino, fagotto **2** (*est.*) cartocciata, cartata **3** (*di granoturco*) brattee.

cartomànte *s. m. e f.* indovino, mago, veggente □ si-

billa (*fig., scherz.*), pitonessa (*fig.*).
cartoncìno *s. m.* **1** *dim. di* **cartone** **2** biglietto, bigliettino, bristol (*ingl.*), cartellino, scheda, tessera.
cartóne *s. m.* **1** (*di dipinto, di mosaico, ecc.*) disegno **2** fumetto, striscia, cartone animato, cartoon (*ingl.*), strip (*ingl.*) **3** (*per imballaggio*) scatolone □ contenitore □ custodia.
cartonìsta *s. m.* e *f.* fumettista, animatore, vignettista.
cartoon /*ingl.* ka:'tu:n/ [vc. ingl., 'cartone, vignetta'] *s. m. inv.* cartone animato, fumetto, striscia, strip (*ingl.*), film d'animazione.
cartùccia *s. f.* **1** (*per arma*) munizione, pallottola, proiettile, pallino, colpo (*est.*) **2** (*di penna, di accendino, ecc.*) ricambio, refill (*ingl.*) **FRAS.** *mezza cartuccia* (*fig.*), mezzacalzetta, persona da poco □ *sparare l'ultima cartuccia* (*fig.*), fare l'ultimo tentativo, fare l'ultimo sforzo.
carùso *s. m.* (*dial.*) ragazzo □ garzone.
càsa *s. f.* **1** edificio, stabile, costruzione, fabbricato, fabbrica (*edil.*), immobile **2** (*est.*) abitazione, dimora, sede, alloggio, abituro (*lett.*), magione (*lett.*), ostello (*lett.*) □ casale, casamento, casolare, casupola, chalet (*fr.*), dacia, cottage (*ingl.*), isba, baracca, palazzo, villa, villino **3** (*est.*) (*di animale*) tana, nido, covo, caverna **4** domicilio, residenza **5** (*fig.*) (*di ambiente familiare*) tetto, focolare, nido, rifugio, asilo **6** famiglia, familiari **7** (*est.*) casato, stirpe, dinastia **8** (*fig.*) patria, penati, lari (*fig., scherz.*) **9** (*relig.*) convento, monastero, ordine **10** (*comm.*) ditta, azienda, società, impresa □ negozio **11** (*sport*) (*nel calcio*) campo, porta □ (*nel baseball*) angolo del diamante **12** (*di scacchiera*) casella, riquadro, quadro, quadretto **FRAS.** *casa di cura*, clinica □ *casa da gioco*, casinò □ *casa di riposo*, ospizio □ *casa di pena*, penitenziario, galera □ *casa di tolleranza, casa chiusa, casa di malaffare*, casino, postribolo, lupanare □ *casa albergo*, residence house (*ingl.*) □ *casa editrice*, editore □ *a casa del diavolo* (*fig.*), molto lontano, in località scomoda □ *mettere su casa* (*fig.*), sposarsi, arredarsi una nuova abitazione □ *fatto in casa*, casalingo, nostrano □ *padrone di casa*, locatore □ *cambiare casa*, traslocare □ *a casa mia* (*fig.*), secondo me. *V. anche* FAMIGLIA
casàcca *s. f.* **1** giacca, gabbana, giubba, giubbotto **2** (*di ciclisti, di calciatori, ecc.*) maglia.
casàccio *s. m. pegg. di* **caso** **FRAS.** *a casaccio*, disordinatamente, casualmente, a vanvera, incoscientemente, irriflessivamente, sconsideratamente, sbadatamente, sventatamente.
casàle *s. m.* casolare, cascinale, fattoria, caseggiato rurale.
casalìnga *s. f.* donna di casa, massaia.
casalìngo *agg.* **1** casereccio, familiare, domestico □ (*di incontro sportivo*) interno **CONTR.** forestiero, straniero, estraneo, esotico □ esterno **2** (*est.*) (*di prodotto, di cucina, ecc.*) semplice, genuino, naturale, casereccio, nostrano, fatto in casa **CONTR.** artificiale, adulterato, sofisticato.
casamàtta *s. f.* (*est.*) bunker (*ted.*), baluardo, fortino.
casanòva [dal n. di G. *Casanova*, famoso avventuriero veneziano] *s. m. inv.* (*per anton.*) seduttore, dongiovanni, conquistatore, avventuriero, bellimbusto, vagheggino, cascamorto, playboy (*ingl.*).
casàta *s. f.* casato, famiglia, lignaggio, stirpe, casa, dinastia, schiatta, progenie. *V. anche* FAMIGLIA
casàto *s. m.* **1** casata, famiglia, lignaggio, stirpe, casa, dinastia, parentado, parentela **2** cognome, nome. *V. anche* FAMIGLIA
cascàme *s. m.* residuo, scarto, avanzo, ritaglio, resto, rimasuglio, scoria □ filaccia, capecchio, stoppa □ (*di seta*) fioretto, rigaglia □ (*di lana*) lanetta.
cascamòrto *s. m.* corteggiatore, dongiovanni, vagheggino, innamorato, amoroso, damerino, patito, spasimante, galante, casanova, playboy (*ingl.*), bellimbusto, civettone, merlo (*fig.*).
cascànte *part. pres. di* **cascare**; *anche agg.* **1** (*di edificio*) cadente, fatiscente **2** (*fig.*) (*di persona, di fisico, ecc.*) languido, debole, debilitato, ciondolante, dinoccolato, curvo, fiacco, floscio, vizzo, flaccido, moscio, molliccio, mencio (*tosc.*), cionco (*fam.*), loffio (*region.*), svigorito, spossato, disfatto, sfatto, sfinito, estenuato, snervato, vecchio **CONTR.** vigoroso, forte, energico, robusto, saldo, sodo, diritto, fiorente, florido, sano, vitale **3** (*fig.*) svenevole, languido **CONTR.** rude, rozzo.
cascàre *v. intr.* (*fam.*) cadere, capitombolare, precipitare, crollare, ruzzolare, piombare, volare, stramazzare, sdrucciolare, rovinare □ incorrere, incappare **CONTR.** alzarsi, levarsi, rialzarsi, sollevarsi, rizzarsi **FRAS.** *cascare bene, cascare male* (*fig.*), capitare bene, capitare male □ *qui casca l'asino!* (*fig.*), qui viene il difficile! □ *c'è cascato* (*fig.*), è caduto nel tranello □ *fare cascare le braccia* (*fig.*), deprimere, fare disperare □ *fare cascare dall'alto* (*fig.*), concedere con sufficienza; ingrandire molto. *V. anche* CADERE
cascàta *s. f.* **1** (*fam.*) caduta, capitombolo, ruzzolone, tombolo, tombolata, stramazzata, tonfo **2** (*di corso d'acqua*) salto, cateratta, rapida.
cascatóre *s. m.* (*cine.*) controfigura, stunt-man (*ingl.*).
cascìna *s. f.* **1** (*sett.*) cascinale, fattoria, casale, casolare **2** baita, latteria, vaccheria, caseificio.
cascinàle *s. m.* cascina, fattoria, casolare, casale.
càsco (1) *s. m.* **1** (*est.*) elmo □ camauro **2** (*di parrucchiere*) asciugacapelli.
càsco (2) *s. m.* (*di banane*) grappolo.
caseggiàto *s. m.* **1** abitato, casale, cascinale **2** casamento, casermone, palazzo, isolato, insula (*archeol.*).
casèlla *s. f.* **1** (*di mobile, di scaffalatura e sim.*) scomparto, scompartimento, sezione, suddivisione, posto **2** (*di foglio, di registro, ecc.*) riquadratura, quadretto **3** (*di scacchiera*) riquadro **4** (*bot.*) loggia.
casellànte *s. m.* e *f.* cantoniere, guardabarriere.
casellàrio *s. m.* **1** (*per carte, per documenti e sim.*) scaffale, scansia **2** (*di tribunale*) schedario.
casèllo *s. m.* **1** (*di ferrovie*) cantoniera, casotto **2** (*di autostrada*) uscita, terminale, barriera, terminal (*ingl.*) □ entrata, ingresso.
caseréccio *agg.* casalingo, genuino, semplice, natu-

rale, fatto in casa, nostrano **CONTR.** adulterato, artificiale, sofisticato.

casermóne *s. m.* (*fig.*) casamento, caseggiato, isolato, falansterio (*est.*).

cash /*ingl.* kæʃ/ [vc. ingl., propr. 'cassa, denaro liquido'] ***A*** *s. m. inv.* liquido, denaro liquido, contanti ***B*** *avv.* in contanti.

casinìsta *s. m. e f.* (*pop.*) pasticcione, confusionario, disordinato, scombinato, disorganizzato.

casìno *s. m.* ***1*** (*di campagna*) villino, villetta ***2*** (*di caccia, di pesca*) capanno, casetta, pescaia, uccellatoio, paretaio ***3*** (*di gioco*) casinò, bisca, ridotto ***4*** (*pop.*) casotto, bordello, postribolo, lupanare, lupanaio, casa di tolleranza, casa di malaffare, casa chiusa, maison (*fr.*) (*euf.*), troiaio (*fig., volg.*) ***5*** (*fig., pop.*) rumore, baccano, cagnara, canea, canizza, caciara, chiasso, chiassata, diavolio, diavoleto, frastuono, fracasso, strepito, putiferio, buscherio (*fam.*) □ scompiglio, baraonda, babele, babilonia, bolgia, pandemonio, disordine, confusione, sottosopra, subbuglio, trambusto, tumulto, casotto, bailamme, gazzarra, caos, calderone, cancan, carnevale, caravanserraglio, macello (*fig.*), manicomio (*fig., scherz.*), marasma (*fig., est.*), mercato (*fig.*), quarantotto (*fig., fam.*) **CONTR.** ordine, quiete, calma, tranquillità, serenità ***6*** (*est., fam.*) grande quantità, mucchio, fottio (*volg.*), fracco (*dial.*), pozzo (*fig.*) **CONTR.** scarsa quantità, piccolo numero, poco.

casinò *s. m.* casa da gioco, bisca, casino, ridotto, kursaal (*ted.*).

càso *s. m.* ***1*** avvenimento imprevisto, combinazione, circostanza, concomitanza, occasione, congiuntura, accidente, casualità, coincidenza ***2*** fatalità, sorte, fortuna, fato, destino, ventura, alea, provvidenza, azzardo, chance (*fr.*) ***3*** fatto, faccenda, vicenda, evento, avvenimento, accaduto, successo (*ant.*), circostanza, contingenza, affare, episodio, fenomeno, questione □ dramma, avventura, vicissitudine, peripezia ***4*** ipotesi, possibilità, evenienza, occasione, probabilità, eventualità ***5*** opportunità, occorrenza, convenienza, destro ***6*** (*ling.*) uscita, terminazione **FRAS.** *a caso*, casualmente, a vanvera, inconsideratamente; per combinazione □ *per caso*, accidentalmente □ *si dà il caso*, accade □ *non è il caso*, non conviene □ *nel caso che*, qualora □ *fare al caso*, essere opportuno □ *far caso*, fare attenzione. *V. anche* FORTUNA, SUCCESSO

casolàre *s. m.* casale, cascina, cascinale.

casomài o **càso mài** *cong.* nel caso che, putacaso, eventualmente, qualora, posto che, purché, semmai.

casòtto *s. m.* ***1*** baracca, capanna, ricovero, rifugio, capanno ***2*** (*ferr.*) casello ***3*** (*di spiaggia, di piscina e sim.*) cabina, capanno ***4*** (*di giornali, gelati, ecc.*) chiosco, edicola ***5*** (*di cane*) cuccia, canile ***6*** (*di guardia*) garitta, guardiola ***7*** (*pop.*) casino, bordello, postribolo, lupanare, lupanaio, casa di tolleranza, casa di malaffare, casa chiusa ***8*** (*pop.*) babele, baraonda, calderone (*fig.*), caravanserraglio (*fig.*).

càspita *inter.* (*euf.*) accidenti!, accipicchia!, salute!, capperi!

càssa *s. f.* ***1*** cassetta, cassone, baule, cassapanca, arca □ madia □ (*di merce*) collo □ (*per liquidi*) tanca (*mar.*) ***2*** (*per denaro, per preziosi e sim.*) scrigno, forziere, cofano, cassaforte ***3*** (*est.*) (*di banca, di negozio, ecc.*) sportello, registratore □ botteghino, biglietteria, box office (*ingl.*) ***4*** somma, denaro, malloppo (*gerg.*) ***5*** (*di impresa*) amministrazione □ tesoreria ***6*** (*di banca*) banca, monte, istituto di credito ***7*** (*di meccanismo*) involucro, custodia ***8*** (*di corpo umano*) cavità ***9*** (*est.*) torso, tronco, torace ***10*** (*mus.*) altoparlante, diffusore **FRAS.** *cassa delle api*, arnia □ *cassa da morto* (*pop.*), feretro, bara □ *a pronta cassa* (*fig.*), in contanti.

cassafòrte *s. f.* cassa, forziere, scrigno, cofano, custodia, stipo, armadio blindato.

cassapànca *s. f.* arca, cassa, cassone, cofano.

cassàre *v. tr.* ***1*** (*di parole e sim.*) cancellare, abradere, depennare, espungere, obliterare **CONTR.** introdurre, aggiungere, interpolare ***2*** (*di legge e sim.*) annullare, abrogare, revocare, abolire, invalidare, cancellare, rescindere (*dir.*), sopprimere **CONTR.** proporre, approvare, ratificare, sancire, sanzionare, omologare.

cassazióne *s. f.* (*di legge e sim.*) annullamento, abrogazione, revoca, abolizione, invalidazione, soppressione, cancellazione **CONTR.** proposta, approvazione, convalida, ratifica, sanzione.

casseruòla *s. f.* tegame, pentola.

cassétta *s. f.* ***1*** *dim.* di **cassa** ***2*** (*della posta, delle elemosine, ecc.*) contenitore, custodia, buca, buchetta, bussola ***3*** (*di gioielli, di preziosi e sim.*) scrigno, teca, astuccio, scatola, cofano, cofanetto ***4*** (*per attrezzi, oggetti utili, ecc.*) nécessaire (*fr.*), valigetta, astuccio ***5*** (*per prodotti ortofrutticoli*) plateau (*fr.*) ***6*** (*per reliquie, per ceneri, ecc.*) urna ***7*** (*fig.*) (*di negozio, di teatro e sim.*) cassa □ incasso ***8*** (*di carrozza*) sedile, serpa ***9*** (*mus.*) musicassetta, audiocassetta, videocassetta, videotape **FRAS.** *pane in cassetta* (*fig.*), pancarrè □ *di cassetta* (*fig.*), commerciale.

cassettóne *s. m.* ***1*** comò, canterano, canterale ***2*** (*di soffitto*) lacunare.

cassière *s. m.* tesoriere.

cassìno *s. m.* cancellino, cimosa, raschino, grattino.

cassóne *s. m.* ***1*** *accr.* di **cassa** ***2*** cassa, baule □ container (*ingl.*).

cassonétto *s. m.* (*per rifiuti*) bidone, portaimmondizie.

cast /*ingl.* ka:st/ [vc. ingl., da *to cast* 'assegnare le parti agli attori'] *s. m. inv.* (*cine., teat.*) (*di attori*) complesso, insieme, attori, elenco artistico.

càsta *s. f.* ***1*** (*est.*) gruppo sociale, classe, ceto, strato □ élite (*fr.*) ***2*** (*est.*) categoria, gruppo, ordine, condizione. *V. anche* CATEGORIA

castàgna *s. f.* ***1*** marrone ***2*** (*sport*) sventola □ sberla, tiro secco **FRAS.** *castagna lessa*, ballotta □ *castagna arrostita*, caldarrosta, bruciata □ *castagna d'acqua*, trapa □ *castagna di terra*, bulbo castano □ *prendere in castagna* (*fig.*), cogliere in fallo.

castagnétta *s. f.* ***1*** *dim.* di **castagna** ***2*** petardo, castagnola, mortaretto.

castagnòla *s. f.* ***1*** petardo, castagnetta, mortaretto ***2*** (*spec. al pl.*) nacchere, castagnette.

castaménte *avv.* puramente, pudicamente, morigeratamente, moralmente, illibatamente, verecondamente **CONTR.** impuramente, impudicamente, lussuriosamente, carnalmente, lascivamente, libidinosamente, licenziosamente.

castàno *agg.; anche s. m.* (*di colore*) marrone rossiccio, bruno scuro.

castèllo *s. m.* **1** maniero **2** (*est.*) fortezza, rocca, roccaforte, fortilizio, cittadella, fortificazione **3** (*est.*) dimora signorile **4** paese, borgo, borgata, villaggio **5** (*edil., tecnol.*) impalcatura, ponte, ponteggio, armatura, telaio, traliccio, bertesca, ossatura □ (*per ricerche petrolifere*) derrick (*ingl.*) **6** (*di natante, di macchinario, ecc.*) carcassa, intelaiatura **FRAS.** *letto a castello*, letto a lettiere sovrapposte □ *castelli in aria* (*fig.*), progetti fantastici e irrealizzabili.

castigàre *v. tr.* **1** punire, sistemare (*fam.*), condannare, dannare (*lett.*) □ (*di superbia e sim.*) rintuzzare **CONTR.** perdonare, assolvere, graziare □ premiare, lodare, elogiare **2** (*est.*) reprimere, picchiare, battere, domare, percuotere, bastonare **3** (*lett.*) (*di scritto, di stile e sim.*) emendare, perfezionare, correggere, modificare, purgare, migliorare, raffinare **CONTR.** peggiorare, guastare.

castigataménte *avv.* sobriamente, misuratamente, pudicamente, costumatamente, continentemente, decentemente **CONTR.** immoralmente, licenziosamente, scorrettamente, sregolatamente, disonestamente, vergognosamente, scurrilmente.

castigatézza *s. f.* irreprensibilità, sobrietà, correttezza, continenza, moderazione, moralità, controllo, misura, decenza, costumatezza, pudicizia, pudore, inappuntabilità, incensurabilità **CONTR.** smoderatezza, intemperanza, esagerazione, scorrettezza, sfrenatezza, sregolatezza, licenza, licenziosità, immoralità, eccesso, scostumatezza, scurrilità.

castigàto *part. pass. di* **castigare**; *anche agg.* **1** punito **CONTR.** perdonato □ premiato **2** (*di stile, di linguaggio e sim.*) corretto, sobrio, emendato, modificato, purgato, migliorato, raffinato, casto (*lett.*) **CONTR.** peggiorato, guastato □ salace, sboccato, scollacciato, sconcio, scurrile, spinto, sporco (*fig.*), osceno, osé (*fr.*) **3** (*fig.*) (*di comportamento*) morale, pudico, pudibondo, verecondo, decente, costumato, morigerato, virtuoso, moderato, controllato, continente, misurato, inappuntabile, temperante, incensurabile, probo **CONTR.** smodato, intemperante, immorale, scorretto, sfrenato, sregolato, licenzioso, dissoluto, scandaloso, scostumato. *V. anche* MORALE

castìgo *s. m.* **1** punizione, pena, correzione, riprensione, lezione, esempio, penitenza, espiazione, fio □ vendetta, nemesi □ consegna (*mil.*) **CONTR.** perdono, assoluzione, misericordia, venia (*lett.*) □ premio, ricompensa **2** (*fig.*) (*di cosa, di persona*) dannazione, maledizione, perdizione, inferno, calamità, disgrazia, tormento, sventura, flagello, croce **CONTR.** fortuna, gioia, piacere. *V. anche* PUNIZIONE

castità *s. f.* purezza, astinenza, continenza, pudicizia, illibatezza, verginità, temperanza, moderazione, costumatezza, morigeratezza, castimonia (*lett.*), pudore, onore, onestà, virtù **CONTR.** lussuria, concupiscenza, incontinenza, libidine, lascivia, impudicizia, carnalità, dissolutezza, scostumatezza, sensualità, voluttà.

càsto *agg.* **1** puro, continente, illibato, vergine, verginale, virgineo (*lett.*), astinente, pudibondo, verecondo, incorrotto, intatto, onesto, morale, virtuoso, temperante □ (*di linguaggio*) pudico, castigato, morigerato **CONTR.** impuro, corrotto, depravato, intemperante, smodato, sregolato, licenzioso, lascivo, impuro, impudico, vizioso, dissoluto □ salace, sboccato, sconcio, scurrile, spinto **2** (*lett.*) (*di stile*) semplice, castigato, sobrio, schietto, purgato, puro **CONTR.** artefatto, arzigogolato, barocco.

castràre *v. tr.* **1** (*di persona o animale*) evirare, sterilizzare □ (*di gallo*) accapponare □ (*di animale*) conciare **2** (*di castagne*) incidere **3** (*fig.*) (*di scritto, di film e sim.*) purgare **4** (*fig.*) (*di persona*) togliere vitalità, svirilizzare, togliere originalità, inibire, chiudere, bloccare **CONTR.** aprire, disinibire.

castronerìa *s. f.* (*pop.*) balordaggine, castronaggine (*pop.*), sbaglio, sciocchezza, corbelleria, sproposito, fesseria, cretinata, scemenza, scempiaggine, errore, baggianata, asinata, cazzata (*volg.*).

casual /*ingl.* 'kæʒuəl/ [vc. ingl., propriamente ‘casuale’, quindi ‘trascurato, alla buona’] *agg. inv.* (*di abbigliamento*) libero, disinvolto, sportivo.

casuàle *agg.* accidentale, fortuito, involontario, occasionale, avventizio, incidentale, eventuale □ contingente, accessorio, secondario, marginale **CONTR.** consueto, abituale, solito, fisso □ sostanziale, certo, essenziale, primario, precipuo, voluto, calcolato, preparato. *V. anche* INCERTO

casualità *s. f.* accidentalità, imprevedibilità, eventualità, contingenza, caso, accidente **CONTR.** consuetudine, normalità, continuità, abitudine.

casualménte *avv.* per caso, accidentalmente, involontariamente, fortuitamente, immerito (*raro*), occasionalmente, incidentalmente **CONTR.** abitualmente, normalmente, sistematicamente, volutamente, ex professo (*lat.*).

casùpola *s. f.* casetta, casipola (*raro*), abituro, tugurio, capanna, bicocca, catapecchia, stamberga, topaia.

casus belli /*lat.* 'kazus 'bɛlli/ [loc. lat., propriamente ‘occasione di guerra’] *loc. sost. m. inv.* (*fig., scherz.*) motivo di litigio, motivo di contrasto, motivo di dissidio, motivo di diverbio.

cataclìsma *s. m.* **1** inondazione, diluvio, nubifragio, alluvione, convulsione (*fig., raro*) **2** (*fig.*) (*sociale, economico, ecc.*) sconvolgimento, disordine, sconquasso, catastrofe, calamità, pestilenza (*fig.*), flagello, disastro, sciagura, rovina, sventura, tracollo.

catacómba *s. f.* sotterraneo, ipogeo □ (*fig.*) luogo chiuso, luogo cupo, tomba.

catafàscio *vc.*; *solo nella loc. avv. a catafascio*, sottosopra, alla rinfusa, sossopra, disordinatamente, confusamente, caoticamente □ in rovina, alla rovina.

catalizzàre *v. tr.* (*fig.*) stimolare, accelerare, spronare, aizzare, eccitare □ attirare, attrarre **CONTR.** respingere, allontanare.

catalizzatóre *s. m.*; *anche agg.* (*f. -trice*) **1** che accelera, stimolatore □ che attrae **2** (*autom.*) marmitta catalitica.

catalogàre *v. tr.* **1** (*di libri, di documenti, ecc.*) registrare, rubricare, schedare, inventariare, iscrivere **2** (*est.*) (*di pregi, di meriti, ecc.*) elencare, enumerare, annoverare. *V. anche* REGISTRARE

catalogazióne *s. f.* registrazione, compilazione, schedatura, classificazione, iscrizione.

catàlogo *s. m.* **1** (*di libri, di prezzi, di merci, ecc.*) elenco, indice, schedario, lista, listino, tabella, inventario, nota, distinta, specifica, repertorio, ruolo, sillabo (*raro*) □ (*di libri religiosi*) canone **2** (*est.*) (*di mostra, di francobolli, ecc.*) volume, fascicolo, registro, rubrica **3** (*fig.*) (*di meriti, di difetti, ecc.*) enumerazione, elencazione, elenco.

catapécchia *s. f.* tugurio, casupola, casipola, abituro, stamberga, topaia, bicocca, stambugio, bugigattolo, buco, antro, capanna, spelonca, tomba (*fig.*), ghetto (*est.*) **CONTR.** villa, reggia. *V. anche* TOMBA

cataplàsma *s. m.* **1** (*di medicamento*) impiastro **2** (*fig.*) (*di persona*) impiastro, pittima, piaga (*fig.*), catorcio (*fig., fam.*), coccio (*fam.*) □ pedante, scocciatore, seccatore, rompiscatole (*volg.*), rompiballe (*volg.*).

catapùlta *s. f.* balista, balestra, balestro, briccola (*mil.*), scorpione, mangano, onagro (*ant.*).

catapultàre **A** *v. tr.* lanciare, scagliare, gettare, avventare, proiettare, buttare, scaraventare **CONTR.** attirare **B** **catapultarsi** *v. rifl.* (*fig.*) (*di persona*) precipitarsi, slanciarsi, scagliarsi, lanciarsi, avventurarsi.

catàrro *s. m.* espettorato, muco, spurgo, escreato, espettorazione, pituita (*raro*).

catàrsi *s. f.* purificazione □ (*est.*) liberazione, superamento, purgazione.

catàrtico *agg.* purificatorio, purificatore, liberatorio.

catàsta *s. f.* mucchio, ammasso, massa, pila, cumulo, raccolta, fascio, ammucchiamento, ammassamento, accatastamento, acervo (*lett.*).

catàstrofe *s. f.* sciagura, disastro, sinistro, disgrazia, tragedia, sventura, rovina, sterminio, tracollo, danno □ cataclisma, calamità, sconvolgimento, flagello, rivolgimento, sconquasso, distruzione, finimondo, apocalisse **CONTR.** fortuna, ventura.

catastroficaménte *avv.* rovinosamente, disastrosamente, tragicamente, funestamente, dolorosamente □ pessimisticamente **CONTR.** fortunatamente, faustamente, felicemente □ ottimisticamente.

catastròfico *agg.* **1** rovinoso, calamitoso, doloroso, disastroso, tragico, immane, esiziale, funesto, micidiale, apocalittico **CONTR.** fortunato, fausto, felice, sereno **2** (*fig.*) pessimistico, pessimista, allarmista, disfattista, drammatico, apprensivo **CONTR.** ottimistico, ottimista.

catcher /*ingl.* 'kætʃə/ [vc. ingl. 'che prende', da *to catch* 'prendere'] *s. m. inv.* (*nel baseball*) ricevitore.

catechèta *s. m.* catechista, catechizzatore, evangelizzatore.

catechìsmo *s. m.* **1** insegnamento religioso □ dottrina **2** (*est.*) indottrinamento, addottrinamento.

catechìsta *s. m. e f.* catecheta, catechizzatore, evangelizzatore, missionario.

catechizzàre *v. tr.* **1** (*relig.*) istruire, ammaestrare, insegnare **2** (*est.*) indottrinare, evangelizzare (*fig.*), addottrinare, persuadere, convincere.

categorìa *s. f.* **1** tipo, sorta, serie, sistema, novero, numero, parte, frazione, grado, corpo, fascia, specie, genere, divisione, classe, famiglia, ordine □ casta, ceto, gruppo, stato □ (*autom., sport*) formula **2** qualità, stampo (*spreg.*). *V. anche* FAMIGLIA, PARTE

CATEGORIA
sinonimia strutturata

Nel linguaggio filosofico, la **categoria** è il concetto che indica le diverse relazioni che si possono stabilire tra le proprie idee. Per estensione, il termine designa un complesso di cose o persone raggruppato secondo un criterio di appartenenza a uno stesso **genere**, **specie**, **tipo**, **sorta**, **famiglia**, ossia ad insiemi determinati dalla comunanza di alcune caratteristiche fondamentali, dette anche **qualità**: *appartiene alla categoria dei ricchi, degli ingenui*; *cose della stessa categoria*; *ha tutti i mobili dello stesso genere*; *ogni specie di frutta*; *merce di tutti i tipi*. Rispetto ai termini precedenti, **stampo** si distingue perché si riferisce in senso figurato precipuamente all'indole, al carattere di qualcuno, e perché spesso è usato con intenzione spregiativa: *non voglio parlare con gente di quello stampo*.

Mentre i termini precedenti evocano molto fortemente il concetto di qualità, di caratteristica intrinseca, **classe**, **ordine**, **gruppo**, **novero** e **numero** indicano suddivisioni di varia natura all'interno di uno schema di classificazione: *la classe dei sostantivi irregolari*; *il teatro è esaurito in ogni ordine di posti*; gli ultimi tre aggettivi inoltre richiamano particolarmente l'idea di schiera. **Parte** e soprattutto **frazione** suggeriscono invece una porzione minoritaria rispetto alla totalità del gruppo. Al contrario, **serie** si distingue leggermente perché evoca una successione ordinata e numerosa, e perché nello sport indica una suddivisione di atleti o squadre in base al loro valore; *in questa seconda accezione corrisponde all'uso della parola* **divisione** in riferimento ad alcuni campionati. **Fascia** inteso estensivamente suggerisce invece il concetto di classificazione per settori o per posizione, e in questo senso può equivalere a **grado**: *fascia di contribuzione*; *fascia alta, media*; *passaggio di grado*.

Ordine e classe sono spesso usati invece per indicare la categoria professionale: *la classe medica*; *l'ordine degli avvocati*; in questo si avvicinano a **corpo**, che pure indica un insieme di persone accomunate da una funzione, e che però ha significato leggermente più ampio: *corpo insegnante, di ballo*.

In senso lato, grado e in particolare classe individuano anche un gruppo umano caratterizzato da una stessa situazione economica e sociale, ed eventualmente dalla comune coscienza della propria condizione, originata dalla posizione occupata nel sistema produttivo di una società storicamente determinata: *classe borghese, operaia*; in questo senso, corrispondono perfettamente a **ceto**: *ceto umile*. Molto più forte è **casta**, che denomina ciascuno dei gruppi sociali che, rigidamente separati tra loro in base a leggi religiose o civili, inquadrano in un sistema sociale fisso i vari strati della popolazione: *la casta dei bramini*. Del termine esiste anche un significato estensivo di raggruppamento chiuso, elitario: *la casta degli intellettuali*.

categoricaménte avv. assolutamente, assolutisticamente, nettamente, recisamente, indubbiamente, inderogabilmente, perentoriamente **CONTR.** ipoteticamente, relativamente, condizionatamente, imprecisamente, dubbiamente.

categoricità s. f. assolutezza, drasticità, inderogabilità **CONTR.** incertezza, vaghezza.

categòrico agg. ***1*** incondizionato, indubitabile, indubbio, assoluto **CONTR.** condizionato, relativo ***2*** (*est.*) (*di risposta, di tono, ecc.*) preciso, netto, reciso, perentorio, tassativo, manicheo (*est.*), inderogabile, definitivo **CONTR.** vago, incerto.

caténa s. f. ***1*** (*lett.*) collana, monile ***2*** guinzaglio □ (*al pl.*) ferri, ceppi, manette ***3*** (*fig.*) legame, vincolo, obbligo, impegno, difficoltà, impedimento, ostacolo, dovere, condizione, laccio, unione **CONTR.** libertà, indipendenza, autonomia ***4*** (*est.*) servitù, soggezione, schiavitù, dipendenza, giogo, oppressione, sottomissione, servaggio **CONTR.** indipendenza, libertà ***5*** (*anche fig.*) (*di cose, di eventi, ecc.*) fila, sequela, sequenza, serie, concatenazione, ingranaggio, filza, riga, schiera, sfilata, sfilza, tirata, infilzata, collezione, complesso, quantità, succedersi, successione □ (*di monti, ecc.*) corona ***6*** (*arch.*) tirante ***7*** (*al pl.*) ormeggi, cavi, gomene **FRAS.** *catena montuosa*, montagne, serra □ *tenere in catene* (*fig.*), tenere in soggezione □ *a catena*, che si susseguono ininterrottamente, l'uno dopo l'altro.

catenàccio ***A*** s. m. ***1*** chiavistello, catorcio (*tosc.*), chiavaccio, paletto, spranga, serratura, serrame ***2*** (*fig., scherz.*) (*di cosa malandata*) carcassa, catorcio (*fam.*), bidone (*pop.*), rottame ***B*** in funzione di agg. (posposto al s.) che blocca, che chiude **FRAS.** *fare catenaccio*, arroccarsi.

catenèlla s. f. ***1*** catenina, collanina ***2*** (*di morso*) barbozzale, freno ***3*** (*al pl.*) manette, ferri, manichini.

cateràtta s. f. ***1*** (*di fiume*) cascata, salto, rapida ***2*** (*di canale, di serbatoio e sim.*) chiusura, chiudenda, saracinesca, chiusa, diga, diaframma, serra □ (*di fogna*) chiavica.

catèrva s. f. quantità, abbondanza, copia, congerie, profusione, profluvio, proluvie (*lett.*), infinità, subisso, mucchio, monte, dovizia, cumulo, valanga, diluvio □ (*spec. di gente*) moltitudine, folla, miriade, torma, turba, massa, tribù (*scherz.*), stuolo, sciame, stormo, frotta, nugolo, legione, reggimento **CONTR.** scarsità, scarsezza, pochezza, limitatezza, mancanza.
V. anche FOLLA

catetère s. m. sonda, cannula.

catilinària [da *Catilinaria*, n. di ciascuna delle quattro orazioni di Cicerone contro Catilina] s. f. invettiva, filippica, apostrofe **CONTR.** apologia, panegirico, elogio.

catinèlla s. f. bacinella, vaschetta, catino, bacile, bacino, lavabo, lavamano, conca **FRAS.** *a catinelle* (*fig.*), a dirotto.

catino s. m. ***1*** bacile, bacinella, catinella, vaschetta, bacino, conca, lavabo, lavello, lavamani, vaso □ (*archeol.*) lebete ***2*** (*geogr.*) dolina □ bacino, conca ***3*** (*arch.*) (*di abside, di nicchia e sim.*) semicalotta ***4*** (*fig., sport*) stadio.

catòrcio s. m. ***1*** (*raro, tosc.*) chiavistello, catenaccio, chiavaccio, paletto ***2*** (*fig., fam.*) (*di cosa o persona malandata*) coccio, carcassa, carretta, rottame □ impiastro, cataplasma.

catràme s. m. asfalto, bitume □ pece liquida.

càttedra s. f. ***1*** (*ant.*) seggio, trono, stallo, pulpito, tribuna, pergamo, bigoncia ***2*** (*est.*) insegnamento, docenza, disciplina, posto **FRAS.** *stare* (*montare, parlare*) *in cattedra* (*fig.*), atteggiarsi a persona autorevole, darsi arie professorali.

cattedràle s. f. chiesa principale, metropolitana, duomo, basilica, tempio.

cattedràtico ***A*** agg. ***1*** universitario ***2*** (*est.*) (*di tono, di accento, ecc.*) professorale, dottorale, pedantesco, solenne, sentenzioso, noioso **CONTR.** semplice, modesto, familiare ***B*** s. m. professore universitario, accademico.

cattivaménte avv. malamente, malignamente, perfidamente, crudelmente **CONTR.** benevolmente, bonariamente, pietosamente, amorevolmente, dolcemente.

cattivèria s. f. ***1*** malefatta, ribalderia, canagliata, scelleratаggine, bricconata, diavoleria, boiata (*pop.*), nequizia (*lett.*), improbità (*lett.*) ***2*** malignità, malizia, malanimo, malvagità, perfidia, perversità, pervertimento, scelleratezza, sciaguratаggine, crudeltà, durezza, tristizia (*lett.*), empietà, indegnità, iniquità, veleno (*fig.*) **CONTR.** bontà, mitezza, benignità, benevolenza, bonarietà, bonomia, umanità, carità, generosità.

cattivo ***A*** agg.; anche s. m. ***1*** (*di animo, di sentimento, ecc.*) malvagio, maligno, malefico, perfido, perverso, scellerato, sciagurato, crudele, empio, violento, spietato, riprovevole, improbo, iniquo, turpe, disonesto, bieco, infido, tristo, malnato, malo, rio (*lett.*), pravo (*lett.*), reprobo (*est.*), diabolico, feroce, abietto, nefando, criminale **CONTR.** buono, mite, benevolo, benigno, umano, generoso, bonario, amorevole, mansueto, dolce, caritatevole, dabbene, pietoso ***2*** (*di comportamento*) inquieto, turbolento, sgarbato, indocile, capriccioso, agitato, irrequieto, molesto, ribelle, maleducato, scortese, sguaiato, rustico, villano, brusco, duro, cagnesco (*fig.*) **CONTR.** docile, quieto, calmo, urbano, garbato ***3*** (*di umore*) nervoso, arrabbiato, nero, fosco, impossibile **CONTR.** tranquillo, sereno ***4*** (*di metodo, di lavoro, ecc.*) sbagliato, inefficace, inadatto, scadente, disadatto, inutile **CONTR.** giusto, efficace, valido, buono ***5*** (*di attitudini, di capacità, ecc.*) incapace, inetto, inabile, inefficiente, tristo **CONTR.** abile, serio, efficiente, capace, esperto, bravo, qualificato ***6*** (*di affare, di situazione, ecc.*) negativo, sfavorevole, svantaggioso, brutto **CONTR.** favorevole, vantaggioso, lucroso ***7*** (*di scelta, di decisione e sim.*) pericoloso, svantaggioso, sbagliato, improvvido (*lett.*), avventato **CONTR.** buono, vantaggioso, giusto ***8*** (*di notizia, di occasione, ecc.*) contrario, infausto, doloroso, triste, spiacevole, indesiderato, difficile, pericoloso **CONTR.** favorevole, piacevole, fausto ***9*** (*di male*) maligno, incurabile **CONTR.** curabile, benigno ***10*** (*di fisico, di salute*) cagionevole, malfermo **CONTR.** buono ***11*** (*di libro, di spettacolo e sim.*) brutto, diseducativo, immorale, negativo **CONTR.** piacevole, costruttivo, educativo ***12*** (*di bevanda, di cibo*) guasto, disgustoso, amaro, indigesto, aspro, immangiabile, rivoltante, stomachevole, nauseabondo, repellente **CONTR.** gustoso, appetitoso, saporito, prelibato, squisito ***13*** (*di odore, di suono, ecc.*) spiacevole, sgradevole, fastidioso, molesto, brutto **CONTR.** gradevole, piacevole ***14*** (*di tempo*) piovoso, nuvoloso, brutto, perturbato, boia **CONTR.** bello, sereno ***15*** (*di clima, di aria*) malsano, nocivo **CONTR.** buono, salubre, salutare ***16*** (*di mare*) burrascoso, agitato **CONTR.** calmo, tranquillo ***B*** *s. m.* (*di persona*) mascalzone, manigoldo, canaglia, tristo, birbone, birbante, briccone, ribaldo, malfattore, reo (*lett.*), malandrino, carogna, figuro **CONTR.** buonuomo, galantuomo **FRAS.** *nascere sotto cattiva stella* (*fig.*), nascere in condizioni sfavorevoli □ *trovarsi in cattive acque* (*fig.*), essere in un momento difficile, essere in situazione difficile □ *farsi il sangue cattivo* (*fig.*), prendersela, inquietarsi, agitarsi troppo □ *con le cattive*, con modi bruschi □ *cattiva lingua*, maldicente, pettegolo, maligno. *V. anche* CRUDELE, NERO

cattùra *s. f.* ***1*** (*di animale*) presa, accalappiamento **CONTR.** liberazione ***2*** (*di persona*) arresto, fermo, sequestro, carcerazione **CONTR.** liberazione, scarcerazione, rilascio, proscioglimento.

catturàre *v. tr.* ***1*** (*di animale*) prendere, predare, accalappiare □ (*di pesce*) pescare □ (*di uccelli*) uccellare **CONTR.** liberare ***2*** (*di persona*) arrestare, carcerare, fermare, sequestrare, imprigionare, prendere, pigliare, acchiappare, acciuffare, beccare (*fam.*), pizzicare (*pop.*) **CONTR.** rilasciare, scarcerare, liberare, mollare, prosciogliere. *V. anche* PRENDERE

càusa *s. f.* ***1*** origine, fonte, principio, sorgente, scaturigine (*lett.*), radice, germoglio, seme, germe, matrice, madre □ motivo, ragione, fattore, movente, occasione, cagione, titolo, motore, molla, motivazione, perché, colpa, pretesto, favilla, scintilla, fomite (*lett.*), via **CONTR.** frutto □ conseguenza, effetto, risultato ***2*** (*dir., est.*) querela, azione, processo, dibattito, lite ***3*** (*di rivendicazione*) scopo, obiettivo, meta, ideale, idealità, ragione, diritto **FRAS.** *causa di forza maggiore* (*fig.*), causa non dipendente dalla volontà dell'uomo □ *essere parte in causa* (*fig.*), essere direttamente interessato. *V. anche* RAGIONE

CAUSA
sinonimia strutturata

Con **causa** si intende l'antecedente, ciò che precede o da cui qualcosa deriva o viene determinato: *il tuo comportamento è stato la causa del litigio*; *la causa dell'incidente è ancora sconosciuta*; in particolare la locuzione *per causa di forza maggiore*, si riferisce a qualcosa che è accaduto e che non era controllabile né prevedibile; nella terminologia grammaticale il *complemento di causa* è quel complemento che indica perché qualcosa avviene e si fa.

Origine significa inizio, cominciamento, prima comparsa di qualcosa: *l'origine del mondo, dell'uomo*; con la parola si formano alcune locuzioni d'uso corrente: *risalire alle origini*, ricostruire l'inizio di qualcosa, cercare le cause; *aver origine*, cominciare; *dare origine*, causare, provocare. Origine indica inoltre il complesso di elementi, di varia natura, concreti o astratti, da cui qualcosa deriva come conseguenza: *le origini del conflitto non sono state chiarite*; *all'origine del suo gesto c'era la disperazione*. Anche **principio** vuol dire fase iniziale, primo apparire di qualcosa: *il principio dell'anno*; *i principi della civiltà*; di qui il significato di inizio come causa, come ciò che sussiste prima e provoca un fatto o fa derivare una cosa: *quell'incontro fu il principio di tutti i suoi guai*.

Fonte e **sorgente** usati in senso figurato indicano la causa, l'origine costante e continua di qualcosa: *essere una fonte di guadagno, di ricchezza*; *è la mia fonte d'informazione*; *la sua situazione è fonte di dispiacere per tutti*; *la sorgente del sapere*; *risalire alla sorgente*, ricercare le cause di un evento. La **radice**, figuratamente, è il fondamento, il principio, la causa: *la radice di tutti i vizi*; *cercare dalla radice*.

Il **motivo** costituisce il perché qualcosa si dice, si fa, si pensa o meno: *questo è il motivo per cui è partito*; *ha motivo di preoccuparsi*; *hanno litigato senza motivo*; *motivi di salute, di famiglia*; *dar motivo*, dare adito, suscitare. La **motivazione** indica invece l'esposizione, la spiegazione dei motivi che erano alla base di un'azione: *ha dato delle strane motivazioni riguardo alla sua scelta*. Il **movente** è al contrario un impulso, un motivo, consapevole o meno, che spinge un individuo a compiere un'azione anche illecita: *il movente dell'omicidio non è ancora emerso*.

In questo contesto **ragione** significa causa giusta, legittima, fondata, che in qualche modo rappresenta la spiegazione di un evento o di un'azione: *la ragione sta dalla sua parte*. Con ragione si formano alcune espressioni idiomatiche: *avere ragione da vendere*, essere nel giusto; *dare ragione*, convenire con qualcuno riconoscendo i suoi argomenti; *a ragione*, giustamente. Per estensione, il termine si usa nel senso più generale di causa, motivo: *tu conosci la ragione del suo comportamento*; *farsene una ragione*, significa correntemente, in riferimento ad avvenimenti dolorosi o avversi, rassegnarsi: *di quella perdita non se n'è fatto ancora una ragione*.

causàle *s. f.* ***1*** (*di delitto*) causa, movente ***2*** (*di pagamento*) motivo, giustificazione.

causàre *v. tr.* cagionare (*lett.*), procurare, provocare, determinare, creare, generare, partorire (*fig.*), originare, produrre, arrecare, occasionare, motivare, fruttare, indurre, ingenerare, incutere, sollevare (*fig.*) **CONTR.** evitare, impedire, ostacolare, fermare, contrastare.

causticaménte *avv.* aspramente, sarcasticamente, salacemente, ironicamente, acremente, offensivamente, provocatoriamente **CONTR.** benignamente, benevolmente, dolcemente, cortesemente.
causticità *s. f.* **1** (*di sostanza*) corrosività **2** (*fig.*) (*di discorso, di parola e sim.*) asprezza, sarcasmo, ironia, mordacità, dicacità (*lett.*), provocazione, veleno **CONTR.** benignità, mitezza, dolcezza.
càustico *agg.* **1** (*di sostanza*) corrosivo, bruciante, corrodente, erosivo **2** (*fig.*) (*di discorso, di parola e sim.*) aspro, mordace, beffardo, sarcastico, ironico, pungente, piccante, salato, penetrante, sferzante, tagliente, dicace (*lett.*), maldicente, acrimonioso, acre, amaro, offensivo, provocante, provocatorio, sardonico, velenoso **CONTR.** benigno, benevolo, mite, mellifluo, blando, dolce, cortese, gentile.
cautaménte *avv.* previdentemente, avvedutamente, sagacemente, oculatamente, riflessivamente, assennatamente □ prudentemente, guardingamente, sospettosamente, adagio, piano **CONTR.** incautamente, malaccortamente, avventatamente, sconsideratamente □ precipitosamente, a rompicollo, repente (*lett.*).
cautèla *s. f.* prudenza, accortezza, circospezione, sospettosità, discernimento, avvedutezza, riflessione, consideratezza, oculatezza, moderazione, ponderazione, riguardo, previdenza, controllo, avvertenza □ precauzione, accorgimento, difesa □ riserbo, riservatezza, discrezione **CONTR.** irriflessione, leggerezza, avventatezza, imprudenza, imprevidenza, temerarietà, arditezza, audacia, sconsideratezza, sventataggine. *V. anche* PRUDENZA
cautelàre (1) *agg.* cautelativo, prudenziale, difensivo, preventivo.
cautelàre (2) ***A*** *v. tr.* assicurare, cauzionare, difendere, proteggere, salvaguardare, garantire, preservare, tutelare, premunire **CONTR.** danneggiare, nuocere, esporre ***B* cautelarsi** *v. rifl.* difendersi, premunirsi, assicurarsi, guardarsi, proteggersi, salvaguardarsi, preservarsi, risparmiarsi, tutelarsi **CONTR.** danneggiarsi, nuocersi, esporsi. *V. anche* GUARDARE
cautelativo *agg.* cautelare, difensivo, prudenziale, preventivo, precauzionale.
càuto *agg.* accorto, prudente, previdente, provveduto, occhiuto (*fig., lett.*), guardingo, abbottonato (*fig.*), avveduto, considerato, circospetto, sagace, destro, desto (*lett.*), oculato, assennato, attento, avvertito, sospettoso, controllato, criteriato, diplomatico, discreto, giudizioso, misurato, ponderato, riflessivo, saggio, vigile □ furbo, scaltro **CONTR.** incauto, malaccorto, imprudente, avventato, azzardato, insensato, sconsiderato, imprevidente, incosciente, sbadato, temerario, arrischiato, intempestivo, incontrollato, inconsiderato, inconsulto.
cauzióne *s. f.* garanzia, copertura, assicurazione, pegno, malleveria, sicurtà, arra, caparra, promessa.
càva *s. f.* **1** miniera □ pietraia □ (*est.*) fossa, buca **2** (*raro*) grotta, spelonca, tana, caverna.
cavalcàre ***A*** *v. tr.* **1** (*di cavallo e altro animale*) montare **CONTR.** smontare **2** (*est.*) (*di ramo, di muro, ecc.*) stare a cavalcioni **3** (*di ponte, di viadotto e sim.*) scavalcare, attraversare, superare ***B*** *v. intr.* andare a cavallo.
cavalcatùra *s. f.* cavallo, asino, mulo.
cavalcavìa *s. m. inv.* ponte, viadotto, passerella, sovrappasso.
cavalcióni *avv.* **FRAS.** *a cavalcioni*, a cavallo, a cavalluccio.
cavalière *s. m.* **1** cavallerizzo, cavalcatore **2** (*mil.*) cavalleggero **3** (*est.*) (*di ideali*) paladino, difensore, campione **4** (*est.*) signore, gentiluomo, hidalgo (*sp.*) **5** (*est.*) (*in balli, in manifestazioni, ecc.*) accompagnatore □ ballerino **6** (*est.*) corteggiatore, cicisbeo, spasimante, vagheggino, damerino.
cavallerescaménte *avv.* nobilmente, generosamente, gentilmente, educatamente, lealmente **CONTR.** ignobilmente, grettamente, meschinamente, rozzamente.
cavalleresco *agg.* **1** da cavaliere **2** (*est.*) nobile, generoso, leale, magnanimo, fido, giusto, gentile, educato, cortese, elevato, retto **CONTR.** ignobile, sleale, ingeneroso, scortese, egoista, gretto, meschino, rozzo, ignorante. *V. anche* GENEROSO
cavallerìa *s. f.* **1** (*mil.*) milizia a cavallo **CFR.** fanteria, marina, aviazione **2** (*est.*) lealtà, generosità, nobiltà, magnanimità, gentilezza, raffinatezza, cortesia, educazione **CONTR.** slealtà, scortesia, grettezza, egoismo, meschinità, rozzezza.
cavallétta *s. f.* **1** (*gener.*) locusta, saltabecca (*pop.*), saltamartino (*pop.*) **2** (*fig.*) (*di persona*) sfruttatore, divoratore, parassita, dissipatore, avido.
cavallétto *s. m.* **1** trespolo, treppiede, tripode □ (*di cinepresa*) bazooka (*ingl.*) **2** (*di teleferica, di gru e sim.*) pilone, traliccio.
cavàllo *s. m.* **1** destriero (*lett.*), corsiero (*lett.*), giumento, cavalcatura, palafreno, ronzino, bucefalo (*scherz.*) **2** (*per ginnastica*) cavallina **3** (*di pantaloni, di mutande*) inforcatura **4** cavallo vapore **FRAS.** *a cavallo*, a cavalcioni □ *a cavallo di due secoli*, tra due secoli □ *da cavallo* (*fig.*), fortissimo □ *essere a cavallo* (*fig.*), essere in situazione favorevole, essere fuori di ogni difficoltà □ *cavallo di battaglia* (*fig.*), pezzo forte, specialità □ *il cavallo di S. Francesco* (*fig.*), le gambe.
cavallóne *s. m.* **1** *accr. di* **cavallo** **2** (*fig.*) (*di mare*) ondata, onda, flutto, maroso, frangente.
cavàre ***A*** *v. tr.* **1** togliere, estrarre, levare, rimuovere, svellere, estirpare, trarre, sfoderare, strappare, asportare, sradicare **CONTR.** mettere, introdurre, infilare **2** (*fig.*) (*di vantaggio, di risultato, ecc.*) ottenere, ricavare, derivare, riportare, raccogliere, conseguire, guadagnare, carpire ***B* cavarsi** *v. rifl.* **1** (*anche fig.*) (*di indumento, di voglia, ecc.*) togliersi, levarsi **CONTR.** mettersi, infilarsi **2** (*fig.*) (*da guai, da impicci, ecc.*) sottrarsi, liberarsi, trarsi, togliersi **CONTR.** mettersi, ficcarsi, impelagarsi **FRAS.** *non cavare un ragno da un buco* (*fig.*), non ottenere nessun risultato, non riuscire a nulla □ *cavarsela*, farcela, riuscire, uscirne bene.
cavatàppi *s. m.* cavaturaccioli, apribottiglie □ levacapsule.
cavaturàccioli *s. m.* cavatappi.
cavèrna *s. f.* **1** grotta, antro, spelonca, speco (*lett.*),

tana, cava *2* (*fig.*) (*di abitazione*) tugurio, stamberga, abituro, topaia, bicocca, spelonca, tomba (*fig.*) *3* (*med.*) cavità. *V. anche* TOMBA

cavernìcolo *s. m.* *1* troglodita *2* (*fig.*) rozzo, rozzone, primitivo, selvaggio, villanzone, buzzurro, cafone, tanghero **CONTR.** raffinato, ricercato, signore, elegantone, snob (*ingl.*).

cavernóso *agg.* *1* cavo, incavato, anfrattuoso, profondo, scuro *2* (*fig.*) (*di suono*) cupo, roco, profondo, sepolcrale **CONTR.** limpido, chiaro, squillante, argentino.

cavézza *s. f.* *1* (*fig.*) freno, ostacolo, impedimento *2* capestro **FRAS.** *prendere per la cavezza* (*fig.*), costringere □ *rompere la cavezza* (*fig.*), sfrenarsi.

càvia *A* *s. f.* *1* porcellino d'India *2* (*fig.*) (*di persona*) oggetto di esperimento □ (*est.*) vittima *B* *in funzione di agg. inv.* (*posposto a un s.*) sperimentale.

cavìcchio *s. m.* *1* (*agr.*) foraterra *2* (*di scala*) piolo *3* caviglia, arpione, uncino *4* (*mus.*) bischero, pirolo, collabo *5* legnetto, paletto, zeppa, bietta *6* (*di imbarcazione*) scalmo *7* tappo, zaffo (*enol.*), zipolo *8* (*fig.*) pretesto, scusa.

cavìglia *s. f.* *1* (*di piede*) collo *2* (*di timone*) maniglia, impugnatura *3* cavicchio, arpione, uncino *4* (*ferr.*) vite *5* (*di imbarcazione*) scalmo.

cavillàre *v. intr.* sottilizzare, arzigogolare, sofisticare, ammennicolare (*lett.*), almanaccare.

cavìllo *s. m.* cavillosità, capziosità, sofisma, sottigliezza, sofisticheria, arzigogolo, bizantinismo □ pretesto, scusa, scappatoia, appiglio (*fig.*), rampino (*fig.*), ammennicolo (*est.*), appiccagnolo (*fig.*). *V. anche* SCUSA

cavillosaménte *avv.* capziosamente, pretestuosamente, sottilmente, sofisticamente, pignolescamente **CONTR.** chiaramente, semplicemente.

cavillosità *s. f.* sofisticheria, cineseria (*fig.*), capziosità, arzigogoleria, cavillo □ pedanteria, pignoleria **CONTR.** chiarezza, linearità, franchezza, semplicità.

cavillóso *agg.* capzioso, pretestuoso, sofisticato, avvocatesco, curialesco (*spreg.*), arzigogolato, complicato, pignolo, sottile, bizantino (*fig.*) **CONTR.** lineare, chiaro, franco, semplice.

cavità *s. f.* *1* grotta, caverna, antro, buca, fossa, incavo, incavatura, infossamento, depressione, cavo, concavità, conca, dolina, avvallamento, sprofondamento, rientranza, scanalatura, alveo (*lett.*) □ (*in un muro*) incassatura, vano, vuoto, apertura □ (*di vulcano*) cratere (*geol.*) **CONTR.** protuberanza, sporgenza, gibbosità, dosso, balzo, rialzo *2* (*anat.*) cavo, alveolo, caverna, cripta, vestibolo □ (*dell'occhio*) orbita *3* (*biol.*) vacuolo.

càvo (1) *A* *agg.* incavato, vuoto, concavo, scavato, cavernoso □ profondo, cupo (*region.*) **CONTR.** prominente, sporgente, protuberante, rilevato *B* *s. m.* *1* (*di mani, di tronco, ecc.*) incavatura, cavità, concavità, buco, incavo, infossamento, solco **CONTR.** prominenza, protuberanza, rilievo *2* (*anat.*) cavità *3* scavo.

càvo (2) *s. m.* *1* corda, fune, cima, canapo, gomena, gherlino (*mar.*), drizza (*mar.*), sartia (*mar.*) *2* (*elettr., tel.*) conduttore, filo.

cavolàta *s. f.* (*fig., euf., pop.*) balordaggine, sciocchezza, stupidaggine, stupidata, imbecillità, cretinata.

cavolfióre *s. m.* (*est.*) cavolo.

càvolo *A* *s. m.* *1* broccolo *2* (*fig., euf., pop.*) babbeo, stupido **CONTR.** dritto (*fam.*), scaltro, intelligentone *3* (*fig., euf., pop.*) niente, nulla, tubo, corno *B* *in funzione di inter.* perbacco!, cazzo! (*volg.*), diavolo!, capperi! **FRAS.** *che cavolo vuoi?* (*fig.*), che diavolo vuoi? □ *col cavolo!, un cavolo!*, nient'affatto! □ *del cavolo*, di nessun valore.

cazzàta *s. f.* (*volg.*) balordaggine, bestialità, sciocchezza, stupidaggine, cavolata (*euf., pop.*), cacchiata (*euf.*), stupidata, cretinata, castronaggine (*pop.*).

cazziàta *s. f.* (*merid.*) lavata di capo, rimprovero, sgridata **CONTR.** lode, encomio.

càzzo *A* *s. m.* *1* (*volg.*) pene, membro, fallo (*lett.*), asta, verga, sesso, pistolino (*fam.*), pipì (*inft.*), uccello (*pop., volg.*), pisello (*pop.*) *2* (*fig., volg.*) cavolo, niente, nulla **CONTR.** tutto *3* (*spec. al pl.*) (*fig., euf., volg.*) cavolo, fatto, caso *B* *in funzione di inter.* (*volg.*) perbacco!, diavolo!, cavolo!, capperi!, caspita!, corbelli! (*euf., pop.*), corbezzoli! (*pop.*).

cazzottàta *s. f.* (*pop.*) cazzottatura, rissa, zuffa, colluttazione, accapigliamento, azzuffamento, baruffa. *V. anche* ZUFFA

cazzottatùra *s. f.* (*pop.*) cazzottata, rissa, zuffa, colluttazione, accapigliamento. *V. anche* ZUFFA

cazzòtto *s. m.* (*pop.*) pugno, percossa, colpo, sgrugnata (*pop.*), sgrugnone (*pop.*), sgrugno (*pop.*), uppercut (*ingl.*).

CD /tʃid'di*, *ingl.* si: 'di:/ [sigla ingl. di *C*(*ompact*) *D*(*isc*)] *s. m. inv.* compact disc, disco ottico.

ce *A* *pron. pers. atono di prima pers. pl.* ci, a noi *B* *avv.* ci, in questo luogo, in quel luogo, lì, là.

cecità *s. f.* (*fig.*) ignoranza, ottusità, miopia, irragionevolezza, irrazionalità, sconsideratezza, offuscamento, ottenebramento **CONTR.** giudizio, discernimento, perspicacia, ragionevolezza, attenzione, sagacia.

cèdere *A* *v. intr.* *1* (*anche fig.*) arretrare, ritirarsi, arrendersi, soccombere, sottostare, transigere, piegarsi, inchinarsi, ripiegare, indietreggiare **CONTR.** avanzare, procedere □ opporsi, impuntarsi, lottare *2* (*fig.*) (*al dolore, alla tentazione, ecc.*) rassegnarsi, piegarsi, desistere, mollare, capitolare, accondiscendere, abbandonarsi, commuoversi, crollare, scoppiare, subire, rinunziare, acconsentire, assecondare □ (*ai difetti, alle debolezze, ecc.*) indulgere □ (*spec. di donna nel rapporto sessuale*) concedersi, darsi **CONTR.** resistere, sottrarsi, ribellarsi □ padroneggiarsi *3* (*di terreno, di fondazioni, ecc.*) avvallarsi, piegarsi, sprofondare, abbassarsi, rompersi, sfondarsi, curvarsi, affossarsi **CONTR.** alzarsi, sollevarsi □ resistere *4* (*fig., lett.*) dare luogo, lasciare il posto **CONTR.** perdurare, persistere *5* (*di maglia*) smagliarsi, rompersi □ sformarsi *B* *v. tr.* *1* concedere, dare, lasciare, consegnare, accordare, spogliarsi **CONTR.** ricevere *2* (*econ.*) trasferire, vendere, trasmettere, rilasciare, alienare **CONTR.** acquistare, comprare.

cedévole *agg.* *1* (*di cosa*) duttile, malleabile □ pieghevole, flessibile, molle, morbido, tenero, soffice, flessile (*lett.*), gracile, plastico, riducibile, trattabile, floscio □ (*di tessuto*) elastico, stretch (*ingl.*) **CONTR.** resistente, consistente, duro, fisso, rigido, tenace ***2*** (*fig.*) (*di persona, di carattere, ecc.*) arrendevole, docile, remissivo, proclive (*lett.*), transigente, dolce, trattabile, compiacente, bonario, affabile, accomodante, accondiscendente, ossequente, debole **CONTR.** ostinato, inflessibile, caparbio, cocciuto, zuccone, puntiglioso, intrattabile, scontroso, saldo, fermo, incrollabile, renitente. *V. anche* FLESSIBILE

cedevolézza *s. f.* ***1*** (*di cosa*) duttilità, malleabilità, flessibilità, elasticità, flaccidezza, mollezza, tenerezza, inconsistenza, plasticità, pieghevolezza, fragilità, riducibilità, trattabilità **CONTR.** resistenza, rigidezza, durezza, tenacità ***2*** (*fig.*) (*di persona, di carattere, ecc.*) docilità, arrendevolezza, remissività, bonarietà, accondiscendenza, transigenza, debolezza **CONTR.** ostinazione, inflessibilità, caparbietà, puntiglio, intrattabilità, scontrosità, fermezza. *V. anche* DEBOLEZZA

cedìbile *agg.* trasferibile, vendibile, alienabile **CONTR.** intrasferibile, invendibile, inalienabile.

cediménto *s. m.* ***1*** (*di terreno, di impalcatura, ecc.*) avvallamento, franamento, smottamento, affossamento, sprofondamento, abbassamento, crollo, caduta □ (*fig.*) (*di governo o sim.*) crisi, scricchiolio **CONTR.** consolidamento ***2*** (*fig.*) (*morale o fisico*) abbandono, resa, rinuncia, rilassamento, collasso, compromesso (*spreg.*).

cèdola *s. f.* tagliando, scontrino, talloncino, tallone, polizza, bolletta, buono, coupon (*fr.*), ticket (*ingl.*), biglietto, foglietto.

cefalèa *s. f.* cefalalgia, emicrania, mal di testa, mal di capo.

cèffo *s. m.* ***1*** (*di animale*) muso ***2*** (*est., spreg.*) (*di persona*) faccia, viso, grugno, muso, ghigna (*fam.*), grifo (*spreg.*), mostaccio (*spreg.*) ***3*** (*est.*) persona sinistra, figuro.

ceffóne *s. m.* schiaffo, scapaccione, pacca, manrovescio, sberla, ganascione, sganascione, ceffata, percossa.

celàre ***A*** *v. tr.* (*lett.*) nascondere, ascondere (*lett.*), occultare, coprire, tacere, velare, adombrare, dissimulare, mascherare, orpellare (*fig.*), ricoprire, imboscare (*fig.*), riporre, rimpiattare, rincantucciare, seppellire **CONTR.** mostrare, manifestare, palesare, ostentare, dichiarare, rivelare, sbandierare, svelare, tradire ***B*** **celarsi** *v. rifl.* nascondersi, ricoprirsi (*est., fig.*), rintanarsi, rifugiarsi, segregarsi, rimpiattarsi, rincantucciarsi **CONTR.** manifestarsi, palesarsi, comparire.

celàta *s. f.* elmo, barbuta, borgognotta.

celàto *part. pass. di* **celare**; *anche agg.* (*anche fig.*) nascosto, rintanato, ascoso (*lett.*), dissimulato, occultato, occulto, taciuto, velato, larvato, segreto, inconfessato, recondito, riposto, latente, chiuso □ (*di manoscritto, di segreto, ecc.*) sepolto (*fig.*) □ (*di manovre e sim.*) sotterraneo (*fig.*) □ (*di guerra, d'invidia, ecc.*) sordo (*fig.*) **CONTR.** manifesto, visibile, tangibile, scoperto, aperto, dichiarato, ostentato, palesato, svelato.

celebèrrimo *agg.* notissimo, arcinoto, famosissimo **CONTR.** sconosciuto, ignoto.

celebrànte *part. pres. di* **celebrare**; *anche agg.* e *s. m.* officiante, consacratore □ sacerdote.

celebràre *v. tr.* ***1*** (*lett.*) lodare, esaltare, innalzare, acclamare, inneggiare, commemorare, onorare, encomiare, rinomare (*ant.*), plaudire, ricordare, evocare, magnificare, decantare, gloriare, apologizzare (*raro*), predicare, divinizzare, santificare **CONTR.** infamare, disonorare, denigrare, vituperare, biasimare, schernire ***2*** (*di ricorrenza*) festeggiare, solennizzare, glorificare ***3*** (*di funzione sacra*) compiere, dire, eseguire, officiare ***4*** (*dir.*) (*di causa, di processo*) svolgere, compiere, fare, tenere ***5*** (*di contratto, di matrimonio, ecc.*) stipulare, rogare, contrarre, concludere.

celebratìvo *agg.* evocativo, commemorativo, agiografico (*est.*) **CONTR.** denigratorio.

celebràto *part. pass. di* **celebrare**; *anche agg.* ***1*** (*di persona*) illustre, celebre, famoso, rinomato, glorioso □ lodato, commemorato, onorato, glorificato, magnificato □ (*di meriti, di virtù e sim.*) predicato **CONTR.** infamato, denigrato, disonorato, schernito, vituperato ***2*** (*di ricorrenza*) festeggiato, solennizzato ***3*** (*di rito sacro*) compiuto, detto ***4*** (*dir.*) (*di causa, di processo*) svolto, compiuto, tenuto ***5*** (*di contratto, di matrimonio, ecc.*) stipulato, contratto. *V. anche* FAMOSO

celebrazióne *s. f.* ***1*** ufficiatura (*relig.*) ***2*** commemorazione, festeggiamento, festa, sagra, cerimonia, anniversario, rievocazione, ricorrenza ***3*** esaltazione, plauso, elogio, lode, glorificazione, apoteosi, trionfo, mitizzazione, magnificazione, deificazione (*fig.*) **CONTR.** denigrazione. *V. anche* LODE

cèlebre *agg.* famoso, illustre, noto, popolare, rinomato, memorabile, memorando (*lett.*), glorioso □ (*spec. di persona*) insigne, chiaro, inclito, preclaro (*lett.*), eminente, emerito, autorevole, esimio, importante, stimato, nominato, celebrato **CONTR.** oscuro, ignoto, ignorato, sconosciuto, qualunque. *V. anche* FAMOSO

celebrità *s. f.* ***1*** fama, rinomanza, gloria, notorietà, popolarità, importanza **CONTR.** oscurità ***2*** (*di persona*) persona celebre, persona famosa, vip (*ingl.*), big (*ingl.*), star (*ingl.*), gloria, autorità, luminare, lume (*lett.*) **CONTR.** nullità.

cèlere ***A*** *agg.* rapido, svelto, veloce, immediato, vispo, lesto, ratto (*lett.*), tosto (*lett.*), sbrigativo, spedito, sollecito, pronto, scattante, spicciativo, spiccio □ (*di squadra, di colonna, ecc.*) volante **CONTR.** lento, lungo, pigro, tardo ***B*** *s. f.* polizia motorizzata.

celerìno *s. m.* (*pop.*) agente della celere □ (*est.*) poliziotto.

celerità *s. f.* rapidità, velocità, sveltezza, lestezza, immediatezza, prestezza, speditezza, sollecitudine, scatto, solerzia □ fretta **CONTR.** lentezza, calma, flemma, pigrizia, indugio, ritardo. *V. anche* RAPIDITÀ

celerménte *avv.* rapidamente, velocemente, presto, ratto (*lett.*), sveltamente, speditamente, lestamente, prontamente, tostamente (*raro*), tosto (*lett.*), sollecitamente, sbrigativamente, spicciativamente **CONTR.** lentamente, adagio, pigramente.

celèste ***A*** *agg.* ***1*** del cielo, astrale, siderale, etereo (*poet.*) **2** (*fig.*) divino, paradisiaco, olimpico (*est.*), soprannaturale, superno (*lett.*), sublime, spirituale **CONTR.** infernale, diabolico ***B*** *agg.*; *anche s. m.* (*est.*) (*di colore*) azzurro, ceruleo, cilestre (*lett.*), ciano (*lett.*).

celestiàle *agg.* sovrumano, ineffabile, divino, paradisiaco, empireo (*lett.*), beato, angelicato (*lett.*), serafico, etereo (*poet.*), edenico (*raro, lett.*) **CONTR.** infernale, diabolico.

celiàre *v. intr.* scherzare, burlare, beffare, canzonare, beffeggiare, dileggiare, deridere, corbellare (*pop.*), motteggiare, berteggiare (*lett.*), punzecchiare, zimbellare (*fig.*).

cèlibe *s. m.*; *anche agg.* scapolo, celibatario, single (*ingl.*), giovanotto (*fam.*), zitellone (*scherz., spreg.*) **CONTR.** ammogliato, sposato, coniugato **CFR.** nubile, zitella.

cèlla *s. f.* **1** cameretta, stanzetta, cubicolo □ (*nei conventi*) chiostro (*fig.*) **2** prigione, gabbia, gattabuia, galera, segreta **3** (*per vivande*) dispensa, cantina **4** (*di alveare*) celletta, alveolo.

cèllula *s. f.* **1** (*tecnol.*) elemento, dispositivo, apparecchio, contenitore, recipiente **2** (*di partito, di organizzazione*) nucleo minimo, raggruppamento di base.

cellulàre ***A*** *agg.* **1** di cellula **2** carcerario ***B*** *s. m.* **1** carcere, prigione, reclusorio (*raro*) **2** (*est.*) (*per detenuti*) furgone, carrozzone **3** telefono portatile, telefonino.

cementàre *v. tr.* (*fig.*) (*di amicizia, di affetti e sim.*) saldare, unire, consolidare, rinforzare, rinsaldare, raffermare, stringere, rinnovare **CONTR.** rompere, spezzare, impedire.

cementazióne *s. f.* **1** (*di metallo*) indurimento **2** (*fig.*) (*di amicizia, di sentimento, ecc.*) rafforzamento, consolidamento, rinsaldamento, rinnovamento **CONTR.** rottura.

ceménto *s. m.* (*fig.*) forza unificante, consolidamento, rafforzamento, garanzia.

céna *s. f.* **1** pasto serale **CFR.** pranzo, desinare, colazione **2** (*est.*) banchetto, convito, simposio.

cenàcolo *s. m.* **1** (*nell'antichità*) sala da pranzo **2** (*di dipinto*) ultima cena **3** (*fig.*) (*di artisti, di letterati e sim.*) riunione, accolta (*lett.*), circolo, gruppo, fucina, officina, chiesuola (*spreg.*), conventicola (*lett.*).

cenàre *v. intr.* **1** fare cena **2** (*est.*) mangiare, pasteggiare **CFR.** pranzare, desinare, fare colazione.

céncio *s. m.* **1** straccio, brandello, brindello, biracchio (*raro, lett.*) **2** (*est.*) vestito logoro, vestituccio, straccio, straccetto **3** (*per pulire*) strofinaccio, panno, canovaccio, pezza, pezzuola **4** (*fig.*) cosa di poco valore, cosetta, ciarpa, ciarpame, carcassa **5** (*est.*) (*di persona*) straccio (*fig.*), persona malridotta **CONTR.** fior di salute **6** (*al pl., cuc.*) frittella, frappa (*Emilia*), chiacchiera (*Lombardia*), crostolo (*Trentino*), galano (*Veneto*), bugia (*Piemonte*) **FRAS.** *cappello a cencio*, cappello floscio.

cencióso *agg.* **1** (*di stoffa, di vestito, ecc.*) rattoppato, lacero, frusto, trito, liso, logoro, consunto, sbrindellato, strappato, stracciato **CONTR.** nuovo, sano, integro **2** (*di persona*) brindelloso, stracciato, lacero, sbrindellato, malconcio, malandato, malvestito, straccione, sbrendolone **CONTR.** elegante, chic (*fr.*).

cénere ***A*** *s. f.* (*raro*) *m.* **1** (*di legna, di carbone*) residuo, polvere **2** (*al pl. f.*) (*di corpo umano*) resti, resti mortali, spoglie ***B*** *in funzione di agg. inv.* (*di colore*) cenerino, cinerino, cinereo, grigio, bigio **FRAS.** *andare in cenere* (*fig.*), andare completamente distrutto □ *ridurre in cenere* (*fig.*), distruggere, annientare □ *le Sacre Ceneri*, primo giorno di Quaresima.

cenerèntola [dal n. del famoso personaggio delle fiabe] *s. f.* (*est.*) ragazza umiliata □ persona trascurata, ultimo □ cosa trascurata **CONTR.** beniamino.

cenerièra *s. f.* portacenere, posacenere.

cenerìno *agg.* grigio, grigiolino, bigio, cinereo, cenere, cenerognolo.

ceneróngnolo o **ceneròngnolo** *agg.* bigio, grigio, cenerino, cinerino, cenere.

cénno *s. m.* **1** (*di occhi, di mano, ecc.*) gesto, atto, segno, segnale, movimento, ammicco, richiamo **2** (*di fatto, di discorso, ecc.*) traccia, spiegazione, notizie, allusione, accenno, menzione, parola **3** (*est., fig.*) (*di stanchezza, di pace, ecc.*) indizio, indicazione, avviso, avvisaglia, manifestazione, segno, avvertimento, annuncio, sintomo. *V. anche* INFORMAZIONE

cenobìtico *agg.* **1** monacale, monastico, conventuale, eremitico **2** (*fig.*) (*di vita, di esistenza e sim.*) austero, rigido, severo, grave, rigoroso, appartato, solitario **CONTR.** gaudente, pubblico. *V. anche* SEVERO, SOLITARIO

cenozòico *s. m.*; *anche agg.* (*di era geologica*) terziario.

censiménto *s. m.* **1** (*di popolazione, di beni, ecc.*) rilevazione, novero, valutazione, accampionamento **2** (*est.*) catasto, estimo **3** (*di dati*) raccolta.

censìre *v. tr.* **1** (*di popolazione, di beni, ecc.*) rilevare, noverare, valutare, accampionare **2** (*est.*) registrare, iscrivere **3** (*di dati*) raccogliere.

cènso *s. m.* **1** (*nell'antica Roma*) censimento **2** (*raro*) patrimonio, entrate, rendite, beni, possesso, sostanza **3** (*est.*) ricchezza **CONTR.** povertà, miseria.

censóre *s. m.* **1** (*di scritto, di film, ecc.*) censuratore, revisore, esaminatore, correttore, critico, giudice □ stroncatore, castratore **2** (*nei convitti*) sorvegliante, educatore, precettore, istitutore, mentore **3** (*fig., spesso spreg.*) moralizzatore, moralista, biasimatore, fustigatore, catone **CONTR.** elogiatore, lodatore.

censùra *s. f.* **1** (*di scritto, di film, ecc.*) controllo, revisione, esame critico, critica □ espurgazione □ stroncatura (*fig.*) **2** (*est., fig.*) biasimo, disapprovazione, riprensione, rimprovero, appunto, rimarco, eccezione, condanna, frustata (*fig.*), staffilata (*fig.*), strigliata (*fig.*), sferza (*est.*) **CONTR.** elogio, lode, encomio, approvazione, applauso, esaltazione.

censuràbile *agg.* criticabile, discutibile, sindacabile, biasimevole, biasimabile, riprovevole, condannabile **CONTR.** incensurabile, irreprensibile, ineccepibile, elogiabile, lodevole, encomiabile.

censuràre *v. tr.* **1** (*di scritto, di film, ecc.*) rivedere, esaminare, controllare □ correggere, tagliare, espurgare □ stroncare (*fig.*) □ (*di persona, di stampa*) imbavagliare **CONTR.** approvare, permettere **2** (*est., fig.*) (*di persona, di comportamento, ecc.*) biasimare, criticare, disapprovare, riprovare, riprendere, rimproverare, sindacare, stigmatizzare, deplorare, condannare, frustare (*fig.*), fustigare (*fig.*), sferzare (*fig.*), staffilare (*fig.*), strigliare (*fig.*) **CONTR.** approvare, elogiare, lodare, esaltare, decantare, magnificare, glorificare, encomiare, applaudire. *V. anche* BIASIMARE, CORREGGERE, TAGLIARE

centàuro *s. m.* (*f. -a, -essa*) (*fig.*) motociclista.

centellinàre *v. tr.* **1** sorseggiare, sorsare (*raro*), bere a piccoli sorsi, sorbire **CONTR.** tracannare, trincare, ingollare, ingurgitare **2** (*fig.*) (*di discorso, di gioia, ecc.*) gustare, assaporare, delibare, degustare. *V. anche* BERE

centenàrio **A** *agg.* centenne, secolare, vecchio **B** *s. m.* **1** (*di persona*) centenne **2** (*di anniversario*) centennale.

centennàle *agg.* **1** centenne, centenario, secolare **2** (*di anniversario*) centenario.

centèsimo **A** *agg. num.* (*est., con valore indet.*) ennesimo, millesimo, centomillesimo, infinitesimo **B** *s. m.* **1** (*est.*) soldo, lira, denaro □ (*di dollaro*) cent (*ingl.*) □ (*di sterlina*) penny (*ingl.*) □ (*di marco*) pfennig (*ted.*) **2** nulla, quasi nulla **CONTR.** molto **FRAS.** *lesinare il centesimo*, spendere con parsimonia □ *pagare al centesimo*, pagare scrupolosamente.

cèntina *s. f.* **1** (*di arco, di volta, ecc.*) ossatura, armatura, scheletro, struttura **2** (*di fusoliera*) armatura, nervatura **3** (*di ricamo*) smerlo.

centinàio *s. m.* **1** cento, circa cento **2** (*est.*) molti, molte, moltissimi, parecchi **CONTR.** pochi, pochissimi **FRAS.** *centinaia e centinaia*, moltissimi.

centinàre *v. tr.* **1** (*di volta, di arco, ecc.*) armare, sostenere □ sagomare **2** (*di stoffa*) ricamare, orlare, smerlare.

cènto *agg. num. card. inv.; anche s. m. inv.* centinaio □ (*est.*) molti, parecchi, innumerevoli, numerosi, moltissimi **CONTR.** pochi, rari **FRAS.** *novantanove volte su cento*, quasi sempre □ *al cento per cento*, completamente, del tutto.

centodódici o **112** *s. m. inv.* (*est.*) pronto intervento, carabinieri **CFR.** centotredici.

centogàmbe *s. m. inv.* (*zool.*) centopiedi, millepiedi.

centóne *s. m.* **1** (*est.*) antologia, crestomazia (*lett.*), florilegio **2** (*est.*) zibaldone, miscellanea, insieme eterogeneo, insalata (*fig.*).

centopièdi *s. m.* (*zool.*) centogambe.

centotrédici o **113** *s. m. inv.* (*est.*) pronto intervento, polizia **CFR.** centododici.

centràle **A** *agg.* **1** di centro, del centro □ mediano, medio, mezzo, posto nel mezzo **CONTR.** periferico, eccentrico □ meridionale, settentrionale **2** (*fig.*) (*di problema, di argomento e sim.*) principale, fondamentale, primario, primo, precipuo, essenziale, capitale, sostanziale, dominante, massimo, basilare, maggiore □ (*di punto, di questione, ecc.*) focale, nodale **CONTR.** secondario, complementare, accessorio, dappoco, marginale **B** *s. f.* **1** (*di banca, di scuola, ecc.*) sede principale **CONTR.** succursale, filiale, dépendance (*fr.*) **2** (*di beni, di servizi, ecc.*) centro, centro di produzione.

centralinìsta *s. m.* e *f.* telefonista.

centralizzàre *v. tr.* accentrare, concentrare, incentrare, riunire, raccogliere, unificare **CONTR.** decentrare, delegare, suddividere, pluralizzare.

centralizzàto *part. pass. di* **centralizzare**; *anche agg.* accentrato, unificato, concentrato, riunito **CONTR.** decentrato, delegato, suddiviso.

centralizzazióne *s. f.* accentramento, concentramento, incentramento, unificazione, riunione **CONTR.** decentramento, delega, suddivisione.

centràre *v. tr.* **1** (*di bersaglio*) inquadrare □ (*est.*) colpire, fare centro, cogliere, raggiungere □ (*di fotografia*) inquadrare **CONTR.** sbagliare, mancare, fallire **2** (*fig.*) (*di argomento*) azzeccare, indovinare, capire, imbroccare **CONTR.** equivocare **3** (*di ruota, di elica e sim.*) equilibrare, bilanciare **CONTR.** sbilanciare, disequilibrare (*raro*), squilibrare **4** (*nel calcio*) crossare (*sport*).

centràto *part. pass. di* **centrare**; *anche agg.* **1** (*di bersaglio*) inquadrato □ (*est.*) colpito, colto, infilato **CONTR.** mancato, fallito **2** (*fig.*) (*di argomento*) azzeccato, indovinato, capito, imbroccato □ (*di idea e sim.*) brillante, felice **CONTR.** sbagliato, equivocato □ infelice **3** (*di ruota, di elica e sim.*) equilibrato, bilanciato **CONTR.** sbilanciato, squilibrato.

centrattàcco *s. m.* (*nel calcio*) centravanti, punta, attaccante.

centratùra *s. f.* (*di pezzo rotante*) centramento, equilibratura, bilanciamento.

centravànti *s. m. V.* **centrattacco**.

cèntro *s. m.* **1** (*anche fig.*) punto mediano □ parte centrale □ metà, mezzo □ nucleo, cuore, grembo (*fig.*), ombelico (*fig.*) □ (*di bersaglio*) brocca (*ant.*) **CONTR.** periferia, margine **2** (*di discorso, di questione e sim.*) nocciolo, fulcro, essenza, sostanza, chiave **3** (*di gravità*) baricentro **4** (*di terremoto*) epicentro **CFR.** ipocentro **5** (*di organo*) nucleo **6** (*di attività, di iniziativa, ecc.*) polo, punto di incontro, luogo □ istituzione, istituto □ raggruppamento **7** (*di epidemia, di rivolta, ecc.*) focolaio **8** (*nel calcio*) traversone, cross (*ingl.*) **9** località, paese, cittadina **10** (*cine.*) quadro!, fuoco! **FRAS.** *fare centro* (*fig.*), azzeccare, sfondare □ *centro!*, bingo! □ *essere nel proprio centro* (*fig.*), essere a proprio agio.

centrocampìsta *s. m.* e *f.* (*nel calcio*) mediano.

centroeuropèo *agg.* mitteleuropeo.

centuplicàre *v. tr.* (*fig.*) accrescere enormemente, moltiplicare, aumentare, incrementare **CONTR.** ridurre, diminuire.

centuplicàto *part. pass. di* **centuplicare**; *anche agg.* (*fig.*) enormemente accresciuto, moltiplicato, aumentato, incrementato **CONTR.** ridotto, diminuito.

céppo *s. m.* **1** (*di albero*) ceppa, ceppaia, toppo, troncone, base, piede, colletto **2** (*est.*) legna □ (*spec. quello di Natale*) ciocco □ (*est.*) Natale **3** (*fig.*) (*di famiglia, di popolazione*) capostipite **4** (*est.*) stirpe, famiglia, progenie, schiatta, razza, discendenza, genealogia, origine, provenienza **5** (*di batteri*) coltura **6** (*di aratro*) base **7** (*di antiche artiglierie*) affusto

8 (*di freno, di ruote*) cuneo **9** (*al pl.*) (*di prigionieri*) blocchi □ (*est.*) catene, manette, ferri, manichini, catenelle, braccialetti (*scherz.*) **10** (*est., fig.*) schiavitù, asservimento, servitù, cattività, giogo, oppressione **CONTR.** libertà, affrancamento **11** (*al pl.*) (*in ginnastica*) blocchi **FRAS.** *spezzare i ceppi* (*fig.*), riacquistare la libertà. *V. anche* FAMIGLIA

céra (1) *s. f.* **1** (*est.*) candela **2** (*per scarpa*) lucido **FRAS.** *cera di Spagna*, ceralacca □ *essere di cera* (*fig.*), essere debole.

céra (2) *s. f.* **1** (*di viso*) carnagione, colorito, incarnato, colore, tinta **2** (*est.*) aspetto, faccia, viso, fattezza, espressione, aria, apparenza. *V. anche* TINTA

ceràmica *s. f.* **1** (*est.*) terracotta, faenza, maiolica, porcellana, terraglia **2** (*al pl.*) vasellame.

ceramìsta *s. m.* e *f.* vasaio, figulo (*lett.*).

ceràta *s. f.* impermeabile, K-way (*ingl.*).

ceràto *part. pass. di* **cerare**; *anche s. m.* e *agg.* incerato, impermeabile **CONTR.** permeabile.

cèrbero [dal n. del mitico custode dell'Ade] *s. m.* **1** custode burbero, guardiano severo □ carceriere **2** (*fig.*) iracondo, iroso, ringhioso, rabbioso.

cérca *s. f.* questua, accattonaggio, accatto, elemosina, busca, colletta □ (*di notizia, di impiego, ecc.*) caccia (*fig.*).

cercametàlli *s. m.* metaldetector (*ingl.*).

cercapersóne *s. m. inv.* beeper (*ingl.*), bip, bip bip, cicalino.

cercàre ***A*** *v. tr.* **1** ricercare, frugare, rovistare, razzolare (*est., scherz.*), perlustrare, indagare, studiare, esplorare, sondare (*fig.*), perquisire, investigare, curiosare **CONTR.** offrire □ trovare, scoprire **2** (*est.*) (*di notizia, di informazione, ecc.*) domandare, chiedere, informarsi □ cacciare **CONTR.** dare, fornire **3** (*di gloria, di denaro, di scopo, ecc.*) desiderare, agognare, ambire, aspirare, bramare, perseguire **CONTR.** scansare, schivare **4** (*di amore, di aiuto, ecc.*) mendicare ***B*** *v. intr.* (*di capire, di fuggire, ecc.*) tentare, vedere, sforzarsi, adoperarsi, ingegnarsi, studiarsi. *V. anche* GUARDARE

cercàto *part. pass. di* **cercare**; *anche agg.* **1** ricercato, frugato **CONTR.** offerto □ trovato, scoperto **2** (*di notizia, di informazione, ecc.*) richiesto **CONTR.** dato, fornito **3** (*di gloria, di denaro, di scopo, ecc.*) desiderato, agognato, ambito, bramato, voluto, perseguito.

cercatóre *agg.* (*f. -trice*); *anche s. m.* **1** ricercatore, investigatore, inquisitore, perquisitore, esploratore, indagatore □ (*di notizie, di onori, ecc.*) cacciatore (*fig.*) **2** (*di frate*) questuante, cercante.

cérchia *s. f.* **1** (*di mura, di alberi, ecc.*) cinta, giro, cerchio, circolo, recinto, recinzione, chiostra, corona, cornice, circonferenza, contorno, perimetro, circuito **2** (*di morene*) anfiteatro **3** (*fig.*) (*di persone, di amicizie, ecc.*) ambito, ambiente, circolo, giro, rosa (*fig.*), entourage (*fr.*).

cerchiàre *v. tr.* cingere, circondare, recingere, contornare, serrare, legare, stringere, fasciare, avvolgere, avviluppare, attorniare, vallare (*raro*).

cerchiàto *part. pass. di* **cerchiare**; *anche agg.* **1** circondato, cinto, contornato, recinto, serrato, legato, fasciato, avvolto, avviluppato, attorniato **2** (*di occhio*) infossato, pesto.

cérchio *s. m.* **1** circonferenza, tondo, circolo, giro, girone (*lett.*), circuito, perimetro, cinta, orbe (*lett.*) □ (*di monti, di capelli, ecc.*) cornice □ (*di astro*) disco **2** (*di sfera celeste, di globo terrestre*) circolo, meridiano, parallelo, orbita **3** (*di ruota*) cerchione **4** (*di ornamento*) cerchietto, anello, orecchino, braccialetto, armilla, girello (*raro*), ghirlanda, corona **5** (*di persone, di compagnia, ecc.*) capannello, assembramento, crocchio, gruppo □ cerchia, ambito, circolo, giro **6** (*di luce, di ombra*) zona.

cereàli *s. m. pl.* **CFR.** granaglie, biada □ corn-flakes (*ingl.*).

cerebràle *agg.* **1** di cervello **2** (*fig.*) (*di persona, di opera, ecc.*) logico, arido, freddo, intellettuale **CONTR.** emotivo, passionale, impulsivo, spontaneo.

cerebralìsmo *s. m.* intellettualismo, calcolo **CONTR.** sentimentalismo, passionalità.

cerebralménte *avv.* logicamente, aridamente, freddamente **CONTR.** emotivamente, impulsivamente.

cèreo *agg.* (*di volto, di mani, ecc.*) pallido, bianco, smorto, terreo, sbiancato, esangue, diafano, emaciato, cinereo, livido **CONTR.** colorito, roseo, rubizzo, rubicondo. *V. anche* BIANCO

cerimònia *s. f.* **1** (*relig.*) funzione, rito, liturgia, ufficio **2** (*di avvenimento, di ricorrenza e sim.*) solennità, festa, celebrazione, commemorazione, anniversario **3** (*al pl.*) complimenti, smancerie, ossequi, saluti, convenevoli, convenienze, salamelecchi, affettazione **CONTR.** sgarberia, villania **4** (*est.*) etichetta, formalità □ cerimoniale, rituale **CONTR.** familiarità **FRAS.** *senza cerimonie*, con semplicità □ *senza troppe cerimonie*, bruscamente. *V. anche* FUNZIONE

cerimonìale ***A*** *s. m.* rito, rituale, cerimonia, liturgia □ etichetta, formalità, protocollo ***B*** *agg.* (*lett.*) lustrale. *V. anche* RITO

cerimoniosaménte *avv.* ossequiosamente, rispettosamente, complimentosamente □ affettatamente **CONTR.** spontaneamente, familiarmente, sans façon (*fr.*) □ bruscamente, ingiuriosamente.

cerimoniosità *s. f.* ossequiosità, cineseria (*raro*) □ affettazione **CONTR.** ruvidità □ spontaneità, immediatezza.

cerimonióso *agg.* complimentoso, ossequioso, riguardoso, rispettoso, riverente, gentile, cortese, galante, obbligante □ affettato, manieroso, smanceroso, cortigianesco **CONTR.** brusco, ruvido □ spontaneo, familiare.

cerìno *s. m.* **1** fiammifero, zolfanello, zolfino **2** stoppino.

cernièra *s. f.* **1** (*di porte, di finestre, ecc.*) serratura a incastro, ganghero, bilico, articolazione **2** (*di abito e sim.*) lampo, zip, chiusura **3** (*del compasso*) nocella.

cèrnita *s. f.* scelta, selezione, separazione, spoglio, stralcio, vaglio **CONTR.** mescolanza. *V. anche* SCELTA

certaménte *avv.* indubbiamente, sicuramente, indubitatamente, indiscutibilmente, chiaramente, evidentemente, innegabilmente, incontrastabilmente, incontrovertibilmente, indubitabilmente, inoppugnabilmente, necessariamente, immancabilmente, inevitabilmente, infallibilmente □ decisamente, francamente, naturalmente, realmente □ sì, certo, sicuro, positivo, altroché, eccome, beninteso **CONTR.** per niente, mai, no.

certézza *s. f.* convinzione, convincimento, persuasione, sicurezza, assicurazione □ evidenza, garanzia, infallibilità, incontestabilità, irrefutabilità, irrefragabilità □ verità, certo **CONTR.** incertezza, insicurezza, precarietà, timore □ ambiguità, discutibilità, dubbio, incerto, incognita.

certificàre ***A*** *v. tr.* attestare, affermare, precisare, asserire, dichiarare, assicurare, documentare, accertare, sincerare, chiarire, testimoniare, testificare, garantire, informare ***B*** **certificarsi** *v. rifl.* (*raro*) convincersi, accertarsi, sincerarsi, assicurarsi. *V. anche* CONSTATARE

certificàto *s. m.* attestazione, attestato, fede (*bur.*) □ documento, carta, foglio □ (*di credito*) cartella, titolo □ permesso □ brevetto.

certificazióne *s. f.* ***1*** documenti, documentazione □ attestazione ***2*** (*di documento*) autenticazione.

cèrto ***A*** *agg.* ***1*** (*di notizia, di fatto, ecc.*) indiscutibile, indubbio, provato, immancabile, sicuro, indubitabile, indiscusso, assicurato, inconfutabile, incontestabile, incontrovertibile, ineluttabile, innegabile, incontrastabile, irrefutabile, inequivocabile **CONTR.** discutibile, opinabile, ipotetico, dubitativo, controverso, controvertibile, indeterminato, imprecisato, insicuro ***2*** (*di dato, di elemento, ecc.*) esplicito, manifesto, lampante, palese, sicuro, positivo, vero, inoppugnabile, irrecusabile, irrefragabile, chiaro, evidente, apodittico, visibile, concreto, tangibile, toccabile, reale, assiomatico **CONTR.** oscuro, incerto, dubbio, ambiguo, equivoco, approssimativo, precario ***3*** (*di tempo, di luogo, ecc.*) dato, definito, determinato **CONTR.** indefinito, indeterminato, vago, aleatorio ***4*** (*di persona*) convinto, persuaso, sicuro **CONTR.** incerto, perplesso, irresoluto, indeciso ***B*** *agg. indef.* ***1*** alcuno, taluno, qualche, alquanto ***2*** tale ***3*** non so che ***C*** *pron. indef. al pl.* alcuni, taluni, certuni ***D*** *s. m. sing.* certezza, verità **CONTR.** incerto ***E*** *avv. V.* **certamente**. *V. anche* VERO

certòsa o **certósa** *s. f.* ***1*** (*di Certosini*) monastero, convento, abbazia, chiesa ***2*** (*dial.*) cimitero, camposanto ***3*** stracchino.

certosìno ***A*** *agg.* (*fig.*) (*di vita, di persona*) duro, ritirato, solitario, laborioso, umile, paziente, appartato, faticoso, operoso ***B*** *s. m.* ***1*** monaco ***2*** (*est.*) (*di persona*) eremita, misantropo, anacoreta ***3*** (*di liquore*) chartreuse (*fr.*) ***4*** (*di dolce*) panspeziale, panpepato ***5*** stracchino **FRAS.** *da certosino* (*fig.*), molto paziente. *V. anche* SOLITARIO

cerùleo *agg.* (*lett.*) celeste, cerulo, azzurro, cilestre (*lett.*), cilestrino, ciano (*lett.*), celestino, celestrino, glauco (*lett.*).

cervellìno *s. m.* ***1*** *dim. di* **cervello** ***2*** intelligenza limitata **CONTR.** cervellone ***3*** (*fig.*) svanito, svampito, sciocco **CONTR.** sveglio, equilibrato.

cervèllo *s. m.* ***1*** encefalo (*anat.*), meninge ***2*** (*est.*) testa, capo, cranio ***3*** uomo ***4*** (*est.*) senno, intelletto, intelligenza, comprendonio (*fam., scherz.*), giudizio, ingegno, ingegnosità, pensiero, conoscenza, coscienza, ragione, discernimento, intendimento, raziocinio, saggezza, criterio, buonsenso, assennatezza, avvedutezza, fosforo (*fig., fam.*) **CONTR.** stoltezza, sciocchezza, stupidità, scemenza, insensatezza, asineria ***5*** (*fig.*) (*di organizzazione, di banda e sim.*) mente, capo **FRAS.** *avere il cervello di una gallina, di una formica* (*fig.*), essere poco intelligente □ *dare di volta il cervello* (*fig.*), impazzire □ *cervello elettronico*, elaboratore, computer, personal computer. *V. anche* COSCIENZA, RAGIONE

cervelloticaménte *avv.* bizzarramente, capricciosamente, stranamente □ illogicamente, irragionevolmente **CONTR.** equilibratamente, sensatamente □ razionalmente.

cervellòtico *agg.* ***1*** (*di persona*) bizzarro, strano, stravagante, capriccioso, strambo, strampalato, fantasioso **CONTR.** equilibrato, sensato, ponderato ***2*** (*di pensiero, di discorso, ecc.*) arbitrario, irragionevole, illogico, arzigogolato, contorto, balzano, bislacco, fantastico, immaginario **CONTR.** logico, sensato, ragionevole, chiaro, lineare. *V. anche* IMMAGINARIO

cesellàre *v. tr.* ***1*** (*di metallo*) incidere, sbalzare ***2*** (*est., fig.*) (*di scritto, di opera d'arte e sim.*) rifinire, curare, perfezionare, limare, polire, levigare, miniare (*fig.*) **CONTR.** sbozzare, abborracciare, raffazzonare.

cesellatóre *s. m.* (*f. -trice*) ***1*** incisore, bulinatore, bulinista, scultore ***2*** (*est., fig.*) (*di scrittore, di artista e sim.*) stilista, perfezionista **CONTR.** raffazzonatore, abborracciatore, superficiale.

cesellatùra *s. f.* incisione, sbalzo, bulinatura.

cesèllo *s. m.* ***1*** punzone, bulino, scalpelletto, ciappola, granitoio □ sbalzo ***2*** (*fig.*) miniatura **FRAS.** *lavorare di cesello*, cesellare (*anche fig.*).

cespùglio *s. m.* ***1*** cespo, cespite, cesto (*ant.*), ciuffo □ macchia □ bronco ***2*** (*est., fig.*) (*di capelli*) groviglio.

cespuglióso *agg.* ***1*** (*di terreno*) pieno di cespugli, cespugliato, intricato **CONTR.** brullo, nudo ***2*** (*fig.*) (*di capigliatura*) aggrovigliato, folto, disordinato, avviluppato, intricato **CONTR.** ordinato, liscio, pettinato.

cessàre ***A*** *v. intr.* ***1*** finire, terminare, smettere, concludersi, esaurirsi, annullarsi, interrompersi, morire, perire, trapassare (*raro*) □ (*di vento, di bufera, ecc.*) restare (*lett.*), ristare (*lett.*) □ (*di ira, di entusiasmo, ecc.*) sbollire (*fig.*) **CONTR.** cominciare, avviarsi, iniziare, principiare □ (*di rivolta, di battaglia, ecc.*) divampare □ (*di malattia, di difficoltà, ecc.*) insorgere, scatenarsi (*fig.*), svilupparsi, imperversare ***2*** (*di attività commerciale*) chiudere **CONTR.** aprirsi ***B*** *v. tr.* porre fine, finire, ultimare, sospendere, desistere, compiere, concludere, interrompere, abbandonare, lasciare, tralasciare **CONTR.** cominciare, incominciare, iniziare, accingersi, imprendere (*lett.*).

cessàto *part. pass. di* **cessare**; *anche agg.* finito, terminato, concluso, esaurito, decorso, morto, sospeso, compiuto, interrotto, passato □ (*di debito, di credito, ecc.*) perento (*dir.*), estinto □ (*di ricordo, di odio, ecc.*) spento **CONTR.** iniziato, cominciato, avviato, nato, insorto.

cessazióne *s. f.* interruzione, fine, chiusura, sospensione, conclusione, compimento, ultimazione □ (*di vento, di governo, ecc.*) caduta □ (*di patto, di tregua, ecc.*) rottura □ (*di attività, di lavoro, ecc.*) vacanza **CONTR.** inizio, avvio, nascita, principio, avviamento, attivazione.

cessióne *s. f.* **1** (*lett.*) abbandono, rinuncia **2** (*di diritti, di beni e sim.*) trasferimento, consegna □ ritenuta □ (*di documento, di dichiarazione*) rilascio (*bur.*) **3** vendita. *V. anche* RINUNCIA

cèsso *s. m.* (*pop.*) latrina, ritirata, camerino, gabinetto, bagno, toilette (*fr.*), water (*ingl.*).

césta *s. f.* **1** canestro, paniere, paniera, cesto, cista (*ant.*), sporta, cestello, corbello, gerla, corba, zana (*tosc.*) □ (*per la pesca*) nassa □ (*dei contrabbandieri*) bricolla **2** (*di aerostato*) navicella **3** (*di attore*) corredo di scena.

cestèllo *s. m.* **1** *dim. di* **cesto** **2** paniere, canestro, cestino, corbello, fiscella.

cestinàre *v. tr.* (*di lettere, di documenti e sim.*) gettare, buttare □ non pubblicare, rifiutare **CONTR.** pubblicare, accettare.

cestìno *s. m.* **1** *dim. di* **cesto** **2** panierino, canestrino, corbello, cestello, fiscella □ sacchetto, involucro, borsa, borsina.

césto *s. m.* **1** cesta, paniere, canestro, canestra, corba, corbello, gerla **2** (*sport*) canestro.

cesùra *s. f.* **1** (*di verso*) pausa, spezzatura **2** (*fig.*) pausa, sospensione, posa □ rottura, iato.

cèto *s. m.* **1** classe, casta, ordine, stato, categoria, gruppo sociale **2** (*est.*) condizione, luogo (*fig., lett.*), posizione, rango, estrazione, natali, grado, professione. *V. anche* CATEGORIA

cetràngolo *s. m.* (*bot.*) arancio amaro, melangolo, arancio forte.

chador /*persiano* tʃa'dɔr/ [vc. persiana, propr. 'velo'] *s. m. inv.* (*di donna musulmana*) velo.

chairman /*ingl.* 'tʃɛəmən/ [vc. ingl., comp. di *chair* 'sedia, cattedra' e *man* 'uomo'] *s. m. inv.* presidente, capo (*est.*), boss (*gerg.*).

chaise-longue /*fr.* ʃɛz 'lɔ̃g/ [vc. fr., propriamente 'sedia lunga', da *chaise* 'sedia' e *longue* 'lungo'] *s. f. inv.* sedia a sdraio, sdraio, sdraia.

chalet /*fr.* ʃa'lɛ/ [vc. fr., dal preindeur. *cala* 'rientranza, riparo'] *s. m. inv.* **1** villetta, villino, villa **2** edicola, chiosco, padiglione.

champagne /*fr.* ʃã'paɲ/ [fr., dalla regione fr. della *Champagne*, dove viene prodotto] **A** *s. m. inv.* (*gener.*) spumante **B** *in funzione di agg. inv.* (*posposto a un s.*) (*di colore*) biondo spento.

champignon /*fr.* ʃãpi'ɲɔ̃/ [vc. fr., propr. 'fungo', dal fr. ant. *champignuel* 'prodotto della campagna'] *s. m. inv.* prataiolo, fungo bianco, fungo coltivato.

chance /*fr.* ʃãs/ [vc. fr., dal lat. *cadĕntia*, part. pres. nt. pl. di *cădere* 'cadere' (in questo caso 'caduta dei dadi')] *s. f. inv.* **1** probabilità, possibilità, opportunità **2** (*est.*) doti, qualità, numeri **3** (*est.*) occasione, fortuna, sorte, caso, alea. *V. anche* FORTUNA

charmant /*fr.* ʃar'mã/ [vc. fr., da *charme* 'grazia, fascino'] *agg. inv.* carino, grazioso, affascinante, incantevole.

charme /*fr.* ʃarm/ [vc. fr., dal lat. *carme(n)* 'carme, incantesimo'] *s. m. inv.* grazia, fascino, attrattiva, seduzione, avvenenza, amabilità, garbo, vaghezza, incanto, incantesimo, glamour (*ingl.*), sex appeal (*ingl.*) **CONTR.** goffaggine, bruttezza, sgraziataggine, ineleganza, sgarbataggine, sgarbatezza. *V. anche* INCANTESIMO

charter /*ingl.* 'tʃa:tə/ [vc. ingl., propriamente 'statuto, carta'] **A** *s. m. inv.* **1** (*mar.*) nolo, noleggio **2** aereo non di linea **B** *agg.* non di linea.

châssis /*fr.* ʃa'si/ [vc. fr., da *châsse* 'cassa'] *s. m. inv.* **1** (*di autoveicolo*) autotelaio, telaio, struttura **2** (*di pellicola*) custodia.

chauffeur /*fr.* ʃo'fœr/ [vc. fr., propriamente 'che alimenta il fuoco', poi 'fochista di una macchina a vapore' e 'autista': deriv. di *chauffer* 'riscaldare'] *s. m. inv.* (*raro*) autista, conducente.

ché (1) **A** *pron. rel. m.* e *f. inv.* **1** il quale, la quale, i quali, le quali **2** (*fam.*) in cui **3** la qual cosa **B** *pron. interr. ed escl. solo sing.* quale cosa, quali cose **C** *agg. interr. m.* e *f. inv.* quale, quali **D** *pron. indef. m. solo sing.* qualche cosa **FRAS.** *un gran che*, una grande cosa, una persona molto importante □ *ogni minimo che*, la più piccola cosa □ *non c'è di che*, prego, si figuri.

ché (2) *cong.* perché, poiché, perciocché, affinché, giacché.

cheap /*ingl.* tʃi:p/ *agg. inv.* **1** di poco valore, inferiore **CONTR.** caro, superiore **2** meschino, gretto, piccolo **CONTR.** di classe, aperto, intelligente.

check-up /*ingl.* 'tʃek ʌp/ [vc. ingl., lett. 'controllo'] *s. m. inv.* controllo, esame, esame di controllo.

chef /*fr.* ʃɛf/ [vc. fr., 'capo'] *s. m. inv.* capocuoco, maître (*fr.*).

chèla *s. f. spec. al pl.* (*di animale*) pinza, tenaglia, forbice.

chèque /*fr.* ʃɛk/ [vc. fr., dall'ingl. *check*, dal v. *to check* 'controllare'] *s. m. inv.* assegno.

cherry-brandy /*ingl.* 'tʃeri 'brændi/ [vc. ingl., comp. di *cherry* 'ciliegia' e *brandy* 'acquavite'] *s. m. inv.* acquavite di ciliegie, cerasella.

chetichèlla *vc.; solo nella loc. avv. alla chetichella*, di nascosto, nascostamente, celatamente, furtivamente, silenziosamente, di soppiatto, quatto quatto, segretamente, tacitamente, di straforo, in sordina, sotto sotto **CONTR.** apertamente, chiaramente, scopertamente, ostentatamente, palesemente, francamente, evidentemente.

chewing-gum /*ingl.* 'tʃu:in gʌm/ [vc. amer., 'gomma (*gum*) da masticare (*chewing*)'] *s. m. inv.* gomma americana, gomma, cicca (*dial.*), bubble-gum (*ingl.*).

chi **A** *pron. rel. m.* e *f. sing.* **1** colui il quale, colei la quale **2** uno che, qualcuno che **3** se qualcuno **4** chiunque **B** *pron. indef. correl.* l'uno, l'altro, alcuni, altri **C** *pron. interr. m.* e *f.* quale persona, quali persone.

chiàcchiera *s. f.* **1** (*spec. al pl.*) discorso, conversazione **2** (*est.*) ciancia, ciarla, ciacola (*sett.*) □ diceria, pettegolezzo, favola, rumore (*fig.*), voce, bisbiglio **3** ciarlata, cicalata, vaniloquio, sproloquio, blateramento, cicaleccio, vociare **4** loquacità, parlantina, scilinguagnolo, verbosità, garrulità, logorrea, prolissità, lungaggine **CONTR.** laconicità, mutismo, concisione ***5*** (*al pl.*) (*di dolci*) chiacchiere di suora (*pop.*), meringa, spumiglia □ (*Emilia*) frappa, cencio (*Toscana*), crostolo (*Trentino*), galano (*Veneto*), bugia (*Piemonte*) **FRAS.** *fare due* o *quattro chiacchiere* (*fig., fam.*), parlare del più e del meno □ *a chiacchiere*, a parole.

chiacchieràre *v. intr.* ***1*** discorrere, parlare, conversare, colloquiare, dialogare, comunicare, discutere, confabulare, ragionare **CONTR.** tacere ***2*** cianciare, ciarlare, ciacolare (*ven.*), cicalare, cinguettare □ parlottare □ novellare (*lett.*) ***3*** malignare, spettegolare, pettegolare, sparlare, mormorare, criticare, spiattellare, spifferare, ridire, snocciolare, strombazzare, riferire, rivelare, cantare (*fig.*), fare la spia **CONTR.** tacere, ammutolire. *V. anche* PARLARE

chiacchieràta *s. f.* ***1*** conversazione, dialogo, discorso ***2*** sproloquio, lungagnata, tiritera, cicalata, ciacolata (*sett.*), ciarlata, parlata (*pop.*), filastrocca, cantilena.

chiacchiericcio *s. m.* ***1*** chiacchierio, cicaleccio, brusio, cicalio, bisbiglìo, mormorio, vocio, ronzio, parlottio **CONTR.** silenzio ***2*** pettegolezzo, pettegolio, chiacchiere, maldicenza, inciucio (*dial.*).

chiacchierino *agg.*; *anche s. m.* ciarliero, loquace, chiacchierone, verboso, garrulo **CONTR.** silenzioso, taciturno, chiuso, laconico.

chiacchierìo *s. m.* chiacchiericcio, cicaleccio, cinguettio, ciangottio, passeraio, brusio, parlottio, bisbiglìo, mormorio, vocio, cicalio, ronzio **CONTR.** silenzio.

chiacchieróne *s. m.*; *anche agg.* ***1*** ciarliero, garrulo, chiacchierino, loquace, verboso, parolaio, parlatore, prolisso, logorroico, concionatore, conversatore, attaccabottoni (*fam.*), battola (*fig., raro*), cicala, farabolone, parabolone **CONTR.** silenzioso, taciturno, zitto, chiuso, laconico ***2*** pettegolo, linguacciuto, maldicente, ciarlone, sparlatore, propalatore, chiassone, comare, cornacchia, gazzetta, gazzettino **CONTR.** riservato, abbottonato (*pop.*), discreto.

chiamàre ***A*** *v. tr.* ***1*** (*anche fig.*) interpellare, nominare, far venire, convocare, invitare, indurre, attirare □ gridare □ suonare □ telefonare □ svegliare, destare ***2*** (*di soldati, di alunni, ecc.*) radunare, adunare, raccogliere **CONTR.** congedare, licenziare ***3*** (*di nome, di soprannome*) nominare, mettere nome, battezzare, soprannominare, denominare, appellare (*lett.*), nomare (*lett.*) □ definire, qualificare, contraddistinguere ***4*** (*ad una carica*) designare, nominare, destinare, assumere, eleggere **CONTR.** bandire, cacciare □ sostituire ***5*** (*di aiuto, di soccorso e sim.*) chiedere, invocare, sollecitare, richiedere **CONTR.** dare, prestare ***6*** (*di spirito, di anime e sim.*) evocare ***7*** (*dir.*) citare, convenire (*dir.*) ***8*** (*anche fig.*) trarre a sé, attirare ***B*** **chiamarsi** *v. intr. pron.* avere per nome, avere per cognome, denominarsi, nomarsi (*lett.*), soprannominarsi ***C*** *v. rifl.* (*lett.*) dichiararsi, riconoscersi **FRAS.** *chiamare le cose con il loro nome* (*fig.*), parlare francamente.

chiamàta *s. f.* ***1*** chiama, appello □ convocazione □ richiesta, ordine, invito, bando, richiamo, mobilitazione □ (*mil.*) allarme ***2*** (*est.*) (*al sacerdozio e sim.*) ispirazione, vocazione, attitudine, elezione, designazione ***3*** (*di scritto*) richiamo, nota, segno, indicazione ***4*** (*teat.*) applauso ***5*** (*di impiego, di lavoro*) assunzione ***6*** (*a una carica, a un ufficio*) nomina **CONTR.** cacciata ***7*** telefonata.

chiamàto *part. pass. di* **chiamare**; *anche agg.* ***1*** convocato, fatto venire, invitato, attirato □ svegliato, destato ***2*** (*di soldati, di alunni, ecc.*) riunito, adunato, raccolto **CONTR.** congedato ***3*** (*di nome*) detto, cosiddetto, nominato, soprannominato, denominato □ qualificato □ (*di libro, di quadro, ecc.*) intitolato ***4*** (*ad una carica*) designato, nominato, eletto **CONTR.** scacciato ***5*** (*di aiuto e sim.*) invocato, sollecitato, richiesto **CONTR.** dato, prestato ***6*** (*di anime, di spirito*) evocato ***7*** (*dir.*) citato.

chiàppa *s. f. spec. al pl.* (*pop.*) natica.

chiapparèllo o **chiapperèllo** *s. m.* (*tosc.*) (*di discorso*) inganno, trabocchetto, artifizio, raggiro, truffa, frode, abbindolamento, imbroglio.

chiàra *s. f.* (*pop.*) (*di uovo*) albume, bianco.

chiaraménte *avv.* ***1*** con chiarezza, comprensibilmente, limpidamente, lucidamente, nitidamente, incisivamente, distintamente, intelligibilmente, inconfondibilmente, indubbiamente, inequivocabilmente, perspicuamente, pienamente, nettamente **CONTR.** oscuramente, celatamente, copertamente, imperscrutabilmente, inintelligibilmente ***2*** esplicitamente, schiettamente, francamente, apertamente, liberamente, dichiaratamente, espressamente **CONTR.** velatamente, ambiguamente, enigmaticamente, equivocamente, metaforicamente, simbolicamente ***3*** evidentemente, palesemente, manifestamente, patentemente ***4*** certo, certamente, senz'altro **CONTR.** forse □ no, niente affatto.

chiarézza *s. f.* ***1*** limpidezza, luminosità, splendore, trasparenza, nitidezza, nitore, chiarità, lucentezza, lindura □ bianchezza, diafanità, traslucidità □ (*di cielo*) serenità **CONTR.** oscurità, buio, cupezza ***2*** (*fig.*) (*di discorso, di comportamento, ecc.*) comprensibilità, semplicità, evidenza, icasticità, leggibilità, linearità, lucidità, intelligenza, intelligibilità, perspicuità, sincerità, facilità, nettezza **CONTR.** oscurità, incomprensibilità, ambiguità, tortuosità, cavillosità, macchinosità, confusione, astruseria, bizantinismo, ermetismo, fumosità, nebulosità.

chiarificàre *v. tr.* ***1*** (*di liquido*) schiarire, purificare, depurare, epurare (*raro*), distillare **CONTR.** intorbidare, inquinare ***2*** (*fig.*) (*di pensiero, di parole, ecc.*) chiarire, spiegare, delucidare, illustrare □ appurare, accertare, verificare □ risolvere **CONTR.** nascondere, confondere.

chiarificatóre *agg.* esplicativo, dichiarativo, interpretativo, illustrativo, illuminante □ risolutore.

chiarificazióne *s. f.* ***1*** (*di liquido*) distillazione, purificazione, depurazione, epurazione (*raro*) **CONTR.** intorbidamento, inquinamento ***2*** (*fig.*) (*di discorso, di fatto, ecc.*) chiarimento, spiegazione, semplificazione, precisazione, delucidazione, illustrazione, descrizione, determinazione, nota.

chiariménto *s. m.* spiegazione, chiarificazione, precisazione, rettifica, delucidazione, lume (*fig.*), esplicazione, soluzione, semplificazione, illustrazione, commento, nota, interpretazione. *V. anche* INTERPRETAZIONE, RAGIONE

chiarire ***A*** *v. tr.* ***1*** (*di liquido*) rendere chiaro, rendere limpido, distillare, purificare, chiarificare, depurare, rischiarare **CONTR.** intorbidare, inquinare ***2*** (*fig.*) (*di discorso, di fatto, ecc.*) delucidare, spiegare, precisare, chiarificare, definire, commentare, chiosare, determinare, documentare, esemplificare, semplificare, snebbiare (*raro*), parafrasare, illuminare, lumeggiare, illustrare, specificare, rettificare, volgarizzare □ (*di questione, di problema*) enucleare, sciogliere, dipanare (*fig.*), districare, sgrovigliare, sgarbugliare **CONTR.** confondere, complicare, oscurare, adombrare, imbrogliare, ingarbugliare ***3*** (*di verità, di motivo, ecc.*) appurare, risolvere, accertare, dimostrare, verificare, stabilire, cercare, definire, constatare, provare, certificare **CONTR.** nascondere, coprire, confondere ***B*** *v. intr.* e **chiarirsi** *intr. pron.* ***1*** (*di tempo, di aria e sim.*) schiarire, rasserenarsi **CONTR.** oscurarsi, offuscarsi, annebbiarsi, incupirsi, rabbuiarsi ***2*** (*di situazione*) appianarsi, semplificarsi **CONTR.** complicarsi, ingarbugliarsi, arruffarsi, imbrogliarsi ***C*** *v. rifl.* accertarsi, assicurarsi, convincersi. *V. anche* CONSTATARE, SCIOGLIERE

chiarissimo *agg.* (*di persona*) illustrissimo, nobilissimo, eccellente, eminente, esimio, egregio, preclaro (*lett.*).

chiarito *part. pass. di* **chiarire**; *anche agg.* ***1*** spiegato, precisato, definito, illustrato, lumeggiato, rettificato, parafrasato **CONTR.** inesplicato, insoluto ***2*** (*di verità, di motivo, ecc.*) appurato, risolto, accertato, constatato, definito **CONTR.** nascosto, confuso.

chiàro ***A*** *agg.* ***1*** (*di aria, di cielo, ecc.*) luminoso, lucente, illuminato, splendente, limpido, sereno, terso, nitido, puro, perlaceo **CONTR.** scuro, oscuro, offuscato, fosco, buio, annuvolato, nuvoloso, nebbioso, brumoso, livido, plumbeo ***2*** (*di colore*) pallido, tenue, leggero, scialbo, delicato, diafano, smorzato, spento □ bianco **CONTR.** scuro, cupo, intenso, carico, vivace ***3*** (*di acqua, di liquido, ecc.*) limpido, trasparente, cristallino **CONTR.** torbido, fangoso, limoso, limaccioso, melmoso, inquinato ***4*** (*fig.*) (*di comportamento, di persona, ecc.*) onesto, sincero, schietto, franco, leale, aperto □ (*di discorso, di ordine, ecc.*) esplicito, manifesto, palese, indubitabile, inequivocabile, lampante, lucido, piano, dichiarato, espresso, formale, preciso, irrevocabile, indiscutibile □ (*di verità, ecc.*) nudo □ (*di commozione, di gioia, ecc.*) visibile **CONTR.** falso, ambiguo, losco, menzognero, ipocrita, dubbioso □ velato, sottinteso ***5*** (*fig.*) (*di suono*) squillante, argentino, terso, penetrante, distinto, sonoro **CONTR.** roco, rauco, fioco, cupo, cavernoso, sepolcrale ***6*** (*fig.*) (*di intonazione, di tono*) netto, deciso, perentorio, risoluto, duro **CONTR.** esitante, timoroso ***7*** (*fig.*) (*di linguaggio, di ragionamento, ecc.*) comprensibile, evidente, intelligibile, afferrabile, facile, semplice, elementare, lapalissiano, lineare, logico, nitido, indubbio, perspicuo, percettibile, capibile, accessibile, apodittico, aritmetico (*fig.*), cartesiano **CONTR.** incomprensibile, inintelligibile, oscuro, confuso, contorto, difficile, inafferrabile, indecifrabile, ingarbugliato, sconclusionato, intricato, enigmatico, involuto, cifrato, macchinoso ***8*** (*di dato, di elemento, ecc.*) certo, conclamato, patente, tangibile, palpabile □ (*di segno, di aumento, ecc.*) sensibile **CONTR.** incerto, dubbio, opinabile, discutibile ***9*** (*di persona*) illustre, insigne, esimio, egregio, celebre, famoso, rinomato, emerito, inclito (*lett.*) **CONTR.** oscuro, sconosciuto ***B*** *s. m.* ***1*** (*di lanterna, di luna, ecc.*) chiarezza, luminosità, lume, chiarore, luce **CONTR.** buio, oscurità ***2*** (*di disegno*) lumeggiatura ***C*** *in funzione di avv.* apertamente, francamente, sinceramente, lealmente, schiettamente, onestamente **CONTR.** oscuramente, confusamente, tortuosamente, involutamente **FRAS.** *giorno chiaro*, mattino avanzato □ *chiaro e tondo* (*fig.*), netto, deciso; francamente, apertamente, decisamente □ *mettere in chiaro* (*fig.*), chiarire □ *non vederci chiaro* (*fig.*), notare qualcosa di losco □ *cantarla chiara* (*fig.*), parlare senza peli sulla lingua. *V. anche* BIANCO, TRASPARENTE

chiaróre *s. m.* luce, bagliore, albore, crepuscolo, barlume, barbaglio, lume, albeggiamento, chiaria (*poet.*), luccicore, luminosità, limpidezza, splendore, fulgore, lucentezza, sfolgorio, fosforescenza, biancore **CONTR.** buio, tenebra, oscurità, scuro, opacità, caligine, offuscamento, tenebrosità.

chiaroscùro *s. m.* (*anche fig.*) alternanza, contrasto, mezzatinta, sfumato.

chiaroveggènte *agg.*; *anche s. m. e f.* indovino, veggente, divinatore, profetico, profeta, mago, pronosticatore, astrologo, chiromante, vate, vaticinatore.

chiaroveggènza *s. f.* ***1*** veggenza, preveggenza, divinazione, prescienza, astrologia, chiromanzia, antiveggenza, anticonoscenza ***2*** (*est.*) perspicacia, sagacità, intuizione, presentimento, acutezza, acume, intuito, sottigliezza **CONTR.** ottusità, tardezza, cecità, torpidità.

chiassàta *s. f.* ***1*** strepito, rumore, bordello (*fig.*), casino (*pop.*), strepitio, vocio, gridio, urlio, clamore, cagnara (*fig., fam.*), gazzarra, bailamme, baraonda, schiamazzo, cancan, canea, canizza, finimondo, pandemonio, putiferio, scompiglio, subbuglio **CONTR.** calma, tranquillità, quiete ***2*** lite, litigata, scenata, piazzata, alterco □ rabbuffo.

chiàsso *s. m.* ***1*** rumore, fracasso, frastuono, clamore, tumulto, strepito, strepitio, clangore (*lett.*), fragore, stridore, rombo, rimbombo, tuono, trambusto, tramestio, trapestio **CONTR.** silenzio, pace ***2*** (*est.*) schiamazzo, vocio, gridio, baccano, pollaio (*fig.*), cagnara (*fam.*), baraonda, confusione, gazzarra, bailamme, sarabanda, cancan, carnevale, buriana (*fig., pop.*), buscherio (*fam.*), ruzzo, scompiglio, pandemonio, finimondo □ scenata, piazzata, putiferio, casino (*fig., pop.*) **CONTR.** quiete ***3*** (*est.*) clamore, scalpore, pubblicità, fama, successo, spicco, curiosità, interesse **CONTR.** indifferenza.

CHIASSO
sinonimia strutturata

Il termine di significato più ampio e generico, ricorrente nelle definizioni di tutte le altre parole di questo ambito semantico, è **rumore**, cioè un fenomeno acustico, un suono per lo più irregolare, non musicale, che può essere sgradevole o fastidioso: *rumore leggero, impercettibile, secco, sordo, assordante, martellante, ossessivo*; *fare rumore*; *rumore di passi, della strada, della pioggia, del mare, del vento, di un motore, di voci*; *rumore di fondo*.

I vocaboli che seguono sono accomunati dall'essere più specifici di rumore e dall'avere, in generale, un significato più forte. Il **chiasso** è un rumore molto intenso, prodotto da cose o persone: *all'improvviso ho sentito un chiasso tremendo*; il termine si usa spesso in riferimento alla rumorosità allegra e vivace dei bambini che giocano: *i bambini stanno facendo chiasso in giardino*. **Tumulto** si riferisce invece ad un forte rumore provocato da molte persone che si agitano, che gridano, che protestano: *il tumulto della folla*; il termine si usa anche con il significato di intenso rumore prodotto da cose: *il tumulto del fiume in piena*.

Così il **trambusto** è una confusione, un'agitazione piena di rumore, caotica: *tutta quella gente faceva un gran trambusto*. Il **baccano** è propriamente un rumore molto forte di gente che parla a voce alta o grida: *un baccano infernale*. **Fracasso** indica un rumore molto forte, soprattutto di qualcosa che si rompe, che va in pezzi: *si è sentito un fracasso di vetri rotti*.

Lo **strepito** è un insieme confuso di rumori, voci, urla, versi: *uno strepito di voci, di catene*; *lo strepito degli animali*; lo **strepitio** è uno strepito continuato. **Frastuono** significa rumore molto forte, assordante di vari suoni disordinati: *un frastuono di persone che urlano*. Il **fragore** è un rumore particolarmente forte, anche violento: *il fragore di una cascata, degli applausi*. **Rombo** indica un rumore grave, sordo, cupo, che si avverte anche da lontano: *il rombo degli aerei, dei cannoni, dei tuoni*. Lo **stridore**, infine, è il rumore causato da una cosa che stride, cioè che emette un suono acuto e sgradevole: *lo stridore dei cardini della porta*; *lo stridore della carrucola, delle ruote*.

chiassóne *agg.*; *anche s. m.* chiacchierone, estroverso, burlone, allegrone, ridanciano, mattacchione, giovialone, piacevolone □ schiamazzatore, fracassone, piazzaiolo (*spreg.*) **CONTR.** taciturno, musone □ introverso.

chiassosaménte *avv.* ***1*** rumorosamente, clamorosamente, fragorosamente **CONTR.** silenziosamente, tacitamente, chetamente ***2*** (*est.*) (*di vestire e sim.*) vistosamente, sfarzosamente, in modo sgargiante **CONTR.** modestamente.

chiassóso *agg.* ***1*** clamoroso, rumoroso, fragoroso, tonante, rintronante, rimbombante, fracassone, rumoreggiante, sonoro, strepitante, strillante, urlante, babelico, movimentato **CONTR.** silenzioso, silente, tacito, raccolto ***2*** (*est.*) (*di abito, di colore, ecc.*) sgargiante, vistoso, sfacciato, sguaiato, appariscente, eclatante, pimpante (*fam.*) **CONTR.** delicato, modesto.

chiàtta *s. f.* zattera, zatterone, barcone, pontone, bettolina, maona. *V. anche* NAVE

chiavàre *v. tr.* ***1*** (*di porta e sim.*) chiudere, inchiavare, inchiodare, serrare **CONTR.** aprire, disserrare ***2*** (*volg.*) possedere sessualmente, fottere (*volg.*), scopare (*volg.*) ***3*** (*volg., fig.*) imbrogliare, ingannare □ danneggiare, rovinare.

chiavàta *s. f.* ***1*** (*volg.*) coito, amplesso, scopata (*volg.*) ***2*** (*volg., fig.*) imbroglio, truffa, fregata (*volg.*) □ danno, rovina.

chiàve ***A*** *s. f.* ***1*** (*fig.*) (*di vicenda, di problema, ecc.*) perno, fulcro, cardine, chiave di volta, centro □ mezzo per risolvere, soluzione, spiegazione ***2*** (*fig.*) (*di luogo, di città, ecc.*) punto strategico ***3*** (*fig.*) tono, carattere, aspetto, angolazione ***4*** (*di messaggio e sim.*) cifra, codice ***B*** *in funzione di agg. inv.* (*posposto a un s.*) risolutivo, decisivo, determinante, importante **CONTR.** insignificante, nullo **FRAS.** *sotto chiave* (*fig.*), ben custodito, prigioniero □ *avere le chiavi di qualcosa* (*fig.*), avere in mano la situazione □ *avere le chiavi del cuore di uno* (*fig.*), dominare la volontà e i sentimenti di uno □ *chiave di volta* (*fig.*), elemento fondamentale □ *in chiave politica* (*fig.*), sotto l'aspetto politico.

chiàvica *s. f.* ***1*** fogna, cloaca, canale ***2*** paratoia, saracinesca, cateratta, chiusa, tombino, caditoia, compluvio, acquaio (*pop.*).

chiavistèllo *s. m.* catenaccio, paletto, chiavaccio, catorcio, saliscendi, serratura.

chiàzza *s. f.* ***1*** (*di pelle*) macchia □ (*sul manto di animale*) pezza, pezzatura ***2*** (*est.*) patacca, pillacchera, frittella, imbratto, padella, gora ***3*** (*astron.*) facola.

chiazzàre *v. tr.* ***1*** macchiare, macchiettare, screziare ***2*** (*est.*) impataccare, imbrattare, insudiciare, sporcare, lordare, insozzare, impillaccherare, impiastricciare **CONTR.** pulire, smacchiare, nettare, lavare.

chiazzàto *part. pass. di* **chiazzare**; *anche agg.* ***1*** macchiato, screziato □ (*di manto di animale*) pezzato, vaio, maculato (*lett.*) ***2*** (*est.*) impataccato, imbrattato, sporco, insozzato, lordo **CONTR.** pulito, netto, lavato.

chic /*fr.* ʃik/ ***A*** *agg. inv.* fine, elegante, raffinato, distinto, squisito, bene, snob (*ingl.*) **CONTR.** volgare, rozzo, comune, dozzinale, grossolano, ordinario ***B*** *s. m. inv.* raffinatezza, eleganza, distinzione **CONTR.** rozzezza, volgarità, grossolanità.

chìcca *s. f.* ***1*** (*inft., fam.*) confetto, caramella, pasticcino, zuccherino, pasticca, cioccolatino, dolcino, biscotto, dolciume, bonbon (*fr.*) ***2*** (*fig.*) preziosità, rarità, squisitezza, raffinatezza **CONTR.** porcheria, schifezza, bruttura, pacchianata.

chicchessìa *pron. indef. m.* e *f. solo sing.* ***1*** chiunque, qualunque, qualsivoglia persona ***2*** (*in frasi negative*) nessuno, veruno, alcuno.

chìcco *s. m.* ***1*** (*di caffè, di grandine, ecc.*) seme, granello, grano *2* (*di uva*) acino.

chièdere ***A*** *v. tr.* ***1*** domandare, richiedere, pregare, esigere, comandare, imporre, pretendere, rivendicare □ informarsi, interrogare **CONTR.** dare, offrire □ rispondere ***2*** (*di pace, di tranquillità e sim.*) desiderare, ricercare, sollecitare, invocare, implorare, supplicare, raccomandarsi ***3*** (*ass.*) elemosinare, mendicare, pitoccare, postulare ***B*** *v. intr.* (*fam.*) chiamare, volere, cercare **FRAS.** *chiedere scusa*, scusarsi □ *chiedere la mano di una donna* (*fig.*), chiederla in moglie. *V. anche* VOLERE

chièrica o **chièrica** *s. f.* tonsura.

chièrico o **chièrico** *s. m.* ***1*** sacerdote, prete, seminarista, ostiario, accolito, ecclesiastico **CONTR.** laico ***2*** (*est.*) sagrestano ***3*** (*lett.*) dotto, letterato.

chièsa *s. f.* ***1*** (*di credenti, di fedeli*) società, comunità ***2*** (*per anton.*) Chiesa cattolica ***3*** (*est.*) tempio, basilica, cattedrale, duomo, abbazia, certosa, collegiata, oratorio, cappella, santuario ***4*** parrocchia, pieve ***5*** (*fig., spreg.*) conventicola.

chièsto *part. pass. di* **chiedere**; *anche agg.* domandato, richiesto, sollecitato, invocato, elemosinato, preteso, comandato **CONTR.** dato, offerto.

chiesuòla *s. f.* ***1*** cappella, chiesetta, chiesina ***2*** (*fig., spreg.*) conventicola, congrega, consorteria, accolta, clan ***3*** (*di bussola magnetica*) abitacolo.

chìfel [ted. *Kipfel*, propriamente 'cornetto'] *s. m.* panino, croissant (*fr.*), cornetto.

chìglia *s. f.* carena □ (*est.*) fondo.

chignon /*fr.* ʃiˈɲɔ̃/ [vc. fr., in origine 'nuca'] *s. m. inv.* (*di capelli*) crocchia, nodo.

chimèra [dal n. del favoloso mostro con corpo e testa di leone e seconda testa di capra] *s. f.* (*fig.*) fantasticheria, illusione, utopia, speranza, sogno, fantasticaggine (*raro*), lusinga, miraggio, inganno, immaginazione **CONTR.** realtà, verità. *V. anche* SPERANZA

chimericaménte *avv.* utopisticamente, illusoriamente, fantasticamente **CONTR.** realmente, realisticamente.

chimèrico *agg.* (*fig.*) stravagante, fantastico, illusorio, utopico, immaginifico, apparente, ingannevole, favoloso, fallace, ingannatore, fantomatico, irreale, utopistico **CONTR.** vero, reale, realistico, certo, positivo, concreto.

chìna *s. f.* pendice, declivio, pendio, scesa, discesa, scoscendimento, calata, clivio **CONTR.** salita, erta **FRAS.** *prendere una brutta china* (*fig.*), prendere una strada pericolosa, volgersi al male.

chinàre ***A*** *v. tr.* piegare, curvare, reclinare, declinare (*lett.*), abbassare, inclinare, inchinare, rovesciare **CONTR.** alzare, sollevare, rialzare, ergere ***B*** **chinarsi** *v. rifl.* ***1*** piegarsi, curvarsi, abbassarsi, inclinarsi, inchinarsi **CONTR.** alzarsi, sollevarsi, drizzarsi, rialzarsi, rizzarsi, ergersi ***2*** (*fig.*) (*di persona*) sottomettersi, rassegnarsi, umiliarsi, accettare, obbedire, ossequiare **CONTR.** ribellarsi, rivoltarsi **FRAS.** *chinare il capo, chinare la schiena* (*fig.*), sottomettersi.

chinàto *part. pass. di* **chinare**; *anche agg.* ***1*** chino, piegato, curvato, reclinato, inclinato, abbassato, quatto **CONTR.** alzato, sollevato, rialzato ***2*** (*fig.*) (*di persona*) sottomesso, rassegnato, umiliato, obbediente **CONTR.** ribelle.

chincaglierìa *s. f.* (*spec. al pl.*) cianfrusaglie, minuzie, minuteria, minutaglia, ninnoli, carabattole, bric-à-brac (*fr.*).

chìno *agg.* chinato, piegato, ripiegato, reclinato, abbassato, curvo, ricurvo □ prosternato, prostrato, prono (*lett.*) **CONTR.** alto, ritto, alzato.

chiòcciola *s. f.* ***1*** (*est.*) lumaca ***2*** (*tecnol.*) madrevite ***3*** (*mus.*) (*di violino*) riccio, voluta ***4*** caracollo ***5*** (*anat.*) coclea **FRAS.** *a chiocciola*, a vite, a spirale, elicoidale.

chioccolàre *v. intr.* ***1*** (*di uccelli*) fischiare, chiurlare, squittire, ciangottare, crocchiare (*raro*) ***2*** (*di richiamo*) pispolare ***3*** (*est.*) (*di acqua*) gorgogliare.

chiòdo *s. m.* ***1*** brocca, bolletta **CFR.** borchia ***2*** (*pop.*) fitta, dolore, trafitta, trafittura, nevralgia ***3*** (*fig.*) idea fissa, ossessione, assillo, fissazione, mania, incubo, pallino (*pop.*), tormento, pungolo ***4*** (*fig., fam.*) debito ***5*** (*fig.*) (*di persona*) stuzzicadenti (*fig.*), stecco, stecchino (*fig.*), stoccafisso (*fig.*), baccalà (*fig.*), acciuga (*fig.*) ***6*** (*gerg.*) giubbotto **FRAS.** *roba da chiodi* (*fig.*), cose incredibili, assurdità, porcheria □ *battere sullo stesso chiodo* (*fig.*), insistere sullo stesso argomento.

chiòma *s. f.* ***1*** (*di persona*) capigliatura, zazzera, capellatura (*lett.*), capelliera (*lett.*), vello (*poet.*) **CONTR.** calvizie, pelata (*pop.*) ***2*** (*est.*) (*di animale*) criniera, crine ***3*** (*fig.*) (*di albero*) fronde, rami, foglie, rama (*tosc.*) ***4*** (*di cometa*) alone, corona, scia, coda.

chiomàto *agg.* ***1*** (*di persona*) capelluto, capellone, zazzeruto **CONTR.** calvo, pelato (*pop.*) ***2*** (*di animale*) crinito ***3*** (*di albero*) frondoso, fronzuto, frondeggiante.

chiòsa *s. f.* glossa, postilla, nota, annotazione, spiegazione, chiarimento, commento, illustrazione, interpretazione, scolio. *V. anche* INTERPRETAZIONE

chiosàre *v. tr.* ***1*** postillare, annotare, glossare ***2*** (*est., lett.*) commentare, spiegare, chiarire, esporre.

chiòsco *s. m.* ***1*** (*di giornalaio, di gelataio, ecc.*) casotto, edicola, padiglione, baracchino ***2*** (*di arbusti, di alberi e sim.*) capanno, pergola, berceau (*fr.*), bersò, pergolato, gazebo (*ingl.*).

chiòstro *s. m.* ***1*** (*di monastero*) cortile ***2*** (*est.*) convento, monastero ***3*** (*fig.*) clausura, cella.

chiòtto *agg.* ***1*** quieto, silenzioso, ritirato, cheto, quatto, taciturno, tacito **CONTR.** rumoroso, agitato, irrequieto, loquace, ciarliero ***2*** sornione, subdolo **CONTR.** franco, aperto.

chip /*ingl.* tʃip/ *s. m. inv.* (*elab.*) microcircuito integrato.

chiromànte *s. m.* e *f.* indovino, veggente, mago, preveggente, chiaroveggente, negromante, sibilla, pitonessa.

chiromanzìa *s. f.* preveggenza, chiaroveggenza, magia, divinazione, negromanzia, chiroscopia.

chirùrgo *s. m.* medico, operatore.

chissà *avv.* ***1*** bah!, mah!, vattelapesca! ***2*** forse, probabilmente, può darsi.

chiù *s. m.* (*zool., tosc., gener.*) assiolo.

chiudènda *s. f.* ***1*** (*di campi e sim.*) recinzione, riparo, siepe, assito, tavolato, steccato, chiostra ***2*** serranda, saracinesca, chiusura, barriera, cateratta.

chiùdere ***A*** *v. tr.* ***1*** (*di apertura, di passaggio, ecc.*) serrare, otturare, occludere, tappare, tamponare, sbarrare, sprangare, chiavare (*ant.*), sigillare, turare, arginare, zaffare, piombare, ostruire, murare, fermare, barrare, barricare, bloccare, stoppare, accecare (*est.*), oppilare (*lett.*) □ (*di vesti*) allacciare **CONTR.** schiudere, dischiudere, aprire, dissigillare, dissuggellare, forare, bucare, sfondare, stappare, sturare □ slacciare ***2*** (*di persona, di cosa*) serrare, accerchiare, asserragliare, stringere, imprigionare, rinserrare, confinare □ calettare **CONTR.** disserrare, liberare ***3*** (*di spazio*) limitare, recingere, cingere, cintare, recintare, racchiudere, rinchiudere, contornare, delimitare, circoscrivere, trincerare, assiepare, circondare **CONTR.** aprire ***4*** (*di ali, di braccia e sim.*) ripiegare **CONTR.** spiegare, divaricare, spalancare ***5*** (*di denaro, di oggetti e sim.*) riporre, nascondere, serrare, inchiavardare ***6*** (*di attività*) sospendere, cessare, finire, disattivare **CONTR.** aprire, iniziare, inaugurare ***7*** (*di scritto, di lavoro, ecc.*) terminare, ultimare, concludere, finire, suggellare **CONTR.** iniziare, cominciare, esordire ***8*** (*di fila, di elenco, ecc.*) essere l'ultimo, essere in coda **CONTR.** aprire, essere il primo, essere in testa ***9*** (*di conto, di debito, ecc.*) saldare, spegnere, estinguere **CONTR.** aprire, accendere, contrarre ***B*** *v. intr.* (*di porta, di sportello e sim.*) combaciare ***C*** **chiudersi** *v. intr. pron.* ***1*** serrarsi, otturarsi, tapparsi, turarsi ***2*** concludersi ***3*** (*di ferite*) rimarginarsi, cicatrizzarsi **CONTR.** riaprirsi ***4*** (*di tempo, di cielo*) oscurarsi, annuvolarsi, incupirsi, rannuvolarsi **CONTR.** rasserenarsi, aprirsi, rischiararsi ***5*** (*di strada, di fiume, ecc.*) incassarsi **CONTR.** allargarsi, aprirsi ***D*** *v. rifl.* ***1*** (*nello scialle, nel cappotto e sim.*) avvolgersi ***2*** (*fig.*) (*in casa, in sé, ecc.*) raccogliersi, rinchiudersi, rinserrarsi, trincerarsi, nascondersi, ritirarsi □ ripiegarsi, abbottonarsi (*fig.*), bloccarsi, inibirsi □ fossilizzarsi (*fig.*) **CONTR.** uscire, aprirsi, esternarsi, esteriorizzarsi **FRAS.** *chiudere un occhio* (*fig.*), lasciar correre □ *non chiudere occhio* (*fig.*), non riuscire a dormire □ *chiudere la bocca a uno* (*fig.*), non permettergli di parlare □ *chiudere la porta in faccia* (*fig.*), scacciare, non aiutare □ *chiudere i giorni* (*fig.*), morire.

chiùnque ***A*** *pron. indef. solo sing.* ***1*** qualunque persona ***2*** chicchessia, chissisia (*lett.*), tutti, ognuno ***B*** *pron. rel. indef. solo sing.* qualunque persona che, chi.

chiùrlo *s. m.* ***1*** (*zool.*) assiolo (*region.*) ***2*** fischione.

chiùsa *s. f.* ***1*** barricata, assito, ostacolo, riparo, recinto, cancellata ***2*** (*di bacino, di canale*) sbarramento, diga, cateratta, diaframma, argine, chiavica □ pescaia ***3*** (*di valle*) restringimento ***4*** (*di componimento, di discorso e sim.*) conclusione, fine, epilogo, clausola, finale, scioglimento, explicit (*lat.*) **CONTR.** inizio, cominciamento, prefazione, preambolo, prologo, proemio, protasi, incipit (*lat.*).

chiusìno *s. m.* ***1*** (*di pozzetto, di botola e sim.*) tombino, caditoia, coperchio ***2*** (*di forno*) chiusura, coperchio, lastra.

chiùso ***A*** *agg.* ***1*** (*di apertura, di passaggio, ecc.*) serrato, suggellato, sbarrato, sprangato, sigillato, otturato, ostruito, tappato, murato, piombato, fermato, legato, barrato, chiavato (*ant.*) □ (*di vicolo, di finestra, ecc.*) cieco □ (*di ferita e sim.*) tamponato, cicatrizzato **CONTR.** aperto, accessibile, scoperto, schiuso, socchiuso ***2*** (*di persona, di cosa*) serrato, accerchiato, asserragliato, stretto, imprigionato, rinserrato, rinchiuso, trincerato **CONTR.** disserrato, liberato ***3*** (*di spazio*) limitato, cinto, recinto, delimitato, circoscritto, circondato, contornato **CONTR.** aperto, spazioso ***4*** (*di ali, di braccia*) ripiegato **CONTR.** aperto ***5*** (*di denaro, di oggetti*) riposto, nascosto ***6*** (*di attività*) finito, disattivato **CONTR.** iniziato, attivato, inaugurato ***7*** (*di luogo*) inaccessibile, impenetrabile, celato, ascoso, nascosto, riparato, claustrale □ (*di strada, di fiume, ecc.*) incassato □ stretto, ristretto **CONTR.** aperto, accessibile, pubblico □ aerato, ventilato, arioso, aprico (*lett.*), ridente ***8*** (*di tempo, di cielo*) coperto, nuvoloso, oscurato, cupo **CONTR.** sereno, chiaro, limpido ***9*** (*fig.*) (*di linguaggio*) incomprensibile, oscuro, sibillino **CONTR.** chiaro, comprensibile ***10*** (*fig.*) (*di temperamento, di persona*) riservato, introverso, inibito, taciturno, ritirato, raccolto, abbottonato (*fig.*), segreto □ sostenuto, scostante, frigido, gretto, asociale □ rigido, dogmatico **CONTR.** estroverso, espansivo, socievole, disinibito, comunicativo, loquace □ comprensivo, sensibile, disponibile □ elastico (*fig.*), versatile ***11*** (*di dicitura*) off (*ingl.*), fuori servizio, guasto **CONTR.** on (*ingl.*), aperto, in funzione ***B*** *s. m.* recinto, chiusura, steccato, stecconata, stalla, tanca (*in Sardegna*) **FRAS.** *a occhi chiusi* (*fig.*), con molta sicurezza; sbadatamente; completamente.

chiusùra *s. f.* ***1*** barriera, sbarramento, blocco, occlusione, ostruzione, otturazione, chiostra (*lett.*), chiuso, serrame □ (*di campi e sim.*) chiudenda □ (*di canale, di serbatoio e sim.*) cateratta □ (*di forno*) chiusino □ (*di buco, di ferite e sim.*) tamponamento **CONTR.** apertura, passaggio ***2*** (*fig.*) (*di discussione, di attività, ecc.*) fine, cessazione, conclusione, termine, compimento, epilogo □ (*di attività, di lavoro, ecc.*) sospensione, vacanza **CONTR.** inizio, principio, apertura, cominciamento, inaugurazione ***3*** (*di porta, ecc.*) serratura □ (*di abito*) allacciatura, abbottonatura, lampo, cerniera ***4*** (*fig.*) (*verso persona o cosa*) preclusione, insensibilità, grettezza □ inibizione □ rigidità, dogmatismo, intransigenza **CONTR.** apertura, comunicativa, espansività, sensibilità, disponibilità □ elasticità, flessibilità □ disinibizione. *V. anche* INIBIZIONE

choc /*fr.* ʃɔk/ [fr., da *choquer* 'urtare'] *s. m. inv. V.* **shock.**

ci ***A*** *pron. pers. atono di prima pers. pl.* ***1*** noi ***2*** a noi ***B*** *in funzione di pron. dimostr.* ***1*** di ciò, in ciò, su ciò, su questo, questa cosa, quella cosa, quelle cose ***2*** (*dial.*) a lui, a lei, a loro ***C*** *avv.* ***1*** qui, lì, là, in questo luogo, in quel luogo ***2*** da questo luogo, da quel luogo, per questo, per quel luogo.

ciabàtta *s. f.* ***1*** pantofola, pianella, babbuccia ***2*** scarpetta, scarpa vecchia ***3*** (*fig.*) (*di cosa*) roba vecchia, roba da nulla ***4*** (*fig.*) (*di persona*) carcassa, rottame, rudere.

ciabattàre *v. intr.* **1** strascicare, acciabattare, scalpicciare, scarpicciare, strascinare **2** (*fig.*) lavoracchiare, abborracciare, acciarpare, raffazzonare.

ciabattìno *s. m.* calzolaio.

ciabattóne *s. m.* **1** (*fam.*) strascicone, ciampicone (*tosc.*) **2** (*fig.*) acciarpone, abborracciatore, improvvisatore, raffazzonatore, ciabattino (*fig.*), ciarlatano **CONTR.** perfezionsta **3** (*fig.*) sciattone, cialtrone, straccione, sciamannato, trascurato **CONTR.** elegantone, damerino, dandy (*ingl.*), snob (*ingl.*).

ciàlda *s. f.* **1** brigidino, wafer (*ingl.*), ostia, capsula, discoide **2** coccarda.

cialtronàggine *s. f. V.* **cialtroneria**.

cialtróne *s. m.* **1** mascalzone, briccone, canaglia, carogna, gaglioffo, manigoldo, sfacciato, villanzone **CONTR.** galantuomo, gentiluomo, gentleman (*ingl.*) **2** pigrone, sfaccendato, ciabattone, trasandato **CONTR.** dinamico □ elegantone, accurato.

cialtroneria *s. f.* **1** mascalzonaggine, bricconaggine, bricconeria, birbanteria, furfanteria, gaglioffaggine **CONTR.** onestà, probità **2** cialtronata, mascalzonata, gaglioffata **3** sciatteria, trascuratezza, sciattaggine, trascurataggine, negligenza, pigrizia **CONTR.** ordine, accuratezza, eleganza, pulizia. *V. anche* PIGRIZIA

ciambèlla *s. f.* **1** buccellato, bracciatella (*region.*), berlingozzo (*tosc.*) **2** salvagente **3** (*di capelli*) cercine.

ciància *s. f.* **1** chiacchiera, ciarla, ciarlata, cicalata, sproloquio, vaniloquio, blateramento, cicaleccio **2** bugia, fandonia, frottola, fanfaluca, diceria, mormorazione, pettegolezzo, maldicenza, invenzione, malignità, calunnia, insinuazione, bagola (*sett.*) **CONTR.** verità. *V. anche* BUGIA

cianciàre *v. intr.* blaterare, chiacchierare, ciarlare, cicalare, straparlare, pettegolare, spettegolare, sparlare, spifferare, spiattellare □ ciangottare, vociare **CONTR.** tacere.

ciancicàre **A** *v. intr.* **1** blaterare, farfugliare, barbugliare, tartagliare, balbutire, cincischiare **2** biascicare, biasciare **3** (*est.*) lavoricchiare, lavorucchiare, lavoracchiare, scarognare **B** *v. tr.* (*dial.*) gualcire, spiegazzare, sgualcire, brancicare, sciupare.

cianfrusàglia *s. f.* chincaglieria, inezia, bazzecola, bagattella, carabattola, ciarpame, cineseria, minuteria, minutaglia, ninnolo, bric-à-brac (*fr.*), paccottiglia, rigatteria.

ciangottàre *v. tr.* **1** balbettare, cianciare, barbugliare, tartagliare, biascicare, parlottare, bisbigliare, farfugliare **2** cianciare, cicalare, ciarlare, blaterare **CONTR.** tacere **3** (*di uccelli*) cinguettare, cantare **4** (*est.*) (*di acqua*) gorgogliare, chioccolare, mormorare. *V. anche* BALBETTARE

ciangottìo *s. m.* **1** balbettio, balbettamento, barbugliamento, tartagliamento, biascicamento **2** parlottio, chiacchierio **3** (*di uccelli*) cinguettio, pigolio **4** (*di acqua*) gorgoglìo, chioccolio, mormorio.

cianòtico *agg.* (*est.*) bluastro, livido.

ciaramèlla *s. f.* cennamella, piva, cornamusa, zampogna.

ciàrla *s. f.* **1** pettegolezzo, malignità, maldicenza, calunnia, mormorazione, fandonia, invenzione, voce, diffamazione, insinuazione, diceria **CONTR.** verità **2** chiacchiera, ciancia, ciarlata, cicalata, ciacola (*sett.*), ciacolata (*sett.*), cicaleccio, blateramento, vaniloquio **3** (*fam., scherz.*) loquacità, parlantina, scilinguagnolo, verbosità, garrulità, prolissità **CONTR.** laconicità, mutismo, concisione.

ciarlàre *v. intr.* **1** chiacchierare, parlare, cianciare, ciangottare, cinguettare, blaterare, cicalare, gracchiare, garrire, gracidare, straparlare, parlottare, vociare **CONTR.** fare silenzio **2** pettegolare, spettegolare, pettegoleggiare (*raro*), criticare, mormorare, spifferare **CONTR.** tacere. *V. anche* PARLARE

ciarlataneria *s. f.* **1** ciurmeria, imbroglio, inganno, impostura, mistificazione, frode, truffa, trappola, abbindolamento, ciarlatanata **2** buffonaggine, buffonata, burattinata, millanteria, iattanza, vanagloria, istrionismo (*spreg.*).

ciarlatanésco *agg.* **1** imbroglione, ingannevole, bugiardo, artificioso, falso, fraudolento, istrionesco (*spreg.*) **CONTR.** vero, veritiero **2** trasandato, trascurato, poco serio **CONTR.** accurato, serio.

ciarlatàno *s. m.* **1** imbonitore, cantambanco, strillone, saltimbanco, cantastorie, pagliaccio, cabalista (*raro*) **2** (*est.*) imbroglione, impostore, gabbamondo, mistificatore, ciurmatore, ingannatore, cerretano (*lett.*), frodatore, truffatore, abbindolatore, parolaio, ciarlone, trappolone, camaleonte (*fig.*), istrione (*spreg.*), buffone **CONTR.** galantuomo **3** incapace, ciabattone, improvvisatore, raffazzonatore **CONTR.** competente, esperto, preciso, perfezionista.

ciarlièro *agg.* chiacchierino, chiacchierone, loquace, verboso, garrulo, pettegolo, linguacciuto, parolaio **CONTR.** taciturno, silenzioso, zitto, laconico, chiuso, chiotto, riservato □ segreto.

ciarlóne *agg.*; *anche s. m.* chiacchierone, parlatore, linguacciuto, pettegolo, blaterone, farabolone, parabolone, cicalone, cicala, gazza, ciarlatore, parolaio, battola (*fig., raro*) **CONTR.** taciturno, silenzioso, laconico, conciso.

ciarpàme *s. m.* cenci, robaccia, rifiuto, scarto, rimasuglio, cianfrusaglia, riugatteria. *V. anche* RIFIUTO

ciascùno **A** *agg. indef. solo sing.* ogni, ognuno **B** *pron. indef. solo sing.* ognuno, tutti.

cibàre **A** *v. tr.* **1** alimentare, nutrire, imboccare, sfamare **CONTR.** affamare **2** (*est.*) allevare, sostenere **B** **cibarsi** *v. rifl.* nutrirsi, sostenersi, alimentarsi, mangiare, sfamarsi, rifocillarsi, pasturarsi (*lett.*) **CONTR.** digiunare.

cibària *s. f.* (*spec. al pl.*) cibi, vettovaglie, commestibili, alimenti, viveri, mangiare. *V. anche* NUTRIMENTO

cìbo *s. m.* **1** alimento, commestibile, nutrimento, nutrizione, alimentazione, nutritura (*ant.*), sostentamento, mantenimento, pane (*anche fig.*), pappa (*inft.*), pascolo (*fig.*), pastura (*fig.*) □ (*per pesci*) esca, brumeggio □ (*per volatili*) becchime **2** vivanda, pietanza, piatto, boccone □ (*al pl.*) cibarie, viveri, mangiare, pasto, menu (*fr.*), vitto, cucina. *V. anche* NUTRIMENTO

cibòrio *s. m.* **1** tabernacolo, edicola **2** (*est.*) pisside, custodia, teca.

cicalàre *v. intr.* chiacchierare, ciarlare, blaterare, cianciare, ciangottare, cinguettare, gracchiare, spettegolare, pettegoleggiare (*raro*) **CONTR.** tacere.

cicaléccio *s. m.* ***1*** chiacchiericcio, chiacchierio, cicalio, ciancia, ciarla, brusio, pettegolio, passeraio (*fig.*) ***2*** (*est.*) cinguettio.

cicalìno *s. m.* beeper (*ingl.*), bip, bip bip □ cercapersone.

cicalìo *s. m.* chiacchiericcio, chiacchierio, cicaleccio, passeraio (*fig.*), brusio, mormorio, ronzio.

cicatrìce *s. f.* ***1*** segno, sfregio □ (*di pustola vaiolosa*) buttero, butteratura ***2*** (*fig.*) pena, afflizione, ricordo doloroso, ferita (*fig.*).

cicatrizzàre ***A*** *v. tr.* rimarginare, sanare, guarire **CONTR.** aprire □ ferire, piagare ***B*** **cicatrizzarsi** *v. intr.* e *intr. pron.* (*anche fig.*) rimarginarsi, rigenerarsi, sanarsi, chiudersi, saldarsi, guarire **CONTR.** aprirsi.

cicatrizzàto *part. pass. di* **cicatrizzare**; *anche agg.* rimarginato, sanato, guarito, chiuso **CONTR.** aperto, ferito.

cicatrizzazióne *s. f.* rimarginazione, saldamento, guarigione **CONTR.** apertura.

cìcca *s. f.* ***1*** (*di sigaretta o sigaro*) mozzicone, avanzo □ (*est.*) sigaretta ***2*** (*fig.*) nulla, cosa da nulla ***3*** (*dial.*) chewing-gum (*ingl.*).

cicchétto *s. m.* ***1*** (*di liquore o vino*) bicchierino ***2*** rabbuffo, rimprovero, ramanzina, sgridata, rimbrotto, ripassata, strapazzata, paternale, strigliata, predicozzo **CONTR.** lode, elogio, encomio.

cìccia *s. f.* (*fam.*) carne □ grassezza, pinguedine, adipe, obesità.

ciccióne *s. m.* (*fam.*) grassone, corpulento, pingue, obeso, baciccia, pancione, vagone (*fig.*), barile (*fig.*) **CONTR.** magro, secco, segaligno, affilato, asciutto, allampanato, baccalà (*fig.*), scheletro, stoccafisso (*fig.*), stuzzicadenti (*fig.*), quaresima (*fig., fam.*).

cicciùto *agg.* carnoso, polputo, grasso, adiposo, carnuto (*raro, lett.*), corpacciuto, grassoccio, pienotto, paffuto, pasciuto, pingue **CONTR.** magro, secco, asciutto, mingherlino, scheletrico.

ceceróne [dal n. del famoso oratore latino M. Tullio *Cicerone*] *s. m.* ***1*** (*di musei, di città*) accompagnatore, guida ***2*** (*est., fam., scherz.*) parlatore, saccentone, sapientone.

cicisbèo *s. m.* ***1*** (*nel sec. XVIII*) cavalier servente ***2*** (*est.*) damerino, vagheggino, corteggiatore, amoroso, civettone, bellimbusto, dandy (*ingl.*), playboy (*ingl.*).

ciclicaménte *avv.* periodicamente, a fasi alterne **CONTR.** discontinuamente, irregolarmente.

ciclicità *s. f.* periodicità □ (*est.*) regolarità, continuità, ritmicità **CONTR.** aperiodicità, discontinuità.

cìclico *agg.* periodico, ricorrente, ritmico □ (*est.*) regolare **CONTR.** aperiodico, intermittente, discontinuo.

cìclo (1) *s. m.* ***1*** (*di fenomeno, di tempo, ecc.*) successione, periodo, serie, fase, concentrazione, sequenza, ritmo, sequela, circolo, giro, corso **CONTR.** aperiodicità, discontinuità ***2*** (*di malattia*) decorso ***3*** (*di conferenze, di opere, ecc.*) serie, gruppo. *V. anche* LEGGENDA

cìclo (2) *s. m. acrt. di* **bicicletta**.

ciclóne *s. m.* ***1*** uragano, turbine, tornado, tifone, bufera, tromba d'aria, vortice, tempesta, aeromoto ***2*** (*fig.*) (*di persona*) irruento, turbine, furia (*fig.*) **FRAS.** *nell'occhio del ciclone* (*fig.*), nel momento più critico. *V. anche* VENTO

ciclòpe [da mitici *ciclopi*, giganti con un solo occhio in mezzo alla fronte] *s. m.* (*est.*) gigante, colosso, mastodonte, omaccione, omone **CONTR.** omuncolo, pigmeo, lillipuziano, nano.

ciclòpico *agg.* (*est.*) colossale, enorme, gigantesco, immane, smisurato, mastodontico, titanico, potente, poderoso **CONTR.** piccolo, nano, minuscolo, lillipuziano.

cièco *agg.*; *anche s. m.* ***1*** non vedente, orbo, accecato **CFR.** monocolo, guercio **CONTR.** vedente ***2*** (*est.*) ottenebrato, accecato, inconsiderato, sconsiderato, offuscato, irragionevole, sconvolto, folle, pazzo **CONTR.** riflessivo, sereno, ponderato ***3*** (*di obbedienza, di fedeltà, ecc.*) totale, assoluto, illimitato ***4*** (*di passione, di paura, ecc.*) sconvolgente, travolgente ***5*** (*est.*) (*di vicolo, di finestra, ecc.*) chiuso, murato, coperto, occulto, nascosto, invisibile, ostruito, senza uscita, senza sbocco, finto **CONTR.** aperto, visibile, evidente, vero ***6*** (*di luogo*) buio, tenebroso **CONTR.** chiaro, illuminato, luminoso **FRAS.** *vicolo cieco* (*fig.*), situazione senza via d'uscita □ *alla cieca* (*fig.*), senza vedere, senza riflettere, a tentoni, a caso, sconsideratamente.

cièlo *s. m.* ***1*** firmamento, volta celeste, spazio, stellato **CONTR.** terra ***2*** atmosfera, aria, etere, etra (*poet.*), clima, tempo ***3*** (*fig.*) (*di ambiente, di recipiente, ecc.*) parte superiore, volta, cupola, soffitto **CONTR.** pavimento ***4*** (*fig., relig.*) paradiso, empireo, olimpo **CONTR.** inferno, tartaro ***5*** (*est.*) Dio, divinità, Provvidenza ***6*** (*nel sistema tolemaico*) sfera, sfera celeste **FRAS.** *toccare il cielo con un dito* (*fig.*), essere felicissimo □ *innalzare al cielo* (*fig.*), esaltare □ *sotto un altro cielo* (*fig.*), in un altro paese □ *apriti cielo!*, perbacco! □ *essere al settimo cielo* (*fig.*), essere al colmo della felicità □ *a cielo aperto*, allo scoperto □ *non stare né in cielo né in terra* (*fig.*), essere assurdo.

cìfra *s. f.* ***1*** segno, nota, carattere ***2*** (*est.*) numero ***3*** (*di denaro*) somma, ammontare ***4*** (*di nome, di iniziale*) monogramma, sigla, abbreviazione ***5*** (*di messaggio e sim.*) codice, formula, chiave ***6*** (*mus.*) carattere. *V. anche* SIGLA

cifràre *v. tr.* ***1*** (*di biancheria*) siglare ***2*** (*di messaggio, di dispaccio e sim.*) trascrivere, codificare, criptare **CONTR.** decriptare, decifrare, decodificare.

cifràrio *s. m.* formulario, codice.

cifràto *part. pass. di* **cifrare**; *anche agg.* ***1*** siglato ***2*** crittografico, codificato **CONTR.** chiaro, decifrato, decodificato ***3*** (*est.*) oscuro, ermetico **CONTR.** chiaro, comprensibile, evidente, palese.

cìglio *s. m.* ***1*** (*di palpebra*) orlo (*est.*), pelo, peluzzo ***2*** (*est.*) sopracciglio ***3*** (*poet.*) occhio, sguardo, vista, volto ***4*** (*di strada, di fosso, ecc.*) margine, sponda, scarpata, ripa, riva, banchina, bordo, greppo (*lett.*), terrapieno, argine, scrimolo (*raro*) □ (*di va-

so) labbro **5** (*spec. al pl.*) (*biol.*) appendice vibratile, filamento FRAS. *non batter ciglio* (*fig.*), rimanere impassibile □ *in un batter di ciglio* (*fig.*), in un attimo □ *a ciglio asciutto* (*fig.*), senza piangere.

ciglióne *s. m.* (*di strada, di precipizio, ecc.*) sponda, argine, scarpata, orlo, ripa, greppo (*lett.*), terrapieno, china, costa, piaggia (*raro, lett.*), scrimolo (*raro*).

cigolàre *v. intr.* **1** (*di cardine, di porte, ecc.*) scricchiolare, stridere, sgrigliolare (*raro*), rumoreggiare **2** (*lett.*) (*di tizzone, di uccelli, ecc.*) sibilare, gemere, fischiare, stridere, crepitare.

cigolìo *s. m.* **1** (*di cardine, di porte, ecc.*) scricchiolio, scricchio (*raro*), scricchiolamento, stridio, stridore, rumorio, rumoreggiamento **2** (*di tizzone, di uccelli, ecc.*) sibilo, gemito, fischio, crepitio.

cilécca *s. f.* (*tosc.*) beffa, burla, celia, allettamento FRAS. *fare cilecca* (*fig.*), fallire, non riuscire, incepparsi.

cilièˌgia *s. f.* cerasa (*dial.*) □ (*est.*) amarena, visciola, marasca.

cilìndro *s. m.* **1** (*est.*) rullo, fusello, rocchetto, bobina **2** (*di copricapo*) tuba.

cìma *s. f.* **1** vertice, sommità, vetta, sommo, colmo, culmine, apice, picco, cacume (*raro, lett.*), zenit CONTR. fondo, base, basso **2** (*di torre, di edificio e sim.*) fastigio, pinnacolo, cuspide, guglia, comignolo CONTR. base **3** (*di rilievo*) monte, vetta, altura, cocuzzolo, corno, cresta, acume CONTR. piede, base, valle **4** (*di cosa*) capo, estremità, punta, testa CONTR. coda **5** (*fam.*) (*di persona*) ingegno, genio, talento, aquila (*fig.*) CONTR. asino, somaro **6** (*mar.*) corda, cavo, canapo, fune, gomena, sagola □ (*al pl.*) ormeggio FRAS. *da cima a fondo* (*fig.*), da capo a piedi, interamente □ *cime di rapa*, broccoli di rapa.

cimàre *v. tr.* **1** (*di pianta*) spuntare, svettare, scapitozzare, scamozzare, scocuzzolare (*raro*), scorciare, decapitare □ potare **2** (*di panno*) tosare, radere, pareggiare.

cimatùra *s. f.* spuntatura, tosatura, potatura, svettatura □ (*per imbottitura*) borra.

cimèlio *s. m.* **1** antichità, reliquia **2** (*est.*) ricordo **3** (*est., scherz.*) (*di persona*) mummia (*fig.*).

cimentàre **A** *v. tr.* **1** (*di metallo prezioso*) saggiare, provare, purificare **2** (*est.*) (*di pazienza, di coraggio, ecc.*) mettere alla prova, sperimentare, provare, arrischiare **B** **cimentarsi** *v. rifl.* **1** (*in un'impresa*) esporsi, avventurarsi, arrischiarsi, rischiare, ardire, azzardare CONTR. ritirarsi, rinunciare **2** (*fig.*) mettersi alla prova, confrontarsi, provarsi, misurarsi, sperimentarsi.

ciménto *s. m.* **1** (*est.*) verifica, prova, esperimento, saggio, tentativo, certame (*lett.*) **2** (*fig.*) rischio, pericolo, repentaglio, azzardo, ventura, avventura.

cìmice *s. f.* **1** (*dial.*) puntina da disegno **2** (*spreg.*) (*di fascista*) distintivo **3** microspia, oliva (*gerg.*).

ciminièra *s. f.* fumaiolo, camino, comignolo.

cimiteriàle *agg.* sepolcrale, tombale.

cimitèro *s. m.* **1** camposanto, certosa, catacomba, necropoli, sepolcreto **2** (*fig.*) (*di luogo*) landa, deserto.

cimósa *s. f.* **1** (*di stoffa, di tessuto*) vivagno, lisiera **2** (*est.*) orlo, bordo, bordatura, contorno **3** (*per cancellare*) cancellino, girella, cassino.

cincìn **A** *inter.* alla salute!, salute!, prosit! (*lat.*) **B** *s. m.* brindisi.

cincischiàre **A** *v. tr.* **1** tagliuzzare, frastagliare, trinciare **2** (*di stoffa, di carta, ecc.*) sgualcire, spiegazzare, aggrinzire, sciupacchiare, ciancicare, incincignare (*tosc.*), sciupare, tormentare CONTR. lisciare, stirare, spianare, distendere **3** (*ass.*) (*di persona*) perdere tempo, trastullarsi, gingillarsi **B** **cincischiarsi** *v. intr. pron.* sgualcirsi, rovinarsi, spiegazzarsi CONTR. stirarsi, lisciarsi **C** *v. intr.* balbettare, farfugliare.

cinecàmera *s. f.* cinepresa.

cìnema *s. m. inv. acrt. di* **cinematografo**.

cinematogràfico *agg.* **1** filmistico, filmico **2** (*est.*) (*di stile, di ritmo*) rapido, vivace, immediato CONTR. lento, fiacco **3** (*est.*) (*di avvenimento, di furto, ecc.*) strabiliante, spettacolare, inverosimile, fantastico CONTR. reale.

cinematògrafo *s. m.* **1** cinema **2** (*est.*) sala cinematografica.

cineprésa *s. f.* cinecamera, camera, macchina da presa.

cinèreo *agg.* **1** (*di colore*) grigio, bigio, cenere, cenerino, cinerognolo **2** (*est.*) (*di volto, di colorito*) livido, terreo, cereo CONTR. roseo **3** (*di luce*) tenue, pallido, fievole, grigiastro.

cineserìa *s. f.* **1** (*spec. al pl.*) ninnolo, gingillo **2** (*spreg.*) cianfrusaglia **3** (*raro, fig.*) cerimoniosità **4** (*fig.*) meticolosità, sottigliezza, pignoleria, cavillosità.

cinetèca *s. f.* filmoteca.

cìngere **A** *v. tr.* **1** (*di muro, di cancellata, di monti, ecc.*) attorniare, circondare, accerchiare, cerchiare, cintare, chiudere, racchiudere, stringere, contornare, coronare, incoronare, inghirlandare, circoscrivere, contenere, serrare, steccare, recingere, bloccare, vallare (*raro*) **2** (*di abito, di corona, ecc.*) avvolgere, avviluppare, fasciare, indossare, vestire, legare, affibbiare, allacciare CONTR. slegare, togliere, sciogliere, discingere, strappare **3** (*di braccia*) avvinghiare, abbracciare, serrare, stringere, avvincere, avviticchiare **B** **cingersi** *v. rifl.* stringersi, avvolgersi, fasciarsi, allacciarsi, affibbiarsi, avvinghiarsi, avvincersi, inghirlandarsi, incappellarsi (*ant.*) CONTR. sciogliersi.

cìnghia *s. f.* **1** cintura, cinta, cinto □ (*est.*) striscia, fascia, legame, imbraca **2** cingolo, correggia, laccio, nastro **3** (*di animale, spec. di cane*) collare, guinzaglio FRAS. *tirare, stringere la cinghia* (*fig.*), campare a fatica, fare economia □ *cinghia di trasmissione* (*fig.*), tramite, intermediario.

cingolàto *s. m.* **1** (*est.*) trattore **2** carro armato.

cinguettàre *v. intr.* **1** (*di uccello*) cantare, garrire, trillare **2** (*est.*) (*di persona*) balbettare, ciangottare, farfugliare □ (*est.*) chiacchierare, parlottare, cicalare, ciarlare.

cinguettìo *s. m.* (*di uccello*) canto, garrito, trillo, pigolio, pio pio □ parlottio, chiacchierio, cicaleccio, ciangottio.

cìnico *agg.*; *anche s. m.* sprezzante, impudente, beffardo, sfrontato, sfacciato, spudorato, spregiudicato, svergognato □ indifferente, insensibile, blasé (*fr.*) **CONTR.** rispettoso, ossequioso, osservante, riguardoso, pietoso □ sentimentale.

CINICO
sinonimia strutturata

Il cinismo nell'antica Grecia era una filosofia della scuola socratica che considerava l'autarchia, cioè l'autosufficienza, l'essere bastanti a sé stessi, come obiettivo della propria realizzazione personale. Ciò si traduceva nel liberarsi da tutto, nel rifiutare qualsiasi convenzione o valore sociale, nel vivere in povertà, senza manifestare alcun bisogno. Di qui, figuratamente, il termine **cinico** indica chi ostenta indifferenza e disprezzo nei confronti degli ideali, delle aspirazioni e dei sentimenti comuni, e disdegna le tradizioni e le consuetudini: *persona cinica e solitaria*; *atteggiamento cinico*; *risposta cinica*.

Indifferente, in questo ambito di significati, indica chi non sente e non esprime sentimenti, emozioni, chi è scarsamente partecipe e si dimostra insensibile e chiuso a ciò che gli accade intorno: *è un uomo indifferente a qualunque situazione*. **Sprezzante**, invece, si dice di chi prova o mostra disprezzo e noncuranza, anche in modo altero e arrogante: *essere, mostrarsi sprezzante*; *gli lanciò uno sguardo gelido e sprezzante*. **Beffardo** è chi, per un atteggiamento disincantato e distaccato nei confronti delle persone e delle cose, si compiace di beffare e deridere: *è un tipo beffardo*.

Colui che vive senza pregiudizi e preconcetti, chi non ha scrupoli e condizionamenti in campo morale e religioso, o mostra poco rispetto delle convenienze si dice **spregiudicato**: *un ragazzo spregiudicato*; l'aggettivo può essere usato anche senza connotazioni negative e riferirsi a ciò che si dimostra privo di conformismo: *un discorso spregiudicato*.

Spudorato indica l'essere svergognati, non avere senso del rispetto e della vergogna e si usa anche in relazione a ciò che viene detto e fatto in questo modo: *uomo spudorato*; *menzogna spudorata*; così **impudente** significa che non sente né pudore né riguardo, che non si vergogna di ciò che fa o che dice: *parlare da impudente*. **Sfrontato** è chi compie o dice cose vergognose senza nessun ritegno né imbarazzo: *quel ragazzo si comporta in modo villano e sfrontato*. Similmente si dice **sfacciato** chi non ha nessuna discrezione né riserbo e manca di modestia e di senso della misura: *con il suo atteggiamento sfacciato mi mise a disagio*.

cinìsmo *s. m.* sprezzo, impudenza, irrisione, sfrontatezza, sfacciataggine, spudoratezza, svergognatezza, spregiudicatezza, machiavellismo □ indifferenza, insensibilità **CONTR.** rispetto, ossequio, riguardo, riserbo □ pietà, sentimentalismo.

cinquènnio *s. m.* quinquennio, lustro.

cìnta *s. f.* **1** (*di mura e sim.*) cerchia □ (*di monti, di capelli, ecc.*) corona, chiostra (*lett.*) **2** (*est.*) recinto, recinzione, steccato, siepe **3** (*di città, di paese*) perimetro, limite, contorno, circuito **4** cintola, cintura, cinghia **5** (*arch.*) (*di colonna*) collarino.

cintàre *v. tr.* recingere, cingere, circondare, chiudere, serrare.

cìnto **A** *part. pass. di* **cingere**; *anche agg.* **1** (*di giardino, di città, ecc.*) circondato, attorniato, accerchiato, cerchiato, chiuso, stretto, contornato, serrato, recinto, fortificato **2** (*di capo, di corpo, ecc.*) avvolto, avviluppato, fasciato, legato, affibbiato, allacciato, coronato, incoronato, redimito (*poet.*) **CONTR.** slegato, slacciato, sciolto **B** *s. m.* cintura, cintola, cinghia, cingolo, fasciatura, ventriera.

cìntola *s. f.* cintura, cinta, vita, fianco □ cinto, fascia, fusciacca.

cintùra *s. f.* **1** cintola, cinta, fascia, fusciacca, cintolo, legaccio, cinghia, cingolo, correggia, cinturone, balteo □ (*del chimono*) obi **2** (*est.*) (*di abito, di corpo*) vita **3** (*est.*) contorno, fascia, anello, corona **4** (*arch.*) modanatura **5** (*fig.*) (*di verde, industriale*) zona, fascia, area **6** (*di città*) banlieue (*fr.*), hinterland (*ted.*), dintorni, suburbio **CONTR.** centro.

cinturìno *s. m.* cinghino, laccetto, laccio, legaccio, cinghietta, fascetta, bracciale □ (*relig.*) collare, collarino, soggolo.

ciò *pron. dimostr.* questo, questa cosa, codesto, codesta cosa, quello, quella cosa **FRAS.** *a ciò*, a questo fine □ *con tutto ciò*, tuttavia, non di meno.

ciòcca *s. f.* **1** (*di capelli, d'erba, ecc.*) mucchietto, mazzetto, ciuffo, ciuffetto, fascetto, boccolo, bioccolo, buccola, banana (*fig.*) **2** (*tosc.*) (*di foglie, di erbe e sim.*) rametto.

cioccàta *s. f.* (*dial., sett.*) sgridata, lavata di capo.

ciòcco *s. m.* (*di albero*) ceppo, pedale □ legna.

cioccolàta *s. f.* cioccolato □ (*est.*) cacao.

cioccolatìno *s. m.* bonbon, chicca □ (*spec. al pl.*) dolciume.

cioccolàto *s. m.* cioccolata □ cacao.

cioè *avv.* **1** intendo dire, vale a dire, in altre parole **2** ossia, ovvero, piuttosto.

ciondolàre **A** *v. intr.* **1** (*di cosa*) dondolare, oscillare, penzolare, spenzolare, pencolare, pendere **2** (*di persona*) tentennare, ondeggiare, tremolare, traballare, vacillare **3** (*est., fig.*) bighellonare, oziare, poltrire, vagabondare **B** *v. tr.* dondolare, fare oscillare.

cióndolo *s. m.* ninnolo pendente, pendaglio, medaglione, penzolo.

ciondolóne *s. m.* **1** bighellone, fannullone, perdigiorno, perditempo, scansafatiche, girellone, girandolone, girovago, pelandrone **CONTR.** lavoratore **2** sciatto, trasandato, trascurato **CONTR.** ricercato, raffinato.

ciondolóni *avv.* **1** penzoloni, dondoloni **2** (*fig.*) oziosamente, fiaccamente, negligentemente, trascuratamente, sbadatamente **CONTR.** alacremente, energicamente, attivamente □ diligentemente, attentamente, accuratamente.

ciononostante...

cionondiméno *cong.* ciononostante, malgrado ciò, tuttavia, pur tuttavia.

ciononostànte *avv.* malgrado ciò, tuttavia, cionondimeno, eppure, ma.

ciòtola *s. f.* tazza, coppa, vaso, scodella □ (*archeol.*) bucchero.
ciòttolo *s. m.* sasso, selce, pietra.
ciottolóso *agg.* sassoso.
cipìglio *s. m.* **1** (*della fronte*) increspamento, corrugamento, accigliatura (*raro*) **2** (*est.*) guardataccia, occhiataccia, piglio, malpiglio, sguardataccia, broncio, grugno, mutria □ severità, sdegnosità.
cipólla *s. f.* **1** (*est.*) (*di giacinto, di tulipano, ecc.*) bulbo **2** (*fig., scherz.*) orologio da tasca, orologio **3** (*di oggetti vari*) palla.
cìppo *s. m.* **1** erma **2** pietra di confine, pilastro, colonna, stele.
cìrca **A** *prep.* (*di argomento*) a proposito di, intorno a, per quanto riguarda **B** *avv.* pressappoco, pressoché, quasi, suppergiù, approssimativamente, mediamente, più o meno **CONTR.** precisamente.
cìrce [dal n. della famosa maga che mutava gli uomini in animali] *s. f.* seduttrice, lusingatrice, allettatrice, maliarda, incantatrice, ammaliatrice, sirena, vamp (*ingl.*) **CONTR.** arpia, megera.
cìrco *s. m.* anfiteatro, arena, sferisterio, stadio, agone (*lett.*).
circolànte *part. pres. di* **circolare (1)**; *anche agg.* viaggiante, ambulante □ (*di monete*) corrente.
circolàre (1) *v. intr.* **1** ruotare, girare, rotare **2** (*est.*) muoversi, spostarsi, andare, passare □ allontanarsi, andare via **CONTR.** fermarsi, sostare, bloccarsi **3** (*di sangue, di linfa*) fluire **CONTR.** arrestarsi, fermarsi, stagnare **4** (*est.*) (*di notizie, di idee, ecc.*) diffondersi, propagarsi, spandersi, spargersi, serpeggiare.
circolàre (2) **A** *agg.* rotondo, rotondeggiante, anulare, orbicolare, enciclico □ trigonometrico **CONTR.** rettilineo **B** *s. f.* avviso, comunicazione.
circolarménte *avv.* in tondo, intorno, in giro.
circolazióne *s. f.* **1** (*di aria, di veicoli, ecc.*) movimento, giro, rotazione, moto, spostamento, traffico □ (*di notizie*) tamtam **CONTR.** arresto, sosta **2** (*di valori, di moneta, ecc.*) movimento, flusso, spostamento □ corso legale **CONTR.** stasi, arresto, ristagno **3** (*di sangue, di linfa*) flusso, circolo **CONTR.** arresto, stasi **FRAS.** *mettere in circolazione* (*fig.*), propagare, diffondere □ *togliere dalla circolazione uno* (*fig.*), uccidere uno.
cìrcolo *s. m.* **1** cerchio, circonferenza, tondo, giro, orbe (*lett.*), chiostra (*lett.*), ghirlanda (*fig., lett.*) **2** (*spec. al pl.*) (*geogr.*) circonferenza **3** (*di sangue, di linfa*) circolazione **4** (*bur.*) circoscrizione, distretto **5** (*culturale, sportivo, ecc.*) associazione, club, clubhouse (*ingl.*), ritrovo, società, casinò □ cenacolo, salotto (*est.*), cerchia, accolta, camerata □ ambiente **6** gruppo, capannello, crocchio **FRAS.** *circolo vizioso* (*fig.*), situazione irresolubile, diallelo (*filos.*).
circondàre **A** *v. tr.* **1** (*di città, di esercito, ecc.*) accerchiare, attorniare, aggirare, asserragliare, serrare, assediare, bloccare **CONTR.** liberare **2** (*fig.*) (*di simpatia, di affetto, ecc.*) stringere, avvolgere, ricoprire **3** (*di mura, di monti, ecc.*) cingere, cintare, recintare, cerchiare, coronare, stringere, chiudere, serrare, delimitare, contornare, abbracciare (*fig.*), vallare (*raro*) □ (*di mare, di boschi, ecc.*) fasciare (*lett.*) **4** (*di aria, di luce, ecc.*) circonfondere, avvolgere, pervadere **B** **circondarsi** *v. rifl.* attorniarsi, contornarsi, accompagnarsi **CONTR.** isolarsi.
circondàrio *s. m.* **1** circoscrizione, distretto forense **2** (*est.*) vicinanze, territorio, dintorni.
circondàto *part. pass. di* **circondare**; *anche agg.* **1** (*di città, di esercito, ecc.*) accerchiato, attorniato, asserragliato, assediato **CONTR.** liberato **2** (*fig.*) (*da simpatia, da affetto, ecc.*) avvolto, stretto **3** (*da mura, da monti, ecc.*) cinto, cerchiato, contornato, coronato, chiuso, recinto, delimitato □ (*di mare, di boschi, ecc.*) fasciato **4** (*da aria, da luce, ecc.*) avvolto, pervaso, circonfuso **5** (*da persone*) attorniato, accompagnato **CONTR.** isolato.
circonferènza *s. f.* **1** perimetro, circolo, giro, circuito □ girone (*lett.*) **2** (*est.*) (*di luogo*) perimetro, periferia, contorno.
circonflèsso *part. pass. di* **circonflettere**; *anche agg.* piegato, curvato, curvo **CONTR.** raddrizzato.
circonflèttere *v. tr.* flettere, piegare, curvare **CONTR.** raddrizzare.
circonfùso *agg.* (*lett.*) pervaso, avvolto, circondato.
circonlocuzióne *s. f.* perifrasi, giro di parole, circuizione, parafrasi, ambagi (*fig., lett.*).
circonvallazióne *s. f.* tangenziale.
circonvenìre *v. tr.* insidiare, raggirare, circuire, plagiare, ingannare, imbrogliare, abbindolare, ciurmare (*raro*).
circonvenzióne *s. f.* inganno, imbroglio, insidia, raggiro, abbindolamento, frode, trappola, raggiramento. *V. anche* FRODE
circonvoluzióne *s. f.* **1** giro, avvolgimento, spira, voluta, spirale, giravolta **2** (*anat.*) (*di corteccia cerebrale*) piega.
circoscrìtto *part. pass. di* **circoscrivere**; *anche agg.* **1** (*fig.*) (*di fatto, di argomento, ecc.*) contenuto, limitato, angusto, ristretto, racchiuso, chiuso, finito, settoriale (*fig.*) **CONTR.** aperto, allargato, amplificato **2** (*di territorio*) delimitato, limitato, localizzato, chiuso, racchiuso, marginato **CONTR.** allargato, ampliato, infinito, sterminato.
circoscrìvere *v. tr.* **1** (*fig.*) (*di fatto, di fenomeno, ecc.*) contenere, limitare, frenare, restringere, rattenere (*lett.*), ridurre, arginare □ (*di confine, di significato, ecc.*) determinare **CONTR.** ampliare, aprire **2** (*di territorio*) delimitare, demarcare, marginare, restringere, localizzare, limitare, cingere, chiudere, racchiudere, abbracciare (*fig.*) **CONTR.** allargare, ampliare, amplificare.
circoscrizióne *s. f.* **1** delimitazione, localizzazione **2** distretto, provincia, regione, territorio, circondario, circolo (*bur.*), compartimento, presidio.
circospètto *agg.* cauto, guardingo, sospettoso, prudente, accorto, avveduto, oculato, riservato, attento, misurato, controllato, provveduto (*raro*) □ furtivo **CONTR.** imprudente, incauto, sconsiderato, inconsiderato, avventato, temerario, intempestivo, sfrenato, incontrollato, audace, sventato, imprevidente.
circospezióne *s. f.* cautela, prudenza, precauzione, riguardo, avvertenza, accorgimento, oculatezza, previdenza, assennatezza, avvedutezza, ponderatezza,

consideratezza, sospettosità **CONTR.** imprudenza, imprevidenza, avventatezza, sventatezza, irriflessione, precipitazione, temerarietà. *V. anche* PRUDENZA

circostànte *agg.* vicino, circonvicino, limitrofo, confinante, prossimo, finitimo, attiguo, adiacente, astante, dattorno, intorno **CONTR.** lontano, distante, remoto, staccato. *V. anche* VICINO

circostànza *s. f.* **1** condizione, contingenza, congiuntura, occorrenza, bisogno, emergenza, evenienza, frangente, particolarità **2** caso, occasione, opportunità, combinazione, situazione, avvenimento, fatto, faccenda, vicenda, momento, punto, volta, fiata (*lett.*).

circostanziàre *v. tr.* precisare, particolareggiare, specificare, dettagliare, sviluppare, determinare, provare.

circostanziàto *part. pass. di* **circostanziare**; *anche agg.* precisato, specificato, determinato, dettagliato, particolareggiato, minuto **CONTR.** generico, generalizzato.

circuìre *v. tr.* **1** (*raro, lett.*) attorniare, circondare, aggirare, accerchiare **2** (*fig.*) raggirare, ingannare, insidiare, circonvenire, imbrogliare, abbindolare, accalappiare, infinocchiare (*fam*), impaniare (*fig.*), ciurmare (*raro*) □ sedurre. *V. anche* SEDURRE

circùito *s. m.* **1** giro, circonferenza, perimetro, cerchia, confine, cinta, recinto □ spazio **2** (*di gara*) tracciato, percorso, pista, autodromo **3** (*est.*) corsa, gara **4** ambito, giro, ambiente **FRAS.** *corto circuito*, contatto □ *in circuito*, in giro, tutt'intorno.

cistèrna *s. f.* **1** serbatoio, pozzo, vasca, ricetto, bacino, tanca (*mar.*) **2** (*est.*) autobotte.

cìsti *s. f.* vescica, tumore, natta **FRAS.** *cisti biliare*, cistifellea.

cistifèllea *s. f.* (*anat.*) cisti biliare, colecisti.

citàre *v. tr.* **1** (*dir.*) chiamare, notificare, convocare, convenire □ accusare **2** (*di prova*) addurre, apportare, recare, allegare **3** (*di brano, di autore e sim.*) riportare, riferire, riprodurre, menzionare, mentovare (*lett.*), rammentare, richiamare, nominare, ricordare, allegare **CONTR.** omettere, tacere **4** (*est.*) (*a modello, a esempio, ecc.*) indicare, mostrare.

citàto *part. pass. di* **citare**; *anche agg.* **1** (*dir.*) convocato, chiamato **2** (*di prova*) addotto, riferito **3** (*di scritto, di autore e sim.*) riportato, riferito, menzionato, mentovato (*lett.*), ricordato, detto.

citazióne *s. f.* **1** (*dir.*) notificazione, libello, precetto, intimidazione, intimazione □ escussione **2** (*di prova*) adduzione **3** (*di scritto, di autore e sim.*) riferimento, richiamo, riproduzione, rimando, segnalazione □ (*di libro*) passo, passaggio **4** (*al merito*) menzione. *V. anche* INTIMAZIONE

citràto *s. m.* (*per anton., correntemente*) magnesia effervescente.

citrùllo *agg.*; *anche s. m.* sciocco, grullo, stupido, dabbene, fesso (*pop.*), cretino, babbeo, baggiano, ebete, idiota, imbecille, ottuso, stolto, tonto, scemo, scimunito, stolido, calandrino, carciofo, minchione (*pop.*) **CONTR.** intelligente, sagace, svelto, acuto, perspicace, sveglio, lucido.

città *s. f.* **1** urbe (*lett.*), metropoli, capoluogo □ comune □ abitato **CFR.** borgo, villaggio, paese, paesello, contado, campagna, suburbio **2** (*di città*) quartiere, parte **3** (*est.*) cittadinanza, popolazione, cittadini **4** (*anche fig.*) convivenza civile, collettività, comunità **FRAS.** *città eterna*, Roma □ *città aperta*, città smilitarizzata □ *città degli studi*, quartiere universitario □ *città giardino*, quartiere residenziale □ *città satellite*, quartiere periferico □ *palazzo di città*, municipio.

cittadèlla *s. f.* **1** rocca, area, acropoli, roccaforte, castello **2** (*fig.*) (*di ideale, di movimento e sim.*) baluardo, sostegno, difesa, base.

cittadinànza *s. f.* **1** abitanti, cittadini, popolazione, popolo, comunità □ città **2** nazionalità.

cittadino **A** *agg.* **1** (*di via, di mura, ecc.*) urbano, cittadinesco (*ant.*) **CONTR.** rustico, suburbano, villico, campagnolo, campestre, borghigiano, villereccio (*lett.*), terrazzano (*raro*) **2** (*di autorità, di istituti, ecc.*) civico, civile, comunale, municipale, urbano **CONTR.** rurale, foraneo, forese, provinciale **B** *s. m.* (*di stato, di città*) abitante, residente □ (*al pl.*) popolazione, abitanti, cittadinanza □ città, paese.

ciùcca *s. f.* (*pop.*) sbornia, ubriacatura, sbronza.

ciucciàre *v. tr.* e *intr.* (*fam., pop.*) succhiare, succiare (*pop., tosc.*), poppare.

ciùccio (**1**) *s. m.* tettarella, succhiotto, ciucciotto.

ciùccio (**2**) *s. m.* (*merid.*) asino, ciuco, somaro.

ciùco *s. m.* **1** asino, ciuccio (*merid.*) **2** (*fig.*) (*di persona*) ignorante, maleducato, zotico, testone, asino (*fig.*), somaro (*fig.*), merlo (*fig.*), minchione (*pop.*), scemo, tonto **CONTR.** sapiente.

ciùffo *s. m.* **1** (*di capelli, di peli*) ciocca, bioccolo, frangia □ tricoma □ barbetta **2** (*di piume*) mazzetto, pennacchio, pennacchietto, cresta **3** (*di erba, di arbusti*) cespuglio, mazzetto, cespo.

ciùrma *s. f.* **1** (*di galera*) rematori **2** (*est.*) (*di nave*) equipaggio, basso personale **3** (*fig.*) *V.* **ciurmaglia**. *V. anche* FOLLA

civétta **A** *s. f.* **1** (*fig.*) (*di donna*) donna fatua e vanitosa, frasca, fraschetta, smorfiosa, cocotte (*fr.*) **2** (*giorn.*) locandina □ avviso **B** *in funzione di agg. inv.* (*posposto a un s.*) richiamo, esca, tranello.

civettàre *v. intr.* adescare, amoreggiare, flirtare, bamboleggiare, corteggiare.

civetterìa *s. f.* **1** moine, leziosaggine, frivolezza, vanità, galanteria **2** vezzo.

civettuòlo *agg.* lezioso, grazioso, attraente, allettante.

cìvico *agg.* **1** (*di banda, di museo, ecc.*) cittadino, comunale, municipale, urbano **CONTR.** foraneo, rurale, forese, campagnolo **2** (*di senso, di dovere, ecc.*) civile, sociale.

civìle **A** *agg.* **1** (*di libertà, di virtù, ecc.*) civico, sociale **2** (*di guerra*) intestino, fratricida **3** (*di vita, di abito, ecc.*) borghese, cittadino, secolare **CONTR.** ecclesiastico, militare, religioso **4** (*di matrimonio, di funerale*) non religioso **CONTR.** religioso **5** (*di nazione, di popolo*) evoluto, civilizzato, incivilito **CONTR.** barbaro, selvaggio, incivile, arretrato **6** (*di persona, di modi, ecc.*) urbano, perbene, umano, garbato, educato, beneducato, compito, corretto, costumato □

cortese, gentile, amabile, affabile, piacevole **CONTR.** maleducato, inurbano, scortese, rozzo, villano, sgarbato, cafonesco, grossolano ***B*** *s. m.* privato cittadino, borghese **CFR.** militare, religioso.

civilizzàre ***A*** *v. tr.* incivilire, dirozzare, ingentilire **CONTR.** imbarbarire ***B*** **civilizzarsi** *v. rifl.* incivilirsi, dirozzarsi, ingentilirsi **CONTR.** imbarbarirsi.

civilizzazióne *s. f.* incivilimento, civiltà, cultura, progresso **CONTR.** imbarbarimento, regressione.

civilménte *avv.* (*fig.*) educatamente, garbatamente, cortesemente, urbanamente, correttamente, umanamente, compitamente **CONTR.** maleducatamente, screanzatamente, sgarbatamente, villanamente, scortesemente, rozzamente, cafonescamente, zoticamente.

civiltà *s. f.* ***1*** civilizzazione, incivilimento, evoluzione, progresso **CONTR.** barbarie ***2*** cultura ***3*** progresso, benessere, sviluppo **CONTR.** regresso, arretratezza, involuzione, degenerazione ***4*** gentilezza, educazione, cortesia, compiacenza, compitezza, correttezza, creanza, garbo, urbanità **CONTR.** maleducazione, scortesia, villania, rozzezza, cafonaggine, grossolanità, zoticaggine, inciviltà.

clàcson *s. m. inv.* avvisatore acustico, tromba, sirena.

clamóre *s. m.* ***1*** frastuono, strepito, rumore, baccano, schiamazzo, chiassata, gridio, vocio, vociferazione, fragore, clangore (*lett.*), urlio, vociare, chiasso, caciara, gazzarra, putiferio **CONTR.** silenzio, mormorio, sussurrio ***2*** (*est.*) (*di avvenimento, di notizia, ecc.*) chiasso, scalpore, eco, risonanza, impressione, scandalo, pubblicità ***3*** (*raro*) lagnanza, protesta.

clamorosaménte *avv.* ***1*** chiassosamente, rumorosamente, fragorosamente, sonoramente **CONTR.** silenziosamente, tacitamente ***2*** (*est.*) strepitosamente, straordinariamente, singolarmente, drammaticamente **CONTR.** modestamente, scarsamente.

clamoróso *agg.* ***1*** chiassoso, rumoroso, fragoroso, tumultuoso **CONTR.** silenzioso, tacito, muto ***2*** (*di successo, di avvenimento, ecc.*) strepitoso, eccezionale, straordinario, singolare, insolito, sonante, eclatante, esplosivo **CONTR.** modesto, scarso.

clan [celtico, *clan* 'famiglia'] *s. m. inv.* ***1*** (*fig.*) gruppo, tribù ***2*** (*spreg.*) conventicola, cricca, clientela, congrega, chiesuola, camarilla ***3*** (*sport*) squadra, scuderia, società, ambiente sportivo.

clandestino *agg.* ***1*** (*di contratto, di matrimonio, ecc.*) segreto, nascosto, occulto, furtivo, sotterraneo (*fig.*) □ (*di mercato*) nero **CONTR.** palese ***2*** (*di stampa, di gioco, ecc.*) illegale, proibito, illecito, vietato **CONTR.** legale, lecito, regolare. *V. anche* NERO

clàsse *s. f.* ***1*** ceto, casta, gruppo, condizione, estrazione, grado, gerarchia, rango, status (*lat.*), strato ***2*** (*est.*) (*di medici, di artisti, ecc.*) categoria, gruppo, insieme, numero, novero, ambiente □ (*di impiegati, di contribuenti, ecc.*) fascia □ (*di professionisti, di religiosi*) ordine ***3*** (*di animali, di piante, ecc.*) divisione, suddivisione, ordine, specie, gruppo, famiglia, serie, genere ***4*** (*mil.*) leva, anno, contingente ***5*** (*di scuola*) corso □ (*est.*) alunni □ (*est.*) aula ***6*** (*est.*) (*di veicolo*) categoria ***7*** (*fig.*) (*di persona, di cosa*) qualità, stile, eccellenza, eleganza, abilità, pregio, valore ***8*** (*mat.*) insieme, collezione, set (*ingl.*) **FRAS.** *di classe, di gran classe* (*fig.*), di gran pregio, di gran distinzione □ *fuori classe* (*fig.*), eccezionale, imbattibile. *V. anche* CATEGORIA, FAMIGLIA

classicità *s. f.* ***1*** mondo greco e romano ***2*** (*est.*) eleganza, equilibrio, decoro, misura.

clàssico ***A*** *agg.* ***1*** greco e romano □ (*est.*) umanistico **CONTR.** moderno, contemporaneo ***2*** (*est.*) esemplare, tipico □ perfetto, eccellente, misurato □ (*di stile*) sostenuto, elevato □ tradizionale **CONTR.** eccentrico, estroso, nuovo ***B*** *s. m.* ***1*** (*di opera, di artista*) modello ***2*** (*al pl.*) scrittori greci e latini.

classìfica *s. f.* graduatoria, classificazione, ranking (*ingl.*), palmarès (*fr.*), hit-parade (*ingl.*), ordine.

classificàre ***A*** *v. tr.* ***1*** (*di documenti, di piante, ecc.*) ordinare, assortire, campionare, etichettare, incasellare, dividere, distinguere, contraddistinguere □ (*di dati, di corrispondenza, ecc.*) spogliare ***2*** (*est.*) valutare, giudicare, riconoscere ***B*** **classificarsi** *v. intr. pron.* piazzarsi, qualificarsi, arrivare. *V. anche* DIVIDERE, GIUDICARE

classificatóre *s. m.* (*per fogli, per documenti e sim.*) cartella, armadio, contenitore, schedario, nomenclatore.

classificazióne *s. f.* ***1*** (*di documenti, di piante, ecc.*) ripartizione, suddivisione, distribuzione, ordinamento, localizzazione □ tassonomia, nomenclatura □ catalogazione, elenco, schedatura □ (*di dati, di corrispondenza, ecc.*) spoglio ***2*** (*di persone*) valutazione, graduatoria, distinzione.

claudicànte *agg.* e *s. m.* ***1*** zoppicante, zoppo, sciancato, storpio **CONTR.** diritto, saldo, spedito ***2*** (*fig.*) (*di discorso, di ragionamento, ecc.*) difettoso, imperfetto, malfermo, malsicuro, incerto **CONTR.** perfetto, sicuro, saldo. *V. anche* INCERTO

claunésco *agg. V.* **clownesco**.

clàusola *s. f.* ***1*** (*di contratto, di patto, ecc.*) aggiunta, precisazione, modificazione, allegato □ (*est.*) patto, obbligo ***2*** (*est.*) (*di discorso*) inciso ***3*** (*di periodo*) chiusa, conclusione.

claustràle *agg.* ***1*** monacale, monastico, conventuale ***2*** (*est.*) chiuso, rinchiuso, quieto, austero, solitario **CONTR.** aperto, libero, spensierato, indulgente, ameno. *V. anche* SOLITARIO

clausùra *s. f.* ***1*** (*est.*) convento, chiostro ***2*** (*fig.*) solitudine **CONTR.** mondanità ***3*** (*fig.*) luogo solitario.

clàva *s. f.* mazza, randello, bastone, batacchio.

clavicémbalo *s. m.* (*est.*) spinetta, arpicordo (*mus.*), virginale.

clemènte *agg.* ***1*** indulgente, mite, pietoso, generoso, buono, benigno, benevolo, misericordioso, tollerante, paziente, comprensivo, compassionevole, pio, umano, longanime (*lett.*) **CONTR.** rigido, rigoroso, severo, duro, inflessibile, implacabile, oppressivo, crudele, tirannesco ***2*** (*di stagione, di clima e sim.*) mite, dolce, tollerabile **CONTR.** rigido, crudo, inclemente, brutto. *V. anche* GENEROSO

clementina *s. f.* mandarancio.

clemènza *s. f.* indulgenza, generosità, tolleranza, benignità, condiscendenza, benevolenza, bontà, mitezza, dolcezza, misericordia, perdono, grazia, umanità, longanimità (*lett.*) CONTR. inclemenza, intolleranza, inesorabilità, severità, rigidezza, rigore, inflessibilità, durezza, crudeltà. V. *anche* PERDONO

clericàle ***A*** *agg.* (*fig.*) religioso, ecclesiastico, confessionale ***B*** *agg.*; *anche s. m. e f.* (*spesso spreg.*) religioso, ecclesiastico □ guelfo □ temporalista, papista, sanfedista □ paolotto, bacchettone, bigotto, baciapile, baciasanti CONTR. anticlericale, mangiapreti. V. *anche* NERO

clèro *s. m.* ecclesiastici, sacerdoti, religiosi CONTR. laici, laicato.

clessìdra *s. f.* orologio ad acqua, orologio a sabbia.

cliccàre *v. intr.* (*elab.*) premere un pulsante, schiacciare un pulsante □ (*est.*) selezionare, posizionarsi, scegliere, entrare in.

cliché /*fr.* kli'ʃe/ *s. m. inv.* ***1*** (*tip.*) lastra, stereotipo ***2*** (*fig.*) modello, tipo convenzionale, luogo comune, stereotipo, stampo.

cliènte *s. m. e f.* ***1*** avventore, acquirente, compratore, consumatore CONTR. venditore, fornitore, negoziante, mercante ***2*** (*di bar, di cinema, ecc.*) frequentatore, abitudinario, fedele, habitué (*fr.*) □ pensionante, ospite ***3*** (*di avvocato*) patrocinato CONTR. patrocinatore ***4*** (*est., spreg.*) servitore, galoppino □ protetto, prediletto, raccomandato.

clientèla *s. f.* ***1*** clienti, committenza ***2*** (*est.*) sostenitori, fautori □ servitori, galoppini.

clientelìsmo *s. m.* favoritismo, sottobosco (*fig.*), sottogoverno □ nepotismo.

clìma *s. m.* ***1*** (*est.*) tempo, temperatura □ stagione □ aria, cielo ***2*** (*fig.*) (*di politica, di cultura, ecc.*) ambiente, atmosfera, condizioni, situazione, dimensione, contesto, sfondo.

climatizzàre *v. tr.* condizionare.

climatizzatóre *s. m.* condizionatore.

climatizzazióne *s. f.* condizionamento, aria condizionata.

clìnica *s. f.* casa di cura, ospedale.

clìnico *agg.* ***1*** medico, sanitario ***2*** (*fig.*) (*di occhio, di sguardo e sim.*) esperto, intuitivo.

clip /*ingl.* klip/ [ingl. 'graffa, fermaglio', da *to clip* 'abbrancare, fermare'] *s. f. inv.* ***1*** fermaglio ***2*** (*est.*) orecchino, spilla, pin (*ingl.*) ***3*** spezzone.

clochard /*fr.* klɔ'ʃa:r/ [vc. fr., forse da *clocher* 'zoppicare'] *s. m. inv.* barbone, vagabondo, accattone, mendicante.

cloche /*fr.* klɔʃ/ [vc. fr., propriamente 'campana'] *s. f. inv.* (*aer.*) leva, barra di comando FRAS. *a cloche*, a campana.

clonàre *v. tr.* (*est., fig.*) riprodurre, duplicare.

clou /*fr.* klu/ [vc. fr., propriamente 'chiodo'] *s. m. inv.* (*di spettacolo, di gara, ecc.*) culmine, colmo, bello, punto culminante.

clown /*ingl.* 'klaun/ [vc. ingl., 'contadino rozzo', dal lat. *colōnu*(*m*) 'colono'] *s. m. inv.* pagliaccio, buffone, augusto, toni, zanni □ comico, commediante.

clownésco *agg.* claunesco, buffonesco, pagliaccesco, giullaresco, cialtronesco, ridicolo CONTR. serio, austero, severo.

club /*ingl.* klʌb/ [vc. ingl., propriamente 'bastone' dalla mazza che veniva spedita ai soci per la convocazione] *s. m. inv.* circolo, sodalizio, consorzio, unione, associazione, società, ritrovo, clubhouse (*ingl.*).

clubhouse /*ingl.* 'klʌbhaus/ [loc. ingl., propr. 'casa (*house*) di un *club*'] *s. f. inv.* (*est.*) circolo, club (*ingl.*).

coabitàre *v. intr.* convivere, abitare insieme.

coach /*ingl.* koutʃ/ [vc. ingl., propr. 'carrozza'] *s. m. inv.* (*sport*) allenatore, trainer (*ingl.*), mister (*ingl.*).

coadiutóre *s. m.* (*f. -trice*) ***1*** aiutante, aiuto, ausiliare, collaboratore, cooperatore, coadiuvante, socio, supplente, aggiunto, vicario ***2*** (*relig.*) vicario, viceparroco.

coadiuvànte *agg.*; *anche s. m. e f.* coadiutore, aiutante, aiuto, assistente, collaboratore, socio, supplente, vicario.

coadiuvàre *v. tr.* collaborare, cooperare, concorrere, contribuire, aiutare, supplire, assistere □ (*a uno scopo e sim.*) servire, giovare CONTR. ostacolare, contrastare, avversare, discordare, opporsi. V. *anche* AIUTARE

coagulànte ***A*** *part. pres. di* **coagulare**; *anche agg.* coagulativo CONTR. diluente, solvente ***B*** *s. m.* caglio, coagulo, presame.

coagulàre ***A*** *v. tr.* ***1*** (*di sostanza liquida*) raggrumare, rapprendere, rappigliare (*raro*) CONTR. diluire, disciogliere ***2*** (*di latte*) cagliare, accagliare, stringere, quagliare ***B*** *v. intr.* e **coagularsi** *intr. pron.* ***1*** (*di liquido*) rapprendersi, raggrumarsi, aggrumarsi, rappigliarsi (*raro*), condensarsi, rassodarsi, ispessirsi, addensarsi, stringersi, solidificare CONTR. sciogliersi, liquefarsi, colare ***2*** (*di latte*) cagliarsi, stringersi, quagliarsi, accagliarsi, rapprendersi, rappigliarsi (*raro*) CONTR. sciogliersi, liquefarsi.

coagulàto *part. pass. di* **coagulare**; *anche agg.* rappreso, raggrumato, cagliato CONTR. diluito, disciolto, sciolto, liquefatto.

coagulazióne *s. f.* coagulamento, condensamento, rassodamento, addensamento, solidificazione CONTR. liquefazione, scioglimento, soluzione, diluizione.

coàgulo *s. m.* ***1*** grumo, grommo (*raro*) □ (*med.*) trombo ***2*** cagliata, caglio, presame, chimasi.

coalizióne *s. f.* alleanza, lega, unione, colleganza (*raro*), confederazione, intesa, patto, accordo, blocco, schieramento, polo CONTR. divisione, inimicizia.

COALIZIONE
sinonimia strutturata

La **coalizione** è costituita da un insieme di persone oppure di enti o partiti che hanno obiettivi comuni da realizzare: *si sono stretti in una coalizione contro il nemico*; *coalizione di centro sinistra*; *la coalizione governativa*, in particolare quella formata dai partiti al governo. Vicino nel significato a coalizione è il termine **lega**, un'associazione tra Stati, categorie sociali o persone che perseguono scopi comuni: *formare una lega*; *lega doganale*; la parola ricorre di frequente in ambito storico: *lega araba*; *lega anseatica*; *lega di Corinto*; *lega lombarda*; *lega sveva*.

Unione è un termine generale che possiede significati che rientrano in quest'area semantica. Può designare un legame, un congiungimento, un divenire un tutto unico: *unione di anima e corpo*; *unione matrimoniale*; inoltre si usa per indicare il risultato stesso dell'unire due o più elementi che si concretizza in un'associazione tra persone: *unione sindacale, sportiva*. Unione, figuratamente, è anche la concordia e l'armonia: *unione di propositi*; *tra di loro c'è un'unione perfetta*; e la coesione, la continuità: *tra le parti che compongono l'opera manca l'unione*. In ambito giuridico, il sostantivo si riferisce ad una forma di collaborazione, di cooperazione continuativa fra soggetti di diritto internazionale per il raggiungimento di interessi comuni: *unione monetaria*; l'*Unione europea*, in particolare è l'organizzazione internazionale istituita con il trattato di Maastricht nel 1992.

L'**accordo** è un'armonica concordanza di opinioni, di sentimenti, di idee: *trovarsi, andare d'accordo*; *andare d'amore e d'accordo*. Nel campo del diritto, l'accordo indica una convergenza di volontà in vista di un rapporto giuridico, cioè di una relazione tra persone regolata da una norma; in particolare, nel diritto internazionale il vocabolo si riferisce ad una convenzione, ad un trattato: *gli Stati non hanno ancora ratificato l'accordo*. L'**intesa** è la realizzazione di un comune consenso tra persone o gruppi di persone a proposito di qualcosa: *essere d'intesa*; *la questione è regolata da un'intesa tra le parti in causa*; *intesa segreta*; il vocabolo ha inoltre il significato di accordo tra Stati o anche l'insieme degli Stati che sono uniti da questo accordo: l'*Intesa balcanica*. Per antonomasia, intesa sta ad indicare Inghilterra, Francia e Russia alleate contro gli imperi centrali in occasione della prima guerra mondiale. Il **patto** stabilisce una convenzione, un'intesa generale, un contratto fra due o più parti: *fare i patti giusti*; *rispettare i patti*; *avrai quello che ti spetta secondo i patti*.

L'**alleanza** è una forma di accordo tra Stati che permette di collaborare, di aiutarsi reciprocamente in caso di necessità, per esempio in guerra: *concludere un'alleanza*; *la triplice alleanza*; in senso esteso, il vocabolo indica l'incontrarsi, il convergere di partiti diversi, di enti o persone per scopi di interesse comune: *alleanza parlamentare, elettorale*. Con **schieramento** si intende, in questo contesto semantico, un insieme di persone o di partiti che sono uniti nel difendere un'idea, un programma: *lo schieramento dei partiti di sinistra*. Il **blocco** in senso figurato è un'unione compatta e stretta di forze politiche, di gruppi che si alleano: *fare, formare un blocco*; *il blocco politico dei partiti di centro*.

coalizzàre ***A*** *v. tr.* unire, alleare, confederare, federare CONTR. dividere, disunire ***B*** **coalizzarsi** *v. rifl. rec.* unirsi, allearsi, confederarsi, associarsi, federarsi CONTR. dividersi, combattersi. *V. anche* UNIRE

coalizzàto *part. pass. di* **coalizzare**; *anche agg.* unito, alleato, confederato, federato CONTR. diviso, disunito, avverso.

coartàre *v. tr.* ***1*** forzare, costringere, obbligare, sforzare, violentare, conculcare ***2*** (*raro, lett.*) restringere, comprimere. *V. anche* COSTRINGERE

coattività *s. f.* obbligatorietà, forzosità, coercitività.

coattìvo *agg.* ***1*** costrittivo, coercitivo, repressivo CONTR. libero, volontario ***2*** (*dir.*) obbligatorio, forzoso, cogente CONTR. libero.

coàtto ***A*** *agg.* forzato, obbligato, obbligatorio, costrittivo, forzoso, imposto □ (*psicol.*) costretto, ossessivo CONTR. facoltativo, volontario, libero ***B*** *s. m.* emarginato, reietto CONTR. integrato.

cobàlto *in funzione di agg. inv.* (*posposto a un s.*) (*di colore*) azzurro intenso, turchino, zaffiro, blu.

cobelligerànte *agg.*; *anche s. m.* alleato CONTR. nemico.

còbra *s. m. inv.* (*zool.*) serpente dagli occhiali, naia.

còcca *s. f.* ***1*** (*di freccia*) tacca ***2*** (*di fazzoletto, di grembiule, ecc.*) angolo, lembo, punta, becca □ nodo.

coccàrda *s. f.* rosetta, distintivo, fregio, contrassegno, emblema, nastrino.

cocchière *s. m.* vetturino, vetturale, fiaccheraio, postiglione, auriga (*lett.*), automedonte (*scherz.*).

còcchio *s. m.* carrozza □ carro.

còccia *s. f.* ***1*** (*merid.*) testa, cranio, capo ***2*** (*est.*) guscio, scorza, buccia, cartuccia ***3*** (*di pipa*) fornello ***4*** (*della spada*) elsa.

coccinìglia *s. f.*; *anche agg.* (*di colore*) rosso intenso, vermiglio, carminio.

còccio *s. m.* ***1*** terracotta, terraglia, vaso, creta ***2*** (*di vaso, di bottiglia, ecc.*) frammento, pezzo ***3*** (*di persona*) catorcio, rottame, carcassa, impiastro (*fig.*), cataplasma (*fig.*).

cocciutàggine *s. f.* caparbietà, testardaggine, caparbieria, pervicacia, ostinazione, ostinatezza, durezza, pertinacia, tenacia, inflessibilità, rigidezza, caponaggine, caponeria (*raro*), insistenza, protervia, persistenza, zucconaggine, puntiglio, puntigliosità CONTR. arrendevolezza, condiscendenza, acquiescenza, docilità, remissività, mutevolezza, persuadibilità.

cocciutaménte *avv.* caparbiamente, testardamente, ostinatamente, pertinacemente, pervicacemente, tenacemente, puntigliosamente, tignosamente, riottosamente CONTR. arrendevolmente, remissivamente, docilmente.

cocciùto *agg.*; *anche s. m.* caparbio, ostinato, testardo, pervicace, pertinace, tenace, protervo, incaponito, capone, zuccone, mulo, puntiglioso, impertinente, fissato, incapato (*tosc.*), insistente, riottoso, testone, macigno, duro, coriaceo CONTR. arrendevole, remissivo, condiscendente, cedevole, conciliante, docile, persuasibile. *V. anche* CAPARBIO

còcco *s. m.* (*fam., scherz.*) coccolo, beniamino, preferito, tesoro, prediletto, protetto, favorito, pupillo.

còccola *s. f.* (*spec. al pl.*) (*fam.*) carezze, tenerezze, effusioni.

coccolàre ***A*** *v. tr.* vezzeggiare, blandire, carezzare, viziare, lisciare CONTR. maltrattare, malmenare ***B*** **coccolarsi** *v. rifl.* (*raro*) crogiolarsi, godersela.

coccolóni *avv.* accovacciato, accosciato, accoccolato CONTR. ritto.

cocènte *part. pres. di* **cuocere**; *anche agg.* ***1*** ardente, scottante, bollente, bruciante, infuocato, rovente, torrido, caldissimo, canicolare, fervido (*lett.*), fervente (*lett.*), fervoroso (*lett.*) **CONTR.** freddo ***2*** (*fig.*) (*di passioni*) violento, veemente, irruente, appassionato, focoso, impetuoso, intenso, struggente **CONTR.** calmo, quieto, pacato, equilibrato, tranquillo ***3*** (*fig.*) (*di dolore, di delusione e sim.*) pungente, acuto, bruciante, intenso, tormentoso **CONTR.** blando, lieve, tenue.

cocktail /*ingl.* 'kɔkteil/ [vc. ingl. d'America, 'coda di gallo', comp. di *cock* 'gallo' e *tail* 'coda'] *s. m. inv.* ***1*** (*est.*) ricevimento, rinfresco, party (*ingl.*), drink (*ingl.*) ***2*** (*fig.*) mescolanza, miscela, insieme.

cocómero *s. m.* anguria, melone d'acqua **FRAS.** *cocomero asinino*, schizzetto, sputaveleno.

cocùzza *s. f.* ***1*** (*dial.*) zucca, zucchina ***2*** (*fig., scherz.*) testa ***3*** (*spec. al pl.*) (*dial.*) denari, soldi, quattrini, lire.

cocùzzolo *s. m.* ***1*** (*di testa*) sommità ***2*** (*est.*) (*di cappello e sim.*) cupola ***3*** (*est.*) (*di monte, di edificio, ecc.*) cima, sommità, vetta, punta, cacume (*raro, lett.*) **CONTR.** piede, base, fondo.

códa *s. f.* ***1*** (*est.*) (*di aereo, di fila, ecc.*) parte posteriore, estremità, fine **CONTR.** inizio, cima, parte anteriore, testa ***2*** (*di lettera, di discussione, ecc.*) appendice, prolungamento, aggiunta, estremità, fine, conclusione □ (*fig.*) seguito, conseguenza, strascico **CONTR.** inizio, principio, cominciamento, prologo, preambolo, introduzione ***3*** (*di cometa*) scia, chioma ***4*** (*di occhio*) angolo, estremità ***5*** (*di abito*) strascico ***6*** (*di capelli*) treccia □ codino ***7*** (*di persone, di vetture*) fila, colonna **FRAS.** *in coda*, in fondo □ *con la coda fra le gambe* (*fig.*), mogio mogio □ *avere la coda di paglia* (*fig.*), sapere di essere in difetto □ *con la coda dell'occhio*, nascostamente □ *vettura di coda*, ultima vettura □ *a coda di rondine*, a trapezio, a divergenza □ *coda di rondine*, frac, marsina □ *non avere né capo né coda* (*fig.*), essere sconclusionato.

codardaménte *avv.* vigliaccamente, vilmente, paurosamente, pavidamente **CONTR.** coraggiosamente, prodemente, valorosamente, arditamente, ardimentosamente, audacemente.

codàrdo *agg.; anche s. m.* vile, vigliacco, pusillanime, pauroso, pavido, ignavo, coniglio (*fig.*), pecora (*fig.*), pecorone (*fig.*), fifone, imbelle, calabrache (*pop.*) **CONTR.** coraggioso, impavido, intrepido, valoroso, prode, ardito, audace, ardimentoso, animoso, leone.

codàzzo *s. m.* corteo, seguito, accompagnamento, accompagnatura, scorta, corte, corteggio.

còdice *s. m.* ***1*** (*est.*) manoscritto ***2*** raccolta di leggi ***3*** (*est.*) legge, diritto ***4*** (*di sistema, di lingua, ecc.*) combinazione, chiave, formula, cifra, formulario, cifrario, pin (*ingl.*) □ (*ling.*) gergo □ crittografia, scrittura segreta □ simboli □ segni convenzionali, regole ***5*** (*di vita, di morale, ecc.*) norme, regole. *V. anche* LIBRO

codicìllo *s. m.* aggiunta, postilla, poscritto.

codìfica *s. f.* ***1*** codificazione □ norme, regole ***2*** (*di messaggio, di dati, ecc.*) trascrizione **CONTR.** decodificazione.

codificàre *v. tr.* ***1*** (*di norma, di uso, ecc.*) ratificare, sanzionare, legalizzare ***2*** (*di messaggio, di dati, ecc.*) cifrare, criptare, trascrivere in codice, tradurre in codice **CONTR.** decodificare, interpretare, decrittare (*mil.*), decifrare.

codificàto *part. pass. di* **codificare**; *anche agg.* ***1*** (*di norma, di uso, ecc.*) ratificato, sanzionato, legalizzato ***2*** (*di messaggio, di dati, ecc.*) trascritto in codice, cifrato **CONTR.** decodificato, interpretato, decifrato.

codificazióne *s. f.* ***1*** codifica □ norme, regole ***2*** (*di messaggio, di dati, ecc.*) trascrizione **CONTR.** decodificazione, decifrazione.

coercitìvo *agg.* costrittivo, coattivo, cogente, obbligatorio, forzoso, repressivo, forzato, iugulatorio **CONTR.** volontario, libero, spontaneo, autonomo.

coercizióne *s. f.* costrizione, coazione, coartazione, obbligo, ricatto, costringimento, pressione, violenza, oppressione, prigione (*fig.*) **CONTR.** libertà, autonomia.

coerènte *agg.* ***1*** (*di roccia*) cementato, compatto **CONTR.** friabile ***2*** (*fig.*) (*di persona, di comportamento, ecc.*) costante, lineare, retto, rettilineo, conseguente, congruente □ (*di discorso, di ragionamento, ecc.*) logico, consequenziale, consono, conforme, geometrico (*fig.*), sistematico, razionale, fedele **CONTR.** incoerente, inconcludente, incongruente, inconseguente, contraddittorio, contrastante, incostante, sconclusionato, sconnesso, slegato, squilibrato.

coerenteménte *avv.* conseguentemente, linearmente, costantemente, congruentemente, logicamente, lucidamente, razionalmente, sistematicamente, organicamente **CONTR.** incoerentemente, contraddittoriamente, incostantemente, assurdamente, incongruamente, sconclusionatamente, a vanvera.

coerènza *s. f.* ***1*** (*di elementi, di organismo*) coesione ***2*** (*fig.*) (*di idee, di ragionamento, ecc.*) unione, armonia, equilibrio, accordo, concordanza, sintonia, organicità, nesso, connessione, lucidità, logica, razionalità, pertinenza □ (*di persona, di comportamento*) congruenza, linearità, costanza **CONTR.** incoerenza, discordanza, squilibrio, disordine, assurdità □ incostanza, instabilità, incongruenza. *V. anche* COSTANZA

coesióne *s. f.* ***1*** (*fis.*) connessione, coerenza, aderenza **CONTR.** incoerenza ***2*** (*fig.*) (*di scritto, di idee, ecc.*) accordo, unione, unità, conformità, logica, costanza, armonia, congruenza, corrispondenza, inerenza, consequenzialità, continuità **CONTR.** incoerenza, contraddizione, discrepanza, discordanza, smagliatura, scollamento.

coesistènza *s. f.* convivenza, concomitanza, concorso, compresenza □ sincronia, coincidenza, sincronismo, simultaneità, contemporaneità. *V. anche* SIMULTANEITÀ

coesìstere *v. intr.* convivere.

cofanétto *s. m.* ***1*** *dim. di* **cofano** ***2*** stipetto, scatola, astuccio, custodia, cassetta, bauletto, scrigno, portagioie, portagioielli.

còfano *s. m.* ***1*** forziere, scrigno, cassaforte ***2*** cassa, baule, stipo, cassetto, cassetta ***3*** (*autom.*) portello, portellone, coperchio.

cogitazióne *s. f.* (*lett.*) meditazione, riflessione, considerazione, elucubrazione, ponderazione, approfondimento, introspezione, raccoglimento **CONTR.** spensieratezza, irriflessione, leggerezza, superficialità, sventatezza.

cògliere v. tr. **1** (*di fiore, di frutta e sim.*) prendere, spiccare, raccogliere, staccare **2** (*fig.*) (*di occasione, di momento, ecc.*) afferrare, prendere, acchiappare, approfittare, profittare, impadronirsi **CONTR.** perdere **3** (*di successo*) acquistarsi, procurarsi, raggiungere, conquistare, ottenere **4** (*anche fig.*) (*di bersaglio*) colpire, centrare, giungere (*lett.*) **CONTR.** sbagliare **5** (*di ladro, di ricercato, ecc.*) pizzicare (*pop.*), beccare (*fam.*), sorprendere, trovare **6** (*fig.*) (*di significato, di pensiero, ecc.*) intendere, capire, indovinare, afferrare □ (*di suono, di immagine, ecc.*) captare, udire □ (*di comunicazione telefonica e sim.*) intercettare □ (*di errore, di informazione, ecc.*) rilevare **FRAS.** *cogliere la palla al balzo* (*fig.*), approfittare immediatamente dell'occasione □ *cogliere alla sprovvista* (*fig.*), sorprendere □ *cogliere nel giusto*, indovinare. *V. anche* PRENDERE, UDIRE

coglionàre v. tr. (*volg.*) deridere, canzonare, beffare, burlare, minchionare (*pop.*).

coglionàta s. f. (*volg.*) fesseria, sciocchezza, buffonata, balordaggine.

coglióne **A** s. m. (*volg.*) testicolo □ (*al pl.*) palle (*volg.*) **B** s. m. (f. -*a*); anche agg. (*volg.*) sciocco, minchione (*pop.*), babbeo, gonzo, fesso, scemo, stupido, sempliciotto, allocco **CONTR.** furbo, furbacchione, scaltro, dritto, volpe.

coglionerìa s. f. (*volg.*) stupidità, balordaggine, imbecillità, ingenuità, dabbenaggine □ fesseria, sciocchezza.

cognac /fr. kɔ'ɲak/ o (*evit.*) **cògnac** [dalla città francese di *Cognac*, dove lo si produce] s. m. inv. acquavite, brandy (*ingl.*), arzente (*lett.*).

cognizióne s. f. **1** (*lett.*) conoscenza, conoscimento, contezza (*lett.*), consapevolezza, coscienza, comprensione, notizia (*lett.*) □ (*di materia, di argomento, ecc.*) possesso, pratica □ (*della realtà, del bene, ecc.*) idea **CONTR.** inconsapevolezza, incoscienza, ignoranza **2** (*spec. al pl.*) (*di scienze, di musica, ecc.*) nozioni, informazioni **CONTR.** ignoranza **3** (*dir.*) competenza. *V. anche* COMPETENZA, COSCIENZA

cognóme s. m. casato, nome di famiglia. *V. anche* NOME

coibènte s. m.; anche agg. isolante, dielettrico (*elettr.*) □ insonorizzante **CONTR.** conduttore □ permeabile.

coiffeur /fr. kwa'fœr/ [vc. fr., da *coiffer*, propriamente 'coprire il capo con una *cuffia*' (*coiffe*)] s. m. inv. parrucchiere, pettinatore, acconciatore, barbiere, barbitonsore (*scherz.*).

coincidènza s. f. **1** (*di fatti, di avvenimenti*) simultaneità, concorso, incontro, concomitanza, contemporaneità, coesistenza, sincronia, sincronismo **CONTR.** diacronia **2** caso, combinazione, accidente, fatalità **3** (*fig.*) (*di opinioni e sim.*) uguaglianza, identità, conformità, consonanza, omogeneità, uniformità, analogia **CONTR.** disparità, differenza, divergenza, discordanza, discrepanza, contrasto **4** (*mat., est.*) corrispondenza, identità **5** (*di mezzi di trasporto*) corrispondenza. *V. anche* SIMULTANEITÀ

coincìdere v. intr. **1** (*di fatti, di idee, ecc.*) corrispondere, collimare, combaciare, convergere, riscontrare, quadrare **CONTR.** divergere, contrastare, discostarsi **2** (*di parti*) commettere, combinare, serrare (*tosc.*) **3** (*di arrivo, di partenza, ecc.*) incontrarsi, accadere contemporaneamente, combinarsi **CONTR.** divergere, essere sfasato.

coinvolgènte part. pres. di **coinvolgere**; anche agg. interessante, attraente, avvincente, trascinante, intrigante **CONTR.** noioso.

coinvòlgere v. tr. implicare, trascinare, involgere (*raro*), involvere (*raro*), compromettere □ (*in una vicenda*) imbarcare □ attrarre, interessare, sensibilizzare **CONTR.** allontanare, estromettere.

coinvolgiménto s. m. implicazione, sensibilizzazione, trascinamento (*fig.*) □ interesse, interessamento, partecipazione **CONTR.** estraniazione.

coinvòlto part. pass. di **coinvolgere**; anche agg. implicato, compromesso, immischiato, trascinato, imbarcato (*fig.*) □ interessato □ responsabilizzato **CONTR.** allontanato, estromesso, estraneo, scevro.

còito s. m. accoppiamento, copula (*lett.*), amplesso.

colabròdo s. m. inv. colino, passino, colatoio, cola.

colàre **A** v. tr. **1** (*di liquido, di fluido*) filtrare, passare, purgare, vagliare, setacciare **2** (*di metallo, di gesso, ecc.*) fondere □ versare **B** v. intr. **1** (*di liquido, di fluido*) cadere, fluire, fuoriuscire, effondere, gocciare, gocciolare, sgocciolare, stillare, distillare, scorrere, scolare, discendere, uscire, trapelare **2** (*di contenitore*) perdere, filare **3** (*di cera, di burro e sim.*) struggersi, squagliarsi, fondersi, sciogliersi, liquefarsi **CONTR.** rapprendersi, coagularsi **FRAS.** *colare a fondo, colare a picco*, affondare, fare affondare.

colàta s. f. **1** (*di lava*) flusso, effusione, sciara **2** (*di fango, di pietrisco e sim.*) scorrimento, scivolamento, smottamento **3** (*in fonderia*) metallo fuso □ fusione □ colaticcio, colatura, sgocciolatura □ (*di metallo fuso, di cemento, ecc.*) getto, gettata.

colàto part. pass. di **colare**; anche agg. **1** (*di liquido, di fluido*) filtrato, passato, purgato, vagliato, setacciato **2** (*di metallo, di gesso, ecc.*) fuso □ gettato, versato **3** (*di liquido*) caduto, gocciolato, stillato, uscito, trapelato **4** (*di oro*) raffinato, purificato, fuso **FRAS.** *prendere tutto per oro colato* (*fig.*), credere a tutto con fiducia.

colazióne s. f. **1** prima colazione, breakfast (*ingl.*), déjeuner (*fr.*), asciolvere (*lett.*) **2** pranzo, desinare, lunch (*ingl.*) □ pasto **CFR.** brunch (*ingl.*).

colecisti s. f. (*anat.*) cistifellea.

còlf [da *col*(*laboratrice*) *f*(*amiliare*)] s. f. collaboratrice familiare, donna di servizio, donna, domestica, governante, cameriera, fantesca (*lett.*), serva (*spreg.*).

colìno s. m. passino, filtro, vaglio, colatoio, cola, colabrodo.

còlla s. f. **1** adesivo, gomma, mastice, resina, glutine, collante, pece, pegola **2** (*est.*) appiccicaticcio, piastriccio, attaccaticcio **FRAS.** *colla di pesce*, ittiocolla.

collaboràre v. intr. **1** coadiuvare, cooperare, aiutare, concorrere, affiancare **CONTR.** intralciare, boicottare,

ostacolare **2** contribuire, partecipare. *V. anche* AIUTARE
collaboratóre *s. m.* (*f. -trice*); *anche agg.* cooperatore, coadiutore, coadiuvante, aiutante, aiuto, assistente, adiutore, ausiliare, informatore □ collega, socio □ sostenitore **FRAS.** *collaboratrice familiare*, colf, donna di servizio.
collaborazióne *s. f.* cooperazione, aiuto, assistenza, contributo, apporto, concorso, concerto (*raro*), intesa **CONTR.** ostruzionismo □ (*polit.*) filibustering (*ingl.*).
collage /*fr.* kɔ'laʒ/ *s. m. inv.* (*fig.*) (*di idee, di episodi, ecc.*) insieme, misto, mistione.
collàna *s. f.* **1** monile, vezzo, girocollo, filo, catena, catenella, collier (*fr.*), torque (*lett.*) **2** (*di ordine cavalleresco*) collare **3** (*fig.*) (*di opere*) raccolta, collezione, serie, biblioteca.
collànte *s. m.*; *anche agg.* adesivo, colla.
collàre *s. m.* **1** (*di peli, di piume o squame*) anello **2** (*di abito*) gorgiera, colletto, sottogola, goletta, bavero **3** (*est.*) (*di animale, spec. di cane*) cinghia, guinzaglio **4** collana, vezzo, catenella, girocollo, collier (*fr.*) **5** (*relig.*) soggolo, cinturino, collarino **6** (*di ordine cavalleresco*) cordone **7** (*arch.*) collarino **8** (*mar.*) anello.
collàsso *s. m.* malore, mancamento, svenimento, cedimento, deliquio, défaillance (*fr.*).
collateràle *agg.* **1** laterale, vicino **CONTR.** lontano **2** (*di parte, di effetto, ecc.*) secondario, accessorio **CONTR.** primario, principale.
collateralménte *avv.* di fianco □ parallelamente.
collaudàre *v. tr.* provare, verificare, controllare, accertare, riscontrare.
collaudàto *part. pass. di* **collaudare**; *anche agg.* verificato, controllato □ sperimentato.
collàudo *s. m.* verifica, prova, controllo, accertamento.
collazionàre *v. tr.* confrontare, riscontrare, paragonare, raffrontare, comparare.
collazióne *s. f.* confronto, riscontro, raffronto, paragone, comparazione. *V. anche* PARAGONE
còlle (**1**) *s. m.* valico, varco, passo, sella, forcella, passaggio, gola.
còlle (**2**) *s. m.* collina, poggio, monticello, montuosità, altura, rilievo, clivo (*poet.*), piaggia (*lett.*).
collèga *s. m.* e *f.* **1** (*di lavoro, di ufficio*) compagno **2** (*di attività*) collaboratore □ socio, sodale (*lett.*) **CONTR.** concorrente, antagonista, contendente **3** (*di azioni riprovevoli*) complice, compare.
collegaménto *s. m.* **1** (*anche fig.*) unione, connessione, colleganza (*lett.*), aggancio, congiungimento, congiunzione, saldatura, sutura (*raro*), accoppiamento, apparentamento, allaccio, interfacciamento (*elab.*), interfaccia (*elab.*), contatto, attacco, comunicazione □ (*fig.*) rapporto, legame, nesso, relazione, concatenamento **CONTR.** disgiungimento, divisione, sconnessione, sfasamento **2** (*di vie di comunicazione*) bretella, svincolo, raccordo, allacciamento □ ponte □ (*med., urban.*) by pass (*ingl.*) **3** (*di persona*) tramite, intermediario.
collegàre **A** *v. tr.* **1** unire, congiungere, connettere, allacciare, raccordare, interfacciare (*elab.*), mettere in comunicazione, accoppiare, agganciare, annettere, associare, consociare □ calettare (*mecc.*) **CONTR.** dividere, separare, slegare, scindere, sciogliere, disunire, disgiungere, scollegare, sconnettere, dissociare, disarticolare **2** (*fig.*) (*di ragionamenti, di idee e sim.*) connettere, coordinare, riunire, concatenare, correlare **CONTR.** confondere, sconvolgere **B** **collegarsi** *v. rifl. rec.* **1** unirsi, congiungersi □ accordarsi, allearsi, associarsi, fare lega, confederarsi **CONTR.** dividersi, disgiungersi, separarsi **2** (*spec. per telefono, per radio*) mettersi in comunicazione, comunicare **C** *v. intr. pron.* (*di argomenti, di idee e sim.*) essere unito, concatenarsi, connettersi, allacciarsi. *V. anche* UNIRE
collegàto *part. pass. di* **collegare**; *anche agg.* **1** unito, congiunto, accoppiato, connesso, annesso, associato, allacciato, in comunicazione **CONTR.** diviso, dissociato, separato, slegato, sciolto, disunito, scisso **2** (*di ragionamenti, di idee, ecc.*) connesso, coordinato, concatenato, correlato, interdipendente **CONTR.** sconnesso, scoordinato.
collegiàle **A** *agg.* (*di decisione, di voto, ecc.*) collettivo, assembleare **B** *s. m.* e *f.* **1** (*di collegio*) allievo, convittore, interno □ educanda **2** (*fig.*) giovane imbarazzato, timido, timoroso.
collegialménte *avv.* collettivamente, insieme, in comune, globalmente.
collègio *s. m.* **1** (*di medici, di avvocati, ecc.*) corpo, associazione, consesso □ (*di scuola e sim.*) commissione, consiglio, sessione, riunione □ (*di giudici*) corte **2** (*elettorale*) circoscrizione **3** (*di giovani*) convitto, istituto, educandato, educatorio (*raro*), internato, studentato **4** (*relig.*) capitolo.
còllera *s. f.* ira, sdegno, rabbia, furore, stizza, indignazione, iracondia, corruccio, furia, bile, disdegno, irritazione, irascibilità, arrabbiatura, caldana **CONTR.** calma, placidità, tranquillità, serenità, mitezza. *V. anche* IRA, STIZZA
collericaménte *avv.* rabbiosamente, irosamente, stizzosamente, biliosamente, astiosamente, iracondamente, iratamente, ringhiosamente **CONTR.** placidamente, tranquillamente, pacatamente, serenamente, mitemente.
collèrico *agg.*; *anche s. m.* irascibile, rabbioso, iroso, furioso, iracondo, stizzoso, astioso, bilioso, bizzoso, fegatoso, focoso, irritabile, ringhioso, alterabile, intrattabile, atrabiliare (*lett.*) **CONTR.** placido, calmo, conciliante, sereno, pacato, tranquillo, mite.
collètta *s. f.* questua, raccolta, cerca, accatto □ sottoscrizione.
collettivaménte *avv.* tutti insieme, coralmente, collegialmente, globalmente, assemblearmente, complessivamente, concordemente, cumulativamente **CONTR.** singolarmente, individualmente, separatamente.
collettivìsmo *s. m.* (*est.*) socialismo, comunismo **CONTR.** individualismo, liberismo, capitalismo.
collettività *s. f.* comunità, pluralità, società, massa (*anche spreg.*) □ (*est.*) città □ collegialità.
collettìvo **A** *agg.* comune, comunitario, generale, pubblico, sociale □ complessivo, cumulativo □ colle-

giale, corale, unanime **CONTR.** individuale, particolare, speciale, privato, singolo ***B*** *s. m.* organismo, gruppo □ cooperativa.

collétto *s. m.* ***1*** (*di indumento*) bavero, baverino, solino, collarino, goletta ***2*** (*di albero*) piede, ceppo ***3*** (*di carne bovina*) spalla **FRAS.** *colletto bianco* (*fig.*), impiegato, tecnico □ *colletto blu* (*fig.*), operaio.

collettóre ***A*** *agg.* (*f. -trice*) raccoglitore ***B*** *s. m.* ***1*** (*di persona*) esattore ***2*** (*idraul.*) condotto, canale, conduttura, fogna, cloaca, emissario ***3*** (*lett.*) collezionista.

collezionàre *v. tr.* raccogliere, accumulare, raggruppare, radunare.

collezionàto *part. pass. di* **collezionare**; *anche agg.* raccolto, accumulato, radunato.

collezióne *s. f.* ***1*** (*di monete, di francobolli, ecc.*) raccolta, assortimento, scelta, selezione ***2*** (*di pubblicazioni*) collana, serie, raccolta. *V. anche* SCELTA

collezionìsta *s. m. e f.* raccoglitore, amatore, collettore (*lett.*).

collie /*ingl.* ˈkɔli/ [vc. ingl., forse da *coal* 'carbone' per il colore della livrea] *s. m. inv.* pastore scozzese.

collimàre *v. intr.* (*anche fig.*) coincidere, combaciare, combinare, commettere, corrispondere, ugguagliarsi, identificarsi **CONTR.** divergere, contrastare, urtarsi, scontrarsi, differire.

collìna *s. f.* colle, poggio, altura, rilievo, monticello, dosso.

collisióne *s. f.* ***1*** (*di cose*) urto, scontro, cozzo, carambola, tamponamento □ (*sport nautico*) accrochage (*fr.*) ***2*** (*fig.*) (*di persone, di idee*) contrasto, conflitto, divergenza, alterco, diverbio **CONTR.** accordo.

còllo (1) *s. m.* ***1*** (*est.*) cervice, nuca, gola, collottola ***2*** (*est.*) (*di indumento*) colletto, bavero, solino, collarino, goletta ***3*** (*di piede*) caviglia **FRAS.** *prendere per il collo* (*fig.*), strozzare, esigere prezzi esosi □ *tra capo e collo* (*fig.*), all'improvviso □ *rompersi l'osso del collo* (*fig.*), rovinarsi □ *a rotta di collo* (*fig.*), a precipizio □ *mettere i piedi sul collo* (*fig.*), sopraffare □ *bere a collo*, bere direttamente dalla bottiglia □ *fino al collo* (*fig.*), fino al massimo di sopportabilità □ *collo d'oca* (*mecc.*), albero a gomiti.

còllo (2) *s. m.* (*di merce*) plico, pacco, balla, involto, sacco, cassa, cassetta, baule, valigia, barile, involto.

collocaménto *s. m.* ***1*** collocazione, sistemazione, dislocazione, allogamento ***2*** impiego, lavoro, ufficio, occupazione ***3*** (*est.*) matrimonio ***4*** (*di denaro*) investimento, impiego □ (*econ.*) sbocco, smercio, mercato.

collocàre ***A*** *v. tr.* ***1*** porre, sistemare, mettere, allogare, disporre, ordinare, allestire, posare, depositare, accomodare, impiantare, installare, situare, stabilire, posizionare, dislocare □ (*di abitato, di edificio*) ubicare **CONTR.** levare, spostare, togliere, eliminare, rimuovere ***2*** (*nel tempo*) datare ***3*** (*est.*) (*di persona*) impiegare, sistemare ***4*** (*fig.*) (*di persona, di opera, ecc.*) inquadrare, ambientare ***5*** (*di capitale*) investire, impiegare, piazzare ***6*** (*est.*) vendere **CONTR.** comperare ***7*** (*di ragazza*) accasare, maritare, sposare ***B***

collocarsi *v. rifl.* ***1*** mettersi, sistemarsi, porsi, piantarsi, piazzarsi □ (*anche fig.*) inquadrarsi **CONTR.** levarsi, togliersi ***2*** mettersi a posto, sistemarsi, occuparsi **CONTR.** licenziarsi, dimettersi.

collocazióne *s. f.* ***1*** collocamento, sistemazione, allogamento, installazione, impianto □ (*di abitato, di edificio*) ubicazione, posizione, posto **CONTR.** rimozione ***2*** (*di libri, di riviste e sim.*) disposizione, esposizione, localizzazione, piazzamento (*raro*), ordine, assetto ***3*** lavoro, occupazione, impiego, ufficio, incarico, collocamento, sistemazione.

colloquiàle *agg.* discorsivo □ familiare, confidenziale **CONTR.** ampolloso, ossequioso.

colloquiàre *v. intr.* ***1*** conversare, parlare, chiacchierare **CONTR.** monologare ***2*** (*fig.*) trattare, dialogare, parlamentare.

collòquio *s. m.* ***1*** conversazione, dialogo, discorso, discussione, abboccamento, incontro, udienza, intervista **CONTR.** monologo, soliloquio ***2*** (*est.*) convegno, congresso, conferenza, seduta, riunione ***3*** (*di studente*) esame preliminare, esame orale, orale □ esame. *V. anche* ESAME

collosità *s. f.* densità, viscosità, appiccicume **CONTR.** fluidità, scorrevolezza.

collóso *agg.* appiccicoso, viscoso, denso, glutinoso, appiccicaticcio, attaccaticcio, gelatinoso **CONTR.** fluido, scorrevole, limpido.

collòttola *s. f.* nuca, coppa (*lett.*), cuticagna (*scherz.*), occipite (*anat.*), cervice (*lett.*) □ (*est.*) collo.

collusióne *s. f.* ***1*** accordo fraudolento □ correità ***2*** (*di partiti*) intesa.

colluttazióne *s. f.* ***1*** rissa, lotta, baruffa, accapigliamento, cagnara, tafferuglio, zuffa, azzuffamento, mischia, parapiglia, cazzottata ***2*** (*fig.*) scontro, disputa. *V. anche* ZUFFA

colmàre *v. tr.* ***1*** (*anche fig.*) riempire, empire, compenetrare, caricare, inzeppare, rimpinzare, saturare, impregnare □ (*di cervello, di mente e sim.*) imbottire □ (*di baci, di elogi, ecc.*) coprire, ricoprire □ (*di doni, di richieste, ecc.*) subissare **CONTR.** vuotare, svuotare □ incavare, scavare ***2*** (*di terreno, di palude*) interrare, bonificare.

colmàto *part. pass. di* **colmare**; *anche agg.* ***1*** riempito, empito (*raro*), ricolmato, caricato, pieno, coperto, ricoperto **CONTR.** vuotato, vuoto ***2*** (*di terreno, di palude*) bonificato.

cólmo (1) *agg.* ***1*** pieno, ripieno, pregno, traboccante, riboccante, raso, carico, rigonfio, straboccante, straripante, zeppato (*raro*), coperto, empito □ (*di persone*) gremito, affollato, stipato, fitto, zeppo □ (*fig.*) pieno, fornito □ (*di fumo, di pregiudizi, ecc.*) impregnato **CONTR.** vuoto, vacuo, sgombro ***2*** (*di vetro, di specchio e sim.*) bombato, convesso, rilevato, tondeggiante **CONTR.** incavato.

cólmo (2) *s. m.* ***1*** cima, sommità, culmine, apice, vertice, vetta, punta, sommo □ promontorio □ (*di montagna*) dorso ***2*** (*di fiume*) piena **CONTR.** magra ***3*** (*fig.*) (*di felicità, di prosperità ecc.*) apice, vertice, massimo, culmine, acme, parossismo □ (*di spettacolo, di gara, ecc.*) clou (*fr.*) **CONTR.** fondo, punto più basso.

colombàia *s. f.* piccionaia.

colómbo *s. m.* **1** (*zool.*) piccione □ (*est.*) palombo **2** (*spec. al pl.*) (*fig., fam.*) innamorati, amanti.

colònia *s. f.* **1** (*di persone*) comunità, gruppo **2** (*di animali o vegetali*) aggregato, aggregazione □ (*geol.*) banco, strato, ammasso **3** (*di territori*) possedimento, stabilimenti, dominio **4** istituto di cura, istituto di riposo □ luogo di cura. *V. anche* POSSEDIMENTO

coloniàle **A** *agg.* **1** di colonia, delle colonie **2** (*di politica*) imperialistico, espansionistico **B** *s. m. spec. al pl.* spezie.

colonialìsmo *s. m.* (*est.*) imperialismo, espansionismo.

colonizzàre *v. tr.* **1** popolare □ ridurre a colonia □ (*est.*) conquistare, occupare **CONTR.** decolonizzare **2** bonificare, mettere a coltura **CONTR.** abbandonare.

colonizzazióne *s. f.* **1** occupazione, conquista **CONTR.** decolonizzazione, abbandono **2** bonifica **CONTR.** abbandono.

colónna *s. f.* **1** pilastro, piedritto, sostegno **2** (*est.*) cippo, stele, obelisco, cariatide **3** (*fig.*) (*di persona*) appoggio, aiuto, sostegno, fondamento, cardine, caposaldo **4** (*di numeri, di parole, ecc.*) fila, serie, elenco □ (*di tabella, di registro, ecc.*) finca **5** (*di soldati, di auto, ecc.*) coda, fila, schiera, formazione, carovana **6** (*cine.*) pista, nastro, banda **FRAS.** *colonna infame*, gogna □ *colonna vertebrale*, spina dorsale □ *quinta colonna*, sabotatori interni □ *colonne d'Ercole*, stretto di Gibilterra; (*fig.*) limite invalicabile, grado estremo.

colonnàto *s. m.* portico, porticato, balaustra, peristilio, propileo.

colonnìsta *s. m.* e *f.* columnist (*ingl.*), articolista.

colòno *s. m.* contadino, coltivatore, agricoltore, campagnolo, villico (*lett.*), mezzadro, lavorante.

colorànte *part. pres. di* **colorare**; *anche s. m.* colore, pigmento, tintura, tinta □ (*per capelli*) cachet (*fr.*) **CONTR.** decolorante.

coloràre **A** *v. tr.* **1** tingere, pigmentare, colorire, tinteggiare, verniciare, inverniciare **CONTR.** decolorare, scolorire, stingere **2** (*est.*) pitturare, dipingere, pennellare **3** (*fig., raro*) mascherare, camuffare, simulare **B** **colorarsi** *v. intr. pron.* **1** tingersi, dipingersi **CONTR.** scolorirsi **2** (*di volto*) ravvivarsi, arrossarsi **CONTR.** sbiancarsi, scolorarsi, impallidire **3** (*fig., raro*) camuffarsi, mascherarsi.

coloràto *part. pass. di* **colorare**; *anche agg.* tinto, dipinto, pitturato, pigmentato **CONTR.** decolorato, scolorito.

colorazióne *s. f.* **1** coloramento **CONTR.** decolorazione, scolorimento **2** (*est.*) colore, tinta, tintura. *V. anche* TINTA

colóre *s. m.* **1** tinta, colorazione, pigmento, tono **2** colorante, tintura, inverniciatura, patina **3** (*di persona*) colorito, carnagione, incarnato, cera **4** (*fig.*) aspetto, apparenza, parvenza, sembianza **5** pretesto, simulazione, finzione **6** (*al pl., est.*) (*di nazione, di società sportiva, ecc.*) bandiera, stemma □ squadra, società **7** (*di carta da gioco*) seme **8** (*di suono*) gradazione, intensità, forza, timbro □ intonazione □ (*est.*) vivacità, pittoricità, espressività **9** (*fig.*) (*di politica, di religione, ecc.*) idea, opinione, parte, partito **FRAS.** *senza colore*, incolore, opaco; (*fig.*) impersonale, scialbo □ *a colori*, colorato □ *dirne di tutti i colori* (*fig.*), imprecare violentemente □ *diventare di tutti i colori* (*fig.*), turbarsi improvvisamente. *V. anche* TINTA

colorìre **A** *v. tr.* **1** colorare, tingere, tinteggiare, dipingere, pitturare, soffondere (*lett.*) **CONTR.** decolorare, sbiadirsi, scolorire **2** (*fig.*) (*di racconto, di descrizione e sim.*) abbellire, vivacizzare, animare, avvivare **CONTR.** banalizzare, appiattire, smorzare **3** simulare **B** **colorirsi** *v. intr. pron.* dipingersi, tingersi, arrossarsi, soffondersi (*lett.*) □ (*di persona*) ravvivarsi, animarsi □ (*fig.*) venarsi **CONTR.** impallidire, sbiancarsi, sbiancare, stingersi.

colorìto **A** *agg.* **1** dipinto, tinto, colorato, soffuso (*lett.*) **CONTR.** scolorito, stinto, sbiadito, incolore, pallido, decolorato **2** (*di viso*) vivace, roseo, rubicondo, rubizzo **CONTR.** pallido, smorto, anemico, esangue, cadaverico, cereo, terreo, verde, sbattuto, dilavato **3** (*fig.*) (*di linguaggio*) espressivo, vivace, fantasioso, pittoresco, icastico **CONTR.** banale, monotono, noioso, incolore, piatto, inespressivo **B** *s. m.* **1** colore, tinta, tono **2** (*di persona*) carnagione, incarnato, colore, cera. *V. anche* TINTA

colóro *pron. dimostr.* quelli, quelle.

colossal /*ingl.* kə'lɔsəl/ [vc. ingl., propr. 'colossale'] *s. m. inv.* (*est.*) filmone.

colossàle *agg.* enorme, gigantesco, smisurato, straordinario, grandissimo, grandioso, imponente, maestoso, monumentale, ciclopico, possente, cubitale, immenso, mastodontico, stragrande, immane, titanico, madornale, marchiano **CONTR.** piccolissimo, nano, minimo, minuto, minuscolo, esiguo, microscopico, lillipuziano. *V. anche* GRANDE

colòsso *s. m.* **1** (*est.*) gigante, titano, mole, ciclope, omone, omaccione, carnera (*fam.*), ercole, maciste (*scherz.*) **CONTR.** nano, pigmeo, lillipuziano **2** (*est.*) (*di persona*) personalità eccezionale, big (*ingl.*) **3** (*fig.*) (*di industria, di complesso, ecc.*) gigante (*fig.*) **4** (*cine.*) film grandioso, colossal (*ingl.*).

cólpa *s. f.* **1** reato, crimine, misfatto, iniquità, fallo, delitto, sbaglio, infrazione □ reità, colpevolezza **CFR.** dolo **CONTR.** innocenza **2** peccato, fallo, caduta, errore, macchia, mancanza, male, malefatta, vizio **CONTR.** innocenza **3** responsabilità, torto, difetto, demerito **CONTR.** merito, pregio, vanto **4** causa, opera, azione.

COLPA
sinonimia strutturata

Nella sua più stretta accezione giuridica **colpa** indica la negligenza, la mancanza di prudenza, l'imperizia, oppure l'inosservanza di leggi, regolamenti o discipline da cui deriva la violazione di un dovere giuridico: *colpa civile*; il termine si usa anche in riferimento ad un'azione o un'omissione che contravvengono alla morale o alla religione e in questo senso è sinonimo di peccato, di macchia: *colpa grave, tenue*;

cadere in colpa. Colpa in un significato più ampio si riferisce perciò alla responsabilità morale e individuale che consegue ad una azione riprovevole o dannosa: *essere in colpa*; *dare, attribuire la colpa*; *senso di colpa*.

Il **reato** è un atto o un comportamento che contravviene al codice penale: *commettere, compiere un reato*; *corpo del reato*; con **delitto** si intende in particolare una violazione della legge penale per la quale sono previste una serie di pene commisurate all'infrazione commessa: *delitto contro la proprietà*; *delitto colposo*; *delitto preterintenzionale*. Il vocabolo nell'uso comune spesso indica l'omicidio, l'assassinio: *macchiarsi di un feroce delitto*; *commettere un delitto perfetto*; e, in senso esteso, significa scelleratezza, nefandezza: *compiere delitti d'ogni sorta*, oppure errore, colpa: *sarebbe un imperdonabile delitto ripagare così la sua bontà*. Anche **crimine** indica un illecito penale, accompagnato però da un'idea di particolare efferatezza e gravità: *crimine di guerra*; *crimini contro l'umanità*; così anche il termine **misfatto** significa delitto, turpitudine, crimine: *commettere un atroce misfatto*.

Con **dolo** nel linguaggio giuridico si intende la previsione e la volontà nel compiere un fatto illecito da parte dell'autore: *illecito penale commesso con dolo*. Dolo si riferisce quindi ad una particolare colpa e responsabilità dell'autore dell'evento dannoso in quanto pienamente consapevole della sua azione e guidato dalla volontà di nuocere; nel linguaggio più ricercato e letterario il termine indica anche la frode, il raggiro, l'inganno: *subire un dolo*.

Infrazione significa trasgressione, violazione, di solito di lieve entità: *commettere un'infrazione al codice della strada*; **fallo** è l'errore, lo sbaglio: *quella teoria ha fatto cadere in fallo molti studiosi*, o la colpa, il peccato: *essere in fallo*; *un fallo imperdonabile*; nel linguaggio sportivo fallo è un'infrazione al regolamento di gara per cui viene data una punizione contro chi l'ha commesso: *fallo intenzionale*; *espulsione di un giocatore per somma di falli*.

colpévole ***A*** *agg.* criminale, doloso, delittuoso, colposo, peccaminoso, riprovevole, responsabile CONTR. innocente ***B*** *s. m.* e *f.* ***1*** reo, imputato, criminale, malfattore, delinquente CONTR. innocente, incolpevole ***2*** (*relig.*) peccatore CONTR. innocente.

colpevolézza *s. f.* reità, colpa, imputabilità, dolo, responsabilità CONTR. innocenza.

colpire *v. tr.* ***1*** percuotere, battere, ferire, bastonare, urtare, picchiare □ pugnalare, trafiggere, flagellare ***2*** (*di bersaglio, di nave, ecc.*) centrare, cogliere □ danneggiare, ferire □ cannoneggiare CONTR. mancare, fallire, sbagliare ***3*** (*fig.*) azzeccare, imbroccare, indovinare CONTR. fallire ***4*** (*fig.*) (*di persona, di opinione*) impressionare, emozionare, shoccare ***5*** (*di persona*) punire, danneggiare □ offendere □ criticare CONTR. favorire □ elogiare. *V. anche* IMPRESSIONARE

colpìto *part. pass. di* **colpire**; *anche agg.* ***1*** percosso, battuto, ferito, bastonato, urtato, picchiato, trafitto ***2*** (*di bersaglio, di nave, ecc.*) centrato, colto □ speronato □ danneggiato, leso, ferito CONTR. indenne ***3*** (*fig.*) azzeccato, imbroccato, indovinato CONTR. fallito ***4*** (*fig.*) (*di persona, di opinione*) impressionato, suggestionato, toccato ***5*** (*di persona*) punito, danneggiato □ criticato, punto (*fig.*), offeso, scottato CONTR. favorito □ elogiato ***6*** (*di malato*) affetto.

cólpo *s. m.* ***1*** botta, bussa, percossa, nespola (*fam.*), sventola, svirgola (*pop.*), bastonata, scossone, pacca, batosta (*raro*), urto, spinta, picchio, cozzo, contusione, ferimento ***2*** (*est.*) fendente, mazzata, stoccata, bacchettata, nerbata, piattonata, pugnalata, frustata, stangata, staffilata, sferzata, coltellata, sciabolata, calcio, pedata, pugno, cazzotto, schiaffo, gomitata, manata, scapaccione, testata, zampata, zannata, sassata ***3*** (*di suono*) tonfo, schianto, scoppio, fragore, esplosione, botto, busso, schiocco ***4*** (*est.*) sparo, detonazione, fucilata, cannonata, revolverata, pistolettata ***5*** (*est.*) cartuccia, pallottola ***6*** (*sport*) (*nella scherma*) stoccata □ (*nel tennis e altri sport*) lancio ***7*** (*in banca, al gioco, ecc.*) azione, rapina, furto, impresa fortunata, vincita, affare ***8*** (*med.*) apoplessia, ictus, infarto, accidente, attacco, paralisi ***9*** (*est.*) dolore, dispiacere, batosta, mazzata, stangata, trauma, choc (*fr.*) □ emozione, impressione, entusiasmo, ammirazione ***10*** (*giorn.*) scoop (*ingl.*) FRAS. *dare un colpo al cerchio e uno alla botte* (*fig.*), barcamenarsi □ *senza colpo ferire* (*fig.*), senza combattere, senza spargere sangue □ *colpo di grazia* (*fig.*), colpo mortale; crollo definitivo □ *colpo basso* (*fig.*), azione disonesta □ *colpo di sole*, insolazione □ *colpo di sonno*, abbiocco (*region.*) □ *colpo di telefono*, telefonata □ *colpo di testa* (*fig.*), decisione precipitosa, capriccio □ *colpo di fulmine* (*fig.*), avvenimento inaspettato; innamoramento a prima vista □ *colpo di fortuna*, fortuna improvvisa □ *colpo di scena* (*fig.*), mutamento improvviso □ *di colpo, a un colpo, di un colpo*, a un tratto, repentinamente, improvvisamente □ *colpo di mano* (*fig.*), attacco improvviso, azione inaspettata □ *colpo giornalistico* (*fig.*), notizia sensazionale, scoop (*ingl.*) □ *a colpo sicuro* (*fig.*), senza sbagliare.

colpóso *agg.* preterintenzionale, involontario □ colpevole □ fraudolento CFR. intenzionale, doloso CONTR. innocente.

colt /kɔlt, *ingl.* koult/ [dal n. dell'inventore, il colonnello statunitense S. *Colt*] *s. f. inv.* pistola (a tamburo) □ (*est.*) revolver (*ingl.*), rivoltella (a caricatore).

coltellàta *s. f.* ***1*** (*di coltello*) colpo, ferita ***2*** (*fig.*) dolore, colpo, sofferenza.

coltèllo *s. m.* ***1*** lama, coltella, coltellaccio, temperino, trinciante ***2*** (*di aratro*) coltro ***3*** (*di bilancia, di pendolo*) fulcro FRAS. *coltello chirurgico*, bisturi □ *avere il coltello per il manico* (*fig.*), essere in posizione di vantaggio □ *lotta a coltello* (*fig.*), lotta accanita □ *a coltello, in coltello*, di taglio □ *da tagliarsi col coltello* (*fig.*), fittissimo, molto denso.

coltivàbile *agg.* coltivo, arativo, seminativo, seminabile, sativo (*lett.*).

coltivàre *v. tr.* ***1*** (*di terreno*) lavorare, fertilizzare, arare, zappare, bonificare, vangare, curare □ (*di* *pianta*) crescere **CONTR.** trascurare, abbandonare **2** (*fig.*) (*di mente, di ingegno e sim.*) esercitare, educare, curare **CONTR.** trascurare **3** (*est.*) (*di passione, di speranza, ecc.*) nutrire, fomentare, carezzare, cullare □ (*di vizio*) avere, praticare **CONTR.** spegnere □ estirpare **4** (*est.*) (*di hobby, di studio, ecc.*) dedicarsi, applicarsi, studiare, seguire **CONTR.** odiare, trascurare, disertare.

coltivàto *part. pass. di* **coltivare**; *anche agg.* **1** (*di terreno*) lavorato, tenuto, arato, zappato, vangato, curato, bonificato, coltivo □ (*di pianta*) cresciuto **CONTR.** incolto, desertico, selvaggio, inselvatichito, gerbido (*dial., sett.*) **2** (*di fiori, di perle, ecc.*) non spontaneo **CONTR.** spontaneo.

coltivatóre *s. m.* (*f. -trice*); *anche agg.* **1** agricoltore, contadino, colono, mezzadro, campagnolo **2** (*raro*) cultore.

coltivazióne *s. f.* **1** coltura, colto (*raro*) **2** (*est.*) piantagione, campo.

coltìvo *agg.* coltivabile.

cólto *agg.* **1** (*raro*) (*di luogo*) coltivato **CONTR.** incolto, desertico **2** (*di persona*) erudito, dottore, addottrinato, istruito, sapiente, enciclopedico, letterato, esperto □ (*di lingua*) dotto **CONTR.** analfabeta, illetterato, ignorante, somaro, asino, indotto, incolto, rozzo □ volgare.

cóltre *s. f.* **1** coperta **2** panno, drappo **3** (*fig.*) (*di nebbia, di neve, ecc.*) banco, manto, mantello, tappeto, strato.

coltùra *s. f.* **1** coltivazione, colto (*raro*) **2** (*est.*) piantagione, campo **3** (*di piante*) specie **4** (*di animali*) allevamento □ (*di batteri*) ceppo.

colùi *pron. dimostr.* **1** quello, quegli **2** (*ass., spreg.*) quel tale, quell'uomo.

columnist /*ingl.* 'kɔləmnist/ [ingl., 'articolista', da *column* 'colonna' (di giornale)] *s. m. e f. inv.* colonnista, articolista, opinionista.

comandaménto *s. m.* **1** comando, ordine, prescrizione **2** (*relig.*) precetto.

comandànte *part. pres. di* **comandare**; *anche agg. e s. m.* capo, guida, capitano, condottiero, gerarca, stratego **CONTR.** sottoposto, suddito.

comandàre **A** *v. intr.* imporsi, ordinare, dominare, regnare, imperare, padroneggiare, signoreggiare **CONTR.** ubbidire, dipendere **B** *v. tr.* **1** dire, ordinare, imporre, ingiungere, intimare, disporre, decretare, volere, prescrivere, precettare, stabilire, statuire **CONTR.** ubbidire, accettare, subire **2** (*di esercito, di nave e sim.*) capitanare, capeggiare, guidare, governare, dirigere **3** (*di cibo, di cura, ecc.*) ordinare, chiedere, prescrivere, raccomandare, consigliare **CONTR.** sconsigliare **4** (*di prudenza, di attenzione, ecc.*) esigere, richiedere, volere **5** (*bur.*) destinare, mandare, inviare, trasferire **CONTR.** chiamare, richiamare **6** (*di meccanismo, di macchina*) regolare, far funzionare, controllare. *V. anche* ORDINARE, VOLERE

comandàto *part. pass. di* **comandare**; *anche agg.* **1** ordinato, imposto, intimato, disposto, voluto, prescritto, precettato, stabilito **CONTR.** accettato, subito **2** (*di esercito, di Stato, ecc.*) capitanato, guidato, governato, diretto, dominato **3** (*di cibo, di cura, ecc.*) ordinato, chiesto, prescritto, raccomandato, consigliato **CONTR.** sconsigliato **4** (*di prudenza, di attenzione, ecc.*) richiesto **5** (*bur.*) destinato, mandato, inviato, trasferito **CONTR.** chiamato, richiamato.

comàndo *s. m.* **1** ingiunzione, intimazione, ordine, editto, imposizione, prescrizione, precetto, precettazione, disposizione **CONTR.** ubbidienza, accettazione **2** (*militare, politico, ecc.*) guida, potere, impero, governo, dominio, direzione, dirigenza, signoria, autorità, potestà, egemonia, redini (*fig.*) **CONTR.** soggezione **3** (*in gare e sim.*) primo posto, testa **CONTR.** fine, coda **4** (*bur.*) assegnazione provvisoria, spostamento, trasferimento **5** (*mecc.*) leva di trasmissione □ quadro (*tecnol.*). *V. anche* INTIMAZIONE

comàre *s. f.* **1** madrina, santola (*sett.*) **2** (*est., fam.*) vicina, amica **3** (*region.*) levatrice, ostetrica **4** (*spreg.*) pettegola, chiacchierona.

combaciàre *v. intr.* **1** aderire, congiungersi, combinare, collimare, coincidere, corrispondere, quadrare, serrare (*tosc.*), calettare (*mecc.*) □ (*di parti*) commettere **2** (*fig.*) (*di opinioni, di idee, ecc.*) collimare, coincidere **CONTR.** divergere, discordare, differire.

combattènte *part. pres. di* **combattere**; *anche agg. e s. m. e f.* soldato, belligerante, guerriero, lottatore **FRAS.** *ex combattente*, reduce.

combàttere **A** *v. intr.* **1** battersi, guerreggiare, battagliare, armeggiare (*ant.*), pugnare (*lett.*), tenzonare (*lett.*), azzuffarsi, scontrarsi, cimentarsi, giostrare (*lett.*) **CONTR.** arrendersi **2** (*fig.*) (*contro il vizio, contro la fame, ecc.*) opporsi, contrastare, lottare, agitarsi, dibattersi **3** (*fig.*) (*per una causa*) lottare, schierarsi, dibattersi, travagliarsi, agitarsi, affaccendarsi, militare **B** *v. tr.* **1** affrontare, attaccare, assalire, fronteggiare **CONTR.** evitare, sfuggire **2** (*est., sport*) disputare, gareggiare **3** (*fig.*) (*di tesi, di opinione e sim.*) contrastare, attaccare, avversare, osteggiare **CONTR.** accettare, appoggiare, patrocinare, propugnare, fiancheggiare, sostenere, sottoscrivere **C** **combattersi** *v. rifl. rec.* affrontarsi, azzuffarsi, scontrarsi, battersi **CONTR.** essere alleati, essere amici, aiutarsi, spalleggiarsi, coalizzarsi, confederarsi.

combattiménto *s. m.* **1** lotta, scontro, battaglia, pugna (*lett.*), conflitto, certame (*lett.*), tenzone (*lett.*) **CONTR.** pace **2** (*est.*) duello, zuffa, rissa, scaramuccia, baruffa, schermaglia, mischia **3** (*est., sport*) incontro, competizione, partita, match (*ingl.*) **4** (*fig.*) polemica, controversia, contrasto **CONTR.** accordo **FRAS.** *mettere fuori combattimento* (*fig.*), indebolire, fiaccare □ *fuori combattimento*, knock out (*ingl.*). *V. anche* ZUFFA

combattività *s. f.* aggressività, bellicosità, grinta, mordente □ (*nello* sport) agonismo **CONTR.** remissività, mitezza, arrendevolezza.

combattìvo *agg.* battagliero, aggressivo, bellicoso, guerriero, marziale, pugnace, energico, grintoso □ (*nello sport*) agonistico **CONTR.** pacifico, tranquillo, mite, imbelle, remissivo, arrendevole.

combattùto *part. pass. di* **combattere**; *anche agg.* **1** affrontato, fronteggiato **CONTR.** evitato **2** (*est., sport*) disputato, giocato **3** agitato, travagliato, confuso, incerto, titubante **CONTR.** certo, sicuro, sereno, tranquillo. V. *anche* INCERTO

combinàre ***A*** *v. tr.* ***1*** accordare, unire, fondere, accozzare, connettere, legare, congegnare, comporre, congiungere □ (*di parti*) commettere (*lett.*) **CONTR.** dividere, disunire ***2*** (*chim.*) unire, mescolare **CONTR.** scomporre, decomporre, disgregare ***3*** (*di opinioni, di gusti, ecc.*) mettere d'accordo, fare coincidere **CONTR.** scombinare, scontrarsi ***4*** (*di affare*) trattare, contrattare, concludere **CONTR.** scombinare, rovinare, far saltare ***5*** (*di incontro, di spettacolo, ecc.*) organizzare, concertare, stabilire, concordare **CONTR.** far saltare ***6*** (*fam., scherz.*) (*di guaio, disastro e sim.*) fare ***B*** *v. intr.* corrispondere, coincidere, collimare, combaciare, aderire ***C*** **combinarsi** *v. intr. pron.* ***1*** (*chim.*) reagire ***2*** (*di discorsi, di colori, ecc.*) accordarsi, convenire, intendersi, coincidere **CONTR.** discordare, dissentire ***3*** (*fam.*) trovarsi, sistemarsi. V. *anche* UNIRE

combinazióne *s. f.* ***1*** (*chim.*) reazione, sintesi □ (*est.*) composto, mescolanza, miscuglio, misto ***2*** (*di fatti*) caso, accidente, imprevisto, coincidenza, circostanza, congiuntura, fatalità, occasione, ventura (*lett.*) ***3*** (*di colore, di carte, ecc.*) possibilità, incastro, accostamento, unione ***4*** (*di sistema, di lingua, ecc.*) chiave, codice. V. *anche* FORTUNA

combine /*fr.* kɔ̃'bin, *ingl.* 'kɔmbain/ [ingl. d'America, propriamente 'combinazione'] *s. f. inv.* (*sport*) accordo illecito □ corruzione.

combrìccola *s. f.* ***1*** congrega, consorteria, combutta, comunella, camarilla, conventicola, camorra, conciliabolo, mafia, teppa ***2*** compagnia, cricca, brigata, comitiva, carovana, banda, gruppo, camerata, lega, setta, gang (*ingl.*), ghenga (*scherz.*).

combustìbile *agg.* e *s. m.* infiammabile, accendibile, bruciabile, carburante, propellente **CONTR.** incombustibile, ininfiammabile, ignifugo.

combustióne *s. f.* (*est.*) arsione, incendio, bruciamento, accensione, infiammazione (*raro*) **CONTR.** spegnimento, estinzione.

combùtta *s. f.* ***1*** combriccola, conventicola, cricca, congrega, ghenga (*scherz.*), lega, consorteria, camarilla, comunella, camorra, accozzaglia ***2*** adunanza, conciliabolo, accordo, complotto.

cóme ***A*** *avv.* ***1*** alla maniera di, nel modo che □ quasi ***2*** in quale modo ***3*** in qualità di ***4*** quanto ***B*** *cong.* ***1*** che, in quale modo ***2*** così come ***3*** appena, quando ***4*** quasi, quasi che ***5*** (*fam.*) per esempio ***6*** (*raro*) poiché, siccome ***C*** *s. m. inv.* modo, maniera, mezzo.

comfort /*ingl.* 'kʌmfət/ [vc. ingl., dal fr. *confort* 'conforto'] *s. m. inv.* comodità, comodo, agio, conforto **CONTR.** scomodità, disagio.

còmica *s. f.* farsa, commedia, pièce (*fr.*) □ ridicolaggine.

comicaménte *avv.* umoristicamente, briosamente, argutamente, scherzosamente, ridicolmente **CONTR.** tragicamente, drammaticamente, tristemente, austeramente, seriamente.

comicità *s. f.* amenità, umorismo, arguzia, brio, humour (*ingl.*), vis comica (*lat.*), causticità, lepidezza, comico, ridicolo, buffo **CONTR.** tragicità, tristezza, serietà, severità, tetraggine, austerità, drammaticità.

còmico ***A*** *agg.* buffo, ameno, burlesco, faceto, bizzarro, ridicolo, spassoso, brillante, giocoso, spiritoso, umoristico, buffonesco, burattinesco, scherzoso, allegro, farsesco, risibile **CONTR.** serio, severo, triste, tetro, tragico, austero, funereo, lugubre, drammatico ***B*** *s. m.* ***1*** commediante, teatrante, istrione, guitto, buffone, clown (*ingl.*) ***2*** umorista ***C*** *s. m. solo sing.* comicità, umorismo, amenità, arguzia, brio, humour (*ingl.*), causticità **CONTR.** tragicità, drammaticità, tristezza, gravità, solennità, pedanteria, tetraggine.

comìgnolo *s. m.* ***1*** (*di tetto*) colmo ***2*** (*di camino*) fumaiolo, rocca, ciminiera.

cominciàre ***A*** *v. tr.* incominciare, iniziare, principiare, abbozzare, avviare, attaccare, accingersi, imprendere (*lett.*), intraprendere, appiccare (*raro*), incoare (*lett., dir.*) □ (*est.*) aprire, inaugurare, introdurre, promuovere □ (*di gara, di battaglia, ecc.*) ingaggiare □ (*di discorso, di trattativa, ecc.*) intavolare **CONTR.** finire, terminare, piantare, concludere, completare, ultimare, coronare, smettere □ (*di discorso, di trattativa, ecc.*) chiudere, liquidare ***B*** *v. intr.* iniziare, muovere, principiare, datare, decorrere, esordire, instaurarsi, correre (*bur.*) □ (*di ora legale, di momento, ecc.*) scattare □ (*di scuola, di anno, ecc.*) aprirsi □ (*di attività*) entrare **CONTR.** concludere, terminare, desistere, finire, cessare, smettere, estinguersi ***C*** *in funzione di s. m. solo sing.* (*raro, lett.*) principio, inizio **CONTR.** fine, termine, conclusione.

cominciàto *part. pass. di* **cominciare**; *anche agg.* iniziato, avviato, intrapreso □ (*est.*) aperto, inaugurato, introdotto, promosso □ (*di discorso, di trattativa, ecc.*) intavolato □ (*di lavoro*) abbozzato, ordito **CONTR.** finito, terminato, concluso, completato, smesso, cessato.

comitàto *s. m.* associazione, commissione, organizzazione, delegazione, deputazione.

comitiva *s. f.* carovana, compagnia, brigata, combriccola, riunione, banda, gruppo, squadra.

comìzio *s. m.* ***1*** (*st.*) adunanza, assemblea ***2*** riunione, raduno, discorso, allocuzione, concione, arringa.

cómma *s. m.* alinea, capoverso, daccapo, sottoparagrafo.

commando /*ingl.* kə'ma:ndou/ [vc. ingl., dal port. *commando* 'comando'] *s. m. inv.* pattuglia, reparto, gruppo, nucleo.

commèdia *s. f.* ***1*** dramma, pièce (*fr.*) ***2*** (*est., scherz.*) finzione, dissimulazione, impostura, simulazione, inganno, infingimento **CONTR.** realtà, verità ***3*** (*est., scherz.*) buffonata, pantomima, ridicolaggine, farsa, scherzo, burla **CONTR.** tragedia.

commediànte *s. m.* e *f.* ***1*** teatrante, tragediante, attore, istrione, guitto, gigione, comico, buffone, clown (*ingl.*) ***2*** (*fig.*) simulatore, ingannatore, ipocrita. V. *anche* IPOCRITA

commediògrafo *s. m.* drammaturgo, autore.

commemoràre *v. tr.* ricordare, celebrare, rammentare, rievocare, memorare (*lett.*) **CONTR.** dimenticare, scordare.

commemorativo *agg.* evocativo, celebrativo.

commemorazióne *s. f.* celebrazione, rievocazione, ricordo, anniversario, cerimonia.

commensàle *s. m.* e *f.* convitato, invitato, banchettante, conviva (*lett.*).
commentàre *v. tr.* **1** (*di libro, di autore, ecc.*) spiegare, chiarire, delucidare, interpretare, illustrare, esporre □ annotare, postillare, chiosare (*lett.*), glossare **2** (*di fatto, di avvenimento, ecc.*) considerare, giudicare, criticare, sindacare. *V. anche* GIUDICARE
commentatóre *s. m.* (*f. -trice*) **1** (*di libro, di autore, ecc.*) interprete, illustratore, chiosatore (*lett.*), glossatore, postillatore, annotatore, notista **2** (*di fatti, di avvenimenti, ecc.*) annunciatore, speaker (*ingl.*) □ opinionista, columnist (*ingl.*).
comménto *s. m.* **1** (*di fatti, di avvenimenti, ecc.*) esposizione, spiegazione, interpretazione, considerazione, osservazione, delucidazione, chiarimento, illustrazione **2** (*di libro, di autore, ecc.*) annotazione, notazione, chiosa (*lett.*), glossa, commentario, esegesi, postilla, nota **3** (*est.*) critica, discussione, protesta □ allusione. *V. anche* INTERPRETAZIONE
commerciàbile *agg.* negoziabile, mercanteggiabile, trafficabile, trattabile, contrattabile, comprabile, vendibile CONTR. invendibile.
commerciàle *agg.* **1** mercantile **2** (*di prodotto*) comune, ordinario CONTR. fine, speciale **3** (*di libro, di film, ecc.*) di cassetta, da resa CONTR. artistico, di qualità.
commercialista *s. m.* e *f.* (*est.*) contabile, ragioniere □ fiscalista, tributarista.
commerciànte *agg.*; *anche s. m.* e *f.* mercante, trafficante, venditore, esercente, negoziante, bottegaio, dettagliante, grossista.
commerciàre ***A*** *v. intr.* trafficare, negoziare, mercanteggiare ***B*** *v. tr.* vendere, smerciare, esitare, rivendere, importare, esportare.
commèrcio *s. m.* **1** mercatura (*raro*), mercanteggiamento, scambio, traffico, smercio, vendita, compra, compravendita, negozio, negoziazione, affari **2** (*est., lett.*) relazione, rapporto, corrispondenza, contatto FRAS. *in commercio*, in vendita □ *fuori commercio*, esaurito, non commerciabile.
commésso (1) *s. m.* **1** venditore, fattorino, garzone, banconiere, dipendente, apprendista, lavorante, ragazzo **2** impiegato, incaricato FRAS. *commesso viaggiatore*, piazzista, rappresentante, viaggiatore. *V. anche* APPRENDISTA
commésso (2) *part. pass. di* **commettere**; *anche agg.* **1** (*di fatto*) compiuto **2** (*di merce*) ordinato, commissionato, richiesto.
commestìbile ***A*** *agg.* mangereccio, mangiabile, alimentare, edule, esculento CONTR. immangiabile □ velenoso ***B*** *s. m. al pl.* cibi, alimenti, alimentari, vivande, cibarie, vettovaglie.
comméttere ***A*** *v. tr.* **1** (*lett.*) (*di parti*) congiungere, unire, incastrare, congegnare **2** (*di azione*) compiere, fare, eseguire □ (*di delitto*) perpetrare, consumare **3** (*di merce*) ordinare, richiedere, commissionare □ (*di lettera, di pacco, ecc.*) consegnare **4** (*di potere, di decisione, ecc.*) affidare, delegare, deputare, incaricare ***B*** *v. intr.* (*di parti*) combaciare, collimare, combinare, coincidere, aderire, corrispondere, serrare (*tosc.*) CONTR. disgiungersi, sconnettersi ***C*** **commettersi** *v. rifl.* (*lett.*) affidarsi, esporsi.
commiàto *s. m.* **1** congedo, licenza □ saluto, addio, partenza CONTR. accoglienza □ debutto **2** (*est.*) ripulsa, separazione, ripudio **3** (*letter.*) tornata, invio, congedo, licenza.
comminàre *v. tr.* (*di pena, di sanzione*) sancire, prescrivere, stabilire, destinare, imporre, sanzionare, statuire, stabilire, decretare CONTR. derogare, abrogare, abolire, condonare, perdonare.
commiseràbile *agg.* commiserevole, miserando, miserevole.
commiseràre *v. tr.* compassionare, compatire, compiangere, condolersi, deplorare CONTR. invidiare.
commiserazióne *s. f.* compassione, compatimento, pietà, misericordia, condoglianza CONTR. invidia.
commissàrio *s. m.* **1** delegato, mandatario, funzionario, incaricato, rappresentante CONTR. committente **2** (*di commissione*) membro FRAS. *commissario d'esame*, esaminatore □ *commissario sportivo*, ufficiale di gara □ *commissario tecnico*, selezionatore.
commissionàre *v. tr.* commettere, ordinare, affidare, delegare, richiedere, prenotare CONTR. offrire. *V. anche* ORDINARE
commissióne *s. f.* **1** incarico, incombenza, mandato, compito, ufficio, faccenda, corvé (*fr.*) □ ordine **2** (*est.*) (*di prestazioni*) compenso, somma, quota **3** (*di merce*) ordinazione, ordine, ordinativo, commessa CONTR. offerta **4** (*spec. al pl.*) acquisti, incombenze, compere CONTR. vendite **5** (*di persone*) comitato, collegio, sessione, giunta, giuria **6** rappresentanza, delegazione, deputazione.
commisuràre *v. tr.* misurare, commensurare, paragonare, adeguare, regolare, valutare, confrontare, comparare, raffrontare, proporzionare, equiparare, agguagliare.
committènte *s. m.* e *f.* ordinante □ (*al pl.*) committenza CONTR. esecutore, appaltatore, commissionario, commissario.
commòsso *part. pass. di* **commuovere**; *anche agg.* turbato, intenerito, impietosito, toccato, scosso, impressionato, emozionato, agitato, concitato, fremente □ (*di discorso, di appello e sim.*) appassionato, ispirato, palpitante CONTR. tranquillo, freddo, impassibile, imperturbabile, indifferente, insensibile, arido, duro.
commovènte *agg.* emozionante, rattristante, lacrimevole, lacrimoso, pietoso, appassionante, toccante, patetico, compassionevole □ drammatico CONTR. esilarante, rallegrante.
commozióne *s. f.* turbamento, agitazione, impressione, emozione, batticuore, palpitazione, tremore, fremito, scossa, stretta, concitazione, concitamento, rapimento (*fig.*), rimescolio, rimescolamento □ intenerimento, pietà CONTR. impassibilità, indifferenza, insensibilità, imperturbabilità, atarassia, freddezza. *V. anche* EMOZIONE
commuòvere ***A*** *v. tr.* emozionare, turbare, alterare, smuovere, eccitare, agitare, scuotere, sconvolgere, impressionare, ferire, appassionare □ impietosire, intenerire, toccare CONTR. rendere indifferente, rendere insensibile ***B*** **commuoversi** *v. intr. pron.* alterarsi, tur-

barsi, agitarsi, concitarsi, eccitarsi, accendersi, scaldarsi, scuotersi, appassionarsi, palpitare □ impietosirsi, intenerirsi, piangere **CONTR.** restare indifferente, restare insensibile, impietrirsi, indurirsi. *V. anche* IMPRESSIONARE, SCUOTERE

commutàbile *agg.* intercambiabile, cambiabile, permutabile, surrogabile, convertibile, trasformabile **CONTR.** immutabile.

commutabilità *s. f.* intercambiabilità, convertibilità, trasformabilità, permutabilità **CONTR.** immutabilità.

commutàre *v. tr.* **1** scambiare, cambiare, mutare, permutare, tramutare, convertire, trasformare **2** (*elettr.*) invertire.

commutatóre *s. m.* (*elettr.*) convertitore, trasformatore, switch (*ingl.*).

commutazióne *s. f.* **1** cambiamento, sostituzione, tramutamento, permutamento, permutazione, scambio **2** (*elettr.*) inversione **FRAS.** *forcella di commutazione*, gancio.

comò *s. m.* cassettone, canterano, canterale.

comodaménte *avv.* agiatamente, agevolmente, facilmente, tranquillamente, confortevolmente, senza fatica, con comodo **CONTR.** faticosamente, difficilmente, stentatamente, scomodamente, disagiatamente, in fretta.

comodità *s. f.* **1** agio, conforto, comodo, comfort (*ingl.*), confort (*fr.*), lusso, mollezza □ agevolezza, facilità, praticità, utilità **CONTR.** scomodità, disagio, stento, disturbo, incomodo, difficoltà, inconveniente □ inutilità, svantaggio, danno **2** opportunità, convenienza, occasione, congiuntura, vantaggio, destro.

còmodo (1) *agg.* **1** (*di vita, di casa, ecc.*) agiato, agevole, facile, gradevole, confortevole, accogliente, opportuno □ (*di luogo, di cosa, ecc.*) capace **CONTR.** disagiato, scomodo, difficile, duro, aspro, brutto □ (*di luogo, di cosa, ecc.*) angusto, sacrificato, inospitale **2** (*di abito, di scarpe e sim.*) ampio, pratico, conveniente **CONTR.** scomodo, stretto, striminzito **3** (*di persona*) a proprio agio, tranquillo, pacifico, indisturbato □ seduto, sdraiato **CONTR.** scomodo, a disagio **4** (*di compito, di impegno, ecc.*) lieve, soffice (*fig.*), soft (*ingl.*) **CONTR.** faticoso.

còmodo (2) *s. m.* **1** agio, comodità, conforto, confort (*fr.*), comfort (*ingl.*) **CONTR.** scomodità, disagio, incomodo, disturbo **2** opportunità, vantaggio, utilità, convenienza, giovamento, profitto, utile, possibilità, guadagno, tornaconto **CONTR.** svantaggio, danno, scapito, perdita **FRAS.** *a suo comodo*, a suo piacere □ *far comodo*, essere utile □ *di comodo*, vantaggioso, opportuno, favorevole □ *con comodo*, senza fretta, adagio, tranquillamente, comodamente **CONTR.** presto, in fretta. *V. anche* GUADAGNO

còmpact disc /'kɔmpakt 'disk, *ingl.* 'kɔmpækt-'disk/ [vc. ingl., comp. di *compact* 'compatto' e *disc* 'disco'] *s. m. inv.* disco ottico, CD.

compaesàno *s. m.* paesano, conterraneo, compatriota, corregionale, connazionale, concittadino, paisà (*merid.*), patriota (*pop.*) **CONTR.** forestiero, straniero, estraneo.

compàgine *s. f.* **1** unione, insieme, sistema, struttura, complesso, aggregazione, connessione, concatenamento, coesione **CONTR.** disgregazione, divisione, disunione **2** (*est.*, *sport*) squadra.

compagnìa *s. f.* **1** unione, insieme, stare insieme **CONTR.** solitudine, isolamento **2** accompagnamento, scorta, seguito **3** adunanza, assembramento, folla **4** combriccola, comitiva, brigata, banda, gruppo, carovana, cricca, camerata, squadra, congrega (*scherz.*), ghenga (*scherz.*) **5** (*mil.*) reparto, schiera, drappello, squadra, corpo, stormo **6** (*di assicurazione, di navigazione, ecc.*) società, associazione, agenzia, impresa, ditta, ragione □ (*gener.*) corporazione, sodalizio **7** (*di religiosi*) confraternita, congregazione **8** (*di cantanti, di artisti, ecc.*) complesso, band (*ingl.*), gruppo □ (*teat.*, *cine.*) troupe (*fr.*) **FRAS.** *...e compagnia bella*, e tutti gli altri; (*fig.*) eccetera eccetera.

compàgno A *s. m.* (*f. -a*) **1** amico, collega, camerata, compare, alleato, socio, sodale (*lett.*), complice, commilitone, condiscepolo **CONTR.** nemico, avversario, antagonista, contendente, rivale, estraneo **2** convivente, consorte **3** (*di partito marxista*) comunista, socialista **4** (*di società*) socio, partner (*ingl.*), partecipe **B** *agg.* (*fam.*) simile, consimile, somigliante, corrispondente, pari, uguale, identico, stesso □ appaiato **CONTR.** differente, diverso □ singolo **FRAS.** *compagno di strada* (*fig.*), fiancheggiatore. *V. anche* SIMILE

compagnóne *s. m.* burlone, amicone, buontempone, giovialone, allegrone, mattacchione, caposcarico **CONTR.** musone, misantropo, solitario.

comparàbile *agg.* **1** confrontabile, paragonabile, equiparabile, simile, somigliante, contrapponibile, pareggiabile (*lett.*), ragguagliabile **CONTR.** incomparabile, imparagonabile, differente, dissimile **2** commensurabile **CONTR.** incommensurabile. *V. anche* SIMILE

comparàre *v. tr.* paragonare, confrontare, commensurare, commisurare, equiparare, riscontrare, raffrontare, ravvicinare, ragguagliare, somigliare (*lett.*), contrapporre, collazionare.

comparazióne *s. f.* **1** paragone, parallelo, raffronto, riscontro, confronto, ragguaglio, collazione, equiparazione **2** (*ling.*) similitudine □ metafora. *V. anche* PARAGONE

compàre *s. m.* **1** padrino, santolo (*sett.*) **2** compagno, amico, collega, socio **CONTR.** nemico, avversario, concorrente **3** (*spreg.*) complice, connivente, manutengolo, favoreggiatore.

comparìre *v. intr.* **1** mostrarsi, presentarsi, apparire, spuntare, affacciarsi, figurare, manifestarsi, prodursi **CONTR.** sparire, disparire, eclissarsi, involarsi, volatilizzarsi, scomparire, celarsi, dissolversi, squagliarsi (*pop.*), sfumare **2** (*di pubblicazione*) uscire, apparire **3** (*raro*) sembrare, parere **4** fare bella mostra, fare figura, distinguersi, emergere, essere appariscente **CONTR.** sfigurare.

comparizióne *s. f.* **1** (*raro*) apparizione, comparsa, manifestazione **CONTR.** scomparsa, sparizione, dileguamento **2** (*dir.*) presentazione, comparsa.

compàrsa *s. f.* **1** apparizione, comparizione, manifestazione □ arrivo, venuta □ pubblicazione, uscita

CONTR. scomparsa, sparizione, dileguamento, eclissi **2** (*dir.*) esposto, dichiarazione scritta **3** figurante **FRAS.** *fare da comparsa* (*fig.*), fare atto di presenza senza parlare e senza agire.

compàrso *part. pass. di* **comparire**; *anche agg.* **1** apparso, spuntato, venuto **CONTR.** scomparso, svanito **2** (*di pubblicazione*) uscito, pubblicato.

compartimentazióne *s. f.* suddivisione, ripartizione.

compartiménto *s. m.* **1** divisione, suddivisione, distribuzione, ripartizione, compartizione, reparto, comparto □ (*di locale*) box (*ingl.*) **2** (*di carrozza ferroviaria*) scompartimento **3** (*di territorio*) circoscrizione, provincia, zona, regione **FRAS.** *compartimento stagno*, paratia; (*fig.*) ambiente isolato, attività isolata.

compartizióne *s. f.* **1** suddivisione, ripartizione, divisione, distribuzione **CONTR.** somma, unione **2** compartimento, comparto, zona.

compàrto *s. m.* **1** compartizione, ripartizione **2** compartimento, circoscrizione, divisione, settore **3** (*di bandiera e sim.*) cantone, striscia.

compassàto *agg.* (*fig.*) (*di persona, di atteggiamento, ecc.*) controllato, misurato, ponderato, rigido, legnoso, severo, contegnoso, riservato, austero, ieratico, sobrio, sorvegliato, contenuto □ sufficiente, sostenuto, freddo, distaccato **CONTR.** disinvolto, franco, spigliato, esuberante, allegro, brioso, vivace □ incontrollato, sguaiato, sfrenato. *V. anche* SEVERO

compassióne *s. f.* commiserazione, compatimento, pena, condoglianza, pietà, indulgenza, carità, cuore, tolleranza, intenerimento, misericordia, tenerezza □ disprezzo **CONTR.** invidia □ ferocia, crudeltà, disumanità, inesorabilità.

compassionévole *agg.* **1** (*di persona, di sguardo, ecc.*) misericordioso, pietoso, indulgente, caritatevole, clemente, benigno, umano, sensibile, tenero, cristiano, misericorde (*lett.*), soccorrevole **CONTR.** crudele, spietato, duro, efferato, feroce, disumano, snaturato, sanguinario **2** (*di fatto, di sorte, ecc.*) pietoso, lacrimevole, penoso, miserando, miserevole, miserabile, commovente, patetico, infelice, lamentabile, lamentevole, deplorevole **CONTR.** felice, divertente, piacevole.

compassionevolménte *avv.* **1** misericordiosamente, pietosamente, indulgentemente, benignamente, umanamente, teneramente **CONTR.** crudelmente, spietatamente, duramente **2** pietosamente, lacrimevolmente, lacrimosamente, miserevolmente, miserabilmente, pateticamente, infelicemente **CONTR.** felicemente, piacevolmente.

compatìbile *agg.* **1** (*di persona, di errore, ecc.*) tollerabile, giustificabile, perdonabile, sopportabile, soffribile **CONTR.** incompatibile, ingiustificabile **2** (*di impegno, di lavoro, ecc.*) conciliabile, accordabile, consentaneo **CONTR.** inconciliabile, incompatibile, contrastante.

compatibilità *s. f.* tollerabilità □ conciliabilità, convivenza □ accordo **CONTR.** incompatibilità, inconciliabilità, contrasto.

compatiménto *s. m.* **1** (*raro*) compassione, commiserazione, compianto, benevolenza, pietà, misericordia, perdono, venia (*lett.*) **CONTR.** invidia, severità, rigidezza, durezza, disprezzo **2** indulgenza, sopportazione, tolleranza **CONTR.** comprensione, favore, simpatia. *V. anche* PERDONO

compatìre **A** *v. tr.* **1** commiserare, compassionare, compiangere **CONTR.** invidiare **2** scusare, perdonare, giustificare, comprendere, tollerare, indulgere **CONTR.** criticare, deplorare, condannare, disprezzare, schernire **3** sopportare, disprezzare **CONTR.** comprendere **B** **compatirsi** *v. rifl. rec.* (*fam.*) tollerarsi, sopportarsi.

compatriòta *s. m. e f.* connazionale, conterraneo, concittadino, compaesano, corregionale, patriota (*pop.*) **CONTR.** straniero, forestiero.

compattézza *s. f.* **1** (*di cosa*) densità, omogeneità, fittezza, spessezza (*raro*), consistenza □ durezza, saldezza, solidità, resistenza **CONTR.** radezza, rarefazione □ incoerenza, porosità, spugnosità **2** (*fig.*) (*di idee, di sentimenti e sim.*) unione, concordia, solidarietà, unanimità **CONTR.** contrasto, discordia, diversità, differenza, opposizione. *V. anche* SOLIDARIETÀ

compàtto *agg.* **1** (*di cosa*) denso, omogeneo, sodo, saldo, tenace, fitto, agglomerato, spesso, coerente, consistente, corposo, solido, massiccio, robusto, duro, resistente □ (*di file, di tessuto, ecc.*) serrato □ unito **CONTR.** consunto, liso, rado □ poroso, spugnoso □ scaglioso **2** (*fig.*) (*di idee, di sentimenti, ecc.*) concorde, solidale, unanime, monolitico **CONTR.** discorde, disunito, opposto, contrastante. *V. anche* DENSO, ROBUSTO

compendiàre **A** *v. tr.* riassumere, sunteggiare, restringere, stringere, sintetizzare, condensare, abbreviare, accorciare, ricapitolare, ridurre, riepilogare **CONTR.** allungare, estendere, sviluppare, svolgere □ dettagliare, diluire **B** **compendiarsi** *v. intr. pron.* riassumersi, sintetizzarsi, ridursi **CONTR.** dilungarsi, estendersi. *V. anche* TAGLIARE

compèndio *s. m.* **1** riassunto, sunto, riduzione, raccolta, riepilogo, ricapitolazione, sintesi, specchietto, sommario, summa, epitome, sinossi (*lett.*), abrégé (*fr.*), bignami (*pop.*), breviario, condensato, ristretto, estratto, manuale **2** insieme, somma, complesso **FRAS.** *in compendio* (*fig.*), in breve, in succinto. *V. anche* MANUALE, QUADRO, RIASSUNTO

compendiosaménte *avv.* brevemente, concisamente, stringatamente, sinteticamente, schematicamente **CONTR.** prolissamente, diffusamente, dettagliatamente.

compendióso *agg.* breve, conciso, succinto, stringato, sintetico, ristretto, schematico, riassuntivo, sinottico, corto, serrato, tacitiano, laconico, spiccio, telegrafico, scheletrico **CONTR.** prolisso, diffuso, dettagliato, lungo, lento, interminabile.

compenetràre **A** *v. tr.* **1** penetrare, entrare **2** (*fig.*) (*di animo, di mente, ecc.*) pervadere, permeare, colmare, riempire **B** **compenetrarsi** *v. intr. pron.* (*fig.*) immedesimarsi, impregnarsi □ (*di compito, di parte, ecc.*) investirsi, sobbarcarsi **C** *v. rifl. rec.* penetrarsi, fondersi, confondersi.

compensàre *v. tr.* **1** (*di persona*) remunerare, pagare, retribuire, ricompensare, ricambiare ***2*** (*anche fig.*) (*di danno, di favore, ecc.*) pagare, ripagare, risarcire, indennizzare, rimediare ***3*** (*di entrate, di spese, ecc.*) equilibrare, bilanciare, supplire, pareggiare, controbilanciare, contrappesare **CONTR.** scompensare, squilibrare, sbilanciare.

compensativo *agg.* ***1*** remunerativo, retributivo **CONTR.** passivo ***2*** equilibratore **CONTR.** squilibratore.

compensàto *part. pass. di* **compensare**; *anche agg.* ***1*** remunerato, ripagato, risarcito, ricompensato, contraccambiato ***2*** (*di entrate, di spese, ecc.*) bilanciato, pareggiato, controbilanciato **CONTR.** squilibrato, sbilanciato.

compensazióne *s. f.* ***1*** (*di danno e sim.*) risarcimento, indennizzo, rivalsa □ (*fig.*) nemesi ***2*** (*di entrate, di uscite, ecc.*) equilibrio, pareggio, bilanciamento □ (*fig.*) contrappeso □ (*di moneta*) riallineamento **CONTR.** scompenso, squilibrio, spareggio, sbilanciamento.

compènso *s. m.* ***1*** (*di lavoro*) paga, retribuzione, remunerazione, pagamento, salario, stipendio, guadagno, mercede, emolumento, indennità, provvigione, percentuale, corrispettivo, prezzo, commissione, competenze, spettanze, onorario, buonuscita, sportula (*gener.*), propina (*bur.*), offa (*lett., fig.*) □ □ (*di attore, di cantante e sim.*) cachet (*fr.*), ingaggio ***2*** (*di danno e sim.*) risarcimento, riparazione, indennizzo ***3*** (*di favore, di sacrificio, ecc.*) ricompensa, contraccambio, contropartita, ammenda, gratificazione, riconoscimento, premio ***4*** (*di entrate, di uscite, ecc.*) equilibrio, bilanciamento, pareggio **CONTR.** squilibrio, spareggio **FRAS.** *in compenso*, in cambio; (*fig.*) d'altra parte. *V. anche* GUADAGNO, PAGA

comperàre e deriv. *V.* **comprare** e deriv.

competènte ***A*** *agg.*; *anche s. m.* e *f.* (*di persona*) esperto, capace, intenditore, conoscitore, abile, ferrato, consumato, perito, pratico, provetto, qualificato, specializzato, adatto, atto, idoneo, valido, valente, versato, bravo □ specialista, consulente □ (*di autorità, di organo, ecc.*) adatto, autorizzato, abilitato, idoneo **CONTR.** incompetente, inesperto, dilettante, incapace, ignaro, ignorante, profano, ciarlatano, scalzacane □ inidoneo ***B*** *agg.* (*lett.*) (*di compenso, di mancia, ecc.*) adeguato, adatto, conveniente, opportuno, spettante **CONTR.** inadeguato, inadatto.

competènza *s. f.* ***1*** (*di persona*) cognizione, conoscenza, perizia, intelligenza, autorità, capacità, esperienza, pratica, mestiere, autorevolezza, abilità, bravura, valentia, valore, professionalità **CONTR.** incompetenza, incapacità, inabilità, imperizia, inesperienza, inadeguatezza, ignoranza, dilettantismo ***2*** (*di cosa*) attinenza, spettanza, pertinenza, appartenenza, giurisdizione ***3*** (*spec. al pl.*) compenso, onorario, paga, emolumento, spettanze, sportula ***4*** (*ling.*) esecuzione. *V. anche* COSCIENZA, PAGA

COMPETENZA
sinonimia strutturata

La **competenza** è la caratteristica propria di chi è competente, cioè di colui che dimostra di saper svolgere in modo adeguato una certa attività, un certo compito: *è una persona che ha molta competenza sull'argomento.* Copre invece significati più ampi il termine **conoscenza**, col quale si indica il conoscere, inteso sia come facoltà intellettuale, cioè l'apprendere, l'afferrare con la mente, sia come attività relazionale tra due o più persone: *ha una perfetta conoscenza dell'inglese*; *la mia conoscenza con lui risale a molti anni fa.* Il sostantivo si usa inoltre in riferimento alla cultura, all'istruzione e a tutto ciò che si conosce: *un uomo di grande conoscenza*; *le loro conoscenze tecniche sono ormai superate.* **Cognizione** è sinonimo più ricercato e raro di conoscenza, e si riferisce a facoltà esclusivamente di tipo intellettuale: *avere, prendere cognizione*; *non ha nessuna cognizione di quello che dice*; soprattutto al plurale, è usato nel senso di nozioni, di elementi conoscitivi di una disciplina: *avere estese cognizioni scientifiche e tecniche.*

La **capacità** è invece l'idoneità, l'essere atti a fare determinate cose o ad agire in un certo modo: *è una persona di grandi capacità*; *non manca di capacità quanto di volontà*; *ha una notevole capacità critica.* L'**abilità** si riferisce all'essere molto adatti, capaci, valenti a fare qualcosa: *ha un'abilità particolare nel trattare i bambini*; *per fare quel trucco occorre esercizio e abilità.* **Bravura** indica la qualità di chi è bravo, cioè di chi si dimostra sia efficiente e accorto, sia pieno di impegno e volontà nel compiere la propria opera: *dimostrare bravura in un lavoro.* La **perizia** è la maestria, l'essere esperti in modo comprovato in qualcosa: *è un traduttore di grande perizia.*

L'**esperienza** indica la conoscenza e la pratica delle cose acquisite sia per averne fatto personalmente le prove sia per averle viste fare da altri: *parlare per esperienza*; *è un uomo pieno di esperienza*; *raccontare le proprie esperienze*; con l'espressione *avere molte esperienze*, ci si riferisce, in maniera eufemistica, al fatto di possedere un'intensa vita sentimentale. Il concreto esercizio di un'attività che si traduce anche nel raggiungimento di una certa padronanza dell'attività stessa si chiama **pratica**: *la pratica di un'arte, di una professione*; il termine significa inoltre esperienza o conoscenza di qualcosa: *non ho nessuna pratica di queste cose*; *avere pratica di un luogo, di un ambiente.*

compètere *v. intr.* ***1*** gareggiare, misurarsi, contendere, rivaleggiare, emulare, disputare, concorrere, lottare ***2*** riguardare, concernere, spettare, convenire, appartenere, essere di competenza, toccare, stare, incombere.

competitività *s. f.* ***1*** concorrenza ***2*** rivalità, gara, lotta.

competitìvo *agg.* ***1*** di competizione, emulativo, agonistico ***2*** concorrenziale.

competitóre *s. m.* (*f. -trice*) ***1*** concorrente, rivale, emulo, avversario, antagonista **CONTR.** cooperatore, collaboratore, alleato, socio, sodale ***2*** gareggiatore, contendente. *V. anche* RIVALE

competizióne *s. f.* ***1*** antagonismo, concorrenza, rivalità, emulazione, contrasto **CONTR.** accordo, intesa, concordia, patto, compromesso ***2*** agonismo □ gara, incontro, confronto, contesa, match (*ingl.*), agone (*est., lett.*), lotta, combattimento, sfida, prova, concorso, criterium, gioco, partita. *V. anche* GIOCO

compiacènte *part. pres. di* **compiacere**; *anche agg.* ***1*** accomodante, cortese, condiscendente, docile, servizievole, gentile, remissivo, arrendevole, cedevole, indulgente, benigno, comprensivo, conciliante, trattabile, favorevole **CONTR.** scontroso, ritroso, restio, scortese, indocile, insofferente, impaziente, irriducibile, intrattabile, sprezzante ***2*** (*spreg.*) accomodante, facile, corrivo (*est.*) □ (*ad avventure amorose*) leggero, disponibile **CONTR.** difficile, scontroso, irriducibile □ serio.

compiacènza *s. f.* ***1*** soddisfazione, soddisfacimento, piacere, compiacimento, godimento, gioia, appagamento **CONTR.** dispiacere, dolore, disappunto, insoddisfazione ***2*** cortesia, degnazione, condiscendenza, disponibilità, bontà, gentilezza, trattabilità, garbo, benignità, civiltà, urbanità, riguardo **CONTR.** scortesia, villania, sgarbatezza, sgarbo.

compiacére ***A*** *v. intr.* assecondare, condiscendere, consentire, secondare, permettere, accondiscendere, accontentare, concedere, appagare **CONTR.** negare, contrastare, contraddire, opporsi, contestare, resistere, disapprovare ***B*** **compiacersi** *v. intr. pron.* ***1*** (*con sé stesso*) dilettarsi, bearsi, godersi, deliziarsi, crogiolarsi, gloriarsi, glorificarsi, divertirsi, spassarsi, sollazzarsi, appagarsi, pascersi, vantarsi, pavoneggiarsi **CONTR.** seccarsi, annoiarsi, affliggersi, crucciarsi, preoccuparsi, affannarsi, rattristarsi ***2*** (*con gli altri*) rallegrarsi, congratularsi, felicitarsi, complimentarsi **CONTR.** condolersi, dispiacersi, dolersi, lagnarsi, lamentarsi, compiangere, commiserare, compatire, impietosirsi ***3*** degnarsi, accondiscendere **CONTR.** rifiutarsi ***C*** *v. tr.* contentare, soddisfare, appagare, accontentare, secondare, esaudire **CONTR.** contrariare, scontentare, deludere, avversare, ostare, contrastare.

compiaciménto *s. m.* ***1*** (*lett.*) condiscendenza, approvazione, degnazione, compiacenza, consenso, assenso **CONTR.** dissenso, disapprovazione, opposizione, contrarietà ***2*** rallegramento, gradimento, soddisfazione, soddisfacimento, piacere, gioia, diletto, sollievo, allegrezza, congratulazione, plauso **CONTR.** commiserazione, compianto, deplorazione, rincrescimento, dispiacere, doglianza, indignazione, condanna.

compiaciùto *part. pass. di* **compiacere**; *anche agg.* rallegrato, felice, lieto, contento, divertito, soddisfatto, appagato, gongolante **CONTR.** amareggiato, dispiaciuto, insoddisfatto, rammaricato, dolente.

compiàngere ***A*** *v. tr.* commiserare, compassionare, compatire, lacrimare (*lett.*), lamentare, deplorare **CONTR.** congratularsi, rallegrarsi, felicitarsi, complimentarsi, compiacersi ***B*** **compiangersi** *v. intr. pron.* (*raro, lett.*) rammaricarsi, dolersi, condolersi, rincrescersi, deplorare, dispiacersi, affliggersi **CONTR.** compiacersi, allietarsi, gioire, esultare.

compiànto ***A*** *part. pass. di* **compiangere**; *anche agg.* ***1*** pianto, commiserato, lacrimato **CONTR.** illacrimato (*lett.*) ***2*** defunto, buonanima, fu ***B*** *s. m.* dolore, cordoglio, lamento, lutto, rimpianto, pianto, afflizione, pena, dispiacere, condoglianza, compatimento, deplorazione **CONTR.** gioia, esultanza, gaudio, compiacimento, felicitazione, rallegramento.

cómpiere ***A*** *v. tr.* ***1*** compire, realizzare, concludere, terminare, ultimare, finire, rifinire, cessare, completare, espletare (*bur.*), integrare **CONTR.** cominciare, incominciare, iniziare, principiare, avviare, abbozzare, intraprendere ***2*** (*di dovere, di azione, ecc.*) fare, eseguire, adempiere, assolvere, sciogliere, soddisfare, operare □ (*di delitto*) commettere, consumare (*lett.*), perpetrare □ (*di lavoro, di carriera, ecc.*) coronare **CONTR.** iniziare, impostare, cominciare, sbozzare ***3*** (*di anni*) finire **CONTR.** iniziare ***B*** *v. intr.* e **compiersi** *intr. pron.* avverarsi, realizzarsi, verificarsi, effettuarsi, adempiersi, avvenire, accadere, attuarsi, svolgersi.

compilàre *v. tr.* comporre, redigere, scrivere, stendere, raccogliere □ (*di modulo, di scheda, ecc.*) riempire.

compilation /*ingl.* kɔmpi'leiʃən/ [vc. ingl., propr. 'compilazione, raccolta'] *s. f. inv.* raccolta, selezione, antologia □ (*est.*) long playing (*ingl.*), disco, 33 giri (*gerg.*), ellepì.

compilatóre *s. m.* (*f. -trice*) raccoglitore, catalogatore, codificatore, estensore, redattore, volgarizzatore.

compilazióne *s. f.* ***1*** redazione, composizione, raccolta, catalogazione, stesura ***2*** pubblicazione, opera.

compiménto *s. m.* ***1*** conclusione, termine, fine, completamento, ultimazione, perfezionamento, rifinitura, espletamento, espletazione, integrazione, cessazione, esaurimento, chiusura, coronamento □ (*di lavoro, di idea, ecc.*) maturazione □ (*di patto, di amicizia, ecc.*) suggello **CONTR.** inizio, principio, abbozzo, imbastitura ***2*** adempimento, assolvimento, attuazione, effettuazione, realizzazione, esecuzione, disbrigo □ (*di dovere, di impegno, ecc.*) soddisfazione □ (*di delitto, di sacrificio, ecc.*) consumazione **CONTR.** concepimento, ideazione.

compìre *v. tr., intr.* e *intr. pron. V.* **compiere**.

compitàre *v. tr.* sillabare, scandire.

compitazióne *s. f.* scansione, sillabazione, spelling (*ingl.*).

compitézza *s. f.* cortesia, urbanità, garbo, signorilità, educazione, creanza, gentilezza, garbatezza, galateo, contegno, civiltà **CONTR.** scortesia, villania, sgarberia, sgarbatezza, sgarbo, inurbanità, malagrazia, sgraziataggine.

cómpito (1) *s. m.* ***1*** incarico, impegno, lavoro, mestiere, mansione, funzione, ufficio, affare, incombenza, impresa, commissione, assunto, dovere, missione, mandato, parte (*fig.*) ***2*** (*di scuola*) esercizio, esercitazione, elaborato, tema. *V. anche* FUNZIONE, LAVORO

compito (2) *part. pass. di* **compire**; *anche agg.* ***1*** *V.* **compiuto** ***2*** (*di persona, di modi, ecc.*) educato, garbato, cortese, gentile, riguardoso, beneducato, costumato, urbano, civile, ammodo, forbito, perfetto **CONTR.** maleducato, villano, scortese, rozzo, inurbano, screanzato, sgraziato, zotico, grossolano, ineducato, triviale.

compiutaménte *avv.* completamente, interamente, integralmente, totalmente, pienamente, esaurientemente, del tutto **CONTR.** incompiutamente, incompletamente, parzialmente, frazionatamente, malamente, approssimativamente.

compiutézza *s. f.* ***1*** completezza, interezza, integrità, pienezza **CONTR.** incompiutezza ***2*** perfezione, finitezza, rifinitezza **CONTR.** imperfezione.

compiùto *part. pass. di* **compiere**; *anche agg.* ***1*** finito, fatto, concluso, compito, completato, terminato, cessato, ultimato, attuato, realizzato, commesso, operato, esaurito, completato, completo, perfetto, intero, pronto □ esauriente, concludente **CONTR.** cominciato, iniziato, embrionale, avviato, intrapreso □ incompiuto, interrotto, imperfetto, troncato, sospeso, incompleto, abbozzato ***2*** (*di dovere, di azione, ecc.*) fatto, eseguito, adempiuto, assolto, soddisfatto **CONTR.** cominciato, iniziato, intrapreso ***3*** (*di anni*) terminato, finito, suonato, tondo **CONTR.** iniziato.

compleànno *s. m.* genetliaco, natale, natalizio, anniversario, festa.

complementàre *agg.* accessorio, secondario, aggiuntivo, aggiunto, marginale, integrativo, supplementare, suppletivo □ (*di strada*) complanare **CONTR.** fondamentale, principale, essenziale, basilare, capitale, cardinale, centrale, determinante. *V. anche* SUPERFLUO

compleménto *s. m.* ***1*** supplemento, aggiunta, addizione, aggregazione, apposizione, giunta, soprappiù, superfluo, accessorio, appendice, corollario **CONTR.** essenziale ***2*** (*ling.*) determinazione, espansione.

complessàto *s. m.*; *anche agg.* (*est.*) inibito, represso □ fissato □ introverso □ insicuro, timido **CONTR.** disinibito □ estroverso □ sicuro, spontaneo.

complessióne *s. f.* ***1*** corporatura, costituzione, struttura, membratura, fisico, fibra, organismo, aspetto, taglia, personale, persona ***2*** (*raro*) temperamento, natura, carattere, indole, personalità.

complessità *s. f.* difficoltà, astrusità, macchinosità □ molteplicità, multiformità, varietà, diversità **CONTR.** semplicità, linearità, facilità, elementarità.

complessivaménte *avv.* nel complesso, in generale, nell'insieme, in tutto, generalmente, totalmente, globalmente, cumulativamente, collettivamente **CONTR.** in particolare, singolarmente, particolarmente, parzialmente, frammentariamente, individualmente, distintamente, rispettivamente.

complessìvo *agg.* generale, totale, globale, comune, cumulativo, collettivo □ approssimativo, sintetico, sommario **CONTR.** particolare, parziale, diviso, frammentario, singolo, specifico, individuale □ particolareggiato, analitico.

complèsso (1) *agg.* ***1*** (*di organismo e sim.*) multiforme, molteplice, composito, composto, contrastante, contraddittorio, eterogeneo **CONTR.** semplice, elementare ***2*** (*est.*) (*di questione, di ragionamento, ecc.*) complicato, difficile, difficoltoso, astruso, involuto, macchinoso □ denso, pregnante **CONTR.** facile, lineare, chiaro, piano □ ovvio, banale ***3*** (*raro*) robusto, corpacciuto, corpulento **CONTR.** magro, smilzo.

complèsso (2) *s. m.* ***1*** insieme, totalità, unione, globalità, generalità, universalità □ compendio, aggregato, edificio (*fig.*), struttura, sistema □ (*di eventi*) catena **CONTR.** particolarità, parzialità, individualità ***2*** (*di industrie*) insieme, organismo, gruppo, organizzazione □ (*di materiale, di macchine, ecc.*) parco □ (*termale, ospedaliero, ecc.*) stabilimento ***3*** (*di cantanti, di artisti, ecc.*) gruppo, corpo, compagnia, compagine, band (*ingl.*), banda, ensemble (*fr.*) □ orchestra □ (*di attori*) cast (*ingl.*) **FRAS.** *nel complesso*, complessivamente.

complèsso (3) *s. m.* (*est.*) ossessione, idea fissa, fissazione, mania, inibizione □ insicurezza, preoccupazione **CONTR.** disinibizione □ sicurezza **FRAS.** *avere dei complessi*, sentirsi inferiore, essere timido □ *senza complessi*, spontaneo, sicuro. *V. anche* INIBIZIONE

completaménte *avv.* interamente, totalmente, pienamente, affatto, assolutamente, universalmente, esaurientemente, letteralmente, puramente, radicalmente, integralmente, appieno, del tutto, in toto (*lat.*), ex novo (*lat.*), daccapo **CONTR.** per niente, punto, imperfettamente, difettosamente.

completaménto *s. m.* ***1*** integramento, integrazione, rifinitura ***2*** compimento, perfezionamento, finitura, conclusione, fine **CONTR.** principio, inizio, abbozzo, preliminare.

completàre *v. tr.* ***1*** (*di numero, di conto, ecc.*) aggiungere, integrare, arrotondare, perfezionare **CONTR.** togliere, sottrarre ***2*** (*di lavoro, di compito, ecc.*) compiere, effettuare, finire, rifinire, perfezionare, terminare, concludere, ultimare □ (*di carriera e sim.*) coronare **CONTR.** iniziare, cominciare, intraprendere, impostare.

completàto *part. pass. di* **completare**; *anche agg.* ***1*** (*di numero, di conto, ecc.*) integrato, arrotondato **CONTR.** tolto, sottratto ***2*** (*di lavoro, di compito, ecc.*) compito, compiuto, finito, terminato, ultimato **CONTR.** iniziato, cominciato, intrapreso, impostato.

completézza *s. f.* interezza, integrità, totalità, globalità, pienezza □ compiutezza, rifinitezza □ (*fig.*) appagamento **CONTR.** parzialità, frammentarietà.

complèto ***A*** *agg.* ***1*** intero, finito, totale, tutto, integro, integrale, perfetto, compiuto, esaustivo (*lett.*), panoramico (*fig.*), plenario, unanime □ (*di buio*) pesto, fitto **CONTR.** parziale, incompleto, carente, frammentario, incompiuto, imperfetto, difettoso, manchevole, monco, mutilato, zoppo ***2*** (*di teatro, di treno, ecc.*) pieno, colmo, tutto occupato **CONTR.** vuoto ***3*** (*di fiducia, di speranza e sim.*) assoluto, totale, illimitato, incondizionato, infinito, profondo **CONTR.** relativo, parziale, limitato ***B*** *s. m.* ***1*** (*di persone, di cose*) pieno, pienone ***2*** (*di oggetti, di accessori*) set (*ingl.*), insieme, batteria, servizio, linea, coordinato, parure (*fr.*) **FRAS.** *al completo, al gran completo*, con tutti i posti occupati, tutto pieno, con la presenza di tutti.

complicànza *s. f.* (*med.*) complicazione □ (*est., raro*) difficoltà, inconveniente, accidente, impedimento, intralcio, ingombro **CONTR.** facilitazione, semplificazione, appianamento, chiarimento.

complicàre ***A*** *v. tr.* intricare, imbrogliare, arruffare, intralciare, confondere, impicciare, rendere difficile **CONTR.** semplificare, appianare, sbrogliare, dipanare, chiarire, facilitare, agevolare, risolvere ***B*** **complicarsi** *v. intr. pron.* ***1*** imbrogliarsi, ingarbugliarsi, confondersi, intorbidarsi, intricarsi **CONTR.** semplificarsi, appianarsi, sbrogliarsi, dipanarsi ***2*** (*di malattia, di situazione, ecc.*) peggiorare, aggravarsi **CONTR.** guarire, migliorare, risolversi.

complicàto *part. pass. di* **complicare**; *anche agg.* confuso, difficile, difficoltoso, complesso, ostico, contorto, intricato, imbrogliato, inaccessibile, irto, tortuoso, labirintico □ astruso, macchinoso, lambiccato, arzigogolato, cavilloso **CONTR.** semplice, piano, chiaro, evidente, elementare, lineare, limpido, trasparente, comprensibile, intelligibile, accessibile, agevole, facile.

complicazióne *s. f.* ***1*** difficoltà, contrasto, contrarietà, contrattempo, inconveniente, impedimento, intralcio, incaglio, ingombro, strettoia (*fig.*), scabrosità, intrico, viluppo, involuzione, imbroglio **CONTR.** facilitazione, semplificazione, agevolazione, appianamento, chiarimento, soluzione ***2*** (*med.*) complicanza, accidente, aggravamento **CONTR.** miglioramento, guarigione.

COMPLICAZIONE
sinonimia strutturata

La **complicazione** è un evento o un atto difficile da affrontare, da risolvere, che può richiedere l'intervento di soluzioni alternative rispetto a quanto stabilito: *creare complicazioni*; *se non subentrano complicazioni, partiremo entro quella data.* Anche **difficoltà** può indicare un ostacolo, un disagio che si incontra nel fare qualcosa: *ci sono delle gravi difficoltà da superare per riuscire nell'impresa*; *lottare contro le difficoltà della vita.* Più forte della difficoltà e a volte insormontabile è l'**impedimento**, ciò che si oppone alla riuscita di qualcosa, che impedisce di seguire il proprio piano: *ci sono stati impedimenti assolutamente imprevedibili*; *si sono frapposti impedimenti d'ogni genere che hanno mandato tutto all'aria.*

Con **contrarietà** si intende invece ciò che è contro la realizzazione di qualcosa, cioè un'avversità più o meno grave: *abbiamo avuto delle contrarietà che ci hanno fatto ritardare*; *le contrarietà della vita*; il termine, più in generale, indica anche la malasorte, la sfortuna, la disgrazia: *non lasciarsi abbattere dalle contrarietà.* Il **contrattempo** è un caso, un accadimento che sopravviene intempestivamente e provoca dei ritardi, dei disguidi, delle interruzioni, in un'attività, in un progetto e simili: *non sono riuscito a partire a causa di un contrattempo*; in generale, contrattempo è usato in riferimento a eventi o casi contrari di lieve entità, che si possono incontrare nella vita quotidiana: *scusami per il ritardo ma ho avuto un piccolo contrattempo.*

L'**inconveniente** è una circostanza o un avvenimento sgradevole, fastidioso, che può essere fonte di disturbo, di danno, di incomodo: *inconveniente grave, serio, leggero*; *all'improvviso è sorto un inconveniente che mi ha impedito di finire il lavoro*; per estensione, il sostantivo assume inoltre il significato di svantaggio: *nella soluzione che proponi ci sono degli inconvenienti.* Anche l'**intralcio** si riferisce a qualcosa che ostacola e che rallenta perché crea una serie di impacci, un groviglio di difficoltà e pastoie che complicano la situazione: *il maltempo era d'intralcio ai soccorsi*; *una legge che crea un grosso intralcio al commercio.*

còmplice o **cómplice** *s. m.* e *f.* ***1*** connivente, correo, partecipe, favoreggiatore, compare, manutengolo □ (*di rapina, di delitto, ecc.*) palo (*gerg., fig.*) **CONTR.** estraneo, innocente ***2*** (*est., scherz.*) compagno, collega.

complicità *s. f.* ***1*** correità, connivenza, favoreggiamento, associazione, partecipazione, omertà **CONTR.** estraneità, innocenza ***2*** (*fig.*) aiuto, favore. *V. anche* FAVORE

complimentàre ***A*** *v. tr.* fare i complimenti, felicitare □ ossequiare, riverire **CONTR.** insultare, ingiuriare □ commiserare ***B*** **complimentarsi** *v. intr. pron.* congratularsi, felicitarsi, rallegrarsi, compiacersi **CONTR.** compiangere, commiserare.

compliménto *s. m.* ***1*** felicitazione, congratulazione, omaggio, rallegramento, ossequio, encomio, galanteria **CONTR.** offesa, affronto, insulto, ingiuria, villania, oltraggio, disprezzo ***2*** (*al pl.*) convenevoli, cerimonie, formalità, salamelecchi, smorfie, smancerie **CONTR.** sgarberie, insulti, villanie.

complimentóso *agg.* ***1*** cerimonioso, ossequioso, affettato, smanceroso, lezioso **CONTR.** spigliato, semplice, disinvolto, naturale ***2*** gentile, cortese, galante, madrigalesco (*est.*) **CONTR.** sgarbato, villano, insolente, ingiurioso, maleducato.

complottàre *v. intr.* ***1*** congiurare, cospirare, macchinare, ordire, intrigare, tramare, concertare, insidiare ***2*** (*est.*) parlottare.

complòtto *s. m.* congiura, intrigo, trama, macchinazione, cospirazione, combutta, conciliabolo, putsch (*ted.*). *V. anche* COSPIRAZIONE

componènte *part. pres. di* **comporre**; *anche agg.* e *s. m.* e *f.* ***1*** (*di persona*) membro, partecipante, costituente ***2*** (*di insieme, di miscuglio, ecc.*) elemento, ingrediente ***3*** (*mat.*) sottoinsieme, elemento.

componìbile *agg.* ***1*** unibile, accostabile, modulare □ scomponibile, separabile ***2*** (*fig., raro*) appianabile.

componiménto *s. m.* ***1*** (*di lite, di disputa e sim.*) accordo, conciliazione, accomodamento, transazione, pacificazione, aggiustamento, appianamento ***2*** (*letterario, musicale, ecc.*) composizione, scrittura, stesura, svolgimento, opera, lavoro, pezzo ***3*** (*scolastico*) composizione, tema, elaborato, esercitazione, lavoro.

compórre ***A*** *v. tr.* ***1*** (*di parti in un tutto*) combinare, assestare, unire, disporre, formare, costituire, fabbricare, congegnare, fare, riunire, montare, mescolare **CONTR.** scomporre, disfare, smontare, dividere ***2***

(*di romanzo, di musica, ecc.*) compilare, scrivere, redigere, fare, produrre, creare, concepire, elaborare **3** (*di capelli, di vestito, ecc.*) assestare, acconciare, accomodare, ordinare, ravviare □ (*di colori e sim.*) intonare **CONTR.** disordinare, scarmigliare, gualcire, scompigliare **4** (*di viso*) atteggiare, impostare, posare **5** (*di litiganti, di lite e sim.*) conciliare, riconciliare, pacificare, rappacificare, accordare, mediare, raggiustare, risolvere **CONTR.** inimicare □ suscitare, creare **B composi** *v. rifl.* (*raro*) atteggiarsi, accomodarsi, impostarsi, rassettarsi **CONTR.** scomporsi, alterarsi.

comportaménto *s. m.* condotta, atto, atteggiamento, contegno, costume, modo di fare, maniera, habitus (*lat.*), operato, tenore **FRAS.** *teoria del comportamento*, comportamentismo, behaviorismo.

comportàre A *v. tr.* **1** (*lett.*) sopportare □ (*lett.*) consentire, permettere, concedere, ammettere **2** implicare, cagionare, ingenerare, determinare □ richiedere, costare (*fig.*), volere, presupporre, sottintendere, includere, racchiudere **B comportarsi** *v. intr. pron.* agire, procedere, condursi, contenersi, regolarsi, vivere. *V. anche* VOLERE

compòsito *agg.* composto, complesso, complicato, molteplice, eterogeneo, multiforme, vario, assortito, miscellaneo, eclettico **CONTR.** semplice, unico, monotono, uniforme.

compositóre *s. m.* (*f. -trice*) autore (spec. di musica) musicista □ (*raro*) componitore (*lett.*), scrittore. *V. anche* MUSICISTA

composizióne *s. f.* **1** compilazione, elaborazione, redazione, sistemazione, ordinamento, disposizione, assetto, costituzione **CONTR.** scomposizione, scompaginamento, scioglimento, smembramento **2** (*musicale, letteraria, ecc.*) creazione, opera, brano, pezzo □ quadro **3** (*scolastico*) componimento, tema, esercitazione, lavoro **4** (*di comitato, di giuria, ecc.*) formazione, struttura, natura **5** (*di ricetta, di sostanza, ecc.*) mescolanza, lega, amalgama, miscuglio □ (*est.*) composto, elemento, componente, ingrediente **6** (*di litiganti, di lite, ecc.*) componimento, accordo, conciliazione, accomodamento, transazione, pacificazione, aggiustamento **CONTR.** lite, rissa, guerra. *V. anche* CONCILIAZIONE

compósta *s. f.* **1** conserva, marmellata, confettura **2** fertilizzante, terricciato.

compostaménte *avv.* correttamente, contegnosamente, ordinatamente, dignitosamente □ pudicamente, verecondamente **CONTR.** scompostamente, disordinatamente, indecentemente, sguaiatamente, sbracatamente.

compostézza *s. f.* **1** contegno, correttezza, ordine, serietà, ieraticità, gravità, grazia, contegnosità, decenza, raccoglimento, costumatezza, decoro, modestia, moderazione □ pudore, pudicizia **CONTR.** incompostezza, scompostezza, disordine, indecenza, sguaiataggine □ scostumatezza, spudoratezza **2** (*fig.*) temperanza, sobrietà, misura **CONTR.** intemperanza. *V. anche* MISURA

compósto A *part. pass. di* **comporre**; *anche agg.* **1** (*di lavoro, di meccanismo, ecc.*) composito, complesso, complicato, molteplice, eterogeneo, eclettico, vario, multiforme, assortito **CONTR.** semplice, unico, monotono, uniforme **2** (*di mobile, di sostanza, ecc.*) fatto, formato, sistemato, ordinato, aggregato, congegnato **CONTR.** smontato **3** (*di opera musicale, letteraria, ecc.*) scritto, fatto, creato, prodotto, ideato, inventato **4** (*di persona, di modi, ecc.*) ordinato, corretto, contegnoso, serio, modesto, riservato, raccolto □ costumato, pudico, pudibondo, verecondo **CONTR.** scomposto, disordinato, sciatto, sguaiato, sbracato, scamiciato, scalmanato □ indecente, inverecondo, sfrontato **5** (*di volto*) atteggiato **6** (*mat.*) non primo, fattorizzabile **CONTR.** primo **B** *s. m.* composizione, mescolanza, miscuglio, misto, lega, amalgama, fusione, insieme, combinazione.

compràre *v. tr.* **1** acquistare, acquisire □ (*di azienda, di merce*) rilevare **CONTR.** vendere, alienare, cedere, smerciare □ donare, regalare **2** (*est.*) corrompere, pagare, prezzolare, sedurre, subornare. *V. anche* PRENDERE, SPENDERE

compratóre *s. m.* (*f. -trice*) acquirente, cliente, avventore, acquisitore, consumatore **CONTR.** venditore, bottegaio, negoziante, mercante.

compravéndita *s. f.* commercio, mercato, contrattazione, negozio, transazione, traffico.

comprèndere A *v. tr.* **1** (*di cosa*) contenere, racchiudere, includere, calcolare, conteggiare, abbracciare, incorporare, implicare, raggruppare, contemplare, consociare, unire, cingere, cinghiare (*lett.*) **CONTR.** escludere, eliminare, eccettuare, scomputare **2** (*di persona*) intendere, percepire, capire, afferrare, realizzare, sentire, penetrare, apprendere, digerire (*fig.*), intuire, accorgersi, avvedersi, discernere (*lett.*), distinguere, concepire (*raro, lett.*), raccapezzare, rilevare □ (*di iscrizione e sim.*) decifrare □ (*di musica, di poesia e sim.*) gustare **CONTR.** svisare, stravolgere, deformare **3** (*est.*) (*di errore, di persona, ecc.*) compatire, giustificare, scusare, perdonare, tollerare **B comprendersi** *v. rifl.* intendersi, capirsi, compatirsi, perdonarsi **CONTR.** contrastarsi. *V. anche* UDIRE, UNIRE

comprendònio *s. m.* (*fam., scherz.*) intelligenza, intelletto, cervello, giudizio, testa.

comprensìbile *agg.* intelligibile, chiaro, afferrabile, evidente, intuitivo, capibile, facile, accessibile, concepibile, decifrabile, percepibile, conoscibile, intuibile, percettibile, perspicuo, trasparente □ sopportabile, soffribile, tollerabile, accettabile, umano **CONTR.** incomprensibile, inafferrabile, inintelligibile, impenetrabile, imperscrutabile, indecifrabile, misterioso, oscuro, astruso, sfuggente, enigmatico, ermetico, sibillino, fumoso, nebuloso □ intollerabile, insopportabile. *V. anche* TRASPARENTE

comprensibilità *s. f.* chiarezza, intelligibilità, facilità, evidenza, afferrabilità, percettibilità, accessibilità **CONTR.** incomprensibilità, oscurità, ermetismo, impenetrabilità, imperscrutabilità, inintelligibilità, inafferrabilità, inaccessibilità.

comprensibilménte *avv.* chiaramente, evidentemente, intelligibilmente, nettamente □ ovviamente, logicamente, naturalmente, tollerabilmente **CONTR.** celatamente, nascostamente, incomprensibilmente, astrusamente, ermeticamente □ inspiegabilmente, stranamente.

comprensióne *s. f.* **1** intelligenza, intendimento, intuizione, cognizione, penetrazione, conoscenza, decodificazione **2** condiscendenza, indulgenza, benevolenza, tolleranza, umanità, perdono, pietà, venia (*lett.*) **CONTR.** durezza, inflessibilità, intolleranza, disumanità, fiscalismo **3** affinità **CONTR.** incomprensione. *V. anche* PERDONO

comprensìvo *agg.* **1** (*di prezzo, di trattamento, ecc.*) inclusivo, cumulativo, globale **CONTR.** esclusivo **2** (*di persona*) tollerante, indulgente, umano, aperto, condiscendente, clemente, compiacente, paterno, permissivo, umanitario **CONTR.** incomprensivo, intollerante, intransigente, rigoroso, duro, disumano, fiscale.

comprensòrio *s. m.* regione, area, territorio, zona, distretto, banlieue (*fr.*), hinterland (*ted.*), dintorni, suburbio □ (*di medico, di veterinario*) condotta.

compresènza *s. f.* concomitanza, concorso, coesistenza.

compréso *part. pass. di* **comprendere**; *anche agg.* **1** (*nel numero, nel gruppo, ecc.*) incluso, contenuto, incorporato □ implicito **CONTR.** escluso, eliminato, tolto □ eccetto, fuorché, meno, tranne **2** (*con la mente*) capito, inteso, afferrato, penetrato, percepito, intuito **CONTR.** stravolto **3** (*est.*) (*di persona, di errore, ecc.*) compatito, giustificato, scusato, perdonato **CONTR.** incompreso.

comprèssa *s. f.* pastiglia, pillola, pasticca, cachet (*fr.*), cialdino, tabloide (*farm.*), granulo (*farm.*).

compressióne *s. f.* pressione, pressatura, schiacciamento, stretta, stringitura, strizzata, torchiatura □ (*fig.*) (*di salari e sim.*) livellamento, appiattimento **CONTR.** decompressione.

comprèsso *part. pass. di* **comprimere**; *anche agg.* **1** premuto, stretto, calcato, pigiato, schiacciato, costretto, pressato □ (*di terreno*) depresso □ (*di concetto, di scritto, ecc.*) condensato **CONTR.** allentato, sciolto, libero **2** (*fig.*) (*di persona, di passioni, ecc.*) oppresso, represso, soffocato, vessato, soggiogato, gravato **CONTR.** libero, disteso.

comprìmere *v. tr.* **1** calcare, premere, schiacciare, pigiare, serrare, pressare, stringere, costringere (*lett.*), strizzare, acciaccare, torchiare, frangere (*lett.*), soppressare (*raro*) □ (*di terreno, ecc.*) rullare, spianare **CONTR.** allentare, sciogliere, distendere, mollare **2** (*fig.*) (*di passioni, ecc.*) contenere, reprimere, soffocare, frenare, trattenere, dominare, vincere, coartare □ (*di concetto, di scritto, ecc.*) condensare (*fig.*) **CONTR.** sfogare, liberare, lasciare libero, allargare. *V. anche* COSTRINGERE, SCHIACCIARE, VINCERE

comproméssо (1) *part. pass. di* **compromettere**; *anche agg.* **1** coinvolto, implicato, esposto □ screditato, squalificato **CONTR.** estraneo **2** danneggiato, pregiudicato, intaccato, invalidato, minacciato **CONTR.** favorito, appoggiato.

compromésso (2) *s. m.* **1** (*tra litiganti, tra parti*) accordo, transazione, accomodamento, arrangiamento, conciliazione **2** (*dir.*) contratto preliminare, capitolato **3** (*est., spreg.*) cedimento, deviazione, espediente, opportunismo, ripiego, rimedio, mezzuccio, intrallazzo. *V. anche* CONCILIAZIONE

comprometténte *part. pres. di* **compromettere**; *anche agg.* rischioso, pericoloso, pregiudizievole, arrischiato, dubbio **CONTR.** sicuro.

comprométtere **A** *v. tr.* **1** (*di reputazione, di esito, ecc.*) rischiare, pregiudicare, danneggiare, nuocere, intaccare, incrinare, minare, minacciare, rovinare **CONTR.** difendere, tutelare **2** (*di persona*) coinvolgere, danneggiare, esporre, implicare, inguaiare **CONTR.** salvaguardare **B compromettersi** *v. rifl.* esporsi, impegnarsi, sbilanciarsi, arrischiarsi □ impegolarsi, pregiudicarsi, bruciarsi (*fig.*), inguaiarsi, rovinarsi, disonorarsi, insudiciarsi (*fig.*) □ (*di amicizia, di rapporto, ecc.*) incrinarsi, guastarsi **CONTR.** tutelarsi, salvaguardarsi, difendersi □ rafforzarsi, rinsaldarsi. *V. anche* GUASTARE

comproprietà *s. f.* condominio, compartecipazione.

comprovàre *v. tr.* **1** provare, confermare, dimostrare, documentare, convalidare, avvalorare, confortare **CONTR.** negare, confutare, contraddire **2** (*raro*) approvare, ratificare **CONTR.** respingere, negare.

comprovàto *part. pass. di* **comprovare**; *anche agg.* **1** provato, confermato, dimostrato, documentato, avvalorato **CONTR.** negato, contraddetto, confutato **2** (*di fede, di onestà, ecc.*) provato, sicuro, fedele **CONTR.** dubbio, equivoco, incerto.

compùnto *agg.* contrito, penitente, pentito, afflitto, mortificato, avvilito, dispiaciuto, triste **CONTR.** allegro, felice, giocondo, spensierato.

compunzióne *s. f.* pentimento, penitenza, contrizione, mortificazione, afflizione, dispiacere, avvilimento **CONTR.** gioia, felicità, compiacimento.

computàbile *agg.* calcolabile, contabile, valutabile, annoverabile, ascrivibile, addebitabile **CONTR.** incomputabile, incalcolabile, inestimabile, incommensurabile.

computàre *v. tr.* **1** calcolare, contare, annoverare, noverare (*lett.*), numerare, conteggiare, valutare **CONTR.** scomputare **2** (*lett.*) addebitare, ascrivere.

computer /kom'pjuter, *ingl.* kəm'pju:tə/ [vc. ingl., 'calcolatore', da *to compute* 'calcolare', dal fr. *computer* 'computare'] *s. m. inv.* calcolatore, elaboratore, elaboratore elettronico, cervello elettronico □ (*est.*) personal computer, PC, home computer (*ingl.*).

computer game /*ingl.* kəm'pju:tə 'gɛim/ [loc. ingl., comp. di *computer* e *game* 'gioco'] *loc. sost. m. inv.* videogioco.

computisterìa *s. f.* contabilità, ragioneria.

còmputo *s. m.* calcolo, conto, conteggio, computazione (*raro*).

comunàle **A** *agg.* civico, municipale, urbano, cittadino **B** *s. m.* teatro municipale, stadio municipale.

comùne (1) **A** *agg.* **1** (*di bene, di interesse, ecc.*) generale, comunitario, collettivo, universale, sociale, pubblico, complessivo, di tutti **CONTR.** particolare, proprio, privato, singolare, individuale, personale **2** (*di opinione, di uso, ecc.*) usuale, diffuso, solito, consueto, corrente, normale, naturale, ovvio, abituale, medio, ordinario, usitato (*lett.*), frequente, familiare, popolare, predominante, imperante □ (*di stile, di giudizio, ecc.*) impersonale, convenzionale, anonimo, banale, pedestre, standardizzato **CONTR.** insolito, inconsueto, anormale, straordinario, inusitato, strano, infrequente, eccezionale, singolare, raro, eccentrico, sui generis (*lat.*) □ personale, originale ***3*** (*di gente, di roba, ecc.*) volgare, grossolano, triviale, basso, mediocre, modesto, piccolo (*fig.*), dozzinale, commerciale, andante, qualunque, spicciolo (*tosc.*) **CONTR.** scelto, raffinato, distinto, fine, elegante, eccellente, snob (*ingl.*), chic (*fr.*), esclusivo ***B*** *s. m. solo sing.* mediocrità, banalità, normalità **CONTR.** singolarità, originalità **FRAS.** *far causa comune*, agire insieme □ *fuori del comune, non comune*, raro, distinto, eccellente, straordinario □ *uscire dal comune* (*fig.*), distinguersi. *V. anche* BANALE, FREQUENTE

comùne (2) *s. m.* ***1*** municipio □ (*nel Medioevo*) broletto ***2*** (*est.*) città.

comunèlla *s. f.* combriccola, combutta, lega, cricca, conventicola, accordo, conciliabolo, congrega, intesa **FRAS.** *fare comunella*, accordarsi, riunirsi, stare insieme.

comuneménte *avv.* generalmente, normalmente, abitualmente, usualmente, ordinariamente, correntemente, volgarmente, solitamente, quotidianamente, universalmente **CONTR.** insolitamente, eccezionalmente, infrequentemente, straordinariamente, singolarmente, sorprendentemente, inusitatamente.

comunicàre ***A*** *v. tr.* ***1*** trasmettere, diffondere, notificare, annunciare, informare, segnalare, esprimere, rendere comune, significare (*lett.*) □ (*di sentimento, di speranza, ecc.*) partecipare, infondere, trasfondere, ispirare □ (*di malattia e sim.*) attaccare, trasmettere, passare (*fam.*) □ (*di movimento, di velocità, ecc.*) imprimere **CONTR.** nascondere, celare ***2*** amministrare l'eucaristia ***B*** *v. intr.* ***1*** (*di persona*) corrispondere, conversare, chiacchierare, parlare, dire, conferire, essere in comunicazione, essere in relazione □ (*spec. per telefono, per radio*) collegarsi ***2*** (*di porta, di apertura, ecc.*) sboccare, sfociare, immettere, mettere in comunicazione ***3*** (*di persone, ecc.*) capirsi, intendersi, condividere ***C*** **comunicarsi** *v. intr. pron.* ***1*** (*di entusiasmo, di incendio, ecc.*) propagarsi, trasmettersi, diffondersi **CONTR.** recedere, ritirarsi, cessare, spegnersi ***2*** fare la comunione, ricevere l'eucaristia. *V. anche* PARLARE

comunicatìva *s. f.* capacità di comunicare, eloquenza, espansività, affabilità, estroversione, esuberanza, cordialità, socievolezza **CONTR.** chiusura, introversione.

comunicatìvo *agg.* ***1*** (*di persona, di temperamento, ecc.*) espansivo, estroverso, socievole, affabile, cordiale, conversevole (*lett.*) **CONTR.** chiuso, introverso, impenetrabile, riservato ***2*** (*anche fig.*) (*di infezione, di risata, ecc.*) comunicabile, contagioso, trasmissibile **CONTR.** incomunicabile, intrasmissibile.

comunicàto ***A*** *part. pass. di* **comunicare**; *anche agg.* propagato, divulgato, diffuso, dato, trasmesso, partecipato, notificato, propalato, annunciato, segnalato **CONTR.** taciuto, nascosto, tenuto nascosto ***B*** *s. m.* comunicazione, bollettino, rapporto, relazione, informazione, notizia, nota, avviso, dispaccio. *V. anche* INFORMAZIONE

comunicazióne *s. f.* ***1*** (*di calore, di pensiero, ecc.*) diffusione, trasmissione ***2*** comunicato, notizia, annuncio, nota, dichiarazione, partecipazione, avviso, avvertenza, circolare, notificazione, informazione, segnalazione, appello, bando, bollettino □ relazione, discorso, allocuzione (*lett.*) ***3*** (*di notizia, di disposizione, ecc.*) diffusione, divulgazione, irradiazione, propalazione ***4*** (*tra luoghi*) passaggio, andito, sbocco, apertura, uscio ***5*** (*spec. al pl.*) (*stradale, aerea, ecc.*) collegamento. *V. anche* INFORMAZIONE

comunióne *s. f.* ***1*** (*di interessi, di idee, ecc.*) comunanza, unione, partecipazione, collettività □ contitolarità **CONTR.** divisione ***2*** (*relig.*) eucaristia.

comunìsmo *s. m.* collettivismo, bolscevismo, marxismo □ socialismo, massimalismo □ egualitarismo **CONTR.** capitalismo, liberalismo □ socialdemocrazia.

comunista *agg.*; *anche s. m. e f.* collettivista, bolscevico, marxista, marxiano, sovietico, compagno, rosso □ massimalista, socialista □ egualitario **CONTR.** capitalista, liberale □ socialdemocratico.

comunità *s. f.* ***1*** collettività, società, pluralità, colonia □ associazione, gruppo **CONTR.** individuo ***2*** (*relig.*) congregazione, confraternita, convento, cenobio, monastero □ parrocchia, chiesa ***3*** comune, municipio □ città □ cittadinanza.

comunitàrio *agg.* comune, collettivo, pubblico, sociale □ europeo **CONTR.** privato □ nazionale.

comùnque ***A*** *avv.* in ogni modo, in ogni caso ***B*** *cong.* ***1*** in qualunque modo, in qualsiasi modo ***2*** tuttavia, non di meno, con tutto ciò, malgrado ciò, nonostante, con ciò.

cón *prep. che introduce diversi rapporti* ***1*** (*di compagnia e unione*) insieme, in compagnia di **CONTR.** senza ***2*** (*di relazione*) verso □ contro ***3*** (*di mezzo*) per mezzo di, mediante ***4*** (*di limitazione*) a proposito di ***5*** (*di causa*) a causa di ***6*** (*concessivo, limitativo, avversativo*) nonostante, malgrado.

conàto *s. m.* ***1*** tentativo, sforzo ***2*** (*di vomito*) attacco, impulso.

cónca *s. f.* ***1*** (*di recipiente*) catino, catinella, mastello, vaso, vasca, pila, acquaio, lavello □ anfora, lebete (*archeol.*) □ (*per il cibo dei maiali*) trogolo ***2*** (*geogr.*) bacino, cavità, concavità, depressione, valle, dolina, inghiottitoio. *V. anche* VALLE

concatenàre ***A*** *v. tr.* ***1*** (*raro, lett.*) (*di cose*) collegare, unire, congiungere, attaccare, annodare, avvincere, intrecciare **CONTR.** staccare, sciogliere, separare ***2*** (*fig.*) (*di fatti, di pensieri, ecc.*) collegare, associare, connettere **CONTR.** dividere, dissociare ***B*** **concatenarsi** *v. rifl. rec.* (*anche fig.*) collegarsi, ricollegarsi, unirsi, legarsi, connettersi, associarsi, annodarsi, intrecciarsi, incatenarsi (*raro, fig.*) **CONTR.** separarsi, isolarsi, dividersi, dissociarsi.

concatenàto *part. pass. di* **concatenare**; *anche agg.* (*spec. fig.*) collegato, intrecciato, unito, connesso, legato, associato **CONTR.** slegato, sciolto, dissociato, diviso, isolato.

concatenazióne *s. f.* concatenamento, connessione, collegamento, connessura, relazione, rapporto, dipendenza, successione, sequela, sequenza, serie, catena, ingranaggio, intreccio.

concavità *s. f.* cavità, rientranza, rientramento, incavatura, cavo, scavo, affossamento, infossamento, parte concava, conca **CONTR.** convessità, prominenza, sporgenza, protuberanza, gibbosità, gobba, rilievo, rialzo.

còncavo *agg.* cavo, incavato, scavato, affossato, depresso, rientrato, rientrante, cupo (*dial.*) **CONTR.** convesso, prominente, rilevato, tondeggiante, bombato, gibboso.

concèdere ***A*** *v. tr.* ***1*** dare, largire (*lett.*), elargire, dispensare, graziare, offrire, regalare, affidare, accordare, aggiudicare, attribuire, tributare, conferire, impartire □ (*di somma, di sussidio, ecc.*) erogare □ (*di aiuto, di attenzione, ecc.*) prestare, porgere □ (*di documento, di dichiarazione, ecc.*) rilasciare (*bur.*) □ (*di titolo, di carica, ecc.*) investire **CONTR.** togliere, negare ***2*** permettere, autorizzare, lasciare, consentire, acconsentire, assentire, esaudire, contentare, condiscendere, accondiscendere, compiacere **CONTR.** vietare, rifiutare, impedire, inibire, interdire, proibire, proscrivere ***3*** (*in una discussione*) ammettere, accettare, riconoscere, convenire **CONTR.** negare, rifiutare ***B*** **concedersi** *v. rifl.* (*spec. di donna nel rapporto sessuale*) darsi, abbandonarsi, cedere **CONTR.** resistere, opporsi, rifiutarsi.

concentraménto *s. m.* ***1*** (*di truppe, di capitali, ecc.*) concentrazione, ammassamento, raggruppamento, riunione, raccolta, spiegamento **CONTR.** dislocamento, dispersione, sparpagliamento, spartizione, frazionamento ***2*** (*politico, amministrativo, ecc.*) accentramento, centralizzazione **CONTR.** decentramento.

concentràre ***A*** *v. tr.* ***1*** (*di truppe, di capitali, ecc.*) ammassare, raccogliere, adunare, raggruppare, riunire, accentrare, centralizzare, ammucchiare, immagazzinare **CONTR.** sparpagliare, dividere, frazionare, disseminare, spargere, diffondere, diradare, decentrare, dislocare, disperdere ***2*** (*di sostanza, di elemento*) addensare, condensare, restringere **CONTR.** diluire, allungare, stemperare ***B*** **concentrarsi** *v. rifl.* raccogliersi, impegnarsi, astrarsi **CONTR.** distrarsi, svagarsi, disperdersi.

concentràto ***A*** *part. pass. di* **concentrare**; *anche agg.* ***1*** (*di truppe, di capitali, ecc.*) raccolto, riunito, raggruppato, ammassato, adunato, accentrato, centralizzato, ammucchiato **CONTR.** sparpagliato, sparso, decentrato, disperso, diviso, frazionato ***2*** (*di sostanza, di elemento*) condensato, denso, ristretto, rappreso **CONTR.** diluito, allungato, stemperato ***3*** (*fig.*) (*di passione*) profondo, intenso **CONTR.** leggero, superficiale ***4*** (*di persona, di mente*) pensieroso, pensoso, raccolto, assorto, preso (*fam.*), impegnato, meditabondo, fisso, fiso (*lett.*) **CONTR.** svagato, distratto, disattento, spensierato, sbadato ***B*** *s. m.* ***1*** conserva, estratto ***2*** (*fig.*) (*di bugie, di sciocchezze, ecc.*) cumulo, carico, mucchio. *V. anche* DENSO

concentrazióne *s. f.* ***1*** (*di truppe, di capitali, ecc.*) concentramento, convergenza, confluenza, afflusso, ammassamento, accentramento, riunione, raccolta □ (*di sostanza, di elemento*) condensazione, saturazione, densità **CONTR.** sparpagliamento, decentramento, dislocamento, dispersione, divisione, frazionamento □ diluizione ***2*** (*fig.*) (*della mente*) meditazione, raccoglimento, introspezione □ impegno, applicazione, attenzione **CONTR.** distrazione, dispersività, disattenzione, sbadataggine.

concepìbile *agg.* ***1*** immaginabile, pensabile, intelligibile, comprensibile, intuibile, ideabile **CONTR.** inconcepibile, impensabile, inverosimile, inimmaginabile, inenarrabile ***2*** possibile, ammissibile, tollerabile, accettabile, plausibile **CONTR.** impossibile, intollerabile, inammissibile, inaccettabile.

concepiménto *s. m.* ***1*** concezione, fecondazione, generazione ***2*** (*fig.*) (*di un piano, di un progetto e sim.*) ideazione, progettazione, disegno **CONTR.** compimento, realizzazione.

concepìre *v. tr.* ***1*** generare, procreare ***2*** (*di sentimento, di passione*) provare, sentire, nutrire ***3*** (*est.*) (*di idea, di progetto e sim.*) ideare, inventare, pensare, trovare, formare, immaginare, congegnare, disegnare, progettare, creare, comporre, produrre ***4*** (*est., raro, lett.*) comprendere, capacitarsi, rendersi conto, persuadersi, convincersi, immaginare. *V. anche* PENSARE

concepito *part. pass. di* **concepire**; *anche agg.* ***1*** generato, procreato ***2*** (*est.*) (*di sentimento, di passione*) provato, sentito, nutrito ***3*** (*di idea, di progetto e sim.*) ideato, inventato, immaginato, trovato, progettato, creato, congegnato □ (*di avviso e sim.*) scritto, redatto.

concernènte *part. pres. di* **concernere**; *anche agg.* riguardante, spettante, appartenente, interessante, attinente, afferente, riferibile, rispettivo, relativo.

concèrnere *v. tr.* riguardare, trattare, spettare, attenere, appartenere, interessare, riferirsi, competere, toccare.

concertàre ***A*** *v. tr.* ***1*** (*mus.*) accordare, affiatare, armonizzare, arrangiare ***2*** (*di attacco, di truffa, ecc.*) preparare, predisporre, organizzare, stabilire, combinare, ordire, complottare, tramare, intrigare, macchinare, congiurare ***B*** **concertarsi** *v. rifl.* accordarsi, convenire, concordare **CONTR.** discordare, dissentire, litigare.

concertìsta *s. m.* e *f.* musicista, strumentista, solista. *V. anche* MUSICISTA

concèrto *s. m.* ***1*** (*mus.*) composizione strumentale, esecuzione musicale, sinfonia ***2*** (*est.*) orchestra ***3*** (*raro*) accordo, armonia, collaborazione, intesa **FRAS.** *di concerto*, insieme, d'accordo.

concessióne *s. f.* ***1*** permesso, permissione (*lett.*), dono, grazia, privilegio, favore, facilitazione, facoltà, dispensa **CONTR.** proibizione, negazione, inibizione, interdizione, divieto, proscrizione ***2*** (*di mutuo, di servizio, ecc.*) conferimento, autorizzazione, assegnazione, rilascio □ licenza □ privilegio, appalto □ (*di feudo, di carica, ecc.*) investitura **CONTR.** privazione ***3*** (*raro*) ammissione, confessione **CONTR.** ritrattazione. *V. anche* FACOLTÀ, FAVORE

concèsso *part. pass. di* **concedere**; *anche agg.* dato, donato, elargito, esaudito, accordato, dispensato, stanziato □ permesso, ammesso, consentito, lecito **CONTR.** negato, rifiutato □ interdetto, proibito, vietato **FRAS.** *dato e non concesso che*, ammesso per ipotesi che; supposto che.

concètto *s. m.* ***1*** (*di libertà, di grazia, ecc.*) rappresentazione, senso, significato ***2*** (*est.*) pensiero, idea, nozione ***3*** opinione, concezione, visione, sentimento, giudizio, parere, criterio □ stima, considerazione, impressione, reputazione, fama ***4*** (*raro*) (*di discorso, di scritto, ecc.*) essenza, tema, tenore **FRAS.** *essere in concetto di*, farsi fama di □ *impiegato di concetto*, impiegato con responsabilità.

concettosità *s. f.* ***1*** densità, pregnanza, profondità, sentenziosità □ sinteticità, concisione **CONTR.** prolissità □ verbosità ***2*** (*est.*) ricercatezza, involuzione, difficoltà **CONTR.** semplicità, facilità, chiarezza. *V. anche* ENERGIA

concettóso *agg.* ***1*** denso, profondo, pregnante, complesso □ conciso **CONTR.** inconsistente, povero, vuoto □ prolisso, verboso ***2*** (*est.*) involuto, difficile, sentenzioso **CONTR.** facile, semplice, chiaro.

concettuàle *agg.* logico, mentale, teorico, speculativo **CONTR.** concreto.

concezióne *s. f.* ***1*** (*di un piano, di un romanzo, ecc.*) ideazione, concepimento, invenzione, progettazione, progetto, disegno ***2*** (*della libertà, della vita, ecc.*) pensiero, concetto, idea, visione, punto di vista, filosofia, Weltanschauung (*ted.*) ***3*** concepimento.

conchìglia *s. f.* ***1*** guscio, nicchio ***2*** (*raro*) mollusco.

conciàre ***A*** *v. tr.* ***1*** sottoporre a concia, trattare ***2*** (*raro*) acconciare, accomodare, aggiustare **CONTR.** sporcare, sciupare, rovinare, insudiciare, deteriorare ***3*** (*antifr.*) trattare per le feste (*fig.*), ridurre in cattivo stato, battere, maltrattare, strapazzare, sistemare ***4*** (*di pietra*) lavorare, squadrare, rifinire ***5*** (*di animale*) castrare ***6*** (*dial.*) condire ***B*** **conciarsi** *v. rifl.* ***1*** abbigliarsi, acconciarsi, accomodarsi, aggiustarsi ***2*** sporcarsi, insudiciarsi, ridursi male □ abbigliarsi male.

conciàto *part. pass. di* **conciare**; *anche agg.* ***1*** (*di tabacco, di olive, ecc.*) trattato, lavorato □ concio **CONTR.** naturale ***2*** acconciato, abbigliato, accomodato, pulito **CONTR.** disordinato, sporco, sudicio ***3*** (*antifr.*) malridotto, in cattivo stato, battuto, maltrattato.

conciliàbolo *s. m.* conventicola, combriccola, comunella, congrega, cricca, combutta, congiura, complotto, cospirazione, camarilla □ riunione.

conciliànte *part. pres. di* **conciliare**; *anche agg.* ***1*** accomodante, arrendevole, accondiscendente, acquiescente, compiacente, docile, malleabile, trattabile, pieghevole, remissivo, condiscendente, tollerante, transigente **CONTR.** irriducibile, inaccostabile, irremovibile, inflessibile, ostinato, riottoso, pervicace, duro, polemico, inesorabile, caparbio, cocciuto, indocile, litigioso ***2*** (*raro*) conciliativo **CONTR.** provocatorio, provocatore.

conciliàre ***A*** *v. tr.* ***1*** (*di persone, di opinioni, ecc.*) accordare, amicare, pacificare, appaciare (*lett.*), calmare, rappacificare, rabbonire, riavvicinare □ accomodare, temperare, moderare, mediare, aggiustare, comporre, contemperare **CONTR.** mettere in lite, creare discordia, seminare zizzania, dividere, disunire □ urtare, irritare, contrariare, esasperare, inasprire, esacerbare ***2*** (*di sonno, di simpatia, ecc.*) procurare, procacciare, favorire, cattivare, accattivare **CONTR.** allontanare, disturbare, guastare, rompere, interrompere ***B*** **conciliarsi** *v. rifl.* e *rifl. rec.* ***1*** accordarsi, armonizzarsi, combinarsi, aggiustarsi, intendersi, concordare **CONTR.** discordare, urtarsi, scontrarsi ***2*** cattivarsi, accattivarsi, amicarsi, acquistarsi, conquistarsi, procurarsi, attirarsi, propiziarsi **CONTR.** perdere, giocarsi.

conciliatóre *agg.*; *anche s. m.* (*f.* *-trice*) conciliante, conciliativo, conciliatorio, rappacificatore, paciere, pacificatore, moderatore, proboviro (*ant.*), equilibratore, mezzano (*raro*) **CONTR.** provocatorio, provocatore, aizzatore, sobillatore, perturbatore.

conciliazióne *s. f.* accordo, accomodamento, aggiustamento, riavvicinamento, pacificazione, pace, propiziazione, raggiustamento, equilibrio □ composizione, componimento, transazione, intesa, patto, compromesso **CONTR.** opposizione, disaccordo, discordia, dissidio, alterco, vertenza, discrepanza, dissenso □ intransigenza.

CONCILIAZIONE
sinonimia strutturata

La **conciliazione** è l'attività o il risultato del conciliare, cioè del riportare all'armonia, del mettere d'accordo superando i contrasti: *finalmente hanno superato i dissidi e sono giunti ad una conciliazione*; in accezione tecnica, il sostantivo si usa nell'ambito del diritto per indicare la risoluzione, lo scioglimento di una controversia tramite un accordo: *conciliazione delle parti, di una contravvenzione*. Anche il termine **composizione** si riferisce al trovare un accordo tra persone o tesi che sono in contrasto fra di loro: *la composizione della lite è stata lunga e difficile*. L'**accomodamento** è similmente un accordo, una soluzione conforme e adeguata delle contrapposizioni che oppongono le parti in lite: *trovare un accomodamento*. Così con **aggiustamento** in senso figurato si intende il comporre, l'accordare: *aggiustamento di un diverbio, di un litigio*.

Il **compromesso** è una forma di accordo che si raggiunge quando ciascuna delle parti in causa rinuncia in una certa misura alle proprie rivendicazioni per arrivare ad una comune intesa: *arrivare, raggiungere, venire a un compromesso*; *soluzione di compromesso*; in senso esteso, compromesso si usa con il significato spregiativo di cedimento, di accantonamento o rinuncia sul piano pratico ai propri principi morali o ideali, per conformismo o per raggiungere certi obiettivi: *abbiamo dovuto scendere a compromessi*. Anche la **transazione** è il fare concessioni, l'essere arrendevole venendo meno alle proprie convinzioni: *venire a transazione con la propria coscienza*. Giuridicamente il termine indica un contratto in cui le parti, grazie a concessioni reciproche, risolvono una lite o ne prevengono l'insorgere: *accettare una transazione*.

Nella sua accezione più generica il vocabolo **pace** si riferisce alla concordia, all'armonia nelle relazioni, nei rapporti tra le persone: *essere, stare, lavorare in pace*; *sono riuscito a mettere pace nella discussione*; *dopo tanti anni abbiamo finalmente fatto pace*. **Pacificazione** è il riconciliare, il riportare alla pace, alla calma dopo un urto, un litigio, uno scontro, un'agitazione: *la pacificazione degli animi*; *non c'è ancora stata una completa pacificazione*. **Riavvicinamento** vuol dire nuovo avvicinamento e, figuratamente, indica un ritorno alla tranquillità e ad una buona armonia nei rapporti: *dopo quel duro confronto il suo tentativo di riavvicinamento non ha funzionato*.

concilio *s. m.* ***1*** (*relig.*) sinodo, concistoro ***2*** (*est., spec. scherz.*) riunione, adunanza, consesso.

concimàia *s. f.* (*anche fig.*) letamaio, immondezzaio, mondezzaio □ lerciume.

concimàre *v. tr.* ingrassare, fertilizzare, stabbiare, sovesciare.

concimàto *part. pass. di* **concimare**; *anche agg.* ingrassato, fertilizzato.

concimazióne *s. f.* concimatura (*raro*), ingrasso, fertilizzazione, ingrassamento.

concìme *s. m.* ***1*** letame, concio, stabbio, ingrasso ***2*** (*est.*) fertilizzante.

concisaménte *avv.* brevemente, stringatamente, laconicamente, succintamente, schematicamente, sinteticamente, sommariamente, telegraficamente, asciuttamente, compendiosamente, epigraficamente, lapidariamente, sentenziosamente, concettosamente **CONTR.** prolissamente, verbosamente, diffusamente, lungamente, ridondantemente, ampollosamente, retoricamente.

concisióne *s. f.* brevità, essenzialità, stringatezza, schematicità, sentenziosità, laconicità, breviloquenza (*lett.*), compendiosità, concettosità, cortezza □ (*di stile*) asciuttezza, secchezza, energia, nervosità, scabrosità □ (*di discorso*) brachilogia, ellissi **CONTR.** prolissità, verbosità, ampollosità, lungaggine, ridondanza, retorica, verbalismo. *V. anche* ENERGIA

concìso *agg.* breve, corto, stringato, succinto, essenziale, schematico, sinottico, sintetico, stenografico, telegrafico, serrato, laconico, compendioso, concettoso, spiccio, tacitiano (*lett.*), epigrafico, sentenzioso, lapidario, contenuto □ (*di stile*) nervoso, secco, asciutto, scabro, scheletrito, scheletrico □ (*di discorso*) brachilogico **CONTR.** prolisso, verboso, diffuso, lungo, ampolloso, dettagliato, ridondante, tronfio, retorico.

concitataménte *avv.* convulsamente, freneticamente, nervosamente, agitatamente, spasmodicamente, vivacemente **CONTR.** quietamente, placidamente, serenamente, tranquillamente, pacatamente.

concitàto *agg.* agitato, commosso, turbato, conturbato, emozionato, vibrante, vibrato, frenetico, fervoroso, inquieto, eccitato, vivace, convulso, alterato, nervoso, rabbioso, furioso, esagitato **CONTR.** calmo, quieto, freddo, pacato, indifferente, impassibile, tranquillo, sereno, placato, placido.

concitazióne *s. f.* agitazione, commozione, vivacità, foga, impeto, slancio, smania, eccitazione, emozione, turbamento, confusione, nervosismo **CONTR.** calma, pacatezza, tranquillità, serenità, autodominio, quiete, placidità, imperturbabilità. *V. anche* EMOZIONE

concittadìno *agg.*; *anche s. m.* cittadino, compatriota, conterraneo, compaesano, connazionale **CONTR.** straniero, forestiero.

conclamàre *v. tr.* proclamare, acclamare, gridare.

conclamàto *part. pass. di* **conclamare**; *anche agg.* ***1*** proclamato, acclamato ***2*** chiaro, evidente, indubbio **CONTR.** dubbio, incerto.

conclùdere ***A*** *v. tr.* ***1*** (*di patto, di affare, ecc.*) fare, definire, stipulare, contrarre, stringere, pattuire, suggellare, realizzare, combinare, effettuare, concretare, firmare, decidere, celebrare **CONTR.** avviare, intavolare, apprestare □ disdire, disfare, annullare, troncare ***2*** (*di lavoro, di discorso, ecc.*) finire, terminare, ultimare, perfezionare, cessare, chiudere, completare, esaurire, espletare, liquidare □ riepilogare, riassumere **CONTR.** iniziare, cominciare, intraprendere, avviare, attaccare, inaugurare □ esordire, debuttare ***3*** (*con 'che'*) argomentare, dedurre, stabilire, dimostrare, provare, constatare, arguire, inferire ***B*** *v. intr.* (*di obiezione, di argomento, ecc.*) convincere, persuadere, essere valido, essere utile **CONTR.** dissuadere ***C*** **concludersi** *v. intr. pron.* terminare, finire, chiudersi, cessare □ risolversi, sfociare (*fig.*), sboccare (*fig.*), scadere **CONTR.** iniziare, partire, principiare, originarsi, incominciare, cominciare, aprirsi, instaurarsi. *V. anche* CONSTATARE, SCADERE

conclusióne *s. f.* ***1*** (*di ciò che è avviato, iniziato*) compimento, porto (*fig.*), definizione, cessazione, riuscita, suggello, esito, stretta, dunque, fine, termine, completamento, ultimazione, coronamento, sbocco (*fig.*) □ conseguenza, risultanza, risultato, effetto **CONTR.** inizio, avvio, principio, apertura □ causa, presupposto ***2*** (*con 'trarre, venire', ecc.*) risoluzione, decisione □ (*di ragionamento*) deduzione, illazione, inferenza ***3*** (*di discorso, di libro, ecc.*) compendio, riepilogo, somma, riassunto, sintesi □ chiusa, coda, finale, postfazione □ (*di commedia, di romanzo, ecc.*) scioglimento, epilogo □ (*di periodo*) clausola **CONTR.** esordio, introduzione, preambolo, prefazione, premessa, preludio, presentazione, prolusione, protasi ***4*** (*di civiltà, di periodo storico, ecc.*) declino, decadenza, tramonto (*fig.*).

conclusìvo *agg.* finale, decisivo, ultimo, definitivo, risolutivo, concludente, consuntivo **CONTR.** iniziale, introduttivo, preparatorio, preliminare, esplorativo □ inconcludente, inefficace.

conclùso *part. pass. di* **concludere**; *anche agg.* ***1*** (*di affare, di patto, ecc.*) definito, stipulato, concretato, fatto, firmato, deciso, contratto, suggellato **CONTR.** avviato, intavolato □ disdetto, troncato ***2*** (*di lavoro, di discorso, ecc.*) finito, terminato, ultimato, chiuso, cessato □ (*di questione, di lite, ecc.*) risolto **CONTR.** iniziato, cominciato, intrapreso, ordito, avviato, inaugurato □ incompiuto □ attuale.

concomitànte *agg.* simultaneo, contemporaneo, coesistente, coincidente, consussistente (*raro*), sincrono, sincronico **CONTR.** anteriore, precedente □ posteriore, successivo.

concomitànza *s. f.* simultaneità, contemporaneità, compresenza, coincidenza, coesistenza, concorso, sincronismo □ (*raro*) caso, combinazione **CONTR.** anteriorità, precedenza □ posteriorità. *V. anche* SIMULTANEITÀ

concordànza *s. f.* consonanza, accordo, armonia, concordia, unione, relazione, conformità, congruenza, coerenza, riscontro, corrispondenza, rispondenza, adeguamento, assonanza, somiglianza □ (*di idee*) uguaglianza, uniformità, unanimità **CONTR.** dissonanza, contrasto, discordanza, discrepanza, disaccordo, conflitto, divario, divergenza, stonatura, scontro.

concordàre ***A*** *v. tr.* ***1*** (*lett.*) (*di opinioni, di testimonianze, ecc.*) mettere d'accordo, accordare, armonizzare, conformare ***2*** (*di patto, di prezzo, ecc.*) stabilire, pattuire, fissare, combinare, convenire, patteggiare, contrattare ***B*** *v. intr.* ***1*** (*di persone, di idee, ecc.*) essere d'accordo, mettersi d'accordo, convenire, consentire, acconsentire, accordarsi, soddisfare, concertarsi, conciliarsi, consonare (*fig., lett.*), incontrarsi (*fig.*), sintonizzarsi **CONTR.** dissentire, discordare, discostarsi, discrepare, dissonare, divergere, scontrarsi, contrastare, contrapporsi, cozzare ***2*** (*ling.*) corrispondere.

concordàto ***A*** *part. pass. di* **concordare**; *anche agg.* (*di patto, di prezzo, ecc.*) stabilito, fissato, fisso, pattuito, combinato, convenuto, patteggiato, negoziato, contrattato, trattato □ consensuale □ (*di gesto, di segno, ecc.*) convenzionale **CONTR.** occasionale ***B*** *s. m.* ***1*** accordo, patto, convenzione ***2*** (*dir.*) contratto, transazione **CONTR.** vertenza.

concòrde *agg.* ***1*** unanime, corale, uniforme, consonante (*lett.*), compatto, unito, unisono (*lett.*) □ uguale, somigliante, conforme, congruente, consensuale, consono, armonico □ consenziente, assenziente, solidale **CONTR.** discorde, discordante, discrepante, dissonante, differente, diverso, inconciliabile, contraddittorio, contrapposto, contrario, disunito, diviso □ dissenziente ***2*** (*di movimento*) simultaneo, sincrono.

concordeménte *avv.* unanimemente, collettivamente, congiuntamente, coralmente, conformemente, d'accordo, solidalmente, uniformemente **CONTR.** discordemente, contrariamente, contraddittoriamente.

concòrdia *s. f.* amicizia, pace, consenso, accordo, armonia, sintonia, concordanza, conformità, compattezza, unione, unità, fusione, uniformità, unanimità **CONTR.** discordia, disaccordo, difformità, inimicizia, attrito, dissidio, contrasto, urto, contraddizione, discrepanza, divergenza, incompatibilità.

concorrènte *part. pres. di* **concorrere**; *anche agg.* e *s. m.* e *f.* ***1*** (*in concorso, in elezioni, ecc.*) candidato, aspirante ***2*** (*in affari*) competitore, antagonista, emulo, emulatore, rivale, contendente **CONTR.** socio, collega, alleato, amico ***3*** (*in gare, in competizioni e sim.*) partecipante, gareggiante, gareggiatore ***4*** (*di cause, di intenti, ecc.*) concomitante, convergente. *V. anche* RIVALE

concorrènza *s. f.* ***1*** (*di candidato, di rivale, ecc.*) gara, competizione, emulazione, rivalità, antagonismo, concorrenzialità **CONTR.** collaborazione, accordo, compromesso, patto, intesa ***2*** (*in affari*) competitività □ concorrenti, rivali ***3*** (*bur.*) raggiungimento ***4*** (*di cause e sim.*) concomitanza, convergenza, concorso.

concorrenziàle *agg.* competitivo **CONTR.** monopolistico.

concórrere *v. intr.* ***1*** (*lett.*) (*di persone*) accorrere, affluire, convergere, adunarsi, confluire, andare, riversarsi, concentrarsi **CONTR.** divergere, allontanarsi, sparpagliarsi, disperdersi ***2*** (*a impresa, a spesa, ecc.*) cooperare, partecipare, contribuire, collaborare, aiutare, coadiuvare **CONTR.** avversare, sabotare, ostacolare ***3*** (*in gara, in appalto, ecc.*) competere, gareggiare, rivaleggiare, emulare, aspirare **CONTR.** arrendersi, ritirarsi, mollare.

concórso *s. m.* ***1*** (*di gente*) affluenza, afflusso, moltitudine, calca, frequenza ***2*** (*dir.*) compartecipazione □ correità, cospirazione ***3*** (*di elementi, di fattori, ecc.*) concomitanza, simultaneità, convergenza, contemporaneità, compresenza, coesistenza, coincidenza **CONTR.** assenza, mancanza, accidentalità ***4*** (*a impresa, a spesa, ecc.*) collaborazione, partecipazione, cooperazione, aiuto, appoggio **CONTR.** opposizione, sabotaggio, rifiuto ***5*** (*a impiego, a borsa di studio, ecc.*) selezione, esame, prova, certame (*lett.*) □ (*di merci, di film, ecc.*) rassegna, mostra ***6*** (*sport*) gara, competizione. *V. anche* FOLLA, SIMULTANEITÀ

concretaménte *avv.* realmente, realisticamente, effettivamente, tangibilmente, fisicamente, materialmente, positivamente, praticamente, a fatti, de facto (*lat.*) **CONTR.** astrattamente, teoricamente, idealmente, velleitariamente, utopisticamente, apparentemente, a parole, retoricamente, simbolicamente.

concretàre ***A*** *v. tr.* attuare, fare, realizzare, concretizzare, materializzare, oggettivare, effettuare, concludere ***B*** **concretarsi** *v. intr. pron.* concretizzarsi, attuarsi, realizzarsi, avverarsi, materializzarsi, oggettivarsi, incarnarsi (*lett.*) **CONTR.** sfumare, svanire.

concretézza *s. f.* ***1*** realtà, positività, effettività, effettualità □ materialità, sensibilità **CONTR.** indefinitezza, astrazione, indeterminatezza, irrealtà, parvenza, miraggio □ immaterialità ***2*** praticità, pragmatismo, realismo **CONTR.** astrattezza, idealismo, ideologismo.

concretizzàre *v. tr.* e *intr. pron. V.* **concretare**.

concretizzazióne *s. f.* realizzazione, effettuazione, oggettivazione, materializzazione, estrinsecazione **CONTR.** soggettivazione.

concrèto *agg.*; *anche s. m.* ***1*** (*raro*) denso, compatto, solido, consistente, rappreso, condensato **CONTR.** sciolto, liquido ***2*** preciso, determinato, reale, fisico, effettivo, positivo, materiale, corporeo, toccabile, sostanziale, sostanzioso, prosaico, effettuale, definito, specifico, tangibile, sensibile, vero, certo □ realista, realistico, pratico, pragmatico **CONTR.** teorico, astratto, illusorio, chimerico, utopistico, velleitario, immaginario, apparente, ideale, irreale, fantastico, immateriale, mitico, simbolico □ accademico, generico, vago, indefinito **FRAS.** *in concreto*, concretamente, nella realtà □ *arte concreta*, concretismo. *V. anche* VERO

conculcàre *v. tr.* **1** (*raro, lett.*) calpestare, premere, schiacciare, calcare, pestare **2** (*fig., lett.*) (*di persona, di diritto, ecc.*) opprimere, violare, coartare, violentare, vilipendere, avvilire, oltraggiare, umiliare, disprezzare, offendere **CONTR.** rispettare, onorare, venerare, stimare, difendere.

concupìre *v. tr.* (*lett.*) desiderare, desiare (*lett.*), volere, bramare, agognare, aspirare, appetire, sognare, smaniare, spasimare, struggersi **CONTR.** disprezzare, ripugnare, trascurare.

concupiscènza *s. f.* desiderio, brama, bramosia, desio (*lett.*), voglia, cupidità, voluttà, cupidigia, lussuria, carnalità, lascivia, libidine, sensi, sensualità **CONTR.** indifferenza, avversione □ purezza, castità. *V. anche* CUPIDIGIA

concussióne *s. f.* estorsione, frode **CFR.** corruzione.

condànna *s. f.* **1** (*est.*) pena **CONTR.** perdono, grazia, assoluzione, proscioglimento, condono, sanatoria **2** (*fig.*) (*spec. morale*) disapprovazione, biasimo, riprovazione, deprecazione, vituperio, rimprovero, censura, critica, deplorazione, dissociazione, dannazione, riprensione, crucifige (*lat.*), bando **CONTR.** lode, elogio, encomio, plauso, esaltazione, approvazione, compiacimento, complimento.

condannàbile *agg.* **1** degno di condanna **CONTR.** assolvibile **2** biasimevole, riprovevole, ingiustificabile, censurabile, criticabile, discutibile, sindacabile, deprecabile, vituperabile, denigrabile, deplorabile, deplorevole, punibile, dannabile **CONTR.** encomiabile, ammirabile, ammirevole, lodevole, meritorio, incensurabile.

condannàre *v. tr.* **1** dichiarare colpevole, giudicare (*dir.*), punire, castigare, dannare (*lett.*) **CONTR.** assolvere, prosciogliere, condonare, amnistiare **2** disapprovare, contestare, sindacare (*fig.*), biasimare, riprovare, detestare, censurare, stigmatizzare, deplorare, deprecare, obiurgare (*lett.*), scomunicare (*fig.*), riprendere, anatemizzare (*raro, lett.*), fustigare (*fig.*), marchiare (*fig.*) **CONTR.** giustificare, perdonare □ elogiare, approvare, lodare, encomiare, esaltare, applaudire **3** (*est.*) (*al lavoro, a scrivere, ecc.*) obbligare, costringere **CONTR.** liberare **4** (*est.*) (*di malato*) spacciare, dichiarare inguaribile. *V. anche* BIASIMARE, COSTRINGERE

condannàto **A** *part. pass. di* **condannare**; *anche agg.* **1** punito, castigato **CONTR.** assolto, prosciolto, condonato, amnistiato, graziato **2** disapprovato, biasimato, sindacato (*fig.*), rimproverato, censurato, deplorato, riprovato, scomunicato (*fig.*) **CONTR.** giustificato, perdonato □ elogiato, lodato, applaudito, esaltato, approvato **3** (*est.*) (*al lavoro, a scrivere, ecc.*) obbligato, costretto **CONTR.** liberato **4** (*est.*) (*di malato*) spacciato, inguaribile **CONTR.** guaribile **B** *s. m.* reo, prigioniero, recluso, carcerato, forzato, galeotto, ergastolano.

condensàre **A** *v. tr.* **1** concentrare, addensare, raddensare, raggrumare, ispessire □ comprimere, stipare □ (*di vapore*) liquefare **CONTR.** sciogliere, diluire, stemperare □ dissolvere, dissipare, rarefare **2** (*fig.*) (*di concetto, di scritto, ecc.*) riassumere, riepilogare, compendiare, concentrare, ridurre, schematizzare, sintetizzare, ricapitolare, stringare **CONTR.** allungare, ampliare, allargare **B** **condensarsi** *v. intr. pron.* addensarsi, raddensarsi, assodarsi, rassodarsi, rappigliarsi, rapprendersi, coagularsi, raggrumarsi, cagliare, ispessirsi □ (*di vapore*) diventare liquido **CONTR.** sciogliersi, squagliarsi, liquefarsi, disfarsi □ dissolversi, dissiparsi, rarefarsi.

condensàto **A** *part. pass. di* **condensare**; *anche agg.* **1** concentrato, compresso, ristretto, raggrumato □ (*di vapore*) liquefatto **CONTR.** sciolto, diluito, stemperato **2** denso, spesso **CONTR.** rado, dissolto, dissipato **3** (*di scritto, di concetto, ecc.*) riassunto, compendiato, sintetico, sintetizzato, schematizzato, serrato, stenografico, succoso (*fig.*) **CONTR.** ampliato, allungato, allargato **B** *s. m.* (*di opera, di discorso e sim.*) compendio, riassunto, sunto, estratto, schema, sintesi. *V. anche* DENSO

condiménto *s. m.* **1** insaporimento, salsa, sugo, condito (*raro*), intingolo, droga, spezia **2** (*fig.*) accompagnamento, ornamento, abbellimento.

condìre *v. tr.* **1** insaporare, insaporire, assaporire, speziare, conciare (*dial.*) **CONTR.** scondire **2** (*est.*) abbellire, ornare, adornare, infiorare, addolcire.

condiscendènte *part. pres. di* **condiscendere**; *anche agg.* accondiscendente, arrendevole, compiacente, indulgente, docile, comprensivo, remissivo, conciliante, tollerante, transigente, corrivo, paziente, paterno, permissivo, elastico, proclive, quiescente (*fig.*), acquiescente, accomodante, flessibile **CONTR.** inflessibile, rigido, rigoroso, insofferente, implacabile, inesorabile, intransigente, irremovibile, irriducibile, duro, caparbio, cocciuto, testardo, ostinato, riottoso. *V. anche* FLESSIBILE

condiscendènza *s. f.* accondiscendenza, arrendevolezza, comprensione, docilità, trattabilità, indulgenza, benevolenza, tolleranza, duttilità, flessibilità, clemenza, compiacenza, quiescenza (*fig.*) **CONTR.** rigidezza, inflessibilità, caparbietà, cocciutaggine, rigidità, rigorosità, scontrosità, intrattabilità, ostinazione, rigore, durezza, testardaggine, insofferenza, implacabilità, irriducibilità, intransigenza, irremovibilità, inesorabilità, resistenza, irrigidimento. *V. anche* AFFABILITÀ

condiscéndere *v. intr.* acconsentire, cedere, accondiscendere, concedere, accordare, compiacere, permettere, secondare, assecondare, indulgere, consentire, annuire, avallare, aderire, secondare, esaudire, conformarsi, adattarsi, piegarsi **CONTR.** dissentire, opporsi, rifiutare, contrastare, osteggiare, ostacolare.

condiscépolo *s. m.* compagno.

condìto **A** *part. pass. di* **condire**; *anche agg.* **1** insaporato, insaporito **CONTR.** scondito **2** (*est.*) abbellito, ornato, adornato, infiorato, addolcito **B** *s. m.* (*raro*) condimento.

condivìdere *v. tr.* **1** (*raro, lett.*) dividere, spartire **CONTR.** unire **2** (*fig.*) (*di sentimenti e sim.*) partecipare, prendere parte, associarsi **CONTR.** disinteressarsi, fregarsene (*pop.*) **3** appoggiare, approvare, concordare **CONTR.** avversare, dissentire, respingere.

V. anche DIVIDERE

condivìso *part. pass. di* **condividere**; *anche agg.* ***1*** (*raro, lett.*) diviso, spartito **CONTR.** unito ***2*** appoggiato, approvato **CONTR.** osteggiato, combattuto.

condizionaménto *s. m.* ***1*** dipendenza, subordinazione, legame, influenza, limitazione, suggestionamento **CONTR.** indipendenza, autonomia ***2*** (*di ambiente*) climatizzazione.

condizionàre *v. tr.* ***1*** (*di comportamento, di scelta, ecc.*) influenzare, suggestionare, influire, limitare, vincolare, subordinare, sottomettere **CONTR.** liberare, svincolare, affrancare ***2*** (*di merce, di prodotto*) preparare, confezionare, sistemare, acconciare, trattare ***3*** (*di ambiente*) climatizzare.

condizionàto *part. pass. di* **condizionare**; *anche agg.* ***1*** subordinato, dipendente, influenzato, limitato, suggestionato, manovrato □ (*di possibilità, di tempo, ecc.*) relativo **CONTR.** incondizionato, libero, indipendente □ assoluto, categorico ***2*** (*di merce, di prodotto*) preparato, confezionato, sistemato, acconciato ***3*** (*di ambiente*) climatizzato.

condizionatóre *s. m.* refrigeratore, climatizzatore, calorifero, ventilatore.

condizióne *s. f.* ***1*** patto, accordo, vincolo, obbligo, impegno, promessa □ (*dir.*) pregiudiziale ***2*** riserva, limitazione **CONTR.** libertà ***3*** (*di cose o persone*) situazione, sorte, partito, stato, circostanza, congiuntura ***4*** (*est.*) (*economica, sociale*) posizione, stato, ceto, grado, strato, classe, casta, rango, origine, luogo (*fig., lett.*) ***5*** (*per concorrere, per l'assunzione, ecc.*) requisito, qualità, livello, titolo ***6*** (*di politica, di cultura, ecc.*) clima (*fig.*), fase ***7*** (*di atleta*) forma. *V. anche* TEMPO

condogliànza *s. f. al pl.* partecipazione, rammarico, compianto, commiserazione, lamento, querela (*lett.*), compassione **CONTR.** rallegramento, congratulazione, felicitazione.

condom *s. m. inv.* profilattico, preservativo, guanto (*pop.*).

condonàre *v. tr.* ***1*** (*di pena, di detenzione, ecc.*) rimettere, abbonare, detrarre, perdonare, graziare, diminuire □ (*est.*) amnistiare **CONTR.** aumentare ***2*** scusare, giustificare **CONTR.** accusare ***3*** (*da un obbligo, da un servizio, ecc.*) esonerare, esentare, dispensare, esimere, liberare **CONTR.** obbligare.

condóno *s. m.* indulto, grazia, perdono, amnistia, sanatoria, remissione □ (*da tasse, da obbligo, ecc.*) dispensa **CONTR.** condanna, pena, punizione. *V. anche* PERDONO

condótta *s. f.* ***1*** comportamento, portamento (*fig.*), contegno, costume, atteggiamento, abitudine, regola, maniera, modi, stile, tenore, strada (*fig.*) ***2*** (*di lavoro, di gioco, ecc.*) regola, metodo, programma, regime, tattica, sistema ***3*** (*di azienda, di operazione, ecc.*) conduzione, guida, comando, direzione, indirizzo ***4*** (*di acqua, di gas, ecc.*) conduttura, tubazione, tubiera, tubi, pipeline (*ingl.*) ***5*** (*di medico, di veterinario*) zona, area, comprensorio ***6*** (*ferr.*) treno merci **FRAS.** *senza condotta*, sregolato, senza misura, scapestrato. *V. anche* MORALE

condótto (1) *part. pass. di* **condurre**; *anche agg.* ***1*** portato, recato □ (*di detenuto*) tradotto (*bur.*) ***2*** (*di azienda, di istituto, ecc.*) guidato, diretto, amministrato, retto, gestito ***3*** (*di veicolo*) guidato, pilotato, governato ***4*** (*di acqua, di gas, ecc.*) trasportato, convogliato ***5*** (*fig.*) (*da sentimenti*) trascinato, indotto, istigato ***6*** (*fig.*) (*di vita*) passato, trascorso ***7*** (*di medico*) comunale.

condótto (2) *s. m.* ***1*** conduttura, tubo, canale, tubazione, tubatura, passaggio, acquedotto, doccia, doccione, canna, collettore, scolo □ camino □ ugello (*mecc.*), effusore (*fis.*) ***2*** (*anat.*) apertura, meato, orifizio, canalicolo, dotto, tromba, tuba, vaso, via.

conducènte ***A*** *part. pres. di* **condurre**; *anche agg.* (*lett.*) guidatore, conduttore, manovratore ***B*** *s. m. e f.* (*di veicolo*) autista, conduttore, manovratore, macchinista, guidatore, automobilista, pilota, vetturino, vetturale, carrettiere, camionista, chauffeur (*fr.*).

condùrre ***A*** *v. tr.* ***1*** (*di azienda, di affare, ecc.*) dirigere, amministrare, regolare, gestire, reggere, soprintendere, capitanare, trattare ***2*** (*di persona, di animale*) accompagnare, menare, scortare, recare, guidare, portare, trarre, trasferire □ (*di carcerato*) tradurre (*bur.*) ***3*** (*di veicolo*) guidare, pilotare, governare, manovrare ***4*** (*di trasmissione, di spettacolo*) dirigere, animare ***5*** (*est.*) (*di acqua, di elettricità, ecc.*) trasportare, convogliare, incanalare **CONTR.** disperdere ***6*** (*fig.*) (*di passioni*) trascinare, indurre, istigare, obbligare ***7*** (*fig.*) (*di esistenza*) passare, trascorrere ***8*** (*di linea e sim.*) tracciare ***B*** *v. intr.* ***1*** (*fig.*) (*di strada*) terminare, finire, sboccare, sfociare, andare, portare **CONTR.** cominciare, iniziare ***2*** (*sport*) essere in testa, guidare □ essere in vantaggio ***C*** **condursi** *v. rifl.* comportarsi, agire, contenersi, governarsi ***D*** *v. intr. pron.* ***1*** recarsi, portarsi **CONTR.** partire, avviarsi ***2*** (*fig.*) ridursi, indursi, risolversi. *V. anche* ISTIGARE

conduttóre *s. m.* (*f. -trice*) ***1*** conducente, guidatore, automobilista, autista, manovratore, macchinista ***2*** guida □ (*di spettacoli*) showman (*ingl.*), anchorman (*ingl.*), intrattenitore ***3*** affittuario, locatario **CONTR.** locatore ***4*** gestore, esercente ***5*** (*elettr.*) filo, cavo, elettrodo **CONTR.** dielettrico, isolante, coibente.

conduttùra *s. f.* condotto, condotta, collettore, tubatura, tubiera, tubi, canale, doccia.

conduzióne *s. f.* ***1*** (*di caldaia, di immobile, ecc.*) sorveglianza, manutenzione, gestione □ (*est.*) guida, direzione ***2*** (*di calore, di elettricità*) trasmissione, propagazione, passaggio, convezione, irraggiamento, trasporto ***3*** locazione, affitto.

confabulàre *v. intr.* conversare, chiacchierare, parlare, parlottare, discorrere, mormorare, bisbigliare, sussurrare, favoleggiare **CONTR.** urlare, gridare. *V. anche* PARLARE

confacènte *part. pres. di* **confarsi**; *anche agg.* ***1*** adatto, conveniente, rispondente, opportuno, decoroso, adeguato, appropriato, proprio, consono, consonante, congruente, congeniale, connaturale, idoneo, acconcio, calzante **CONTR.** inopportuno, inadatto, disadatto, disdicevole, inidoneo, inadeguato ***2*** giovevole, utile, vantaggioso **CONTR.** dannoso, nocivo, pernicioso, inutile. *V. anche* ADATTO

confàrsi *v. intr. pron.* ***1*** addirsi, convenire, adattarsi, attagliarsi, calzare, appartenere, corrispondere **CONTR.** sconvenire, disdire ***2*** giovare, conferire **CONTR.** nuocere, danneggiare, disturbare.

confederàre ***A*** *v. tr.* unire, associare, consociare, coalizzare, federare **CONTR.** dividere, dissociare ***B*** **confederarsi** *v. rifl.* ***1*** unirsi, collegarsi, associarsi, coalizzarsi, consociarsi, federarsi, aggregarsi **CONTR.** dissociarsi ***2*** (*raro, fig.*) allearsi **CONTR.** combattersi. *V. anche* UNIRE

confederàto *part. pass. di* **confederare** *anche agg.* e *s. m.* unito, alleato, associato, coalizzato, socio □ (*st.*) secessionista, sudista **CONTR.** diviso, disunito □ (*st.*) unionista, nordista.

confederazióne *s. f.* ***1*** unione, alleanza, coalizione, lega, colleganza, intesa ***2*** (*di enti*) associazione, consociazione, federazione.

conferènza *s. f.* ***1*** riunione, colloquio, congresso ***2*** discorso, conversazione, dissertazione, lettura, lezione, comizio **FRAS.** *conferenza stampa*, intervista.

conferenzière *s. m.* oratore, relatore.

conferiménto *s. m.* assegnazione, attribuzione, aggiudicazione, collazione, concessione, ripartizione **CONTR.** privazione, perdita.

conferire ***A*** *v. tr.* ***1*** (*di merce*) portare, raccogliere, adunare, radunare, accumulare, ammassare ***2*** (*est.*) (*di coraggio, di onore, ecc.*) aggiungere, infondere, dare, donare **CONTR.** togliere ***3*** (*di onorificenza, di premio, ecc.*) accordare, attribuire, concedere, dare, assegnare, largire, aggiudicare **CONTR.** negare ***B*** *v. intr.* ***1*** (*di persone*) abboccarsi, parlare, trattare, ragionare, discutere, comunicare ***2*** (*di vestito, di pettinatura, ecc.*) giovare, donare, aiutare, abbellire, confarsi **CONTR.** danneggiare, imbruttire. *V. anche* PARLARE

confèrma *s. f.* assicurazione, ratificazione, garanzia, ratifica, sanzione, prova, riprova, riscontro, ribadimento (*raro*), dimostrazione, attestazione, convalida, accertamento □ approvazione, avallo **CONTR.** confutazione, sconfessione, rimozione, ritrattazione, smentita.

confermàre ***A*** *v. tr.* ***1*** (*di speranza, di opinione, ecc.*) rafforzare, raffermare, corroborare, confortare **CONTR.** togliere, indebolire ***2*** (*di parola, di testimonianza, ecc.*) affermare, ribadire, avallare, ripetere, ridire **CONTR.** smentire, rimangiarsi ***3*** (*di ordine, di disposizione, ecc.*) approvare, ratificare, ribadire, convalidare, sanzionare, omologare, autenticare **CONTR.** disdire, annullare, infirmare, viziare ***4*** (*di fatti, di risultati, ecc.*) dimostrare, provare, comprovare, sancire, avvalorare, attestare, asseverare **CONTR.** modificare, negare, smentire, sfatare ***5*** (*di impegno, di promessa, ecc.*) riaffermare, ribadire, asserire, assicurare, garantire, suggellare **CONTR.** disdire, rescindere, negare, contraddire, ritrattare, ringoiare, sconfessare ***6*** (*in una carica*) mantenere **CONTR.** estromettere ***7*** (*relig.*) cresimare □ consacrare ***B*** **confermarsi** *v. rifl.* rafforzarsi, raffermarsi, consolidarsi **CONTR.** indebolirsi ***C*** *v. intr. pron.* (*di opinione, di stima, ecc.*) acquistare credito **CONTR.** calare, diminuire.

confessàre ***A*** *v. tr.* ***1*** (*di colpa, di torto, ecc.*) dichiarare, ammettere, riconoscere, testificare (*raro*) □ (*di spia e sim.*) parlare, cantare (*fig.*) **CONTR.** negare, disconoscere, ricusare, disdire, discolparsi, giustificarsi ***2*** (*di idea, di desiderio, ecc.*) rivelare, palesare, manifestare, professare, dire, riferire, raccontare, svelare, confidarsi **CONTR.** tacere, nascondere, occultare ***B*** **confessarsi** *v. rifl.* ***1*** rivelarsi, dichiararsi, riconoscersi, giudicarsi ***2*** (*est., fig.*) confidarsi ***3*** (*relig.*) dichiarare i propri peccati. *V. anche* PARLARE

confessàto *part. pass. di* **confessare**; *anche agg.* ***1*** (*di colpa, di torto, ecc.*) dichiarato, ammesso, riconosciuto **CONTR.** negato, disconosciuto ***2*** (*di idea, di desiderio, ecc.*) rivelato, palesato, svelato, professato **CONTR.** inconfessato, nascosto, occultato, taciuto ***3*** (*est., fig.*) confidato.

confessióne *s. f.* ***1*** affermazione, ammissione, riconoscimento, rivelazione, palesamento, dichiarazione, confidenza **CONTR.** sconfessione, negazione, rinnegazione ***2*** (*di fede*) professione, manifestazione ***3*** (*relig.*) (*di sacramento*) penitenza ***4*** (*cattolica, protestante, ecc.*) comunità, credenza, religione ***5*** (*al pl.*) autobiografia, memorie, memoriale.

confèsso *agg.* dichiarato, riconosciuto **CONTR.** inconfesso.

confettàre *v. tr.* ***1*** candire, caramellare, sciroppare, giulebbare ***2*** (*chim.*) cheratinizzare.

confètto *s. m.* (*est.*) chicca, dolcetto, dolciume, caramella, bonbon (*fr.*), zuccherino **FRAS.** *mangiare confetti di uno* (*fig.*), festeggiarne le nozze.

confettùra *s. f.* marmellata, composta, conserva.

confezionàre *v. tr.* ***1*** (*di pacco, di merce e sim.*) impacchettare, imballare, sistemare, acconciare, preparare, condizionare ***2*** (*di vestiario*) cucire, fare, eseguire, lavorare.

confezionàto *part. pass. di* **confezionare**; *anche agg.* ***1*** (*di pacco, di merce e sim.*) impacchettato, imballato, preparato, condizionato **CONTR.** aperto, sballato □ sfuso, sciolto ***2*** (*di vestiario*) cucito, fatto, eseguito, lavorato.

confezióne (1) *s. f.* ***1*** (*di merce*) imballo, involucro, imballaggio, packaging (*ingl.*) ***2*** (*di vestiario, di medicinale, ecc.*) preparazione, produzione, sistemazione, apprestamento, approntamento, fattura.

confezióne (2) *s. f. spec. al pl.* abiti, indumenti, vestiti.

conficcàre ***A*** *v. tr.* ***1*** ficcare, infilare, piantare, configgere, introdurre, incastrare, incuneare, inchiodare, affiggere, infiggere, inserire, affondare **CONTR.** sconficcare, svellere, divellere, spiantare, sradicare, strappare ***2*** (*est.*) (*nella mente, nell'animo*) imprimere, fissare, stampare (*fig.*) **CONTR.** cancellare, togliere, levare ***B*** **conficcarsi** *v. intr. pron.* ficcarsi, piantarsi, infiggersi, configgersi **CONTR.** togliersi, levarsi, cancellarsi.

confidàre ***A*** *v. intr.* fidare, sperare, contare, credere, fidarsi **CONTR.** diffidare, dubitare, sospettare, temere ***B*** **confidarsi** *v. intr. pron.* sfogarsi, affidarsi, aprirsi, sbottonarsi (*fig.*), confessarsi, esternarsi **CONTR.** tenere dentro di sé ***C*** *v. tr.* ***1*** (*di segreto, di speranza, ecc.*) rivelare, palesare, raccontare, dire, confessare, svelare, riferire, manifestare **CONTR.** tacere, nascondere, occultare ***2*** (*di documento e sim.*) affidare, consegnare *3* (*lett.*) sperare, presumere, credere, auspicare, contare, immaginare **CONTR.** disperare. *V. anche* PARLARE

confidènte ***A*** *agg.* fiducioso, fidente, sicuro, credulo **CONTR.** sfiduciato, diffidente, incredulo, sospettoso ***B*** *s. m.* e *f.* ***1*** amico intimo **CONTR.** estraneo ***2*** spia, informatore, delatore, denunciatore, sicofante (*lett.*).

confidènza *s. f.* ***1*** familiarità, dimestichezza, cameratismo, espansione, intimità, dialogo, consuetudine, amicizia, intrinsichezza (*raro*) □ libertà □ (*con qualcosa*) pratica **CONTR.** estraneità, freddezza, indifferenza, sostenutezza ***2*** fiducia, sicurezza, coraggio, certezza, stima, assegnamento, speranza **CONTR.** sfiducia, insicurezza, dubbio, incertezza, diffidenza ***3*** rivelazione, segreto, comunicazione, confessione, sfogo **FRAS.** *in confidenza*, segretamente.

confidenziàle *agg.* ***1*** (*di parole, di saluto, ecc.*) amichevole, familiare, domestico, cameratesco, intimo, affabile, cordiale, colloquiale **CONTR.** riservato, sostenuto, freddo, controllato ***2*** (*di lettera, di informazione, ecc.*) segreto, riservato, informale, ufficioso, privato, personale **CONTR.** palese, pubblico, ufficiale, manifesto, notorio, evidente.

confidenzialménte *avv.* ***1*** amichevolmente, familiarmente, cameratescamente, affabilmente, discorsivamente **CONTR.** freddamente, formalmente ***2*** segretamente, riservatamente, in camera charitatis (*lat.*), privatamente, personalmente **CONTR.** palesemente, manifestamente, ufficialmente.

configurazióne *s. f.* ***1*** figura, forma, aspetto, immagine, struttura, simbolo ***2*** (*geogr.*) aspetto, conformazione, struttura ***3*** (*mat.*) fase.

confinànte ***A*** *part. pres. di* **confinare**; *anche agg.* limitrofo, adiacente, contiguo, attiguo, contermine (*raro*), vicino, prossimo, finitimo, viciniore (*bur.*), propinquo (*lett.*), circostante, circonvicino **CONTR.** lontano, distante, staccato ***B*** *s. m.* e *f.* vicino. *V. anche* VICINO

confinàre ***A*** *v. tr.* ***1*** (*di persona*) bandire, relegare, proscrivere, esiliare, mandare al confino, deportare □ bandire, scacciare **CONTR.** chiamare, invitare, far venire ***2*** (*fig.*) (*in casa, in convento, ecc.*) chiudere, segregare, isolare, rinchiudere, relegare, incarcerare **CONTR.** tirare fuori, liberare ***B*** **confinarsi** *v. rifl.* isolarsi, ritirarsi, rinchiudersi, estraniarsi, appartarsi, rintanarsi **CONTR.** uscire, venir fuori, partecipare.

confinàto *part. pass. di* **confinare**; *anche agg.* e *s. m.* ***1*** (*di politico, di persona pericolosa*) bandito, proscritto, relegato, esiliato, deportato, isolato, rinchiuso □ incarcerato, internato ***2*** (*in casa, in convento, ecc.*) ritirato, isolato, appartato, rintanato.

confìne *s. m.* ***1*** (*di Stato*) frontiera, limite, demarcazione ***2*** (*est.*) termine, fine, limite, margine, estremità □ (*al pl.*) (*fig.*) ambito, estensione ***3*** pietra, sbarra, cippo, barriera ***4*** (*spec. al pl.*) (*raro*) confino.

confìno *s. m.* esilio, bando, relegazione, domicilio coatto, proscrizione, deportazione.

confìsca *s. f.* espropriazione, sequestro, requisizione, incameramento, esproprio.

confiscàre *v. tr.* espropriare, sequestrare, requisire, incamerare.

conflagrazióne *s. f.* ***1*** incendio ***2*** (*fig.*) (*di ostilità*) scoppio, deflagrazione, esplosione □ (*est.*) guerra.

conflìtto *s. m.* ***1*** scontro, guerra, combattimento, lotta, battaglia **CONTR.** pace, pacificazione ***2*** (*di idee, di sentimenti, ecc.*) contrasto, scontro, urto, opposizione, cozzo, collisione, dissenso, discordia, litigio, diversità, contrapposizione **CONTR.** accordo, armonia, concordanza, intesa, comprensione. *V. anche* DISCORDIA

confluènte *part. pres. di* **confluire**; *anche agg.* e *s. m.* immissario, affluente **CONTR.** defluente, emissario.

confluènza *s. f.* ***1*** concentrazione, affluenza ***2*** convergenza, innesto, intersecazione **CONTR.** biforcazione ***3*** (*fig.*) incontro, convergenza, fusione **CONTR.** divergenza.

confluìre *v. intr.* ***1*** (*di fiume, di strada, ecc.*) immettersi, congiungersi, unirsi, incontrarsi, riversarsi, sboccare **CONTR.** divergere, diramarsi, defluire ***2*** (*di elementi, di merci, ecc.*) congiungersi, convergere, convenire, affluire, incanalarsi, unirsi, fondersi, mescolarsi, incontrarsi, concorrere.

confóndere ***A*** *v. tr.* ***1*** mescolare, disordinare, disorganizzare, rimescolare, rimestare, pasticciare, scompigliare, sovvertire, arruffare □ (*di situazione*) complicare, imbrogliare, ingarbugliare, intricare **CONTR.** ordinare, assestare, assortire, caratterizzare, contrassegnare, segnare □ chiarire, risolvere, appianare ***2*** (*est.*) (*di nomi, di colori, ecc.*) scambiare, sbagliare **CONTR.** distinguere, riconoscere, azzeccare, discernere ***3*** (*est.*) (*di persona*) turbare, agitare, scombussolare, shockare, sconvolgere, eccitare, disorientare, frastornare, impacciare (*fig.*), sfasare (*fig., fam.*), stordire, sconcertare, ubriacare (*fig.*), squinternare, imbarazzare, sorprendere, sbalordire **CONTR.** calmare, quietare, confortare, rincorare, incoraggiare ***4*** (*est.*) (*di vista*) abbagliare, offuscare, annebbiare □ (*di mente, di idee e sim.*) intorbidare, ottenebrare ***5*** (*est., lett.*) (*di nemico, di orgoglio, ecc.*) umiliare, annientare, distruggere **CONTR.** esaltare, premiare, confortare ***B*** **confondersi** *v. intr. pron.* ***1*** (*di colori, di suoni, ecc.*) scambiarsi, mescolarsi, fondersi, compenetrarsi, rimanere indistinto **CONTR.** distinguersi, distaccarsi, spiccare, staccare, stagliarsi ***2*** (*di persona tra la folla*) nascondersi, mescolarsi, frammischiarsi, mimetizzarsi **CONTR.** essere riconoscibile ***3*** (*di persona*) sbagliare, fare confusione □ turbarsi, impressionarsi, smarrirsi, perdersi, disorientarsi, incartarsi, sconcertarsi, scoraggiarsi, abbarbagliarsi (*raro, fig.*), imbarazzarsi, vergognarsi □ impaperarsi, impappinarsi, annaspare (*fig.*) □ (*di mente, di vista, ecc.*) annebbiarsi (*fig.*), tremare, intorbidarsi **CONTR.** rinfrancarsi, rianimarsi, orientarsi, raccapezzarsi ***4*** (*di situazione*) complicarsi, imbrogliarsi, ingarbugliarsi, intricarsi **CONTR.** appianarsi, risolversi, chiarirsi. *V. anche* IMBARAZZARE, MESCOLARE

conformàre ***A*** *v. tr.* ***1*** formare, plasmare, foggiare, modellare, configurare, sagomare ***2*** (*alle capacità, alle situazioni, ecc.*) adeguare, adattare, uniformare, accordare, concordare, armonizzare, contemperare **CONTR.** differenziare, diversificare, contraddistinguere ***B*** **conformarsi** *v. rifl.* (*alle abitudini, alle situazioni, ecc.*) adeguarsi, attenersi, adattarsi, accordarsi, allinearsi, uniformarsi, rassegnarsi, condiscendere, accondiscendere, consentire, ottemperare, aderire, seguire **CONTR.** dissentire, contrapporsi, opporsi, ribellarsi, rifiutarsi, contravvenire, differenziarsi, diversificarsi ***C*** *v. intr. pron.* (*di cose*) strutturarsi, configurarsi, plasmarsi, modellarsi, formarsi.

conformazióne *s. f.* figura, configurazione, forma, struttura, corporatura, costituzione, modellatura.

confórme ***A*** *agg.* ***1*** simile, omologo, corrispondente, somigliante, concorde, consono, affine, uguale, analogo, omogeneo, unisono (*lett.*) **CONTR.** dissimile, differente, diverso, difforme, discordante, contrario, antitetico ***2*** adatto, adeguato, congruo, consonante, conveniente, proporzionato, regolamentare, rispondente, degno **CONTR.** inadatto, discorde, incongruo, contrastante ***B*** *avv.* secondo, seguendo, dipendentemente, in ossequio a, in conformità a **CONTR.** contro, avverso (*raro*). *V. anche* SIMILE

conformìsmo *s. m.* ***1*** qualunquismo (*est.*), convenzionalismo, moda (*est.*), adattamento, adeguamento, uniformità, imitazione, filisteismo (*fig.*), perbenismo **CONTR.** anticonformismo, autonomia, ribellione, difformità, libertà ***2*** (*est.*) piattume, banalità, monotonia, abitudine **CONTR.** originalità, bizzarria, eccentricità, diversità, poliedricità.

conformìsta ***A*** *s. m.* e *f.* benpensante, qualunquista (*est.*), integrato, borghese, filisteo (*fig.*) **CONTR.** anticonformista, autonomo, ribelle, alternativo ***B*** *agg.* convenzionale, banale, consuetudinario, passivo, conformistico **CONTR.** originale, libero, bizzarro, estroso, eccentrico. *V. anche* BANALE

conformità *s. f.* ***1*** concordanza, armonia, coesione, coincidenza, corrispondenza, rispondenza, congruenza, somiglianza, similarità, analogia, omologia, uguaglianza, uniformità, affinità, concordia, consenso, consonanza, correlazione, vicinanza **CONTR.** originalità, difformità, divergenza, differenza, discordia, disuguaglianza, diversità, antinomia, contrapposizione ***2*** ossequio, adeguamento, dipendenza **CONTR.** disprezzo, rifiuto, ribellione.

confort /*fr.* kɔ̃'fɔr/ *V.* **comfort**.

confortàbile *agg.* ***1*** consolabile, incoraggiabile **CONTR.** inconsolabile ***2*** (*di tesi, di atteggiamento, ecc.*) sostenibile, convalidabile, avvalorabile **CONTR.** insostenibile, indifendibile ***3*** (*raro*) confortevole, comodo.

confortànte *part. pres. di* **confortare**; *anche agg.* consolante, rasserenante, incoraggiante, rassicurante, tranquillizzante, piacevole, gradevole **CONTR.** sconfortante, sconsolante, scoraggiante, desolante, affliggente, inquietante, umiliante, deludente.

confortàre ***A*** *v. tr.* ***1*** (*raro*) rafforzare, rinvigorire, ristorare, rinforzare, corroborare **CONTR.** indebolire, fiaccare ***2*** (*lett.*) (*di tesi, di atteggiamento, ecc.*) confermare, comprovare, riaffermare, ribadire, sostenere, convalidare, appoggiare, avvalorare **CONTR.** combattere, contrastare, invalidare ***3*** (*di malato, di abbattuto, ecc.*) consolare, sollevare, rasserenare, rassicurare, sostenere, sorreggere, alleviare, racconsolare (*lett.*), giovare, lenire, sedare, attenuare, calmare, tranquillizzare, ricreare **CONTR.** sconfortare, rattristare, sconvolgere, addolorare, affliggere, angosciare, angustiare, sgomentare, crucciare, demoralizzare, rammaricare, contristare, immalinconire, avvilire ***4*** (*nel lavoro, nello studio, ecc.*) incoraggiare, rincuorare, incitare, animare, esortare **CONTR.** distrarre, distogliere, scoraggiare ***B*** **confortarsi** *v. intr. pron.* (*raro*) rinvigorirsi, rafforzarsi, risollevarsi, tranquillizzarsi, rasserenarsi, calmarsi, rinforzarsi, ristorarsi, ricrearsi **CONTR.** indebolirsi, fiaccarsi, affliggersi, demoralizzarsi, sconfortarsi ***C*** *v. rifl. rec.* consolarsi a vicenda, incoraggiarsi **CONTR.** angustiarsi, tormentarsi, torturarsi. *V. anche* CONSOLARE

confortàto *part. pass. di* **confortare**; *anche agg.* ***1*** (*di tesi, di atteggiamento, ecc.*) confermato, convalidato, sostenuto, appoggiato, avvalorato **CONTR.** combattuto, contrastato, invalidato ***2*** (*di malato, di abbattuto, ecc.*) consolato, sollevato, rasserenato, rassicurato, risollevato, ravvivato, calmato, tranquillizzato **CONTR.** rattristato, rammaricato, sconfortato, addolorato, torturato (*fig.*), desolato, scoraggiato, immalinconito ***3*** (*nel lavoro, nello studio, ecc.*) incoraggiato, incitato, animato, esortato **CONTR.** distratto, distolto, scoraggiato, deluso ***4*** (*dal cibo, dal sonno, ecc.*) rinvigorito, rafforzato **CONTR.** indebolito, fiaccato.

confortévole *agg.* ***1*** (*di parole, di gesto, ecc.*) confortante, consolante, rasserenante, incoraggiante, tranquillizzante **CONTR.** sconfortante, sconsolante, scoraggiante, desolante, affliggente ***2*** (*di poltrona, di albergo, ecc.*) comodo, agevole, elegante, accogliente, confortabile (*raro*) **CONTR.** scomodo, disagiato, malagiato, disagevole.

confòrto (1) *s. m.* ***1*** (*raro*) ristoro ***2*** consolazione, sollievo, sostegno, incoraggiamento, rassicurazione, esortazione, aiuto, respiro (*fig.*), rifugio (*fig.*), balsamo (*fig.*), gioia, medicamento (*fig., raro*), oasi (*fig.*), refrigerio (*fig.*), viatico **CONTR.** sconforto, avvilimento, scoraggiamento, sconsolatezza, abbattimento, costernazione, delusione, disperazione, incubo, tortura, spina (*fig.*) ***3*** (*di tesi, di comportamento, ecc.*) sostegno, appoggio, assenso, avallo **CONTR.** opposizione, contrarietà.

confòrto (2) *s. m.* agio, comodità, comfort (*ingl.*), confort (*fr.*) **CONTR.** disagio, scomodità.

confratèrnita *s. f.* congregazione, comunità, compagnia, associazione, società, sodalizio, unione.

confrontàre *v. tr.* comparare, paragonare, raffrontare, commisurare, commensurare, collazionare, riscontrare, agguagliare, assomigliare, contrapporre, rapportare, ravvicinare, accostare, misurare, equiparare, uguagliare.

confrónto *s. m.* ***1*** paragone, riscontro, comparazione, commisurazione, equiparazione, collazione, parallelo, raffronto, raffrontamento (*raro*), raccostamento, riferimento, ragguaglio ***2*** (*sport*) gara, incontro, competizione ***3*** (*dir.*) contraddittorio □ (*est.*) discussione, polemica **FRAS.** *in confronto, a confronto di*, a paragone di, rispetto a □ *nei confronti di*, riguardo a, in relazione a. *V. anche* PARAGONE

confusaménte *avv.* **1** caoticamente, disordinatamente, disorganicamente, ingarbugliatamente, tumultuosamente **CONTR.** ordinatamente **2** (*fig.*) vagamente, incertamente, dubbiosamente, indistintamente, informemente, inintelligibilmente, nebulosamente, oscuramente, fumosamente **CONTR.** bene, chiaramente, nitidamente, distintamente, articolatamente, nettamente.

confusionàrio *agg.*; *anche s. m.* confusionista, disordinato, disorganizzato, casinista (*pop.*), inconcludente, sgangherato, caotico, sconclusionato, arruffone, annaspone (*raro*), acciabattone, brodolone, pasticcione, garbuglione, scombinato **CONTR.** ordinato, regolato, metodico, attento, composto, organizzato, preciso, sistematico, disciplinato.

confusióne *s. f.* **1** mescolanza, caos, disordine, disorganizzazione, guazzabuglio, accozzaglia, arruffio, babilonia, babele, soqquadro, bagarre (*fr.*), marasma, quarantotto, farragine, congerie, intrico, viluppo, zibaldone, pasticcio, garbuglio, rimescolamento, rimescolio, sottosopra, calderone, groviglio, insalata (*fig.*), fricassea (*fig.*), ratatouille (*fr.*), zuppa (*fig.*), magma **CONTR.** ordine, organizzazione, precisione, chiarezza, distinzione, metodo, regola, disciplina **2** baraonda, cancan, carnevale, carosello, pandemonio, bailamme, ridda, rivoluzione, marasma, macello, buriana (*dial.*), bordello, tregenda (*raro, fig.*) □ folla, brulichio, tramestio, trambusto, pigia pigia □ subbuglio, scompiglio, tumulto, diavolio, mischia, putiferio, parapiglia, tafferuglio, agitazione, concitazione, scombussolio □ chiasso, casino (*pop.*), buscherio (*fam.*), caciara (*centr.*), canea, cagnara (*fig., fam.*), pollaio, sarabanda, tempestio (*tosc.*) **CONTR.** silenzio, tranquillità, quiete, calma **3** scambio, errore, sbaglio, disguido **4** (*di discorso e sim.*) ambiguità, fumosità, nebulosità, vaporosità **5** (*est.*) (*di mente, di animo*) disorientamento, imbarazzo, smarrimento, sfasamento, turbamento, mortificazione, avvilimento, vergogna, sbigottimento, sbalordimento, sconcerto, stordimento **CONTR.** sicurezza, baldanza, tranquillità, impassibilità. *V. anche* FOLLA, STORDIMENTO

CONFUSIONE
sinonimia strutturata

La **confusione** indica la mescolanza, l'essere insieme di molte persone o cose senza ordine, senza criterio, senza nessuna distinzione: *in quell'armadio c'è una spaventosa confusione*; *in quella casa regna sovrana la confusione*; figuratamente, con l'espressione *è una persona che ha parecchia confusione in testa* ci si riferisce a una persona poco chiara e precisa, dalle idee vaghe. In senso esteso, inoltre, il termine si usa in riferimento al chiasso, alla bolgia che accompagna la presenza di più persone: *quei bambini che giocano stanno facendo una confusione tremenda*.

Caos è una parola di origine greca che in ambito filosofico designa lo spazio vuoto precedente alla nascita dell'universo, stato originario della materia informe, non ancora ordinata, secondo le concezioni cosmogoniche del pensiero antico. Di qui l'uso figurato della parola per indicare una grande confusione, una totale mancanza di ordine: *in quell'ufficio c'è un tale caos che non si ritrova più nulla*; *l'attentato ha gettato il paese nel caos*. **Marasma** nel linguaggio medico designa il decadimento generale delle funzioni dell'organismo a causa dell'età o di malattie: *marasma infantile, senile*. Nel linguaggio corrente la parola è usata sia per indicare una grave decadenza e un dissesto delle istituzioni: *marasma politico*; sia, in generale, la confusione: *in questo momento sono nel marasma*. **Babele** o **babilonia** significano disordine, scompiglio, luogo di confusione: *questo posto è una vera babele* (o *babilonia*); il significato deriva dal nome della città di Babele o Babilonia, dove, secondo il racconto della Bibbia, Dio punì il tentativo degli uomini di costruire una torre altissima per raggiungere il cielo, confondendo le loro lingue e disperdendoli sulla faccia della terra.

Soqquadro è un grande disordine; il sostantivo si usa soprattutto nell'espressione *mettere a soqquadro*, cioè buttare tutto per aria, fare un grande scompiglio. **Sottosopra** significa alla rovescia, capovolto; in senso esteso si usa per indicare uno stato di confusione e mescolanza di cose: *la sua camera era tutta sottosopra*; figuratamente il vocabolo si riferisce ad una condizione di turbamento, di agitazione o di malessere fisico: *sentirsi sottosopra*.

Il **guazzabuglio** è un miscuglio indistinto di cose differenti: *guazzabuglio di colori, di sapori, di sentimenti, di pensieri*. L'**accozzaglia** è un insieme disordinato di cose o di persone che cozzano, che contrastano, che non stanno bene l'una con l'altra: *accozzaglia di mobili*. La **farragine** è una raccolta, un miscuglio alla rinfusa di cose eterogenee: *farragine di materiali, di libri, di opinioni*. **Pasticcio** si usa in senso figurato per indicare sia un lavoro malfatto, maleseguito, confuso e disordinato: *il suo tentativo di riparazione si è risolto in un pasticcio*; sia una situazione intricata, difficile, una faccenda poco chiara e compromettente: *questa storia è un pasticcio*; *cacciarsi nei pasticci*.

confùso *part. pass. di* **confondere**; *anche agg.* **1** caotico, disordinato, informe, accozzato, arruffato, intricato, pasticciato, ingarbugliato, rimescolato, scompigliato, farraginoso, incasinato (*pop.*), inviluppato, imbrogliato, babelico, labirintico **CONTR.** ordinato **2** (*est.*) (*di suoni, di colori, ecc.*) scambiato, sbagliato, sfocato **CONTR.** chiaro, distinto, evidente, netto, nitido, spiccato **3** (*fig.*) (*di idee, di racconto, ecc.*) incerto, vago, nebuloso, annebbiato, indistinto, disorganico, ambiguo, indefinito, indeterminato, inintelligibile, oscuro, complicato, involuto, sconclusionato, sfasato, tumultuoso **CONTR.** chiaro, limpido, lineare, lucido, lampante, articolato, preciso, diligente **4** (*di persona*) disorientato, imbarazzato, impacciato, perplesso, combattuto, sconcertato, frastornato, smarrito, turbato, emozionato, agitato, mortificato, avvilito, sbalordito, sbigottito, stupefatto, umiliato, scombinato, scombussolato, sottosopra, stordito, stonato, spaesato **CONTR.** tranquillo, sicuro, impassibile, indifferente, baldanzoso. *V. anche* INCERTO

confutàbile *agg.* oppugnabile, discutibile, contestabile, eccepibile, negabile, rintuzzabile, controbattibile, controvertibile **CONTR.** inconfutabile, indiscutibile, inoppugnabile, innegabile, indiscusso, incontrastabile, irrefutabile, incontrobattibile, incontrovertibile.

confutàre *v. tr.* contraddire, negare, opporre, ribattere, controbattere, discutere, oppugnare, impugnare, invalidare, contestare, rintuzzare, respingere, infirmare, riprovare, obiettare, argomentare, cavillare, demolire, smantellare **CONTR.** approvare, confermare, comprovare, ammettere, accettare, acconsentire, concordare, corroborare.

confutazióne *s. f.* obiezione, contestazione, oppugnazione, disputa, reazione, ritorsione, contraddizione, antilogia, contraddittorio, refutazione, replica, rintuzzamento, smantellamento **CONTR.** ammissione, accettazione, approvazione, conferma, consenso, concordanza.

congedàre ***A*** *v. tr.* ***1*** accomiatare, licenziare, allontanare **CONTR.** ricevere, accogliere, convocare ***2*** (*mil.*) dimettere, licenziare, riformare **CONTR.** reclutare, armare, arruolare, coscrivere ***B*** **congedarsi** *v. rifl.* accomiatarsi, licenziarsi, andarsene **CONTR.** presentarsi, arrivare.

congedàto *part. pass. di* **congedare**; *anche agg.* ***1*** accomiatato, licenziato, dimesso **CONTR.** accolto, ricevuto, convocato ***2*** (*mil.*) licenziato, riformato **CONTR.** reclutato, arruolato, chiamato.

congèdo *s. m.* ***1*** commiato, allontanamento, dimissione □ partenza **CONTR.** accoglienza ***2*** (*mil., bur.*) licenza □ permesso **CONTR.** reclutamento, arruolamento, coscrizione ***3*** (*letter.*) commiato, tornata.

congegnàre *v. tr.* ***1*** comporre, costruire, combinare, unire, congiungere, strutturare, fabbricare, sistemare, montare, incastrare, commettere **CONTR.** scommettere, scomporre, disfare ***2*** (*fig.*) (*di piano, di truffa, ecc.*) ideare, inventare, definire, concepire, organizzare, ordire.

congégno *s. m.* apparecchio, strumento, meccanismo, dispositivo, ordigno, macchina, arnese □ (*raro*) struttura.

congelaménto *s. m.* ***1*** raffreddamento, assideramento, congelazione, surgelamento, solidificazione **CONTR.** riscaldamento, fusione, sublimazione, liquefazione, disgelo ***2*** (*fig.*) (*di credito, di programmazione, ecc.*) sospensione, interruzione, blocco **CONTR.** sblocco.

congelàre ***A*** *v. tr.* ***1*** raffreddare, agghiacciare, ghiacciare, surgelare, ibernare (*med.*), gelare, condensare, solidificare **CONTR.** riscaldare, liquefare, sciogliere, decongelare, scongelare, sghiacciare, fondere, sublimare ***2*** (*fig.*) (*di credito, di programmazione, ecc.*) sospendere, bloccare, frenare, raffreddare (*fig.*), interrompere **CONTR.** sbloccare, incentivare ***B*** **congelarsi** *v. intr. pron.* ***1*** ghiacciarsi, agghiacciarsi, surgelarsi, rapprendersi, solidificarsi, condensarsi, gelarsi **CONTR.** sgelarsi, sghiacciarsi, scongelarsi ***2*** (*fig.*) raffreddarsi, gelarsi, raggelarsi, assiderarsi, irrigidirsi **CONTR.** riscaldarsi.

congelàto *part. pass. di* **congelare**; *anche agg.* ***1*** gelato, raffreddato, ghiacciato, surgelato, solidificato **CONTR.** caldo, riscaldato, fuso, sublimato, liquefatto, sciolto ***2*** (*fig.*) (*di credito, di programmazione, ecc.*) sospeso, interrotto, bloccato **CONTR.** sbloccato, incentivato.

congelatóre *s. m.*; *anche agg.* frigorifero, frigo, frigidaire (*fr.*), freezer (*ingl.*), surgelatore, cella frigorifera.

congeniàle *agg.* connaturale, consono, conforme, confacente, affine **CONTR.** contrario, distante, diverso, opposto.

congènito *agg.* innato, nativo, ingenito, insito, connaturale, connaturato, naturale, ereditario, originario **CONTR.** acquisito.

congestionàre ***A*** *v. tr.* intralciare, inceppare, ostruire, ingombrare, imbarazzare **CONTR.** decongestionare, liberare, alleggerire, facilitare, districare, sbarazzare ***B*** **congestionarsi** *v. intr. pron.* ***1*** (*di persona*) arrossarsi, infiammarsi, agitarsi ***2*** (*di traffico, di città, ecc.*) diventare caotico, affollarsi, riempirsi, bloccarsi **CONTR.** snellirsi, alleggerirsi, liberarsi, vuotarsi. *V. anche* IMBARAZZARE

congestionàto *part. pass. di* **congestionare**; *anche agg.* ***1*** (*di persona*) arrossato, infiammato, rosso, paonazzo, agitato **CONTR.** calmo, sereno ***2*** (*di traffico, di città, ecc.*) caotico, pesante □ ostruito, bloccato, ingombro **CONTR.** leggero, snello □ libero, vuoto.

congestióne *s. f.* ***1*** (*med.*) aumento di sangue, iperemia (*med.*) **CONTR.** ipoemia (*med.*) ***2*** (*fig.*) caos, intralcio, ostacolo, impedimento, inceppamento, blocco, ingorgo, intasamento **CONTR.** snellimento, alleggerimento.

congettùra *s. f.* supposizione, presupposizione, ipotesi, opinione, giudizio, pensiero, presunzione, previsione, induzione, teoria, calcolo, fantasia, elucubrazione **CONTR.** certezza, verità, prova, documentazione. *V. anche* ARGOMENTAZIONE

congetturàre *v. tr.*; *anche intr.* ipotizzare, supporre, immaginare, opinare, pensare, argomentare, presumere, figurarsi, dedurre, desumere, ritenere, riflettere, ragionare, rimuginare, reputare, credere, presupporre, arguire, elucubrare, escogitare, fantasticare, almanaccare, astrologare **CONTR.** asserire, affermare. *V. anche* PENSARE

congiùngere ***A*** *v. tr.* unire, stringere, allacciare, accoppiare, legare, connettere, raccordare, ricollegare, riunire, saldare, attaccare, accompagnare, collegare, appaiare, abbinare, affibbiare, annodare, appiccare, aggiuntare, annettere, concatenare, incollare, cucire **CONTR.** dividere, disgiungere, distaccare, disunire, disaggregare, dissociare, scomporre, staccare, separare, scindere, suddividere, smembrare ***B*** **congiungersi** *v. intr. pron., rifl.* e *rifl. rec.* unirsi, allacciarsi, legarsi, collegarsi, confluire, saldarsi, inserirsi, attaccarsi, annodarsi, riunirsi, appaiarsi, combaciare □ accoppiarsi, copulare (*lett.*) **CONTR.** dividersi, separarsi, disgiungersi, staccarsi, partirsi (*lett.*), biforcarsi, diramarsi **FRAS.** *congiungere in matrimonio*, sposare □ *congiungersi in matrimonio*, sposarsi. *V. anche* UNIRE

congiungiménto *s. m.* ***1*** (*lett.*) (*di persone, di ani-*

mali) unione, accoppiamento, copula **2** (*di cose*) congiunzione, legamento, attaccatura, giuntura, collegamento CONTR. disgiungimento, disgiunzione, separazione, biforcazione.

congiuntaménte avv. unitamente, insieme, concordemente, contemporaneamente CONTR. disgiuntamente, separatamente, isolatamente.

congiùnto **A** part. pass. di **congiungere**; anche agg. unito, indiviso, stretto, allacciato, legato, saldato, attaccato, appaiato, abbinato, accoppiato, aggiunto, incollato, appiccicato □ connesso, annesso, collegato, inerente, intrinseco □ coniugato, sposato, maritato CONTR. staccato, disunito, disgiunto, separato, scisso, scollato, scomposto, diviso, distaccato, dissociato, distinto, isolato **B** s. m. parente, consanguineo, familiare, affine CONTR. estraneo.

congiuntùra s. f. **1** congiunzione, unione, connessura, commettitura, collegamento **2** (*di ossa*) giuntura, articolazione **3** (*economica, politica, ecc.*) fase, occasione, circostanza, caso, opportunità, condizione, contingenza, situazione, momento, combinazione, evento, avvenimento, evenienza.

congiunzióne s. f. **1** congiungimento, giuntura, saldatura, sutura, unione, accoppiamento, riunione, appaiamento, connessura □ connessione, collegamento CONTR. divisione, separazione, suddivisione, disgiunzione, dissociazione, disunione **2** (*ling.*) funzionale di collegamento.

congiùra s. f. **1** cospirazione, complotto **2** (*est.*) intrigo, macchinazione, trama, maneggio, tranello, imbroglio, lega, ordimento, conciliabolo. *V. anche* COSPIRAZIONE

congiuràre v. intr. **1** complottare, cospirare, tramare **2** (*est.*) macchinare, intrigare, architettare, ordire, concertare.

congiuràto **A** part. pass. di **congiurare**; anche agg. (*raro*) cospirato, macchinato, ordito, tramato, complottato, architettato **B** s. m. **1** cospiratore, congiuratore **2** (*est.*) macchinatore, agitatore, intrigante.

conglobàre v. tr. **1** riunire, raccogliere, conglomerare, agglomerare, consociare, inglobare □ ammassare, ammucchiare, adunare, radunare, affastellare, accatastare, accumulare CONTR. dividere, separare, distinguere **2** (*di denaro, di servizi, ecc.*) sommare, computare, conglomerare, cumulare, accorpare.

conglobàto part. pass. di **conglobare**; anche agg. **1** riunito, raccolto, ammassato, accumulato CONTR. diviso, separato **2** (*di denaro, di servizi, ecc.*) sommato, computato, conglomerato, cumulato.

conglomeràto **A** agg. conglobato, riunito, agglomerato, ammassato CONTR. disgregato, scomposto **B** s. m. **1** (*di elementi*) riunione, ammassamento □ calcestruzzo **2** (*di case*) agglomerato.

conglomerazióne s. f. agglomerazione, conglobamento, ammasso, ammassamento, accumulo CONTR. separazione, divisione, disgregazione, sgretolamento.

congratulàrsi v. intr. pron. complimentarsi, felicitarsi, rallegrarsi, compiacersi, congioire (*raro*) CONTR. condolersi, commiserare, compiangere.

congratulazióne s. f. complimento, felicitazione, rallegramento, omaggio, ossequio, compiacimento, plauso, evviva CONTR. condoglianza, compianto, commiserazione.

congrèga s. f. combriccola, compagnia, combutta, comunella, conciliabolo, conventicola, camarilla, consorteria, setta, cricca, banda, camorra, clan.

congregazióne s. f. **1** associazione, confraternita, compagnia, comunità, corporazione, ordine, famiglia, istituto **2** (*raro*) adunanza.

congressìsta s. m. e f. convegnista □ partecipante.

congrèsso s. m. convegno, simposio, symposium (*lat.*), assemblea, adunanza, consesso, riunione, conferenza.

congruènte agg. **1** congruo, coerente, proporzionato, corrispondente, concorde, conveniente, confacente, adeguato, conforme CONTR. incongruente, incoerente, contraddittorio, assurdo, illogico, inadeguato **2** (*di figure, di grandezze, ecc.*) equivalente, uguale, identico CONTR. incongruente.

congruènza s. f. congruità, convenienza, proporzione, conformità, concordanza, coerenza, coesione, corrispondenza, uguaglianza CONTR. incongruenza, incoerenza, assurdità, stonatura, sconnessione, sproporzione, inconseguenza.

còngruo agg. conveniente, adeguato, proporzionato, rispondente, opportuno, adatto, acconcio, appropriato, conforme, congruente, ragionevole CONTR. inadeguato, incongruo, incongruente, sproporzionato, inadatto. *V. anche* ADATTO

conguagliàre v. tr. pareggiare, equiparare, uguagliare, adeguare, parificare, perequare CONTR. spareggiare, sperequare.

conguàglio s. m. conguagliamento (*raro*), equiparazione, pareggio, pareggiamento, perequazione CONTR. spareggio, sperequazione.

coniàre v. tr. **1** (*di moneta, di medaglie e sim.*) battere, imprimere, improntare, foggiare **2** (*fig.*) (*di slogan, di parola, ecc.*) creare, inventare.

conìglio s. m. (*fig.*) (*di persona*) pauroso, vigliacco, vile, codardo, fifone CONTR. leone (*fig.*), coraggioso, ardito, audace, sfegatato.

cònio s. m. **1** punzone, torsello **2** (*est.*) impronta, stampo **3** cuneo, zeppa **4** coniazione, coniatura FRAS. *fior di conio*, moneta che non ha mai circolato □ *nuovo di conio*, strano, mai visto □ *di basso conio*, di cattiva qualità. *V. anche* BOLLO, IMPRONTA

coniugàle agg. matrimoniale, nuziale, sponsale (*lett.*), maritale CONTR. extraconiugale.

coniugàre **A** v. tr. **1** (*di verbo*) flettere **2** (*raro*) sposare □ (*fig.*) unire **B** **coniugarsi** v. rifl. **1** sposarsi **2** (*di verbo*) flettersi.

coniugato part. pass. di **coniugare**; anche agg. e s. m. (f. *-a*) congiunto, sposato, unito, ammogliato, maritato CFR. separato, divorziato CONTR. scapolo, single (*ingl.*), celibe, nubile.

coniugazióne s. f. **1** (*di verbo*) flessione **2** (*biol.*) accoppiamento.

còniuge s. m. e f. consorte, marito, moglie, sposo, sposa, signore, signora, metà (*fam.*).

connaturàto agg. congenito, ingenito, innato, naturale, insito, radicato, inveterato, immanente CONTR.

acquisito, artificiale, artificioso.

connazionàle *agg.*; *anche s. m.* e *f.* compatriota, conterraneo, compaesano, concittadino **CONTR.** straniero, forestiero.

connessióne *s. f.* **1** unione, coesione, collegamento, interfaccia (*elab.*), interfacciamento (*elab.*), allacciamento, attacco, attaccatura, congiunzione, giuntura, attaccatura, connessura, aderenza **CONTR.** sconnessura, scommettitura, scomposizione, disgiunzione, slegamento **2** (*di fatti, di idee, ecc.*) nesso, legame, relazione, rapporto, raccordo, attinenza, inerenza, concatenazione, coerenza, interdipendenza, addentellato, implicazione, riferimento **CONTR.** sconnessione, incongruenza, incoerenza.

connèsso *part. pass. di* **connettere**; *anche agg.* **1** attaccato, aderente, collegato, unito, congiunto, annesso **CONTR.** sconnesso, disgiunto, staccato, diviso, separato, slegato **2** (*fig.*) collegato, associato, interdipendente, concatenato, correlato, riconducibile, attinente, inerente, intrinseco, relativo **CONTR.** indipendente, autonomo, libero **FRAS.** *annessi e connessi*, tutto compreso.

connèttere **A** *v. tr.* **1** unire, collegare, interfacciare (*elab.*), congiungere, attaccare, allegare, combinare, aggiuntare, aggiungere, allacciare, legare **CONTR.** dividere, staccare, separare, disgiungere, sconnettere, disconnettere, scindere **2** (*est.*) (*di pensieri, di fatti, ecc.*) associare, concatenare, collegare, correlare, raccordare □ ragionare, pensare **CONTR.** dissociare **B** **connettersi** *v. intr. pron.* ricollegarsi, collegarsi, allacciarsi, concatenarsi **CONTR.** dissociarsi. *V. anche* UNIRE

connivènte *agg.*; *anche s. m.* e *f.* complice, compare, favoreggiatore, correo, consenziente **CONTR.** estraneo.

connivènza *s. f.* complicità, favoreggiamento, correità **CONTR.** estraneità.

connotàto *s. m. spec. al pl.* (*di persona*) tratto, fattezza, fisionomia □ (*est.*) caratteristica, connotazione **FRAS.** *cambiare i connotati* (*scherz.*), percuotere fino a sfigurare.

connotazióne *s. f.* connotato (*fig.*), caratteristica, tratto.

connùbio *s. m.* **1** (*lett.*) matrimonio, nozze, coniugio (*lett.*), imeneo, unione **2** (*fig.*) accordo, unione **3** (*est.*) (*polit., spec. spreg.*) alleanza.

conoscènte **A** *part. pres. di* **conoscere**; *anche agg.* consapevole, conscio **B** *s. m.* e *f.* amico, conoscenza **CONTR.** estraneo, forestiero, sconosciuto, ignoto.

conoscènza *s. f.* **1** cognizione, consapevolezza, contezza (*lett.*), percezione, idea, comprensione, apprendimento, nozione **CONTR.** ignoranza, oscurità, oscuro **2** cultura, istruzione, erudizione, sapere, sapienza, cervello □ (*di un'attività, di un lavoro, ecc.*) esperienza, padronanza, possesso, mestiere, pratica **CONTR.** ignoranza □ incompetenza **3** (*est.*) conoscente **CONTR.** estraneo, sconosciuto **4** (*est.*) familiarità, dimestichezza **CONTR.** estraneità **5** (*con perdere, acquistare*) coscienza, sensi, controllo, facoltà **6** (*al pl.*) entrature, aderenze, amicizie. *V. anche* COMPETENZA, COSCIENZA

conóscere **A** *v. tr.* **1** apprendere, imparare **2** sapere, venire a sapere, sentire, udire **3** (*di miseria, di fame, ecc.*) sperimentare, scoprire **CONTR.** ignorare **4** (*di colore, di parola, ecc.*) intendere, percepire, avvertire, distinguere, ravvisare, comprendere, capire, discernere, penetrare, interpretare, rilevare **5** familiarizzare **6** (*di persona o cosa*) riconoscere, ravvisare, distinguere, raffigurare **B** **conoscersi** *v. rifl.* (*lett.*) considerarsi, dichiararsi, riconoscersi **C** *v. rifl. rec.* incontrarsi, frequentarsi, avere rapporti □ fare l'amore **D** *v. intr.* **1** (*raro*) percepire, riconoscere **2** (*raro, lett.*) essere in sé **CONTR.** perdere conoscenza **FRAS.** *conoscere i propri polli* (*fig.*), sapere con chi si ha a che fare □ *conoscere carnalmente*, possedere sessualmente.

conoscìbile *agg.* **1** percepibile, intelligibile, afferrabile **CONTR.** inafferrabile, inintelligibile, irriconoscibile **2** apprendibile, comprensibile **CONTR.** incomprensibile, inconoscibile, inscrutabile.

conoscitìvo *agg.* cognitivo, percettivo, intellettivo, teoretico (*filos.*).

conoscitóre *s. m.* (*f. -trice*) esperto, intenditore, estimatore, competente, pratico, specialista, studioso, tecnico, padrone (*fig.*), consumato, provetto **CONTR.** incompetente, ignorante, orecchiante.

conosciùto *part. pass. di* **conoscere**; *anche agg.* **1** appreso, imparato, saputo **CONTR.** ignorato **2** (*di colore, di parole, ecc.*) capito, inteso, percepito, udito, distinto, ravvisato, riconosciuto **3** (*di persona*) incontrato, visto **4** (*di amore, di amicizia, ecc.*) provato, sperimentato **CONTR.** sconosciuto **5** (*di persona o cosa*) noto, famoso, rinomato, popolare, manifesto, palese, saputo, risaputo, familiare, pubblico, insigne, proverbiale **CONTR.** sconosciuto, ignoto, ignorato, incognito, inedito, inesplorato, oscuro, recondito, segreto. *V. anche* FAMOSO

conquìbus [dal lat. *cŭm quibus* (*nŭmmis*), 'con quali denari'] *s. m. inv.* (*scherz.*) denaro, quattrini, mezzi.

conquìsta *s. f.* **1** (*est.*) (*di territorio, di città, ecc.*) occupazione, annessione, presa, colonizzazione □ espugnazione, invasione, soggiogamento, aggiogamento, assoggettamento, sottomissione **CONTR.** perdita, abbandono **2** (*fig.*) (*di un obiettivo*) conseguimento, raggiungimento, ottenimento, acquisizione □ (*della scienza, della tecnica, ecc.*) scoperta, invenzione, progresso, vittoria **3** (*est.*) (*in amore*) successo **CONTR.** insuccesso. *V. anche* SUCCESSO

conquistàre *v. tr.* **1** (*di città, di territorio, ecc.*) impadronirsi, invadere, occupare, espugnare, soggiogare, prendere, vincere, impossessarsi, sottomettere, colonizzare, conquidere (*lett.*) **CONTR.** perdere, abbandonare **2** (*fig.*) (*di obiettivo*) ottenere, acquistare, conseguire, raggiungere, aggiudicarsi, cogliere (*fig.*) **3** (*est.*) (*di amicizia, di stima, ecc.*) cattivarsi, guadagnarsi, procurarsi **CONTR.** perdere, alienarsi **4** (*est.*) (*di persona*) sedurre, far innamorare, fascinare (*lett.*), incantare, ammaliare **CONTR.** deludere. *V. anche* PRENDERE, SEDURRE

conquistatóre *s. m.* (*f. -trice*) **1** vincitore, vittorioso, trionfatore, soggiogatore, invasore, usurpatore

CONTR. vinto, soggiogato, conquistato, sconfitto ***2*** (*est.*) (*di donne*) casanova, dongiovanni, seduttore, adescatore, lusingatore, incantatore, rubacuori, playboy (*ingl.*), tombeur de femmes (*fr.*).

consacràre ***A*** *v. tr.* ***1*** (*di sacerdote*) ordinare, ungere ***2*** (*di re, di poeta e sim.*) proclamare, confermare, riconoscere ***3*** (*est.*) (*di diritto, di verità, ecc.*) sancire, sanzionare, convalidare, legittimare, statuire ***4*** (*di chiesa, di cappella*) dedicare, destinare, intitolare, benedire, inaugurare □ (*di luogo, di matrimonio, ecc.*) santificare **CONTR.** sconsacrare, profanare ***5*** (*est.*) (*di forze, di impegno, ecc.*) dedicare, offrire, donare, destinare ***6*** (*di tempo*) spendere, riservare ***B*** **consacrarsi** *v. rifl.* dedicarsi, votarsi, darsi, donarsi, offrirsi, sacrificarsi □ applicarsi, immergersi.

consacrazióne *s. f.* dedicazione, ordinazione, benedizione, crisma, offerta □ (*fig.*) legittimazione, approvazione, crisma (*fig.*) **CONTR.** sconsacrazione.

consanguineità *s. f.* parentela, affinità, comunanza **CONTR.** estraneità.

consanguineo *agg.*; *anche s. m.* parente, affine, congiunto, propinquo, prossimo, carnale **CONTR.** estraneo.

consapévole *agg.* ***1*** edotto, informato, avvertito, avvisato **CONTR.** ignaro, inconsapevole ***2*** conscio, cosciente, sciente (*lett.*) □ intenzionale, voluto **CONTR.** inconsapevole, inconscio, incosciente □ involontario, preterintenzionale.

consapevolézza *s. f.* coscienza, conoscenza, cognizione, contezza (*lett.*), avvedutezza, nozione, sentimento □ intenzionalità **CONTR.** inconsapevolezza, incoscienza □ involontarietà. *V. anche* COSCIENZA

consapevolménte *avv.* consciamente, coscientemente, scientemente □ intenzionalmente, deliberatamente **CONTR.** inconsapevolmente, senza sapere □ inconsciamente, macchinalmente.

cònscio ***A*** *agg.* consapevole, cosciente, sciente (*raro, lett.*), conoscente, edotto, informato, avvertito **CONTR.** inconscio (*raro*), incosciente, inconsapevole, ignaro ***B*** *s. m. solo sing.* **CONTR.** inconscio.

consecutìvo *agg.* ***1*** seguente, successivo, susseguente **CONTR.** precedente, antecedente ***2*** continuo, ininterrotto, continuativo **CONTR.** discontinuo, intermittente, saltuario.

consecuzióne *s. f.* ***1*** (*raro*) conseguimento, raggiungimento, ottenimento ***2*** (*di fatti, di avvenimenti e sim.*) successione, correlazione, seguito, serie.

conségna *s. f.* ***1*** (*di lettera, di pacco, ecc.*) recapito, rimessa, ricevimento □ trasmissione □ assegnazione, cessione □ (*di documento e sim.*) rilascio **CONTR.** ricevimento, ritiro ***2*** deposito, custodia, affidamento ***3*** (*mil.*) prescrizione, ordine, comando ***4*** (*mil.*) punizione, castigo **CONTR.** premio, ricompensa **FRAS.** *passare le consegne* (*fig.*), passare ad altri l'incarico. *V. anche* PUNIZIONE

consegnàre ***A*** *v. tr.* ***1*** (*di lettera, di pacco, ecc.*) recapitare, rimettere, depositare, commettere **CONTR.** ricevere, ritirare ***2*** (*di chiavi, di documento, ecc.*) affidare, dare, rilasciare, cedere, accomandare (*lett.*), raccomandare □ (*di vittoria, di premio, ecc.*) aggiudicare, assegnare **CONTR.** prendere, ricevere in consegna ***3*** (*mil.*) punire **CONTR.** premiare ***B*** **consegnarsi** *v. intr. pron.* affidarsi □ (*alla giustizia, alla polizia, ecc.*) costituirsi, darsi **CONTR.** resistere, opporsi □ scappare.

consegnàto *part. pass. di* **consegnare**; *anche agg.* ***1*** (*di lettera, di pacco, ecc.*) recapitato, portato, recato, rimesso, depositato **CONTR.** inesitato (*bur.*) □ ricevuto, ritirato ***2*** (*di chiavi, di documento, ecc.*) affidato, assegnato, dato, ceduto **CONTR.** preso, ricevuto in consegna ***3*** (*mil.*) punito **CONTR.** premiato.

conseguènte *part. pres. di* **conseguire**; *anche agg.* ***1*** derivato, derivante, risultante, proveniente **CONTR.** causato, provocato ***2*** seguente, susseguente, posteriore, successivo **CONTR.** antecedente, anteriore, precedente ***3*** coerente, logico, conseguenziale, automatico □ consequenziale, deduttivo, razionale, illativo **CONTR.** incoerente, illogico, inconseguente, sconclusionato, scucito (*fig.*) □ induttivo.

conseguentemènte *avv.* ***1*** quindi, necessariamente, per conseguenza ***2*** logicamente, coerentemente **CONTR.** illogicamente, incoerentemente, inconseguentemente ***3*** (*ant.*) successivamente, posteriormente, dopo **CONTR.** antecedentemente, prima.

conseguènza *s. f.* ***1*** (*filos.*) conclusione, deduzione ***2*** effetto, esito, risultato, risultanza, frutto (*fig.*), seguito, ripercussione, contraccolpo, implicazione, riflesso, risvolto, portato □ (*spec. di malattia*) postumi, strascichi **CONTR.** causa, germe (*fig.*), fondamento, madre (*fig.*), matrice, movente, motivo, origine, principio, ragione □ antecedente, antefatto, precedente □ sintomi ***3*** (*ant.*) importanza, rilevanza, rilievo, portata **CONTR.** irrilevanza **FRAS.** *a, per, in conseguenza di*, per effetto di, a cagione di □ *di conseguenza*, conseguentemente, quindi.

conseguiménto *s. m.* raggiungimento, ottenimento, acquisizione, conquista, esito, risultato, riuscita **CONTR.** fallimento.

conseguìre ***A*** *v. tr.* ottenere, raggiungere, acquisire, acquistare, conquistare, riscuotere, riportare, cavare, avere, giungere (*lett.*) □ realizzare, soddisfare □ (*di medaglie, di successi, ecc.*) raccogliere, mietere (*fig.*), totalizzare □ (*di effetto, di scopo, ecc.*) sortire **CONTR.** fallire, mancare, perdere ***B*** *v. intr.* derivare, risultare, scaturire, seguire, succedere, provenire, dipendere, discendere **CONTR.** causare, provocare, determinare, produrre, generare. *V. anche* VINCERE

conseguìto *part. pass. di* **conseguire**; *anche agg.* ***1*** raggiunto, ottenuto, conquistato, acquistato, acquisito, avuto, realizzato, vinto, guadagnato **CONTR.** fallito, mancato, perduto ***2*** derivato, risultato, scaturito, seguito, dipeso **CONTR.** causato, provocato, determinato, prodotto, generato.

consènso *s. m.* ***1*** (*a decisioni, a bilanci, ecc.*) approvazione, assenso, acconsentimento, benestare, beneplacito, permesso, autorizzazione, avallo, sì, favore, acquiescenza, consentimento (*lett.*), accordo **CONTR.** disapprovazione, negazione, ripudio, veto, divieto, rifiuto, rigetto ***2*** (*a ideologie, a partiti, ecc.*) adesione, consentimento, conformità, concordanza, accettazione, allineamento **CONTR.** discordanza, avversione, avversità, dissenso, opposizione, disaccordo ***3*** accordo, intesa **CONTR.** divergenza, frattura, attrito, contrapposizione, discordia, scontro, urto, guerra (*fig.*). *V. anche* FAVORE, SOLIDARIETÀ

consensuàle *agg.* concorde, concordato.

consentìre ***A*** *v. intr.* ***1*** (*di decisione, di scelta, ecc.*) approvare, assentire, ammettere, riconoscere, conformarsi, concordare, convenire, applaudire **CONTR.** discordare, dissentire, dissociarsi, discutere, disputare, obiettare, protestare, reclamare ***2*** (*a richiesta, a pretesa, ecc.*) accondiscendere, aderire, acconsentire, cedere, arrendersi, approvare, accettare, piegarsi, annuire **CONTR.** disapprovare, contraddire, negare, rifiutare ***B*** *v. tr.* (*di passaggio, di lavoro, ecc.*) concedere, permettere, autorizzare, accordare **CONTR.** negare, rifiutare, impedire, ostacolare, precludere, vietare, interdire, proibire, proscrivere.

consenziènte *part. pres. di* **consentire**; *anche agg.* e *s. m.* e *f.* assenziente, concorde, favorevole, solidale □ condiscendente, acquiescente □ connivente **CONTR.** dissenziente, dissidente, discorde, discordante, contrario.

consequenziàle *agg.* conseguente, logico, deduttivo □ coerente **CONTR.** illogico □ incoerente.

consèrva *s. f.* ***1*** (*raro*) conservazione, mantenimento ***2*** confettura, composta, marmellata □ concentrato ***3*** dispensa ***4*** serbatoio ***5*** (*raro*) vivaio, peschiera.

conservànte *part. pres. di* **conservare**; *anche agg.* preservante □ additivo.

conservàre ***A*** *v. tr.* ***1*** (*di alimenti*) serbare, mantenere, preservare **CONTR.** guastare, alterare, sciupare ***2*** (*anche fig.*) (*di documento, di ricordi, ecc.*) custodire, accantonare, riporre, riservare, tenere, detenere, serbare, salvaguardare, salvare, tutelare, proteggere, riguardare □ (*di denaro, di forze, ecc.*) risparmiare, tesaurizzare, avanzare (*raro*) **CONTR.** buttare via, abbandonare, lasciare, trascurare, perdere □ (*di denaro, di forze, ecc.*) dilapidare, scialare, sprecare ***3*** (*est.*) (*di onore, di dignità, ecc.*) preservare, proteggere, mantenere, difendere **CONTR.** perdere, sciupare ***B*** **conservarsi** *v. intr. pron.* mantenersi, preservarsi, serbarsi, resistere, rimanere, durare, sussistere, vivere **CONTR.** guastarsi, deteriorarsi, alterarsi, disperdersi, rovinarsi □ sciuparsi, decadere, invecchiare, declinare.

conservatóre ***A*** *agg.* (*f. -trice*) conservativo, conservatorio, mantenitore ***B*** *agg.*; *anche s. m.* tradizionalista, moderato, tory (*ingl.*) □ reazionario, borghese, retrivo, retrogrado, codino, benpensante, gattopardesco, oscurantista, misoneista, nostalgico, ottocentesco (*fig.*), sanfedista (*est.*), illiberale, forcaiolo, destroide (*scherz., polit.*), destrorso (*fig., scherz.*) **CONTR.** innovatore, progressista, gauchiste (*fr.*), riformatore, avanzato, rivoluzionario, sovversivo ***C*** *s. m.* bibliotecario, archivista □ custode.

conservazióne *s. f.* ***1*** mantenimento □ difesa, salvaguardia, protezione, custodia, cura **CONTR.** perdita, deterioramento, consumo, cancellazione □ sciupio ***2*** (*est.*) manutenzione ***3*** durata, stabilità ***4*** (*polit.*) conservatorismo, conservatori, moderati, reazione **CONTR.** progresso, innovazione, riforma, rivoluzione, progressisti, innovatori.

consideràre ***A*** *v. tr.* ***1*** (*di motivo, di vantaggio, ecc.*) esaminare, valutare, ponderare, misurare, studiare, vagliare, analizzare, calcolare, soppesare **CONTR.** trascurare, sorvolare, tralasciare, prescindere ***2*** (con *che*) pensare, riflettere, ponderare, notare, badare, guardare, osservare, meditare, constatare, contare (*raro*) ***3*** (*di codice, di regolamento e sim.*) contemplare, prevedere **CONTR.** omettere ***4*** (*amico, onesto, ecc.*) giudicare, reputare, ritenere ***5*** (*di persona*) stimare, apprezzare, valutare, rispettare **CONTR.** disistimare ***B*** **considerarsi** *v. rifl.* reputarsi, credersi, giudicarsi, ritenersi, tenersi, stimarsi. *V. anche* CONSTATARE, GIUDICARE, GUARDARE, PENSARE

consideratézza *s. f.* cautela, prudenza, riflessione, ponderatezza, avvertenza, accorgimento, sensatezza, circospezione, considerazione, discernimento **CONTR.** avventatezza, imprudenza, inconsideratezza, sconsideratezza, imprevidenza, inavvedutezza, sventatezza, insensatezza, storditaggine.

consideràto *part. pass. di* **considerare**; *anche agg.* ***1*** (*di motivo, di vantaggio, ecc.*) esaminato, valutato, ponderato, vagliato, analizzato, meditato, pensato, guardato, riflettuto **CONTR.** trascurato, sorvolato ***2*** (*di caso, di errore, ecc.*) contemplato, previsto **CONTR.** dimenticato, omesso ***3*** (*di persona*) giudicato, reputato, stimato, apprezzato, ascoltato, accreditato, autorevole, influente **CONTR.** disistimato, ignorato ***4*** cauto, prudente, attento, guardingo, avveduto, accorto **CONTR.** avventato, sconsiderato, imprudente, sventato, incauto, temerario **FRAS.** *tutto considerato*, complessivamente, tutto sommato, alla fin fine, insomma, in conclusione □ *considerato che*, dato che, atteso che.

considerazióne *s. f.* ***1*** attenzione, riflessione, ponderazione, avvedutezza, cautela, cura, meditazione, prudenza, avvertenza, cogitazione (*lett.*), ponderatezza **CONTR.** sconsideratezza, avventatezza, impulsività, inconsideratezza, imprevidenza, imprudenza, inavvedutezza, sventatezza, insensatezza, storditaggine ***2*** credito, stima, importanza, reputazione, autorevolezza, dignità, rinomanza, fama, concetto, opinione, conto, valore, pregio, rilievo □ riguardo, rispetto, riverenza, ammirazione, venerazione **CONTR.** disistima, disprezzo, spregio ***3*** (*su un argomento, su uno scritto, ecc.*) osservazione, ragionamento, commento, valutazione, esame. *V. anche* ESAME, PRUDENZA, REPUTAZIONE, RISPETTO

considerévole *agg.* ***1*** (*di persona*) importante, stimabile, insigne, eminente (*lett.*), notabile, influente, segnalato (*lett.*) **CONTR.** oscuro, modesto ***2*** (*di numero, di prezzo, ecc.*) grande, notevole, considerabile, apprezzabile, rispettabile, cospicuo, ingente, forte, grosso, rilevante, rimarchevole, ragguardevole, abbondante, buono □ (*di fatto, di particolare, ecc.*) saliente, vistoso **CONTR.** trascurabile, disprezzabile, insignificante, irrilevante, inconsistente. *V. anche* GRANDE

consigliàbile *agg.* opportuno, conveniente, indicato, proponibile, raccomandabile, suggeribile **CONTR.** inopportuno, sconsigliabile, pericoloso **FRAS.** *è consigliabile che*, è bene che.

consigliàre ***A*** *v. tr.* ***1*** (*di libro, di vestito, ecc.*) suggerire, indicare, proporre **CONTR.** sconsigliare ***2*** (*di persone*) indurre, guidare, persuadere, imbeccare (*fig.*), imboccare (*fig.*), ispirare □ (*di prudenza, di non fumare, ecc.*) raccomandare, esortare, ammonire, incoraggiare, istigare, incitare, avvertire, avvisare, predicare, sollecitare, pungolare □ (*di farmaco e sim.*) prescrivere, dare **CONTR.** sconsigliare, scoraggiare, dissuadere, distogliere, stornare, trattenere, disapprovare ***B*** **consigliarsi** *v. intr. pron.* consultarsi, domandare suggerimenti. *V. anche* CORREGGERE, ISTIGARE

consigliàto *part. pass. di* **consigliare**; *anche agg.* suggerito, indicato, proposto, raccomandato, comandato, prescritto □ avvertito, avvisato, imboccato (*fig.*), ispirato, ammonito **CONTR.** sconsigliato, controindicato □ dissuaso.

consiglière *s. m.* ***1*** suggeritore, ispiratore, ammonitore, incitatore, istigatore, esortatore, mentore (*lett.*), guida, difensore, avvocato (*est.*) ***2*** consulente, esperto ***3*** membro di un consiglio □ funzionario.

consìglio *s. m.* ***1*** suggerimento, esortazione, avvertimento, avviso, parere, ammonimento, ammaestramento, insegnamento, istruzione, monito, dettame, spinta, pungolo, sollecitazione, incitamento, avvertenza, raccomandazione, proposta, ispirazione, indicazione, dritta (*fam.*), imbeccata (*fig.*) ***2*** avvedutezza, senno, accortezza, riflessione, ponderazione, meditazione, prudenza ***3*** (*raro*) decisione, risoluzione, deliberazione, soluzione ***4*** (*di quartiere, scolastico, ecc.*) riunione, adunanza, consulta, consesso, sessione, concistoro (*lett.*), sinedrio (*fig., scherz.*), soviet (*est.*) □ collegio, assemblea, consulta □ colloquio, consultazione, consulenza **FRAS.** *ridurre a miglior consiglio*, far cambiare idea □ *venire a più miti consigli* (*fig.*), ridurre le proprie pretese.

CONSIGLIO
sinonimia strutturata

Il **consiglio** è ciò che si dice appositamente a qualcuno per aiutarlo sul da farsi: *consiglio buono, cattivo, utile, inutile, sbagliato, giusto, prezioso*; *domandare, chiedere, dare, ricevere, aspettare, seguire un consiglio*. Il **parere** è un'opinione personale, soggettiva: *a mio parere non dovresti partire*; il vocabolo indica anche il convincimento personale, il giudizio che viene dato o richiesto ad altri intorno a questioni, fatti, situazioni: *è necessario il parere di un medico*; *prima di decidere voglio sentire il suo parere*; *dare parere favorevole, contrario*. Un **suggerimento** invece è propriamente ciò che viene suggerito, cioè ricordato, fatto presente a qualcuno, a bassa voce oppure in modo indiretto o discreto: *durante il compito gli hanno dato alcuni suggerimenti*; *spero abbia raccolto i suggerimenti che ho cercato di dargli*.

L'**avvertimento** è l'azione o il risultato dell'informare, del richiamare l'attenzione, dell'avvisare fino anche al mettere in guardia: *non mi hanno lasciato nessun particolare avvertimento*; *gli avvertimenti non sono mancati, ma non hanno avuto nessun effetto*; l'avvertimento può valere inoltre come minaccia: *questo è un avvertimento, ti conviene seguirlo se non vuoi finire male*. L'**ammonimento** è un consiglio dato con una certa autorevolezza con l'intento di educare, di raccomandare contro pericoli o errori: *ricevere un saggio ammonimento*. Con **esortazione** si intende invece lo spingere, l'indurre, l'incitare in modo persuasivo ma anche deciso qualcuno: *rivolgere parole di esortazione a qualcuno*.

Nel linguaggio corrente il termine **raccomandazione** possiede diversi significati. Può riferirsi al raccomandare nel senso dell'affidare alla protezione e alle cure altrui: *raccomandazione dell'anima*; il sostantivo significa inoltre consiglio benevolo, preoccupato, o anche insistente e pedagogico, esortativo: *prima di partire la mamma gli ha fatto mille raccomandazioni*; *non tiene in nessun conto le raccomandazioni dei suoi insegnanti*. La raccomandazione infine è un'indicazione, un'intercessione, una segnalazione che viene fatta per favorire o appoggiare in modo particolare qualcuno: *è stato promosso per una raccomandazione*; *si è procurato una raccomandazione per partecipare a quel concorso*; *lettera di raccomandazione*.

La **proposta**, infine, è ciò che viene presentato, offerto, al giudizio, alla considerazione e alla decisione altrui: *accettare, rifiutare, confermare, avanzare una proposta*; *mi hanno fatto un'interessante proposta di lavoro*.

consistènte *part. pres. di* **consistere**; *anche agg.* ***1*** formato, composto, fatto, basato, fondato ***2*** (*di cosa*) solido, tenace, resistente, duro, sodo, denso, robusto, compatto, corposo, spesso, fitto **CONTR.** inconsistente, molle, morbido, tenero, soffice, debole, cedevole, floscio, mencio (*tosc.*), rado ***3*** (*fig.*) (*di testimonianza, di aiuto, di ragionamento, ecc.*) valido, attendibile, convincente, fondato, efficace, effettivo, concreto □ (*di somma e sim.*) sostanzioso, rilevante, notevole, forte, grande **CONTR.** inconsistente, infondato, inefficace, debole, inattendibile, scarso, irrilevante, labile, aereo, vacuo □ esiguo, piccolo. *V. anche* GRANDE

consistènza *s. f.* ***1*** (*di sostanza, di materia, di corpo e sim.*) solidità, resistenza, durezza, tenacità, robustezza, compattezza, spessore, fittezza, grossezza, densità, solidità, sodezza, corporeità **CONTR.** mollezza, tenerezza, inconsistenza, rarefazione, fluidità ***2*** (*fig.*) (*di idea, di sospetto, ecc.*) validità, fondatezza, effettività, realtà, rilevanza, stabilità, efficacia □ (*di somma e sim.*) entità, valore, quantità **CONTR.** inconsistenza, infondatezza, insussistenza, instabilità, inefficacia, vacuità.

consistere *v. intr.* comporsi, constare, stare, essere, essere fatto, fondarsi, basarsi, vertere.

consociàre ***A*** *v. tr.* associare, consorziare, unire, collegare, accomunare, fondere, confederare, affiliare, comprendere, conglobare **CONTR.** dividere, scindere, dissociare, separare, isolare, sciogliere, staccare, disunire, allontanare, disgregare ***B*** **consociarsi** *v. rifl. rec.* associarsi, consorziarsi, unirsi, confederarsi

CONTR. dividersi, scindersi, sciogliersi. *V. anche* UNIRE

consociàto *part. pass. di* **consociare**; *anche agg. e s. m.* socio, consocio, affiliato, associato, unito, consorziato, cooperatore CONTR. autonomo, libero.

consociazióne *s. f.* **1** associazione, unione, società, lega, confederazione, federazione, aggregazione, cooperativa CONTR. disgregazione, disgregamento, divisione **2** policoltura CONTR. monocoltura.

consolàbile *agg.* confortabile, alleviabile CONTR. inconsolabile, desolato, sconfortato, sconsolato.

consolànte *part. pres. di* **consolare**; *anche agg.* confortante, rasserenante, edificante, edificatorio, lieto, piacevole, confortevole, incoraggiante, consolatore CONTR. sconsolante, desolante, rattristante, scoraggiante, sconfortante, affliggente, deprimente.

consolàre ***A*** *v. tr.* **1** confortare, incoraggiare, rincuorare, lenire, alleviare, placare, rassicurare, rianimare, riconfortare, calmare, disacerbare (*lett.*), risollevare, sollevare, sostenere, tranquillare, tranquillizzare, distrarre, rasserenare, addolcire, alleggerire CONTR. affliggere, angustiare, sconfortare, disanimare, abbattere, scorare, scoraggiare, accorare, crucciare, contristare, deprimere, sgomentare, accasciare, demoralizzare **2** rallegrare, allietare, rasserenare, ricreare CONTR. addolorare, affliggere, rattristare, immalinconire, rammaricare ***B*** **consolarsi** *v. intr. pron.* **1** confortarsi, riconfortarsi, incoraggiarsi, rincuorarsi, rianimarsi, rasserenarsi CONTR. sconsolarsi, sconfortarsi, sfiduciarsi, abbattersi, avvilirsi, disperarsi, affliggersi, scoraggiarsi **2** rallegrarsi, allietarsi, risollevarsi, ricrearsi CONTR. rattristarsi, addolorarsi, immalinconirsi.

CONSOLARE
sinonimia strutturata

Consolare significa sollevare qualcuno psicologicamente da uno stato di afflizione, di dolore: *le sue parole mi hanno molto consolato*; il verbo vuol dire inoltre rallegrare: *una notizia che consola*; e, soprattutto nell'uso letterario, mitigare, rendere più sopportabile: *consolare il pianto*. **Confortare** indica il dare, il portare sollievo a qualcuno che è afflitto da un dolore fisico o psicologico: *confortare un malato*; *la sua presenza mi ha molto confortato nel mio dolore*; il termine significa anche dare speranza: *queste tue notizie mi confortano*.

Incoraggiare è l'infondere coraggio, speranza, forza, fiducia in qualcuno: *prima dell'esame abbiamo cercato di incoraggiarlo*; per estensione, il verbo indica lo spingere, l'indurre a qualcosa di negativo: *i cattivi esempi che aveva sotto gli occhi lo incoraggiavano sempre di più verso scelte sbagliate*. Nella forma intransitiva pronominale incoraggiare si riferisce invece al prendere coraggio, al darsi forza: *per questo buon risultato mi sono molto incoraggiato*. **Rincuorare** significa dare nuovo coraggio o più coraggio: *i tuoi gesti affettuosi lo hanno molto rincuorato*; come verbo intransitivo pronominale vuol dire riprendere animo, incoraggiarsi: *nel vedere tanta felicità mi sono profondamente rincuorato*.

Rassicurare si riferisce al riportare alla sicurezza, alla calma, alla serenità fugando ogni sospetto, dubbio, incertezza o paura: *l'ho rassicurato in tutti i modi che l'incidente non si sarebbe ripetuto*; con rassicurarsi s'intende il diventare tranquillo e sicuro acquistando coraggio o tranquillità: *il bambino si è rassicurato solo quando la mamma è tornata*.

Alleviare significa rendere più lieve, attenuare, liberare da un affanno, da un dolore, da un peso: *alleviare una pena, una fatica, un dolore*; *le tue parole le hanno alleviato l'animo*. **Lenire** vuol dire calmare, quietare, mitigare: *lenire le sofferenze, l'ansia, il dolore*. Il verbo **addolcire** in senso figurato indica il rendere meno aspro e duro, il moderare, l'ammorbidire, lo smussare: *addolcire una brutta notizia*; *ho tentato in tutti i modi di addolcire la sua collera*.

consolàto *part. pass. di* **consolare**; *anche agg.* **1** confortato, incoraggiato, rincuorato, rassicurato, rianimato, sollevato, risollevato, calmato, rasserenato **2** rallegrato, allietato CONTR. afflitto, addolorato, rattristato, immalinconito, depresso, amareggiato, sconfortato, scoraggiato, demoralizzato.

consolatóre *s. m.* (*f. -trice*); *anche agg.* confortatore, rasserenatore, consolatorio, consolante, confortante, rasserenante, incoraggiante CONTR. sconsolante, desolante, rattristante, deprimente, scoraggiante.

consolatòrio *agg.* consolatore, tranquillizzante, rasserenante, confortante CONTR. rattristante, sconsolante, sconfortante, scoraggiante, desolante.

consolazióne *s. f.* **1** sollievo, conforto, alleviamento, balsamo (*fig.*), medicina (*fig.*), aiuto, rifugio, oasi (*fig.*), refrigerio (*fig.*), rugiada (*fig.*), sostegno, viatico (*fig., lett.*), zuccherino (*fig.*), contentino CONTR. sconforto, scoraggiamento, scoramento, cruccio, afflizione, abbattimento, avvilimento, disperazione, desolazione, irritazione **2** (*est.*) gioia, letizia, piacere, allegrezza, serenità CONTR. tristezza.

console /fr. kɔ̃'sɔl/ *s. f. inv.* **1** tavolo da parete □ mensola **2** (*di apparecchi*) tastiera.

consolidaménto *s. m.* (*anche fig.*) rafforzamento, rinvigorimento, rinforzamento, rassodamento, assodamento, solidificazione, cementazione, stabilizzazione □ assestamento CONTR. indebolimento □ crisi, destabilizzazione.

consolidàre ***A*** *v. tr.* **1** (*di edificio, di fondamenta, ecc.*) rafforzare, irrobustire, solidificare, assodare, indurire, rinsaldare, rassodare, raffermare, rinforzare, cementare CONTR. indebolire **2** (*fig.*) (*di posizione, di istituzione, ecc.*) rafforzare, stabilizzare, rinsaldare, fortificare, rinvigorire, temprare (*fig.*) CONTR. indebolire, destabilizzare ***B*** **consolidarsi** *v. intr. pron.* **1** rafforzarsi, solidificarsi, assodarsi, rassodarsi, irrobustirsi, indurirsi CONTR. indebolirsi, sciogliersi **2** (*fig.*) (*di autorità, di prestigio, ecc.*) crescere, aumentare, stabilizzarsi, affermarsi, rinsaldarsi CONTR. diminuire, calare.

consolidàto ***A*** *part. pass. di* **consolidare**; *anche agg.* **1** rafforzato, rinsaldato, irrobustito, cementato, indurito, rassodato CONTR. indebolito, calato, diminuito **2** stabile, stabilizzato, sicuro, durevole CONTR. instabile, incerto, deperibile, debole ***3*** (*di debito*) a lunga scadenza, a scadenza indeterminata ***B*** *s. m.* debito a lunga scadenza, debito a scadenza indeterminata.

consòlle *V.* **console**.

consonànza *s. f.* ***1*** (*di suoni*) unisono, accordo, armonia, eufonia □ (*ling.*) ritmo, assonanza, rima, allitterazione **CONTR.** dissonanza ***2*** (*fig.*) (*di intenti, di opinioni e sim.*) corrispondenza, rispondenza, conformità, coincidenza, concordanza, unanimità **CONTR.** disaccordo.

cònsono *agg.* corrispondente, conforme, concordante, consonante, confacente, consentaneo, congeniale, connaturale, coerente, proporzionato, adeguato, adatto **CONTR.** difforme, dissono, dissonante, stridente, diverso, inadeguato, dissimile, disadatto. *V. anche* ADATTO

consorèlla ***A*** *s. f.* suora ***B*** *agg. solo f.* ***1*** (*di nazione, di lingua, ecc.*) affine ***2*** (*est.*) (*di società*) consociata.

consòrte ***A*** *agg.*; *anche s. m.* e *f.* (*lett.*) compagno, partecipe ***B*** *s. m.* e *f.* coniuge, marito, moglie, sposo, sposa.

consorterìa *s. f.* (*spreg.*) camarilla, cricca, congrega, camorra, combutta, combriccola, conventicola, fazione, setta, massoneria (*est.*), partito.

consorziàto *agg.* associato, consociato, unito in consorzio, cooperatore.

consòrzio *s. m.* ***1*** (*lett.*) società, unione, insieme ***2*** (*di imprenditori*) associazione, accordo, cartello, trust (*ingl.*), pool (*ingl.*), cooperativa.

constàre ***A*** *v. intr.* consistere, comporsi, essere formato, essere costituito, essere ***B*** *v. intr. impers.* risultare, essere noto □ sapere, essere a conoscenza **CONTR.** ignorare.

constatàre *v. tr.* appurare, verificare, accertare, assodare, stabilire, chiarire, concludere □ notare, riscontrare, prendere atto, rilevare, osservare, esaminare, considerare **CONTR.** supporre.

CONSTATARE
sinonimia strutturata

Giungere a conoscere la verità di qualcosa basandosi su prove, dimostrazioni, documenti o altri elementi equivale a **constatare** qualcosa: *constatare un fatto*; *si è constatata la sua inadempienza contrattuale*. Pressoché equivalenti sono **appurare**, **accertare** e in senso figurato **assodare**, che suggeriscono un'azione mossa da un preciso intento investigativo o di controllo: *non è stato possibile appurare se i suoi dubbi erano fondati*; *accertiamo che tutto si è svolto regolarmente*.

Verificare si distingue leggermente perché richiama l'idea del dimostrare tramite degli elementi significativi, ossia del **provare**: *verificare la stabilità di un edificio, un conto, una scrittura privata, una firma*; più specifico di provare è **certificare**, che si riferisce di solito alla produzione di un documento, specialmente pubblico. Tutti questi verbi si avvicinano molto anche a **chiarire**, ossia a spiegare, a far luce su qualcosa: *chiarire la natura di un fatto*. Molto vicini tra loro sono **stabilire** e **concludere**, che possono indicare una constatazione o una deduzione: *non è facile stabilire l'ora del decesso*; *da ciò si conclude che noi abbiamo ragione*.

Altri sinonimi di constatare sono meno incisivi, e indicano il cogliere in una situazione determinati elementi, ossia il **notare**, **rilevare**, **riscontrare**, **osservare**: *notammo qualcosa di nuovo*; *rilevare i difetti di qualcuno*; *riscontrare, osservare una grossa mancanza*. Questi verbi si avvicinano anche al più incisivo **considerare**, che evoca non solo un'osservazione casuale ma un'attenzione più intenzionale e circostanziata: *è utile considerare tutti i particolari*. Ancor più connotato in questo senso è **esaminare**, che indica un'analisi particolarmente puntuale.

Rispetto ai verbi precedenti, **riconoscere** è in certo modo a sé stante e corrisponde ad ammettere, confessare: *riconoscere il proprio errore*; *riconosco che non va bene*.

constatàto *part. pass. di* **constatare**; *anche agg.* appurato, accertato, assodato, riscontrato, esaminato, chiarito.

constatazióne *s. f.* accertamento, verifica, verificazione, riscontro, esame, chiarimento, rilievo, risultanza, conferma, riconoscimento.

consuèto ***A*** *agg.* solito, abituale, usitato, usuale, adusato, ordinario, volgare (*fig.*), normale, naturale, quotidiano, frequente, familiare, rituale, tradizionale, usato, regolare, comune, convenzionale **CONTR.** inconsueto, insolito, straordinario, eccezionale, anomalo, inusitato, infrequente, raro, desueto, nuovo, singolare, strano, originale □ accidentale, casuale ***B*** *s. m. solo sing.* consuetudine, solito, maniera, normale, abitudine **FRAS.** *di consueto*, abitualmente, usualmente, normalmente, solitamente, quotidianamente. *V. anche* FREQUENTE

consuetudinàrio ***A*** *agg.* tradizionale, solito, abituale, normale, usuale, convenzionale, conformista **CONTR.** insolito, eccezionale ***B*** *s. m.* abitudinario, metodico **CONTR.** volubile, capriccioso.

consuetùdine *s. f.* ***1*** abitudine, costume, regola, regime, sistema, pratica, prassi, metodo, stile, solito, ordinario ***2*** costume, tradizione, andazzo, voga, rito, moda, usanza, uso, costumanza, prammatica, etichetta, formalità **CONTR.** disuso, desuetudine (*lett.*), anomalia, eccezione ***3*** (*lett.*) (*con persona o cosa*) dimestichezza, familiarità, confidenza, intimità **CONTR.** avversione, ostilità, estraneità. *V. anche* ABITUDINE, MODA, MORALE

consulènte *agg.*; *anche s. m.* e *f.* esperto, perito, specialista, consigliere, competente □ (*al pl.*) panel (*ingl.*).

consulènza *s. f.* assistenza, consiglio, parere.

consultàre ***A*** *v. tr.* ***1*** (*di medico, di esperto, ecc.*) interrogare, interpellare, sentire ***2*** (*est.*) (*di documento, di libro, ecc.*) esaminare, compulsare, scartabellare, spogliare, spulciare, studiare, disaminare, scorrere ***B*** **consultarsi** *v. intr. pron.* consigliarsi, informarsi ***C*** *v. rifl. rec.* discutere, dibattere.

consultazióne *s. f.* ***1*** (*med.*) consulto, visita □ disamina ***2*** consiglio, parere ***3*** parere popolare ***4***

(*spec. al pl.*) colloqui.

consùlto *s. m.* consultazione, disamina, esame □ (*med.*) visita.

consultòrio *s. m.* centro medico sociale □ (*est.*) ambulatorio.

consumàre (1) ***A*** *v. tr.* ***1*** (*di materia*) logorare, sciupare, corrodere, rodere, rosicchiare, erodere, incidere, limare, intaccare, guastare, rovinare, distruggere □ (*di fisico*) dimagrare (*raro*), stremare, ardere (*fig.*), divorare (*fig.*), struggere (*lett.*) ***2*** (*fig.*) (*di tempo, di denaro, ecc.*) sciupare, sprecare, sperperare, disperdere, dissipare, prodigare, scialare, spendere **CONTR.** risparmiare, economizzare, accumulare, preservare, serbare, avanzare ***3*** (*est.*) (*di tempo*) impiegare, utilizzare, passare, trascorrere ***4*** (*di luce, di gas, ecc.*) adoperare, usare, finire, esaurire □ (*di energia, ecc.*) assorbire □ (*di carburante*) bere, bruciare ***5*** (*di cibo, di bevanda*) mangiare, bere ***B*** **consumarsi** *v. intr. pron.* ***1*** (*anche fig.*) logorarsi, atrofizzarsi, distruggersi, corrodersi, finire, esaurirsi □ (*di tempo, di memoria, ecc.*) andarsene, sparire □ (*di giorno, di luce*) estinguersi, morire ***2*** (*fig.*) (*di passione*) struggersi, macerarsi, disfarsi (*fig.*), crucciarsi, penare, spasimare, rodersi, marcire (*fig.*) ***3*** (*fig.*) (*per malattia*) indebolirsi, intisichire, deperire, sfinirsi **CONTR.** irrobustirsi, rinforzarsi, ristorarsi, risollevarsi, rianimarsi. *V. anche* SPENDERE

consumàre (2) *v. tr.* ***1*** (*lett.*) compiere, portare a fine, rifinire ***2*** (*di delitto*) perpetrare, commettere.

consumàto (1) *part. pass. di* **consumare (1)**; *anche agg.* ***1*** (*di materia*) logorato, sciupato, corroso, roso, dilavato, consunto, intaccato, guastato, rovinato, distrutto, frusto, lacero, liso **CONTR.** nuovo, intatto, integro, illeso ***2*** (*di tempo, di denaro, ecc.*) sciupato, sprecato, dissipato, bruciato (*fig.*) **CONTR.** risparmiato, economizzato, preservato, serbato ***3*** (*di tempo*) impiegato, utilizzato, passato, trascorso ***4*** (*di luce, di gas, ecc.*) usato, adoperato, esaurito ***5*** (*di cibo, di bevanda*) mangiato, bevuto ***6*** (*fig.*) (*di persona*) logorato, distrutto, indebolito, esausto, stremato, roso, defedato (*med.*), rifinito (*tosc.*) **CONTR.** irrobustito, rinforzato, ristorato, rianimato.

consumàto (2) *part. pass. di* **consumare (2)**; *anche agg.* (*di persona*) esperto, pratico, navigato, abile, capace, perito, provetto, competente, intenditore, conoscitore **CONTR.** inesperto, imperito, digiuno, incapace, inetto.

consumatóre ***A*** *agg.* (*f. -trice*) (*raro*) logoratore, struggitore, distruttore, edace (*lett.*) ***B*** *s. m.* utente, fruitore, cliente, compratore **CONTR.** produttore, venditore, fornitore.

consumazióne *s. f.* ***1*** (*di patrimonio, di energie, ecc.*) consumo, uso, logorio, diminuzione, esaurimento, sperpero, disfacimento, dilapidazione, distruzione **CONTR.** costituzione, acquisto, incremento, aumento ***2*** (*fig.*) (*di organismo*) consunzione, deperimento, indebolimento **CONTR.** rafforzamento, rinvigorimento ***3*** (*di cibo, di bevanda*) ordinazione.

consùmo *s. m.* uso, impiego, consumazione □ bene da consumare □ bisogno □ logorio, logoramento, esaurimento, disfacimento, usura □ scialo, spreco, strazio (*fig.*) **CONTR.** produzione, creazione, conservazione □ risparmio **FRAS.** *a uso e consumo di*, a favore di □ *di consumo*, da cassetta, da resa.

consuntìvo ***A*** *agg.* (*econ.*) finale, conclusivo **CONTR.** preventivo, presuntivo ***B*** *s. m.* (*anche fig.*) rendiconto, bilancio □ budget (*ingl.*) □ resa **CONTR.** preventivo.

consùnto *agg.* ***1*** (*di cosa*) logorato, liso, consumato, corroso, eroso, roso, smangiato, frusto, tarlato, scalcagnato, sgangherato, trito, spelacchiato, disfatto, sdrucito, cencioso, lacero, logoro, squinternato **CONTR.** nuovo, intatto, integro, compatto ***2*** (*di persona*) stanco, affaticato, sfinito, estenuato, distrutto, esaurito, esausto, indebolito, tisico (*est.*), rifinito (*tosc.*) □ invecchiato, vecchio □ (*di viso*) sciupato, vizzo, smunto, emaciato, scarno, pallido, patito **CONTR.** vigoroso, energico, sano, robusto, rinvigorito, fresco, aitante, gagliardo.

consunzióne *s. f.* ***1*** deperimento, indebolimento, disfacimento, cachessia, estenuazione, marasma (*med.*), tabe (*med.*) **CONTR.** rafforzamento, rinvigorimento ***2*** (*pop.*) tisi, tubercolosi, etisia ***3*** (*lett.*) logorio, consumazione, uso, logoramento.

cónta *s. f.* conteggio, enumerazione.

contabàlle *s. m. e f. inv.* (*pop.*) ballista (*scherz.*), fanfarone, bugiardone, contafrottole **CONTR.** sincero.

contàbile *s. m. e f.* calcolatore (*raro*), computista, ragioniere □ commercialista, fiscalista, tributarista.

contabilità *s. f.* ***1*** ragioneria, computisteria ***2*** operazioni contabili, conti □ bilancio, rendiconto, conto, conteggio, computo ***3*** (*est.*) (*di ufficio*) amministrazione, ragioneria.

contachilòmetri *s. m. inv.* tachimetro.

contadinésco *agg.* ***1*** campagnolo, contadino, rustico, villereccio (*lett.*), rurale, campestre, agreste, villico, forese **CFR.** cittadino, urbano, civico ***2*** (*spreg.*) villano, grossolano, zotico, inurbano, rozzo, volgare **CONTR.** civile, fine, raffinato, gentile, distinto, signorile.

contadìno ***A*** *s. m.* ***1*** lavoratore della terra, agricoltore, aratore, zappatore, mezzadro, coltivatore, colono, villico (*scherz.*), cafone (*merid.*), peon (*sp.*) ***2*** (*spreg.*) bifolco, villano, tanghero, villanzone, zappaterra, maleducato, screanzato, ignorantone, rozzo, volgare, burino, cafone, baggiano **CONTR.** signore, gentiluomo, elegantone, raffinato ***B*** *agg.* ***1*** campagnolo, rurale, agreste, campestre, forese, agricolo, rustico, villereccio (*lett.*), contadinesco, colonico, villico **CFR.** cittadino, urbano, cittadinesco, civico ***2*** (*spreg.*) contadinesco, villano, grossolano, zotico, rusticano, inurbano, rozzo, volgare **CONTR.** civile, raffinato, distinto, signorile, gentile, fine, elegante.

contàdo *s. m.* campagna, villa (*lett.*) **CONTR.** città.

contagiàre ***A*** *v. tr.* ***1*** (*di malattia*) infettare, contaminare, appestare, invadere, attaccare il contagio **CONTR.** disinfettare, disinfestare, bonificare ***2*** (*fig.*) (*di vizio, di male, ecc.*) contaminare, corrompere, guastare, intaccare, ammorbare, avvelenare, fuorviare, depravare **CONTR.** redimere, sanare, purificare ***B*** **contagiarsi** *v. intr. pron.* (*anche fig.*) infettarsi, contaminarsi.

contàgio *s. m.* **1** infezione, contaminazione, trasmissione, propagazione, ammorbamento **CONTR.** guarigione **2** epidemia, pestilenza, morbo **3** (*fig.*) corruzione, contaminazione, corruttela, bacillo (*fig.*) **CONTR.** moralità. *V. anche* INQUINAMENTO

contagiosità *s. f.* (*anche fig.*) trasmissibilità, diffusibilità, epidemicità.

contagióso *agg.* **1** (*di malattia*) infettivo, epidemico **2** (*di aria, di ambiente*) contagiato **3** (*fig.*) (*di esempio, di riso, ecc.*) comunicabile, comunicativo, propagabile.

container /*ingl.* kən'teinə/ [vc. ingl., da *to contain* 'contenere'] *s. m. inv.* contenitore □ cassone.

contaminàre *v. tr.* **1** insudiciare, inquinare, sporcare, imbrattare, insozzare, lordare, infestare, deturpare **CONTR.** pulire, purgare, purificare, disinfestare, disinquinare, decontaminare, bonificare, espurgare **2** infettare, contagiare **3** (*fig.*) corrompere, guastare, viziare, deviare, depravare, bacare (*fig.*), appestare (*fig.*) **CONTR.** redimere, salvare **4** (*fig.*) (*di ricordo, di nome, ecc.*) profanare, macchiare (*fig.*) □ (*di cose sacre*) violare **CONTR.** onorare, rispettare. *V. anche* GUASTARE

contaminazióne *s. f.* **1** inquinamento, contagio, infezione **CONTR.** decontaminazione, disinquinamento, purificazione **2** (*fig.*) corruzione, offesa, disonore, pervertimento, oltraggio □ (*di cose sacre*) profanazione, violazione, sacrilegio **CONTR.** onestà, onore. *V. anche* INQUINAMENTO

contànte **A** *agg.* (*di denaro*) liquido **B** *s. m.* denaro, quattrini **FRAS.** *in contanti*, cash (*ingl.*).

contapàssi *s. m. inv.* podometro.

contàre **A** *v. tr.* **1** (*di alunni, di denaro, ecc.*) calcolare, computare, numerare, conteggiare, valutare □ (*di voti, di schede, ecc.*) scrutinare **2** (*fig.*) (*di aiuti, di minuti, ecc.*) limitare, lesinare **CONTR.** largheggiare **3** (*di scuse, di bugie, ecc.*) considerare **CONTR.** trascurare, tralasciare **4** (*di fare, di dire, ecc.*) prevedere, riproporsi, pensare, credere, ritenere **5** (*di amici, di studenti, ecc.*) annoverare, avere, noverare (*lett.*), possedere **6** (*lett., dial.*) (*di favole, di storie*) raccontare, riferire, narrare, dire, novellare (*lett.*) **7** (*raro*) reputare, stimare, valutare, giudicare, considerare, ritenere **B** *v. intr.* **1** calcolare, conteggiare, computare **2** (*molto, poco, ecc.*) valere, pesare, importare, servire **3** (*su persona o cosa*) fare affidamento, appoggiarsi, confidare, sperare, puntare **CONTR.** diffidare **C** **contarsi** *v. rifl.* valutarsi, ritenersi, stimarsi, considerarsi **FRAS.** *contarsi sulla punta delle dita* (*fig.*), essere pochissimi □ *contarle grosse*, dire grandi bugie □ *contare come il due di coppe*, non valere nulla, non avere nessuna importanza. *V. anche* NARRARE, PENSARE

contàto *part. pass. di* **contare**; *anche agg.* **1** calcolato, computato, numerato, conteggiato, valutato **2** (*lett., dial.*) (*di favola, di storia, ecc.*) raccontato, narrato, detto **3** (*fig.*) (*di tempo, di viveri, ecc.*) limitato, poco, scarso **CONTR.** molto, illimitato **FRAS.** *avere le ore contate, avere i giorni contati* (*fig.*), avere poco tempo da vivere. *V. anche* SCARSO

contattàre *v. tr.* avvicinare, accostare, prendere contatto □ incontrare, parlare **CONTR.** tenere lontano, allontanare, allontanarsi.

contàtto *s. m.* **1** aderenza, accostamento, adesione, toccamento, tocco, toccata □ contiguità, vicinanza, prossimità, attiguità **CONTR.** distacco, disunione □ distanza **2** (*fig.*) (*tra persone*) relazione, rapporto, aggancio (*fig.*), unione, incontro, amicizia, commercio (*fig., lett.*) **3** (*elettr.*) collegamento, interfaccia (*elab.*).

conteggiàre **A** *v. tr.* valutare, calcolare, annoverare, computare, contare, considerare, comprendere **CONTR.** escludere, defalcare **B** *v. intr.* fare il conto.

contéggio *s. m.* calcolo, conto, conta, contabilità, computo, computazione, bilancio □ controllo **FRAS.** *conteggio alla rovescia*, count down (*ingl.*).

contégno *s. m.* **1** comportamento, condotta **2** (*est.*) atteggiamento, portamento, tratto, stile, maniera, modo di fare, fare, modi, abito (*fig.*), habitus (*lat.*), costume (*fig.*), tenore **3** (*est.*) riserbo, serietà, dignità, compostezza, compitezza, ritegno, creanza □ alterigia, superbia **FRAS.** *assumere un contegno* (*fig.*), ostentare disinvoltura. *V. anche* DIGNITÀ

contegnóso *agg.* riservato, raccolto (*fig.*), compassato, composto, serio, dignitoso, grave, manieroso, verecondo, vergognoso □ altero, scostante, sussiegoso, sostenuto, severo, solenne, dottorale (*est.*) **CONTR.** affabile, disinvolto, spigliato, sbrigliato □ disinibito, impudente, scomposto □ semplice, modesto. *V. anche* SEVERO

contemperaménto *s. m.* **1** (*di cose*) accomodamento, equilibrio, adattamento, aggiustamento, armonia **2** (*di persona, di carattere, ecc.*) moderazione, mitigazione, misura **CONTR.** esagerazione, sfrenatezza, inasprimento.

contemperàre *v. tr.* **1** (*di cose*) adattare, conformare, adeguare, accomodare, conciliare, aggiustare **CONTR.** differenziare **2** (*di persona, di carattere, ecc.*) mitigare, moderare, temperare, raddolcire, ammorbidire, correggere, addolcire **CONTR.** esagerare, esasperare, inasprire, esacerbare. *V. anche* CORREGGERE

contemplàre *v. tr.* **1** (*di persona, di panorama, ecc.*) ammirare, rimirare, guardare, riguardare, vedere, vagheggiare, scrutare, osservare **CONTR.** disdegnare, ignorare **2** (*di caso, di imprevisto, ecc.*) considerare, esaminare, prevedere, comprendere **CONTR.** escludere, respingere, rifiutare **3** (*di mistero, di fede, ecc.*) meditare, riflettere, pensare, speculare (*lett.*). *V. anche* GUARDARE, PENSARE

contemplativo **A** *agg.* ascetico, meditativo, mistico, religioso, spirituale, speculativo, estatico **CONTR.** attivo, materiale, terreno **B** *s. m.* contemplatore, asceta, mistico, meditatore, spiritualista, quietista **CONTR.** materialista □ pratico.

contemplazióne *s. f.* **1** osservazione, vagheggiamento, ammirazione **CONTR.** disprezzo **2** meditazione, raccoglimento, considerazione, speculazione **3** estasi, rapimento, elevazione, misticismo, ascetismo, quietismo **CONTR.** materialismo **4** (*relig.*) visione di Dio.

contemporaneaménte *avv.* simultaneamente,

congiuntamente, insieme, frattanto, nel contempo **CONTR.** separatamente, singolarmente □ prima, dopo.

contemporaneità *s. f.* **1** simultaneità, sincronismo, sincronia, coesistenza, coincidenza, concomitanza **2** attualità, oggi, modernità, moderno. *V. anche* SIMULTANEITÀ

contemporàneo **A** *agg.* **1** coevo, coetaneo **2** simultaneo, sincrono, sincronico, concomitante, contestuale **3** odierno, attuale □ (*di lingua, di consuetudine, ecc.*) vivo **CONTR.** passato □ futuro **B** *s. m.* coetaneo, coevo **CONTR.** precursore, predecessore □ successore, postero.

contendènte *s. m. e f.* **1** litigante, belligerante **2** avversario, competitore, concorrente, gareggiante, antagonista, rivale **CONTR.** alleato, compagno, collega, socio, sodale.

contèndere **A** *v. tr.* **1** (*lett.*) contrastare, impedire, contestare, negare, proibire, vietare **CONTR.** permettere, ammettere, concedere **2** disputarsi, litigarsi **CONTR.** accordarsi **B** *v. intr.* **1** competere, gareggiare, disputare, rivaleggiare, tenzonare (*lett.*), misurarsi, emulare **2** litigare, questionare, altercare, polemizzare, discutere, urtarsi, accapigliarsi **CONTR.** accordarsi, rappacificarsi.

contenére **A** *v. tr.* **1** (*anche fig.*) racchiudere, cingere, circoscrivere, accogliere, comprendere, delimitare, includere, implicare, abbracciare **2** (*di ira, di desiderio, ecc.*) reprimere, comprimere, trattenere, rattenere, ritenere, frenare, limitare, moderare, dominare, signoreggiare (*fig.*), controllare, arginare, soffocare, sedare, raffreddare (*fig.*) **CONTR.** sfogare, manifestare, abbandonarsi, sfrenare, scatenare, stimolare, stuzzicare **3** (*di prezzi*) calmierare □ (*di spesa, di costi, ecc.*) contrarre, ridurre, restringere **CONTR.** incrementare □ scialacquare **B** **contenersi** *v. rifl.* padroneggiarsi, dominarsi, controllarsi, frenarsi, reprimersi, vincersi, limitarsi, misurarsi, moderarsi, astenersi, governarsi, rattenersi, raffrenarsi □ (*nelle spese e sim.*) restringersi **CONTR.** perdere il controllo, abbandonarsi, impazientirsi, trascendere, eccedere, esagerare, sbrigliarsi, scatenarsi, sfrenarsi, strafare, sovrabbondare **C** *v. intr. pron.* comportarsi, procedere, condursi, agire, trattare, regolarsi. *V. anche* COSTRINGERE, VINCERE

conteniménto *s. m.* freno, impedimento, limitazione □ imbrigliamento, contenzione □ (*di salario e sim.*) raffreddamento **CONTR.** espansione.

contenitóre *s. m.* **1** recipiente, involucro, imballaggio, scatola, cartone, cassetta, tanica, bidone, fusto, gabbia □ classificatore **2** container (*ingl.*).

contentàre **A** *v. tr.* accontentare, soddisfare, appagare, garbare, compiacere, acquietare, concedere, esaudire **CONTR.** scontentare, disgustare, dispiacere, deludere, contrariare **B** **contentarsi** *v. intr. pron.* appagarsi, soddisfarsi, saziarsi, limitarsi, accontentarsi, allietarsi.

contentézza *s. f.* allegria, allegrezza, rallegramento, felicità, letizia, piacere, sollievo, gioia, soddisfazione, giocondità, buonumore, gaiezza, lietezza, beatitudine, esultanza, gaudio, giulebbe (*fig.*) **CONTR.** scontentezza, mestizia, dispiacere, afflizione, malumore, malinconia, tristezza, desolazione, malcontento, disappunto, scontento, insoddisfazione, infelicità, sconforto.

contentìno *s. m.* aggiunta, soprappiù □ consolazione.

contènto *agg.* **1** pago, soddisfatto, appagato, placato, disteso, sedato, saziato **CONTR.** scontento, insoddisfatto, inappagato, deluso, seccato, stufato, stucco (*fig.*) **2** lieto, allegro, ilare, felice, giocondo, entusiasta, raggiante, beato, giulivo, gioioso, trionfante, esultante, compiaciuto **CONTR.** infelice, triste, afflitto, addolorato, mesto, malinconico, desolato, dolente, abbacchiato, cupo, esasperato, irritato **FRAS.** *contento come una Pasqua* (*fig.*), contentissimo, felicissimo.

contenùto **A** *part. pass. di* **contenere**; *anche agg.* **1** (*anche fig.*) racchiuso, raccolto, incluso, compreso, circoscritto, implicito **2** (*di ira, di desiderio, ecc.*) trattenuto, represso, frenato, moderato, dominato **CONTR.** smodato, esagerato, sfrenato, parossistico, sregolato, eccessivo, intemperante **3** (*est.*) (*di persona, di stile, ecc.*) sobrio, misurato, conciso, dignitoso, equilibrato, discreto, sommesso, serio, severo, controllato, compassato, posato, parsimonioso **CONTR.** espansivo, allegro, faceto, spensierato, frivolo, fatuo, facilone, leggero, superficiale **4** (*di prezzo, di spesa, ecc.*) moderato, modico **CONTR.** eccessivo, esagerato, iperbolico, proibitivo **B** *s. m.* **1** (*di recipiente*) capacità, capienza, contenenza **2** (*di libro, di film, ecc.*) argomento, oggetto, materia, concetto, sostanza, tema, soggetto, essenza, spirito, tenore, testo.

contenzióne *s. f.* **1** riduzione **2** (*med.*) contenimento, compressione, immobilizzazione **3** (*lett.*) lite, disputa, contrasto.

conterràneo *agg.; anche s. m.* compaesano, paesano, concittadino, corregionale, compatriota, connazionale **CONTR.** forestiero, straniero, estraneo.

contésa *s. f.* **1** controversia, polemica, disputa, rivalità, schermaglia, lite, litigio, contrasto, antagonismo, diverbio, alterco, altercazione, contestazione, questione, vertenza, discussione, dissidio, mischia, rissa, zuffa, diatriba, tira tira (*fam.*) **CONTR.** pace, concordia, riconciliazione, accordo, pacificazione **2** (*est.*) competizione, antagonismo, gara, lotta, duello, certame (*lett.*). *V. anche* CONTROVERSIA, ZUFFA

contèso *part. pass. di* **contendere**; *anche agg.* **1** contrastato, contestato, vietato, proibito **CONTR.** permesso, ammesso, concesso **2** disputato, litigato, discusso, controverso **CONTR.** chiaro, evidente.

contestàbile *agg.* discutibile, oppugnabile, impugnabile, disputabile, contrastabile, controvertibile, confutabile, criticabile, opinabile, dubbio **CONTR.** incontestabile, indiscutibile, innegabile, inoppugnabile, apodittico, indubbio, accertato, sicuro.

contestàre *v. tr.* **1** (*di accusa, di multa, ecc.*) notificare, intimare, elevare, dichiarare, comunicare **2** (*fig.*) (*di tesi, di affermazione, ecc.*) negare, contrastare, confutare, contraddire, sconfessare, infirmare, oppugnare, impugnare, controvertere (*raro*) □ polemizzare, criticare, reclamare, rimostrare, disapprovare, dissentire, condannare, contrapporsi, rifiutare, demolire (*fig.*), dissacrare (*fig.*) □ rumoreggiare, protestare, mugugnare **CONTR.** accettare, approvare, ammettere, lodare, convenire, compiacere, secondare □ allinearsi.

contestatóre *s. m.; anche agg.* (*f. -trice*) contestatario, contraddittore □ protestatario, oppositore.

contestazióne *s. f.* **1** (*di reato, di multa, ecc.*) notifica, notificazione, intimazione, dichiarazione, comunicazione **2** (*di sistema politico, economico, ecc.*) opposizione, rifiuto, negazione □ protesta, critica **CONTR.** accettazione, approvazione, allineamento **3** (*est.*) obiezione, sconfessione □ contesa, contraddittorio, lite, disputa, contrasto, polemica, rimostranza, diatriba, contrapposizione. *V. anche* INTIMAZIONE, OBIEZIONE

contèsto *s. m.* **1** tessitura, intreccio **2** (*fig.*) (*di ragionamento, di scritto, ecc.*) trama, intreccio, insieme, schema, testo, tessuto, architettura □ (*di fatto, di situazione, ecc.*) ambiente, clima, quadro, cornice, scena, scenario □ referente (*ling.*).

contestuàle *agg.* **1** del contesto **2** (*di fatto*) simultaneo, contemporaneo **CONTR.** precedente, anteriore, seguente, posteriore.

contiguità *s. f.* contatto, prossimità, vicinanza, adiacenza, attiguità, propinquità **CONTR.** lontananza, distanza, distacco.

contiguo *agg.* adiacente, aderente, attiguo, limitrofo, vicino, confinante, prossimo, contermine, finitimo, propinquo, comunicante **CONTR.** lontano, distante, distaccato, discosto, separato, diviso. *V. anche* VICINO

continènte (**1**) *s. m.* (*gener.*) terraferma **FRAS.** *continente antico*, Asia, Africa, Europa □ *continente nuovo*, America □ *continente nuovissimo*, Australia □ *continente nero*, Africa.

continènte (**2**) *agg.* morigerato, morale, temperante, sobrio, misurato, controllato, parco, austero, castigato, modesto, casto, astinente **CONTR.** incontinente, intemperante, smodato, smoderato, eccessivo, esagerato, sfrenato, dissoluto, impudico, vizioso.

continènza *s. f.* moderazione, misura, sobrietà, morigeratezza, moderatezza, castigatezza, castimonia (*raro*), parsimonia, regolatezza, astinenza, castità, temperanza **CONTR.** incontinenza, intemperanza, dissolutezza, eccesso, sregolatezza, esagerazione, sfrenatezza, depravazione.

contingènte *A agg.* accidentale, casuale, accessorio, eventuale, occasionale, momentaneo **CONTR.** necessario *B s. m.* **1** (*filos.*) possibile **CONTR.** assoluto **2** (*di cose*) quantità, quota, parte, contributo, contribuzione **3** (*mil.*) classe, scaglione, torma (*lett.*) □ mandata.

contingènza *s. f.* **1** (*filos.*) accidentalità, casualità, eventualità, possibilità **CONTR.** necessità **2** (*est.*) variabilità **3** (*della vita, del mercato, ecc.*) circostanza, congiuntura, situazione, frangente, occasione, accidente, caso **CONTR.** inevitabilità **4** (*di retribuzione*) indennità variabile.

continuaménte *avv.* sempre, ininterrottamente, consecutivamente, incessabilmente, incessantemente, assiduamente, instancabilmente, costantemente, indefessamente, permanentemente, perennemente, insistentemente, tuttavia (*lett.*) **CONTR.** mai, raramente, periodicamente, saltuariamente, eccezionalmente, talvolta, sporadicamente, di rado, ogni tanto, discontinuamente, casualmente, occasionalmente, accidentalmente.

continuàre *A v. tr.* (*di lavoro, di cammino, ecc.*) seguitare, proseguire, prolungare □ riprendere **CONTR.** interrompere, sospendere, finire, troncare, ultimare, cessare, abbandonare, lasciare, mollare *B v. intr.* (*di pioggia, di dolore, di attività, ecc.*) durare, perseverare, persistere, perdurare, protrarsi, seguitare, permanere, rimanere, insistere, resistere, reggere **CONTR.** smettere, cessare, arrestarsi *C v. intr. impers.* (*a piovere, a nevicare e sim.*) non smettere, persistere **CONTR.** smettere.

continuatìvo *agg.* stabile, durevole, duraturo, permanente, ininterrotto, consecutivo, continuo, costante, non stop (*ingl.*) **CONTR.** saltuario, periodico, momentaneo.

continuàto *agg.* incessante, continuo, ininterrotto, protratto, prolungato, non stop (*ingl.*) **CONTR.** interrotto, spezzato, alterno, intermittente, sporadico.

continuatóre *s. m.* (*f. -trice*) prosecutore □ discepolo □ erede, successore, epigono **CONTR.** creatore, fondatore □ maestro □ capostipite.

continuazióne *s. f.* prosecuzione, proseguimento, seguito, prolungamento, successione **CONTR.** interruzione, troncamento, sospensione, cessazione, termine, fine, arresto, fermata, pausa **FRAS.** *in continuazione*, senza interruzione.

continuità *s. f.* **1** proseguimento, prosecuzione, persistenza, perpetuità, unione, linearità, stabilità, costanza, permanenza, assiduità, insistenza, regolarità, ciclicità **CONTR.** discontinuità, interruzione, frattura, intermittenza, sporadicità, alternanza, troncamento, provvisorietà, labilità, temporaneità **2** (*est., raro, lett.*) coesione, compattezza, unità **CONTR.** incoerenza, incongruenza **FRAS.** *soluzione di continuità*, interruzione. *V. anche* COSTANZA

continuo *A agg.* **1** incessante, ininterrotto, instancabile, persistente, insistente, costante, strisciante, inesausto, immutabile, uniforme, assiduo, durevole, diuturno, permanente, consecutivo, stabile, sistematico, continuativo, continuato, filato, prolungato, non stop (*ingl.*) **CONTR.** discontinuo, intermittente, interrotto, tronco, alterno, alternato, saltuario, periodico **2** (*raro*) perenne, eterno, perpetuo, inestinguibile, sempiterno **CONTR.** effimero, provvisorio, passeggero, transitorio, temporaneo **3** (*elettr.*) **CONTR.** alternato, variabile *B s. m.* continuità **FRAS.** *di continuo*, continuamente, senza interruzione, ripetutamente. *V. anche* FREQUENTE, PERPETUO

cónto *s. m.* **1** (*pop.*) operazione **2** calcolo, computo, conteggio, somma □ spesa, prezzo **3** bilancio, contabilità □ dare e avere **4** (*est.*) (*del dentista, della sarta, ecc.*) nota, fattura, lista, parcella, elenco, bolletta, pendenza **5** (*fig.*) valutazione, previsione, analisi **6** (*fig.*) assegnamento **7** (*fig.*) giustificazione **8** (*fig.*) considerazione, valore, stima, pregio, importanza **9** (*fig.*) vantaggio, tornaconto, guadagno, opportunità

FRAS. *il conto torna* (*fig.*), la situazione è chiara □ *saldare, chiudere il conto* (*fig.*), regolare una questione □ *far conto di*, ripromettersi; fingere, immaginare □ *a conti fatti, in fin dei conti* (*fig.*), in conclusione □ *a buon conto* (*fig.*), in ogni caso, a ogni modo □ *render conto* (*fig.*), giustificarsi □ *tenere da conto*, conservare con cura □ *mettere conto* (*fig.*), valere la pena □ *per conto mio*, per quel che mi riguarda, da parte mia □ *far di conto*, contare. *V. anche* RAGIONE

contòrcere ***A*** *v. tr.* torcere, storcere, attorcigliare, attorcere, arroncigliare (*ant.*), rattorcere (*lett.*) **CONTR.** svolgere, raddrizzare, addrizzare ***B*** **contorcersi** *v. rifl.* torcersi, storcersi, distorcersi, stravolgersi, dimenarsi, divincolarsi, agitarsi, ripiegarsi, dibattersi **CONTR.** raddrizzarsi, distendersi.

contorciménto *s. m.* ***1*** contorsione, torsione, torcimento, storcimento, dimenio, spasimo, contrazione, convulsione ***2*** (*fig.*) (*di pensiero, di stile, ecc.*) stortura, deformazione.

contornàre ***A*** *v. tr.* ***1*** circondare, cingere, cerchiare, chiudere, recingere, abbracciare (*fig.*), steccare **CONTR.** liberare, aprire ***2*** (*di guarnizione, di ornamento*) guarnire, orlare, bordare, incorniciare, inghirlandare, profilare, listare, delineare, inquadrare ***3*** (*fig.*) (*di persone*) attorniare, circondare ***B*** **contornarsi** *v. rifl.* circondarsi, attorniarsi **CONTR.** allontanare, liberarsi.

contórno *s. m.* ***1*** contornamento (*raro*), perimetro, cerchia, cinta, circonferenza, profilo, silhouette (*fr.*), linea, margine, orlo, cornice, cintura, corona, limite ***2*** (*di vivanda*) guarnizione ***3*** (*numism.*) fregio, leggenda, ornamento, bordo ***4*** (*est.*) (*di veste, di tenda, ecc.*) bordura, bordatura, profilatura, cimosa, frangia ***5*** (*spec. al pl.*) dintorni, vicinanze, adiacenze, paraggi.

contorsióne *s. f.* ***1*** contorcimento, torsione, torcimento, torcitura, dimenio, convulsione ***2*** (*fig.*) (*di pensiero, di stile, ecc.*) difficoltà, arzigogolo, stortura, deformazione.

contòrto *part. pass. di* **contorcere**; *anche agg.* ***1*** (*di cosa*) torto, ritorto, attorcigliato, rattorto (*raro, lett.*), distorto **CONTR.** raddrizzato, addrizzato, dritto ***2*** (*di persone*) storto, attorcigliato, sbilenco, rattrappito, storpiato, deforme **CONTR.** diritto, eretto ***3*** (*fig.*) (*di discorso, di stile, ecc.*) involuto, astruso, oscuro, fumoso (*fig.*), forzato, sforzato, arzigogolato, cervellotico, intricato, complicato, tortuoso **CONTR.** semplice, piano, chiaro, lineare, scorrevole.

contrabbàndo *s. m.* traffico illecito □ frodo **FRAS.** *di contrabbando* (*fig.*), di nascosto, furtivamente, illecitamente.

contraccambiàre *v. tr.* ***1*** (*di favore, di dono, ecc.*) ricambiare, corrispondere, restituire, ripagare, rendere, rimeritare ***2*** (*di ospitalità e sim.*) ricompensare, disobbligarsi, sdebitarsi.

contraccàmbio *s. m.* ***1*** ricompensa ***2*** scambio, permuta, permutazione, baratto, contropartita □ pariglia, revanche (*fr.*).

contraccettivo *agg.*; *anche s. m.* antifecondativo, anticoncezionale, anticoncettivo.

contraccólpo *s. m.* ***1*** urto, colpo, rinculo, rimbalzo ***2*** (*fig.*) (*di fatto, di notizia, ecc.*) ripercussione, conseguenza, riflesso, effetto, reazione **CONTR.** causa, motivo.

contràda *s. f.* ***1*** (*region.*) strada, via ***2*** (*ant.*) rione, quartiere, borgata, sestiere ***3*** (*poet.*) paese, vico (*raro, lett.*), regione, territorio, zona, posto.

contraddétto *part. pass. di* **contraddire**; *anche agg.* ***1*** confutato, contestato, impugnato, ribattuto, rimbeccato, disapprovato **CONTR.** approvato ***2*** contrastato, smentito, disdetto, negato, rinnegato **CONTR.** confermato, comprovato, riconfermato, avvalorato.

contraddìre ***A*** *v. tr. e intr.* ***1*** confutare, contestare, ribattere, controbattere, replicare, rimbeccare, disapprovare, controvertere (*raro*), contrapporre, impugnare, oppugnare **CONTR.** ammettere, approvare, accettare, consentire ***2*** contrastare, contrariare, smentire, disdire, negare, rinnegare, cozzare **CONTR.** confermare, comprovare, riconfermare, corroborare, ratificare, avvalorare, dimostrare, confortare ***B*** **contraddirsi** *v. rifl. e rifl. rec.* smentirsi, disdirsi (*raro*), ritrattarsi **CONTR.** essere conseguente.

contraddistìnguere *v. tr.* (*anche fig.*) distinguere, contrassegnare, caratterizzare, segnare, differenziare, diversificare, individualizzare, classificare **CONTR.** mescolare, confondere □ uniformare, conformare.

contraddistìnto *part. pass. di* **contraddistinguere**; *anche agg.* (*anche fig.*) distinto, contrassegnato, caratterizzato, segnato, differenziato, diversificato, individualizzato **CONTR.** confuso, mescolato, indistinto, uniforme, conforme.

contraddittoriaménte *avv.* incoerentemente, incongruamente, inconseguentemente, in contrasto, discordemente, illogicamente **CONTR.** coerentemente, logicamente, concordemente.

contraddittòrio ***A*** *agg.* ***1*** (*di affermazione, di decisione, ecc.*) opposto, contrario, contrastante, controverso, discordante, discorde, diverso, incompatibile **CONTR.** concorde, concordante ***2*** (*fig.*) (*di persona, di comportamento, ecc.*) incoerente, incongruente, incerto, ambiguo, assurdo, irragionevole, illogico, incongruo, sconclusionato, inconseguente, amletico **CONTR.** ragionevole, razionale, logico, coerente, congruente ***B*** *s. m.* confutazione, disputa, polemica, confronto, contestazione, contrasto, opposizione **CONTR.** consenso, accordo. *V. anche* INCERTO

contraddizióne *s. f.* opposizione, contrapposizione, contrasto, contrarietà □ smentita, negazione, replica, confutazione □ antilogia, antinomia, antitesi □ assurdità, controsenso, inconseguenza, incoerenza **CONTR.** concordia, coesione □ approvazione, accettazione, ammissione □ consenso, assenso.

CONTRADDIZIONE
sinonimia strutturata

La **contraddizione** è l'azione o il risultato del contraddire, cioè del contestare affermando il contrario di quello che dice un altro, dell'essere in contrasto con qualcosa, anche riguardo ad azioni, opinioni e così via: *essere, cadere, trovarsi in contraddizione*;

in particolare, lo *spirito di contraddizione* è la cattiva abitudine a polemizzare, a contraddire gli altri per principio. Figuratamente contraddizione può designare la condizione o lo stato di incoerenza propri dell'agire e del pensare di un individuo: *è una persona piena di contraddizioni.*

L'**opposizione** è una posizione o una situazione totalmente divergente, contraria, contrastante: *sono due pareri inconciliabili, in netta opposizione*; la parola indica inoltre l'ostacolare, l'avversare, il disapprovare qualcuno o qualcosa, il boicottare: *opposizione vana, inutile, sterile*; *fare opposizione*. La **contrapposizione** è il mettere, il porre contro ad una cosa un'altra che è contraria: *tra la fantasia e la realtà c'è una netta contrapposizione.*

La **smentita** è il dimostrare come falso ciò che altri affermano e asseriscono: *dare una smentita*; *smentita ufficiale*; *una smentita dei fatti*. La **negazione** è il dichiarare, il rispondere di no, l'esprimere un rifiuto: *alla sua richiesta fu opposta una recisa negazione*; il termine è usato inoltre in riferimento ad una cosa oppure ad un'azione contraria, opposta ai principi che avrebbero dovuto ispirarla: *questo documentario è la negazione dell'obiettività.*

Esistono, poi, nel linguaggio filosofico e della retorica alcuni termini più specialistici per designare la contraddizione. L'**antilogia** indica una contraddizione spesso sotto forma di una disputa, nella quale ad un argomento ne viene contrapposto un altro di forza uguale ma contraria; in psicologia, il termine si usa in riferimento ad un'azione illogica che si compie in contrasto con i propri principi o convinzioni. **Antinomia** è una parola usata prettamente in filosofia per indicare un paradosso, una contraddizione esistente tra due proposizioni ugualmente dimostrabili e giustificabili in base ad argomentazioni che hanno la stessa validità; per estensione, il termine è usato con il significato di palese contraddizione. L'**antitesi** è una figura retorica che consiste nell'avvicinare concetti o parole contrapposti: *il freddo sole del mattino illuminava la strada*; in filosofia l'antitesi è il contrario di ciò che è stato assunto come tesi, cioè l'opposto della tesi. In senso esteso e nell'uso corrente, la parola significa contrasto, disaccordo: *le nostre idee sull'argomento sono in antitesi.*

contraènte *s. m.* e *f.* stipulante.

contraffàre ***A*** *v. tr.* ***1*** (*di voce, di gesto, ecc.*) imitare, copiare, simulare, rifare, scimmiottare, scimmieggiare (*raro*), mimare, parodiare ***2*** (*di fatto, di realtà, ecc.*) alterare, falsare, dissimulare, mascherare, modificare, cambiare ***3*** (*di prodotto, di alimento, ecc.*) falsificare, fatturare, sofisticare, artefare, adulterare, plagiare ***B*** **contraffarsi** *v. rifl.* travestirsi, trasformarsi, mascherarsi.

contraffàtto *part. pass. di* **contraffare**; *anche agg.* ***1*** (*di voce, di gesto, ecc.*) imitato, copiato, scimmiottato, simulato, parodiato **CONTR.** autentico, vero ***2*** (*di fatto, di realtà, ecc.*) alterato, dissimulato, modificato, falsato **CONTR.** inalterato, vero ***3*** (*di prodotto, di alimento, ecc.*) falsificato, fatturato, sofisticato, artificiale, adulterato, finto, fasullo **CONTR.** genuino, naturale, autentico, originale, sincero, schietto ***4*** (*di persona*) travestito, trasformato, mascherato, truccato **CONTR.** scoperto.

contraffazióne *s. f.* imitazione, scimmiottatura, falsificazione, alterazione, plagio, copia, falso □ (*di prodotto, di alimento, ecc.*) adulterazione, sofisticazione **CONTR.** autenticità, genuinità.

contraffòrte *s. m.* ***1*** (*arch.*) rinforzo, fortificazione, sperone, barbacane □ (*gener.*) riparo, ridosso ***2*** (*geogr.*) propaggine, diramazione, spalla □ monte, sierra (*sp.*).

contrappesàre ***A*** *v. tr.* ***1*** bilanciare, compensare, uguagliare, equilibrare, pareggiare, adeguare **CONTR.** differenziare, sbilanciare, squilibrare ***2*** (*fig.*) (*di proposta, di decisione, ecc.*) soppesare, esaminare, ponderare, valutare, pesare ***B*** **contrappesarsi** *v. rifl. rec.* equilibrarsi, pareggiarsi, uguagliarsi, compensarsi, adeguarsi **CONTR.** spareggiarsi, scompensarsi.

contrappéso *s. m.* (*fig.*) equilibrio, compensazione, equilibratore.

contrapponìbile *agg.* raffrontabile, confrontabile, equiparabile, paragonabile, comparabile **CONTR.** inconfrontabile, incomparabile.

contrappórre ***A*** *v. tr.* ***1*** opporre, mettere contro ***2*** (*fig.*) confrontare, paragonare, comparare ***B*** **contrapporsi** *v. rifl.* opporsi, contestare, contrastare, contraddire **CONTR.** concordare, assentire, approvare, conformarsi ***C*** *v. rifl. rec.* confrontarsi, opporsi.

contrapposizióne *s. f.* opposizione, antitesi, negazione, contrasto, contraddizione, conflitto □ contestazione **CONTR.** analogia, parallelo, somiglianza, conformità, accordo, consenso. *V. anche* CONTRADDIZIONE

contrappósto ***A*** *part. pass. di* **contrapporre**; *anche agg.* contrario, opposto, inverso, diverso, antitetico, contrastante, rovescio **CONTR.** simile, analogo, identico, concorde ***B*** *s. m.* antitesi, contrapposizione, contestazione **CONTR.** consenso, accordo.

contrariaménte *avv.* diversamente, eccezionalmente, in deroga □ viceversa, inversamente, al rovescio, al contrario, all'opposto □ (*raro*) sfavorevolmente, avversamente **CONTR.** ugualmente, analogamente, conformemente □ concordemente, in accordo, solidalmente.

contrariàre *v. tr.* ***1*** (*di persona, di sentimenti, ecc.*) contrastare, avversare, ostacolare, osteggiare, intralciare, precludere, impedire, contraddire **CONTR.** facilitare, favorire, secondare, assecondare, spalleggiare ***2*** (*di modo, di atteggiamento, ecc.*) infastidire, indispettire, irritare, seccare, deludere, scontentare, disturbare **CONTR.** piacere, soddisfare, appagare, accontentare, conciliare.

contrariàto *part. pass. di* **contrariare**; *anche agg.* ***1*** contrastato, avversato, ostacolato, intralciato, precluso, impedito **CONTR.** assecondato, favorito, facilitato, agevolato ***2*** irritato, infastidito, stizzito, seccato, deluso, scontento, urtato, insoddisfatto **CONTR.** soddisfatto, appagato, pago, contento.

contrarietà *s. f.* ***1*** (*lett.*) opposizione, contrasto **CONTR.** armonia ***2*** (*spec. al pl.*) impedimento, avversità, contrattempo, complicazione, sfortuna, disdetta, disgrazia, tegola (*fig.*), disavventura, traversia, guaio, inciampo, ostacolo, disappunto **CONTR.** fortuna, favore ***3*** fastidio, avversione, antipatia, ripugnanza, riluttanza, ritrosia **CONTR.** simpatia, favore, accettazione. *V. anche* COMPLICAZIONE

contràrio ***A*** *agg.* ***1*** (*di parere, di risultato, ecc.*) contrapposto, opposto, discrepante, dissenziente, contrastante, discordante, antagonistico, antitetico, incompatibile, inconciliabile, differente, diverso □ indisponibile, alieno, refrattario, allergico (*fig.*), maldisposto, ostile **CONTR.** concordante, corrispondente, simile, uguale, analogo, affine, concorde, conforme, congeniale □ consenziente, disponibile, favorevole ***2*** (*di vento, di tempo, ecc.*) avverso, cattivo, infelice, sfavorevole, negativo, infausto **CONTR.** favorevole, propizio, vantaggioso ***3*** (*est.*) (*alla salute, al sonno, ecc.*) nocivo, dannoso, svantaggioso, nemico **CONTR.** benefico, vantaggioso, utile ***B*** *s. m.* rovescio, inverso, opposto, negazione **CONTR.** diritto **FRAS.** *al contrario*, all'opposto □ *avere qualcosa in contrario*, avere delle obiezioni da muovere □ *in caso contrario*, altrimenti.

contràrre ***A*** *v. tr.* ***1*** (*di muscolo, di volto, ecc.*) restringere, corrugare, raggrinzare, stringere, strizzare, rattrappire, rannicchiare **CONTR.** decontrarre, stendere, distendere, allungare ***2*** (*est.*) (*di spesa, di costi e sim.*) ridurre, limitare, contenere, diminuire **CONTR.** aumentare, accrescere, dilatare (*fig.*) ***3*** (*di malattia, di vizio, ecc.*) prendere **CONTR.** guarire ***4*** (*di amicizia, di relazione, ecc.*) stabilire, intrecciare, concludere **CONTR.** rompere, sciogliere ***5*** (*di impegno, di debito, ecc.*) assumere, addossarsi, stipulare, accendere **CONTR.** assolvere, liberarsi □ pagare, estinguere, spegnere ***6*** (*di parentela*) stringere ***B*** **contrarsi** *v. intr. pron.* ***1*** restringersi, accorciarsi, raggrinzarsi, corrugarsi, rattrappirsi, stringersi **CONTR.** distendersi, allungarsi, dilatarsi, stirarsi ***2*** (*ling.*) fondersi.

contrassegnàre *v. tr.* ***1*** distinguere, contraddistinguere, segnare, marcare, bollare, notare, punzonare, siglare, barrare ***2*** caratterizzare, differenziare, diversificare, dividere **CONTR.** confondere.

contrassegnàto *part. pass. di* **contrassegnare**; *anche agg.* ***1*** distinto, contraddistinto, segnato, marcato, barrato, bollato, punzonato ***2*** (*fig.*) caratterizzato, contraddistinto, differenziato, diversificato **CONTR.** confuso.

contrasségno *s. m.* ***1*** segno distintivo, segnale, bollo, marchio, emblema □ contromarca, gettone, scontrino, coccarda, distintivo ***2*** (*fig.*) attestato, testimonianza, indizio, prova, dimostrazione, manifestazione. *V. anche* BOLLO

contrastànte *agg.* discordante, contrario, contrapposto, opposto, discrepante, discorde, stridente, stonato, dissonante, disarmonico, divergente, incompatibile, inconciliabile, antitetico, bifronte (*fig.*) **CONTR.** concordante, analogo, uguale, coerente, compatibile, conciliabile, rispondente, conforme.

contrastàre ***A*** *v. tr.* ***1*** avversare, osteggiare, ostacolare, impedire, intralciare, contrariare, contraddire, precludere, proibire **CONTR.** favorire, facilitare, agevolare, aiutare, incoraggiare, secondare, fiancheggiare, promuovere, sostenere, solidarizzare, aderire, suffragare ***2*** (*di diritto, di piacere, ecc.*) negare, contestare, rifiutare, disconoscere **CONTR.** approvare, accettare, assentire, convenire, indulgere ***B*** *v. intr.* ***1*** contendere, discutere, disputare, litigare, altercare, opporsi, questionare **CONTR.** accordarsi, ammettere ***2*** discordare, discrepare, dissonare, divergere, dissentire, stonare, stridere, cozzare **CONTR.** concordare, convenire, armonizzare, coincidere, collimare, convergere ***3*** lottare, combattere, rivaleggiare **CONTR.** pacificare ***C*** **contrastarsi** *v. rifl.* contendersi, disputarsi, battersi **CONTR.** accordarsi, intendersi, comprendersi.

contrastàto *part. pass. di* **contrastare**; *anche agg.* ***1*** avversato, conteso, combattuto, ostacolato, faticoso, difficile, burrascoso, tempestoso **CONTR.** facile, semplice, agevole, favorito, aiutato, facilitato, fiancheggiato, confortato ***2*** (*di diritto, di piacere, ecc.*) negato, rifiutato, contrariato, disapprovato **CONTR.** approvato, incoraggiato, sostenuto, accettato ***3*** discusso, problematico, opinabile, contestato, incerto **CONTR.** indiscutibile, incontestabile, incontrovertibile. *V. anche* INCERTO

contràsto *s. m.* ***1*** ostacolo, impedimento, intoppo, difficoltà, complicazione, contrarietà, bega, briga ***2*** discordia, frizione, screzio, tensione, collisione, dissidio, zizzania, antagonismo, rivalità, attrito, conflittualità, dissapore, crepa, rotta, contestazione, opposizione, resistenza, vertenza □ diverbio, conflitto, disputa, litigio, alterco, baruffa, contesa, battibecco, bisticcio, discussione, contraddittorio, scontro, urto, cozzo □ combattimento, lite, battaglia, lotta, guerra, tenzone (*lett.*) **CONTR.** accordo, aggiustamento, alleanza, concordanza, pace, pacificazione ***3*** (*fig.*) (*di idee, di sentimenti e sim.*) conflitto, antitesi, polemica, differenza, difformità, discrepanza, antinomia, discordanza, dissenso, dissonanza, divergenza, diversità, inconciliabilità **CONTR.** concordia, armonia, analogia, coincidenza, compattezza, fusione, sintonia, saldatura ***4*** (*di colori, di suoni, ecc.*) contrapposizione, disarmonia, incompatibilità **CONTR.** armonia, equilibrio ***5*** (*di foto, di immagine e sim.*) spicco, risalto, rilievo, stacco, chiaroscuro **CONTR.** uniformità, grigiore, piattezza. *V. anche* DISCORDIA

contrattaccàre *v. tr.* (*fig.*) replicare, reagire, ritorcere, contraddire.

contrattàcco *s. m.* ***1*** contrassalto, controffensiva □ contropiede ***2*** (*fig.*) replica, reazione, ritorsione, obiezione **FRAS.** *passare al contrattacco* (*fig.*), replicare violentemente.

contrattàre *v. tr.* trattare, mercanteggiare, patteggiare, pattuire, combinare, negoziare, discutere, concordare □ vendere, comprare.

contrattazióne *s. f.* patteggiamento, trattativa, negoziazione, negozio (*raro*), negoziato, mercanteggiamento, discussione.

contrattèmpo *s. m.* impedimento, inciampo, disguido, intoppo, ostacolo, difficoltà, incaglio, impiccio, inconveniente, handicap (*ingl.*), noia, guaio, disturbo, contrarietà, complicazione, sorpresa, avversità **CONTR.** fortuna, facilitazione. *V. anche* COMPLICAZIONE, DISTURBO

contràtto (**1**) *s. m.* **1** accordo, patto, trattato, convenzione, compromesso, obbligazione, negozio, negoziazione, affare □ (*tra imprese*) cartello **2** (*est.*) scrittura, documento, atto, strumento.

contràtto (**2**) *part. pass. di* **contrarre**; *anche agg.* **1** (*di muscolo, di volto, ecc.*) rattrappito, raggrinzito, contorto, raccorciato, ristretto **CONTR.** disteso, allungato, sciolto, rilassato **2** (*fig.*) (*di persona*) teso, nervoso, inasprito, inibito, impaurito **CONTR.** tranquillo, rilassato, sereno **3** (*est.*) (*di spesa, di costi, ecc.*) ridotto, limitato, contenuto, diminuito **CONTR.** aumentato, accresciuto, dilatato (*fig.*) **4** (*di malattia, di vizio, ecc.*) preso, acquisito **CONTR.** guarito, perso **5** (*di amicizia, di relazione, ecc.*) stabilito, intrecciato, concluso **CONTR.** rotto, abbandonato **6** (*di impegno, di debito, ecc.*) assunto, stipulato, fatto □ (*di matrimonio, ecc.*) celebrato □ (*di patto e sim.*) concordato, convenuto **CONTR.** assolto, pagato **7** (*di parentela*) stretto.

contrattùra *s. f.* contrazione, rattrappimento **CONTR.** rilassamento, distensione.

contravvenìre *v. intr.* trasgredire, eludere, disobbedire, violare, derogare, disattendere **CONTR.** osservare, ottemperare, ubbidire, conformarsi, adeguarsi, attenersi.

contravventóre *s. m.* (*f. -trice*) trasgressore, violatore, inadempiente **CONTR.** ottemperante, osservante, obbediente.

contravvenzióne *s. f.* **1** violazione, trasgressione, infrazione, inosservanza, disobbedienza **CONTR.** ubbidienza **2** ammenda, multa, penale.

contrazióne *s. f.* **1** rattrappimento, raccorciamento, restringimento, ritiro, contorcimento, contrattura, raggrinzimento, raggricchiamento **CONTR.** distensione, dilatazione, allungamento, allentamento, allargamento, espansione, rilassamento, stiramento **2** (*med.*) spasmo, spasimo, convulsione, crampo □ (*est.*) sussulto **3** (*ling.*) fusione **4** (*fig.*) (*di prezzi, di importazioni, ecc.*) diminuzione, calo, riduzione, restrizione **CONTR.** aumento, crescita.

contribuìre *v. intr.* cooperare, prendere parte, collaborare, concorrere, aiutare, coadiuvare, sostenere, partecipare, intervenire **CONTR.** sabotare, ostacolare, contrariare, osteggiare, contestare. *V. anche* AIUTARE

contribùto *s. m.* (*anche fig.*) contribuzione, partecipazione, apporto, aiuto, cooperazione, collaborazione □ quota, parte, offerta, oblazione □ imposta, tassa, tributo, ticket.

contribuzióne *s. f.* **1** cooperazione, partecipazione, aiuto, apporto **CONTR.** rifiuto, sabotaggio, contestazione **2** contributo, quota, parte, offerta.

contrìto *agg.* pentito, penitente, mortificato, accorato, affranto, compunto, ravveduto, dispiaciuto, dolente, afflitto, ricreduto, umiliato **CONTR.** impenitente, indifferente, noncurante, cocciuto, ostinato □ lieto, contento.

contrizióne *s. f.* compunzione, pentimento, penitenza, rimorso, ravvedimento, rinsavimento, resipiscenza (*lett.*), rammarico, mortificazione, rincrescimento, accoramento, afflizione **CONTR.** impenitenza, pervicacia, indifferenza, noncuranza, menefreghismo □ contentezza, gioia.

cóntro **A** *prep.* **1** avverso (*raro*) **CONTR.** a favore, secondo **2** verso, addosso a **3** di fronte, davanti, di faccia **CONTR.** di dietro, di schiena **B** *avv.* in opposizione, ostilmente **CONTR.** favorevolmente **FRAS.** *di contro*, dirimpetto, di fronte, davanti, di dietro, dietro **C** *s. m. inv.* svantaggio **CONTR.** vantaggio, pro **FRAS.** *il pro e il contro*, il vantaggio e lo svantaggio □ *per contro*, al contrario, all'opposto, invece.

controbàttere *v. tr.* (*fig.*) rispondere, replicare, ribattere, confutare, rintuzzare, rimbeccare, obiettare, ridire, ribadire, contrastare, contraddire, recriminare **CONTR.** assentire, convenire, approvare, ammettere, confermare, accettare.

controbilanciàre **A** *v. tr.* **1** (*di cose*) equilibrare, bilanciare, contrappesare, compensare **CONTR.** squilibrare, sbilanciare, differenziare **2** (*fig.*) (*di vizi, di meriti, ecc.*) pareggiare, compensare, uguagliare, equiparare, adeguare **B** **controbilanciarsi** *v. rifl. rec.* (*anche fig.*) bilanciarsi, equipararsi, compensarsi, equilibrarsi **CONTR.** sbilanciarsi, differenziarsi.

controcorrènte *avv.* (*fig.*) controvento **FRAS.** *andare controcorrente*, essere anticonformista.

controffensìva *s. f.* **1** contrattacco, contrassalto **2** (*fig.*) reazione, replica, ritorsione.

controfigùra *s. f.* **1** (*cine., est.*) cascatore, stuntman (*ingl.*) **2** (*fig.*) sostituto, sosia.

controindicàre *v. tr.* sconsigliare **CONTR.** indicare, consigliare, prescrivere.

controindicàto *part. pass. di* **controindicare**; *anche agg.* sconsigliato □ controproducente **CONTR.** indicato, consigliato.

controindicazióne *s. f.* **1** incompatibilità, dannosità, pericolosità, inopportunità **CONTR.** prescrizione **2** (*di scritto*) notazione, annotazione, nota, avvertenza.

controllàre **A** *v. tr.* **1** (*di meccanismo, di lavoro, ecc.*) rivedere, verificare, riscontrare, ispezionare, soprintendere, appurare, sincerarsi, esaminare, sindacare, revisionare, visionare, testare, collaudare, provare, vagliare, studiare, spulciare, riguardare, ripassare, accertare **CONTR.** tralasciare, trascurare **2** (*di attività, di meccanismo, ecc.*) sorvegliare, vigilare, badare □ piantonare, presidiare, pattugliare **CONTR.** disinteressarsi **3** (*di macchina, di potere, ecc.*) governare, dirigere, padroneggiare, avere in pugno, egemonizzare, soggiogare **CONTR.** lasciarsi sfuggire, perdere il controllo **4** (*fig.*) (*di nervi, di passioni, ecc.*) dominare, signoreggiare, domare, frenare, contenere, disciplinare, moderare, misurare **CONTR.** sfogare, liberare **B** **controllarsi** *v. rifl.* (*fig.*) dominarsi, frenarsi, sorvegliarsi, contenersi, regolarsi, disciplinarsi, moderarsi, padroneggiarsi, reprimersi **CONTR.** abbandonarsi, lasciarsi andare, perdere il controllo, emozionarsi, sbilanciarsi.

controllàto *part. pass. di* **controllare**; *anche agg.* **1** (*di meccanismo, di lavoro, ecc.*) riveduto, verificato, riscontrato, ispezionato, provato, esaminato, revisionato, riguardato, ripassato **CONTR.** trascurato, tralasciato **2** (*di attività, di meccanismo, ecc.*) sorvegliato, vigilato, badato □ piantonato, tallonato **CONTR.** trascurato, incontrollato **3** (*di macchina, di potere,* *ecc.*) governato, padroneggiato, domato, diretto **CONTR.** incontrollato, senza guida **4** (*fig.*) (*di nervi, di passioni, ecc.*) dominato, frenato, contenuto, parco, compassato, continente, castigato, cauto, prudente **CONTR.** sfrenato, sbrigliato, libero, sincero, audace, eccitabile, emotivo, emozionabile, inconsulto.

contròllo *s. m.* **1** (*di meccanismo, di lavoro, ecc.*) esame, ispezione, collaudo, prova, test (*ingl.*), verifica, revisione, accertamento, riscontro, check-up (*ingl.*) **2** (*di attività, di meccanismo, ecc.*) sorveglianza, vigilanza, censura □ piantonamento **3** (*di veicolo, di governo, ecc.*) potere, dominio, governo, direzione, predominio **4** (*fig.*) (*di nervi, di passioni, ecc.*) autocontrollo, dominio, padronanza, conoscenza, possesso, bussola (*fig.*) **CONTR.** emotività, emozione, sbrigliatezza, smoderatezza **5** (*di gara*) arbitraggio. *V. anche* ESAME

controllóre *s. m.* **1** verificatore, collaudatore, revisore, ispettore, supervisore, proboviro **2** bigliettaio.

controlùce **A** *s. f.* o (*raro*) *m.* controlume **B** *avv.* in trasparenza, controlume.

contromàrca *s. f.* biglietto, gettone, contrassegno, scontrino, talloncino, buono, bolla, bolletta, coupon (*fr.*), ticket (*ingl.*).

contropàrte *s. f.* (*dir.*) parte avversaria, avversario.

contropartìta *s. f.* (*fig.*) cambio, contraccambio, contrapposizione, compenso.

contropélo *avv.*; *anche s. m.* **FRAS.** *prendere contropelo* (*fig.*), indisporre, irritare □ *a contropelo, di contropelo, in contropelo* (*fig.*), al contrario (per dispetto) □ *fare il contropelo* (*fig.*), criticare.

contropiède *s. m.* (*nel calcio*) contrattacco **FRAS.** *di contropiede* (*fig.*), alla sprovvista, di sorpresa.

controproducènte *agg.* dannoso, pericoloso, controindicato, inadatto, svantaggioso, pregiudizievole, nocivo **CONTR.** vantaggioso, proficuo, giovevole, favorevole, utile. *V. anche* DANNOSO

contropròva *s. f.* verifica, riprova □ seconda votazione.

controrivoluzionàrio *agg.*; *anche s. m.* (*est.*) reazionario **CONTR.** rivoluzionario.

controsènso *s. m.* assurdità, contraddizione, incongruenza, nonsenso **CONTR.** cosa sensata, buonsenso, senso comune.

controvalóre *s. m.* (*di denaro*) corrispettivo, equivalente.

controvèrsia *s. f.* contesa, dissidio, disputa, diatriba, dibattito, disaccordo, discussione, polemica, questione, querelle (*fr.*), briga, lite, dissenso, divergenza, litigio, alterco □ (*dir.*) vertenza, pendenza **CONTR.** accordo, intesa, consenso □ transazione.

CONTROVERSIA
sinonimia strutturata

La **controversia** è un contrasto di opinioni, di idee, di comportamenti, che può suscitare scontri e accese divergenze verbali: *è nata una controversia*; *comporre, troncare una controversia*; in diritto, il termine indica un conflitto di interessi oggetto di un processo e, per estensione, una causa: *controversia in materia di lavoro*. Anche **lite** appartiene alla terminologia giuridica e si riferisce alla causa civile: *muovere, intentare una lite*; *lite pendente*; lite ha inoltre il significato, d'uso comune, di contrasto violento con offese e ingiurie, ed è sinonimo di bisticcio, rissa: *lite feroce, furiosa*; *sedare, aizzare, scatenare una lite*. La **contesa** nasce dal cercare di ottenere qualcosa entrando in competizione con gli altri: il termine si riferisce perciò ad una forte tensione che può sfociare in una polemica o in una lite: *essere, stare in contesa*. L'**alterco** è uno scambio di parole molto aspro e animato, con offese: *avere un violento alterco*.

Il **dissenso** è la mancanza di assenso, di approvazione: *gli ho già manifestato il mio dissenso in proposito*; *dare segni di dissenso*; il vocabolo si usa anche in riferimento al contrasto tra cose o persone che sono diverse, discordanti, che non si trovano d'accordo: *fra noi due c'è un forte dissenso d'opinione*. Dissenso indica, inoltre, una situazione conflittuale, una divergenza, soprattutto in campo politico o ideologico, di una minoranza di persone nei confronti delle linee ufficiali di un partito, di un regime politico totalitario, di una chiesa, e così via: *il dissenso dei cattolici*.

La **discussione** è un dialogo, un colloquio nel quale gli argomenti vengono esaminati, confrontati, discussi o criticati: *essere in discussione, fare una discussione con qualcuno*; *mettere in discussione qualcosa*; così *essere fuori discussione* si riferisce a qualcosa del quale non si arriva neanche a parlare perché è già dato per assodato, deciso; per estensione, discussione spesso è usato per riferirsi ad un battibecco, ad un diverbio, ad un contrasto su argomenti non specifici dove prevalgono gli atteggiamenti polemici, poco dialettici: *in questa casa è una continua discussione*. La **disputa** è l'argomentare, il ragionare, il discutere con particolare fervore su di un tema, contrapponendo le proprie opinioni a quelle degli altri: *disputa filosofica, teologica, letteraria*; *sull'argomento è in corso una vivacissima disputa fra gli studiosi*; la parola significa anche lite: *davanti a tutti hanno avuto una violenta disputa per ragioni personali*. Il **dibattito** è invece un confronto verbale nel quale questioni e problemi vengono considerati e vagliati sotto ogni aspetto: *dopo una serie di dibattiti fu finalmente decisa la strategia da seguire*; *partecipare ad un dibattito*.

controvèrso *agg.* dubbio, contraddittorio, incerto, discusso, discutibile, contestato, problematico, opinabile, oscuro, ambiguo, indeterminato, ipotetico **CONTR.** incontroverso, incontrastato, indiscutibile, incontrovertibile, certo, sicuro, chiaro, indiscusso, inoppugnabile. *V. anche* INCERTO

controvòglia *avv.* malvolentieri, svogliatamente, forzatamente, riluttantemente, controstomaco, di malavoglia, a malincuore, di malanimo, di contraggenio, a denti stretti (*fig.*), obtorto collo (*lat.*) **CONTR.** volentieri, con piacere.

contumàce *agg.*; *anche s. m. e f.* **1** latitante, renitente, disertore, assente **CONTR.** presente **2** (*raro*) disubbidiente, indocile, ostinato, refrattario, recalcitrante CONTR. docile, obbediente, umile, ossequiente, mite.

contumàcia *s. f.* **1** latitanza, assenza, renitenza, diserzione CONTR. presenza **2** (*med.*) quarantena, isolamento **3** (*raro*) disobbedienza, indocilità, ostinazione, ribellione, pervicacia CONTR. docilità, obbedienza, mitezza, umiltà.

contùndere *v. tr.* ammaccare, pestare, colpire, ferire.

conturbànte *part. pres. di* **conturbare**; *anche agg.* scioccante, impressionante, inquietante, sconcertante, sconvolgente, sensazionale □ eccitante, provocante, tentatore, seducente, procace, sexy (*ingl.*) CONTR. calmante, rasserenante □ composto, pudico, controllato.

conturbàre ***A*** *v. tr.* turbare, alterare, esagitare, agitare, perturbare, impressionare, inquietare, sconvolgere, scombussolare, sconcertare, sgomentare, eccitare, scioccare, sbalordire, disturbare, rimescolare CONTR. calmare, tranquillizzare, tranquillare, rasserenare, quietare, acquietare, placare ***B*** **conturbarsi** *v. intr. pron.* turbarsi, alterarsi, rimescolarsi, sconvolgersi, esagitarsi, agitarsi, smaniare, perturbarsi, scombussolarsi, crucciarsi, sconcertarsi, sgomentarsi, eccitarsi CONTR. calmarsi, tranquillizzarsi, quietarsi, placarsi, rasserenarsi. *V. anche* IMPRESSIONARE

conturbàto *part. pass. di* **conturbare**; *anche agg.* turbato, agitato, inquieto, alterato, sconvolto, scombussolato, sconcertato, sbalordito, scioccato, eccitato, concitato, convulso, smanioso, disturbato CONTR. calmato, calmo, tranquillizzato, rasserenato, placato.

contusióne *s. f.* ammaccatura, ammaccamento, livido, lividura, colpo, percossa, pestata, botta, ferita □ (*med.*) ecchimosi, ematoma, trauma, lesione da trauma.

contùso *part. pass. di* **contundere**; *anche agg.* e *s. m.* ammaccato, segnato, pestato, pesto, percosso, ferito, leso, rotto.

contuttociò *cong.* tuttavia, nonostante ciò, malgrado ciò, nondimeno, però, bensì.

convàlida *s. f.* convalidazione, convalidamento, ratifica, conferma, approvazione, legittimazione, sanzione, omologazione, crisma (*fig.*) □ autenticazione, autentica, vidimazione □ (*fig.*), riprova, riconferma, avallo CONTR. annullamento, cancellazione, cassazione, invalidazione, rescissione, risoluzione □ smentita.

convalidàre *v. tr.* **1** (*dir.*) (*di atto, di documento*) dichiarare valido, approvare, autenticare, vidimare, autorizzare, confermare, comprovare, sanzionare, ratificare, omologare, consacrare, sancire CONTR. invalidare, infirmare, inficiare, viziare, annullare, rescindere **2** (*est.*) (*di dubbio, di ipotesi, ecc.*) rafforzare, avvalorare, confermare, confortare, corroborare, giustificare, avallare, legittimare, suffragare CONTR. indebolire, affievolire, smantellare, smentire.

convegnìsta *s. m.* e *f.* (*est.*) congressista, corsista, partecipante.

convégno *s. m.* **1** (*lett.*) incontro, colloquio, appuntamento, abboccamento, rendez-vous (*fr.*) **2** riunione, simposio, symposium (*lat.*), seminario, adunanza, radunata, congresso, tavola rotonda, meeting (*ingl.*), parlamento **3** ritrovo.

convenévole ***A*** *agg.* (*lett.*) conveniente, adeguato, opportuno, adatto, giusto, ragionevole CONTR. sconveniente, inopportuno, inadatto, inadeguato ***B*** *s. m.* **1** giustezza, convenienza, decoro □ misura **2** (*al pl.*) ossequi, saluti, cerimonie, cortesie, complimenti, smancerie.

conveniènte *part. pres. di* **convenire**; *anche agg.* **1** (*ant.*) giunto, arrivato, pervenuto, adunato CONTR. partito **2** (*di abito, di discorso, ecc.*) adatto, atto, idoneo, opportuno, appropriato, confacente, consentaneo, comodo, calzante, ragionevole, giusto, acconcio, proprio, conforme, rispondente, consigliabile, buono, lecito, presentabile, decoroso, decente, degno □ (*di paga e sim.*) adeguato, proporzionato, congruo, dovuto □ (*di modo, di tempo, ecc.*) debito □ (*di momento, di occasione, ecc.*) propizio CONTR. inadatto, inadeguato, disdicevole, sconveniente, scorretto, illecito, inopportuno, improprio, intempestivo, ingiusto, sfavorevole □ sproporzionato, incongruo **3** (*di affare, di prezzo, ecc.*) vantaggioso, favorevole, abbordabile, lucroso, utile, redditizio, produttivo, profittevole, fruttuoso, proficuo, rimunerativo, lucrativo □ equo CONTR. svantaggioso, infruttuoso, inutile, dannoso □ caro. *V. anche* ADATTO

convenienteménte *avv.* **1** (*di parlare, di comportarsi, ecc.*) opportunamente, adeguatamente, idoneamente, doverosamente, acconciamente, decorosamente, garbatamente, bene, ammodo, giustamente, felicemente, debitamente, decentemente, degnamente CONTR. male, sconvenientemente, importunamente, deplorevolmente, indelicatamente, inopportunamente, scorrettamente, sgraziatamente, indecorosamente **2** (*di comprare, di vendere, ecc.*) vantaggiosamente, fruttuosamente, favorevolmente, utilmente, bene, a buon prezzo CONTR. svantaggiosamente, male, rimettendoci.

conveniènza *s. f.* **1** (*tra parti, tra elementi, ecc.*) simmetria, corrispondenza, adeguatezza, proporzione, equilibrio, congruenza, giustezza CONTR. inadeguatezza, incongruenza, sproporzione, asimmetria, squilibrio **2** (*spec. al pl.*) convenzioni, regole, norme **3** cortesia, educazione, buona creanza, galateo, garbo, decoro, decenza, riguardo CONTR. sconvenienza, scorrettezza **4** (*spec. di affari*) utilità, economicità, vantaggio, ricavo, interesse, comodo, tornaconto, utile CONTR. svantaggio, danno.

convenìre ***A*** *v. intr.* **1** (*di persone, di fiumi, ecc.*) riunirsi, trovarsi, incontrarsi, adunarsi, assembrarsi, raccogliersi, ritrovarsi, confluire, convergere CONTR. separarsi, sparpagliarsi, dividersi, disperdersi, sfollare **2** (*su una cosa*) concordare, consentire, ammettere, riconoscere, essere d'accordo CONTR. dissentire, discordare, controbattere, negare **3** (*su un affare, sul prezzo e sim.*) accordarsi, accomodarsi, intendersi, aggiustarsi CONTR. contrastare, contestare, discordare **4** (*di atteggiamenti, di discorsi, ecc.*) adattarsi, confarsi, affarsi, addirsi, attagliarsi, appartenere, calzare (*fig.*) CONTR. disdire, disdirsi, sconvenire **5** (*di prezzo, di vendita, ecc.*) essere vantaggioso, rendere, essere buono **CONTR.** essere dannoso **B** *v. intr. impers.* essere doveroso, essere necessario, essere opportuno, essere utile, bisognare **C** **convenirsi** *v. intr. pron.* essere appropriato, confarsi, addirsi **CONTR.** disdire, essere sconvenevole **D** *v. tr.* **1** (*di spesa, di impegno, ecc.*) fissare, designare, stabilire, pattuire, prefiggere, determinare, decidere **2** (*dir.*) citare, chiamare.

convènto *s. m.* monastero, abbazia, cenobio, chiostro, abbadia, badia.

conventuàle **A** *agg.* **1** cenobitico, monastico, monacale, claustrale **CONTR.** secolare, mondano **2** (*est.*) (*di vita, di arredamento, ecc.*) severo, austero, rigido, rigoroso, duro, spoglio, semplice, francescano **CONTR.** mite, piacevole, ameno **B** *s. m. e f.* (*raro*) Frate, suora. *V. anche* SEVERO

convenùto **A** *part. pass. di* **convenire**; *anche agg.* pattuito, stabilito, stipulato, patteggiato, concordato, prestabilito, prefissato, determinato, designato, fissato, inteso **CONTR.** occasionale **B** *s. m.* **1** accordo, convenzione, patto, intesa, contratto, impegno **2** (*dir.*) citato in giudizio, accusato **CONTR.** attore **3** (*a riunione, a convegno, ecc.*) partecipante, presente **CONTR.** assente.

convenzionàle *agg.* **1** (*di gesto, di segno, ecc.*) stabilito, prestabilito, convenuto, concordato, stipulato, determinato, patteggiato □ (*di potere, di valore, ecc.*) nominale **CONTR.** improvvisato, spontaneo □ effettivo, reale **2** (*spreg.*) (*di discorso, di moda, ecc.*) banale, consuetudinario, comune, conformista, solito, impersonale, piatto, acritico, superficiale, insulso, trito, fumettistico (*spreg.*), manierista, accademico, oleografico (*fig.*) □ affettato, manierato, artificioso, formale □ (*di saluto, di invito, ecc.*) stentato □ (*di sorriso e sim.*) stereotipato **CONTR.** originale, nuovo, profondo □ fresco, spontaneo, sincero, semplice **3** (*di armi, di metodo, ecc.*) usuale, tradizionale, consueto, comune, abituale **CONTR.** inconsueto, insolito, straordinario, strano, inusitato □ nucleare, atomico. *V. anche* BANALE

convenzionàre **A** *v. tr.* stabilire, convenire, pattuire, prestabilire **B** **convenzionarsi** *v. rifl.* accordarsi.

convenzióne *s. f.* **1** contratto, capitolato □ patto, trattato, concordato, accordo, intesa, transazione □ (*tra imprese*) cartello **2** (*spec. politica o legislativa*) assemblea **3** (*spec. al pl.*) consuetudini, usanze, usi, abitudini, tradizioni, schemi tradizionali. *V. anche* ABITUDINE

convergènte *part. pres. di* **convergere**; *anche agg.* **1** confluente, concorrente **CONTR.** divergente **2** (*di intenti, di interessi, ecc.*) concordante, coincidente, identico **CONTR.** divergente, differente, diverso.

convergènza *s. f.* **1** (*anche fig.*) concorrenza, confluenza, concorso, concentrazione, unità, unitarietà **CONTR.** divergenza, dissonanza, spaccatura **2** (*biol.*) parallelismo morfologico.

convèrgere **A** *v. intr.* **1** confluire, concorrere, dirigersi, convenire, unirsi, incontrarsi, affluire □ (*fig.*) (*di proteste e sim.*) sfociare **CONTR.** divergere, separarsi, dividersi **2** (*fig.*) (*di idee, di fini, ecc.*) identificarsi, coincidere **CONTR.** differenziarsi, diversificarsi, contrastare, scontrarsi **3** (*fig.*) mirare, puntare **B** *v. tr.* (*lett.*) indirizzare, dirigere.

conversàre **A** *v. intr.* chiacchierare, colloquiare, dialogare, discorrere, parlare, comunicare, confabulare, ragionare, intrattenersi **CONTR.** tacere **B** *s. m.* (*lett.*) conversazione. *V. anche* PARLARE

conversatóre *s. m.* (*f. -trice*) **1** parlatore **2** (*est.*) chiacchierone **CONTR.** taciturno.

conversazióne *s. f.* **1** chiacchierata, confabulazione, dialogo, discorso, colloquio, conversare □ intervista **2** breve discorso, conferenza, tavola rotonda, sermone.

conversióne *s. f.* **1** trasformazione, tramutazione, cambiamento, sostituzione □ (*di denaro, di moneta*) cambio □ (*di titoli e sim.*) realizzo **2** (*fig.*) (*di idea, di religione, ecc.*) ravvedimento, pentimento □ passaggio **CFR.** apostasia **CONTR.** abiura **3** (*mil.*) evoluzione.

convertìbile **A** *agg.* cambiabile, trasformabile, mutabile, permutabile, cangiabile, commutabile, scambiabile, intercambiabile, tramutabile, adeguabile □ (*di beni, di titoli e sim.*) realizzabile **CONTR.** inconvertibile **B** *s. f.* (*autom.*) cabriolet (*fr.*) **C** *s. m.* (*aer.*) convertiplano.

convertibilità *s. f.* cambiabilità, trasformabilità, permutabilità, commutabilità, intercambiabilità, scambiabilità, tramutabilità **CONTR.** inconvertibilità, immutabilità.

convertìre **A** *v. tr.* **1** trasformare, tramutare, mutare, cambiare, sostituire **2** (*di moneta, di oro, ecc.*) scambiare, cambiare, permutare, commutare, barattare □ (*di titoli e sim.*) realizzare **3** (*fig.*) (*a un'idea, al bene, ecc.*) persuadere, indurre, volgere, voltare, convincere, evangelizzare (*fig.*) **B** **convertirsi** *v. rifl.* **1** ravvedersi, abiurare, pentirsi **CONTR.** ostinarsi, persistere, dubitare **2** (*est.*) (*a un'idea, al bene, ecc.*) rivolgersi, mutare vita, persuadersi, convincersi □ (*di fede*) farsi **C** *v. intr. pron.* (*in acqua, in odio, ecc.*) trasformarsi, mutarsi, tramutarsi, cambiarsi.

convertìto *part. pass. di* **convertire**; *anche agg. e s. m.* **1** convinto, persuaso, ravveduto, pentito, penitente, proselito **CONTR.** dubbioso, incerto, perplesso **2** (*in acqua, in odio, ecc.*) trasformato, tramutato, mutato, cambiato **3** (*di moneta, di oro, ecc.*) scambiato, permutato, barattato, commutato.

convessità *s. f.* prominenza, protuberanza, gibbosità, gobba, incurvatura, bombatura **CONTR.** incavo, avvallamento, affossamento, infossamento, incavamento, scavo, abbassamento, concavità.

convèsso *agg.* curvo, incurvato, tondeggiante, rilevato, sporgente, gibboso, gobbo, colmo, bombato, inarcato **CONTR.** concavo, incavato, avvallato, affossato, infossato, depresso, rientrante, cupo (*region.*).

convincènte *part. pres. di* **convincere**; *anche agg.* persuasivo, suasivo, persuadente (*raro*), entrante (*raro*) □ invitante, attraente, allettante, stimolante □ (*di testimonianza e sim.*) valido, consistente (*fig.*), esauriente □ (*di argomento, di ragionamento, ecc.*) stringente, dialettico, concludente, probante, probativo **CONTR.** dissuasivo, scoraggiante □ debole, discutibile.

convìncere **A** *v. tr.* **1** persuadere, suadere (*poet.*), capacitare, vincere, sincerare (*lett.*) □ indurre, incitare, trascinare, spingere □ (*a un'idea, al bene, ecc.*) convertire, catechizzare (*relig.*), evangelizzare (*fig.*) **CONTR.** dissuadere, distogliere, sconsigliare, smuovere **2** dimostrare, provare, documentare, concludere **B** **convincersi** *v. intr. pron.* persuadersi, capacitarsi, certificarsi, chiarirsi, accertarsi, riconoscere □ (*rispetto a un'idea, ecc.*) convertirsi **CONTR.** dissuadersi, rimuoversi. *V. anche* VINCERE

convinciménto *s. m.* convinzione, persuasione, certezza, sicurezza, coscienza, opinione, impressione, idea, sentimento, principio, credenza **CONTR.** incertezza, dubbio □ dissuasione, rimozione.

convìnto *part. pass. di* **convincere**; *anche agg.* **1** persuaso, capacitato, consapevole, cosciente, certo, sicuro **CONTR.** dubbioso, perplesso, scettico, dissuaso **2** (*lett., raro*) certo, sicuro, indubitabile, accertato, dichiarato, evidente, indiscutibile, vero **CONTR.** dubbio, incerto, discutibile.

convinzióne *s. f.* **1** persuasione, convincimento □ impressione, parere, opinione, punto di vista, pensiero, idea, veduta, sentimento □ certezza, coscienza, sicurezza **CONTR.** dubbio, incertezza, perplessità, scetticismo **2** (*spec. al pl.*) principio, idea, credo, credenza, fede.

convitàto *agg.* e *s. m.* commensale, invitato, conviva (*lett.*), banchettante.

convìtto *s. m.* **1** collegio, educandato, istituto **2** convittori.

convivènte *part. pres. di* **convivere**; *anche agg.* e *s. m.* e *f.* coabitante □ compagno, concubino.

convivènza *s. f.* **1** coabitazione **2** (*fig.*) coesistenza □ compatibilità, contemperanza, equilibrio **CONTR.** incompatibilità.

convìvere *v. intr.* coabitare □ coesistere.

convocàre *v. tr.* **1** (*di persone*) radunare, riunire, raccogliere, chiamare, invitare □ citare (*dir.*) **CONTR.** congedare **2** (*di assemblea, di riunione, ecc.*) indire **CONTR.** sciogliere.

convocàto *part. pass. di* **convocare**; *anche agg.* **1** (*di persona*) radunato, riunito, raccolto, chiamato, invitato □ citato (*dir.*) **CONTR.** congedato **2** (*di assemblea, di riunione, ecc.*) indetto **CONTR.** sciolto.

convocazióne *s. f.* **1** riunione, adunata **2** invito, appello, chiamata.

convogliàre *v. tr.* **1** (*raro*) accompagnare, scortare, seguire **2** (*di persone, di traffico, ecc.*) dirigere, riunire, incanalare, indirizzare, avviare **CONTR.** disperdere □ dirottare, deviare **3** (*di acqua*) incanalare, inalveare, condurre, immettere **CONTR.** deviare **4** (*di fiume*) trasportare, trascinare.

convogliàto *part. pass. di* **convogliare**; *anche agg.* **1** (*di traffico, di persone, ecc.*) diretto, indirizzato, avviato **CONTR.** dirottato, deviato **2** (*di acqua*) incanalato, immesso, condotto **CONTR.** deviato **3** (*di materiale*) trasportato, trascinato, travolto.

convòglio *s. m.* **1** carovana, corteo **2** treno **3** (*mil.*) scorta, accompagnamento.

convulsaménte *avv.* agitatamente, spasmodicamente, istericamente, incontrollatamente, concitatamente, febbrilmente, spiritatamente, turbinosamente, burrascosamente **CONTR.** rilassatamente, placidamente.

convulsióne *s. f.* **1** contrazione, spasimo, crampo, contrattura, eclampsia, contorcimento, contorsione, tensione □ (*est.*) epilessia **CONTR.** immobilità, rilassamento, rilasciamento **2** (*est.*) (*di riso, di pianto e sim.*) scoppio, convulso **3** (*fig., raro*) (*di cielo, di mare*) cataclisma, sussulto, scossa, sconvolgimento, sobbalzo.

convùlso **A** *agg.* **1** (*di movimento, di tremito, ecc.*) spasmodico, contratto, rattratto **CONTR.** rilassato **2** (*di mani, di viso, ecc.*) scosso, agitato, conturbato, alterato, sconvolto, confuso **CONTR.** calmo, quieto, tranquillo, rilassato, placido, placato **3** (*fig.*) (*di pianto, di riso e sim.*) isterico, incontrollato, violento, sconnesso **CONTR.** pacato **4** (*di traffico, di ritmo, ecc.*) intenso, febbrile, frenetico, disordinato, esagitato, tumultuario (*raro*), burrascoso, procelloso (*lett.*), turbinoso, concitato, affannato **CONTR.** equilibrato, regolare, riposante **B** *s. m.* **1** scoppio, convulsione **2** (*est.*) epilessia.

cooperàre *v. intr.* coadiuvare, collaborare, concorrere, contribuire, aiutare, sostenere, assistere **CONTR.** ostacolare, avversare, contrariare, intralciare, opporsi □ gareggiare, rivaleggiare.

cooperativa *s. f.* impresa collettiva, società, associazione, consociazione, consorzio □ (*di scaricatori e sim.*) carovana (*fig.*) □ (*gener.*) collettivo, unione.

cooperativo *agg.* associativo, cooperativistico.

cooperatóre *s. m.*; *anche agg.* (*f. -trice*) **1** coadiutore, collaboratore, aiutante, ausiliare, sostenitore **CONTR.** competitore **2** socio, consociato, consorziato.

cooperazióne *s. f.* **1** collaborazione, aiuto, protezione, intesa, unione, concorso, assistenza, sostegno, contributo, intervento **CONTR.** sabotaggio **2** cooperativismo, associazionismo.

coordinaménto *s. m.* coordinazione, collegamento, organizzazione **CONTR.** disorganizzazione.

coordinàre *v. tr.* collegare, mettere in relazione, ordinare, disporre, adattare, regolare □ organizzare, orchestrare, preparare, sincronizzare **CONTR.** disorganizzare.

coordinàta *s. f.* (*geogr.*) latitudine, longitudine, altitudine □ (*al pl.*) (*mat.*) ascissa, ordinata □ (*ling.*) **CONTR.** subordinata, dipendente.

coordinàto **A** *part. pass. di* **coordinare**; *anche agg.* **1** collegato, messo in relazione, ordinato, adattato, regolato, assestato □ organizzato, sincronizzato **CONTR.** scoordinato, sregolato □ disorganizzato **2** (*ling.*) paratattico **CONTR.** subordinato, ipotattico **B** *s. m. al pl.* (*di vestiario, di biancheria e sim.*) insieme, completo, set (*ingl.*).

coordinatóre *s. m.* (*f. -trice*) moderatore □ organizzatore, ordinatore.

coordinazióne *s. f.* **1** coordinamento, organizzazione, ordine, allineamento, saldatura (*fig.*), disposizione, regolazione, sincronizzazione, intesa (*sport*) **CONTR.** disordine, scoordinamento **2** (*ling.*) paratassi **CONTR.** subordinazione, ipotassi.

copèrchio *s. m.* copertura, opercolo □ chiusino, bocchetta □ calotta □ tetto □ cofano, portellone.

copernicàno *agg.* eliocentrico **CONTR.** tolemaico, geocentrico.

copèrta *s. f.* **1** panno, coltre, trapunta, imbottita, piumino, piumone, pannolano (*raro*), copriletto **2** drappo, gualdrappa **3** (*di poltrona, di libro, ecc.*) fodera, copertura, copertina **4** (*di nave*) ponte, tolda.

copertìna *s. f.* **1** *dim. di* **coperta** **2** (*di libro e sim.*) coperta (*raro*), fodera, copertura, sopraccoperta, rivestimento, involucro, camicia, rilegatura **FRAS.** *ragazza copertina*, cover girl (*ingl.*), pin-up girl (*ingl.*).

copèrto (1) **A** *part. pass. di* **coprire**; *anche agg.* **1** ricoperto, rivestito, chiuso, riparato, protetto, difeso, schermato □ vestito, imbacuccato **CONTR.** aperto, scoperchiato □ svestito, denudato, nudo, discinto **2** (*fig.*) (*di spalle, di ritirata, ecc.*) protetto, difeso **CONTR.** esposto **3** (*fig.*) (*di sole, di cielo, ecc.*) occultato, nascosto □ nuvoloso, scuro, cupo **CONTR.** sereno, limpido, pulito, terso, chiaro **4** (*fig.*) (*di parlare, di discorso, ecc.*) ambiguo, dissimulato, oscuro, nascosto, occulto, segreto, velato, ermetico, simulato, infido **CONTR.** aperto, chiaro, comprensibile, dichiarato, svelato, strombazzato **5** (*di baci, di attenzioni, ecc.*) colmato, riempito, sepolto (*fig.*), sommerso, soffocato **6** (*di ruggine, di neve, ecc.*) cosparso, rivestito, colmo, pieno, carico, ammantato **CONTR.** privo, vuoto **7** (*fig.*) (*di rischio, di conto, ecc.*) garantito, assicurato □ pagato, onorato **CONTR.** scoperto **B** *s. m.* **1** luogo protetto **2** tetto, copertura **3** (*a tavola*) posto, posata **FRAS.** *essere al coperto* (*fig.*), al sicuro, al riparo.

copèrto (2) *s. m.* (*a tavola*) posto □ (*est.*) pasto.

copertóne *s. m.* **1** telone **2** (*di veicolo*) pneumatico.

copertùra *s. f.* **1** rivestimento, involucro, fodera, veste, coperta, protezione, coperchio □ (*di comignolo*) cappa (*mar.*), cappello □ (*di automezzo, di cassaforte, ecc.*) blinda, blindaggio □ (*tecnol.*) cuffia, calotta **2** (*est.*) tetto, volta **3** (*fig.*) maschera, mascheratura **4** garanzia, cauzione **5** (*mil., sport*) difesa. *V. anche* DIFESA

còpia *s. f.* **1** (*di scritto, di disegno, ecc.*) trascrizione, copiatura, duplicato, facsimile, fotocopia, doppione, calco, riproduzione, rifacimento, apografo, velina **CONTR.** originale, autografo, archetipo, matrice **2** (*di persona*) sosia **3** (*di opera d'arte*) replica, imitazione □ (*est.*) falso, contraffazione **CONTR.** prototipo, modello **4** (*di libro, di giornale, ecc.*) esemplare, edizione (*est.*) **5** (*di foto, di film e sim.*) positivo, stampa **FRAS.** *brutta copia*, minuta □ *bella copia*, stesura finale □ *copia di riserva*, backup (*ingl.*).

copiàre *v. tr.* **1** trascrivere, ricopiare □ riprodurre, ricalcare, ritrarre, trasportare, esemplare (*lett.*) **2** (*est.*) (*di gesto, di moda, ecc.*) imitare □ scimmiottare, parodiare **3** ripetere, plagiare, contraffare, scopiazzare □ simulare **CONTR.** inventare.

copiàto *part. pass. di* **copiare**; *anche agg.* **1** trascritto, ricopiato, riprodotto, rifatto, ritratto, trasportato **2** (*est.*) (*di gesto, di moda, ecc.*) imitato □ scimmiottato **3** plagiato, contraffatto, scopiazzato □ simulato **CONTR.** inventato.

copiatùra *s. f.* **1** ricopiatura, copia, trascrizione **2** imitazione, plagio, contraffazione **3** scimmiottatura, parodia.

copióne *s. m.* (*di film, di spettacolo*) testo, sceneggiatura □ (*est.*) trama.

copiosaménte *avv.* molto, abbondantemente, a profusione, largamente, ampiamente, grandemente, riccamente, doviziosamente, lautamente **CONTR.** scarsamente, poco, insufficientemente, meschinamente.

copióso *agg.* molto, abbondante, ampio, ricco, largo, buono, esuberante, traboccante, numeroso, fecondo, cospicuo, dovizioso, pingue, opimo (*lett.*), ubertoso (*lett.*), lussureggiante, molteplice **CONTR.** poco, povero, scarso, scarseggiante, mancante, limitato, insufficiente, carente, misero, meschino.

còppa *s. f.* **1** bicchiere, calice, vaso, cratere, tazza, ciotola, bucchero (*archeol.*), cantaro (*archeol.*), nappo (*lett.*) **2** (*est.*) recipiente, contenitore, vasca **3** (*di bilancia*) piattello **4** (*sport*) trofeo □ gara **FRAS.** *contare come il due di coppe* (*fig.*), non contare nulla.

còppia *s. f.* **1** paio, pariglia, abbinamento, accoppiamento, accoppiata, paro, duo, due, appaiamento, ambo, binomio, duetto, piccia (*tosc.*) **2** sposi, morosi (*pop.*), fidanzati, amanti **3** (*di atleti e sim.*) tandem **FRAS.** *a coppia, in coppia*, a due a due, insieme.

copricàpo *s. m. inv.* cappello, berretto, basco, cilindro, tuba, zucchetto, zuccotto (*tosc.*), casco, cuffia, cappuccio, elmo.

copricaténa *s. m. inv.* carter.

coprilètto *s. m. inv.* coperta, drappo.

coprìre **A** *v. tr.* **1** rivestire, ricoprire, vestire, tappare, nascondere, chiudere, riparare **CONTR.** scoprire, aprire, scoperchiare, togliere, svestire, denudare **2** (*est.*) (*di vegetazione, di neve, ecc.*) ammantare, avvolgere **3** (*fig.*) (*di spalle, di ritirata, ecc.*) proteggere, difendere **CONTR.** sguarnire, esporre **4** (*fig.*) (*di difetto, di verità, ecc.*) occultare, dissimulare, nascondere, mascherare, celare, velare, fingere, adombrare, mimetizzare **CONTR.** svelare, rivelare, manifestare, dichiarare, denunciare, chiarire, dimostrare, dischiudere, smascherare, squarciare (*fig.*) **5** (*fig.*) (*di suono, di voce*) superare, sopraffare **6** (*fig.*) (*di debito*) soddisfare, garantire, pagare, onorare, estinguere **7** (*fig.*) (*di carica, di funzione, ecc.*) occupare, tenere, ricoprire, esercitare, espletare **8** (*fig.*) (*di distanza*) percorrere **9** (*fig.*) (*di baci, di elogi, ecc.*) colmare, riempire, sommergere, soffocare (*fig.*) **10** (*di animale*) montare, fecondare **B** **coprirsi** *v. rifl.* **1** ripararsi, vestirsi, ornarsi, imbacuccarsi, rivestirsi, velarsi **CONTR.** scoprirsi, svestirsi, denudarsi, togliersi, levarsi **2** (*di spalle, dai colpi, ecc.*) difendersi, pararsi, arroccarsi **CONTR.** esporsi **3** (*da rischi*) premunirsi, garantirsi **4** (*fig.*) (*di gloria, di disonore, ecc.*) colmarsi, riempirsi **C** *v. intr. pron.* (*di muffa, di neve, ecc.*) colmarsi, ammantarsi, ricoprirsi □ (*di cielo*) annuvolarsi, oscurarsi **CONTR.** liberarsi, vuotarsi.

copyright /*ingl.* 'kɔpirait/ [vc. ingl., comp. di *copy* 'riproduzione' e *right* 'diritto, proprietà'] *s. m. inv.* diritto d'autore.

copywriter /*ingl.* 'kɔpiraitə/ [vc. ingl., comp. di

copy 'copia' e *writer* 'scrittore', da *to write* 'scrivere'] *s. m.* e *f. inv.* redattore, pubblicitario, creativo.

coràggio ***A*** *s. m.* ***1*** forza morale, animo, ardimento, audacia, valore, eroicità, fegato (*fig.*), cuore (*fig.*), sangue freddo, ardire, fierezza, intrepidezza, sicurezza, eroismo, stoicismo, virtù (*lett.*), virilità (*fig.*), baldanza, prodezza, bravura, fermezza, risolutezza **CONTR.** viltà, vigliaccheria, codardia, paura, timore, pusillanimità, fifa (*fam., scherz.*), timidezza, pavidità ***2*** impudenza, sfacciataggine, faccia tosta, spavalderia, temerità, temerarietà, arroganza, insolenza, presunzione, protervia, tracotanza, sfrontatezza, sconsideratezza, iattanza, millanteria, improntitudine **CONTR.** modestia, umiltà, pudore, discrezione, rispetto ***B*** *in funzione di inter.* orsù!, orvia!, ovvia!, suvvia!, via!, animo!, forza!, alè! avanti! **FRAS.** *prendere il coraggio a due mani* (*fig.*), decidere senza esitazione. *V. anche* INTRAPRENDENZA

coraggiosaménte *avv.* intrepidamente, arditamente, impavidamente, audacemente, valorosamente, fieramente, baldanzosamente, bravamente (*lett.*), eroicamente, generosamente, prodemente, indomitamente, animosamente, strenuamente, spericolatamente, fermamente, stoicamente, virilmente (*fig.*) **CONTR.** paurosamente, pavidamente, vilmente, vigliaccamente, codardamente, timorosamente, timidamente, trepidantemente, dubbiosamente.

coraggióso *agg.* ***1*** ardimentoso, audace, animoso, intrepido, impavido, prode, valoroso, ardito, sicuro, baldanzoso, gagliardo, baldo, strenuo, temerario, leonino (*fig.*), eroico, bravo (*lett.*), valente, fermo, fiero, franco, forte, stoico, fegatoso, spericolato, fegataccio (*fig.*), imperterrito, indomito, virile (*fig.*) **CONTR.** pauroso, pavido, timido, pusillanime, imbelle, timoroso, vile, vigliacco, codardo, spaurito, sbigottito, sgomento, impaurito, allarmato, spaventato ***2*** spavaldo, arrogante, insolente, protervo, tracotante, sfrontato **CONTR.** abbattuto, scoraggiato, avvilito, accasciato, depresso. *V. anche* PRODE

corallìno *agg.* rosso acceso, rosso vivo.

coràllo *in funzione di agg. inv.* (*posposto a un s.*) (*di colore*) rosso acceso, rosso vivo.

coram populo /*lat.* 'kɔram 'pɔpulo/ [lat. 'davanti al popolo'] *loc. avv.* pubblicamente, palesemente, in piazza **CONTR.** privatamente, segretamente.

coràta *s. f.* coratella, interiora.

coratèlla *s. f.* corata, interiora.

coràzza *s. f.* ***1*** armatura, usbergo, catafratta, lorica ***2*** (*di animali, di oggetti*) guscio, rivestimento □ (*di automezzo, di cassaforte, ecc.*) blinda ***3*** (*fig.*) difesa, protezione, riparo, schermo, baluardo, scudo.

corazzàre ***A*** *v. tr.* ***1*** (*di nave, di automezzo, ecc.*) armare, blindare, fortificare, rafforzare ***2*** (*fig.*) (*di persona*) proteggere, difendere, premunire ***B*** **corazzarsi** *v. rifl.* (*fig.*) proteggersi, premunirsi, difendersi.

corazzàto *part. pass. di* **corazzare**; *anche agg.* ***1*** (*di nave, di automezzo, ecc.*) armato, blindato, fortificato, rafforzato, ferrato, schermato, catafratto ***2*** (*fig.*) (*di persona*) difeso, protetto, premunito, immune, vaccinato (*fig.*). *V. anche* NAVE

corbellerìa *s. f.* ***1*** (*pop.*) balordaggine, sciocchezza, minchioneria (*pop.*), stupidaggine, baggianata, castronaggine, cretineria, somaraggine ***2*** sproposito, sbaglio, errore, granchio, cantonata, buscherata, castroneria (*pop.*), dirizzone, abbaglio, cretinata.

còrda *s. f.* ***1*** fune, canapo, gomena, spago, cavo, capo, cima, sartia, alzaia, drizza (*mar.*), legaccio, legame ***2*** capestro, laccio, cappio, cavezza, correggia ***3*** (*di religioso*) cordiglio, cingolo, cintolo, cordone ***4*** (*di tessuto*) trama ***5*** (*nell'ippica*) steccato ***6*** (*mus., est.*) suono, nota, tono, registro ***7*** (*nel pugilato*) fune ***8*** (*arch.*) (*di arco*) luce, portata **FRAS.** *dare corda* (*fig.*), lasciare libertà d'azione □ *tenere sulla corda* (*fig.*), mantenere in ansia, lasciare nel dubbio, lasciare nell'incertezza □ *tagliare la corda* (*fig.*), scappare □ *essere con la corda al collo* (*fig.*), essere in difficoltà □ *mettere alle corde* (*fig.*), mettere alle strette □ *toccare una corda sensibile* (*fig.*), toccare un argomento delicato □ *mostrare la corda* (*fig.*), dare segni di stanchezza □ *essere giù di corda* (*fig.*), essere abbattuto, non essere in forma □ *corda d'Ippocrate*, tendine d'Achille.

cordèlla *s. f.* ***1*** *dim. di* **corda** ***2*** stringa, nastrino.

cordiàle ***A*** *agg.* ***1*** (*di bevanda*) tonico, corroborante ***2*** (*di saluto, di accoglienza e sim.*) caloroso, caldo, fervido, festoso, sentito, entusiastico **CONTR.** freddo, gelido, asciutto, secco ***3*** (*di persona*) affabile, amabile, gentile, benevolo, gioviale, simpatico, umano, aperto, socievole, comunicativo □ abbordabile, avvicinabile, trattabile, accessibile □ amichevole, confidenziale, conversevole □ schietto, sincero, espansivo, spontaneo, affettuoso □ ospitale, accogliente **CONTR.** freddo, ostile, sgarbato, burbero, indifferente, scostante, sostenuto, scontroso, scorbutico □ impraticabile, inabbordabile ***B*** *s. m.* (*di bevanda*) corroborante, tonico, elisir. *V. anche* SPONTANEO

cordialità *s. f.* affabilità, cortesia, calore, favore, affettuosità, calorosità, amorevolezza, amabilità, espansività, festosità, giovialità, genialità (*raro, lett.*) □ amicizia, benevolenza, ospitalità, comunicativa, socievolezza, umanità **CONTR.** freddezza, sostenutezza, sussiego, indifferenza □ sdegnosità, tracotanza, ruvidezza, scortesia, ostilità, animosità, risentimento. *V. anche* AFFABILITÀ

cordialménte *avv.* affabilmente, gentilmente, cortesemente, amabilmente, fervidamente, schiettamente, espansivamente, sentitamente, calorosamente, caldamente, caramente, festosamente, giovialmente, affettuosamente, amichevolmente, simpaticamente, socievolmente, benevolmente, umanamente **CONTR.** gelidamente, aridamente, asciuttamente, freddamente □ sdegnosamente, ostilmente, scortesemente, sgarbatamente, sprezzantemente.

cordless /*ingl.* 'kɔ:dlis/ [vc. ingl., propr. 'senza filo'] *agg. inv.* (*di telefono*) senza fili.

cordòglio *s. m.* dolore, pena, lutto, accoramento, angustia, ambascia, tormento, costernazione, compianto, dispiacere, travaglio, desolazione, mestizia, pianto, strazio, struggimento, duolo (*lett.*) **CONTR.** gaudio, gioia, giubilo, letizia, esultanza, piacere, felicità.

cordóne *s. m.* ***1*** *accr. di* **corda** ***2*** (*est.*) cavetto, tirante, fune □ passamano ***3*** (*di religioso*) cordiglio, cingolo, cintolo ***4*** (*di ordine cavalleresco*) collana, collare ***5*** (*arch.*) modanatura, rilievo ***6*** (*di polizia, di militari, ecc.*) sbarramento.

coriàceo *agg.* ***1*** duro, resistente, tenace, secco, tiglioso, stopposo, ligneo (*est.*) **CONTR.** morbido, tenero, molle, duttile ***2*** (*fig.*) (*di persona, di carattere*) insensibile, irremovibile, inesorabile, duro, ostile, rigido, irriducibile, inflessibile, caparbio, cocciuto, pervicace **CONTR.** elastico, malleabile, trattabile, docile, arrendevole, mite, accomodante, remissivo, dolce, buono.

coricàre ***A*** *v. tr.* mettere a letto □ (*est.*) sdraiare, adagiare, distendere, posare, appoggiare **CONTR.** alzare, sollevare, rizzare, rialzare, issare ***B*** **coricarsi** *v. intr. pron.* ***1*** andare a letto, mettersi a letto □ (*est.*) sdraiarsi, adagiarsi, stendersi, giacere, distendersi, allungarsi **CONTR.** alzarsi, levarsi, rizzarsi, drizzarsi, sollevarsi, adergersi ***2*** (*di astro*) tramontare, calare, declinare, scendere **CONTR.** sorgere, nascere, spuntare, alzarsi.

coricàto *part. pass. di* **coricare**; *anche agg.* a letto □ (*est.*) adagiato, disteso, appoggiato, sdraiato, giacente **CONTR.** alzato, sollevato.

cornàcchia *s. f.* (*fig.*) (*di persona*) linguacciuto, linguaccia, malalingua, maldicente, pettegolo, chiacchierone, calunniatore, sparlatore, maledico (*lett.*), denigratore □ uccello del malaugurio (*pop.*), iettatore, menagramo, scalognatore (*pop.*).

cornamùsa *s. f.* piva, zampogna, cennamella, ciaramella, sambuca (*lett.*).

corner /*ingl.* 'kɔːnə/ [ingl., propriamente 'angolo', dal lat. *cornu* 'corno'] *s. m. inv.* (*sport*) calcio d'angolo **FRAS.** *salvarsi in corner* (*fig.*), cavarsela alla meglio, salvarsi all'ultimo momento.

cornétta *s. f.* ***1*** trombetta ***2*** (*del telefono*) ricevitore.

cornétto *s. m.* croissant (*fr.*), brioche (*fr.*), chifel (*ted.*).

corn-flakes /*ingl.* 'kɔːn fleiks/ o **cornflakes** o **corn flakes** [vc. ingl., comp. di *corn* 'granturco' e il pl. di *flake* 'fiocco'] *s. m. pl.* fiocchi di granturco □ (*est.*) cereali.

cornìce *s. f.* ***1*** telaio, incorniciatura, inquadratura, intelaiatura, montatura, supporto, ancona, cimasa ***2*** (*arch.*) cornicione, archivolto, fregio, trabeazione, modanatura, frontespizio, frontone ***3*** (*est.*) (*di monti, di capelli, ecc.*) contorno, corona, giro, cerchio, cerchia □ (*fig.*) sfondo, contesto ***4*** (*di roccia, di neve*) orlo, gradino, terrazza, cengia.

cornicióne *s. m.* ***1*** *accr. di* **cornice** ***2*** (*arch.*) cornice, trabeazione, architrave.

còrno *s. m.* ***1*** (*est.*) (*di monte*) cima, vetta ***2*** calzatoio, calzascarpe, calzante ***3*** (*mus.*) buccina ***4*** (*fig.*) (*di luna, di esercito, ecc.*) estremità, angolo, sporgenza, braccio, lato, parte, fianco ***5*** (*fig.*) (*di dilemma*) alternativa, possibilità ***6*** (*euf., pop.*) nulla, niente, acca, tubo, cavolo **FRAS.** *rompersi le corna* (*fig.*), restare sconfitto, avere la peggio □ *dire peste e corna* (*fig.*), sparlare □ *fare le corna* (*fig.*), tradire, cornificare □ *prendere il toro per le corna* (*fig.*), affrontare decisamente uno, la situazione □ *un corno!*, nient'affatto.

còro *s. m.* ***1*** (*di cantori, di danzatori*) coristi □ ballerini, attori ***2*** (*di parole, di grida e sim.*) insieme, unisono ***3*** (*est.*) (*di persone*) gruppo ***4*** (*est.*) (*di cicale, di grilli, ecc.*) canto, verso ***5*** (*di angeli, di beati*) ordine, schiera **FRAS.** *in coro*, insieme, all'unisono.

corollàrio *s. m.* ***1*** conseguenza, deduzione, risultanza, effetto **CONTR.** premessa ***2*** aggiunta, appendice, complemento, soprappiù.

coróna *s. f.* ***1*** diadema, ghirlanda, serto ***2*** (*est., fig.*) autorità, sovranità, regno ***3*** (*fig., sport*) titolo di campione □ premio, onore, gloria ***4*** (*fig., lett.*) (*di santo, di gloria, ecc.*) aureola ***5*** (*est.*) (*di oggetto*) fascia, anello, cerchio ***6*** (*astron.*) (*di astro*) alone, aureola, chioma ***7*** (*di monti, di capelli, ecc.*) cornice, giro, fila, cinta, cintura, cerchio, cerchia, chiostra, contorno, serie, catena ***8*** (*relig.*) rosario ***9*** (*di albero*) chioma ***10*** (*fig., lett.*) coronamento, compimento **FRAS.** *a corona*, circolarmente, in giro, torno torno □ *far corona*, circondare □ *sfilare la corona* (*fig.*), dire una serie di ingiurie. *V. anche* SOVRANO

coronaménto *s. m.* ***1*** compimento, conclusione, fine, termine **CONTR.** principio, inizio, fondamento ***2*** (*ant.*) incoronazione ***3*** (*di edificio*) cuspide, fastigio □ (*di nicchie, tombe e sim.*) baldacchino.

coronàre ***A*** *v. tr.* ***1*** incoronare, inghirlandare, indiademare ***2*** (*est.*) (*di monti, di capelli, ecc.*) cingere, circondare, incorniciare, aureolare (*lett.*) ***3*** (*est., fig.*) (*di atleta, di poeta, ecc.*) premiare, onorare, glorificare, esaltare, osannare ***4*** (*fig.*) (*di lavoro, di carriera, ecc.*) terminare, completare, compiere, finire **CONTR.** iniziare, cominciare ***B*** **coronarsi** *v. rifl.* ***1*** incoronarsi, inghirlandarsi ***2*** (*lett., fig.*) fregiarsi, adornarsi.

coronàto *part. pass. di* **coronare**; *anche agg.* ***1*** incoronato, inghirlandato, indiademato ***2*** (*est.*) (*da monti, da capelli, ecc.*) cinto, circondato, incorniciato, aureolato ***3*** (*di atleta, di poeta, ecc.*) premiato, onorato, glorificato, esaltato, osannato **FRAS.** *testa coronata*, sovrano, regnante.

corpacciùto *agg.* grosso, corpulento, panciuto, cicciuto, massiccio, tarchiato, atticciato, corposo, pingue, obeso, adiposo, pesante, robusto, membruto, tracagnotto, complesso (*raro*) **CONTR.** smilzo, esile, snello, allampanato, minuto, mingherlino, magro, smunto, segaligno, secco, scheletrito, macilento, gracile, scarno, emaciato, affilato, scheletrico, striminzito.

corpétto *s. m.* ***1*** camiciola, camicetta, corsetto, corsaletto, maglietta, corpino, vitina, copribusto, busto, bustino, bolero, giubbetto, giacchettino, sottoveste ***2*** panciotto, gilè, farsetto, giustacuore.

còrpo *s. m.* ***1*** materia, massa ***2*** (*est.*) oggetto, cosa ***3*** (*est.*) sostanza, elemento, corpuscolo ***4*** (*di persona*) fisico, costituzione, organismo, carne □ sensi **CONTR.** anima, spirito ***5*** (*est.*) corporatura, forma, aspetto, persona, personale ***6*** (*est.*) cadavere, salma, spoglia, carcassa ***7*** (*anat.*) parte, elemento, formazione, organo ***8*** (*pop.*) pancia, ventre □ utero ***9*** (*di edificio, di oggetto*) sagoma, forma, mole, massa, volume ***10*** (*anche fig.*) consistenza, solidità, forza ***11*** (*di persone*) categoria, collegio, ordine, corporazione, compagnia, complesso, organismo, società ***12*** (*mil.*) specialità, unità ***13*** (*di opere*) raccolta, corpus (*lat.*) ***14*** (*mar.*) (*di nave*) scafo, fusto ***15*** (*mus.*) (*di strumento*) cassa, mole esteriore ***16*** (*di carattere tipografico*) altezza **FRAS.** *a corpo morto* (*fig.*), con impeto, con decisione □ *anima e corpo* (*fig.*), senza riserve, completamente □ *avere il diavolo in corpo* (*fig.*), essere molto agitato □ *guardia del corpo*, gorilla (*fig.*), guardaspalle □ *a corpo a corpo*, a stretto contatto, all'arma bianca. *V. anche* CATEGORIA

corporàle *agg.* corporeo, carnale, materiale, fisico, fisiologico **CONTR.** spirituale, psichico, intellettuale, mistico.

corporalménte *avv.* fisicamente, di persona, materialmente **CONTR.** spiritualmente, intellettualmente.

corporatùra *s. f.* complessione, figura, conformazione, costituzione, corpo, persona, taglia, fattezza, aspetto, personale, statura, membratura, forma, fibra.

corporazióne *s. f.* associazione, società, compagnia, corpo, organizzazione, arte □ (*relig.*) congregazione.

corpòreo *agg.* ***1*** (*di piacere, di interesse, ecc.*) corporale, carnale, materiale, fisico, animale **CONTR.** spirituale, psichico, intellettuale, morale, mistico ***2*** (*di sostanza*) materiale, sensibile, tangibile, concreto, visibile, reale, effettivo, palpabile, toccabile **CONTR.** incorporeo, intangibile, etereo, immaginario, illusorio, immateriale, invisibile.

corpóso *agg.* denso, compatto, voluminoso, rilevato, sodo, pieno, corpulento □ (*spec. fig.*) consistente, solido, sostanzioso **CONTR.** diradato, delicato, diluito, tenue, leggero □ inconsistente, evanescente. *V. anche* DENSO

corpulènto *agg.* corposo, corpacciuto, massiccio, grosso, grasso, ciccione, panciuto, voluminoso, pletorico (*med.*), tarchiato, largo, atticciato, pingue, fatticcio, obeso, adiposo, pesante, robusto, membruto, forte, tracagnotto, complesso (*raro*) **CONTR.** smilzo, esile, minuto, snello, asciutto, allampanato, mingherlino, magro, smunto, segaligno, secco, macilento, gracile, scarno, emaciato, affilato, scheletrico, striminzito.

corpulènza *s. f.* robustezza, grassezza, grossezza, solidità, adiposità, pesantezza, robustezza, complessità, pinguedine, carnosità, obesità, paffutezza, pletora (*med.*) **CONTR.** magrezza, secchezza, snellezza, asciuttezza, sottigliezza, esilità, gracilità, emaciamento, denutrizione.

corpus /*lat.* 'kɔrpus/ [lat. 'corpo'] *s. m. inv.* ***1*** (*di opere*) corpo, raccolta, insieme ***2*** (*ling.*) campione.

corpùscolo *s. m.* ***1*** corpo piccolissimo □ granello ***2*** particella, atomo, corpo.

corredàre ***A*** *v. tr.* dotare, munire, provvedere, attrezzare, fornire, rifornire, armare, equipaggiare, accompagnare, guarnire, ornare, arredare □ allegare **CONTR.** privare, sguarnire, spogliare, sfornire ***B*** **corredarsi** *v. rifl.* rifornirsi, provvedersi, munirsi, attrezzarsi, equipaggiarsi, fornirsi **CONTR.** privarsi, sguarnirsi.

corredàto *part. pass. di* **corredare**; *anche agg.* dotato, fornito, munito, armato, attrezzato, equipaggiato, completato **CONTR.** privo, sfornito.

corrèdo *s. m.* ***1*** (*di casa, di nave, ecc.*) equipaggiamento, armamentario, dotazione, fornimento, arredo, attrezzatura, occorrente □ (*di oggetti*) muta ***2*** dote, appannaggio (*est.*), vestiario, guardaroba ***3*** (*fig.*) (*di libro*) citazioni, note, indicazioni □ illustrazioni ***4*** (*fig.*) (*di nozioni, di sapere e sim.*) bagaglio (*fig.*), possesso.

corrèggere ***A*** *v. tr.* ***1*** cambiare, emendare, rettificare, rivedere, modificare, mutare, riformare, variare, aggiustare, rimediare, rabberciare, digrossare, ritoccare, sistemare, perfezionare, limare, equilibrare, regolare, ripassare, ripulire, cancellare **CONTR.** guastare, peggiorare, imbastardire (*fig.*) ***2*** (*di difetto, di danno, ecc.*) curare, guarire, sanare, risanare **CONTR.** accentuare ***3*** (*di persona*) ammonire, consigliare, avvertire □ (*est.*) riprendere, rimproverare, redarguire, richiamare, biasimare, censurare, educare, castigare, raddrizzare **CONTR.** corrompere, viziare, depravare ***4*** (*di bevanda, di carburante, ecc.*) rettificare, migliorare □ alterare, modificare □ denaturare, depurare **CONTR.** inquinare ***B*** **correggersi** *v. intr. pron.* cambiarsi, emendarsi, pentirsi, ravvedersi, migliorarsi, riformarsi, perfezionarsi, raddrizzarsi, modificarsi, cangiarsi (*lett.*), riprendersi, rinsavire, sanarsi □ ritrattarsi, disdirsi, precisare, puntualizzare **CONTR.** peggiorarsi, peggiorare, sviarsi, viziarsi, imbastardirsi. *V. anche* EDUCARE

CORREGGERE
sinonimia strutturata

L'eliminare imperfezioni, difetti, errori da qualcosa in modo da portarla a una condizione considerata migliore si definisce **correggere**: *correggere un compito scolastico, uno scritto, una legge*; *correggere il corso di un fiume, il tracciato di una strada.* Il correggere consiste quindi nel **cambiare**, **mutare**, **modificare**, **variare**, ossia nell'intervenire attivamente su qualcosa trasformandola, con lo scopo di migliorarla o addirittura di **perfezionarla**, ossia di portarla al massimo livello possibile di funzionalità, correttezza, bellezza, ecc. Molto vicini a perfezionare sono **ritoccare** e, in riferimento a opere dell'intelletto, **limare**, che intesi figuratamente riguardano appunto l'ultima fase nella sistemazione di un lavoro, di un testo, ecc.: *ritoccare un disegno, una poesia, un prezzo*; *limare uno scritto*; pressoché equivalenti sono **ripassare**, **ripulire**, **rivedere** e **riesaminare**: *rivedere un regolamento, un'opinione.* A una fase precedente si riferiscono di solito **cancellare** e **emendare**, che indicano il togliere gli errori o i difetti per **sistemare**: *emendare una legge, una dottrina, uno scritto*; *cancellare una parola, una frase, un'opinione sbagliata*; nell'ultimo esempio, cancellare si avvicina molto a **rettificare** che indica il modificare correggendo: *rettificare un'inesattezza.* Abbastanza vicino è **riformare**, che viene usato spesso in riferimento a ordinamenti, ecc.: *riformare un legge*; *riformare una sentenza.*

Rabberciare indica figuratamente il **riparare**, ossia l'accomodare, alla meglio: *rabberciare brutti versi*; una rimessa in regola più definitiva è suggerita da **aggiustare**: *aggiustare i conti*. In relazione a situazioni particolarmente difficili, si usano i verbi **sanare** e **risanare**, che in senso lato indicano appunto il ricondurre alla normalità: *sanare una piaga sociale, un passivo*; *risanare il bilancio, l'economia*.

In riferimento a un difetto fisico, correggere equivale a **curare** o addirittura a **guarire**, che evoca una soluzione più completa e definitiva: *correggere lo strabismo, la balbuzie, la miopia*.

Correggere può essere anche riferito a persone, e in questo caso equivale ad **avvertire**, ossia a rendere consapevole: *se sbaglio ti prego di correggermi*; **consigliare** suggerisce invece una maggiore benevolenza. Sinonimo di correggere è anche **raddrizzare**, che corrisponde figuratamente al rimettere nel giusto: *bisogna correggere il comportamento di quel ragazzo*; *raddrizzare le opinioni di qualcuno*. Tutti questi comportamenti si risolvono spesso almeno in parte nell'**ammonire**, **riprendere**, **richiamare**, **rimproverare**, **redarguire**, cioè nello sgridare più o meno severamente: *riprendere il bambino con dolcezza*; *richiamare con brusche parole i disubbidienti*; *rimproverare uno scolaro della sua negligenza*. Il **biasimare** e il **censurare** coincidono con una pesante disapprovazione o critica, ed eventualmente con un rimprovero duro ma composto: *biasimare la condotta di qualcuno*; *censurare l'operto di qualcuno*. Il correggere certe caratteristiche moderandole, mitigandole si definisce invece **contemperare**: *contemperare la durezza del proprio carattere*.

Infine, per estensione, si dice correggere l'aggiungere a bevande, carburante o altro una sostanza tale da modificarne la concentrazione, il sapore o le proprietà: *correggere il caffè con un liquore, la benzina con additivi*.

correggìbile *agg.* **1** (*di cosa*) emendabile, rettificabile, cambiabile, rivedibile, modificabile, riparabile, aggiustabile, restaurabile, perfettibile, perfezionabile, risanabile, riformabile **CONTR.** incorreggibile, irreparabile, inemendabile, incurabile **2** (*di persona*) ravvedibile, malleabile, raddrizzabile, migliorabile **CONTR.** incorreggibile, indisciplinato, caparbio, irremovibile, irriducibile, protervo, pervicace, irrecuperabile, impenitente, incallito.

corregionàle *agg.*; *anche s. m.* e *f.* conterraneo, compaesano, compatriota **CONTR.** straniero, forestiero.

correlàre *v. tr.* mettere in correlazione, collegare, connettere **CONTR.** slegare.

correlazióne *s. f.* **1** relazione, dipendenza, interdipendenza, rapporto, connessione, legame, proporzione, corrispondenza, corrispettività, conformità, attinenza, rispondenza **CONTR.** indipendenza, diversità **2** (*ling.*) consecuzione.

corrènte (1) ***A*** *part. pres. di* **correre**; *anche agg.* **1** (*di acque*) fluente, scorrente **CONTR.** fermo, stagnante **2** (*di stile, di eloquio e sim.*) fluido, scorrevole, spedito, facile, spontaneo, veloce, sciolto, disinvolto **CONTR.** impacciato, impedito, duro, difficoltoso, lento **3** (*fig.*) (*di bassorilievo, di posta, ecc.*) ininterrotto **CONTR.** interrotto, saltuario **4** (*di monete*) circolante **CONTR.** fuori corso **5** (*di prezzo, di norme, ecc.*) di mercato, attuale, vigente **CONTR.** vecchio, desueto, scaduto **6** (*di mese, di anno e sim.*) in corso, attuale, presente **CONTR.** scorso, passato □ prossimo, venturo **7** (*di opinione, di uso, ecc.*) comune, diffuso, usuale, moderno □ (*spec. spreg.*) dilagante, preponderante □ (*di lingua*) parlato, quotidiano, vivo **CONTR.** raro, disusato, antiquato, di pochi, vecchio **8** (*di cosa*) ordinario, scadente, grossolano, dozzinale, volgare, andante, banale, solito **CONTR.** fino, scelto, pregiato ***B*** *s. m. solo sing. spec. nella loc.* *essere al corrente*, essere informato □ *mettere al corrente*, informare. *V. anche* BANALE

corrènte (2) *s. f.* **1** (*di acqua*) flusso, fiumana, rapida **2** (*est.*) (*di persone, di veicoli, ecc.*) fila, carovana, folla, massa **3** (*elettr.*) flusso **4** (*est.*) energia elettrica, energia, elettricità □ luce **5** (*d'aria*) spiffero, vento **6** (*fig.*) uso, moda, voga, andazzo **7** (*fig.*) (*di politica, di letteratura, ecc.*) indirizzo, movimento, opinione, tendenza, scuola **8** (*di partito*) gruppo, fazione □ linea **FRAS.** *seguire la corrente* (*fig.*), fare come gli altri. *V. anche* VENTO

correntemènte *avv.* **1** speditamente, con proprietà, spontaneamente, facilmente, disinvoltamente, fluidamente, scorrevolmente **CONTR.** impacciatamente, lentamente, difficoltosamente **2** comunemente, usualmente, generalmente, per lo più **CONTR.** raramente, casualmente.

córrere ***A*** *v. intr.* **1** accorrere, affrettarsi, precipitarsi, fiondarsi (*fam.*), slanciarsi, trottare (*fig.*), galoppare (*fig.*), volare (*fig.*), sgambettare, andare di carriera, andare in fretta, scappare, sgambare **CONTR.** strascinarsi, strascicarsi **2** (*di liquido*) fluire, scorrere, fuoriuscire, andare **CONTR.** stagnare, ristagnare **3** (*di sguardo, di mano, ecc.*) dirigersi, indirizzarsi **4** (*est.*) (*di tempo*) trascorrere, passare, trapassare **CONTR.** fermarsi **5** (*bur.*) cominciare, decorrere **CONTR.** finire, terminare **6** (*fig.*) (*di strada e sim.*) snodarsi, stendersi, andare, passare **7** (*di distanza*) intercorrere, frapporsi **8** (*fig.*) (*di voce, di fama, ecc.*) circolare, diffondersi, propagarsi **9** (*raro*) (*di avvenimenti*) avvenire, accadere **10** (*di discorso, di scritto e sim.*) essere scorrevole, essere chiaro **CONTR.** incepparsi, essere oscuro ***B*** *v. tr.* **1** percorrere **2** (*fig.*) (*di rischio*) affrontare, esporsi **CONTR.** scansare **3** (*di gara*) disputare, partecipare **FRAS.** *ci corre*, c'è differenza □ *lasciar correre* (*fig.*), sorvolare □ *correre la cavallina* (*fig.*), condurre vita disordinata □ *correre dietro*, rincorrere.

corresponsióne *s. f.* **1** pagamento, paga, ricompensa, retribuzione **2** (*fig.*) ricambio, gratitudine **CONTR.** ingratitudine. *V. anche* PAGA

correttamènte *avv.* **1** giustamente, esattamente, regolarmente, propriamente, senza errori **CONTR.** scorrettamente, erroneamente, irregolarmente, impropriamente **2** civilmente, sportivamente, educatamente, compostamente, onestamente, pulitamente, rettamente, irreprensibilmente **CONTR.** scorrettamente, fallosamente, maleducatamente, disonestamente, sconvenientemente.

correttézza *s. f.* **1** proprietà, precisione, esattezza, giustezza, accuratezza CONTR. scorrettezza, imprecisione, improprietà, errore *2* irreprensibilità, castigatezza, costumatezza, inappuntabilità, sobrietà, modestia, onestà, probità CONTR. scostumatezza, scompostezza, scurrilità, disonestà, sregolatezza, immodestia *3* educazione, civiltà, urbanità, forma, compostezza, stile, galateo, etichetta, sportività, fair play (*ingl.*) CONTR. sconvenienza, indelicatezza, malacreanza, ignoranza.

correttivo *agg.* e *s. m.* *1* correzione, miglioramento, emendamento □ rettificante *2* (*al pl.*) (*agr.*) ammendamenti.

corrètto *part. pass. di* **correggere**; *anche agg.* *1* cambiato, emendato, rettificato, rabberciato, rivisto, riveduto, riformato, modificato, moderato, variato, ritoccato, purgato, pulito CONTR. guastato, peggiorato *2* (*di difetto*) curato, guarito CONTR. accentuato *3* (*di persona*) ammonito, avvertito □ (*est.*) rimproverato, richiamato CONTR. corrotto, viziato, depravato *4* (*di bevanda, di carburante, ecc.*) rettificato, migliorato □ alterato, denaturato CONTR. liscio *5* (*di compito, di ragionamento, ecc.*) esatto, regolare, giusto CONTR. scorretto, errato, erroneo, irregolare, pieno di errori, sgrammaticato □ (*di lingua*) maccheronico *6* (*di persona, di modi, ecc.*) irreprensibile, castigato, costumato, onesto, decoroso, sobrio, inappuntabile, presentabile, urbano, retto, educato, composto, civile, formale, coscienzioso, sportivo (*fig.*) CONTR. scorretto, disonesto, indecoroso, improprio, indelicato, maleducato, screanzato, scomposto, sconveniente, scostumato, scurrile □ (*di atleta*) falloso.

correzióne *s. f.* *1* (*di scritto, di lavoro e sim.*) revisione, controllo, sostituzione, rettifica, errata corrige (*lat.*), limatura, rabberciatura *2* (*di persona*) ammonimento, riprensione, rimprovero, ammonizione, monito, avvertenza, raccomandazione CONTR. elogio, lode *3* (*est.*) punizione, castigo, pena, rieducazione CONTR. premio, ricompensa *4* correttivo, miglioramento, emendamento, modificazione, mutazione, cambiamento, variante, accomodamento, aggiustamento, modifica, riesame, riforma, ritocco *5* (*di bevanda, di carburante, ecc.*) aggiunta, rettifica □ alterazione. *V. anche* PUNIZIONE

corridóio *s. m.* *1* andito, androne, ballatoio, galleria, ambulacro, disimpegno *2* passaggio *3* (*di strada*) corsia *4* (*mar.*) ponte sotto coperta *5* (*sport*) (*nel calcio*) varco FRAS. *corridoio aereo*, aerovia.

corridóre *s. m.* (*est.*) podista, ciclista, centauro, motociclista, automobilista.

corrièra *s. f.* autocorriera, autobus, bus, torpedone, pullman (*ingl.*) □ (*ant.*) diligenza.

corrière *s. m.* *1* messo, messaggero, staffetta, postino, portalettere, latore, procaccia *2* spedizioniere, autotrasportatore *3* servizio postale □ corrispondenza *4* giornale.

corrimàno *s. m.* appoggiamano, passamano, mancorrente, guardamano, ringhiera.

corrispettivaménte *avv.* rispettivamente, correlativamente, proporzionalmente, relativamente, scambievolmente.

corrispettìvo *A agg.* *1* corrispondente, correlativo, equivalente, proporzionato, relativo, adeguato CONTR. inadeguato *2* (*dir.*) spettante *B s. m.* controprestazione, controvalore, equivalente, compenso, mercede, pagamento, paga. *V. anche* PAGA

corrispondènte *A part. pres. di* **corrispondere**; *anche agg.* *1* (*di versione, di cifra, ecc.*) conforme, somigliante, consimile, consono, collimante, equipollente, simile, uguale, omologo, compagno, congenere, congruente, consonante (*raro*), consentaneo, simmetrico, rispondente CONTR. differente, dissimile, contrario, opposto, diverso *2* (*di paga, di ricompensa, ecc.*) adeguato, proporzionato, relativo, correlativo, corrispettivo, pari CONTR. inadeguato, sproporzionato *B s. m.* e *f.* *1* giornalista, reporter (*ingl.*), inviato, informatore *2* (*di banca, di azienda, ecc.*) rappresentante. *V. anche* SIMILE

corrispondènza *s. f.* *1* equivalenza, identità, uguaglianza, riscontro, affinità, conformità, omologia, rassomiglianza, relazione, correlazione, attinenza, riguardo, corrispettività, congruenza, consentaneità, adeguamento, somiglianza, uguaglianza, fedeltà CONTR. difformità, differenza, divario, discordanza, discrepanza, sperequazione, antinomia *2* carteggio, epistolario *3* posta, lettere *4* (*giorn.*) articolo, scritto *5* (*di treni, di corriere, ecc.*) coincidenza *6* (*di affetti, di sentimenti e sim.*) contraccambio, reciprocità *7* (*di parti*) simmetria, proporzione, coesione, consonanza, concordanza, accordo, armonia, assonanza CONTR. asimmetria, sproporzione.

corrispóndere *A v. tr.* *1* (*di persona, di attenzione e sim.*) contraccambiare, ricambiare, ripagare, riamare CONTR. respingere *2* (*di stipendio, di paga e sim.*) pagare, versare, dare *B v. intr.* *1* (*di cifra, di racconto, ecc.*) equivalere, coincidere, combinare, collimare, combaciare, quadrare, concordare, equivalersi, riscontrare, tornare CONTR. discordare, dissonare, divergere, differire *2* (*alle attese, ai desideri, ecc.*) essere all'altezza, soddisfare, confarsi, rispondere, esaudire, ubbidire CONTR. venire meno, deludere, tradire *3* (*di edificio, di finestra e sim.*) affacciarsi, sovrastare, guardare *4* (*di sensazione, di dolore, ecc.*) diffondersi, comunicare *5* (*di affetto, di simpatia, ecc.*) contraccambiare, ricambiare, aderire, consentire *6* (*di persona*) corteggiare, comunicare, parlare *7* scriversi, essere in corrispondenza. *V. anche* OBBEDIRE, SPENDERE

corrispósto *part. pass. di* **corrispondere**; *anche agg.* *1* (*di attenzione, di affetto, ecc.*) ricambiato, contraccambiato, ripagato CONTR. respinto *2* (*di paga, di denaro e sim.*) pagato, versato.

corroborànte *A part. pres. di* **corroborare**; *anche agg.* fortificante, rinforzante, ricostituente, rinvigorente, energetico, stimolante, tonificante, nutriente CONTR. debilitante, logorante, defatigante (*lett.*), snervante, spossante □ sedativo, calmante *B s. m.* tonico, cordiale.

corroboràre *A v. tr.* *1* fortificare, rinvigorire, ritemprare, rinforzare, ricostituire, rinsanguare (*fig.*), tonificare CONTR. debilitare, indebolire, infiacchire, defatigare (*lett.*), snervare, stremare, stroncare (*fig.*) *2* (*fig.*) rinfrancare, rinsaldare, ristorare, sollevare, incoraggiare, confortare **CONTR.** sconfortare, scoraggiare, sconsolare, deprimere ***3*** (*fig.*) (*di tesi, di argomento e sim.*) avvalorare, convalidare, confermare, dimostrare, asseverare **CONTR.** invalidare, infirmare, confutare, contraddire ***B*** **corroborarsi** *v. rifl.* fortificarsi, ritemprarsi, irrobustirsi, rinforzarsi, rinsaldarsi, ricostituirsi, rinsanguarsi (*fig.*) **CONTR.** debilitarsi, indebolirsi, infiacchirsi.

corroboràto *part. pass. di* **corroborare**; *anche agg.* ***1*** fortificato, rinvigorito, ritemprato, rinforzato, tonificato **CONTR.** debilitato, indebolito, infiacchito, stremato ***2*** (*fig.*) rinfrancato, rinsaldato, ristorato, sollevato, incoraggiato **CONTR.** sconfortato, scoraggiato ***3*** (*fig.*) (*di tesi, di argomento e sim.*) avvalorato, convalidato, dimostrato, confermato **CONTR.** invalidato, infirmato, negato, respinto, confutato.

corródere ***A*** *v. tr.* ***1*** consumare, intaccare, logorare, rodere, limare, mangiare (*fig.*), smangiare, mordere (*est.*), rosicchiare (*est.*), bruciare (*est.*), guastare □ (*di denti*) cariare ***2*** (*di acqua, di vento, ecc.*) sgretolare, scavare, sfaldare, erodere ***B*** **corrodersi** *v. intr. pron.* consumarsi, sgretolarsi, sfaldarsi, intaccarsi. *V. anche* GUASTARE

corrómpere ***A*** *v. tr.* ***1*** alterare, guastare, contaminare, adulterare, inquinare, avvelenare, appestare, contagiare, decomporre, infettare, ammorbare, attossicare (*lett.*), lordare (*fig.*) deturpare (*fig.*) **CONTR.** sanare, purificare, depurare, espurgare, purgare, ripulire, lavare, mondare, affinare ***2*** (*fig.*) (*di persona, di animo, ecc.*) depravare, guastare, bacare (*fig.*), traviare, pervertire, degradare, diseducare, sedurre, viziare, fuorviare, sviare, intossicare (*fig.*) □ arrugginire (*fig.*) □ (*di costumi, di lingua, ecc.*) imbarbarire, imbastardire (*fig.*) **CONTR.** nobilitare, elevare □ redimere □ correggere, educare, edificare, moralizzare, raddrizzare ***3*** (*fig.*) (*con denaro*) comprare, subornare, ungere (*fig.*) ***B*** **corrompersi** *v. intr. pron.* ***1*** alterarsi, guastarsi, bacarsi, marcire, putrefarsi, decomporsi, deteriorarsi, degenerare □ (*di denti*) cariarsi **CONTR.** mantenersi ***2*** (*fig.*) depravarsi, pervertirsi, forviarsi, sviarsi, deviare (*fig.*), tralignare □ (*di costumi, di lingua, ecc.*) imbastardirsi, incarognirsi **CONTR.** nobilitarsi, elevarsi, affinarsi □ redimersi, mondarsi (*fig.*), sanarsi, raddrizzarsi. *V. anche* GUASTARE, SEDURRE

corrompìbile *agg.* ***1*** alterabile, guastabile, inquinabile, decomponibile, deperibile ***2*** (*di persona*) corruttibile, comprabile, venale **CONTR.** incorruttibile, onesto.

corrosióne *s. f.* ***1*** erosione, corrodimento □ (*di denti*) carie □ (*fig.*) rodimento, tormento ***2*** (*fig.*) deterioramento, cancro (*fig.*).

corrosìvo *agg.* ***1*** (*di sostanza*) caustico, erosivo, bruciante ***2*** (*fig.*) (*di ingegno, di parole, ecc.*) caustico, mordace, distruttore, corrompente, virulento (*fig.*), velenoso, tagliente, guastatore, demolitore.

corróso *part. pass. di* **corrodere**; *anche agg.* ***1*** consumato, consunto, intaccato, logorato, roso, limato, mangiato (*fig.*), guastato ***2*** (*dall'acqua, dal vento, ecc.*) sgretolato, sfaldato, scavato, eroso.

corrótto *part. pass. di* **corrompere**; *anche agg.* ***1*** (*raro*) alterato, guastato, contaminato, adulterato, avariato, inquinato, decomposto **CONTR.** sano, intatto ***2*** (*fig.*) (*di persona*) depravato, traviato, sviato (*fig.*), deviato (*fig.*), perduto (*fig.*), viziato, perverso, pervertito, debosciato, degenere, disonesto, dissipato, dissoluto, scostumato, immorale, vizioso □ (*di ambiente, di animo, ecc.*) bacato (*fig.*), avvelenato, infetto, deteriorato, guasto, marcio, fradicio, putrido, putrefatto, mefitico (*fig.*), sozzo (*fig.*), deturpato (*fig.*), immondo (*fig.*) □ (*di lingua*) imbarbarito, imbastardito (*fig.*) **CONTR.** onesto, elevato, casto, corretto, dabbene, morigerato, virtuoso, probo, puro, innocente, verginale □ incontaminato ***3*** venale, comprato (*fig.*), prezzolato (*fig.*), venduto (*fig.*) **CONTR.** irreprensibile, specchiato.

corrucciàre ***A*** *v. tr.* (*raro*) contristare **CONTR.** rallegrare ***B*** **corrucciarsi** *v. intr. pron.* ***1*** crucciarsi, sdegnarsi, irritarsi, risentirsi, adirarsi, alterarsi, arrabbiarsi, incollerirsi, stizzirsi, esasperarsi **CONTR.** placarsi, calmarsi, rabbonirsi, tranquillizzarsi ***2*** accigliarsi, imbronciarsi, aggrondarsi, immusonirsi, annuvolarsi (*fig.*), rabbuiarsi **CONTR.** rasserenarsi, distendersi ***3*** (*lett.*) (*di cielo*) oscurarsi **CONTR.** rasserenarsi.

corrucciàto *part. pass. di* **corrucciare**; *anche agg.* ***1*** contristato, sdegnato, irritato, arrabbiato, adirato, stizzito, incollerito, esasperato, disdegnoso, risentito, minaccioso **CONTR.** placato, calmato, rabbonito, tranquillizzato ***2*** accigliato, immusonito, rabbuiato, buio, scuro **CONTR.** rasserenato, disteso, sereno □ ridanciano ***3*** (*lett.*) (*di cielo*) annuvolato **CONTR.** limpido.

corrugaménto *s. m.* ***1*** increspamento, increspatura, aggrinzamento □ (*della fronte*) cipiglio **CONTR.** spianamento ***2*** (*geol.*) rilievo, piega.

corrugàre ***A*** *v. tr.* aggrinzare, aggrondare, aggrottare, increspare, raggrinzare, arricciare, contrarre **CONTR.** spianare, distendere ***B*** **corrugarsi** *v. intr. pron.* aggrinzarsi, raggrinzarsi, incresparsi, accigliarsi, contrarsi, aggrondarsi, aggrottarsi, indispettirsi, turbarsi **CONTR.** spianarsi, calmarsi, quietarsi.

corruttìbile *agg.* ***1*** (*di cosa*) corrompibile, contaminabile, alterabile, inquinabile, deteriorabile, putrescibile, marcescibile (*lett.*) **CONTR.** incorruttibile, immarcescibile (*lett.*), imputrescibile (*lett.*), incontaminabile ***2*** (*est.*) (*di corpo, di uomo, ecc.*) mortale, caduco **CONTR.** immortale ***3*** (*di persona*) vendibile, comprabile, venale **CONTR.** incorruttibile, onesto, integerrimo.

corruttibilità *s. f.* ***1*** alterabilità **CONTR.** incorruttibilità ***2*** (*est.*) caducità **CONTR.** immortalità ***3*** venalità **CONTR.** onestà, integrità.

corruttóre *s. m.*; *anche agg.* (*f. -trice*) pervertitore, seduttore, depravatore, ingannatore, tentatore, traviatore, corrompitore, contaminatore (*fig.*) **CONTR.** moralizzatore, educatore, edificante.

corruzióne *s. f.* ***1*** decomposizione, disfacimento, putrefazione, fradiciume, putridume ***2*** (*lett.*) (*di aria, di acque, ecc.*) inquinamento, contaminazione, ammorbamento, infezione **CONTR.** disinquinamento, purificazione, bonifica ***3*** (*ant.*) contagio, cancrena ***4*** (*di costumi, di società, ecc.*) degenerazione, depravazione, imbarbarimento, dissolutezza, scostumatezza, perversione, immoralità, vizio, malcostume, disonestà, guasto (*fig.*), marcio (*fig.*), bacillo (*fig.*), lebbra (*fig.*), lordura (*fig.*), melma (*fig.*), putredine (*fig.*), tabe (*lett., fig.*) □ corruttela, sottogoverno **CONTR.** moralità, rettitudine, integrità, giustizia, onestà, purezza, innocenza, morigeratezza, moralizzazione ***5*** (*di minore, di incapace, ecc.*) seduzione, subornazione, adescamento, istigazione, traviamento ***6*** (*di lingua, di stile e sim.*) alterazione, decadimento **CONTR.** nobilitazione, progresso. *V. anche* DEPRAVAZIONE

córsa *s. f.* ***1*** galoppata, trottata, sgroppata, scorrazzata, scorrazzamento, carriera, galoppo, marcia, scappata, volo, volata ***2*** gita, visita ***3*** (*anche fig.*) gara, competizione □ raid (*ingl.*), rally (*ingl.*) ***4*** (*di mezzo di trasporto*) viaggio □ (*est.*) tragitto, percorso □ (*est.*) treno, corriera, autobus, bus, tram, battello, traghetto ***5*** scorribanda, pirateria, scorreria **FRAS.** *corsa campestre*, cross-country (*ingl.*).

corsàro *s. m.* pirata, filibustiere, bucaniere, predatore, predone.

corsétto *s. m.* ***1*** bustino, corpetto, fascetta ***2*** corsaletto □ liseuse (*fr.*).

corsìa *s. f.* ***1*** corridoio, passaggio, passerella, andito, ambulacro ***2*** (*di tappeto*) guida, passatoia ***3*** (*di ospedale*) camerata ***4*** (*di strada*) carreggiata, parte, lato ***5*** (*di pista, di piscina e sim.*) settore.

corsìvo ***A*** *agg.* italico (*tip.*) ***B*** *s. m.* (*giorn.*) trafiletto, nota, commento.

córso (1) *part. pass. di* **correre**; *anche agg.* ***1*** accorso, arrivato, volato (*fig.*) ***2*** (*di tempo*) trascorso, passato ***3*** (*fig.*) (*di voce, di notizia e sim.*) circolato, diffuso ***4*** (*di gara*) disputato, fatto ***5*** (*di distanza, di cammino, ecc.*) percorso.

córso (2) *s. m.* ***1*** cammino, percorso, viaggio ***2*** (*di fiume e sim.*) tratto □ lunghezza □ flusso, fluire ***3*** (*di sangue*) circolazione **CONTR.** arresto ***4*** (*di astro*) moto, movimento ***5*** (*di persone, di veicoli*) movimento, sfilata, flusso ***6*** (*est.*) (*di città*) via principale, passeggiata, viale ***7*** (*est.*) passeggio ***8*** (*della vita, del tempo, ecc.*) svolgimento, ciclo, evoluzione, durata, giro, parabola (*fig.*), spazio, estensione ***9*** (*di lavoro, di stampa, ecc.*) espletamento, esecuzione, svolgimento, compimento, processo, procedimento **CONTR.** fine, termine ***10*** (*di malattia, di temperatura, ecc.*) andamento, decorso ***11*** (*di studi*) ciclo □ lezione, lezioni □ trattato ***12*** gruppo di classi ***13*** (*est.*) anno di studio ***14*** (*di moneta*) circolazione ***15*** (*econ.*) valore, prezzo, quotazione **FRAS.** *nel corso di*, durante □ *in corso*, già iniziato, in svolgimento □ *fuori corso*, non più in uso, in ritardo negli studi.

córte *s. f.* ***1*** cortile, aia, cavedio, chiostro, patio (*sp.*) ***2*** reggia, palazzo ***3*** (*est.*) cortigiani ***4*** (*est.*) seguito, corteggio, corteo, accompagnamento, codazzo, famiglia (*ant.*) ***5*** (*di giudici*) collegio ***6*** corteggiamento, filo (*fig.*) **FRAS.** *fare la corte*, corteggiare, adulare, lusingare □ *corte dei miracoli* (*est.*), rifugio di accattoni, di banditi □ *Corte costituzionale*, consulta. *V. anche* FAMIGLIA

cortéccia *s. f.* ***1*** libro, floema, scorza, tegumento **CONTR.** interno ***2*** (*est.*) (*di frutta*) buccia, guscio □ (*di noce, di mandorla e sim.*) mallo **CONTR.** polpa ***3*** (*anat.*) (*di organo*) parte esterna ***4*** (*di pane*) crosta ***5*** (*fig.*) facciata, apparenza, superficie, esteriorità **CONTR.** sostanza, realtà.

corteggiaménto *s. m.* corte, amoreggiamento, vagheggiamento, filo (*fig.*), flirt (*ingl.*).

corteggiàre *v. tr.* ***1*** (*raro, lett.*) accompagnare, attorniare, seguire □ adulare, blandire, ossequiare **CONTR.** trascurare ***2*** vagheggiare, vezzeggiare, fare la corte, fare il filo, civettare, flirtare, amoreggiare.

corteggiàto *part. pass. di* **corteggiare**; *anche agg.* ***1*** blandito, ossequiato, adulato ***2*** desiderato, ricercato □ seguito **CONTR.** trascurato.

corteggiatóre *s. m.* (*f. -trice*) ***1*** spasimante, cascamorto, ammiratore, adoratore, innamorato, amoroso, cavaliere, pretendente, damerino, cicisbeo, vagheggino, calabrone (*fig.*), moscone (*fig.*), farfallone (*fig.*), galletto (*fig.*) ***2*** (*est.*) adulatore.

cortèo *s. m.* ***1*** corteggio, corte, codazzo, strascico, seguito, accompagnamento ***2*** (*di veicoli*) processione, convoglio, fila, teoria (*lett.*) ***3*** manifestazione, sfilata, marcia.

cortése *agg.* ***1*** (*di poesia, di vita, ecc.*) cavalleresco ***2*** (*di persona, di modi, ecc.*) gentile, garbato, affabile, amabile, socievole, compito, compiacente, complimentoso, cerimonioso, condiscendente, ammodo, bennato, benigno, educato, civile, urbano, costumato, squisito, deferente, riguardoso, ospitale, servizievole, buono, caro, umano **CONTR.** scortese, maleducato, sgarbato, screanzato, incivile, inospitale, inurbano, villano, zotico, rozzo ***3*** (*lett.*) generoso, prodigo **CONTR.** avaro, egoista, gretto, meschino. *V. anche* GENEROSO

corteseménte *avv.* gentilmente, garbatamente, graziosamente, affabilmente, cordialmente, amabilmente, benignamente, deferentemente, compitamente, riguardosamente, riverentemente, civilmente, urbanamente, educatamente, distintamente, ospitalmente, socievolmente, umanamente **CONTR.** scortesemente, villanamente, sgarbatamente, screanzatamente, rozzamente, protervamente.

cortesìa *s. f.* ***1*** affabilità, amabilità, cordialità, gentilezza, garbo, deferenza, urbanità, finezza, squisitezza, grazia, buonagrazia, cavalleria, galanteria, benignità, bontà, compiacenza, liberalità, condiscendenza, compitezza, creanza, garbatezza, civiltà, riguardo, umanità **CONTR.** scortesia, sgarbatezza, arroganza, inurbanità, malagrazia, maleducazione, malacreanza, sconvenienza, villania, impertinenza, rozzezza, tracotanza ***2*** piacere, favore, gentilezza, carità **CONTR.** torto, dispiacere. *V. anche* AFFABILITÀ, FAVORE

cortigiàno *s. m.* (*est.*) adulatore, lusingatore, piaggiatore, incensatore, leccapiedi, ruffiano (*pop.*), accolito (*fig.*), cagnotto (*raro*), lustrascarpe (*fig.*) **CONTR.** autonomo, dignitoso, fiero.

cortìle *s. m.* ***1*** corte, cavedio, chiostro, patio (*sp.*) ***2*** (*di casa colonica*) corte, aia **FRAS.** *animali da cortile*, pollame, conigli.

cortìna *s. f.* ***1*** tenda, baldacchino, velo, tendina, velario, cortinaggio ***2*** sipario ***3*** (*fig.*) (*di silenzio, di ostilità, ecc.*) barriera, impedimento, sbarramento ***4***

(*fig.*) (*di nebbia, di fumo, ecc.*) strato, cappa, banco, mantello.

córto ***A*** *agg.* ***1*** (*di spazio, di tempo*) breve **CONTR.** lungo, largo, interminabile, prolungato, diuturno ***2*** (*di statura*) basso **CONTR.** alto, longilineo ***3*** (*di discorso*) succinto, spiccio, sintetico, conciso, stringato, compendioso **CONTR.** lungo, prolisso, chilometrico, eterno, diffuso ***4*** (*fig.*) (*di vista, di intelligenza e sim.*) scarso, esiguo, insufficiente, poco, difettoso, difettante, imperfetto, limitato **CONTR.** abbondante, eccessivo, molto, acuto, perfetto ***B*** *avv.* cortamente, brevemente, sinteticamente **CONTR.** prolissamente, prolungatamente **FRAS.** *prendere la via corta* (*fig.*), prendere la soluzione più sbrigativa □ *andare per le corte*, essere sbrigativo □ *per farla corta*, riassumendo, in conclusione □ *a corto di*, con poco, con pochi.

cortometràggio *s. m.* (*est.*) documentario, short (*ingl.*) **CONTR.** lungometraggio.

corvè [vc. fr., *corvée* '(opera) richiesta'] *s. f. inv.* ***1*** servizio ***2*** (*fig.*) fatica, ufficio, commissione, sfacchinata, faticata **CONTR.** riposo.

corvìno *agg.* nero lucido, nero intenso, nerissimo **CONTR.** bianco, bianchissimo, candido. *V. anche* NERO

còsa *s. f.* ***1*** corpo, ente, entità, essere ***2*** ragione, essenza, idea, pensiero ***3*** oggetto, roba, arnese ***4*** (*est., al pl.*) averi, beni ***5*** (*est., al pl.*) masserizie, suppellettili ***6*** cibo ***7*** (*di scrittore, di pittore, ecc.*) opera, lavoro ***8*** (*spec al pl.*) situazione, circostanza, affare ***9*** fatto, avvenimento, azione, atto, faccenda, storia ***10*** causa, motivo, scopo □ uso ***11*** parola, discorso ***12*** problema, lavoro, affare **FRAS.** *qualunque cosa*, checché □ *nessuna cosa*, nulla □ *per la qual cosa*, perciò, quindi □ *sopra ogni cosa*, più di tutto □ *la cosa pubblica*, lo Stato □ *a cose fatte*, quando tutto è risolto □ *è cosa fatta*, è concluso.

cosciènte *agg.* ***1*** consapevole, conscio, lucido, responsabile, convinto, persuaso □ compos sui (*lat.*) (*dir.*) **CONTR.** incosciente, inconsapevole, ottenebrato ***2*** coscienzioso, sensibile, corretto, onesto, diligente, scrupoloso, meticoloso, retto, rigoroso **CONTR.** irresponsabile, negligente, trascurato, noncurante, facilone.

coscienteménte *avv.* ***1*** consapevolmente, consciamente, responsabilmente, ponderatamente, lucidamente **CONTR.** incoscientemente, inconsapevolmente, irresponsabilmente □ macchinalmente, meccanicamente ***2*** coscienziosamente, onestamente, rettamente **CONTR.** incoscientemente, disonestamente, negligentemente.

cosciènza *s. f.* ***1*** (*di sé, del pericolo, ecc.*) consapevolezza, sensibilità, sensazione, percezione, cognizione, discernimento □ sensi, sentimenti, conoscenza **CONTR.** incoscienza, inconsapevolezza, insensibilità ***2*** onestà, probità, lealtà, rettitudine, maturità, rigore **CONTR.** disonestà, debolezza, mollezza ***3*** convinzione, convincimento, principio, opinione ***4*** scrupolo, diligenza, competenza, capacità, scrupolosità, coscienziosità **CONTR.** irresponsabilità, negligenza, trascuratezza, noncuranza ***5*** anima, intimo, interiorità, spirito, mente, cervello, cuore ***6*** lealtà, onestà, probità, schiettezza, sincerità **CONTR.** disonestà, slealtà ***7*** impegno, serietà, responsabilità, rigore **CONTR.** disimpegno, facileneria ***8*** sensibilità, interesse, interessamento, sollecitudine **CONTR.** disinteresse.

COSCIENZA
sinonimia strutturata

In psicologia, per **coscienza** si intende il modo in cui le esperienze o i processi psichici, quali percezioni, ricordi, eventi intellettuali, sentimenti e atti della volontà sono dati e conosciuti al soggetto. Correntemente, il termine indica la percezione di sé, del proprio corpo e delle proprie sensazioni, delle proprie idee, dei significati e dei fini delle proprie azioni: *hanno la piena coscienza di ciò che fanno*; *l'uomo giusto dovrebbe avere l'esatta coscienza dei propri doveri*. **Percezione** nel linguaggio psicologico designa appunto il processo mediante il quale l'individuo riceve ed elabora attraverso gli organi di senso le informazioni provenienti dall'esterno e dal proprio corpo: *secondo i realisti la esistenza non si può conoscere se non con la percezione* (DE SANCTIS); *in senso lato il termine equivale al significato generico di* **sensazione**: *ebbi l'esatta sensazione di un pericolo*; come **impressione** sensazione può avvicinarsi molto al concetto di presentimento o di giudizio dato d'istinto, e quindi più soggettivo, parziale e ipotetico rispetto a quello derivante dalla chiara coscienza: *ho la sensazione che quel ragazzo finirà male*; *ho l'impressione che avremo brutte sorprese*; *non sempre conta la prima impressione*.

Al contrario, **conoscenza** e **cognizione** suggeriscono un approccio più razionale; *così è anche per* **consapevolezza**, che spesso evoca un processo di introspezione. La coscienza di sé e delle proprie azioni è detta anche **sentimento**: *avere sentimento di sé*; **senso**, usato al plurale, indica piuttosto uno stato di coscienza intesa come vigilanza, presenza mentale, opposta in particolare allo svenimento: *perdere i sensi*; *perdere coscienza*. I due termini, e il primo soprattutto, indicano anche la consapevolezza di qualcosa diverso da sé e il modo di sentirlo, considerarlo, accettarlo: *il senso dell'onore*; *il sentimento della famiglia è vivo in tutti noi*; *il sentimento del bene e del male*. In quest'ultimo esempio, sentimento equivale a **discernimento**, ossia alla facoltà che permette di distinguere, di riconoscere e di giudicare.

La coscienza è infatti anche il sistema dei **principi**, cioè dei valori morali di una persona, che le permette di approvare o disapprovare i propri atti, propositi, ecc.: *coscienza morale*; *esame di coscienza*; *uomo di retti principi*. Al contrario, **interiorità** e **intimo** si riferiscono alla complessiva vita interna dell'uomo, della quale **mente** e **cervello** rappresentano figuratamente il lato razionale, intellettuale, mentre **cuore** quello emotivo; **spirito** e **anima** dipingono invece la coscienza, l'interiorità come qualcosa di trascendente.

La coscienza può corrispondere all'**onestà**, alla **rettitudine**, alla **probità**, ossia alla dirittura morale. La **lealtà**, la **sincerità** contraddistinguono chi è alieno da menzogna o da simulazione; *ancor più incisivo in questo senso è* **schiettezza**, che suggerisce particolare immediatezza nelle proprie manifestazioni.

Anche il senso del dovere si definisce coscienza: *ha coscienza del proprio lavoro*, in questo caso il termine più vicino è **coscienziosità**; pressoché equivalenti, **scrupolo** e **scrupolosità** evocano anche pignoleria; abbastanza simile nel significato è **diligenza**, che però spesso allude a un'esecuzione precisa ma passiva. Al contrario, **capacità** evidenzia l'abilità di una persona, mentre **competenza** ne sottolinea la preparazione e **impegno** l'applicazione. Tutte queste caratteristiche insieme si risolvono in **serietà**, che sottolinea specialmente l'estraneità da leggerezza e superficialità; ancor più incisivo è **rigore**, che può evocare una rigidità eccessiva. La serietà si accompagna anche alla **responsabilità**, ossia alla consapevolezza delle conseguenze della propria condotta.

Infine, la coscienza consiste nel prendersi a cuore un complesso di problemi, specialmente sociali, e nell'affrontarli concretamente: *avere una coscienza politica, civile, sociale*; *formarsi una coscienza operaia, di classe*. In questo senso coincide con la **sensibilità**, ossia con la spiccata ricettività verso date situazioni, o con l'**interesse**, che consiste in una partecipazione più intellettuale, vicina alla curiosità.

coscienziosaménte *avv.* scrupolosamente, diligentemente, rigorosamente, seriamente, responsabilmente, competentemente, onestamente, accuratamente, attentamente, esattamente, religiosamente (*fig.*) **CONTR.** incoscientemente, negligentemente, pigramente, sciattamente.

coscienziosità *s. f.* coscienza, diligenza, scrupolosità, rigorosità, rigore, scrupolo, serietà, impegno, responsabilità, capacità, competenza, austerità, onestà, fedeltà, accuratezza, meticolosità, attenzione, esattezza, precisione, cura **CONTR.** negligenza, trascuratezza, pigrizia, inerzia, disattenzione, noncuranza, sciatteria, trasandatezza. *V. anche* COSCIENZA

coscienzióso *agg.* diligente, scrupoloso, cosciente, corretto, onesto, meticoloso, attento, retto, rigoroso, zelante, preciso, puntuale, severo, austero, timorato □ esatto, accurato, fedele, serio **CONTR.** negligente, trascurato, noncurante, irresponsabile, disonesto □ sciatto, trasandato.

coscritto *agg.* recluta, cappellone (*scherz.*) □ (*al pl.*) leva **CONTR.** veterano, anziano.

coscrivere *v. tr.* **1** arruolare, reclutare **CONTR.** riformare, congedare **2** (*est.*) ingaggiare **CONTR.** licenziare.

coscrizióne *s. f.* arruolamento, leva, reclutamento **CONTR.** congedo.

così **A** *avv.* **1** in questo modo, in tal guisa **2** talmente, tanto **3** parimenti **B** *in funzione di agg.* tale, siffatto, simile, cosiffatto **C** *cong.* **1** tanto **2** (*con valore concl.*) perciò, pertanto, quindi **3** (*con valore avvers., conc.*) nonostante, sebbene **4** (*in prop. consec.*) a tal punto **5** (*con valore ottativo*) magari, volesse il cielo che!, almeno!, Dio volesse! **FRAS.** *e così?*, e allora? □ *e così via, e così via dicendo*, eccetera □ *e così sia*, amen □ *così così*, alla meglio, mediocremente □ *basta così*, è sufficiente.

cosiddétto *agg.* detto, denominato, chiamato, soprannominato.

cosmètico **A** *s. m.* belletto, pomata, crema, trucco **B** *agg.* di bellezza.

còsmico *agg.* **1** spaziale **2** (*est.*) universale, generale, totale **CONTR.** particolare, individuale.

còsmo *s. m.* universo, mondo, creato **CONTR.** caos.

cosmonàuta *s. m. e f.* astronauta.

cosmonàutico *agg.* spaziale.

cosmonàve *s. f.* astronave.

cosmopolita *s. m. e f.; anche agg.* **1** internazionale, universale, plurietnico, plurirazziale **CONTR.** nazionale, monoetnico **2** (*est.*) (*di mentalità*) ampio, aperto **CONTR.** ristretto, gretto, meschino, angusto.

cosmopolitismo *s. m.* universalismo, universalità, internazionalismo **CONTR.** nazionalismo, razzismo.

còso *s. m.* (*fam.*) cosa, oggetto, roba, aggeggio.

cospàrgere *v. tr.* disseminare, spargere, spruzzare, spalmare, ungere, costellare, aspergere, ricoprire, velare, nebulizzare, polverizzare **CONTR.** pulire, ripulire.

cospàrso *part. pass. di* **cospargere**; *anche agg.* disseminato, seminato, sparso, asperso, spruzzato, costellato, fiorito (*fig.*), coperto, ricoperto, velato, soffuso **CONTR.** libero, pulito, ripulito.

cospètto *s. m.* presenza, vista **FRAS.** *al cospetto di*, dinanzi a, alla presenza di □ *cospetto!*, perbacco!, capperi!

cospìcuo *agg.* **1** (*di patrimonio, di rendita e sim.*) ingente, considerevole, ricco, grande, notabile, vistoso, notevole, rilevante, rimarchevole, copioso, lauto, sostanzioso **CONTR.** piccolo, trascurabile **2** (*di persona, di fama, ecc.*) esimio, ragguardevole, rispettabile, spettabile, pregevole, famoso, insigne, egregio, distinto, segnalato **CONTR.** mediocre, oscuro **3** (*ant.*) manifesto, visibile, evidente. *V. anche* FAMOSO, GRANDE

cospiràre *v. intr.* **1** complottare, congiurare, ordire, intrigare, macchinare, tramare, tessere, architettare, concertarsi **2** (*est.*) tentare di nuocere **3** (*fig.*) (*a un fine*) concorrere, cooperare, aiutare, consentire, coadiuvare **CONTR.** avversare, sabotare, nuocere.

cospiratóre *s. m.* (*f. -trice*) agitatore, congiurato, sovvertitore, rivoluzionario, orditore, intrigante, macchinatore.

cospirazióne *s. f.* **1** complotto, conciliabolo, congiura, rivoluzione, colpo, golpe (*sp.*), intrigo, trama, macchinazione, insurrezione, raggiro, maneggio **CONTR.** reazione **2** (*fig.*) (*per un fine*) consenso, cooperazione, concorso.

COSPIRAZIONE
sinonimia strutturata

Cospirazione indica un accordo segreto di un gruppo di persone, civili o militari, finalizzato al rovesciamento delle istituzioni o della linea politica di uno Stato: *sedare con la forza una cospirazione politica*; figuratamente la parola si usa in riferimento a una unione, a un concorso di persone o di cose per la realizzazione di uno stesso obiettivo, che può essere anche positivo o innocuo: *cospirazione di forze, di interessi*. Anche la **congiura** è una forma di accordo segreto, talvolta solenne, volto al rovesciamento violento dell'organizzazione politica che si trova al potere: *la congiura di Catilina*; *la congiura dei baroni*; *ordire, scoprire, sventare una congiura*; il termine si usa raramente anche per riferirsi all'insieme dei congiurati: *le riunioni della congiura*. Per estensione, congiura si usa anche per esprimere il mettere in difficoltà, il boicottare, il danneggiare qualcuno nell'attività professionale, culturale, ecc.: *contro di me c'è una vera e propria congiura*; *la congiura del silenzio*, in particolare, è quella in cui qualcuno viene indirettamente danneggiato dall'essere ignorato e non menzionato dagli altri: *contro quello scrittore si è avuta una vera congiura del silenzio da parte del mondo intellettuale*. Il **complotto** è una intesa segreta organizzata ai danni di qualcuno: *organizzare, ordire, sventare un complotto*.

L'**insurrezione** è una ribellione, una sollevazione di carattere collettivo rivolta contro l'autorità, contro il potere di uno Stato oppressore: *l'insurrezione fu repressa nel sangue*. Particolare riferimento all'area semantica che trattiamo ha la locuzione *colpo di Stato*, che indica un'azione intesa a sovvertire e mutare radicalmente, in modo violento o non legittimo, le istituzioni di uno Stato, attuata da gruppi civili o militari che fanno parte di quello stesso Stato.

La **rivoluzione** è un rivolgimento, uno sconvolgimento profondo dell'assetto politico e sociale, che provoca radicali trasformazioni delle istituzioni, del governo, dell'economia, della cultura, del costume: *la Rivoluzione francese*; *la Rivoluzione d'ottobre*; *è scoppiata la rivoluzione*. A differenza del colpo di Stato, la rivoluzione è propria di un movimento generale di una intera popolazione e non di un gruppo di congiurati che avanzano interessi di parte: la rivoluzione rappresenta un rinnovamento per la società, il colpo di Stato una reazione di pochi che ambiscono al controllo del potere. Rispetto all'insurrezione, che si limita a contrastare e combattere il potere costituito, la rivoluzione muta completamente lo stato delle cose e genera un nuovo ordine.

La **macchinazione** è l'ordire, il tramare imbrogli di nascosto, per danneggiare qualcuno: *le tue ridicole macchinazioni per tentare di incastrarlo non otterranno nessun effetto*. L'**intrigo** è un modo scorretto di comportarsi con il quale si cerca di ottenere qualcosa slealmente; il termine inoltre si riferisce anche all'affaccendarsi per ostacolare il corso delle cose o per provocare disordini: *gli intrighi di corte*; *essere abituato agli intrighi*.

còsta *s. f.* ***1*** (*anat.*) costola ***2*** (*est.*) fianco, lato, parte ***3*** (*di libro*) dorso ***4*** (*di foglia*) nervatura ***5*** (*di fiume, di mare e sim.*) riva, lido, litorale, spiaggia, costiera, marina, ripa, riviera, bagnasciuga, piaggia (*poet.*) ***6*** (*di altura*) fianco, pendice, pendio, erta, ciglione, versante, declivio, pendenza, salita ***7*** (*di coltello, di spada e sim.*) **CONTR.** taglio, filo ***8*** (*di stoffa*) costola, riga saliente □ costura **FRAS.** *di costa*, di lato, di fianco.

costànte *agg.* ***1*** (*di temperatura, di vento, ecc.*) durevole, stabile, isotermo, persistente, perenne, perpetuo, uniforme, regolare, continuativo, immutabile, invariabile, continuo, invariato, inalterato, fisso, stazionario □ (*di discorso, di ore, ecc.*) filato (*fig.*) **CONTR.** incostante, instabile, ineguale, irregolare, precario, mutabile, alterabile, variabile, vario ***2*** (*di persona, di carattere*) saldo, tenace, perseverante, resistente, fedele, assiduo, incrollabile, instancabile, inflessibile, lineare, fermo, coerente, indomito, ostinato, pertinace, pervicace **CONTR.** volubile, incostante, instabile, labile, lunatico, sbandato, leggero, infedele, mutevole, camaleontico, disuguale ***3*** frequente **CONTR.** raro, sporadico, saltuario. *V. anche* FREQUENTE, PERPETUO

costanteménte *avv.* durevolmente, stabilmente, regolarmente, assiduamente, invariabilmente, immutabilmente, continuamente, saldamente, tenacemente, perseverantemente **CONTR.** incostantemente, instabilmente, variabilmente, mutevolmente, volubilmente □ saltuariamente, sporadicamente.

costànza *s. f.* ***1*** (*di persona*) fermezza, perseveranza, tenacia, inflessibilità, fedeltà, stabilità, linearità, persistenza, pertinacia, pervicacia, pazienza, diligenza, ostinazione, accanimento, carattere, saldezza, assiduità, insistenza, resistenza, coerenza, equilibrio **CONTR.** incostanza, volubilità, labilità, debolezza, leggerezza, infedeltà, sbandamento, mutevolezza, altalena, acrobatismo, giravolta ***2*** (*di fenomeno*) inalterabilità, invariabilità, immutabilità, uniformità, regolarità, fissità, durevolezza, continuità, frequenza **CONTR.** alterabilità, variabilità, mutabilità, instabilità, irregolarità, mobilità, sporadicità, saltuarietà. *V. anche* ENERGIA

COSTANZA
sinonimia strutturata

Chi non è volubile e rimane saldo nel suo proposito è caratterizzato da **costanza**: *avere costanza nello studio, negli affetti, nell'amicizia*; la costanza può coincidere anche con la forza d'animo ed è detta figuratamente anche **fermezza**, **saldezza**: *sopportare con costanza le avversità*; *fermezza di convinzioni*; *saldezza d'animo, di propositi*; più incisivo è **inflessibilità**, che indica un rigore talvolta eccessivo. La saldezza di carattere coincide di solito con una **linearità** di pensiero e di condotta, ossia col loro protrarsi e corrispondersi nel tempo con **coerenza**, cioè senza contraddizioni: *la linearità di un discorso*; *la vostra coerenza è ammirevole*. Queste caratteristiche si risolvono in **stabilità** e in **equilibrio**, ovvero nella capacità di comportarsi con misura, controllo di sé, ponderazione, ecc.

Chi è costante in genere possiede **pazienza**, cioè sa tollerare a lungo e serenamente tutto ciò che, in minore o maggiore misura, risulta sgradevole, irritante o doloroso: *con i bambini bisogna avere pazienza*; molto vicino è **resistenza**, che in senso lato indica la capacità di far fronte allo sforzo intellettuale o fisico o all'abbattimento morale. **Fedeltà** suggerisce una particolare adesione interiore, più che uno sforzo di volontà, come fondamento della costanza nel sentimento. Particolare determinazione e durevolezza sono invece evocate da **perseveranza**, **tenacia** e da **assiduità**, che sottolinea inoltre la continuità e la frequenza nel fare qualcosa: *la sua perseveranza è degna di lode*; *lavorare con tenacia per affermarsi*; *assiduità nello studio*. Ancor più incisivi, **pertinacia**, **persistenza**, **ostinazione**, **accanimento** e **insistenza** possono designare non solo risolutezza ma caparbietà: *difendere con pertinacia le proprie idee*; *perseguire i propri fini con ostinazione*; *accanimento nello studio*; in senso lato, **accanimento** designa inoltre la costanza nell'infierire o nell'odiare: *perseguitare con accanimento un rivale*; abbastanza simile è la **pervicacia**, che però si avvicina al concetto di protervia e indica l'ostinazione sfacciata nel compiere qualcosa di malvagio o considerato tale: *la sua pervicacia nel peccare*.

Si dice costante anche un fenomeno che non subisce cambiamenti, ossia che possiede **invariabilità**, **immutabilità**, **inalterabilità**: *l'immutabilità di una decisione*; molto incisivi, questi termini evocano l'intrinseca impossibilità di qualcosa di trasformarsi, e quindi sottolineano particolarmente la sua **fissità** o **immobilità**: *la fissità delle sue idee*. **Regolarità** segnala una successione temporale costante, e quindi la puntualità con cui qualcosa, anche in divenire o episodicamente, si ripete: *regolarità nei pagamenti*; ciò che si svolge o si ripete senza interruzioni nello spazio o nel tempo è invece contraddistinto da **continuità**. Ancor più incisivo è **uniformità**, che indica la condizione di ciò che è uguale in ogni sua parte, privo di variazioni, difformità, discontinuità, arrivando a designarne talvolta la monotonia: *l'uniformità di un paesaggio, di un suono*.

costàre ***A*** *v. intr.* valere, avere il prezzo di □ essere costoso **CONTR.** non valere, essere economico ***B*** *v. intr.* e *tr.* ***1*** (*fig.*) (*di sacrificio, di fatica, ecc.*) implicare, esigere, richiedere, comportare ***2*** rincrescere, dispiacere, addolorare, affliggere **CONTR.** rallegrare, allietare **FRAS.** *costi quel che costi*, a qualsiasi prezzo, in ogni modo □ *costare un Perù*, costare moltissimo.

costàta *s. f.* (*est.*) bistecca, braciola, fracosta (*dial.*) □ costoletta tagliata, fiorentina.

costàto *s. m.* torace, petto.

costeggiàre *v. tr.* ***1*** (*di imbarcazione*) navigare lungo, cabotare ***2*** (*est.*) (*di persona*) camminare lungo ***3*** (*fig.*) (*di strada, di ruscello, ecc.*) fiancheggiare, estendersi, correre lungo **CONTR.** allontanarsi.

costellàre *v. tr.* cospargere, riempire, disseminare, spruzzare, ricoprire **CONTR.** liberare, ripulire.

costellazióne *s. f.* ***1*** raggruppamento di stelle □ (*est.*) gruppo, insieme ***2*** (*fig.*) (*di attori, di personalità e sim.*) gruppo.

costernàre *v. tr.* avvilire, affliggere, scoraggiare, abbattere, addolorare, spaventare, deprimere, demoralizzare, desolare, sconfortare, sconsolare, sgomentare, sbigottire, prostrare, disanimare **CONTR.** animare, confortare, incoraggiare, rinfrancare, sollevare.

costernàto *part. pass. di* **costernare**; *anche agg.* afflitto, avvilito, mogio, triste, depresso, sgomento, scoraggiato, sconfortato, sconsolato, abbattuto, abbacchiato, addolorato, demoralizzato, desolato, disanimato, accasciato **CONTR.** lieto, baldanzoso, rinfrancato, sollevato, speranzoso, rianimato.

costernazióne *s. f.* smarrimento, abbattimento, disperazione, dolore, tristezza, avvilimento, afflizione, cordoglio, sbigottimento, sconforto, scoraggiamento, mortificazione **CONTR.** baldanza, allegria, conforto, sollievo, speranza, tripudio. *V. anche* SCORAGGIAMENTO

costièro *agg.* litoraneo, litorale, rivierasco.

costipàre ***A*** *v. tr.* ***1*** (*di terreno*) rullare, comprimere **CONTR.** sollevare ***2*** ammassare, stivare, ammucchiare, pigiare, riempire **CONTR.** diradare, vuotare ***3*** rendere stitico, astringere ***B*** **costiparsi** *v. intr. pron.* (*fam.*) raffreddarsi.

costipazióne *s. f.* ***1*** (*di terreno*) compressione ***2*** costipamento (*raro*), stitichezza, stipsi **CONTR.** diarrea ***3*** (*fam.*) raffreddore, raffreddamento, infreddatura.

costituènte ***A*** *s. m.* ***1*** (*chim.*) elemento, componente ***2*** (*polit.*) legislatore ***B*** *s. f.* assemblea legislativa.

costituìre ***A*** *v. tr.* ***1*** (*di società, di scuola, ecc.*) organizzare, fondare, istituire, creare, impiantare □ comporre, formare **CONTR.** sciogliere ***2*** (*di più persone o cose*) formare, essere, rappresentare ***3*** (*dir.*) dichiarare ***4*** (*a rappresentante, a difensore, ecc.*) eleggere, nominare **CONTR.** destituire ***B*** **costituirsi** *v. intr. pron.* ***1*** formarsi, comporsi, radunarsi □ organizzarsi, ordinarsi ***2*** (*dir.*) presentarsi, consegnarsi □ (*dir.*) nominarsi, dichiararsi **CONTR.** sottrarsi.

costituìto *part. pass. di* **costituire**; *anche agg.* ***1*** organizzato, fondato, istituito, creato, formato, composto **CONTR.** sciolto ***2*** eletto, nominato.

costituzióne *s. f.* ***1*** (*di società, di scuola, ecc.*) fondazione, istituzione, creazione, instaurazione, inaugurazione □ (*di un debito, di un'ipoteca*) accensione (*dir.*) **CONTR.** scioglimento, disfacimento ***2*** (*est.*) (*di cosa*) composizione, formazione, natura, struttura, essenza ***3*** complessione, organismo, corporatura, conformazione, figura ***4*** fisico, fibra, tempra, salute ***5*** statuto, carta costituzionale, leggi, ordinamento, forma, sistema, organizzazione ***6*** (*di reo, di ricercato*) presentazione **CONTR.** fuga.

còsto *s. m.* ***1*** spesa ***2*** prezzo, tariffa, importo, valore, quanto ***3*** (*fig.*) rischio, fatica, sacrificio, disagio, sforzo **FRAS.** *a ogni costo, a tutti i costi*, in qualunque modo □ *a nessun costo*, in nessun modo.

còstola *s. f.* ***1*** costa ***2*** (*di libro*) dorso ***3*** (*di lama, di pettine, ecc.*) costa ***4*** (*di foglia*) nervatura ***5*** (*arch.*) costolone, nervatura ***6*** (*raro*) spigolo **FRAS.** *alle costole* (*fig.*), sempre vicino.

costolétta *s. f.* ***1*** *dim. di* **costola** ***2*** bistecca, braciola, costata, entrecôte (*fr.*).

costóne *s. m.* ***1*** *accr. di* **costa** ***2*** (*di montagna*) cresta, propaggine.

costóso *agg.* ***1*** caro, dispendioso, prezioso, salato (*fig.*), antieconomico **CONTR.** economico ***2*** faticoso, laborioso **CONTR.** leggero.

costrétto *part. pass. di* **costringere**; *anche agg.* ***1*** obbligato, vincolato, forzato, coartato, indotto, tenuto, necessitato, legato (*fig.*), condannato (*fig.*) ***2*** (*di riso, di pianto, ecc.*) represso, frenato ***3*** (*lett.*) stretto, compresso **CONTR.** allentato.

costrìngere *v. tr.* ***1*** (*a fare, a dire, ecc.*) obbligare, vincolare, coartare, inchiodare (*fig.*), forzare, indurre, determinare, impegnare, necessitare, sforzare, violentare, condannare (*est.*), sottoporre, legare (*fig.*), iugulare (*fig., lett.*) **CONTR.** disobbligare, esentare ***2*** (*fig.*) (*di riso, di ira, ecc.*) moderare, reprimere, frenare, domare, soffocare, trattenere, contenere **CONTR.** sfogare, dare libero sfogo ***3*** (*lett.*) stringere, comprimere, pressare, stipare, ammassare, ridurre, serrare, racchiudere **CONTR.** allentare, sciogliere, mollare.

COSTRINGERE
sinonimia strutturata

Si definisce **costringere** innanzitutto il fare in modo che qualcuno agisca come non vorrebbe usando la forza fisica o morale, le minacce, ecc.: *costringere qualcuno a dire la verità, a mentire*; *costringere un esercito alla resa*; *la fame lo costrinse a fuggire*; pressoché equivalenti sono **obbligare**, **coartare** e **forzare**: *nessuno ti obbliga, puoi scegliere liberamente*; *coartare un teste a deporre il falso*; *forzare a dire, a fare ciò che non vorrebbe*. Molto più incisivo è il verbo **violentare**, che suggerisce l'impiego della forza bruta, e che nel suo uso più frequente significa costringere qualcuno a un rapporto sessuale: *violentare la coscienza, la volontà di qualcuno*.

Un'azione più sottile, meno esplicita è descritta invece da **indurre**, che corrisponde a spingere, trascinare o piegare: *indurre qualcuno a partire, a parlare, alla sottomissione, a una dolorosa decisione*; abbastanza vicino è **determinare**, che precisamente significa far decidere: *la pioggia lo determinò a rimanere in casa*. Il creare le condizioni per una scelta obbligata corrisponde al **necessitare**: *le opposizioni fattemi... mi necessitarono in tal maniera a pensarvi sopra* (GALILEI).

Vincolare e **legare** indicano il creare, il porre in una situazione caratterizzata da obblighi o limitazioni: *il lavoro mi vincola a non trasferirmi fino all'anno prossimo*; pressoché equivalente è **impegnare**, che però suggerisce anche una scelta o una responsabilità personalmente sentita. Un'idea di durevolezza o addirittura di irrevocabilità è suggerita dal significato estensivo di **condannare**: *la sorte lo condanna a vivere in miseria*.

Nel linguaggio letterario, costringere significa far entrare una cosa in un'altra riducendone le dimensioni, schiacciandola, ed equivale quindi a **comprimere**, **stringere**, **pressare**, **ridurre**, **serrare**, **racchiudere**: *costringere una ruota nel suo cerchio*. **Stipare** e **ammassare** si distinguono perché suggeriscono che l'oggetto sia una quantità numerosa di cose distinte.

In questo senso, figuratamente costringere significa **reprimere**, ossia domare, soffocare la forza o l'impeto di qualcosa che tende a prorompere, agitarsi con moto istintivo: *reprimere la violenza, l'ira*; *un lieve sapore d'ironia ch'egli non poté reprimere* (NIEVO). Rispetto a reprimere, **frenare** evoca un'azione dall'effetto parziale, e si avvicina perciò a **contenere**, **trattenere** entro i dovuti limiti: *frenare il pianto, le passioni, l'ira, l'orgoglio*; *trattenere le emozioni*; ancor più connotato in questo senso è **moderare**, che corrisponde più da vicino ad attenuare, controllare: *moderare l'entusiasmo*.

costrittìvo *agg.* ***1*** coercitivo, coattivo, obbligante, obbligatorio, costrittore, limitativo, opprimente, repressivo, iugulatorio **CONTR.** liberatorio □ facoltativo ***2*** (*med.*) astringente **CONTR.** lassativo.

costrizióne *s. f.* coartazione, coercizione, coazione, obbligo, necessità, limitazione, restrizione, oppressione, repressione, imposizione, violenza, vincolo, prigione (*fig.*), tirannia (*fig.*) **CONTR.** liberazione, allentamento, rilassamento, svincolamento, esenzione, immunità.

costruìre *v. tr.* ***1*** fabbricare, edificare, erigere, alzare, innalzare, fare, elevare, ergere, drizzare **CONTR.** abbattere, distruggere, rovinare, atterrare, demolire, disfare, smontare, sfasciare, smantellare, diroccare, sventrare, spianare, annientare ***2*** (*fig.*) (*di teoria, di sistema, ecc.*) comporre, formare, ideare, congegnare, fondare, determinare, creare ***3*** (*di periodo, di discorso, ecc.*) ordinare, disporre.

costruìto *part. pass. di* **costruire**; *anche agg.* ***1*** fabbricato, edificato, eretto, innalzato, fondato, fatto **CONTR.** abbattuto, distrutto, atterrato, demolito, disfatto, spianato ***2*** (*di teoria, di sistema, ecc.*) ideato, composto, creato, congegnato ***3*** (*di periodo, di discorso, ecc.*) ordinato, disposto.

costruttìvo *agg.* (*fig.*) operativo, pratico, concreto, positivo **CONTR.** distruttivo, negativo, cattivo.

costrùtto *s. m.* ***1*** (*di parole*) ordine, disposizione, costruzione ***2*** frase, espressione, proposizione, idiotismo ***3*** (*est.*) (*di discorso, di frase*) senso, significato, validità, consistenza, sugo (*fig.*) ***4*** (*fig.*) risultato, utilità, profitto, vantaggio, utile, giovamento, guadagno, tornaconto **CONTR.** svantaggio, danno, inutilità **FRAS.** *senza costrutto*, inutile. *V. anche* GUADAGNO

costruttóre *s. m.*; *anche agg.* (*f. -trice*) edificatore, imprenditore, produttore, fabbricante □ fondatore, formatore **CONTR.** distruttore, demolitore, devastatore □ eversore.

costruzióne *s. f.* ***1*** edificazione, fabbricazione, erezione **CONTR.** distruzione, abbattimento, demolizione, annientamento, smantellamento, diroccamento ***2*** edificio, fabbricato, casa, stabile, opera, fabbrica, opificio, manufatto ***3*** (*fig.*) (*di romanzo, di opera d'arte, ecc.*) struttura, fattura, trama, intreccio, architettura (*fig.*) ***4*** (*ling.*) costrutto □ disposizione ***5*** (*di gioco*) meccano.

costùi *pron. dimostr.* questa persona, codesta persona, questi, questo **CONTR.** colui.

costumàre *A* v. intr. usare, solere, avere l'abitudine, essere solito, essere avvezzo **CONTR.** disusare, trascurare, abbandonare l'usanza *B* v. tr. (*ant.*) educare, ammaestrare, abituare, avvezzare, istruire **CONTR.** diseducare, disabituare. *V. anche* EDUCARE

costùme s. m. *1* abitudine, consuetudine, regola, pratica, mania, guisa, stile, maniera *2* usanza, credenza, uso, tradizione, costumanza, rito, moda, voga, andazzo, andamento *3* condotta, contegno, educazione, comportamento, ethos, morale *4* (*est.*) (*di vestire*) abbigliamento, moda, foggia *5* (*est.*) indumento, abito, veste, body (*ingl.*) *6* (*da bagno*) **CFR.** monopezzo, monokini, due pezzi, bikini, topless (*ingl.*), slip (*ingl.*). *V. anche* ABITUDINE, MODA, MORALE, RITO

cotènna s. f. *1* cotica (*dial.*) *2* (*scherz., spreg.*) (*di uomo*) pelle *3* (*est.*) (*di terreno*) superficie, cotica, zolla erbosa.

còtica s. f. *1* (*dial.*) (*di maiale*) cotenna *2* (*di terreno*) superficie, cotenna, zolla erbosa.

cotolétta s. f. bistecca impanata, fettina, braciola, costoletta.

cotonàre v. tr. (*di capelli*) accotonare, increspare, gonfiare.

cotonàto part. pass. di **cotonare**; anche agg. (*di capelli*) accotonato, increspato, gonfio, gonfiato.

cotóne s. m. *1* bambagia, ovatta *2* (*est.*) filo, filato □ tela.

còtta s. f. *1* (*fam.*) cottura, cozione (*ant.*), bollitura, friggitura, rosolatura *2* (*fig., pop.*) ubriacatura, sbornia (*pop.*), sbronza (*fam.*) *3* (*di atleta e sim.*) crisi, défaillance (*fr.*), prostrazione, intontimento, spossatezza, esaurimento **CONTR.** energia, vigore *4* (*fig., scherz.*) sbandata, scuffia (*pop.*), passione, innamoramento, amore, amoretto, infatuazione, incapricciamento, invaghimento, flirt (*ingl.*) **FRAS.** *furbo di tre cotte* (*fig.*), furbissimo.

cottage /ingl. 'kɔtidʒ/ [vc. ingl., dal fr. *cotage*, dal ted. *Kote* 'capanna'] s. m. inv. casetta di campagna, villino, dacia (in Russia).

còttimo s. m. forfait (*fr.*).

còtto *A* part. pass. di **cuocere**; anche agg. *1* cucinato, bollito, arrostito, fritto, arrosto, abbrustolito, tostato **CONTR.** crudo, naturale *2* (*est.*) bruciato, scottato, ustionato, inaridito, disseccato *3* (*fig.*) (*di persona, spec. di atleta*) prostrato, intontito, sfinito, spossato, stravolto, esaurito, esausto, stremato, groggy (*ingl.*) **CONTR.** energico, vigoroso, fresco, forte *4* (*fig.*) ubriaco, sbronzo *5* (*fig.*) innamorato, infatuato, incapricciato, invaghito, impazzito *B* s. m. mattone, terracotta, terraglia **FRAS.** *farne di cotte e di crude* (*fig.*), farne di tutti i colori.

count down /ingl. 'kaunt 'daun/ [loc. ingl., propriamente 'conto alla rovescia', comp. di *count* 'conto' e *down* 'giù, verso il basso'] loc. sost. m. inv. conto alla rovescia.

coupon /fr. ku'pɔ̃/ [vc. fr., 'tagliando', da *couper* 'tagliare'] s. m. inv. tagliando, biglietto, cedola, buono, contromarca, talloncino, ticket (*ingl.*), voucher (*ingl.*).

couturier /fr. kuty'rje/ [vc. fr., da *couture* 'alta moda'] s. m. inv. stilista, modista.

covàre *A* v. tr. *1* (*di uovo*) riscaldare *2* (*fig.*) (*di persona, di denaro, ecc.*) curare, custodire, proteggere, difendere, coccolare, adorare **CONTR.** trascurare *3* (*fig.*) (*nel letto*) indugiare, poltrire *4* (*fig.*) (*di odio, di sospetto, ecc.*) nutrire, annidare, meditare, maturare *5* (*di piano, di progetto e sim.*) preparare, architettare *B* v. intr. (*fig.*) (*di fuoco, di inganno, ecc.*) stare celato, dissimularsi, nascondersi, annidarsi, essere latente **CONTR.** apparire, essere evidente, manifestarsi **FRAS.** *gatta ci cova!* (*fig.*), c'è un imbroglio!

covàta s. f. *1* nidiata, figliata *2* pulcini *3* (*fig., scherz.*) figliolanza, prole.

cover girl /ingl. 'kʌvə gə:l/ [vc. ingl., comp. di *cover* 'copertina' e *girl* 'ragazza'] loc. sost. f. inv. ragazza copertina, pin-up girl (*ingl.*), fotomodella.

covìle s. m. *1* covo, nido, tana, cuccia, canile □ rifugio *2* (*fig.*) stanzaccia, stamberga, giaciglio.

cóvo s. m. *1* (*di animali*) tana, covile, nido, riparo, covacciolo, cuccia, buco, caverna, spelonca *2* (*est.*) (*di persona*) giaciglio, letto *3* (*fig.*) (*di banditi, di ladri e sim.*) nascondiglio, rifugio, ricetto, ricettacolo, asilo, ritrovo.

covóne s. m. fastello, fascio, bica, manipolo.

cow-boy /ingl. 'kau bɔi/ s. m. inv. mandriano, buttero, vaccaio.

còzza s. f. *1* (*pop.*) mitilo, peocio, muscolo, arsella *2* (*dial.*) racchia (*pop.*), racchiona (*pop.*).

cozzàre *A* v. intr. *1* colpire con le corna, incornare *2* (*est.*) (*contro qualcosa*) urtare, battere, sbattere, scontrarsi, collidere (*raro*) *3* (*fig.*) (*di persone*) litigare, contrastare, contraddire *4* (*fig.*) (*di cose*) contrastare, discordare **CONTR.** concordare *B* v. tr. urtare, investire, tamponare, picchiare, percuotere □ sbattere, battere *C* **cozzarsi** v. rifl. rec. urtarsi, scontrarsi.

cozzàta s. f. cozzo, botta, cornata, capata.

còzzo s. m. *1* (*di persone*) colpo, cozzata, botta, cornata, capata *2* (*est.*) (*di veicoli*) urto, scontro, tamponamento, collisione, impatto *3* (*fig.*) (*di idee, di sentimenti, ecc.*) contrasto, conflitto, lite, contraddizione, dissidio **CONTR.** accordo, intesa, armonia.

crac s. m. inv. (*fig.*) rovina, fallimento, crollo, tracollo, dissesto, bancarotta, crisi, capitombolo (*fig.*) **CONTR.** boom (*ingl.*), esplosione, espansione. *V. anche* TRACOLLO

cracker /ingl. 'krækə/ [vc. ingl., da *to crack* 'spaccarsi, fendersi'] s. m. inv. galletta.

cràmpo s. m. contrazione, convulsione, spasmo.

crànio s. m. *1* teschio, capo *2* (*fig., fam.*) testa, mente, cervello.

crapulóne s. m. mangione, golosone, beone, gozzovigliatore, epulone **CONTR.** moderato, temperante, morigerato.

cràsso agg. *1* (*lett.*) fitto, denso, grasso, spesso, compatto **CONTR.** rarefatto, rado, diradato *2* (*fig.*) (*di ignoranza, di risata, ecc.*) grossolano, rozzo, villano, volgare **CONTR.** garbato, controllato, delicato, fine.

cratère s. m. *1* (*archeol.*) vaso, bicchiere, coppa *2* (*geol.*) (*di vulcano*) bocca, cavità, caldera *3* (*di esplosione*) buca, cavità.

cravàtta s. f. (*est.*) sciarpa, laccio, anello, nastro, fascia.

cravattìno *s. m.* farfalla (*fig.*), farfallino (*fig.*), papillon (*fr.*).

creànza *s. f.* educazione, garbatezza, urbanità, contegno, garbo, maniera, compitezza, civiltà, gentilezza, cortesia, costumatezza, discrezione **CONTR.** maleducazione, malacreanza, sgarbatezza, sguaiataggine, villania, inurbanità.

creàre *v. tr.* **1** produrre, fare, plasmare, formare, foggiare, germinare (*lett.*) □ (*est.*) costruire, comporre **CONTR.** distruggere **2** (*di persone, di animali*) procreare, generare, partorire, far nascere **CONTR.** uccidere **3** (*est.*) (*di romanzo, di personaggio, ecc.*) inventare, ideare, concepire, architettare **4** (*di istituzione, di industria, ecc.*) fondare, istituire, erigere, attuare, realizzare, impiantare, costituire **CONTR.** abolire, sciogliere **5** (*di imbarazzo, di scandalo, ecc.*) suscitare, provocare, causare, eccitare, determinare **6** (*di candidato*) eleggere, nominare, acclamare **CONTR.** destituire.

creatività *s. f.* capacità creativa, fantasia, fecondità, genialità, inventiva, estro, vena (*fig.*), arte.

creativo **A** *agg.* fantasioso, estroso, inventivo, fecondo **CONTR.** manierista **B** *s. m.* pubblicitario, copy-writer (*ingl.*).

creàto **A** *part. pass. di* **creare**; *anche agg.* **1** formato, fondato, fatto, prodotto, costruito, istituito, impiantato, realizzato, costituito, plasmato **CONTR.** distrutto, abolito, disciolto **2** (*di persona, di animale*) generato, procreato **CONTR.** ucciso **3** (*est.*) (*di romanzo, di personaggio, ecc.*) inventato, ideato, concepito, congegnato, composto **4** (*di imbarazzo, di scandalo, ecc.*) suscitato, provocato, causato, determinato **5** (*di candidato*) eletto, nominato **CONTR.** destituito **B** *s. m.* creazione, cosmo, universo, mondo, spazio, natura.

creatóre **A** *agg.* (*f. -trice*) realizzatore, edificatore, creativo **B** *s. m.* **1** autore, artefice, inventore, fondatore, fattore, padre, ideatore, plasmatore, demiurgo **CONTR.** distruttore **2** (*per anton.*) Dio.

creatùra *s. f.* **1** uomo, essere, individuo **2** bambino, figlio, figliolo, bimbo, fanciullo **3** protetto, beniamino.

creazióne *s. f.* **1** creato, universo, mondo, cosmo **2** invenzione, ideazione, generazione, realizzazione, composizione, esecuzione, fattura, produzione, scoperta, opera, trovata **CONTR.** imitazione, plagio **3** (*di società, di scuola, ecc.*) istituzione, fondazione, formazione, costituzione **CONTR.** abolizione, soppressione **4** elezione, nomina, acclamazione **CONTR.** destituzione.

credènte *part. pres. di* **credere**; *anche agg. e s. m. e f.* fedele, religioso, pio □ praticante, professante, osservante, ortodosso **CONTR.** irreligioso, miscredente, scettico, incredulo, ateo, empio, eretico, senzadio.

credènza (**1**) *s. f.* **1** fede, religione, confessione, dottrina **2** opinione, convinzione, teoria, avviso, convincimento **3** tradizione, leggenda **4** superstizione, pregiudizio **5** giudizio, parere **6** fiducia, attendibilità **7** (*comm.*) credito, fiducia, fido, credibilità. *V. anche* PREGIUDIZIO

credènza (**2**) *s. f.* armadio, dispensa, madia, vetrina, buffet (*fr.*).

crédere **A** *v. tr.* **1** ritenere vero **2** stimare, giudicare, reputare, pensare, immaginare, contare, ritenere, supporre, opinare, presumere, presupporre, congetturare, sospettare, figurarsi **B** *v. intr.* **1** confidare, sperare **2** (*ass.*) avere fede **C** **credersi** *v. rifl.* stimarsi, giudicarsi, reputarsi, immaginarsi, ritenersi, considerarsi, supporsi, presumersi, vedersi **D** *in funzione di s. m.* opinione, avviso, parere, convinzione, convincimento, criterio, idea, giudizio **FRAS.** *dare a credere* (*fig.*), illudere. *V. anche* GIUDICARE, PENSARE

credìbile *agg.* attendibile, verosimile, plausibile, possibile, ammissibile, dimostrabile, probabile, accreditabile, immaginabile, verosimigliante **CONTR.** incredibile, inattendibile, inaffidabile, assurdo, inverosimile, indimostrabile, impossibile. *V. anche* VERO

credibilità *s. f.* attendibilità, ammissibilità, plausibilità, possibilità, verosimiglianza, probabilità □ autorevolezza, onore, credito, fiducia **CONTR.** inverosimiglianza, assurdità, incredibilità, inattendibilità □ discredito, disistima.

crédito *s. m.* **1** reputazione, stima, fiducia, attendibilità, credibilità, prestigio, pregio, riguardo, fama, favore, considerazione, importanza, influenza, potere, autorità, entratura **CONTR.** discredito, disistima, sfiducia **2** (*dir.*) spettanza, attivo, fido **CONTR.** debito, passività, disavanzo, esposizione, indebitamento, passivo, pendenza, scoperto, deficit (*lat.*), buco (*fig.*) **3** banca, istituto bancario. *V. anche* REPUTAZIONE

crèdo *s. m. inv.* **1** dogma, fede, religione **2** (*fig.*) ideale, idealità, ideologia, convinzione, idee, principi.

credulità *s. f.* ingenuità, dabbenaggine, corrività (*raro, lett.*), semplicità, sciocchezza, stolidezza **CONTR.** incredulità, scetticismo, accortezza.

crèdulo *agg.* ingenuo, semplicione, credulone, corrivo, sciocco, macaco, maccabeo, stolido, semplice, sempliciotto, fiducioso, confidente **CONTR.** incredulo, diffidente, scettico, accorto.

credulóne *agg.*; *anche s. m.* ingenuo, sciocco, semplice, semplicione, stolido, sempliciotto, sprovveduto, scemo, grullo, minchione (*pop.*), credulo, fiducioso **CONTR.** incredulo, scettico, accorto, volpe (*fig.*).

credùto *part. pass. di* **credere**; *anche agg.* **1** ritenuto vero **2** stimato, giudicato, reputato, ritenuto, presunto, supposto, immaginato.

crèma **A** *s. f.* **1** panna **2** (*fig.*) (*di persone*) fior fiore, élite (*fr.*), crème (*fr.*), palmarès (*fr.*) **CONTR.** schiuma, feccia **3** zabaione, zuppa inglese **4** (*di verdure*) passato **5** (*di cosmetico*) pomata, belletto □ (*per scarpe*) lucido **B** *in funzione di agg. inv.* (*posposto a un s.*) (*di colore*) bianco-giallognolo.

cremàre *v. tr.* (*di cadavere*) bruciare, incenerire, ardere, incinerare **CFR.** inumare.

cremazióne *s. f.* (*di cadavere*) incinerazione, incenerimento **CFR.** inumazione.

crèmisi *s. m.*; *anche agg.* rosso vivo, vermiglio.

cremisìno *agg.* rosso vivo.

cremóso *agg.* denso, pastoso, mantecato **CONTR.** liquido.

crèn *s. m. inv.* (*bot.*) barbaforte, rafano.

crèpa *s. f.* **1** fessura, fenditura, spaccatura, falla, screpolatura, spacco, spiraglio, incrinatura, crepatura, crepaccio, frattura, fesso (*raro, tosc.*), lesione, scheggiatura **2** (*fig.*) dissidio, dissapore, screzio, contrasto, malinteso, lite, scricchiolio, rottura CONTR. accordo, armonia, amicizia.

crepàccio *s. m.* fenditura, spaccatura, crepa, squarcio, rottura, buco, gravina, rima.

crepacuòre *s. m.* cordoglio, afflizione, dolore, accoramento, angustia, lacerazione, amarezza, ambascia, angoscia, esulcerazione, disperazione, desolazione, patimento, passione, strazio, struggimento, sofferenza, magone (*sett.*) CONTR. gioia, godimento, serenità, felicità, consolazione, gaudio, giubilo, letizia.

crepapància *vc.; solo nella loc. avv. a crepapancia*, moltissimo, smodatamente, da scoppiare, a più non posso, a crepapelle.

crepapèlle *vc.; solo nella loc. avv. a crepapelle*, da morire, da scoppiare, tantissimo, smodataménte, a più non posso, a crepapancia.

crepàre ***A*** *v. intr.* e **creparsi** *intr. pron.* **1** spaccarsi, aprirsi, fendersi, squarciarsi, incrinarsi **2** (*di pelle, di corteccia e sim.*) screpolarsi ***B*** *v. intr.* **1** (*fig., fam.*) scoppiare (*fig.*), schiattare, schiantare, sbellicarsi, smascellarsi **2** (*est.*) morire CONTR. nascere.

crepàto *part. pass. di* **crepare**; *anche agg.* **1** spaccato, squarciato, incrinato, scheggiato, rotto, leso **2** (*di pelle, di corteccia e sim.*) screpolato **3** (*fig., fam.*) scoppiato (*fig.*) **4** (*est.*) morto CONTR. nato.

crepatùra *s. f.* spaccatura, fenditura, fessura, screpolatura, buco, crepa, spacco, incrinatura, rottura, rima.

crêpe /fr. krɛ:p/ [vc. fr., propriamente 'crespo'] *s. m. inv.* **1** crespo **2** frittella.

crepitàre *v. intr.* **1** (*di pioggia, di fuoco, ecc.*) scoppiettare, scricchiolare, tamburellare, picchiettare, rumoreggiare, cricchiare, scrosciare, sfrigolare, stridere, bruire (*lett.*) **2** (*lett.*) (*spec. di foglie*) frusciare, stormire.

crepitìo *s. m.* crepito, scoppiettio, scricchiolio, tamburellamento, picchiettio, scroscio, scricchio, sfrigolio, strepitio, rumorio.

crepuscolàre *agg.* **1** (*di luce, di cielo e sim.*) del crepuscolo □ semibuio, semiscuro, incerto, fioco CONTR. chiaro, luminoso, brillante, lucente, radioso, splendente **2** (*fig., lett.*) vago, evanescente, tenue, dubbio, scolorito CONTR. evidente, tangibile, concreto **3** (*di poesia*) sommesso, dimesso, intimista, malinconico. *V. anche* INCERTO

crepùscolo *s. m.* **1** alba, albore, vespro, barlume **2** (*est.*) tramonto, sera, penombra **3** (*fig.*) (*di persona, di civiltà*) declino, decadenza, eclissi (*fig.*), notte (*fig.*), tramonto (*fig.*) CONTR. albori, origine, principio, bagliori.

crescèndo *s. m.* (*fig.*) aumento, spirale, climax (*ling., lat.*), escalation (*ingl.*) CONTR. diminuendo, calando, diminuzione.

crescènte ***A*** *part. pres. di* **crescere**; *anche agg.* aumentante, in aumento, progressivo, emergente □ (*di astro*) sorgente CONTR. calante, decrescente, declinante ***B*** *s. m.* (*lett.*) falce di luna ***C*** *s. f.* focaccia, crescenza.

crescènza *s. f.* **1** crescita, accrescimento, aumento **2** (*region.*) focaccia, crescente **3** (*region.*) stracchino.

créscere ***A*** *v. tr.* **1** (*di prezzo, di tasse, ecc.*) accrescere, aumentare, alzare, ampliare, amplificare, allungare, allargare CONTR. abbassare, diminuire, restringere **2** (*di persona*) allevare, educare **3** (*di fiore, di pianta*) coltivare ***B*** *v. intr.* **1** svilupparsi, ingrandirsi, allargarsi, allungarsi, alzarsi, accrescersi CONTR. calare, diminuire, impiccolirsi, decrescere, restringersi **2** (*est.*) (*di età*) avanzare negli anni **3** (*di vegetazione*) germogliare, germinare, allignare, fiorire, attecchire, radicare, barbicare, prosperare CONTR. essicarsi **4** (*di numero, di intensità, ecc.*) aumentare, ampliarsi, espandersi, ingigantire, estendersi, gonfiarsi, dilatarsi, accentuarsi, consolidarsi CONTR. diminuire, impiccolirsi, affievolirsi, allentarsi, assottigliarsi, restringersi, languire, svanire, svaporare **5** (*di livello, di prezzo, ecc.*) salire, lievitare, montare CONTR. decrescere, calare, slittare, svalutarsi **6** (*di astro*) salire CONTR. declinare, impallidire **7** (*in fama, in stima, ecc.*) progredire, migliorare CONTR. regredire, peggiorare **8** sovrabbondare, essere in più, avanzare CONTR. mancare **9** (*mus.*) (*di nota*) stonare. *V. anche* EDUCARE

créscita *s. f.* accrescimento, crescenza, aumento, ingrossamento □ sviluppo, espansione, boom □ (*di livello, di prezzo, ecc.*) rincaro, incremento, lievitazione CONTR. calo, diminuzione □ recessione, ristagnamento □ caduta, slittamento, crollo.

cresciùto *part. pass. di* **crescere**; *anche agg.* **1** aumentato, ampliato, allungato, allargato, progredito, sviluppato CONTR. calato, diminuito **2** (*di persona*) allevato, educato **3** (*di fiore, di pianta*) coltivato **4** (*est.*) (*di età*) avanzato negli anni, adulto, fatto, grande **5** (*di vegetazione*) germogliato, allignato, prosperato, fiorito, attecchito, radicato **6** (*di numero, di intensità*) aumentato, dilatato, accentuato CONTR. affievolito, scemato, svanito **7** (*di prezzo, di livello, ecc.*) salito, aumentato CONTR. diminuito, calato, abbassato, caduto, sceso **8** (*di astro*) salito CONTR. calato.

crèsima *s. f.* (*relig.*) confermazione, crisma.

crèso [da *Creso*, re della Lidia, famoso per le sue ricchezze] *s. m.* riccone, signorone, miliardario, paperone, nababbo.

crespàto *agg.* increspato, ondulato, raggrinzito CONTR. liscio.

crespatùra *s. f.* increspatura, raggrinzamento, crespa, ondulazione.

créspo ***A*** *agg.* **1** (*di capello*) ondulato, arricciato, ricciuto, riccioluto, riccio, arricciolato, boccoluto CONTR. liscio, diritto, tirato **2** (*di tessuto*) increspato, pieghettato CONTR. liscio **3** (*di pelle*) grinzoso, rugoso, raggrinzito, grinzo, incartapecorito CONTR. liscio, teso ***B*** *s. m.* **1** crêpe (*fr.*), velo nero **2** (*est.*) lutto.

crésta *s. f.* **1** (*di uccelli*) ciuffo, pennacchio **2** (*est.*) sporgenza, rilievo **3** (*est.*) testa, capo **4** cuffietta, cuffia, crestina **5** (*di montagna*) crinale, spartiacque, dorsale, costone **6** (*est.*) (*di argine, di onda, ecc.*) sommità, cima, vertice, vetta, sommo CONTR. base, piede **FRAS.** *fare la cresta sulla spesa*, rubare sulla spesa □ *alzare la cresta* (*fig.*), insuperbirsi □ *essere sulla cresta dell'onda* (*fig.*), essere in un momento felice, riscuotere il favore di tutti.

créta *s. f.* **1** (*miner.*) calcare □ (*est.*) argilla **2** coccio, terracotta **3** (*geol.*) biancana.

cretinaménte *avv.* stupidamente, scioccamente, stoltamente, stolidamente, balordamente, ottusamente **CONTR.** intelligentemente, acutamente, saggiamente, prontamente.

cretinàta *s. f.* sciocchezza, stupidata, stupidaggine, scemenza, balordaggine, fesseria (*pop.*), banalità, asinata, somarata, bestialità, imbecillità, castroneria, corbelleria, baggianata, minchionata (*pop.*), cazzata (*volg.*), cacchiata, cavolata, stronzata (*volg.*).

cretinerìa *s. f.* **1** stupidità, stolidità, imbecillità, deficienza, idiozia, stoltezza, imbecillaggine, cretinaggine, citrullaggine, ebetaggine **CONTR.** intelligenza, genialità, ingegno, intelletto, mente, perspicacia, intendimento **2** *V.* **cretinata**.

cretinìsmo *s. m.* (*est.*) imbecillità, balordaggine, deficienza, idiozia, stupidità, stoltezza, cretinaggine, stolidità, scimunitaggine, insensatezza, scipitezza **CONTR.** intelligenza, accortezza, ingegno, criterio, sagacia, acutezza, perspicacia, intendimento.

cretìno *agg.*; *anche s. m.* imbecille, stupido, deficiente, idiota, stolto, sciocco, stolido, scimunito, insensato, scipito, scemo, scempio, balordo, fesso (*pop.*), asino, baggiano, beota, bietolone, ebete, fatuo, gonzo, grullo, citrullo, babbeo, insipiente, mentecatto, oca (*fig.*), ottuso, tonto **CONTR.** saggio, intelligente, sagace, perspicace, acuto, capace, sveglio, accorto, pronto, avveduto, penetrante, lucido, illuminato.

crìbbio [euf. per *Cristo*] *inter.* (*euf.*) perbacco!

cric *s. m.* martinello, martinetto, binda, leva.

crìcca *s. f.* camarilla, combriccola, clan, compagnia, consorteria, camorra (*est.*), congrega, lega, mafia (*est.*), cosca, gang (*ingl.*), conventicola, conciliabolo, combutta, comunella.

criminàle ***A*** *agg.* criminoso, delittuoso, delinquenziale, cattivo, scellerato, malvagio, nefando **CONTR.** onesto, retto, incolpevole ***B*** *s. m.* e *f.* delinquente, malfattore, malvivente, reo, colpevole, assassino **CONTR.** innocente.

criminalità *s. f.* delinquenza □ (*est.*) criminali, crimine, delinquenza, malavita □ delittuosità, criminosità, scelleratezza **CONTR.** onestà, innocenza.

crìmine *s. m.* delitto, assassinio, reato, imputazione, colpa, misfatto □ (*est.*) scelleratezza, nefandezza, iniquità □ (*est.*) criminalità, malavita, delinquenza **CONTR.** innocenza. *V. anche* COLPA

criminosaménte *avv.* delittuosamente, criminalmente, malvagiamente, scelleratamente **CONTR.** onestamente, innocentemente, rettamente.

criminosità *s. f.* delittuosità □ criminalità, scelleratezza **CONTR.** onestà, innocenza.

criminóso *agg.* criminale, delinquenziale, malvagio, scellerato, colpevole, delittuoso **CONTR.** onesto, innocente, retto.

crinàle *s. m.* dorsale, sommità, spartiacque, cresta.

crìne *s. m.* **1** (*di animale*) pelo **2** (*lett., poet.*) chioma, capigliatura, capelli.

crinièra *s. f.* **1** (*di cavallo, di leone, ecc.*) crini **2** (*est.*) (*di persona*) capigliatura, capelli, chioma **3** (*di cometa*) chioma **4** (*di elmo*) cimiero.

crinolìna *s. f.* sottogonna, faldiglia, guardinfante.

cripta *s. f.* **1** (*di chiesa*) sotterraneo, ipogeo **2** (*anat.*) cavità.

criptàre *v. tr.* cifrare, codificare □ oscurare **CONTR.** decrittare, decifrare, mettere in chiaro.

crisàlide *s. f.* (*zool.*) ninfa, pupa.

crìsi *s. f.* **1** (*med.*) peggioramento, scompenso, accesso, parossismo, acme, modificazione **CONTR.** guarigione, miglioramento, lisi **2** (*est.*) (*di pianto, di riso, ecc.*) scoppio, accesso **3** (*di politica, di economia, ecc.*) perturbazione, dissesto, recessione, stagnazione, ristagno, depressione, rovina, crac, disordine, squilibrio, esclissi (*fig.*) □ (*di industria*) decozione (*econ.*) □ magra, ristrettezze **CONTR.** espansione, esplosione, tenuta, boom (*ingl.*), fioritura, benessere **4** (*morale, religiosa, ecc.*) difficoltà, turbamento, smarrimento, inquietudine, perturbazione, sconcerto □ (*nello sport*) défaillance (*fr.*) **CONTR.** entusiasmo, fede, crescita □ performance (*ingl.*).

crìsma *s. m.* **1** olio consacrato, unguento, unzione **2** (*fig.*) approvazione, convalida, consacrazione **CONTR.** disapprovazione.

cristallino *agg.* **1** (*est.*) luminoso, limpido, trasparente, nitido, puro, chiaro, terso, traslucido, vitreo **CONTR.** offuscato, fosco, opaco, oscuro, torbido **2** (*fig.*) (*di voce*) chiara, sonora, squillante, acuta **3** (*fig.*) (*di coscienza, di carattere e sim.*) puro, onesto, limpido, adamantino, diamantino (*lett.*), specchiato **CONTR.** disonesto, tortuoso, ambiguo. *V. anche* TRASPARENTE

cristallizzàre *v. intr.* e **cristallizzàrsi** *intr. pron.* **1** (*miner.*) solidificarsi, pietrificarsi **CONTR.** sciogliersi **2** (*fig.*) (*di persona, di sistema, ecc.*) irrigidirsi, fossilizzarsi, fermarsi, immobilizzarsi, mummificarsi, invecchiare **CONTR.** aggiornarsi, adeguarsi, modernizzarsi.

cristallizzàto *part. pass. di* **cristallizzare**; *anche agg.* **1** (*miner.*) solidificato, pietrificato **CONTR.** sciolto **2** (*fig.*) (*di persona, di sistema, ecc.*) fermo, irrigidito, fossilizzato, arretrato, mummificato **CONTR.** aggiornato, avanzato, moderno.

cristallizzazióne *s. f.* **1** (*miner.*) solidificazione **CONTR.** scioglimento **2** (*fig.*) (*di persona, di situazione, ecc.*) irrigidimento, fossilizzazione, immobilizzazione, invecchiamento **CONTR.** flessibilità, malleabilità, duttilità, adeguamento, aggiornamento, modernizzazione.

cristàllo *s. m.* **1** vetro **2** (*est.*) specchio, lente, bicchiere.

cristianaménte *avv.* **1** da cristiano **2** (*est.*) amorevolmente, umanamente, caritatevolmente □ cortesemente, gentilmente **CONTR.** malamente, crudelmente, bestialmente □ sgarbatamente, scortesemente.

cristianizzàre *v. tr.* evangelizzare.

cristiàno ***A*** *agg.* **1** di Cristo, del cristianesimo **2** (*est.*) buono, caritatevole, umano, benigno, pietoso, compassionevole **CONTR.** impietoso, disumano, crudele, feroce *3* (*est., fam.*) decoroso, decente, conveniente, adeguato, gentile, cortese **CONTR.** indecoroso, indecente, indegno, sgarbato, scortese ***B*** *s. m.* *1* fedele, battezzato *2* (*fam.*) uomo.

Cristo ***A*** *s. m.* *1* Gesù, Messia, Redentore, Salvatore, Incarnato, Nazareno *2* (*est.*) crocifisso *3* (*fam.*) (*di persona*) poveraccio, disgraziato **CONTR.** fortunato, felice *4* (*est., pop.*) nulla, niente **CONTR.** tutto ***B*** *in funzione di inter.* (*volg.*) perbacco!, perdio! (*pop.*), perdinci! (*euf.*), perdindirindina! (*euf.*), cribbio! (*euf.*).

critèrio *s. m.* *1* norma, regola, principio, legge, canone, metodo, sistema, parametro, metro, procedimento, processo *2* buonsenso, senno, discernimento, giudizio, avvedutezza, ragione, sensatezza, ponderatezza, discrezione, assennatezza, saggezza, ragionevolezza, raziocinio, saviezza, cervello, mente, intelletto, logica, sale (*fig.*) **CONTR.** sconsideratezza, pochezza, faciloneria, forsennatezza (*raro*), insania, stoltezza, cretinismo, insensatezza, stranezza, stramberia, strampaleria *3* (*sport*) criterium. *V. anche* RAGIONE, SAGGEZZA

critica *s. f.* *1* giudizio, disamina, esame, valutazione □ analisi, osservazione, ermeneutica, esegesi, recensione, commento *2* critici, studiosi, specialisti *3* (*fam.*) giudizio negativo, biasimo, censura, rimprovero, appunto, accusa, attacco, contestazione, denigrazione, disapprovazione, dissenso, condanna, oppugnazione, riprensione, fronda (*fig.*), sferzata (*fig.*), staffilata (*fig.*), strigliata (*fig.*) **CONTR.** lode, approvazione, acclamazione, encomio, elogio, premio. *V. anche* OBIEZIONE

criticàbile *agg.* *1* discutibile, eccepibile, opinabile, sindacabile, contestabile, contrastabile **CONTR.** indiscutibile, irrefutabile, inconfutabile, incontestabile, incontrastabile, inattaccabile, insindacabile *2* biasimevole, riprovevole, vituperabile, condannabile, censurabile, deprecabile, denigrabile, riprensibile (*lett.*) **CONTR.** encomiabile, lodevole, ammirabile, lodabile, approvabile, incensurabile, irreprensibile, meritorio.

criticaménte *avv.* *1* dal punto di vista critico **CONTR.** acriticamente *2* biasimevolmente, negativamente **CONTR.** positivamente, encomiasticamente.

criticàre *v. tr.* *1* giudicare, esaminare, discutere, valutare, rivedere, recensire, commentare *2* biasimare, disapprovare, contestare, ridire, censurare, stigmatizzare, riprendere, sindacare, accusare, attaccare, colpire, stroncare, demolire, fustigare, sferzare, staffilare, lapidare, pungere, azzannare **CONTR.** lodare, approvare, premiare, esaltare, elogiare, acclamare, applaudire (*fig.*), decantare, gloriare, lisciare (*fig.*), sviolinare (*fam.*). *V. anche* BIASIMARE, GIUDICARE

criticàto *part. pass. di* **criticare**; *anche agg.* biasimato, censurato, contestato, discusso, disapprovato, sindacato, colpito, stroncato, demolito **CONTR.** lodato, approvato, apprezzato, stimato, esaltato.

critico ***A*** *agg.* *1* biasimatore, censorio, fustigatore, stroncatore □ dissenziente, dissidente, oppositore **CONTR.** lodatore, adulatore, apologeta, estimatore, sostenitore *2* (*di momento, di situazione, ecc.*) difficile, pericoloso, incerto, arduo, malcerto (*raro*), grave, teso, caldo (*fig.*), cruciale, nevralgico □ (*di evento, di ora e sim.*) x **CONTR.** facile, semplice, piano, sicuro, tranquillo ***B*** *s. m.* recensore, esegeta, esaminatore, giudice, saggista, studioso, specialista □ detrattore, fustigatore, censore, catone. *V. anche* INCERTO

crittàre *V.* **criptare**.

crittografìa *s. f.* scrittura segreta, codice.

crittogràfico *agg.* *1* cifrato, segreto **CONTR.** palese *2* (*fig.*) (*di messaggio, di discorso*) oscuro, incomprensibile **CONTR.** chiaro, comprensibile.

crivellàre *v. tr.* *1* bucherellare, sforacchiare, trafiggere, trapassare *2* (*ant.*) vagliare, setacciare.

crivèllo *s. m.* buratto, setaccio, vaglio □ ventilabro (*est.*).

croccànte *agg.* (*di pane*) scricchiolante **CONTR.** molle, elastico.

crocchétta *s. f.* polpettina, croquette (*fr.*), supplì.

cròcchia *s. f.* nodo, chignon (*fr.*).

cròcchio *s. m.* *1* (*di persone*) capannello, circolo, cerchio, gruppo, assembramento, ritrovo, riunione *2* (*di rumore*) scricchiolio, scricchio, scricchiamento, scricchiolamento.

cróce *s. f.* *1* crocifisso *2* (*fig.*) patibolo, patimento, pena, tormento, sofferenza, afflizione, disperazione, dolore, vessazione, tribolazione, affanno, disgrazia, supplizio, tortura, castigo **CONTR.** gioia, gaudio, felicità, sollievo, consolazione **FRAS.** *in croce* (*di oggetti*), trasversalmente □ *a occhio e croce*, pressappoco, all'incirca □ *farci una croce sopra* (*fig.*), non pensarci più □ *mettere in croce* (*fig.*), affliggere □ *stare in croce* (*fig.*), essere in pena □ *Croce Rossa, Croce Verde*, pronto soccorso □ *croce di Sant'Andrea*, croce a X, croce decussata □ *croce uncinata*, svastica. *V. anche* DECORAZIONE

crocefìggere e deriv. *V.* **crocifiggere** e deriv.

crocevìa *s. m. inv.* crocicchio, incrocio, bivio, trivio, quadrivio, biforcazione, intersecazione, biforcamento, diramazione.

crochet /*fr.* krɔ'ʃɛ/ [vc. fr., dim. di *croc* 'uncino'] *s. m. inv.* *1* uncinetto, maglia *2* (*del pugilato*) gancio, hook (*ingl.*).

crociàta *s. f.* (*fig.*) campagna.

crocìcchio *s. m.* *V.* **crocevia**.

crocifìggere ***A*** *v. tr.* *1* mettere in croce *2* (*fig.*) tormentare, affliggere, travagliare, contristare, addolorare, angariare, torturare **CONTR.** consolare, lenire, acquietare, confortare, blandire ***B*** **crocifiggersi** *v. rifl.* (*fig.*) mortificarsi, affliggersi, affannarsi, macerarsi, martirizzarsi **CONTR.** rallegrarsi, allietarsi, confortarsi, consolarsi.

crocifìsso ***A*** *part. pass. di* **crocifiggere**; *anche agg.* messo in croce ***B*** *s. m.* *1* croce *2* (*est.*) Cristo.

crogiolàre ***A*** *v. tr.* rosolare ***B*** **crogiolarsi** *v. intr. pron.* (*fig.*) bearsi, compiacersi, deliziarsi, dilettarsi, godersela.

crogiòlo *s. m.* *1* fornello, colatoio, coppella (*ant.*) *2* (*fig.*) (*di idee, di popoli, ecc.*) luogo di incontro, incontro, fusione, fucina (*fig.*).

croissant /*fr.* krwa'sã/ [vc. fr., propriamente 'crescente', cioè 'luna crescente', per la forma] *s. m. inv.* cornetto, chifel (*ted.*).

crollàre *A* *v. tr.* **1** (*di capo*) scuotere, tentennare, scrollare, dimenare, agitare **2** (*di spalle*) sollevare *B* *v. intr.* **1** (*di edificio, di albero, ecc.*) cadere, precipitare, piombare, franare, rovinare, sfasciarsi, diroccarsi, abbattersi, schiantarsi, disfarsi □ (*fig.*) (*di regime, di impero e sim.*) andare in rovina **CONTR.** sorgere, ergere, erigersi **2** (*est.*) (*di persone*) cadere, stramazzare, sprofondare **CONTR.** alzarsi, sollevarsi **3** (*fig.*) (*per dolore, per sonno, ecc.*) cedere, arrendersi, accasciarsi, cascare, piegarsi, abbandonarsi □ (*di speranza e sim.*) svanire, sfumare, naufragare (*fig.*), dileguarsi, tramontare **CONTR.** riprendersi, svegliarsi □ apparire, profilarsi, crescere. *V. anche* CADERE, SCUOTERE

crollàto *part. pass. di* **crollare**; *anche agg.* **1** (*di edificio, di albero, ecc.*) caduto, precipitato, rovinato, sfasciato **CONTR.** sorto, eretto **2** (*est.*) (*di persona*) stramazzato, sprofondato **CONTR.** sollevato, alzato.

cròllo *s. m.* **1** (*raro*) scuotimento, scossa, urto, scrollone, squasso **2** (*di edificio, di albero, ecc.*) caduta, cedimento, rovina, tracollo, schianto, frana, sfasciamento, smembramento, disfacimento **3** (*fig.*) (*di speranza e sim.*) fine, fallimento, sfacelo, dissoluzione, cedimento □ (*economico*) tracollo, crac, patatrac, tonfo, bancarotta, ribasso, insuccesso **CONTR.** nascita, inizio, crescita □ boom (*ingl.*). *V. anche* TRACOLLO

cromìa *s. f.* (*di colore*) tonalità.

cronaca *s. f.* **1** narrazione, cronistoria, relazione, resoconto, rassegna, descrizione, reportage (*fr.*), storia **2** rubrica.

crònico *agg.* **1** (*di malattia*) permanente, incurabile, inguaribile, insanabile, incarognito, irrecuperabile, irrimediabile, irreversibile **CONTR.** acuto, curabile, guaribile, passeggero, recuperabile, sanabile **2** (*est.*) (*di abitudine, di vizio, ecc.*) persistente, radicato, endemico, inveterato, incallito **CONTR.** sradicabile, transitorio, temporaneo.

cronìsta *s. m.* e *f.* **1** cronachista, storico **2** (*di giornale*) redattore, reporter.

cronistòria *s. f.* cronaca, narrazione, relazione, resoconto, descrizione, storia.

cronògrafo *s. m.* (*est.*) cronometro, marcatempo, timer (*ingl.*).

cronologìa *s. f.* (*di fatti, di avvenimenti*) ordine, successione, datazione □ cronografia.

cronologicaménte *avv.* in ordine di tempo.

cronomètrico *agg.* (*fig.*) puntuale, preciso, esatto, rigoroso **CONTR.** inesatto.

cronòmetro *s. m.* (*est.*) orologio □ cronografo, timer (*ingl.*).

cross /*ingl.* krɔs/ [vc. ingl., propriamente ‘croce’] *s. m. inv.* **1** (*nel calcio*) traversone, centro **2** (*nel pugilato*) diretto **3** *acrt. di* **motocross**.

crossàre *v. intr.* (*nel calcio*) centrare.

cròsta *s. f.* **1** incrostazione, scorza, strato, buccia, corteccia, concrezione, indurimento, gruma, gromma **2** (*fig.*) apparenza, superficie, facciata **CONTR.** sostanza, realtà, essenza **3** (*di sangue*) grumo, placca **4** (*di crostaceo*) guscio, involucro **5** (*fig., spreg.*) dipinto di poco valore.

crostìno *s. m.* tartina.

cróstolo *s. m.* (*spec. al pl., cuc.*) (*in Trentino*) cencio (*Toscana*), frappa (*Emilia*), chiacchiere (*Lombardia*), galano (*Veneto*), bugia (*Piemonte*).

cròtalo *s. m.* **1** (*zool.*) serpente a sonagli **2** (*spec. al pl.*) nacchere.

crucciàre *A* *v. tr.* tormentare, addolorare, affliggere, rattristare, rammaricare, turbare, travagliare (*lett.*), amareggiare, angosciare, contristare, impensierire, rimordere, rincrescere, inquietare □ esasperare, infastidire, irritare, indispettire **CONTR.** confortare, sollevare, consolare, rallegrare, lenire, rasserenare, placare *B* **crucciarsi** *v. intr. pron.* affliggersi, tormentarsi, rammaricarsi, rattristarsi, amareggiarsi, angosciarsi, angustiarsi, rodersi, corrucciarsi, contristarsi, conturbarsi, agitarsi, impensierirsi, travagliarsi, inquietarsi, turbarsi, dolersi, lagnarsi, lamentarsi, macerarsi □ risentirsi, sdegnarsi, accigliarsi, adirarsi, recriminare, imbronciarsi, ingrugnarsi, stizzirsi **CONTR.** allietarsi, consolarsi, rallegrarsi, compiacersi □ rassegnarsi, placarsi, distendersi.

crucciàto *part. pass. di* **crucciare**; *anche agg.* addolorato, afflitto, angosciato, inquieto, turbato, tormentato, imbronciato, triste, rattristato □ irritato, esasperato, indispettito, stizzito, indignato, sdegnato, accigliato **CONTR.** sereno, allegro, soddisfatto, disteso.

crùccio *s. m.* afflizione, pena, tormento, dramma (*fig.*), dolore, cura (*lett.*), ansia, angoscia, preoccupazione, malumore, pensiero, rovello (*lett.*), inquietudine, dispiacere, rincrescimento, rimorso, rodimento, turbamento, rammarico □ fastidio, noia, grattacapo, briga, seccatura, molestia, spina (*fig.*) **CONTR.** gioia, consolazione, sollievo, godimento, felicità, piacere, serenità, tranquillità. *V. anche* ANGOSCIA

crùcco *s. m.*; *anche agg.* (*spreg.*) tedesco.

crucìale *agg.* decisivo, critico, fondamentale, culminante, nevralgico, topico □ (*di evento, di ora e sim.*) x **CONTR.** secondario, insignificante.

crucivèrba *s. m. inv.* parole incrociate, puzzle (*ingl.*).

crudaménte *avv.* aspramente, brutalmente, bruscamente, rudemente, ostilmente **CONTR.** dolcemente, blandamente, civilmente, garbatamente.

crudèle *agg.* **1** disumano, spietato, malvagio, empio, cattivo, duro, inesorabile, feroce, efferato, snaturato, belluino, terribile, perfido, demoniaco, ferino, bestiale, inumano, mostruoso, sanguinario, sadico, selvaggio, barbaro, tirannico, truce, truculento, bruto, brutale, pravo (*lett.*), atro (*lett.*), diro (*lett.*) **CONTR.** buono, benigno, mite, dolce, tenero, generoso, pietoso, compassionevole, umano, misericordioso, clemente, soccorrevole (*lett.*), caritatevole, cristiano, ineffabile **2** (*di destino, di malattia, ecc.*) doloroso, tormentoso, acerbo, inclemente, crudo, atroce, aspro (*lett.*), amaro, penoso, impietoso, implacabile, orribile, tragico **CONTR.** dolce, benigno, mite, misericordioso, felice. *V. anche* NERO

CRUDELE
sinonimia strutturata

Chi non prova pietà o rimorso nel far soffrire gli altri si definisce **crudele**: *uomo, principe, persona, donna crudele*. Per estensione, crudele descrive chi è insensibile, ossia indifferente di fronte al dolore altrui: *cuore, animo crudele*; vicino a insensibile è **indurito**, che però si dice figuratamente di chi è stato reso coriaceo, **duro** dalle vicende della vita pur possedendo in origine una diversa natura. **Inclemente** e il più incisivo **spietato** ritraggono chi manca di misericordia; abbastanza vicino è **inesorabile**, che descrive chi nel compiere qualcosa non si lascia muovere da preghiere o altro ed è quindi implacabile, **terribile**: *giudice inesorabile*. **Malvagio**, **perfido** e in senso lato **demoniaco** suggeriscono invece una particolare malizia nel compiere il male: *indole, compagnia malvagia*; *astuzia demoniaca*; il primo termine equivale anche a **cattivo**, meno incisivo di crudele, e a **empio**, che descrivono genericamente tutto ciò che va contro i principi morali: *uomo cattivo*; *un'empia vendetta*.

Più forti sono **feroce**, **efferato**, **disumano**, **inumano** e in senso figurato **mostruoso**, che descrivono ciò che appare indegno della natura umana, ossia **snaturato**, o addirittura più vicino a quella animale, cioè in senso lato **ferino**, **bestiale**, **bruto**, **brutale**: *nemico, battaglia, discorso feroce*; *strage efferata*; *atti di crudeltà disumana*; *sentenza mostruosa*. Pressoché equivalenti sono **selvaggio** e **barbaro**, che figuratamente richiamano una violenza propria di popolazioni incivili, e **truce**: *barbaro omicidio*; *truce assassinio*. Di solito l'ultimo aggettivo si riferisce ad un aspetto terrificante, torvo, minaccioso, che suggerisce crudeltà, e in questo senso equivale perfettamente a **truculento**: *espressione truculenta*.

Una tendenza ad avvalersi dell'omicidio o dello spargimento di sangue per conseguire i propri fini, specialmente politici, è suggerita da **sanguinario**: *tiranno sanguinario*. Il termine descrive anche chi è naturalmente incline a ferire o uccidere, e in quest'accezione si avvicina a **sadico**, che descrive chi prova piacere nell'infliggere sofferenza: *piacere sadico*. Chi desidera visceralmente offendere o danneggiare qualcuno per fargli scontare un torto o un'ingiustizia si definisce invece **vendicativo**: *carattere, individuo vendicativo*.

Crudele è detto anche di ciò che è foriero di afflizione, dolore, ossia di ciò che in contesti letterari viene definito figuratamente **aspro**: *morte, tormento, supplizio crudele*; *aspro tormento*; aspro si avvicina molto al letterario **crudo** anche per descrivere ciò che risulta crudele perché brusco, brutalmente diretto: *tono crudo*; *risposta cruda*.

Crudele si usa spesso dunque in riferimento al destino e ai suoi eventi per dipingerli infausti, avversi, calamitosi o addirittura **tragici**, **atroci** o **orribili**, cioè spaventosi, tremendi: *delitto orribile*. Poiché non può essere mutato, il destino risulta **implacabile**, ossia non dà tregua, ed è quindi **impietoso**, durissimo: *sentenza implacabile*. Meno enfatico è **doloroso**, che descrive ciò che procura o che è pieno di sofferenza: *il doloroso distacco dall'amata*; molto vicino, **penoso** sottolinea la compassione, la pietà suscitata da ciò che appare triste: *una penosa situazione familiare*; *un problema penoso*; **tormentoso** si distingue perché descrive non solo ciò che affligge spiritualmente, ma anche ciò che risulta fastidioso, molesto, e in senso figurato ciò che è travagliato e pieno di difficoltà: *dubbio tormentoso*; *esistenza tormentosa*. **Amaro** suggerisce figuratamente un senso di disillusione, di scoramento oltre che di dolore: *un'amara scoperta*. Chi o ciò che impone vessazioni, tribolazioni o disagio e angoscia, gravando in modo fastidioso, si definisce **oppressivo**: *governo poliziesco e oppressivo*; vicinissimo è **tirannico**, che estensivamente richiama un'idea non solo di crudeltà ma di prepotenza.

crudelménte *avv.* ***1*** spietatamente, impietosamente, brutalmente, barbaramente, ferocemente, efferatamente, trucemente, atrocemente, selvaggiamente, sadicamente, sanguinosamente, mostruosamente, malvagiamente, disumanamente, inumanamente, tirannicamente, tragicamente, duramente, freddamente, inesorabilmente, orrendamente, orribilmente CONTR. benignamente, mitemente, dolcemente, pietosamente, misericordiosamente, caritatevolmente, compassionevolmente, cristianamente, umanamente ***2*** dolorosamente, acerbamente, acremente, aspramente, amaramente, penosamente, tormentosamente CONTR. dolcemente, benignamente, mitemente, felicemente.

crudeltà *s. f.* disumanità, ferocia, durezza, spietatezza, efferatezza, inumanità, empietà, cattiveria, perfidia, perversità, brutalità, sadismo, inclemenza, inesorabilità, truculenza, asprezza, acerbità, ferinità □ bestialità, barbarie, atrocità, malvagità, mostruosità, orrore CONTR. bontà, umanità, mitezza, pietà, carità, misericordia, compassione, dolcezza, indulgenza, tenerezza, clemenza, benignità.

crudézza *s. f.* ***1*** (*di clima*) rigidezza, inclemenza, rigore CONTR. mitezza, dolcezza ***2*** (*fig.*) (*di carattere*) asprezza, durezza, severità, rigore, inumanità, aridità, acidità, rigidezza, rudezza CONTR. dolcezza, tenerezza, mitezza, mansuetudine, benignità, benevolenza, misericordia.

crùdo *agg.* ***1*** (*di alimento*) non cotto, naturale CONTR. cotto, cucinato ***2*** (*di seta, di metallo, ecc.*) greggio, grezzo CONTR. lavorato, trattato, raffinato ***3*** (*di clima, di stagione*) rigido, inclemente, freddo, aspro CONTR. mite, dolce, clemente, caldo ***4*** (*fig.*) (*di parole, di metodi, ecc.*) brusco, reciso, aspro, schietto, brutale, inflessibile, inclemente, rigoroso, severo CONTR. mite, indulgente, benevolo, blando, favorevole ***5*** (*lett.*) (*di condanna, di vendetta, ecc.*) duro, spietato, crudele, inesorabile, inumano, implacabile, efferato CONTR. umano, clemente, buono, pietoso. *V. anche* CRUDELE, SEVERO

cruènto *agg.* ***1*** (*lett.*) sanguinoso, insanguinato CONTR. incruento ***2*** (*raro*) feroce, bellicoso CONTR. mite, pacifico.

crùsca *s. f.* **1** semola, tritello, cruschello **2** (*pop.*) lentiggini **FRAS.** *vendere crusca per farina* (*fig.*), ingannare.

cubatùra *s. f.* volume.

cubìcolo *s. m.* cameretta, cella.

cubitàle *agg.* **1** (*anat.*) ulnare **2** (*fig.*) grandissimo, enorme, colossale, gigantesco, grandioso, madornale **CONTR.** piccolissimo, microscopico.

cuccàgna *s. f.* **1** bengodi, eldorado, eden, paradiso **2** (*est.*) pacchia, abbondanza, fortuna, ricchezz, bazza, beneficiata (*fig.*), manna (*fig.*) **CONTR.** miseria, carestia, povertà, disgrazia, flagello, scalogna, sfortuna, tegola (*fig.*), iattura **3** vita allegra, baldoria **CONTR.** austerità. *V. anche* FORTUNA

cuccàre *v. tr.* **1** (*fam.*) ingannare, abbindolare **2** (*fam.*) prendere, beccare □ godersi □ sopportare, sorbirsi **3** (*pop.*) rimorchiare.

cuccétta *s. f.* **1** *dim. di* **cuccia** **2** (*di nave, di treno e sim.*) lettino, giaciglio.

cùccia *s. f.* **1** (*di cane*) canile, casotto, covile, giaciglio **2** (*fig., fam.*) letto □ lettuccio, giaciglio.

cucciolàta *s. f.* **1** cuccioli, figliata **2** (*fig., fam.*) figliolanza, prole.

cùcciolo *s. m.* **1** cagnolino, animaletto, piccolo **2** (*fig.*) giovane inesperto, pivellino **CONTR.** veterano, vecchio navigato.

cùcco *s. m.* **1** (*zool.*) cuculo **2** (*di persona*) balordo, babbeo, rimbambito, sclerotico, sciocco, bacucco **CONTR.** sveglio, dritto (*pop.*), furbone **FRAS.** *vecchio come il cucco*, antiquato, sorpassato, vecchissimo.

cùccuma *s. f.* bricco, caffettiera.

cucìna *s. f.* **1** arte culinaria, gastronomia **2** (*est.*) vivande, cibi **3** (*giorn., gerg.*) lavoro redazionale □ redazione.

cucinàre *v. tr.* **1** (*di vivanda*) cuocere, preparare □ (*ass.*) fare da mangiare **2** (*fig., fam.*) (*di articolo, di sorpresa, ecc.*) accomodare, assestare, arrangiare, aggiustare □ preparare **3** (*scherz.*) (*di persona*) maltrattare, conciare per le feste.

cucinàto *part. pass. di* **cucinare**; *anche agg.* cotto, preparato **CONTR.** crudo.

cucìre *v. tr.* **1** agucchiare, rattoppare, rappezzare, rammendare, aggiuntare, appuntare, imbastire, ricucire, impunturare, graffare, trapuntare, ricamare □ confezionare **CONTR.** scucire, sdrucire, strappare, slabbrare **2** (*med.*) suturare, dare i punti **CONTR.** togliere i punti **3** rilegare **4** (*fig.*) (*di discorso, di frasi e sim.*) collegare, unire, imbastire (*fig.*), congiungere, connettere **CONTR.** slegare, disunire **FRAS.** *cucire la bocca* (*fig.*), fare tacere □ *cucirsi la bocca* (*fig.*), tacere.

cucìto **A** *part. pass. di* **cucire** **1** unito, ricucito □ confezionato **CONTR.** scucito, sdrucito, slabbrato **2** (*med.*) suturato **3** (*fig.*) appiccicato, attaccato **B** *s. m.* lavoro d'ago **FRAS.** *avere le labbra cucite* (*fig.*), tacere □ *avere gli occhi cuciti* (*fig.*), non voler vedere.

cucitrìce *s. f.* (*da ufficio*) pinzatrice.

cucitùra *s. f.* **1** impuntura, imbastitura, basta, rattoppo, giunta, aggiuntatura □ ripresa, pince (*fr.*) **CONTR.** scucitura, slabbratura **2** (*med.*) sutura **3** costura.

cucùzzolo V. **cocuzzolo.**

cùffia *s. f.* **1** berrettino, berretta, reticella, retina, cresta, scuffia (*pop.*), cuffiotto **2** (*tecnol.*) copertura, cupola, riparo **FRAS.** *cavarsela per il rotto della cuffia* (*fig.*), cavarsela alla meglio, farcela per poco.

cùi **A** *pron. rel.* **1** il quale, la quale, i quali, le quali **2** (*lett.*) al quale, alla quale, ai quali, alle quali **3** (*lett.*) che **4** del quale, della quale, dei quali, delle quali **B** *loc. cong.* per cui, perciò, per la qual cosa, quindi.

cul-de-sac /*fr.* ky d 'sak/ [vc. fr., propriamente 'culo, fondo di sacco'] *loc. sost. m. inv.* (*anche fig.*) vicolo cieco, via senza uscita.

cùlla *s. f.* **1** lettino, cuna (*lett.*), zana **2** (*fig.*) nascita, infanzia, natali **3** (*fig.*) (*di persona, di civiltà, ecc.*) luogo natio, luogo di origine.

cullàre **A** *v. tr.* **1** (*di bambino*) dondolare, ninnare, addormentare **2** blandire, illudere, ingannare **3** (*di sogno, di sentimento e sim.*) coltivare, custodire, accarezzare **B** **cullarsi** *v. rifl.* **1** dondolarsi, oscillare **2** (*fig.*) (*in speranze, in illusioni*) adagiarsi, illudersi, abbandonarsi.

culminànte *part. pres. di* **culminare**; *anche agg.* decisivo, cruciale, capitale, finale **CONTR.** secondario, insignificante.

culminàre *v. intr.* (*fig.*) arrivare all'apice, sfociare, terminare, finire **CONTR.** cominciare, iniziare.

cùlmine *s. m.* **1** (*di monte, di torre, ecc.*) sommità, cima, colmo, vetta, cuspide, cacume (*raro, lett.*) **CONTR.** fondo, base, baratro, voragine **2** (*fig.*) (*di gloria, di carriera, ecc.*) apice, vertice, apogeo, fastigio, acme, auge, tetto (*fig.*), top (*ingl.*) □ (*di manifestazione e sim.*) fervore, clou (*fig.*), diapason (*fig.*), estremo, bello □ (*di stagione e sim.*) pieno □ (*di ispirazione*) raptus (*lat.*) (*fig.*) **CONTR.** inizio, principio.

cùlmo *s. m.* (*bot.*) caule, fusto, gambo, stelo □ (*est.*) canna.

cùlo *s. m.* **1** (*pop.*) deretano, didietro, sedere, natiche, posteriore **2** (*volg.*) ano **3** (*est.*) (*di recipiente, di sacco, ecc.*) base, fondo **4** (*fig., pop.*) fortuna **CONTR.** sfortuna, iella, sfiga (*volg.*) **FRAS.** *prendere per il culo* (*fig.*), canzonare, imbrogliare □ *essere culo e camicia* (*fig.*), essere in grande familiarità □ *faccia da culo* (*fig.*), sfrontato, mentitore, imbroglione, antipatico □ *a cul di sacco*, a fondo chiuso, senza uscita. *V. anche* FORTUNA

culottes /*fr.* ky'lɔt/ [vc. fr., da *cul* 'culo'] *s. f. pl.* mutandine (da donna).

cùlto *s. m.* **1** latria □ religiosità **2** rito, liturgia **3** religione **4** (*fig.*) (*dell'amicizia, per la madre, ecc.*) adorazione, venerazione, devozione, rispetto **CONTR.** disprezzo, spregio **5** (*fig.*) (*della persona, del vestire, ecc.*) cura, premura, sollecitudine **CONTR.** noncuranza, trascuratezza **FRAS.** *ministro del culto*, sacerdote. *V. anche* RITO

cultóre *s. m.* (*f. -trice*) studioso, appassionato, coltivatore (*raro*), dilettante.

cultùra *s. f.* **1** sapienza, dottrina, istruzione, conoscenza, sapere, erudizione **CONTR.** ignoranza, incultura, analfabetismo, somaraggine, rozzezza **2** civiltà, civilizzazione **CONTR.** barbarie, arretratezza **3** coscienza, mentalità **4** (*agr.*) coltivazione, coltura.

culturismo *s. m.* cultura fisica, body building (*ingl.*).
cumulàre *v. tr.* accumulare, ammassare, ammucchiare, accatastare, ammonticchiare □ conglobare **CONTR.** dividere, separare, sparpagliare, suddividere.
cumulativaménte *avv.* complessivamente, globalmente, collettivamente **CONTR.** individualmente, singolarmente, parzialmente, separatamente.
cumulatìvo *agg.* collettivo, complessivo, globale, comprensivo **CONTR.** diviso, parziale, individuale, separato, singolo.
cùmulo *s. m.* ***1*** ammasso, ammassamento, ammucchiamento, accavallamento, tumulo, catasta, pila, bica, acervo (*lett.*) □ (*anche fig.*) mucchio, caterva, congerie, coacervo (*lett.*), valanga (*fig.*), massa, concentrato ***2*** (*di redditi*) unione **CONTR.** separazione.
cùneo *s. m.* bietta, conio, zeppa, calzatoia, calzuolo, ceppo, tassello, rincalzo.
cunétta *s. f.* ***1*** canaletto ***2*** (*est.*) (*del fondo stradale*) cuna, avvallamento, affossamento **CONTR.** dosso.
cunìcolo *s. m.* galleria, passaggio, scavo, tunnel.
cuòcere ***A*** *v. tr.* ***1*** cucinare, bollire, arrostire, friggere, abbrustolire, tostare ***2*** (*di sole, di fiamma e sim.*) bruciare, inaridire, disseccare ***3*** (*raro*) fare innamorare ***B*** *v. intr.* ***1*** (*est.*) bruciare, inaridire, disseccarsi, ardere ***2*** (*fig.*) offendere, umiliare, dispiacere ***C*** **cuocersi** *v. intr. pron.* ***1*** scottarsi ***2*** (*fig.*) affliggersi, tormentarsi, risentirsi, indispettirsi ***3*** (*raro*) innamorarsi **FRAS.** *lasciare cuocere nel proprio brodo* (*fig.*), disinteressarsi.
cuòio *s. m.* ***1*** corame, cuoiame, pelle ***2*** (*fig., scherz.*) (*di persona*) pelle **FRAS.** *tirare le cuoia* (*fig.*), morire.
cuòre *s. m.* ***1*** (*fig.*) sentimento, bontà, affetto, compassione, carità, generosità **CONTR.** indifferenza, durezza, insensibilità ***2*** amore, vita ***3*** animo, intimo, coscienza ***4*** (*fig.*) ardimento, coraggio, ardire, arditezza, audacia, intrepidezza **CONTR.** timore, paura, sgomento, timidezza, tremarella, viltà, pusillanimità ***5*** (*est.*) persona ***6*** (*est., fig.*) petto, seno ***7*** (*fig.*) (*di problema, di cosa*) centro, nucleo, profondo, mezzo, nodo, vivo, essenza, sostanza, nocciolo □ (*di bosco, di folla, ecc.*) folto □ (*della notte, dell'inverno, ecc.*) pieno **FRAS.** *di buon cuore* (*fig.*), generoso □ *di cuore*, volentieri, sinceramente; vivacemente, di gusto □ *a cuore aperto* (*fig.*), sinceramente □ *avere in cuore* (*fig.*), avere in animo, avere l'intenzione □ *rodersi il cuore* (*fig.*), consumarsi di rabbia □ *non gli basta il cuore*, non ha il coraggio □ *donna del cuore*, amata □ *amico del cuore*, amico prediletto □ *stare a cuore*, premere □ *prendersi a cuore*, occuparsi □ *toccare il cuore*, commuovere □ *mettersi una mano sul cuore* (*fig.*), fare appello alla propria coscienza. *V. anche* COSCIENZA
cupaménte *avv.* tetramente, tenebrosamente, tristemente **CONTR.** allegramente, amenamente, spensieratamente.
cupézza *s. f.* ombrosità, tetraggine, tristezza □ opacità, oscurità **CONTR.** serenità, allegria, amenità, radiosità □ chiarezza, limpidezza, diafanità.
cupidaménte *avv.* (*lett.*) avidamente, desiderosamente, bramosamente □ concupiscentemente **CONTR.** sobriamente, discretamente □ castamente, pudicamente.
cupidìgia *s. f.* avidità, desiderio, brama, bramosia, ambizione, smania, ingordigia, appetito, amore, fame, voracità, cupidità, pretesa, voglia, avarizia, rapacità, venalità □ concupiscenza, libidine **CONTR.** temperanza, moderazione, sobrietà, misura, discrezione.

CUPIDIGIA
sinonimia strutturata

Lo sfrenato e intenso desiderio di beni e piaceri materiali si dice **cupidigia**, **avidità** o, più raramente e in contesti letterari, **cupidità**: *cupidigia di denaro*; *avidità di gloria*. In senso generale cupidigia corrisponde quindi a **brama**, **bramosia** e a **smania** inteso figuratamente, che evoca una tensione ancora maggiore: *brama di apprendere*; *bramosia di onori*; *smania di successo, di divertimenti, d'andarsene*. Meno forti sono **voglia**, **desiderio**, **appetito**, che possono indicare anche un normale moto dell'animo verso ciò che procura piacere, che soddisfa i bisogni: *voglia insaziabile*; *desiderio legittimo di vendetta*; *gli appetiti dell'animo*. Tutti i sinonimi precedenti possono riferirsi all'eccitazione sessuale, e in questo caso coincidono col significato proprio di **libidine**, che estensivamente indica aspirazioni irrequiete e smodate: *soddisfare la propria libidine*; *libidine del potere*; quasi equivalente è **concupiscenza**, vocabolo raro nell'uso corrente e che per la morale cattolica equivale a una sensualità abituale e peccaminosa. Molto forti sono anche **ingordigia** e **voracità**, che evocano un'idea di insaziabilità, e che rispetto ai termini precedenti hanno maggiore ampiezza semantica; nel significato proprio infatti si avvicinano a **gola**, **ghiottoneria**, che indicano, pur meno incisivamente, una propensione e un piacere del cibo che va al di là della **fame**, ossia dello stimolo normale e fisiologico a mangiare: *ingordigia di cibi, di bevande*; figuratamente o in senso lato questi termini indicano un'avidità generale: *ingordigia di denaro, onori, piaceri*.

Pretesa si distingue perché designa un'esigenza eccessiva e ingiustificata oppure un bisogno di agi, comodità, di solito affermato energicamente: *ha troppe pretese*; *sono pretese assurde*. **Avarizia** e **venalità** si riferiscono di solito al rapporto con il denaro; in particolare, l'avarizia è il tratto caratteristico di chi lo spende raramente e tende morbosamente ad accumularlo: *la sua avarizia è nota a tutti*; chi invece agisce solo in funzione del proprio tornaconto pecuniario è caratterizzato da venalità. Anche la **rapacità** si dirige di solito a beni prettamente materiali, e indica la tendenza a ghermirli, a rapirli dalle mani del legittimo proprietario: *la rapacità degli strozzini*.

cùpo *agg.* ***1*** (*di recipiente, di pozzo e sim.*) profondo, cavo, fondo, concavo, avvallato **CONTR.** elevato, convesso ***2*** (*di notte, di penombra, ecc.*) buio, tenebroso, oscuro, scuro, fosco, tetro, atro (*lett.*) □ (*di tempo, di cielo, ecc.*) coperto, chiuso, grigio, livido, plumbeo, nereggiante **CONTR.** luminoso, chiaro, gaio, limpido, sereno, aperto, soleggiato, aprico, ridente, rilucente, risplendente, scintillante ***3*** (*di bosco*) folto, fitto, denso, impenetrabile **CONTR.** rado ***4*** (*est.*) (*di colore*) scuro, foncé (*fr.*), intenso **CONTR.** chiaro, diafano ***5*** (*di suono, di rumore*) sordo, minaccioso, basso, indistinto, profondo, cavernoso □ (*di voce*) sepolcrale (*fig.*) **CONTR.** limpido, sonoro, vibrante, squillante, argentino ***6*** (*fig.*) (*di persona*) pensieroso, taciturno, triste, ombroso, pensoso, assorto, accigliato, serio, preoccupato, meditabondo, immalinconito □ (*di situazione, di eventi*) difficile, brutto **CONTR.** spensierato, allegro, ameno, contento, festante, faceto, loquace, radioso, raggiante, sorridente □ lieto, dorato. *V. anche* DENSO, NERO

cùra *s. f.* ***1*** interessamento, considerazione, riguardo, attenzione **CONTR.** noncuranza, disinteressamento, indifferenza, incuranza, abbandono ***2*** premura, sollecitudine, assiduità, amorevolezza, avvertenza, cautela, vigilanza, assistenza **CONTR.** disinteresse, noncuranza ***3*** (*lett.*) preoccupazione, affanno, cruccio, afflizione, angustia, inquietudine, pena, pensiero, assillo, seccatura **CONTR.** sollievo, gioia, serenità, spensieratezza, pace, tranquillità, consolazione ***4*** (*di lavoro*) accuratezza, diligenza, zelo, precisione, coscienziosità, solerzia, impegno, studio, esattezza **CONTR.** incuria, trascuratezza, negligenza, sciatteria, inavvertenza, sbadataggine, dimenticanza ***5*** (*di patrimonio, di ente, ecc.*) direzione, amministrazione, governo, gestione, conservazione, custodia ***6*** (*relig.*) parrocchia, prebenda ***7*** (*med.*) terapia, trattamento, rimedio, medicina, nosoterapia, terapeutica □ (*fig.*) rimedio, antidoto, ricetta **FRAS.** *aver cura*, occuparsi □ *a cura di*, per opera di □ *casa di cura*, clinica privata □ *cura dell'uva*, ampeloterapia, botrioterapia. *V. anche* MEDICINA, ZELO

curàbile *agg.* guaribile, trattabile, rimediabile, sanabile, risanabile, medicabile, recuperabile **CONTR.** inguaribile, insanabile, immedicabile (*lett.*), irrecuperabile, incurabile, irrimediabile, cronico.

curàre ***A*** *v. tr.* ***1*** (*di malato*) assistere **CONTR.** trascurare ***2*** (*est.*) sanare, guarire, recuperare, trattare ***3*** (*di ferita*) medicare, bendare, fasciare **CONTR.** trascurare ***4*** (*di interessi, di ente, ecc.*) accudire, badare, guardare, vigilare, provvedere, governare, seguire, gestire, amministrare, soprintendere, sorvegliare □ procurare **CONTR.** trascurare ***5*** (*di scritto, di opera d'arte, ecc.*) cesellare (*fig.*), rifinire, correggere ***B*** **curarsi** *v. rifl.* ***1*** occuparsi, darsi pensiero, badare, studiarsi, adoperarsi, premurarsi □ impicciarsi **CONTR.** sorvolare, trascurare, ignorare, dimenticare, abbandonare, archiviare, infischiarsi ***2*** custodirsi (*fig.*), medicarsi **CONTR.** trascurarsi. *V. anche* CORREGGERE

curatìvo *agg.* terapeutico, medicamentoso, medicinale, terapico.

curàto (1) *part. pass. di* **curare**; *anche agg.* corretto, forbito, rifinito **CONTR.** abborracciato, rozzo, trascurato.

curàto (2) *s. m.* parroco, prevosto.

curatóre *s. m.* (*f. -trice*) ***1*** amministratore, gestore ***2*** (*di libri, di articoli, ecc.*) redattore, critico, estensore.

cùria *s. f.* ***1*** foro, tribunale ***2*** cancelleria ***3*** corte.

curiosaménte *avv.* ***1*** con curiosità, attentamente **CONTR.** distrattamente, distaccatamente ***2*** bizzarramente, stranamente, insolitamente, singolarmente, inconsuetamente, pittorescamente, stravagantemente **CONTR.** normalmente, comunemente.

curiosàre *v. intr.* osservare, indagare, cercare, frugare, spiare, origliare, ficcanasare, scuriosire (*raro, tosc.*), interessarsi **CONTR.** disinteressarsi, essere discreto.

curiosità *s. f.* ***1*** interesse, desiderio, attesa, attenzione, vaghezza (*lett.*) **CONTR.** indifferenza, disinteresse ***2*** indiscrezione, curiosaggine, petulanza, importunità **CONTR.** discrezione, tatto, riguardo ***3*** (*di cosa*) rarità, bizzarria, stranezza, capriccio, novità, singolarità. *V. anche* INDISCREZIONE

curióso ***A*** *agg.* ***1*** (*di persona, di sguardo, ecc.*) interessato, desideroso, attento **CONTR.** indifferente, disinteressato ***2*** (*di persona*) ficcanaso, indiscreto, indagatore, frugone, invadente, impiccione, mettibocca (*raro*) **CONTR.** discreto, riservato ***3*** (*di persona, di fatto, ecc.*) insolito, singolare, raro, strano, bizzarro, buffo, strampalato, balzano, ridicolo, eccentrico, estroso, stravagante, inconsueto, intrigante, originale, ghiribizzoso (*raro*), bislacco, esotico (*fig.*), sui generis (*lat.*) **CONTR.** normale, comune, ordinario, equilibrato ***B*** *s. m.* ficcanaso, indiscreto, frugone, invadente. *V. anche* RARO

currìcolo *s. m.* carriera, percorso, professione, resoconto, curriculum, curriculum vitae (*lat.*).

currìculum *s. m. inv.* curricolo.

curriculum vitae /*lat.* kur'rikulum 'vite/ [vc. lat., propriamente 'carriera della vita'] *loc. sost. m. inv.* curricolo.

cùrva *s. f.* ***1*** arco, parabola, curvatura ***2*** gobba, incurvamento, piegatura, piega, curvatura ***3*** (*di grafico*) isobara, isobata ***4*** (*geogr.*) isoipsa, curva di livello ***5*** (*spec. al pl.*) (*fig., fam.*) (*di corpo*) rotondità, sinuosità, forme ***6*** (*di strada, di fiume e sim.*) svolta, tornante, gomito, giravolta, tortuosità, ansa, giro, zigzag **CONTR.** rettilineo.

curvàbile *agg.* piegabile, flettibile, flessibile **CONTR.** rigido. *V. anche* FLESSIBILE

curvàre ***A*** *v. tr.* piegare, torcere, inarcare, arcuare, incurvare, flettere, chinare **CONTR.** raddrizzare, rettificare ***B*** *v. intr.* (*di strada, di veicolo, ecc.*) svoltare, voltare, girare, sterzare ***C*** **curvarsi** *v. rifl.* piegarsi, abbassarsi, flettersi, chinarsi, inarcarsi, inchinarsi **CONTR.** raddrizzarsi, alzarsi ***D*** *v. intr. pron.* ingobbire, aggobbire.

curvatùra *s. f.* ***1*** piegatura, piegamento, curvamento, incurvatura, flessione, inarcamento ***2*** curva, gobba, gomito, piega, incurvamento ***3*** (*anat.*) ripiegamento.

curvilìneo *agg.* curvo, sinuoso, arcuato, ricurvo **CONTR.** rettilineo, dritto.

cùrvo *agg.* ***1*** piegato, arcuato, curvilineo, inarcato, sinuoso, incurvato, ricurvo, convesso, falcato, lunato

□ (*di naso*) adunco **CONTR.** diritto, rettilineo, rigido **2** (*di persona, di capo*) chino, prono, abbassato **CONTR.** ritto, impettito **3** (*est.*) (*di persona, di spalle e sim.*) gobbo, ingobbito, gibboso, cascante **CONTR.** diritto, eretto.

cuscinétto **A** *s. m.* **1** *dim. di* **cuscino** **2** tampone, puntaspilli **3** (*mecc.*) ralla **4** (*fam.*) deposito adiposo, grasso **B** *in funzione di agg. inv.* (*posposto a un s.*) (*fig.*) (*di stato, di zona, ecc.*) intermedio, interposto, frapposto.

cuscìno *s. m.* guanciale, origliere (*raro, lett.*), capezzale, piumaccio.

cuspidàto *agg.* cuspidale, aguzzo, puntuto **CONTR.** smussato, tondeggiante.

cùspide *s. f.* **1** (*di lancia, di freccia, ecc.*) vertice, punta, cima □ rilievo **2** (*di edificio*) coronamento, guglia **3** (*est.*) (*di montagna*) vetta, cima, culmine, sommità.

custòde **A** *s. m.* e *f.* **1** guardiano, portinaio, portiere, usciere, sorvegliante □ bidello **2** (*est.*) carceriere, secondino, guardia **3** (*fig.*) (*di memorie, di tradizioni, ecc.*) difensore, protettore, conservatore, detentore, tutore □ depositario **B** *in funzione di agg.* (*lett.*) protettore.

custòdia *s. f.* **1** sorveglianza, guardia, vigilanza, presidio **2** carcerazione **3** responsabilità, salvaguardia, cura, protezione, conservazione, difesa, tutela **4** mantenimento, affidamento **5** astuccio, scatola, fodero, guaina, busta, scrigno, cartella, carpetta, cassaforte, cofanetto, trousse (*fr.*), raccoglitore □ teca, reliquario, ciborio **FRAS.** *agente di custodia*, guardia carceraria. *V. anche* DIFESA

custodire **A** *v. tr.* **1** (*di cosa, di segreto, di sentimento*) conservare, serbare, covare (*fig.*), cullare (*fig.*), nutrire (*fig.*) **2** (*anche fig.*) (*di innocenza, di memorie, ecc.*) tutelare, salvaguardare, preservare, curare, proteggere, parare, guardare, governare, difendere **CONTR.** trascurare, negligere (*raro, lett.*) **3** (*di persona*) assistere, badare, provvedere **CONTR.** abbandonare, trascurare **4** (*di prigioniero*) sorvegliare, vigilare, piantonare **CONTR.** trascurare **B** **custodirsi** *v. rifl.* badarsi, curarsi **CONTR.** trascurarsi. *V. anche* GUARDARE

cutàneo *agg.* della pelle, epidermico, epiteliale.

cùte *s. f.* pelle, epidermide, derma, epitelio.

cutìcola *s. f.* pelliccola, membrana, pellicina.

cutter /*ingl.* 'kʌtə/ [vc. ingl., 'tagliatore', da *to cut* 'tagliare'] *s. m. inv.* **1** yacht (*ingl.*), sloop (*ingl.*) **2** sgarzino.

d, D

da ***I*** *prep. che introduce diverse determinazioni* ***1*** (*di causa*) per, a causa di, a motivo di ***2*** (*di luogo*) presso, per, attraverso, tra ***3*** (*di provenienza*) di, da parte di ***4*** (*di mezzo*) per mezzo di, mediante ***5*** (*di fine o scopo*) per ***6*** (*di qualità*) con ***7*** (*di limitazione*) quanto a, limitatamente a ***8*** (*di modo*) come ***II*** *prep. che introduce diverse proposizioni* ***1*** (*consecutiva*) che ***2*** (*finale*) per.

dabbenàggine *s. f.* balordaggine, citrullaggine, coglioneria (*pop.*), grullaggine, ocaggine, semplicioneria, ingenuità, credulità, minchioneria (*pop.*), storditaggine, stolidezza, sconsideratezza, sciocchezza **CONTR.** intelligenza, acume, avvedutezza, acutezza, accortezza, perspicacia, sagacia, finezza, scaltrezza, furberia, astuzia.

daccàpo *avv.* dal principio, di nuovo, ancora, un'altra volta, ex novo (*lat.*) **CONTR.** di seguito, non più.

dacché *cong.* ***1*** da quando, dopo che **CONTR.** prima che ***2*** (*lett.*) poiché, dal momento che, giacché, siccome.

dàcia [vc. russa, originariamente 'dono (del principe)', legata all'ant. v. slavo che sign. 'dare'] *s. f.* (*in campagna in Russia*) villetta, cottage (*ingl.*), casa.

dàdo *s. m.* ***1*** (*per gioco*) cubetto, astragalo, aliosso ***2*** (*est.*) cubo ***3*** (*mecc.*) bullone, madrevite ***4*** (*arch.*) base, basamento, piedistallo, plinto, zoccolo **FRAS.** *a dadi*, a cubetti; (*est.*) a quadretti, a scacchi □ *far diciotto con tre dadi* (*fig.*), avere una fortuna incredibile □ *il dado è tratto*, tutto è deciso.

d'altrónde *avv.* d'altra parte, d'altro canto.

dàma *s. f.* ***1*** nobildonna, gentildonna, signora **CONTR.** popolana, comare, donnetta, donnicciola ***2*** (*di ballerino*) compagna ***3*** (*fam., tosc.*) fidanzata **FRAS.** *fare la gran dama* (*fig.*), atteggiarsi a personaggio superiore (*detto anche di un uomo*).

damascàre *v. tr.* ***1*** (*di panno*) lavorare a damasco, tessere a opera □ arabescare ***2*** (*di armi*) damaschinare, ageminare, intarsiare, niellare.

damascàto *part. pass. di* **damascare**; *anche agg.* ***1*** (*di panno*) lavorato a damasco □ arabescato, operato ***2*** (*di armi*) damaschinato, ageminato, intarsiato, niellato.

dameríno *s. m.* bellimbusto, figurino, gagà, zerbinotto, dandy (*ingl.*), elegantone □ vagheggino, cicisbeo, ganimede, cascamorto, donnaiolo, dongiovanni, farfallone, playboy (*ingl.*) **CONTR.** trasandato, inelegante, straccione, pezzente, rozzo, sciattone, ciabattone, sbrendolone, sbrindellone, sciamannato (*tosc.*), sciamannone (*tosc.*).

danàro *V.* **denaro**.

danaróso *agg.* facoltoso, ricco, agiato, abbiente, dovizioso (*lett.*), benestante **CONTR.** povero, indigente, bisognoso, nullatenente, spiantato, pezzente, straccione, miserabile, disgraziato, disperato (*fig.*), misero, squattrinato, mendicante.

dancing /*ingl.* 'da:nsiŋ/ [vc. ingl., part. pres. di *to dance* 'danzare'] *s. m. inv.* sala da ballo, locale da ballo, discoteca, night (*ingl.*), night-club (*ingl.*), balera.

dandy /*ingl.* 'dændi/ [dal n. proprio *Dandy*, vezz. di *Andrew* 'Andrea' (?)] *s. m. inv.* damerino, zerbinotto, bellimbusto, elegantone, figurino, playboy (*ingl.*), dongiovanni □ snob (*ingl.*), raffinato **CONTR.** rozzo, primitivo, trasandato, ciabattone, straccione, pezzente, sciattone, sciamannone (*tosc.*), sciamannato (*tosc.*). *V. anche* SNOB

dannàre ***A*** *v. tr.* ***1*** (*lett.*) condannare, castigare, punire **CONTR.** graziare, assolvere, riabilitare, salvare, redimere ***2*** condannare alla pena eterna ***B*** **dannarsi** *v. rifl.* ***1*** perdere l'anima, andare all'inferno **CONTR.** salvarsi, redimersi ***2*** tormentarsi, affliggersi, crucciarsi, disperarsi, dolersi, conturbarsi, travagliarsi **CONTR.** allietarsi, rallegrarsi, rasserenarsi, consolarsi, confortarsi.

dannàto ***A*** *part. pass. di* **dannare**; *anche agg.* ***1*** (*lett.*) castigato, punito **CONTR.** graziato, assolto, riabilitato ***2*** condannato all'inferno, reprobo **CONTR.** salvato, redento, beato, eletto ***3*** (*fig.*) (*di lavoro, di ipotesi, ecc.*) eccessivo, enorme, smisurato □ disgraziato, malaugurato, maledetto **CONTR.** piacevole, fortunato ***B*** *s. m.* condannato alle pene dell'inferno, reprobo **CONTR.** beato **FRAS.** *come un dannato*, moltissimo, disperatamente.

dannazióne ***A*** *s. f.* ***1*** condanna, castigo, punizione, perdizione **CONTR.** felicità, grazia, beatitudine ***2*** condanna all'inferno **CONTR.** salvazione, salvezza, redenzione ***3*** (*fig.*) (*di persona o cosa*) tormento, pena, afflizione, dolore, affanno, strazio **CONTR.** sollievo, liberazione, contentezza, gioia, gaudio, giubilo, letizia ***B*** *in funzione di inter.* maledizione! *V. anche* PUNIZIONE

danneggiaménto *s. m.* danno, guasto, deterioramento, avaria, rottura □ manomissione, sabotaggio **CONTR.** accomodamento, aggiustatura, restauro, riparazione, rifacimento, ripristino.

danneggiàre ***A*** *v. tr.* ***1*** sciupare, guastare, conciare male, deteriorare, manomettere, sabotare, fracassare, lesionare, rompere, rovinare, assassinare (*fig.*), pregiudicare □ menomare, ledere, offendere (*fig.*), compromettere **CONTR.** accomodare, aggiustare, restaurare, riparare, rifare, ripristinare, acconciare, migliorare □ proteggere, salvaguardare ***2*** (*fig.*) (*di onore e sim.*) offendere, nuocere, ferire, ledere, spregiare, ingiuriare **CONTR.** rispettare, difendere ***B*** **danneggiar-**

si *v. rifl.* essere causa del proprio danno, subire un danno, soffrire un danno, andare di mezzo, rovinarsi **CONTR.** profittare □ cautelarsi. *V. anche* GUASTARE

danneggiàto *part. pass. di* **danneggiare**; *anche agg.* e *s. m.* ***1*** sciupato, guastato, rovinato, deteriorato, maltrattato, malridotto (*fam.*), strapazzato, fracassato, rotto, manomesso, sinistrato, colpito □ compromesso, leso, offeso (*fig.*), menomato **CONTR.** aggiustato, accomodato, restaurato □ illeso, incolume, indenne ***2*** (*fig.*) (*di onore e sim.*) offeso, ingiuriato, leso, spregiato **CONTR.** riparato, difeso, onorato, salvo.

dànno *s. m.* ***1*** danneggiamento, avaria, deterioramento, guasto, manomissione, rottura □ scempio, sconcio, rovina **CONTR.** accomodamento, aggiustamento, restauro, riparazione, rifacimento, ripristino ***2*** (*fig.*) disgrazia, calamità, catastrofe, sciagura **CONTR.** fortuna, salvezza ***3*** (*fig.*) svantaggio, perdita □ scapito, discapito, detrimento □ offesa, oltraggio, onta, ingiuria □ fregatura (*gerg.*) **CONTR.** vantaggio, beneficio, bene, favore, giovamento, profitto, tornaconto, utilità □ risarcimento, compenso, indennizzo ***4*** (*med.*) (*di organo*) alterazione, lesione **FRAS.** *chiedere i danni*, esigere il risarcimento □ *avere il danno e anche le beffe*, rimetterci in maniera totale; essere danneggiato e schernito. *V. anche* PREGIUDIZIO

dannosità *s. f.* nocività, perniciosità, insalubrità **CONTR.** utilità □ sanità, salubrità.

dannóso *agg.* controproducente, nocivo, pernicioso, rovinoso, disastroso, sinistro, deleterio, pericoloso, pregiudizievole, funesto, lesivo, esiziale, malefico, nefasto, svantaggioso, sfavorevole □ (*per la salute*) malsano, insalubre, velenoso **CONTR.** innocuo, inoffensivo □ giovevole, proficuo, utile, vantaggioso, buono, valido, benefico, conveniente, fruttuoso, provvido, profittevole, lucroso □ salubre, salutare, sano.

DANNOSO
sinonimia strutturata

Ciò che nuoce a persone o cose sia materialmente che immaterialmente è definito **dannoso**: *la grandine è dannosa per i raccolti*; *è uno strapazzo dannoso al fisico*; sinonimi che coprono un gran numero di ambiti semantici di dannoso sono **nocivo** e **malefico**: *bevanda nociva*; *insetti nocivi*; *clima malefico*; *i malefici effetti di qualcosa*. Una particolare connotazione ha **lesivo**, che si usa soprattutto in relazione a valori morali, giuridici, sociali: *un comportamento lesivo del nostro onore, della vostra libertà*; l'aggettivo **nefasto** si adopera invece scherzosamente per descrivere chi è causa di danno o rovina per qualcuno: *un individuo nefasto*. Uguali nel significato ma più forti di dannoso sono i termini **disastroso** e **rovinoso**, che indicano ciò che causa disgrazie o danni gravissimi: *incendio disastroso*; *pioggia disastrosa*; *tempesta rovinosa*; risultano pressoché equivalenti **funesto**, **deleterio**, **esiziale** e **pernicioso**: *errore funesto*; *il fumo è deleterio per la salute*; *abitudini deleterie allo spirito*; *una politica, un comportamento esiziale*; *consiglio pernicioso*; in particolare, una *malattia esiziale* è una malattia mortale.

Molto vicini tra loro e meno incisivi dei precedenti sono **sfavorevole**, **sinistro** e **svantaggioso**, che designano ciò che è contrario, avverso o che può avere un'influenza negativa su una certa cosa: *l'atleta gareggia in condizioni fisiche sfavorevoli*; *presagi, tempi sinistri*; *patti svantaggiosi*. Produce un effetto contrario a quello voluto ciò che è **controproducente**: *sistema, argomento, atteggiamento controproducente*. Quello che non è necessariamente dannoso ma che comporta dei rischi si dice **pericoloso**: *operazione pericolosa*; *il fumo è pericoloso*; la semplice possibilità di arrecare danno è la caratteristica anche di ciò che è **pregiudizievole**: *quest'alimentazione è pregiudizievole per la salute*.

Le cose che danneggiano specificamente la salute sono **malsane** e **insalubri**: *zona paludosa e insalubre*; *clima, cibo, luogo malsano*; è **velenoso** invece ciò che è tossico, ossia che, se penetra in un organismo e viene assorbito anche in piccola quantità, produce effetti gravissimi, anche letali: *sostanza velenosa, liquido velenoso*.

dànza *s. f.* ***1*** ballo, balletto ***2*** (*est.*) ondeggiamento, oscillazione ***3*** (*lett.*) intrigo, imbroglio.

danzànte *part. pres. di* **danzare**; *anche agg.* ***1*** (*est.*) (*di cosa*) ballerino, traballino (*fam.*), ondeggiante, oscillante **CONTR.** fermo, fisso, immobile ***2*** (*di trattenimento*) con danze, da ballo, di ballo.

danzàre ***A*** *v. intr.* ***1*** (*di persona*) ballare, saltare, fare quattro salti ***2*** (*fig.*) (*di cosa*) agitarsi, volteggiare, traballare, ondeggiare, oscillare **CONTR.** essere fermo, essere immobile ***B*** *v. tr.* ballare.

danzatóre *s. m.* (*f. -trice*) ballerino.

da pòco *V.* **dappoco**.

dappertùtto *avv.* in ogni parte, in ogni luogo, per ogni dove, ovunque, dovunque, urbi et orbi (*lat.*) **CONTR.** in nessun luogo, da nessuna parte.

dappocàggine *s. f.* inettitudine, imperizia, incapacità, inabilità, goffaggine, debolezza, meschinità **CONTR.** attitudine, capacità, abilità, perizia, energia, valore. *V. anche* DEBOLEZZA

dappòco *agg. inv.* ***1*** (*di persona*) inetto, incapace, imperito (*lett.*), inesperto, buono a nulla, inconcludente, meschino, sciocco **CONTR.** abile, capace, energico, fattivo, in gamba, intelligente, valente ***2*** (*di cosa*) poco importante, di scarso valore, marginale, secondario, lieve, piccolo, trascurabile, irrilevante **CONTR.** centrale, basilare, fondamentale, essenziale, rilevante, importante, di primaria importanza, grande, pesante, grosso.

dapprìma *avv.* prima, in un primo momento, inizialmente, in un primo tempo, sul principio, al principio, dapprincipio, all'inizio, sulle prime, d'acchito, lì per lì, originariamente, preliminarmente **CONTR.** successivamente, in un secondo tempo, in un secondo momento, più tardi, in seguito, poi, dopo, alla fine, finalmente.

dàre ***A*** *v. tr.* ***1*** consegnare, porgere, offrire, passare, portare □ accordare, concedere, rilasciare, lasciare □ trasferire □ distribuire, ripartire □ prestare □ rifornire, procurare □ (*di cosa dovuta o meritata*) tributare

CONTR. prendere, pigliare, ricevere, accettare □ chiedere, chiamare, invocare, cercare, mendicare, questuare □ negare ***2*** donare, regalare, elargire, prodigare, devolvere **CONTR.** accettare, gradire ***3*** (*di tempo, di attività, ecc.*) dedicare, consacrare, spendere **CONTR.** assorbire ***4*** (*di premio, di incarico, ecc.*) aggiudicare, conferire □ affidare, assegnare, attribuire, investire **CONTR.** levare, togliere, privare ***5*** (*di ordine, di lezione, ecc.*) impartire ***6*** (*di pena*) infliggere, irrogare **CONTR.** condonare ***7*** (*di medicina e sim.*) propinare, somministrare, prescrivere, ordinare □ (*di cibo, di vino*) presentare, servire, ammannire, preparare ***8*** (*di denaro e sim.*) pagare, sborsare, erogare **CONTR.** incassare, intascare, riscuotere, incamerare □ spremere, depredare, derubare ***9*** (*di notizia, di parere, ecc.*) comunicare, fornire, palesare, trasmettere, diffondere **CONTR.** nascondere, celare ***10*** (*di pugno, di calcio, ecc.*) assestare, sferrare, vibrare, affibbiare, mollare (*pop.*), appioppare **CONTR.** ricevere, beccarsi (*pop.*) ***11*** (*di febbre, di nausea, di emozione, ecc.*) arrecare, causare, destare, provocare, infondere, suscitare, generare □ (*di forza, di movimento*) imprimere □ (*di luce, di calore*) emanare, emettere, spargere ***12*** (*di utile*) fruttare, produrre, rendere ***13*** (*di concerto, di film, ecc.*) eseguire, rappresentare □ interpretare □ proiettare ***14*** (*di benvenuto, di buon anno, ecc.*) augurare, porgere ***B*** *v. intr.* ***1*** (*contro qualcosa*) battere, colpire, urtare ***2*** (*in escandescenze, in lacrime, ecc.*) prorompere, scoppiare ***3*** (*di finestra, di facciata, ecc.*) affacciarsi, guardare, essere esposto, essere rivolto ***4*** (*di fiume, di strada*) sboccare, finire, gettarsi ***C*** **darsi** *v. rifl.* ***1*** (*allo studio, alla musica, ecc.*) applicarsi, dedicarsi, consacrarsi, votarsi, impegnarsi, interessarsi, occuparsi **CONTR.** disinteressarsi, trascurare, astenersi ***2*** (*alla gioia, al nemico, ecc.*) abbandonarsi, cedere □ arrendersi, consegnarsi, sottomettersi □ concedersi, affidarsi **CONTR.** resistere, far fronte, fronteggiare, ribellarsi ***D*** *v. intr. pron.* (*a correre, a gridare, ecc.*) cominciare, iniziare **CONTR.** cessare, desistere, smettere ***E*** *v. intr. impers.* e *intr. pron.* (*di caso e sim.*) avvenire, accadere, verificarsi, presentarsi, succedere ***F*** *v. rifl. rec.* scambiarsi ***G*** *in funzione di s. m. solo sing.* passivo, debito, dovuto **CONTR.** credito, attivo **FRAS.** *dare fuoco*, incendiare □ *dare alla luce*, partorire □ *dare alla testa*, stordire □ *dare di testa*, ammattire □ *dare nel segno*, colpire nel segno; (*fig.*) indovinare □ *dare nell'occhio*, attirare l'attenzione □ *darsele*, picchiarsi □ *darsi d'attorno*, darsi da fare, affaccendarsi. *V. anche* GUARDARE, PRENDERE, SPENDERE

dark /dark, *ingl.* da:k/ [vc. ingl., propr. 'scuro'] *s. m.* e *f. inv.*; *anche agg. inv.* **CFR.** punk, metallaro.

dàrsena *s. f.* ***1*** scalo □ cala, bacino, calanca ***2*** arsenale, cantiere, officina, squero (*venez.*).

dàta *s. f.* ***1*** giorno, mese e anno ***2*** tempo, epoca, era, periodo, momento, datazione **FRAS.** *di antica data, di vecchia data, di lunga data*, antico, risaputo, arcinoto □ *di fresca data*, recente.

data base /'data 'baze, *ingl.* 'deitə beis/ [loc. ingl., comp. di *data* 'dati' e *base* 'base, supporto'] *loc. sost. m. inv.* (*elab.*) banca dati, base dati.

datàbile *agg.* collocabile, riportabile.

datàre ***A*** *v. tr.* ***1*** mettere la data ***2*** (*di avvenimento*) collocare ***B*** *v. intr.* avere inizio, cominciare, decorrere, risalire **CONTR.** finire, terminare.

datàto *part. pass. di* **datare**; *anche agg.* (*fig.*) superato, sorpassato, inattuale, vecchio **CONTR.** attuale, moderno.

datazióne *s. f.* data, cronologia.

dàto ***A*** *part. pass. di* **dare**; *anche agg.* ***1*** consegnato, assegnato, trasferito □ accordato, ceduto, concesso, offerto, porto □ distribuito **CONTR.** preso, ricevuto, accettato □ cercato, chiamato, chiesto, invocato □ rifiutato ***2*** donato, regalato, largito, elargito ***3*** (*di tempo, di attività, ecc.*) dedicato, consacrato, speso ***4*** (*di premio, di incarico, ecc.*) affidato, assegnato, attribuito, aggiudicato, conferito **CONTR.** levato, tolto ***5*** (*di ordine, di lezione, ecc.*) impartito ***6*** (*di pena*) inflitto **CONTR.** condonato ***7*** (*di medicina e sim.*) somministrato, prescritto ***8*** (*di denaro e sim.*) regalato, prestato, distribuito, pagato, sborsato, erogato **CONTR.** preso, ricevuto, incassato, intascato ***9*** (*di notizia, di parere, ecc.*) comunicato, fornito, trasmesso **CONTR.** nascosto, celato, serbato ***10*** (*di pugno, di calcio, ecc.*) assestato, sferrato, affibbiato **CONTR.** ricevuto ***11*** (*di febbre, di nausea, ecc.*) causato, provocato, suscitato ***12*** (*di utile*) fruttato, prodotto, reso ***13*** (*di concerto, di film, ecc.*) eseguito, rappresentato, proiettato ***14*** (*di benvenuto e sim.*) augurato ***15*** (*di tempo, di luogo, ecc.*) certo, determinato, stabilito, particolare, specifico, speciale ***16*** (*di persona*) dedito, votato ***B*** *s. m.* fatto accertato, elemento, nozione, presupposto □ caratteristica □ (*spec. al pl.*) estremo.

datóre *s. m.* (*f.* *-trice*) **FRAS.** *datore di lavoro*, imprenditore.

dattilografàre *v. tr.* dattiloscrivere, scrivere a macchina, battere a macchina.

dattilografàto *part. pass. di* **dattilografare**; *anche agg.* dattiloscritto, scritto a macchina.

dattiloscrìtto ***A*** *agg.* scritto a macchina, dattilografato ***B*** *s. m.* testo dattilografato.

dattiloscrìvere *v. tr.* dattilografare, scrivere a macchina.

dattórno ***A*** *avv.* intorno, vicino, dintorno, tutt'intorno, poco lontano, dappresso, accanto **CONTR.** lontano, discosto, distante ***B*** *in funzione di agg. inv.* circostante, circonvicino, vicino **CONTR.** distante.

davànti ***A*** *avv.* di fronte, di faccia, dirimpetto, dinanzi, innanzi, anteriormente **CONTR.** di dietro, nella parte posteriore, alle spalle, appresso, a tergo (*lett.*) ***B*** *nella loc. prep. davanti a*, alla presenza di, al cospetto di ***C*** *in funzione di agg.* anteriore **CONTR.** di dietro, posteriore ***D*** *in funzione di s. m.* parte anteriore, facciata **CONTR.** parte posteriore, didietro, retro.

davanzàle *s. m.* soglia, parapetto.

davànzo o **d'avànzo** *avv.* più del necessario, molto, abbondantemente, a bizzeffe, a cataste, a fiumi, a non finire **CONTR.** scarsamente, insufficientemente, poco, limitatamente.

davvéro *avv.* ***1*** in verità, effettivamente, per davvero, veramente, invero, realmente, sul serio, giusto, proprio **CONTR.** per scherzo ***2*** molto, assai, oltremodo **CONTR.** poco, scarsamente.

dazebào [vc. cinese 'manifesto a grandi caratteri'] *s. m. inv.* manifesto murale.

dazibào *V.* **dazebao.**

dàzio *s. m.* ***1*** gabella, imposta, tributo, tassa, pedaggio □ dogana ***2*** ufficio daziario.

débâcle */fr.* de'bakl/ [vc. fr., propriamente 'disgelo', da *débâcler* 'togliere il bastone di chiusura della porta'] *s. f. inv.* sconfitta strepitosa, disastro, sfacelo, batosta, insuccesso **CONTR.** vittoria, trionfo.

debellàre *v. tr.* vincere definitivamente, sconfiggere, battere, distruggere, sgominare, sbaragliare, domare □ (*anche fig.*) estirpare, annientare **CONTR.** perdere, avere la peggio, essere sconfitto. *V. anche* VINCERE

debellàto *part. pass. di* **debellare**; *anche agg.* annientato, sgominato, sbaragliato, sconfitto, vinto, battuto **CONTR.** vincente, vittorioso, trionfatore.

debilitànte *part. pres. di* **debilitare**; *anche agg.* estenuante, sfibrante, spossante, snervante, stancante **CONTR.** corroborante, ricostituente, rinforzante, fortificante, ristoratore, tonificante, tonico.

debilitàre ***A*** *v. tr.* indebolire, stancare, infiacchire, abbattere, estenuare, sfinire, fiaccare, sfibrare, snervare, spossare, stremare, svigorire, esaurire **CONTR.** rinforzare, irrobustire, rinvigorire, corroborare, fortificare, tonificare, ristorare, ritemprare ***B*** **debilitarsi** *v. intr. pron.* indebolirsi, infiacchirsi, deperire, esaurirsi, sfibrarsi, sfiancarsi, snervarsi, spossarsi, perdere le forze **CONTR.** rafforzarsi, irrobustirsi, rinvigorirsi, ricuperare le forze, riposare. *V. anche* STANCARE

debilitàto *part. pass. di* **debilitare**; *anche agg.* indebolito, debole, esaurito, infiacchito, abbattuto, sfibrato, snervato, cascante, estenuato, svigorito, stanco, spossato, stremato **CONTR.** rinforzato, corroborato, rinvigorito, tonificato, irrobustito, forte, gagliardo, robusto, vigoroso.

debilitazióne *s. f.* debolezza, indebolimento, infiacchimento, spossamento, spossatezza, stanchezza, esaurimento, sfinimento **CONTR.** irrobustimento, rafforzamento, rinvigorimento, tonificazione □ energia, forza, gagliardia, vigore.

debitaménte *avv.* nel modo dovuto, convenientemente, adeguatamente, opportunamente **CONTR.** indebitamente, inadeguatamente, inopportunamente.

débito (1) *agg.* ***1*** (*di modo, di tempo, ecc.*) doveroso, dovuto □ opportuno, conveniente, adatto, appropriato, necessario **CONTR.** non dovuto, indebito, non necessario □ inadatto, inopportuno, disadatto, sconveniente ***2*** (*est.*) (*di punizione, di riconoscimento, ecc.*) giusto, meritato, proporzionato **CONTR.** ingiusto, immeritato, sproporzionato. *V. anche* ADATTO

débito (2) *s. m.* ***1*** cosa dovuta, somma dovuta, arretrato □ deficit (*lat.*), passivo, disavanzo, indebitamento, pendenza, scoperto **CONTR.** credito □ attivo ***2*** (*di gratitudine, di coscienza, ecc.*) dovere, obbligo.

debitóre *s. m.*; *anche agg.* (*f. -trice*) ***1*** (*dir.*) trattario, trassato □ moroso, insolvente **CONTR.** creditore ***2*** (*fig.*) (*di gratitudine e sim.*) obbligato.

débole ***A*** *agg.* ***1*** cascante, fragile, esile, delicato, gracile, cagionevole, invalido, atonico, atrofico □ abbattuto, accasciato □ fiacco, molle, stanco, sfibrato, snervato, spossato, stremato, svigorito, estenuato **CONTR.** forte, forzuto, gagliardo, robusto, vigoroso, aitante, muscoloso, resistente, atletico, erculeo, nerboruto, energico, florido, prosperoso, rubizzo ***2*** (*fig.*) (*di carattere, di volontà, ecc.*) incostante, cedevole, arrendevole, irresoluto, indeciso, influenzabile **CONTR.** costante, perseverante, risoluto, volitivo, agguerrito, granitico, determinato, saldo, ferreo ***3*** (*fig.*) (*di ragionamento, di scusa, ecc.*) poco convincente, poco persuasivo, fallace, inconsistente, labile □ annacquato **CONTR.** convincente, persuasivo, valido, consistente, solido, efficace, buono, fino □ graffiante, icastico, incisivo ***4*** (*di suono, di luce, ecc.*) fievole, fioco, smorzato, indistinto, evanescente, lieve, smorto, sommesso, tenue, velato **CONTR.** forte, intenso, vivo, vivace, vivido, sfolgorante, accecante □ lacerante, acuto, lancinante, penetrante, rimbombante □ alto, stentoreo, tonante ***B*** *s. m.* e *f.* ***1*** (*fisicamente*) gracile, fragile, mingherlino **CONTR.** maciste, macigno, roccia ***2*** (*moralmente*) fantoccio, pecora, banderuola **CONTR.** pellaccia, duro (*pop.*), risoluto ***C*** *s. m.* ***1*** carenza, difetto, debolezza **CONTR.** punto di forza ***2*** inclinazione, predilezione, preferenza, simpatia, penchant (*fr.*) **CONTR.** avversione, antipatia, idiosincrasia, odio. *V. anche* DEBOLEZZA, INCERTO

debolézza *s. f.* ***1*** (*fisica*) fiacchezza, fiacca, languore, stanchezza, spossatezza, sfinimento, sfinitezza, prostrazione, astenia, debilitamento, deperimento, indebolimento, estenuazione, esaurimento □ fragilità, gracilità □ impotenza, infermità, invalidità □ (*di voce*) fievolezza □ (*di luce, di immagine*) evanescenza □ (*di mente*) labilità **CONTR.** forza, gagliardia, vigore, vigoria, robustezza, resistenza, nerbo, energia, potenza ***2*** (*fig.*) (*morale*) dappocaggine, viltà, pochezza □ cedevolezza, incostanza, indecisione, irresolutezza, rilassatezza, mollezza, vizio **CONTR.** costanza, risolutezza, decisione, prontezza, coraggio, valore, fierezza, polso ***3*** (*fig.*) errore, sproposito □ difetto, debole, imperfezione, pecca **CONTR.** dote, merito, pregio, virtù. *V. anche* IMPERFEZIONE

DEBOLEZZA
sinonimia strutturata

Si definisce **debolezza** innanzitutto la mancanza di forza, di robustezza fisica; *molto vicini sono* **fragilità** e **gracilità**, che evocano esilità, magrezza e scarsa resistenza a sforzi, malattie, ecc.

A differenza dei precedenti, che descrivono la fibra e l'aspetto di un corpo, gli altri sinonimi di debolezza si riferiscono invece alla condizione in cui una persona si trova in un determinato momento. **Stanchezza**, **fiacca**, **fiacchezza** e **languore**, ad esempio, indicano uno stato di torpore, di mancanza di energia che può essere causa o effetto della debolezza; più forti sono **sfinitezza**, **sfinimento**, **estenuazione**, che possono anche riferirsi a uno stato di stanchezza psicologica, venendo a coincidere così con **snervatezza** e con **esaurimento** nel suo significato corrente. Ancor più marcati, **astenia** e **atonia** possono indicare, oltre a una generica mancanza di forze, la diminuzione della capacità di lavoro muscolare. **Abbattimento**, **accasciamento** e **prostrazione** evocano non solo stanchezza ma anche avvilimento.

Anche **deperimento**, **debilitamento** e **indebolimento** denotano uno scadimento dello stato di salute; ancor più decisi sono **infermità** e **invalidità**, che si riferiscono a una vera e propria condizione di malattia.

Nel caso in cui debolezza sia riferito allo stato sbiadito di una luce, di un'immagine, di un suono si usa il termine **fiochezza**; più specifico è **evanescenza**, che descrive l'indebolimento progressivo di ciò che va svanendo, dileguandosi.

Si può usare il termine debolezza anche in riferimento al carattere, al comportamento di una persona priva di nerbo: *la debolezza della natura umana*. In questo senso, la debolezza si accompagna spesso a **indecisione** e **irresolutezza**, che sono proprie di chi è soggetto a continui tentennamenti e impotente di fronte alle scelte. **Cedevolezza** descrive invece la mancanza di fermezza, l'incapacità di imporsi agli altri o anche di essere coerenti con una linea di condotta. Spesso questi tratti sono frutto della **pochezza** o **dappocaggine**, ossia dell'inettitudine, o addirittura della **viltà**, che coincide con la pusillanimità, la codardia.

La cedevolezza si accompagna di solito all'**incostanza**, ossia alla tendenza ripetuta ad abbandonare ciò che si è intrapreso, o a mutare spesso avviso o sentimento; inoltre può condurre alla **rilassatezza**, ossia a una eccessiva noncuranza rispetto al significato della proprie azioni: *una grande rilassatezza morale*; questa può degenerare nella **mollezza** o nel **vizio**, che si avvicinano al concetto di depravazione.

Debolezza indica dunque la mancanza di solidità, di stabilità in genere: *la debolezza di un edificio, del governo*; figuratamente, il termine indica un **difetto** abituale di qualcuno o l'**imperfezione**, la **pecca** di qualcosa: *avere molte debolezze*; inoltre, può designare anche un **fallo**, un **errore**, ossia uno sbaglio: *sono di nuovo caduto in fallo*; *l'errore più grande è stato conoscerti*.

Infine, una debolezza è anche una particolare propensione, un'**inclinazione** naturale cui non si sa resistere; questa può risolversi in una preferenza per qualcosa o qualcuno, e in questo caso equivale a **predilezione**, **debole**: *ho un debole per la cioccolata*; *ha sempre avuto una predilezione per lui*.

debolménte *avv.* con debolezza, senza energia, fiaccamente, lievemente, scarsamente, tiepidamente, mollemente, fragilmente, stancamente, senza forza, senza vigore **CONTR.** energicamente, vigorosamente, fortemente, gagliardamente, robustamente, accanitamente, decisamente, fermamente, forte, intensamente, risolutamente, tenacemente.

debordàre *v. intr.* (*anche fig.*) straripare, tracimare, traboccare, straboccare, eccedere, rigurgitare **CONTR.** mancare, scarseggiare, essere insufficiente.

debosciàto *agg.*; *anche s. m.* degenerato, dissoluto, depravato, corrotto, sregolato, vizioso **CONTR.** virtuoso, probo, morigerato, onesto, costumato.

debuttànte *part. pres. di* **debuttare**; *anche agg.* e *s. m.* e *f.* esordiente, principiante, novellino, novizio **CONTR.** esperto, maestro, professionista, veterano.

debuttàre *v. intr.* ***1*** (*teat.*) esordire ***2*** (*est.*) (*di attività, di carriera e sim.*) iniziare, incominciare, intraprendere **CONTR.** finire, terminare, concludere.

debùtto *s. m.* ***1*** (*teat.*) esordio, prima **CONTR.** serata d'addio, addio, serata di commiato, commiato ***2*** (*di attività, di carriera e sim.*) principio, inizio **CONTR.** conclusione, fine, termine, ritiro.

decadènte *part. pres. di* **decadere**; *anche agg.* ***1*** (*di persona, di aspetto, ecc.*) invecchiato, deperito, stanco, debole **CONTR.** aitante, giovanile, forte ***2*** (*di popolo, di civiltà, ecc.*) calante, declinante, crepuscolare **CONTR.** ascendente, emergente, in ascesa, fiorente.

decadènza *s. f.* ***1*** (*di persona*) declino, deperimento, esaurimento, svigorimento, invecchiamento, senescenza **CONTR.** rafforzamento, irrobustimento, rinvigorimento, ringiovanimento ***2*** (*di popolo, di civiltà, ecc.*) decadimento, crepuscolo, tramonto, degenerazione, regresso, degradamento, degrado, scadimento, dissoluzione, disfacimento, disgregazione, rovina, involuzione □ crepuscolo, tramonto **CONTR.** ascesa, progresso, avanzamento, miglioramento, fioritura, rinascimento, rifiorimento, rinnovamento, rigenerazione, risorgimento, rinascita.

decadére *v. intr.* (*anche fig.*) andare in disuso, andare in decadenza □ declinare, tramontare, degenerare, scadere, rovinare, deperire, sfiorire, svigorirsi, invecchiare, imbarbarirsi **CONTR.** entrare in vigore □ conservarsi, resistere □ avanzare, progredire, rifiorire, rinascere, risorgere, ringiovanire, rinnovarsi. *V. anche* SCADERE

decadiménto *s. m.* ***1*** (*anche fig.*) decadenza ***2*** (*fis. nucl.*) disintegrazione radioattiva.

decadùto *part. pass. di* **decadere**; *anche agg.* ***1*** (*di persona, di legge, ecc.*) andato in decadenza, in disuso □ (*dir.*) prescritto □ declinato, tramontato, degenerato, scaduto, rovinato **CONTR.** in vigore, vigente □ rinato, risorto, rinvigorito ***2*** (*di persona*) immiserito, impoverito **CONTR.** arricchito.

decàlogo *s. m.* ***1*** dieci comandamenti, tavole della legge ***2*** (*est.*) norme fondamentali, precetti, regole.

decantàre (1) *v. tr.* lodare, celebrare, esaltare, elogiare, incensare, magnificare, osannare, glorificare, vantare **CONTR.** biasimare, criticare, denigrare, disapprovare, disprezzare, condannare, detrarre (*raro*), vilipendere, censurare.

decantàre (2) ***A*** *v. tr.* ***1*** (*chim.*) fare sedimentare, fare depositare □ distillare ***2*** (*fig.*) (*di passioni*) rendere puro, liberare, epurare ***B*** *v. intr.* (*chim.*) sedimentare.

decapitàre *v. tr.* ***1*** (*di persona*) mozzare il capo, decollare (*ant.*), ghigliottinare ***2*** (*est.*) (*di albero e sim.*) cimare, scamozzare, scapezzare, scapitozzare, svettare.

decapottàbile *agg.* cabriolet (*fr.*).

decedùto *agg.* e *s. m.* morto, defunto, trapassato, spirato **CONTR.** nato □ vivente, vivo □ sopravvissuto, superstite.

deceleràre v. tr. e intr. diminuire la velocità, rallentare CONTR. aumentare la velocità, accelerare.

decelerazióne s. f. *1* riduzione di velocità, rallentamento CONTR. acceleramento, accelerazione *2* (*fis.*) accelerazione negativa, ritardazione (*raro*).

decènte agg. *1* (*di stipendio, di scusa, ecc.*) conveniente, decoroso, discreto, dignitoso, accettabile, adeguato, opportuno, passabile, presentabile CONTR. indecente, sconveniente, indecoroso, impresentabile, inaccettabile, inadeguato, inopportuno, inammissibile, intollerabile *2* (*di atteggiamento, di vestito, ecc.*) castigato, morigerato, pudico, verecondo, costumato CONTR. impudico, libero, inverecondo, lascivo, osceno, spinto, scostumato, sconcio, lubrico.

decenteménte avv. *1* convenientemente, dignitosamente, decorosamente CONTR. indecentemente, sconvenientemente, indecorosamente, intollerabilmente, scandalosamente *2* pudicamente, castigatamente, morigeratamente CONTR. impudicamente, inverecondamente, sconciamente, oscenamente.

decentraménto s. m. allontanamento dal centro, dislocamento, smistamento □ autonomia CONTR. accentramento, concentramento, concentrazione □ centralizzazione.

decentràre v. tr. allontanare dal centro, dislocare, smistare □ rendere autonomo CONTR. accentrare, concentrare □ centralizzare.

decentràto part. pass. di **decentrare**; anche agg. allontanato dal centro, periferico □ autonomo CONTR. accentrato, concentrato □ centralizzato.

decènza s. f. *1* (*di lavoro, di luogo, ecc.*) convenienza, decoro, dignità, presentabilità □ accettabilità, ammissibilità CONTR. indecenza, sconvenienza, indegnità *2* (*di gesto, di comportamento, ecc.*) castigatezza, morigeratezza, pudore, pudicizia, temperanza, verecondia, compostezza, costumatezza CONTR. impudicizia, inverecondia, lascivia, oscenità, lubricità, sconcezza, licenziosità. *V. anche* DIGNITÀ

decèsso s. m. morte, trapasso CONTR. nascita.

decìdere *A* v. tr. *1* (*di data, di scelta, ecc.*) deliberare, stabilire, fissare, determinare, decretare, disporre, risolvere, pensare, destinare □ scegliere, optare CONTR. esitare, titubare, tentennare, essere incerto, tergiversare *2* (*di controversia, di causa e sim.*) risolvere, definire, dirimere, giudicare, concludere, terminare, troncare CONTR. tardare, indugiare, mandare in lungo *B* v. tr. e intr. (*del destino, della vita, ecc.*) essere determinante, essere decisivo, risolvere *C* **decidersi** v. intr. pron. risolversi, determinarsi, indursi CONTR. esitare, tergiversare, trascinare, aspettare. *V. anche* PENSARE, VOLERE

decifràbile agg. leggibile □ comprensibile, intelligibile □ (*fig.*) (*di mistero, ecc.*) spiegabile, interpretabile, risolubile CONTR. indecifrabile, illeggibile □ incomprensibile, inintelligibile, astruso, oscuro, inspiegabile.

decifràre v. tr. *1* (*di iscrizione, di telegramma, ecc.*) leggere, interpretare, decodificare, decrittare CONTR. codificare, criptare, cifrare *2* (*fig.*) (*di avvenimenti, di intenzioni, ecc.*) interpretare, capire, comprendere, intendere, indovinare, intuire, riconoscere, penetrare, spiegare, scorgere.

decifrazióne s. f. deciframento (*raro*), spiegazione, interpretazione, decodificazione CONTR. codificazione. *V. anche* INTERPRETAZIONE

decimàre v. tr. *1* (*est.*) (*di persone o animali*) fare strage, sterminare *2* (*est.*) falcidiare CONTR. aumentare, accrescere *3* (*est.*) (*di cose*) depredare, saccheggiare.

decimazióne s. f. *1* (*est.*) (*di persone o animali*) strage, sterminio *2* (*di raccolto e sim.*) forte diminuzione, grave danno CONTR. aumento, accrescimento, crescita.

decìmetro s. m. *1* un decimo di metro *2* (*est.*) righello.

decìna s. f. dieci, circa dieci □ (*di giorni*) decade FRAS. *a decine*, in gran numero.

decisaménte avv. *1* energicamente, risolutamente, senza esitazione, fortemente, fermamente CONTR. debolmente, fiaccamente, irresolutamente, timidamente *2* certamente, evidentemente, indubbiamente, senz'altro, veramente CONTR. per nulla, affatto, per niente.

decisionàle agg. deliberativo, risolutivo.

decisióne s. f. *1* deliberazione, determinazione, risoluzione, scelta, conclusione, consiglio (*lett.*), delibera, disposizione, deliberato □ passo (*fig.*), partito, provvedimento *2* (*dir.*) pronuncia, giudizio, sentenza, verdetto *3* risolutezza, energia, fermezza, prontezza, sicurezza, determinatezza, volontà CONTR. titubanza, esitazione, irresolutezza, indecisione, dubbio, perplessità, incertezza, tentennamento □ mollezza, debolezza. *V. anche* ENERGIA, SCELTA

decisionìsmo s. m. risolutezza, fermezza CONTR. incertezza, titubanza, dubbio.

decisionista s. m. e f. uso a decidere, risoluto CONTR. posapiano, irresoluto, incerto.

decisìvo agg. risolutivo, conclusivo, definitivo, determinante, ultimo (*fig.*) □ cruciale, culminante CONTR. provvisorio, incerto, dubbio, in sospeso.

decìso part. pass. di **decidere**; anche agg. *1* (*di data, di scelta, ecc.*) definito, deliberato, fissato, statuito, stabilito, disposto, inteso □ scelto, optato CONTR. indefinito, dubbio *2* (*di controversia, di causa e sim.*) risolto, concluso CONTR. irrisolto, sospeso, pendente *3* (*di persona, di azione, ecc.*) risoluto, energico, determinato, fermo, pronto, volitivo, sicuro, tosto □ sbrigativo, secco, spiccio CONTR. incerto, indeciso, irresoluto, tentennante, pappamolle, cacadubbi (*pop., spreg.*), perplesso, titubante, insicuro, timido, timoroso □ molle, debole *4* (*est.*) (*di colore, di tono, ecc.*) marcato, netto, rilevato, vivace CONTR. indistinto, vago, indeterminato, smorzato, anodino.

deck /ingl. dek/ [vc. ingl., propriamente 'ponte, pavimento'] s. m. inv. (*mus.*) piastra di registrazione, registratore.

declamàre v. tr. e intr. recitare CFR. conversare, chiacchierare, discorrere.

declamazióne s. f. *1* recita, recitazione *2* (*est.*) discorso enfatico, discorso retorico, pistolotto CFR. conversazione, chiacchierata.

declassàre *v. tr.* degradare, dequalificare, deprezzare, squalificare, retrocedere CONTR. promuovere, qualificare, elevare.

declassàto *part. pass. di* **declassare**; *anche agg.* degradato, deprezzato, dequalificato, squalificato, retrocesso CONTR. promosso, qualificato.

declinàbile *agg.* **1** (*ling.*) variabile CONTR. indeclinabile, invariabile **2** rinunciabile, rifiutabile CONTR. irrinunciabile, irrifiutabile.

declinànte *part. pres. di* **declinare**; *anche agg.* digradante, calante, declive (*lett.*) □ tramontante, decadente CONTR. crescente, in salita □ sorgente, emergente.

declinàre **A** *v. intr.* **1** (*di terreno, di sole, ecc.*) abbassarsi, digradare, pendere, piegarsi, scendere □ (*di astro, ecc.*) tramontare, calare, coricarsi CONTR. alzarsi, innalzarsi, elevarsi, rizzarsi, salire □ sorgere, nascere **2** (*fig.*) (*di giorno, di luce, ecc.*) volgere alla fine, diminuire, scemare, venir meno CONTR. aumentare, crescere, accrescersi **3** (*fig.*) (*di civiltà, ecc.*) sfiorire, tramontare, declinare, finire, spegnersi CONTR. nascere, sorgere, fiorire □ imporsi, dominare **4** (*da una direzione*) deviare, allontanarsi, discostarsi **B** *v. tr.* **1** (*lett.*) (*di capo, di ginocchia, ecc.*) abbassare, piegare in giù, chinare CONTR. alzare, levare, sollevare **2** (*di responsabilità, di invito, ecc.*) rifiutare, ricusare, evitare, eludere CONTR. accettare, accogliere, gradire □ addossarsi, assumersi **3** (*bur.*) (*di generalità, di nome*) dichiarare, rendere noto, dire CONTR. celare, nascondere, tacere **4** (*ling.*) flettere **C** *in funzione di s. m. solo sing.* (*di giorno, di civiltà, ecc.*) ultima fase, declino, tramonto, decadenza CONTR. nascita, inizio, principio, albori. *V. anche* SCADERE, SCENDERE

declìno *s. m.* **1** (*lett.*) pendenza, declivio CONTR. erta, salita **2** (*fig.*) (*di civiltà, di nazione, ecc.*) tramonto, decadimento, decadenza, degenerazione, regresso, scadimento, dissoluzione, crepuscolo CONTR. fioritura, ascesa, avanzamento, progresso, miglioramento, rinnovamento, risorgimento **3** (*di bellezza, di gioventù, ecc.*) fine, termine, tramonto, autunno CONTR. nascita, fiore, rifiorimento □ aurora, alba.

declìvio *s. m.* china, pendio, pendenza, inclinazione, discesa, piaggia (*lett.*), calata □ versante, costa, pendice CONTR. erta, salita, ascesa (*lett.*).

decoder /*ingl.* di'koudə*/ [vc. ingl., comp. di *de-* 'de-' e *coder* 'codificatore'] *s. m. inv.* decodificatore.

decodificàre *v. tr.* decrittare □ decifrare □ (*est.*) interpretare, intendere, capire CONTR. codificare, cifrare.

decodificàto *part. pass. di* **decodificare**; *anche agg.* decrittato □ decifrato □ (*est.*) capito, inteso, interpretato CONTR. codificato.

decodificatóre *s. m.* decoder (*ingl.*).

decodificazióne *s. f.* decrittazione, decodifica, decifrazione □ (*est.*) comprensione, interpretazione CONTR. codificazione. *V. anche* INTERPRETAZIONE

decollàre *v. intr.* **1** (*aer.*) staccarsi dal suolo, alzarsi, partire, involarsi CONTR. atterrare, arrivare **2** (*fig.*) (*di economia, di attività, ecc.*) avviarsi bene, espandersi CONTR. andare in crisi, calare.

décolleté /*fr.* dekol'te/ [vc. fr., da *décolleter* 'lasciare scoperto il collo'] **A** *agg. inv.* (*di abito*) scollato CONTR. accollato **B** *s. m. inv.* scollatura CONTR. accollatura.

decòllo *s. m.* **1** (*aer.*) decollaggio, partenza, take off (*ingl.*), involo CONTR. atterraggio, arrivo **2** (*fig.*) (*di economia, di attività, ecc.*) fase di avvio, inizio CONTR. fine, calo.

decoloránte *part. pres. di* **decolorare**; *anche agg. e s. m.* scolorante, schiarente CONTR. colorante.

decoloràre *v. tr.* privare del colore, scolorire, scolorare, discolorare, schiarire □ candeggiare, imbianchire, sbiancare □ (*di capelli*) ossigenare CONTR. colorare, colorire, tingere.

decoloràto *part. pass. di* **decolorare**; *anche agg.* scolorito □ (*di capelli*) ossigenato CONTR. colorato, colorito, tinto.

decolorazióne *s. f.* scoloramento, scolorimento CONTR. coloramento, colorazione.

decomponìbile *agg.* scomponibile, divisibile, separabile □ biodegradabile, solubile □ putrescibile □ (*mat.*) fattorizzabile CONTR. componibile □ indecomponibile, indivisibile, inseparabile.

decompórre **A** *v. tr.* **1** disgregare, disaggregare, scomporre, scindere, dividere, separare, sezionare, sciogliere, dissolvere □ (*mat.*) fattorizzare CONTR. aggregare, comporre, ricomporre, attaccare, combinare, legare, mescolare, unire **2** (*fig.*) (*di lineamenti*) alterare CONTR. ricomporre **B** **decomporsi** *v. intr. pron.* **1** (*chim.*) disgregarsi, disciogliersi, dissolversi, scindersi CONTR. aggregarsi, attaccarsi, ricomporsi, legarsi, unirsi **2** (*di materia*) corrompersi, alterarsi, guastarsi, putrefarsi, imputridire, marcire.

decomposizióne *s. f.* alterazione, dissolvimento, disgregazione, dissoluzione, scomposizione, scioglimento, disfacimento □ decomponimento, putrefazione CONTR. freschezza, integrità.

decompósto *part. pass. di* **decomporre**; *anche agg.* **1** disgregato, dissolto, scomposto □ putrefatto, marcito, imputridito CONTR. fresco, integro, incorrotto, sano **2** (*fig.*) (*di lineamenti*) alterato.

decompressióne *s. f.* abbassamento, depressione CONTR. compressione.

decongelaménto *s. m.* decongelazione, scongelazione, scongelamento CONTR. congelamento, congelazione.

decongelàre *v. tr.* scongelare CONTR. congelare.

decongelazióne *s. f.* decongelamento.

decongestionaménto *s. m.* (*fig.*) (*di traffico, di luogo, ecc.*) scorrimento □ liberazione, sgombro CONTR. congestionamento, blocco, intasamento.

decongestionàre *v. tr.* **1** (*med.*) CONTR. congestionare **2** (*fig.*) (*di traffico, di luogo, ecc.*) rendere scorrevole □ liberare, sgombrare CONTR. congestionare, ingorgare, intasare, bloccare.

decontaminàre *v. tr.* pulire, purificare, disinquinare, risanare, bonificare CONTR. avvelenare, contaminare, inquinare, ammorbare, appestare.

decontaminazióne *s. f.* disinquinamento, bonifica, risanamento CONTR. contaminazione, inquinamento, degrado.

decontràrre *v. tr.* rilassare, stendere, distendere **CONTR.** contrarre.

decoràre *v. tr.* **1** abbellire, adornare, ornare, addobbare, parare, guarnire, arricchire **CONTR.** imbruttire, deturpare, guastare, spogliare **2** (*di medaglia, di onorificenza*) insignire, fregiare, onorare **CONTR.** destituire, degradare.

decoratìvo *agg.* **1** ornamentale, esornativo (*lett.*) **2** (*iron.*) (*di persona*) rappresentativo, prestigioso **CONTR.** insignificante.

decoràto ***A*** *part. pass. di* **decorare**; *anche agg.* **1** abbellito, ornato, adornato, addobbato, adorno, guarnito **CONTR.** imbruttito, deturpato, guastato □ spoglio, nudo, disadorno **2** (*di medaglia, di onorificenza*) insignito, fregiato, onorato **CONTR.** degradato, destituito ***B*** *s. m.* insignito di medaglia.

decoratóre *s. m.* (*f. -trice*) affrescatore, pittore, stuccatore, gessino (*region.*), doratore □ tappezziere □ imbianchino (*spreg.*), imbrattamuri (*spreg.*).

decorazióne *s. f.* **1** abbellimento, ornamento, adornamento, addobbo, paramento, finimento **CONTR.** imbruttimento, deturpazione, guasto **2** medaglia, croce, onorificenza, patacca (*scherz.*).

DECORAZIONE
sinonimia strutturata

Nell'area semantica abbracciata da **decorazione**, il vocabolo indica innanzitutto l'operazione o il risultato dell'arricchire e rendere più bello qualcosa con elementi ornamentali, e in questo senso trova affinità con **abbellimento**, col più ricercato **adornamento** e con **ornamento**: *abbellimento poetico*; *occuparsi dell'ornamento di una sala.*

In particolare, decorazione denomina l'opera d'arte o d'artigianato eseguita per decorare all'interno o all'esterno un complesso architettonico: *decorazioni murali.* Un termine semanticamente vicino ma più specifico è **fregio**, che in architettura designa una fascia ornamentale ad andamento orizzontale, compresa tra l'architrave e la cornice, decorata a rilievo con motivi geometrici, più o meno stilizzati, e che per estensione definisce ogni decorazione a forma di fascia: *il fregio sulla poppa del bastimento*; *il fregio sul copricapo dell'ufficiale.*

Decorazione, inoltre, designa tutto ciò che serve per decorare: *decorazioni floreali*; *decorazione natalizia.* In quest'ultima accezione si sovrappone semanticamente ad **addobbo**, che con una sfumatura scherzosa può riferirsi a vestiti, gioielli ed accessori personali, a **paramento** e nuovamente ad ornamento: *una casa sovraccarica di addobbi*; *mettere i paramenti alle finestre*; *ornamenti muliebri, sacerdotali, musicali*; paramento si riferisce anche all'indumento, alla veste e all'ornamento usato dal sacerdote nelle funzioni sacre, ed è adoperato spesso nell'espressione *paramenti sacri* per indicare gli oggetti posti sull'altare e i drappi con cui si addobba la chiesa. Vicino a questi termini è **finimento**, che si distingue leggermente perché sottolinea la funzione di completamento, di rifinitura e di perfezionamento degli oggetti a cui si riferisce: *un finimento di trine.* Più specifico è **bordura**, che ha vari significati: può indicare la bordatura, ossia l'orlatura fatta per evitare la sfilacciatura oppure a fini decorativi di tende, abiti e tessuti in genere, o il margine di aiuole o spazi erbosi; inoltre denomina la decorazione che circonda a mo' di cornice la parte centrale di un arazzo, e infine la guarnizione intorno a una pietanza.

Sempre con decorazione si indica un riconoscimento concesso in segno di onore e per essersi distinti particolarmente in qualcosa, e coincide in tale accezione con **onorificenza**: *essere avido di onorificenze*; l'onorificenza può consistere anche in una carica o in un titolo: *onorificenze cavalleresche.* L'insegna di un ordine cavalleresco o la decorazione può essere un fregio a forma di **croce**: così ad esempio un *cavaliere di gran croce* è decorato con il più alto grado di un ordine cavalleresco, e i combattenti particolarmente distintisi nelle due guerre mondiali vengono insigniti dallo Stato italiano della *croce di guerra.* Il premio per azioni meritevoli è spesso una **medaglia**: *avere il petto pieno di medaglie*; in particolare, la *medaglia al valor civile* viene conferita a chi ha compiuto atti valorosi in favore d'altri, mentre la *medaglia al valor militare* va a chi ha compiuto atti di valore in guerra; in senso figurato e scherzoso, e talvolta con una sfumatura spregiativa, le medaglie e i distintivi in generale vengono detti **patacche**, che propriamente sono delle monete grandi ma di nessun valore: *ha un debole per le uniformi e per le patacche.*

decòro *s. m.* **1** decenza, dignità, convenienza, compostezza, presentabilità, rispettabilità, proprietà **CONTR.** indecenza, indegnità, sconvenienza **2** onore, gloria, prestigio, lustro **CONTR.** disonore, vergogna, disdoro. *V. anche* DIGNITÀ

decorosaménte *avv.* dignitosamente, degnamente, decentemente, convenientemente, onorevolmente **CONTR.** indecorosamente, indecentemente, sconvenientemente, vergognosamente, ignobilmente, intollerabilmente.

decoróso *agg.* decente, dignitoso, degno, onesto, onorato, onorevole, corretto, presentabile □ nobile, glorioso □ adatto, conveniente, vantaggioso, opportuno, confacente, proprio **CONTR.** indecoroso, indecente, indegno, infame, intollerabile, degradante □ sconveniente, inadatto, svantaggioso, inopportuno.

decorrènza *s. f.* data d'inizio, inizio **CONTR.** scadenza, fine.

decórrere *v. intr.* **1** (*di tempo*) passare, trascorrere **2** (*di impegno, di legge, ecc.*) cominciare, avere effetto, diventare effettivo, correre **CONTR.** finire, terminare, scadere **FRAS.** *a decorrere da*, a partire da.

decórso (1) *part. pass. di* **decorrere**; *anche agg.* **1** (*di tempo*) passato, trascorso **CONTR.** attuale, moderno **2** (*di obbligo, di legge, ecc.*) cessato, scaduto **CONTR.** ancora valido, in vigore.

decórso (2) *s. m.* corso, svolgimento, sviluppo, evoluzione, processo, durata, periodo, ciclo **FRAS.** *nel decorso di*, durante.

decòtto *s. m.* (*est.*) infuso, infusione, decozione, pozione, tisana.

decreménto *s. m.* (*raro*) diminuzione, calo, decrescenza, rallentamento, riduzione **CONTR.** incremento, accrescimento, aumento, ingrandimento.

decrèpito *agg.* ***1*** vecchio, vecchissimo, vetusto (*lett.*), cadente **CFR.** bambino, fanciullo, giovane ***2*** (*fig.*) (*di idee, di cultura, ecc.*) privo di vitalità, superato, sorpassato, in decadenza **CONTR.** vitale, attuale, moderno.

decrescènte *part. pres. di* **decrescere**; *anche agg.* calante, scemante **CONTR.** crescente, in aumento.

decréscere *v. intr.* diminuire, calare, scemare, abbassarsi, scendere **CONTR.** crescere, accrescersi, aumentare, salire. *V. anche* DIMINUIRE, SCENDERE

decretàre *v. tr.* statuire, ordinare, comandare, determinare, deliberare, sancire, stabilire, decidere, fissare, sanzionare □ (*di sanzione*) comminare, irrogare **CONTR.** abrogare, annullare, revocare.

decréto *s. m.* ordinanza, ordine, sentenza, delibera, decisione, editto, legge, norma, provvedimento, statuto, rescritto, motuproprio □ proclama, grida.

decrittàre *v. tr.* decodificare, decifrare **CONTR.** cifrare, criptare, codificare.

decuplicàre *v. tr.* ***1*** moltiplicare per dieci ***2*** (*est.*) aumentare molto **CONTR.** calare, diminuire, ridurre.

decurtàre *v. tr.* ridurre, diminuire, sottrarre, calare, abbreviare, accorciare, tagliare **CONTR.** accrescere, aumentare, aggiungere, incrementare, allungare. *V. anche* DIMINUIRE, TAGLIARE

decurtazióne *s. f.* diminuzione, riduzione, calo, sottrazione, taglio **CONTR.** accrescimento, aumento, aggiunta, incremento.

dèdalo [da *Dedalo*, il mitico costruttore del labirinto di Creta] *s. m.* labirinto, intrico di vie, intrico di passaggi, groviglio.

dèdica *s. f.* dedicatoria, offerta, omaggio, intitolazione □ iscrizione, epigrafe.

dedicàre ***A*** *v. tr.* ***1*** (*di via, di scuola, ecc.*) intitolare □ (*di chiesa*) consacrare ***2*** (*di libro, di poesia, ecc.*) offrire, donare, destinare **CONTR.** accettare, accogliere, ricevere ***3*** (*di tempo, di energie*) devolvere, dare, profondere, spendere, mettere ***B*** **dedicarsi** *v. rifl.* votarsi, darsi, consacrarsi, applicarsi, accudire, attendere, interessarsi, impegnarsi, occuparsi, coltivare, immergersi **CONTR.** disinteressarsi, trascurare, disimpegnarsi, distogliersi.

dedicàto *part. pass. di* **dedicare**; *anche agg.* ***1*** (*di via, di scuola, ecc.*) intitolato ***2*** (*di chiesa*) consacrato ***3*** (*di libro, di poesia, ecc.*) destinato, offerto, donato **CONTR.** accettato, accolto, ricevuto.

dèdito *agg.* interessato, appassionato □ impegnato, assorbito, preso (*fam.*) □ devoto □ (*raro*) affezionato □ (*raro*) incline, propenso, disposto **CONTR.** alieno, avverso, contrario, nemico, ostile.

dedizióne *s. f.* ***1*** abnegazione, altruismo, spirito di sacrificio, devozione **CONTR.** egoismo, egotismo, interesse, lucro ***2*** (*lett.*) resa, sottomissione **CONTR.** attacco, contrattacco, ribellione, rivolta.

dedòtto *part. pass. di* **dedurre**; *anche agg.* ***1*** desunto, derivato, tratto, ricavato, arguito **CONTR.** indotto ***2*** (*di spesa, di peso, ecc.*) detratto, defalcato, tolto, sottratto **CONTR.** aggiunto, addizionato, sommato.

deducìbile *agg.* ***1*** desumibile, derivabile, ricavabile, arguibile ***2*** defalcabile, detraibile, scontabile.

dedùrre *v. tr.* ***1*** (*di conclusione, di trama, ecc.*) arguire, concludere, desumere, evincere, ricavare, inferire (*ant.*), congetturare, pensare, giudicare □ derivare, trarre **CONTR.** indurre ***2*** (*di spesa, di peso, ecc.*) defalcare, detrarre, sottrarre, levare, togliere, diminuire, scontare, trattenere **CONTR.** aggiungere, addizionare, sommare, unire ***3*** (*dir.*) (*di prove, di argomentazioni, ecc.*) adurre, produrre, allegare. *V. anche* DIMINUIRE, GIUDICARE, PENSARE

deduttivo *agg.* per astrazione, conseguente, per sillogismo, illativo, aprioristico **CONTR.** induttivo, a posteriori, epagogico (*filos.*), regressivo (*filos.*).

deduzióne *s. f.* ***1*** conclusione, illazione, conseguenza, corollario **CONTR.** induzione □ premessa ***2*** (*filos.*) sillogismo ***3*** (*di spesa, di peso, ecc.*) detrazione, sottrazione, defalco **CONTR.** aggiunta, addizione, somma. *V. anche* ARGOMENTAZIONE

dee-jay /*ingl.* di:'dʒei/ [vc. ingl., trascrizione delle due lettere di cui è formata la sigla *D. J.* di *disc--jockey*] *s. m.* e *f. inv.* disc-jockey (*ingl.*).

défaillance /*fr.* defa'jɑ̃s/ [vc. fr., da *défaillir*, propriamente 'fare difetto, fallire (*faillir*) del tutto (*dé-*)'] *s. f. inv.* (*spec. nel linguaggio sportivo*) improvvisa debolezza, crisi, collasso, cotta **CONTR.** performance (*ingl.*), impennata, recupero.

defalcàre *v. tr.* detrarre, dedurre, scalare, scontare, sottrarre, levare, togliere, diminuire □ trattenere □ abbonare **CONTR.** aggiungere, sommare, addizionare, aumentare. *V. anche* DIMINUIRE

defalcàto *part. pass. di* **defalcare**; *anche agg.* detratto, dedotto, diminuito, sottratto, tolto □ pulito, netto **CONTR.** aumentato, lordo.

defaticaménto *s. m.* (*sport*) distensione, rilassamento.

defaticàrsi *v. rifl.* (*sport*) distendersi, rilassarsi.

defatigànte *part. pres. di* **defatigare**; *anche agg.* (*lett.*) stancante, stremante, logorante, spossante, stressante **CONTR.** stimolante, corroborante, riposante, rilassante.

defatigàre *v. tr.* (*lett.*) affaticare, stancare, estenuare, stremare, spossare, logorare, svigorire, stressare **CONTR.** rinvigorire, corroborare, stimolare. *V. anche* STANCARE

defenestràre *v. tr.* ***1*** gettare dalla finestra ***2*** (*fig.*) cacciare, deporre, destituire, licenziare **CONTR.** assumere, insediare, installare □ riabilitare.

deferènte *part. pres. di* **deferire**; *anche agg.* ossequioso, rispettoso, ossequiente, riguardoso, riverente, reverenziale **CONTR.** irrispettoso, irriverente, irriguardoso, insolente.

deferènza *s. f.* ossequio, ossequiosità, rispetto, riguardo, riverenza □ venerazione **CONTR.** irriverenza, irrisione, insolenza, disprezzo, arroganza, superbia □ familiarità. *V. anche* RISPETTO

deferiménto *s. m.* invio, trasferimento □ consegna **CONTR.** ricevimento.

deferìre *v. tr.* ***1*** rimettere, sottoporre, demandare, inviare, trasferire **CONTR.** ricevere, accogliere ***2*** (*lett.*)

dare, consegnare **CONTR.** ricevere.

defezionàre *v. intr.* disertare, abbandonare, tradire, mancare, venir meno.

defezióne *s. f.* diserzione, tradimento, abbandono, fuga, apostasia, fellonia (*lett.*) □ secessione **CONTR.** fedeltà, devozione, dedizione, attaccamento.

deficiènte ***A*** *agg.* (*di cosa*) mancante, manchevole, difettoso, insufficiente, carente, scarso, quasi privo **CONTR.** sufficiente, intero, abbondante, pieno, ricco ***B*** *agg.*; *anche s. m.* e *f.* ***1*** oligofrenico, incapace, minorato mentale, subnormale, ipodotato **CONTR.** superdotato ***2*** (*spreg.*) cretino, idiota, imbecille, inetto, stupido, scemo, scimunito, stolido, sciocco, tonto, microcefalo (*est.*), aquila (*iron.*), stolto **CONTR.** intelligente, sveglio, acuto, capace, ingegnoso, perspicace. *V. anche* SCARSO

deficiènza *s. f.* ***1*** (*di mezzi, di viveri, ecc.*) scarsezza, scarsità, difetto, insufficienza, carenza, mancanza, manchevolezza, inadeguatezza, incompiutezza, imperfezione, vuoto **CONTR.** sovrabbondanza, abbondanza, pienezza, ricchezza, esorbitanza, sovreccedenza, surplus (*fr.*) ***2*** (*di preparazione*) lacuna, manchevolezza **CONTR.** buona preparazione ***3*** (*spreg.*) cretineria, idiozia, imbecillità, incapacità, inettitudine, stupidità, stolidità **CONTR.** intelligenza, acume, acutezza, capacità, ingegno, perspicacia **FRAS.** *deficienza mentale*, oligofrenia. *V. anche* IMPERFEZIONE

deficit /*lat.* 'dɛfitʃit/ [vc. lat., letteralmente '(esso) manca'] *s. m. inv.* disavanzo, passivo, rosso (*banca*), ammanco, perdita, eccedenza passiva, passività, scoperto, buco (*fig.*), debito, indebitamento, esposizione **CONTR.** attivo, avanzo, eccedenza attiva, sovrappiù, surplus (*fr.*), credito, utile, nero (*gerg.*).

deficitàrio *agg.* ***1*** (*di bilancio, di azienda, ecc.*) in perdita, passivo, in passivo, in disavanzo, improduttivo **CONTR.** attivo, in attivo, redditizio ***2*** (*di alimentazione, di organizzazione, ecc.*) insufficiente, carente, scarso **CONTR.** abbondante, ricco. *V. anche* SCARSO

defilàre ***A*** *v. tr.* (*mil.*) sottrarre al tiro □ sottrarre alla vista ***B*** **defilarsi** *v. rifl.* ***1*** (*fig.*) sottrarsi alla vista **CONTR.** esporsi ***2*** (*est.*) appartarsi, estraniarsi □ andarsene, tagliare la corda (*fig.*) **CONTR.** esporsi, offrirsi.

defilàto *part. pass. di* **defilare**; *anche agg.* ***1*** (*raro*) sottratto al tiro ***2*** (*est.*) nascosto, appartato, in disparte **CONTR.** in vista, ben visibile.

défilé /*fr.* defi'le/ [vc. fr., part. pass. di *défiler* 'marciare in *fila* per un passaggio stretto e difficile'] *s. m. inv.* sfilata di moda, passerella □ (*fig., iron.*) sfilata.

definìbile *agg.* qualificabile, determinabile, distinguibile, riconoscibile, spiegabile **CONTR.** indefinibile, inqualificabile, indeterminabile, inspiegabile, indescrivibile □ ineffabile, inesprimibile.

definìre *v. tr.* ***1*** (*di confine, di accordo, ecc.*) determinare, precisare, specificare, stabilire, limitare □ designare, tracciare, segnare, disegnare, delimitare **CONTR.** lasciare in sospeso ***2*** (*di concetto, di parola, ecc.*) spiegare, descrivere, chiarire □ chiamare, etichettare, qualificare □ caratterizzare, individuare ***3*** (*di lite, di questione, ecc.*) risolvere, terminare, concludere, comporre, decidere, sistemare **CONTR.** iniziare, avviare.

definitivaménte *avv.* in modo definitivo, in modo conclusivo, per sempre, irrevocabilmente **CONTR.** provvisoriamente, transitoriamente, temporaneamente.

definitivo *agg.* ***1*** definitorio (*dir.*) ***2*** conclusivo, decisivo, finale, risolutivo, ultimo □ irrevocabile, inappellabile, insindacabile **CONTR.** iniziale, embrionale, interlocutorio □ provvisorio, temporaneo, transitorio, interinale.

definìto *part. pass. di* **definire**; *anche agg.* ***1*** (*di accordo, di limite, ecc.*) determinato, regolato, preciso, fissato, fisso, certo, stabilito, concertato, pattuito **CONTR.** indefinito, indeterminato, impreciso, incerto, fluido, indicativo □ indistinto, vago, sfumato ***2*** (*di lite, di questione, ecc.*) risolto, concluso, composto, deciso **CONTR.** irrisolto, sospeso, pendente, troncato ***3*** (*di concetto, di parola, ecc.*) spiegato, chiarito, precisato.

definizióne *s. f.* ***1*** (*di confine, di accordo, ecc.*) determinazione, precisazione, limitazione, delimitazione, designazione **CONTR.** indeterminatezza ***2*** (*di lite, di questione, ecc.*) risoluzione, decisione, composizione, conclusione, sistemazione **CONTR.** inizio, avvio □ pendenza ***3*** (*di concetto, di parola, ecc.*) spiegazione, precisazione, puntualizzazione □ caratterizzazione.

deflagràre *v. intr.* ***1*** (*chim.*) bruciare rapidamente, esplodere, scoppiare ***2*** (*fig.*) (*di guerra, di malattia, ecc.*) scatenarsi, scoppiare, conflagrare.

deflagrazióne *s. f.* (*anche fig.*) esplosione, detonazione, scoppio.

deflazióne *s. f.* (*econ.*) riduzione dei prezzi, contrazione monetaria **CONTR.** inflazione.

deflèttere *v. intr.* ***1*** piegare □ (*est.*) deviare, spostarsi ***2*** (*fig.*) (*di principi e sim.*) deviare, desistere, allontanarsi, recedere, rinunciare **CONTR.** mantenere, irrigidirsi.

defloràre *v. tr.* sverginare □ stuprare, violentare.

defloràto *agg.* sverginato □ (*est.*) stuprato, violentato.

defloratóre *s. m.* stupratore, violentatore.

deflorazióne *s. f.* sverginamento □ stupro, violenza carnale.

defluire *v. intr.* ***1*** (*di liquido*) scorrere, fluire, scendere □ sfociare, versarsi **CONTR.** affluire, confluire ***2*** (*fig.*) (*di persone*) uscire, sgombrare **CONTR.** entrare, affluire. *V. anche* SCENDERE

deflùsso *s. m.* ***1*** (*di liquido*) scorrimento, uscita, scarico, versamento, sgorgo **CONTR.** afflusso ***2*** (*fig.*) (*di persone*) uscita, sgombro **CONTR.** entrata, afflusso.

deforestaménto *s. m. V.* **deforestazione**.

deforestazióne *s. f.* deforestamento, disboscamento **CONTR.** rimboschimento.

deformàbile *agg.* alterabile □ forgiabile, modellabile **CONTR.** indeformabile, inalterabile, rigido.

deformabilità *s. f.* alterabilità, modellabilità, forgiabilità **CONTR.** indeformabilità, inalterabilità.

deformàre *v. tr.* ***1*** (*di fisico, di mente, ecc.*) alterare, sformare, deturpare, guastare, sciupare, imbruttire, ammaccare, schiacciare **CONTR.** dare la forma, informare (*lett.*), formare ***2*** (*fig.*) (*di verità, di documento, ecc.*) alterare, falsare, fraintendere, svisare, travisare, storpiare **CONTR.** capire, comprendere, afferrare (*fig.*), intendere, penetrare □ rettificare. *V. anche* GUASTARE, SCHIACCIARE

deformàto *part. pass. di* **deformare**; *anche agg.* ***1*** (*di fisico, di mente, ecc.*) alterato, sformato, deturpato, guastato, sciupato, imbruttito, anormale **CONTR.** perfetto, integro, normale ***2*** (*fig.*) (*di verità, di discorso, ecc.*) falsato, svisato, frainteso, storpiato **CONTR.** capito, compreso, inteso.

deformazióne *s. f.* ***1*** (*di cosa*) alterazione, cambiamento, deturpazione, imbruttimento □ anormalità **CONTR.** perfezione, integrità, normalità ***2*** (*fig.*) (*di mente, di concetto, ecc.*) aberrazione, corruzione □ storpiatura, storpiamento, svisamento.

defórme *agg.* malfatto, sformato, informe, mostruoso, ripugnante, sproporzionato, grottesco □ irregolare, anormale □ (*di persona affetta da malformazione*) malformato, disgraziato, storpio **CONTR.** bello, ben fatto, grazioso, proporzionato □ perfetto, integro, regolare, normale.

DEFORME
sinonimia strutturata

Ciò che non ha mai avuto o che ha perduto la sua forma naturale, ed è perciò brutto e sgradevole a vedersi si dice **deforme**: *persona grassa e deforme*. In particolare, **malfatto** descrive specificamente ciò che è deforme per natura o dalla nascita: *corpo malfatto*; viceversa, **sformato** sottolinea una progressiva alterazione della forma: *è così sformato da essere irriconoscibile*. Altri aggettivi invece possono riferirsi indifferentemente ad una deformità originaria come anche ad uno scadimento estetico sopravvenuto nel corso del tempo; questo è il caso ad esempio di **informe**, che però in questa accezione si usa raramente, indicando più spesso e in maniera neutra la mancanza di una forma precisa e caratteristica: *massa informe*.

I canoni estetici comuni spesso associano la bruttezza all'irregolarità: in questo senso **irregolare** può considerarsi un sinonimo attenuativo di deforme, indicando appunto ciò che si discosta dal tipo e dalla forma consueta: *naso, bocca irregolare*; un po' più forte è l'aggettivo **sproporzionato**, che suggerisce la mancanza di simmetria, di un'armonica distribuzione delle varie parti di un tutto o delle parti rispetto al tutto: *ha una figura sproporzionata*. Ciò che è deforme o irregolare può risultare ridicolo, e in questo caso è **grottesco**: *abbigliamento grottesco*. Nettamente più decisi sono gli aggettivi **mostruoso** e **ripugnante**, che si riferiscono a persone o cose di una bruttezza tale da suscitare disgusto: *un essere mostruoso*; *un aspetto ripugnante*.

Infine, deforme si adopera molto spesso in riferimento a persone affette da una malformazione, ossia da una alterazione della normale conformazione di un tessuto, organo e parte del corpo che risulta appunto **malformato**; chi è deforme solo nelle braccia o nelle gambe si dice **storpio**; i termini precedenti, soprattutto nel registro colloquiale o informale, si avvicinano molto all'aggettivo **disgraziato** che, usato in senso estensivo, indica una persona colpita da infermità fisica o mentale.

deformità *s. f.* bruttezza, difetto, imperfezione, irregolarità, malformazione, stortura, laidezza (*lett.*) □ anomalia, anormalità, mostruosità, mutazione, degenerazione **CONTR.** bellezza, grazia, avvenenza, formosità, armonia, proporzione □ regolarità, perfezione, normalità. *V. anche* IMPERFEZIONE

defraudàre *v. tr.* togliere con frode, frodare, carpire, portar via, sottrarre, truffare, derubare **CONTR.** dare, regalare.

defraudàto *part. pass. di* **defraudare**; *anche agg.* privato con frode, frodato, truffato, derubato **CONTR.** dato, regalato.

defùnto ***A*** *agg.*; *anche s. m.* morto, deceduto, scomparso, estinto, trapassato □ buonanima, compianto, povero □ (*davanti al nome di un genitore defunto*) fu, quondam (*lat.*) **CONTR.** nato □ vivo, vivente, sopravvissuto, superstite ***B*** *agg.* (*fig.*) finito, scomparso, passato, perduto, sorpassato **CONTR.** vivo, presente, in auge.

degeneràre *v. intr.* ***1*** (*di persona*) tralignare, imbastardirsi, dirazzare ***2*** (*fig.*) (*di persona o cosa*) corrompersi, decadere, pervertirsi, depravarsi, peggiorare, deteriorarsi **CONTR.** migliorare, perfezionarsi, evolversi ***3*** (*di scherzo, di discussione, ecc.*) passare i limiti, andare a finire male, scadere. *V. anche* SCADERE

degeneràto *part. pass. di* **degenerare**; *anche agg.* e *s. m.* imbastardito, bastardo □ degenere, corrotto, pervertito, debosciato, depravato, vizioso □ scaduto **CONTR.** virtuoso.

degenerazióne *s. f.* ***1*** alterazione, imbastardimento, tralignamento ***2*** (*fig.*) (*di costume, di vita, ecc.*) decadenza, involuzione, decadimento, degradamento, corruzione, pervertimento, perversione, depravazione, rovina, scadimento **CONTR.** miglioramento, perfezionamento. *V. anche* DEPRAVAZIONE

degènere *agg.* degenerato, imbastardito, corrotto, pervertito, vizioso, depravato □ indegno **CONTR.** degno, virtuoso.

degènte *agg.*; *anche s. m.* e *f.* allettato (*ant.*), costretto a letto, paziente, ammalato □ ospedalizzato, spedalizzato, ricoverato **CONTR.** sano.

degènza *s. f.* ricovero, ospedalizzazione, spedalizzazione.

deglutìre *v. tr.* inghiottire, ingoiare, ingollare, trangugiare **CONTR.** rigettare, vomitare, rimettere.

deglutizióne *s. f.* inghiottimento, ingoiamento, ingestione **CONTR.** rigurgito, vomito.

degnaménte *avv.* adeguatamente, bene, egregiamente, convenientemente, decorosamente, meritatamente, giustamente **CONTR.** indegnamente, immeritatamente, ingiustamente, inadeguatamente, male, sconvenientemente, indecorosamente, spregevolmente, disonorevolmente.

degnàre *A v. tr.* giudicare degno, stimare degno, ritenere meritevole *B v. intr.* e **degnarsi** *intr. pron.* accondiscendere, compiacersi, consentire **CONTR.** sdegnare, sprezzare, disdegnare (*raro*), rifiutare, negare.

degnazióne *s. f.* condiscendenza. *V. anche* AFFABILITÀ

dégno *agg.* **1** (*di stima, di fede, ecc.*) meritevole **CONTR.** immeritevole **2** (*di comandare, di occupare un posto, ecc.*) adatto, atto, capace, idoneo, in grado di, buono, preparato **CONTR.** inadatto, incapace, inetto, impreparato **3** (*di parole, di compenso, ecc.*) conveniente, adeguato, conforme, proprio □ giusto, proporzionato □ caratteristico, peculiare **CONTR.** inadeguato, sconveniente, indecoroso **4** (*di persona*) rispettabile, ragguardevole, stimabile, egregio, pregevole, valente, eccellente, onorevole □ onesto, retto, virtuoso □ (*in un ambito particolare*) benemerito **CONTR.** indegno, disprezzabile, spregevole, disonesto, losco, inqualificabile, meschino.

degradàbile *agg.* decomponibile, deteriorabile, deperibile, distruttibile **CONTR.** indegradabile, indeteriorabile, resistente, incorruttibile, indistruttibile.

degradabilità *s. f.* deteriorabilità, deperibilità **CONTR.** indegradabilità, indeteriorabilità.

degradaménto *s. m.* degradazione.

degradànte *part. pres. di* **degradare**; *anche agg.* (*di vita, di comportamento, ecc.*) abietto, brutto, vile, ignobile, indecoroso, avvilente, disonorevole, umiliante □ (*di sostanza*) inquinante **CONTR.** bello, decoroso, elevato, nobile, onorevole □ innocuo, inoffensivo, pulito.

degradàre *A v. tr.* **1** (*di ufficiale e sim.*) punire con la degradazione, retrocedere, declassare, destituire **CONTR.** promuovere, avanzare □ decorare □ riabilitare, reintegrare **2** (*fig.*) (*di persona, di coscienza, ecc.*) privare della dignità, avvilire, abbassare, deprimere, svilire, umiliare □ viziare, corrompere **CONTR.** elevare, innalzare, promuovere, sollevare *B* **degradarsi** *v. rifl.* umiliarsi, avvilirsi, abbrutirsi, abbassarsi, rendersi abietto, scadere **CONTR.** elevarsi, nobilitarsi, migliorarsi □ redimersi, riabilitarsi *C v. intr.* e *intr. pron.* (*di terreno*) calare, scendere, discendere **CONTR.** alzarsi, salire. *V. anche* SCADERE

degradàto *part. pass. di* **degradare**; *anche agg.* **1** (*di ufficiale e sim.*) retrocesso, destituito, declassato **CONTR.** promosso, riabilitato, reintegrato □ decorato **2** (*di persona, di coscienza, ecc.*) avvilito, abbassato, umiliato, svilito **CONTR.** elevato, innalzato.

degradazióne *s. f.* **1** (*di ufficiale e sim.*) perdita del grado, destituzione, declassamento, retrocessione **CONTR.** promozione, avanzamento □ reintegrazione, riabilitazione **2** (*fig.*) degrado, decadimento, scadimento, deterioramento, degenerazione □ avvilimento, abbassamento, abiezione, abbrutimento, pervertimento □ usura, logorio, logoramento **CONTR.** elevazione, miglioramento, nobilitazione, riabilitazione.

degràdo *s. m.* (*anche fig.*) degradamento, degradazione, deterioramento, degenerazione, imbarbarimento, scadimento □ sfascio, sfacelo, rovina □ inquinamento **CONTR.** risanamento, recupero, ripristino, bonifica. *V. anche* INQUINAMENTO

degustàre *v. tr.* assaggiare, assaporare, gustare □ (*di bevanda*) delibare, centellinare, sorbire, bere □ godere. *V. anche* BERE

degustazióne *s. f.* **1** assaggio □ (*scherz.*) bevuta **2** (*est.*) osteria, mescita, bar.

deificàre *v. tr.* **1** divinizzare □ consacrare, santificare **2** (*fig.*) esaltare, glorificare, magnificare **CONTR.** demonizzare □ denigrare, disprezzare, screditare, umiliare, vilipendere.

deificazióne *s. f.* **1** divinizzazione, apoteosi □ consacrazione, santificazione **CONTR.** demonizzazione **2** (*fig.*) glorificazione, apoteosi, celebrazione, esaltazione, magnificazione (*raro*) **CONTR.** denigrazione, disprezzo, vilipendio.

delatóre *s. m.* (*f. -trice*) spia, denunciatore, accusatore, sicofante (*lett.*), informatore, spione, soffiatore (*fig., pop.*) □ pentito (*est.*).

delazióne *s. f.* **1** accusa, denuncia, spiata, spionaggio, soffiata (*pop.*) **2** (*dir.*) (*di eredità*) devoluzione.

dèlega *s. f.* procura, mandato, incarico, autorizzazione, delegazione.

delegàre *v. tr.* incaricare, commettere, deputare, demandare, affidare, investire, commissionare □ eleggere, nominare, scegliere **CONTR.** detenere □ accentrare, centralizzare.

delegàto *part. pass. di* **delegare**; *anche agg.* e *s. m.* scelto, investito, eletto, nominato □ rappresentante, incaricato, emissario, deputato, ambasciatore, portavoce, legato, commissario, inviato, luogotenente (*est.*), mandatario □ procuratore.

delegazióne *s. f.* **1** delega, incarico, mandato, procura **2** commissione, deputazione, legazione, comitato, rappresentanza, ambasceria □ delegati, incaricati.

deletèrio *agg.* dannoso, nocivo, pernicioso, rovinoso, esiziale, funesto □ insalubre, venefico **CONTR.** benefico, salutare, sano, utile, vantaggioso. *V. anche* DANNOSO

delfino *s. m.* **1** (*in Francia*) principe ereditario **2** (*est.*) probabile successore.

delibera *s. f.* deliberazione, decisione, provvedimento, decreto.

deliberàre *A v. tr.* **1** decidere, determinare, disporre, decretare, stabilire, risolvere, statuire, votare **2** (*lett.*) esaminare, riflettere, considerare, pensare □ discutere, dibattere **3** (*in un'asta*) aggiudicare *B v. intr.* provvedere. *V. anche* PENSARE

deliberataménte *avv.* di proposito, apposta, intenzionalmente, consapevolmente, volontariamente, scientemente, ex professo (*lat.*) **CONTR.** senza intenzione, involontariamente.

deliberàto *A part. pass. di* **deliberare**; *anche agg.* **1** decretato, stabilito, deciso, risolto **2** discusso, esaminato, considerato **3** (*in un'asta*) aggiudicato *B s. m.* deliberazione.

deliberazióne *s. f.* **1** fermo proposito, intenzione, decisione, risoluzione, determinazione, partito, consiglio (*lett.*) □ giudizio **2** delibera, provvedimento, decreto, disposto.

delicataménte *avv.* **1** con riguardo, riguardosamente, con cura, accuratamente, attentamente □ lievemente, blandamente, leggermente, piano **CONTR.** senza riguardo, grossolanamente, sbadatamente **2** (*fig.*) finemente, garbatamente, gentilmente, prudentemente, dolcemente, graziosamente, riguardosamente □ signorilmente, raffinatamente, squisitamente □ discretamente, educatamente **CONTR.** aspramente, sgarbatamente, rozzamente, ruvidamente, maleducatamente, grossolanamente, villanamente, zoticamente, brutalmente, indelicatamente, rudemente, seccamente.

delicatézza *s. f.* **1** (*di materia*) finezza, leggerezza, tenerezza, dolcezza, morbidezza, sofficità □ (*di cibo*) squisitezza, prelibatezza, ghiottoneria, leccornia, bontà **CONTR.** asprezza, rozzezza, ruvidezza **2** (*di cristallo, di specchio, ecc.*) fragilità **CONTR.** saldezza, sodezza, solidità, infrangibilità □ resistenza, durevolezza **3** (*est.*) (*di fisico, di salute, ecc.*) debolezza, gracilità, esilità **CONTR.** forza, gagliardia, robustezza, vigore **4** (*fig.*) (*di argomento*) difficoltà, scabrosità, spinosità **CONTR.** facilità, semplicità **5** (*fig.*) (*di persona, di modi, ecc.*) finezza, garbo, gentilezza, raffinatezza, sensibilità, squisitezza, buongusto, eleganza, signorilità, grazia, educazione, riguardo, tatto, scrupolo, riserbo, discrezione **CONTR.** asprezza, rozzezza, sgarbatezza, maleducazione, grossolanità, villania, zoticaggine, rudezza, volgarità, sguaiataggine □ indelicatezza, indiscrezione, insensibilità, invadenza, disattenzione. *V. anche* ELEGANZA, PRUDENZA

delicàto *agg.* **1** (*di materia*) fine, leggero, lieve, dolce, sottile, tenero, morbido, vellutato, soffice □ elegante, gradevole □ (*di cibo*) squisito, prelibato, leggero □ (*di luce*) diafano, tenue **CONTR.** aspro, grossolano, rozzo, ruvido, sgradevole, caricato, chiassoso, corposo **2** (*di cristallo, di specchio, ecc.*) fragile **CONTR.** duraturo, saldo, sodo, solido, infrangibile **3** (*est.*) (*di persona, di fisico, ecc.*) debole, gracile, esile, mingherlino, cagionevole □ (*di nervi*) instabile **CONTR.** forte, gagliardo, robusto, vigoroso, aitante, atletico, forzuto, muscoloso, nerboruto, florido, prosperoso **4** (*fig.*) (*di argomento*) difficile, imbarazzante, scabroso, scottante, spinoso **CONTR.** facile, semplice, banale **5** (*fig.*) (*di persona, di modi, ecc.*) fine, garbato, gentile, discreto, educato, sensibile, riguardoso, signorile, raffinato □ schifiltoso, schizzinoso, esigente **CONTR.** aspro, angoloso, secco, sgarbato, rozzo, grossolano, grezzo, rude, rustico, ruvido, brusco, duro, maleducato, villano, plebeo, zotico, insensibile, indelicato, indiscreto, invadente, impudente, sguaiato, volgare.

delimitàre *v. tr.* (*anche fig.*) limitare, circoscrivere, racchiudere, circondare, demarcare, definire, designare, determinare □ arginare, contenere **CONTR.** far sconfinare, allargare, ampliare, dilatare.

delimitazióne *s. f.* limitazione, limite □ circoscrizione, definizione, determinazione, demarcazione **CONTR.** sconfinamento □ allargamento.

delineaménto *s. m.* disegno, rappresentazione, abbozzo.

delineàre ***A*** *v. tr.* **1** (*di profilo, di andamento, ecc.*) tracciare, tratteggiare, rappresentare, abbozzare, schizzare, disegnare, sbozzare **2** (*fig.*) (*di situazione, di programma, ecc.*) descrivere sommariamente, indicare, prospettare, accennare, schematizzare **CONTR.** precisare, descrivere ***B*** **delinearsi** *v. intr. pron.* apparire, disegnarsi □ (*fig.*) annunciarsi, prospettarsi, profilarsi, configurarsi.

delineàto *part. pass. di* **delineare**; *anche agg.* **1** (*di profilo, di andamento, ecc.*) abbozzato, schizzato, disegnato, tracciato **2** (*fig.*) (*di situazione, di programma, ecc.*) descritto sommariamente, indicato, prospettato, tratteggiato.

delinquènte *part. pres. di* **delinquere**; *anche agg.* e *s. m.* e *f.* criminale, malvivente, malfattore □ mafioso, camorrista □ teppista □ (*est.*) disonesto, abietto, carogna, canaglia, furfante, lazzarone, malandrino, scellerato □ (*scherz.*) briccone, birbante □ (*lett.*) reo, colpevole **CONTR.** innocente, onesto, galantuomo.

delinquènza *s. f.* **1** criminalità, crimine □ vandalismo, teppismo **CONTR.** innocenza, onestà, galantomismo **2** (*est.*) criminali, delinquenti, malavita **CONTR.** onesti, galantuomini.

delinquenziàle *agg.* delittuoso, criminale, criminoso **CONTR.** onesto.

delìquio *s. m.* **1** svenimento, mancamento, tramortimento, perdita dei sensi, collasso **CONTR.** rinvenimento, ricupero dei sensi **2** (*fig.*) languore, struggimento, turbamento, sdilinquimento.

delirànte *part. pres. di* **delirare**; *anche agg.* (*anche fig.*) fuori di sé, farneticante, vaneggiante, irragionevole, folle, insensato □ maniacale □ esaltato, fanatico, eccitato, entusiasta **CONTR.** ragionevole, assennato, equilibrato, calmo, freddo, indifferente.

deliràre *v. intr.* (*anche fig.*) farneticare, vaneggiare, sragionare, essere fuori di sé □ entusiasmarsi, esaltarsi, eccitarsi, smaniare, impazzire □ fantasticare **CONTR.** ragionare, riflettere, essere in sé, parlare sensatamente.

delìrio *s. m.* **1** (*med.*) confusione mentale, alterazione mentale □ allucinazione, vaneggiamento, farnetico (*raro*), vaniloquio, follia, insania, pazzia, furore, mania, ossessione **CONTR.** ragionamento, lucidità, assennatezza **2** (*est.*) (*di sensi, di passioni, ecc.*) profondo turbamento, inquietudine, affanno, tormento, ansietà □ frenesia, smania, eccitazione, ebbrezza, esaltazione, fervore, sfrenato desiderio, passione **CONTR.** calma, flemma, serenità, tranquillità, autocontrollo **3** (*fig.*) (*per attori, per atleti, ecc.*) eccitamento, entusiasmo, fanatismo **CONTR.** freddezza, apatia, distacco, indifferenza. *V. anche* ENTUSIASMO, FANATISMO

delitto *s. m.* **1** (*dir.*) crimine, reato □ (*gener.*) assassinio, omicidio, uccisione, attentato **2** (*est.*) colpa, errore, fallo, peccato, mancanza □ malvagità, scelleratàggine, scelleratezza, iniquità, malefatta, nefandezza □ fattaccio, misfatto. *V. anche* COLPA

delittuosaménte *avv.* criminalmente, criminosamente, scelleratamente, illecitamente, illegalmente **CONTR.** onestamente, rettamente, lecitamente, innocentemente, legalmente.

delittuóso *agg.* colpevole, criminale, criminoso, delinquenziale □ nefando, scellerato □ illecito, illegale **CONTR.** onesto, retto, incolpevole, innocente, legale.

delìzia *s. f.* piacere, diletto, felicità, gioia, gaudio, godimento, allettamento, attrattiva, soavità, spasso, voluttà, paradiso, incanto □ (*di bambino, ecc.*) tesoro, bijou (*fr.*), fiore □ (*di cibo*) ghiottoneria, prelibatezza, leccornia **CONTR.** dolore, sofferenza, strazio, dispiacere, amarezza, afflizione, tormento, tribolazione □ schifezza, porcheria.

deliziàre ***A*** *v. tr.* procurare delizia, dilettare, divertire, rallegrare, dar piacere, far piacere, ricreare, sollazzare, allietare **CONTR.** dispiacere, amareggiare, addolorare, annoiare, rattristare, tormentare, infastidire, irritare, molestare, seccare, scocciare (*fam.*), tediare, esacerbare, esasperare, asfissiare ***B*** **deliziarsi** *v. intr. pron.* bearsi, ricrearsi, godere, trarre piacere, dilettarsi, sollazzarsi □ crogiolarsi, compiacersi **CONTR.** amareggiarsi, addolorarsi, rattristarsi, tormentarsi, infastidirsi, irritarsi, seccarsi, scocciarsi (*fam.*), annoiarsi.

deliziosaménte *avv.* dolcemente, gradevolmente, piacevolmente, soavemente, squisitamente, simpaticamente, incantevolmente, meravigliosamente, adorabilmente, amenamente **CONTR.** amaramente, aspramente, sgradevolmente, spiacevolmente, odiosamente, spaventosamente, tremendamente.

delizióso *agg.* gradevole, simpatico, attraente, bello, carino, piacevole, incantevole, meraviglioso, splendido, paradisiaco, adorabile, affascinante □ ridente, ameno □ dolce, soave □ (*di cibo, di vino*) eccellente, squisito **CONTR.** brutto, odioso, antipatico, sgradevole, spiacevole, disgustoso, repellente, ripugnante, tremendo, nauseante, schifoso, stomachevole.

dèlta *s. m.* o *f.* (*di fiume*) foce ramificata, sbocco **CFR.** estuario **FRAS.** *a delta*, a triangolo, triangolare.

delucidàre *v. tr.* chiarire, chiarificare, commentare, illustrare, spiegare □ (*di punti difficili*) sciogliere, sgarbugliare **CONTR.** confondere, ingarbugliare. *V. anche* SCIOGLIERE

delucidazióne *s. f.* spiegazione, chiarimento, chiarificazione, indicazione □ commento, esegesi, illustrazione.

deludènte *part. pres. di* **deludere**; *anche agg.* insoddisfacente, inappagante, amaro, sconfortante □ insufficiente □ misero, povero, scarso □ disastroso **CONTR.** soddisfacente, appagante, confortante, ottimo, lusinghiero, promettente. *V. anche* SCARSO

delùdere *v. tr.* ***1*** tradire le aspettative, tradire le speranze, disilludere, venir meno, mancare, disattendere, smentire, scontentare, frustrare, contrariare, beffare, gabbare, ingannare **CONTR.** contentare, soddisfare □ blandire, illudere, lusingare, promettere, ammaliare, conquistare, incantare ***2*** (*raro*) (*di vigilanza e sim.*) eludere, evitare, schivare, sfuggire, sottrarsi **CONTR.** affrontare, fronteggiare.

delusióne *s. f.* disinganno, disillusione, insoddisfazione, sconforto, amarezza, frustrazione, scottatura (*fig.*) □ insuccesso, fallimento □ beffa, corbellatura (*pop.*), fregatura (*pop.*) **CONTR.** appagamento, soddisfazione, conforto □ successo □ illusione, lusinga, promessa, sogno.

delùso *part. pass. di* **deludere**; *anche agg.* disilluso, disingannato, frustrato, scottato (*fig.*), inappagato, insoddisfatto, scontento, sconfortato, contrariato □ (*di aspettativa, di speranza, ecc.*) disatteso, infranto, smentito, ingannato, tradito □ beffato, scornato, fregato (*pop.*), gabbato **CONTR.** appagato, pago, contento, soddisfatto, confortato □ ammaliato, incantato.

demagogìa *s. f.* falsa democrazia, democrazia degenerata, populismo, oclocrazia **CFR.** democrazia □ oligarchia, aristocrazia □ dittatura.

demagogicaménte *avv.* (*est.*) populisticamente, con demagogia **CFR.** democraticamente □ aristocraticamente, dittatorialmente.

demagògico *agg.* populistico **CFR.** democratico □ oligarchico, aristocratico □ dittatoriale.

demagògo *s. m.* capopopolo, caporione, tribuno, sobillatore, agitatore, arruffapopoli **CFR.** democratico □ uomo d'ordine, conservatore, moderato, reazionario, retrivo □ dittatore.

demandàre *v. tr.* affidare, rimettere, deferire, delegare, deputare **CONTR.** incaricarsi, caricarsi, assumersi □ (*dir.*) avocare.

demaniàle *agg.* pubblico, statale, nazionale, regionale, provinciale, comunale **CONTR.** privato.

demànio *s. m.* ***1*** beni pubblici, patrimonio pubblico **CONTR.** beni privati ***2*** (*est.*) pubblica amministrazione, nazione, stato, regione, provincia, comune.

demarcàre *v. tr.* segnare, tracciare, circoscrivere, delimitare.

demarcazióne *s. f.* limite, delimitazione, confine, termine.

d'emblée /*fr.* d ã'ble/ [vc. fr., part. pass. di *embler*, propriamente 'impadronirsi, precipitarsi su'] *loc. avv.* al primo colpo, d'acchito, al primo sforzo □ all'improvviso **CONTR.** calcolatamente, meditatamente.

demènte *agg.*; *anche s. m.* e *f.* folle, pazzo, matto, squilibrato, alienato, dissennato, insano, psicopatico, frenetico, forsennato, maniaco □ (*fam.*) idiota, stupido **CONTR.** sano di mente, saggio, assennato, equilibrato, ragionevole. *V. anche* MATTO

demènza *s. f.* alienazione, squilibrio, paranoia, psicopatia, schizofrenia, follia, pazzia, insania, dissennatezza, mania, frenesia □ (*fam.*) stoltezza, stupidità, idiozia **CONTR.** sanità, lucidità, normalità □ assennatezza, senno, sensatezza, giudizio, equilibrio, ragionevolezza.

demenziàle *agg.* ***1*** di demenza, di follia, folle, psicopatico ***2*** (*est.*) (*di discorso, di atto, ecc.*) incoerente, sconsiderato, illogico, folle, pazzo **CONTR.** ragionevole, saggio.

demèrito *s. m.* azione biasimevole, colpa, fallo, difetto, peccato, torto □ biasimo, giudizio negativo **CONTR.** pregio, qualità, vanto □ merito, benemerenza.

demilitarizzazióne *s. f.* smilitarizzazione **CONTR.** militarizzazione.

demistificàre *v. tr.* demitizzare, dissacrare, smitizzare **CONTR.** mitizzare, miticizzare (*raro*), esaltare.

demistificazióne *s. f.* demitizzazione, smitizzazione, dissacrazione **CONTR.** mitizzazione, esaltazione.

demitizzàre *v. tr.* demistificare, smitizzare, dissacrare **CONTR.** mitizzare, esaltare.

demiùrgo *s. m.* ***1*** (*filos.*) organizzatore, ordinatore, artefice del mondo ***2*** (*fig.*) massima autorità □ (*iron.*) capo supremo, big (*ingl.*).

democraticaménte *avv.* ***1*** in modo democratico

CFR. demagogicamente, autoritariamente, dittatorialmente, dispoticamente, totalitariamente **2** (*est.*) (*di agire, di comportarsi, ecc.*) affabilmente, cordialmente, semplicemente, alla mano **CONTR.** altezzosamente, orgogliosamente, superbamente.

democràtico ***A*** *agg.* ***1*** della democrazia □ libero, liberale, popolare **CFR.** demagogico, autoritario, dittatoriale, totalitario **CONTR.** illiberale, tirannesco, dispotico **2** (*est.*) (*di persona, di modi, ecc.*) affabile, cordiale, familiare, semplice, alla mano **CONTR.** aristocratico, signorile □ altezzoso, orgoglioso, superbo, scostante, distaccato, intollerante ***B*** *s. m.* ***1*** liberale, libertario **CONTR.** dittatore, despota, autoritario, liberticida **2** persona alla mano, persona affabile **CONTR.** altezzoso, condiscendente.

democrazìa *s. f.* ***1*** governo popolare, sovranità popolare □ pluripartitismo □ liberalismo **CFR.** aristocrazia, oligarchia, dittatura, tirannide, autocrazia, monopartitismo, totalitarismo **2** (*est.*) paese democratico **3** (*est.*) (*di comportamento*) affabilità, semplicità, familiarità, cordialità **CONTR.** altezzosità, superbia, orgoglio, intolleranza **FRAS.** *democrazia popolare*, stato comunista.

démodé */fr.* demɔ'de/ [vc. fr., part. pass. di *démoder* 'mettere fuori (*dé-*) di moda (*mode*)'] *agg. inv.* fuori moda, passato di moda, disusato, scaduto, sorpassato, antiquato, out (*ingl.*) **CONTR.** attuale, di moda, moderno, odierno, in voga, in (*ingl.*), dernier cri (*fr.*).

demografìa *s. f.* (*est.*) popolazione.

demolìre *v. tr.* ***1*** (*di cosa*) abbattere, atterrare, buttar giù, diroccare, smantellare, spianare, distruggere, radere al suolo, sventrare **CONTR.** costruire, edificare, erigere, fabbricare, innalzare, rizzare, elevare □ puntellare, rafforzare □ ricostruire, ripristinare **2** (*fig.*) (*di persona, di teoria, ecc.*) annientare, rovinare, screditare, distruggere, stritolare, stroncare □ confutare, rovesciare, contestare, disfare, scardinare, scalzare, sfatare, minare **CONTR.** accreditare, avvalorare, far stimare □ lodare, elogiare, esaltare □ appoggiare, confermare, confortare.

demolìto *part. pass. di* **demolire**; *anche agg.* ***1*** (*di cosa*) abbattuto, atterrato, diroccato **CONTR.** costruito, eretto, innalzato, fabbricato, ricostruito **2** (*fig.*) (*di persona, di teoria, ecc.*) annientato, rovinato, screditato, distrutto □ confutato, rovesciato, criticato **CONTR.** accreditato, avvalorato, stimato, lodato, esaltato □ appoggiato, confermato.

demolitóre *s. m.*; *anche agg.* (*f.* *-trice*) ***1*** autodemolitore, sfasciacarrozze, abbattitore (*raro*), distruttore **CONTR.** costruttore, edificatore **2** (*fig.*) rovinoso □ vandalo □ eversore, sovvertitore, eversivo, sovversivo **CONTR.** fondatore, instauratore, organizzatore.

demolizióne *s. f.* ***1*** (*di cosa*) abbattimento, atterramento, diroccamento, distruzione, smantellamento, sventramento **CONTR.** costruzione, edificazione, erezione, fabbricazione, ricostruzione, ripristino, allestimento **2** (*di persona, di teoria, ecc.*) annientamento, stroncatura **CONTR.** elogio, esaltazione, lode, adulazione.

dèmone *s. m.* ***1*** genio, spirito, folletto **2** (*fig.*) passione sfrenata **3** (*lett.*) (*nel cattolicesimo*) demonio, diavolo **CONTR.** angelo.

demonìaco *agg.* ***1*** demonico, diabolico **CONTR.** divino, angelico **2** (*est.*) diabolico, infernale, satanico □ malvagio, perverso □ crudele, efferato **CONTR.** buono, benigno, pio, santo. *V. anche* CRUDELE

demònio *s. m.* ***1*** spirito maligno, diavolo, demone, Belzebù, Lucifero, Satana **CONTR.** angelo **2** (*est.*) tentazione, istigazione, lusinga, seduzione **3** (*fig.*) (*di persona*) abbietto, perverso, malvagio □ tentatore □ ossesso, furibondo **CONTR.** angelo, santo **4** (*fig.*) (*di ragazzo*) terremoto **5** (*fig.*) (*di persona*) instancabile, attivissimo **CONTR.** posapiano, indolente.

demoralizzànte *part. pres. di* **demoralizzare**; *anche agg.* avvilente, deprimente, sconfortante, sconsolante, scoraggiante **CONTR.** entusiasmante, incoraggiante.

demoralizzàre ***A*** *v. tr.* ***1*** abbattere, accasciare, avvilire, deprimere, disanimare, scoraggiare, sfiduciare, sconsolare, smontare (*fig.*) **CONTR.** entusiasmare, esaltare, rendere ottimista, animare, rianimare, confortare, riconfortare, rincuorare, incoraggiare, sollevare, risollevare, consolare, ringalluzzire **2** (*raro*) corrompere, pervertire, depravare **CONTR.** moralizzare, nobilitare ***B*** **demoralizzarsi** *v. intr. pron.* abbattersi, accasciarsi, avvilirsi, deprimersi, disanimarsi, scoraggiarsi, sfiduciarsi, disperarsi **CONTR.** entusiasmarsi, esaltarsi, ringalluzzirsi, rianimarsi, confortarsi, farsi animo, risollevarsi, tirarsi su.

demoralizzàto *part. pass. di* **demoralizzare**; *anche agg.* abbattuto, accasciato, avvilito, depresso, disanimato, scoraggiato, sfiduciato, disincentivato, demotivato, smontato (*fig.*), triste, disperato **CONTR.** allegro, euforico, entusiasta, esaltato, ottimista, ringalluzzito, consolato, rianimato, risollevato.

demoralizzazióne *s. f.* abbattimento, accasciamento, avvilimento, depressione, prostrazione, sconforto, scoraggiamento, scoramento, tristezza, disperazione **CONTR.** euforia, entusiasmo, esaltazione, ottimismo. *V. anche* SCORAGGIAMENTO

demòrdere *v. intr.* (*fig.*) lasciare la presa, cedere, mollare, abbandonare, arrendersi, darsi per vinto **CONTR.** insistere, persistere, ostinarsi.

demoscopìa *s. f.* (*est.*) rilevazione, indagine, ricerca, inchiesta.

demotivàre *v. tr.* disincentivare, disinteressare **CONTR.** incentivare, interessare, motivare, stimolare.

demotivàto *part. pass. di* **demotivare**; *anche agg.* ***1*** senza motivazione, disincentivato, disinteressato **CONTR.** incentivato, interessato, motivato **2** (*ling.*) opaco.

denàro *s. m.* moneta, quattrini, soldi, bezzi, schei (*sett.*), pila (*gerg.*), grana (*gerg.*), cocuzze (*dial.*), contante, spiccioli, baiocchi, palanche, scudi, svanziche (*fam., scherz.*), lira (*est.*), conquibus (*scherz.*), borsa (*est.*), grisbi (*fam.*), cassa, finanze, pecunia (*lett.* o *scherz.*) □ capitale, peculio (*scherz.*), gruzzolo, averi, rendita, mezzi (*est.*), possibilità (*spec. al pl.*), patrimonio, fondi, risorse, ricchezza □ valuta, numerario (*econ.*) **FRAS.** *avere il denaro contato*, disporre del minimo indispensabile □ *denaro alla mano*, in contanti □ *buttare il denaro* (*fig.*), spenderlo

male. *V. anche* FACOLTÀ
denaróso *V.* **danaroso.**
denaturàto *agg.* alterato, snaturato, sofisticato □ rettificato, corretto, purificato.
denigràbile *agg.* criticabile, condannabile, riprovevole **CONTR.** apprezzabile.
denigràre *v. tr.* calunniare, diffamare, infamare, screditare, sottovalutare, sparlare, vituperare, disprezzare, stroncare **CONTR.** celebrare, elogiare, encomiare, esaltare, decantare, incensare, lodare, onorare, apprezzare, stimare, rispettare, vantare, acclamare, cantare, apologizzare □ adulare, leccare, lisciare, lusingare.
denigràto *part. pass. di* **denigrare**; *anche agg.* calunniato, diffamato, infamato, screditato, vilipeso **CONTR.** elogiato, encomiato, esaltato, decantato, apprezzato, lodato, celebrato, glorificato, incensato □ adulato.
denigratóre *s. m.*; *anche agg.* (*f. -trice*) calunniatore, detrattore, diffamatore, maldicente, criticone, vipera (*fig.*), cornacchia (*fig.*) **CONTR.** celebratore, elogiatore, esaltatore, lodatore, glorificatore, apologeta, fan (*ingl.*), sostenitore, panegirista □ adulatore, incensatore, piaggiatore, lustrascarpe.
denigratòrio *agg.* diffamatorio, infamatorio, denigratore, diffamatore, calunniatore, calunnioso □ scandalistico **CONTR.** elogiativo, laudativo (*lett.*), esaltatorio, laudatorio (*raro*), celebrativo, apologetico □ adulatorio.
denigrazióne *s. f.* calunnia, diffamazione, maldicenza, detrazione (*lett.*) **CONTR.** apologia, elogio, encomio, esaltazione, lode, incensamento, celebrazione □ adulazione, piaggeria, lisciamento, sviolinata.
denominàre ***A*** *v. tr.* chiamare, nominare, soprannominare, appellare (*lett.*), indicare (*lett.*) ***B*** **denominarsi** *v. intr. pron.* prendere nome, avere per nome, chiamarsi.
denominàto *part. pass. di* **denominare**; *anche agg.* chiamato, nominato, soprannominato, cosiddetto.
denominazióne *s. f.* nome, appellativo, titolo, epiteto, soprannome, qualificazione.
denotàre *v. tr.* dare a vedere, mostrare, esprimere, indicare, manifestare, palesare, significare, rivelare, denunciare, designare.
denotazióne *s. f.* indicazione, manifestazione.
densaménte *avv.* fittamente, abbondantemente, corposamente, molto **CONTR.** poco, scarsamente.
densità *s. f.* consistenza, spessezza (*raro*), compattezza, fittezza (*raro*), foltezza, concentrazione, intensità **CONTR.** inconsistenza, radezza (*raro*), rarefazione, tenuità, leggerezza, spugnosità, porosità.
dènso *agg.* ***1*** fitto, spesso, concentrato, condensato, corposo □ folto, compatto, serrato **CONTR.** rado, rarefatto, diradato, diluito, tenue, poroso, spugnoso ***2*** (*di buio, di notte, ecc.*) cupo, oscuro, intenso, profondo, fondo ***3*** (*fig.*) (*di pensieri, di osservazioni, ecc.*) abbondante, frequente, pieno, ricco, pregnante, nutrito □ (*di discorso*) pregno, intessuto, gravido **CONTR.** scarso, povero, privo, vuoto.

DENSO
sinonimia strutturata

Si definisce **denso** ciò che ha grande massa in piccolo volume: *un tubetto di colla densa*; un liquido o un miscuglio si può definire anche **condensato** o **concentrato**, ossia costretto, di solito tramite evaporazione, ad occupare uno spazio minore: *latte condensato*; *detersivo concentrato.* La consistenza e la compattezza sono inoltre le caratteristiche di ciò che è **corposo**: *colori corposi*; *capelli corposi*; *voce corposa*; un *vino corposo* è armonicamente ricco di alcol, sapore e colore. **Spesso**, **fitto** e **folto** possono essere adoperati sia per liquidi e gas sia come sinonimi di abbondante e numeroso: *spessi vapori*; *nebbia fitta*; *caligine folta*; *erba folta*; *folta schiera*; anche nei termini **serrato** e **compatto**, il significato sottolinea la stretta unione delle parti: *schiera serrata*; *folla, massa compatta.*

In un secondo campo semantico denso denota ciò che è privo, completamente o parzialmente, di luce, e coincide quindi con **cupo** e **oscuro**: *dense tenebre*; *buio denso*; *notte cupa*; *ombre oscure*; *aria oscura.* **Intenso** e **profondo** sono termini più generici che indicano ciò che si manifesta con particolare forza, energia, efficacia; così un *blu intenso* è un blu molto cupo e denso, e il *buio profondo* corrisponde al buio pesto.

Vi è, infine, un'ulteriore area di significato in cui denso viene adoperato anche figuratamente, e designa ciò che è fornito abbondantemente di elementi di varia natura e qualità, sovrapponendosi così perfettamente a **pieno**, ad **abbondante** e a **ricco** usato in senso estensivo: *un cielo denso di stelle*; *un periodo denso di avvenimenti*; *uno scritto denso di idee*; *un discorso abbondante di lodi*; *un compito pieno di errori*; *una città ricca di monumenti*; *un testo ricco di citazioni*; anche **nutrito** inteso figuratamente possiede lo stesso valore semantico del significato traslato di denso: *un discorso nutrito di patriottismo*; lo stesso vale per **pregnante**, che per estensione si adopera per ciò che è ricco di significato: *frasi pregnanti.*

Denso descrive anche ciò che si fa, si ripete o accade molte volte, e in questo equivale a **frequente**: *densi contatti*; *una frequente corrispondenza.*

dentàta *s. f.* morso, morsicatura, zannata.
dentàto *agg.* ***1*** con denti **CONTR.** sdentato ***2*** (*est.*) a forma di dente **FRAS.** *ruota dentata*, ingranaggio.
dentatùra *s. f.* ***1*** denti ***2*** (*di ingranaggio*) sporgenze, denti.
dènte *s. m.* ***1*** (*di animale*) zanna ***2*** (*fig.*) (*dell'invidia, della calunnia e sim.*) assalto, morso, asprezza ***3*** (*di pettine, di ingranaggio*) dentatura, punta □ risalto, sporgenza, tacca ***4*** (*geogr.*) cima aguzza, guglia, picco **FRAS.** *dente di leone*, tarassaco, piscialetto, soffione □ *a denti asciutti* (*fig.*), senza mangiare, senza ottenere nulla □ *a denti stretti* (*fig.*), controvoglia, con rabbia, col massimo impegno □ *fuori dei denti* (*fig.*), con franchezza, senza riguardo □ *battere i*

denti (*fig.*), tremare □ *mostrare i denti* (*fig.*), assumere un atteggiamento minaccioso □ *difendere coi denti* (*fig.*), difendere strenuamente □ *stringere i denti* (*fig.*), resistere con tutte le forze □ *al dente*, moderatamente cotto □ *avere il dente avvelenato* (*fig.*), nutrire odio, avercela □ *mettere sotto i denti*, mangiare □ *armato fino ai denti*, armato di tutto punto □ *avere ancora i denti da latte* (*fig.*), essere ancora giovani e inesperti □ *levarsi un dente* (*fig.*), togliersi una preoccupazione □ *mettere qualcosa sotto i denti* (*fig.*), mangiare □ *tirato coi denti* (*fig.*), forzato, stiracchiato (*di ragionamento, di scusa e sim.*) □ *trovar pane per i propri denti* (*fig.*), trovare un rivale agguerrito.

dentellàre *v. tr.* seghettare.

dentellàto *agg.* a dentelli, frastagliato, seghettato.

dentellatùra *s. f.* dentelli, frastagliatura.

dentèllo *s. m.* ***1*** *dim. di* **dente** ***2*** punta, risalto, tacca ***3*** (*arch.*) modanatura.

dentièra *s. f.* ***1*** protesi dentaria ***2*** (*mecc.*) cremagliera.

dentìstico *agg.* odontoiatrico.

déntro ***A*** *avv.* ***1*** (*di luogo*) nell'interno, all'interno, nella parte interna, internamente **CONTR.** fuori, all'esterno, esternamente ***2*** (*fig.*) nell'intimo, nell'animo, nel cuore, nella mente, interiormente **CONTR.** esteriormente ***B*** *prep.* ***1*** in, nel, nello, nella, negli, nelle ***2*** (*di tempo*) entro, nel corso di ***C*** *in funzione di s. m. solo sing.* ***1*** interno, parte interna, didentro **CONTR.** esterno ***2*** (*fig.*) intimo, intimità, anima **FRAS.** *andar dentro* (*fig.*), andare in prigione □ *darci dentro* (*fig., fam.*), impegnarsi a fondo, lavorare sodo.

denudàre ***A*** *v. tr.* ***1*** (*anche fig.*) spogliare, scoprire, svestire □ smascherare □ (*est.*) privare **CONTR.** abbigliare, vestire, rivestire, coprire, ricoprire ***2*** (*fig., lett.*) (*di pensieri, di intenzioni e sim.*) palesare, svelare **CONTR.** celare, nascondere, occultare ***B*** **denudarsi** *v. rifl.* spogliarsi, scoprirsi, svestirsi **CONTR.** vestirsi, rivestirsi, coprirsi, ricoprirsi.

denudàto *part. pass. di* **denudare**; *anche agg.* (*anche fig.*) spogliato, nudo, spoglio, svestito **CONTR.** vestito, coperto.

denùncia *s. f.* ***1*** querela □ delazione, spiata, soffiata (*pop.*) ***2*** (*di nascita, dei redditi, ecc.*) notifica, notificazione, rapporto, referto, dichiarazione □ (*di matrimonio*) pubblicazione.

denunciàre *v. tr.* ***1*** sporgere denuncia, querelare **CONTR.** scagionare, scolpare ***2*** (*di scomparsa, di attività, ecc.*) dichiarare, notificare, riferire, segnalare **CONTR.** celare, nascondere, occultare, coprire ***3*** (*di scandalo, di malessere, ecc.*) rendere noto, palesare, manifestare, indicare, rivelare **CONTR.** nascondere, coprire.

denunciàto *part. pass. di* **denunciare**; *anche agg.* ***1*** querelato ***2*** (*di scomparsa, di attività, ecc.*) dichiarato, notificato, segnalato **CONTR.** celato, nascosto, occultato ***3*** (*di scandalo, di malessere, ecc.*) reso noto, manifestato, rivelato **CONTR.** nascosto, coperto.

denunciatóre *s. m.*; *anche agg.* (*f. -trice*) accusatore, delatore, spia □ informatore, notificatore, segnalatore, rivelatore **CONTR.** accusato.

denutrìto *agg.* iponutrito, ipoalimentato □ malnutrito, macilento, magro, emaciato, deperito, scarno, sparuto □ debole, fiacco **CONTR.** ipernutrito, iperalimentato □ grasso, ben pasciuto, paffuto, corpulento, gagliardo, robusto, vigoroso.

denutrizióne *s. f.* iponutrizione, ipoalimentazione, nutrizione insufficiente □ debolezza, deperimento, esaurimento, macilenza, magrezza **CONTR.** ipernutrizione, iperalimentazione □ adiposità, corpulenza, grassezza, obesità, pinguedine □ gagliardia, robustezza, vigore.

deodorànte *part. pres. di* **deodorare**; *anche s. m.* (*est.*) antiodorante, profumo.

deodoràre *v. tr.* (*est.*) profumare **CONTR.** impuzzolentire.

deo gratias */lat.* 'dɛo 'grattsjas/ [lat., propriamente '(rendiamo) grazie a Dio'] *loc. inter.* Dio sia lodato!, meno male!, evviva! **CONTR.** maledizione! **FRAS.** *essere al deo gratias* (*fig.*), essere alla fine.

deontologìa *s. f.* moralità, morale, etica. *V. anche* MORALE

deontològico *agg.* morale, etico.

depauperaménto *s. m.* impoverimento, depauperazione, deperimento, sfruttamento **CONTR.** arricchimento.

depauperàre *v. tr.* impoverire, stremare, immiserire, sfruttare **CONTR.** arricchire, rimpinguare.

dépendance */fr.* depã'dãs/ [vc. fr., dall'ant. *maison de despens* 'casa che serve da dipendenza a un'altra'] *s. f. inv.* edificio minore, dipendenza □ succursale.

depennàre *v. tr.* ***1*** (*di cifra, di nome, ecc.*) cancellare, cassare, espungere **CONTR.** scrivere ***2*** (*fig.*) (*di persona*) eliminare, togliere **CONTR.** iscrivere, inserire, immatricolare.

deperìbile *agg.* deteriorabile, degradabile □ delicato **CONTR.** resistente, indegradabile.

deperibilità *s. f.* deteriorabilità, degradabilità **CONTR.** resistenza, indeteriorabilità.

deperiménto *s. m.* ***1*** (*di persona*) perdita di forza, indebolimento, infiacchimento, svigorimento, esaurimento, sfinimento, debolezza, consunzione □ denutrizione, cachessia (*med.*) **CONTR.** irrobustimento, rafforzamento, rinvigorimento ***2*** (*di cosa*) deterioramento **CONTR.** miglioramento ***3*** (*fig.*) (*di nazione, di costumi, ecc.*) decadenza, rovina, peggioramento, calo □ depauperamento **CONTR.** miglioramento, progresso. *V. anche* DEBOLEZZA

deperire *v. intr.* ***1*** (*di persona*) perdere le forze, consumarsi, indebolirsi, svigorirsi, esaurirsi, debilitarsi, distruggersi, patire □ intristire **CONTR.** irrobustirsi, rafforzarsi, rinvigorirsi, rifiorire, prosperare ***2*** (*di cosa*) deteriorarsi, guastarsi, sciuparsi, rovinarsi, scadere **CONTR.** migliorare, mantenersi, conservarsi. *V. anche* GUASTARE, SCADERE

deperìto *part. pass. di* **deperire**; *anche agg.* indebolito, svigorito, esaurito, sfinito, disfatto, patito, intristito, denutrito, magro □ debole **CONTR.** forte, vigoroso, robusto, energico, ben messo, florido.

depilàre *v. tr.* pelare, togliere i peli, rasare.

depilatóre *agg.*; *anche s. m.* (*f. -trice*) (*est.*) epilatore.

depilazióne *s. f.* rasatura □ (*med.*) tricotomia.

depistàre *v. tr.* portare su una falsa strada, far deviare, sviare.

dépliant */fr.* depli'ã/ [vc. fr., sostantivazione del part. pres. di *déplier*, letteralmente, '(di)spiegare, svolgere'] *s. m. inv.* pieghevole pubblicitario, volantino, opuscolo.

deploràbile *agg.* ***1*** lacrimevole, lamentabile, lamentevole (*raro*) **CONTR.** invidiabile, fortunato ***2*** deplorevole, biasimevole, condannabile, riprovevole, spiacevole **CONTR.** encomiabile, lodevole □ piacevole. *V. anche* SPIACEVOLE

deploràre *v. tr.* ***1*** (*di disgrazia, di morte, ecc.*) lamentare, piangere, compiangere, commiserare, compatire, rammaricarsi, rimpiangere **CONTR.** invidiare, rallegrarsi ***2*** (*di condotta e sim.*) biasimare, condannare, disapprovare, censurare, deprecare, rimproverare **CONTR.** approvare, elogiare, esaltare, lodare. *V. anche* PIANGERE

deplorazióne *s. f.* ***1*** compianto, rincrescimento ***2*** biasimo, condanna, disapprovazione, riprovazione, deprecazione, rimprovero **CONTR.** approvazione, elogio, esaltazione, lode, compiacimento.

deplorévole *agg.* ***1*** (*di disgrazia, di morte, ecc.*) deplorabile, lamentabile, lacrimevole, lamentevole (*raro*), compassionevole, miserevole, pietoso **CONTR.** invidiabile ***2*** (*di condotta e sim.*) biasimevole, condannabile, riprovevole, deprecabile □ spiacevole **CONTR.** encomiabile, lodabile, lodevole □ piacevole, fortunato. *V. anche* SPIACEVOLE

deplorevolménte *avv.* biasimevolmente, indegnamente, sconvenientemente, riprovevolmente □ sfortunatamente **CONTR.** lodevolmente, convenientemente □ fortunatamente.

depórre ***A*** *v. tr.* ***1*** mettere giù, posare, depositare, appoggiare, scaricare □ adagiare, collocare, riporre, sistemare **CONTR.** prendere su, alzare, sollevare ***2*** togliersi, svestirsi, spogliarsi, levarsi di dosso **CONTR.** mettersi, indossare, infilare, vestire ***3*** (*fig.*) (*da una carica, da un ufficio, ecc.*) rimuovere, destituire, allontanare, dimettere, silurare, defenestrare (*fig.*), disarcionare (*fig.*) □ detronizzare, spodestare **CONTR.** assumere, installare, insediare, reintegrare ***4*** (*fig.*) (*di idea, di orgoglio, ecc.*) lasciare, abbandonare, liberarsi, rinunciare, desistere **CONTR.** insistere, persistere, perseverare, ostinarsi ***B*** *v. tr.* e *intr.* (*dir.*) testimoniare.

deportàre *v. tr.* trasferire, confinare, relegare **CONTR.** richiamare, rimpatriare.

deportàto *part. pass. di* **deportare**; *anche agg.* e *s. m.* confinato, relegato **CONTR.** rimpatriato.

deportazióne *s. f.* trasferimento, confino, relegazione □ (*est.*) bando, proscrizione, esilio **CONTR.** rimpatrio.

depositàre ***A*** *v. tr.* ***1*** affidare in deposito, consegnare □ scaricare □ (*di vettura*) posteggiare □ (*di denaro*) versare **CONTR.** ritirare, prelevare □ caricare ***2*** porre, collocare, deporre, posare, mettere **CONTR.** prendere, prender su, sollevare ***3*** (*di liquido*) lasciar cadere ***B*** **depositarsi** *v. intr. pron.* sedimentarsi, decantarsi, raccogliersi sul fondo.

depositàrio *s. m.* ***1*** (*anche fig.*) consegnatario, fiduciario, custode, difensore **CONTR.** depositante ***2*** (*fig.*) (*di segreto, di confessione e sim.*) confidente.

depòsito *s. m.* ***1*** (*di merce*) consegna, recapito □ magazzinaggio, stoccaggio □ (*di denaro*) versamento, caparra **CONTR.** restituzione, ritiro ***2*** (*di materiale*) ammasso, raccolta □ feccia, morchia (*est.*) □ incrostazione, gromma, gruma □ (*di cera, ecc.*) colaticcio □ (*di vino, di caffè, ecc.*) fondiglio, fondo (*est.*), residuo, posatura □ (*geol.*) accumulo, deiezione, concrezione ***3*** (*chim.*) sedimento, precipitato ***4*** (*di luogo*) magazzino, retrobottega, ripostiglio, dock (*ingl.*), fondaco, rimessa, capannone □ (*di nave*) stiva ***5*** riserva □ stock (*ingl.*).

deposizióne *s. f.* ***1*** collocamento, adagiamento (*raro*) **CONTR.** sollevamento ***2*** (*fig.*) (*da una carica*) rimozione, destituzione, allontanamento, licenziamento □ defenestrazione, siluramento (*fig.*) □ spodestamento, detronizzazione **CONTR.** assunzione, insediamento, installazione, riassunzione, reintegramento ***3*** (*dir.*) testimonianza, attestazione, dichiarazione.

depósto *part. pass. di* **deporre**; *anche agg.* ***1*** rimosso, destituito, licenziato, allontanato **CONTR.** assunto, insediato ***2*** lasciato, abbandonato, messo, posato **CONTR.** preso, ritirato, tolto.

depravàto *agg.* e *s. m.* corrotto, pervertito, degenerato, degenere, guasto, dissoluto, debosciato, scostumato, vizioso, immorale, immondo, marcio (*fig.*), perduto (*fig.*), traviato **CONTR.** morigerato, virtuoso, immacolato, incorrotto, innocente, intatto, integerrimo, probo, santo (*est.*).

depravazióne *s. f.* corruzione, pervertimento, degenerazione, dissolutezza, impudicizia, scostumatezza, sregolatezza, vizio, lordura, marciume, perversione, putridume **CONTR.** castigatezza, morigeratezza, dirittura, virtù, continenza, pudicizia, innocenza, integrità.

DEPRAVAZIONE
sinonimia strutturata

L'operazione o il risultato del volgere al male e al vizio, e molto più comunemente lo stato di chi, di ciò che è vizioso e corrotto si dicono **depravazione**. Il vocabolo, in entrambe le sfumature, trova dei sinonimi in **corruzione**, **degenerazione** e **pervertimento**, termini che indicano il guastare o il guastarsi moralmente: *corruzione politica*; *lottare contro la corruzione degli innocenti*; *degenerazione dei costumi*; *pervertimento morale*; questi vocaboli, come depravazione, possono avere anche il significato di decadimento e mutazione in peggio entro ambiti diversi dalla moralità: *la corruzione della lingua latina*; *la degenerazione di uno scherzo in rissa*; *pervertimento del gusto*.

Altri sinonimi si discostano lievemente dai precedenti perché si riferiscono alla depravazione come caratteristica di chi o di ciò che è depravato e non come processo in divenire, e sono inoltre strettamente legati al giudizio morale. La **perversione**, ad esempio, consiste in un comportamento anormale e socialmente condannato, specialmente nella sfera sessuale, ed enfatizza appunto l'anomalia; il termine **vizio**, invece, designa l'abitudine inveterata e la pratica costante di ciò che è male, sottolineandone proprio la radicata continuità: *il vizio della lussuria*; *essere rotto a ogni vizio*.

Chi non sa o non vuole opporsi al vizio e mostra licenziosità è caratterizzato da **dissolutezza**: *la sua dissolutezza è senza limiti*; *la dissolutezza dei costumi caratterizzò quel secolo*; la stessa mancanza di freni può definirsi più blandamente **sregolatezza**, che in uno dei suoi significati è appunto sinonimo di disordine morale: *sregolatezza di costumi, di vita*. Lo stesso vale per **impurità** usato figuratamente e anche per **disonestà** che, indicando innanzitutto mancanza di onestà e di rettitudine, nel designare mancanza di pudore e di decenza non ha la forza dei sinonimi precedenti, e il suo impiego in tale accezione è piuttosto raro: *disonestà di pensieri, di vita*; *l'impurità della sua condotta*.

Più decisi sono i termini **scostumatezza**, che caratterizza un comportamento contrario alle regole della decenza e della morale, e **impudicizia**, che si riferisce alla mancanza di pudore o, specialmente al plurale, a parole, gesti o atti inverecondi e lascivi: *atteggiamenti che denotano scostumatezza*; *l'impudicizia del loro comportamento era insopportabile*; *disse impudicizie non riferibili*. **Lordura**, **marciume** e **putridume**, termini meno comuni ma di intensità ancora maggiore, usati figuratamente segnalano il vizio e la bassezza morale o anche un insieme di persone corrotte e depravate: *lordura morale*; *dietro quella facciata di rispettabilità c'è del marciume*; *il putridume di quell'ambiente è disgustoso*.

deprecàbile *agg.* **1** (*raro*) (*di male e sim.*) scongiurabile, evitabile □ malaugurato, disgraziato **CONTR.** inevitabile **2** (*di vita, di vizio, ecc.*) biasimevole, deplorevole, condannabile, riprovevole, criticabile **CONTR.** encomiabile, lodabile, lodevole □ auspicabile.

deprecàre *v. tr.* **1** (*di male e sim.*) scongiurare **CONTR.** auspicare, augurare **2** (*di vizio, di modo di vivere, ecc.*) biasimare, condannare, deplorare, disapprovare **CONTR.** approvare, elogiare, esaltare, lodare. *V. anche* BIASIMARE

deprecazióne *s. f.* **1** (*lett.*) preghiera, scongiuro **2** (*di vizio, di modo di vivere, ecc.*) biasimo, condanna, deplorazione, disapprovazione **CONTR.** approvazione, elogio, esaltazione, lode.

depredàre *v. tr.* **1** mettere a sacco, saccheggiare, devastare, far preda, predare, razziare, svaligiare **2** derubare, rapinare, sottrarre, spogliare **CONTR.** dare, donare, elargire, consegnare, regalare □ restituire, rendere, ridare.

depressióne *s. f.* **1** (*di terreno*) abbassamento, avvallamento, cavità, conca, bacino, buca, fossa □ dolina, foiba **CONTR.** elevazione, gobba, prominenza, sporgenza, rialzo **2** (*meteor.*) bassa pressione, decompressione □ perturbazione **3** (*fig., econ.*) recessione, congiuntura sfavorevole, crisi, stagnazione, sboom (*ingl., gerg.*) **CONTR.** espansione, prosperità, boom (*ingl.*) **4** (*fig.*) (*di persona*) avvilimento, abbattimento, demoralizzazione, scoramento, scoraggiamento, sconforto, accasciamento, prostrazione, tristezza, sfiducia, disperazione, disforia (*med.*) **CONTR.** euforia, ottimismo, entusiasmo, eccitazione, letizia, allegria, gioia, felicità. *V. anche* SCORAGGIAMENTO

depressìvo *agg.* **1** deprimente, sconfortante, triste **CONTR.** eccitante, stimolante, euforico **2** di depressione.

deprèsso *part. pass. di* **deprimere**; *anche agg.* **1** (*di terreno*) abbassato, schiacciato, compresso □ avvallato, incavato, concavo **CONTR.** elevato, prominente, sporgente, convesso **2** (*fig.*) (*di zona, di popolazione*) arretrato, povero, sottosviluppato **CONTR.** ricco, progredito, industrializzato **3** (*fig.*) (*di persona*) abbattuto, accasciato, avvilito, abbacchiato, demoralizzato, disanimato, prostrato, scorato, sconfortato, sconsolato, sfiduciato, sgasato (*gerg.*), scoraggiato, infelice, triste, pessimista **CONTR.** euforico, allegro, esaltato, baldanzoso, coraggioso, eccitato, entusiasta, raggiante, sollevato, ottimista.

deprezzaménto *s. m.* diminuzione di valore, calo, svalutazione, ribasso □ (*di moneta*) slittamento monetario □ (*fig.*) (*di persona, di opera, ecc.*) svilimento **CONTR.** apprezzamento, rivalutazione, rincaro □ valorizzazione.

deprezzàre ***A*** *v. tr.* **1** (*econ.*) diminuire il prezzo, diminuire il valore, calare, svalutare, ribassare **CONTR.** apprezzare (*raro*), rivalutare, rincarare **2** (*fig.*) (*di persona, di opera, ecc.*) disprezzare, sminuire, denigrare, svilire **CONTR.** esaltare, magnificare, valorizzare ***B*** **deprezzarsi** *v. intr. pron.* scadere, diminuire di prezzo □ (*di moneta*) slittare. *V. anche* SCADERE

deprimènte *part. pres. di* **deprimere**; *anche agg.* (*fig.*) avvilente, demoralizzante, scoraggiante, sconfortante, sconsolante, doloroso, triste □ umiliante **CONTR.** incoraggiante, rincuorante, confortante, consolante, eccitante, esaltante, entusiasmante, elettrizzante, inebriante, vivificatore.

deprìmere ***A*** *v. tr.* **1** spingere in giù, abbassare **CONTR.** alzare, sollevare, elevare **2** (*fig.*) (*di persona, di animo*) abbattere, avvilire, abbacchiare, demoralizzare, disanimare, rattristare, incupire, scoraggiare, smontare (*fig.*), sconfortare, sconsolare, prostrare, ammazzare (*fig.*), annientare (*fig.*), umiliare **CONTR.** corroborare, riconfortare, rincuorare, incoraggiare, sollevare, rianimare □ eccitare, esaltare, entusiasmare, inebriare, infervorare, stimolare, tonificare □ inorgoglire, insuperbire ***B*** **deprimersi** *v. intr. pron.* **1** (*di terreno*) abbassarsi, avvallarsi **CONTR.** alzarsi, innalzarsi **2** (*fig.*) (*di persona, di animo*) abbattersi, avvilirsi, demoralizzarsi, disanimarsi, scoraggiarsi, sfiduciarsi, rattristarsi, incupirsi, disperarsi **CONTR.** rianimarsi, rincuorarsi, incoraggiarsi, risollevarsi, riconfortarsi □ entusiasmarsi, esaltarsi, eccitarsi, inebriarsi.

depuraménto *s. m.* depurazione, chiarificazione **CONTR.** inquinamento.

depuràre ***A*** *v. tr.* **1** (*di sostanza*) purificare, chiarificare, filtrare, purgare, raffinare □ disinquinare, pulire, disinfettare, disintossicare **CONTR.** inquinare, sporcare, insozzare □ infettare ***2*** (*fig.*) (*di scritto, di ambiente, ecc.*) rendere puro, affinare, correggere, perfezionare, espurgare □ ripulire, liberare, epurare **CONTR.** corrompere, guastare, involgarire ***B*** **depurarsi** *v. intr. pron.* purificarsi, filtrarsi, chiarificarsi, purgarsi **CONTR.** inquinarsi, sporcarsi. *V. anche* PULIRE

depuratìvo *agg.* depuratorio, chiarificatore, purificatore □ disintossicante.

depuràto *part. pass. di* **depurare**; *anche agg.* ***1*** (*di sostanza*) chiarificato, purgato, filtrato, raffinato, disinquinato □ disinfettato **CONTR.** inquinato, sporcato, sporco ***2*** (*fig.*) (*di stile, di scritto e sim.*) affinato, ingentilito **CONTR.** involgarito.

depurazióne *s. f.* depuramento, purificazione, chiarificazione, filtrazione, raffinamento, raffinazione □ (*est.*) (*di ambiente, ecc.*) purga, epurazione □ disinquinamento, pulizia.

deputàre *v. tr.* delegare, demandare, designare, incaricare, dare l'incombenza, commettere □ inviare, destinare □ eleggere, nominare, proporre.

deputàto *s. m.* ***1*** (*est.*) parlamentare, onorevole ***2*** delegato, rappresentante, designato, destinato, incaricato, inviato □ eletto, nominato.

deputazióne *s. f.* ***1*** assegnazione, designazione, incarico, mandato, missione ***2*** commissione, delegazione, comitato, legazione, ambasceria, associazione.

deragliàre *v. intr.* uscire dalle rotaie □ sviare, deviare.

dérapage /*fr.* dera'paʒ/ [vc. fr., da *déraper* 'derapare'] *s. m. inv.* (*sport*) derapata, derapaggio, slittamento laterale, deviazione laterale, sbandamento.

derapàre *v. intr.* slittare lateralmente, scivolare lateralmente □ sbandare in curva.

derby /*ingl.* 'da:bi/ [dal n. del conte di *Derby* (contea ingl.), che la promosse] *s. m. inv.* ***1*** corsa al galoppo □ (*fig.*) sfida, incontro ***2*** (*est., sport*) partita di campanile.

deregulation /*ingl.* di:regju'leiʃən/ [vc. ingl., comp. di *de-* 'de-' e *regulation* 'norma, regola'] *s. f. inv.* (*spec. in campo economico*) deregolamentazione, liberalizzazione □ (*est.*) anarchia.

derelìtto ***A*** *agg.* abbandonato, reietto, solo □ desolato, disabitato, squallido, triste **CONTR.** curato, assistito □ abitato, popoloso, fiorente ***B*** *s. m.* orfano, trovatello.

deretàno *s. m.* sedere, posteriore, didietro, culo (*pop.*), natiche □ (*nel feto*) podice.

deridere *v. tr.* schernire, dileggiare, beffare, beffeggiare, burlare, canzonare, irridere, motteggiare, mettere in ridicolo, pigliarsi gioco, prendere in giro, mettere alla berlina, spernacchiare, sfottere (*pop.*) □ dissacrare □ screditare, disprezzare, sottovalutare, spregiare **CONTR.** ammirare, apprezzare, applaudire, onorare, pregiare (*lett.*), rispettare, stimare.

derisióne *s. f.* beffa, burla, scherno, dileggio, canzonatura, irrisione, sfottimento (*pop.*), sfottò (*pop.*), motteggio, ironia, disprezzo, spregio (*lett.*) **CONTR.** ammirazione, apprezzamento, onore, rispetto, riguardo, stima.

derìso *part. pass. di* **deridere**; *anche agg.* schernito, beffato, burlato, canzonato, irriso, dileggiato □ disprezzato, dissacrato **CONTR.** ammirato, apprezzato, applaudito, onorato, rispettato, stimato.

derisòrio *agg.* beffardo, ironico, canzonatorio, irrisorio, dissacrante, dissacratorio **CONTR.** ammirativo, rispettoso.

derìva *s. f.* deviazione, spostamento, scarroccio **FRAS.** *andare alla deriva*, essere trascinato dalla corrente; (*fig.*) subire passivamente le avversità.

derivàbile *agg.* deducibile, desumibile.

derivànte *part. pres. di* **derivare**; *anche agg.* tratto, prodotto, causato, indotto, conseguente, discendente, risultante, susseguente.

derivàre ***A*** *v. tr.* ***1*** deviare, dirigere altrove ***2*** (*fig.*) trarre, dedurre, ricavare, desumere, cavare, mutuare, prendere, rilevare ***B*** *v. intr.* ***1*** (*di fiume, di acque*) scaturire, sgorgare, nascere, sorgere, provenire, uscire, diramarsi, emanare **CONTR.** sfociare, terminare, sboccare ***2*** (*fig.*) (*di male, di ricchezza, ecc.*) originarsi, essere originato, essere tratto, conseguire, seguire, susseguire, risultare, venire, provenire, procedere, dipendere, discendere, generarsi, ingenerarsi □ ispirarsi **CONTR.** arrivare, finire, terminare ***3*** (*di vino, di frutta, ecc.*) essere prodotto, venire (*pop.*).

derivàto *part. pass. di* **derivare**; *anche agg.* ***1*** (*fig.*) attinto, desunto, dedotto ***2*** (*di fiume, di acqua*) scaturito, sgorgato, nato, sorto **CONTR.** sboccato, sfociato, terminato ***3*** (*fig.*) (*di male, di ricchezza, ecc.*) originato, causato, proveniente, determinato, conseguito, disceso, indotto, risultato ***4*** (*fig.*) (*di vino, di farina, ecc.*) ottenuto, prodotto, ricavato.

derivazióne *s. f.* ***1*** (*di acque, di linee elettriche, ecc.*) deviazione, diramazione, presa, by-pass (*ingl.*) ***2*** (*fig.*) (*di merce, ecc.*) fonte, origine, provenienza, estrazione, filiazione □ discendenza □ (*di parola*) etimo, etimologia **CONTR.** fine, termine, conseguenza.

dèrma *s. m.* (*est.*) epidermide, cute, pelle.

dermatìte *s. f.* infiammazione della pelle, eczema, sfogo (*pop.*).

dèroga *s. f.* derogazione, abolizione parziale, abrogazione, eccezione, revoca, rinuncia, strappo (*fam.*) □ inosservanza **CONTR.** conferma, ratifica □ ottemperanza **FRAS.** *in deroga, a deroga*, facendo un'eccezione, contrariamente, in contrasto.

DEROGA
sinonimia strutturata

Si chiama **deroga** il venir meno alle norme stabilite per qualcosa; in particolare, la deroga nel linguaggio giuridico consiste nel porre con un provvedimento legislativo un'eccezione rispetto alla regola contenuta in altra norma giuridica: *deroga a una legge*; *in deroga alla precedente nostra circolare*. Sempre di uso raro è il senso figurato di deroga in riferimento al rinunciare, al contravvenire o al discostarsi da qualcosa; *una deroga alla sua dignità*; *non ammetto deroghe alle mie direttive*; la locuzione *patto in deroga* indica appunto una stipula, prevista da apposita legge, di contratti di locazione di immobili urbani che contravvengono eccezionalmente alla normativa sull'equo canone. Perfettamente equivalente, anche se di impiego più raro, è il sinonimo **derogazione**.

Se consideriamo l'aspetto giuridico del verbo derogare, la deroga viene a coincidere con una **abolizione parziale**, o più propriamente con l'**abrogazione**, ossia col rendere nulla una norma con mezzi previsti dalla legge. La **revoca** nel linguaggio giuridico si differenzia dai termini precedenti perché indica il provvedimento della pubblica amministrazione o del giudice che priva di effetti un provvedimento amministrativo o giurisdizionale precedente: *revoca di un'ordinanza*; inoltre, consiste anche nel negozio giuridico unilaterale con cui un soggetto, nei casi consentiti dalla legge, priva di effetti un altro precedente negozio giuridico: *revoca di una proposta contrattuale, di un mandato*. Anche nel suo uso generale la parola revoca indica l'annullare e il disdire qualcosa nella sua interezza: *la revoca di un ordine, di una decisione*; in questo senso si differenzia da deroga, da **eccezione** e dal familiare **strappo** usato figuratamente, che indicano appunto un circoscritto allontanamento dalla norma: *per voi faremo un'eccezione*; *strappo alla regola, al regolamento*; una deroga decisa arbitrariamente e abusivamente diventa un'**inosservanza**, ossia una trasgressione e una contravvenzione della regola: *inosservanza grave, leggera, pericolosa*. Infine, uno dei significati figurati del verbo derogare viene condiviso anche dal termine **rinuncia**: *deroga, rinuncia all'integrità del proprio carattere*.

derogàre *v. intr.* **1** (*a legge, a norma e sim.*) togliere autorità, togliere valore, fare un'eccezione, limitare, revocare, escludere **CONTR.** conservare, mantenere in vigore **2** (*fig.*) (*a principi, a consigli, ecc.*) rinunciare □ contravvenire, discostarsi, mancare, non osservare, non attenersi, violare, trasgredire **CONTR.** osservare, ottemperare, attenersi, rispettare, ubbidire.

derràta *s. f. spec. al pl.* prodotto agricolo, prodotto alimentare, genere alimentare, vettovaglia, viveri □ (*di prodotti alimentari di provenienza extraeuropea*) coloniali □ (*est.*) merce, mercanzia.

derrick /*ingl.* 'derik/ [vc. ingl., verso il 1600 'forca, patibolo', dal n. originario ol. (*Dierryk*, equivalente a 'Teodorico') di un boia ingl.] *s. m. inv.* (*per ricerche petrolifere, per sondaggi*) torre di perforazione, castello, traliccio, armatura.

derubàre *v. tr.* depredare, spogliare, alleggerire (*scherz.*) □ portar via, carpire, sottrarre, rubare □ svaligiare, saccheggiare □ borseggiare, rapinare, scippare, taccheggiare □ (*fig.*) frodare, defraudare, privare **CONTR.** dare, donare, elargire, regalare □ ridare, rendere, restituire.

derubàto *part. pass. di* **derubare**; *anche agg.* depredato, rapinato, spogliato □ (*fig.*) defraudato, privato, frodato.

deschétto *s. m.* **1** (*lett.*) *dim. di* **desco** **2** (*di artigiani, spec. calzolai*) banco, bischetto, tavolino.

descrittìvo *agg.* espositivo, narrativo □ analitico **CONTR.** sintetico.

descrìtto *part. pass. di* **descrivere**; *anche agg.* **1** (*di persona o cosa*) raccontato, detto, scritto, esposto, narrato, riferito, spiegato, specificato **2** (*di linea, di segno e sim.*) delineato, disegnato, tracciato, rappresentato, tratteggiato.

descrìvere *v. tr.* **1** (*di persona o cosa*) narrare, raccontare, riferire, dire, scrivere, rappresentare, raffigurare, esporre, spiegare, caratterizzare, configurare, definire, rendere (*est.*) □ specificare **CONTR.** sorvolare, tacere **2** (*di linea, di segno, ecc.*) delineare, disegnare, tracciare, tratteggiare □ dipingere, ritrarre. *V. anche* NARRARE

descrivìbile *agg.* rappresentabile, esprimibile, narrabile, raccontabile, riferibile **CONTR.** indescrivibile, inesprimibile, indicibile, inenarrabile, ineffabile.

descrizióne *s. f.* rappresentazione, esposizione, narrazione, racconto, caratterizzazione □ cronaca, cronistoria □ immagine, quadro, ritratto, affresco, schizzo □ (*biol.*) tassonomia. *V. anche* QUADRO

desèrtico *agg.* (*est.*) arido, secco □ improduttivo **CONTR.** umido □ produttivo, fertile, lussureggiante.

desèrto ***A*** *agg.* **1** disabitato, inabitato, spopolato, vuoto **CONTR.** abitato, popolato, popoloso, frequentato, affollato **2** privo di vegetazione, incolto, desolato, selvaggio, squallido □ vuoto, abbandonato, solo, solitario, isolato, solingo (*lett.*), romito (*lett.*) **CONTR.** coltivato, lavorato, fertile, produttivo □ verde, boscoso, boschivo **3** (*dir.*) (*di causa*) estinta ***B*** *s. m.* **1** (*geogr.*) superficie arida, zona senza vegetazione **CONTR.** terra fertile, terra abitata, giardino (*est., fig.*) **2** (*est.*) landa, steppa, tundra, zona incolta □ (*di luogo disabitato*) tebaide (*lett., fig.*) **FRAS.** *predicare al deserto* (*fig.*), parlare invano a chi non vuole ascoltare. *V. anche* SOLITARIO

déshabillé /*fr.* dezabi'je/ [vc. fr., dal part. pass. di *déshabiller* 'svestire', comp. di *dés-* oppositivo e *habiller* 'vestire'] *s. m. inv.* **FRAS.** *in déshabillé*, discinto, svestito.

desideràbile *agg.* appetibile, attraente, gradevole, piacevole, bello □ auspicabile, augurabile **CONTR.** indesiderabile, sgradevole, spiacevole, brutto, nauseante, ributtante □ deprecabile.

desideràre *v. tr.* **1** aver voglia, agognare, ambire, mirare, tendere, anelare, appetire, aspettare, aspirare, concupire (*lett.*), sognare, sospirare, vagheggiare, bramare, smaniare, spasimare, invocare □ augurarsi, auspicare **CONTR.** odiare, disprezzare, sdegnare, non volere, disvolere (*ant.*), paventare, scongiurare, respingere, ricusare, rifiutare **2** (*di riforma, di lavoro, ecc.*) volere, esigere, pretendere, cercare, ricercare, richiedere **3** (*raro, lett.*) (*di persona*) rimpiangere, provare rammarico **FRAS.** *farsi desiderare*, farsi aspettare □ *lasciare a desiderare*, non soddisfare. *V. anche* VOLERE

desiderata /*lat.* deside'rata/ [pl. di *desiderātu*(*m*) '(cosa) desiderata'] *s. m. pl.* desideri, richieste, istanze.

desideràto *part. pass. di* **desiderare**; *anche agg.* agognato, ambito, aspettato, atteso, cercato, augurato, sognato, sospirato, invocato, vagheggiato, concupito, corteggiato □ richiesto, ricercato, voluto **CONTR.** odiato, disprezzato, sdegnato, indesiderato, paventato, deprecato, malaugurato, temuto □ respinto, ricusato, rifiutato.

desidèrio *s. m.* **1** desire (*lett.*), desio (*lett.*), vagheggiamento, sogno, aspirazione □ (*di persona o cosa perduta*) rimpianto, nostalgia, senso di mancanza, bisogno **2** (*di cibo, di gloria, ecc.*) appetito, aspirazione, ardore, fame, febbre, gola, sete, smania, ansietà, struggimento, anelito, voglia □ (*di cose bizzarre*) uzzolo (*tosc.*), capriccio, grillo (*fig.*), ghiribizzo □ fantasia, sogno, velleità, speranza, ideale □ intenzione, volontà, volere □ (*di potere*) piacimento, piacere, talento (*lett.*) □ augurio, auspicio, voto (*lett.*) **CONTR.** odio, fastidio, noia, avversione, antipatia, disgusto, ripugnanza, disprezzo, nausea, sazietà **3** (*di denaro, di piaceri sensuali*) avidità, concupiscenza, cupidigia, brama, bramosia, passione **FRAS.** *pio desiderio*, desiderio irrealizzabile. *V. anche* CUPIDIGIA

desiderosaménte *avv.* avidamente, ansiosamente, cupidamente, vogliosamente, bramosamente, impazientemente, appassionatamente **CONTR.** svogliatamente, indifferentemente, con disgusto, malvolentieri, controvoglia.

desideróso *agg.* avido, bramoso, cupido (*lett.*), anelante, desioso (*poet.*), voglioso, affamato, assetato, famelico, ansioso, impaziente, smanioso □ ghiotto, goloso **CONTR.** sazio, pieno, disgustato, nauseato, stufo, indifferente, svogliato.

design /*ingl.* di'zain/ *s. m. inv.* disegno industriale □ (*est.*) progettazione **FRAS.** *di design*, d'autore.

designàre *v. tr.* **1** additare, indicare, accennare, segnare, segnalare, mostrare, far notare **2** (*di figura, di fiore, ecc.*) raffigurare, rappresentare, simboleggiare, denotare **3** (*a carica, a ufficio*) destinare, predestinare, proporre, eleggere, scegliere, deputare, nominare, chiamare **4** (*di giorno, di ora e sim.*) convenire, stabilire, fissare.

designàto *part. pass. di* **designare**; *anche agg.* **1** indicato, additato, mostrato, segnalato **2** (*di figura, di fiore, ecc.*) raffigurato, rappresentato, simboleggiato **3** (*a carica, a ufficio*) destinato, predestinato, indicato, proposto, scelto, chiamato, deputato **4** (*di giorno, di ora e sim.*) convenuto, fissato, stabilito.

designazióne *s. f.* **1** accenno, definizione, indicazione, segnalazione **2** destinazione, proposta, chiamata, scelta, votazione, elezione, suffragio □ nomination (*ingl.*). *V. anche* SCELTA, VOTAZIONE

designer /*ingl.* di'zainə/ [vc. ingl., dal verbo *to design* 'disegnare'] *s. m. inv.* disegnatore □ (*est.*) progettista □ (*est.*) (*di abbigliamento*) stilista, modellista.

desinènza *s. f.* (*est.*) terminazione, uscita **CONTR.** radice, radicale, tema.

desìstere *v. intr.* cessare, finire, smettere, interrompere, rinunciare, demordere, arrendersi, cedere, deporre le armi, recedere, troncare, tralasciare, ritirarsi, abbandonare, lasciare, mollare (*fam.*) □ (*dir.*) (*di querela*) rimettere **CONTR.** cominciare, iniziare, avviare, accanirsi, insistere, perdurare, perseverare □ (*dir.*) (*di querela, di causa*) sporgere, intentare.

desolànte *part. pres. di* **desolare**; *anche agg.* sconfortante, affliggente, doloroso, triste, tormentoso □ brutto, disgustoso **CONTR.** confortante, lieto, rincorante, incoraggiante, consolante □ bello, piacevole.

desolàre **A** *v. tr.* **1** (*lett.*) (*di luogo*) devastare, saccheggiare, rovinare, distruggere, spogliare, guastare **CONTR.** risparmiare, salvare **2** (*di persona*) affliggere, addolorare, costernare, sconfortare, rattristare, tormentare, angosciare **CONTR.** confortare, consolare, rincorare, incoraggiare, rianimare, risollevare **B desolarsi** *v. rifl.* affliggersi, addolorarsi, accorarsi, disanimarsi, sconfortarsi, angosciarsi, rattristarsi **CONTR.** confortarsi, consolarsi, rincorarsi, rianimarsi, tirarsi su.

desolàto *part. pass. di* **desolare**; *anche agg.* **1** (*di luogo*) devastato, saccheggiato, rovinato, distrutto, spogliato, brullo, abbandonato, deserto, squallido, spopolato, sepolcrale (*est.*) **CONTR.** risparmiato, intatto □ popolato, popoloso □ ameno, ridente **2** (*di persona*) rammaricato, dispiaciuto, rincresciuto □ afflitto, addolorato, affranto, costernato, sconfortato, angosciato, sconsolato, inconsolabile, rattristato, triste, tormentato **CONTR.** compiaciuto, soddisfatto, rallegrato □ consolato, confortato, contento, lieto, allegro, felice, pago, soddisfatto.

desolazióne *s. f.* **1** (*di luogo*) devastazione, distruzione, rovina, guasto □ abbandono, miseria, squallore **CONTR.** ricchezza, splendore, sontuosità **2** rincrescimento, rammarico, dispiacere □ afflizione, angoscia, dolore, disperazione, sconforto, sgomento, smarrimento, tristezza, cordoglio **CONTR.** compiacimento, soddisfazione, rallegramento □ animazione, allegrezza, contentezza, felicità, gioia, giocondità, letizia □ consolazione. *V. anche* ANGOSCIA

dèspota *s. m.* **1** sovrano assoluto, autocrate, padrone assoluto, monarca assoluto **CONTR.** suddito **2** (*est.*) prepotente, autoritario, violento, ras, tiranno, dittatore, oppressore, vessatore □ (*di accademico, di ospedaliero, ecc.*) barone **CONTR.** democratico □ oppresso, servo, schiavo.

dessert /*fr.* de'sɛr/ [vc. fr., part. pass. di *desservir* 'sparecchiare'] *s. m. inv.* ultima portata, frutta, dolce **CONTR.** antipasto.

destabilizzàre *v. tr.* rendere instabile, turbare, indebolire □ sovvertire, abbattere, rovinare, scuotere, destrutturare **CONTR.** stabilizzare, consolidare, rafforzare. *V. anche* SCUOTERE

destabilizzazióne *s. f.* turbamento, indebolimento, disfacimento, tracollo **CONTR.** stabilizzazione, consolidamento, rafforzamento.

destàre **A** *v. tr.* **1** interrompere il sonno, ridestare, svegliare, risvegliare, chiamare, fare alzare **CONTR.** addormentare, sopire, assopire **2** (*fig.*) (*di persona, di attenzione, ecc.*) scuotere, accendere, aizzare, eccitare, sollecitare, stimolare, stuzzicare **CONTR.** calmare, frenare, raffreddare, sedare, trattenere **3** (*fig.*) (*di passioni, di interesse, ecc.*) suscitare, infondere, far nascere, provocare, scatenare **CONTR.** spegnere, smorzare, calmare, placare **4** (*di fiamma, di fuoco*) riaccendere, ravvivare **CONTR.** spegnere, smorzare **B destarsi** *v. intr. pron.* **1** scuotersi dal sonno, ridestarsi, svegliarsi, risvegliarsi, alzarsi **CONTR.** addormentarsi, assopirsi, appisolarsi **2** (*fig.*) scuotersi dall'inerzia, aprire gli occhi, scrollarsi □ insorgere **CONTR.** impigrirsi, arrugginirsi, infiacchirsi *3* (*fig.*) (*di passione, di vento, ecc.*) nascere, sorgere, manifestarsi, palesarsi, farsi notare, farsi sentire CONTR. spegnersi, calare, tramontare. *V. anche* SCUOTERE

destàto *part. pass. di* **destare**; *anche agg.* *1* svegliato, desto, risvegliato, chiamato CONTR. addormentato, assopito *2* (*fig.*) (*di persona, di attenzione, ecc.*) scosso, eccitato, stimolato CONTR. calmato, placato, frenato, raffreddato *3* (*di passione, di interessi, ecc.*) nato, provocato, suscitato, infuso, scatenato CONTR. spento, calmato, placato.

destinàre *v. tr.* *1* dare in sorte, stabilire, preparare □ (*dir.*) (*di pena, di sanzione*) comminare □ (*est.*) decidere, deliberare, fissare, comandare, determinare *2* (*di persona, di carica, ecc.*) assegnare, designare, deputare, eleggere, proporre, chiamare □ avviare □ predestinare, votare, consacrare *3* (*di lettera, di dono, ecc.*) indirizzare, inviare, spedire, mandare □ rivolgere, dirigere *4* (*di somma, ecc.*) devolvere □ accantonare □ (*est.*) (*a particolare uso*) adibire.

destinatàrio *s. m.* ricevente, consegnatario, beneficiario CONTR. mittente, latore, emissario.

destinàto *part. pass. di* **destinare**; *anche agg.* *1* fatale, voluto dal destino, scritto □ (*est.*) deciso, deliberato, stabilito, decretato, comandato *2* (*di persona, di carica, ecc.*) assegnato, designato, eletto □ incaricato, deputato, addetto □ predestinato, votato, consacrato *3* (*di lettera, di dono, ecc.*) indirizzato, inviato, spedito □ rivolto, diretto, dedicato.

destinazióne *s. f.* *1* fine, finalità, scopo □ uso □ destino *2* (*di funzionario, di inviato, ecc.*) residenza, sede □ assegnazione *3* (*di viaggio, di lettera, ecc.*) meta, punto di arrivo □ recapito, indirizzo CONTR. punto di partenza, provenienza.

destìno *s. m.* *1* fato, fatalità, caso, sorte, necessità, stella *2* ventura, fortuna *3* (*raro*) indirizzo, recapito, destinazione FRAS. *è destino che*, è fatale che □ *seguire il destino, andare incontro al destino* (*fig.*), perseverare nelle proprie scelte; subire la propria sorte □ *beffa, ironia del destino*, avvenimento imprevisto che modifica un progetto accurato. *V. anche* FORTUNA

destituìre *v. tr.* *1* rimuovere, esonerare, licenziare, dispensare, allontanare, deporre, dimettere, esautorare, spodestare, espellere, liquidare, silurare, defenestrare, detronizzare, degradare CONTR. assumere, insediare, promuovere, eleggere □ reintegrare, riabilitare, riassumere, reinsediare *2* (*lett.*) privare.

destituìto *part. pass. di* **destituire**; *anche agg.* *1* rimosso, esonerato, licenziato, silurato, deposto, dimesso, allontanato, degradato CONTR. assunto, insediato, promosso, riassunto, reinsediato, reintegrato, riabilitato *2* (*di discorso, di notizia, ecc.*) privo, mancante, sfornito, sprovvisto CONTR. fornito, provvisto.

destituzióne *s. f.* rimozione, esonero, dispensa, licenziamento, allontanamento, siluramento, defenestrazione, deposizione, esautorazione, espulsione, detronizzazione CONTR. assunzione, insediamento, promozione, riassunzione, reinsediamento, reintegrazione, riabilitazione.

désto *agg.* *1* sveglio, svegliato, destato CONTR. addormentato, assopito, dormiente, sonnacchioso *2* (*di attenzione, di interesse, ecc.*) vigile, attento CONTR. tiepido, scarso, blando *3* (*lett., fig.*) cauto, accorto, guardingo CONTR. avventato, distratto, disattento, sbadato, svampito *4* (*fig.*) solerte, alacre, attivo □ pronto, sagace, vivace CONTR. indolente, neghittoso, pigro □ lento, torpido, ottuso.

dèstra *s. f.* *1* dritta (*lett.*), diritta (*lett.*) CONTR. sinistra, manca, mancina *2* (*polit.*) forze conservatrici, partito conservatore, conservazione, reazione □ parte conservatrice, parte reazionaria CONTR. sinistra, gauche (*fr.*) □ parte progressista *3* (*mar.*) tribordo CONTR. babordo FRAS. *a destra e a manca* (*fig.*), dappertutto.

destreggiàre *v. intr.* e **destreggiàrsi** *intr. pron.* procedere con accortezza, barcamenarsi, agire accortamente, navigare tra due acque, arrangiarsi, ingegnarsi, difendersi.

destrézza *s. f.* *1* scioltezza, agilità, prontezza, sveltezza, lestezza □ abilità, bravura, capacità, facilità, sicurezza CONTR. lentezza, impaccio, goffaggine □ incapacità, inettitudine *2* (*fig.*) (*di mente*) prudenza, accortezza, avvedutezza, diplomazia, tatto, politica (*est.*) □ astuzia, sagacia, scaltrezza CONTR. inavvedutezza, imprevidenza, imprudenza, ingenuità, dabbenaggine. *V. anche* INTRAPRENDENZA

destrièro *s. m.* (*lett.*) cavallo da battaglia, corsiero (*lett.*) □ (*est.*) cavallo CONTR. ronzino, rozza.

dèstro *A* *agg.* *1* a destra, di destra CONTR. sinistro, mancino, manco *2* (*fig.*) (*di mano, di mente, ecc.*) veloce, agile, pronto, lesto, sciolto □ abile, capace, sicuro CONTR. goffo, lento, impacciato □ maldestro, incapace, inetto, disadatto, inabile *3* (*fig.*) (*di persona*) accorto, avveduto, prudente, cauto □ sagace, astuto, scaltro CONTR. malaccorto, inavveduto, imprevidente, imprudente, ingenuo, semplicione *B* *s. m.* opportunità, occasione, eventualità, agio, momento favorevole, comodità, caso CONTR. inopportunità, momento sfavorevole FRAS. *braccio destro* (*fig.*), aiuto, collaboratore diretto.

destrutturàre *v. tr.* scomporre, dividere, scompaginare, buttare all'aria, destabilizzare CONTR. riunire, ricomporre.

desuèto *agg.* *1* (*lett.*) disabituato, disavvezzo CONTR. abituale, solito, consueto, rituale *2* disusato, abbandonato, arcaico CONTR. in uso, usato, corrente.

desùmere *v. tr.* *1* (*di notizia, di dato, ecc.*) trarre, ricavare, derivare *2* (*di ragione, di pensiero e sim.*) arguire, evincere, dedurre, congetturare, intuire.

desumìbile *agg.* deducibile, derivabile, ricavabile, intuibile.

desùnto *part. pass. di* **desumere**; *anche agg.* *1* (*di notizia, di dato, ecc.*) tratto, ricavato, derivato *2* (*di ragione, di pensiero, ecc.*) arguito, congetturato, dedotto.

detective /*ingl.* di'tektiv/ [vc. ingl., abbr. di *detective policeman* 'poliziotto (*policeman*), che protegge (*detective*)'] *s. m. inv.* investigatore, poliziotto privato, agente investigativo □ occhio (*gerg.*), segugio (*gerg.*).

detector /*ingl.* di'tektə/ [vc. ingl., dal lat. tardo *detĕctor*, da *detĕgere* 'scoprire'] *s. m. inv.* (*tecnol.*) rivelatore, rilevatore.

detenére *v. tr.* **1** (*di cosa*) avere, possedere, conservare, tenere, occupare **CONTR.** abbandonare, lasciare, rinunciare, cedere **2** (*di persona*) tenere in prigione **CONTR.** liberare, rilasciare, scarcerare.

detentìvo *agg.* (*di pena e sim.*) carcerario.

detentóre *s. m.; anche agg.* (*f. -trice*) possessore, proprietario, padrone □ consegnatario, custode (*est.*).

detenùto *part. pass. di* **detenere**; *anche agg. e s. m.* carcerato, prigioniero, imprigionato, recluso **CONTR.** libero □ scarcerato, rilasciato, liberato.

detenzióne *s. f.* **1** (*di armi, di titolo, ecc.*) possesso **2** carcerazione, incarceramento, prigionia, reclusione **CONTR.** libertà, scarcerazione.

detergènte *part. pres. di* **detergere**; *anche agg. e s. m.* detersivo, pulente, smacchiante, smacchiatore.

detèrgere *v. tr.* pulire, ripulire, tergere, mondare, nettare, forbire, lavare □ (*di ferita, ecc.*) medicare □ (*di sudore, ecc.*) asciugare, togliere **CONTR.** sporcare, imbrattare, insozzare, insudiciare, lordare, impataccare, impiastricciare. *V. anche* PULIRE

deterioràbile *agg.* alterabile, deperibile □ marcescibile, putrescibile □ degradabile **CONTR.** conservabile, durevole, indeteriorabile, inalterabile, immarcescibile, imputrescibile □ indegradabile.

deterioraménto *s. m.* peggioramento, alterazione, scadimento, degradazione □ logorio, usura □ danneggiamento, guasto, avaria □ danno, degrado, sfascio **CONTR.** conservazione, mantenimento, salvaguardia, tutela, protezione, miglioramento, affinamento □ risistemazione, accomodamento, riparazione, ripristino □ risanamento, bonifica, recupero.

deterioràre **A** *v. tr.* guastare, danneggiare, rovinare, alterare, peggiorare □ degradare, rovinare **CONTR.** migliorare, affinare □ conservare, mantenere, salvaguardare, tutelare, proteggere □ ripristinare, sanare, risanare, bonificare, recuperare **B** *v. intr.* e **deteriorarsi** *intr. pron.* **1** alterarsi, guastarsi, regredire, peggiorare, rovinarsi □ patire, soffrire □ (*di alimento*) marcire, avariarsi □ (*di salute*) aggravarsi **CONTR.** migliorare □ conservarsi, risanarsi **2** (*fig.*) (*di costumi, di morale e sim.*) corrompersi, degenerare **CONTR.** risollevarsi, elevarsi, moralizzarsi. *V. anche* GUASTARE

deterioràto *part. pass. di* **deteriorare**; *anche agg.* **1** guastato, danneggiato, rovinato, alterato, peggiorato, regredito □ (*di alimento*) marcito, avariato, guasto □ (*di salute*) aggravato **CONTR.** migliorato, sanato **2** (*di costumi, di morale e sim.*) corrotto, degenerato **CONTR.** moralizzato.

deterióre *agg.* meno buono, inferiore, peggiore, scadente **CONTR.** migliore, superiore.

determinàbile *agg.* facile a stabilirsi, definibile, precisabile, specificabile, valutabile, quantificabile **CONTR.** indeterminabile, indefinibile, imprecisabile.

determinànte *part. pres. di* **determinare**; *anche agg.* decisivo, fondamentale, risolutivo, chiave **CONTR.** complementare, secondario, ininfluente.

determinàre **A** *v. tr.* **1** (*di confine, di significato, ecc.*) fissare i limiti, circoscrivere, delimitare, regolare, misurare **2** (*di data, ecc.*) stabilire, fissare, definire, indicare, precisare, specificare □ (*di prezzo*) valutare, stimare, periziare, quantificare, quantizzare, quotare **3** (*di causa, di effetto, ecc.*) produrre, causare, provocare, suscitare, recare, creare, cagionare (*lett.*) **4** (*di persona*) indurre, costringere **5** (*lett.*) (*di fare, di parlare, ecc.*) deliberare, decidere, risolvere, prefiggersi **B** **determinarsi** *v. intr. pron.* risolversi, decidersi, disporsi **CONTR.** esitare, titubare. *V. anche* COSTRINGERE

determinataménte *avv.* **1** chiaramente, esplicitamente **CONTR.** confusamente, vagamente **2** energicamente, risolutamente **CONTR.** fiaccamente, debolmente **3** apposta, intenzionalmente.

determinatézza *s. f.* **1** (*di cosa*) esattezza, precisione **CONTR.** indeterminatezza, imprecisione, genericità **2** (*di persona*) decisione, fermezza, risolutezza **CONTR.** indecisione, incertezza, tentennamento.

determinàto *part. pass. di* **determinare**; *anche agg.* **1** (*di data, di numero, ecc.*) stabilito, definito, precisato, preciso, certo, specificato, convenuto □ quantificato, dato, specifico, fissato, prescritto, particolare, singolare □ qualche **CONTR.** indeterminato, imprecisato, impreciso, incerto, vago, indefinito **2** (*di persona, di intenzione, ecc.*) deciso, fermo, asseverativo (*raro*), pronto, risoluto, intenzionato, forte **CONTR.** incerto, indeciso, tentennante, titubante, dubbioso □ rinunciatario, irresoluto, molle.

determinazióne *s. f.* **1** (*di confine, di significato, ecc.*) definizione, indicazione precisa, delimitazione □ (*dir.*) (*di una causa*) sentenza **CONTR.** indeterminatezza **2** (*di persona*) decisione, deliberazione, risoluzione, proposito, partito □ risolutezza, fermezza, volontà, decisione **CONTR.** titubanza, tentennamento □ mollezza. *V. anche* INTRAPRENDENZA

deterrènte **A** *s. m.* freno, minaccia, spauracchio **CONTR.** invito, incentivo **B** *agg.* dissuasivo, minaccioso, terrificante **CONTR.** invitante, tranquillizzante.

detersìvo *agg.; anche s. m.* detergente.

detèrso *part. pass. di* **detergere**; *anche agg.* pulito, ripulito, nettato, puro (*lett.*), lavato □ asciugato **CONTR.** insozzato □ bagnato.

detestàbile *agg.* abominevole, esecrabile, odioso, ripugnante, repellente □ antipatico, molesto, spiacevole **CONTR.** adorabile, amabile, gradevole, gradito, grato, gustoso, piacente, piacevole, simpatico. *V. anche* SPIACEVOLE

detestàre **A** *v. tr.* avere in orrore, abominare, aborrire, esecrare, maledire, odiare, rifuggire □ biasimare, condannare, riprovare **CONTR.** adorare, amare, approvare, apprezzare, benedire, gradire, lodare □ idolatrare, idoleggiare **B** **detestarsi** *v. rifl. rec.* odiarsi, non potersi soffrire **CONTR.** adorarsi, amarsi, aversi in simpatia.

detonànte *part. pres. di* **detonare**; *anche agg. e s. m.* (*est.*) esplosivo, esplodente (*spec. al pl.*) **CONTR.** antidetonante.

detonàre *v. intr.* scoppiare fragorosamente, esplodere.

detonatóre *s. m.* innesco.

detonazióne *s. f.* scoppio fragoroso, esplosione, botto, colpo, deflagrazione □ fucilata, revolverata, sparo.

detraìbile *agg.* deducibile, defalcabile, scontabile **CONTR.** indeducibile, indetraibile.

detràrre *v. tr.* e *intr.* **1** togliere via, levare, sottrarre, eliminare, dedurre, defalcare, diminuire, scalare, scontare, stralciare, scomputare □ condonare, abbonare **CONTR.** aggiungere, addizionare, sommare, unire, caricare, ricaricare **2** (*fig.*, *raro*) (*di persona*) denigrare, diffamare, ledere, calunniare, offendere **CONTR.** elogiare, esaltare, incensare, lodare, decantare, vantare. *V. anche* DIMINUIRE

detrattóre *s. m.* (*f.* *-trice*) calunniatore, denigratore, diffamatore, maldicente, sparlatore **CONTR.** elogiatore, esaltatore, estimatore, fautore, sostenitore, panegirista, incensatore, lodatore, adulatore.

detrazióne *s. f.* **1** diminuzione, calo, sottrazione, sminuimento (*raro*), decremento (*raro*), deduzione, defalco, defalcazione, scomputo □ sconto, abbuono **CONTR.** aggiunta, addizione, accrescimento, aumento, carico, ricarico, incremento, supplemento **2** (*fig.*, *raro*) calunnia, denigrazione, diffamazione, maldicenza, offesa, malignità **CONTR.** elogio, esaltazione, glorificazione, panegirico, incensamento, lode.

detriménto *s. m.* danno, pregiudizio, perdita, scapito, svantaggio, sfavore **CONTR.** profitto, guadagno, tornaconto, utile, utilità, vantaggio, beneficio. *V. anche* PREGIUDIZIO

detrito *s. m.* **1** maceria □ frammento, frantume, pezzetto **2** (*fig.*) residuo, avanzo, relitto.

detronizzàre *v. tr.* **1** (*di regnante*) spodestare, deporre dal trono, deporre □ (*di campione sportivo*) sconfiggere **CONTR.** intronizzare □ incoronare **2** (*est.*) (*di dirigente*) destituire, licenziare **CONTR.** insediare, assumere.

detronizzazióne *s. f.* **1** (*di regnante*) deposizione **CONTR.** incoronazione **2** (*di dirigente*) destituzione, licenziamento **CONTR.** assunzione, insediamento.

détta *s. f.* *nella loc.* *a detta di*, secondo quel che si dice, come dice, come dicono.

dettagliànte *s. m.* e *f.* venditore al minuto, minutante (*raro*), bottegaio, negoziante **CONTR.** grossista, importatore, concessionario.

dettagliàre *v. tr.* **1** descrivere minutamente, particolareggiare, circostanziare, specificare, ragguagliare **CONTR.** compendiare, riassumere, sintetizzare, stringere, riepilogare, sunteggiare **2** vendere al minuto **CONTR.** vendere all'ingrosso.

dettagliataménte *avv.* particolareggiatamente, minutamente, minuziosamente, nei minimi particolari, diffusamente **CONTR.** brevemente, compendiosamente, sinteticamente, stringatamente.

dettagliàto *part. pass. di* **dettagliare**; *anche agg.* particolareggiato, esauriente, esaustivo, minuzioso, circostanziato **CONTR.** breve, compendiato, compendioso, conciso, sintetico, stringato, succinto, riassuntivo.

dettàglio *s. m.* circostanza particolare, particolare, particolarità, minuzia, sfumatura **CONTR.** il tutto, l'insieme **FRAS.** *al dettaglio*, al minuto.

dettàme *s. m.* **1** precetto, norma, principio, insegnamento, prescrizione **2** consiglio, suggerimento, ispirazione.

dettàre *v. tr.* **1** (*est.*) dire, suggerire **2** (*di patti, di legge, ecc.*) prescrivere, imporre, stabilire, intimare, ingiungere **CONTR.** ascoltare, seguire, ubbidire **3** (*di coscienza, di esperienza, ecc.*) suggerire, consigliare, indicare, additare, mostrare, ispirare, informare.

détto **A** *part. pass. di* **dire**; *anche agg.* **1** enunciato, espresso, pronunciato, formulato, descritto, palesato, affermato, sostenuto □ suggerito, dettato □ riferito, riportato **CONTR.** taciuto, omesso, sottinteso, sottaciuto **2** (*di persona*) soprannominato, chiamato, cosiddetto **3** già nominato, citato, suddetto **B** *s. m.* parola, discorso □ motto, massima, sentenza, adagio, aforisma, formula, proverbio □ arguzia, facezia. *V. anche* MASSIMA, PROVERBIO

deturpànte *part. pres. di* **deturpare**; *anche agg.* deformante, devastante **CONTR.** migliorativo.

deturpàre *v. tr.* **1** deformare, sfigurare, imbruttire, guastare, devastare, sformare □ (*di viso*) sfregiare □ lordare, sporcare **CONTR.** adornare, abbellire, imbellire, aggraziare, illeggiadrire **2** (*fig.*) (*di animo, di scritto, ecc.*) rovinare, corrompere, deteriorare, macchiare, contaminare, insozzare, insudiciare **CONTR.** elevare, nobilitare, abbellire, esaltare, purificare, impreziosire. *V. anche* GUASTARE

deturpàto *part. pass. di* **deturpare**; *anche agg.* **1** deformato, devastato, imbruttito □ (*di viso*) sfregiato, sfigurato **CONTR.** adorno, abbellito, imbellito, ornato **2** (*fig.*) (*di animo, di scritto, ecc.*) guastato, rovinato, corrotto, insozzato **CONTR.** elevato, impreziosito, nobilitato, purificato.

deturpazióne *s. f.* deturpamento (*raro*), deformazione, deterioramento, imbruttimento, scempio □ (*di viso*) sfregio **CONTR.** abbellimento, miglioramento.

deus ex machina /*lat.* 'dɛus 'ɛks 'makina/ [lat., propriamente 'il dio che appare dalla macchina'] *loc. sost. m. inv.* **1** (*est.*) risolutore, factotum, padrone (*est.*) **2** (*spreg.*) (*di situazione, di trama*) manovratore, intrigante, maneggione, organizzatore.

devastàre *v. tr.* **1** (*di luogo*) guastare, rovinare, distruggere, saccheggiare, spogliare, depredare, mettere a soqquadro, mettere a ferro e fuoco, fare man bassa **CONTR.** far fiorire, rendere fiorente, arricchire, rinnovare, riparare **2** (*fig.*) (*di persona, di viso, ecc.*) deturpare, sfigurare, sfregiare, imbruttire **CONTR.** abbellire, imbellire **3** (*fig.*) (*di dispiacere, di paura, ecc.*) abbattere, sconvolgere, turbare **CONTR.** confortare, ricreare, sollevare, risollevare. *V. anche* GUASTARE

devastàto *part. pass. di* **devastare**; *anche agg.* **1** (*di luogo*) distrutto, rovinato, depredato, saccheggiato **CONTR.** ricostruito, rinnovato □ intatto, indenne **2** (*fig.*) (*di persona, di viso, ecc.*) deturpato, sfigurato, sfregiato **3** (*fig.*) (*da dispiacere, da paura, ecc.*) abbattuto, affranto, sconvolto **CONTR.** confortato, risollevato.

devastatóre *s. m.*; *anche agg.* (*f.* *-trice*) distruttore, depredatore, saccheggiatore, vandalo □ vandalico, distruttivo □ deturpante, sfigurante **CONTR.** costruttore, ricostruttore, restauratore, riparatore.

devastazióne *s. f.* **1** (*di luogo*) desolazione, distruzione, guasto, rovina, saccheggio, depredazione, vandalismo **CONTR.** ricostruzione, riparazione **2**

(*fig.*) (*di persona, di animo, ecc.*) deturpamento, rovina, sfregio □ abbattimento, sconvolgimento CONTR. sollievo, conforto, abbellimento.

deviaménto *s. m.* deviazione.

deviànte *part. pres. di* **deviare**; *anche agg.* ***1*** aberrante, anormale, mutante, degenere ***2*** fuorviante, snaturante ***3*** (*di natura, di carattere e sim.*) diverso, disadattato CONTR. inserito, normale.

deviàre ***A*** *v. intr.* ***1*** cambiare strada, cambiare direzione, voltare, girare □ mutare corso □ (*di treno, ecc.*) deragliare □ (*di luce*) rifrangere ***2*** (*fig.*) (*dalla norma, dal giusto e sim.*) allontanarsi, discostarsi, tralignare, sbandare □ corrompersi, pervertirsi, traviarsi ***3*** (*fig.*) (*da un argomento*) digredire, divagare, uscire dal tema ***B*** *v. tr.* ***1*** (*di traffico, di fiume, ecc.*) far cambiare direzione, dirigere altrove, dirottare □ far mutare corso, dirottare ***2*** (*raro, fig.*) (*di persona, di discorso, ecc.*) distogliere, allontanare, sviare, fuorviare.

deviàto *part. pass. di* **deviare**; *anche agg.* ***1*** (*di traffico, di fiume, ecc.*) diretto altrove, indirizzato, dirottato □ (*di luce*) rifratto ***2*** (*fig.*) (*di attenzione, di persona, ecc.*) allontanato, distolto □ (*di significato*) stravolto, viziato, travisato, snaturato ***3*** (*fig.*) (*di persona*) corrotto, pervertito, traviato.

deviatóio *s. m.* (*ferr.*) scambio.

deviatóre *s. m.* ***1*** (*ferr.*) scambista ***2*** (*tecnol.*) reotomo.

deviazióne *s. f.* ***1*** (*di strada, di bussola, ecc.*) deviamento, mutamento, cambio di direzione, diversione, fuorviamento, dirottamento □ strada laterale ***2*** (*di vertebra, di luce, ecc.*) spostamento □ (*fis.*) scattering (*ingl.*), deflessione □ (*elettr.*) derivazione ***3*** (*fig.*) (*dalla norma, dal giusto e sim.*) allontanamento, aberrazione, stortura, errore, traviamento CONTR. pentimento, ravvedimento, resipiscenza (*lett.*) ***4*** (*fig.*) (*di discorso e sim.*) digressione, divagazione. *V. anche* INQUINAMENTO

devòlvere *v. tr.* (*di bene, di denaro, ecc.*) trasmettere, passare, trasferire, attribuire, consegnare, dare, destinare, erogare CONTR. accettare, ricevere.

devotaménte *avv.* ***1*** con devozione, piamente, religiosamente, santamente CONTR. empiamente, irreligiosamente, sacrilegamente ***2*** appassionatamente, ardentemente □ scrupolosamente CONTR. freddamente, indifferentemente.

devòto ***A*** *agg.* (*a un ideale*) dedicato, votato, consacrato, dedito □ destinato □ osservante, ligio CONTR. traditore, fellone ***B*** *agg.*; *anche s. m.* ***1*** (*di persona o cosa*) pio, religioso □ servo, servitore □ asceta, mistico CONTR. profano, irreligioso, ateo, miscredente, agnostico, scettico □ empio, sacrilego, blasfemo □ apostata ***2*** (*a una persona*) affezionato, sincero, fedele, amico, attaccato, fido □ ossequioso, deferente, rispettoso CONTR. avverso, contrario, ostile, infedele, ribelle, sprezzante.

devozióne *s. f.* ***1*** (*relig.*) intensa religiosità, pietà □ culto, venerazione, adorazione, pratica religiosa, preghiera CONTR. empietà, irreligiosità, ateismo ***2*** (*verso persone*) ossequio, deferenza, reverenza, affetto, affezione, amore, attaccamento, fedeltà, dedizione □ obbedienza, soggezione CONTR. avversione, inimicizia, ostilità, disprezzo, antipatia □ (*est.*) defezione, fellonia, abbandono ***3*** (*al pl.*) (*relig.*) preghiere. *V. anche* AMORE

di *prep. che introduce molte determinazioni* ***1*** (*partitiva*) tra, fra ***2*** (*di paragone*) che, che non ***3*** (*di luogo*) da □ per ***4*** (*di origine e provenienza*) proveniente da, nativo di, nato da ***5*** (*di argomento*) intorno a, riguardo a, su ***6*** (*di mezzo o strumento*) con, mediante, per mezzo di, a ***7*** (*di modo*) con ***8*** (*di causa*) per, da, a causa di, a motivo di ***9*** (*di fine o scopo*) per, a fine di ***10*** (*di tempo*) in, durante, nel corso di ***11*** (*di limitazione*) per, per quanto riguarda, in ***12*** (*di materia*) fatto di ***13*** (*di età*) dell'età di ***14*** (*di stima e prezzo*) del valore di ***15*** (*di peso o misura*) lungo □ alto □ pesante □ capace.

dì *s. m.* giorno.

diabolicaménte *avv.* malignamente, malvagiamente, perfidamente, perversamente, spietatamente □ satanicamente, mefistofelicamente CONTR. benignamente, bonariamente, dolcemente, angelicamente, umanamente.

diabòlico *agg.* ***1*** di diavolo, da diavolo, demoniaco, infernale □ satanico, luciferino, mefistofelico CONTR. angelico, serafico, celestiale, celeste, divino, sacro, santo ***2*** (*est.*) (*di persona, di azione, ecc.*) cattivo, maligno, malvagio, perfido, perverso, spietato CONTR. buono, benigno, bonario, dolce, umano.

diadèma *s. m.* ***1*** corona reale, corona imperiale ***2*** fascia, benda □ aureola, nembo, nimbo □ corona, coroncina, serto, ghirlanda.

diàfano *agg.* ***1*** limpido, trasparente, chiaro, nitido □ semitrasparente, lattescente, opalescente, alabastrino, traslucido, pellucido (*lett.*), velato, ialino (*lett., scient.*) CONTR. opaco, cupo, fosco, offuscato, torbido ***2*** (*fig.*) (*di viso, di mani, ecc.*) delicato, gracile, esile, magro, sottile □ cereo, pallido CONTR. forte, robusto, nerboruto, vigoroso, florido, pienotto □ rubicondo, rubizzo, sanguigno. *V. anche* TRASPARENTE

diafonìa *s. f.* ***1*** (*mus.*) contrappunto □ dissonanza, disarmonia ***2*** (*tel.*) radiodisturbo, noise (*ingl.*).

diaframma *s. m.* ***1*** divisione, separazione, tramezzo □ chiusa, cateratta ***2*** (*fig.*) impedimento, ostacolo, barriera ***3*** anticoncezionale.

diàgnosi *s. f.* (*est.*) giudizio, responso, opinione, parere, valutazione □ (*med.*) prognosi.

diagnosticàre *v. tr.* (*est.*) riconoscere, individuare, identificare, scoprire, trovare.

diagonàle ***A*** *s. f.* linea obliqua CONTR. orizzontale, verticale ***B*** *s. m.* (*nel calcio, nel tennis*) tiro obliquo ***C*** *agg.* trasversale, obliquo CONTR. orizzontale □ verticale.

diagonalménte *avv.* trasversalmente, obliquamente, di traverso, di sghembo, di sghimbescio, angolarmente CONTR. orizzontalmente □ verticalmente.

diagràmma *s. m.* rappresentazione grafica, grafico, disegno □ profilo □ (*stat.*) ideogramma, istogramma.

dialettàle *agg.* ***1*** del dialetto, dei dialetti □ vernacolare ***2*** in dialetto CONTR. in lingua.

dialèttica *s. f.* (*est.*) abilità nel discutere □ (*fam.*) oratoria, loquela, parlantina.

dialetticaménte *avv.* (*est.*) sottilmente **CONTR.** illogicamente, irrazionalmente.

dialèttico ***A*** *agg.* (*est.*) convincente, persuasivo □ sottile **CONTR.** illogico, irrazionale ***B*** *s. m.* ragionatore, pensatore, filosofo □ polemico.

dialètto *s. m.* vernacolo, parlata locale □ gergo, argot (*fr.*), patois (*fr.*), slang (*ingl.*) □ (*lett., ant.*) volgare **CONTR.** lingua nazionale. *V. anche* LINGUA

dialipètalo *agg.* (*bot.*) coripetalo **CONTR.** gamopetalo, monopetalo, simpetalo.

dialogàre ***A*** *v. tr.* dialogizzare ***B*** *v. intr.* discutere □ conversare, discorrere, parlare, colloquiare, chiacchierare. *V. anche* PARLARE

dialogàto ***A*** *part. pass. di* **dialogare**; *anche agg.* in forma dialogata, dialogico ***B*** *s. m.* dialogo, parte dialogata.

diàlogo *s. m.* ***1*** discorso, colloquio, conversazione, discussione, scambio di opinioni **CONTR.** monologo, soliloquio ***2*** intesa, confidenza, sintonia, comprensione, buon rapporto □ disponibilità.

diamànte *s. m.* (*miner.*) carbonio cristallizzato □ gemma □ brillante, solitario, rosetta **FRAS.** *a diamante, a punta di diamante*, a piramide quadrangolare □ *carattere di diamante* (*fig.*), carattere fortissimo □ *nozze di diamante*, sessantesimo anniversario di matrimonio.

diametralménte *avv.* (*fig.*) del tutto, totalmente, radicalmente **CONTR.** per nulla.

diàmine *inter.* diavolo!, perbacco!

diàpason *s. m.* ***1*** (*mus.*) registro □ ottava ***2*** (*fig.*) culmine, massimo grado ***3*** corista **FRAS.** *dare il diapason* (*fig.*), dare l'avvio; dare il tono generale a una conversazione e simili □ *giungere al diapason*, toccare il culmine.

diapositìva *s. f.* slide (*ingl.*) **FRAS.** *diapositiva a colori*, diacolor (*ingl.*).

diària *s. f.* indennità, trasferta, indennità di trasferta, soprassoldo giornaliero □ (*est.*) rimborso spese, sportula (*ant.*). *V. anche* PAGA

diàrio *s. m.* ***1*** annotazioni giornaliere, giornale, cronaca giornaliera, cronistoria □ gazzetta □ (*di memoria storica o letteraria*) commentario ***2*** registro giornaliero, giornale di classe ***3*** (*di esami, di ricevimento, ecc.*) prospetto.

diarrèa *s. f.* (*med.*) dissenteria, sciolta (*fam.*) **CONTR.** stitichezza, stipsi, costipazione intestinale.

diàspora *s. f.* dispersione, migrazione, emigrazione, esodo **CONTR.** immigrazione, rimpatrio, ritorno.

diàtriba o **diatrìba** *s. f.* ***1*** (*lett.*) (*di filosofia, di morale, ecc.*) discussione, dissertazione ***2*** (*est.*) discorso violento, contraddittorio, polemica, questione, disputa, controversia □ (*raro*) invettiva, rabbuffo, sfuriata, strapazzata **CONTR.** conversazione, chiacchierata.

diavolerìa *s. f.* ***1*** azione diabolica, cattiveria, intrigo, malizia, malvagità, perfidia □ (*est.*) astuzia, ingegnosità, raggiro, trucco, garbuglio, magia ***2*** stranezza, stravaganza, strampaleria ***3*** (*lett.*) tropo, sacra rappresentazione, mistero, gloria.

diavolétto *s. m.* ***1*** *dim. di* **diavolo** ***2*** folletto ***3*** (*scherz.*) (*di bimbo*) giamburrasca, frugolo, frugoletto ***4*** (*per capelli*) bigodino **FRAS.** *diavoletto di Cartesio*, ludione.

diàvolo *s. m.* ***1*** spirito del male, angelo delle tenebre, demonio, Satana, Lucifero, Belzebù, Berlicche (*scherz.*), Tentatore, Maligno □ demone **CONTR.** angelo, spirito celeste ***2*** (*fig.*) maligno, perfido, violento, malvagio, perverso **CONTR.** brav'uomo, galantuomo ***3*** (*fig.*) persona vivace, scatenato, irrequieto □ (*di ragazzino*) giamburrasca, peste **CONTR.** pacificone, polentone (*fam.*) ***4*** (*escl.*) diamine, cavolo (*pop.*) **FRAS.** *mandare al diavolo* (*fig.*), cacciare in malo modo; mandare in rovina □ *andare al diavolo* (*fig.*), andare in rovina; togliersi di torno □ *fare il diavolo a quattro* (*fig.*), fare grande confusione □ *buon diavolo* (*fig.*), persona bonaria □ *povero diavolo* (*fig.*), persona sfortunata □ *saperne una più del diavolo* (*fig.*), essere furbissimo □ *farina del diavolo* (*fig.*), cosa, beneficio o merito acquistati disonestamente □ *casa del diavolo*, inferno; (*fig.*) baccano, scompiglio; luogo scomodo e lontano □ *avere un diavolo per capello* (*fig.*), essere di pessimo umore □ *avere il diavolo in corpo* (*fig.*), essere irrequieti o agitati □ *come il diavolo e l'acqua santa*, incompatibili □ *far la parte del diavolo*, indurre in tentazione; porre continue obiezioni □ *fare un patto col diavolo* (*fig.*), sembrare sempre giovani □ *trovare il diavolo nel catino* (*fig.*), arrivare troppo tardi □ *lisciare la coda al diavolo* (*fig.*), fare una cosa stupida e inutile.

dibàttere ***A*** *v. tr.* ***1*** (*raro*) agitare velocemente, sbattere, scuotere, scrollare ***2*** (*fig.*) (*di proposta, di argomento, ecc.*) discutere, esaminare, considerare, vagliare, trattare, consultarsi ***B*** **dibattersi** *v. rifl.* ***1*** agitarsi, contorcersi, dimenarsi, divincolarsi, scuotersi, guizzare **CONTR.** star fermo, restare immobile ***2*** (*fig.*) lottare, battersi, combattere □ angustiarsi, preoccuparsi, struggersi □ crucciarsi, arrovellarsi.

dibattiménto *s. m.* ***1*** (*lett.*) agitazione, scossa, scuotimento ***2*** (*fig.*) (*di proposta, di argomento, ecc.*) discussione, dibattito, disputa, controversia, polemica ***3*** (*dir.*) trattazione, discussione, giudizio, processo.

dibàttito *s. m.* dibattimento, discussione, forum (*lat.*), querelle (*fr.*), disputa, controversia, vertenza, scontro, polemica. *V. anche* CONTROVERSIA

dibattùto *part. pass. di* **dibattere**; *anche agg.* discusso, esaminato, trattato.

diboscàre e deriv. *V.* **disboscare** e deriv.

dicastèro *s. m.* ***1*** ministero ***2*** (*eccl.*) congregazione.

dicerìa *s. f.* voce maligna, chiacchiera, ciancia, ciarla, maldicenza, vociferazione, mormorazione, pettegolezzo, rumore, favola, voce **CONTR.** voce fondata, verità.

dichiarànte *part. pres. di* **dichiarare**; *anche agg. e s. m. e f.* parlante, scrivente.

dichiaràre ***A*** *v. tr.* ***1*** (*di idee, di sentimenti*) manifestare, palesare, esternare, mostrare, rivelare, svelare, scoprire, esplicitare, enunciare, annunciare □ (*di generalità*) declinare **CONTR.** celare, nascondere, occultare, coprire, tacere, velare, sottintendere ***2*** (*di verità, di estraneità, ecc.*) affermare, attestare, assicurare, asserire, certificare, giurare, professare, proclamare, sostenere, notificare □ (*di innocenza, ecc.*) protestare, gridare □ (*dir.*) deporre, testimoniare □ (*di sciopero, ecc.*) indire, fissare, proclamare **CONTR.** negare, smentire ***3*** (*innocente, vincitore, ecc.*) giudicare, proclamare □ (*di persona*) eleggere, nominare, scegliere □ incoronare □ stabilire ***B*** **dichiararsi** *v. rifl.* ***1*** mostrarsi, riconoscersi, professarsi, proclamarsi, dirsi, chiamarsi, qualificarsi □ confessarsi, costituirsi □ protestarsi ***2*** manifestare le proprie opinioni, manifestarsi □ rivelare il proprio amore. *V. anche* GRIDARE

dichiarataménte *avv.* apertamente, chiaramente, esplicitamente, evidentemente, manifestamente, palesemente **CONTR.** copertamente, occultamente, implicitamente.

dichiaràto *part. pass. di* **dichiarare**; *anche agg.* ***1*** (*di idee, di sentimenti*) manifestato, palesato, rivelato, espresso, svelato □ manifesto, evidente, chiaro, esplicito, palese **CONTR.** coperto, celato, nascosto, occulto, segreto, sottinteso, tacito ***2*** (*di verità, di estraneità, ecc.*) affermato, attestato, asserito, proclamato, giurato, professato □ denunciato **CONTR.** negato, smentito ***3*** (*di persona*) eletto, nominato ***4*** (*di innocente, di vincitore, ecc.*) giudicato, proclamato, riconosciuto □ (*di reo*) confesso ***5*** (*di idee, di amore, ecc.*) manifestato, confessato, rivelato **CONTR.** nascosto, occulto.

dichiarazióne *s. f.* ***1*** (*lett.*) chiarimento, delucidazione, descrizione, spiegazione, precisazione ***2*** (*di idee, di amore, ecc.*) affermazione, asserzione, comunicazione, annuncio, protesta, riconoscimento, professione □ confessione ***3*** (*di documento, ecc.*) attestazione, notificazione, attestato, atto, denuncia □ (*dir.*) deposizione, testimonianza ***4*** (*di guerra, di resa, ecc.*) proclamazione. *V. anche* INTIMAZIONE

dicitùra *s. f.* ***1*** frase, scritta ***2*** didascalia □ intestazione, titolo ***3*** dizione □ indicazione, istruzione, avvertenza, avviso.

dicotomìa *s. f.* divisione in due parti, bipartizione □ biforcazione.

didascalìa *s. f.* ***1*** dicitura, nota, sottotitolo, spiegazione, scritta, leggenda, titolo di testa, titolo di coda ***2*** (*est.*) avvertenza, avviso, indicazione, istruzione.

didascàlico *agg.* istruttivo, educativo, ammaestrativo (*raro*), divulgativo, dottrinale, moraleggiante.

didàttica *s. f.* (*est.*) pedagogia, metodo, metodologia, docimologia.

didatticaménte *avv.* (*est.*) pedagogicamente, metodologicamente.

didàttico *agg.* ***1*** pedagogico, docimologico, di insegnamento ***2*** (*est.*) educativo, istruttivo, moraleggiante, dottrinale.

didéntro ***A*** *avv.* nell'interno, dentro, nella parte interna, internamente **CONTR.** fuori, esternamente ***B*** *in funzione di s. m. inv.* (*fam.*) parte interna, interno **CONTR.** di fuori, esterno.

didiètro ***A*** *avv.* dietro alle spalle, sul retro **CONTR.** davanti, di fronte ***B*** *in funzione di agg. inv.* posteriore **CONTR.** anteriore ***C*** *in funzione di s. m.* ***1*** parte posteriore, retro **CONTR.** davanti, parte anteriore ***2*** (*pop.*) sedere, deretano, culo (*pop.*), natiche, podice.

dièci *s. m.* decina.

diecìna *V.* **decina**.

dielèttrico *agg.* (*elettr.*) isolante, isolatore, coibente **CONTR.** conduttore.

dièta (1) *s. f.* ***1*** (*med.*) regola di vitto, alimentazione, regime dietetico, nutrizione ***2*** (*est.*) astinenza, sobrietà □ digiuno, inedia.

dièta (2) *s. f.* (*est.*) assemblea, adunanza, consulta.

dietètico *agg.* di dieta □ ipocalorico, magro.

dietista *s. m.* e *f.* dietologo.

dietologìa *s. f.* dietetica, trofologia.

dietòlogo *s. m.* dietista, nutrizionista.

diètro ***A*** *avv.* ***1*** nella parte posteriore, di dietro □ appresso □ indietro **CONTR.** avanti, davanti, nella parte anteriore ***2*** (*fig.*) alle spalle ***B*** *prep.* ***1*** nella parte posteriore, nella parte retrostante **CONTR.** davanti, di fronte, dirimpetto, innanzi ***2*** di là da **CONTR.** di qua da ***3*** al seguito, appresso ***4*** dopo **CONTR.** prima ***5*** (*raro, lett.*) secondo, conformemente ***C*** *in funzione di agg. inv.* (*raro*) posteriore, retrostante **CONTR.** davanti, anteriore ***D*** *in funzione di s. m.* parte posteriore, didietro, retro **CONTR.** davanti, parte anteriore **FRAS.** *tener dietro*, seguire; (*fig.*) imitare □ *correre dietro* (*fig.*), aspirare, desiderare □ *essere dietro a*, essere intento a □ *farsi correr dietro* (*fig.*), farsi desiderare.

diètro frónt *in funzione di s. m. inv.* (*fig.*) voltafaccia **CONTR.** costanza, coerenza.

difàtti *cong.* infatti.

difèndere ***A*** *v. tr.* ***1*** preservare, cautelare, proteggere, salvaguardare, custodire, salvare, conservare, mantenere, riparare, tutelare, assicurare, premunire, coprire □ appoggiare, patrocinare, propugnare, sostenere, affiancare, spalleggiare, aiutare, parteggiare □ scortare, guardare, vegliare □ fortificare, munire, agguerrire, corazzare, presidiare, trincerare, arroccare **CONTR.** avversare, combattere, contrastare, osteggiare □ compromettere, danneggiare, distruggere, esporre ***2*** discolpare, scagionare, scusare **CONTR.** accusare, incolpare ***B*** **difendersi** *v. rifl.* ***1*** cercare di preservarsi, proteggersi, resistere, ripararsi, schermirsi, salvaguardarsi, cautelarsi, garantirsi □ vaccinarsi **CONTR.** abbandonarsi, esporsi ***2*** sostenere le proprie ragioni ***3*** discolparsi, scusarsi, giustificarsi **CONTR.** accusarsi, incolparsi, confessare, compromettersi ***4*** (*fam.*) cavarsela, barcamenarsi, destreggiarsi **CONTR.** arrendersi, cedere.

difensiva *s. f.* difesa **CONTR.** attacco, offensiva, offesa.

difensivo *agg.* di difesa, protettivo, cautelare, cautelativo, preventivo, profilattico **CONTR.** offensivo.

difensóre *s. m.*; *anche agg.* (*f.* -*sóra*) ***1*** patrocinatore, sostenitore, simpatizzante, apologeta (*est.*), propugnatore, paladino, patrono, campione, custode, tutore, protettore, nume tutelare (*scherz.*) □ avvocato **CONTR.** avversario, nemico, offensore, accusatore, oppugnatore, oppressore ***2*** (*sport*) difesa □ (*di calciatore*) terzino, attaccante **FRAS.** *difensore d'ufficio*, avvocato difensore pagato dal tribunale per assistere i non abbienti; (*fig.*) persona che difende qualcuno senza esserne richiesta. *V. anche* DIFESA

difésa *s. f.* ***1*** aiuto, appoggio, soccorso, sostegno □ presidio, egida (*fig.*), protezione, riparo □ salvaguardia, preservazione, patrocinio, tutela □ salvezza □ custodia, vigilanza, controllo □ trinceramento, scudo, baluardo, bastione, argine, diga □ copertura, schermo, paravento □ (*da malattie*) profilassi, prevenzione **CONTR.** danno, offesa, ostacolo ***2*** apologia, perorazione, panegirico, arringa □ discolpa, discarico, giustificazione **CONTR.** accusa, imputazione □ requisitoria ***3*** (*est.*) avvocato difensore, difensori **CONTR.** accusa, accusatori.

DIFESA
sinonimia strutturata

Un atteggiamento, posizione o iniziativa che consente di preservare persone o cose da pericoli, danni, ingiurie, violenze, molestie o da ciò che può esserne causa costituisce una **difesa**: *una difesa efficace*; *accorrere in difesa di qualcuno*; *meccanismi, mezzi di difesa*. Per estensione, si chiama difesa anche chi o ciò che difende: *sei la mia sola difesa*; *un'ottima difesa contro il vento*. La difesa può coincidere con un **aiuto**, ossia con un'assistenza a chi si trova in stato di bisogno: *chiedere, portare aiuto*; *essere di aiuto*; in situazioni di particolare emergenza, l'aiuto si dice **soccorso**: *correre in soccorso di qualcuno*. Vicinissimi ad aiuto, le accezioni figurate di **appoggio** e **sostegno** evocano un supporto più costante ma meno dinamico: *contare sull'appoggio altrui*; *è il sostegno della famiglia*.

Per rappresentare ciò che può offrire difesa si ricorre molto spesso a immagini di opere od oggetti che proteggono dagli elementi naturali; così è ad esempio per **argine** e **diga**, che propriamente indicano diversi tipi di costruzioni atti a contenere o frenare l'acqua: *opporre una diga alla criminalità*; *porre un argine al vizio*; oppure si adoperano termini che attengono ad altri ambiti; ad esempio **baluardo** e **bastione** propriamente si riferiscono ad opere di fortificazione delle fortezze, e in senso lato corrispondono al significato figurato di **presidio**, che originariamente denomina un complesso di truppe poste a guardia di qualcosa: *l'ultimo baluardo della moralità*; *essere il presidio delle istituzioni democratiche*; questi ultimi termini spesso raffigurano la difesa intesa come un caposaldo di un ideale.

Anche **trinceramento** designa una fortificazione di fortezza, però, come **scudo**, nel suo uso figurato evoca una difesa personale: *il suo trinceramento dietro il segreto professionale*; *farsi scudo di qualcosa*. Questi ultimi due vocaboli, inoltre, insieme a **schermo**, **paravento** e **copertura** nel loro significato traslato, suggeriscono l'intenzione di nascondersi o di dissimulare qualcosa: *fare da paravento a qualcuno*; scudo e schermo possono indicare anche l'atto fisico del difenersi frapponendo qualcosa tra sé e chi o ciò che aggredisce: *si faceva scudo con le mani*. Tutti i termini precedenti indicano comunque un **riparo**, una **protezione**: *il cappello è un riparo contro il freddo*; *una fortezza è a protezione della città*. L'ultimo termine indica anche un'opera protettrice di assistenza nei confronti di persone, interessi o istituzioni, e in questo senso equivale a **tutela** e **salvaguardia**, che però non si usa in riferimento a persone: *la tutela dell'infanzia abbandonata*; *invocare la protezione delle industrie nazionali*; *salvaguardia della legge*; vicinissimo è **preservazione**, che però suggerisce particolarmente la volontà di serbare integro, intatto; **custodia** evoca invece anche un'idea di sorveglianza.

Il termine più generale per designare una difesa verbale è **perorazione**, che suggerisce un particolare calore e coincide in parte con **apologia**, che indica un'autodifesa oppure un discorso o componimento letterario che si risolve nell'esaltazione delle doti di un individuo o di un ideale; ancor più connotato in questo senso è **panegirico**, che evoca un fine puramente o eccessivamente celebrativo. Più generale è **arringa**, che designa un discorso solenne, pronunciato davanti a un'assemblea, al popolo, ecc.; nel processo penale, invece, il termine denomina la perorazione del difensore: *fare, pronunciare, scrivere un'arringa*. Semanticamente uguali sono **discarico** e **discolpa**, che può anche designare una dimostrazione che libera da una colpa: *prove a discarico*; *non ha nulla da dire in sua discolpa*; *un testimone a discarico* depone a favore dell'imputato ed è introdotto dalla difesa, che nel linguaggio forense coincide con l'**avvocato difensore** o con i **difensori**, ossia con coloro che rappresentano e assistono processualmente una parte.

Nell'ambito del linguaggio medico il vocabolo difesa possiede un significato legato all'attività immunitaria dell'organismo. Un tentativo di rafforzare le difese dell'organismo per renderlo più resistente alle malattie si chiama **prevenzione** o **profilassi**.

diféso *part. pass. di* **difendere**; *anche agg.* ***1*** custodito, coperto, guardato, preservato, mantenuto, protetto, riparato, salvaguardato, schermato □ fortificato, guarnito, munito, corazzato □ vaccinato (*anche fig.*) **CONTR.** indifeso, incustodito, scoperto, sguarnito, inerme, esposto □ aggredito, minacciato, danneggiato ***2*** assistito, affiancato, appoggiato, patrocinato, tutelato, giustificato, scusato **CONTR.** accusato, attaccato, incolpato.

difettàre *v. intr.* ***1*** mancare, essere privo, scarseggiare **CONTR.** abbondare, sovrabbondare, eccedere, esorbitare, traboccare, soverchiare ***2*** essere manchevole, essere difettoso, zoppicare.

difettìvo *agg.* mancante, manchevole, incompleto, scarso, difettoso, imperfetto **CONTR.** completo, intero, perfetto. *V. anche* SCARSO

difètto *s. m.* ***1*** (*di cibo, di memoria, ecc.*) mancanza, manchevolezza, lacuna, deficienza, insufficienza, penuria, carenza, scarsità, assenza, privazione □ carestia **CONTR.** abbondanza, sovrabbondanza, eccedenza, quantità, eccesso ***2*** (*di fabbricazione, di vista, ecc.*) imperfezione, pecca, tara, svantaggio, inconveniente, punto debole, debolezza □ disfunzione, magagna, fallo, menda, tacca, macchia, neo, impurità **CONTR.** perfezione, vantaggio, privilegio ***3*** colpa, peccato, errore, torto □ vizio **CONTR.** pregio, virtù, qualità ***4*** (*med.*) minorazione, handicap (*ingl.*), malformazione, deformità, mostruosità. *V. anche* DEBOLEZZA, DISTURBO, IMPERFEZIONE

difettosaménte *avv.* imperfettamente, incompletamente, approssimativamente, manchevolmente **CONTR.** completamente, perfettamente, ottimamente, divinamente.

difettóso *agg.* ***1*** deficiente, carente, insufficiente, imperfetto, incompiuto, incompleto, lacunoso, mancante, manchevole □ mediocre, scarso, scadente, scorretto □ mal funzionante **CONTR.** sufficiente, abbondante, sovrabbondante, soverchio, sovreccedente, integro, completo □ perfetto, inappuntabile ***2*** brutto, deforme, malfatto, sgraziato □ malformato **CONTR.** bello, grazioso, avvenente, formoso, ben fatto, sano. *V. anche* INCERTO

diffamàre *v. tr.* calunniare, denigrare, screditare, infamare, sparlare, disonorare, sputtanare (*volg.*), bollare **CONTR.** elogiare, encomiare, esaltare, incensare, lodare, onorare, apologizzare, vantare □ riabilitare.

diffamatóre *s. m.*; *anche agg.* (*f. -trice*) calunniatore, denigratore, detrattore, maldicente, maligno, malignatore (*raro*), sparlatore, malalingua **CONTR.** elogiatore, encomiatore (*raro*), esaltatore, incensatore, lodatore, apologeta.

diffamatòrio *agg.* calunnioso, denigratorio, infamante, ingiurioso, maligno, offensivo, oltraggioso □ scandalistico **CONTR.** elogiativo, esaltatore, agiografico, apologetico, adulatorio.

diffamazióne *s. f.* calunnia, denigrazione, detrazione, maldicenza, malignità, offesa, oltraggio, accusa **CONTR.** elogio, encomio, esaltazione, incensamento, lode, onore, apologia, glorificazione.

differènte *agg.* diverso, dissimile, dissomigliante, difforme, discordante, discrepante (*raro*), distinto, ineguale, disuguale, eterogeneo □ lontano, distante □ contrario, opposto, divergente □ vario, disparato **CONTR.** simile, somigliante, affine, rassomigliante, consimile, conforme, corrispondente, collimante, concorde, convergente □ vicino, prossimo □ medesimo, omologo, uguale, pari, analogo, identico, stesso.

differentemènte *avv.* altrimenti, diversamente, variamente, difformemente, discordemente **CONTR.** ugualmente, analogamente, omologamente, parimenti, similmente.

differènza *s. f.* ***1*** diversità, disparità, difformità, disuguaglianza, dissomiglianza, discordanza, discrepanza, dislivello, distanza □ molteplicità, varietà □ distinguo, distinzione, discriminazione □ contrasto, dissonanza, divergenza, divario **CONTR.** somiglianza, rassomiglianza, similitudine, affinità, analogia, prossimità, vicinanza, coincidenza, comunanza, parallelismo, uniformità, conformità, corrispondenza, uguaglianza, parità, identità ***2*** sottrazione □ resto, residuo, scarto **CONTR.** addizione, somma □ pareggio.

differenziàre ***A*** *v. tr.* diversificare, distinguere, separare, sceverare (*lett.*), discriminare □ modificare, variare, contraddistinguere, contrassegnare **CONTR.** uguagliare, equiparare, assimilare, pareggiare □ adeguare, standardizzare, conformare □ livellare, massificare, parificare ***B*** **differenziarsi** *v. intr. pron.* differire, divergere, distinguersi, diversificarsi **CONTR.** assomigliarsi, essere simile, uguagliarsi, conformarsi.

differenziàto *part. pass. di* **differenziare**; *anche agg.* distinto, separato, sceverato (*lett.*), diversificato, contraddistinto, contrassegnato □ eterogeneo **CONTR.** uguagliato, equiparato, pareggiato, indifferenziato, indiscriminato, standardizzato □ omogeneo.

differenziazióne *s. f.* distinzione, diversificazione, separazione, variazione **CONTR.** uguaglianza, standardizzazione, livellamento, immutabilità.

differìbile *agg.* prorogabile, rinviabile, rimandabile, procrastinabile, dilazionabile **CONTR.** indifferibile, improrogabile, perentorio □ impellente, urgente.

differiménto *s. m.* dilazione, proroga, rinvio, posticipazione, moratoria, rimando, prolungamento, protrazione, aggiornamento **CONTR.** anticipo, anticipazione □ attuazione.

differìre ***A*** *v. tr.* rinviare, aggiornare, rimandare, dilazionare, prorogare, procrastinare, posticipare, protrarre, ritardare, prolungare □ temporeggiare, indugiare, tardare **CONTR.** anticipare, affrettare, attuare, fare subito ***B*** *v. intr.* essere diverso, differenziarsi, distinguersi, diversificarsi, dissomigliare, divergere, discostarsi, distaccarsi, variare □ discordare, dissentire **CONTR.** somigliare, assomigliare, rassomigliare, avvicinarsi, collimare, combaciare, equivalere, conformarsi, corrispondere, essere uguale.

differita *s. f.* registrata **CONTR.** diretta.

differito *part. pass. di* **differire**; *anche agg.* rinviato, rimandato, aggiornato, dilazionato, prorogato, procrastinato, protratto **CONTR.** anticipato, fatto subito.

diffìcile ***A*** *agg.* ***1*** (*di cammino, di lavoro, ecc.*) arduo, duro, difficoltoso, faticoso, laborioso, grave, gravoso, disagevole, malagevole, preoccupante, scomodo □ (*di momento, di situazione, ecc.*) brutto, cattivo, critico, pericoloso, delicato, teso, caldo (*fig.*), buio (*fig.*), penoso, angoscioso, imbarazzante, contrastato **CONTR.** facile, agevole, pratico, comodo, leggero, lieve ***2*** (*di problema, di questione, di scritto, ecc.*) astruso, complesso, ostico, complicato, enigmatico, problematico, imbrogliato, ingarbugliato, intricato, irto, inesplicabile, oscuro, scabroso, spinoso **CONTR.** facile, chiaro, comprensibile, aperto, piano, semplice, accessibile, liscio ***3*** (*di persona*) intrattabile, bisbetico, permaloso, scontroso, scostante □ esigente, incontentabile, schizzinoso, schifiltoso **CONTR.** affabile, benevolo, bonario, calmo, cordiale, cortese, intelligente, garbato, gentile, docile, comprensivo, elastico, alla mano, trattabile, compiacente, accondiscendente, adattabile □ contentabile, di bocca buona ***4*** (*di avvenimento, di risultato, ecc.*) improbabile, poco sicuro, dubbio, incerto **CONTR.** certo, sicuro, possibile, probabile, ottenibile, realizzabile ***B*** *s. m.* difficoltà, problema, ostacolo **CONTR.** soluzione. *V. anche* INCERTO

difficilménte *avv.* ***1*** faticosamente, stentatamente, con sforzo **CONTR.** facilmente, agevolmente, comodamente ***2*** poco probabilmente □ forse □ raramente **CONTR.** molto probabilmente, spesso.

difficoltà *s. f.* ***1*** (*di problema, di scritto, ecc.*) complessità, astrusità, osticità, oscurità, concettosità, scabrosità **CONTR.** facilità, chiarezza, semplicità, comprensibilità, intelligibilità, ovvietà ***2*** (*di viaggio, della vita, ecc.*) complicazione, complicanza, disagio, ostacolo, asperità, durezza, contrasto, impedimento, contrattempo, inciampo, impiccio, incaglio, inconveniente, intoppo, intralcio, scoglio, fatica, sforzo, pena, problema, prova, guaio, briga, nodo, groppo, spina, crisi, impasse (*fr.*), secca (*fig.*) **CONTR.** facilità, agevolezza, comodità □ naturalezza, semplicità □ agevolazione, semplificazione, aiuto ***3*** (*da fare, da porre, ecc.*) obiezione, dubbio, contestazione, incertezza ***4*** (*spec. al pl.*) penuria di mezzi, scarsità di denaro, stenti **CONTR.** ricchezza, agiatezza, opulenza. *V. anche* COMPLICAZIONE

difficoltóso *agg.* (*di cosa*) difficile, complicato, duro, brutto, imbrogliato, tormentato, improbo **CONTR.** facile, agevole, piano, semplice.

diffidàre ***A*** *v. intr.* non avere fiducia, non fidarsi, dubitare, sospettare, temere □ ingelosirsi **CONTR.** avere fiducia, fidarsi, contare, confidare, sperare ***B*** *v. tr.* (*dir.*) intimare, ingiungere.

diffidènte *agg.* sospettoso, prevenuto, incredulo, dubbioso, timoroso, guardingo, scettico, sfiduciato **CONTR.** fiducioso, fidente (*lett.*), sicuro, credulo, ingenuo.

diffidènza *s. f.* sfiducia, incredulità, prevenzione, sospetto, dubbio, timore **CONTR.** fiducia, fede, certezza, sicurezza, speranza □ confidenza, intimità.

diffóndere ***A*** *v. tr.* ***1*** (*di luce, di calore, ecc.*) spandere, spargere, emettere, emanare, effondere, riversare, irradiare, esalare □ (*di malattia*) attaccare, infettare, contagiare **CONTR.** attirare, attrarre, ricevere, raccogliere ***2*** (*fig.*) (*di notizia, di scritto, ecc.*) divulgare, propagare, comunicare, propalare, trasmettere, veicolare, diramare, annunciare, rivelare, svelare, pubblicare □ (*di prodotto, di idea, ecc.*) propagandare, disseminare, pubblicizzare, reclamizzare □ (*di legge, ecc.*) proclamare, promulgare □ (*di merce, di tecnologia, ecc.*) esportare, introdurre □ (*di conoscenza, ecc.*) estendere, generalizzare, ampliare, volgarizzare □ (*di stupefacente, ecc.*) spacciare **CONTR.** tacere □ ricevere, accogliere ***B*** **diffondersi** *v. intr. pron.* ***1*** (*di nebbia, di calore, ecc.*) spargersi, spandersi, espandersi, allargarsi, filtrare □ (*di suono*) risuonare **CONTR.** restringersi, dissiparsi, localizzarsi ***2*** (*fig.*) (*di notizia, di fama, ecc.*) propagarsi, divulgarsi, serpeggiare, trapelare, girare, circolare, arrivare, rimbalzare, giungere □ (*di uso, di fenomeno, ecc.*) dilagare, affermarsi, attecchire, fiorire, svilupparsi, proliferare, invalere ***3*** (*a parlare, a scrivere*) dilungarsi, soffermarsi, profondersi, prolungarsi, spaziare **CONTR.** essere conciso, sorvolare, sfiorare.

diffusaménte *avv.* abbondantemente, ampiamente, estesamente, prolissamente, estensivamente, largamente, lungamente, minuziosamente, meticolosamente, dettagliatamente, particolareggiatamente **CONTR.** brevemente, concisamente, laconicamente, stringatamente, succintamente, sinteticamente, schematicamente, sommariamente.

diffusióne *s. f.* ***1*** (*di calore, di luce, ecc.*) emissione, emanazione, irradiamento, irradiazione, spargimento, allargamento, dilatazione, effusione, riverbero □ (*fis.*) scattering (*ingl.*) **CONTR.** attrazione, condensazione ***2*** (*fig.*) (*di idee, di notizie, ecc.*) propagazione, divulgazione, comunicazione, diramazione, trasmissione **CONTR.** accoglimento, ricezione, ricevimento ***3*** (*di fenomeno, ecc.*) ampiezza, estensione, espansione, generalizzazione, proliferazione, ramificazione.

diffùso *part. pass. di* **diffondere**; *anche agg.* ***1*** (*di luce, di calore, ecc.*) soffuso, sparso, effuso, ampio, dilatato **CONTR.** localizzato □ attirato, attratto ***2*** (*di notizia, di scritto, ecc.*) divulgato, propagato, comunicato, trasmesso, diramato **CONTR.** ricevuto, accolto ***3*** (*di discorso, di scritto*) prolisso, minuzioso, esteso, meticoloso, particolareggiato **CONTR.** breve, conciso, sintetico, succinto, scarno, schematico, sommario, stringato, laconico ***4*** comune, corrente, usato, invalso □ dilagante.

diffusóre ***A*** *s. m.* (*di idee*) propagatore, apostolo, annunciatore, divulgatore, predicatore, propagandista ***B*** *s. m.; anche agg.* (*tecnol.*) distributore □ (*mus.*) cassa, altoparlante (*est.*) □ (*di aromi*) emanatore.

difilàto ***A*** *agg.* dritto, rapido, veloce, deciso, risoluto **CONTR.** lento, pigro, tardo, flemmatico ***B*** *in funzione di avv.* ***1*** direttamente, rapidamente, subito, immediatamente, di fretta **CONTR.** adagio, lentamente, pigramente ***2*** di seguito, ininterrottamente **CONTR.** a intervalli.

difrónte ***A*** *avv.* di faccia, davanti **CONTR.** didietro, dietro ***B*** *in funzione di agg. inv.* dirimpetto **CONTR.** didietro.

diga *s. f.* ***1*** argine, molo, sbarramento, terrapieno, briglia, cateratta, chiusa, frangiflutti ***2*** (*fig.*) barriera, riparo, difesa, baluardo, ostacolo. *V. anche* DIFESA

digerìbile *agg.* ***1*** assimilabile □ leggero **CONTR.** inassimilabile, indigeribile (*raro*), indigesto □ pesante ***2*** (*fig.*) (*di persona, di parola, ecc.*) sopportabile, tollerabile, accettabile **CONTR.** insopportabile, intollerabile, inaccettabile.

digerìre *v. tr.* ***1*** (*di cibo*) assimilare, elaborare, smaltire **CONTR.** rigettare, vomitare, dar di stomaco ***2*** (*fig.*) (*di rabbia, di insulto, ecc.*) riuscire a dominare, farsi passare, mandare giù (*fig.*), vincere, liberarsi ***3*** (*fig.*) (*di persona, di discorso, ecc.*) tollerare, sopportare, accettare **CONTR.** respingere, rifiutare, ripudiare ***4*** (*fig.*) (*di concetto, di materia, ecc.*) capire, comprendere, assimilare, impadronirsi **FRAS.** *digerire anche i chiodi*; *i sassi* (*fig.*), avere uno stomaco robustissimo.

digestióne *s. f.* assimilazione, pepsi, chilificazione, elaborazione **CONTR.** indigestione.

digestìvo *agg.* (*med.*) peptico, eupeptico, stomatico.

digitàle *agg.* (*elab., gener.*) numerico **CONTR.** analogico.

digiunàre *v. intr.* ***1*** astenersi dal cibo, fare astinenza, non mangiare, osservare il digiuno **CONTR.** cibarsi, mangiare, satollarsi, rimpinzarsi □ bagordare, gozzovigliare, bisbocciare ***2*** (*fig.*) astenersi, privarsi **CONTR.** saziarsi, riempirsi.

digiùno (1) *s. m.* ***1*** astensione dal cibo, astinenza, dieta □ penitenza, quaresima (*fig., fam.*), vigilia (*est.*) □ mancanza di cibo, fame, inedia **CONTR.** scorpacciata, mangiata, gozzoviglia, bisboccia, bagordo, intemperanza, smoderatezza ***2*** (*fig.*) privazione, mancanza **CONTR.** abbondanza, sovrabbondanza.

digiùno (2) *agg.* ***1*** che non ha mangiato, senza cibo, vuoto □ affamato **CONTR.** pieno, rimpinzato, pago, sazio, satollo, sfamato, nutrito, rifocillato ***2*** (*fig.*) (*di notizie, di conoscenze, ecc.*) privo, mancante □ libero, esente □ ignaro, ignorante, profano, impreparato **CONTR.** fornito, provvisto □ preparato, ferrato, sicuro, esperto, aggiornato.

dignità *s. f.* ***1*** decenza, decoro, distinzione, elevatezza, nobiltà, serietà, signorilità, rispettabilità, presentabilità, probità □ altezza, onore □ orgoglio, fierezza, amor proprio □ maestà, maestosità □ (*di comportamento*) contegno **CONTR.** abiezione, bassezza, ignobiltà, indegnità, meschinità, volgarità, viltà, vergogna, indecenza, ignominia, vigliaccheria ***2*** alto grado, alto ufficio, carica ***3*** considerazione, stima, importanza, statura ***4*** (*spec. al pl.*) persona autorevole, autorità, maggiorente.

DIGNITÀ
sinonimia strutturata

Lo stato o condizione di chi o di ciò che, per qualità intrinseche o per meriti acquisiti, si rende meritevole di rispetto si dice **dignità**: *gli uomini nascono uguali in dignità e diritti*; *è necessario tutelare la dignità del lavoro*. Riguardo in particolare all'aspetto e all'atteggiamento esteriore, lo si può definire dignitoso quando possiede **decoro** o **presentabilità**: *vestirsi, comportarsi, vivere con decoro*. Più debole è **decenza**, che evoca un'apparenza o un comportamento appena adeguato: *parlare con decenza*; *osservare le regole della decenza*; nelle azioni, la decenza, e quindi la dignità, può coincidere con la **probità** e la **rispettabilità**, ossia con l'onestà; molto vicino è **serietà**, che richiama i concetti di affidabilità e compostezza. Al contrario di decenza, **distinzione** e **signorilità** suggeriscono eccellenza; ancor più connotati in questo senso sono **nobiltà**, **eccellenza**, **altezza**, **elevatezza**, che però, in genere, si riferiscono ai moti dell'animo e non all'aspetto.

Dignità denomina anche il rispetto di sé stessi: *non ha più un briciolo di dignità*; in questo senso, la dignità può equivalere anche al **contegno**, ossia a un atteggiamento composto e tale da ispirare agli altri rispetto: *cerchiamo di conservare la calma e il contegno*. Un rispetto eccessivo del proprio modo di essere e comportarsi può sfociare nell'**amor proprio** e nell'**orgoglio**. Una consapevolezza più equilibrata di sé e della propria dignità personale è espressa dal termine **onore**, che indica anche la volontà di mantenere la dignità intatta comportandosi come si conviene: *ho fatto ciò che l'onore mi imponeva*.

Il termine onore è sinonimo di dignità anche nel significato di **carica**, ossia incarico o posizione che comporta onori, preminenze, autorità, e quindi **alto ufficio** o **alto grado**: *dignità cavalleresca, senatoriale, papale*; *rifiutò ogni carica e si ritirò a vivere in campagna*. La parola dignità, soprattutto al plurale, viene così a designare anche chi è investito di un incarico autorevole, e diventa quindi sinonimo di **autorità**, **persona autorevole** e di **maggiorente**, che sottolinea l'importanza di qualcuno in seno a una comunità: *il parere dei maggiorenti*.

Infine la dignità corrisponde a un aspetto imponente e signorile, a una bellezza grave e severa, e in questo senso corrisponde a **maestà** e **maestosità**, che pure evocano un'apparenza nobile e importante suggerita da profondità di sentire: *la dignità del suo viso incute soggezione*; *possiede una certa naturale maestosità di movimenti*.

dignitàrio *s. m.* maggiorente, capo, primate, ottimate, magnate, nobile **CONTR.** plebeo, popolano, proletario.

dignitosaménte *avv.* decentemente, decorosamente, onorevolmente, compostamente, contegnosamente, fieramente, nobilmente, signorilmente, altamente **CONTR.** abiettamente, bassamente, indegnamente, ignobilmente, meschinamente, vilmente, spregevolmente, vergognosamente.

dignitóso *agg.* ***1*** (*di persona, di portamento, ecc.*) pieno di dignità, decoroso, presentabile, distinto, elevato, fiero, nobile, serio, signorile **CONTR.** abietto, basso, ignobile, indegno, meschino, vile, ignominioso, turpe, vergognoso ***2*** (*di lavoro, di compenso, ecc.*) decoroso, decente, adeguato, adatto **CONTR.** indecoroso, misero, umiliante.

digradàre *v. intr.* ***1*** (*di terreno, di strada, ecc.*) scendere gradatamente, abbassarsi, declinare, calare, essere in declivio **CONTR.** elevarsi, ergersi, innalzarsi, salire ***2*** (*fig.*) (*di luce, di suono, ecc.*) attenuarsi, diminuire, scemare □ sfumare **CONTR.** aumentare, accrescersi, rafforzarsi, intensificarsi. *V. anche* SCENDERE

digressióne *s. f.* ***1*** (*lett.*) (*di luogo*) deviamento, allontanamento, diversione ***2*** (*fig.*) (*di argomento*) deviazione, divagazione, sconfinamento, excursus (*lat.*), parentesi.

digrignàre *v. tr.* (*di denti*) arrotare, far stridere.

digrossàre ***A*** *v. tr.* ***1*** (*di cosa*) sgrossare, sbozzare, assottigliare **CONTR.** finire, rifinire, perfezionare, limare ***2*** (*fig.*) (*di persona*) cominciare a istruire, ammaestrare, avviare, educare ***3*** (*fig.*) (*di modi, di lingua, ecc.*) dirozzare, ripulire, raffinare, correggere, ingentilire, affinare **CONTR.** involgarire, imbarbarire ***B*** **digrossarsi** *v. rifl.* raffinarsi, ingentilirsi, perfezionarsi **CONTR.** involgarirsi, imbarbarirsi. *V. anche* EDUCARE

dilagànte *part. pres. di* **dilagare**; *anche agg.* ***1*** (*di acque*) straripante ***2*** (*fig.*) (*di corruzione, di moda, ecc.*) invalso, radicato, corrente, diffuso, imperante **CONTR.** in disuso.

dilagàre *v. intr.* ***1*** (*di acque*) tracimare, straripare, espandersi, spargersi **CONTR.** impaludare, stagnare, raccogliersi, inalvearsi ***2*** (*fig.*) (*di corruzione, di moda, ecc.*) diffondersi, propagarsi, imperversare, allignare, prender piede **CONTR.** morire, spegnersi, passare.

dilagàto *part. pass. di* **dilagare**; *anche agg.* ***1*** (*di ac-*

que) straripato, tracimato **2** (*fig.*) (*di corruzione, di moda, ecc.*) diffuso, allignato **CONTR.** morto, passato.

dilaniàre ***A*** *v. tr.* **1** fare a pezzi, smembrare, lacerare, sbranare **2** (*fig.*) (*di rimorso, di gelosia, ecc.*) straziare, tormentare, torturare **CONTR.** dare gioia, rallegrare, ricreare, sollevare ***B*** **dilaniarsi** *v. rifl.* (*lett.*) (*di vesti, di capelli, ecc.*) straziarsi ***C*** *v. rifl. rec.* straziarsi, tormentarsi, ferirsi.

dilaniàto *part. pass. di* **dilaniare**; *anche agg.* **1** lacerato, sbranato, smembrato **2** (*fig.*) (*da rimorso, da gelosia, ecc.*) roso, tormentato, torturato, straziato, ferito **CONTR.** rallegrato, ricreato.

dilapidàre *v. tr.* sperperare, dissipare, scialacquare, sprecare, spandere, buttar via, scialare, sciupare, spendere **CONTR.** conservare, economizzare, risparmiare, lesinare, mettere da parte, tesaurizzare, capitalizzare. *V. anche* SPENDERE

dilapidatóre *s. m.*; *anche agg.* (*f. -trice*) dissipatore, scialacquatore, sperperatore, sprecone, spendaccione □ prodigo **CONTR.** economo, parsimonioso, risparmiatore □ avaro, tirchio, taccagno.

dilapidazióne *s. f.* sperpero, dissipazione, spreco, sciupio, scialacquamento **CONTR.** economia, parsimonia, risparmio □ avarizia, tirchieria, taccagneria.

dilataménto *s. m.* dilatazione.

dilatàre ***A*** *v. tr.* **1** allargare, ampliare, accrescere, aumentare, ingrandire, ingrossare, gonfiare, espandere, distendere, estendere, sviluppare □ (*di occhi*) sbarrare **CONTR.** contrarre, diminuire, restringere, limitare, ridurre, sgonfiare **2** (*fig.*) (*di notizie, di discorsi, ecc.*) amplificare, ingigantire □ (*raro*) diffondere, divulgare, propagare, propalare **CONTR.** sgonfiare, minimizzare ***B*** **dilatarsi** *v. intr. pron.* allargarsi, ampliarsi, crescere, aumentare, ingrandirsi, ingrossarsi, gonfiarsi, espandersi, estendersi, distendersi, proliferare, propagarsi **CONTR.** contrarsi, stringersi, diminuire, restringersi, limitarsi, ridursi, sgonfiarsi.

dilatàto *part. pass. di* **dilatare**; *anche agg.* **1** allargato, ampliato, espanso □ aperto, spalancato, largo, disteso, spiegato, esteso □ gonfio, gonfiato **CONTR.** contratto, compatto, ridotto, ristretto, serrato **2** (*fig.*) (*di notizie, di discorsi, ecc.*) amplificato, ingigantito **CONTR.** sgonfiato, minimizzato.

dilatazióne *s. f.* allargamento, ampliamento, accrescimento, distensione, gonfiamento, gonfiore □ aumento, sviluppo, espansione, diffusione, estensione **CONTR.** contrazione, diminuzione, restringimento, riduzione, limitazione □ (*med.*) stenosi. *V. anche* AUMENTO

dilavàre *v. tr.* sottoporre a dilavamento, erodere, consumare □ scolorire, sbiadire.

dilavàto *part. pass. di* **dilavare**; *anche agg.* **1** eroso, consumato **2** (*di viso, di colore, ecc.*) pallido, sbiadito, sbiancato, smorto, scialbo, slavato, scolorito **CONTR.** colorito, intenso, vivo, vivace **3** (*fig.*) (*di discorso, di scritto, ecc.*) insipido, insulso, scipito **CONTR.** intelligente, arguto, spiritoso, vivace.

dilazionàbile *agg.* prolungabile, protraibile, rateizzabile, scaglionabile (*fig.*) □ differibile, prorogabile, procrastinabile, rinviabile **CONTR.** indifferibile, improrogabile, pressante, urgente.

dilazionàre *v. tr.* prolungare, protrarre, rateizzare, scaglionare (*fig.*) □ differire, procrastinare, prorogare, rimandare, rinviare, indugiare, ritardare, spostare **CONTR.** anticipare, accelerare, affrettare, fare subito.

dilazionàto *part. pass. di* **dilazionare**; *anche agg.* protratto, prolungato, rateizzato, scaglionato (*fig.*) □ differito, procrastinato, prorogato, rimandato, rinviato **CONTR.** anticipato, accelerato, affrettato.

dilazióne *s. f.* prolungamento, protrazione, rateizzazione, scaglionamento (*fig.*) □ differimento, proroga, procrastinazione, rinvio, aggiornamento, rimando, indugio, ritardo, sospensione temporanea, sospensiva, moratoria **CONTR.** accelerazione, anticipo □ azione immediata, attuazione.

dileggiàre *v. tr.* deridere, schernire, canzonare, beffare, beffeggiare, burlarsi, corbellare (*pop.*), irridere, motteggiare, prendersi gioco, farsi gioco, minchionare (*pop.*), sfottere (*pop.*) **CONTR.** onorare, esaltare, lodare.

diléggio *s. m.* derisione, scherno, beffa, canzonatura, motteggio, celia, corbellatura (*pop.*), minchionatura, sberleffo, irrisione □ sarcasmo, ironia, disprezzo □ berlina, gogna **CONTR.** onore, lode, esaltazione □ omaggio, ossequio, rispetto, riverenza, stima.

dileguàre ***A*** *v. tr.* fare scomparire, disperdere, dissipare, fugare □ sciogliere ***B*** *v. intr.* e **dileguarsi** *intr. pron.* svanire, scomparire, sparire, disperdersi, dissolversi, sfumare, crollare, volatilizzarsi □ allontanarsi, fuggire, scappare, squagliarsi, involarsi □ evadere **CONTR.** apparire, comparire, affacciarsi, mostrarsi, riapparire, ricomparire. *V. anche* EVADERE, SCIOGLIERE

dilèmma *s. m.* (*fig.*) problema insolubile, dubbio □ scelta, alternativa, aut aut (*lat.*) **CONTR.** soluzione. *V. anche* SCELTA

dilettànte ***A*** *part. pres. di* **dilettare**; *anche agg.* (*raro*) dilettevole ***B*** *agg.*; *anche s. m. e f.* **1** amatore, cultore, amateur (*fr.*) □ (*teat.*) filodrammatico **CONTR.** professionista, specialista, intenditore, conoscitore □ studioso **2** (*est., spreg.*) inesperto, incompetente, facilone, principiante, apprendista, orecchiante, superficiale, velleitario **CONTR.** esperto, competente, perito, maestro. *V. anche* APPRENDISTA

dilettantìsmo *s. m.* **1** hobby (*ingl.*), sport (*ingl.*), passione **CONTR.** professionismo **2** (*spreg.*) faciloneria, superficialità, negligenza, incompetenza, approssimazione, pressappochismo **CONTR.** competenza, perizia, pratica, capacità, esperienza.

dilettantìstico *agg.* **1** di dilettante, da dilettante **CONTR.** professionistico **2** (*spreg.*) dilettantesco, superficiale **CONTR.** profondo, competente, capace.

dilettàre ***A*** *v. tr.* dare piacere, deliziare, divertire, allietare, attrarre, interessare, rallegrare, ricreare, sollazzare, trastullare, beare, lusingare □ accontentare, appagare **CONTR.** affliggere, annoiare, contristare, rattristare, immalinconire, amareggiare, infastidire, molestare, deprimere, opprimere, seccare, scocciare (*fam.*), tediare, disgustare, importunare, martoriare (*fig.*), tormentare, asfissiare, stufare, stuccare ***B*** **dilettarsi** *v. intr. pron.* provare piacere, compiacersi, crogiolarsi, divertirsi, gioire, godere, interessarsi, rallegrarsi, sollazzarsi, pascersi, sguazzare **CONTR.** affliggersi, annoiarsi, contristarsi, immalinconirsi, rattristarsi, tormentarsi, stufarsi, infastidirsi, deprimersi, seccarsi, scocciarsi (*fam.*), tediarsi.

dilètto (**1**) *part. pass. di* **diligere**; *anche agg.* caro, amato, prediletto, benvoluto, benamato **CONTR.** odiato, inviso, detestato.

dilètto (**2**) *s. m.* ***1*** godimento, piacere, gioia, giocondità, gusto, compiacimento, dolcezza, sollazzo, delizia, spasso, voluttà **CONTR.** disgusto, dispiacere, fastidio, molestia, noia, oppressione, sofferenza, strazio, supplizio ***2*** divertimento, svago, distrazione, hobby (*ingl.*), diporto, passatempo **CONTR.** sacrificio, peso, noia.

diligènte *agg.* ***1*** (*di persona*) attento, ligio, meticoloso, scrupoloso, metodico, ordinato, coscienzioso, premuroso, puntuale, solerte, sollecito, vigilante, zelante, studioso, volenteroso, industrioso, laborioso, operoso **CONTR.** negligente, disattento, distratto, pigro, trascurato, disordinato, noncurante, sbadato, sventato, incurante, menefreghista, svogliato ***2*** (*di lavoro, di scritto, ecc.*) accurato, ben fatto, pulito, serio, curato, rigoroso, esatto, preciso, rifinito, finito, minuzioso **CONTR.** inesatto, impreciso, tirato via, trascurato, confuso, superficiale, affrettato, disordinato, sciatto, trasandato.

diligentemènte *avv.* accuratamente, attentamente, laboriosamente, operosamente, studiosamente, coscienziosamente, scrupolosamente, premurosamente, sollecitamente, solertemente, zelantemente, volenterosamente, pazientemente, religiosamente (*fig.*) □ esattamente, precisamente **CONTR.** negligentemente, distrattamente, pigramente, trascuratamente, sbadatamente, sventatamente, frettolosamente, superficialmente, svogliatamente, alla carlona.

diligènza (**1**) *s. f.* ***1*** (*di persona*) accuratezza □ applicazione, assiduità, costanza □ attenzione, coscienza, coscienziosità, scrupolo, impegno, laboriosità, operosità, pazienza, premura, puntualità, zelo, solerzia, sollecitudine, studio, vigilanza **CONTR.** negligenza, disattenzione, distrazione, noncuranza, pigrizia, sbadataggine, sventatezza, trascuratezza, incuria, menefreghismo, superficialità ***2*** (*di lavoro, di scritto, ecc.*) cura, rigore, esattezza, precisione **CONTR.** inesattezza, imprecisione, trascuratezza, sciatteria. *V. anche* COSCIENZA, ZELO

diligènza (**2**) *s. f.* carrozza pubblica, corriera, posta, vettura, omnibus (*lat.*).

diluènte *part. pres. di* **diluire**; *anche agg.* e *s. m.* solvente **CONTR.** coagulante.

diluìre *v. tr.* ***1*** sciogliere, liquefare □ allungare, stemperare **CONTR.** concentrare, coagulare, rapprendere, rappigliare (*raro*), rassodare, condensare, ispessire, addensare, solidificare ***2*** (*fig.*) (*di pensiero, di discorso, ecc.*) esprimere con troppe parole, allungare □ sbrodolare (*fig.*) **CONTR.** condensare, riassumere, abbreviare, sintetizzare, compendiare, ricapitolare. *V. anche* SCIOGLIERE

diluìto *part. pass. di* **diluire**; *anche agg.* ***1*** sciolto, liquefatto □ stemperato, allungato, lungo **CONTR.** coagulato, concentrato, condensato, rappreso, rassodato, denso, ristretto □ puro ***2*** (*fig.*) (*di pensiero, di discorso, ecc.*) scialbo, scolorito □ diffuso, prolisso **CONTR.** condensato, riassunto, sintetico.

diluizióne *s. f.* scioglimento, liquefazione □ soluzione, stemperamento (*raro*) **CONTR.** concentrazione, coagulazione, rassodamento, addensamento.

dilungàre ***A*** *v. tr.* ***1*** protrarre, trascinare, prolungare, mandare per le lunghe, allungare **CONTR.** abbreviare, accorciare, ridurre i tempi ***2*** (*lett.*) allontanare, rimuovere (*ant.*) **CONTR.** accostare, avvicinare ***B*** **dilungarsi** *v. intr. pron.* ***1*** prolungarsi, allungarsi **CONTR.** accorciarsi ***2*** (*lett.*) allontanarsi, discostarsi **CONTR.** avvicinarsi ***3*** (*fig.*) (*parlando*) soffermarsi a lungo, diffondersi, andare per le lunghe, fare digressioni **CONTR.** essere conciso, riassumere, stringere.

diluviàre *v. intr.* ***1*** piovere a dirotto ***2*** (*fig.*) venire giù in abbondanza, grandinare.

dilùvio *s. m.* ***1*** pioggia a dirotto, acquazzone □ alluvione, inondazione, nubifragio ***2*** (*fig.*) (*di parole, di carte, ecc.*) grande quantità, grande abbondanza, profluvio, profusione, mucchio, caterva, fracco (*dial.*) □ invasione **CONTR.** scarsità, esiguità, pochezza.

dimagrànte *agg.* e *s. m.* snellente, riducente □ (*di dieta, ecc.*) ipocalorico **CONTR.** ingrassante.

dimagriménto *s. m.* dimagramento, smagrimento **CONTR.** ingrassamento, ingrossamento.

dimagrìre *v. intr.* diventare magro, dimagrare, smagrire, snellire, assottigliarsi, affilarsi, insecchire, scarnirsi, scheletrirsi **CONTR.** ingrassare, ingrossare, impinguarsi, arrotondarsi, appesantirsi, rimpolparsi.

dimagrìto *part. pass. di* **dimagrire**; *anche agg.* smagrito, magro, snellito **CONTR.** ingrassato, grasso.

dimenàre ***A*** *v. tr.* agitare, dondolare, oscillare, scrollare, scuotere □ (*fig.*) (*di problema, ecc.*) dibattere, discutere **CONTR.** tener fermo, fermare, trattenere ***B*** **dimenarsi** *v. rifl.* ***1*** agitarsi, dibattersi, contorcersi, divincolarsi □ scodinzolare □ ancheggiare, sculettare (*volg.*) **CONTR.** fermarsi, stare fermo ***2*** (*fig., raro*) adoperarsi, affaccendarsi, darsi da fare, sbattersi (*fam.*), armeggiare □ giostrarsi **CONTR.** oziare, poltrire, impigrirsi, stare con le mani in mano, stare in panciolle. *V. anche* SCUOTERE

dimensióne *s. f.* ***1*** estensione □ grandezza, grossezza, mole, ingombro, pezzatura, formato, misura □ volume, capacità, lunghezza, larghezza, spessore, altezza ***2*** (*fig.*) (*di avvenimento, di discorso, ecc.*) misura, valore, proporzione, portata, importanza □ atmosfera, clima □ aspetto, carattere, caratteristica, taglio. *V. anche* MISURA

dimenticànza *s. f.* ***1*** amnesia, oblio (*lett.*), oblivione □ mancanza di memoria, lacuna **CONTR.** memoria, ricordo, reminiscenza, rimembranza (*lett.*), riesumazione (*fig.*) ***2*** incuria, trascuratezza, negligenza □ disattenzione, distrazione, smemorataggine □ omissione, salto □ obliterazione, rimozione **CONTR.** diligenza, cura, attenzione, concentrazione □ menzione ***3*** (*fig.*) silenzio, oblio □ buio (*fig.*), anonimato, oscurità (*fig.*) **CONTR.** ricordo, memoria □ storia □ fama, gloria.

dimenticàre ***A*** *v. tr.* ***1*** perdere la memoria, scordare, scordarsi, obliare (*lett.*), omettere, tralasciare, saltare (*fig.*) □ disapprendere, disimparare □ rimuovere, cancellare, seppellire, sotterrare **CONTR.** ricordare, rammentare, rimembrare (*lett.*), ripensare, rispolverare, rievocare □ commemorare, celebrare □ memorizzare, imparare □ riesumare, dissotterrare ***2*** (*est.*) (*di doveri, di amici, ecc.*) trascurare, non darsi pensiero, infischiarsi, evadere, ignorare **CONTR.** curare, occuparsi, provvedere, interessarsi, prendersi a cuore ***3*** (*di offese e sim.*) considerare con indulgenza, perdonare, condonare, lasciar stare **CONTR.** condannare, punire ***4*** (*di cosa*) scordare, lasciare per trascuratezza, abbandonare **CONTR.** trovare, ritrovare ***B*** **dimenticarsi** *v. intr. pron.* scordare, scordarsi, obliare (*lett.*) **CONTR.** ricordarsi, rammentarsi, sovvenirsi (*lett.*). *V. anche* EVADERE

dimenticàto *part. pass. di* **dimenticare**; *anche agg.* ***1*** caduto in dimenticanza, scordato, obliato (*lett.*) □ trascurato, tralasciato, abbandonato □ ignorato, omesso □ cancellato, rimosso **CONTR.** ricordato, rammentato □ curato, apprezzato, stimato □ citato, menzionato □ presente, vivo (*fig.*) ***2*** (*di cosa*) lasciato, abbandonato **CONTR.** trovato, ritrovato.

dimessaménte *avv.* umilmente, modestamente, semplicemente □ miseramente, poveramente **CONTR.** alteramente, fieramente, orgogliosamente □ superbamente, altezzosamente, spavaldamente □ elegantemente, riccamente.

dimésso *part. pass. di* **dimettere**; *anche agg.* ***1*** (*da un luogo*) fatto uscire, rilasciato, accomiatato, congedato **CONTR.** accolto, accettato, ricevuto, ricoverato ***2*** (*da una carica*) deposto, destituito, esonerato, licenziato **CONTR.** assunto, installato, investito ***3*** (*di atteggiamento, di voce, ecc.*) umile, modesto, sottomesso, semplice □ discreto, tranquillo **CONTR.** altero, fiero, orgoglioso □ superbo, altezzoso, immodesto □ plateale, vistoso, solenne ***4*** (*di persona, di abito, ecc.*) sciatto, povero, malmesso, negligente, trasandato, trascurato, disadorno, spoglio **CONTR.** accurato, diligente, elegante, ricco, fastoso, maestoso, magnifico, ornato.

dimestichézza *s. f.* ***1*** (*di persona*) familiarità, intimità, amicizia, confidenza **CONTR.** estraneità, freddezza, ostilità, insocievolezza, selvatichezza ***2*** (*fig.*) (*di cosa*) esperienza, pratica, conoscenza, consuetudine **CONTR.** inesperienza, imperizia.

diméttere ***A*** *v. tr.* ***1*** (*da un luogo*) far uscire, rilasciare, accomiatare, congedare □ liberare, scarcerare **CONTR.** fare entrare, accettare, accogliere, ricevere, ricoverare □ trattenere, fermare, arrestare, incarcerare ***2*** (*da una carica*) deporre, destituire, dimissionare, esonerare, licenziare **CONTR.** assumere, insediare, installare, investire, riassumere ***3*** (*lett.*) (*di orgoglio, ecc.*) abbandonare, deporre ***B*** **dimettersi** *v. rifl.* dare le dimissioni, lasciare, rinunciare, ritirarsi, licenziarsi, abdicare **CONTR.** accettare, assumere □ insediarsi.

dimezzàre *v. tr.* dividere a metà, dividere in due, bipartire, bisecare, smezzare **CONTR.** raddoppiare, duplicare. *V. anche* DIVIDERE

dimezzàto *part. pass. di* **dimezzare**; *anche agg.* ***1*** diviso a metà, smezzato, mezzo, ammezzato **CONTR.** raddoppiato, duplicato, doppio ***2*** (*fig.*) (*di notizia, di discorso, ecc.*) incompleto, parziale **CONTR.** completo.

diminuìre ***A*** *v. tr.* ***1*** sminuire, ridurre, impiccolire, rimpicciolire, abbreviare, abbassare, accorciare, assottigliare, calare, contrarre, decurtare, diradare, alleggerire, restringere, limitare □ (*di somma*) dedurre, detrarre, defalcare, scalare, arrotondare per difetto □ (*di velocità, di ritmo*) rallentare **CONTR.** accrescere, aumentare, ingrandire, ingrossare, allungare, innalzare, allargare, dilatare, estendere, moltiplicare, sviluppare □ incrementare, maggiorare ***2*** (*fig.*) (*di ricordo, di dolore, ecc.*) attenuare, attutire, mitigare, moderare, smorzare □ abbattere, indebolire, infiacchire □ (*di tensione*) allentare **CONTR.** rafforzare, rinforzare, alimentare, rinvigorire, accentuare, acutizzare, amplificare, aggravare, intensificare, ingigantire ***B*** *v. intr.* ridursi, calare, decrescere, restringersi, scemare **CONTR.** aumentare, crescere, lievitare, montare ***C*** **diminuirsi** *v. rifl.* abbassarsi, ridursi, degradarsi □ avvilirsi, sminuirsi, disprezzarsi, svalutarsi, sottovalutarsi **CONTR.** sopravvalutarsi, stimarsi, esaltarsi, lodarsi, vantarsi. *V. anche* SCENDERE

DIMINUIRE
sinonimia strutturata

Il verbo **diminuire** può essere adoperato in maniera transitiva o intransitiva, e a seconda del caso indica rispettivamente il rendere minore o il ridursi di numero, quantità, dimensione, peso, ecc.: *diminuire il prezzo di qualcosa, le spese*; *gli iscritti diminuiscono*. Naturalmente vi sono vari sinonimi che si riferiscono specificamente all'aspetto o alla dimensione che cambia o su cui si interviene: **rimpicciolire** e il più ricercato **impiccolire** significano diminuire in grandezza, mentre **abbreviare** e **accorciare** indicano una riduzione della lunghezza; **diradare** equivale invece a rendere meno fitto o frequente: *diradare le visite*. **Abbassare** significa ridurre in altezza ma anche in intensità, valore, ecc.: *abbassare un muro, la radio, i prezzi*. Il rendere più sopportabile si dice figuratamente **alleggerire**, che in senso proprio corrisponde a rendere meno pesante: *alleggerire la sofferenza*.

Più generali sono **ridurre** e **limitare**, che si distinguono perché evocano un'idea di contenimento entro certe dimensioni o confini: *ridusse il suo intervento a poche parole*; *limitare le spese*. Sinonimo dal significato piuttosto ampio di diminuire è **calare**: *calare di peso, volume, lunghezza, livello, durata*; il verbo può riferirsi anche a una diminuzione di prezzo, a una decadenza d'immagine o a un indebolimento, e in questi casi equivale a **scendere**: *la benzina è calata*; *gli è calata la voce*; inoltre, calare indica specificamente la diminuzione della luminosità o della fase di un astro: *la luna cala dopo il plenilunio*. **Scemare** suggerisce particolarmente un processo graduale: *scemare di peso, di autorità*; *le forze vanno scemando*. Invece, si adopera specialmente in riferimento a numero, quantità, massa, volume, prezzo il verbo **decrescere**: *le acque cominciano a decrescere*; *i prezzi stanno decrescendo*. Il farsi più stretto o ridotto in estensione si definisce anche **restringersi**: *la strada si restringe a poco a poco.* In relazione invece alla velocità, al ritmo si adopera il verbo **rallentare**.

Dedurre, **detrarre**, **defalcare**, **scalare** e **decurtare** si usano in riferimento al denaro e indicano il togliere una somma da un'altra maggiore: *dedurre, detrarre le spese dagli incassi*; *gli defalcarono centomila lire dalla spesa*; *decurtare una percentuale dallo stipendio*; l'ultimo verbo ha anche il significato più generale di ridurre: *decurtare un debito pagandone la metà*; **arrotondare per difetto** significa sostituire un numero con un altro leggermente inferiore ma più semplice.

Figuratamente, diminuire significa rendere meno forte, meno intenso, ossia **mitigare**: *mitigare il freddo, i prezzi, le esigenze*; assieme ad **attutire** e **attenuare**, questo verbo spesso si riferisce a qualcosa di aspro o di violento: *attenuare, attutire l'urto, il rumore, il dolore*; *mitigare la pena, l'odio, la passione, i rigori della prigione*; pressoché equivalente è **smorzare**: *smorzare i suoni, una polemica.* In riferimento alla tensione, diminuire può essere sostituito con **allentare**. **Moderare** si differenzia perché significa contenere entro i dovuti limiti: *moderare il rigore, il lusso, le spese.* Corrisponde a diminuire usato intransitivamente il verbo **sbollire**, che equivale a placarsi, calmarsi, raffreddarsi: *la rabbia gli è sbollita.*

Il riflessivo diminuirsi significa di solito **sottovalutarsi**, ossia avere di sé un'opinione ingiustificatamente bassa; questo porta di solito a **schermirsi**, ossia a difendersi, ad evitare i complimenti, benché quest'ultimo verbo indichi piuttosto un'attenuazione voluta e consapevole dei propri meriti. Più deciso è **disprezzarsi**, che significa ritenersi indegno di stima e considerazione.

diminuito *part. pass. di* **diminuire**; *anche agg.* ***1*** impiccolito, rimpicciolito, sminuito, ridotto, abbreviato, accorciato, abbassato, assottigliato, sceso, calato, contratto, diradato **CONTR.** accresciuto, aumentato, ingrandito, ingrossato, allungato, allargato, ampliato □ maggiorato, moltiplicato □ sviluppato, potenziato ***2*** (*fig.*) (*di ricordo, di dolore, ecc.*) attenuato, attutito, smorzato, indebolito, scemato **CONTR.** rafforzato, rinforzato, rinvigorito.

diminutìvo *agg.* e *s. m.* (*est.*) vezzeggiativo **CFR.** accrescitivo, peggiorativo.

diminuzióne *s. f.* calo, abbassamento, rimpicciolimento, riduzione, decremento, flessione, restrizione, perdita, alleggerimento, assottigliamento, caduta, decrescenza, rallentamento □ (*di onere*) sgravio □ (*di somma, di prezzo, ecc.*) detrazione, abbuono, sconto, decurtazione, contrazione, ribasso □ (*di dolore, di intensità, ecc.*) mitigazione, affiochimento **CONTR.** accrescimento, crescita, aumento, incremento, aggiunta, ingrandimento, ingrossamento, allungamento, allargamento, ampliamento, dilatazione, escalation (*ingl.*), espansione, estensione, intensificazione, moltiplicazione, potenziamento, proliferazione □ lievitazione, maggiorazione, rincaro, rialzo.

dimissióne *s. f.* congedo, esonero, licenziamento, allontanamento, rimozione □ abbandono, rinunzia, recesso, abdicazione **CONTR.** assunzione, riassunzione, insediamento.

dimodoché o **di mòdo che** *cong.* cosicché, sicché, perciò, per cui, pertanto, quindi.

dimòra *s. f.* ***1*** permanenza, soggiorno, sosta, stanza (*lett.*) **CONTR.** passaggio, transito ***2*** abitazione, casa, alloggio, magione (*lett., anche scherz.*), domicilio, residenza, sede, ostello (*lett.*) ***3*** (*lett.*) indugio, ritardo **CONTR.** fretta, prontezza, sollecitudine **FRAS.** *ultima* (o *estrema*) *dimora*, sepolcro, tomba, cimitero.

dimoràre *v. intr.* ***1*** risiedere, stare, vivere, abitare □ alloggiare, albergare, soggiornare, sostare, trattenersi □ stanziarsi, stabilirsi ***2*** (*lett.*) indugiare, tardare **CONTR.** affrettarsi, sbrigarsi, spicciarsi.

dimostrànte ***A*** *part. pres. di* **dimostrare**; *anche agg.* comprovante, indicante ***B*** *s. m.* e *f.* manifestante.

dimostràre ***A*** *v. tr.* ***1*** (*di affetto, di stima, ecc.*) mostrare, manifestare, palesare, scoprire, significare, esprimere **CONTR.** celare, coprire, nascondere, occultare ***2*** (*di verità, di tesi, ecc.*) provare, confermare, comprovare, corroborare, documentare, riprovare □ chiarire, risolvere **CONTR.** contraddire ***3*** (*di funzionamento, di caratteristica, ecc.*) spiegare, insegnare, descrivere, indicare, rappresentare ***4*** (*ass.*) partecipare a una manifestazione, manifestare ***B*** **dimostrarsi** *v. rifl.* manifestarsi, rivelarsi, mostrarsi, svelarsi, palesarsi, risultare, comportarsi da, apparire.

dimostratìvo *agg.* rivelatore, rivelante, probatorio, probante, esemplare, esemplificativo □ emblematico, epidittico (*raro*).

dimostràto *part. pass. di* **dimostrare**; *anche agg.* provato, comprovato, corroborato □ sperimentato □ manifestato, professato.

dimostrazióne *s. f.* ***1*** (*di affetto, di stima, ecc.*) manifestazione, prova, attestazione, atto, indizio, mostra, segno, segnale, conferma, testimonianza □ esibizione, ostentazione, sfoggio ***2*** (*di teorema, di tesi, ecc.*) argomentazione, ragionamento, spiegazione ragionata ***3*** (*di protesta, di solidarietà, ecc.*) manifestazione, assemblea, assembramento, comizio, raduno ***4*** (*mil.*) esibizione intimidatoria. *V. anche* ARGOMENTAZIONE

dinàmica *s. f.* ***1*** (*fis.*) **CONTR.** statica ***2*** (*est.*) (*di eventi, di fatti, ecc.*) successione, sviluppo, svolgimento, meccanismo.

dinamicaménte *avv.* ***1*** (*fis.*) **CONTR.** staticamente ***2*** (*fig.*) attivamente, energicamente, decisamente, vivacemente, operosamente, solertemente **CONTR.** debolmente, fiaccamente, mollemente, pigramente, svogliatamente, scioperatamente, neghittosamente.

dinamicità *s. f.* dinamismo.

dinàmico *agg.* ***1*** (*fis.*) **CONTR.** statico ***2*** (*fig.*) (*di persona, di vita, ecc.*) energico, alacre, fattivo, attivo, deciso, operoso, solerte, vivace, vitale □ sbrigativo, veloce **CONTR.** debole, fiacco, inattivo, inerte, lento, molle, pigro, svogliato, neghittoso, apatico, polentone, smidollato.

dinamìsmo *s. m.* ***1*** (*fis.*) **CONTR.** staticità ***2*** (*est.*)

(*di persona, di vita, ecc.*) dinamicità, attivismo, attività, alacrità, decisione, energia, operosità, solerzia, vivacità, vitalità, sprint (*ingl.*), rapidità, velocità **CONTR.** debolezza, fiacchezza, inattività, inerzia, mollezza, pigrizia, svogliatezza, sonnolenza (*fig.*), lentezza, calma. *V. anche* ENERGIA, RAPIDITÀ

dinamitàrdo *s. m.; anche agg.* terrorista, terroristico.

dinamite *s. f.* (*est.*) nitroglicerina □ esplosivo.

dìnamo *s. f. inv.* (*elettr., gener., est.*) generatore □ alimentatore.

dinànzi ***A*** *avv.* ***1*** (*di luogo*) di fronte, davanti **CONTR.** di dietro ***2*** (*di tempo*) prima **CONTR.** poi, dopo, in seguito ***B*** *nelle loc. prep.* ***1*** davanti a, di fronte a, innanzi **CONTR.** di dietro ***2*** alla presenza di ***C*** *in funzione di agg.* ***1*** situato davanti ***2*** avanti, precedente, antecedente **CONTR.** seguente, successivo.

dinastìa *s. f.* ***1*** casa regnante, famiglia regnante, sovrani ***2*** famiglia, eredi, casa, casata, stirpe. *V. anche* FAMIGLIA, SOVRANO

diniègo *s. m.* negazione □ rifiuto, ricusazione (*lett.*) □ rinuncia □ ripulsa **CONTR.** affermazione □ assenso, accettazione, consenso, acconsentimento. *V. anche* RIFIUTO

dinoccolàto *agg.* cascante, ciondolante, snodato **CONTR.** diritto, impettito, rigido, impalato.

dintórno ***A*** *avv.* e *prep.* intorno, dattorno, tutto in giro, da ogni parte ***B*** *s. m. spec. al pl.* luoghi circostanti, vicinanze, adiacenze, pressi, prossimità, sobborghi, periferia, paraggi, cintura, banlieue (*fr.*), hinterland (*ted.*).

Dìo *s. m.* ***1*** Iddio, Domineddio, Ente supremo, Essere supremo, Creatore, Altissimo, Onnipotente, Padreterno, Signore, Eterno ***2*** (*nelle religioni politeistiche*) divinità, nume, essere immortale **CONTR.** mortale ***3*** (*fig.*) persona eccezionale, superuomo □ idolo, mito **FRAS.** *il Figlio di Dio*, Gesù Cristo □ *la Sposa di Dio*, la Chiesa □ *le spose di Dio*, le suore □ *senza Dio*, ateo □ *ben di Dio, grazia di Dio* (*fig.*), abbondanza □ *come Dio volle*, infine, finalmente □ *se Dio vuole!*, finalmente! □ *Dio sa quando*, chissà quando □ *fatto come Dio comanda*, fatto bene, fatto con cura □ *mandato da Dio* (*fig.*), provvidenziale □ *presentarsi a Dio* (*fig.*), morire □ *Dio sa come* (*fig.*), inspiegabilmente.

dionisìaco [da *Dioniso*, dio dell'entusiasmo e del vino] *agg.* ***1*** di Dioniso, bacchico ***2*** (*est.*) esaltante, sfrenato, entusiastico, delirante.

dipanàre *v. tr.* ***1*** (*di matassa*) svolgere, aggomitolare **CONTR.** sdipanare, sgomitolare ***2*** (*fig.*) (*di faccenda, di intrigo, ecc.*) chiarire, districare, sbrogliare, spiegare **CONTR.** aggrovigliare, imbrogliare, ingarbugliare, arruffare, complicare.

dipanatóio *s. m.* arcolaio, aspo, bindolo, guindolo.

dipartiménto *s. m.* ***1*** (*in alcuni paesi*) ministero ***2*** circoscrizione □ area, regione ***3*** (*est.*) (*di università*) istituto.

dipartìta *s. f.* ***1*** (*lett.*) partenza, separazione, allontanamento, distacco, uscita **CONTR.** arrivo, avvento, venuta ***2*** (*euf.*) scomparsa, trapasso, morte **CONTR.** nascita.

dipendènte ***A*** *part. pres. di* **dipendere**; *anche agg.* ***1*** soggetto, subordinato, condizionato, eteronomo □ interdipendente □ satellite **CONTR.** reggente, autonomo, indipendente, libero, autosufficiente, egemone □ (*di professionista*) free-lance (*ingl.*) ***2*** causato, prodotto, originato, derivato, indotto, risultante **CONTR.** motore, motivante ***B*** *s. m.* e *f.* inferiore, soggetto, subalterno, subordinato, sottoposto, stipendiato, salariato, lavoratore, impiegato □ (*est.*) servitore, suddito, vassallo □ (*spec. al pl.*) manodopera, maestranze, organico, personale **CONTR.** capo, superiore, direttore, dirigente, padrone, principale, signore ***C*** *s. f.* (*ling.*) subordinata **CONTR.** reggente, principale □ coordinata.

dipendènza *s. f.* ***1*** (*di cosa*) derivazione, provenienza □ connessione, interdipendenza, corrispettività, rapporto, relazione, correlazione, concatenazione ***2*** (*di persona*) soggezione, eteronomia, sottomissione, condizionamento, subordinazione, servitù, sudditanza, obbedienza, inferiorità □ deferenza, rispetto **CONTR.** indipendenza, libertà, autonomia, autosufficienza, emancipazione □ comando, autorità, predominio, prevalenza, signoria, sovranità, supremazia, superiorità ***3*** (*da medicinali, da droghe, ecc.*) assuefazione **FRAS.** *essere alle dipendenze di*, dipendere da.

dipèndere *v. intr.* ***1*** (*di cosa*) trarre origine, originarsi, essere causato, essere determinato, derivare, risultare, procedere, provenire, scaturire, nascere, conseguire, costituire la conseguenza □ essere legato, essere condizionato ***2*** (*di persona*) essere sottoposto, essere soggetto, soggiacere, obbedire **CONTR.** comandare, essere a capo, dirigere, dominare, governare.

dipìngere ***A*** *v. tr.* ***1*** pitturare □ affrescare, acquerellare, colorare, colorire, istoriare, miniare, disegnare, pennellare, pennelleggiare (*raro*) □ effigiare, raffigurare, ritrarre □ tinteggiare, pittare (*merid.*), verniciare, imbiancare □ (*ass.*) dedicarsi alla pittura ***2*** (*di viso, di labbra e sim.*) tingere, imbellettare, truccare □ (*di occhi*) bistrare **CONTR.** struccare ***3*** (*fig.*) (*di carattere, di situazione, ecc.*) descrivere, illustrare, rappresentare, ritrarre, tratteggiare, caratterizzare ***B*** **dipingersi** *v. intr. pron.* colorirsi, colorarsi **CONTR.** scolorirsi, scolorarsi.

dipìnto ***A*** *part. pass. di* **dipingere**; *anche agg.* ***1*** pitturato, affrescato, acquerellato, colorato, istoriato, miniato, tinteggiato, verniciato □ variopinto □ illustrato **CONTR.** neutro, pulito □ scolorito ***2*** imbellettato, truccato, tinto □ (*di occhi*) bistrato **CONTR.** senza trucco, naturale, struccato ***B*** *s. m.* pittura, quadro □ affresco, acquerello, pastello, guazzo, tavola, tela, miniatura, ritratto. *V. anche* QUADRO

diplòma *s. m.* attestazione, attestato, licenza, patente, pergamena (*est.*) □ laurea, dottorato, maturità.

diplomàre ***A*** *v. tr.* conferire un diploma, licenziare □ (*est.*) laureare ***B*** **diplomarsi** *v. intr. pron.* ottenere un diploma □ (*est.*) laurearsi.

diplomaticaménte *avv.* ***1*** secondo la diplomazia, per via diplomatica ***2*** (*est.*) abilmente, accortamente, finemente, prudentemente, tatticamente, politicamente (*fig.*), con tatto **CONTR.** avventatamente, imprudentemente, grossolanamente, rozzamente, sfacciatamente.

diplomàtico ***A*** *agg.* ***1*** paleografico ***2*** della diplomazia ***B*** *agg.; anche s. m.* ***1*** attaché (*fr.*) □ ambasciatore ***2*** (*est.*) abile, accorto, avveduto, cauto, fine, prudente, riservato, politico **CONTR.** impolitico, avventato, imprudente, grossolano, rozzo, sfacciato.

diplomàto *part. pass. di* **diplomare**; *anche agg. e s. m.* fornito di diploma, licenziato, patentato □ maturato (*fig.*).

diplomazìa *s. f.* ***1*** corpo diplomatico □ carriera diplomatica ***2*** (*est.*) accortezza, abilità, prudenza, finezza, fair play (*ingl.*), savoir-faire (*fr.*), tatto, tattica, politica **CONTR.** avventatezza, imprudenza, grossolanità, rozzezza, sfacciataggine. *V. anche* PRUDENZA

dipòi ***A*** *avv.* poi, più tardi, in seguito, successivamente, dopo **CONTR.** prima, anteriormente, precedentemente ***B*** *in funzione di agg.* seguente, successivo **CONTR.** antecedente, anteriore, precedente.

dipòrto *s. m.* svago, divertimento, ricreazione, passatempo, gioco, hobby (*ingl.*), piacere, sollazzo, sport (*fig.*) **CONTR.** lavoro, occupazione □ noia, tedio, uggia **FRAS.** *imbarcazione da diporto*, imbarcazione da crociera.

diradaménto *s. m.* rarefazione, sfoltimento □ allargamento □ rallentamento **CONTR.** addensamento, infittimento, ispessimento.

diradàre ***A*** *v. tr.* ***1*** (*di vegetazione, di nebbia, ecc.*) rarefare, sfoltire, allargare, alleggerire **CONTR.** addensare, infittire, infoltire, ispessire ***2*** (*di visite, di incontri e sim.*) diminuire, accorciare □ (*di ritmo, ecc.*) rallentare **CONTR.** intensificare, moltiplicare, raddoppiare ***B*** *v. intr.* e **diradarsi** *intr. pron.* ***1*** (*di vegetazione, di nebbia, ecc.*) diventare più rado, rarefarsi, alleggerirsi, sfoltirsi □ ridursi □ (*di gente*) sfollare **CONTR.** addensarsi, infittirsi, infoltire, ispessirsi □ aumentare □ accalcarsi, stiparsi ***2*** (*di visite, di incontri, ecc.*) diminuire, accorciarsi, rarefarsi, calare, diventare meno frequente □ (*di capelli*) sfoltirsi, cadere **CONTR.** intensificarsi, moltiplicarsi, raddoppiarsi □ infoltirsi, ricrescere. *V. anche* DIMINUIRE

diradàto *part. pass. di* **diradare**; *anche agg.* ***1*** (*di vegetazione, di nebbia, ecc.*) sfoltito, sfrondato, rarefatto, alleggerito **CONTR.** addensato, infittito, infoltito, folto, spesso ***2*** (*di visite, di incontri, ecc.*) calato, diminuito **CONTR.** accresciuto, aumentato.

diramàre ***A*** *v. tr.* ***1*** (*raro*) tagliare i rami ***2*** (*fig.*) (*di notizia, di ordine, ecc.*) inviare, mandare, spedire, trasmettere □ diffondere, emanare, spargere, far circolare, propagare, spandere (*lett.*) **CONTR.** accogliere, ricevere ***B*** *v. intr.* e **diramarsi** *intr. pron.* ***1*** (*raro*) (*di albero*) dividersi in rami □ (*est.*) (*di strada, di fiume, ecc.*) ramificarsi, biforcarsi, bipartirsi **CONTR.** unificarsi, riunirsi, congiungersi, confluire ***2*** (*fig.*) (*di stirpe, di teoria, ecc.*) discendere, derivare ***3*** (*di notizia, di ordine, ecc.*) diffondersi, spargersi, trasmettersi **CONTR.** arrivare, giungere.

diramàto *part. pass. di* **diramare**; *anche agg.* (*di notizia, di ordine, ecc.*) impartito, emanato, diffuso, fatto circolare **CONTR.** ricevuto, pervenuto, giunto.

diramazióne *s. f.* ***1*** (*di albero*) ramificazione □ (*di strada, di fiume, ecc.*) biforcazione, crocevia, bivio, nodo, svincolo, snodo, incrocio ***2*** (*est.*) derivazione, propaggine (*fig.*), by-pass (*ingl.*) □ (*di strada, ecc.*) trasversale, traversa, strada secondaria, scorciatoia □ (*di fiume*) braccio, ramo, emissario □ (*geogr.*) (*di cresta, di catena montuosa*) sperone, contrafforte **CONTR.** strada principale, strada maestra ***3*** (*fig.*) (*di notizia, di ordine, ecc.*) invio, spedizione, trasmissione, diffusione, propagazione **CONTR.** ricevimento, ricezione.

dìre ***A*** *v. tr.* ***1*** (*ass.*) parlare, esprimersi, comunicare **CONTR.** tacere ***2*** (*di parola, di discorso, ecc.*) pronunciare, proferire, recitare, declamare, formulare, articolare, declinare □ dettare ***3*** (*di verità, di bugia, ecc.*) dichiarare, affermare, asserire, sostenere **CONTR.** negare, smentire ***4*** (*di opinione, di segreto, ecc.*) manifestare, palesare, esplicitare, rivelare, annunciare, divulgare, propalare □ esporre, enunciare, narrare, raccontare, riferire, riportare □ confessare, confidare **CONTR.** celare, nascondere, sottacere, tener segreto ***5*** (*di tacere, di partire, ecc.*) ammonire, consigliare, esortare, suggerire □ comandare, imporre, ordinare ***6*** soprannominare □ (*in francese, in inglese, ecc.*) chiamare, nominare □ parlare, esprimersi □ tradurre ***7*** (*di sentimenti, di pensiero, ecc.*) esprimere, indicare, simboleggiare, significare □ dimostrare, provare ***8*** presentare, descrivere, considerare come ***9*** notare, rilevare, rimarcare ***B*** *v. intr. impers.* correr voce, esser fama, vociferare ***C*** **dirsi** *v. rifl.* dichiararsi, professarsi, protestarsi ***D*** *in funzione di s. m.* discorso, parlare, parola **FRAS.** *arte del dire*, retorica □ *dire la propria*, esporre il proprio parere □ *dirla grossa*, dire uno sproposito □ *non c'è che dire*, non c'è niente da obiettare □ *per meglio dire*, più precisamente □ *è tutto dire*, non occorre aggiungere altro; è incredibile! □ *dire chiaro e tondo*, dire apertamente □ *non vuol dire*, non ha importanza □ *per così dire*, in certo modo □ *avere* (*o trovare*) *da dire*, trovare da lamentarsi □ *dirsela con uno*, essere in armonia con uno □ *hai un bel dire*, per quanto tu dica □ *non aver nulla da dire*, essere d'accordo. *V. anche* NARRARE, PARLARE

dirètta *s. f.* **CONTR.** differita, registrata **FRAS.** *in diretta*, dal vivo, live (*ingl.*).

direttaménte *avv.* ***1*** in linea retta □ frontalmente **CONTR.** obliquamente, di traverso ***2*** difilato, immediatamente, subito, addirittura, senz'altro, dritto **CONTR.** poi, più tardi ***3*** senza intermediari, senza terzi, personalmente, a tu per tu, de visu (*lat.*) □ brevi manu (*lat.*) □ esplicitamente **CONTR.** indirettamente, per sentito dire □ implicitamente.

direttìva *s. f.* disposizione, ordine □ guida □ linea di condotta, indirizzo, istruzione, norma, regola, orientamento.

direttìvo ***A*** *agg.* (*di funzione, di comitato, ecc.*) dirigente □ direzionale, dirigenziale ***B*** *s. m.* (*di partito, di associazione*) direzione, dirigenti, dirigenza, direttorio.

dirètto ***A*** *part. pass. di* **dirigere**; *anche agg.* ***1*** (*di via, di linea, ecc.*) diritto, senza deviazione, rettilineo **CONTR.** obliquo, storto, tortuoso, traverso ***2*** (*di conseguenza, di dipendenza, ecc.*) immediato □ (*di scontro, ecc.*) frontale □ (*di parentela*) prossimo **CONTR.** indiretto, mediato ***3*** (*di lettera, di discorso,* *ecc.*) indirizzato, mandato, inviato, spedito, rivolto, destinato □ (*di azione, ecc.*) finalizzato, mirato, volto, teso □ convogliato, incanalato CONTR. ricevuto, respinto **4** (*di esercito, di governo, ecc.*) comandato, guidato, presieduto, retto, amministrato, disciplinato, governato, condotto, controllato **B** *s. m.* (*sport*) (*nel pugilato*) cross (*ingl.*).

direttóre *s. m.* (*f. -trice*) dirigente □ capo, superiore, soprintendente, preside, presidente, reggente, rettore, governatore, capobanda CONTR. dipendente, inferiore, subalterno, subordinato, esecutore FRAS. *direttore spirituale*, confessore □ *direttore d'incontro*, arbitro.

direttòrio *s. m.* collegio direttivo, direttivo, direzione, dirigenza.

direttrice **A** *s. f.* **1** dirigente **2** (*fig.*) (*di azione, di comportamento, ecc.*) linea, impostazione □ normativa, guida **B** *agg.* direzionale.

direzionàle *agg.* di direzione, indicatore, direttrice □ dirigenziale, dirigente, direttivo, manageriale.

direzióne *s. f.* **1** senso, verso, lato, parte **2** (*fig.*) (*di idee, di economia, ecc.*) indirizzo, corso, rotta, via, tendenza, trend (*ingl.*), condotta, linea, regola **3** (*di impresa, di politica, ecc.*) governo, guida, comando, controllo, gestione, egemonia, timone (*fig.*), redine (*spec. al pl.*), regia, cura □ amministrazione **4** gruppo direttivo, direttivo, direttorio □ dirigenti, dirigenza □ management (*ingl.*).

dirigènte **A** *part. pres. di* **dirigere**; *anche agg.* direttivo, direzionale **B** *s. m.* e *f.* direttore □ capo, soprintendente, superiore, preside, presidente, reggente, rettore, boss (*ingl.*), gerarca, gerente, responsabile, testa (*fig.*), manager (*ingl.*), funzionario □ (*al pl.*) direzione, vertice (*fig.*), amministrazione, establishment (*ingl.*) CONTR. dipendente, inferiore, subalterno, subordinato, sottoposto. *V. anche* QUADRO

dirigènza *s. f.* dirigenti, direttivo, direttorio □ direzione, comando, governo, guida.

dirigenziàle *agg.* direttivo, direzionale □ manageriale CONTR. esecutivo.

dirigere **A** *v. tr.* **1** (*di cammino, di sguardo, ecc.*) avviare, volgere, indirizzare, rivolgere, orientare, puntare, voltare, girare □ finalizzare **2** (*di lettera, di merce, ecc.*) indirizzare, inviare, mandare, spedire, destinare □ convogliare, incanalare CONTR. ricevere, respingere **3** (*di azienda, di scuola, ecc.*) comandare, governare, guidare, condurre, presiedere, reggere, regolare, soprintendere, capeggiare, capitanare, controllare, sorvegliare, vigilare, gestire, amministrare, disciplinare, arbitrare, dare le direttive CONTR. dipendere, ubbidire, ottemperare, seguire, sottostare, sottomettersi **B** **dirigersi** *v. rifl.* **1** andare verso, avviarsi, incamminarsi, tendere, piegare verso, sterzare, affluire, convergere **2** (*raro*) (*a persona*) rivolgersi.

dirigìbile *s. m.* aerostato □ aeromobile, aeronave.

dirimere *v. tr.* risolvere, decidere, troncare, porre fine CONTR. avviare, incominciare.

dirimpètto **A** *avv.* di contro, di faccia, di fronte, davanti CONTR. dietro, alle spalle **B** *nella loc. prep. dirimpetto a*, di fronte a, di faccia a, vis-à-vis (*fr.*) **C** *in funzione di agg. inv.* antistante, davanti CONTR. retrostante, di dietro.

dirìtta *s. f.* (*lett.*) destra CONTR. sinistra, mancina, manca (*lett.*).

dirittaménte *avv.* **1** direttamente, senza deviare CONTR. obliquamente, tortuosamente **2** rettamente, onestamente, giustamente CONTR. disonestamente, ingiustamente **3** (*fig.*) immediatamente, subito CONTR. indirettamente, più tardi.

diritto (1) **A** *agg.* **1** (*di linea, di via, ecc.*) dritto, in linea retta, retto, rettilineo, diretto □ (*di naso*) greco CONTR. curvo, obliquo, storto, sghembo, tortuoso, contorto, sinuoso □ adunco, aquilino **2** (*di palo, di muro, ecc.*) ritto, perpendicolare, verticale □ eretto, rigido, sollevato □ erto CONTR. steso, disteso, giacente, sdraiato □ floscio, cascante, sbilenco **3** (*di persona*) eretto, rigido, impalato, impettito, in piedi □ sano, normale CONTR. prono, chino, supino □ gobbo, sciancato, storpio, zoppo **4** (*di lato, di mano, ecc.*) destro CONTR. sinistro, mancino **5** (*fig.*) (*di persona*) retto, onesto, giusto, leale CONTR. disonesto, ingiusto, sleale **6** (*fam.*) furbo, scaltro, volpone CONTR. ingenuo, minchione, semplicione **B** *avv.* **1** in linea retta, avanti CONTR. obliquamente, di sghembo, di sguincio, di sghimbescio **2** (*anche fig.*) direttamente CONTR. indirettamente **C** *s. m.* **1** davanti, esterno CONTR. retro, rovescio, interno **2** (*nel tennis*) drive (*ingl.*) FRAS. *per diritto e per traverso* (*fig.*), in qualunque modo.

dirìtto (2) *s. m.* **1** legge, norme legislative, norme giuridiche, ordinamento giuridico □ codice **2** giure (*raro*), giurisprudenza, scienza giuridica **3** (*est.*) ragione, giustizia CONTR. torto, ingiustizia, forza, violenza **4** (*di proprietà, di passaggio, ecc.*) interesse, facoltà, privilegio, potere, autorità, proprietà, prerogativa, titolo, beneficio, spettanza, attribuzioni, riserva, libertà **5** (*est., gener.*) pretesa **6** (*di bollo, di segreteria, ecc.*) tassa, imposta FRAS. *a buon diritto*, a ragione □ *di diritto*, per legge. *V. anche* FACOLTÀ, PRIVILEGIO

dirittùra *s. f.* **1** andamento in linea retta □ rettilineo **2** (*fig.*) (*di persona*) onestà, rettitudine, giustizia, equità, lealtà, probità, moralità CONTR. disonestà, ingiustizia, slealtà, malafede, perfidia, furfanteria, ipocrisia, malizia.

dirizzóne *s. m.* **1** (*fam.*) impulso irrefrenabile, ostinazione **2** (*fam.*) errore, sbaglio, cantonata, corbelleria (*pop.*).

diroccaménto *s. m.* abbattimento, atterramento, demolizione, distruzione, smantellamento CONTR. costruzione, edificazione, erezione, fabbricazione.

diroccàre *v. tr.* abbattere, atterrare, demolire, distruggere, smantellare, spianare, radere al suolo CONTR. costruire, innalzare, edificare, erigere, fabbricare, ricostruire.

diroccàto *part. pass. di* **diroccare**; *anche agg.* semidistrutto, cadente, demolito, abbattuto, atterrato, smantellato, in rovina, rovinato, crollato CONTR. nuovo, intatto, restaurato.

dirompènte *agg.* **1** (*fig.*) (*di persona, di carattere, ecc.*) prorompente, impetuoso, veemente CONTR. calmo, pacato, lento **2** (*di proiettile*) esplosivo **3** (*di notizia, ecc.*) clamoroso □ (*di effetto*) forte.

dirottaménte *avv.* (*di pioggia, di pianto, ecc.*) a dirotto, molto abbondantemente, impetuosamente, smoderatamente, incontenibilmente.

dirottaménto *s. m.* deviamento, deviazione, cambiamento di direzione, mutamento di direzione.

dirottàre ***A*** *v. tr.* ***1*** (*di aereo, di nave*) far deviare, far cambiare direzione ***2*** (*est.*) (*di traffico, ecc.*) deviare □ (*di argomento, di conversazione, ecc.*) spostare, sviare □ (*di persona*) fuorviare, condurre fuori strada ***B*** *v. intr.* ***1*** (*di aereo, di nave*) deviare ***2*** (*est.*) (*di traffico*) cambiare direzione.

dirottatóre *s. m.* (*f. -trice*) pirata dell'aria.

diròtto *agg.* (*di pioggia, di pianto, ecc.*) violento, irrefrenabile, incontenibile, abbondantissimo, copiosissimo, furioso □ scrosciante **CONTR.** moderato, leggero.

dirozzaménto *s. m.* ***1*** affinamento, incivilimento, ingentilimento, educazione **CONTR.** imbarbarimento, diseducazione ***2*** abbozzo.

dirozzàre ***A*** *v. tr.* ***1*** (*di cosa*) sbozzare, sgrossare, digrossare, sgrezzare, ripulire ***2*** (*fig.*) (*di persona, di carattere, ecc.*) ingentilire, affinare, aggraziare, raffinare, incivilire, civilizzare, educare, sbozzacchire (*fig.*), scozzonare (*est.*) □ istruire, acculturare □ scaltrire (*est.*) **CONTR.** rovinare, guastare, imbarbarire, inselvatichire ***B*** **dirozzarsi** *v. intr. pron.* sgrezzarsi, ingentilirsi, incivilirsi, raffinarsi, istruirsi **CONTR.** imbarbarirsi. *V. anche* EDUCARE

dirozzàto *part. pass. di* **dirozzare**; *anche agg.* (*fig.*) ingentilito, incivilito, raffinato, sgrezzato, educato, istruito **CONTR.** imbarbarito, diseducato, grezzo.

dirupàto *agg.* scosceso, aspro, roccioso **CONTR.** liscio, livellato, piano.

dirùpo *s. m.* luogo roccioso, balza, greppo (*lett.*) □ burrone, orrido, precipizio, baratro, abisso, scoscendimento, scarpata, strapiombo, anfratto □ (*di fossato scavato dalle acque*) borro, botro, forra, ripa (*lett.*) **CONTR.** piano, pianoro, spianata.

disàbile *agg.*; *anche s. m.* e *f.* handicappato, portatore di handicap **CONTR.** normale, sano.

disabitàto *agg.* deserto, inabitato, selvaggio (*est.*), solitario (*est.*), vuoto, solingo (*lett.*), spopolato, abbandonato **CONTR.** abitato, popolato, popoloso. *V. anche* SOLITARIO

disabituàre ***A*** *v. tr.* disavvezzare, divezzare, svezzare, disassuefare (*raro*) **CONTR.** abituare, avvezzare, assuefare, educare □ addestrare ***B*** **disabituarsi** *v. intr. pron.* disavvezzarsi, disassuefarsi (*raro*), disimparare **CONTR.** abituarsi, avvezzarsi, assuefarsi.

disabituàto *part. pass. di* **disabituare**; *anche agg.* disavvezzo, disavvezzato **CONTR.** avvezzo, abituato, assuefatto.

disaccòrdo *s. m.* ***1*** (*mus.*) disarmonia, dissonanza **CONTR.** armonia, consonanza ***2*** (*fig.*) (*di persone, di opinioni, ecc.*) dissenso, discordanza, disparere (*raro*), discrepanza □ controversia, dissidio, discordia, dissapore, screzio, attrito **CONTR.** accordo, concordanza, sintonia, uniformità □ armonia, concordia, affiatamento, intesa, pace. *V. anche* DISCORDIA

disadattaménto *s. m.* incapacità di adattamento □ incapacità di inserimento, asocialità **CONTR.** adattamento.

disadattàto *agg.*; *anche s. m.* incapace di inserirsi, disinserito, asociale, déraciné (*fr.*), sradicato □ deviante **CONTR.** inserito, integrato.

disadàtto *agg.* ***1*** (*di cosa*) non adatto, inadatto, insufficiente, incomodo, scomodo, incongruo, sproporzionato, inopportuno, disacconcio (*lett.*), sconveniente **CONTR.** adatto, atto, acconcio, idoneo, appropriato, consono, opportuno, confacente, apposito ***2*** (*di persona*) incapace, inidoneo, inabile **CONTR.** capace, destro, abile, esperto.

disadórno *agg.* ***1*** (*di casa, di abito, ecc.*) senza ornamenti, sobrio, semplice, austero □ dimesso, monastico (*est.*) □ misero, povero, squallido, spoglio **CONTR.** ornato, adorno, lavorato, ricco, sfarzoso, sontuoso ***2*** (*est.*) (*di discorso, di linguaggio, ecc.*) nudo, essenziale □ laconico **CONTR.** gonfio, ampolloso, retorico, enfatico. *V. anche* ROZZO

disaffezióne *s. f.* disamore, distacco, freddezza, raffreddamento, indifferenza, disinteresse **CONTR.** affetto, affezione, amore, attaccamento, interesse.

disagévole *agg.* malagevole, disagiato, incomodo, scomodo, faticoso □ difficile, arduo, pesante, laborioso, gravoso **CONTR.** agevole, comodo, confortevole, facile, piano.

disaggregàre *v. tr.* disgregare, decomporre, disunire, separare **CONTR.** aggregare, attaccare, congiungere, unire.

disaggregazióne *s. f.* disgregazione, separazione, divisione **CONTR.** aggregazione, unione.

disagiataménte *avv.* ***1*** (*raro*) scomodamente, disagevolmente, malagevolmente **CONTR.** comodamente, confortevolmente, facilmente ***2*** poveramente, miseramente, faticosamente **CONTR.** agiatamente, riccamente, lussuosamente.

disagiàto *agg.* privo di agi, disagevole, scomodo, incomodo, poco confortevole □ (*di condizioni economiche, di vita*) misero, stentato, disgraziato, sacrificato □ (*di persona*) bisognoso, povero, indigente **CONTR.** comodo, confortevole □ agiato, ricco, facoltoso.

disàgio *s. m.* ***1*** mancanza di agi, scomodità □ sacrificio, privazione, stento, sofferenza, patimento □ molestia, incomodità, fastidio **CONTR.** agio, comfort (*ingl.*), comodità, benessere, agiatezza ***2*** (*fig.*) difficoltà, impaccio, imbarazzo, disappunto □ malessere **CONTR.** agio. *V. anche* DISTURBO

disambientàto *agg.* disorientato, sbalestrato, spaesato, a disagio, sperduto, sperso □ déraciné (*fr.*), disinserito, sradicato **CONTR.** ambientato, inserito, a proprio agio.

disàmina *s. f.* esame, considerazione attenta, osservazione, studio. *V. anche* ESAME

disamoràre ***A*** *v. tr.* disinnamorare, disaffezionare, allontanare, raffreddare, distaccare **CONTR.** affezionare, far amare, innamorare, attirare, appassionare, invogliare ***B*** **disamorarsi** *v. intr. pron.* disinnamorarsi, disaffezionarsi, allontanarsi, raffreddarsi, staccarsi **CONTR.** affezionarsi, innamorarsi, invaghirsi, infatuarsi, attaccarsi.

disamoràto *part. pass. di* **disamorare**; *anche agg.* e *s.*

m. disinnamorato, disaffezionato, distaccato, disinteressato, indifferente, svogliato **CONTR.** innamorato, affezionato, interessato, attaccato, invaghito, invogliato.

disamóre *s. m.* disaffezione, distacco, freddezza, raffreddamento, indifferenza, disinteresse, svogliatezza **CONTR.** affetto, affezione, amore, attaccamento, predilezione, interesse.

disancoràre *v. tr.* e **disancorarsi** *v. intr. pron.* e *rifl.* ***1*** liberarsi dall'ancora, levare l'ancora, salpare **CONTR.** ancorare, ormeggiare ***2*** (*fig.*) liberarsi, sciogliersi, staccarsi, emanciparsi **CONTR.** ancorarsi, legarsi, attaccarsi.

disanimàre ***A*** *v. tr.* scoraggiare, abbattere, accasciare, avvilire, deprimere, demoralizzare, sconfortare, scorare (*lett.*), sfiduciare, smontare, spaventare, sbigottire, sgomentare, prostrare **CONTR.** incoraggiare, animare, rinvigorire, ravvivare, risvegliare, rianimare, confortare, consolare, rincuorare, sollevare, risollevare ***B*** **disanimarsi** *v. intr. pron.* perdersi d'animo, scoraggiarsi, abbattersi, avvilirsi, demoralizzarsi, deprimersi, desolarsi, disperarsi, sfiduciarsi **CONTR.** rianimarsi, consolarsi, risollevarsi, tirarsi su, scuotersi.

disanimàto *part. pass. di* **disanimare**; *anche agg.* avvilito, demoralizzato, depresso, scoraggiato, sfiduciato **CONTR.** rianimato, confortato.

disappetènza *s. f.* mancanza di appetito, inappetenza □ anoressia (*med.*) **CONTR.** appetenza, appetito.

disapprovàre *v. tr.* non approvare, biasimare, condannare, criticare, deplorare, deprecare, censurare, riprovare, sconfessare, ridire, sindacare, protestare □ rumoreggiare (*est.*), fischiare □ contestare, bocciare, respingere **CONTR.** approvare, accettare, elogiare, esaltare, lodare, acclamare, applaudire, avallare, inneggiare, plaudere □ promuovere. *V. anche* BIASIMARE

disapprovàto *part. pass. di* **disapprovare**; *anche agg.* biasimato, condannato, criticato, censurato, sconfessato □ bocciato, respinto, contestato **CONTR.** accettato, approvato, elogiato, esaltato, lodato, acclamato, applaudito □ promosso.

disapprovazióne *s. f.* riprovazione, deplorazione, deprecazione, biasimo, critica, censura, condanna □ malcontento, protesta, rimostranza □ bocciatura, veto **CONTR.** consenso, adesione, assenso, avallo, beneplacito, accettazione, approvazione □ elogio, esaltazione, lode, favore, gradimento, plauso □ promozione.

disappùnto *s. m.* contrarietà, delusione, disagio, disturbo, molestia, fastidio, noia, rammarico, dispiacere, rincrescimento □ rabbia **CONTR.** contentezza, gioia, piacere, soddisfazione.

disarmànte *part. pres. di* **disarmare**; *anche agg.* ***1*** (*fig.*) spontaneo, sereno, semplice ***2*** (*fig.*) scoraggiante, sconfortante.

disarmàre ***A*** *v. tr.* ***1*** privare delle armi, smilitarizzare □ sguarnire □ smobilitare **CONTR.** armare, guarnire □ mobilitare ***2*** (*fig.*) (*di persona*) convincere, persuadere, rabbonire □ sopraffare, fiaccare, indebolire **CONTR.** eccitare, inasprire, esasperare ***3*** (*edil.*) togliere le impalcature **CONTR.** armare ***B*** *v. intr.* ***1*** smobilitare **CONTR.** armarsi ***2*** (*fig.*) (*di persona*) darsi per vinto, arrendersi, cedere, desistere **CONTR.** opporsi, reggere, resistere, tener duro, tener testa.

disarmàto *part. pass. di* **disarmare**; *anche agg.* ***1*** privo di armi, senza armi, inerme, sguarnito **CONTR.** armato ***2*** (*fig.*) (*di persona*) senza difesa, inerme, debole, indifeso □ ingenuo **CONTR.** forte, agguerrito, preparato.

disàrmo *s. m.* ***1*** smobilitazione **CONTR.** armamento, riarmo ***2*** (*fig., fam.*) disuso **CONTR.** uso.

disarmonìa *s. f.* ***1*** (*di suoni*) discordanza, dissonanza □ contrappunto, diafonia □ stonatura **CONTR.** armonia, euritmia, accordo, eufonia, musicalità ***2*** (*est.*) (*di colori, di persone, ecc.*) disaccordo, contrasto, attrito, discordanza, dissapore **CONTR.** armonia, accordo, equilibrio, rispondenza, assonanza, concordia, intesa, amicizia.

disarmònico *agg.* ***1*** (*di suono*) aspro, sgradevole, sordo, stonato, dissonante, cacofonico **CONTR.** armonico, armonioso, gradevole, intonato, euritmico, eufonico, melodioso, musicale ***2*** (*fig.*) (*di colori, di movimento, ecc.*) discordante, contrastante, disordinato, inorganico, scompensato, irregolare **CONTR.** armonico, ritmico, ordinato, regolare, coerente, omogeneo.

disarticolàre ***A*** *v. tr.* ***1*** (*med.*) slogare, snodare, lussare ***2*** (*fig.*) scomporre, slegare, privare dei nessi **CONTR.** legare, collegare ***B*** **disarticolarsi** *v. intr. pron.* slogarsi.

disarticolàto *part. pass. di* **disarticolare**; *anche agg.* scomposto, slegato, privo di nesso, indistinto, inarticolato **CONTR.** articolato, legato, distinto.

disastràre *v. tr.* danneggiare grandemente, rovinare.

disastràto ***A*** *part. pass. di* **disastrare**; *anche agg.* danneggiato gravemente, rovinato ***B*** *s. m.* alluvionato, terremotato, sinistrato.

disàstro *s. m.* ***1*** (*ferroviario, aereo, ecologico, ecc.*) grave disgrazia, calamità, cataclisma, catastrofe, apocalisse (*fig.*), sciagura, rovina, tragedia, sconquasso, sfascio, sinistro, flagello, macello **CONTR.** fortuna, ventura, buona sorte, beneficio ***2*** (*fig.*) (*di spettacolo, di impresa, ecc.*) disavventura, fallimento, fiasco, insuccesso, batosta, débâcle (*fr.*), patatrac, crollo, tracollo **CONTR.** fortuna, successo, trionfo ***3*** (*fig.*) disordine, grande confusione, caos **CONTR.** ordine ***4*** (*est., fig.*) (*di persona*) sventura, frana, disgrazia, buono a nulla, pericolo pubblico, rovina, pianto (*scherz.*) **CONTR.** tesoro, gioiello, mago, asso, dio. *V. anche* TRACOLLO

disastrosaménte *avv.* rovinosamente, catastroficamente **CONTR.** fortunatamente, felicemente.

disastróso *agg.* ***1*** rovinoso, calamitoso, sciagurato, apocalittico, catastrofico, dannoso, doloroso, disgraziatissimo, tremendo □ fatale **CONTR.** fortunato, felice ***2*** (*di viaggio, di cammino, ecc.*) disagiato, disagevole, scomodo **CONTR.** agevole, comodo, facile, piacevole ***3*** (*di esame, di prova, ecc.*) pessimo, deludente, negativo, fallimentare **CONTR.** ottimo, positivo. *V. anche* DANNOSO

disattèndere *v. tr.* (*di norme, ecc.*) venire meno, contravvenire, non osservare, non seguire, violare, trasgredire □ (*di aspettative, ecc.*) deludere, tradire

CONTR. osservare, seguire, tenersi, ubbidire □ rispondere, mantenere.
disattènto *agg.* distratto, sbadato, svagato, sventato, stordito, incurante, noncurante, negligente, spensierato, assente (*fig.*) □ annoiato **CONTR.** attento, diligente, assiduo, preciso, scrupoloso, concentrato, vigile. *V. anche* SBADATO
disattenzióne *s. f.* **1** distrazione, sbadataggine, disavvertenza, inavvertenza, negligenza, noncuranza, sventatezza, trascuratezza □ svista, errore, dimenticanza **CONTR.** attenzione, diligenza, applicazione, assiduità, precisione, scrupolo, concentrazione **2** mancanza, mancanza di riguardo, scortesia, sgarberia, indelicatezza **CONTR.** riguardo, premura, cortesia, garbo, gentilezza, delicatezza.
disattéso *part. pass. di* **disattendere**; *anche agg.* (*di norme, ecc.*) contravvenuto, inosservato, ignorato, trascurato □ (*di aspettative, ecc.*) deluso, tradito **CONTR.** osservato, seguito □ mantenuto.
disattivàre *v. tr.* **1** (*di ordigno*) scaricare, disinnescare, rendere inoffensivo **CONTR.** caricare, innescare **2** (*di attività, di servizio, ecc.*) smobilitare, chiudere, eliminare **CONTR.** attivare, iniziare.
disattivàto *part. pass. di* **disattivare**; *anche agg.* **1** (*di ordigno*) scaricato, disinnescato **CONTR.** carico, caricato, innescato **2** (*di attività, di servizio, ecc.*) smobilitato, chiuso, eliminato **CONTR.** attivato, iniziato, aperto.
disavànzo *s. m.* deficit (*lat.*), passivo, perdita, buco (*pop.*), debito, ammanco, sbilancio, spareggio, scapito **CONTR.** avanzo, attivo, credito, eccedenza, sopravanzo.
disavvedutézza *s. f.* sconsideratezza, inavvertenza, sbadataggine, disattenzione, distrazione **CONTR.** avvedutezza, accortezza, prudenza, attenzione, diligenza, oculatezza.
disavvedùto *agg.* inconsiderato, sconsiderato, incauto, malcauto, malaccorto, sbadato, disattento, distratto **CONTR.** avveduto, accorto, cauto, prudente, attento, diligente, oculato.
disavventùra *s. f.* contrarietà, disgrazia, sventura, sfortuna □ vicenda sfortunata, vicissitudine, traversia, odissea, sciagura, disastro **CONTR.** fortuna, caso fortunato.
disavvertènza *s. f.* inavvertenza, inavvedutezza, disattenzione, distrazione, sbadataggine, sventatezza **CONTR.** attenzione, diligenza, precisione, avvertenza.
disavvézzo *agg.* disabituato, divezzato, svezzato, desueto, dissueto (*lett.*) **CONTR.** abituato, avvezzo, assuefatto, consueto, esercitato.
disboscaménto *s. m.* deforestamento, deforestazione **CONTR.** rimboscamento, rimboschimento, riforestazione.
disboscàre *v. tr.* deforestare, diboscare (*raro*), sboscare (*pop.*) **CONTR.** rimboscare, rimboschire.
disbrigàre ***A*** *v. tr.* risolvere, sbrigare, eseguire, espletare **CONTR.** avviare, impostare ***B*** **disbrigarsi** *v. rifl.* (*lett.*) liberarsi, sbrogliarsi, districarsi. *V. anche* SBRIGARE
disbrigo *s. m.* **1** risoluzione, esecuzione, realizzazione, espletamento, compimento, evasione **2** sgabuzzino, ripostiglio.
discapitàre *v. intr.* (*raro*) scapitare, rimetterci, perderci **CONTR.** guadagnare.
discàpito *s. m.* scapito, svantaggio, danno, perdita **CONTR.** guadagno, utile, vantaggio, ricavo.
discàrica *s. f.* **1** (*di rifiuti*) scarico □ fogna **2** (*di merci*) scarico □ sbarco **CONTR.** carico.
discendènte ***A*** *part. pres. di* **discendere**; *anche agg.* **1** in discesa, calante **CONTR.** in salita, ascendente, ascensionale **2** derivante, nato, originato, proveniente **CONTR.** primario, motore, motivante ***B*** *s. m. e f.* figlio, prole, nipote, pronipote, postero, erede □ successore, epigono **CONTR.** padre, genitore, progenitore, antenato □ predecessore, iniziatore.
discendènza *s. f.* **1** generazione, nascita, origine, stirpe, genia, famiglia, ceppo, lignaggio (*lett.*), schiatta, sangue (*fig.*), razza, linea □ figli, progenie, prole, figliolanza, nipoti, pronipoti, posteri, posterità, successori, eredi **CONTR.** ascendenza □ padri, progenitori, antenati **2** (*fig.*) nascita, origine, natali, provenienza, derivazione □ genealogia. *V. anche* FAMIGLIA
discèndere ***A*** *v. intr.* **1** scendere, calare, digradare, venir giù □ (*est.*) (*da mezzo di trasporto*) smontare, sbarcare **CONTR.** salire, ascendere, montare, andar su **2** (*di astro*) declinare, tramontare, calare, morire □ abbassarsi **CONTR.** sorgere, nascere, levarsi, spuntare, alzarsi **3** (*di pendio*) digradare, precipitare **CONTR.** salire, inerpicarsi **4** (*di acqua*) fluire, scorrere, colare **CONTR.** rifluire □ stagnare **5** (*fig.*) (*di persona, di fiume, ecc.*) nascere, trarre origine, uscire (*fig.*), derivare, provenire □ scaturire, sgorgare **6** (*fig.*) (*di conseguenza, di risultato, ecc.*) conseguire, risultare, procedere ***B*** *v. tr.* scendere **CONTR.** salire. *V. anche* SCENDERE
discèpolo *s. m.* allievo, alunno, scolaro, studente □ seguace, imitatore, continuatore □ (*al pl.*) scuola **CONTR.** insegnante, docente, maestro, professore, precettore □ caposcuola. *V. anche* SEGUACE
discèrnere *v. tr.* (*lett.*) vedere distintamente, scernere (*lett.*), scorgere, intravvedere □ riconoscere, ravvisare □ distinguere, differenziare, discriminare, sceverare, scegliere □ comprendere, conoscere **CONTR.** vedere confusamente □ confondere, mescolare, mischiare, scambiare.
discerniménto *s. m.* criterio, buonsenso, senno, sensatezza, cervello (*fig.*), giudizio, capacità critica □ perspicacia, acume, sagacia, saggezza, saviezza, assennatezza □ accortezza, precauzione, oculatezza □ cautela **CONTR.** cecità □ dissennatezza, sciocchezza, stoltezza, sconsideratezza, superficialità. *V. anche* COSCIENZA, RAGIONE, SAGGEZZA
discésa *s. f.* **1** (*di persone*) calata □ invasione □ sbarco **CONTR.** ascensione, ascesa, scalata **2** (*di luogo*) china, pendio, declivio, pendenza, scesa **CONTR.** salita, erta **3** (*nel calcio*) attacco **4** (*di prezzi, di inflazione, ecc.*) calo, caduta, diminuzione **CONTR.** aumento, salita, impennata.
discéso *part. pass. di* **discendere**; *anche agg.* **1** sceso, calato, venuto giù, smontato **CONTR.** salito, montato **2** (*di astro*) declinato, tramontato **CONTR.** sorto, nato **3** (*fig.*) (*di persona, di fiume, ecc.*) derivato, prove-

niente.

dischétto *s. m.* (*elab.*) minidisco, floppy disk (*ingl.*).

dischiùdere *v. tr.* ***1*** (*di occhio, di bocca, ecc.*) aprire, schiudere, socchiudere, disserrare **CONTR.** chiudere, rinchiudere, serrare, stringere ***2*** (*fig.*) (*di mistero, di verità, ecc.*) svelare, scoprire, manifestare, rivelare, palesare **CONTR.** celare, coprire, nascondere, occultare.

dischiùso *part. pass. di* **dischiudere**; *anche agg.* ***1*** (*di occhio, di bocca, ecc.*) aperto, schiuso, socchiuso, disserrato **CONTR.** chiuso, serrato, stretto ***2*** (*fig.*) (*di mistero, di verità, ecc.*) svelato, scoperto, rivelato **CONTR.** coperto, nascosto, occultato.

discìnto *agg.* ***1*** (*di persona*) vestito succintamente, poco vestito, seminudo, in déshabillé (*fr.*) □ scollacciato, scomposto **CONTR.** vestito, coperto ***2*** (*di vesti*) semiaperto, scollacciato **CONTR.** chiuso, allacciato.

disciògliere ***A*** *v. tr.* ***1*** (*lett.*) (*di capelli, di nodo, ecc.*) sciogliere, slegare, disfare, disgiungere, separare □ (*da impegno, ecc.*) svincolare, liberare, sollevare □ (*di assemblea, ecc.*) □ disperdere, licenziare **CONTR.** legare, intrecciare, congiungere, unire, raccogliere, stringere ***2*** (*fig.*) (*di questione, di dubbio, ecc.*) districare, risolvere, spiegare **CONTR.** ingarbugliare ***3*** (*di materia*) liquefare, sciogliere, fondere, dissolvere, squagliare, stemperare, struggere **CONTR.** coagulare, condensare, rassodare, solidificare ***B*** **disciogliersi** *v. intr. pron.* (*di materia*) sciogliersi, liquefarsi **CONTR.** coagularsi, rapprendersi ***C*** *v. rifl.* (*lett.*) liberarsi, svincolarsi □ disperdersi, sbrancarsi, sbandarsi. *V. anche* SCIOGLIERE

disciòlto *part. pass. di* **disciogliere**; *anche agg.* ***1*** (*di capelli, di nodo, ecc.*) slegato, disfatto, liberato, libero, svincolato □ sparso □ (*di associazione, ecc.*) sciolto **CONTR.** legato, congiunto, unito, stretto □ costituito, creato ***2*** (*di materia*) fuso, liquefatto, sciolto, squagliato, dissolto, stemperato **CONTR.** coagulato, condensato, rassodato, rappreso, aggrumato, solidificato.

disciplina *s. f.* ***1*** disciplinatezza (*raro*), ordine **CONTR.** indisciplina, indisciplinatezza ***2*** insegnamento, ammaestramento, magistero, dottrina ***3*** (*di studio*) materia, ramo, scienza □ cattedra ***4*** (*di scuola, di partito, ecc.*) norma, precetto, regola, regolamento, canone, legislazione, pianificazione □ briglia, freno **CONTR.** caos, anarchia, confusione ***5*** (*a leggi, a superiori, ecc.*) obbedienza, ubbidienza, ossequio, ottemperanza, sottomissione **CONTR.** disubbidienza, indisciplina, insubordinazione, ribellione ***6*** (*di strumento*) cilicio, penitenza, flagello, scudiscio.

disciplinàre ***A*** *v. tr.* ***1*** (*lett.*) ammaestrare, insegnare, educare ***2*** (*di scolari, di soldati, ecc.*) sottoporre a disciplina, abituare alla disciplina, irregimentare ***3*** (*di traffico, di commercio, ecc.*) ordinare, regolare, regolamentare, controllare, dirigere □ prevedere □ normalizzare, normare **CONTR.** liberalizzare ***B*** **disciplinarsi** *v. rifl.* imporsi una disciplina, regolarsi, moderarsi. *V. anche* EDUCARE

disciplinataménte *avv.* ordinatamente, bene, docilmente, ubbidientemente **CONTR.** indisciplinatamente, male.

disciplinàto *part. pass. di* **disciplinare**; *anche agg.* ***1*** (*di persona, di comportamento, ecc.*) ligio, ubbidiente, ossequiente, rispettoso, docile □ (*est.*) regolato, morigerato, temperante, misurato, moderato **CONTR.** indisciplinato, disubbidiente, insubordinato □ sregolato, disordinato, intemperante ***2*** (*di traffico, di commercio, ecc.*) regolato, regolare, scorrevole, ordinato, pianificato **CONTR.** caotico, disordinato □ libero, liberalizzato.

disc-jockey /*ingl.* 'disk 'dʒɔki/ [loc. dell'ingl. d'America, propr. 'fantino del disco' (V. *jockey*)] *s. m.* e *f. inv.* dee-jay (*ingl.*).

dìsco (**1**) *s. m.* ***1*** piastra circolare □ long play (*ingl.*), long playng (*ingl.*), album, compilation (*ingl.*), ellepì, LP, 33 giri (*gerg.*), piatto, cerchio, tondo, ruota, scudo, ruzzola ***2*** (*di astro*) cerchio **FRAS.** *cambiare disco* (*fig.*), cambiare discorso, cambiare argomento □ *disco verde* (*fig.*), via libera □ *disco rosso* (*fig.*), ostacolo, impedimento □ *disco volante*, UFO □ *disco fisso* (*elab.*), disco rigido, hard disk (*ingl.*) □ *disco ottico*, compact disc, CD.

dìsco (**2**) *s. f.* ***1*** (*gerg.*) discoteca ***2*** (*gerg.*) disco-music (*ingl.*) ***3*** (*gerg.*) disco-dance (*ingl.*).

discòide ***A*** *agg.* discoidale, discoideo ***B*** *s. m.* (*farm.*) pasticca, cialda, cachet (*fr.*).

dìscolo *agg.*; *anche s. m.* ***1*** scapestrato, scapigliato □ scorretto, scostumato **CONTR.** corretto, costumato, morigerato ***2*** indisciplinato, indocile, insolente, ribelle, impertinente, disubbidiente, monello, scavezzacollo **CONTR.** disciplinato, docile, remissivo, ubbidiente.

discólpa *s. f.* giustificazione, scusante, attenuante, scusa, discarico, scarico, difesa, sgravio **CONTR.** carico, aggravante, colpa, errore □ accusa, incriminazione, addebito. *V. anche* DIFESA, SCUSA

discolpàre ***A*** *v. tr.* scolpare, scagionare, difendere, giustificare, scusare **CONTR.** accusare, incolpare, incriminare, addebitare, imputare ***B*** **discolparsi** *v. rifl.* scolparsi, scagionarsi, difendersi, giustificarsi, scusarsi, dichiararsi innocente **CONTR.** accusarsi, incolparsi, confessare.

disconóscere *v. tr.* misconoscere, sconfessare, rinnegare, negare, fingere di non conoscere □ ripudiare **CONTR.** conoscere, riconoscere, approvare □ confessare, ammettere.

disconosciménto *s. m.* sconfessione, negazione, rifiuto □ ripudio **CONTR.** accettazione, accoglimento, ammissione, riconoscimento.

discontinuaménte *avv.* irregolarmente, saltuariamente, frammentariamente, a salti, a scatti, a intervalli **CONTR.** regolarmente, continuamente, ininterrottamente □ ciclicamente, periodicamente.

discontinuità *s. f.* mancanza di continuità, irregolarità, intermittenza, saltuarietà, sporadicità, interruzione, intervallo □ frammentarietà □ incoerenza □ incostanza, volubilità **CONTR.** continuità, persistenza, assiduità, regolarità, ciclicità, periodicità □ coerenza.

discontìnuo *agg.* non continuo, non uguale, irregolare, saltuario, sporadico, interrotto, intermittente, intervallato □ frammentario, lacunoso □ incoerente, ineguale, scoordinato **CONTR.** continuo, continuato, ininterrotto, ciclico, periodico, frequente, regolare, persistente □ coerente, sistematico, unitario.

discordànte *part. pres. di* **discordare**; *anche agg.* ***1*** (*di cose*) disarmonico, dissonante, stonato, stridente **CONTR.** armonico, intonato ***2*** (*di opinione, di discorsi, ecc.*) contrastante, discorde, dissenziente, diverso, differente, difforme, contraddittorio, contrario, lontano, incompatibile, inconciliabile, opposto **CONTR.** accordato, concordante, conforme, concorde, simile.

discordànza *s. f.* ***1*** (*di cose*) disaccordo, disarmonia, dissonanza, stonatura, sconcordanza **CONTR.** armonia, concordanza ***2*** (*di idee, di discorsi, ecc.*) divario, contrasto, dissenso, discordia, divergenza, differenza, discrepanza **CONTR.** accordo, concordanza, consenso, somiglianza, uguaglianza, coincidenza, corrispondenza, similitudine, uniformità.

discordàre *v. intr.* ***1*** (*di cose*) non armonizzare, non legare, dissonare, stonare, cozzare, stridere **CONTR.** armonizzare, intonarsi, combinarsi, combaciare ***2*** (*di persone, di opinioni, ecc.*) contrastare, dissentire, scontrarsi, differire **CONTR.** accordarsi, concordare, intendersi, convenire, incontrarsi, legare.

discòrde *agg.* discordante, discrepante, contrastante, contraddittorio, dissenziente, diviso, disunito, differente, diverso, incompatibile, inconciliabile, opposto **CONTR.** concorde, concordante, consenziente □ compatto, solidale, unanime, uniforme, unisono.

discòrdia *s. f.* contrasto, disaccordo, dissapore, dissidio, dissenso, antagonismo, incompatibilità, inimicizia, malumore, screzio, ruggine, urto, attrito, conflitto, lite, guerra, lotta □ rottura, disunione, scissione, scisma □ zizzania □ (*di vedute, di opinioni*) discrepanza, dissonanza, divergenza, inconciliabilità **CONTR.** armonia, accordo, concordia, pace, unanimità, amicizia, consenso, conformità, consentimento (*lett.*), intesa, unione, affiatamento, compattezza, sintonia, solidarietà **FRAS.** *pomo della discordia*, motivo di lite.

DISCORDIA
sinonimia strutturata

Si chiama **discordia** l'assenza di armonia, la tensione: *discordia in famiglia*; *entrare, essere in discordia con qualcuno*; *provocare, fomentare la discordia*. Con *pomo della discordia* s'intende, con riferimento al noto episodio omerico che dette inizio alla guerra di Troia, ciò che è motivo di rivalità. La generale mancanza di sintonia è definita anche **disunione** e figuratamente **disaccordo**: *mettere la disunione tra i concittadini*; *trovare motivi di disaccordo*; una discordia anche di grave entità può dirsi **zizzania**: *seminare zizzania*. Il **guasto**, inteso figuratamente, di solito riguarda un ambito più circoscritto: *c'è del guasto tra noi*. Invece l'**attrito** solitamente scaturisce da un problema specifico: *vi è fra loro un certo attrito per questioni di interesse*; molto vicino è lo **screzio**, che nasce tra persone prima in armonia.

Contrasto, **dissidio** e il meno incisivo **dissapore** possono indicare non solo uno stato di disaccordo, ma anche un diverbio: *mettere in contrasto due persone*; *ignoro le cause del dissidio*; *tra loro c'è qualche dissapore*. Più forte è **urto**, che descrive un contrasto radicale: *l'urto tra padre e figlio era ormai inevitabile*; *le due teorie sono chiaramente in urto*; se l'urto è aspro e duraturo si dice **conflitto** o, figuratamente, **guerra**, **lotta**: *conflitto di gusti, di interessi*; *mettersi in guerra con qualcuno*; *guerra domestica*; *essere in lotta con tutti*. Quando un conflitto degenera in una violenta contesa con ingiurie si chiama **lite**: *placare, aizzare la lite*. Se non risolta, una controversia può portare a una **rottura**, cioè a una cessazione dei rapporti: *fra i due ci fu una clamorosa rottura*; uguale significato hanno **scissione** e per estensione **scisma**, che però si usano in relazione a gruppi, partiti politici, ecc.; lo scisma, inoltre, di solito parte da una divergenza su un argomento fondamentale.

Ruggine in senso figurato e per estensione **malumore** indicano invece un malanimo, un rancore di solito prolungato: *avere della ruggine con qualcuno*; *tra quei due c'è del malumore*; la ruggine può risolversi in **inimicizia**, cioè in avversione e ostilità malevola: *sopire le inimicizie*; un'inimicizia inconciliabile spesso ha origine da una **incompatibilità** di caratteri, ossia da una incolmabile diversità che porta allo scontro. Diverso è l'**antagonismo**, che si instaura invece tra due persone o due forze in gara o contesa.

Si definisce discordia anche la diversità di vedute, di opinioni: *discordia tra i filosofi*; *discordia di intenti, di pareri*. In questo senso equivale a **discrepanza**, **dissonanza**, in senso estensivo, e **divergenza** inteso figuratamente, che pure indicano una differenza, anche generica: *dissonanza di colori, di opinioni*; *divergenza di caratteri, di giudizi*. La divergenza su qualcosa di particolare provoca il **dissenso**, che indica una mancanza di consentimento, di sintonia; lo stesso vale per **dissidenza**, che però si riferisce a un contrasto interno a un gruppo, un movimento, ecc. Se i punti di vista risultano irrimediabilmente opposti, si dice che tra loro c'è **inconciliabilità**.

discórrere *v. intr.* ***1*** parlare, ragionare, discutere □ dialogare, chiacchierare, conversare □ dissertare, concionare, trattare ***2*** (*dial.*) essere fidanzati, fare all'amore, flirtare. *V. anche* PARLARE

discorsivaménte *avv.* semplicemente, confidenzialmente, familiarmente **CONTR.** formalmente, solennemente, ufficialmente.

discorsìvo *agg.* semplice, piano, chiaro, confidenziale, colloquiale, familiare, informale **CONTR.** solenne, formale, ufficiale.

discórso *s. m.* ***1*** (*tra persone*) colloquio, conversazione, abboccamento, chiacchierata, dialogo, discussione, ragionamento □ ciancia, ciarla, chiacchiera, diceria, pettegolezzo ***2*** (*di letteratura, di politica, ecc.*) dissertazione, conferenza, elocuzione, orazione, allocuzione, concione □ dibattito, dibattimento, intervento □ parola, sermone, predica □ arringa, requisitoria. *V. anche* LINGUA

discostàre *A* *v. tr.* (*raro*) scostare, rimuovere, allontanare, distanziare, spostare **CONTR.** accostare, avvicinare *B* **discostarsi** *v. rifl.* e *intr. pron.* *1* scostarsi, allontanarsi, deviare □ scansarsi **CONTR.** accostarsi, avvicinarsi *2* (*fig.*) (*da opinioni, da racconti, ecc.*) divergere, differire **CONTR.** concordare, coincidere, somigliare *3* (*da leggi, da accordi, ecc.*) non attenersi, violare, trasgredire, ignorare **CONTR.** attenersi, aderire, seguire.

discòsto *A* *agg.* lontano, distante, distanziato, staccato, separato, disgiunto **CONTR.** attaccato, accosto, adiacente, attiguo, contiguo, prossimo, vicino, rasente *B* *avv.* distante, defilato, lontano **CONTR.** accosto, vicino, accanto.

discotèca *s. f.* *1* raccolta di dischi *2* (*est.*) sala da ballo, dancing (*ingl.*), disco (*gerg.*) □ balera □ (*negli anni '60*) whisky-à-gogo (*fr.*).

discrédito *s. m.* disistima, scredito, disonore, sfiducia **CONTR.** credito, credibilità, fiducia, stima, fama, onore.

discrepànte *agg.* discordante, discorde, contrastante, differente, diverso **CONTR.** concordante, concorde, analogo, simile, uguale.

discrepànza *s. f.* *1* differenza, divergenza, discordanza, diversità, divario *2* disaccordo, dissenso, discordia, contrasto, incompatibilità **CONTR.** concordanza, accordo, analogia, somiglianza, uguaglianza, coesione, concordia, unione. *V. anche* DISCORDIA

discretaménte *avv.* *1* delicatamente, moderatamente, prudentemente, educatamente **CONTR.** grossolanamente, maleducatamente, rozzamente, villanamente, indelicatamente, platealmente, teatralmente, sfacciatamente *2* abbastanza, abbastanza bene, sufficientemente, benino, passabilmente **CONTR.** male, maluccio □ per nulla, niente affatto.

discretézza *s. f.* discrezione. *V. anche* MISURA

discréto *agg.* *1* (*di persona*) (*lett.*) giudizioso, prudente, saggio □ moderato, misurato **CONTR.** imprudente, insensato *2* riguardoso, delicato, educato □ fidato, riservato **CONTR.** grossolano, importuno, irriguardoso, maleducato, rozzo, villano, insistente, indelicato □ indiscreto, curioso, ficcanaso, invadente, pettegolo, chiacchierone *3* (*di prezzo, di richiesta, ecc.*) ragionevole, moderato, equilibrato, sensato **CONTR.** irragionevole, esagerato, smodato *4* (*di capacità, di qualità, ecc.*) abbastanza buono, abbastanza soddisfacente, decente, passabile, buono **CONTR.** cattivo, pessimo, mediocre, scadente.

discrezióne *s. f.* *1* capacità di discernere, criterio, giudizio, discernimento, buon senso, avvedutezza, oculatezza, saggezza, naso (*fig.*), occhio (*fig.*) **CONTR.** dissennatezza, stoltezza, avventatezza, sconsideratezza *2* misura, moderazione, cautela, prudenza *3* tatto, delicatezza, riservatezza, segretezza, riguardo, creanza, educazione **CONTR.** grossolanità, maleducazione, rozzezza, villania, spudoratezza □ indiscretezza, indiscrezione, importunità, disinvoltura (*fig., iron.*), curiosità, invadenza *4* arbitrio, talento, piacere, volontà **FRAS.** *a discrezione*, secondo il proprio giudizio, secondo le proprie esigenze □ *senza discrezione*, smisuratamente *5* (*ling.*) deglutinazione. *V. anche* MISURA, PRUDENZA

discriminànte *A* *part. pres.* di **discriminare**; *anche agg.* discriminatorio □ selettivo *B* *s. f.* (*dir.*) attenuante **CONTR.** aggravante □ (*fig.*) confine, spartiacque.

discriminàre *v. tr.* distinguere, differenziare, selezionare **CONTR.** confondere, mescolare.

discriminatòrio *agg.* discriminante.

discriminazióne *s. f.* distinzione, differenza □ selezione □ (*est.*) razzismo **FRAS.** *discriminazione razziale* (*est.*), apartheid (*ol.*).

discussióne *s. f.* *1* dialogo, colloquio, discorso, dibattito, dibattimento, esame, disamina, trattazione, discettazione, disquisizione, argomentazione, commento *2* (*est.*) battibecco, contrasto, litigio, lite, controversia, alterco, diverbio, schermaglia, scontro, contesa, polemica, diatriba, querelle (*fr.*), logomachia, disputa □ contrattazione, negoziato, negoziazione **CONTR.** accordo, consenso, consentimento (*lett.*), intesa. *V. anche* ARGOMENTAZIONE, CONTROVERSIA, ESAME

discùsso *part. pass.* di **discutere**; *anche agg.* *1* (*di problema, di proposta, ecc.*) esaminato, considerato, dibattuto □ trattato, deliberato (*est.*), disputato *2* (*di atteggiamento, di decisione, ecc.*) criticato, chiacchierato, controverso **CONTR.** lodato, approvato, incontestato, indiscusso.

discùtere *v. tr.* e *intr.* *1* (*di problema, di proposta, ecc.*) esaminare, considerare, affrontare, argomentare, dibattere, disputare, disquisire, dissertare, discettare □ trattare, negoziare, parlamentare, consultarsi, ragionare, sviluppare □ dialogare, discorrere, chiacchierare *2* (*di decisione, di innocenza, ecc.*) mettere in dubbio, dubitare, criticare, confutare **CONTR.** accettare, ammettere, approvare *3* (*est.*) altercare, contrastare, questionare, contendere, litigare, polemizzare **CONTR.** accordarsi, intendersi. *V. anche* PARLARE

discutìbile *agg.* dubbio, incerto, controverso, opinabile, eccepibile, confutabile, problematico, controvertibile, dubitabile □ contestabile, impugnabile, oppugnabile □ censurabile, condannabile, criticabile, riprovevole **CONTR.** certo, chiaro, sicuro, evidente, palpabile, lapalissiano, pacifico, palmare, indubbio □ indiscutibile, incontrastabile, irrefutabile, inoppugnabile, inconfutabile, indubitabile, incontestabile □ insindacabile.

discutibilità *s. f.* opinabilità, incertezza □ criticabilità **CONTR.** indiscutibilità, certezza, irrefutabilità, inconfutabilità, inoppugnabilità.

disdegnàre *v. tr.* sdegnare, aborrire, disprezzare, schifare, snobbare, avversare, respingere, rifiutare **CONTR.** apprezzare, stimare, pregiare, ammirare, onorare, riverire.

disdegnàto *part. pass.* di **disdegnare**; *anche agg.* sdegnato, disprezzato, aborrito, avversato, snobbato **CONTR.** apprezzato, stimato, onorato.

disdégno *s. m.* sdegno, disprezzo, avversione, antipatia, disgusto, disistima **CONTR.** apprezzamento, stima, ammirazione, ossequio, rispetto, simpatia.

disdegnosaménte *avv.* sdegnosamente, sprezzantemente, altezzosamente, superbamente **CONTR.** affabilmente, cortesemente, modestamente, rispettosamente, umilmente.

disdétta *s. f.* **1** sfortuna, sventura, disgrazia, sciagura, danno, iattura, iettatura (*fam.*), scalogna (*fam.*), iella (*pop.*) CONTR. fortuna, buona sorte, successo **2** (*dir.*) (*di contratto, ecc.*) scioglimento □ (*di locazione o mezzadria*) licenza, sfratto, escomio □ (*di licenza*) revoca CONTR. stipula, firma, rinnovo, riconferma.

disdettàre *v. tr.* (*di contratto*) dare la disdetta, sciogliere, annullare □ sfrattare, escomiare CONTR. fare, stipulare, firmare. *V. anche* SCIOGLIERE

disdettàto *part. pass. di* **disdettare**; *anche agg.* sciolto, annullato CONTR. stipulato, firmato.

disdétto *part. pass. di* **disdire** (**1**); *anche agg.* **1** (*di affermazione*) sconfessato, smentito, ritrattato CONTR. riaffermato, ribadito, riconfermato **2** (*di impegno, di invito, ecc.*) sciolto, rescisso, abrogato, revocato □ rifiutato, respinto, annullato CONTR. accettato, accolto □ mantenuto, convalidato **3** (*di ordinazione, di posto, ecc.*) annullato, ritirato CONTR. ordinato, fissato, prenotato.

disdicévole *agg.* sconveniente, indecente, indecoroso, indegno, biasimevole, riprovevole, inopportuno CONTR. conveniente, decente, degno, apprezzabile, lodevole, opportuno, adatto, confacente.

disdìre (**1**) *v. tr.* **1** (*di affermazione*) negare, ritrattare, smentire, sconfessare CONTR. riaffermare, confermare, ribadire **2** (*di impegno, di invito, ecc.*) annullare, cancellare, revocare □ sciogliere, rescindere, abrogare CONTR. conservare, mantenere, osservare, rinnovare. *V. anche* SCIOGLIERE

disdìre (**2**) *v. intr.* e **disdirsi** *intr. pron.* (*lett.*) essere disadatto, sconvenire CONTR. addirsi, adattarsi, convenire, confarsi.

diseducàre *v. tr.* guastare, corrompere, viziare CONTR. educare, edificare, costumare.

diseducatìvo *agg.* diseducante □ cattivo CONTR. educativo, istruttivo, formativo, edificante.

diseducàto *part. pass. di* **diseducare**; *anche agg.* **1** disabituato, disavvezzo CONTR. abituato, avezzo **2** (*est.*) ineducato, incivile, rozzo, selvaggio, screanzato CONTR. educato, beneducato, civile.

diseducazióne *s. f.* mancanza di educazione, rozzezza, ineducazione, increanza, inciviltà CONTR. buona educazione, buona creanza, garbatezza, gentilezza.

disegnàre *v. tr.* **1** delineare, tracciare, schizzare, tratteggiare, dipingere, effigiare, ritrarre, illustrare **2** (*fig.*) (*di impresa, di trama, ecc.*) progettare, elaborare, ideare, concepire **3** (*fig.*) (*di carattere, di personaggio, di situazione, ecc.*) descrivere, delineare, rappresentare, esporre, caratterizzare, configurare, profilare □ proiettare **4** (*di fare, di partire, ecc.*) avere in animo, progettare, proporsi, pensare □ stabilire, decidere. *V. anche* PENSARE

disegnatóre *s. m.* (*f. -trice*) (*est.*) grafico, illustratore □ designer (*ingl.*), progettista □ stilista.

diségno *s. m.* **1** rappresentazione grafica □ abbozzo, bozzetto, schizzo, illustrazione, rappresentazione, immagine, ritratto, vignetta, mappa, pianta □ spaccato, scorcio, veduta □ arabesco, motivo □ sagoma, figura, profilo, silhouette (*fr.*), forma **2** (*fig.*) (*di opera letteraria, artistica, ecc.*) studio, traccia, schema, scaletta, canovaccio, sinopia □ sommario, piano **3** progetto, progettazione, design (*ingl.*) **4** (*di persona*) intenzione, proposito, proponimento, progetto, idea, pensiero, piano, fine, mira □ strategia.

diserbànte *agg.* erbicida.

diseredàto *agg.* e *s. m.* **1** privato dell'eredità **2** (*fig.*) povero, misero, miserabile, indigente, nullatenente, disgraziato, spiantato, bisognoso, derelitto CONTR. agiato, benestante, facoltoso, ricco, abbiente, possidente, capitalista, miliardario.

disertàre **A** *v. tr.* (*anche fig.*) abbandonare, lasciare, andarsene CONTR. giungere, popolare, affollare □ coltivare **B** *v. intr.* **1** (*mil.*) abbandonare il reparto □ passare al nemico, tradire CONTR. essere fedele **2** (*est.*) (*di partito, di compagnia, ecc.*) defezionare, abbandonare, rinnegare □ trascurare, evitare □ (*di scuola*) marinare CONTR. aderire, iscriversi, inserirsi □ frequentare.

disertóre *s. m.* (*f. -trice*) fuggiasco, traditore, transfuga, defezionista □ (*alla leva*) renitente CONTR. fedele, leale.

diserzióne *s. f.* **1** (*mil.*) abbandono del reparto □ passaggio al nemico, tradimento □ renitenza CONTR. fedeltà **2** (*est.*) (*dal lavoro, dal partito, ecc.*) defezione, allontanamento, abbandono □ fuga CONTR. ingresso, entrata, iscrizione.

disfaciménto *s. m.* **1** distruzione, annientamento, rovina □ putrefazione, decomposizione CONTR. integrità, interezza **2** (*fig.*) (*di famiglia, di società, ecc.*) sfacelo, dissoluzione, dissolvimento, scioglimento, disgregazione, crollo, decadimento, destabilizzazione CONTR. costituzione, formazione □ ricomposizione.

disfàre **A** *v. tr.* **1** (*anche fig.*) distruggere, abbattere, atterrare, buttar giù, demolire, guastare, rovinare, smantellare □ scucire □ sgrovigliare, svolgere, sgomitolare □ scomporre, smontare, staccare □ (*di pacchetto, di imballaggio*) scartare, scartocciare, spacchettare, sballare CONTR. fare, costruire, edificare, erigere, ricomporre, ricostruire, tirar su, ricostituire, ricreare, confezionare, preparare **2** (*di burro, di cera, ecc.*) liquefare, fondere, sciogliere, squagliare, stemperare CONTR. coagulare, condensare, rassodare, solidificare **B** **disfarsi** *v. intr. pron.* **1** (*di costruzione, di città, ecc.*) ridursi in pezzi, andare distrutto, crollare, rovinare, sfasciarsi, sgretolarsi **2** (*di burro, di neve, ecc.*) dissolversi, sciogliersi, fondersi, liquefarsi □ dissolversi CONTR. condensarsi, rassodarsi, solidificarsi **3** (*fig.*) (*per amore, per dolore, ecc.*) struggersi, consumarsi, logorarsi **C** *v. rifl.* (*di persona o cosa*) liberarsi, sbarazzarsi □ privarsi, rinunciare CONTR. accalappiare, prendere, acquistare. *V. anche* SCIOGLIERE

disfàtta *s. f.* sconfitta, rotta, sbandamento, fuga, sbaraglio CONTR. vittoria, successo, trionfo.

disfattìsmo *s. m.* (*est.*) sfiducia, passività, pessimismo □ allarmismo CONTR. fiducia, ottimismo.

disfattìsta *agg.* e *s. m.* e *f.* (*est.*) sfiduciato, pessimista □ allarmista, catastrofico, tragico CONTR. fiducioso, ottimista.

disfàtto *part. pass. di* **disfare**; *anche agg.* **1** (*anche fig.*) abbattuto, distrutto, guasto, rovinato, rotto, sfasciato □ smontato **CONTR.** costruito, fatto, eretto, allestito, preparato □ integro, intatto **2** (*di cera, di neve, ecc.*) fuso, liquefatto, sciolto, dissolto **CONTR.** coagulato, condensato, rassodato, solidificato **3** (*di persona, di viso, ecc.*) cascante, cadente, deperito, esausto, malandato, sbattuto, sfatto, consunto **CONTR.** fiorente, florido, sano, robusto, vigoroso.

disfunzióne *s. f.* **1** (*med.*) alterazione, disturbo **2** (*est.*) cattivo funzionamento, disservizio, disorganizzazione. *V. anche* DISTURBO

disgelàre **A** *v. tr.* sciogliere il gelo, sgelare, scongelare, sghiacciare **CONTR.** gelare **B** *v. intr.* e **disgelarsi** *intr. pron.* sgelarsi, sghiacciarsi □ sciogliersi **CONTR.** gelarsi, ghiacciarsi □ condensarsi.

disgèlo *s. m.* **1** (*di ghiaccio, di fiume, ecc.*) fusione, scioglimento **CONTR.** congelamento **2** (*fig.*) (*tra persone, tra stati, ecc.*) miglioramento dei rapporti, riavvicinamento □ distensione **CONTR.** raffreddamento, tensione.

disgiùngere **A** *v. tr.* **1** separare, disunire, dividere, staccare, dissociare, scomporre, scollare, smontare, scollegare, sconnettere, smembrare **CONTR.** congiungere, collegare, connettere, unire, riunire, allacciare, raccordare **2** (*fig.*) (*di fatti, di problemi, ecc.*) considerare separatamente, distinguere, scindere **CONTR.** legare, collegare **B** **disgiungersi** *v. rifl.* e *rifl. rec.* dividersi, separarsi, staccarsi, scollarsi **CONTR.** congiungersi, collegarsi, unirsi, riunirsi. *V. anche* DIVIDERE

disgiuntaménte *avv.* separatamente, singolarmente **CONTR.** unitamente, insieme, congiuntamente.

disgiuntìvo *agg.* separativo **CONTR.** congiuntivo, coordinativo.

disgiùnto *part. pass. di* **disgiungere**; *anche agg.* **1** diviso, separato, staccato, sciolto, dissociato, scisso, scollato □ discosto, lontano **CONTR.** congiunto, connesso, unito, aderente, aggregato, annesso, vicino **2** (*fig.*) (*di fatti, di problemi, ecc.*) distinto, considerato separatamente **CONTR.** unito, accomunato, collegato.

disgiunzióne *s. f.* divisione, distacco, separazione, dissociazione □ allontanamento **CONTR.** congiunzione, collegamento, connessione, unione, congiungimento, raccordo □ avvicinamento, raccostamento.

disgràzia *s. f.* **1** perdita del favore, perdita della grazia □ maledizione **CONTR.** favore, grazia, benedizione **2** sventura, avversità, sfortuna, sfiga (*volg.*), iella (*pop.*), scalogna, fatalità, iettatura, malasorte, disdetta **CONTR.** fortuna, culo (*pop.*), ventura, occasione **3** accidente, incidente, infortunio □ calamità, disastro, iattura (*raro*), sinistro □ sciagura, dramma, tragedia, catastrofe □ malanno, guaio, batosta, tegola, bastonata, danno, malore □ rovescio, tracollo, rovina □ disavventura, peripezia, traversia, vicissitudine □ lutto □ croce, castigo, disperazione, infelicità **CONTR.** fortuna, buona sorte, successo □ bazza, cuccagna, manna □ gioia, felicità. *V. anche* TRACOLLO

disgraziataménte *avv.* sfortunatamente, malauguratamente, sventuratamente, sciaguratamente, purtroppo, fatalmente □ infelicemente, male **CONTR.** fortunatamente, per buona sorte □ felicemente, bene.

disgraziàto *agg.* e *s. m.* **1** sfortunato, sventurato, sfigato (*volg.*), iellato (*pop.*), scalognato, malcapitato **CONTR.** fortunato, bene avventurato, felice **2** (*lett.*) (*di corpo, di forma*) malformato, deforme □ brutto, sgraziato **CONTR.** normale □ bello, aggraziato, grazioso **3** (*di idea, di incontro, di evento, ecc.*) infausto, malaugurato, nefasto, dannato, maledetto, cattivo, spiacevole, doloroso, deprecabile **CONTR.** piacevole, fortunato, fausto, benedetto **4** infelice, miserabile, diseredato (*est.*), meschino, misero, povero cristo (*fam.*), disagiato □ incosciente, malfattore, sciagurato **CONTR.** privilegiato, danaroso. *V. anche* DEFORME

disgregaménto *s. m.* **1** disgregazione, sgretolamento, scomposizione, scioglimento, smembramento **CONTR.** aggregazione, consociazione **2** (*fig.*) (*di ideali, di costumi, ecc.*) fine, dissoluzione, decadenza **CONTR.** nascita, mantenimento, moralizzazione.

disgregàre **A** *v. tr.* **1** frantumare, sgretolare, sminuzzare, disintegrare □ dividere, separare, staccare, scomporre, scardinare **CONTR.** aggregare, congiungere, congregare, unire, consociare **2** (*fig.*) (*di persone, di partiti, ecc.*) disunire, dividere, disaggregare □ smembrare, disciogliere, sciogliere □ indebolire, logorare, rovinare **CONTR.** unire, rafforzare **B** **disgregarsi** *v. intr. pron.* **1** andare in frantumi, frantumarsi, sgretolarsi, sfaldarsi □ scomporsi, scompaginarsi, decomporsi **2** (*fig.*) (*di persone, di partiti, ecc.*) perdere la coesione, disunirsi, sciogliersi, dividersi, indebolirsi, logorarsi **CONTR.** unirsi, rafforzarsi □ ricostituirsi □ costituirsi. *V. anche* DIVIDERE

disgregàto *part. pass. di* **disgregare**; *anche agg.* **1** frantumato, sgretolato □ decomposto, sciolto **CONTR.** aggregato, unito **2** (*fig.*) (*di persone, di partiti, ecc.*) disunito, diviso, sciolto, indebolito, logorato, distrutto **CONTR.** unito, rafforzato.

disgregazióne *s. f.* **1** (*anche fig.*) disgregamento, disaggregazione, disintegrazione, sgretolamento, scomposizione, scioglimento **CONTR.** aggregazione, unione, fusione **2** (*fig.*) (*di ideali, di costumi, ecc.*) dissoluzione, mancanza di coesione, decadenza **CONTR.** nascita, mantenimento, moralizzazione.

disguìdo *s. m.* equivoco, confusione, errore, malinteso, sbaglio, svista.

disgustànte *part. pres. di* **disgustare**; *anche agg.* (*anche fig.*) disgustoso.

disgustàre **A** *v. tr.* **1** (*di cibo, di odore, ecc.*) nauseare, ripugnare, stomacare **CONTR.** ingolosire, invogliare **2** (*fig.*) (*di persona, di discorso, ecc.*) infastidire, indisporre, offendere, scandalizzare, urtare, dispiacere **CONTR.** allettare, dilettare, divertire, rallegrare, ricreare, sollazzare, svagare, affascinare, attrarre, rapire, solleticare, stregare **B** **disgustarsi** *v. intr. pron.* **1** (*di cibo, di odore, ecc.*) provare disgusto, nausearsi, stomacarsi, schifarsi **CONTR.** appetire, gradire, gustare **2** (*fig.*) guastarsi, rompere l'amicizia **CONTR.** fare la pace, rappacificarsi. *V. anche* STANCARE

disgustàto *part. pass. di* **disgustare**; *anche agg.* (*anche fig.*) nauseato, stomacato, schifato, scocciato (*pop.*), indignato, esasperato **CONTR.** contento, soddisfatto □ allettato, invogliato.

disgùsto *s. m.* nausea, voltastomaco, ripugnanza, avversione, repulsione, ripulsa, ribrézzo, antipatia, schifo, sdegno □ dispiacere, amarezza, fastidio, molestia **CONTR.** gusto, piacere, diletto, soddisfazione, simpatia, appetito, attrazione, desiderio, tentazione.

disgustosaménte *avv.* sgradevolmente, spiacevolmente, in modo nauseante, laidamente, schifosamente **CONTR.** piacevolmente, gradevolmente, squisitamente.

disgustóso *agg.* immangiabile, cattivo, nauseante, nauseabondo, ripugnante, repellente, ributtante, rivoltante, schifoso, stomachevole □ sgradevole, spiacevole, brutto, desolante, ingrato □ lurido, laido, indegno **CONTR.** gustoso, appetitoso, prelibato, ghiotto, delizioso, squisito, sopraffino □ gradevole, gradito, piacevole □ affascinante, allettante, invitante. *V. anche* SPIACEVOLE

disidratàre ***A*** *v. tr.* deidratare, asciugare, essiccare, seccare **CONTR.** reidratare, idratare, inumidire, bagnare ***B*** **disidratarsi** *v. intr. pron.* deidratarsi **CONTR.** idratarsi.

disidratàto *part. pass. di* **disidratare**; *anche agg.* deidratato, secco **CONTR.** idratato, reidratato.

disidratazióne *s. f.* deidratazione, essiccamento **CONTR.** idratazione, reidratazione.

disillùdere ***A*** *v. tr.* togliere le illusioni, deludere, disingannare, disincantare **CONTR.** illudere, ingannare, incantare, affascinare, lusingare, abbagliare ***B*** **disilludersi** *v. intr. pron.* perdere le illusioni, disingannarsi, disincantarsi **CONTR.** illudersi.

disillusióne *s. f.* delusione, disinganno, disincanto **CONTR.** illusione.

disillùso *part. pass. di* **disilludere**; *anche agg.* e *s. m.* deluso, disingannato, disincantato, senza più illusioni **CONTR.** illuso, ingannato, abbagliato, incantato.

disimparàre *v. tr.* ***1*** dimenticare, scordare, disapprendere, perdere (*fam.*) **CONTR.** ricordare, reimparare, riacquistare, imparare, apprendere, acquisire, impratichirsi ***2*** (*fig.*) disabituarsi, smettere **CONTR.** riabituarsi, continuare, riprendere.

disimpegnàre ***A*** *v. tr.* ***1*** (*di persona o cosa*) sciogliere da un impegno, liberare da un obbligo, dispensare, disobbligare □ (*est.*) riscattare, spegnare, spignorare (*est.*) **CONTR.** impegnare, obbligare, implicare ***2*** (*di locale, di auto, ecc.*) liberare, sgombrare □ rendere indipendente **CONTR.** ingombrare ***3*** (*di lavoro, di funzione, ecc.*) svolgere, adempiere, esercitare ***B*** **disimpegnarsi** *v. rifl.* ***1*** (*da impegno*) liberarsi, sciogliersi, svincolarsi **CONTR.** impegnarsi, accollarsi, imbarcarsi, impegolarsi, impelagarsi ***2*** (*in affari, in politica, ecc.*) cavarsela bene, sbrigarsela bene, spicciarsela (*pop.*), saperci fare, riuscire **CONTR.** essere incapace, fallire. *V. anche* SBRIGARE

disimpegnàto *part. pass. di* **disimpegnare**; *anche agg.* ***1*** libero, sgombro, vuoto, indipendente, autonomo **CONTR.** impegnato, vincolato, obbligato ***2*** (*di libro, di film, di artista, ecc.*) leggero, commerciale, d'evasione **CONTR.** engagé (*fr.*), impegnato.

disimpégno *s. m.* ***1*** (*in politica, in affari, ecc.*) mancanza di impegno, disinteresse, assenteismo □ autonomia, libertà **CONTR.** impegno, coscienza ***2*** (*di locale*) sgabuzzino, ripostiglio, passaggio libero, corridoio, office (*ingl.*).

disincagliàre ***A*** *v. tr.* ***1*** (*mar.*) liberare da secche, liberare **CONTR.** far incagliare ***2*** (*fig.*) (*di pratica, di proposta e sim.*) far procedere, accelerare, velocizzare **CONTR.** insabbiare, fare dormire, rallentare ***B*** **disincagliarsi** *v. rifl.* ***1*** (*mar.*) liberarsi **CONTR.** incagliarsi, arenarsi ***2*** (*fig.*) (*di persona, di pratica, ecc.*) disimpegnarsi, muoversi, procedere **CONTR.** fermarsi, restare incagliato.

disincantàre *v. tr.* ***1*** sciogliere da un incantesimo **CONTR.** incantare ***2*** (*est.*) scuotere da un sogno, richiamare alla realtà ***3*** (*fig.*) disingannare, svegliare, disilludere, smaliziare **CONTR.** abbagliare, illudere, ammaliare.

disincantàto *part. pass. di* **disincantare**; *anche agg.* smaliziato, disilluso, disingannato **CONTR.** ingenuo □ illuso, ingannato, beffato.

disincànto *s. m.* ***1*** (*raro*) liberazione da un incantesimo **CONTR.** incanto, incantesimo ***2*** (*fig.*) disillusione, disinganno □ scetticismo, realismo **CONTR.** illusione, inganno.

disincentivànte ***A*** *part. pres. di* **disincentivare**; *anche agg.* scoraggiante, demoralizzante **CONTR.** incentivante, incoraggiante, stimolante ***B*** *s. m.* remora, deterrente, freno, disincentivo **CONTR.** incentivo, stimolo, incoraggiamento.

disincentivàre *v. tr.* scoraggiare, non favorire, demotivare, disinteressare **CONTR.** incentivare, incoraggiare, interessare, supportare, spingere.

disincentivàto *part. pass. di* **disincentivare**; *anche agg.* demotivato, scoraggiato, demoralizzato, avvilito **CONTR.** incentivato, incoraggiato, spinto, invogliato, stimolato.

disincentivazióne *s. f.* scoraggiamento, demoralizzazione, demotivazione **CONTR.** incentivo, incoraggiamento, spinta.

disincentìvo *s. m.* disincentivante, freno, ostacolo, remora, deterrente **CONTR.** incentivo, stimolo, incoraggiamento.

disinfestànte *part. pres. di* **disinfestare**; *anche agg.* e *s. m.* antiparassitario, insetticida, pesticida.

disinfestàre *v. tr.* sanare, risanare, mondare, pulire **CONTR.** infestare.

disinfestazióne *s. f.* risanamento, pulizia **CONTR.** infestazione.

disinfettànte *part. pres. di* **disinfettare**; *anche agg.* e *s. m.* sterilizzante, antisettico **CONTR.** infettante, settico.

disinfettàre *v. tr.* sterilizzare, purificare, depurare □ medicare **CONTR.** infettare, contagiare, ammorbare.

disinfettàto *part. pass. di* **disinfettare**; *anche agg.* sterilizzato, purificato, depurato □ medicato **CONTR.** infettato.

disinfezióne *s. f.* sterilizzazione, purificazione, depurazione □ medicazione **CONTR.** infettamento.

disinformàto *agg.* non informato, ignaro, impreparato, malinformato **CONTR.** informato, preparato, aggiornato.

disinformazióne *s. f.* mancanza di informazione, impreparazione **CONTR.** informazione, preparazione.

disingannàre ***A*** *v. tr.* far ricredere □ deludere, disilludere, disincantare, rompere l'incanto **CONTR.** illudere, ingannare, abbagliare, accecare, lusingare ***B*** **disingannarsi** *v. intr. pron.* uscire d'inganno, disilludersi, ricredersi, perdere le illusioni, aprire gli occhi **CONTR.** illudersi, ingannarsi, chiudere gli occhi.

disingànno *s. m.* delusione, disillusione, disincanto **CONTR.** illusione, inganno.

disinibìre ***A*** *v. tr.* (*est.*) liberare, sbloccare □ emancipare **CONTR.** inibire, bloccare, castrare ***B*** **disinibirsi** *v. intr. pron.* (*est.*) liberarsi, sbloccarsi **CONTR.** inibirsi, bloccarsi.

disinibìto *part. pass. di* **disinibire**; *anche agg.* (*est.*) libero, sbloccato, disinvolto, estroverso, espansivo **CONTR.** inibito, bloccato, castrato, complessato, introverso, chiuso.

disinibizióne *s. f.* (*est.*) disinvoltura, scioltezza, estroversione, espansività **CONTR.** inibizione, complesso, introversione, chiusura.

disinnescàre *v. tr.* (*anche fig.*) (*di bomba, di mina e sim.*) disattivare **CONTR.** innescare.

disinnescàto *part. pass. di* **disinnescare**; *anche agg.* (*anche fig.*) (*di bomba, di mina e sim.*) disattivato **CONTR.** innescato, carico.

disinnestàre *v. tr.* (*elettr.*) staccare, disinserire **CONTR.** innestare, inserire.

disinquinaménto *s. m.* bonifica, risanamento, recupero, purificazione, decontaminazione, depurazione **CONTR.** inquinamento, contaminazione.

disinquinàre *v. tr.* bonificare, risanare, recuperare, purificare, pulire, disinfettare, decontaminare, depurare **CONTR.** inquinare, contaminare. *V. anche* PULIRE

disinquinàto *part. pass. di* **disinquinare**; *anche agg.* bonificato, risanato, recuperato, purificato, pulito, depurato **CONTR.** inquinato, contaminato.

disinserìre *v. tr.* (*elettr.*) disinnestare, togliere i contatti, scollegare **CONTR.** innestare, inserire □ (*di marcia*) ingranare.

disinserìto *part. pass. di* **disinserire**; *anche agg.* ***1*** disinnestato, scollegato **CONTR.** inserito, innestato □ ingranato ***2*** (*fig.*) (*di persona*) disadattato, asociale, sbandato, spostato, sradicato, déraciné (*fr.*) **CONTR.** inserito, integrato.

disintasàre *v. tr.* sturare, liberare, stasare **CONTR.** intasare, otturare, ostruire, ingorgare.

disintegràre ***A*** *v. tr.* e *intr.* ***1*** (*est.*) frantumare, sbriciolare, sminuzzare, stritolare ***2*** (*fig.*) (*di odio, di fiducia e sim.*) disgregare, distruggere ***B*** **disintegrarsi** *v. intr. pron.* (*anche fig.*) frantumarsi, dissolversi, sbriciolarsi, disgregarsi, sciogliersi.

disintegrazióne *s. f.* disgregazione, dissoluzione, frantumazione □ (*radioattiva*) decadimento □ (*fis.*) fissione.

disinteressàre ***A*** *v. tr.* rendere indifferente, togliere l'interesse □ demotivare, disincentivare, disaffezionare **CONTR.** interessare, sensibilizzare ***B*** **disinteressarsi** *v. intr. pron.* non provare interesse, perdere l'interesse, non curarsi, trascurare, fregarsene (*pop.*), infischiarsene, abbandonare, estraniarsi **CONTR.** interessarsi, appassionarsi, occuparsi, dedicarsi, adoperarsi, applicarsi, badare, premurarsi, provvedere, disturbarsi □ intervenire, interferire.

disinteressataménte *avv.* ***1*** con disinteresse, gratuitamente, generosamente **CONTR.** interessatamente, egoisticamente ***2*** imparzialmente, spassionatamente, obiettivamente, serenamente **CONTR.** parzialmente, tendenziosamente.

disinteressàto *part. pass. di* **disinteressare**; *anche agg.* ***1*** altruista, generoso **CONTR.** interessato, egoista, egoistico, utilitarista, calcolatore, avido, venale ***2*** equo, imparziale, obiettivo, spassionato, distaccato, sereno **CONTR.** appassionato, parziale, soggettivo, tendenzioso ***3*** indifferente, noncurante, incurante, freddo, disaffezionato, disamorato, demotivato □ agnostico □ estraneo **CONTR.** partecipe, preoccupato, sensibile, dedito. *V. anche* GENEROSO

disinterèsse *s. m.* ***1*** altruismo, abnegazione, generosità **CONTR.** interesse, avidità, egoismo, calcolo, utilitarismo, venalità ***2*** equità, imparzialità, obiettività, spassionatezza, serenità **CONTR.** parzialità, partigianeria ***3*** indifferenza, noncuranza, distacco, disaffezione, freddezza, estraneità □ qualunquismo, agnosticismo **CONTR.** ansia, cura, partecipazione, interesse, entusiasmo, impegno, applicazione □ intervento, interferenza, intromissione.

disintossicànte *part. pres. di* **disintossicare**; *anche agg.* e *s. m.* (*est.*) depurativo **CONTR.** velenoso, tossico.

disintossicàre *v. tr.* purificare, depurare **CONTR.** intossicare, avvelenare □ drogare.

disintossicàto *part. pass. di* **disintossicare**; *anche agg.* purificato, depurato **CONTR.** intossicato, avvelenato □ drogato.

disintossicazióne *s. f.* detossicazione, purificazione, depurazione **CONTR.** intossicazione, avvelenamento.

disinvoltaménte *avv.* ***1*** spigliatamente, scioltamente, spontaneamente **CONTR.** goffamente, sgraziatamente, impacciatamente ***2*** baldamente, spavaldamente, audacemente, sfacciatamente, sfrontatamente **CONTR.** riguardosamente, rispettosamente, contegnosamente, prudentemente ***3*** sottogamba, alla leggera **CONTR.** seriamente.

disinvòlto *agg.* ***1*** sciolto, spigliato, dégagé (*fr.*), disimpacciato, naturale, spontaneo, semplice, informale, casual (*ingl.*) □ (*di stile*) scorrevole, snello □ (*in lingua straniera*) fluente **CONTR.** goffo, impacciato, imbarazzato, imbranato, legato, legnoso, forzato, timido, timoroso □ (*di stile*) caricato, affettato □ pedante, pignolo ***2*** ardito, audace, spregiudicato, spudorato, sfrontato, sfacciato **CONTR.** riguardoso, contegnoso, compassato, rispettoso, prudente. *V. anche* SPONTANEO

disinvoltùra *s. f.* ***1*** spigliatezza, scioltezza, franchezza, naturalezza, spontaneità, sicurezza, aplomb (*fr.*), prontezza □ brio, verve (*fr.*) **CONTR.** goffaggine, impaccio, imbarazzo, timidezza, affettazione □ pedanteria, pignoleria ***2*** ardimento, spregiudicatezza, audacia, sfacciataggine, spudoratezza, sfrontatezza □ leggerezza, imprudenza **CONTR.** riguardo, rispetto, prudenza.

disistìma *s. f.* disprezzo, spregio, discredito, scarsa considerazione, vilipendio (*raro*) **CONTR.** stima, credito, considerazione, apprezzamento, ammirazione, fiducia, rispetto, venerazione.

disistimàre *v. tr.* disprezzare, spregiare, considerare poco, sdegnare **CONTR.** stimare, apprezzare, considerare, onorare.

dislivèllo *s. m.* **1** differenza di livello □ pendenza **2** (*fig.*) diversità di grado, diversità di sviluppo, differenza, distacco, stacco, distanza, salto, balzo, gap (*ingl.*), scarto, divario.

dislocaménto *s. m.* **1** distribuzione, ripartizione, collocamento, trasferimento, spostamento, trasporto, dislocazione □ decentramento **CONTR.** concentramento, concentrazione **2** (*mil.*) distaccamento.

dislocàre *v. tr.* collocare, distribuire, trasferire, spostare, trasportare, ripartire □ decentrare **CONTR.** concentrare, accentrare.

dislocàto *part. pass. di* **dislocare**; *anche agg.* collocato, distribuito, disposto, trasferito, trasportato.

dislocazióne *s. f.* collocamento, distribuzione, trasferimento, spostamento, ripartizione, dislocamento □ (*mil.*) situazione.

disméssso *part. pass. di* **dismettere**; *anche agg.* abbandonato, inutilizzato, inattivo (*est.*) **CONTR.** utilizzato, in uso, attivo.

dismèttere *v. tr.* (*lett.*) smettere, interrompere, tralasciare □ (*bur.*) abbandonare **CONTR.** riutilizzare, recuperare, riattare □ riprendere.

dismissióne *s. f.* **1** smantellamento □ abbandono **CONTR.** recupero, riconversione, riutilizzo **2** (*econ.*) (*di un'impresa*) cessione, vendita.

dismisùra *s. f.* eccesso, sregolatezza, intemperanza, smisuratezza **CONTR.** misura, moderatezza, moderazione, limite, regola **FRAS.** *a dismisura*, eccessivamente, troppo.

disobbediènte *part. pres. di* **disobbedire**; *anche agg.* e *s. m.* e *f.* indisciplinato, indocile, disubbidiente, insubordinato, ribelle, restio, recalcitrante, renitente, inosservante, trasgressore □ (*di bambino*) discolo, viziato **CONTR.** ubbidiente, disciplinato, docile, ossequiente, osservante □ remissivo, sottomesso.

disobbediènza *s. f.* indisciplinatezza, indocilità, disubbidienza, insubordinazione, opposizione, resistenza, renitenza, ribellione □ trasgressione, inosservanza, inottemperanza, infrazione **CONTR.** ubbidienza, docilità, disciplina, disciplinatezza, ossequio □ sottomissione, subordinazione, remissività □ osservanza, ottemperanza, rispetto.

disobbedire *v. intr.* e *tr.* contravvenire, ribellarsi, rivoltarsi, disubbidire, sollevarsi, recalcitrare, resistere, opporsi □ trasgredire, violare **CONTR.** ubbidire, sottomettersi, sottostare, cedere □ conformarsi, ottemperare, osservare, sottoporsi, tenersi.

disoccupàto *agg.* e *s. m.* **1** senza lavoro, senza occupazione □ disponibile, libero **CONTR.** occupato, impiegato **2** (*lett.*) ozioso, fannullone, scioperato, sfaccendato **CONTR.** affaccendato, laborioso, industrioso, operoso.

disoccupazióne *s. f.* mancanza di lavoro **CONTR.** occupazione, lavoro.

disonestà *s. f.* **1** corruzione, immoralità, ingiustizia, iniquità, malvagità, perfidia, frode, slealtà, malafede, furfanteria, improbità □ (*di atto, ecc.*) intrallazzo, malefatta, marioleria, mascalzonata **CONTR.** onestà, lealtà, rettitudine, probità, integrità, dirittura, correttezza, giustizia, moralità, serietà **2** (*fig.*) immoralità, impudicizia, spudoratezza, scostumatezza, dissolutezza, depravazione **CONTR.** pudicizia, pudore, castigatezza, costumatezza, morigeratezza. *V. anche* DEPRAVAZIONE, FRODE

disonestaménte *avv.* **1** ingiustamente, illecitamente, iniquamente, malvagiamente, perfidamente, fraudolentemente, slealmente, immoralmente **CONTR.** onestamente, lealmente, rettamente, giustamente, equamente, correttamente, probamente, pulitamente **2** (*fig.*) impudicamente, scostumatamente, spudoratamente, sconciamente, dissolutamente **CONTR.** pudicamente, castigatamente, morigeratamente, virtuosamente, puramente.

disonèsto *agg.* e *s. m.* **1** corrotto, immorale, ingiusto, iniquo, losco, malvagio, cattivo, perfido, sleale, fraudolento (*lett.*), proditorio, sporco, turpe, illecito, illegale □ (*di persona*) ladro, delinquente, farabutto, furfante, malandrino, mariolo, mascalzone **CONTR.** onesto, leale, probo, morale, retto, integro, corretto, dabbene, perbene, degno, giusto, serio, specchiato, integerrimo, incorruttibile **2** (*fig.*) immorale, dissoluto, impudico, scostumato, spudorato, depravato □ lascivo, lubrico, osceno, sozzo, sudicio **CONTR.** onesto, pudico, castigato, costumato, morigerato, pulito □ timorato.

disonoràre **A** *v. tr.* **1** privare dell'onore, macchiare l'onore, infamare, diffamare, screditare, svergognare, bollare, infangare, insudiciare, sporcare, profanare (*est.*) **CONTR.** onorare, celebrare, esaltare, elogiare, lodare **2** (*fig.*) stuprare, violentare □ deflorare, sverginare □ sedurre **B** **disonorarsi** *v. rifl.* perdere l'onore, macchiarsi, screditarsi, compromettersi **CONTR.** farsi onore. *V. anche* SEDURRE

disonorataménte *avv.* senza onore, vergognosamente, indegnamente **CONTR.** onoratamente, onorevolmente, degnamente.

disonoràto *part. pass. di* **disonorare**; *anche agg.* **1** infamato, infangato, screditato, bollato, macchiato, svergognato, offeso, profanato **CONTR.** onorato, celebrato, elogiato, esaltato, lodato **2** sedotto □ deflorato, sverginato □ violentato, stuprato.

disonóre *s. m.* **1** infamia, ignominia, obbrobrio, onta, vergogna, disdoro, sfregio, vituperio **CONTR.** onore, onoratezza, onorabilità, buon nome, dignità, decoro □ lustro **2** (*di persona*) vergogna, pecora nera (*fig.*) **CONTR.** orgoglio, vanto, pregio, gloria. *V. anche* INFAMIA

disonorévole *agg.* infamante, infame, inglorioso, vergognoso, degradante, disonorante, squalificante, ignobile □ sconveniente, vituperabile, disdicevole, indecoroso **CONTR.** onorevole, onorifico, prestigioso, glorioso.

disonorevolménte *avv.* con disonore, vergognosamente, indegnamente □ indecorosamente, sconvenientemente **CONTR.** onorevolmente, degnamente, prestigiosamente, onorabilmente, onoratamente.

disópra o **di sópra** **A** *avv.* **1** sopra **CONTR.** sotto **2**

prima **CONTR.** dopo ***B*** *in funzione di agg. inv.* ***1*** superiore **CONTR.** inferiore ***2*** esterno **CONTR.** interno ***C*** *in funzione di s. m. inv.* ***1*** parte superiore, coperchio, cima, vetta **CONTR.** parte inferiore, disotto, fondo, base ***2*** parte esterna, esterno, copertura **CONTR.** parte interna, interno.

disordinàre ***A*** *v. tr.* ***1*** mettere in disordine, buttare all'aria, mettere sottosopra, rimescolare, scompigliare, scomporre, sparpagliare, disperdere, arruffare, scompaginare, dissestare, incasinare (*pop.*), ingarbugliare **CONTR.** ordinare, riordinare, assestare, assettare, sistemare, racconciare ***2*** (*fig.*) (*di progetti e sim.*) confondere, sconvolgere, scombinare, stravolgere, scombussolare, sovvertire, rivoluzionare **CONTR.** impostare, preparare, organizzare ***B*** *v. intr.* eccedere, esagerare, trasmodare **CONTR.** frenarsi, moderarsi, trattenersi ***C*** **disordinarsi** *v. intr. pron.* uscire dall'ordine, scompaginarsi, scompigliarsi, scomporsi **CONTR.** ordinarsi, sistemarsi, assettarsi.

disordinataménte *avv.* senza ordine, alla rinfusa, confusamente, scompostamente, caoticamente □ sciattamente, negligentemente, trascuratamente, arruffatamente □ sregolatamente, disorganicamente, dispersivamente **CONTR.** ordinatamente, bene □ elegantemente, accuratamente □ metodicamente, regolarmente, sistematicamente.

disordinàto *part. pass. di* **disordinare**; *anche agg.* ***1*** privo di ordine, caotico, incasinato (*pop.*), confuso, disarmonico, rimescolato, scompigliato, scombinato, scombussolato, scomposto, sparpagliato, sparso, dissestato, scompaginato, sottosopra □ sciatto, trascurato, trasandato, arruffato **CONTR.** ordinato, composto, assestato, assettato, sistemato □ elegante, accurato ***2*** (*nel bere, nello spendere, ecc.*) eccessivo, esagerato, sfrenato, smodato, sregolato **CONTR.** misurato, moderato, discreto, sobrio, temperato, parco, regolato ***3*** (*nel lavoro*) disorganizzato, confusionario, pasticcione, casinista (*pop.*), sconclusionato, negligente, dispersivo, indisciplinato **CONTR.** organizzato, preciso, diligente, sistematico, metodico.

disórdine *s. m.* ***1*** confusione, scompiglio, rimescolamento, baraonda, soqquadro, subbuglio, sconvolgimento, rivoluzione, sconquasso, anarchia, babele, babilonia, cataclisma, caos, marasma, garbuglio, guazzabuglio, pasticcio □ trambusto, tramestio, bordello (*pop.*), casino (*pop.*) □ sciatteria, trascuratezza **CONTR.** ordine, assetto, regola, sistemazione, assestamento, normalità, calma ***2*** (*nel mangiare, nel bere, ecc.*) eccesso, intemperanza, sfrenatezza, sregolatezza, sconvenienza, stravizio **CONTR.** misura, moderazione, discrezione, sobrietà, temperanza ***3*** (*di azienda, di amministrazione, ecc.*) disorganizzazione **CONTR.** organizzazione, coordinazione, sistematicità ***4*** (*spec. al pl.*) tumulto, tafferuglio, turbolenza, ribellione, rivolta, sedizione, sommossa, dimostrazione, manifestazione **CONTR.** ordine, pace, tranquillità, quiete.

disorganicaménte *avv.* disordinatamente, confusamente, dispersivamente, inorganicamente **CONTR.** organicamente, ordinatamente.

disorganicità *s. f.* disorganizzazione, incoerenza, frammentarietà □ disordine, confusione **CONTR.** organicità, coerenza, sistematicità.

disorgànico *agg.* inorganico, incoerente, informe □ disordinato, confuso, caotico, disorganizzato, dispersivo, frammentario, sconnesso **CONTR.** organico, ordinato, omogeneo, unitario, sistematico.

disorganizzàre ***A*** *v. tr.* confondere, disgregare, disordinare, guastare, scompigliare, scomporre, sconvolgere **CONTR.** organizzare, ordinare, coordinare ***B*** **disorganizzarsi** *v. intr. pron.* alterarsi, confondersi, disgregarsi, scomporsi **CONTR.** organizzarsi, ordinarsi.

disorganizzàto *part. pass. di* **disorganizzare**; *anche agg.* male organizzato, disorganico, confuso, disordinato, disgregato, sconvolto □ (*di persona*) casinista (*pop.*), confusionario **CONTR.** organizzato, ordinato, organico, coordinato, sistematico.

disorganizzazióne *s. f.* disorganicità, confusione, disordine, anarchia, caos □ disfunzione, disservizio **CONTR.** organizzazione, organicità, coordinamento, ordine, buon funzionamento.

disorientaménto *s. m.* ***1*** perdita dell'orientamento **CONTR.** orientamento ***2*** (*fig.*) confusione, smarrimento, turbamento, incertezza, dubbio, sconcerto, sbalordimento, sbandamento, sfasamento, stordimento **CONTR.** equilibrio, lucidità, sicurezza. *V. anche* STORDIMENTO

disorientàre ***A*** *v. tr.* ***1*** far perdere l'orientamento, sviare **CONTR.** orientare ***2*** (*fig.*) sconcertare, confondere, sbalordire, stupire, sfasare, stordire **CONTR.** equilibrare, rassicurare ***B*** **disorientarsi** *v. intr. pron.* ***1*** perdere l'orientamento, perdersi, intricarsi **CONTR.** orientarsi, ritrovarsi ***2*** (*fig.*) rimanere perplesso, confondersi, smarrirsi, sconcertarsi, turbarsi **CONTR.** essere lucido, essere sicuro, raccapezzarsi.

disorientàto *part. pass. di* **disorientare**; *anche agg.* (*fig.*) confuso, smarrito, interdetto (*fig.*), perplesso, spaesato, sperso, dubbioso, incerto, turbato, stordito, sconcertato, sbalordito, sbandato **CONTR.** calmo, impassibile, imperturbabile, tranquillo, lucido, sicuro. *V. anche* INCERTO

disótto o **di sótto** ***A*** *avv.* sotto, giù **CONTR.** sopra, disopra, su ***B*** *in funzione di agg. inv.* ***1*** inferiore, basso **CONTR.** superiore, alto ***2*** interno **CONTR.** esterno ***C*** *in funzione di s. m. inv.* ***1*** parte inferiore, basso, fondo, base **CONTR.** parte superiore, alto, cima, coperchio ***2*** interno **CONTR.** esterno.

dispàccio *s. m.* ***1*** lettera diplomatica, comunicato □ documento ***2*** (*est., gener.*) comunicazione, lettera, telegramma, cablogramma.

disparàto *agg.* differente, diverso, svariato, disuguale, eterogeneo, vario, contraddittorio **CONTR.** affine, analogo, simile, somigliante, della stessa specie, omogeneo.

dìspari *agg.* ***1*** (*di numero*) non divisibile per 2 **CONTR.** pari ***2*** (*raro*) differente, diverso, disuguale, spaiato **CONTR.** uguale, appaiato ***3*** (*di forza, di potere, ecc.*) inferiore, inadeguato, impari **CONTR.** superiore, maggiore, soverchiante.

disparità *s. f.* disuguaglianza, differenza, diversità, distanza, divario, eterogeneità, sperequazione □ divergenza **CONTR.** parità, coincidenza, somiglianza, vicinanza, uniformità, uguaglianza, par condicio (*lat.*).

dispàrte *avv. nella loc. in disparte*, da parte, da lato, in luogo appartato, in luogo discosto **CONTR.** presso, vicino **FRAS.** *starsene in disparte* (*est.*), vivere appartato □ *mettersi* (o *tirarsi*) *in disparte* (*fig.*), non partecipare □ *in disparte da*, lontano da.

dispèndio *s. m.* spesa eccessiva, spreco di denaro □ consumo eccessivo, sperpero, spreco, scialo, perdita, scapito □ profusione **CONTR.** risparmio, economia, guadagno □ utile.

dispendiosaménte *avv.* con dispendio, con forte spesa **CONTR.** economicamente.

dispendióso *agg.* caro, costoso, salato (*fig.*), pepato (*fig.*), antieconomico □ (*di stile di vita, ecc.*) splendido, sfarzoso **CONTR.** economico, a buon mercato.

dispènsa *s. f.* **1** (*di viveri, di denaro, ecc.*) distribuzione, somministrazione, elargizione, assegnazione **2** (*di mobile, di locale*) armadio, credenza □ cambusa, cantina, cella **3** (*da tasse, da obbligo, ecc.*) esenzione, esonero, condono, remissione □ (*da incarico*) destituzione □ concessione, licenza, permesso, privilegio **CONTR.** dovere, obbligo, onere, osservanza **4** (*di pubblicazione*) fascicolo, opuscolo, periodico, numero, puntata. *V. anche* PRIVILEGIO

dispensàre **A** *v. tr.* **1** (*di denaro, di viveri, di compiti, ecc.*) distribuire, elargire, assegnare, spartire, dividere, amministrare, impartire □ (*lett.*) concedere **CONTR.** ricevere, accettare □ incettare **2** (*da tasse, da obbligo, ecc.*) esentare, esimere, esonerare, escludere, liberare, disimpegnare □ (*da incarico*) destituire **CONTR.** obbligare, vincolare, impegnare, incaricare, addossare **B** **dispensarsi** *v. rifl.* esimersi, esentarsi, esonerarsi, sottrarsi **CONTR.** impegnarsi, obbligarsi, incaricarsi. *V. anche* DIVIDERE

dispensàto *part. pass. di* **dispensare**; *anche agg.* **1** esente, libero **2** concesso, assegnato.

dispensatóre *s. m.*; *anche agg.* (*f. -trice*) dispensiere (*lett.*), distributore, elargitore, concessore **CONTR.** ricevente.

disperànte *part. pres. di* **disperare**; *anche agg.* scoraggiante, avvilente □ molto grave, drammatico **CONTR.** confortante, incoraggiante.

disperàre **A** *v. tr.* non sperare più, cessare di sperare, abbandonare la speranza **CONTR.** sperare, fidare, confidare, aspettare, attendere **B** *v. intr.* perdere la speranza **CONTR.** sperare, confidare **C** **disperarsi** *v. intr. pron.* abbandonarsi alla disperazione, abbattersi, accasciarsi, avvilirsi, demoralizzarsi, disanimarsi, sconsolarsi, sconfortarsi, scoraggiarsi, deprimersi, dannarsi, struggersi **CONTR.** incoraggiarsi, confortarsi, consolarsi, rianimarsi, riconfortarsi, rincorarsi, risollevarsi □ perseverare, persistere, tener duro.

disperataménte *avv.* **1** (*con piangere e sim.*) con disperazione, sconsolatamente, inconsolabilmente, angosciosamente **CONTR.** fiduciosamente, speranzosamente **2** (*con lavorare, correre, ecc.*) a più non posso, freneticamente, accanitamente, alla disperata, come un disperato, ostinatamente **CONTR.** tranquillamente, adagio adagio.

disperàto **A** *part. pass. di* **disperare**; *anche agg.* **1** senza speranza, sconfortato, sconsolato, scoraggiato, abbattuto, accasciato, avvilito, demoralizzato, depresso, distrutto, infelice, sfiduciato, inconsolabile **CONTR.** fiducioso, fidente (*lett.*), speranzoso, felice, sereno **2** (*di gesto, di parole, ecc.*) provocato dalla disperazione, inconsulto, estremo □ struggente **CONTR.** meditato **3** (*di attacco, di lotta, ecc.*) arrabbiato, furibondo, furioso **CONTR.** calmo, placido, tranquillo **4** (*fig.*) (*di lavoro, di corsa, ecc.*) ostinato, duro, ossessivo, eccessivo, frenetico, intenso, violento **CONTR.** calmo, sereno, lento **B** *s. m.* (*fam.*) miserabile, spiantato, squattrinato, pezzente, rovinato **CONTR.** agiato, benestante, ricco, danaroso, miliardario, nababbo, creso **FRAS.** *alla disperata*, disperatamente, con furia, alla meglio.

disperazióne *s. f.* **1** abbattimento, accasciamento, avvilimento, demoralizzazione, depressione, prostrazione, sconforto, sfiducia, scoraggiamento, desolazione, pessimismo **CONTR.** speranza, fiducia, conforto, consolazione, serenità, sicurezza, certezza, tranquillità, aspettazione, assegnamento, ottimismo **2** (*est.*) angoscia, dolore, crepacuore **CONTR.** gioia, piacere **3** (*di persona o cosa*) croce (*fig.*), disgrazia, preoccupazione, tormento **CONTR.** consolazione, conforto. *V. anche* ANGOSCIA, SCORAGGIAMENTO

dispèrdere **A** *v. tr.* **1** (*di persone, di foglie, ecc.*) allontanare, scacciare □ (*est.*) disseminare, sparpagliare, spargere qua e là, sbandare □ (*in ambiente, in acqua*) liberare, disciogliere, dissolvere **CONTR.** concentrare, raccogliere, ammucchiare, raccozzare, riunire, adunare, raggruppare, radunare, attruppare, convogliare **2** (*di denaro, di forze, ecc.*) dissipare, consumare, dilapidare, scialacquare, sperperare, buttare **CONTR.** accumulare, ammassare, racimolare, raggranellare, recuperare **3** sbrancare, sbandare, mettere in fuga, mettere in rotta, mandare allo sbando, mandare allo sbaraglio, sconfiggere □ (*mil.*) sbaragliare, sgominare **B** **disperdersi** *v. intr. pron.* **1** (*di persone, di cose*) sbandarsi, sparpagliarsi, sciogliersi, dividersi, separarsi **CONTR.** concentrarsi, raccogliersi, radunarsi, convenire, riunirsi, raggrupparsi, affollarsi, ammassarsi, assieparsi, ammucchiarsi **2** (*di energie, di patrimonio, ecc.*) frammentarsi, perdersi, andare perduto, dileguarsi, sfumare **CONTR.** conservarsi, mantenersi **3** (*fig.*) (*in chiacchiere, in cose inutili*) perdere tempo, dissipare energie, divagare, distrarsi **CONTR.** impegnarsi, concretizzare, stringere. *V. anche* SCIOGLIERE

dispersióne *s. f.* **1** disperdimento (*raro*), sbandamento, spargimento, sparpagliamento □ (*di popoli*) migrazione, diaspora **CONTR.** riunione, raccoglimento, raccolta, agglomerazione, ammassamento, ammucchiamento, concentrazione **2** (*di denaro, di energie, ecc.*) dissipazione, sciupio, spreco, sperpero, perdita inutile **CONTR.** accumulazione, accumulo, concentrazione **3** (*di gas, di corrente, ecc.*) fuga, perdita **4** (*di nemico*) rotta, fuga, sbaragliamento, sconfitta.

dispersivaménte *avv.* disorganicamente, disordinatamente **CONTR.** ordinatamente, organicamente, ragionatamente.

dispersività *s. f.* disordine, disorganicità **CONTR.** concentrazione, ordine, organicità.

dispersìvo *agg.* (*fig.*) disorganico, disordinato **CONTR.** ordinato, organico, preciso □ riflessivo.

dispèrso ***A*** *part. pass. di* **disperdere**; *anche agg.* ***1*** perduto, smarrito, perso, introvabile **CONTR.** trovato, ritrovato, rinvenuto, rintracciato ***2*** sbandato, sparso, sparpagliato, disseminato, sperduto □ (*in ambiente, in acqua*) dissolto, disciolto **CONTR.** concentrato, raccolto, radunato, riunito, ammassato, ammucchiato ***3*** (*fig.*) dispersivo **CONTR.** organico ***4*** (*di esercito*) sbaragliato, in rotta, in fuga, allo sbaraglio, sconfitto ***5*** (*di patrimonio, di energie*) dissipato, sfumato, dilapidato **CONTR.** conservato, accumulato ***B*** *s. m.* (*in guerra, in mare, ecc.*) scomparso **CONTR.** reduce.

dispètto *s. m.* ***1*** fastidio, molestia, dispiacere □ ingiuria, offesa, onta, ripicca, sopruso, villania **CONTR.** cortesia, favore, servizio, regalo, gentilezza ***2*** stizza, puntiglio, ripicca, picca, rabbia, irritazione, amarezza, rancore, risentimento, sdegno **CONTR.** simpatia, piacere, gioia. *V. anche* STIZZA

dispettosaménte *avv.* con dispetto, per ripicca, stizzosamente, scortesemente, sgarbatamente **CONTR.** cortesemente, garbatamente, gentilmente.

dispettóso *agg.* ***1*** antipatico, irritante, scortese, scontroso, sgarbato □ malevolo, maligno □ piccoso, puntiglioso **CONTR.** simpatico, affabile, amabile, garbato ***2*** fatto per dispetto, offensivo, provocatorio **CONTR.** cortese, gentile.

dispiacére ***A*** *v. intr.* riuscire sgradito, spiacere, non garbare, non andare a genio, irritare, amareggiare, affliggere, bruciare (*fig.*), scocciare (*fam.*), costare (*fig.*), offendere, scontentare, urtare, ripugnare **CONTR.** piacere, contentare, soddisfare, garbare, essere gradito, andare a genio, aggradare, comodare (*fam.*), quadrare, andare (*fam.*), allettare ***B*** **dispiacersi** *v. intr. pron.* dolersi, rammaricarsi, rincrescere **CONTR.** allietarsi, compiacersi, rallegrarsi, esultare, gioire ***C*** *in funzione di s. m.* afflizione, pena, magone, accoramento, affanno, amarezza, cruccio, dolore, disappunto, dispetto, rabbia, malumore, scontentezza, rammarico, rincrescimento □ (*per un lutto*) compianto, cordoglio **CONTR.** piacere, contentezza, gioia, giubilo, esultanza, diletto, letizia, soddisfazione, delizia, godimento, goduria □ regalo, cortesia.

dispiaciùto *part. pass. di* **dispiacere**; *anche agg.* contrito, spiacente, rammaricato, rincresciuto, dolente **CONTR.** appagato, compiaciuto.

display /*ingl.* dis'plei/ [vc. ingl., dal v. *to display* 'esporre'] *s. m. inv.* ***1*** (*elettron.*) schermo, video, monitor (*ingl.*), tabellone luminoso ***2*** (*di merci*) esposizione.

displùvio *s. m.* ***1*** (*geogr.*) (*di monte*) versante □ spartiacque ***2*** (*arch.*) (*di tetto*) canale di scolo, gronda, grondaia.

disponìbile *agg.* ***1*** (*di denaro, di mezzi, ecc.*) utilizzabile, usabile, servibile **CONTR.** indisponibile, inutilizzabile, inservibile ***2*** (*di luogo, di impiego, ecc.*) vuoto, libero, non occupato, vacante **CONTR.** occupato ***3*** (*fig.*) (*di persona*) libero da impegni, libero, disimpegnato □ disoccupato **CONTR.** impegnato, occupato ***4*** (*fig.*) sensibile, accessibile, abbordabile, aperto, bendisposto, benintenzionato, pronto **CONTR.** maldisposto, chiuso, ristretto, scostante.

disponibilità *s. f.* ***1*** utilizzabilità □ margine **CONTR.** indisponibilità ***2*** (*fig.*) (*di persona*) disposizione, sensibilità, apertura **CONTR.** chiusura, refrattarietà ***3*** (*spec. al pl.*) risorse, mezzi □ liquidità.

dispórre ***A*** *v. tr.* ***1*** collocare, mettere a posto, sistemare, ordinare, allogare, assettare, assortire, coordinare, comporre □ allineare, schierare □ costruire, strutturare, ubicare **CONTR.** disordinare, scompigliare, rimescolare, buttare all'aria, mettere sottosopra ***2*** (*di occorrente, di animo, ecc.*) apprestare, apparecchiare, approntare, preparare, predisporre, organizzare ***3*** (*di persona*) persuadere, spingere, incitare, indurre, indirizzare, orizzontare, orientare **CONTR.** frenare, trattenere, distogliere, dissuadere ***4*** (*di autorità, di legge, ecc.*) comandare, ordinare, prescrivere, deliberare, statuire, sancire ***B*** *v. intr.* ***1*** (*di partire, di fare, ecc.*) decidere, stabilire ***2*** (*est.*) (*di persone, di denaro, ecc.*) poter utilizzare, avere a disposizione ***3*** (*di intelligenza, di amicizie, ecc.*) essere dotato, essere fornito, avere, possedere ***C*** **disporsi** *v. rifl.* ***1*** (*in fila, in cerchio, ecc.*) ordinarsi, sistemarsi, allinearsi, mettersi ***2*** (*a partire, a parlare, ecc.*) prepararsi, accingersi, apprestarsi, apparecchiarsi (*lett.*) **CONTR.** rifiutarsi, opporsi. *V. anche* ORDINARE, SPINGERE, VOLERE

dispositivo *s. m.* ***1*** congegno, meccanismo, apparecchio, strumento, macchina ***2*** (*dir.*) (*di sentenza*) contenuto decisorio **FRAS.** *dispositivo di sicurezza*, sicura; (*fig.*) piano.

disposizióne *s. f.* ***1*** collocazione, ubicazione, assetto, ordine, sistemazione, composizione, lay-out (*ingl.*), allogamento, coordinazione, struttura, strutturazione, organizzazione, costruzione □ formazione, schieramento **CONTR.** disordine, scompiglio ***2*** stato d'animo, condizione di spirito, umore □ abito mentale, abitudine, formazione □ carattere, temperamento, indole, natura ***3*** (*per la musica, per la fisica, ecc.*) attitudine, inclinazione, idoneità, talento, genio, penchant (*fr.*), propensione, tendenza, bernoccolo, stoffa, estro, ingegno, vocazione **CONTR.** inattitudine, negazione, refrattarietà ***4*** facoltà di disporre ***5*** (*di autorità, di medico, ecc.*) ordine, direttiva, disposto, istruzione, misura, ordinanza, comando, volontà, decisione, prescrizione, legge, ordinamento, editto, provvedimento **FRAS.** *a disposizione di*, agli ordini di, alle dipendenze di, al servizio di. *V. anche* MISURA

dispósto ***A*** *part. pass. di* **disporre**; *anche agg.* ***1*** ordinato, sistemato, collocato, allineato, dislocato, strutturato **CONTR.** disordinato, scompigliato ***2*** (*di occorrente, di animo, ecc.*) apprestato, apparecchiato, preparato, predisposto, organizzato **CONTR.** impreparato ***3*** (*di legge, di norma, ecc.*) comandato, ordinato, prescritto, deciso, stabilito ***4*** (*a partire, al perdono, ecc.*) animato, inclinato, incline (*lett.*), propenso, proclive (*lett.*), disponibile, intenzionato, pronto **CONTR.** contrario, alieno, avverso, restio, renitente, riluttante ***B*** *s. m.* (*dir.*) disposizione, deliberazione, ordine, decreto.

dispoticaménte *avv.* tirannicamente, prepotentemente, autoritariamente, totalitariamente, dittatorialmente, assolutisticamente **CONTR.** democraticamente, liberalmente.

dispòtico *agg.* tirannico, autoritario, dittatoriale, assoluto, totalitario, assolutista, autocratico, feudale, illiberale, liberticida □ duro, prepotente, soperchiatore (*lett.*), spietato, violento **CONTR.** democratico, liberale, umano.

dispotìsmo *s. m.* assolutismo, dittatura, tirannia, tirannide, totalitarismo, autoritarismo, autocrazia □ arbitrio, sopruso, soperchieria, prepotenza **CONTR.** democrazia, liberalismo, umanità. *V. anche* PREPOTENZA

dispregiatìvo *agg.* sprezzante, spregiativo **CONTR.** elogiativo, encomiastico, laudativo (*lett.*).

disprègio *s. m.* disprezzo.

disprezzàbile *agg.* **1** (*di persona*) degno di disprezzo, spregevole, indegno **CONTR.** apprezzabile, lodevole, encomiabile, stimabile, rispettabile **2** (*di cosa*) poco pregiato, poco importante, trascurabile, irrilevante **CONTR.** importante, rilevante, notevole, pregevole, ragguardevole, pregiato.

disprezzàre *v. tr.* **1** disdegnare, spregiare, dispregiare (*lett.*), sprezzare (*lett.*), disistimare, schifare, snobbare, sdegnare □ vilipendere, denigrare □ abominare, aborrire, odiare □ deridere, irridere, schernire **CONTR.** apprezzare, elogiare, esaltare, decantare, magnificare, lodare, ammirare, amare, idolatrare, riverire, rispettare, stimare, ossequiare, venerare **2** (*di legge, di disciplina, ecc.*) infischiarsi, ridersi, trascurare, disubbidire, calpestare, negligere, conculcare (*lett.*) **CONTR.** curare, seguire, attenersi, ubbidire. *V. anche* DIMINUIRE

disprezzàto *part. pass. di* **disprezzare**; *anche agg.* sdegnato, disdegnato, spregiato □ negletto, odiato, deriso, malvisto, calpestato, vilipeso **CONTR.** apprezzato, stimato, ammirato, benvoluto.

disprèzzo *s. m.* dispregio, disistima, scarsa considerazione, disdegno, sprezzo, spregio □ biasimo, esecrazione, abominio, odio □ offesa, oltraggio, ingiuria □ dileggio, vilipendio, scherno, derisione, ludibrio □ (*est.*) noncuranza, indifferenza, menefreghismo **CONTR.** apprezzamento, rispetto, stima, considerazione, elogio, esaltazione, lode, onore, adorazione, ammirazione, venerazione, ossequio □ ubbidienza.

dìsputa *s. f.* **1** dibattito, scambio di idee, dibattimento, discussione, discettazione, controversia, contraddittorio, contenzione (*lett.*), questione, querelle (*fr.*), vertenza, schermaglia, polemica **2** alterco, contesa, lite, litigio, contrasto, diverbio, battibecco **CONTR.** conversazione amichevole, chiacchierata. *V. anche* CONTROVERSIA

disputàre **A** *v. intr.* **1** ragionare, discutere, trattare, parlare, argomentare, discettare, questionare, polemizzare **2** (*di gara, di premio e sim.*) competere, gareggiare, combattere (*fig.*), correre **B** *v. tr.* **1** (*di questione, di argomento e sim.*) esaminare, discutere **2** (*di successo, di carriera e sim.*) contrastare, ostacolare **CONTR.** consentire, lasciare, permettere **3** (*di gara, di premio e sim.*) contendere, adoperarsi per ottenere □ affrontare, sostenere □ giocare **C** **disputarsi** *v. rifl.* contendersi, battersi, gareggiare, competere, rivaleggiare. *V. anche* PARLARE

disputàto *part. pass. di* **disputare**; *anche agg.* **1** (*di argomento*) discusso, trattato, esaminato **2** (*di gara, di premio e sim.*) conteso, combattuto □ affrontato, sostenuto □ giocato □ corso.

disquisìre *v. intr.* discutere, trattare, ragionare, dissertare, discettare.

disquisizióne *s. f.* discussione, indagine, ricerca □ esposizione.

dissacrànte *part. pres. di* **dissacrare**; *anche agg.* dissacratorio.

dissacràre *v. tr.* (*fig.*) profanare, sconsacrare □ contestare, screditare, demistificare, demitizzare □ deridere.

dissacràto *part. pass. di* **dissacrare**; *anche agg.* (*anche fig.*) profanato, sconsacrato □ contestato, screditato □ deriso **CONTR.** consacrato, santificato □ mitizzato.

dissacratòrio *agg.* (*anche fig.*) profanatorio, profanatore, dissacrante □ derisorio, offensivo.

dissanguaménto *s. m.* **1** perdita di sangue, salasso **2** (*fig.*) perdita di denaro, salasso (*fam.*), salassata (*fam.*) **CONTR.** guadagno.

dissanguàre **A** *v. tr.* **1** privare del sangue, salassare, svenare **2** (*fig.*) (*spec. economicamente*) esaurire, impoverire, rovinare □ spremere, mungere, succhiare **CONTR.** rinsanguare, arricchire **B** **dissanguarsi** *v. intr. pron.* **1** perdere molto sangue **2** (*fig.*) (*spec. economicamente*) rovinarsi, esaurirsi, impoverirsi **CONTR.** rinsanguarsi, arricchirsi.

dissanguàto *part. pass. di* **dissanguare**; *anche agg.* **1** privato del sangue □ esangue, pallido **CONTR.** ricco di sangue, pletorico **2** (*fig.*) (*spec. economicamente*) esausto, stremato, esaurito, rovinato **CONTR.** rinsanguato, arricchito.

dissapóre *s. m.* contrasto, screzio, disaccordo, dissenso, discordia, dissidio, disarmonia, crepa (*fig.*), ruggine (*fig.*), rancore **CONTR.** accordo, amicizia, armonia, concordia, consenso, intesa. *V. anche* DISCORDIA

disseccàre **A** *v. tr.* **1** seccare, essiccare, asciugare, prosciugare, inaridire, insecchire □ (*di legname, ecc.*) stagionare **CONTR.** bagnare, inumidire, imbevere, inzuppare, ammollare, annaffiare, infradiciare, irrigare, irrorare **2** (*fig.*) inaridire, isterilire **CONTR.** ravvivare, rianimare **B** **disseccarsi** *v. intr. pron.* **1** seccarsi, essiccarsi, asciugarsi, prosciugarsi, inaridirsi **CONTR.** bagnarsi, inumidirsi, imbeversi, inzupparsi, infradiciarsi **2** (*fig.*) inaridirsi, isterilirsi **CONTR.** ravvivarsi, rianimarsi.

disseccàto *part. pass. di* **disseccare**; *anche agg.* **1** seccato, essiccato, prosciugato **CONTR.** bagnato, inumidito, inzuppato, infradiciato **2** (*fig.*) inaridito, isterilito **CONTR.** ravvivato, rianimato.

disseminàre *v. tr.* **1** spargere, cospargere, costellare □ spandere, sparpagliare, disperdere **CONTR.** raccogliere, radunare, riunire, raccozzare, accumulare, ammassare, concentrare **2** (*fig.*) (*di notizie, di paura, ecc.*) diffondere, spargere, divulgare, propagare □ seminare.

disseminàto *part. pass. di* **disseminare**; *anche agg.* **1** sparso, cosparso, costellato **2** (*fig.*) (*di notizie, di paura, ecc.*) sparso, diffuso, divulgato, propagato □ seminato.

disseminatóre *s. m.* (*f. -trice*) **1** seminatore **2** (*fig.*) (*di discordia, di notizie, ecc.*) diffusore, divulgatore, propagatore.

disseminazióne *s. f.* **1** semina, spargimento, sparpagliamento **CONTR.** raccolta, riunione, accumulo, ammasso **2** (*fig.*) (*di notizie, di discordia, ecc.*) diffusione, divulgazione, propagazione, spargimento.

dissennataménte *avv.* follemente, insensatamente, irragionevolmente, malaccortamente, pazzamente, forsennatamente **CONTR.** assennatamente, giudiziosamente, saggiamente, equilibratamente, saviamente, sensatamente.

dissennatézza *s. f.* mancanza di senno, insania, demenza, follia, squilibrio, pazzia □ insensatezza, irragionevolezza, stoltezza **CONTR.** assennatezza, senno, giudizio, discernimento, ragionevolezza, saggezza, equilibrio, buonsenso, responsabilità, sensatezza.

dissennàto *agg.* privo di senno, insano, matto, demente, folle, pazzo, squilibrato □ scervellato, scriteriato, squinternato, insensato, irragionevole, stolto, forsennato **CONTR.** assennato, giudizioso, ragionevole, saggio, equilibrato, quadrato, responsabile, sensato. *V. anche* MATTO

dissènso *s. m.* **1** disaccordo, dissentimento (*lett.*), divergenza, disapprovazione □ discordia, dissapore, attrito, controversia, dissidio, frizione, incrinatura, screzio **CONTR.** accordo, armonia, assenso, consenso, concordia, intesa, approvazione, favore, solidarietà, unione, seguito **2** (*ideologico*) deviazione, deviazionismo, eterodossia, contrasto, conflitto, critica, opposizione **CONTR.** consenso, ortodossia, allineamento. *V. anche* CONTROVERSIA, DISCORDIA

dissenterìa *s. f.* (*med.*) diarrea, sciolta (*fam.*) **CONTR.** stitichezza, stipsi.

dissentire *v. intr.* essere di parere diverso, contestare, eccepire, opporsi, ribellarsi, dissociarsi, discordare, divergere, contrastare, discrepare (*raro*), essere in conflitto, scontrarsi **CONTR.** assentire, convenire, concordare, condividere, adeguarsi, allinearsi, consentire, conformarsi, uniformarsi.

dissenziènte *part. pres. di* **dissentire**; *anche agg. e s. m. e f.* **1** contrario, oppositore, dissociato □ discorde, discordante □ critico **CONTR.** concorde, assenziente, consenziente, acquiescente □ fautore, sostenitore **2** (*polit.*) dissidente, deviazionista, eterodosso **CONTR.** ortodosso.

dissepólto *part. pass. di* **disseppellire**; *anche agg.* (*anche fig.*) dissotterrato, esumato, disseppellito, riesumato, rimesso in uso **CONTR.** sepolto, sotterrato, interrato, seppellito □ tumulato.

disseppellìre *v. tr.* **1** esumare, levare dalla tomba **CONTR.** seppellire, inumare, tumulare **2** (*est.*) (*di resti, di ruderi e sim.*) dissotterrare, scavare, riportare alla luce **CONTR.** interrare, sotterrare **3** (*fig.*) (*di usi, di tradizioni e sim.*) riesumare, rimettere in uso, ripristinare, riscoprire, rievocare **CONTR.** far morire, abbandonare.

dissertàre *v. intr.* trattare, ragionare, parlare, discutere, disquisire (*lett.*), discorrere, questionare. *V. anche* PARLARE

dissertazióne *s. f.* discorso, conferenza, trattazione, lezione, argomentazione, trattato, studio, monografia, memoria, saggio, tesi, discettazione. *V. anche* ARGOMENTAZIONE

disservìzio *s. m.* **1** cattivo funzionamento, disorganizzazione, disfunzione **CONTR.** buon funzionamento **2** (*lett.*) cattivo servizio, danno **CONTR.** servigio, favore.

dissestàre **A** *v. tr.* **1** disordinare, spostare, squilibrare, sbilanciare **CONTR.** ordinare, riordinare, assestare, riassestare **2** (*fig.*) (*di economia, di famiglia, ecc.*) danneggiare gravemente, rovinare, sconquassare, scardinare (*fig.*), sbancare **CONTR.** dare impulso, raddrizzare, rinvigorire, rinsaldare **B** **dissestarsi** *v. rifl.* sbilanciarsi, squilibrarsi □ rovinarsi, andare in malora, fallire **CONTR.** rimettersi in sesto.

dissestàto *part. pass. di* **dissestare**; *anche agg.* **1** disordinato, instabile, squilibrato **CONTR.** ordinato, assestato, equilibrato **2** (*fig.*) (*di persona, di economia, ecc.*) sconquassato, scardinato (*fig.*), rovinato, indebitato, fallito, impoverito, decotto (*dir. econ.*) **CONTR.** florido, saldo, solido, ricco.

dissèsto *s. m.* **1** disordine, instabilità, squilibrio **CONTR.** ordine, assetto, assestamento, riordino, riorganizzazione **2** (*fig.*) (*spec. economico*) rovina, crisi, sbilancio, fallimento, deficit (*lat.*), insolvenza, decozione (*dir. econ.*), buco, crac, tracollo, patatrac **CONTR.** floridezza, saldezza, solidità, ricchezza.

dissetàre **A** *v. tr.* **1** levare la sete, soddisfare la sete, abbeverare **CONTR.** assetare **2** (*fig.*) appagare, soddisfare, saziare **CONTR.** deludere, scontentare **B** **dissetarsi** *v. rifl.* **1** levarsi la sete, bere, abbeverarsi **2** (*fig.*) appagarsi.

dissezióne *s. f.* sezionamento, sezione, autopsia, necroscopia.

dissidènte **A** *agg.* dissenziente, dissociato, discorde, discordante **CONTR.** assenziente, consenziente, concorde **B** *s. m. e f.* oppositore, avversario, critico, deviazionista, eterodosso **CONTR.** amico, fautore, seguace, sostenitore □ ortodosso.

dissidènza *s. f.* contrasto, dissidio, discordia, scissione, secessione, deviazionismo **CONTR.** accordo, armonia, concordia, intesa, unanimità. *V. anche* DISCORDIA

dissìdio *s. m.* dissenso, contrasto, controversia, discordia, dissensione (*lett.*), litigio, attrito, contesa, crepa, disaccordo, dissapore, dissidenza, frizione, guerra, lotta, ruggine, screzio **CONTR.** armonia, concordia, intesa, pacificazione, unanimità, accordo, fusione, idillio, sintonia, unione. *V. anche* DISCORDIA

dissigillàre *v. tr.* dissuggellare, rompere i sigilli □ aprire, spalancare **CONTR.** sigillare, suggellare, chiudere, tappare.

dissìmile *agg.* differente, diverso, disuguale, ineguale, dissomigliante, distinto **CONTR.** simile, consimile, affine, analogo, comparabile, prossimo, similare, somigliante, vicino, conforme, identico, pari, uguale.

dissimulàre *v. tr.* **1** contraffare, mascherare, velare, mimetizzare □ reprimere □ non manifestare □ nascondere, coprire, occultare, tacere, celare, minimizzare **CONTR.** manifestare, mostrare, palesare, rivelare, svelare, scoprire, smascherare, sciorinare □ estrinsecare, sfogare **2** (*ass.*) fingere, simulare, mentire **CONTR.** essere franco, essere sincero.

dissimulàto *part. pass. di* **dissimulare**; *anche agg.* **1** mascherato, mimetizzato, velato, non manifestato, latente, represso, celato **CONTR.** manifestato, palesato, rivelato, svelato **2** finto, simulato **CONTR.** vero, reale.

dissimulatóre *s. m.*; *anche agg.* (*f.* *-trice*) finto, ipocrita, falso, insincero, doppio, impostore, simulatore, bugiardo **CONTR.** franco, schietto, sincero, verace, veritiero. *V. anche* IPOCRITA

dissimulazióne *s. f.* **1** finzione, mascheramento, doppiezza, ipocrisia, falsità, insincerità, gesuitismo (*spreg.*), commedia (*fig.*) **CONTR.** franchezza, schiettezza, sincerità, veracità **2** finzione, simulazione □ (*nella retorica*) insinuazione **CONTR.** realtà.

dissipàre **A** *v. tr.* **1** (*di nubi, di nebbia, ecc.*) dissolvere, disperdere, disseminare, sparpagliare, far dileguare, far svanire **CONTR.** accumulare, addensare, condensare, infittire **2** (*di denaro, di patrimonio e sim.*) dilapidare, scialacquare, sperperare, scialare, mangiare, liquefare, spendere, spandere, distruggere **CONTR.** economizzare, risparmiare, lesinare, tesaurizzare, serbare **3** (*fig.*) (*di tempo, di energie, ecc.*) sciupare, consumare inutilmente, sprecare, buttare via, disperdere, profondere, prodigare **CONTR.** utilizzare, far buon uso, mettere a profitto **B** **dissiparsi** *v. intr. pron.* consumarsi, dissolversi, dileguarsi, svanire, perdersi **CONTR.** accumularsi, addensarsi, infittirsi. *V. anche* SPENDERE

dissipataménte *avv.* dissolutamente, sregolatamente **CONTR.** assennatamente, equilibratamente, regolatamente.

dissipàto *part. pass. di* **dissipare**; *anche agg.* **1** (*di nubi, di nebbia, ecc.*) disperso, disseminato, sparso, sparpagliato, dissolto, svanito **CONTR.** accumulato, addensato, condensato, infittito **2** (*di denaro, di patrimonio, ecc.*) dilapidato, scialacquato, sperperato, distrutto, liquefatto **CONTR.** economizzato, risparmiato, lesinato **3** (*fig.*) (*di tempo, di energie, ecc.*) sciupato, sprecato, buttato via, disperso, profuso, perso **CONTR.** utilizzato, messo a profitto **4** (*di persona, di vita, ecc.*) distratto, svagato □ scapestrato, scioperato, dissoluto, corrotto **CONTR.** assennato, equilibrato, morigerato, serio.

dissipatóre *s. m.*; *anche agg.* (*f.* *-trice*) dilapidatore, scialacquatore, sprecone, sciupone, sperperatore, prodigo, spendaccione **CONTR.** economo, parsimonioso, risparmiatore, economizzatore □ avaro, taccagno, tirchio, tirato, spilorcio, sparagnino (*dial.*, *spreg.*).

dissipazióne *s. f.* **1** (*di denaro, di energie, ecc.*) scialacquio, scialo, sperperamento, sperpero, spreco, sciupio, dilapidazione, liquefazione, scialaquamento, dispersione **CONTR.** economia, parsimonia, risparmio □ avarizia, taccagneria, tirchieria, spilorceria **2** (*di condotta, di vita e sim.*) scioperatezza, scioperataggine, sregolatezza, intemperanza, scapestrataggine, dissipatezza **CONTR.** misura, moderatezza, morigeratezza, costumatezza, temperanza □ laboriosità, operosità.

dissociàre **A** *v. tr.* (*anche fig.*) disgiungere, dividere, disunire, scompagnare, separare, dissolvere □ (*chim.*) scindere **CONTR.** associare, consociare, collegare, congiungere, unire, concatenare, connettere **B** **dissociarsi** *v. rifl.* **1** (*fig.*) dissentire, tenersi fuori, non aderire, discordare, divergere □ opporsi **CONTR.** associarsi, consentire, aderire, aggregarsi **2** sdoppiarsi. *V. anche* DIVIDERE

dissociàto **A** *part. pass. di* **dissociare**; *anche agg.* disgiunto, disunito, diviso, scompagnato, scisso, separato **CONTR.** associato, consociato, collegato, congiunto, unito, aggregato, concatenato **B** *agg.* e *s. m.* (*fig.*) disordinato, incoerente **CONTR.** ordinato, coerente **C** *s. m.* **1** malato mentale, alienato, schizofrenico **CONTR.** sano **2** dissenziente, dissidente □ pentito **CONTR.** consenziente.

dissociazióne *s. f.* **1** scomposizione, disgiunzione, distacco, divisione, scissione, separazione **CONTR.** associazione, congiungimento, congiunzione, unione, aggregazione **2** sdoppiamento □ (*psicol.*) schizofrenia **3** (*fig.*) disordine, incoerenza **CONTR.** ordine, coerenza **4** (*fig.*) dissenso, distacco **CONTR.** assenso.

dissodàre *v. tr.* **1** arare, vangare, zappare, scassare, rendere coltivabile **2** (*fig.*) affinare, raffinare, dirozzare, ingentilire, educare **CONTR.** imbarbarire.

dissodàto *part. pass. di* **dissodare**; *anche agg.* arato, lavorato **CONTR.** incolto.

dissòlto *part. pass. di* **dissolvere**; *anche agg.* sciolto, disciolto, disfatto, decomposto, liquefatto, sfumato, dissipato **CONTR.** intatto, integro.

dissolutaménte *avv.* licenziosamente, scostumatamente, sfrenatamente, dissipatamente, sregolatamente, viziosamente **CONTR.** morigeratamente, virtuosamente, continentemente, temperantemente.

dissolutézza *s. f.* licenza, licenziosità, scostumatezza, sfrenatezza, smoderatezza, sregolatezza, scapestrataggine, intemperanza, depravazione, vizio, lascivia, libertinaggio **CONTR.** virtù, costumatezza, castigatezza, continenza, misura, moderazione, morigeratezza, probità, temperanza. *V. anche* DEPRAVAZIONE

dissolùto *agg.* e *s. m.* licenzioso, scostumato, scapestrato, scapigliato, sregolato, sfrenato, intemperante, corrotto, debosciato, incontinente, lascivo, libertino, depravato, vizioso, libidinoso **CONTR.** castigato, costumato, moderato, morigerato, pudico, temperante, virtuoso, continente, dabbene. *V. anche* OSCENO

dissoluzióne *s. f.* **1** scioglimento, disfacimento, decomposizione, disgregamento, disintegrazione, dissolvimento **2** (*fig.*) (*spec. morale*) crollo, decadenza, declino, sfacelo, sfascio **CONTR.** ascesa, progresso, crescita.

dissolvènza *s. f.* (*cine.*) evanescenza, fading (*ingl.*).

dissòlvere **A** *v. tr.* **1** (*raro*) sciogliere, disciogliere, fondere, liquefare, stemperare, decomporre **CONTR.** coagulare, condensare, rassodare, solidificare **2** (*di *ente, di famiglia, ecc.*) disunire, disgregare, disfare, dissociare, scindere, separare □ sfasciare **CONTR.** congiungere, unire ***3*** (*di fumo, di nebbia, ecc.*) dissipare, disperdere **CONTR.** addensare, infittire ***B*** **dissolversi** *v. intr. pron.* ***1*** sciogliersi, decomporsi, disfarsi, disgregarsi, disunirsi, distruggersi, liquefarsi, perdersi, polverizzarsi **CONTR.** unirsi, congiungersi, formarsi ***2*** (*di fumo, di nebbia, ecc.*) dissiparsi, dileguare, sparire, scomparire, svanire, sfumare **CONTR.** addensarsi, infittirsi, apparire, comparire.

dissonànte *agg.* ***1*** (*di suono*) disarmonico, scordato, stonato, sgradevole, aspro, stridente **CONTR.** armonico, armonioso, accordato, gradevole, intonato, dolce, soave, musicale, melodioso ***2*** (*fig.*) (*di parere, di colore, ecc.*) contrastante, discordante, diverso **CONTR.** concordante, concorde, simile, consonante.

dissonànza *s. f.* ***1*** (*di suoni*) disarmonia, discordanza, stonatura, asprezza □ (*mus.*) diafonia **CONTR.** armonia, accordo, assonanza, consonanza ***2*** (*fig.*) (*di parere, di colore, ecc.*) disaccordo, discordia, dissidio, discrepanza (*raro*), divergenza, dissenso, contrasto □ differenza, disuguaglianza **CONTR.** accordo, armonia, consenso, convergenza, intesa, concordanza, rispondenza, unione, unanimità □ uguaglianza, somiglianza. *V. anche* DISCORDIA

dissotterraménto *s. m.* esumazione, disseppellimento, riesumazione **CONTR.** sepoltura, seppellimento, interramento, sotterramento, inumazione, tumulazione.

dissotterràre *v. tr.* ***1*** esumare, riesumare, disseppellire **CONTR.** inumare, seppellire, tumulare ***2*** (*di ruderi, di resti e sim.*) portare alla luce, scavare **CONTR.** seppellire, interrare ***3*** (*fig.*) (*di usi, di tradizioni, ecc.*) ripristinare, rimettere in uso, rievocare **CONTR.** dimenticare, abbandonare, far morire.

dissotterràto *part. pass. di* **dissotterrare**; *anche agg.* ***1*** esumato, disseppellito, dissepolto **CONTR.** inumato, sepolto, tumulato ***2*** (*di ruderi, di resti e sim.*) portato alla luce, scavato **CONTR.** sepolto, seppellito, sotterrato ***3*** (*fig.*) (*di usi, di tradizioni, ecc.*) ripristinato, rimesso in uso, rievocato **CONTR.** dimenticato, abbandonato.

dissuadére *v. tr.* distogliere, sconsigliare, rimuovere, smuovere, trattenere, indurre ad astenersi, fare recedere, stornare **CONTR.** consigliare, indurre, persuadere, cercare di convincere, incitare, spingere, esortare, incoraggiare, invitare, pungolare, spronare.

dissuasióne *s. f.* allontanamento **CONTR.** esortazione, convincimento, persuasione, incitamento, incoraggiamento, spinta, sprone, stimolo.

dissuasìvo *agg.* disinvitante **CONTR.** persuasivo, invitante, allettante, convincente.

dissuàso *part. pass. di* **dissuadere**; *anche agg.* sconsigliato, distolto, trattenuto, fatto recedere **CONTR.** consigliato, persuaso, convinto, indotto, spinto, incoraggiato, invitato.

distaccaménto *s. m.* (*mil.*) dislocamento, guarnigione, reparto.

distaccàre ***A*** *v. tr.* ***1*** staccare, disgiungere, disunire, dividere, separare **CONTR.** attaccare, congiungere, incollare, saldare, unire, appiccicare, applicare, affiggere, appendere, appiccare ***2*** (*fig.*) (*dallo studio, dalle amicizie, ecc.*) allontanare, distogliere, alienare, disaffezionare, disamorare **CONTR.** avvicinare, affezionare ***3*** (*di militari, di impiegati, ecc.*) trasferire, mandare in distaccamento □ smistare ***4*** (*sport*) staccare, distanziare, superare, battere ***B*** **distaccarsi** *v. intr. pron.* ***1*** staccarsi, dividersi, separarsi **CONTR.** attaccarsi, congiungersi, unirsi, aderire ***2*** (*fig.*) (*dallo studio, dalle amicizie, ecc.*) allontanarsi, disaffezionarsi, abbandonare, interrompere, trascurare, rompere □ evadere, uscire **CONTR.** avvicinarsi, affezionarsi ***3*** (*fig.*) (*per bellezza, per intelligenza, ecc.*) distinguersi, risaltare, eccellere, elevarsi □ (*nelle idee, nelle caratteristiche, ecc.*) differire **CONTR.** confondersi, somigliare. *V. anche* DIVIDERE, EVADERE

distaccàto *part. pass. di* **distaccare**; *anche agg.* ***1*** staccato, disgiunto, disunito, diviso, separato, scisso **CONTR.** attaccato, unito, congiunto, saldato, affisso, applicato ***2*** (*fig.*) (*dalle cose, dagli amici, ecc.*) indifferente, imperturbabile, impassibile, freddo, glaciale, compassato, disamorato, disinteressato, disaffezionato **CONTR.** appassionato, interessato, partecipe, caldo, caloroso, entusiastico, focoso, passionale ***3*** (*sport*) staccato, distanziato.

distàcco *s. m.* ***1*** disunione, divisione, separazione, disgiungimento, distaccamento, scisma, scissione, scollamento, sganciamento **CONTR.** congiungimento, unione, avvicinamento, contatto ***2*** addio, allontanamento, partenza, dipartita □ esilio, espulsione □ lontananza, assenza **CONTR.** ricongiungimento □ vicinanza ***3*** (*fig.*) (*dalle cose, dagli amici, ecc.*) disinteresse, indifferenza, imperturbabilità, olimpicità, freddezza, insensibilità, disaffezione, disamore, allontanamento, rigetto, isolamento **CONTR.** interesse, partecipazione, passione, affetto, amore, attaccamento ***4*** (*di grado, di abilità, ecc.*) distanza, differenza, dislivello, scarto, squilibrio □ (*sport*) vantaggio, svantaggio ***5*** (*aer.*) decollo **CONTR.** atterraggio.

distànte ***A*** *part. pres. di* **distare**; *anche agg.* ***1*** lontano, discosto, remoto □ appartato **CONTR.** vicino, prossimo attiguo, contiguo, adiacente, circostante, confinante, limitrofo ***2*** (*fig.*) differente, diverso **CONTR.** simile, pari, uguale ***3*** (*fig.*) assente, distaccato ***B*** *in funzione di avv.* lontano, via **CONTR.** vicino.

distànza *s. f.* ***1*** intervallo, spazio, tratto, tratta, lontananza □ assenza **CONTR.** vicinanza, unione, contatto, contiguità, attiguità ***2*** tempo ***3*** (*sport, mat.*) lunghezza ***4*** (*fig.*) (*di grado, di condizione, ecc.*) differenza, diversità, disparità, dislivello, scarto **CONTR.** somiglianza, uguaglianza **FRAS.** *mantenere le distanze* (*fig.*), non dare confidenza.

distanziàre *v. tr.* ***1*** allontanare, discostare, intervallare, diradare **CONTR.** avvicinare, accostare ***2*** (*sport*) distaccare, staccare, seminare ***3*** (*fig.*) (*per abilità, per ingegno, ecc.*) superare, battere, lasciare indietro, prevalere **CONTR.** rimanere indietro.

distàre *v. intr.* ***1*** essere lontano, stare lontano **CONTR.** essere vicino ***2*** (*fig.*) (*di opinioni, di condizioni, ecc.*) differire, diversificarsi, discordare, distinguersi **CONTR.** assomigliare, somigliarsi, accostarsi, identificarsi, essere uguale.

distèndere ***A*** *v. tr.* ***1*** (*anche fig.*) (*di arco, di nervi, ecc.*) allentare, rilassare **CONTR.** tendere, tirare ***2*** (*di foglio, di pasta, ecc.*) stendere, aprire, allargare, spiegare, dispiegare, svolgere, srotolare, tirare, spianare □ (*di arto, ecc.*) allungare, protendere, tendere, sgranchire, stirare, stiracchiare **CONTR.** accartocciare, arricciare, arrotolare, spiegazzare, stropicciare □ irrigidire, rattrappire, contrarre, piegare, ritrarre, ritirare, inarcare, irrigidire □ aggrottare, corrugare ***3*** (*di ferito, ecc.*) adagiare, sistemare, coricare, sdraiare **CONTR.** alzare, rialzare, sollevare, tirar su ***B*** **distendersi** *v. rifl.* ***1*** (*fig.*) rilassarsi, scaricarsi, calmarsi, tranquillizzarsi, respirare (*fig.*), riposarsi, rifiatare, defaticarsi **CONTR.** eccitarsi, innervosirsi, agitarsi, contrarsi, irrigidirsi, rabbuiarsi ***2*** sdraiarsi, adagiarsi, giacere, allungarsi **CONTR.** alzarsi, rialzarsi, tirarsi su, risollevarsi, rizzarsi in piedi □ rannicchiarsi, acciambellarsi, raggomitolarsi, rattrappirsi ***C*** *v. intr. pron.* (*di deserto, di mare, ecc.*) estendersi, spaziare, allargarsi, dispiegarsi.

distensióne *s. f.* ***1*** allungamento, stiramento, allargamento, allentamento **CONTR.** contrazione, contrattura, restringimento, rattrappimento ***2*** rilassamento, relax, calma, abbandono, pacatezza, quiete, pace, tranquillità, requie **CONTR.** eccitazione, nervosismo, agitazione, tensione ***3*** (*fig.*) (*spec. politica*) miglioramento di rapporti, disgelo **CONTR.** tensione, atmosfera tesa, rincrudimento.

distensìvo *agg.* ***1*** rilassante, riposante, ricreativo, quieto **CONTR.** eccitante □ snervante ***2*** (*fig.*) pacifico **CONTR.** teso.

distésa *s. f.* ***1*** (*di territorio, di mare, ecc.*) estensione, superficie ampia, spazio, zona, tratto **CONTR.** spazio limitato ***2*** (*di cose*) serie, fila, successione **FRAS.** *a distesa*, senza interruzione, con la massima intensità.

distesaménte *avv.* minutamente, particolareggiatamente, diffusamente, per esteso **CONTR.** brevemente, sommariamente, succintamente.

distéso *part. pass. di* **distendere**; *anche agg.* ***1*** (*di arco, ecc.*) allentato □ (*fig.*) (*di umore, ecc.*) rilassato, contento, pacato, quieto, tranquillo **CONTR.** teso, tirato □ nervoso, agitato, scuro, turbato ***2*** (*di foglio, di gambe, ecc.*) steso, allungato, allargato, spiegato, svolto, teso, proteso **CONTR.** accartocciato, aggrovigliato, raggrinzito, inarcato, contratto, piegato, ritratto, ritirato ***3*** (*di ferito, ecc.*) adagiato, sistemato, sdraiato, coricato **CONTR.** alzato, sollevato, in piedi.

distillàre ***A*** *v. tr.* ***1*** (*chim.*) sottoporre a distillazione □ ottenere per distillazione ***2*** stillare, versare a gocce ***3*** (*fig.*) estrarre faticosamente ***4*** (*raro, fig.*) (*nella mente, nell'animo*) infondere, instillare, trasfondere **CONTR.** estrarre, cavare ***B*** *v. intr.* trasudare, colare **CONTR.** erompere, sgorgare, zampillare **FRAS.** *distillarsi il cervello* (*fig.*), lambiccarsi, scervellarsi.

distillàto ***A*** *part. pass. di* **distillare**; *anche agg.* filtrato, decantato ***B*** *s. m.* essenza, concentrato, estratto.

distillatóre *s. m.* distillatoio (*ant.*), alambicco, lambicco, storta.

distillazióne *s. f.* (*chim.*) separazione □ raffinazione.

distillerìa *s. f.* (*correntemente*) liquoreria.

distìnguere ***A*** *v. tr.* ***1*** discernere, differenziare, selezionare, diversificare, discriminare, sceverare (*lett.*), capire, comprendere, intendere, notare, vedere, scorgere, ravvisare, percepire, riconoscere, individuare □ determinare, valutare □ isolare, localizzare **CONTR.** accomunare, confondere, mescolare, scambiare ***2*** (*di etichetta, di segno, ecc.*) rendere riconoscibile, contrassegnare, classificare, segnalare, segnare **CONTR.** uguagliare, uniformare ***3*** (*di meriti, di difetti, ecc.*) rendere diverso, caratterizzare, qualificare, contraddistinguere □ fare risaltare, fare emergere, mettere in luce ***4*** (*di opera, di zona, ecc.*) spartire, suddividere, dividere, separare **CONTR.** unificare ***B*** **distinguersi** *v. intr. pron.* ***1*** essere riconoscibile, differenziarsi, differire **CONTR.** confondersi, somigliarsi ***2*** farsi notare, emergere, segnalarsi, distaccarsi, spiccare, brillare, elevarsi, grandeggiare, risaltare, stagliarsi, primeggiare □ superare, vincere, affermarsi, eccellere **CONTR.** confondersi, mescolarsi. *V. anche* DIVIDERE, VINCERE

distinguìbile *agg.* individuabile, visibile, ravvisabile, riconoscibile, localizzabile, definibile, discernibile, percepibile, percettibile, evidente **CONTR.** indistinguibile, indistinto, vago, confuso.

distìnta *s. f.* nota, borderò, specifica, elenco, lista, listino, catalogo.

distintaménte *avv.* ***1*** separatamente, a parte, specificatamente **CONTR.** unitamente, complessivamente, indiscriminatamente, promiscuamente ***2*** chiaramente, nettamente □ spiccatamente **CONTR.** indistintamente, confusamente, vagamente ***3*** con distinzione, elegantemente, signorilmente, egregiamente **CONTR.** sciattamente, trascuratamente, trivialmente, volgarmente ***4*** (*bur.*) (*spec. nelle corrispondenze*) deferentemente, cortesemente.

distintìvo ***A*** *agg.* proprio, caratteristico, particolare **CONTR.** comune, generale ***B*** *s. m.* ***1*** (*di partito, di associazione, ecc.*) contrassegno, insegna, badge (*ingl.*), patacca (*spreg.*), coccarda □ (*mil.*) nastrino, mostrina, gallone, stelletta, scudetto □ (*mar.*) insegna, guidone, fiamma ***2*** (*fig.*) caratteristica, attributo, nota, elemento caratterizzante.

distìnto *part. pass. di* **distinguere**; *anche agg.* ***1*** diviso, separato, staccato, disgiunto □ diverso, particolare, differente, dissimile, differenziato □ contraddistinto, contrassegnato **CONTR.** congiunto, unito, complessivo, indiscriminato, indifferenziato, mescolato, mischiato, misto □ uguale, identico ***2*** chiaro, marcato, netto, nitido, riconoscibile **CONTR.** indistinto, confuso, vago, irriconoscibile ***3*** (*di persona*) eccellente, esimio, insigne, egregio, qualificato, scelto, selezionato, conosciuto, notevole, ragguardevole, segnalato, straordinario **CONTR.** comune, mediocre, modesto, ordinario ***4*** (*di persona, di modi, ecc.*) elegante, raffinato, signorile, chic (*fr.*), gentile, squisito **CONTR.** grossolano, rozzo, volgare, zotico, plebeo.

distinzióne *s. f.* ***1*** discriminazione, differenza, differenziazione, distinguo, divisione, suddivisione, separazione, ripartizione, classificazione, selezione **CONTR.** confusione, commistione, miscela, misto, mescolamento, mescolanza, zibaldone, promiscuità **2** segno d'onore, privilegio □ caratteristica **3** garbo, cortesia, signorilità, raffinatezza, chic (*fr.*), dignità, nobiltà, eleganza, gusto, squisitezza **CONTR.** grossolanità, rozzezza, volgarità, ignoranza, trivialità. *V. anche* DIGNITÀ, ELEGANZA, PRIVILEGIO

distògliere ***A*** *v. tr.* **1** (*di persona, di sguardo, ecc.*) allontanare, togliere via, rimuovere, volgere altrove, deviare, distaccare, ritrarre, sviare **CONTR.** attirare, attrarre, accostare, avvicinare, volgere **2** (*fig.*) (*dal lavoro, da un'idea, ecc.*) far desistere, dissuadere, trattenere, sconsigliare, stornare, distrarre, svagare, astrarre **CONTR.** indurre, persuadere, incitare, spingere, consigliare, esortare, indirizzare, spronare, invitare ***B*** **distogliersi** *v. rifl.* staccarsi, abbandonare, lasciare □ distrarsi, svagarsi, sviarsi **CONTR.** applicarsi, dedicarsi, attendere.

distòlto *part. pass. di* **distogliere**; *anche agg.* **1** (*di persona, di sguardo, ecc.*) allontanato, rimosso **CONTR.** attirato, attratto **2** (*fig.*) (*di animo, di mente, ecc.*) distratto, dissuaso, staccato **CONTR.** preso, intento □ indotto, tentato.

distòrcere ***A*** *v. tr.* **1** storcere, contorcere, stravolgere **CONTR.** drizzare, raddrizzare **2** (*fig.*) (*di verità, di significato, ecc.*) falsare, alterare, travisare ***B*** **distorcersi** *v. rifl.* contorcersi **CONTR.** irrigidirsi, drizzarsi.

distorsióne *s. f.* **1** contorsione, storcimento **CONTR.** irrigidimento, raddrizzamento **2** lussazione, storta **3** (*fis., mus.*) aberrazione, alterazione **4** (*fig.*) (*di verità, di significato, ecc.*) falsa interpretazione, travisamento, falsificazione, alterazione, mistificazione.

distòrto *part. pass. di* **distorcere**; *anche agg.* **1** torto, storto, contorto, piegato **CONTR.** irrigidito, raddrizzato, diritto, dritto **2** (*fig.*) (*di verità, di significato, ecc.*) falsato, inesatto, alterato, male interpretato, stravolto, travisato, svisato **CONTR.** esatto, giusto.

distràrre ***A*** *v. tr.* **1** rivolgere altrove, staccare, distogliere **CONTR.** rivolgere, dirigere **2** (*di denaro*) sottrarre, usare per altro scopo, stornare **3** (*fig.*) (*di persona, di mente, ecc.*) distogliere, sviare, rendere disattento, disturbare **CONTR.** attirare, impegnare, far concentrare, calamitare, polarizzare **4** (*est.*) svagare, divertire, ricreare **CONTR.** annoiare, infastidire, seccare, disturbare, scocciare, tediare □ tormentare, addolorare ***B*** **distrarsi** *v. rifl.* **1** essere disattento, perdere la concentrazione, estraniarsi, distogliersi, disperdersi, fantasticare, divagare, evadere **CONTR.** concentrarsi, raccogliersi, impegnarsi, sprofondarsi **2** (*est.*) svagarsi, divertirsi, ricrearsi, giocherellare, trastullarsi, spassarsi, sollazzarsi **CONTR.** annoiarsi, seccarsi, scocciarsi □ tormentarsi, addolorarsi. *V. anche* EVADERE

distrattaménte *avv.* disattentamente, sbadatamente, negligentemente, superficialmente, disavvertitamente, disavvedutamente, sventatamente **CONTR.** attentamente, diligentemente, scrupolosamente.

distràtto *part. pass. di* **distrarre**; *anche agg.* **1** (*di sguardo*) distolto, staccato **CONTR.** rivolto, diretto, fisso **2** (*di denaro*) sottratto, stornato, usato per altro scopo **3** (*di persona, di mente, ecc.*) sbadato, disattento, assente, svagato, sventato, smemorato, stordito, trasognato, incantato, soprappensiero, negligente, superficiale, inaffidabile **CONTR.** attento, sveglio, desto, assiduo, concentrato, diligente, riflessivo, scrupoloso, pensieroso, intento, assorto. *V. anche* SBADATO

distrazióne *s. f.* **1** disattenzione, sbadataggine, sventatezza, disavvertenza, dimenticanza, negligenza, superficialità, smemorataggine, svagataggine, svista **CONTR.** attenzione, assiduità, applicazione, concentrazione, diligenza, riflessione, scrupolosità, meditazione, raccoglimento **2** svago, divertimento, ricreazione, diversivo, passatempo, sfizio, diletto, piacere, evasione, riposo, diporto, hobby (*ingl.*) **CONTR.** fastidio, noia, seccatura □ tormento, dolore.

distrétto *s. m.* circoscrizione, zona, circolo, area, comprensorio, circondario, cantone □ (*anat.*) regione.

distrettuàle *agg.* circoscrizionale.

distribuìre *v. tr.* **1** assegnare, dare, dispensare, dividere, compartire (*raro*), ripartire, spartire □ (*spreg.*) propinare □ (*di ordine*) impartire □ (*di aiuto, ecc.*) prodigare **CONTR.** raccogliere, radunare, riunire, incamerare, incettare **2** (*di libri, di truppe, ecc.*) disporre, ordinare, sistemare, dislocare, scaglionare **3** (*di stampa, di acqua, ecc.*) diffondere, fornire, erogare, somministrare □ (*di droga, ecc.*) spacciare. *V. anche* DIVIDERE

distributóre *agg.* e *s. m.* **1** (*f. -trice*) erogatore □ diffusore, fornitore, dispensatore, somministratore, propinatore, dispensiere □ (*di droga*) spacciatore, pusher (*ingl., gerg.*) **2** (*di carburante*) pompa **FRAS.** *distributore d'accensione*, spinterogeno.

distribuzióne *s. f.* **1** divisione, assegnazione, ripartizione, spartizione □ dislocamento, dislocazione, scaglionamento □ donazione, elargizione, erogazione, somministrazione, emissione **CONTR.** raccolta, riunione, incameramento, incetta **2** (*di prodotti*) smercio, vendita, diffusione □ negozio, supermercato, esercizio.

districàre ***A*** *v. tr.* **1** sbrogliare, sciogliere, slegare, snodare, disfare, dipanare, sgarbugliare, sgrovigliare □ (*di capelli*) pettinare, ravviare **CONTR.** imbrogliare, aggrovigliare, ingarbugliare, arruffare, intricare **2** (*fig.*) (*di questione, di problema, ecc.*) chiarire, risolvere, spiegare, sbrigare **CONTR.** confondere ***B*** **districarsi** *v. rifl.* (*anche fig.*) tirarsi fuori, liberarsi, sbrogliarsi, disbrigarsi □ cavarsela, uscire d'impiccio **CONTR.** impigliarsi, restare prigioniero, rimanere incastrato (*fig.*), inguaiarsi, impegolarsi, imbrogliarsi. *V. anche* SBRIGARE, SCIOGLIERE

distrùggere ***A*** *v. tr.* **1** (*di cosa*) abbattere, atterrare, buttar giù, demolire, diroccare, fracassare, sfasciare, disfare, radere al suolo, smantellare, spianare, stritolare, rompere □ polverizzare, disintegrare, incenerire □ devastare, desolare, guastare, rovinare, saccheggiare **CONTR.** creare, costruire, edificare, erigere, fondare, innalzare, fabbricare, formare □ restaurare, raccomodare, ristrutturare □ salvare, tutelare, difendere, mantenere □ piantare **2** (*anche fig.*) (*di persona o cosa*) ridurre al nulla, annientare, annichilire, annullare, cancellare, disperdere, dissipare, eliminare, paralizzare, soffocare, sopprimere, sradicare, estirpare, falciare, falcidiare, steminare, sbaragliare, massacrare, fare strage, debellare, uccidere □ rovesciare, sabotare, scalzare □ consumare □ smontare, scoraggiare, stancare **CONTR.** dare vita, creare, generare, potenziare, esaltare, valorizzare □ alimentare □ guarire ***B*** **distruggersi** *v. rifl.* (*di persona*) ridursi malissimo, consumarsi, deperire, struggersi **CONTR.** rifiorire, ristabilirsi, riassestarsi, rigenerarsi ***C*** *v. intr. pron.* (*fig.*) (*di persona o cosa*) andare in rovina □ dissolversi, disfarsi. *V. anche* GUASTARE

distruttìvo *agg.* distruttore, devastatore □ negativo **CONTR.** costruttivo, costruttore □ positivo □ conservativo, preservativo, protettivo.

distrùtto *part. pass. di* **distruggere**; *anche agg.* ***1*** (*di cosa*) abbattuto, atterrato, spianato, buttato giù, smantellato, demolito, disfatto, disgregato, sfasciato, rotto, devastato, guastato, rovinato, eliminato, soppresso, sradicato □ polverizzato, incenerito **CONTR.** costruito, edificato, eretto, fondato, innalzato, attuato, creato, fabbricato □ mantenuto, tutelato, salvato, difeso □ piantato ***2*** (*fig.*) (*di persona o cosa*) annientato, annichilito, annullato, cancellato, dissipato, eliminato, paralizzato, soffocato, soppresso, sbaragliato, massacrato, sterminato, kaputt (*ted.*) □ consumato **CONTR.** potenziato, esaltato, valorizzato □ alimentato □ guarito ***3*** (*fig.*) (*di persona*) stanco, svigorito, sfinito, sciupato, consunto, estenuato, esausto, esaurito □ disperato, straziato, desolato, smontato, sfiduciato **CONTR.** energico, forte, rinforzato, rinvigorito, irrobustito □ fiducioso, speranzoso.

distruttóre *s. m.*; *anche agg.* (*f. -trice*) ***1*** (*anche fig.*) annientatore, demolitore, devastatore, eversore, estirpatore, sovvertitore, sterminatore, dissipatore, guastatore, distruttivo □ teppistico, vandalico, vandalo **CONTR.** costruttore, edificatore, fondatore, creatore, iniziatore, restauratore, difensore, mantenitore ***2*** (*aer.*) spoiler (*ingl.*).

distruzióne *s. f.* (*anche fig.*) abbattimento, atterramento, demolizione, diroccamento, disfacimento, smantellamento, devastazione, desolazione, guasto, rovina, saccheggio, polverizzazione, sfascio, dissipazione □ annientamento, annichilimento, annullamento, fine, dispersione, eliminazione, soppressione, carneficina, ecatombe, strage, morte **CONTR.** costruzione, edificazione, erezione, fondazione, restauro, rifacimento, riparazione, riassetto, effettuazione, manutenzione □ potenziamento, valorizzazione, esaltazione, tutela.

disturbàre ***A*** *v. tr.* importunare, infastidire, molestare, dar noia, tediare, seccare, scocciare (*fam.*), contrariare, rompere (*gerg.*), incomodare, distrarre, frastornare, turbare, imbarazzare □ interrompere, intralciare, ostacolare **CONTR.** far piacere, allietare, divertire, rallegrare, distrarre □ conciliarsi, confarsi ***B*** **disturbarsi** *v. rifl.* prendersi l'incomodo, scomodarsi, incomodarsi, darsi pena, preoccuparsi **CONTR.** restar comodo, disinteressarsi. *V. anche* IMBARAZZARE

disturbatóre *s. m.*; *anche agg.* (*f. -trice*) importuno, frastornatore, molesto, noioso, perturbatore, seccatore, guastafeste, scocciatore (*fam.*), rompiscatole (*fam.*) **CONTR.** riservato, discreto, rispettoso, educato □ simpaticone, spiritoso.

distùrbo *s. m.* ***1*** incomodo, molestia, fastidio, imbarazzo, disappunto, impaccio, impedimento, inconveniente, intralcio, ostacolo, noia, seccatura, scomodità, disagio, scocciatura (*fam.*), contrattempo, turbativa **CONTR.** comodo, comodità, agio, piacere, gradimento ***2*** (*di fisico*) disfunzione, acciacco, malanno, malessere, indisposizione **CONTR.** salute, integrità, benessere ***3*** (*di meccanismo*) difetto, malfunzionamento **CONTR.** perfezione, esattezza ***4*** (*di comunicazione*) perturbazione, noise (*ingl.*) **CONTR.** chiarezza **FRAS.** *togliere il disturbo*, andarsene, accomiatarsi. *V. anche* MALATTIA

DISTURBO
sinonimia strutturata

Il **disturbo** consiste innanzitutto nell'ostacolare o intralciare l'attività di una persona distraendola dal normale svolgimento di qualcosa: *mi dispiace di causarti tanto disturbo*; *ce ne andammo insino a Parigi senza un disturbo al mondo* (CELLINI); *togliere il disturbo* è una formula di cortesia che il visitatore può usare al momento di congedarsi sottintendendo, anche scherzosamente, di essere stato importuno; *me ne vado, tolgo il disturbo!*; un sinonimo generale è **incomodo**, che si trova anche nell'espressione equivalente *levare l'incomodo*.

Noia, **seccatura** in senso figurato e il familiare **scocciatura** indicano un piccolo guaio: *ha avuto delle noie con i vicini*; *è una vera seccatura*; *vorrei evitare questa scocciatura*; gli ultimi due termini richiamano alla mente più che un problema una **scomodità**, ossia una situazione malagevole: *abitare lontano dal centro è una scomodità*. Vicinissimi sono **disagio** e **fastidio**, che però indicano anche il disturbo inteso come sensazione: *il suo comportamento dà fastidio*; *mi crea sempre un certo disagio*; il fastidio, che suggerisce anche insofferenza, può essere provocato da una **molestia**, ossia da qualcosa che arreca insistentemente un danno o un disturbo: *subire molestie insopportabili*; *la molestia delle mosche*.

Il disagio causato da un senso di ingombro nei movimenti o nell'agire è detto **imbarazzo**: *tanti bagagli mi sono di imbarazzo*. In quest'accezione, si avvicina molto a **impaccio**, **intralcio**, che si riferiscono a un viluppo di contrarietà: *tanti impacci ci impedirono di partire*; *una legge che provoca intralci al commercio*; in particolare, ciò che impedisce la regolarità dell'andamento di qualcosa si dice **turbativa**: *turbative nel mercato dei cambi*. Una difficoltà non irrilevante è detta **impedimento** o, in senso figurato, **ostacolo**: *superare ogni impedimento*; *frapporre degli ostacoli*. Più facilmente superabile è invece l'**inconveniente**, che è un avvenimento spiacevole che crea qualche intoppo: *schivare, far nascere un inconveniente*; vicinissimo è **contrattempo**, che però sottolinea l'inopportunità del momento in cui l'inconveniente accade: *a causa di un contrattempo ho perso il treno*.

Disturbo designa anche un turbamento non grave

nella funzionalità dell'organismo umano: *ho qualche disturbo dovuto ai reumatismi*; *disturbo di stomaco, psichico*. Sinonimo generale è **indisposizione**, che designa una lieve infermità: *essere impedito da una leggera indisposizione*; molto vicino è **malessere**, che però mette l'accento sulla sensazione indefinita di non star bene: *uno strano malessere*. **Malanno** e **acciacco** indicano invece un male non serio ma fastidioso: *quando si è vecchi si è pieni di malanni*; *gli acciacchi dell'età*. Una **disfunzione** in medicina è propriamente l'alterazione nella funzione di un organo.

Inoltre, si dice disturbo o noia anche un **difetto** nel funzionamento di un apparecchio: *disturbo telefonico*; *disturbi al motore dell'auto*; *la moto ha qualche noia al motore*; il disturbo è dunque la manifestazione, la conseguenza di un'imperfezione tecnica che spesso risale alla fabbricazione. Nel linguaggio delle telecomunicazioni, invece, si chiama disturbo o con termine inglese, **noise**, ogni **perturbazione** o disordine che renda impossibile o imperfetta la ricezione di un segnale.

disubbidìre e deriv. *V.* **disobbedire** e deriv.

disuguagliànza *s. f.* differenza, disparità, diversità, ineguaglianza, sperequazione, dissomiglianza **CONTR.** uguaglianza, conformità, identità, parità, perequazione, omogeneità, uniformità, equiparazione, somiglianza.

disuguàle *agg.* ***1*** differente, diverso, dissimile, ineguale, dissomigliante □ impari **CONTR.** uguale, identico, somigliante □ pari ***2*** (*di terreno, di paesaggio, ecc.*) difforme, irregolare **CONTR.** uniforme, regolare ***3*** (*fig.*) (*di carattere, di rendimento, ecc.*) incostante, incoerente, mutevole, vario □ disparato **CONTR.** costante, coerente, fermo, stabile, equilibrato.

disumanaménte *avv.* crudelmente, ferocemente, duramente, efferatamente, impietosamente, inumanamente, brutalmente, spietatamente **CONTR.** umanamente, benignamente, bonariamente, dolcemente, mitemente, pietosamente.

disumanità *s. f.* crudeltà, inumanità, ferocia, spietatezza, brutalità, durezza, efferatezza, barbarie, bestialità **CONTR.** umanità, benignità, bontà, compassione, indulgenza, mitezza, carità, comprensione.

disumàno *agg.* crudele, feroce, inumano, spietato, brutale, duro, efferato, atroce, barbarico, barbaro, bruto, impietoso, mostruoso, selvaggio, bestiale, ferino, snaturato, terribile, truce □ freddo, insensibile **CONTR.** umano, benigno, buono, compassionevole, indulgente, mite, pietoso, caritatevole, comprensivo. *V. anche* CRUDELE

disunióne *s. f.* ***1*** disgiungimento (*raro*), divisione, distacco, separazione, rottura, scissione **CONTR.** congiungimento, congiunzione, unione □ aggregazione, associazione, compagine, blocco ***2*** (*fig.*) discordia, contrasto, dissenso, dissidio **CONTR.** accordo, armonia, concordia, intesa, pace, solidarietà. *V. anche* DISCORDIA

disunìre ***A*** *v. tr.* ***1*** separare, dividere, disgiungere, disaggregare, dissociare, dissolvere, distaccare, sciogliere, scollegare, scombaciare, scompagnare, scomporre, sconnettere, staccare **CONTR.** collegare, congiungere, unire, allacciare, legare, saldare, accomunare, aggregare, annettere, associare ***2*** (*fig.*) disgregare, mettere in discordia, fare litigare **CONTR.** pacificare, conciliare, riconciliare ***B*** **disunirsi** *v. rifl. e rifl. rec.* separarsi, dividersi, disgregarsi, staccarsi **CONTR.** unirsi, allearsi, coalizzarsi. *V. anche* DIVIDERE, SCIOGLIERE

disunìto *part. pass. di* **disunire**; *anche agg.* ***1*** diviso, disgiunto, separato, staccato, disgregato, dissociato, distaccato, sciolto, scisso, scollato, scomposto □ sparpagliato, sparso **CONTR.** collegato, congiunto, unito, aggiunto, annesso ***2*** (*fig.*) (*di stile, di discorso, ecc.*) disorganico, disuguale, irregolare, frammentario, sconnesso **CONTR.** organico, uguale, regolare, omogeneo, compatto ***3*** (*fig.*) discorde, in lite, diviso **CONTR.** unito, concorde.

disusàto *agg.* non più in uso, in disuso, insolito, antiquato, vieto (*lett.*), out (*ingl.*), fuori moda, antico, arcaico, desueto, dissueto, démodé (*fr.*), obsoleto, sorpassato, abbandonato, vecchiotto, invecchiato **CONTR.** attuale, in uso, usato, solito, in (*ingl.*), alla moda, corrente, moderno, recente.

disùso *s. m.* non uso □ desuetudine, dissuetudine, abbandono **CONTR.** uso, attualità □ consuetudine, abitudine, costumanza, moda.

disvalóre *s. m.* ***1*** (*filos.*) non valore ***2*** (*econ.*) perdita, calo di valore.

dìto *s. m.* **FRAS.** *mostrare a dito* (*fig.*), indicare, additare alla riprovazione □ *legarsela al dito* (*fig.*), giurare vendetta □ *avere sulla punta delle dita* (*fig.*), conoscere a fondo □ *non muovere un dito* (*fig.*), non aiutare assolutamente □ *toccare il cielo con un dito* (*fig.*), essere al colmo della felicità □ *mordersi le dita* (*fig.*), rammaricarsi, rimpiangere □ *contarsi sulle dita* (*fig.*), essere in pochi □ *mettere il dito nella piaga* (*fig.*), rivelare le difficoltà □ *nascondersi dietro un dito* (*fig.*), attaccarsi al minimo cavillo; negare l'evidenza □ *da leccarsi le dita* (*fig.*), squisito, succulento.

dìtola *s. f.* (*bot., pop.*) manina, clavaria.

ditóne *s. m.* ***1*** *accr. di* **dito** ***2*** (*fam.*) alluce, pollicione (*fam.*).

dìtta *s. f.* impresa, azienda, casa, compagnia, società.

dittatóre *s. m.* ***1*** tiranno, despota, autocrate, oppressore, liberticida **CONTR.** democratico, liberale ***2*** (*est.*) autoritario, prepotente, intollerante **CONTR.** democratico, tollerante.

dittatoriàle *agg.* (*anche fig.*) dittatorio, assolutista, autoritario, tirannico, liberticida, totalitario, dispotico □ oppressivo, oppressore, intollerante **CONTR.** democratico, liberale, tollerante.

dittatùra *s. f.* ***1*** governo autoritario, regime assoluto, monopartitismo, assolutismo □ (*nella Roma repubblicana*) governo di emergenza **CONTR.** democrazia, pluripartitismo, liberismo ***2*** (*fig.*) tirannide, dispotismo, totalitarismo, leviathan (*fig.*), oppressione □ prepotenza, tirannia, intolleranza, violenza **CONTR.** libertà, tolleranza.

diùrno *agg.* ***1*** del giorno **CONTR.** notturno ***2*** mattuti-

no, pomeridiano **CONTR.** serale, notturno.
dìva *s. f.* **1** (*lett.*) dea **2** (*cine., teat.*) stella, star (*ingl.*), vedette (*fr.*), attrice.
divagàre ***A*** *v. intr.* **1** (*raro, lett.*) andar vagando, vagare, vagabondare, errare, uscire di strada **2** (*fig.*) allontanarsi dall'argomento, scostarsi dal tema, saltare di palo in frasca, deviare, disperedersi □ distrarsi, fantasticare **CONTR.** entrare in argomento, restare in tema ***B*** *v. tr.* distrarre, divertire, ricreare, svagare **CONTR.** annoiare, tediare, infastidire, seccare □ rattristare, addolorare ***C*** **divagarsi** *v. rifl.* svagarsi, ricrearsi, distrarsi, divertirsi **CONTR.** annoiarsi, tediarsi, seccarsi □ rattristarsi, addolorarsi.
divagazióne *s. f.* **1** digressione, excursus (*lat.*), sbavatura (*fig.*), parentesi, diversione (*raro*), deviazione □ variazione **2** (*raro*) svago, divertimento, distrazione **CONTR.** noia, tedio, fastidio □ tristezza, dolore.
divampàre *v. intr.* **1** (*di incendio, di fiamma, ecc.*) accendersi all'improvviso, fiammeggiare, vampeggiare (*raro*), avvampare, scoppiare **CONTR.** spegnersi, estinguersi **2** (*fig.*) (*di ira, di passione, ecc.*) avvampare, ardere, infiammarsi, esplodere **CONTR.** placarsi, calmarsi **3** (*fig.*) (*di rivolta, di battaglia, ecc.*) manifestarsi con violenza, prorompere, scatenarsi, infuriare **CONTR.** calmarsi, placarsi, cessare.
divàno *s. m.* sofà, canapè, ottomana, sultana, dormeuse (*fr.*).
divaricàre ***A*** *v. tr.* aprire, spalancare, allargare, far divergere **CONTR.** chiudere, restringere ***B*** **divaricarsi** *v. intr. pron.* divergere **CONTR.** unirsi, chiudersi.
divaricàto *part. pass. di* **divaricare**; *anche agg.* aperto, spalancato, allargato, divergente **CONTR.** chiuso, stretto, unito.
divaricazióne *s. f.* apertura □ biforcazione, diramazione **CONTR.** chiusura, unione.
divàrio *s. m.* differenza, diversità, discordanza, disparità, discrepanza, dislivello, distacco, squilibrio, gap (*ingl.*) **CONTR.** uguaglianza, accordo, concordanza, corrispondenza.
divèlto *agg.* (*lett.*) (*anche fig.*) strappato, staccato, sradicato, estirpato, svelto □ avulso **CONTR.** conficcato, piantato.
divenìre ***A*** *v. intr.* diventare, farsi, rendersi □ riuscire, trasformarsi, cambiarsi, mutare ***B*** *in funzione di s. m. solo sing.* (*filos.*) fluire, flusso, trasformazione **CONTR.** essere.
diventàre *v. intr.* divenire, farsi, rendersi □ riuscire, trasformarsi **FRAS.** *diventare bianco* (*fig.*), impallidire □ *diventare rosso* (*fig.*), arrossire, vergognarsi.
divèrbio *s. m.* alterco, battibecco, bisticcio, contrasto, lite, questione, litigio, discussione, disputa, contesa **CONTR.** conversazione, chiacchierata.
divergènte *part. pres. di* **divergere**; *anche agg.* **1** deviante **CONTR.** convergente **2** (*di opinioni, di racconto, ecc.*) differente, contrastante, diverso, lontano, opposto, in contrasto **CONTR.** concordante, uguale, simile □ unanime.
divergènza *s. f.* **1** deviazione **CONTR.** convergenza **2** (*di fiume, di strada, ecc.*) biforcazione **3** (*fig.*) (*di opinioni, di racconto, ecc.*) differenza, discordanza, disparità, discrepanza (*raro*), contrasto, controversia, scontro, discordia, disparere, dissonanza, dissenso, spaccatura **CONTR.** convergenza, accordo, armonia, concordanza, consenso, unanimità, coincidenza, concordia, conformità, unitarietà. *V. anche* DISCORDIA
divèrgere *v. intr.* **1** (*di strade, di fiumi, ecc.*) cambiare direzione, allontanarsi, deviare, scostarsi, divaricarsi, biforcarsi **CONTR.** convergere, confluire **2** (*fig.*) (*di gusti, di opinioni, ecc.*) essere lontano, contrastare, differire, differenziarsi, discostarsi, dissentire, dissociarsi, diversificarsi, opporsi, scontrarsi **CONTR.** accordarsi, armonizzarsi, concordare, conformarsi, corrispondere, uniformarsi, identificarsi, coincidere, collimare, combaciare.
diversaménte *avv.* **1** in altro modo, differentemente, difformemente, discordemente, inegualmente □ variamente **CONTR.** ugualmente, similmente, analogamente, conformemente, omologamente, parallelamente **2** altrimenti, se no, in caso contrario, contrariamente, viceversa **CONTR.** ugualmente, parimenti.
diversificàre ***A*** *v. tr.* rendere diverso, differenziare, distinguere, caratterizare, contraddistinguere, contrassegnare □ modificare, variare □ distribuire diversamente, investire diversamente **CONTR.** uguagliare, equiparare, pareggiare, adeguare, conformare, parificare, standardizzare, unificare, uniformare ***B*** *v. intr.* e **diversificarsi** *intr. pron.* essere diverso, differire, differenziarsi, distinguersi **CONTR.** assomigliarsi, essere simile, uguagliarsi, assimilarsi, conformarsi, identificarsi.
diversificazióne *s. f.* differenza, differenziazione, variazione, diversità, varietà, eterogeneità **CONTR.** uguaglianza, uniformità, identità, standardizzazione, uniformazione, unificazione.
diversità *s. f.* **1** differenza, difformità, disparità, dissomiglianza, disuguaglianza, contrasto, discrepanza (*raro*), discordanza, distanza, divario **CONTR.** uguaglianza, identità, conformità, somiglianza, uniformità, affinità, analogia, comunanza, rassomiglianza, similarità **2** (*est.*) (*di forme, di colori, ecc.*) varietà, molteplicità, complessità, poliedricità, eterogeneità **CONTR.** semplicità, uniformità, monotonia.
diversìvo *s. m.* distrazione, divertimento, passatempo, svago, trastullo □ variazione, varietà **CONTR.** uniformità, monotonia, grigiore, tran tran, routine (*fr.*).
divèrso ***A*** *agg.* differente, dissimile, dissomigliante, difforme, discordante, discorde, dissonante, divergente, discrepante (*raro*), distinto, altro, contrapposto, contraddittorio, contrario, opposto, eterogeneo, vario, disparato, ineguale □ alternativo □ insolito, nuovo **CONTR.** simile, somigliante, affine, analogo, consimile, conforme, corrispondente, identico, pari, uguale, uniforme, congenere, convergente, invariato, medesimo, omogeneo, omologo, parallelo, stesso ***B*** *agg.* e *pron. indef. al pl.* molti, parecchi, più, svariati □ ripetuti □ assortiti **CONTR.** pochi, rari ***C*** *s. m.* **1** anormale, caratteriale **CONTR.** normale **2** (*euf.*) omosessuale, gay (*ingl.*).
divertènte *part. pres. di* **divertire**; *anche agg.* piacevole, spassoso, allegro, dilettevole, interessante, ricreativo, sollazzevole (*lett.*), ameno, gustoso, simpatico,

comico, esilarante **CONTR.** noioso, molesto, seccante, spiacevole, sgradevole, sgradito, assillante, fastidioso, pedante, pesante, tedioso □ rattristante, triste, malinconico, doloroso, tragico.

divertiménto *s. m.* svago, passatempo, spasso, diporto, gioco, festa, distrazione, sollazzo (*lett.*), piacere, trastullo, diletto, diversivo, sfizio **CONTR.** noia, molestia, tedio, seccatura, scocciatura (*fam.*), strazio, rottura (*pop.*) □ malinconia, tristezza.

divertìre ***A*** *v. tr.* rallegrare, dilettare, ricreare, svagare, sollazzare (*lett.*), allietare, deliziare, distrarre, trastullare, interessare, intrattenere **CONTR.** annoiare, infastidire, molestare, seccare, scocciare (*fam.*), stancare, tediare, assillare, disturbare, importunare, pesare, stufare, tormentare □ affliggere, immalinconire, opprimere, rattristare ***B*** **divertirsi** *v. rifl.* distrarsi, svagarsi, spassarsi, spassarsela, godersela, sollazzarsi (*lett.*), trastullarsi, stare allegro, pazzeggiare, scherzare □ ninnolarsi, baloccarsi, dilettarsi **CONTR.** annoiarsi, crucciarsi, seccarsi, scocciarsi (*fam.*), tediarsi, infastidirsi, stufarsi, stancarsi □ immalinconirsi, rattristarsi.

divertìto *part. pass. di* **divertire**; *anche agg.* ***1*** rallegrato, allegro, allietato, interessato **CONTR.** disinteressato, indifferente □ annoiato, seccato, scocciato (*fam.*), tediato, stufo, infastidito □ triste, addolorato, rattristato, impensierito ***2*** compiaciuto, ironico **CONTR.** serio, grave.

divezzàre ***A*** *v. tr.* ***1*** disabituare, disavvezzare, disassuefare (*raro*) **CONTR.** abituare, avvezzare, assuefare, accostumare ***2*** svezzare, slattare, spoppare **CONTR.** allattare ***B*** **divezzarsi** *v. intr. pron.* perdere l'abitudine, disabituarsi, disavvezzarsi, disassuefarsi (*raro*) **CONTR.** abituarsi, avvezzarsi, assuefarsi.

dividèndo *s. m.* ***1*** (*mat.*) **CONTR.** divisore ***2*** (*di titoli azionari*) utile, profitto, interesse.

divìdere ***A*** *v. tr.* ***1*** fare in parti, suddividere, tagliare, fendere, spaccare, spezzare, dimezzare □ disgiungere, disunire, sezionare, separare, staccare, scindere, isolare □ disgregare, dissociare □ distaccare, spezzettare, frammentare, segmentare, smembrare, parcellizzare, scomporre, lottizzare **CONTR.** collegare, congiungere, ricongiungere, comporre, ricomporre, saldare, unire, riunire, riconsolidare, ricompattare, legare, concentrare ***2*** (*di scolari, di piante, ecc.*) ripartire in gruppi, raggruppare, classificare, distinguere, suddividere, selezionare, scegliere, scaglionare **CONTR.** accomunare, unificare, mescolare, mischiare ***3*** (*di utili, di bottino, ecc.*) distribuire, spartire, dispensare, assegnare □ razionare □ (*di pagamento*) rateare, rateizzare **CONTR.** raccogliere, radunare, riunire □ assommare, cumulare ***4*** (*fig.*) (*di gioie, di dolori, ecc.*) condividere, avere in comune ***5*** (*fig.*) (*di persone*) inimicare, rendere ostile, mettere in discordia **CONTR.** conciliare, riconciliare, pacificare, rappacificare ***6*** (*mat.*) **CFR.** moltiplicare ***B*** **dividersi** *v. rifl.* ***1*** allontanarsi, separarsi, sfaldarsi, lasciarsi **CONTR.** congiungersi, collegarsi, fondersi, convergere ***2*** (*in gruppi, per classi, ecc.*) distribuirsi, suddividersi, ripartirsi, raggrupparsi **CONTR.** unirsi, unificarsi, mescolarsi □ allearsi, coalizzarsi, associarsi ***C*** *v. rifl. rec.* (*di coniugi*) separarsi ***D*** *v. intr. pron.* (*di epoca, di storia, ecc.*) essere diviso, suddividersi, ripartirsi. *V. anche* TAGLIARE

DIVIDERE
sinonimia strutturata

In generale, **dividere** significa fare in parti un tutto: *dividere un numero per quattro, il pane in fette, una torta in sei porzioni*; dividere qualcosa a metà equivale a **dimezzarla**: *dimezzarono il pane e lo mangiarono*. Più incisivo è **spaccare**, che evoca un'azione forte, rapida e solitamente imprecisa o addirittura involontaria: *urtandomi, mi ha spaccato gli occhiali*; il ridurre in due o più pezzi si dice anche **spezzare**, che rispetto al verbo precedente suggerisce spesso maggiore intenzionalità: *spezzare il pane*; **fendere** evoca invece una divisione trasversale: *fendere una pietra, la testa con un colpo*. **Sezionare** e **tagliare** possono richiamare invece l'idea dell'incisione.

Spezzettare e **frammentare** si distinguono perché indicano una divisione in parti piccole e numerose; abbastanza vicino è **smembrare**, che significa frazionare un complesso organico in più parti: *smembrare uno Stato, una tenuta, un podere, una raccolta di opere d'arte*; **scomporre** si differenzia perché evoca l'immagine di un tutto unico, formato però da varie parti messe insieme: *scomporre gli elementi di una libreria*. Si riferisce invece alla divisione di un intero in varie porzioni **lottizzare**, che figuratamente può indicare l'assegnare cariche di particolare importanza specialmente nell'ambito degli enti pubblici, spartendole tra esponenti delle varie forze politiche a scapito delle capacità individuali e del criterio di professionalità: *lottizzare un terreno*; *lottizzare le presidenze delle banche*. Si usa invece in contesti figurati **disgregare**, che corrisponde a privare ad esempio un gruppo, uno Stato della necessaria unità e coesione ideologica o politica: *le rivalità personali hanno disgregato il partito*.

Il dividere, anche figuratamente, una parte dall'altra si dice **disgiungere**, **separare**, **dissociare**, **disunire**, **isolare**, **staccare**, **distaccare**, **scindere**. Si dice dividere anche il **ripartire in gruppi**, ossia in insiemi: *divisero gli operai in squadre*; pressoché equivalente è **suddividere**. Lo **scaglionare** consiste nel disporre a distanza, a intervalli opportunamente calcolati: *scaglionare i pagamenti*.

Distinguere significa dividere basandosi sul discernimento, sul riconoscimento di differenze o somiglianze: *distinguere il bene dal male, il torto dalla ragione*; sulla distinzione si fonda il **classificare**, che designa un'azione particolarmente sistematica consistente nell'ordinare in base alle caratteristiche comuni: *classificare libri, animali*; *dividere le piante in famiglie*. Sono le peculiarità anche a permettere di **selezionare** e **scegliere**, che però indicano un'idea di elezione, di preferenza degli elementi migliori o più adatti per un dato fine.

Dividere qualcosa tra più persone significa destinarne a ciascuna una parte: *dividere il bottino, la preda, gli utili tra i soci*; i verbi più vicini sono **as-**

segnare e **spartire**; **distribuire** e **dispensare** si distinguono leggermente perché suggeriscono la consegna concreta di qualcosa più che l'attribuzione teorica. Frazionare invece un pagamento in varie parti si definisce **rateare**.

Dividere qualcosa con qualcuno corrisponde anche ad **avere in comune**, **condividere**; questi verbi possono essere usati in senso figurato per indicare una comunanza di sentire, una intima compartecipazione: *dividere le gioie e i dolori*. Sempre figuratamente, dividere le persone significa **metterle in disaccordo**: *dividere la famiglia, gli animi, il popolo in opposte fazioni*. Ancor più forti sono **inimicare**, **rendere ostile**, **mettere in discordia**, che suggeriscono una profonda o accesa conflittualità.

divièto *s. m.* proibizione, interdizione, interdetto, proscrizione, veto, inibizione, tabù, impedimento **CONTR.** permesso, autorizzazione, concessione, licenza, consenso, nullaosta. *V. anche* INIBIZIONE

divinaménte *avv.* ***1*** per opera divina, in modo divino, celestialmente **CONTR.** umanamente ***2*** (*est.*) ottimamente, perfettamente, eccellentemente, egregiamente, magnificamente **CONTR.** pessimamente, male, imperfettamente, difettosamente, mediocremente.

divinatòrio *agg.* ***1*** (*lett.*) magico ***2*** (*est.*) profetico, precorritore, premonitore.

divinazióne *s. f.* ***1*** magia, astrologia, negromanzia, prescienza, preveggenza, chiaroveggenza □ pronostico, vaticinio, auspicio, oroscopo, oracolo, profezia ***2*** (*est.*) predizione, presentimento, presagio.

divincolàre ***A*** *v. tr.* (*lett.*) muovere, agitare, dimenare **CONTR.** tener fermo ***B*** **divincolarsi** *v. rifl.* dimenarsi, contorcersi, guizzare, dibattersi **CONTR.** star fermo, irrigidirsi, immobilizzarsi.

divinità *s. f.* ***1*** natura divina, essenza divina, deità **CONTR.** umanità ***2*** Dio ***3*** essere divino, divo (*lett.*), nume, cielo (*fig.*) **CONTR.** essere mortale ***4*** (*fig.*) eccellenza, perfezione, sublimità **CONTR.** mediocrità, meschinità, limitatezza.

divinizzàre *v. tr.* ***1*** deificare, indiare (*lett.*) **CONTR.** umanizzare ***2*** (*fig.*) (*di poeta, di arte, ecc.*) celebrare, esaltare, nobilitare **CONTR.** umiliare, squalificare.

divìno *agg.* ***1*** di Dio □ delle divinità □ degli dei □ sacro, santo **CONTR.** umano, terreno, terrestre □ mondano, profano ***2*** (*di essere, di creatura*) celeste, ultraterreno **CONTR.** terrestre, terreno □ diabolico, demoniaco ***3*** (*di onore*) degno di Dio □ degno degli dei ***4*** (*fig.*) eccellente, straordinario, sovrumano, soprannaturale, miracoloso, perfetto, sommo, celeste, celestiale, divo □ bellissimo, paradisiaco, sublime, squisito, stupendo □ provvidenziale **CONTR.** pessimo, imperfetto, difettoso, mediocre, meschino □ bruttissimo, orrendo.

divìsa (1) *s. f.* ***1*** uniforme, tenuta, montura (*raro, tosc.*), assisa, livrea, abito, veste ***2*** emblema, insegna ***3*** (*arald.*) motto, frase.

divìsa (2) *s. f.* (*econ.*) moneta estera □ moneta, valuta.

divisìbile *agg.* scindibile, spartibile, suddivisibile, frazionabile, scomponibile, separabile, smontabile, scaglionabile **CONTR.** indivisibile, inscindibile, indissolubile, inseparabile.

divisióne *s. f.* ***1*** dimezzamento, partizione □ taglio, spaccatura, fenditura, giuntura □ biforcazione, diramazione, disaggregazione, disgiungimento, dissociazione □ scaglionamento, scansione □ scomposizione, smembramento, parcellizzazione, segmentazione □ scollatura, scisma, separazione, scissione, distacco, rottura □ distinzione □ fetta, frazione, sezione, pezzo, porzione, compartimento, scaglione **CONTR.** collegamento, congiunzione, ricongiungimento, ricomposizione, aggregazione, annessione, fusione, mistione, saldatura □ coacervo, compagine, unità ***2*** suddivisione, steccato, transenna, divisorio, tramezza, separatore, barriera, diaframma ***3*** (*di cariche, di poteri, ecc.*) distribuzione, spartizione, assegnazione, ripartizione □ (*tra partiti politici*) lottizzazione **CONTR.** riunione, accentramento, concentrazione ***4*** (*mil.*) unità ***5*** (*sport*) (*di squadre di calcio*) gruppo, raggruppamento ***6*** (*bot.*) categoria ***7*** (*di opera, di discorso e sim.*) suddivisione, partizione ***8*** (*di ministero, di amministrazione*) ripartizione, reparto, settore ***9*** (*di matrimonio, di beni*) separazione **CONTR.** unione, comunione ***10*** (*mat.*) **CFR.** moltiplicazione, frazione. *V. anche* CATEGORIA

divisionìsmo *s. m.* (*pitt.*) puntinismo.

divisionìsta *agg.*; *anche s. m. e f.* (*pitt.*) puntinista.

divìsmo *s. m.* ***1*** (*est.*) esibizionismo ***2*** fanatismo, infatuazione.

divìso *part. pass. di* **dividere**; *anche agg.* ***1*** tagliato, spaccato, dimezzato, frazionato, sezionato, interrotto, scisso, separato, smembrato, disgiunto, staccato, segmentato □ (*di famiglia, ecc.*) disgregato, disunito □ isolato **CONTR.** collegato, congiunto, annesso, connesso, ricongiunto, ricomposto, saldato, fuso, indiviso, mischiato, misto, unito, affratellato, riunito, contiguo ***2*** (*di scolari, di piante, ecc.*) ripartito, suddiviso, classificato, distinto, spartito, raggruppato **CONTR.** accomunato, unificato, mescolato, raggruppato ***3*** (*di utili, di bottino*) distribuito, assegnato, spartito, dispensato **CONTR.** raccolto, radunato, riunito, conservato ***4*** (*fig.*) (*di gioie, di dolori*) condiviso, in comune ***5*** (*di persona*) incerto, indeciso, tentennante **CONTR.** certo, fermo, sicuro ***6*** (*fig.*) discorde, ostile, avverso **CONTR.** concorde, consenziente, unanime ***7*** (*mat.*) fratto **CFR.** moltiplicato. *V. anche* INCERTO

divisóre *s. m.* (*mat.*) **CONTR.** dividendo.

divisòrio ***A*** *agg.* separatore **CONTR.** unificatore, unificante ***B*** *s. m.* tramezza, tramezzo, assito, tavolato, transenna, muro, paratia, parete □ (*in stalle*) battifianco.

dìvo *s. m.* artista molto popolare □ sportivo famoso □ personaggio, stella, mattatore, primadonna, big (*ingl.*), vip (*ingl.*), star (*ingl.*), vedette (*fr.*).

divoràre ***A*** *v. tr.* ***1*** sbranare ***2*** (*est.*) mangiare avidamente, mangiare voracemente, ingoiare, ingurgitare, trangugiare, pappare, spolverare (*fig.*), spazzare (*fig.*) **CONTR.** assaporare, gustare, assaggiare, mangiucchiare, piluccare, sbocconcellare, spizzicare ***3*** (*fig.*) (*di passione, di fuoco, ecc.*) distruggere, consumare □ tormentare, agitare, logorare, minare **CONTR.** spegnere, calmare, placare ***4*** (*fig.*) (*di denaro, di beni e sim.*) scialacquare, dilapidare, dissipare, sperperare, sprecare, scialare **CONTR.** economizzare, risparmiare, lesinare ***5*** (*fig.*) (*di libro*) leggere avidamente, leggere d'un fiato ***6*** (*fig.*) (*di strada*) percorrere a tutta velocità ***7*** (*fig.*) (*di persona, di cosa*) fissare intensamente, fissare con desiderio **CONTR.** guardare fuggevolmente, dare un'occhiata ***B*** **divorarsi** *v. intr. pron.* (*fig.*) (*dalla rabbia, dal desiderio, ecc.*) struggersi, consumarsi, logorarsi, angustiarsi, crucciarsi, tormentarsi, ardere.

divoratóre *s. m.; anche agg.* (*f. -trice*) gran mangiatore, mangione, cavalletta (*fig.*), edace (*lett.*), ingordo, ghiottone, golosone, vorace, lurco (*lett.*), mangiatore **CONTR.** digiunatore, frugale, parco, sobrio, inappetente.

divorziàre *v. intr.* far divorzio □ (*est.*) dividersi, separarsi **CONTR.** sposarsi, accasarsi, sistemarsi □ mettersi insieme, accoppiarsi.

divorziàto *part. pass. di* **divorziare**; *anche agg.* e *s. m.* separato per divorzio □ (*est.*) diviso, separato **CONTR.** sposato □ unito.

divòrzio *s. m.* ***1*** scioglimento del matrimonio **CONTR.** matrimonio ***2*** (*fig.*) ripudio, separazione □ unione.

divulgàre ***A*** *v. tr.* ***1*** (*di notizia, di prodotto, ecc.*) rendere noto, diffondere, propagare, propalare, pubblicare, spargere, spandere, annunciare, proclamare, dire, emanare, rivelare, svelare, notificare, strombazzare (*spreg.*) □ propagandare, pubblicizzare □ esportare **CONTR.** celare, nascondere, occultare, tener segreto ***2*** (*di scienza, di cultura, ecc.*) rendere comprensibile, rendere accessibile, spiegare, delucidare, chiarire, volgarizzare, popolarizzare **CONTR.** confondere, ingarbugliare, rendere incomprensibile ***B*** **divulgarsi** *v. intr. pron.* spargersi, diffondersi, propagarsi, spandersi, rimbalzare, filtrare **CONTR.** rimanere segreto. *V. anche* PARLARE

divulgatìvo *agg.* ***1*** propagandistico, pubblicitario □ didascalico ***2*** esplicativo, facile, semplice.

divulgatóre *s. m.; anche agg.* (*f. -trice*) diffonditore, diffusore, volgarizzatore, propagatore, rivelatore □ propagandista, banditore.

divulgazióne *s. f.* ***1*** (*di notizie, di idee, ecc.*) diffusione, propagazione, propalazione (*raro*), comunicazione, esportazione, pubblicazione □ propaganda, pubblicità, pubblicizzazione **CONTR.** segretezza ***2*** (*di scienza, di cultura, ecc.*) esposizione facile, esposizione piana, spiegazione, delucidazione, volgarizzazione.

dizionàrio *s. m.* vocabolario, lessico, calepino (*lett.*), glossario □ (*est.*) enciclopedia.

dizionarìsta *s. m.* e *f.* vocabolarista, lessicografo.

dizióne *s. f.* ***1*** recitazione, declamazione ***2*** pronuncia, pronunzia, modo di pronunciare ***3*** discorso, frase, parola, locuzione, espressione ***4*** (*est.*) scritta, dicitura. *V. anche* LINGUA

DNA [sigla dell'ingl. *DeoxyriboNucleic Acid* 'acido deossiribonucleico'] *s. m. inv.* acido deossiribonucleico.

doc /dɔk/ [sigla di *d*(*enominazione di*) *o*(*rigine*) *c*(*ontrollata*)] *agg. inv.* (*fig.*) genuino, autentico, garantito, marcato □ molto buono, di gran pregio, prestigioso, ottimo.

dóccia *s. f.* ***1*** tubo, condotto, gronda, grondone, grondaia, doccione, canna □ (*est., gener.*) canale ***2*** bagno a spruzzo **FRAS.** *doccia fredda* (*fig.*), notizia o evento improvviso che spegne ogni precedente entusiasmo □ *doccia scozzese*, fatta alternando acqua calda e fredda; (*est., fig.*) rapido alternarsi di eventi piacevoli e spiacevoli.

docènte *agg.; anche s. m.* e *f.* insegnante, maestro, professore, precettore, pedagogo, educatore, istitutore, aio □ cattedratico **CONTR.** allievo, alunno, scolaro, discente, studente, discepolo.

dòcile *agg.* ***1*** disciplinato, ubbidiente, obbediente, buono, dolce, mite □ arrendevole, sottomesso, remissivo □ accomodante, accondiscentente, compiacente, conciliante □ plasmabile, addomesticabile, ammaestrabile, domabile **CONTR.** indocile, disubbidiente, ostinato, restio, ribelle, ritroso, indisciplinato, insubordinato, incorreggibile, indomabile, ineducabile, ingovernabile, irriducibile, testardo, renitente ***2*** (*di animale*) addomesticato, domestico, mansueto **CONTR.** selvatico, brado, selvaggio, feroce ***3*** (*fig.*) (*di materia, di macchina, ecc.*) morbido, plasmabile, lavorabile, cedevole, duttile, flessibile, pieghevole, malleabile, trattabile □ facile a manovrarsi, manovrabile, maneggevole **CONTR.** duro, rigido. *V. anche* FLESSIBILE

docilità *s. f.* mansuetudine, mitezza, ubbidienza □ arrendevolezza, remissività, sottomissione, accondiscendenza □ cedevolezza, duttilità, flessibilità, trattabilità □ maneggevolezza **CONTR.** indocilità, disubbidienza, ostinazione, indomabilità, durezza, ribellione, insubordinazione, caparbietà, incorreggibilità, indisciplina, irriducibilità, pertinacia, renitenza, riottosità.

docilménte *avv.* con docilità, disciplinatamente, remissivamente, mitemente, ubbidientemente **CONTR.** indisciplinatamente, ostinatamente, caparbiamente, testardamente, pervicacemente, insubordinatamente.

dock /*ingl.* dɔk/ *s. m. inv.* (*nei porti*) bacino, calata, banchina □ magazzino, deposito.

documentàbile *agg.* dimostrabile, comprovabile, verificabile **CONTR.** indimostrabile □ congetturale.

documentàre ***A*** *v. tr.* provare, comprovare, dimostrare, certificare ***B*** **documentarsi** *v. rifl.* fornirsi di documentazione, procurarsi le prove, informarsi (*est.*).

documentàrio *agg.* e *s. m.* (*cine.*) cortometraggio.

documentàto *part. pass. di* **documentare**; *anche agg.* fondato su documenti □ attendibile, comprovato, degno di fede □ storico **CONTR.** privo di prove, supposto, inattendibile □ mitologico, leggendario.

documentazióne *s. f.* ***1*** documenti ***2*** (*est.*) prova, testimonianza, certificazione, elemento (*spec. al pl.*), giustificativo **CONTR.** congettura, presunzione.

documénto *s. m.* ***1*** atto, attestato, attestazione, carta (*pop.*), certificato, diploma, fede (*ant.*), scrittura, certificazione, foglio, contratto, lettera □ cartapecora (*est.*), papiro, pergamena □ tessera ***2*** verbale, testimonianza, materiale □ incartamento, fascicolo, dossier (*fr.*), pratica (*est.*), documentazione, dimostrazione, prova, giustificativo ***3*** (*fig.*) vestigio, ricordo, memoria, monumento.

dódici *agg. num. card.* dozzina □ serqua (*pop.*).

dogàna *s. f.* ***1*** (*gener.*) ufficio fiscale, dazio □ fondaco ***2*** edificio della dogana ***3*** gabella (*ant.*), tassa, imposta, tributo, dazio.

doganàle *agg.* daziario.

doganière *s. m.* guardia doganale, impiegato di dogana, daziere, guardia di finanza, gabelliere (*ant.*).

dògma *s. m.* ***1*** verità rivelata, articolo di fede, mistero □ credo, dottrina **CONTR.** eresia, eterodossia ***2*** (*est.*) assioma, principio indiscutibile, principio assoluto, verità incontrastabile, verità indiscussa.

dogmàtico *agg.* assoluto, indiscutibile, assiomatico, indubitabile, acritico, dottrinario, scolastico, sentenzioso **CONTR.** relativo, controverso, discutibile.

dogmatismo *s. m.* ***1*** (*filos.*) assolutismo **CONTR.** scetticismo, relativismo ***2*** (*est.*) assolutismo, intransigenza, intolleranza, fondamentalismo, integralismo, acrisia (*raro, lett.*) **CONTR.** transigenza, tolleranza, elasticità, indulgenza.

do-it-yourself /*ingl.* du it jɔ:'self/ [loc. ingl., propriamente 'fai ciò da te'] *loc. sost. m. inv.* fai da te, bricolage (*fr.*).

dólce ***A*** *agg.* ***1*** simile a zucchero, simile a miele, zuccherino, melato, zuccheroso □ dolcigno, dolciastro □ zuccherato □ (*di formaggio*) delicato, non piccante □ (*di acqua*) senza sale **CONTR.** amaro, senza zucchero □ acre, aspro, acido, acidulo, agro □ piccante □ salato, salmastro, salino, salso ***2*** (*di vino*) amabile, abboccato **CONTR.** secco, asciutto ***3*** (*di frutto*) maturo, succulento, zuccheroso, fatto (*pop.*) **CONTR.** acerbo, indietro (*pop.*) ***4*** (*fig.*) (*di viso, di ricordo, ecc.*) grato, gradito, gradevole, bello, leggiadro, delicato, delizioso, piacevole, soave, allettante, seducente, angelico, caldo, caro, grazioso **CONTR.** sgradevole, spiacevole, disgustoso, repellente, ripugnante, arcigno, grifagno ***5*** (*di voce, di suono, ecc.*) armonioso, carezzevole, pastoso, flautato, vellutato, insinuante, melodico, melodioso, musicale **CONTR.** brutto, stridulo, aspro, penetrante, secco, duro ***6*** (*di pendio*) non ripido, leggero, declive **CONTR.** ripido, erto ***7*** (*fig.*) (*di clima*) mite, tiepido, temperato, clemente **CONTR.** inclemente, torrido, rigido ***8*** (*fig.*) (*di persona, di carattere, ecc.*) amabile, benigno, bonario, buono, docile, indulgente, mansueto, mite, delicato, gentile, tenero, umano **CONTR.** difficile, angoloso, inflessibile, duro, brusco, rude, coriaceo □ crudele, disumano, feroce, malvagio, atroce, spietato, violento, inesorabile ***9*** (*di casa, di amico, ecc.*) diletto, amato **CONTR.** odiato, odioso, aborrito ***B*** *s. m.* ***1*** sapore dolce **CONTR.** sapore amaro □ sapore aspro □ sapore salato ***2*** dolciume, confetto □ torta, pasta, budino, caramella, cioccolatino, crema □ dessert (*fr.*) **FRAS.** *carbone dolce*, carbone non minerale □ *il dolce far niente*, l'ozio □ *la dolce metà* (*fig.*), la moglie; il marito □ *dolce vita* (*fig.*), vita spensierata, vita mondana.

dolceménte *avv.* teneramente, caramente, affettuosamente, amorosamente, amorevolmente □ delicatamente, soavemente, deliziosamente, gradevolmente, gentilmente, amabilmente, mollemente, melodiosamente, blandamente, leggermente, morbidamente, piano □ umanamente **CONTR.** amaramente, aspramente, bruscamente, duramente, sgarbatamente, rozzamente, seccamente, ruvidamente, violentemente, acidamente, arcignamente, crudamente, rudemente □ atrocemente, disumanamente.

dolcézza *s. f.* ***1*** sapore dolce **CONTR.** sapore amaro, amarezza ***2*** (*fig.*) (*di viso, di paesaggio, ecc.*) delicatezza, grazia, leggiadria, bellezza, piacevolezza, soavità, gradevolezza **CONTR.** bruttezza, sgraziataggine, spiacevolezza ***3*** (*fig.*) (*di clima*) mitezza, clemenza, tepore **CONTR.** asprezza, inclemenza, rigidità, torridità ***4*** (*fig.*) (*di persona, di modi, ecc.*) amabilità, amorevolezza, bontà, delicatezza, docilità, benignità, bonarietà, gentilezza, mitezza, indulgenza, tenerezza, umanità **CONTR.** angolosità, bruschezza, crudezza, rigore, asprezza, crudeltà, durezza, efferatezza, ferocia, malvagità, spietatezza, violenza, inesorabilità □ acrimonia, acredine, acidità ***5*** (*spec. al pl., fig.*) (*della vita, dell'estate, ecc.*) gioia, diletto, godimento, piacere, felicità, amenità, voluttà **CONTR.** dolore, avversità, contrarietà ***6*** (*fig.*) persona amata, amore. *V. anche* AMORE

dolciàstro *agg.* ***1*** dolcigno, melato, mieloso, sciropposo, zuccheroso, stucchevole, smaccato (*ant.*), nauseante, nauseabondo **CONTR.** amarognolo, amariccio, acidulo ***2*** (*fig., lett.*) (*di parole*) ambiguo, mellifluo, affettato **CONTR.** aperto, franco, schietto, sincero.

dolcichìni *s. m. pl.* (*pop.*) babbagigi.

dolcificànte *part. pres. di* **dolcificare**; *anche agg.* e *s. m.* edulcorante **CONTR.** amaricante.

dolcificàre *v. tr.* edulcorare, addolcire, raddolcire, indolcire, zuccherare, inzuccherare **CONTR.** rendere amaro.

dolcificàto *part. pass. di* **dolcificare**; *anche agg.* edulcorato, addolcito, zuccherato.

dolcificazióne *s. f.* addolcimento, edulcorazione.

dolciùme *s. m.* ***1*** sapore dolce, sapore stucchevole **CONTR.** amarume ***2*** (*spec. al pl.*) dolce, torta, pasta, confetto, caramella, chicca, cioccolatino.

dolènte *part. pres. di* **dolere**; *anche agg.* ***1*** (*di parte del corpo*) dolorante ***2*** (*di persona, di fatto, ecc.*) addolorato, afflitto, malinconico, mesto, triste, dispiacente, dispiaciuto, spiacente **CONTR.** contento, soddisfatto, compiaciuto, lieto, felice, festante, gioioso ***3*** (*di viso, di sguardo*) atteggiato a dolore, piangente, lamentoso **CONTR.** radioso, ridente, raggiante.

dolére ***A*** *v. intr.* ***1*** (*di parte del corpo*) far male ***2*** dispiacere, rincrescere □ angosciare, arrecare dolore **CONTR.** dare gioia, confortare, consolare □ essere contento, godere ***B*** **dolersi** *v. intr. pron.* ***1*** provare rincrescimento, rammaricarsi, dispiacersi, affliggersi, rattristarsi, crucciarsi, rimpiangere, pentirsi **CONTR.** essere contento, gioire, compiacersi, essere soddisfatto, rallegrarsi ***2*** lamentarsi, lagnarsi, gemere, piangere **CONTR.** compiacersi. *V. anche* PIANGERE

dolìna *s. f.* depressione, conca, cavità, foiba, catino.

dòlmen *s. m.* (*archeol.*) tomba, monumento funerario.

dòlo *s. m.* inganno, frode, truffa, imbroglio, intenzione criminosa, malafede □ (*est.*) colpa, colpevolezza **CONTR.** onestà, innocenza, probità, rettitudine, buona fede. *V. anche* COLPA

doloránte *agg.* dolente, doloroso, indolenzito, sofferente, dolorifico (*lett.*).

dolóre *s. m.* **1** (*fisico*) sofferenza fisica, male, algia, fitta, puntura, spina (*pop.*), bruciore, strazio, spasimo, supplizio, tormento, tortura, calvario, bua (*infant., fam.*) **CONTR.** godimento, piacere **2** (*morale*) accoramento, dolorosità (*raro*), afflizione, cordoglio, cruccio, crepacuore, desolazione, dispiacere, disperazione, patema, patimento, pena, rodimento, struggimento, mestizia, tristezza, amarezza, ambascia, compianto, infelicità, sofferenza □ doglia, lutto, strazio, tribolazione, travaglio, spina, ferita, croce, dannazione, passione, pianto □ affanno, angoscia, ambascia □ rammarico, rimorso **CONTR.** contentezza, esultanza, festa, gaudio (*lett.*), gioia, giubilo, godimento, voluttà, letizia, piacere, soddisfazione, delizia, felicità.

dolorosaménte *avv.* affannosamente, angosciosamente, disperatamente, luttuosamente, mestamente, tristemente, sconsolatamente, tormentosamente, penosamente, accoratamente, amaramente, crudelmente, miseramente, drammaticamente, tragicamente **CONTR.** festosamente, gioiosamente, lietamente, piacevolmente.

doloróso *agg.* **1** (*di male, di ferita, ecc.*) dolorifico (*raro*) □ dolorante, dolente **CONTR.** indolore **2** (*di vita, di avvenimento, ecc.*) crudele, amaro, luttuoso, penoso, disgraziato, infelice, sfortunato, duro, grave, tormentoso, triste, straziante, tremendo, catastrofico, desolante, disastroso, drammatico, funesto, gramo, greve, ingrato, mesto, nero, sciagurato, sventurato, tragico **CONTR.** lieto, gioioso, gradevole, piacevole, divertente, simpatico, spassoso. *V. anche* CRUDELE, NERO

dolóso *agg.* fraudolento, ingannevole, ingannatore, finto, falso, truffaldino □ (*com.*) colposo, colpevole □ intenzionale **CONTR.** accidentale, fortuito □ preterintenzionale, onesto, innocente, leale, probo, retto, schietto, sincero.

domàbile *agg.* addomesticabile, ammaestrabile, docile, malleabile, coercibile **CONTR.** indomabile, indocile.

domànda *s. f.* **1** (*per sapere*) interrogazione, interrogativo, quesito, interpellanza □ quiz (*ingl.*) □ (*spec. al pl.*) questionario **CONTR.** risposta, replica **2** (*per ottenere*) richiesta □ preghiera, implorazione, invito, supplica **3** petizione, istanza, ricorso, esposto **CONTR.** ottenimento, concessione, grazia **4** (*econ.*) richiesta **CONTR.** offerta.

domandàre **A** *v. tr.* **1** (*per sapere*) chiedere, interrogare, informarsi, cercare **CONTR.** rispondere, replicare **2** (*per ottenere*) chiedere, richiedere, esigere, reclamare, sollecitare, invocare, mendicare, postulare, pregare □ ricorrere **CONTR.** dare, accordare, concedere, esaudire □ ottenere, raggiungere, conseguire **3** (*lett.*) (*di tempo, di fatica, ecc.*) richiedere, esigere, prendere (*pop.*), volere (*pop.*) **B** *v. intr.* informarsi, chiedere notizie. *V. anche* VOLERE

domàni **A** *avv.* **1** **CONTR.** ieri **2** in futuro, in avvenire **CONTR.** in passato, una volta **B** *in funzione di s. m.* **1** **CONTR.** ieri **2** (*est.*) futuro, avvenire **CONTR.** passato **FRAS.** *oggi o domani*, prima o poi □ *domani l'altro*, dopodomani, posdomani □ *domani a otto*, tra una settimana a partire da domani □ *dall'oggi al domani*, subito, in fretta, improvvisamente.

domàre *v. tr.* **1** (*di animale*) rendere mansueto, ammansire, addomesticare, educare, ammaestrare, addestrare, scozzonare **2** (*di persona*) rendere docile, rendere ubbidiente, piegare □ castigare **3** (*fig.*) (*di malattia, di popolazione, di rivolta, ecc.*) soggiogare, sottomettere, vincere, debellare, schiacciare, sconfiggere □ fiaccare, stroncare **4** (*fig.*) (*di passioni, di istinti, ecc.*) tenere a freno, dominare, padroneggiare, soffocare, reprimere □ controllare **CONTR.** sfrenare, lasciar libero, scatenare, sbrigliare. *V. anche* VINCERE

domàto *part. pass. di* **domare**; *anche agg.* **1** (*di animale*) ammansato, ammansito, ammaestrato, addestrato **2** (*di persona*) soggiogato, sottomesso, vinto, piegato □ fiaccato, stroncato **CONTR.** ribelle, indomito, indomato **3** (*fig.*) (*di passioni, di istinti, ecc.*) tenuto a freno, dominato, padroneggiato, soffocato, represso □ controllato **CONTR.** sfrenato, lasciato libero.

domatóre *s. m.* (*f. -trice*) (*di animali*) ammaestratore, addomesticatore.

doménica *s. f.* **FRAS.** *domenica in albis*, quasimodo □ *esser nato di domenica* (*fig.*), essere molto fortunato □ *della domenica* (*fig.*), occasionale, inesperto.

domenicàle *agg.* **1** (*est.*) festivo **CONTR.** feriale **2** (*fig.*) (*di atmosfera, di clima, ecc.*) allegro, gaio, lieto, spensierato **CONTR.** malinconico, mesto, triste.

domèstico **A** *agg.* **1** della casa, familiare, casalingo □ privato **CONTR.** estraneo, forestiero □ pubblico **2** (*di trattamento, di tono, ecc.*) alla mano, confidenziale, affabile □ familiare, semplice **CONTR.** formale, compunto, contegnoso, sostenuto □ sofisticato, fine, raffinato **3** (*di animale, di pianta*) addomesticato, docile, mansueto □ coltivato **CONTR.** selvatico, brado, feroce, selvaggio □ spontaneo **B** *s. m.* familiare, servitore, servo, inserviente, cameriere, famiglio (*lett.*) □ (*f.*) colf, donna di servizio, fantesca (*lett.* o *scherz.*), ancella (*lett.* o *scherz.*), perpetua **CONTR.** padrone, signore.

domiciliàre (**1**) *agg.* a domicilio □ (*di visita medica*) a casa **CONTR.** ambulatoriale.

domiciliàre (**2**) **A** *v. tr.* (*raro*) fornire di domicilio, far prendere domicilio, installare **B** **domiciliarsi** *v. rifl.* prendere domicilio, fissare il domicilio □ fermarsi, abitare, risiedere, stabilirsi, stanziarsi **CONTR.** trasferirsi, traslocare, sgombrare, sloggiare.

domiciliàto *part. pass. di* **domiciliare**; *anche agg.* abitante, alloggiato, residente (*est.*).

domicìlio *s. m.* **1** residenza (*est.*), recapito, sede, stanza (*lett.*) **2** (*est.*) casa, abitazione, dimora, alloggio.

dominànte *part. pres. di* **dominare**; *anche agg.* regnante □ prevalente, imperante, preponderante, egemone, egemonico, primario, primo, sovrastante, principale, superiore, capitale, centrale □ al potere, di potere, governante CONTR. secondario, inferiore, soggetto, sottostante, dominato, succube.

dominàre **A** v. tr. **1** (*di persona, di Stato, ecc.*) tenere soggetto, comandare, signoreggiare, capeggiare, imperare □ governare, reggere, guidare □ sopraffare, mortificare □ (*di situazione, di lingua, ecc.*) padroneggiare, conoscere CONTR. essere soggetto, sottostare, ubbidire, soggiacere, soccombere **2** (*di monte, di edificio, ecc.*) sovrastare, stare sopra **3** (*fig.*) (*di passione, ecc.*) contenere, frenare, domare, soffocare, reprimere □ controllare CONTR. sfrenare, scatenare, lasciar libero **4** (*est.*) (*di uditorio, ecc.*) soggiogare, affascinare, tenere, possedere, ipnotizzare (*fig.*) **5** (*di tendenza, ecc.*) influenzare, condizionare □ egemonizzare, monopolizzare □ dilagare, imporsi, imperversare **B** v. intr. **1** essere padrone assoluto, spadroneggiare, regnare, governare CONTR. dipendere, sottostare, servire **2** (*di persona, di musica, ecc.*) eccellere, essere superiore, primeggiare, prevalere, surclassare, sovrastare CONTR. essere inferiore **3** (*di monte, di edificio, di personaggio, ecc.*) ergersi, elevarsi, risaltare, spiccare □ troneggiare, incombere, torreggiare **C** **dominarsi** v. rifl. controllarsi, frenarsi, trattenersi, contenersi, reprimersi, vincersi CONTR. sfrenarsi, scatenarsi.

dominàto part. pass. di **dominare**; anche agg. **1** (*di persona, di Stato, ecc.*) soggetto, governato, comandato, retto □ succube, prigioniero (*fig.*), schiavo (*fig.*) CONTR. dominante, governante **2** sovrastato CONTR. sovrastante **3** (*fig.*) (*di passione, di situazione, ecc.*) contenuto, frenato, domato, soffocato, represso □ controllato CONTR. sfrenato, scatenato □ incontrollato.

dominatóre s. m.; anche agg. (f. *-trice*) padrone, signore, sovrano □ vincitore CONTR. servo, soggetto, sottomesso, oppresso, succube. *V. anche* SOVRANO

domineddìo s. m. (*fam.*) Dio, il Signore.

domìnio s. m. **1** autorità, potere, potestà, giurisdizione, governo, comando, signoria, sovranità, impero □ supremazia, egemonia, predominio □ controllo, padronanza, possesso □ dominazione, occupazione CONTR. dipendenza, soggezione, sottomissione, subordinazione **2** (*raro*) proprietà **3** territorio sottomesso, possedimento, colonia, feudo, regno **4** (*fig.*) (*della letteratura, delle scienze, ecc.*) campo, ambito, ramo, sfera, settore FRAS. *di pubblico dominio*, di proprietà pubblica; (*fig.*) noto a tutti □ *dominio di sé*, autocontrollo. *V. anche* POSSEDIMENTO

donàre **A** v. tr. dare in dono, dare in omaggio, offrire, regalare, largire, elargire, prodigare □ dedicare, profondere □ accordare, concedere CONTR. ricevere, accettare, gradire □ derubare, privare, serbare □ mendicare, pitoccare, questuare **B** v. intr. **1** fare una donazione **2** (*di vestito, di colore, ecc.*) stare bene, giovare, conferire, imbellire CONTR. star male, imbruttire **C** **donarsi** v. rifl. offrirsi, votarsi, consacrarsi.

donàto part. pass. di **donare**; anche agg. dato in dono, regalato, largito, elargito, offerto, accordato, concesso CONTR. accettato, accolto, gradito □ serbato.

donatóre s. m.; anche agg. (f. *-trice*) **1** offerente □ benefattore, largitore (*lett.*), oblatore CONTR. ricevente □ beneficiato **2** (*dir.*) CONTR. beneficiario, donatario.

donazióne s. f. dono. *V. anche* REGALO

dónde avv. **1** da dove, da quale luogo **2** (*con valore rel.*) dal quale, dal luogo da cui **3** (*con valore caus.*) da cui, onde.

dondolaménto s. m. dondolio, oscillamento, ondeggiamento, ciondolamento, oscillazione, traballamento.

dondolàre **A** v. tr. muovere in qua e in là, fare oscillare, fare ondeggiare, cullare CONTR. tener fermo, tenere immobile **B** v. intr. e **dondolarsi** rifl. **1** muoversi in qua e in là, oscillare, ondeggiare, ciondolare, altalenare, traballare, tremare, pendere, penzolare, cullarsi CONTR. stare fermo, stare immobile **2** (*fig.*) bighellonare, oziare, gingillarsi, perder tempo CONTR. impegnarsi, applicarsi, lavorare.

dondolìo s. m. dondolamento, oscillamento, ondeggiamento, oscillazione, traballio.

dóndolo s. m. (*pop.*) altalena □ dondola, sedia a dondolo □ cavalluccio a dondolo.

dondolóni avv. dondolando, dondolandosi, ciondoloni □ bighellonando.

dongiovànni [dal n. del personaggio *Don Giovanni* Tenorio, il libertino protagonista di varie opere letterarie e musicali] s. m. seduttore, donnaiolo □ rubacuori, cascamorto, tombeur de femmes (*fr.*), vagheggino, playboy (*ingl.*), libertino, viveur (*fr.*), puttaniere (*est., volg.*) CONTR. uomo morigerato □ misogino.

dònna s. f. **1** femmina CONTR. maschio, uomo **2** signora □ moglie, sposa, compagna, amante CFR. bambina, fanciulla, ragazza **3** (*ell.*) domestica, fantesca, cameriera, collaboratrice familiare, colf CONTR. padrona, signora **4** (*lett.*) signora, padrona CONTR. serva, schiava **5** (*negli scacchi e nelle carte*) dama, regina FRAS. *donna di casa*, casalinga, massaia □ *donna perduta* o *di strada* o *di malaffare*, prostituta □ *donna di mondo*, che conduce vita brillante, di società.

donnaiòlo s. m. dongiovanni.

donnicciòla s. f. **1** dim. di **donna** **2** (*spreg.*) pettegola, maldicente **3** (*spreg.*) (*spec. di uomo*) vigliacco, pusillanime, femminuccia.

dóno **A** s. m. **1** regalo, presente, omaggio, strenna, sorpresa, pensiero, ricordo □ (*in denaro*) donativo, mancia, largizione, elargizione, regalia, donazione, offerta, oblazione, elemosina, beneficienza **2** (*fig.*) concessione, favore, grazia, privilegio □ benedizione, provvidenza **3** (*fig.*) (*della parola, della semplicità, ecc.*) qualità, virtù, dote, abilità, attitudine, pregio, merito, prerogativa, requisito **B** in funzione di agg. inv. (*posposto al s.*) regalo. *V. anche* FACOLTÀ, REGALO

doping /ingl. 'doupiŋ/ [vc. ingl., propriamente part. pres. di *to dope* 'drogare'] s. m. inv. drogaggio, drogatura.

dópo **A** avv. **1** in seguito, più tardi, poi, indi, successivamente, consecutivamente, conseguentemente, posteriormente □ dopodiché CONTR. prima, precedentemente, antecedentemente, innanzitutto, dapprima, dapprincipio, preventivamente **2** oltre, al di là, appresso (*lett.*) **CONTR.** al di qua ***B*** *prep.* ***1*** post- (*lat.*) **CONTR.** prima di ***2*** oltre □ dietro **CONTR.** al di qua di ***C*** *cong.* (*di tempo*) poi che **CONTR.** prima che ***D*** *s. m. inv.* futuro, seguito, conseguenza.

dopoché *cong.* da quando, dal momento che, dacché.

dopodiché *avv.* infine.

dopodomàni *avv.* e *s. m.* posdomani (*lett.*), domani l'altro **CONTR.** l'altro ieri, ieri l'altro.

dopoprànzo ***A*** *avv.* nel primo pomeriggio, nel pomeriggio ***B*** *s. m. inv.* pomeriggio.

dopotùtto *avv.* insomma, alla fin fine, in conclusione, in fin dei conti, tutto considerato, in fondo.

doppiàggio *s. m.* (*cine.*) doppiatura, traduzione.

doppiaménte *avv.* ***1*** due volte, in misura doppia □ per due ragioni ***2*** (*fig.*) con doppiezza, falsamente, fintamente, ambiguamente, ipocritamente, slealmente, subdolamente **CONTR.** onestamente, lealmente, sinceramente, apertamente, francamente, schiettamente.

doppiàre *v. tr.* ***1*** (*raro, lett.*) raddoppiare, duplicare **CONTR.** dimezzare ***2*** (*sport*) (*su pista, su circuito*) superare di un giro ***3*** (*mar.*) oltrepassare ***4*** foderare.

doppiàto (1) *part. pass. di* **doppiare**; *anche agg.* ***1*** (*sport*) superato di un giro ***2*** (*mar.*) oltrepassato.

doppiàto (2) *agg.* (*cine.*) tradotto.

doppiatóre *s. m.* (*f. -trice*) (*cine.*) traduttore, prestavoce.

doppiatùra *s. f.* (*cine.*) doppiaggio.

doppiétta *s. f.* ***1*** fucile a due canne ***2*** coppiola ***3*** (*fis.*) dipolo.

doppiézza *s. f.* ***1*** (*raro*) duplicità, molteplicità **CONTR.** semplicità, unicità (*raro*) ***2*** (*fig.*) falsità, finzione, ambiguità, ipocrisia, insincerità, gesuitismo, simulazione, dissimulazione, slealtà, impostura, menzogna, mendacio (*lett.*) **CONTR.** onestà, lealtà, sincerità, franchezza, schiettezza, trasparenza, buonfede.

dóppio ***A*** *agg.* ***1*** (*di paga, di fatica, ecc.*) duplicato, raddoppiato □ composto di due parti, binario **CONTR.** dimezzato, semplice, scempio (*raro*) ***2*** (*di errore, di copia, ecc.*) duplice □ ripetuto due volte □ (*di lettera alfabetica*) geminata **CONTR.** semplice ***3*** (*est.*) (*di tessuto, di cartone, ecc.*) grosso, spesso **CONTR.** sottile ***4*** (*fig.*) (*di persona, di discorso, ecc.*) falso, finto, infido, ambiguo, ipocrita, simulatore, dissimulatore, ingannatore, insincero, bifronte, impostore, menzognero, sleale, subdolo, viscido **CONTR.** onesto, leale, sincero, aperto, franco, genuino, schietto, trasparente, candido, vero ***B*** *s. m.* ***1*** due volte **CONTR.** metà ***2*** (*raro*) (*di fune*) capo ***3*** (*teat., cine.*) (*di attore*) supplente, sostituto ***4*** (*di persona, di situazione*) diverso, contrario ***C*** *avv.* due volte **CONTR.** semplice **FRAS.** *vederci doppio* (*fig.*), essere ubriaco; avere le traveggole □ *fare il doppio gioco* (*fig.*), tradire entrambe le parti □ *a cento doppi*, molte volte di più □ *a doppia mandata*, con due giri di chiave; (*fig.*) chiudere bene, mettere al sicuro. *V. anche* IPOCRITA

doppiogiochista *s. m.* e *f.* opportunista, impostore, trasformista.

doppióne *s. m.* ***1*** copia, duplicato **CONTR.** prima copia, originale ***2*** (*teat.*) raddoppio.

doràre *v. tr.* ***1*** ricoprire d'oro, indorare, inaurare (*lett.*) ***2*** (*fig.*) abbellire, ornare, illuminare **CONTR.** imbruttire, deturpare.

doràto *part. pass. di* **dorare**; *anche agg.* ***1*** simile all'oro, giallo, biondo, biondeggiante, flavo (*lett.*), lionato (*lett.*) ***2*** ricoperto d'oro, indorato, aureo ***3*** (*fig.*) (*di sogno, di avvenire, ecc.*) felice, fortunato, ricco, meraviglioso **CONTR.** cupo, nero, fosco, triste, buio.

doratùra *s. f.* ***1*** indoramento, indoratura ***2*** rivestimento di oro □ ornamento d'oro, fregio d'oro.

dormicchiàre *v. intr.* ***1*** dormire leggermente, sonnecchiare, fare un pisolino, appisolarsi, pisolare (*fam.*) **CONTR.** dormire profondamente ***2*** (*fig.*) distrarsi, essere disattento **CONTR.** stare attento, concentrarsi, raccogliersi.

dormiglióne *s. m.*; *anche agg.* (*est.*) pigro, poltrone **CONTR.** attivo, volonteroso, fattivo.

dormìre ***A*** *v. intr.* ***1*** fare un sonno, schiacciare un sonnellino, essere in braccio a Morfeo, riposare □ addormentarsi, appisolarsi, assopirsi, prender sonno, sonnecchiare, russare **CONTR.** essere sveglio, vegliare □ svegliarsi, destarsi, ridestarsi, riscuotersi ***2*** (*est.*) stare inerte, stare inattivo, oziare, starsene in panciolle □ essere lento **CONTR.** agire, lavorare, operare □ essere attivo ***3*** (*fig.*) fidarsi, stare sicuro **CONTR.** diffidare ***4*** giacere morto, riposare per sempre, riposare in pace **CONTR.** vivere, esser vivo ***5*** (*fig.*) (*di luoghi*) essere silenzioso, essere immobile ***6*** (*di pratiche, ecc.*) giacere dimenticato, giacere, essere fermo, non procedere **CONTR.** mettersi in moto, procedere ***B*** *s. m.* (*raro*) sonno **FRAS.** *dormire della grossa*, dormir sodo □ *dormire tra due guanciali* (*fig.*), sentirsi al sicuro □ *dormire con gli occhi aperti* (*fig.*), vigilare □ *dormire in piedi* (*fig.*), avere molto sonno □ *dormirci sopra* (*fig.*), rimandare; (*est.*) non pensarci □ *far dormire* (*fig.*), annoiare □ *dormire sotto i ponti* (*fig.*), non avere casa □ *dormire su un letto di piume* (*fig.*), non avere preoccupazioni materiali.

dormìta *s. f.* sonno, riposo **CONTR.** veglia.

dormitòrio *s. m.* camerata.

dormivéglia *s. m. inv.* sopore.

dorsàle ***A*** *agg.* (*anat.*) del dorso **CONTR.** ventrale ***B*** *s. m.* (*di sedia, di divano e sim.*) spalliera □ (*di letto*) testiera, testata **CONTR.** pediera, finale ***C*** *s. f.* (*geogr.*) giogaia, catena montuosa □ cresta, crinale, spartiacque.

dòrso *s. m.* ***1*** schiena, tergo, spalle, groppa, groppone **CONTR.** petto, costole, sterno, torace □ (*di mano*) dosso ***2*** parte posteriore, esterno **CONTR.** parte anteriore, interno □ palma, palmo ***3*** (*di libro*) costola, costa ***4*** (*aer.*) (*di ala*) estradosso ***5*** (*di montagna*) colmo, cresta.

dosàggio *s. m.* dosatura, misura, dose.

dosàre *v. tr.* ***1*** (*di ingredienti, di medicina, ecc.*) dividere in dosi, calcolare, misurare, pesare ***2*** (*fig.*) (*di spese, di parole, ecc.*) usare con parsimonia, distribuire oculatamente, risparmiare, razionare □ misurare, pesare (*fig.*) **CONTR.** sciupare, sprecare, sperperare, usar male □ parlare a vanvera, compromettersi.

dosàto *part. pass. di* **dosare**; *anche agg.* ***1*** diviso in dosi, misurato, pesato *2* (*fig.*) (*di spese, di parole, ecc.*) distribuito oculatamente, ben regolato □ pesato, controllato, soppesato, misurato CONTR. sregolato, disordinato □ incontrollato.

dosatóre *s. m.* (*est.*) regolatore, misuratore, misurino.

dosatùra *s. f.* dosaggio, misura, dose.

dòse *s. f.* *1* quantità determinata, quantità, porzione, dosaggio, dosatura, parte, misura, unità *2* (*est., anche fig.*) (*di vino, di legnate, ecc.*) razione, quantità, mucchio.

dossier /fr. do'sje/ [dall'intitolazione scritta sul dorso (*dos*) dell'incartamento] *s. m. inv.* fascicolo, pratica, cartella □ (*est.*) incartamento, documenti, documentazione □ notizie riservate.

dòsso *s. m.* *1* (*lett.*) dorso □ schiena, tergo, spalle, groppa, groppone CONTR. petto, sterno, torace *2* (*est.*) corpo, persona *3* (*est.*) (*di monte, di collina e sim.*) prominenza, duna, rilievo, collina □ (*est.*) cima, sommità CONTR. cavità, incavo, affossamento, valletta *4* (*di strada*) rialzo, gobba CONTR. avvallamento, cunetta, cuna FRAS. *togliersi un peso di dosso* (*fig.*), liberarsi di una preoccupazione □ *mettersi in dosso*, indossare.

dotàre *v. tr.* *1* fornire della dote, dare in dote *2* (*anche fig.*) (*di servizi, di ingegno, ecc.*) provvedere, corredare, fornire, equipaggiare, armare, attrezzare, accessoriare, munire, guarnire, arricchire □ (*di denaro*) foraggiare (*fam.*), sovvenzionare, finanziare CONTR. sfornire, spogliare, privare, sguarnire.

dotàto *part. pass. di* **dotare**; *anche agg.* *1* (*anche fig.*) (*di servizi, di ingegno, ecc.*) provvisto, provveduto, corredato, fornito, guarnito, munito, adorno, adornato, ornato, ricco, arricchito CONTR. privo, sprovvisto, sfornito, sguarnito, mancante, scevro, deprivato *2* capace, versato, intelligente, bravo.

dotazióne *s. f.* *1* (*di beni, di mezzi, ecc.*) assegnazione, quantità □ corredo, fornitura, equipaggiamento, attrezzatura, armamento, armamentario □ (*di denaro*) finanziamento, sovvenzione, stanziamento *2* (*mil.*) armamento, equipaggiamento *3* (*raro*) dote.

dòte *s. f.* *1* assegno dotale, dotazione (*raro*) □ corredo *2* (*dell'onestà, della chiarezza, ecc.*) dono, pregio, prerogativa, numero (*spec. al pl.*), requisito, valore, abilità, virtù, qualità CONTR. debolezza, magagna, pecca, macchia, difetto. *V. anche* FACOLTÀ

dottaménte *avv.* in modo dotto, con dottrina, eruditamente, sapientemente, espertamente, magistralmente CONTR. inespertamente, rozzamente, ignorantemente.

dòtto (1) *A* *agg.* *1* (*di persona*) colto, erudito, esperto, istruito, sapiente, studioso □ studiato (*pop.*) CONTR. indotto, incolto, ignorante, illetterato, analfabeta *2* (*di libro, di citazione, ecc.*) ricco di dottrina, erudito, colto □ istruttivo *B* *s. m.* studioso, erudito, colto, sapiente, letterato, scienziato, maestro, uomo di cultura CONTR. ignorante, ignorantone, analfabeta.

dótto (2) *s. m.* (*anat.*) canale, condotto, tubo, via.

dottoràle *agg.* *1* di dottore, da dottore *2* (*est., iron.*) dottoresco, cattedratico, accademico, professorale, solenne, sussiegoso, saputo CONTR. semplice, naturale, alla buona, alla mano.

dottóre *s. m.* *1* (*ass., fam.*) medico *2* laureato *3* dotto, colto, sapiente, studioso □ docente.

dottrìna *s. f.* *1* cultura, erudizione, istruzione, sapienza, sapere, scienza, scibile □ idea, insegnamento, pensiero, teoria, credenza, credo □ disciplina, materia, programma CONTR. ignoranza, incultura, asineria, somaraggine, analfabetismo *2* (*relig.*) principi teorici, dogma, catechismo, catechesi.

double-face /fr. dubl 'fas/ [vc. fr., comp. di *double* 'doppio' e *face* 'faccia', nel senso di 'parte dritta del tessuto'] *loc. agg. inv.* a due dritti, rovesciabile.

dóve *A* *avv.* *1* in quale luogo, verso quale luogo *2* nel luogo in cui *3* (*preceduto da un s.*) il luogo in cui *4* in cui, nel quale, ove *B* *cong.* mentre, laddove *C* *in funzione di s. m. inv.* luogo FRAS. *dove che sia*, in qualsiasi luogo □ *per ogni dove*, dappertutto.

dovére *A* *v. tr.* *1* avere l'obbligo, essere obbligato, essere tenuto, essere vincolato □ (*impers.*) bisognare, necessitare, occorrere, toccare, essere necessario CONTR. essere libero *2* avere necessità, avere convenienza, avere bisogno *3* stare per, essere in procinto di, aver deciso *4* essere probabile, essere possibile *5* (*di denaro, di favore, ecc.*) essere debitore, dover pagare CONTR. essere creditore, dover avere *B* *s. m.* *1* obbligo, debito, tributo, compito, ufficio, responsabilità, caso di coscienza, legame, catena, vincolo CONTR. diritto □ esenzione, dispensa *2* (*dir.*) debito, dovuto, passivo, obbligazione, onere CONTR. credito, attivo *3* (*di scolaro*) compito, esercizi *4* (*ant.*) (*spec. al pl.*) saluti, complimenti, cerimonie.

doverosaménte *avv.* *1* per dovere, obbligatoriamente CONTR. volontariamente *2* come si deve, bene, per bene, convenientemente CONTR. male, sconvenientemente.

doveróso *agg.* *1* debito, dovuto, obbligatorio, necessario CONTR. facoltativo, volontario *2* conveniente, opportuno CONTR. sconveniente, inopportuno, peregrino.

dovìzia *s. f.* (*lett.*) abbondanza, esuberanza, copiosità, larghezza, profusione, opulenza, ricchezza CONTR. miseria, penuria, povertà, scarsità, carenza, insufficienza, pochezza, ristrettezza, esiguità.

dovùnque *avv.* *1* ovunque (*lett.*), in qualunque luogo in cui *2* dappertutto, in ogni luogo CONTR. in nessun luogo.

dovùto *A* *part. pass. di* **dovere**; *anche agg.* *1* (*di febbre, di guasto, ecc.*) causato, prodotto, provocato *2* (*di tempo, di paga, ecc.*) opportuno, giusto, equo, conveniente □ spettante, competente, debito, meritato, doveroso CONTR. inopportuno, sconveniente □ immeritato *B* *s. m.* debito, giusto, conveniente, onesto.

down /ingl. daun/ [dal nome di J. L. H. *Down*, medico inglese che studiò il mongolismo] *agg.*; *anche s. m. inv.* (*med., pop.*) mongoloide, subnormale, ritardato mentale, deficiente.

dozzìna *s. f.* *1* dodici, serqua (*pop.*) *2* (*raro*) retta, pensione FRAS. *di dozzina*, ordinario, di poco valore □ *stare a dozzina*, pagare vitto e alloggio.

dozzinàle *agg.* ordinario, comune, di bassa qualità, grossolano, poco pregiato, mediocre, corrente, andante, scadente **CONTR.** fine, pregiato, lussuoso, raffinato, scelto, squisito, elegante, pregevole, chic (*fr.*).

dozzinànte *s. m.* e *f.* **1** pensionante **2** (*in ospedale*) degente pagante, solvente (*gerg.*).

dragàre *v. tr.* **1** scavare **CONTR.** interrare **2** (*di acque minate*) sminare, bonificare.

dràgo *s. m.* **1** (*mitol.*) dragone □ (*est.*) serpente **2** demonio **3** (*aer.*) pallone frenato **4** (*gerg., fig.*) persona molto capace, asso (*fig.*), mago (*fig.*), dio (*fig.*) □ persona in gamba, dritto (*fam.*), furbo, furbone **CONTR.** frana (*fig.*), disastro (*fig.*), scalzacane, mezza calzetta (*fig.*), assassino (*fig.*), rovina (*fig.*), pericolo pubblico (*fig.*), sciocco, semplicione **FRAS.** *drago volante*, aquilone, cervo volante.

dràmma *s. m.* **1** componimento teatrale, spettacolo teatrale □ tragedia □ commedia □ melodramma □ mimo, farsa, recita **2** (*est.*) vicenda dolorosa, disgrazia, sciagura, sventura **CONTR.** fortuna, successo **3** tensione, pathos (*gr.*), intensità drammatica, forza drammatica **4** (*fig.*) grave problema, cruccio, tormento.

drammaticaménte *avv.* **1** in modo drammatico, pietosamente, dolorosamente **CONTR.** allegramente, comicamente, scherzosamente **2** (*fig.*) clamorosamente, esageratamente **CONTR.** moderatamente, modestamente.

drammaticità *s. f.* **1** carattere drammatico, gravità, intensità **CONTR.** comicità **2** (*est.*) efficacia rappresentativa, vivacità espressiva, forza drammatica, potenza drammatica, pathos (*gr.*).

drammàtico *agg.* **1** teatrale □ di teatro, da teatro **2** (*fig.*) (*di fatto, di situazione, ecc.*) altamente emotivo, spaventoso, terribile, commovente, doloroso, pietoso, triste, disperante, tragico **CONTR.** comico, ridicolo, allegro, farsesco, risibile **3** (*est.*) (*di giornata*) movimentatissimo, complicato, agitatissimo **CONTR.** calmo, tranquillo **4** (*est.*) (*di persona*) tragico, catastrofico, allarmista, apprensivo, pessimista **CONTR.** calmo, sereno, razionale, freddo, fatalista, ottimista.

drammatizzàre *v. tr.* **1** ridurre in forma di dramma □ recitare **2** (*fig.*) (*anche ass.*) esagerare □ perdere la testa **CONTR.** attenuare, minimizzare, sdrammatizzare.

drammatizzazióne *s. f.* **1** riduzione a dramma **2** (*pedag.*) animazione.

drappeggiàre *v. tr.* panneggiare.

drappéggio *s. m.* **1** panneggio, pannellatura **2** pieghe, pannello.

drappèllo *s. m.* **1** (*di armati*) gruppo, plotone, schiera, squadra, pattuglia, picchetto **2** (*est.*) (*di persone*) gruppo, compagnia, manipolo.

dràppo *s. m.* **1** tessuto pregiato, stoffa operata □ (*est., lett.*) tessuto, stoffa □ pezza, telo, panno □ tenda, tendaggio □ addobbo, panneggiamento □ coperta, tovaglia □ mantello, manto □ veste, panni □ (*di cavallo*) gualdrappa, baldracca (*raro*), gonfalone **2** (*lett.*) abito fastoso **3** (*nelle gare*) palio.

dràstico *agg.* energico, efficace, duro, severo, categorico, deciso, violento **CONTR.** blando, leggero, benigno, bonario, indulgente, mite, moderato. *V. anche* SEVERO

drenàggio *s. m.* **1** (*di terreno*) bonifica, prosciugamento **2** (*med.*) sonda, sondino, apertura, canale, dotto **3** (*econ.*) (*di capitali, di lavoratori, ecc.*) afflusso, richiamo, reclutamento **FRAS.** *drenaggio fiscale*, fiscal drag (*ingl.*).

drenàre *v. tr.* **1** (*di terreno*) prosciugare, bonificare **2** (*econ.*) (*di capitali, di lavoratori, ecc.*) attirare, reclutare, fare affluire.

dribblàre **A** *v. intr.* (*sport*) palleggiare **B** *v. tr.* **1** (*di avversario*) scartare **2** (*est.*) eludere, evitare, schivare.

dribbling /*ingl.* 'dribliŋ/ [vc. ingl., da *to dribble* 'dribblare'] *s. m. inv.* (*sport*) palleggio, dribblaggio, scarto.

drink /*ingl.* driŋk/ [vc. ingl., propriamente 'bevanda' da *to drink* 'bere'] *s. m. inv.* **1** bevanda alcolica □ cocktail (*ingl.*) **2** (*est.*) festicciola, bicchierata, ricevimento, riunione, cocktail (*ingl.*), cocktail party (*ingl.*), party.

dritta *s. f.* **1** destra, lato destro, mandritta **CONTR.** sinistra, mancina (*lett.*) **2** (*di nave*) fianco destro, tribordo **CONTR.** manca, babordo **3** (*gerg.*) informazione, consiglio **FRAS.** *a dritta e a manca* (*est.*), in ogni direzione; a tutti. *V. anche* INFORMAZIONE

drittàta *s. f.* (*gerg.*) astuzia, furberia, furbata.

dritto **A** *agg.* **1** diritto, ritto, drizzato, eretto **CONTR.** steso, disteso, piegato, appollaiato, gobbo, curvo, adunco, storto, curvilineo, ondulato, sghembo **2** destro **CONTR.** sinistro, mancino **3** (*fam.*) astuto, scaltro, furbo, sveglio **CONTR.** ingenuo, candido, credulone, sciocco, grullo **B** *s. m.* **1** (*di cosa*) diritto, faccia principale **CONTR.** rovescio **2** (*fam.*) (*di persona*) furbacchione, drago (*gerg.*), lenza (*region.*), volpe, volpone, filone (*region.*) **CONTR.** minchione, fesso (*fam.*), allocco, pollo, merlo, coglione (*volg.*), pirla (*volg.*), sempliciotto **C** *avv.* in linea retta, difilato, direttamente **CONTR.** obliquamente, a zigzag.

drizzàre **A** *v. tr.* **1** raddrizzare □ sollevare **CONTR.** curvare, piegare, torcere, arcuare, inclinare, rovesciare **2** (*lett.*) (*di occhi, ecc.*) dirigere, rivolgere, puntare, indirizzare **CONTR.** allontanare, distogliere **3** (*di edificio, di antenna, ecc.*) rizzare, innalzare, costruire, erigere, edificare, alzare, levare **CONTR.** abbattere, atterrare, demolire, buttar giù **B** **drizzarsi** *v. rifl.* alzarsi, rizzarsi, sorgere, levarsi, sollevarsi, ergersi □ risollevarsi, raddrizzarsi **CONTR.** coricarsi, sdraiarsi, stendersi, accovacciarsi, acquattarsi, chinarsi **C** *v. intr. pron.* (*raro, lett.*) dirigersi, rivolgersi.

dròga *s. f.* **1** (*gener.*) (*spec. al pl.*) spezie □ sostanze aromatiche, aromi, sapori (*fam.*), odori (*fam.*), erbe **2** narcotico, stupefacente, roba (*gerg.*), allucinogeno, erba (*gerg.*), rimba (*gerg.*) **3** (*fig., est.*) abitudine radicata, vizio incorreggibile, veleno (*fig.*).

drogàre **A** *v. tr.* **1** (*di alimento*) condire con droghe, aromatizzare **2** somministrare droghe, dopare **CONTR.** disintossicare **3** (*fig.*) (*di dati, di informazioni, ecc.*) alterare, modificare, falsare **B** **drogarsi** *v. rifl.* fare uso di droghe, bucarsi (*fam.*), farsi (*pop.*), impasticcarsi (*pop.*).

drogàto *part. pass.* di **drogare**; *anche agg.* e *s. m.* **1** (*di alimento*) aromatizzato **2** tossicodipendente, tossico-

mane, fatto (*gerg.*), impasticcato, tossico (*gerg.*).
drop /*ingl.* drɔp/ [vc. ingl., propriamente 'goccia', poi 'piccola quantità'] *s. m. inv.* **1** (*abbigliamento*) taglia speciale, vestibilità **2** caramella dissetante alla frutta.
dry /*ingl.* 'drai/ [vc. ingl., propriamente 'secco'] **A** *agg. inv.* (*di alcolici*) secco **CONTR.** amabile, dolce, abboccato **B** *s. m. inv.* alcolico secco.
dualismo *s. m.* **1** (*filos.*) **CONTR.** monismo **2** (*fig.*) dualità, contrasto, antagonismo, lotta **CONTR.** accordo, armonia, concordia.
dualità *s. f.* duplicità, dualismo **CONTR.** unicità (*raro*).
dùbbio A *agg.* **1** ambiguo, incerto, non sicuro, malsicuro, indeterminato, ipotetico, controverso, contestabile, oscuro, problematico, imprevedibile □ improbabile, malcerto, aleatorio □ indefinito, indistinto **CONTR.** certo, sicuro, chiaro, evidente, palmare, patente, determinato, prevedibile, incontestabile, indiscutibile, irrepugnabile (*lett.*), accertato, comprovato □ definito, distinto **2** (*di persona, di carattere*) esitante, dubbioso, indeciso, irresoluto, perplesso, titubante **CONTR.** pronto, risoluto, deciso, sicuro, spigliato **3** (*di moralità, di provenienza, ecc.*) ambiguo, equivoco, sospetto, chiacchierato, discutibile **CONTR.** limpido, specchiato, integro, trasparente **B** *s. m.* **1** ma, però, incertezza, esitazione, indecisione, irresolutezza, perplessità, scetticismo, sfiducia, titubanza, tergiversazione (*raro*), disorientamento, tentennamento, vacillamento, ondeggiamento, scrupolo □ sospetto, diffidenza, timore, inquietudine **CONTR.** certezza, sicurezza, decisione, risolutezza, risoluzione □ convinzione, persuasione, speranza **2** dilemma, problema, questione, difficoltà **3** punto controverso, elemento ambiguo, ambiguità, equivocità, incertezza, anfibologia (*ling.*) **CONTR.** certezza **FRAS.** *senza dubbio* o *senza ombra di dubbio*, certamente □ *dubbio amletico* (*fig.*), dubbio insolubile □ *essere in dubbio* (*fig.*), non sapersi decidere; essere incerto. *V. anche* INCERTO, TIMORE
dubbiosaménte *avv.* **1** incertamente, confusamente □ perplessamente **CONTR.** certamente, sicuramente, incontrastabilmente □ fermamente, recisamente **2** timorosamente, ansiosamente □ sospettosamente **CONTR.** arditamente, animosamente, coraggiosamente, audacemente.
dubbióso *agg.* **1** esitante, incerto, indeciso, irresoluto, perplesso, vacillante, tentennante, titubante, oscillante, disorientato □ incredulo, malsicuro, prevenuto, scettico, diffidente, sospettoso **CONTR.** deciso, determinato, pronto, risoluto □ convinto, persuaso, fiducioso **2** (*di faccenda, di votazione, ecc.*) non sicuro, sospetto, equivoco, ambiguo, discutibile, oscuro **CONTR.** evidente, chiaro, sicuro. *V. anche* INCERTO
dubitàbile *agg.* incerto, discutibile □ sospetto, ambiguo **CONTR.** indubitabile, indiscutibile, chiaro, palmare, palpabile. *V. anche* INCERTO
dubitàre *v. intr.* **1** essere in dubbio, essere scettico, essere dubbioso, essere in forse, non essere sicuro, non avere la certezza □ esitare, pencolare, tentennare, titubare, oscillare **CONTR.** essere certo, essere sicuro, non avere dubbi **2** (*di dogma, di verità, ecc.*) mettere in discussione, fare delle riserve, obiettare, discutere **CONTR.** accettare, accogliere, ammettere **3** (*di persona, di cosa*) diffidare, sospettare **CONTR.** fidarsi, confidare, affidarsi **4** temere, paventare, avere paura **CONTR.** essere sicuro.
dùe *agg. num. card.* **1** paio, pariglia, coppia **2** (*est.*) (*di parole, di chiacchiere, ecc.*) pochi, piccola quantità **CONTR.** molti **FRAS.** *a due a due*, due per volta □ *fare due più due* (*fig.*), arrivare a una facile conclusione □ *servire due padroni*, fare il doppio gioco □ *come due e due fanno quattro*, vero, lampante.
duèllo *s. m.* **1** combattimento tra due, singolar tenzone (*lett.*) **2** (*fig.*) contesa, contrasto, lotta, combattimento, sfida, certame (*lett.*), gara.
duepèzzi *s. m.* bikini **CFR.** monokini, costume intero.
dùnque A *cong.* e *avv.* **1** perciò, pertanto, quindi, sicché, ergo (*lett., scherz.*), ora **2** allora, quindi, poi, orbene, beh (*fam.*), ebbene **B** *in funzione di s. m. inv.* conclusione, punto fondamentale, momento decisivo, nocciolo **FRAS.** *venire al dunque*, parlare della cosa principale senza divagazioni.
duòmo *s. m.* cattedrale □ chiesa principale □ basilica, tempio.
duplicàre *v. tr.* **1** (*raro*) raddoppiare, geminare (*lett.*), rendere doppio □ clonare **CONTR.** sdoppiare, dimezzare **2** (*di documento*) riprodurre, fotocopiare □ (*di cassetta musicale e video*) doppiare, copiare, riprodurre, replicare.
duplicàto A *part. pass. di* **duplicare**; *anche agg.* **1** (*raro*) raddoppiato, geminato (*lett.*), reso doppio **CONTR.** sdoppiato, dimezzato **2** (*di documento*) riprodotto, fotocopiato **B** *s. m.* copia, fotocopia, riproduzione □ doppione **CONTR.** prima copia, originale, matrice, modello, prototipo.
duplicazióne *s. f.* **1** raddoppiamento, geminazione (*raro*), raddoppio **CONTR.** sdoppiamento, dimezzamento **2** (*di documento*) riproduzione, fotocopiatura, fotocopia.
dùplice *agg.* doppio **CONTR.** semplice, singolo, unico.
duraménte *avv.* **1** saldamente, solidamente **CONTR.** mollemente, morbidamente, teneramente **2** (*fig.*) aspramente, rudemente, acerbamente, severamente, arcignamente, autoritariamente, militarescamente, rigidamente, rigorosamente □ crudelmente, disumanamente, spietatamente **CONTR.** dolcemente, gentilmente, mitemente, blandamente, umanamente **3** (*fig.*) faticosamente, stentatamente, pesantemente, gravosamente, spiacevolmente □ spartanamente **CONTR.** facilmente, leggermente, piacevolmente, idillicamente.
duránte *prep.* all'epoca di, al tempo di, nel corso di, nello spazio di, intanto che, di, il, in.
duràre A *v. intr.* **1** continuare ad essere, conservarsi, mantenersi, resistere, perdurare, permanere, sussistere, reggere, rimanere, seguitare, sopravvivere, vivere **CONTR.** venir meno, cessare, finire, terminare □ perire **2** (*di riunione, di causa, ecc.*) andare per le lunghe, prolungarsi, protrarsi **3** (*di cibo, di denaro, ecc.*) bastare, essere sufficiente **CONTR.** mancare, venir meno **4** (*a piangere, a negare, ecc.*) perseverare,

insistere, ostinarsi, persistere ***B*** *v. tr.* (*lett.*) (*di fatica e sim.*) fare, soffrire, sopportare **FRAS.** *durarla*, resistere □ *durare dalla sera alla mattina*; *da Natale a S. Stefano*, durare pochissimo.

duràta *s. f.* corso, arco, decorso, spazio, quantità, tempo, permanenza, persistenza, estensione, lunghezza, vita □ conservazione, resistenza, durevolezza, validità **CONTR.** scadenza, cessazione, fine, termine, interruzione □ fragilità, fugacità, transitorietà **FRAS.** *di lunga durata*, lungo; resistente □ *di breve durata*, corto, effimero. *V. anche* TEMPO

duratùro *agg.* durevole, di lunga durata, stabile, costante, persistente, resistente, consolidato, continuativo, continuo, indelebile, permanente, intramontabile **CONTR.** caduco, effimero, instabile, fugace, passeggero, provvisorio, transitorio, temporaneo, momentaneo, precario. *V. anche* PERPETUO

durévole *agg.* (*di beni, di prodotti, ecc.*) duraturo, di lunga durata, resistente **CONTR.** di consumo, effimero. *V. anche* PERPETUO

durevolézza *s. f.* durata, resistenza, persistenza, solidità **CONTR.** debolezza, fragilità, delicatezza □ caducità, labilità, fugacità, instabilità, precarietà, provvisorietà, transitorietà, temporaneità.

durevolménte *avv.* saldamente, tenacemente □ permanentemente, stabilmente, per sempre, perpetuamente **CONTR.** instabilmente, fugacemente, provvisoriamente, temporaneamente, transitoriamente, fuggevolmente, precariamente.

durézza *s. f.* ***1*** compattezza, sodezza, consistenza, resistenza, solidità, rigidezza **CONTR.** mollezza, morbidezza, tenerezza, cedevolezza, elasticità, flessibilità, duttilità, flessuosità, malleabilità, plasticità, inconsistenza, leggerezza, friabilità ***2*** (*fig.*) (*di clima*) asprezza, crudezza, inclemenza, rigore, spiacevolezza **CONTR.** dolcezza, clemenza, mitezza ***3*** (*fig.*) (*di carattere*) mancanza di elasticità, fiscalismo, fiscalità, intrattabilità, intransigenza, inesorabilità, inflessibilità, severità, austerità □ caparbietà, ostinazione, cocciutaggine, testardaggine, angolosità, legnosità, rigidità **CONTR.** elasticità, flessibilità, apertura, intelligenza □ arrendevolezza, docilità, remissività, mansuetudine, mitezza ***4*** (*fig.*) cattiveria, crudeltà, insensibilità, malvagità, brutalità, disumanità, spietatezza **CONTR.** benignità, bonarietà, bontà, clemenza, dolcezza, indulgenza, moderazione, pietà, sensibilità, umanità, carità, comprensione, cuore, sentimento, soavità ***5*** (*fig.*) (*di lavoro, di impegno, ecc.*) difficoltà, asperità **CONTR.** facilità, scorrevolezza. *V. anche* ENERGIA

dùro ***A*** *agg.* ***1*** compatto, consistente, massiccio, sodo, resistente, solido, rigido, calloso, ferreo, granitico, bronzeo, ferrigno, ligneo, infrangibile □ stopposo, fibroso, tiglioso □ ruvido, ispido **CONTR.** molle, morbido, tenero, soffice, cedevole, elastico, plastico, flessibile, duttile, forgiabile, friabile, malleabile, plasmabile, molliccio, moscio ***2*** (*fig.*) (*di vita, di necessità, ecc.*) difficile, doloroso, grave, greve, improbo, oneroso, ingrato, malagevole, pesante, amaro, spiacevole, disperato □ (*di stile di vita*) conventuale, spartano, monastico **CONTR.** facile, leggero, lieve, dolce, piacevole ***3*** (*fig.*) (*di clima*) aspro, crudo, freddo, torrido, inclemente **CONTR.** dolce, clemente, temperato, mite, piacevole ***4*** (*fig.*) (*di carattere*) poco elastico, caparbio, cocciuto, ostinato, testardo, irremovibile, inamovibile, angoloso □ poco intelligente **CONTR.** elastico, aperto, disponibile, comprensivo, conciliante, flessibile, morbido, comprensivo □ arrendevole, docile, remissivo, sottomesso, pappamolle □ intelligente ***5*** (*fig.*) (*di discorso, di persona, ecc.*) aspro, bruciante, rude, secco, sostenuto, austero, autoritario, implacabile, inesorabile, inflessibile, insensibile, rigido, rigoroso, severo, inumano, crudele, cattivo, malvagio, spietato, violento **CONTR.** amabile, benigno, bonario, buono, clemente, dolce, indulgente, moderato, pietoso, sensibile, umano, affettuoso, caritatevole ***6*** (*di acqua*) calcareo **CONTR.** dolce ***7*** (*fig., lett.*) (*di scritto, di problema, ecc.*) difficile, arduo, incomprensibile, ostico **CONTR.** facile, comprensibile, chiaro ***B*** *s. m.* ***1*** **CONTR.** molle, morbido, tenero ***2*** (*fig.*) difficoltà ***C*** *in funzione di avv.* ***1*** aspramente, severamente **CONTR.** dolcemente, mitemente ***2*** tenacemente □ (*di sonno*) profondamente, sodamente, saporitamente **CONTR.** male, poco, a intervalli **FRAS.** *pane duro*, pane raffermo □ *essere duro d'orecchio*, sentirci poco □ *avere la pelle dura* (*fig.*), essere molto resistente □ *a muso duro*, rudemente □ *tener duro*, resistere □ *osso duro* (*fig.*), persona o cosa difficile da affrontare □ *cappello duro*, bombetta; cilindro, tuba. *V. anche* CRUDELE, SEVERO

duróne *s. m.* callo, callosità, tiloma (*med.*).

dùttile *agg.* ***1*** (*di materiale*) cedevole, malleabile, lavorabile, macchinabile, flessibile, pieghevole, plasmabile, elastico, morbido, plastico **CONTR.** duro, rigido, inflessibile, coriaceo ***2*** (*fig.*) (*di carattere*) arrendevole, malleabile, docile, remissivo, molle, trattabile □ flessibile, elastico, adattabile **CONTR.** duro, ferreo, determinato, ostinato, restio, indocile, ribelle, intrattabile. *V. anche* FLESSIBILE

duttilità *s. f.* ***1*** (*di materiale*) cedevolezza, malleabilità, lavorabilità, macchinabilità, flessibilità, pieghevolezza, plasmabilità, elasticità **CONTR.** durezza, rigidità, inflessibilità ***2*** (*fig.*) (*di carattere*) arrendevolezza, trattabilità, docilità, remissività □ flessibilità, elasticità, adattabilità **CONTR.** indocilità, durezza, inflessibilità, ostinazione, rigidezza, intrattabilità □ cristallizzazione.

duvet /*fr.* dy've/ [vc. fr., 'lanugine, piuma' e 'letto di piuma'] *s. m. inv.* giacca di piuma, piumino, piumone, piumotto.

e, E

è *cong.* **1** anche □ (*ling.*) copula **2** (*con valore avversativo*) ma, invece **3** (*con valore enf. e esortativo*) ebbene.

èbano *in funzione di agg. inv.* (*di colore*) nerissimo, nero scuro. *V. anche* NERO

ebbène *cong.* **1** (*con valore concl.*) dunque, orbene **2** (*raff., enf.*) allora, beh (*fam.*).

ebbrézza *s. f.* **1** ubriachezza, ebrietà **CFR.** sobrietà, astinenza (da alcol) **2** (*est.*) (*di passioni, ecc.*) voluttà, entusiasmo, euforia, esaltazione, rapimento, stordimento, tumulto, turbamento, vertigine, delirio, estasi **CONTR.** abbattimento, apatia, indifferenza, inerzia, freddezza. *V. anche* ENTUSIASMO, STORDIMENTO

èbbro *agg.* **1** ubriaco, avvinazzato, sbronzo (*fam.*), bevuto, sborniato (*pop.*) □ alticcio, brillo **CFR.** sobrio, astemio **2** (*fig.*) (*per passioni, ecc.*) fuori di sé, esaltato, rapito, inebriato, stordito, impazzito **CFR.** apatico, abbattuto, indifferente.

ebetàggine *s. f.* ottusità, stupidità, imbecillità, scemenza, cretinata, cretineria **CONTR.** intelligenza, vivacità, prontezza.

èbete *agg.*; *anche s. m. e f.* ottuso, imbecille, stupido, cretino, idiota, scemo, scimunito, rimbambito, babbeo, citrullo, rimbecillito **CONTR.** intelligente, sveglio, scaltro, furbo.

ebollizióne *s. f.* **1** bollore, evaporazione, effervescenza **2** (*fig.*) inquietudine, agitazione, tumulto.

ebràico *agg.*; *anche s. m.* ebreo, giudaico, israelitico, giudeo, israelita □ sionista **CFR.** israeliano.

ebraìsmo *s. m.* giudaismo □ sionismo.

ebrèo *s. m.*; *anche agg.* giudeo, israelita, giudaico, ebraico □ sionista **CFR.** israeliano.

ebrietà *s. f.* **1** ebbrezza, ubriachezza **CFR.** sobrietà, astinenza (da alcol) **2** (*est.*) (*di passioni, ecc.*) voluttà, entusiasmo, euforia, esaltazione, rapimento, stordimento, tumulto, turbamento **CONTR.** abbattimento, apatia, indifferenza, inerzia, freddezza.

ecatómbe *s. f.* **1** (*nell'antica Grecia*) sacrificio di cento buoi **2** (*fig.*) (*di persone, di animali*) sterminio, strage, eccidio, massacro, uccisione, carnaio, carneficina, macello, scempio **3** (*fig.*) (*di cosa*) rovina, distruzione, disastro, grave danno.

eccedènte **A** *part. pres. di* **eccedere**; *anche agg.* superfluo, soverchio (*lett.*), esorbitante, sovrabbondante, esuberante, esagerato, eccessivo, troppo, riboccante, straripante, traboccante □ accessorio, voluttuario **CONTR.** mancante, scarso, insufficiente, manchevole **B** *s. m.* eccesso, eccedenza, avanzo, restante, residuo, residuato, rimanente, resto, il di più **CONTR.** necessario, occorrente. *V. anche* SUPERFLUO

eccedènza *s. f.* **1** eccesso, eccessività, esorbitanza, esuberanza, extra, il di più, soprappiù, sopravanzo, sovrabbondanza, sovrapproduzione, superfluo, supero, surplus (*fr.*), troppo **2** avanzo, restante, rimanente, rimanenza, residuato, residuo, resto **CONTR.** insufficienza, mancanza, deficit (*lat.*), carenza, difetto, scarsità, penuria. *V. anche* SUPERFLUO

eccèdere **A** *v. tr.* (*di limiti, ecc.*) andare oltre, oltrepassare, passare, varcare, superare, sorpassare, esulare, trapassare **B** *v. intr.* **1** (*di misura, ecc.*) esagerare, strafare, trasmodare, trascendere, passare il segno, esorbitare, debordare, sconfinare, abbondare, sovrabbondare, soverchiare (*lett.*), sballare (*pop.*), uscire, abusare **2** (*di dosi, di colori, di tono*) calcare, caricare, ridondare; (*in lodi e sim.*) sperticarsi **CONTR.** trattenersi, limitarsi, contenersi, moderarsi, regolarsi □ scarseggiare, mancare, difettare **3** (*raro*) restare, residuare.

eccellènte *agg.* **1** (*di scrittore, di idea, ecc.*) eminente, esemplare, ottimo, encomiabile, pregevole, pregiato, prezioso, magistrale, valente, superiore, scelto, famoso, insigne, ideale, magnifico, perfetto, incomparabile, inimitabile, insuperabile, sublime, superlativo, divino □ (*come appellativo*) egregio, esimio, distinto, illustre, eccellentissimo **CONTR.** spregevole, inferiore, infimo □ pessimo, orrendo **2** (*di sentimenti*) alto, elevato **3** (*di cibo*) succulento, sopraffino, prelibato **CONTR.** schifoso, disgustoso, stomachevole **4** (*di lavoro, di artista*) fine, finito, fino, squisito, sommo □ fuoriclasse **CONTR.** mediocre, modesto, scadente, comune, imperfetto. *V. anche* FAMOSO, SOVRANO

eccellenteménte *avv.* benissimo, ottimamente, egregiamente, brillantemente, esemplarmente, magistralmente, eminentemente, squisitamente, meravigliosamente, divinamente **CONTR.** pessimamente, malissimo.

eccellènza *s. f.* **1** preminenza, superiorità, primato, sovranità □ squisitezza, finezza, raffinatezza, elevatezza, finitezza, grandezza, perfezione □ (*di abilità*) maestria **CONTR.** inferiorità □ imperfezione, incompiutezza □ mediocrità, pessima qualità **2** (*est.*) eminenza **FRAS.** *per eccellenza*, per antonomasia. *V. anche* DIGNITÀ

eccèllere *v. intr.* essere superiore, superare, distinguersi, distaccarsi, elevarsi, risaltare, emergere, primeggiare, vincere, sovrastare, elevarsi, brillare, soverchiare (*lett.*), sopravvanzare (*raro*), dominare, grandeggiare, giganteggiare, torreggiare, risplendere, spopolare (*fam.*) **CONTR.** essere inferiore. *V. anche* VINCERE

eccèlso **A** *part. pass. di* **eccellere**; *anche agg.* **1** altissimo **CONTR.** bassissimo, imo (*lett.*) ***2*** (*fig.*) sommo, eminente, ottimo, sublime, superiore **CONTR.** infimo, misero ***B*** *s. m.* ***1*** (*est.*) (*per anton.*) Dio ***2*** il cielo, il Paradiso. *V. anche* SOVRANO

eccentricaménte *avv.* ***1*** fuori dal centro ***2*** bizzarramente, con originalità, stranamente, stravagantemente, anticonformisticamente, snobisticamente, capricciosamente, estrosamente, vistosamente **CONTR.** normalmente, conformisticamente.

eccentricità *s. f.* ***1*** distanza dal centro **CONTR.** centralità ***2*** (*fig.*) (*di persona, di vestito, ecc.*) originalità, stravaganza, stramberia, singolarità, anticonformismo, bizzarria, stranezza, snobismo, vistosità, strampaleria **CONTR.** normalità, conformismo, usualità, banalità.

eccèntrico ***A*** *agg.* ***1*** decentrato, scentrato **CONTR.** centrale, centrato ***2*** (*fig.*) (*di persona, di vestito, ecc.*) bizzarro, singolare, stravagante, strano, anticonformista, estroso, sbullonato (*gerg.*), snob (*ingl.*), vistoso, balzano, originale, curioso, strambo, paradossale **CONTR.** classico, normale, comune, conformista, scialbo, banale ***B*** *s. m.* (*mecc.*) camma. *V. anche* SNOB

eccepìre *v. tr.* obiettare, opporre, contrapporre, rilevare, ridire, dissentire, replicare, opinare **CONTR.** ammettere, accettare, concordare, approvare.

eccessivaménte *avv.* troppo, esageratamente, smoderatamente, smodatamente, schifosamente (*antifr.*), smisuratamente, enormemente, eccezionalmente, oltremodo, oltremisura **CONTR.** scarsamente, insufficientemente, moderatamente, poco, modicamente, parcamente, sobriamente.

eccessività *s. f.* eccesso, superfluo, sovrabbondanza, esagerazione, esorbitanza, esuberanza, enormità, superfluità, eccedenza, ridondanza **CONTR.** scarsità, scarsezza, pochezza, povertà, insufficienza.

eccessìvo *agg.* esagerato, esorbitante, eccedente, superfluo, soverchio (*lett.*), sovrabbondante, traboccante, straripante, ridondante, sviscerato, enorme, sproporzionato, troppo, smodato, spropositato, smisurato □ (*di prezzo*) iperbolico, astronomico, vertiginoso, proibitivo □ (*di discorso, di lodi, ecc.*) pletorico, smaccato, sperticato □ (*di comportamento*) caricato, caricaturale □ esuberante, sfrenato, intemperante □ sconveniente, scandaloso, morboso **CONTR.** scarso, insufficiente, misurato, contenuto, poco, modico □ mite, continente, parco, regolato, sobrio, temperato, moderato, ragionevole. *V. anche* SUPERFLUO

eccèsso *s. m.* esagerazione, dismisura, esuberanza, esorbitanza, eccedenza, sovrabbondanza, enormità, sproporzione, profusione, proluvie (*lett.*), pletora, troppo, soprappiù, surplus (*fr.*), extra (*lat.*) □ (*di linguaggio*) iperbole, ridondanza, enfasi □ (*pegg.*) (*di comportamento*) intemperanza, smoderatezza, abuso, sregolatezza, stravizio, disordine **CONTR.** mancanza, difetto, scarsezza, esiguità, insufficienza, carenza, assenza □ necessario □ temperanza, moderazione, misura, astinenza, castigatezza, continenza, misuratezza, regolatezza, sobrietà □ parsimonia **FRAS.** *all'eccesso*, esageratamente, eccessivamente, oltre i limiti, all'estremo □ *in eccesso*, eccessivamente, esageratamente, oltremodo □ *dare in eccessi*, arrabbiarsi smodatamente, dare in escandescenze, incazzarsi (*volg.*).

eccètera *vc.* (anche abbreviato in **ecc.** o **etc.**) e tutto il rimanente, e così via, e simili.

eccètto ***A*** *prep.* eccettuato (*raro*), tranne, all'infuori di, ad eccezione di, fatta eccezione per, fuorché, escluso, esclusi, salvo, meno **CONTR.** compreso, incluso ***B*** *nella loc. cong.* *eccetto che*, a meno che, salvo il caso che.

eccettuàre *v. tr.* escludere, scartare, eliminare, fare eccezione □ esentare, dispensare, esimere **CONTR.** comprendere, includere, contenere, implicare □ coinvolgere, corresponsabilizzare.

eccettuàto ***A*** *part. pass. di* **eccettuare**; *anche agg.* escluso, scartato, eliminato, tolto, non compreso □ esentato, dispensato **CONTR.** compreso, incluso □ coinvolto, implicato, corresponsabilizzato ***B*** *in funzione di prep.* (*raro*) tranne, eccetto, salvo **CONTR.** compreso, incluso ***C*** *nella loc. cong.* *eccettuato che* (*raro*), tranne che, salvo che.

eccezionàle *agg.* ***1*** singolare, straordinario, raro, insolito, atipico, unico, speciale, anomalo, eteroclito (*lett.*), anormale, inusitato, inconsueto, inusuale, sui generis (*lat.*) **CONTR.** comune, regolare, normale, consueto, usuale, solito ***2*** impressionante, impareggiabile, leggendario, epico, mondiale (*fam.*), mirabile, mirifico (*lett.*), sensazionale, sorprendente, stupefacente □ (*est.*) spettacolare, fenomenale, bestiale (*gerg.*) □ ineffabile, miracoloso, prodigioso, sovrumano □ (*fam.*) mozzafiato, pauroso, pazzesco □ (*di persona*) fuoriclasse, rara avis (*lat.*) **CONTR.** insignificante, banale, mediocre, ordinario **FRAS.** *in via eccezionale*, eccezionalmente, per eccezione, una tantum (*lat.*). *V. anche* RARO

eccezionalità *s. f.* anormalità, particolarità, rarità, unicità.

eccezionalménte *avv.* ***1*** per eccezione, insolitamente, singolarmente **CONTR.** generalmente, normalmente, solitamente, abitualmente, usualmente □ continuamente ***2*** straordinariamente, mirabilmente, oltremodo, bestialmente (*gerg.*) **CONTR.** mediocremente, banalmente.

eccezióne *s. f.* ***1*** anomalia, anormalità, singolarità, rarità, fenomeno (*fam.*), irregolarità **CONTR.** normalità, consuetudine, regola, uso comune, solito ***2*** astrazione, esclusione, eliminazione, esclusiva □ limitazione, restrizione ***3*** deroga, strappo □ privilegio, favore ***4*** obiezione, pregiudiziale, riserva, censura **FRAS.** *in via d'eccezione*, eccezionalmente □ *ad eccezione di, fatta eccezione per*, eccetto, tranne. *V. anche* DEROGA

ecchìmosi o **ecchimòsi** *s. f.* (*med.*) contusione, ammaccatura, botta, pesto, livido, lividore, lividura, ematoma, lesione, ferita.

eccìdio *s. m.* sterminio, strage, ecatombe, macello, massacro, carneficina, carnaio, scempio, uccisione, falcidia.

eccitàbile *agg.* emotivo, impressionabile, sensibile □ impulsivo, nervoso, irritabile, infiammabile, focoso, alterabile **CONTR.** insensibile, impassibile, indifferente, freddo, apatico □ calmo, pacifico, sereno, tranquillo, controllato, flemmatico, pacioso.

eccitabilità *s. f.* emotività, impressionabilità, sensibilità □ impulsività, irritabilità, nervosismo, nevrastenia **CONTR.** apatia, insensibilità, impassibilità, freddezza □ calma, tranquillità, flemma, paciosità.

eccitaménto *s. m.* **1** (*di stato d'animo*) eccitazione, impulso □ turbamento, tensione, effervescenza **CONTR.** calma, apatia, insensibilità **2** (*di persona, di cosa*) incitamento, incentivo, stimolo, spinta, istigazione, provocazione, fomento (*lett.*) **CONTR.** freno, impedimento.

eccitànte **A** *part. pres. di* **eccitare**; *anche agg.* **1** (*di atmosfera e sim.*) elettrizzante, emozionante, inebriante, esaltante, entusiasmante □ (*di sostanza*) stimolante, tonico, afrodisiaco **CONTR.** distensivo, rilassante, riposante, soporifero, noioso □ calmante, sedativo, ipnotico, lenitivo **2** (*di proposta e sim.*) stuzzicante, allettante, solleticante □ (*di atteggiamento, di lettura, ecc.*) seducente, erotico, sensuale, sexy (*ingl.*), conturbante, piccante, procace, sensuale, salace (*ant.*), pruriginoso **CONTR.** deprimente, scoraggiante □ casto, pudico **B** *s. m.* (*di sostanza, di medicamento*) stimolante, energetico, tonico □ afrodisiaco.

eccitàre **A** *v. tr.* **1** (*di sensazioni, di sensi*) risvegliare, stimolare, suscitare, destare, stuzzicare, vellicare, svegliare, animare, avvivare, esaltare, scatenare □ accendere, fomentare, attizzare, incendiare **CONTR.** calmare, frenare, placare, sedare, smorzare, spegnere, trattenere, acquietare, addormentare, ottundere, pacare, sopire **2** (*di persona*) muovere, provocare, istigare, aizzare, sobillare □ invogliare, esortare, pungolare, spronare, spingere □ incitare, infervorare, infiammare, accalorare, elettrizzare, galvanizzare, appassionare, inebriare **CONTR.** frenare, placare, calmare, trattenere □ deprimere **3** (*di persona*) agitare, suggestionare, turbare, scuotere, alterare, impressionare, confondere, commuovere **CONTR.** calmare, tranquillizzare, rilassare **B** **eccitarsi** *v. intr. pron.* turbarsi, agitarsi, impressionarsi, confondersi, conturbarsi □ scaldarsi, accalorarsi, animarsi, accendersi □ alterarsi, irritarsi □ esaltarsi, entusiasmarsi **CONTR.** calmarsi, tranquillizzarsi, acquietarsi, placarsi □ rabbonirsi □ deprimersi. *V. anche* ISTIGARE, SCUOTERE, SPINGERE

eccitàto *part. pass. di* **eccitare**; *anche agg.* agitato, accalorato, concitato, emozionato, infervorato, febbrile □ alterato □ esaltato, euforico, galvanizzato, elettrizzato, elettrico □ (*sessualmente*) infoiato (*pop.*), allupato (*pop.*), arrapato (*pop.*), assatanato (*region.*) **CONTR.** calmo, serafico □ placato, tranquillizzato □ rabbonito, ammansito □ depresso.

eccitazióne *s. f.* **1** (*di stato d'animo*) eccitamento, eccitabilità, emotività, impulso □ animazione, agitazione, confusione, movimento, fermento, tumulto, turbamento, vertigine □ concitazione, accaloramento, esaltazione, passione, entusiasmo, ebbrezza, euforia, morbino (*pop.*), orgasmo, frenesia, isteria, brivido, delirio, febbre, elettrizzazione, fiammata, bollore □ (*sessuale*) libidine, foia, fregola (*pop.*), voglia □ irritazione, nervosismo, tensione **CONTR.** apatia, atarassia, insensibilità, impassibilità, freddezza □ calma, distensione □ depressione **2** (*a qualcosa*) incitamento, istigazione, spinta, stimolo, incentivo, provocazione, stimolazione, fomento (*lett.*) **CONTR.** freno, impedimento. *V. anche* ENTUSIASMO

ecclesiàstico **A** *agg.* ecclesiale, chiesastico, religioso, clericale, sacerdotale **CONTR.** laicale, secolare **B** *s. m.* sacerdote, prete, chierico **CONTR.** laico, civile, borghese.

ècco **A** *avv.* **1** (*per annunciare, presentare e sim.*) questo è, quello è, voilà (*fr.*) **2** (*raff.*) improvvisamente, inaspettatamente **3** (*seguito da un part. pass.*) già **B** *in funzione di inter.* (*pleon.*) (*con valore ints.*) vedi, vedete.

eccóme *avv.* certamente, certo, senza dubbio, perbacco, sicuro.

echeggiàre *v. intr.* fare eco, risonare, rimbombare, ripetere, rintronare, ripercuotersi □ (*fig.*) evocare, imitare, riecheggiare, ricalcare.

eclatànte *agg.* **1** (*di notizia, di vittoria, ecc.*) clamoroso, strepitoso, eccezionale □ (*di verità, di esempio*) evidentissimo, apodittico, manifesto, tangibile, palpabile, patente **CONTR.** insignificante, secondario, poco importante □ nebuloso, oscuro **2** (*di bellezza, di moda, ecc.*) splendido, radioso, smagliante, scintillante, chiassoso, appariscente **CONTR.** comune, spento, modesto.

eclèttico *agg.; anche s. m.* **1** (*est.*) (*di persona*) versatile, enciclopedico **2** (*di stile*) composto, eterogeneo, vario, composito, multiforme **CONTR.** uniforme.

eclissàre **A** *v. tr.* **1** (*astron.*) provocare un'eclissi □ (*est.*) nascondere, occultare **2** (*fig.*) umiliare, far sfigurare, oscurare, offuscare, superare, vincere **B** **eclissarsi** *v. intr. pron.* **1** (*astron.*) oscurarsi, offuscarsi **CONTR.** apparire **2** (*fig.*) (*di persona*) scomparire, andarsene di nascosto, volatilizzarsi □ (*di ricchezza, ecc.*) svanire, sfumare, dissolversi **CONTR.** apparire, comparire, riapparire, ricomparire □ accumularsi.

eclìssi o **eclìsse** *s. f.* **1** (*astron.*) oscuramento **2** (*fig.*) scomparsa, sparizione □ (*fig.*) crisi, decadenza, declino, crepuscolo, tramonto **CONTR.** comparsa, apparizione □ rinascita.

ècloga *V.* **egloga**.

èco *s. m.* e *f.* **1** (*di suono*) ripetizione, ripercussione, risonanza, rimbombo **2** (*fig.*) fama, notizia, diceria, voce, commento, interesse, curiosità, clamore.

ecogoniòmetro *s. m.* sonar.

ecològico *agg.* ambientale □ naturale, naturalistico □ (*di benzina, ecc.*) verde **CONTR.** inquinante □ (*di sacchetto*) biodegradabile □ (*di pelliccia, ecc.*) sintetico **CONTR.** naturale.

ecologìsta *s. m.* e *f.* verde, ambientalista.

ecòmetro *s. m.* ecoscandaglio.

economìa *s. f.* **1** attività economica □ amministrazione, gestione **2** scienza economica **3** risparmio, parsimonia, lesina, frugalità, sobrietà, buon uso □ (*al pl.*) risparmi **CONTR.** sperpero, prodigalità, sciupio, spreco, dissipazione, profusione, dilapidazione, dispendio, liquefazione, scialacquo, scialo **4** (*di un lavoro letterario, artistico, ecc.*) ordine, equilibrio, struttura, architettura.

economicaménte *avv.* ***1*** con economia, risparmiando, parsimoniosamente, frugalmente, sobriamente **CONTR.** prodigalmente, dissipatamente, costosamente, dispendiosamente, sperperando ***2*** rispetto all'economia, rispetto alla resa, finanziariamente.
economicità *s. f.* redditività □ convenienza (*di una spesa*), opportunità, tornaconto.
econòmico *agg.* ***1*** dell'economia, finanziario ***2*** (*est., fig.*) (*di cosa*) poco costoso, a buon mercato, modesto **CONTR.** caro, costoso, dispendioso, lussuoso, principesco, antieconomico ***3*** (*ant.*) (*di persona*) economo.
economizzàre *v. tr.* e *intr.* fare economia, risparmiare, misurare, lesinare, essere sobrio, sparagnare (*dial., spreg.*) **CONTR.** sprecare, sciupare, sperperare, dissipare, dilapidare, buttare via, consumare, divorare, fondere, liquefare, mangiare, prodigare, profondere, scialacquare, scialare, spendere.
economizzatóre *s. m.* (*f. -trice*) economo, risparmiatore, parsimonioso **CONTR.** sprecone, spendaccione, dissipatore, scialacquatore.
ecònomo ***A*** *s. m.* amministratore ***B*** *agg.* parsimonioso, risparmiatore, economico (*ant.*), parco, sobrio, frugale □ sparagnino (*dial., spreg.*), tirato, spilorcio, taccagno **CONTR.** sprecone, spendaccione, dissipatore, scialacquatore, prodigo, dilpidatore, spendereccio, sciupone.
ecoscandàglio *s. m.* ecometro.
ecosfèra *s. f.* biosfera.
ecosistèma *s. m.* biosistema □ habitat (*lat.*), nicchia ecologica.
écru */fr.* e'kry/ [vc. fr., comp. di *é-* pref. raff. e *cru* 'crudo'] *agg. inv.* ***1*** (*di tessuto*) crudo, greggio, grezzo **CONTR.** raffinato, lavorato ***2*** (*di colore*) bianco sporco, paglierino chiaro, naturale.
ecumène *s. f.* (*est.*) universo, universalità.
ecumenicaménte *avv.* (*est.*) universalmente.
ecumenicità *s. f.* universalità, ecumene.
ecumènico *agg.* ***1*** di tutto il mondo cattolico ***2*** (*est.*) universale, generale, mondiale.
ecumenìsmo *s. m.* universalismo.
eczèma *s. m.* infiammazione cutanea, eruzione cutanea, eritema, esantema, dermatosi, erpete.
éd *V.* **e.**
edelweiss */ted.* 'e:dəlvais/ [vc. ted., letteralmente 'nobile (*edel*) bianco (*weiss*)'] *s. m. inv.* (*bot.*) stella alpina.
edèma o **èdema** *s. m.* (*med.*) accumulo sieroso, tumefazione, gonfiore, enfiagione, esantema.
èden [dal nome del Paradiso Terrestre della Bibbia, assegnato agli uomini prima del peccato] *s. m.* (*est., fig.*) paradiso terrestre, luogo meraviglioso, luogo delizioso, paese della cuccagna, bengodi, eldorado (*sp.*) **CONTR.** inferno, galera.
edìcola *s. f.* ***1*** tempietto, cappella, tabernacolo, nicchia, ciborio ***2*** (*di giornali, ecc.*) chiosco, baracchino (*pop.*), casotto, rivendita.
edificànte *part. pres.* di **edificare**; *anche agg.* (*fig.*) esemplare, ammirevole, lodevole, confortante, consolante, educativo, edificatorio **CONTR.** corruttore, depravante, diseducativo, diseducante, riprovevole, immorale, scandaloso, osé (*fr.*).
edificàre *v. tr.* ***1*** (*edil.*) fabbricare, costruire, alzare, innalzare, erigere, ergere, drizzare, elevare, fare **CONTR.** abbattere, demolire, distruggere, atterrare, diroccare, spianare, sventrare ***2*** (*fig.*) (*di istituzione*) fondare, istituire **CONTR.** sfasciare, smantellare ***3*** (*di persona*) indurre al bene, dar buon esempio, consolare, confortare, educare, formare **CONTR.** indurre al male, scandalizzare, corrompere, diseducare, sviare, rovinare.
edificazióne *s. f.* ***1*** costruzione, fabbricazione, fabbrica **CONTR.** demolizione, distruzione, abbattimento ***2*** (*raro*) edificio ***3*** (*fig.*) (*di istituzione, ecc.*) fondazione **CONTR.** smantellamento, annientamento ***4*** (*fig.*) (*di discorso, ecc.*) buon esempio, esemplarità, ammaestramento, incitamento, sprone **CONTR.** cattivo esempio, scandalo.
edificio o **edifizio** *s. m.* ***1*** costruzione, fabbrica, fabbricato, mole, sede, immobile, stabile □ casa, palazzo, abitazione, residenza ***2*** (*est.*) complesso, struttura, architettura, impalcatura.
edile ***A*** *agg.* ***1*** edilizio, murario ***2*** edificatorio (*raro*) ***B*** *s. m.* operaio edile, muratore.
edilìzia *s. f.* tecnica della costruzione □ costruzioni, abitazioni.
èdito *agg.* pubblicato, stampato **CONTR.** inedito.
editóre (1) *agg.* (*f. -trice*); *anche s. m.* stampatore.
editóre (2) *s. m.* (*f. -trice*) ***1*** (*di un'opera altrui*) curatore ***2*** (*raro*) (*di giornale*) direttore.
editorìa *s. f.* industria libraria □ (*est.*) stampa.
editoriàle *s. m.* (*giorn.*) articolo di fondo, fondo.
editorialìsta *s. m.* e *f.* (*giorn.*) opinionista, fondista.
editto *s. m.* ordine, comando, ordinanza, precetto, disposizione, ingiunzione, decreto, legge, grida (*lett.*), proclama, bando, avviso, ukase (*russo*).
edizióne *s. f.* ***1*** (*di libro, di opera*) pubblicazione, stampa, ristampa, impressione (*raro*) ***2*** (*est.*) opera, libro **CFR.** paperback (*ingl.*) ***3*** copia, esemplare ***4*** (*di giornale*) tiratura ***5*** (*est.*) (*di spettacoli, manifestazioni, feste e sim.*) esecuzione, allestimento, presentazione, svolgimento ***6*** tipo, produzione □ modo di presentarsi, immagine ***7*** (*cine.*) doppiaggio.
edonista *s. m.* e *f.*; *anche agg.* materialista, epicureo, gaudente □ consumista.
edòtto *agg.* informato, istruito, ammaestrato, consapevole, conscio **CONTR.** ignaro, inconsapevole, inconscio.
educànda *s. f.* collegiale, convittrice, allieva □ (*est.*) ragazza pudica, timida, ingenua.
educàre *v. tr.* ***1*** (*di persona*) formare, ammaestrare, istruire, erudire, indirizzare, guidare, insegnare, tirar su, allevare, crescere, costumare (*ant.*) **CONTR.** diseducare, corrompere, guastare, viziare, pervertire ***2*** (*di gusto, di comportamento*) affinare, dirozzare, digrossare, incivilire, forgiare, informare (*lett.*), plasmare, correggere, disciplinare **CONTR.** rovinare ***3*** (*di persona o animale*) abituare, avvezzare, allenare, ammaestrare, esercitare **CONTR.** disabituare, disavvezzare ***4*** (*lett.*) (*di pianta*) allevare, coltivare.

EDUCARE
sinonimia strutturata

L'**educare** consiste nell' aiutare qualcuno, specialmente un giovane, a portare al massimo sviluppo le sue potenzialità intellettuali e qualità morali, spesso secondo dei principi informatori. **Formare** si usa soprattutto per un tipo di educazione volta a un determinato fine: *formare il cuore e la mente dei giovani*; *formare al rispetto sociale, all'amore del bello*; usato in senso estensivo, si avvicina ad addestrare: *formare agli usi della guerra*. **Guidare**, in senso figurato, si riferisce al dirigere mediante l'esempio o fungendo da consigliere e maestro; se si vuole porre l'accento sulla meta verso cui si guida si può usare efficacemente anche **indirizzare** in senso figurato, ossia instradare, spingere, avviare: *indirizzare la gioventù agli studi, verso il bene*.

Insegnare da un lato indica il tentativo di modificare il comportamento di qualcuno basandosi su regole morali e fungendo da esempio: *insegnare a vivere, insegnare l'educazione*; dall'altro si riferisce alla trasmissione di una determinata disciplina o mestiere: *insegnare a scrivere*; *insegnare matematica, insegnare a fare il muratore*. Così **istruire** significa fornire i principi basilari dell'educazione: *è un popolo che deve essere istruito*, e anche provvedere qualcuno di conoscenze in una determinata dottrina o pratica: *istruire la gioventù, gli ignoranti*; *istruire nella matematica*; in questo senso coincide con **erudire**, che enfatizza l'ampiezza del corredo di cognizioni nel campo in questione.

Il prestare a un bambino tutte le cure necessarie per un completo sviluppo e l'educarlo si definiscono **allevare** e **crescere**: *l'ha cresciuto come un figlio*; *è stato allevato male*; entrambi i verbi possono riferirsi anche all'allevamento di animali e alla coltivazione di piante. **Tirar su** è un loro sinonimo più colloquiale. **Costumare** è un sinonimo raro di educare e avvezzare.

L'educare può avere come oggetto anche non la persona, ma il suo gusto, il suo comportamento e le sue facoltà, per ingentilirli e raffinarli. Il migliorare si definisce **affinare** in senso figurato: *lo stile si affina con l'esercizio*. Il **digrossare** e il **dirozzare**, figuratamente, costituiscono i primi stadi del processo educativo, e consistono nel cominciare a fornire i rudimenti primi di una disciplina o dell'educazione: *digrossare un fanciullo in grammatica*; *digrossare la mente*; entrambi i verbi hanno anche il significato di sgrezzare ed elevare: *il viaggio all'estero l'ha un po' digrossato*; *dirozzare le consuetudini di una popolazione*. In questo senso sono molto vicini ad **incivilire** usato in senso estensivo: *le nuove amicizie lo hanno incivilito*. **Plasmare** e **forgiare**, entrambi in senso figurato, indicano l'educare un aspetto ancora non ben definito della personalità, in particolare secondo un determinato modello, la cui importanza è enfatizzata da **informare**: *plasmare, forgiare il carattere*; *informare la propria vita a principi di giustizia*. **Disciplinare** significa regolare secondo determinate norme e conformare a certi principi la condotta o altro: *disciplinare i propri istinti*. **Correggere** è eliminare imperfezioni da qualcosa per elevarne il livello o per renderlo più idoneo a un particolare scopo.

L'educare a qualcosa tramite l'esercizio e la pratica ripetuta consistono nell'**abituare** e nell'**avvezzare**, quest'ultimo lievemente più raro: *abituare alla fatica*; *avvezzato alle rinunce*. **Addestrare** si riferisce all'insegnamento delle tecniche necessarie a svolgere con abilità attività sportive o eminentemente pratiche: *addestrare il cane alla caccia*; *il maestro deve addestrare l'apprendista*. Rispetto ad addestrare, **ammaestrare** si usa soprattutto relativamente ad esercizi di bravura, ma può avere anche il significato generale di istruire: *ammaestrare le foche*. **Allenare** ed **esercitare** significano rendere, mediante un'applicazione continuativa, fisicamente agile o intellettualmente idoneo ad un certo sforzo o a una competizione.

educataménte *avv.* civilmente, urbanamente, disciplinatamente, bene, correttamente, discretamente, compitamente, garbatamente, cortesemente, gentilmente, riguardosamente, cavallerescamente, delicatamente **CONTR.** incivilmente, maleducatamente, sgarbatamente, rozzamente, villanamente, cafonescamente.

educatìvo *agg.* (*che concerne l'educazione*) didattico, pedagogico □ (*che tende a educare*) istruttivo, formativo, edificante, didascalico, precettivo (*raro*) **CONTR.** diseducativo, corruttivo (*raro*), diseducante, cattivo, negativo.

educàto *part. pass. di* **educare**; *anche agg.* ***1*** istruito, ammaestrato, formato, plasmato, erudito **CONTR.** ignorante ***2*** (*est.*) compito, cortese, gentile, bennato (*lett.*), beneducato, civile, garbato, ammodo, urbano, costumato, riguardoso, discreto, cavalleresco □ fine, raffinato **CONTR.** maleducato, scortese, incivile, sgarbato, villano, screanzato □ rozzo.

educatóre *s. m.* (*f. -trice*) precettore, maestro, pedagogo, istitutore, mentore (*lett.*), aio □ (*nei convitti*) sorvegliante, censore □ moralizzatore **CONTR.** diseducatore, corruttore, traviatore.

educazióne *s. f.* ***1*** istruzione, formazione, ammaestramento, insegnamento, scuola, indirizzo ***2*** creanza, urbanità, civiltà, compitezza, garbo, cortesia, gentilezza, convenienza, etichetta, bon ton (*fr.*), galateo, cavalleria □ tatto, discrezione, delicatezza **CONTR.** maleducazione, malacreanza, ignoranza, inciviltà, inurbanità, rozzezza, grossolanità, selvatichezza □ indiscrezione, indelicatezza. *V. anche* MORALE

edulcorànte *part. pres. di* **edulcorare**; *anche agg.* e *s. m.* dolcificante **CONTR.** amaricante.

edulcoràre *v. tr.* (*raro*) ***1*** dolcificare, zuccherare **CONTR.** amareggiare (*raro*), rendere amaro ***2*** (*fig.*) addolcire, raddolcire, mitigare, attenuare, ammorbidire, indorare, ovattare, sfumare, smussare, temperare **CONTR.** esagerare, drammatizzare, esasperare.

edulcoràto *part. pass. di* **edulcorare**; *anche agg.* ***1*** addolcito, dolcificato ***2*** (*fig.*) (*di racconto, ecc.*) attenuato, mitigato **CONTR.** esasperato, enfatizzato.

efèlide *s. f.* (*med.*) lentiggine, semola (*pop.*).

effemèride *s. f.* ***1*** lunario, almanacco, calendario ***2*** (*est.*) giornale, periodico, diario, pubblicazione periodica.

effeminatézza *s. f.* mollezza, leziosaggine, sdolcinatura, svenevolezza, frivolezza **CONTR.** virilità, mascolinità, vigoria, vigore, robustezza.

effeminàto *agg.* e *s. m.* ***1*** femmineo, donnesco, castrato (*fig.*) **CONTR.** mascolino, virile, maschio (*est.*), maschile ***2*** (*est., spreg.*) molle, lezioso, delicato, debole, frivolo **CONTR.** forte, energico, spartano.

efferataménte *avv.* ferocemente, crudelmente, atrocemente, spietatamente, empiamente, barbaramente **CONTR.** mitemente, dolcemente, umanamente.

efferatézza *s. f.* ferocia, crudeltà, atrocità, orrore, spietatezza, barbarie, inumanità, empietà, sadismo, malvagità, ferità (*lett.*) **CONTR.** mitezza, dolcezza, umanità, pietà.

efferàto *agg.* atroce, feroce, crudele, spietato, barbaro, sadico, inumano, empio, fiero (*lett.*), perverso, sanguinario, truce, cannibalesco (*fig.*), crudo (*lett.*), demoniaco (*est.*) **CONTR.** mite, dolce, pietoso, compassionevole, umano. *V. anche* CRUDELE

effervescènte *agg.* ***1*** frizzante, gasato, spumante (*raro*) **CONTR.** naturale, liscio ***2*** (*fig.*) (*di persona, di discorso, ecc.*) fervido, brioso, vivace, spumeggiante □ agitato, eccitato, ardente, esaltato **CONTR.** piatto, grigio, spento □ calmo, tranquillo, sereno, pacato.

effervescènza *s. f.* ***1*** (*di gas*) ebollizione, frizzantino **CONTR.** defervescenza ***2*** (*fig.*) (*di persone*) fervore, agitazione, ardore, eccitamento, esaltazione, fermento **CONTR.** tranquillità, calma, pacatezza.

effettivaménte *avv.* in realtà, in pratica, realmente, veramente, in verità, di fatto, in effetti, davvero, concretamente **CONTR.** teoricamente, in teoria, apparentemente, nominalmente, virtualmente.

effettività *s. f.* verità, realtà, consistenza, tangibilità, concretezza, sussistenza, positività **CONTR.** irrealtà, inconsistenza, virtualità □ apparenza, falsità, speciosità.

effettivo ***A*** *agg.* ***1*** vero, reale, esistente, tangibile, concreto, effettuale, consistente, attuale, sussistente, materiale, oggettivo, pratico **CONTR.** immaginario, irreale, apparente, inconsistente, falso, fantomatico, inesistente, inventato, supposto, nominale, virtuale ***2*** (*di impiegato*) di ruolo, titolare **CONTR.** incaricato, supplente ***B*** *s. m.* ***1*** titolare **CONTR.** supplente, incaricato, sostituto ***2*** (*mil.*) insieme, numero (degli uomini in forza) ***3*** (*di cose*) complesso, consistenza. *V. anche* VERO

effètto (1) *s. m.* ***1*** (*di cosa*) conseguenza, esito, risultato, risultanza, frutto, prodotto, potere, riuscita, corollario, conclusione, contraccolpo, ripercussione, impatto (*fig.*), risvolto, postumo, incidenza, reazione, rispondenza, riflesso **CONTR.** causa, principio, ragione, origine, fondamento, prodromo, matrice, movente, seme, germe ***2*** (*est.*) (*di progetto, di idea, ecc.*) attuazione, realizzazione, esecuzione, efficacia, validità, compimento, fine **CONTR.** inefficacia, vuoto ***3*** (*fig.*) impressione, commozione, emozione, suggestione ***4*** (*di palla, ecc.*) traiettoria, rotazione ***5*** (*banca*) titolo di credito, cambiale, pagherò, vaglia cambiario, ordine di pagamento ***6*** (*di luce, di suono, ecc.*) fenomeno, gioco **FRAS.** *di effetto*, vistoso, appariscente □ *in effetto* o *in effetti*, effettivamente, in realtà, realmente, di fatto □ *per effetto di*, a causa di, per, in conseguenza di. *V. anche* GIOCO

effètto (2) *s. m. spec. al pl.* beni mobili, immobili, preziosi, oggetti d'uso, roba, vestiario, masserizie.

effettuàre ***A*** *v. tr.* mandare a effetto, mettere in atto, realizzare, concretare, eseguire, fare, attuare, apportare, praticare, operare, completare, concludere, compiere, adempiere **CONTR.** tralasciare, abbandonare, omettere □ immaginare, progettare ***B*** **effettuarsi** *v. intr. pron.* accadere, avvenire, capitare, aver luogo, svolgersi, tenersi.

effettuazióne *s. f.* esecuzione, realizzazione, attuazione, compimento, concretizzazione, adempimento **CONTR.** annullamento, distruzione, abolizione, omissione □ progettazione.

efficàce *agg.* ***1*** valido, valevole, efficiente, attivo, operante, utile, sicuro, adeguato, opportuno, indicato, buono, giovevole, fruttuoso (*fig.*), proficuo, fattivo, significativo □ energico, forte, vigoroso, radicale, potente, intenso, infallibile, incisivo, drastico **CONTR.** inefficace, inefficiente, inutile, inadeguato, cattivo, infruttuoso, sterile, inane (*lett.*), vano □ debole, scarso ***2*** (*est.*) (*di descrizione, di discorso, ecc.*) eloquente, espressivo, immediato, icastico, persuasivo, pittoresco □ (*di esempio, di argomento*) calzante, probante **CONTR.** inespressivo, opaco, retorico □ improprio, discutibile. *V. anche* ROBUSTO

efficaceménte *avv.* ***1*** bene, utilmente, adeguatamente, validamente, opportunamente □ energicamente, vigorosamente **CONTR.** inefficacemente, male, inadeguatamente, blandamente, invano □ debolmente, scarsamente ***2*** (*est.*) (*di descrizioni, di discorsi*) eloquentemente, incisivamente, persuasivamente.

efficàcia *s. f.* ***1*** validità, virtù, bontà, valore, effetto, efficienza, utilità, adeguatezza, influenza, potere, consistenza, rilievo (*fig.*) □ vigore, forza, potenza, energia □ (*di gesto, ecc.*) eloquenza **CONTR.** inefficacia, inefficienza, inutilità, inadeguatezza, sterilità, vanità, inutilità □ debolezza, scarsezza ***2*** (*est.*) (*di descrizioni, di discorsi*) espressività, vivacità, icasticità, incisività, intensità, mordente (*fig.*) **CONTR.** vacuità, retorica. *V. anche* ENERGIA

efficiènte *agg.* valido, efficace, utile, funzionale, attivo □ bravo, abile, solerte, intraprendente, operoso, sollecito □ energico, forte, vigoroso **CONTR.** incapace, inefficace, inattivo, inutile, cattivo, inefficiente □ debole, scarso, deficitario □ negligente, inoperoso.

efficienteménte *avv.* con efficienza, energicamente, validamente, attivamente □ opportunamente **CONTR.** debolmente, scarsamente, inadeguatamente.

efficiènza *s. f.* efficacia, validità, valore, effetto, virtù, utilità, funzione, rendimento, funzionalità □ vigore, capacità, abilità, bravura, forza, potenza, attività, energia, forma **CONTR.** inefficienza, inefficacia, inutilità, incapacità, debolezza, scarsezza. *V. anche* ENER-

GIA

effigiàre *v. tr.* ritrarre, riprodurre, raffigurare, rappresentare, disegnare, modellare, dipingere, scolpire.

effigie *s. f.* figura, ritratto, immagine, simulacro, raffigurazione, rappresentazione □ (*lett.*) aspetto, sembiante, fattezze.

effìmero *agg.* **1** della durata di un giorno **2** (*est.*) (*di bellezza, di gloria, ecc.*) breve, caduco, fuggevole, fuggitivo, fugace, labile, passeggero, momentaneo, transitorio, temporaneo, transeunte (*lett.*), fragile, precario, mortale, mutabile, provvisorio, perituro (*lett.*), vano, fallace **CONTR.** duraturo, durevole, stabile, costante, permanente, imperituro (*lett.*), diuturno (*lett.*), diutino (*raro*), immortale, eterno, intramontabile, perenne, perpetuo. *V. anche* FUGACE

efflùsso *s. m.* (*di gas, di liquido*) fuoriuscita, uscita, emanazione, fuga.

efflùvio *s. m.* **1** (*di odore*) emanazione, odore, vapore (*spec. al pl.*) □ (*est.*) profumo, aroma, olezzo (*lett.*), balsamo **2** (*iron.*) puzzo, esalazione, lezzo, tanfo **3** (*est., di luce*) irradiazione □ (*di elettricità*) scarica (silenziosa).

effóndere **A** *v. tr.* **1** (*lett.*) (*di liquido, di odore, ecc.*) spargere, versare, emanare, sprigionare, emettere, spandere, riversare, esalare **CONTR.** trattenere, rinchiudere, rinserrare **2** (*di notizie, di voci, ecc.*) diffondere, rivelare, propalare □ (*di sentimenti*) manifestare, sfogare **CONTR.** nascondere **B** *v. intr.* (*di lava, ecc.*) fuoriuscire, sgorgare, colare **C** **effondersi** *v. intr. pron.* spandersi, diffondersi, sprigionarsi, esalare, riversarsi, spargersi, estendersi, dilagare □ profondersi **CONTR.** chiudersi, bloccarsi, nascondersi, restringersi, spegnersi.

effrazióne *s. f.* scasso, rottura, apertura, scassinamento.

effusióne *s. f.* **1** (*di liquido*) spargimento, versamento, flusso, spandimento, ondata **CONTR.** ritenzione, assorbimento **2** (*di gas*) diffusione, espansione **3** (*di lava*) emissione, colata **4** (*fig.*) (*di sentimenti*) dimostrazione di affetto, calore, espansività □ (*al pl.*) tenerezze, carezze, coccole (*fam.*), affettuosità, vezzi **CONTR.** freddezza, indifferenza.

egèmone *agg.*; *anche s. m.* principale, guida, direttore, predominante, superiore, egemonico **CONTR.** secondario, inferiore, soggetto, suddito, subordinato, subalterno, dipendente.

egemonìa *s. f.* supremazia, predominio, preminenza, dominazione, superiorità, impero, comando, primato, signoria, sovranità □ guida, direzione, leadership (*ingl.*) **CONTR.** dipendenza, soggezione, inferiorità, sudditanza, subordinazione, sottomissione, vassallaggio.

egemònico *agg.* egemone, principale, predominante, dominante, superiore **CONTR.** soggetto, suddito, secondario, inferiore, subordinato, subalterno, dipendente.

egemonizzàre *v. tr.* dirigere, dominare, controllare, monopolizzare (*fig.*).

ègida [dal lat. *aegida*, derivato dal greco *aigós* 'capra'; *egida* era infatti chiamato lo scudo di Giove, ricoperto di '(pelle) di capra'] *s. f.* **1** (*lett.*) scudo **2** (*fig.*) protezione, difesa, riparo, baluardo □ patrocinio, auspici, favore, sostegno.

egocèntrico *agg.*; *anche s. m.* egoista, egotista **CONTR.** altruista, generoso, disinteressato.

egocentrìsmo *s. m.* egoismo, egotismo □ solipsismo, soggettivismo **CONTR.** altruismo, disinteresse, generosità, abnegazione.

egoìsmo *s. m.* egocentrismo, egotismo, individualismo, amore di sé, interesse **CONTR.** altruismo, generosità, disinteresse, amore, dedizione, sollecitudine.

egoìsta **A** *s. m. e f.* egotista, egocentrico, individualista **CONTR.** altruista, generoso, disinteressato, benefattore, prodigo, sollecito **B** *agg.* egoistico.

egoisticaménte *avv.* egocentricamente, da egoista, individualisticamente, interessatamente, ingenerosamente **CONTR.** altruisticamente, generosamente, disinteressatamente.

egregiaménte *avv.* distintamente, eccellentemente, ammirevolmente, degnamente, bene, a puntino, eminentemente **CONTR.** bassamente, mediocremente, spregevolmente, indegnamente, modestamente.

egrègio *agg.* singolare, eccellente, onorevole, degno, cospicuo, superiore, valente, non comune □ esimio, chiarissimo, illustre, distinto, spettabile **CONTR.** spregevole, mediocre, comune, ordinario, scadente.

éhi *inter.* (*di meraviglia, di ammirazione, ecc.*) ehilà!, oh!, ohi!

ehilà *inter.* **1** (*di meraviglia, di stupore, ecc.*) ehi!, oh!, ohi! **2** salve!

eiettàre *v. tr.* espellere, emettere.

eiezióne *s. f.* espulsione, emissione.

elaboràre *v. tr.* **1** (*di progetto, ecc.*) eseguire diligentemente, comporre, preparare, formare, elucubrare, formulare, produrre, svolgere, meditare, maturare □ (*di materiale*) raffinare, trattare, lavorare **2** (*di cibo*) digerire, trasformare, metabolizzare □ (*di ghiandola*) secernere **3** (*di dati*) preparare, fornire, eseguire.

elaborataménte *avv.* accuratamente, esattamente, con precisione **CONTR.** imprecisamente, male, rozzamente.

elaboràto **A** *part. pass. di* **elaborare**; *anche agg.* **1** (*di lavoro*) accurato, ben fatto, preciso, esatto **CONTR.** malfatto, impreciso, inesatto **2** (*di stile*) studiato, curato, raffinato, ricercato, meditato, complesso, articolato □ (*in modo eccessivo*) artificioso, manierato, macchinoso, studiato, arzigogolato **CONTR.** grezzo, rozzo □ semplice, spontaneo, essenziale, scarno **3** (*biol.*) secreto **4** (*di motore*) truccato, trasformato, potenziato **B** *s. m.* **1** lavoro, compito, scritto, rapporto, relazione, tema **2** (*biol.*) secrezione **3** (*elab.*) elenco dei dati, tabulato.

elaboratóre **A** *agg.* (*f. -trice*) esecutore **B** *s. m.* calcolatore, cervello elettronico, ordinatore (*raro*), computer, personal computer (*ingl.*).

elaborazióne *s. f.* **1** lavorazione, lavoro, esecuzione, preparazione, trasformazione, produzione, composizione, svolgimento □ (*di idea, di progetto*) maturazione, meditazione **2** (*del cibo*) digestione **3** (*elab.*) trattamento.

elargìre *v. tr.* donare, concedere generosamente, dispensare, erogare, regalare, prodigare, profondere □ (*di benedizione, di insegnamento*) impartire **CONTR.** mendicare, questuare □ incettare, accumulare.

elargizióne *s. f.* dono, donazione, regalo, distribuzione, erogazione, donativo (*lett.*) □ obolo, elemosina, offerta, carità **CONTR.** incetta □ spoliazione. *V. anche* REGALO

elasticità *s. f.* **1** (*di cose*) flessibilità, plasticità, cedevolezza **CONTR.** resistenza **2** (*est.*) (*di membra*) scioltezza, agilità, leggerezza, flessuosità **CONTR.** rigidezza, rigidità, durezza, legnosità, intorpidimento, indurimento **3** (*fig.*) (*di mente, di carattere*) duttilità, malleabilità, prontezza, adattabilità, larghezza (*di idee*), versatilità **CONTR.** ottusità, scarsa adattabilità, impuntatura, lentezza, formalismo, chiusura, sclerosi (*est.*).

elàstico *agg.* **1** (*di cose*) flessibile, plastico, cedevole □ (*di tessuto*) stretch (*ingl.*) **CONTR.** resistente **2** (*di membra*) agile, sciolto, flessuoso, leggero, snodato **CONTR.** rigido, duro **3** (*fig.*) (*di mente*) sveglio, duttile, pronto, svelto □ aperto, disponibile □ arrendevole **CONTR.** ottuso, chiuso, lento, torpido □ formalista, integralista □ tenace, intransigente, coriaceo **4** (*spreg.*) (*di morale, di coscienza*) dubbio, ambiguo, equivoco, disinvolto, corrivo **CONTR.** rigido, retto, integro **5** (*fig.*) (*di orario*) flessibile **CONTR.** fisso. *V. anche* FLESSIBILE

eldoràdo [dallo sp. *el* (*hombre*) *dorado* 'l'uomo d'oro', che, secondo la leggenda, abitava in un fantastico impero che da lui prese il nome] *s. m.* paese di delizie, luogo di abbondanza, paese della cuccagna, bengodi, eden, paradiso.

elefànte *s. m.* (*f. -essa*) **1** pachiderma **2** (*fig.*) omone lento **FRAS.** *elefante marino*, foca elefantina □ *elefante di mare*, gambero marino.

elefantésco *agg.* **1** di elefante, da elefante **2** (*est.*) elefantiaco, enorme, pesante, grosso **CONTR.** piccolo, leggero, esile, snello.

elefantìaco *agg.* (*fig.*) enorme, smisurato, pesante, massiccio, grosso, goffo, elefantesco **CONTR.** piccolo, leggero, esile, snello.

elegànte *agg.* **1** fine, accurato, chic (*fr.*), sciccoso (*fam.*), raffinato, bello, delicato, garbato, squisito, di gusto, distinto, ricercato, signorile, stilè (*fr.*), estetico, prestigioso □ (*di quartiere*) residenziale □ (*fig.*) (*di stile*) forbito, fiorito, ornato **CONTR.** inelegante, rozzo, trasandato, sciatto, di cattivo gusto, dozzinale, kitsch (*ted.*) □ scurrile □ povero, popolare □ scarno **2** (*fig.*) (*di ragionamento*) sottile, ingegnoso □ (*di modo di fare, di risposta, ecc.*) disinvolto, abile, brillante **CONTR.** banale, elementare, comune □ goffo, impacciato.

eleganteménte *avv.* **1** ricercatamente, accuratamente, bene, con gusto, graziosamente, finemente, raffinatamente, distintamente, sceltamente, signorilmente, squisitamente □ (*di stile*) forbitamente, con ricercatezza, fioritamente, ornatamente **CONTR.** inelegantemente, rozzamente, sciattamente, senza gusto **2** brillantemente, abilmente **CONTR.** goffamente.

elegantóne *s. m.; anche agg.* **1** raffinato, attillato (*raro*) **2** (*iron.*) bellimbusto, dandy (*ingl.*), damerino, figurino, gagà (*fr.*), fico (*gerg.*), snob, zerbinotto **CONTR.** trasandato, sciattone, ciabattone, sbrindellone, straccione.

elegànza *s. f.* gusto, raffinatezza, ricercatezza, finezza, classe, buongusto, accuratezza, proprietà, garbo, grazia, squisitezza, distinzione, sciccheria (*pop.*), signorilità, vaghezza (*raro, lett.*) □ (*di stile, di discorso*) forbitezza, snellezza, nitore, concinnità (*lett.*), preziosismo **CONTR.** ineleganza, rozzezza, trasandatezza, squallore, trascuratezza, sciatteria, kitsch (*ted.*).

ELEGANZA
sinonimia strutturata

L'aspetto squisitamente curato e fine di cose, persone e maniere di dice **eleganza**; se riferito a discorsi o a scritti, il vocabolo ne sottolinea la sottigliezza e l'ingegnosità. Il presupposto dell'eleganza è il **gusto**, che consiste sia nell'attitudine innata a discernere pregi e difetti estetici, sia nel particolare senso del bello che può essere acquisito e raffinato attraverso l'educazione e la consuetudine con la bellezza: *formarsi, educare il gusto*. La **finezza** è l'eccellenza e la delicatezza di fattura o di modi: *intaglio eseguito con grande finezza*; *trattare con finezza qualcuno*; coincide con la **squisitezza**, che più raramente o in contesti letterari può significare ricercatezza. Il significato del termine finezza si sovrappone inoltre a quello di **raffinatezza** usato in senso figurato: *possiede una grande raffinatezza di modi*; come eleganza, così raffinatezza, specialmente al plurale, rappresenta anche ciò che è ricercato e squisito: *le eleganze dei classici*; *conoscere tutte le raffinatezze della tavola*. **Sciccheria** è un sinonimo più informale di eleganza, usato spesso ironicamente o scherzosamente.

La ricerca studiata dell'eleganza consiste nella **ricercatezza**: il termine contiene quindi una sfumatura negativa e spesso denota ciò che è affettato e manierato. Anche l'**accuratezza** indica una ricerca, una preparazione nello svolgimento di qualcosa: a differenza della ricercatezza però non denota l'inseguire un effetto estetico e un'apparenza di particolare impatto, ma piuttosto rappresenta l'attenzione, l'impegno, la precisione e la diligenza nell'esecuzione di una cosa: *è un oggetto lavorato con estrema accuratezza*. La **delicatezza** è invece la caratteristica di ciò che è squisito e armonioso: *delicatezza di un colore, delicatezza di un gesto*, e coincide con la **grazia** e con il **garbo**; quest'ultimo termine, come delicatezza, se riferito ai modi indica gentilezza e talvolta discrezione e tatto: *abbi la delicatezza di non riferire quanto ti ho detto*; *aveva confidato con garbo alla sposa il perché di quelle risate*. Il decoro e l'adeguatezza sia nel porgere che nell'aspetto sono definiti **proprietà**: *esprimersi con proprietà*; *vestire con proprietà*. Ha **signorilità** chi possiede educazione, misura, gentilezza e raffinatezza di tratto; le stesse caratteristiche sono di chi mostra particolare compostezza e **distinzione**. **Vaghezza** è un termine che usato in senso letterario è sinonimo di bellezza: *la* *vaghezza dei suoi movimenti.*

Alcuni termini si riferiscono specificamente alle qualità retorico-letterarie di uno scritto o di un discorso. Così la **forbitezza**, termine che si usa soprattutto figuratamente, è la caratteristica di un linguaggio curato, ricco e appropriato, oppure di ciò che mostra eleganza raffinata; la degenerazione di questa eleganza e accuratezza formale in affettazione e artificiosità si chiama **preziosismo**; quest'ultimo è il contrario della **snellezza**, che segnala la scorrevolezza di uno stile scevro da elementi superflui. **Concinnità** è un termine non comunissimo e indica l'equilibrio perfetto e l'armonia di un eloquio o di uno scritto; **nitore**, usato in senso figurato, evidenzia soprattutto la chiarezza elegante di una composizione: *pagine di estremo nitore.*

elèggere *v. tr.* **1** (*lett.*) scegliere, preferire, anteporre, adottare **CONTR.** posporre **2** (*est.*) (*di domicilio, di sede e sim.*) fissare, stabilire **CONTR.** cambiare, mutare, trasferire **3** (*a cariche*) nominare, votare, incaricare, delegare, designare, investire, chiamare, acclamare, proclamare, deputare, preporre, destinare, costituire (*dir.*) **CONTR.** destituire, bocciare, trombare (*scherz.*), silurare, respingere.

eleggìbile *agg.* papabile.

elegìaco *agg.* **1** di elegia **2** (*fig., lett.*) triste, mesto, malinconico, nostalgico **CONTR.** gioioso, allegro, festoso.

elementàre ***A*** *agg.* **1** di elemento □ unitario, minimo, indivisibile **CONTR.** scomponibile **2** (*est.*) (*di nozioni, di congegni*) facile, agevole, semplice, rudimentale, limpido, chiaro **CONTR.** difficile, astruso, complicato, complesso, ingegnoso, sofisticato **3** (*di gusti, di abitudini*) primitivo, semplice, sobrio **CONTR.** raffinato, elegante, snob (*ingl.*) **4** (*di principi, di condizioni*) basilare, fondamentale, principale, indispensabile, essenziale **CONTR.** secondario, accessorio ***B*** *s. f. pl.* scuole elementari.

eleménto *s. m.* **1** (*filos.*) corpo, atomo, materia, sostanza □ (*al pl.*) forze naturali **2** (*chim.*) corpo semplice **3** (*di apparecchio, di meccanismo, di costruzione, ecc.*) parte, unità, pezzo □ (*di finestre, di porte e sim.*) partita, battente **CONTR.** insieme **4** (*est.*) (*di parola, di medicinale, ecc.*) costituente, componente, ingrediente, sostanza, agente **5** (*fig.*) ambiente naturale, habitat (*lat.*), humus (*lat., fig.*), condizione, situazione, mezzo naturale **6** (*di un gruppo, di una comunità*) persona, individuo, membro □ tizio (*fam.*), tipo (*fam.*), personaggio (*scherz.*) **CONTR.** massa **7** (*spec. al pl.*) (*di un problema, di una questione e sim.*) dato, prova, argomento, argomentazione □ requisito, presupposto □ coefficiente, fattore □ (*di lista*) voce **8** (*al pl.*) (*di una scienza, di un'arte e sim.*) primi rudimenti, principi, base, fondamento, prime regole.

elemòsina *s. f.* carità, beneficenza, offerta, obolo, oblazione, aiuto, soccorso, sussidio, sovvenzione, elargizione □ accattonaggio, accatto, questua, cerca.

elemosinàre ***A*** *v. tr.* chiedere in elemosina □ (*spec. fig.*) chiedere con insistenza, accattare, mendicare, questuare, pitoccare (*spreg.*) ***B*** *v. intr.* chiedere l'elemosina, tendere la mano, mendicare, questuare, andare alla cerca.

elencàre *v. tr.* enumerare, noverare (*lett.*) □ registrare, notare, catalogare, inventariare, rubricare **CONTR.** derubricare, cancellare.

elènco *s. m.* **1** lista, elencazione, classificazione, enumerazione, novero, ventaglio, colonna, nota, indice, sommario, sillabo (*disusato*) □ (*di argomenti da discutere*) agenda □ registro, schedario, inventario, catalogo, repertorio, rubrica, alfabetario, indirizzario, albo, tabella □ (*dir., bur.*) ruolo □ (*comm.*) listino, distinta, borderò, tariffario □ (*di vivande*) menu, carta □ (*di testi sacri*) canone **2** (*filos.*) confutazione.

elettività *s. f.* eleggibilità.

elettivo *agg.* **1** mediante elezione **2** (*bur.*) volontario, scelto **CONTR.** coatto, obbligato **3** (*fam.*) specifico, migliore □ (*fig., lett.*) speciale **CONTR.** generico.

elètto *part. pass. di* **eleggere**; *anche agg.* e *s. m.* **1** (*in una votazione, in una scelta*) scelto, prescelto, nominato, preferito, chiamato, designato, delegato, deputato, destinato, costituito (*dir.*) **CONTR.** bocciato, trombato (*scherz.*) **2** (*di persona, di sentimenti, ecc.*) distinto, pregiato, nobile, elevato, squisito **CONTR.** basso, ignobile, negletto, trascurato, vile, volgare **3** (*spec. al pl.*) predestinato (al paradiso), chiamato (da Dio), beato **CONTR.** dannato, reprobo.

elettoràto *s. m.* elettori, votanti.

elettóre *s. m.* (*f. -trice*) avente diritto al voto, votante.

elettricità *s. f.* **1** magnetismo □ corrente (elettrica), energia (elettrica) **2** (*fig., fam.*) agitazione, irritabilità, tensione, nervosismo, irrequietezza, eccitabilità □ dinamismo, attività **CONTR.** calma, apatia, indolenza, tranquillità.

elèttrico *agg.* **1** di elettricità **2** (*est.*) (*di meccanismo alimentato elettricamente*) ad energia elettrica, ad elettricità **3** (*fig.*) irrequieto, teso, nervoso, eccitato **CONTR.** calmo **FRAS.** *blu elettrico*, azzurro brillante.

elettrizzàbile *agg.* (*fig.*) eccitabile, entusiasmabile.

elettrizzànte *part. pres. di* **elettrizzare**; *anche agg.* (*fig.*) entusiasmante, eccitante, esaltante, solleticante **CONTR.** deprimente, soporifero.

elettrizzàre ***A*** *v. tr.* (*fig.*) entusiasmare, eccitare, esaltare, galvanizzare, animare, infervorare □ (*di animo*) incendiare, scaldare **CONTR.** calmare, placare, frenare, assopire ***B*** **elettrizzarsi** *v. intr. pron.* (*fig.*) eccitarsi, entusiasmarsi, infervorarsi, galvanizzarsi **CONTR.** calmarsi, placarsi, frenarsi.

elettrizzàto *part. pass. di* **elettrizzare**; *anche agg.* (*fig.*) eccitato, entusiasta, entusiasmato, infervorato, esaltato.

elettrizzazióne *s. f.* (*fig.*) entusiasmo, eccitazione, nervosismo, fervore **CONTR.** calma, pacatezza.

elevaménto *s. m.* elevazione, innalzamento, rialzamento, aumento □ (*fig.*) miglioramento □ (*est.*) punto elevato, rialzo, risalto, prominenza, rilievo, gobba **CONTR.** abbassamento, infossamento, depressione.

elevàre ***A*** *v. tr.* **1** levare in alto, alzare, innalzare, sollevare □ (*raro*) (*di arma*) inalberare **CONTR.** abbassare, calare □ (*di bandiera*) ammainare ***2*** (*di edificio, di monumento e sim.*) costruire, edificare, erigere, rialzare, soprelevare **CONTR.** abbattere, demolire ***3*** (*fig.*) (*di persona, di condizione*) promuovere, migliorare, esaltare, nobilitare, sublimare (*lett.*) □ (*a una carica*) investire, insediare, innalzare, promuovere **CONTR.** umiliare, avvilire, involgarire, deprimere □ declassare, esautorare, retrocedere, degradare ***4*** (*bur.*) contestare, intimare ***B*** **elevarsi** *v. intr. pron.* ***1*** levarsi in alto, aumentare, alzarsi, sollevarsi, divenire più alto **CONTR.** abbassarsi, calare, sprofondare, avvallarsi, declinare, digradare ***2*** innalzarsi, ergersi, sovrastare, dominare, grandeggiare ***C*** *v. rifl.* (*fig.*) nobilitarsi, avanzare, ascendere, assurgere, eccellere, emergere, distinguersi, distaccarsi, essere superiore **CONTR.** avvilirsi, umiliarsi, degradarsi, declinare.

elevatézza *s. f.* ***1*** altezza **CONTR.** bassezza, imo (*lett.*) ***2*** (*fig.*) (*di sentimenti, di mente e sim.*) nobiltà, dignità, eminenza, eccellenza, sublimità, statura (*fig.*) **CONTR.** bassezza, viltà, volgarità, abiezione, degrado. *V. anche* DIGNITÀ

elevàto *part. pass. di* **elevare**; *anche agg.* ***1*** alzato, innalzato, sollevato, eretto □ (*spec. fig.*) alto, apprezzabile, rilevante, notevole **CONTR.** abbassato, calato, abbattuto, demolito □ basso, scarso ***2*** (*fig.*) (*di sentimenti, di mente, ecc.*) nobile, eletto, sublime, eccellente, eminente □ (*di linguaggio, di discorso*) aulico, ispirato, sostenuto **CONTR.** basso, vile, volgare, abietto.

elevazióne *s. f.* ***1*** innalzamento, sollevamento, aumento □ (*fig.*) miglioramento **CONTR.** abbassamento, calata □ (*fig.*) peggioramento ***2*** (*est.*) (*di terreno*) elevamento, punto elevato, luogo elevato **CONTR.** abbassamento, depressione ***3*** (*fig.*) rapimento, estasi, contemplazione (*relig.*) ***4*** (*fig.*) esaltazione, dignità, onore, nobilitazione, spiritualizzazione □ (*a una dignità*) innalzamento, investitura, assunzione, avvento **CONTR.** umiliazione, retrocessione ***5*** (*sport*) alzata, slancio in alto, stacco ***6*** (*astron.*) altezza.

elezióne *s. f.* ***1*** (*operazione elettorale*) votazione □ (*a cariche*) scelta, chiamata, nomina, incarico, designazione **CONTR.** bocciatura, siluramento ***2*** (*lett.*) (*di atto volontario*) libera scelta, adozione. *V. anche* SCELTA, VOTAZIONE

elìdere ***A*** *v. tr.* ***1*** (*ling.*) sopprimere ***2*** (*est.*) annullare, eliminare, togliere, rimuovere, escludere, sopprimere **CONTR.** aggiungere, mettere ***B*** **elidersi** *v. rifl. rec.* annullarsi, sopprimersi.

eliminàre *v. tr.* ***1*** togliere, levare, rimuovere, cancellare, elidere, depennare, abolire, affossare, eccettuare, espungere, asportare, amputare, distruggere, fare tabula rasa, estirpare, debellare, sradicare, recidere □ (*di ipotesi*) scartare, escludere □ (*di rifiuti, ecc.*) espellere, smaltire □ (*di persona*) estromettere, cacciare, allontanare, esiliare, epurare, bandire, proscrivere (*est.*), squalificare (*sport*) **CONTR.** aggiungere, includere, ammettere, riammettere, collocare, comprendere ***2*** (*pop.*) sopprimere, togliere di mezzo, sbarazzarsi, ammazzare, far fuori, uccidere, liquidare.

eliminatòrio *agg.* esclusivo, selettivo.

eliminazióne *s. f.* ***1*** distruzione, abolizione, sconfitta, cancellazione, abrogazione, estirpazione, soppressione, taglio □ (*fig.*) (*di persona*) epurazione, esclusione, allontanamento, rimozione, purga □ (*sport*) squalifica **CONTR.** inclusione, aggiunta, immissione ***2*** (*pop.*) uccisione, assassinio.

eliocèntrico *agg.* (*astron.*) copernicano **CONTR.** geocentrico, tolemaico.

elisióne *s. f.* ***1*** eliminazione, annullamento **CONTR.** introduzione ***2*** (*ling.*) soppressione.

elisìr *s. m. inv.* liquore corroborante, cordiale, tonico, essenza, estratto, quintessenza.

elitàrio *agg.* di élite, di classe, privilegiato, aristocratico, in (*ingl.*), ristretto, snob (*ingl.*), selettivo **CONTR.** popolare, democratico.

élite /*fr.* e'lit/ [vc. fr., propriamente 'scelta'] *s. f. inv.* cerchia ristretta, casta, classe dirigente, fior fiore, crema, crème (*fr.*), palmarès (*fr.*), gotha (*ted.*).

ellènico *agg.* (*spec. con riferimento alla Grecia classica*) greco.

ellenismo *s. m.* ***1*** alessandrinismo ***2*** (*ling.*) grecismo.

ellenìstico *agg.* alessandrino.

ellepì *s. m. inv.* long playing (*ingl.*), 33 giri (*gerg.*).

ellìsse o **ellìssi** (**1**) *s. f.* ***1*** ovale ***2*** (*astron.*) orbita.

ellìssi *s. f.* (*ling.*) omissione, brachilogia, concisione **CONTR.** pleonasmo.

ellìttico (**1**) *agg.* ovale.

ellìttico (**2**) *agg.* (*ling.*) incompleto, sintetico **CONTR.** pleonastico, ridondante.

elmétto *s. m.* ***1*** *dim. di* **elmo** ***2*** (*di soldati, di minatori e sim.*) copricapo metallico, casco.

élmo *s. m.* (*di soldati, di minatori e sim.*) copricapo, casco, cimiero (*lett.*).

elogiàre *v. tr.* fare elogi, encomiare, lodare, esaltare, decantare, glorificare, gloriare (*lett.*), magnificare, incensare, acclamare, inneggiare, commendare (*lett.*) **CONTR.** biasimare, disapprovare, criticare, condannare, censurare, disprezzare, calunniare, denigrare, deplorare, diffamare, screditare.

elogiatìvo *agg.* esaltatorio, glorificatorio, encomiastico, laudativo, laudatorio, lodativo, agiografico, apologetico **CONTR.** spregiativo, censorio, biasimevole, denigratorio, ingiurioso, offensivo.

elògio *s. m.* lode, plauso, applauso, esaltazione, encomio, panegirico, apologia, agiografia, inno □ (*giorn.*) soffietto **CONTR.** biasimo, critica, disapprovazione, detrazione, censura, condanna, ammonizione, appunto, osservazione, rimprovero, denigrazione, deplorazione, strigliata, reprimenda. *V. anche* LODE

eloquènte *agg.* ***1*** (*di oratore*) facondo, loquace, ornato, magniloquente **CONTR.** taciturno, laconico ***2*** (*di segni, di manifestazioni e sim.*) significativo, indicativo, efficace, espressivo, robusto (*fig.*) **CONTR.** insignificante, inespressivo.

eloquenteménte *avv.* ***1*** facondamente **CONTR.** laconicamente □ poveramente ***2*** significativamente, efficacemente **CONTR.** insignificantemente.

eloquènza *s. f.* ***1*** facondia, arte del dire, retorica, declamazione, oratoria, comunicativa, forza espressiva, magniloquenza, eloquio, elocuzione **CONTR.** difficoltà di parola, laconicità, taciturnità ***2*** efficacia, espressività, forza persuasiva, evidenza.

elòquio *s. m.* modo di parlare, loquela, facondia, favella, discorso, lingua, linguaggio, stile.

élsa *s. f.* (*della spada*) impugnatura, guardamano, guardia, coccia, pomo.

elucubràre *v. tr.* pensare, elaborare, meditare, ponderare, ponzare (*scherz.*), macchinare, almanaccare, arzigogolare, rimuginare, escogitare, immaginare, congetturare. *V. anche* PENSARE

elùdere *v. tr.* ***1*** (*di ostacolo, di osservazione, ecc.*) schivare, evitare, fuggire, scansare, sfuggire, sottrarsi, schermirsi, declinare, defilarsi, scantonare, dribblare **CONTR.** affrontare, sfidare, attaccare, abbordare, assalire ***2*** (*di legge, di buonafede, ecc.*) ingannare, aggirare, raggirare, trasgredire, contravvenire, violare **CONTR.** osservare **CFR.** evadere.

elusivaménte *avv.* evasivamente, di sfuggita, ambiguamente **CONTR.** chiaramente, apertamente.

elusìvo *agg.* evasivo, sfuggente, ambiguo **CONTR.** chiaro, aperto.

elùso *part. pass. di* **eludere**; *anche agg.* ***1*** (*di ostacolo*) evitato, schivato, scansato **CONTR.** affrontato ***2*** (*di legge, ecc.*) raggirato, trasgredito **CONTR.** osservato.

elvètico [da *Helvetii*, il nome degli antichi abitanti dell'attuale Svizzera] *agg.* svizzero.

emaciàto *agg.* molto magro, macilento, smunto, sparuto, filiforme, denutrito, squallido (*lett.*), cereo, esangue, smorto, spettrale, cadaverico, consunto, patito □ (*spec. di viso*) scarno, affilato **CONTR.** grasso, florido, corpacciuto, corpulento, ben pasciuto, paffuto.

e-mail /i'mɛil, *ingl.* 'iˌmeil/ [abbr. ingl. di *e*(*lectronic*) *mail* 'posta elettronica'] *s. f. inv.* posta elettronica.

emanàre ***A*** *v. tr.* ***1*** (*di liquido, di profumo e sim.*) mandar fuori, emettere, sprigionare, esalare, effondere, spargere, irradiare, spirare (*lett.*) ***2*** (*di notizie, di disposizioni*) pubblicare, diffondere, diramare, propagare, sancire, promulgare, divulgare, proclamare □ (*di legge*) legiferare **CONTR.** nascondere, occultare □ revocare, sopprimere ***B*** *v. intr.* scaturire, derivare, provenire, diffondersi, uscire, esalare, spirare (*lett.*), sprigionarsi, sgorgare, trapelare **CONTR.** assorbire, contenere.

emanazióne *s. f.* ***1*** (*di leggi, di notizie e sim.*) emissione, pubblicazione, diffusione, promulgazione, varo □ derivazione, filiazione **CONTR.** revoca ***2*** (*di liquido, di profumo e sim.*) esalazione, odore, sprigionamento, effluvio □ (*di gas, di acqua, ecc.*) fuga, fuoriuscita, efflusso, perdita **CONTR.** assorbimento, ritenzione.

emancipàre ***A*** *v. tr.* rendere libero, liberare, sciogliere, svincolare, affrancare, far evolvere, maturare **CONTR.** sottomettere, asservire, assoggettare, schiavizzare, opprimere ***B*** **emanciparsi** *v. intr.* rendersi libero, rendersi indipendente, liberarsi, svincolarsi, affrancarsi, evolversi, maturare **CONTR.** sottomettersi, assoggettarsi, restare schiavo, restare ignorante.

emancipàto *part. pass. di* **emancipare**; *anche agg.* ***1*** (*dir.*) maggiorenne **CONTR.** minorenne ***2*** libero, indipendente, evoluto, affrancato □ spregiudicato **CONTR.** schiavo, sottomesso, ignorante □ bigotto.

emancipazióne *s. f.* liberazione, affrancamento, indipendenza, autonomia, libertà □ evoluzione **CONTR.** soggezione, dipendenza, assoggettamento, sottomissione □ ignoranza. *V. anche* LIBERTÀ

emarginàre *v. tr.* ***1*** (*bur.*) indicare in margine, segnare in margine, annotare in margine ***2*** (*di persona*) allontanare, estromettere, escludere, isolare, segregare, relegare, ghettizzare **CONTR.** accogliere, accettare, integrare, inserire.

emarginàto ***A*** *part. pass. di* **emarginare**; *anche agg.* ***1*** (*bur.*) segnato in margine, annotato in margine ***2*** (*di persona*) allontanato, estromesso, escluso □ drop-out (*ingl.*) **CONTR.** accolto, accettato, inserito ***B*** *s. m.* ***1*** (*bur.*) nota a margine ***2*** (*di persona*) reietto, coatto, isolato.

emarginazióne *s. f.* allontanamento, estromissione, esclusione, segregazione, isolamento **CONTR.** accoglienza, accettazione, integrazione.

EMARGINAZIONE
sinonimia strutturata

La parola **emarginazione** designa l'operazione o il risultato del mettere ai margini, dell'escludere qualcuno dalla vita sociale o da particolari ambienti perché limitato fisicamente, psichicamente, culturalmente, o comunque deficitario di qualcuna delle caratteristiche proprie degli appartenti al gruppo dominante: *l'emarginazione dei diversi*; *l'emarginazione degli analfabeti*; *l'emarginazione degli immigrati*. Il significato di **estromissione** si sovrappone largamente a quello di emarginazione, ma viene usato particolarmente per indicare la cacciata di qualcuno da un luogo o da un gruppo determinato: *estromissione dal partito*; *estromissione da un club*; una sfumatura ancor più fortemente impositiva e discriminatoria è propria del termine **segregazione**: *la segregazione degli ammalati contagiosi, dei prigionieri pericolosi*; in Paesi a popolazione mista, la *segregazione razziale* è infatti la politica di discriminazione, attuata da governi razzisti, che costringe una popolazione non bianca a una rigida separazione da quella bianca nella vita civile (scuola, ospedali, locali, mezzi pubblici, ecc.) e politica. Rispetto ai termini precedenti, l'**allontanamento** e l'**isolamento** si distinguono perché possono essere anche atti volontari o spontanei che si riflettono sul soggetto che li compie: *l'allontanamento dalla Chiesa*; *chiudersi nell'isolamento*.

ematòma *s. m.* (*med.*) livido, ecchimosi, contusione.

emàzia *s. f.* globulo rosso, eritrocita **CFR.** leucocita.

embàrgo [dallo sp. *embargar* 'impedire'] *s. m.* blocco economico, sanzioni, boicottaggio □ sequestro, fermo **CONTR.** dissequestro, liberazione.

emblèma *s. m.* (*anche fig.*) simbolo, segno, immagine, personificazione, attributo (*est.*), vessillo, stemma, coccarda, contrassegno.

emblematicaménte *avv.* simbolicamente.

emblemàtico *agg.* (*fig., lett.*) simbolico, allegorico □ esemplare, rappresentativo, indicativo, paradigmatico, dimostrativo, tipico, significativo **CONTR.** atipico, insignificante, irrilevante, trascurabile.

émbrice *s. m.* tegola, coppo, gronda.

embrionàle *agg.* **1** dell'embrione, embrionario, embrionico **2** (*fig.*) in fase di formazione, progettuale, iniziale, abbozzato, larvale, indefinito, generico, in nuce (*lat.*), rudimentale **CONTR.** finale, terminale, formato, ultimato, compiuto, definitivo.

embrióne *s. m.* **1** (*biol.*) (*di individuo, di animale*) primi stadi di sviluppo □ feto **2** (*bot.*) (*di piante*) abbozzo, germe **3** (*fig.*) (*di cosa o idea*) abbozzo, prime linee, fase iniziale, seme, rudimento (*est.*) **CONTR.** realizzazione, fase finale.

emendaménto *s. m.* **1** correzione, correttivo, rettifica, variazione, modificazione, riforma **2** (*di testo legislativo*) modifica, variante.

emendàre **A** *v. tr.* correggere, rivedere, modificare, rettificare, variare, purgare, risanare, riformare, ripulire, purificare **B emendarsi** *v. rifl.* (*di persona*) correggersi, migliorarsi, rinsavire **CONTR.** sviarsi. *V. anche* CORREGGERE

emergènte *part. pres. di* **emergere**; *anche agg.* **1** sporgente, affiorante **CONTR.** sommerso **2** (*fig.*) (*di gruppo, di personaggio, ecc.*) in ascesa, in crescita, nascente, crescente **CONTR.** declinante, in decadenza.

emergènza *s. f.* eventualità, necessità, bisogno, imprevisto □ pericolo, disgrazia, disastro **CONTR.** normalità, quotidianità.

emèrgere *v. intr.* **1** venire a galla, venir fuori, affiorare, sporgere, levarsi, alzarsi, sorgere, innalzarsi, galleggiare, spuntare, comparire, uscire **CONTR.** abbassarsi, sprofondare, affondarsi □ immergersi, inabissarsi, tuffarsi **2** (*fig.*) (*di situazione*) risultare, apparire, manifestarsi, venire alla luce, essere chiaro, essere evidente, balzare agli occhi **CONTR.** nascondersi **3** (*fig.*) (*di persone, di idee*) segnalarsi, distinguersi, spiccare, eccellere, elevarsi, affermarsi, brillare, risaltare, risplendere □ vincere, predominare, primeggiare **CONTR.** scomparire, sfigurare, passare inosservato, restare ignoto. *V. anche* VINCERE

emèrito *agg.* **1** famoso, notorio, insigne, illustre, celebre, chiaro, esimio **CONTR.** famigerato **2** (*iron.*) noto, famigerato. *V. anche* FAMOSO

emersióne *s. f.* **1** affioramento, galleggiamento **CONTR.** immersione **2** (*astron.*) riapparizione.

emèrso *part. pass. di* **emergere**; *anche agg.* (*anche fig.*) venuto a galla, apparso fuori, venuto fuori, venuto su, affiorato, affiorante, emergente, sporgente, galleggiante **CONTR.** immerso, sommerso, affondato, sprofondato, nascosto.

emètico *agg.*; *anche s. m.* vomitatorio, vomico, vomitivo, vomitorio (*raro*).

eméttere *v. tr.* **1** mandare fuori, mettere fuori, cacciare, buttare, lanciare, gettare, eiettare □ (*di gas, di liquido e sim.*) esalare, spargere, sprigionare, eruttare, schizzare, secernere, vomitare, sputare **CONTR.** immettere, trattenere, ritenere, nascondere, soffocare, aspirare, assorbire **2** (*est.*) (*di moneta, di francobolli, ecc.*) mettere in circolazione, mettere in commercio, fare uscire **CONTR.** ritirare **3** (*fig.*) (*di giudizio, di sentenza e sim.*) esprimere, enunciare, formulare, pronunciare, proferire **CONTR.** ritrattare **4** (*di ordine, di proclama, ecc.*) emanare, diffondere, spiccare **CONTR.** revocare.

emicìclo *s. m.* semicerchio, mezzocerchio, esedra.

emicrània *s. f.* cefalea, cefalalgia, mal di testa, mal di capo.

emigrànte *part. pres. di* **emigrare**; *anche agg. e s. m. e f.* che emigra, emigrato □ espatriato □ esule, profugo **CONTR.** rimpatriato, immigrato.

emigràre *v. intr.* espatriare, esulare (*raro*), trasferirsi, trasmigrare, trapiantarsi, esiliarsi, andarsene, allontanarsi, fuggire □ (*di animali*) migrare **CFR.** immigrare **CONTR.** rimpatriare, ritornare.

emigràto *part. pass. di* **emigrare**; *anche agg. e s. m.* espatriato, emigrante □ esule, profugo, fuoriuscito **CFR.** immigrato **CONTR.** rimpatriato.

emigrazióne *s. f.* **1** espatrio, trasmigrazione, esodo, diaspora □ spostamento, trasferimento □ esilio □ (*di animali*) migrazione **CFR.** immigrazione **CONTR.** rimpatrio **2** emigranti **CFR.** immigranti.

eminènte *agg.* **1** (*di luogo, di costruzione, ecc.*) sovrastante, alto, elevato, sopraelevato, prominente **CONTR.** sottostante, basso, inferiore **2** (*fig.*) (*di persona*) eccellente, illustre, famoso, eccelso, celebre, noto, rinomato, insigne, chiarissimo, ragguardevole **CONTR.** oscuro, ignoto, sconosciuto, ignorato **3** (*lett.*) considerevole, importante, notevole **CONTR.** insignificante, trascurabile. *V. anche* FAMOSO, GRANDE, SOVRANO

eminenteménte *avv.* **1** eccellentemente, egregiamente, esemplarmente, ottimamente, magistralmente **CONTR.** pessimamente, malamente **2** prevalentemente, particolarmente, specificamente, preminentemente, soprattutto **CFR.** genericamente, in minima parte.

eminènza *s. f.* **1** (*di luogo, di costruzione, ecc.*) elevazione, prominenza, altezza, altura, poggio, sporgenza, protuberanza **CONTR.** avvallamento, affossamento, bassura **2** (*fig.*) (*di persona*) eccellenza, elevatezza, superiorità, preminenza, sovranità (*lett.*), ragguardevolezza **CONTR.** inferiorità, pessima qualità, mediocrità **3** (*come titolo*) eccellenza **FRAS.** *eminenza grigia* (*fig.*), consigliere segreto.

emissàrio **A** *agg.* (*raro*) scaricatore **CONTR.** caricatore, immissario **B** *s. m.* **1** (*di un lago*) **CONTR.** immissario, affluente □ (*di acque*) canale, collettore **2** (*di persona*) delegato, inviato, rappresentante, messo, mandatario, sherpa (*ingl.*) □ spia, informatore, agente segreto, pedina (*fig.*) **CONTR.** mandante.

emissióne *s. f.* **1** (*di gas, di acqua e sim.*) fuoriuscita, uscita, emanazione, flusso, spargimento, esalazione, effusione, diffusione, sprigionamento, eiezione, espulsione **CONTR.** immissione, aspirazione **2** (*di francobolli, di monete e sim.*) uscita, messa in circolazione, distribuzione **3** (*di sentenza, di giudizio*) enunciazione, formulazione **CONTR.** revoca, revocazione **4** (*di voti religiosi*) professione.

emittènte **A** *part. pres. di* **emettere**; *anche agg. e s. m. e f.* che emette, mittente **CONTR.** destinatario, ricevente **B** *s. f.* (*di stazione radio - tv*) trasmittente **CONTR.**

ricevente.

emolliènte *s. m.; anche agg.* (*med.*) fluidificante, espettorante, demulcente □ lenitivo.

emoluménto *s. m.* **1** (*di professionista*) retribuzione, paga, onorario, mercede, compenso, provvigione, competenza, ricompensa **2** (*est.*) stipendio, salario **3** (*ant.*) lucro, profitto, guadagno, entrata, rendita. *V. anche* GUADAGNO, PAGA

emorragìa *s. f.* **1** (*med.*) fuoriuscita di sangue, perdita (di sangue) □ emottisi, epistassi **CONTR.** emostasi **2** (*fig.*) (*di voti, di capitali*) perdita, calo, fuga, deflusso.

emostàtico *agg. e s. m.* antiemorragico.

emotività *s. f.* impressionabilità, sensibilità, ipersensibilità, reattività, irritabilità, eccitabilità, suggestionabilità, impulsività □ affettività **CONTR.** calma, freddezza, imperturbabilità, controllo, razionalità, impassibilità. *V. anche* EMOZIONE

emotivo ***A*** *agg.* emozionale, sentimentale, affettivo □ (*di reazione e sim.*) viscerale □ (*raro*) emozionante **CFR.** razionale ***B*** *agg.; anche s. m.* impressionabile, emozionabile, sensibile, ipersensibile, reattivo, irritabile, sensitivo, affettivo, eccitabile, impulsivo, passionale, suggestionabile, irrazionale **CONTR.** calmo, freddo, controllato, imperturbabile, flemmatico, impassibile, insensibile, indifferente, apatico □ razionale, cerebrale.

emozionàbile *agg.* emotivo, sensibile, impressionabile, emozionale, sensitivo **CONTR.** calmo, freddo, controllato, imperturbabile, impassibile, insensibile, apatico.

emozionànte *part. pres. di* **emozionare**; *anche agg.* commovente, emotivo (*raro*), appassionante, avvincente, trascinante, entusiasmante, palpitante, eccitante, toccante □ mozzafiato (*fam.*), scioccante, impressionante, sensazionale, traumatizzante (*pegg.*) **CONTR.** freddo, scialbo.

emozionàre ***A*** *v. tr.* impressionare, turbare, entusiasmare, appassionare, toccare, colpire, scuotere, commuovere □ scioccare, traumatizzare (*pegg.*) **CONTR.** lasciare indifferente ***B*** **emozionarsi** *v. intr.* turbarsi, entusiasmarsi, appassionarsi, commuoversi, impressionarsi, palpitare **CONTR.** restare indifferente, essere apatico, controllarsi. *V. anche* IMPRESSIONARE

emozionàto *part. pass. di* **emozionare**; *anche agg.* turbato, commosso, confuso, impressionato, agitato, eccitato, scosso, concitato, alterato, scioccato **CONTR.** calmo, tranquillo, controllato, impassibile, insensibile, indifferente, freddo.

emozióne *s. f.* impressione, sensazione, sentimento, emotività, commozione, rapimento, pathos, palpitazione □ concitazione, turbamento, agitazione, apprensione, inquietudine, ansia, suspense (*ingl.*) □ apprensione, stress (*ingl.*), colpo, effetto **CONTR.** controllo, ragione, imperturbabilità.

EMOZIONE
sinonimia strutturata

L'**emozione** definisce un momento molto intenso di un sentimento, come paura, gioia o angoscia, che può provocare alterazioni psichiche e fisiologiche: *arrossire per l'emozione*; correntemente, indica un'agitazione viva e spesso improvvisa: *la forte emozione gli provocò un malore*; *andare in cerca di emozioni*; un possibile disturbo fisiologico causato da uno sconvolgimento emotivo è la **palpitazione**, che in senso figurato indica appunto una forte emozione: *che palpitazione mi ha dato il rivederlo!* La **commozione** è l'effetto positivo di sentimenti d'affetto, tenerezza, pietà, dolore, entusiasmo, ecc.: *commozione viva, dolce*; *destare commozione*; coincide in parte con il significato figurato di **rapimento**, che indica un profondo coinvolgimento emotivo: *contemplare un paesaggio con rapimento.* La **concitazione** indica forte agitazione dell'animo che può riflettersi anche in talune manifestazioni esteriori: *essere in uno stato di estrema concitazione*; *parlare con concitazione*; è propria di chi è in uno stato di **ribollimento**, che figuratamente consiste in un violento tumulto interiore: *il ribollimento dell'ira, dello sdegno.*

Col termine **impressione**, in senso figurato, si definisce il riflesso sull'animo o sui sentimenti di eventi o esperienze: *impressione di meraviglia, di terrore*; *impressione violenta, debole.* Anche **sensazione** in senso generale indica un'impressione o un presentimento: *una sensazione di disagio*; *ho la sensazione che quel ragazzo finirà male*; designa, inoltre, un senso di vivo interesse o stupore: *fare sensazione*; *suscitare molta sensazione.*

La sintonia fra due o più persone che si fonda sulla comunanza di sentimenti e di emozioni si chiama **feeling**, vocabolo inglese che vuol dire, appunto, "sentimento". Il significato di **sentimento** coincide in parte con quello di emozione, ossia denota ogni moto dell'animo: *sentimento di gioia, di vendetta*; *manifestare un sentimento, nascondere un sentimento*; inoltre, indica una disposizione dell'animo più duratura rispetto all'emozione: *essere legati da un sentimento d'amicizia*; *l'ha offeso nei suoi sentimenti più cari*; infine, usato al singolare e in senso assoluto, coincide con **emotività**, e cioè si riferisce alla sfera affettiva ed emozionale, specialmente in contrapposizione a quella razionale: *ascoltare il sentimento e non la ragione*; *parlare al sentimento.*

In ambito artistico, la particolare intensità di sentimento, l'alta liricità di un'opera che si traduce in forte potenza drammatica si dice **pathos**; in particolare nella tragedia greca, il termine indica un momento o uno stato di viva commozione e passione necessario affinché si compia la catarsi. La **suspense** invece è lo stato di ansiosa apprensione provocato dall'attesa di quanto sta per accadere o deve necessariamente determinarsi; estensivamente, indica il meccanismo narrativo che crea questo stato: *un film ricco di suspense.*

Turbamento si differenzia leggermente da emozione perché contiene una sfumatura sottilmente negativa; la parola si riferisce infatti al disturbo della serenità e del normale equilibrio psichico, e può essere sinonimo di inquietudine e smarrimento: *essere* *in preda a un profondo turbamento*; *i primi turbamenti amorosi*. Il risultato di un forte stimolo dannoso per l'organismo o per la psiche si chiama **stress**, che in senso generico ed estensivo indica il logorio nervoso causato in particolare da ritmi di vita frenetici.

empietà *s. f.* **1** irreligiosità, irriverenza, incredulità, miscredenza, ateismo □ profanazione, sacrilegio **CONTR.** pietà, religiosità, fede **2** cattiveria, malvagità, crudeltà, spietatezza, iniquità, efferatezza, scelleratezza, abominio, nefandezza **CONTR.** bontà, generosità, pietà.

émpio *agg.* **1** (*in senso religioso*) irreligioso, sacrilego, profanatore, irriverente □ blasfemo, profano, scomunicato (*raro, lett.*) □ ateo, miscredente, bestemmiatore, reprobo **CONTR.** religioso, pio, credente, devoto, fedele, santo **2** (*di sentimenti*) spietato, crudele, malvagio, efferato, cattivo, scellerato, nefando, impietoso **CONTR.** buono, generoso, pietoso **3** (*lett.*) (*di sorte*) avverso, funesto, ingiusto **CONTR.** favorevole, benigno. *V. anche* CRUDELE

empìre **A** *v. tr.* **1** riempire, imbottire, inzeppare, infittire, infarcire, rimpinzare, saziare, intasare, pigiare, ingombrare, saturare, gremire, colmare, affollare **CONTR.** vuotare, scaricare, svuotare, evacuare, sgombrare, liberare **2** (*di scritto*) compilare, scrivere, completare **3** (*di gioia, di piacere, ecc.*) infondere, pervadere □ commuovere **4** (*fig.*) (*di difetto, di mancanza e sim.*) riparare **B** **empirsi** *v. rifl.* saziarsi, rimpinzarsi **CONTR.** vuotarsi □ aver fame **C** *v. intr. pron.* (*di folla*) traboccare, gremirsi, popolarsi **CONTR.** vuotarsi, sgonfiarsi.

empiricaménte *avv.* praticamente, in pratica, sperimentalmente **CONTR.** teoricamente, scientificamente, razionalmente.

empìrico **A** *agg.* sperimentale, induttivo, pratico □ sommario, approssimativo **CONTR.** scientifico, teorico, sistematico, razionale, teoretico **B** *s. m.* (*med., spec. spreg.*) sperimentatore, praticone, guaritore (*iron.*) **CONTR.** esperto, scienziato, dottore.

empirìsmo *s. m.* sperimentalismo, pratica □ (*spreg.*) superficialità, faciloneria **CONTR.** razionalismo, idealismo □ razionalità, scientificità, metodo scientifico.

empirìsta *s. m. e f.* sperimentatore □ empirico, praticone **CONTR.** razionalista, idealista □ esperto, scienziato.

empiristicaménte *avv.* praticamente □ sperimentalmente **CONTR.** teoricamente, scientificamente.

empòrio *s. m.* **1** centro di commercio, mercato □ magazzino, fondaco **2** bazar, bottegone, bottega, negozio, supermercato, spaccio. *V. anche* MERCATO

emulàre *v. tr.* sforzarsi di uguagliare, cercare di superare, entrare in gara, gareggiare, competere, rivaleggiare, concorrere, confrontarsi.

emulatóre *s. m.*; *anche agg.* (*f. -trice*) rivale, concorrente, competitore, imitatore.

emulazióne *s. f.* **1** desiderio di uguagliare, sforzo per superare, gara, competizione, concorrenza, rivalità, imitazione **2** (*elab.*) conversione.

èmulo *agg.*; *anche s. m.* imitatore, seguace □ competitore, concorrente, rivale, antagonista, avversario. *V. anche* RIVALE, SEGUACE

encèfalo *s. m.* (*anat.*) massa cerebrale, cervello.

encìclica *s. f.* lettera papale, messaggio papale, breve, bolla.

enciclopèdico *agg.* (*fig.*) ricco di cognizioni, erudito □ versatile, eclettico.

encomiàbile *agg.* degno di encomio, lodevole, benemerito, elogiabile, apprezzabile, ammirevole, stimabile, eccellente, irreprensibile, commendevole (*lett.*), lodabile, meritorio **CONTR.** spregevole, biasimevole, censurabile, condannabile, riprovevole, deplorevole, criticabile, vituperabile.

encomiàre *v. tr.* lodare, elogiare, esaltare, celebrare (*lett.*), apprezzare, applaudire (*est.*), congratularsi, commendare (*lett.*) **CONTR.** condannare, riprovare, biasimare, censurare, denigrare, vituperare, redarguire.

encòmio *s. m.* lode, elogio, apprezzamento, plauso, complimento, congratulazione, apologia, panegirico, applauso (*est.*), approvazione □ riconoscimento, ricompensa **CONTR.** biasimo, censura, condanna, appunto, critica, osservazione, denigrazione, reprimenda, riprovazione. *V. anche* LODE

endèmico *agg.* (*anche fig.*) (*di malattia, di male*) proprio, caratteristico, specifico, particolare, radicato, cronico.

endògeno *agg.* interno **CONTR.** esogeno, esterno.

endomuscolàre *agg.* intramuscolare, intramuscolo **CFR.** ipodermico, sottocutaneo, endovenoso.

endovéna *s. f.* endovenosa.

endovenósa *s. f.* endovena.

endovenóso *agg.* per vena **CFR.** endomuscolare, intramuscolare.

energètico *agg.*; *anche s. m.* **1** di energia **2** sostanzioso, corroborante, fortificante, tonico, nutriente, nutritivo, ricostituente, ristoratore **CONTR.** spossante.

energìa *s. f.* **1** (*di fisico*) forza, vigore, resistenza, prestanza, potenza, vitalità, robustezza, fibra (*est.*), vigoria, gagliardia, fiato **CONTR.** debolezza, fiacca, languore, astenia, debilitazione, prostrazione, sfinimento, spossamento, stanchezza **2** (*di animo, di carattere e sim.*) forza d'animo, fortezza, fermezza, severità, rigore, durezza, coraggio, decisione, risolutezza, costanza, lena, polso, nerbo □ carica, grinta, dinamismo, attivismo, efficienza **CONTR.** debolezza, arrendevolezza, incertezza, indecisione, tentennamento, titubanza, indolenza, lentezza, tiepidezza, abulia, atonia **3** (*di stile*) forza, efficacia, vivacità, concisione **CONTR.** fiacchezza, monotonia, lungaggine **4** (*di sensazione, di sentimento*) intensità, impeto **CONTR.** insensibilità, apatia **5** corrente elettrica, elettricità.

ENERGIA
sinonimia strutturata

Nell'uso corrente ogni forza vitale fisica, di carattere sia nervoso che muscolare, si chiama in senso lato **energia**: *un uomo pieno di energia*; *perdere le energie*. Nel descrivere una caratteristica essenzialmente fisica di un corpo, il termine equivale a **forza**,

potenza e **prestanza**, che evoca anche la bellezza di chi o di ciò che è ben formato e d'aspetto sano: *essere in forze*; *la potenza dei suoi pugni*; *un giovane di notevole prestanza fisica*. Tutti questi termini, e ancor più **vigoria**, **vigore**, **gagliardia** di solito suggeriscono un'idea non solo di forza ma di dinamismo: *il vigore della giovinezza*; *vigoria fisica, morale*; *gagliardia dell'ingegno*; particolarmente connotato in questo senso è **vitalità**: *la vitalità di un neonato*. **Robustezza** invece da un lato richiama l'immagine di un corpo massiccio o prosperoso, e dall'altro si avvicina a **resistenza** e a **fibra** inteso estensivamente, che indicano la capacità di non lasciarsi piegare: *la robustezza di una parete, di un atleta, di una connessione*; *uomo di forte fibra*.

Energia, con **forza d'animo** e **fortezza**, può riferirsi anche alla capacità di non lasciarsi abbattere non solo fisicamente ma anche spiritualmente e moralmente: *dimostrare fortezza nelle avversità*. Lo stesso vale per **fermezza**, **risolutezza**, **decisione**, che però si riferiscono soprattutto alla capacità di rimanere saldi nella propria posizione, di non piegarsi intellettualmente: *fermezza di propositi*; *ammiro la sua risolutezza*; *agire con decisione*; abbastanza vicino è **costanza**, che indica la capacità di perseverare, di non abbandonare ciò che si è intrapreso: *studiare con costanza*. Ciò che si fa con costanza, con applicazione e anche con intensità si fa con **lena**: *lavorare di buona lena*; chi agisce in questo modo possiede **efficienza**, ossia la capacità di raggiungere certi risultati. Lena richiama un'idea di **dinamismo**, inteso figuratamente, e di **attivismo**, cioè di alacrità e fervore d'iniziative, che comunque, come l'efficienza e a differenza della lena, sono caratteristiche generali di una persona e informano quindi di solito tutti i suoi comportamenti: *un uomo pieno di dinamismo*. Chi è sempre in movimento e pronto a cogliere gli stimoli ha molta **carica**, cioè un cumulo di energie fisiche e psichiche che sfociano in una grande vitalità e grinta.

Energia e fermezza possono equivalere anche a **polso** o ai più incisivi **rigore**, **severità**, **durezza**, che richiamano un'idea di rigidità aspra talvolta eccessiva: *è uno smidollato privo di polso*; *la scuola ha perduto la severità di una volta*; *punire con durezza*.

In riferimento allo stile, energia ne designa l'incisività, la capacità di comunicare chiaramente e di mantenere viva l'attenzione di chi legge o ascolta, e quindi equivale a **efficacia**: *parlare, scrivere con efficacia*; *dipinto di rara efficacia*. Uno stile energico possiede di solito non solo **vivacità**, ossia brio, ma anche **concisione** e **concettosità**: è cioè anche stringato, denso di concetti e non inutilmente verboso.

energicaménte avv. vigorosamente, forte, con forza □ risolutamente, decisamente, fermamente, coraggiosamente, determinatamente, dinamicamente, animatamente, animosamente, fieramente □ attivamente, efficacemente, drasticamente **CONTR.** debolmente, blandamente, fiaccamente, tiepidamente, con indecisione.

enèrgico agg. **1** (*di fisico*) forte, vigoroso, potente, possente, robusto, gagliardo, efficiente, attivo, ferrigno (*lett.*) □ (*di anziano*) arzillo, giovanile **CONTR.** debole, fiacco, pigro, stremato **2** (*di morale*) risoluto, deciso, volitivo, virile, sicuro, fermo, coraggioso, marziale, combattivo, dinamico, fattivo, intenso **CONTR.** irresoluto, indeciso, tentennante, titubante, insicuro, abulico, pauroso **3** (*di modi*) spiccio, sbrigativo, perentorio, violento □ (*di farmaco, ecc.*) efficace, drastico, radicale □ (*di voce, di tono*) vibrante, animato, animoso **CONTR.** lento □ effeminato, svenevole □ blando, delicato □ atono, stanco. *V. anche* ROBUSTO

energùmeno s. m. **1** (*raro*) indiavolato, indemoniato, ossesso **2** (*est.*) violento, facinoroso, prepotente **CONTR.** mite, tranquillo, pacifico.

ènfasi s. f. **1** (*nel parlare*) esagerazione, veemenza, eccesso, impetuosità, passionalità □ (*di stile*) magniloquenza, ampollosità, amplificazione, pomposità, retorica, ridondanza **CONTR.** pacatezza, misura, controllo, equilibrio □ asciuttezza, sobrietà, misura **2** rilievo, evidenza, importanza, accento, preminenza, risalto.

enfaticaménte avv. ampollosamente, pomposamente, retoricamente □ impetuosamente, passionalmente **CONTR.** pacatamente, misuratamente, moderatamente, equilibratamente.

enfàtico agg. (*nel parlare*) esagerato, caricato, veemente, impetuoso, passionale, vibrato, melodrammatico, reboante □ (*di stile*) barocco, gonfio, ampolloso, pomposo, ridondante, retorico, magniloquente **CONTR.** pacato, misurato, controllato, equilibrato, moderato □ disadorno, scarno, sobrio, asciutto.

enfatizzàre v. tr. (*di discorso, di situazione, ecc.*) rendere enfatico, esagerare, ingrandire, gonfiare, ingigantire, accentuare, romanzare **CONTR.** attenuare, ridimensionare, sgonfiare.

enìgma s. m. **1** indovinello, rebus, rompicapo, sciarada, anagramma, quiz (*ingl.*) **2** (*est.*) discorso oscuro, ambiguità, astrusità, astruseria **3** (*fig.*) vicenda misteriosa, persona misteriosa, mistero, arcano, giallo.

enigmaticaménte avv. ambiguamente, oscuramente, misteriosamente, arcanamente, in modo sibillino, ermeticamente, incomprensibilmente, inesplicabilmente **CONTR.** chiaramente, semplicemente.

enigmàtico agg. astruso, oscuro, tenebroso, arcano, misterioso, ambiguo, sibillino, ermetico, impenetrabile, criptico, incomprensibile, insolubile, indecifrabile, esoterico **CONTR.** chiaro, evidente, semplice, comprensibile, spiegabile.

ENIGMATICO
sinonimia strutturata

È **enigmatico** ciò che ha natura o apparenza di enigma, ossia ciò che è difficile da comprendere, o che risulta inspiegabile: *discorso enigmatico*; *viso enigmatico*; *uomo enigmatico*. Il termine **ambiguo** descrive chi o ciò che è suscettibile di varie interpretazioni; spesso adoperato spregiativamente come **tenebroso** e **impenetrabile** usati in senso figurato, definisce anche persone dall'atteggiamento cupo, schivo e talvolta equivoco: *un personaggio ambiguo*; *ha sempre un comportamento ambiguo*; *ha uno sguardo tenebroso, impenetrabile*. **Incomprensibile** e **indecifrabile**, quest'ultimo inteso figuratamente, si usano per ciò che è difficile da capire, o per chi è chiuso in sé stesso e le cui azioni appaiono inesplicabili. Ciò che è difficile da intendere, da verificare o da conoscere si definisce anche **oscuro**, in senso figurato: *passo oscuro*; *fatti oscuri*; *secoli oscuri, verità oscura*; il significato di quest'aggettivo si sovrappone a quello di **misterioso**, che però, come **arcano**, può indicare anche ciò che è volutamente tenuto nascosto e segreto: *gli arcani voleri della provvidenza*; *atteggiamento misterioso*. **Astruso** ugualmente si riferisce alla scarsa comprensibilità, ma può denotare complessità o sottigliezza eccessiva e fuori dalla portata di chi ascolta o legge: *formule astruse, termini astrusi*. Così **esoterico** designa ciò che per i più risulta incomprensibile, e che pare destinato quasi ad un pubblico di pochi iniziati: *poesia esoterica*. **Ermetico** e **sibillino**, entrambi usati figuratamente, si riferiscono in particolare all'espressione e all'atteggiamento: *linguaggio sibillino*; *espressione ermetica del viso*.

ennèsimo [dal numero *n*, che simboleggia un numero indeterminato in una sequenza] agg. num. ord. indef. (*fam.*) infinitesimo, centesimo, millesimo.

enològico agg. vinicolo.

enórme agg. (*anche fig.*) stragrande, smisurato, sterminato, sconfinato, infinito □ colossale, gigantesco, immenso, mastodontico, imponente, immane, ciclopico, titanico □ (*di misura*) king-size (*ingl.*) □ straordinario, eccezionale, indescrivibile, eccessivo, esorbitante, iperbolico, megagalattico, strabocchevole, spropositato □ spaventoso, abissale, bestiale, fenomenale, mostruoso □ irragionevole, assurdo, abnorme □ (*spec. di errore*) macroscopico, marchiano, madornale, sesquipedale (*lett.*) □ (*di danno*) incalcolabile **CONTR.** piccolissimo, minuscolo, minimo, invisibile, impercettibile, microscopico, lillipuziano, infinitesimale, infinitesimo, minuto □ normale. *V. anche* MATTO

enormità s. f. **1** (*di misura*) grandezza straordinaria, straordinarietà, immensità, immanità, eccezionalità, eccesso **CONTR.** piccolezza, pochezza, quisquilia **2** (*di cosa*) sciocchezza, baggianata, bestialità, fesseria (*pop.*), sproposito, atto inconsulto **3** scelleratezza, nefandezza, orrore.

enotèca s. f. cantina, raccolta di vini, bottiglieria.

en passant /fr. ãpa'sã/ [loc. fr., letteralmente 'nel passare'] loc. avv. di sfuggita, incidentalmente, tra l'altro.

en plein /fr. ã'plɛ̃/ [loc. fr., letteralmente 'in pieno'] loc. sost. m. inv. (*fig.*) colpo fortunato, vincita massima, ottima riuscita.

ensemble /fr. ã'sãbl/ [vc. fr., letteralmente 'insieme'] s. m. inv. insieme, gruppo, complesso.

ènte s. m. **1** (*filos.*) essere, essenza, entità, esistenza, natura, individuo, cosa □ *Ente supremo*, Dio **2** (*dir.*) società, fondazione, istituzione, amministrazione, istituto, organo **FRAS.** *ente locale*, comune, provincia, regione.

entèrico agg. intestinale.

entità s. f. **1** (*filos.*) ente, essere, esistenza, essenza, natura, individuo, cosa **2** (*fig.*) importanza, rilievo, rilevanza, valore, consistenza, mole □ importo, ammontare, quota, quantità, quanto, numero, totale **CONTR.** irrilevanza.

entourage /fr. ãtu'ra:ʒ/ [vc. fr., da *entourer* 'stare attorno'] s. m. inv. (*di conoscenze*) cerchia, giro, ambito.

entràmbi agg. num; anche pron. (f. *entrambe*) ambedue, tutti e due, l'uno e l'altro, ambo.

entrànte part. pres. di **entrare**; anche agg. **1** (*di settimane, di mesi e sim.*) cominciante, nuovo, prossimo, venturo **CONTR.** uscente **2** (*fig., raro*) (*di persona, di discorso, ecc.*) convincente, suadente □ insinuante, invadente.

entràre v. intr. **1** introdursi, immettersi, accedere, andar dentro, addentrarsi, avanzarsi, penetrare, insinuarsi, cacciarsi, ficcarsi, inserirsi, infilarsi, intrufolarsi □ (*fig.*) immischiarsi, intromettersi, interferire, impicciarsi, ingerirsi, intervenire **CONTR.** uscire, venir fuori, andarsene □ disinteressarsi **2** (*est.*) stare, poter stare, essere contenuto, trovare posto, incorporarsi, incastrarsi, passare **3** (*fig.*) (*di concetti*) essere capito, essere ricordato **4** (*in un gruppo, in una categoria*) accedere, inserirsi, essere ammesso, essere accolto **CONTR.** essere respinto **5** (*fig.*) (*di attività*) dare inizio, iniziare, cominciare, attaccare **CONTR.** cessare, finire, terminare, ritirarsi **6** (*elab.*) selezionare, cliccare (*est.*) **FRAS.** *entrare in ballo, entrare in campo, entrare in gioco* (*fig.*), intervenire □ *entrare in vigore*, diventare obbligatorio, essere operante □ *entrare in possesso*, ottenere, occupare □ *entrarci*, avere a che fare, avere rapporto □ *entrare in scena* (*fig.*), cominciare ad agire.

entràta s. f. **1** ingresso, accesso, adito, imbocco, entratura (*raro*) **CONTR.** uscita, sortita (*lett.*) **2** (*di abitazione, di teatro, ecc.*) ingresso, vestibolo, atrio, anticamera, foyer (*fr.*), hall (*ingl.*) □ soglia, limitare (*lett.*), porta, uscio **3** (*di orario di lavoro*) apertura, inizio, principio **CONTR.** fine, chiusura **4** (*fig., econ.*) provento, introito, incasso, reddito, rendita, guadagno, emolumento, cespite, assegnamento □ (*di bilancio*) attivo, utile **CONTR.** uscita, spesa, perdita, passivo, deficit (*lat.*) **5** (*nel calcio e sim.*) intervento **6** (*in un dizionario, ecc.*) esponente, lemma, voce, vocabolo **FRAS.** *entrate e uscite*, incassi e spese. *V. anche* GUADAGNO

entratùra s. f. **1** (*raro*) entrata, ingresso **2** (*fig.*) (*in un ambiente e presso persone autorevoli*) facilità di accedere, accesso, fiducia, credito, familiarità □ (*al pl.*) conoscenze, contatti, agganci, aderenze.

entrecôte /fr. ãtr'ko:t/ [vc. fr., letteralmente 'pezzo di carne tagliato tra (*entre*) una costola (*côte*) e l'altra'] s. f. inv. lombatina □ costoletta.

éntro **A** prep. **1** prima di, avanti, innanzi **CONTR.** dopo, oltre **2** (*raro*) dentro, tra **CONTR.** fuori **B** avv. (*raro*) dentro **CONTR.** fuori.

entrotèrra *s. m. inv.* retroterra.

entusiasmànte *part. pres. di* **entusiasmare**; *anche agg.* esaltante, eccitante, emozionante, appassionante, elettrizzante, inebriante CONTR. avvilente, deprimente, demoralizzante, estenuante.

entusiasmàre ***A*** *v. tr.* esaltare, infervorare, estasiare, appassionare, eccitare, elettrizzare, accalorare, scaldare, infiammare, inebriare, rapire, infatuare CONTR. deprimere, prostrare, avvilire, accasciare, abbattere, demoralizzare ***B*** **entusiasmarsi** *v. intr. pron.* esaltarsi, infervorarsi, estasiarsi, appassionarsi, accalorarsi, accendersi, scaldarsi, innamorarsi (*est.*), eccitarsi, elettrizzarsi, esultare □ ammirare CONTR. deprimersi, prostrarsi, avvilirsi, accasciarsi, abbattersi, demoralizzarsi.

entusiàsmo *s. m.* ***1*** esaltazione, fervore, estasi, eccitazione, delirio, ardore, calore, esultanza, ebbrezza, euforia, rapimento, accaloramento, ubriacatura □ impeto, slancio, trasporto, foga, zelo □ sprint (*ingl.*) CONTR. abbattimento, avvilimento, depressione, demoralizzazione □ inerzia, disinteresse, tiepidezza ***2*** infatuazione, ammirazione □ fanatismo CONTR. indifferenza, freddezza. *V. anche* CALORE, FANATISMO, ZELO

ENTUSIASMO
sinonimia strutturata

Lo stato di esaltazione che rende l'animo particolarmente sensibile, energico e vigoroso si chiama **entusiasmo**: *destare entusiasmo*; *essere pieno d'entusiasmo*; *mettersi a fare qualcosa con entusiasmo*; è detto entusiasmo anche l'effetto di questa pulsione, ossia la dedizione totale verso qualcosa: *abbracciare con entusiamo un ideale*; *aiutare qualcuno con entusiasmo*. Questo ardore di sentimento, che si manifesta con intensità di partecipazione e impeto d'azione, è definito anche **fervore** e **zelo**: *lavorare con fervore*; *nel fervore delle danze*; *è pieno di zelo per la causa degli oppressi*; a sua volta zelo può rappresentare anche una particolare diligenza e impegno nel compimento delle proprie mansioni e, per estensione, sollecitudine e premura: *sono accorsi con grande zelo*; *mostrare un falso zelo*; il suo significato si sovrappone così parzialmente a quello di **ardore**, che indica appunto alacrità: *studiare con ardore*. **Slancio** e **impeto**, entrambi nel loro significato figurato, indicano la foga entusiastica ed instintiva che caratterizza un'azione: *gettarsi di slancio in un'impresa*; *impeto oratorio*; loro sinonimi particolarmente enfatici sono **furore** e **sprint** usati figuratamente, che evidenziano la grinta; il secondo termine si differenzia leggermente dagli altri perché non necessariamente attiene alla sfera irrazionale, e può significare anche determinazione e velocità nel compiere qualcosa. Rispetto a questi termini, **trasporto** usato figuratamente sottolinea la partecipazione emotiva del soggetto: *lo baciò con trasporto*; *studiare con trasporto*; la parola viene così in parte a coincidere con il significato figurato di **calore**, di **accaloramento**, e di **eccitazione**: *approvare un progetto con calore*; *l'accaloramento nel discutere*. A questo ambito semantico appartiene anche l'**esultanza**, un sentimento di allegria particolarmente intensa.

Vi è poi una serie di termini che descrivono il grado massimo e più irrazionale dell'entusiasmo per qualcosa, e che spesso si riferiscono anche ad alterazioni della coscienza: così è per **estasi**, sinonimo di **rapimento**, che indica un senso di svincolamento dalla realtà spesso accompagnato da visioni allucinatorie, e che in senso estensivo e figurato denomina un intensissimo piacere, e così è per **delirio**, che in campo medico definisce uno stato di confusione mentale con allucinazioni, e che figuratamente si riferisce ad un'esaltazione della fantasia o a un entusiasmo fanatico: *mandare in estasi, in delirio*; *contemplare un paesaggio con rapimento*; ugualmente, **euforia** in psicologia è un atteggiamento di invulnerabilità e di benessere, e correntemente indica uno stato di contentezza e di ottimismo: *vivere in continua euforia*. **Ebbrezza** per estensione ed **ubriacatura** adoperato figuratamente sono tra loro molto vicini nel significato, e definiscono un'esaltazione tanto intensa da offuscare le capacità di giudizio: *giungere al colmo dell'ebbrezza*; *un'ubriacatura violenta ma passeggera*. Un sentimento di alta considerazione portata all'eccesso è l'**ammirazione** che, nella sua forma più estrema, porta al **fanatismo** cioè all'adesione incondizionata ad un'idea fino all'intolleranza assoluta dell'opinione altrui: *il suo comportamento esemplare desta ammirazione*; *l'arrivo di quel cantante suscita scene di fanatismo*; vicino nel significato a fanatismo è anche **infatuazione**, che però è meno deciso e soprattutto si riferisce ad uno stato temporaneo: *infatuazione per un attore*.

entusiàsta ***A*** *agg.* ***1*** esaltato, infervorato, estasiato, eccitato, elettrizzato, inebriato, euforico, pimpante □ ammiratore, sfegatato, fanatico, appassionato □ (*di applausi e sim.*) caloroso, delirante CONTR. depresso, prostrato, avvilito, abbattuto, demoralizzato □ freddo, apatico, indifferente □ tiepido ***2*** soddisfatto, contento, appagato, raggiante, trionfante, esultante CONTR. insoddisfatto, scontento, inappagato, deluso ***B*** *s. m. e f.* infervorato, esaltato, infatuato, innamorato, fanatico, fan (*ingl.*), ammiratore, vulcano (*fig.*) CONTR. indifferente, apatico, freddo, insensibile, incurante.

entusiasticaménte *avv.* calorosamente, caldamente, fervorosamente, festosamente, gioiosamente, ardentemente, appassionatamente CONTR. freddamente, gelidamente, con indifferenza, con distacco, tiepidamente.

entusiàstico *agg.* caloroso, caldo, fervido, gioioso, festoso, festante, ardente, appassionato □ (*di applauso*) scrosciante CONTR. freddo, distaccato, indifferente, apatico, gelido.

enumeràre *v. tr.* elencare, numerare, catalogare, registrare, annoverare.

enumerazióne *s. f.* elenco, elencazione, numerazione, lista, catalogo, inventario □ conto, conta.

enunciàre *v. tr.* esprimere, esporre, pronunciare, affermare, dire, dichiarare, manifestare, presentare, emettere.

enunciàto *A part. pass. di* **enunciare**; *anche agg.* esposto, illustrato, detto, pronunciato *B s. m.* (*di un teorema, di un problema*) enunciazione, esposizione, presentazione, formulazione, tesi.

enunciazióne *s. f.* esposizione, presentazione, dichiarazione, affermazione, manifestazione, formulazione, proposizione, enunciato.

enzìma *s. m.* fermento.

enzimàtico *agg.* fermentativo.

èpica *s. f.* epopea, epos, saga, poesia eroica, poesia epica, rapsodia.

epicèntro *s. m.* (*anche fig.*) centro, punto centrale **CFR.** ipocentro.

èpico *A agg.* *1* eroico, rapsodico *2* (*est.*) grandioso, leggendario, eccezionale, stupefacente *B s. m.* poeta epico, aedo, vate, rapsodo.

epicureìsmo *s. m.* (*est.*) materialismo, edonismo □ vita gaudente.

epicurèo [dal filosofo greco *Epicuro*, sostenitore della felicità individuale] *s. m.; anche agg.* *1* di Epicuro *2* (*est., spreg.*) gaudente, materialista, edonista.

epidemìa *s. f.* *1* pestilenza, peste, moria, contagio, epizoozia *2* (*fig., fam.*) larga diffusione, invasione, flagello.

epidèmico *agg.* contagioso, infettivo, pestilenziale, epizootico **CONTR.** sporadico.

epidèrmico *agg.* *1* dell'epidermide, della pelle, cutaneo *2* (*fig.*) (*di sentimenti*) superficiale, esteriore, poco profondo **CONTR.** profondo, radicato.

epidèrmide *s. f.* *1* (*anat.*) pelle, cute, derma *2* (*bot.*) tegumento *3* (*fig.*) superficie.

epifanìa *s. f.* *1* befana (*pop.*), festa dei Re Magi □ pasquetta *2* (*fig., lett.*) apparizione, manifestazione.

epìgono *s. m.* *1* (*di artista, scrittore, ecc.*) imitatore, seguace, discendente, successore, continuatore **CONTR.** caposcuola, precursore, precorritore *2* (*est., raro*) ultimo rappresentante, erede. *V. anche* SEGUACE

epìgrafe *s. f.* iscrizione, scritta, epitaffio, lapide □ dedica.

epigraficaménte *avv.* concisamente, laconicamente **CONTR.** prolissamente, verbosamente.

epigràfico *agg.* *1* di epigrafe *2* (*fig.*) conciso, concettoso, telegrafico, lapidario, laconico, tacitiano **CONTR.** prolisso, lungo, verboso.

epigràmma *s. m.* componimento satirico, satira □ motto arguto, arguzia.

epigrammàtico *agg.* *1* di epigramma *2* (*est.*) conciso e pungente, satirico, arguto, canzonatorio, mordace.

epilatóre *s. m.* (*est.*) depilatore.

epilessìa *s. f.* (*med.*) mal caduco, morbo comiziale □ convulsioni, convulso.

epìlogo *s. m.* *1* (*di dramma, ecc.*) parte finale, finale, scioglimento, chiusa, chiusura, explicit (*lat.*) □ (*di orazione*) perorazione **CONTR.** prologo, proemio, esordio, preambolo, introduzione, incipit (*lat.*) *2* (*est.*) fine, termine, conclusione, compimento **CONTR.** inizio, preludio, preliminare, premessa, principio.

episcopàle *agg.* vescovile, pastorale **FRAS.** *Chiesa episcopale*, Chiesa anglicana.

episodicaménte *avv.* occasionalmente, irregolarmente, saltuariamente **CONTR.** regolarmente, normalmente.

episòdico *agg.* *1* di episodio *2* (*di film, di romanzo, ecc.*) a episodi, a puntate *3* (*est.*) frammentario □ occasionale, sporadico, accidentale, straordinario, secondario, isolato **CONTR.** unitario □ ricorrente, regolare, normale, ciclico.

episòdio *s. m.* *1* (*di romanzo, di film, ecc.*) azione accessoria, avvenimento secondario □ pagina, passaggio, sequenza *2* avvenimento, vicenda, fatto, caso, avventura □ aneddoto *3* (*di opera radio* o *teletrasmessa*) puntata.

epìstola *s. f.* (*presso gli antichi*) lettera, missiva □ (*scherz.*) lettera noiosa.

epistolàrio *s. m.* raccolta di lettere, carteggio, corrispondenza.

epitàffio *s. m.* (*su tomba*) iscrizione, scritta, epigrafe.

epìteto *s. m.* *1* appellativo, attributo, denominazione, soprannome, nomignolo *2* (*est.*) titolo ingiurioso, nome ingiurioso, contumelia (*lett.*), ingiuria, insulto. *V. anche* NOME

època *s. f.* *1* era, evo, età, secolo *2* tempo, periodo, momento, stagione **FRAS.** *fare epoca* (*fig.*), essere memorabile. *V. anche* TEMPO

epopèa *s. f.* *1* poema epico, epica, epos, saga *2* (*est.*) impresa eroica, impresa memorabile, gesta. *V. anche* LEGGENDA

eppùre *cong.* (*con valore avvers.*) tuttavia, nondimeno, ciononostante, malgrado ciò, ma, pure, nonpertanto (*lett.*).

epuràre *v. tr.* *1* (*raro*) liberare da impurità, depurare, ripulire, chiarificare, filtrare, decantare, purgare **CONTR.** sporcare, inquinare *2* (*fig.*) (*di ufficio, di incarico e sim.*) liberare, ripulire *3* (*di persona*) estromettere, escludere, allontanare, cacciare, espellere, eliminare, defenestrare, radiare, rimuovere, destituire **CONTR.** ammettere, assumere.

epuràto *A part. pass. di* **epurare**; *anche agg.* depurato, filtrato, spurgato **CONTR.** inquinato *B s. m.* espulso, esonerato (da incarico) **CONTR.** assunto.

epurazióne *s. f.* *1* (*raro*) depurazione, decantazione, chiarificazione, espurgo **CONTR.** inquinamento *2* (*fig.*) (*di ufficio, incarico e sim.*) liberazione □ estromissione, allontanamento, espulsione, cacciata, eliminazione, purga **CONTR.** ammissione, assunzione.

equaménte *avv.* serenamente, giustamente, imparzialmente, obiettivamente, oggettivamente, spassionatamente **CONTR.** ingiustamente, parzialmente, faziosamente, tendenziosamente.

equànime *agg.* sereno, giusto, imparziale, spassionato, equilibrato, equo, oggettivo **CONTR.** parziale, ingiusto, partigiano.

equanimità *s. f.* imparzialità, serenità, giustizia, equità, equilibrio, spassionatezza **CONTR.** parzialità, ingiustizia, iniquità, partigianeria.

equatóre *s. m.* circolo equinoziale, linea equinoziale, circolo equatoriale.

equatoriàle *agg.* dell'equatore □ (*di clima*) caldo, umido, tropicale (*est.*) **CONTR.** polare, freddissimo.

equazióne *s. f.* (*mat.*) uguaglianza.
equidistànte *agg.* **1** (*mat.*) ugualmente distante, a uguale distanza **2** (*fig.*) neutrale **FRAS.** *rette equidistanti*, rette parallele.
equilibràre **A** *v. tr.* (*anche fig.*) porre in equilibrio, bilanciare, controbilanciare, uguagliare, neutralizzare, correggere, centrare, contrappesare □ adeguare, armonizzare, compensare, pareggiare, proporzionare **CONTR.** squilibrare, rendere disuguale, sbilanciare, sperequare **B** **equilibrarsi** *v. rifl.* e *rifl. rec.* mettersi in equilibrio, tenersi in equilibrio □ pareggiarsi, equivalersi, controbilanciarsi.
equilibrataménte *avv.* con equilibrio, assennatamente, ponderatamente **CONTR.** senza equilibrio, dissennatamente, faziosamente.
equilibràto *part. pass. di* **equilibrare**; *anche agg.* **1** in equilibrio, bilanciato, assestato, centrato, contrappesato, pareggiato, uguale, equivalente **CONTR.** squilibrato, sbilanciato, disuguale, scentrato **2** (*fig.*) (*di figura, di disegno, ecc.*) proporzionato, regolare, simmetrico, armonioso **CONTR.** sproporzionato, irregolare **3** (*fig.*) (*di persona, di ragionamento*) giusto, equanime, equo, imparziale □ misurato, pacato, posato, quadrato, ragionevole, saggio, sereno, assennato, ponderato **CONTR.** ingiusto, parziale □ squilibrato, dissennato, lunatico, estroso, sbalestrato, scombinato, squinternato.
equilibratóre **A** *agg.* (*f. -trice*) moderatore, stabilizzante, compensativo, livellatore **CONTR.** destabilizzante, destabilizzatore **B** *s. m.* (*raro, spec. fig.*) moderatore, neutralizzatore, stabilizzatore, conciliatore □ contrappeso **CONTR.** squilibratore, destabilizzatore.
equilibrio *s. m.* **1** stabilità, statica, bilico, contrappeso, riposo □ compensazione, pareggiamento, adeguamento, uguaglianza **CONTR.** instabilità, squilibrio, scompenso, sbilanciamento, sbilancio **2** (*del corpo*) posizione eretta **3** (*di parti, di colori, ecc.*) proporzione, armonia, classicità, regolarità, economia, euritmia **CONTR.** sproporzione, contrasto, disarmonia **4** (*fig.*) (*di carattere*) coerenza, costanza, saldezza, moderazione, buonsenso, senno, giudizio, saggezza, ponderatezza, ponderazione, ragionevolezza, misura, equanimità, maturità, calma, filosofia (*fig.*) **CONTR.** incostanza, sregolatezza, incoerenza, dissennatezza, stravaganza □ estremismo, fanatismo, settarismo **5** (*di situazione, spec. politica*) convivenza, conciliazione, collaborazione **CONTR.** opposizione, contrasto. *V. anche* COSTANZA, MISURA, SAGGEZZA
equilibrìsmo *s. m.* **1** funambolismo, giochi di equilibrio, destrezza, acrobatismo **2** (*fig.*) trasformismo, opportunismo **CONTR.** coerenza, congruenza.
equilibrista *s. m.* e *f.* **1** funambolo, acrobata **2** (*fig.*) (*spec. in politica*) trasformista, opportunista, politicone **CONTR.** persona coerente, persona conseguente.
equipaggiaménto *s. m.* attrezzatura, corredo, forniture, bagaglio, strumenti, indumenti, mezzi, dotazione, assetto, armamento, armamentario.
equipaggiàre **A** *v. tr.* corredare, dotare, attrezzare, arredare, fornire del necessario, rifornire, armare **CONTR.** privare, sfornire **B** **equipaggiarsi** *v. rifl.* attrezzarsi, corredarsi, dotarsi, fornirsi del necessario.
equipaggiàto *part. pass. di* **equipaggiare**; *anche agg.* attrezzato, corredato, fornito, dotato **CONTR.** sfornito, sprovvisto.
equipàggio *s. m.* **1** (*di nave*) personale di bordo, ciurma (*spreg.*), marinai □ (*di barca a vela*) armo □ (*di aereo*) personale di volo **2** (*raro*) (*di materiale*) equipaggiamento, attrezzatura, corredo, bagaglio **3** carrozza signorile.
equiparàre *v. tr.* **1** pareggiare, perequare, uguagliare, adeguare, livellare, commensurare, commisurare, conguagliare, controbilanciare □ parificare, riconoscere legalmente **CONTR.** spareggiare, sperequare, diversificare, differenziare, separare **2** comparare, confrontare, paragonare.
equiparàto *part. pass. di* **equiparare**; *anche agg.* **1** perequato, uguagliato, adeguato, conguagliato, pareggiato □ parificato, legalmente riconosciuto **CONTR.** differenziato **2** comparato, paragonato.
equiparazióne *s. f.* **1** perequazione, adeguamento, livellamento, conguaglio □ parificazione, riconoscimento legale **CONTR.** spareggio, sperequazione, differenza, disuguaglianza **2** comparazione, paragone, confronto.
équipe /*fr.* e'kip/ [vc. fr., da *équiper* 'fornire di equipaggio'] *s. f. inv.* **1** (*sport*) squadra **2** gruppo (di persone), nucleo, pool (*ingl.*), staff (*ingl.*), team (*ingl.*), brain trust (*ingl.*).
equipollènte *agg.* (*di titolo, di forza, ecc.*) equivalente, pari, uguale, stesso **CFR.** disparità, squilibrio, divario.
equisèto *s. m.* (*bot.*) coda di cavallo, coda cavallina, asperella brusca.
equità *s. f.* giustizia, imparzialità, equanimità, obiettività, oggettivit □ spassionatezza, disinteresse, serenità **CONTR.** ingiustizia, parzialità, favoritismo, tendenziosità.
equitazióne *s. f.* ippica.
equivalènte **A** *part. pres. di* **equivalere**; *anche agg.* **1** equipollente, pari, uguale, corrispondente, congenere, omologo, parallelo, simile, stesso **CFR.** diverso, inferiore, superiore **2** (*mat.*) di uguale area, di uguale volume, congruente **B** *s. m.* valore uguale, somma uguale, corrispettivo, controvalore. *V. anche* SIMILE
equivalènza *s. f.* **1** equipollenza, parità, uguaglianza, corrispondenza, parallelismo, perequazione, similitudine **CFR.** disparità, squilibrio, divario **2** (*mat.*) congruenza.
equivalére **A** *v. intr.* avere lo stesso valore, corrispondere **CONTR.** differire **B** **equivalersi** *v. rifl. rec.* avere lo stesso valore, uguagliarsi, corrispondere, significare la stessa cosa **CONTR.** differire.
equivocàre *v. intr.* sbagliarsi, prendere un abbaglio, fraintendere, intendere male, travisare **CONTR.** capire bene, centrare.
equivocità *s. f.* ambiguità, doppiezza, fumosità **CONTR.** univocità, certezza.
equìvoco **A** *agg.* **1** ambiguo, dubbio, incerto, oscuro **CONTR.** univoco, inequivocabile, indubbio, certo, chiaro, comprovato, evidente **2** (*fig.*) (*di comportamento*) ambiguo, dubbio, sospetto, subdolo, poco chiaro, losco, malfamato, viscido, torbido **CONTR.**

onesto, chiaro, pulito ***B*** *s. m.* ambiguità, errore, dubbio, abbaglio, malinteso, incomprensione, qui pro quo (*lat.*), cantonata, granchio, fallo, fraintendimento, sbaglio, svista **CONTR.** chiarezza, evidenza. *V. anche* INCERTO

èquo *agg.* ***1*** giusto, imparziale, obiettivo, oggettivo, sereno, spassionato, disinteressato, retto, equanime, moderato, onesto **CONTR.** iniquo, ingiusto, parziale, fazioso, tendenzioso, disonesto ***2*** proporzionato, conveniente, adeguato, ragionevole, dovuto **CONTR.** sproporzionato, eccessivo, irragionevole. *V. anche* OBIETTIVO

èra *s. f.* periodo, età, evo, epoca, tempo, secolo. *V. anche* TEMPO

eràrio *s. m.* ***1*** finanze statali, tesoro dello Stato ***2*** (*est.*) (*dello Stato*) amministrazione finanziaria, fisco □ tesoreria, tesoro.

èrba ***A*** *s. f.* ***1*** pianta erbacea, piante erbacee ***2*** (*spec. al pl.*) verdure, erbaggi, ortaggi □ erbe aromatiche, aromi ***3*** (*gergo*) droga, marijuana ***B*** *in funzione di agg.* (*posposto al s.*) color erba **FRAS.** *erba medicinale*, semplice □ *erba da gatti*, maro □ *erba amara*, balsamite □ *erba spagna*, erba medica □ *erba strega*, licopodio □ *erba miseria*, tradescanzia □ *erba trinità*, epatica □ *in erba* (*fig.*), agli inizi, ancora inesperto □ *fare di ogni erba un fascio* (*fig.*), mettere insieme alla rinfusa, mettere tutto sullo stesso piano.

erbétta *s. f.* ***1*** erbaggio, erba commestibile ***2*** erba aromatica, erba odorosa ***3*** (*dial.*) prezzemolo.

erbicìda *s. m.* diserbante.

erbivéndolo *s. m.* erbaiolo □ (*est.*) ortolano, fruttivendolo, verduraio.

erbìvoro *agg.*; *anche s. m.* ***1*** **CFR.** carnivoro, onnivoro ***2*** (*scherz.*) vegetariano.

èrcole [dal nome *Ercole*, il semidio greco famoso per la sua forza] *s. m.* persona fortissima, forzuto, omone, colosso, gigante, maciste, marcantonio, sansone, toro **CONTR.** lillipuziano, larva.

ercùleo *agg.* (*fig.*) fortissimo, robustissimo, muscoloso, nerboruto **CONTR.** debole, esile. *V. anche* ROBUSTO

erède *s. m. e f.* ***1*** successore, discendente, figlio, rampollo, pollone (*lett.*) **CONTR.** predecessore ***2*** (*al pl.*) discendenza, posterità, dinastia ***3*** (*fig.*) seguace, difensore, depositario, continuatore □ epigono. *V. anche* SEGUACE

eredità *s. f.* ***1*** beni ereditati, asse ereditario, successione, lascito, legato ***2*** caratteri ereditari ***3*** (*fig.*) retaggio, patrimonio.

ereditàre *v. tr.* (*anche fig.*) ricevere in eredità, divenire erede, prendere, succedere **CONTR.** lasciare in eredità.

ereditarietà *s. f.* (*biol.*) trasmissione dei caratteri ereditari □ atavismo.

ereditàrio *agg.* ***1*** di eredità, degli avi, avito, atavico □ patrimoniale, successorio ***2*** (*biol.*) dell'ereditarietà □ genetico, congenito, innato **FRAS.** *principe ereditario*, erede al trono.

eremìta *s. m.* ***1*** anacoreta, romito, asceta □ monaco, santone, certosino, stilita, marabut (*est.*) **CFR.** cenobita ***2*** (*est.*) solitario, selvatico **CONTR.** persona socievole **FRAS.** *Bernardo l'eremita*, paguro. *V. anche* SOLITARIO

eremitàggio *s. m.* ***1*** luogo da eremita, romitaggio, eremo, ermo (*lett.*), ritiro, romitorio **CONTR.** cenobio ***2*** (*est.*) abitazione isolata, luogo solitario □ solitudine.

èremo *s. m.* ***1*** ermo (*lett.*), eremitaggio, romitaggio, luogo da eremita, ritiro, romitorio **CFR.** cenobio, monastero ***2*** (*est.*) luogo solitario.

eresìa *s. f.* ***1*** (*relig.*) eterodossia, allodossia (*raro, lett.*), miscredenza, scisma □ (*in politica*) deviazionismo **CONTR.** ortodossia, dogma ***2*** (*est.*) opinione erronea □ grosso sproposito, errore, bestemmia, bestialità **CONTR.** verità.

erètico ***A*** *agg.* di eresia, eterodosso, ereticale **CONTR.** ortodosso ***B*** *s. m.* ***1*** chi professa eresie, eterodosso □ (*polit.*) dissidente, deviazionista **CONTR.** ortodosso ***2*** (*fam.*) ateo, miscredente, incredulo **CONTR.** religioso, credente, osservante.

erètto *part. pass. di* **erigere**; *anche agg.* ritto, dritto, diritto, impettito □ innalzato, costruito, fabbricato **CONTR.** abbassato, curvo, storto □ abbattuto, demolito.

erettóre *agg.*; *anche s. m.* (*f. -trice*) ***1*** (*anat.*) (*di muscolo*) che permette l'erezione ***2*** (*raro*) fondatore, creatore, istitutore.

erezióne *s. f.* ***1*** innalzamento, costruzione **CONTR.** abbattimento, atterramento, demolizione, distruzione, sventramento ***2*** drizzamento, inturgidimento, gonfiamento, sollevamento **CONTR.** abbassamento, sgonfiamento ***3*** (*fig.*) fondazione, creazione, istituzione **CONTR.** smantellamento, scioglimento.

erga omnes /*lat.* 'ɛrga 'ɔmnes/ [loc. lat., letteralmente 'verso (*erga*) tutti (*omnes*)'] *loc. avv.* e *agg.* (*dir.*) nei confronti di tutti, per tutti.

ergastolàno *s. m.* galeotto, forzato, carcerato, prigioniero, recluso.

ergàstolo *s. m.* ***1*** galera a vita ***2*** (*est.*) casa di pena, penitenziario, galera, prigione.

èrgere ***A*** *v. tr.* ***1*** levare, alzare, rizzare **CONTR.** abbassare, chinare, reclinare ***2*** (*di costruzione*) erigere, edificare, costruire ***3*** (*fig.*) innalzare, elevare ***B*** **ergersi** *v. rifl.* e *intr. pron.* drizzarsi, innalzarsi, elevarsi □ (*fig.*) atteggiarsi, impancarsi □ dominare, sovrastare, svettare, torreggiare **CONTR.** abbassarsi, chinarsi □ pendere.

èrgo /*lat.* 'ɛrgo/ *cong.* (*lett., scherz.*) dunque, pertanto, quindi, perciò, allora.

erigere ***A*** *v. tr.* ***1*** (*di costruzione*) innalzare, alzare, elevare, drizzare, edificare, costruire, fabbricare **CONTR.** abbassare, demolire, abbattere, atterrare, distruggere, spianare, sventrare ***2*** (*fig.*) (*di istituzione*) fondare, istituire, creare, costituire **CONTR.** smantellare ***B*** **erigersi** *v. rifl.* ***1*** elevarsi, alzarsi, levarsi **CONTR.** abbassarsi, inchinarsi ***2*** (*fig.*) (*di istituzione*) costituirsi, fondarsi ***3*** (*a giudice, a moderatore, ecc.*) impancarsi, atteggiarsi.

erigìbile *agg.* istituibile, fondabile □ fabbricabile.

eritèma *s. m.* (*della pelle*) eritrosi, arrossamento, eczema, esantema.

eritrocìta o **eritrocìto** *s. m.* (*anat.*) globulo rosso,

emazia **CFR.** leucocita.
ermafrodìto *agg.; anche s. m.* **1** androgino, bisessuale, bisessuato, monoclino **CONTR.** unisessuale, unisessuato **2** (*spreg.*) invertito.
ermenèutica *s. f.* critica, analisi, esegesi, interpretazione.
ermenèutico *agg.* interpretativo, esegetico.
ermeticaménte *avv.* **1** a chiusura stagna **2** (*fig.*) oscuramente, incomprensibilmente, enigmaticamente **CONTR.** chiaramente, comprensibilmente, apertamente.
ermètico *agg.* **1** (*di contenitore*) perfettamente chiuso, a chiusura stagna, stagno **2** (*fig.*) (*di persona, di pensiero, ecc.*) oscuro, impenetrabile, indecifrabile, incomprensibile, imperscrutabile, sibillino, enigmatico, astruso, cifrato, fumoso, occulto **CONTR.** chiaro, comprensibile, evidente, lampante, aperto. *V. anche* ENIGMATICO
ermetìsmo *s. m.* (*fig.*) oscurità, incomprensibilità, enigmaticità **CONTR.** chiarezza, comprensibilità, evidenza.
eródere *v. tr.* (*anche fig.*) consumare, rodere, corrodere, intaccare, scavare, smangiare, dilavare, logorare, cariare (*est.*).
eròe *s. m.* (*f. -ina*) **1** (*mitol.*) semidio **2** (*est.*) combattente coraggioso, valoroso, prode □ paladino, campione, modello **CONTR.** vigliacco, pavido, vile, pusillanime □ imbelle **3** (*di romanzo, di film, ecc.*) protagonista, personaggio principale □ attore (*fig.*) **CFR.** comparsa, generico □ (*est., di un fatto*) spettatore, testimone **FRAS.** *l'eroe dei due mondi*, Garibaldi. *V. anche* PRODE
erogàre *v. tr.* **1** (*di somma, di sussidio, ecc.*) spendere, dare, concedere, devolvere, stanziare, elargire, assegnare, largire **CONTR.** ricevere, avere, prendere **2** (*di energia, di gas, ecc.*) fornire, somministrare, distribuire. *V. anche* SPENDERE
erogatóre *agg.* (*f. -trice*) (*di energia, di gas, ecc.*) fornitore, somministratore, distributore, valvola, ugello.
erogazióne *s. f.* **1** (*di somma, di sussidio, ecc.*) spesa, stanziamento, elargizione, assegnazione, offerta, oblazione **2** fornitura, somministrazione, distribuzione.
eroicaménte *avv.* da eroe, valorosamente, coraggiosamente, intrepidamente, prodemente, gloriosamente **CONTR.** vilmente, vigliaccamente, pavidamente.
eròico *agg.* di eroe, da eroe, valoroso, coraggioso, prode, intrepido, glorioso □ epico, leggendario, mitico **CONTR.** vile, pusillanime, pavido, vigliacco □ imbelle **FRAS.** *verso eroico*, esametro. *V. anche* PRODE
eroìna *s. f.* **1** donna eroica **2** (*di romanzo, di film, ecc.*) protagonista **CFR.** comparsa.
eroìsmo *s. m.* coraggio, intrepidezza, eroicità, prodezza, valore, virtù (*lett.*) **CONTR.** viltà, pusillanimità.
erómpere *v. intr.* scaturire, sgorgare, balzare fuori, uscire impetuosamente □ (*spec. fig.*) prorompere, scoppiare, esplodere, sbottare, scattare **CONTR.** irrompere, penetrare, invadere.
èros [da *Eros*, il dio greco dell'amore] *s. m. inv.* (*psicol.*) libido, istinto di conservazione □ istinto sessuale, sessualità, impulso amoroso, pulsione erotica, erotismo, sensualità, voluttà **FRAS.** *eros center*, pornoshop.
erosióne *s. f.* **1** (*per azione dell'acqua*) corrosione, abrasione, ablazione, corrodimento, dilavamento, rodimento □ (*per azione di un ghiacciaio*) esarazione □ (*per azione del vento*) corrasione **2** (*med.*) abrasione, ferita superficiale **3** (*econ.*) perdita di valore, riduzione, diminuzione.
erosìvo *agg.* corrosivo, abrasivo.
eróso *part. pres. di* **erodere**; *anche agg.* consunto, logoro □ roso, corroso, dilavato.
eròtico *agg.* **1** dell'erotismo, sessuale, sensuale, amatorio **2** (*di sostanza*) erotizzante, eccitante, afrodisiaco **3** (*di film, di romanzo e sim.*) boccaccesco, audace, spinto, piccante, licenzioso, ardito, sexy (*ingl*), conturbante □ audace, licenzioso, osceno, pornografico, hard-core. *V. anche* OSCENO
erotìsmo *s. m.* passione sessuale, eccitamento sessuale, pulsione erotica, eros, sessualità, sensualità **CFR.** pornografia.
errànte *part. pres. di* **errare**; *anche agg.* **1** errabondo (*lett.*), vagante, peregrinante, erratico, ramingo, vagabondo, randagio, nomade, pellegrino, zingaresco **CONTR.** stabile, fisso, stanziale, sedentario, fermo **2** (*fig., lett.*) irrequieto, instabile □ (*di sguardo*) incerto, vago **FRAS.** *stella errante*, pianeta.
erràre *v. intr.* **1** (*lett.*) vagare, peregrinare, vagabondare, ramingare (*lett.*), girellare, gironzolare, girovagare, vagolare, viaggiare □ (*di discorso, di pensiero*) divagare **CONTR.** stare fermo, stanziarsi, stabilirsi **2** (*fig.*) sbagliare, fallare (*lett.*), andare errato, fallire, ingannarsi □ (*lett.*) peccare, mancare, sgarrare **CONTR.** fare bene, avere ragione, azzeccare. *V. anche* CAMMINARE
errata corrige /*lat.* er'rata 'kɔrridʒe/ *loc. sost. m.* e (*raro*) *f. inv.* elenco degli errori corretti, correzioni.
erràto *part. pass. di* **errare**; *anche agg.* sbagliato, erroneo, scorretto, inesatto, falso, improprio, distorto, fallace, storto **CONTR.** esatto, corretto, vero, giusto **FRAS.** *andare errato*, sbagliare, errare.
erroneaménte *avv.* per errore, per sbaglio, sbadatamente, distrattamente □ in modo sbagliato, scorrettamente, inesattamente, falsamente **CONTR.** correttamente, giustamente.
errròneo *agg.* errato, sbagliato, scorretto, inesatto, falso, fallace **CONTR.** esatto, corretto, vero.
erróre *s. m.* **1** sbaglio, fallo, inesattezza □ cantonata, disguido, malinteso, equivoco, qui pro quo (*lat.*), gaffe (*fr.*), topica (*fam.*), granchio, distrazione, svista, bufala, toppata (*gerg.*), abbaglio, dirizzone (*est.*), illusione, inganno, farfallone (*fig.*), sproposito, paradosso, eresia (*est.*), aberrazione, buscherata (*fam.*), castroneria (*pop.*), corbelleria (*pop.*), michioneria (*pop.*) □ mancanza, omissione, negligenza □ (*di ragionamento*) vizio **CONTR.** esattezza **2** (*di lingua*) sgrammaticatura, scorrezione (*raro*), scorrettezza, strafalcione, papera, lapsus (*lat.*), scorso, refuso, svarione □ solecismo **CONTR.** correttezza, regolarità **3** (*di pensiero, di idea e sim.*) opinione er-

rata, torto, eresia, eterodossia, pregiudizio **CONTR.** verità, ragione, ortodossia ***4*** (*est.*) colpa, peccato, malefatta, delitto (*spec. scherz.*), difetto, torto, sgarro □ (*del passato*) trascorso **CONTR.** discolpa, merito, virtù. *V. anche* DEBOLEZZA, PREGIUDIZIO

èrta *s. f.* salita, rampa, costa, montata (*raro*), ascesa **CONTR.** discesa, china, declivio **FRAS.** *stare all'erta*, vigilare.

erudire ***A*** *v. tr.* istruire, addottrinare, ammaestrare, educare □ informare, ragguagliare ***B*** **erudirsi** *v. intr. pron.* istruirsi. *V. anche* EDUCARE

eruditaménte *avv.* coltamente, dottamente **CONTR.** ignorantemente, incoltamente.

eruditìsmo *s. m.* erudizione arida, pedanteria.

erudìto *part. pass. di* **erudire**; *anche agg.* e *s. m.* colto, dotto, istruito, sapiente **CONTR.** ignorante, incolto, asino, illetterato.

erudizióne *s. f.* dottrina, istruzione, cultura, conoscenza, sapienza **CONTR.** ignoranza, incultura.

eruttàre ***A*** *v. intr.* ruttare ***B*** *v. tr.* ***1*** (*di vulcano e sim.*) emettere, mandare fuori, vomitare (*est.*) ***2*** (*fig.*) (*di imprecazioni, di insulti e sim.*) mandar fuori, proferire, dire rabbiosamente, abbaiare (*lett.*), vomitare (*fig.*), scagliare.

eruzióne *s. f.* ***1*** (*di materiale vulcanico*) emissione violenta, eruttamento, getto ***2*** (*della pelle*) sfogo, fioritura, efflorescenza.

esacerbàre ***A*** *v. tr.* ***1*** (*di pena, di ferita, ecc.*) inasprire, aggravare, acuire, rincrudire, acutizzare **CONTR.** lenire, alleviare, ammorbidire, mitigare, temperare ***2*** (*fig.*) esasperare, inacerbire, irritare, indignare, amareggiare **CONTR.** calmare, placare, rabbonire, tranquillizzare, acchetare (*lett.*), mansuefare ***B*** **esacerbarsi** *v. intr. pron.* inasprirsi, acuirsi □ inacidirsi, irritarsi, amareggiarsi **CONTR.** ammorbidirsi, disacerbarsi (*lett.*), calmarsi, placarsi, sbollire.

ESACERBARE
sinonimia strutturata

Il rendere qualcosa più duro, più crudele, più grave o più difficile da curarsi si dice **esacerbare**: *esacerbare un dolore*; *esacerbare una pena*; *esacerbare un'infezione*; in questo senso esacerbare è affine al significato di **acutizzare** e **irritare** usati in senso figurato e di **inasprire**, **esasperare**, **inacerbire**, **rincrudire** e **aggravare**: *la crisi economica si è acutizzata*; *irritare la sete*; *inasprire la prigionia*; *inasprire lo sdegno*; *esasperare il dolore*; *inacerbire un dispiacere*; *aggravare un peso*; **acuire** ha uguale significato, ma, a differenza dei verbi precedenti, si riferisce esclusivamente a sensazioni fisiche ed emotive e non a situazioni esterne al soggetto: *questo film ha acuito la nostalgia per il mio paese*.

Infine, il significato figurato di esacerbare coincide con quello di alcuni dei verbi già nominati, ossia irritare, inasprire, esasperare e inacerbire, e con quello di **indignare**, che segnalano il far adirare e il portare al limite della sopportazione: *esacerbare l'animo con parole offensive*; *esasperare il popolo con le ingiustizie*; *trattandolo così male lo inaspriscono inutilmente*; *inacerbire gli animi*; *indignarsi per l'ingiustizia*; *la vostra ipocrisia mi irrita*.

esacerbàto *part. pass. di* **esacerbare**; *anche agg.* inasprito, acuito □ esasperato, inacerbito, incattivito, inacidito, inviperito, amareggiato **CONTR.** ammorbidito, rabbonito, raddolcito, calmo, placato.

esaèdro *s. m.* (*mat.*) poliedro a sei facce, cubo, prisma esagonale, piramide esagonale **CFR.** ettaedro, ottaedro, ecc.

esageràre ***A*** *v. tr.* ***1*** (*con parole*) ingrandire, amplificare, gonfiare, esaltare, drammatizzare, enfatizzare, ingigantire, romanzare, pompare, montare, sparare, sballare (*pop.*), millantare □ (*in elogi*) sperticarsi □ (*ass.*) strafare, trasmodare, trascendere, travalicare, eccedere **CONTR.** diminuire, attenuare, edulcorare, rimpiccolire, sdrammatizzare, sfrondare, sgonfiare ***2*** (*di colore, di tono, ecc.*) accentuare, esasperare, calcare, caricare, portare all'estremo **CONTR.** attenuare, moderare, diminuire ***B*** *v. intr.* (*nel fare, nel dire, ecc.*) eccedere, sovrabbondare, abusare, superare i limiti, oltrepassare la misura **CONTR.** contenersi, limitarsi, stare nei limiti.

esagerataménte *avv.* eccessivamente, esasperatamente, in modo esagerato, iperbolicamente, enfaticamente, smisuratamente, smoderatamente, schifosamente (*antifr.*), sproporzionatamente, spropositatamente **CONTR.** moderatamente, modicamente, poco, temperatamente, sobriamente.

esageràto ***A*** *part. pass. di* **esagerare**; *anche agg.* (*di misura*) sproporzionato, smisurato □ (*di descrizione, ecc.*) paradossale, gonfiato, pompato, ingrandito, ingigantito, accentuato □ (*di quantità*) sovreccedente, sovrabbondante, pletorico □ (*nel bere, ecc.*) smodato, sfrenato, immoderato, disordinato □ (*di lodi, di ricchezze, ecc.*) smaccato, ostentato □ (*di tono, di stile, ecc.*) esasperato, caricato, eccessivo, enfatico, barocco, holliwoodiano, caricaturale, iperbolico, melodrammatico, teatrale, reboante, ricercato □ (*di costo*) astronomico, esorbitante, proibitivo, inaccessibile, spropositato, scandaloso **CONTR.** diminuito, attenuato, rimpicciolito □ moderato, contenuto, limitato, ragionevole, sobrio, continente □ discreto, mite □ modico, poco ***B*** *s. m.* (*di persona*) esaltato, pataccone (*region.*), teatrante.

esagerazióne *s. f.* (*di misura*) sproporzione, smisuratezza □ (*di quantità*) eccesso, sovrabbondanza, sovreccedenza □ (*di descrizione, ecc.*) ingrandimento, montatura, gonfiatura, amplificazione, forzatura, caricatura □ (*di tono, di stile, ecc.*) ampollosità, retorica, teatralità, esasperazione, enfasi □ (*di affermazione*) sproposito, panzana, pallonata, paradosso, iperbole □ (*nel bere, ecc.*) smoderatezza, eccessività □ ostentazione □ (*di prezzo*) eccessività, indecenza **CONTR.** attenuazione, moderazione, diminuzione □ modestia, continenza, ragionevolezza, regolatezza, sobrietà, temperanza, misuratezza, parsimonia □ equità, giustezza.

esagitàto *agg.* e *s. m.* molto agitato, agitato, turbato, concitato, frenetico, convulso, tumultuoso □ scalmanato, fanatico **CONTR.** calmo, placato, pacato, cheto.

esalàre ***A*** *v. tr.* mandare fuori, mandare, effondere, sprigionare, spirare, emettere, espandere **FRAS.** *esalare l'ultimo respiro*, morire ***B*** *v. intr.* emanare, effondersi, sprigionarsi, uscire, evaporare, traspirare, trasudare **CONTR.** penetrare.

esalatóre ***A*** *s. m.* (*per ricambio d'aria*) sfiatatoio ***B*** *agg.* (*f. -trice*) emanatore **CONTR.** assorbente.

esalazióne *s. f.* emanazione, esalamento, evaporazione, fumo, vapore, traspirazione, trasudamento, trasudazione, odore, emissione, sprigionamento □ fuga, perdita, dispersione, fuoriuscita □ effluvio, profumo, aroma, olezzo (*lett.*), fragranza □ lezzo, tanfo, puzza, miasma, fetore, afrore, mefite (*lett.*) **CONTR.** assorbimento.

esaltànte *part. pres. di* **esaltare**; *anche agg.* entusiasmante, eccitante, elettrizzante, inebriante **CONTR.** mortificante, umiliante, deprimente, avvilente.

esaltàre ***A*** *v. tr.* ***1*** magnificare, celebrare, decantare, lodare, glorificare, acclamare, applaudire, cantare, deificare, divinizzare, elogiare, encomiare, gloriare, vantare □ idealizzare, mitizzare, enfatizzare, gonfiare (*fig.*) **CONTR.** deprimere, diminuire, sminuire, umiliare, avvilire, demolire, criticare, biasimare, condannare, censurare, disprezzare, vituperare, stigmatizzare ***2*** (*lett.*) (*a dignità, a cariche e sim.*) innalzare, sollevare, elevare **CONTR.** abbassare, degradare ***3*** (*di persona*) rendere entusiasta, entusiasmare, eccitare, elettrizzare, inebriare, estasiare **CONTR.** avvilire, prostrare, deprimere, demoralizzare, scoraggiare ***4*** far risaltare, valorizzare, accentuare, incrementare, potenziare, evidenziare, amplificare **CONTR.** diminuire, smorzare, attenuare ***B*** **esaltarsi** *v. rifl.* ***1*** entusiasmarsi, eccitarsi, elettrizzarsi, inebriarsi, montarsi la testa, estasiarsi, caricarsi, delirare, gasarsi, invasarsi **CONTR.** avvilirsi, prostrarsi, deprimersi, abbattersi, demoralizzarsi ***2*** gloriarsi, vantarsi, lodarsi, vanagloriarsi **CONTR.** diminuirsi, mortificarsi, umiliarsi.

esaltàto *part. pass. di* **esaltare**; *anche agg.* e *s. m.* entusiasmato, entusiasta, elettrizzato, inebriato, estasiato, eccitato, euforico, infervorato, gasato, infiammato, caricato, ebbro, febbrile □ fanatico, allucinato, delirante, esagerato, invasato, isterico **CONTR.** calmo, controllato, distaccato, freddo □ demoralizzato, depresso, mortificato, scornato, distrutto.

esaltatóre *s. m.*; *anche agg.* (*f. -trice*) ***1*** celebratore, glorificatore, elogiatore, magnificatore, apologista, cantore, lodatore, vantatore **CONTR.** detrattore, spregiatore, denigratore, diffamatore ***2*** eccitante, stimolante, trascinante **CONTR.** deprimente, calmante.

esaltazióne *s. f.* ***1*** magnificazione, lode, elogio, amplificazione, celebrazione, panegirico (*fig.*), vanto, strombazzamento □ apologia, apoteosi, applauso, deificazione, glorificazione, idealizzazione, idolatria **CONTR.** disapprovazione, censura, biasimo, condanna, denigrazione, disprezzo ***2*** (*ad una carica*) (*lett.*) innalzamento, elevazione ***3*** (*fig.*) (*di stato d'animo*) entusiasmo, eccitazione, estasi, ebbrezza, ebrietà (*lett., raro*), effervescenza, euforia, frenesia, invasamento, passione, rapimento (*fig.*), ubriacatura (*fig.*), ubriachezza (*fig.*) □ fanatismo, delirio, isteria **CONTR.** depressione, abbattimento, avvilimento, lipemania (*psicol.*) ***4*** (*med., gener.*) valorizzazione, aumento, potenziamento **CONTR.** attenuazione. *V. anche* FANATISMO, LODE, VANTO

esàme *s. m.* ***1*** (*di persona, di cosa, di situazione, ecc.*) analisi, disamina, osservazione, considerazione, indagine, ricognizione, inchiesta, investigazione, ricerca, scandaglio, vaglio, rassegna, riflessione, revisione, perizia, discussione, trattazione □ (*psicol.*) introspezione □ (*dir.*) interrogatorio, escussione ***2*** (*di attitudine, di documento, ecc.*) controllo, riscontro, verifica, valutazione □ prova, test (*ingl.*), colloquio, interrogazione, concorso.

ESAME
sinonimia strutturata

L'**esame** innanzitutto consiste nella ponderata considerazione di qualcuno o di qualcosa al fine di conoscerne la condizione, la costituzione e le qualità: *l'esame di un malato*; *prendere in esame un progetto*; in questo senso, ma soprattutto in riferimento ad una verifica attenta di fatti, circostanze, documenti e sim., coincide con **disamina**: *disamina scrupolosa*; *sottoporre a disamina*. Entrambi i termini sono propri anche del linguaggio giuridico: l'esame dei testimoni equivale all'**interrogatorio** o all'**escussione** dei testi dedotti in giudizio, e consiste nelle domande loro rivolte dall'autorità giudiziaria; a sua volta la disamina è lo studio delle affermazioni e argomentazioni giuridiche dedotte dalle parti per vagliarne veridicità e validità. L'*esame di coscienza* è l'esercizio mentale che, nel cattolicesimo, precede la confessione e consiste nel richiamare alla memoria i peccati commessi; genericamente indica la riflessione su sé stessi: *fatti un esame di coscienza!*; in questo caso si avvicina all'**introspezione**, cioè all'osservazione delle proprie azioni o della propria interiorità.

Tornando ad esame nella sua accezione più comune, pienamente equivalente è **considerazione**: *agire dopo attente considerazioni*; molto vicino è **riflessione** in senso figurato, che pone l'accento sull'attività mentale in sé stessa. Invece **analisi** indica specificamente lo scomporre, materialmente o idealmente, un tutto nelle sue parti per esaminarle una ad una e trarne le debite conclusioni, ma nell'uso corrente significa studio approfondito: *condurre un'accurata analisi*; *analisi psicologica*.

Il guardare e l'esaminare con cura si dice **osservazione**: *osservazione scientifica*; *l'osservazione degli astri*; il vocabolo denota anche il complesso delle operazioni riguardanti lo studio di un fenomeno che, a differenza dell'esperienza, si svolge indipendentemente dalla volontà dell'osservatore. La **ricerca** invece consiste nell'esaminare per scoprire o conoscere; molto vicini sono anche **investigazione** e **indagine**: *investigazione scientifica*; *compiere un'indagine per scoprire le cause di un fenomeno*; *indagine filosofica*; spesso questi due termini si riferiscono a ricerche disposte d'autorità e condotte da organi competenti per accertare un fatto particolare: *l'indagine della polizia è fallita*; *le investigazioni poliziesche procedono*. In quest'ultima accezione corrispondono pienamente ad **inchiesta**, che a sua volta designa anche una ricerca giornalistica o, in sociologia, una ricerca di informazioni relative a un dato comportamento: *ordinare un'inchiesta*; *svolgere un'inchiesta*.

Il termine **controllo** definisce l'esaminare attentamente qualcosa per accertarne la validità, la rispondenza a determinati criteri, e si avvicina molto a **verifica**: *controllo della validità di un documento*; *verifica dei conti*; vicino è **revisione**, che indica il rivedere e analizzare con l'intento di correggere: *revisione del motore*; *revisione dei conti*; analogo ma più specifico significato ha **perizia**, che in ambito giuridico designa il giudizio di un tecnico: *perizia calligrafica*; *ordinare una perizia*. La **ricognizione** invece, accanto al suo significato originario di ambito militare di azione tesa ad accertare la situazione del nemico, ha un uso estensivo e talvolta scherzoso che definisce una missione informativa che precede un'azione o una decisione: *prima di affittare la casa faremo una piccola ricognizione nei dintorni*; così anche **scandaglio** figuratamente indica un esame preventivo: *fare uno scandaglio delle intenzioni di qualcuno*. Viceversa il **vaglio** in senso figurato è un minuzioso esame a posteriori: *teoria che non regge al vaglio*; *sottoporre al vaglio ogni parola*; molto vicino è **rassegna**: *la rassegna degli impiegati*; *una rassegna dei problemi economici del momento*. Rassegna ha anche il significato di resoconto, esposizione e perciò si avvicina alla **trattazione**, che consiste nello svolgimento di un argomento e nella sua eventuale trascrizione: *dettagliata trattazione*; trattare un problema significa anche prospettare diverse opinioni per chiarirlo, e, in questo senso, **discussione** è sinonimo di esame.

In una seconda area semantica l'esame corrisponde alla **prova** cui si sottopone un candidato per verificarne la preparazione e le attitudini: *esame d'ammissione*; *sostenere gli esami*; prova, però, come **verifica** e **test**, in genere ha un significato più limitato rispetto ad esame, che di solito ha scadenze più distaccate nel tempo e maggiore rilevanza: *ogni settimana ho una verifica di matematica*; *domani c'è un test di inglese*; inoltre, la prova può costituire una parte di un esame: *all'esame di maturità la prova di latino era facile*. Nel linguaggio scolastico, l'**interrogazione** e il **colloquio** sono esami orali: *interrogazione di storia*; il colloquio, in particolare, indica anche un esame universitario preliminare su parte del programma.

esaminàndo *agg.*; *anche s. m.* candidato **CONTR.** esaminatore.

esaminàre *v. tr.* ***1*** analizzare, osservare, visionare, considerare, studiare, disaminare □ controllare, verificare □ indagare, investigare, ispezionare □ scandagliare, sondare, testare □ pesare, ponderare, setacciare, soppesare, vagliare, valutare □ dibattere, discutere, disputare ***2*** (*di studente, ecc.*) sottoporre a esame, interrogare, sentire □ (*dir.*) (*di testimone*) escutere. *V. anche* CONSTATARE, GIUDICARE, GUARDARE

esaminatóre *s. m.*; *anche agg.* (*f.* *-trice*) giudice, commissario, giudicatore (*raro*), verificatore, revisore **CONTR.** esaminando.

esàngue *agg.* ***1*** dissanguato, morente **CFR.** sanguigno, pletorico (*med.*), rubizzo ***2*** (*fig.*) debole, languido, smorto, spento, spettrale, emaciato □ (*di carnagione*) pallido, cereo, verde, verdognolo □ (*di stile, ecc.*) languido, estenuato **CONTR.** forte, vivace, energico □ rubicondo, roseo, colorito □ incisivo.

esanimàre ***A*** *v. tr.* ***1*** (*lett.*) (*di animo*) scoraggiare, abbattere, avvilire, demoralizzare, deprimere **CONTR.** incoraggiare, confortare, rinfrancare, sollevare ***2*** (*lett.*) (*di fisico*) indebolire, debilitare, spossare, estenuare **CONTR.** rafforzare, rinforzare, fortificare, tonificare ***B*** **esanimarsi** *v. intr. pron.* (*lett.*) avvilirsi, scoraggiarsi, demoralizzarsi, deprimersi **CONTR.** incoraggiarsi, confortarsi, rinfrancarsi, sollevarsi.

esànime *agg.* morto, inanime (*ant.*) □ inanimato, svenuto, privo di sensi, moribondo, quasi morto, tramortito **CONTR.** vivo, vivace, animato, pieno di vita.

esantèma *s. m.* (*med.*) eruzione cutanea, efflorescenza, fioritura, sfogo (*pop.*), eritema, eczema, eritrosi, arrossamento **CFR.** morbillo, scarlattina, rosolia, varicella.

esasperàre ***A*** *v. tr.* (*di situazione*) acutizzare, acuire, accentuare, esacerbare, aggravare, inacerbire, inasprire, rincrudire □ (*di colore, di tono, ecc.*) caricare, esagerare **CONTR.** calmare, sedare, placare, lenire, addolcire, attutire, mitigare □ smussare, edulcorare, sopire, temperare □ (*di persona*) irritare, indignare, esulcerare, crucciare **CONTR.** rabbonire, mansuefare ***B*** **esasperarsi** *v. intr. pron.* adirarsi, irritarsi, arrabbiarsi, infuriarsi, stizzirsi, incazzarsi (*volg.*), risentirsi **CONTR.** calmarsi, placarsi, quietarsi, rabbonirsi, sbollire. *V. anche* ESACERBARE

esasperàto *part. pass. di* **esasperare**; *anche agg.* ***1*** (*di persone*) adirato, crucciato, esacerbato, furente, irritato, rabbioso, sdegnato **CONTR.** ammorbidito, mansuefatto, quietato, contento, calmo ***2*** (*di situazioni*) estremo, massimo, sfrenato, spinto, spropositato, acutizzato, esagerato, parossistico **CONTR.** moderato, normale, edulcorato, smussato.

esasperazióne *s. f.* ***1*** estrema irritazione, indignazione, esulcerazione □ rabbia, incazzatura (*volg.*) **CONTR.** calma, serenità ***2*** massima intensità, inasprimento, esacerbazione, parossismo **CONTR.** mitigazione, attenuazione.

esattaménte *avv.* ***1*** con precisione, rigorosamente, scientificamente, fedelmente □ puntualmente, regolarmente, ineccepibilmente, correttamente, propriamente **CONTR.** imprecisamente, irregolarmente, senza precisione, all'incirca, impropriamente, inesattamente ***2*** (*nelle risposte affermative*) proprio, sì, appunto, giusto, precisamente **CONTR.** no, per nulla, niente affatto, pressappoco, pressoché, suppergiù ***3*** scrupolosamente, diligentemente, attentamente, coscienziosamente, appuntino, meticolosamente, accuratamente **CONTR.** trascuratamente, negligentemente, distrattamente, sbadatamente, approssimativamente, alla carlona.

esattézza *s. f.* ***1*** precisione, rigore, giustezza, regolarità, veridicità, fedeltà, puntualità, nettezza, correttezza, proprietà, verità **CONTR.** inesattezza, imprecisione, irregolarità, falsità, infedeltà, erroneità, indeterminatezza, vaghezza, scorrettezza ***2*** scrupolosità, diligenza, cura, attenzione, zelo, scrupolo, accuratezza, scrupolosità, acribia, coscienziosità **CONTR.** faciloneria, incuria, distrazione, trascuratezza, sbadataggine. *V. anche* ZELO

esàtto *agg.* ***1*** preciso, rigoroso, testuale, aritmetico, matematico, geometrico, vero, regolare, ineccepibile, buono, giusto, netto, proprio, corretto □ (*di descrizione e sim.*) fedele, puntuale, fotografico, veridico, veritiero **CONTR.** errato, inesatto, impreciso, irregolare, infedele, eccepibile, falso, approssimativo, distorto, erroneo, scorretto ***2*** (*di ora, di orario e sim.*) preciso, puntuale, cronometrico **CONTR.** inesatto, impreciso ***3*** (*nel pagare*) puntuale **CONTR.** moroso ***4*** (*di persona*) scrupoloso, diligente, attento, zelante, coscienzioso, accurato **CONTR.** facilone, trascurato, negligente, distratto, sbadato. *V. anche* VERO

esattóre *s. m.* (*f. -trice*) collettore, ricevitore, riscuotitore (di affitti, di abbonamenti, di tasse e sim.).

esattorìa *s. f.* ricevitoria.

esaudìre *v. tr.* appagare, accogliere, accettare, ascoltare, accondiscendere, condiscendere, accontentare, contentare, soddisfare, assecondare, realizzare, concedere, accordare, corrispondere **CONTR.** negare, rifiutare, respingere.

esauriènte *part. pres. di* **esaurire**; *anche agg.* approfondito, esaustivo (*lett.*), dettagliato, esteso, profondo □ compiuto, soddisfacente, convincente, concludente **CONTR.** incerto, dubbio, incompleto, insoddisfacente, sospensivo, monco, striminzito, superficiale.

esaurientemènte *avv.* compiutamente, completamente, sufficientemente, abbondantemente, pienamente, esaustivamente (*lett.*) **CONTR.** insufficientemente.

esauriménto *s. m.* ***1*** (*di cose*) fine, consumo, svuotamento, consumazione, estinzione ***2*** (*di persona*) indebolimento, spossatezza, sfinimento, debilitazione, debolezza, stanchezza, astenia, cachessia, deperimento, prostrazione, sfinitezza **CONTR.** rafforzamento, irrobustimento □ ristoro **FRAS.** *esaurimento nervoso*, nevrastenia. *V. anche* DEBOLEZZA

esaurìre ***A*** *v. tr.* ***1*** (*anche fig.*) (*di cose*) consumare, finire, svuotare, assorbire, sfruttare (*di tempo*), bruciare (*fig.*) **CONTR.** riempire, empire ***2*** (*di persona*) indebolire, spossare, sfinire, debilitare, spompare, stremare, abbattere, logorare, smidollare, svigorire, estenuare □ (*economicamente*) dissanguare **CONTR.** rinvigorire, rafforzare ***3*** (*di argomento*) concludere, terminare, liquidare ***B*** **esaurirsi** *v. rifl.* ***1*** (*di persona*) logorarsi, deperire, indebolirsi, sfinirsi, debilitarsi, spossarsi, spomparsi **CONTR.** rinvigorirsi, rafforzarsi, irrobustirsi, risorgere (*fig.*), riprendersi ***2*** (*di cose*) consumarsi, finire, svuotarsi, cessare, svaporare (*fig.*), svanire □ (*di batterie*) scaricarsi.

esaurìto *part. pass. di* **esaurire**; *anche agg.* ***1*** (*di cose*) consumato, finito, svuotato, cessato, svanito □ (*di batterie*) scarico, esausto ***2*** (*di merce*) interamente venduto **CONTR.** disponibile ***3*** (*di persona*) spossato, logorato, debilitato, sfinito, stressato, cotto (*fam.*), consunto, debole, deperito, esausto, indebolito, provato, spompato (*fam.*), stremato, stanco, stracco (*pop.*), estenuato **CONTR.** rinvigorito, robusto, in forma, energico, forte, vigoroso.

esàusto *agg.* ***1*** (*di cose*) vuoto, finito, consumato, scarico **CONTR.** pieno, inesausto ***2*** (*fig.*) (*di persona*) stremato, esaurito, spossato, sfinito, indebolito, prostrato, cotto (*fam.*), distrutto (*fig.*), disfatto, stanco, stracco (*pop.*), a pezzi, a terra **CONTR.** vigoroso, forte, energico, in forma.

esautoràre *v. tr.* privare (di autorità, di potere, di prestigio, ecc.), destituire, disautorare (*lett.*), deporre **CONTR.** incaricare, investire, elevare, insediare.

esautorazióne *s. f.* privazione (di autorità, di potere, di prestigio, ecc.), destituzione, rimozione.

esazióne *s. f.* (*di denaro, di imposte e sim.*) riscossione, riscuotimento, incasso, introito **CONTR.** pagamento, versamento, esborso, largizione.

ésca *s. f.* ***1*** (*per catturare animali*) cibo □ (*nella pesca*) brumeggio ***2*** (*fig.*) inganno, lusinga, seduzione, illusione, adescamento, allettamento, lustra (*ant.*), amo, vischio (*lett.*) ***3*** (*fig.*) incitamento, incentivo, fomite (*lett.*), stimolo **CONTR.** disincentivo ***4*** (*per accendere il fuoco*) materiale secco **FRAS.** *dare esca* (*fig.*), incitare.

escalation /*ingl.* eskə'leiʃən/ [vc. ingl., dal verbo *to escalate* 'intensificare', a sua volta da *escalade* 'ascesa, scalata'] *s. f. inv.* aumento progressivo, intensificazione, incremento, crescita, progressione, spirale, crescendo **CONTR.** diminuzione, recessione.

escamotage /*fr.* ɛskamɔ'taʒ/ [vc. fr., da *escamoter* 'fare sparire una cosa, cambiare le carte in tavola'] *s. m. inv.* espediente, trucco, astuzia, trovata, furbata, stratagemma, mezzuccio (*spreg.*), scappatoia.

escandescènza *s. f. spec. al pl.* rabbia violenta, collera furibonda, furore, furia, smania, parossismo □ improperi **CONTR.** calma, tranquillità, autocontrollo.

esclamàre *v. intr.* dire ad alta voce, uscire, sbottare, prorompere, gridare, urlare. *V. anche* GRIDARE, PARLARE

esclamazióne *s. f.* ***1*** grido, urlo, espressione di allegria (di gioia, di ammirazione, di sdegno, ecc.) ***2*** (*ling.*) interiezione ***3*** (*retorica*) epifonema.

esclùdere ***A*** *v. tr.* ***1*** (*di persona*) chiudere fuori, lasciare al di fuori, non ammettere, respingere, cacciare, rifiutare, eliminare, estromettere, emarginare, ghettizzare, ostracizzare, epurare, scomunicare, ricusare (*lett.*) □ (*sport*) squalificare **CONTR.** accogliere, ammettere, accettare, includere, ascrivere (*lett.*), associare ***2*** (*di cosa*) eccettuare, fare eccezione, prescindere, togliere, derubricare, levare **CONTR.** comprendere, accludere, allegare, inserire, presupporre, sottintendere, contemplare ***3*** (*da obblighi, da tasse, ecc.*) esentare, dispensare, derogare, esonerare **CONTR.** includere ***B*** **escludersi** *v. rifl. rec.* elidersi, eliminarsi, annullarsi.

esclusióne *s. f.* ***1*** eliminazione, rimozione, scarto, omissione □ rifiuto, cacciata, allontanamento, ostracismo, isolamento, emarginazione, preclusione □

(*sport*) squalifica **CONTR.** inclusione □ ammissione, accettazione ***2*** (*da obblighi, di impegni, ecc.*) eccezione, deroga, esonero.

esclusìva *s. f.* privativa, monopolio, privilegio, godimento esclusivo, esclusività.

esclusivaménte *avv.* soltanto, solo, solamente, unicamente **CONTR.** anche, inoltre, per di più.

esclusivìsmo *s. m.* (*verso gli altri*) intolleranza, intransigenza, egoismo, individualismo, esclusività **CONTR.** tolleranza, liberalità, apertura mentale, generosità, altruismo.

esclusivìsta *s. m. e f.* ***1*** (*verso gli altri*) intollerante, intransigente, egoista, individualista **CONTR.** tollerante, liberale, aperto, generoso, altruista ***2*** (*comm.*) venditore esclusivo.

esclusività *s. f.* ***1*** particolarità, unicità, specificità, peculiarità **CONTR.** genericità, generalità ***2*** esclusivismo, intolleranza, egoismo **CONTR.** tolleranza, generosità ***3*** (*comm.*) esclusiva, privativa, monopolio.

esclusìvo *agg.* ***1*** eliminatorio, selettivo, eccettuativo **CONTR.** comprensivo ***2*** particolare, singolare, individuale, personale, proprio **CONTR.** generale, comune ***3*** unico, singolo, senza uguali, peculiare, caratteristico, speciale □ (*di ambiente, locale, ecc.*) riservato, raffinato, elitario, ristretto, privilegiato **CONTR.** normale, ordinario, popolare, di massa.

esclùso *part. pass. di* **escludere**; *anche agg. e s. m.* ***1*** (*di persona o cosa*) lasciato fuori, non ammesso, respinto, rifiutato, eliminato, squalificato □ negletto, reietto, scacciato, emarginato **CONTR.** ammesso, accolto, inserito □ allegato, accluso ***2*** (*di persona*) esente, esonerato **CONTR.** incluso, compreso ***3*** impossibile **CONTR.** possibile, probabile ***4*** eccettuato, tolto **CONTR.** incluso, compreso.

escogitàre *v. tr.* inventare, trovare, pensare, ideare, congetturare, almanaccare, elucubrare, progettare, rimuginare. *V. anche* PENSARE

escoriàre *v. tr.* (*della pelle*) ledere superficialmente, scorticare, spellare, sbucciare, graffiare, abradere.

escoriazióne *s. f.* (*della pelle*) lesione superficiale, scorticatura, spellatura, sbucciatura, abrasione.

escreménto *s. m. spec. al pl.* feci, merda (*volg.*), cacca (*fam.*), sterco, deiezioni, cacata (*volg.*), popò (*infant.*).

escrescènza *s. f.* protuberanza, sporgenza, tumefazione, intumescenza, cicciolo (*pop.*), carnosità □ gobba □ (*bot.*) verruca.

escursióne *s. f.* ***1*** gita, passeggiata, scampagnata, viaggio, visita turistica, giro, scorribanda ***2*** differenza, variazione □ spostamento, gioco, movimento.

escursionìsta *s. m. e f.* gitante, turista.

esecràbile *agg.* esecrando, spregevole, aborrito, abominevole, detestabile, nefando, odiabile, scellerato, odioso **CONTR.** amabile, adorabile, lodevole, piacevole, gradito.

esecràre *v. tr.* aborrire, detestare, odiare, maledire, abominare **CONTR.** amare, adorare, benedire, idolatrare, idoleggiare, osannare.

esecràto *part. pass. di* **esecrare**; *anche agg.* aborrito, detestato, odiato, maledetto **CONTR.** amato, adorato, benedetto, caro, idolatrato.

esecutìvo ***A*** *agg.* esecutorio, attuativo, operativo □ (*di impiegato, di funzione*) d'ordine **CFR.** dirigenziale, deliberante, direttivo ***B*** *s. m.* governo □ comitato dirigente, direttivo, vertice **CONTR.** base.

esecutóre *s. m.* (*f. -trice*) chi esegue, attuatore, agente, operatore, curatore, effettuatore □ suonatore, musicista, interprete, artista □ giustiziere, boia, carnefice **CFR.** committente, mandante □ direttore. *V. anche* MUSICISTA

esecuzióne *s. f.* ***1*** (*di cosa*) attuazione, atto, realizzazione, effettuazione, compimento, disbrigo, elaborazione, corso, adempimento, soddisfazione, effetto, opera **CFR.** progetto, progettazione **CONTR.** omissione ***2*** (*dir.*) (*di sentenza, di atto, ecc.*) adempimento, osservanza ***3*** (*di brano musicale*) interpretazione ***4*** (*di persona*) uccisione, fucilazione, impiccagione, decapitazione ***5*** (*ling.*) competenza □ performance (*ingl.*). *V. anche* INTERPRETAZIONE

esèdra *s. f.* ***1*** (*nel mondo classico*) portico semicircolare, emiciclo ***2*** (*uso moderno*) piazza semicircolare, edificio semicircolare.

esegèsi *s. f.* (*di testo*) interpretazione critica, studio critico, critica, analisi, spiegazione, esplicazione, commento, delucidazione, ermeneutica. *V. anche* INTERPRETAZIONE

esegèta *s. m.* (*di testo*) critico, interprete, ermeneuta.

esegètica *s. f.* (*di testo*) interpretazione critica, critica, analisi.

esegètico *agg.* di esegesi, interpretativo, ermeneutico, critico, esplicativo, analitico.

eseguìbile *agg.* realizzabile, fattibile, attuabile, effettuabile, possibile **CONTR.** irrealizzabile, inattuabile, ineseguibile, inadempibile.

eseguìre *v. tr.* ***1*** attuare, effettuare, realizzare, compiere, adempiere, operare, fare, disbrigare, espletare, evadere, ottemperare, assolvere, soddisfare □ (*in senso negativo*) commettere, perpetrare **CONTR.** omettere, tralasciare ***2*** (*di musica*) interpretare, suonare. *V. anche* EVADERE

esèmpio *s. m.* ***1*** esemplare, prototipo □ tipo, saggio, campione, specimen (*lat.*) ***2*** modello, norma, guida, falsariga ***3*** esemplificazione, fatto, caso, frase ***4*** ammaestramento, lezione, scuola □ ammonimento, monito, castigo, punizione. *V. anche* IMPRONTA, MODELLO, PARAGONE, PUNIZIONE

esemplàre (1) *agg.* ***1*** dimostrativo, esemplificativo, emblematico, paradigmatico, classico ***2*** (*est.*) edificante, eccellente, ammirevole, ideale, perfetto, specchiato, dabbene, singolare, raro **CONTR.** ignobile, volgare, scandaloso.

esemplàre (2) *s. m.* ***1*** modello, esempio, ideale, prototipo, quintessenza, paradigma ***2*** (*di cose analoghe*) copia, pezzo, specimen (*lat.*), saggio **CONTR.** originale, matrice, archetipo ***3*** (*di persone o cose diverse*) tipo, campione. *V. anche* MODELLO, PARAGONE

esemplificàre *v. tr.* spiegare con esempi, allegare esempi, chiarire con esempi.

esemplificatìvo *agg.* dimostrativo, esemplare.

esemplificazióne *s. f.* ***1*** spiegazione con esempi ***2*** insieme di esempi.

esentàre *A v. tr.* dispensare, esimere, esonerare, escludere, liberare, assolvere, condonare, eccettuare **CONTR.** obbligare, costringere, imporre, incaricare **B esentarsi** *v. rifl.* esimersi, dispensarsi, liberarsi, esonerarsi **CONTR.** obbligarsi, impegnarsi.

esènte *agg.* **1** (*da obbligo, da dovere*) dispensato, esentato, esonerato, franco, escluso **CONTR.** obbligato, tenuto, costretto, schiavo, carico **2** (*est.*) (*da mali*) libero, preservato, immune, scevro, salvo **CONTR.** soggetto, affetto, sottomesso, sottoposto.

esenzióne *s. f.* esonero, immunità, privilegio, franchigia, deroga, liberazione, dispensa **CONTR.** obbligo, osservanza, dovere, costrizione. V. *anche* PRIVILEGIO

esèquie *s. f. pl.* cerimonie funebri, onoranze funebri, funerale, mortorio, sepoltura.

esercènte *s. m.* e *f.* bottegaio, negoziante, commerciante, dettagliante, rivenditore, venditore, gerente.

esercitàre *A v. tr.* **1** (*di corpo, di memoria, ecc.*) tenere in esercizio, tenere in funzione, addestrare, educare, impratichire, abituare, allenare, coltivare **2** (*di diritto, di autorità, ecc.*) usare, adoperare, valersi **3** (*di attività*) attendere, professare, esercire, esplicare, fare, praticare, svolgere **B esercitarsi** *v. rifl.* addestrarsi, allenarsi, impratichirsi, abituarsi, fare pratica. V. *anche* EDUCARE

esercitàto *part. pres. di* **esercitare**; *anche agg.* abituato, agguerrito, allenato **CONTR.** disabituato, disavvezzo.

esercitazióne *s. f.* pratica, esercizio, addestramento, allenamento □ (*scol.*) compito, componimento, composizione, esercizio □ (*mil.*) manovra.

esèrcito *s. m.* **1** forze armate, milizia armata, forze terrestri, soldatesca, soldati, arma, armata, forza, milizie, truppa **2** (*fig.*) gran quantità, massa, mucchio, moltitudine, torma, turba.

esercìzio *s. m.* **1** addestramento, allenamento, esercitazione, esperienza, apprendimento, scuola (*fig.*) □ movimento, moto, ginnastica, sport **2** (*est.*) (*di scuola*) esercitazione, eserciziario, compito, prova, test **3** (*di professione*) uso, pratica, funzione, esplicazione **4** (*di impresa, di azienda e sim.*) funzionamento, gestione, attività, amministrazione **5** (*est.*) (*di attività commerciale*) azienda, bottega, negozio, rivendita, vendita, spaccio, locale **FRAS.** *in esercizio*, funzionante, attivo □ *fuori esercizio*, non funzionante.

esibìre *A v. tr.* **1** mostrare, esporre, presentare, far vedere, offrire alla vista, porgere □ produrre, fornire, dichiarare **CONTR.** nascondere, occultare **2** sfoderare, mettere in mostra, sfoggiare, ostentare **B esibirsi** *v. rifl.* **1** farsi notare, mostrarsi, mettersi in mostra **2** (*in uno spettacolo*) partecipare, prendere parte, intervenire, prodursi, offrirsi.

esibizióne *s. f.* **1** mostra, esposizione, presentazione, produzione (*dir.*) **CONTR.** occultamento **2** dimostrazione, numero, spettacolo, show (*ingl.*), recital (*ingl.*) **3** bella mostra, ostentazione, sbandieramento (*fig.*), sfoggio, virtuosismo (*spreg.*) **4** (*sport*) gara, incontro, partita dimostrativa.

esibizionìsmo *s. m.* ostentazione, bella mostra, sfoggio, divismo, istrionismo, snobismo **CONTR.** modestia, riservatezza.

esibizionìsta *agg.*; *anche s. m.* e *f.* vanaglorioso, borioso, ostentatore, megalomane, istrione, snob (*ingl.*), showman (*est.*) **CONTR.** modesto, timido, riservato, dimesso, schivo. V. *anche* SNOB

esibizionìstico *agg.* vanaglorioso, borioso, plateale, reclamistico, snobistico **CONTR.** modesto, timido, riservato.

esigènte *part. pres. di* **esigere**; *anche agg.* pieno di pretese, pretenzioso □ che esige molto, severo, rigido, meticoloso, pignolo, fiscale, sofistico, critico □ difficile, incontentabile, selettivo, raffinato, schizzinoso **CONTR.** modesto, umile □ indulgente, comprensivo, paziente □ facile, contentabile di bocca buona, alla buona, semplice.

esigènza *s. f. spec. al pl.* bisogno, richiesta, necessità, pretesa, istanza, pretensione (*lett.*) **CONTR.** soprappiù, superfluo.

esìgere *v. tr.* **1** pretendere, volere, reclamare, chiedere, comandare, domandare, rivendicare **CONTR.** concedere □ supplicare **2** necessitare, richiedere, costare, postulare, presupporre **3** (*di denaro, di credito e sim.*) riscuotere, percepire **CONTR.** pagare. V. *anche* VOLERE

esiguaménte *avv.* poco, modicamente, magramente, irrisoriamente **CONTR.** grandemente.

esiguità *s. f.* pochezza, piccolezza, angustia, scarsità, esilità, sottigliezza, brevità, povertà, modicità, tenuità **CONTR.** abbondanza, ricchezza, esuberanza, profusione, dovizia, ampiezza, smisuratezza.

esìguo *agg.* piccolo, minuscolo, esile, tenue, minuto, sottile, basso, corto, breve, tascabile (*est., scherz.*) □ modico, scarso, modesto, trascurabile, irrisorio, ridicolo, limitato, sparuto, striminzito, meschino, irrilevante **CONTR.** grande, grosso, enorme, ampio, numeroso, nutrito □ considerevole, rilevante, ragguardevole, abbondante, ricco, lauto, sostanzioso. V. *anche* SCARSO

esilarànte *agg.* che fa ridere, divertente, spassoso, piacevole, umoristico, comico, inebriante **CONTR.** rattristante, triste, commovente.

èsile *agg.* **1** (*di fisico, di cose*) sottile, tenue, asciutto, botticelliano (*fig.*), delicato, trasparente, diafano □ mingherlino, piccolo, rachitico, striminzito, scarnito, magro, minuto, smilzo, gracile, fragile **CONTR.** grosso, massiccio, solido, robusto, vigoroso, aitante, carnoso, corpulento, florido, gagliardo, prestante, prospero **2** (*fig.*) (*di speranza, di luce, ecc.*) debole, fievole, fioco, tenue □ (*di argomento, ecc.*) inconsistente, evanescente **CONTR.** forte, intenso, potente □ buono, convincente, persuasivo.

esiliàre *A v. tr.* **1** mandare in esilio, bandire, proscrivere, espellere, confinare, deportare, ostracizzare (*lett.*) **CONTR.** rimpatriare, richiamare **2** (*est.*) mandare via, allontanare, cacciare, relegare, eliminare, scacciare **CONTR.** chiamare, accogliere **B esiliarsi** *v. rifl.* **1** andarsene in esilio, espatriare, emigrare **CONTR.** rimpatriare **2** (*est.*) appartarsi, ritirarsi, isolarsi **CONTR.** socializzare, stare con gli altri.

esiliàto *part. pass. di* **esiliare**; *anche agg.* e *s. m.* esule, profugo, fuoriuscito, rifugiato, bandito, confinato, deportato, proscritto, scacciato, relegato **CONTR.** rimpatriato.

esìlio *s. m.* **1** espatrio, bando, proscrizione, confino, allontanamento dalla patria, espulsione, deportazione, ostracismo (*lett.*), cacciata, emigrazione **CONTR.** rimpatrio **2** (*fig.*) separazione, isolamento, distacco.

esilità *s. f.* sottigliezza, tenuità, gracilità, delicatezza, fragilità, asciuttezza, finezza, magrezza **CONTR.** robustezza, grossezza, solidità, imponenza, prestanza, vigore, vigoria.

esìmere A *v. tr.* rendere libero, dispensare, esentare, esonerare, assolvere, eccettuare, liberare, condonare **CONTR.** vincolare, obbligare, impegnare, imporre **B esimersi** *v. rifl.* sottrarsi, liberarsi, svincolarsi, esentarsi, dispensarsi, esonerarsi, schermirsi, sottrarsi **CONTR.** impegnarsi, obbligarsi, vincolarsi, sottoporsi, sobbarcarsi, sostenere.

esìmio *agg.* eccellente, egregio, insigne, distinto, famoso, celebre, noto, illustre, cospicuo (*lett.*), emerito, chiarissimo, inclito (*lett.*), rinomato **CONTR.** oscuro, ignoto, sconosciuto. *V. anche* FAMOSO

esistènte *part. pres. di* **esistere**; *anche agg.* che esiste, sussistente, effettivo, reale □ vivente **CONTR.** inesistente, insussistente.

esistènza *s. f.* **1** realtà, essenza, l'essere, sostanza, presenza, sussistenza **CONTR.** inesistenza, insussistenza **2** vita, il vivere.

esistenziàle *agg.* dell'esistenza, vitale.

esìstere *v. intr.* **1** (*di cosa*) essere, esserci, sussistere, trovarsi, allignare (*fig.*), durare **2** (*di persona*) essere vivo, vivere □ campare (*pop.*) **CONTR.** essere morto.

esitànte *part. pres. di* **esitare**; *anche agg.* dubbioso, incerto, indeciso, irresoluto, impacciato, ondeggiante, perplesso, tentennante, titubante □ (*di luce, di suono, ecc.*) tremolante **CONTR.** baldo, intraprendente, risoluto, spigliato □ stabile. *V. anche* INCERTO

esitàre *v. intr.* essere incerto, essere perplesso, tentennare, titubare, indugiare, dubitare, tergiversare, fluttuare, oscillare, ondeggiare **CONTR.** essere sicuro, decidersi, risolversi □ ardire, osare.

esitazióne *s. f.* indecisione, perplessità, incertezza, timidezza, irresolutezza, dubbio, tentennamento, titubanza, indugio, scrupolo, sospetto **CONTR.** risolutezza, sicurezza, decisione, prontezza, baldanza. *V. anche* TIMORE

èsito *s. m.* **1** (*raro*) uscita **CONTR.** entrata, ingresso **2** (*di denaro*) spesa, vendita, spaccio, smercio, commercio **3** (*di corrispondenza, ecc.*) disbrigo, evasione, risposta, riscontro **CONTR.** accettazione, ricevimento **4** (*di azione, di prova, ecc.*) riuscita, risultato, conclusione, fine, sbocco, conseguenza, effetto, risultanza, seguito **CONTR.** principio, causa. *V. anche* SUCCESSO

èsodo *s. m.* **1** (*di persone*) emigrazione, migrazione, partenza, espatrio, diaspora, spopolamento **CONTR.** ingresso, affluenza, immigrazione **2** (*per anton.*) uscita del popolo ebraico dall'Egitto **3** (*est.*) (*di capitali, di somme e sim.*) allontanamento, fuga, trasferimento **CONTR.** affluenza **4** (*letter.*) (*nella tragedia greca*) ultimo episodio.

esòfago *s. m.* (*anat.*) strozza, canna della gola, gargarozzo (*pop.*), gozzo (*pop.*).

esògeno *agg.* esterno **CONTR.** endogeno, interno.

esoneràre A *v. tr.* **1** liberare, dispensare, esentare, esimere, affrancare, assolvere, condonare, disobbligare **CONTR.** vincolare, impegnare, obbligare, imporre **2** (*dal comando, ecc.*) destituire, dimettere, sollevare, dimissionare, licenziare, rimuovere, silurare **CONTR.** incaricare, insediare, investire **B esonerarsi** *v. rifl.* dispensarsi, esentarsi, esimersi, sottrarsi, liberarsi, svincolarsi **CONTR.** vincolarsi, obbligarsi.

esònero *s. m.* dispensa, esenzione, liberazione, sgravio, deroga, franchigia, immunità, esclusione □ licenziamento, siluramento, destituzione, dimissione **CONTR.** obbligo, vincolo, impegno, imposizione □ investitura, incarico, insediamento.

esorbitànte *part. pres. di* **esorbitare**; *anche agg.* (*di richiesta e sim.*) eccessivo, enorme, eccedente, smisurato, soverchio, sproporzionato, sovrabbondante □ (*spec. di prezzo*) esagerato, inaccessibile, altissimo, favoloso **CONTR.** mancante, manchevole, insufficiente □ occorrente, necessario □ mite, modico.

esorbitànza *s. f.* eccedenza, eccesso, superfluo, soverchio, sovrabbondanza, eccessività **CONTR.** mancanza, deficienza, insufficienza, scarsità, scarsezza, carenza, povertà.

esorbitàre *v. intr.* uscire dai limiti, passare la misura, sorpassare, superare, esulare, oltrepassare, eccedere, trascendere, trasmodare **CONTR.** mantenersi, rientrare.

esorcìsmo *s. m.* esorcizzazione □ scongiuro.

esorcizzàre *v. tr.* **1** liberare dal demonio **2** (*est.*) (*di pericolo*) scongiurare, allontanare.

esordiènte *part. pres. di* **esordire**; *anche agg.* e *s. m.* e *f.* principiante, debuttante, novellino, novizio, tirocinante, persona alle prime armi, praticante **CONTR.** maestro, esperto, veterano, navigato.

esòrdio *s. m.* **1** (*di discorso e sim.*) introduzione, preambolo, proemio, preparazione, prologo, proposizione, protasi **CONTR.** epilogo, chiusa, perorazione **2** (*mus.*) ouverture (*fr.*), apertura, preludio **CONTR.** finale **3** (*fig.*) inizio, principio, debutto, avvio, cominciamento **CONTR.** fine, termine, conclusione.

esordìre *v. intr.* cominciare, incominciare, iniziare, principiare, debuttare **CONTR.** finire, terminare, chiudere, concludere, smettere.

esortàre *v. tr.* incitare, spingere, animare, incoraggiare, pungolare, eccitare, spronare, sfidare, stimolare, indurre □ consigliare, dire, avvertire, avvisare, ammonire, suggerire, persuadere, invitare, predicare, raccomandare **CONTR.** sconsigliare, dissuadere, distogliere, frenare, trattenere. *V. anche* SPINGERE

esortatìvo *agg.* esortatorio (*raro*), persuasivo **CONTR.** dissuasivo.

esortatóre *s. m.*; *anche agg.* (*f. -trice*) incitatore, persuasore, promotore, consigliere, suggeritore **CONTR.** dissuasore.

esortazióne *s. f.* incitamento, incoraggiamento, pungolo, spinta, spronata, sprone □ persuasione, suggerimento, invito, consiglio, avvertimento, ammonizione, ammonimento, monito, lezione, raccomandazione, predicozzo (*fam.*), omelia (*est.*), pistolotto, fervorino (*scherz.*) **CONTR.** dissuasione, freno. *V. anche* CONSIGLIO

esosaménte *avv.* ***1*** avaramente, grettamente, sordidamente, avidamente **CONTR.** generosamente, prodigalmente, disinteressatamente ***2*** (*tosc.*) odiosamente, antipaticamente **CONTR.** simpaticamente, amabilmente.

esosità *s. f.* ***1*** avarizia, grettezza, sordidezza, spilorceria, avidità, pitoccheria, taccagneria, tirchieria, strozzinaggio **CONTR.** generosità, prodigalità, magnanimità, liberalità, disinteresse ***2*** (*tosc.*) odiosità, antipatia **CONTR.** simpatia, amabilità.

esóso *agg.* ***1*** (*di persona*) avaro, gretto, sordido, spilorcio, avido, pitocco, taccagno, tirchio, interessato **CONTR.** generoso, prodigo, magnanimo ***2*** (*di prezzo*) eccessivo, esorbitante, esagerato, astronomico, salato **CONTR.** moderato, modico, modesto, accessibile ***3*** (*tosc.*) odioso, antipatico, detestabile, insopportabile **CONTR.** simpatico, amabile.

esotèrico *agg.* ***1*** (*filos.*) (*di insegnamento*) intimo, segreto, iniziatico, riservato **CONTR.** essoterico, pubblico, diffuso, manifesto, comunicabile ***2*** (*fig.*) misterioso, incomprensibile, enigmatico, oscuro, arcano, astruso **CONTR.** chiaro, evidente, lampante, comprensibile, facile. *V. anche* ENIGMATICO

esòtico *agg.* ***1*** di paesi lontani, forestiero, straniero, estero **CONTR.** indigeno, autoctono, nostrano, nazionale, casalingo, locale ***2*** (*est.*) strano, stravagante, bizzarro, curioso, eccentrico, insolito, originale **CONTR.** normale, consueto, comune, solito, semplice, ordinario.

esotìsmo *s. m.* ***1*** (*in arte, in letteratura e sim.*) motivo straniero, elemento straniero ***2*** (*ling.*) forestierismo, barbarismo ***3*** esterofilia **CONTR.** sciovinismo, esterofobia.

espàndere ***A*** *v. tr.* ***1*** ingrandire, allargare, dilatare, estendere, aumentare, ampliare, allungare, sviluppare **CONTR.** restringere, ridurre, limitare, contenere, abbreviare ***2*** (*di liquidi, di odori, ecc.*) diffondere, spandere, effondere, emanare, esalare, sprigionare, propagare ***B*** **espandersi** *v. intr. pron.* ***1*** dilatarsi, estendersi, aumentare, crescere, ampliarsi, allungarsi, allargarsi □ (*fig.*) (*di economia, di attività, di idee, ecc.*) decollare (*fig.*), dilagare, proliferare, ramificarsi **CONTR.** restringersi, ridursi, contenersi □ ristagnare, diminuire ***2*** (*di liquidi, di odori, ecc.*) diffondersi, effondersi, emanare, esalare, sprigionarsi ***3*** (*raro*) (*di persona*) aprirsi, confidarsi **CONTR.** bloccarsi.

espansióne *s. f.* ***1*** aumento, dilatazione, ampliamento, allargamento, ingrossamento, allungamento **CONTR.** restringimento, riduzione, condensazione, contenimento, contrazione, strozzatura, stretta ***2*** (*di attività, ecc.*) diffusione, sviluppo, crescita, proliferazione, ramificazione, propagazione □ (*di popolo, di Stato, ecc.*) avanzata **CONTR.** recessione, diminuzione, stagnazione □ crisi ***3*** (*fig.*) (*di sentimenti*) manifestazione affettuosa, tenerezza, effusione, confidenza, sfogo, abbandono, espansività **CONTR.** chiusura, blocco, freddezza, autocontrollo, ritegno ***4*** (*ling.*) determinazione, complemento. *V. anche* AUMENTO

espansionìsmo *s. m.* (*est.*) colonialismo, imperialismo, egemonismo **CONTR.** anticolonialismo.

espansionìsta *agg.*; *anche s. m. e f.* (*est.*) colonialista, imperialista, imperialistico, aggressivo **CONTR.** anticolonialista □ pacifico, neutrale.

espansionìstico *agg.* (*est.*) coloniale, colonialistico, colonialista, imperialistico **CONTR.** anticolonialista.

espansivaménte *avv.* calorosamente, cordialmente, affettuosamente, teneramente **CONTR.** freddamente.

espansività *s. f.* affettuosità, espansione, confidenza, tenerezza, cordialità, effusione, comunicativa, estroversione, socievolezza, disinibizione, esuberanza **CONTR.** freddezza, autocontrollo, ritegno, chiusura, blocco, sostenutezza, introversione, scontrosità, misantropia.

espansìvo *agg.* (*fig.*) (*di persona*) estroverso, affettuoso, aperto, cordiale, caloroso, tenero, comunicativo, esuberante, socievole, disinibito, affabile, gioviale, simpatico **CONTR.** introverso, freddo, chiuso, controllato, ermetico, taciturno, contenuto, riservato.

espatrïàre *v. intr.* andarsene dalla patria, emigrare, migrare, esulare (*raro*), trasmigrare, andare all'estero, esiliarsi **CONTR.** rimpatriare, ritornare, rientrare.

espàtrio *s. m.* emigrazione, migrazione, esodo □ esilio, proscrizione **CONTR.** rimpatrio, ritorno in patria.

espediènte *s. m.* trovata, rimedio, ripiego, risorsa, mezzo, accorgimento, pretesto, compromesso, scusa, scappatoia, artificio, stratagemma, escamotage (*fr.*), artificio, giochetto, modo, pensata, ricetta, ritrovato, scorciatoia, partito □ furbizia, furberia, furbata, raggiro, astuzia, sotterfugio, mezzuccio, inghippo, maneggio, messinscena, trucco. *V. anche* ARTIFICIO, SCUSA

espèllere *v. tr.* ***1*** scacciare, allontanare, cacciare, estromettere, squalificare (*sport*), mandare via, licenziare, mettere alla porta, respingere, destituire, eliminare, epurare, esiliare, proscrivere, bandire, radiare, scomunicare **CONTR.** introdurre, far entrare, accogliere □ insediare, installare ***2*** mandare fuori, emettere, eiettare, secernere, evacuare, sputare □ espirare **CONTR.** assorbire □ inspirare.

esperiènza *s. f.* ***1*** conoscenza, nozione, cognizione, pratica, esercizio, perizia, abilità, uso, abitudine, bravura, competenza, dimestichezza, maestria, padronanza, scaltrezza, sapienza **CONTR.** inesperienza, imperizia, incapacità, impreparazione, inabilità, incompetenza, dilettantismo, immaturità ***2*** (*est.*) conoscenza del mondo, conoscenza della vita, vissuto □ avventura, storia, vicenda □ (*al pl.*) relazioni, vicende amorose ***3*** prova, saggio, esperimento, sperimentazione □ test (*ingl.*). *V. anche* COMPETENZA

esperiménto *s. m.* prova, esperienza, saggio, sperimentazione, tentativo, assaggio, scandaglio, verifica, test (*ingl.*).

espertaménte *avv.* da esperto, abilmente, competentemente, dottamente **CONTR.** inespertamente, senza competenza, maldestramente.

espèrto ***A*** *agg.* ***1*** pratico, competente, padrone (*fig.*), versato □ dotto, colto □ (*di mano*) sapiente **CONTR.** inesperto, incompetente, orecchiante, imperito, acerbo, digiuno, impreparato □ ignorante, incolto, ignaro ***2*** bravo, abile, provetto, capace, valente, buono, perito, sicuro, consumato, avvezzo, ferrato, navigato, agguerrito, introdotto, qualificato, scaltrito, smaliziato, virtuoso (*raro*), scelto **CONTR.** incapace, inetto, cattivo, inabile, tristo, maldestro ***B*** *s. m.* (*f. -a*) intenditore, conoscitore, consigliere, consulente, professionista, specialista, perito, maestro, veterano, tecnico **CONTR.** amatore, dilettante, apprendista, debuttante, novellino, principiante, profano, tirocinante, sbarbatello.

espettorànte *agg.*; *anche s. m.* emolliente, anticatarrale.

espettoràre *v. tr.* (*med.*) espellere muco, scatarrare, spurgare, scaracchiare (*pop.*), sputare.

espettoràto ***A*** *part. pass. di* **espettorare**; *anche agg.* espulso dai bronchi ***B*** *s. m.* catarro, escreato, sputacchio.

espiànto *s. m.* (*chir.*) asportazione, escissione **CFR.** trapianto.

espiàre *v. tr.* (*di colpa e sim.*) emendare, scontare, purificare, riparare, pagare, pagare il fio, pagare lo scotto, purificarsi, fare penitenza, purgarsi.

espiatòrio *agg.* riparatorio, riparatore, purificatorio, purificatore, liberatorio, purificativo (*raro*), lustrale (*ant.*).

espiazióne *s. f.* (*di colpa e sim.*) riparazione, emenda (*raro*), risarcimento, riscatto, scotto, penitenza, pena, castigo, fio, purificazione.

espletàre *v. tr.* (*bur.*) compiere, eseguire, concludere, assolvere, disbrigare, finire, terminare, portare a termine **CONTR.** iniziare, cominciare, avviare.

espletìvo *agg.* (*ling.*) pleonastico, riempitivo □ espressivo, rafforzativo.

esplicàre *v. tr.* ***1*** (*di attività*) esercitare, svolgere, sviluppare ***2*** (*lett.*) (*di concetto e sim.*) esporre, spiegare.

esplicatìvo *agg.* chiarificatore, interpretativo, esegetico, divulgativo, espositivo □ (*gramm.*) dichiarativo.

esplicazióne *s. f.* ***1*** (*di concetto e sim.*) chiarimento, spiegazione, illustrazione, esegesi ***2*** (*di attività*) esercizio, svolgimento, sviluppo. *V. anche* INTERPRETAZIONE

esplicitaménte *avv.* senza sottintesi, chiaramente, apertamente, palesemente, inequivocabilmente, dichiaratamente, perentoriamente, seccamente, determinatamente, espressamente **CONTR.** implicitamente, tacitamente, oscuramente, ambiguamente, vagamente, dubbiamente.

esplicitàre *v. tr.* esprimere, spiegare, dichiarare **CONTR.** nascondere, velare.

esplìcito *agg.* senza sottintesi, chiaro, preciso, perspicuo, espresso, manifesto, dichiarato, patente, aperto, certo, inequivocabile, trasparente, formale, perentorio, risoluto **CONTR.** implicito, sottinteso, taciuto, tacito, inespresso, oscuro, ambiguo, nascosto, recondito, velato. *V. anche* TRASPARENTE

esplòdere ***A*** *v. intr.* ***1*** (*di proiettile, di cosa*) scoppiare, conflagrare, deflagrare, brillare, detonare □ fendersi, squarciarsi, spaccarsi, aprirsi, saltare **CONTR.** implodere ***2*** (*fig.*) (*di persona*) erompere, prorompere, scoppiare, sbottare □ (*di fenomeno*) rivelarsi improvvisamente, manifestarsi all'improvviso, svilupparsi velocemente, divampare, scatenarsi **CONTR.** covare, serpeggiare ***B*** *v. tr.* (*di proiettile*) sparare, tirare.

esploràbile *agg.* perlustrabile, osservabile, ispezionabile, indagabile **CONTR.** inesplorabile, insondabile.

esploràre *v. tr.* ***1*** cercare di conoscere, investigare, osservare, indagare, ricercare, analizzare, scrutare, scandagliare, sondare, scavare (*fig.*), spiare ***2*** (*di territorio sconosciuto*) cercare di scoprire, perlustrare, ispezionare, percorrere, battere, scorrere, viaggiare.

esploratìvo *agg.* di esplorazione □ investigativo, preliminare **CONTR.** conclusivo.

esploratóre ***A*** *agg.* (*f. -trice*) che esplora ***B*** *s. m.* ***1*** investigatore, indagatore, cercatore □ (*nella caccia*) battitore ***2*** chi esplora, viaggiatore, navigatore, pioniere □ ricognitore ***3*** nave da ricognizione **FRAS.** *giovane esploratore*, boy-scout, scout.

esplorazióne *s. f.* ***1*** indagine, ricognizione, perlustrazione, investigazione, osservazione, sondaggio □ spedizione, viaggio □ scoperta □ avanscoperta □ (*del sottosuolo*) prospezione ***2*** (*med.*) esame.

esplosióne *s. f.* ***1*** scoppio, detonazione, conflagrazione, deflagrazione, brillamento, botto □ sparo, colpo, scarica □ big bang (*ingl.*) ***2*** (*fig.*) (*di riso, di rabbia e sim.*) scoppio, scatto, sfogo, impeto, manifestazione improvvisa □ (*di fenomeno*) forte espansione, aumento, crescita, boom (*ingl.*) **CONTR.** diminuzione, crisi, arresto.

esplosìvo ***A*** *agg.* ***1*** di esplosione ***2*** esplodente, detonante, deflagrante ***3*** (*fig.*) (*di sentimento*) intensissimo □ (*di notizia, di fatto, ecc.*) clamoroso, strabiliante, bomba (posposto a un s.) ***4*** (*fig.*) (*di situazione*) molto critico, pericoloso, teso, incontrollabile **CONTR.** tranquillo ***B*** *s. m.* sostanza esplodente, detonante □ mina, dinamite, munizione, plastico.

esplòso *part. pass. di* **esplodere**; *anche agg.* ***1*** (*di bomba, di mina, ecc.*) scoppiato ***2*** (*di proiettile*) sparato, scaricato ***3*** (*fig.*) scoppiato, divampato, manifestatosi.

esponènte ***A*** *part. pres. di* **esporre**; *anche agg.* (*raro*) espositore ***B*** *s. m. e f.* ***1*** (*in un'istanza*) richiedente, instante, presentatore ***2*** (*fig.*) (*di organizzazione, di attività, ecc.*) figura rappresentativa, rappresentante, personalità ***C*** *s. m.* ***1*** (*ling.*) lemma, voce, entrata, vocabolo ***2*** (*mat.*) indice.

espórre ***A*** *v. tr.* ***1*** porre fuori, mettere in mostra, mostrare, presentare, esibire, sciorinare, proporre, scoprire, offrire alla vista **CONTR.** nascondere, celare, occultare, coprire, sottrarre alla vista ***2*** (*fot.*) sottoporre alla luce ***3*** (*a critiche, a dicerie e sim.*) offrire, abbandonare, lasciare **CONTR.** difendere, salvare, riparare ***4*** (*di vita, di interessi, ecc.*) rischiare, arrischiare, porre in pericolo, mettere a repentaglio, compromettere **CONTR.** cautelare, cauzionare ***5*** (*di fatti, di opi-*

nioni, ecc.) narrare, riferire, raccontare, dire, esprimere, descrivere, disegnare, spiegare, manifestare, esplicare, pronunciare, specificare, trattare, prospettare, ventilare □ (*di testo*) leggere, interpretare, commentare, chiosare **CONTR.** tacere, sottintendere ***B*** **esporsi** *v. rifl.* ***1*** (*a pericolo, a critiche, ecc.*) andare incontro, mettersi, affrontare, avventurarsi, arrischiarsi, cimentarsi **CONTR.** sottrarsi, sfuggire, scampare, defilarsi, schermirsi, evitare, cautelarsi, salvaguardarsi ***2*** compromettersi, vincolarsi □ (*econ.*) indebitarsi, impegnarsi **CONTR.** liberarsi, disimpegnarsi. *V. anche* NARRARE

esportàre *v. tr.* ***1*** (*di merci, di capitali, ecc.*) portare all'estero, mandare all'estero, portare fuori **CONTR.** importare ***2*** (*di idee, di metodi, ecc.*) diffondere, divulgare **CONTR.** introdurre.

esportatóre *s. m.; anche agg.* (*f. -trice*) ***1*** (*di merci, di capitali, ecc.*) chi esporta, che esporta **CONTR.** importatore ***2*** (*fig.*) (*di idee, di metodi, ecc.*) diffusore, divulgatore.

esportazióne *s. f.* ***1*** (*di merci, di capitali, ecc.*) spedizione all'estero, trasferimento all'estero, export (*ingl.*) **CONTR.** importazione, import (*ingl.*) ***2*** (*est.*) merci esportate ***3*** (*fig.*) (*di idee, di metodi, ecc.*) diffusione, divulgazione **CONTR.** introduzione.

espositìvo *agg.* esplicativo, descrittivo, enunciativo.

espositóre *s. m.; anche agg.* (*f. -trice*) ***1*** (*in mostre, in fiere, ecc.*) standista ***2*** (*di fatti, di opinioni, ecc.*) narratore, raccontatore, illustratore, interprete.

esposizióne *s. f.* ***1*** (*di cose*) presentazione, esibizione, ostensione (*lett.*) □ mostra, rassegna, fiera, expo (*fr.*), salone □ biennale, triennale □ (*di artista*) personale ***2*** (*di luogo*) posizione, collocazione, orientamento ***3*** (*di neonato*) abbandono ***4*** (*di fatti, di opinioni, ecc.*) narrazione, enunciazione, racconto, resoconto, panorama, rapporto, relazione, trattazione, descrizione, spiegazione, interpretazione, versione, argomentazione, storia ***5*** (*comm.*) debito, deficit (*lat.*) **CONTR.** credito ***6*** (*fot.*) posa. *V. anche* ARGOMENTAZIONE, INTERPRETAZIONE

espósto ***A*** *part. pass. di* **esporre**; *anche agg.* ***1*** in mostra, in vetrina, in vista, scoperto **CONTR.** nascosto, occultato, coperto ***2*** (*fot.*) sottoposto alla luce ***3*** (*di luogo*) collocato, rivolto, orientato □ (*in alpinismo*) scoperto, a picco ***4*** (*a critiche, a pericoli, ecc.*) alla mercé, soggetto, abbandonato, indifeso **CONTR.** difeso, tutelato, sottratto ***5*** (*comm.*) creditore, debitore ***6*** compromesso, implicato, coinvolto ***7*** detto, descritto, specificato, enunciato, pronunciato, proposto, sottoposto **CONTR.** taciuto, sottinteso ***B*** *s. m.* ***1*** (*ad un'autorità*) esposizione, scritto, memoriale, domanda, petizione, istanza, richiesta, reclamo ***2*** (*di bimbo*) trovatello, bimbo abbandonato.

espressaménte *avv.* ***1*** chiaramente, esplicitamente, senza sottintesi, formalmente, nominatamente **CONTR.** oscuramente, ambiguamente, implicitamente ***2*** apposta, ex professo (*lat.*), intenzionalmente, appositamente, su ordinazione, a bella posta, proprio **CONTR.** a caso, casualmente, senza intenzione.

espressióne *s. f.* ***1*** (*di pensiero, di sentimento, ecc.*) manifestazione, comunicazione, rivelazione, estrinsecazione, esteriorizzazione, segno, atto ***2*** (*est.*) (*di opera artistica*) capacità espressiva, espressività, stile, sentimento, significato, intensità, forza, vigore, vigoria, passione ***3*** (*ling.*) parola, vocabolo, termine □ (*est.*) modo di dire, frase, frase idiomatica, locuzione, costrutto □ intercalare ***4*** atteggiamento, aria, aspetto, cera, piglio, viso, faccia, facies (*lat., med.*) mimica, occhi, sguardo, volto.

espressività *s. f.* efficacia, vigore, intensità, forza, pittoricità, colore (*fig.*) □ (*di un gesto, ecc.*) eloquenza **CONTR.** inespressività, inefficacia, debolezza, opacità, piattezza.

espressìvo *agg.* (*di descrizione, di linguaggio, ecc.*) efficace, vigoroso, intenso, forte, robusto, colorito, pittoresco, saporoso, sugoso, succoso, vivo, animato □ (*di sguardo, di gesto, ecc.*) eloquente, loquace, significativo □ (*di animali*) umano **CONTR.** inespressivo, insignificante, incolore, opaco, scialbo, inefficace, debole. *V. anche* ROBUSTO

esprèsso (1) *part. pass. di* **esprimere**; *anche agg.* dichiarato, detto, formulato, manifestato, palesato □ manifesto, esplicito, chiaro, preciso, patente, palese, senza sottintesi **CONTR.** inespresso, implicito, tacito, sottinteso, oscuro, recondito.

esprèsso (2) ***A*** *agg.* ***1*** (*di mezzo di trasporto, di corrispondenza, ecc.*) celere, rapido, veloce **CONTR.** lento, tardo ***2*** (*di cibo, di lavoro, ecc.*) fatto sul momento, fatto apposta, su ordinazione **CONTR.** già preparato, pronto ***B*** *s. m.* ***1*** caffè espresso ***2*** francobollo espresso □ (*est.*) lettera veloce ***3*** (*ferr.*) direttissimo.

esprìmere ***A*** *v. tr.* ***1*** (*di pensiero, ecc.*) manifestare, esternare, estrinsecare, esplicitare, esporre, presentare, palesare, rivelare, formulare, emettere, comunicare, dire, spiegare, enunciare, pronunciare, proferire □ (*di affetto, di stima*) dimostrare **CONTR.** tacere, nascondere, mascherare ***2*** (*di opera d'arte, ecc.*) rappresentare, raffigurare, interpretare, descrivere, simboleggiare, configurare, denotare, riprodurre, rispecchiare, rendere, significare ***B*** **esprimersi** *v. intr. pron.* ***1*** esporre, spiegarsi, farsi capire, parlare, dire ***2*** realizzarsi. *V. anche* PARLARE

esprimìbile *agg.* dicibile, manifestabile, formulabile, enunciabile, pronunciabile, descrivibile, rappresentabile **CONTR.** inesprimibile, indicibile, impronunciabile, ineffabile.

espropriàre *v. tr.* (*di proprietà, di bene, ecc.*) privare, spossessare, spogliare, togliere, sottrarre, confiscare, pignorare, sequestrare, spodestare (*raro*) **CONTR.** aggiudicare, attribuire.

espropriazióne *s. f.* (*di proprietà, di bene e sim.*) esproprio, privazione, confisca, pignoramento, sequestro **CONTR.** appropriazione.

espròprio *s. m. V.* **espropriazione**.

espugnàre *v. tr.* ***1*** (*di luogo*) impadronirsi, conquistare, occupare, prendere d'assalto, prendere a forza, vincere ***2*** (*fig., lett.*) costringere alla resa. *V. anche* PRENDERE

espulsióne *s. f.* ***1*** (*di persona*) cacciata, estromissione, allontanamento, radiazione, licenziamento, destituzione, epurazione □ bando, proscrizione, esilio, ostracismo **CONTR.** accoglimento □ assunzione **2** (*di cosa*) emissione, rigetto, distacco, eiezione, fuoriuscita, scarico **CONTR.** introduzione, ammissione.

espùlso *part. pass. di* **espellere**; *anche agg.* scacciato, cacciato, allontanato, estromesso, respinto, epurato, proscritto □ (*di cosa*) emesso, sputato **CONTR.** accolto, ammesso, iniziato □ insediato, installato.

espunzióne *s. f.* (*di parole, di brani*) eliminazione, cancellazione, soppressione, taglio, cancellatura, estrapolazione **CONTR.** interpolazione, aggiunta, intercalare.

éssa *pron. pers. f. di terza pers. sing.* ella, lei.

èsse *s. f.* o *m. inv.* **FRAS.** *a esse*, ricurvo, serpeggiante.

essènza *s. f.* **1** (*filos.*) entità, sostanza, realtà, essere, ente, costituzione, natura **2** (*est.*) parte fondamentale, fondamento, quintessenza, caratteristica, peculiarità, centro, idea, nocciolo, cuore, nodo, polpa, somma, succo, sugo, vivo, nucleo □ (*di legge, di discorso*) spirito **CONTR.** accidente, crosta, superficie □ lettera **3** (*chim.*) sostanza volatile, olio essenziale, spirito, estratto, profumo, elisir **4** (*nel linguaggio forestale*) albero, arbusto, legno.

essenziàle **A** *agg.* necessario, indispensabile, fondamentale, sostanziale, integrante, principale, primario, capitale, basale, basilare, centrale, importante, elementare, nodale, precipuo, vitale □ (*di stile, ecc.*) conciso, sobrio, disadorno, scarno, laconico, pulito, scabro, secco, scheletrico, semplice, serrato, sintetico **CONTR.** secondario, accessorio, accidentale, superfluo, complementare, ausiliare, marginale, irrilevante, trascurabile □ ridondante, elaborato, ricercato, ornato, barocco, ampolloso **B** *s. m.* cosa principale, necessario, importante □ base, occorrente, indispensabile **CONTR.** superfluo, accessorio, complemento.

essenzialità *s. f.* indispensabilità, fondamentalità, sostanzialità □ (*di stile, ecc.*) concisione, laconicità, semplicità, sobrietà, secchezza **CONTR.** secondarietà, complementarietà, accidentalità, accessorietà □ ricercatezza, ampollosità.

essenzialménte *avv.* fondamentalmente, principalmente, primariamente, precipuamente, sostanzialmente **CONTR.** secondariamente, accidentalmente, marginalmente.

èssere **A** *v. intr.* **1** (*ass.*) esistere, sussistere, consistere □ apparire, manifestarsi, mostrarsi, presentarsi, trasparire, comparire **2** (*di avvenimento*) accadere, avvenire, aver luogo, succedere, capitare □ (*di persona, di cosa, di fenomeno*) costituire, rappresentare, formare **3** (*in relazioni di luogo*) arrivare, giungere, pervenire, capitare □ rimanere, stare **4** (*anche fig.*) (*in situazione, ecc.*) trovarsi, vivere, versare □ diventare, divenire, riuscire **5** (*fam.*) (*di cosa*) costare, valere, pesare, misurare **B** *v. intr. impers.* (*di caldo, di freddo, ecc.*) fare **C** *in funzione di s. m.* **1** esistenza, vita, condizione, essenza, principio, ente, materia, elemento, entità, natura **CONTR.** nulla **2** (*fam.*) persona, uomo, individuo, creatura □ organismo, realtà, cosa.

essiccaménto *s. m.* essiccazione, disseccamento, asciugamento, prosciugamento, disidratazione, asciugatura, seccatura **CONTR.** irrigazione, innaffiamento, bagnatura, inumidimento, idratazione.

essiccànte **A** *part. pres. di* **essiccare**; *anche agg.* che essicca, essiccativo, asciugante, prosciugante **CONTR.** bagnante, idratante **B** *s. m.* (*med.*) cicatrizzante.

essiccàre **A** *v. tr.* **1** (*di terreno*) prosciugare, bonificare **CONTR.** allagare **2** (*di piaga, di ferita*) asciugare **3** (*di sostanza*) seccare, disseccare, disidratare, inaridire **CONTR.** umettare, inumidire, bagnare, idratare, umidificare **B** **essiccarsi** *v. intr. pron.* **1** seccarsi, asciugarsi, prosciugarsi, disidratarsi, disseccarsi **CONTR.** bagnarsi, inumidirsi **2** (*fig.*) inaridirsi, spegnersi, esaurirsi **CONTR.** accendersi, alimentarsi, crescere.

essiccatìvo *agg.* essiccante, prosciugante **CONTR.** bagnante, idratante.

essiccazióne *s. f.* essiccamento, disseccamento, asciugamento, disidratazione, deidratazione, seccatura □ (*di acquitrino, ecc.*) prosciugamento, bonifica **CONTR.** bagnatura, inumidimento, idratazione □ irrigazione, innaffiamento.

ésso *pron. pers. m. di terza pers. sing.* **1** egli, lui, quello **2** (*al pl.*) loro, quelli.

èst *s. m.* **1** (*di punto cardinale*) levante, oriente **CONTR.** ovest, occidente, ponente, occaso (*lett.*) **2** (*di terra*) paesi orientali (rispetto all'Europa), regioni orientali (degli USA), Oriente **CONTR.** west (*ingl.*), ovest, Occidente.

establishment /*ingl.* is'tæbliʃmənt/ [vc. ingl., da *to establish* 'stabilire'] *s. m. inv.* classe dirigente, dirigenti.

èstasi *s. f.* **1** (*relig.*) rapimento mistico, suprema elevazione, contemplazione di Dio, visione di Dio, anagogia **2** (*est., fig.*) rapimento, esaltazione, entusiasmo, visibilio, ebbrezza, incanto, incantesimo, trance (*ingl.*). *V. anche* ENTUSIASMO

estasiàre **A** *v. tr.* mandare in estasi, rapire, esaltare, entusiasmare, beare, incantare, affascinare, inebriare, mandare in visibilio **B** **estasiarsi** *v. intr. pron.* andare in estasi, esaltarsi, entusiasmarsi, inebriarsi, bearsi, andare in visibilio, ammirare.

estasiàto *part. pass. di* **estasiare**; *anche agg.* (*fig.*) rapito, stupito, incantato, inebriato, beato, ammirato, affascinato, entusiasta, esaltato, estatico.

estàte *s. f.* stagione estiva □ caldo **CONTR.** inverno, bruma (*lett.*) □ freddo.

estàtico *agg.* **1** di estasi, contemplativo **2** estasiato, rapito, incantato, affascinato, ammirato □ radioso, trasognato.

estemporaneaménte *avv.* **1** all'improvviso, improvvisamente, all'impronta, all'impronto **CONTR.** meditatamente, premeditatamente, pensatamente **2** inopportunamente **CONTR.** opportunamente.

estemporaneità *s. f.* **1** improvvisazione, immediatezza **CONTR.** preparazione **2** inopportunità **CONTR.** opportunità.

estemporàneo *agg.* **1** immediato, improvviso, improvvisato, impreparato, all'impronta **CONTR.** preparato, meditato, pensato **2** inopportuno **CONTR.** opportuno.

estèndere **A** *v. tr.* **1** allargare, ingrandire, prolungare, espandere, stendere, allungare, aumentare, accrescere, dilatare □ (*fig.*) ampliare, amplificare, sviluppare □ (*fig.*) diffondere, propagare (*lett.*), generalizzare **CONTR.** restringere, limitare, accorciare, diminuire, ridurre, abbreviare, sintetizzare, riassumere □ localizzare **2** (*fig., raro*) (*di rapporto, di referto, ecc.*) compilare, stendere, scrivere, trascrivere, redigere **B estendersi** *v. intr. pron.* **1** allargarsi, ampliarsi, stendersi, allungarsi, aumentare, accrescersi, protendersi, dilatarsi, svilupparsi, ramificarsi, irradiarsi □ (*fig.*) propagarsi, diffondersi, proliferare, universalizzarsi, generalizzarsi □ (*raro*) dilungarsi **CONTR.** restringersi, rientrare, limitarsi, accorciarsi, diminuire, ridursi, abbreviarsi **2** distendersi, dispiegarsi, occupare, misurare.

estensìbile *agg.* **1** allargabile, allungabile, ampliabile, dilatabile, aumentabile, prolungabile **CONTR.** restringibile, riducibile □ compendiabile **2** (*fig.*) (*di saluti, di auguri e sim.*) trasmissibile.

estensióne *s. f.* **1** ampliamento, allargamento, aumento, accrescimento, dilatamento, diffusione, sviluppo, allargatura, allungamento, dilatazione, prolungamento □ (*di tempo*) durata, arco, svolgimento, spazio, corso **CONTR.** restringimento, limitazione, diminuzione, riduzione, accorciamento, abbreviatura **2** (*di parole*) significato, senso **3** (*di superficie, ecc.*) ampiezza, distesa, area, lunghezza, larghezza, dimensione, misura, apertura, grandezza, spazio □ spaziosità, vastità, proporzioni, latitudine (*lett.*) □ (*fig.*) limite, ambito, confini **4** (*di suoni*) gamma, serie □ (*di voce*) registro **5** (*di arto*) distensione **CONTR.** flessione. *V. anche* MISURA

estensivaménte *avv.* **1** su vasti territori, diffusamente **CONTR.** intensivamente **2** (*fig.*) per estensione **CONTR.** letteralmente, propriamente.

estensìvo *agg.* **1** (*agr.*) praticato su vasti terreni, praticato su larga scala **CONTR.** intensivo **2** (*fig.*) allargato, largo **CONTR.** letterale, proprio.

estenuànte *part. pres. di* **estenuare**; *anche agg.* spossante, stancante, snervante, sfibrante, logorante, stressante, fiaccante, struggente, deprimente, debilitante, estenuativo, massacrante **CONTR.** riposante, rilassante, tonificante, ristoratore, entusiasmante, esaltante, eccitante, fortificante.

estenuàre **A** *v. tr.* **1** rendere magro, fare dimagrire, emaciare, scheletrire, consumare **CONTR.** ingrassare **2** (*est.*) indebolire, fiaccare, sfibrare, spossare, logorare, stressare, stancare, snervare, distruggere, deprimere, debilitare, defatigare (*lett.*), esanimare (*lett.*), infiacchire, prostrare, rammollire, sfiancare, slombare (*raro*), spompare (*fam.*), straccare (*pop.*), svigorire **CONTR.** rinvigorire, fortificare, rafforzare, riposare, rilassare, ristorare **3** (*fig.*) impoverire, depauperare, isterilire **B estenuarsi** *v. intr. pron.* stancarsi, spossarsi, snervarsi, struggersi, deprimersi, infiacchirsi, intisichire, rammollirsi, slombarsi (*raro*), spomparsi (*fam.*) **CONTR.** rinvigorirsi, fortificarsi, rafforzarsi, rilassarsi, rifiorire. *V. anche* STANCARE

estenuatìvo *agg.* estenuante, snervante, stancante, sfibrante, fiaccante, struggente, deprimente, depressivo **CONTR.** riposante, ristoratore, entusiasmante, esaltante, eccitante, fortificante.

estenuàto *part. pass. di* **estenuare**; *anche agg.* **1** fiaccato, indebolito, spossato, sfibrato, snervato, distrutto, esaurito, affaticato, consunto, debilitato, debole, languente, spompato, stracco (*pop.*) **CONTR.** rinvigorito, fortificato, rilassato, vigoroso, instancabile **2** (*fig.*) languido, esangue.

estenuazióne *s. f.* spossatezza, debolezza, indebolimento, snervatezza, languore, esaurimento **CONTR.** vigoria. *V. anche* DEBOLEZZA

esterióre **A** *agg.* esterno, estrinseco, di fuori □ apparente, superficiale, formale, epidermico, verbale **CONTR.** interiore, interno, intrinseco, immanente, intestino, intimo, psicologico, introspettivo, profondo □ sostanziale **B** *s. m.* apparenza.

esteriorità *s. f.* esterno, aspetto, superficie, forma, apparenza, parvenza, facciata, superficialità □ corteccia (*fig.*), scorza (*fig.*), fumo (*fig.*), orpello (*fig.*), velame (*lett.*), velo **CONTR.** interno, interiorità, profondità, spirito.

esteriorizzàto *agg.* esternato, manifestato, espresso, palesato **CONTR.** celato, nascosto, occultato, introiettato, interiorizzato.

esteriorménte *avv.* all'esterno, dall'esterno, di fuori, fisicamente □ superficialmente, apparentemente, in apparenza, a prima vista, epidermicamente, formalmente **CONTR.** interiormente, all'interno, dall'interno, di dentro, addentro □ intimamente, profondamente.

esternaménte *avv.* dalla parte esterna, all'esterno, di fuori **CONTR.** internamente, dentro, didentro, interiormente, profondamente.

esternàre **A** *v. tr.* (*di sentimenti*) manifestare, esprimere, estrinsecare, palesare, dichiarare, esteriorizzare **CONTR.** celare, nascondere, occultare, velare **B esternarsi** *v. intr. pron.* palesarsi, manifestarsi **CONTR.** nascondersi, annidarsi (*est., fig.*) **C** *v. rifl.* (*di persona*) confidarsi, aprirsi **CONTR.** chiudersi.

estèrno **A** *agg.* **1** che è al di fuori, esteriore, estraneo, estrinseco, esogeno □ (*di farmaco*) topico □ (*filos.*) visibile, oggettivo, reale **CONTR.** interno, intrinseco, endogeno, intestino □ soggettivo, interiore **2** (*est.*) (*di aspetto*) apparente, superficiale, accidentale **CONTR.** sostanziale, essenziale, intimo **3** (*di collegiale, di studente, ecc.*) non convittore **CONTR.** interno **4** (*sport*) fuori casa, in trasferta **CONTR.** in casa, interno, casalingo **B** *s. m.* **1** lato di fuori, parte di fuori, superficie, forma □ buccia □ (*di edificio*) facciata **CONTR.** interno, didentro (*fam.*), fondo **2** (*di collegiale, di studente, ecc.*) non convittore **CONTR.** interno.

èstero **A** *agg.* forestiero, straniero, allogeno, esotico, oltramontano **CONTR.** interno, nazionale, nostrale, nostrano, indigeno, autoctono, aborigeno **B** *s. m.* territorio straniero **CONTR.** patria, madrepatria.

esterofilia *s. f.* xenofilia, esotismo **CONTR.** esterofobia, xenofobia.

esteròfilo *agg. e s. m.* xenofilo **CONTR.** esterofobo, xenofobo.

esterofobìa *s. f.* xenofobia **CONTR.** esterofilia, esotismo, xenofilia.

esteròfobo *agg. e s. m.* xenofobo **CONTR.** esterofilo, xenofilo.

esterrefàtto *agg.* **1** (*raro*) spaventato, atterrito, terrorizzato, inorridito **CONTR.** incoraggiato, allettato **2** sbalordito, stupito, stupefatto, sconvolto, attonito, sbigottito, strabiliato, trasecolato, allibito **CONTR.** insensibile, indifferente.

estesaménte *avv.* diffusamente, lungamente, ampiamente **CONTR.** schematicamente, stringatamente.

estéso *part. pass. di* **estendere**; *anche agg.* allargato, ampliato, vasto, largo, spazioso, grande, aperto □ capillare, generalizzato, ramificato □ ampio, diffuso, esauriente, particolareggiato □ prolisso, lungo **CONTR.** ristretto, stretto, piccolo, angusto, limitato □ abbreviato, breve, riassunto, schematico, succinto, scheletrico **FRAS.** *significato esteso* (*fig.*), traslato □ *per esteso*, senza abbreviazioni. *V. anche* GRANDE

estèta *s. m.* e *f.* (*est.*) persona di gusto, raffinato **CONTR.** rozzo.

estètica *s. f.* **1** studio del bello, studio dell'arte **2** (*est.*) avvenenza, bellezza, grazia, vaghezza **CONTR.** bruttezza, disarmonia.

esteticaménte *avv.* **1** secondo l'estetica **2** armonicamente, con gusto **CONTR.** senza gusto.

estètico *agg.* **1** dell'estetica, artistico **2** (*est.*) bello, avvenente, aggraziato, armonioso, armonico, elegante **CONTR.** antiestetico, brutto, sgraziato, disarmonico.

estetìsta *s. m.* e *f.* visagista.

estimàre *V.* **stimare**.

estimatóre *s. m.* (*f. -trice*) intenditore, conoscitore □ ammiratore, amico **CONTR.** detrattore, spregiatore, critico.

èstimo *s. m.* (*di beni*) stima, valutazione, perizia.

estìnguere ***A*** *v. tr.* **1** (*di fuoco, di incendio e sim.*) spegnere, spengere (*lett.*), smorzare, soffocare, domare **CONTR.** accendere, alimentare, attizzare **2** (*fig.*) (*di sete, di desiderio, di ricordo e sim.*) eliminare, annullare, far svanire, calmare, soddisfare, placare, cancellare **CONTR.** aumentare, accrescere, rinfocolare **3** (*di debito*) pagare, saldare, coprire, scontare, ammortare, ammortizzare, liquidare, spegnere, chiudere **CONTR.** accendere, contrarre **4** (*lett.*) (*di persona*) uccidere, annientare, ammazzare ***B*** **estinguersi** *v. intr. pron.* **1** (*di fuoco, di incendio, ecc.*) spegnersi, smorzarsi **CONTR.** accendersi, divampare, conflagrare (*lett.*), mantenersi vivo, alimentarsi, crescere **2** (*fig.*) finire, morire, perire, decedere, mancare **CONTR.** cominciare, nascere.

estinguìbile *agg.* **1** (*di fuoco, di incendio, ecc.*) spegnibile **CONTR.** inestinguibile **2** (*fig.*) (*di desiderio, di sete e sim.*) eliminabile, placabile, cancellabile **CONTR.** ineliminabile **3** (*di debito*) pagabile, saldabile, ammortizzabile **CONTR.** inestinguibile □ irredimibile.

estìnto ***A*** *part. pass. di* **estinguere**; *anche agg.* **1** (*di fuoco, di incendio e sim.*) spento, smorzato, soffocato, domato **CONTR.** acceso, alimentato **2** (*fig.*) (*di desiderio, di sete e sim.*) eliminato, annullato, placato, soddisfatto **CONTR.** aumentato, accresciuto **3** (*di persona, di famiglia, ecc.*) finito, cessato, morto, perito, deceduto □ (*di specie, di animale, ecc.*) scomparso **CONTR.** vivo □ vivente **4** (*di debito*) pagato, saldato ***B*** *s. m.* morto, defunto, buonanima, trapassato (*lett.*), fu (*come agg.*).

estintóre *s. m.* schiumogeno.

estinzióne *s. f.* **1** (*di fuoco, di incendio e sim.*) spegnimento **CONTR.** accensione **2** (*di stirpe, di famiglia e sim.*) fine, esaurimento, scomparsa, morte □ tomba **CONTR.** inizio, origine, nascita **3** (*di debito*) pagamento, saldo, perenzione (*dir.*), remissione □ (*di reato*) prescrizione, annullamento.

estirpàre *v. tr.* **1** (*di pianta, di dente, ecc.*) sollevare, divellere, sradicare, strappare, togliere, svellere, asportare, cavare, espiantare **CONTR.** ficcare, radicare **2** (*fig.*) (*di vizio, di male e sim.*) distruggere, annientare, eliminare, fare scomparire, debellare **CONTR.** accrescere, alimentare, coltivare.

estirpatóre *agg.* (*f. -trice*); *anche s. m.* (*spec. fig.*) chi estirpa, annientatore, debellatore, vincitore, distruttore **CONTR.** alimentatore.

estirpazióne *s. f.* (*anche fig.*) sradicamento, asportazione, estrazione, eliminazione □ (*di erbacce*) estirpatura, roncatura, sarchiellatura.

estìvo *agg.* dell'estate □ (*di temperatura, ecc.*) caldo, torrido, canicolare □ (*di abbigliamento, ecc.*) balneare **CONTR.** invernale.

estòrcere *v. tr.* carpire, sottrarre, rubare, togliere con forza, togliere con inganno, spillare, strappare, spremere.

estorsióne *s. f.* sottrazione □ racket (*ingl.*) □ truffa, ricatto, frode, rapina, ruberia, grassazione, concussione.

estraneità *s. f.* **1** (*a fatti, a discorsi, ecc.*) non partecipazione □ (*est.*) innocenza **CONTR.** partecipazione, complicità, connivenza, correità **2** (*est.*) disinteresse, indifferenza, assenza **CONTR.** interesse, presenza **3** (*fig.*) diversità **CONTR.** affinità, attinenza, inerenza **4** non conoscenza **CONTR.** dimestichezza, familiarità, conoscenza, consuetudine, parentela, consanguineità.

estràneo ***A*** *agg.* **1** sconosciuto, esterno (*a fatti, a discorsi, ecc.*) non partecipe, che non c'entra, assente, non addetto, lontano □ indifferente, disinteressato, neutrale, alieno **CONTR.** noto, familiare □ partecipe, responsabile, addetto, coinvolto, compromesso, presente □ connivente, complice □ interessato **2** (*fig.*) estrinseco, non pertinente □ diverso **CONTR.** afferente, attinente, appartenente, inerente, relativo, intrinseco □ affine ***B*** *s. m.* persona estranea, intruso □ innocente □ forestiero, sconosciuto □ (*dir.*) terzo **CONTR.** interessato, responsabile □ correo, complice □ adepto, partecipante □ conoscente, familiare.

estraniaménto *s. m.* **1** estraniazione, alienazione **CONTR.** coinvolgimento, compartecipazione, immistione **2** straniamento.

estraniàre ***A*** *v. tr.* alienare, allontanare, straniare (*lett.*) **CONTR.** attirare ***B*** **estraniarsi** *v. rifl.* rendersi estraneo, disinteressarsi, distrarsi, non partecipare, isolarsi, rinchiudersi, alienarsi, defilarsi, confinarsi **CONTR.** partecipare, interessarsi, intromettersi, intervenire, mescolarsi, mischiarsi.

estrapolàre *v. tr.* (*est.*) ricavare, estrarre **CONTR.** interpolare, inserire.

estrapolazióne *s. f.* **1** (*mat.*) induzione, previsione **2** (*est.*) estrazione, espunzione **CONTR.** introduzione, inserimento □ interpolazione, interpolamento.

estràrre *v. tr.* **1** trarre fuori, tirare fuori, cavare, togliere, levare, svellere, divellere, spremere, emungere (*lett.*), estirpare □ (*di spada*) sguainare **CONTR.** introdurre, mettere dentro, immettere, cacciare dentro, configgere, inserire, insinuare **2** (*di numero, di regola, ecc.*) trovare, ricavare, estrapolare, ottenere, trarre, rilevare **3** (*di minerali*) scavare, tirar fuori **4** (*al lotto, alla tombola*) sorteggiare, tirare a sorte, pescare.

estrattìvo *agg.* **1** di estrazione **2** (*di industria, di attività*) minerario.

estràtto **A** *part. pass. di* **estrarre**; *anche agg.* **1** tratto fuori, tirato fuori, cavato, tolto, levato, svelto **CONTR.** introdotto, messo dentro, immesso, inserito, incastrato, immerso **2** (*di regola, di numero, ecc.*) trovato, ricavato **3** (*di minerali*) scavato **4** (*al lotto, alla tombola*) sorteggiato, tirato a sorte, pescato **B** *s. m.* **1** (*di prodotto*) condensato, concentrato, essenza, elisir, quintessenza **2** (*di libro, di rivista e sim.*) fascicoletto, capitolo, parte □ riassunto, sunto, compendio, sintesi, sommario, epitome, ristretto, regesto, riepilogo, ricapitolazione, sinossi, bignami **3** (*di conto commerciale*) stralcio, saldo. *V. anche* PARTE, RIASSUNTO

estrazióne *s. f.* **1** (*di radice, di dente, ecc.*) asportazione, estirpazione, cavata **CONTR.** inserimento, inserzione, introduzione **2** (*di materia*) prelevamento, prelievo **CONTR.** immissione, iniezione **3** (*di lotto, di tombola, ecc.*) sorteggio **4** (*chim.*) separazione **5** (*fig.*) origine, derivazione, nascita, ceto, classe.

estremaménte *avv.* grandemente, sommamente, assai, molto, enormemente, maledettamente **CONTR.** per nulla, assai poco.

estremìsmo *s. m.* massimalismo, radicalismo, intransigenza, oltranzismo, fanatismo, giacobinismo (*est.*), fondamentalismo, integralismo □ sovversivismo, eversione **CONTR.** moderazione, equilibrio, gradualismo. *V. anche* FANATISMO

estremìsta *s. m. e f.* massimalista, radicale, intransigente, fazioso, settario, fanatico, giacobino (*est.*), oltranzista, fondamentalista, integralista □ sovversivo, eversivo, rivoluzionario, barricadiero, sanculotto (*est.*), scamiciato (*raro*) **CONTR.** moderato.

estremìstico *agg.* massimalistico, radicale, intransigente, estremo, spinto □ sovversivo, eversivo, rivoluzionario **CONTR.** moderato.

estremità *s. f.* **1** (*anche fig.*) parte estrema, estremo, punto terminale, termine, confine, terminazione, fine, coda, fondo, scrimolo (*raro*), ciglio, riva, sponda, orlo, lato, lembo, bordo, vivagno (*est., lett.*), limite, margine □ capo, testa, testata, vertice, vetta, cima, sommità, punta, guglia □ imboccatura, principio, inizio □ (*di esercito*) ala □ (*fig.*) polo **2** (*al pl.*) piedi, gambe, mani, braccia.

estremizzàre *agg.* **1** (*di posizioni politiche*) radicalizzare **CONTR.** moderare **2** (*di tensioni, ecc.*) esagerare, esasperare, esacerbare, acuire, acutizzare **CONTR.** attenuare.

estrèmo **A** *agg.* **1** (*anche fig.*) ultimo, postremo (*lett.*), finale, terminale, supremo, massimo, sommo, minimo □ (*di opinione, ecc.*) radicale, intransigente, estremistico, esasperato □ (*di sport*) rischiosissimo, pericolosissimo **CONTR.** intermedio □ moderato **2** (*di necessità e sim.*) urgentissimo, gravissimo, stretto □ (*di termine, di limite, ecc.*) perentorio, ultimativo **3** (*di interesse, di valore, ecc.*) notevolissimo, grandissimo, considerevole, cospicuo, rilevante **CONTR.** minimo, insignificante, irrilevante **B** *s. m.* **1** (*anche fig.*) estremità, punto □ limite, momento estremo, fine, termine, stremo, culmine **2** (*mat.*) primo termine, quarto termine **3** (*spec. al pl.*) (*di documento*) elemento di identificazione, dati, generalità **4** (*di reato*) elemento costitutivo, esagerazione, eccesso **FRAS.** *Estremo Oriente*, Asia Orientale □ *estremi onori*, onoranze funebri □ *essere agli estremi*, essere alla fine, essere in punto di morte □ *all'estremo*, alla fine. *V. anche* GRANDE

estrinsecàre *v. tr.* manifestare, esprimere, esternare, palesare, rivelare, svelare, significare, esplicitare, oggettivare **CONTR.** nascondere, dissimulare.

estrinsecazióne *s. f.* manifestazione, espressione □ concretizzazione, oggettivazione **CONTR.** dissimulazione □ soggettivazione.

estrìnseco *agg.* esterno, estraneo, esteriore, apparente, superficiale **CONTR.** intrinseco, intimo, interno, immanente.

èstro *s. m.* **1** (*est.*) stimolo, ardore, fantasia, vena, inventiva, creatività, afflato, soffio, brio, verve (*fr.*), ispirazione **2** disposizione, inclinazione, tendenza **3** capriccio, ghiribizzo, grillo, ticchio, estrosità, bizzarria **4** (*biol.*) calore.

estrométtere **A** *v. tr.* mandare via, espellere, escludere, cacciare, allontanare, respingere, emarginare, sloggiare, epurare **CONTR.** intromettere (*raro*), accogliere, ammettere, accettare, coinvolgere, includere, integrare, interessare □ insediare, investire **B** **estromettersi** *v. rifl.* (*raro*) porsi al di fuori, allontanarsi, andarsene, ritirarsi **CONTR.** intromettersi, inserirsi.

estromissióne *s. f.* allontanamento, cacciata, espulsione, emarginazione, epurazione **CONTR.** introduzione, accoglimento, assunzione, insediamento. *V. anche* EMARGINAZIONE

estrosaménte *avv.* bizzarramente, capricciosamente, eccentricamente □ originalmente, fantasiosamente, creativamente **CONTR.** giudiziosamente, sensatamente □ piattamente, banalmente, pedestremente.

estróso *agg.* bizzarro, capriccioso, eccentrico, singolare, curioso, ghiribizzoso, matto (*est.*), paradossale □ originale, fantasioso, creativo, brioso **CONTR.** giudizioso, sensato, equilibrato □ piatto, grigio, conformista, banale, pedestre. *V. anche* MATTO

estroversióne *s. f.* (*psicol.*) espansività, comunicativa, disinibizione **CONTR.** introversione, riserbo.

estrovèrso *agg. e s. m.* (*psicol.*) estrovertito (*raro*), espansivo, aperto, chiassone, comunicativo, passionale, disinibito **CONTR.** introverso, abbottonato, chiuso, asociale, solitario, umbratile.

estuàrio *s. m.* (*geogr.*) foce a imbuto, sbocco **CFR.** delta.

esuberànte *agg.* **1** (*di cosa*) sovrabbondante, eccedente, eccessivo, soverchio (*lett.*), superfluo, ridondante □ rigoglioso, prospero, prosperoso, fiorente, florido, ubertoso (*lett.*), copioso **CONTR.** scarso, insufficiente, scarseggiante, inadeguato □ brullo, nudo, sterile, misero **2** (*fig.*) (*di persona*) vivace, brioso, vitale, espansivo, straripante, euforico, pimpante, ringalluzzito, vivo, vigoroso **CONTR.** spento, abulico, umbratile. *V. anche* SUPERFLUO

esuberànza *s. f.* **1** (*di cose*) sovrabbondanza, eccesso, eccessività, sovreccedenza, superfluità, eccedenza, ridondanza □ grande abbondanza, copia, copiosità, dovizia, rigoglio, rigogliosità, floridezza **CONTR.** scarsità, insufficienza, esiguità, penuria, scarsezza □ squallore, desolazione **2** (*fig.*) (*di persona*) vivacità, espansività, comunicativa, brio, vitalità, verve (*fr.*), euforia, vigore, vigoria, vita **CONTR.** grigiore, abulia, fiacchezza, depressione.

esulàre *v. intr.* **1** (*raro*) andare in esilio, espatriare, emigrare **CONTR.** rimpatriare **2** (*fig.*) essere al di fuori, essere estraneo, oltrepassare, esorbitare, eccedere, uscire.

èsule *s. m.* e *f.*; *anche agg.* esiliato, profugo, proscritto, emigrato, fuoriuscito, espatriato, deportato, emigrante, rifugiato, fuggiasco, fuggitivo □ (*est.*) lontano.

esultànte *part. pres. di* **esultare**; *anche agg.* beato, felice, festante, entusiasta, giocondo, gioioso, giubilante, gongolante, raggiante, trionfante **CONTR.** triste, amareggiato □ (*di voce, ecc.*) accorato.

esultànza *s. f.* intensa allegrezza, allegria, gioia, letizia, contentezza, gaudio, giubilo, tripudio, entusiasmo, beatitudine, felicità, giocondità, festa **CONTR.** afflizione, tristezza, mestizia, scontento, malinconia, compianto, cordoglio, dolore. *V. anche* ENTUSIASMO

esultàre *v. intr.* gioire, godere, tripudiare, giubilare, essere felicissimo, essere pieno di gioia, entusiasmarsi, gongolare, rallegrarsi, ridere, trionfare **CONTR.** rattristarsi, essere triste, soffrire, abbattersi, amareggiarsi, dispiacersi, gemere, lagnarsi, patire. *V. anche* RIDERE

esumàre *v. tr.* **1** (*di resti umani*) trarre dalla tomba, disseppellire, dissotterrare, scavare **CONTR.** inumare, seppellire, interrare, tumulare, sotterrare **2** (*fig.*) (*di cose dimenticate*) trarre dall'oblio, rimettere in luce, rimettere in voga, riesumare, ripescare, rispolverare **CONTR.** dimenticare, far dimenticare, nascondere.

esumazióne *s. f.* **1** (*di resti umani*) disseppellimento, dissotterramento, rimozione (di cadavere) **CONTR.** inumazione, seppellimento, sepoltura, tumulazione, interramento, sotterramento **2** (*di cose dimenticate*) riesumazione, recupero, ripresa **CONTR.** dimenticanza.

età *s. f.* **1** (*della vita*) anni, tempo □ generazione □ vita **2** (*est.*) periodo, epoca, era, evo, secolo (*est.*), stagione **3** (*bur.*) tempo legale, tempo utile **FRAS.** *la prima età, la tenera età*, l'infanzia □ *la verde età*, l'adolescenza, la giovinezza □ *la terza età*, la vecchiaia, gli anziani □ *di una certa età*, avanti con gli anni. *V. anche* TEMPO

ètere *s. m.* **1** (*lett.*) aria, cielo, aere (*poet.*), aura (*lett.*), etra (*poet.*) **CONTR.** terra, suolo **2** spazio, cielo.

etèreo *agg.* **1** dell'etere, aereo **CONTR.** terrestre **2** (*poet.*) del cielo, celeste **CONTR.** terreno **3** (*est.*) limpidissimo, diafano, immacolato □ celestiale, spirituale, incorporeo **CONTR.** grossolano, materiale, corporeo.

eternaménte *avv.* in eterno, senza fine, per sempre, sempre, illimitatamente, perpetuamente, perennemente, immutabilmente, incessantemente, permanentemente **CONTR.** precariamente, provvisoriamente, limitatamente, temporaneamente.

eternàre **A** *v. tr.* immortalare □ rendere durevole, rendere perenne, perpetuare **B** **eternarsi** *v. rifl.* **1** farsi immortale, immortalarsi, passare ai posteri **2** essere durevole, essere perenne, perpetuarsi, rivivere **CONTR.** finire, cessare, morire.

eternìt o **èternit** [marchio registrato] *s. m.* fibrocemento, cemento-amianto.

eternità *s. f.* **1** perpetuità, perennità, immortalità, indistruttibilità, eterno, immutabilità **CONTR.** mortalità, caducità, temporalità, precarietà, provvisorietà, temporaneità **2** (*relig.*) vita eterna **CONTR.** vita terrena, secolo **3** (*fam.*) (*di durata*) secolo, infinità, tempo infinito **CONTR.** attimo, lampo.

etèrno **A** *agg.* **1** senza principio e senza fine, increato, senza fine, senza tempo, infinito, sempiterno, immortale, perpetuo, illimitato, perenne, imperituro, indistruttibile, inestinguibile, indefettibile, immarcescibile (*lett.*), immutabile, incessabile (*lett.*), permanente □ (*di nemico*) giurato **CONTR.** caduco, effimero, mortale, temporale, transeunte, perituro, umano, precario, provvisorio, distruttibile **2** (*di attesa, di discorso, ecc.*) incessante, interminabile, lungo, lunghissimo, infinito, che non finisce mai, chilometrico **CONTR.** corto, veloce, breve, rapido, spiccio, piccolo **B** *s. m.* eternità □ *l'Eterno*, Dio, Padreterno, Altissimo **FRAS.** *il sonno eterno*, la morte □ *la vita eterna*, l'aldilà □ *la città eterna*, Roma □ *in eterno*, per l'eternità, per sempre, eternamente. *V. anche* PERPETUO

eterogeneità *s. f.* diversità, difformità, varietà, mescolanza, diversificazione, discordanza, disparità **CONTR.** omogeneità, compattezza, uniformità, similarità.

eterogèneo *agg.* diverso, difforme, differente, dissimile, disparato, differenziato, vario, svariato, discorde, complesso, composito, eclettico, ibrido, miscellaneo **CONTR.** omogeneo, unito, compatto, uniforme, uguale, simile, similare.

ètica *s. f.* morale, filosofia morale, moralità, eticità □ (*di professione*) deontologia. *V. anche* MORALE

eticaménte *avv.* secondo l'etica, moralmente.

etichétta (**1**) *s. f.* **1** (*di oggetti*) cartellino, cartello, fascetta, marchio, marca, targa, griffe (*fr.*) **2** (*fig.*) (*di persone, di movimento, ecc.*) definizione sommaria, classificazione, marchio, designazione.

etichétta (**2**) *s. f.* **1** (*di usi, di costumi, ecc.*) cerimoniale, formalità, forma, consuetudine, norma, regola **2** (*est.*) galateo, correttezza, buona creanza, educazione **CONTR.** maleducazione, scorrettezza.

etichettàre *v. tr.* **1** fornire di etichetta **2** (*est.*) classificare, qualificare, designare, definire □ (*spreg.*) bollare, tacciare.

eticità *s. f.* moralità, morale, etica.
ètico *agg.* **1** (*filos.*) dell'etica, della morale **2** morale □ (*di comportamento professionale*) deontologico **CONTR.** immorale.
etilìsmo *s. m.* alcolismo.
etilìsta *s. m. e f.* alcolista, alcolizzato, ubriacone, beone, sbornione.
ètimo *s. m.* (*ling.*) origine, radice, etimologia, significato originario, derivazione.
etimologìa *s. f.* **1** studio dell'origine delle parole **2** (*di parole*) derivazione, origine, etimo.
etìope *agg.; anche s. m. e f.* etiopico, abissino.
etiòpico *agg.* etiope, abissino.
etnìa *s. f.* razza, gruppo razziale.
ètnico *agg.* di una razza, di un popolo, razziale.
etrùsco *agg.; anche s. m.* **1** dell'antica Etruria **2** (*poet.*) toscano, tosco (*lett.*).
ètto *s. m.* (*fam.*) ettogrammo, 100 grammi.
ettogràmmo *s. m.* etto (*fam.*), 100 grammi.
eucaristìa o **eucarestìa** *s. f.* comunione □ ostia consacrata, pane eucaristico.
eufemìsmo *s. m.* (*ling.*) eufemia (*lett.*), attenuazione **CONTR.** amplificazione, esagerazione, malignità.
eufemisticaménte *avv.* con eufemismo, benevolmente □ (*est.*) allegoricamente **CONTR.** esageratamente, malignamente.
eufemìstico *agg.* di eufemismo, attenuato, benevolo **CONTR.** amplificato, esagerato, maligno.
eufonìa *s. f.* (*ling.*) (*di suono*) armonia, assonanza, consonanza, gradevolezza **CONTR.** cacofonia, sgradevolezza, disarmonia.
eufonicaménte *avv.* (*di parlare*) armonicamente, gradevolmente **CONTR.** disarmonicamente, cacofonicamente.
eufònico *agg.* (*di suono*) gradevole, armonico **CONTR.** cacofonico, sgradevole, disarmonico.
eufòrbia *s. f.* erba cipressina, ricino selvatico, erba mora.
euforìa *s. f.* benessere, entusiasmo, ottimismo, eccitazione, esaltazione, vitalità, esuberanza, vivacità, ebbrezza, ebrietà **CONTR.** malessere, avvilimento, abbattimento, depressione, sconforto, lipemania (*psicol.*), ipocondria (*est.*), disforia (*med.*). *V. anche* ENTUSIASMO
euforicaménte *avv.* entusiasticamente, con esuberanza □ eccitatamente, molto vivacemente **CONTR.** con avvilimento.
eufòrico *agg.* entusiasta, ottimista, esuberante, eccitato, esaltato, pieno di vivacità **CONTR.** avvilito, abbattuto, depresso, triste, abbiosciato, demoralizzato, sgasato (*fam., gerg.*), disforico (*med.*).
eupèptico *agg.; anche s. m.* (*di medicamento*) digestivo, stomatico, aperitivo.
èureka *inter.* evviva!, trovato!
euritmìa *s. f.* armonia, accordo, equilibrio, proporzione, ritmo **CONTR.** disarmonia, squilibrio, sproporzione □ aritmia, anomalia.
euritmicaménte *avv.* armonicamente, equilibratamente, proporzionatamente **CONTR.** disarmonicamente, squilibratamente, sproporzionatamente.
eurìtmico *agg.* armonico, equilibrato, proporzionato, ritmico **CONTR.** disarmonico, squilibrato, sproporzionato.
Èuro [da *Europa*] *s. m. inv.* moneta unica europea □ eurovaluta.
eurodivìsa *s. f.* euromoneta, eurovaluta.
euromonéta *s. f.* eurodivisa, eurovaluta.
europarlaménto *s. m.* parlamento europeo.
eurovalùta *s. f.* euromoneta, eurodivisa □ ECU, Euro.
evacuàre **A** *v. tr.* **1** vuotare, abbandonare, sgombrare, sfollare **CONTR.** riempire, colmare, occupare **2** espellere, scaricare, svuotare □ (*ass.*) andare di corpo, defecare, liberarsi, cacare (*volg.*) **B** *v. intr.* andarsene, andar via, sgombrare, sfollare **CONTR.** entrare, riempire.
evacuazióne *s. f.* **1** liberazione, sgombro, evacuamento, sfollamento, svuotamento **CONTR.** riempimento, occupazione **2** espulsione □ (*di feci*) defecazione.
evàdere **A** *v. intr.* **1** (*da un luogo*) fuggire, scappare, dileguarsi, prendere il largo, prendere il volo, squagliarsela, svignarsela, sparire, scomparire **CONTR.** entrare **2** (*di tasse, di fisco*) non pagare, sottrarsi, sfuggire **CONTR.** pagare **3** (*fig.*) (*da preoccupazioni, da molestie e sim.*) distrarsi, distogliersi, svagarsi, dimenticare, distaccarsi **B** *v. tr.* **1** (*di corrispondenza, di pratica, ecc.*) sbrigare, eseguire, finire **2** (*di tasse, di fisco*) non pagare **CFR.** eludere **CONTR.** pagare.

EVADERE
sinonimia strutturata

Evadere ha un'ampia gamma di significati tra loro abbastanza differenziati. Innanzitutto, indica l'evasione da un luogo chiuso, specialmente di prigionia, ed è sinonimo di **fuggire** e di **scappare**, che indicano appunto l'allontanarsi da un posto con la maggior rapidità possibile: *fuggire di prigione*; *scappare dal campo di concentramento.* **Squagliarsi**, in senso figurato e frequentemente nella forma **squagliarsela**, e la forma **svignarsela** hanno una connotazione più familiare e descrivono l'andarsene furtivamente, alla chetichella, spesso per togliersi da un impiccio: *al momento di pagare si sono squagliati*; *il ladruncolo è riuscito a squagliarsela*; *non vedo l'ora di svignarmela*; così **prendere il largo**, che propriamente significa navigare verso il mare aperto, in senso figurato indica il fuggire. Il risultato dell'evasione, ossia il trovare rifugio, è definito dal verbo **scampare**: *scamparono all'estero*; enfatizzano non solo l'atto ma soprattutto l'effetto della fuga, ossia il rendersi irreperibile, anche i verbi **dileguarsi**, **sparire** e **scomparire**, tra loro equivalenti: *i nemici si dileguarono nella notte*; *suo padre è sparito e non si sa dove sia*; *un attimo fa era qui, ora è scomparso*; a differenza di scampare, però, non sottolineano la forte ricerca di una via di scampo né quasi mai sono seguiti dalla destinazione.

Si può evadere non solo da un luogo fisico, ma in senso figurato anche da una situazione di disagio o da ambienti sgradevoli: *evadere dalla monotonia di ogni giorno, dalle preoccupazioni*; *ogni tanto sento il bisogno di evadere*; in quest'ambito semantico evadere trova affinità con **distrarsi**, che in senso estensivo significa appunto il prendersi uno svago: *vado al mare per distrarmi*. **Distaccarsi** figuratamente indica l'allontanarsi, l'estraniarsi da una situazione fino a non sentirne più l'influenza, anche solo temporaneamente; così pure **dimenticare**, con questo valore usato anche in senso assoluto, significa cancellare dalla propria mente: *voglio dimenticare i problemi per un po'*.

Un ulteriore e più specifico campo semantico coperto dal verbo evadere è quello relativo all'evasione fiscale: il **non pagare** le tasse si dice appunto evadere; altri sinonimi sono **sfuggire** al fisco o **sottrarsi** al fisco.

Infine, anche l'adempiere ad un compito si dice evadere: *evadere una pratica*; *evadere un affare*; in particolare, *evadere la corrispondenza* significa rispondere alle lettere ricevute. Il mettere in opera si dice anche **eseguire**: *eseguire un lavoro*. Rispetto a questi verbi, **sbrigare** sottolinea la sollecitudine con cui si pone fine a quello che si sta facendo: *sbrigare una faccenda*, mentre **finire** mette l'accento sul portare a compimento una determinata cosa: *devo finire questo lavoro entro oggi*.

evanescènte *agg.* sfumato, digradante, leggero, impalpabile, lieve, indistinto, incorporeo, tenue, vaporoso, affievolito □ debole, inconsistente, fiacco, vuoto, esile **CONTR.** accentuato, marcato, netto, distinto □ sostanzioso, corposo.

evanescènza *s. f.* dissolvenza, sfumatura, affievolimento, debolezza, vaporosità □ (*fot.*) flou (*fr.*) □ (*elettr.*) fading (*ingl.*) **CONTR.** intensificazione, rafforzamento. *V. anche* DEBOLEZZA

evangelizzàre *v. tr.* **1** predicare il Vangelo, convertire (a Cristo), cristianizzare **2** (*fig., raro*) (*a idee, a movimenti, ecc.*) convincere, persuadere, catechizzare (*est.*), indottrinare.

evangelizzatóre *s. m.* catechizzatore, catechista, catecheta, missionario, predicatore.

evaporàre *v. intr.* **1** (*di liquido*) diventare vapore, vaporare, svaporare, vaporizzarsi □ traspirare, trasudare **CONTR.** condensarsi **2** (*di odori, di aromi*) volatilizzarsi, esalare, svanire, sfumare.

evaporàto *part. pass. di* **evaporare**; *anche agg.* vaporato, svaporato, vaporizzato, volatilizzato, esalato, svanito **CONTR.** condensato.

evaporatóre *s. m.* inalatore □ vaporizzatore **CONTR.** condensatore.

evaporazióne *s. f.* aerificazione, vaporizzazione, esalazione □ traspirazione, trasudamento, trasudazione **CONTR.** condensazione.

evasióne *s. f.* **1** (*da un luogo*) fuga **2** (*fig.*) (*da preoccupazioni, da problemi e sim.*) allontanamento, distrazione, svago, disimpegno, distacco **CONTR.** partecipazione, interessamento, impegno **3** (*di corrispondenza, di pratiche, ecc.*) disbrigo, trattazione, definizione, risposta **CONTR.** ricevimento, accettazione **4** (*di tasse, di fisco*) mancato pagamento, frode fiscale **CFR.** elusione **CONTR.** pagamento.

evasivaménte *avv.* elusivamente, vagamente **CONTR.** chiaramente, sicuramente.

evasìvo *agg.* sfuggente, poco chiaro, vago, generico, elusivo **CONTR.** chiaro, evidente, positivo, pertinente, proprio, sicuro.

evàso *part. pass. di* **evadere**; *anche agg.* e *s. m.* fuggito dalla prigione, fuggitivo, fuggiasco.

evasóre *s. m.* frodatore fiscale.

eveniènza *s. f.* occorrenza, caso, circostanza, occasione; eventualità, possibilità, ipotesi, congiuntura, sopravvenienza, ventura.

evènto *s. m.* fatto, avvenimento, caso, accaduto, congiuntura, accadimento, accidente, sopravvenienza, vicenda, incidente □ (*di manifestazione culturale*) happening (*ingl.*), successo **FRAS.** *lieto evento*, nascita. *V. anche* SUCCESSO

eventuàle *agg.* possibile, accidentale, fortuito, casuale, probabile, incerto, presumibile, ipotizzabile, virtuale, potenziale, ipotetico, occasionale, contingente **CONTR.** certo, sicuro, reale, indubbio, immancabile.

eventualità *s. f.* **1** evento, evenienza, caso, avvenimento, pericolo, emergenza, imprevisto, contingenza **2** possibilità, probabilità, casualità, ipotesi, occasione, virtualità. *V. anche* INCERTO, SPERANZA

eventualménte *avv.* nel caso, casomai, all'occorrenza, semmai, nell'ipotesi, nell'evenienza □ al più, al massimo, magari, forse.

evergreen /ɛver'grin, *ingl.* 'evə gri:n/ [vc. ingl., propr. 'sempreverde'] *agg. inv.*; *anche s. m.* e *f.* intramontabile.

eversióne *s. f.* **1** (*lett.*) rovina, demolizione, distruzione, crollo **CONTR.** costruzione, ricostruzione **2** sovvertimento, rovesciamento, rivolta, ribellione, rivoluzione □ sovversione, estremismo, terrorismo **CONTR.** restaurazione, reazione.

eversìvo *agg.* sovversivo, rivoluzionario, ribelle, sovvertitore, estremista, estremistico **CONTR.** reazionario.

eversóre *s. m.* **1** (*lett.*) distruttore, demolitore **CONTR.** costruttore, ricostruttore **2** sovvertitore, sovversivo, ribelle, rivoluzionario **CONTR.** reazionario.

evidènte *agg.* **1** (*di segno, di sentimento, ecc.*) chiaro, manifesto, aperto, palese, perspicuo, lampante, eclatante, dichiarato, flagrante, icastico, luminoso, palpabile, palmare, patente, plateale, semplice, sensibile, tangibile, trasparente, malcelato, visibile, vistoso **CONTR.** oscuro, arcano, impenetrabile, indistinto, confuso, fumoso, nebuloso **2** (*di verità, di prova, ecc.*) indubbio, indubitabile, certo, irrefutabile, inconfutabile, incontestabile, incontestato, indiscusso, indiscutibile, inoppugnabile, cartesiano, intuitivo, lapalissiano, ovvio, pacifico, anapodittico, apodittico (*est.*), assiomatico, inequivocabile, innegabile, irrecusabile, irrefragabile, positivo, provato, reale, schiacciante **CONTR.** incerto, ambiguo, dubbio, discutibile, equivoco, enigmatico, problematico. *V. anche* TRASPARENTE

evidenteménte *avv.* certamente, sicuramente, indubbiamente, manifestamente, chiaramente, visibilmente, palesemente, patentemente □ ovviamente, a quanto pare, senza dubbio □ sì, certo, certamente CONTR. ambiguamente, discutibilmente, equivocamente, oscuramente, misteriosamente □ no, niente affatto, per nulla.

evidènza *s. f.* **1** chiarezza, certezza, perspicuità, limpidezza, luminosità, trasparenza □ comprensibilità, facilità, intelligibilità, ovvietà, semplicità □ (*di gesto, ecc.*) eloquenza □ (*di una tesi e sim.*) irrefragabilità CONTR. oscurità, ambiguità, incertezza, dubbio, equivoco, inesplicabilità, misteriosità **2** risalto, spicco, luce, rilievo, vistosità □ (*fig.*) efficacia, chiarezza, incisività, icasticità CONTR. ombra □ fiacchezza, inefficacia **3** (*bur.*) prova.

evidenziàre **A** *v. tr.* (*spec. fig.*) sottolineare, rimarcare, far notare, accentuare, esaltare, calcare, lumeggiare, rilevare, enucleare CONTR. tralasciare, tacere, sminuire, adombrare **B** **evidenziarsi** *v. intr. pron.* risaltare, risultare.

evidenziatóre *s. m.* marker (*ingl.*).

evìncere *v. tr.* dedurre, desumere, arguire, ricavare, inferire, argomentare, trarre.

eviràre *v. tr.* **1** asportare i testicoli, castrare **2** (*fig.*) infiacchire, indebolire, svigorire, fiaccare, sfibrare, svirilizzare CONTR. rinvigorire, rafforzare.

eviràto *part. pass. di* **evirare**; *anche agg. e s. m.* **1** castrato, eunuco **2** (*fig.*) infiacchito, indebolito, svigorito, fiacco, imbelle CONTR. forte, vigoroso, virile, maschio.

evirazióne *s. f.* castrazione.

evitàbile *agg.* scansabile, schivabile, eludibile, aggirabile CONTR. inevitabile, imprescindibile, necessario, indeclinabile, ineluttabile, inesorabile.

evitàre *v. tr.* **1** (*di cosa dannosa, spiacevole e sim.*) scansare, schivare, eludere, sfuggire, scampare, scantonare, scapolare, dribblare, aggirare, glissare □ (*di colpo*) parare □ (*di invito, ecc.*) declinare □ (*di disgrazia, ecc.*) scongiurare, sventare, impedire, prevenire CONTR. incappare, incorrere, imbattersi, incontrare □ affrontare, combattere, sfidare, esporsi □ provocare, cagionare **2** (*di impegno, di spesa, ecc.*) liberarsi, sottrarsi, tenersi lontano □ (*di pensiero, di preoccupazione, ecc.*) togliere, levare, risparmiare, liberare CONTR. soggiacere, sottomettersi □ addossare, caricare, arrecare **3** (*di bere, ecc.*) astenersi, guardarsi, fare a meno, trattenersi.

èvo *s. m.* **1** periodo, epoca, età, era, secolo, tempo antico, tempo medio, tempo moderno **2** (*raro*) lungo spazio di tempo. *V. anche* TEMPO

evocàre *v. tr.* **1** (*di defunti*) richiamare in vita **2** (*fig.*) (*di evento, di persona*) ricordare, rievocare, celebrare, commemorare, riesumare □ ricreare, risvegliare, alludere.

evocatìvo *agg.* rievocativo, celebrativo, commemorativo □ allusivo, suggestivo.

evocazióne *s. f.* **1** scongiuro □ invocazione **2** rievocazione, ricordo, celebrazione, echeggiamento, memoria.

evolutìvo *agg.* di evoluzione □ dello sviluppo CONTR. involutivo, involutorio, regressivo.

evolùto *part. pass. di* **evolvere**; *anche agg.* **1** sviluppato **2** (*est.*) maturo, progredito, civile, moderno, avanzato □ emancipato, privo di pregiudizi CONTR. immaturo, incivile, ignorante □ retrogrado, parruccone, retrivo, arretrato, tradizionalista, feudale, borbonico.

evoluzióne *s. f.* **1** svolgimento, corso, decorso, andamento, storia, procedimento, sviluppo □ avanzamento, progresso, emancipazione, miglioramento, cambiamento, mutamento CONTR. involuzione, regresso, regressione **2** (*biol.*) trasformazione **3** (*sport, mil.*) manovra, movimento, conversione **4** (*aer.*) volo in curva, cabrata, picchiata, spirale.

evoluzionismo *s. m.* (*biol.*) trasformismo.

evòlvere **A** *v. tr.* (*raro*) sviluppare, svolgere, cambiare, mutare **B** *v. intr.* e **evolversi** *v. intr. pron.* trasformarsi, cambiare, mutare □ svilupparsi, progredire, migliorare, emanciparsi CONTR. involversi, regredire, degenerare □ fossilizzarsi.

evvìva **A** *inter.* (*di esultanza, di plauso, di entusiasmo, di approvazione e sim.*) bene!, bravo!, urrà!, viva!, alleluia!, deo gratias! (*lat.*), eureka!, alalà! (*lett.*) CONTR. abbasso!, a morte! **B** *in funzione di s. m. inv.* applauso, plauso, acclamazione, osanna, ovazione, congratulazione CONTR. fischi, disapprovazione, ostilità, zittii.

ex /*lat.* ɛks/ [prep. lat. con vari sign. (*da, fuori, secondo*)] **A** *prep.* (*premesso a un s.*) già, una volta, ora non più CONTR. attuale, in carica **B** *in funzione di s. m. o f.* ex moglie, ex marito, ex direttore, ecc.

ex aequo /*lat.* ɛg'z ɛkwo/ [lat., letteralmente 'dal (*ex*) giusto (*aequo*)' sott. 'diritto'] *loc. avv.* (*di classifica, di premio, ecc.*) alla pari, a pari merito □ in parti uguali.

ex cathedra /*lat.* ɛks 'katedra/ [lat., letteralmente 'dalla (*ex*) cattedra (*cathedra*)'] *loc. avv.* **1** (*delle dichiarazioni del papa in materia di fede e di morale*) dalla cattedra, dogmaticamente **2** (*est.*) perentoriamente, superbamente, con sufficienza, con sussiego CONTR. umilmente, modestamente, pacatamente.

excursus /*lat.* eks'kursus/ [vc. lat., propriamente 'scorreria', dal part. pass. di *excŭrrere* 'correre fuori'] *s. m. inv.* divagazione, digressione, scorribanda (*fig.*).

executive /*ingl.* ig'zekjutiv/ [vc. ingl., da *to execute* 'eseguire'] **A** *s. m. inv.* dirigente aziendale, incaricato d'affari **B** *in funzione di agg. inv.* per dirigente aziendale, per uomini d'affari.

exit poll /*ingl.* 'egzit 'poul/ [loc. dell'ingl. d'America, propr. 'inchiesta (*poll*) all'uscita (*exit*)'] *loc. sost. m. inv.* sondaggio, previsione.

ex novo /*lat.* ɛks 'nɔvo/ [lat., letteralmente 'da (*ex*) nuovo (*novo*)'] *loc. avv.* daccapo, di nuovo, dall'inizio, da principio, di sana pianta, completamente.

expertise /*fr.* ɛkspɛr'tiz/ [vc. fr., da *expert* 'esperto'] *s. f. inv.* (*di opera d'arte*) dichiarazione di autenticità, autenticità, autentificazione, autentica.

exploit /*fr.* ɛks'plwa/ [vc. fr., ant. fr. *espleit*, dal lat. parlato *explĭcitum* 'azione compiuta'] *s. m. inv.* (*spec. nello sport*) impresa singolare, impresa eccezionale □ trovata sensazionale.

èxtra [dall'avv. e prep. lat. *extra* 'fuori di'] **A** *prep.* (*di costo, di spesa, ecc.*) fuori di, non incluso **B** *in* *funzione di agg. inv.* **1** (*di qualità*) superiore, super (*seguito da un altro agg. gli dà valore di sup.*) **2** (*di spettacolo, di treno, ecc.*) fuori dell'usuale, insolito, straordinario, supplementare, soprannumerario **CONTR.** ordinario, comune, normale, in programma **C** *in funzione di s. m. inv.* soprappiù, eccedenza, eccesso □ (*spesso al pl.*) supplemento, guadagno supplementare, spesa supplementare.

extracomunitàrio *agg.*; *anche s. m.* (*est.*) immigrato, straniero □ vu cumprà.

extraeuropèo *agg.* non europeo **CONTR.** europeo.

extragiudiziàle *agg.* (*dir.*) stragiudiziale, estraneo alla causa **CONTR.** giudiziale.

extraparlamentàre *agg.*; *anche s. m.* e *f.* (*di partito, di movimento, ecc.*) fuori del parlamento □ autonomo, gruppettaro (*gerg.*) **CONTR.** parlamentare.

extraterrèstre *agg.* e *s. m.* e *f.* alieno, marziano **CONTR.** terrestre.

extraurbàno *agg.* fuori città, periferico **CONTR.** urbano **CFR.** interurbano.

f, F

fabbisógno *s. m.* occorrente, necessario, quanto occorre.

fàbbrica *s. f.* **1** (*di procedimento*) edificazione, costruzione, fabbricazione, lavorazione **CONTR.** demolizione, abbattimento, distruzione **2** (*edil.*) edificio, fabbricato, casa, costruzione **3** (*di luogo di lavoro*) stabilimento, manifattura, officina, opificio, cantiere □ (*fig.*) (*di chiacchiere, ecc.*) fucina **4** (*di chiese, ecc.*) fabbriceria, opera.

fabbricàbile *agg.* edificabile, costruibile, erigibile.

fabbricànte *part. pres. di* **fabbricare**; *anche agg.* e *s. m.* e *f.* costruttore □ autore □ industriale, produttore.

fabbricàre *v. tr.* **1** (*edil.*) costruire, edificare, erigere, innalzare **CONTR.** abbattere, demolire, distruggere, spianare **2** (*di cosa*) fare, produrre, congegnare □ confezionare □ comporre, foggiare, formare □ lavorare **CONTR.** disfare **3** (*fig.*) (*di alibi, di trama, ecc.*) immaginare, inventare □ architettare, macchinare, ordire **CONTR.** sventare, mandare a vuoto **FRAS.** *fabbricare castelli in aria* (*fig.*), fantasticare.

fabbricàto **A** *part. pass. di* **fabbricare**; *anche agg.* **1** (*edil.*) edificato, costruito, eretto, innalzato **CONTR.** abbattuto, demolito, distrutto **2** (*fig.*) (*di progetto e sim.*) architettato, ideato, fatto (*fam.*), elaborato **B** *s. m.* (*edil.*) edificio, immobile, costruzione, stabile □ casa.

fabbricazióne *s. f.* edificazione, costruzione □ produzione □ fabbrica □ lavorazione, fattura **CONTR.** demolizione, distruzione.

fabbriceria *s. f.* fabbrica, opera **FRAS.** *fabbriceria del duomo*, opera di costruzione del duomo.

fàbbro *s. m.* **1** fabbro ferraio, magnano (*tosc.*), forgiatore **CFR.** maniscalco, ramaio, stagnaio, calderaio **2** (*est., lett.*) (*di trama, di progetto, ecc.*) artefice, creatore, maestro, escogitatore (*raro*).

faccènda *s. f.* **1** lavoro, affare, negozio, occupazione, impresa, incombenza, commissione, mansione, servizio (*pop.*) □ daffare **2** fatto, situazione, vicenda, caso, circostanza, avvenimento, cosa, problema, storia, roba (*fam.*) **3** (*spec. al pl.*) mestieri, lavori domestici. *V. anche* LAVORO

faccendière *s. m.*; *anche agg.* (*per lo più spreg.*) armeggione, trafficone, trafficante, traffichino, intrigante, maneggione, affarista, intrallazzatore, mestatore □ speculatore.

faccendóne *s. m.* annaspone, arruffone, affannone (*fam.*), faccendiere, armeggione **CONTR.** indolente, fannullone, pigro, pelandrone.

faccétta *s. f.* **1** *dim. di* **faccia** **2** volto grazioso, visino **CONTR.** ceffo, grinta, muso **3** (*di pietra preziosa*) sfaccettatura.

facchìno *s. m.* **1** portabagagli, scaricatore, camallo (*sett.*), coolie (*ingl.*), portatore, uomo di fatica, sherpa **2** (*est.*) becero, trivialone, zoticone, tanghero, villanzone, screanzato **CONTR.** gentiluomo, signore, raffinato.

fàccia *s. f.* **1** volto, viso, muso, ceffo, grugno, grinta, mostaccio, niffo (*fig., ant.*) **2** espressione, aspetto, apparenza, cera, aria □ fisionomia, lineamenti, sembiante (*lett.*), fattezza, facies (*lat.*) □ broncio **3** superficie □ lato, parte **4** (*di casa, ecc.*) parte esterna, parte anteriore, dritto, fronte □ facciata, prospetto **CONTR.** parte posteriore, retro **5** (*di moneta, medaglia, ecc.*) davanti, dritto, recto (*lat.*) **CONTR.** dietro, rovescio, verso (*lat.*) **6** (*di pagina*) bianca **CONTR.** volta **7** (*mat.*) superficie **8** (*fig.*) ardimento, ardire, coraggio, sfacciataggine, sfrontatezza, impudenza **CONTR.** riserbo, ritegno, riguardo, modestia, pudore **FRAS.** *in faccia*, direttamente, francamente □ *a faccia a faccia*, vis-à-vis, di fronte, molto vicino; (*fig.*) a confronto □ *faccia a faccia*, incontro, confronto □ *faccia di bronzo, faccia tosta*, impudente, sfrontato □ *perdere la faccia*, disonorarsi □ *conservare la faccia*, conservare la dignità. *V. anche* PARTE

facciàta *s. f.* **1** (*di edificio*) esterno, parte anteriore, faccia, fronte, frontespizio, prospetto **CONTR.** parte posteriore, retro **2** (*di pagina*) lato **3** (*fig.*) (*di persona*) apparenza, aspetto, esteriorità, parvenza □ scorza, crosta **CONTR.** interiorità.

facènte *part. pres. di* **fare** **FRAS.** *facente funzione*, sostituto, supplente, vicario, pro-.

facèto *agg.* piacevole, arguto, spiritoso, ameno, brioso, scherzoso, lepido, festevole, buffo, burlesco, carnevalesco, comico, giocoso, ridanciano, umoristico □ pungente, beffardo **CONTR.** serio, grave, sostenuto, burbero, imbronciato, cupo, tetro, solenne. *V. anche* ARGUTO

facèzia *s. f.* arguzia, barzelletta, celia, freddura, battuta, lepidezza, piacevolezza, scherzo, spiritosaggine, amenità, frizzo, blague (*fr.*), storiella.

fachìro [dall'ar. *faqīr* 'povero, mendicante'] *s. m.* **1** asceta **2** (*est.*) persona magrissima **CONTR.** grassone, ciccione.

fàcile *agg.* **1** (*di lavoro, di cammino, ecc.*) senza difficoltà, piano □ agevole, comodo □ leggero, lieve □ (*di problema*) risolubile **CONTR.** difficile, arduo, difficoltoso □ malagevole, disagevole, scomodo □ faticoso, gravoso, pesante □ ingrato, delicato, scabroso, spinoso □ critico □ insolubile **2** (*di scritto, di discorso, ecc.*) chiaro, comprensibile, intelligibile, accessibile □ semplice, piano, liscio □ evidente, perspicuo, ovvio □ scorrevole, fluido □ spontaneo □ divulgativo

□ (*di nozione, ecc.*) elementare, rudimentale **CONTR.** oscuro, incomprensibile, indecifrabile □ astruso, concettoso □ complicato, macchinoso, complesso □ esoterico □ sofistico □ spinoso ***3*** (*di persona, di carattere, ecc.*) compiacente, condiscendente, trattabile, tollerante, adattabile, contentabile □ affabile, socievole □ indulgente □ arrendevole, docile **CONTR.** inflessibile, intrattabile, scompiacente, intollerante □ difficile, esigente, duro □ indocile □ schifiltoso ***4*** (*a fare, a dire, ecc.*) incline, propenso, pronto, disposto, corrivo □ svelto, spiccio **CONTR.** avverso, contrario ***5*** (*che piova, che arrivi, ecc.*) probabile, verosimile, possibile **CONTR.** improbabile, impossibile, inverosimile ***6*** (*di guadagno, ecc.*) comodo **CONTR.** faticoso, sudato.

facilità *s. f.* ***1*** agio, agevolezza, comodità **CONTR.** difficoltà, fatica, malagevolezza □ delicatezza, spinosità ***2*** (*di scritto, di discorso, ecc.*) chiarezza, immediatezza, lucidità, perspicuità, scorrevolezza, semplicità, comprensibilità, intelligibilità □ spontaneità □ naturalezza □ ovvietà, evidenza **CONTR.** oscurità, astruseria, incomprensibilità, inaccessibilità, macchinosità, complessità, concettosità □ innaturalezza ***3*** (*di persona*) arrendevolezza, compiacenza, condiscendenza, docilità □ affabilità, cordialità **CONTR.** inflessibilità, rigidità, intrattabilità, durezza □ sgarbatezza ***4*** (*a fare qualcosa*) predisposizione, attitudine □ destrezza, capacità, abilità □ prontezza **CONTR.** incapacità, impossibilità ***5*** probabilità, verosimiglianza.

facilitàre *v. tr.* agevolare, aiutare, favorire □ privilegiare □ appianare, rendere possibile, semplificare **CONTR.** ostacolare, impedire, impacciare, fermare, frenare, intralciare, andicappare, contrastare, precludere □ complicare □ vietare, proibire. *V. anche* AIUTARE

facilitàto *part. pass. di* **facilitare**; *anche agg.* agevolato, aiutato, favorito □ appianato, semplificato **CONTR.** ostacolato, impedito, andicappato, contrastato □ complicato.

facilitazióne *s. f.* agevolazione, appoggio □ vantaggio □ concessione □ semplificazione **CONTR.** ostacolo, impedimento, impaccio, intralcio, handicap (*ingl.*) □ complicanza, contrattempo, impasse (*fr.*), preclusione, complicazione.

facilménte *avv.* agevolmente, comodamente, speditamente, bene, perfettamente, senza sforzo, come niente fosse, fluidamente □ probabilmente □ correntemente □ apertamente, chiaramente, intelligibilmente **CONTR.** difficilmente, malagevolmente, disagiatamente, laboriosamente, disagevolmente □ duramente □ stentatamente, appena, a stento, a malapena, faticosamente.

facilóne *s. m.* superficialone, dilettante, orecchiante, praticone, superficiale, improvvisatore, pecione (*centr.*), corrivo (*raro*) □ irresponsabile **CONTR.** pedante, pignolo, esatto, ipercritico, minuzioso, meticoloso, scrupoloso, sottile □ sensato, assennato.

facilonerìa *s. f.* superficialità, imprecisione, dilettantismo □ improvvisazione □ avventatezza, incoscienza **CONTR.** pedanteria, pignoleria, minuziosità □ esattezza, meticolosità □ assennatezza, criterio, senno □ coscienza.

facinoróso *agg.*; *anche s. m.* ***1*** violento, rissoso □ malfattore, delinquente, scellerato **CONTR.** pacifico, pacioso, galantuomo ***2*** ribelle, fazioso, agitatore, rivoluzionario **CONTR.** pacifico, moderato, uomo d'ordine.

facoltà *s. f.* ***1*** capacità, possibilità, attitudine, idoneità, abilità, potenzialità □ dote, dono, istinto, virtù, forza **CONTR.** incapacità, impotenza, inidoneità, impossibilità ***2*** autorità, potere, diritto, arbitrio, potestà, veste □ privilegio, permesso, autorizzazione, concessione, mandato, libertà, licenza **CONTR.** divieto, proibizione □ obbligo ***3*** caratteristica, proprietà, prerogativa ***4*** (*spec. al pl.*) beni, averi, ricchezza, denaro, mezzi, risorse **CONTR.** miseria, povertà. *V. anche* PRIVILEGIO

FACOLTÀ
sinonimia strutturata

La parola **facoltà** abbraccia più campi semantici, e si riferisce in primo luogo al potere o alla predisposizione a fare o sentire qualcosa: *facoltà creativa*; *facoltà mentali*; *perdere l'uso delle facoltà* significa perdere ogni capacità intellettiva. Coincide quindi pienamente con la **capacità** di fare, agire in un determinato modo: *ha la capacità di organizzare bene il lavoro*; *manca di capacità critica*. Il termine **abilità** si discosta leggermente dai precedenti perché evoca l'idea di bravura, di perizia che permette di compiere bene qualcosa: *lavoro che richiede grande abilità manuale*; molto vicino è **attitudine**, che designa la disposizione naturale verso certe attività o discipline: *persona priva di particolari attitudini*; l'attitudine inespressa, allo stato di possibilità non ancora in atto si dice invece **potenzialità**: *è un ragazzo che ha grandi potenzialità*; anche il termine **possibilità** esprime la condizione potenziale di fare qualcosa: *non ho la possibilità di aiutarti*.

Altri termini hanno una connotazione più decisamente positiva, e indicano uno speciale pregio naturale; tra questi vi sono **dote** e **dono** usati figuratamente: *dote della bellezza*; *è un dono della natura*; *avere il dono delle lingue, della recitazione* significa avere verso queste cose una predisposizione ancor più forte dell'attitudine. Raramente è usato come sinonimo di facoltà anche **istinto**: *è nato con l'istinto del poeta*. Una qualità acquisita o posseduta naturalmente si dice anche **virtù**: *possedere molte virtù*; *avere la virtù della discrezione*; questo termine poi si avvicina ancor di più a facoltà intesa come efficacia: *le virtù di una protesta, di una preghiera*; *le virtù terapeutiche di un'acqua*; quasi equivalente è **forza** usato estensivamente: *forza visiva, intellettuale*; *un farmaco dotato di grande forza*; *la forza della parola*. Questi ultimi due sinonimi possono quindi rientrare anche in un ulteriore campo semantico di facoltà, che si riferisce appunto alla capacità di alcune cose di provocare certi effetti: *l'acido cloridrico ha la facoltà di corrodere i metalli*; facoltà equivale così a **proprietà**, **caratteristica** e **prerogativa** nel suo significato estensivo, che consistono nella qualità peculiare che determina una cosa o una persona e la distinguono da altre: *proprietà chimiche di una sostanza*; *questa verdura ha la caratteristica di conservarsi a lungo*; *non ha le prerogative per svolgere quell'incarico*.

Autorità, **potere** e **potestà**, come facoltà, indicano la possibilità concreta di operare oppure no, a propria discrezione: *ho l'autorità per importi questo*; *non ha il potere di muoversi*; *possedere la potestà delle proprie azioni*. In particolare, giuridicamente i primi due termini indicano la facoltà, tutelata dalla legge, di emanare atti vincolanti l'attività dei destinatari: *l'autorità della legge*; *assumere pieni poteri*; la potestà nel diritto è invece la capacità, riconosciuta dall'ordinamento, di compiere atti giuridici nell'interesse altrui: *potestà dei genitori*. La possibilità di operare liberamente si chiama anche **arbitrio**, che in un'altra accezione indica la degenerazione dell'autorità, ossia la potestà assoluta: *tutto dipende dal suo arbitrio*. Quando il potere è inerente o s'impersona in una carica si definisce figuratamente **veste**: *con la veste di sindaco*; *non ha veste per entrare in questa faccenda*. Il **mandato** coincide genericamente con la facoltà di fare qualcosa, ed evoca l'idea di un'autorità concessa: *mandato di fiducia*; *tradire il mandato*; ha quindi una sfumatura in comune con **permesso**, **autorizzazione**, **licenza** e **concessione**, che indicano appunto l'operazione del lasciar compiere una certa azione: *ho il permesso di uscire dall'ufficio quando voglio*; *abbiamo l'autorizzazione a tenere aperto il locale fino a mezzanotte*; *accordare una licenza*; *stasera ho ottenuto dai miei la concessione di rientrare tardi*; invece chi può decidere in modo autonomo gode di **libertà**: *libertà di movimenti*; *ho la libertà di dire quello che voglio*. Il potere che muove da una consuetudine o da una norma morale si chiama per estensione e in accezione comune **diritto**: *non hai il diritto di farmi queste cose*. Una facilitazione, un favore speciale che va al di là dei diritti generali è il **privilegio**: *i diplomatici godono di una serie di privilegi notevoli*.

Infine, specialmente al plurale, facoltà indica il patrimonio economico, coincidendo così con **ricchezza**, che pure indica il complesso delle proprietà: *sperperare tutte le proprie facoltà*; *accumulare ricchezze*. In questa sfera di significato, facoltà è equivalente di **beni** e **averi**: *ha perso tutti i suoi beni*; *consumare i propri averi*; così le **risorse** sono i mezzi di cui si dispone e che possono costituire sorgente di guadagno, e vengono a coincidere con il significato estensivo di ricchezza: *questo podere è una grande risorsa*; *la ricchezza di quella nazione sono i minerali del sottosuolo*. Una sfumatura leggermente diversa ha **mezzi**, che si usa in riferimento alle possibilità economiche, alla capacità di spesa: *sono privo di mezzi*; **denaro** si differenzia invece perché indica specificamente la disponibilità di contanti e, più in generale, la disponibilità economica: *essere a corto di denaro*.

facoltativaménte *avv.* liberamente **CONTR.** obbligatoriamente, precettivamente (*raro*), tassativamente.

facoltatìvo *agg.* libero, possibile, opzionale, elettivo **CONTR.** obbligatorio, prescritto, precettivo (*raro*), necessario, coatto □ doveroso, indispensabile.

facoltóso *agg.*; *anche s. m.* danaroso, ricco, ben provvisto, abbiente, benestante, agiato **CONTR.** bisognoso, indigente, nullatenente, povero, spiantato, al verde, diseredato, misero.

facóndo *agg.* eloquente, loquace, magniloquente, verboso, sciolto, di parola facile □ (*spreg.*) parolaio **CONTR.** breve, conciso, laconico, serrato, stringato, succinto, sobrio, scarno.

facsìmile o **fac-sìmile** *s. m. inv.* **1** copia, riproduzione, replica, specimen (*lat.*) **CFR.** originale □ imitazione **2** telefax, fax, telecopia.

factòtum *s. m.* e *f. inv.* uomo di fiducia, sottopancia (*pop.*), tuttofare, longa manus (*lat.*).

fading /*ingl.* 'feidiŋ/ [vc. ingl., da *to fade*, 'affievolirsi'] *s. m. inv.* **1** (*cine., tv.*) dissolvenza **2** (*radio*) affievolimento, evanescenza.

fagiòlo *s. m.* (*bot.*) **FRAS.** *fagiolo americano*, fagiolone □ *fagiolo cinese*, soia □ *capitare a fagiolo* (*fam.*), arrivare al momento giusto □ *andare a fagiolo* (*fam.*), andare a genio.

fàglia *s. f.* (*geol.*) frattura, fenditura, paraclasi.

fagocitàre *v. tr.* (*fig.*) assorbire, inglobare, inghiottire, incorporare, accaparrarsi **CONTR.** espellere.

fagòtto *s. m.* **1** involto, cartoccio, fardello, pacco, bagaglio □ balla □ viluppo **2** (*fig.*) persona goffa, persona sgraziata **CONTR.** persona disinvolta, persona spigliata **FRAS.** *far fagotto*, andarsene in fretta, morire.

fàida [longobardo *faihida* 'diritto alla vendetta privata'] *s. f.* vendetta □ (*est.*) lotta.

fài da te *loc. sost. m. inv.* do-it-yourself (*ingl.*), bricolage (*fr.*).

faina [lat. parl. *fagīna*(*m*) '(martora) dei faggi'] *s. f.* (*fig.*) malvagio, cattivo □ furbastro, dritto (*fam.*), volpe (*fig.*).

fair play /*ingl.* fɛə 'plei/ [loc. ingl., letteralmente 'gioco (*play*) leale (*fair*)'] *loc. sost. m. inv.* comportamento corretto, correttezza □ capacità di trattare, diplomazia, tatto.

falànge *s. f.* **1** (*st.*) schieramento compatto, schiera **2** (*fig.*) moltitudine, folla, massa, stuolo.

falcàta *s. f.* (*est.*) passo □ andatura.

falcàto *agg.* lunato, a falce, ricurvo □ munito di falce.

falciàre *v. tr.* **1** tagliare, recidere, segare, mietere **2** (*fig.*) (*di persona, di vita*) far morire, distruggere.

V. anche TAGLIARE

falciatùra *s. f.* **1** (*di fieno*) taglio **2** (*di cereali*) mietitura.

falcidia [vc. dotta, lat. *quarta*(*m*) *Falcidia*(*m*) 'la quarta parte dell'eredità', dal n. del tribuno della plebe C. *Falcidius* che propose questa legge] *s. f.* **1** (*fig.*) detrazione, defalco, diffalco, tara, riduzione, sottrazione **CONTR.** addizione, aggiunta, soprappiù **2** (*est.*) strage, sterminio, decimazione.

falcidiàre *v. tr.* **1** detrarre, defalcare, diffalcare, ridurre, sottrarre, diminuire **CONTR.** addizionare, aggiungere **2** (*fig.*) distruggere, sterminare, decimare.

fàlco *s. m.* **1** (*zool.*) **CFR.** astore, girifalco, gheppio, sparviero **2** (*fig.*) (*di persona*) rapace, avido **CONTR.** generoso, disinteressato **3** furbastro, dritto (*fam.*) **4** (*fig., polit.*) intransigente, guerrafondaio, bellicista **CONTR.** colomba, pacifista.

fàlda *s. f.* **1** strato sottile, striscia, velo □ fiocco □ lamina, scaglia, sfoglia, lamella **2** (*di veste*) lembo, bordo, orlo, striscia □ piega **3** (*di monte*) pendice, piede **4** (*di cappello*) tesa □ visiera **5** (*di tetto*) lato, ala, spiovente.

falegnàme *s. m.* ebanista, marangone (*dial.*) □ stipettaio, carpentiere.

falegnamerìa *s. f.* ebanisteria.

falèna *s. f.* **1** farfalla notturna **2** (*est., fig.*) prostituta □ donna leggera **3** (*fig.*) (*di persona*) incostante, irrequieto.

fàlla *s. f.* (*anche fig.*) squarcio, fenditura, rottura, spaccatura, apertura, crepa, breccia.

fallàce *agg.* falso, mendace (*lett.*), menzognero, insincero, erroneo, bugiardo □ infido, ingannevole, ingannatore □ illusorio, chimerico □ effimero, fugace □ inconsistente □ caduco **CONTR.** verace, veridico, veritiero, vero □ duraturo, permanente. *V. anche* FUGACE

fallimentàre *agg.* **1** di fallimento **2** (*fig.*) disastroso, rovinoso **FRAS.** *prezzo fallimentare* (*fig.*), prezzo di assoluta concorrenza.

falliménto *s. m.* **1** bancarotta, crac, patatrac □ (*dir.*) decozione, dissesto, insolvenza **2** (*fig.*) crollo, disastro, disfatta, tracollo, rovina □ sconfitta, esito negativo, fiasco, buco, capitombolo, delusione, frana, insuccesso, naufragio, ruzzolone, scacco **CONTR.** successo, riuscita, trionfo, vittoria, affermazione, conseguimento. *V. anche* TRACOLLO

fallìre **A** *v. intr.* **1** (*dir.*) fare fallimento, fare bancarotta **2** (*in un'impresa*) non riuscire, sbagliare, errare, ingannarsi, bruciarsi, bucare (*pop.*), cannare (*pop.*), toppare (*pop.*), scornarsi □ andare a monte, andare a vuoto, naufragare, franare **CONTR.** riuscire, avere successo, trionfare, vincere, affermarsi, arrivare, imporsi, sfondare, spopolare **3** (*lett.*) (*di speranza, di aspettativa, ecc.*) venir meno, deludere, mancare, frustrare **CONTR.** rispondere, corrispondere **B** *v. tr.* (*di scopo, di bersaglio, ecc.*) non colpire, non raggiungere, mancare **CONTR.** colpire, raggiungere, azzeccare, imbroccare, centrare, conseguire, indovinare.

fallìto **A** *part. pass. di* **fallire**; *anche agg.* **1** (*dir.*) andato in fallimento, decotto (*econ.*) **2** (*di tentativo, di scopo, ecc.*) mancato, non riuscito, sbagliato, rientrato, bruciato □ vano **CONTR.** riuscito, conseguito, raggiunto, centrato, colpito, imbroccato, indovinato **3** (*raro*) difettoso **CONTR.** sano, normale, integro **B** *s. m.* **1** (*dir.*) insolvente, bancarottiere **2** (*est.*) spostato, frustrato, sbandato, reietto **CONTR.** arrivato.

fàllo (1) *s. m.* **1** errore, sbaglio, equivoco, malinteso, abbaglio, cantonata, delitto (*est., scherz.*) **2** colpa, peccato, mancanza, debolezza, trascorso, trasgressione, macchia, demerito **CONTR.** virtù, pregio **3** (*di cosa*) mancamento, difetto, imperfezione, pecca **4** (*sport*) infrazione, fault (*ingl.*), irregolarità **FRAS.** *senza fallo*, senza dubbio. *V. anche* COLPA, DEBOLEZZA, IMPERFEZIONE

fàllo (2) *s. m.* pene, verga, membro, asta, cazzo (*volg.*).

fallòcrate *s. m.* maschilista **CONTR.** femminista, vulvocrate.

fallocrazìa *s. f.* maschilismo □ società maschilista **CONTR.** femminismo, vulvocrazia.

fallóso *agg.* **1** difettoso, imperfetto **CONTR.** perfetto **2** (*sport*) scorretto **CONTR.** corretto.

falò *s. m.* **1** fiammata, rogo, pira (*lett.*), fuoco **2** (*fig.*) distruzione.

falsaménte *avv.* **1** erroneamente □ apparentemente □ ingannevolmente **CONTR.** esattamente □ veracemente **2** ingiustamente, iniquamente, slealmente **CONTR.** giustamente, equamente, lealmente **3** simulatamente, fintamente, bugiardamente, farisaicamente, doppiamente, infidamente, ipocritamente, mendacemente, subdolamente □ affettatamente, artificiosamente □ calunniosamente **CONTR.** autenticamente, naturalmente, limpidamente, schiettamente, sinceramente.

falsàre *v. tr.* alterare, cambiare, deformare, distorcere, svisare, travisare, snaturare, denaturare, viziare drogare (*fig., econ.*) □ corrompere, guastare □ contraffare, falsificare, manomettere □ adulterare, sofisticare, manipolare, artefare. *V. anche* GUASTARE

falsarìga *s. f.* **1** foglio rigato **2** (*fig.*) esempio, norma, modello, traccia.

falsàrio *s. m.* contraffattore, falsificatore, adulteratore, sofisticatore, falsatore (*lett.*).

falsàto *part. pass. di* **falsare**; *anche agg.* alterato, adulterato, contraffatto, falsificato, travisato, deformato, distorto, mistificato, snaturato □ artificioso **CONTR.** autentico, genuino, naturale, veridico, sincero, nature (*fr.*).

falsificàre *v. tr.* contraffare, alterare, adulterare, sofisticare, manipolare, snaturare, corrompere, guastare, viziare, artefare, falsare, mistificare, travisare, truccare.

falsificàto *part. pass. di* **falsificare**; *anche agg.* alterato, contraffatto, falsato, adulterato, artefatto, manipolato, matto, sofisticato, truccato □ matto, falso, finto □ inventato **CONTR.** autentico, genuino, naturale, veridico, sincero, nature (*fr.*). *V. anche* MATTO

falsificatóre *s. m.* (*f. -trice*) contraffattore, adulteratore, falsario, sofisticatore, travisatore, falsatore (*lett.*).

falsificazióne *s. f.* **1** adulterazione, alterazione, manomissione, manipolazione, sofisticazione, contraffazione □ distorsione, snaturamento, travisamento **2** falso, imitazione **CONTR.** originale.

falsità *s. f.* **1** erroneità, fallacia, illusorietà, precarietà, vanità **CONTR.** realtà, vero, verità, fondatezza, autenticità, esattezza, effettività, veracità, veridicità **2** doppiezza, ipocrisia, slealtà, bugiarderia, fariseismo, fintaggine, gesuitismo, insincerità, tartufismo **CONTR.** franchezza, lealtà, schiettezza, sincerità **3** menzogna, bugia, mendacio (*lett.*) □ frode, inganno, insidia, impostura □ simulazione, finzione, mistificazione **4** (*di documento, di moneta, ecc.*) contraffazione, falso **CONTR.** autenticità, originalità. *V. anche* BUGIA

fàlso ***A*** *agg.* ***1*** (*di ragionamento, di informazione, ecc.*) errato, erroneo, sbagliato, inesatto, inattendibile □ insussistente, inventato **CONTR.** giusto, esatto, veritiero, veridico □ verosimile, verosimigliante ***2*** (*di documento, di prodotto, ecc.*) alterato, contraffatto, adulterato, falsificato, artefatto, truccato, matto □ (*di testo*) apocrifo, spurio, fasullo **CONTR.** autentico, genuino, naturale □ originario ***3*** (*di discorso, di persona, ecc.*) simulato, finto, bugiardo, mendace (*lett.*), menzognero, infido, insincero, malsicuro, doppio, sleale □ ipocrita, farisaico, gesuitico □ calunnioso □ (*di tono, ecc.*) affettato, mieloso **CONTR.** sincero, vero, fondato, attendibile, credibile, sicuro, franco, leale, limpido, schietto, trasparente, puro ***4*** (*di avvenimento*) fantastico, immaginario □ inattendibile, infondato **CONTR.** storico, provato, reale ***5*** (*di previsione, di speranza, ecc.*) ingannevole, vano, illusorio, fallace **CONTR.** solido, fondato, ragionevole, realistico ***6*** (*di denti, di capelli, ecc.*) posticcio, artificiale **CONTR.** vero, naturale ***B*** *s. m. solo sing.* falsità, bugia, menzogna **CONTR.** verità, vero ***C*** *s. m.* (*di opera d'arte, di documento, ecc.*) falsificazione, contraffazione □ copia □ imitazione **CONTR.** originale ***D*** *s. m.* e *f.* (*fam.*) (*di persona*) fariseo, gesuita, mentitore, tartufo □ raggiratore, ingannatore. *V. anche* IMMAGINARIO, IPOCRITA, MATTO

fàma *s. f.* ***1*** notizia, voce, diceria □ eco ***2*** stima pubblica, reputazione, nome, nomea, considerazione ***3*** notorietà, rinomanza, celebrità, onore, gloria, popolarità, grido, credito, nominanza (*raro*) **CONTR.** oscurità, discredito, disistima, disprezzo. *V. anche* REPUTAZIONE

fàme *s. f.* (*raro al pl.*) ***1*** inanizione, inedia, languore □ digiuno □ appetito, voracità, mal della lupa □ (*est.*) licoressia, bulimia **CONTR.** sazietà, pienezza, saturazione □ inappetenza □ (*est.*) anoressia ***2*** (*est.*) carestia, miseria, indigenza **CONTR.** abbondanza, sovrabbondanza, profusione ***3*** (*fig.*) (*di affetto, di denaro, ecc.*) bisogno, desiderio, brama, bramosia (*lett.*), cupidigia, sete, smania, avidità **CONTR.** abbondanza, sazietà **FRAS.** *morto di fame* (*fig.*), miserabile. *V. anche* CUPIDIGIA

famèlico *agg.* ***1*** affamato, vorace, allupato (*fig.*) **CONTR.** satollo, sazio □ inappetente ***2*** (*lett., fig.*) avido, cupido, desideroso, bramoso, voglioso **CONTR.** disinteressato, indifferente, sazio.

famigeràto *agg.* ***1*** malfamato **CONTR.** onorato ***2*** (*spreg.*) noto, famoso, emerito **CONTR.** ignoto, sconosciuto. *V. anche* FAMOSO

famìglia *s. f.* ***1*** casa, casato, casata, dinastia, lignaggio, stirpe, gente, razza, sangue, ceppo, discendenza, origine, prosapia (*lett.*), schiatta □ nascita, natali (*est.*) □ nome □ parentela, parentado □ focolare domestico ***2*** (*ant.*) servitù □ seguito, corte ***3*** (*est.*) gruppo, categoria, genere, classe ***4*** (*relig.*) ordine, congregazione **FRAS.** *farsi una famiglia*, sposarsi, maritarsi, ammogliarsi □ *avere famiglia*, essere sposato, avere dei figli □ *essere di famiglia*, essere di casa. *V. anche* CATEGORIA

FAMIGLIA
sinonimia strutturata

Si chiama **famiglia** il nucleo fondamentale della società umana costituito da genitori e figli: *entrare a far parte di una famiglia*; *sentire il peso, provare le gioie della famiglia*; in questo senso, il sinonimo più vicino è **casa**: *quando sono fuori penso sempre a casa*; *ricordati di scrivere a casa*; più connotata emotivamente è la locuzione **focolare domestico**, che evoca il calore della casa e dei rapporti familiari: *sentire nostalgia del focolare domestico*. Il familiare **baracca** rappresenta invece anche i problemi e le questioni connesse all'avere una famiglia: *mandare avanti la baracca*. *Farsi una famiglia* significa maritarsi, ammogliarsi, e suggerisce l'intenzione di avere figli; l'essere sposato e l'avere figli si definisce invece *avere famiglia*; di un amico che è anche un assiduo frequentatore della casa si dice che *è di famiglia*. Più ampi, la **parentela** o il **parentado** comprendono i consanguinei e i parenti acquisiti.

La famiglia è anche il complesso delle persone aventi un ascendente diretto comune, considerato nel passato, nel presente, nel futuro: *appartenere a una famiglia antica, nobile, aristocratica*; *essere il capostipite di una famiglia*; considerato nel futuro, questo complesso equivale a **discendenza**, mentre l'insieme degli antenati di una famiglia è la sua **ascendenza**. Sinonimi abbastanza generali di ascendenza sono **ceppo**, **nascita**, **natali** e di nuovo discendenza: *nascere da un medesimo ceppo*; *essere di umile nascita*; *i suoi natali sono molto oscuri*; *vantare una nobile discendenza*. Equivalente è **origine**, che può coincidere anche con **razza**, **sangue**, **stirpe**, **schiatta**, **lignaggio** nel significato di appartenenza ad un gruppo familiare, etnico o linguistico: *popoli di origine celtica*; *famiglia di antico lignaggio*; questi sostantivi sono molto vicini a **casato**, **casata** e casa intesi estensivamente, che però paiono riferirsi a un ambito familiare più ristretto e spesso aristocratico: *è l'ultimo discendente d'un nobile casato*; *essere di casa patrizia*. A sua volta, casa può coincidere con **dinastia**, che indica una serie di principi o di re di una stessa famiglia che si succedono al governo di uno o più paesi: *casa Savoia*; *la dinastia dei Borboni*.

Anticamente, si definiva famiglia anche l'insieme della persone che costituivano il **seguito** o in senso lato la **corte** di un personaggio importante, ossia che lo accompagnavano per omaggiarlo e servirlo: *ricevere un invito a corte*; *la regina e il suo seguito*. Raramente, famiglia indicava la **servitù**, cioè l'insieme delle persone di servizio: *la casa richiede una grande servitù*.

In senso lato, il termine indica un insieme di persone, animali o cose che presentano caratteristiche analoghe o hanno un vincolo comune, ed è quindi sinonimo di **gruppo**, **genere**, **categoria**, **classe**: *la famiglia dei medici, degli idrocarburi*; *gruppo chimico*; *appartiene alla categoria dei ricchi, degli ingenui*; con genere, categoria può avvicinarsi molto al concetto di tipo, di specie: *cose della stessa categoria*. Il genere inoltre è un gruppo sistematico usato nella classificazione degli organismi animali o vegetali comprendente specie affini: *animali, piante dello stesso genere*. Un ceto, una categoria professionale sono detti anche **ordine**: *ordine dei magistrati*; *la società romana si componeva di due ordini, la plebe e il patriziato*. L'ultimo termine definisce anche una congregazione, ossia un'associazione di religiosi che pronunciano voti solenni di castità, povertà, obbedienza: *l'ordine dei benedettini*; *gli ordini mendicanti*.

familiàre **A** *agg.* **1** della famiglia CONTR. estraneo, forestiero **2** noto, conosciuto □ abituale, comune, consueto □ ordinario, solito, quotidiano □ domestico, casalingo CONTR. sconosciuto, inconsueto, insolito, raro **3** (*di linguaggio, ecc.*) corrente, informale CONTR. cattedratico, pedante, togato, ampolloso, aulico **4** affabile, alla buona, semplice, schietto, naturale CONTR. altezzoso, burbero, scortese, sgarbato, superbo **5** (*fig.*) confidenziale, intimo, riservato □ privato CONTR. pubblico, ufficiale **B** *s. m.* e *f.* persona di famiglia, parente, congiunto, consanguineo CONTR. estraneo, forestiero □ intruso **C** *s. f.* station wagon (*ingl.*), giardinetta.

familiarità *s. f.* **1** intimità, confidenza, cameratismo, dimestichezza □ affabilità, amicizia, benevolenza, semplicità CONTR. rispetto, ritegno □ soggezione, deferenza □ cerimonie □ altezzosità, alterigia, distacco, scortesia, superbia **2** (*con un autore, con una disciplina, ecc.*) dimestichezza, conoscenza, consuetudine, confidenza, pratica, abitudine.

familiarizzàre *v. intr.* e **familiarizzarsi** *intr. pron.* prendere familiarità, prendere dimestichezza, acquistare confidenza, affiatarsi, abituarsi, affratellarsi, conoscersi, socializzare CONTR. essere scontroso.

familiarménte *avv.* confidenzialmente, alla buona, amichevolmente, cameratescamente □ informalmente CONTR. altezzosamente, scortesemente, sgarbatamente, superbamente □ cerimoniosamente.

famóso *agg.* **1** celebre, noto, rinomato, celebrato, glorioso, popolare, stimato □ illustre, insigne, esimio, eminente, inclito (*lett.*), importante, grande, emerito □ famigerato CONTR. ignoto, ignorato, sconosciuto, qualunque □ inglorioso **2** conosciuto, notorio, memorabile, proverbiale, storico CONTR. oscuro, dimenticato. *V. anche* GRANDE

FAMOSO
sinonimia strutturata

Chi o ciò che gode di fama rilevante, buona o cattiva che sia, si dice **famoso**. Questo termine, con valenza positiva, ha numerosi sinonimi con i quali coincide quasi perfettamente, come **illustre**, **celebre**, **rinomato** e il meno frequente **celebrato**: *cittadino illustre*; *attore celebre*; *poeta celebrato*; *vino rinomato*; famoso per estensione indica anche la particolare autorevolezza e considerazione che deriva dalla fama, e in questo senso corrisponde a **stimato** e a **importante**: *un professionista molto stimato*; *un funzionario importante*; *un libro importante*. **Insigne**, **glorioso** ed **esimio** hanno significato affine, ma sottolineano soprattutto i meriti eccezionali grazie ai quali ci si distingue: *scienziato insigne*; *lavoro esimio*; *imprese gloriose*. **Eccellente**, **grande** ed **eminente** usato in senso figurato evidenziano invece l'innalzarsi sugli altri per qualità e dignità, e descrivono quindi ciò o chi grazie a queste qualità è degno di fama: *uno scrittore eccellente*; *è stato il pittore più grande dell'epoca*; *avere eminenti meriti*; nel linguaggio giornalistico eccellente è adoperato spesso in relazione a personaggi di grande rilievo o a fatti che li riguardano: *un testimone eccellente*; *arresti eccellenti*. Diversamente, **popolare** indica ciò che gode del favore delle masse, o che è largamente diffuso, anche a prescindere dalla sua qualità: *personaggio popolare*; *romanzo popolare*. Meno comune è **cospicuo**, che denota ciò che merita considerazione per le sue qualità: *la cospicua fama dei poeti italiani*; significato uguale ma connotazione decisamente più letteraria hanno gli aggettivi **segnalato** e **inclito**: *persona di segnalato valore*; *ove dorme il furor d'inclite gesta* (FOSCOLO).

Famoso può avere anche un valore negativo quando la fama cui si riferisce non deriva da azioni propriamente meritorie: *furfante famoso*. In questo senso, alcuni degli aggettivi già trattati possono essere usati con accezione diversa, rimanendo così sinonimi di famoso: è il caso di celebre usato spregiativamente, di insigne nel suo significato scherzoso e di esimio inteso ironicamente: *un celebre bandito*; *truffatore insigne*; *esimio furfante*; equivale perfettamente ai precedenti aggettivi **emerito**, usato scherzosamente: *un emerito bugiardo*. Si riferiscono invece esclusivamente a persone o cose di cattiva nomea **famigerato** e **matricolato** nel suo significato figurato: *il famigerato delinquente è stato finalmente arrestato*; *è un ladro matricolato*.

Infine, famoso, soprattutto anteposto al sostantivo cui si riferisce, si usa anche per cose o persone su cui si è discusso a lungo: *mi devi portare quel famoso libro*; ciò di cui si parla molto diviene di pubblico dominio, ossia **notorio**: *la sua falsità è notoria*. **Memorabile** stabilisce un legame tra la fama e la memoria: denota infatti ciò che merita di essere ricordato, e per estensione ciò che non può essere dimenticato perché straordinario: *un avvenimento memorabile*; *una catastrofe memorabile*; analogamente, **storico** nel suo significato estensivo denota ciò che è degno di essere tramandato ai posteri ed è quindi memorabile: *una storica giornata*; *una decisione storica*. Ciò che è tanto famoso ed esemplare da passare in proverbio è chiamato figuratamente **proverbiale**: *la sua tirchieria è proverbiale*. Ciò che è familiare a molti si dice anche, con due termini meno decisi dei precedenti, **noto** e **conosciuto**: *un fatto noto*; *un nome conosciuto*.

fan /*ingl.* fæn/ [vc. ingl., abbr. di *fanatic* 'fanatico'] *s. m.* e *f. inv.* fedele, patito, simpatizzante, supporter (*ingl.*), fanatico, aficionado (*sp.*), tifoso, maniaco, sostenitore □ invasato, esaltato □ spasimante, ammiratore, corteggiatore □ fazioso, settario **CONTR.** gelido, freddo, indifferente □ denigratore, dispregiatore □ avversario.

fanàle *s. m.* faro, lampione, lampada, lanterna, luce, lume □ (*al pl.*) fanaleria, illuminazione.

fanalino *s. m. dim. di* **fanale** **FRAS.** *fanalino di coda* (*fig.*), ultimo.

fanaticaménte *avv.* entusiasticamente, freneticamente, sfegatatamente, morbosamente, istericamente □ faziosamente, settariamente **CONTR.** freddamente, indifferentemente.

fanàtico *agg.; anche s. m.* ***1*** (*pop.*) esaltato, esagitato, eccitato, invasato, delirante, squilibrato, testa calda, scalmanato **CONTR.** freddo, distaccato, equilibrato, ponderato, ragionevole ***2*** (*est.*) entusiasta, appassionato, infatuato, partigiano, sostenitore, fan (*ingl.*), patito, maniaco, tifoso □ (*nel lavoro, ecc.*) stacanovista **CONTR.** indifferente, disinteressato, obiettivo □ dispregiatore, disprezzatore, denigratore □ avversario ***3*** (*in politica, religione, ecc.*) estremista, integralista, intollerante, intransigente □ razzista.

fanatismo *s. m.* ***1*** esaltazione, furore, invasamento, delirio □ isteria, morbosità □ faziosità, spirito di parte, estremismo, settarismo □ intransigenza, intolleranza □ (*nel lavoro, ecc.*) stacanovismo, zelo **CONTR.** equilibrio, distacco, freddezza, misura, ragionevolezza □ tolleranza ***2*** (*est.*) idolatria, feticismo, entusiasmo, adorazione, ammirazione, infatuazione, passione, tifo **CONTR.** indifferenza, disinteresse □ disprezzo. *V. anche* ENTUSIASMO, PREGIUDIZIO

FANATISMO
sinonimia strutturata

L'adesione incondizionata ed entusiasta a un'idea, a una fede, a una teoria, che comporta l'intolleranza assoluta dell'opinione altrui si chiama **fanatismo**: *si lasciano trasportare dal fanatismo*; *la loro adesione giunge fino al fanatismo*. Il fanatismo dipende spesso da un fervore eccessivo, cioè da **esaltazione**: *esaltazione di mente, religiosa*; meno intensi sono **furore** e soprattutto **zelo**, termine che evoca un ardore non necessariamente esagerato. Più forti invece sono **invasamento**, il senso figurato di **ubriacatura** e quello estensivo di **delirio**, che designano un turbamento così profondo da impedire atti ragionati e volontari: *un'ubriacatura violenta ma passeggera*; *essere in preda al delirio della passione*; anche **isteria** in senso generico e non specialistico indica un'eccitazione esagerata e incontrollata, spesso collettiva: *la diva è stata accolta con scene di isteria*. Questi ultimi stati d'animo e manifestazioni sono caratterizzati da **morbosità**, ossia da una mancanza di misura quasi patologica.

Il fanatismo porta a **faziosità**, **spirito di parte** e a **settarismo**, ossia ad accentuare parzialità ed esclusivismo. L'atteggiamento di chi, specialmente in politica, propugna idee radicali è invece l'**estremismo**: *estremismo di sinistra*; chi è estremista spesso mostra **intolleranza**, cioè non ammette o cerca di reprimere manifestazioni di pensiero o di fede diverse dalle proprie: *intolleranza religiosa, politica, razziale*; vicinissimo è **intransigenza**, che sottolinea l'irremovibilità dalle proprie posizioni, e si avvicina quindi a **rigore** inteso come rigidità severa. Questi atteggiamenti muovono spesso da **pregiudizi**, ossia da idee errate, anteriori alla diretta conoscenza di determinati fatti o persone, fondate su convincimenti irrazionali che impediscono un giudizio retto e spassionato: *avere pregiudizi verso, nei confronti di qualcuno o di qualcosa*.

Il fanatismo può consistere anche in un entusiasmo o in un'ammirazione eccessiva: *quel cantante suscita scene di fanatismo*; *faceva parlar molto di sé... col suo fanatismo pei Francesi* (NIEVO); in ambito sportivo il parteggiare con entusiasmo a volte esagerato per una squadra o un atleta si chiama familiarmente **tifo**: *studiare il fenomeno del tifo*. Se diretto a persone, il fanatismo equivale all'**idolatria**, intesa figuratamente: *idolatria del pubblico per un famoso attore*; molto vicino è **adorazione**, che per estensione corrisponde a un amore sviscerato: *ha un'adorazione per quel bambino*. L'**ammirazione** è invece un sentimento di grande stima e considerazione: *suscitare ammirazione in qualcuno*; *nutrire ammirazione per qualcosa*; se trascende la ragionevolezza e si accompagna a forte desiderio degenera in **feticismo**. Chi si rivela fanatico è preda di un'**infatuazione** o, in senso figurato, di una **scalmana**, ovvero di un'esaltazione momentanea e irragionevole, anche amorosa: *avere un'infatuazione per un attore, per la musica leggera*; *prendersi una scalmana per qualcuno*. Meno incisivi sono **entusiasmo** e **passione**, che indicano una dedizione profonda o totale ma non eccessiva: *abbracciare con entusiasmo un ideale*; *dedicarsi con passione a qualcosa*; il secondo termine si avvicina a fanatismo anche nell'indicare un sentimento veemente d'attrazione o di ripulsa che può dominare l'uomo inducendolo a compiere azioni degne di biasimo, e infine anche nell'indicare una parzialità nell'agire, nel giudicare: *essere schiavo delle proprie passioni*.

fanciùlla *s. f.* ragazza, giovinetta, adolescente, donzella (*lett.*), pulzella (*lett.*), pupa (*pop.*), signorina, tosa (*sett.*) □ vergine (*est., lett.*) **CFR.** bambina, donna, anziana, vecchia.

fanciullésco *agg.* ***1*** di fanciullo, da fanciullo, bambinesco, infantile **CFR.** senile, adulto, maturo ***2*** (*est.*) puerile, sciocco **CONTR.** maturo, accorto.

fanciullézza *s. f.* ***1*** puerizia (*lett.*), prima età **CFR.** infanzia, adolescenza, giovinezza, maturità, vecchiaia ***2*** (*fig.*) origine, primordi.

fanciùllo *s. m.* ***1*** bambino, ragazzo, ragazzino, ragazzetto, giovinetto, garzoncello (*lett.*), marmocchio (*scherz.*), pargolo **CFR.** bimbo, adolescente, giovane, uomo, adulto, anziano, vecchio ***2*** (*fig.*) ingenuo, inesperto **CONTR.** maturo, esperto ***3*** (*fig.*) agli inizi, giovane, immaturo **CONTR.** sviluppato, perfetto.

fanciullóne *s. m.* ***1*** *accr. di* **fanciullo** ***2*** (*fig.*) ingenuo, sempliciotto **CONTR.** furbone, volpone.

fandònia *s. f.* favola, fola, menzogna, panzana, fanfaluca, bugia, frottola, bagola (*sett.*), balla (*pop.*), palla (*pop.*), blague (*fr.*), bomba, bubbola, buscherata (*fam.*), ciancia, ciarla, invenzione, panzana, pispola, storia □ sciocchezza □ fanfaronata, pallonata, sparata **CONTR.** verità, vero, realtà. *V. anche* BUGIA

fané /*fr.* fa'ne/ [vc. fr., letteralmente 'appassito'] *agg. inv.* appassito, avvizzito, sfiorito, sciupato **CONTR.** nuovo, fiorente, fresco.

fanfalùca *s. f.* **1** (*raro*) (*di paglia, di carta bruciata*) frammento, falena **2** (*fig.*) ciancia, fandonia, favola, frottola, menzogna, panzana □ futilità, sciocchezza **CONTR.** verità, vero, realtà.

fanfàra *s. f.* banda (musicale) □ (*est.*) musica.

fanfaronàta *s. f.* millanteria, smargiassata, spacconata, rodomontata, gradassata, guasconata, pataccata (*region.*), pallonata, sparata, trombonata.

fanfaróne *s. m.* millantatore, smargiasso, spaccone, gradasso, rodomonte, guascone, ammazzasette, pataccone (*region.*), ballista, blagueur (*fr.*), contaballe (*pop.*), pallonaio, spaccamontagne, parabolano (*raro*) **CONTR.** modesto, riservato, umile.

fanghìglia *s. f.* **1** mota, melma, fanghiccio, poltiglia, belletta (*lett.*), limo, limaccio, fradicio, pantano, malta (*dial.*) □ acqua fangosa, broda, guazzo **2** (*geol.*) deposito argilloso.

fàngo *s. m.* **1** melma, mota, brago, limo (*lett.*), belletta (*lett.*), melletta (*tosc.*), loto (*lett.*), motriglia (*tosc.*), poltiglia, fradicio, pantano, malta (*dial.*) **2** (*fig.*) abiezione, miseria morale.

fangosità *s. f.* fradicio, melmosità, torbidezza.

fangóso *agg.* **1** pieno di fango, melmoso, limaccioso, limoso (*raro*), lutulento (*lett.*), motoso (*raro*) **2** (*di terreno*) acquitrinoso, pantanoso **CONTR.** arido, secco **3** (*di acqua*) terroso, torbido **CONTR.** chiaro, puro.

fannullóne *s. m.* bighellone, ozioso, sfaccendato, sfaticato, ciondolone, infingardo, poltrone, scansafatiche, pigrone, nullafacente, dondolone, girellone, lavativo, mangiapane, lazzarone, michelaccio, pelandrone, perdigiorno, perditempo, scioperato, vagabondo (*raro*) □ (*di studente*) scaldasedie, scaldapanche **CONTR.** dinamico, lavoratore, sgobbone, stacanovista □ trafficone, faccendone.

fantapolìtico *agg.* inverosimile, immaginario, irrealizzabile **CONTR.** realizzabile, possibile.

fantascientìfico *agg.* (*est.*) utopistico, immaginario, fantastico, avveniristico, futuribile, irrealizzabile **CONTR.** realizzabile, possibile.

fantasciènza *s. f.* science fiction (*ingl*).

fantasìa **A** *s. f.* **1** immaginazione, immaginativa, inventiva, creatività **CONTR.** realtà, verità **2** (*raro*) intelletto, mente **3** invenzione, finzione □ sogno, fantasticheria □ congettura □ favola, fola □ visione, immagine □ chimera, utopia, speranza □ allucinazione, travisamento, pregiudizio **CONTR.** realtà, verità □ positività **4** capriccio, estro, ghiribizzo, grillo, ruzzo □ stravaganza, bizzarria □ voglia, desiderio, idea, fisima **5** tessuto vistoso, abito vistoso **6** (*di colori, di suoni, ecc.*) fantasmagoria, varietà, ventaglio **B** *in funzione di agg. inv.* (*posposto al s.*) **1** (*di tessuto, di abito, ecc.*) a disegni, stampato, colorato **CONTR.** tinta unita, monocolore **2** (*di gioiello, di collana*) non prezioso, di imitazione **CONTR.** prezioso, autentico. *V. anche* CAPRICCIO, SPERANZA

fantasiosaménte *avv.* bizzarramente, fantasticamente, estrosamente.

fantasióso *agg.* **1** (*di racconto, di film, ecc.*) pieno di estro, ricco di fantasia, vivace, brillante, brioso, colorito □ favoloso, mitico **CONTR.** spento, grigio, serio, arido, monotono **2** (*di persona o cosa*) bizzarro, capriccioso, estroso, originale, strano, stravagante, pazzerello, immaginoso, immaginativo, immaginifico, creativo □ cervellotico **CONTR.** spento, grigio, scialbo, squallido.

fantasista *s. m.* e *f.* artista di varietà.

fantàsma **A** *s. m.* **1** immagine, visione, illusione, apparenza **CONTR.** realtà, verità **2** apparizione, larva, ombra, spettro, lemure, simulacro (*raro*), spirito **B** *in funzione di agg. inv.* (*posposto al s.*) (*di governo, di re, ecc.*) senza potere, non ufficiale **CONTR.** ufficiale.

fantasmagorìa *s. f.* **1** (*est.*) spettacolo, sfolgorio, fantasia **2** (*fig.*) (*di citazioni, di numeri, ecc.*) congerie, molteplicità, varietà, vivacità **3** (*fig.*) (*spec. al pl.*) visioni, fantasmi, allucinazioni.

fantasmagòrico *agg.* **1** spettacolare, fantastico **2** molteplice, vario, complesso **CONTR.** semplice.

fantasticaménte *avv.* bizzarramente, capricciosamente, fantasiosamente, spettacolarmente, meravigliosamente, magnificamente, immaginosamente, straordinariamente **CONTR.** sobriamente, poveramente, squallidamente.

fantasticàre **A** *v. tr.* immaginare, sognare, vagheggiare □ elaborare, ideare **B** *v. intr.* almanaccare, astrologare, arzigogolare, lavorare di fantasia, rimuginare, congetturare, divagare, vaneggiare, delirare, sognare, far castelli in aria, essere con la testa tra le nuvole, filosofeggiare, abbacare (*fig.*), mulinare **CONTR.** raziocinare, ragionare. *V. anche* PENSARE

fantasticherìa *s. f.* fantasticaggine, chimera, sogno, fantasia, immaginazione, vaneggiamento, volo, castello in aria, utopia, capriccio, grillo, ghiribizzo, arzigogolo **CONTR.** realismo, realtà. *V. anche* CAPRICCIO

fantàstico *agg.* **1** della fantasia □ dotato di fantasia, vivace, brillante, immaginifico **CONTR:** piatto, opaco, grigio, spento **2** (*di cosa*) frutto di fantasia, immaginario, fantomatico, irreale, finto, fittizio, inventato □ chimerico, utopistico, utopico, ideale, surreale □ romanzesco, mitico, mitologico, fantasy, favoloso, fiabesco □ cervellotico **CONTR.** positivo, reale, vero □ concreto **3** (*di persona o cosa*) bizzarro, capriccioso, strano □ estroso, stravagante **CONTR.** piatto, grigio, conformista **4** (*fam.*) eccezionale, magnifico, straordinario, incantevole, stupendo, meraviglioso, stratosferico, bestiale (*gerg.*) **CONTR.** brutto, mediocre, meschino, orrendo, schifoso. *V. anche* IMMAGINARIO

fantasy /*ingl.* 'fæntəsi/ [vc. ingl., propr. 'fantasia'] *s. f. inv.; anche agg.* (*di genere letterario*) fantastico □ mitologico, fiabesco.

fànte *s. m.* **1** soldato di fanteria, fantaccino **2** (*nelle carte da gioco*) jack (*ingl.*).

fantìno *s. m.* jockey (*ingl.*).

fantòccio *A* s. m. *1* manichino, pupazzo, bamboccio, bambolotto □ burattino, marionetta, pupo *2* (*fig.*) uomo senza volontà, debole, inetto, sciocco, balordo, semplicione □ succube **CONTR.** uomo di carattere, volitivo *B* in funzione di agg. inv. (posposto al s.) (*di governo*) di comodo.

fantomàtico agg. *1* spettrale, fantastico, chimerico, fantasmagorico □ immaginario, irreale **CONTR.** reale, veritiero, effettivo *2* (*est.*) inafferrabile, irreperibile, misterioso, enigmatico. *V. anche* IMMAGINARIO

fantozziàno [dal nome del ragionier Ugo *Fantozzi*, personaggio creato dal comico P. Villaggio negli anni Settanta] agg. goffo, impacciato □ tragicomico, grottesco.

farabolóne s. m. chiacchierone, ciarlone, parabolano (*raro*) □ imbroglione, lestofante, gabbamondo **CONTR.** riservato □ galantuomo.

farabùtto [ted. *Freibeuter* 'libero saccheggiatore, corsaro'. Cfr. *filibustiere*] s. m. canaglia, disonesto, furfante, imbroglione, mascalzone, birbone, briccone, truffatore, brigante, carogna, filibustiere, lazzarone, malandrino, manigoldo, ribaldo, scampaforca, scellerato, lestofante **CONTR.** galantuomo, brav'uomo, onesto, santo.

faraònico [da *faraone*, titolo degli antichi re d'Egitto] agg. *1* dei faraoni *2* (*fig.*) grandioso, monumentale, sfarzoso **CONTR.** semplice, modesto, meschino.

fàrcia s. f. (*cuc.*) pieno, ripieno, farcitura.

farcìre v. tr. imbottire, riempire, colmare, infarcire **CONTR.** svuotare, vuotare.

farcìto part. pass. di **farcire**; anche agg. imbottito, riempito, pieno, infarcito **CONTR.** svuotato, vuoto.

farcitùra s. f. (*di vivanda*) ripieno, imbottitura, farcia.

fard /fr. far/ [vc. fr., derivata da *farder* 'imbellettare'] s. m. inv. cipria, belletto, fondotinta.

fardèllo s. m. *1* involto, fagotto, pacco □ balla □ bagaglio *2* (*fig.*) peso, carico, aggravio, onere □ soma, zavorra.

fàre *A* v. tr. *1* (*ass.*) agire, operare, adoperarsi, affaticarsi, applicarsi, lavorare **CONTR.** oziare, riposare, poltrire, bighellonare, stare con le mani in mano, stare in panciolle □ omettere *2* (*di edificio, di impianto, ecc.*) creare, erigere, fabbricare, costruire, edificare, alzare **CONTR.** abbattere, demolire, distruggere, disfare, guastare, sfasciare *3* (*di opera, di lavoro, ecc.*) compiere, eseguire, realizzare, attuare, effettuare, svolgere, formare, mandare a effetto, concretare, mettere in atto, mettere in opera □ causare, cagionare □ imitare *4* (*di cibo*) cucinare, preparare *5* (*di città, ecc.*) raccogliere, mettere insieme, contare, contenere, raggiungere □ ammontare *6* (*di denaro, di fortuna, ecc.*) procurarsi, ottenere *7* (*di allievi, di proseliti, ecc.*) allevare, educare, plasmare, forgiare *8* (*di bello, brutto, ecc.*) rendere, far diventare, ridurre *9* (*di acqua, di odore, ecc.*) emettere, lasciare uscire □ lasciare entrare *10* (*di somma, di divisione, ecc.*) dare come risultato *11* (*di opera, di film, ecc.*) rappresentare, portare sulla scena, recitare □ (*di musica, canto, ecc.*) interpretare, suonare, cantare *12* (*di segretario, di presidente, ecc.*) eleggere, nominare, scegliere, designare □ promuovere **CONTR.** deporre □ bocciare *13* (*di sport, di mestiere, ecc.*) esercitare, praticare, dedicarsi *14* (*di intelligente, di furbo, ecc.*) credere, giudicare, immaginare, pensare, ritenere, stimare, valutare *15* (*prima di un discorso diretto*) dire, esclamare, parlare, interloquire *16* generare □ (*di prole*) figliare, partorire □ (*di fiori, di frutta, ecc.*) produrre *17* (*di forma, ecc.*) configurare, formare, disegnare, tracciare, comporre *B* v. intr. *1* (*per te, per noi, ecc.*) adattarsi, convenire, giovare, essere utile, confarsi **CONTR.** sconvenire, disdirsi (*lett.*), non adattarsi *2* (*di tempo*) compiersi, terminare **CONTR.** cominciare, iniziarsi *3* (*di pianta*) allignare, attecchire □ maturare *4* (*di ambizioso, di povero, ecc.*) essere, dare l'impressione *C* **farsi** v. rifl. *1* (*di cattolico, di buddista, ecc.*) rendersi □ convertirsi *2* (*avanti, indietro, ecc.*) portarsi, andare, venire, muoversi *3* (*gerg.*) drogarsi *D* v. intr. pron. *1* (*di grande, di lontano, ecc.*) divenire, diventare *2* (*di racconto, di storia, ecc.*) cominciare, partire, risalire, rifarsi **CONTR.** finire, terminare *E* s. m. *1* attività, lavoro, fatica *2* (*di persona*) atteggiamento, contegno, modo, maniera, portamento, tono, tratto *3* (*di vita, di giorno, ecc.*) inizio, principio, fase iniziale, alba, albori □ soglia **CONTR.** fine, termine **FRAS.** *fare e disfare* (*fig.*), spadroneggiare □ *darsi da fare*, adoperarsi □ *far fuoco*, sparare □ *fare scuola*, insegnare; servire da modello □ *fare un colpo*, rubare □ *fare colpo* (*fig.*), impressionare □ *fare animo*, incoraggiare □ *fare la pelle*, uccidere □ *fare il callo* (*fig.*), abituarsi □ *far silenzio*, tacere □ *non farcela*, non riuscire □ *farla finita*, smettere; uccidersi □ *fare fino*, essere chic □ *fare a botte*, azzuffarsi □ *farla franca* (*fig.*), salvarsi, liberarsi, farcela.

farétto s. m. proiettore, spot.

farfàlla s. f. *1* farfallino, cravattino, papillon (*fr.*) *2* (*fig.*) persona leggera, persona volubile □ falena, prostituta.

farfallìno s. m. farfalla, cravattino, papillon (*fr.*).

farfallóne s. m. *1* accr. di **farfalla** *2* (*fig.*) fatuo, zerbinotto, bellimbusto, damerino □ corteggiatore, moscone *3* (*fig.*) sproposito, errore, sfarfallone (*fam.*), strafalcione, sbaglio.

farfuglìare v. intr. barbugliare, borbogliare (*raro, lett.*), brontolare, borbottare, ciancicare, biascicare □ balbettare, tartagliare **CONTR.** scandire, articolare. *V. anche* BALBETTARE

farìna s. f. *1* grano macinato *2* polvere □ macinato **FRAS.** *farina gialla*, farina di granoturco □ *farina di patate*, fecola □ *farina dolce*, farina di castagne □ *farina fossile*, diatomite.

farinóso agg. di farina □ farinaceo □ polveroso.

farisàico agg. *1* di fariseo, da fariseo *2* (*fig.*) falso, finto, simulato, ipocrita **CONTR.** aperto, franco, schietto, sincero, leale, retto. *V. anche* IPOCRITA

farisèo [da *Farisei*, una setta ebraica che si distingueva per la formale osservanza della Legge mosaica] s. m. (*fig.*) falso, finto, ipocrita, impostore, sleale □ baciapile, baciabanchi, bacchettone, bigotto **CONTR.** aperto, franco, schietto, sincero, leale, retto.

V. anche IPOCRITA

farmacèutica *s. f.* farmacologia, farmacia.

farmacèutico *agg.* officinale.

farmacìa *s. f.* ***1*** (*di scienza*) farmaceutica, farmacologia ***2*** (*di negozio*) spezieria (*pop.*).

farmacista *s. m.* e *f.* speziale (*pop.*).

fàrmaco *s. m.* medicamento, medicina, rimedio specifico, medicinale. *V. anche* MEDICINA

farmacologìa *s. f.* farmaceutica, farmacia.

farneticànte *part. pres. di* **farneticare**; *anche agg.* delirante, vaneggiante **CONTR.** assennato, equilibrato, ragionevole.

farneticàre *v. intr.* delirare, vaneggiare, sragionare □ (*fig.*) dire assurdità, parlare a vanvera **CONTR.** ragionare, parlare a tono.

farnètico ***A*** *agg.* delirante, farneticante, vaneggiante, pazzo **CONTR.** assennato, equilibrato, ragionevole ***B*** *s. m.* ***1*** frenesia, delirio, follia, pazzia, smania, vaneggiamento **CONTR.** assennatezza, senno, equilibrio ***2*** (*fig.*) capriccio, smania, fisima.

fàro *s. m.* ***1*** fanale, lanterna, riflettore, lampada ***2*** (*di veicoli*) proiettore, luce □ (*est.*) fotoelettrica ***3*** (*fig.*) (*di persona*) guida, luce.

farraginóso *agg.* ***1*** ammucchiato alla rinfusa, mescolato **CONTR.** ben disposto, ben sistemato ***2*** (*est.*) confuso, sconclusionato, disordinato, ingarbugliato **CONTR.** ordinato, lineare, chiaro, perspicuo, coerente, articolato, levigato.

fàrsa *s. f.* ***1*** commedia buffa, comica **CONTR.** tragedia ***2*** (*fig.*) scherzo, buffonata, burletta, bambocciata, buffoneria, burattinata, pagliacciata **CONTR.** tragedia.

farsésco *agg.* ***1*** di farsa, da farsa ***2*** (*fig.*) ridicolo, comico, buffo, risibile, burattinesco **CONTR.** serio, drammatico, tragico.

fascétta *s. f.* ***1*** *dim. di* **fascia** ***2*** banda, striscia □ benda □ cinturino □ anello, fedina, rivière (*fr.*) ***3*** (*abbigl.*) busto, corsetto.

fàscia *s. f.* ***1*** striscia, banda, lista, nastro, cinghia □ (*per medicazioni*) fasciatura, bendatura, garza, benda ***2*** (*nell'abbigliamento*) cintura, cintola, sciarpa, fusciacca □ ventriera, busto □ perizoma □ (*di kimono*) obi (*giapp.*) □ (*spec. al pl.*) mollettiera □ (*di mitra*) infula ***3*** (*arch.*) listello, modanatura, archivolto ***4*** (*est.*) (*di territorio*) zona ***5*** (*di impiegati, di contribuenti, ecc.*) gruppo, categoria, classe, settore ***6*** (*arald.*) linea orizzontale **FRAS.** *bambino in fasce*, neonato □ *fin dalle fasce*, fin dalla nascita. *V. anche* CATEGORIA

fasciàme *s. m.* (*di nave*) rivestimento, scafo.

fasciànte *part. pres. di* **fasciare**; *anche agg.* ***1*** avvolgente ***2*** (*di vestito*) molto aderente, attillato **CONTR.** largo, cascante.

fasciàre ***A*** *v. tr.* ***1*** avvolgere, involgere, inviluppare, ravvolgere □ (*per medicazione*) bendare, medicare **CONTR.** sfasciare, sbendare, svolgere ***2*** (*lett.*) (*di mare, di boschi, ecc.*) attorniare, cingere, circondare □ ricoprire ***3*** (*di abito, di stoffa*) aderire **CONTR.** essere largo ***B*** **fasciarsi** *v. rifl.* avvolgersi in fasce □ ricoprirsi, rivestirsi. *V. anche* AVVOLGERE

fasciàto *part. pass. di* **fasciare**; *anche agg.* ***1*** avvolto in fasce, avvolto, ravvolto □ vestito □ bendato, medicato **CONTR.** sfasciato ***2*** (*lett.*) (*da mare, da boschi, ecc.*) attorniato, cinto, circondato.

fasciatùra *s. f.* fascia, benda, bendatura, bendaggio, garza, medicazione.

fascìcolo *s. m.* ***1*** plico, piego, incartamento, dossier (*fr.*), pratica ***2*** (*di riviste*) numero, dispensa, puntata □ inserto ***3*** (*est.*) (*di pubblicazione*) libretto, opuscolo, quaderno, stampato □ catalogo.

fascìna *s. f.* fascio, fastello.

fàscino *s. m.* attrattiva, charme (*fr.*), glamour (*ingl.*), magnetismo, sex appeal (*ingl.*), incanto, suggestione, malìa, seduzione, richiamo, attrazione, incantamento, magìa □ influsso, lusinga, allettamento □ prestigio **CONTR.** repulsione, ripugnanza, disgusto, fastidio, sazietà, orrore, raccapriccio. *V. anche* INCANTESIMO

fascinóso *agg.* affascinante, attraente, seducente, avvincente, irresistibile, suggestivo □ prestigioso **CONTR.** repellente, ripugnante, disgustoso.

fàscio *s. m.* ***1*** (*di spighe, di erba, ecc.*) covone, fastello, fascina, manipolo, mannello, mazzo ***2*** (*fig.*) (*di cose*) raccolta, gruppo, congerie, insieme, quantità, ammasso □ catasta, mucchio ***3*** (*di persone*) gruppo, unione, associazione, aggruppamento ***4*** (*di particelle, ecc.*) flusso ***5*** simbolo fascista □ (*est.*) fascista ***6*** (*di luce*) raggio, sprazzo **FRAS.** *in un fascio*, uniti strettamente □ *andare in un fascio*, disfarsi □ *far d'ogni erba un fascio*, non distinguere il buono dal cattivo.

fascìsmo *s. m.* (*est.*) dittatura, totalitarismo, nazionalismo, corporativismo **CONTR.** antifascismo □ democrazia.

fascìsta *s. m.* e *f.*; *anche agg.* ***1*** (*est.*) nazionalista, corporativista, camerata, nero □ littorio **CONTR.** antifascista, gauchiste (*fr.*) □ partigiano ***2*** (*spreg.*) dispotico, violento, prepotente, totalitario, reazionario **CONTR.** democratico, tollerante. *V. anche* NERO

fàse *s. f.* ***1*** (*di corpo celeste*) aspetto ***2*** (*est.*) (*di persona, di malattia, ecc.*) stadio, stato, periodo, momento, condizione, epoca, parte, punto, tempo □ (*sport*) ripresa, manche (*fr.*), round (*ingl.*) **FRAS.** *essere fuori fase* (*fig.*), non sentirsi bene, essere giù.

fastèllo *s. m.* fascio, fascina, covone, manipolo, mannello, mazzo.

fast food /fast'fud, *ingl.* 'fa:st fu:d/ [loc. ingl., comp. di *fast* 'rapido, veloce' e *food* 'cibo, alimento'] *loc. sost. m. inv.* tavola calda, paninoteca.

fàsti *s. m. pl.* ***1*** (*st.*) annali, cronache **CONTR.** nefasti ***2*** (*fig.*) imprese gloriose, memorie eroiche, avvenimenti memorabili.

fastìdio *s. m.* ***1*** (*di sensazione*) molestia, disagio, disturbo, dispetto, disappunto □ noia, tedio, uggia □ avversione, antipatia, contrarietà, repulsione □ cruccio, pensiero, grattacapo, preoccupazione □ (*iron.*) pena, strazio, tormento, stanchezza **CONTR.** propensione, inclinazione, amore, passione, simpatia ***2*** (*di cibo*) nausea, disgusto, ripugnanza, voltastomaco, malessere **CONTR.** appetenza, appetito, desiderio ***3*** (*di cosa*) incomodo, impaccio, affanno, disturbo, imbarazzo □ seccatura, briga, grana, rogna (*fam.*), rottura (*fam. o volg.*), scocciatura, scoglionatura (*volg.*), rompimento (*fam.*) □ scomodità, peso **CONTR.** piacere, diletto, gioia, godimento, distrazione, sollazzo, sollievo, spasso, svago. *V. anche* DISTURBO

fastidiosaménte *avv.* sgradevolmente, spiacevolmente, incresciosamente □ noiosamente, molestamente, uggiosamente, tormentosamente **CONTR.** gradevolmente, piacevolmente, simpaticamente.

fastidióso *agg.* **1** (*di persona, di cosa*) noioso, seccante, molesto, importuno, asfissiante, assillante, ossessionante, tedioso, uggioso □ tignoso, rognoso □ imbarazzante, ingombrante □ increscioso □ antipatico □ irritante □ sgradevole, spiacevole □ intollerabile □ rompiscatole (*fam.*), zanzara, seccatore □ (*anche di cibo*) stucchevole, nauseante, pesante, indigesto **CONTR.** gradevole, gradito, dilettevole, divertente, piacevole, amabile, simpatico, sollazzevole, spassoso **2** (*di persona*) insofferente, irritabile, iroso, sgarbato, difficile **CONTR.** paziente, tollerante, garbato. *V. anche* SPIACEVOLE

fastìgio *s. m.* **1** (*di edificio*) parte superiore, sommità, coronamento □ tetto **CONTR.** base, fondamento **2** (*fig.*) (*di gloria, di potere, ecc.*) apice, culmine, altezza, cima, pienezza, sublimità, grado massimo **CONTR.** bassezza, fondo, meschinità.

fàsto *s. m.* sfarzo, lusso, sontuosità, magnificenza, opulenza, ostentazione, fastosità, grandiosità, grandezza, pompa, sfoggio, splendore **CONTR.** meschinità, modestia, povertà, semplicità, umiltà.

fastosaménte *avv.* lussuosamente, sfarzosamente, sontuosamente, grandiosamente, pomposamente, principescamente, regalmente, superbamente, splendidamente **CONTR.** modestamente, poveramente, semplicemente, umilmente.

fastosità *s. f.* sontuosità, lusso, magnificenza, fasto, opulenza, pompa, sfarzo, sfoggio, sfarzosità, spagnolismo, solennità **CONTR.** meschinità, modestia, povertà, semplicità, umiltà.

fastóso *agg.* sfarzoso, sontuoso, lussuoso, magnifico, opulento, pomposo, ricco, splendido, grandioso, magnificente, principesco, regale, superbo, trionfale **CONTR.** meschino, misero, modesto, povero, semplice, umile, dimesso □ severo.

fasùllo *agg.* **1** contraffatto, falso, fittizio, ingannevole, non genuino **CONTR.** autentico, genuino, vero **2** (*fig.*) inetto, incapace.

fàta *s. f.* **1** (*mitol.*) parca **2** (*nelle favole*) maga, incantatrice, fatina **3** (*fig.*) donna bellissima □ vamp (*ingl.*), sirena, dea, fatalona **CONTR.** megera, arpia, strega.

fatàle *agg.* **1** (*di destino, di legge, ecc.*) inevitabile, necessario, ineluttabile, inesorabile, irrimediabile □ predestinato, fatidico **2** (*di avvenimento*) esiziale, funesto, infausto, disastroso, mortale, letale, mortifero, rovinoso, tragico **CONTR.** fausto, felice, fortunato, lieto, provvidenziale **3** (*fig.*) (*di donna, di occhi, ecc.*) affascinante, seducente, incantevole **CONTR.** repellente, ripugnante.

fatalìsmo *s. m.* (*est.*) rassegnazione, sottomissione, passività **CONTR.** lotta, ribellione.

fatalìsta *s. m.* e *f.* rassegnato, sottomesso, passivo **CONTR.** indocile, ribelle, decisionista.

fatalisticaménte *avv.* rassegnatamente, passivamente.

fatalìstico *agg.* (*di atteggiamento, ecc.*) rassegnato, sottomesso **CONTR.** di sfida, di lotta.

fatalità *s. f.* **1** destino, fato, caso, sorte, ventura, predestinazione □ necessità □ (*di avvenimento*) ineluttabilità, inesorabilità, inevitabilità, irrimediabilità **2** sorte avversa, iattura, sfortuna □ tragedia, disgrazia **CONTR.** fortuna, provvidenza.

fatalménte *avv.* **1** per volere del fato, necessariamente, ineluttabilmente, irrimediabilmente, inevitabilmente **2** disgraziatamente, sventuratamente □ tragicamente **CONTR.** fortunatamente, provvidenzialmente.

fatàto *agg.* **1** magico **2** (*fig.*) affascinante, incantato.

fatìca *s. f.* **1** sforzo, lavoro, impegno, opera, corvè (*fig.*), sudata, strapazzata, faticata, sgobbata, tirata **CONTR.** riposo, ozio, fannullaggine (*raro*), relax (*ingl.*) **2** affaticamento, stanchezza, debolezza, spossatezza, strapazzo, prostrazione **CONTR.** instancabilità, energia, vigore, vigoria **3** (*fig.*) pena, difficoltà, stento, travaglio **CONTR.** gioia, piacere, passatempo **FRAS.** *a fatica*, a stento. *V. anche* LAVORO

faticàre *v. intr.* **1** far fatica, durar fatica, affaticarsi, sforzarsi, strapazzarsi, sfacchinare, spossarsi, stancarsi, accaldarsi, arrabattarsi, sudare sette camicie, lavorare, sgobbare, sfiancarsi, sgropponarsi (*fam.*) **CONTR.** riposare, oziare, stare con le mani in mano, stare in panciolle, prendersela comoda □ lavoricchiare **2** (*fig.*) penare, stentare.

faticàta *s. f.* grande fatica, sfaticata, faticaccia, corvée (*fr.*), galoppata, lavorata, sgropponata, sgobbata, tirata, sudata.

faticosaménte *avv.* penosamente, stentatamente, con fatica, difficilmente, disagevolmente, gravosamente, pesantemente, duramente, sforzatamente, stiracchiatamente □ tenacemente **CONTR.** agevolmente, facilmente, comodamente.

faticóso *agg.* **1** gravoso, pesante, affaticante, duro, oneroso, difficile, improbo, arduo, ingrato, laborioso, logorante, penoso, ponderoso □ (*di riuscita, ecc.*) stiracchiato □ contrastato □ malagevole, scomodo, disagevole **CONTR.** leggero, lieve, dilettevole, piacevole, agevole, facile, comodo **2** (*di passo, ecc.*) stanco, affaticato, stentato □ (*di respiro*) asmatico, rantoloso **CONTR.** leggero, normale, regolare.

fatìdico *agg.* **1** premonitore, presago, profetico **2** fatale, ineluttabile □ (*est.*) atteso, aspettato.

fatiscènte *agg.* cadente, cascante, pericolante □ (*fig.*) in rovina.

fàto *s. m.* destino, sorte, caso, fatalità, provvidenza, fortuna, ventura, stella □ necessità. *V. anche* FORTUNA

fàtta *s. f.* specie, genere, qualità, sorta, tipo, risma.

fattàccio *s. m.* **1** *pegg. di* **fatto** (**2**) **2** crimine, delitto, misfatto.

fatterèllo *s. m.* **1** *dim. di* **fatto** (**2**) **2** raccontino, aneddoto, storiella, spigolatura, curiosità, notizia, flash (*ingl.*).

fattézza *s. f. spec. al pl.* lineamenti, tratti, faccia, cera, sembianza (*lett.*), fisionomia, connotati, viso, volto □ (*raro*) corporatura, personale, figura □ forma.

fattibile *agg.* possibile, realizzabile, attuabile, effettuabile, eseguibile, operabile, praticabile **CONTR.** impossibile, irrealizzabile, inattuabile, ineffettuabile.

fattibilità *s. f.* attuabilità, praticabilità, possibilità **CONTR.** impossibilità.

fattìccio *agg.* robusto, tarchiato, atticciato, corpulento.

fattivaménte *avv.* attivamente, operosamente, efficacemente **CONTR.** debolmente, inefficacemente.

fattìvo *agg.* attivo, operoso, dinamico, efficace, energico, produttivo, concludente **CONTR.** fiacco, debole, inattivo, inefficace, inconcludente.

fàtto (1) *part. pass. di* **fare**; *anche agg.* **1** (*di edificio, di impianto, ecc.*) fabbricato, creato, costruito, eretto, realizzato, prodotto **CONTR.** demolito, distrutto, disfatto **2** (*di lavoro, di opera, ecc.*) operato, compiuto, effettuato, realizzato □ accaduto, avvenuto, successo □ terminato, completato, concluso, finito □ (*di debito*) contratto **3** (*di cosa*) a forma di, configurato □ plasmato □ formato, composto, costituito **4** (*di persona, di frutto, ecc.*) maturo, cresciuto, sviluppato, adulto □ stagionato **CONTR.** acerbo, immaturo **5** (*di pietanza*) cucinato, pronto, cotto □ (*di pasta*) impastato **6** (*di giorno, di notte e sim.*) inoltrato, avanzato **CONTR.** iniziato **7** (*per uno scopo*) adatto, disposto, nato, tagliato **CONTR.** inadatto, disadatto **8** (*gerg.*) molto stanco, esausto □ (*est.*) drogato **FRAS.** *così fatto*, tale □ *a conti fatti*, tutto considerato □ *detto fatto*, immediatamente □ *è fatta!*, non c'è rimedio; è andata bene.

fàtto (2) *s. m.* **1** azione, atto, opera □ impresa **2** avvenimento, accaduto, fenomeno, circostanza, evento, vicenda, episodio, caso, storia □ notizia □ esempio **3** (*di romanzo, di film, ecc.*) argomento, materia, trama, intreccio **4** (*al pl.*) cose, affari, faccende, cavoli (*volg.*), cazzi (*volg.*) **5** (*fam., pleon.*) realtà **CONTR.** storiella, voce **FRAS.** *passare a vie di fatto*, venire alle mani □ *fatto di sangue*, delitto □ *sapere il fatto suo*, conoscere bene il proprio mestiere, conoscere le proprie capacità □ *sul fatto*, in flagrante. *V. anche* SUCCESSO

fattóre *s. m.* (*f. -essa, -tora*) **1** (*lett.*) artefice, autore, creatore, fondatore **2** (*di azienda, di beni, ecc.*) amministratore □ agente **3** (*di successo, di benessere, ecc.*) causa, elemento determinante **CONTR.** effetto, conseguenza **4** (*mat.*) termine **5** (*scient.*) coefficiente **6** massaio.

fattorìa *s. f.* azienda agricola, tenuta, masseria □ cascina, casale, cascinale □ fazenda (*port.*), ranch (*ingl.*), rancho (*sp.*), farm (*ingl.*), hacienda (*sp.*).

fattorìno *s. m.* commesso, garzone, inserviente, ragazzo, boy (*ingl.*), galoppino □ corriere, Pony Express (*ingl.*).

fattucchièra *s. f.* maga, maliarda, incantatrice, strega.

fattùra *s. f.* **1** (*di abito, di attrezzo, ecc.*) confezione, creazione, fabbricazione, preparazione, lavoro, opera, costruzione □ compilazione **2** (*comm.*) nota, conto, ticket (*ingl.*), bolla **3** (*pop.*) stregoneria, maleficio, malia, incanto, incantesimo, sortilegio, magia □ malocchio. *V. anche* INCANTESIMO

fatturàre *v. tr.* **1** (*di alimento, ecc.*) manipolare, adulterare, affatturare, sofisticare, alterare, falsificare, contraffare **2** (*comm.*) mettere in conto, emettere fattura.

fatturàto **A** *part. pass. di* **fatturare**; *anche agg.* **1** (*di alimento*) adulterato, manipolato, sofisticato, alterato **2** (*comm.*) messo in conto, contabilizzato **B** *s. m.* (*comm.*) vendite.

fatuaménte *avv.* frivolamente, futilmente, scioccamente **CONTR.** seriamente, sensatamente □ sentenziosamente.

fàtuo *agg.* vuoto, vano, frivolo, leggero, vanerello, vacuo, superficiale □ vanaglorioso, vanesio, vanitoso □ insensato, balordo, sciocco, stupido **CONTR.** serio, grave, ponderato, riflessivo, sensato.

fàuci *s. f. pl.* **1** gola, strozza □ bocca **2** (*fig.*) (*di caverna, di fiume, ecc.*) apertura, imboccatura.

fàuna [vc. dotta, lat. *Fauna*(*m*), figlia (o sposa) del dio Fauno, protettore delle greggi] *s. f.* **1** animali **CFR.** flora **2** (*est., scherz.*) persone.

faustaménte *avv.* felicemente, fortunatamente **CONTR.** infaustamente, nefastamente, catastroficamente.

fàusto *agg.* propizio, favorevole, fasto, benedetto □ (*est.*) lieto, felice, fortunato, prospero, roseo, sereno □ privilegiato, invidiabile □ auspicato **CONTR.** infausto, nefasto, sfavorevole, sfortunato, ostile, avverso, fatale, ferale □ calamitoso, catastrofico, cattivo, nero, sventurato.

fautóre *s. m.*; *anche agg.* (*f. -trice*) sostenitore, promotore, patrocinatore, favoreggiatore, protettore, partigiano, amico, fiancheggiatore, simpatizzante, sottoscrittore **CONTR.** avversario, contrario, detrattore, denigratore, nemico, oppositore, dissenziente, dissidente □ sabotatore. *V. anche* SEGUACE

favela /*port.* fa'vɛla/ [vc. del port. brasiliano, propr. 'alveare', dal lat. *făvu*(*m*) 'favo'] *s. f. inv.* slum (*ingl.*), bidonville (*fr.*), baraccamento, baraccopoli.

favèlla *s. f.* **1** parola **2** lingua, linguaggio, idioma, parlata, discorso □ (*est.*) eloquio, loquela. *V. anche* LINGUA

favìlla *s. f.* **1** scintilla, monachina **2** (*fig.*) (*di sentimento, di avvenimento*) principio, cagione, causa, incentivo, motivo, movente, occasione **CONTR.** effetto, conseguenza.

fàvola *s. f.* **1** apologo, leggenda, mito, parabola **2** fiaba, novella, racconto fantastico, storia, narrazione **3** commedia, dramma **4** bugia, fandonia, frottola, menzogna, fola, panzana, fanfaluca, invenzione □ chiacchiera, diceria, voce **CONTR.** verità, vero **5** (*di persona*) oggetto di riso, oggetto di scherno, zimbello. *V. anche* BUGIA, LEGGENDA

favoleggiàre *v. intr.* **1** raccontare favole, novellare (*lett.*) □ scrivere cose favolose **2** raccontare, parlare, confabulare, chiacchierare.

favolìsta *s. m. e f.* scrittore di favole, novellista, novelliere.

favolìstica *s. f.* favole.

favolosaménte *avv.* (*est.*) meravigliosamente, eccezionalmente, esageratamente, straordinariamente **CONTR.** malissimo, pochissimo.

favolóso *agg.* ***1*** (*di racconto, di fatto, ecc.*) leggendario, mitico, fantastico, fantasioso, immaginario, fiabesco, mitologico **CONTR.** reale, vero ***2*** bellissimo, straordinario, splendido ***3*** (*est.*) (*di ricchezza, ecc.*) incredibile, enorme, esagerato, grandissimo □ (*di prezzo, ecc.*) eccezionale, convenientissimo, favorevolissimo. *V. anche* GRANDE, IMMAGINARIO

favóre *s. m.* ***1*** (*del pubblico, dei lettori, ecc.*) benevolenza, simpatia, apprezzamento, gradimento □ appoggio, approvazione, consenso, beneplacito, sostegno □ predilezione, preferenza □ stima, credito, seguito □ successo □ suffragio **CONTR.** antipatia, avversione, disfavore, ostilità, sfavore □ disapprovazione, dissenso, opposizione, contrarietà □ disistima, disprezzo □ ostruzionismo, vessazione, persecuzione □ pregiudizio ***2*** (*di azione*) cortesia, gentilezza, beneficio, grazia, piacere, servizio, servigio □ agevolazione □ regalo □ concessione **CONTR.** scortesia, sgarbo, sgarberia ***3*** (*di provvedimento, di finanziamento, ecc.*) aiuto, vantaggio, beneficio **CONTR.** danno, svantaggio ***4*** (*di persona, ecc.*) protezione, patronato, auspici, raccomandazione □ (*delle tenebre, ecc.*) complicità **FRAS.** *di favore*, vantaggioso, favorevole. *V. anche* PRIVILEGIO, REGALO, SUCCESSO

FAVORE
sinonimia strutturata

Incontra il **favore** di qualcuno ciò che piace o è giudicato giusto, ammirevole, ecc.: *godere del favore del popolo, del pubblico*; *la squadra gode del favore del pronostico*. Un favore istintivo, immediato può dirsi **simpatia**, mentre **apprezzamento** e il più incisivo **stima** suggeriscono un'adesione più ponderata o fondata. **Preferenza** e **predilezione** si distinguono perché descrivono l'atto o l'opinione per cui si antepone o si presceglie qualcosa o qualcuno rispetto ad altro.

Si avvicinano invece al concetto di assenso i termini **consenso** e soprattutto **approvazione**; abbastanza vicino è **beneplacito**, che però suggerisce un'approvazione concessa dall'alto, ossia un benestare, o addirittura un permesso: *ottenere il beneplacito delle autorità*. La stessa sfumatura caratterizza **benevolenza**, che descrive una buona e affettuosa disposizione d'animo, ma anche un atteggiamento indulgente nell'ambito di rapporti gerarchici: *accattivarsi la benevolenza di tutti*; *mi affido alla sua benevolenza*.

L'apprezzamento e l'approvazione possono coincidere con il **suffragio**, che solitamente si traduce in **sostegno**, ossia nell'attivo adoprarsi per qualcosa, nell'appoggiarla: *dare, negare il proprio suffragio*; *ha goduto del sostegno degli amici*.

In ogni caso, chi riesce ad accattivarsi l'altrui considerazione o simpatia si crea un certo **seguito**: *avere molto seguito in certi ambienti*; ancor più incisivo è **successo**, che suggerisce popolarità.

Anche un **servigio**, un'azione che dimostra benevolenza verso qualcuno è un favore, ossia un **piacere**, una **cortesia**: *fammi la cortesia di tacere*; *ricevere molti piaceri da qualcuno*. Più espressivo è il termine **regalo**, inteso figuratamente: *questo è il miglior regalo*; *bel regalo!* si dice ironicamente di ciò che irrita, molesta o è comunque sgradito. In questo senso, il favore può essere inteso come il risultato di una **concessione**, ossia del largire, del permettere: *concessione di un prestito*.

Si dice favore anche un **aiuto**, cioè un'azione che giova a qualcuno: *soccorsi a favore degli alluvionati*; *intervenire in aiuto di qualcuno*; l'azione che reca ad altri un vantaggio, un bene è un **beneficio**: *colmare qualcuno di benefici*; **vantaggio** si distingue perché evoca il concetto di privilegio, ossia di ciò che mette in condizione più favorevole rispetto ad altri: *il vantaggio della statura*; *avere il vantaggio del sole*.

Un favore, un aiuto e particolarmente un vantaggio possono consistere in un **appoggio**, in una **protezione**: *con il vostro favore è riuscito a sistemarsi*; *ha ottenuto il posto per mezzo di protezioni*.

Ciò che facilita decisamente un evento è caratterizzato da **complicità**, che suggerisce segretezza, e consiste in un'**agevolazione**: *fuggì con la complicità, il favore delle tenebre*; *fare concedere, ricevere delle agevolazioni*. Con **auspicio**, invece, si intende la protezione, il sostegno, anche finanziario, da parte di una personalità, di un'istituzione, ecc.: *la mostra fu inaugurata sotto gli auspici delle autorità locali*.

favoreggiaménto *s. m.* ***1*** complicità, connivenza ***2*** (*est.*) favore, favoritismo, spinta, agevolazione □ nepotismo **CONTR.** boicottaggio, persecuzione.

favoreggiàre *v. tr.* aiutare, favorire, proteggere, sostenere, agevolare **CONTR.** avversare, contrariare, contrastare, ostacolare, osteggiare. *V. anche* AIUTARE

favoreggiatóre *s. m.* (*f. -trice*) ***1*** complice, correo, compare ***2*** fautore, sostenitore, patrocinatore, agevolatore, seguace, simpatizzante **CONTR.** avversario, detrattore, nemico, oppositore, ostruzionista, persecutore, oppressore. *V. anche* SEGUACE

favorévole *agg.* ***1*** (*di occasione, di vento, ecc.*) adatto, idoneo, opportuno, vantaggioso, propizio, conveniente, privilegiato, provvidenziale, provvido **CONTR.** inadatto, inopportuno, svantaggioso, avverso, sfavorevole ***2*** (*di momento, di periodo, ecc.*) fasto, fausto, felice, prospero, roseo **CONTR.** infausto, nefasto, sfortunato, infelice ***3*** (*di disposizione, di persona, ecc.*) ben disposto, consenziente, compiacente, propenso, amico, sostenitore, intenzionato, incline, pronto **CONTR.** contrario, sfavorevole, malevolo, maldisposto, ostile, avverso, nemico, prevenuto, restio ***4*** (*di comportamento, di avvenimento, di episodio, ecc.*) fruttuoso, positivo, produttivo **CONTR.** controproducente, dannoso, pregiudizievole ***5*** (*di giudizio, ecc.*) di approvazione, a favore, positivo, benigno, benevolo, buono **CONTR.** contrario, negativo, cattivo.

favorevolménte *avv.* ***1*** amichevolmente, benevolmente, benignamente **CONTR.** avversamente, ostilmente, contro, velenosamente ***2*** convenientemente, opportunamente, vantaggiosamente **CONTR.** inopportunamente.

favorìre *A* *v. tr.* **1** (*di persona o cosa*) aiutare, appoggiare, assistere, caldeggiare, giovare, incoraggiare, proteggere, sorreggere, sostenere, soccorrere, assecondare □ favoreggiare, fiancheggiare, parteggiare □ prediligere, privilegiare, preferire □ (*di fortuna*) arridere **CONTR.** avversare, contrariare, combattere, osteggiare, colpire, bersagliare, perseguitare, vessare, boicottare, sabotare □ stangare **2** (*di attività, di cultura, ecc.*) promuovere, facilitare, agevolare, alimentare, propugnare **CONTR.** impedire, intralciare, ostacolare, contrastare, proibire, reprimere □ pregiudicare *B* *v. intr. con l'inf.* accettare, acconsentire **CONTR.** rifiutare, negare. *V. anche* AIUTARE

favoritìsmo *s. m.* parzialità, favoreggiamento, protezione □ nepotismo, clientelismo, personalismo **CONTR.** equità, imparzialità.

favorìto *A* *part. pass. di* **favorire**; *anche agg.* **1** amato, prediletto, preferito, primo □ privilegiato (*est.*) **CONTR.** trascurato, ultimo **2** (*di sportivo e sim.*) probabile vincitore, papabile, avvantaggiato **CONTR.** svantaggiato, spiazzato *B* *s. m.* **1** prediletto, beniamino, cocco (*fam.*), cocchino (*fam.*), protetto **2** (*spec. al pl.*) fedine, basettoni, scopettoni.

fax *s. m. inv.* **1** telefax, facsimile, telecopia **2** telecopiatrice, telecopiatore.

fazenda /*port.* fa'zɛnda/ *s. f. inv.* azienda agricola, fattoria, tenuta, farm (*ingl.*), hacienda (*sp.*), ranch (*ingl.*), rancho (*sp.*).

fazióne *s. f.* **1** (*spec. polit.*) setta, corrente, movimento, parte, gruppo □ partito **2** (*sport, spec. nel calcio*) squadra. *V. anche* PARTE

faziosaménte *avv.* parzialmente, settariamente, tendenziosamente, sediziosamente, fanaticamente, violentemente **CONTR.** equilibratamente, equamente, moderatamente, serenamente, obiettivamente.

faziosità *s. f.* partigianeria, parzialità, settarismo, fanatismo **CONTR.** moderatismo, spassionatezza. *V. anche* FANATISMO

fazióso *agg.*; *anche s. m.* **1** estremista, fanatico, settario, partigiano, parziale **CONTR.** equilibrato, equo, obiettivo, moderato, tranquillo, spassionato **2** ribelle, sovversivo, agitatore, rivoltoso, rivoluzionario □ sedizioso, facinoroso.

fazzolétto *s. m.* moccichino (*pop.*), pezzuola □ (*da collo*) fisciù, fichu (*fr.*) □ foulard (*fr.*) □ bandana.

fèbbre *s. f.* **1** (*med.*) piressia □ ipertermia □ (*est.*) temperatura **CONTR.** apiressia □ ipotermia **2** (*est.*) (*delle labbra*) herpes **3** (*fig.*) (*di denaro, di gloria, ecc.*) passione ardente, desiderio intenso, frenesia, furia, orgasmo (*est.*), brama, foia (*est., fig.*), eccitazione.

febbrìfugo o (*evit.*) **febbrifùgo** *agg.*; *anche s. m.* antifebbrile, antipiretico.

febbrìle *agg.* **1** piretico, di febbre **2** (*fig.*) (*di ritmo, di attività, ecc.*) intenso, instancabile, agitato, convulso, vertiginoso, concitato, frenetico, eccitato, esaltato, irrequieto **CONTR.** lento, spento, tranquillo.

febbrilménte *avv.* convulsamente, intensamente, freneticamente, vertiginosamente **CONTR.** lentamente, tranquillamente.

fèccia *s. f.* **1** (*di svinatura, di filtrazione, ecc.*) deposito, sedimento, fondiglio, posatura, residuo, scoria, colaticcio, fondo, morchia, scarto **2** (*di persone*) parte peggiore, gentaglia, malavita, mala (*gerg.*), canaglie, ciurmaglia, plebaglia, teppa, teppaglia **CONTR.** crème (*fr.*), élite (*fr.*).

fèci *s. f. pl.* escremento, deiezione, cacca (*infant., pop.*) □ (*di animale*) sterco.

fecondaménte *avv.* (*anche fig.*) fertilmente, produttivamente, abbondantemente, riccamente **CONTR.** aridamente, improduttivamente, poveramente.

fecondàre *v. tr.* **1** (*di donna*) ingravidare, mettere incinta □ (*di animale*) impregnare, inseminare, coprire (*zoot.*) □ (*di pianta*) impollinare **2** (*anche fig.*) (*di terreno, di mente, ecc.*) rendere produttivo, fertilizzare, alimentare, sviluppare, potenziare, maturare **CONTR.** isterilire, inaridire.

fecondazióne *s. f.* concepimento, inseminazione, ingravidamento □ (*di pianta*) impollinazione.

fecondità *s. f.* **1** (*di persona o animale*) capacità di procreare, prolificità **CONTR.** sterilità, impotenza **2** (*di terra, di pianta, ecc.*) fertilità, produttività, feracità (*lett.*), ubertà (*lett.*), ubertosità (*lett.*) **CONTR.** aridità, infecondità, improduttività, infruttuosità **3** (*fig.*) (*di ingegno, ecc.*) capacità creativa, creatività, ricchezza, inventiva, fantasia **CONTR.** isterilimento.

fecóndo *agg.* **1** (*di persona o animale*) atto a procreare, prolifico **CONTR.** sterile, impotente **2** (*di terra, di albero, ecc.*) fertile, fruttifero, produttivo, ferace (*lett.*), ubertoso (*lett.*) **CONTR.** arido, infecondo, improduttivo, infruttuoso, magro, avaro, infruttifero **3** (*fig.*) (*di ingegno, ecc.*) ricco di inventiva, creativo **CONTR.** isterilito, inaridito.

fedaìn o **fedayìn** [pl. dell'ar. classico *fidāi* 'che offre la sua anima in riscatto, volontario della morte'] *s. m. inv.* guerrigliero palestinese, guerrigliero arabo.

féde *s. f.* **1** (*in un'idea*) adesione incondizionata □ assentimento, consenso, convinzione, credenza, fiducia, sicurezza **CONTR.** sfiducia, diffidenza, dissenso, dubbio, incertezza, scetticismo **2** (*relig.*) religione, professione, credo, dogma □ religione cristiana, cattolicesimo **CONTR.** ateismo, incredulità, miscredenza, irreligiosità □ empietà □ agnosticismo **3** (*spec. polit.*) idea, ideale, credo, ideologia **4** (*di sposo, di promessa, ecc.*) fedeltà, lealtà, onestà, onore, osservanza, parola, coscienza retta **CONTR.** infedeltà, slealtà, disonestà, inosservanza, trasgressione, tradimento **5** anello matrimoniale, vera **6** (*bur.*) certificato, documento, atto, attestazione, attestato **FRAS.** *far fede*, attestare □ *in buona fede*, senza cattiva intenzione □ *in mala fede*, con inganno. *V. anche* SPERANZA

fedéle *A* *agg.* **1** (*di sposo, di alleato, ecc.*) fido (*lett.*), devoto, leale, onesto, retto, sicuro, coscienzioso, di parola, fidato, costante **CONTR.** infido, infedele, sleale, traditore, disonesto, malfido, fellone □ adultero, fedifrago □ defezionista, deviazionista **2** (*relig.*) credente, pio, praticante, cristiano, religioso **CONTR.** ateo, miscredente □ empio, irreligioso, incredulo □ apostata, eretico □ agnostico **3** (*di amico, di cliente, ecc.*) affezionato, assiduo, sostenitore □ frequentatore **CONTR.** occasionale, saltuario **4** (*di ritratto, di traduzione, ecc.*) esatto, puntuale, diligente, preciso, attendibile, veritiero □ testuale **CONTR.** inesatto, impreciso, negligente, inattendibile ***B*** *s. m.* e *f.* seguace, accolito □ servitore, vassallo □ parrocchiano □ frequentatore □ tifoso, ammiratore, fan (*ingl.*) **CONTR.** transfuga, disertore, traditore, rinnegato. *V. anche* SEGUACE

fedelménte *avv.* ***1*** diligentemente, puntualmente, esattamente, attendibilmente **CONTR.** inesattamente, negligentemente ***2*** lealmente, onestamente, rettamente **CONTR.** slealmente, proditoriamente, disonestamente, infidamente.

fedeltà *s. f.* ***1*** (*di comportamento*) fede, lealtà, coscienziosità, onestà, rettitudine, fidatezza, lealismo □ attaccamento, costanza □ devozione, deferenza, rispetto □ pietà, religione **CONTR.** infedeltà, tradimento, slealtà, disonestà, fellonia (*raro, lett.*) □ defezione, diserzione ***2*** (*di notizia, di traduzione, ecc.*) esattezza, precisione, attendibilità, credibilità, veracità, conformità, corrispondenza **CONTR.** inesattezza, imprecisione, inattendibilità, diversità, divergenza, travisamento. *V. anche* COSTANZA

fèdera *s. f.* (*di guanciale*) fodera, involucro.

federàre ***A*** *v. tr.* (*raro*) confederare, associare, unire, coalizzare ***B*** **federarsi** *v. rifl.* confederarsi, associarsi, unirsi, coalizzarsi **CONTR.** dividersi, separarsi. *V. anche* UNIRE

federativo *agg.* associativo.

federàto *part. pass. di* **federare**; *anche agg.* confederato, associato, unito, coalizzato.

federazióne *s. f.* ***1*** (*di governo*) confederazione, Stato federale □ alleanza ***2*** (*di commercianti, di partiti, ecc.*) associazione, unione, lega, consociazione □ ente.

fedìna *s. f. spec. al pl.* favoriti, basette, scopettoni.

feedback /*ingl.* 'fi:dbæk/ [vc. ingl., propriamente 'rifornimento all'indietro', comp. di *feed* 'alimento' e *back* 'indietro'] *s. m. inv.* retroazione, effetto retroattivo □ reazione.

feeling /*ingl.* 'fi:liŋ/ [vc. ingl., da *to feel* 'sentire'] *s. m. inv.* ***1*** intesa, sintonia, simpatia □ sentimento, sensazione □ senso □ opinione ***2*** emozione, eccitazione ***3*** compassione, comprensione, partecipazione. *V. anche* EMOZIONE

fégato *s. m.* (*fig.*) coraggio, audacia, ardimento, ardire, temerità, temerarietà, sangue freddo **CONTR.** paura, timore, vigliaccheria, tremarella, fifa (*dial.*), spavento, strizza (*fam.*) **FRAS.** *mangiarsi il fegato* o *rodersi il fegato* (*fig.*), struggersi di rabbia.

felìce *agg.* ***1*** (*di persona*) contento, lieto, beato, allegro, raggiante, esultante, giubilante, giulivo, gongolante, radioso, sorridente □ compiaciuto, pago, soddisfatto **CONTR.** desolato, disperato, sconsolato □ infelice, malinconico, mesto, triste, afflitto, travagliato, avvilito, dolente, intristito, rammaricato, rattristato □ rannuvolato, scuro, cupo, scontento, insoddisfatto ***2*** (*di situazione, di periodo, ecc.*) fortunato, propizio, invidiabile, prospero, roseo, spensierato, tranquillo **CONTR.** brutto, buio, gramo, misero, miserabile, nero, pesante, preoccupante, tetro ***3*** (*di esito, di giorno, ecc.*) favorevole, fausto, propizio □ conveniente, opportuno **CONTR.** sfavorevole, infausto, avverso □ catastrofico □ disastroso □ sconveniente, inopportuno.

feliceménte *avv.* ***1*** lietamente, allegramente, beatamente, gaiamente, giulivamente, radiosamente **CONTR.** infelicemente, tristemente, desolatamente □ miseramente, miserevolmente ***2*** convenientemente, opportunamente, bene, faustamente **CONTR.** sconvenientemente, inopportunamente, male, catastroficamente, infaustamente.

felicità *s. f.* ***1*** contentezza, letizia, beatitudine □ delizia, godimento, gioia □ giubilo □ esultanza, tripudio, spensieratezza, gaiezza □ soddisfazione □ appagamento **CONTR.** infelicità, scontentezza, malinconia, mestizia, tristezza, afflizione, depressione, preoccupazione, sconforto □ crepacuore □ croce, dolore, tribolazione, cruccio ***2*** benessere, prosperità, agiatezza, floridezza □ fortuna **CONTR.** miseria, penuria, indigenza □ avversità, sfortuna, sventura ***3*** (*di parola, di pennello, ecc.*) abilità, capacità, perizia, perfezione **CONTR.** incapacità, imperizia. *V. anche* FORTUNA

felicitàre ***A*** *v. tr.* ***1*** (*lett.*) rendere felice ***2*** complimentare ***B*** **felicitarsi** *v. intr. pron.* essere contento, compiacersi, congratularsi, rallegrarsi, complimentarsi **CONTR.** dolersi, condolersi, compiangere, commiserare.

felicitazióne *s. f. spec. al pl.* rallegramenti, complimenti, congratulazioni **CONTR.** condoglianze, compianto, cordoglio.

felìno *agg.* ***1*** di gatto, da gatto ***2*** (*fig.*) agile, snello **CONTR.** tozzo, sgraziato ***3*** (*fig.*) astuto, guardingo, subdolo **CONTR.** ingenuo.

fellóne *s. m.* (*lett.*) traditore, fedifrago, infedele, sleale, ribelle, rinnegato, defezionista □ briccone (*scherz.*) **CONTR.** leale, devoto, fedele.

felpàto *agg.* ***1*** lavorato a felpa □ ricoperto di felpa ***2*** (*fig.*) (*di passo e sim.*) attutito, silenzioso, impercettibile □ morbido, vellutato **CONTR.** chiassoso, rumoroso.

felsìneo [dal lat. *Félsina*, ant. n. di Bologna, di origine etrusca] *agg.* bolognese, petroniano.

fémmina ***A*** *s. f.* ***1*** animale femmina □ donna, sottana (*fam.*) **CONTR.** maschio, uomo ***2*** (*di vite*) madrevite **CONTR.** maschio ***B*** *in funzione di agg.* femminile.

femminìle ***A*** *agg.* ***1*** di femmina, da femmina, di donna, da donna, femmineo (*lett.*), muliebre (*lett.*) □ yin **CONTR.** maschile, mascolino, maschio, virile □ yang ***2*** (*fig.*) delicato, dolce **CONTR.** energico, forte ***3*** delle donne, donnesco ***B*** *s. m.* femminino.

femminilità *s. f.* femminino, fascino femminile, dolcezza, grazia □ sex-appeal (*ingl.*) **CONTR.** mascolinità, virilità.

femminilménte *avv.* ***1*** con femminilità **CONTR.** maschilmente ***2*** (*spreg.*) effeminatamente **CONTR.** virilmente.

femminùccia *s. f.* ***1*** *dim. di* **femmina** ***2*** donna da poco, donnetta (*spreg.*) ***3*** (*est.*) uomo da poco, omaretto □ vigliacco, pusillanime, donnicciola.

fendènte ***A*** *part. pres. di* **fendere**; *anche agg.* (*raro*) tagliente ***B*** *s. m.* colpo di sciabola □ (*est.*) colpo.

fèndere ***A*** *v. tr.* ***1*** spaccare, rompere, squarciare, aprire, dividere, separare, scindere (*lett.*), spezzare, tagliare □ (*est.*) lacerare, incrinare, scheggiare, screpolare **CONTR.** attaccare, riattaccare, congiungere, ricongiungere, unire ***2*** (*di folla, di acque, ecc.*) attraversare, solcare, farsi strada ***B*** **fendersi** *v. intr. pron.* screpolarsi, aprirsi, spaccarsi, creparsi, incrinarsi, scheggiarsi, rompersi, squarciarsi. *V. anche* DIVIDERE, TAGLIARE

fenditùra *s. f.* crepa, fessura, apertura, spacco, spaccatura, squarcio, solco, rottura, taglio, crepatura, screpolatura, lacerazione, incrinatura, scissura, spiraglio □ crepaccio.

fenomenàle *agg.* (*fig.*) straordinario, eccezionale, meraviglioso, mirabile, inaudito, enorme, pauroso, pazzesco □ notevole, strano **CONTR.** comune, consueto, naturale, normale, ordinario.

fenòmeno ***A*** *s. m.* ***1*** manifestazione, fatto, caso, evento, effetto **CFR.** trascendenza, noumeno ***2*** (*fam.*) (*di persona o cosa*) eccezione, cannonata, cannone, miracolo, prodigio □ mostro ***B*** *in funzione di agg. inv.* (*posposto al s.*) (*fam.*) stupefacente, sorprendente, straordinario.

feràle *agg.* (*lett.*) funesto, funereo, luttuoso, lugubre, mortale, mortifero □ infausto, tristissimo, di malaugurio **CONTR.** lieto, gioioso, giocondo, rallegrante, allegro, fausto.

fèretro *s. m.* bara, cassa da morto, cataletto.

fèria *s. f. al pl.* periodo di riposo, vacanze, feste □ villeggiatura **CONTR.** (*est.*) lavoro.

ferìale *agg.* lavorativo, di lavoro, non festivo □ infrasettimanale **CONTR.** festivo □ domenicale.

feriménto *s. m.* (*est.*) ferita □ colpo.

ferìre ***A*** *v. tr.* ***1*** (*di lama, di arma, ecc.*) produrre una ferita, colpire, vulnerare (*lett.*), lacerare, piagare, percuotere □ trafiggere, accoltellare, forare, tagliare, infilzare, pugnalare, sbudellare, bucare, pungere, squarciare □ contundere **CONTR.** curare, medicare, sanare, cicatrizzare, rimarginare ***2*** (*fig.*) (*di parole, di atto, ecc.*) addolorare, mortificare, offendere, umiliare □ commuovere □ traumatizzare, impressionare **CONTR.** adulare, blandire, elogiare, esaltare, lodare ***B*** **ferirsi** *v. rifl.* prodursi una ferita □ bucarsi, tagliarsi **FRAS.** *senza colpo ferire*, senza spargere sangue. *V. anche* TAGLIARE

ferìta *s. f.* ***1*** (*di lama, di arma, ecc.*) taglio, lacerazione, lesione, piaga, squarcio, coltellata, pugnalata, trafittura □ incisione □ botta, colpo, contusione, trauma, ecchimosi □ scalfittura, scorticatura, sbucciatura, puntura, morsicatura, escoriazione, graffio, graffiatura, bua (*infant.*) □ sfregio □ stigmate ***2*** (*fig.*) (*di sentimenti*) strazio, spasimo, tormento, pena, afflizione **CONTR.** gioia, godimento, piacere.

ferìto *part. pass. di* **ferire**; *anche agg.* e *s. m.* ***1*** (*da lama, da arma, ecc.*) colpito, percosso, piagato, contuso, pesto, scorticato, sfregiato, trafitto, dilaniato, punto, squarciato **CONTR.** guarito, rimarginato, cicatrizzato □ illeso, indenne, incolume ***2*** (*di sentimenti*) afflitto, mortificato, offeso □ impressionato, traumatizzato **CONTR.** elogiato, lodato, incoraggiato.

feritóia *s. f.* apertura □ finestrino, passaggio, varco, buco, buca, foro.

férma *s. f.* ***1*** servizio militare, leva ***2*** (*del cane da caccia*) punta.

fermacapélli *s. m. inv.* fermaglio, spillone, molletta.

fermàglio *s. m.* fibbia, spillone, fibula (*lett.*), fermacapelli, clip (*ingl.*), fermacravatta, molletta, graffa, graffetta, agrafe (*fr.*), gancio □ spilla, broche (*fr.*).

fermaménte *avv.* ***1*** saldamente, solidamente, stabilmente □ incrollabilmente, tenacemente **CONTR.** debolmente, instabilmente ***2*** decisamente, energicamente, risolutamente, recisamente □ coraggiosamente □ stoicamente □ pervicacemente **CONTR.** fiaccamente, dubbiosamente, incertamente.

fermàre ***A*** *v. tr.* ***1*** (*anche fig.*) trattenere, frenare, arrestare, bloccare, raffrenare, rattenere (*lett.*), impedire □ paralizzare, immobilizzare □ tamponare, neutralizzare □ intercettare □ inibire, ostacolare □ sospendere **CONTR.** avviare, far partire, muovere, attivare, azionare, innescare, mobilitare □ (*fig.*) scrollare, scuotere, smuovere, spingere ***2*** (*di sospetto, di indiziato, ecc.*) arrestare, catturare, ammanettare **CONTR.** liberare, dimettere, rilasciare ***3*** (*di cosa*) rendere saldo, attaccare, fissare, assicurare, legare stretto, agganciare, ancorare, avvitare, chiudere, inchiodare **CONTR.** allentare, staccare, sciogliere, slegare ***4*** (*fam.*) (*di posto, di biglietto, ecc.*) prenotare, riservare, fissare ***B*** **fermarsi** *v. intr. pron.* ***1*** (*di persona e cosa*) arrestarsi, bloccarsi, immobilizzarsi, frenarsi □ interrompersi, smettere □ indugiare, attardarsi, trattenersi □ stagnare, insabbiarsi, arenarsi □ stabilizzarsi, fissarsi □ fossilizzarsi, cristallizzarsi □ impuntarsi, inchiodarsi, piantarsi □ (*di uccello, ecc.*) posarsi **CONTR.** avviarsi, incamminarsi, muoversi, spostarsi, camminare, circolare, correre, fluire, scorrere ***2*** (*di persona*) trattenersi, soffermarsi, sostare, soggiornare, restare, rimanere **CONTR.** affrettarsi, spicciarsi, sbrigarsi, partire □ ripartire, proseguire, procedere □ passare ***3*** (*in un luogo*) insediarsi, stabilirsi, domiciliarsi **CONTR.** trasferirsi ***4*** (*di orologio, di automobile, ecc.*) scaricarsi, rompersi ***C*** *v. intr.* (*di autobus, di treno, ecc.*) sostare, fare una fermata. *V. anche* PRENDERE

fermàta *s. f.* ***1*** (*di treno, di servizio, ecc.*) sosta, tappa, stazionamento □ stazione, posta □ alt, stop (*ingl.*) □ (*di aereo, di nave*) scalo **CONTR.** continuazione, proseguimento ***2*** (*di lavoro, di tempo, ecc.*) arresto, interruzione, pausa, intervallo, sospensione, riposo, respiro, posa, sosta ***3*** (*mus.*) pausa, corona.

fermàto ***A*** *part. pass. di* **fermare**; *anche agg.* immobilizzato □ fissato □ intercettato □ legato, chiuso ***B*** *s. m.* arrestato.

fermentàre ***A*** *v. intr.* ***1*** essere in fermentazione, bollire, ribollire **CONTR.** sbollire ***2*** (*fig.*) (*di animo, di mente, ecc.*) essere agitato, essere in subbuglio, agitarsi, turbarsi, commuoversi **CONTR.** calmarsi, placarsi, quietarsi ***3*** (*di pasta, ecc.*) lievitare ***B*** *v. tr.* far fermentare □ far lievitare.

fermentazióne *s. f.* bollitura □ lievitazione □ decomposizione.

ferménto *s. m.* ***1*** enzima ***2*** lievito ***3*** (*fig.*) (*di persone*) agitazione, eccitazione, inquietudine, effervescenza □ vita □ ribellione, rivoluzione □ subbuglio, tumulto **CONTR.** calma, pace, quiete, stasi, tranquillità. V. anche RIBELLIONE

fermézza *s. f.* **1** (*raro*) (*di mano e sim.*) fissità, stabilità, staticità, saldezza **CONTR.** mobilità, dinamicità, cedevolezza, instabilità **2** (*fig.*) (*di carattere, di animo, ecc.*) costanza, fortezza, risolutezza, perseveranza, tenacia, imperturbabilità, intrepidezza, irremovibilità, ostinazione, pertinacia, energia, decisione, rigore, rigorosità, stoicismo **CONTR.** incostanza, mutevolezza, leggerezza, volubilità, arrendevolezza, fiacchezza, indecisione, mollezza, titubanza □ paura, sgomento □ sbandamento. V. anche COSTANZA, ENERGIA

férmo ***A*** *agg.* **1** immobile, immoto (*lett.*), fisso, fissato, stabile, sicuro, statico □ invariato, stazionario □ stabilizzato □ paralizzato **CONTR.** mobile, movibile, amovibile □ malfermo, allentato □ cedevole, pencolante, vacillante **2** (*di acqua, ecc.*) stagnante □ immobile **CONTR.** corrente □ mosso, agitato, vorticoso, turbinoso **3** (*fig.*) (*di persona*) costante, fedele □ saldo, irremovibile, incrollabile, immutabile □ pertinace, perseverante, ostinato, tenace □ deciso, volitivo, energico, risoluto □ tetragono □ cristallizzato □ lucido, coerente, lineare **CONTR.** incostante, instabile, leggero, mutevole, volubile □ arrendevole, molle □ indeciso □ incerto, titubante, tentennante □ pauroso, pavido **4** (*di situazione, ecc.*) immobile, statico, bloccato, immutato **CONTR.** mutevole, fluido, fluttuante, precario, variabile **5** (*fig.*) stabilito, deliberato, fissato, determinato ***B*** *s. m.* **1** (*di apparecchio, di veicolo, ecc.*) fermata, interruzione □ (*di tempo, di azione, ecc.*) moratoria, sospensione □ immobilizzazione, blocco □ embargo **CONTR.** avviamento, avvio **2** (*dir.*) arresto, cattura **CONTR.** rilascio, dimissione **3** (*di congegno*) sicura, sicurezza **FRAS.** *per fermo*, con sicurezza. V. anche ROBUSTO, SEVERO

feróce *agg.* **1** crudele, disumano, efferato, inumano, sanguinario, snaturato, malvagio, brutale, atroce, barbarico, barbaro, belluino, cannibalesco, cruento, ferino, sadico, spietato **CONTR.** benigno, bonario, buono, mansueto, compassionevole, misericordioso, mite, umano, dolce □ (*di sguardo*) torvo, bieco, minaccioso, truce □ (*di scherzo*) cattivo □ (*scherz.*) (*di professore, ecc.*) molto severo, terribile **2** (*di bestia*) selvaggio □ aggressivo **CONTR.** docile, domestico **3** (*di caldo, di freddo, ecc.*) intollerabile, violento, vivissimo, accanito, mostruoso, bestiale **CONTR.** scarso, modesto, moderato, piacevole. V. anche CRUDELE

feroceménte *avv.* crudelmente, brutalmente, spietatamente, efferatamente, inumanamente, malvagiamente, atrocemente, barbaramente, disumanamente, selvaggiamente □ mostruosamente, orribilmente □ (*di sguardo*) torvamente, trucemente **CONTR.** benignamente, bonariamente, mansuetamente, misericordiosamente, mitemente, umanamente, dolcemente.

feròcia *s. f.* crudeltà, brutalità, disumanità, inumanità, efferatezza, malvagità, spietatezza, ferocità, bestialità, ferità (*lett.*), mostruosità, sadismo □ barbarie, violenza **CONTR.** benignità, bonarietà, bontà, compassione, mansuetudine, misericordia, mitezza, pietà, umanità, dolcezza.

ferràglia *s. f.* ferrame, rottami.

ferragósto [lat. *feriae Augusti* 'festa d'agosto'] *s. m.* 15 agosto, Assunta, mezzagosto.

ferraménta *s. f.* ferrareccia □ utensileria.

ferràre ***A*** *v. tr.* munire di ferro **CONTR.** (*di cavalli, ecc.*) sferrare ***B*** **ferrarsi** *v. rifl.* (*fig.*) (*in una materia*) perfezionarsi, temprarsi.

ferràto *part. pass. di* **ferrare**; *anche agg.* **1** munito di ferro, rivestito di ferro □ blindato, corazzato **2** (*fig.*) (*di persona*) competente, esperto, intenditore, provetto, abile, bravo, versato, addentro **CONTR.** incompetente, inesperto, ignaro, profano, digiuno **FRAS.** *strada ferrata*, ferrovia.

ferreaménte *avv.* inflessibilmente, severamente **CONTR.** mitemente, blandamente.

fèrreo *agg.* **1** di ferro, fatto di ferro **2** (*fig.*) (*di fisico, di salute, ecc.*) resistente, robusto, forte, gagliardo, vigoroso □ tenace **CONTR.** debole, fragile, delicato, gracile **3** (*fig.*) (*di disciplina, ecc.*) inflessibile, rigoroso, severo, duro, inesorabile **CONTR.** mite, tollerante, indulgente **4** (*di volontà, di carattere, di memoria, ecc.*) granitico, incrollabile **CONTR.** fiacco, molle □ labile. V. anche ROBUSTO, SEVERO

ferrièra *s. f.* fonderia, fucina.

ferrìgno *agg.* **1** simile al ferro □ ferreo, metallico **2** (*fig.*) (*di fisico, di aspetto*) forte, robusto, gagliardo □ energico **CONTR.** debole, delicato, fragile, gracile **3** (*fig.*) (*di persona*) crudele, duro, spietato, inflessibile □ volitivo **CONTR.** mite, benigno, indulgente, bonario, mansueto, tollerante.

fèrro *s. m.* **1** (*fig.*) lama, coltello, falce, accetta, ascia, scure, rasoio, bisturi **2** (*lett.*) spada, sciabola **3** (*spec. al pl.*) catene, ceppi, manette **4** (*spec. al pl.*) graticola, gratella, grill (*ingl.*), griglia **FRAS.** *ferro stagnato*, latta □ *ferro crudo*, ferraccio □ *mettere a ferro e fuoco*, distruggere □ *essere in una botte di ferro* (*fig.*), essere al sicuro □ *avere il pugno di ferro* (*fig.*), essere rigido □ *alibi di ferro* (*fig.*), alibi inattaccabile □ *a ferro di cavallo*, a semicerchio □ *essere ai ferri corti* (*fig.*), essere alle strette □ *mettere ai ferri*, incatenare □ *ferri del mestiere*, strumenti del mestiere □ *toccare ferro*, fare scongiuri.

ferrovècchio *s. m.* **1** (*di persona*) rigattiere, robivecchi **2** (*fig.*) (*di cosa o persona*) rottame.

ferrovìa *s. f.* strada ferrata □ treno **FRAS.** *ferrovia sotterranea*, metropolitana, métro (*fr.*).

ferry-boat /*ingl.* 'fɛri 'bout/ [vc. ingl., di *to ferry* 'traghettare' e *boat* 'barca'] *s. m. inv.* traghetto, nave traghetto.

fèrtile *agg.* **1** (*di terra*) fecondo, ferace (*lett.*), fruttifero, produttivo, ubertoso (*lett.*), buono, grasso **CONTR.** arido, infecondo, improduttivo, sterile, avaro, infruttifero, magro □ riarso, brullo □ desertico **2** (*fig.*) (*di mente, di ingegno, ecc.*) fecondo, ricco, prolifico, creativo **CONTR.** povero. V. anche GENEROSO

fertilità *s. f.* **1** fecondità, feracità (*lett.*), produttività, ubertà (*lett.*) **CONTR.** aridità, infecondità, improduttività, sterilità **2** (*fig.*) (*di ingegno e sim.*) ricchezza, prolificità **CONTR.** povertà.

fertilizzànte *part. pres. di* **fertilizzare**; *anche agg.* e *s. m.* concime, composta, terricciato, concio (*tosc.*).

fertilizzàre *v. tr.* rendere fertile, concimare, ingrassare □ fecondare **CONTR.** isterilire, impoverire.

fertilizzazióne *s. f.* concimazione.

fervènte *part. pres. di* **fervere**; *anche agg.* ***1*** caldissimo, bollente, cocente, infocato, rovente, scottante, bruciante **CONTR.** freddissimo, gelato, gelido, ghiacciato ***2*** (*fig.*) (*di discorso, di preghiera, ecc.*) acceso, ardente, caloroso, entusiastico, fervido, fervoroso, appassionato, intenso, veemente, vivace, vivo **CONTR.** debole, fiacco, frigido, blando, freddo.

ferventeménte *avv.* con fervore, ardentemente, calorosamente, vivamente **CONTR.** debolmente, blandamente, freddamente.

fèrvere *v. intr.* ***1*** (*lett.*) essere cocente, ardere ***2*** (*di liquido*) ribollire ***3*** (*fig.*) (*di vita, di attività*) fremere, brulicare, pulsare **CONTR.** languire.

fervidaménte *avv.* fervorosamente, con zelo, entusiasticamente, ardentemente, calorosamente, sentitamente **CONTR.** freddamente, fiaccamente, svogliatamente, tiepidamente.

fèrvido *agg.* ***1*** (*lett.*) caldissimo, ardente, bollente, cocente, infocato, bruciante, rovente, scottante **CONTR.** freddissimo, gelato, gelido, ghiacciato ***2*** (*fig.*) (*di sentimento, di augurio, ecc.*) acceso, appassionato, ardente, caloroso, entusiastico, fervoroso, intenso, amoroso, cordiale □ (*di applauso*) scrosciante □ (*di attività, di mente*) vivace, vivo, zelante, alacre, fervente, vulcanico **CONTR.** debole, fiacco, frigido, indolente, torpido □ indifferente.

fervóre *s. m.* ***1*** (*lett.*) bollore, ardore, bruciore, vampa, gran calore **CONTR.** freddo, gelo, ghiaccio ***2*** (*fig.*) (*di vita, di attività, ecc.*) impeto, intensità, foga, veemenza, vivacità, zelo, entusiasmo, delirio, infervoramento, slancio □ impegno, partecipazione **CONTR.** fiacca, freddezza, torpore, lentezza, pigrizia, apatia, indifferenza, svogliatezza ***3*** (*di festa, di manifestazione*) culmine, clou (*fr.*), apice. *V. anche* CALORE, ENTUSIASMO, ZELO

fervoróso *agg.* ***1*** (*lett.*) caldissimo, ardente, bollente, cocente, infocato, rovente, scottante **CONTR.** freddissimo, gelato, gelido, ghiacciato ***2*** (*fig.*) acceso, appassionato, accalorato, concitato, fervido, intenso, sentito, veemente, vivo, fervente **CONTR.** debole, fiacco, frigido, torpido.

fesserìa *s. f.* ***1*** (*pop.*) balordaggine, stoltezza, stupidità, stupidaggine, cretinaggine, asinata, castronaggine (*pop.*), castroneria (*pop.*), sproposito ***2*** (*est.*) inezia, bagattella, quisquilia, cretinata, sciocchezza.

fésso (1) ***A*** *part. pass. di* **fendere**; *anche agg.* incrinato, screpolato, rotto, spaccato □ stridulo **CONTR.** intatto, integro ***B*** *s. m.* (*raro, tosc.*) crepa, fessura.

fésso (2) *agg.*; *anche s. m.* (*pop.*) sciocco, balordo, tonto, imbecille, cretino, minchione (*pop.*), stolido, stolto, stupido, baggiano, bischero (*pop., tosc.*), citrullo, coglione (*volg.*), gonzo, mammalucco, merlo, sempliciotto **CONTR.** acuto, astuto, furbo, intelligente, sagace, sveglio, in gamba, dritto (*fam.*), smaliziato.

fessùra *s. f.* ***1*** crepa, fenditura, incrinatura, spaccatura, spacco, apertura, crepatura, rottura, scheggiatura, rima □ (*di muro o roccia*) pelo □ orifizio (*anat.*) □ pertugio ***2*** (*spec. di porte e finestre socchiuse*) interstizio, spiraglio ***3*** (*raro*) screpolatura, ruga.

fèsta *s. f.* ***1*** giorno solenne, festività, solennità □ celebrazione, commemorazione, □ funzione (*relig.*) □ cerimonia ***2*** (*fam.*) compleanno, genetliaco, onomastico, anniversario, ricorrenza □ sagra, festival, fiera ***3*** (*fig.*) esultanza, felicità, gioia, giubilo, sollazzo, tripudio, allegria, letizia, divertimento **CONTR.** malinconia, mestizia, lutto, pianto, tristezza, dolore ***4*** (*verso una persona*) lieta accoglienza, benevolenza, buon viso **CONTR.** scortesia, sgarbatezza, malgarbo ***5*** party (*ingl.*), ricevimento, intrattenimento, festino, trattenimento, ritrovo, festeggiamento, serata, soirée (*fr.*), ballo, galà ***6*** domenica □ vacanza **CONTR.** giorno feriale, giorno lavorativo **FRAS.** *far la festa a uno* (*fig.*), uccidere uno □ *conciare per le feste*, maltrattare. *V. anche* KERMESSE

festaiòlo *agg.* buontempone, giovialone, gaudente, vitaiolo □ viveur (*fr.*) **CONTR.** cupo, mesto, triste □ solitario.

festeggiaménto *s. m. spec. al pl.* festa, feste, celebrazione, onoranza (*spec. al pl.*) □ sagra.

festeggiàre *v. tr.* ***1*** (*di festa, di compleanno, ecc.*) celebrare, solennizzare ***2*** (*di persona*) accogliere festosamente, far festa, onorare **CONTR.** mandar via, respingere.

festeggiàto *part. pass. di* **festeggiare**; *anche agg.* ***1*** (*di ricorrenza, di compleanno, ecc.*) celebrato, solennizzato ***2*** (*di persona*) onorato □ elogiato, lodato **CONTR.** biasimato, criticato ***3*** benaccolto **CONTR.** respinto.

festìno *s. m.* ***1*** *dim. di* **festa** ***2*** festa, trattenimento, banchetto, convito (*lett.*), simposio.

fèstival [vc. ingl., dall'ant. fr. *festival* 'festivo, piacevole'] *s. m. inv.* festa, festa popolare, sagra □ festa musicale, rassegna.

festività *s. f.* ***1*** festa, solennità, celebrazione ***2*** (*lett.*) allegrezza, festosità, festevolezza (*raro*), gaiezza, letizia, giocosità **CONTR.** afflizione, malinconia, mestizia, tristezza.

festivo *agg.* ***1*** di festa □ domenicale **CONTR.** feriale, lavorativo ***2*** (*lett.*) (*di modi, di parole, ecc.*) allegro, lieto, festoso, gaio, gioioso, giocondo **CONTR.** malinconico, mesto, triste, funebre, lugubre.

festóne *agg.* ***1*** serto ***2*** smerlo.

festosaménte *avv.* allegramente, gaiamente, gioiosamente, giocondamente, lietamente □ caldamente, calorosamente, cordialmente □ entusiasticamente □ festevolmente **CONTR.** mestamente, tristemente, lugubremente, sconsolatamente, tetramente □ noiosamente.

festosità *s. f.* allegrezza, cordialità, gaiezza, giocondità, letizia, allegria, festività (*lett.*) **CONTR.** mestizia, tetraggine, tristezza □ broncio, musoneria.

festóso *agg.* allegro, cordiale, gaio, giocondo, gioioso, lieto, entusiastico, giubilante, inneggiante □ ridente, vivace **CONTR.** malinconico, mesto, triste, sconsolato □ tetro, funereo, lugubre, cupo.

fetènte *agg.* ***1*** fetido, puzzolente, graveolente (*lett.*), maleolente (*lett.*), putido (*lett.*), mefitico, miasmatico □ pestilenziale, pestifero **CONTR.** profumato, odoroso, olezzante (*lett.*), aulente (*lett.*) ***2*** (*pop., fig.*) meschino, vile, abietto, spregevole **CONTR.** apprezzabile, degno, nobile, pregevole.

feticcio *s. m.* **1** idolo □ amuleto, talismano □ totem **2** (*fig.*) oggetto di culto.

feticìsmo *s. m.* **1** idolatria **2** (*fig.*) ammirazione eccessiva, fanatismo, esaltazione, culto **CONTR.** disprezzo. *V. anche* FANATISMO

fètido *agg.* puzzolente, fetente, graveolente (*lett.*), maleolente (*lett.*), mefitico, miasmatico, putido (*lett.*) □ pestifero, pestilenziale **CONTR.** profumato, odoroso, olezzante (*lett.*), aulente (*lett.*).

fèto *s. m.* embrione.

fetóre *s. m.* puzzo, puzza, lezzo, tanfo, afrore, peste, ammorbamento, miasma **CONTR.** profumo, fragranza, olezzo (*lett.*), aroma.

fétta *s. f.* **1** (*fig.*) parte, porzione, striscia, spicchio, tranche (*fr.*) □ (*di cibo*) trancio, trancia, pezzo □ (*di tessuto*) striscia, nastro **2** (*dial., spec. al pl.*) piede. *V. anche* PARTE

fettìna *s. f.* bistecca, paillard (*fr.*) □ braciola, costoletta.

fettùccia *s. f.* **1** *dim. di* **fetta** **2** nastro, gallone, rotella, striscia, bindella **3** (*di strada*) rettilineo **4** (*spec. al pl.*) tagliatella.

fettuccìna *s. f.* **1** *dim. di* **fettuccia** **2** (*spec. al pl.*) tagliatella, trenetta, nastrino.

feudàle *agg.* **1** del feudo □ del feudalesimo **2** (*fig.*) (*di mentalità, ecc.*) arretrato, reazionario, antiquato □ dispotico, assolutista **CONTR.** evoluto, moderno, riformatore.

feudalésimo *s. m.* (*fig.*) arretratezza **CONTR.** modernità.

feudatàrio **A** *s. m.* (*st., est., fig.*) padrone arretrato, latifondista, signorotto **B** *agg.* feudale.

fèudo *s. m.* **1** (*fig.*) possedimenti, fondo, tenuta, territorio, possessione (*raro*), possessi, proprietà **2** (*fig.*) dominio, area di potere. *V. anche* POSSEDIMENTO

feuilleton /*fr.* fœj'tɔ̃/ [vc. fr., da *feuille* 'foglio'] *s. m. inv.* romanzo d'appendice □ romanzo popolare.

fiàba *s. f.* **1** novella, racconto, commedia, narrazione □ favola, fola □ (*fig.*) illusione, sogno **CONTR.** realtà, vero **2** (*fig.*) fandonia, frottola, bugia **CONTR.** verità. *V. anche* LEGGENDA

fiabésco *agg.* **1** di fiaba, da fiaba □ irreale, incredibile, incantato **CONTR.** reale, concreto, effettivo **2** (*est., fig.*) favoloso, fantastico, fantasy, straordinario, bellissimo **CONTR.** banale, mediocre, grigio.

fiàcca *s. f.* stanchezza, svogliatezza, debolezza, fiacchezza, spossatezza □ pigrizia, malavoglia, svogliatezza □ lentezza **CONTR.** alacrità, speditezza, gagliardia, solerzia, vigoria □ fervore, zelo, lena □ operosità, attivismo □ resistenza, energia, forza, vigore, tono **FRAS.** *battere la fiacca*, lavorare controvoglia, essere pigro. *V. anche* DEBOLEZZA, PIGRIZIA

fiaccaménte *avv.* debolmente, lentamente, pigramente, stancamente, svogliatamente, neghittosamente, indolentemente, languidamente, mollemente, tiepidamente, straccamente (*pop.*) **CONTR.** alacremente, energicamente, gagliardamente, vigorosamente, determinatamente, dinamicamente, fervidamente, fermamente, intensamente.

fiaccàre **A** *v. tr.* **1** (*di persona, di fisico, ecc.*) indebolire, debilitare, affaticare, logorare, spossare, estenuare, prostrare, stancare, sfibrare, straccare (*pop.*), abbattere, disarmare, domare, reprimere, scoraggiare, stroncare □ (*di forza, ecc.*) affievolire **CONTR.** rafforzare, rinvigorire, rinforzare, irrobustire, temprare □ confortare, risvegliare, rigenerare, ristorare **2** (*di cosa*) rompere, schiantare, spezzare **B** **fiaccarsi** *v. intr. pron.* **1** infrollirsi, sfiancarsi, spossarsi, accasciarsi **2** rompersi, spaccarsi, infrangersi. *V. anche* STANCARE

fiaccàto *part. pass. di* **fiaccare**; *anche agg.* **1** (*di persona, di fisico, ecc.*) indebolito, spossato, sfibrato, snervato, stracco (*pop.*), stremato □ affranto, prostrato, scoraggiato **CONTR.** rafforzato, rinvigorito □ confortato **2** (*di cosa*) rotto, spezzato, troncato, tronco, infranto **CONTR.** intero, intatto, sano.

fiacchézza *s. f.* fiacca, debolezza, spossatezza, stanchezza, lentezza, accasciamento, astenia, atonia (*med.*), bolsaggine, infiacchimento, languore, lassitudine (*lett.*), mollezza, rilassatezza □ poltroneria, poltronaggine, pigrizia, svogliatezza **CONTR.** solerzia, alacrità □ fiato, resistenza, gagliardia, vigore, vigoria, energia, forza, dinamicità, dinamismo, vitalità, vivacità. *V. anche* DEBOLEZZA, PIGRIZIA

fiàcco *agg.* **1** spossato, debole, affaticato, snervato, stanco, stremato, stracco (*pop.*), sfinito, esausto, atonico (*med.*), infrollito, infiacchito, lasso (*lett.*) **CONTR.** alacre, solerte, operoso □ energico, vigoroso, arzillo, attivo, dinamico, vivace, fattivo **2** (*fig.*) inespressivo, inconsistente, annacquato □ imbelle, smidollato □ bolso, floscio, molle □ slavato, smorto, tiepido □ ignavo, neghittoso, indolente, pigro, svogliato **CONTR.** fervido, strenuo, veemente, vibrato, animoso □ vivido, incisivo, icastico □ significativo, valido □ forte, gagliardo, potente, robusto □ resistente, instancabile.

fiàccola *s. f.* **1** torcia, teda (*lett.*), face (*poet.*) □ lume **2** (*fig.*) (*di fede, di libertà, ecc.*) luce, fiamma, ideale □ seme.

fiacre /*fr.* 'fjakr/ [dal n. di S. *Fiacre*, la cui immagine era esposta nel luogo in cui si affittavano tali vetture] *s. m. inv.* vettura di piazza (a cavalli), carrozzella (*dial.*), botticella (*rom.*), calesse.

fiàla *s. f.* ampolla, boccetta, bottiglietta, flacone.

fiàmma *s. f.* **1** lingua di fuoco, fiammata, vampa, vampata, fuoco □ rogo □ bagliore, scintilla, lampo **2** (*fig.*) (*di sentimento*) ardore, fervore, entusiasmo, passione, vivo desiderio □ amore ardente **CONTR.** freddezza, frigidità, indifferenza **3** (*est., scherz.*) amato, amata, amore **4** (*fig.*) (*di colore*) rosso acceso, scarlatto □ rossore **5** (*al pl.*) (*mil.*) mostrine **FRAS.** *andare in fiamme*, bruciare □ *far fuoco e fiamme* (*fig.*), darsi molto da fare □ *diventare di fiamma*, arrossire □ *mettere a fuoco e fiamme*, devastare □ *fiamme gialle*, guardie di finanza. *V. anche* BANDIERA

fiammànte *agg.* **1** fiammeggiante, infocato **CONTR.** spento, estinto **2** luccicante, scintillante, splendente, corrusco, lucente, rilucente, risplendente, vivido **CONTR.** offuscato, opaco, spento **3** (*fig.*) rosso acceso, scarlatto □ vistoso, appariscente **CONTR.** incolore, grigio, spento **FRAS.** *nuovo fiammante*, nuovissimo.

fiammàta *s. f.* **1** fiamma gagliarda □ vampa, vampata **2** (*fig.*) (*di sentimento*) ebbrezza, eccitazione, esaltazione.

fiammeggiànte *part. pres. di* **fiammeggiare**; *anche agg.* **1** ardente, incandescente, infocato **CONTR.** spento, estinto **2** (*fig.*) splendente, sfavillante, luccicante, lampeggiante, scintillante, folgorante, lucente, rilucente, risplendente **CONTR.** offuscato, opaco, smorzato **3** (*fig.*) (*di colore*) rosso acceso, scarlatto □ sgargiante, fiammante.

fiammeggiàre *v. intr.* **1** bruciare, ardere, divampare □ mandare fiamme, vampeggiare □ fiammare **CONTR.** spegnersi, estinguersi **2** (*fig.*) risplendere, scintillare, rosseggiare, sfolgorare, sfavillare, lampeggiare, rifulgere, rilucere, splendere □ spiccare **CONTR.** offuscarsi, abbuiarsi. *V. anche* RIDERE

fiammìfero *s. m.* solfanello, zolfanello, zolfino (*raro*), cerino, fulminante (*dial.*), legnone (*dial.*).

fiammìnga [da *fiammingo*, perché usata nelle Fiandre] *s. f.* (*sett.*) vassoio, piatto da portata.

fiammìngo *agg.*; *anche s. m.* (*est.*) belga □ olandese.

fiancàta *s. f.* **1** (*di nave, di mobile, ecc.*) parte laterale, parete, fianco **2** (*di monte*) pendice **3** (*mar.*) murata □ (*raro*) deviazione, bordata.

fiancheggiaménto *s. m.* **1** (*mil.*) protezione dei fianchi **2** (*polit.*) sostegno, appoggio, aiuto.

fiancheggiàre *v. tr.* **1** (*di monti, di strada, ecc.*) chiudere ai fianchi, costeggiare □ stare ai lati □ scortare **2** (*fig.*) (*di persona*) affiancare, aiutare, sostenere, favorire, secondare, spalleggiare, appoggiare **CONTR.** avversare, combattere, contrariare, contrastare, ostacolare.

fiancheggiàto *part. pass. di* **fiancheggiare**; *anche agg.* **1** scortato **2** costeggiato **3** (*fig.*) (*di persona*) appoggiato, favorito, sostenuto, spalleggiato **CONTR.** contrastato, ostacolato, avversato.

fiancheggiatóre *s. m.*; *anche agg.* (*f. -trice*) fautore, sostenitore **CONTR.** avversario, nemico.

fiànco *s. m.* **1** (*est.*) anca □ lombo, reni □ (*al pl.*) bacino □ cintola, vita **2** lato, banda, canto, fiancata □ costa, versante □ (*mar.*) traverso, bordo **3** (*fig.*) resistenza, forza **CONTR.** debolezza **FRAS.** *al fianco*, vicino □ *di fianco*, lateralmente □ *prestare il fianco* (*fig.*), presentare il lato debole.

fiàsca *s. f.* borraccia, fiaschetta, fiasco.

fiaschetterìa *s. f.* osteria, mescita, bettola, cantina, bottiglieria □ trattoria.

fiàsco *s. m.* **1** (*est.*) fiasca, borraccia, bottiglia **2** (*fig.*) insuccesso, fallimento, smacco, disastro, scacco **CONTR.** successo, trionfo, vittoria, affermazione, riuscita.

fiat [dalla frase biblica *fīat* (*lux*) 'la luce (*lux*) sia fatta (*fiat*)'] *s. m. inv.* attimo, istante.

fiatàre **A** *v. intr.* **1** (*raro*) alitare, respirare, tirare il fiato **CONTR.** asfissiare, soffocare **2** (*fig.*) aprir bocca, parlare **CONTR.** tacere, star zitto **B** *v. tr.* (*raro*) emettere, pronunciare.

fiàto *s. m.* **1** alito, respiro, soffio, sbuffo □ esalazione, puzzo, profumo □ (*est.*) vita **CONTR.** mancanza di respiro, asfissia, soffocazione **2** (*lett.*) voce, favella **3** (*sport*) energia, forza, resistenza, lena **CONTR.** debolezza, fiacchezza, defaillance (*fr.*) **FRAS.** *avere il fiato grosso*, ansimare □ *d'un fiato* (*fig.*), senza interruzione, tutto in una volta □ *sprecare il fiato* (*fig.*), parlare inutilmente. *V. anche* VENTO

fiatóne *s. m.* affanno □ (*med.*) dispnea, tachipnea.

fibbia *s. f.* fermaglio, spilla, fibula (*archeol.*), boucle (*fr.*).

fibra *s. f.* **1** (*est.*) filamento, filo □ (*di pianta, di verdura, ecc.*) tiglio **2** (*fig.*) (*di persona*) complessione, corporatura, costituzione, struttura □ salute **3** (*fig.*) energia, forza, vigore, vigoria **CONTR.** debolezza, fiacchezza, spossatezza, svogliatezza **4** (*fig.*) (*del cuore, dell'animo*) intimo. *V. anche* ENERGIA

fibroceménto *s. m.* eternit, cemento-amianto.

fibróso *agg.* **1** di fibre **2** (*est.*) filamentoso, legnoso, duro, tiglioso, filoso **CONTR.** molle, morbido, tenero.

fìca *s. f.* (*volg.*) vulva, vagina.

ficcanasàre *v. intr.* curiosare, ingerirsi **CONTR.** disinteressarsi.

ficcanàso *s. m. e f.* curioso, indiscreto, intrigante, invadente, impiccione, intruso, mettibocca (*raro*) **CONTR.** discreto, delicato, riservato.

ficcàre **A** *v. tr.* **1** conficcare, figgere (*lett.*), configgere, infiggere, piantare □ far entrare, spingere dentro, introdurre, infilare, inserire, immergere, incastrare, cacciare dentro, mettere dentro **CONTR.** estirpare, svellere, sconficcare, strappare, sradicare, levare, divellere (*lett.*), togliere **2** (*fig.*) (*di occhi, di attenzione, ecc.*) affissare, fissare, appuntare, dirigere, rivolgere **CONTR.** allontanare, distogliere, stornare **B** **ficcarsi** *v. rifl.* cacciarsi, spingersi, conficcarsi, penetrare, entrare, configgersi, infiggersi, introdursi □ impegolarsi, impelagarsi □ intromettersi, impicciarsi □ nascondersi, occultarsi □ fermarsi, rimanere **CONTR.** togliersi, cavarsi □ uscire, andarsene □ liberarsi.

fiche /*fr.* fiʃ/ [vc. fr., da *ficher* 'ficcare', propriamente 'chiodo che si conficca'] *s. f. inv.* **1** (*per il gioco*) gettone, marca, puglia **2** (*banca*) tagliando.

fichu /*fr.* fiˈʃy/ [vc. fr., da *ficher* 'ficcare, mettere', propriamente 'messo su alla meglio'] *s. m. inv.* fisciù, fazzoletto da collo.

fìco (1) *s. m. spec. al pl.* (*tosc.*) smancerie, carezze **FRAS.** *non importare un fico* (o *un fico secco*) (*fig.*), non importare niente □ *fico d'India*, opunzia □ *fico d'inferno*, ricino □ *fico primaticcio*, fiorone.

fìco (2) **A** *agg.* (*gerg.*) bello, elegante, alla moda, in (*ingl.*) **CONTR.** brutto, out (*ingl.*) **B** *s. m.* elegantone, fusto (*gerg.*) **CONTR.** brocco (*gerg.*).

fiction /*ingl.* ˈfikʃən/ [vc. ingl., propr. 'finzione, invenzione'] *s. f. inv.* narrativa, novellistica.

fidanzàto *agg. e s. m.* promesso sposo, promesso □ amante, amico, moroso (*fam.*), boy-friend (*ingl.*), ragazzo, damo (*ant. lett.*), innamorato.

fidàre **A** *v. tr.* affidare, concedere, dare □ delegare, commettere **B** *v. intr.* confidare, aver fiducia, fare assegnamento, sperare **CONTR.** diffidare, dubitare, sospettare **C** **fidarsi** *v. intr. pron.* **1** confidare, aver fiducia, affidarsi, fare assegnamento, dar credito **CONTR.** diffidare, dubitare, sospettare, insospettirsi **2** (*fam.*) sentirsi capace, sentirsela **CONTR.** temere, esitare.

fidataménte *avv.* sicuramente, lealmente **CONTR.**

slealmente, perfidamente.

fidàto agg. sicuro, leale, fedele, probo, onesto, affidabile, fido □ discreto **CONTR.** sleale, infedele, infido, perfido, malfido □ sospetto □ subdolo □ proditorio.

fido (1) ***A*** agg. (*lett.*) fedele, fidato, devoto, leale, affezionato, affidabile, sicuro **CONTR.** sleale, infedele, infido, perfido, fedifrago □ sospetto, malfido □ subdolo, proditorio ***B*** s. m. seguace fidato, compagno fidato **CONTR.** traditore, transfuga, rinnegato.

fido (2) s. m. (*banca*) credito, castelletto, credenza (*comm.*).

fidùcia s. f. ***1*** fede, certezza, sicurezza, assegnamento, affidamento □ speranza, fidanza (*lett.*), credenza □ affetto, amicizia, familiarità, abbandono, confidenza □ buonafede, ingenuità **CONTR.** sfiducia, diffidenza, dubbio, sospetto, incredulità □ distacco, freddezza □ disfattismo, pessimismo □ disperazione ***2*** (*fig.*) credito, reputazione, stima, considerazione □ affidabilità, onore **CONTR.** discredito, disistima, sfiducia. *V. anche* SPERANZA

fiduciàrio ***A*** agg. basato sulla fiducia ***B*** s. m. incaricato □ depositario.

fiduciosaménte avv. con fiducia, tranquillamente, serenamente **CONTR.** senza speranza, disperatamente □ sospettosamente.

fiducióso agg. pieno di fiducia, speranzoso, confidente, fidente (*lett.*), sicuro, sereno, tranquillo □ coraggioso □ credulone, credulo, ingenuo **CONTR.** sfiduciato, disfattista, disperato, pessimista, pessimistico □ diffidente, incredulo, sospettoso, dubbioso, guardingo, malfidato, prevenuto □ geloso.

fièle s. m. solo sing. ***1*** (*anat.*) bile ***2*** (*fig.*) amarezza, rancore, astio, acrimonia, malanimo, livore, odio, ruggine, ira, veleno **CONTR.** amore, benevolenza, benignità, dolcezza, indulgenza. *V. anche* IRA, ODIO

fienile s. m. pagliaio.

fièra (1) s. f. mercato □ esposizione, mostra, rassegna □ festa, kermesse (*fr.*), sagra. *V. anche* KERMESSE, MERCATO

fièra (2) s. f. belva, bestia feroce, animale selvatico **CONTR.** animale domestico.

fieraménte avv. ***1*** coraggiosamente, intrepidamente, dignitosamente, orgogliosamente, altezzosamente, indomitamente, alteramente **CONTR.** umilmente, vilmente, servilmente ***2*** accanitamente, risolutamente, energicamente **CONTR.** debolmente, fiaccamente ***3*** furiosamente, violentemente, severamente, implacabilmente **CONTR.** blandamente, bonariamente, mitemente.

fierézza s. f. ***1*** coraggio, energia, forza, intrepidezza **CONTR.** debolezza, mollezza, paura, viltà, vigliaccheria ***2*** dignità, austerità, gravità, orgoglio □ alterigia, altezzosità, alterezza, supponenza **CONTR.** modestia, umiltà, semplicità, sottomissione □ servilismo, cortigianeria.

fièro agg. ***1*** (*di strage, di lotta, ecc.*) aspro, terribile, feroce, crudele, efferato, violento, spietato, selvaggio, truce, guerriero □ marziale, gladiatorio (*raro*) **CONTR.** sereno, cavalleresco, onesto ***2*** (*di persona*) coraggioso, energico, ardimentoso, intrepido, gagliardo, valoroso, leonino, indomato, indomito, prode **CONTR.** debole, pauroso, pusillanime, remissivo, vile ***3*** (*di persona, di modi, di carattere, ecc.*) altero, sdegnoso, disdegnoso, superbo, orgoglioso □ risoluto, inflessibile, severo □ dignitoso **CONTR.** modesto, semplice, umile, alla mano, dimesso □ cortigianesco, cortigiano, servile ***4*** (*di sdegno, di amore, ecc.*) ardente, veemente **CONTR.** blando, fiacco, moderato, scarso. *V. anche* PRODE, SEVERO

fièvole agg. debole, fioco, flebile, attenuato, languido, smorzato, esile, leggero, tenue **CONTR.** forte, gagliardo, robusto □ stentoreo, assordante, reboante, rimbombante, tonante, risonante.

fievolménte avv. debolmente, flebilmente, languidamente, fiocamente, esilmente **CONTR.** fortemente, gagliardamente.

fifa s. f. (*fam., scherz.*) paura, terrore, spavento, tremarella (*fam.*), strizza (*fam.*) □ viltà, vigliaccheria **CONTR.** animo, ardimento, ardire, coraggio, fegato (*fam.*). *V. anche* PAURA

fifóne agg.; anche s. m. (*fam., scherz.*) pauroso, codardo, pusillanime, vile, vigliacco, pavido □ coniglio **CONTR.** ardimentoso, ardito, coraggioso, intrepido, spericolato □ leone.

fifty-fifty /ingl. 'fifti 'fifti/ [loc. dell'ingl. d'America, propriamente 'cinquanta-cinquanta'] loc. avv. (*est.*) a metà, in parti uguali, alla romana.

fìglia s. f. ***1*** figliola, bambina, ragazza, donna □ femmina **CFR.** figlio, bambino, ragazzo, uomo ***2*** nata, generata ***3*** (*di bollettario*) tagliando, ricevuta **CONTR.** madre, matrice.

figliàre v. tr. generare, partorire.

figliàta s. f. nidiata, cucciolata, covata.

fìglio s. m. ***1*** figliolo, rampollo (*scherz.*), creatura, bambino, ragazzo □ maschio □ erede, successore ***2*** nato, generato ***3*** (*al pl.*) prole, figliolanza, nati (maschi e femmine) □ (*est.*) posteri, discendenti, progenie, discendenza, posterità **CONTR.** antenati, ascendenti ***4*** (*est.*) persona cara ***5*** (*di un paese*) cittadino, originario ***6*** (*fig.*) (*di ingegno, di lavoro, ecc.*) frutto, prodotto, risultato **CONTR.** causa **FRAS.** *Figlio di Dio*, Cristo □ *figlio di Adamo*, uomo □ *figlio di papà* (*spreg.*), signorino □ *figli dei figli*, posteri.

figliolànza s. f. figli, prole, discendenza □ (*est., fig.*) covata, cucciolata, nidiata.

figliòlo o **figliuòlo** s. m. ***1*** figlio, rampollo (*scherz.*), creatura **CFR.** genitore, padre, madre ***2*** (*est.*) ragazzo, giovane, giovanotto ***3*** (*est.*) caro.

figùra s. f. ***1*** aspetto, forma, conformazione, configurazione, figurazione, struttura, foggia ***2*** (*di persona*) corporatura, costituzione, presenza, taglia, personale, silhouette (*fr.*), complessione, fattezze, sembianze, sembiante, sembianza ***3*** (*di cosa*) disegno, illustrazione, immagine, effigie, simulacro, quadro, vignetta □ schema, rappresentazione □ scultura, statua ***4*** (*ling.*) simbolo, allegoria, traslato □ artificio, tropo, similitudine, metafora ***5*** (*di cosa, di persona*) apparenza, mostra, comportamento ***6*** (*est.*) personaggio, persona ***7*** (*dir.*) (*di reato*) tipo, fattispecie ***8*** (*nella danza, nello sport*) figurazione **FRAS.** *far figura*, figurare.

figuràccia s. f. ***1*** pegg. di **figura** ***2*** pessima figura

CONTR. figurone.

figurànte s. m. e f. comparsa.

figuràre **A** v. tr. **1** (*di situazione, di ambiente, ecc.*) descrivere, ritrarre, rappresentare, raffigurare **2** (*di materia*) plasmare, lavorare, dar forma □ caratterizzare **3** (*fig.*) (*di situazione, di opinione, ecc.*) immaginare, pensare □ credere, supporre, congetturare □ simboleggiare **4** (*di pensiero*) esprimere, manifestare **5** (*con* di *e l'inf.*) fingere, far mostra, far vista **B** v. intr. **1** (*di persona, di cosa*) far figura, farsi notare **2** (*in un elenco, tra i candidati, ecc.*) stare, trovarsi, risultare, essere compreso, apparire, comparire **3** apparire, parere, passare per, spacciarsi. *V. anche* PENSARE

figurataménte avv. allegoricamente, metaforicamente, simbolicamente CONTR. propriamente, realisticamente.

figuratìvo agg. CONTR. astratto FRAS. *arti figurative*, pittura e scultura.

figuràto part. pass. di **figurare**; anche agg. **1** (*di libro, di favola, ecc.*) con figure, illustrato, decorato **2** (*di linguaggio, di pittura, ecc.*) allegorico, metaforico, simbolico, traslato CONTR. proprio, realistico □ letterale.

figurazióne s. f. **1** immagine, rappresentazione, simbolo □ disegno, figura, quadro, statua **2** (*fig.*) allegoria, personificazione.

figurìna s. f. **1** dim. di **figura** **2** statuetta □ (*di corporatura, spec. femminile*) silfide (*fig.*) **3** immaginetta, cartoncino.

figurinìsta s. m. e f. (*di moda*) stilista, designer (*ingl.*).

figurìno s. m. **1** dim. di **figura** **2** disegno, schizzo □ (*di moda*) modello □ (*est.*) giornale di moda **3** (*fig.*) bellimbusto, elegantone, damerino, zerbinotto, dandy (*ingl.*) CONTR. straccione.

figuróna s. f. o **figuróne** s. m. (*fam.*) **1** accr. di **figura** **2** bella figura, gran successo, ottima impressione CONTR. figuraccia.

fìla s. f. **1** serie, ordine, allineamento, linea, riga, coda, teoria, fuga, corteo, processione, corrente (*est.*), sfilata, filare □ filza, infilata, collana, corona **2** (*est.*) (*di soldati, di scolari, ecc.*) schieramento, schiera, formazione, gruppo, colonna, rango (*mil.*) **3** (*fig.*) (*di avvenimenti, di guai, ecc.*) successione, serie, sequenza, catena, sequela, sfilza, seguito, rosario FRAS. *in fila indiana*, uno dietro l'altro □ *di fila*, senza interruzione, di seguito.

filaménto s. m. **1** fibra, filo **2** (*bot.*) peduncolo □ (*di vegetale*) pelo □ barba (*spec. al pl.*).

filamentóso agg. **1** filoso **2** stopposo, fibroso.

filànda s. f. filatoio, setificio.

filànte **A** part. pres. di **filare** (1); anche agg. **1** (*di vino, di aceto, ecc.*) vischioso **2** (*fig.*) (*di veicolo, di persona*) rapido, veloce CONTR. lento, tardo **B** s. m. alterazione del vino, grassume FRAS. *stella filante*, stella cadente.

filantropìa s. f. altruismo, umanità, umanitarismo, solidarietà, amore, carità, beneficenza CONTR. egoismo, misantropia. *V. anche* SOLIDARIETÀ

filantròpico agg. altruistico, caritatevole, umano, umanitario CONTR. egoistico, misantropico.

filantropìsmo s. m. umanitarismo, umanità, altruismo CONTR. egoismo, misantropia.

filàntropo s. m.; anche agg. altruista, umano, buono, caritatevole, umanitario, benefattore CONTR. egoista, misantropo.

filàre (1) **A** v. tr. **1** (*di fibre o altri materiali*) ridurre in filo **2** (*fig., mar.*) (*di cavo e sim.*) lasciare scorrere, mollare **3** (*fig.*) (*di recipiente*) colare, lasciar sgocciolare, versare a filo, versare a gocce **B** v. intr. **1** (*di ragno, di baco e sim.*) fare la tela, fare il bozzolo **2** ridursi a filo, allungarsi in filo □ (*di vino, di aceto, ecc.*) diventare vischioso **3** (*est.*) (*di liquido*) uscire lentamente **4** (*fig.*) (*di discorso, di progetto, ecc.*) svolgersi logicamente, essere logico, scorrere **5** (*fig.*) (*di veicolo, di persona*) correre velocemente □ andarsene alla svelta, defilarsi, fuggire, scappare **6** (*fig., scherz.*) amoreggiare, flirtare FRAS. *filarsela*, svignarsela □ *fila!*, va' via! □ *filare in gamba, filare dritto* (*fig.*), fare il proprio dovere.

filàre (2) s. m. (*di alberi*) fila, serie, successione.

filarìno s. m. (*fam., scherz.*) flirt (*ingl.*), amoruccio, fiamma, passioncella □ innamorato, moroso (*dial.*), boy-friend (*ingl.*), ragazzo, fidanzatino.

filarmònico agg.; anche s. m. musicofilo □ musicomane CONTR. musicofobo.

filastròcca s. f. **1** poesiola, canzoncina, canzonetta, limerick (*ingl.*) □ ninnananna **2** (*est.*) tiritera, litania, cantilena, cantafavola □ lungaggine, sproloquio.

filàto **A** part. pass. di **filare** (1); anche agg. **1** ridotto in fili **2** (*fig.*) (*di discorso, di ore, ecc.*) continuo, ininterrotto, costante □ scorrevole, fluido, ordinato CONTR. discontinuo, intermittente **B** s. m. filo.

filatóio s. m. **1** macchina per filare □ (*raro*) arcolaio, bindolo **2** filanda.

filettàre v. tr. **1** (*di vite*) impanare **2** (*di abito, ecc.*) orlare, profilare, bordare □ guarnire, ornare.

filettàto part. pass. di **filettare**; anche agg. **1** (*di vite*) impanato **2** (*di abito, ecc.*) orlato, profilato, bordato.

filettatùra s. f. **1** (*di vite*) filettaggio **2** (*di abito, ecc.*) profilatura, orlatura, profilo □ filetti.

filétto s. m. **1** (*di tessuto e sim.*) striscetta □ cordoncino □ gallone **2** (*di penna*) tratto **3** (*anat.*) frenulo, frenello **4** (*mecc.*) (*di vite*) pane, scanalatura.

filiàle **A** agg. di figlio, da figlio **B** s. f. (*di un'azienda*) sede secondaria, impresa dipendente, succursale □ (*di banca*) sportello CONTR. sede centrale, casa madre.

filiazióne s. f. (*fig.*) derivazione, provenienza, dipendenza, emanazione.

filibustière [sp. *filibustero*, dall'ol. *vrijbuiter* 'libero cacciatore di bottino', comp. di *vrji* 'libero' e *buit* 'bottino'] s. m. **1** corsaro, bucaniere, pirata, predone **2** (*fig.*) avventuriero, imbroglione, farabutto CONTR. galantuomo.

filifórme agg. a forma di filo □ sottile, tenue □ (*di persona*) magrissimo, emaciato.

filìppica [vc. dotta, lat. tardo *Philippicae*; furono così chiamate le orazioni di Demostene contro *Filippo II* di Macedonia e, per analogia, quelle di Cicerone contro M. Antonio] s. f. discorso violento, invettiva, catilinaria **CONTR.** apologia, panegirico, elogio, difesa.

filistèo [ebr. *Pelishtīm*: il significato di 'conformismo' assunto dalla parola nacque nel sec. XVI tra gli studenti tedeschi che paragonavano sé stessi al popolo eletto e gli altri cittadini ai Filistei] *agg.*; *anche s. m.* (*fig.*) gretto, meschino, retrivo, conformista, borghese, codino □ reazionario □ ipocrita **CONTR.** aperto, libero, laico, innovatore.

film [vc. ingl., letteralmente 'pellicola'] *s. m. inv.* **1** pellicola, celluloide **2** (*est.*) cinema, filmato **3** patina, strato, ricopertura **4** pellicola □ membrana **FRAS.** *film d'animazione*, disegno animato, cartone animato.

filmàre *v. tr.* (*con la macchina da presa*) riprendere, cinematografare, girare.

filmàto **A** *part. pass. di* **filmare**; *anche agg.* ripreso **B** *s. m.* ripresa, film.

filmotèca *s. f.* (*raro*) cineteca □ videoteca.

fìlo *s. m.* **1** refe □ filato □ (*est.*) tessuto, stame **2** filamento, fibra **3** cordicella, spago, cavo, tirante □ trafilato □ collana □ (*elettr.*) conduttore, bobina **4** (*di coltello, di spada, ecc.*) taglio, lama **5** (*di muro, di mobile, ecc.*) spigolo **6** (*fig.*) (*di voce, ecc.*) minima quantità, pochino, pochissimo □ (*di vento*) bava **CONTR.** molto **7** (*fig.*) (*di discorso, di idee, ecc.*) andamento, ordine, continuazione, continuità, direzione, indirizzo, linea □ legame, collegamento **8** (*fig.*) (*di questione, di problema, ecc.*) bandolo, capo **9** (*al pl.*) le fila □ (*di congiura, di manovre, ecc.*) redini **10** scanalatura, incisione **FRAS.** *dare del filo da torcere* (*fig.*), procurare difficoltà □ *filo della schiena* (*fig.*), spina dorsale □ *passare a fil di spada*, trafiggere □ *essere attaccato a un filo* (*fig.*), essere in condizioni di insicurezza □ *essere sul filo del rasoio* (*fig.*), essere in situazione pericolosa □ *per filo e per segno*, dettagliatamente □ *a filo*, per diritto □ *fare il filo* (*fig.*), corteggiare; *sul filo della legge*; *sul filo del codice*, ai limiti della legalità.

fìlobus *s. m.* autobus elettrico, bus, filovia.

filodrammàtico **A** *agg.* (*teat.*) di dilettanti, amatoriale **B** *s. m.* (*teat.*) dilettante.

filologìa *s. f.* linguistica, glottologia □ lessicologia.

filològico *agg.* linguistico, glottologico □ umanistico (*est.*).

filòlogo *s. m.* linguista, glottologo □ lessicologo □ umanista (*est.*).

filoncìno *s. m.* **1** *dim. di* **filone** (**1**) **2** sfilatino.

filóne (**1**) *s. m.* **1** *accr. di* **filo** **2** (*di miniera, di roccia, ecc.*) vena □ strato, venatura **3** (*fig.*) (*di letteratura, di pensiero, ecc.*) tradizione, indirizzo, corrente.

filóne (**2**) *s. m.* (*fam.*) furbastro, furbacchione, imbroglione, dritto (*fam.*) **CONTR.** ingenuo, minchione (*pop.*).

filosofàre *v. intr.* **1** filosofeggiare **2** (*est.*) indagare, meditare, riflettere, pensare □ (*iron.*) almanaccare. *V. anche* PENSARE

filosofeggiàre *v. intr.* **1** filosofare **2** (*spreg.*) atteggiarsi a filosofo □ fare ipotesi, fantasticare, almanaccare.

filosofìa *s. f.* **1** ricerca del sapere **CFR.** teoretica, metafisica, gnoseologia, morale, estetica, logica, pedagogia, psicologia, sociologia, teologia **2** (*di un filosofo*) sistema, indirizzo, ideologia, concezione **3** (*est.*) orientamento, opinione, mentalità **4** (*fig.*) saggezza, serenità, tranquillità, equilibrio, imperturbabilità **CONTR.** inquietudine, irrequietezza, turbamento.

filosoficaménte *avv.* (*fig.*) pazientemente, rassegnatamente, serenamente, saggiamente, con distacco, tranquillamente **CONTR.** impazientemente, irrequietamente, parzialmente, nervosamente.

filosòfico *agg.* **1** della filosofia **2** di filosofo, da filosofo **3** (*scherz.*) distratto, originale, negligente **4** (*fig.*) sereno, paziente, distaccato **CONTR.** inquieto, impaziente, nervoso.

filòsofo *s. m.* **1** cultore di filosofia □ (*est.*) pensatore, speculatore **2** (*fig.*) saggio, equilibrato **CONTR.** squilibrato, folle.

filovìa *s. f.* filobus □ teleferica.

filtràre **A** *v. tr.* **1** (*di liquido*) colare, distillare □ depurare **2** (*fig.*) (*di esperienza, ecc.*) analizzare, vagliare, elaborare **B** *v. intr.* **1** passare, trapelare, colare, stillare, trasudare **CONTR.** sgorgare **2** (*fig.*) (*di notizia, di luce, ecc.*) divulgarsi, diffondersi □ penetrare.

filtràto *part. pass. di* **filtrare**; *anche agg.* **1** (*di liquido*) colato, distillato □ depurato **2** (*di notizia, di luce, ecc.*) divulgato, diffuso, trapelato □ penetrato.

fìltro (**1**) *s. m.* colatoio, colino □ cola □ (*teat.*) (*di riflettori*) lastra colorata, gelatina.

fìltro (**2**) *s. m.* bevanda magica, pozione □ fattura, incantesimo, malìa. *V. anche* INCANTESIMO

fìlza *s. f.* **1** (*di perle, di salsicce, ecc.*) fila, infilzata, infilata □ collana, catena □ (*di aglio, ecc.*) resta, treccia **2** (*fig.*) (*di bugie, di avvenimenti, ecc.*) serie, sequela, successione, sequenza, teoria, rosario, seguito **3** (*di documenti*) fascio.

finàle **A** *agg.* ultimo, conclusivo, estremo, terminale, supremo, consuntivo □ definitivo, decisivo **CONTR.** iniziale, primo, embrionale, primigenio, insorgente □ introduttivo, preliminare **B** *s. m.* **1** ultima parte, fase conclusiva, fine, chiusa, conclusione, epilogo □ (*di elezioni*) ballottaggio □ (*sport*) play-off (*ingl.*) **CONTR.** inizio, principio, avvio, cominciamento □ prologo, esordio **2** (*pesca*) basso di lenza, setale **C** *s. f.* (*sport*) gara conclusiva □ finish (*ingl.*).

finalità *s. f.* fine, scopo, intenzione, meta, proposito □ funzione. *V. anche* FUNZIONE

finalizzàre *v. tr.* **1** dare uno scopo, indirizzare, rivolgere, dirigere **2** concludere, portare a termine **3** (*nel calcio*) segnare.

finalizzàto *part. pass. di* **finalizzare**; *anche agg.* diretto, indirizzato, rivolto.

finalménte *avv.* **1** da ultimo, alla fine, infine, alfine (*lett.*) **CONTR.** dapprima, da principio **2** in conclusione, insomma, ormai □ te deum (*lat.*) **3** completamente.

finànza *s. f. spec. al pl.* **1** (*dir.*) (*di Stato, di ente, ecc.*) risorse, fondi □ demanio, erario, fisco **2** (*est.*) disponibilità economiche, denaro, soldi, quattrini.

finanziaménto *s. m.* sovvenzione, dotazione, sponsorizzazione, pagamento □ sussidio, borsa.

finanziàre *v. tr.* sovvenzionare, dotare, pagare, foraggiare (*scherz.*), sponsorizzare, sussidiare, mantenere □ sottoscrivere.

finanziariaménte avv. economicamente.

finanziàrio agg. economico.

finanziàto part. pass. di **finanziare**; anche agg. sovvenzionato, pagato, sponsorizzato, sussidiato.

finanziatóre s. m.; anche agg. (f. *-trice*) sovvenzionatore, pagatore, sottoscrittore, sponsor (*ingl.*), sovventore (*ant.*).

finanzière s. m. **1** banchiere, bancario **2** guardia di finanza □ (*al pl.*) fiamme gialle.

finché cong. fino a quando, fino a che, fino a tanto che, fintanto che, fintantoché, sinché, sintantoché.

fine (1) ***A*** s. f. **1** punto terminale, termine, epilogo, finale, chiusa, conclusione, finis (*lat., scherz.*) □ esaurimento, espletamento, compimento, completamento, ultimazione □ coronamento □ chiusura, cessazione □ estremità, estremo, fondo □ coda □ zeta, omega □ scadenza □ (*di forza*) stremo □ (*di epoca*) scorcio, finire **CONTR.** inizio, principio, cominciamento □ avviamento, avvio, partenza □ genesi, origine, radice, scaturigine, sorgente, decorrenza □ (*di discorso, di opera, ecc.*) esordio, introduzione, preambolo, prefazione, preludio, premessa, prologo, protasi □ continuazione, proseguimento, prosieguo, prosecuzione, seguito **2** morte □ estinzione □ caduta, distruzione, rovina, crollo □ declino, tramonto, inaridimento **CONTR.** nascita, alba, aurora, debutto, decollo □ rinascimento, rinascita, ripresa, risurrezione □ fiore, pieno ***B*** s. m. **1** scopo, meta, mira, obiettivo, traguardo □ intendimento, intento, intenzione □ disegno, proposito □ finalità □ ideale, aspirazione **2** effetto, esito, riuscita, risultato **FRAS.** *alla fine dei conti* (*fig.*), tutto considerato □ *alla fin fine*, dopo tutto □ *secondo fine*, fine non confessabile.

fine (2) agg. **1** (*di cosa*) fino, sottile, minuto, delicato □ tenue □ impalpabile □ acuto **CONTR.** grosso, spesso, massiccio **2** (*fig.*) (*di vista, di ingegno, ecc.*) acuto, penetrante, perspicace □ accorto, astuto, malizioso, sagace □ arguto, spiritoso □ diplomatico **CONTR.** grossolano, rozzo, volgare □ ottuso, scemo **3** (*fig.*) (*di persona o cosa*) di buon gusto, raffinato, squisito, eccellente, sopraffino, aristocratico, chic (*fr.*), elegante, distinto, sciccoso (*pop.*), signorile □ scelto □ gentile, delicato, aggraziato, garbato, educato **CONTR.** crasso, inelegante, barbaro, burino, pacchiano □ plebeo, contadino □ ineducato, inurbano □ rustico, rude □ scurrile, triviale, volgare, sguaiato □ commerciale □ comune, dozzinale, andante, ordinario **4** (*fig.*) (*di meccanica, ecc.*) accurato, preciso. *V. anche* ARGUTO

fineménte avv. **1** ottimamente, perfettamente **CONTR.** malamente **2** raffinatamente, squisitamente, elegantemente, graziosamente, signorilmente **CONTR.** inelegantemente □ trivialmente, volgarmente, scurrilmente □ sgraziatamente, sguaiatamente **CONTR.** grossolanamente, ordinariamente, rozzamente **3** argutamente, astutamente, diplomaticamente, sagacemente, scaltramente, sottilmente **CONTR.** scioccamente, stupidamente, stoltamente, banalmente.

fine settimàna loc. sost. m. o f. inv. week-end (*ingl.*).

finèstra s. f. **1** (*di edificio*) apertura, luce □ (*est.*) battenti, scuri, tapparella (*fam.*), persiana, infissi, lucernario **2** (*est.*) apertura, squarcio, orifizio, varco, foro □ ferita **3** (*giorn.*) palchetto **4** (*spec. al pl., fig., lett.*) occhi, sguardo, vista **FRAS.** *stare alla finestra* (*fig.*), non impegnarsi; stare a vedere.

finestrìno s. m. **1** dim. di **finestra** **2** sportellino, oblò, feritoia.

finézza s. f. **1** sottigliezza, tenuità, esilità □ morbidezza □ (*di metallo*) purezza **CONTR.** grossezza, spessore **2** (*fig.*) (*di cosa*) delicatezza, raffinatezza, squisitezza, pregio, buongusto, eleganza □ accuratezza □ (*di modi, di animo, ecc.*) garbo, gentilezza, grazia, signorilità, garbatezza, graziosità □ nobiltà **CONTR.** grossolanità, rozzezza □ banalità □ volgarità, sguaiataggine □ malacreanza, malagrazia □ inciviltà, ineducazione □ cafonaggine, zoticaggine □ sciatteria, malgarbo, sgarbatezza, inurbanità **3** (*fig.*) (*di mente, di ingegno, ecc.*) accortezza, avvedutezza, □ acutezza, acume, □ argutezza, arguzia □ scaltrezza, astuzia, sagacia □ spirito □ diplomazia □ sensibilità **CONTR.** ingenuità, candore, semplicità, dabbenaggine □ scemenza, minchioneria (*pop.*) **4** (*fig.*) cortesia, favore, galanteria, attenzione **CONTR.** scortesia, sgarbo. *V. anche* ELEGANZA

fìngere ***A*** v. tr. **1** supporre, figurarsi, immaginare □ inventare □ mostrare, far finta, far credere, dare a vedere, figurare **2** simulare, dissimulare, falsare, mentire, affettare, ostentare, atteggiarsi □ recitare, bluffare **CONTR.** essere franco, essere sincero **3** simboleggiare ***B*** **fingersi** v. rifl. voler apparire, farsi credere, atteggiarsi, mostrarsi □ camuffarsi, mascherarsi, travestirsi.

finimóndo s. m. **1** fine del mondo **2** (*fig.*) gran confusione, gran disordine, sconquasso, trambusto, pandemonio, baraonda, scompiglio □ chiasso, fracasso, strepito □ rovina, catastrofe, sciagura **CONTR.** pace, quiete, silenzio, tranquillità.

finìre ***A*** v. tr. **1** portare a termine, dar fine, compiere, completare, concludere, terminare, ultimare □ coronare □ sbrigare, espletare, chiudere, evadere □ smettere, lasciare, piantare, desistere □ definire, liquidare □ tralasciare □ esaurire, consumare **CONTR.** cominciare, iniziare, intraprendere, principiare, avviare, imbastire, impostare, impiantare □ intavolare □ istituire **2** (*di persona*) ammazzare, uccidere **3** (*est.*) (*di oggetto, di opera, ecc.*) rifinire, ripulire, limare **CONTR.** sbozzare, abbozzare ***B*** v. intr. **1** aver fine □ giungere alla fine, smettere, concludersi, cessare □ tramontare □ esaurirsi □ (*di tempo*) scadere, passare **CONTR.** cominciare, avere inizio □ scaturire, svilupparsi, ingenerarsi □ sbocciare □ derivare □ rinascere, rivivere, sopravvivere □ perdurare, procedere, protrarsi, durare, eternarsi □ bastare **2** (*di strada, di fiume, ecc.*) aver termine, terminare, sboccare, dare, uscire, scaricarsi **CONTR.** originarsi, partire **3** (*di discorso, di azione, ecc.*) andare a parare, culminare □ mirare, tendere **CONTR.** muovere, attaccare, esordire **4** essere mandato, essere relegato **5** (*con compl. predicativo*) diventare, riuscire **6** spegnersi, estinguersi, morire □ perire, spirare, trapassare **7** cacciarsi, cadere **CONTR.**

nascere **C** *in funzione di s. m. solo sing.* termine, fine **CONTR.** inizio, principio. *V. anche* EVADERE, SBRIGARE, SCADERE

finitaménte *avv.* **1** accuratamente, compiutamente, perfettamente **CONTR.** imperfettamente **2** (*raro*) limitatamente **CONTR.** infinitamente.

finitézza *s. f.* **1** (*di lavoro, di scritto, ecc.*) compiutezza, perfezione, eccellenza, raffinatezza **CONTR.** incompiutezza, imperfezione, grossolanità **2** (*del mondo, dell'uomo, ecc.*) incompiutezza, limitatezza **CONTR.** compiutezza, perfezione □ infinità.

finìtimo *agg.* confinante, vicino, limitrofo, attiguo, contiguo, circonvicino, circostante, contermine, viciniore (*bur.*) **CONTR.** lontano, discosto, distante, remoto. *V. anche* VICINO

finìto **A** *part. pass. di* **finire**; *anche agg.* **1** compiuto, concluso, risolto, terminato, chiuso, completato, liquidato, ultimato □ pronto □ (*di tempo*) scaduto, passato □ svanito, tramontato **CONTR.** iniziato, principiato, avviato, cominciato, impostato, intrapreso, inaugurato, intavolato □ abbozzato, imbastito, in nuce (*lat.*) □ incompiuto, pendente, sospeso **2** (*di lavoro, di artista, ecc.*) accurato, completo, corretto, diligente, perfetto, eccellente, ottimo, abile **CONTR.** incompleto, imperfetto □ pessimo □ trasandato, trascurato **3** (*di persona o cosa*) esaurito, esausto, spossato, svigorito □ rovinato, spacciato □ defunto, estinto, perito, spirato □ cessato, venuto meno, spento □ infranto **CONTR.** energico, forte, gagliardo, valido, vigoroso □ in corso, attuale, presente **B** *s. m.* **1** (*di modo verbale*) **CONTR.** infinito **2** (*filos.*) limitato, circoscritto □ caduco **CONTR.** illimitato, infinito, inesauribile, sconfinato **FRAS.** *è finita*, non c'è più niente da fare □ *farla finita*, smettere, finire; uccidersi, suicidarsi.

finitùra *s. f.* **1** rifinitura, perfezionamento, ultima mano, completamento □ honing (*tecnol.*) □ levigazione, lisciatura **CONTR.** imperfezione, incompiutezza **2** ornamento, guarnizione.

finlandése *agg.*; *anche s. m. e f.* finnico.

finnico *agg.* finlandese.

fino (1) **A** *prep.* **1** sino □ (*con v. all'inf.*) tanto da **2** (*in loc. prep.*) perfino, persino, anche, pure, infino (*lett.*) **B** *avv.* pure, anche, perfino, finanche.

fino (2) *agg.* **1** sottile, fine, minuto □ tenue **CONTR.** grosso, massiccio, spesso **2** (*di oro, di olio, ecc.*) puro, purissimo **CONTR.** impuro, grezzo, miscelato, tagliato **3** (*fig.*) (*di udito, di vista, ecc.*) acuto, eccellente, ottimo, perfetto □ (*di gusto*) raffinato, squisito **CONTR.** difettoso, duro, debole, imperfetto, pessimo □ rozzo, cattivo **4** (*fig.*) (*di persona, di mente, ecc.*) acuto, astuto, fine, penetrante, perspicace, sagace □ scaltro **CONTR.** ingenuo, malaccorto, minchione (*pop.*) **FRAS.** *far fino*, apparire elegante, essere raffinato, rendere elegante, rendere raffinato, far chic.

finòcchio *s. m.* (*pop.*) omosessuale, sodomita, pederasta, recchione (*centr.*), checca, invertito, omosex.

finóra *avv.* fino adesso, fino ad ora, fino a questo momento, fino ad oggi, sinora, peranco (*lett.*).

finta *s. f.* **1** finzione, simulazione, inganno, mostra **2** (*sport, mil.*) mossa simulata, azione simulata **3** (*di vestito*) pattina, patta **FRAS.** *far finta*, fingere.

fintaménte *avv.* **1** per finta, artificiosamente □ apparentemente **CONTR.** realmente, veramente **2** falsamente, ipocritamente, simulatamente, bugiardamente, ambiguamente, doppiamente **CONTR.** sinceramente, apertamente, francamente, lealmente, schiettamente.

fintantoché *cong.* finché, fino a quando, sintantoché.

finto **A** *part. pass. di* **fingere**; *anche agg.* **1** simulato, fintato, falso, insincero, menzognero, mentitore, bugiardo, doppio, ambiguo, fittizio □ ipocrita, farisaico, gesuitico □ viscido, scivoloso □ sedicente □ (*di racconto, ecc.*) fantastico, inventato **CONTR.** franco, leale, schietto, sincero, verace, veritiero **2** (*di materiale*) artificiale □ contraffatto, artefatto, falsificato, falso, imitato, posticcio **CONTR.** autentico, genuino, naturale, originale, vero **B** *s. m.* **1** impostore, dissimulatore, fariseo, ipocrita **CONTR.** sincero, autentico, galantuomo, candido, ingenuo **2** finzione **C** *s. m. solo sing.* finzione **CONTR.** vero, verità, realtà. *V. anche* IPOCRITA

finzióne *s. f.* **1** (*di persona*) falsità, simulazione, finta, impostura, menzogna □ doppiezza, ipocrisia □ ambiguità, fariseismo, gesuitismo, insincerità □ dissimulazione, mascheramento **CONTR.** franchezza, lealtà, schiettezza, sincerità **2** (*di cosa*) apparenza, artificio, creazione, immaginazione □ supposizione □ invenzione, commedia (*fig.*), bluff (*ingl.*), montatura, gioco, mascherata, messinscena, parvenza **CONTR.** realtà, verità, vero. *V. anche* GIOCO

fio *s. m.* espiazione, castigo, pena, punizione, penitenza **CONTR.** premio, ricompensa. *V. anche* PUNIZIONE

fiocaménte *avv.* fievolmente, debolmente, piano, esilmente, tenuemente □ raucamente, rocamente **CONTR.** forte □ vigorosamente.

fioccàre *v. intr.* **1** (*di neve*) cadere a fiocchi □ nevicare **2** (*fig.*) (*di sgridate, di punizioni, ecc.*) cadere, scendere □ susseguirsi □ (*di applausi*) scrosciare.

fiòcco (1) *s. m.* **1** (*di stoffa, di corda, ecc.*) annodatura, nodo □ nappa, pompon □ frangia □ nastro □ fronzolo **2** (*di lana, di seta e sim.*) bioccolo, batuffolo **3** (*di neve, di nebbia e sim.*) falda □ (*di fumo*) pennacchio **4** (*di tessile*) fibra **5** (*di granoturco*) corn-flakes (*ingl.*).

fiòcco (2) *s. m.* (*mar.*) genova □ (*est.*) spinnaker (*ingl.*), spy (*ingl. gerg.*), pallone.

fiòcina *s. f.* arpione, rampone.

fiocinàre *v. tr.* arpionare.

fiòco *agg.* **1** (*di suono*) fievole, soffocato, flebile, afono, esile, semispento, spento □ rauco, roco **CONTR.** forte, altisonante, fragoroso, squillante, tonante, rimbombante, stentoreo, lacerante, alto **2** (*di luce*) debole □ velato □ tenue □ incerto, offuscato □ crepuscolare **CONTR.** chiaro, limpido, luminoso, vivo, accecante, vivido. *V. anche* INCERTO

fiondàre **A** *v. tr.* (*est.*) scagliare **B** **fiondarsi** *v. rifl.* (*fam.*) precipitarsi, correre, accorrere □ buttarsi a capofitto.

fioràio *s. m.* fiorista.

fiordilàtte o **fiór di làtte** *s. m. inv.* mozzarella □ gelato alla panna.

fiòrdo *s. m.* insenatura, baia.
fióre *s. m.* **1** (*fig.*) (*di cosa*) parte scelta, parte migliore, parte più bella, parte più fine, meglio □ apice, perfezione, culmine **CONTR.** scarto, peggio **2** (*est.*) (*di persona*) bellezza, delizia **CONTR.** bruttura, orrore **3** (*fig.*) eleganza, ornamento, ricercatezza **4** (*fig.*) (*di soldi e sim.*) grande quantità, abbondanza **CONTR.** difetto, scarsezza, scarsità **5** (*fig.*) parte esterna, superficie **CONTR.** interno **6** (*di vino e sim.*) fioretta, muffa **7** (*di testi scritti*) antologia, florilegio, raccolta, silloge (*lett.*), scelta, selezione □ compendio **FRAS.** *essere in fiore* (*fig.*), essere in pieno rigoglio □ *fior di farina*, farina purissima □ *fior di latte*, panna; mozzarella; gelato alla panna □ *rose e fiori* (*fig.*), situazione molto favorevole □ *fiore all'occhiello* (*fig.*), orgoglio, motivo di prestigio, vanto □ *fior d'ogni mese*, calendola, fiorrancio □ *fior di passione*, passiflora □ *fiore rosso*, adonide □ *fiore di primavera*, pratolina □ *fiore di maggio*, narciso □ *fiore nobile*, stella alpina. *V. anche* SCELTA
fiorènte *part. pres. di* **fiorire**; *anche agg.* **1** in fiore, florido, rigoglioso □ giovane, fresco **CONTR.** appassito, avvizzito, secco, sfiorito, vizzo □ atrofico, moscio, cascante, sfatto, incartapecorito, fané (*fr.*) □ patito, scavato, smunto **2** (*fig.*) (*di situazione, di economia, ecc.*) prospero, ricco, in pieno sviluppo, prosperoso, sano, vigoroso **CONTR.** povero, decadente, in crisi.
fiorentìna *s. f.* (*est.*) costata, bistecca.
fiorentìno *agg.*; *anche s. m.* **1** di Firenze **2** (*calcio*) viola, gigliato.
fiorétto *s. m.* **1** (*lett.*) *dim. di* **fiore** **2** (*al pl.*) scelta di racconti, florilegio **3** (*fig.*) abbellimento, ornamento, fioritura **4** sacrificio, rinuncia, voto **5** (*di seta*) cascame.
fiorìre **A** *v. intr.* **1** far fiori, coprirsi di fiori □ aprirsi, germogliare, sbocciare **CONTR.** appassire, avvizzire, languire, seccare, sfiorire **2** (*fig.*) (*di commercio, di arte, ecc.*) essere in pieno rigoglio, essere in pieno vigore, prosperare, svilupparsi, sbocciare, diffondersi, crescere **CONTR.** languire, decadere, morire, rovinare, stagnare **3** (*di speranze, ecc.*) riuscire, attuarsi **CONTR.** infrangersi **4** (*di vino, di rame, ecc.*) coprirsi di muffa, ossidarsi □ (*di intonaco*) incresparsi □ (*di capelli, ecc.*) incanutire **B** *v. tr.* **1** (*raro*) far fiorire **2** cospargere di fiori, ornare di fiori.
fiorìsta *s. m.* e *f.* **1** fioraio **2** pittore di fiori.
fiorìto *part. pass. di* **fiorire**; *anche agg.* **1** (*di pianta*) in fiore, sbocciato **CONTR.** appassito, avvizzito, secco, sfiorito **2** (*di prato, di stoffa, ecc.*) coperto di fiori, pieno di fiori, ornato di fiori, fiorato **3** (*fig.*) (*di stile, di discorso, ecc.*) ornato, adorno, abbellito, forbito, elegante **CONTR.** disadorno, inelegante, nudo, povero, sciatto, trasandato, trascurato, rozzo **4** (*est.*) cosparso, pieno, zeppo **CONTR.** privo **5** (*fig.*) prospero, florido, felice **CONTR.** brutto, grigio, nero.
fioritùra *s. f.* **1** sboccio, efflorescenza (*lett.*) **CONTR.** sfioritura, appassimento **2** (*fig.*) (*di arte, di economia, ecc.*) grande sviluppo, rigoglio □ boom (*ingl.*) □ abbondanza, quantità **CONTR.** decadenza, crisi, declino, decadimento **3** (*fig.*) (*di stile, di discorso, ecc.*) abbellimento, ornamento □ fioretto **4** (*di umidità*) macchia □ (*di pelle*) eruzione, sfogo.
fiottàre *v. intr.* **1** (*lett.*) gorgogliare, rumoreggiare, spumeggiare, barbugliare **2** (*centr.*) (*di persona*) brontolare, piagnucolare, frignare, lamentarsi.
fiòtto *s. m.* **1** (*raro*) (*di mare*) flutto, onda □ (*est.*) rumore **2** (*di liquido, di sangue, ecc.*) getto, spruzzo, zampillo □ sbocco, flusso □ sbuffo, spruzzo **3** (*raro*) (*di persona*) borbottio, piagnucolio.
fìrma *s. f.* **1** nome e cognome, autografo, sottoscrizione □ sigla, parafa (*raro*), paraffa (*raro*), siglatura **2** (*fig.*) nome □ marca, marchio □ prestigio, stima □ (*est.*) scrittore famoso, personaggio □ (*di moda*) griffe (*fr.*) **CONTR.** sconosciuto **3** conferma, ratifica, approvazione, vidimazione, visto **CONTR.** bocciatura, disapprovazione **4** (*raro*) ditta **5** (*comm.*) rappresentanza, procura **6** (*gerg., mil.*) firmaiolo (*gerg.*) **FRAS.** *fare onore alla propria firma*, rispettare gli impegni □ *ci farei la firma!*, ne sarei felice. *V. anche* SIGLA
firmaiòlo *s. m.* (*gerg., spreg.*) militare di carriera, firma (*gerg.*).
firmaménto *s. m.* **1** cielo, sfera celeste, volta celeste □ stellato **2** (*fig.*) (*del cinema, del teatro, ecc.*) ambiente, mondo.
firmàre *v. tr.* **1** apporre la firma, sottoscrivere □ siglare, parafare (*raro*) □ vidimare, vistare **2** (*est.*) (*di trattato, di pace, ecc.*) ratificare, sanzionare, accettare, concludere **CONTR.** rifiutare.
firmatàrio *s. m.*; *anche agg.* sottoscrittore, sottoscritto, scrivente, firmante.
firmàto *part. pass. di* **firmare**; *anche agg.* **1** siglato □ approvato **CONTR.** anonimo **2** (*di abbigliamento*) griffato.
first-lady /*ingl.* 'fə:st 'leidi/ [vc. ingl., letteralmente 'prima (*first*) signora (*lady*)'] *s. f. inv.* **1** moglie del presidente **2** (*fig.*) prima donna.
fiscal drag /*ingl.* 'fiskal 'dræg/ [loc. ingl., comp. di *fiscal* 'fiscale' e *drag* 'trascinamento'] *loc. sost. m. inv.* prelievo fiscale, drenaggio fiscale.
fiscàle *agg.* **1** del fisco, tributario □ erariale **2** (*fig.*) (*di persona, di comportamento, ecc.*) duro, rigoroso, vessatorio □ inquisitorio, pignolo, burocratico, esigente, intransigente, severo **CONTR.** benigno, indulgente, tollerante, comprensivo. *V. anche* SEVERO
fiscalìsmo *s. m.* **1** fiscalità **2** (*di persona, ecc.*) eccessivo rigore, intransigenza, severità, durezza □ burocratismo, burocrazia **CONTR.** indulgenza, tolleranza, comprensione.
fiscalìsta *s. m.* e *f.* consulente fiscale, commercialista, tributarista.
fiscalità *s. f.* **1** fisco **2** (*fig.*) eccessiva rigidezza, pignoleria, severità, vessazione, durezza, intransigenza, fiscalismo (*fig.*) **CONTR.** indulgenza, tolleranza, comprensione.
fiscalménte *avv.* **1** tributariamente **2** vessatoriamente, duramente, intransigentemente, severamente **CONTR.** benignamente, comprensivamente, indulgentemente.
fischiàre **A** *v. intr.* sibilare, zufolare, fischiettare □ soffiare, stridere, cigolare □ (*di merlo, di chiurlo, ecc.*) chioccolare, chiurlare, zirlare **B** *v. tr.* **1** (*di aria musicale*) modulare fischiando, zufolare **2** (*di perso-*

na, di spettacolo, ecc.) disapprovare, zittire, schernire CONTR. applaudire, acclamare, osannare, plaudere.

fischiàta *s. f.* **1** fischio, sibilo □ stridio **2** (*di persona, di spettacolo, ecc.*) disapprovazione, scherno CONTR. applauso, acclamazione, ovazione.

fischiettàre *v. tr. e intr.* zufolare.

fischiettìo *s. m.* zufolio.

fischiétto *s. m.* **1** *dim. di* **fischio** **2** (*nella caccia*) pispola, richiamo **3** (*sport, fig., est.*) arbitro.

fìschio *s. m.* **1** sibilo, zufolo, fischiata □ stridio, cigolio □ (*di uccello*) canto, chioccolio, chioccolo, zirlo □ (*di udito*) acufene (*med.*) **2** abbasso CONTR. applauso, battimano, ovazione, plauso, evviva.

fischióne *s. m.* **1** (*zool.*) capirosso (*centr., sett.*), penelope, anatra matta **2** (*zool.*) chiurlo.

fìsco *s. m.* erario, cassa dello Stato, tesoro, finanza.

fish eye /*ingl.* 'fiʃ ai/ [vc. ingl., propr. 'occhio di pesce', comp. di *fish* 'pesce' e *eye* 'occhio'] *s. m. inv.* (*fot.*) obiettivo grandangolare.

fisicaménte *avv.* **1** secondo la fisica **2** concretamente, materialmente CONTR. spiritualmente **3** nel fisico, nella salute □ anatomicamente, costituzionalmente, corporalmente □ esteriormente CONTR. moralmente, spiritualmente □ interiormente □ psichicamente.

fisicità *s. f.* materialità, corporeità.

fìsico **A** *agg.* **1** della fisica, naturale □ concreto, materiale, reale CONTR. astratto, metafisico, metempirico **2** somatico, costituzionale, corporale □ (*di sensazione, di piacere, ecc.*) corporeo, materiale □ carnale, sensuale CONTR. intellettuale, morale, spirituale □ psichico, psicologico **B** *s. m.* (*est.*) conformazione corporea, corpo, complessione, costituzione, corporatura, aspetto □ stato di salute.

fìsima *s. f.* fissazione, fantasia, ticchio, ubbia, capriccio, ghiribizzo, grillo, ossessione, idea, fissa (*fam.*), immaginazione □ preconcetto, pregiudizio. *V. anche* CAPRICCIO

fisiologicaménte *avv.* naturalmente, normalmente.

fisiològico *agg.* **1** (*est.*) naturale, normale □ corporale **2** (*di parto*) eutocico CONTR. distocico.

fisionomìa *s. f.* **1** (*di persona*) aspetto, lineamenti, faccia, volto, sembianze (*lett.*), fattezze, viso **2** (*est.*) (*di cosa*) caratteristiche, aspetto, connotato.

fissaménte *avv.* fisso, intensamente, attentamente CONTR. distrattamente □ di sottecchi.

fissàre **A** *v. tr.* **1** rendere fisso, ancorare, attaccare, immobilizzare, legare, fermare □ ficcare, conficcare, piantare, affiggere, configgere, figgere □ puntare, appuntare CONTR. muovere, smuovere, spostare, trasportare **2** (*est.*) (*di sguardo*) guardare fissamente, guardare intensamente, adocchiare, guatare (*lett.*) □ (*di attenzione*) fermare, concentrare CONTR. guardare di sfuggita, sbirciare **3** (*di data, di patto, ecc.*) determinare, prefiggere, stabilire, decidere, designare, decretare, sancire, statuire, prestabilire, programmare □ delimitare □ pattuire, concordare, convenire □ (*di prezzo*) quotare □ calmierare □ (*di compito, ecc.*) assegnare, destinare CONTR. disdire, revocare □ rimangiarsi **4** (*di albergo, di posto, ecc.*) prenotare, riservare, fermare CONTR. disdire **B** **fissarsi** *v. intr. pron.* **1** (*in un luogo*) stabilirsi, stanziarsi, fermarsi □ nidificare CONTR. trasferirsi, traslocare **2** (*fig.*) (*su una cosa*) ostinarsi, insistere, perseverare, impuntarsi, incaparbirsi, incaponirsi, intestardirsi. *V. anche* GUARDARE, VOLERE

fissatìvo *agg.; anche s. m.* fissatore.

fissàto **A** *part. pass. di* **fissare**; *anche agg.* **1** fisso, fermato, affisso, attaccato, ancorato, assicurato, legato, puntato □ ficcato, conficcato, piantato CONTR. staccato, volante, mosso, smosso, spostato, trasportato **2** (*est.*) guardato intensamente, adocchiato **3** (*di data, di patto, ecc.*) stabilito, deciso, determinato, designato, indicato, inteso, prestabilito, programmato, posto □ convenuto, concordato □ (*di prezzo*) calmierato □ quotato CONTR. disdetto, revocato **4** (*di albergo, di posto, ecc.*) prenotato CONTR. disdetto **5** (*di persona*) maniaco, caparbio, cocciuto, fermo, incaponito **B** *s. m.* **1** maniaco □ monomaniaco **2** impegno, accordo □ (*tosc.*) appuntamento. *V. anche* CAPARBIO

fissatóre *s. m.* **1** fissativo □ mordente **2** (*per capelli*), lacca, schiuma, gel.

fissazióne *s. f.* (*psicol.*) monomania, ossessione, mania □ complesso □ (*est.*) fisima, idea fissa, capriccio, ghiribizzo, grillo, ticchio, ubbia, chiodo fisso, pallino □ persuasione, opinione.

fissióne *s. f.* (*fis. nucl.*) scissione, rottura, disintegrazione, separazione CFR. fusione.

fissità *s. f.* **1** immobilità, immutabilità, invariabilità, stabilità □ (*di sguardo, ecc.*) intensità CONTR. mobilità, mutabilità, instabilità □ movimento, ondeggiamento, oscillazione, traballio □ varietà **2** (*est.*) costanza, fermezza, tenacia CONTR. incostanza, volubilità. *V. anche* COSTANZA

fisso **A** *agg.* **1** fissato, attaccato, inchiodato, inamovibile, confitto, infitto □ inconcusso (*lett.*) CONTR. staccato, sconficcato, schiodato, divelto □ smosso, spostato □ ondeggiante, oscillante, pencolante, traballante □ amovibile, volante, mobile □ girevole, scorrevole □ (*di ponte*) levatoio **2** (*di persona, di stella, ecc.*) fermo, saldo, immobile, immoto (*lett.*) CONTR. mobile **3** (*di prezzo, di costo*) imposto □ bloccato CONTR. libero, trattabile, variabile **4** (*est.*) (*di sguardo, di pensiero, ecc.*) concentrato, intento, intenso, penetrante □ vitreo CONTR. distratto, disattento, svagato □ errante, erratico **5** (*est.*) (*di persona*) fermo, irremovibile, ostinato, risoluto □ tenace, costante CONTR. arrendevole, cedevole, condiscendente □ incostante, mutevole, volubile, vago **6** (*fig.*) (*di lavoro, ecc.*) non saltuario, regolare, stabile, permanente CONTR. instabile, precario, provvisorio, saltuario, transitorio, avventizio, interinale □ temporaneo, momentaneo **7** (*di rendimento, ecc.*) definito, deliberato, regolato □ concordato, prefissato □ invariabile, incommutabile, immutabile □ invariato, immutato, stazionario □ statico □ (*di dimora*) stanziale, residenziale CONTR. variabile, fluttuante **B** *avv.* fissamente, intensamente CONTR. distrattamente, superficialmente **C** *s. m.* stipendio, salario, retribuzione, compenso, mensile CFR. straordinario, premio, provvigione.

fit /*ingl.* fit/ [vc. ingl., da *to fit* 'adattare'] *s. m. inv.* **1** adattamento **2** (*mecc.*) accoppiamento, aggiunta **3**

(*di abito, di scarpe, ecc.*) linea, taglio, misura.

fitness /*ingl.* ˈfitnis/ [vc. ingl., propr. 'appropriatezza, convenienza, idoneità', da *fit* 'adatto, appropriato'] *s. f.* o *m. inv.* benessere, forma fisica, buona salute.

fìtta *s. f.* **1** dolore acuto, stilettata, trafittura, trafitta (*raro*), puntura, dolore, spasimo **2** (*fig.*) vivo turbamento, stretta al cuore **3** (*raro*) (*di persone, di cose*) folla, moltitudine, gran quantità, mucchio.

fittaménte *avv.* densamente, spessamente, foltamente, fitto □ abbondantemente, insistentemente, ininterrottamente, rapidamente **CONTR.** poco, scarsamente.

fittàvolo *s. m.* fittaiolo, affittuario, locatario □ massaio.

fittézza *s. f.* compattezza, densità, foltezza, spessezza (*raro*), spessore, consistenza **CONTR.** radezza (*raro*), radità (*raro*), rarefazione.

fittìzio *agg.* ingannevole, falso, finto, simulato, artefatto, artificioso, apparente, immaginario, inesistente, irreale □ artificiale, fasullo □ putativo **CONTR.** autentico, genuino, reale, vero, concreto, storico, comprovato. *V. anche* IMMAGINARIO

fìtto ***A*** *agg.* **1** (*lett.*) confitto, ficcato, infitto, piantato, cacciato dentro □ trafitto **CONTR.** divelto, sconficcato, strappato **2** (*di nebbia, di bosco, ecc.*) compatto, denso, folto, spesso, serrato, consistente, fondo, profondo, unito □ pregnante, pregno, ricolmo □ frequente □ nutrito, numeroso □ affollato **CONTR.** rado, raro, rarefatto □ scarso ***B*** *avv.* ininterrottamente □ intensamente, fittamente □ abbondantemente **CONTR.** poco, scarsamente ***C*** *s. m.* folto, pieno, colmo, culmine, apice **FRAS.** *a capo fitto*, col capo all'ingiù; (*fig.*) con grande impegno. *V. anche* DENSO, FREQUENTE

fiumàna *s. f.* **1** fiume gonfio, fiume in piena □ torrente **2** (*est.*) piena, corrente **3** (*fig.*) (*di gente, di parole, ecc.*) folla, massa, moltitudine, gran quantità, abbondanza, profusione **CONTR.** scarsità, povertà, mancanza. *V. anche* FOLLA

fiumàra *s. f.* fiume torrentizio, torrente □ (*in Africa*) uadi.

fiùme ***A*** *s. m.* **1** corso d'acqua **2** greto, alveo, letto **3** (*fig.*) grande quantità, abbondanza, copia, massa, profusione □ folla **CONTR.** scarsezza, scarsità, mancanza, povertà ***B*** *in funzione di agg. inv.* (*posposto al s.*) (*di discorso, di seduta, ecc.*) interminabile, lunghissimo **CONTR.** corto, breve. *V. anche* FOLLA

fiutàre *v. tr.* **1** annasare (*lett., dial.*), annusare, odorare, sentire l'odore, nasare (*dial.*) **2** (*di tabacco, di cocaina e sim.*) aspirare, sniffare (*gerg.*) **3** (*fig.*) (*di pericolo, di affare, ecc.*) intuire, indovinare, presagire, presentire, prevedere, subodorare, captare □ pronosticare □ indagare.

fiùto *s. m.* **1** odorato, olfatto, annuso (*raro*) **2** (*fig.*) (*di pericolo, di affare, ecc.*) naso (*fig.*), intuizione, intuito, acume, perspicacia, sagacia **CONTR.** ottusità, stupidità, idiozia.

fixing /*ingl.* ˈfixiŋ/ [vc. ingl., propriamente 'fissaggio', da *to fix* 'fissare'] *s. m. inv.* (*borsa*) prezzo, quotazione □ (*est.*) chiusura.

flaccidézza *s. f.* mollezza, cedevolezza, flaccidità (*raro*) **CONTR.** durezza, sodezza, solidità.

flàccido *agg.* **1** floscio, cascante, molle, moscio, vizzo, molliccio, sfatto, mencio (*tosc.*) **CONTR.** duro, saldo, sodo, solido **2** (*fig.*) (*di persona, di carattere, ecc.*) debole, languido, snervato, svigorito **CONTR.** energico, forte, robusto, vigoroso.

flacóne *s. m.* boccetta, bottiglietta, fiala.

flagellàre ***A*** *v. tr.* **1** sferzare, frustare, fustigare, staffilare □ battere, percuotere, colpire **2** (*lett.*) affliggere, angariare, perseguitare, tormentare, vessare □ biasimare, rimproverare **CONTR.** consolare, rallegrare ***B*** **flagellarsi** *v. rifl.* **1** frustarsi, fustigarsi, sferzarsi □ percuotersi, battersi **2** (*fig., lett.*) affliggersi **3** (*fig.*) colpevolizzarsi, autoaccusarsi, autopunirsi, castigarsi.

flagellàto *part. pass. di* **flagellare**; *anche agg.* **1** frustato, fustigato, percosso **2** (*fig.*) afflitto, angustiato, molestato, perseguitato, tormentato, vessato **CONTR.** consolato, rallegrato.

flagellazióne *s. f.* fustigazione.

flagèllo *s. m.* **1** sferza, frusta, staffile □ disciplina □ (*est.*) supplizio, castigo **2** (*fig.*) (*di guerra, di grandine, ecc.*) calamità, sciagura, cataclisma, catastrofe □ danno, rovina, disastro **CONTR.** fortuna, bazza, cuccagna **3** (*fig.*) (*di persona*) tormentatore, tormento, piaga □ vandalo □ fustigatore, flagellatore, censore **CONTR.** consolazione, benedizione □ consolatore, sostenitore **4** (*fam.*) (*di gente o cosa*) quantità enorme, massa, moltitudine, sciame, subisso (*fam.*) **CONTR.** esiguità, scarsità, povertà, mancanza.

flagrànte [lat. tardo *flagrănti crĭmine* (*comprehĕndi*) 'essere colto sul delitto ancora caldo'] *agg.* **1** (*dir.*) flagranza, fatto **2** (*fig.*) evidente, chiaro, manifesto, lampante, palese **CONTR.** celato, nascosto, occulto.

flan /*fr.* flã/ *s. m. inv.* sformato, pasticcio, timballo.

flash /*ingl.* flæʃ/ [vc. ingl., propriamente 'lampo'] *s. m. inv.* **1** (*fot.*) lampo, lampeggiatore **2** sorgente luminosa **3** (*est., fig.*) notizia giornalistica importante (trasmessa con precedenza assoluta).

flashback /*ingl.* ˈflæʃbæk/ [vc. ingl., comp. di *flash* 'lampo' e *back* 'indietro'] *s. m. inv.* (*cine., anche fig.*) rievocazione, sguardindietro **CONTR.** flash-forward (*ingl.*).

flatulènza *s. f.* flato, ventosità □ scoreggia (*volg.*), peto.

flautàto *agg.* **1** (*di suono del flauto*) modulato **2** (*est.*) (*di voce, di tono e sim.*) dolce, melodioso, modulato, vellutato □ lezioso, mellifluo **CONTR.** aspro, duro, sgradevole.

flàuto *s. m.* **1** ottavino, zufolo, piffero, siringa, tibia **2** (*est.*) (*di persona*) flautista.

flèbile *agg.* fievole, fioco, sommesso, tenue, afono □ roco, rauco □ lamentevole, lamentoso, piangente □ malinconico, mesto, triste **CONTR.** forte, robusto, alto, sonoro, squillante, reboante, risonante □ allegro, giocondo, giocoso.

flebilménte *avv.* fievolmente, debolmente, sommessamente □ sottovoce, piano □ lamentosamente □ malinconicamente, mestamente, tristemente **CONTR.** forte, altamente, sonoramente □ allegramente, giocondamente.

flèbo *s. f.* (*med.*) *acrt. di* **fleboclisi**.

fleboclìsi *s. f.* (*med.*) flebo (*acrt.*), iniezione venosa **CFR.** ipodermoclisi.

flebotomìa *s. f.* (*chir., est.*) salasso.

flèmma *s. f.* calma, lentezza, pacatezza, placidezza, placidità, freddezza, imperturbabilità, tranquillità □ pazienza, sopportazione **CONTR.** foga, fretta, furia, furore, impeto, slancio, animazione, ansia, celerità, irrequietezza, premura □ impazienza, insofferenza □ irascibilità, irritabilità, suscettibilità.

flemmaticaménte *avv.* con calma, lentamente, pacatamente, placidamente, imperturbabilmente, tranquillamente, lemme lemme □ pazientemente **CONTR.** furiosamente, impetuosamente, con foga, con slancio, irruentemente □ prestamente, velocemente □ impazientemente □ irosamente.

flemmàtico *agg.* calmo, lento, pacato, placido, riflessivo, pacifico, pacioso, posapiano, quieto, tranquillo □ tardo □ freddo □ paziente, tollerante **CONTR.** frettoloso, spedito, spiccio, veloce □ furioso, impetuoso, irriflessivo, emotivo, focoso, impulsivo □ impaziente, intollerante, ipereccitabile □ irascibile, irritabile.

flèmmone *s. m.* (*med.*) ascesso, bubbone, pustola.

flessìbile *agg.* ***1*** (*di cosa*) pieghevole, duttile, malleabile, molle, elastico, flessuoso, snodabile, snodato, curvabile □ agile **CONTR.** inflessibile, rigido, duro ***2*** (*fig.*) (*di persona, di carattere, ecc.*) cedevole, arrendevole, docile, accomodante, adattabile, condiscendente, conciliante **CONTR.** indocile, irriducibile, duro, inflessibile, rigido, rigoroso □ caparbio ***3*** (*di mentalità, di vedute*) aperto, largo **CONTR.** chiuso, ristretto ***4*** (*di orario*) elastico, variabile **CONTR.** fisso ***5*** (*di macchina*) versatile, universale, polifunzionale **CONTR.** specifico, dedicato.

FLESSIBILE
sinonimia strutturata

Ciò che si può facilmente piegare si dice **flessibile**, che, come **flessuoso**, può designare anche in senso estensivo l'agilità: *metallo flessibile*; *corpo agile e flessibile*; *salice flessuoso*; *figura flessuosa*. Queste sfumature appartengono entrambe anche ad **elastico**, che propriamente indica la proprietà dei corpi di riprendere forma e volume iniziali al cessare della causa deformante, e per estensione la scioltezza delle membra e dei movimenti: *materiale elastico*; *muscoli elastici*; quest'ultima accezione costituisce il significato di **snodato** e di **agile**, che descrivono chi o ciò che è sciolto e destro: *articolazioni snodate*; *è molto agile nonostante l'età*. Semanticamente vicino è **plastico**, che propriamente indica una materia atta ad essere plasmata, di morbida consistenza, e coincide con **duttile** e **molle**: *la plastica creta*; *un tessuto duttile*; *un cuoio molle e flessibile*; per estensione è plastico ciò che suggerisce l'idea del rilievo, della pienezza delle forme e soprattutto del movimento armonico: *atteggiamento plastico del corpo*.

Le cose che possono essere rese curve o spigolose senza danno si dicono **pieghevoli**, e quelle che si possono piegare ad arco sono **curvabili**: *giunco, metallo pieghevole*; *un legno curvabile*; specificamente, un metallo che può essere ridotto in lamine sottilissime senza subire rotture o alterazioni nocive è **malleabile**: *l'oro è molto malleabile*. Anche **snodabile** ha un significato preciso, che corrisponde ad una seconda accezione di snodato: indica i pezzi collegati da uno snodo, ossia da una giunzione articolata in modo da muoversi senza perdere coesione: *questa lampada ha un braccio snodabile*.

Usato figuratamente, flessibile comprende varie sfumature; innanzitutto, descrive un carattere privo di rigidità, facile ad adattarsi a diverse situazioni, e coincide così con **adattabile**: *animo flessibile*; *persona adattabile*. Rispetto a questi vocaboli, **arrendevole**, **cedevole** in senso figurato e **docile** si differenziano perché riguardano particolarmente ciò che si piega senza resistenza alla volontà altrui, e si avvicinano piuttosto a remissivo ed ubbidiente: *mostrarsi arrendevole*; *carattere cedevole*; *bambino docile*; *essere docile ai consigli di qualcuno*. **Condiscendente** è invece chi acconsente dietro insistenze ma senza costrizioni alle richieste altrui: *con i figli è troppo condiscendente*. Un'altra sfumatura contraddistingue **accomodante**, che indica chi è conciliante specialmente per la propria convenienza personale: *vedrai che è una persona accomodante*.

Inoltre flessibile coincide anche con **versatile**, che si riferisce a chi sa occuparsi, con abilità e competenza, di cose differenti: *ingegno versatile*; *impiegato versatile*. In questo senso flessibile si avvicina molto ai significati figurati di duttile, elastico e agile, che indicano prontezza e apertura di mente; quest'ultima caratteristica è definita più specificamente da **aperto** e **largo**, che figuratamente si adoperano in relazione a chi o a ciò che è disponibile a nuove idee, antidogmatico e anticonformista: *è una persona aperta, di larghe vedute*.

Infine flessibile è tutto ciò che si può mutare facilmente, ossia che è modificabile e variabile; ad esempio una *costituzione flessibile* può essere modificata con la stessa procedura seguita per la formazione delle leggi ordinarie, mentre l'*orario flessibile* è il risultato di un sistema per cui, in un'azienda, i dipendenti hanno la possibilità di scegliere il momento d'inizio e di termine del lavoro, fermo restando l'obbligo di effettuare le ore lavorative fissate dal contratto.

flessibilità *s. f.* ***1*** (*di cosa*) pieghevolezza, duttilità, elasticità, flessuosità, malleabilità, mollezza □ agilità □ (*di situazione, ecc.*) fluidità **CONTR.** inflessibilità, durezza, rigidità ***2*** (*fig.*) (*di persona, di carattere, ecc.*) arrendevolezza, cedevolezza, docilità, adattabilità, condiscendenza **CONTR.** indocilità, durezza, irriducibilità, rigidezza, rigore, inflessibilità □ caparbietà.

flessióne *s. f.* ***1*** curvamento, piega □ (*di esercizio ginnico*) piegamento, molleggio □ (*di arco, ecc.*) curvatura **CONTR.** raddrizzamento, stiramento ***2*** (*ling.*) declinazione, coniugazione ***3*** (*di forze, di vendite, ecc.*) calo, diminuzione, ribasso, riduzione **CONTR.** aumento, accrescimento, incremento.

flessuosaménte *avv.* sinuosamente, morbidamente, scioltamente, elasticamente **CONTR.** rigidamente, duramente.

flessuosità *s. f.* flessibilità, pieghevolezza, agilità, elasticità, scioltezza, sinuosità **CONTR.** durezza, rigidità.

flessuóso *agg.* ***1*** flessibile, pieghevole, elastico, agile, sciolto, molleggiato, snodato □ (*di persona, di animale, ecc.*) snello, slanciato **CONTR.** duro, rigido ***2*** (*di strada, di fiume, ecc.*) incurvato, sinuoso **CONTR.** diritto, dritto. *V. anche* FLESSIBILE

flèttere ***A*** *v. tr.* ***1*** piegare, curvare, incurvare, arcuare □ torcere □ inclinare □ inflettere (*lett.*), circonflettere **CONTR.** rizzare, raddrizzare, irrigidire ***2*** (*ling.*) declinare, coniugare ***B*** **flettersi** *v. rifl.* e *intr. pron.* piegarsi, curvarsi **CONTR.** drizzarsi, irrigidirsi.

flipper /*ingl.* ˈflipə/ [vc. ingl., da *to flip* 'fare scattare'] *s. m. inv.* biliardino elettrico.

flirt /*ingl.* fləːt/ [vc. ingl., da *to flirt* 'muovere, ondeggiare'] *s. m. inv.* ***1*** amoretto, passioncella, capriccio, amore giovanile, cotta (*fig.*), amoreggiamento, avventura, storia (*fig.*) ***2*** (*est.*) (*di persona*) amore, moroso (*dial.*), innamorato, filarino (*fam., scherz.*), spasimante, boy-friend (*ingl.*) □ girl-friend (*ingl.*).

flirtàre *v. intr.* ***1*** amoreggiare, civettare, corteggiare, filare (*fam., scherz.*), discorrere (*dial.*), parlarsi (*pop.*) ***2*** (*fig.*) accordarsi.

flogìstico *agg.* (*med.*) infiammatorio **CONTR.** antiflogistico, antinfiammatorio.

flogòsi o **flògosi** *s. f.* (*med.*) infiammazione.

flop /*ingl.* flɔp/ [vc. ingl., propr. 'tonfo'] *s. m. inv.* insuccesso, fallimento, fiasco **CONTR.** successo, trionfo.

floppy disk /*ingl.* ˈflɔpi disk/ [vc. ingl., comp. di *floppy* 'allentato, floscio' e *disk* 'disco'] *s. m. inv.* (*elab.*) dischetto, minidisco **CFR.** hard disk.

flòra [vc. dotta, *Flora*, dea dei fiori] *s. f.* vegetali □ (*est.*) vegetazione **CFR.** fauna.

floricoltóre *s. m.* (*f. -trice*) (*est.*) giardiniere.

floricoltùra *s. f.* (*est.*) giardinaggio.

floridaménte *avv.* prosperamente, prosperosamente, rigogliosamente **CONTR.** stentatamente.

floridézza *s. f.* ***1*** formosità, prosperosità, freschezza, rigoglio, sanità, vigore, vigoria, floridità (*raro*), rigogliosità, vigorosità □ felicità (*fig.*) **CONTR.** debolezza, delicatezza, gracilità, esilità, magrezza, secchezza, emaciazione, macilenza ***2*** (*fig.*) benessere, ricchezza, prosperità, potenza **CONTR.** miseria, povertà □ squallore □ dissesto, sfascio □ (*di ditta*) decozione (*econ.*).

floridità *s. f.* (*raro*) *V.* **floridezza**.

flòrido *agg.* ***1*** (*lett.*) (*di pianta, di giardino, ecc.*) fiorito, in fiore □ fecondo, fertile, ubertoso **CONTR.** appassito, sfiorito, arido, inaridito, secco, sterile ***2*** (*est.*) (*di persona, di aspetto, ecc.*) fiorente, fresco, rigoglioso, robusto, prosperoso, sano, vegeto, vigoroso, rubizzo, pienotto, paffuto, formoso □ (*di età*) verde, giovane □ (*di ingegno, di colore*) vivace, vivo □ (*di stile*) fiorito **CONTR.** debole, delicato, esile, gracile, magro □ cadaverico, macilento, emaciato □ malaticcio, cagionevole, cadente, incartapecorito, sfatto, avvizzito ***3*** (*fig.*) (*di commercio, di situazione, ecc.*) prospero, ricco, potente **CONTR.** misero, povero, dissestato, sfasciato.

florilègio *s. m.* antologia, scelta, selezione, silloge (*lett.*), crestomazia (*lett.*), massimario, fioretto (*lett.*). *V. anche* SCELTA

flosciaménte *avv.* mollemente, flaccidamente **CONTR.** rigidamente.

flòscio *agg.* ***1*** flaccido, cascante, molle, moscio, vizzo, cedevole, molliccio, sgonfio, mencio (*tosc.*) **CONTR.** consistente, duro, rigido, sodo, solido ***2*** (*est.*) (*di carattere, di educazione, ecc.*) debole, fiacco, snervato, svigorito **CONTR.** energico, risoluto, vigoroso, tosto (*gerg.*).

flòtta *s. f.* marina, armata navale, naviglio, flottiglia, marineria.

flou /*fr.* flu/ [vc. fr., propriamente 'sfumato'] ***A*** *agg.* ***1*** sfumato, evanescente □ fluido, morbido **CONTR.** netto, duro, secco □ contrastato ***2*** fluorescente ***B*** *s. m. inv.* (*fot.*) sfumatura, evanescenza.

flow chart /*ingl.* ˈflou ˈtʃaːt/ [vc. ingl., letteralmente 'scheda di flusso'] *s. m. inv.* (*elab.*) diagramma di flusso.

fluènte *part. pres. di* **fluire**; *anche agg.* ***1*** corrente, scorrente, sciolto, fluido, fluttuante **CONTR.** fermo, immobile, stagnante ***2*** (*fig.*) (*di parola*) scorrevole, facile, disinvolto **CONTR.** stentato, lento ***3*** (*fig.*) (*di capigliatura, ecc.*) lungo, intonso (*lett.*) **CONTR.** corto.

fluidaménte *avv.* (*fig.*) facilmente, scorrevolmente □ (*di lingua straniera*) correntemente **CONTR.** stentatamente, lentamente.

fluidificànte ***A*** *part. pres. di* **fluidificare**; *anche agg.* ***B*** *s. m.* (*di medicinale*) espettorante, emolliente, mucolitico.

fluidificàre ***A*** *v. tr.* liquefare, sciogliere, diluire **CONTR.** ispessire, indurire ***B*** **fluidificarsi** *v. intr. pron.* **CONTR.** ispessirsi, indurirsi.

fluidità *s. f.* ***1*** fluidezza (*raro*), liquidità, scorrevolezza □ flessibilità **CONTR.** collosità, vischiosità, viscosità □ rigidità ***2*** (*fig.*) (*di parola e sim.*) naturalezza, scioltezza, disinvoltura **CONTR.** stentatezza, goffaggine ***3*** (*fig.*) (*di rapporto, di carattere, ecc.*) instabilità, mutabilità, mutevolezza, variabilità **CONTR.** stabilità, immutabilità, invariabilità.

flùido ***A*** *agg.* ***1*** fluente, liquido, scorrente, scorrevole **CONTR.** viscoso, vischioso □ appiccicaticcio, attaccaticcio □ colloso, glutinoso □ fermo, immobile, stagnante ***2*** (*fig.*) (*di parola e sim.*) facile, naturale, sciolto, scorrevole □ liscio, snello **CONTR.** stentato ***3*** (*fig.*) (*di rapporto, di carattere, ecc.*) incerto, instabile, labile □ impreciso, sfumato **CONTR.** certo, stabile, duraturo □ definito □ stazionario ***B*** *s. m.* ***1*** (*fis.*) liquido, gas **CONTR.** solido ***2*** (*est.*) succo, linfa, umore ***3*** (*fig.*) (*di simpatia, di pensiero, ecc.*) corrente, emanazione □ carisma. *V. anche* INCERTO

fluìre *v. intr.* ***1*** scorrere, sgorgare, defluire, scivolare, colare, scendere, circolare, correre, rifluire □ (*poet.*) filtrare **CONTR.** fermarsi, stagnare, ristagnare ***2*** (*del tempo*) trascorrere, passare □ divenire **CONTR.** fermarsi. *V. anche* SCENDERE

flùsso *s. m.* ***1*** getto, fiotto □ (*di liquido*) effusione □ emanazione, emissione □ versamento, spargimento □

fuoriuscita, perdita □ colata □ scolo, sgorgo □ emorragia □ (*fig.*) (*di parole, ecc.*), profluvio, proluvie (*lett.*) ***2*** movimento **CONTR.** stasi, staticità ***3*** (*est.*) (*di folla, di merci, ecc.*) viavai, andirivieni, circolazione, corrente □ marea ***4*** (*fis.*) raggio, fascio □ (*di tempo*) corso.

flùtto *s. m.* (*lett.*) onda, ondata, maroso □ cavallone.

fluttuànte *part. pres. di* **fluttuare**; *anche agg.* ***1*** ondeggiante, fluente, ondoso □ vacillante, oscillante, traballante **CONTR.** fermo, immobile, stagnante ***2*** (*anat.*) (di costole) libero, ultimo **CONTR.** fisso ***3*** (*fig.*) (*di persona, di carattere, ecc.*) dubbioso, incerto, irresoluto □ lunatico, volubile □ (*di situazione*) instabile, variabile, cambiabile, cangiabile **CONTR.** deciso, determinato, risoluto □ sicuro, stabile. *V. anche* INCERTO

fluttuàre *v. intr.* ***1*** ondeggiare □ galleggiare □ (*est.*) (*di bandiera e sim.*) sventolare, svolazzare □ garrire, tremolare, palpitare □ mareggiare (*fig.*) **CONTR.** essere immobile ***2*** (*fig.*) (*di persona, di pensiero, ecc.*) dubitare, esitare, tergiversare, essere indeciso □ (*di situazione*) essere variabile **CONTR.** essere deciso, essere sicuro ***3*** (*fig., econ.*) (*di moneta*) oscillare **CONTR.** essere stabile.

fluttuazióne *s. f.* ***1*** ondeggiamento, agitazione □ traballamento **CONTR.** immobilità, stabilità ***2*** fluitazione ***3*** (*fig.*) (*di pensiero, di persona, ecc.*) dubbio, incertezza, indecisione, turbamento **CONTR.** certezza, decisione, determinatezza ***4*** (*di grandezza*) mutamento, variazione **CONTR.** immutabilità, invariabilità ***5*** (*econ.*) (*di moneta*) oscillazione, quotazione, floating (*ingl.*) ***6*** (*med.*) (*di battito cardiaco*) flutter.

fobìa *s. f.* ***1*** (*psicol.*) paura eccessiva, repulsione, psicosi ***2*** (*est.*) ripugnanza, avversione, odio, intolleranza, antipatia, idiosincrasia **CONTR.** amore, simpatia, propensione, tolleranza. *V. anche* PAURA

fòbico *agg.* ossessivo, psicotico.

fòca *s. f.* ***1*** (*zool.*) vitello marino ***2*** (*fig.*) grassone, ciccione **CONTR.** mingherlino.

focàccia *s. f.* schiacciata, sfogliata, torta, pizza, offa (*ant.*), crescenza (*region.*) □ crescente (*region.*) **FRAS.** *rendere pan per focaccia*, rendere la pariglia.

focàle *agg.* (*fig.*) (*di punto, di questione, ecc.*) centrale, nodale, fondamentale **CONTR.** marginale, secondario.

focalizzàre *v. tr.* ***1*** (*fot.*) mettere a fuoco ***2*** (*fig.*) (*di argomento*) precisare, mettere a punto.

fóce *s. f.* sbocco, bocca, delta, estuario □ sfogo □ varco **CONTR.** sorgente.

focolàio *s. m.* ***1*** (*med.*) centro d'infezione ***2*** (*lett.*) focolare ***3*** (*fig.*) (*di rivolta, di vizio, ecc.*) centro, fulcro, origine.

focolàre *s. m.* ***1*** focolaio (*lett.*) □ camino □ fuoco ***2*** (*est., fig.*) casa, famiglia, ambiente domestico. *V. anche* FAMIGLIA

focosaménte *avv.* (*fig.*) ardentemente, appassionatamente **CONTR.** freddamente, con distacco, con indifferenza.

focóso *agg.* ***1*** (*lett.*) pieno di fuoco, infiammato, infuocato □ cocente **CONTR.** estinto, spento ***2*** (*fig.*) (*di persona, di carattere, ecc.*) ardente, caldo, impetuoso, impulsivo, irruente, veemente, appassionato, vivace, passionale, bollente □ bizzoso, collerico **CONTR.** calmo, distaccato, flemmatico, indifferente, freddo, glaciale.

fòdera *s. f.* rivestimento, involucro, federa, sopraccoperta, copertina, copertura, rivestitura, traliccio □ guscio.

foderàre *v. tr.* rivestire, ricoprire, avvolgere, tappezzare **CONTR.** sfoderare.

foderàto *part. pass. di* **foderare**; *anche agg.* avvolto, ricoperto, rivestito, tappezzato **CONTR.** sfoderato.

fòdero *s. m.* guaina, astuccio, custodia, trousse (*fr.*), vagina (*lett.*) (*di arma*).

fóga *s. f.* ardore, fuoco, furia, impeto, slancio, veemenza, empito (*lett.*), concitazione, furore, fervore, impetuosità, vivacità, piena (*fig.*) □ fretta **CONTR.** calma, flemma, lentezza, pacatezza, placidezza (*raro*).

fòggia *s. f.* ***1*** (*di fare, di parlare, ecc.*) modo, maniera ***2*** (*di cosa*) aspetto, figura, forma, guisa, sagomatura ***3*** costume, usanza ***4*** moda, modo di vestire, voga, modello □ stile, taglio, linea. *V. anche* MODA

foggiàre *v. tr.* ***1*** modellare, formare, dar forma, conformare, coniare, creare, fabbricare, sagomare **CONTR.** disfare ***2*** (*fig.*) (*di carattere, di abitudini, ecc.*) formare, plasmare.

foggiàto *part. pass. di* **foggiare**; *anche agg.* modellato, plasmato, sagomato.

fòglia *s. f.* ***1*** (*est.*) petalo, brattea □ fronda, siepe, cespuglio □ (*al pl.*) fogliame ***2*** (*di metallo*) lamina, lamella **FRAS.** *mangiare la foglia* (*fig.*), intuire le intenzioni altrui □ *non muover foglia* (*fig.*), non far niente.

fogliétto *s. m.* ***1*** *dim. di* **foglio** ***2*** bigliettino, volantino □ cartellino, cartoncino ***3*** (*anat.*) membrana ***4*** (*zool.*) omaso, centopelle ***5*** (*biol.*) ectoderma, endoderma, esoderma.

fòglio *s. m.* ***1*** pezzo di carta □ (*est.*) carta ***2*** (*di materiale*) lamina, lastra ***3*** stampato □ cartella, pagina □ giornale □ documento, certificato □ inserto □ carta da lettere. *V. anche* QUADRO

fógna *s. f.* ***1*** chiavica, pozzo nero, cloaca, fossa, fossa biologica □ collettore, smaltitoio, colluvie (*lett.*), discarica □ tombino, canale ***2*** (*fig.*) letamaio (*fig.*), latrina (*fig.*), luogo corrotto ***3*** (*fig.*) (*di persona*) porcaccione, maialone □ mangione, ingordo.

föhn /*ted.* fø:n/ [vc. ted., dal precedente ant. alto ted. *phōnno*, dal lat. (*ventus*) *favōnius* 'favonio', vento caldo di ponente] *s. m. inv.* asciugacapelli.

fòia *s. f.* eccitazione, libidine, fregola (*pop.*) □ (*est., fig.*) brama, foga, frenesia, febbre, voglia **CONTR.** frigidità, calma.

fòiba *s. f.* (*geogr.*) depressione, voragine, dolina, inghiottitoio.

folàta *s. f.* raffica, ventata, buffo, soffio, refolo, sbuffo. *V. anche* VENTO

folclóre [dall'ingl., comp. di *folk* 'popolo' e *lore* 'dottrina'] *s. m.* ***1*** demopsicologia, demologia, etnografia ***2*** tradizioni popolari, manifestazioni popolari.

folclorìstico *agg.* del folclore, demologico □ (*est.*) popolare, tradizionale, di costume, di colore □ pittoresco □ caratteristico □ (*scherz.*) (*di persona, ecc.*)

originale, singolare.

folgorànte *part. pres. di* **folgorare**; *anche agg.* **1** fulminante **2** abbagliante, fiammeggiante, sfolgorante, splendente **CONTR.** appannato, opaco, offuscato **3** (*fig.*) (*di sguardo, di dolore, ecc.*) acuto, intenso, penetrante, vivace, vivido, vivo □ improvviso **CONTR.** debole, fiacco, spento.

folgoràre **A** *v. intr.* **1** (*lett.*) balenare, lampeggiare **2** (*fig.*) (*di sguardo, di stelle, ecc.*) brillare, rifulgere, risplendere, scintillare, sfavillare, sfolgorare, splendere **CONTR.** offuscarsi, oscurarsi, appannarsi **B** *v. tr.* **1** (*anche fig.*) fulminare **2** colpire con una scarica elettrica.

folgorazióne *s. f.* **1** (*med.*) fulminazione **2** (*fig.*) illuminazione, ispirazione.

fólgore **A** *s. f.* fulmine, saetta, lampo, baleno **B** *s. m.* (*lett.*) (*di occhi, ecc.*) bagliore, splendore.

folgorìo *s. m.* baleno, balenio, barbaglio, sfolgorio.

folk /*ingl.* 'fouk/ [vc. ingl., propriamente 'popolo'] **A** *agg. inv.* (*spec. di musica*) popolare **B** *s. m. inv.* canto popolare, musica popolare.

folklóre e deriv. *V.* **folclore** e deriv.

fólla o **fòlla** *s. f.* **1** assembramento, assiepamento, affollamento, formicaio, carnaio (*spreg.*) □ calca, ressa, pigia pigia, serra serra □ affluenza, concorso, pressa, piena □ (*di persone*) moltitudine, fiume, legione, stuolo, selva, sciame, frotta, turba, branco, ciurma, nugolo, mandria, marea, fiumana, brulichio, torma, orda (*spreg. o scherz.*), reggimento, schiera □ andirivieni, viavai □ confusione **2** (*est.*) popolo, piazza □ massa, pubblico, volgo (*spreg.*) **3** (*fig.*) (*di cose, di idee, ecc.*) quantità, congerie, carosello, caterva □ accozzaglia.

FOLLA
sinonimia strutturata

Un gruppo molto numeroso di gente riunita è una **folla** o una **moltitudine**: *una folla festante si assiepava lungo la strada*; semanticamente equivalenti sono **stuolo**, **schiera**, nel loro significato estensivo, e in senso figurato **legione** e **selva**, che si adopera anche in relazione a cose: *uno stuolo di giovanetti*; *schiera di collegiali*; *si radunò una legione di sfaticati*; *selva di ammiratori, di capelli, di errori, di numeri*. Termine equivalente ma con connotazione negativa è **mandria**: *una mandria di birboni, di farabutti*.

Piena, **calca** e lo spregiativo **carnaio** ritraggono figuratamente una folla stretta insieme, un numero di persone eccessivo che riempie un posto e impedisce di muoversi liberamente: *piena teatrale*; *farsi largo nella calca*; *in autobus c'era un vero carnaio*; più incisivi, **ressa**, **pressa**, **pigia pigia** e **serra serra** descrivono gente che non solo si stringe, ma incalza e spinge: *fanno ressa per entrare*; *il pubblico faceva pressa attorno al grande attore*; *un pigia pigia che non vi dico*; la stessa sfumatura caratterizza **affollamento**, **assiepamento**, **assembramento**, che però indicano anche l'atto del riunirsi insieme in tanti in uno spazio di dimensioni limitate, di solito per dimostrazioni, spettacoli o eventi insoliti, e quindi per un motivo specifico: *alla conferenza c'era un notevole affollamento*; *un assiepamento di curiosi intralcia la circolazione*; *sul luogo dell'incidente si formò un grande assembramento*; l'ultimo termine si riferisce specialmente ad adunate in luogo aperto.

Andirivieni e **viavai** indicano il movimento animato di persone o cose che vanno e che vengono: *un continuo andirivieni di gente*; *il viavai ininterrotto dei treni*; molto vicini sono **brulichio** e **formicolio**, che indicano un muoversi continuo, intenso e confuso di esseri viventi in uno stesso luogo: *un brulichio di api, di persone*; *c'era per le strade un gran formicolio di gente*. Una gran quantità di gente in movimento in uno spazio non necessariamente piccolo ma comunque circoscritto è definita figuratamente anche **formicaio**, **nuvolo** o **nugolo**: *un nugolo di gente*; **fiumana**, **fiume**, **sciame**, **frotta**, **torma** si distinguono perché suggeriscono l'immagine di una folla, di un flusso che procede nella medesima direzione: *una fiumana di veicoli, di gente*; *sciame di scolari*; *frotta di armati*; *torma di dimostranti*.

L'ultimo termine evoca disordine, e per questo può avvicinarsi a **orda**, più decisamente negativo e usato talvolta scherzosamente: *un'orda di ragazzini schiamazzanti*; ancor più espressivi sono **turba** e **ciurma**, che possono significare addirittura gentaglia, marmaglia: *turba di affamati, straccioni*; *questa ciurma cerimoniosa e maligna* (FOSCOLO). Il termine stesso folla è adoperato spesso con intenzione spregiativa, per indicare la **massa**, il **volgo**, il **popolo**, la **piazza**, ossia la moltitudine vista nel suo lato deteriore di ignoranza e odinarietà: *non mi interessano gli applausi della folla*.

La convergenza, il giungere di più persone in uno stesso luogo si definisce **affluenza** o **concorso**: *allo stadio si registrò una grande affluenza*; *concorso di spettatori, di dimostranti*.

Figuratamente il termine folla designa un nutrito insieme di cose, ossia un **gran numero**, **quantità**: *una folla di pensieri disordinati*; **carosello** si distingue perché richiama un'idea di movimento, di rapida successione: *un carosello di jeep della polizia*; *nella sua mente si agitava un carosello di idee*. Varietà o disordine sono invece evocate da **caterva**, **accozzaglia** e **congerie**: *caterva di libri, di errori*; *un'accozzaglia di mobili, di idee*; *congerie di fatti, di dottrine*; ancor più connotato in questo senso è **confusione**, che si adopera anche in relazione a persone.

fòlle *agg.*; *anche s. m. e f.* **1** (*di persona*) matto, pazzo, alienato, demente, dissennato, insano, mentecatto, stolto □ cieco, forsennato □ maniaco □ psicopatico, schizofrenico, psicotico **CONTR.** assennato, saggio, savio, sano di mente, equilibrato **2** (*di azione, di idea, ecc.*) avventato, imprudente, irriflessivo, sconsiderato, delirante, demenziale, pazzesco □ rischioso **CONTR.** prudente, ponderato, meditato. *V. anche* MATTO

folleggiàre *v. intr.* **1** fare follie □ vaneggiare **2** (*est.*) divertirsi spensieratamente, scatenarsi □ pazzeggiare, impazzare, pazziare (*merid.*).

folleménte avv. **1** pazzamente, sconsideratamente, dissennatamente, irragionevolmente, irresponsabilmente **CONTR.** assennatamente, saggiamente, saviamente **2** appassionatamente □ sfrenatamente, pazzescamente, forsennatamente **CONTR.** moderatamente, misuratamente.

follétto s. m. **1** spiritello, diavoletto, demone **2** (*fig.*) (*di bimbo*) frugoletto, saltamartino (*fig.*).

follìa s. f. **1** pazzia, alienazione, demenza, dissennatezza, insania □ mania □ psicopatia, schizofrenia, psicosi, squilibrio □ farnetico, delirio, frenesia, vaneggiamento □ stoltezza **CONTR.** assennatezza, saggezza, saviezza, senno, sensatezza **2** temerarietà □ mattana (*fam.*), stravaganza □ sproposito **FRAS.** *alla follia*, perdutamente.

foltaménte avv. densamente, fittamente **CONTR.** scarsamente, poco.

fólto ***A*** agg. abbondante, numeroso, ricco, fitto, denso, serrato, spesso □ fronzuto, rigoglioso, cespuglioso □ gremito, pieno **CONTR.** rado, diradato, rarefatto ***B*** s. m. (*di bosco, di folla, ecc.*) fitto, mezzo, cuore. *V. anche* DENSO

fomentàre v. tr. eccitare, incitare, istigare, attizzare, suscitare, risvegliare, accendere, concitare (*lett.*), ridestare, rinfocolare, coltivare, stimolare, promuovere **CONTR.** smorzare, spegnere, attenuare, attutire, diminuire □ (*di dissidio, ecc.*) accomodare, appianare, pacificare, pacare, raggiustare. *V. anche* ISTIGARE

fomentatóre s. m.; anche agg. (f. *-trice*) istigatore, sobillatore, provocatore, provocativo, provocatorio **CONTR.** pacificatore.

fomentazióne s. f. **1** (*med.*) fomento, suffumigio **2** (*fig.*) incitamento, sobillazione **CONTR.** dissuasione.

foménto s. m. **1** (*med.*) fomentazione, suffumigio **2** (*fig.*) eccitamento, incitamento, istigazione, stimolo □ subornazione **CONTR.** dissuasione.

fòn V. **föhn**.

fónda s. f. **1** (*mar.*) ancoraggio, ormeggio **2** bassura.

fondàccio s. m. **1** feccia, fondiglio, sedimento, posa, posatura, fondame **2** (*di merce*) scarto, resto.

fóndaco s. m. bottega, emporio □ deposito, magazzino □ dogana. *V. anche* MERCATO

fondàle s. m. **1** (*di acque*) profondità □ (*est., improprio*) fondo marino **2** (*teat.*) sfondo □ scena, scenario □ (*di cielo*) panorama.

fondamentàle agg. basilare, di base, elementare, primo, principale □ centrale, cardinale, precipuo □ (*est.*) capitale, topico, cruciale, determinante, basico, focale, necessario, nodale, importantissimo, essenziale, sostanziale, vitale **CONTR.** supplementare, complementare, integrativo □ secondario, accessorio, dappoco.

fondamentalìsmo s. m. (*est.*) integralismo, estremismo, intolleranza, intransigenza **CONTR.** tolleranza, rispetto, convivenza.

fondamentalìsta s. m. e f.; anche agg. (*est.*) integralista, estremista **CONTR.** tollerante, rispettoso.

fondamentalménte avv. essenzialmente, sostanzialmente, principalmente, precipuamente **CONTR.** secondariamente.

fondaménto s. m. **1** (*di costruzione*) basamento, base, sostegno □ plinto, zoccolo **CONTR.** sommità, tetto, coronamento, vertice, fastigio **2** (*fig.*) (*di ragionamento, di ipotesi, ecc.*) base, sostegno, cardine, colonna, perno □ fondatezza **CONTR.** infondatezza, inconsistenza, insussistenza **3** (*fig.*) (*di dottrina, di morale, ecc.*) principio, presupposto, causa prima, caposaldo, essenza, fulcro, pilastro, sostanza □ elementi, lineamenti □ prime nozioni, rudimenti □ istituzioni **CONTR.** effetto, conseguenza.

fondàre ***A*** v. tr. **1** (*di costruzione*) gettare le fondamenta □ costruire, edificare, erigere **CONTR.** abbattere, demolire, diroccare, distruggere, smantellare, spianare **2** (*fig.*) (*di istituzione, di scuola, ecc.*) costituire, iniziare, istituire, stabilire, creare, impiantare □ aprire **CONTR.** abolire, sopprimere **3** (*fig.*) (*di scienza, di teoria, ecc.*) inventare, scoprire **4** (*fig.*) (*di sospetto, di ipotesi, ecc.*) basare, imperniare, incardinare, incentrare, poggiare ***B*** **fondarsi** v. intr. pron. **1** avere le basi, basarsi, erigersi, reggersi, consistere, imperniarsi, incentrarsi, poggiare, posare **2** fare assegnamento, fidarsi, appoggiarsi.

fondataménte avv. con fondatezza, ragionevolmente, giustamente **CONTR.** infondatamente.

fondatézza s. f. fondamento, attendibilità, plausibilità, consistenza, validità, sussistenza, solidità □ autenticità, legittimità **CONTR.** inattendibilità, infondatezza, falsità, inconsistenza, insussistenza, irragionevolezza.

fondàto part. pass. di **fondare**; anche agg. **1** (*di costruzione*) edificato, costruito, gettato, eretto, fornito di fondamenta □ (*di attività, ecc.*) promosso, intrapreso **CONTR.** distrutto **2** (*fig.*) (*di ragionamento, di ipotesi, ecc.*) basato, stabilito, creato, istituito, costituito, incentrato **CONTR.** inconsistente, irragionevole, sballato (*fam.*) **3** (*fig.*) (*di sospetto, di motivo, ecc.*) attendibile, plausibile, giustificabile, valido, ragionevole □ consistente, reale, saldo, solido **CONTR.** inattendibile, infondato, ingiustificabile, gratuito, ingiusto, insussistente.

fondatóre s. m.; anche agg. (f. *-trice*) iniziatore, istitutore, creatore, ideatore, promotore, caposcuola, capostipite, maestro, padre, inventore, edificatore, instauratore **CONTR.** distruttore, demolitore □ continuatore.

fondazióne s. f. **1** fondamento, inizio, istituzione, costituzione, impianto, edificazione, creazione **CONTR.** abbattimento, demolizione, distruzione □ abolizione **2** (*al pl.*) (*di costruzione*) fondamenta, basamento **3** (*dir.*) ente morale, ente, istituzione.

fondèllo s. m. **1** (*raro*) (*di bottone*) anima **2** fondo **FRAS.** *prendere per i fondelli* (*fig., fam.*), prendere in giro, ingannare.

fondènte ***A*** part. pass. di **fondere**; anche agg. (*di cioccolato*) amaro ***B*** s. m. **1** fondant (*fr.*) **2** (*metallurgia*) scorificante.

fóndere ***A*** v. tr. **1** liquefare, sciogliere, struggere, disciogliere, disfare, dissolvere, squagliare **CONTR.** rassodare, solidificare, indurire **2** (*di scultura*) colare **3** (*fig.*) (*di colori, di suoni, ecc.*) unire, amalgamare, armonizzare, legare, combinare, incorporare **CONTR.**

separare, dividere, distinguere □ sconnettere ***4*** (*di persone, di attività, ecc.*) raggruppare, associare, consociare, unificare **CONTR.** smistare, dividere, smembrare □ sciogliere ***5*** (*raro, fig.*) (*di beni, di denaro, ecc.*) dissipare, profondere, sperperare **CONTR.** economizzare, risparmiare ***B*** *v. intr.* liquefarsi, sciogliersi, colare **CONTR.** rassodarsi, solidificarsi ***C*** **fondersi** *v. intr. pron.* ***1*** liquefarsi, sciogliersi, disfarsi, squagliarsi, struggersi **CONTR.** rassodarsi, solidificarsi ***2*** (*fig.*) unirsi, raccogliersi, associarsi, confluire, unificarsi, mescolarsi □ confondersi □ compenetrarsi, amalgamarsi **CONTR.** separarsi, dividersi □ distinguersi. *V. anche* SCIOGLIERE, UNIRE

fonderìa *s. f.* ferriera □ acciaieria.

fondìna *s. f.* ***1*** (*per pistola*) custodia ***2*** (*per minestra*) scodella, piatto fondo.

fóndo ***A*** *s. m.* ***1*** parte inferiore □ orlo inferiore □ profondità □ (*di fiume*) alveo, letto □ (*di mare*) fondale (*est., improprio*) **CONTR.** superficie □ cima, sommità, apice, cocuzzolo, colmo, culmine, sommo, top (*ingl.*) ***2*** (*di vino, di olio, ecc.*) feccia, fondiglio, deposito, posatura, sedimento, morchia, posa ***3*** (*est.*) merci invendute, resto, giacenza ***4*** (*fig.*) (*di animo, di pensiero, ecc.*) intimo, profondo, parte più interna, parte più nascosta **CONTR.** esterno ***5*** (*fig.*) (*di persona*) animo, indole, temperamento ***6*** (*di disegno, ecc.*) sfondo □ (*di colore*) base □ (*teat.*) fondale □ scena ***7*** (*di vernice e sim.*) strato ***8*** podere, proprietà terriera, campo, campagna, terreno, terra, possedimento, appezzamento □ feudo □ (*di caccia*) riserva □ immobile ***9*** (*spec. al pl.*) denaro, finanze, beni ***10*** (*fig.*) sostrato, retroterra, background (*ingl.*) ***11*** (*di lavoro, ecc.*) fine, completamento □ (*di pagina*) calce ***12*** (*giorn.*) editoriale, articolo di fondo ***B*** *agg.* ***1*** profondo □ incassato, incavato **CONTR.** alto ***2*** (*est.*) (*di bosco, di notte, ecc.*) folto, fitto, denso, intricato □ cupo, buio **CONTR.** rado, diradato, rarefatto, trasparente **FRAS.** *fondi neri* (*fig.*), fondi segreti □ *conoscere a fondo*, conoscere bene □ *dar fondo*, finire □ *da cima a fondo*, completamente, dal principio alla fine □ *in fondo*, in conclusione, tutto sommato □ *andare a fondo*, affondare □ *andare fino in fondo* (*fig.*), sviscerare completamente □ *a fondo perduto*, senza obbligo di restituzione □ *fondo di bottiglia*, pietra preziosa falsa □ *mandare a fondo*, far fallire □ *toccare il fondo*, arrivare al massimo della disonestà, del dolore e simili □ *vedere il fondo*, stare per finire qualcosa □ *fondo di magazzino*, merce invenduta □ *lasciare solo il fondo*, finire quasi tutto. *V. anche* INDOLE, POSSEDIMENTO

fondoschièna *s. m. inv.* (*fam., scherz.*) deretano, sedere.

fondotinta *s. m. inv.* make-up (*ingl.*).

fonèma *s. m.* (*ling.*) suono.

fonendoscòpio *s. m.* (*med.*) stetoscopio.

fonògeno *s. m.* pick-up (*ingl.*), fonorivelatore, testina, puntina (*est.*).

fonògrafo *s. m.* grammofono, giradischi, radiogrammofono, mangiadischi, hi-fi (*ingl.*).

fontàna *s. f.* ***1*** fonte, sorgente, polla, zampillo ***2*** (*fig.*) (*di vita, di benessere, ecc.*) origine, causa, motivo.

fontanière *s. m.* idraulico, trombaio (*tosc.*).

fónte ***A*** *s. f.* ***1*** sorgente, fontana, getto d'acqua, polla, scaturigine (*lett.*), zampillo, vena ***2*** (*fig.*) (*di vita, di benessere, ecc.*) principio, origine, causa, elemento primo, cagione (*lett.*), derivazione, madre, matrice, provenienza, radice, seme ***3*** (*spec. al pl.*) documenti originali □ cronache, iscrizioni ***B*** *s. m.* fonte battesimale, battistero. *V. anche* CAUSA

footing /*ingl.* ˈfutiŋ/ [vc. ingl., da *to foot* 'muovere i piedi', da *foot* 'piede'] *s. m. inv.* (*est.*) tracking (*ingl.*), marcia, jogging (*ingl.*).

foraggiàre *v. tr.* ***1*** provvedere di foraggio ***2*** (*fig.*) sovvenzionare, finanziare, rifornire di denaro.

foràggio *s. m.* **CFR.** fieno, erba, orzo, avena, paglia, mangime, erba medica, trifoglio, pascolo (*est.*), biada, mangime □ strame.

foràre ***A*** *v. tr.* bucare, perforare, traforare, trivellare, trapanare, succhiellare (*raro*) □ trafiggere, trapassare □ bucherellare, foracchiare, sforacchiare, crivellare □ rodere, rosicchiare **CONTR.** chiudere, otturare, sigillare, tappare, turare, zaffare (*med., enol.*) ***B*** **forarsi** *v. intr. pron.* bucarsi, perforarsi.

foratóio *s. m.* punteruolo □ succhiello, trapano, trivella, trivello.

foratùra *s. f.* buco, foro, fenditura □ bucatura, trapanazione, trapanamento, trapanatura, perforazione.

fòrbice *s. f.* ***1*** (*spec. al pl.*) cesoie ***2*** (*al pl., pop.*) (*di granchi, di scorpioni, ecc.*) chele.

forbìre ***A*** *v. tr.* ***1*** nettare, pulire, ripulire **CONTR.** sporcare, imbrattare, insudiciare, insozzare, lordare ***2*** asciugare, tergere (*lett.*), detergere ***3*** lustrare, lucidare **CONTR.** appannare, offuscare ***B*** **forbirsi** *v. rifl.* ***1*** pulirsi, ripulirsi, nettarsi **CONTR.** sporcarsi, imbrattarsi, insudiciarsi, insozzarsi, lordarsi ***2*** asciugarsi. *V. anche* PULIRE

forbìto *part. pass. di* **forbire**; *anche agg.* ***1*** (*di cosa*) netto, pulito, terso, nitido, scintillante, lustro **CONTR.** sozzo, sporco, sudicio, laido, lordo, lurido ***2*** (*fig.*) (*di persona, di stile, ecc.*) elegante, raffinato, compito, curato **CONTR.** goffo, rozzo, sciatto, trasandato, trascurato.

fórca *s. f.* ***1*** forcone, bidente □ (*est.*) tridente ***2*** patibolo, capestro (*est.*) □ impiccagione ***3*** (*geogr.*) valico.

forcèlla *s. f.* ***1*** forcina ***2*** (*geogr.*) passo, sella, varco, valico.

forchétta *s. f.* ***1*** posata ***2*** (*anat.*) forcella **FRAS.** *buona forchetta* (*fig.*), gran mangiatore □ *parlare in punta di forchetta* (*fig.*), parlare affettatamente.

forcìna *s. f.* ***1*** forcella ***2*** molletta per capelli.

forcóne *s. m.* forca, tridente.

forcùto *agg.* a forca, biforcuto, bifido.

forèsta *s. f.* selva, bosco, boscaglia.

forestàle ***A*** *agg.* boschivo □ selvoso, boscoso ***B*** *s. f.* (*pop.*) Corpo Forestale □ guardie forestali, guardaboschi.

forestierìsmo *s. m.* (*ling.*) prestito, barbarismo, esotismo.

forestièro *agg.*; *anche s. m.* ***1*** di altro paese, straniero □ allogeno **CONTR.** locale, indigeno, nativo □ compaesano, compatriota, connazionale, concittadino, conterraneo ***2*** esterno, estero, esotico, barbaro (*lett. o spreg.*) □ gringo (*sp., spreg.*) **CONTR.** interno, nazionale □ (*di usanze, ecc.*) del luogo, nostrano, patrio ***3*** pellegrino □ turista, viaggiatore ***4*** (*fam.*) estraneo □ invitato □ ospite **CONTR.** familiare, conoscente.

forfait (**1**) /*fr.* fɔr'fɛ/ [vc. fr., propriamente 'contratto a prezzo fisso', comp. di *fors* 'fuori' e *fait* 'fatto'] *s. m. inv.* cottimo □ prezzo in blocco □ prezzo fisso.

forfait (**2**) /*fr.* for'fɛ/ [vc. fr., dall'ingl. *forfeit*, a sua volta dall'ant. fr. *forfait* 'misfatto'] *s. m. inv.* (*sport*) assenza □ ritiro, abbandono, rinuncia **CONTR.** partecipazione **FRAS.** *dichiarare forfait* (*anche fig.*), ritirarsi, abbandonare.

forfeit *V.* **forfait** (**2**).

forgiàre *v. tr.* ***1*** lavorare alla forgia, fucinare □ (*est.*) modellare, plasmare **CONTR.** fondere, distruggere ***2*** (*fig.*) (*di persona, di carattere, ecc.*) formare, educare, plasmare. *V. anche* EDUCARE

forièro *agg.* (*lett.*) annunziatore, messaggero, nunzio, precorritore, precursore **CONTR.** posteriore, successivo.

fórma ***A*** *s. f.* ***1*** (*filos.*) causa formale, principio intelligibile **CONTR.** materia ***2*** (*di cosa o persona*) aspetto, configurazione, figura, foggia, formato, conformazione, sagoma, disegno, modello, stampo, struttura, sagomatura, taglio, matrice, modulo, silhouette (*fr.*) ***3*** (*est.*) (*di persona*) apparenza, aria **CONTR.** realtà, sostanza ***4*** (*nello spiritismo*) apparizione, larva, fantasma, ectoplasma, spettro ***5*** (*spec. al pl.*) complessione fisica, corporatura, fattezze □ fisionomia, sembianze (*lett.*), corpo □ curve ***6*** (*di fisico*) buone condizioni, efficienza ***7*** (*di scritto e sim.*) qualità, veste, stile □ tenore **CONTR.** contenuto ***8*** (*spec. al pl.*) buone maniere, garbo □ esteriorità, formalità, convenzioni sociali **CONTR.** sostanza, interiorità ***9*** (*di cosa*) sorta, tipo, specie □ modo ***10*** (*di Stato, di Ente*) ordinamento, costituzione, regime ***B*** *in funzione di agg. inv.* (*posposto al s.*) (*di peso*) ideale. *V. anche* MODELLO

formàggio *s. m.* cacio.

formàle *agg.* ***1*** (*di intervento, di processo, ecc.*) ufficiale, solenne, convenzionale □ protocollare (*fig.*), cancelleresco, parlamentare (*fig.*) **CONTR.** privato, riservato, informale, ufficioso ***2*** (*est.*) chiaro, esplicito, espresso, preciso, testuale □ corretto, letterale **CONTR.** indeterminato, sommario, sottinteso, vago ***3*** esteriore, proforma **CONTR.** sostanziale.

formalìsmo *s. m.* ***1*** (*di estetica*) calligrafismo □ retorica, verbalismo **CONTR.** contenutismo ***2*** convenzionalismo □ pignoleria, pedanteria, burocratismo, burocrazia **CONTR.** elasticità.

formalìsta *s. m. e f.; anche agg.* ***1*** (*di artista*) calligrafo □ retore ***2*** conformista, pignolo, pedante, burocrate (*scherz.*), rigorista **CONTR.** elastico, anticonvenzionale.

formalìstico *agg.* ***1*** (*di opera*) calligrafico □ retorico ***2*** convenzionale, conformista □ pedante **CONTR.** anticonvenzionale □ elastico.

formalità *s. f.* ***1*** modalità, consuetudine, procedura □ legalità, ufficialità □ proforma ***2*** forma esteriore, cerimoniale, etichetta, convenzione sociale, galateo □ cerimonia □ retorica.

formalizzàre ***A*** *v. tr.* rendere formale, ufficializzare ***B*** **formalizzarsi** *v. intr. pron.* preoccuparsi □ offendersi, scandalizzarsi, meravigliarsi.

formalménte *avv.* espressamente, ufficialmente, solennemente □ proforma **CONTR.** privatamente, riservatamente, confidenzialmente.

forma mentis /*lat.* 'fɔrma 'mɛntis/ [loc. lat., letteralmente 'forma della mente'] *loc. sost. f.* struttura mentale, abito mentale, mentalità.

formàre ***A*** *v. tr.* ***1*** plasmare, modellare □ foggiare, sagomare, forgiare □ costruire, fabbricare, edificare □ fare, creare □ comporre □ (*di suono*) modulare **CONTR.** sformare, deformare, disfare, distruggere, demolire ***2*** (*fig.*) (*di persona, di mente, ecc.*) educare, addestrare, ammaestrare, istruire, allevare □ informare □ qualificare ***3*** (*di famiglia, di partito, ecc.*) dare origine, costituire, istituire **CONTR.** disfare, dividere, rovesciare ***4*** (*di periodo, di discorso, ecc.*) organizzare, redigere, scrivere, elaborare □ concepire ***5*** (*di vanto, di orgoglio, ecc.*) essere ***B*** **formarsi** *v. intr. pron.* prodursi, crearsi, generarsi, germinare, costituirsi □ crescere, svilupparsi **CONTR.** morire, scomparire, dissolversi. *V. anche* EDUCARE

formatìvo *agg.* costruttivo □ (*est.*) educativo, istruttivo **CONTR.** diseducativo.

formàto ***A*** *part. pass. di* **formare**; *anche agg.* ***1*** fatto, composto, costituito, consistente, creato, materiato ***2*** completo, sviluppato □ allevato, educato, plasmato **CONTR.** incompleto, embrionale, greggio, amorfo ***B*** *s. m.* forma, dimensione, misura, taglia, grandezza.

formattàre *v. tr.* (*elab.*) predisporre, rendere idoneo □ (*di testo*) organizzare, impaginare.

formazióne *s. f.* ***1*** costituzione, creazione, genesi, istituzione, origine, sviluppo, produzione, organizzazione, instaurazione, generazione, composizione **CONTR.** caduta, disfacimento, dissolvimento ***2*** (*fig.*) (*di persona*) educazione, maturazione, preparazione □ crescita ***3*** (*di militari, di atleti, ecc.*) disposizione, schieramento, ordine, unità, corpo, colonna, fila □ squadra, team (*ingl.*).

formèlla *s. f.* ***1*** *dim. di* **forma** ***2*** riquadro ***3*** pannello □ mattonella, piastrella.

formicàio *s. m.* ***1*** nido di formiche ***2*** (*fig.*) folla, moltitudine, calca, ressa, pigia pigia. *V. anche* FOLLA

formicolàre *v. intr.* ***1*** brulicare, agitarsi freneticamente ***2*** (*fig.*) essere pieno, essere gremito, pullulare ***3*** (*di mano, di piede, ecc.*) essere intorpidito, informicolirsi, prudere.

formicolìo *s. m.* ***1*** brulichio, agitazione, calca, carnaio, folla, moltitudine, ressa ***2*** (*di mano, di piede, ecc.*) torpore, intorpidimento, prurito, informicolimento, intorpidimento. *V. anche* FOLLA

formidàbile *agg.* ***1*** (*lett.*) pauroso, spaventevole, spaventoso, terribile, terrificante, tremendo **CONTR.** delizioso, piacevole ***2*** (*di urlo, di rumore, ecc.*) fortissimo, molto intenso **CONTR.** debole, moderato ***3*** (*est.*) eccezionale, straordinario **CONTR.** comune, normale, ordinario.

formosità *s. f.* ***1*** bellezza, appariscenza □ floridezza, pienezza **CONTR.** deformità, magrezza, macilenza ***2*** (*spec. al pl.*) (*spec. di corpo femminile*) curve.

formóso *agg.* bello, ben fatto, florido, prosperoso, appariscente **CONTR.** brutto, deforme, macilento, sparuto.

fòrmula *s. f.* ***1*** (*dir.*) espressione rituale, frase rituale ***2*** (*est.*) frase fatta, frase convenzionale □ codice, cifra ***3*** frase, detto, motto, massima ***4*** (*mat.*) espressione ***5*** (*di cibo, di medicina, ecc.*) ricetta, ingredienti ***6*** (*autom., sport*) categoria ***7*** (*di governo, di propaganda, ecc.*) sistema. *V. anche* MASSIMA

formulàre *v. tr.* dire, esprimere, manifestare □ elaborare, preparare, programmare □ (*di giudizio, ecc.*) emettere.

formulàrio *s. m.* ***1*** raccolta di formule, repertorio □ vademecum, prontuario □ cifrario □ ricettario ***2*** questionario, modulo.

formulàto *part. pass. di* **formulare**; *anche agg.* detto, espresso, scritto.

formulazióne *s. f.* enunciazione, enunciato □ (*di giudizio, ecc.*) emissione.

fornàce *s. f.* (*fig.*) forno, luogo caldissimo **CONTR.** ghiacciaia.

fornàio *s. m.* panettiere, panificatore.

fornèllo *s. m.* ***1*** crogiolo □ (*di pipa*) coccia (*raro*) ***2*** (*per anton.*) fuoco, piastra □ forno □ cucina.

fornìre ***A*** *v. tr.* ***1*** dare, provvedere, somministrare, distribuire, erogare, offrire □ arredare, equipaggiare, corredare, munire, dotare □ produrre, vendere, rifornire **CONTR.** togliere, sfornire, sguarnire, spogliare, deprivare ***2*** (*di prove, di testimonianze, ecc.*) esibire, procurare **CONTR.** nascondere, occultare □ cercare ***B*** **fornirsi** *v. rifl.* provvedersi, munirsi, attrezzarsi, corredarsi □ rifornirsi, servirsi **CONTR.** spogliarsi.

fornìto *part. pass. di* **fornire**; *anche agg.* corredato, munito, dotato, provvisto, equipaggiato, attrezzato, servito □ ammobiliato □ ornato, guarnito □ colmo, pieno, ricco **CONTR.** sfornito, sprovvisto, privo, sguarnito, deprivato, nudo, orbo (*lett.*), scevro, spoglio □ spogliato, privato.

fornitóre *s. m.*; *anche agg.* (*f. -trice*) negoziante, commerciante □ distributore, rifornitore, somministratore □ erogatore **CONTR.** utente □ cliente, acquirente, consumatore.

fornitùra *s. f.* provvista, rifornimento, equipaggiamento, fornimento, somministrazione (*dir.*) □ erogazione.

fórno *s. m.* ***1*** camera di cottura □ (*est.*) fornello ***2*** panetteria, panificio ***3*** (*fig.*) fornace, luogo caldissimo **CONTR.** ghiacciaia ***4*** (*scherz.*) bocca grandissima, bocca larghissima ***5*** (*teat.*) sala vuota.

fóro (1) *s. m.* buco, apertura, orifizio, occhiello, asola, pertugio, fessura, traforo, bucatura, foratura, occhio, spioncino, feritoia, cruna, bocca, sfiato.

fòro (2) *s. m.* ***1*** (*st.*) (*a Roma*) piazza centrale, piazza □ (*ad Atene*) agorà ***2*** (*dir.*) tribunale, organo giudiziario □ (*est.*) avvocati, giudici, magistrati.

fórra *s. f.* fossato scosceso, dirupo, gola, baratro, burrone, scoscendimento, orrido, canalone, precipizio, vallone. *V. anche* VALLE

fórse ***A*** *avv.* ***1*** probabilmente, facilmente, potenzialmente, verosimilmente □ magari □ (*euf.*) difficilmente **CFR.** sicuramente, sicuro, certamente ***2*** circa, all'incirca, quasi **CONTR.** esattamente ***3*** (*enf. e ints.*) per caso ***B*** *in funzione di s. m. inv.* dubbio, incertezza.

forsennataménte *avv.* dissennatamente, follemente, istericamente **CONTR.** assennatamente, saggiamente, sensatamente.

forsennàto *agg.*; *anche s. m.* dissennato, folle, matto, furente, furioso, frenetico, alienato, demente, delirante, squilibrato, insano, pazzo **CONTR.** assennato, equilibrato, saggio, savio, sensato □ posato, calmo, pacioccone (*fam.*). *V. anche* MATTO

fòrte ***A*** *agg.* ***1*** robusto, vigoroso, forzuto, erculeo, possente, poderoso □ muscoloso, nerboruto, sodo, membruto □ gagliardo, aitante, atletico, bronzeo, granitico, prestante, scultoreo, imponente □ (*di seno, ecc.*) generoso, florido, opulento, fiorente **CONTR.** debole □ delicato, mingherlino, esile, striminzito □ svigorito, sfibrato, bolso □ flaccido, cascante, infrollito, molle ***2*** (*di salute*) sano, resistente, fiorente **CONTR.** anemico, cagionevole, debilitato, deperito, esaurito ***3*** (*di personalità*) energico, risoluto, determinato, volitivo □ inflessibile, irremovibile □ perseverante, tenace □ tetragono (*lett.*), ostinato **CONTR.** fiacco, irresoluto, indeciso, incerto, timido, titubante, influenzabile □ smidollato, castrato ***4*** (*di carattere*) coraggioso, animoso, ardito, audace **CONTR.** timoroso, pavido, pauroso ***5*** (*di capacità*) abile, ferrato, preparato **CONTR.** debole, incapace, impreparato ***6*** (*di materiale*) resistente, solido, tenace, duro, consistente □ saldo, stabile **CONTR.** debole, fragile □ malfermo ***7*** (*di dolore morale*) duro da sopportare, doloroso, serio, grave, profondo □ (*di dolore fisico*) acuto, lancinante **CONTR.** leggero □ piacevole ***8*** (*di appetito, di spesa*) considerevole, grande, notevole, ragguardevole **CONTR.** piccolo, modesto, scarso ***9*** (*di vento, ecc.*) intenso, potente, veemente **CONTR.** debole, leggero ***10*** (*di luce*) intenso, abbagliante, accecante **CONTR.** debole, fioco, diafano ***11*** (*di suono*) stentoreo, risonante ***12*** (*di colore*) vivace, carico **CONTR.** fievole, fioco, flebile ***13*** (*di voce*) tonante, sonoro **CONTR.** afono, atono □ sommesso □ rauco, roco ***14*** (*di colore*) vivace, carico, pieno **CONTR.** tenue, sfumato, pallido, chiaro ***15*** (*di caratteristica*) spiccato, marcato **CONTR.** blando ***16*** (*gerg.*) magnifico, stupendo, straordinario **CONTR.** insignificante ***17*** (*di maniera, di parola, ecc.*) sostenuto, severo, deciso □ violento, acido, aspro □ risentito **CONTR.** gentile ***B*** *avv.* ***1*** (*di bussare, di tenere, ecc.*) con forza, fortemente, vigorosamente, energicamente □ saldamente, solidamente **CONTR.** debolmente ***2*** (*di piovere, di temere, ecc.*) grandemente, molto, assai **CONTR.** poco ***3*** (*di parlare, di chiamare, ecc.*) ad alta voce **CONTR.** piano, a bassa voce, flebilmente, fiocamente, sommessamente ***4*** (*di correre e sim.*) celermente, velocemente **CONTR.** lentamente, adagio, piano ***C*** *s. m.* fortezza, fortificazione, fortilizio, rocca, roccaforte. *V. anche* ROBUSTO

forteménte *avv.* ***1*** gagliardamente, vigorosamente, saldamente, forte **CONTR.** debolmente, languidamente ***2*** decisamente, energicamente, ardentemente, potentemente, profondamente, intensamente, vibratamente, tenacemente □ spiccatamente, grandemente □ strenuamente, valorosamente, validamente □ aspramente **CONTR.** fiaccamente, timidamente, mollemente, timorosamente, scarsamente □ leggermente, fievolmente, svenevolmente.

fortèzza *s. f.* ***1*** (*di edificio*) fortificazione, forte, fortilizio, piazzaforte, rocca, roccaforte, castello, piazza (*mil.*) □ alcazar (*sp.*) □ baluardo, bastia, bastione ***2*** (*di fisico*) robustezza, possanza □ (*fig.*) (*di carattere*) fermezza, forza, gagliardia, saldezza, energia, intrepidezza **CONTR.** debolezza, fiacchezza □ neghittosità, pigrizia □ tremore, trepidazione ***3*** rinforzo, imbottitura □ (*mar.*) gherone. *V. anche* ENERGIA

fortificànte *part. pres. di* **fortificare**; *anche agg.* corroborante, energetico, tonificante, ricostituente, tonico **CONTR.** debilitante, estenuante.

fortificàre ***A*** *v. tr.* ***1*** (*mil.*) munire di fortificazioni, munire, trincerare, vallare (*raro*), barricare □ agguerrire, armare, difendere, corazzare **CONTR.** indebolire, sguarnire ***2*** (*di persona o cosa*) rendere forte, rafforzare, corroborare, irrobustire, rinvigorire, temprare, ingagliardire, rinforzare, ritemprare, tonificare **CONTR.** debilitare, indebolire, illanguidire, snervare, svigorire, esanimare, estenuare, spossare, stremare, straccare (*fam.*) ***B*** **fortificarsi** *v. rifl. e intr. pron.* ***1*** (*mil.*) trincerarsi, barricarsi, asserragliarsi ***2*** (*di persona*) rafforzarsi, irrobustirsi, rinvigorirsi, corroborarsi, temprarsi, rinforzarsi **CONTR.** indebolirsi, svigorirsi, estenuarsi □ raffreddarsi.

fortificàto *part. pres. di* **fortificare**; *anche agg.* ***1*** blindato, corazzato, munito, cinto **CONTR.** sguarnito ***2*** rinvigorito, tonificato, corroborato **CONTR.** stremato, estenuato.

fortificazióne *s. f.* ***1*** corroboramento, rinvigorimento **CONTR.** debilitazione, indebolimento ***2*** luogo fortificato, forte, fortezza, fortilizio, fortino, roccaforte, rocca, castello, piazzaforte □ baluardo, bastia, bastionata, bastione □ trinceramento, trincea, vallo □ (*arch.*) contrafforte.

fortilìzio *s. m.* piccola fortezza, forte, rocca, fortino, roccaforte, castelletto, fortificazione □ baluardo, bastione, bastia, barbacane.

fortino *s. m.* piccolo forte, fortilizio, casamatta, ridotto, postazione, ridotta, bunker (*ted.*).

fortuitaménte *avv.* per caso, casualmente, accidentalmente, inaspettatamente, occasionalmente, involontariamente, incidentalmente **CONTR.** apposta, volutamente, calcolatamente, ex professo (*lat.*), di proposito.

fortùito *agg.* accidentale, casuale, occasionale, inatteso, inaspettato, incidentale, involontario **CONTR.** calcolato, preparato, procurato, voluto.

fortùna *s. f.* ***1*** destino, sorte, caso, fato, fatalità, provvidenza divina □ combinazione, circostanza, coincidenza, occasione □ ventura, azzardo, chance (*fr.*) ***2*** sorte favorevole, culo (*pop.*), destino propizio, buona stella **CONTR.** sfortuna, disdetta, disgrazia, iettatura, scalogna (*fam.*), iella (*rom.*), iattura, malasorte, sfiga (*pop.*), sventura, malora, avversità ***3*** successo, cuccagna, manna, benedizione, pacchia (*fam.*), felicità, prosperità, vantaggio **CONTR.** bastonata, calamità, catastrofe, disastro, disavventura, dramma, guaio, rovescio, rovina □ contrarietà, contrattempo, inconveniente, infortunio ***4*** patrimonio, ricchezza, beni, averi, sostanza, capitale ***5*** (*mar.*) tempesta, fortunale **FRAS.** *portare fortuna*, essere di buon augurio □ *colpo di fortuna*, successo insperato □ *figlio della fortuna*; *baciato dalla fortuna*, molto fortunato □ *tentare la fortuna*, azzardare □ *beni di fortuna*, ricchezze □ *mezzi di fortuna*, tutti quelli reperibili in un'emergenza □ *a fortuna*, a caso □ *scherzo della fortuna*, evento casuale □ *acciuffare la fortuna*, cogliere l'occasione favorevole. *V. anche* SUCCESSO

FORTUNA
sinonimia strutturata

Innanzitutto la **fortuna** è quella forza, detta anche **sorte** o **caso**, slegata dalla volontà umana e identificata dagli antichi nell'omonima divinità distributrice di gioia e dolori: *volubilità della fortuna*; *affidarsi alla fortuna*; *essere in balia della sorte*; *non devi attribuire tutto al caso*; l'ultimo termine indica anche un incontro straordinario di circostanze, cioè una **combinazione**: *si incontrarono per combinazione, per caso*; un complesso di fatti casuali che implica dei rischi è un **azzardo**: *sfidare l'azzardo*. **Fato** e **destino** si distinguono leggermente perché richiamano in modo più esplicito un corso degli eventi predeterminato: *credere al destino*; per gli antichi il fato era infatti la legge ineluttabile che regolava la vita dell'universo: *opporsi al fato*; *sta scritto nel fato*. Sinonimo più ricercato di sorte e destino è il letterario **ventura**: *predire la ventura*; *buona ventura*; *andare alla ventura* significa affidarsi al caso.

Nell'uso corrente fortuna è tuttavia esclusivamente adoperato come sinonimo di **sorte favorevole**, **destino propizio**: *è solo questione di fortuna*; *quell'individuo ha tutte le fortune*; *portare fortuna* significa essere di buon augurio; in questo senso la fortuna può anche essere detta **buona stella**, per l'antica credenza che riteneva le vicende umane influenzate dagli astri: *nascere sotto una buona stella*; *spero nella mia buona stella*. Così, quando la fortuna si concretizza, coincide con la **felicità**, con ciò che procura contentezza: *ti auguro ogni felicità*; *che felicità vederti!* Molto vicino è **prosperità**, che suggerisce benessere e agiatezza: *ti auguro salute e prosperità*. **Successo** indica l'esito positivo di qualcosa, dovuto di solito anche alla fortuna; un successo insperato si dice infatti *colpo di fortuna*; il successo può derivare anche da un **vantaggio**, cioè da una circostanza che favorisce: *il vantaggio della statura*. Il momento particolarmente propizio che permette di cogliere la fortuna si chiama **occasione** o **chance**: *aspettava l'occasione di farsi avanti*; *è la mia ultima chance*.

Esistono, poi, alcune espressioni del medesimo ambito semantico, ma appartenenti ad un colorito registro informale e familiare. Così, una cosa o un'occasione vantaggiosa che giunge inaspettatamente è detta **cuccagna** o **manna**: *approfittare della cuccagna*; *che cuccagna!*; *il suo aiuto è stata una manna*;

aspettare la manna dal cielo significa rimanere passivi di fronte a una difficoltà; vicinissimo è il popolare **culo**, che nell'espressione colloquiale *avere culo* significa semplicemente avere molta fortuna, specialmente in circostanze rischiose. Anche il familiare **pacchia** descrive una situazione molto felice per la mancanza di preoccupazioni e l'abbondanza di beni materiali, e quindi sottolinea soprattutto le conseguenze della fortuna: *vivere così è una vera pacchia*; *che pacchia!* Invece, la fonte di bene o gioia è detta estensivamente **benedizione**: *tu sei la mia benedizione*.

Fortuna indica anche il complesso di ciò che si possiede; i sinonimi più generali sono **beni**, **averi** e **sostanze**, usati soprattutto al plurale, e **ricchezza**, adoperato anche al singolare: *ha perso tutti i suoi beni*; *consumare i propri averi*; *una sostanza di cento milioni*; *ricchezza di dubbie origini*. Si avvicina a ricchezza, e ne sottolinea l'importanza, **capitale** inteso estensivamente: *quella pelliccia vale un capitale*; *accumulare un capitale*. Infine, una notevole fortuna appartenente a una sola persona è un **patrimonio**: *disporre di un grosso patrimonio*; in senso estensivo e figurato, il termine indica una somma ingente o spropositata: *mi è costato un patrimonio*.

fortunàle *s. m.* tempesta, bufera, burrasca, fortuna (*mar.*), temporale, uragano, procella (*lett.*) **CONTR.** bonaccia, calma. *V. anche* BURRASCA

fortunataménte *avv.* per buona sorte, per fortuna □ faustamente, felicemente **CONTR.** sfortunatamente, disgraziatamente, malauguratamente, purtroppo, sciaguratamente □ infaustamente, infelicemente.

fortunàto *agg.* **1** (*di persona*) che ha fortuna, favorito dalla sorte, beato, privilegiato, felice **CONTR.** sfortunato, disgraziato, iellato (*rom.*), malcapitato, scalognato (*fam.*), sventurato, povero **2** (*di evento, di impresa, ecc.*) felice, fausto, propizio, prospero, vantaggioso □ benedetto, roseo **CONTR.** infausto, infelice, disgraziato, nefasto, nero, disastroso □ dannato, maledetto, malaugurato.

fortunóso *agg.* **1** (*di tempo e sim.*) tempestoso, burrascoso □ (*di mare*) procelloso (*lett.*) **CONTR.** bello, buono, calmo, tranquillo **2** (*fig.*) (*di vita, di evento, ecc.*) doloroso, sfortunato, travagliato **CONTR.** piacevole, lieto, fortunato.

forum /*lat.* 'fɔrum, *ingl.* 'fɔ:rəm/ [vc. ingl., dal lat. *forum* 'piazza'] *s. m. inv.* riunione, meeting (*ingl.*) □ dibattito.

forùncolo *s. m.* (*med.*) pustola, pustoletta, pedicello (*raro*), brufolo □ bitorzolo □ (*al pl., est.*) acne.

foruncolóso *agg.* brufoloso, pustoloso □ bitorzoluto.

fòrza **A** *s. f.* **1** robustezza, gagliardia, vigore, vigoria, nerbo, possa (*lett.*), potenza, potere, possanza (*lett.*) **CONTR.** debolezza, fiacchezza, impotenza, snervatezza, spossatezza, bolsaggine, gracilità, infrollimento □ sfinitezza, stanchezza **2** (*di carattere, di volontà, ecc.*) polso □ impegno, sforzo □ zelo, lena □ carica, energia, vitalità □ fierezza, fortezza □ valore, virtù (*lett.*) □ accanimento, rabbia **CONTR.** svogliatezza, negligenza, noncuranza, fiacca, titubanza, mollezza □ moderazione **3** (*di argomento, ecc.*) validità, profondità, portata, efficacia □ mordente □ (*di stile*) espressività, incisività, vigorosità □ (*di istituzione, ecc.*) potere, autorità, facoltà □ (*di luce, di colore, ecc.*) intensità **CONTR.** inefficacia, invalidità **4** (*di vento, di acqua, ecc.*) impeto, potenza, violenza, veemenza, furia, rapina (*lett.*) **CONTR.** mitezza, dolcezza **5** (*di tessuto, ecc.*) resistenza, compattezza, solidità **CONTR.** fragilità, delicatezza **6** (*dir.*) (*di legge, di decreto*) prepotenza, sopraffazione, coazione, coartazione, costrizione, coercizione, imposizione **7** (*fis.*) pressione, spinta, leva □ risultante **8** (*spec. al pl.*) milizie, truppe, schiera, gruppo, contingente, formazione, esercito **B** *in funzione di inter.* coraggio!, avanti!, alé!, via, suvvia **FRAS.** *a viva forza*, con violenza □ *per forza*, per costrizione, malvolentieri, a malincuore. *V. anche* ENERGIA, FACOLTÀ, ZELO

forzàre **A** *v. tr.* **1** costringere, obbligare, coartare, violentare (*fig.*) □ (*di discorso, ecc.*) stiracchiare (*fam.*) **2** (*di voce, di fisico, ecc.*) sottoporre a sforzo, sforzare **3** (*di porta, di serratura, ecc.*) aprire a forza, sfondare, scassinare, violare, manomettere, rompere **4** (*di tappo, di coperchio e sim.*) premere con forza, pigiare, spingere **B** *v. intr.* stringere □ aprirsi con difficoltà **CONTR.** essere largo, avere gioco **C** *v. rifl.* (*est.*) obbligarsi, impegnarsi. *V. anche* COSTRINGERE, SPINGERE

forzataménte *avv.* per forza, necessariamente □ controvoglia □ a fatica, con sforzo **CONTR.** volontariamente, volentieri, spontaneamente, naturalmente.

forzàto **A** *part. pass. di* **forzare**; *anche agg.* **1** costretto, obbligato, coartato, coatto, imposto con la forza, obbligatorio □ condannato **CONTR.** libero, volontario **2** (*di ritardo, di assenza, ecc.*) dovuto a forza maggiore, involontario **CONTR.** voluto, intenzionale **3** (*di allegria, di gentilezza, ecc.*) affettato, lezioso, ricercato, artato (*lett.*) **CONTR.** spontaneo, sincero **4** (*di discorso, di interpretazione*) stiracchiato, contorto, sforzato, stentato **CONTR.** disinvolto, naturale, semplice, immediato **B** *s. m.* ergastolano, galeotto.

forzatùra *s. f.* **1** scassinatura, rottura **2** (*fig.*) esagerazione, sforzo □ stiracchiatura **CONTR.** naturalezza, spontaneità.

forzière *s. m.* cassaforte, scrigno, cofano, arca, baule, cassa.

forzóso *agg.* **1** coatto, coattivo, coercitivo, obbligatorio **CONTR.** libero, volontario **2** (*raro*) gagliardo, forte, robusto **CONTR.** debole, fiacco.

forzùto *agg.* fortissimo, aitante, muscoloso, nerboruto, membruto, robusto, vigoroso, gagliardo, ben piantato □ sansone, ercole, maciste **CONTR.** debole, esile, gracile, delicato, mingherlino, striminzito, rachitico. *V. anche* ROBUSTO

foschìa *s. f.* scarsa visibilità, offuscamento, nebbia, smog (*ingl.*) **CONTR.** limpidezza, buona visibilità. *V. anche* NEBBIA

fósco o **fòsco** *agg.* **1** (*di colore*) scuro, nerognolo, nericcio, nero, atro (*lett.*) **CONTR.** chiaro, vivace, acceso **2** (*di tempo, di luce, ecc.*) nebbioso, nuvoloso, brumoso □ buio, offuscato, caliginoso, torbido, velato CONTR. limpido, nitido, terso, trasparente, scintillante, sfavillante, splendente, cristallino, vivido **3** (*fig.*) (*di sguardo, di aspetto, ecc.*) cupo, tetro, triste, angoscioso, turbato □ cattivo, minaccioso CONTR. gaio, giocondo, ilare, lieto, ridente, radioso, raggiante, solare **4** (*di avvenire*) incerto, temibile, nebuloso, oscuro CONTR. tranquillo, sereno FRAS. *dipingere a fosche tinte*, mettere in cattiva luce, presentare pessimisticamente. *V. anche* NERO

fosforescènte agg. (*est.*) fosforeo, brillante, luminoso, scintillante CONTR. fosco, opaco, oscuro.

fosforescènza s. f. (*est.*) brillio, chiarore, luccichio, luminescenza, scintillio CONTR. offuscamento, opacità.

fòssa s. f. **1** fosso, fossato, borro (*lett.*) □ buca, scavo, sterro □ affossatura, affossamento, avvallamento, infossamento □ scoscendimento □ cavità, incavatura □ pozzo, canale, roggia (*sett.*) □ fogna **2** (*est.*) sepoltura, tomba **3** (*geol.*) depressione, sprofondamento **4** (*anat.*) cavità FRAS. *avere un piede nella fossa* (*fig.*), essere vicino a morire □ *scavarsi la fossa con le proprie mani* (*fig.*), causare la propria rovina. *V. anche* TOMBA

fossàto s. m. lunga fossa, fosso □ vallone, botro (*tosc., lett.*) □ gora, canale, roggia (*sett.*) □ vallo (*est., mil.*).

fossétta s. f. **1** dim. di **fossa** **2** (*anat.*) piccola cavità, depressione, infossatura.

fòssile agg. e s. m. (*fig.*) arretrato, superato, sorpassato, out (*ingl.*), incartapecorito, retrivo, gretto, matusa (*gerg.*), mummia, preistorico CONTR. innovatore, progressista, in (*ingl.*).

fossilizzàre **A** v. tr. rendere fossile, pietrificare **B** **fossilizzarsi** v. intr. pron. **1** diventare fossile, pietrificarsi **2** (*fig.*) (*di persona*) chiudersi, fermarsi, incartapecorire, cristallizzarsi, mummificarsi CONTR. aprirsi, evolversi □ aggiornarsi.

fossilizzàto part. pass. di **fossilizzare**; anche agg. **1** ridotto allo stato fossile, pietrificato **2** (*fig.*) invecchiato, sorpassato, superato, out (*ingl.*), mummificato, cristallizzato, fermo CONTR. aperto, moderno, progressista, in (*ingl.*).

fòsso s. m. fossa, fossato □ affossamento, affossatura □ canale, gora, roggia (*sett.*) □ botro (*tosc., lett.*) FRAS. *saltare il fosso* (*fig.*), decidersi definitivamente, decidersi bruscamente.

fòto s. f. acrt. di **fotografia**.

fotocòpia s. f. copia fotostatica □ xerocopia □ (*est.*) riproduzione, copia, duplicato.

fotocopiàre v. tr. xerocopiare □ (*est.*) riprodurre, duplicare.

fotocronìsta s. m. e f. (*est.*) fotoreporter.

fotoelèttrica s. f. proiettore, faro, fotocellula.

fotografàre v. tr. **1** scattare una fotografia □ (*est.*) ritrarre **2** (*fig.*) (*di fatto, di situazione, ecc.*) descrivere dettagliatamente, rappresentare benissimo.

fotografìa s. f. **1** (*est.*) ritratto, veduta, riproduzione, istantanea **2** (*fig.*) (*di fatto, di situazione, ecc.*) descrizione esatta, descrizione meticolosa, illustrazione precisa.

fotogràfico agg. **1** della fotografia **2** illustrato con fotografie **3** (*fig.*) (*di descrizione, di disegno, ecc.*) esatto, minuto, minuzioso, preciso □ (*di memoria*) visivo CONTR. inesatto, impreciso, vago.

fotomodèlla s. f. modella, cover girl (*ingl.*).

fotorepòrter [da *foto* e *reporter* 'cronista'] s. m. e f. inv. (*est.*) fotocronista.

fotoromànzo s. m. cineromanzo.

fotosìntesi s. f. funzione clorofilliana.

fóttere **A** v. tr. (*fig., pop.*) ingannare, fregare (*pop.*), imbrogliare, raggirare **B** v. intr. pron. (*volg.*) (*di qualcuno, di qualcosa*) infischiarsi, fregarsi.

fottùto part. pass. di **fottere**; anche agg. **1** (*fig., pop.*) fregato (*pop.*), imbrogliato, ingannato **2** (*fig.*) spacciato, rovinato CONTR. salvo **3** (*fig.*) maledetto, dannato CONTR. lodevole, pregevole.

foulard /fr. fu'lar/ [vc. fr., *foulard*, dal provz. *foulat*, da *foular* 'follare'] s. m. inv. fazzoletto di seta, fazzoletto da testa, fazzoletto da collo.

foyer /fr. fwa'je/ [vc. fr., letteralmente 'focolare'] s. m. inv. (*di teatro, di cinema e sim.*) vestibolo, ridotto, hall (*ingl.*).

fra prep. **1** (*di luogo*) tra, attraverso, in mezzo, frammezzo **2** (*di tempo*) entro.

frac s. m. marsina, coda di rondine.

fracassàre **A** v. tr. ridurre in pezzi, infrangere, spaccare, rompere, frantumare, spezzare, schiantare, sfasciare, sconquassare, distruggere, rovinare, sfondare, sfracellare CONTR. acconciare, accomodare, aggiustare **B** **fracassarsi** v. intr. pron. rompersi, infrangersi, andare in pezzi, frantumarsi, spaccarsi, spezzarsi, schiantarsi, sfasciarsi, sconquassarsi, sfracellarsi.

fracassàto part. pass. di **fracassare**; anche agg. rotto, spaccato, spezzato, infranto, schiantato, sconquassato, sfondato □ malconcio, danneggiato CONTR. acconciato, racconciato, accomodato, aggiustato □ integro, intatto.

fracàsso s. m. **1** fragore, frastuono, baccano, strepito, chiasso, trambusto, schiamazzo, rumore, casino (*pop.*), bordello, cancan, canea, caciara (*centr.*), gazzarra, confusione, diavolio, sarabanda, cagnara (*fam.*), canizza □ (*fig.*) interesse, effetto, scandalo, reazione, clamore, scompiglio CONTR. pace, quiete, silenzio, tranquillità, sonno (*fig.*) □ bisbiglio, mormorio **2** (*fam.*) gran quantità, mucchio, fracco (*dial.*), sacco, serqua, subisso (*fam.*), uragano. *V. anche* CHIASSO

fràcco s. m. (*dial.*) grande quantità, mucchio, casino (*pop.*), fracasso (*fam.*), diluvio, fottio (*volg.*), pozzo, sacco, serqua, subisso (*fam.*), casino (*pop.*) CONTR. poco.

fràdicio **A** agg. **1** bagnato, molle, intriso, inzuppato, umido, grondante, madido, zuppo □ sudato CONTR. arido, asciutto, secco **2** (*di uova, di frutta, ecc.*) marcio, mezzo, guasto, putrefatto, putrido, decomposto, andato a male, avariato, putrescente CONTR. fresco, intatto, sano **3** (*fig.*) (*di persona*) corrotto, depravato, pervertito CONTR. incorrotto, puro, virtuoso **B** s. m. **1** marcio, putredine **2** (*fig.*) corruzione, disonestà **3** fango, fanghiglia, fangosità.

fradiciùme s. m. **1** marciume, putridume, marcia (*pop.*), sozzura, putredine **2** umidità **3** (*fig.*) corruzione, depravazione **CONTR.** moralità, onestà, purezza.

fràgile *agg.* **1** (*di cosa*) facilmente rompibile, friabile, delicato, frangibile, frale (*lett.*) **CONTR.** infrangibile, solido, resistente, indistruttibile **2** (*fig.*) (*di persona*) debole, gracile, delicato, cagionevole, malaticcio **CONTR.** forte, gagliardo, robusto, vigoroso **3** (*fig.*) (*di carattere, ecc.*) labile, suscettibile, insicuro **CONTR.** forte, sicuro, saldo, ferreo **4** (*fig.*) (*di speranza, di felicità, ecc.*) tenue, fievole □ caduco, effimero, transitorio **CONTR.** duraturo, durevole, stabile **5** (*di supposizione, ecc.*) debole, vago **CONTR.** valido, fondato, solido.

fragilità *s. f.* **1** (*di cosa*) facilità a rompersi, friabilità, delicatezza □ inconsistenza **CONTR.** infrangibilità, durezza, resistenza, indistruttibilità, robustezza □ solidità, validità **2** (*fig.*) (*di persona, di carattere, ecc.*) debolezza, gracilità, esilità, labilità, suscettibilità, insicurezza **CONTR.** forza, sicurezza, resistenza, saldezza **3** (*di felicità, di fortuna, ecc.*) tenuità, caducità **CONTR.** stabilità, durata. *V. anche* DEBOLEZZA

fragóre *s. m.* chiasso, rumore, baccano, fracasso, frastuono, strepito, rimbombo, clamore, ruggito, rombo, ruggito, rumorosità, tuono, mugghio **CONTR.** calma, pace, silenzio, tranquillità □ mormorio, bisbiglio. *V. anche* CHIASSO

fragorosaménte *avv.* chiassosamente, strepitosamente, rumorosamente, sonoramente □ clamorosamente **CONTR.** silenziosamente.

fragoróso *agg.* chiassoso, rumoroso, strepitante, assordante, rimbombante, rintronante □ scrosciante □ clamoroso, strepitoso **CONTR.** silenzioso, silente (*poet.*), tranquillo □ muto, tacito □ fioco.

fragrànte *agg.* odoroso, profumato, aromatico, olezzante (*lett.*), aulente (*lett.*) **CONTR.** puzzolente, nauseabondo, maleodorante, graveolente (*lett.*), putido (*lett.*).

fragrànza *s. f.* buon odore, profumo, olezzo (*lett.*), aroma **CONTR.** puzzo, puzza, fetore, lezzo, tanfo.

fraintèndere *v. tr.* intendere una cosa per un'altra, intendere a rovescio, travisare, equivocare, sbagliare, deformare, distorcere, stravolgere, svisare **CONTR.** capire, afferrare, intendere.

frainteso *part. pass. di* **fraintendere**; *anche agg.* travisato, equivocato, sbagliato, deformato, malinteso, stravolto **CONTR.** capito, afferrato, inteso.

frammentàre *v. tr.* suddividere in frammenti, dividere, spezzettare **CONTR.** unire, legare. *V. anche* DIVIDERE

frammentariaménte *avv.* a frammenti □ discontinuamente **CONTR.** integralmente □ complessivamente, globalmente.

frammentarietà *s. f.* inorganicità, disorganicità □ discontinuità **CONTR.** organicità, completezza.

frammentàrio *agg.* **1** in frammenti □ (*est.*) incompleto, lacunoso **CONTR.** integro, intero **2** (*fig.*) privo di unità, disunito, disorganico, inorganico, discontinuo, episodico, rapsodico **CONTR.** organico, unitario.

framménto *s. m.* **1** pezzetto, pezzo, punta, scaglia, scheggia, frantume, brandello, ritaglio, rottame □ rudere □ coccio **CONTR.** intero, totalità **2** (*di opera*) passo, brano, passaggio, squarcio, parte. *V. anche* PARTE

framméttere ***A*** *v. tr.* **1** frapporre, interporre, intromettere (*raro*), inframmettere, intercalare, tramezzare □ interpolare **2** (*raro*) frammischiare, mescolare, mischiare ***B*** **frammettersi** *v. rifl.* intromettersi, immischiarsi, interporsi, inframmettersi, ingerirsi, intervenire **CONTR.** estromettersi, disinteressarsi.

frammischiàre ***A*** *v. tr.* frammescolare, inframmezzare, frapporre, mescolare **CONTR.** scernere, sceverare ***B*** **frammischiarsi** *v. rifl.* mescolarsi, confondersi □ (*raro*) immischiarsi, intromettersi **CONTR.** isolarsi.

frammìsto *agg.* mischiato, mescolato, inframmezzato, confuso **CONTR.** separato, diviso.

fràna *s. f.* **1** franamento, smottamento, scoscendimento □ sprofondamento, cedimento □ (*est.*) slavina, valanga **2** (*fig.*) (*di speranze, di ideali, ecc.*) crollo, fallimento, rovina, tracollo **CONTR.** nascita, affermazione, realizzazione.

franaménto *s. m.* crollo, frana, smottamento, cedimento.

franàre *v. intr.* **1** smottare, scoscendere, precipitare, diruparsi □ (*est.*) crollare, rovinare, sprofondare **2** (*fig.*) (*di speranze, di ideali, ecc.*) fallire, dissolversi, scomparire **CONTR.** nascere, affermarsi, realizzarsi.

francaménte *avv.* **1** con franchezza, apertamente, schiettamente, sinceramente, chiaramente, disinvoltamente, liberamente, limpidamente, chiaro, franco □ in verità, in realtà **CONTR.** copertamente, occultamente □ tortuosamente □ ipocritamente □ subdolamente □ untuosamente, mellifluamente **2** decisamente, risolutamente, certamente.

francescàno [da san *Francesco* d'Assisi] ***A*** *agg.* (*est.*) mite, umile □ frugale, povero, sobrio **CONTR.** ricco, sfarzoso, superbo ***B*** *s. m.* frate minore, conventuale, osservante □ cappuccino, terziario □ clarissa.

francesìsmo *s. m.* gallicismo.

franchézza *s. f.* **1** schiettezza, sincerità, lealtà, onestà, semplicità, limpidezza **CONTR.** doppiezza, falsità, finzione, ipocrisia, simulazione, ambiguità, fariseismo, gesuitismo, insincerità, malizia **2** ardimento, baldanza, coraggio □ decisione, recisione, sicurezza □ prontezza, presenza di spirito □ disinvoltura, naturalezza, scioltezza, spigliatezza □ sfacciataggine, sfrontatezza **CONTR.** imbarazzo, dubbio, esitazione, incertezza, insicurezza, irresolutezza, timidezza, titubanza, reticenza.

franchìgia *s. f.* **1** (*lett.*) privilegio □ affrancamento, libertà **CONTR.** soggezione **2** (*da imposte o dazi*) esenzione, esonero, immunità **3** (*mar.*) libera uscita, permesso di sbarco. *V. anche* LIBERTÀ, PRIVILEGIO

frànco ***A*** *agg.* **1** (*da impegni, da oneri, ecc.*) libero, esente, immune, sciolto □ salvo **CONTR.** soggetto, assoggettato **2** schietto, sincero, leale, aperto □ (*di discorso, ecc.*) scoperto, trasparente, limpido, chiaro **CONTR.** falso, finto, ipocrita, sleale, simulatore, ambiguo, bugiardo, doppio, farisaico, insidioso, insincero □ misterioso, sfuggente □ tortuoso **3** (*raro*) animoso, ardito, coraggioso, risoluto, baldanzoso, audace □ disinvolto, sicuro, disimpacciato, naturale, spedito, pronto, spigliato, svelto CONTR. imbarazzato, impacciato, incerto, insicuro, irresoluto, timido, legnoso *B* avv. apertamente, francamente CONTR. nascostamente, occultamente FRAS. *farla franca* (*fig.*), cavarsela impunemente □ *corpo franco* (*ant.*), soldati mercenari □ *franco tiratore*, guerrigliero, cecchino □ *porto franco*, luogo esente da dogana o dazio. *V. anche* LIBERTÀ, SPONTANEO, TRASPARENTE, VERO

francobóllo s. m. bollo, affrancatura □ (*est.*) marca da bollo.

frangènte s. m. *1* onda schiumosa, cavallone □ (*est.*) scogliera, scoglio □ bassofondo *2* (*fig.*) occasione, circostanza, contingenza *3* (*fig.*) situazione difficile, momento delicato, difficoltà □ pericolo CONTR. fortuna, felicità.

frangétta s. f. frangia, frontino, fratina □ ciuffo.

fràngia s. f. *1* (*est.*) guarnizione, fronzolo, nappa, fiocco, penero, balza, bordura, svolazzo, balzo, frappa, fimbria (*raro*), gallone, passamano, passafino *2* (*fig.*) (*di discorso*) aggiunta, particolare, ornamento, abbellimento, contorno, rifioritura (*est.*) *3* (*di capelli*) fratina, frangetta, frontino, ciuffo *4* fascia costiera *5* (*fig.*) (*di un partito, di un movimento, ecc.*) gruppo periferico □ ala *6* (*anat.*) fimbria.

frangìbile agg. fragile, friabile CONTR. infrangibile.

frangiflùtti s. m. diga, sbarramento.

frangitùra s. f. (*di olive*) spremitura, torchiatura □ macinatura, macinazione, molitura.

frankfurter /ted. 'frankfurtər/ [vc. ted., propriamente 'di Francoforte', agg. etnico di *Frankfurt* 'Francoforte'] s. m. inv. würstel.

frànto agg. (*lett.*) rotto, spezzato, frantumato, schiacciato CONTR. intero, intatto, integro.

frantóio s. m. (*per olive*) torchio, strettoio, trappeto □ macinatioio, macina □ (*est.*) oleificio.

frantumàre *A* v. tr. *1* ridurre in pezzi, ridurre in frantumi, frangere (*lett.*), sminuzzare, tritare, triturare, maciullare, pestare □ (*anche fig.*) (*di speranze, ecc.*) stritolare, rompere, spezzare, disintegrare, infrangere, polverizzare, sbriciolare, sgretolare CONTR. unificare, ricomporre *2* (*raro*) fratturare *B* **frantumarsi** v. intr. pron. ridursi in frantumi, spezzarsi, rompersi, sminuzzarsi, disintegrarsi, fracassarsi, infrangersi, polverizzarsi, sbriciolarsi, sgranarsi, sgretolarsi.

frantumàto part. pass. di **frantumare**; anche agg. sminuzzato, stritolato, schiacciato, macinato, maciullato, pestato, tritato, triturato, rotto □ (*anche fig.*) spezzato, infranto, polverizzato.

frantumazióne s. f. spezzettamento, spezzettatura, rottura, stritolamento, macinatura, macinazione, pestatura, trituramento, triturazione, maciullatura □ (*anche fig.*) polverizzazione, sgretolamento, sgretolio CONTR. unificazione.

frantùme s. m. spec. al pl. frammento, pezzetto, briciola, scheggia, scaglia, pezzo, detrito, rottame □ coccio □ (*spec. al pl.*) maceria.

fràppa s. f. *1* frangia, bordo, frastaglio, smerlatura, balza *2* (*spec. al pl., cuc.*) (*in Emilia*) cenci (*Toscana*), chiacchiere (*Lombardia*), crostoli (*Trentino*), galani (*Veneto*), bugie (*Piemonte*).

frappé /fr. fra'pe/ o **frappè** [vc. fr., part. pass. di *frapper* 'battere'] agg. e s. m. inv. frullato □ milkshake (*ingl.*).

frappórre *A* v. tr. porre in mezzo, frammettere, interporre, frammischiare, inserire, introdurre, inframmattere, intromettere, intercalare, tramezzare □ interpolare CONTR. levare, togliere *B* **frapporsi** v. rifl. mettersi in mezzo, intromettersi, immischiarsi, interporsi, intervenire, intercorrere CONTR. estromettersi, stare fuori, disinteressarsi.

frapposizióne s. f. interposizione, intromissione CONTR. estromissione.

frappósto part. pass. di **frapporre**; anche agg. posto in mezzo, interposto, intercalato, intercorrente CONTR. levato, tolto, estromesso.

frasàrio s. m. fraseologia, terminologia □ linguaggio, stile □ gergo.

fràsca s. f. ramoscello, fronda, ramo.

fràse s. f. locuzione, proposizione □ detto, aforisma □ modo di dire □ espressione □ battuta □ affermazione □ formula □ dicitura, dizione, scritta □ costrutto, contesto □ (*arald.*) divisa □ (*mus.*) brano, passaggio.

fraseologìa s. f. frasario, terminologia □ linguaggio.

frastagliàto part. pass. di **frastagliare**; anche agg. *1* tagliuzzato, seghettato *2* (*di costa*) con rientranze e sporgenze, articolato *3* (*di abito*) dentellato, intagliato, con frastagli.

frastornaménto s. m. stordimento □ sbalordimento □ disturbo. *V. anche* STORDIMENTO

frastornàre v. tr. *1* assordare, intronare, rintronare, stordire, intontire, instupidire *2* disturbare, distrarre, distogliere, impedire, importunare □ confondere, sconcertare, sbalordire, scombussolare, ubriacare, abbarbagliare, turbare CONTR. concentrare.

frastornàto part. pass. di **frastornare**; anche agg. intontito, stordito, instupidito □ disturbato, distratto □ confuso, sconcertato, scombussolato, sgomento CONTR. concentrato, attento.

frastuòno s. m. clamore, fracasso, fragore, strepito, baccano, schiamazzo, chiasso, rumore, casino (*pop.*), bordello (*pop.*), caciara (*centr.*), gazzarra, diavolio, cagnara (*fam.*), canizza CONTR. calma, pace, silenzio, quiete □ mormorio, brusio, soffio. *V. anche* CHIASSO

fràte s. m. monaco, religioso, conventuale □ fratello, padre, fra (*davanti a nome proprio*).

fratellànza s. f. *1* (*est.*) fraternità, amicizia, comunanza di ideali, solidarietà, unione CONTR. inimicizia, ostilità *2* confraternita, sodalizio. *V. anche* SOLIDARIETÀ

fratèllo s. m. *1* (*al pl.*) figli *2* (*est.*) confratello, amico, compagno □ compatriota *3* frate, monaco.

fraternaménte avv. amichevolmente, benevolmente CONTR. ostilmente.

fraternità s. f. affetto fraterno, amore fraterno □ fratellanza, solidarietà, amicizia, comunanza di ideali, accordo CONTR. inimicizia, ostilità. *V. anche* SOLIDARIETÀ

fraternizzàre v. intr. stringere amicizia, affratellarsi, solidarizzare, far causa comune.

fratèrno agg. *1* di fratello, da fratello *2* (*est.*) affettuoso, benevolo, cordiale, tenero, amichevole CONTR.

freddo, ostile.

fratricida ***A*** *s. m. e f.* uccisore del fratello, uccisore della sorella ***B*** *agg.* di fratricida, da fratricida □ (*di guerra*) civile, interno, intestino.

fràtta *s. f.* macchia, roveto, spineto, sterpeto □ (*region.*) siepe.

frattàglia *s. f. spec. al pl.* regaglie, rigaglie, interiora, viscere □ (*est.*) frittura.

frattànto *avv.* intanto, nel mentre, nel frattempo, contemporaneamente.

frattàzzo *s. m.* spianatoio, lisciatoio.

frattèmpo *s. m.* intervallo **FRAS.** *nel frattempo*, frattanto.

fràtto *agg.* ***1*** (*lett.*) spezzato, infranto, rotto **CONTR.** integro, intatto ***2*** (*mat.*) frazionario □ diviso ***3*** (*mus.*) modulato.

frattùra *s. f.* ***1*** (*med.*) rottura ***2*** (*geol.*) spaccatura, crepa, fenditura □ screpolatura, incrinatura □ scoscendimento, faglia ***3*** (*fig.*) (*di rapporti, di avvenimenti, ecc.*) interruzione, sospensione **CONTR.** continuazione, continuità ***4*** (*fig.*) (*tra persone, tra parti*) disaccordo, lite, dissenso, rottura □ scisma **CONTR.** accordo, consenso.

fratturàre ***A*** *v. tr.* spezzare, rompere ***B*** **fratturarsi** *v. intr. pron.* spezzarsi, rompersi.

fraudolentemènte *avv.* con frode, ingannevolmente, disonestamente, slealmente, dolosamente **CONTR.** lealmente, onestamente.

fraudolènto *agg.* ***1*** ingannevole, ingannatore, falso, disonesto □ insidioso, subdolo **CONTR.** leale, onesto, sincero ***2*** fatto con frode, doloso, colposo, surrettizio (*dir., est.*) **CONTR.** in buona fede.

fraudolènza *s. f.* ***1*** frode, malafede, falsità, furbizia, malizia **CONTR.** candore, ingenuità □ onestà, probità ***2*** imbroglio, inganno, truffa. *V. anche* FRODE

frazionàbile *agg.* divisibile, suddivisibile, ripartibile, scaglionabile **CONTR.** indivisibile.

frazionamènto *s. m.* ripartizione, suddivisione, lottizzazione, parcellizzazione, scaglionamento, segmentazione □ smembramento **CONTR.** unificazione, accorpamento, concentrazione.

frazionàre *v. tr.* dividere in parti, ripartire, spartire, suddividere, lottizzare, parcellizzare, scaglionare, scindere, segmentare, smembrare **CONTR.** unire, unificare, accorpare, concentrare.

frazionàto *part. pass. di* **frazionare**; *anche agg.* diviso, ripartito, suddiviso, spartito, lottizzato, parziale, segmentato **CONTR.** intero, unificato, indiviso, accorpato, concentrato.

fraziòne *s. f.* ***1*** porzione, parte, lotto □ tappa, tempo □ categoria **CONTR.** intero, tutto, insieme ***2*** (*fig.*) parte minima □ attimo ***3*** (*di abitato*) borgata, borgo ***4*** (*mat.*) quoziente. *V. anche* CATEGORIA, PARTE

fréccia *s. f.* ***1*** dardo, quadrello (*lett.*), saetta (*lett.*), strale (*lett.*) ***2*** (*di orologio, ecc.*) lancetta, sfera □ indicatore, indice ***3*** (*fig.*) frecciata, malignità □ stoccata ***4*** cuspide, guglia ***5*** (*nei veicoli*) indicatore di direzione ***6*** (*est.*) indicazione, cartello, segnale □ pannello, scritta ***7*** (*mar.*) controranda.

frecciàta *s. f.* ***1*** colpo di freccia ***2*** (*fig.*) allusione maliziosa, battuta maligna, stoccata, botta, bottata, sferzata, malignità (*lett.*), punzecchiamento, punzecchiatura □ frizzo, motteggio.

freddamènte *avv.* ***1*** con freddezza, con distacco, con indifferenza, impassibilmente, gelidamente □ spassionatamente □ aridamente □ cerebralmente **CONTR.** cordialmente, entusiasticamente, caldamente, espansivamente, fervidamente, focosamente, impetuosamente, passionalmente ***2*** a sangue freddo, crudelmente.

freddàre ***A*** *v. tr.* ***1*** raffreddare, intiepidire **CONTR.** scaldare, riscaldare ***2*** uccidere, ammazzare, stecchire ***3*** (*fig.*) (*di entusiasmo, ecc.*) smorzare, affievolire □ (*di persona*) imbarazzare, paralizzare (*fig.*) ***B*** **freddarsi** *v. intr. pron.* diventare freddo, raffreddarsi **CONTR.** scaldarsi, riscaldarsi.

freddézza *s. f.* ***1*** freddo, gelo **CONTR.** ardore, bollore, caldo, calore ***2*** (*fig.*) indifferenza, apatia, frigidità (*fig., lett.*), scarsa cordialità □ mancanza di affetto, disaffezione, disamore □ insensibilità □ calcolo, aridità **CONTR.** affettuosità, affabilità, cordialità, cameratismo, confidenza, calorosità, tenerezza □ passione, sentimento ***3*** (*fig.*) impassibilità, imperturbabilità, autocontrollo, distacco, obiettività, disinteresse, spassionatezza □ flemma **CONTR.** commozione, entusiasmo, fervore, partecipazione, slancio, eccitazione, impeto, espansività, impetuosità, infervoramento, ricettività □ interessamento, partecipazione □ parzialità.

fréddo ***A*** *agg.* ***1*** gelido, gelato, diaccio (*tosc.*), ghiacciato, algido, agghiacciato **CONTR.** ardente, bollente, caldo, cocente, fervente, arroventato, incandescente ***2*** (*di clima*) rigido, polare, glaciale, crudo **CONTR.** canicolare, rovente, torrido ***3*** (*di persona*) flemmatico, impassibile, cerebrale, calcolatore, frigido (*fig., lett.*) □ arido, insensibile **CONTR.** focoso, entusiasta □ esaltato, invasato, frenetico □ sensibile, emotivo □ suggestionabile, eccitabile □ espansivo, impetuoso □ vulcanico ***4*** (*di atteggiamento*) indifferente, distaccato, asettico, privo d'entusiasmo, compassato □ spassionato, disinteressato □ duro, disumano, asciutto **CONTR.** cordiale, affettuoso, amichevole, cameratesco, confidenziale □ appassionato, passionale, pieno d'ardore ***5*** (*raro*) (*di comportamento*) indolente, pigro, svogliato **CONTR.** zelante, volonteroso ***B*** *s. m.* ***1*** mancanza di calore, freddezza, gelo, ghiaccio, rigore, sizza (*tosc.*) **CONTR.** caldo, caldura, calura, canicola ***2*** stagione fredda, inverno **CONTR.** bella stagione, estate ***3*** (*fig.*) disagio □ indifferenza, insensibilità, frigidità (*fig., lett.*) **CONTR.** passione, entusiasmo **FRAS.** *sangue freddo* (*fig.*), autocontrollo □ *non far né caldo né freddo* (*fig.*), lasciare del tutto indifferente □ *a freddo* (*fig.*), senza emozione, senza partecipazione, pacatamente, lucidamente □ *freddo cane*, temperatura freddissima.

freddùra *s. f.* ***1*** (*lett.*) freddo invernale **CONTR.** calura ***2*** spiritosaggine, frizzo, battuta, barzelletta, arguzia, aneddoto, gag (*ingl.*), argutezza, facezia, motto, lepidezza □ gioco di parole, scambietto □ doppio senso.

free climbing /*ingl.* 'fri: 'klaimiŋ/ [loc. ingl., propr. 'arrampicata, scalata (*climbing*) libera (*free*)'] *loc. sost. m. inv.* arrampicata libera.

free-lance /*ingl.* 'fri: 'læ:ns/ [loc. ingl., propr. 'soldato di ventura' (alla lettera 'lancia libera')] *agg. inv.*; *anche s. m.* e *f. inv.* (*di consulente, di traduttore, di indossatrice, ecc.*) libero □ indipendente, autonomo **CONTR.** dipendente, legato.

freezer /*ingl.* 'fri:zə/ [vc. ingl., da *to freeze* 'congelare'] *s. m. inv.* refrigeratore, congelatore.

fregaménto *s. m.* sfregamento, strofinio, frizione, massaggio, strofinamento, stropicciamento.

fregàre ***A*** *v. tr.* ***1*** strofinare, soffregare, sfregare, stropicciare, confricare (*lett.*), strusciare □ strigliare, raschiare □ massaggiare ***2*** (*pop.*) ingannare, imbrogliare, raggirare, truffare, turlupinare, danneggiare, infinocchiare ***3*** (*pop.*) rubare, grattare (*gerg.*), sgraffignare (*fam.*), sottrarre ***B*** **fregarsi** *v. rifl.* strofinarsi, strusciarsi, stropicciarsi, grattarsi ***C*** *v. intr. pron.* (*pop.*) disinteressarsi, impiparsi (*pop.*), ridersi, strafottersi (*volg.*) **CONTR.** interessarsi, curarsi, partecipare, condividere □ impicciarsi. *V. anche* PULIRE, RIDERE

fregàta *s. f.* ***1*** strofinata, strusciata, grattata ***2*** (*pop.*) fregatura (*pop.*), imbroglio, inganno, truffa, turlupinatura. *V. anche* NAVE

fregàto *part. pass. di* **fregare**; *anche agg.* (*pop.*) imbrogliato, ingannato, truffato, turlupinato.

fregatùra *s. f.* ***1*** (*raro*) sfregamento, strofinamento ***2*** (*pop.*) danno □ inganno, imbroglio, raggiro, truffa, turlupinatura, buggeratura (*pop.*), buscheratura (*pop.*), fregata (*pop.*), infinocchiatura (*fam.*) □ delusione.

fregiàre ***A*** *v. tr.* ornare □ abbellire, adornare, decorare, guarnire □ listare □ decorare, insignire **CONTR.** deturpare, deformare, imbruttire, guastare ***B*** **fregiarsi** *v. rifl.* (*fig.*) andare fiero, gloriarsi, vantarsi, onorarsi, coronarsi (*lett.*) **CONTR.** vergognarsi.

fregiàto *part. pass. di* **fregiare**; *anche agg.* ornato, abbellito, adorno, decorato □ insignito **CONTR.** disadorno, spoglio.

frégio *s. m.* decorazione, ornamento, abbellimento, guarnizione, arabesco □ rilievo □ capopagina □ (*di elmo*) cimiero. *V. anche* DECORAZIONE

fremènte *part. pres. di* **fremere**; *anche agg.* agitato, sconvolto, turbato, commosso, sdegnato, fremebondo □ arrabbiato □ palpitante **CONTR.** calmo, controllato, quieto, tranquillo.

frèmere *v. intr.* ***1*** essere agitato, essere commosso, essere sconvolto, essere turbato □ rabbrividire, palpitare, friggere, bollire □ arrabbiarsi, adirarsi **CONTR.** essere calmo, essere tranquillo ***2*** (*lett.*) (*di mare, di foglie, ecc.*) rumoreggiare □ tremare, vibrare □ (*di bandiera, ecc.*) garrire.

frèmito *s. m.* ***1*** tremito, tremore, tremolio □ mormorio, sussurro, fruscio □ scossa, sussulto, brivido □ vibrazione ***2*** (*fig.*) agitazione, commozione **CONTR.** impassibilità, imperturbabilità, indifferenza ***3*** (*med.*) palpitazione.

frenàbile *agg.* coercibile, controllabile, arrestabile, contenibile **CONTR.** incoercibile, irrefrenabile, incontenibile, incontrollabile, inarrestabile.

frenàre ***A*** *v. tr.* ***1*** (*di meccanismo*) rallentare, fermare, bloccare □ inceppare **CONTR.** accelerare, sbloccare, spingere, velocizzare, muovere ***2*** (*fig.*) (*di pianto, di emozione, ecc.*) contenere, moderare, raffreddare, dominare, reprimere, soffocare, trattenere, vincere, arginare, controllare, imbrigliare, sedare □ smorzare □ mortificare **CONTR.** sfogare, dar libero corso, eccitare, elettrizzare, galvanizzare, incitare, scatenare, sollecitare, stimolare □ istigare, sobillare ***B*** **frenarsi** *v. rifl.* ***1*** rallentare, fermarsi, bloccarsi **CONTR.** accelerare, sbloccarsi, slanciarsi ***2*** (*fig.*) dominarsi, contenersi, padroneggiarsi, trattenersi, abbozzare (*region.*), controllarsi, limitarsi, moderarsi, regolarsi □ reprimersi, tenersi (*fam.*), astenersi, vincersi **CONTR.** sfogarsi, liberarsi, buttarsi, sbizzarrirsi, scatenarsi □ strafare □ trasmodare, trascendere □ straviziare. *V. anche* COSTRINGERE, VINCERE

frenàta *s. f.* frenatura, rallentamento, bloccatura, bloccaggio **CONTR.** accelerata, sblocco.

frenàto *part. pass. di* **frenare**; *anche agg.* ***1*** bloccato, rallentato **CONTR.** accelerato, lanciato, spinto ***2*** (*di prezzo, ecc.*) contenuto, moderato, imbrigliato □ (*di atteggiamento, ecc.*) controllato, represso **CONTR.** libero.

frenatùra *s. f.* frenata, rallentamento, bloccatura, bloccaggio **CONTR.** accelerata, sblocco.

frenesìa *s. f.* ***1*** pazzia, esaltazione, delirio, demenza, farnetico □ febbre, ardore □ furia, furore □ agitazione, eccitazione **CONTR.** calma, equilibrio, placidità, placidezza (*raro*), pacatezza ***2*** (*est.*) impazienza, smania, bramosia □ foia (*fig.*), fregola (*fig.*), uzzolo, desiderio, mania, passione **CONTR.** freddezza, impassibilità, indifferenza.

freneticaménte *avv.* appassionatamente, ardentemente, calorosamente, entusiasticamente □ disperatamente □ farneticamente, febbrilmente, concitatamente, spiritatamente □ vertiginosamente **CONTR.** freddamente, fiaccamente, svogliatamente, placidamente, tranquillamente.

frenètico *agg.* ***1*** delirante, demente, forsennato, furente, pazzo □ (*est.*) agitato, spiritato, eccitato, smanioso **CONTR.** calmo, equilibrato, assennato, savio, placido, cheto (*lett.*) □ freddo, impassibile, indifferente ***2*** (*fig.*) (*di ritmo, ecc.*) vorticoso, concitato, convulso, febbrile, vertiginoso, sfrenato **CONTR.** lento, tranquillo.

fréno o **frèno** *s. m.* ***1*** (*di cavallo, ecc.*) morso, barbazzale, cavezza, briglia □ (*di cane*) guinzaglio □ (*di carro, ecc.*) martinicca, bloccaggio, blocco ***2*** (*fig.*) (*di economia, ecc.*) rallentamento, arresto **CONTR.** impulso, incentivo, spinta ***3*** (*fig.*) ritegno, moderazione, disciplina, dominio, remora □ contenimento □ temperanza □ raffreddamento □ argine, regola, restrizione **CONTR.** sfrenatezza, smoderatezza, intemperanza □ licenza ***4*** disincentivo, deterrente, invito, incitamento, sprone ***5*** (*fig., lett.*) autorità, potere ***6*** (*anat.*) frenulo, filetto, frenello **FRAS.** *mordere il freno* (*fig.*), essere insofferente alla disciplina □ *scuotere il freno* (*fig.*), liberarsi da una schiavitù □ *allentare il freno* (*fig.*), dare più libertà □ *stringere il freno* (*fig.*), dare meno libertà □ *tenere a freno* (*fig.*), guidare con energia, controllare.

frequentàbile *agg.* trattabile, praticabile, bazzicabile □ visitabile □ agibile **CONTR.** infrequentabile □ inagibile.

frequentàre *v. tr.* **1** (*di luogo*) visitare spesso, battere **2** (*di scuola*) essere iscritto, andare regolarmente **CONTR.** marinare **3** (*di persona*) praticare, bazzicare, trattare, essere in relazione, accompagnarsi, vedere **CONTR.** trascurare, disinteressarsi.

frequentàto *part. pass. di* **frequentare**; *anche agg.* affollato, popolato, popoloso, trafficato, pieno di traffico **CONTR.** deserto, disabitato, spopolato, morto, solitario □ ritirato.

frequentatóre *s. m.* (*f. -trice*) assiduo, avventore, cliente □ habitué (*fr.*), fedele.

frequentazióne *s. f.* (*lett.*) frequenza.

frequènte *agg.* abituale, consueto, comune, usuale, diffuso, solito □ ripetuto, continuo, ricorrente, assiduo, costante □ abbondante, intenso, fitto **CONTR.** inconsueto, infrequente, insolito, raro, inusitato □ rado, isolato, discontinuo. *V. anche* DENSO

FREQUENTE
sinonimia strutturata

Ciò che si fa, si ripete o accade molte volte si definisce **frequente**: *assenze frequenti, lettere frequenti.* Gli atti che si compiono o gli eventi che capitano di frequente diventano **abituali** e **consueti**, derivanti cioè dall'abitudine, ossia dalla disposizione ad agire in un determinato modo acquisita con la continua e regolare ripetizione: *comportamento abituale*; *avvenimento consueto*. Legati agli aggettivi precedenti sono i termini **comune** e **usuale**, che descrivono ciò che è molto diffuso, generalmente accettato e applicato: *opinione comune*; *uso comune*; *frase usuale*. Così, per un fenomeno che si ripresenta periodicamente e ancor più per un motivo che si ripete abbastanza frequentemente in un'opera d'arte si usa l'aggettivo **ricorrente**.

Rispetto a questi vocaboli, i termini **continuo** e **costante** sottolineano la durata e la stabilità più che la ripetitività, e definiscono ciò che si svolge senza interruzione: *pioggia continua*; *spese continue*; *è in costante ansia per il figlio*; molto vicino nel significato è **assiduo**, che indica ciò che è fatto con costanza e continuità sottolineando particolarmente la determinazione e la cura che sottendono alcuni atti: *assidue cure*; *assidua frequentazione*. Anche **ripetuto**, si distingue dai vocaboli precedenti perché, usato estensivamente, è sinonimo di numeroso, frequente, continuo: *abbiamo fatto ripetuti tentativi*; *ci siamo difesi da ripetute accuse*.

Frequente può essere usato anche estensivamente, venendo così ad indicare l'intensità di un'attività: *commercio, traffico frequente*. In questo senso equivale ad **intenso**, che appunto designa ciò che si manifesta con particolare energia, e a **fitto**, che descrive eventi che si ripetono senza quasi soluzione di continuità: *traffico intenso*; *un fitto lampeggiare di luci*; *una fitta serie di visite*. Infine più che l'intensità o l'alta frequenza l'aggettivo **abbondante** designa la grande quantità: *le importazioni sono state abbondanti*.

frequentemènte *avv.* spesso, sovente, ripetutamente, assiduamente, reiteratamente **CONTR.** raramente, di rado, poco, infrequentemente.

frequènza *s. f.* **1** (*di fenomeni, di visite, ecc.*) ripetizione, assiduità, ripetersi □ ritmo, cadenza **CONTR.** rarità, scarsezza, infrequenza, assenza **2** (*di persone*) affluenza, afflusso, affollamento, calca, concorso, folla **CONTR.** assenza, scarsità.

freschézza *s. f.* **1** fresco, frescura, refrigerio **CONTR.** caldo, calura, arsura **2** (*est.*) (*di persona, di pianta, ecc.*) floridezza, rigoglio, prosperosità, giovinezza, bellezza, gioventù **CONTR.** avvizzimento, decadimento, magrezza, macilenza **3** (*fig.*) (*di discorso, di dipinto, ecc.*) naturalezza, spontaneità □ novità, modernità **CONTR.** artificio, artificiosità, sforzo □ banalità.

frésco A *agg.* **1** (*di temperatura*) leggermente freddo, piacevolmente freddo, né caldo né freddo, gradevole, piacevole **CONTR.** freddo □ caldo **2** (*di pane, di uovo, di cibo, ecc.*) fatto da poco, di giornata □ novello, nuovo, immaturo **CONTR.** vecchio, stantio, rancido, raffermo, ammuffito □ marcio, putrescente, putrido □ stagionato, maturo, fatto, pronto **3** (*di vernice*) umido, bagnato **CONTR.** asciutto, secco □ vecchio **4** (*fig.*) (*di persona, di fisico, ecc.*) giovane, fiorente, florido, rigoglioso, sano, vigoroso **CONTR.** sfiorito, appassito, avvizzito, floscio, vizzo, rugoso **5** (*di mente, ecc.*) riposato, ristorato **CONTR.** stanco, spossato, affaticato **6** (*di energie, di vigore, ecc.*) arzillo, pimpante, in forma **CONTR.** trafelato, sfatto **7** (*fig.*) (*di discorso, di stile, ecc.*) naturale, spontaneo, vivace, vivo □ gaio, brioso □ moderno, attuale **CONTR.** artificioso, convenzionale □ arcaico, vecchiotto, vieto □ tradizionale **8** (*est.*) (*di notizia, ecc.*) recente, nuovo □ (*di sposi*) novello **CONTR.** trito, passato □ stagionato **B** *s. m.* freschezza, frescura, temperatura gradevole, refrigerio, rinfrescata **CONTR.** gelo □ caldo, tepore □ calura, afa, afosità, calore **FRAS.** *di fresco*, da poco tempo □ *fresco di studi*, appena diplomato, appena laureato □ *star fresco* (*fig.*), essere capitato male □ *mettere al fresco* (*fig.*), mettere in prigione. *V. anche* SPONTANEO, VICINO

frescùra *s. f.* aria fresca, fresco, freschezza **CONTR.** caldo, calura, afa, afosità, calore.

frétta *s. f.* premura, urgenza, prescia (*rom.*), sollecitudine, pressa (*region.*) □ foga, furia, precipitazione □ rapidità, velocità, celerità □ impazienza **CONTR.** calma, flemma, lentezza, posatezza □ pazienza □ indugio. *V. anche* RAPIDITÀ

frettolosaménte *avv.* in fretta, in fretta e furia, rapidamente, precipitevolmente, precipitosamente □ affrettatamente, sbrigativamente, sommariamente, alla carlona **CONTR.** adagio, con calma, lentamente, lemme lemme □ pazientemente □ scrupolosamente, diligentemente.

frettolóso *agg.* **1** (*di persona*) pronto, rapido, spedito, svelto, veloce **CONTR.** lento, tardo, flemmatico □ paziente **2** (*di lavoro*) corrivo, fatto in fretta, inaccurato, affrettato □ avventato, precipitoso, sconsiderato, sbrigativo **CONTR.** accurato, diligente, scrupoloso, ponderato.

friàbile *agg.* disgregabile, frantumabile, polverizzabile, fragile, frangibile **CONTR.** compatto, duro, massiccio, coerente, resistente □ adamantino.

friabilità *s. f.* disgregabilità, fragilità, frantumabilità, fragilità **CONTR.** compattezza, durezza, sodezza, resistenza.

friggere ***A*** *v. tr.* cuocere in padella, soffriggere, rosolare ***B*** *v. intr.* ***1*** grillare, grillettare □ scoppiettare, stridere ***2*** (*fig.*) (*di persona*) fremere, struggersi, rodersi, bollire, tormentarsi, angustiarsi **FRAS.** *essere fritto* (*fig.*), essere rovinato □ *mandare a farsi friggere* (*fig.*), mandare al diavolo.

friggitorìa *s. f.* rosticceria □ grill-room (*ingl.*), grill (*ingl.*).

frigidaire /*fr.* friʒi'dɛr/ [n. commerciale; vc. fr., dal lat. *frigidum* 'freddo'] *s. m. inv.* frigorifero, frigo, refrigeratore, ghiacciaia □ congelatore.

frigidità *s. f.* ***1*** (*lett.*) freddo, freddezza **CONTR.** caldo, calore, bollore ***2*** (*fig.*) indifferenza, insensibilità, apatia, tiepidità (*raro*), frigidezza (*lett.*) **CONTR.** ardore, fervore, impeto, veemenza ***3*** (*med.*) insensibilità sessuale.

frìgido *agg.* ***1*** (*lett.*) freddo, ghiacciato **CONTR.** caldo, bollente ***2*** (*fig.*) indifferente, insensibile, apatico, torpido □ chiuso **CONTR.** ardente, fervido, impetuoso, veemente, fervente, fervoroso, vulcanico □ aperto, comunicativo ***3*** (*med.*) sessualmente insensibile **CONTR.** sessualmente eccitabile, sensuale.

frignàre *v. intr.* piagnucolare, gemere, pigolare, lamentarsi, gnaulare, belare, piangere, fiottare (*centr.*) □ vagire **CONTR.** gridare, strillare. *V. anche* PIANGERE

frignóne *s. m.* piagnucolone, piagnone.

frigo *s. m. acrt. di* **frigorifero**.

frigorìfero ***A*** *agg.* refrigerante **CONTR.** calorifico ***B*** *s. m.* frigo, refrigeratore, frigidaire (*fr.*), ghiacciaia, congelatore.

fringe benefit /*ingl.* 'frindʒ 'benəfit/ [loc. ingl., comp. di *fringe* 'frangia' (quindi 'marginale') e *benefit* 'vantaggio, beneficio'] *loc. sost. m. inv.* (*org. az.*) beneficio accessorio.

frittàta *s. f.* omelette (*fr.*) **FRAS.** *fare una frittata* (*fig.*), combinare un guaio □ *rivoltare la frittata* (*fig.*), rigirare il discorso.

frittèlla *s. f.* ***1*** **CFR.** bignè, tortello, krapfen (*ted.*), bombolone, bomba, crêpe (*fr.*) ***2*** (*fig.*) (*di unto*) macchia, chiazza, padella (*fig.*), medaglia (*fig.*).

fritto *part. pass. di* **friggere**; *anche agg.* ***1*** cotto in padella ***2*** (*fig.*) (*di persona*) rovinato, conciato per le feste **CONTR.** salvo **FRAS.** *fritto e rifritto* (*fig.*), ripetuto fino alla noia.

frivolézza *s. f.* ***1*** fatuità, futilità **CONTR.** importanza, gravità ***2*** leggerezza, puerilità, superficialità, volubilità, spensieratezza, vacuità, vanità, civetteria, mondanità □ (*est.*) divertimento, piacere **CONTR.** serietà, ponderatezza, ponderazione □ ascetismo ***3*** inezia, minuzia, quisquilia, bagattella, capriccio, piccolezza.

frìvolo *agg.* fatuo, futile □ leggero, puerile, superficiale, vacuo, vano, volubile, capriccioso, mondano, salottiero, spensierato, vanesio, vuoto **CONTR.** serio, ponderato, profondo, importante □ ascetico, spartano.

frizionàre *v. tr.* massaggiare, strofinare.

frizióne *s. f.* ***1*** massaggio, strofinamento, fregagione (*pop.*), fregamento □ (*est.*) linimento ***2*** (*mecc.*) attrito ***3*** (*mecc., est.*) cambio, pedale del cambio ***4*** (*fig.*) (*tra persone*) contrasto, dissenso, dissidio, opposizione, attrito **CONTR.** accordo, armonia, intesa.

frizzànte *part. pres. di* **frizzare**; *anche agg.* ***1*** (*di acqua, di vino, ecc.*) effervescente, gasato, spumeggiante, spumante **CONTR.** fermo, liscio ***2*** (*di vento*) pungente, fresco ***3*** (*fig.*) (*di parola, di ingegno, ecc.*) arguto, spiritoso, vivace □ mordace, pungente, ironico, sarcastico **CONTR.** monotono, pesante, noioso. *V. anche* ARGUTO

frizzàre *v. intr.* ***1*** (*di freddo, di alcol, ecc.*) pizzicare, pungere, bruciare, prudere ***2*** (*di acqua, di vino, ecc.*) spumare, essere effervescente, spumeggiare.

frìzzo *s. m.* ***1*** freddo pungente ***2*** (*fig.*) arguzia, facezia, freddura, spiritosaggine, battuta, botta, boutade (*fr.*), lazzo, lepidezza, motteggio □ punzecchiatura, punzecchiamento, frecciata.

frodàre *v. tr.* derubare, defraudare, carpire □ imbrogliare, ingannare, truffare, turlupinare, intrappolare.

frodàto *part. pass. di* **frodare**; *anche agg.* defraudato, derubato □ imbrogliato, ingannato, truffato, gabbato.

fròde *s. f.* fraudolenza, imbroglio, inganno, raggiro, truffa, disonestà, marioleria, baratteria (*est.*), defraudazione □ impostura, pirateria, dolo, malafede, intrigo □ stratagemma, trucco, slealtà □ ruberia **CONTR.** lealtà, onestà, probità, buona fede, rettitudine, sincerità.

FRODE

sinonimia strutturata

Si dice **frode** il circuire qualcuno approfittando della sua buona fede: *perpetrare una frode nel commercio, ai danni di qualcuno.* Reati particolari sono la *frode alimentare*, cioè l'adulterare a scopo di lucro prodotti alimentari e la *frode fiscale* consistente nel fare in modo di eludere la normale applicazione delle leggi fiscali. Esistono numerosi termini più o meno equivalenti di frode; **raggiro**, **inganno**, **imbroglio** usato figuratamente, **truffa**, **circonvenzione** indicano tutti insidie e astuzie fraudolente volte ad abbindolare qualcuno: *un raggiro senza scrupoli*; *usare l'inganno nei confronti di qualcuno*; *cadere nell'inganno*; *tutta la faccenda è un imbroglio*; *essere vittima di una truffa.* Truffa inoltre è anche il termine giuridico appropriato per definire il reato di chi con artifizi e raggiri procura a sé o ad altri un ingiusto profitto arrecando danno a qualcuno; anche circonvenzione si usa nel diritto nella locuzione *circonvenzione d'incapace*: la sua peculiarità è di riferirsi a una frode perpetrata ai danni di persona minore, inferma o psichicamente deficiente, che, al fine di trarne un profitto, viene indotta a compiere un atto giuridico dannoso per lei o per altri.

Il primo significato di **ruberia** è rubare con inganno, ma il termine definisce anche un'azione da ladri e disonesti, ossia una frode: *è una vera ruberia*; la stessa cosa vale per **pirateria**, che da atto di violenza commesso dai passeggeri o dall'equipaggio di una nave o di un aereo, passa ad indicare figuratamente inganno e sfruttamento, e per **impostura**, che denomina la consuetudine all'inganno ma anche la frode o la menzogna stesse: *le due grandi imposture del nostro tempo: l'architettura e la sociologia* (SCIASCIA).

Così molti altri sinonimi indicano innanzitutto la caratteristica che sottende un comportamento fraudolento, e poi per estensione il comportamento stesso: ad esempio il primo significato di **marioleria** è carattere di mariolo, e il secondo è azione da mariolo, ovvero furfanteria o inganno: *una marioleria politica*. Così accade per **disonestà** e anche per **perfidia**, termine più forte che sottolinea una malvagità particolarmente voluta e calcolata: *rubare sul peso è una vera disonestà*; *tradirlo così è stata una vera perfidia*; anche **fraudolenza** non indica solo l'inganno ma anche il carattere di ciò che è fraudolento, cioè fatto a scopo di inganno e raggiro. A questi due ultimi vocaboli si avvicina molto **malafede**, che indica la piena consapevolezza della propria slealtà e della propria intenzione di ingannare: *parlare in malafede*; *agire in malafede*.

Intrigo e il più colloquiale **pastetta** sono due termini equivalenti che denominano il modo scorretto e sleale usato per conseguire uno scopo, evidenziandone specialmente la macchinosità: *essere uso agli intrighi*; *le sue solite pastette*. Lo **stratagemma** si differenzia perché mette l'accento soprattutto sull'astuzia dell'espediente usato, che può essere intesa anche positivamente come intelligenza e non solo negativamente come malizia: *lo stratagemma del cavallo di Troia*; *riuscì a fuggire con uno stratagemma*.

fròdo *s. m. solo sing.* artificio, inganno, sotterfugio □ contrabbando **FRAS.** *di frodo*, senza licenza; (*fig.*) furtivamente.

frollàre ***A*** *v. intr.* intenerire, stagionare, macerare ***B*** **frollarsi** *v. intr. pron.* intenerirsi, stagionarsi, macerarsi.

fròllo *agg.* ***1*** (*di cosa*) tenero, morbido, molle □ floscio, cascante □ fradicio, marcio **CONTR.** duro, tiglioso, stopposo □ intatto, sano ***2*** (*fig.*) (*di persona, di carattere, ecc.*) debole, fiacco, infrollito, snervato, spossato, svigorito **CONTR.** energico, forte, gagliardo, robusto, vigoroso.

frónda (**1**) *s. f.* ***1*** (*di pianta*) ramoscello, frasca, tralcio, ramo □ (*al pl.*) chioma, fogliame ***2*** (*spec. al pl.*) (*fig.*) ornamenti superflui, fronzoli, ridondanze.

frónda (**2**) [fr. *fronde* 'fionda'; il n. deriva dalla frase di Bachaumont, che 'il Parlamento faceva come i ragazzi che, giocando alla fionda, lanciavano sassi alle guardie che cercavano di impedirli'] *s. f.* (*est.*) opposizione, critica, ribellione.

frondìsta [da *fronda* (2)] *s. m. e f.* ribelle, oppositore, avversario.

frondosità *s. f.* ***1*** (*di fronde*) rigoglio ***2*** (*fig.*) (*di discorso, di scritto, ecc.*) ampollosità, magniloquenza, ridondanza **CONTR.** aridità, concisione, stringatezza □ naturalezza, semplicità.

frondóso *agg.* ***1*** fronzuto, verdeggiante, rigoglioso, chiomato, frondeggiante (*lett.*) □ ombroso **CONTR.** nudo, spoglio, scheletrito ***2*** (*fig.*) (*di discorso, di scritto, ecc.*) ampolloso, magniloquente, ridondante **CONTR.** arido, conciso, spoglio, stringato □ naturale, semplice.

frontàle *agg.* ***1*** della fronte ***2*** (*anat.*) coronale ***3*** (*di scontro, di attacco*) diretto **CONTR.** di spalle, di fianco □ indiretto.

frontalìno *s. m.* (*di scalino*) alzata.

frontalménte *avv.* di fronte □ direttamente **CONTR.** di spalle, di dietro □ indirettamente.

frónte ***A*** *s. f.* ***1*** (*est.*) testa, capo □ faccia, viso, volto **CONTR.** tergo ***2*** aspetto, volto ***3*** (*di testimoni, di avversari, ecc.*) confronto, paragone, presenza ***4*** (*di casa, di mobile, ecc.*) parte anteriore □ facciata, prospetto **CONTR.** parte posteriore, retro ***B*** *s. m.* ***1*** (*mil.*) linea, linea del fuoco, prima linea, zona di combattimento, zona di operazioni **CONTR.** retrovie ***2*** (*polit.*) unione, associazione, partito, coalizione □ (*est.*) gruppo **FRAS.** *di fronte*, dirimpetto □ *a fronte alta* (*fig.*), senza vergogna □ *far fronte*, fronteggiare, affrontare □ *a fronte*, a lato. *V. anche* PARAGONE

fronteggiàre *v. tr.* ***1*** far fronte, tener testa, resistere, combattere, contrastare, affrontare, sfidare **CONTR.** arrendersi, cedere, piegarsi □ scansare, schermirsi, sfuggire □ scongiurare ***2*** guardare, essere rivolto, stare di fronte.

frontespìzio *s. m.* ***1*** (*arch.*) cornice, timpano, frontone ***2*** (*di libro*) prima pagina ***3*** (*fig., scherz.*) (*di persona*) aspetto, apparenza.

frontièra *s. f.* ***1*** confine, traguardo, obiettivo ***2*** (*fig.*) (*della scienza, del bene, ecc.*) limite, linea di separazione, conquista.

frónzolo *s. m. spec. al pl.* ornamento superfluo, nastrino, fiocchetto □ abbellimento, orpello, guarnizione □ ninnolo □ (*di grafia*) svolazzo.

fronzùto *agg.* frondoso, frondeggiante (*lett.*), verdeggiante, rigoglioso, chiomato, folto, ramoso □ ombroso **CONTR.** nudo, spoglio, scheletrito.

fròtta *s. f.* branco, folla, gruppo, moltitudine, ondata, quantità, schiera, caterva, coorte, nugolo, nuvilo, orda, stormo, torma □ congerie. *V. anche* FOLLA

fròttola *s. f.* bugia, fandonia, menzogna, balla (*pop.*), panzana, blague (*fr.*), bubbola, carota (*fam.*), fanfaluca, fiaba, favola, fola, pispola, storiella □ ciancia, pettegolezzo **CONTR.** verità, vero **FRAS.** *mangiare pane e frottole*, essere bugiardo. *V. anche* BUGIA

frugàle *agg.* ***1*** moderato, parco, sobrio, temperante □ francescano, spartano □ parsimonioso, economo **CONTR.** intemperante, smodato, smoderato □ prodigo ***2*** (*di pasto*) semplice, leggero, povero **CONTR.** ghiotto, goloso, luculliano, pantagruelico.

frugalità *s. f.* moderazione, sobrietà, temperanza, regolatezza □ parsimonia, austerità, risparmio, economia **CONTR.** avidità, ghiottoneria, gola, golosità, voracità, intemperanza, ingordigia, smoderatezza □ prodigalità, larghezza □ scialo.

frugalménte *avv.* moderatamente, sobriamente, parcamente □ parsimoniosamente **CONTR.** avidamente, smoderatamente.

frugàre *A* v. intr. cercare, rovistare, tastare □ smuovere, sparpagliare, razzolare (*scherz.*) □ curiosare *B* v. tr. (*di tasche, di bagagli, ecc.*) esaminare, perquisire, indagare, investigare, ricercare, manomettere □ rastrellare □ (*est.*) fissare, scrutare.

frugolétto s. m. dim. di **frugolo**; bambino vivace, diavoletto, folletto, topolino, frugolino.

fruìbile agg. godibile, usabile **CONTR.** inservibile.

fruìre *A* v. intr. servirsi, usare, valersi, avvalersi, possedere, giovarsi, godere *B* v. tr. (*raro*) godere.

fruitóre s. m. (f. *-trice*) consumatore □ utente □ (*al pl.*) utenza.

frullàre *A* v. tr. agitare, girare, rimestare, sbattere *B* v. intr. *1* (*di uccelli*) agitare le ali, svolazzare □ sibilare *2* (*di trottola, di attrezzo, ecc.*) ruotare velocemente, girare, roteare *3* (*fig.*) (*di pensieri, di idee*) girare, agitarsi, venire, ronzare, mulinare.

frullàto *A* part. pass. di **frullare**; anche agg. agitato, sbattuto *B* s. m. frappé (*fr.*), milkshake (*ingl.*).

frùllo s. m. (*di ali*) battito, frullio, svolazzo, fruscio.

fruménto s. m. (*bot.*) grano.

frumentóne s. m. *1* accr. di **frumento** *2* (*bot.*) granoturco, mais.

frusciàre v. intr. (*di fronde, ecc.*) bisbigliare, stormire, crepitare (*lett.*), crosciare (*lett.*), sussurrare, mormorare, rumoreggiare, bruire (*lett.*) □ (*di acqua*) gorgogliare □ (*di tessuto*) strofinare, stropicciare.

fruscio s. m. stropiccio, frullio, frullo, fremito □ soffio, rumorio, voce □ mormorio, gorgoglio, sciacquio.

frùsta s. f. *1* sferza, staffile, scudiscio, nerbo, flagello, curbascio *2* (*fig.*) disciplina.

frustàre v. tr. *1* sferzare, staffilare, scudisciare, flagellare, fustigare, percuotere *2* (*fig.*) (*di costumi, di persona, ecc.*) censurare, stroncare, criticare aspramente, strigliare □ castigare **CONTR.** adulare, blandire, elogiare, lodare *3* (*fig.*) (*di abito, ecc.*) consumare, logorare.

frustàta s. f. *1* sferzata, staffilata, scudisciata, nerbata *2* (*est.*) stimolo, spinta *3* (*fig.*) censura, aspra critica **CONTR.** adulazione, elogio, lode.

frustino s. m. *1* dim. di **frusta** *2* scudiscio □ sferzino, staffile, sferza.

frùsto agg. *1* consumato, logoro, liso, consunto, vecchio **CONTR.** intatto, integro, nuovo *2* (*di aspetto*) mal ridotto, malconcio □ (*di forza*) esausto, esaurito *3* (*fig.*) inattuale, antiquato, superato, vieto (*spreg.*) **CONTR.** attuale, moderno, nuovo, originale, inedito.

frustràre v. tr. vanificare, annullare, mandare a vuoto, far fallire □ deludere, ingannare **CONTR.** appagare, soddisfare, gratificare.

frustràto part. pass. di **frustrare**; anche agg. e s. m. deluso, insoddisfatto □ inappagato, svanito, sfumato □ fallito **CONTR.** gratificato, appagato, soddisfatto □ affermato.

frustrazióne s. f. delusione, insoddisfazione □ insuccesso **CONTR.** appagamento, gratificazione, soddisfacimento □ successo.

fruttàre *A* v. intr. (*di campo, di pianta, ecc.*) fruttificare, produrre, dar frutto *B* v. tr. *1* (*di campo, di pianta, ecc.*) produrre *2* (*est.*) (*di capitale, di denaro, ecc.*) rendere, dare *3* (*fig.*) (*di stima, di posto, ecc.*) procurare, valere, causare, provocare.

fruttièra s. m. portafrutta, alzata.

fruttìfero agg. *1* (*di albero, di zona, ecc.*) fecondo, fertile, ferace (*lett.*), frugifero (*lett.*), fruttuoso, produttivo, prospero, ubertoso **CONTR.** sterile, infecondo, morto *2* (*fig.*) (*di capitale, di investimento, ecc.*) redditizio, vantaggioso, utile, profittevole **CONTR.** improduttivo, infruttuoso.

fruttificàre v. intr. dar frutto, fruttare, produrre □ (*fig.*) rendere.

fruttivéndolo s. m. fruttaiolo □ (*est.*) verduraio, erbivendolo □ ortolano.

frùtto s. m. *1* (*di terra, di attività, ecc.*) prodotto □ raccolto □ (*est.*) (*di amore*) figlio, prole *2* (*fig.*) (*di capitale, di investimento, ecc.*) profitto, utile, vantaggio, interesse, guadagno, reddito, rendita, provento, rendimento, ricavato, ricavo *3* (*fig.*) (*di un'azione*) conseguenza, effetto, risultato, risultanza □ beneficio, successo **CONTR.** causa, motivo, movente. *V. anche* GUADAGNO

fruttuosaménte avv. utilmente, con profitto, efficacemente, convenientemente, profittevolmente, vantaggiosamente **CONTR.** infruttuosamente, inutilmente, sterilmente.

fruttuóso agg. *1* (*di pianta, di annata, ecc.*) ricco di frutti, fruttifero **CONTR.** infruttifero, sterile *2* (*fig.*) (*di investimento, di attività, ecc.*) redditizio, utile, vantaggioso, conveniente, profittevole □ efficace **CONTR.** improduttivo, inutile, inefficace, infruttuoso □ dannoso, esiziale, svantaggioso *3* copioso, abbondante **CONTR.** scarso.

fu terza persona sing. del pass. rem. di **essere**; in funzione di agg. (*davanti ai nomi propri di pers.*) defunto, morto, compianto, estinto, povero, quondam (*lat.*), buonanima.

fucilàre v. tr. sparare □ giustiziare.

fucilàta s. f. sparo, schioppettata □ detonazione, colpo □ (*al pl.*) sparatoria.

fucilazióne s. f. esecuzione.

fucìle s. m. *1* (*di arma*) moschetto, carabina, schioppo, doppietta, archibugio, trombone *2* (*est.*) (*di persona*) tiratore □ fuciliere.

fucìna s. f. *1* forgia, officina □ ferriera □ acciaieria *2* (*fig.*) (*di letterati, di artisti, ecc.*) ambiente, sorgente, crogiolo, cenacolo.

fùga s. f. *1* partenza precipitosa, fuggifuggi □ evasione □ sparizione □ sfollamento **CONTR.** arrivo □ ritorno, rientro *2* (*est.*) (*di acqua, di gas, ecc.*) fuoriuscita, dispersione, efflusso, emanazione, esalazione, perdita □ (*fig.*) (*di cervelli, ecc.*) emigrazione, uscita *3* (*mil.*) ritirata, rotta, sbandamento, disfatta, sbaraglio □ defezione, diserzione □ sortita **CONTR.** assalto, attacco, carica, incursione □ inseguimento *4* (*di archi, di saloni, ecc.*) serie, seguito, fila, sfilata *5* (*fig.*) (*dal mondo, dalla realtà, ecc.*) evasione.

fugàce agg. breve, caduco, effimero, fuggevole, labile (*lett.*), momentaneo, passeggero, precario, provvisorio, temporaneo, transitorio, transeunte (*lett.*) □ fallace **CONTR.** durevole, duraturo, stabile, saldo, costante □ lungo □ perenne, permanente, immortale, perpetuo, sempiterno.

FUGACE
sinonimia strutturata

La radice di **fugace** è *fūgere*, che in latino vuol dire fuggire; così, ancora oggi, soprattutto in contesti letterari, l'aggettivo designa ciò che fugge; il suo significato più comune è comunque quello estensivo, che definisce ciò che non è duraturo: *la bellezza è un bene fugace*; *i fugaci beni del mondo*; semanticamente si sovrappone a **fuggevole**, che pure descrive ciò che passa veloce: *attimi fuggevoli*; *sguardo fuggevole*. **Effimero**, che nel significato direttamente derivato dall'etimologia si riferisce a ciò che dura un solo giorno, in senso lato indica ciò che ha breve o brevissima durata: *è stata una gloria effimera*; *febbri effimere*; un *fiore effimero* è un fiore che appassisce nel giro di poche ore; in questo senso viene a coincidere con il significato figurato di **caduco**, che propriamente definisce ciò che cade presto: *bellezza caduca, caduche speranze*. Ciò che viene meno facilmente può essere detto anche **labile** e **transeunte**, aggettivi semanticamente identici ai precedenti ma usati in contesti letterari: *la salute, la giovinezza sono beni labili*.

Il termine più comune per indicare ciò che ha scarsa durata temporale è **breve**, che si distingue dai precedenti anche perché definisce cose la cui brevità può essere anche voluta e non solo subita: *breve incontro*; *breve periodo di riposo*; *breve discorso*. **Momentaneo**, **passeggero**, soprattutto figuratamente, e **temporaneo** si equivalgono nel definire ciò che non è saldo e costante, ma, così come breve, generalmente non contengono quella sfumatura di ineluttabilità che caratterizza i vocaboli precedenti: *piacere momentaneo*; *gioia momentanea*; *dolori passeggeri*; *un capriccio passeggero*; *incarico temporaneo*.

Quest'ultimo vocabolo può designare anche ciò che per scelta o per mancanza di alternativa ha una funzione assai limitata nel tempo, e in questo senso è sinonimo di **provvisorio** e **transitorio**: *soluzione temporanea*; *governo provvisorio*; *provvedimento transitorio*; a sua volta, transitorio usato in senso estensivo e letterario torna a coincidere con labile, caduco, ecc., ossia ad applicarsi a ciò che per sua natura non può durare: *gloria transitoria*; *ideale transitorio*. La sfumatura di incertezza, di instabilità e di mancanza di sicurezza che permea le situazioni temporanee emerge particolarmente nel termine **precario**: *un impiego precario*; *una situazione precaria*. **Fallace** si distingue invece perché evidenzia come ciò che è fugace possa rivelarsi illusorio e ingannevole: *promesse fallaci*; *speranza fallace*.

fugaceménte *avv.* brevemente, fuggevolmente, rapidamente, velocemente □ temporaneamente, transitoriamente **CONTR.** durevolmente, stabilmente, perennemente, permanentemente.

fugacità *s. f.* caducità, precarietà, breve durata, fuggevolezza, momentaneità, provvisorietà, transitorietà, brevità, temporaneità, labilità (*lett.*) **CONTR.** durata, stabilità, durevolezza, perennità.

fugàre *v. tr.* far fuggire, cacciare, scacciare, disperdere, allontanare, dileguare, spazzar via, ricacciare, ributtare **CONTR.** far venire, attirare, far nascere.

fugàto *part. pass. di* **fugare**; *anche agg.* messo in fuga □ allontanato, espulso **CONTR.** accolto, attirato.

fuggévole *agg.* di breve durata, caduco, effimero, fugace, labile (*lett.*), momentaneo, passeggero, precario, provvisorio, rapido, transitorio, vago **CONTR.** durevole, duraturo, saldo, stabile, costante, perenne, permanente, sempiterno. *V. anche* FUGACE

fuggevolézza *s. f.* caducità, fugacità, precarietà, momentaneità, provvisorietà, transitorietà, brevità, labilità (*lett.*) **CONTR.** durata, stabilità, perennità.

fuggevolménte *avv.* brevemente, fugacemente, rapidamente, velocemente □ furtivamente **CONTR.** durevolmente, saldamente, perennemente.

fuggiàsco *agg.*; *anche s. m.* fuggitivo □ latitante, contumace, uccel di bosco □ esule, profugo, fuoriuscito □ disertore, transfuga □ ramingo □ evaso, ricercato.

fuggifùggi *s. m.* fuga □ (*est.*) parapiglia, trambusto.

fuggìre ***A*** *v. intr.* ***1*** scappare, svignarsela, filare, sgattaiolare, alzare il tacco, darsela a gambe, prendere il largo, voltare la schiena, battere in ritirata, pigliare il volo, mettersi la strada fra le gambe, far fagotto, levar le tende □ involarsi, sparire □ evadere **CONTR.** arrivare, giungere, venire, sopraggiungere, capitare ***2*** (*mil., est.*) ripiegare, ritirarsi, battere in ritirata □ disertare **CONTR.** resistere □ assalire, attaccare, caricare □ sfidare □ inseguire ***3*** (*sui monti, all'estero, ecc.*) rifugiarsi, nascondersi □ salvarsi □ emigrare, trasferirsi **CONTR.** venire, arrivare □ tornare, rientrare ***4*** (*di tempo, di paesaggio, ecc.*) scorrere rapidamente, passare in fretta, volare, andarsene ***5*** (*fig.*) (*di momento, di occasione, ecc.*) passare, svanire, dileguarsi, venire meno **CONTR.** apparire, presentarsi, comparire ***B*** *v. tr.* schivare, evitare, scansare, sfuggire, eludere, sottrarsi, scantonare, rifuggire **CONTR.** affrontare, andare incontro, aggredire. *V. anche* EVADERE

fuggitìvo ***A*** *agg.* (*raro, fig.*) (*di attimo, di pensiero*) fugace, fuggevole, effimero □ (*lett., fig.*) (*di sguardo*) sfuggente **CONTR.** durevole, stabile, perenne ***B*** *s. m.* fuggiasco □ disertore, evaso □ esule.

fùlcro *s. m.* ***1*** (*di leva*) perno, punto di appoggio ***2*** (*fig.*) (*di questione, di ragionamento, ecc.*) sostegno, cardine, nucleo, centro, base, fondamento.

fùlgido *agg.* ***1*** luminoso, rilucente, splendente, brillante, lucente, risplendente, sfolgorante, splendido **CONTR.** offuscato, opaco, oscuro, scuro ***2*** (*di sorriso*) radioso **CONTR.** spento, forzato ***3*** (*di ingegno, ecc.*) acuto, penetrante **CONTR.** tardo, lento.

fulgóre *s. m.* splendore, lucentezza, luminosità, fulgidezza (*raro*), fulgidità (*raro*) □ sfolgoramento, sfolgorio □ bagliore, barbaglio □ chiarore, fuoco, luce **CONTR.** oscurità, tenebra, buio.

fulìggine *s. f.* ***1*** caligine (*dial.*) □ nerofumo ***2*** (*bot.*) malattia delle piante, volpe, golpe, carbone.

fuligginóso *agg.* ***1*** caliginoso (*dial.*) ***2*** (*est.*) nerastro, nerognolo, nereggiante, scuro □ nebbioso **CONTR.** chiaro, limpido, luminoso, smagliante, trasparente.

full time /*ingl.* 'ful 'taim/ [loc. ingl., da *full* 'pieno' e *time* 'tempo'] *loc. agg.* e *s. m. inv.* tempo pieno **CONTR.** part-time.
fulmicotóne *s. m.* cotone fulminante, nitrocellulosa **FRAS.** *al fulmicotone* (*fig.*), improvviso, rapido, violentissimo.
fulminànte ***A*** *part. pres.* di **fulminare**; *anche agg.* ***1*** folgorante, fulminatore ***2*** (*fig.*) (*di malattia e sim.*) letale, mortale, micidiale □ rapidissima ***3*** (*fig.*) (*di sguardo, di parola, ecc.*) raggelante, mortificante, umiliante ***B*** *s. m.* ***1*** (*dial.*) fiammifero ***2*** (*di fucile*) innesco.
fulminàre ***A*** *v. tr.* ***1*** folgorare, saettare (*lett.*) ***2*** (*est.*) (*di scarica elettrica, di arma, ecc.*) abbattere, atterrare, uccidere, stecchire ***3*** (*fig.*) (*con lo sguardo, con la parola, ecc.*) mortificare, umiliare, gelare ***B*** *v. intr. impers.* cader fulmini ***C*** **fulminarsi** *v. intr. pron.* (*fam.*) (*di lampadina, di valvola e sim.*) fondersi, bruciarsi, saltare (*fam.*).
fulminàto *part. pass.* di **fulminare**; *anche agg.* ***1*** folgorato ***2*** (*est.*) (*da scarica elettrica, da arma, ecc.*) abbattuto, atterrato, ucciso ***3*** (*fig.*) (*dallo sguardo, dalla parola, ecc.*) raggelato, umiliato, mortificato ***4*** (*fam.*) (*di lampadina, di valvola e sim.*) fuso, bruciato.
fulminazióne *s. f.* folgorazione.
fùlmine *s. m.* (*anche fig.*) folgore, saetta, lampo.
fulmineaménte *avv.* improvvisamente, repentinamente, di colpo, repente (*lett.*) □ rapidissimamente, velocemente **CONTR.** lentissimamente, adagio adagio.
fulmìneo *agg.* ***1*** rapidissimo, velocissimo, sparato (*fig.*), bruciante (*fig.*) □ violentissimo □ improvviso, inatteso, repentino **CONTR.** lentissimo ***2*** (*raro, fig.*) (*di sguardo, di parola, ecc.*) minaccioso.
fùlvo *agg.*; *anche s. m.* lionato, giallo rossiccio, biondo rame, rossastro, rosso, rutilo (*lett.*), rosseggiante, flavo (*lett.*), falbo (*lett.*).
fumaiòlo *s. m.* camino, ciminiera, comignolo.
fumànte *part. pres.* di **fumare**; *anche agg.* ***1*** fumoso, fumido (*lett.*), fumigante ***2*** (*est.*) (*di vivanda*) bollente □ ancora caldo.
fumàre *v. intr.* mandar fumo, fumeggiare, fumigare □ sbuffare (*fig.*) □ (*est.*) vaporare □ sudare.
fumàta *s. f.* ***1*** (*per segnali*) effumazione ***2*** (*di tabacco*) pipata.
fumé /*fr.* fy'me/ [vc. fr., part. pass. di *fumer* 'fumare'] *agg. inv.* color fumo, grigio scuro, grigio bruno, grigio fumo.
fumeggiàre ***A*** *v. intr.* fumigare, fumare ***B*** *v. tr.* sfumare.
fumettìstico *agg.* (*spreg.*) banale, convenzionale, sfruttato.
fumétto *s. m.* ***1*** nuvoletta □ giornalino (*fam.*), giornaletto (*fam.*), striscia, strip (*ingl.*), cartoon (*ingl.*) □ illustrazione, vignetta ***2*** (*est., spreg.*) (*di scritto*) banalità.
fumigazióne *s. f.* suffumigio, fomento.
fùmo *s. m.* ***1*** (*est.*) esalazione, fumosità, foschia, nebbia, vapore □ smog (*ingl.*), scarico □ (*per segnali*) effumazione ***2*** (*di tabacco*) il fumare □ (*est.*) hascisc ***3*** (*fig.*) apparenza, esteriorità **CONTR.** sostanza, realtà ***4*** (*fig.*) boria, superbia, vanità **CONTR.** modestia, semplicità, umiltà ***5*** (*al pl.*) (*del vino, dell'ira, ecc.*) esaltazione, euforia, delirio, offuscamento **FRAS.** *gettare fumo negli occhi* (*fig.*), illudere, mistificare □ *andare in fumo* (*fig.*), svanire, fallire □ *venditore di fumo* (*fig.*), mistificatore □ *vendere fumo*, ingannare gli altri con apparenze o promesse vane. *V. anche* NEBBIA
fumògeno *agg.* ***1*** fumoso ***2*** (*di cortina, di nube, ecc.*) di fumo.
fumosaménte *avv.* oscuramente, ambiguamente, nebulosamente, confusamente **CONTR.** chiaramente, precisamente.
fumosità *s. f.* ***1*** fumo □ vapore ***2*** (*fig.*) (*di stile, di discorso, ecc.*) nebulosità, oscurità, ambiguità, confusione, ermetismo **CONTR.** chiarezza, comprensibilità.
fumóso *agg.* ***1*** fumogeno, fumigante, fumido □ fumante ***2*** (*est.*) pieno di fumo □ annebbiato, offuscato, velato **CONTR.** chiaro, luminoso, trasparente, limpido, terso ***3*** (*fig.*) (*di stile, di discorso, ecc.*) oscuro, vago, nebuloso, ermetico □ arzigogolato, contorto □ incerto, impreciso □ ambiguo, equivoco **CONTR.** chiaro, comprensibile, evidente, preciso ***4*** (*fig.*) (*di persona, di carattere, ecc.*) borioso, superbo, tronfio, vanaglorioso **CONTR.** modesto, semplice, umile. *V. anche* INCERTO
funambolésco *agg.* (*fig.*) abilissimo, spregiudicato □ camaleontico (*est.*) **CONTR.** scrupoloso, rigido, lineare.
funambolìsmo *s. m.* ***1*** acrobatismo, equilibrismo, acrobazia ***2*** (*fig.*) abilità, spregiudicatezza □ opportunismo, camaleontismo **CONTR.** scrupolosità, rigidezza, linearità.
funàmbolo *s. m.* ***1*** acrobata, equilibrista, saltimbanco ***2*** (*fig.*) politicone, diplomatico, manovratore, opportunista, camaleonte (*est.*), politicante, politico (*est.*), maneggione **CONTR.** persona rigida, persona coerente.
fùne *s. f.* corda, cordone, cavo, canapo □ tirante □ (*mar.*) gomena, cima □ (*per animali*) cavezza, pastoia, capestro.
fùnebre *agg.* ***1*** funerario, mortuario ***2*** (*fig.*) (*di aria, di ambiente, ecc.*) triste, funereo, tetro, macabro, lugubre, luttuoso, mesto **CONTR.** allegro, brioso, gaio, giocondo, lieto, ridente, scherzoso, festoso, festevole, sollazzevole.
funeràle ***A*** *s. m.* esequie, mortorio (*raro, lett.*), accompagnamento funebre, onoranze funebri, estremi onori, sepoltura ***B*** *agg.* (*letter.*) (*di carme*) funerario.
funeràrio *agg.* funebre, mortuario.
funèreo *agg.* ***1*** di morte □ funebre, ferale (*lett.*), mortuario ***2*** (*est.*) (*di aria, di ambiente, ecc.*) macabro, sepolcrale, tombale, lugubre, luttuoso, triste, mesto, buio **CONTR.** allegro, brioso, gaio, festoso, giocondo, lieto, ridente, scherzoso.
funestaménte *avv.* dannosamente, pericolosamente, nocivamente, calamitosamentre, catastroficamente, infaustamente, tragicamente **CONTR.** utilmente, vantaggiosamente, provvidenzialmente, proficuamente.

funestàre *v. tr.* provocare lutti, devastare □ addolorare, affliggere, rattristare **CONTR.** allietare, dilettare, rallegrare.

funèsto *agg.* **1** mortale, luttuoso □ (*lett.*) doloroso, triste, amaro, ferale **2** (*est.*) (*di evento, di persona, ecc.*) esiziale, fatale, letale, micidiale □ dannoso, nocivo, pericoloso, deleterio, infausto, nefasto, calamitoso, catastrofico, pernicioso, rovinoso, sinistro, tragico **CONTR.** fausto, lieto □ provvidenziale, utile, vantaggioso. *V. anche* DANNOSO, NERO

fùngere *v. intr.* funzionare, fare da, fare le veci, sostituire, rappresentare.

fùngo *s. m.* **1** (*bot.*) micete **2** (*est., med.*) fungosità, muffa **FRAS.** *crescere come un fungo*, crescere in fretta.

funicolàre *s. f.* teleferica, funivia.

funivìa *s. f.* funicolare, teleferica, cabinovia.

funzionàle *agg.* **1** di funzione **2** (*di apparecchio, di mobile, ecc.*) pratico, razionale, efficiente **CONTR.** inefficiente, irrazionale.

funzionalità *s. f.* praticità, razionalità, efficienza □ affidabilità **CONTR.** inefficienza, irrazionalità.

funzionaménto *s. m.* funzione, movimento, meccanismo, andamento, regime, esercizio. *V. anche* FUNZIONE

funzionànte *part. pres. di* **funzionare**; *anche agg.* **1** integro, in ordine, perfetto **CONTR.** guasto, rotto, avariato □ ingolfato, inceppato, incantato, bloccato **2** in funzione, attivo, operativo, in marcia, in movimento, in moto □ acceso, attaccato **CONTR.** fermo, inattivo, disattivato, disinserito □ spento, staccato.

funzionàre *v. intr.* **1** muoversi, procedere, ingranare, lavorare, marciare, andare (*fam.*), camminare **CONTR.** bloccarsi, incantarsi, spegnersi, incepparsi **2** fungere, fare da, sostituire, fare le veci, rappresentare.

funzionàrio *s. m.* dirigente, burocrate, pubblico ufficiale, magistrato, commissario, impiegato, soprintendente, rappresentante □ (*al pl.*) burocrazia, nomenklatura **CONTR.** impiegatuccio, travet (*region.*) □ privato. *V. anche* QUADRO

funzióne *s. f.* **1** attività, carica, compito, incarico, incombenza, ufficio, missione, mansione □ veste (*fig.*) □ vece **2** (*di organo, di meccanismo, ecc.*) funzionamento, azione, operazione □ esercizio **3** (*fig.*) (*di persona o cosa*) ruolo, valore, parte, finalità **4** rito religioso, cerimonia, festa, solennità **FRAS.** *in funzione*, funzionante □ *in funzione di,* in relazione a, proporzionalmente a, in dipendenza da □ *funzione clorofilliana*, fotosintesi. *V. anche* RITO

FUNZIONE
sinonimia strutturata

Ogni attività determinata da mansioni specifiche connesse ad una carica o ad un ufficio si chiama **funzione**: *nella vita sociale tutti hanno una propria funzione*. Di significato più ampio è **attività**, che comprende l'insieme di operazioni, comportamenti e decisioni che vengono a costituire il contenuto di una specifica funzione: *scegliere una determinata attività*; *attività legislativa*. I termini **mansione** e **compito** sono tra loro pressoché coincidenti e indicano il complesso di lavori assegnati e caratteristici di una certa funzione: *svolgere le proprie mansioni*; *non rientra nei miei compiti*.

L'**incarico**, l'**incombenza** e, in senso estensivo, l'**ufficio** sono dei compiti, delle commissioni affidate o ricevute, spesso di una certa importanza e di carattere temporaneo e speciale: *assumere un incarico*; *triste incombenza*; *sbrigare un'incombenza*; *rifiutare un ufficio*; *ufficio di arbitro*. Inoltre funzione estensivamente può indicare la carica o l'ufficio che caratterizza: *fu investito della funzione di magistrato*; *fare la funzione di qualcuno*, significa farne le veci; in questo senso è sinonimo di ufficio in senso estensivo e di **carica**, che si contraddistingue perché solitamente indica una posizione piuttosto elevata, specialmente pubblica, spesso conferita in modo ufficiale: *la carica di sindaco, di ministro*. Quando si desidera sottolineare invece il ruolo ricoperto in un certo contesto si ricorre al significato figurato di **veste**: *parlare in veste di pubblico accusatore*; *nella sua veste di capo dello Stato poteva concederlo*. Infine, una persona che per sostituirne un'altra agisce in un ruolo che solitamente non le compete, si dice *fare le veci* di quest'ultima: *fare le veci del preside*; *firma del padre o di chi ne fa le veci*; **vece** è usato quasi solo al plurale e in questa locuzione, ma originariamente è sinonimo di mansione, ufficio.

In una seconda area semantica il termine funzione può designare l'attività di un organo o di un insieme di organi di animali o vegetali: *funzione del muscolo*; *i giudizi e i concetti sono funzioni dell'intelletto*. Come gli organi, anche i congegni e i meccanismi hanno una loro attività e un loro compito precipuo che può definirsi funzione: *la funzione di un cuscinetto a sfera, di un motore*; *mettere in funzione una calcolatrice*; la locuzione *in funzione* significa funzionante. In entrambi i casi si usa la parola **funzionamento** per designare il modo e l'atto dell'adempiere le proprie funzioni: *il funzionamento del cuore non è perfetto*; *il funzionamento di questa radio lascia a desiderare*; così anche i termini quasi equivalenti **operazione** e **azione** possono essere usati in riferimento a macchine o a organi: *le operazioni del cervello sono complicatissime*; *questa macchina effettua delle operazioni velocissime*; *l'azione dei freni è molto importante*.

Il termine funzione è usato molto spesso figuratamente: *sono attività che hanno una precisa funzione sociale*; in questo caso coincide semanticamente con **ruolo**, che, in senso estensivo e figurato, indica l'ufficio ricoperto o la parte, l'influenza, l'importanza rivestita nella realizzazione di qualcosa: *rivestire il ruolo di guida*; *nella sua carriera hai avuto un ruolo determinante*. In un'accezione leggermente diversa corrisponde invece a **finalità**, che accentua il fine, lo scopo di un'azione: *ogni azione deve avere delle finalità precise*; vicino è **compito**, che però suggerisce il concetto di mansione ed è quindi più circoscritto: *questa macchina ha il compito di controlla-*

re i pezzi. Ancora una sfumatura particolare caratterizza **valore**, che definisce la funzione in quanto portatrice di significato: *solo nel contesto è possibile determinare il valore di questa espressione*. L'espressione *in funzione di* sottolinea la stretta dipendenza tra persone o fenomeni correlati: *misure adottate in funzione dello sviluppo*.

Infine nell'ambito della religione, funzione indica ogni **rito religioso**: *le funzioni domenicali, pasquali*; *celebrare il rito nuziale*, si usa inoltre estensivamente come sinonimo di **cerimonia**, che a sua volta sta ad indicare, in un'accezione non religiosa, il complesso di atti che si compiono per celebrare avvenimenti e ricorrenze: *assistere a un'importante cerimonia*.

fuochìsta s. m. (*di locomotiva e sim.*) macchinista.

fuòco s. m. **1** (*est.*) fiamma, fiammata, vampa, vampata □ falò □ incendio □ brace □ rogo, pira **2** focolare, camino, caminetto □ (*mar., spec. al pl.*) forni, caldaie **3** (*est.*) nucleo familiare **4** (*fig.*) bagliore, fulgore, splendore **CONTR.** oscurità, tenebra **5** (*fig.*) (*di sentimenti, di passioni*) intensità, ardore, fervore, passione, eccitazione, esaltazione, vigore, vivacità, impeto, foga □ (*di arte, ecc.*) estro, ispirazione **CONTR.** freddezza, gelo, apatia, indolenza, fiacchezza **6** (*di arma*) esplosione, sparo □ sparatoria □ fucileria, cannoneggiamento **FRAS.** *prender fuoco*, accendersi; (*fig.*) arrabbiarsi, incazzarsi (*volg.*) □ *andare a fuoco*, bruciare □ *bollare a fuoco* (*fig.*), coprire d'infamia □ *parole di fuoco* (*fig.*), parole terribili □ *dare fuoco alle polveri* (*fig.*), dare inizio alle ostilità □ *trovarsi tra due fuochi* (*fig.*), trovarsi tra due pericoli □ *il fuoco eterno*, l'inferno □ *fare fuoco*, sparare □ *soffiare sul fuoco* (*fig.*), aizzare gli animi □ *mettere a fuoco* (*fig.*), puntualizzare, delineare chiaramente □ *mettere a ferro e fuoco*, incendiare e saccheggiare □ *far fuoco e fiamme* (*fig.*), strepitare; fare tutto il possibile □ *prova del fuoco* (*fig.*), prova decisiva.

fuorché **A** cong. tranne che, eccetto che, salvo che, a meno che, se non **B** prep. eccetto, tranne, salvo, meno **CONTR.** compreso, anche, pure □ perfino.

fuòri **A** avv. (troncato in **fuor**, *poet.* **for**) **1** esternamente, verso l'esterno □ lontano □ oltre, al di là **CONTR.** dentro, internamente, entro □ vicino **2** (*fam.*) fuori di casa □ (*est.*) via, lontano □ all'aperto **CONTR.** in casa, qui □ dentro **3** (*fig.*) esteriormente, all'apparenza **CONTR.** in realtà, nella sostanza **B** prep. **1** lontano, distante **CONTR.** in, vicino **2** (*fig.*) (*di spesa, di addebito, ecc.*) extra **C** in funzione di s. m. solo sing. esterno □ facciata **CONTR.** interno **FRAS.** *far fuori* (*fig.*), uccidere □ *essere fuori di sé* (*fig.*), sragionare □ *fuori mano*, lontano □ *fuori luogo* (*fig.*), inopportuno □ *fuori misura*, eccessivo, eccezionale, eccessivamente □ *fuori programma*, non previsto, non compreso.

fuoriclàsse o **fuòri clàsse** s. m. e f. inv.; anche agg. **1** (*sport*) asso, campione, campionissimo **CONTR.** brocco **2** eccezionale, eccellente, straordinario, superiore, fuoriserie (*fam.*) **CONTR.** inferiore, infimo, pessimo, scadente.

fuoricombattiménto s. m. inv. (*nel pugilato*) knockout (*ingl.*).

fuorilégge s. m. e f. inv. bandito, brigante.

fuorisèrie o **fuòri sèrie** **A** agg. inv. **1** fuoriclasse, di lusso **CONTR.** di serie, economico **2** (*fig., fam.*) eccezionale, straordinario, fenomenale **CONTR.** scadente, infimo, pessimo **B** s. f. **1** automobile fuori serie **2** (*fig., fam.*) (*di persona*) fuoriclasse, asso, campione, campionissimo **CONTR.** brocco.

fuoristràda s. m. inv. campagnola, jeep (*ingl.*).

fuoriuscìre v. intr. uscire, sgorgare, stillare, colare, traboccare, effluire □ scappare **CONTR.** entrare.

fuoriuscìta s. f. emissione, espulsione, uscita □ getto, efflusso, sbocco, emanazione □ (*di gas, ecc.*) esalazione, fuga, perdita □ (*med.*) travaso, versamento **CONTR.** entrata, immissione, penetrazione.

fuoriuscìto part. pass. di **fuoriuscire**; anche agg. e s. m. esule, profugo, fuggiasco, proscritto, esiliato, bandito □ emigrato.

fuorviànte part. pres. di **fuorviare**; anche agg. deviante, sviante □ traviante.

fuorviàre **A** v. intr. **1** uscire di strada, deviare, sviare **2** (*fig.*) traviarsi, corrompersi, guastarsi **CONTR.** riabilitarsi, redimersi **B** v. tr. **1** condurre fuori strada, deviare, dirottare **2** (*fig.*) corrompere, depravare, pervertire, traviare, viziare **CONTR.** recuperare, riabilitare, redimere.

furbacchióne s. m. **1** accr. di **furbo** **2** furbone, birbone, volpone, briccone (*fam.*), brigante (*fam., scherz.*), dritto (*fam.*), filone (*sett.*), malandrino (*scherz.*), marpione, pellaccia (*spreg.*) **CONTR.** ingenuo, candido, allocco, merlo, pollo, sempliciotto, babbeo.

furbaménte avv. astutamente, scaltramente, maliziosamente, callidamente (*lett.*), machiavellicamente, sagacemente **CONTR.** candidamente, ingenuamente.

furbàstro agg. birichino, brigante (*fam., scherz.*), faina, falco, filone (*sett.*), lenza (*merid.*), marpione, sornione **CONTR.** pollastro, pollo, sempliciotto.

furbàta s. f. (*fam.*) trucco, astuzia, espediente, escamotage (*fr.*).

furberìa s. f. furbizia, malizia, astuzia, scaltrezza, abilità, callidità (*lett.*), machiavellismo, politica, sagacia □ accorgimento, scappatoia, trucco, espediente, furbata (*pop.*), drittata (*pop.*) **CONTR.** candore, ingenuità, schiettezza, semplicità, sincerità, minchioneria (*pop.*), ocaggine, dabbenaggine, grullaggine.

furbescaménte avv. maliziosamente, astutamente, scaltramente □ artatamente (*lett.*) **CONTR.** candidamente, ingenuamente.

furbésco agg. malizioso, astuto, scaltro, ingannevole **CONTR.** candido, ingenuo, schietto, semplice, sincero.

furbìzia s. f. furberia, malizia, astuzia, scaltrezza, callidità (*lett.*), sagacia □ (*est.*) fraudolenza **CONTR.** candore, dabbenaggine, ingenuità, schiettezza, semplicità, sincerità.

fùrbo agg.; anche s. m. **1** astuto, scaltro, callido (*lett.*) □ scaltrito, smaliziato, navigato, scafato (*region.*) □ volpe, volpone, marpione □ dritto (*fam.*) lenza (*merid.*) □ levantino, machiavellico □ avveduto, cauto, sveglio □ malizioso, mariolo □ imbroglione, tristo, losco **CONTR.** candido, ingenuo, schietto, semplice □ babbeo, baccalà (*sett.*), carciofo, fesso, gonzo, grullo, merlo, sempliciotto ***2*** (*scherz.*) birichino, birbaccione, briccone (*fam.*), brigante (*fam.*), birbone (*fam.*), birbante (*fam.*), furfante.

furènte *agg.* furioso, furibondo, infuriato, esasperato, inviperito, idrofobo (*fam.*), rabbioso □ scatenato, forsennato, esagitato, frenetico, fuori di sé **CONTR.** calmo, flemmatico, mite, pacifico, placido, sereno, tranquillo.

furfànte *s. m.* disonesto, canaglia, delinquente, farabutto, malfattore, brigante, buonalana (*spec. iron.*), carogna (*spreg.*), gaglioffo, manigoldo, marrano (*est.*), mascalzone, ribaldo, scampaforca (*raro*), verme □ birbone, briccone, malandrino, mariolo **CONTR.** galantuomo, angelo.

furfanterìa *s. f.* disonestà, malvagità, ribalderia, canagliata, carognata (*fam.*), birbonata, bricconata, malefatta, marioleria, scelleratàggine **CONTR.** dirittura, integrità, lealtà, onestà, probità, rettitudine.

furfantésco *agg.* canagliesco, malvagio, disonesto **CONTR.** onesto.

furgóne *s. m.* camioncino □ (*delle forze dell'ordine*) cellulare □ (*est.*) carro funebre.

fùria *s. f.* ***1*** (*di persona*) collera, furore, ira, rabbia, bile, stizza □ frenesia **CONTR.** calma, pacatezza, tranquillità □ mansuetudine, mitezza ***2*** (*fig.*) (*di persona*) ciclone (*fig.*), tornado (*fig.*) ***3*** (*di vento, di passione, ecc.*) foga, forza, impeto, impetuosità, veemenza, violenza □ raffica, tempesta, bufera **CONTR.** quiete, calma □ freddezza □ serenità ***4*** fretta, premura, urgenza, smania, precipitazione □ sollecitudine **CONTR.** calma, flemma, indugio **FRAS.** *a furia di*, a forza di □ *in fretta e furia*, velocemente. *V. anche* IRA, STIZZA

furibóndo *agg.* furente, furioso, infuriato, inviperito, rabbioso, fuori di sé, incazzato (*volg.*) □ ardente, impetuoso, veemente, violento, fortissimo, disperato, selvaggio **CONTR.** calmo, flemmatico, mite, pacifico, placido, sereno, tranquillo. *V. anche* NERO

furiosaménte *avv.* impetuosamente, pazzamente, selvaggiamente, violentemente □ irosamente, rabbiosamente □ precipitosamente, a rompicollo **CONTR.** pacatamente, placidamente, tranquillamente, flemmaticamente.

furióso ***A*** *agg.* ***1*** (*di persona*) furente, furibondo, adirato, rabbioso, incazzato (*volg.*), idrofobo (*fam.*), indiavolato, iroso **CONTR.** calmo, flemmatico, mansueto, mite, pacifico, placido, sereno, tranquillo ***2*** (*di mare, di vento, ecc.*) infuriato, agitato, impetuoso, veemente, violento □ (*di opposizione, ecc.*) accanito, disperato, forsennato, scatenato **CONTR.** debole, calmo ***3*** (*di persona, di lavoro, ecc.*) concitato, frettoloso, impaziente **CONTR.** lento, paziente ***4*** (*di ritmo, ecc.*) indiavolato, selvaggio, vertiginoso, vorticoso, frenetico, furibondo **CONTR.** pacato ***B*** *s. m.* alienato, agitato.

furóre *s. m.* ***1*** collera, furia, ira, rabbia, bile □ (*raro*) pazzia **CONTR.** calma, serenità, distacco □ mitezza ***2*** (*anche fig.*) (*di acque, di passioni, ecc.*) impeto, violenza, veemenza, foga, ardore, entusiasmo, frenesia, intensità, accanimento □ esaltazione, delirio, eccitazione □ (*fig.*) fanatismo **CONTR.** calma, lentezza, flemma, freddezza, distacco **FRAS.** *far furore*, avere molto successo, suscitare entusiasmo. *V. anche* ENTUSIASMO, FANATISMO, IRA

furoreggiàre *v. intr.* far furore, avere molto successo □ spadroneggiare, impazzare.

furtivaménte *avv.* nascostamente, occultamente, segretamente, clandestinamente, cautamente, con circospezione, alla chetichella □ (*di sguardo*) di sottecchi **CONTR.** apertamente, palesemente.

furtìvo *agg.* ***1*** (*di merce*) rubato □ illecito ***2*** (*di gesto, di sguardo, ecc.*) clandestino, nascosto, occulto, segreto □ cauto, circospetto **CONTR.** aperto, evidente, manifesto, palese, visibile, chiaro.

fùrto *s. m.* ruberia, ladroneccio (*raro*), ladrocinio, ladreria, ladroneria □ appropriazione indebita □ sottrazione, trafugamento □ taccheggio, borseggio, scippo □ rapina, grassazione, estorsione, colpo (*gerg.*) □ (*di idee, ecc.*) plagio □ (*di denaro pubblico*) peculato □ malversazione □ (*di bestiame*) abigeato.

fusciàcca *s. f.* sciarpa, fascia, cintura.

fuseaux /*fr.* fy'zo/ [vc. fr., propr. 'fusi'] *s. m. pl.* pantacalze, calzamaglia, pantacollant.

fusióne *s. f.* ***1*** liquefazione, scioglimento □ colata □ disgelo **CONTR.** solidificazione, rassodamento, indurimento □ congelamento ***2*** (*fis. nucl.*) **CFR.** fissione ***3*** (*fig.*) (*di partiti, di società, ecc.*) aggregamento, assimilazione, unione, accorpamento, unificazione, incorporazione ***4*** (*di cibo, di metalli, di elementi diversi, ecc.*) mescolamento, mistione, miscela, composto, misto **CONTR.** divisione, separazione, scissione ***5*** (*fig.*) (*di persone, di sentimenti, ecc.*) accordo, affiatamento, armonia, concordia, intesa, comunione **CONTR.** disaccordo, discordia, dissidio, contrasto ***6*** (*ling.*) crasi □ contrazione.

fùso *part. pass. di* **fondere**; *anche agg.* ***1*** (*di materia*) liquefatto, sciolto, disciolto, disfatto □ colato □ liquido □ (*di lampadina*) fulminato, saltato (*fam.*) **CONTR.** solidificato, rassodato, indurito □ congelato ***2*** (*fig.*) (*di stile, di colori, ecc.*) unificato, unito, amalgamato, legato, armonizzato, mescolato, incorporato **CONTR.** diviso, distinto, separato ***3*** (*fam. gerg.*) spossato, esausto, fatto.

fusolièra *s. f.* (*aer.*) carlinga.

fustèlla *s. f.* (*est.*) taglierina □ stampo □ (*di medicinale*) talloncino.

fustellatrìce *s. f.* (*tecnol.*) fustella, taglierina □ stampo □ (*geol., miner.*) carotiere.

fustigàre *v. tr.* ***1*** frustare, flagellare, sferzare, scudisciare ***2*** (*fig.*) (*di costumi, di vizi, ecc.*) censurare, criticare, condannare **CONTR.** approvare, lodare, esaltare.

fustigatóre *s. m.*; *anche agg.* (*f. -trice*) ***1*** flagellatore ***2*** (*fig.*) censore, critico **CONTR.** esaltatore, lodatore.

fùsto *s. m.* ***1*** (*bot.*) gambo, stelo, caule, pedale, tronco, culmo, stipite □ (*est.*) albero ***2*** (*anat.*) busto, tronco, torace, petto ***3*** (*fam.*) giovane atletico, giovane aitante, adone, apollo, fico (*gerg.*) **CONTR.** sgorbio ***4*** (*di cosa*) intelaiatura, ossatura, corpo, sostegno ***5*** (*per benzina, per olio, ecc.*) contenitore, tanica, barile, bidone □ (*per vino, ecc.*) botte □ (*al pl.*) bottame ***6*** (*di cannone*) affusto.

fùtile *agg.* ***1*** inutile □ da nulla, inconsistente □ insignificante □ stupido, insulso, sciocco □ vacuo, vuoto □ frivolo, mondano, vano □ meschino, spicciolo **CONTR.** importante, rilevante, profondo, serio, utile ***2*** (*di persona*) leggero, fatuo, superficiale □ volubile □ vanesio, vanitoso **CONTR.** serio, posato, responsabile.

futilità *s. f.* ***1*** frivolezza, leggerezza, superficialità, irrilevanza, vanità, vacuità, inutilità, inanità, insulsaggine, mondanità **CONTR.** importanza, profondità, rilevanza, serietà, rigore ***2*** inezia, sciocchezza, bagattella, bazzecola, quisquilia, minuzia.

futilménte *avv.* frivolamente, superficialmente, fatuamente, vacuamente □ inutilmente, vanamente **CONTR.** seriamente, profondamente □ proficuamente, utilmente.

futuraménte *avv.* in futuro, in avvenire, poi **CONTR.** nel passato.

futurìbile *agg.* (*est.*) possibile □ avveniristico.

futùro ***A*** *agg.* prossimo, venturo, a venire, successivo, di domani **CONTR.** passato, precedente, trascorso, pregresso, preesistente, pristino (*lett.*) □ contemporaneo, presente ***B*** *s. m.* ***1*** avvenire, domani **CONTR.** passato, ieri ***2*** (*al pl.*) posteri, discendenti **CONTR.** antenati, avi, padri **FRAS.** *la vita futura*, l'oltretomba.

g, G

gabardine /*fr.* gabar'din/ *s. f.* o *m. inv.* ***1*** gabardina ***2*** impermeabile, soprabito.
gabbàna *s. f.* ***1*** cappotto, pastrano, giubbone, palandrana, mantello, tabarro, zimarra ***2*** camice, casacca, veste da lavoro **FRAS.** *voltare gabbana* (*fig.*), cambiare idea, cambiare partito.
gabbàre ***A*** *v. tr.* ingannare, imbrogliare, raggirare, truffare, beffare, buggerare (*pop.*), buscherare (*pop.*), corbellare, infinocchiare (*fam.*), minchionare (*pop.*), turlupinare ***B*** **gabbarsi** *v. intr. pron.* prendersi gioco, burlarsi, farsi beffe.
gabbàto *part. pass. di* **gabbare**; *anche agg.* ingannato, imbrogliato, frodato, raggirato, truffato.
gàbbia *s. f.* ***1*** uccelliera, voliera □ (*per polli*) stia □ (*per allevamento*) batteria ***2*** (*est.*) (*di animali grossi*) recinto ***3*** (*fig.*) prigione, galera, gattabuia, carcere ***4*** (*di ascensore e altro*) vano, contenitore ***5*** (*edil.*) armatura, intelaiatura.
gabbiàno *s. m.* (*zool.*) laro (*raro*), alcione (*lett.*).
gabbióne *s. m.* ***1*** *accr. di* **gabbia** ***2*** argine, riparo □ buzzone ***3*** contenitore, vano, intelaiatura ***4*** (*edil.*) armatura, intelaiatura.
gabèlla *s. f.* imposta, dazio, tassa, pedaggio, balzello, dogana □ decima.
gabellàre *v. tr.* ***1*** tassare ***2*** spacciare per vero, far credere, far passare per vero ***3*** riconoscere per vero, approvare, stimare **CONTR.** respingere, rifiutare.
gabinétto *s. m.* ***1*** salotto, salottino ***2*** (*di professionista*) studio, ufficio □ ambulatorio ***3*** laboratorio scientifico ***4*** spogliatoio, camerino, stanzino □ latrina, cesso (*pop.*), water (*ingl.*), bagno, ritirata, toilette (*fr.*) ***5*** (*polit.*) ministero, consiglio dei ministri.
gadget /*ingl.* 'gædʒit/ *s. m. inv.* aggeggio inutile, oggetto curioso, gingillo.
gaffe /*fr.* gaf/ [fr., da *gaffe* 'gancio'] *s. f. inv.* abbaglio, cantonata, errore, granchio, sproposito, topica, gaffa (*raro*).
gag /*ingl.* gæg/ [vc. ingl., letteralmente 'chiudere la bocca a uno (con una battuta inattesa)', da *to gaggen* 'soffocare'] *s. f. inv.* trovata comica, battuta, barzelletta, freddura □ sortita, uscita, sketch (*ingl.*), numero, scenetta.
gagà *s. m.* bellimbusto, elegantone, zerbinotto, damerino, dandy (*ingl.*) **CONTR.** sciattone, sciamannone (*tosc.*), trasandato, sbrendolone (*tosc.*), sbrindellone, straccione.
gaggìa *s. f.* robinia, acacia.
gagliardaménte *avv.* energicamente, fortemente, intensamente, risolutamente, straordinariamente, vigorosamente, valorosamente, efficacemente, validamente **CONTR.** debolmente, fiaccamente, scarsamente, timidamente, fievolmente, languidamente, svenevolmente, straccamente (*fam.*).
gagliardétto *s. m.* ***1*** (*mar.*) banderuola ***2*** piccola bandiera, stendardo, vessillo, drappella, labaro, pennone. *V. anche* BANDIERA
gagliardìa *s. f.* forza, robustezza, vigoria, vigore, aitanza, prestanza, potenza, possa (*lett.*), resistenza □ energia, fortezza, lena, polso **CONTR.** debolezza, fiacchezza, languidezza, mollezza, fiacca □ spossatezza, sfinimento □ neghittosità □ timidezza. *V. anche* ENERGIA
gagliàrdo *agg.* ***1*** forte, forzuto, nerboruto, robusto, aitante, prestante, vigoroso, atletico, muscoloso, poderoso □ resistente, tenace, valido, solido, ferreo **CONTR.** debole, gracile, esile, delicato, mingherlino, fragile, loffio (*region.*), striminzito, rachitico, sparuto, consunto, debilitato, sfatto, sfibrato, spossato ***2*** energico, fermo, coraggioso, valoroso, risoluto, fiero, virile **CONTR.** fiacco, languido, molle, svenevole, timido. *V. anche* ROBUSTO
gaglioffàggine *s. f.* ***1*** balordaggine, gaglioffería (*raro*), scempiaggine **CONTR.** buon senso, saggezza, saviezza ***2*** cialtroneria, mascalzonaggine, ribalderia, cialtronata **CONTR.** onestà, probità, rettitudine.
gagliòffo *agg.*; *anche s. m.* ***1*** cialtrone, furfante, manigoldo, mascalzone, ribaldo, delinquente **CONTR.** galantuomo, gentiluomo ***2*** ozioso, pigro, poltrone, scioperato **CONTR.** alacre, attivo, laborioso, operoso ***3*** balordo, minchione (*pop.*), sciocco, stupido, semplicione **CONTR.** accorto, astuto, avveduto, furbo, scaltro.
gaiaménte *avv.* allegramente, felicemente, lietamente, spensieratamente, festosamente, gioiosamente **CONTR.** mestamente, malinconicamente, tristemente, infelicemente, angosciosamente, lamentosamente, lugubremente.
gaiézza *s. f.* allegria, allegrezza, felicità, festosità, gioia, giocondità, letizia, spensieratezza, amenità, brio, briosità, buonumore, contentezza, festevolezza, festività, giocosità, ilarità, vivacità **CONTR.** mestizia, malinconia, malumore, afflizione, tristezza, uggia, ipocondria, severità.
gàio *agg.* ***1*** (*di persona o cosa*) allegro, lieto, giocondo, festante, festevole, festoso, brioso, giocoso, gioioso □ sollazzevole, divertente **CONTR.** mesto, malinconico, afflitto, triste, abbacchiato, accorato, addolorato, angosciato, lamentoso □ serio, severo, solenne ***2*** (*di luogo*) ameno, accogliente, ridente, vivace, luminoso, godibile, piacevole **CONTR.** cupo, funebre, lugubre, luttuoso, funereo, grigio, sepolcrale, tombale, uggioso ***3*** (*raro, fig.*) abbondante, ricco.

gàla (**1**) ***A*** *s. f.* eleganza, sfarzo, lusso, fasto, pompa, sfoggio, festa, parata **CONTR.** modestia, povertà, semplicità ***B*** *s. m.* (*mar.*) pavesata.

gàla (**2**) *s. f.* ornamento, guarnizione, nastro, trina, falpalà, fiocco.

galànte *agg.* ***1*** (*di persona*) complimentoso, cerimonioso, garbato, gentile, manieroso **CONTR.** sgarbato, maleducato, rozzo, scortese, villano ***2*** (*di discorso, di lettera, ecc.*) amoroso, sentimentale □ intimo, erotico, sessuale ***3*** (*raro*) (*di cosa*) bello, elegante, grazioso **CONTR.** brutto, orrendo, sgraziato.

galanteménte *avv.* garbatamente, gentilmente, delicatamente □ cerimoniosamente **CONTR.** sgarbatamente, scortesemente, rozzamente, villanamente.

galanterìa *s. f.* ***1*** cavalleria, affabilità, cortesia, finezza, garbo, gentilezza, grazia, urbanità □ civetteria **CONTR.** sgarbatezza, scortesia, rozzezza, villania ***2*** (*est.*) complimento, omaggio, attenzione, premura □ lusinga **CONTR.** ingiuria, insulto, insolenza ***3*** cosa graziosa, ninnolo □ raffinatezza, sciccheria (*pop.*) □ (*est.*) leccornia, ghiottoneria, prelibatezza. *V. anche* AFFABILITÀ

galantuòmo ***A*** *s. m.* brav'uomo, valentuomo, gentiluomo, uomo onesto, uomo dabbene, buonuomo **CONTR.** manigoldo, avventuriero, filibustiere, farabutto, cialtrone, mascalzone, ribaldo, canaglia, delinquente, lazzarone ***B*** *agg.* onesto, probo **CONTR.** disonesto **FRAS.** *il tempo è galantuomo*, il tempo rende giustizia. *V. anche* ONESTO

galàssia [dal greco *galaxías* 'Via Lattea', perché si credeva che avesse avuto origine dal latte di Giunone] *s. f.* ***1*** (*astron.*) sistema stellare □ (*est.*) Via Lattea ***2*** (*fig.*) sfera di persone.

galatèo [dal titolo del trattato sull'educazione di Giovanni della Casa, dedicato a Galeazzo (*Galateus*) Florimonte] *s. m.* buona educazione, buona creanza, compitezza, urbanità, bon ton (*fr.*), correttezza, cortesia, garbatezza, gentilezza □ etichetta, protocollo, cerimoniale □ formalità **CONTR.** inciviltà, inurbanità □ scortesia, sgarbatezza, cafoneria.

galàttico *agg.* (*astron.*) della galassia □ (*scherz.*) grandioso, eccezionale.

galavèrna *s. f.* brina, brinata, ghiacciata □ freddo intenso.

galeòtto *s. m.* ***1*** rematore di galea ***2*** (*est.*) forzato, ergastolano, carcerato, condannato, prigioniero, recluso ***3*** (*est.*) briccone, furfante, birbante, canaglia **CONTR.** galantuomo.

galèra *s. f.* ***1*** prigione, ergastolo, lavori forzati, bagno penale □ carcere □ reclusione, prigionia □ reclusorio, penitenziario □ gabbia, gattabuia **FRAS.** *avanzo di galera*, persona poco raccomandabile □ *faccia da galera*, aspetto poco raccomandabile ***2*** (*est.*) luogo di sofferenza, vita insopportabile, lavoro tormentoso **CONTR.** paradiso, eden.

gàlla *s. f.* ***1*** (*bot.*) cecidio ***2*** vescichetta, gallozzola □ molletta (*veterinaria*) ***3*** (*fig.*) cosa leggerissima **FRAS.** *a galla*, sul pelo dell'acqua □ *venire a galla* (*fig.*), manifestarsi □ *rimanere a galla* (*fig.*), salvarsi da situazioni critiche.

galleggiaménto *s. m.* emersione **CONTR.** affondamento, immersione.

galleggiànte ***A*** *part. pres. di* **galleggiare**; *anche agg.* che galleggia □ emerso ***B*** *s. m.* (*spec. al pl.*) (*mar.*) gavitello, boa □ sughero.

galleggiàre *v. intr.* stare a galla, stare a fior d'acqua, emergere, fluttuare □ nuotare **CONTR.** affondare, sommergersi, immergersi, sprofondare □ sedimentare.

gallerìa *s. f.* ***1*** traforo, tunnel □ passaggio sotterraneo, cunicolo □ via coperta ***2*** (*arch.*) ambulacro, corridoio □ loggia, loggiato ***3*** (*tecnol.*) condotto, dotto ***4*** pinacoteca, museo, quadreria □ spazio espositivo ***5*** (*di teatro, di sala cinematografica, ecc.*) loggia, loggione, balconata □ anfiteatro.

gallerìsta *s. m.* e *f.* (*di galleria d'arte*) gestore, mercante d'arte.

gallétta *s. f.* biscotto, cracker (*ingl.*).

gallétto *s. m.* ***1*** *dim. di* **gallo** ***2*** giovane gallo, pollastro ***3*** (*fig.*) ragazzo intemperante ***4*** uomo galante, seduttore, corteggiatore, cascamorto, ganimede ***5*** (*mecc.*) dado a due ali ***6*** (*region.*) (*di fungo*) gallinaccio, cantarello, finferlo, galletto, gallinella.

gallicìsmo [da *gallicum* 'della Gallia', l'antica Francia] *s. m.* francesismo.

gallìna *s. f.* (*zool.*) femmina del gallo □ pollastra, chioccia, cocca (*fam.*) **FRAS.** *gallina prataiola*, fagianella □ *cervello di gallina* (*fig.*), poca intelligenza □ *zampe di gallina* (*fig.*), scrittura inintelligibile; rughe intorno agli occhi □ *andare a letto con le galline* (*fig.*), andare a letto molto presto.

gallinèlla *s. f.* ***1*** *dim. di* **gallina** ***2*** (*zool.*) pesce cappone ***3*** (*bot.*) gallinaccio, cantarello, finferlo, galletto **FRAS.** *gallinella d'acqua*, sciabica □ *gallinella d'acqua*, schiribilla □ *gallinella del Signore*, coccinella.

gàllo *s. m.* (*sport*) peso gallo, bantam **FRAS.** *gallo cedrone*, urogallo, fagiano alpestre □ *gallo delle praterie*, tetraone □ *al canto del gallo* (*fig.*), prima di giorno □ *fare il gallo*, imbaldanzirsi; fare il galante con le donne □ *gallo di campanili*, banderuola segnavento □ *più bugiardo di un gallo*, molto bugiardo □ *essere il gallo della Checca*, avere molto successo con le donne.

gallonàto ***A*** *part. pass. di* **gallonare**; *anche agg.* ornato di galloni ***B*** *s. m.* (*mil.*) ufficiale, graduato **FRAS.** *ignoranza gallonata*, grande ignoranza.

gallóne *s. m.* ***1*** frangia, gala, guarnizione, nastro, filetto, fettuccia ***2*** (*mil.*) distintivo □ grado **FRAS.** *togliere i galloni*, degradare □ *bagnare i galloni*, festeggiare una promozione.

galoppànte *part. pres. di* **galoppare**; *anche agg.* ***1*** che galoppa ***2*** (*di malattia*) a decorso rapido **CONTR.** lento ***3*** (*fig.*) (*di inflazione, ecc.*) rapido, veloce, sbrigliato, sfrenato **CONTR.** lento.

galoppàre *v. intr.* ***1*** (*di cavallo*) andare di galoppo, correre a briglia sciolta ***2*** (*fig.*) (*di persona, di inflazione, ecc.*) correre □ sbrigarsi, spicciarsi ***3*** (*fig.*) (*di fantasia, ecc.*) sbrigliarsi, sfrenarsi, scatenarsi **CONTR.** fermarsi, contenersi.

galoppàta *s. f.* ***1*** (*di cavallo*) corsa al galoppo ***2*** (*di persona*) rapida corsa ***3*** (*fig.*) faticata, sfacchinata.

galoppatóio *s. m.* pista per cavalli, maneggio □ trottatoio, trotter (*ingl.*).

galoppino *s. m.* fattorino, inserviente, messo, incaricato.

galòppo *s. m.* (*di cavallo*) andatura veloce **CFR.** passo, trotto, corsa, ambio **FRAS.** *al* (o *di*) *galoppo* (*fig.*), in tutta fretta.

galvanizzàre *v. tr.* **1** rivestire di metallo **2** (*fig.*) elettrizzare, eccitare, rianimare, scuotere **CONTR.** frenare, mitigare, moderare, temperare **3** (*med.*) stimolare con la corrente elettrica. *V. anche* SCUOTERE

galvanizzàto *part. pass. di* **galvanizzare**; *anche agg.* **1** rivestito di metallo **2** (*fig.*) eccitato, elettrizzato, scosso **CONTR.** frenato, moderato.

gàmba *s. f.* **1** (*anat.*) (*di persona*) arto inferiore, cianca (*scherz.*) **2** (*di animale*) zampa **3** (*di tavolo, di sedia, ecc.*) sostegno, supporto **4** (*est.*) (*di lettera, di nota, ecc.*) asta, linea verticale **FRAS.** *in gamba*, forte, vigoroso, pronto, bravo □ *a quattro gambe*, carponi □ *prendere sotto gamba* (*fig.*), prendere alla leggera □ *darsela a gambe*, fuggire □ *con la coda tra le gambe* (*fig.*), mortificato □ *raddrizzare le gambe ai cani* (*fig.*), tentare l'impossibile □ *andare a gambe all'aria* (*fig.*), rovinarsi, fallire □ *avere buone gambe*, essere un buon camminatore □ *camminare con le proprie gambe* (*fig.*), essere autonomi □ *tagliare le gambe a qualcuno* (*fig.*), rovinarlo □ *tirare le gambe* (*fig.*), morire.

gambàle *s. m.* **1** (*est.*) stivale □ ghetta **2** gambiera, schiniere.

gambalétto *s. m.* **1** *dim. di* **gambale** **2** calza corta **3** (*med., pop.*) fasciatura gessata.

gàmbero *s. m.* **FRAS.** *gambero marino*, omaro, lupicante, astice □ *fare come i gamberi*, camminare all'indietro (*fig.*), non fare progressi.

gàmbo *s. m.* **1** (*di foglia, di fiore, ecc.*) fusto sottile, stelo, caule, culmo, picciolo, peduncolo, pedicello, stipite **2** (*fig.*) sostegno.

game /*ingl.* 'geim/ *s. m. inv.* (*nel tennis*) mano, gioco.

gamèlla *s. f.* gavetta.

gàmma *s. f.* **1** (*mus.*) scala □ (*est.*) (*di voce, di strumento*) ampiezza, estensione **2** (*est.*) (*di colori, di sentimenti, ecc.*) tonalità, gradazione, sfumatura, varietà □ (*fig.*) (*di cose*) insieme, serie, successione.

ganàscia *s. f.* **1** (*nell'uomo*) mascella □ guancia, gota (*lett.*) **2** (*mecc.*) (*di morsa e sim.*) bocca **FRAS.** *mangiare a due* (o *a quattro*) *ganasce* (*fig.*), mangiare con grande avidità.

gàncio *s. m.* **1** uncino, ganghero, raffio, rampino, rampone, griffa, grappino, ronciglio (*lett.*), appiccagnolo, attaccagnolo □ (*mar.*) gaffa, alighiero, mezzo marinaio **2** (*pugilato*) crochet (*fr.*), hook (*ingl.*) **3** (*tel.*) forcella di commutazione **4** (*raro, fig.*) (*di persona*) avido, disonesto, ladrone.

gang /*ingl.* gæŋ/ [vc. ingl. *gang*, dal v. ant. ingl. *gangan* 'andare (assieme)'] *s. f. inv.* **1** (*di malviventi*) banda **2** (*scherz.*) combriccola, cricca, gruppo, squadra, ganga, ghenga.

gànghero *s. m.* **1** arpione, uncino, gancio, rampino **2** cardine, cerniera **FRAS.** *uscire dai gangheri*, infuriarsi.

gànglio *s. m.* **1** (*anat.*) nodo, plesso **2** (*fig.*) nucleo, nodo vitale, centro vitale.

gangster /*ingl.* 'gæŋstə, 'ganster, 'gangster/ [vc. ingl. da *gang*] *s. m. inv.* malvivente, malfattore, criminale, delinquente, bandito, brigante, malandrino **CONTR.** galantuomo.

ganimède [da *Ganimede*, il mitico bellissimo giovane rapito da Giove e divenuto coppiere degli dei] *s. m.* bellimbusto, vagheggino, damerino, zerbinotto, galante.

gànzo **A** *s. m.* **1** (*spreg.*) amante, amico, moroso, drudo (*lett., spreg.*) **2** (*pop.*) furbacchione, volpone, dritto (*fam.*) **CONTR.** minchione (*pop.*), allocco **B** *agg.* (*pop.*) simpatico, ammirevole.

gap /*ingl.* gæp/ [vc. ingl., dall'ant. norvegese *gap* 'crepaccio, abisso'] *s. m. inv.* **1** scarto, divario, dislivello **2** (*elab.*) interblocco.

gàra *s. f.* **1** competizione, agone (*lett.*), tenzone (*lett.*), certame (*lett.*), gareggiamento, match (*ingl.*), incontro □ confronto, lizza □ disputa, contesa, duello, sfida, lotta □ campionato, coppa □ gioco, partita □ ludo, palio **2** rivalità, antagonismo, competitività, emulazione, concorrenza □ contrasto, disaccordo, dissidio **CONTR.** accordo, cooperazione **3** concorso, prova □ appalto. *V. anche* GIOCO

garage /*fr.* ga'raʒ/ [vc. fr., *garage*, da *garer* 'porre al riparo'] *s. m. inv.* autorimessa, box (*ingl.*) □ autosilo.

garànte *agg.*; *anche s. m.* e *f.* mallevadore, fideiussore, solidale, responsabile, avallante □ (*est.*) sponsor (*ingl.*).

garantìre **A** *v. tr.* **1** assicurare, mallevare (*lett.*), dar cauzione, cauzionare, avallare, coprire □ cautelare □ sponsorizzare **2** (*di ordine pubblico, di salute, ecc.*) salvaguardare, tutelare, proteggere, preservare **3** (*est.*) (*di notizia, di verità, ecc.*) confermare, affermare, dare per certo, asserire □ promettere □ certificare, attestare **B** **garantirsi** *v. intr. pron.* assicurarsi □ difendersi, premunirsi, coprirsi, cautelarsi.

garantìto *part. pass. di* **garantire**; *anche agg.* e *s. m.* assicurato □ preservato, coperto, tutelato, salvaguardato □ sicuro, certo □ doc □ attestato, provato □ promesso **CONTR.** incerto, insicuro.

garanzìa *s. f.* **1** malleveria, mallevadoria (*raro*), guarentigia, cauzione □ avallo, fideiussione □ ipoteca □ caparra, pegno, warrant (*ingl.*), copertura □ presidio, difesa, protezione, tutela **2** (*fig.*) reliability (*ingl.*), affidabilità, affidamento □ assicurazione, certezza, sicurezza, conferma, promessa certa □ testimonianza, attestazione, dimostrazione **CONTR.** incertezza, insicurezza.

garbàre *v. intr.* piacere, contentare, andare a genio, riuscire gradito, aggradare, andare (*fam.*), comodare (*fam.*), gustare (*scherz.*), quadrare (*fam.*) **CONTR.** dispiacere, spiacere, contrariare, rincrescere, stuccare, schifare, rompere (*pop.*).

garbataménte *avv.* **1** graziosamente, leggiadramente □ cortesemente, educatamente, gentilmente, civilmente, ammodo, compitamente, perbene, urbanamente □ galantemente **CONTR.** sgarbatamente, scortesemente, irriguardosamente, screanzatamente, villanamente □ insolentemente, oltraggiosamente, acconciamente *2* delicatamente, con tatto CONTR. grossolanamente, rozzamente □ indelicatamente, malamente.

garbatézza *s. f.* *1* cortesia, gentilezza, garbo, finezza, grazia CONTR. sgarbatezza, sguaiataggine, villania, cafoneria, cafonaggine, malagrazia, zoticaggine *2* (*raro*) piacere, favore CONTR. sgarberia, dispetto, villanata, cafonata.

garbàto *part. pass. di* **garbare**; *anche agg.* *1* cortese, educato, fine, civile, gentile, ammodo, beneducato, compito, costumato, per la quale, perbene, urbano, manieroso □ galante CONTR. scortese, sgarbato, maleducato, villano, inurbano, incivile, cafone, irriguardoso, screanzato *2* affabile, amabile CONTR. burbero, asciutto, brusco, aspro, gelido, ispido, ruvido, scorbutico, secco, selvatico *3* grazioso, aggraziato, elegante, ben fatto, leggiadro, piacevole CONTR. sgraziato, malfatto, brutto, informe, rozzo, grossolano.

garbìno *s. m.* libeccio, vento di sud-ovest, africo.

gàrbo *s. m.* *1* cortesia, compitezza, educazione, finezza, civiltà, garbatezza, gentilezza, urbanità, bon ton (*fr.*), costumatezza, creanza, distinzione, maniera, tatto, proprietà, compiacenza □ galanteria CONTR. sgarbatezza, sguaiataggine, inciviltà, maleducazione, inurbanità, cafoneria, malacreanza, malgarbo, scortesia *2* eleganza, grazia, leggiadria, bellezza, finitezza, delicatezza, squisitezza CONTR. bruttezza, deformità, ineleganza, rozzezza, grossolanità, sgraziataggine *3* atto, gesto. *V. anche* ELEGANZA

garbùglio *s. m.* *1* intrico, intreccio, groviglio, viluppo, labirinto *2* (*fig.*) imbroglio, intrigo, ginepraio, pasticcio □ confusione, disordine CONTR. ordine, regolatezza.

garçonnière /*fr.* garso'njɛr/ [vc. fr., da *garçon* nel senso di 'celibe'] *s. f. inv.* appartamento da scapolo, carbona (*sett.*), pied à terre (*fr.*), scannatoio (*scherz.*), trappolone.

garden-party /*ingl.* 'ga:dn 'pa:ti/ [loc. ingl., letteralmente 'ricevimento (*party*) in giardino (*garden*)'] *loc. sost. m. inv.* festa all'aperto, ricevimento, trattenimento.

gareggiàre *v. intr.* competere, concorrere, contendere, combattere, lottare, tenzonare (*lett.*), misurarsi, battersi, giocare, disputare, scendere in lizza, emulare, rivaleggiare CONTR. cooperare, collaborare, coadiuvare, accordarsi, intendersi.

garganèlla *solo nella loc.* *a garganella*, (*est.*) molto, con avidità.

gargarìsmo *s. m.* *1* sciacquo, collutorio *2* (*fig.*) gorgheggio sgraziato.

gargarizzàre *v. tr.* *1* fare i gargarismi *2* (*fig., spreg.*) gorgheggiare.

gargaròzzo *s. m.* (*pop.*) gola, gozzo, esofago.

garibaldìno *A* *agg.* *1* di Garibaldi *2* (*fig.*) animoso, impetuoso, avventato □ spregiudicato CONTR. ponderato, prudente, riflessivo □ timido, timoroso *B* *s. m.* volontario di Garibaldi, camicia rossa □ (*della guerra di liberazione*) partigiano, patriota FRAS. *alla garibaldina*, temerariamente, audacemente.

garrìre *v. intr.* *1* (*di uccelli*) stridere, strepitare, gridare □ cinguettare *2* (*lett.*) (*di persona*) chiacchierare, ciarlare □ (*est.*) litigare *3* (*raro, lett.*) rimproverare, sgridare *4* (*lett.*) (*di bandiera*) sventolare, sbattere, fremere.

gàrrulo *agg.* *1* (*di uccelli*) acuto, stridulo, stridente CONTR. dolce, melodioso, soave *2* (*raro, lett.*) (*di persona*) loquace, ciarliero, chiacchierino, chiacchierone □ petulante, pettegolo, maldicente CONTR. silenzioso, taciturno, laconico *3* (*est., lett.*) (*di festa, di gioco, ecc.*) festoso, rumoroso, animato CONTR. tranquillo.

gàrza *s. f.* fascia, benda □ reticella □ (*est.*) velo, tulle, organza.

garzóne *s. m.* *1* commesso, fattorino, apprendista, lavorante, giovane di bottega, bracciante, inserviente, manovale, bardotto □ ragazzo CONTR. padrone, principale, capo della ditta *2* (*poet.*) giovinetto, ragazzo, fanciullo. *V. anche* APPRENDISTA

gas [parola creata dal chim. ol. J.B. v. Helmont, dal lat. *chaos* 'caos', pronunciato quasi *ga(o)s*] *s. m.* *1* aeriforme *2* (*est.*) gas illuminante, gas combustibile *3* (*est.*) (*di motore*) miscela di aria e benzina □ (*est.*) carburante FRAS. *gas delle paludi*, metano □ *gas delle miniere*, grisou □ *a tutto gas* (*fig.*), alla massima velocità; con il massimo impegno □ *dare gas*, accelerare □ *gas di città*, gas per uso domestico.

gasàre *A* *v. tr.* *1* rendere effervescente *2* uccidere col gas, asfissiare *3* (*fig., fam.*) caricare, eccitare *B* **gasarsi** *v. rifl.* (*fam., gerg.*) montarsi la testa, esaltarsi, agitarsi.

gasàto *part. pass. di* **gasare**; *anche agg.* *1* effervescente, frizzante *2* asfissiato *3* (*fam., gerg.*) montato, esaltato, agitato, caricato CONTR. sgasato, depresso.

gasdótto *s. m.* conduttura per gas □ (*est.*) metanodotto.

gassósa *s. f.* spuma.

gassóso *agg.* aeriforme □ (*est.*) effervescente, spumante, spumeggiante, spumoso, frizzante □ (*di vino*) mosso CONTR. liscio, fermo CFR. liquido, solido.

gastroentèrico *agg.* (*med.*) gastrointestinale.

gastrointestinàle *agg.* (*med.*) gastroenterico.

gastronomìa *s. f.* *1* culinaria, arte culinaria □ cucina *2* negozio di alimentari, drogheria □ rosticceria.

gastronòmico *agg.* della cucina, culinario.

gastrònomo *s. m.* esperto di gastronomia, intenditore della buona cucina □ (*est.*) amante della buona tavola, buongustaio, gourmet (*fr.*).

gàtta *s. f.* femmina del gatto FRAS. *gatta ci cova!* (*fig.*), c'è sotto un inganno □ *gatta da pelare* (*fig.*), impresa difficile.

gattabùia *s. f.* (*pop., scherz.*) prigione, carcere, galera.

gattamòrta *s. f.* ipocrita, sornione, impostore, simulatore, acqua cheta, santerello (*iron.*) CONTR. persona sincera. *V. anche* IPOCRITA

gàtto *s. m.* *1* (*zool.*) micio (*fam.*), felino (*scherz.*) *2* (*di macchina*) maglio, berta, battipalo *3* (*mar.*) coffa di galea FRAS. *in quattro gatti* (*fig.*), in pochissimi □ *gatto a nove code*, staffile, knut (*russo*) □ *gatto delle nevi*, cingolato per zone nevose □ *agile come un gatto*, agilissimo □ *avere il gatto nella madia* (*fig.*), avere poco da mangiare □ *fare il gatto e la volpe*, spalleggiarsi a vicenda □ *giocare come il gatto col topo*, tormentare una persona.

gattóni avv. carponi □ rannicchiato □ quatto quatto, cautamente.

gattopardésco [dal romanzo *Il gattopardo* di G. Tomasi di Lampedusa] agg. conservatore, falsamente innovatore **CONTR.** innovatore.

gaudènte agg.; anche s. m. e f. buontempone, vitaiolo, festaiolo, bisboccione, epicureo, edonista, viveur (*fr.*), godereccio, mondano, sibarita **CONTR.** morigerato, sobrio, temperante, asceta, ascetico, cenobita, cenobitico, spartano.

gàudio s. m. gioia intensa, piacere, allegrezza, contentezza, letizia, esultanza, giubilo, tripudio, allegria, gioia, godimento, delizia **CONTR.** tristezza, dolore, affanno, afflizione, mestizia, cordoglio, patimento, pena, rincrescimento □ croce, dannazione, martirio, supplizio, tormento.

gaudiosaménte avv. gioiosamente, lietamente, allegramente **CONTR.** tristemente, mestamente, malinconicamente.

gavétta s. f. gamella, gamellino **FRAS.** *venire dalla gavetta* (*est.*), venire dal nulla □ *far gavetta*, cominciare una carriera dalle mansioni più umili.

gavitèllo s. m. (*mar.*) boa, galleggiante □ sughero.

gay /*ingl.* gei/ [vc. ingl., propriamente 'gaio'] s. m. e f. omosessuale, invertito, diverso, finocchio, omosex □ lesbica.

gazebo /*ingl.* gə'zi:bou/ [vc. ingl., deriv. dalla sovrapposizione del v. (*to*) *gaz*(*e*) 'guardare fissamente' col lat. (*vid*)*ebo* 'vedrò' (?)] s. m. inv. chiosco (da giardino), bersò.

gàzza s. f. **1** (*zool.*) pica **2** (*fig., pop.*) ciarlone, pettegolo.

gazzàrra s. f. baraonda, casino (*pop.*), confusione, caciara (*centr.*), cagnara (*fam.*), cancan □ baldoria □ baccano, chiasso, clamore, fracasso, frastuono, strepito **CONTR.** silenzio, pace, quiete, tranquillità, ordine.

gazzèlla s. f. **1** (*zool.*) antilope africana **2** (*gerg.*) auto dei carabinieri **CFR.** pantera.

gazzétta s. f. **1** giornale, quotidiano, notiziario, bollettino □ diario **2** (*fig.*) pettegolo, chiacchierone **CONTR.** persona riservata.

gazzettìno s. m. **1** dim. di **gazzetta** **2** bollettino, notiziario **3** (*fig.*) pettegolo, chiacchierone **CONTR.** persona riservata.

gel /dʒɛl/ [dalle prime lettere dell'ingl. *gel*(*atin*)] s. m. (*per capelli*) gommina.

gelàre **A** v. tr. **1** agghiacciare, congelare, aggelare (*lett.*), raggelare, raffreddare, refrigerare □ assiderare □ sorbettare **CONTR.** sgelare, scaldare, riscaldare □ bruciare, sciogliere, sghiacciare **2** (*fig.*) fulminare, paralizzare, pietrificare **B** v. intr. e **gelarsi** intr. pron. **1** agghiacciarsi, congelarsi, ghiacciarsi, raggelarsi, assiderarsi □ condensarsi **CONTR.** scaldarsi, ardere, bruciare, disgelarsi, sghiacciarsi, sgelarsi **2** (*est.*) patire un gran freddo **3** (*del latte*) quagliarsi, rapprendersi **C** v. intr. impers. far molto freddo, ghiacciare.

gelàta s. f. gelo, freddo intenso □ brinata.

gelatièra s. f. sorbettiera.

gelatina s. f. **1** brodo solidificato **2** (*med.*) terreno colturale **3** (*teat.*) lastra colorata, filtro **FRAS.** *gelatina esplosiva*, dinamite □ *gelatina di terra* (*bot.*), alga azzurra, spuma di primavera.

gelatinóso agg. colloso, glutinoso, rappreso □ molliccio, flaccido **CFR.** fluido, liquido, scorrevole □ solido, duro.

gelàto **A** part. pass. di **gelare**; anche agg. **1** freddissimo, gelido, ghiacciato, agghiacciato, algido (*lett.*), congelato, glaciale □ (*di persona, animale, ecc.*) intirizzito, infreddolito, assiderato **CONTR.** bollente, scottante, ardente, cocente, torrido, rovente, incandescente □ accaldato **2** (*fig.*) (*per stupore, per timore, ecc.*) irrigidito, pietrificato, fulminato, paralizzato **B** s. m. sorbetto, cassata, cono, semifreddo.

gelidaménte avv. (*anche fig.*) freddamente, gelatamente □ con freddezza, con distacco **CONTR.** caldamente, cordialmente, entusiasticamente.

gèlido agg. **1** freddissimo, gelato, ghiacciato, glaciale **CONTR.** bollente, scottante, ardente, cocente, torrido, arroventato, incandescente, rovente, tropicale **2** (*fig.*) (*di persona, di parole, ecc.*) scostante, arido, impassibile, indifferente **CONTR.** cordiale, garbato, gentile, affabile, affettuoso □ entusiastico, appassionato, fervente, fervido, fervoroso, vibrante.

gèlo s. m. **1** freddo intenso **CONTR.** caldo, ardore, afa, canicola, bollore, solleone □ fresco □ tepore **2** ghiaccio, gelata, brinata **CONTR.** disgelo **3** (*fig.*) (*di persona*) violenta emozione, profondo sgomento, sbigottimento, paura **CONTR.** sollievo, distensione **4** bibita ghiacciata **5** gelatina di frutta. *V. anche* PAURA

gelosaménte avv. **1** con gelosia, sospettosamente **CONTR.** fiduciosamente **2** invidiosamente **3** attentamente, scrupolosamente, accuratamente, con cura, con amore **CONTR.** distrattamente, sbadatamente □ sciattamente.

gelosìa (1) s. f. **1** (*in amore*) dubbio, sospetto, assillo, cruccio, rovello, timore, tormento **CONTR.** fiducia, sicurezza, serenità **2** (*di mestiere, di carriera, ecc.*) invidia, rivalità, dispetto, risentimento **CONTR.** accordo, solidarietà, indulgenza **3** (*di cose*) cura, scrupolo, zelo **CONTR.** trascuratezza, superficialità. *V. anche* INVIDIA

gelosìa (2) s. f. persiana, imposta, battente, scuro.

gelóso agg. **1** (*in amore*) sospettoso, ingelosito, timoroso **CONTR.** fiducioso, certo, sicuro, sereno **2** (*di mestiere, di carriera, ecc.*) invidioso, dispettoso, suscettibile **CONTR.** indulgente, solidale **3** (*di atteggiamento*) attento, premuroso, sollecito, zelante □ riservato **CONTR.** trascurato, superficiale.

gemèllo **A** agg. **1** nato dallo stesso parto, gemino (*lett.*), binato (*lett.*) **CONTR.** unico **2** (*di persone o cose*) simile, uguale, compagno, affine, stesso □ sosia □ simmetrico, parallelo **CONTR.** dissimile, disuguale, diverso, altro **B** s. m. **1** nato da parto gemellare **2** (*spec. al pl.*) (*di camicia*) bottoni accoppiati **FRAS.** *anime gemelle*, persone intimamente simili. *V. anche* SIMILE

gèmere **A** v. intr. **1** (*di persona o animale*) lamentarsi, lagnarsi, dolersi, piagnucolare, frignare, guaiolare, guaire, piangere **CONTR.** ridere, esultare, gongolare **2** (*fig.*) affliggersi, penare, soffrire **CONTR.** gioire, godere, compiacersi **3** (*di ruota, di palco, ecc.*) cigolare, scricchiolare **4** (*del mare*) rumoreggiare **5** (*di ferita, di botte, ecc.*) gocciolare, stillare, gocciare, trasudare, filtrare **B** *v. tr.* (*di ferita, di botte, ecc.*) emettere. *V. anche* PIANGERE

geminazióne *s. f.* (*ling.*) ripetizione, raddoppiamento, duplicazione **CONTR.** sdoppiamento.

gèmito *s. m.* lamento, pianto flebile, lagna, piagnisteo, piagnucolio, piagnucolamento (*raro*), guaito, lamentazione, pianto, sospiro, mugolio, lagno, lagnanza **CFR.** grido, risata.

gèmma *s. f.* **1** (*bot.*) germoglio, boccio, bocciolo, bottone, occhio, pollone **2** pietra preziosa, gioia □ gioiello, bijou (*fr.*) **3** (*fig.*) stella, astro **4** (*fig.*) preziosità, bellezza, splendore □ pregio, vanto □ perla □ fiore all'occhiello. *V. anche* VANTO

gemmàre **A** *v. intr.* germogliare, mettere le gemme, buttare **CONTR.** seccarsi, morire **B** *v. tr.* **1** ornare di gemme **2** (*lett.*) emettere.

gemmàto *part. pass. di* **gemmare**; *anche agg.* **1** ornato di gioie **2** (*fig.*) adorno, splendente.

gendàrme *s. m.* **1** carabiniere, agente, poliziotto, sbirro (*spreg.*), sgherro (*spreg.*), nottola (*dial.*), guardia **2** (*fig.*) donna autoritaria, virago (*lett.*).

genealogìa *s. f.* schiatta, stirpe, nascita, origine, discendenza, ceppo, generazione, ascendenza □ pedigree (*ingl.*).

genealògico *agg.* della genealogia, generazionale.

generàle (1) **A** *agg.* **1** comune, collettivo □ complessivo, globale □ assoluto □ omnicomprensivo, totale, completo □ universale, corale, plebiscitario, plenario, unanime, collegiale □ panoramico, generico, d'insieme, di massima □ pubblico **CONTR.** individuale □ parziale, particolare, speciale, peculiare, settoriale □ locale, esclusivo, personale, proprio □ unilaterale **2** generico, indeterminato, vago, indiscriminato, aspecifico **CONTR.** specifico □ concreto **3** comune, diffuso **CONTR.** insolito, raro **4** riassuntivo, schematico, sommario **CONTR.** analitico, dettagliato **B** *s. m.* complesso, tutto **CONTR.** particolare **FRAS.** *in generale*, generalmente, in astratto □ *stare sulle generali*, parlare genericamente.

generàle (2) *s. m.* **1** (*mil.*) comandante supremo □ condottiero, stratego **2** (*dei gesuiti*) papa nero.

generalità *s. f.* **1** universalità, principio generale, astrazione **CONTR.** particolarità, singolarità, peculiarità **2** maggioranza, maggior parte, complesso, totalità **CONTR.** minoranza **3** superficialità, vaghezza **CONTR.** accuratezza, concretezza **4** (*al pl.*) (*bur.*) dati personali, estremi.

generalizzàre **A** *v. tr.* **1** rendere comune, diffondere, estendere, universalizzare **CONTR.** restringere, specializzare **2** (*ass.*) considerare in generale **CONTR.** specificare, particolareggiare, individualizzare, circostanziare **B** **generalizzarsi** *v. intr. pron.* diventare abituale, diventare comune, diffondersi, estendersi, universalizzarsi.

generalizzazióne *s. f.* **1** astrazione **CONTR.** concretezza **2** diffusione, estensione **CONTR.** restrizione, specializzazione.

generalménte *avv.* **1** totalmente, universalmente, complessivamente, globalmente **CONTR.** particolarmente, parzialmente, specificatamente **2** di solito, per lo più, ordinariamente, solitamente, spesso, comunemente, correntemente, normalmente, usualmente **CONTR.** insolitamente, raramente, eccezionalmente.

generàre **A** *v. tr.* **1** (*di esseri*) far nascere, mettere al mondo, dare alla luce, creare, figliare, partorire, prolificare, procreare □ concepire **CONTR.** uccidere, far morire, annientare, distruggere **2** (*di terra, di pianta*) produrre, dare, fruttare, far crescere □ (*di gemma*) buttare, germogliare □ (*di seme*) germinare **3** (*fig.*) (*di cosa*) causare, cagionare, provocare, suscitare, creare, far sorgere, dare origine, ingenerare, originare, portare **CONTR.** uccidere, spegnere, far morire □ derivare **B** **generarsi** *v. intr. pron.* prodursi, formarsi, derivare, venire, provenire, nascere **CONTR.** scomparire, spegnersi, morire.

generativo *agg.* **1** atto a generare, generatore **2** (*ling.*) trasformazionale.

generàto *part. pass. di* **generare**; *anche agg.* **1** (*di esseri*) procreato, nato, venuto al mondo □ (*est.*) concepito, creato **CONTR.** morto **2** (*fig.*) (*di cose*) causato, prodotto, suggerito, ispirato, portato, suscitato **CONTR.** derivato.

generatóre **A** *agg.* (*f. -trice*) che genera, generativo, procreatore, creatore **B** *s. m.* **1** genitore □ (*est.*) ispiratore, modello **2** dinamo, alternatore.

generazióne *s. f.* **1** procreazione, riproduzione, nascita □ concepimento □ germinazione □ genesi, origine **2** discendenza, razza, stirpe, progenie, schiatta, prole, genia, genealogia, lignaggio, prosapia (*lett.*) □ età **3** (*fig.*) formazione, produzione, creazione **4** (*di prodotto, di computer*) serie, classe, specie **FRAS.** *generazione spontanea*, partenogenesi, abiogenesi, autogenesi.

gènere *s. m.* **1** (*di animali e vegetali*) gruppo di specie **2** (*est.*) tipo, sorta, specie, classe, qualità, categoria, ordine, famiglia, maniera, varietà, fatta, natura, razza, risma (*spreg.*), stampo **CONTR.** generalità, totalità **3** (*di vita, di comportamento, ecc.*) modo, stile, tipo **4** mercanzia, merce, derrata, articolo, capo, prodotto **5** sesso **FRAS.** *in genere*, in generale, generalmente, per lo più. *V. anche* CATEGORIA, FAMIGLIA

genericaménte *avv.* indeterminatamente, approssimativamente, vagamente, indiscriminatamente, superficialmente **CONTR.** esattamente, precisamente, capillarmente □ tipicamente.

genericità *s. f.* indeterminatezza, superficialità, imprecisione, vaghezza **CONTR.** precisione, determinatezza, capillarità □ esclusività.

genèrico **A** *agg.* **1** (*est.*) generale, di massima, sommario □ vago, indeterminato, indistinto, imprecisato □ approssimativo, impreciso, semplicistico, superficiale □ indiscriminato **CONTR.** specifico, particolare, determinato, mirato, caratteristico, tipico □ preciso, circostanziato, puntuale, puntualizzato □ profondo □ accurato **2** astratto, ideale, teorico **CONTR.** concreto, pratico, operativo **B** *s. m.* (*teat.*) attore secondario.

generosaménte *avv.* **1** nobilmente, magnanimamente, liberalmente □ signorilmente, splendidamente, regalmente **CONTR.** ingenerosamente, meschinamente, grettamente □ vilmente ***2*** largamente, prodigalmente, munificamente, lautamente, profumatamente **CONTR.** avaramente, tirchiamente, spilorciamente □ miseramente ***3*** altruisticamente, umanamente, caritatevolmente, filantropicamente □ disinteressatamente **CONTR.** sordidamente, bassamente □ egoisticamente, egocentricamente □ avidamente, rapacemente □ interessatamente.

generosità *s. f.* ***1*** nobiltà, magnanimità, liberalità, grandezza □ cavalleria **CONTR.** indegnità, viltà, bassezza ***2*** magnificenza, splendore, signorilità, regalità **CONTR.** meschinità, piccineria, pochezza, miseria, squallore, sordidezza ***3*** altruismo, umanità, bontà, carità □ clemenza, indulgenza, comprensione, cuore, amore □ disinteresse **CONTR.** egoismo, egocentrismo, durezza, insensibilità, inumanità, spietatezza □ interesse, calcolo □ venalità, rapacità ***4*** larghezza, munificenza, prodigalità, magnificenza □ mecenatismo **CONTR.** avarizia, tirchieria, taccagneria, pitoccheria, pidocchieria, spilorceria ***5*** ricchezza, abbondanza, ampiezza **CONTR.** scarsità, carenza, pochezza ***6*** (*est.*) ridondanza, grandigia, scialo, spreco, profusione **CONTR.** economia, parsimonia, misura, misuratezza □ oculatezza, attenzione ***7*** (*di azione, ecc.*) nobiltà, grandezza, eroismo □ abnegazione, sacrificio, dedizione **CONTR.** viltà, infamità, indegnità.

generóso *agg.* ***1*** nobile, magnanimo, liberale □ magnifico, magnificente (*lett.*), splendido, principesco, regale **CONTR.** ingeneroso □ meschino, gretto, misero, piccino, squallido □ indegno, vile ***2*** altruista, altruistico, umano, umanitario, buono □ comprensivo, indulgente, pietoso, clemente, misericordioso **CONTR.** egoista, egoistico, egocentrico □ sordido □ duro, insensibile, spietato, impietoso, inumano, implacabile ***3*** disinteressato, benefico **CONTR.** interessato, venale, calcolatore, avido, esoso ***4*** brillante, munifico, prodigo **CONTR.** avaro, tirchio, tirato, taccagno, pidocchioso, cupido, micragnoso ***5*** (*di compenso, ecc.*) ricco, lauto, pingue, sostanzioso **CONTR.** misero, avaro, magro, ridicolo ***6*** (*di azione*) nobile, eroico, esemplare, encomiabile **CONTR.** vile, spregevole, infame ***7*** (*fig.*) (*di forme, ecc.*) largo, ampio, opulento, forte, abbondante **CONTR.** modesto, scarso, piccolo ***8*** (*di vino*) gagliardo, forte **CONTR.** debole, poco alcolico, leggero.

GENEROSO
sinonimia strutturata

Ciò che mostra altruismo, grandezza d'animo, alti sentimenti si definisce **generoso**: *animo, carattere generoso*; *i suoi impulsi sono sempre generosi*. Molto vicino è **magnanimo**, assai prossimo anche a **indulgente**, che descrive chi accondiscende facilmente o sorvola sulle altrui debolezze: *eroe magnanimo*; *perdono magnanimo*; *sguardo, risposta indulgente*; quest'ultima sfumatura semantica contraddistingue anche **clemente**, che delinea il carattere o il comportamento di chi dimostra misericordia: *essere clemente verso qualcuno*; *giudice clemente*. L'inclinazione ad aiutare il prossimo è sottolineata da **premuroso**, **soccorrevole** e da **caritatevole**, che evoca un atteggiamento anche di pietà: *uomo, atto caritatevole*; molto vicino è **benefico**, usato soprattutto in riferimento a istituzioni: *persona benefica*; *ente benefico*. Chi è attento al prossimo e fa del bene è **altruista**. L'aiuto offerto senza tenere conto dell'eventuale utilità propria è **disinteressato**: *comportamento, amico disinteressato*. **Cortese** equivale a gentile, garbato in modo simpaticamente discreto, e nel linguaggio letterario coincide perfettamente con generoso: *esser cortese di consigli*; il termine può equivalere anche a **cavalleresco**, che in senso lato descrive ciò che è alto, generoso ed ardito ad un tempo: *animo, gesto cavalleresco*. Più generale è il termine **nobile**, che delinea ciò che è eletto, elevato: *perdono nobile*; *un nobile gesto*.

Generoso descrive anche chi non lesina, ed è quindi **largo** e **liberale**, nel dare: *è generoso con chiunque si trovi in difficoltà*; *esser largo coi poveri, coi parenti*; *essere liberale verso le istituzioni culturali*. Più pregnanti sono **munifico** e il letterario **munificente**, che ritraggono chi largheggia tanto nelle spese pubbliche quanto in quelle private: *principe, signore, mecenate munifico*. Ancor più connotati in questo senso sono **splendido** e **magnifico**, che suggeriscono una manifestazione della propria ricchezza: *donatore magnifico*; *uomo, signore splendido*. **Prodigo** si distingue perché in certi casi può evocare una mancanza di misura nello spendere, in altri un semplice largheggiare: *essere prodigo dei propri averi, di premure*.

Per estensione, si dice generosa anche una pianta, una terra che dà molto frutto, che è cioè **fertile**. Così è per il suo prodotto, poiché generoso descrive in genere tutto ciò che è copioso, grande, e che è quindi per estensione **ampio**, **abbondante**, anche figuratamente: *raccolto generoso*; *scollatura generosa*; *fianchi generosi*; *ampie garanzie*; **ricco** e **lauto** si distinguono perché, come magnifico, possono richiamare un'immagine di sontuosità: *gonna, mantello ricchi*; *fantasia ricca*; *pranzo, trattamento lauto*.

gènesi *s. f.* ***1*** (*dell'uomo*) generazione, origine, nascita **CONTR.** fine, termine ***2*** (*di cosa*) formazione e sviluppo □ principio, inizio **CONTR.** fine, termine.

genètico *agg.* ***1*** della genesi □ della genetica ***2*** (*di malattia, ecc.*) congenito, ereditario.

genetlìaco ***A*** *agg.* (*lett.*) natalizio ***B*** *s. m.* compleanno, anniversario, festa (*fam.*), natale (*raro*).

genìa *s. f.* ***1*** (*spreg., lett.*) stirpe, schiatta, generazione, discendenza, progenie ***2*** (*spreg.*) moltitudine, accozzaglia, canaglia, gentaglia, gentaccia, marmaglia, ciurmaglia.

geniàle *agg.* ***1*** (*di persona, di opera*) intelligentissimo, brillante, acutissimo, ingegnoso, pieno di ingegno **CONTR.** idiota, stupido, sciocco, tonto □ pedestre, pedissequo ***2*** (*di studi, di interessi, ecc.*) congeniale, connaturato □ consono, adatto **CONTR.** acquisito, appreso ***3*** (*lett., raro*) (*di persona o cosa*) attraente, gioviale, lieto, piacevole, simpatico **CONTR.** antipatico, odioso, ripugnante.

genialità *s. f.* **1** creatività, originalità, talento □ ingegno, intelligenza **CONTR.** idiozia, stupidità, imbecillità, cretineria, imbecillaggine □ banalità **2** (*lett., raro*) affabilità, piacevolezza, amabilità, cordialità, giovialità, simpatia **CONTR.** antipatia, odiosità, repulsione.

genialménte *avv.* originalmente, ingegnosamente, intelligentemente **CONTR.** scioccamente, stupidamente □ pedestremente.

genialòide *s. m.* e *f.* persona bizzarra, ingegnaccio, cervellaccio, talentaccio.

gènio (1) *s. m.* **1** (*mitol.*) nume tutelare **2** spirito protettore, spirito ispiratore, demone, spiritello **3** (*di persona*) talento, ingegno, intelligenza, acutezza di ingegno, intuizione creativa, ispirazione □ propensione, tendenza **CONTR.** idiozia, stupidità, imbecillaggine **4** ingegno, propensione, bernoccolo (*fig.*), stoffa (*fig.*) **CONTR.** negazione, idiosincrasia, istinto **5** (*est.*) persona geniale, creativo, creatore, inventore □ capoccione (*scherz.*), testa, mente □ cima (*fam.*) □ gigante, mago, titano □ portento, prodigio, fenomeno **CONTR.** modesto, mediocre □ schiappa (*pop.*), mezza calzetta (*pop.*), scalzacane **6** (*di lingua, di nazione, ecc.*) caratteristica, natura **7** simpatia, piacere, gusto **CONTR.** antipatia, disgusto **FRAS.** *andare a genio*, garbare, piacere □ *buono, cattivo genio*, buono o cattivo consigliere □ *colpo di genio*, idea che risolve una situazione difficile.

gènio (2) *s. m.* **1** (*mil.*) reparto tecnico, corpo tecnico **2** (*di civili*) organismo tecnico.

genitàle **A** *agg.* generativo, riproduttivo **B** *s. m.* (*spec. al pl.*) organi sessuali, pudende.

genitóre *s. m.* **1** procreatore, generatore □ creatore **CONTR.** discendente, epigono **2** (*al pl.*) padre e madre, parenti (*lett.*).

genocìdio *s. m.* sterminio di un gruppo etnico, strage □ (*est.*) olocausto.

gentàglia *s. f.* (*spreg.*) canaglia, ciurmaglia, marmaglia, canagliume, gentame (*lett.*), becerume, ciurma, feccia, genia, plebaglia (*est.*), schiuma, teppa (*sett.*), teppaglia, zozza (*region.*) **CONTR.** gente per bene, galantuomini.

gènte *s. f.* **1** (*lett.*) popolo, nazione, stirpe, tribù □ genere umano, umanità □ famiglia □ popolazione **2** persone, folla, moltitudine, massa, volgo (*spreg.*), piazza, pubblico □ (*est.*) movimento, affollamento **CONTR.** individuo **3** (*est.*) categoria, genere, gruppo, ambiente. *V. anche* NAZIONE, NOME

gentildònna *s. f.* nobildonna, patrizia □ dama, signora **CONTR.** plebea, comune, popolana □ donnetta, donnicciola.

gentìle *agg.* **1** garbato, grazioso, cortese □ compiacente, benevolo, carino, caro □ accostabile, avvicinabile, trattabile □ premuroso, servizievole □ delicato, fine □ affabile □ amabile □ cordiale, socievole □ cavalleresco, galante □ civile, educato, beneducato, urbano, bennato, manierato (*lett.*), ammodo, compito □ manieroso, complimentoso, obbligante, cerimonioso, affettato, smanceroso **CONTR.** scortese, sgarbato, villano □ intrattabile, aspro □ sdegnoso, sprezzante, sussiegoso □ impertinente, irriguardoso □ arcigno, angoloso, asciutto, secco □ rustico, ispido, scorbutico, burbero □ grossolano, rozzo, cafone, zotico, incivile, maleducato **2** spontaneo, semplice, naturale □ (*di animo, ecc.*) sensibile, attento **CONTR.** insensibile, indifferente **3** (*di lineamenti, ecc.*) morbido, delicato, leggiadro, soave **CONTR.** rude, duro, marcato, forte □ banale, ordinario.

gentilézza *s. f.* **1** cortesia, garbatezza, grazia, garbo, buonagrazia □ dolcezza, graziosità, leggiadria, soavità □ compiacenza, benevolenza □ finezza, raffinatezza, delicatezza, squisitezza, sensibilità □ affabilità, cordialità □ cavalleria, galanteria □ educazione, buona creanza, urbanità, civiltà, compitezza, creanza □ amabilità **CONTR.** scortesia, sgarbatezza, villania □ tracotanza, arroganza, sussiego, sostenutezza, sdegnosità □ impertinenza, insolenza □ indelicatezza □ rudezza, orsaggine, scontrosità □ rozzezza, inciviltà, grossolanità, inurbanità, cafoneria, maleducazione **2** favore, servizio, piacere, cortesia □ attenzione, premura, vista (*fam.*), delicatezza **CONTR.** sgarbo, dispetto □ svista, disattenzione □ cafonata. *V. anche* AFFABILITÀ

gentilìzio *agg.* nobiliare, aristocratico, patrizio, gentilesco (*lett.*) **CONTR.** plebeo, comune □ popolano, volgare.

gentilménte *avv.* cortesemente, garbatamente, graziosamente □ affabilmente, amabilmente, caramente, cordialmente, dolcemente, simpaticamente, socievolmente □ premurosamente □ delicatamente □ educatamente, urbanamente, compitamente □ cavallerescamente, galantemente □ cerimoniosamente, complimentosamente, manierosamente, affettatamente, smancerosamente **CONTR.** scortesemente, sgarbatamente, villanamente, screanzatamente □ irriguardosamente, insolentemente □ seccamente, asciuttamente, sbrigativamente □ sdegnosamente, sprezzantemente □ rozzamente, inurbanamente, incivilmente □ duramente.

gentiluòmo *s. m.* **1** nobiluomo, aristocratico, patrizio, nobile, blasonato **CONTR.** plebeo, popolano **2** (*est.*) signore, raffinato, gentleman (*ingl.*), cavaliere, galantuomo, valentuomo **CONTR.** villanzone, screanzato, trivialone, zoticone, cafone, contadino, facchino, carrettiere, cialtrone, ignorantone □ gaglioffo, mascalzone.

gentleman /*ingl.* 'dʒentlmən/ [vc. ingl., comp. di *gentle* 'bennato' e *man* 'uomo'] *s. m. inv.* gentiluomo, signore □ raffinato **CONTR.** ignorantone, cafone, cialtrone.

genuflessióne *s. f.* inginocchiamento (*raro*) □ inchino, riverenza, prosternazione.

genuflèsso *part. pass. di* **genuflettersi**; *anche agg.* inginocchiato □ prosternato, prostrato, inchinato.

genuflèttersi *v. intr. pron.* inginocchiarsi □ prosternarsi, prostrarsi, inchinarsi □ (*est.*) salutare □ (*fig.*) umiliarsi.

genuinaménte *avv.* autenticamente, spontaneamente, sinceramente, schiettamente **CONTR.** falsamente, sofisticatamente, artificiosamente.

genuinità *s. f.* naturalezza □ autenticità, purezza,

sincerità, spontaneità, originalità, schiettezza, veracità **CONTR.** artificiosità, falsità, falsificazione, contraffazione, alterazione, artificio, adulterazione, sofisticazione.

genuìno *agg.* **1** (*di alimenti, ecc.*) naturale, casalingo, casereccio, ruspante, vergine (*fig.*), biologico, biodinamico □ non alterato, non adulterato, non sofisticato, mero (*lett.*) □ (*di acqua*) sorgivo **CONTR.** industriale □ alterato, adulterato, sofisticato, manipolato **2** (*di testo, di testimonianza, ecc.*) vero, autentico, originale, originario **CONTR.** spurio, artefatto, contraffatto, falsato, falsificato **3** (*di persona, di comportamento*) schietto, puro, semplice, sincero, spontaneo, nature (*fr.*), limpido □ (*di accento, ecc.*) pretto, verace **CONTR.** falso, menzognero, mendace (*lett.*), insincero, sforzato, doppio, artificioso, fasullo. *V. anche* SPONTANEO, VERO

geocentrìsmo *s. m.* sistema tolemaico **CONTR.** eliocentrismo, sistema copernicano.

geometrìa *s. f.* **1** scienza delle figure **2** (*fig.*) (*di opera*) struttura rigorosa, schema □ (*di spazio*) organizzazione, armonia.

geometricità *s. f.* regolarità **CONTR.** irregolarità.

geomètrico *agg.* **1** della geometria **2** (*fig.*) esatto, preciso, logico, coerente, rigoroso, ineccepibile □ (*est.*) stringato, schematico **CONTR.** inesatto, impreciso, illogico, incoerente.

geràrca *s. m.* capo, comandante, direttore, dirigente, primate □ (*fig., spreg.*) ducetto **CONTR.** dipendente, inferiore, subalterno, subordinato, suddito.

gerarchìa *s. f.* ordine, classe, scala, graduatoria, ordinamento, rapporto □ dignità.

gerarchicaménte *avv.* in ordine gerarchico, secondo il grado, secondo la carica.

geràrchico *agg.* di gerarchia □ secondo il grado, secondo la carica.

gerènte *s. m.* e *f.* amministratore, gestore □ esercente □ dirigente, responsabile.

gerènza *s. f.* gestione, amministrazione.

gergàle *agg.* del gergo □ (*est.*) dialettale □ specialistico.

gèrgo *s. m.* lingua convenzionale, lingua oscura, lingua misteriosa □ lingua furbesca □ codice □ (*est.*) dialetto, vernacolo □ argot (*fr.*), slang (*ingl.*) □ frasario, terminologia □ linguaggio, parlata. *V. anche* LINGUA

gèrla *s. f.* cesta, cesto, canestro, paniere.

germànico *agg.* **1** degli antichi Germani, alemanno (*poet.*) **2** tedesco, teutonico.

gèrme *s. m.* **1** (*biol.*) embrione **2** bacillo, batterio, microbo **3** (*lett.*) germoglio **4** (*fig.*) (*di civiltà, di corruzione, ecc.*) origine, radice, causa, cagione, seme, principio, inizio **CONTR.** conseguenza, effetto, esito, prodotto, risultato.

germinàre *A v. intr.* **1** germogliare, buttare, gettare, rampollare, tallire, sbocciare, spuntare, nascere, crescere, svilupparsi **CONTR.** disseccarsi, inaridirsi, morire **2** (*fig.*) (*di civiltà, di corruzione, ecc.*) avere origine, formarsi, sorgere, crescere **B** *v. tr.* (*lett.*) generare, creare, produrre.

germinazióne *s. f.* germogliamento (*raro*), sboccio □ germoglio □ generazione, procreazione, produzione.

germogliàre *A v. intr.* **1** germinare, sbocciare, gemmare, spuntare, rampollare, buttare, prolificare, tallire, fiorire, gettare **CONTR.** seccarsi, disseccarsi, inaridirsi, morire **2** (*fig.*) (*di amore, di vizio, ecc.*) crescere, nascere, avere origine, muovere □ apparire, manifestarsi **B** *v. tr.* (*raro*) generare, produrre.

germóglio *s. m.* **1** gemma, getto, pollone, rimessa, brocca, messa, messiticcio (*raro*), rampollo, tallo, virgulto, vermena (*lett.*) **2** (*fig., lett.*) (*di vizio, di virtù, ecc.*) origine, causa, principio, abbozzo, germe.

geroglìfico *s. m.* **1** (*ling.*) scrittura ideografica **2** (*fig.*) scrittura incomprensibile, scarabocchio **3** (*fig.*) arabesco, ghirigoro.

gessàto *agg.*; *anche s. m.* (*di abito*) scuro a righe bianche □ grisaglia.

gessétto *s. m.* **1** *dim. di* **gesso** **2** bastoncino di gesso, blocchetto di gesso.

gèsso *s. m.* **1** solfato di calcio idrato **2** (*est.*) statua di gesso, scultura in gesso □ calco **3** gessetto **4** (*gerg.*) vino.

gèsta *s. f. pl.* imprese insigni, imprese eroiche, imprese memorabili □ (*iron.*) bravata.

gestànte *s. f.* donna incinta, donna gravida.

gestazióne *s. f.* **1** gravidanza **2** (*fig.*) preparazione, allestimento, apprestamento, apparecchiamento, incubazione.

gesticolàre *v. intr.* fare gesti, gestire, sbracciarsi, annaspare □ agitarsi, scalmanarsi.

gesticolazióne *s. f.* gesticolamento, gesti □ mimica.

gestióne *s. f.* amministrazione, conduzione, cura, esercizio, gerenza, management (*ingl.*), direzione, governo □ (*est., fig.*) guida, timone, redini.

gestìre (**1**) *v. intr.* fare gesti, gesticolare, annaspare, sbracciarsi □ mimare.

gestìre (**2**) *v. tr.* amministrare, condurre, portare avanti, esercire, curare, dirigere, governare, reggere.

gèsto *s. m.* **1** movimento, cenno, movenza, mossa, moto, segno, verso □ atteggiamento, espressione □ richiamo □ (*al pl.*) gesticolamento, gesticolazione, mimica **2** posa, aspetto, portamento **3** azione, atto □ pensiero.

gestóre *s. m.* (*f. -trice*) amministratore, gerente, direttore, curatore, responsabile.

gestuàle *agg.* di gesto, di gesti, mimico.

gesuìta [da *Gesuita*, membro dell'ordine religioso della Compagnia di Gesù] *s. m.* (*fig.*) ipocrita, falso, subdolo, fariseo **CONTR.** sincero, galantuomo. *V. anche* IPOCRITA

gettàre *A v. tr.* **1** scagliare, lanciare, buttare, tirare, scaraventare, proiettare, catapultare, avventare (*lett.*), precipitare, sprofondare, sferrare, slanciare, sbattere (*pop.*) **CONTR.** trattenere, mantenere **2** buttar via, abbandonare, cestinare **CONTR.** tenere □ raccattare, raccogliere □ riutilizzare, riciclare, recuperare **3** (*di liquido, di gas, ecc.*) emettere, spandere, mandar fuori **4** (*di metallo fuso, di gesso, ecc.*) versare, colare, rovesciare **5** (*di seme, ecc.*) seminare, disseminare, spargere **6** (*di fondamenta, di ponte, ecc.*) porre, costruire, edificare **7** (*fig.*) (*di un'arte, di una scienza, ecc.*) porre i principi, porre le basi **8** (*fig.*) (*di tasse, imposte, ecc.*) fruttare, rendere **B gettarsi** *v. rifl.* **1** (*di persona o animale*) lanciarsi, avventarsi, precipitarsi, catapultarsi, balzare, irrompere, correre, fiondarsi (*fam.*), saltare, scagliarsi, scaraventarsi, slanciarsi **CONTR.** trattenersi □ ritirarsi **2** buttarsi, lasciarsi cadere, piombare **3** (*di fiume, di strada, ecc.*) sboccare, sfociare, entrare, dare, immettersi, infilarsi, congiungersi, arrivare, scaricarsi **C** *v. intr.* **1** (*di fonte, di rubinetto, ecc.*) versare, sgorgare **2** (*di pianta*) germogliare, germinare, gemmare, sbocciare, spuntare, rampollare **CONTR.** inaridirsi, disseccarsi **FRAS.** *gettarsi giù*, coricarsi; (*fig.*) avvilirsi.

gettàta *s. f.* **1** (*di oggetti*) lancio, tiro, getto **2** (*di metallo fuso, di cemento, ecc.*) colata, fusione **3** (*di costruzione*) diga, antemurale, molo, argine **4** (*di pianta*) germoglio, tallo, messa, pollone **5** *V.* **gittata**.

gettàto *part. pass. di* **gettare**; *anche agg.* **1** (*di oggetto*) scagliato, lanciato, tirato, scaraventato, proiettato, catapultato, precipitato □ sparso **CONTR.** tenuto, trattenuto □ raccolto **2** (*fig.*) (*di denaro, di tempo, ecc.*) sperperato, sprecato **CONTR.** risparmiato, economizzato **3** (*di metallo, ecc.*) fuso, colato.

gèttito *s. m.* **1** (*raro*) getto, gettata **2** (*di denaro*) resa, introito, provento □ profitto, guadagno. *V. anche* GUADAGNO

gètto *s. m.* **1** (*di oggetto*) lancio, tiro, gettito (*raro*) **2** (*di acqua, di gas, ecc.*) fuoriuscita, eruzione, zampillo, flusso, fiotto, spruzzo, sprizzo, sprazzo (*lett.*), zaffata **3** (*di metallo liquefatto*) fusione, colata **4** (*edil.*) gettata di calcestruzzo **5** (*di pianta*) germoglio, pollone, tallo, messa, gettata, rampollo, virgulto, rimessa □ talea, magliolo **6** (*mecc.*) gicleur (*fr.*), polverizzatore, spruzzatore **FRAS.** *a getto continuo*, senza interruzione □ *di getto* (*fig.*), istintivamente □ *primo getto* (*fig.*), abbozzo.

gettonàre *v. tr.* **1** (*fam.*) telefonare (spec. da un apparecchio a gettoni) **2** (*fam.*) (*di canzone in un juke-box*) fare suonare.

gettonàto *part. pass. di* **gettonare**; *anche agg.* (*fig., fam.*) richiesto, apprezzato, ammirato **CONTR.** ignorato, trascurato.

gettóne *s. m.* **1** dischetto, contrassegno, contromarca □ fiche (*fr.*) □ puglia **2** cachet (*fr.*).

GèV *s. m.* (*fis.*) un miliardo di elettronvolt, BeV (*amer.*).

ghènga *s. f.* **1** gang (*ingl.*) **2** (*scherz.*) combriccola, brigata, compagnia, gruppo □ banda, combutta.

gherminèlla *s. f.* (*fig.*) astuzia, furberia □ birichinata, marachella □ (*est.*) malefatta, inganno, raggiro, frode, truffa.

ghermìre *v. tr.* **1** (*di animali da preda*) artigliare, adunghiare, aggranfiare **2** (*fig.*) prendere con forza, afferrare, abbrancare, agguantare, acchiappare, acciuffare □ rapire, carpire □ rubare. *V. anche* PRENDERE

ghermìto *part. pass. di* **ghermire**; *anche agg.* artigliato □ agguantato, afferrato □ rubato.

ghettizzàre *v. tr.* chiudere in un ghetto □ (*est.*) isolare, emarginare.

ghettizzàto *part. pass. di* **ghettizzare**; *anche agg.* isolato, emarginato.

ghettizzazióne *s. f.* chiusura in un ghetto □ (*est.*) isolamento, emarginazione.

ghétto [dal nome dell'isoletta veneziana dove nel Cinquecento vennero relegati gli ebrei, così chiamata perché vi era una fonderia (dial. *ghèto* 'getto')] *s. m.* **1** rione degli ebrei **2** (*est.*) luogo sudicio, luogo lurido **3** (*est.*) casa misera, catapecchia **4** (*fig.*) isolamento (sociale, politico, ecc.).

ghiacciàia *s. f.* **1** deposito di ghiaccio **2** frigorifero, frigo, frigidaire (*fr.*), refrigeratore, cella frigorifera **3** (*est.*) luogo gelido, siberia **CONTR.** forno, fornace.

ghiacciàre A *v. intr.* e **ghiacciàrsi** *intr. pron.* divenire ghiaccio, congelarsi, gelarsi, agghiacciarsi □ infreddolirsi, intirizzirsi, raffreddarsi, assiderarsi **CONTR.** riscaldarsi, infocarsi, infiammarsi □ squagliarsi, fondersi, disgelarsi, sciogliersi **B** *v. intr. impers.* (*raro*) gelare **C** *v. tr.* far divenire ghiaccio, coprire di ghiaccio, agghiacciare, congelare □ (*est.*) raffreddare, intirizzire, assiderare **CONTR.** scaldare, riscaldare, infocare, infiammare □ intiepidire.

ghiaccìata *s. f.* granita, granatina, gramolata □ brinata, calaverna.

ghiacciàto *part. pass. di* **ghiacciare**; *anche agg.* **1** coperto di ghiaccio, agghiacciato, gelato, congelato, diacciato (*tosc.*), diaccio (*tosc.*) □ (*est.*) freddissimo, gelido, frigido □ intirizzito, infreddolito **CONTR.** ardente, bollente, caldissimo, arroventato, infocato, infiammato, torrido □ tiepido □ fresco □ accaldato, riscaldato **2** (*fig.*) (*di cuore, di sentimento, ecc.*) impassibile, indifferente, freddo **CONTR.** caldo, cordiale, passionale, fervente, fervido, fervoroso.

ghiàccio A *s. m.* acqua congelata □ (*est.*) gelo, freddo intenso □ brina **CONTR.** ardore, calore **B** *agg.* gelato, ghiacciato, gelido, freddissimo **CONTR.** ardente, bollente, caldissimo, infocato **FRAS.** *rimanere di ghiaccio* (*fig.*), rimanere insensibile □ *rompere il ghiaccio* (*fig.*), rompere l'imbarazzo, rompere il silenzio □ *scritto sul ghiaccio*, presto dimenticato.

ghiacciòlo *s. m.* **1** verghetta di ghiaccio, candelotto (*dial.*), cannello di ghiaccio **2** sorbetto di ghiaccio.

ghiàia *s. f.* sassi tritati, sassi, sassolini, pietrisco, breccia, brecciame, ghiara (*ant.*).

ghiaióso *agg.* pieno di ghiaia, inghiaiato □ sassoso, pietroso.

ghièra *s. f.* **1** anello metallico, cerchietto □ puntale, gorbia **2** (*arch.*) archivolto.

ghigliottìna [fr. *guillotine*, dal nome del medico J.-I. *Guillotin*, che nel 1789 ne propose l'uso all'Assemblea] *s. f.* macchina per decapitare □ patibolo.

ghigliottinàre *v. tr.* decapitare con la ghigliottina, decollare.

ghìgna *s. f.* (*fam.*) ceffo, grinta, grugno, muso, faccia arcigna.

ghignàre *v. intr.* sogghignare, ridere sarcasticamente □ sghignazzare. *V. anche* RIDERE

ghignàta *s. f.* sghignazzata, ghigno, risata di scherno.

ghìgno *s. m.* sogghigno, ghignata, riso beffardo, riso sarcastico □ smorfia.

ghìngheri *vc.; nella loc. avv.* (*fam., scherz.*) *in ghingheri*, tutto agghindato, in pompa magna (*scherz.*).
ghiottaménte *avv.* avidamente, golosamente, ingordamente, voracemente **CONTR.** schifiltosamente, schizzinosamente, svogliatamente.
ghiótto *agg.* **1** (*di cibo*) goloso, ingordo, vorace, insaziabile, sfondato (*fam.*) **CONTR.** schifiltoso, schizzinoso □ frugale **2** (*fig.*) (*di denaro, ecc.*) avido, bramoso, desideroso, interessato □ (*di libri, ecc.*) appassionato, curioso **CONTR.** indifferente, noncurante, incurante **3** (*fig.*) (*di notizia, di curiosità*) eccitante **4** (*di vivanda*) appetitoso, gustoso, prelibato, stuzzicante, squisito, eccellente **CONTR.** disgustoso, nauseante, ripugnante.
ghiottóne *s. m.* mangione, golosone, diluvione (*raro*), lurco (*lett.*), divoratore, epulone, leccapiatti, leccone, goloso, mangiatore **CONTR.** parco, sobrio.
ghiottonerìa *s. f.* **1** golosità, gola, ingordigia, voracità, ghiotteria (*lett.*) **CONTR.** disgusto, nausea, svogliatezza □ inappetenza □ frugalità **2** leccornia, golosità, ghiotteria (*lett.*), cibo ghiotto, bocconcino (*est.*), squisitezza, prelibatezza, manicaretto, galanteria (*est.*), raffinatezza **CONTR.** sbobba (*pop.*), schifezza, porcheria **3** (*fig.*) cosa ricercata, curiosità, rarità □ perla, gioiello, chicca **4** (*fig.*) avidità, cupidigia, brama. *V. anche* CUPIDIGIA
ghìrba *s. f.* **1** (*per acqua*) otre, sacco di pelle **2** (*gerg.*) vita, pelle **FRAS.** *salvar la ghirba*, sfuggire alla morte.
ghiribizzo *s. m.* capriccio, estro, grillo, bizzarria, ticchio, voglia, idea, uzzolo, vezzo, pizzicore, prurigine, prurito, ruzzo, puntiglio □ fantasticheria, fantasia, fissazione, mania, fisima □ arzigogolo **CONTR.** riflessione, meditazione. *V. anche* CAPRICCIO
ghiribizzóso *agg.* capriccioso, estroso, fantasioso, bizzarro, strano, stravagante, curioso, pazzerello, pazzo **CONTR.** riflessivo, ponderato, circospetto, prudente.
ghirigòro *s. m.* arabesco, rabesco, intreccio □ (*di grafia*) svolazzo, scarabocchio, geroglifico, sgorbio, girigogolo □ sigla, abbreviazione □ (*est.*) giravolte, andirivieni.
ghirlànda *s. f.* **1** corona, serto, diadema **2** (*fig., lett.*) cerchio, circolo, giro.
già *avv.* **1** ormai, oramai **2** fin da ora □ fin da allora **3** prima d'ora □ un tempo, precedentemente **4** (*davanti a un nome indicante carica*) ex **5** (*ass.*) davvero, proprio, precisamente, appunto, per l'appunto.
giàcca *s. f.* **CFR.** giubba, farsetto, casacca, gabbanella, figaro, bolero, marsina, smoking (*ingl.*) □ piumino, piumone, duvet (*fr.*).
giacché *cong.* poiché, perché, dacché, dal momento che, essendoché, siccome, quando, ché.
giaccóne *s. m.* trequarti □ piumone, piumino, duvet (*fr.*).
giacènte *part. pres. di* **giacere**; *anche agg.* **1** coricato, disteso □ ammalato, allettato, degente **CONTR.** ritto, in piedi, diritto, eretto, alzato, ristabilito **2** posto, collocato, situato **3** (*fig.*) dimenticato, trascurato □ sospeso □ inutilizzato □ invenduto **4** abbattuto, prostrato, soggiogato, vinto.
giacènza *s. f.* **1** (*in clinica, ecc.*) ricovero, degenza **2** (*di merce*) avanzo, residuo, rimanenza, invenduto □ saldi.
giacére *v. tr.* **1** (*di persona*) star disteso, star coricato, star sdraiato □ star rannicchiato □ dormire **CONTR.** star ritto, stare in piedi **2** (*di luogo*) essere situato, essere posto, distendersi, estendersi, stare, sedere (*lett.*) **3** essere sepolto, riposare **4** (*mat.*) appartenere **5** (*fig.*) (*di capitale, di persona, ecc.*) stare inerte, stare inattivo □ essere dimenticato, essere inutilizzato, ristagnare, languire.
giacìglio *s. m.* **1** lettuccio, branda, cuccetta, saccone, letto, paglericcio, tavolaccio, paglione (*sett.*), coltrice (*lett.*) **2** covile, cuccia, lettiera □ strame.
giaciménto *s. m.* (*di minerali*) deposito, miniera, accumulo, bacino □ vena, filone.
giacobìno [fr. *jacobin* 'appartenente al Club des *Jacobins*', fondato nel Convento dei domenicani di S. Giacomo (*Jacobins*)] *s. m.* (*est.*) estremista, radicale, rivoluzionario **CONTR.** moderato.
giàcomo giàcomo *loc. sost. usata solo nella loc.* (*scherz.*) *fare giacomo giacomo*, (*di ginocchia, di gambe*) tremare, mancare, vacillare.
giaculatòria *s. f.* **1** orazione breve, preghiera, invocazione **2** (*scherz.*) monotona ripetizione **3** (*antifr.*) bestemmia, imprecazione.
giallàstro *agg.* giallo spento, gialliccio, giallognolo, gialligno (*raro*), canapino □ (*di viso, di aspetto*) terreo, malsano □ (*di carta*) ingiallito.
giallìno *agg.* giallo pallido, canarino, citrino, paglierino, paglia.
giàllo ***A*** *agg.* **1** (*di colore*) tra l'arancio e il verde, canarino, paglierino, zafferano **CFR.** arancio, arancione, dorato, biondo, fulvo, flavo, dorato **2** (*per rabbia, per malattia, ecc.*) pallido, cereo, smorto, terreo **3** (*di romanzo, di film, ecc.*) poliziesco, thrilling (*ingl.*) ***B*** *s. m.* **1** colore giallo **2** parte gialla □ (*di uovo*) tuorlo **3** (*di persona*) persona di razza mongolide □ cinese □ giapponese **CFR.** bianco, nero, ecc. **4** romanzo poliziesco, film poliziesco, thriller (*ingl.*), thrilling (*ingl.*) □ caso poliziesco □ vicenda misteriosa, enigma **FRAS.** *cera gialla*, cera vergine □ *pagine gialle*, elenco telefonico per categorie □ *terra gialla*, ocra.
giallógnolo *agg.* giallastro.
giamburràsca [dal n. del protagonista del *Giornalino di Giamburrasca*, di Vamba] *s. m. inv.* enfant terrible (*fr.*), diavolo, diavoletto, peste, terremoto **CONTR.** angelo (*fig.*).
giammài *avv. ints.* mai, in nessun tempo **CONTR.** sempre □ talora, talvolta.
giannìzzero *s. m.* **1** guardia del corpo (dei sultani) □ soldato mercenario, bravo, sgherro (*spreg.*), sbirro (*spreg.*) **2** (*fig.*) partigiano, satellite, seguace fanatico, attivista fanatico.
giapponése *agg. e s. m. e f.* del Giappone, nipponico **FRAS.** *lotta giapponese*, judo.
giàra *s. f.* orcio, ziro (*dial.*), olla, coppo, doglio (*lett.*), brocca, vaso.
giardinàggio *s. m.* (*est.*) floricoltura, orticoltura.
giardinétta *s. f.* (*di autovettura*) familiare, station-

-wagon (*ingl.*) □ giardiniera.

giardinièra s. f. **1** (*est.*) floricultrice, orticultrice □ ortolana **2** (*di varie verdure*) contorno □ sottaceti **3** carrozza □ giardinetta FRAS. *maestra giardiniera*, maestra di scuola materna.

giardinière s. m. (*est.*) floricultore, orticultore □ ortolano.

giardino s. m. **1** parco, boschetto, brolo (*lett.*), verziere (*lett.*), orto **2** (*est.*) luogo fertile, luogo ridente CONTR. deserto FRAS. *giardino pensile*, giardino su terrazza □ *giardino zoologico*, zoo □ *giardino di infanzia*, asilo infantile □ *giardino dell'Eden*, paradiso terrestre.

giarrettièra s. f. elastico, legaccio, nastro, fascetta □ reggicalze.

giavellòtto s. m. lancia, alabarda, picca, zagaglia, dardo, pilo □ (*sport*) asta.

gibbosità s. f. gobba, gibbo, protuberanza, rilievo, prominenza, convessità CONTR. cavità, concavità, incavo, infossamento.

gibbóso agg. gobbo, curvo, protuberante, convesso, prominente □ (*di terreno*) ondulato, irregolare CONTR. cavo, incavato, concavo, infossato.

gibèrna s. f. cartucciera.

gigànte *A* s. m. **1** (*est.*) titano, ciclope, colosso, omone, omaccione, corazziere, granatiere, torre, watusso CONTR. omino, omarino, nano, nanerottolo, lillipuziano, pigmeo, gnomo **2** (*fig.*) (*per virtù, per ingegno, ecc.*) genio, persona superiore *B* agg. enorme, grandissimo, gigantesco CONTR. minuscolo, piccolissimo, esiguo, minimo.

giganteggiàre v. intr. innalzarsi come gigante, torreggiare, sovrastare, eccellere, essere superiore, primeggiare CONTR. essere inferiore □ abbassarsi, sottomettersi, umiliarsi.

gigantésco agg. colossale, enorme, grandissimo, imponente, possente, poderoso, grandioso, titanico, ciclopico, smisurato, immane, mastodontico, stragrande, sproporzionato □ (*di carattere tipografico*) cubitale, di scatola □ (*di pasto*) pantagruelico CONTR. piccolissimo, minimo, minuscolo, esiguo, nano, lillipuziano, microscopico. *V. anche* GRANDE

gigantìsmo s. m. (*fig.*) imponente grandezza □ (*fig.*) megalomania.

gigantografìa s. f. macrofotografia, blow-up (*ingl.*) CONTR. microfotografia.

gigionàta s. f. gradassata, pataccata (*region.*).

gigióne [dal nome di un personaggio dell'attore E. Ferravilla, accr. di *Gigi* 'Luigi'] s. m. (*est.*) istrione, gradasso, commediante, vanaglorioso, borioso, patacca (*region.*).

gigliàto *A* agg. ornato di gigli *B* agg.; anche s. m. (*squadra di calcio*) viola, fiorentino.

gìglio s. m. **1** (*arald.*) fiordaliso **2** (*fig.*) persona pura, persona innocente, persona casta FRAS. *giglio bianco*, lirio □ *giglio giallo*, acoro □ *giglio gentile*, martagone, turbante da turco □ *giglio d'acqua*, ninfea bianca □ *giglio caprino*, pan di cuculo □ *la città del giglio* (*per anton.*), Firenze.

gilè s. m. corpetto, panciotto □ pullover.

ginecologìa s. f. (*est.*) ostetricia.

ginecòlogo s. m. (*est.*) ostetrico.

ginepràio s. m. **1** ginepreto (*raro*), macchia di ginepri **2** (*fig.*) intrico, intrigo, garbuglio, situazione confusa, imbroglio, labirinto, viluppo, prunaio, pelago, rigiro □ vespaio, pasticcio.

gingillàre *A* v. tr. (*lett.*) prendere in giro, raggirare *B* **gingillarsi** v. intr. pron. baloccarsi, ninnolarsi, trastullarsi, giocherellare □ (*fig.*) dondolarsi, oziare, bighellonare, perdere il tempo CONTR. agire, applicarsi, impegnarsi, lavorare.

gingìllo s. m. **1** balocco, giocattolo, trastullo, gadget (*ingl.*), chincaglieria, cianfrusaglia, ciondolo, ninnolo **2** (*fig.*) bagattella, inezia, sciocchezza □ passatempo.

ginnàsio [dal greco *gymnásion*, originariamente 'scuola di ginnastica dove si svolgevano esercizi da nudi (*gymnói*)'] s. m. (*est.*) scuola classica, liceo classico □ biennio.

ginnàsta s. m. e f. atleta □ acrobata, equilibrista, attrezzista.

ginnàstica s. f. **1** educazione fisica □ (*est.*) moto, movimento □ sport **2** (*fig.*) (*della mente*) esercitazione, esercizio.

ginòcchio s. m. FRAS. *in ginocchio*, ginocchioni □ *piegare il ginocchio* (*fig.*), umiliarsi □ *mettere in ginocchio* (*fig.*), vincere □ *far venire il latte alle ginocchia* (*fig.*), essere noioso e sciocco; essere lento □ *pregare in ginocchio* (*fig.*), implorare.

giocàre *A* v. intr. **1** baloccarsi, trastullarsi, giocherellare □ ricrearsi, spassarsi, divertirsi, svagarsi, sollazzarsi □ ruzzare □ scherzare **2** (*sport*) gareggiare, disputare un incontro **3** (*al lotto, ai cavalli, ecc.*) scommettere, puntare **4** (*di snodo, di articolazione, ecc.*) aver gioco, muoversi liberamente □ essere troppo largo, ballare, ciurlare CONTR. essere rigido, essere bloccato **5** (*di fortuna, di caso, ecc.*) agire, intervenire, avere peso **6** (*fig.*) (*di luce, di colore, ecc.*) riflettersi, risaltare, scorrere *B* v. tr. **1** (*di carte, di numeri*) inserire, mettere in tavola, impegnare □ calare **2** (*di denaro*) scommettere, puntare **3** (*est.*) perdere, rimetterci, mangiarsi CONTR. vincere **4** (*fig.*) (*di posto, di reputazione, ecc.*) arrischiare, rischiare, mettere in pericolo, mettere a repentaglio □ alienarsi CONTR. salvaguardare **5** (*di partita, di incontro, ecc.*) sostenere, affrontare **6** (*fig.*) (*di persona*) burlare, beffare, prendere in giro □ ingannare, truffare, imbrogliare, raggirare FRAS. *giocare a carte scoperte* (*fig.*), procedere senza misteri □ *giocare un brutto tiro* (*fig.*), fare un brutto scherzo □ *giocare in casa* (*fig.*), essere in posizione favorevole □ *giocare con le parole*, equivocare volutamente □ *giocarsi la camicia, giocarsi l'osso del collo* (*fig.*), giocarsi tutto, rischiare tutto.

giocàta s. f. **1** partita **2** mano, giro, mossa, gioco **3** posta, puntata, scommessa. *V. anche* GIOCO

giocàto part. pass. di **giocare**; anche agg. **1** (*di partita, ecc.*) disputato, combattuto **2** (*di somma*) puntato, rischiato □ perduto **3** beffato, preso in giro □ imbrogliato, truffato.

giocatóre s. m. (*f. -trice*) **1** chi gioca **2** (*sport*) atleta **3** ciarlatano, prestigiatore **4** schiavo del gioco □

scommettitore.

giocàttolo *s. m.* balocco, trastullo, gingillo, ninnolo, gioco. *V. anche* GIOCO

giocherellàre *v. intr.* giocare, baloccarsi, gingillarsi, trastullarsi □ distrarsi.

giocherellóne *agg.*; *anche s. m.* amante del gioco □ allegrone, spensierato, baloccone (*fam.*), zuzzurellone (*fam.*), bambinone (*scherz.*).

giochétto *s. m.* **1** *dim. di* **gioco** **2** gioco facile □ lavoro facile **3** scherzo **4** espediente, trucco □ intrigo, raggiro.

giòco *s. m.* **1** divertimento, passatempo, diporto, sollazzo, spasso, svago, ricreazione **2** (*di oggetto*) balocco, giocattolo, trastullo **3** (*di carte, di calcio, ecc.*) gara, competizione □ partita □ (*nel tennis*) game (*ingl.*) □ manifestazione sportiva **4** (*di denaro*) giocata, puntata □ posta **5** (*fig.*) azione, mossa, passo, movimento □ condotta, comportamento □ mira, intenzione **6** vizio del giocare **7** (*fig.*) beffa □ burla, celia, scherzo □ imbroglio, inganno, insidia **8** (*est.*) (*di snodo, di articolazione, ecc.*) spazio, passo, distanza □ azione, movimento □ congegno **9** (*fig.*) (*di luce, di colori, ecc.*) artificio, finzione, effetto □ simulazione, attività simulata □ (*di fortuna, ecc.*) azione, peso, ruolo **FRAS.** *gioco da ragazzi* (*fig.*), cosa molto facile □ *entrare in gioco* (*fig.*), aver parte □ *mettere in gioco* (*fig.*), rischiare □ *fare il gioco di uno* (*fig.*), assecondarlo nelle sue finalità □ *avere buon gioco* (*fig.*), avere buone possibilità di riuscita □ *fare buon viso a cattivo gioco* (*fig.*), adattarsi alla malasorte □ *farsi gioco* (*fig.*), burlarsi □ *far gioco*, essere utile □ *fare il doppio gioco*, tradire □ *fare il gioco pesante*, approfittare delle debolezze altrui.

GIOCO
sinonimia strutturata

Ogni esercizio compiuto da fanciulli o adulti per divertirsi o per sviluppare qualità fisiche o intellettuali si chiama **gioco**: *giochi al chiuso, all'aperto, di società, da bambini*; *pensa più al gioco che allo studio*; una cosa molto facile è detta *gioco da ragazzi*.

In senso lato, è un gioco ogni oggetto adatto a divertire, ossia ogni **giocattolo** o **balocco**: *un bellissimo gioco*; *stanza piena di giochi*; sinonimo appena più ricercato è **trastullo**.

Anche un'attività agonistica, ossia una **gara**, una **competizione** sportiva viene detta gioco: *gara di tennis*; *campo delle competizioni*; **partita** indica specificamente il confronto tra due giocatori o due squadre. Al plurale invece, il termine designa le **manifestazioni sportive** che comprendono una serie di gare: *giochi olimpici*. Infine in quest'ambito semantico, gioco indica il modo, la tecnica, la tattica particolare impiegata nello svolgimento di una competizione: *gioco individuale, di squadra, difensivo*.

Anche una gara non sportiva, tra più persone o gruppi di persone, il cui esito è connesso con l'abilità dei partecipanti o con la loro fortuna si può definire gioco: *essere fortunato al gioco*; *essere divorato dalla passione del gioco*. Le locuzioni *fare buon viso a cattivo gioco*, ossia adattarsi alla malasorte, e *avere buon gioco*, che corrisponde ad avere buone possibilità di riuscita, sono invece legate a gioco inteso come serie di carte di cui dispone un giocatore: *avere in mano un ottimo gioco*; *non avere gioco*.

In questi incontri talvolta il premio per il vincitore è in denaro, e gioco indica anche la somma che si impegna, detta anche **posta**, **puntata**, **giocata**: *raddoppiare il gioco*. In questo senso, poiché la vincita è parzialmente dovuta alla sorte, anche in altri contesti l'espressione figurata *mettere in gioco* significa rischiare. Ha sempre fini di lucro ed esito assolutamente aleatorio il **gioco d'azzardo**, e specialmente ad esso si lega il **vizio del gioco**, che può dirsi semplicemente gioco e consiste in una passione smodata che spinge irrefrenabilmente a giocare: *lo ha rovinato il vizio del gioco*.

In senso figurato, gioco corrisponde a **scherzo**, **celia** ossia a parole o azioni leggere, spesso volte a provocare il riso, a far credere cose non vere, ecc. **Beffa** e **burla** si distinguono perché evocano maggiormente una presa in giro, anche benevola. Anche l'oggetto di una burla, ossia lo **zimbello**, può dirsi gioco: *essere lo zimbello di qualcuno*. Gioco in senso lato è sinonimo anche di inganno, insidia, e spesso indica comunque un'attività o faccenda particolarmente intricata e rischiosa: *il vostro è un gioco pericoloso*.

Sempre figuratamente, detto ad esempio di luci, di colori, gioco ne rappresenta la combinazione o il suo risultato, cioè l'**effetto**: *effetti di luce*; questo risultato visivo, quest'apparenza può essere ottenuta grazie a **finzioni** e **artifici**: *artifici scenici*.

giocofòrza *s. m. inv. solo nella loc. essere giocoforza*, essere inevitabile, essere necessario, occorrere, bisognare.

giocolière *s. m.* **1** prestigiatore, prestidigitatore □ buffone, giullare, menestrello □ acrobata, saltimbanco **2** (*di sportivo, ecc.*) virtuoso.

giocondaménte *avv.* allegramente, lietamente, festevolmente, gioiosamente, piacevolmente, amenamente, festosamente, giulivamente **CONTR.** tristemente, dolentemente, malinconicamente, mestamente, severamente.

giocondità *s. f.* allegrezza, allegria, contentezza, ilarità, diletto, esultanza, festosità, gioia, giubilo, letizia, buonumore, gaiezza, giocosità, godimento □ piacevolezza, amenità **CONTR.** tristezza, afflizione, dolore, malinconia, mestizia, accoramento, angustia, desolazione □ noia □ severità □ umor nero, musoneria.

giocóndo *agg.* allegro, contento, ilare, esultante, festevole, gaio, gioioso, giulivo, giubilante, lieto, festivo, festoso, gaudioso (*lett.*), giocoso, radioso, sorridente □ piacevole, dilettevole, ameno **CONTR.** triste, dolente, malinconico, mesto, addolorato, afflitto, lamentoso, piangente □ annoiato □ immusonito, imbronciato □ fosco, funereo, grigio.

giocosaménte *avv.* facetamente, scherzosamente □ allegramente, lietamente **CONTR.** seriamente, gravemente □ tristemente.

giocosità *s. f.* scherzosità, festività, piacevolezza, allegria, gaiezza, giocondità, ilarità **CONTR.** austerità, serietà, severità, gravità, solennità.

giocóso *agg.* **1** scherzoso, festevole, allegro, gaio, giocondo, ilare, ridanciano **CONTR.** austero, serio, severo, grave, solenne **2** (*di opera, ecc.*) burlesco, eroicomico, buffo, comico, bernesco, faceto, satirico.

giógo *s. m.* **1** (*fig.*) soggezione, schiavitù, servitù, asservimento, sudditanza, dipendenza, oppressione □ vincolo, soma (*lett.*), ceppo **CONTR.** libertà, autonomia, indipendenza **2** (*di bilancia*) asta **3** (*est., geogr.*) catena montuosa, giogaia □ sommità □ valico, passo, sella, forcella **FRAS.** *scuotere il giogo*, ribellarsi □ *passare sotto il giogo*, sottostare a un'imposizione umiliante.

giòia (**1**) *s. f.* felicità, godimento, piacere, beatitudine, compiacimento, letizia □ delizia, diletto □ allegrezza, allegria, contentezza, esultanza, gaudio (*lett.*), giubilo, giocondità, tripudio □ festevolezza, gaiezza □ goduria □ conforto, consolazione, dolcezza **CONTR.** tristezza, afflizione, dolore, amarezza, pena, malinconia, mestizia, infelicità, sconforto □ cordoglio □ disperazione □ depressione □ dispetto, disappunto □ rincrescimento, rammarico □ cruccio, dannazione, castigo, croce, strazio, tormento.

giòia (**2**) *s. f.* pietra preziosa, gioiello, gemma, bijou (*fr.*) □ (*al pl.*) gioielli, ori □ preziosi.

gioielleria *s. f.* **1** oreficeria, negozio di gioielli □ gioielliere, orefice **2** gioie, gioielli, pietre preziose.

gioiellière *s. m.* (*est.*) orefice □ gioielleria, oreficeria □ orafo.

gioièllo *s. m.* **1** gioia, gemma, pietra preziosa, monile, bijou (*fr.*) □ (*al pl.*) gioielli, preziosi, ori **2** (*fig.*) persona cara □ cosa bellissima, capolavoro, tesoro, perla (*fig.*), valore.

gioiosaménte *avv.* allegramente, giocondamente, lietamente, festosamente, gaiamente, deliziosamente, piacevolmente, festevolmente, gaudiosamente (*lett.*), giulivamente, radiosamente **CONTR.** tristemente, dolentemente, malinconicamente, mestamente, accoratamente, dolorosamente, sconsolatamente □ gravemente, solennemente.

gioióso *agg.* allegro, contento, festoso, gaio, lieto, esultante, festevole, giulivo, giubilante, entusiastico, festante, festivo, gaudioso (*lett.*), giocondo, radioso □ piacevole, dilettevole, ameno, ridente **CONTR.** triste, dolente, malinconico, mesto, abbacchiato, accorato, angosciato □ scontento, immusonito, imbronciato □ funesto, amaro, ferale, doloroso, luttuoso, nero □ uggioso, noioso, tedioso □ pesante.

gioìre *v. intr.* esultare, giubilare, godere, gongolare, rallegrarsi, tripudiare, andare in visibilio, andare in brodo di giuggiole, andare in solluchero, compiacersi **CONTR.** rattristarsi, affliggersi, addolorarsi, piangere, soffrire, patire, tribolare, amareggiarsi, dispiacersi, dolersi □ rammaricarsi □ lamentarsi. *V. anche* RIDERE

giornalàio *s. m.* venditore di giornali, edicolante, edicolista.

giornàle **A** *agg.* (*raro, lett.*) giornaliero **B** *s. m.* **1** quotidiano □ notiziario, gazzetta, gazzettino, bollettino, pubblicazione, foglio □ testata □ giornale radio, notiziario televisivo **CFR.** telegiornale □ (*al pl.*) stampa, giornalisti, informazione **2** settimanale, quindicinale, periodico, rassegna, effemeride □ tabloid (*ingl.*) □ rivista, rotocalco **3** (*di bordo, di viaggio, ecc.*) registro, mastro □ diario **4** redazione.

giornalètto *s. m.* **1** *dim. di* **giornale** **2** (*fam.*) giornalino illustrato, fumetto.

giornalièro **A** *agg.* **1** di ogni giorno, quotidiano **2** (*est.*) abituale, solito **3** (*fig.*) (*di umore, di carattere*) lunatico, incostante, mutevole, volubile **CONTR.** costante, fermo □ perseverante **B** *s. m.* operaio a giornata, bracciante.

giornalìno *s. m.* **1** *dim. di* **giornale** **2** (*fam.*) fumetto, giornaletto.

giornalìsmo *s. m.* **1** professione del giornalista **2** stampa, giornalisti.

giornalìsta *s. m.* e *f.* **1** chi scrive sui giornali □ (*al pl.*) giornalismo, stampa, quinto potere □ editoria □ redazione **2** (*spreg.*) pennivendolo, pennaiolo, gazzettiere **CFR.** notista, articolista, politologo, pubblicista, redattore, cronista, corrispondente, inviato, reporter (*ingl.*), critico, elzevirista, intervistatore, editorialista, opinionista.

giornalménte *avv.* ogni giorno, giorno per giorno, quotidianamente.

giornàta *s. f.* **1** giorno, dì, ventiquattrore **CONTR.** nottata, notte **2** (*est.*) tempo, vita **3** paga giornaliera, guadagno giornaliero **4** cammino di un giorno, distanza di un giorno **5** (*di corse*) tappa □ (*di campionato di calcio, ecc.*) tornata, incontro **6** festa, solennità, ricorrenza, anniversario **FRAS.** *vivere alla giornata*, vivere senza pensare al futuro □ *in giornata*, entro oggi □ *di giornata*, prodotto nel giorno stesso □ *essere di giornata*, essere di turno □ *non esser giornata*, essere di cattivo umore □ *andare a giornata*, lavorare occasionalmente.

giórno *s. m.* **1** ventiquattrore, dì, giornata □ data **CONTR.** notte, nottata **2** (*est.*) periodo, tempo **3** festa, solennità, ricorrenza **FRAS.** *di giorno in giorno*, ogni giorno □ *vivere giorno per giorno*, vivere alla giornata □ *a giorni*, tra pochi giorni; talvolta □ *l'uomo del giorno*, l'uomo di cui tutti parlano □ *essere al giorno*, essere al corrente □ *andare a giorni*, essere incostante □ *alla luce del giorno* (*fig.*), apertamente, palesemente □ *avere i giorni contati*, stare per morire; stare per finire □ *dare gli otto giorni*, licenziarsi, o licenziare qualcuno.

giòstra *s. f.* **1** torneo, torneamento (*ant.*), quintana **2** girotondo **3** (*al pl.*) luna park, baracconi (*fam.*) **4** (*anche fig.*) carosello.

giostràre *v. intr.* **1** torneare □ duellare, combattere **2** muoversi, dimenarsi, girare **3** (*fig.*) ingegnarsi, arrabattarsi, armeggiare □ comportarsi, agire, condursi, giocarsi, destreggiarsi, muoversi.

giovaménto *s. m.* utilità, vantaggio, beneficio, aiuto, utile, pro, profitto, costrutto, bene **CONTR.** danno, pregiudizio, nocumento, scapito, guaio. *V. anche* GUADAGNO

gióvane **A** *agg.* **1** (*di persona*) in età giovanile □ (*est.*) (*di fisico*) fiorente, florido, fresco □ (*di carat-*

tere) giovanile **CONTR.** vecchio, senescente, decrepito **2** (*tra due persone*) più giovane, junior (*lat.*) **CONTR.** senior (*lat.*) **3** (*di animale, di pianta, ecc.*) nato da poco, sorto da poco □ (*est.*) (*di vino, di legna, ecc.*) immaturo, non stagionato □ acerbo, verde **CONTR.** vecchio, stagionato □ secolare □ antico, vetusto, annoso **4** (*fig.*) (*di persona*) ingenuo, candido, immaturo, inesperto **CONTR.** esperto, abile, provetto, perito **5** (*di stile, ecc.*) moderno, disinvolto, casual (*ingl.*) **CONTR.** antiquato, sorpassato □ tradizionale **B** *s. m.* e *f.* **1** adolescente, teen ager (*ingl.*) □ giovanotto, ragazzo □ ragazza, signorina □ (*al pl.*) gioventù, nuove leve, nouvelle vague (*fr.*), nuove generazioni **CONTR.** vecchio □ grande, adulto □ veterano **2** (*fam.*) scapolo, celibe □ nubile **CONTR.** maritato, sposato **3** allievo, scolaro **4** garzone, apprendista, lavorante **CONTR.** padrone, principale, capo.

giovanétta *agg.*; *anche s. f.* adolescente □ fanciulla, ragazza, donzella, signorina.

giovanétto *agg.*; *anche s. m.* **1** *dim. di* **giovane** **2** adolescente □ fanciullo, ragazzo, garzone (*poet.*).

giovanìle *agg.* **1** della giovinezza, dei giovani □ (*di età*) giovane, verde □ di giovane, da giovane, fresco, primaverile (*lett.*) **CONTR.** avanzato, tardo, senile, senescente, adulto, maturo **2** (*est.*) energico, robusto, vigoroso □ arzillo, benportante **CONTR.** debole, fiacco, snervato □ cadente, rugoso, decrepito.

giovanòtto *s. m.* **1** uomo giovane, ragazzo **CONTR.** vecchio **2** (*fam.*) scapolo, celibe **CONTR.** maritato, sposato, ammogliato, accasato **3** (*mar.*) mozzo.

giovàre **A** *v. intr.* **1** essere utile, essere vantaggioso, recare beneficio, far pro, convenire, servire, importare, beneficare □ (*di abito, ecc.*) confarsi, addirsi, donare **CONTR.** nuocere, danneggiare, ledere, pregiudicare **2** (*lett.*) dilettare, piacere **CONTR.** dispiacere □ offendere **B** *v. intr. impers.* essere utile, essere vantaggioso, convenire, essere opportuno **CONTR.** sconvenire, nuocere **C** **giovarsi** *v. intr. pron.* servirsi, valersi, avvalersi, approfittare, profittare, fruire, usufruire.

gioventù *s. f.* **1** giovinezza, primavera della vita, mattino della vita, verde età, verdi anni **CONTR.** vecchiezza, vecchiaia, senilità, canizie □ età adulta, maturità, mezza età □ senescenza, invecchiamento **2** giovani, nuove leve, nouvelle vague (*fr.*), new age (*ingl.*), nuove generazioni **CONTR.** vecchi **3** (*fig.*) freschezza, vivacità, rigoglio **CONTR.** appassimento, avvizzimento **4** (*fig.*) ingenuità, inesperienza, sventatezza, imprudenza □ intemperanza **CONTR.** esperienza □ sensatezza, buon senso.

giovévole *agg.* utile, vantaggioso, proficuo, profittevole (*lett.*), efficace, benefico, salutare □ buono, valevole, valido **CONTR.** inutile □ dannoso, nocivo, esiziale, infesto, pernicioso, rovinoso, micidiale □ lesivo, pregiudizievole □ controproducente.

gioviàle *agg.* gaio, giocondo, lieto, cordiale, espansivo, allegro, sereno, sorridente, festevole, geniale (*lett.*) **CONTR.** accigliato, burbero, rude, sostenuto, ingrugnato, musone □ rabbioso □ triste, mesto, malinconico.

giovialità *s. f.* affabilità, amabilità, cordialità, giocondità, buon umore, allegria, spensieratezza, genialità (*lett.*), piacevolezza **CONTR.** austerità, gravità, serietà, musoneria, gufaggine, rudezza, sostenutezza □ tristezza, mestizia, malinconia. *V. anche* AFFABILITÀ

giovialménte *avv.* allegramente, giocondamente, cordialmente **CONTR.** severamente □ tristemente, mestamente, malinconicamente □ austeramente, solennemente, gravemente.

giovialóne *s. m.* **1** *accr. di* **gioviale** **2** allegrone, buontempone, burlone, caposcarico, chiassone, compagnone, cuorcontento, cordialone, festaiolo **CONTR.** gufo, impiastro, piagnone, piagnucolone.

giovinàstro *s. m.* giovane scapestrato, ragazzaccio, teppista **CONTR.** giovane per bene.

giovincéllo *agg.*; *anche s. m.* **1** *dim. di* **giovane** **2** (*spreg.*) pivello, sbarbatello, sbarbino (*sett.*).

giovinézza *s. f.* gioventù, età giovanile, primavera della vita, verde età, verdi anni □ freschezza **CONTR.** vecchiezza, vecchiaia, senilità, vetustà □ età adulta □ mezza età □ maturità □ senescenza.

giradìschi *s. m.* (*est.*) grammofono, fonografo, mangiadischi.

giradìto *s. m.* (*med.*) patereccio, panereccio (*pop.*), paronichia (*med.*).

giràffa *s. f.* **1** (*zool.*) camelopardo **2** (*per microfono*) carrello mobile **3** (*fig.*) spilungone **CONTR.** nanerottolo **FRAS.** *da giraffa* (*fig.*), molto lungo.

giramóndo *s. m.* e *f. inv.* **1** globe-trotter (*ingl.*) □ (*est.*) autostoppista □ (*est., fig.*) vagabondo, zingaro **CONTR.** sedentario **2** avventuriero, gabbamondo, imbroglione **CONTR.** galantuomo.

giranàstri *s. m. inv.* mangianastri, mangiacassette.

giràndola *s. f.* **1** (*est.*) giochi d'acqua **2** (*di giocattolo*) mulinello, girella **3** banderuola, anemoscopio, pennoncello **4** (*fig.*) banderuola, lunatico, persona volubile, voltagabbana **CONTR.** persona di carattere **5** (*fig.*) (*di voci, di fatti, ecc.*) vertiginoso susseguirsi, ridda **6** giravolta.

girandolàre *v. intr.* girellare, gironzare, gironzolare, girovagare, bighellonare, vagabondare, andare oziando, andare a zonzo.

girandolóne *s. m.* **1** *accr. di* **girandola** **2** girellone, bighellone, ciondolone, dondolone, vagabondo, girovago, sfaccendato.

girandolóni *avv.* gironzolando, bighellonando, vagabondando, a gironzolo, a zonzo.

giràre **A** *v. tr.* **1** muovere in giro, muovere intorno, ruotare □ roteare □ avvitare **2** (*di pagina, di bistecca, ecc.*) voltare, rivoltare □ (*di sguardo, ecc.*) stornare, allontanare, volgere **3** (*di domanda, di pratica*) trasferire, passare, rivolgere, dirigere, presentare **4** (*di isola, di paese, ecc.*) aggirare, costeggiare □ percorrere, visitare, battere **5** (*cine.*) filmare, riprendere **6** (*di questione, di frase, ecc.*) mutare, cambiare, presentare sotto altro aspetto, rivoltolare, rigirare **7** (*tip.*) spostarsi, andare a capo, andare a pagina successiva **B** *v. intr.* **1** muoversi in giro, ruotare □ piroettare, volteggiare □ vorticare, roteare □ rotolare, ruzzolare **CONTR.** andare diritto **2** voltare, curvare, sterzare, virare □ voltarsi, volgersi **CONTR.** andare diritto **3** (*est.*) muoversi, camminare, passeggiare, andare in giro, aggirarsi, viaggiare □ circolare **CONTR.** star fermo *4* (*di fiume, di corridoio, ecc.*) correre in giro, circondare, attorniare *5* (*di denaro, di notizia, ecc.*) passare di mano in mano □ (*fig.*) diffondersi, propagarsi, spargersi *6* (*fig.*) (*di idee, di pensieri*) mulinare, turbinare, frullare, ronzare □ (*fam.*) saltare in mente *7* (*tosc.*) (*di vino*) guastarsi, alterarsi *C* **girarsi** *v. rifl.* volgersi, voltarsi, muoversi, agitarsi, cambiare posizione, rivoltarsi, rivoltolarsi, rotolarsi **FRAS.** *girare al largo*, non accostarsi; (*fig.*) andar cauti □ *far girare le scatole* (*fam.*), seccare molto, rompere (*pop.*) □ *gira e rigira* (*fig.*), per quanto si faccia e si dica □ *secondo come gira* (*fig.*), secondo l'umore del momento □ *girare a vuoto*, non concludere nulla □ *girare in tondo* (*fig.*), non arrivare a nessuna conclusione.

giràta *s. f.* *1* voltata, giravolta □ avvolgimento □ avvitamento *2* giro, passeggiata, gita, camminata *3* (*di titolo di credito*) trasferimento *4* (*fig.*) rabbuffo, rimprovero, sgridata.

giràto *A* *part. pass. di* **girare**; *anche agg.* *1* messo in giro □ ruotato, roteato, avvolto *2* rivolto, voltato, volto *3* (*di titolo di credito*) trasferito, accreditato *B* *s. m.* (*enol.*) sobbollimento.

giravite *s. m.* cacciavite.

giravòlta *s. f.* *1* giro su sé stesso, giro, piroetta, volteggio prillo (*raro*) □ spira, voluta, riccio, circonvoluzione, zigzag □ (*est.*) girata *2* tortuosità, sinuosità, andirivieni, serpeggiamento, labirinto, ravvolgimento (*raro*), curva, svolta □ ansa, meandro **CONTR.** rettifilo, rettilineo *3* (*fig.*) (*di umore, di idee, ecc.*) improvviso mutamento, cambiamento **CONTR.** costanza, fermezza.

girellàre *v. intr.* gironzolare, girovagare, girandolare, gironzare, bighellonare, errare, vagare, vagabondare, andare a zonzo, andare oziando, passeggiare, vagolare.

girétto *s. m.* *1* *dim. di* **giro** *2* passeggiatina.

girévole *agg.* che può girare, girante, rotante, girabile □ mobile □ (*fig.*) volubile **CONTR.** fisso, immobile.

girìno *s. m.* (*di rana*) larva.

giro *s. m.* *1* (*di luogo, di mura, ecc.*) cerchio, circuito, circolo, circonferenza, perimetro □ chiostra, corona, cornice □ ghirlanda, collana *2* (*di astri, ecc.*) rotazione, orbita, rivoluzione □ (*di movimento*) piroetta, volteggio □ aggiramento (*ant.*), roteamento, conversione, giravolta, girata □ (*di filo, ecc.*) avvolgimento, ravvolgimento, rigiro □ spira, voluta, spirale, circonvoluzione, meandro □ curva, svolta □ (*di chiave*) mandata *3* (*di abito*) apertura, giromanica □ (*di bicchiere*) bordo, orlo *4* cammino, passeggio, passeggiata, camminata, gita, viaggio □ periplo, circumnavigazione *5* (*sport*) gara a tappe, tour (*fr.*) □ girone, manche (*fr.*) *6* (*di chiacchiere, di notizie, ecc.*) divulgazione, diffusione *7* (*di denaro, di affari, ecc.*) volume, circolazione, traffico, corso, movimento *8* (*fig.*) (*di tempo*) spazio, periodo, intervallo, ciclo □ vicenda, avvicendamento *9* (*fig.*) (*di vicende, di avvenimenti, ecc.*) andamento, piega *10* (*fig.*) (*nei giochi di carte*) mano, turno, giocata *11* (*di persona, di attività, ecc.*) cerchio, cerchia, ambito, ambiente, gruppo, entourage (*fr.*) *12* (*est., gerg.*) tresca, relazione illecita, relazione amorosa **FRAS.** *giro di parole* (*fig.*), circonlocuzione □ *prendere in giro* (*fig.*), canzonare □ *essere su di giri* (*fig.*), essere euforico □ *essere giù di giri* (*fig.*), essere demoralizzato □ *mettere in giro*, diffondere □ *essere nel giro* (*fig.*), conoscere bene l'ambiente □ *andare fuori giri* (*fig.*), eccedere, esagerare; non riuscire a ragionare □ *giro di boa* (*fig.*), svolta decisiva, decisione importante □ *giro di valzer* (*fig.*), breve e piacevole avventura sentimentale □ *giro di vite* (*fig.*), pesante restrizione □ *giro d'orizzonte* (*fig.*), panoramica generale di una situazione.

girocòllo *A* *s. m.* *1* scollatura rotonda *2* maglione senza collo, maglietta senza collo *3* collana, collier (*fr.*) □ collare *B* *agg. inv.* (*di indumento*) con scollatura rotonda.

giróne *s. m.* *1* (*lett.*) cerchio, giro □ perimetro, circonferenza *2* (*sport*) gruppo di squadre, gruppo di atleti □ gruppo di partite, turno *3* (*mar.*) (*di remo*) impugnatura.

gironzolàre *v. intr.* girellare, girovagare, girandolare, gironzare, bighellonare, errare, vagare, vagabondare, andare a zonzo, andare oziando, passeggiare, vagolare.

giroscòpio *s. m.* girostato, stabilizzatore.

girovagàre *v. intr.* gironzolare, girellare, girandolare, gironzare, bighellonare, errare, vagare, vagabondare, andare a zonzo, andare oziando, ramingare (*lett.*) **CONTR.** stare fermo □ lavorare, essere produttivo.

giròvago *agg.*; *anche s. m.* *1* nomade □ zingaro □ vagabondo **CONTR.** sedentario, stanziale *2* girellone, gironzolone, girandolone, bighellone, ciondolone, dondolone, sfaccendato *3* ambulante, rivendugliolo.

gita *s. f.* escursione, viaggetto, passeggiata, camminata, girata, giro, viaggio □ scampagnata, picnic.

gitàno [dal lat. parl. (*Ae*)*gyptānum* 'proveniente dall'Egitto (*Aegyptus*)'] *A* *s. m.* zingaro *B* *agg.* degli zingari, zingaresco □ zigano.

gitànte *s. m. e f.* turista, escursionista.

gittàta *s. f.* gettata, portata, tiro.

giù *avv.* in basso, a basso, verso il basso, laggiù □ dabbasso, disotto **CONTR.** su, sopra **FRAS.** *andare giù* (*fig.*), deperire □ *giù di moda* (*fig.*), fuori moda, in disuso □ *essere giù, essere giù di corda* (*fig.*), essere depresso □ *mandar giù* (*fig.*), sopportare □ *su per giù, giù di lì*, all'incirca □ *giù per*, lungo.

giùbba *s. f.* giacca, giacchetta, farsetto, marsina (*tosc.*) □ casacca □ gabbana **FRAS.** *rivoltare la giubba* (*fig.*), cambiare idea, cambiare partito □ *farsi tirar la giubba* (*fig.*) avere molti debiti.

giubbétto *s. m.* *1* *dim. di* **giubba** *2* corpetto □ bolero □ chiodo (*gerg.*).

giubbóne *s. m.* *1* *accr. di* **giubba** *2* casacca, giacca da lavoro, giaccone.

giubbòtto *s. m.* *1* *dim. di* **giubba** *2* casacca, farsetto, blouson (*fr.*), bomber (*ingl.*).

giubilànte *part. pres. di* **giubilare**; *anche agg.* esultante, felice, festante, tripudiante, gioioso, gongolante, trionfante □ (*fig.*) allegro, bello, festoso, piacevole, giocondo **CONTR.** afflitto, depresso, infelice, malinconico, mesto, triste, addolorato.

giubilàre ***A*** *v. intr.* esultare, gioire, godere, gongolare, tripudiare **CONTR.** affliggersi, immalinconirsi, attristarsi, rattristarsi ***B*** *v. tr.* ***1*** pensionare, mettere a riposo ***2*** (*est.*) assegnare una sinecura.

giubilèo [dal lat. crist. *iubilăeu(m)*, sott. *annu(m)* 'anno', dall'ebr. *yōblḗl* 'il (corno di) capro', col quale si annunciava la solennità religiosa celebrata ogni cinquantesimo anno] *s. m.* ***1*** Anno Santo ***2*** (*est.*) cinquantenario.

giùbilo *s. m.* allegrezza, allegria, esultanza, festa, gaudio, gioia, giocondità, tripudio, felicità, letizia **CONTR.** afflizione, malinconia, mestizia, tristezza, angustia, dolore, infelicità, struggimento.

giùda [dal nome di Giuda Iscariota, traditore di Cristo] *s. m.* traditore, iscariota (*lett.*).

giudàico *agg.* del giudaismo □ dei giudei, ebraico, israelitico □ (*est.*) mosaico.

giudaìsmo *s. m.* ebraismo.

giudèo ***A*** *s. m.* ***1*** ebreo □ israelita, israeliano ***2*** (*spreg.*) usuraio, traditore ***B*** *agg.* dei Giudei, ebraico, israelitico.

giudicàbile ***A*** *agg.* che si può giudicare, discutibile, qualificabile, valutabile, ponderabile **CONTR.** indiscutibile ***B*** *s. m.* e *f.* (*dir.*) imputato.

giudicàre ***A*** *v. tr.* ***1*** valutare, vagliare, esaminare, calcolare, misurare, osservare, considerare, pesare, ponderare, sondare, vedere □ criticare, recensire □ commentare □ classificare, qualificare ***2*** (*dir.*) decidere con sentenza, sentenziare, condannare, assolvere ***3*** stimare, credere, pensare, reputare, ritenere, dedurre, argomentare, opinare, trovare, supporre, intendere, interpretare, riconoscere ***B*** *v. intr.* esprimere giudizi. *V. anche* PENSARE

GIUDICARE
sinonimia strutturata

Si dice **giudicare** innanzitutto il **valutare** qualcosa o qualcuno secondo le qualità, i meriti, ecc.: *giudicare la capacità di un tecnico*; *giudicare qualcuno idoneo*; *valutare la portata di un discorso*; *sto valutando ogni indizio*; il secondo verbo suggerisce una considerazione più generale che precede il giudizio vero e proprio; così, equivale a **considerare**, **esaminare**, e, intesi figuratamente, a **vagliare**, **ponderare**, **pesare** e **vedere**, che indicano il sottoporre qualcosa ad attenta analisi, appurandone e soppesandone gli elementi positivi e negativi e le eventuali conseguenze, prima di giudicare, agire o parlare: *bisogna considerare tutte le probabilità*; *esaminare una questione, un autore*; *bisogna vagliare il problema*; *una dottrina che deve essere vagliata attentamente*; *è abituato a ponderare ogni sua iniziativa*; *bisogna pesare il pro e il contro*; *lasciami vedere bene il tutto*; *nei pericoli si vede l'uomo*. Equivalente è in senso estensivo **misurare**, che indica anche il formulare un giudizio di merito: *misurare le difficoltà*; *misurare i meriti di qualcuno*. Molto vicino è anche **calcolare**, che sottolinea un intento di previsione: *calcolare i rischi*. **Sondare** equivale invece a saggiare, a cercare di conoscere: *sondare il terreno, le intenzioni di qualcuno*.

Il considerare attentamente qualcosa prelude in genere al **commentarla**, ossia all'esprimere un'opinione in proposito: *commentare gli avvenimenti politici*; il verbo indica anche il fare osservazioni, specialmente allusive o malevole, su fatti altrui: *la sua decisione fu molto commentata*. Vicinissimo è **criticare**, che indica sia il sottoporre a un esame critico sia il biasimare: *criticare un'opera d'arte*; *non dovresti criticare gli amici*. L'analizzare criticamente in un articolo un libro di recente pubblicazione, uno spettacolo, un concerto o una mostra d'arte, con un giudizio sul suo valore si dice **recensire**.

L'esaminare precede anche il **classificare**, ossia il valutare con un voto o un parere formale un candidato, uno scolaro, ecc.: *lo hanno classificato bene*; significato più ampio ha **qualificare**, che indica il definire in base a precise caratteristiche: *qualificare qualcuno come un professionista, un buon padre*.

Qualificare si avvicina quindi a giudicare nel senso di **ritenere**, **reputare**, **trovare**: *lo giudico maturo*; *vidi una, che tra le belle bellissima giudicai* (SANNAZARO); *ritengo sia bene non giudicare*; *lo ritengo onesto*; *reputare necessario qualcosa*; *trovo che hai fatto bene*. Molto vicino è **stimare**, che significa anche avere una buona opinione: *lo stimo fortunato*; *è un uomo molto stimato*. Un'idea di ipotesi, di presunzione è invece sottintesa in **pensare**, **credere** e soprattutto **supporre**: *penso che sbagli*; *suppongo che tu non sia d'accordo*; *lo credevo giusto*. **Interpretare** e **intendere** indicano l'attribuire un certo significato a qualcosa: *non devi interpretare, intendere quelle parole come un rimprovero*. **Riconoscere** coincide invece con distinguere: *non sapete riconoscere la buona cucina*; *riconoscere il giusto dall'ingiusto*. L'essere di una certa opinione e manifestarla si dice **opinare**: *opiniamo che si debba cambiare idea*. Si definisce per estensione **dedurre**, o raramente **argomentare**, il ricavare razionalmente un'idea da fatti o indizi: *dall'addensarsi delle nuvole dedussi che il temporale si avvicinava*.

giudicàto ***A*** *part. pass. di* **giudicare**; *anche agg.* ***B*** *s. m.* ***1*** (*dir.*) cosa giudicata ***2*** provvedimento giurisdizionale definitivo, sentenza definitiva **FRAS.** *passato in giudicato*, definitivo, inappellabile.

giùdice *s. m.* e *f.* ***1*** magistrato giudicante □ ufficiale giudicante □ (*al pl.*) magistratura, foro, tribunale □ corte, giuria **CONTR.** giudicato ***2*** organo giudiziario ***3*** (*sport*) arbitro ***4*** (*di opera letteraria, artistica, ecc.*) competente, intenditore, critico ***5*** censore, giudicatore.

giudiziàrio *agg.* ***1*** (*dir.*) giudiziale, giuridico, legale ***2*** (*letter.*) (*di eloquenza*) forense.

giudìzio *s. m.* ***1*** senno, prudenza, discernimento, saggezza, criterio, equilibrio, buon senso, oculatezza, assennatezza, cervello, comprendonio (*scherz.*), misura, ragione, ragionevolezza, responsabilità, saviezza, sensatezza □ discrezione, fiuto, naso **CONTR.** avventatezza, imprudenza, sventatezza, dissennatezza, insensatezza, irragionevolezza □ stramberia, strampaleria, stravaganza □ cecità, insipienza ***2*** opinione, parere □ idea, concetto, pensiero □ congettura, deduzione, induzione □ stima, apprezzamento, valutazione □ diagnosi, referto □ critica, recensione □ responso, risposta □ voto **3** (*dir.*) processo, dibattimento □ lite **4** sentenza, verdetto, deliberazione, decisione **5** (*per anton.*) giudizio universale **6** (*filos.*) proposizione **FRAS.** *mettere giudizio* (*fig.*), ravvedersi □ giudizio di Dio, ordalia □ *rimandare al giorno del Giudizio*, rimandare a una data che non verrà mai. *V. anche* PRUDENZA, RAGIONE, REPUTAZIONE, SAGGEZZA

giudiziosaménte *avv.* accortamente, assennatamente, avvedutamente, prudentemente, saggiamente, saviamente, riflessivamente, responsabilmente, sensatamente **CONTR.** avventatamente, dissennatamente, irriflessivamente, imprudentemente, sconsideratamente, insensatamente □ insipientemente □ capricciosamente.

giudizióso *agg.* accorto, assennato, avveduto, prudente, saggio, savio, riflessivo, assestato, cauto, quadrato, ragionevole, responsabile, sensato, serio **CONTR.** avventato, dissennato, irriflessivo, imprudente, malaccorto, sconsiderato, scervellato, scapato, scriteriato □ capriccioso, strampalato, mattoide.

giùggiola *s. f.* (*fig.*) cosa da nulla **FRAS.** *andare in brodo di giuggiole*, gongolare (di gioia).

giuggiolóne *s. m.* **1** *accr. di* **giuggiola** **2** (*fig.*) sciocccone, bietolone, credulone, giucco (*tosc.*) **CONTR.** furbacchione, dritto.

giulèbbe *s. m.* **1** sciroppo **2** (*est., fig.*) cosa troppo dolce □ persona sdolcinata **3** (*fig.*) contentezza **CONTR.** scontentezza.

giulivaménte *avv.* allegramente, felicemente, giocondamente, gioiosamente, lietamente **CONTR.** seriamente, malinconicamente, mestamente, tristemente.

giulìvo *agg.* allegro, felice, giocondo, ilare, lieto, contento, raggiante, gioioso, festoso, gaio **CONTR.** serio, malinconico, mesto, triste, addolorato, afflitto, angosciato □ lamentoso.

giullàre *s. m.* **1** giocoliere □ cantastorie, menestrello **2** (*est., spreg.*) pagliaccio, buffone □ saltimbanco.

giullarésco *agg.* buffonesco, claunesco, pagliaccesco, carnacialesco (*lett.*) **CONTR.** serio.

giuménta *s. f.* cavalla da sella □ asina, mula **FRAS.** *attaccar le giumente* (*fig.*), addormentarsi.

giùnco *s. m.* (*est., dial.*) vinco, vimine, rattan, midollino **FRAS.** *giunco del Nilo*, papiro □ *giunco marino*, sparto.

giùngere ***A*** *v. intr.* **1** arrivare, pervenire, addivenire, approdare, venire □ provenire □ sopraggiungere, addivenire, capitare, piombare, piovere □ (*est.*) succedere, accadere □ diffondersi **CONTR.** partire, andarsene, allontanarsi, dipartirsi (*lett.*) □ recarsi □ perdersi **2** (*a fare, a dire*) spingersi, osare **CONTR.** trattenersi ***B*** *v. tr.* **1** congiungere, giuntare, unire, collegare, accostare □ sommare, aggiungere **CONTR.** disgiungere, disunire, dividere, separare, staccare □ sottrarre, levare, togliere **2** (*lett.*) raggiungere, ottenere, conseguire □ cogliere, colpire. *V. anche* SPINGERE, UNIRE

giùngla *s. f.* **1** foresta tropicale □ bosco **2** (*est.*) intrico, groviglio □ ambiente insidioso.

giunònico [da *Giunone*, nome della moglie di Giove] *agg.* (*est.*) (*di donna*) formoso, prosperoso, imponente, opulento, florido, matronale **CONTR.** gracile, magro, esile, sottile.

giùnta (1) *s. f.* aggiunta, supplemento □ sovrappiù, extra □ prolunga □ ampliamento, accrescimento, ingrandimento □ estensione □ (*est.*) cucitura, saldatura □ contentino **FRAS.** *per giunta*, inoltre, per di più.

giùnta (2) *s. f.* (*di comune, regione o provincia*) consiglieri □ (*gener.*) commissione, consulta, assemblea, organo collegiale, collegio.

giùnto ***A*** *part. pass. di* **giungere**; *anche agg.* **1** arrivato, pervenuto, venuto □ sopraggiunto, capitato □ proveniente **CONTR.** partito **2** collegato, congiunto, unito, intrecciato **CONTR.** disgiunto, disunito, diviso, separato, staccato ***B*** *s. m.* (*mecc.*) organo di collegamento, raccordo, giuntura, accoppiamento, giunzione, snodo, snodatura.

giuntùra *s. f.* **1** congiunzione, unione, commettitura, connessione, incastratura, snodatura, giunto, raccordo, commessura, commettitura, attaccatura, attacco, congiungimento, congiuntura, snodo **CONTR.** sconnessione, sconnessura □ distacco, interruzione **2** (*anat.*) articolazione, nocca, nodello (*pop.*).

giunzióne *s. f.* **1** (*lett.*) congiunzione, connessione, collegamento, connessura, commettitura **2** giunto, raccordo, attacco.

giuraménto *s. m.* promessa solenne, attestazione, giuro (*lett.*), sacramento (*lett.*) □ voto □ professione **CONTR.** spergiuro.

giuràre ***A*** *v. tr.* promettere solennemente, affermare solennemente □ (*est.*) attestare, asserire, asseverare, assicurare, dichiarare ***B*** *v. intr.* prestare giuramento **CONTR.** spergiurare, giurare il falso □ mancare di parola.

giuràto ***A*** *part. pass. di* **giurare**; *anche agg.* **1** (*di promessa, di patto, ecc.*) confermato con giuramento, vincolato con giuramento □ promesso, dichiarato, affermato **2** (*di nemico*) accanito, fierissimo, implacabile □ eterno □ mortale ***B*** *s. m.* membro di una giuria.

giureconsùlto *s. m.* giurista, giurisperito, esperto di diritto, legista □ (*est.*) avvocato.

giurì *s. m.* collegio arbitrale.

giurìa *s. f.* **1** (*dir.*) corpo dei giurati, giurati **2** commissione, giudici.

giurìdico *agg.* di diritto, legale, giudiziario.

giurisdizióne *s. f.* **1** (*dir.*) funzione giudiziale, potestà giudiziale **2** competenza, pertinenza, prerogativa, spettanza □ attribuzione, sfera di influenza □ (*est.*) dominio, signoria □ circoscrizione, territorio.

giurisprudènza *s. f.* **1** scienza del diritto, scienza giuridica, letteratura giuridica, letteratura giurisprudenziale, giure (*raro*) □ (*est.*) organi giurisdizionali **2** (*di facoltà universitaria*) legge.

giustaménte *avv.* **1** con giustizia, secondo giustizia □ lecitamente, legittimamente □ equamente, imparzialmente **CONTR.** ingiustamente □ iniquamente, indecentemente, vergognosamente □ illecitamente **2** esattamente, perfettamente, bene, correttamente, opportunamente, appropriatamente, ad hoc (*lat.*) **CONTR.** male, imperfettamente, scorrettamente □ sproporzionatamente **3** fondatamente, per giusti motivi, a buon diritto, a ragione, meritatamente, sacrosantamente **CONTR.** senza fondamento, gratuitamente, infondatamente □ immeritatamente, indebitamente, arbitrariamente, abusivamente ***4*** onestamente, lodevolmente, probamente, rettamente, degnamente, dirittamente, meritevolmente **CONTR.** disonestamente, immoralmente, riprovevolmente ***5*** (*di misura*) circa, quasi ***6*** proprio, giusto, per l'appunto, giustappunto.

giustappórre *v. tr.* ***1*** accostare, avvicinare **CONTR.** allontanare, scostare ***2*** contrapporre, paragonare, confrontare.

giustapposizióne *s. f.* ***1*** accostamento, avvicinamento **CONTR.** allontanamento, scostamento ***2*** contrapposizione, paragone, confronto.

giustappùnto o **giust'appùnto** *avv.* proprio, per l'appunto.

giustézza *s. f.* ***1*** correttezza, realtà, verità **CONTR.** scorrettezza, falsità ***2*** onestà, rettitudine **CONTR.** iniquità, disonestà ***3*** convenienza □ esattezza, precisione **CONTR.** sconvenienza □ imprecisione ***4*** (*tip.*) impaginazione, marginata, marginatura, colonna **CONTR.** bandiera.

giustificàbile *agg.* scusabile, perdonabile, ammissibile, tollerabile, sopportabile, legittimo □ spiegabile **CONTR.** inammissibile, illegittimo, ingiustificabile.

giustificàre ***A*** *v. tr.* ***1*** (*di pensiero, di comportamento, ecc.*) dimostrare giusto, motivare, spiegare □ capire, comprendere ***2*** (*di assenza, di errore*) scusare, scagionare, difendere, discolpare, scolpare **CONTR.** incolpare, condannare ***3*** (*di decisione, di azione*) legittimare, coonestare (*lett.*), convalidare, autorizzare **CONTR.** infirmare, invalidare ***4*** (*tip.*) portare a giustezza, incolonnare, marginare ***B*** **giustificarsi** *v. rifl.* scagionarsi, discolparsi, scusarsi, difendersi **CONTR.** accusarsi, confessare.

giustificatìvo ***A*** *agg.* che giustifica, di scusa, scusante □ motivazionale ***B*** *s. m.* documento, documentazione, attestato □ copia.

giustificàto *part. pass. di* **giustificare**; *anche agg.* ***1*** scagionato □ scusato, perdonato □ difeso □ compreso, tollerato □ legittimato **CONTR.** condannato, ingiustificato ***2*** legittimo, ragionevole, motivato **CONTR.** ingiustificato □ illegittimo, arbitrario □ infondato.

giustificazióne *s. f.* motivazione, spiegazione □ ragione, motivo, causale □ difesa, discolpa, discarico □ scusa, pretesto □ alibi □ sgravio, attenuante **CONTR.** accusa, condanna, imputazione, addebito. *V. anche* RAGIONE, SCUSA

giustìzia *s. f.* ***1*** diritto, legge □ equità, equanimità, imparzialità □ dirittura, probità, onestà, rettitudine, virtù **CONTR.** ingiustizia, iniquità, parzialità, nequizia, sperequazione □ disonestà, corruzione, improbità ***2*** autorità giudiziaria, magistratura, magistrati □ tribunale □ (*est.*) polizia ***3*** pena, condanna, punizione, castigo **FRAS.** *luogo della giustizia*, patibolo □ *far giustizia al merito*, riconoscerlo. *V. anche* RAGIONE

giustiziàre *v. tr.* punire con la morte □ fucilare, impiccare, decapitare, ghigliottinare, gasare **CONTR.** graziare, perdonare.

giustiziàto *part. pass. di* **giustiziare**; *anche agg.* e *s. m.* punito con la morte □ fucilato, impiccato, decapitato, gasato **CONTR.** graziato, perdonato.

giustizière *s. m.* esecutore, boia, carnefice.

giùsto ***A*** *agg.* ***1*** (*di pena, di critica, ecc.*) conforme a giustizia, lecito, leggittimo, legale □ equo, equanime, imparziale, spassionato, oggettivo, leale, onesto, retto □ ragionevole, equilibrato, proporzionato □ necessario, dovuto, degno, meritato, sacrosanto **CONTR.** ingiusto, iniquo, parziale, soggettivo, arbitrario □ sperequato □ sproporzionato, spropositato □ immeritato, indebito □ disonesto, malvagio, perverso, improbo ***2*** (*di discorso, di ragionamento, ecc.*) vero, reale, corretto □ sincero **CONTR.** insincero, falso □ improprio, sbagliato, vizioso, tendenzioso, distorto ***3*** (*di momento, di decisione, ecc.*) opportuno, conveniente, adeguato, appropriato, propizio, debito **CONTR.** inopportuno, sconveniente, inappropriato, inadeguato ***4*** (*di misura, di peso, ecc.*) esatto, preciso **CONTR.** inesatto, impreciso ***B*** *avv.* ***1*** esattamente, precisamente, puntualmente **CONTR.** inesattamente, erroneamente ***2*** proprio, davvero, appunto, per l'appunto ***3*** circa, quasi, pressappoco ***C*** *s. m.* onesto, probo, galantuomo, uomo dabbene, virtuoso, santo **CONTR.** disonesto, mascalzone, peccatore ***D*** *s. m. solo sing.* ***1*** dovuto ***2*** giustizia, rettitudine **CONTR.** ingiustizia, iniquità. *V. anche* MORALE, ONESTO, VERO

glàbro *agg.* liscio, imberbe, senza peluria □ rasato, pelato, depilato, raso **CONTR.** barbuto, peloso, villoso, irsuto, ispido.

glaciàle *agg.* ***1*** di ghiaccio ***2*** (*est.*) freddissimo, gelato, gelido □ rigido **CONTR.** caldissimo, ardente, bollente, rovente, torrido, tropicale □ fresco □ tiepido ***3*** (*di aspetto*) simile al ghiaccio ***4*** (*fig.*) (*di comportamento*) distaccato, indifferente, insensibile, impenetrabile **CONTR.** affabile, cordiale, espansivo, simpatico □ focoso, passionale.

gladiatóre [dal lat. *gladiatōre(m)*, lo schiavo o volontario mantenuto per combattere in duelli nel circo, per pubblico spettacolo] *s. m.* mirmillone, reziario, bestiario □ (*est.*) lottatore.

gli ***A*** *pron. pers. m. sing.* a lui, ad esso **CONTR.** le ***B*** *pron. pers. m.* e *f. pl.* (*fam.*) a essi, a esse, a loro.

glissàre *v. intr.* (*su un argomento*) sorvolare, passare sopra, evitare, scivolare **CONTR.** insistere, approfondire.

globàle *agg.* complessivo, generale, integrale, totale, comprensivo, onnicomprensivo, cumulativo, universale □ unitario **CONTR.** parziale, particolare, speciale, specifico □ frammentario.

globalità *s. f.* complesso, completezza, totalità, universalità **CONTR.** parte.

globalizzazióne *s. f.* ***1*** (*psicol.*) globalismo ***2*** (*econ.*) (*di mercato, di azienda, ecc.*) allargamento, espansione.

globalménte *avv.* complessivamente, totalmente, in toto (*lat.*), generalmente, cumulativamente □ collegialmente, collettivamente **CONTR.** parzialmente, frammentariamente, particolarmente □ rispettivamente.

globe-trotter /*ingl.* 'gloub 'trɔtə/ *s. m.* e *f. inv.* giramondo □ (*est.*) autostoppista, viaggiatore.

glòbo *s. m.* **1** sfera, palla, tondo, bulbo **2** (*per anton.*) terra, mondo □ mappamondo, planisfero.

globulàre *agg.* sferico, rotondo, rotondeggiante, tondo, globoso, globuloso.

glòbulo *s. m.* piccolo globo, globetto, sferetta, perla □ grumo **FRAS.** *globulo rosso*, emazia, eritrocita □ *globulo bianco*, leucocita.

glòria (**1**) *s. f.* **1** fama, celebrità, popolarità, notorietà, rinomanza, onore, lustro, nome, nomea, immortalità **CONTR.** infamia, disonore, ignominia □ oscurità **2** vanto, orgoglio, motivo di fierezza, decoro (*lett.*) □ alloro (*fig.*), palma (*fig.*), lauro (*fig.*) **CONTR.** vergogna, onta **3** (*relig.*) paradiso, beatitudine **CONTR.** inferno, dannazione **FRAS.** *lavorare per la gloria*, lavorare gratis. *V. anche* VANTO

glòria (**2**) *s. m. inv.* (*relig.*) canto di lode, osanna **FRAS.** *finire in gloria*, concludersi bene.

gloriàre **A** *v. tr.* (*lett.*) esaltare, magnificare, celebrare, glorificare, lodare, vantare, decantare **CONTR.** calunniare, criticare, denigrare **B** **gloriarsi** *v. intr. pron.* vantarsi, lodarsi, elogiarsi, esaltarsi, glorificarsi, compiacersi, pavoneggiarsi, vanagloriarsi **CONTR.** abbassarsi, avvilirsi, disprezzarsi, calunniarsi, infamarsi, umiliarsi.

glorificàre **A** *v. tr.* **1** esaltare, magnificare, celebrare, gloriare (*lett.*), lodare, onorare, decantare, immortalare, deificare, elogiare, inneggiare **CONTR.** biasimare, censurare, denigrare, calunniare, umiliare, mortificare, vilipendere, satireggiare, offuscare, annientare **2** innalzare al cielo **B** **glorificarsi** *v. rifl.* e *intr. pron.* vantarsi, lodarsi, elogiarsi, magnificarsi, esaltarsi, gloriarsi, compiacersi, pavoneggiarsi, vanagloriarsi **CONTR.** abbassarsi, avvilirsi, calunniarsi, disprezzarsi, infamarsi, umiliarsi.

glorificàto *part. pass. di* **glorificare**; *anche agg.* esaltato, celebrato, onorato, lodato **CONTR.** calunniato, denigrato, infamato, umiliato, vilipeso.

glorificazióne *s. f.* esaltazione, celebrazione, onore, apoteosi, deificazione, trionfo **CONTR.** calunnia, detrazione, diffamazione, vilipendio, umiliazione.

gloriosaménte *avv.* onorevolmente, onoratamente, coraggiosamente, eroicamente **CONTR.** vilmente, vigliaccamente, meschinamente.

glorióso *agg.* **1** (*di persona, di epoca, ecc.*) celebre, celebrato, famoso, illustre, rinomato, inclito (*lett.*), preclaro (*lett.*), insigne, lodato, immortale **CONTR.** calunniato, denigrato, disprezzato, infamato □ infame, abietto, inglorioso □ oscuro **2** (*di azione*) onorevole, onorato, decoroso, eroico **CONTR.** disonorevole, vergognoso **3** (*relig.*) glorificato in cielo **CONTR.** dannato. *V. anche* FAMOSO

glòssa *s. f.* **1** (*di testo, nell'antica Grecia*) espressione oscura, punto difficile □ (*est.*) parola rara, locuzione rara **2** chiosa, commento, postilla, nota, annotazione, scolio □ interpretazione. *V. anche* INTERPRETAZIONE

glossàre *v. tr.* annotare, commentare, chiosare, postillare, spiegare.

glossàrio *s. m.* (*est.*) dizionario, vocabolario, lessico.

glossatóre *s. m.* (*f. -trice*) commentatore, annotatore, chiosatore.

glottologìa *s. f.* linguistica **CFR.** filologia.

glottòlogo *s. m.* linguista **CFR.** filologo.

glucòsio *s. m.* zucchero, destrosio, esosio.

glu glu *in funzione di s. m.* gloglottio, gorgoglio.

glùma *s. f.* (*bot.*) brattea □ lolla, loppa, pula.

glùteo *s. m.* (*anat.*) natica.

glùtine *s. m.* **1** proteine vegetali **2** (*raro*) colla, materia vischiosa.

glutinóso *agg.* appiccicaticcio, attaccaticcio, colloso, vischioso, gelatinoso □ grasso **CONTR.** fluido, scorrevole.

gnòcco *s. m.* **1** (*pop.*) bernoccolo, prominenza **2** (*di farina, ecc.*) grumo, frate (*sett.*) **3** (*fig.*) persona grossolana, persona goffa.

gnòmo *s. m.* (*mitol.*) spiritello, elfo, nano **CONTR.** gigante **FRAS.** *gnomi di Zurigo*, banchieri svizzeri.

gnomóne *s. f.* meridiana.

gnòrri *s. m.* e *f. solo nella loc.* (*fam.*) *fare lo gnorri*, fingere di non capire o di non sapere.

goal /*ingl.* 'goul/ *s. m. inv.* (*nel calcio*) rete, punto, gol, marcatura.

gòbba *s. f.* **1** gibbosità, gibbo (*ant.*) **2** (*est.*) prominenza, protuberanza, curvatura, rigonfiamento, rilievo, escrescenza, convessità, sporgenza □ dosso □ curva **CONTR.** incavo, concavità, depressione **FRAS.** *spianare la gobba a qualcuno* (*fig.*), bastonarlo.

gòbbo **A** *agg.* **1** (*di persona*) gibboso, con la gobba □ ingobbito **CONTR.** diritto, eretto **2** (*di cosa*) curvo, convesso, piegato, contorto, storto **CONTR.** dritto, rettilineo **B** *s. m.* **1** persona gobba **2** protuberanza, rigonfiamento, prominenza, rilievo **CONTR.** incavo, concavità **FRAS.** *avere sul gobbo* (*fig.*), doversi occupare di qualcosa; mal sopportare qualcuno o qualcosa.

góccia *s. f.* **1** stilla, gocciola, gocciolo **2** (*est.*) sorso, dito, lacrima **3** minima parte □ inezia **FRAS.** *a goccia a goccia*, a poco a poco □ *fino all'ultima goccia*, fino in fondo □ *una goccia dopo l'altra*, con costanza □ *essere due gocce d'acqua* (*fig.*), somigliarsi moltissimo □ *essere una goccia nel mare* (*fig.*), essere troppo poco per servire a qualcosa.

gocciàre **A** *v. intr.* (*raro*) sgocciolare, colare, stillare, uscire, piangere, spillare (*raro*) □ gemere, trapelare, trasudare □ lacrimare **CFR.** scrosciare **B** *v. tr.* emettere a gocce, gocciolare, sgocciolare, colare, versare.

góccio *s. m.* gocciolo, gocciola, goccetto.

gócciola *s. f. dim. di* **goccia**; gocciolino, goccio, stilla □ lacrima.

gocciolaménto *s. m.* gocciolio, stillicidio, trasudamento, trasudazione.

gocciolànte *part. pres. di* **gocciolare**; *anche agg.* sgocciolante, stillante, trasudante □ grondante.

gocciolàre **A** *v. tr.* sgocciolare, gocciare, colare, versare □ perdere **B** *v. intr.* uscire a gocciole, sgocciolare, gocciare, colare, stillare, piangere, lacrimare (*raro*), spillare (*raro*) □ piovere □ gemere, trapelare, trasudare.

gocciolatóio *s. m.* **1** grondaia **2** (*raro*) sgocciolatoio.

gocciolìo *s. m.* stillicidio, gocciolamento.

gócciolo *s. m.* (*di liquido*) piccola quantità, goccia, goccio, stilla □ sorso, centellino.

godére ***A*** *v. intr.* ***1*** gioire, rallegrarsi, essere felice, esultare, giubilare, tripudiare, compiacersi, dilettarsi, andare in brodo di giuggiole, andare in solluchero, gongolare □ spassarsela, crogiolarsi **CONTR.** patire, soffrire, affliggersi, rattristarsi, struggersi, tribolare, mortificarsi, penare □ gemere, lagnarsi, lamentarsi, piangere ***2*** (*di clima, di panorama, ecc.*) essere avvantaggiato, trarre beneficio, avere **CONTR.** essere danneggiato ***3*** appagare i sensi, trarre piacere, deliziarsi □ (*est.*) gozzovigliare, sollazzarsi, divertirsi ***B*** *v. tr.* ***1*** (*di bene, di pensione, ecc.*) usufruire, fruire, usare, adoperare, servirsi, valersi, sfruttare, possedere, avere □ gradire ***2*** (*di pace, di sole, di cibo, ecc.*) assaporare, gustare □ degustare, libare.

goderéccio *agg.* ***1*** (*di cosa*) che dà piacere ***2*** (*di persona*) gaudente, vitaiolo □ buontempone.

godet /*fr.* gɔ'dɛ/ [dal fr. *godet* 'vaso', dal neerlandese *kodde* 'cilindro di legno'] *s. m. inv.* taglio sgheronato, gherone **FRAS.** *a godet*, svasato, scampanato.

godìbile *agg.* ***1*** piacevole, gustabile □ usufruibile, fruibile, utilizzabile □ gaio, allegro **CONTR.** spiacevole, sgradevole, sgradito ***2*** (*di vestito*) grande, abbondante **CONTR.** piccolo.

godiménto *s. m.* ***1*** gioia, felicità, piacere, soddisfazione, gaudio, delizia, diletto, giocondità, allegrezza, riso, sollazzo, goduria (*scherz.*) gusto, voluttà □ dolcezza **CONTR.** dispiacere, afflizione, amarezza, cruccio, dolore, patimento, sofferenza, tribolazione, tormento, travaglio, calvario, pena, struggimento □ rabbia ***2*** fruizione, possesso, uso, usufrutto, utenza.

godùria *s. f.* (*scherz.*) godimento, piacere, gioia, sollazzo **CONTR.** dispiacere.

goffàggine *s. f.* impaccio □ inettitudine □ sgraziataggine, ridicolaggine □ dappocaggine, scempiaggine, stoltezza □ ingenuità □ cattivo gusto, kitsch (*ted.*), grossolanità, bruttezza, ineleganza **CONTR.** spigliatezza, disinvoltura, vivacità, prontezza di spirito, naturalezza, verve (*fr.*) □ agilità, destrezza, leggerezza, scioltezza, sveltezza □ sfacciataggine, sfrontatezza □ buon gusto, avvenenza, bellezza, grazia, leggiadria, raffinatezza, charme (*fr.*).

goffaménte *avv.* sgraziatamente, inelegantemente □ scioccamente □ ridicolmente, grottescamente □ rozzamente **CONTR.** disinvoltamente, spigliatamente, spiritosamente □ agilmente, scioltamente, sveltamente □ elegantemente, con grazia, leggiadramente.

gòffo *agg.* ***1*** (*di persona*) impacciato, imbranato, legato, lento □ inetto □ grossolano, rozzo □ mammalucco, sciocco, scimunito, stupido **CONTR.** brioso, disinvolto, spigliato, spiritoso, vivace, disimpacciato □ scattante, sciolto, snodato, svelto ***2*** (*di abito, ecc.*) brutto, inelegante, malfatto, sgraziato, ridicolo, kitsch (*ted.*) □ (*di fisico*) elefantiaco, pesante, grosso **CONTR.** bello, venusto (*lett.*), aggraziato, elegante, grazioso, leggiadro, vezzoso □ snello, sottile. *V. anche* ROZZO

gógna *s. f.* (*est.*) berlina **FRAS.** *mettere alla gogna* (*fig.*), esporre al pubblico scherno.

gòl *s. m.* adattamento di **goal**.

góla *s. f.* ***1*** esofago, gorgozzule, strozza, gargarozzo (*pop.*), gozzo, faringe, fauci, gorgia (*lett.*) □ (*est.*) collo □ ugola ***2*** (*est.*) (*per il cibo*) ghiottoneria, golosità, ingordigia, voracità **CONTR.** sobrietà, temperanza, frugalità ***3*** (*fig.*) (*per le cose*) avidità, brama, bramosia, cupidigia, desiderio **CONTR.** avversione, ripugnanza, disinteresse, indifferenza ***4*** (*fig.*) (*di camino, di acquaio, ecc.*) apertura, cavità, imboccatura, passaggio, canna ***5*** (*geogr.*) valle stretta, passo, canalone, forra ***6*** (*tecnol.*) incavo, scanalatura ***7*** (*arch.*) modanatura, onda **FRAS.** *far gola*, suscitare desiderio □ *avere un nodo alla gola* (*fig.*), stare per piangere □ *mentire per la gola* (*fig.*), mentire sfacciatamente □ *avere l'acqua alla gola* (*fig.*), essere in grave difficoltà □ *bagnarsi la gola*, dissetarsi □ *a piena gola*, a squarciagola □ *prendere per la gola* (*fig.*), corrompere qualcuno; costringere qualcuno con mezzi poco onesti. *V. anche* CUPIDIGIA, VALLE

goleador /*sp.* golea'dor/ *s. m.* (*calcio*) cannoniere, fromboliere, marcatore.

gòlf [dall'ingl. *golf*(*-coat*) '(giacca da) golf'] *s. m. inv.* giacca di maglia, cardigan, maglione, pullover, maglia, sweater (*ingl.*).

gólfo *s. m.* (*geogr.*) seno di mare, insenatura, baia, rada, fiordo, calanca, cala □ (*est.*) mare **FRAS.** *golfo mistico*, buca dell'orchestra.

goliàrdico *agg.* ***1*** di goliardo, da goliardo ***2*** (*est.*) spensierato.

goliàrdo [dall'ant. fr. *gouliard*, dal biblico *Golia* che nel Medioevo rappresentava il diavolo protettore dei dissoluti clerici vaganti, con sovrapposizione di *goule* 'gola', nel senso di 'ingordigia'] *s. m.* ***1*** studente universitario ***2*** (*est.*) cappello goliardico.

golosaménte *avv.* ***1*** ingordamente, voracemente, ghiottamente □ gustosamente **CONTR.** sobriamente, parcamente □ controvoglia, controstomaco ***2*** bramosamente, voluttuosamente, avidamente **CONTR.** freddamente, indifferentemente.

golosità *s. f.* ***1*** ghiottoneria, goloseria (*raro*), ingordigia, voracità, gola **CONTR.** inappetenza □ sobrietà, frugalità, moderazione, temperanza ***2*** (*di cibo*) ghiottoneria, leccornia, prelibatezza **CONTR.** sbobba (*pop.*), brodaglia, porcheria, schifezza ***3*** (*fig.*) avidità, brama, desiderio, voglia **CONTR.** avversione, ripugnanza □ indifferenza, disinteresse.

golóso *agg.*; *anche s. m.* ***1*** (*di cibo*) ghiotto, ghiottone, divoratore, ingordo, insaziabile, leccone (*tosc.*), diluvione (*raro*), lurco (*lett.*), mangione, pappalardo (*raro*), pappatore, pappone (*fam.*), strippone (*pop.*), vorace, crapulone, mangiatore **CONTR.** sobrio, parco, temperante, astinente, frugale, misurato ***2*** (*fig.*) (*di notizie, ecc.*) desideroso, avido, bramoso **CONTR.** indifferente, disinteressato.

golpe /*sp.* 'golpe/ [vc. sp., letteralmente 'colpo', sott. *de Estado* 'di Stato'] *s. m.* colpo di Stato □ cospirazione, complotto, congiura.

gómena *s. f.* (*mar., est.*) cavo, gherlino, scotta, tessile, torticcio, canapo, cima, drizza.

gómito *s. m.* ***1*** (*anat.*) cubito, ulna ***2*** (*est.*) (*di strada, di fiume, ecc.*) angolo, curvatura, piega, piegatura □ curva, tourniquet (*fr.*), tornante, svolta, voltata □

ansa, meandro CONTR. rettilineo **3** (*est.*) (*di tubo, ecc.*) raccordo angolato FRAS. *alzare il gomito* (*fig.*), bere eccessivamente □ *a gomito*, angolato □ *fare un gomito*, piegarsi ad angolo □ *gomito a gomito*, vicinissimi □ *dar di gomito*, richiamare nascostamente l'attenzione di qualcuno □ *segnarsi col gomito* (*fig.*), ringraziare Dio per un grandissimo aiuto.

gomitolo *s. m.* (*di filo, di lana, ecc.*) palla, sfera □ (*est.*) viluppo.

gómma *s. f.* **1** resina, colla **2** (*di veicolo*) pneumatico □ (*al pl.*) gommatura FRAS. *gomma americana, da masticare*, chewing-gum (*ingl.*), cicca (*fam.*) □ *gomma naturale*, caucciù.

gommìna *s. f.* (*per capelli*) gel.

gommìsta *s. m.* gommaio (*tosc.*), riparatore di pneumatici □ venditore di pneumatici.

gommóne *s. m.* battello pneumatico, canotto.

gommosità *s. f.* vischiosità.

gommóso *agg.* **1** di gomma, della gomma **2** (*est.*) simile a gomma **3** (*est.*) attaccaticcio, vischioso, viscoso □ mucillaginoso **4** (*est.*) elastico CFR. fluido, liquido, solido.

gonfalóne *s. m.* insegna, stendardo, vessillo, labaro, drappo, bandiera, orifiamma. *V. anche* BANDIERA

gonfalonière *s. m.* alfiere, vessillifero, portabandiera.

gonfiàbile *agg.* pneumatico.

gonfiaménto *s. m.* **1** dilatazione, dilatamento, enfiamento (*raro*) □ enfiagione (*med.*), gonfiore, gonfiezza □ inturgidimento CONTR. sgonfiamento, restringimento **2** (*fig.*) esagerazione.

gonfiàre A *v. tr.* **1** dilatare, enfiare, ingrossare, rigonfiare, accrescere □ inturgidire, intumidire □ tumefare □ (*di capelli*) cotonare CONTR. sgonfiare **2** (*fig.*) (*di meriti, di notizie, ecc.*) esaltare, esagerare, ingrandire, ingigantire, enfatizzare □ aumentare, inflazionare □ adulare, lisciare □ insuperbire, montare (*fam.*), pompare (*fam.*) □ (*pop.*) annoiare CONTR. attenuare, diminuire, impiccolire, smontare (*fam.*) □ denigrare, diffamare, disprezzare **B** *v. intr.* e **gonfiarsi** *intr. pron.* **1** dilatarsi, enfiarsi, ingrossarsi □ crescere, lievitare □ inturgidirsi, intumidirsi □ tumefarsi CONTR. sgonfiarsi, impiccolirsi, diminuire, afflosciarsi **2** (*di persona*) inorgoglirsi, insuperbirsi, vanagloriarsi, vantarsi, pavoneggiarsi, esaltarsi, gasarsi (*fam., gerg.*) CONTR. screditarsi, umiliarsi, abbassarsi, avvilirsi.

gonfiàto *part. pass. di* **gonfiare**; *anche agg.* **1** dilatato, enfiato, gonfio, rigonfio, ingrossato □ tumido, turgido □ tumefatto □ (*di capelli*) cotonato CONTR. sgonfiato, sgonfio **2** (*fig.*) (*di persone*) inorgoglito, altero, superbo, borioso, altezzoso, tronfio, esaltato, gasato (*fam.*) □ (*di notizia*) esagerato, ingigantito, pompato (*fam.*) □ inflazionato, aumentato CONTR. dimesso, modesto, semplice, umile □ smontato.

gonfiatùra *s. f.* **1** enfiatura, inturgidimento, ingrossamento, dilatamento CONTR. sgonfiatura, rimpiccolimento **2** (*fig.*) (*di notizie, di persona, ecc.*) esagerazione, montatura □ iperbole □ adulazione CONTR. attenuazione, diminuzione □ denigrazione, diffamazione, disprezzo.

gonfiézza *s. f.* **1** gonfiore, enfiagione □ turgidità, turgescenza, turgore (*lett.*) □ rigonfiamento, ingrossamento, tumefazione, tumescenza □ tumidezza, tumidità (*raro*) □ (*bot., med.*), turgidezza, grossezza CONTR. sottigliezza, esilità **2** (*fig.*) (*di stile*) ampollosità, enfasi, magniloquenza, marinismo CONTR. semplicità, sobrietà, naturalezza, concisione, stringatezza.

gónfio A *agg.* **1** dilatato, enfiato, enfio (*lett.*), gonfiato, ingrossato, grosso, inturgidito, turgido, tumido, tumefatto □ voluminoso, grasso □ ripieno □ (*di capelli*) cotonato CONTR. sgonfio, sgonfiato, schiacciato □ magro, piccolo **2** (*fig.*) (*di orgoglio, di rabbia, ecc.*) pieno, imbevuto, traboccante **3** (*fig.*) (*di persona*) borioso, orgoglioso, arrogante, vanitoso, tronfio, inorgoglito, superbo CONTR. dimesso, modesto, semplice, umile **4** (*fig.*) (*di stile*) ampolloso, magniloquente, retorico, ridondante, enfatico, roboante, oratorio, sonoro, altisonante, togato CONTR. arido, asciutto, rapido, secco, nervoso, disadorno, essenziale **B** *s. m.* (*pop.*) gonfiezza, rigonfiamento, gonfiore CONTR. sottigliezza, tenuità.

gonfióre *s. m.* enfiagione, gonfiezza, gonfio (*pop.*), tumescenza, turgidità, turgore (*lett.*), tumidezza, rigonfiamento, dilatazione, gonfiamento, intumescenza, protuberanza, tumefazione, turgescenza (*bot., med.*), turgidezza, edema □ bernoccolo, bozzo, bozza CONTR. sottigliezza, esilità.

gongolànte *part. pres. di* **gongolare**; *anche agg.* allegro, beato, esultante, felice, giubilante, soddisfatto, ridente, compiaciuto CONTR. addolorato, afflitto, contristato, rattristato, mesto, abbattuto, avvilito.

gongolàre *v. intr.* gioire, giubilare, bearsi, esultare, godere, tripudiare, far festa, andare in brodo di giuggiole CONTR. addolorarsi, affliggersi, avvilirsi, gemere, lamentarsi, piangere, essere a terra.

gongorìsmo [dal nome del poeta spagnolo L. de *Góngora*] *s. m.* barocchismo, secentismo, marinismo, preziosismo, eufuismo CONTR. classicismo.

goniòmetro *s. m.* rapportatore.

gónna o **gònna** *s. f.* gonnella, sottana.

gonnèlla *s. f.* **1** *dim. di* **gonna** **2** gonna, sottana **3** (*scherz.*) (*di religioso*) tonaca **4** (*est., fig.*) donna.

gonnellìno *s. m.* **1** *dim. di* **gonnella** **2** grembiule, grembiulino □ sottanella **3** kilt (*ingl.*).

gónzo *agg.*; *anche s. m.* babbeo, balordo, credulone, baggiano, ingenuo, minchione (*pop.*), sciocco, sempliciotto, stupido, tonto, fesso, imbranato (*gerg.*), carciofo, merlo, merlotto, mestolone, stolido, stolto CONTR. furbo, furbone, furbacchione, volpe, dritto (*fam.*), callido, marpione.

good-bye /*ingl.* 'gud'bai/ [vc. ingl., contrazione di *God be with you* 'Dio sia con te'] *inter.* addio, ciao, salve, arrivederci.

gòra *s. f.* **1** fossato, canale, rivolo, roggia **2** (*lett.*) stagno, palude **3** macchia, chiazza.

gorgheggiàre A *v. intr.* (*di uccelli*) modulare il canto, fare gorgheggi □ trillare □ cantare CONTR. gridare, urlare **B** *v. tr.* (*di cantante*) cantare gorgheggiando.

gorghéggio *s. m.* modulazione della voce □ canto □ trillo CONTR. grido, urlo.

górgo *s. m.* **1** mulinello, vortice, risucchio **2** (*est.*)

fondo, abisso marino **3** (*fig.*) abisso morale.

gorgogliànte *part. pres. di* **gorgogliare**; *anche agg.* ribollente, rumoreggiante **CONTR.** silenzioso.

gorgogliàre *v. intr.* (*di liquido*) rumoreggiare, bollire, ribollire, barbugliare, bruire (*lett.*), chioccolare (*est.*), ciangottare (*est.*), fiottare (*lett.*), frusciare, gloglottare (*est.*), grillare, mormorare □ (*est.*) (*di persona*) borbottare, farfugliare □ brontolare.

gorgóglio (1) *s. m.* gorgogliamento (*raro*), rumore, mormorio.

gorgoglìo (2) *s. m.* borbottio, mormorio, bulicame, fruscio, gloglottio, ribollimento, rumorio □ (*di intestino*) borborigmo (*med.*), brontolio.

gorilla *s. m. inv.* **1** (*fig.*) uomo grande e grosso, uomo sgraziato **2** (*fig.*) guardia del corpo, guardia giurata, sorvegliante, vigilante (*sp.*), guardaspalle, scagnozzo (*spreg.*), sgherro (*spreg.*) □ (*al pl.*) scorta.

gòta *s. f.* (*lett.*) guancia, ganascia.

gotha /'gɔta, *ted.* 'go:ta/ [dal n. della città ted. di *Gotha*, dove si pubblicò dal 1763 al 1944 un celebre annuario genealogico di case regnanti e famiglie aristocratiche] *s. m.* (*est.*) olimpo, aristocrazia, cerchia ristretta, élite (*fr.*), palmarès, crema.

gòtico *agg.* **1** dei Goti **2** (*est.*) germanico, tedesco □ medioevale **3** (*est.*) barbaro, barbarico □ astruso **4** (*arch.*) ogivale, a sesto acuto, archiacuto.

governànte (1) *part. pres. di* **governare**; *anche agg.* e *s. m.* e *f.* **1** che governa, dominante □ capo, reggente, governatore, reggitore (*lett.*), responsabile amministratore **CONTR.** governato, dominato, amministrato **2** (*est.*) sovrano, re, monarca **CONTR.** suddito.

governànte (2) *s. f.* bambinaia, istitutrice, aia, bonne (*fr.*), nurse (*ingl.*).

governàre ***A*** *v. tr.* **1** (*di cosa*) guidare, condurre, dirigere, manovrare, pilotare **2** (*di stato, di cittadini, ecc.*) amministrare, reggere, dominare, controllare, comandare, capitanare, presiedere, soprastare □ regnare, avere la signoria **CONTR.** dipendere, ubbidire, essere soggetto **3** (*di animali, ecc.*) curare, custodire □ provvedere al sostentamento □ (*di casa, ecc.*) gestire **CONTR.** trascurare ***B*** **governarsi** *v. rifl.* dominarsi, regolarsi, contenersi, moderarsi □ agire, condursi.

governatìvo *agg.* del governo, ministeriale □ statale.

governàto *part. pass. di* **governare**; *anche agg.* **1** diretto, amministrato, comandato, condotto, controllato, dominato, regolato, retto, presieduto □ guidato, pilotato **CONTR.** governatore, reggente, governante **2** custodito, curato **CONTR.** trascurato.

governatóre *s. m.* (*f. -trice*) **1** (*raro*) governante, reggente, reggitore (*lett.*) **2** soprintendente, direttore, sovraintendente, rettore, amministratore.

govèrno *s. m.* **1** direzione, amministrazione, controllo, guida, comando, dirigenza, redini (*fig.*), timone (*fig.*), reggimento (*raro*) □ signoria, dominio, potere, sovranità, dominazione □ principato, regno **2** regime politico **3** (*di casa, di animali, ecc.*) cura, gestione □ coltivazione □ (*di figlio, ecc.*) educazione, sostentamento □ (*est.*) assistenza, servizio **4** (*est.*) ministero **5** (*raro*) regola, norma.

gózzo *s. m.* **1** (*pop.*) ingluvie **2** (*est.*) gola, gargarozzo (*pop.*) □ stomaco **3** (*med.*) ipertiroidismo.

gozzovìglia *s. f.* baldoria, bagordo, crapula, stravizio, bisboccia, orgia, baccanale, mangiata, carnevale (*fig.*) **CONTR.** digiuno, astinenza, penitenza □ dieta, regime.

gozzovigliàre *v. intr.* far baldoria, bagordare, bisbocciare, gavazzare (*lett.*), straviziare, banchettare, esagerare **CONTR.** digiunare, fare astinenza.

gracchiàre *v. intr.* **1** (*di uccelli*) gracidare, crocidare (*lett.*) □ (*raro*) chiocciare □ (*raro*) frinire **2** (*fig.*) (*di persona*) ciarlare, cicalare □ schiamazzare, strepitare.

gracidàre *v. intr.* **1** (*di rane*) gracchiare, chiocciare (*raro*), cantare, crocidare (*lett.*) **2** (*fig.*) (*di persona*) ciarlare, cicalare □ cigolare, crepitare.

gràcile *agg.* **1** esile, magro, mingherlino, scarno, smilzo, sottile, esile, snello, asciutto, minuto **CONTR.** corpacciuto, grosso, massiccio, corpulento, muscoloso, tarchiato, tozzo, taurino □ grasso, obeso □ florido, giunonico **2** delicato □ patito, sparuto, rachitico, striminzito, malandato, malaticcio, cagionevole, stentato, fragile, diafano **CONTR.** forte, gagliardo, robusto, vigoroso, forzuto, nerboruto, aitante, atletico.

gracilità *s. f.* **1** esilità, magrezza, sottigliezza, snellezza **CONTR.** grossezza, mole, spessore, floridezza, prestanza, corpulenza □ grassezza, obesità **2** delicatezza, fragilità, cagionevolezza **CONTR.** forza, gagliardia, robustezza, vigore. *V. anche* DEBOLEZZA

gradàsso [dal n. di *Gradasso*, rinomato guerriero saraceno dei poemi cavallereschi] *s. m.* fanfarone, millantatore, smargiasso, spaccone, borioso, bravaccio, rodomonte, guascone, ammazzasette, patacca (*region.*), blaguer (*fr.*), bullo, megalomane, pataccone (*region.*), sbruffone, spaccamontagne, trombone **CONTR.** modesto, riservato, timido, umile □ agnellino, pecora.

gradataménte *avv.* per gradi, progressivamente □ metodicamente, ordinatamente □ a poco a poco, lentamente **CFR.** velocemente, adagio □ saltuariamente, a intervalli, a sbalzi.

gradazióne *s. f.* **1** (*in una serie*) passaggio graduale, gradualità, gamma, sequenza, scala, crescendo, decrescendo □ sfumatura, nuance (*fr.*), tonalità, ombreggiamento □ (*di suono*) colore **CONTR.** saltuarietà, discontinuità, intermittenza, salto, sbalzo **2** (*ling.*) climax, anticlimax **3** (*di alcol*) grado, percentuale, volumetria, tasso, tenore.

gradévole *agg.* **1** accetto, gradito, piacevole, simpatico **CONTR.** sgradevole, spiacevole, malaccetto, antipatico, odioso, inviso **2** (*di aspetto*) piacevole, gentile, invitante, attraente, fresco, bello **CONTR.** repellente, ripugnante, brutto, ributtante **3** (*di sapore*) buono, squisito, delicato, saporito, solleticante, stuzzicante, delizioso **CONTR.** cattivo, schifoso, nauseante, nauseabondo, stomachevole, stucchevole **4** (*di odore*) fresco, fragrante, profumato **CONTR.** nauseante, puzzolente, fetido **5** (*di suono*) armonioso, armonico, eufonico □ soave, dolce **CONTR.** disarmonico, stridulo, stridente □ duro, secco **6** (*di voce*) morbido, caldo, pastoso, dolce **CONTR.** gracchiante, stridulo, duro **7** (*di luogo*) sereno, ridente, ameno **CONTR.** cupo **8** (*di casa*) caldo, comodo, accogliente, confortevole **CONTR.** freddo, scomodo **9** (*di compito, lavoro, ecc.*) facile, allettante, leggero, interessante **CONTR.** sgradevole, sgradito, ingrato, ostico, gravoso, improbo **10** (*di persona*) amabile, cordiale, affettuoso, carino, gentile **CONTR.** scorbutico, scontroso, freddo.

gradevolézza *s. f.* amabilità, bellezza, piacevolezza, dolcezza, bontà □ (*di suono*) eufonia **CONTR.** sgradevolezza, ripugnanza, spiacevolezza □ cacofonia.

gradevolménte *avv.* amabilmente, piacevolmente, simpaticamente, deliziosamente, dolcemente, soavemente □ eufonicamente **CONTR.** sgradevolmente, sgraditamente, spiacevolmente, fastidiosamente, molestamente, disgustosamente.

gradiènte *s. m.* **1** rapporto, progressione **2** (*gener.*) variazione.

gradiménto *s. m.* accettazione, accoglienza, approvazione, compiacimento, favore, simpatia, soddisfazione, incontro **CONTR.** rifiuto, ripulsa (*lett.*), rigetto, ripudio, disapprovazione.

gradinàta *s. f.* scalinata, scalea, scalone, scala □ (*di stadio*) spalti □ (*di teatro antico*) cavea.

gradìno *s. m.* scalino, grado (*ant.*) □ predella □ ripiano □ (*di montagna, ecc.*) balza, cornice □ (*di vettura e sim.*) montatoio, predellino.

gradìre ***A*** *v. tr.* accettare (con piacere), accogliere □ godere, gustare □ apprezzare □ (*est.*) desiderare, volere **CONTR.** sgradire (*lett.*), respingere, ripudiare, rifiutare, rigettare □ declinare □ detestare, rifuggire □ schifare □ disapprovare ***B*** *v. intr.* (*lett.*) garbare, piacere, essere gradito, andare a genio □ assecondare, compiacere **CONTR.** contrariare, deludere, scontentare.

gradìto *part. pass. di* **gradire**; *anche agg.* accetto, benaccetto, grato, gradevole, amato, caro, simpatico, benvisto **CONTR.** sgradevole, sgradito, spiacevole, antipatico, odioso.

gràdo (1) *s. m.* piacere, compiacenza, benevolenza, gradimento, soddisfazione **CONTR.** rifiuto, rigetto, ripudio, disapprovazione **FRAS.** *di buon grado*, volentieri □ *suo mal grado*, contro la sua volontà.

gràdo (2) *s. m.* **1** (*ant.*) scalino, gradino **2** (*di gerarchia, ecc.*) misura, fase, stadio, punto, livello **3** (*fig.*) (*in una graduatoria*) stato, condizione, posizione, situazione, livello □ standard (*ingl.*) □ (*in alpinismo, in canoismo*) difficoltà **4** (*di ufficiale, di impiegato, ecc.*) dignità, rango, ceto, classe, ufficio, carica, importanza, qualifica, categoria □ (*mil.*) gallone, distintivo, stelletta **5** (*di misura*) parte, suddivisione **FRAS.** *a grado a grado*, poco per volta □ *in sommo grado*, moltissimo □ *essere in grado*, essere capace □ *fare il terzo grado*, interrogare a fondo □ *a trecentosessanta gradi* (*fig.*), in modo completo. *V. anche* CARICA, CATEGORIA

gradóne *s. m.* **1** (*di terreno*) ripiano, terrazzo **2** (*di stadio, di circo, ecc.*) gradinata.

graduàbile *agg.* regolabile.

graduàle *agg.* che procede per gradi, progressivo, scalare □ proporzionale **CONTR.** saltuario, intermittente, discontinuo □ improvviso, repentino, istantaneo.

gradualità *s. f.* progressività, gradazione **CONTR.** saltuarietà.

gradualménte *avv.* per gradi, di grado in grado, a poco a poco □ progressivamente **CONTR.** saltuariamente.

graduàre *v. tr.* **1** dividere in gradi □ (*di strumento*) tarare □ regolare **2** (*di difficoltà, di spese, ecc.*) ordinare per gradi □ proporzionare **3** (*est.*) fare una graduatoria **4** conferire gradi, promuovere **CONTR.** degradare.

graduàto ***A*** *part. pass. di* **graduare**; *anche agg.* **1** diviso in gradi □ (*di strumento*) tarato □ regolato **2** scalato, scalare □ proporzionato ***B*** *s. m.* appuntato, caporale, caporalmaggiore **CONTR.** soldato semplice, ufficiale, sottufficiale.

graduatòria *s. f.* classificazione, scala, classifica, palmarès, ranking (*ingl.*) □ serie, elenco □ gerarchia □ graduazione.

grafèma *s. m.* (*ling.*) lettera, unità grafica, carattere, segno.

gràffa *s. f.* grappa, griffa □ zanca □ fermaglio.

graffàre *v. tr.* chiudere con graffa, cucire.

graffétta *s. f.* **1** *dim. di* **graffa** **2** fermaglio.

graffiànte *part. pres. di* **graffiare**; *anche agg.* (*fig.*) acuto, tagliente, pungente, che colpisce, che lascia il segno, shoccante **CONTR.** spento, insignificante, debole.

graffiàre *v. tr.* **1** (*di unghie*) lacerare, sgraffiare (*pop.*) **2** (*est.*) (*di cosa appuntita*) incidere, rigare, scalfire, raschiare, grattare, intaccare, segnare **3** (*fig.*) (*di parole*) attaccare, mordere, pungere, offendere, ferire **CONTR.** adulare, blandire, lusingare **4** (*fam.*) rubare, sgraffignare (*fam.*).

graffiàta *s. f.* graffiatura, graffio □ unghiata.

graffiatùra *s. f.* graffio.

gràffio *s. m.* **1** unghiata □ graffiatura, graffiata, lacerazione, ferita leggera, spellatura **2** incisione, scalfittura, segno, sfregio, sgraffiatura.

graffito ***A*** *s. m.* incisione, disegno inciso ***B*** *agg.* inciso, scolpito.

grafìa *s. f.* scrittura, mano, carattere □ (*est.*) ortografia □ (*est.*) calligrafia.

gràfica *s. f.* **1** lay-out (*ingl.*) □ impaginazione **2** (*est.*) incisione, litografia, serigrafia, stampa.

graficaménte *avv.* **1** con disegno **2** per segno, per scrittura, scritto, per iscritto **CONTR.** oralmente, a voce □ a memoria.

gràfico ***A*** *agg.* di grafia, di disegno □ (*di rappresentazione, ecc.*) iconografico ***B*** *s. m.* **1** rappresentazione grafica □ diagramma, istogramma, stereogramma, areogramma, cartogramma □ ideogramma □ (*est.*) tavola, tabella, schema **2** disegnatore, incisore, litografo □ tipografo □ impaginatore, illustratore.

grafòmane *s. m. e f.* **1** maniaco dello scrivere **2** (*est.*) prolisso (nello scrivere) **CONTR.** conciso, breve, stringato.

gragnòla o **gragnuòla** *s. f.* **1** grandine, grandinata, tempesta **2** (*fig.*) (*di sassi, di colpi, ecc.*) sequela, successione, subisso (*fam.*), profluvio □ scarica, bombardamento.

gramàglia *s. f. spec. al pl.* abito da lutto □ drappo funebre □ (*est.*) lutto.

gramìgna *s. f.* (*bot.*) erba infestante, loglio, zizzania, erbaccia, malaerba **FRAS.** *essere come la gramigna* (*fig.*), essere difficile da estirpare □ *crescere come la gramigna*, diffondersi in fretta.

grammàtica *s. f.* ***1*** (*di una lingua, di un'arte, ecc.*) regole, norme ***2*** testo di lingua ***3*** correttezza.

grammaticalménte *avv.* secondo la grammatica, secondo le regole, grammatico.

grammàtico ***A*** *s. m.* ***1*** studioso di grammatica □ retore □ letterato ***2*** (*est., spreg.*) erudito, pedante ***B*** *agg.* grammaticale ***C*** *avv.* grammaticalmente.

gràmmo *s. m.* ***1*** millesimo di chilo ***2*** (*fig.*) minimo, briciolo, granello.

grammòfono *s. m.* fonografo □ giradischi.

gràmo *agg.* ***1*** infelice, meschino, misero, povero, tapino, travagliato, tribolato, doloroso **CONTR.** ricco, felice, lieto ***2*** (*di ingegno, di idee, ecc.*) debole, gracile **CONTR.** forte, gagliardo, robusto, vigoroso.

gramolàta *s. f.* granita, granatina, ghiacciata.

gràna (1) *s. f.* ***1*** granello □ acino, seme ***2*** struttura interna □ struttura granulare ***3*** (*fot.*) granulosità ***4*** (*fig., fam.*) seccatura, fastidio, noia, rogna (*fam.*), bega, guaio, problema □ scandalo.

gràna (2) *s. f.* (*gerg.*) denaro, quattrini, soldi.

granàglie *s. f. pl.* cereali.

granàio *s. m.* ***1*** deposito di grano, silo □ (*est.*) solaio ***2*** (*fig.*) regione ricca di grano.

granàta (1) *s. f.* scopa, ramazza **FRAS.** *benedire con la granata* (*fig.*), bastonare (*fig.*) □ *pigliare la granata* (*fig.*), licenziare la servitù.

granàta (2) *s. f.* bomba, proiettile, proietto □ shrapnel (*ingl.*).

granàta (3) ***A*** *s. f.* ***1*** melagrana ***2*** (*miner.*) granato ***B*** *s. m. inv.; anche agg.* (*calcio*) torinista.

granatière *s. m.* (*fig., scherz.*) persona alta e robusta, gigante, watusso **CONTR.** nanerottolo, omino.

granatìna *s. f.* granita, gramolata, ghiacciata.

granàto ***A*** *agg.* (*est.*) (*di colore*) rosso scuro ***B*** *s. m.* ***1*** melograno ***2*** (*miner.*) granata.

grancàssa *s. f.* grande tamburo **FRAS.** *battere la grancassa* (*fig.*), attirare rumorosamente l'attenzione, fare una chiassosa propaganda, strombazzare.

grànchio *s. m.* (*fig.*) errore, sbaglio, cantonata, equivoco, qui pro quo (*lat.*), corbelleria, gaffe (*fr.*), marrone (*pop.*), svarione, topica, sproposito **FRAS.** *avere il granchio alla borsa* (*fig.*), essere molto avaro.

grandangolàre *s. m.* (*tecnol.*) grandangolo, fish eye (*ingl.*).

grànde ***A*** *agg.* ***1*** (*di misura, dimensione, quantità, ecc.*) grosso, imponente, robusto, voluminoso, massiccio, possente □ abbondante, consistente, numeroso, nutrito, ingente, cospicuo, forte □ capiente □ ampio, alto, lungo, largo, esteso, vasto, king-size (*ingl.*) □ colossale, enorme, gigantesco, mastodontico, smisurato, sconfinato, sterminato, monumentale, piramidale, titanico, bestiale (*fam.*), immane, immenso, incommensurabile, macroscopico, megagalattico (*scherz.*) **CONTR.** piccolo, piccino, basso, breve, tascabile, minuto □ esiguo, meschino □ infinitesimale, microscopico, lillipuziano, invisibile, minuscolo ***2*** (*di qualità, di merito, ecc.*) importante, rilevante, considerevole, ragguardevole, spiccato, eminente, famoso, solenne, storico □ sommo, sovrumano, mirabile, soprannaturale, straordinario, strepitoso, sublime, favoloso **CONTR.** irrilevante, insignificante, trascurabile, irrisorio, comune, lieve, leggero □ minimo, impercettibile ***B*** *s. m.* e *f.* ***1*** adulto **CONTR.** bambino, bimbo, fanciullo ***2*** personaggio, protagonista, persona di valore, big (*ingl.*), vip (*ingl.*) **CONTR.** nullità ***C*** *s. m. solo sing.* grandezza, magnificenza **FRAS.** *alla grande*, sfarzosamente, splendidamente □ *farsi grande*, crescere; vantarsi. *V. anche* FAMOSO, MATTO

GRANDE
sinonimia strutturata

Si definisce genericamente **grande** tutto ciò che è superiore alla misura ordinaria per dimensioni, durata, quantità, intensità, ecc.: *sala, strada grande*; *fare grandi viaggi*; *passavano grandi periodi in montagna*. Più forte ma altrettanto generale è **immenso**. A seconda dei vari aspetti descritti, grande ha diversi sinonimi specifici: in riferimento alle diverse dimensioni di un corpo, grande equivale a **lungo**, **largo**, **alto**; **esteso**, **vasto** e **ampio** si riferiscono in senso proprio soprattutto alla superficie, all'area, ma sono usati anche in senso figurato.

Gli ultimi aggettivi possono essere sostituiti talvolta anche da **grosso**, che però in genere descrive la massa: *ippopotamo, cocomero grosso*. **Voluminoso** sottolinea il notevole spazio occupato. **Massiccio** e **robusto** sono usati per descrivere l'aspetto solido e compatto non solo di cose ma anche di persone, e, come **possente**, per suggerirne la forza, la resistenza; uguali nel significato ma più incisivi sono **imponente** e soprattutto **mastodontico**, **colossale**, **titanico**, **gigantesco**; **monumentale** evoca figuratamente la grandiosità e importanza tipica dei monumenti: *opera, costruzione monumentale*.

Ciò che è notevole in quantità o dimensioni, ossia **abbondante**, **consistente**, **ingente**, può essere definito anche **cospicuo**; l'ultimo aggettivo corrisponde anche a **numeroso** e **nutrito**, che descrivono ciò che è composto da molte unità: *adunanza numerosa*; *nutriti consensi*. **Smisurato**, **sconfinato**, **sterminato** descrivono ciò che sembra non avere un limite, e che è quindi tanto grande da non poter essere calcolato, ossia **incommensurabile**.

È grande anche una persona che eccelle sugli altri per scienza, dignità, virtù, potenza, ecc.: *onorare un grande poeta*; in questo senso, può anche essere preposto a nomi propri o a titoli di dignità, o posposto al nome nel caso di sovrani particolarmente illustri e potenti: *il grande Galilei, Bach, Augusto*; *gran ciambellano, cancelliere*; *Pietro il Grande*.

Così, questi individui e i meriti, le opere, le qualità che li rendono grandi possono essere definiti anche **importanti**, **rilevanti**, **considerevoli**, **ragguardevoli**, cioè degni di nota; **spiccato** si dice soprattutto delle doti di qualcuno: *possiede una spiccata intelligenza*. Decisamente più forti sono **mirabile**, **straordinario**, **strepitoso**, **sommo**, **sublime** ed **estremo**, che sottolineano l'eccezionalità di qualcosa: *virtù straordinarie*; *poesia sublime*; così è anche per **sovrumano**, **soprannaturale**, **favoloso**, che evocano addirittura una perfezione estranea alla natura umana o al mondo reale: *è una cuoca favolosa*.

Famoso ed **eminente** sottolineano la notorietà che dalla grandezza deriva. Ciò che è degno di essere tramandato ai posteri si dice per estensione **storico**: *una decisione, una giornata storica*.

Grande descrive anche chi è superiore per ricchezze o estrazione sociale: *i grandi personaggi della vecchia società*; *è una gran dama*. Così, in tutte le accezioni precedenti, riferito alle persone, grande può essere usato anche come sostantivo: *attenersi all'esempio dei grandi*; *un grande disprezza sempre onori e glorie*; nel caso si riferisca alle qualità intrinseche, soprattutto morali o intellettuali, dell'individuo, grande significa **persona di valore**. Invece, in riferimento a un settore specifico dell'attività umana, equivale a **protagonista** e a **big**, che designano chi ha una parte di primo piano nella vita reale: *i protagonisti della politica*; *un big dell'industria*; **personaggio** suggerisce una posizione appena meno centrale, mentre **vip** può evocare, più che un ruolo effettivamente rilevante, una notorietà data dall'appartenenza al jet-set.

Infine, come sostantivo grande corrisponde ad **adulto**, soprattutto nel linguaggio dei bambini: *si comportano come i grandi*.

grandeggiàre v. intr. ***1*** essere grande, apparire grande, campeggiare, torreggiare, sovrastare, elevarsi, signoreggiare, eccellere, distinguersi CONTR. essere piccolo, essere meschino ***2*** vivere con sfarzo, largheggiare, sfoggiare □ darsi grandi arie, ostentare boria, farsi grande, insuperbirsi CONTR. essere modesto, essere umile.

grandeménte avv. molto, assai, parecchio, abbondantemente, notevolmente, ampiamente, largamente, copiosamente, considerevolmente, forte, meravigliosamente, notabilmente, sommamente, straordinariamente, altamente, intensamente, vivamente, fortemente, potentemente CONTR. poco, scarsamente, esiguamente, limitatamente, debolmente, irrisoriamente.

grandézza s. f. ***1*** (*di misure*) dimensione, misura, ampiezza, estensione, capacità, superficie, vastità, mole, grossezza, altezza, lunghezza, larghezza, proporzione, statura, quantità □ (*mat., fis.*) unità di misura ***2*** (*di qualità, ecc.*) eccellenza, nobiltà, dignità, generosità, liberalità, grandiosità, magnanimità, magnificenza, sublimità, cospicuità CONTR. piccolezza, esiguità, meschinità, modestia, umiltà ***3*** fasto, lusso, ostentazione, pompa, sfarzo, grandigia (*lett.*) CONTR. miseria, modestia, povertà □ sobrietà, misura, discrezione, semplicità. *V. anche* MISURA

grandinàre ***A*** v. intr. impers. cadere la grandine ***B*** v. intr. (*fig.*) (*di sassi, di pugni, ecc.*) abbattersi, venir giù violentemente □ susseguirsi □ crepitare ***C*** v. tr. (*raro*) (*di sassi, di pugni, ecc.*) lanciare, scagliare, tempestare.

grandinàta s. f. ***1*** caduta di grandine, gragnola ***2*** grandine ***3*** (*fig.*) sequela, fitta serie, subisso (*fam.*).

gràndine s. f. ***1*** gragnola, tempesta, grandinata ***2*** (*fig.*) (*di sassi, di pugni, ecc.*) sequela, fitta serie, subisso (*fam.*).

grandiosaménte avv. fastosamente, lussuosamente, maestosamente, magnificamente, pomposamente, sfarzosamente, solennemente, spettacolosamente, splendidamente, superbamente, trionfalmente CONTR. meschinamente, modestamente, poveramente, umilmente □ sobriamente, semplicemente.

grandiosità s. f. fasto, grandezza, imponenza, maestosità, magnificenza, composità, solennità, spettacolarità, splendore □ sublimità □ munificenza, prodigalità □ ostentazione CONTR. miseria, modestia, povertà □ sobrietà, misura, discrezione, semplicità, grettezza, meschinità, avarizia.

grandióso agg. ***1*** (*di persone o cose*) imponente, maestoso, monumentale, solenne, colossale, epico, gigantesco, magnificente, meraviglioso, spettacoloso, magnifico, singolare, splendido, sublime □ fastoso, faraonico, sfarzoso, scenografico, spettacolare, pomposo, trionfale CONTR. piccolo, esiguo, meschino, misero, modesto, povero ***2*** (*di persona*) megalomane, ostentatore, iperbolico, superbo CONTR. riservato, umile, discreto.

granèllo s. m. ***1*** (*di cereali, di frutti, ecc.*) chicco, seme, acino, grano, pippolo (*dial.*) ***2*** (*est.*) (*di sale, di sabbia, ecc.*) briciola, bruscolo, minuzzolo, pezzetto, pezzettino, particella, corpuscolo, grana, granulo, mica (*lett.*) ***3*** (*fig.*) minimo, briciolo, pezzettino.

granìre ***A*** v. intr. ***1*** fare i chicci, fare i granelli ***2*** formarsi, nascere, spuntare ***B*** v. tr. ***1*** ridurre in grani ***2*** (*di superficie*) rendere ruvido, rendere scabro CONTR. lisciare, levigare.

granìta s. f. granatina, gramolata, ghiacciata.

granìtico agg. ***1*** di granito □ duro, resistente □ durevole ***2*** (*fig.*) (*di carattere, ecc.*) saldo, incrollabile, forte, irremovibile CONTR. debole, incerto, irresoluto, tentennante, incostante.

gràno s. m. ***1*** (*bot.*) frumento, messe ***2*** (*est.*) chicco, granello, seme, acino ***3*** (*di collana*) perla ***4*** (*fig.*) briciolo, minimo, particella, pezzetto FRAS. *mangiare il grano in erba* (*fig.*), ipotecare il futuro □ *con un grano di sale* (*fig.*), con buonsenso □ *dividere il grano dalla zizzania* (*fig.*), distinguere il bene dal male.

granóne s. m. ***1*** accr. di **grano** ***2*** (*dial.*) granoturco.

granotùrco o **grantùrco** [da *grano* e *turco* nel senso di 'esotico', 'forestiero'] s. m. (*bot.*) mais, frumentone, granone (*dial.*), melica, melicone.

granulàre agg. ***1*** di granelli, granelloso, granuloso ***2*** (*est.*) scabro, rugoso CONTR. levigato, liscio.

grànulo s. m. ***1*** granello, seme ***2*** (*farm.*) pillola, compressa.

granulosità s. f. ***1*** ruvidezza, ruvidità ***2*** (*fot.*) grana.

granulóso agg. ***1*** granelloso, granulare □ grumoso

2 (*est.*) scabro, ruvido **CONTR.** levigato, liscio.

gràppa (1) *s. f.* graffa, rampone □ zanca.

gràppa (2) *s. f.* acquavite.

grappìno *s. m.* *1* gancio, uncino, rampino *2* ancoretta *3* amo.

gràppolo *s. m.* *1* (*bot.*) racemo, graspo (*sett.*), racimolo, racchio □ (*di banane*) casco *2* (*fig.*) (*di persone, di cose*) gruppo, massa, insieme, serie.

gràscia *s. f.* *1* (*ant.*) grasso, sugna, lardo *2* (*spec. al pl.*) (*nel Medioevo*) viveri, vettovaglie *3* (*ant., est.*) abbondanza, prosperità, ricchezza **CONTR.** carestia, miseria, penuria, povertà.

gràspo *s. m.* *1* (*tosc.*) raspo *2* (*sett.*) grappolo.

grassaménte *avv.* *1* abbondantemente, lautamente □ riccamente **CONTR.** miseramente, meschinamente, poveramente *2* grossolanamente, volgarmente **CONTR.** elegantemente, finemente.

grassatóre *s. m.* brigante, malandrino, rapinatore, ladrone, bandito, depredatore □ assassino (*est.*). *V. anche* LADRO

grassazióne *s. f.* rapina a mano armata, estorsione □ rapina, furto, ruberia.

grassétto *agg.*; *anche s. m.* (*tip.*) neretto.

grassézza *s. f.* *1* (*di persona*) adiposità, adipe, carnosità, corposità, corpulenza, grasso, obesità, pinguedine, ciccia (*fam.*) **CONTR.** magrezza, esilità, gracilità □ asciuttezza, snellezza, sottigliezza *2* (*di terreno*) fertilità, feracità (*lett.*), produttività **CONTR.** aridità, sterilità, improduttività *3* untuosità.

gràsso ***A*** *agg.* *1* (*di corporatura*) adiposo, ciccioso (*raro*), cicciuto, carnoso, carnacciuto (*ant.*), corpulento, voluminoso, pingue, paffuto, polpacciuto, polputo, tondo, boffice (*lett.*), pasciuto, polposo □ obeso, gonfio **CONTR.** magro, esile, gracile, snello, smilzo, sottile, allampanato, asciutto, secco, emaciato, mingherlino, scarno, scheletrico, segaligno, stecchito *2* (*di volto*) paffuto, tondo, rubicondo **CONTR.** affilato, scavato, smunto, incavato *3* (*di cosa*) oleoso, untuoso, unto □ viscoso **CONTR.** asciutto, secco *4* (*di cibo*) pesante, ricco, unto, condito □ succulento **CONTR.** leggero, light (*ingl.*), digeribile *5* (*di terreno*) opimo (*lett.*), fertile, ferace (*lett.*), produttivo, umifero (*lett.*), ubertoso (*lett.*) **CONTR.** arido, sterile, improduttivo *6* (*fig.*) (*di persona, di guadagni, ecc.*) ricco, agiato □ opulento, abbondante, grosso, copioso, largo □ (*di proposta, ecc.*) vantaggioso, utile **CONTR.** povero, indigente, spiantato □ misero, magro, esiguo *7* (*fig.*) (*di discorso, di risata, ecc.*) grossolano, volgare, licenzioso, lascivo, lubrico (*lett.*), osceno, sboccato, triviale, crasso **CONTR.** castigato, irreprensibile, corretto ***B*** *s. m.* *1* (*di persona, di animale*) tessuto adiposo, adipe, cellulite, cuscinetto □ lardo, strutto, sugna □ grassume, untume □ sego, sevo □ (*di pelle*) sebo *2* (*di cosa*) unto, untuosità □ lubrificante *3* (*di persona*) grassezza, obesità, pinguedine **CONTR.** magrezza, esilità, snellezza.

grassòccio *agg.* piuttosto grasso, cicciuto, paffutello, rotondetto, ciccioso (*raro*), carnoso, paffuto, pienotto **CONTR.** magrolino, mingherlino.

grassóne *agg.*; *anche s. m.* *1* *accr. di* **grasso** *2* pancione (*fam.*), trippone, bombolo (*scherz.*), palla di grasso, baciccia, cannone, ciccione (*fam.*), foca (*scherz.*), vagone (*pop.*) **CONTR.** magrolino, mingherlino, fachiro, scheletro, stoccafisso, stuzzicadenti, quaresima (*fam.*).

grassùme *s. m.* *1* grasso, lardo, sugna *2* (*est.*) sudiciume, unto, untuosità, untume.

gràta *s. f.* *1* inferriata, graticolato, griglia, reticolato □ cancellata □ gabbia □ steccato *2* gratella, graticola.

gratèlla *s. f.* *1* *dim. di* **grata** *2* graticola, grata, griglia, grill (*ingl.*), ferri, barbecue (*ingl.*).

graticciàta *s. f.* riparo di graticci, chiusura di graticci, cannicciata.

gratìccio *s. m.* *1* cannaio, canniccio, riparo di vimini □ pergola, pergolato *2* stuoia, giaciglio, amaca.

gratìcola *s. f.* *1* gratella, grata, griglia, grill (*ingl.*), ferri, barbecue (*ingl.*) *2* piccola grata, sottile inferriata *3* (*tecnol.*) reticolato.

graticolàto *s. m.* grata □ graticcio, inferriata.

gratìfica *s. f.* compenso straordinario, premio in denaro, gratificazione, bonus (*lat.*), incentivo.

gratificànte *part. pres. di* **gratificare**; *anche agg.* soddisfacente, appagante **CONTR.** umiliante, frustrante.

gratificàre ***A*** *v. tr.* *1* concedere una gratifica, ricompensare, premiare □ beneficare **CONTR.** penalizzare *2* (*di successo, di compenso, ecc.*) soddisfare, appagare, rendere contento **CONTR.** umiliare, frustrare ***B*** **gratificarsi** *v. rifl.* (*lett.*) ingraziarsi **CONTR.** inimicarsi.

gratificazióne *s. f.* *1* gratifica, compenso, premio *2* soddisfazione, appagamento **CONTR.** umiliazione, frustrazione, insoddisfazione.

gratin /*fr.* gra'tɛ̃/ [vc. fr., da *gratter* 'grattare', perché la crosta deve essere *grattata* via] *s. m. inv.* crosta **FRAS.** *al gratin*, gratinato.

gratinàre *v. tr.* cuocere al gratin, grigliare.

gratinàto *part. pass. di* **gratinare**; *anche agg.* al gratin, grigliato.

gràtis /*lat.* 'gratis/ [contrazione di *grātiis*, abl. pl. di *grātia* 'grazia', con valore avv. ('graziosamente')] *avv.* gratuitamente, a ufo, a sbafo, a scrocco, senza pagare, alla portoghese **CONTR.** a pagamento, pagando.

gratitùdine *s. f.* riconoscenza □ ringraziamento, grazia **CONTR.** ingratitudine, irriconoscenza.

gràto *agg.* *1* (*di persona o cosa*) accetto, gradito, piacevole, attraente, caro, delizioso, dolce, gradevole, simpatico, gustoso, soave **CONTR.** sgradevole, sgradito, ingrato, spiacevole, detestabile, increscioso, ostico, penoso *2* (*di persona*) riconoscente, obbligato □ memore **CONTR.** ingrato, sconoscente, irriconoscente, disconoscente □ immemore.

grattacàpo *s. m.* fastidio, preoccupazione, noia, pensiero, seccatura, cruccio, scocciatura (*fam.*), molestia, bega, briga **CONTR.** piacere, fortuna.

grattàre ***A*** *v. tr.* *1* stropicciare con le unghie *2* (*est.*) fregare, raschiare, sfregare, raspare, graffiare □ razzolare, ruspare *3* (*di formaggio, di pane, ecc.*) grattugiare *4* (*fig., pop.*) rubare, sgraffignare (*fam.*), taccheggiare *5* (*scherz.*) (*di chitarra, ecc.*) suonare male, strimpellare ***B*** **grattarsi** *v. rifl.* stropicciarsi, fregarsi ***C*** *v. intr.* *1* stridere *2* (*pop.*) (*di marcia*) ingranare male, raschiare.

grattàta *s. f.* **1** stropicciata, fregata **2** (*di marcia*) innesto difettoso, raschiata.
grattàto *part. pass. di* **grattare**; *anche agg.* **1** raschiato, sfregato **2** (*di formaggio, di pane, ecc.*) grattugiato.
grattugiàre *v. tr.* (*di formaggio, di pane, ecc.*) grattare □ sbriciolare, tritare.
grattugiàto *part. pass. di* **grattugiare**; *anche agg.* (*di formaggio, di pane, ecc.*) grattato □ sbriciolato, tritato.
gratuitaménte *avv.* **1** gratis, per niente, a ufo, a sbafo, a scrocco, alla portoghese □ a titolo gratuito **CONTR.** a pagamento, pagando □ a titolo oneroso **2** senza compenso, disinteressatamente **CONTR.** interessatamente **3** (*di accusare, di affermare, ecc.*) arbitrariamente, infondatamente, senza motivo, senza ragione **CONTR.** a buon diritto, giustamente.
gratùito *agg.* **1** regalato, donato, gratis, in omaggio, senza compenso, in dono □ a ufo, a sbafo, a scrocco □ (*di ingresso*) libero □ (*di prestito*) grazioso **CONTR.** pagato, retribuito, ricompensato **2** (*fig.*) (*di accusa, di affermazione, ecc.*) arbitrario, assurdo, immotivato, ingiustificato, infondato, discutibile, senza ragione **CONTR.** fondato, motivato, accertato, indiscutibile, provato.
gravàme *s. m.* **1** (*spec. fig.*) peso, carico, onere **2** imposta, tributo, tassa, aggravio, tassazione, carico, servitù **CONTR.** sgravio, esonero fiscale **3** (*dir.*) impugnazione.
gravàre ***A*** *v. tr.* **1** (*anche fig.*) caricare, premere, opprimere, appesantire □ aggravare □ accollare, addossare □ sovraccaricare □ tassare **CONTR.** sgravare, alleggerire, sollevare, scaricare **2** (*raro*) pignorare, sequestrare, ipotecare ***B*** *v. intr.* **1** premere, pesare, poggiare, gravitare, puntare, incidere **2** (*fig., lett.*) rincrescere, dispiacere.
gravàto *part. pass. di* **gravare**; *anche agg.* (*spec. fig.*) oppresso, carico, appesantito, aggravato, caricato, compresso, onorato, onusto (*lett.*) **CONTR.** sgravato, alleggerito.
gràve ***A*** *agg.* **1** (*di peso*) pesante, greve, oneroso, ponderoso (*lett.*), gravoso, grosso □ insopportabile, tremendo **CONTR.** leggero, lieve **2** (*di responsabilità, di impegni, ecc.*) carico, sovraccarico, colmo, pieno **CONTR.** libero, esente, scarico **3** (*fig.*) (*di sacrifici, di preoccupazioni, ecc.*) duro, doloroso, angoscioso, molesto, spiacevole, sgradevole **CONTR.** piccolo, risibile □ piacevole, gradevole, gradito, divertente **4** (*fig.*) (*di suono, di odore, ecc.*) intenso, forte, fastidioso □ (*di aria*) irrespirabile, viziato **CONTR.** lieve, delicato □ puro, pulito, fresco **5** (*fig.*) (*di situazione, ecc.*) complesso, difficile, arduo, critico, scottante, preoccupante, minaccioso **CONTR.** sereno, tranquillo **6** (*di malattia, ecc.*) pericoloso, mortale, fatale **CONTR.** leggero, innocuo **7** (*fig.*) (*di contegno, di discorso, ecc.*) autorevole, serio, ponderato, riflessivo, profondo □ austero, contegnoso, sostenuto □ solenne, serioso, severo □ (*di affermazione*) importante **CONTR.** allegro, spensierato, giocoso, ridanciano, divertito □ faceto □ sconsiderato, sventato, irriflessivo, fatuo **8** (*fig.*) lento, tardo □ (*lett.*) pigro, neghittoso **CONTR.** veloce, sostenuto, lesto **9** (*di suono, di voce*) basso, sordo **CONTR.** acuto, argentino, squillante ***B*** *s. m.* corpo, peso.
graveménte *avv.* **1** molto, assai, in modo grave **CONTR.** poco, lievemente **2** seriamente, solennemente, austeramente **CONTR.** allegramente, affabilmente, bonariamente, giocosamente.
gravidànza *s. f.* (*med.*) gestazione, stato interessante □ maternità.
gràvido *agg.* **1** (*di donna*) incinta, ingravidata, pregna □ gestante **2** (*est.*) (*di cosa*) carico, pieno, abbondante, impregnato, pregno, saturo **CONTR.** svuotato, vuoto, privo.
gravità *s. f.* **1** (*fis.*) forza di attrazione **2** (*di accusa, di prova, ecc.*) importanza, serietà, valore, peso, rilevanza, gravezza **CONTR.** irrilevanza, trascurabilità, leggerezza **3** (*di situazione*) pericolosità, drammaticità, gravosità **CONTR.** tranquillità, sicurezza □ piacevolezza **4** (*di persona, di portamento, ecc.*) compostezza, dignità, austerità, serietà, maestosità, rigore, rigorosità □ fierezza □ sostenutezza, sussiego **CONTR.** leggerezza, levità (*lett.*) □ fatuità □ disinvoltura □ affabilità, cordialità, giovialità, giocosità.
gravitàre *v. intr.* **1** orbitare **2** (*fig.*) (*di persona*) muoversi nell'orbita, operare nell'ambito di influenza **3** (*di cosa*) premere, gravare, poggiare, pesare.
gravosaménte *avv.* duramente, faticosamente, penosamente, onerosamente **CONTR.** lievemente, piacevolmente.
gravosità *s. f.* gravità, pericolosità, gravezza, onerosità, pesantezza □ aggravio.
gravóso *agg.* **1** grave, pesante, grosso **CONTR.** leggero, lieve **2** (*fig.*) faticoso, stancante, oneroso, penoso, difficile, disagevole, impegnativo, laborioso, opprimente, increscioso, tormentoso, intollerabile, micidiale, spiacevole, molesto **CONTR.** facile, piacevole, divertente, gradevole, gradito, desiderabile.
gràzia *s. f.* **1** graziosità, leggiadria, vaghezza □ vezzosità □ bellezza, attrattiva, avvenenza, formosità, venustà (*lett.*) □ fascino, charme (*fr.*), glamour (*ingl.*) □ femminilità **CONTR.** bruttezza, deformità, laidezza, orrore **2** amabilità, cortesia, delicatezza, eleganza, finezza, garbatezza, garbo, dolcezza, gentilezza, piacevolezza □ signorilità, urbanità, compostezza □ galanteria **CONTR.** sgarbatezza, sgraziataggine, goffaggine, scortesia, sguaiataggine, rozzezza, villania, inurbanità, zoticaggine, selvatichezza, malgarbo **3** (*lett.*) benevolenza, benignità, favore, predilezione, simpatia, amore, amicizia **CONTR.** malevolenza, antipatia, avversione, malanimo, odio, ostilità, inimicizia **4** (*relig.*) misericordia, aiuto divino □ miracolo **CONTR.** condanna, dannazione **5** dono □ concessione, esaudimento (*raro*), consenso, permesso **6** gratitudine, riconoscenza □ ringraziamento □ omaggio **CONTR.** ingratitudine, sconoscenza **7** clemenza, indulgenza □ amnistia, assoluzione, condono, perdono, sgravio di pena, annullamento di pena **FRAS.** *di grazia*, per piacere □ *in grazia di*, per riguardo di, in virtù di □ *Grazia di Dio* (*fig.*), grande abbondanza di cose desiderabili, specialmente cibo □ *con buona grazia di*, con il beneplacito di □ *stato di grazia* (*fig.*), condizione di benessere e felicità □ *essere nel-*

le grazie di qualcuno, esserne benvoluti. V. *anche* ELEGANZA, PERDONO

graziàre *v. tr.* **1** amnistiare, perdonare, condonare □ risparmiare **CONTR.** condannare, castigare, punire, dannare □ giustiziare **2** regalare, concedere **CONTR.** negare, rifiutare.

graziàto *part. pass. di* **graziare**; *anche agg.* e *s. m.* **1** amnistiato, perdonato, condonato **CONTR.** condannato, punito, dannato □ giustiziato **2** favorito, appagato **CONTR.** inappagato.

gràzie ***A*** *inter.* tanti ringraziamenti! ***B*** *s. m. inv.* ringraziamento **FRAS.** *grazie a*, per merito di, con l'aiuto di.

graziosaménte *avv.* **1** amabilmente, delicatamente, elegantemente, finemente, piacevolmente, vezzosamente, simpaticamente **CONTR.** sgraziatamente, rozzamente **2** cortesemente, gentilmente, garbatamente □ benevolmente, benignamente, di buon animo **CONTR.** sgarbatamente, scortesemente, villanamente □ ostilmente **3** gratuitamente, gratis, senza interessi **CONTR.** onerosamente □ interessatamente.

graziosità *s. f.* bellezza, delicatezza, finezza, gentilezza, squisitezza, grazia **CONTR.** bruttezza, goffaggine, grossolanità, sgarbatezza.

grazióso *agg.* **1** leggiadro, vezzoso, vago (*lett.*) □ bello, avvenente, attraente, carino, piacente, incantevole, piacevole, charmant (*fr.*), simpatico **CONTR.** brutto, deforme, laido, orrendo, ripugnante, schifoso, orribile, orrido, racchio (*pop.*) **2** aggraziato, fine, garbato, gentile, caro, cortese, affabile, amabile, dolce, elegante □ galante **CONTR.** sgraziato, goffo, sgarbato, scortese, sguaiato **3** spontaneo, generoso, benigno □ (*di prestito*) gratuito, senza interessi **CONTR.** a interesse, oneroso.

grecìsmo *s. m.* ellenismo.

grèco ***A*** *agg.*; *anche s. m.* della Grecia, ellenico ***B*** *s. m.* grecale.

gregàrio ***A*** *s. m.* **1** soldato semplice **2** (*est.*) (*di partito, di organizzazione*) seguace, subalterno, scudiero (*fig.*), subordinato **CONTR.** superiore, capo, comandante, capitano □ capopopolo ***B*** *agg.* di gregario, da gregario. V. *anche* SEGUACE

grègge *s. m.* **1** greggia (*raro*), branco d'ovini □ armento, mandria, bestiame **2** (*fig.*) (*di persone*) massa, branco, moltitudine **3** (*relig.*) credenti **4** (*fig.*, *spreg.*) torma, accozzaglia, massa servile, pecoroni **FRAS.** *uscire dal gregge* (*fig.*), mettersi in evidenza.

grèggio ***A*** *agg.* **1** (*di prodotto*) naturale, non lavorato, grezzo □ grossolano, ruvido □ (*di seta, di colore, ecc.*) crudo, écru (*fr.*) **CONTR.** lavorato, elaborato, digrossato, dirozzato, raffinato **2** (*fig.*) (*di mente, di carattere, ecc.*) non ancora formato □ rozzo, primitivo **CONTR.** formato, educato □ evoluto, raffinato ***B*** *s. m.* petrolio non raffinato. V. *anche* ROZZO

grembiùle o (*dial.*) **grembiàle** *s. m.* **1** zinale (*dial.*), grembio (*tosc.*) **2** sopravveste (da lavoro), camice □ spolverino.

grèmbo *s. m.* **1** ventre materno, utero □ seno **2** (*fig.*) interno, centro, mezzo **3** (*fig.*, *lett.*) insenatura, avvallamento, rientranza.

gremìre ***A*** *v. tr.* **1** (*di cose*) empire, riempire **CONTR.** vuotare, svuotare **2** (*di gente*) affollare, accalcare, stipare, pigiarsi **CONTR.** sfollare ***B*** **gremirsi** *v. intr. pron.* affollarsi, riempirsi, empirsi **CONTR.** svuotarsi, sfollarsi.

gremìto *part. pass. di* **gremire**; *anche agg.* pieno, ingombro, zeppo, affollato, colmo **CONTR.** vuoto, libero, sfollato, sgombro.

gréto *s. m.* (*di fiume*) ghiaieto □ alveo, letto.

grettaménte *avv.* angustamente, meschinamente, aridamente, ristrettamente, sordidamente □ avaramente, esosamente, ingenerosamente, spilorciamente, tirchiamente **CONTR.** generosamente, liberalmente, munificamente, prodigalmente □ cavallerescamente, splendidamente, brillantemente, regalmente.

grettézza *s. f.* **1** spilorceria, tirchieria, taccagneria, avarizia, esosità, ingenerosità, pidocchieria, pitoccheria **CONTR.** generosità, larghezza, liberalità, prodigalità, munificenza □ sperpero **2** (*fig.*) meschinità, angustia, piccineria, miseria, bassezza, piccolezza, ristrettezza, sordidezza, viltà **CONTR.** magnificenza, splendidezza, liberalità, cavalleria, grandiosità, regalità, signorilità.

grétto *agg.* **1** tirchio, tirato, taccagno, avaro, spilorcio, esoso, ingeneroso, pidocchioso **CONTR.** generoso, largo, munificente, munifico, liberale, prodigo □ spendaccione **2** (*fig.*) meschino, angusto, limitato, piccino, cheap (*ingl.*, *est.*), barbino, illiberale, miserevole, piccolo, ristretto **CONTR.** magnifico, splendido, regale, signorile, cavalleresco, cortese, generoso.

grève *agg.* **1** (*di persona o cosa*) grave, pesante □ massiccio □ (*di atmosfera*) plumbeo, soffocante, opprimente □ (*di aria*) afoso, irrespirabile **CONTR.** leggero, lieve **2** (*fig.*) (*di situazione*) duro, doloroso, angoscioso, penoso **CONTR.** gradevole, piacevole, dilettevole.

grézzo **1** V. **greggio** **2** (*fig.*) grossolano, rozzo, ineducato **CONTR.** raffinato. V. *anche* ROZZO

gridàre ***A*** *v. intr.* sbraitare, strillare, urlare, strepitare, vociare, schiamazzare, berciare (*tosc.*), sfiatarsi, sgolarsi, spolmonarsi, tuonare, ruggire, baccagliare (*fam.*), zigare (*sett.*) □ inveire □ protestare □ (*est.*) esclamare □ alzare la voce **CONTR.** bisbigliare, mormorare, sussurrare □ acclamare ***B*** *v. tr.* **1** dire gridando **CONTR.** sussurrare **2** (*di innocenza, ecc.*) affermare, dichiarare, proclamare, sostenere **3** (*fig.*) (*di aiuto*) implorare, invocare, domandare **4** (*di notizia*) divulgare, notificare **5** (*fam.*) (*di persona*) ammonire, rimproverare, sgridare **CONTR.** elogiare, encomiare, lodare.

GRIDARE
sinonimia strutturata

Si dice **gridare** l'alzare al massimo la voce per richiamare l'attenzione degli altri o per ira, paura, ecc.: *gridare a gran voce, a squarciagola, a più non posso, con quanto fiato si ha in gola*. I verbi semanticamente più vicini sono **strillare** e **urlare**, mentre **spolmonarsi**, **sfiatarsi** e **sgolarsi** suonano più incisivi e indicano il gridare fino all'esaurimento delle forze. **Vociare** e **schiamazzare** si riferiscono di solito a più persone: *vociavano senza alcun ritegno*; *non schiamazzate!*; abbastanza vicini sono **sbraita-**

re, **strepitare** e il toscano **berciare**, che sono usati per un gridare sguaiato e confuso. Delle grida particolarmente acute sono invece emesse da chi **stride**: *la donna piangeva e strideva*.

Per estensione, il verbo corrisponde anche a parlare a voce eccessivamente alta: *non gridare così!*; **esclamare** non trasmette la stessa idea di fastidiosa esagerazione, ma piuttosto richiama l'immagine di un impeto, di uno slancio o di uno sfogo; **tuonare** e **ruggire** si distinguono perché suggeriscono un tono potente e minaccioso. Il dire qualcosa con molta energia e determinazione può definirsi **affermare**, **dichiarare**, **sostenere**: *dichiarai la mia innocenza*; **proclamare** evoca invece maggiore solennità e si adopera di solito nel caso di annunci.

Spesso si grida per **protestare**, cioè per lamentarsi energicamente; **inveire** si distingue perché indica il rivolgersi contro qualcuno o qualcosa protestando ma soprattutto ingiuriando: *inveire contro i falsi amici, la vigliaccheria, il malgoverno*.

Figuratamente gridare corrisponde a **invocare**, che significa chiedere, **domandare a gran voce**: *un delitto che grida vendetta*; **implorare** si distingue perché richiama un'idea di supplica, di preghiera disperata: *implorare aiuto, pietà*.

Nel linguaggio familiare, gridare corrisponde ad **ammonire**, **rimproverare**, ossia riprendere, e a **sgridare**, che evoca maggiore durezza: *il padre ha sgridato il bambino*.

grìdo s. m. **1** urlo, strillo, bercio (*tosc.*) □ clamore, schiamazzo, baccano, rumore, strepito □ (*al pl.*) rimprovero **CONTR.** bisbiglio, mormorio, sussurro **2** (*fig.*) implorazione, invocazione **3** (*fig.*) celebrità, fama, rinomanza, notorietà **CONTR.** oscurità **4** (*di animale*) verso **FRAS.** *l'ultimo grido* (*fig.*), l'ultima novità.

grifàgno agg. **1** (*lett.*) (*di uccelli*) rapace **2** (*fig.*) (*di sguardo, di viso, ecc.*) fiero, minaccioso, crudele, duro, terribile □ (*di naso*) adunco **CONTR.** mite, mansueto, dolce, sereno.

griffe /fr. grif/ [dal longobardo *grīfan* 'acchiappare'] s. m. inv. marchio, impronta □ firma, etichetta, logo, logotipo. *V. anche* IMPRONTA

grigiàstro agg. tendente al grigio, grigio sporco, color cenere, bigio, cinereo □ (*di mantello equino*) leardo.

grìgio agg.; anche s. m. **1** bigio, cenerognolo, cinereo (*lett.*), cenerino, cenericcio, cenere, seppia, ferrigno, perlaceo, azzurrastro, azzurrognolo □ (*di volto*) pallido, smorto, livido, biancastro **2** (*di capelli*) brizzolato, sale e pepe **CFR.** nero, bianco, biondo, rosso, castano **3** (*fig.*) (*di vita, di discorso, ecc.*) uniforme, scialbo, monotono, insignificante, stereotipato □ plumbeo, cupo, malinconico, triste, scoraggiante **CONTR.** allegro, brillante, gaio, giocondo, lieto, effervescente, estroso, fantasioso, vivace.

grigióre s. m. **1** aspetto grigio □ luce incerta, foschia **CFR.** chiarezza, limpidità, oscurità, buio **2** (*fig.*) (*di vita, di discorso, ecc.*) monotonia □ mediocrità, meschinità, tristezza **CONTR.** varietà □ vivacità, allegria, verve (*fr.*), esuberanza.

grigiovérde **A** agg. grigio sfumato di verde **B** s. m. (*est., mil.*) divisa dell'esercito italiano.

grìglia s. f. **1** graticola, gratella, grill (*ingl.*), ferri, barbecue (*ingl.*) **2** inferriata, grata □ persiana □ cancellata.

grigliàre v. tr. (*est.*) arrostire, gratinare.

grill /ingl. gril/ s. m. inv. **1** gratella, graticola, ferri □ (*est.*) cibo ai ferri **2** friggitoria, rosticceria.

grìllo s. m. **1** (*est.*) cavalletta, saltamartino (*pop.*) **2** (*fig.*) capriccio, ghiribizzo, sghiribizzo, voglia, ticchio, desiderio □ estro □ bizzarria, fantasia, fantasticheria □ fisima, fissazione **FRAS.** *andare a caccia di grilli* (*fig.*), cercare cose da nulla □ *andare a sentir cantare i grilli* (*fig.*), morire □ *fare il Grillo Parlante*, assillare con buoni consigli ed esortazioni. *V. anche* CAPRICCIO

grìnfia s. f. **1** (*pop.*) (*di animale*) artiglio, granfia, unghia, branca **2** (*fig.*) (*di persona*) mano rapace, zampino (*iron.*).

grìnta s. f. **1** faccia truce, faccia arcigna, grugno, muso, grifo, ghigna (*fam.*) □ (*raro*) faccia tosta **CONTR.** faccetta **2** (*est.*) aggressività, combattività, accanimento □ determinazione, energia, carattere, polso, forza, volontà, risolutezza, mordente □ sfrontatezza **CONTR.** mitezza, arrendevolezza.

grintóso agg. aggressivo, combattivo □ determinato, risoluto **CONTR.** mite, arrendevole □ molle.

grìnza s. f. **1** (*di pelle*) ruga, solco **2** (*di stoffa*) piega, increspatura, crespa, arricciatura **FRAS.** *non fare una grinza*, calzare a pennello; (*fig.*) essere perfetto.

grìnzo agg. **1** (*di pelle*) grinzoso, rugoso **CONTR.** liscio, levigato **2** (*di stoffa*) increspato, crespo, raggrinzito, raggrinzato, spiegazzato **CONTR.** liscio □ stirato.

grinzóso agg. **1** (*di pelle*) rugoso, grinzo, incartapecorito, vizzo **CONTR.** liscio, levigato **2** (*di stoffa*) increspato, crespo, raggrinzato, raggrinzito, spiegazzato **CONTR.** liscio □ stirato.

grippàre **A** v. tr. bloccare **B** v. intr. e **gripparsi** intr. pron. bloccarsi, incepparsi.

grisbi /fr. griz'bi/ [dal gergo della malavita] s. m. inv. (*gerg.*) malloppo, refurtiva □ (*fam.*) grana (*gerg.*), denaro.

grónda s. f. **1** orlo del tetto, grondone, doccia, doccione, grondaia, canale □ embrice **2** (*est.*) margine.

grondàia s. f. gronda, canale, canaletto, doccia □ compluvio, conversa.

grondànte part. pres. di **grondare**; anche agg. gocciolante, stillante □ intriso, fradicio, zuppo.

grondàre **A** v. intr. **1** (*di acqua*) docciare (*lett.*), piovere giù, sgorgare, colare abbondantemente, sgrondare **CONTR.** stillare, gocciolare **2** (*di lacrime, di sangue, ecc.*) essere intriso □ sudare **B** v. tr. versare, lasciar colare.

grondóne s. m. doccia, doccione, gronda.

gròppa s. f. **1** (*di quadrupede*) dorso **2** (*fam., scherz.*) (*di persona*) schiena, spalle, groppone **3** (*raro*) cima tondeggiante □ cumulo.

gróppo s. m. **1** groviglio, intrico, nodo, viluppo **2** (*fig.*) nodo, senso di oppressione, malloppo (*dial.*) **3**

(*fig.*) difficoltà, dubbio, intoppo.

groppóne s. m. **1** accr. di **groppa** **2** (*fam., scherz.*) schiena, spalle, dorso, groppa (*fam., scherz.*).

grossézza s. f. **1** dimensione, volume, grandezza, massa, mole, proporzione, larghezza, spessore □ corpulenza **2** sviluppo notevole □ gonfiezza □ grandiosità, imponenza **CONTR.** esiguità, piccolezza, sottigliezza, esilità, gracilità □ snellezza, impalpabilità **3** (*fig.*) (*di modi, di discorso, ecc.*) materialità, grossolanità, ottusità, rozzezza **CONTR.** eleganza, finezza □ acume, acutezza.

grossìsta s. m. e f. commerciante all'ingrosso, venditore all'ingrosso □ fornitore **CONTR.** dettagliante, minutante.

gròsso ***A*** agg. **1** voluminoso, massiccio, spesso, largo □ turgido, tumido, gonfio □ grande, vasto, esteso **CONTR.** piccolo, esiguo □ sottile, fino, impalpabile, tenue, trasparente **2** (*di vino, di sangue, ecc.*) denso, viscoso, poco fluido **CONTR.** fluido, liquido, scorrevole **3** (*di acqua*) torbido, melmoso □ (*di aria*) irrespirabile, pesante □ (*di fiato*) affannoso, faticoso **CONTR.** limpido, chiaro, pulito, trasparente □ fino, frizzante **4** (*di persona, di animale*) robusto, muscoloso, corpacciuto, corpulento, tarchiato, atticciato, membruto, quartato (*raro*), tozzo, tracagnotto, quadrato □ grasso, elefantesco, elefantiaco **CONTR.** magro, esile, snello, smilzo, slanciato, asciutto, gracile, minuto □ scheletrico, secco, segaligno, stecchito **5** (*di famiglia, di associazione, ecc.*) grande, numeroso **CONTR.** piccolo **6** (*di affare, di eredità, ecc.*) grande, ricco, cospicuo **CONTR.** modesto, piccolo **7** (*di persona, di successo, ecc.*) importante, rilevante, considerevole □ solenne **CONTR.** insignificante, irrilevante, trascurabile **8** (*di disgrazia, di rischio, ecc.*) doloroso, duro, grave, gravoso, pesante **CONTR.** leggero, lieve **9** (*fig.*) (*di persona, di modi, ecc.*) grossolano, materiale, ordinario, rozzo, grossier (*fr.*) **CONTR.** delicato, fine, raffinato ***B*** s. m. **1** (*di cosa*) parte grossa **2** (*di persona*) parte più numerosa, massa □ (*di lavoro, ecc.*) parte più impegnativa, più **FRAS.** *grosso d'udito*, sordastro □ *fiato grosso*, respiro affannoso □ *pezzo grosso*, persona importante, big (*ingl.*), boss (*ingl.*), vip (*ingl.*) □ *di grosso*, di molto, grossolanamente □ *alla grossa*, rozzamente □ *bere grosso*, essere creduloni □ *dirle grosse*, dire bugie □ *dirla grossa*, dire qualcosa che sarebbe stato meglio tacere □ *farla grossa*, fare un grave errore. *V. anche* GRANDE

grossolanaménte avv. **1** rozzamente, alla meno peggio, alla buona □ dozzinalmente, ordinariamente □ inelegantemente, pacchianamente □ rudemente, rusticamente □ sguaiatamente, sgraziatamente, zoticamente **CONTR.** finemente, garbatamente, delicatamente, raffinatamente, signorilmente, squisitamente **2** sommariamente, approssimativamente, superficialmente, alla carlona, rudimentalmente □ sciattamente, frettolosamente **CONTR.** ponderatamente, profondamente □ appuntino.

grossolanità s. f. **1** rozzezza, dozzinalità, ordinarietà □ indelicatezza, cafonata □ goffaggine, grossezza, malagrazia, materialità, volgarità □ zoticaggine, cafonaggine, pacchianeria □ sgraziataggine, sguaiataggine □ (*di ragionamento, ecc.*) ottusità, povertà, scorrettezza **CONTR.** delicatezza, distinzione, finezza, raffinatezza, signorilità, squisitezza, gusto □ garbo, gentilezza, diplomazia, discrezione, educazione, civiltà **2** superficialità, approssimazione, sciatteria, trascuratezza **CONTR.** profondità, accuratezza, cura, diligenza □ sottigliezza.

grossolàno agg. **1** (*di cosa*) rozzo, ordinario, andante, scadente □ brutto, sgraziato, comune, dozzinale, pacchiano, contadinesco **CONTR.** raffinato, sopraffino, squisito, rifinito, accurato □ aggraziato **2** (*di persona*) zotico, grezzo, ignorante □ plebeo, goffo, popolano, contadino, burino, rustico □ grossier (*fr.*), materiale □ volgare, villano, scortese, sguaiato, maleducato **CONTR.** cortese, educato, fine, garbato, gentile, civile, compito, aristocratico, distinto, signorile **3** (*di ragionamento, di discorso, ecc.*) ignorante, ottuso, sciocco, povero, scorretto □ rudimentale, approssimato □ (*di errore*) macroscopico, marchiano, plateale **CONTR.** acuto, intelligente, perspicace □ bizantino, artificioso □ lieve, perdonabile. *V. anche* ROZZO

grossomòdo loc. avv. a un di presso, più o meno, a grandi linee, all'incirca, suppergiù (*fam.*), pressappoco.

gròtta s. f. **1** antro, caverna, spelonca, speco (*lett.*) □ cava, cavità **2** (*dial.*) cantina, sotterraneo, grottino □ (*est.*) osteria, crotto (*sett.*).

grottésco agg. bizzarro, ridicolo, risibile, caricaturale, strano, stravagante, strambo, buffo □ goffo, fantozziano, trash □ brutto, deforme, mostruoso. *V. anche* DEFORME

grovìglio s. m. garbuglio, groppo, intrico, intreccio, nodo, viluppo, aggrovigliamento, matassa □ giungla □ (*fig.*) confusione, farragine, ammasso, accozzaglia.

gru s. f. **1** (*est.*) (*di macchina per sollevare pesi*) argano **2** (*cine.*) carrello mobile.

grùccia s. f. **1** stampella **2** puntello, sostegno **3** (*per abito*) ometto, portabiti, attaccapanni.

grufolàre ***A*** v. intr. **1** (*di maiale*) frugare con il grifo **2** (*est.*) (*di persona*) rovistare, ricercare **3** (*fig.*) mangiare avidamente, trangugiare ***B*** **grufolarsi** v. rifl. avvoltolarsi nel sudiciume.

grugnìre ***A*** v. intr. **1** (*di maiale*) emettere grugniti **2** (*fig.*) (*di persona*) brontolare, bofonchiare, mugugnare (*dial.*) ***B*** v. tr. borbottare.

grugnìto s. m. **1** verso del maiale **2** (*fig.*) (*di persona*) borbottio, brontolio.

grùgno s. m. **1** (*di maiale*) muso, grifo **2** (*spreg.*) (*di persona*) ceffo, grinta, muso, ghigna, mostaccio **3** (*fig., fam.*) broncio, cipiglio, espressione corrucciata, mutria.

grullàggine s. f. balordaggine, dabbenaggine, semplicioneria, grulleria, stupidità, stupidaggine, sciocchezza, storditaggine, scempiaggine, scemenza, buaggine **CONTR.** buonsenso, avvedutezza, saggezza □ astuzia, furbizia, malizia, scaltrezza.

grullerìa s. f. V. **grullaggine.**

grùllo agg.; anche s. m. **1** balordo, citrullo, credulone, ingenuo, semplicione, sciocco, stolido, allocco, oca, stupido, babbeo, baggiano, calandrino (*lett.*), carciofo, coglione (*volg.*), merlo, merlotto, mestolone, minchione (*pop.*), sempliciotto, tonto **CONTR.** astuto, avveduto, furbo, malizioso, scaltro, dritto (*fam.*) ***2*** imbambolato, istupidito, intontito, stordito, apatico, frastornato **CONTR.** attento, sveglio, vigile.

grùmo *s. m.* ***1*** coagulo, frate (*sett.*) □ crosta ***2*** (*est.*) pallottola, globulo, granello, gnocco.

grumóso *agg.* pieno di grumi, granuloso **CONTR.** liscio □ omogeneo.

grùppo *s. m.* ***1*** aggruppamento, raggruppamento, insieme, unione □ ammasso, fascio, mazzo □ varietà, gamma, pluralità, rosa, novero □ categoria, tipo, tipologia, genere, serie, linea, fascia □ classificazione, suddivisione □ (*di operazioni, ecc.*) ciclo, fase ***2*** (*di persone*) branco, stormo, frotta, schiera, fila, torma, massa □ capannello, crocchio, assembramento, associazione, categoria, classe, casta, aggregazione, corporazione □ colonia, comunità □ (*di amici e sim.*) compagnia, comitiva, cerchia, giro, combriccola, brigata, clan (*ingl.*), gang (*ingl.*), ghenga, masnada (*scherz.*), banda ***3*** (*in politica, ecc.*) fazione, forza, schieramento, corrente, parte □ (*di imprese*) trust (*ingl.*), cartello ***4*** (*di musicisti, di cantanti*) complesso, band (*ingl.*), orchestrina □ coro ***5*** (*di tecnici, di studiosi, ecc.*) équipe (*fr.*), squadra, staff (*ingl.*), team (*ingl.*) ***6*** (*di artisti, ecc.*) cenacolo, circolo, accolita ***7*** (*di militari*) drappello, manipolo, pattuglia □ commando □ squadriglia □ unità. *V. anche* CATEGORIA, FAMIGLIA, PARTE

grùzzolo *s. m.* mucchietto di soldi, risparmio, tesoretto, malloppo, marsupio (*scherz.*), peculio.

guadagnàre ***A*** *v. tr.* ***1*** (*di denaro, di pane, ecc.*) trarre profitto, profittare, lucrare, speculare, procurarsi denaro, procacciarsi, arricchirsi, vendemmiare (*fig.*), cavare, intascare, prendere, raccogliere, realizzare, ricavare, cuccare (*fam.*) **CONTR.** rimetterci, perdere □ (*di simpatia, ecc.*) accattivarsi, attirare **CONTR.** perdere, alienarsi, rimetterci ***2*** (*fig.*) (*di cima, di traguardo, ecc.*) raggiungere, arrivare, toccare ***3*** (*est.*) (*di premio, di posto, di medaglia, ecc.*) meritare, vincere, ottenere, conquistare, conseguire, beccarsi (*fam.*), buscarsi ***B*** *v. intr.* fare migliore figura, avvantaggiarsi, risaltare □ acquistare moralmente **CONTR.** rimetterci, perderci. *V. anche* PRENDERE, VINCERE

guadagnàto ***A*** *part. pass. di* **guadagnare**; *anche agg.* intascato □ ottenuto, conseguito, conquistato □ meritato, vinto □ preso **CONTR.** perso ***B*** *s. m.* guadagno, ricavato.

guadàgno *s. m.* ***1*** utile, profitto, margine □ frutto, reddito, resa □ provento, introito, entrata □ gettito □ arricchimento □ ricavo, ricavato □ lucro □ stipendio, salario, paga, emolumento, compenso, prebenda **CONTR.** perdita, spesa, dispendio, dissanguamento, passivo, salasso ***2*** (*fig.*) vantaggio, utilità, interesse, tornaconto, acquisto, beneficio, giovamento **CONTR.** danno, scapito, svantaggio, detrimento, discapito □ spreco.

GUADAGNO
sinonimia strutturata

Si dice **guadagno** ciò che si trae in denaro o altro da un'attività a titolo di lucro o di compenso: *guadagno lecito, turpe, pingue, misero.* Il **lucro** consiste in un vantaggio economico che di solito non deriva da una prestazione lavorativa, ma da un altro tipo di attività, ad esempio una speculazione; per questo spesso ha una sfumatura spregiativa: *ricavare un lucro illecito da un'attività.* Gli altri sinonimi di guadagno non sono connotati negativamente e di solito si sovrappongono semanticamente tra loro; ad esempio **provento**, **profitto**, **frutto**, **utile**, **entrata**, **prodotto**, **ricavato** e **ricavo** descrivono tutti il giovamento materiale che proviene da un'attività economica: *i proventi dell'erario*; *non tutte le sue entrate provengono dal lavoro*; *attività, azienda che non dà frutti*; *divisione degli utili tra i soci.* Anche **reddito** denomina un'entrata netta, e precisamente quella, espressa in moneta, che un individuo o un ente realizza in un determinato periodo di tempo tramite l'impiego di capitali, l'esercizio di un'attività economica o professionale, la prestazione di un servizio. **Profitto**, invece, oltre al guadagno in generale può indicare anche la rimunerazione spettante all'imprenditore per le prestazioni organizzative svolte nell'impresa. Le entrate di cassa si chiamano in linguaggio burocratico **introiti**: *avere, disporre di notevoli introiti.* **Gettito** è adoperato soprattutto in relazione a tasse, lotterie, ecc. **Arricchimento** e **ottenimento** indicano sia l'atto che il modo di aumentare le proprie sostanze.

Un guadagno che corrisponde a una somma di denaro dovuta per una prestazione, si definisce genericamente **compenso** o **paga**: *questo mese avremo paga doppia*; *un compenso equo*; un compenso per prestazioni anche continuative di carattere professionale è un **emolumento**. Invece lo **stipendio** e il **salario** indicano rispettivamente la retribuzione del lavoro subordinato degli impiegati e degli operai.

Figuratamente, il guadagno corrisponde al **giovamento**, al **beneficio** inteso estensivamente, all'**utilità**, al **vantaggio**, ossia al riflesso positivo, spirituale o materiale, di qualcosa: *è questo il tuo guadagno?*; *ne ho tratto un grande giovamento*; *non ho avuto nessun vantaggio da questa medicina*; *la tua esperienza mi è stata di grande utilità.* Abbastanza vicino è **costrutto**, che però evoca un'idea di risultato: *attività senza costrutto*; *cavare costrutto.* In senso esteso **interesse** e **pro** evocano una convenienza personale: *fare il proprio interesse*; *andrà tutto a nostro pro*; ancor più connotati in questo senso sono **tornaconto** e **comodo**, che quasi sempre posseggono una sfumatura negativa: *trovare il proprio comodo in qualcosa*; *bada solo al suo tornaconto.*

guadàre *v. tr.* passare a guado □ varcare, attraversare, traversare □ valicare. *V. anche* TRAVERSARE

guàdo *s. m.* guazzo (*tosc.*), acqua bassa □ passo, varco, passaggio.

guaglióne *s. m.* (*dial., merid.*) ragazzo.

guaìna *s. f.* ***1*** fodero, custodia □ astuccio, borsa □ busta ***2*** (*est.*) membrana □ rivestimento ***3*** busto, ventriera, body (*ingl.*) ***4*** coulisse (*fr.*).

guàio *s. m.* disgrazia, calamità, sventura, male, tegola □ contrattempo, difficoltà, inconveniente, contrarietà, impiccio, fastidio □ malestro, malanno, malefatta □ pasticcio, macello **CONTR.** fortuna, giovamento, utilità, vantaggio, situazione favorevole.

guaìre *v. intr.* ***1*** (*di cane*) emettere guaiti, gagnolare, guaiolare, ustolare, uggiolare, mugolare **CONTR.** abbaiare, latrare ***2*** (*est.*) (*di persona*) gemere, lamentarsi, piagnucolare.

guaìto *s. m.* ***1*** (*di cane*) gagnolìo, abbaio lamentoso, uggiolio, mugolio **CONTR.** latrato ***2*** (*est.*) (*di persona*) gemito, lagno, lamento □ grido, strido.

gualcìre ***A*** *v. tr.* sgualcire, stropicciare, aggrinzare, spiegazzare, ciancicare, sciupare, sbertucciare **CONTR.** stirare, lisciare, spianare ***B*** **gualcirsi** *v. intr. pron.* sgualcirsi, stropicciarsi, spiegazzarsi **CONTR.** stirarsi, spianarsi.

guància *s. f.* ***1*** gota, ganascia, mascella □ (*est., lett.*) viso, volto ***2*** (*raro*) lato, fianco **FRAS.** *porgere l'altra guancia* (*fig.*), non reagire ad un'offesa.

guancìale *s. m.* cuscino, origliere (*lett.*) □ capezzale **FRAS.** *dormire fra due guanciali* (*fig.*), non avere preoccupazioni.

guantièra *s. f.* ***1*** (*per guanti*) astuccio, scatola ***2*** (*per dolci, cibo e sim.*) fiamminga, vassoio □ sottocoppa □ portadolci.

guànto *s. m.* (*est., pop.*) profilattico, preservativo, condom **FRAS.** *calzare come un guanto*, adattarsi perfettamente □ *ladro in guanti gialli*, ladro dall'aspetto di gentiluomo □ *mandare o gettare il guanto* (*fig.*), sfidare a duello □ *raccogliere il guanto* (*fig.*), accettare una sfida □ *trattare coi guanti* (*fig.*), trattare con molti riguardi.

guantóne *s. m.* ***1*** *accr. di* **guanto** ***2*** guanto da pugilato ***3*** manopola.

guàppo *s. m.* (*dial., merid.*) camorrista □ (*est.*) prevaricatore, violento, teppista.

guardabòschi *s. m.* e *f.* guardia forestale.

guardacòste *s. m. inv.* ***1*** (*mar.*) nave di vigilanza costiera, vedetta ***2*** guardia costiera.

guardalinee *s. m. inv.* ***1*** (*ferr.*) cantoniere ***2*** (*nel calcio*) segnalinee.

guardamàcchine *s. m. inv.* posteggiatore.

guardamàno *s. m.* ***1*** elsa, paramano ***2*** mancorrente, corrimano.

guardaportóne *s. m.* portiere, portinaio.

guardàre ***A*** *v. tr.* ***1*** rivolgere lo sguardo, fissare, puntare lo sguardo, affissare (*lett.*) □ osservare, esaminare, ispezionare, studiare, scrutare □ squadrare, guatare (*lett.*), adocchiare □ ammirare, contemplare, rimirare □ cercare con gli occhi, sgranare gli occhi addosso, divorare con gli occhi, covare con gli occhi ***2*** custodire, difendere, proteggere, sorvegliare, vigilare, curare □ assistere □ fare la guardia ***B*** *v. intr.* ***1*** (*di salute, di fatti, ecc.*) badare, preoccuparsi, porre mente, fare attenzione ***2*** (*con* di + *inf.*) procurare, cercare, sforzarsi, tentare, fare in modo di ***3*** (*di edifici, di finestre, ecc.*) essere rivolto, essere esposto, essere orientato, affacciarsi, fronteggiare, dare ***C*** **guardarsi** *v. rifl.* ***1*** osservarsi, rimirarsi ***2*** (*da cose*) astenersi, evitare, rifuggire ***3*** (*da persone*) stare in guardia, difendersi, vigilare, cautelarsi ***D*** *v. rifl. rec.* osservarsi l'un l'altro **FRAS.** *non guardare in faccia a nessuno*, agire con imparzialità □ *non guardarsi più* (*fig.*), avere rotto l'amicizia □ *guardare a vista*, non perdere d'occhio □ *guardare per il sottile*, valutare attentamente. *V. anche* PENSARE

GUARDARE
sinonimia strutturata

Guardare equivale a rivolgere lo sguardo per vedere: *guardare attentamente, distrattamente, di traverso, storto, in cagnesco*. Il **fissare** e **puntare lo sguardo** consistono nel mantenere l'occhio fermo su qualcosa per un tempo superiore al normale. Se l'occhio è particolarmente attento ed analitico, si possono usare come sinonimi **osservare**, **considerare**, **esaminare**, **studiare**, **scrutare** e **ispezionare**, che indica addirittura un'indagine minuziosa di solito volta alla ricerca di qualcosa di specifico. **Squadrare**, in senso lato, indica l'osservare attentamente e lentamente, quasi misurando: *squadrare da capo a piedi*.

Quando per la piacevolezza della vista il guardare è fonte di piacere e di fascinazione esso corrisponde al **contemplare**, al **rimirare**, al **vagheggiare**; ancor più forte, **ammirare** evoca anche un senso di stupore.

Anche il **vigilare**, il **sorvegliare**, il **custodire**, ossia il tenere d'occhio persone o cose, come misura di sicurezza, per assicurare un normale svolgimento della loro attività o altro, consistono nel guardare: *la polizia sorveglia tutte le strade*; *custodire i prigionieri*; più incisiva è l'espressione **fare la guardia**: *fare la guardia al cancello*. Guardarsi da qualcosa o da qualcuno significa anche **stare in guardia**, stare attento, o addirittura **cautelarsi**, cioè premunirsi.

Badare, **porre mente**, **fare attenzione**, **preoccuparsi** equivalgono a guardare nel senso di curarsi o di interessarsi: *badare ai fatti propri*; *fare attenzione ai disagi, alle spese*; *preoccupati di quello che fai!* Preoccuparsi si avvicina a guardare anche inteso come **procurare**, **fare in modo** di fare qualcosa: *guarda di studiare, di farti amare dagli altri*; semanticamente equivalenti sono **cercare**, **tentare**, **sforzarsi**, che pure indicano l'applicarsi, l'adoperarsi per un dato fine.

Riferito ad esempio a edifici, stanze, finestre, guardare corrisponde a **essere rivolto**, **essere orientato**, **essere esposto**, **dare**: *la casa guarda a levante*; *le finestre guardano sulla piazza*; *il terrazzo guarda verso la valle*; **affacciarsi** si adopera di solito in relazione a porte, balconi, ecc.

guardaròba *s. m. inv.* ***1*** armadio ***2*** stanza degli armadi, stireria ***3*** corredo, vestiario, vestiti, abiti, abbigliamento ***4*** (*raro*) guardarobiere.

guardaspàlle *s. m.* guardia del corpo, gorilla (*fig.*), scagnozzo, scorta.

guardàta *s. f.* sguardo, occhiata, sbirciata, guardatina □ passata, letta.

guardàto *part. pass. di* **guardare**; *anche agg.* **1** osservato, esaminato □ considerato □ adocchiato **2** difeso, protetto, custodito, sorvegliato, controllato **CONTR.** indifeso, incustodito.

guàrdia *s. f.* **1** custodia, difesa, protezione, sorveglianza, vigilanza **2** (*sport*) difesa **3** guarnigione, scorta, picchetto, ronda, pattuglia **4** guardiano, sentinella, custode, sorvegliante, piantone, vedetta □ nottola (*dial.*) □ gendarme, vigile, poliziotto, agente **5** (*di arma*) impugnatura, elsa, guardamano **6** (*di livello, di segnale*) sicurezza **FRAS.** *guardia giurata* (*est.*), gorilla, vigilante (*sp.*) □ *mettere in guardia*, avvertire di un pericolo □ *guardia bassa* (*pugilato*), crouch (*ingl.*).

guardiàno *s. m.* custode, guardia, sorvegliante, sentinella, vigilante □ carceriere, secondino.

guardina *s. f.* (*di caserma*) camera di sicurezza, stanza di custodia.

guardingo *agg.* **1** cauto, circospetto, prudente, avveduto, riflessivo, oculato, sagace, desto, occhiuto, vigile **CONTR.** incauto, imprudente, avventato, inconsiderato, sconsiderato, precipitoso, sventato, temerario, arrischiato, azzardato, imprevidente, sbadato, spericolato **2** (*est.*) diffidente, sospettoso, prevenuto **CONTR.** fiducioso, fidente (*lett.*).

guardiòla *s. f.* **1** portineria **2** (*di sentinella*) casotto, garitta.

guardóne *s. m.* voyeur (*fr.*), scopofilo.

guardrail /*ingl.* 'ga:dreil/ *s. m. inv.* guardavia, barriera.

guarìbile *agg.* sanabile, curabile, medicabile, risanabile **CONTR.** inguaribile, incurabile, insanabile □ mortale, letale, esiziale □ cronico □ condannato, spacciato.

guarigióne *s. f.* risanamento, ristabilimento, riacquisto della salute □ convalescenza □ (*di ferita*) cicatrizzazione **CFR.** aggravamento, peggioramento, crisi, complicazione, contagio, recrudescenza □ morte.

guarire **A** *v. tr.* **1** risanare, sanare, far guarire, restituire la salute, ristabilire □ curare □ (*di miopia, ecc.*) correggere **CFR.** far ammalare □ uccidere, distruggere **2** (*fig.*) (*dalla paura, dal vizio, ecc.*) liberare, redimere **CONTR.** asservire, assoggettare **B** *v. intr.* **1** rimettersi (in salute), riacquistare la salute, risanarsi, ristabilirsi, riaversi, rifiorire □ (*di ferita*) cicatrizzarsi **CONTR.** ammalarsi, contrarre una malattia □ aggravarsi, peggiorare □ morire **2** (*fig.*) (*da paura, da vizio, ecc.*) liberarsi, redimersi **CONTR.** diventare schiavo, assoggettarsi, incancrenirsi. *V. anche* CORREGGERE

guarito *part. pass. di* **guarire**; *anche agg.* risanato, ristabilito □ corretto □ cicatrizzato **CONTR.** ammalato □ morto □ distrutto.

guaritóre *s. m.* (*f. -trice*) (*spesso spreg.*) medicone, empirico, medicastro, stregone (*est.*), taumaturgo.

guarnigióne *s. f.* **1** guardia, presidio, distaccamento **2** caserma, quartiere.

guarnìre *v. tr.* **1** (*di fortificazione*) fornire di armi, munire □ fortificare, armare **CONTR.** sguarnire, disarmare **2** (*di cose*) ornare, abbellire, acconciare, adornare, decorare, rifinire, arricchire, fregiare, addobbare □ arredare **CONTR.** spogliare, deturpare, imbruttire **3** (*di pietanza*) contornare.

guarnìto *part. pass. di* **guarnire**; *anche agg.* **1** (*di fortificazione*) difeso, fortificato, protetto **CONTR.** sguarnito, indifeso **2** (*di cosa*) adornato, adorno, decorato, arricchito, ornato □ dotato, fornito, provvisto □ arredato **CONTR.** spogliato □ sfornito, sprovvisto **3** (*di pietanza*) contornato, con contorno.

guarnizióne *s. f.* **1** (*di abito, di tenda, ecc.*) abbellimento, guarnitura (*lett.*), ornamento □ finimento, finitura, rifinitura □ bordo, bordura, profilo, profilatura, banda, applicazione, gallone, fregio, fronzolo, gala, falpalà, balza, frangia, passamaneria □ (*di calze, di guanti*) baghetta, baguette (*fr.*), freccia, spighetta □ arredamento, arredo **2** (*di pietanza*) contorno **3** (*di mobile, di recipiente, ecc.*) borchia.

guastafèste *s. m.* e *f. inv.* disturbatore, importuno, rompiscatole (*pop.*), scocciatore (*fam.*).

guastàre **A** *v. tr.* **1** rovinare, sciupare, deteriorare, avariare, logorare, corrodere □ alterare, deformare, deturpare, sformare □ manomettere □ imbastardire, nuocere, danneggiare □ distruggere, rompere, disfare, sconquassare, devastare, massacrare, scompigliare, scomporre, scompisciare □ (*di ambiente*) contaminare, inquinare, appestare □ (*di salute*) contagiare, infettare, minare **CONTR.** accomodare, aggiustare, restaurare, riparare, racconciare □ riordinare □ riassestare, ripristinare, ristabilire □ depurare □ sanare **2** (*fig.*) (*di amicizia, di pace, ecc.*) turbare, incrinare, compromettere, pregiudicare, scombussolare, sconvolgere **CONTR.** rasserenare □ conservare **3** (*fig.*) (*di animo, di sentimenti, ecc.*) corrompere, pervertire, depravare, traviare, viziare, diseducare, insozzare, bacare □ avvelenare **CONTR.** purificare, purgare, mondare, correggere, raddrizzare □ proteggere, preservare □ moralizzare **B** **guastarsi** *v. intr. pron.* **1** rompersi, non funzionare più **2** (*di alimento*) andare a male, avariarsi, irrancidire, ammuffire □ marcire, putrefarsi, infradiciarsi, imputridire □ rovinarsi, deteriorarsi, sciuparsi, deperire **CONTR.** conservarsi **3** (*fig.*) (*di animo, di sentimenti, ecc.*) corrompersi, pervertirsi, traviarsi, cambiare in peggio **CONTR.** redimersi, riabilitarsi **4** (*fig.*) (*di tempo*) perturbarsi, rannuvolarsi, volgere al brutto **CONTR.** rasserenarsi **C** *v. rifl. rec.* rompere l'amicizia, inimicarsi **CONTR.** riconciliarsi, accomodarsi.

GUASTARE
sinonimia strutturata

Il ridurre in cattivo stato o mandare in rovina consiste nel **guastare**, **rovinare** o **danneggiare**: *la pioggia guasta la strada*; *la grandine ha rovinato il raccolto*; appena meno incisivo è **sciupare**, che spesso si riferisce all'aspetto esteriore; **logorare** si distingue invece perché indica un'azione ripetuta o protratta nel tempo: *i continui litigi hanno logorato il rapporto*; vicinissimo è **corrodere**. Molto generici sono **peggiorare** e **deteriorare**, che equivalgono a far scadere; meno esplicito è **alterare**, che propriamente indica il modificare; una modifica intenzionale e comunque peggiorativa è suggerita da **falsare**, da **manomettere**, che evoca un intervento pratico, e da **adulterare**, adoperato soprattutto in riferimento agli alimenti. **Deformare**, **sformare** e soprattutto **deturpare** si riferiscono di solito ad un notevole scadimento estetico.

Il guastare può risolversi anche nel rendere inservibile, ossia nel **rompere** irreparabilmente: *guastare il meccanismo di un orologio, un arnese, una bicicletta*. Un danno totale e definitivo è espresso da **distruggere**, **devastare**, **sconquassare** e **massacrare**, che indicano un'azione di solito violenta.

Relativamente all'ambiente, guastare è sinonimo di **inquinare**, che significa introdurvi germi o sostanze chimiche o biologiche in grado di produrre disturbi o danni; pressoché equivalente è **contaminare** che di solito viene usato riferendosi esplicitamente a una certa sostanza; **appestare** si riferisce generalmente all'aria e si avvicina quindi ad **ammorbare**. Il rovinare, l'indebolire la salute si dice propriamente **minare**: *minato dalla tubercolosi*.

In riferimento al cibo, per estensione, guastare significa privarlo del suo sapore caratteristico: *aggiungendo pepe hanno guastato la salsa*. Sempre in quest'ambito, guastarsi equivale ad **andare a male**, **avariarsi**: *con questo caldo la frutta si guasta*; **marcire**, **infradiciarsi** sono più forti, mentre meno incisivi risultano **deteriorarsi**, **sciuparsi**, **deperire** che possono indicare anche un semplice scadimento rispetto alle condizioni ottimali.

Il verbo più vicino al significato figurato di guastare è **turbare**: *turbare la conversazione con interventi inopportuni*; in riferimento a rapporti tra le persone, guastare coincide con **incrinare**, oppure con **compromettere** e **pregiudicare**, che si riferiscono di solito a qualcosa che è in divenire o al suo esito: *incrinare l'amicizia*; *compromettere l'accordo*. In senso lato guastare corrisponde a rendere confuso, disordinato, o, più incisivamente, a **sconvolgere** e **scombussolare**.

Sempre figuratamente, guastare può significare **corrompere**, **traviare**, **depravare**, **pervertire** e **insozzare**, ossia condurre alla dissolutezza morale: *guastare l'animo, il cuore di qualcuno*. Molto meno forte, **viziare** indica l'abituare male, di solito per eccessiva indulgenza.

Usato figuratamente soprattutto in riferimento al tempo guastare equivale a **volgere al brutto**, **perturbarsi**, **rannuvolarsi**.

guastàto *part. pass. di* **guastare**; *anche agg.* (*di macchina, ecc.*) guasto, rotto, manomesso, danneggiato □ (*di ambiente, ecc.*) deturpato, distrutto, massacrato, straziato □ (*di amicizia, di salute, ecc.*) incrinato, compromesso, pregiudicato **CONTR.** funzionante □ intatto, integro □ preservato, protetto □ riparato.

guàsto (1) *agg.* ***1*** (*di cosa*) danneggiato, rovinato, rotto □ deteriorato, sciupato □ alterato, logorato □ manomesso, malconcio **CONTR.** intatto, integro, sano, funzionante, perfetto ***2*** (*di alimento*) andato a male, cattivo, marcito, fradicio, marcio, marcescente, avariato, passato, bacato, ammuffito, irrancidito, rancido **CONTR.** fresco, buono ***3*** (*di dente, ecc.*) cariato **CONTR.** sano ***4*** (*fig.*) (*di persona*) corrotto, depravato, pervertito, traviato, viziato, vizioso, sconcio **CONTR.** puro, incorrotto, incontaminato.

guàsto (2) *s. m.* ***1*** rottura, panne (*fr.*), avaria □ danno, danneggiamento, alterazione, deturpamento □ logoramento, ingiuria (*fig.*), deterioramento, logorio □ manomissione □ devastazione, distruzione, rovina, saccheggio □ magagna **CONTR.** riparazione, ripristino ***2*** (*fig.*) corruzione, depravazione, pervertimento, vizio □ marcio, putridume **CONTR.** purezza, onestà ***3*** (*fig.*) contrasto, discordia, dissapore **CONTR.** amicizia, accordo, concordia, intesa. *V. anche* DISCORDIA

guàzza *s. f.* rugiada.

guazzabùglio *s. m.* accozzaglia, congerie, farragine, miscuglio, casino (*pop.*), confusione, disordine, calderone, caos, pot-pourri (*fr.*), zibaldone **CONTR.** ordine, serie ordinata. *V. anche* CONFUSIONE

guazzàre *v. intr.* ***1*** (*di persona, di animale*) sguazzare, diguazzare □ nuotare □ (*tosc.*) guadare ***2*** (*in un liquido o di un liquido*) scuotersi, agitarsi.

guazzétto *s. m.* ***1*** *dim. di* **guazzo** ***2*** (*cuc.*) brodetto □ umido, intingolo, salsa, sugo, salmì.

guàzzo *s. m.* ***1*** pantano, pozza, pozzanghera, stagno □ fanghiglia ***2*** guado ***3*** tecnica di pittura simile all'acquarello □ gouache (*fr.*). *V. anche* QUADRO

guèlfo [dal capostipite della casa di Baviera *Welf* 'cucciolo', della stessa radice di *Wolf* 'lupo'] *s. m.*; *anche agg.* ***1*** sostenitore del papa, papista **CONTR.** ghibellino ***2*** neoguelfo **CONTR.** ghibellino ***3*** (*est.*) clericale **CONTR.** anticlericale, laico.

guèrcio *agg.*; *anche s. m.* strabico, losco (*ant.*), lusco (*raro*), bircio (*tosc.*) □ orbo da un occhio.

guèrra *s. f.* ***1*** lotta armata, conflitto, conflagrazione, ostilità □ campagna, spedizione **CONTR.** pace ***2*** (*fig.*) contrasto, discordia, dissidio, dissenso, disputa, polemica □ opposizione, resistenza **CONTR.** accordo, armonia, concordia, consenso, unanimità, pacifica convivenza. *V. anche* DISCORDIA

guerrafondàio *agg.*; *anche s. m.* (*spreg.*) guerraiolo, bellicista, militarista **CONTR.** pacifista, antimilitarista.

guerreggiàre ***A*** *v. intr.* fare la guerra, essere in guerra, combattere, pugnare (*lett.*) □ militare □ lottare, battagliare, azzuffarsi, assalirsi **CONTR.** essere in pace, vivere in pace ***B*** *v. tr.* (*raro*) combattere, assaltare, assalire.

guerrésco *agg.* ***1*** proprio della guerra, bellico, militare ***2*** bellicoso, battagliero, guerriero, marziale, marzio (*lett.*) **CONTR.** pacifico, imbelle.

guerrièro ***A*** *s. m.* uomo d'arme, armigero, lancia (*est.*) □ soldato, militare, combattente □ capitano, condottiero ***B*** *agg.* bellicoso, combattivo, guerresco, battagliero, marziale, fiero **CONTR.** pacifico □ imbelle.

guerrìglia *s. f.* guerra di imboscate, lotta partigiana □ guerra civile.

guerriglièro *s. m.* partigiano □ ribelle □ (*islamico*) mujaheddin.

gùfo *s. m.* (*fig.*) misantropo, orso, selvaggio **CONTR.** buontempone, cordialone, giovialone.
gùglia *s. f.* pinnacolo, cuspide, aguglia □ estremità, punta, cima, dente, picco □ piramide, obelisco.
gugliàta *s. f.* agata, agugliata, accia (*dial.*).
guìda *s. f.* **1** (*di veicolo*) comando, governo, conduzione □ volante, timone, redini **2** (*fig.*) (*di persona*) direzione, direttiva □ dirigenza, leadership (*ingl.*), egemonia □ consiglio, ammaestramento, forza ispiratrice □ norma, regola **3** conducente, conduttore, guidatore, pilota, timoniere □ battistrada, accompagnatore, scorta □ capitano, capo, comandante, duce □ leader (*ingl.*), reggitore, rettore, capeggiatore □ capofila, testa **4** (*fig.*) maestro, mentore, pedagogo, consigliere, pastore, esempio, modello, ispiratore, maître à penser (*fr.*) □ faro, lume **5** (*di museo, di città, ecc.*) cicerone, accompagnatore, hostess (*ingl.*) **6** (*di libro*) baedeker (*ted.*), vademecum, prontuario, manuale **7** (*per scale, per pavimenti*) striscia, tappeto, corsia, passatoia **8** carreggiata, rotaia **9** (*al pl.*) briglie, redini. *V. anche* MANUALE
guidàre *v. tr.* **1** accompagnare, avviare, condurre, fare da guida, fare strada, scortare, dirigere, mandare, menare **2** (*fig.*) ammaestrare, educare □ consigliare, indirizzare, orientare, instradare □ influenzare, ispirare □ incitare **CONTR.** abbandonare, disinteressarsi **3** (*di veicolo, di cavallo, ecc.*) comandare, governare, manovrare, pilotare, portare **4** (*mus.*) (*di tempo*) determinare, fissare, dare, segnare **5** (*di azienda, di città, ecc.*) amministrare, governare, dirigere, presiedere, capeggiare, capitanare, regolare, reggere. *V. anche* EDUCARE
guidàto *part. pass. di* **guidare**; *anche agg.* **1** accompagnato, scortato **2** portato, condotto □ manovrato, pilotato **3** (*fig.*) consigliato, influenzato, ispirato, sorretto **4** amministrato, governato, presieduto, diretto, regolato, retto.
guidatóre *s. m.* (*f. -trice*) **1** conducente, conduttore □ manovratore, timoniere, pilota, autista, cocchiere □ accompagnatore, guida, scorta □ battistrada **2** (*di cavalli da corsa*) driver (*ingl.*) **3** (*fig.*) maestro, consigliere, educatore.
guidoslitta *s. f.* (*raro*) bob (*ingl.*).
guinzàglio *s. m.* **1** laccio, catenella, catena, correggia, briglia **2** (*fig.*) freno, impedimento, vincolo.
guisa *s. f.* modo, maniera □ costume, foggia, uso, usanza.
guitto **A** *agg.* **1** misero, sudicio □ meschino **2** (*fig.*) avaro, spilorcio **CONTR.** generoso, largo, liberale, splendido **B** *s. m.* **1** persona meschina **2** attore girovago □ attore da strapazzo, attorucolo □ istrione.
guizzànte *part. pres. di* **guizzare**; *anche agg.* che guizza, scattante, che si torce, saltellante.
guizzàre *v. intr.* **1** (*di pesce, di fiamma, ecc.*) muoversi a scatti □ torcersi, dibattersi, agitarsi, contrarsi **2** (*fig.*) (*di persona*) fuggire abilmente, liberarsi, divincolarsi, sgusciare, sfuggire □ balzare, saltare **3** (*fig.*) (*di stella, di spada, ecc.*) □ balenare, baluginare.
guìzzo *s. m.* **1** movimento, salto, scatto, balzo, scossa, sussulto, soprassalto, trasalimento □ divincolamento **2** (*di stella, di spada, ecc.*) baleno, balenio.
gùru *s. m. inv.* (*in India*) maestro spirituale □ capo religioso □ santone.
gùscio *s. m.* **1** involucro, rivestimento, buccia, corteccia, scorza, baccello □ conchiglia, nicchio, coccia □ crosta, carapace, corazza **2** scafo □ carcassa **3** (*arch.*) cavetto **FRAS.** *guscio di noce* (*fig.*), barchetta □ *al guscio*, à la coque (*fr.*) □ *stare nel proprio guscio* (*fig.*), vivere ritirati □ *uscire dal guscio* (*fig.*), viaggiare, andarsene da casa; cambiare abitudini.
gustàre **A** *v. tr.* **1** sentire il sapore **2** assaggiare, degustare, assaporare, mangiare □ libare, delibare, centellinare □ gradire, apprezzare **3** (*fig.*) (*di musica, di poesia, ecc.*) godere, capire, comprendere, intendere **B** *v. intr.* piacere, garbare, riuscire gradito, andare (*fam.*) **CONTR.** dispiacere, spiacere, disgustare, schifare □ stomacare.
gustàto *part. pass. di* **gustare**; *anche agg.* assaggiato, assaporato □ goduto.
gùsto *s. m.* **1** palato **2** (*di cibo, di bevanda*) sapore, gustosità □ (*est.*) piacere, appetito □ (*di vino*) beva **CONTR.** insipidezza □ disgusto **3** (*fig.*) (*di musica, di lettura, ecc.*) piacere, soddisfazione, diletto, godimento □ gradimento **4** (*di cosa*) inclinazione, voglia, desiderio, capriccio, talento (*lett.*) **5** (*di persona*) sensibilità, buongusto, occhio □ eleganza, distinzione, raffinatezza **CONTR.** cattivo gusto, grossolanità, rozzezza **6** tendenza estetica, maniera, stile □ moda, voga. *V. anche* ELEGANZA
gustosaménte *avv.* **1** appetitosamente, saporitamente, squisitamente □ golosamente **2** (*fig.*) con interesse, piacevolmente, simpaticamente.
gustosità *s. f.* **1** squisitezza, bontà, gusto, sapidità, saporosità, sapore **2** (*fig.*) diletto, interesse.
gustóso *agg.* **1** (*di cibo, di bevanda*) appetitoso, saporito, saporoso (*lett.*), squisito, buono, prelibato, ghiotto, sapido, succulento **CONTR.** disgustoso, ripugnante, schifoso, cattivo, nauseante, stomachevole □ insapore, insipido, insulso, scipito **2** (*fig.*) (*di discorso, di libro, ecc.*) ameno, gradito, piacevole, divertente, grato, bello, interessante, simpatico **CONTR.** brutto, sgradevole, sgradito, antipatico, sciocco, insignificante □ ostico.
gutturàle *agg.* di gola □ rauco, sordo **CONTR.** chiaro, limpido.

h, H

habitat /*lat.* 'abitat/ [vc. lat., letteralmente 'egli abita'] *s. m. inv.* **1** ambiente naturale, nicchia ecologica, ecosistema **2** (*fig.*) ambiente ideale, spazio, milieu (*fr.*).

habitué /*fr.* abi'tɥe/ [vc. fr., letteralmente 'abituato'] *s. m. inv.* frequentatore, cliente □ aficionado (*sp.*), abitudinario **CONTR.** cliente occasionale.

habitus /*lat.* 'abitus/ [vc. lat., letteralmente 'abito'] *s. m. inv.* **1** (*biol.*) (*di animale, di vegetale*) abito, aspetto, carattere, caratteristiche **2** (*est.*) (*di persona*) comportamento, atteggiamento, contegno, mentalità, abitudine, carattere.

hall /*ingl.* hɔ:l/ *s. f. inv.* (*di albergo, di teatro, di palazzo, ecc.*) atrio, vestibolo, anticamera, ingresso, sala, aula, foyer (*fr.*) □ (*cine e teat.*) ridotto.

hallo /*ingl.* hə'lou/ *inter.* (*al telefono*) pronto!

hamburger /*ted.* am'burger/ [da *Hamburg* 'Amburgo', propriamente 'bistecca di Amburgo'] *s. m. inv.* medaglione di carne trita, bistecca alla svizzera.

handicap /*ingl.* 'hændikæp/ [vc. ingl., originariamente 'gioco nel quale la posta era tenuta con la mano (*hand*) in (*in*) un berretto (*cap*)'] *s. m. inv.* **1** (*sport*) corsa pareggiata, competizione pareggiata **2** (*sport*) vantaggio, abbuono **3** (*est., fig.*) svantaggio, ostacolo, impedimento, inciampo, inconveniente, scoglio **CONTR.** vantaggio, facilitazione **4** (*med.*) difetto, deficienza costituzionale, anormalità, tara, minorazione **CONTR.** autosufficienza.

handicappàre *v. tr.* (*fig.*) svantaggiare □ impedire, intralciare, ostacolare **CONTR.** favorire, facilitare, aiutare.

handicappàto *part. pass. di* **handicappare**; *anche agg.* e *s. m.* svantaggiato □ disabile, inabile, impedito, minorato, invalido **CONTR.** avvantaggiato, facilitato.

hangar /*fr.* ã'gar/ [forse dal francone *haimgard* 'recinto (*gard*) intorno alla casa (*haim*)'] *s. m. inv.* capannone □ aviorimessa, aerorimessa.

happening /*ingl.* 'hæpəniŋ/ [vc. ingl., letteralmente 'avvenimento', dal v. *to happen* 'accadere, avvenire'] *s. m. inv.* accadimento (*lett.*), avvenimento, evento □ manifestazione, spettacolo □ performance (*ingl.*).

harakiri /*giapp.* hara'kiri/ [vc. giapp., letteralmente 'tagliare (*kiri*) il ventre (*hara*)'] *s. m. inv.* suicidio (nella tradizione giapponese).

hard disk /ar'disk, *ingl.* 'ha:d disk/ [loc. ingl., comp. di *hard* 'duro, rigido' e *disk* 'disco'] *loc. sost. m. inv.* disco rigido, disco fisso **CONTR.** floppy disk.

hard rock /*ingl.* 'ha:d rɔk/ [loc. ingl., comp. di *hard* 'duro' e *rock*] *loc. sost. m. inv.* (*est.*) heavy metal (*ingl.*).

hardware /*ingl.* 'ha:dwɛə/ [vc. ingl., propriamente 'oggetti (*ware*) di metallo (*hard*, propriamente 'duro, rigido')'] *s. m. inv.* (*di elaboratore*) apparecchiature, unità fisiche **CONTR.** software, programmi.

harèm [dall'ar. *harīm* 'luogo inviolabile'] *s. m. inv.* **1** (*nell'abitazione musulmana*) gineceo **2** (*est.*) le donne.

hascìsc [dall'ar. *ḥašīš* 'erbe'] *s. m. inv.* (*est.*) canapa indiana, cannabis (*lat.*), fumo (*est.*), spinello (*est., gerg.*), canna (*est., gerg.*).

heavy metal /*ingl.* 'hevi 'metəl/ [loc. ingl., propr. 'metallo (*metal*) pesante (*heavy*)'] *loc. sost. m. inv.* (*est.*) hard rock (*ingl.*).

herpes /*lat.* ɛrpes/ [dal gr. *hérpēs*, dal v. *hérpein* 'strisciare', perché malattia che striscia e si diffonde sulla pelle] *s. m. inv.* (*med.*) erpete □ (*sulle labbra*) febbre (*fam., est.*) **FRAS.** *herpes zoster*, fuoco di Sant'Antonio.

high fidelity /*ingl.* 'hai fi'deliti/ *loc. sost. f. inv.* (*mus.*) alta fedeltà.

hinterland /*ted.* 'hintərlant/ [vc. ted., comp. di *hinter* 'dietro' e *Land* 'terra'] *s. m. inv.* (*geogr., urban.*) (*di grande città*) retroterra, cintura, banlieue (*fr.*), sobborgo, periferia □ dintorni, territorio circostante □ comprensorio.

hippy /*ingl.* 'hipi/ *s. m.* e *f. inv.*; *anche agg.* bohemien (*fr.*), capellone, figlio dei fiori, beatnik (*ingl.*), beat (*ingl.*).

hit /*ingl.* hit/ [vc. ingl., propriamente 'colpo', poi 'colpo messo a segno', 'cosa azzeccata'] *s. m. inv.* canzone di successo.

hit-parade /*ingl.* 'hit pə'reid/ [loc. ingl., propriamente 'parata, sfilata (*parade*) di cose di successo (*hit*)'] *loc. sost. f. inv.* (*di canzoni di successo*) classifica, graduatoria di successo.

hobby /*ingl.* 'hɔbi/ [vc. ingl., abbr. di *hobby horse*, in origine 'cavallo della giostra'] *s. m. inv.* svago, diletto, piacere, divertimento, passatempo □ mania, pallino.

holding /*ingl.* 'houldiŋ/ [vc. ingl., da *to hold* 'controllare'] *s. f. inv.* gruppo finanziario.

hollywoodiàno [da *Hollywood*, centro dell'industria cinematografica americana] *agg.* (*est., fig.*) sfarzoso, spettacoloso, spettacolare, sontuoso □ vistoso, sgargiante, esagerato, pacchiano **CONTR.** semplice, modesto, sobrio, elegante, fine, discreto, chic (*fr.*).

home computer /*ingl.* 'houm kəm'pju:tə*/ [loc. ingl., propr. 'computer da casa'] *loc. sost. m. inv.* personal computer, PC.

home video /'om 'video, *ingl.* 'houm 'vidiou/ [loc. ingl., propr. 'video da casa'] *loc. sost. m. inv.* videocassetta.

honing /*ingl.* 'houniŋ/ [vc. ingl., da *hone* 'cote, lapidello'] s. m. inv. (*tecnol.*) lisciatura, levigatura, finitura.

honoris causa /*lat.* o'nɔris 'kauza/ [loc. lat., propriamente 'per causa (*causa*) di onore (*honoris*)'] loc. agg. (*di laurea*) ad honorem (*lat.*), per meriti eccezionali.

hooligan /*ingl.* 'hu:ligən/ [vc. ingl., prob. dal nome di una turbolenta famiglia irlandese, vissuta a Londra verso la fine dell'Ottocento] s. m. e f. inv. ***1*** teppista ***2*** tifoso, facinoroso.

horror /*ingl.* 'hɔrə/ s. m. inv. romanzo dell'orrore, film dell'orrore, noir (*fr.*).

hostess /*ingl.* 'houstis/ [ant. fr. *hostesse*, da *hoste* 'ospite'] s. f. inv. ***1*** (*di aereo*) assistente di volo, stewardess (*ingl.*) ***2*** (*est.*) guida turistica □ (*in congressi, fiere, ecc.*) accompagnatrice, assistente.

hot dog /*ingl.* 'hɔt dɔg/ [slang americano, letteralmente 'cane (*dog*) caldo (*hot*)', ironica allusione popolare] loc. sost. m. inv. ***1*** panino imbottito con würstel ***2*** (*sport*) sci acrobatico, free style (*ingl.*).

hôtel /*fr.* o'tɛl/ [ant. fr. *hostel*, dal tardo lat. *hospitale*(*m*) 'ospitale'] s. m. inv. albergo.

hot jazz /*ingl.* 'hɔt dʒæz/ loc. sost. m. inv. jazz caldo CONTR. cold jazz, jazz freddo, jazz moderno.

humour /*ingl.* 'hju:mə/ [ant. fr. (*h*)*umor*, dal lat. (*h*)*umōre*(*m*) 'umore'] s. m. inv. senso dell'umorismo, spirito □ umorismo, comicità.

humus /*lat.* 'umus/ [lat., letteralmente 'suolo, terra'] s. m. inv. ***1*** terriccio fertile, umo, terra ***2*** (*fig.*) terreno propizio, ambiente.

i, l

i *s. f.* o *m.* **FRAS.** *mettere i puntini sulle i* (*fig.*), precisare bene, chiarire.
iàto *s. m.* **1** (*anat.*) apertura **2** (*fig.*) (*tra due cose*) interruzione, cesura, frattura □ vuoto.
iattànza *s. f.* millanteria, tracotanza, arroganza, presunzione, sicumera, spocchia, boria, burbanza, altezzosità, superbia, prosopopea, vanagloria, vanteria, ostentazione, baldanza, orgoglio, protervia, vanto, sdegnosità **CONTR.** modestia, riserbo, semplicità, misura, moderazione, umiltà. *V. anche* VANTO
ibèrico *agg.* spagnolo, ispanico.
ibernàre ***A*** *v. intr.* (*zool.*) cadere in letargo, svernare ***B*** *v. tr.* **1** (*med.*) congelare **2** (*fig.*) bloccare.
ibernazióne *s. f.* **1** (*di animale*) letargo invernale, svernamento **2** (*med.*) ipotermia.
ibidem /*lat.* i'bidem/ [vc. lat., *ibīdem* 'nello stesso luogo'] *avv.* nello stesso luogo.
ibridàre *v. tr.* incrociare.
ibridazióne *s. f.* incrocio.
ibridìsmo *s. m.* **1** (*est.*) incrocio **2** (*fig.*) (*di idee, di colori, ecc.*) misto, commistione.
ìbrido ***A*** *agg.* (*fig.*) eterogeneo, mescolato, misto, ambiguo, disarmonico **CONTR.** puro, schietto, omogeneo, armonico ***B*** *s. m.* **1** (*di animale o vegetale*) innesto, incrocio, meticcio, mezzosangue, sanguemisto **2** (*fig.*) (*di cose*) incrocio, mescolanza, insieme, commistione, mosaico (*fig.*).
icòna o **icóna** *s. f.* **1** immagine sacra **2** segno visivo.
iconoclàsta [seguace dell'iconoclastia, movimento sorto nel sec. VIII d.C. nella Chiesa orientale contro il culto delle immagini sacre] *agg.* e *s. m.* e *f.* (*est., fig.*) anticonformista, distruttore di tabù, innovatore, anticonvenzionalista, sovvertitore di valori, trasgressione **CONTR.** conformista, rispettoso, osservante.
iconoclastìa *s. f.* (*fig.*) anticonvenzionalismo, sovversione di valori, trasgressione **CONTR.** conservatorismo.
iconoclàstico *agg. V.* **iconoclasta**.
iconografia *s. f.* immagini □ illustrazioni.
iconogràfico *agg.* illustrativo.
ics *s. m.* o *f.* x **FRAS.** *a x* (*fig.*), storto □ incrociato.
ictus /*lat.* 'iktus/ [vc. lat., *ictu*(*m*), propriamente 'colpo'] *s. m. inv.* **1** accento metrico **2** (*med.*) accesso □ apoplessia, colpo.
Iddìo *s. m.* Dio, Signore, Padreterno.
idèa *s. f.* **1** (*filos.*) archetipo, forma universale □ modello primo, mente divina, Dio □ ideale □ essenza, proprietà **2** (*della realtà, del bene, ecc.*) nozione, concetto, concezione, cognizione, conoscenza, pensiero, percezione, rappresentazione, riflessione □ persuasione, presunzione, convincimento, supposizione, elucubrazione □ (*al pl.*) mentalità, vedute, orizzonte **3** (*spec. al pl.*) (*di politica, di economia, ecc.*) convinzione, fede, ideale, principio, ideologia, dottrina, teoria, scienza, cultura **4** (*su persona o cosa*) opinione, giudizio, parere, avviso **5** (*di fare, di partire, ecc.*) intenzione, proposito, proposta, progetto, programma, piano, pensiero, disegno □ invenzione, pensata, trovata, ispirazione, iniziativa, prospettiva **6** sogno, fantasia, utopia, fisima, capriccio, ghiribizzo, ubbia, illusione, mania **7** (*con persona o cosa*) analogia, apparenza, vaga somiglianza, sentore, impressione **8** (*di libro, di film, ecc.*) motivo ispiratore, senso, filo conduttore, programma □ abbozzo, schema, riassunto **9** (*di cosa*) quantità minima, minimo, poco, accenno **CONTR.** molto **FRAS.** *idea fissa*, fissazione □ *non avere la minima* (o *la più pallida*) *idea*, ignorare del tutto.
ideàle ***A*** *agg.* **1** (*di mondo, di modello, ecc.*) astratto, teorico **CONTR.** reale, concreto, sensibile **2** (*di racconto, di ipotesi, ecc.*) fantastico, immaginario, immateriale, irreale, assurdo, impossibile □ poetico, spirituale **CONTR.** vero, materiale, tangibile, positivo □ prosaico **3** (*di amico, di lavoro, ecc.*) eccellente, perfetto, esemplare □ simpatico, soddisfacente □ adatto, vantaggioso, auspicabile **CONTR.** cattivo, imperfetto, insoddisfacente, odioso □ dannoso, nocivo ***B*** *s. m.* **1** **CONTR.** reale **2** (*politico, religioso, ecc.*) idea, ideologia, valore, concetto, credo, fede, pensiero, causa, fiaccola (*fig.*) **3** (*del politico, dello studioso, ecc.*) modello, esemplare, esempio □ idolo (*fig.*) **4** (*nobile, di gloria, ecc.*) aspirazione, idealità, desiderio, orizzonte, fine □ sogno **CONTR.** realtà **5** massimo, perfezione, meglio, optimum (*lat.*) **CONTR.** minimo, peggio. *V. anche* IMMAGINARIO
idealìsmo *s. m.* **1** idealità, pensiero **CONTR.** materialismo, positivismo **2** (*est.*) mancanza di concretezza, ingenuità □ sogno **CONTR.** realismo, concretezza □ prosaicità.
idealista *s. m.* e *f.* **1** **CONTR.** materialista, positivista **2** (*est.*) ingenuo, sognatore, visionario **CONTR.** realista, concreto.
idealisticaménte *avv.* **1** idealmente **CONTR.** materialmente **2** (*est.*) teoricamente □ ingenuamente, immaginariamente **CONTR.** concretamente, realisticamente.
idealìstico *agg.* (*est.*) immaginario, irreale □ utopico **CONTR.** concreto, realistico. *V. anche* IMMAGINARIO
idealizzàre *v. tr.* **1** rendere ideale, rappresentare idealmente **CONTR.** materializzare **2** esaltare, nobilitare, trasfigurare, mitizzare **CONTR.** abbassare, avvilire, disprezzare, smitizzare.

idealizzàto *part. pass. di* **idealizzare**; *anche agg.* esaltato, nobilitato **CONTR.** abbassato, avvilito, disprezzato □ smitizzato.

idealizzazióne *s. f.* esaltazione, nobilitazione, sublimazione, spiritualizzazione □ mitizzazione, mito **CONTR.** disprezzo, umiliazione.

idealménte *avv.* in modo ideale □ mentalmente, astrattamente, teoricamente, ideologicamente, idealisticamente, spiritualmente, platonicamente **CONTR.** praticamente, concretamente, realmente.

ideàre *v. tr.* **1** (*di libro, di film, ecc.*) concepire, pensare, immaginare **2** (*di scherzo, di congegno, ecc.*) escogitare, progettare, proporre, inventare, scoprire, architettare, congegnare, costruire. *V. anche* PENSARE

ideàto *part. pass. di* **ideare**; *anche agg.* **1** (*di libro, di film, ecc.*) concepito, pensato, immaginato, composto, creato **2** (*di scherzo, di congegno, ecc.*) escogitato, progettato, proposto, inventato, scoperto, congegnato, costruito, fabbricato.

ideatóre *s. m.* (*f. -trice*) inventore, creatore, progettatore, scopritore, autore □ fondatore, artefice, architetto (*fig.*) **CONTR.** imitatore, epigono.

ideazióne *s. f.* **1** (*psicol.*) conoscenza, pensiero **2** (*di romanzo, di viaggio, ecc.*) progettazione, invenzione, creazione, concezione, concepimento, scoperta.

idem /*lat.* 'idem/ [vc. lat., propriamente 'la stessa cosa (di prima)'] **A** *pron. dimostr. inv.* stesso, medesimo **B** *in funzione di avv.* (*fam., scherz.*) ugualmente, allo stesso modo **CONTR.** diversamente.

idèntico *agg.* uguale, stesso, medesimo, tale e quale, preciso □ (*est.*) simile, compagno, congenere, conforme, convergente, congruente, pari **CONTR.** differente, dissimile, diverso, svariato, distinto, altro, contrapposto, diseguale, ineguale. *V. anche* SIMILE

identificàbile *agg.* riconoscibile, individuabile, ravvisabile, classificabile **CONTR.** irriconoscibile.

identificàre **A** *v. tr.* **1** (*di concetti, di teorie, ecc.*) considerare identico, immedesimare, unire, fondere **CONTR.** diversificare, differenziare **2** (*di persona*) riconoscere, scoprire □ (*spec. di motivo, di malattia, ecc.*) ravvisare, individuare, diagnosticare **CONTR.** scambiare, confondere **B** **identificarsi** *v. rifl.* immedesimarsi **CONTR.** diversificarsi **C** *v. intr. pron.* essere identico, coincidere, convergere, uguagliarsi, collimare **CONTR.** contrastare, divergere, distare.

identificazióne *s. f.* **1** immedesimazione **CONTR.** diversificazione **2** riconoscimento, individuazione, ricognizione (*raro*) **CONTR.** scambio.

identikit [vc. ingl., 'apparecchiatura (*kit*) per l'identificazione (*identification*, abbr. *identi-*)'] *s. m.* (*fig.*) profilo, immagine ideale.

identità *s. f.* **1** uguaglianza, coincidenza, identicità, unità, corrispondenza **CONTR.** differenza, diversità, differenziazione, diversificazione, distinzione, disuguaglianza **2** (*di persona, di cosa, ecc.*) qualificazione, riconoscimento □ tipicità, particolarità, natura.

ideogràfico *agg.* simbolico.

ideogràmma *s. m.* **1** segno ideografico **2** grafico, diagramma, istogramma.

ideologìa *s. f.* dottrina, concezione di vita, concezione del mondo, filosofia (*est.*) □ (*est.*) idea, teoria, concetto, idealità, credo, ideale, programma, vangelo (*fig.*).

ideologicaménte *avv.* concettualmente, idealmente **CONTR.** realisticamente, praticamente.

ideològico *agg.* concettuale, teorico **CONTR.** pratico, realistico.

ideologìsmo *s. m.* astrattezza, astrazione **CONTR.** concretezza, realismo.

ideòlogo *s. m.* teorico, pensatore □ (*spreg.*) concettuale, astratto **CONTR.** pratico, realista.

idillìaco *agg.* **1** (*di poesia o componimento*) bucolico, idillico, pastorale **2** (*fig.*) sentimentale, romantico, poetico □ (*di concezione*) ottimistico, utopistico □ (*di situazione, di rapporti*) sereno, calmo, quieto **CONTR.** realistico, razionale □ tempestoso.

idillicaménte *avv.* **1** poeticamente **2** (*est., fig.*) tranquillamente, serenamente, pacificamente □ ottimisticamente, utopisticamente **CONTR.** tumultuosamente, tempestosamente **3** delicatamente, teneramente, romanticamente **CONTR.** duramente, aspramente.

idìllico *agg. V.* **idilliaco**.

idìllio *s. m.* **1** poesia pastorale, bucolica, egloga **2** (*est., fig.*) vita tranquilla, vita serena □ pace, accordo, intesa **3** (*fig.*) amore delicato, amore tenero □ tenerezza **CONTR.** litigio, discordia, dissidio **FRAS.** *tessere un idillio* (*iron.*), amoreggiare.

idiòma *s. m.* lingua, linguaggio, parlata, dialetto, favella (*lett.*), loquela (*lett.*). *V. anche* LINGUA

idiomàtico *agg.* **FRAS.** *frase idiomatica*, modo di dire, idiotismo.

idiosincrasìa *s. f.* **1** (*med., gener.*) intolleranza **2** (*est., fig.*) avversione, ripugnanza, intolleranza, incompatibilità, allergia (*fig.*), fobia, refrattarietà, repulsione **CONTR.** propensione, inclinazione, simpatia, predisposizione.

idiòta *agg.; anche s. m. e f.* **1** (*med.*) oligofrenico, frenastenico **2** (*est.*) stupido, deficiente, sciocco, insensato, imbecille, cretino, beota, ebete, citrullo, mentecatto, microcefalo, minchione (*pop.*), scemo, scempio, scimunito, stolido, stolto, tonto □ (*ant.*) ignorante, rozzo **CONTR.** intelligente, accorto, acuto, avveduto, genio.

idiotaménte *avv.* stupidamente, scioccamente, cretinamente **CONTR.** intelligentemente, acutamente.

idiotìsmo *s. m.* **1** (*ling.*) modo di dire, frase idiomatica, locuzione, costrutto **2** (*med.*) oligofrenia, frenastenia.

idiozìa *s. f.* **1** (*med.*) frenastenia **2** (*est.*) cretineria, deficienza, melensaggine, microcefalia, scemenza, scempiaggine, sciocchezza, scipitezza, stupidità, stupidaggine, cretinismo, ottusità □ cretinata, imbecillità, fesseria, cazzata (*volg.*) **CONTR.** intelligenza, accortezza, acume, avvedutezza, fiuto, genialità, genio, ingegno, ingegnosità.

idolàtra *s. m. e f.; anche agg.* **1** adoratore di idoli, feticista, pagano, gentile **2** fanatico, esaltato.

idolatràre *v. tr.* venerare □ (*fig.*) amare incondizionatamente, venerare, adorare □ ammirare fanaticamente, idoleggiare **CONTR.** detestare, esecrare, odiare, disprezzare.

idolatràto *part. pass. di* **idolatrare**; *anche agg.* (*fig.*) molto amato, venerato □ ammirato fanaticamente **CONTR.** detestato, esecrato, odiato, disprezzato.

idolatrìa *s. f.* ***1*** adorazione degli idoli, feticismo □ (*est.*) paganesimo ***2*** (*fig.*) ammirazione eccessiva, fanatismo, esaltazione, venerazione, adorazione, culto (*fig.*) **CONTR.** esecrazione, odio, disprezzo. *V. anche* AMORE, FANATISMO

idoleggiàre *v. tr.* ***1*** vagheggiare ***2*** amare fanaticamente, idolatrare, venerare **CONTR.** detestare, esecrare, odiare, disprezzare.

ìdolo *s. m.* ***1*** feticcio, simulacro, totem, talismano ***2*** (*fig.*) persona molto amata, ideale, modello, sogno, oggetto di culto, nume tutelare, Dio (*fig.*) ***3*** (*filos.*) pregiudizio □ dogma.

idoneaménte *avv.* adeguatamente, opportunamente, convenientemente **CONTR.** inadeguatamente, inopportunamente, sconvenientemente.

idoneità *s. f.* ***1*** attitudine, capacità, abilità, disposizione, facoltà □ adeguatezza, sufficienza **CONTR.** inidoneità, incapacità, inettitudine □ insufficienza ***2*** (*di esame*) promozione, ammissione, abilitazione, brevetto, approvazione.

idòneo *agg.* ***1*** (*al lavoro, all'insegnamento, ecc.*) abile, atto, capace, valente, competente, degno, portato □ abilitato □ (*mil.*) arruolato **CONTR.** inidoneo, incapace, inabile, inetto ***2*** (*di tempo, di luogo, ecc.*) adatto, adeguato, opportuno, conveniente, acconcio, buono, confacente, sufficiente, favorevole, propizio **CONTR.** disadatto, inopportuno, sconveniente, carente, insufficiente.

idrànte *s. m.* ***1*** presa d'acqua ***2*** pompa antincendio.

idratànte *agg.* e *s. m.* (*di cosmetico*) crema, latte **CONTR.** deidratante, disidratante, essiccante.

idràto ***A*** *agg.* (*chim.*) combinato con acqua **CONTR.** anidro ***B*** *s. m.* (*chim.*) idrossido.

idràulico ***A*** *agg.* ***1*** idrico ***2*** ad acqua ***B*** *s. m.* fontaniere, trombaio (*tosc.*).

ìdrico *agg.* ***1*** di acqua ***2*** idraulico.

idròfilo *agg.* assorbente, permeabile **CONTR.** idrofugo, impermeabile, idrorepellente □ (*di pianta, ecc.*) idrofobo.

idrofobìa *s. f.* ***1*** (*med.*) rabbia, lissa ***2*** (*chim.*) idrorepellenza ***3*** (*fig.*) avversione, idiosincrasia.

idròfobo *agg.* ***1*** (*med.*) arrabbiato ***2*** (*di pianta, ecc.*) **CONTR.** idrofilo ***3*** (*fig., fam.*) (*di persona*) furioso, rabbioso, arrabbiato, incollerito, furente **CONTR.** calmo, pacifico, placido, posato, tranquillo ***4*** (*chim.*) idrorepellente **CONTR.** idrofilo.

idròfugo *agg.* impermeabile **CONTR.** permeabile □ idrofilo.

idrografìa *s. f.* (*est.*) oceanografia.

idrogràfico *agg.* (*est.*) oceanografico.

idrògrafo *s. m.* (*est.*) oceanografo.

idroplàno *s. m.* aliscafo □ idrovolante.

idropòrto *s. m.* idroscalo, idroaeroporto.

idrorepellènte *agg.* (*di tessuto, ecc.*) impermeabile, impermeabilizzato **CONTR.** assorbente, permeabile □ (*chim.*) idrofobo, idrofugo **CONTR.** idrofilo.

idrorepellènza *s. f.* impermeabilità □ (*chim.*) idrofobia **CONTR.** permeabilità □ idrofilia.

idrosiluránte *s. m.* lanciasiluri.

idròssido *s. m.* idrato.

idroterapìa *s. f.* (*med.*) crenoterapia, cura delle acque.

idrovolànte *s. m.* idroplano.

idròvora *s. f.* pompa, bindolo.

ièlla *s. f.* (*pop.*) disdetta, sfortuna, iettatura, sfiga (*volg.*), iattura, scalogna □ avversità, disgrazia, sciagura, sventura, traversia **CONTR.** fortuna, culo (*volg.*) □ successo, ventura, manna.

iellàto *agg.* (*pop.*) sfortunato, sfigato (*volg.*), scalognato □ disgraziato, sventurato, sciagurato **CONTR.** fortunato □ felice.

ieràtico *agg.* ***1*** sacerdotale, sacro ***2*** (*fig.*) solenne, compassato, grave **CONTR.** umile, dimesso.

ièri ***A*** *avv.* ***1*** giorno scorso **CONTR.** domani ***2*** poco fa ***B*** *in funzione di s. m.* ***1*** giorno scorso **CONTR.** domani ***2*** (*est.*) passato **CONTR.** futuro **FRAS.** *da ieri a oggi* (*fig.*), in brevissimo tempo.

ièri l'àltro o **ierlàltro** *avv.* avantieri.

iettatóre *s. m.* (*f. -trice*) menagramo (*fam.*), cornacchia (*fig.*), uccello del malaugurio (*fig.*).

iettatùra *s. f.* ***1*** influsso malefico, malocchio, malaugurio, magia, fattura **CONTR.** augurio □ scaramanzia ***2*** (*est.*) sfortuna, sventura, disdetta, scalogna, scarogna (*dial.*), sfiga (*volg.*), malasorte, iella (*pop.*) □ traversia, disgrazia **CONTR.** fortuna, successo.

igiène *s. f.* salute, sanità, salubrità □ pulizia.

igienicaménte *avv.* salubremente, sanamente **CONTR.** antigienicamente, nocivamente.

igiènico *agg.* ***1*** sanitario ***2*** (*di ambiente, di cibo*) salubre, salutare, sano, pulito, asettico **CONTR.** antigienico, dannoso, nocivo, sporco ***3*** (*fig., fam.*) opportuno, conveniente, consigliabile, prudente **CONTR.** inopportuno, sconsigliabile, sconveniente.

ignàro *agg.* ***1*** ignorante, inesperto, non al corrente, digiuno **CONTR.** esperto, pratico, al corrente, competente, edotto, ferrato, perito ***2*** inconsapevole, inconscio, insciente (*lett.*) □ innocente **CONTR.** consapevole, responsabile, conscio, cosciente.

ignàvia *s. f.* (*lett.*) pigrizia, indolenza, inerzia, inettitudine, infingardaggine, neghittosità, accidia, abulia, rilassatezza, torpore, torpidezza, svogliatezza **CONTR.** attività, operosità, solerzia, laboriosità, alacrità, vigoria. *V. anche* PIGRIZIA

ignìfugo *agg.* antincendio, incombustibile, ininfiammabile, antifuoco, antifiamma **CONTR.** combustibile, infiammabile.

ignòbile *agg.*; *anche s. m.* e *f.* spregevole, abietto, basso, volgare, plebeo, infame, meschino, vile, laido, triviale, turpe, vergognoso □ degradante, disonorevole, avvilente **CONTR.** nobile, decoroso, distinto, eletto, elevato, superiore, dignitoso, onorato □ cavalleresco, esemplare.

ignobilménte *avv.* bassamente, volgarmente, vergognosamente, abiettamente, infamemente, spregevolmente, turpemente **CONTR.** nobilmente, decorosamente, distintamente, cavallerescamente, dignitosamente, esemplarmente, onorevolmente.

ignobiltà *s. f.* bassezza, meschinità, viltà, disonore, vergogna **CONTR.** nobiltà, decoro, distinzione, dignità, rispettabilità.

ignomìnia *s. f.* disonore, infamia, vergogna, onta, vituperio, scorno □ (*fig., scherz.*) obbrobrio, bruttura **CONTR.** onore, decoro, dignità, gloria □ bellezza. *V. anche* INFAMIA

ignominiosaménte *avv.* vergognosamente, spregevolmente, disonorevolmente, infamemente, ingloriosamente, nefandamente, obbrobriosamente **CONTR.** onorevolmente, decorosamente, dignitosamente, lodevolmente.

ignominióso *agg.* disonorante, infamante, spregevole, vergognoso, inglorioso, obbrobrioso, inconfessabile, vituperabile □ disonorato, screditato, infamato, infame **CONTR.** decoroso, dignitoso, meritevole □ onorevole, encomiabile, rispettabile.

ignorantàggine *s. f.* ignoranza, rozzezza □ villania, villanata **CONTR.** finezza, gentilezza.

ignorànte *part. pres. di* **ignorare**; *anche agg.* e *s. m.* e *f.* **1** (*di mestiere, di usi, ecc.*) ignaro, inesperto, incompetente, profano, impreparato, digiuno, scalzacane **CONTR.** abile, competente, esperto, provetto, padrone, perito, qualificato, bravo □ introdotto, conoscitore **2** (*di sapere*) incolto, analfabeta, illetterato, insipiente, asino, asinesco, ciuco, inerudito (*lett.*), indotto (*lett.*), somaro, zuccone, zucca (*scherz.*), quadrupede (*scherz.*) **CONTR.** dotto, erudito, sapiente, letterato, colto, istruito **3** (*di modi*) maleducato, villano, zotico, becero, bifolco, bue, burino, cafone, rozzo, incivile, buzzurro, contadino, tanghero, troglodita **CONTR.** fine, educato, raffinato, civile, gentiluomo, gentleman (*ingl.*). *V. anche* ROZZO

ignoranteménte *avv.* **1** incompetentemente **CONTR.** dottamente, eruditamente **2** cafonescamente, incivilmente, villanamente **CONTR.** educatamente, cortesemente, urbanamente.

ignorànza *s. f.* **1** (*di lavoro*) imperizia, insipienza, incompetenza, impreparazione, incapacità **CONTR.** perizia, abilità, competenza, padronanza, pratica **2** (*di sapere*) mancanza di istruzione, asineria, asinaggine, ignorantaggine, incultura, somaraggine, analfabetismo, arretratezza □ inconsapevolezza, oscuro, tenebre **CONTR.** sapere, scienza, cultura, erudizione, dottrina, emancipazione, istruzione, sapienza □ cognizione (*lett.*), conoscenza **3** (*di modi*) maleducazione, rozzezza, zoticaggine, inciviltà **CONTR.** finezza, gentilezza, educazione, bon ton (*fr.*), buonagrazia, correttezza, distinzione, urbanità.

ignoràre *v. tr.* **1** (*di fatto, di scienze, ecc.*) non conoscere, non sapere **CONTR.** conoscere, sapere, padroneggiare, possedere, constare (*impers.*) □ sperimentare **2** (*di problema, di persona, ecc.*) fingere di non conoscere, sottovalutare, trascurare, dimenticare, misconoscere, snobbare **CONTR.** aver cura, avere a cuore, interessarsi, curarsi.

ignoràto *part. pass. di* **ignorare**; *anche agg.* **1** ignoto, sconosciuto, incognito □ inesplorato, inedito **CONTR.** noto, conosciuto, notorio, risaputo, proverbiale □ manifesto, palese **2** (*di impegno e sim.*) trascurato, dimenticato, disatteso □ (*di avvertimento e sim.*) incompreso, sottovalutato, misconosciuto **CONTR.** curato, considerato.

ignòto ***A*** *agg.* non conosciuto, ignorato, incognito (*raro*), oscuro, sconosciuto, anonimo **CONTR.** noto, conosciuto, risaputo □ celebre, famoso, popolare, nominato, rinomato ***B*** *s. m.* **1** arcano **2** (*di persona*) sconosciuto, forestiero, estraneo **CONTR.** conoscente.

ignùdo *agg.*; *anche s. m.* (*lett.*) nudo, spoglio, spogliato, svestito **CONTR.** vestito, coperto, ricoperto.

igròmetro *s. m.* igroscopio.

igroscòpio *s. m.* igrometro.

il *art. det. m. sing.* **1** (*con valore dimostrativo*) questo, quello **2** ogni, ciascuno **3** (*di tempo*) nel, durante.

ìla *s. f.* (*zool.*) raganella.

ìlare *agg.* allegro, contento, gaio, giocondo, giulivo, lieto, ridente, di buon umore, giocoso, ridanciano, sorridente **CONTR.** malinconico, mesto, triste, abbattuto, afflitto, accigliato, fosco.

ilarità *s. f.* allegria, gaiezza, giocondità, letizia, buon umore, giocosità □ (*est.*) risata, riso **CONTR.** malinconia, mestizia, tristezza, abbattimento, afflizione.

illanguidìre ***A*** *v. tr.* rendere languido, indebolire, infiacchire, svigorire, rammollire, snervare **CONTR.** rafforzare, invigorire, rinvigorire, rinforzare, fortificare, irrobustire ***B*** *v. intr.* e **illanguidirsi** *intr. pron.* divenire languido, indebolirsi, infiacchirsi, affievolirsi, svigorirsi, languire, rammollirsi **CONTR.** rafforzarsi, invigorirsi, rinvigorirsi, rinforzarsi, irrobustirsi.

illazióne *s. f.* conclusione, conseguenza, inferenza, deduzione **CONTR.** induzione.

illecitaménte *avv.* illegalmente, abusivamente, illegittimamente, indebitamente, delittuosamente □ ingiustamente, immoralmente, disonestamente **CONTR.** lecitamente, legalmente, legittimamente □ giustamente, moralmente, onestamente.

illécito ***A*** *agg.* illegale, non permesso, vietato, abusivo, clandestino, delittuoso, illegittimo, indebito, proibito □ disonesto, immorale, ingiusto **CONTR.** lecito, conveniente, permesso, legale, legittimo, regolare □ onesto, morale ***B*** *s. m.* illegalità, abuso **CONTR.** legalità.

illegàle *agg.* contrario alla legge, illecito, vietato, proibito, illegittimo, abusivo, arbitrario, clandestino, delittuoso □ (*di fondo e sim.*) nero, segreto **CONTR.** legale, lecito, permesso, ineccepibile, legittimo, regolamentare, regolare. *V. anche* NERO

illegalità *s. f.* illegittimità, illiceità □ illecito, abuso, arbitrio, ingiustizia **CONTR.** legalità, legittimità, ineccepibilità, regolarità.

illegalménte *avv.* illecitamente, illegittimamente, abusivamente, arbitrariamente, delittuosamente, ingiustamente **CONTR.** legalmente, lecitamente, legittimamente, ineccepibilmente.

illeggìbile *agg.* indecifrabile, incomprensibile, misterioso, oscuro □ (*est.*) mediocre, brutto **CONTR.** leggibile, decifrabile, comprensibile, chiaro.

illegittimaménte *avv.* illegalmente, illecitamente, arbitrariamente, ingiustamente, indebitamente **CONTR.** legittimamente, lecitamente, legalmente.

illegittimità *s. f.* illegalità, illiceità □ nullità **CONTR.** legittimità, legalità, liceità, validità.

illegìttimo *agg.* illegale, illecito, non valido, nullo □ (*di figlio*) (*disusato*) adulterino, bastardo (*spreg.*) □

(*di conclusione, ecc.*) ingiustificato, indebito, arbitrario, spurio **CONTR.** legittimo, legale, valido, permesso □ canonico, giustificabile.

illéso *agg.* incolume, indenne, salvo, immune □ (*lett.*) intatto, integro, inoffeso, inviolato **CONTR.** leso, danneggiato, guastato, rovinato, infranto, rotto □ colpito, ferito.

illetteràto *agg.*; *anche s. m.* analfabeta □ (*est.*) ignorante, incolto **CONTR.** colto, dotto, istruito, erudito, sapiente.

illibatézza *s. f.* castità, integrità, purezza, innocenza, candore, costumatezza, incontaminatezza, onestà, onore, purità, santità □ verginità **CONTR.** impurità, impudicizia, turpitudine, sconcezza, oscenità, inverecondia.

illibàto *agg.* casto, integro, puro, incorrotto, innocente, candido, immacolato, incontaminato, intatto, intemerato, onesto, virtuoso □ vergine **CONTR.** impuro, impudico, disonesto, osceno, turpe, inverecondo, traviato.

illimitataménte *avv.* infinitamente, senza limitazioni, incommensurabilmente, interminabilmente, smisuratamente, sterminatamente □ incondizionatamente, assolutamente, totalmente, senza riserve **CONTR.** limitatamente.

illimitatézza *s. f.* mancanza di limiti, infinità, smisuratezza, sterminatezza, inesauribilità □ assolutezza **CONTR.** limitatezza.

illimitàto *agg.* ***1*** (*di spazio, di tempo, ecc.*) senza limiti, infinito, sconfinato, eterno, incommensurabile, innumerevole, interminabile, interminato, perenne, smisurato, immenso, sterminato, inesausto (*lett.*) **CONTR.** limitato, contato, contingentato, finito, misurato ***2*** (*di fiducia, di potere, ecc.*) senza riserve, pieno, totale, cieco (*fig.*), intero, assoluto, completo, incondizionato **CONTR.** limitato, relativo, ristretto.

illividìre ***A*** *v. tr.* ***1*** rendere livido ***2*** coprire di lividi ***B*** *v. intr.* e **illividirsi** *intr. pron.* divenire livido □ impallidire.

illogicaménte *avv.* contraddittoriamente, incoerentemente, incongruentemente, sconclusionatamente, slegatamente □ irragionevolmente, assurdamente, cervelloticamente, inconseguentemente, irrazionalmente **CONTR.** logicamente □ ragionevolmente, conseguentemente, ragionatamente.

illogicità *s. f.* assurdità, mancanza di logica, incongruenza, incoerenza, nonsenso, sconclusionatezza □ inconcepibilità, inconseguenza, irragionevolezza, irrazionalità, stranezza, stravaganza **CONTR.** logica, conseguenza, logicità □ ovvietà, ragionevolezza, razionalità.

illògico *agg.* contrario alla logica, assurdo, irragionevole, incongruente, contraddittorio, incoerente, sconnesso, slegato, cervellotico, sconclusionato, sballato, sbilenco, sgangherato □ inconseguente, inconcepibile, inverosimile, irrazionale, sbalestrato, insensato, strambo, strampalato, demenziale **CONTR.** logico, ragionevole, congruente, cartesiano, sostenibile, geometrico □ conseguente, ovvio, razionale. *V. anche* ASSURDO

illùdere ***A*** *v. tr.* abbagliare (*fig.*), abbacinare (*fig.*), lusingare □ ingannare, imbrogliare, gabbare, ammaliare **CONTR.** deludere, disilludere, disingannare, disincantare ***B*** **illudersi** *v. rifl.* ingannarsi, crearsi illusioni, sperare invano, cullarsi, immaginare, sognare, lusingarsi, abbagliarsi **CONTR.** disilludersi, disingannarsi.

illuminàre ***A*** *v. tr.* ***1*** (*di cosa*) rischiarare, raggiare (*poet.*), distenebrare (*raro*), rendere luminoso, lumeggiare □ dare luce, imbiancare (*di luna*), indorare, irradiare, irraggiare **CONTR.** oscurare, ottenebrare, offuscare, rabbuiare, adombrare, obnubilare, rannuvolare, ombreggiare, velare ***2*** (*fig.*) (*di persona, di situazione*) informare, mettere al corrente, mostrare, chiarire, istruire **CONTR.** tenere all'oscuro, ottenebrare, chiudere ***3*** (*di occhi, di viso, ecc.*) far brillare □ abbellire, adornare ***B*** **illuminarsi** *v. intr. pron.* ***1*** diventare luminoso, accendersi, risplendere, schiarirsi **CONTR.** oscurarsi, offuscarsi, ottenebrarsi, rannuvolarsi ***2*** (*fig.*) (*di occhi, di viso, ecc.*) ravvivarsi, splendere **CONTR.** rabbuiarsi, rattristarsi, impallidire.

illuminàto *part. pass. di* **illuminare**; *anche agg.* ***1*** rischiarato, chiaro, pieno di luce, irradiato, indorato, lumeggiato **CONTR.** buio, oscurato, offuscato, ombrato, ombreggiato, oscuro, tetro, cieco ***2*** (*fig.*) (*di persona*) dotto, intelligente, sapiente, superiore □ aperto, progressista, riformatore **CONTR.** ottenebrato, ignorante, ristretto, ottuso, cretino □ chiuso, retrogrado, reazionario.

illuminazióne *s. f.* ***1*** luce, lampade ***2*** illuminamento, rischiaramento, irradiazione, schiarimento **CONTR.** oscuramento, offuscamento, ottenebramento, oscurazione, oscurità, adombramento ***3*** (*fig.*) rivelazione, intuizione, folgorazione, scintilla (*fig.*), sprazzo (*fig.*), pensiero **CONTR.** chiusura, ottenebramento.

illusióne *s. f.* ***1*** inganno dei sensi, inganno della mente, apparenza, abbaglio, allucinazione, vanità (*lett.*) ***2*** vana speranza, miraggio, sogno, chimera, utopia, errore, fantasma, immaginazione, speranza, idea □ esca, lustra (*ant.*), lusinga **CONTR.** delusione, disillusione, disinganno, disincanto □ realtà, prosaicità. *V. anche* SPERANZA

illusionìsmo *s. m.* prestidigitazione.

illusionìsta *s. m.* e *f.* prestigiatore, prestidigitatore, mago.

illùso *part. pass. di* **illudere**; *anche agg.* e *s. m.* ingannato, gabbato, abbacinato, abbagliato, abbarbagliato, mistificato, raggirato, deluso, scornato □ speranzoso □ sognatore, poeta, visionario, utopista, idealista **CONTR.** disilluso, disingannato, disincantato.

illusoriaménte *avv.* ingannevolmente, falsamente, fallacemente □ chimericamente, utopisticamente **CONTR.** realisticamente, autenticamente, de facto (*lat.*).

illusorietà *s. f.* apparenza, fallacia, falsità, inesistenza, vanità **CONTR.** realtà, autenticità.

illusòrio *agg.* apparente, fallace, falso, immaginario, chimerico, inesistente, irreale, utopico, utopistico, vano, pio (*fig.*) □ ingannevole, bugiardo, specioso, ingannatore, menzognero **CONTR.** reale, realistico, vero, autentico, genuino, concreto. *V. anche* IMMAGINARIO

illustràre *v. tr.* **1** (*di scritto, di fatto, ecc.*) chiarire, spiegare, delucidare, specificare, commentare, chiarificare, sviluppare, svolgere, trattare □ annotare **2** (*di libro e sim.*) ornare di figure, disegnare, dipingere, istoriare **3** (*raro*) rendere illustre.

illustrativo *agg.* **1** (*fig.*) chiarificatore **2** iconografico.

illustràto *part. pass. di* **illustrare**; *anche agg.* **1** chiarito, enunciato, specificato, spiegato **2** ornato di illustrazioni, disegnato, dipinto, istoriato, figurato.

illustratóre *s. m.* (*f. -trice*) **1** (*di libro e sim.*) disegnatore, grafico **2** (*di scritto, di fatto, ecc.*) commentatore, descrittore.

illustrazióne *s. f.* **1** (*di scritto, di fatto, ecc.*) chiarimento, spiegazione, delucidazione, chiarificazione, esplicazione, sviluppo, svolgimento, trattazione □ commento, nota, chiosa **2** figura, disegno, stampa, fotografia, incisione, vignetta, fumetto, strip (*ingl.*), tavola □ (*al pl.*) iconografia, corredo.

illùstre *agg.* celebre, eminente, famoso, insigne, nobile, inclito (*lett.*), rinomato, celebrato, chiaro (*lett.*), divo (*lett.*), eccellente, egregio, emerito, esimio, glorioso, noto, preclaro (*lett.*), segnalato, sublime □ (*di nome*) altisonante **CONTR.** oscuro, ignoto, sconosciuto. *V. anche* FAMOSO

imbacuccàre ***A*** *v. tr.* incappucciare, incappottare, infagottare, intabarrare **CONTR.** scoprire ***B*** **imbacuccarsi** *v. rifl.* coprirsi bene, incappucciarsi, incappottarsi, infagottarsi, intabarrarsi **CONTR.** scoprirsi.

imbacuccàto *part. pass. di* **imbacuccare**; *anche agg.* ben coperto, infagottato, incappottato, incappucciato **CONTR.** scoperto.

imbaldanzìre ***A*** *v. tr.* rendere baldanzoso, animare, inorgoglire, insuperbire, ringalluzzire **CONTR.** avvilire, scoraggiare, intimidire, infiacchire, sgomentare ***B*** *v. intr.* e **imbaldanzirsi** *intr. pron.* diventare baldanzoso, inorgoglirsi, insuperbirsi, ringalluzzirsi **CONTR.** abbattersi, accasciarsi, avvilirsi, scoraggiarsi, sgomentarsi, sgonfiarsi, sbigottirsi.

imbaldanzìto *part. pass. di* **imbaldanzire**; *anche agg.* inorgoglito, insuperbito, ringalluzzito, incoraggiato **CONTR.** avvilito, abbattuto, scoraggiato, intimidito, sbigottito.

imballàggio *s. m.* confezionamento, imballo, confezione, packaging (*ingl.*) □ contenitore.

imballàre *v. tr.* (*di merce*) confezionare, abballare, affagottare, affardellare, impaccare, involgere, avvolgere, impacchettare, incassare □ sistemare **CONTR.** sballare, aprire, sciogliere. *V. anche* AVVOLGERE

imballàto (**1**) *part. pass. di* **imballare**; *anche agg.* (*di merci*) sistemato, confezionato, impaccato, abballato, impacchettato, incassato **CONTR.** sballato.

imballàto (**2**) *agg.* **1** (*di motore*) su di giri, accelerato **CONTR.** giù di giri, lento **2** (*fig.*) (*di persona*) suonato (*fig.*), intronato **CONTR.** agile, sveglio.

imbàllo *s. m.* imballaggio, confezionamento, confezione.

imbalsamàre *v. tr.* **1** mummificare □ impagliare **2** (*fig.*) fissare, fossilizzare (*fig.*).

imbalsamàto *part. pass. di* **imbalsamare**; *anche agg.* mummificato, impagliato □ (*fig.*) fossilizzato, fisso.

imbalsamatóre *s. m.* (*f. -trice*) impagliatore, mummificatore.

imbalsamazióne *s. f.* mummificazione, impagliatura, tassidermia.

imbambolàto *agg.* attonito, incantato, sognante, trasognato, intontito, assente, smarrito **CONTR.** attento, sveglio, vigile.

imbandire *v. tr.* **1** preparare, apparecchiare □ preparare un pranzo **2** (*fig.*) ammannire, propinare.

imbarazzànte *part. pres. di* **imbarazzare**; *anche agg.* (*di situazione e sim.*) di disagio, difficile, delicato, scomodo □ (*di domanda e sim.*) fastidioso, molesto, scabroso, increscioso.

imbarazzàre ***A*** *v. tr.* **1** (*spec. di spazio*) intralciare, ingombrare, incagliare, impedire, imbrogliare, inceppare, ostacolare, ostruire, impastoiare, congestionare, paralizzare □ (*di movimento*) disturbare, impacciare, impicciare **CONTR.** sbarazzare, sgombrare, spianare, liberare, aprire □ agevolare, favorire **2** mettere a disagio, confondere, intimidire, sconcertare, infastidire ***B*** **imbarazzarsi** *v. intr. pron.* confondersi, vergognarsi, sconcertarsi.

IMBARAZZARE
sinonimia strutturata

Il rendere difficoltosi l'azione o il movimento si definisce **imbarazzare**: *imbarazzare i movimenti*; sinonimi pressoché perfetti ma di uso più frequente sono **impacciare**, **impicciare** e **impedire**: *quelle valigie lo impacciano*; *i vestiti stretti impicciano*; *quel busto gli impedisce i movimenti*; quest'ultimo verbo inoltre può assumere una connotazione più forte, e definire, insieme a **paralizzare**, l'arrestare definitivamente o momentaneamente, ma comunque totalmente, l'andamento di qualcosa: *un incidente paralizzò i servizi ferroviari*; *una frana impedì il traffico per alcuni giorni*. Questi due vocaboli inoltre si riferiscono all'azione e non solo al movimento; lo stesso vale per **intralciare**, **incagliare** e **ostacolare**, che indicano il contrastare e il rallentare un'azione frapponendo difficoltà: *la tempesta intralcia le operazioni di salvataggio*; *intralciare il corso di una pratica con lungaggini burocratiche*; *incagliare il commercio, lo svolgimento dei lavori*; *è inutile che ostacoliate i miei progetti*. Così anche **inceppare** in senso estensivo e **impastoiare**, usato soprattutto figuratamente, corrispondono al costringere qualcuno o qualcosa a non potersi muovere, agire o sviluppare: *inceppare il commercio con dazi assurdi*; *i pregiudizi gli impastoiano la mente*. Molto vicino è il termine **disturbare**, che però suggerisce come l'impedire il normale svolgimento di qualcosa passi attraverso il disordine e lo scompiglio: *ha la pessima abitudine di disturbare le lezioni*. Solo ad attività e non a movimenti si riferisce il termine **imbrogliare**, che in senso figurato rappresenta appunto il creare difficoltà o ostacoli: *imbrogliare un affare, una faccenda*.

In altri contesti imbarazzare corrisponde ad **ingombrare**, e indica quindi l'occupare spazio con cose in disordine che siano d'ostacolo o d'impaccio: *troppi mobili imbarazzano la stanza*; *ingombrare il* *tavolo di libri e di carte*. Una speciale sfumatura connota il verbo **congestionare**, che viene adoperato quando il disturbo è provocato dall'eccessivo afflusso di cose o persone: *la chiusura di quella via congestiona il centro della città*. Infine, se ci si riferisce ad esempio ad un passaggio o ad un condotto si usa il verbo **ostruire**: *un mucchio di pietre ostruisce la strada*.

Il verbo imbarazzare comunque è usato perlopiù nel suo significato figurato di provocare un stato psicologico di turbamento e confusione: *le sue domande lo hanno imbarazzato*; il sinonimo più generale in questo senso è **mettere a disagio**: *il suo sguardo mi mette a disagio*. Più forte è **confondere**, che per estensione equivale al turbare fino a togliere la chiarezza del pensiero: *la sua presenza lo ha confuso*; confondere inoltre, sempre per estensione, corrisponde all'imbarazzare con eccessivo garbo, cortesia, complimenti: *tutte queste attenzioni mi confondono*. L'imbarazzo è tipico di chi è timido, cioè di chi manca di disinvoltura, mostra soggezione e impaccio e si lascia facilmente **intimidire**: *gli estranei lo intimidiscono*. Rispetto a questi termini, **umiliare** è più incisivo e si distingue perché suggerisce l'idea di intenzionalità dell'azione; precisamente indica l'indurre qualcuno in uno stato di profondo avvilimento, vergogna e imbarazzo, mediante offese o, soprattutto, mettendo in risalto la sua inferiorità, i suoi errori, difetti o mancanze: *umiliare qualcuno con aspre parole, con duri rimproveri*; *l'ha voluto umiliare in pubblico, di fronte a tutti*.

imbarazzàto *part. pass. di* **imbarazzare**; *anche agg.* ***1*** intralciato, incagliato, impedito, imbrogliato, inceppato, ostruito, paralizzato, ingombrato □ disturbato, impacciato, impicciato **CONTR.** sgombro, libero □ agevolato ***2*** confuso, messo a disagio, sconcertato **CONTR.** sicuro, tranquillo, disinvolto, franco, sciolto, spigliato.

imbaràzzo *s. m.* ***1*** (*di cosa*) ingombro, incaglio, intoppo, impedimento, difficoltà, imbroglio, inciampo, ostacolo, pastoia, ostruzione ***2*** (*di persona*) disagio, confusione, turbamento, disturbo, fastidio, molestia, impaccio, vergogna, ritegno, soggezione, remora □ perplessità, incertezza, titubanza **CONTR.** franchezza, scioltezza, spigliatezza, verve (*fr.*), ardimento, disinvoltura, sfacciataggine □ decisione, determinazione. *V. anche* DISTURBO

imbarbariménto *s. m.* decadimento □ degrado, regressione, abbrutimento **CONTR.** incivilimento, civilizzazione □ miglioramento, ingentilimento.

imbarbarìre ***A*** *v. tr.* far decadere, corrompere, imbastardire **CONTR.** incivilire, civilizzare, affinare, digrossare, dirozzare, ingentilire ***B*** *v. intr.* e **imbarbarirsi** *intr. pron.* decadere, regredire □ corrompersi, guastarsi **CONTR.** avanzare, progredire, incivilirsi □ affinarsi, dirozzarsi, ingentilirsi.

imbarbarito *part. pass. di* **imbarbarire**; *anche agg.* decaduto, regredito □ corrotto, imbastardito **CONTR.** progredito, incivilito □ affinato, dirozzato.

imbarcadèro *s. m.* molo, imbarcatoio, banchina, pontile, imbarco, sbarcatoio, scalo.

imbarcàre ***A*** *v. tr.* ***1*** (*mar.*) caricare, prendere a bordo □ (*di acqua*) lasciar penetrare, ricevere, riempirsi **CONTR.** sbarcare, scaricare ***2*** (*est.*) (*su mezzo di trasporto*) caricare, far salire **CONTR.** fare scendere ***3*** (*fig.*) (*in una vicenda*) coinvolgere **CONTR.** liberare ***B*** **imbarcarsi** *v. rifl.* ***1*** salire a bordo **CONTR.** sbarcare, scendere, approdare ***2*** (*est., scherz.*) (*su un veicolo*) salire ***3*** (*fig.*) (*in una vicenda*) farsi coinvolgere, impegnarsi, entrare, avventurarsi, intraprendere **CONTR.** disimpegnarsi, liberarsi, uscire ***C*** *v. intr. pron.* (*di legno*) incurvarsi, arcuarsi.

imbarcàto *part. pass. di* **imbarcare**; *anche agg.* ***1*** caricato a bordo **CONTR.** sbarcato ***2*** (*fig.*) impegnato, coinvolto **CONTR.** disimpegnato, libero.

imbarcazióne *s. f.* natante □ barca, canotto, scialuppa, battello, chiatta, lancia, nave, motoscafo, naviglio, traghetto. *V. anche* NAVE

imbàrco *s. m.* ***1*** salita a bordo **CONTR.** sbarco ***2*** porto, molo, banchina, pontile, imbarcadero.

imbastardìre ***A*** *v. tr.* ***1*** rendere bastardo, far degenerare ***2*** (*fig.*) (*di costumi, di lingua, ecc.*) alterare, corrompere, guastare □ imbarbarire **CONTR.** migliorare, correggere, nobilitare ***B*** *v. intr.* e **imbastardirsi** *intr. pron.* ***1*** diventare bastardo ***2*** (*fig.*) corrompersi, degenerare, tralignare **CONTR.** migliorarsi, correggersi, nobilitarsi.

imbastardito *part. pass. di* **imbastardire**; *anche agg.* ***1*** diventato bastardo ***2*** (*fig.*) alterato, corrotto, degenerato, degenere, tralignato □ imbarbarito **CONTR.** migliorato, nobilitato.

imbastìre *v. tr.* ***1*** cucire provvisoriamente ***2*** (*fig.*) (*di discorso, di progetto, ecc.*) delineare, abbozzare □ avviare, iniziare **CONTR.** perfezionare □ completare, finire, terminare ***3*** (*tecnol.*) montare **CONTR.** smontare.

imbastito *part. pass. di* **imbastire**; *anche agg.* ***1*** cucito provvisoriamente ***2*** (*fig.*) (*di discorso, di progetto, ecc.*) avviato, iniziato, abbozzato **CONTR.** completato, finito, terminato ***3*** (*tecnol.*) montato **CONTR.** smontato.

imbastitùra *s. f.* ***1*** cucitura provvisoria ***2*** (*fig.*) (*di discorso, di progetto, ecc.*) schema, traccia, abbozzo **CONTR.** svolgimento, sviluppo, compimento ***3*** (*tecnol.*) montaggio **CONTR.** smontaggio.

imbàttersi *v. intr. pron.* ***1*** incontrare, incappare, incorrere, intoppare (*fam.*), inciampare (*fig.*), incocciare (*centr.*), scontrarsi (*raro*) **CONTR.** evitare ***2*** ottenere in sorte.

imbattìbile *agg.* invincibile, insuperabile, insormontabile, inviolabile, invitto □ impareggiabile **CONTR.** battibile, vincibile, superabile.

imbattibilità *s. f.* invincibilità, insuperabilità □ invulnerabilità **CONTR.** vulnerabilità.

imbattùto *agg.* mai vinto, insuperato, invitto, inviolato **CONTR.** battuto, sconfitto, vinto.

imbavagliàre *v. tr.* ***1*** mettere il bavaglio ***2*** (*fig.*) (*di persona, di stampa e sim.*) impedire di parlare, obbligare a tacere, far tacere, costringere al silenzio, soffocare □ privare della libertà, censurare.

imbeccàre *v. tr.* ***1*** (*di volatile*) introdurre nel becco

□ imboccare **2** (*fig.*) (*di persona*) dare l'imbeccata, suggerire, ispirare, consigliare, indettare (*lett.*), indottrinare.

imbeccàta *s. f.* (*fig.*) suggerimento, ispirazione, consiglio.

imbecille *agg.* e *s. m.* e *f.* (*psicol.*) frenastenico, oligofrenico □ scemo, stupido, scimunito, stolido, balordo, cretino, ebete, grullo, idiota, citrullo, mentecatto, ottuso, sempliciotto, deficiente, fesso, melenso, merlo, microcefalo, sciocco, tonto **CONTR.** intelligente, accorto, avveduto, furbo, scaltro, sveglio.

imbecillità *s. f.* **1** (*psicol.*) frenastenia **2** imbecillaggine, stoltezza, scemenza, stupidità, cretinaggine, cretineria, ottusità, dabbenaggine, cretinismo, deficienza, ebetaggine, idiozia, sciocchezza, stolidità □ cretinata, cavolata **CONTR.** intelligenza, spirito, accortezza, arguzia, acume, acutezza, genialità, ingegno, ingegnosità.

imbèlle *agg.* **1** pacifico **CONTR.** bellicoso, guerriero, guerresco **2** (*est.*) timido, vile, fiacco, codardo, pavido, pauroso, pecorone, vigliacco, debole, rammollito, smidollato **CONTR.** ardimentoso, audace, coraggioso, valoroso, prode, temerario, combattivo, virile, eroico.

imbellìre **A** *v. tr.* rendere bello, abbellire, adornare, ingentilire □ giovare, donare **CONTR.** imbruttire, deturpare, sfigurare, abbruttire □ nuocere **B** *v. intr.* diventare più bello **CONTR.** imbruttirsi, sciuparsi.

imbèrbe *agg.* **1** senza barba, glabro, liscio **CONTR.** barbuto, peloso, villoso **2** (*fig., scherz.*) inesperto, ingenuo, immaturo, pivello, pivellino, novellino **CONTR.** esperto, maturo, scaltro, furbo, provetto.

imbestialìre **A** *v. tr.* mandare in bestia, fare incazzare (*volg.*) **CONTR.** ammansire, calmare, rabbonire **B** *v. intr.* e **imbestialirsi** *intr. pron.* adirarsi, incollerirsi, inferocirsi, incazzarsi (*volg.*), arrabbiarsi, montare in bestia, andare in bestia, imbufalire (*fam.*), infuriarsi, indemoniarsi, perdere il lume della ragione, perdere il lume degli occhi □ (*raro, lett.*) disumanarsi, abbrutirsi **CONTR.** ammansirsi, calmarsi, rabbonirsi, tranquillizzarsi.

imbestialìto *part. pass. di* **imbestialire**; *anche agg.* arrabbiato, incollerito, infuriato, incazzato (*volg.*), indemoniato, inferocito **CONTR.** ammansito, calmato, calmo, tranquillo.

imbevìbile *agg.* (*raro*) non potabile □ disgustoso, schifoso, pessimo **CONTR.** potabile, bevibile □ delizioso, squisito.

imbevùto *agg.* **1** bagnato, inzuppato, impregnato, intriso, ammollato, zuppo **CONTR.** secco, arido, seccato **2** (*fig.*) (*di idee, di concetti, ecc.*) pieno, influenzato, indottrinato.

imbiancàre **A** *v. tr.* **1** rendere bianco, imbianchire, biancheggiare, bianchire □ tinteggiare, pitturare, pittare (*merid.*) **2** (*est.*) (*di alba, di luna, ecc.*) rischiarare, illuminare □ (*di neve*) coprire di bianco, imparruccare, infarinare **CONTR.** oscurare, offuscare, velare □ scurire, annerire **3** (*di panni*) mettere in bucato, candeggiare **B** *v. intr.* e **imbiancarsi** *intr. pron.* **1** diventare bianco, sbianchire □ incanutire **2** (*fig.*) (*di persona*) impallidire, sbiancare **CONTR.** arrossire **3** (*est.*) (*di cielo, di orizzonte e sim.*) diventare chiaro, schiarirsi □ albeggiare **CONTR.** oscurarsi, offuscarsi, velarsi, scurirsi □ imbrunire.

imbiancàto *part. pass. di* **imbiancare**; *anche agg.* reso bianco, tinteggiato, sbiancato □ infarinato **FRAS.** *sepolcro imbiancato* (*fig.*), ipocrita, falso.

imbiancatùra *s. f.* **1** (*di biancheria*) imbiancamento, bucato, candeggio **2** (*di muro*) tinteggiatura, coloritura, verniciatura.

imbianchìno *s. m.* **1** imbiancatore, tinteggiatore, pittore **2** (*spreg.*) pittorello.

imbianchìre **A** *v. tr.* **1** rendere bianco, imbiancare **CONTR.** annerire **2** schiarire, decolorare, scolorire **CONTR.** colorire **B** *v. intr.* diventare bianco, biancheggiare, sbiancare □ incanutire.

imbizzarrìre **A** *v. intr.* e **imbizzarrirsi** *intr. pron.* **1** (*di cavallo*) diventare bizzarro, adombrarsi **2** (*fig.*) incollerirsi, stizzirsi, adirarsi **CONTR.** ammansirsi, calmarsi, placarsi, quietarsi **B** *v. tr.* (*raro*) innervosire **CONTR.** calmare, placare.

imboccàre **A** *v. tr.* **1** (*est.*) (*di bimbo, di ammalato e sim.*) nutrire, alimentare, dare da mangiare, cibare □ (*di volatile*) imbeccare **2** (*fig.*) (*di persona*) dare l'imbeccata, imbeccare, istruire, ispirare, suggerire, consigliare **3** (*di strada, di porto, ecc.*) immettersi, infilare, entrare, penetrare, sfociare **CONTR.** lasciare, uscire, abbandonare **B** *v. intr.* **1** immettere, terminare, sfociare, mettere capo **CONTR.** nascere, scaturire, avere origine **2** (*di tappo, di ingranaggio*) entrare, adattarsi bene, incastrarsi, ingranare.

imboccàto *part. pass. di* **imboccare**; *anche agg.* **1** (*di bimbo, di ammalato e sim.*) nutrito, alimentato **2** (*fig.*) (*di persona*) imbeccato, istruito, ispirato, consigliato **3** (*di strada*) preso, infilato **CONTR.** lasciato, abbandonato.

imboccatùra *s. f.* **1** apertura, bocca, passaggio, imbocco, ingresso, fauci (*fig.*) **2** boccaglio, bocchino □ (*di tubo e sim.*) bocchettone.

imbócco *s. m.* entrata, imboccatura.

imbonìre *v. tr.* **1** convincere, persuadere, incantare, attirare **2** cattivarsi, ingraziarsi **CONTR.** allontanare, inimicarsi.

imbonitóre *s. m.* (*f. -trice*) strillone □ ciarlatano, istrione, cerretano (*lett.*).

imboscaménto *s. m.* occultamento **CONTR.** ritrovamento.

imboscàre **A** *v. tr.* (*est.*) **1** nascondere, occultare, celare **CONTR.** mostrare, fare vedere **2** imboschire **B** **imboscarsi** *v. rifl.* **1** (*est.*) nascondersi, appartarsi **2** (*est.*) sottrarsi all'obbligo militare.

imboscàta *s. f.* **1** agguato, insidia, appostamento **2** (*fig.*) frode, inganno, tranello, trappola, rete.

imboscàto *part. pass. di* **imboscare**; *anche agg.* e *s. m.* **1** (*est.*) nascosto **2** (*est.*) scansafatiche.

imbottigliaménto *s. m.* (*est.*) (*di traffico*) paralisi, blocco **CONTR.** sblocco.

imbottigliàre **A** *v. tr.* **1** mettere in bottiglia **2** (*est.*) (*di traffico, di persona, ecc.*) bloccare, paralizzare □ (*mil.*) accerchiare **CONTR.** liberare, sbloccare **B** **imbottigliarsi** *v. intr. pron.* rimanere bloccato.

imbottigliàto *part. pass. di* **imbottigliare**; *anche agg.*

1 (*di liquido*) in bottiglia **CONTR.** sfuso *2* (*est.*) (*di traffico, di persona, ecc.*) bloccato, ostruito □ (*mil.*) accerchiato **CONTR.** liberato, sbloccato.

imbottire *v. tr.* *1* (*di coperta, di divano, ecc.*) riempire di lana (di stoppa, ecc.), ovattare *2* (*di panino, di torta, ecc.*) farcire *3* (*fig.*) (*di cervello, di mente e sim.*) riempire, empire, colmare, rimpinzare, impinguare, infarcire **CONTR.** svuotare.

imbottita *s. f.* coltrone, trapunta, piumino, strapunto.

imbottito *part. pass. di* **imbottire**; *anche agg.* *1* (*di coperta, di divano, ecc.*) con imbottitura *2* (*di panino, di torta, ecc.*) farcito, ripieno, pieno *3* (*est.*) rivestito, protetto *4* (*fig.*) (*di cervello, di mente e sim.*) infarcito, zeppo.

imbottitùra *s. f.* (*di panino, ecc.*) ripieno, farcitura.

imbracàre *v. tr.* legare, stringere, cingere.

imbranàto *agg.*; *anche s. m.* (*gerg.*) impacciato, goffo, tonto, intontito, balordo, maldestro, gonzo, oca **CONTR.** disinvolto, spigliato, sveglio, attento.

imbrancàre *A* *v. tr.* riunire □ (*est.*) mettere insieme **CONTR.** dividere, isolare, sbrancare (*est.*) *B* **imbrancarsi** *v. rifl.* mettersi in branco, mettersi insieme, aggregarsi, associarsi, intrupparsi, accompagnarsi **CONTR.** dividersi, staccarsi, isolarsi.

imbrattacàrte *s. m. e f. inv.* (*spreg.*) scrittorello, scrittorucolo, imbrattafogli, scribacchino.

imbrattaménto *s. m.* macchia.

imbrattàre *A* *v. tr.* insudiciare, sporcare, lordare, insozzare, macchiare, impataccare, impiastrare, impiastricciare, pasticciare, sgorbiare, bruttare (*lett.*), chiazzare, schiccherare, tingere **CONTR.** pulire, nettare, tergere, detergere, sbrattare, purificare, lavare, ripulire *B* **imbrattarsi** *v. rifl.* insudiciarsi, sporcarsi, lordarsi, insozzarsi, macchiarsi **CONTR.** pulirsi, forbirsi, ripulirsi.

imbrattàto *part. pass. di* **imbrattare**; *anche agg.* insudiciato, sporcato, lordato, insozzato, macchiato, lordo, sozzo, sporco, sudicio, tinto **CONTR.** pulito, terso, netto.

imbrigliàre *v. tr.* *1* bardare, mettere i finimenti *2* (*fig.*) (*di fantasia, di passioni, ecc.*) tenere a freno, frenare, impedire, ostacolare **CONTR.** sbrigliare, sfrenare, liberare *3* (*di edificio, ecc.*) rinforzare, sostenere □ (*di corso di acque*) arginare, canalizzare, inalveare.

imbrigliàto *part. pass. di* **imbrigliare**; *anche agg.* *1* con le briglie *2* (*fig.*) (*di fantasia, di passioni, ecc.*) frenato, impedito, bloccato, ostacolato **CONTR.** sbrigliato, sfrenato, libero *3* (*di edificio, ecc.*) rinforzato, sostenuto □ (*di corso d'acqua*) arginato.

imbroccàre *v. tr.* *1* colpire nel segno, centrare **CONTR.** sbagliare la mira, fallire il colpo, mancare *2* (*fig.*) indovinare, azzeccare, infilare, riuscire **CONTR.** sbagliare, fallire.

imbroccàto *part. pass. di* **imbroccare**; *anche agg.* *1* (*di colpo*) messo a segno, centrato **CONTR.** sbagliato *2* (*di bersaglio*) centrato, colpito **CONTR.** mancato *3* (*fig.*) (*di risposta, ecc.*) indovinato, azzeccato □ (*di idee e sim.*) brillante **CONTR.** sbagliato, fallito.

imbrogliàre *A* *v. tr.* *1* (*di fili, di carte, ecc.*) arruffare, aggrovigliare, avviluppare, avvolgere, ingarbugliare, intricare, intrecciare, confondere □ intralciare, imbarazzare **CONTR.** sbrogliare, districare, dipanare *2* (*mar.*) chiudere le vele *3* (*fig.*) (*di affare, di traffico, ecc.*) complicare, intralciare, ostacolare, impedire, impacciare **CONTR.** liberare, agevolare, appianare, facilitare, risolvere, semplificare *4* (*fig.*) (*di idee, di persona, ecc.*) confondere **CONTR.** chiarire *5* (*fig.*) (*di persona*) ingannare, frodare, gabbare, raggirare, truffare, turlupinare, intrappolare (*fig.*), abbindolare, circuire, beffare, bidonare (*pop.*), buggerare (*pop.*), buscherare (*pop.*), chiavare (*volg.*), circonvenire, fottere (*volg.*), fregare (*pop.*), giocare, illudere, impastocchiare, inculare (*volg.*), infinocchiare, irretire, inviluppare *6* (*ass.*) intrallazzare, trescare, intrigare □ barare, bluffare *B* **imbrogliarsi** *v. intr. pron.* *1* (*di cose*) mescolarsi, intrecciarsi, aggrovigliarsi, arruffarsi, ingarbugliarsi, confondersi, annodarsi, avvilupparsi **CONTR.** sbrogliarsi, districarsi, dipanarsi *2* (*di persona*) sbagliarsi, fare confusione, smarrirsi, perdersi, annaspare, impappinarsi, incartarsi **CONTR.** essere sicuro *3* (*fig.*) (*di faccenda, di cosa, ecc.*) complicarsi, intricarsi **CONTR.** chiarirsi, appianarsi. *V. anche* IMBARAZZARE

imbrogliàto *part. pass. di* **imbrogliare**; *anche agg.* *1* (*di fili, di carte, ecc.*) intrecciato, aggrovigliato, arruffato, ingarbugliato, intricato, inviluppato □ inestricabile **CONTR.** sbrogliato, districato *2* (*fig.*) (*di affare, di traffico, ecc.*) complicato, ostacolato, intralciato, difficoltoso **CONTR.** liberato, agevolato, facilitato *3* (*fig.*) (*di persona*) ingannato, frodato, gabbato, raggirato, truffato, turlupinato, circuìto, fregato (*pop.*), irretito, tradito *4* (*fig.*) (*di idee, di discorso, ecc.*) confuso, turbato, complicato, difficile, involuto **CONTR.** chiaro, semplice.

imbròglio *s. m.* *1* (*di fili, di nodi, ecc.*) viluppo, groviglio, garbuglio, intrico, matassa, intreccio, arruffio, aggrovigliamento, avvolgimento, mescolamento *2* (*fig.*) pasticcio, inghippo, inciucio (*giorn.*), pateracchio (*pop.*), papocchio (*region.*) □ complicazione, situazione imbarazzante, vespaio, ginepraio, intrigo, guaio, difficoltà *3* (*fig.*) truffa, frode, inganno, tranello, raggiro, gabola (*sett.*), broglio, turlupinatura, infinocchiatura (*fam.*), bidonata (*pop.*), bidone (*pop.*), fregata (*pop.*), fregatura (*pop.*), buggeratura (*pop.*) □ tresca, impostura, intrallazzo, pastetta, intruglio, macchinazione, manipolazione, trama, tela □ mistificazione, trucco, sotterfugio, bluff (*ingl.*). *V. anche* FRODE

imbroglióne *s. m.*; *anche agg.* frodatore, lestofante, ciurmatore (*ant.*), gabbamondo, impostore, intrigante, armeggione, mestatore, truffatore, avventuriero, venditore di fumo, filone, furbo, lazzarone, birbante, birbone, pirata, giramondo, traditore, bugiardo, baro, bluffatore, ciarlatano, mistificatore, pataccaro (*pop.*), turlupinatore □ farabutto, filibustiere, intrallazzatore, mariolo, mascalzone **CONTR.** galantuomo, onesto.

imbronciàre *v. intr.* e **imbronciàrsi** *v. intr. pron.* mettere il broncio, immusonirsi, ingrugnarsi, corrucciarsi, crucciarsi, impermalirsi, offendersi **CONTR.** rasserenarsi, distendersi, rallegrarsi.

imbronciàto *part. pass. di* **imbronciare**; *anche agg.* ***1*** (*di persona*) immusonito, ingrugnato, ingrugnito, indispettito, crucciato, offeso, burbero, arcigno, taciturno, tetro **CONTR.** lieto, gaio, ridente, sereno, faceto, giocondo, gioioso, sorridente ***2*** (*di cielo, di tempo*) nuvoloso, annebbiato **CONTR.** chiaro, sereno, bello.

imbrunìre ***A*** *v. intr.* e **imbrunirsi** *intr. pron.* diventare scuro, diventare fosco, incupirsi, scurirsi **CONTR.** schiarire, schiarirsi, biancheggiare ***B*** *v. intr. impers.* farsi sera, annottare **CONTR.** albeggiare, farsi giorno ***C*** *in funzione di s. m.* sera **CONTR.** alba **FRAS.** *sull'imbrunire*, verso sera.

imbruttìre ***A*** *v. tr.* ***1*** rendere brutto, deturpare, sfigurare, abbruttire, disabbellire (*lett.*), peggiorare, devastare (*fig.*) **CONTR.** abbellire, imbellire, adornare, aggraziare, illeggiadrire, impreziosire, ornare □ (*impers.*) giovare, donare ***2*** (*di scritto, di quadro, ecc.*) deformare, alterare, deturpare ***B*** *v. intr.* diventare brutto, abbruttirsi, disabbellirsi (*lett.*) □ deturparsi, alterarsi **CONTR.** imbellire, imbellirsi.

imbucàre ***A*** *v. tr.* ***1*** (*di corrispondenza*) impostare, spedire ***2*** (*di cosa*) nascondere, infilare, riporre **CONTR.** tirare fuori, scoprire ***B*** **imbucarsi** *v. rifl.* ***1*** infilarsi in una buca ***2*** (*est.*) rintanarsi, nascondersi, infilarsi, intrupparsi **CONTR.** uscire, venire fuori, sbucare.

imbufalìre *v. intr.* e **imbufalirsi** *v. intr. pron.* arrabbiarsi, adirarsi, imbestialirsi.

imbùto *s. m.* ***1*** imbottavino, pevera ***2*** (*archeol.*) infundibulo **FRAS.** *mangiare con l'imbuto* (*fig.*), mangiare in fretta.

imitàbile *agg.* ripetibile, riproducibile, simulabile, scimmiottabile **CONTR.** inimitabile, originale.

imitàre *v. tr.* ***1*** (*di persona, di esempio, ecc.*) prendere a modello, seguire, specchiarsi, assimilarsi, modellarsi □ riprodurre, copiare, ricalcare, ricopiare, esemplare (*lett.*), plagiare **CONTR.** fare l'opposto, essere autonomo □ inventare, creare ***2*** (*di gesti, di voce, ecc.*) mimare, ripetere, parafrasare, rifare, rifare il verso, contraffare, simulare, parodiare, scimmiottare ***3*** (*di cosa*) sembrare, assomigliare, arieggiare.

imitativo *agg.* mimetico, imitatorio (*raro*) □ (*spreg.*) manierista **FRAS.** *armonia imitativa*, onomatopeia.

imitàto *part. pass. di* **imitare**; *anche agg.* ***1*** (*di persona, di esempio, ecc.*) preso a modello, seguito □ riprodotto, copiato, ricalcato, rifatto **CONTR.** opposto, inimitato □ autentico, originale, inventato ***2*** (*di gesto, di voce, ecc.*) mimato, ripetuto, contraffatto, finto, simulato, scimmiottato.

imitatóre *s. m.* (*f. -trice*) ***1*** (*raro*) seguace, discepolo, emulatore, emulo, epigono ***2*** (*spreg.*) copiatore, contraffattore, pedissequo, plagiario, scimmiottatore, manierista **CONTR.** creatore, ideatore, inventore, alfiere, corifeo. *V. anche* SEGUACE

imitazióne *s. f.* ***1*** copia □ copiatura, riproduzione, rifacimento, mimesi (*lett.*) □ contraffazione, falsificazione, plagio **CONTR.** archetipo, modello, prototipo, originale □ creazione, invenzione originale ***2*** simulazione, parodia, scimmiottatura.

immacolàto *agg.* ***1*** (*di persona*) senza macchia, senza colpa, puro, purissimo, illibato, incontaminato, virtuoso, etereo (*lett.*), innocente, intatto (*est.*), intemerato, mondo (*fig.*), vergine **CONTR.** contaminato, impuro, depravato, corrotto, macchiato, viziato ***2*** (*di cosa*) bianchissimo, candido □ pulitissimo **CONTR.** macchiato, sporco, laido, sudicio **FRAS.** *l'Immacolata*, la Madonna, Maria Vergine. *V. anche* BIANCO

immagazzinaménto *s. m.* stoccaggio.

immagazzinàre *v. tr.* ***1*** mettere in magazzino, stoccare, serbare ***2*** (*fig.*) (*di idee, di nozioni, ecc.*) accumulare, concentrare.

immaginàbile *agg.* concepibile, pensabile, prevedibile, presumibile, ideabile, ammissibile, credibile, congetturabile, possibile, supponibile □ previsto, scontato **CONTR.** inimmaginabile, impensabile, incredibile, assurdo, imprevedibile, inconcepibile, inopinabile.

immaginàre *v. tr.* ***1*** rappresentarsi, concepire, prefigurarsi, fantasticare, congetturare, sognare **CONTR.** vedere, verificare, accertare, riscontrare ***2*** (*di scoperta, di nuovo metodo, ecc.*) ideare, elucubrare, inventare, progettare, architettare, fabbricare ***3*** (*con* che *o* di) credere, pensare, supporre, fingere, ritenere, fare, stimare, opinare, trovare, mettere, ammettere, presumere, ipotizzare, presupporre □ illudersi □ intuire, prevedere, divinare (*raro, est.*). *V. anche* PENSARE

immaginàrio ***A*** *agg.* fantastico, favoloso, leggendario □ fantomatico, falso, cervellotico, inventato □ apparente, fittizio, illusorio, inconsistente, inesistente, irreale, astratto, presunto, supposto, ideale, idealistico **CONTR.** concreto, materiale, reale, tangibile, vero, corporeo, effettivo, storico ***B*** *s. m. sing.* immaginazione, fantasia.

IMMAGINARIO

sinonimia strutturata

Tutto ciò che è relativo all'immaginazione o che dall'immaginazione deriva si dice **immaginario**: *essere immaginario*; *vivere in un mondo immaginario*; *timori immaginari*; ciò che è prodotto della fantasia e non ha necessaria rispondenza nei fatti, come ciò che è chimerico e privo di realtà, si definisce anche **fantastico**, **irreale** e **ideale**: *è una narrazione fantastica*; *ambientazione irreale*; *mondo ideale*; *personaggi ideali*; ideale designa anche ciò che riunisce tutte le perfezioni che la mente umana può concepire indipendentemente dalla realtà: in questo senso si avvicina molto al termine **idealistico**, che si riferisce a ciò che è proprio di coloro che pensano e agiscono secondo schemi astratti e sono privi di concretezza: *ha una visione idealistica della situazione*; *è un progetto idealistico*, difficile da realizzare, utopico.

Anche **fantomatico** si avvicina a fantastico e ideale, ma contiene una sfumatura ulteriore che sottolinea l'irrealizzabilità o l'irrealtà: *i suoi fantomatici piani*; *una figura fantomatica e forse inesistente*. Lo stesso vale per **astratto**, che designa ciò che è frutto di astrazione, cioè di un'ipotesi assurda e irrealizzabile che non tiene conto delle condizioni contingenti: *questo progetto è assolutamente astratto*; su una congettura ipotetica ma anche plausibile si fondano invece i termini **suppositivo**, di uso assai raro, **presunto** e **supposto**, che significano **ipotizzato**; in particolare l'aggettivo supposto è adoperato molto frequentemente nella locuzione *supposto che*, ossia ammettendo in via d'ipotesi che: *anche supposto che sia in buona fede, come possiamo accertarlo?* Quando il giudizio, la conclusione appaiono particolarmente bizzarri e frutto di un ragionamento non lineare si dicono **cervellotici**: *cominciò una serie di congetture sempre più cervellotiche*.

Molto vicini tra loro sono **favoloso** e **leggendario**, che indicano ciò che appartiene alla favola o alla leggenda o ne ha i caratteri, e che è quindi almeno in parte basato sull'immaginazione e di cui si può presumere la non veridicità: *una storia, una divinità favolosa*; *racconto, avvenimento leggendario*; al contrario dei termini analizzati immediatamente prima, si usano spesso con una connotazione positiva e una sfumatura di ammirazione.

In una seconda accezione, immaginario corrisponde a **fittizio**, ossia ingannevole, anche intenzionalmente, o non vero: *bisogni immaginari*; *testimonianza fittizia*; un sinonimo perfetto è **falso**, che definisce ciò che non corrisponde alla realtà e alla verità: *opinione falsa*; *falso indizio*; il termine designa anche ciò che non è quello che sembra: *falso allarme*; *falso magro*; in questo senso corrisponde ad **apparente** e **illusorio**, che descrivono ciò che è frutto di una falsa impressione o di una manifestazione esteriore priva di reale sostanza: *grandezza, ricchezza, onestà apparente*; *felicità illusoria*. Ciò che si rivela apparente o illusorio è in effetti **inconsistente**, anche in senso figurato, o **inesistente**, ossia privo di consistenza e solidità: *patrimonio inconsistente*; *ricchezza inesistente*; questi termini insieme ad **insussistente** possono riferirsi anche a ciò che è privo di fondatezza: *materiali di prova inconsistenti*; *colpa inesistente*; *affermazione insussistente*; in particolare, l'ultimo aggettivo può coincidere con falso: *accusa insussistente*, mentre inesistente per estensione può essere equivalente al primo significato di immaginario: *il malato accusa sintomi inesistenti*; *quello che dici è inesistente*. Infine il termine **inventato** si discosta dai precedenti ed ha maggiore incisività perché sottolinea l'intenzionalità: inventare infatti in senso estensivo significa raccontare come vere cose immaginate; è così sinonimo di falso, **infondato**: *una storia inventata*; *notizie infondate*.

immaginativa *s. f.* fantasia, immaginazione, inventiva □ ispirazione artistica.

immaginativo *agg.* inventivo, fantastico, fantasioso **CONTR.** concreto.

immaginàto *part. pass. di* **immaginare**; *anche agg.* **1** rappresentato, concepito **CONTR.** visto, accertato **2** (*di sistema, di metodo, ecc.*) inventato, ideato, trovato **3** creduto, supposto, stimato, ritenuto, presunto, presupposto, previsto.

immaginazióne *s. f.* **1** fantasia, immaginativa, inventiva □ pensiero, mente □ ispirazione artistica **2** invenzione, illusione, fantasticheria, fisima, chimera, ubbia, utopia, sogno, castello in aria, elucubrazione, finzione, vagheggiamento **CONTR.** realtà.

immàgine *s. f.* **1** forma, figura, sembianza, apparenza, aspetto, parvenza, configurazione, specie (*lett.*) □ look (*ingl.*) **2** (*mat.*) rappresentazione **3** ricordo, reminiscenza □ impressione, sensazione **4** fantasma, ombra, spettro, visione, apparizione, simulacro (*lett., fig.*) **5** riproduzione, figura, disegno, effigie, quadro, icona, ritratto, veduta □ (*al pl.*) iconografia, figurazione **6** (*est., fig.*) manifestazione, emblema, tipo, personificazione, modello, simbolo, specchio, segno, attributo. *V. anche* QUADRO

immaginétta *s. f.* santino.

immaginóso *agg.* (*di persona, di ingegno, ecc.*) ricco di immaginazione, fantasioso, inventivo □ (*di linguaggio, ecc.*) immaginifico (*lett.*), mitico **CONTR.** realistico, positivo □ piatto.

immalinconìre ***A*** *v. tr.* rattristare, incupire **CONTR.** allietare, dilettare, rallegrare, divertire, esilarare □ confortare, consolare ***B*** *v. intr.* e **immalinconirsi** *intr. pron.* diventare malinconico, intristire, rattristarsi, incupirsi, contristarsi, attristarsi (*lett.*) **CONTR.** allietarsi, dilettarsi, rallegrarsi, divertirsi □ consolarsi.

immancàbile *agg.* certo, inevitabile, sicuro, scontato, indefettibile **CONTR.** incerto, eventuale, aleatorio.

immancabilménte *avv.* senza fallo, di sicuro, certamente, sicuramente, inevitabilmente, indefettibilmente **CONTR.** incertamente, dubbiamente.

immàne *agg.* **1** (*lett.*) enorme, grandissimo, smisurato, immenso, gigantesco, ciclopico, colossale **CONTR.** piccolissimo, minimo, minuscolo, microscopico **2** (*di disastro, di sventura e sim.*) terribile, spaventoso, catastrofico, atroce.

immanènte *agg.* insito, connaturato, intrinseco, inerente **CONTR.** trascendente, trascendentale □ estrinseco, esteriore.

immangiàbile *agg.* non commestibile □ disgustoso, schifoso, cattivissimo **CONTR.** commestibile, consumabile, esculento, mangereccio, edule, mangiabile □ delizioso, squisito.

immanicàto *agg.* (*fig.*) in contatto, legato, protetto **CONTR.** isolato.

immaterïàle *agg.* invisibile □ (*est.*) incorporeo, spirituale, ideale, astratto **CONTR.** materiale, corporeo, tangibile, concreto, palpabile, sensibile, visibile.

immaterialità *s. f.* incorporeità, spiritualità, idealità **CONTR.** materialità, corporeità, tangibilità, concretezza.

immatricolàre ***A*** *v. tr.* iscrivere, registrare, matricolare (*raro*) **CONTR.** depennare, cancellare ***B*** **immatricolarsi** *v. rifl.* farsi registrare, iscriversi. *V. anche* REGISTRARE

immatricolàto *part. pass. di* **immatricolare**; *anche agg.* registrato, iscritto.

immatricolazióne *s. f.* iscrizione, registrazione.

immaturaménte *avv.* **1** prematuramente, precocemente, prima del tempo, troppo presto, acerbamente **CONTR.** tardivamente, troppo tardi **2** (*raro*) puerilmente.

immaturità *s. f.* **1** acerbità **CONTR.** maturità **2** (*fig.*) prematurità, precocità **CONTR.** tardività, ritardo **3** (*fig.*) infantilismo, inesperienza, puerilità **CONTR.** esperienza, avvedutezza, saggezza.

immatùro *agg.*; *anche s. m.* **1** acerbo **CONTR.** maturo, maturato □ stagionato **2** (*fig.*) non del tutto sviluppato, acerbo (*fig.*) **CONTR.** sviluppato **3** (*fig.*) bambino, bambinone, imberbe, sbarbatello, inesperto □ infantile, puerile, bambinesco, fanciullesco **CONTR.** maturo, adulto, fatto, virile, quadrato, esperto, serio, assennato **4** (*di morte, di scomparsa e sim.*) precoce, prematuro □ intempestivo **CONTR.** tardivo.

immedesimàre **A** *v. tr.* identificare, unificare, unire, fondere **CONTR.** distinguere, diversificare **B** **immedesimarsi** *v. rifl.* identificarsi, compenetrarsi, investirsi □ (*di attore*) impersonarsi **CONTR.** astrarsi, liberarsi. *V. anche* UNIRE

immedesimazióne *s. f.* identificazione, compenetrazione **CONTR.** astrazione □ straniamento.

immediataménte *avv.* **1** direttamente **CONTR.** indirettamente **2** senza ritardo, istantaneamente, prontamente, subito, immantinente (*lett.*), senza indugio, difilato, ipso facto (*lat.*), ratto (*lett.*), tostamente (*lett.*), tosto (*lett.*) **CONTR.** comodamente, più tardi, in avvenire.

immediatézza *s. f.* **1** prontezza, celerità, istantaneità, tempismo **CONTR.** lentezza, temporeggiamento **2** naturalezza, spontaneità **CONTR.** doppiezza, cerimoniosità, elusività, gesuitismo, tortuosità **3** intuitività, facilità **CONTR.** artificio, ricercatezza, artificiosità, preziosismo, preziosità.

immediàto *agg.* **1** (*di contatto, di intervento, ecc.*) diretto, senza interposizione **CONTR.** indiretto, mediato **2** (*di decisione, di partenza, ecc.*) istantaneo, pronto, subito (*lett.*), rapido, celere, veloce, tempestivo □ (*di problema, ecc.*) intuitivo, facile □ (*di stile e sim.*) incisivo, efficace, cinematografico (*fig.*) **CONTR.** ritardato, tardivo □ (*di stile e sim.*) prezioso, professorale, accademico, lambiccato, pesante **3** (*fig.*) (*di reazione, di atteggiamento, ecc.*) incontrollato, spontaneo, naturale, istintivo, estemporaneo, sincero, franco **CONTR.** controllato, artificioso, forzato, elusivo, tortuoso, innaturale. *V. anche* SPONTANEO

immemoràbile *agg.* remoto, lontanissimo **CONTR.** recente.

immèmore *agg.* dimentico, oblioso (*lett.*), smemorato □ ingrato **CONTR.** memore □ riconoscente, grato.

immensaménte *avv.* enormemente, smisuratamente, molto, pazzamente, infinitamente □ incommensurabilmente, incomparabilmente, sterminatamente **CONTR.** scarsamente, poco.

immensità *s. f.* **1** (*di spazio, di mare, ecc.*) grande estensione, enormità, vastità, incommensurabilità, smisuratezza, sterminatezza **CONTR.** piccolezza, limitatezza, esiguità **2** (*di persone*) grande moltitudine, quantità enorme, infinità, mare, oceano **CONTR.** scarsezza.

immènso *agg.* **1** (*di distanza, di mare, ecc.*) incommensurabile, sconfinato, smisurato, illimitato, sterminato, enorme, estesissimo, vastissimo, grandissimo, colossale, immane, incalcolabile, ingente, oceanico, stragrande, titanico, interminato (*lett.*) **CONTR.** piccolissimo, minimo, esiguo, limitato, ridotto, ristretto, scarsissimo, microsopico, minuscolo, minuto **2** (*di sentimento*) intensissimo, profondissimo, infinito **CONTR.** scarso, superficiale. *V. anche* GRANDE

immèrgere **A** *v. tr.* **1** (*in un liquido*) tuffare, attuffare (*raro, lett.*), sommergere, affondare, bagnare, intingere, inzuppare **CONTR.** tirare su, estrarre **2** (*anche fig.*) (*di spada e sim.*) far penetrare, ficcare, infiggere, introdurre, immettere, sprofondare **CONTR.** estrarre, cavar fuori **B** **immergersi** *v. rifl.* **1** (*in un liquido*) tuffarsi, attuffarsi (*raro, lett.*), affondarsi, inabissarsi □ (*in un territorio*) penetrare, internarsi **CONTR.** riemergere, affiorare, emergere **2** (*fig.*) (*nello studio, nel sonno, ecc.*) sprofondare, abbandonarsi, dedicarsi, darsi, consacrarsi, seppellirsi, ingolfarsi **CONTR.** sollevarsi, alzarsi.

immeritataménte *avv.* ingiustamente, senza merito, indegnamente, immeritevolmente □ senza colpa, a torto **CONTR.** giustamente, a ragione, meritamente, meritatamente, degnamente □ sacrosantamente.

immeritàto *agg.* non meritato, ingiusto **CONTR.** meritato, giusto, debito, dovuto, sacrosanto.

immeritévole *agg.* non meritevole, indegno **CONTR.** meritevole, degno, benemerito.

immersióne *s. f.* tuffo, bagno, tuffata □ sommersione, inabissamento, affondamento □ pescaggio □ ammollo, bagnatura **CONTR.** emersione, affioramento.

immèrso *part. pass. di* **immergere**; *anche agg.* **1** (*in un liquido*) tuffato, attuffato (*raro, lett.*), sommerso □ bagnato **CONTR.** emerso, riemerso, affiorato **2** (*anche fig.*) (*di spada e sim.*) penetrato, piantato, ficcato, introdotto, affondato **CONTR.** estratto, cavato **3** (*fig.*) (*nello studio, nel sonno, ecc.*) sprofondato, abbandonato, dedicato, consacrato, assorto, impegnato, preso, sepolto, seppellito, ingolfato **CONTR.** sollevato, libero.

immésso *part. pass. di* **immettere**; *anche agg.* introdotto, inserito, pompato **CONTR.** estratto, tolto, cavato.

imméttere **A** *v. tr.* fare entrare, mettere dentro, introdurre, inserire, iniettare, addentrare □ immergere □ convogliare, pompare **CONTR.** estrarre, cavar fuori, togliere, asportare, trarre □ (*di gas, ecc.*) emettere, soffiare **B** *v. intr.* (*di strada e sim.*) sboccare, portare a, condurre in, comunicare con **C** **immettersi** *v. intr. pron.* introdursi, entrare, imboccare □ riversarsi, confluire.

immigràre *v. intr.* trapiantarsi, trasferirsi **CFR.** emigrare, espatriare **CONTR.** rimpatriare.

immigrazióne *s. f.* immigrati **CFR.** emigrazione **CONTR.** rimpatrio □ diaspora, esodo, spopolamento.

imminènte *agg.* **1** (*lett.*) (*di roccia, di monte, ecc.*) sporgente, sovrastante, pendente **2** (*fig.*) (*di pericolo, di guerra, ecc.*) prossimo, vicino, incalzante, incombente, pressante **CONTR.** lontano, remoto. *V. anche* VICINO

imminènza *s. f.* prossimità, vicinanza **CONTR.** lontananza.

immischiàre **A** *v. tr.* implicare, intromettere, coinvolgere **CONTR.** separare, sceverare **B** **immischiarsi**

v. intr. pron. intromettersi, impicciarsi, frammettersi, inframmettersi, ingerirsi, entrare, frapporsi, impacciarsi, intrigarsi, intrugliarsi (*fig.*), mescolarsi **CONTR.** disinteressarsi, non curarsi, liberarsi. *V. anche* MESCOLARE

immiserìre ***A*** *v. tr.* impoverire, depauperare □ (*fig.*) svigorire, indebolire **CONTR.** arricchire □ (*fig.*) rimpolpare ***B*** *v. intr.* e **immiserirsi** *intr. pron.* impoverirsi □ decadere **CONTR.** arricchirsi, ingrassarsi (*fig.*).

immiserìto *part. pass. di* **immiserire**; *anche agg.* ***1*** impoverito, povero, decaduto **CONTR.** arricchito, ricco ***2*** (*fig.*) triste, avvilito, abbattuto **CONTR.** lieto, allegro, esultante.

immissàrio *s. m.* affluente, confluente, tributario **CONTR.** emissario.

immissióne *s. f.* introduzione, inserimento, iniezione **CONTR.** estrazione, prelevamento □ eliminazione, scarto □ (*di gas, ecc.*) fuoriuscita, perdita, emissione.

immòbile ***A*** *agg.* fermo, fisso, immoto (*lett.*), saldo, stabile, incrollabile, quieto, stagnante, statico □ impalato, inerte, irrigidito, paralizzato, piantato □ (*di sguardo*) vitreo **CONTR.** mobile, movibile, trasportabile, girevole □ mutevole □ instabile, traballante, fluttuante, ondeggiante □ tremante, tremolante □ agitato, burrascoso ***B*** *s. m.* bene immobile □ edificio, stabile, fabbricato, casa, appartamento □ terra, podere, fondo **CONTR.** bene mobile.

immobilìsmo *s. m.* conservatorismo □ misoneismo **CONTR.** progressismo.

immobilità *s. f.* fissità □ stabilità, staticità, inerzia, quiete, stasi **CONTR.** mobilità, movibilità □ fluttuazione, ondeggiamento, instabilità □ movimento, moto, agitazione. *V. anche* COSTANZA

immobilizzàre ***A*** *v. tr.* ***1*** rendere immobile, fermare, fissare, bloccare, inchiodare □ costringere all'immobilità, steccare □ (*fig.*) paralizzare, pietrificare □ (*banca*) vincolare **CONTR.** lasciar andare, lasciar libero □ agitare, muovere, scrollare, scuotere □ svincolare ***2*** (*di capitali*) investire in beni immobili ***B*** **immobilizzarsi** *v. intr. pron.* irrigidirsi, fermarsi □ (*in alpinismo*) incrodarsi □ (*fig.*) pietrificarsi, cristallizzarsi **CONTR.** agitarsi, scrollarsi, scuotersi, divincolarsi.

immobilizzàto *part. pass. di* **immobilizzare**; *anche agg.* fermato, arrestato, tenuto fermo, incastrato □ (*fig.*) paralizzato, pietrificato **CONTR.** liberato.

immobilizzazióne *s. f.* fermo, arresto, immobilizzo □ (*med.*) contenzione □ cristallizzazione.

immobilìzzo *s. m.* immobilizzazione.

immoderataménte *avv.* smodatamente, smoderatamente, eccessivamente, esageratamente **CONTR.** moderatamente, modicamente, sobriamente.

immoderàto *agg.* smodato, smoderato, sfrenato, eccessivo, esagerato **CONTR.** moderato, modico, regolato, temperato, sobrio.

immodèstia *s. f.* presunzione, vanità, presuntuosità, millanteria □ sfacciataggine, sfrontatezza, spudoratezza, impudenza, iattanza, smoderatezza, superbia, supponenza, arroganza, inverecondia (*est.*) **CONTR.** misura, modestia, moderazione, discrezione, semplicità, umiltà.

immodèsto *agg.* ***1*** millantatore, presuntuoso, superbo, vanitoso **CONTR.** modesto, moderato, discreto, semplice, umile, dimesso ***2*** impudico, inverecondo, licenzioso, spudorato, sfacciato, sfrontato, impudente **CONTR.** pudico, verecondo, casto.

immolàre ***A*** *v. tr.* sacrificare ***B*** **immolarsi** *v. rifl.* darsi in olocausto, dare la vita, sacrificarsi.

immolazióne *s. f.* sacrificio □ olocausto □ uccisione.

immondézza *s. f.* ***1*** (*spec. fig.*) sporcizia, sporco, porcheria, letame (*fig.*) **CONTR.** pulizia, nettezza ***2*** spazzatura, mondezza (*dial.*), sudiciume, immondizia, pattume □ rifiuti. *V. anche* RIFIUTO

immondezzàio *s. m.* ***1*** mondezzaio, letamaio, pattumiera, concimaia ***2*** (*raro, fig.*) ambientaccio, ambiente turpe, ambiente vizioso.

immondìzia *s. f.* sporcizia, spazzatura, sudiciume, pattume, immondezza, lordura, porcheria, sudiceria □ rifiuti. *V. anche* RIFIUTO

immóndo *agg.* ***1*** sporco, sozzo, sudicio, lercio, lurido, lordo **CONTR.** pulito, mondo, netto, terso ***2*** (*fig.*) (*di vizio, di animo, ecc.*) impuro, sconcio, disonesto, osceno, schifoso, turpe, vergognoso □ corrotto, depravato, perverso **CONTR.** onesto, casto, puro, verecondo, costumato, virtuoso ***3*** (*relig.*) impuro, contaminato **CONTR.** puro, purificato. *V. anche* OSCENO

immoràle *agg.* ***1*** corrotto, disonesto, basso, cattivo, illecito, perduto, putrefatto, putrido, malsano, infetto, guasto □ amorale **CONTR.** morale, onesto, buono, dabbene, etico, edificante, inattaccabile, retto, specchiato ***2*** impudico, licenzioso, osceno, scandaloso, scostumato, turpe, indecente, depravato, inverecondo, impuro, lubrico, scollacciato, sfrenato, sozzo, sporco, spudorato, sudicio, vergognoso □ pornografico **CONTR.** costumato, puro, virtuoso, castigato, decente, innocente. *V. anche* OSCENO

immoralità *s. f.* ***1*** corruzione, disonestà, infezione, inquinamento, malcostume, putredine, putrefazione, putridume □ amoralità **CONTR.** moralità, morale, onestà, rettitudine, inattaccabilità, incorruttibilità, integrità, probità ***2*** dissolutezza, impudicizia, impurità, licenziosità, oscenità, scostumatezza, turpitudine, inverecondia, laidezza, lordezza, lordura, sudiciume, sfrenatezza, spudoratezza □ scandalo **CONTR.** costumatezza, onestà, morigeratezza, purezza, virtù, buoncostume, decenza, castigatezza.

immoralménte *avv.* ***1*** disonestamente, corrottamente, illecitamente **CONTR.** onestamente, moralmente, giustamente ***2*** dissolutamente, impudicamente, scostumatamente, licenziosamente, scandalosamente, spudoratamente, sozzamente **CONTR.** moralmente, morigeratamente, costumatamente, castigatamente, innocentemente.

immortalàre ***A*** *v. tr.* rendere immortale, eternare, perpetuare, glorificare ***B*** **immortalarsi** *v. intr. pron.* diventare immortale, procurarsi fama perpetua, diventare famoso □ perpetuarsi, eternarsi.

immortàle *agg.* ***1*** eterno, increato **CONTR.** mortale, umano ***2*** perenne, perpetuo, imperituro, sempiterno, glorioso **CONTR.** caduco, effimero, fugace, passeggero, temporaneo, transitorio. *V. anche* PERPETUO

immortalità *s. f.* **1** eternità **CONTR.** mortalità □ corruttibilità **2** fama imperitura.

immotivàto *agg.* senza motivo, gratuito, ingiustificato □ irrazionale, insensato, ingiusto **CONTR.** motivato, legittimo.

immùne *agg.* esente, libero, privo, salvo, sciolto, franco, scevro, vergine □ illeso, scampato, incolume, intatto □ (*anche fig.*) immunizzato, vaccinato, corazzato **CONTR.** soggetto, schiavo □ affetto, contagiato □ colpito, danneggiato, leso.

immunità *s. f.* esenzione, esonero, franchigia, privilegio □ impunità, impunibilità **CONTR.** obbligo, costrizione. *V. anche* PRIVILEGIO

immunizzàre *v. tr.* (*med.*) rendere immune □ (*anche fig.*) vaccinare, mitridatizzare.

immunizzàto *part. pass. di* **immunizzare**; *anche agg.* immune □ (*anche fig.*) vaccinato.

immunodeficiènza *s. f.* insufficienza immunitaria □ (*est.*) AIDS.

immunoprofilàssi *s. f.* prevenzione, vaccinazione.

immusonìrsi *v. intr. pron.* (*fam.*) fare il broncio, imbronciarsi, corrucciarsi, aggrondarsi **CONTR.** rasserenarsi.

immusonìto *part. pass. di* **immusonirsi**; *anche agg.* (*fam.*) imbronciato, corrucciato **CONTR.** rasserenato, giocondo, gioioso.

immutàbile *agg.* costante, fisso, stabile, inalterabile, invariabile, continuo, fermo, incommutabile (*lett.*), irrevocabile □ rigido, stereotipato □ eterno, perenne, perpetuo **CONTR.** mutabile, alterabile, cambiabile, modificabile, traformabile, variabile □ instabile, incostante, volubile, mutevole □ passeggero, caduco, transitorio.

immutabilità *s. f.* costanza, fissità, stabilità, inalterabilità, invariabilità, irrevocabilità □ eternità, perennità **CONTR.** mutabilità, alterabilità, convertibilità □ volubilità, fluidità, mutevolezza, instabilità, variabilità, incostanza □ caducità, transitorietà. *V. anche* COSTANZA

immutabilménte *avv.* immobilmente, invariabilmente, inalterabilmente □ stabilmente, irrevocabilmente □ costantemente, eternamente **CONTR.** instabilmente, mutevolmente, incostantemente □ transitoriamente.

immutàto *agg.* costante, fisso, fermo, statico, immobile, bloccato, inalterato, invariato, stazionario **CONTR.** mutato, mutevole, alterato, modificato, nuovo, riformato, trasformato.

impacchettàre *v. tr.* **1** fare un pacchetto □ impaccare, avvolgere, legare, imballare, confezionare, incartare **CONTR.** spacchettare, aprire, slegare, svolgere **2** (*est., fig.*) ammanettare, imprigionare, legare. *V. anche* AVVOLGERE

impacchettàto *part. pass. di* **impacchettare**; *anche agg.* **1** avvolto, legato, imballato □ confezionato, incartato **CONTR.** spacchettato, aperto, svolto, slegato, sfuso **2** (*est., fig.*) ammanettato, legato, imprigionato.

impacciàre ***A*** *v. tr.* **1** impedire, ostacolare, intralciare, bloccare, impicciare, imbrogliare, impastoiare **CONTR.** disimpacciare, disimpegnare, sciogliere, liberare □ sbloccare, sgombrare **2** (*fig.*) disturbare, imbarazzare, infastidire, confondere, turbare **CONTR.** agevolare, facilitare ***B*** **impacciarsi** *v. intr. pron.* (*fig.*) intromettersi, immischiarsi, ingerirsi, ficcarsi **CONTR.** disinteressarsi, non curarsi, liberarsi. *V. anche* IMBARAZZARE

impacciàto *part. pass. di* **impacciare**; *anche agg.* imbarazzato, confuso, esitante, incerto, timido, timoroso, irresoluto, inibito □ goffo, imbranato, fantozziano, provinciale □ (*spec. nei movimenti*) legato, legnoso, pesante **CONTR.** disinvolto, spigliato, franco, libero, disimpacciato □ (*fig.*) (*di stile*) elegante □ svelto, destro, spedito, agile, leggero, scattante, sciolto, snodato □ sfacciato. *V. anche* INCERTO, TIMIDO

impàccio *s. m.* **1** imbarazzo, perplessità, turbamento, goffaggine, timidezza, vergogna **CONTR.** disinvoltura, scioltezza, agio, destrezza, leggerezza, naturalezza, spigliatezza, verve (*fr.*) □ sfacciataggine **2** ostacolo, impedimento, impiccio, incaglio, ingombro, intoppo, intralcio, pastoia **CONTR.** aiuto, sostegno, vantaggio, agevolazone, facilitazione **3** (*est.*) fastidio, noia, disturbo □ difficoltà, disagio, impasse (*fr.*). *V. anche* DISTURBO

impadronìrsi *v. intr. pron.* **1** impossessarsi, appropriarsi, conquistare, occupare, farsi padrone, egemonizzare, espugnare, insignorirsi (*lett.*), espugnare, invadere □ prendere, rubare **CONTR.** perdere, abbandonare **2** (*fig.*) (*di una lingua, di un mestiere, ecc.*) afferrare, impossessarsi, imparare, conoscere a fondo, padroneggiare, digerire, impratichirsi **CONTR.** disimparare. *V. anche* PRENDERE

impagàbile *agg.* **1** (*di cosa*) senza prezzo, inestimabile, prezioso, inapprezzabile **CONTR.** trascurabile, spregevole **2** (*est.*) (*di carattere, di doti, ecc.*) straordinario, eccezionale, impareggiabile, piacevole, divertente **CONTR.** brutto, difficile, mediocre, modesto.

impaginatóre *s. m.* (*f. -trice*) grafico.

impagliàre *v. tr.* **1** imbottire di paglia □ rivestire di paglia □ imballare con paglia **CONTR.** spagliare **2** (*di animale*) imbalsamare.

impagliàto *part. pass. di* **impagliare**; *anche agg.* **1** imbottito di paglia □ rivestito di paglia □ imballato con paglia **CONTR.** spagliato **2** (*di animale*) imbalsamato.

impagliatùra *s. f.* **1** copertura in paglia □ rivestimento in paglia □ imballo con paglia **2** (*di animali*) tassidermia, imbalsamazione.

impalàre ***A*** *v. tr.* **1** infilare in un palo **2** sostenere con palo ***B*** **impalarsi** *v. intr. pron.* irrigidirsi **CONTR.** rilassarsi.

impalàto *part. pass. di* **impalare**; *anche agg.* rigido, impettito, immobile, irrigidito, piantato, dritto, ritto **CONTR.** cascante, dinoccolato, curvo, gobbo.

impalcatùra *s. f.* **1** struttura, armatura, castello, palco, ponte, ponteggio, impalcato, incastellatura, castelletto □ (*caccia*) bertesca **2** (*di ramo*) inforcatura **3** (*fig.*) (*di un sistema, di uno Stato, ecc.*) struttura, intelaiatura, edificio, ossatura, base.

impallidìre *v. intr.* **1** (*di persona*) divenire pallido, sbiancare, scolorirsi, illividirsi, trascolorare **CONTR.** arrossire, avvampare, imporporarsi, infiammarsi, colorirsi **2** (*est.*) (*di luce, di cielo, ecc.*) sbiadire, imbiancarsi, scolorarsi □ offuscarsi, oscurarsi, smorzarsi **CONTR.** illuminarsi, accendersi **3** (*fig.*) (*di persona*) allibire, sbigottire **CONTR.** rianimarsi, rinfrancarsi **4** (*fig.*) (*di fama, di sentimento, ecc.*) attenuarsi, indebolirsi, spegnersi **CONTR.** ravvivarsi, accentuarsi.

impallidito *part. pass. di* **impallidire**; *anche agg.* **1** (*di persona*) sbiancato, scolorito, pallido, smorto, trascolorato **CONTR.** arrossito, rosso, infiammato **2** allibito, sbigottito **CONTR.** rinfrancato, rianimato **3** (*fig.*) (*di ricordo, di luce, ecc.*) attenuato, sfumato, sbiadito, offuscato **CONTR.** ravvivato, accentuato, vivo, acceso.

impalmàre *v. tr.* (*lett.*) sposare.

impalpàbile *agg.* finissimo, minutissimo, sottilissimo, tenue, evanescente, vaporoso **CONTR.** palpabile, avvertibile, tangibile □ grosso, grossolano, voluminoso.

impalpabilità *s. f.* estrema finezza, estrema sottigliezza, vaporosità **CONTR.** palpabilità, grossezza, voluminosità.

impaludàre **A** *v. tr.* ridurre a palude, impantanare **CONTR.** bonificare **B** *v. intr.* e **impaludarsi** *intr. pron.* impantanarsi, stagnare, ristagnare.

impantanàre **A** *v. tr.* rendere pantanoso, impaludare **B** **impantanarsi** *v. intr. pron.* **1** impaludarsi **CONTR.** spantanarsi **2** (*fig.*) invischiarsi, ingolfarsi, impegolarsi, impelagarsi, infognarsi (*fam.*) **CONTR.** liberarsi, uscire, cavarsela.

impaperàrsi *v. intr. pron.* prendere una papera, confondersi, impappinarsi.

impappinàre **A** *v. tr.* (*raro*) far confondere **B** **impappinarsi** *v. intr. pron.* (*nel parlare*) imbrogliarsi, confondersi, impaperarsi, balbettare, ingarbugliarsi, tartagliare. *V. anche* BALBETTARE

imparàbile *agg.* (*di pallone*) imprendibile **CONTR.** parabile.

imparagonàbile *agg.* impareggiabile, incomparabile **CONTR.** paragonabile, comparabile.

imparàre *v. tr.* **1** apprendere, conoscere, studiare, acquisire, assimilare □ sperimentare □ impratichirsi, istruirsi, impadronirsi, impossessarsi □ abituarsi **CONTR.** disimparare, dimenticare, non ritenere, disapprendere **2** (*region.*) sapere, sentire **3** (*region.*) insegnare.

imparàto *part. pass. di* **imparare**; *anche agg.* appreso, conosciuto, studiato, acquisito, assimilato **CONTR.** disimparato, dimenticato.

impareggiàbile *agg.* **1** senza paragone, incomparabile, inarrivabile, ineguagliabile, imbattibile, imparagonabile, ineffabile, inimitabile, insuperabile, irraggiungibile **CONTR.** pareggiabile, eguagliabile **2** (*est.*) (*di consiglio, di aiuto, ecc.*) prezioso, insostituibile, impagabile, singolare, eccezionale, straordinario, unico **CONTR.** cattivo, pessimo, brutto.

imparentàre **A** *v. tr.* apparentare **B** **imparentarsi** *v. intr. pron.* apparentarsi.

ìmpari *agg.* **1** dispari, caffo (*tosc.*) **CONTR.** pari **2** (*est.*) (*di sforzo, di esito, ecc.*) inferiore, ineguale, disuguale **CONTR.** pari, uguale, superiore.

impartìre *v. tr.* dare, distribuire, dispensare, ripartire □ donare, elargire, concedere.

impartìto *part. pass. di* **impartire**; *anche agg.* dato □ diramato □ distribuito, dispensato, ripartito □ elargito, donato, concesso.

imparziàle *agg.* (*di persona, di giudizio*) equo, equanime, giusto, spassionato, neutrale, obiettivo, disinteressato, neutro, oggettivo, sereno **CONTR.** parziale, iniquo, ingiusto, partigiano, settario, tendenzioso. *V. anche* OBIETTIVO

imparzialità *s. f.* equità, equanimità, giustizia, neutralità, obiettività, disinteresse, oggettività, serenità, spassionatezza, spregiudicatezza **CONTR.** parzialità, iniquità, ingiustizia, partigianeria, settarismo, favoritismo, preferenza, tendenziosità. *V. anche* OBIETTIVO

imparzialménte *avv.* equamente, giustamente, spassionatamente, disinteressatamente, indifferentemente, obiettivamente, serenamente **CONTR.** parzialmente, iniquamente, ingiustamente, tendenziosamente.

impasse /fr. ɛ̃'pas/ [vc. fr., comp. di *in-* neg. e di un deriv. da *passer* 'passare'] *s. f. inv.* **1** via senza uscita, vicolo cieco **2** (*fig.*) intoppo, difficoltà **CONTR.** facilitazione, agevolazione.

impassìbile *agg.* imperturbabile, freddo, indifferente, insensibile, apatico, distaccato, gelido, imperturbato, inalterabile (*raro*), blasé (*fr.*) □ impavido, imperterrito, stoico □ calmo, sereno, tranquillo, serafico, olimpico **CONTR.** agitato, nervoso, emotivo, emozionabile □ preoccupato, spaventato □ iracondo, irascibile, irritabile □ meravigliato, sbalordito, confuso, disorientato.

impassibilità *s. f.* imperturbabilità, freddezza, indifferenza, insensibilità, apatia, inalterabilità □ stoicismo □ calma, serenità, tranquillità **CONTR.** agitazione, nervosismo, eccitabilità, emotività □ paura, trepidazione □ irascibilità, irritabilità □ confusione, scombussolamento, turbamento.

impassibilménte *avv.* imperturbabilmente, freddamente, indifferentemente □ stoicamente **CONTR.** agitatamente, nervosamente □ trepidamente, timorosamente.

impastàre *v. tr.* **1** amalgamare, mescolare, manipolare, mantecare **2** (*est.*) incollare. *V. anche* MESCOLARE

impastàto *part. pass. di* **impastare**; *anche agg.* **1** mescolato, misto **2** (*est.*) incollato **3** (*fig.*) fatto, costituito, composto, formato.

impastatrìce *s. f.* molazza, mescolatrice, mescolatore □ betoniera.

impasticciàre *v. tr.* **1** impastare, manipolare **2** (*fig.*) raffazzonare, abborracciare, cianfrugliare □ imbrogliare, scombinare, confondere **3** (*raro*) insudiciare, impiastrare, imbrattare.

impàsto *s. m.* **1** mescolanza, mistura, amalgama, impastatura, manipolazione, manteca, pasta □ intriso □ ripieno **2** (*fig.*) (*di colori, di stili, ecc.*) miscuglio □ insieme, misto, combinazione, amalgama, unione.

impastoiàre *v. tr.* (*fig.*) impacciare, imbarazzare, inceppare, intralciare, ostacolare, legare **CONTR.** liberare, sciogliere. *V. anche* IMBARAZZARE

impataccàre **A** *v. tr.* (*fam.*) insudiciare, macchiare, imbrattare, chiazzare, sporcare, insozzare **CONTR.** pulire, mondare, nettare, tergere, detergere **B impataccarsi** *v. rifl.* insudiciarsi, macchiarsi, sporcarsi **CONTR.** pulirsi, detergersi.

impataccàto *part. pass. di* **impataccare**; *anche agg.* (*fam.*) insudiciato, sudicio, macchiato, imbrattato, chiazzato, unto, sporco, lercio, sozzo **CONTR.** pulito, mondo, netto.

impattàre *v. tr.* e *intr.* pareggiare, terminare alla pari, far pari e patta **CONTR.** vincere, perdere.

impàtto *s. m.* **1** urto, cozzo, scontro □ percussione **2** (*fig.*) influsso, influenza □ conseguenza, effetto.

impaurire **A** *v. tr.* intimorire, inquietare, intimidire, spaurire, sgomentare, sbigottire, allarmare, spaventare, atterrire, terrorizzare **CONTR.** rinfrancare, rianimare, incoraggiare, rassicurare, confortare **B** *v. intr.* e **impaurirsi** *intr. pron.* spaventarsi, spaurirsi, inquietarsi, intimidirsi, sgomentarsi, sbigottirsi, allarmarsi, smarrirsi, intimorirsi, atterrirsi, tremare **CONTR.** rinfrancarsi, rianimarsi, rassicurarsi, agguerrirsi □ ardire.

impaurito *part. pass. di* **impaurire**; *anche agg.* spaventato, intimorito, spaurito, sgomentato, smarrito, contratto, sbigottito, allarmato, intimidito, pauroso, timoroso, atterrito, terrorizzato **CONTR.** rinfrancato, rianimato, incoraggiato, rassicurato □ coraggioso.

impavidaménte *avv.* coraggiosamente, intrepidamente □ valorosamente **CONTR.** paurosamente, pavidamente, timidamente, timorosamente □ vigliaccamente, vilmente.

impàvido *agg.* senza paura, ardito, ardimentoso, coraggioso, imperterrito, intrepido, prode, strenuo, valoroso, impassibile, imperturbabile **CONTR.** pavido, pauroso, timido, timoroso, tremante, tremebondo, trepidante, trepido □ codardo, vigliacco, vile. *V. anche* PRODE

impaziènte *agg.* **1** insofferente, intollerante, irrequieto, agitato, smanioso, nervoso, intrattabile, maltollerante, irascibile, scalpitante, precipitoso **CONTR.** paziente, tollerante, pacifico, mite, quieto, tranquillo, flemmatico **2** (*di partire, di sapere, ecc.*) ansioso, bramoso, desideroso **CONTR.** indifferente, contrario, avverso.

impazienteménte *avv.* **1** smaniosamente, nervosamente, insofferentemente **CONTR.** pacificamente, tranquillamente, filosoficamente, pazientemente **2** ansiosamente, bramosamente, desiderosamente **CONTR.** indifferentemente, malvolentieri.

impaziènza *s. f.* (*raro*) insofferenza, intolleranza □ ansia, inquietudine, agitazione, nervosismo, smania, fretta, frenesia, precipitazione **CONTR.** (*raro*) pazienza, sopportazione, tolleranza □ calma, flemma, impassibilità, imperturbabilità, self-control (*ingl.*).

impazzàre *v. intr.* **1** (*raro*) uscire di senno, impazzire **CONTR.** rinsavire **2** far chiasso, far confusione, smaniare □ furoreggiare, pazzeggiare, folleggiare **CONTR.** stare calmo **3** (*cuc.*) (*di salse, ecc.*) raggrumarsi, impazzire.

impazzàta *s. f. solo nella loc. avv. all'impazzata*, precipitosamente, senza riflettere **CONTR.** ponderatamente, dopo maturo esame.

impazziménto *s. m.* **1** (*raro*) ammattimento **2** seccatura, affanno, fatica, noia **CONTR.** piacere, divertimento.

impazzìre *v. intr.* **1** diventare pazzo, ammattire, impazzare (*raro*), insanire, perder la ragione, uscir di senno □ pazzeggiare, delirare **CONTR.** rinsavire **2** (*est.*) innamorarsi perdutamente, infatuarsi, cuocersi (*fig.*) **CONTR.** disamorarsi, disinnamorarsi **3** (*fig.*) (*per una cosa difficile*) perdere la testa, scervellarsi, lambiccarsi il cervello, rompersi il capo **4** (*fig.*) (*di strumenti*) rompersi, funzionare a caso, funzionare male **5** (*est.*) (*di traffico, di circolazione e sim.*) diventare caotico, diventare inestricabile, bloccarsi **CONTR.** regolarsi, sbloccarsi **6** (*cuc.*) (*di salse, ecc.*) raggrumarsi, impazzare.

impazzìto *part. pass. di* **impazzire**; *anche agg.* **1** ammattito, matto, pazzo □ (*per gioia, ecc.*) ebbro **CONTR.** rinsavito **2** (*est.*) innamorato perdutamente, infatuato, cotto **3** (*fig.*) (*di strumenti*) guasto **CONTR.** perfetto **4** (*di traffico, di circolazione e sim.*) caotico, inestricabile, bloccato **CONTR.** ordinato, scorrevole. *V. anche* MATTO

impeachment /*ingl.* im'pi:tʃmənt/ [vc. ingl., da *to impeach* 'mettere sotto accusa'] *s. m. inv.* incriminazione, accusa **CONTR.** assoluzione.

impeccàbile *agg.* irreprensibile, incensurabile, infallibile, inappuntabile, perfetto □ (*di aspetto, ecc.*) stilé (*fr.*), elegante, raffinato **CONTR.** biasimevole, censurabile, reprensibile, imperfetto.

impeccabilità *s. f.* irreprensibilità, incensurabilità, infallibilità, perfezione **CONTR.** fallibilità, imperfezione.

impeccabilménte *avv.* irreprensibilmente, infallibilmente, perfettamente **CONTR.** male, imperfettamente.

impediménto *s. m.* **1** ostacolo, impaccio, ingombro, imbarazzo, incaglio, intoppo, ostruzione, barriera, cortina, diaframma, contrasto □ difficoltà, contrarietà, contrattempo □ impiccio, intralcio, inciampo □ complicanza, complicazione, pastoia, remora □ inibizione, resistenza □ divieto, preclusione, proibizione, limitazione **CONTR.** facilità, agevolezza, vantaggio, facilitazione □ apporto, assistenza, aiuto, soccorso □ licenza, permesso □ spinta, stimolazione, stimolo **2** (*al pl.*) (*mil.*) bagagli, salmerie, carriaggi **3** (*med.*) minorazione, handicap (*ingl.*), disturbo, invalidità. *V. anche* COMPLICAZIONE, DISTURBO, INIBIZIONE

impedìre *v. tr.* **1** (*di parlare, di entrare, ecc.*) proibire, vietare, inibire, interdire, negare, precludere, impossibilitare, ostare **CONTR.** permettere, consentire, acconsentire, autorizzare, concedere, ammettere **2** (*di lavoro, di traffico, ecc.*) bloccare, ostacolare, arrestare, fermare, inceppare, imbrigliare, imbrogliare, interrompere, paralizzare □ (*di movimento, di passaggio, ecc.*) intralciare, impacciare, incagliare, ostruire, ingombrare, occludere, otturare, sbarrare, frenare, trattenere, vincolare, handicappare, legare □ sabotare, boicottare **CONTR.** facilitare, favorire, agevolare, incoraggiare, motivare, promuovere, stimolare □ sbloccare, sgombrare **3** (*di disgrazia e sim.*) prevenire, evitare **4** (*di braccia, di gambe*) debilitare, inabilitare. *V. anche* IMBARAZZARE

impedìto *part. pass. di* **impedire**; *anche agg.* **1** vietato, inibito, interdetto, impossibilitato, precluso, proibito **CONTR.** libero, autorizzato **2** (*di lavoro, di traffico, di passaggio, ecc.*) ostacolato, intralciato, incagliato, ostruito, inceppato, strozzato, soffocato, sbarrato, imbrigliato, interrotto □ impegnato, occupato, ingombro **CONTR.** facilitato, favorito, promosso □ libero, sgombro, spianato **3** (*fam.*) impacciato □ (*di braccia, di gambe*) debilitato, inabile, minorato, handicappato, invalido **CONTR.** abile, sano.

impegnàre A *v. tr.* **1** (*di gioiello, di mobile, ecc.*) dare in pegno, pignorare □ ipotecare **CONTR.** disimpegnare, riscattare, spignorare **2** (*di posto, ecc.*) riservare, prenotare, accaparrare □ (*di persona*) occupare, affaccendare, assorbire, mobilitare □ vincolare, obbligare, costringere, forzare, implicare □ ingaggiare, scritturare **CONTR.** lasciar libero, liberare, svincolare, disobbligare, dispensare, esimere, esonerare □ licenziare **3** (*mar.*) impigliare, intrigare **B impegnarsi** *v. rifl.* **1** (*in un'impresa, a partire, ecc.*) obbligarsi, addossarsi, incaricarsi, promettere, imbarcarsi, impegolarsi, vincolarsi, ingolfarsi □ esporsi, compromettersi, quotarsi (per una contribuzione) **CONTR.** disimpegnarsi, liberarsi, svincolarsi, affrancarsi, disobbligarsi, dispensarsi, esentarsi, esimersi **2** (*nello studio, nel lavoro, ecc.*) mettersi d'impegno, concentrarsi, dedicarsi, applicarsi, buttarsi, darsi, darsi da fare, sforzarsi, mobilitarsi □ (*per un ideale*) lottare **CONTR.** prendersela comoda, bighellonare, baloccarsi, disperdersi, distrarsi, dondolarsi, risparmiarsi. *V. anche* COSTRINGERE, PRENDERE, SPENDERE

impegnatìva *s. f.* autorizzazione.

impegnatìvo *agg.* gravoso, laborioso, oneroso, ponderoso □ vincolante **CONTR.** leggero, lieve, superficiale.

impegnàto *part. pass. di* **impegnare**; *anche agg.* **1** (*di gioiello, di mobile, ecc.*) dato in pegno, pignorato □ ipotecato **2** (*di posto*) riservato, prenotato **CONTR.** vacante, vuoto, disponibile **3** (*di persona*) vincolato, obbligato, tenuto □ (*nello studio, nel lavoro, ecc.*) intento, concentrato, preso, affaccendato, occupato, dedito, immerso □ (*in una faccenda*) imbarcato, ingolfato **CONTR.** libero, disimpegnato **4** (*in politica*) politicizzato, engagé (*fr.*) **CONTR.** menefreghista, quietista, disimpegnato, assenteista.

impégno *s. m.* **1** obbligo, obbligazione, patto □ vincolo, legame, catena (*fig.*) □ assicurazione, parola, promessa, voto **CONTR.** ritrattazione □ svincolamento **2** appuntamento □ scadenza **3** briga, incombenza, incarico, compito, onere, assunto, carico, fatica **4** sollecitudine, zelo, cura, diligenza, fervore, forza, industria (*lett.*), sforzo, puntiglio, premura, solerzia, applicazione, studio (*lett.*), concentrazione, coscienza, coscienziosità □ interessamento, engagement (*fr.*), mobilitazione **CONTR.** disimpegno, negligenza, noncuranza, indifferenza, disinteresse, svogliatezza, disaffezione □ menefreghismo, quietismo, assenteismo □ evasione (*fig.*). *V. anche* COSCIENZA, ZELO

impegolàre A *v. tr.* spalmare di pece, impeciare, impaniare, incatramare □ (*di imbarcazione*) calafatare **B impegolarsi** *v. rifl.* (*fig.*) impelagarsi, invischiarsi, impantanarsi (*fig.*), incasinarsi (*pop.*), infognarsi (*fam.*), ingolfarsi (*fam.*), invilupparsi, buttarsi (*fig.*), compromettersi, impaniarsi (*fig.*), implicarsi, invescarsi (*lett.*) **CONTR.** liberarsi, disimpegnarsi, disimpacciarsi, districarsi, affrancarsi, sbrogliarsi, cavarsela.

impegolàto *part. pass. di* **impegolare**; *anche agg.* (*fig.*) impelagato, impantanato, ingolfato, impeciato, incasinato (*pop.*), incastrato, inviluppato, invischiato **CONTR.** liberato, libero.

impelagàrsi *v. rifl. V.* **impegolarsi**.

impelagàto *part. pass. di* **impelagarsi**; *anche agg. V.* **impegolato**.

impellènte *agg.* imperioso, urgente, pressante, prepotente, scottante □ stretto, indispensabile **CONTR.** prorogabile, differibile.

impellènza *s. f.* urgenza.

impenetràbile *agg.* **1** (*di cosa*) incompenetrabile, inaccessibile, impermeabile, chiuso, inesplorabile, inviolabile □ (*di chiusura*) stagno **CONTR.** penetrabile, permeabile, accessibile, aperto, pervio (*lett.*), praticabile **2** (*fig.*) (*di fatto, di scopi, di discorso, ecc.*) incomprensibile, inesplicabile, imperscrutabile, ermetico, oscuro, inconoscibile □ (*spec. di persona*) chiuso, enigmatico, riservato, cupo, glaciale □ (*di atteggiamento*) bronzeo **CONTR.** chiaro, comprensibile, evidente, manifesto, palese, perspicuo, spiegabile □ aperto, franco, affabile, comunicativo. *V. anche* ENIGMATICO

impenetrabilità *s. f.* **1** (*di cosa*) inaccessibilità, incompenetrabilità, impermeabilità **CONTR.** accessibilità, compenetrabilità, permeabilità **2** (*di discorso, ecc.*) incomprensibilità, ermeticità, inesplicabilità, imperscrutabilità, inscrutabilità, oscurità □ (*fig.*) (*spec. di persona*) enigmaticità, riservatezza □ insensibilità, freddezza **CONTR.** chiarezza, comprensibilità □ comunicativa □ sensibilità.

impenitènte *agg.* incallito, incorreggibile, indurito, ostinato, pervicace **CONTR.** penitente, pentito, contrito, resipiscente □ correggibile raddrizzabile.

impenitènza *s. f.* ostinazione, pervicacia **CONTR.** pentimento, contrizione □ arrendevolezza, elasticità.

impennàre A *v. tr.* (*aer.*) cabrare **B impennarsi** *v. intr. pron.* **1** (*di aereo*) eseguire un'impennata, cabrare **2** (*di cavallo*) imbizzarrirsi **3** (*fig.*) (*di persona*) inalberarsi, ricalcitrare (*fig.*), risentirsi, arrabbiarsi, adombrarsi, impermalirsi, stizzirsi, incazzarsi (*volg.*) **CONTR.** ammansirsi, placarsi, quietarsi, calmarsi.

impensàbile *agg.* inconcepibile, inimmaginabile □ imprevedibile, imprevisto, inaspettato, inatteso, improvviso, inopinabile, insospettabile □ assurdo, inaccettabile, intollerabile **CONTR.** pensabile, immaginabile □ prevedibile, concepibile, supponibile, previsto, atteso, temuto □ accettabile, tollerabile.

impensàto *agg.* imprevisto, inaspettato, improvviso, inopinato, insospettato **CONTR.** previsto, atteso, programmato.

impensierìre A *v. tr.* inquietare, preoccupare, turbare □ tormentare, crucciare, affannare **CONTR.** calmare, placare, quietare, tranquillizzare **B impensierir-**

si *v. intr. pron.* turbarsi, preoccuparsi, darsi pensiero, inquietarsi □ crucciarsi, incupirsi, aggrondarsi **CONTR.** disinteressarsi, infischiarsene.

impensierìto *part. pass. di* **impensierire**; *anche agg.* ansioso, angosciato, inquieto, preoccupato, turbato □ incupito **CONTR.** calmo, tranquillo, indifferente □ divertito.

imperànte *part. pres. di* **imperare**; *anche agg.* (*di uso, di tendenza, ecc.*) dominante, preponderante, prevalente □ dilagante, di moda, in (*ingl.*) **CONTR.** fuori moda, out (*ingl.*).

imperàre *v. intr.* ***1*** dominare, regnare, comandare, avere la supremazia **CONTR.** ubbidire, soggiacere, sottostare ***2*** (*fig.*) (*di uso, di linguaggio, ecc.*) predominare, preponderare □ imperversare, essere in voga, essere di moda.

imperativo *agg.* ***1*** impositivo, ingiuntivo, tassativo □ (*di potere, ecc.*) sovrano ***2*** (*est.*) imperioso, autoritario □ rigido, severo, aspro **CONTR.** bonario, mite, mansueto □ democratico. *V. anche* SEVERO, SOVRANO

imperatóre *s. m.* (*f. -trice*) sovrano, monarca, despota, re, principe, zar (di Russia), Kaiser (di Germania), mikado (del Giappone), tenno (del Giappone), scià (di Persia), sultano (di paesi arabi), gran khan (di Cina), negus (di Etiopia). *V. anche* SOVRANO

impercettìbile *agg.* ***1*** piccolissimo, infinitesimale, microscopico, invisibile, insensibile **CONTR.** percettibile, visibile, grandissimo, enorme ***2*** (*est.*) (*di segno, di rumore*) lieve, felpato □ labile, sfuggente **CONTR.** marcato, pesante □ avvertibile, percepibile, sensibile □ udibile.

impercettibilità *s. f.* piccolezza, invisibilità, insensibilità **CONTR.** percettibilità, sensibilità, palpabilità □ grandezza, enormità.

impercettibilménte *avv.* lievissimamente, leggerissimamente, insensibilmente, invisibilmente **CONTR.** percettibilmente, sensibilmente.

impercorrìbile *agg.* chiuso, bloccato, intransitabile □ (*fig.*) (*di ipotesi e sim.*) impraticabile **CONTR.** percorribile, viabile, carreggiabile, transitabile □ praticabile.

imperdonàbile *agg.* inescusabile (*lett.*), ingiustificabile, irrimediabile, inespiabile, irremissibile □ (*di errore e sim.*) gravissimo, enorme **CONTR.** perdonabile, scusabile, rimediabile, condonabile, remissibile, spiegabile □ tollerabile, sopportabile, veniale.

imperfètto *agg.* ***1*** incompiuto, incompleto □ informe **CONTR.** perfetto, compiuto, completo, finito ***2*** difettoso, manchevole, insufficiente, scadente, impreciso, difettoso, carente, falloso, malfatto, mediocre, claudicante □ (*di vista, ecc.*) corto □ (*di arto, ecc.*) malformato **CONTR.** eccellente, pregevole, ottimo, ideale, impeccabile, magistrale. *V. anche* INCERTO

imperfezióne *s. f.* incompiutezza, difettosità, limitatezza □ difetto, manchevolezza, mancanza, deficienza, fallo, magagna, pecca, menda, tara, neo, vizio, debolezza, mancamento □ (*di arto, ecc.*) deformità, malformazione, minorazione **CONTR.** perfezione, compiutezza, finitezza, eccellenza, impeccabilità. *V. anche* DEBOLEZZA

IMPERFEZIONE
sinonimia strutturata

Si chiama innanzitutto **imperfezione** la caratteristica, la condizione di ciò che è difettoso e quindi insoddifacente in qualche sua parte: *lavoro di assoluta imperfezione*. In questo senso, imperfezione è sinonimo di **difettosità**: *la difettosità di un meccanismo, di un metodo*; vicino nel significato è il termine **limitatezza** che pone l'accento soprattutto sulla pochezza e l'esiguità: *limitatezza di vedute, di idee*. **Debolezza**, usato figuratamente, evidenzia invece in particolare la mancanza di solidità, di coerenza: *la debolezza di una teoria, di uno stile*; inoltre indica un punto debole, un difetto abituale: *avere molte debolezze*. In questa seconda accezione coincide quindi con il secondo significato di imperfezione, che si riferisce appunto ad un **difetto**: *un'imperfezione della vista*; *gemma con qualche imperfezione*; *difetto di struttura*; *l'opera presenta dei difetti*; se l'imperfezione è piccola e appena visibile si chiama figuratamente **neo**: *i nei di quel lavoro ne accrescono la bellezza*. Sinonimi tra loro, e più forti di neo, sono i termini **pecca** e **menda**: *conoscere le pecche, rilevare le mende di qualcosa*; così come imperfezione, entrambi possono indicare anche l'errore: *il suo operato non è immune da pecche*; *lavoro pieno di mende*.

Nell'uso corrente, il grave difetto di un oggetto inanimato, che ne impedisce il buon funzionamento o l'appropriata utilizzazione, e quindi ne diminuisce l'utilità, il pregio o il valore si dice **vizio**: *vizio di fabbricazione di un pezzo meccanico*; in senso estensivo il termine designa un aspetto o un elemento negativo: *l'unico vizio della sua prosa è l'affettazione*; raramente, può anche indicare una scorrettezza: *vizio di ortografia, di sintassi, di traduzione*. Un difetto, un'imperfezione anche grave si dice **fallo**: *commettere un fallo imperdonabile*; questo termine si riferisce anche ad un'imperfezione di un tessuto, della porcellana, del vetro, ed è quindi vicino a **magagna**, che indica un difetto fisico, specialmente nascosto, di un oggetto o di un materiale: *un legno pieno di magagne*; in questo significato il termine è pressoché equivalente al più familiare **tara**, che in senso proprio indicherebbe una malattia o una deformazione ereditaria che compromette l'integrità fisica o psichica di un individuo: *ognuno ha le sua tare*; in senso figurato magagna corrisponde a vizio, o anche a imperfezione e difetto: *ha molte doti ma anche molte magagne*; *è pieno di magagne nascoste*.

Come magagna così anche **mancanza** e il meno usato **mancamento** si riferiscono a un'imperfezione, a un difetto fisico o morale, a un errore, oppure a una colpa: *rilevare le mancanze di qualcosa*; *è stata una grave mancanza nei suoi confronti*. Il termine **deficienza** si usa per indicare specificamente una lacuna: *ho notato qualche deficienza nella sua preparazione*; questa accezione lo avvicina a **manchevolezza**, che sottolinea particolarmente l'insufficienza e la scarsità: *ho notato la manchevolezza della sua teoria*.

C'è poi una serie di vocaboli che si riferisce alle imperfezioni del fisico: la **malformazione** è appunto l'alterazione della normale conformazione di un tessuto, organo o parte del corpo: *è nato con una malformazione al cuore*; così, anche il termine **deformità** in ambito medico designa un'anomalia, una deformazione permanente: *la deformità del piede gli causa dei problemi di deambulazione*. La parola **minorazione** si distingue dalle precedenti perché non denomina un difetto innato, bensì la riduzione o la perdita delle facoltà corporee o intellettuali, e si avvicina quindi maggiormente a **menomazione**: *ha subito una grave minorazione nell'uso della parola*.

Inoltre, imperfezione può designare anche ciò che è imperfetto nel senso di non ancora finito, completato, e in questo caso è sinonimo di **incompiutezza**: *l'incompiutezza di un'opera*.

imperiàle *agg.* sovrano, cesareo, reale □ (*est.*) grandioso, maestoso. *V. anche* SOVRANO

imperialìsmo *s. m.* espansionismo, colonialismo.

imperialìsta ***A*** *s. m.* colonialista ***B*** *agg.* imperialistico, colonialista, espansionistico, aggressivo.

imperialìstico *agg.* colonialista, espansionistico, colonialistico, imperialista.

imperiosaménte *avv.* alteramente, orgogliosamente, superbamente, dispoticamente □ urgentemente, irresistibilmente, imperativamente **CONTR.** modestamente, umilmente, mitemente, democraticamente □ blandamente, tollerabilmente.

imperiosità *s. f.* autorità □ arroganza, superbia **CONTR.** mitezza, modestia, umiltà.

imperióso *agg.* ***1*** autoritario, caporalesco, dispotico, imperativo, prepotente, tiranno □ altero, orgoglioso, superbo **CONTR.** sottomesso, obbediente, arrendevole □ supplichevole, supplice, implorante ***2*** (*fig.*) (*di necessità e sim.*) impellente, urgente, irresistibile, pressante, ineluttabile **CONTR.** ritardabile, prorogabile, procrastinabile.

imperitùro *agg.* (*lett.*) immortale, eterno, intramontabile, sempiterno (*lett.*), immarcescibile **CONTR.** perituro, mortale, caduco, labile, passeggero, effimero, transitorio.

imperìzia *s. f.* inabilità, inesperienza, incapacità, inettitudine, ignoranza, incompetenza, dappocaggine **CONTR.** abilità, attitudine, capacità, esperienza, bravura, competenza, dimestichezza, maestria, mestiere, perizia, sapienza, sicurezza, tecnica.

imperlàre ***A*** *v. tr.* ***1*** adornare con perle, ingemmare, ingioiellare ***2*** (*fig.*) (*di sudore, di rugiada, ecc.*) cospargere di gocce, bagnare, spruzzare ***B*** **imperlarsi** *v. intr. pron.* coprirsi di goccioline, bagnarsi.

impermalìre ***A*** *v. tr.* far risentire, offendere ***B*** **impermalirsi** *v. intr. pron.* aversela a male, indispettirsi, offendersi, adontarsi, adirarsi, arrabbiarsi, stizzirsi, adombrarsi, imbronciarsi, impennarsi, incappellarsi (*fam.*), ingrugnarsi, piccarsi, risentirsi.

impermeàbile ***A*** *agg.* impenetrabile, idrofugo, idrorepellente □ (*di tessuto*) cerato, impermeabilizzato, waterproof (*ingl.*) □ (*di carta*) oleato □ (*di chiusura*) stagno **CONTR.** permeabile, idrofilo, assorbente ***B*** *s. m.* (*est.*) soprabito, trench (*ingl.*).

impermeabilità *s. f.* impenetrabilità **CONTR.** permeabilità.

impermeabilizzàto *agg.* impermeabile, idrofugo, idrorepellente □ (*di carta*) oleato □ (*di tessuto*) cerato, waterproof (*ingl.*).

imperniàre ***A*** *v. tr.* ***1*** fissare con perni, collegare, fermare ***2*** (*fig.*) (*di racconto, di ragionamento, ecc.*) basare, fondare, incentrare, incardinare (*fig.*) ***B*** **imperniarsi** *v. intr. pron.* (*fig.*) basarsi, fondarsi, incentrarsi, incardinarsi.

impèro ***A*** *s. m.* ***1*** (*di territorio*) dominio **CFR.** regno, monarchia, repubblica ***2*** (*anche fig.*) potere assoluto, autorità assoluta, dominio, comando □ supremazia, egemonia □ sfera, ambito ***B*** *in funzione di agg. inv.* (*posposto al n.*) (*di stile*) neoclassico fiorito.

imperscrutàbile *agg.* inscrutabile, impenetrabile, incomprensibile, misterioso, ermetico, inconoscibile, oscuro **CONTR.** scrutabile, comprensibile, chiaro, investigabile, spiegabile.

imperscrutabilità *s. f.* inscrutabilità (*raro*), incomprensibilità, impenetrabilità, oscurità **CONTR.** chiarezza, comprensibilità, evidenza, perspicuità.

imperscrutabilménte *avv.* impenetrabilmente, misteriosamente **CONTR.** chiaramente.

impersonàle *agg.* ***1*** (*di verbo, di forma e sim.*) indeterminato **CONTR.** determinato, personale ***2*** (*di giudizio, ecc.*) oggettivo, obiettivo, imparziale, spassionato ***3*** (*di stile, di giudizio, ecc.*) privo di originalità, banale, comune, scialbo, piatto, generico, anonimo, anodino, convenzionale, incolore, pedissequo, scolastico, stereotipato **CONTR.** originale, personale, caratteristico, tipico, pittoresco. *V. anche* BANALE

impersonalménte *avv.* ***1*** in forma impersonale, indeterminatamente **CONTR.** personalmente, determinatamente ***2*** senza originalità, banalmente, piattamente **CONTR.** originalmente, personalmente.

impersonàre ***A*** *v. tr.* rappresentare, incarnare, personificare □ interpretare ***B*** **impersonarsi** *v. rifl.* immedesimarsi ***C*** *v. intr. pron.* incarnarsi □ attuarsi.

impertèrrito *agg.* impavido, intrepido, ardito, audace, coraggioso, valoroso, saldo □ imperturbabile, impassibile, indifferente **CONTR.** pavido (*lett.*), atterrito, sgomento, spaventato □ trepidante, turbato.

impertinènte *agg.* insolente, sfacciato, maleducato, spudorato, arrogante, petulante, presuntuoso, sfrontato, strafottente, discolo □ irriverente, irriguardoso **CONTR.** cortese, garbato, gentile □ rispettoso, riguardoso, ossequioso.

impertinènza *s. f.* insolenza, sfacciataggine, irriverenza, maleducazione, sconvenienza, scortesia, villania, petulanza, presunzione, strafottenza □ affronto, oltraggio, insulto, ingiuria **CONTR.** rispetto, riguardo, cortesia, ossequio, garbo, affabilità, gentilezza, salamelecco.

imperturbàbile *agg.* (*di persona*) impassibile, imperterrito, insensibile, distaccato, inalterabile, indifferente □ stoico, impavido □ (*di persona, di espressione, di cosa*) calmo, sereno, cheto, olimpico, placido, serafico, tranquillo **CONTR.** sensibile, apprensivo, emotivo, nervoso □ irascibile, irritabile □ agitato.

imperturbabilità *s. f.* impassibilità, indifferenza, atarassia, distacco, filosofia, inalterabilità □ fermezza, rigore, rigorosità □ freddezza, insensibilità □ calma, serenità, olimpicità, placidità, flemma **CONTR.** sensibilità, apprensione, emotività, agitazione, nervosismo □ irascibilità, irritabilità.

imperturbabilménte *avv.* impassibilmente, indifferentemente □ stoicamente □ tranquillamente, serenamente, olimpicamente, flemmaticamente **CONTR.** agitatamente, nervosamente □ stizzosamente.

imperturbàto *agg.* impassibile □ calmo, sereno **CONTR.** turbato, agitato, commosso, nervoso, trasecolato.

imperversàre *v. intr.* **1** (*spec. di persona*) infierire, inferocire, incrudelire, sfrenarsi, tiranneggiare □ (*spec. di elementi naturali, epidemie, ecc.*) infuriare, scatenarsi, accanirsi **CONTR.** contenersi, dominarsi, frenarsi, moderarsi, stare calmo □ placarsi, spegnersi, cessare **2** (*scherz.*) (*di moda, di costume e sim.*) dominare, dilagare, imperare, essere di moda, essere in, avere successo **CONTR.** essere fuori moda, essere out.

impèrvio *agg.* **1** impraticabile, inaccessibile, irraggiungibile, malagevole, arduo, aspro, inesplorabile, intransitabile, selvaggio **CONTR.** pervio (*lett.*), penetrabile, accessibile, agevole, praticabile **2** (*ottica*) opaco.

ìmpeto *s. m.* **1** (*di mare, ecc.*) veemenza, furia, violenza, moto, furore, irruenza, rabbia (*est.*), onda, piena, raffica, tempesta, vortice □ (*di nemici e sim.*) assalto, attacco, carica **2** (*fig.*) impulso, scatto, accesso, empito, esplosione, impetuosità, slancio, spinta □ trasporto, voga, foga, energia, ardore, calore, calorosità, concitazione, fervore, zelo, entusiasmo, vitalità, vivacità **CONTR.** calma, flemma, ritegno, freddezza, placidità, tranquillità, requie. *V. anche* ENTUSIASMO, ZELO

impettìto *agg.* diritto, dritto, eretto, impalato, rigido, col petto in fuori, ritto, piantato □ tronfio, pettoruto, inamidato (*scherz.*) **CONTR.** cascante, curvo, dinoccolato, gobbo.

impetuosaménte *avv.* veementemente, violentemente, furiosamente, furibondamente, aspramente, rovinosamente, turbinosamente, tumultuosamente □ ardentemente, vivamente, vigorosamente □ irruentemente, precipitosamente, precipitevolmente **CONTR.** freddamente, pacatamente, placidamente, flemmaticamente, lentamente.

impetuosità *s. f.* (*spec. di elemento naturale*) veemenza, foga, furia, violenza □ (*spec. di persona, di discorso, ecc.*) irruenza, slancio, focosità, impulsività, enfasi, impeto, aggressività **CONTR.** calma, flemma, freddezza, pacatezza, placidità, lentezza.

impetuóso *agg.* **1** (*spec. di elemento naturale*) veemente, violento, furioso, dirompente, furibondo, rapinoso, rovinoso, tumultuoso, procelloso (*lett.*), turbinoso, vorticoso, travolgente, burrascoso, aspro □ torrenziale, scrosciante **2** (*di persona, di discorso, ecc.*) focoso, animoso, ardente, caldo, caloroso, incandescente, prorompente, aggressivo, vibrante, vigoroso, vulcanico □ irruente, impulsivo, precipitevole, precipitoso, temerario **CONTR.** calmo, flemmatico, freddo, frigido, pacato, placido, lento.

impiantàre *v. tr.* **1** (*di macchina, di congegno, ecc.*) installare, piazzare, collocare, piantare **CONTR.** disfare, distruggere, demolire **2** (*est.*) (*di azienda, di attività*) avviare, fondare, istituire, iniziare, mettere in piedi, costituire, creare, organizzare □ (*di casa, ecc.*) allestire **CONTR.** finire, chiudere, cessare, abolire, sopprimere.

impiànto *s. m.* **1** (*di attività, di casa, ecc.*) collocazione, fondazione, installazione, allestimento, avviamento, inizio **2** (*di riscaldamento, di produzione, ecc.*) attrezzature, macchina, macchinario, servizi, apparecchiatura □ infrastruttura, apparato, sistema, struttura **3** (*med., biol.*) trapianto.

impiastràre **A** *v. tr.* impiastricciare, impeciare, imbrattare □ (*est.*) insudiciare, insozzare **CONTR.** pulire, ripulire, tergere, detergere, nettare **B** **impiastrarsi** *v. rifl.* ungersi □ (*spreg.*) (*di viso*) truccarsi, imbellettarsi.

impiastricciàre **A** *v. tr.* (*spreg.*) impiastrare, imbrattare, sporcare □ chiazzare, macchiare **CONTR.** pulire, ripulire, tergere, detergere, nettare **B** **impiastricciarsi** *v. rifl.* sporcarsi, macchiarsi, insozzarsi.

impiàstro *s. m.* **1** (*med.*) cataplasma □ poltiglia, unguento, pasta, pomata, pappina □ medicamento **2** (*fig., fam.*) (*di persona*) pedante, noioso, molesto, piattola, pittima, pizza, rompiscatole (*fam.*), scocciatore, seccatore **CONTR.** spiritoso, gioviale, mattacchione, burlone **3** (*fig., fam.*) malaticcio, catorcio, coccio **CONTR.** sano, vegeto.

impiccàre **A** *v. tr.* appendere per la gola, appiccare, strangolare, strozzare □ giustiziare **B** **impiccarsi** *v. rifl.* appiccarsi, strozzarsi.

impiccàto *part. pass. di* **impiccare**; *anche agg. e s. m.* appiccato, strangolato, strozzato □ soffocato.

impicciàre **A** *v. tr.* impacciare, ostacolare, imbarazzare, intralciare, ingombrare, complicare **CONTR.** disimpacciare (*raro*), sbarazzare, sgombrare, liberare **B** **impicciarsi** *v. intr. pron.* immischiarsi, intromettersi, inframmettersi, ingerirsi, mettere il naso, intrigarsi, intrugliarsi, occuparsi, mescolarsi **CONTR.** disinteressarsi, fregarsene (*pop.*), infischiarsi, sbattersene (*pop., volg.*). *V. anche* IMBARAZZARE, MESCOLARE

impìccio *s. m.* **1** ingombro, intralcio, ostacolo, impedimento, impaccio **2** (*est.*) briga, seccatura, fastidio, contrattempo, seccatura, rompimento, scomodità, zavorra □ (*raro*) disagio, impaccio, imbarazzo **3** guaio, difficoltà, intrigo, pantano, rogna (*fam.*).

impiccióne *s. m.* curioso, ficcanaso, intrigante □ maneggione, mestatore **CONTR.** riservato, prudente, uno che bada ai fatti suoi, menefreghista.

impiccolìre **A** *v. tr.* (*anche fig.*) impicciolire, impiccinire, rimpicciolire, restringere, rimpiccolire, diminuire, sminuire **CONTR.** ingrandire, ingrossare, accrescere, aumentare, ampliare, amplificare, gonfiare, ingigantire **B** *v. intr. e* **impiccolirsi** *intr. pron.* farsi piccolo, diminuire, restringersi, ridursi, scemare, rimpiccolirsi **CONTR.** ingrandirsi, ingrossarsi, crescere, aumentare, accrescersi, gonfiarsi. *V. anche* DIMINUIRE

impiegàre **A** *v. tr.* **1** adoperare, utilizzare, adibire, usare, sfruttare, servirsi ***2*** (*di denaro*) spendere, investire ***3*** (*di tempo*) trascorrere, occupare, consumare □ metterci □ (*di mente*) applicare ***4*** (*di persona*) assumere, fare lavorare, occupare □ collocare (*est.*) **CONTR.** licenziare, mandare a spasso (*fig.*) ***B*** **impiegarsi** *v. rifl.* ottenere un impiego, trovare un impiego, trovare lavoro, lavorare, sistemarsi, occuparsi **CONTR.** licenziarsi. *V. anche* SPENDERE

impiegàto ***A*** *part. pass. di* **impiegare**; *anche agg.* ***1*** adoperato, utilizzato, usato, sfruttato, adibito ***2*** (*di denaro*) speso, investito ***3*** (*di tempo*) trascorso, occupato, consumato □ (*di mente*) applicato ***4*** (*di persona*) assunto, occupato **CONTR.** licenziato, disoccupato ***B*** *s. m.* stipendiato, funzionario, pubblico ufficiale, burocrate, addetto, subordinato, colletto bianco, travet (*fr., spreg.*), scribacchino (*spreg.*) □ (*al pl.*) apparato, organico, personale, burocrazia **CFR.** padrone, principale **FRAS.** *impiegato d'ordine*, esecutivo **CONTR.** direttivo.

impiègo *s. m.* ***1*** uso, utilizzazione, utilizzo, maneggio (*raro*), consumo □ (*di denaro*) investimento ***2*** ufficio, occupazione, collocazione, collocamento, posto, lavoro, posto di lavoro, greppia (*est., fig.*), carica, mestiere, professione, carriera. *V. anche* LAVORO

impietosaménte *avv.* crudelmente, spietatamente, disumanamente **CONTR.** pietosamente, umanamente, piamente.

impietosìre ***A*** *v. tr.* muovere a pietà, commuovere, intenerire, rammollire (*fig.*) **CONTR.** inferocire, inasprire ***B*** **impietosirsi** *v. intr. pron.* sentire pietà, commuoversi, intenerirsi, rammollirsi (*fig.*) **CONTR.** inferocirsi, inasprirsi.

impietosìto *part. pass. di* **impietosire**; *anche agg.* mosso a pietà, commosso, intenerito, rammollito (*fig.*) **CONTR.** inferocito, inasprito, spietato.

impietóso *agg.* crudele, disumano, spietato **CONTR.** pietoso, umano, cristiano, pio. *V. anche* CRUDELE

impietrìre ***A*** *v. tr.* ***1*** pietrificare ***2*** (*fig.*) indurire, rendere insensibile, irrigidire, paralizzare, gelare **CONTR.** commuovere, turbare ***B*** *v. intr.* e **impietrirsi** *intr. pron.* ***1*** pietrificarsi ***2*** (*fig.*) diventare duro, diventare insensibile, irrigidirsi, paralizzarsi, gelarsi **CONTR.** commuoversi, turbarsi.

impietrìto *part. pass. di* **impietrire**; *anche agg.* (*fig.*) pietrificato, reso insensibile, paralizzato, allibito, irrigidito, gelato.

impigliàre ***A*** *v. tr.* afferrare, incagliare, avviluppare, avvolgere, intricare □ (*fig.*) circuire, irretire **CONTR.** sciogliere, districare ***B*** **impigliarsi** *v. intr. pron.* avvilupparsi, avvolgersi, intricarsi, rimanere preso, restare intricato □ incespicare, inciampare **CONTR.** sciogliersi, districarsi.

impigrìre ***A*** *v. tr.* rendere pigro, impoltronire, infiacchire, addormentare (*fig.*), appesantire (*fig.*), infingardire, intorpidire **CONTR.** spigrire, spoltronire, svegliare, scuotere ***B*** *v. intr.* e **impigrirsi** *intr. pron.* diventare pigro, infiacchirsi, impoltronirsi, addormentarsi, imbolsire, infingardirsi (*fig.*), intorpidirsi (*fig.*) □ oziare, poltrire **CONTR.** spigrirsi, spoltronirsi, svegliarsi, scuotersi, scrollarsi □ ingegnarsi, affaccendarsi.

impigrìto *part. pass.*; *anche agg.* impoltronito, infiacchito, imbolsito, pigro **CONTR.** svegliato, scosso, spigrito, spoltronito.

impilàre *v. tr.* sovrapporre.

impinguàre ***A*** *v. tr.* ***1*** (*raro*) impolpare, ingrassare **CONTR.** dimagrire ***2*** (*fig.*) arricchire, rimpinguare, rimpolpare □ riempire, imbottire **CONTR.** impoverire, depauperare ***B*** *v. intr.* e **impinguarsi** *intr. pron.* ***1*** (*raro*) ingrassare, rimpolparsi **CONTR.** dimagrire, rinsecchirsi ***2*** (*fig., lett.*) arricchirsi spiritualmente.

impiombàre *v. tr.* saldare con piombo, riempire di piombo, piombare □ (*di dente*) otturare □ (*di pacco*) sigillare □ (*mar.*) incordonare **CONTR.** spiombare.

impiombàto *part. pass. di* **impiombare**; *anche agg.* piombato, riempito con piombo □ (*di dente*) otturato □ (*di pacco*) sigillato **CONTR.** spiombato.

impiombatùra *s. f.* ***1*** saldatura, saldamento ***2*** (*di dente*) otturazione ***3*** (*agr.*) (*di vite*) virosi.

impipàrsi *v. intr. pron.* (*pop.*) non curarsi, infischiarsi, ridersi, fregarsene (*pop.*) **CONTR.** curarsi, preoccuparsi, temere.

implacàbile *agg.* implacato, inesorabile, irriducibile, inflessibile, ostinato □ (*di odio, ecc.*) insanabile □ (*est.*) duro, crudele, terribile, spietato, crudo, impietoso □ (*di esaminatore e sim.*) rigido, rigoroso □ (*di nemico*) giurato, vendicativo **CONTR.** mite, debole □ conciliante, arrendevole, indulgente, pietoso, misericordioso, generoso, clemente, condiscendente. *V. anche* CRUDELE

implacabilità *s. f.* inesorabilità, inflessibilità, ostinazione □ spietatezza, crudeltà **CONTR.** placabilità □ indulgenza, arrendevolezza, condiscendenza, misericordia.

implacabilménte *avv.* inesorabilmente, inflessibilmente, ostinatamente, fieramente □ spietatamente, crudelmente **CONTR.** placabilmente □ indulgentemente, misericordiosamente.

implacàto *agg.* implacabile, irriducibile, inflessibile, ostinato □ (*est.*) duro, crudele, spietato **CONTR.** mite, debole □ conciliante, arrendevole, pietoso, misericordioso, generoso.

implementàre *v. tr.* attivare **CONTR.** disattivare.

implicàre ***A*** *v. tr.* ***1*** (*di cosa*) comprendere, sottintendere, racchiudere in sé, contenere, comportare, costare, esigere, importare (*raro*), includere, presupporre **CONTR.** escludere, eccettuare, eliminare ***2*** (*di persona*) coinvolgere, trascinare, impegnare, compromettere, impegolare, immischiare **CONTR.** disimpegnare, liberare ***B*** **implicarsi** *v. intr. pron.* coinvolgersi, impegnarsi, impegolarsi, impacciarsi **CONTR.** disimpegnarsi, liberarsi.

implicàto *part. pass. di* **implicare**; *anche agg.* (*di persona*) interessato, coinvolto, immischiato, compromesso, trascinato, mescolato **CONTR.** disimpegnato, libero, estraneo.

implicazióne *s. f.* ***1*** rapporto, connessione, relazione □ conseguenza, effetto ***2*** coinvolgimento.

implicitaménte *avv.* non espressamente, non dichiaratamente, tacitamente, velatamente □ indirettamente **CONTR.** esplicitamente, apertamente, chiaramente, espressamente, direttamente.

implicito *agg.* sottinteso, tacito, indiretto, velato □ compreso, contenuto, racchiuso **CONTR.** esplicito, chiaro, espresso, aperto.

implorànte *part. pres. di* **implorare**; *anche agg.* supplichevole, supplice, supplicante **CONTR.** imperioso, altezzoso, altero.

imploràre *v. tr.* chiedere, impetrare, supplicare, scongiurare, invocare, pregare, raccomandarsi **CONTR.** comandare, imporre, ingiungere □ bestemmiare, maledire. *V. anche* GRIDARE

implorazióne *s. f.* preghiera, supplica, impetrazione, appello, invocazione **CONTR.** comando, imposizione, ingiunzione □ bestemmia, maledizione.

impolìtico *agg.* **1** non politico, non diplomatico **CONTR.** politico, diplomatico **2** (*di mossa, di discorso, ecc.*) inopportuno, imprudente, avventato, intempestivo, temerario, azzardato **CONTR.** opportuno, prudente, accorto, conveniente, tempestivo.

impollinàre *v. tr.* (*bot.*) fecondare.

impollinazióne *s. f.* (*bot.*) fecondazione □ (*ad opera di insetti*) entomofilia **FRAS.** *impollinazione diretta*, autogamia □ *impollinazione indiretta*, eterogamia.

impolveràre **A** *v. tr.* coprire di polvere □ (*fig.*) infarinare (*est.*) □ sporcare **CONTR.** spolverare **B** **impolverarsi** *v. intr. pron.* coprirsi di polvere □ sporcarsi.

impolveràto *part. pass. di* **impolverare**; *anche agg.* coperto di polvere, polveroso □ (*fig.*) infarinato (*est.*) □ sporco **CONTR.** spolverato □ pulito, lucido.

impomatàto *agg.* unto di pomata □ cosparso di brillantina □ (*est.*) ben curato, azzimato.

imponderàbile **A** *agg.* (*fig.*) non analizzabile, imprevedibile, incomprensibile, misterioso, oscuro **CONTR.** analizzabile, prevedibile, valutabile, ponderabile **B** *s. m.* indeterminabile.

imponderabilità *s. f.* **1** (*fis.*) assenza di peso **CONTR.** ponderabilità **2** (*fig.*) imprevedibilità, misteriosità, oscurità **CONTR.** prevedibilità.

imponènte *agg.* **1** (*di edificio e sim.*) enorme, grandioso, colossale, gigantesco, grande, massiccio, monumentale, michelangiolesco □ (*di vista, di spettacolo e sim.*) magnifico, meraviglioso, regale, maestoso, superbo **CONTR.** piccolo, misero, insignificante, meschino **2** (*di persona*) autorevole, austero □ (*di uomo*) possente, prestante, scultoreo, statuario □ (*di donna*) giunonico, matronale, appariscente, vistoso **CONTR.** piccino, minuto. *V. anche* GRANDE

imponènza *s. f.* grandiosità, grossezza, maestosità, solennità, magnificenza, maestà □ autorevolezza, importanza □ prestanza **CONTR.** piccolezza □ meschinità, miseria.

impopolàre *agg.* non popolare, antipopolare □ (*est.*) sgradito, antipatico □ poco conosciuto **CONTR.** popolare □ (*est.*) simpatico □ noto, conosciuto.

impopolarità *s. f.* disapprovazione popolare, ostilità □ antipatia **CONTR.** popolarità □ simpatia.

imporporàre **A** *v. tr.* tingere di porpora, arrossare **B** **imporporarsi** *v. intr. pron.* (*di viso, di cielo, ecc.*) arrossire □ arrossarsi, rosseggiare **CONTR.** impallidire, sbiancare.

impórre **A** *v. tr.* **1** (*di corona, di coperchio, ecc.*) porre sopra, metter sopra, sovrapporre **CONTR.** togliere, levare **2** (*di nome*) dare, conferire **3** (*di legge, di ordine, ecc.*) fare osservare, fare rispettare, far valere **4** (*di obbligo, di rispetto, ecc.*) comandare, ordinare, dire, ingiungere, intimare, obbligare, precettare (*raro*), dettare, chiedere, volere, pretendere □ (*di compito gravoso*) affibbiare, addossare □ (*di legge, di sanzione*) prescrivere, comminare, infliggere **CONTR.** suggerire, ispirare □ pregare, supplicare, chiedere **B** **imporsi** *v. rifl.* **1** comandare, farsi valere **2** avere successo, affermarsi, invalere, predominare, dominare, preponderare, prevalere **CONTR.** fallire □ soggiacere **C** *v. intr. pron.* (*di questione, di decisione, ecc.*) essere necessario, urgere, premere □ balzare agli occhi. *V. anche* ORDINARE, VOLERE

importànte **A** *agg.* **1** (*di avvenimento, di problema, ecc.*) considerevole, essenziale, vitale, interessante, fondamentale, chiave, saliente, grave, notevole, notabile, rilevante, rimarchevole, serio, significante, urgente, di gran peso, di grande interesse, utile □ (*di bombardamento*) massiccio □ (*di somma o sim.*) vistoso □ (*di lavoro, di impegno, ecc.*) ponderoso □ (*econ.*) ofelimo **CONTR.** insignificante, irrilevante, modesto, meschino, trascurabile, dappoco, disprezzabile, lieve, minimo, secondario, tenue □ futile **2** (*di persona, di meriti, di successo*) autorevole, potente, grosso, grande, influente, altolocato □ ragguardevole, celebre, eminente, segnalato, qualificato, prestigioso, insigne, famoso **CONTR.** oscuro, ignoto, insignificante, modesto, qualunque, spicciolo (*tosc.*) **B** *s. m. solo sing.* l'essenziale. *V. anche* FAMOSO, GRANDE

importànza *s. f.* **1** entità, peso, imponenza, mole, dimensione, rilevanza, calibro, rilievo, valore, interesse, gravità, serietà, sostanzialità, notabilità, ragguardevolezza □ portata, conseguenza □ (*econ.*) ofelimità **CONTR.** insignificanza, irrilevanza, meschinità, modestia, futilità, inanità, piccolezza, nullità **2** credito, conto, considerazione, fiducia, stima □ dignità, autorevolezza, celebrità □ grado, livello, ordine, ruolo **CONTR.** discredito, disistima, disprezzo **FRAS.** *darsi importanza*, darsi delle arie, ostentare superiorità **CONTR.** semplicità, umiltà.

importàre **A** *v. tr.* **1** comprare, introdurre □ commerciare **CONTR.** esportare **2** (*raro*) (*di danno, di sacrifici, ecc.*) arrecare, cagionare, comportare, richiedere, implicare, comprendere **B** *v. intr.* premere, interessare, stare a cuore, calere (*lett.*) □ contare, significare **C** *v. intr. impers.* **1** interessare, premere, stare a cuore **2** essere necessario, bisognare, occorrere.

impòrto *s. m.* **1** ammontare, entità, costo, prezzo, spesa, quanto (*est.*) **2** (*est.*) somma.

importunàre *v. tr.* disturbare, infastidire, seccare, molestare, tormentare, annoiare, scocciare (*fam.*), rompere (*gerg.*), assediare, frastornare, incomodare, ossessionare, perseguitare, tampinare (*region.*), tediare, assillare **CONTR.** allietare, dilettare, divertire, rallegrare, ricreare, svagare.

importunità *s. f.* (*lett.*) disturbo, fastidio, molestia, seccatura, noia, assillo, insistenza, curiosità, indiscrezione, inopportunità **CONTR.** discrezione, misura, moderazione, prudenza, tatto. *V. anche* INDISCREZIONE

importùno *agg.*; *anche s. m.* **1** indiscreto, molesto, fastidioso, noioso, seccante, seccatore, scocciante (*fam.*), scocciatore (*fam.*), guastafeste, rompiscatole (*volg.*), rompipalle (*volg.*), rompiballe (*volg.*), rompi (*gerg.*), pesante, tedioso, appiccicaticcio, attaccaticcio, calabrone, canchero, disturbatore, guastamestieri, infesto, insistente, molestatore, ossessionante, pittima, tafano, tignoso, tormentatore, zanzara **CONTR.** discreto, moderato, prudente, gradito, accetto □ piacevole, divertente ***2*** inopportuno, intempestivo, fuori luogo **CONTR.** opportuno, tempestivo.

impositivo *agg.* imperativo, ingiuntivo, precettivo.

imposizióne *s. f.* ***1*** posa ***2*** comando, ordine, ingiunzione, intimazione, obbligo □ coartazione, coazione, costrizione □ prepotenza, soperchieria, sopraffazione **CONTR.** obbedienza, sottomissione □ richiesta, preghiera ***3*** (*gener.*) tassa, imposta, balzello, gravezza, tributo, tassazione. *V. anche* INTIMAZIONE, PREPOTENZA

impossessàrsi *v. intr. pron.* ***1*** impadronirsi, occupare, conquistare, appropriarsi, farsi padrone, prendere □ carpire, rapinare, rubare, sottrarre **CONTR.** perdere, abbandonare ***2*** (*fig.*) (*di una lingua, di un mestiere, ecc.*) afferrare, impadronirsi □ acquistare la padronanza, imparare **CONTR.** disimparare. *V. anche* PRENDERE

impossìbile *agg.* ***1*** (*di sogno, di progetto, ecc.*) inattuabile, irrealizzabile, ineseguibile, impraticabile, assurdo, inammissibile, velleitario, utopico, irrealistico □ (*di eventualità*) escluso **CONTR.** possibile, ammissibile, plausibile, probabile, verosimile □ attuabile, fattibile, realizzabile ***2*** (*est.*) (*di persona, di cibo, ecc.*) insopportabile, intollerabile, sgradevole, cattivo **CONTR.** sopportabile, tollerabile, gradevole, buono ***3*** (*di problema, di impresa, ecc.*) difficilissimo, proibitivo **CONTR.** facilissimo, abbordabile.

impossibilità *s. f.* ***1*** inammissibilità, inaccettabilità, inverosimiglianza □ inattuabilità, irrealizzabilità, impraticabilità **CONTR.** ammissibilità, plausibilità, probabilità, verosimiglianza □ possibilità, attuabilità, effettuabilità ***2*** (*di muoversi, di scrivere, ecc.*) incapacità **CONTR.** capacità, facoltà, potere.

impossibilitàre *v. tr.* rendere impossibile, bloccare, impedire **CONTR.** lasciare, permettere, sbloccare.

impossibilitàto *part. pass. di* **impossibilitare**; *anche agg.* impedito □ bloccato **CONTR.** libero.

impòsta *s. f.* ***1*** (*di porta, di finestra*) anta, battente, sportello, persiana, gelosia, scuro, scuretto ***2*** (*dir.*) imposizione, aggravio, contributo, contribuzione, gravame, gravezza (*lett.*) □ tributo, tassa, dazio, dogana, gabella, balzello, decima, diritto (*di bollo, ecc.*).

impostàre (1) ***A*** *v. tr.* (*di lavoro, di attività, ecc.*) mettere le basi, mettere le fondamenta, istituire □ (*di teoria, di discorso*) basare, imperniare □ avviare, iniziare, preparare, abbozzare **CONTR.** compiere, completare, finire, terminare, disbrigare ***B*** **impostarsi** *v. intr. pron.* prepararsi, atteggiarsi.

impostàre (2) *v. tr.* (*di corrispondenza*) imbucare, spedire **CONTR.** ritirare, ricevere.

impostàto (1) *part. pass. di* **impostare (1)**; *anche agg.* (*di lavoro, di attività, ecc.*) istituito □ avviato, iniziato, abbozzato, preparato **CONTR.** completato, finito, terminato.

impostàto (2) *part. pass. di* **impostare (2)**; *anche agg.* (*di corrispondenza*) imbucato, spedito **CONTR.** ricevuto, ritirato.

impostazióne *s. f.* (*di lavoro, di attività, ecc.*) avvio, inizio, abbozzo, organizzazione □ direttrice, linea guida □ (*di scritto e sim.*) taglio, angolazione.

impósto *part. pass. di* **imporre**; *anche agg.* ***1*** (*di corona, di coperchio, ecc.*) posto, sovrapposto **CONTR.** tolto, levato ***2*** (*di nome*) dato, conferito ***3*** (*di obbligo, di rispetto, ecc.*) comandato, intimato, prescritto, inflitto, ordinato □ obbligatorio, coatto □ (*di prezzo*) fisso, bloccato, fissato **CONTR.** suggerito, ispirato □ volontario, spontaneo □ libero, trattabile.

impostóre *s. m.* (*f. -tora*) imbroglione, avventuriero, gabbamondo, raggiratore, calunniatore □ ingannatore, mentitore, bugiardo, ciarlatano, istrione, mistificatore, prestigiatore, simulatore, spergiuro, saltimbanco, dissimulatore, doppio, doppiogiochista, fariseo, finto, gattamorta, ipocrita, tartufo **CONTR.** galantuomo. *V. anche* IPOCRITA

impostùra *s. f.* ipocrisia, insincerità, doppiezza, ambiguità, fariseismo, falsità, ciarlataneria, maschera, finzione, simulazione □ frode, imbroglio, inganno, raggiro □ menzogna, bugia, calunnia, commedia, mistificazione **CONTR.** probità, lealtà, onestà, rettitudine, sincerità, verità. *V. anche* BUGIA, FRODE

impotènte *agg.* ***1*** debole, inetto, incapace, inabile, fiacco, svigorito, invalido, eunuco (*fig.*) **CONTR.** potente, capace, valido, vigoroso, robusto ***2*** (*med.*) sessualmente incapace **CONTR.** virile.

impotènza *s. f.* ***1*** debolezza, inettitudine, incapacità, fiacchezza, mancanza di forza, invalidità **CONTR.** potenza, capacità, forza, vigore, vigoria, validità, vitalità, potere, facoltà ***2*** (*med.*) incapacità sessuale **CONTR.** virilità.

impoveriménto *s. m.* depauperamento, immiserimento, depauperazione □ mutilazione, isterilimento, inaridimento **CONTR.** arricchimento.

impoverìre ***A*** *v. tr.* ***1*** rendere povero, immiserire, depauperare □ dissanguare, mutilare, spolpare □ inaridire, isterilire, sfornire **CONTR.** arricchire, ingrassare, rimpinguare, rimpolpare sostenere □ ornare ***2*** (*fig.*) indebolire, svilire **CONTR.** potenziare, rafforzare ***B*** **impoverirsi** *v. intr. pron.* ***1*** diventare povero, immiserirsi, dissanguarsi, svenarsi **CONTR.** arricchirsi, ingrassarsi ***2*** (*fig.*) scemare, languire, indebolirsi **CONTR.** rafforzarsi, potenziarsi.

impoverìto *part. pass. di* **impoverire**; *anche agg.* ***1*** immiserito, depauperato □ decaduto, dissestato □ inaridito, isterilito **CONTR.** arricchito, ingrassato, rimpolpato ***2*** (*fig.*) indebolito, scemato **CONTR.** rafforzato, potenziato.

impraticàbile *agg.* ***1*** (*di luogo, di strada*) impervio, inaccessibile, disagevole, aspro, impossibile, intransitabile, impercorribile, malagevole **CONTR.** accessibile, agevole, agibile, transitabile, percorribile, praticabile ***2*** (*fig.*) (*di persona*) inavvicinabile, inaccostabile, intrattabile **CONTR.** trattabile, affabile, cordiale, alla mano, alla buona.

impraticabilità *s. f.* inaccessibilità, impossibilità,

intransitabilità, malagevolezza **CONTR.** praticabilità, viabilità, transitabilità.

impratichìre ***A*** *v. tr.* rendere pratico, rendere esperto, esercitare, addestrare, scozzonare, abilitare ***B*** **impratichirsi** *v. intr. pron.* diventare pratico, imparare, abituarsi, addestrarsi, impadronirsi, istruirsi **CONTR.** disimparare, dimenticare.

imprecàre *v. intr.* inveire, lanciare insulti, maledire, bestemmiare, sacramentare, smoccolare (*fam.*) **CONTR.** benedire, invocare, lodare.

imprecazióne *s. f.* invettiva, maledizione, esecrazione, insulto, parolaccia, anatema, giaculatoria (*antifr.*), moccolo (*fam.*), bestemmia **CONTR.** benedizione, preghiera, invocazione, lode.

imprecisàbile *agg.* approssimato, vago, indeterminato, imprecisato, indefinito, inafferrabile, indefinibile **CONTR.** precisabile, determinabile, determinato, definito, certo.

imprecisaménte *avv.* indeterminatamente, vagamente □ difettosamente, inesattamente **CONTR.** precisamente, distintamente, puntualmente □ esattamente, perfettamente.

imprecisàto *agg.* non ben definito, incerto, indeterminato, generico, vago, imprecisabile, indefinito **CONTR.** definito, determinato, certo, sicuro, tassativo.

imprecisióne *s. f.* ***1*** indeterminatezza, genericità, indefinitezza, indeterminazione, approssimazione, pressappochismo **CONTR.** precisione, determinatezza ***2*** inesattezza, improprietà, scorrettezza, sbaglio **CONTR.** esattezza, accuratezza, diligenza, fedeltà, perfezionismo, proprietà, puntualità, rigore, acribia.

impreciso *agg.* inesatto, approssimativo, indeterminato, fumoso, generico, inconsistente, indefinito, sfumato, vago □ (*di lavoro, ecc.*) negligente, inaccurato □ (*di strumento e sim.*) imperfetto, difettoso, infedele **CONTR.** preciso, definito, determinato, netto, nitido □ accurato, diligente, rigoroso, inappuntabile, ordinato □ fedele, fotografico, puntuale, esatto.

impregnàre ***A*** *v. tr.* ***1*** (*di acqua, di alcol, ecc.*) imbevere, intridere, inzuppare, immollare, bagnare **CONTR.** asciugare, prosciugare, seccare, disseccare ***2*** (*est., anche fig.*) (*di fumo, di pregiudizi, ecc.*) riempire, colmare, inquinare, permeare, pervadere **CONTR.** liberare, vuotare, disinquinare ***3*** (*di femmina, spec. di animale*) fecondare, ingravidare **CONTR.** sgravare ***B*** **impregnarsi** *v. intr. pron.* ***1*** (*di acqua, di alcol, ecc.*) imbeversi, intridersi, inzupparsi, immollarsi, bagnarsi, assorbire **CONTR.** asciugarsi, prosciugarsi, seccarsi, disseccarsi ***2*** (*est., anche fig.*) (*di fumo, di pregiudizi, ecc.*) riempirsi, colmarsi, inquinarsi, compenetrarsi **CONTR.** liberarsi, vuotarsi, disinquinarsi ***3*** (*di femmina, spec. di animale*) diventare gravida, ingravidarsi **CONTR.** sgravarsi.

impregnàto *part. pass. di* **impregnare**; *anche agg.* ***1*** (*di acqua, di alcol, ecc.*) imbevuto, ammollato, intriso, inzuppato, bagnato, madido **CONTR.** secco, asciutto ***2*** (*est., anche fig.*) (*di fumo, di pregiudizi, ecc.*) pieno, colmo, inquinato, saturo, imbevuto (*fig.*), permeato (*fig.*) **CONTR.** vuoto, libero, disinquinato ***3*** (*solo f.*) (*di femmina, spec. di animale*) pregna, gravida, incinta **CONTR.** sgravata.

imprendìbile *agg.* ***1*** inafferrabile **CONTR.** prendibile, afferrabile ***2*** (*di luogo*) inespugnabile **CONTR.** espugnabile, conquistabile.

imprenditóre *s. m.* (*f. -trice*) impresario, appaltatore, costruttore, industriale, manager (*ingl.*), operatore □ padrone, datore di lavoro.

imprenditoriàle *agg.* industriale, manageriale.

impreparàto *agg.* inesperto, ignorante, sprovveduto, digiuno, disinformato, incompetente, malpreparato □ non preparato, alla sprovvista, di sorpresa **CONTR.** esperto, capace, agguerrito, allenato, degno, pronto, tecnico □ preparato.

impreparazióne *s. f.* ***1*** mancanza di preparazione □ improvvisazione **CONTR.** preparazione ***2*** inesperienza, ignoranza, sprovvedutezza, disinformazione, incompetenza **CONTR.** capacità, esperienza.

imprésa *s. f.* ***1*** opera, azione, attività, lavoro, progetto, iniziativa, compito, affare, faccenda, operazione □ (azione difficile) rischio, difficoltà, cimento (*lett.*), prova ***2*** (*spec. mil.*) fatto, gesta, spedizione □ (*sport*) performance (*ingl.*) ***3*** organizzazione, organismo, azienda, società, agenzia, ditta, casa, compagnia, baracca (*fam.*) ***4*** appalto.

impresàrio *s. m.* imprenditore, gestore, appaltatore □ industriale, produttore □ (*sport*) procuratore, manager (*ingl.*).

imprescindìbile *agg.* indispensabile, irrinunciabile, inevitabile, inderogabile, indeclinabile, obbligatorio, stretto, inviolabile **CONTR.** derogabile, evitabile, inutile, superfluo.

impresentàbile *agg.* improponibile □ (*est.*) indecente, disordinato **CONTR.** proponibile □ presentabile, in ordine.

impressionàbile *agg.* emotivo, emozionabile, eccitabile, agitabile □ sensibile, sensitivo, suggestionabile □ psicolabile **CONTR.** impassibile, imperturbabile, insensibile □ apatico □ stoico.

impressionabilità *s. f.* emotività, sensibilità, eccitabilità, emozionalità, sensitività, suggestionabilità **CONTR.** impassibilità, imperturbabilità, insensibilità □ stoicismo.

impressionànte *agg.* sconvolgente, conturbante, sconcertante □ emozionante, scioccante, shoccante, mozzafiato □ raccapricciante, allucinante, traumatizzante, traumatico □ eccezionale, leggendario, sensazionale **CONTR.** insignificante, modesto.

impressionàre ***A*** *v. tr.* fare impressione, colpire, far colpo, suggestionare, influenzare, toccare □ emozionare, agitare, commuovere, scuotere, sconcertare, turbare, sgomentare, conturbare □ scioccare, shoccare □ sbigottire, sbalordire □ allucinare, traumatizzare **CONTR.** lasciare indifferente ***B*** **impressionarsi** *v. intr. pron.* turbarsi, suggestionarsi, emozionarsi, sbigottirsi, sconcertarsi, confondersi, spaventarsi **CONTR.** restare indifferente. *V. anche* SCUOTERE

IMPRESSIONARE
sinonimia strutturata

L'agire sullo spirito o sulla fantasia di qualcuno, provocando turbamento o stupore, si definisce **impressionare**: *l'annuncio ha impressionato l'opinione* *pubblica*; *impressionare qualcuno col racconto delle proprie disgrazie*. Il termine ha numerosi sinonimi che si differenziano per lievi sfumature e gradazioni d'intensità; il comportarsi in modo da suscitare una reazione emotiva si dice genericamente **toccare**, nel suo uso figurato e talvolta anche assoluto: *le vostre maldicenze non lo toccano*; *il tuo discorso tocca intimamente*; l'espressione *toccare il cuore* significa suscitare compassione, pietà, commozione e coincide con il significato di **commuovere**, che indica appunto il produrre sentimenti ad esempio di affetto, tenerezza, pietà, dolore, o, più raramente, di agitazione ed entusiasmo: *il tuo gesto mi ha profondamente commosso*; anche il **fare colpo** si risolve in un'emozione positiva, che però è di solito meno intima della commozione e consiste piuttosto nell'interesse, nell'ammirazione: *la sua bellezza ha fatto colpo*.

A un sentimento o a un'impressione molto viva si riferiscono **emozionare** e figuratamente **agitare**, **colpire** e **scuotere**: *agitare la fantasia, la mente*; *uno spettacolo che emoziona*; *quella scena mi ha molto colpito*; *le sue parole mi scossero*. Ancor più forte è il termine **shockare**: *la morte del fidanzato l'ha shockata*; **sbalordire** si differenzia leggermente perché evoca l'idea di stupore, oltre che di turbamento: *lo spettacolo ci sbalordì tutti*; abbastanza vicini nel significato sono **sbigottire**, **sconcertare** e **sgomentare** che però sono caratterizzati da una sfumatura negativa e indicano l'intimorire o il turbare tanto intensamente da far quasi perdere la capacità di reagire e da creare forte disorientamento: *le notizie disastrose sbigottirono l'intera città*; *è una notizia che sconcerta tutti*; *la responsabilità è tale da sgomentare chiunque*; in particolare, quest'ultimo sinonimo si riferisce anche a stati di ansia angosciosa e di profondo scoraggiamento; sbigottire o meravigliare sono anche sinonimi di **fare impressione**, che però non necessariamente è connotato in senso negativo. Il rendere inquieto, agitato, confuso, preoccupato e insoddisfatto si dice anche **turbare** e, meno frequentemente, **conturbare**: *è un'esperienza che può turbare gravemente chi non vi è preparato*; *lettura capace di conturbare l'animo*. Una violenta emozione, soprattutto se negativa, può sconvolgere o **traumatizzare**: *è rimasto traumatizzato dall'incidente*.

Infine, i termini **influenzare** e **suggestionare** rispetto ai precedenti si distinguono perché segnalano l'impressionare al punto da modificare le idee o il comportamento di qualcuno: *influenzare le sue scelte, decisioni*; *non lasciarti suggestionare dalle opinioni altrui*; quest'ultimo verbo inoltre può coincidere anche con **affascinare**: *uno spettacolo che affascina*.

impressionàto *part. pass. di* **impressionare**; *anche agg.* turbato, emozionato □ suggestionato □ scioccato, shoccato, scosso, colpito □ commosso, attonito □ sbigottito, sconcertato □ allucinato, traumatizzato **CONTR.** impassibile, imperturbabile, indifferente, apatico.

impressióne *s. f.* **1** (*est.*) (*di timbro, di dita, ecc.*) impronta, segno, immagine **2** (*raro*) (*di libri e sim.*) stampa, edizione, ristampa **3** (*biol., raro*) imprinting (*ingl.*) **4** (*fig.*) sensazione fisica, percezione, senso **5** (*fig.*) turbamento, emozione, shock (*ingl.*), choc (*fr.*), sbigottimento, stupore, specie, meraviglia □ agitazione, commozione, eccitazione, suggestione, clamore, colpo, effetto, scalpore □ brivido, raccapriccio, spavento **CONTR.** indifferenza, impassibilità, apatia **6** opinione, giudizio, convinzione, convincimento, idea, concetto □ dubbio, sospetto, sentore, sensazione **FRAS.** *fare impressione*, impressionare, meravigliare, sbigottire. *V. anche* COSCIENZA, EMOZIONE, IMPRONTA

imprèsso *part. pass. di* **imprimere**; *anche agg.* **1** (*di libro, ecc.*) stampato, inciso, scritto □ (*fig.*) (*di sentimento, di ricordo, di parole, ecc.*) inciso, scolpito, inculcato **CONTR.** cancellato **2** (*fig.*) (*di dolore, di gioia, ecc.*) evidente, visibile **CONTR.** invisibile.

imprestàre *v. tr.* prestare, dare a prestito.

imprevedìbile *agg.* inopinabile, impensabile, inimmaginabile, inaspettato, inatteso, insospettabile □ insperabile □ aleatorio, imponderabile, dubbio, casuale □ (*di persona*) sorprendente **CONTR.** prevedibile, presumibile, probabile, immaginabile, intuibile □ scontato.

imprevedibilità *s. f.* casualità, aleatorietà, imponderabilità **CONTR.** intuibilità.

imprevedibilménte *avv.* impensabilmente, inaspettatamente, insospettabilmente **CONTR.** prevedibilmente.

imprevidènte *agg.* improvvido, inavveduto, avventato, incauto, inconsiderato, irriflessivo, leggero, sconsiderato, sventato, incosciente **CONTR.** previdente, cauto, guardingo, prudente, saggio, accorto, avveduto, circospetto, oculato.

imprevidentemènte *avv.* improvvidamente, incautamente, sconsideratamente, inavvedutamente, malaccortamente **CONTR.** previdentemente, avvedutamente, accortamente, saggiamente.

imprevidènza *s. f.* avventatezza, inavvedutezza, inconsideratezza, irriflessione, leggerezza, sconsideratezza, sventatezza, imprudenza, incoscienza, precipitazione **CONTR.** cautela, previdenza, prudenza, saggezza, accortezza, avvedutezza, circospezione, oculatezza, precauzione.

imprevìsto ***A*** *agg.* **1** inaspettato, inatteso, imprevedùto, impensato, impensabile, inopinabile, inopinato, insospettato, casuale, occasionale □ insperato **CONTR.** atteso, aspettato, previsto, presunto, scontato **2** improvviso, subitaneo, brusco **CONTR.** calcolato ***B*** *s. m.* inconveniente, accidente, contrattempo, emergenza, avventura **CONTR.** certezza. *V. anche* INCERTO

impreziosìre *v. tr.* **1** rendere prezioso **2** (*fig.*) ornare, arricchire, infiorare, ingioiellare **CONTR.** imbruttire, deturpare.

imprigionaménto *s. m.* carcerazione, incarcerazione, incarceramento, arresto, reclusione **CONTR.** scarcerazione, scarceramento, liberazione.

imprigionàre *v. tr.* **1** mettere in prigione, carcerare, incarcerare, arrestare, catturare, recludere, rinchiudere, impacchettare, rinserrare, ammanettare, incatenare □ (*di uccello, ecc.*) ingabbiare CONTR. scarcerare, liberare **2** (*fig.*) trattenere, bloccare, immobilizzare, incastrare CONTR. liberare.

imprigionàto *part. pass. di* **imprigionare**; *anche agg.* (*anche fig.*) incarcerato, detenuto, recluso, ammanettato, impacchettato, arrestato, carcerato, chiuso, rinchiuso, incatenato □ (*fig.*) incastrato, bloccato CONTR. liberato, scarcerato □ assolto.

imprimatur /*lat.* impri'matur/ [vc. lat., propriamente 'si stampi, venga impresso', da *imprĭmere* 'imprimere, stampare'] *s. m. inv.* si stampi, si imprima □ (*est.*) approvazione CONTR. censura, divieto.

imprìmere *v. tr.* **1** (*di marchio, di orma, ecc.*) improntare, segnare, marchiare, suggellare, coniare □ (*di bacio, ecc.*) affiggere (*lett.*) **2** (*fig.*) (*nella memoria, nel cuore*) fissare, far penetrare, inculcare, incidere, scolpire, conficcare (*est.*), scrivere (*fig.*) CONTR. cancellare **3** (*raro*) stampare, riprodurre **4** (*di movimento, di velocità, ecc.*) comunicare, dare, trasmettere, infondere CONTR. togliere.

imprinting /*ingl.* 'imprintiŋ/ [vc. ingl., propriamente 'impressione, stampa', da *to imprint* 'stampare, imprimere'] *s. m. inv.* (*biol.*) impronta. *V. anche* IMPRONTA

improbàbile *agg.* non probabile, dubbio, incerto □ poco verosimile, inattendibile, inconcepibile, inverosimile □ insperabile □ irreale CONTR. probabile, sicuro □ attendibile, credibile, verosimile, facile, plausibile, possibile, presumibile, prevedibile, scontato. *V. anche* INCERTO

improbabilità *s. f.* inattendibilità □ inverosimiglianza, incertezza CONTR. probabilità, attendibilità □ verosimiglianza, possibilità, plausibilità.

ìmprobo *agg.* **1** (*di persona*) malvagio, disonesto, cattivo, ingiusto, tristo, rio (*lett.*) CONTR. probo, onesto, giusto, retto, buono **2** (*di fatica, di compito, ecc.*) duro, difficoltoso, faticoso, arduo, ingrato CONTR. leggero, lieve, piacevole, gradevole.

improduttività *s. f.* (*di terreno, ecc.*) sterilità, infecondità, magrezza, infruttuosità □ (*di investimento, ecc.*) scarsa redditività, deficit (*lat.*) CONTR. produttività, fertilità, fecondità, feracità, grassezza □ redditività.

improduttivo *agg.* (*di terreno, ecc.*) infruttifero, sterile, infecondo, avaro, brullo, desertico, infruttuoso, magro, morto, povero □ (*di industria, di investimento, di capitale, ecc.*) deficitario, passivo, inattivo □ (*di persona, ecc.*) parassita, parassitario CONTR. produttivo, fertile, fecondo, ferace, fruttifero, grasso, pingue, ubertoso □ buono, vitale, lucroso, lucrativo, redditizio.

imprónta *s. f.* **1** traccia, passo, orma, impressione □ stampo, calco, punzone □ sigillo, marchio □ griffe (*fr.*) **2** (*di moneta*) conio, tipo □ prova di conio **3** (*raro, biol.*) imprinting (*ingl.*) **4** (*fig.*) (*di passato, ecc.*) vestigio (*fig.*) □ (*di artista, ecc.*) mano, segno, stile, stigma, stigmate (*lett.*).

IMPRONTA
sinonimia strutturata

Il segno che rimane su un corpo su cui si sia esercitata una pressione è l'**impronta**: *lasciare, cancellare un'impronta*; *l'impronta della testa sul cuscino*; il vocabolo può essere adoperato anche in senso figurato per indicare il marchio, la caratteristica: *la Gioconda reca l'impronta del genio di Leonardo*; *l'impronta della miseria, del vizio*; sinonimo di impronta è **impressione** adoperato estensivamente: *impressione del sigillo*; *impressione del dito sulla creta*.

Tranne **pesta**, usato soprattutto al plurale, e **pedata**, che indica di solito impronte umane, gli altri sinonimi **traccia**, **orma** e, in relazione ad animali, **zampata**, si riferiscono in genere ad entrambi i significati, proprio e figurato, e nel primo corrispondono al segno lasciato sul terreno: *seguire le peste della selvaggina*; *perdere le tracce di qualcuno*; *si riconoscono le orme della pantera*; *le zampate del cavallo sul terreno*; *seguire le pedate di qualcuno*; nell'accezione figurata, invece, il sostantivo equivale ad **esempio**, **passo** di qualcuno: *seguire i passi del maestro, l'esempio paterno*; il seguire i passi di qualcuno è in qualche modo il risultato della sua **influenza**, che nel suo significato estensivo indica il potere di determinare o modificare tendenze culturali, opinioni: *la letteratura degli ultimi anni ha subito l'influenza di quell'autore*.

Tornando a zampata, la parola ha anche un uso figurato in cui coincide sematicamente con **sigillo** e con il letterario **suggello**, adoperati figuratamente, con **mano** in senso estensivo e con **stile**, e designa il tocco geniale, la maniera personale nel fare e soprattutto creare qualcosa: *il sigillo del genio*; *nel film si nota la zampata del grande regista*; *la sua mano è inconfondibile*; *si riconosce il suo stile*; vicino è **stigma**, usato figuratamente e nel linguaggio letterario, che però si riferisce anche a cose negative ed è quindi simile a **bollo**, che nel significato figurato definisce un simbolo infamante: *ha sul viso lo stigma del vizioso*. Non si discosta molto **timbro**, che per estensione indica in pittura la maniera di usare il colore, e figuratamente il **tono** caratteristico di autori o composizioni letterarie: *il timbro della pittura astratta*; *il tono di una canzone trecentesca*.

Il francese **griffe** designa la firma, l'etichetta con cui uno stilista o un fabbricante contraddistingue un prodotto, oppure la persona stessa che lo firma; equivalente è **marchio**, che correntemente corrisponde a **marca**, e definisce qualsiasi cifra o altro segno stampato, applicato o impresso su qualcosa per riconoscerne l'identità e la provenienza; figuratamente quest'ultimo termine coincide con gli usi figurati di **carattere** e **stampo**: *accento di pretta marca veneta*; *è un articolo di carattere divulgativo*; *un approccio di stampo psicanalitico*.

Sempre considerata nel suo uso figurato, la parola impronta viene spesso usata in relazione al passato, e corrisponde a **segno**, **vestigio** e in senso figurato a traccia e orma, che indicano degli elementi distintivi che rivelano qualcosa: *le vestigia del passato contrastano con le costruzioni più recenti*; *le tracce della civiltà etrusca*; *le orme romane nelle antiche colonie iberiche*; il sostantivo plurale **stigmate**, limitato al registro letterario, si distingue perché di solito indica l'impronta di una cosa negativa: *ciascuno con le stigmate del suo peccato* (VERGA).

Impronta è un termine importante anche nei linguaggi specialistici; in numismatica, ad esempio, definisce l'immagine impressa sul conio del maschio, e sono usati come suoi sinonimi **conio** e anche **tipo**, che specificamente designa ciò che si vuole riprodurre sulla moneta. Sempre in quest'ambito, corrisponde anche alla **prova di conio** delle medaglie e delle monete e infine allo stemma in ceralacca ottenuto da un anello a sigillo. Un altro sinonimo tecnico è **calco**, che indica l'impronta di una scultura ricavata in materia molle come cera, argilla o gesso, allo scopo di trarne copie dell'originale; il vocabolo può designare anche l'impronta di una matrice di stampa per riprodurre copie mediante vari procedimenti. Infine il vocabolo è adoperato, pur raramente, come sinonimo dell'inglese **imprinting**, che in biologia definisce quella forma rapida e limitata di apprendimento che si verifica durante il primo periodo della vita di alcune specie.

improntàre ***A*** *v. tr.* ***1*** segnare con impronta, imprimere, effigiare, coniare, modellare, segnare, stampare ***2*** (*fig.*) (*di volto, di discorso, ecc.*) atteggiare, disporre, informare ***B*** **improntarsi** *v. intr. pron.* (*fig.*) atteggiarsi.

improntitùdine *s. f.* sfacciataggine, indiscrezione, petulanza, sfrontatezza, impertinenza, spudoratezza, impudenza **CONTR.** discrezione, scrupolo, prudenza, tatto, moderazione, pudore, verecondia. *V. anche* INDISCREZIONE

impronunciàbile *agg.* indicibile, inenarrabile.

impropèrio *s. m.* ingiuria, insulto, vituperio (*lett.*), contumelia, invettiva, insolenza, oltraggio, offesa, villania □ (*al pl.*) escandescenze **CONTR.** complimento, elogio, lode, cortesia.

improponìbile *agg.* inopportuno, impossibile.

impropriaménte *avv.* inesattamente, approssimativamente □ scorrettamente, abusivamente **CONTR.** propriamente, esattamente □ correttamente.

improprietà *s. f.* ***1*** mancanza di proprietà, imprecisione **CONTR.** proprietà, precisione ***2*** (*di lingua*) locuzione impropria, parola impropria □ scorrettezza, inesattezza.

impròprio *agg.* non proprio, non appropriato, errato □ inopportuno, sconveniente, inadatto □ scorretto, ingiusto **CONTR.** proprio, appropriato, calzante, rispondente, opportuno, conveniente □ corretto, giusto.

improrogàbile *agg.* indifferibile, inderogabile, indilazionabile, perentorio, urgente, improcrastinabile, impellente **CONTR.** prorogabile, differibile, dilazionabile, rimandabile, aggiornabile, procrastinabile, prolungabile, rinviabile.

improrogabilità *s. f.* indifferibilità, indilazionabilità **CONTR.** prorogabilità, differibilità.

improrogabilménte *avv.* sicuramente, puntualmente □ senza proroga, indifferibilmente, perentoriamente **CONTR.** con proroga.

impròvvido *agg.* (*lett.*) imprevidente, inconsiderato, imprudente, irriflessivo □ (*est.*) (*di consiglio, ecc.*) incauto, cattivo **CONTR.** cauto, previdente, provvido, prudente, riflessivo, avveduto □ buono, utile.

improvvisaménte *avv.* all'improvviso, di sorpresa, inaspettatamente, repentinamente, fulmineamente, subitamente, ad un tratto, all'istante, di punto in bianco, a bruciapelo, bruscamente, estemporaneamente, ex abrupto (*lat.*), inopinatamente, istantaneamente, insperatamente, subitaneamente **CONTR.** gradualmente, lentamente, a poco a poco.

improvvisàre ***A*** *v. tr.* ***1*** (*di discorso, di scherzo, ecc.*) dire all'impronto, dire estemporaneamente, dire senza preparazione, fare senza preparazione **CONTR.** preparare, preordinare, programmare, maturare ***2*** (*di cena, di festa, ecc.*) allestire in fretta, combinare in fretta, preparare lì per lì □ cianfrugliare, abborracciare, raffazzonare **CONTR.** preparare con cura, organizzare ***B*** **improvvisarsi** *v. rifl.* divenire d'un tratto **CONTR.** divenire a poco a poco.

improvvisàta *s. f.* (*fam.*) sorpresa, cosa inaspettata □ sorpresa piacevole □ arrivo inaspettato **CONTR.** cosa preparata.

improvvisàto *part. pass. di* **improvvisare**; *anche agg.* non preparato, estemporaneo □ preparato in fretta, raffazzonato, abborracciato, fatto lì per lì **CONTR.** preparato con cura, organizzato, maturato, premeditato, preordinato, programmato.

improvvisatóre *s. m.* (*f. -trice*) ***1*** estemporaneo □ poeta estemporaneo ***2*** (*spreg.*) facilone, incompetente, ciabattone, ciarlatano, cialtrone.

improvvisazióne *s. f.* ***1*** improvvisata (*fam.*) ***2*** faciloneria, impreparazione □ raffazzonamento □ estemporaneità **CONTR.** preparazione, serietà.

improvviso *agg.* ***1*** (*di notizia, di disgrazia, ecc.*) inatteso, impreveduto, imprevisto, inaspettato, impensato, inopinato, impensabile, inopinabile □ insperato **CONTR.** atteso, previsto, calcolato, aspettato ***2*** (*est.*) (*di simpatia, di fuga, ecc.*) subitaneo, repentino, brusco, fulmineo, istantaneo, secco (*fig.*), bruciante (*fig.*), repente (*lett.*), subito (*lett.*) **CONTR.** lento, graduale, tardo ***3*** (*raro*) (*di canto, ecc.*) improvvisato, estemporaneo **FRAS.** *all'improvviso*, improvvisamente.

imprudènte *agg.* sconsiderato, temerario, avventato, incauto, inconsiderato, irriflessivo, leggero, malaccorto, sconsigliato, corrivo, incosciente, scapato, scavezzacollo, spericolato, sventato □ improvvido, precipitoso, inconsulto, rischioso **CONTR.** prudente, accorto, avveduto, cauto, circospetto, calcolatore, guardingo, previdente, riflessivo □ oculato, sensato.

imprudenteménte *avv.* sconsideratamente, temerariamente, avventatamente, incautamente, inconsideratamente, leggermente, malaccortamente, sconsigliatamente, incoscientemente, malavvedutamente, precipitosamente, rischiosamente, sprovvedutamente, sventatamente **CONTR.** prudentemente, accortamente, avvedutamente, cautamente, riflessivamente, giudiziosamente, responsabilmente □ adagio, piano.

imprudènza *s. f.* avventatezza, inconsideratezza, sconsideratezza, irriflessione, imprevidenza, leggerezza, temerarietà, temerità, spericolatezza, precipitazione, incoscienza, malaccortezza, sventatezza □ (*di azione, ecc.*) scappata, mattata (*pop.*), pazzia, matteria, rischio **CONTR.** prudenza, accortezza, avvedutezza, calcolo, circospezione, previdenza, ponderatezza, tempestività, cautela, senno.

impubblicàbile *agg.* (*est.*) illeggibile, brutto, osceno, cestinabile.

impudènte *agg.*; *anche s. m. e f.* sfacciato, sfrontato, spudorato, svergognato, inverecondo **CONTR.** pudico, delicato, discreto, contegnoso, riguardoso. *V. anche* CINICO

impudenteménte *avv.* sfacciatamente, sfrontatamente, svergognatamente, spudoratamente **CONTR.** delicatamente, discretamente, riguardosamente, vergognosamente.

impudènza *s. f.* sfacciataggine, sfrontatezza, spudoratezza, petulanza, improntitudine, faccia tosta, insolenza, sfrontataggine, inverecondia, svergognatezza **CONTR.** decoro, pudore, pudicizia, vergogna, riserbo, modestia, umiltà, riguardo, ritegno.

impudicaménte *avv.* inverecondamente, disonestamente, lascivamente, oscenamente, spudoratamente, svergognatamente, procacemente, carnalmente, immoralmente, impuramente, libidinosamente, lubricamente, scurrilmente, vergognosamente **CONTR.** pudicamente, castamente, illibatamente, onestamente, verecondamente, decentemente, modestamente.

impudicìzia *s. f.* immoralità, inverecondia, indecenza, lascivia, libidine, oscenità, spudoratezza, depravazione, disonestà, lussuria, procacità, sensualità, scurrilità, salacità **CONTR.** pudicizia, pudore, castità, illibatezza, continenza, verecondia, moralità, onestà, decenza, purezza, purità, virtù. *V. anche* DEPRAVAZIONE

impudìco *agg.* inverecondo, immorale, disonesto, lascivo, osceno, spudorato, svergognato, immodesto, procace □ carnale, impuro, laido, libidinoso, licenzioso, lubrico, lussurioso, sensuale, scurrile, salace **CONTR.** pudico, casto, continente, illibato, morale, onesto, pudibondo, timorato □ verecondo, decente. *V. anche* OSCENO

impugnàbile *agg.* (*dir.*) contestabile, contrastabile, discutibile, controvertibile, oppugnabile (*lett.*) **CONTR.** inoppugnabile, incontestabile, indubbio, indiscusso.

impugnàre *v. tr.* stringere in pugno, afferrare, prendere, abbrancare **CONTR.** lasciare, mollare.

impugnàto (1) *part. pass. di* **impugnare**; *anche agg.* afferrato, abbrancato, preso **CONTR.** lasciato, mollato.

impugnàto (2) *agg.* contestato, contraddetto, contrastato □ confutato, invalidato **CONTR.** accettato, approvato, gradito.

impugnatùra *s. f.* ***1*** presa ***2*** manico, manubrio, maniglia, manopola, pomello, pomo, pomolo, branca □ (*di remo*) girone □ (*di frusta*) bacchetto □ (*di spada*) elsa, guardia.

impugnazióne *s. f.* contestazione, contrasto, opposizione, ricorso (*dir.*) **CONTR.** accettazione, approvazione, gradimento.

impulsivaménte *avv.* irriflessivamente, istintivamente, incontrollatamente, involontariamente, spontaneamente, irruentemente, precipitosamente **CONTR.** ponderatamente, riflessivamente, consideratamente, cerebralmente.

impulsività *s. f.* irriflessione, emotività, passionalità, istinto, irruenza, impetuosità, istintività □ precipitazione, sconsideratezza, veemenza **CONTR.** riflessione, cautela, considerazione, ponderatezza, ponderazione, autocontrollo, self-control (*ingl.*) □ tranquillità.

impulsìvo *agg.* eccitabile, impetuoso, irruente, sconsiderato, veemente □ irriflessivo, istintivo, emotivo, uterino (*spreg.*), focoso, precipitoso, passionale, vulcanico □ (*di atto, ecc.*) inconsulto, incontrollato, irrazionale, subitaneo, repentino, improvviso **CONTR.** calmo, flemmatico, moderato, pacato, ponderato, cerebrale, riflessivo, sereno, tranquillo. *V. anche* SPONTANEO

impùlso *s. m.* ***1*** spinta, propulsione, urto ***2*** (*fig.*) stimolo, spinta, sferzata, slancio, incremento, incentivo, incitamento, carica (*fig.*) □ (*fig.*) molla, leva, lievito, occasione, motore **CONTR.** freno ***3*** (*fig.*) (*dei sensi, della natura, ecc.*) moto, slancio, conato, impeto, empito, pulsione, soffio, trasporto, sentimento, eccitamento, eccitazione □ (*est.*) (*spec. al pl.*) inclinazione, tendenza, disposizione ***4*** (*tel.*) scatto. *V. anche* RAGIONE

impuneménte *avv.* senza pena □ senza danno, senza pericolo, senza rischio, senza difficoltà **CONTR.** pericolosamente, rischiosamente, con danno.

impunibilità *s. f.* impunità, immunità **CONTR.** punibilità.

impunità *s. f.* impunibilità, immunità.

impuntàre ***A*** *v. intr.* ***1*** inciampare, incespicare, intoppare ***2*** (*fig.*) (*nel parlare*) incespicare, balbettare ***B*** **impuntarsi** *v. intr. pron.* ***1*** (*di animali, di bambini, ecc.*) fermarsi, resistere, recalcitrare □ bloccarsi ***2*** (*fig.*) ostinarsi, insistere, impuntigliarsi (*lett.*), incaponirsi, fissarsi, irrigidirsi, incaparbirsi, piccarsi, incocciarsi (*fam.*) **CONTR.** cedere, arrendersi, lasciar correre.

impuntatùra *s. f.* ***1*** (*raro*) intoppo ***2*** (*fig.*) caparbieria, caparbietà, ostinatezza, ostinazione, puntiglio **CONTR.** arrendevolezza, docilità, elasticità.

impuntitùra *s. f.* cucitura, imbastitura **CONTR.** scucitura.

impuntùra *s. f.* cucitura, trapunto.

impurità *s. f.* ***1*** (*di cosa*) lordura, sozzura, sporcizia, inquinamento, impurezza, torbidezza □ (*spec. al pl.*) residuo, imperfezione, quisquilia (*ant.*) **CONTR.** pulizia, nettezza, limpidezza, incontaminatezza, trasparenza ***2*** (*ant.*) (*di persona*) immoralità, lascivia, libidine, sconcezza, depravazione, oscenità, scostumatezza **CONTR.** purità, purezza, castità, illibatezza, morigeratezza, virtù. *V. anche* DEPRAVAZIONE, INQUINAMENTO

impùro *agg.* ***1*** (*di cosa*) contaminato, infetto, inquinato, torbido, feccioso **CONTR.** pulito, netto, limpido

2 (*fig.*) (*di persona, di pensiero, ecc.*) immondo, immorale, incontinente, lascivo, osceno, scostumato, impudico, disonesto, vizioso, insano, lordo, mefitico, sozzo, sporco **CONTR.** puro, casto, illibato, immacolato, incorrotto, incontaminato, morigerato, onesto, virtuoso **FRAS.** *razza impura*, razza mista. *V. anche* OSCENO

imputàbile ***A*** *s. m.* e *agg.* (*di persona*) responsabile, colpevole, accusabile, incolpabile, incriminabile, tacciabile **CONTR.** innocente, estraneo ***B*** *agg.* (*di cosa*) ascrivibile, attribuibile, accreditabile.

imputàre *v. tr.* ***1*** (*est.*) (*di delitto*) considerare responsabile, accusare, incolpare, incriminare **CONTR.** discolpare, scagionare, assolvere, scusare ***2*** (*di responsabilità, di debito, ecc.*) attribuire, addebitare, ascrivere, addossare □ tacciare **CONTR.** liberare, esonerare.

imputàto ***A*** *part. pass. di* **imputare**; *anche agg.* ***1*** (*di delitto*) accusato, incolpato, incriminato ***2*** (*di responsabilità, di debito, ecc.*) attribuito, addebitato, ascritto □ tacciato ***B*** *s. m.* accusato, giudicabile □ reo, colpevole, incolpato, incriminato.

imputazióne *s. f.* ***1*** (*di reato*) accusa, capo d'accusa, incriminazione □ crimine □ (*est.*) taccia □ (*fig.*) addebito **CONTR.** giustificazione, discolpa ***2*** (*di debito, di responsabilità, ecc.*) attribuzione **CONTR.** esonero, liberazione.

imputridìre ***A*** *v. intr.* diventare putrido, marcire, putrefarsi, infradiciarsi, infracidire, decomporsi, guastarsi, inverminire ***B*** *v. tr.* rendere putrido, guastare, decomporre.

imputridìto *part. pass. di* **imputridire**; *anche agg.* marcio, marcito, putrido, putrefatto, infradiciato, decomposto, guastato, infetto **CONTR.** sano, incorrotto, intatto, integro.

in (**1**) *prep. che introduce molte determinazioni* ***1*** (*di luogo*) sopra, dentro, a, presso □ verso, contro □ per, attraverso ***2*** (*di tempo*) durante ***3*** (*di modo*) con ***4*** (*di mezzo*) con, mediante, per mezzo di ***5*** (*di limitazione*) per, quanto a ***6*** (*di materia*) di ***7*** (*di fine*) per ***8*** (*di causa*) per, a causa di.

in (**2**) /*ingl.* in/ [vc. ingl. *in* 'dentro'] *prep.* e *agg.* alla moda, aggiornato, up to date (*ingl.*), all'ultimo grido, dernier cri (*fr.*), imperante, invalso, moderno, fico (*gerg.*), à la page (*fr.*), elitario **CONTR.** out (*ingl.*), fuori moda, antiquato, sorpassato, démodé (*fr.*), inattuale, vecchio.

inabbordàbile *agg.* inavvicinabile, altero, scontroso, intrattabile, insocievole, selvatico, inaccessibile, inaccostabile □ (*di prezzo*) astronomico, altissimo, improponibile **CONTR.** abbordabile, avvicinabile, affabile, bonario, cordiale, cortese, socievole, alla mano.

inàbile *agg.* ***1*** inadatto, idoneo, disadatto, inadeguato, negato □ incapace, inetto, inesperto, imperito, cattivo, incompetente □ handicappato, impedito, invalido □ (*alla leva*) riformato **CONTR.** abile, atto, idoneo, versato, portato, dotato □ capace, pratico, scelto, sicuro, sperimentato, specializzato, valente, valido, valoroso ***2*** (*raro*) maldestro, malaccorto **CONTR.** accorto, destro, esperto, perito.

inabilità *s. f.* incapacità, inettitudine, inattitudine, inesperienza, dappocaggine, imperizia, incompetenza □ non idoneità, invalidità **CONTR.** abilità, capacità, attitudine, predisposizione, talento □ competenza, maestria, sapienza, esperienza □ idoneità.

inabilitàre *v. tr.* ***1*** rendere inabile, impedire □ (*mil.*) scartare **CONTR.** abilitare, riabilitare ***2*** (*dir.*) limitare, interdire **CONTR.** abilitare, riabilitare.

inabilitazióne *s. f.* (*dir.*) interdizione **CONTR.** abilitazione.

inabissaménto *s. m.* sommersione, sprofondamento, immersione, affondamento **CONTR.** emersione, affioramento.

inabissàre ***A*** *v. tr.* (*anche fig.*) sommergere, sprofondare, affondare, gettare nell'abisso, subissare **CONTR.** far emergere, tirare su ***B*** **inabissarsi** *v. intr. pron.* andare a fondo, sommergersi, sprofondare, sprofondarsi, immergersi □ naufragare **CONTR.** emergere, affiorare.

inabitàbile *agg.* (*di luogo*) inospitale, invivibile □ (*di edificio*) inagibile **CONTR.** abitabile, ospitale □ agibile.

inaccessìbile *agg.* ***1*** (*di luogo*) irraggiungibile, impervio, inarrivabile, impraticabile, intransitabile □ (*di prezzo*) astronomico, esagerato, esorbitante, proibitivo, inaccettabile **CONTR.** accessibile, praticabile, raggiungibile, pervio (*lett.*) □ (*di prezzo*) modico, contenuto ***2*** (*di persona*) scontroso, scostante, inavvicinabile, inabbordabile, chiuso, inaccostabile **CONTR.** accessibile, abbordabile, affabile, bonario, cortese, socievole, alla mano ***3*** (*fig.*) (*di mistero, di problema, ecc.*) oscuro, inafferrabile, complicato, incomprensibile, inconoscibile, impenetrabile **CONTR.** comprensibile, semplice, evidente.

inaccessibilità *s. f.* ***1*** (*di luogo*) impraticabilità, irraggiungibilità, intransitabilità **CONTR.** accessibilità, praticabilità ***2*** (*di persona*) inabbordabilità, scontrosità, insocievolezza **CONTR.** affabilità, cordialità, socievolezza ***3*** (*fig.*) (*di mistero, di problema, ecc.*) oscurità, inafferrabilità, incomprensibilità, impenetrabilità **CONTR.** comprensibilità, facilità, evidenza.

inaccettàbile *agg.* (*di richiesta, di proposta, ecc.*) inesaudibile, impraticabile □ (*di comportamento, di situazione, ecc.*) inammissibile, impensabile, intollerabile, insopportabile **CONTR.** accettabile, concepibile, plausibile, possibile, ammissibile □ tollerabile, legittimo, onesto, decente, passabile.

inaccostàbile *agg.* (*anche fig.*) inavvicinabile, inaccessibile, inabbordabile □ scontroso **CONTR.** accostabile, avvicinabile, abbordabile, praticabile, raggiungibile □ affabile, conciliante.

inaccuràto *agg.* frettoloso, sbrigativo, affrettato □ impreciso, grossolano **CONTR.** preciso accurato.

inacerbìre ***A*** *v. tr.* ***1*** rendere acerbo, rendere amaro **CONTR.** raddolcire ***2*** (*fig.*) (*di animo, di dolore, ecc.*) esasperare, esacerbare, inasprire **CONTR.** addolcire, alleviare, attenuare, calmare ***B*** *v. intr.* e **inacerbirsi** *intr. pron.* inasprirsi, esacerbarsi, aggravarsi **CONTR.** addolcirsi, attenuarsi, calmarsi. *V. anche* ESACERBARE

inacidìre ***A*** *v. tr.* rendere acido, inacetire, acidificare ***B*** *v. intr.* e **inacidirsi** *intr. pron.* ***1*** diventare acido, prendere un sapore acido □ infortire **2** (*fig.*) (*di persona, di carattere e sim.*) inasprirsi, esacerbarsi, irritarsi **CONTR.** addolcirsi, raddolcirsi, calmarsi, rasserenarsi.

inacidìto *part. pass. di* **inacidire**; *anche agg.* **1** diventato acido □ acetoso **2** (*fig.*) (*di persona, di carattere, ecc.*) inasprito, esacerbato, inacerbito, incattivito **CONTR.** calmo, sereno, tranquillo.

inadàtto *agg.* **1** (*di persona*) negato, inabile, inetto, incapace, inidoneo **CONTR.** adatto, abile, atto, capace, pronto, portato, dotato, versato **2** (*di abito, di mezzi, ecc.*) disadatto, inadeguato, inappropriato □ (*di parole e sim.*) disacconcio (*lett.*), sconveniente, sconfacente (*lett.*), inopportuno, fuor di luogo, controproducente □ (*di metodo*), cattivo, inefficace **CONTR.** acconcio, apposito, appropriato, calzante, adeguato, confacente, congruo, conveniente, debito, indicato, opportuno.

inadeguataménte *avv.* sproporzionatamente, insufficientemente, irrisoriamente, scarsamente **CONTR.** adeguatamente, congruentemente, sufficientemente.

inadeguatézza *s. f.* insufficienza, sproporzione, deficienza, manchevolezza, scarsezza □ (*di persona*) incapacità, inettitudine, negazione, inabilità, inidoneità **CONTR.** adeguatezza, convenienza, sufficienza □ abilità, competenza.

inadeguàto *agg.* insufficiente, sproporzionato, carente, manchevole, poco, ristretto □ (*spec. di guadagno e sim.*) irrisorio, magro, meschino, misero, piccolo, ridicolo, scarso □ (*di persona*) incapace, inetto, negato, inabile, inidoneo, inadatto, inappropriato **CONTR.** adeguato, sufficiente, proporzionato, conveniente □ congruo, giusto, ragionevole □ abile, idoneo, competente. *V. anche* SCARSO

inadempìbile *agg.* inattuabile, ineffettuabile, ineseguibile, impossibile **CONTR.** adempibile, attuabile, effettuabile, eseguibile.

inadempiènte *agg.*; *anche s. m.* e *f.* inosservante, ribelle, disobbediente, renitente, trasgressore, contravventore **CONTR.** adempiente, osservante, ligio, ossequente, rispettoso.

inadempiènza *s. f.* inosservanza, inadempimento, inottemperanza, disobbedienza, trasgressione **CONTR.** adempimento, attuazione, osservanza, assolvimento, soddisfazione.

inadempiménto *s. m.* inosservanza, inadempienza **CONTR.** adempimento, attuazione, osservanza, soddisfazione, assolvimento.

inadopràbile *agg.* inservibile, inutilizzabile **CONTR.** utilizzabile, servibile, usufruibile.

inafferràbile *agg.* **1** imprendibile, sfuggente □ fantomatico **CONTR.** afferrabile, prendibile **2** (*fig.*) (*di persona, di concetto, ecc.*) incomprensibile, oscuro, imprecisabile, indefinibile, inaccessibile **CONTR.** chiaro, comprensibile, evidente, manifesto, conoscibile, palese, perspicuo.

inafferrabilità *s. f.* **1** imprendibilità **CONTR.** afferrabilità, prendibilità **2** (*fig.*) (*di persona, di concetto, ecc.*) incomprensibilità, oscurità, astrusità, inaccessibilità **CONTR.** afferrabilità, comprensibilità.

inaffidàbile *agg.* inattendibile, poco credibile, malfidato, malsicuro **CONTR.** affidabile, attendibile, sicuro, credibile.

inagìbile *agg.* impercorribile, intransitabile, infrequentabile □ inabitabile □ inservibile, inutilizzabile **CONTR.** agibile, transitabile, frequentabile □ abitabile □ servibile, utilizzabile.

inagibilità *s. f.* inabitabilità □ inservibilità, inutilizzabilità **CONTR.** abitabilità □ transitabilità □ usabilità, utilizzabilità.

inalàre *v. tr.* assorbire per inalazione, insufflare □ inspirare, aspirare.

inalazióne *s. f.* (*med.*) aspirazione □ suffumigio.

inalberàre ***A*** *v. tr.* (*di bandiera, di insegna e sim.*) alzare, elevare, rizzare **CONTR.** ammainare, abbassare ***B*** **inalberarsi** *v. intr. pron.* **1** impennarsi **2** (*fig.*) (*di persona*) adirarsi, irritarsi, adombrarsi, incollerirsi, offendersi, sdegnarsi, incazzarsi (*volg.*) **CONTR.** rabbonirsi, calmarsi, chetarsi, mitigarsi, placarsi.

inalienàbile *agg.* (*dir.*) incedibile, invendibile, intrasferibile **CONTR.** alienabile, cedibile, vendibile, trasferibile, negoziabile.

inalienabilità *s. f.* (*dir.*) incedibilità, invendibilità, intrasferibilità **CONTR.** alienabilità, cedibilità, vendibilità, trasferibilità, negoziabilità.

inalteràbile *agg.* **1** immutabile, invariabile, imputrescibile, incorruttibile, indeformabile, refrattario **CONTR.** alterabile, mutabile, variabile, deformabile, trasformabile, deteriorabile, putrescibile **2** (*fig., raro*) (*di persona, di viso e sim.*) imperturbabile, impassibile, sereno **CONTR.** agitato, turbato, sconvolto, nervoso.

inalterabilità *s. f.* **1** invariabilità, immutabilità, incorruttibilità, indeformabilità, refrattarietà **CONTR.** variabilità, mutabilità, alterabilità, deformabilità, trasformabilità **2** (*fig.*) (*di persona, di viso e sim.*) imperturbabilità, impassibilità, serenità □ (*di sentimenti*) costanza **CONTR.** agitazione, turbamento, nervosismo □ incostanza. *V. anche* COSTANZA

inalteràto *agg.* (*fig.*) invariato, immutato, costante, intatto **CONTR.** alterato, mutato.

inamidàto *agg.* **1** bagnato con l'amido □ rigido **2** (*fig., scherz.*) (*di persona*) rigido, impettito, sussiegoso **CONTR.** cordiale, modesto, semplice.

inammissìbile *agg.* **1** inaccettabile, improponibile **CONTR.** ammissibile, accettabile **2** insopportabile, intollerabile **CONTR.** sopportabile, tollerabile, concepibile, decente **3** incredibile, inverosimile, assurdo **CONTR.** possibile, plausibile, probabile.

inammissibilità *s. f.* **1** impossibilità □ inaccettabilità **CONTR.** ammissibilità, plausibilità, accettabilità **2** intollerabilità **CONTR.** tollerabilità, sopportabilità.

inamovìbile *agg.* stabile, fisso, intrasferibile **CONTR.** amovibile, trasferibile, asportabile, mobile, spostabile, movibile, rimovibile.

inàne *agg.* (*lett.*) vano, inutile, vuoto, vacuo, inefficace **CONTR.** utile, efficace.

inanimàto *agg.* **1** senza vita **CONTR.** animato **2** privo di sensi □ esanime, morto **CONTR.** vivo.

inappagàbile *agg.* insaziabile, incontentabile □ (*lett.*) inesaudibile **CONTR.** appagabile, saziabile, contentabile.

inappagàto *agg.* insoddisfatto, deluso, scontento, frustrato, disappagato □ (*di appetito*) insaziato □ (*di desiderio*) inesaudito **CONTR.** appagato, contento, soddisfatto, pago, saziato, sazio.

inappellàbile *agg.* **1** (*dir.*) (*di sentenza*) inoppugnabile **CONTR.** appellabile **2** (*est., fig.*) (*di decisione, di giudizio, ecc.*) ineccepibile, definitivo, indiscutibile, insindacabile **CONTR.** eccepibile, discutibile, provvisorio, transitorio.

inappetènte *agg.* senza appetito, nauseato, disgustato, disappetente □ anoressico **CONTR.** appetente, affamato, divoratore.

inappetènza *s. f.* (*med.*) anoressia □ mancanza di appetito, disappetenza, nausea, disgusto **CONTR.** bulimia □ appetenza, appetito, voracità, golosità, fame.

inappropriàto *agg.* inadatto, inadeguato, inidoneo **CONTR.** appropriato, adatto, idoneo, giusto.

inappuntàbile *agg.* **1** (*di persona, di comportamento*) incensurabile, irreprensibile, lodevole, inattaccabile, castigato **CONTR.** biasimevole, censurabile **2** (*di lavoro, di vestito, ecc.*) ottimo, perfetto, preciso, corretto, senza difetti, adattissimo, impeccabile **CONTR.** pessimo, impreciso, difettoso, inidoneo, disadatto, sconveniente.

inarcaménto *s. m.* incurvamento, curvatura.

inarcàre ***A*** *v. tr.* arcuare, curvare, incurvare, piegare, torcere **CONTR.** raddrizzare, distendere ***B*** **inarcarsi** *v. intr. pron.* curvarsi, incurvarsi, piegarsi, arcuarsi, torcersi **CONTR.** raddrizzarsi, distendersi.

inarcàto *part. pass. di* **inarcare**; *anche agg.* arcuato, ad arco, curvo, convesso, piegato, ricurvo, torto **CONTR.** diritto, disteso.

inargentàre ***A*** *v. tr.* **1** argentare **2** (*fig.*) rendere argenteo, illuminare di luce argentea □ (*di capelli*) incanutire ***B*** **inargentarsi** *v. intr. pron.* diventare argenteo □ (*di capelli*) incanutire.

inaridiménto *s. m.* **1** disseccazione, prosciugamento **2** (*fig.*) (*di sentimenti*) impoverimento, isterilimento, morte, fine **CONTR.** arricchimento, espansione.

inaridìre ***A*** *v. tr.* **1** seccare, disseccare, insecchire, prosciugare, essiccare, asciugare □ (*est.*) ardere, bruciare, cuocere, arrostire □ (*est.*) isterilire, smungere **CONTR.** bagnare, inumidire, innaffiare, immollare, annaffiare **2** (*fig.*) (*di mente, di cuore, ecc.*) rendere arido, spegnere, esaurire, intisichire, impoverire **CONTR.** arricchire, alimentare, vivificare ***B*** *v. intr.* e **inaridirsi** *intr. pron.* **1** seccarsi, disseccarsi, essiccarsi □ incartapecorirsi, insecchire, asciugarsi, prosciugarsi □ (*di piante*) appassire □ isterilirsi **CONTR.** bagnarsi, inumidirsi **2** (*fig.*) (*di mente, di cuore, ecc.*) diventare arido, spegnersi, venire meno, affievolirsi, intisichirsi **CONTR.** rafforzarsi, alimentarsi, vivificarsi, riprendersi □ sbocciare (*fig.*), germogliare (*fig.*).

inaridito *part. pass. di* **inaridire**; *anche agg.* **1** seccato, disseccato, prosciugato, isterilito □ arso, riarso, arsiccio, assetato, cotto □ (*di pianta*) appassito **CONTR.** bagnato, inumidito □ florido **2** (*fig.*) (*di mente, di cuore, ecc.*) arido, spento, impoverito, affievolito **CONTR.** arricchito, alimentato, vivificato, fecondo.

inarrestàbile *agg.* irrefrenabile, incoercibile, incontenibile □ irreversibile **CONTR.** arrestabile, frenabile.

inarrivàbile *agg.* **1** irraggiungibile, inaccessibile **CONTR.** raggiungibile **2** (*fig.*) (*di persona, di talento, ecc.*) impareggiabile, ineguagliabile, inimitabile, insuperabile **CONTR.** pareggiabile, eguagliabile □ superabile.

inarticolàto *agg.* (*di suono, ecc.*) disarticolato, indistinto □ (*di movimento, ecc.*) rigido **CONTR.** articolato, distinto □ elastico, sciolto.

inaspettataménte *avv.* all'improvviso, improvvisamente, imprevedibilmente, inopinatamente, insperabilmente, insperatamente, impensatamente □ bruscamente, di sorpresa, alla sprovvista **CONTR.** preavvisando, con preavviso.

inaspettàto *agg.* inatteso, imprevisto, impensato, inopinato, insperato, insospettato, inopinabile, imprevedibile, impensabile, improvviso **CONTR.** aspettato, atteso, previsto, sperato.

inaspriménto *s. m.* rincrudimento, recrudescenza, peggioramento, irrigidimento, radicalizzazione, esasperazione □ (*lett.*) esacerbazione, esulcerazione, irritazione □ aumento, aggravio **CONTR.** alleviamento, miglioramento, attenuazione, contemperamento, mitigamento, addolcimento, ammorbidimento □ alleggerimento.

inasprìre ***A*** *v. tr.* (*di disciplina, di dolore, ecc.*) rendere più aspro, acuire, inacerbire, esacerbare, incrudire, aggravare □ (*di persona, di carattere*) irritare, esasperare, esulcerare, indignare, invelenire, inviperire, sdegnare (*lett., tosc.*), inselvatichire □ (*di tasse e sim.*) aumentare **CONTR.** calmare, mitigare, placare, sedare, temperare □ rabbonire, addolcire, ammorbidire, rasserenare □ alleggerire, attenuare ***B*** *v. intr.* e **inasprirsi** *intr. pron.* **1** diventare più aspro, esasperarsi, esacerbarsi □ aggravarsi, peggiorare □ (*di persona*) irritarsi, inacidirsi, sdegnarsi **CONTR.** calmarsi, mitigarsi, placarsi, acquietarsi, attenuarsi, attutirsi □ addolcirsi, ammansirsi, ammorbidirsi, impietosirsi, rabbonirsi **2** (*di vino*) inacetire, infortire. *V. anche* ESACERBARE

inasprito *part. pass. di* **inasprire**; *anche agg.* esasperato, esacerbato □ peggiorato, aggravato □ (*di persona*) irritato, sdegnato, inacidito, incattivito, incrudelito **CONTR.** calmato, mitigato, placato, attutito, smussato, alleggerito, attenuato □ rabbonito, addolcito, ammansito, ammorbidito.

inattaccàbile *agg.* **1** inespugnabile, invulnerabile **CONTR.** attaccabile, espugnabile, vulnerabile **2** (*di persona, di condotta, ecc.*) incensurabile, irreprensibile, inappuntabile, onestissimo, probo, ineccepibile **CONTR.** biasimabile, biasimevole, censurabile, criticabile, disonesto, immorale.

inattaccabilità *s. f.* **1** invulnerabilità **2** irreprensibilità, incensurabilità, rettitudine, onestà, ineccepibilità **CONTR.** attaccabilità, disonestà, immoralità.

inattendìbile *agg.* inverosimile, improbabile, incredibile, insensato, inconsiderabile, insussistente, inconsistente □ (*di persona*) poco credibile, inaffidabile **CONTR.** attendibile, credibile, logico, verosimile, accettabile, ammissibile, probabile □ autentico, vero, documentato, fondato □ fidato, affidabile.

inattendibilità *s. f.* incredibilità, inverosimiglianza, improbabilità □ inaffidabilità **CONTR.** attendibilità, verosimiglianza, accettabilità, ammissibilità, fondatezza □ credibilità.

inattéso *agg.* inaspettato, imprevisto, improvviso □ impensabile, imprevedibile, inopinabile, inopinato, impreveduto, insperato, sorprendente □ subitaneo, fulmineo, brusco **CONTR.** aspettato, atteso, previsto.

inattività *s. f.* inerzia, inazione, indolenza, inoperosità, ozio, pigrizia, oziosità, poltronaggine, poltroneria **CONTR.** attività, alacrità, energia, fervore, slancio, operosità, solerzia, dinamismo, industriosità, vitalità □ lavoro. *V. anche* PIGRIZIA

inattivo *agg.* **1** inerte, amorfo, abulico, addormentato, passivo □ inoperoso, indolente, infingardo, ozioso, pigro, poltrone, scansafatiche, svogliato, pantofolaio **CONTR.** attivo, alacre, energico, laborioso, operoso, solerte, dinamico, efficiente, fattivo, industrioso **2** (*di macchina, di ordigno, ecc.*) fermo, disattivato, staccato, disinserito □ (*di strada, di impianto, ecc.*) dismesso □ (*di vulcano*) spento **CONTR.** acceso, inserito, funzionante □ attivo, in attività **3** (*chim.*) inerte **4** (*econ.*) improduttivo.

inattuàbile *agg.* impossibile, irrealizzabile, ineffettuabile □ inadempibile, ineseguibile **CONTR.** attuabile, effettuabile, eseguibile, possibile, fattibile, praticabile, realizzabile.

inattuàle *agg.* superato, invecchiato, anacronistico, fuori tempo, out (*ingl.*), frusto, vieto, trito, stantio **CONTR.** attuale, moderno, odierno, recente, in (*ingl.*).

inaudito *agg.* (*raro*) nuovo □ straordinario, quasi incredibile, inverosimile, fenomenale, mirabile, mirifico (*lett.*), strabiliante, pazzesco □ inconcepibile, inaccettabile, inammissibile **CONTR.** noto, risaputo, comune, ordinario, ovvio.

inauguràre *v. tr.* **1** iniziare, aprire, rinnovare □ consacrare □ (*di nave*) varare **2** (*fig.*) (*di sistema, di modo, ecc.*) avviare, cominciare, instaurare **CONTR.** porre fine, chiudere, concludere □ abolire, sopprimere.

inauguràto *part. pass. di* **inaugurare**; *anche agg.* **1** iniziato, rinnovato □ consacrato □ (*di nave*) varato **2** (*fig.*) (*di sistema, di modo, ecc.*) avviato, cominciato, instaurato **CONTR.** finito, chiuso, concluso □ abolito, soppresso **3** scoperto □ aperto.

inauguratóre *s. m.*; *anche agg.* (*f. -trice*) iniziatore, instauratore, padre □ padrino, madrina **CONTR.** abolitore.

inaugurazióne *s. f.* **1** (*di anno scolastico, di corso, ecc.*) apertura, inizio □ (*di mostra d'arte*) vernice, vernissage (*fr.*) □ (*di nave*) battesimo, varo **CONTR.** chiusura, fine **2** (*di monumento, di chiesa, ecc.*) consacrazione, dedicazione **CONTR.** sconsacrazione **3** (*fig.*) (*di sistema, di metodo, ecc.*) costituzione, formazione **CONTR.** abolizione, soppressione.

inavvedutaménte *avv.* inavvertitamente, sbadatamente □ malaccortamente, incautamente, imprevidentemente □ inconsultamente, inconsideratamente **CONTR.** avvedutamente, avvertitamente, cautamente, attentamente.

inavvedutézza *s. f.* sbadataggine, disattenzione, disavvertenza, inavvertenza □ imprevidenza, sventatezza, improvvidenza, sprovvedutezza **CONTR.** avvedutezza, attenzione, applicazione, vigilanza, considerazione.

inavvedùto *agg.* sbadato, disattento, incauto, malaccorto □ imprevidente, sconsigliato, sconsiderato **CONTR.** avveduto, attento, diligente, vigilante. *V. anche* SBADATO

inavvertènza *s. f.* disavvertenza, inavvedutezza, disavvedutezza, disattenzione, sbadataggine, trascurataggine, trascuratezza □ svista, distrazione **CONTR.** accorgimento, riguardo, avvertenza, attenzione, avvedutezza, applicazione, cura, diligenza, vigilanza.

inavvertitaménte *avv.* senza volere, senza accorgersi, inavvedutamente, inconsciamente, inconsapevolmente, sbadatamente **CONTR.** volontariamente, intenzionalmente, avvertitamente, meditatamente.

inavvicinàbile *agg.* **1** (*di persona*) inaccostabile, inabbordabile, scontroso, intrattabile, impraticabile, inaccessibile **CONTR.** avvicinabile, abbordabile, trattabile, alla mano, socievole **2** (*di cosa*) carissimo, costosissimo **CONTR.** a buon mercato, accessibile.

inazióne *s. f.* inerzia, stasi, passività, letargo, inattività □ ozio, poltronaggine, poltroneria **CONTR.** attività, operosità, solerzia, industriosità.

incagliàre **A** *v. tr.* ostacolare, impedire, intralciare, impigliare □ bloccare, arrestare, inceppare **CONTR.** disincagliare, disimpacciare, liberare, favorire, aiutare **B** *v. intr.* e **incagliarsi** *intr. pron.* **1** (*mar.*) arenarsi, andare in secca, vararsi **CONTR.** disincagliarsi, liberarsi **2** arrestarsi, bloccarsi, trovare ostacoli, interrompersi, inciampare (*fig.*) **CONTR.** mettersi in moto, muoversi, proseguire. *V. anche* IMBARAZZARE

incalcolàbile *agg.* **1** non calcolabile, difficile da calcolare, incomputabile, inclassificabile, innumerevole **CONTR.** calcolabile, computabile, numerabile, misurabile, valutabile **2** (*est.*) (*di danno, di bene, ecc.*) inestimabile, immisurabile, incommensurabile □ enorme, immenso, abissale, infinito **CONTR.** piccolo, esiguo, modesto.

incallìre **A** *v. tr.* **1** rendere calloso **2** (*fig.*) (*di cuore, di carattere, ecc.*) indurire, rendere insensibile, inaridire **CONTR.** intenerire, commuovere, turbare **B** *v. intr.* e **incallirsi** *intr. pron.* **1** diventare calloso **2** (*fig.*) (*nel vizio, nell'ozio, ecc.*) indurire, assuefarsi, abituarsi □ perseverare **CONTR.** intenerirsi, commuoversi □ disabituarsi.

incallìto *part. pass. di* **incallire**; *anche agg.* **1** calloso **2** (*fig.*) (*di giocatore, di fumatore, ecc.*) accanito, indurito, ostinato, impenitente, incorreggibile, inveterato, irriducibile, cronico, inguaribile, matricolato, recidivo **CONTR.** correggibile, docile, emendabile, migliorabile, recuperabile, redimibile.

incalzànte *part. pres. di* **incalzare**; *anche agg.* pressante, urgente □ incombente, imminente, prossimo □ serrato, insistente, frenetico **CONTR.** lontano, remoto □ tranquillo.

incalzàre **A** *v. tr.* **1** inseguire, stare alle calcagna, stare alle costole, perseguitare, braccare, serrare, tallonare □ (*fig.*) (*con domande e sim.*) sollecitare, insistere, martellare, mitragliare, pressare, investire **2**

(*fig.*) (*di tempo, di pericolo, ecc.*) premere, farsi urgente, spingere, far premura, incombere, stringere, urgere **3** (*mus.*) accelerare **B incalzarsi** *v. rifl. rec.* succedersi rapidamente, susseguirsi velocemente. *V. anche* SPINGERE

in camera caritatis /*lat.* in 'kamera kari'tatis/ [lat., propriamente 'nella camera della carità', cioè con procedura segreta] *loc. avv.* riservatamente, personalmente, amichevolmente, confidenzialmente, inter nos (*lat.*) **CONTR.** pubblicamente.

incameraménto *s. m.* confisca, incamerazione, sequestro **CONTR.** distribuzione, assegnazione, reintegrazione, rifusione.

incameràre *v. tr.* confiscare, avocare, sequestrare, indemaniare **CONTR.** dare, distribuire, assegnare, restituire, risarcire, rifondere.

incamiciàre *v. tr.* (*tecnol.*) rivestire, vestire.

incamiciatùra *s. f.* (*tecnol.*) rivestimento.

incamminàre A *v. tr.* **1** mettere in cammino, mettere in movimento, avviare **CONTR.** fermare **2** (*fig.*) (*in un'arte, in una professione, ecc.*) indirizzare, guidare, avviare, instradare, introdurre, dirigere **CONTR.** distogliere, allontanare **B incamminarsi** *v. intr. pron.* **1** mettersi in cammino, camminare, avviarsi **CONTR.** fermarsi **2** (*fig.*) (*in un'arte, in una professione, ecc.*) indirizzarsi, dirigersi, volgersi **CONTR.** distogliersi, allontanarsi.

incanalàre A *v. tr.* **1** (*di acque*) inalveare, canalizzare **CONTR.** deviare **2** (*di persone, di traffico, ecc.*) convogliare, dirigere, condurre □ iniziare, avviare **CONTR.** deviare **B incanalarsi** *v. intr. pron.* **1** (*di acque*) raccogliersi in un canale, inalvearsi, canalizzarsi, incassarsi **CONTR.** deviare, tracimare **2** (*fig.*) (*di persone, di traffico*) dirigersi, avviarsi, confluire **CONTR.** deviare.

incanalatùra *s. f.* **1** incanalamento, inalveamento, canalizzazione **CONTR.** deviazione, tracimazione **2** canale.

incancellàbile *agg.* **1** indelebile **CONTR.** cancellabile, delebile **2** (*fig.*) (*di giornata, di ricordo e sim.*) indistruttibile, inestinguibile, perpetuo □ indimenticabile, memorabile **CONTR.** dimenticabile, caduco, labile, passeggero.

incancrenìre *v. intr.* e **incancrenìrsi** *intr. pron.* **1** (*med.*) gangrenare, andare in cancrena **2** (*fig.*) (*di situazione, di vizio, ecc.*) aggravarsi, inasprirsi, radicarsi **CONTR.** alleggerirsi, alleviarsi, guarire.

incandescènte *agg.* **1** rovente, arroventato, infuocato, fiammeggiante, caldissimo **CONTR.** spento, freddo, gelato, gelido **2** (*fig.*) (*di polemica, di ambiente, ecc.*) ardente, acceso, appassionato, impetuoso, infiammato, rovente **CONTR.** calmo, pacato, tranquillo.

incandescènza *s. f.* arroventamento, arroventatura **CONTR.** raffreddamento.

incantàre A *v. tr.* **1** (*di mago, di strega, ecc.*) affatturare, fatturare, fatare, stregare **2** (*fig.*) (*di persona*) affascinare, ammaliare, avvincere, sedurre, rapire, estasiare, incatenare, legare, conquistare, innamorare, piacere, fascinare (*lett.*) □ abbindolare, raggirare, lusingare □ meravigliare, stupire, sorprendere **CONTR.** deludere, disincantare, disilludere, disgustare, respingere **B incantarsi** *v. intr. pron.* **1** restare trasognato, restare attonito, imbambolarsi, rimanere estatico **2** (*di macchina, di meccanismo, ecc.*) arrestarsi, bloccarsi, incepparsi **CONTR.** funzionare, andare. *V. anche* SEDURRE

incantàto *part. pass. di* **incantare**; *anche agg.* **1** magico, fatato, stregato **2** (*fig.*) (*di persona o paesaggio*) affascinante, incantevole, meraviglioso, stupendo, fiabesco **CONTR.** bruttissimo, orribile, orrendo, repellente, ripugnante **3** (*fig.*) (*di persona*) intontito, imbambolato, distratto □ stupefatto, stupito, attonito, meravigliato □ estasiato, rapito, ammirato, affascinato, ammaliato, estatico, sognante, trasognato **CONTR.** disincantato, deluso, disilluso, sveglio.

incantatóre A *agg.* (*f.* *-trice*) affascinante, seducente, ammaliatore **CONTR.** repellente, ripugnante **B** *s. m.* (*f.* *-trice*) **1** mago, stregone, negromante □ maga, maliarda, fattucchiera, circe, fata, medusa (*fig.*), strega **2** (*fig.*) seduttore, ammaliatore, fascinatore (*lett.*), conquistatore.

incantésimo *s. m.* **1** incantamento, malia, magia, stregoneria, sortilegio □ portento, prodigio □ fattura, maleficio **2** (*fig.*) seduzione, incanto, fascino, attrattiva, charme (*fr.*) **CONTR.** repulsione, disgusto, fastidio □ disincanto, disillusione.

INCANTESIMO
sinonimia strutturata

L'operazione o il risultato del recitare parole, formule o compiere atti che producano conseguenze soprannaturali su persone o cose si dice **incantesimo** o anche **incantamento**, che però in questa accezione è abbastanza raro e viene più spesso usato figuratamente per indicare l'essere, il restare incantato: *fare un incantesimo*; *credere agli incantesimi*; in particolare, gli incantesimi per spegnere o accendere una passione amorosa si realizzano spesso somministrando una pozione magica detta **filtro**. Un sinonimo di uso popolare di incantesimo è **fattura**: *fare la fattura a qualcuno*; *credere alle fatture*.

Come sinonimo di incantesimo si può adoperare anche **magia**, che propriamente è l'arte di dominare le forze occulte della natura e di sottoporle al proprio potere per sfruttare la loro potenza a beneficio o a maleficio di uomini o animali; in particolare, si dice *magia bianca* o *magia naturale* l'uso di rituali magici a fine benefico, mentre i rituali magici destinati ad arrecare danno agli altri si chiamano *magia nera*. Quest'ultima espressione si avvicina molto a **stregoneria**, che indica un incantesimo fatto con intenti malvagi e coincide con **maleficio** o con **sortilegio**, termine quest'ultimo che raramente può avere anche connotazione non negativa: *la si credeva una strega e le si attribuivano molti malefici*; *fare una stregoneria, un sortilegio*.

Pressoché equivalente è il termine **malia**, che nelle credenze medioevali identificava una pratica magica con la quale si pretendeva di assoggettare la volontà altrui o di recare danno a persone o cose, e che oggi in questa accezione è meno comune dei termini precedenti, e indica piuttosto la capacità di sedurre e ammaliare; in questo senso è sinonimo di incantesimo quando questo termine si riferisca alla forza, ai mezzi per ammaliare e affascinare: *l'incantesimo di una notte stellata*; *il potente incantesimo della musica*; *occhi pieni di malia*. In questo ulteriore ambito semantico, l'incantesimo equivale al **fascino**, all'**attrattiva** e alla **seduzione**, cioè alla capacità di avvincere: *le seduzioni della poesia*; *il fascino della bellezza, dell'eloquenza*; *una donna ricca di attrattive*; una sfumatura diversa ha invece il vocabolo francese **charme**, che designa anch'esso la grazia e il fascino, ma che è adoperato in riferimento a persone e raramente a luoghi: *una donna di grandissimo charme*. Infine, si distingue rispetto ai precedenti **incanto**, che in senso figurato designa un sommo piacere, una cosa o persona deliziosa o un'atmosfera incantata: *l'incanto dell'arte*; *quella fanciulla è un incanto*; *rompere l'incanto del momento*.

incantévole agg. affascinante, bellissimo, stupendo, delizioso, grazioso, piacevole, seducente, ammaliante, bello, carezzevole, charmant (*fr.*), fantastico, fatale, magico, malioso, meraviglioso □ (*spec. di paesaggio e sim.*) paradisiaco, suggestivo, incantato **CONTR.** bruttissimo, orrendo, orribile, repellente, ripugnante, spiacevole.

incantevolménte avv. deliziosamente, fascinosamente, stupendamente, seducentemente, piacevolmente **CONTR.** orrendamente, orribilmente, disgustosamente.

incànto (1) s. m. ***1*** incantamento, incantesimo, incantagione (*lett.*), fattura, malia, sortilegio, stregoneria, magia ***2*** (*fig.*) fascino, seduzione, charme (*fr.*), piacere, attrattiva, attrazione □ estasi, rapimento □ (*fig.*) (*di persona o cosa*) meraviglia, delizia, miracolo, prodigio, bellezza, sogno **CONTR.** orrore, schifo, porcheria ***3*** (*fig.*) atmosfera incantata, suggestione. *V. anche* INCANTESIMO

incànto (2) s. m. vendita all'asta, asta, licitazione.

incanutìre ***A*** v. intr. diventare canuto, ingrigire, imbiancarsi, inargentarsi, imbianchire ***B*** v. tr. rendere canuto, ingrigire, inargentare, invecchiare.

incapàce agg.; anche s. m. e f. inabile, inetto, inidoneo, disadatto, inesperto □ cattivo, dappoco, imperito, impotente, inconcludente, inefficiente, pappamolle, insufficiente, maldestro, mediocre □ cane, buono a nulla, macaco, ciarlatano, disastro, eunuco (*fig.*), minus habens (*lat.*), deficiente, nullità, innocuo (*raro*), scalzacane, schiappa, sbercia (*tosc.*) □ (*di atleta*) bidone (*pop.*), brocco **CONTR.** capace, abile, idoneo, esperto, bravo, competente, perito, valido □ maestro, mago.

incapacità s. f. ***1*** inettitudine, inabilità, inadeguatezza, inidoneità, inattitudine, inefficienza □ dappocaggine, imperizia, impotenza □ ignoranza, incompetenza, deficienza, nullaggine ***2*** impossibilità (*est.*) **CONTR.** capacità, idoneità, attitudine, stoffa, talento □ bravura, valore, abilità, efficienza, sicurezza, competenza, destrezza □ esperienza, mestiere, perizia, tecnica.

incaponìrsi v. intr. pron. ostinarsi, incaparbirsi, intestarsi, intestardirsi, impuntarsi, fissarsi, irrigidirsi, insistere, resistere, incocciarsi, piccarsi **CONTR.** arrendersi, cedere, lasciar correre.

incaponìto part. pass. di **incaponirsi**; anche agg. intestardito, ostinato, fissato □ cocciuto, caparbio, testardo, puntiglioso, tenace **CONTR.** arrendevole, docile, remissivo.

incappàre v. intr. imbattersi, inciampare, incontrare, scontrare (*raro*), trovare □ incorrere, sdrucciolare, cadere (*fig.*), capitare **CONTR.** sfuggire, sottrarsi, evitare, scampare, scapolare.

incappottàre ***A*** v. tr. imbacuccare, intabarrare ***B*** **incappottarsi** v. rifl. intabarrarsi, imbacuccarsi.

incappucciàre ***A*** v. tr. ***1*** coprire col cappuccio, imbacuccare ***2*** (*fig.*) (*di neve*) ammantare, imbiancare ***B*** **incappucciarsi** v. rifl. e intr. pron. ***1*** coprirsi col cappuccio, imbacuccarsi ***2*** (*fig.*) (*di neve*) ammantarsi.

incappucciàto part. pass. di **incappucciare**; anche agg. ***1*** munito di cappuccio, imbacuccato ***2*** (*di neve e sim.*) avvolto, coperto.

incapricciàrsi v. intr. pron. invaghirsi, innamorarsi, infatuarsi, cuocersi (*raro*), bramare, invogliarsi.

incarceràre v. tr. ***1*** carcerare, imprigionare **CONTR.** scarcerare, liberare ***2*** (*fig.*) rinchiudere.

incarceràto part. pass. di **incarcerare**; anche agg. ***1*** imprigionato, carcerato, rinchiuso ***2*** (*fig.*) segregato.

incarcerazióne s. f. (*raro*) V. **carcerazione**.

incardinàre ***A*** v. tr. ***1*** (*di porta, di finestra, ecc.*) porre sui cardini **CONTR.** scardinare, sgangherare ***2*** (*di discorso, di ragionamento e sim.*) incentrare, imperniare, fondare, basare ***B*** **incardinarsi** v. intr. pron. reggersi, fondarsi, imperniarsi, basarsi, incentrarsi.

incaricàre ***A*** v. tr. dare incarico, affidare, accollare, addossare, commettere, delegare, deputare, eleggere, nominare, investire **CONTR.** dispensare, esentare, esimere, esonerare, esautorare ***B*** **incaricarsi** v. intr. pron. assumersi un incarico, impegnarsi, obbligarsi, promettere, accollarsi, addossarsi **CONTR.** dispensarsi, esimersi, sottrarsi, demandare.

incaricàto ***A*** part. pass. di **incaricare**; anche agg. ***1*** delegato, deputato, preposto, inviato, impiegato, addetto, destinato, investito, responsabile **CONTR.** esautorato ***2*** (*di professore e sim.*) non di ruolo, non titolare, supplente **CONTR.** di ruolo, titolare, effettivo ***B*** s. m. ***1*** agente, rappresentante, fiduciario, mandatario, procuratore, commesso (*ant.*), commissario □ (*al pl.*) delegazione **CONTR.** mandante ***2*** (*di professore*) supplente **CONTR.** titolare, effettivo.

incàrico s. m. ***1*** commissione, compito, delega, deputazione, delegazione, nomina, incombenza, impegno, mandato, missione □ (*dir.*) procura □ ufficio, carica, posto, impiego, funzione, ruolo, collocazione **CONTR.** esonero ***2*** (*di professore*) posto non di ruolo, supplenza. *V. anche* CARICA, FUNZIONE

incarnàre ***A*** v. tr. personificare, impersonare, rappresentare ***B*** **incarnarsi** v. intr. pron. ***1*** prendere carne e figura umana ***2*** (*di idea, di progetto e sim.*) concretarsi ***3*** (*di unghia*) crescere dentro la carne, incarnire.

incarnàto agg. e s. m. colore rosa carne, carnicino, ostro, roseo □ carnagione, pelle, cera, colore, colorito.

incarnazióne *s. f.* **1** (*relig.*) umanizzazione, trasformazione, ipostasi **2** (*fig.*) manifestazione, personificazione, rappresentazione, espressione, simbolo.

incarognìre *v. intr.* e **incarognìrsi** *intr. pron.* **1** diventare una carogna, diventare spregevole, ingaglioffarsi **2** infiacchirsi, indebolirsi, oziare, corrompersi **3** diventare cronico, aggravarsi.

incarognìto *part. pass. di* **incarognire**; *anche agg.* **1** incattivito **2** intestardito, accanito, ostinato **3** cronico.

incartaménto *s. m.* carte, documenti, scartoffie □ fascicolo, inserto, dossier (*fr.*), cartella, pratica, incarto.

incartapecorìre *v. intr.* e **incartapecorìrsi** *intr. pron.* aggrinzirsi, disseccarsi, inaridirsi, indurirsi, rinsecchirsi □ (*est.*) invecchiare □ (*fig.*) fossilizzarsi, mummificarsi **CONTR.** ammorbidirsi.

incartapecorìto *part. pass. di* **incartapecorire**; *anche agg.* grinzoso, aggrinzito, crespo, vizzo, avvizzito, rinsecchito, rugoso, raggrinzito □ (*fig.*) fossilizzato, mummificato **CONTR.** liscio, florido, fiorente.

incartàre **A** *v. tr.* avvolgere nella carta, accartocciare, incartocciare, avvolgere **CONTR.** scartare, scartocciare, spacchettare, svolgere **B** **incartàrsi** *intr. pron.* (*fig.*) confondersi, imbrogliarsi. *V. anche* AVVOLGERE

incartàto *part. pass. di* **incartare**; *anche agg.* accartocciato, incartocciato, avvolto **CONTR.** scartato, scartocciato.

incàrto *s. m.* **1** incartamento **2** involucro.

incartocciàre *v. tr.* incartare, accartocciare, avvolgere **CONTR.** scartare, scartocciare.

incartocciàto *part. pass. di* **incartocciare**; *anche agg.* accartocciato, incartato, avvolto **CONTR.** scartato, scartocciato.

incasellàre *v. tr.* **1** mettere in casella, disporre in casellario **2** (*fig.*) (*di numeri, di dati e sim.*) riunire ordinatamente, ordinare, classificare.

incasinàre *v. tr.* (*pop.*) **1** fare confusione, disordinare, scompigliare, scombussolare **CONTR.** ordinare, sistemare **2** impelagare, impegolare, invischiare, inguaiare **CONTR.** liberare.

incasinàto *part. pass. di* **incasinare**; *anche agg.* (*pop.*) **1** disordinato, scompigliato, confuso, intricato, scombussolato, sottosopra **CONTR.** ordinato, sistemato **2** impegolato, invischiato, impelagato, inguaiato **CONTR.** liberato, libero.

incassàre **A** *v. tr.* **1** (*di merce*) collocare in casse, imballare □ (*est.*) (*di gioielli*) montare, incastonare □ (*est.*) (*di fiume*) inalveare, incanalre **CONTR.** sballare □ smontare **2** (*est., ling.*) inserire **3** (*di denaro e sim.*) riscuotere, introitare, ricevere in pagamento, percepire, prendere, ricavare, ritirare, ritrarre **CONTR.** pagare, sborsare, spendere, sganciare **4** (*nel pugilato*) subire **CONTR.** dare **5** (*fig.*) (*di offesa, di accusa, ecc.*) sopportare bene, tollerare, abbozzare **CONTR.** respingere, confutare **B** **incassarsi** *v. intr. pron.* (*di strada, di fiume, ecc.*) restringersi, incanalarsi, infossarsi, chiudersi **CONTR.** allargarsi, aprirsi. *V. anche* PRENDERE

incassàto *part. pass. di* **incassare**; *anche agg.* **1** (*di merce*) imballato □ (*est.*) (*di gioielli*) montato, incastonato **CONTR.** sballato, smontato **2** (*ling.*) inserito **3** (*di denaro e sim.*) riscosso, introitato, ricevuto, percepito, preso, ricavato **CONTR.** sganciato, pagato **4** (*nel pugilato*) subito **CONTR.** dato **5** (*fig.*) (*di offesa, di accusa, ecc.*) sopportato bene, abbozzato **CONTR.** respinto, confutato **6** (*di strada, di fiume, ecc.*) infossato, affossato, chiuso, stretto, incanalato **CONTR.** allargato, aperto, largo, libero, prominente, sporgente.

incassatùra *s. f.* **1** imballo, incassamento □ (*est.*) (*di gioielli*) incastonatura **2** (*ling.*) inserimento **3** cavità, incavo, solco, canale **CONTR.** rilievo, sporgenza, prominenza.

incàsso *s. m.* **1** riscossione, esazione, riscuotimento □ (*est.*) introito, entrata, provento **CONTR.** pagamento, sborso, esborso, versamento, uscita, spesa **2** (*di elettrodomestici, ecc.*) inserimento.

incastellatùra *s. f.* ossatura di sostegno, scheletro, armatura, impalcatura, intelaiatura, ingabbiatura, supporto.

incastonàre *v. tr.* **1** fermare nel castone, montare, incassare, legare, rilegare **2** (*fig.*) (*di dettagli, ecc.*) inserire, collocare.

incastonatùra *s. f.* montatura, incassatura, incastro, legatura, rilegatura.

incastràre **A** *v. tr.* **1** commettere, connettere □ conficcare, inserire, introdurre, cacciar dentro, incuneare, innestare, configgere, ficcare, calettare **CONTR.** disincastrare, sconficcare, sconnettere, strappare **2** (*fig., fam.*) mettere nei pasticci, coinvolgere, impegolare, invischiare, inguaiare, prendere, chiudere **CONTR.** liberare **B** **incastrarsi** *v. intr. pron.* inserirsi, ficcarsi dentro, entrare **CONTR.** liberarsi, uscire **C** *v. intr.* (*mecc.*) adattarsi, ingranare perfettamente, imboccare.

incastràto *part. pass. di* **incastrare**; *anche agg.* **1** conficcato, introdotto, innestato, inserito **CONTR.** tolto, cavato, estratto, disinnestato, disinserito **2** (*est.*) bloccato, immobilizzato, imprigionato **CONTR.** liberato **3** (*fig., fam.*) imbrigliato, impegolato, inguaiato, nei pasticci **CONTR.** libero.

incàstro *s. m.* **1** apertura, cavità, intaglio □ coulisse (*fr.*), scanalatura, guida □ tassello **2** incastratura, innesto, introduzione, inserzione, combinazione, commessura, commettitura, giuntura □ incastonatura **CONTR.** estrazione, scomposizione.

incatenaménto *s. m.* **1** ammanettamento **CONTR.** liberazione **2** (*fig.*) concatenamento, concatenazione, connessione, legame **CONTR.** sconnessione.

incatenàre **A** *v. tr.* **1** legare con catene, mettere le catene □ ammanettare □ imprigionare **CONTR.** slegare □ (*di cane, ecc.*) sguinzagliare **2** (*fig.*) (*di cuori, di sentimenti, ecc.*) soggiogare, vincolare, legare, asservire, ammaliare, incantare □ impacciare, impedire, inceppare **CONTR.** svincolare, liberare **B** **incatenarsi** *v. rifl.* e *rifl. rec.* collegarsi strettamente, legarsi, unirsi, concatenarsi **CONTR.** svincolarsi, liberarsi.

incatenàto *part. pass. di* **incatenare**; *anche agg.* **1** legato con catene, in catene, imprigionato **CONTR.** slegato, libero **2** (*fig.*) (*da sentimenti, da passioni, *ecc.*) dominato, soggiogato, asservito **CONTR.** liberato, libero.

incatramàre *v. tr.* ricoprire di catrame, asfaltare, bitumare, catramare, impeciare, impegolare □ (*di scafo*) calafatare.

incatramàto *part. pass. di* **incatramare**; *anche agg.* asfaltato, bitumato, impeciato □ (*di scafo*) calafatato.

incattivìre ***A*** *v. tr.* rendere cattivo **CONTR.** rabbonire, calmare, placare, quietare ***B*** *v. intr.* e **incattivirsi** *intr. pron.* diventare cattivo, infellonire (*lett.*) **CONTR.** rabbonirsi, calmarsi, placarsi.

incattivìto *part. pass. di* **incattivire**; *anche agg.* inasprito, esacerbato, indurito, inacidito □ incarognito **CONTR.** sereno, tranquillo, calmo □ calmato, rabbonito.

incautaménte *avv.* imprudentemente, sconsideratamente, inconsideratamente, avventatamente, irriflessivamente, sconsigliatamente, temerariamente, disavvedutamente, improvvidamente, imprevidentemente, inavvedutamente, inconsultamente, malaccortamente, malavvedutamente, sprovvedutamente **CONTR.** cautamente, prudentemente, avvedutamente, riflessivamente, guardingamente, sensatamente, sagacemente □ adagio, piano.

incàuto *agg.* imprudente, sconsiderato, inconsiderato, irriflessivo, impulsivo, sconsigliato, improvvido (*lett.*), disavveduto, inavveduto, imprevidente, malaccorto, malavveduto □ avventato, temerario, azzardoso **CONTR.** cauto, prudente, avveduto, considerato, riflessivo, previdente, sagace, sensato □ guardingo, circospetto.

incavàre *v. tr.* rendere cavo, infossare, avvallare, scavare, scanalare, solcare **CONTR.** empire, riempire, colmare.

incavàto *part. pass. di* **incavare**; *anche agg.* ***1*** infossato, affossato, concavo, cavo, fondo, rientrante □ solcato, scanalato **CONTR.** sporgente, prominente, convesso, protuberante, rilevato ***2*** (*di viso*) scavato, smunto □ (*di occhi*) infossato **CONTR.** grasso, paffuto.

incavatùra *s. f.* ***1*** cavità, incavo, cavo, infossamento, avvallamento, concavità, fossa, scavo □ scanalatura, solco □ (*di muro*) nicchia **CONTR.** sporgenza, rilievo, protuberanza, colmo, colmatura, riempimento □ (*di muro*) sporto ***2*** (*di vita*) assottigliamento **CONTR.** ingrossamento.

incàvo o (*evit.*) **ìncavo** *s. m.* ***1*** cavità, incavatura, scavo, infossamento, avvallamento, cavo, gola, seno, rientranza □ incassatura, nicchia, vano, vuoto □ scanalatura, solco **CONTR.** sporgenza, rilievo, protuberanza, colmo, convessità, dosso, gobba, prominenza, rialzo, rigonfiamento ***2*** incisione, intaglio.

incavolàrsi *v. intr. pron.* (*euf.*) arrabbiarsi, incazzarsi (*volg.*), inviperirsi, incollerirsi, infuriarsi, irritarsi **CONTR.** calmarsi, rabbonirsi.

incavolàto *part. pass. di* **incavolarsi**; *anche agg.* (*euf.*) incazzato (*volg.*), arrabbiato, incollerito, invelenito, inviperito, irritato **CONTR.** calmato, calmo, rabbonito.

incavolatùra *s. f.* (*euf.*) incazzatura (*volg.*), arrabbiatura.

incazzàrsi *v. intr. pron.* (*volg.*) arrabbiarsi, incavolarsi (*euf.*), adirarsi, esasperarsi, imbestialirsi, imbizzarrirsi, impennarsi, inalberarsi, incagnarsi (*pop.*), incollerirsi, indemoniarsi, indignarsi, infuriarsi, inviperirsi, irritarsi, sdegnarsi **CONTR.** calmarsi, rabbonirsi, quietarsi.

incazzàto *part. pass. di* **incazzarsi**; *anche agg.* (*volg.*) incavolato (*euf.*), arrabbiato, rabbioso, irato, adirato, furibondo, furioso, imbestialito, incollerito, indemoniato, indignato, invelenito, inviperito, irritato, sdegnato, nero **CONTR.** calmato, calmo, rabbonito. *V. anche* NERO

incazzatùra *s. f.* (*volg.*) incavolatura (*euf.*), arrabbiatura, esasperazione □ impennata (*fig.*).

incèdere ***A*** *v. intr.* (*lett.*) camminare maestosamente, avanzare (con solennità), procedere, andare **CONTR.** retrocedere, indietreggiare ***B*** *in funzione di s. m.* portamento maestoso, andatura solenne, camminata. *V. anche* CAMMINARE

incendiàre ***A*** *v. tr.* ***1*** dare alle fiamme, dar fuoco, distruggere col fuoco, incenerire, ardere, bruciare, abbruciare, avvampare **CONTR.** spegnere, estinguere, smorzare ***2*** (*fig.*) (*di animi, di passioni, ecc.*) infiammare, infuocare, accendere, eccitare, entusiasmare, elettrizzare, esasperare, infervorare, scuotere **CONTR.** calmare, pacificare, placare ***B*** **incendiarsi** *v. intr. pron.* ***1*** prendere fuoco, bruciare ***2*** (*fig.*) (*di persona, di animi, ecc.*) infiammarsi, eccitarsi, entusiasmarsi, accendersi, elettrizzarsi, esasperarsi, infervorarsi **CONTR.** calmarsi, placarsi. *V. anche* SCUOTERE

incendiàrio ***A*** *agg.* (*fig.*) (*di parole, di occhi, ecc.*) ardente, aggressivo □ polemico **CONTR.** rasserenante, sereno, mite, remissivo ***B*** *s. m.* piromane.

incendiàto *part. pass. di* **incendiare**; *anche agg.* bruciato, arso **CONTR.** spento, estinto.

incèndio *s. m.* ***1*** gran fuoco, fuoco violento, rogo, combustione, conflagrazione ***2*** (*fig.*) (*di passioni*) ardore, fervore, trasporto, entusiasmo □ passione ardente, commozione **CONTR.** freddezza, indifferenza, apatia ***3*** (*fig.*) (*di guerra*) rovina, disastro, conflagrazione.

incenerìre ***A*** *v. tr.* ***1*** ridurre in cenere, bruciare, incendiare, ardere □ (*di cadaveri*) cremare ***2*** (*fig.*) annientare, distruggere, polverizzare ***B*** **incenerirsi** *v. intr. pron.* diventare cenere.

incenerito *part. pass. di* **incenerire**; *anche agg.* ***1*** ridotto in cenere, bruciato □ cremato ***2*** (*fig.*) annientato, distrutto.

incensaménto *s. m.* (*fig.*) lode esagerata, adulazione, cortigianeria, lisciamento, lisciatura, panegirico, piaggeria, sviolinata, incenso (*raro*) **CONTR.** biasimo, critica, detrazione, maldicenza denigrazione, diffamazione, vituperio. *V. anche* LODE

incensàre ***A*** *v. tr.* ***1*** fumigare con l'incenso, dare l'incenso ***2*** (*fig.*) lodare, decantare, elogiare, onorare □ adulare, blandire, lisciare, lusingare, piaggiare, sviolinare, insaponare (*fig.*), strofinarsi (*fig.*) **CONTR.** calunniare, denigrare, diffamare, biasimare, screditare, sparlare, svergognare, vituperare ***B*** **incensarsi** *v. rifl. rec.* adularsi, blandirsi, lisciarsi, lodarsi, magnificarsi **CONTR.** denigrarsi, calunniarsi.

incensàta *s. f. V.* **incensamento**.

incensàto *part. pass. di* **incensare**; *anche agg.* lodato, adulato, blandito, lisciato, lusingato **CONTR.** calunniato, denigrato, diffamato, schernito.

incensatóre *s. m.* (*f. -trice*) (*fig.*) adulatore, lodatore, piaggiatore, cortigiano, lacchè, lustrascarpe, leccapiedi, turiferario (*lett.*) **CONTR.** calunniatore, detrattore, denigratore, diffamatore, schernitore.

incensière *s. m.* braciere, turibolo.

incensuràto *agg.; anche s. m.* (*dir.*) senza precedenti penali, impregiudicato **CONTR.** pregiudicato.

incentivàre *v. tr.* incrementare, promuovere □ stimolare, motivare, incoraggiare, spingere **CONTR.** frenare, bloccare, arrestare, raffreddare (*fig.*), congelare (*fig.*), disincentivare □ demotivare. *V. anche* SPINGERE

incentivàto *part. pass. di* **incentivare**; *anche agg.* incrementato, promosso □ stimolato, incoraggiato, spinto, motivato **CONTR.** frenato, bloccato, arrestato, raffreddato (*fig.*), congelato (*fig.*), disincentivato □ demotivato.

incentivazióne *s. f.* incremento, aumento, incentivo □ spinta, incoraggiamento, stimolo **CONTR.** freno, blocco, arresto, raffreddamento (*fig.*), congelamento (*fig.*).

incentìvo *s. m.* stimolo, spinta, sprone, incitamento, impulso, incoraggiamento, istigazione, pungolo, stimolazione □ esca, fomite, alimento □ (*econ.*) incentivazione, agevolazione **CONTR.** freno, ostacolo, deterrente □ handicap (*ingl.*) □ disincentivo, disincentivazione.

incentràre ***A*** *v. tr.* (*raro*) collocare nel centro ***B*** **incentrarsi** *v. intr. pron.* ***1*** (*raro*) accentrarsi, essere accentrato ***2*** (*fig.*) imperniarsi, fondarsi, concentrarsi, incardinarsi.

incentràto *part. pass. di* **incentrare**; *anche agg.* (*fig.*) imperniato, fondato, concentrato.

inceppaménto *s. m.* impedimento, imbarazzo, incaglio, intoppo, intralcio, ostacolo □ blocco, congestione, incagliamento □ grippaggio **CONTR.** disincaglio, liberazione.

inceppàre ***A*** *v. tr.* ***1*** (*raro*) mettere in ceppi, incarcerare **CONTR.** scarcerare, liberare ***2*** (*est.*) bloccare, impedire □ incagliare, intralciare, legare, ostacolare, frenare, ritardare, trattenere □ congestionare, paralizzare **CONTR.** liberare, svincolare ***B*** **incepparsi** *v. intr. pron.* bloccarsi, arrestarsi, incantarsi, smettere di funzionare □ (*nel parlare*) inciampare, ingarbugliarsi, intopparsi, intaccare, tartagliare **CONTR.** funzionare, andare, muoversi, correre □ parlare speditamente. *V. anche* IMBARAZZARE

inceràre *v. tr.* spalmare di cera, cerare □ (*di pavimento*) lucidare.

inceràta *s. f.* tela cerata.

incertaménte *avv.* indecisamente, con titubanza, con esitazione, dubbiosamente, irresolutamente, dubbiamente, dubitativamente, confusamente **CONTR.** risolutamente, sicuramente, decisamente, fermamente, deliberatamente, incontrastabilmente.

incertézza *s. f.* ***1*** indeterminatezza, insicurezza, problematicità, vaghezza, discutibilità, precarietà, variabilità, ambiguità □ (*di situazione*) marasma, difficoltà, limbo **CONTR.** determinatezza, evidenza, incontestabilità, inoppugnabilità, irrefutabilità, trasparenza □ ordine, sicurezza ***2*** esitazione, dubbio, perplessità, scrupolo, indecisione, titubanza, timidezza □ disorientamento, imbarazzo, indugio, ondeggiamento, vacillamento, tiremmolla, indeterminazione, irresolutezza □ ansia, preoccupazione, suspense (*ingl.*), sospensione, apprensione □ ma, perché, forse, se □ problema, bivio, scelta **CONTR.** certezza, decisione, determinazione, energia, risolutezza, prontezza, audacia, convinzione, pertinacia, convincimento, fede. *V. anche* TIMORE

incèrto ***A*** *agg.* ***1*** (*di persona*) indeciso, insicuro, irresoluto, dubbioso, esitante, fluttuante, perplesso, titubante, tentennante, amletico, combattuto, confuso, sospeso, disorientato, diviso □ (*spec. di passo, di movimento, ecc.*) ondeggiante, oscillante, vacillante, impacciato, malfermo □ (*di luce, ecc.*) fioco, debole, crepuscolare □ (*di voce*) tremante, velato **CONTR.** determinato, fermo, forte, deciso, risoluto, categorico, convinto, deliberato, granitico, sicuro, persuaso, spigliato □ decisionista ***2*** (*di interpretazione, di esito, ecc.*) aleatorio, improbabile, ipotetico, dubbio, dubitabile, controverso, ancipite (*lett.*), contrastato, problematico, indeterminato, malsicuro, malcerto (*raro*), vago, nebuloso, fumoso, ambiguo, equivoco, contraddittorio □ discutibile, opinabile, controvertibile (*raro*), infondato, malfondato **CONTR.** certo, indubbio, sicuro, definito, comprovato, conclamato, indubitabile, pacifico, palmare, palpabile, patente, evidente □ incontestabile, inconfutabile, incontroverso, inequivocabile ***3*** (*di situazione, ecc.*) critico, difficile, buio □ precario, provvisorio, mutabile, fluido □ (*di guadagno, ecc.*) casuale, occasionale, avventizio **CONTR.** stabile, consolidato, duraturo, solido ***4*** (*di tempo*) variabile, instabile **CONTR.** stabile ***5*** (*di prosa, di ragionamento, ecc.*) claudicante, difettoso, imperfetto ***B*** *s. m.* (*est.*) eventualità, imprevisto, accidente, possibilità, eventuale vantaggio, eventuale pericolo, rischio **CONTR.** certezza, sicurezza.

INCERTO
sinonimia strutturata

Ampia è la gamma di significati di **incerto**, che innanzitutto descrive chi o ciò che manca di risolutezza: *uomo, consiglio, passo incerto*. Una persona che in genere non sa scegliere è **indecisa** e **irresoluta**; l'incertezza legata a una tendenza a cambiare spesso opinione e non particolarmente sofferta caratterizza chi è **fluttuante**, **oscillante** e **ondeggiante**, termini che descrivono anche situazioni particolarmente suscettibili di cambiamento. Chi invece è in preda a forte smarrimento, soprattutto davanti a una scelta, è **disorientato** o **confuso**: *era disorientato di fronte alle obiezioni*; la difficoltà di una scelta è enfatizzata dagli aggettivi **combattuto** e **diviso**: *era combattuto fra la simpatia e la diffidenza*; molto vicino è **amletico** che si usa quasi esclusivamente in riferimento a un dubbio che lacera e si ripercuote in profondità. Un'incertezza meno tormentata fra due o più alternative è evocata da **perplesso**, **dubbioso**, **esitante**, **titubante** e **tentennante**, che possono indicare anche un tratto della personalità: *atteggiamento perplesso*; *sguardo, uomo dubbioso*; *è ancora tentennante*; gli ultimi tre aggettivi si usano in particolare per chi fino all'ultimo non si risolve a prendere una decisione. Molto vicini tra loro, sono **malfermo** e **vacillante**, che evocano instabilità oltre che incertezza: *camminare con passo malfermo*; *avere malfermi propositi*; *andatura, fede vacillante*. Quasi equivalenti tra loro sono confuso, **insicuro** e **impacciato**, che descrivono chi manca di fiducia in sé stesso; l'ultimo termine sottolinea la goffaggine che dall'insicurezza deriva.

Dubbioso e confuso coincidono con incerto anche nel designare qualcosa che dà adito a dubbi o che manca di chiarezza: *elezione dubbiosa*; *una spiegazione confusa*. Confuso equivale a **vago**, **indeterminato** e a **nebuloso** e **fumoso** intesi figuratamente, che pure descrivono ciò che è poco chiaro: *idee vaghe, indeterminate*; *ricordo nebuloso*; *progetto fumoso*.

Ciò che non si può conoscere, definire o affermare con esattezza è **dubbio**: *identità, speranza dubbia*. Una cosa dubbia è per estensione **ipotetica**, **malsicura** o addirittura **aleatoria**, cioè dipendente dal caso: *esito aleatorio*; *previsione aleatoria*. Aleatorio corrisponde anche a rischioso, e suggerisce quindi una scarsa possibilità di riuscita, coincidendo così con **improbabile**. Ciò che risulta improbabile spesso è **malfondato** o **infondato**, ossia privo di basi sicure.

Ciò che è suscettibile di varie interpretazioni è **controverso** o **problematico**: *brano controverso*; *interpretazione problematica*. Ciò che è diversamente interpretabile perché pieno di contrasti è **contraddittorio**, o con connotazione negativa **ambiguo**, **equivoco**: *sentimento contraddittorio*; *discorso ambiguo*; *parole equivoche*. Ciò che è contraddittorio è **dubitabile**, cioè provoca perplessità e un'interpretazione **contrastata**, cioè non facile.

La mancanza di determinazione può appartenere anche a ciò che percepiamo: così un'immagine, un suono sono **fiochi**, **deboli**, **velati** o **tremanti** quando mancano di decisione o di definizione; equivalenti sono **bigio** e **crepuscolare**, che si riferiscono alla luce.

In riferimento a un'opera, a uno stile, incerto significa gravato da difetti, ossia **imperfetto**, **difettoso** o figuratamente **claudicante**: *esecuzione imperfetta*; *periodo claudicante*; *film difettoso nella trama*.

Quando descrive una situazione, incerto ha una connotazione neutra se si riferisce semplicemente alla suscettibilità di cambiamento, e allora equivale a **mutabile**, **fluido**, **sospeso**, **provvisorio**, e **precario**; altrimenti, se la precarietà è causa o conseguenza di un momento di difficoltà, quest'ultimo si definisce **critico**, **difficile** o **buio**.

Se il vocabolo si riferisce a un'occupazione temporanea o saltuaria, equivale a **casuale**, **occasionale** o **avventizio**; gli stessi aggettivi descrivono il guadagno che ne deriva.

Le condizioni meteorologiche sono dette figuratamente incerte, **variabili** o **instabili** quando cambiano d'improvviso o molto frequentemente.

Infine, incerto è anche un sostantivo, e come tale per estensione denomina quello che è possibile ma non prevedibile con sicurezza, ossia un'**eventualità** o una **possibilità**: *fondarsi sull'incerto*; *lasciare il certo per l'incerto*; come i suoi sinonimi **imprevisto** e **accidente**, ha spesso una sfumatura negativa: gli *incerti del mestiere*, per esempio, sono gli **eventuali pericoli** o **rischi** che esso comporta.

incespicàre *v. intr.* ***1*** inciampare, intoppare, impigliarsi, mettere il piede in fallo **CONTR.** camminare speditamente ***2*** (*fig.*) (*parlando*) impuntarsi, sbagliare, balbettare, barbugliare, tartagliare **CONTR.** parlare speditamente. *V. anche* BALBETTARE

incessànte *agg.* continuo, continuato, ininterrotto, perpetuo, persistente, insistente, eterno, senza fine, diuturno (*lett.*), incessabile, perenne, sempiterno (*lett.*) □ assiduo, instancabile **CONTR.** momentaneo, effimero, passeggero, interrotto, saltuario, ricorrente. *V. anche* PERPETUO

incessantemènte *avv.* continuamente, continuativamente, assiduamente, ininterrottamente, perpetuamente, eternamente, perennemente, incessabilmente **CONTR.** saltuariamente, a intervalli.

incètta *s. f.* accaparramento, raccolta, piglia-piglia, monopolizzazione □ requisizione, sequestro □ bagarinaggio, borsanera **CONTR.** distribuzione, offerta, spaccio, vendita.

incettàre *v. tr.* fare incetta, accaparrare, monopolizzare, raccogliere □ requisire, sequestrare **CONTR.** dispensare, distribuire, elargire, offrire, ripartire.

incettatóre *s. m.; anche agg.* (*f. -trice*) accaparratore, monopolizzatore □ raccoglitore, reclutatore □ bagarino, borsanerista **CONTR.** distributore, elargitore.

inchièsta *s. f.* ***1*** investigazione, indagine, interrogatorio, inquisizione ***2*** ricerca, esame, reportage (*fr.*), servizio □ referendum, sondaggio, test (*ingl.*). *V. anche* ESAME

inchinàre ***A*** *v. tr.* chinare, volgere in basso, incurvare ***B*** **inchinarsi** *v. intr. pron.* ***1*** chinarsi, piegarsi, curvarsi, incurvarsi **CONTR.** rizzarsi, drizzarsi, erigersi ***2*** (*fig.*) rendere omaggio, ossequiare, riverire, salutare, prosternarsi **CONTR.** insorgere, ribellarsi, disprezzare ***3*** rassegnarsi, umiliarsi, accettare, accondiscendere, cedere **CONTR.** rifiutare, respingere.

inchìno *s. m.* riverenza, saluto, prosternazione □ salamelecco.

inchiodàre ***A*** *v. tr.* ***1*** chiodare (*raro*), fissare con chiodi **CONTR.** schiodare, sconficcare ***2*** (*fig.*) tener fermo, fermare, immobilizzare, bloccare, costringere □ (*di automobile*) arrestare, frenare **CONTR.** liberare ***3*** (*fig.*) (*di debitore*) piantare chiodi (*fig.*), non pagare **CONTR.** pagare ***B*** **inchiodarsi** *v. intr. pron.* ***1*** bloccarsi, fermarsi **CONTR.** sbloccarsi, liberarsi ***2*** (*fig.*) indebitarsi **CONTR.** sdebitarsi.

inciampàre *v. intr.* ***1*** urtare col piede, incespicare, intoppare, impigliarsi, mettere il piede in fallo, impuntare **2** (*fig.*) imbattersi, incappare **3** (*fig.*) (*nel parlare, nello scrivere*) incagliarsi, incepparsi, intopparsi.

inciàmpo *s. m.* **1** ostacolo, impedimento **2** (*fig.*) intoppo, difficoltà, contrarietà, contrattempo, handicap (*ingl.*), incaglio, imbarazzo, busillis (*fam.*).

incidentàle *agg.* casuale, fortuito, accidentale □ accessorio, secondario **CONTR.** previsto □ primario, principale, precipuo **FRAS.** *frase incidentale*, inciso, parentesi.

incidentalménte *avv.* **1** per caso, casualmente, fortuitamente, accidentalmente **CONTR.** solitamente, comunemente, abitualmente **2** di sfuggita, tra l'altro, tra parentesi, per inciso, en passant (*fr.*).

incidènte *s. m.* **1** accidente, inconveniente **2** infortunio, sciagura, disgrazia, sinistro.

incidènza *s. f.* **1** (*fig.*) effetto, influsso, peso, influenza, portata **2** (*raro*) digressione.

incìdere (**1**) *v. intr.* gravare, pesare □ influire, avere importanza, ripercuotersi, ricadere, condizionare.

incìdere (**2**) *v. tr.* **1** aprire tagliando, tagliare, aprire, scalfire, graffiare, solcare, segnare □ (*di castagna*) castrare □ intagliare, scolpire, graffire, cesellare, scalpellare **CONTR.** chiudere, richiudere **2** (*fig.*) (*nella mente, nel cuore e sim.*) imprimere, stampare, fissare **CONTR.** cancellare **3** (*su disco, su nastro*) registrare **CONTR.** cancellare **4** (*fig.*) (*di risparmi, di riserve e sim.*) intaccare, consumare **CONTR.** aggiungere, aumentare. *V. anche* REGISTRARE, TAGLIARE

incìnta *agg. solo f.* gravida, gestante, pregna, pregnante (*lett.*), in stato interessante.

incipiènte *agg.* nascente, iniziale, all'inizio, aurorale, insorgente **CONTR.** finale, conclusivo, agli sgoccioli, moribondo (*fig.*).

incipit /*lat.* 'intʃipit/ [vc. lat., letteralmente 'incomincia (qui)'] *s. m. inv.* (*di scritto*) inizio, primi versi, prime parole **CONTR.** explicit (*lat.*), chiusa, chiusura, epilogo, finale.

incìrca *avv.* (*raro*) circa **FRAS.** *all'incirca*, pressappoco, approssimativamente, a occhio e croce, pressoché, grossomodo, più o meno, a un dipresso **CONTR.** esattamente.

incisióne *s. f.* **1** taglio, ferita, graffio □ (*med.*) dissezione, sezionamento, sezione □ intaglio, incavo, intaccatura, intacco, tacca, solco, solcatura, apertura, tagliatura **2** riproduzione, veduta, stampa, illustrazione □ graffito, diaglipto □ xilografia, calcografia, acquaforte, fototipia, fotoincisione, galvanoplastica, zincotipia □ rilievo, altorilievo **3** (*su disco, su nastro*) registrazione **CONTR.** cancellazione. *V. anche* QUADRO

incisivaménte *avv.* chiaramente, efficacemente, vivamente, icasticamente **CONTR.** debolmente, fiaccamente.

incisività *s. f.* efficacia, vivezza, evidenza, icasticità, mordente, nervosità **CONTR.** fiacchezza, inefficacia, imprecisione.

incisìvo *agg.* **1** tagliente **CONTR.** ottuso, smussato **2** (*di fotografia*) nitido **3** (*fig.*) (*di stile, di parole, ecc.*) efficace, vivo, immediato, nervoso, evidente, netto, nitido, icastico, preciso, scultoreo **CONTR.** debole, fiacco, impreciso, vago, esangue, estenuato.

incìso **A** *part. pass. di* **incidere** (**2**); *anche agg.* **1** tagliato, sezionato □ scolpito, aperto, intagliato, scalfito, graffiato, intaccato, solcato **2** (*nella mente, nel cuore, ecc.*) impresso, stampato **CONTR.** cancellato **3** (*di suono, di disco e sim.*) registrato **CONTR.** cancellato **B** *s. m.* frase incidentale, parentesi, clausola (*est.*), interposizione (*ling.*) **FRAS.** *per inciso*, incidentalmente, tra parentesi.

incisóre *s. m.* **1** intagliatore, cesellatore, xilografo, calcografo, litografo, niellatore, scultore **2** (*di suoni*) registratore.

incitaménto *s. m.* esortazione, consiglio, invito, incoraggiamento, stimolo, sprone, spronata, impulso, eccitazione, spinta, sferzata, incentivo, pungolo, sollecitazione □ istigazione, fomento (*lett.*) **CONTR.** dissuasione, freno, remora.

incitàre *v. tr.* indurre, spronare, stimolare, esortare, invitare, invogliare, consigliare, persuadere, pungolare, eccitare, spingere, sospingere, incoraggiare □ animare, arringare (*est.*), infervorare, infiammare, scatenare, sferzare, istigare, aizzare **CONTR.** trattenere, frenare, dissuadere, distogliere, sviare, sconsigliare □ moderare, pacare, raffrenare, reprimere. *V. anche* ISTIGARE, SPINGERE

incitatóre *s. m.*; *anche agg.* (*f. -trice*) esortatore, persuasore, stimolatore, animatore, consigliere □ istigatore **CONTR.** dissuasore.

incitrullìre **A** *v. tr.* rendere citrullo, imbecillire, rimbecillire, incretinire, rincretinire, rincitrullire **CONTR.** rinsavire, svegliare (*fig.*) **B** *v. intr.* e **incitrullirsi** *intr. pron.* diventare citrullo, incretinire, rimbambirsi, rincitrullirsi **CONTR.** rinsavire, svegliarsi (*fig.*).

incitrullìto *part. pass. di* **incitrullire**; *anche agg.* imbecillito, rimbecillito, incretinito, rincretinito, rimbambito, rincitrullito **CONTR.** rinsavito.

inciùcio *s. m.* **1** (*dial.*) chiacchiericcio, pettegolezzo **2** (*giorn.*) pasticcio, imbroglio, pateracchio.

incivìle *agg.*; *anche s. m.* e *f.* **1** selvaggio, barbaro, arretrato, barbarico (*est.*) **CONTR.** civile, civilizzato, evoluto **2** (*di persona, di comportamento, ecc.*) villano, screanzato, ineducato, diseducato, maleducato, irriguardoso, rozzo, scortese, sgarbato, ignorante, grossolano, inurbano, cafonesco, scorretto, selvatico, sguaiato □ tanghero, zotico, buzzurro, cafone □ troglodita (*fig.*), trogloditico (*fig.*), zulù (*fig.*), ottentotto (*fig.*), ostrogoto (*fig.*) **CONTR.** beneducato, educato, civile, cortese, garbato, gentile, urbano. *V. anche* ROZZO

incivilimènto *s. m.* civiltà, civilizzazione □ dirozzamento, ingentilimento **CONTR.** imbarbarimento.

incivilìre **A** *v. tr.* rendere civile, civilizzare, umanizzare □ dirozzare, sgrezzare, ingentilire, raffinare, educare, ripulire (*lett.*) **CONTR.** imbarbarire, far decadere **B** **incivilirsi** *v. intr. pron.* diventare civile, civilizzarsi □ dirozzarsi, ingentilirsi, raffinarsi, urbanizzarsi, inurbarsi (*lett.*), rincivilirsi, ripulirsi (*lett.*) **CONTR.** imbarbarirsi, regredire □ inselvatichirsi. *V. anche* EDUCARE

incivilìto *part. pass. di* **incivilire**; *anche agg.* civilizzato, civile □ dirozzato, ingentilito, urbanizzato, raffinato **CONTR.** imbarbarito □ inselvatichito.

incivilménte *avv.* scortesemente, sgarbatamente, villanamente, ignorantemente, rozzamente, grossolanamente, maleducatamente, inurbanamente, irriguardosamente, screanzatamente, sguaiatamente **CONTR.** civilmente, cortesemente, garbatamente, gentilmente, urbanamente, compitamente, educatamente.

inciviltà *s. f.* barbarie □ rozzezza, sgarbataggine, volgarità, ignoranza, maleducazione, ineducazione, diseducazione, inurbanità, malacreanza, selvatichezza, sguaiataggine □ scortesia, villania **CONTR.** civiltà □ finezza, garbo, gentilezza, educazione, urbanità, costumatezza.

inclassificàbile *agg.* ***1*** (*di lavoro, di spesa, ecc.*) indefinibile, incalcolabile **CONTR.** classificabile, calcolabile ***2*** (*fig.*) (*di compito, di comportamento, ecc.*) pessimo, inqualificabile, scorretto, scadente, orribile **CONTR.** ottimo, lodevole, corretto.

inclemènte *agg.* (*spec. di giudice, di destino, ecc.*) aspro, duro, crudele, crudo, inesorabile, spietato □ (*spec. di clima e sim.*) brutto, sfavorevole, rigido, avverso **CONTR.** clemente, longanime □ propizio, favorevole, mite, dolce. *V. anche* CRUDELE

inclemènza *s. f.* asprezza, durezza, rigidità, avversità, crudeltà, inesorabilità, spietatezza □ crudezza, rigore **CONTR.** clemenza, longanimità, indulgenza □ mitezza, dolcezza.

inclinàre ***A*** *v. tr.* ***1*** piegare, flettere, chinare, abbassare, reclinare **CONTR.** alzare, drizzare, rizzare, sollevare ***2*** (*fig.*) (*di persona, di animo e sim.*) disporre, rendere incline, indirizzare, persuadere, predisporre **CONTR.** dissuadere, distogliere, allontanare ***B*** *v. intr.* ***1*** (*di cosa*) pendere, piegare, volgere ***2*** (*fig.*) (*di persona*) avere inclinazione, essere disposto, propendere, tendere, sentirsi portato **CONTR.** essere contrario, essere alieno, essere refrattario, rifuggire.

inclinàto *part. pass. di* **inclinare**; *anche agg.* ***1*** piegato, chinato, abbassato, reclinato, incurvato □ obliquo, sbieco, pendente, spiovente □ (*verso un luogo*) orientato, volto **CONTR.** alzato, ritto, sollevato ***2*** (*fig.*) V. **incline**.

inclinazióne *s. f.* ***1*** pendenza, declività (*lett.*), declivio, pendio ***2*** (*fis., astron.*) angolo ***3*** (*fig.*) (*di persona*) attitudine, disposizione, vocazione, abito (*fig.*), predisposizione, propensione □ volontà, impulso (*est.*), istinto □ abilità, estro, vena, ingegno, stoffa, tendenza, gusto □ carattere, indole, temperamento, umore, natura □ amore, passione, simpatia, interesse, attrazione, predilezione, debole, penchant (*fr.*) **CONTR.** avversione, contrarietà, opposizione, rifiuto, repulsione, ripugnanza, antipatia, idiosincrasia, rigetto, fastidio, inimicizia. *V. anche* ABITUDINE, DEBOLEZZA, INDOLE

inclìne *agg.* propenso, proclive (*lett.*), spinto, inclinato (*raro*), disposto, indirizzato, portato, pronto, tagliato □ favorevole, interessato □ dedito, amante, facile, prono, tagliato **CONTR.** alieno, avverso, contrario, negato, allergico.

inclùdere *v. tr.* ***1*** (*in busta, in plico e sim.*) chiudere dentro, accludere, allegare, introdurre, inserire **CONTR.** escludere, lasciar fuori ***2*** (*in una lista, nel novero, ecc.*) comprendere, annoverare, mettere, accogliere, abbracciare, calcolare, contenere, incorporare, iscrivere **CONTR.** escludere, estromettere, derubricare, eccettuare, eliminare, omettere, stralciare, tralasciare ***3*** (*di fatto, di episodio, ecc.*) implicare, racchiudere, comportare, sottintendere **CONTR.** escludere, prescindere. *V. anche* UNIRE

inclusióne *s. f.* ***1*** inserzione □ (*in una lista, nel novero, ecc.*) inserimento, introduzione **CONTR.** esclusione, derubricazione, eliminazione, omissione ***2*** (*miner.*) corpo estraneo.

inclusìvo *agg.* comprensivo, comprendente **CONTR.** eccettuativo.

inclùso *part. pass. di* **includere**; *anche agg.* ***1*** (*in lettera, in plico e sim.*) accluso, allegato, inserito, introdotto **CONTR.** escluso, lasciato fuori ***2*** (*in una lista, nel novero, ecc.*) compreso, annoverato, messo, accolto, contenuto, iscritto, incorporato **CONTR.** escluso, estromesso, eccettuato, omesso, saltato, tolto.

incocciàre ***A*** *v. tr.* (*dial., centr.*) incontrare, urtare, trovare, imbattersi ***B*** **incocciarsi** *v. intr. pron.* (*tosc.*) ostinarsi, incaponirsi, intestarsi, impuntarsi, intestardirsi **CONTR.** cedere, arrendersi, piegarsi ***C*** *v. intr.* (*dial., centr.*) imbattersi, incontrare, capitare.

incoerènte *agg.* ***1*** (*di materia*) non compatto, non cementato, sciolto **CONTR.** compatto, cementato, omogeneo ***2*** (*fig.*) (*di persona, di ragionamento, ecc.*) illogico, incongruente, incongruo, inconseguente, assurdo, contraddittorio, discrepante, discordante □ sconclusionato, disorganico, sbalestrato, sbilenco, zoppicante, scombinato, sconnesso, scucito, sgangherato, slegato, squilibrato, demenziale **CONTR.** coerente, congruente, conseguente, logico, razionale, consequenziale, geometrico, ragionevole, lineare (*fig.*), rettilineo (*fig.*). *V. anche* ASSURDO

incoerentemènte *avv.* illogicamente, incongruentemente, contraddittoriamente, assurdamente, incongruamente, inconseguentemente, sconclusionatamente, slegatamente, a vanvera **CONTR.** coerentemente, conseguentemente, logicamente, razionalmente, lucidamente, congruentemente, organicamente, sistematicamente.

incoerènza *s. f.* ***1*** (*di materia*) mancanza di coesione, mancanza di compattezza **CONTR.** compattezza, coesione, coerenza ***2*** (*fig.*) (*di persona, di ragionamento, ecc.*) illogicità, irrazionalità, assurdità, contraddittorietà, sconclusionatezza, disorganicità, contraddizione, incongruenza □ discrepanza, discordanza, difformità, smagliatura □ inconseguenza, discontinuità, incostanza, instabilità **CONTR.** coerenza, connessione, conformità, logicità, logica, razionalità, congruenza, ragionevolezza □ continuità, linearità.

incògnita *s. f.* ***1*** (*mat.*) x ***2*** cosa ignota, fatto imprevedibile, mistero, punto interrogativo, problema **CONTR.** certezza.

incògnito *agg.* sconosciuto, inesplorato, ignoto, ignorato **CONTR.** noto, conosciuto **FRAS.** *in incognito*, senza farsi riconoscere.

incollàre ***A*** *v. tr.* dare la colla, attaccare, appiccicare, congiungere, impastare, ingommare, ricongiungere, unire, saldare **CONTR.** scollare, spiccicare, staccare, distaccare ***B*** **incollarsi** *v. intr. pron.* attaccarsi, appiccicarsi **CONTR.** scollarsi, staccarsi ***C*** *v. rifl.* (*fig.*) (*di persona*) tenersi vicinissimo, stare vicinissimo, appiccicarsi (*fig.*) **CONTR.** allontanarsi, stare lontano.

incollàto *part. pass. di* **incollare**; *anche agg.* congiunto, impastato □ (*anche fig.*) appiccicato, attaccato **CONTR.** scollato, staccato □ (*fig.*) lontano.

incollerìre *v. intr.* e **incollerìrsi** *intr. pron.* montare in collera, corrucciarsi, innervosirsi, infuriarsi, adirarsi, arrabbiarsi, irritarsi, stizzirsi, incazzarsi (*volg.*), incavolarsi (*euf.*), imbestialirsi, imbizzarrirsi, inalberarsi, sdegnarsi **CONTR.** calmarsi, placarsi, quietarsi, rabbonirsi.

incollerito *part. pass. di* **incollerire**; *anche agg.* corrucciato, infuriato, adirato, arrabbiato, innervosito, irritato, stizzito, incazzato (*volg.*), incavolato (*euf.*), idrofobo, imbestialito, irato **CONTR.** calmo, placato, quieto, rabbonito.

incolonnàre ***A*** *v. tr.* mettere in colonna, disporre in colonna, mettere in fila, ordinare ***B*** **incolonnarsi** *v. intr. pron.* disporsi in colonna, mettersi in fila.

incolonnatóre *s. m.* tabulatore.

incolóre o **incolóro** *agg.* ***1*** privo di colore, sbiadito, scolorito **CONTR.** colorito, fiammante, vistoso, appariscente ***2*** (*fig.*) (*di persona, di stile, ecc.*) privo di interesse, privo di vivacità, banale, insignificante, scialbo, mediocre, monotono, anonimo, impersonale, piatto, slavato, anodino **CONTR.** vivace, interessante, espressivo, significativo, pittoresco. *V. anche* BANALE

incolpàre ***A*** *v. tr.* accusare, imputare, incriminare, dichiarare colpevole, tacciare □ addebitare **CONTR.** discolpare, scagionare, scusare, giustificare, difendere ***B*** **incolparsi** *v. rifl.* accusarsi, incriminarsi **CONTR.** discolparsi, scagionarsi, difendersi.

incólto *agg.* ***1*** (*di luogo*) non coltivato, abbandonato, deserto, gerbido, brullo **CONTR.** coltivato, dissodato, piantato, lavorato □ abitato ***2*** (*fig.*) (*di barba, di capelli e sim.*) sciatto, non curato, trascurato, negletto **CONTR.** curato, accurato ***3*** (*fig.*) (*di persona*) privo di istruzione, privo di cultura, ignorante, rozzo, zotico, selvatico, barbaro, illetterato, inerudito (*lett.*), primitivo, indotto (*lett.*), sprovveduto **CONTR.** colto, dotto, erudito, istruito, raffinato, addottrinato, esperto, sapiente. *V. anche* ROZZO

incòlume *agg.* illeso, salvo, sano e salvo, indenne, intatto **CONTR.** colpito, ferito, leso.

incolumità *s. f.* salvezza, conservazione, integrità **CONTR.** danno, ferita, lesione.

incombènte *part. pres. di* **incombere**; *anche agg.* sovrastante, presente, imminente, incalzante, pressante, urgente **CONTR.** lontano, remoto, futuro.

incombènza *s. f.* incarico, commissione, compito, mandato, faccenda, occupazione, affare, assunto (*lett.*), impegno, mansione, missione, ufficio. *V. anche* FUNZIONE

incómbere *v. intr.* ***1*** sovrastare, dominare, instare (*lett.*) □ (*fig.*) pendere, pesare □ urgere, incalzare, essere imminente **CONTR.** essere lontano ***2*** spettare, competere, convenire, toccare.

incominciàre ***A*** *v. tr.* cominciare, iniziare, principiare, avviare, intraprendere, accingersi, imprendere (*lett.*), abbozzare **CONTR.** por fine, finire, terminare, concludere, compiere □ risolvere, dirimere ***B*** *v. intr.* avere inizio, iniziare, cominciare □ nascere, sorgere □ debuttare, esordire **CONTR.** aver fine, concludersi, terminare, cessare.

incominciàto *part. pass. di* **incominciare**; *anche agg.* cominciato, iniziato, avviato, principiato, intrapreso □ nato, sorto **CONTR.** finito, terminato, concluso, ultimato.

incommensuràbile *agg.* incalcolabile, incomputabile □ (*fig.*) immenso, infinito, illimitato, grandissimo, smisurato, sterminato, interminato (*lett.*) **CONTR.** commensurabile, misurabile, quantificabile □ piccolissimo, minimo, esiguo, limitato. *V. anche* GRANDE

incomodàre ***A*** *v. tr.* scomodare, disturbare, importunare, infastidire, seccare, scocciare (*fam.*), tediare, molestare **CONTR.** far piacere, divertire, interessare ***B*** **incomodarsi** *v. rifl.* scomodarsi, disturbarsi, darsi pena, infastidirsi, importunarsi, seccarsi, scocciarsi (*fam.*).

incomodità *s. f.* incomodo, disagio, disturbo, difficoltà, fastidio, imbarazzo, impaccio, handicap (*ingl.*) **CONTR.** agio, comodo, comodità □ piacere.

incòmodo *s. m.* ***1*** disagio, disturbo, fastidio, imbarazzo, incomodità, handicap (*ingl.*), noia, seccatura, scocciatura (*fam.*), molestia **CONTR.** agio, comodo, comodità □ piacere ***2*** indisposizione, disturbo, acciacco. *V. anche* DISTURBO

incomparàbile *agg.* imparagonabile □ impareggiabile, unico, senza paragone, senza confronto, ineguagliabile, straordinario, eccellente, eccezionale, incredibile, ineffabile, inestimabile, inimitabile, singolare **CONTR.** comparabile □ insignificante, banale, stupido, da nulla, di nessun valore, di nessuna importanza.

incomparabilità *s. f.* eccezionalità, straordinarietà, incredibilità, singolarità **CONTR.** banalità, stupidità, nullità, mediocrità.

incomparabilménte *avv.* straordinariamente, immensamente, incredibilmente, eccezionalmente, inestimabilmente **CONTR.** mediocremente, poco, per nulla.

incompatìbile *agg.* ***1*** inconciliabile, irreconciliabile, contraddittorio, contrario, contrastante, discordante, discorde **CONTR.** conciliabile, accordabile ***2*** (*raro*) intollerabile, insopportabile, insostenibile **CONTR.** compatibile, sopportabile, tollerabile, soffribile.

incompatibilità *s. f.* ***1*** inconciliabilità, irreconciabilità, contrasto, discordia, discrepanza □ incomprensione, ostilità, allergia, antipatia, idiosincrasia, repulsione, ripugnanza **CONTR.** compatibilità, accordo, armonia, concordia, conciliabilità □ pace, simpatia, amore ***2*** (*med.*) intollerabilità, antagonismo □ controindicazione **CONTR.** compatibilità, tollerabilità. *V. anche* DISCORDIA

incompetènte *agg.*; *anche s. m.* e *f.* privo di competenza, inesperto, inabile, impreparato, profano, ignorante, improvvisatore (*spreg.*), scalzacane, scagnozzo (*est.*), dilettante **CONTR.** competente, abile, capace, esperto, preparato, addentro, intenditore, specialista.

incompetènza *s. f.* impreparazione, inesperienza, inabilità, dilettantismo, incapacità, imperizia, ignoranza **CONTR.** competenza, abilità, capacità, esperienza, preparazione, conoscenza, mestiere, professionalità.

incompiùto *agg.* incompleto, non compiuto, non finito, da ultimare, intermesso (*lett.*) □ imperfetto, manchevole, difettoso **CONTR.** compiuto, completo, finito, concluso, adempiuto □ intero, totale □ perfetto, eccellente, rifinito.

incomplèto *agg.* incompiuto, non finito □ imperfetto, manchevole, lacunoso, monco, mutilo, mutilato, frammentario, ellittico, dimezzato, parziale, carente, difettivo (*lett.*), difettoso, zoppicante, zoppo **CONTR.** completo, compiuto, finito, integro □ concludente, esuriente, esaustivo □ perfetto, eccellente, rifinito.

incomprensìbile *agg.* inintelligibile, indecifrabile, illeggibile □ impenetrabile, inesplicabile, tenebroso, oscuro, buio, astruso, imperscrutabile, inafferrabile, enigmatico, misterioso, crittografico, ermetico, esoterico, ostrogoto, sibillino □ (*spec. di comportamento*) inspiegabile, strano, irrazionale **CONTR.** leggibile, comprensibile, chiaro, evidente, intelligibile, lampante, manifesto, palese, perspicuo □ ovvio, razionale. *V. anche* ENIGMATICO

incomprensibilità *s. f.* oscurità, inspiegabilità, imperscrutabilità, impenetrabilità, inafferrabilità, astruseria, ermetismo, inesplicabilità, misteriosità □ inconcepibilità **CONTR.** comprensibilità, chiarezza, evidenza, intelligibilità, perspicuità, leggibilità, semplicità □ ovvietà, razionalità.

incomprensibilménte *avv.* inintelligibilmente, oscuramente, ermeticamente, astrusamente □ stranamente, misteriosamente, inconcepibilmente, inspiegabilmente, inesplicabilmente **CONTR.** comprensibilmente, intelligibilmente, chiaramente, manifestamente, palesemente.

incomprensióne *s. f.* **1** incomunicabilità, incompatibilità **CONTR.** affiatamento, comprensione, accordo **2** equivoco, malinteso, attrito (*fig.*), nube (*fig.*).

incompréso *agg.* non capito, indecifrato, ignorato □ non compreso, non apprezzato **CONTR.** capito, conosciuto, noto □ compreso, apprezzato.

incomputàbile *agg.* incalcolabile, incommensurabile □ infinito, smisurato, grandissimo **CONTR.** computabile, calcolabile, commensurabile □ piccolo.

incomunicàbile *agg.* intrasmissibile **CONTR.** comunicabile, trasmissibile, trasfondibile.

incomunicabilità *s. f.* non comunicabilità □ incapacità di comunicare, incomprensione □ solitudine **CONTR.** comunicabilità, trasferibilità, trasmissibilità □ comprensione.

inconcepìbile *agg.* impensabile, inimmaginabile, inopinabile □ inspiegabile, incredibile, inverosimile, assurdo, illogico, strano, inaudito, inenarrabile **CONTR.** pensabile, immaginabile, intelligibile □ credibile, logico, spiegabile, ammissibile, concepibile, possibile. *V. anche* ASSURDO

inconciliàbile *agg.* irreconciliabile, irriducibile, incompatibile □ contrastante, contrario, discordante, discorde **CONTR.** conciliabile, compatibile □ accordabile, concordabile.

inconciliabilità *s. f.* incompatibilità □ discordia, contrasto **CONTR.** conciliabilità, compatibilità. *V. anche* DISCORDIA

inconciliabilménte *avv.* incompatibilmente □ irriducibilmente, contrariamente **CONTR.** compatibilmente □ conciliabilmente.

inconcludènte ***A*** *agg.* **1** sconclusionato, inutile, vano, senza costrutto, sconnesso, scucito, accademico **CONTR.** efficace, utile, coerente, concludente, conclusivo **2** (*di persona*) dappoco, incapace, inetto, irresoluto, confusionario **CONTR.** attivo, fattivo, capace, coerente, risoluto ***B*** *s. m.* e *f.* buono a nulla, incapace, inetto, chiappanuvole, perdigiorno, perditempo, tentenna, abatino (*scherz.*), acchiappamosche **CONTR.** intraprendente, volitivo, attivo, capace.

incondizionataménte *avv.* illimitatamente, assolutamente, pienamente, totalmente **CONTR.** condizionatamente, limitatamente, relativamente.

incondizionàto *agg.* assoluto, illimitato, pieno, completo, totale, senza riserve, categorico **CONTR.** condizionato, limitato, relativo.

inconfessàbile *agg.* (*est.*) sconcio, turpe, vergognoso, ignominioso, disonesto **CONTR.** confessabile, lecito, onesto.

inconfessàto *agg.* celato, nascosto, tenuto segreto, recondito **CONTR.** confessato, evidente, manifesto, palese.

inconfondìbile *agg.* caratteristico, tipico, inequivocabile **CONTR.** confondibile.

inconfondibilménte *avv.* inequivocabilmente, tipicamente, chiaramente **CONTR.** equivocamente, oscuramente.

inconfutàbile *agg.* incontrovertibile, inoppugnabile, indiscutibile, innegabile, incontrastabile, incontestabile, irrecusabile, irrefragabile, irrefutabile □ certo, evidente, chiaro **CONTR.** refutabile, oppugnabile, discutibile, confutabile, controvertibile, criticabile, eccepibile, negabile □ incerto.

inconfutabilménte *avv.* indiscutibilmente, inoppugnabilmente, innegabilmente, incontrastabilmente, incontrovertibilmente, irrefragabilmente, irrefutabilmente **CONTR.** confutabilmente, discutibilmente.

incongruaménte *avv.* sproporzionatamente, sconvenientemente, incongruentemente (*raro*) **CONTR.** congruamente, proporzionatamente.

incongruènte *agg.* contraddittorio, incoerente, illogico, irragionevole, assurdo, discordante, incongruo (*raro*), inconseguente **CONTR.** congruente, coerente, logico, ragionevole, congruo.

incongruenteménte *avv.* contraddittoriamente, incoerentemente, illogicamente, irragionevolmente, assurdamente, incongruamente, inconseguentemente **CONTR.** congruentemente, coerentemente, logicamente.

incongruènza *s. f.* incoerenza, contraddittorietà, difformità, sconnessione, illogicità, inconseguenza, sconclusionatezza □ sconvenienza, assurdità, controsenso, stonatura **CONTR.** congruenza, coerenza, connessione, logica, ragionevolezza, congruità, attinenza.

incongruità *s. f.* sproporzione, sconvenienza, inadeguatezza, insufficienza □ (*raro*) incongruenza **CONTR.** congruità, proporzione, adeguatezza.

incòngruo *agg.* disadatto, sproporzionato, sconveniente, inadeguato, insufficiente □ (*raro*) incongruente **CONTR.** congruo, proporzionato, ragionevole.

inconoscibile *agg.* ***1*** irriconoscibile **CONTR.** riconoscibile ***2*** (*di mistero, di animo, ecc.*) imperscrutabile, impenetrabile, inaccessibile, misterioso, enigmatico, trascendentale, inintelligibile, trascendente **CONTR.** conoscibile, evidente, perspicuo, razionale, dimostrabile, documentabile.

inconsapévole *agg.* ignaro, inconscio, incosciente, insciente (*lett.*) □ irresponsabile □ (*di gesto, ecc.*) involontario, automatico **CONTR.** edotto □ cosciente, consapevole, conscio, responsabile □ volontario.

inconsapevolézza *s. f.* ignoranza, incoscienza, irresponsabilità □ involontarietà **CONTR.** cognizione, coscienza, nozione, consapevolezza, responsabilità □ intenzionalità, volontà.

inconsapevolménte *avv.* senza sapere, inconsciamente, incoscientemente, inscientemente (*lett.*) □ inavvertitamente, involontariamente, macchinalmente, meccanicamente, automaticamente **CONTR.** consapevolmente, consciamente, coscientemente, scientemente □ intenzionalmente, volontariamente.

inconsciaménte *avv.* inconsapevolmente, senza sapere □ inavvertitamente, involontariamente, macchinalmente, meccanicamente, automaticamente **CONTR.** consciamente, consapevolmente □ volontariamente.

incònscio *agg.* inconsapevole, ignaro, incosciente □ involontario, automatico, meccanico, macchinale.

inconsideràbile *agg.* insignificante, trascurabile, inattendibile **CONTR.** considerevole, attendibile, importante.

inconsideràto *agg.* sconsiderato, avventato, imprudente, imprevidente, incauto, irriflessivo, precipitoso, cieco, disavveduto, improvvido, puerile, scapato, sbadato, stordito **CONTR.** avveduto, cauto, guardingo, ponderato, prudente, riflessivo, attento, circospetto, sagace, sensato. *V. anche* SBADATO

inconsistènte *agg.* ***1*** (*di materia*) fluido, cedevole, molle □ evanescente, aereo, vaporoso **CONTR.** consistente, sodo, solido, duro ***2*** (*fig.*) (*di ragionamento, di scusa, ecc.*) vuoto, debole, fiacco, fallace, infondato, impreciso, insussistente, irrilevante, ridicolo, immaginario, futile, vano **CONTR.** fondato, preciso, consistente, corposo, concettoso □ logico, effettivo, valido. *V. anche* IMMAGINARIO

inconsistènza *s. f.* ***1*** (*di materia*) mollezza, cedevolezza **CONTR.** consistenza, compattezza, sodezza, durezza, resistenza, solidità ***2*** (*fig.*) (*di ragionamento, di scusa, ecc.*) debolezza, fragilità, fallacia, erroneità, tenuità, infondatezza, insussistenza, irrilevanza, labilità, nullità, vanità **CONTR.** fondatezza, validità, logicità, fondamento, consistenza.

inconsolàbile *agg.* sconsolato, sconfortato, desolato, disperato **CONTR.** consolabile, confortabile.

inconsolabilménte *avv.* sconsolatamente, disperatamente, desolatamente.

inconsuetaménte *avv.* insolitamente, inusitatamente, stranamente, straordinariamente, sorprendentemente, curiosamente **CONTR.** solitamente, comunemente, usualmente, ordinariamente.

inconsuèto *agg.* insolito, inusitato, inusuale, infrequente, raro, insueto (*lett.*), dissueto (*lett.*) □ strano, sorprendente, nuovo, curioso □ straordinario, abnorme, anomalo, eccezionale **CONTR.** consueto, solito, comune, ordinario, usuale, abituale, convenzionale, familiare, frequente, naturale, normale, rituale. *V. anche* RARO

inconsùlto *agg.* avventato, imprudente, impulsivo, incontrollato, irriflessivo, temerario **CONTR.** calcolato, prudente, riflessivo, controllato, cauto.

incontaminàto *agg.* intatto, puro, inviolato □ incorrotto, illibato, intemerato, verginale, virgineo, vergine, innocente, immacolato **CONTR.** contaminato, infetto □ corrotto, impuro, guasto, traviato.

incontenìbile *agg.* irrefrenabile, incoercibile, inarrestabile, travolgente, incontrollabile, prorompente, rabbioso (*est.*) □ (*di pianto, ecc.*) dirotto **CONTR.** contenibile, frenabile, arrestabile, comprimibile, controllabile.

incontentàbile *agg.* difficile da accontentare, impossibile da accontentare, scontento, insoddisfatto, pretenzioso, insaziabile, difficile, esigente, inappagabile, schifiltoso, schizzinoso, sofistico **CONTR.** contentabile, adattabile, saziabile, contento, soddisfatto.

incontentabilità *s. f.* insaziabilità, scontentezza, insoddisfazione, pretenziosità, inappagamento **CONTR.** contentabilità, adattabilità, condiscendenza, modestia, saziabilità.

incontestàbile *agg.* indiscutibile, inconfutabile, innegabile, inoppugnabile, irrefutabile, incontrastabile □ certo, evidente, apodittico, palmare, lampante, palpabile, sicuro **CONTR.** contestabile, discutibile, incerto, contrastato, controveribile, dubbio, impugnabile, criticabile.

incontestabilità *s. f.* indiscutibilità, inoppugnabilità, irrefutabilità, certezza **CONTR.** discutibilità, dubbiezza (*raro*), incertezza.

incontestabilménte *avv.* indiscutibilmente, innegabilmente, incontrastabilmente, inoppugnabilmente, irrefutabilmente **CONTR.** discutibilmente, dubbiamente.

incontestàto *agg.* indiscusso, incontrastato, irrefragabile (*lett.*), indubitabile, indubbio, certo, sicuro, evidente **CONTR.** contestabile, discusso, dubbio, incerto.

incontinènte *agg.*; *anche s. m.* e *f.* intemperante, dissoluto, smoderato, sfrenato, sregolato, trasmodato □ impuro, libidinoso, lussurioso, licenzioso **CONTR.** continente, moderato, temperato, parco, sobrio □ morigerato.

incontinènza *s. f.* intemperanza, smodatezza, smoderatezza, sfrenatezza, sregolatezza □ inverecondia, libidine, licenza, lussuria **CONTR.** continenza, temperanza, moderazione, sobrietà □ morigeratezza, castità, castimonia (*lett.*) **FRAS.** *incontinenza urinaria*, enuresi.

incontràre ***A*** *v. tr.* ***1*** (*anche fig.*) trovare per caso, imbattersi, incappare, incrociare, trovare, vedere, incocciare (*dial.*), intoppare **CONTR.** evitare, sfuggire, scampare, scapolare ***2*** (*fig., ass.*) (*di moda, di film, ecc.*) ottenere approvazione, avere successo, piacere ***3*** (*sport*) disputare un incontro, disputare una partita, scontrarsi, misurarsi ***B*** *v. intr.* (*di porte, di finestre e sim.*) corrispondere, combaciare ***C*** **incontrarsi** *v. intr. pron.* ***1*** imbattersi, incappare, incrociare, incocciarsi □ (*per discutere, ecc.*) riunirsi, abboccarsi ***2*** (*fig.*) (*nelle idee, nelle scelte, ecc.*) essere d'accordo, concordare, convenire, simpatizzare, trovarsi **CONTR.** discordare, dissentire, essere in disaccordo ***D*** *v. rifl. rec.* ***1*** (*con uno*) conoscersi, fare conoscenza, vedersi, parlarsi ***2*** azzuffarsi, scontrarsi **CONTR.** pacificarsi ***3*** (*di strade, di fiumi, ecc.*) confluire, unirsi, convergere, incrociarsi **CONTR.** dividersi, separarsi.

incontràrio *avv. solo nella loc. avv.* (*fam.*) *all'incontrario*, al contrario.

incontrastàbile *agg.* incontestabile, inconfutabile, indiscutibile, irrefutabile, inoppugnabile, indubitabile, incontrovertibile, irrefragabile, irrepugnabile (*lett.*), irrecusabile □ apodittico, indubbio, certo, sicuro **CONTR.** contrastabile, confutabile, discutibile, dubitabile, dubbio, incerto, controvertibile, criticabile.

incontrastàto *agg.* indiscusso, incontestato, indubitato, incontroverso, sicuro **CONTR.** contrastato, controverso, dubbio, incerto.

incóntro *s. m.* ***1*** visita, appuntamento, rendez-vous (*fr.*) □ convegno, meeting (*ingl.*) □ riunione, ritrovo □ colloquio, abboccamento, udienza, confronto, seduta □ negoziato, trattativa, vertice ***2*** (*di moda, di gusti, ecc.*) favore, gradimento, buona accoglienza **CONTR.** sfavore, rifiuto ***3*** (*di opinioni, ecc.*) coincidenza **CONTR.** divergenza ***4*** (*sport*) competizione, gara, esibizione □ scontro, combattimento, match (*ingl.*), partita ***5*** (*raro, fig.*) occasione, caso.

incontrollàbile *agg.* ***1*** non verificabile **CONTR.** controllabile, verificabile, osservabile, riscontrabile ***2*** (*di risata, di pianto, ecc.*) incontenibile, incoercibile, irrefrenabile, istintivo □ (*di notizia e sim.*) esplosivo □ (*di tosse e sim.*) ostinato, ribelle **CONTR.** frenabile, dominabile, coercibile.

incontrollataménte *avv.* senza controllo □ involontariamente, istintivamente, impulsivamente □ convulsamente, emotivamente, spontaneamente **CONTR.** calcolatamente, volontariamente.

incontrollàto *agg.* ***1*** (*di voci, di notizia, ecc.*) privo di controllo, non dimostrato, infondato **CONTR.** controllato, dimostrato, fondato ***2*** (*di gesto, di ira, ecc.*) involontario, immediato, istintivo, impulsivo, spontaneo □ convulso □ inconsulto, rabbioso **CONTR.** controllato, cauto, circospetto, compassato □ calcolato, volontario. *V. anche* SPONTANEO

incontrovertìbile *agg.* indiscutibile, incontrastabile, indubitabile, inconfutabile, inoppugnabile □ certo, sicuro, apodittico, pacifico □ schiacciante, lampante **CONTR.** controvertibile, confutabile, dubbio, incerto □ contrastato, controverso.

inconveniènte ***A*** *agg.* (*lett.*) sconveniente, inopportuno **CONTR.** conveniente, opportuno ***B*** *s. m.* contrattempo, difficoltà, guaio, incidente, intoppo, intralcio, ostacolo, scomodità, scomodo, sconcio (*ant.*), disturbo, complicanza, complicazione □ handicap (*ingl.*), difetto, male, svantaggio **CONTR.** comodità, qualità, pregio □ fortuna, piacere, privilegio □ vantaggio. *V. anche* COMPLICAZIONE, DISTURBO

incoraggiaménto *s. m.* incitamento, conforto, esortazione, rassicurazione □ stimolo, incentivazione, incentivo, pungolo, sprone **CONTR.** scoraggiamento, dissuasione, allontanamento □ disincentivazione.

incoraggiànte *part. pres. di* **incoraggiare**; *anche agg.* confortante, consolante, consolatore, rassicurante, lusinghiero □ confortevole □ favorevole **CONTR.** scoraggiante, deprimente, disperante □ scomodo □ sfavorevole, allarmante.

incoraggiàre *v. tr.* ***1*** (*di persona*) confortare, consolare, rincuorare, corroborare, rassicurare, ravvivare, riconfortare, rinfrancare, risollevare, sorreggere, animare, far animo, incorare (*lett.*) □ incitare, consigliare, spingere, spronare □ (*est.*) (*al male*) istigare, sobillare **CONTR.** scoraggiare, avvilire, abbattere, demoralizzare □ dissuadere, smontare ***2*** (*di iniziativa, di tentativo, ecc.*) promuovere, secondare, favorire, supportare, appoggiare, caldeggiare, assecondare, incentivare **CONTR.** avversare, contrariare, contrastare, impedire, ostacolare, osteggiare, boicottare. *V. anche* CONSOLARE

incoraggiàto *part. pass. di* **incoraggiare**; *anche agg.* ***1*** (*di persona*) confortato, consolato, rincuorato, animato, corroborato, rassicurato, rinfrancato, ravvivato □ incitato, spronato **CONTR.** scoraggiato, avvilito, abbattuto, demoralizzato, intimidito, intimorito, scorato □ dissuaso, smontato ***2*** (*di iniziativa, di tentativo, ecc.*) promosso, assecondato, favorito, appoggiato, caldeggiato, incentivato **CONTR.** contrastato, avversato, ostacolato, osteggiato, boicottato.

incorniciàre *v. tr.* ***1*** mettere in cornice **CONTR.** scorniciare ***2*** (*fig.*) (*di capelli, di trecce e sim.*) ornare, inquadrare, porre in risalto, bordare, contornare, coronare (*est.*).

incoronaménto *s. m.* coronamento, coronazione, incoronazione □ apoteosi **CONTR.** detronizzazione.

incoronàre *v. tr.* ***1*** cingere di corona, coronare **CONTR.** scoronare, detronizzare ***2*** (*fig.*) (*di capelli, di fiori e sim.*) inghirlandare □ cingere, circondare ***3*** (*fig.*) (*di poeta, di vincitore, ecc.*) proclamare, dichiarare.

incoronàto *part. pass. di* **incoronare**; *anche agg.* ***1*** cinto di corona ***2*** (*fig.*) (*di fiori, di alloro, ecc.*) inghirlandato, cinto.

incoronazióne *s. f.* coronazione, coronamento, incoronamento **CONTR.** detronizzazione.

incorporàre ***A*** *v. tr.* ***1*** (*di elementi*) mescolare, miscelare, fondere, unire, amalgamare **CONTR.** scorporare, disgiungere, dividere, separare, staccare ***2*** (*fig.*) (*di territorio, ecc.*) annettere, includere, fondere, comprendere, fagocitare, inglobare **CONTR.** dividere, distaccare ***3*** (*di acqua, di profumo, ecc.*) assorbire, ritenere **CONTR.** emettere ***B*** **incorporarsi** *v. rifl. rec.*

unirsi, amalgamarsi, mescolarsi □ entrare **CONTR.** dividersi, separarsi. *V. anche* MESCOLARE, UNIRE

incorporàto *part. pass. di* **incorporare**; *anche agg.* **1** (*di elementi*) mescolato, miscelato, fuso, unito, amalgamato **CONTR.** diviso, disunito, disgiunto, separato, staccato **2** (*fig.*) (*di territorio, ecc.*) annesso, incluso, fuso, compreso **CONTR.** diviso, distaccato **3** (*di acqua, di profumo, ecc.*) assorbito, ritenuto **CONTR.** emesso.

incorporazióne *s. f.* **1** (*di elementi*) incorporamento, miscela, unione, amalgama, fusione **CONTR.** divisione, separazione, scorporo **2** (*di territorio, ecc.*) annessione, incorporamento **CONTR.** distacco.

incorporeità *s. f.* immaterialità, spiritualità **CONTR.** corporeità, materialità.

incorpòreo *agg.* **1** immateriale, spirituale, incorporale (*lett.*), astratto **CONTR.** corporeo, materiale **2** invisibile, evanescente, etereo **CONTR.** visibile, tangibile.

incorreggìbile *agg.* indocile, irriducibile, irremovibile, ostinato, impenitente, accanito, incallito, matricolato, recidivo, riottoso (*est.*), caparbio, restio □ (*di vizio, ecc.*) incurabile, inemendabile **CONTR.** correggibile, perfettibile □ docile, arrendevole, condiscendente □ (*di vizio, ecc.*) emendabile, raddrizzabile.

incorreggibilménte *avv.* irriducibilmente, ostinatamente □ incurabilmente **CONTR.** docilmente, arrendevolmente.

incórrere *v. intr.* finire, incappare, subire, cader dentro, andare a finire, cadere, cascare **CONTR.** evitare, sfuggire, liberarsi, sottrarsi, scampare, scapolare.

incorrótto *agg.* **1** (*di materia*) intatto, integro, sano **CONTR.** corrotto, guasto, marcio, putrefatto, decomposto, fradicio, imputridito **2** (*fig.*) (*di persona, di fede, ecc.*) onesto, puro, incontaminato, dabbene, intemerato, probo, specchiato □ vergine, casto, illibato **CONTR.** corrotto, depravato, impuro, disonesto, perduto □ traviato, sozzo. *V. anche* ONESTO

incorruttibile *agg.* **1** (*di cosa*) inalterabile, indecomponibile, resistente, imputrescibile (*lett.*), inconsumabile, incontaminabile (*lett.*) **CONTR.** alterabile, corrompibile, decomponibile, degradabile, marcescibile (*lett.*), putrescibile **2** (*fig.*) (*di persona, di fede, ecc.*) incorrompibile, onesto, probo, retto, integro, intemerato, virtuoso, integerrimo, immarcescibile **CONTR.** corruttibile, comprabile, disonesto, venduto, venale □ depravato, vizioso. *V. anche* ONESTO

incorruttibilità *s. f.* **1** (*di cosa*) inalterabilità, indecomponibilità, resistenza **CONTR.** corruttibilità, decomponibilità **2** (*fig.*) (*di persona, di fede, ecc.*) onestà, probità, rettitudine, illibatezza, incontaminatezza, purezza, integrità **CONTR.** corruttibilità, venalità, disonestà, immoralità.

incorruttibilménte *avv.* integramente, intemeratamente, onestamente, rettamente, virtuosamente **CONTR.** disonestamente, depravatamente, viziosamente.

incosciènte *agg.* **1** privo di coscienza **CONTR.** cosciente **2** inconsapevole, inconscio **CONTR.** consapevole, conscio, compos sui (*lat.*) **3** irresponsabile, sconsiderato, spericolato, imprudente, sciagurato, disgraziato, imprevidente **CONTR.** considerato, cauto, prudente, avveduto, previdente, responsabile.

incoscienteménte *avv.* **1** inconsapevolmente, inscientemente (*lett.*) **CONTR.** consciamente, coscientemente **2** irresponsabilmente, sconsideratamente, imprudentemente, sciaguratamente **CONTR.** prudentemente, avvedutamente, cautamente, coscienzosamente, responsabilmente.

incosciènza *s. f.* **1** perdita dei sensi **CONTR.** coscienza **2** inconsapevolezza, sconsideratezza, irresponsabilità, imprudenza, spericolatezza, imprevidenza **CONTR.** coscienza, cognizione, consapevolezza, responsabilità, prudenza, previdenza, serietà.

incostànte *agg.* (*di fenomeno, di durata, ecc.*) variabile, disuguale, vario, ineguale, irregolare, mutevole, mutabile, instabile, cangiabile, labile, mobile, saltuario, giornaliero □ (*di persona, ecc.*) leggero, volubile, lunatico, camaleontico, capriccioso **CONTR.** costante, persistente, assiduo, fisso, regolare, immutabile, invariabile, lineare, stazionario, uniforme □ coerente, fermo, abitudinario, tenace, perseverante.

incostanteménte *avv.* variabilmente, mutevolmente, saltuariamente, instabilmente □ volubilmente **CONTR.** costantemente, fermamente, immutabilmente, coerentemente, invariabilmente □ perseverantemente, indefessamente.

incostànza *s. f.* variabilità, mutabilità, mutevolezza, instabilità, altalena, irregolarità, mobilità, saltuarietà □ (*di persona*) volubilità, leggerezza, incoerenza, camaleontismo, debolezza **CONTR.** costanza, fissità, immutabilità, invariabilità, linearità, persistenza, uniformità □ coerenza, fermezza, perseveranza, tenacia. *V. anche* DEBOLEZZA

incredìbile *agg.* inattendibile, inverosimile, inammissibile, inconcepibile, assurdo, paradossale, falso □ incomparabile, inimmaginabile, inopinabile, insperabile □ meraviglioso, mirabolante, miracoloso, portentoso, prodigioso □ sbalorditivo, stupefacente, strabiliante □ pauroso, spaventoso □ enorme, eccezionale, pazzesco, straordinario, vertiginoso □ fiabesco, romanzesco, favoloso, strano **CONTR.** credibile, probabile, verosimile, attendibile, ammissibile, immaginabile, possibile, verosimigliante, documentato. *V. anche* ASSURDO

incredibilità *s. f.* inconcepibilità □ inattendibilità, inverosimiglianza □ improbabilità, assurdità, stranezza □ straordinarietà **CONTR.** credibilità, attendibilità, probabilità, verosimiglianza.

incredibilménte *avv.* assurdamente, inverosimilmente, inconcepibilmente □ (*est.*) eccezionalmente, straordinariamente, sommamente, sovranamente, incomparabilmente, sbalorditivamente □ portentosamente, prodigiosamente, magicamente, miracolosamente □ paurosamente, pazzamente, pazzescamente **CONTR.** credibilmente, verosimilmente.

incredulità *s. f.* **1** scetticismo, diffidenza, sospetto, perplessità, sfiducia **CONTR.** credulità, fiducia **2** (*relig.*) ateismo, empietà, irreligiosità, irreligione, miscredenza **CONTR.** fede, religiosità.

incrèdulo *agg.*; *anche s. m.* **1** scettico, sospettoso, diffidente, dubbioso **CONTR.** credulo, credulone, fiducioso, confidente *2* (*relig.*) miscredente, ateo, irreligioso, eretico, empio, senzadio **CONTR.** credente, fedele, religioso.

incrementàre *v. tr.* sviluppare, aumentare, accrescere, ampliare, alimentare, centuplicare, promuovere, avvantaggiare, incentivare, ossigenare, potenziare **CONTR.** diminuire, calare, contenere, frenare, limitare.

increménto *s. m.* accrescimento, ampliamento, crescita, sviluppo □ aumento, ingrandimento, moltiplicazione, escalation (*ingl.*) □ progresso, avanzamento, miglioramento, ripresa □ impulso, incentivazione, potenziamento **CONTR.** diminuzione, calo, abbassamento, impiccolimento, decremento. *V. anche* AUMENTO

incresciosaménte *avv.* spiacevolmente, fastidiosamente **CONTR.** piacevolmente, gradevolmente.

incresciόso *agg.* spiacevole, fastidioso, molesto, seccante, antipatico, imbarazzante, penoso **CONTR.** gradito, grato, piacevole. *V. anche* SPIACEVOLE

increspàre ***A*** *v. tr.* (*di fronte, ecc.*) corrugare, aggrinzare, aggrottare, aggrondare (*lett.*), raggrinzare □ (*di capelli, ecc.*) arricciare, ondulare, aggricciare (*dial.*) □ (*di stoffa, di carta, ecc.*) piegare **CONTR.** distendere, stirare, lisciare, spianare ***B*** **incresparsi** *v. intr. pron.* (*di pelle, ecc.*) corrugarsi, aggrinzarsi, raggrinzarsi, raggrinzirsi □ (*di capelli*) arricciarsi □ (*di mare*) mareggiare **CONTR.** distendersi, spianarsi.

increspàto *part. pass. di* **increspare**; *anche agg.* (*di pelle, ecc.*) corrugato, raggrinzato, grinzo, grinzoso, raggrinzito, rugoso, vizzo □ (*di capelli, ecc.*) ondulato, arricciato, crespo, riccio □ (*di carta, ecc.*) crespato, pieghettato **CONTR.** disteso, liscio □ spianato.

increspatùra *s. f.* *1* increspamento, corrugamento, raggrinzamento, ruga, piega, grinza, grinzosità □ (*di capelli*) ondulazione, onda, arricciatura *2* (*spec. di stoffa*) crespa, crespatura, pieghettatura.

incretinìre ***A*** *v. tr.* rendere cretino, istupidire, imbecillire, rincitrullire **CONTR.** svegliare (*fig.*), rendere intelligente, scaltrire ***B*** *v. intr.* e **incretinirsi** *intr. pron.* imbecillire, rimbecillire, rincitrullire, istupidire **CONTR.** diventare intelligente, svegliarsi (*fig.*), scaltrirsi, infurbirsi.

incretinìto *part. pass. di* **incretinire**; *anche agg.* istupidito, rimbecillito, rincitrullito, inebetito **CONTR.** reso intelligente, svegliato (*fig.*), sveglio.

incriminàre *v. tr.* accusare, imputare, incolpare, denunciare **CONTR.** discolpare, scagionare, assolvere.

incriminàto *part. pass. di* **incriminare**; *anche agg.* accusato, imputato, incolpato, sotto accusa, denunciato **CONTR.** discolpato, innocente.

incriminaziόne *s. f.* imputazione, accusa, denuncia □ impeachment (*ingl.*) **CONTR.** discolpa, proscioglimento, assoluzione.

incrinàre ***A*** *v. tr.* *1* fendere, screpolare, far crepare, rompere *2* (*fig.*) (*di amicizia, di rapporto, ecc.*) danneggiare, compromettere, guastare, intaccare, rovinare, turbare **CONTR.** rafforzare, favorire ***B*** **incrinarsi** *v. intr. pron.* *1* fendersi, aprirsi in fessure, screpolarsi, creparsi, rompersi *2* (*fig.*) (*di amicizia, di rapporto, ecc.*) guastarsi, compromettersi **CONTR.** rafforzarsi, rinsaldarsi. *V. anche* GUASTARE

incrinàto *part. pass. di* **incrinare**; *anche agg.* *1* screpolato, intaccato, crepato, leso, rotto **CONTR.** integro, sano *2* (*fig.*) (*di amicizia, di rapporto, ecc.*) guastato, rovinato, turbato **CONTR.** rafforzato, rinsaldato, forte.

incrinatùra *s. f.* *1* fenditura, screpolatura, crepa, crepatura, fessura, lesione, rottura, pelo, frattura (*geol.*) *2* (*fig.*) (*tra persone*) screzio, dissenso, attrito **CONTR.** accordo, armonia.

incrociàre ***A*** *v. tr.* *1* intersecare, incrocicchiare, mettere di traverso □ (*di gambe*) accavallare *2* (*di strada, di ferrovia e sim.*) attraversare, tagliare, traversare **CONTR.** correre parallelamente *3* (*di veicoli*) incontrare *4* (*di animali, di piante*) accoppiare, ibridare ***B*** *v. intr.* navigare, volare ***C*** **incrociarsi** *v. rifl. rec.* *1* intersecarsi, accavallarsi *2* (*di persone, di strade, ecc.*) incontrarsi, ritrovarsi, attraversarsi, tagliarsi *3* (*di animali*) accoppiarsi, ibridarsi **FRAS.** *incrociare le braccia* (*fig.*), scioperare. *V. anche* TAGLIARE, TRAVERSARE

incrociàto *part. pass. di* **incrociare**; *anche agg.* *1* a croce □ accavallato *2* (*di persone, di veicoli, ecc.*) incontrato *3* (*di animali, di piante*) accoppiato, ibrido.

incrόcio *s. m.* *1* crocevia, crocicchio, bivio, trivio, quadrivio □ nodo (*fig.*) □ attraversamento, intersecazione □ (*arch.*) crociera, intersezione *2* (*di animali, di piante*) accoppiamento, ibridazione, ibridismo, ibrido □ meticcio, sanguemisto, bastardo.

incrollàbile *agg.* (*anche fig.*) saldo, stabile, fermo, immobile, resistente, robusto, forte □ (*fig.*) irremovibile, costante, granitico, ferreo, tetragono, ostinato **CONTR.** instabile, malfermo, cedevole □ caduco, incerto, labile, fiacco, molle. *V. anche* ROBUSTO

incrollabilménte *avv.* fermamente, saldamente, stabilmente **CONTR.** incertamente, instabilmente.

incrostàre ***A*** *v. tr.* *1* ricoprire di crosta, ingrommare □ intonacare **CONTR.** scrostare, stonacare (*raro*) *2* (*di gemma, di smalto, ecc.*) ricoprire, smaltare □ intarsiare ***B*** **incrostarsi** *v. intr. pron.* e *intr.* rivestirsi di crosta, raggrumarsi, ingrommarsi.

incrostàto *part. pass. di* **incrostare**; *anche agg.* *1* intonacato, spalmato □ ingrommato, grommoso *2* (*di gemma, di mobile, ecc.*) smaltato □ intarsiato □ tempestato.

incrostaziόne *s. f.* *1* incrostamento, crosta, deposito, concrezione □ gromma, gruma □ tartaro *2* (*di gemma, di mobile, ecc.*) smaltatura □ intarsio.

incrudelìre ***A*** *v. tr.* (*raro*) rendere crudele **CONTR.** intenerire, mitigare ***B*** *v. intr.* infierire, inferocire, imbestialire, infellonire (*lett.*), inferocirsi, imperversare, infuriare, torturare, seviziare, tiranneggiare □ irritarsi, inasprirsi **CONTR.** ammansarsi, ammansirsi, mitigarsi, placarsi, rabbonirsi, raddolcirsi, intenerirsi.

incruènto *agg.* non sanguinoso, senza feriti, senza morti **CONTR.** cruento, sanguinoso **FRAS.** *battaglia incruenta* (*fig.*), polemica, discussione.

incubaziόne *s. f.* *1* cova, covatura *2* (*fig.*) (*di avvenimento*) lenta preparazione, maturazione, gestazione (*fig.*).

ìncubo *s. m.* ***1*** sogno angoscioso, sogno oppressivo ***2*** (*fig.*) pensiero angoscioso, ossessione, assillo, tarlo, chiodo, angoscia, oppressione, affanno, turbamento **CONTR.** conforto, consolazione, sollievo.

inculcàre *v. tr.* imprimere, fissare, infondere, trasfondere □ comunicare, insegnare, convincere, persuadere **CONTR.** dissuadere, distogliere, sconsigliare, sradicare dalla mente.

inculcàto *part. pass. di* **inculcare**; *anche agg.* impresso, infuso, insegnato **CONTR.** sradicato, spazzato via.

incuneàre ***A*** *v. tr.* conficcare, far penetrare, ficcare dentro, incastrare, infiltrare **CONTR.** cavar fuori, estrarre, strappare ***B*** **incunearsi** *v. intr. pron.* penetrare, cacciarsi dentro, infiltrarsi, insinuarsi, infilarsi **CONTR.** uscire, venir fuori.

incupìre ***A*** *v. tr.* ***1*** (*di cosa*) rendere cupo, scurire **CONTR.** schiarire, rischiarare ***2*** (*fig.*) (*di persona*) rattristare, rabbuiare, deprimere, immalinconire, impensierire **CONTR.** allietare, rallegrare ***B*** *v. intr.* e **incupirsi** *intr. pron.* ***1*** (*di cielo, di tempo e sim.*) rabbuiarsi, rannuvolarsi, ottenebrarsi, imbrunirsi, abbuiarsi **CONTR.** rischiararsi, schiarirsi □ risplendere ***2*** (*fig.*) (*di persona*) rattristarsi, rabbuiarsi, impensierirsi, preoccuparsi, chiudersi, deprimersi, immalinconirsi **CONTR.** allietarsi, rallegrarsi.

incupìto *part. pass. di* **incupire**; *anche agg.* ***1*** (*di cielo, di tempo e sim.*) rannuvolato, ottenebrato **CONTR.** schiarito ***2*** (*fig.*) (*di persona*) rattristato, preoccupato, impensierito, immalinconito **CONTR.** allietato, rallegrato, lieto.

incuràbile *agg.* ***1*** (*di malato*) inguaribile, insanabile, cronico □ immedicabile (*lett.*) □ (*di malattia*) nefasto, letale, mortale, maligno **CONTR.** curabile, guaribile, medicabile □ lieve, innocuo, benigno ***2*** (*fig.*) (*di vizio, di difetto, ecc.*) incorreggibile, inveterato **CONTR.** correggibile, emendabile.

incurabilità *s. f.* (*anche fig.*) inguaribilità, insanabilità **CONTR.** curabilità, sanabilità.

incurabilménte *avv.* (*anche fig.*) inguaribilmente, incorreggibilmente.

incurànte *agg.* noncurante, dimentico, indifferente, disinteressato □ negligente, trascurato, disattento **CONTR.** attento, pensoso, interessato □ sollecito, sensibile. *V. anche* SBADATO

incùria *s. f.* trascuratezza, negligenza, sciatteria, noncuranza, incuranza □ sbadataggine, dimenticanza **CONTR.** cura, diligenza, meticolosità, accuratezza, esattezza □ premura, zelo, assiduità, attenzione, riguardo, vigilanza.

incuriosìre ***A*** *v. tr.* render curioso □ interessare, intrigare, attirare, appassionare ***B*** **incuriosirsi** *v. intr. pron.* diventare curioso □ interessarsi, appassionarsi **CONTR.** disinteressarsi, trascurare.

incuriosìto *part. pass. di* **incuriosire**; *anche agg.* diventato curioso □ interessato, intrigato **CONTR.** indifferente □ disinteressato.

incursióne *s. f.* attacco, scorreria, scorribanda, irruzione, raid (*ingl.*), assalto, invasione, razzia **CONTR.** evacuazione, fuga, ritirata. *V. anche* ASSALTO

incurvàre ***A*** *v. tr.* curvare, flettere, piegare, inarcare, torcere, bombare □ inchinare, chinare **CONTR.** drizzare, raddrizzare ***B*** **incurvarsi** *v. intr. pron.* farsi curvo, curvarsi, flettersi, piegarsi, ripiegarsi, imbarcarsi, inarcarsi, rientrare **CONTR.** drizzarsi, raddrizzarsi.

incurvàto *part. pass. di* **incurvare**; *anche agg.* curvo, inclinato, piegato, ricurvo □ convesso, bombato **CONTR.** ritto, diritto.

incurvatùra *s. f.* curva, curvatura, convessità □ incurvamento, piega.

incustodìto *agg.* privo di custodia, senza sorveglianza, indifeso, abbandonato **CONTR.** custodito, difeso, guardato, sorvegliato, vigilato.

incùtere *v. tr.* infondere, imprimere, imporre, suscitare, causare, ispirare, mettere **CONTR.** togliere, eliminare, sedare, sopire, spegnere.

ìndaco *s. m.* e *agg.* azzurro-violetto, azzurro cupo, blu.

indaffaràto *agg.* affaccendato, occupato, preso, oberato, industrioso **CONTR.** sfaccendato, ozioso, inerte.

indagàre ***A*** *v. tr.* investigare, inquisire, ispezionare □ cercare, ricercare, esaminare, scrutare, esplorare, cercare di scoprire, cercare di sapere, vederci chiaro, curiosare □ scandagliare, scavare, sondare, spiare □ studiare, sviscerare □ speculare, filosofare **CONTR.** coprire, nascondere ***B*** *v. intr.* fare indagini.

indàgine *s. f.* ***1*** esame, studio, analisi, osservazione, ricerca, esplorazione □ scandaglio, screening (*ingl.*), sondaggio, statistica ***2*** (*spec. al pl.*) investigazioni, inchiesta □ ispezione, perquisizione, sopralluogo, ricognizione. *V. anche* ESAME

indébito *agg.* non dovuto, immeritato □ illecito, illegittimo, ingiusto, abusivo □ sconveniente, disdicevole **CONTR.** debito, doveroso, dovuto, giusto, lecito, conveniente.

indeboliménto *s. m.* ***1*** fiacchezza, infiacchimento, debilitazione, esaurimento, estenuazione, abbattimento, prostrazione, svigorimento, consunzione, debolezza, deperimento, macilenza □ anemia, atonia □ illanguidimento, snervamento, rilassatezza, rammollimento □ (*di vista, di memoria, ecc.*) diminuzione, attenuazione □ (*di voce*) affievolimento, affiochimento **CONTR.** invigorimento, rinvigorimento, rafforzamento, rinforzamento, irrobustimento, fortificazione, tonificazione ***2*** (*di potere, ecc.*) crisi **CONTR.** consolidamento, stabilizzazione, potenziamento. *V. anche* DEBOLEZZA

indebolìre ***A*** *v. tr.* ***1*** fiaccare, svigorire, debilitare, esaurire, estenuare, infiacchire, sfibrare, sfiancare, sfinire, spompare, snervare, stancare, affaticare, stremare, accasciare, abbattere, spossare □ (*di carattere*) illanguidire, sdilinquire, effeminare, smidollare, svirilizzare, rammollire □ (*di vista, di mente, di memoria, ecc.*) affievolire, ottundere, diminuire, velare, arrugginire, atrofizzare **CONTR.** rafforzare, rinforzare, invigorire, rinvigorire, tonificare, fortificare □ indurire, ingagliardire ***2*** (*di potere, ecc.*) destabilizzare, minare, disarmare, disgregare, scalzare **CONTR.** confermare, consolidare, stabilizzare, rinsaldare, potenziare ***B*** *v. intr.* e **indebolirsi** *intr. pron.* ***1*** infiacchirsi, snervarsi, stancarsi, esaurirsi, spossarsi, svigorirsi, deperire, consumarsi, debilitarsi, languire □ (*di ca-*

rattere) effeminarsi, sdilinquirsi, rammollirsi, smidollarsi □ (*di vista, di mente, di memoria, ecc.*) scemare, attenuarsi, vacillare, impallidire, affievolirsi **CONTR.** rafforzarsi, rinforzarsi, invigorirsi, rinvigorirsi, fortificarsi, irrobustirsi □ crescere **2** (*di potere, ecc.*) disgregarsi, decomporsi **CONTR.** confermarsi, consolidarsi, stabilizzarsi. *V. anche* STANCARE

indebolito *part. pass. di* **indebolire**; *anche agg.* fiaccato, svigorito, debilitato, esaurito, estenuato, sfibrato, snervato, stancato, stremato, spossato, affaticato, consumato, debole, deperito, esausto, prostrato, provato, stanco □ (*di vista, ecc.*) scemato, affievolito, diminuito □ (*di potere, ecc.*) disgregato, minato **CONTR.** rinvigorito, rafforzato, tonificato, corroborato □ consolidato, potenziato.

indecènte *agg.* (*contrario alla decenza, alla morale*) osceno, sconcio, scollacciato, audace, spinto, sozzo, sporco, scostumato, irripetibile, innominabile, scandaloso, turpe, lubrico, porno, pornografico □ (*contrario al decoro*) sconveniente, indecoroso, spudorato, sfrontato, disdicevole, scomposto, impresentabile □ (*est.*) inaccettabile, vergognoso, schifoso, porco, inammissibile, intollerabile **CONTR.** decente, pulito, onesto, pudico □ decoroso, onorevole, dignitoso, composto, presentabile □ accettabile, corretto. *V. anche* OSCENO

indecentemènte *avv.* oscenamente, sconciamente, turpemente, lubricamente, scostumatamente □ spudoratamente, sconvenientemente, incompostamente, indecorosamente □ intollerabilmente, scandalosamente **CONTR.** decentemente, onestamente □ decorosamente, onorevolmente, dignitosamente, compostamente.

indecènza *s. f.* oscenità, sconcezza, turpitudine, impudicizia, inverecondia, lubricità, scollacciatura, scostumatezza, sozzura □ spudoratezza, sconvenienza, indegnità, intollerabilità □ scandalo, schifo, vergogna **CONTR.** decenza, onestà, pudicizia, pudore □ decoro, dignità, compostezza, modestia □ presentabilità.

indecifràbile *agg.* illeggibile, incomprensibile, inintelligibile, inesplicabile, oscuro □ (*spec. di persona*) enigmatico, ermetico, misterioso, marziano (*fam.*) **CONTR.** decifrabile, comprensibile, facile, leggibile, chiaro, manifesto, palese, spiegabile. *V. anche* ENIGMATICO

indecisióne *s. f.* incertezza, perplessità, titubanza, irresolutezza, dubbio, esitazione, indeterminazione, insicurezza, ondeggiamento, tentennamento, tentennio, tergiversazione **CONTR.** decisione, energia, fermezza, prontezza, risolutezza, determinazione, recisione, sicurezza. *V. anche* DEBOLEZZA

indecìso *agg.* irresoluto, perplesso, dubbioso, esitante, incerto, debole, diviso, insicuro, ondeggiante, tentennante, timido, timoroso □ (*spec. di atteggiamento, di risposta, ecc.*) malsicuro, titubante, dubbio **CONTR.** deciso, energico, fermo, pronto, risoluto, tosto (*pop.*), determinato, reciso, sbrigativo, sicuro. *V. anche* INCERTO, TIMIDO

indecorosamènte *avv.* indecentemente, indegnamente, disonorevolmente, vergognosamente, incompostamente, intollerabilmente **CONTR.** decorosamente, decentemente, degnamente, convenientemente, onorevolmente, nobilmente.

indecoróso *agg.* indecente, indegno, vergognoso, degradante, intollerabile □ sconveniente, disdicevole, disonorevole, disconveniente **CONTR.** decoroso, decente, corretto, proprio □ degno, conveniente, onorevole, dignitoso, nobile, rispettabile, presentabile.

indefessamènte *avv.* assiduamente, infaticabilmente, instancabilmente, continuamente **CONTR.** stancamente, incostantemente, lentamente.

indefèsso *agg.* assiduo, instancabile, infaticabile, resistente **CONTR.** incostante, saltuario, stancabile.

indefinìbile *agg.* indeterminabile, indescrivibile, indicibile, inesprimibile, inenarrabile, imprecisabile, inspiegabile, ineffabile, vago, ambiguo, inafferrabile, inclassificabile, indistinto, neutro, sfuggente **CONTR.** definibile, qualificabile, determinabile, spiegabile, chiaro, logico.

indefinito *agg.* **1** (*di tempo, di spazio*) indeterminato, non definito, imprecisato □ (*est.*) impreciso, vago, lontano, confuso, dubbio, imprecisabile, sfumato □ embrionale □ (*di colore*) neutro **CONTR.** definito, determinato, concreto, preciso **2** irrisolto **CONTR.** risolto.

indeformàbile *agg.* inalterabile, ingualcibile, rigido **CONTR.** deformabile, alterabile.

indeformabilità *s. f.* inalterabilità, rigidità **CONTR.** deformabilità.

indegnamènte *avv.* **1** immeritevolmente, immeritatamente **CONTR.** degnamente, meritatamente **2** bassamente, vergognosamente, turpemente, sconvenientemente, deploratamente, disonoratamente, disonorevolmente, indecorosamente, riprovevolmente, spregevolmente **CONTR.** nobilmente, lodevolmente, irreprensibilmente, meritoriamente, onorevolmente, dignitosamente, egregiamente.

indegnità *s. f.* bassezza, turpitudine, cattiveria, nefandezza, sconvenienza □ sproposito, infamia, indecenza **CONTR.** dignità, nobiltà, onore, onorabilità, rispettabilità, decoro, decenza. *V. anche* INFAMIA

indégno *agg.* **1** (*di persona*) immeritevole □ degenere **CONTR.** degno, meritevole **2** (*di persona, di atto, ecc.*) iniquo, vergognoso, turpe, biasimevole, basso, spregevole, abietto, abominevole, innominabile, inqualificabile, miserabile, infame, disonorevole □ indecoroso, disgustoso, disdicevole, disprezzabile, riprovevole, sconveniente, osceno **CONTR.** nobile, generoso, encomiabile, lodevole, irreprensibile, benemerito, onesto, stimabile, venerando □ decoroso, dignitoso, meritorio, onorevole, pregevole.

indelèbile *agg.* incancellabile, indistruttibile, permanente □ (*fig.*) perpetuo, durevole **CONTR.** delebile, cancellabile, effimero, caduco, labile. *V. anche* PERPETUO

indelebilmènte *avv.* indistruttibilmente, incancellabilmente □ perpetuamente, sempre **CONTR.** provvisoriamente, per poco □ mai.

indelicatamènte *avv.* scorrettamente, sgarbatamente, indiscretamente, sconvenientemente **CONTR.** delicatamente, discretamente, convenientemente, educatamente, garbatamente.

indelicatézza *s. f.* **1** indiscrezione, invadenza, petulanza, grossolanità, importunità, sgarbatezza **CONTR.** discrezione, tatto, scrupolo **2** sconvenienza, scorrettezza, sgarbo, scortesia, disattenzione **CONTR.** delicatezza, cortesia, correttezza, garbo, squisitezza, buongusto. *V. anche* INDISCREZIONE

indelicàto *agg.* indiscreto, invadente, petulante □ scorretto, sconveniente, sgarbato **CONTR.** delicato, discreto, riguardoso □ educato, garbato, corretto.

indemoniàto *agg.; anche s. m.* **1** ossesso, posseduto dal demonio, indiavolato, spiritato, invasato **2** (*fig.*) adirato, infuriato, imbestialito □ energumeno, satanasso (*pop., est.*) **CONTR.** calmo, placato, quieto, rabbonito, angelico **3** (*fig.*) vivacissimo □ terremoto (*scherz.*) **CONTR.** apatico, indolente.

indènne *agg.* (*raro*) (*di cosa*) intatto □ (*di persona*) illeso, incolume, sano e salvo □ (*di latte*) sano **CONTR.** danneggiato, leso □ colpito, ferito □ contagiato, infetto.

indennità *s. f.* **1** rimborso, compenso, retribuzione, sportula □ diaria, propina, buonuscita, premio, gratifica **2** indennizzo, risarcimento.

indennizzàre *v. tr.* risarcire, compensare, rifondere, rimborsare, ripagare, reintegrare **CONTR.** danneggiare.

indennìzzo *s. m.* risarcimento, indennità, rimborso.

inderogàbile *agg.* inevitabile, necessario, obbligatorio, categorico, perentorio, imprescindibile, indeclinabile, tassativo, insopprimibile, cogente (*dir.*) □ indifferibile, improrogabile, indilazionabile **CONTR.** derogabile, revocabile, facoltativo □ differibile.

inderogabilità *s. f.* obbligatorietà, perentorietà, categoricità □ improrogabilità **CONTR.** derogabilità, revocabilità, dilazionabilità.

inderogabilménte *avv.* obbligatoriamente, perentoriamente, categoricamente, imprescindibilmente, tassativamente, improrogabilmente **CONTR.** liberamente, facoltativamente.

indescrivìbile *agg.* indicibile, inenarrabile, indefinibile, ineffabile □ enorme **CONTR.** descrivibile, definibile, rappresentabile.

indesideràbile *agg.* sgradito, spiacevole, sgradevole, indesiderato **CONTR.** desiderabile, piacevole, gradevole, invidiabile. *V. anche* SPIACEVOLE

indesideràto *agg.* indesiderabile, sgradito, malaccetto **CONTR.** desiderato, desiderabile, gradito, benaccetto, benedetto.

indeterminàbile *agg.* indefinibile **CONTR.** determinabile, definibile, quantificabile, valutabile.

indeterminabilità *s. f.* indefinibilità **CONTR.** definibilità.

indeterminataménte *avv.* indefinitamente, imprecisamente, vagamente, genericamente **CONTR.** determinatamente, definitamente, precisamente, specificatamente.

indeterminatézza *s. f.* **1** imprecisione, indefinitezza, vaghezza, genericità, indeterminazione, nebulosità, vaporosità **CONTR.** determinatezza, esattezza, precisione, concretezza, definitezza, definizione, positività, realismo **2** incertezza, irresolutezza, indecisione, dubbio **CONTR.** determinazione, decisione, risolutezza, energia.

indeterminàto *agg.* **1** (*di spazio, di tempo, di numero*) indefinito, impreciso, generico, imprecisabile, imprecisato, lontano **CONTR.** determinato, specificato, definito, preciso □ quantificato, quantizzato **2** (*di idea, di concetto, ecc.*) incerto, vago, astratto, indistinto, vaporoso □ confuso, controverso, dubbio, problematico □ generale, impersonale **CONTR.** certo, determinato, chiaro, distinto **3** (*raro*) (*di persona*) irresoluto **CONTR.** deciso. *V. anche* INCERTO

indeterminazióne *s. f.* **1** imprecisione, indeterminatezza, indefinitezza **CONTR.** determinatezza, precisione **2** indecisione, irresolutezza, incertezza, dubbio **CONTR.** determinazione, decisione, risolutezza, energia.

indiàno *agg.; anche s. m.* **1** (*dell'India*) indico (*raro, lett.*) **2** (*d'America*) pellerossa, indio **FRAS.** *in fila indiana* (*fig.*), uno dietro l'altro □ *fare l'indiano* (*fig.*), fingere di non capire.

indiavolàto *agg.* **1** indemoniato, diabolico, ossesso **2** (*fig.*) (*di persona, di rumore, ecc.*) terribile, violento, furioso, insopportabile, rabbioso **CONTR.** calmo, mansueto, mite, gioviale, bonario, pacifico.

indicàre *v. tr.* **1** accennare, additare, mostrare, far vedere, insegnare, spiegare □ (*di strumento e sim.*) mostrare, segnare □ (*fig.*) proporre, designare, scegliere **CONTR.** celare, nascondere, occultare **2** (*di prezzo, di rimedio, ecc.*) dire, suggerire, consigliare, citare (*est.*) □ determinare, dettare, specificare **CONTR.** sconsigliare **3** (*fig.*) (*di fenomeno, di sintomo, ecc.*) denotare, manifestare, rivelare, significare, dimostrare, denunciare, segnalare, delineare, annunciare **CONTR.** nascondere, celare.

indicativaménte *avv.* orientativamente, approssimativamente **CONTR.** precisamente.

indicativo *agg.* **1** (*di prezzo e sim.*) approssimativo, orientativo **CONTR.** accertato, definito **2** (*di sintomo, di segno, ecc.*) rappresentativo, significativo, sintomatico, emblematico, eloquente, caratteristico **CONTR.** insignificante **3** (*ling.*) determinativo.

indicàto *part. pass. di* **indicare**; *anche agg.* **1** mostrato, segnalato, accennato □ denotato, denominato □ stabilito, fissato, specificato, tracciato, delineato, fissato □ proposto, designato **2** (*est.*) (*di persona, di cura, ecc.*) adatto, appropriato, efficace, opportuno, consigliabile, consigliato, suggerito **CONTR.** controindicato, inadatto, inefficace, sconsigliabile, sconsigliato. *V. anche* ADATTO

indicatóre **A** *agg.* (*f. -trice*) segnalatore, segnaletico □ rivelatore **B** *s. m.* indice, lancetta, ago, freccia, segnale □ (*fig.*) spia, sintomo, avvertimento, termometro **FRAS.** *indicatore di conteggio*, teletaxe □ *cartello indicatore*, cartello stradale.

indicazióne *s. f.* **1** cenno, segno, segnale □ designazione, segnalazione, denotazione **2** dicitura, didascalia, precisazione, delucidazione, ragguaglio, specificazione □ (*al pl.*) istruzioni, avvertenze □ ammaestramento, insegnamento □ informazione **3** (*di medico*) consiglio, suggerimento, prescrizione □ terapia. *V. anche* INFORMAZIONE

ìndice *s. m.* **1** (*anat.*) secondo dito della mano **2** (*di segnale*) lancetta, indicatore, freccia, sfera, ago **3** (*fig.*) (*di malattia, di ignoranza, ecc.*) indizio, segno, sintomo, spia, avvertimento, avvisaglia, manifestazione **4** (*di libro e sim.*) sommario, sillabo (*raro*) □ catalogo, elenco, lista, inventario, repertorio **5** (*mat.*) esponente **6** numero, rapporto.

indicìbile *agg.* indescrivibile, inenarrabile, impronunciabile, ineffabile, inesprimibile, indefinibile □ (*est.*) enorme, straordinario **CONTR.** descrivibile, esprimibile □ modesto, scarso.

indicibilménte *avv.* indescrivibilmente, enormemente, straordinariamente, ineffabilmente **CONTR.** poco, scarsamente.

indicizzàre *v. tr.* (*econ.*) ancorare, collegare, rapportare, agganciare **CONTR.** liberalizzare, fare fluttuare.

indicizzàto *part. pass. di* **indicizzare**; *anche agg.* ancorato, collegato, rapportato, agganciato **CONTR.** liberalizzato, libero, fluttuante.

indietreggiàre *v. intr.* tirarsi indietro, arretrare, retrocedere, ripiegare, ritirarsi, rinculare, ritrarsi, cedere, recedere, regredire **CONTR.** avanzare, procedere, progredire, farsi avanti, incedere, inoltrarsi □ assalire, attaccare, caricare.

indiètro *avv.* dietro, addietro **CONTR.** avanti, innanzi **FRAS.** *dare indietro*, restituire □ *volere indietro*, pretendere la restituzione □ *lasciare indietro* (*fig.*), omettere □ *tirarsi indietro* (*fig.*), sottrarsi a un impegno □ *essere* (o *restare*) *indietro*, (*di orologio*) ritardare; (*di persona*) essere poco evoluto, essere poco intelligente □ *fare un passo avanti e uno indietro* (*fig.*), non progredire □ *far macchina* (o *marcia*) *indietro*, (*di veicolo*) retrocedere; (*di persona*) rimangiarsi la parola, ritirarsi □ *andare all'indietro* (*fig.*), regredire.

indifendìbile *agg.* insostenibile **CONTR.** difendibile, sostenibile.

indiféso *agg.* **1** (*di luogo*) privo di difesa, privo di protezione, incustodito, scoperto, sguarnito, esposto **CONTR.** difeso, protetto, custodito, guardato, guarnito, riparato, sicuro **2** (*fig.*) (*di persona*) incapace di difendersi, disarmato, inerme, sprovveduto, ingenuo, nudo (*lett.*) **CONTR.** accorto, astuto, scaltro **3** (*di soldato*) disarmato **CONTR.** armato.

indifferènte *agg.* **1** (*di giudizio, di parere e sim.*) imparziale, neutrale, disinteressato, spassionato **CONTR.** parziale, partigiano, interessato **2** (*di scelta*) identico, stesso □ lo stesso, la stessa cosa **CONTR.** diverso, preferibile **3** (*di persona*) insensibile, sordo, vaccinato, cinico □ scettico, agnostico, quietista, menefreghista, qualunquista □ apatico, indolente, passivo, svogliato, incurante, noncurante □ freddo, frigido, gelido, glaciale □ estraneo, disamorato □ impassibile, imperturbabile, distaccato **CONTR.** sensibile, appassionato, fervido, emotivo □ eccitabile, suggestionabile □ premuroso, cordiale □ ricettivo, interessato, curioso □ smanioso, desideroso, impaziente □ sbalordito, sconcertato, scosso, impressionato, esterrefatto, interdetto **4** (*di problema, di questione, ecc.*) insignificante, irrilevante, da poco **CONTR.** significante, significativo, importante, rilevante **5** (*ling.*) ancipite. *V. anche* CINICO

indifferenteménte *avv.* **1** imparzialmente, ugualmente **CONTR.** differentemente, parzialmente **2** (*raro*) apaticamente, impassibilmente, imperturbabilmente, freddamente, aridamente **CONTR.** interessatamente, premurosamente, appassionatamente.

indifferènza *s. f.* apatia, disinteresse, noncuranza, indolenza, passività, quietismo □ disaffezione, disamore, distacco, estraneità □ neutralità □ agnosticismo, scetticismo □ menefreghismo, qualunquismo □ olimpicità, impassibilità, imperturbabilità □ insensibilità, freddezza, cinismo **CONTR.** sensibilità, ricettività, fervore □ partecipazione, premura, cura, impegno, sollecitudine □ entusiasmo, pathos, rapimento □ interessamento, interesse, curiosità, attenzione.

indifferenziàto *agg.* indistinto, indiscriminato □ neutro, asessuato (*raro*) **CONTR.** differenziato, distinto.

indifferìbile *agg.* improrogabile, indilazionabile, inderogabile, urgente **CONTR.** differibile, dilazionabile, prorogabile, procrastinabile, rinviabile, prolungabile.

indìgeno *agg.* e *s. m.* **1** aborigeno, nativo, autoctono □ paesano **CONTR.** forestiero, straniero, estero, esotico, allogeno □ pellegrino **2** (*est.*) selvaggio **CONTR.** civilizzato.

indigènte *agg.*; *anche s. m.* e *f.* povero, bisognoso, misero, miserabile, nullatenente, affamato, pezzente, disagiato, diseredato, mendicante, mendico **CONTR.** ricco, agiato, abbiente, benestante, danaroso, facoltoso, ben provvisto, opulento, miliardario, milionario.

indigènza *s. f.* povertà, bisogno, miseria, strettezze, ristrettezze, fame, angustia, necessità, inopia (*lett.*), nullatenenza, mendicità **CONTR.** ricchezza, abbondanza, dovizia, opulenza, averi, beni, benessere, prosperità, agio.

indigerìbile *agg.* **1** non digeribile, indigesto, pesante **CONTR.** digeribile, leggero **2** (*fig.*) (*di persona, di discorso, ecc.*) antipatico, insopportabile, molesto, ostico, spiacevole **CONTR.** sopportabile, tollerabile, piacevole, simpatico. *V. anche* SPIACEVOLE

indigestióne *s. f.* **1** gastrite acuta, imbarazzo di stomaco **2** (*fig.*) (*di film, di romanzi, ecc.*) disgusto, nausea, sazietà **CONTR.** gusto, piacere **FRAS.** *fare un'indigestione*, mangiare troppo; (*fig.*) leggere (vedere, usare, ecc.) eccessivamente.

indigèsto *agg.* **1** difficile da digerire, pesante, indigeribile, cattivo, malsano **CONTR.** digeribile, leggero, assimilabile **2** (*fig.*) (*di persona, di discorso, ecc.*) antipatico, fastidioso, insopportabile, molesto, ostico, pesante, tedioso, uggioso **CONTR.** amabile, gradevole, gradito, piacevole, simpatico, attraente.

indignàre ***A*** *v. tr.* muovere a sdegno, sdegnare, esacerbare, esasperare, irritare, inasprire, scandalizzare, stizzire **CONTR.** fare piacere, compiacere, accontentare, soddisfare ***B*** **indignarsi** *v. intr. pron.* sdegnarsi, adirarsi, infuriarsi, irritarsi, risentirsi, scandalizzarsi, arrabbiarsi, incazzarsi (*volg.*) **CONTR.** calmarsi, placarsi, quietarsi, rabbonirsi. *V. anche* ESACERBARE

indignàto *part. pass. di* **indignare**; *anche agg.* sdegnato, irritato, adirato, arrabbiato, incazzato (*volg.*), alterato, irato, disgustato, risentito, crucciato, offeso

CONTR. calmo, placato, pacato, quieto, rabbonito.

indignazióne *s. f.* sdegno, ira, irritazione, risentimento, cruccio, rabbia, esasperazione, collera, ribellione **CONTR.** approvazione, compiacimento, piacere. *V. anche* IRA, RIBELLIONE

indimenticàbile *agg.* memorabile, inobliabile (*lett.*), incancellabile, memorando (*lett.*) □ magnifico, splendido, storico **CONTR.** dimenticabile, cancellabile.

indimostràbile *agg.* non dimostrabile, non documentabile, non provabile, inspiegabile **CONTR.** dimostrabile, documentabile, spiegabile, comprovabile.

indipendènte *agg.* ***1*** padrone di sé, autonomo, libero, emancipato □ apartitico, disimpegnato (*raro*) □ (*di professionista*) free-lance (*ingl.*) □ (*di cosa*) svincolato, slegato **CONTR.** dipendente, soggetto, schiavo, vincolato, sottomesso, oppresso □ subordinato, connesso, correlato, condizionato ***2*** (*ling.*) principale, reggente **CONTR.** dipendente, subordinato.

indipendenteménte *avv.* ***1*** liberamente, autonomamente, senza vincoli **CONTR.** subordinatamente, dipendentemente ***2*** a prescindere da, all'infuori di.

indipendènza *s. f.* autonomia, libertà, emancipazione □ sovranità **CONTR.** dipendenza, soggezione, sudditanza, schiavitù, servitù, giogo, oppressione, subordinazione, condizionamento. *V. anche* LIBERTÀ

indìre *v. tr.* stabilire, bandire, intimare, ordinare, convocare, proclamare **CONTR.** disdire, revocare.

indirettaménte *avv.* in modo indiretto, obliquamente, di traverso, di riflesso □ marginalmente □ implicitamente, velatamente **CONTR.** immediatamente, direttamente □ de visu (*lat.*), personalmente □ chiaramente, esplicitamente.

indirètto *agg.* non diretto, obliquo, storto, traverso □ mediato □ implicito, velato **CONTR.** diretto, immediato, esplicito.

indirizzàre ***A*** *v. tr.* ***1*** (*di cammino, di passi, ecc.*) dirigere, avviare, incamminare □ (*di traffico e sim.*) deviare, orientare, convogliare ***2*** (*est.*) (*di lettera, di pacco, ecc.*) mandare, inviare, spedire, destinare, trasmettere **CONTR.** ricevere ***3*** (*fig.*) (*verso il bene, agli studi, ecc.*) instradare, guidare, ammaestrare, spingere, educare, informare, inclinare, modellare **CONTR.** distogliere, allontanare, dissuadere ***4*** (*di pensiero, di parola, ecc.*) rivolgere ***5*** (*di corrispondenza*) corredare dell'indirizzo □ intestare ***B*** **indirizzarsi** *v. rifl.* ***1*** dirigersi, incamminarsi, avviarsi, andare, recarsi □ (*fig.*) orientarsi, instradarsi **CONTR.** allontanarsi ***2*** (*fig.*) rivolgersi, ricorrere, volgersi **CONTR.** rifiutare. *V. anche* EDUCARE, SPINGERE

indirizzàrio *s. m.* elenco di indirizzi □ rubrica, agenda.

indirizzàto *part. pass. di* **indirizzare**; *anche agg.* ***1*** avviato, diretto □ deviato, convogliato □ mandato, inviato, spedito, trasmesso ***2*** (*fig.*) rivolto, volto, finalizzato ***3*** (*fig.*) incline, propenso.

indirìzzo *s. m.* ***1*** (*di lettera, di pacco, ecc.*) soprascritta, recapito ***2*** (*di luogo*) direzione, meta ***3*** (*fig.*) (*di vicenda*) andamento, piega ***4*** (*fig.*) (*di studi, di politica, ecc.*) criterio direttivo, direttiva, filosofia, condotta □ orientamento, avviamento, ispirazione, tendenza, corrente, filone, linea, scuola ***5*** (*di saluto, di felicitazioni, ecc.*) messaggio, discorso.

indisciplìna *s. f.* indisciplinatezza, insubordinazione, disobbedienza, indocilità, ribellione, licenza (*est.*), turbolenza **CONTR.** disciplina, disciplinatezza, docilità, sottomissione, ubbidienza. *V. anche* RIBELLIONE

indisciplinataménte *avv.* senza disciplina, insubordinatamente, indocilmente **CONTR.** disciplinatamente, ubbidientemente, docilmente.

indisciplinatézza *V.* **indisciplina.**

indisciplinàto *agg.* ***1*** insubordinato, disubbidiente, indocile, indomabile, ribelle, ricalcitrante, renitente, restio, riottoso, anarcoide, turbolento **CONTR.** disciplinato, docile, malleabile, sottomesso, ubbidiente, correggibile ***2*** (*di traffico, di movimento e sim.*) disordinato, caotico **CONTR.** ordinato.

indiscretaménte *avv.* ineducatamente, sfacciatamente, sfrontatamente, spudoratamente □ inopportunamente, indelicatamente **CONTR.** discretamente, educatamente.

indiscretézza *s. f.* (*raro*) *V.* **indiscrezione.**

indiscréto *agg.* indelicato, ineducato, maleducato, invadente, curioso, importuno, irriguardoso, petulante, sfacciato, ficcanaso, insistente, sfrontato, spudorato, impronto (*lett.*), impertinente **CONTR.** discreto, delicato, beneducato, cortese, riguardoso, prudente.

indiscrezióne *s. f.* ***1*** indelicatezza, invadenza, curiosità, insistenza, importunità (*lett.*), improntitudine, petulanza, sfacciataggine, spudoratezza, sfrontatezza, curiosaggine **CONTR.** discrezione, discretezza, misura, delicatezza, educazione, cortesia, riguardo, ritegno, prudenza, tatto ***2*** rivelazione di notizia riservata □ voce, voce di corridoio, pettegolezzo. *V. anche* INFORMAZIONE

INDISCREZIONE
sinonimia strutturata

Una persona o un atteggiamento privo di tatto e di riguardo è caratterizzato da **indiscrezione**: *la sua indiscrezione non ha limiti.* Vicinissimo è il termine **indelicatezza**, che sottolinea maggiormente la mancanza di sensibilità: *agire con indelicatezza.* Per estensione, indiscrezione viene ad indicare il desiderio sfacciato ed insistente di sapere i fatti altrui, ossia la **curiosità**: *la sua curiosità per le mie faccende sentimentali è intollerabile*; pressoché equivalente è **curiosaggine**, adoperato quando la curiosità è fastidiosa e abituale tanto da divenire una nota caratteriale.

Una sfumatura più negativa dei precedenti contraddistingue **insistenza** e **petulanza**, che indicano il continuare con ostinazione a chiedere pressantemente qualcosa: *la sua insistenza è intollerabile*; *la petulanza della mia vicina è inimmaginabile*; di significato equivalente ma di uso non frequente se non in contesti letterari è il sostantivo **importunità**. Ancora più forte è **invadenza**, che indica non solo un'insistenza verbale, ma la caratteristica di chi si intromette nelle faccende e in luoghi altrui e vuol fare ciò che non gli spetta: *passa a casa mia ogni giorno e si* *ferma delle ore*: *è di un'invadenza incredibile*.

Chi è insistente e petulante è caratterizzato da **improntitudine**, che in un'altra accezione corrisponde perfettamente a **sfacciataggine**, **spudoratezza** e **sfrontatezza**: tutti questi termini, più incisivi dei precedenti, si riferiscono infatti al comportamento di chi commette o dice cose in sé vergognose senza provarne vergogna: *la sua improntitudine è intollerabile*; *la sfacciataggine delle sue domande è insopportabile*; *ha parlato con estrema spudoratezza*; *la sua sfrontatezza non ha pari*. Inoltre, l'indiscrezione consiste anche in un atto o un comportamento indiscreto; in questa accezione coincide con indelicatezza usato estensivamente, con insistenza e con sfacciataggine, che è comunque più deciso: *commettere una grave, un'imperdonabile indiscrezione*; *guardare nelle carte altrui è un'indelicatezza*; *ho ceduto alle sue insistenze*; *è stata un vera sfacciataggine*.

Un atto indiscreto può identificarsi con il chiacchierare diffondendo **voci** e **pettegolezzi**, ossia informazioni imprecise, tendenziose e spesso prive di fondamento: *si tratta di voci non controllate*; *sono soltanto voci*; *riportare dei pettegolezzi*; ancor più frequentemente, infine, il termine si adopera per indicare la rivelazione di una notizia riservata: *sono trapelate alcune indiscrezioni sulle indagini*.

indiscriminataménte *avv.* senza discernimento, indistintamente, senza distinzione, genericamente **CONTR.** particolarmente, individualmente, distintamente.

indiscriminàto *agg.* indifferenziato, indistinto, senza discernimento, senza distinzione, generale, generico **CONTR.** differenziato, particolare, individuale, distinto, selezionato.

indiscùsso *agg.* inoppugnabile, incontrastato, inconfutabile, incontestato, incontroverso, indubbio, indubitabile □ certo, evidente, chiaro, pacifico, palmare, palpabile, patente, lampante **CONTR.** discusso, discutibile, controverso, confutabile, confutato.

indiscutìbile *agg.* (*di competenza, di onestà*) indubbio, certo, incontestabile, innegabile, sicuro □ (*di verità, di teoria, di prova, ecc.*) chiaro, evidente, inconfutabile, irrefutabile, incontrastabile, apodittico, assiomatico, incontrovertibile, irrecusabile, irrefragabile, lapalissiano, probante, schiacciante □ (*di decisione e sim.*) inoppugnabile, inappellabile, insindacabile **CONTR.** discutibile, dubbio, controverso, dubitabile, opinabile, problematico □ oppugnabile (*lett.*), contestabile, confutabile, contrastato, controvertibile, criticabile, eccepibile □ sindacabile, trattabile.

indiscutibilménte *avv.* indubbiamente, certamente, certo, senza dubbio, inconfutabilmente, incontestabilmente, incontrovertibilmente, irrefragabilmente, irrefutabilmente, manifestamente, patentemente **CONTR.** discutibilmente.

indispensàbile *agg.* necessario, occorrente □ integrante, essenziale, basilare □ obbligatorio, imprescindibile **CONTR.** non necessario, facoltativo, inutile □ voluttuario, superfluo.

indispensabilménte *avv.* necessariamente, inevitabilmente **CONTR.** inutilmente, superfluamente.

indispettìre ***A*** *v. tr.* indisporre, irritare, stizzire, stuzzicare, contrariare, crucciare, urtare **CONTR.** calmare, placare, rabbonire, rasserenare ***B*** **indispettirsi** *v. intr. pron.* e *intr.* adirarsi, stizzirsi, irritarsi, turbarsi, impermalirsi, urtarsi, adontarsi, affliggersi **CONTR.** calmarsi, placarsi, rabbonirsi.

indispettìto *part. pass. di* **indispettire**; *anche agg.* adirato, stizzito, irritato, turbato, crucciato, imbronciato **CONTR.** placato, rabbonito, calmato.

indisponènte *part. pres. di* **indisporre**; *anche agg.* irritante, scostante, urtante, antipatico, molesto **CONTR.** piacevole, attraente, delizioso, spassoso, simpatico, conciliante.

indisponìbile *agg.* ***1*** non libero, inutilizzabile, occupato, prenotato, riservato, esaurito **CONTR.** disponibile, utilizzabile, fruibile □ vacante, libero ***2*** non disposto, restio, riluttante, ostile, contrario **CONTR.** propenso, favorevole.

indisponibilità *s. f.* ***1*** inutilizzabilità **CONTR.** disponibilità, utilizzabilità ***2*** indisposizione, ostilità, contrarietà, riluttanza **CONTR.** simpatia, propensione.

indispórre *v. tr.* irritare, indispettire, disgustare, urtare, infastidire, turbare **CONTR.** attrarre, allettare, lusingare, sedurre.

indisposizióne *s. f.* ***1*** lieve infermità, lieve malore, malessere, incomodo, acciacco, disturbo, malanno, malattia **CONTR.** sanità, buona salute ***2*** indisponibilità, antipatia, ostilità **CONTR.** disponibilità, simpatia, propensione. *V. anche* DISTURBO, MALATTIA

indispósto *agg.* ***1*** leggermente ammalato, malaticcio **CONTR.** sano ***2*** mal disposto, indisponibile, ostile, avverso, contrario **CONTR.** disposto, disponibile, propenso, favorevole.

indissolùbile *agg.* inscindibile, indivisibile, inseparabile, insolubile, irresolubile **CONTR.** solubile, dissolubile, divisibile, scioglibile.

indissolubilità *s. f.* inseparabilità, inscindibilità, indivisibilità **CONTR.** dissolubilità, separabilità, divisibilità.

indissolubilménte *avv.* inseparabilmente, inscindibilmente, intimamente, indivisibilmente.

indistintaménte *avv.* indiscriminatamente, ugualmente, senza distinzioni □ confusamente, vagamente, oscuramente, nebulosamente **CONTR.** distintamente, chiaramente.

indistìnto *agg.* vago, indeterminato, confuso, oscuro, nebuloso, evanescente, indefinibile, generico, dubbio □ indiscriminato, indifferenziato □ (*di suono, ecc.*) inarticolato, debole, cupo **CONTR.** distinto, chiaro, evidente, definito, deciso, marcato, spiccato, distinguibile, specifico, manifesto, palese.

indistruttìbile *agg.* indeperibile, indegradabile, inconsumabile, resistentissimo, solidissimo □ (*fig.*) eterno, incancellabile, indelebile, inestirpabile, perpetuo **CONTR.** distruttibile, degradabile, consumabile □ labile, debolissimo, fragile. *V. anche* PERPETUO

indisturbàto *agg.* tranquillo, in pace, comodo **CONTR.** disturbato.

individuàbile *agg.* distinguibile, identificabile, localizzabile, riconoscibile **CONTR.** irriconoscibile, introvabile.

individuàle *agg.* dell'individuo, personale □ particolare, privato, proprio, singolare, singolo, soggettivo, speciale **CONTR.** collettivo, comune, generale □ pubblico, sociale, collegiale, corale, complessivo.

individualìsmo *s. m.* (*est.*) personalismo, soggettivismo, solipsismo □ egoismo, egocentrismo, esclusivismo **CONTR.** altruismo, collettivismo, universalismo.

individualìsta *s. m.* e *f.* egoista, esclusivista, egocentrico □ solipsista **CONTR.** altruista, collettivista, universalista.

individualìstico *agg.* egoistico, egoista, personalistico, personale, solipsistico **CONTR.** altruistico, collettivistico.

individualità *s. f.* ***1*** personalità, io, soggettività □ specifico ***2*** originalità.

individualizzàre *v. tr.* ***1*** (*di fine, di difetto, ecc.*) individuare, trovare, scoprire, definire, specificare, contraddistinguere ***2*** (*di insegnamento, di cura, ecc.*) personalizzare **CONTR.** spersonalizzare, generalizzare, standardizzare, tipizzare.

individualizzazióne *s. f.* ***1*** (*di fine, di difetto, ecc.*) individuazione, scoperta, definizione, specificazione, determinazione ***2*** (*di insegnamento, di cura, ecc.*) personalizzazione, adattamento **CONTR.** spersonalizzazione, generalizzazione, standardizzazione, tipizzazione.

individualménte *avv.* in modo individuale, uno per uno, singolarmente, personalmente **CONTR.** collettivamente, complessivamente, generalmente, indiscriminatamente.

individuàre ***A*** *v. tr.* caratterizzare, specificare, distinguere, individualizzare □ determinare con precisione, identificare, riconoscere, scoprire, diagnosticare, localizzare, ravvisare ***B*** **individuarsi** *v. intr. pron.* caratterizzarsi, distinguersi.

individuazióne *s. f.* identificazione, riconoscimento, individualizzazione, localizzazione.

individuo *s. m.* ***1*** organismo animale o vegetale □ singolo, essere, persona, uomo, creatura, anima **CONTR.** comunità, società, gente, massa ***2*** (*est., spreg.*) sconosciuto, figuro, tizio, ceffo, soggetto, tipo, elemento ***3*** (*stat.*) unità.

indivisìbile *agg.* inseparabile, indissociabile, indissolubile, inscindibile, unico, elementare, unitario, singolo **CONTR.** divisibile, scindibile, separabile □ decomponibile, disgiungibile, dissociabile, scaglionabile, staccabile □ (*mat.*) frazionabile, scomponibile, multiplo, suddivisibile.

indivisibilità *s. f.* inseparabilità, unità, indissolubilità, inscindibilità, unicità **CONTR.** divisibilità, separabilità □ frazionabilità, scomponibilità.

indivìso *agg.* congiunto, unico, unito **CONTR.** diviso, separato, staccato, disgiunto, frazionato.

indiziàto *agg.* e *s. m.* sospettato in base a indizi, sospettato, sospetto.

indìzio *s. m.* ***1*** (*dir.*) fatto certo **CFR.** prova ***2*** circostanza, traccia, indicazione, segno, segnale □ barlume, cenno □ sintomo, annuncio, avvisaglia, presagio, prodromo, sentore □ prova, testimonianza, attestazione □ termometro, spia, indice **CONTR.** certezza, sicurezza.

indocilità *s. f.* disobbedienza, indisciplina, indisciplinatezza, riottosità, renitenza, riluttanza, incorreggibilità, insubordinazione, intrattabilità, resistenza **CONTR.** arrendevolezza, docilità, disciplina, accondiscendenza, remissività, obbedienza □ (*spec. di animale*) mansuetudine.

indocilménte *avv.* disobbedientemente, indisciplinatamente, riottosamente, riluttantemente, insubordinatamente **CONTR.** docilmente, disciplinatamente, arrendevolmente, ubbidientemente.

ìndole *s. f.* disposizione naturale, carattere, natura, stampo, temperamento, tempra, istinto, animo, personalità, pasta, umore □ predisposizione, inclinazione, attitudine, tendenza □ (*est.*) (*di cose*) carattere, natura, tipo, ordine, qualità.

INDOLE
sinonimia strutturata

Il temperamento di un individuo, ossia l'insieme delle inclinazioni naturali che lo caratterizzano, si definisce **indole**: *indole mite*; *comportarsi secondo la propria indole*. Nell'uso corrente **carattere** coincide con indole e indica quindi il modo di essere, mentre propriamente descrive l'insieme dei tratti psichici, morali e comportamentali di una persona che la distingue dalle altre: *avere un pessimo carattere*; *essere di carattere forte*. Un termine abbastanza colloquiale che in senso figurato corrisponde a indole è **pasta**: *essere di buona pasta*; *di che pasta sei fatto?*

Sempre in relazione al complesso dei tratti caratteriali si adoperano **temperamento**, **personalità**, **animo** e per estensione **natura**, tra loro pressoché equivalenti: *un temperamento nervoso*; *personalità umbratile*; *animo gentile*; *seguire la propria natura*; di quest'ultimo sinonimo è interessante notare che designa anche quelle qualità e tendenze non acquisite con l'educazione. Il sostantivo **tempra** indica l'insieme delle doti intellettuali, morali e fisiche che una persona possiede: *un uomo di tempra eccezionale*; *una tempra di studioso*; inoltre, in rare occasioni o in contesti letterari può essere sinonimo di **umore**, che nell'uso corrente coincide con carattere: *il padre fu di umore allegro, la madre di tempra assai malinconica*; *un vecchietto d'umore bilioso*. In un certo modo a sé stante è **fondo**, che figuratamente indica la parte più intima e nascosta di qualcosa o di qualcuno: *il fondo dell'animo, della coscienza*; *ha un fondo di ipocrisia*.

Si distinguono da questi termini **predisposizione**, **tendenza** e **inclinazione** usato in senso figurato, che indicano propriamente un'attitudine, una propensione particolare che unita ad altre va a formare la personalità di un individuo: *predisposizione alla gioia*; *predisposizione al disegno*; *tendenza verso la vita politica*; *inclinazione al commercio, alla vita solitaria*; **istinto** è equivalente ma di uso più raro in questo significato: *è nato con l'istinto del poeta*.

Indole può riferirsi per estensione a cose e avvenimenti: *delitto di indole mafiosa*; *l'indole della nostra lingua*; in questo caso, ne definisce la **qualità**, il **tipo** e l'**ordine**, ossia l'insieme di caratteristiche che ne identificano sorta e genere: *di che qualità sono queste mele?*; *problemi di ordine tecnico*; *sono tutti dello stesso tipo*. Il termine **stampo** è molto vicino ai precedenti, ma si distingue perché viene spesso adoperato con tono spregiativo: *sono tutti dello stesso stampo in quella famiglia*.

indolènte *agg.* pigro, ignavo, neghittoso, fiacco, insensibile, indifferente, infingardo, svogliato, incurante, trascurato, accidioso, apatico, abulico, inattivo, inerte, negligente, noncurante, passivo, sonnacchioso, sonnolento, torpido **CONTR.** alacre, attivo, energico, laborioso, operoso, risoluto, solerte, industrioso, intraprendente, pimpante, pronto, veloce, insonne.

indolenteménte *avv.* accidiosamente, apaticamente, neghittosamente, torpidamente, pigramente, fiaccamente, negligentemente, svogliatamente, infingardamente, trascuratamente **CONTR.** alacremente, attivamente, fervorosamente, industriosamente, operosamente, prestamente.

indolènza *s. f.* pigrizia, ignavia, indifferenza, infingardaggine, neghittosità, negligenza, svogliatezza, scioperataggine, torpidezza, torpore, accidia, apatia, inerzia, abulia □ lentezza, malavoglia, noncuranza **CONTR.** alacrità, attività, energia, laboriosità, operosità, risolutezza, solerzia, accanimento, ardore, attivismo, iniziativa, intraprendenza, slancio, vigoria, vivacità. *V. anche* PIGRIZIA

indolenziménto *s. m.* intormentimento, intorpidimento, appesantimento, formicolio, pesantezza.

indolenzìre ***A*** *v. tr.* intormentire, intorpidire, informicolire, stancare ***B*** *v. intr.* e **indolenzirsi** *intr. pron.* intormentirsi, intorpidirsi, informicolirsi, intirizzirsi.

indolenzito *part. pass. di* **indolenzire**; *anche agg.* intormentito, intorpidito, informicolito, intirizzito, pesto, dolente, dolorante.

indomàbile *agg.* indocile, ribelle, indisciplinato □ (*fig.*) invincibile, indomito (*lett.*), irresistibile, prorompente, tenace **CONTR.** domabile, docile, mansueto, addomesticabile, ammaestrabile □ arrendevole, debole.

indomàni *s. m.* giorno seguente, giorno dopo **CONTR.** giorno precedente, giorno prima.

indòmito *agg.* (*lett.*) indomato, indocile, selvaggio, ribelle □ invincibile, irriducibile, indomabile, fiero, coraggioso **CONTR.** domato, docile, mansueto □ arrendevole.

indoor /*ingl.* 'indɔ:/ [vc. ingl., letteralmente '(gioco eseguito) in casa (*door*, propriamente 'porta')'] *agg. inv.* (*sport*) in stadio coperto, al palasport **CONTR.** outdoor (*ingl.*), all'aperto.

indoràre ***A*** *v. tr.* ***1*** dorare, rivestire d'oro ***2*** (*fig.*) (*di sole, di luce*) fare risplendere, illuminare ***B*** **indorarsi** *v. intr. pron.* prendere un colore dorato **FRAS.** *indorare la pillola* (*fig.*), attenuare un dispiacere con parole opportune; edulcorare.

indoràto *part. pass. di* **indorare**; *anche agg.* ***1*** dorato ***2*** (*fig.*) (*dal sole, dalla luce*) illuminato, splendente.

indossàre *v. tr.* avere addosso, portare, vestire, cingere □ infilare, mettersi addosso, infilarsi □ calzare **CONTR.** togliersi, levarsi, sfilarsi, deporre.

indossàto *part. pass. di* **indossare**; *anche agg.* messo, infilato, portato, vestito **CONTR.** tolto, levato.

indossatrìce *s. f.* modella, mannequin (*fr.*), top model (*ingl.*).

indòsso *avv.* addosso, sulla persona, sul corpo.

indótto *part. pass. di* **indurre**; *anche agg.* ***1*** spinto, sospinto, persuaso, convinto, invitato, incitato, istigato, invogliato, tentato, stimolato, portato, condotto, costretto **CONTR.** dissuaso, distolto, sconsigliato ***2*** (*di ragionamento, di causa, ecc.*) dipendente, derivante, derivato, ricavato.

indottrinàre *v. tr.* addottrinare, istruire, ammaestrare □ evangelizzare, catechizzare □ imbeccare.

indottrinàto *part. pass. di* **indottrinare**; *anche agg.* addottrinato, istruito, ammaestrato □ catechizzato, imbevuto □ imbeccato.

indovinàre *v. tr.* ***1*** (*di futuro*) presentire, prevedere, pronosticare, predire, presagire, intuire, divinare (*lett.*), antivedere (*lett.*), profetare, profetizzare, vaticinare, cabalare □ (*di intenzioni, di pericolo, di imbrogli, ecc.*) accorgersi, captare, cogliere, decifrare, interpretare, intravedere □ odorare, subodorare, annusare, fiutare ***2*** (*di desiderio, di gusto, ecc.*) azzeccare, colpire nel segno, imbroccare, centrare **CONTR.** sbagliare, fallire.

indovinàto *part. pass. di* **indovinare**; *anche agg.* ***1*** (*di futuro*) presentito, previsto, pronosticato, presagito, intuito, profetato, vaticinato ***2*** (*di spettacolo, di scelta, di idea, ecc.*) azzeccato, imbroccato, ben riuscito, centrato, felice, brillante **CONTR.** sbagliato, fallito.

indovinèllo *s. m.* ***1*** quesito enigmistico, gioco di parole, rompicapo, quiz (*ingl.*), rebus (*lat.*) ***2*** (*est.*) discorso oscuro, enigma, mistero.

indovìno *s. m.* divinatore, chiaroveggente, mago, stregone, negromante, profeta, vate (*lett.*), vaticinatore, veggente, cabalista, augure, aruspice, auspice, astrologo □ cartomante, chiromante □ sibilla, pitonessa.

indubbiaménte *avv.* certamente, sicuramente, chiaramente, indiscutibilmente, innegabilmente, evidentemente, indubitabilmente **CONTR.** forse □ per nulla, affatto (*in frase negativa*).

indùbbio *agg.* (*di verità e sim.*) certo, chiaro, evidente, palese, accertato, apodittico, categorico, conclamato, incontestato, palpabile, visibile □ (*di valore, di onestà, ecc.*) indiscusso, indubitabile, innegabile, sicuro, indiscutibile **CONTR.** dubbio, incerto, eventuale, ipotetico □ ambiguo, problematico, discutibile, equivoco.

indubitàbile *agg.* certo, sicuro, innegabile, indiscusso, chiaro, inequivocabile, indubbio, indubitato, sacrosanto **CONTR.** dubbio, incerto, dubitabile, ambiguo, discutibile.

indubitabilménte *avv.* indubbiamente, certo, certamente, sicuramente, innegabilmente, chiaramente **CONTR.** per nulla, affatto (*in frase negativa*).

indugiàre ***A*** *v. tr.* (*raro*) differire, ritardare, dilazionare, prorogare, procrastinare, rinviare **CONTR.** affrettare, sollecitare, stimolare, accelerare ***B*** *v. intr.* tardare, esitare, tentennare, temporeggiare, tergiversare, traccheggiare, attendere, soprassedere, aspettare, trimpellare (*tosc.*) □ fermarsi, arrestarsi, bloccarsi, sostare, trattenersi, attardarsi, intrattenersi, rimanere □ dilungarsi, diffondersi, prolungarsi, soffermarsi **CONTR.** decidere, agire prontamente, affrettarsi, sbrigarsi, accelerare, far presto □ proseguire ***C*** **indugiarsi** *v. intr. pron.* trattenersi, soffermarsi □ dilungarsi **CONTR.** andare, muoversi.

indùgio *s. m.* ritardo, lunghezza (*ant.*), rallentamento, lungaggine, lentezza, sospensione □ sosta, arresto, attesa, mora (*lett.*), pausa, intervallo, dilazione, proroga □ esitazione, incertezza, remora, temporeggiamento, tergiversazione, tentennamento, traccheggio, tiremmolla **CONTR.** urgenza, fretta, premura, celerità, rapidità, velocità □ sollecitudine, prontezza, tempismo **FRAS.** *senza indugio*, subito, immediatamente, immantinente (*lett.*), incontanente (*lett.*).

indulgènte *part. pres. di* **indulgere**; *anche agg.* clemente, longanime (*lett.*), benevolo, benigno, bonario, dolce, materno, comprensivo, condiscendente, accondiscendente, generoso, misericordioso, caritatevole, compassionevole, pietoso, mite, paziente, umano, benevolente (*lett.*), compiacente, permissivo, transigente, tollerante **CONTR.** implacabile, insofferente, intollerante, duro, esigente, inflessibile, rigido, severo, spietato, accanito, disumano, ferreo, fiscale. *V. anche* GENEROSO

indulgentemènte *avv.* benevolmente, benignamente, bonariamente, misericordiosamente, caritatevolmente, generosamente, mitemente, clementemente, compassionevolmente, pietosamente, pazientemente, umanamente, permissivamente **CONTR.** implacabilmente, duramente, severamente, spietatamente, aspramente, risentitamente, inflessibilmente, rigidamente, fiscalmente.

indulgènza *s. f.* clemenza, longanimità (*lett.*), benevolenza, benignità, bonarietà, bontà, comprensione, condiscendenza, larghezza, generosità, dolcezza, tenerezza, mitezza, pazienza, sopportazione, tolleranza, transigenza, umanità, carità, compassione, pietà, compatimento □ perdono, venia (*lett.*), grazia **CONTR.** implacabilità, durezza, spietatezza, inclemenza, crudeltà, disumanità, insofferenza, intolleranza □ severità, inflessibilità, rigore, rigorosità, fiscalismo. *V. anche* PERDONO

induménto *s. m.* capo di vestiario, vestito, veste, abito, vestimento, costume □ (*al pl.*) abbigliamento, equipaggiamento, roba (*est.*), confezioni.

indurimento *s. m.* ***1*** assodamento, rassodamento, cementazione, crosta, solidificazione □ (*di metalli*) tempra □ (*med.*) incallimento, callosità, nodosità, nodulo, sclerosi **CONTR.** ammollimento, ammorbidimento, rilassamento, intenerimento □ fusione ***2*** (*fig.*) ostinazione, cocciutaggine, pervicacia **CONTR.** arrendevolezza, docilità, elasticità, condiscendenza.

indurire ***A*** *v. tr.* ***1*** rendere duro, assodare, rassodare, consolidare, solidificare, pietrificare, irrigidire **CONTR.** ammollare, ammorbidire, intenerire, rilassare □ fluidificare, fondere, squagliare, stemperare □ spappolare ***2*** (*est.*) (*a fatiche, a disagi, ecc.*) assuefare, abituare, fortificare, irrobustire, temprare (*fig.*) **CONTR.** disabituare, indebolire, infiacchire, rammollire ***3*** (*fig.*) (*di persona*) rendere insensibile, rendere indifferente, incallire, impietrire **CONTR.** commuovere, sensibilizzare ***B*** *v. intr.* e **indurirsi** *intr. pron.* ***1*** diventare duro, rassodarsi, assodarsi, solidificarsi, consolidarsi, pietrificarsi, raffermarsi (*tosc.*) □ (*di frutto*) incatorzolire □ (*di pelle*) incartapecorirsi **CONTR.** fluidificarsi, squagliarsi, sciogliersi □ ammorbidirsi, intenerirsi, rilassarsi, afflosciarsi □ spappolarsi ***2*** (*fig.*) (*di persona*) ostinarsi □ diventare insensibile, irrigidirsi, irruvidirsi **CONTR.** cedere, piegarsi □ commuoversi, raddolcirsi.

indurìto *part. pass. di* **indurire**; *anche agg.* ***1*** duro, assodato, rassodato, consolidato, compatto, irrigidito, pietrificato, calloso, raffermo □ (*di frutto*) incatorzolito **CONTR.** tenero, molle, ammorbidito, intenerito □ fuso, sciolto, stemperato ***2*** (*fig.*) (*di persona*) insensibile □ crudele, spietato □ esasperato, incattivito □ impenitente, incallito, inveterato **CONTR.** sensibile, mansueto, mite. *V. anche* CRUDELE

indùrre ***A*** *v. tr.* persuadere, convincere, muovere, disporre, suggestionare, incitare, invogliare, esortare, invitare, sollecitare, spingere, sospingere, spronare, determinare, costringere, provocare, sfidare, istigare, trascinare, piegare □ (*a fare, a pensare*) portare, trarre, condurre **CONTR.** dissuadere, distogliere, sconsigliare, allontanare, stornare, trattenere ***B*** **indursi** *v. intr. pron.* risolversi, decidersi, persuadersi, determinarsi, condursi (*lett.*). *V. anche* COSTRINGERE, ISTIGARE, SPINGERE

indùstria *s. f.* ***1*** attività industriale, azienda, manifattura, fabbrica, opificio, stabilimento □ produzione, lavorazione, organizzazione ***2*** (*lett.*) operosità, ingegnosità, attività, impegno, intraprendenza, applicazione, assiduità, zelo, diligenza, solerzia, lavoro **CONTR.** indolenza, inattività, neghittosità, negligenza, ozio, pigrizia, svogliatezza. *V. anche* INTRAPRENDENZA, ZELO

industriàle ***A*** *agg.* dell'industria □ imprenditoriale **CFR.** agricolo, commerciale, artigianale, impiegatizio, terziario ***B*** *s. m.* imprenditore, capitalista, impresario □ fabbricante, produttore **CFR.** agricoltore, commerciante, artigiano, impiegato **FRAS.** *costo industriale*, costo di produzione.

industriàrsi *v. intr. pron.* adoperarsi, ingegnarsi, arrabattarsi, darsi da fare, darsi d'attorno, aiutarsi, sforzarsi, studiarsi, trafficare **CONTR.** poltrire, oziare, bighellonare, stare in panciolle, stare con le mani in mano, sonnecchiare.

industriosaménte *avv.* ingegnosamente, attivamente, operosamente **CONTR.** neghittosamente, indolentemente, pigramente.

industrióso *agg.* laborioso, ingegnoso, intraprendente, attivo, operoso, lavoratore, diligente, indaffarato, alacre, solerte, industre (*lett.*) **CONTR.** indolente, incapace, inetto, apatico, ignavo, pigro, poltrone, svogliato.

induttìvo *agg.* (*filos.*) fondato sull'induzione, epagogico, regressivo, a posteriori □ sperimentale, pratico **CONTR.** deduttivo, illativo, a priori, aprioristico □ teorico **FRAS.** *procedimento induttivo*, epagoge.

induzióne *s. f.* **1** (*filos.*) **CONTR.** deduzione, illazione **2** (*raro*) argomentazione, congettura, supposizione, ipotesi, estrapolazione. *V. anche* ARGOMENTAZIONE

inebetire A *v. tr.* rendere ebete, istupidire □ stordire, intontire **B** *v. intr.* e **inebetirsi** *intr. pron.* diventare ebete, istupidire □ intontirsi.

inebetito *part. pass. di* **inebetire**; *anche agg.* istupidito, incretinito, rimbambito, rimbecillito, allocchito □ intontito, stordito **CONTR.** perspicace, pronto, sveglio, vivace, vispo.

inebriànte *part. pres. di* **inebriare**; *anche agg.* **1** (*raro*) bacchico, esilarante **2** (*fig.*) eccitante, esaltante, entusiasmante, stupendo, voluttuoso **CONTR.** deprimente.

inebriàre A *v. tr.* **1** procurare ebrezza, ubriacare, sborniare (*pop.*) **2** (*fig.*) eccitare, estasiare, esaltare, entusiasmare, rapire, rallegrare, scaldare **CONTR.** rattristare, deprimere, avvilire **B inebriarsi** *v. intr. pron.* **1** ubriacarsi, bere **2** (*fig.*) eccitarsi, esaltarsi, entusiasmarsi, estasiarsi **CONTR.** rattristarsi, deprimersi, avvilirsi.

ineccepìbile *agg.* (*di condotta, di ragionamento, ecc.*) irreprensibile, inattaccabile, incensurabile, irrefutabile, regolare, legale, inappellabile, esatto □ (*di persona*) dabbene, probo, retto, intemerato **CONTR.** eccepibile, biasimabile, biasimevole, censurabile, irregolare, illegale □ disonesto, improbo.

ineccepibilità *s. f.* irreprensibilità, inattaccabilità, regolarità, legalità **CONTR.** eccepibilità, attaccabilità, irregolarità, illegalità.

ineccepibilménte *avv.* irreprensibilmente, rettamente □ regolarmente, legalmente, esattamente **CONTR.** eccepibilmente, irregolarmente, illegalmente.

inèdia *s. f.* lungo digiuno, inanizione, esaurimento, languore, fame □ anoressia **CONTR.** sazietà, saturazione, pienezza.

inèdito A *agg.* **1** non pubblicato **CONTR.** edito, pubblicato **2** (*fig.*) sconosciuto, ignorato, nuovo, originale, esclusivo, unico **CONTR.** noto, conosciuto, risaputo **B** *s. m.* scritto non pubblicato **CONTR.** pubblicazione, libro.

ineffàbile *agg.* indicibile, indescrivibile, inenarrabile, inesprimibile, indefinibile, intraducibile (*est.*) □ (*est.*) eccezionale, straordinario, celestiale □ (*iron., spreg.*) incomparabile, impareggiabile **CONTR.** dicibile, definibile, descrivibile, esprimibile, narrabile □ piccolo, insignificante.

inefficàce *agg.* inutile, sterile, vano, inidoneo, inadatto, inane (*lett.*), inefficiente, cattivo, infruttuoso □ (*di stile, ecc.*) inespressivo, scialbo, fiacco **CONTR.** efficace, efficiente, utile, fruttuoso, indicato, infallibile, opportuno □ probante, persuasivo, conclusivo □ espressivo, potente, robusto, vigoroso.

inefficàcia *s. f.* inutilità, sterilità, vanità, caducità, inanità, inefficienza □ (*dir.*) nullità □ (*di stile*) fiacchezza **CONTR.** efficacia, efficienza, utilità □ validità □ espressività.

inefficiènte *agg.* (*di impiegato, ecc.*) incapace, scarso, lento □ (*di organismo, di impianto*) inefficace, cattivo, scadente, difettoso □ inservibile **CONTR.** efficiente, capace, abile, attivo, bravo, efficientista □ efficace, funzionale. *V. anche* SCARSO

inefficiènza *s. f.* inefficacia, incapacità, lentezza □ inutilità, mediocrità **CONTR.** efficienza, capacità, bravura, abilità □ efficacità, funzionalità.

ineguagliàbile *agg.* impareggiabile, inarrivabile, incomparabile, inimitabile **CONTR.** pareggiabile.

ineguaglianza *s. f.* disuguaglianza, disparità, inegualità **CONTR.** uguaglianza, parità, somiglianza.

ineguàle *agg.* **1** diseguale, disuguale, differente, dissimile, diverso, dissomigliante, impari **CONTR.** uguale, identico, preciso **2** (*di superficie*) difforme, scabro, accidentato **CONTR.** uniforme, liscio **3** (*di moto, di andatura, ecc.*) irregolare, discontinuo, incostante, variabile, variato **CONTR.** regolare, continuo, costante.

inegualménte *avv.* **1** disugualmente, differentemente, diversamente **CONTR.** ugualmente **2** difformemente, irregolarmente, variabilmente **CONTR.** uniformemente, regolarmente, costantemente.

inelegànte *agg.* malvestito, scamiciato □ (*est.*) grossolano, rozzo, goffo, volgare □ (*di stile, ecc.*) piatto **CONTR.** elegante, fine, raffinato, sciccoso □ (*di stile, ecc.*) fiorito, elaborato.

inelegànza *s. f.* rozzezza, goffaggine, volgarità, sgraziataggine **CONTR.** eleganza, finezza, raffinatezza, charme (*fr.*), garbo, proprietà, ricercatezza.

ineluttàbile *agg.* inevitabile, irreparabile, irrimediabile, fatale, certo, fatidico, imperioso, inesorabile **CONTR.** evitabile, rimediabile, riparabile.

ineluttabilità *s. f.* inevitabilità, irreparabilità, irrimediabilità, fatalità, inesorabilità, necessità **CONTR.** riparabilità, evitabilità.

ineluttabilménte *avv.* inevitabilmente, irreparabilmente, fatalmente, irrimediabilmente, inesorabilmente.

inenarràbile *agg.* indescrivibile, indicibile, terribile □ ineffabile, inesprimibile, irriferibile, inconcepibile, indefinibile, irraccontabile, impronunciabile **CONTR.** narrabile, concepibile, riferibile, descrivibile, raccontabile □ comune, ordinario, modesto.

inequivocàbile *agg.* inconfondibile, chiaro, netto, evidente, certo, esplicito, indubitabile, preciso, lampante **CONTR.** equivocabile, incerto, oscuro, equivoco.

inequivocabilménte *avv.* inconfondibilmente, tipicamente, chiaramente, nettamente, manifestamente, esplicitamente.

inerènte *agg.* appartenente, immanente, proprio, connesso, congiunto, intrinseco, inseparabile □ riguardante, pertinente, relativo, attinente **CONTR.** staccato, separato, estraneo, estrinseco.

inerènza *s. f.* appartenenza, connessione, unione □ relazione, attinenza **CONTR.** separazione, distinzione □ estraneità.

inèrme *agg.* (*anche fig.*) senza armi, disarmato, indifeso, sprovveduto, nudo **CONTR.** armato, armigero (*lett.*), difeso.

inerpicàrsi *v. intr. pron.* arrampicarsi, salire, aggrapparsi, risalire, scalare **CONTR.** scendere, calarsi.

inèrte *agg.* **1** inattivo, inoperoso, indolente, infingardo, ozioso, pigro, poltrone, scioperato, passivo, abulico, accidioso, apatico, ignavo, letargico (*raro, fig.*), insensibile, quiescente, svogliato, torpente (*lett.*) **CONTR.** alacre, attivo, indaffarato, laborioso, operoso, solerte, zelante, dinamico, intraprendente, pimpante, vivace, vivo **2** immobile, morto (*est.*), rigido, immoto (*lett.*) □ (*di arto*) cionco (*fam.*) **CONTR.** mobile.

inèrzia *s. f.* **1** inattività, inazione, inoperosità, letargo, ozio, quiescenza □ indolenza, infingardaggine, ignavia, oziosità, pigrizia, poltroneria, abulia, accidia, passività, poltronaggine, quietismo, rilassatezza, sonnolenza, svogliatezza **CONTR.** alacrità, attività, infaticabilità, laboriosità, operosità, solerzia, zelo, dinamismo, iniziativa, intraprendenza, sollecitudine, vitalità **2** immobilità, rigidità □ (*econ.*) stasi, ristagno □ (*fis.*) quiete **CONTR.** mobilità. *V. anche* PIGRIZIA

inesattaménte *avv.* impropriamente, imprecisamente, erroneamente **CONTR.** esattamente, propriamente, precisamente, fedelmente.

inesattézza *s. f.* **1** imprecisione, erroneità, scorrettezza **CONTR.** esattezza, fedeltà, precisione, rigore **2** (*est.*) errore, sbaglio, improprietà, sgarro.

inesàtto *agg.* impreciso, approssimato, infedele, approssimativo, distorto □ falso, erroneo, sbagliato, errato, scorretto **CONTR.** esatto, preciso, fedele □ giusto, vero.

inesauribile *agg.* copiosissimo, ricchissimo, infinito, inesausto (*lett.*), perenne, inestinguibile **CONTR.** esauribile, poco, scarso, modesto, finito.

inesauribilità *s. f.* infinità, perennità, illimitatezza, grande abbondanza **CONTR.** esauribilità, limitatezza, scarsezza.

ineseguìbile *agg.* inadempibile, impossibile, inattuabile **CONTR.** eseguibile, effettuabile.

inesistènte *agg.* assente, insussistente, nullo □ illusorio, infondato, immaginario, fantastico, fittizio **CONTR.** presente, esistente, reale, evidente, concreto, certo, effettivo, sussistente. *V. anche* IMMAGINARIO

inesistènza *s. f.* assenza, insussistenza, nulla □ illusorietà, infondatezza **CONTR.** presenza, esistenza, realtà, evidenza, concretezza, certezza, fondatezza, sussistenza.

inesoràbile *agg.* **1** implacabile, severo, rigido, inflessibile □ crudele, coriaceo, duro, inclemente, spietato, inumano, terribile, vendicativo **CONTR.** clemente, compiacente, condiscendente □ mite, pietoso, misericordioso **2** (*di fato, di morte e sim.*) inevitabile, ineluttabile, fatale, indeprecabile **CONTR.** evitabile, riparabile. *V. anche* CRUDELE, SEVERO

inesorabilità *s. f.* **1** implacabilità, inflessibilità, rigidezza, rigore, rigidità, severità □ crudeltà, spietatezza, durezza, inclemenza, inumanità **CONTR.** clemenza, mitezza, mansuetudine □ pietà, compassione, misericordia **2** (*del fato, della morte e sim.*) inevitabilità, ineluttabilità, fatalità **CONTR.** evitabilità, riparabilità.

inesorabilménte *avv.* **1** implacabilmente, inflessibilmente, severamente □ crudelmente, spietatamente, inumanamente **CONTR.** dolcemente, mitemente, mansuetamente □ pietosamente, misericordiosamente **2** ineluttabilmente, inevitabilmente.

inesperiènza *s. f.* **1** imperizia, inabilità, impreparazione, incompetenza **CONTR.** esperienza, abilità, pratica, bravura, dimestichezza, maestria, tecnica, sapienza, competenza, valore **2** (*est.*) candore, ingenuità, innocenza, semplicità, immaturità **CONTR.** malizia, accortezza, scaltrezza.

inespertaménte *avv.* **1** senza esperienza, imperitamente (*raro*) **CONTR.** espertamente, abilmente □ dottamente **2** (*est.*) candidamente, ingenuamente, innocentemente **CONTR.** maliziosamente, scaltramente.

inespèrto *agg.* **1** privo di esperienza, imperito, ignaro, novellino, novizio, principiante, dilettante, impreparato, incompetente, profano, sprovveduto □ dappoco, ignorante, inabile, incapace, inetto, maldestro, rozzo **CONTR.** esperto, abile, pratico, provetto, agguerrito, capace, competente, ferrato, veterano **2** (*est.*) candido, ingenuo, innocente, semplice, bambinesco, imberbe, immaturo **CONTR.** scaltrito, smaliziato, navigato, scaltro, consumato. *V. anche* ROZZO

inesplicàbile *agg.* incomprensibile, inspiegabile, enigmatico, imbrogliato, impenetrabile, intricato, difficile, oscuro, indecifrabile, insolubile, misterioso **CONTR.** chiaro, comprensibile, spiegabile, evidente, intelligibile, lampante, manifesto, palese, perspicuo.

inesploràbile *agg.* impenetrabile, impervio □ (*fig.*) insondabile **CONTR.** esplorabile, penetrabile.

inesploràto *agg.* non esplorato, ignorato, incognito, sconosciuto **CONTR.** esplorato, noto, conosciuto.

inespressìvo *agg.* (*di volto, di stile, ecc.*) insignificante, scialbo, fiacco, inefficace, atono, opaco, piatto, slavato, smorto □ (*di sguardo*) vitreo **CONTR.** espressivo, significativo, eloquente □ (*di stile*) vivace, efficace, pittoresco, robusto, sugoso, colorito □ penetrante.

inesprèsso *agg.* non espresso, non manifesto, nascosto, latente, muto, tacito, sottinteso **CONTR.** espresso, manifesto, chiaro, aperto, esplicito.

inesprimìbile *agg.* indicibile, ineffabile, indefinibile, inenarrabile **CONTR.** esprimibile, definibile, descrivibile, rappresentabile.

inespugnàbile *agg.* imprendibile, inconquistabile, invincibile, inattaccabile, inviolabile □ (*fig.*) incorruttibile, inflessibile **CONTR.** espugnabile, prendibile, vincibile, attaccabile, conquistabile.

inestimàbile *agg.* inapprezzabile, incalcolabile, incomparabile, impagabile □ (*est.*) preziosissimo, meraviglioso **CONTR.** apprezzabile, calcolabile, misurabile, valutabile, quantificabile, quantizzabile □ modesto, da poco, da nulla, insignificante.

inestimabilménte *avv.* incomparabilmente, incalcolabilmente, meravigliosamente **CONTR.** per nulla, affatto (*in frase negativa*).

inestinguìbile *agg.* inesauribile □ (*fig.*) sempre vivo, perenne, perpetuo, eterno, infinito, continuo, incancellabile **CONTR.** esauribile, estinguibile □ (*fig.*) caduco, effimero, perituro, temporaneo. *V. anche* PERPETUO

inestricàbile *agg.* imbrogliatissimo, intricatissimo □ (*fig.*) insolubile, irresolubile, insuperabile **CONTR.**

solubile, superabile.

inettitùdine *s. f.* imperizia, inabilità, inidoneità, inadeguatezza, goffaggine □ dappocaggine, incapacità, nullaggine, mediocrità, ignavia **CONTR.** attitudine, capacità, abilità, perizia.

inètto *agg.; anche s. m.* inidoneo, inabile, negato, schiappa, scalzacane, guastamestieri □ incapace, inconcludente, imperito, maldestro, goffo, inesperto, mediocre, cattivo, dappoco □ deficiente, disutile, marmotta, papero, macaco, nullità **CONTR.** abile, capace, versato, atto, idoneo, destro, esperto, perito, valente, provetto, scelto, specializzato, sperimentato, valido □ personalità, maestro, mago.

inevitàbile *agg.* immancabile, indeclinabile (*raro*), irreparabile (*raro*), irrimediabile, necessario, inderogabile, indispensabile, obbligatorio, imprescindibile □ ineluttabile, fatale, prestabilito, indeprecabile, inesorabile, predestinato **CONTR.** evitabile, eludibile □ deprecabile, scongiurabile.

inevitabilità *s. f.* irreparabilità, irrimediabilità, necessità □ fatalità, inesorabilità, predestinazione, ineluttabilità **CONTR.** evitabilità, eludibilità □ contingenza.

inevitabilménte *avv.* irreparabilmente, irrimediabilmente, certamente, necessariamente, immancabilmente, indispensabilmente, infallibilmente, obbligatoriamente □ inesorabilmente, ineluttabilmente, fatalmente **CONTR.** per nulla, affatto (*in frase negativa*).

in extremis /*lat.* in eks'trɛmis/ [loc. lat., letteralmente 'negli (*in*) ultimi (*extrēmis*), sott. momenti della vita'] *loc. avv.* **1** negli estremi momenti, in fin di vita, sul punto di morte **2** all'ultimo momento, alla fine, appena in tempo, per un pelo **CONTR.** subito, all'inizio.

inèzia *s. f.* bagattella, bazzecola, quisquilia, nonnulla, nulla, sciocchezza, piccolezza, coserella, miseria, frivolezza, fesseria, futilità, minuzia, niente, ridicolaggine, scemenza, stupidaggine, carabattola (*fig.*), gingillo (*fig.*) **CONTR.** cosa importante, cosa rilevante.

infagottàre ***A*** *v. tr.* (*raro*) avvolgere, involtare, rinvolgere, impacchettare □ affagottare, imbacuccare, insaccare, vestire **CONTR.** svolgere, disinvolgere, aprire □ scoprire ***B*** **infagottarsi** *v. rifl.* imbacuccarsi, avvolgersi, affagottarsi, insaccarsi □ vestirsi sgraziatamente **CONTR.** scoprirsi. *V. anche* AVVOLGERE

infallìbile *agg.* **1** non soggetto a sbagliare □ attendibile **CONTR.** fallibile **2** (*est.*) sicuro, certo, efficace, impeccabile **CONTR.** incerto, inefficace.

infallibilità *s. f.* **1** impossibilità di sbagliare **CONTR.** fallibilità **2** (*est.*) sicurezza, certezza, impeccabilità **CONTR.** insicurezza, incertezza.

infallibilménte *avv.* certamente, sicuramente, inevitabilmente, impeccabilmente **CONTR.** incertamente.

infamànte *part. pres. di* **infamare**; *anche agg.* disonorevole, ignominioso, infamatorio, diffamante, diffamatorio, turpe, disonorante **CONTR.** dignitoso, onorevole, onorifico, degno, meritevole.

infamàre ***A*** *v. tr.* calunniare, diffamare, disonorare, infangare, screditare, bollare, denigrare, vituperare (*lett.*) □ (*spec. di onore, di nome*) insudiciare, macchiare, profanare **CONTR.** elogiare, esaltare, lodare, onorare, rispettare, riverire, stimare, celebrare ***B*** **infamarsi** *v. intr. pron.* coprirsi di infamia, disonorarsi, screditarsi **CONTR.** farsi onore, distinguersi.

infamàto *part. pass. di* **infamare**; *anche agg.* calunniato, offeso, denigrato, diffamato, disonorato, screditato, bollato □ infangato, macchiato, profanato **CONTR.** elogiato, lodato, esaltato, onorato, celebrato.

infàme ***A*** *agg.* **1** nefando, disonorevole, ignobile, ignominioso, obbrobrioso, odioso, scandaloso, vituperevole (*lett.*), turpe, iniquo, innominabile, vituperabile, rio (*poet.*) □ (*spec. di persona*) pravo (*lett.*), tristo, malvagio, vile, scellerato, reo (*lett.*) **CONTR.** buono, onorevole, lodevole, decoroso, meritevole, meritorio, dignitoso, nobile, glorioso, onorato **2** (*scherz.*) pessimo, orribile ***B*** *s. m. e f.* (*gerg.*) traditore, spia.

infàmia *s. f.* infamità, disonore, onta, vergogna, ignominia, obbrobrio, abominio, lordura, indegnità, disdoro (*lett.*) □ nefandezza, scelleratezza, turpitudine, carognata, sfregio (*fig.*), malefatta, ribalderia, scellerataggine **CONTR.** gloria, lustro, onorabilità, buona fama, buon nome, credibilità, onore, stima □ bontà, virtù.

INFAMIA
sinonimia strutturata

Si dice **infamia** il pubblico biasimo per qualcosa che rende spregevoli: *macchiarsi d'infamia*; *dare infamia a qualcuno*; il *marchio d'infamia* è, in senso figurato, il segno del pubblico disprezzo; in relazione a qualcosa o a qualcuno insignificante e privo di originalità al punto da non consentire un giudizio si usa l'espressione *senza infamia e senza lode*; caratteristica di chi o di ciò che è infame è l'**infamità**. Sinonimi di infamia sono **obbrobrio** e **ignominia**: *conoscere l'obbrobrio del tradimento*; *essere l'obbrobrio della famiglia*; *cadere nell'ignominia*. Vicini ai precedenti, ma lievemente più sfumati sono **disonore**, **onta**, **vergogna** e **disdoro**, termine quest'ultimo di uso prevalentemente letterario: *ha gettato il disonore sulla famiglia*; *un'onta incancellabile*; *coprirsi di vergogna*; *quelle parole furono pronunciate a suo disdoro*. **Scorno** si differenzia perché corrisponde ad una vergogna che non è frutto di una condotta riprovevole, ma che coincide invece con una profonda umiliazione, cui spesso si aggiungono beffe e ridicolo, conseguente a una sconfitta o a un insuccesso: *avere scorno*; *a grave scorno di qualcuno*. A sé stante è il termine **sfregio**, che in senso figurato corrisponde ad una grave, disonorante offesa: *fare, ricevere, sopportare uno sfregio*; più forte e raramente adoperato in questa accezione è **vilipendio**, che consiste in un disprezzo pesante ed offensivo.

Infamia può designare anche un'azione o una cosa infame o che rende infami; infamità, disonore, ignominia risultano sinonimi di infamia anche in questa accezione: *commettere un'infamità*; *è un disonore fuggire così*. Una cosa degna di disprezzo si dice anche **abominio**: *la guerra civile è un abomi-*

nio; **iniquità** sottolinea particolarmente l'ingiustizia di ciò che indica: *dire, commettere un'iniquità*. Ai precedenti si sovrappongono semanticamente **nefandezza**, **scelleratezza**, **scellerataggine**, **turpitudine**, **indegnità** e **ribalderia**, quest'ultimo leggermente più debole e non comunissimo, che designano un'azione empia ed ignobile, cioè un misfatto: *macchiarsi delle peggiori nefandezze*; *compiere una scellerataggine*; *dire turpitudini*; *è stata un'indegnità trattarlo in quel modo*; *sta scontando le sue ribalderie*. Un sinonimo di uso familiare è **carognata**, che si adopera in riferimento ad un'azione perfida e vile di solito diretta verso una persona specifica: *fare una carognata a qualcuno*. Rispetto ai vocaboli precedenti, **lordura** si caratterizza perché si avvicina particolarmente all'idea di sporcizia morale: *un quartiere pieno di lordure*; il carattere di errore o danno, specialmente morale, dell'azione è enfatizzato dal termine **malefatta**, usato in senso figurato e soprattutto al plurale: *sta sempre a noi riparare le sue malefatte*.

Infine, vi è anche un uso iperbolico e scherzoso del termine, in cui infamia, come ignominia in senso figurato, obbrobrio e raramente iniquità, indica un lavoro mal fatto o una cosa bruttissima o pessima: *questo compito è un'infamia*; *quella statua è una vera ignominia*; *che obbrobrio il suo ultimo film!*; *quella commedia è un'iniquità*.

infangàre ***A*** *v. tr.* ***1*** sporcare di fango, inzaccherare, impillaccherare (*tosc.*), immelmare **CONTR.** sfangare (*raro*), spazzolare ***2*** (*fig.*) (*di persona*) disonorare, vituperare (*lett.*), infamare, calunniare, screditare **CONTR.** elogiare, esaltare, lodare, onorare, rispettare, riverire, stimare ***B*** **infangarsi** *v. rifl.* ***1*** inzaccherarsi, impillaccherarsi (*tosc.*), immelmarsi, sporcarsi **CONTR.** sfangarsi (*raro*), spazzolarsi ***2*** (*fig.*) disonorarsi, infamarsi, screditarsi.

infangàto *part. pass. di* **infangare**; *anche agg.* ***1*** inzaccherato, zaccheroso ***2*** (*fig.*) calunniato, screditato, disonorato, infamato **CONTR.** onorato, elogiato, esaltato, lodato.

infànte *s. m.* e *f.* bambinetto, pargolo, pargoletto, bambino, lattante **CFR.** adolescente, giovane, adulto, anziano, vecchio.

infantìle *agg.* ***1*** puerile, bambinesco, fanciullesco **CFR.** adolescenziale, giovanile, virile, senile ***2*** (*fig.*) (*di comportamento, di discorso, ecc.*) puerile, immaturo, ingenuo, semplice, primitivo **CONTR.** maturo, serio.

infantilìsmo *s. m.* immaturità, puerilità **CONTR.** maturità.

infànzia *s. f.* ***1*** prima età, puerizia **CFR.** adolescenza, gioventù, maturità, vecchiaia, senilità ***2*** (*in generale*) bambini ***3*** (*fig.*) (*di civiltà, di epoca, ecc.*) inizi, primordi, albori, culla, principio **CONTR.** fine.

infarcìre *v. tr.* ***1*** farcire, riempire, insaccare, rimpinzare **CONTR.** vuotare, svuotare ***2*** (*fig.*) (*di nozioni, di citazioni, ecc.*) riempire confusamente, imbottire, empire (*lett.*) **CONTR.** liberare, sgombrare.

infarcìto *part. pass. di* **infarcire**; *anche agg.* ***1*** farcito, riempito, pieno **CONTR.** vuoto ***2*** (*fig.*) (*di nozioni, di citazioni, ecc.*) imbottito, pieno **CONTR.** libero, sgombro.

infarinàre ***A*** *v. tr.* ***1*** cospargere di farina □ (*est.*) impolverare ***2*** (*est.*) (*di capelli, di neve, ecc.*) imbiancare ***3*** (*fig.*) (*di storia, di letteratura, ecc.*) dare una infarinatura ***B*** **infarinarsi** *v. rifl.* ***1*** sporcarsi di farina ***2*** (*scherz.*) incipriarsi.

infarinàto *part. pass. di* **infarinare**; *anche agg.* ***1*** cosparso di farina □ (*est.*) impolverato ***2*** (*di neve, di canizie, ecc.*) imbiancato, bianco ***3*** (*scherz.*) incipriato.

infarinatùra *s. f.* (*fig.*) (*di storia, di letteratura, ecc.*) conoscenza superficiale, conoscenza generica, spolveratura **CONTR.** conoscenza profonda, cultura.

infàrto *s. m.* (*med.*) lesione, necrosi, apoplessia □ (*per anton.*) colpo, accidente.

infastidìre ***A*** *v. tr.* annoiare, stufare, tediare, stancare □ recare fastidio, contrariare, imbarazzare, seccare, scocciare (*fam.*), rompere (*gerg.*), rugare (*pop.*), rompere le palle (*volg.*), asfissiare, assillare, assediare, crucciare, urtare, irritare, molestare, ossessionare, perseguitare, punzecchiare, stuzzicare, tormentare, torturare □ disturbare, importunare, incomodare, scomodare □ disgustare, nauseare, saziare, stuccare **CONTR.** allietare, dilettare, divertire, compiacere, rallegrare, deliziare □ interessare, attrarre, piacere ***B*** **infastidirsi** *v. intr. pron.* annoiarsi, stufarsi, tediarsi, stancarsi □ provare fastidio, seccarsi, scocciarsi (*fam.*), rompersi (*gerg.*), offendersi, stuccarsi, urtarsi **CONTR.** divertirsi, rallegrarsi, deliziarsi, dilettarsi. *V. anche* STANCARE

infastidìto *part. pass. di* **infastidire**; *anche agg.* annoiato, stufato, tediato, stufo, stanco □ importunato, assediato, assillato, molestato, punzecchiato, stuzzicato □ seccato, scocciato (*fam.*), rotto (*gerg.*), contrariato, nauseato, sazio, scoglionato **CONTR.** rallegrato, divertito, allietato.

infaticàbile *agg.* instancabile, indefesso, perseverante, alacre, insonne, resistente, tetragono **CONTR.** stancabile, debole □ affaticato, stanco.

infaticabilménte *avv.* instancabilmente, indefessamente, senza sosta, alacremente, strenuamente **CONTR.** fiaccamente, debolmente, stancamente.

infàtti *cong.* in realtà, invero, veramente, difatti **CONTR.** invece, al contrario, viceversa.

infatuàre ***A*** *v. tr.* entusiasmare, esaltare, infervorare, invasare **CONTR.** deprimere, demoralizzare, angosciare ***B*** **infatuarsi** *v. intr. pron.* infervorarsi, esaltarsi, invasarsi, entusiasmarsi, perdere la testa, impazzire **CONTR.** deprimersi, demoralizzarsi, disilludersi.

infatuàto *part. pass. di* **infatuare**; *anche agg.* esaltato, fanatico, infervorato, entusiasta, impazzito, invasato □ cotto (*fam.*) **CONTR.** depresso, demoralizzato, disilluso, deluso, indifferente, apatico.

infatuazióne *s. f.* entusiasmo, esaltazione, fanatismo, invasamento, ubriacatura □ cotta (*fam.*), simpatia, flirt (*ingl.*), passione **CONTR.** demoralizzazione, disillusione, delusione, indifferenza, apatia. *V. anche* ENTUSIASMO, FANATISMO

infàusto *agg.* ***1*** (*spec. di evento, di notizia, di previ-*

sione) nefasto, sfortunato, funesto, fatale, disgraziato, malaugurato, luttuoso, calamitoso (*lett.*), cattivo, ferale, sinistro, sventurato □ (*spec. di ricordo e sim.*) infelice, triste **CONTR.** fausto, fortunato, favorevole, felice, fasto, propizio, roseo ***2*** (*euf.*) (*di prognosi, di esito e sim.*) mortale.

infecondità *s. f.* sterilità, aridità, improduttività, infruttuosità **CONTR.** fecondità, fertilità, felicità, prolificità, ubertosità.

infecóndo *agg.* ***1*** (*di persona, di terreno, ecc.*) sterile, arido, improduttivo, brullo, povero, infruttifero, infruttuoso **CONTR.** fecondo, fertile, produttivo, ferace, prolifico, fruttifero, ubertoso ***2*** (*fig.*) (*di tentativo, di polemica, ecc.*) vano, inutile **CONTR.** utile, efficace, fruttuoso.

infedéle ***A*** *agg.*; *anche s. m.* infido, falso, malfido, perfido, sleale, spergiuro, traditore, rinnegato, fellone □ adultero, fedifrago (*scherz.*) □ (*relig.*) apostata, pagano **CONTR.** fedele, fido, fidato, leale, retto, onesto, costante □ (*relig.*) religioso, devoto, cristiano ***B*** *agg.* (*di traduzione, di copia, ecc.*) non conforme all'originale, inesatto **CONTR.** fedele, testuale.

infedelménte *avv.* falsamente, perfidamente, slealmente, infidamente **CONTR.** fedelmente, lealmente, onestamente.

infedeltà *s. f.* falsità, perfidia, slealtà, tradimento, fellonia, malafede □ adulterio □ (*di traduzione, di copia, ecc.*) inesattezza **CONTR.** fedeltà, lealtà, onestà, rettitudine, costanza □ esattezza.

infelìce ***A*** *agg.*; *anche s. m.* misero, sventurato, disgraziato, disperato, afflitto, triste, depresso, dolente, povero, immalinconito, lasso (*lett.*), malinconico □ sciagurato, sfortunato, tapino, tribolato, meschino, miserabile, miserando □ malcapitato **CONTR.** felice, fortunato, contento, beato, lieto, soddisfatto, giubilante, raggiante ***B*** *agg.* ***1*** (*di lavoro, di film, ecc.*) mal riuscito, malfatto, brutto □ (*di idee e sim.*) pessimo **CONTR.** ben fatto, bello, ottimo, brillante ***2*** (*di esito, di tempi, ecc.*) sfavorevole, contrario, negativo, gramo, inauspicato (*lett.*), doloroso **CONTR.** favorevole, positivo, fausto, auspicato, invidiabile, prospero ***3*** (*di amore*) sfortunato, non corrisposto **CONTR.** ricambiato ***4*** (*di domanda, di gesto*) inopportuno, intempestivo, indelicato, inadatto **CONTR.** opportuno.

infelicemènte *avv.* miseramente, tristemente, malinconicamente □ tapinamente, sciaguratamente, sventuratamente, sfortunatamente, disgraziatamente **CONTR.** felicemente, fortunatamente □ gaiamente, beatamente.

infelicità *s. f.* ***1*** miseria, sventura, disgrazia, sfortuna, guaio, calamità, tribolazione, avversità, sciagura □ tristezza, afflizione, malinconia, dolore, pena, angustia, angoscia, ansia, affanno **CONTR.** felicità, fortuna, contentezza, gioia, giubilo, letizia, soddisfazione, beatitudine, pace, paradiso ***2*** (*di una domanda, di un gesto, ecc.*) inopportunità, intempestività, sconvenienza **CONTR.** opportunità, tempestività, convenienza.

inferènza *s. f.* conclusione, deduzione □ illazione.

inferióre ***A*** *agg.* ***1*** più basso, infimo, sottostante, disotto **CONTR.** superiore, più alto, disopra, superficiale, sommo, supremo ***2*** (*fig.*) minore, da meno, secondo, secondario, dammeno □ deteriore, peggiore, scadente □ impari, dispari **CONTR.** maggiore, principale, primario □ dominante, preminente, eccellente □ preponderante, prevalente ***B*** *s. m.* e *f.* subalterno, subordinato, dipendente, soggetto, sottoposto **CONTR.** capo, superiore, dirigente, direttore, gerarca.

inferiorità *s. f.* dipendenza, soggezione, subordinazione **CONTR.** superiorità, supremazia, preminenza.

infermerìa *s. f.* astanteria.

infermità *s. f.* malattia, malanno, male, acciacco, invalidità □ (*fig., lett.*) debolezza **CONTR.** salute, sanità, robustezza, vigore. *V. anche* DEBOLEZZA, MALATTIA

inférmo ***A*** *agg.*; *anche s. m.* ammalato, malato, invalido, egro (*lett.*), sofferente **CONTR.** sano, robusto, vegeto ***B*** *agg.* (*fig., lett.*) debole, fiacco, malfermo □ imbelle **CONTR.** energico, vigoroso.

infernàle *agg.* ***1*** dell'inferno, acheronteo (*lett.*) □ (*anche fig.*) demoniaco, diabolico, maligno **CONTR.** celestiale, celeste, edenico, elisio, paradisiaco □ santo, angelico ***2*** (*fig., fam.*) (*di caldo, di rumore, ecc.*) grande, straordinario □ terribile, spaventoso **CONTR.** dolce, mite, soave.

infèrno *s. m.* ***1*** (*in diverse religioni*) ade, averno (*lett.*), erebo, geenna, tartaro, oltretomba, abisso (*est., lett.*), acheronte (*lett.*) ***2*** (*nel cristianesimo*) luogo di dannazione **CONTR.** paradiso, eden ***3*** (*fig.*) ambiente insopportabile □ persona insopportabile □ angoscia, calvario, via crucis (*lat., fig.*), strazio, tormento, spavento **CONTR.** piacere, gioia **FRAS.** *d'inferno* (*fig.*), terribile, maligno, diabolico, infernale, spaventoso, straordinario □ *va all'inferno!*, va alla malora! □ *mandare all'inferno* (*fig.*), mandare all'altro mondo; mandare alla malora.

INFERNO
sinonimia strutturata

In molte religioni antiche, il concetto espresso dalla parola **inferno** identifica un luogo sotterraneo nel quale sono relegati gli spiriti dei morti e dimorano gli dèi infernali. In quest'ambito semantico il termine ha diversi sinonimi di varia derivazione; il **tartaro** e l'**ade**, ad esempio, appartengono entrambi alla mitologia greco-romana; il primo termine può rappresentare l'abisso in cui furono precipitati i Titani e il luogo di tormento per i dannati, ed è adoperato per estensione come equivalente di inferno in contesti letterari; il secondo vocabolo invece designa la divinità che regnava sull'oltretomba, e in senso estensivo indica il regno dei morti; così **erebo** nella mitologia greca è il luogo sotterraneo ed oscuro dove dimorano i morti; appartiene invece alla Bibbia l'immagine del **geenna**, luogo di espiazione eterna a mezzo del fuoco. Si allontana **oltretomba**, che si riferisce all'aldilà senza connotarlo però come luogo di dolore e pena per i peccatori: *pensare all'oltretomba*.

Numerosi sono i sinonimi di inferno adoperati solo in contesti letterari: è il caso di **averno** e anche di **abisso**, che in senso proprio è un baratro sconfinato, e usato estensivamente coincide con il regno dei morti: *gli spiriti, le potenze dell'abisso*, ossia i demoni; ancor più raro il termine **acheronte**, che deriva dal nome di un fiume infernale della mitologia classica e che figuratamente corrisponde all'oltretomba.

Diversamente, nel cristianesimo il concetto di inferno consiste nel **luogo di dannazione** e di eterno dolore cui le anime dei non pentiti sono condannate, private della visione beatifica di Dio. Da ciò derivano alcune espressioni figurate. *Mandare qualcuno all'inferno* significa mandarlo alla malora: *va all'inferno!* Così inferno può essere usato figuratamente in riferimento a tutto ciò che procura dolori, che rende impossibile la vita: *questa casa è diventata un inferno*; *vivere con loro è un inferno*; tra le molte espressioni che comprendono questo termine, la locuzione *d'inferno* indica in senso figurato qualcosa di intollerabile, terribile. In questo senso il vocabolo corrisponde ad **angoscia** e **tormento**, che pure, iperbolicamente, indicano uno stato di difficoltà, una seccatura o una persona o cosa molesta: *questo film è un'angoscia*; *intrattenere quell'ospite noioso è stato un vero tormento*; *smettila di fare domande, sei un tormento!* Una sfumatura diversa caratterizza il termine **spavento**, che nell'uso estensivo e familiare si riferisce ad una persona o cosa molto brutta, malridotta o altro: *quella donna è uno spavento*; *ha uno spavento di casa.*

inferocìre **A** *v. tr.* (*anche fig.*) rendere feroce □ fare arrabbiare, fare imbestialire **CONTR.** ammansire, addolcire, calmare, pacificare, placare, rabbonire **B** *v. intr.* e **inferocirsi** *intr. pron.* **1** (*anche fig.*) diventare feroce □ arrabbiarsi, imbestialirsi **2** infierire, incrudelire, imperversare, accanirsi **CONTR.** rabbonirsi, impietosirsi, raddolcirsi, calmarsi, placarsi.

inferocìto *part. pass. di* **inferocire**; *anche agg.* (*anche fig.*) divenuto feroce, feroce, incrudelito □ irritatissimo, arrabbiatissimo, imbestialito, accanito **CONTR.** ammansito, calmato, placato, rabbonito, impietosito.

inferriàta *s. f.* grata, graticolato, griglia □ cancello, cancellata, recinzione.

infervoràre **A** *v. tr.* infiammare, eccitare, entusiasmare, appassionare, incitare, infatuare, accalorare, riscaldare, scaldare, elettrizzare **CONTR.** abbattere, deprimere, calmare, raffreddare, intiepidire **B** **infervorarsi** *v. intr. pron.* accendersi, accalorarsi, eccitarsi, entusiasmarsi, appassionarsi, elettrizzarsi, scaldarsi, incendiarsi, infiammarsi, infatuarsi, invasarsi **CONTR.** abbattersi, deprimersi, calmarsi, raffreddarsi, intiepidirsi.

infervoràto *part. pass. di* **infervorare**; *anche agg.* eccitato, entusiasmato, appassionato, elettrizzato, accalorato, acceso, infiammato, entusiasta, esaltato, infatuato, invasato **CONTR.** abbattuto, depresso, calmato, raffreddato, intiepidito.

infestàre *v. tr.* danneggiare, rovinare, devastare, depredare □ invadere, diffondersi □ contaminare, infettare, inquinare **CONTR.** disinfestare, salvare, difendere, sanare, risanare.

infestàto *part. pass. di* **infestare**; *anche agg.* danneggiato, rovinato, devastato □ invaso □ infetto, inquinato **CONTR.** disinfestato, salvato, difeso, sanato.

infettàre **A** *v. tr.* **1** rendere infetto, contagiare, intaccare, guastare, infestare, inquinare, ammorbare, appestare, intossicare, viziare **CONTR.** disinfettare, purificare, depurare, sterilizzare, sanare **2** (*fig.*) contaminare, corrompere, depravare, pervertire **CONTR.** purificare, sanare **B** **infettarsi** *v. intr. pron.* prendere un'infezione **CONTR.** disinfettarsi.

infettìvo *agg.* contagioso, epidemico.

infètto *agg.* **1** contagiato, intossicato, ammorbato, appestato, avvelenato, imputridito, infestato, inquinato, marcio, putrefatto, putrido, settico, bacillifero, impuro, putrescente **CONTR.** incorrotto, puro, sano, asettico, disinfettato, sterilizzato, sterile □ (*di latte*) indenne **2** (*fig.*) (*di ambiente, di persona, ecc.*) guasto, corrotto, contaminato, depravato, immorale, vizioso, disonesto **CONTR.** incontaminato, puro, onesto.

infezióne *s. f.* **1** ammorbamento, inquinamento, guasto, putrefazione □ suppurazione, setticemia, sepsi □ contagio, virosi **CONTR.** disinfezione, risanamento, asepsi, sterilizzazione **2** (*fig.*) corruzione, contaminazione, bacillo, immoralità, marcio, putredine, vizio **CONTR.** moralità, onestà, virtù. *V. anche* INQUINAMENTO

infiacchiménto *s. m.* indebolimento, debilitazione, debolezza, deperimento, prostrazione, stanchezza, snervamento, fiacchezza, mollezza, rammollimento, rilasciamento **CONTR.** irrobustimento, rafforzamento, rinvigorimento.

infiacchìre **A** *v. tr.* svigorire, indebolire, debilitare, fiaccare, estenuare, infrollire, prostrare, abbattere, spossare, stancare □ effeminare, rammollire **CONTR.** irrobustire, rafforzare, invigorire, rinvigorire □ temprare **B** *v. intr.* e **infiacchirsi** *intr. pron.* indebolirsi, estenuarsi, svigorirsi, stancarsi, infrollirsi, imbolsire □ snervarsi, abbattersi □ effeminarsi, rammollirsi **CONTR.** irrobustirsi, rafforzarsi, invigorirsi, rinvigorirsi □ temprarsi. *V. anche* STANCARE

infiacchìto *part. pass. di* **infiacchire**; *anche agg.* fiacco, indebolito, estenuato, spossato, svigorito, debilitato □ rammollito **CONTR.** irrobustito, rafforzato, fiacco, rinvigorito.

infiammàbile *agg.* **1** accendibile, combustibile **CONTR.** ininfiammabile, antincendio, ignifugo, incombustibile **2** (*fig.*) (*di persona*) entusiasmabile, esaltabile, eccitabile, irascibile **CONTR.** calmo, flemmatico, pacifico.

infiammàre **A** *v. tr.* **1** accendere, incendiare, ardere, infuocare, avvampare, bruciare **CONTR.** estinguere, spegnere, smorzare **2** (*fig.*) (*di persona, di fantasia, ecc.*) eccitare, entusiasmare, infervorare, incitare, stimolare □ ridestare, rinfocolare □ scaldare, irritare **CONTR.** calmare, placare, quietare, raffreddare, intiepidire, annacquare □ rabbonire **3** (*di guance, di cielo, ecc.*) arrossare, tingere di rosso, affuocare, imporporare **CONTR.** fare impallidire **4** (*med.*) causare infiammazione **CONTR.** sfiammare **B** **infiammarsi** *v. intr. pron.* **1** accendersi, infuocarsi, avvampare, prendere fuoco, incendiarsi **CONTR.** estinguersi, spegnersi **2** (*fig.*) (*di persona, di fantasia, ecc.*) eccitarsi, entusiasmarsi, infervorarsi, ardere, scaldarsi □ innamorarsi, invaghirsi □ irritarsi, adirarsi **CONTR.** calmarsi, placarsi, quietarsi, raffreddarsi, acquietarsi, intiepidirsi □ rabbonirsi ***3*** (*fig.*) (*di guance, di cielo, ecc.*) arrossire, diventare rosso **CONTR.** impallidire ***4*** (*med.*) subire un'infiammazione **CONTR.** sfiammarsi.

infiammàto *part. pass. di* **infiammare**; *anche agg.* ***1*** acceso, arroventato, incandescente, infuocato, bruciante **CONTR.** estinto, spento ***2*** (*fig.*) (*di persona, di fantasia, ecc.*) eccitato, esaltato, entusiasmato, infervorato □ (*di tono, ecc.*) veemente, focoso □ adirato **CONTR.** calmo, flemmatico, freddo, impassibile ***3*** (*di guance, di cielo, ecc.*) arrossato, divenuto rosso **CONTR.** pallido, impallidito ***4*** (*med.*) colpito da infiammazione, arrossato, irritato **CONTR.** sfiammato.

inficiàre *v. tr.* contestare la validità, dichiarare falso, invalidare, infirmare **CONTR.** convalidare, ratificare.

infido *agg.* poco fidato, falso, infedele, ingannatore, perfido, malfido, sleale, doppio, sospetto, subdolo □ (*di promessa, di speranza, ecc.*) ingannevole, fallace □ (*di mare, di luogo*) malsicuro, insidioso, rischioso, pericoloso **CONTR.** fido, fidato, fedele, leale, sincero, schietto, affidabile, provato □ sicuro.

in fieri /*lat.* in 'fieri/ [loc. lat., letteralmente 'nel (*in*) divenire (*fieri*)'] *loc. agg. inv.* in potenza, in elaborazione **CONTR.** in atto.

infierìre *v. intr.* ***1*** incrudelire, essere spietato, inasprirsi, accanirsi, inferocire, tiranneggiare **CONTR.** mitigarsi, placarsi, rabbonirsi, raddolcirsi ***2*** (*di peste, di guerra, ecc.*) imperversare, infuriare **CONTR.** placarsi, spegnersi, finire.

infiggere ***A*** *v. tr.* conficcare, ficcar dentro, configgere, immergere, piantare **CONTR.** sconficcare, strappare, svellere ***B*** **infiggersi** *v. intr. pron.* conficcarsi, ficcarsi, configgersi, immergersi, piantarsi **CONTR.** sconficcarsi.

infilàre ***A*** *v. tr.* ***1*** (*di filo, di chiave, di busta, ecc.*) introdurre, far passare, mettere, inserire, imbucare, insinuare **CONTR.** sfilare, togliere, cavare ***2*** (*di vestito, di occhiali, ecc.*) indossare, vestire, mettere, calzare **CONTR.** togliere, deporre, svestire ***3*** (*di persona, di perla, ecc.*) passare da parte a parte, infilzare, trafiggere, trapassare **CONTR.** sfilare ***4*** (*di strada, di porta, ecc.*) imboccare, penetrare **CONTR.** lasciare ***5*** (*fig.*) (*di bersaglio, di risposta, ecc.*) imbroccare, azzeccare, indovinare, centrare **CONTR.** sbagliare ***B*** **infilarsi** *v. rifl.* mettersi dentro, cacciarsi, introdursi, gettarsi, tuffarsi, entrare, imbucarsi, intrufolarsi, penetrare, incunearsi **CONTR.** uscire.

infilàta *s. f.* fila, filza, serie, infilzata, teoria, riga.

infilàto *part. pass. di* **infilare**; *anche agg.* ***1*** (*di filo, di chiave, ecc.*) introdotto, fatto passare **CONTR.** sfilato ***2*** (*di vestito, di occhiali, ecc.*) indossato, vestito, calzato, messo **CONTR.** tolto ***3*** (*di persona, di perla, ecc.*) passato da parte a parte, infilzato, trafitto, trapassato ***4*** (*di strada, di porta, ecc.*) imboccato, preso **CONTR.** lasciato ***5*** (*di bersaglio, di risposta, ecc.*) azzeccato, imbroccato, centrato **CONTR.** sbagliato.

infiltràrsi *v. intr. pron.* ***1*** (*di gas, di acqua, ecc.*) penetrare, filtrare, trapelare, trasudare, propagarsi ***2*** (*fig.*) (*di persona*) insinuarsi, introdursi, incunearsi, intrufolarsi **CONTR.** uscire.

infiltràto ***A*** *part. pass. di* **infiltrarsi**; *anche agg.* ***1*** penetrato, trapelato ***2*** (*fig.*) (*di persona*) insinuatosi, introdottosi ***B*** *s. m.* informatore, spia, talpa (*fig.*).

infiltrazióne *s. f.* ***1*** (*di gas, di acqua, ecc.*) penetrazione, infiltramento **CFR.** perdita, fuoriuscita ***2*** (*fig.*) (*di persona*) inserimento.

infilzàre *v. tr.* ***1*** infilare, fare una filza **CONTR.** sfilzare ***2*** trafiggere, trapassare.

infilzàta *s. f.* ***1*** filza, infilata ***2*** (*fig.*) serie, sequela, catena.

infilzàto *part. pass. di* **infilzare**; *anche agg.* ***1*** infilato ***2*** trafitto, trapassato.

ìnfimo *agg.* (*lett.*) più basso, bassissimo □ (*fig.*) pessimo, peggiore, ultimo, imo, inferiore **CONTR.** sommo, supremo, superno (*lett.*) □ eccellente, eccelso, sublime.

infìne *avv.* ***1*** alla fine, finalmente, alfine, dopodiché, poi **CONTR.** anzitutto, innanzitutto, inizialmente, preliminarmente, prima □ pregiudizialmente ***2*** insomma, in conclusione.

infingardàggine *s. f.* pigrizia, indolenza, inerzia, neghittosità, poltroneria, svogliatezza, accidia, fannullaggine, inoperosità, ozio, oziosità, poltronaggine, scioperataggine, ignavia **CONTR.** alacrità, attività, laboriosità, operosità, solerzia, sollecitudine, dinamicità. *V. anche* PIGRIZIA

infingàrdo *agg.* pigro, indolente, inerte, inoperoso, inattivo, neghittoso, poltrone, fannullone, scansafatiche, sfaticato, svogliato, accidioso, ignavo, ozioso, scioperato **CONTR.** alacre, attivo, laborioso, operoso, solerte, sollecito, dinamico.

infinità *s. f.* ***1*** infinitezza (*raro*), illimitatezza, immensità, vastità **CONTR.** finitezza, limitatezza, piccolezza, pochezza ***2*** grande abbondanza, enorme quantità, moltitudine, miriade **CONTR.** scarsezza, scarsità, insufficienza, mancanza.

infinitaménte *avv.* senza fine, interminabilmente, senza limite, illimitatamente, sterminatamente □ enormemente, immensamente, incommensurabilmente, smisuratamente **CONTR.** finitamente, limitatamente □ per nulla, poco.

infinitesimàle *agg.* minimo, piccolissimo, microscopico, impercettibile **CONTR.** enorme, grandissimo, stragrande, massimo, smisurato.

infinitèsimo ***A*** *s. m.* parte infinitesima, quantità piccolissima, pochissimo, millesimo **CONTR.** moltissimo, gran parte ***B*** *agg.* piccolissimo, minimo, microscopico **CONTR.** enorme, grandissimo, stragrande, massimo.

infinìto ***A*** *agg.* ***1*** illimitato, sconfinato, sterminato, incommensurabile, interminato (*lett.*) **CONTR.** limitato, circoscritto, ristretto, finito ***2*** enorme, grandissimo, profondo, immenso, smisurato, sterminato □ copiosissimo, innumerevole, incalcolabile □ inesauribile, inestinguibile □ interminabile, eterno, perpetuo **CONTR.** esiguo, piccolo, scarso, minimo ***B*** *s. m.* ***1*** spazio illimitato, spazio, universo □ tempo illimitato, eternità ***2*** (*ling.*) modo infinito **FRAS.** *all'infinito*, senza fine □ *andare all'infinito*, non finire mai. *V. anche* PERPETUO

infinocchiàre *v. tr.* (*fam.*) ingannare, accalappiare, trappolare, imbrogliare, aggirare, raggirare, abbindolare, gabbare, circuire, mistificare, turlupinare, fregare (*pop.*), darla a bere, dare a credere, darla a intendere **CONTR.** agire lealmente.

infiochìre ***A*** *v. tr.* affiochire □ (*fig.*) ischeletrire, indebolire **CONTR.** ravvivare, rafforzare, rinforzare, invigorire, rinvigorire ***B*** *v. intr.* affiochirsi, indebolirsi **CONTR.** rinvigorirsi, rinforzarsi.

infioràre ***A*** *v. tr.* ***1*** adornare di fiori, coprire di fiori ***2*** (*fig.*) (*di discorso, di stile, ecc.*) abbellire, ornare, adornare, impreziosire, condire, infiorettare, ricamare □ allietare, rallegrare **CONTR.** imbruttire, deturpare □ rattristare ***B*** **infiorarsi** *v. rifl.* (*di persona*) adornarsi di fiori ***C*** *v. intr. pron.* ***1*** (*di prato, di albero e sim.*) coprirsi di fiori **CONTR.** sfiorire ***2*** (*fig.*) (*di discorso, di stile, ecc.*) abbellirsi, ornarsi, impreziosirsi **CONTR.** imbruttire, deturparsi.

infioràto *part. pass. di* **infiorare**; *anche agg.* ***1*** ornato di fiori, coperto di fiori **CONTR.** sfiorito ***2*** (*di discorso, di stile, ecc.*) abbellito, impreziosito, condito, intarsiato **CONTR.** imbruttito, deturpato.

infirmàre *v. tr.* ***1*** invalidare, annullare, impugnare, inficiare □ (*est.*) viziare **CONTR.** confermare, convalidare, ratificare ***2*** (*est.*) confutare, contestare, ribattere **CONTR.** approvare, appoggiare, giustificare.

infischiàrsi *v. intr. pron.* non curarsi, disinteressarsi, tralasciare, abbandonare □ ridersi, fregarsene (*pop.*) **CONTR.** interessarsi, curarsi, accudire, occuparsi, adoperarsi □ ingerirsi, impicciarsi □ preoccuparsi, impensierirsi □ anelare, sognare. *V. anche* RIDERE

infìsso ***A*** *part. pass. di* **infiggere**; *anche agg.* ficcato dentro, conficcato, piantato, inchiodato **CONTR.** sconficcato, schiodato ***B*** *s. m.* ***1*** serramento, porta, finestra ***2*** (*ling.*) affisso.

infittìre ***A*** *v. tr.* rendere fitto, affittire, ispessire, addensare, infoltire **CONTR.** diradare, dissipare, dissolvere □ intervallare, rarefare, sfoltire ***B*** *v. intr.* e **infittirsi** *intr. pron.* divenire più fitto, affittirsi, ispessirsi, addensarsi, infoltirsi □ imboschirsi **CONTR.** diradarsi, rarefarsi, dissiparsi, dissolversi □ sfoltirsi.

inflatìvo *agg.* inflazionistico **CONTR.** deflativo, deflatorio, deflazionistico.

inflazionàre *v. tr.* ***1*** portare all'inflazione, svalutare **CONTR.** deflazionare, rivalutare ***2*** (*fig.*) gonfiare, aumentare eccessivamente, diffondere eccessivamente **CONTR.** sgonfiare, diminuire.

inflazionàto *part. pass. di* **inflazionare**; *anche agg.* svalutato □ gonfiato, eccessivamente aumentato □ troppo diffuso, ripetuto, abusato **CONTR.** deflazionato, rivalutato □ sgonfiato, diminuito □ nuovo.

inflazióne *s. f.* ***1*** aumento dei prezzi **CONTR.** deflazione ***2*** (*fig.*) diffusione eccessiva, rapida crescita **CONTR.** eccessivo calo, rapida diminuzione.

inflazionìstico *agg.* inflativo **CONTR.** deflazionistico, deflatorio, deflativo.

inflessìbile *agg.* ***1*** (*di cosa*) rigido, duro, non pieghevole **CONTR.** flessibile, pieghevole, tenero, cedevole, duttile, morbido, plastico, snodabile ***2*** (*fig.*) (*di persona, di carattere, ecc.*) inesorabile, irremovibile, implacabile, freddo, rigido, irriducibile, ferreo, intransigente, duro, ostinato, rigoroso, severo **CONTR.** bonario, condiscendente, arrendevole, corrivo, clemente, dolce, indulgente, benigno, mansueto, mite, pietoso. *V. anche* SEVERO

inflessibilità *s. f.* ***1*** (*di cosa*) rigidezza, durezza, resistenza **CONTR.** flessibilità, pieghevolezza, cedevolezza, duttilità, malleabilità, plasticità ***2*** (*fig.*) (*di persona, di carattere, ecc.*) inesorabilità, irremovibilità, implacabilità, fierezza, intransigenza, rigidità, rigore, rigorosità, severità **CONTR.** arrendevolezza, bonarietà, benignità, condiscendenza, clemenza, dolcezza, indulgenza, mitezza, pietà, comprensione, tolleranza. *V. anche* COSTANZA

inflessibilménte *avv.* inesorabilmente, irremovibilmente, implacabilmente, fieramente, ferreamente **CONTR.** bonariamente, benignamente, dolcemente, mitemente, indulgentemente, pietosamente.

inflessióne *s. f.* ***1*** (*lett.*) flessione, piegamento ***2*** (*di voce*) cadenza, intonazione, pronuncia, accento, calata, cantilena, modulazione ***3*** (*fis.*) deformazione ***4*** (*mus.*) modulazione, ritmo **FRAS.** *inflessione vocalica*, metafonia.

inflìggere *v. tr.* far subire, applicare, imporre, irrogare, assegnare, impartire, dare, inferire **CONTR.** esimere, liberare.

inflìtto *part. pass. di* **infliggere**; *anche agg.* imposto, assegnato, dato, irrogato, inferto **CONTR.** tolto, annullato.

influènte *part. pres. di* **influire**; *anche agg.* autorevole, potente, stimato, altolocato, considerato, ragguardevole □ importante, rilevante **CONTR.** privo d'autorità, privo di prestigio, disistimato, disprezzato, insignificante □ irrilevante, ininfluente.

influènza *s. f.* ***1*** (*di cosa*) azione, efficacia, influsso, condizionamento, impatto, rilevanza, importanza ***2*** (*di persona*) autorità, ascendente, prestigio, carisma, potere, potenza, influsso, credito, autorevolezza, favore, peso, ruolo **CONTR.** discredito, sfavore, disistima ***3*** (*med.*) grippe (*fr.*), febbre influenzale. *V. anche* IMPRONTA

influenzàbile *agg.* debole, manovrabile, suggestionabile, dominabile, abulico, labile (*psicol.*) **CONTR.** forte, energico, indipendente, autonomo, indomabile, volitivo.

influenzàre *v. tr.* condizionare, influire, avere influenza □ impressionare, suggestionare, manovrare, plagiare **CONTR.** lasciar libero. *V. anche* IMPRESSIONARE

influìre *v. intr.* influenzare, suggestionare □ agire, operare, avere efficacia, pesare, valere, incidere, riflettersi **CONTR.** essere inefficace.

inflùsso *s. m.* ***1*** (*astrol.*) influenza ***2*** azione, potere, influenza, efficacia, potenza, impatto, incidenza □ autorità, prestigio, fascino, ascendente.

infognàrsi *v. intr. pron.* (*fam.*) cacciarsi in un impiccio, impelagarsi, impantanarsi, impegolarsi **CONTR.** disimpacciarsi, liberarsi, uscire.

infoltìre ***A*** *v. tr.* rendere folto, infittire, addensare, ispessire **CONTR.** sfoltire, diradare, rarefare ***B*** *v. intr.* diventare folto, infittirsi, addensarsi, ispessirsi □ (*di bosco*) imboschirsi **CONTR.** sfoltirsi, diradarsi, rarefarsi.

infondatézza *s. f.* mancanza di basi sicure, mancanza di fondamento, mancanza di prove, inconsistenza, insussistenza, inesistenza, irragionevolezza, erroneità **CONTR.** fondatezza, consistenza, fondamento, solidità, sussistenza.

infondàto *agg.* privo di fondatezza, incerto, ingiustificato, insussistente, inconsistente, gratuito, incontrollato, inesistente, inventato **CONTR.** fondato, giustificato, valido, certo, consistente, legittimo, reale. *V. anche* IMMAGINARIO, INCERTO

infóndere *v. tr.* (*fig.*) far nascere, suscitare, ispirare, instillare, insinuare, destare, imprimere, incutere, comunicare, trasmettere, dare, inculcare, trasfondere, travasare, mettere, spirare (*poet.*) **CONTR.** sopire, attutire, togliere, levare.

inforcàre *v. tr.* ***1*** prendere con la forca □ (*est.*) infilare, infilzare ***2*** (*di bicicletta, di occhiali, ecc.*) montare, salire □ (*di occhiali, ecc.*) mettersi, infilarsi **CONTR.** scendere, discendere □ togliersi.

inforcatùra *s. f.* ***1*** (*di corpo*) cavallo ***2*** (*di albero*) biforcazione, impalcatura.

informàle *agg.* non ufficiale, confidenziale, ufficioso □ (*di atmosfera, ecc.*) rilassato □ (*di abbigliamento*) sportivo, casual (*ingl.*) **CONTR.** formale, ufficiale, solenne □ elegante.

informàre ***A*** *v. tr.* ***1*** (*lett.*) modellare, formare, improntare, plasmare **CONTR.** sformare, deformare ***2*** (*fig.*) (*di vita, di carattere, ecc.*) indirizzare, conformare, ispirare, caratterizzare, educare, disporre, preparare ***3*** (*di persona*) ragguagliare, dar notizia, avvisare, avvertire, rendere edotto, far sapere, comunicare, notificare, annunciare, relazionare, segnalare, partecipare □ ammaestrare, erudire, istruire, illuminare **CONTR.** tacere ***B*** **informarsi** *v. intr. pron.* ***1*** (*raro*) prendere forma ***2*** procurarsi notizie, cercare di sapere, chiedere informazioni, documentarsi, consultarsi, domandare □ seguire, aggiornarsi, istruirsi. *V. anche* EDUCARE

informàto *part. pass. di* **informare**; *anche agg.* ***1*** formato, improntato, plasmato, indirizzato, conformato, ispirato ***2*** messo a conoscenza, tenuto al corrente, aggiornato, avvertito, consapevole, edotto, ragguagliato, avvisato, conscio, up-to-date (*ingl.*), istruito **CONTR.** disinformato.

informatóre ***A*** *agg.* (*f. -trice*) ispiratore ***B*** *s. m.* ***1*** esploratore, emissario □ delatore, spia, spione, talpa, infiltrato, confidente, basista (*gerg.*) ***2*** (*giorn.*) redattore, corrispondente, inviato, collaboratore.

informazióne *s. f.* ***1*** ragguaglio, notizia, comunicazione, avviso, annuncio, indicazione, notificazione, relazione, rapporto, informativa, bollettino, comunicato, referto (medico) □ istruzione, norma, avvertenza □ referenza □ voce, indiscrezione, dritta (*gerg.*) □ nozione, cognizione **CONTR.** silenzio □ disinformazione ***2*** giornali, radio, televisione, stampa, mass media (*ingl.*).

INFORMAZIONE
sinonimia strutturata

Il far sapere o il venire a sapere qualcosa si dice **informazione**, termine che più di frequente designa la cosa oggetto di comunicazione: *ho avuto un'informazione sbagliata*; *ottenere informazioni buone*. In quest'accezione si sovrappone a **notizia**, che designa un fatto, specialmente recente, portato a conoscenza di qualcuno: *notizia fresca*; *notizia telefonica*; *essere senza notizie*; la notizia corrisponde anche ad un'informazione fatta specialmente attraverso la stampa, la radio o la televisione: *leggere, ascoltare le notizie del giorno*; oppure pubblicata su riviste tecniche o specializzate, e in questo senso si avvicina a **ragguaglio**, termine di uso meno frequente dei precedenti: *esaurienti notizie bibliografiche*; *una notizia sui recenti congressi*; *dare ampi ragguagli*. Una sfumatura opposta contraddistingue **cenno**, che denomina una traccia, una spiegazione sommaria: *il giornale dà solo un cenno dell'accaduto*; **riferimento** è quasi equivalente ma si identifica anche con il richiamarsi a qualcosa di diverso rispetto all'argomento in questione, e quindi evoca l'idea del rimando: *riferimenti a un fatto attuale*; *riferimenti letterari*. Vicina è l'**indicazione**, che però può abbracciare un significato più ampio o coincidere con il consiglio: *chiedere un'indicazione*.

Vi sono poi dei termini che attengono a degli ambiti specifici: ad esempio nel gergo burocratico un complesso di informazioni relative ad un dato argomento è un'**informativa**: *un'informativa sulla situazione dell'ordine pubblico*; **referto** invece è usato in campo medico e indica una relazione clinica: *omissione di referto*; **notificazione**, invece, è usato prevalentemente in campo giuridico per designare i procedimenti giudiziari portati a diretta conoscenza del destinatario. Appartiene invece al linguaggio militare il sostantivo **rapporto**, che designa una relazione scritta destinata a notificare mancanze disciplinari, incidenti, fatti d'armi o altri eventi degni di nota.

Quest'ultimo termine nel linguaggio comune indica una denuncia, una relazione o un resoconto scritto dei fatti che si vogliono conoscere: *fare rapporto ai superiori*; *fare un dettagliato rapporto della situazione*; *stendere un rapporto*; è vicino quindi alla **relazione**, cioè alla descrizione scritta o orale di un incarico o di un dato argomento: *ascoltare, leggere la relazione dell'incaricato*. Più specifico il significato di **bollettino**, che corrisponde al notiziario periodico specializzato relativo ad argomenti riguardanti l'attività di istituzioni o uffici, o al comunicato sull'andamento di qualcosa: *bollettino d'informazione, meteorologico*; *bollettino dell'Unione Matematica Italiana*; *bollettino medico, di guerra*; vicinissimo è **comunicato**, che denomina una trasmissione ufficiale di notizia: *comunicato di guerra, di stampa*. **Comunicazione** è più generale, e, come informazione, designa sia l'atto del portare qualcosa a conoscenza di altri sia, per estensione, la cosa stessa che si porta a conoscenza: *comunicazione di idee, di notizie*; *fare una comunicazione*; *comunicazione orale, scritta*; in entrambi i significati si avvicina ad **annuncio**, che però spesso viene usato in riferimento ad eventi importanti riportati con una certa solennità: *dare, recare l'annuncio*; *annuncio inatteso, lieto*; l'annuncio è infine anche un breve scritto con cui si annuncia qualche cosa: *annuncio di matrimonio*. Non si discosta molto **avviso**, che denomina sia un avvertimento, anche a carattere ufficiale o giudiziario, sia una semplice notizia: *un avviso importante*; *avviso di garanzia*; *dare avviso*; in senso estensivo può indicare anche qualunque tipo d'inserzione pubblicitaria in periodici in genere, o un cartellone: *avvisi economici, commerciali*.

Quando i dati informativi attengono alle qualità specialmente professionali di una persona o alla correttezza e alla sicurezza finanziaria di un'azienda si chiamano **referenze**: *sono in attesa delle vostre referenze*; *le sue referenze lasciano a desiderare*.

Le informazioni, poi, possono essere il contenuto di **norme** o **istruzioni**, ossia di disposizioni sulla via e i criteri da seguire: *le norme del comporre*; *le norme per l'uso*; *attendere istruzioni*; le **avvertenze**, specialmente al plurale, e anche le istruzioni sono le indicazioni scritte annesse ad un prodotto di cui insegnano l'uso: *le avvertenze, le istruzioni per l'uso di un medicinale*.

Un'informazione riservata che riesce a trapelare è un'**indiscrezione**: *l'indiscrezione di un giornale*; il termine **voce** sottolinea la genericità e l'insicurezza propria delle indiscrezioni: *voci di corridoio*; *corre voce che ci sarà un inasprimento fiscale*. Infine un'indiscrezione che può risultare fondamentale per la buona riuscita di un affare o altro è detta in gergo **dritta**: *dare la dritta a qualcuno*; *avere una dritta precisa, giusta*.

infórme *agg.* **1** (*spec. di massa e sim.*) senza forma, amorfo, sformato, confuso, imperfetto, irregolare, caotico □ (*fig.*) (*spec. di progetto e sim.*) disorganico, anodino, indefinito, rudimentale, embrionale **CONTR.** ben formato, regolare, perfetto □ organico, definito **2** (*raro*) deforme **CONTR.** normale. *V. anche* DEFORME

informicoliménto *s. m.* formicolio, prurito, intormentimento.

informicolìrsi *v. intr. pron.* intormentirsi, intorpidirsi, ingranchirsi, indolenzirsi **CONTR.** sgranchirsi, stirarsi.

infornàta *s. f.* (*fig., scherz.*) grande quantità, grande numero, moltissimi **CONTR.** pochissimi.

infortunàto *agg.*; *anche s. m.* vittima di infortunio, vittima di incidente, sinistrato.

infortùnio *s. m.* disgrazia, incidente, sciagura, sventura, sinistro, disastro, caso sfortunato, tegola **CONTR.** fortuna, caso fortunato.

infossaménto *s. m.* avvallamento, cavità, concavità, incavo, fossa, buca, incavatura, sprofondamento **CONTR.** convessità, prominenza, protuberanza, rilievo, gibbosità, elevamento, sporgenza.

infossàre **A** *v. tr.* mettere in una fossa, seppellire, sotterrare **CONTR.** disseppellire, dissotterrare **B** **infossarsi** *v. intr. pron.* **1** incavarsi **2** avvallarsi, affondare, sprofondare, abbassarsi □ incassarsi **CONTR.** colmarsi, riempirsi.

infossàto *part. pass. di* **infossare**; *anche agg.* affondato, affossato, avvallato □ incassato, scavato □ (*di occhio, di guancia*) incavato, cerchiato **CONTR.** colmo, convesso, prominente, rilevato, gibboso, protuberante, rigonfio.

infossatùra *s. f.* cavità, infossamento **CONTR.** prominenza.

infradiciàre **A** *v. tr.* **1** inzuppare, immollare, bagnare **CONTR.** asciugare, disseccare, essiccare, prosciugare **2** rendere marcio, decomporre **B** **infradiciarsi** *v. intr. pron.* **1** inzupparsi, immollarsi, bagnarsi **CONTR.** asciugarsi, disseccarsi, prosciugarsi **2** marcire, imputridire, putrefarsi, decomporsi, guastarsi. *V. anche* GUASTARE

infradiciàto *part. pass. di* **infradiciare**; *anche agg.* **1** inzuppato, bagnato **CONTR.** asciutto, asciugato, disseccato, secco **2** marcito, imputridito, putrefatto, decomposto.

inframméttere **A** *v. tr.* frammettere, frapporre, interporre, intercalare **B** **inframmettersi** *v. intr. pron.* frammettersi, intromettersi, ingerirsi, immischiarsi, intrigare, impicciarsi **CONTR.** disinteressarsi, non badare, non curarsi, non darsi pensiero.

inframmezzàre *v. tr.* intramezzare, frammezzare (*raro*), porre in mezzo, intercalare, frammischiare, punteggiare.

inframmezzàto *part. pass. di* **inframmezzare**; *anche agg.* frammezzato, intercalato, frammisto, punteggiato.

infràngere **A** *v. tr.* **1** rompere, spezzare, frantumare, fracassare, fare a pezzi, sfasciare, spaccare, stritolare, frangere, sfracellare, sminuzzare □ (*fig.*) (*di sogno, ecc.*) distruggere **CONTR.** accomodare, raccomodare, racconciare, rappezzare, riparare **2** (*fig.*) (*di legge, di patto, ecc.*) trasgredire, violare, rompere, mancare, venire meno **CONTR.** mantenere, osservare, rispettare **B** **infrangersi** *v. intr. pron.* **1** frantumarsi, rompersi, spezzarsi, fracassarsi, sfasciarsi, spaccarsi, stritolarsi, sfracellarsi □ (*spec. di onde*) battere contro, sbattere contro, dirompersi (*lett.*), frangersi, rifrangersi **2** (*fig.*) (*di speranza, di illusioni, ecc.*) cadere, spegnersi, finire, svanire, fiaccarsi **CONTR.** nascere, spuntare, fiorire. *V. anche* SCHIACCIARE

infrangìbile *agg.* duro, resistente, solidissimo, fortissimo **CONTR.** frangibile, fragile, delicato.

infrànto *part. pass. di* **infrangere**; *anche agg.* **1** spezzato, rotto, frantumato, fracassato, fatto a pezzi, fiaccato, sfasciato, stritolato **CONTR.** intero, intatto, illeso, indenne, sano **2** (*fig.*) (*di speranza, di illusioni, ecc.*) deluso, caduto, finito, svanito, spento **CONTR.** nato, spuntato, fiorito **FRAS.** *cuore infranto* (*fig.*), deluso in amore.

infrastruttùra *s. f.* **1** strutture, installazioni, impianti **2** servizi pubblici.

infrazióne *s. f.* trasgressione, violazione, inosservanza, disubbidienza □ contravvenzione, reato □ mancanza, fallo, strappo (*fig.*) **CONTR.** osservanza, ubbidienza. *V. anche* COLPA

infreddatùra *s. f.* rinite, corizza, raffreddore, costipazione, infreddamento (*raro*).

infreddoliménto *s. m.* raffreddamento, intirizzimento.

infreddolìre *v. intr.* e **infreddolirsi** *intr. pron.* abbrividire (*lett.*), rabbrividire, intirizzirsi, congelare, raffreddarsi **CONTR.** accaldarsi, riscaldarsi, incalorirsi.

infreddolìto *part. pass. di* **infreddolire**; *anche agg.* intirizzito, gelato, congelato (*est.*), raffreddato, assiderato **CONTR.** caldo, accaldato, riscaldato.

infrequènte *agg.* rado, raro, scarso, inconsueto, insolito, sporadico, inusitato **CONTR.** frequente, comune, consueto, ordinario, solito, abituale. *V. anche* RARO, SCARSO

infrequenteménte *avv.* raramente, sporadicamente **CONTR.** frequentemente, comunemente, ordinariamente, solitamente, abitualmente.

infrequènza *s. f.* rarità, scarsità, sporadicità **CONTR.** frequenza, assiduità, abbondanza.

infrollìre ***A*** *v. intr.* e **infrollirsi** *intr. pron.* ***1*** diventare frollo ***2*** (*fig.*) infiacchirsi, fiaccarsi, indebolirsi, svigorirsi **CONTR.** rafforzarsi, invigorirsi, rinvigorirsi, irrobustirsi ***B*** *v. tr.* (*raro*) rendere frollo.

infrollìto *part. pass. di* **infrollire**; *anche agg.* ***1*** frollo ***2*** (*fig.*) infiacchito, indebolito, stanco **CONTR.** vigoroso, forte.

infruttìfero *agg.* ***1*** sterile, infecondo, improduttivo, infruttuoso □ (*di denaro, di capitale*) morto **CONTR.** fruttuoso, produttivo, fecondo, fertile, ubertoso (*lett.*) □ fruttifero ***2*** (*raro, fig.*) inutile, vano **CONTR.** utile, vantaggioso.

infruttuosaménte *avv.* inutilmente, vanamente, sterilmente **CONTR.** fruttuosamente, utilmente, vantaggiosamente.

infruttuóso *agg.* ***1*** infruttifero, sterile, improduttivo, infecondo, povero **CONTR.** fruttuoso, fruttifero, fecondo, fertile, ubertoso (*lett.*) ***2*** (*fig.*) inutile, vano, inefficace **CONTR.** utile, vantaggioso, proficuo, efficace.

infuocàre ***A*** *v. tr.* (*anche fig.*) arroventare, affuocare □ (*raro*) incendiare, infiammare, accendere, incenerire, ardere, bruciare □ (*di viso, ecc.*) arrossare, imporporare **CONTR.** estinguere, spegnere, smorzare ***B*** **infuocarsi** *v. intr. pron.* ***1*** arroventarsi **CONTR.** raffreddarsi ***2*** (*fig.*) (*di persona*) infiammarsi, adirarsi, irritarsi, accalorarsi **CONTR.** calmarsi, placarsi, rabbonirsi.

infuocàto *part. pass. di* **infuocare**; *anche agg.* ***1*** arroventato, rovente, incandescente, ignito (*lett.*) □ (*raro*) fiammante, fiammeggiante, infiammato □ (*fig.*) caldissimo, bollente, canicolare, torrido **CONTR.** freddo, spento ***2*** (*fig.*) (*di persona, di animo, ecc.*) ardente, appassionato, eccitato, fremente, turbato **CONTR.** freddo, impassibile, indifferente, algido (*fig., lett.*).

infuòri *avv.* fuori **CONTR.** indentro **FRAS.** *all'infuori di*, tranne, eccetto, meno, fuorché.

infurbìre *v. intr.* e **infurbirsi** *intr. pron.* diventare furbo, scaltrirsi, smaliziarsi **CONTR.** incretinire, istupidire.

infurìare ***A*** *v. tr.* rendere furioso, aizzare, eccitare, irritare **CONTR.** acquietare, calmare, mitigare, placare, rabbonire ***B*** *v. intr.* (*di vento, di tempesta, ecc.*) infierire, imperversare □ (*di fuoco*) divampare **CONTR.** calmarsi, placarsi, cessare ***C*** **infuriarsi** *v. intr. pron.* incollerirsi, arrabbiarsi, adirarsi, corrucciarsi, esasperarsi, irritarsi, accendersi, imbestialirsi, andare in bestia, incazzarsi (*volg.*), incavolarsi (*euf.*), perdere le staffe, inviperirsi, andare su tutte le furie, scatenarsi **CONTR.** acquietarsi, calmarsi, mitigarsi, placarsi, rabbonirsi, rasserenarsi, pacarsi.

infurìato *part. pass. di* **infuriare**; *anche agg.* arrabbiato, furente, furibondo, furioso, imbestialito, incollerito, indemoniato, rabbioso, scatenato **CONTR.** calmo, tranquillo.

infusióne *s. f.* ***1*** macerazione ***2*** (*est.*) infuso, decotto.

infùso ***A*** *part. pass. di* **infondere**; *anche agg.* ***1*** versato dentro, intriso, tuffato, bagnato ***2*** trasfuso, ispirato, destato, suscitato, inculcato, instillato ***B*** *s. m.* infusione, tisana □ (*est.*) decotto.

ingabbiàre *v. tr.* ***1*** mettere in gabbia ***2*** (*fig.*) rinserrare, rinchiudere □ (*scherz.*) imprigionare, recludere, carcerare **CONTR.** far uscire, liberare.

ingaggiàre *v. tr.* ***1*** (*mil.*) arruolare, assoldare, coscrivere, reclutare **CONTR.** congedare ***2*** (*di lavoratore, di artista, ecc.*) assumere, impegnare, scritturare, prendere **CONTR.** licenziare, dare il benservito ***3*** (*di gara, di battaglia, ecc.*) cominciare, iniziare, avviare, attaccare **CONTR.** finire, terminare, concludere.

ingaggiàto *part. pass. di* **ingaggiare**; *anche agg.* arruolato, reclutato □ assunto, scritturato **CONTR.** licenziato.

ingàggio *s. m.* ***1*** arruolamento, reclutamento □ assunzione, scrittura **CONTR.** congedo □ licenziamento ***2*** compenso, cachet (*fr.*).

ingagliardire ***A*** *v. tr.* rafforzare, rinforzare, fortificare, invigorire, rinvigorire, irrobustire **CONTR.** indebolire, debilitare, infiacchire, illanguidire, snervare, svigorire, spossare, stremare ***B*** *v. intr.* e **ingagliardirsi** *intr. pron.* rafforzarsi, rinforzarsi, fortificarsi, invigorirsi, rinvigorirsi, irrobustirsi **CONTR.** indebolirsi, infiacchirsi, illanguidirsi, snervarsi, svigorirsi, intisichire, spossarsi.

ingannàre ***A*** *v. tr.* ***1*** frodare, truffare, gabbare, giocare, imbrogliare, infinocchiare (*fam.*), intrappolare, irretire, mistificare, abbindolare, accalappiare, adescare, aggirare, raggirare, beffare, buscherare (*pop.*), circuire, circonvenire, fregare (*fam.*), darla a bere, darla a intendere, menare per il naso, uccellare (*lett.*), buggerare (*pop.*), cuccare (*fam.*), turlupinare, chiavare (*volg.*), fottere (*volg.*) □ barare, bluffare □ illudere, abbacinare, abbagliare, accecare, sedurre **CONTR.** agire lealmente, essere sincero □ disingannare, disilludere ***2*** (*di speranze, di attese, ecc.*) tradire, deludere, disattendere **CONTR.** rispondere, soddisfare, mantenere ***3*** (*di vigilanza e sim.*) eludere ***B*** **ingannarsi** *v. intr. pron.* sbagliarsi, giudicare falsamente, errare, illudersi, prendere un abbaglio, abbagliarsi, avere le traveggole **CONTR.** disilludersi, disingannarsi. *V. anche* SEDURRE

ingannàto *part. pass. di* **ingannare**; *anche agg.* ***1*** frodato, truffato, imbrogliato, gabbato, infinocchiato, abbindolato, raggirato, circuito, fottuto (*volg.*), fregato (*pop.*) □ illuso, abbacinato, sedotto **CONTR.** disilluso, disincantato ***2*** (*di speranza, di attesa, ecc.*) deluso, tradito **CONTR.** mantenuto, soddisfatto.

ingannatóre *s. m.; anche agg.* (*f. -trice*) **1** imbroglione, frodatore, falso, infido, ipocrita, subdolo, impostore, raggiratore, truffatore, fraudolento, ciurmatore (*ant.*), gabbamondo, gabbatore, abbindolatore, turlupinatore, ciarlatano, macchinatore, mistificatore, trappolone, commediante, simulatore **CONTR.** onesto, sincero, leale **2** (*di sogno, di speranza, ecc.*) illusorio, fallace, ingannevole, mendace, bugiardo, chimerico **CONTR.** vero, veritiero. *V. anche* IPOCRITA

ingannévole *agg.* illusorio, fallace, vano, chimerico, menzognero, mendace, artificioso, bugiardo, falso, insidioso, fasullo, fittizio, ingannatore **CONTR.** concreto, reale, vero, realistico.

ingànno *s. m.* **1** frode, imbroglio, falsità, insidia, menzogna, commedia, finta, trucco, inghippo, bluff (*ingl.*), mistificazione, circonvenzione, raggiro, sotterfugio, truffa, fregatura, impostura, infinocchiatura, macchinazione, stratagemma, turlupinatura, buscheratura (*pop.*), abbindolamento, lusinga, seduzione, esca, artificio, broglio, mena □ trabocchetto, tranello, trappola, trama, amo, laccio, imboscata, ragnatela, rete, tagliola **CONTR.** franchezza, lealtà, onestà, probità, rettitudine, sincerità **2** illusione, errore, sbaglio, accecamento, miraggio, abbaglio, apparenza, allucinazione, chimera **CONTR.** realtà, verità □ disillusione, disincanto, disinganno. *V. anche* FRODE

ingarbugliàre **A** *v. tr.* **1** (*di cosa*) confondere, imbrogliare, arruffare, intricare, disordinare, scompigliare, intrugliare **CONTR.** sbrogliare, districare, sciogliere, disciogliere, sgarbugliare □ chiarire, semplificare, delucidare, dipanare **2** (*fig.*) (*di persona*) ingannare, illudere, imbrogliare, infinocchiare (*fam.*), raggirare, fregare (*fam.*) **B** **ingarbugliarsi** *v. intr. pron.* **1** (*anche fig.*) confondersi, intricarsi, complicarsi, arruffarsi, aggrovigliarsi, annodarsi, avvilupparsi, imbrogliarsi **CONTR.** sbrogliarsi, appianarsi, semplificarsi □ chiarirsi **2** (*fig., fam.*) impappinarsi, inceppparsi, balbettare. *V. anche* BALBETTARE

ingarbugliàto *part. pass. di* **ingarbugliare**; *anche agg.* (*anche fig.*) confuso, intricato, imbrogliato, arruffato, scompigliato, aggrovigliato, caotico, difficile, farraginoso **CONTR.** chiaro, evidente, semplice.

ingegnàrsi *v. intr. pron.* **1** darsi da fare, adoperarsi, sforzarsi, studiarsi, industriarsi, cercare, darsi d'attorno, trafficare, brigare, aguzzarsi, affannarsi **CONTR.** non curarsi, poltrire, impigrirsi, oziare, sonnecchiare **2** destreggiarsi, arrangiarsi, barcamenarsi, aiutarsi, arrabattarsi, giostrare.

ingégno *s. m.* **1** acume, capacità, cervello, genio, intelletto, intelligenza, mente, vivacità mentale, spirito, testa, genialità, ingegnosità, fosforo (*fig., fam.*) **CONTR.** imbecillità, imbecillaggine, idiozia, cretineria, stupidaggine, stupidità, cretinismo, deficienza, scemenza, scempiaggine □ mediocrità **2** (*raro*) inclinazione, disposizione, indole, vena **3** (*est.*) (*di persona*) genio, mente superiore, superdotato, cima, talento **CONTR.** mediocre, cretino, ipodotato, microcefalo **4** (*lett.*) espediente, artificio, abilità, astuzia, inganno.

ingegnosaménte *avv.* acutamente, sapientemente, intelligentemente, astutamente, genialmente, industriosamente **CONTR.** stupidamente, scioccamente.

ingegnosità *s. f.* ingegno, acume, capacità, cervello, intelligenza, abilità □ originalità, tecnica **CONTR.** stupidità, imbecillità, cretineria, idiozia. *V. anche* INTRAPRENDENZA

ingegnóso *agg.* **1** di ingegno, acuto, sottile, intelligente, abile, capace, industrioso, intraprendente, solerte, astuto, geniale □ elaborato, originale **CONTR.** incapace, inetto, inabile, indolente, ottuso, deficiente □ comune, elementare **2** (*di stile, di opera*) artificioso, ricercato, studiato **CONTR.** semplice, naturale.

ingelosire **A** *v. tr.* rendere geloso **B** *v. intr.* e **ingelosirsi** *intr. pron.* diventare geloso, insospettirsi, adombrarsi, diffidare.

ingelosìto *part. pass. di* **ingelosire**; *anche agg.* geloso, insospettito, sospettoso, diffidente.

ingemmàre *v. tr.* **1** adornare con gemme, ingioiellare, imperlare **2** (*fig.*) abbellire, ornare, adornare **CONTR.** imbruttire, deturpare **3** (*bot.*) gemmare.

ingeneràre **A** *v. tr.* **1** (*lett.*) generare, procreare **2** (*est.*) provocare, cagionare, causare, produrre, far nascere, indurre, suscitare **B** **ingenerarsi** *v. intr. pron.* avere origine, derivare, prodursi **CONTR.** finire, spegnersi.

ingènito *agg.* innato, insito, ereditario, congenito, connaturato **CONTR.** acquistato, acquisito, appreso, mutuato.

ingènte *agg.* considerevole, cospicuo, grande, ragguardevole, rilevante, consistente **CONTR.** piccolissimo, minimo, esiguo, insignificante, trascurabile. *V. anche* GRANDE

ingentilìre **A** *v. tr.* rendere gentile, addolcire, dirozzare, affinare, incivilire, digrossare, nobilitare, raffinare, ripulire, sgrossare, illeggiadrire, aggraziare **CONTR.** imbarbarire, involgarire, abbrutire, inselvatichire **B** **ingentilirsi** *v. intr. pron.* dirozzarsi, affinarsi, digrossarsi, incivilirsi, raffinarsi, ripulirsi, urbanizzarsi, inurbarsi (*lett.*) **CONTR.** imbarbarirsi, involgarirsi, abbrutirsi, inselvatichirsi, inzotichire.

ingenuaménte *avv.* candidamente, innocentemente, schiettamente, sinceramente, spontaneamente, naturalmente □ bambinescamente, fanciullescamente, idealisticamente, puerilmente **CONTR.** astutamente, scaltramente, accortamente, maliziosamente, furbescamente.

ingenuità *s. f.* candore, semplicità, inesperienza, naturalezza, innocenza, schiettezza, sincerità, spontaneità, buonafede, candidezza □ (*spreg.*) immaturità, semplicioneria, credulità, dabbenaggine, goffaggine, bambinaggine, minchionaggine (*pop.*), minchioneria (*pop.*), coglioneria (*volg.*) **CONTR.** furberia, furbizia, malizia, callidità, ipocrisia, simulazione, calcolo □ astuzia, scaltrezza, accorgimento, accortezza, avvedutezza, sagacia, destrezza, abilità.

ingènuo **A** *agg.* innocente, candido, privo di malizia, inesperto, schietto, sincero, puro, pulito □ bambinesco, imberbe, infantile **CONTR.** astuto, scaltro, furbo, furbesco, malizioso □ accorto, avveduto, sagace **B** *s. m.* credulone, semplicione, sempliciotto, bambinone, gonzo, grullo, merlo, merlotto, mestolone, pollastro, pollo, buonuomo **CONTR.** calcolatore, furbacchione, dritto (*fam.*), filone, pellaccia, volpe, volpone. *V. anche* TRASPARENTE

ingerènza *s. f.* intromissione, inframmettenza, intrusione, immistione, interferenza, intervento **CONTR.** disinteresse, noncuranza.

ingerìre A *v. tr.* inghiottire, ingoiare, ingollare, deglutire, ingurgitare, ingozzare, trangugiare □ prendere, mangiare, bere **CONTR.** rigettare, rimettere, vomitare **B ingerirsi** *v. intr. pron.* intromettersi, impacciarsi, occuparsi, impicciarsi, interferire, ficcanasare, immischiarsi, intrigarsi, frammettersi, inframmettersi **CONTR.** disinteressarsi, non curarsi, fregarsene (*pop.*), sbattersene (*pop., volg.*), infischiarsi. *V. anche* MESCOLARE, PRENDERE

ingestióne *s. f.* inghiottimento, deglutizione, ingoiamento (*raro*) **CONTR.** rigetto.

inghiottìre *v. tr.* **1** (*di persona, di animale*) deglutire, ingerire, ingoiare, ingollare, ingurgitare, trangugiare, ingozzare, mangiare □ tracannare, bere **CONTR.** piluccare, spilluzzicare, spizzicare □ rigettare, rimettere, vomitare **2** (*fig.*) (*di voragine, di mare, ecc.*) assorbire, ingoiare, seppellire, sommergere **3** (*fig.*) (*di offese, di insulti, ecc.*) sopportare, tollerare, subire, mandar giù, abbozzare **CONTR.** arrecare, causare, fare, infliggere. *V. anche* BERE

inghiottìto *part. pass. di* **inghiottire**; *anche agg.* **1** deglutito, ingoiato, ingerito, trangugiato, tracannato, ingollato, ingozzato, ingurgitato **CONTR.** rigettato, rimesso, vomitato **2** (*fig.*) assorbito, fagocitato, sommerso **3** (*fig.*) (*di offesa, di insulto, ecc.*) sopportato, tollerato, subito **CONTR.** causato, inflitto, fatto, arrecato.

inghiottitóio *s. m.* buca, conca, bocca, voragine, dolina, foiba.

inghìppo *s. m.* (*dial., centr.*) imbroglio, inganno, raggiro, trucco, espediente.

ingiallìre A *v. tr.* rendere giallo **B** *v. intr.* **1** diventare giallo, tingersi di giallo **CONTR.** (*di foglie, ecc.*) verdeggiare, rinverdirsi, ripigliare **2** (*fig.*) (*di bellezza, ecc.*) svanire, appassire, sfiorire.

ingiallìto *part. pass. di* **ingiallire**; *anche agg.* **1** divenuto giallo, giallognolo **CONTR.** (*di foglie, ecc.*) verdeggiante, verde **2** (*fig.*) invecchiato **CONTR.** rinverdito (*fig.*).

ingigantìre A *v. tr.* **1** ingrandire enormemente, rendere gigantesco, accrescere moltissimo **CONTR.** impiccolire, rimpicciolire, diminuire **2** (*fig.*) (*di notizia, di problema, ecc.*) ingrandire, esagerare, enfatizzare, gonfiare **CONTR.** attenuare, minimizzare, sgonfiare, ridimensionare **B** *v. intr.* (*anche fig.*) diventare enorme, ingrandirsi enormemente, gonfiarsi, crescere **CONTR.** rimpicciolirsi, sgonfiarsi.

ingigantìto *part. pass. di* **ingigantire**; *anche agg.* (*anche fig.*) ingrandito enormemente, accresciuto esageratamente, gonfiato, enfatizzato, esagerato **CONTR.** rimpicciolito, minimizzato, ridimensionato, sgonfiato.

inginocchiàrsi *v. intr. pron.* **1** porsi in ginocchio, genuflettersi **2** (*est., fig.*) prosternarsi, prostrarsi, sottomettersi, umiliarsi, avvilirsi **CONTR.** ribellarsi, rivoltarsi, insorgere, insuperbire.

inginocchiàto *part. pass. di* **inginocchiarsi**; *anche agg.* **1** in ginocchio, genuflesso, prosternato, prostrato **CONTR.** diritto, in piedi **2** (*est., fig.*) sottomesso, umiliato, avvilito **CONTR.** ribelle, inorgoglito.

ingioiellàre A *v. tr.* **1** ornare di gioielli, ingemmare, imperlare **2** (*fig.*) ornare, impreziosire **CONTR.** imbruttire, deturpare **B ingioiellarsi** *v. rifl.* ornarsi di gioielli, ingemmarsi.

ingioiellàto *part. pass. di* **ingioiellare**; *anche agg.* carico di gioielli, ingemmato.

ingiùngere *v. tr.* intimare, imporre, comandare, ordinare, dettare □ diffidare **CONTR.** implorare, supplicare. *V. anche* ORDINARE

ingiuntìvo *agg.* imperativo, impositivo, intimativo.

ingiunzióne *s. f.* ordine, comando, imposizione, intimazione, invito □ diffida **CONTR.** ubbidienza, ottemperanza, adempimento, accettazione □ implorazione, preghiera. *V. anche* INTIMAZIONE

ingiùria *s. f.* **1** offesa, affronto, insulto, oltraggio, vilipendio □ contumelia (*lett.*), epiteto, improperio, impertinenza, insolenza, invettiva, parolaccia, villania, provocazione, vituperio □ smacco, onta □ torto, ingiustizia, sopruso, sopraffazione **CONTR.** complimento, elogio, lode, ossequio **2** (*est.*) (*del tempo, del terremoto, ecc.*) guasto, danno, torto **CONTR.** beneficio, vantaggio.

ingiuriàre A *v. tr.* fare ingiuria, offendere, insolentire, insultare, inveire, oltraggiare, svillaneggiare, vilipendere, vituperare, dire corna, dire male, denigrare, diffamare **CONTR.** complimentare, elogiare, lodare, ossequiare, dir bene **B ingiuriarsi** *v. rifl. rec.* scambiarsi ingiurie, insolentirsi, insultarsi, offendersi **CONTR.** complimentarsi, elogiarsi, lodarsi, ossequiarsi.

ingiurióso *agg.* offensivo, oltraggioso, diffamatore, insolente, insultante, diffamatorio **CONTR.** elogiativo, laudativo, complimentoso, rispettoso.

ingiustaménte *avv.* iniquamente, parzialmente □ disonestamente, falsamente □ indebitamente, immeritatamente □ illecitamente, illegittimamente, illegalmente **CONTR.** equamente, imparzialmente □ onestamente, rettamente, correttamente □ meritatamente, degnamente, giustamente □ lecitamente, legittimamente, legalmente.

ingiustificàbile *agg.* inescusabile (*lett.*), imperdonabile, inammissibile, intollerabile, condannabile **CONTR.** giustificabile, spiegabile, perdonabile, scusabile, sopportabile.

ingiustificàto *agg.* privo di giustificazione, immotivato, gratuito, ingiusto, insensato, infondato **CONTR.** giustificato, motivato, legittimo, ragionevole.

ingiustìzia *s. f.* **1** iniquità, sperequazione, parzialità □ illegalità, illegittimità □ prepotenza, disonestà, improbità **CONTR.** equità, equanimità, giustizia, imparzialità, spassionatezza □ legalità, legittimità □ onestà, probità, rettitudine **2** offesa, sopruso, torto, angheria, abuso, soperchieria **CONTR.** favore, gentilezza. *V. anche* PREPOTENZA

ingiùsto *agg.* iniquo, parziale, tendenzioso □ illecito, illegale, indebito □ ingiustificato, arbitrario, immotivato, infondato, irragionevole, immeritato, improprio □ disonesto, improbo, empio **CONTR.** giusto, equo, lecito, legale, legittimo, debito □ spassionato, equanime, equilibrato, imparziale, ragionevole □ motivato, giustificato, fondato □ onesto, probo, retto.

inglése ***A*** *agg.* dell'Inghilterra, britannico, albionico (*spreg.*) ***B*** *s. m.* e *f.* abitante dell'Inghilterra, britanno (*est., lett.*) **FRAS.** *riso all'inglese*, riso in bianco □ *filarsela* (o *andarsene*) *all'inglese*, andarsene alla chetichella, senza salutare nessuno □ *sale inglese*, solfato di magnesio.

inglesìsmo *s. m.* anglicismo, anglismo (*raro*).

inglobàre *v. tr.* incorporare, accorpare, conglobare **CONTR.** scorporare.

ingloriosaménte *avv.* vergognosamente, obbrobriosamente, ignominiosamente, biasimevolmente **CONTR.** gloriosamente, lodevolmente, ammirabilmente.

inglorióso *agg.* ***1*** privo di gloria, oscuro **CONTR.** glorioso, famoso ***2*** vergognoso, obbrobrioso, ignominioso, indegno, umiliante, disonorevole, biasimevole, riprovevole **CONTR.** glorioso, ammirabile, ammirevole, lodevole, onorevole.

ingobbìre *v. intr.* e **ingobbirsi** *v. intr. pron.* diventare gobbo, curvarsi **CONTR.** drizzarsi.

ingobbìto *part. pass. di* **ingobbire**; *anche agg.* gobbo, curvo **CONTR.** dritto, diritto.

ingoffàre *v. tr.* appesantire, impacciare **CONTR.** snellire, slanciare, donare.

ingoiàre *v. tr.* ***1*** inghiottire, ingerire, deglutire □ mangiare, ingollare, ingozzare, ingurgitare, trangugiare, divorare, spolverare □ bere, trincare, tracannare **CONTR.** sorbire □ rigettare, rimettere, vomitare, sputare □ sbocconcellare, assaporare ***2*** (*fig.*) (*di insulto, di offesa e sim.*) sopportare, subire, tollerare □ abbozzare **CONTR.** fare, arrecare, infliggere, causare □ sbottare, reagire ***3*** (*fig., raro*) prendersi, fagocitare □ (*di baratro, di onde, ecc.*) trascinare, far sprofondare, sommergere. *V. anche* PRENDERE

ingoiàto *part. pass. di* **ingoiare**; *anche agg.* ***1*** inghiottito, ingollato, ingerito, ingurgitato, trangugiato, tracannato **CONTR.** sbocconcellato, assaporato □ rigettato, rimesso, vomitato ***2*** (*fig.*) (*di insulto, di offesa e sim.*) sopportato, tollerato, subito **CONTR.** fatto, arrecato, causato, inflitto.

ingolfàre ***A*** *v. tr.* (*fig.*) (*nei debiti, nei guai, ecc.*) immergere, sommergere, sprofondare, impelagare **CONTR.** liberare ***B*** **ingolfarsi** *v. intr. pron.* ***1*** formare un golfo ***2*** (*fig.*) (*nella politica, negli affari, ecc.*) impegnarsi, dedicarsi, applicarsi, immergersi ***3*** (*fig.*) (*nei guai, nei debiti, ecc.*) avventurarsi, cacciarsi, impantanarsi, impelagarsi, impegolarsi, invischiarsi **CONTR.** uscire, tirarsi fuori, liberarsi ***4*** (*est.*) (*di macchina*) bloccarsi **CONTR.** avviarsi.

ingolfàto *part. pass. di* **ingolfare**; *anche agg.* ***1*** (*fig.*) (*nella politica, nei debiti, ecc.*) immerso, impegnato, sommerso, oberato, impegolato, impelagato, invischiato **CONTR.** libero ***2*** (*di motore*) bloccato **CONTR.** funzionante.

ingolosìre ***A*** *v. tr.* ***1*** rendere goloso ***2*** (*fig.*) allettare, attirare, attrarre **CONTR.** disgustare, nauseare, stomacare ***B*** *v. intr.* e **ingolosirsi** *intr. pron.* ***1*** diventare goloso ***2*** (*fig.*) desiderare ardentemente **CONTR.** odiare, rifiutare.

ingolosìto *part. pass. di* **ingolosire**; *anche agg.* ***1*** diventato goloso ***2*** (*fig.*) allettato, attirato, attratto **CONTR.** disgustato, nauseato, stomacato.

ingombrànte *part. pres. di* **ingombrare**; *anche agg.* ***1*** troppo grande, voluminoso, imbarazzante **CONTR.** piccolissimo, minuscolo ***2*** (*fig.*) fastidioso, invadente **CONTR.** cauto, misurato, prudente.

ingombràre *v. tr.* impacciare, impedire, ostacolare, bloccare, imbarazzare, ostruire, intasare, impicciare, congestionare □ (*fig.*) (*di pensieri, ecc.*) occupare, prendere, riempire **CONTR.** sgombrare, liberare, sbarazzare, disimpegnare, sbrattare, spurgare. *V. anche* IMBARAZZARE

ingombràto *part. pass. di* **ingombrare**; *anche agg.* ingombro, pieno, carico, imbarazzato, ostruito **CONTR.** libero, sgombro, vuoto.

ingómbro (1) *agg.* ingombrato, intralciato, ostruito, impedito, ostacolato, sovraccarico, congestionato, gremito, intasato, ricolmo □ (*fig.*) (*di mente, ecc.*) pieno, occupato, oppresso **CONTR.** sgombro, libero, disimpegnato, vuoto.

ingómbro (2) *s. m.* impaccio, impedimento, intoppo, intralcio, imbarazzo, intasamento, ostacolo □ volume, dimensione **CONTR.** aiuto, sussidio, facilitazione, agio.

ingordaménte *avv.* avidamente, ghiottamente, golosamente, insaziabilmente, voracemente **CONTR.** apaticamente, di malavoglia, controvoglia, schifiltosamente.

ingordìgia *s. f.* ***1*** insaziabilità, voracità, golosità, ghiottoneria, gola **CONTR.** sobrietà, misura, frugalità, astinenza, digiuno, continenza ***2*** (*fig.*) (*di denari, di gloria, ecc.*) brama, bramosia, cupidigia, voglia, rapacità, avidità **CONTR.** disprezzo, rifiuto. *V. anche* CUPIDIGIA

ingórdo *agg.*; *anche s. m.* ***1*** ghiotto, mangione, vorace, avido, goloso, insaziabile, lurco (*lett.*), fogna, pappatore, mangiatore **CONTR.** sobrio, continente, frugale, temperante, parco □ inappetente ***2*** (*fig.*) (*di denari, di gloria, ecc.*) avido, bramoso, cupido (*lett.*), rapace, voglioso **CONTR.** sprezzante, disdegnoso, incurante.

ingorgàre ***A*** *v. tr.* ostruire, intasare, otturare, bloccare, ingolfare **CONTR.** sgorgare, stasare, disintasare, decongestionare, sturare, liberare ***B*** **ingorgarsi** *v. intr. pron.* ostruirsi, intasarsi, otturarsi, bloccarsi, ingolfarsi, ristagnare **CONTR.** sgorgarsi, scorrere, liberarsi.

ingórgo *s. m.* ***1*** ostruzione, otturamento, otturazione □ blocco, congestione, intasamento **CONTR.** sgorgamento, apertura, sblocco, liberazione ***2*** (*med.*) ristagno □ aumentato flusso.

ingozzàre ***A*** *v. tr.* ***1*** inghiottire, ingoiare, ingollare, pappare, ingerire, ingurgitare, trangugiare **CONTR.** rigettare, rimettere, vomitare ***2*** (*di animali*) ingrassare □ (*est.*) riempire, rimpinzare ***3*** (*fig.*) (*di offesa, di torto, ecc.*) sopportare, subire, tollerare, mandare giù **CONTR.** arrecare, causare, fare, infliggere, provocare ***B*** *v. rifl.* riempirsi, rimpinzarsi.

ingozzàto *part. pass. di* **ingozzare**; *anche agg.* ***1*** inghiottito, ingoiato, ingollato, ingerito, trangugiato, pappato CONTR. rigettato, rimesso, vomitato **2** riempito, rimpinzato **3** (*fig.*) (*di offesa, di torto, ecc.*) sopportato, subito, tollerato CONTR. causato, provocato, fatto, arrecato.

ingranàggio *s. m.* **1** (*est.*) ruota dentata, meccanismo **2** (*fig.*) concatenamento, catena, spira, gorgo.

ingranàre ***A*** *v. intr.* **1** (*mecc.*) indentare, incastrarsi, imboccare **2** (*fam., fig.*) (*di persona, di collaborazione, ecc.*) prendere l'avvio, iniziare bene, inserirsi, funzionare, andare bene, legare (*fig.*) CONTR. andare male, non funzionare **3** (*mecc.*) grippare ***B*** *v. tr.* **1** (*di marcia*) innestare, inserire CONTR. disinnestare, disinserire **2** grippare.

ingranàto *part. pass. di* **ingranare**; *anche agg.* **1** (*mecc.*) incastrato, indentato **2** (*di marcia*) innestato, inserito CONTR. disinnestato, disinserito.

ingrandiménto *s. m.* **1** aumento, allargamento, accrescimento, ampliamento, dilatamento, ingrossamento, incremento, sviluppo □ giunta, aggiunta □ (*fig.*) ingigantimento, esagerazione, iperbole, amplificazione CONTR. calo, diminuzione, impicciolimento, riduzione □ (*fig.*) ridimensionamento **2** (*fot.*) macrofotografia, blow-up (*ingl.*) CONTR. microfotografia.

ingrandire ***A*** *v. tr.* **1** ampliare, aumentare, accrescere, dilatare, estendere, ingrossare, maggiorare, allargare, espandere, moltiplicare, sviluppare CONTR. diminuire, impicciolire, ridurre, abbassare □ attenuare, menomare **2** (*fig.*) (*di notizia, di fatto, ecc.*) esagerare, amplificare, enfatizzare, ingigantire, pompare, gonfiare, esaltare, magnificare, celebrare, vantare CONTR. minimizzare, sgonfiare, sminuire, sfrondare, ridimensionare ***B*** *v. intr.* e **ingrandirsi** *intr. pron.* (*anche fig.*) crescere, allargarsi, estendersi, ampliarsi, ingrossarsi, espandersi, prosperare, accrescersi, dilatarsi, aumentare, moltiplicarsi CONTR. calare, diminuire, scemare, languire, ridursi, scadere, regredire, impiccolirsi, restringersi.

ingrassaménto *s. m.* **1** (*di persona, di animale*) impinguamento, ingrasso CONTR. dimagrimento, smagrimento **2** (*di terreno*) concimazione, fertilizzazione CONTR. impoverimento, esaurimento.

ingrassàre ***A*** *v. tr.* **1** (*di persona*) rendere grasso, impinguare, impolpare □ (*di animale*) sagginare, ingozzare CONTR. dimagrare, affilare, assottigliare, insecchire, scheletrire **2** (*di terreno*) concimare, fertilizzare CONTR. impoverire, esaurire **3** (*mecc.*) ungere di grasso, lubrificare CONTR. sgrassare, pulire ***B*** *v. intr.* e **ingrassarsi** *intr. pron.* **1** diventare grasso, diventare più grasso, crescere di peso, arrotondarsi, impinguarsi, rimpolparsi, appesantirsi, ingrossarsi, imbolsire, sfasciarsi CONTR. dimagrire, smagrire, snellirsi **2** (*fig.*) arricchirsi, prosperare, avvantaggiarsi CONTR. impoverirsi, immiserirsi FRAS. *andare a ingrassare i cavoli* (*scherz.*), morire.

ingrassàto *part. pass. di* **ingrassare**; *anche agg.* **1** (*di persona, di animale*) grasso, pingue, impinguato, impolpato, appesantito, ingrossato, arrotondato CONTR. dimagrito, magro **2** (*di terreno*) concimato, fertilizzato CONTR. impoverito, esaurito **3** (*mecc.*) unto, lubrificato.

ingrassatóre *s. m.* (*f. -trice*) lubrificatore, oliatore.

ingràsso *s. m.* **1** ingrassamento CONTR. dimagramento **2** concime, letame, concio (*tosc.*) □ concimazione.

ingratitùdine *s. f.* sconoscenza, disconoscenza, irriconoscenza (*raro*) CONTR. gratitudine, riconoscenza, memoria, obbligazione (*raro*).

ingràto *agg.* **1** (*di persona*) disconoscente, sconoscente, immemore, dimentico CONTR. grato, riconoscente, memore, obbligato **2** (*di lavoro, di ricordo, ecc.*) sgradito, improbo, penoso, sgradevole, spiacevole, faticoso, doloroso, duro, ostico, disgustoso CONTR. gradevole, gradito, gratificante, piacevole, leggero, facile, agevole.

ingravidàre ***A*** *v. tr.* rendere gravida, mettere incinta, fecondare, impregnare ***B*** *v. intr.* e **ingravidarsi** *intr. pron.* diventare gravida, restare incinta, impregnarsi CONTR. sgravarsi.

ingraziàre ***A*** *v. tr.* rendere accetto, rendere gradito CONTR. rendere sgradito ***B*** **ingraziarsi** *v. rifl.* rendersi accetto, rendersi favorevole, accattivarsi, propiziarsi, amicarsi CONTR. inimicarsi, rendere ostile.

ingrediènte *s. m.* **1** elemento, componente □ (*al pl.*) composizione **2** (*est.*) (*di romanzo, di film, ecc.*) motivo, elemento.

ingrèsso *s. m.* **1** entrata, accesso, adito, passaggio □ porta, portone, portale, soglia □ (*di autostrada*) casello □ anticamera, andito, corridoio, atrio, hall (*ingl.*), vestibolo CONTR. uscita **2** (*di personalità*) prima entrata, entrata solenne, arrivo □ prima apparizione, debutto CONTR. partenza □ ritiro.

ingrigìto *agg.* **1** incanutito **2** (*fig.*) scialbo, dimesso, trasandato CONTR. smagliante.

ingrossaménto *s. m.* aumento, crescita, sviluppo, dilatamento, espansione, ingrandimento, ispessimento □ rigonfiamento, gonfiore, nodo, nodosità, tumefazione, tumidezza, ipertrofia CONTR. calo, diminuzione, riduzione, assottigliamento □ incavatura.

ingrossàre ***A*** *v. tr.* **1** rendere grosso, accrescere, aumentare, gonfiare, ingrandire, dilatare, ispessire □ (*di vestito, ecc.*) ingrassare, ingoffare □ tumefare, enfiare CONTR. ridurre, impiccolire, restringere, assottigliare □ affilare, affusolare □ snellire, slanciare, sfinare (*fam.*) **2** (*di vento, di acque, ecc.*) gonfiare ***B*** *v. intr.* e **ingrossarsi** *intr. pron.* diventare grosso, ingrassare, appesantirsi □ allargarsi, aumentare, crescere, accrescersi, estendersi, dilatarsi, ingrandirsi □ tumefarsi, gonfiarsi, enfiarsi CONTR. dimagrire, affilarsi, scheletrirsi, smagrirsi □ calare, diminuire, scemare, ridursi.

ingrossàto *part. pass. di* **ingrossare**; *anche agg.* cresciuto □ ingrassato, appesantito, gonfiato □ tumefatto, tumido, gonfio CONTR. calato, diminuito, ridotto □ dimagrito.

ingròsso *avv. nella loc. avv. all'ingrosso* **1** in grande quantità, in grandi partite CONTR. al minuto, al dettaglio **2** a colpo d'occhio, pressappoco, all'incirca CONTR. precisamente, accuratamente.

ingrugnàre *v. intr.* e **ingrugnarsi** *v. rifl.* (*fam.*) fare il grugno, mettere il muso, ingrugnire, crucciarsi, imbronciarsi, impermalirsi, rabbuiarsi, rannuvolarsi, offendersi **CONTR.** rabbonirsi, raddolcirsi, rasserenarsi.

ingrugnàto *part. pass. di* **ingrugnare**; *anche agg.* (*fam.*) imbronciato, impermalito, rannuvolato, ingrugnito, offeso **CONTR.** lieto, ridente, sereno, gioviale, sorridente.

inguaiàre ***A*** *v. tr.* (*pop.*) mettere nei guai, mettere nei pasticci, incasinare (*volg.*), compromettere, incastrare **CONTR.** liberare, districare ***B*** **inguaiarsi** *v. rifl.* mettersi nei guai, mettersi nei pasticci, incasinarsi (*volg.*), impelagarsi, compromettersi **CONTR.** liberarsi, districarsi.

inguaiàto *part. pass. di* **inguaiare**; *anche agg.* messo nei guai, impelagato, incastrato, incasinato (*volg.*) **CONTR.** liberato, libero.

ingualcìbile *agg.* indeformabile **CONTR.** deformabile, gualcibile.

inguarìbile *agg.* incurabile, insanabile □ cronico □ (*di persona, di vizio, ecc.*) incorreggibile, inveterato, incallito **CONTR.** guaribile, sanabile, curabile, medicabile □ correggibile.

ìnguine *s. m.* (*anat.*) basso ventre, pube.

ingurgitàre *v. tr.* ingerire, inghiottire, ingoiare, trangugiare, divorare, ingollare, ingozzare, rimpinzarsi, riempirsi, spazzare via, spolverare, mangiare □ cioncare, tracannare, trincare, bere, lappare **CONTR.** rigettare, rimettere, vomitare □ assaporare, centellinare.

ingurgitàto *part. pass. di* **ingurgitare**; *anche agg.* ingerito, inghiottito, ingoiato, trangugiato, ingollato, tracannato **CONTR.** rigettato, rimesso, vomitato.

inibìre ***A*** *v. tr.* impedire, proibire, vietare, interdire □ fermare, chiudere □ (*psicol.*) castrare, bloccare, frenare, complessare, reprimere, intimidire, intimorire **CONTR.** concedere, consentire, acconsentire, accordarsi, lasciare, permettere, tollerare □ sbloccare, liberare, disinibire ***B*** **inibirsi** *v. intr. pron.* (*di persona*) bloccarsi, chiudersi **CONTR.** aprirsi, liberarsi, sbloccarsi.

inibito *part. pass. di* **inibire**; *anche agg.* e *s. m.* represso, chiuso, castrato, insicuro, complessato, bloccato, intimidito **CONTR.** disinibito, disinvolto, disimpacciato, aperto, sbloccato.

inibitóre *agg.* (*f. -trice*) *V.* **inibitorio**.

inibitòrio *agg.* proibitivo □ (*psicol.*) repressivo, castrante, inibitore, bloccante **CONTR.** liberatorio, liberatore, sbloccante.

inibizióne *s. f.* ***1*** (*dir.*) divieto, proibizione, interdizione, impedimento ***2*** (*psicol.*) blocco, chiusura, repressione, complesso □ ritegno **CONTR.** autorizzazione, concessione, licenza, permesso □ sblocco, liberazione.

INIBIZIONE
sinonimia strutturata

Due sono i campi semantici abbracciati dal termine **inibizione**. Nel linguaggio giuridico l'inibizione corrisponde all'azione con cui l'autorità giudiziaria fa cessare un comportamento lesivo; è quindi molto vicina nel significato a **divieto**, **proibizione** e **interdizione** che pure indicano il comando, l'ordine di non fare qualcosa: *a tutti è fatto divieto di entrare*; *vige la proibizione di vendere al pubblico*; *interdizione di frequentare lo stadio*; infine, nel termine **impedimento**, non molto comune in questa accezione, c'è una sfumatura lievemente diversa, perché definisce piuttosto l'ostacolare frapponendo difficoltà più che il vietare decisamente: *l'impedimento a parlare liberamente*.

La seconda area semantica di inibizione attiene invece alla psicologia, e qui la parola denomina il processo che impedisce, sospende o ritarda la normale attività nervosa o psichica, mentre nel linguaggio della psicoanalisi è la repressione delle pulsioni operata dal Super-Io o dall'Io: *soffrire di inibizioni*; *avere delle inibizioni*. L'inibizione è quindi vicina al **blocco**, che in psicologia propriamente indica un arresto improvviso del pensiero o dell'azione o un vuoto di memoria a seguito di un eccesso d'ansia: *blocco emotivo*; le inibizioni si risolvono in una **chiusura** della persona, e correntemente possono essere indicate anche con questo termine molto meno specifico che, originariamente, nel suo significato figurato, definisce l'atteggiamento di chi rifiuta drasticamente e in modo aprioristico ogni elemento nuovo e contrastante con la sua formazione.

Termine che si avvicina molto ad inibizione è **complesso**, che nel linguaggio psicoanalitico indica un insieme organizzato di rappresentazioni e ricordi, in parte o completamente inconsci, dotati di un'intensa carica affettiva, che possono determinare conflitti o disturbi, e quindi inibizioni; per estensione, nell'uso corrente il vocabolo indica la tendenza a sottovalutare sé stesso e le proprie azioni; *avere dei complessi*, in particolare, significa essere timido e timoroso degli altri, incapace di comportarsi con naturalezza, e coincide con avere delle inibizioni nel suo significato corrente. Al contrario, col termine **repressione** si definisce l'impedimento volontario e cosciente della soddisfazione di un impulso. Infine, correntemente può essere detto inibizione il **ritegno**, ossia una titubanza dettata dal riserbo, dalla discrezione: *dimmi quello che pensi senza ritegno*.

inidòneo *agg.* incapace, inabile, inefficace, inetto, disadatto, inadatto, inappropriato, insufficiente (*est.*) **CONTR.** idoneo, capace, adatto, abile, qualificato, sufficiente (*est.*), atto, confacente.

iniettàre ***A*** *v. tr.* immettere, inoculare, introdurre, far entrare **CONTR.** estrarre, levare, togliere, cavar fuori, far uscire ***B*** **iniettarsi** *v. intr. pron.* ***1*** inocularsi, farsi una iniezione ***2*** (*di occhi*) arrossarsi.

iniettàto *part. pass. di* **iniettare**; *anche agg.* ***1*** inoculato, introdotto ***2*** (*di occhi*) arrossato.

iniezióne *s. f.* ***1*** immissione, inoculazione, introduzione **CONTR.** estrazione ***2*** (*med.*) puntura (*pop.*) □ (*est.*) medicamento, medicina ***3*** (*fig.*) (*di ottimismo, di denaro, ecc.*) carica, dose.

inimicàre ***A*** *v. tr.* rendere nemico, dividere, alienare **CONTR.** riconciliare, unire ***B*** **inimicarsi** *v. intr. pron.* diventare nemico, rendersi nemico, rompere, urtarsi, guastarsi **CONTR.** propiziarsi, accattivarsi, ingraziarsi. *V. anche* DIVIDERE

inimicizia *s. f.* avversione, malevolenza, malvolere,

animosità, antipatia, malanimo, rancore, odio, astio, livore □ discordia, ostilità, tensione **CONTR.** amicizia, affetto, affezione, benevolenza, simpatia, inclinazione, amore □ concordia, intesa, armonia. *V. anche* DISCORDIA, ODIO

inimitàbile *agg.* impareggiabile, inarrivabile, incomparabile, ineguagliabile □ bellissimo, eccellente **CONTR.** imitabile, comparabile, pareggiabile, uguagliabile.

inimmaginàbile *agg.* impensabile, inconcepibile, imprevedibile, incredibile, inopinabile **CONTR.** immaginabile, pensabile, concepibile, prevedibile, credibile, ammissibile, scontato.

ininfiammàbile *agg.* incombustibile, ignifugo **CONTR.** infiammabile, combustibile.

ininfluènte *agg.* secondario, non determinante, trascurabile **CONTR.** influente, determinante, importante.

inintelligìbile *agg.* incomprensibile, inconoscibile □ confuso, oscuro □ (*di scrittura*) indecifrabile, illeggibile **CONTR.** intelligibile, chiaro, comprensibile, evidente, manifesto, palese, perspicuo, spiegabile □ decifrabile, leggibile.

ininterrottaménte *avv.* continuamente, assiduamente, consecutivamente, continuativamente, difilato, incessabilmente, incessantemente, perpetuamente, senza tregua, sempre **CONTR.** saltuariamente, discontinuamente, sporadicamente, alternativamente.

ininterrótto *agg.* continuo, assiduo, incessante, perpetuo, non stop (*ingl.*), consecutivo, continuativo, filato **CONTR.** interrotto, discontinuo, saltuario, alterno, intermittente, ricorrente, sporadico. *V. anche* PERPETUO

iniquaménte *avv.* ***1*** ingiustamente **CONTR.** equamente, giustamente, imparzialmente, spassionatamente ***2*** malvagiamente, perversamente, malamente, perfidamente, disonestamente, scelleratamente **CONTR.** bene, onestamente, rettamente.

iniquità *s. f.* ***1*** ingiustizia, parzialità □ malvagità, perversità, scelleratezza, cattiveria, disonestà, empietà, infamia, scellerataggine, sciaguratagine, ribalderia **CONTR.** equità, equanimità, giustizia, imparzialità, spassionatezza, spregiudicatezza ***2*** colpa, crimine, delitto, malefatta, misfatto, sopruso, torto, carognata (*fam.*) ***3*** (*lett.*) avversità. *V. anche* INFAMIA

inìquo *agg.* ***1*** ingiusto, parziale, tendenzioso **CONTR.** equo, giusto, imparziale, sereno, spassionato ***2*** (*est.*) malvagio, perverso, cattivo, infame, maligno, perfido, scellerato, tristo, disonesto, indegno, pravo (*lett.*), sciagurato **CONTR.** buono, onesto, probo, retto.

in itinere /*lat.* in i'tinere/ [loc. lat., propr. 'in viaggio' (*ĭter*, genit. *itĭneris*)] *loc. avv.* in corso □ durante un'attività.

inizìale ***A*** *agg.* preliminare, preparatorio, introduttivo □ aurorale, embrionale, germinale, incipiente, insorgente, rudimentale □ originale, originario, primiero (*lett.*), primigenio, primitivo, primo, primordiale, pristino □ preventivo **CONTR.** finale, terminale, conclusivo, ultimo □ intermedio ***B*** *s. f.* ***1*** (*di parola*) prima lettera ***2*** (*al pl.*) (*di nome e cognome*) monogramma, cifra □ acronimo, sigla. *V. anche* SIGLA

inizialménte *avv.* in principio, dapprincipio, originalmente, originariamente □ subito, dapprima, prima □ pregiudizialmente, preliminarmente **CONTR.** alla fine, poi, infine.

iniziàre ***A*** *v. tr.* ***1*** dare inizio, incominciare, cominciare, principiare, avviare, abbozzare, impostare, intavolare, intraprendere, introdurre, dare l'avvio, procedere, aprire, attaccare, attivare, promuovere, fondare, imbastire, annodare (*fig.*), impiantare, istituire, inaugurare, intentare (*dir.*) □ darsi, debuttare, esordire **CONTR.** finire, terminare, concludere, chiudere, completare, smettere, cessare, desistere, definire, liquidare, ultimare □ sospendere, interrompere ***2*** (*al lavoro, allo studio, ecc.*) avviare, instradare, introdurre, far conoscere, far imparare **CONTR.** distogliere, allontanare ***3*** (*ad una setta*) affiliare **CONTR.** espellere, estromettere ***B*** *v. intr.* e **iniziarsi** *intr. pron.* avere inizio, cominciare, incominciare, muovere, principiare □ (*di strada e sim.*) partire **CONTR.** finire, terminare, concludersi, culminare, sfociare □ (*di giorno, di parola*) morire (*est*), cadere.

iniziativa *s. f.* ***1*** idea, impulso, progetto, piano, proposta, spinta, primo passo, mossa □ attività **CONTR.** risultato, conclusione ***2*** intraprendenza, operosità, dinamismo, ingegnosità **CONTR.** indolenza, inerzia, noncuranza. *V. anche* INTRAPRENDENZA

iniziàto ***A*** *part. pass. di* **iniziare**; *anche agg.* ***1*** cominciato, avviato, principiato, abbozzato, intrapreso, imbastito, impostato, incominciato □ istituito, promosso, inaugurato **CONTR.** finito, terminato, concluso, cessato, chiuso, completato, ultimato □ tramontato □ smesso, sospeso, interrotto ***2*** (*al lavoro, agli studi, ecc.*) avviato, instradato, introdotto **CONTR.** distolto, allontanato ***3*** (*ad una setta*) affiliato **CONTR.** espulso ***B*** *s. m.* adepto, proselito, neofita, affiliato, seguace, aderente, catecumeno □ esperto, specialista **CONTR.** profano, estraneo. *V. anche* SEGUACE

iniziazióne *s. f.* (*ad una setta*) affiliazione, avviamento **CONTR.** espulsione, allontanamento.

inìzio *s. m.* cominciamento, principio, avvio, avviamento, spunto, mossa □ fondazione, impostazione, inaugurazione, apertura □ attacco, preludio, prima fase, fase iniziale, primordi, origine, alba, aurora, incipit (*lat.*), nascita, partenza, primavera, decollo, soglia, limitare □ debutto, esordio □ germe, radice, scaturigine □ bandolo, capo **CONTR.** fine, termine, compimento, conclusione, espletamento, chiusura, chiusa, completamento, coronamento □ tramonto, scorcio, occaso (*lett.*) □ crollo, declino □ epilogo, finale.

innalzaménto *s. m.* (*spec. fig.*) sollevamento, elevazione, elevamento, erezione, assunzione □ esaltazione, nobilitazione, miglioramento □ (*di terreno*) rialzamento, salita **CONTR.** retrocessione □ peggioramento □ abbassamento, sprofondamento.

innalzàre ***A*** *v. tr.* ***1*** levare in alto, alzare, sollevare, issare, levare **CONTR.** abbassare, calare, tirar giù, ammainare ***2*** (*di temperatura, di livello, ecc.*) fare crescere, aumentare **CONTR.** fare calare, diminuire ***3*** (*di costruzione*) elevare, costruire, edificare, erigere, drizzare, ergere, fabbricare **CONTR.** abbattere, demolire, atterrare, distruggere **4** (*fig.*) (*ad una carica, ad una dignità, ecc.*) assumere, elevare, esaltare, intronizzare, investire □ accrescere l'importanza, celebrare, glorificare, estollere (*lett.*), nobilitare **CONTR.** dimettere, detronizzare, allontanare, umiliare, scalzare, degradare, retrocedere ***B*** **innalzarsi** *v. intr. pron.* ***1*** aumentare, crescere **CONTR.** calare ***2*** (*di monte, di campanile, ecc.*) levarsi in alto, elevarsi, erigersi, ergersi, sorgere, torreggiare **CONTR.** abbassarsi ***C*** *v. rifl.* (*anche fig.*) alzarsi, volare, sollevarsi, ascendere, assurgere, salire □ nobilitarsi, migliorare □ (*fig.*) esaltarsi, insuperbirsi, inorgoglirsi, gonfiarsi, darsi arie, vanagloriarsi **CONTR.** declinare, digradare, precipitare, sprofondare □ avvilirsi, denigrarsi, deprimersi, umiliarsi.

innalzàto *part. pass. di* **innalzare**; *anche agg.* alzato, eretto, sollevato, costruito, fabbricato, sorto □ assurto □ nobilitato, migliorato, salito, elevato **CONTR.** abbassato, calato, tirato giù □ distrutto, abbattuto, demolito □ degradato, scalzato, retrocesso.

innamoraménto *s. m.* nascita dell'amore □ cotta (*scherz.*), invaghimento, infatuazione, sbandata.

innamoràre ***A*** *v. tr.* ***1*** suscitare amore, accendere d'amore **CONTR.** disamorare, disinnamorare ***2*** (*est.*) conquistare, affascinare, incantare, invogliare, ammaliare, appassionare, rapire, avvincere **CONTR.** disilludere, disgustare, dispiacere, nauseare, stomacare, allontanare ***B*** **innamorarsi** *v. intr. pron.* ***1*** (*di una persona*) invaghirsi, accendersi d'amore, infiammarsi, incapricciarsi, prendere una cotta (*scherz.*), perdere la testa, cuocersi (*raro*), invescarsi (*lett.*), ubriacarsi (*fig.*) **CONTR.** disinnamorarsi □ sdegnare, disdegnare, provare antipatia, detestare ***2*** (*est.*) (*di una cosa*) appassionarsi, entusiasmarsi, desiderare intensamente **CONTR.** disinteressarsi, fregarsene (*pop.*), sbattersene (*pop., volg.*), svogliarsi, disamorarsi ***C*** *v. rifl. rec.* sentire amore l'uno per l'altro **CONTR.** provare antipatia, detestarsi, odiarsi.

innamoràto *part. pass. di* **innamorare**; *anche agg. e s. m.* ***1*** preso da amore, cotto (*scherz.*), invaghito, infatuato □ spasimante, adoratore, corteggiatore, pretendente, ammiratore, cascamorto □ (*est.*) fidanzato, ragazzo, amante, amico, moroso (*sett.*), filarino, flirt (*ingl.*), drudo (*lett.*) **CONTR.** disinnamorato ***2*** (*est.*) (*di musica, di arte, ecc.*) affascinato, appassionato, entusiasta, patito **CONTR.** indifferente, disamorato, noncurante, insensibile.

innànzi ***A*** *avv.* ***1*** avanti, davanti, dinanzi **CONTR.** dietro ***2*** poi, in seguito **CONTR.** prima ***3*** prima, precedentemente, in passato **CONTR.** poi, oltre, dopo, in seguito, in futuro ***B*** *prep.* ***1*** davanti a, in presenza di ***2*** prima di, entro ***C*** *in funzione di agg.* (*posposto a un s.*) precedente, anteriore **CONTR.** seguente, posteriore **FRAS.** *innanzi negli anni*, anziano □ *tirare innanzi* (*fig.*), vivere alla meglio.

innanzitùtto o **innànzi tutto** *avv.* prima di tutto, in primo luogo, per prima cosa, anzitutto **CONTR.** in fine, alla fine, da ultimo.

innàto *agg.* ingenito, congenito, connaturato, insito, nativo, ereditario, naturale, connaturale, intrinseco, istintivo **CONTR.** acquisito, acquistato, appreso, contratto.

innaturàle *agg.* anormale, insolito, strano □ soprannaturale □ artificiale, artefatto, artificioso, sforzato, meccanico, teatrale **CONTR.** naturale, normale, ordinario, solito □ spontaneo.

innegàbile *agg.* inconfutabile, incontestabile, indubitabile, irrefutabile, inoppugnabile, irrecusabile, irrefragabile □ certo, evidente, sicuro, indubbio, palmare, lampante, palpabile, schiacciante **CONTR.** negabile, confutabile, contestabile, dubbio, incerto, oscuro.

innegabilménte *avv.* inconfutabilmente, irrefutabilmente, indubbiamente, certamente, sicuramente, certo, incontestabilmente, indubitabilmente, irrefragabilmente **CONTR.** per nulla, affatto (*in frase negativa*).

inneggiànte *part. pres. di* **inneggiare**; *anche agg.* osannante, festoso, plaudente **CONTR.** insultante, fischiante.

inneggiàre *v. intr.* ***1*** cantare un inno ***2*** (*fig.*) celebrare, elogiare, esaltare, glorificare, magnificare, osannare **CONTR.** ingiuriare, rimproverare, sindacare, biasimare, criticare, censurare, disapprovare, vilipendere, vituperare.

innervosìre ***A*** *v. tr.* rendere nervoso, rendere inquieto, irritare, spazientire, sovreccitare, nevrotizzare □ preoccupare, mettere in ansia **CONTR.** calmare, placare, rabbonire, rasserenare, mitigare, quietare ***B*** **innervosirsi** *v. intr. pron.* diventare nervoso, irritarsi, incollerirsi, perdere la calma, spazientirsi, inquietarsi □ preoccuparsi **CONTR.** calmarsi, placarsi, rabbonirsi, rasserenarsi, distendersi, rilassarsi, scaricarsi.

innervosito *part. pass. di* **innervosire**; *anche agg.* irritato, nervoso, incollerito, inquieto, spazientito, stranito (*raro*) **CONTR.** calmato, placato, rabbonito, rasserenato, quietato.

innescàre *v. tr.* ***1*** fornire di esca ***2*** applicare l'esca **CONTR.** disattivare, disinnescare ***3*** (*fig.*) preparare, mettere in moto, dare il via **CONTR.** fermare, arrestare.

innésco *s. m.* capsula esplosiva, detonatore □ (*fig.*) avvio.

innestàre ***A*** *v. tr.* ***1*** (*agr.*) margottare, far attecchire ***2*** (*mecc.*) (*di marcia, di congegno*) incastrare, inserire □ ingranare **CONTR.** disinnestare, levare, togliere, disinserire ***3*** (*med.*) inoculare, iniettare, vaccinare □ praticare un innesto (di organi), trapiantare ***4*** (*fig.*) (*di racconto, di brano, ecc.*) inserire, introdurre, fondere insieme ***B*** **innestarsi** *v. intr. pron.* inserirsi, sovrapporsi, aggiungersi, fondersi.

innèsto *s. m.* ***1*** (*agr.*) innestatura, marza □ (*est.*) pollone, tallo □ (*est.*) ibrido ***2*** (*mecc.*) giunto, incastro ***3*** (*med.*) trapianto □ (*raro*) inoculazione, vaccinazione ***4*** (*elettr.*) presa ***5*** (*fig.*) inserimento, introduzione.

inno *s. m.* ***1*** canto di lode, cantico, canto di vittoria, epinicio □ lauda, responsorio, salmo, sequenza ***2*** (*fig.*) (*alla libertà, alla pace, ecc.*) panegirico, lode, elogio, celebrazione.

innocènte ***A*** *agg.*; *anche s. m. e f.* ***1*** non colpevole, incolpevole, estraneo **CONTR.** reo, colpevole, responsabile □ complice, correo □ imputabile, incolpabile, incriminabile **2** (*fig.*) puro, candido, illibato, immacolato, incontaminato, vergine, ignaro, inesperto, angelico, bambinesco, ingenuo, privo di malizia, semplice □ integro, intemerato, mondo, irreprensibile, retto, schietto, virtuoso, sincero **CONTR.** contaminato, corrotto, depravato, impuro, immorale, malizioso, vizioso □ scaltro, smaliziato □ criminale, scellerato, delinquente, delittuoso **B** *s. m.* **1** (*est.*) bambino **2** (*spec. al pl.*) orfanello, trovatello.

innocenteménte *avv.* candidamente, ingenuamente, semplicemente □ irreprensibilmente, rettamente, virtuosamente **CONTR.** scaltramente, maliziosamente □ colpevolmente, immoralmente, viziosamente, peccaminosamente.

innocènza *s. f.* **1** incolpevolezza, estraneità **CONTR.** colpa, colpevolezza, reità □ complicità, correità **2** (*fig.*) purezza, purità, candore, illibatezza, incontaminatezza, ingenuità, candidezza, inesperienza, verginità, semplicità □ irreprensibilità, rettitudine **CONTR.** corruzione, depravazione, impurità, malizia, malignità, perversione, pervertimento □ scelleraggine.

innòcuo *agg.* **1** inoffensivo, non pericoloso, atossico □ (*di animale*) tranquillo, docile, mansueto **CONTR.** nocivo, velenoso, tossico, dannoso □ pericoloso **2** (*di scherzo, di malignità, ecc.*) innocente, inoffensivo **CONTR.** grave, serio, preoccupante **3** (*spreg.*) incapace, inetto, insignificante, frivolo **CONTR.** pericoloso, importante, interessante.

innominàbile *agg.* indegno, infame, nefando, turpe, vergognoso, sconcio, osceno, indecente □ tabù **CONTR.** bello, nobile, onesto, puro, degno, decente.

innovaménto *s. m. V.* **innovazione**.

innovàre **A** *v. tr.* rinnovare, riformare, aggiornare, mutare, svecchiare, ammodernare, rimodernare, modernizzare **CONTR.** invecchiare **B** **innovarsi** *v. intr. pron.* (*raro*) rinnovarsi, mutarsi, rimodernarsi, svecchiarsi, modernizzarsi **CONTR.** invecchiare, declinare, decadere.

innovatóre *s. m.*; *anche agg.* (*f. -trice*) novatore, rinnovatore, riformatore, iniziatore, caposcuola, iconoclasta, modernista, progressista, radicale □ (*di artista*) avanguardista □ (*di metodo, ecc.*) audace, avanzato, rivoluzionario **CONTR.** conservatore, tradizionalista □ rétro (*fr.*) □ (*spreg.*) reazionario, retrogrado, retrivo.

innovazióne *s. f.* rinnovamento, cambiamento, innovamento, novazione, rimodernamento, rimodernatura, rinnovazione, novità, mutamento, mutazione, riforma, rivolgimento, nuovo ordine **CONTR.** conservazione, status quo (*lat.*), reazione, retro, vecchiume (*spreg.*).

innumerévole *agg.* numerosissimo, illimitato, infinito, incalcolabile □ (*al pl.*) cento, mille, centomila **CONTR.** numerabile, calcolabile, limitato, singolare, unico.

inoculàre *v. tr.* **1** (*med.*) iniettare, introdurre, trasfondere **2** (*agr.*) innestare a occhio **3** (*fig.*) (*di odio, di sospetto, ecc.*) insinuare, ispirare, suscitare, suggerire **CONTR.** togliere, liberare.

inoffensìvo *agg.* innocuo, innocente □ mansueto, mite, pacifico, non pericoloso **CONTR.** offensivo, dannoso, nocivo, pericoloso, pernicioso, grave.

inoltràre **A** *v. tr.* (*bur.*) (*di lettera, di pratica, ecc.*) trasmettere, avviare, far proseguire □ (*est.*) inviare, mandare **CONTR.** ricevere **B** **inoltrarsi** *v. intr. pron.* procedere, proseguire, andare oltre, addentrarsi, spingersi □ (*di stagione, ecc.*) avanzare, progredire **CONTR.** arretrare, indietreggiare, regredire, retrocedere, ritirarsi. *V. anche* SPINGERE

inoltràto *part. pass. di* **inoltrare**; *anche agg.* (*di stagione, ecc.*) avanzato, profondo, pieno □ (*di notte*) alto, fondo, fatto, tardo **CONTR.** iniziato □ finito.

inóltre *avv.* oltre a ciò, per di più, poi, altresì (*lett.*).

inondàre *v. tr.* **1** allagare, sommergere □ bagnare abbondantemente **CONTR.** asciugare, prosciugare **2** (*fig.*) (*di notizie, di prodotti, ecc.*) invadere, pervadere, riempire, riversare in grande quantità.

inondàto *part. pass. di* **inondare**; *anche agg.* **1** allagato, sommerso **2** (*fig.*) (*da pubblicità o da prodotti, ecc.*) invaso, pieno, riempito, occupato.

inondazióne *s. f.* **1** alluvione, allagamento, illuvie, diluvio, proluvie (*lett.*), piena, straripamento **2** (*fig.*) (*di notizie, di prodotti, ecc.*) grande quantità, invasione, larga diffusione, valanga (*fig.*).

inoperosaménte *avv.* oziosamente, accidiosamente, neghittosamente, in panciolle **CONTR.** attivamente, alacremente, laboriosamente.

inoperosità *s. f.* inattività, inerzia, poltronaggine, ozio, oziosità, accidia, infingardaggine, neghittosità, poltroneria, scioperataggine **CONTR.** alacrità, attività, attivismo, laboriosità, operosità, solerzia.

inoperóso *agg.* inattivo, inerte, passivo, addormentato, ozioso, accidioso, infingardo, neghittoso, poltrone, scioperato, fannullone **CONTR.** alacre, attivo, efficiente, laborioso, operoso, solerte.

inopinàbile *agg.* (*lett.*) impensabile, imprevedibile, inconcepibile, inimmaginabile, incredibile, strano, imprevisto, inatteso, inaspettato, improvviso, subitaneo **CONTR.** atteso, immaginabile, pensabile, prevedibile, previsto.

inopinàto *agg.* impensato, improvviso, imprevisto, inatteso, inaspettato, subitaneo **CONTR.** aspettato, atteso, previsto, supposto, presunto.

inopportunaménte *avv.* intempestivamente, importunamente, indiscretamente, sconvenientemente **CONTR.** opportunamente, convenientemente, debitamente, tempestivamente.

inopportunità *s. f.* intempestività, importunità, inconvenienza, sconvenienza, infelicità □ insistenza, indiscrezione **CONTR.** opportunità, convenienza, tempestività.

inopportùno *agg.* intempestivo, fuori luogo, fuor di proposito, infelice □ noioso, importuno, insistente, seccante, molesto, petulante □ disdicevole, improprio, sconveniente **CONTR.** opportuno, conveniente, tempestivo, provvidenziale, utile, adatto, appropriato, debito, giusto, idoneo, proprio.

inoppugnàbile *agg.* inconfutabile, innegabile, incontestabile, indiscutibile, incontrovertibile, incontrastabile, inappellabile, indiscusso, irrepugnabile □

evidente, certo, apodittico, schiacciante, lampante CONTR. oppugnabile, discutibile, negabile (*raro*), confutabile, incerto, contestabile, controverso, problematico.

inorganicaménte *avv.* disorganicamente, disordinatamente, frammentariamente CONTR. organicamente, ordinatamente, sistematicamente.

inorganicità *s. f.* disorganicità, frammentarietà, asistematicità CONTR. organicità, sistematicità.

inorgànico *agg.* disorganico, disarmonico, disordinato, sconnesso, slegato, frammentario, asistematico, confuso CONTR. organico, armonico, omogeneo, ordinato, organizzato, ben congegnato, sistematico.

inorgoglìre ***A*** *v. tr.* rendere orgoglioso, imbaldanzire, ringalluzzire, insuperbire CONTR. abbattere, deprimere, mortificare, umiliare ***B*** *v. intr.* e **inorgoglirsi** *intr. pron.* insuperbirsi, gonfiarsi, imbaldanzirsi, ringalluzzirsi CONTR. abbattersi, avvilirsi, accasciarsi, disanimarsi, scoraggiarsi.

inorgoglito *part. pass. di* **inorgoglire**; *anche agg.* insuperbito, gonfio, tronfio, imbaldanzito, ringalluzzito, montato, gasato (*fam.*) CONTR. umiliato, umile, abbattuto.

inorridire ***A*** *v. tr.* suscitare orrore, raccapricciare, agghiacciare, spaventare, atterrire, terrorizzare CONTR. allettare, attirare, attrarre, lusingare ***B*** *v. intr.* provare orrore, spaventarsi, atterrirsi, allibire, raccapricciare, rabbrividire CONTR. essere allettato, essere attratto, essere incantato.

inorridito *part. pass. di* **inorridire**; *anche agg.* esterrefatto, allucinato, agghiacciato, terrorizzato.

inospitàle *agg.* ***1*** (*di persona*) non ospitale □ incivile, ineducato, maleducato, scortese, sgarbato CONTR. ospitale □ cortese, educato, garbato, civile ***2*** (*di luogo*) disagevole, inospite (*lett.*), inabitabile, scomodo, selvaggio CONTR. accogliente, ameno, abitabile, comodo.

inospitalità *s. f.* mancanza di ospitalità □ inciviltà, scortesia CONTR. ospitalità □ civiltà, cortesia.

inosservànza *s. f.* trasgressione, inadempienza, inadempimento, noncuranza, omissione, disubbidienza, contravvenzione, deroga, infrazione, inottemperanza, violazione CONTR. osservanza, adempimento, ubbidienza, diligenza, scrupolosità, rispetto. *V. anche* DEROGA

inosservàto *agg.* ***1*** non visto, inavvertito CONTR. visto, osservato, avvertito ***2*** (*di dovere, di norma, ecc.*) inadempiuto, disatteso, omesso, trascurato, trasgredito CONTR. adempiuto, osservato, rispettato.

in primis /*lat.* in 'primis/ [loc. lat., propriamente 'tra le prime (cose)'] *loc. avv.* innanzitutto, in primo luogo, prima di tutto CONTR. infine, da ultimo.

input /*ingl.* 'input/ [vc. ingl., letteralmente 'ciò che è messo (*put*) dentro (*in*)'] *s. m. inv.* ***1*** (*elab.*) introduzione dei dati CONTR. output (*ingl.*) ***2*** (*est.*) elementi iniziali, dati iniziali CONTR. risultato ***3*** (*fig.*) avvio CONTR. esito.

inquadràre ***A*** *v. tr.* ***1*** incorniciare, contornare, filettare □ (*di bersaglio*) centrare □ (*foto, cine.*) riprendere ***2*** (*est.*) (*di persona, di opera, ecc.*) dare il giusto rilievo, inserire, collocare, contestualizzare □ carpire, mettere a fuoco ***3*** (*mil.*) ordinare nei quadri, distribuire nei reparti ***4*** (*di impiegati, di lavoratori*) inserire nei ruoli, mettere in ruolo ***5*** (*fig., spreg.*) irregimentare ***B*** **inquadrarsi** *v. intr. pron.* collocarsi, inserirsi, disporsi.

inquadràto *part. pass. di* **inquadrare**; *anche agg.* (*fig., spreg.*) irregimentato, allineato, integrato, inserito.

inquadratùra *s. f.* ***1*** ripresa, immagine □ incorniciatura, inquadramento ***2*** (*est.*) inserimento nei ruoli.

inqualificàbile *agg.* ***1*** (*raro*) indeterminabile, indefinibile ***2*** biasimevole, criticabile, riprovevole, indegno, spregevole, turpe, vergognoso CONTR. ammirevole, ammirabile, encomiabile, lodevole, meritorio, degno, pregevole.

in quànto ***A*** *avv.* come, in qualità di ***B*** *cong.* ***1*** perché, poiché, per il fatto che ***2*** quanto FRAS. *in quanto a*, rispetto a, per quanto riguarda.

inquartàto *agg.* robusto, massiccio, tarchiato, atticciato CONTR. gracile, delicato.

inquietaménte *avv.* agitatamente, nervosamente, irrequietamente, tumultuosamente, turbolentemente CONTR. tranquillamente, serenamente, olimpicamente, pacificamente.

inquietànte *part. pres. di* **inquietare**; *anche agg.* allarmante, preoccupante □ (*di tono, ecc.*) allarmistico □ conturbante CONTR. rassicurante, confortante, incoraggiante, rasserenante.

inquietàre ***A*** *v. tr.* affliggere, angustiare, crucciare, impensierire, scuotere, turbare, conturbare, perturbare, travagliare □ agitare, molestare, irritare □ preoccupare, allarmare, impaurire CONTR. calmare, acquietare, rassicurare, tranquillizzare, rasserenare ***B*** **inquietarsi** *v. intr. pron.* angustiarsi, affliggersi, impensierirsi, turbarsi, rabbuiarsi, allarmarsi, impaurirsi, preoccuparsi, scuotersi □ smaniare, agitarsi □ impazientirsi, spazientirsi, adirarsi, crucciarsi, irritarsi, stizzirsi CONTR. calmarsi, acquietarsi, rassicurarsi, tranquillizzarsi, rasserenarsi, tranquillarsi (*lett.*). *V. anche* SCUOTERE

inquièto *agg.* ***1*** ansioso, apprensivo, impensierito, preoccupato, turbato, conturbato, trepidante, affannato, trepido, teso □ concitato, smanioso, irrequieto □ (*di periodo, di malato, ecc.*) agitato, travagliato, tumultuante, tumultuoso, turbolento, tempestoso CONTR. calmo, pacato, posato, olimpico, placido, serafico □ sereno, tranquillo ***2*** crucciato, irritato, stizzito, innervosito CONTR. bonario, conciliante, accomodante, arrendevole.

inquietùdine *s. f.* ***1*** apprensione, affanno, ansia, angustia, ansietà, trepidazione □ smania, nervoso, nervosismo, agitazione, emozione, turbamento, impazienza, irrequietezza, irrequietudine, malessere CONTR. pacatezza, placidità, serenità, sicurezza, tranquillità, sangue freddo, olimpicità, filosofia (*fig.*) ***2*** cruccio, pena, preoccupazione, angoscia, cura (*lett.*), tormento, travaglio, pensiero, tribolazione, paura, rodimento □ (*di epoca, ecc.*) tumulto, turbolenza, sconvolgimento, scombussolamento, fermento CONTR. tranquillità, pace, calma, quiete. *V. anche* ANGOSCIA, PAURA, TIMORE

inquilìno *s. m.* pigionante, pigionale, affittuario, fittuario, locatario, conduttore (*dir.*) **CONTR.** locatore, proprietario, padrone di casa.

inquinaménto *s. m.* **1** contaminazione, infezione, avvelenamento, contagio, corrompimento, degrado, alterazione, polluzione, ammorbamento, impurità, intorbidamento, intossicazione **CONTR.** disinquinamento, disinfestazione, disinfezione, depurazione, depuramento, risanamento, bonifica, decontaminazione **2** (*dir.*) (*di prove*) alterazione, manomissione, deviazione, occultamento.

INQUINAMENTO
sinonimia strutturata

Si chiama **inquinamento** l'operazione o il risultato dell'infettare qualcosa con germi o sostanze nocive, e anche l'introduzione nell'ambiente naturale di sostanze chimiche o biologiche, o di fattori chimici, in grado di provocare disturbi o danni all'ambiente stesso: *inquinamento del suolo, atmosferico, acustico, marino*; *lotta contro l'inquinamento*. In particolare, la contaminazione con germi infettivi, ossia patogeni, viene indicata specificamente con i termini **infezione** e **contagio**, vocabolo quest'ultimo che si differenzia perché definisce specificamente la trasmissione per contatto: *prevenire il contagio*; *contagio indiretto*. Il termine **avvelenamento** invece si riferisce all'assunzione o all'immissione nell'ambiente circostante sia di veleno vero e proprio sia di sostanze più generalmente dannose: *avvelenamento delle acque*; *l'avvelenamento dell'aria nelle città è dovuto in gran parte alle automobili*; nel primo caso si avvicina molto ad **intossicazione**, che designa appunto lo stato morboso dovuto all'azione di sostanze tossiche: *intossicazione da alcol*.

Di uso corrente è **contaminazione**, che indica l'insudiciare introducendo sostanze nocive e producendo guasti: *la contaminazione con rifiuti delle acque di un fiume*. **Corrompimento** e **ammorbamento** si contraddistinguono perché si riferiscono solitamente all'aria: *il corrompimento dell'aria nella zona industriale*; *l'ammorbamento provocato dalla discarica*; l'**intorbidamento**, invece, è proprio dei liquidi: *l'intorbidamento del mare vicino agli scarichi*. Il risultato di tutti i processi denominati dai termini precedenti è l'**impurità**, ossia la condizione di ciò che contiene elementi eterogenei o che è sporco: *l'impurità dell'aria, dell'acqua*; il vocabolo può anche indicare ciò che rende impuro qualcosa: *liberare un liquido dalle impurità*. Il **degrado** è il deterioramento che consegue all'inquinamento: *degrado urbano*; meno forte il termine **alterazione**, che pure indica lo scadimento ma che può indicare anche un semplice cambiamento non necessariamente in peggio: *l'inquinamento ha portato all'alterazione dell'ecosistema*.

In campo giuridico infine si adopera spesso l'espressione *inquinamento di prove*, che indica l'intervenire fraudolentemente sui mezzi di prova giudiziaria allo scopo di alterarli a proprio vantaggio; in questo senso corrisponde all'**alterazione**, alla **manomissione** e alla **deviazione** di prove, ossia al modificarle per utilità propria o altrui senza averne il diritto; quando queste ultime vengono non solo contraffatte ma nascoste, si parla di **occultamento** di prove.

inquinànte *part. pres. di* **inquinare**; *anche agg.* contaminante, infestante, degradante **CONTR.** disinquinante, disinfestante, disinfettante, purificante, depuratore, depurativo □ verde.

inquinàre *v. tr.* **1** infettare, avvelenare, contaminare, infestare, insozzare, guastare, degradare, alterare, appestare, intorbidare, intossicare, sporcare **CONTR.** disinquinare, disinfestare, disinfettare, depurare, risanare, bonificare, decontaminare **2** (*fig.*) corrompere, depravare, pervertire, viziare, traviare **CONTR.** educare, correggere. *V. anche* GUASTARE

inquinàto *part. pass. di* **inquinare**; *anche agg.* **1** infettato, infetto, intossicato, avvelenato, contaminato, infestato, degradato, alterato, sporco, impuro, putrescente □ (*di acqua*) putrido □ (*di aria*) irrespirabile, viziato **CONTR.** disinquinato, disinfestato, disinfettato, purificato, depurato □ chiaro, puro □ respirabile, sano **2** (*fig.*) alterato, corrotto, pervertito **CONTR.** educato, corretto.

inquirènte **A** *agg.* (*dir.*) inquisitore, istruttore **CONTR.** inquisito □ accusato, imputato **B** *s. m.* organo inquisitore, requirente, inquisitore.

inquisìre **A** *v. tr.* scandagliare, scrutare, investigare □ (*dir.*) sottoporre a indagini, sottoporre a inchiesta **B** *v. intr.* indagare, investigare, cercar di sapere, spiare.

inquisitóre **A** *agg.* (*f. -trice*) indagatore □ inquisitorio, inquisitivo **B** *s. m.* inquirente, requirente.

inquisitòrio *agg.* indagatore, inquisitore, interrogativo, sospettoso □ di inquisitore, da inquisitore, inquisitivo, investigativo, poliziesco (*spreg.*) **CONTR.** benevolo, benigno, bonario. *V. anche* SEVERO

inquisizióne *s. f.* **1** (*relig.*) tribunale ecclesiastico **2** (*est.*) indagine, interrogatorio □ (*ant.*) inchiesta, ricerca.

insabbiaménto *s. m.* (*fig.*) (*di pratica, di proposta, ecc.*) blocco, sospensione, arresto, occultamento, accantonamento **CONTR.** disbrigo.

insabbiàre **A** *v. tr.* **1** coprire di sabbia **2** (*fig.*) (*di pratica, di proposta, ecc.*) non far procedere, arrestare, fermare, interrompere, ostacolare, bloccare, sospendere □ (*est.*) celare, occultare, nascondere **CONTR.** sbrigare **B** **insabbiarsi** *v. intr. pron.* **1** coprirsi di sabbia **2** (*di natante*) arenarsi, incagliarsi **3** (*fig.*) (*di pratica, di proposta, ecc.*) non procedere, arrestarsi, interrompersi, fermarsi, bloccarsi **CONTR.** muoversi, sbloccarsi, procedere.

insaccàre **A** *v. tr.* **1** mettere in un sacco **2** (*di carne*) mettere nei budelli **3** (*fig.*) ammucchiare, pigiare, stipare **4** (*di persona*) infagottare, vestire goffamente **5** (*pop.*) mangiare avidamente, inghiottire, ingurgitare **B** **insaccarsi** *v. rifl.* infagottarsi, vestirsi goffamente **C** *v. intr. pron.* **1** (*cadendo*) rientrare in sé **2** pigiarsi, stiparsi.

insaccàto **A** *part. pass. di* **insaccare**; *anche agg.* **1** messo in un sacco **2** (*di carne*) messo in budelli **B** *s. m. spec. al pl.* salume.

insalàta *s. f.* **1** erbe condite **2** (*fig.*) (*di cose*) confusione, mescolanza, accozzaglia, caos, centone, cibreo, congerie, intruglio, guazzabuglio, macedonia **FRAS.** *in insalata*, condito con olio, sale e aceto □ *insalata caprese*, a base di pomodori, mozzarella e olive □ *insalata di mare*, di frutti di mare □ *insalata russa*, di verdure cotte, sottaceti, uova sode e maionese □ *insalata di frutta*, macedonia.

insalatièra *s. f.* terrina, ciotola **FRAS.** *insalatiera d'argento* (*tennis*), il trofeo d'argento che premia i vincitori della 'Coppa Davis'.

insalùbre *agg.* malsano, dannoso, deleterio, nocivo, pericoloso, pernicioso, venefico (*est.*) **CONTR.** salubre, puro, salutare, sano, benefico, giovevole, vantaggioso. *V. anche* DANNOSO

insalubrità *s. f.* dannosità, nocività **CONTR.** salubrità, sanità.

insanàbile *agg.* **1** incurabile, inguaribile, mortale □ cronico □ irrimediabile **CONTR.** curabile, guaribile □ rimediabile **2** (*fig.*) (*di dolore, di odio, ecc.*) irriducibile, implacabile, ineliminabile **CONTR.** placabile, riducibile.

insània *s. f.* pazzia, follia, dissennatezza, demenza, psicopatia, alienazione, delirio, mania, vaneggiamento **CONTR.** lucidità, raziocinio, saggezza, senno, sensatezza, sanità mentale, giudizio, criterio.

insàno *agg.* **1** (*lett.*) demente, matto, pazzo, psicopatico **CONTR.** sano, normale **2** (*est.*) (*di passione, di desiderio, ecc.*) folle, forsennato, dissennato, maniaco, delirante, stolto, malsano □ disonesto, torbido, impuro **CONTR.** lucido, ragionevole, saggio, sensato, assennato, giudizioso □ onesto, puro. *V. anche* MATTO

insaponàre *v. tr.* **1** lavare col sapone **2** (*fig.*) adulare, lusingare, lisciare, incensare **CONTR.** denigrare, disprezzare, infamare.

insaponàta *s. f.* **1** insaponatura **2** (*fig.*) adulazione, lisciata **CONTR.** critica, denigrazione.

insaponatùra *s. f. V.* **insaponata**.

insapóre *V.* **insaporo**.

insaporìre **A** *v. tr.* dare sapore, saporire, condire, speziare **CONTR.** insipidire **B** **insaporirsi** *v. intr. pron.* diventare saporito, acquistare sapore **CONTR.** insipidire.

insapóro o **insapòro** *agg.* senza sapore, insipido, sciocco (*tosc.*), insulso (*raro*) **CONTR.** saporito, gustoso, succulento.

insapùta *s. f. solo nella loc. prep. all'insaputa*, senza che si sappia, senza mettere al corrente, di nascosto **CONTR.** con preavviso.

insaziàbile *agg.* (*anche fig.*) ingordo, goloso, vorace, avido, inappagabile, incontentabile, sfondato (*fam.*) **CONTR.** saziabile, appagabile, contentabile, pago, sazio, satollo, soddisfatto.

insaziabilità *s. f.* (*anche fig.*) ingordigia, voracità, avidità, incontentabilità **CONTR.** saziabilità, appagamento.

insaziabilménte *avv.* (*anche fig.*) ingordamente, voracemente, avidamente, incontentabilmente **CONTR.** saziabilmente, moderatamente, scarsamente, poco.

inscenàre *v. tr.* **1** (*di spettacolo*) mettere in scena, allestire, rappresentare **2** (*fig.*) (*di lite, di dimostrazione, ecc.*) fare pubblicamente, preparare ostentatamente.

inscindìbile *agg.* imprescindibile, inseparabile, indissociabile, indissolubile, indivisibile **CONTR.** scindibile, separabile, divisibile.

inscindibilménte *avv.* inseparabilmente, indivisibilmente, indissolubilmente **CONTR.** liberamente.

insecchìre **A** *v. tr.* rendere secco, seccare, disseccare, inaridire, prosciugare **CONTR.** ingrassare, impinguare **B** *v. intr.* diventare secco, seccarsi, disseccarsi, inaridirsi, prosciugarsi, asciugarsi □ dimagrire, smagrire, emaciarsi, scarnirsi, affilarsi, allampanarsi, assottigliarsi, spolparsi, scheletrirsi **CONTR.** ingrassarsi, impinguarsi, rimpolparsi, irrobustirsi.

insediaménto *s. m.* **1** presa di possesso, ingresso, investitura **CONTR.** congedo, esonero, estromissione, licenziamento □ dimissione **2** installazione □ stanziamento □ abitato.

insediàre **A** *v. tr.* fare prendere possesso, investire, elevare **CONTR.** congedare, esautorare, esonerare, estromettere, destituire, licenziare **B** **insediarsi** *v. intr. pron.* **1** prendere possesso, entrare in carica **CONTR.** dimettersi **2** (*di popolazioni, di gruppi e sim.*) installarsi, stanziarsi, stabilirsi, fermarsi □ popolare **CONTR.** trasferirsi, partire.

inségna *s. f.* **1** segno, simbolo, distintivo, segnale, segnacolo (*lett.*) □ (*spec. al pl.*) divisa, abito, paramento **2** (*di città, di famiglia, ecc.*) stemma, arme □ (*lett.*) motto **3** (*di esercito, di squadra, ecc.*) vessillo, bandiera, stendardo, gonfalone, pennone, labaro, banda **4** (*di negozio, di via, ecc.*) targa □ cartello indicatore.

insegnaménto *s. m.* **1** ammaestramento, addestramento, addottrinamento, educazione, istruzione, scuola □ disciplina, dottrina, materia, lezione □ didattica **2** (*est.*) (*di insegnante*) professione, magistero, docenza □ cattedra **3** (*del vangelo, di Platone, ecc.*) precetto, predicazione, ammaestramento, consiglio, indicazione, ammonimento, massima, morale, messaggio, parola, dettame, regola, voce. *V. anche* MASSIMA, MORALE

insegnànte **A** *part. pres. di* **insegnare**; *anche agg.* docente **CONTR.** discente **B** *s. m.* e *f.* docente, maestro, professore, aio (*ant.*), didatta, educatore, istitutore, istruttore, pedagogo, precettore **CONTR.** allievo, alunno, discente, studente, discepolo, scolaro, seguace.

insegnàre **A** *v. tr.* **1** far imparare, far apprendere, istruire, esporre, spiegare □ addottrinare, addestrare, ammaestrare, educare, disciplinare (*lett.*), indirizzare □ predicare, catechizzare, inculcare **CONTR.** apprendere, imparare, impratichirsi **2** (*di strada, di segreto, ecc.*) indicare, mostrare, additare, accennare, rivelare, dimostrare **CONTR.** nascondere **B** *v. intr.* fare l'insegnante, fare il professore. *V. anche* EDUCARE

inseguiménto *s. m.* tallonamento, caccia, pedinamento **CONTR.** fuga.

inseguìre *v. tr.* **1** correre dietro, incalzare, rincorrere, tallonare, braccare, premere, cacciare, serrare **CONTR.** fuggire, scappare, filare, svignarsela, prendere il largo, darsela a gambe **2** (*fig.*) (*di sogni, di sco-

pi, ecc.) cercare di raggiungere, vagheggiare, perseguire.

inseguìto *part. pass. di* **inseguire**; *anche agg.* rincorso, incalzato, tallonato, ricercato □ (*fig.*) (*di sogni, di scopi, ecc.*) vagheggiato, perseguito.

inseguitóre *s. m.* (*f. -trice*); *anche agg.* segugio (*fig.*), investigatore **CONTR.** inseguito.

inselvatichìre ***A*** *v. tr.* ***1*** (*anche fig.*) rendere selvatico **CONTR.** dirozzare, incivilire, ingentilire ***2*** (*fig.*) inasprire, irritare **CONTR.** ingentilire, incivilire ***B*** *v. intr.* e **inselvatichirsi** *intr. pron.* ***1*** (*anche fig.*) diventare selvatico **CONTR.** dirozzarsi, incivilirsi ***2*** (*di persona*) divenire intrattabile **CONTR.** incivilire, ingentilirsi.

inselvatichìto *part. pass. di* **inselvatichire**; *anche agg.* ***1*** (*anche fig.*) diventato selvatico **CONTR.** coltivato, incivilito ***2*** (*di persona*) intrattabile, rozzo **CONTR.** civile, gentile.

inseminàre *v. tr.* fecondare.

inseminazióne *s. f.* fecondazione.

insenatùra *s. f.* rientranza, seno, rada, baia, golfo, cala, calanca, fiordo, porto □ (*di fiume*) curvatura, grembo (*lett.*), sacca **CONTR.** promontorio, punta.

insensataménte *avv.* scioccamente, stoltamente, stupidamente, dissennatamente, balordamente, pazzescamente, a vanvera, storditamente **CONTR.** assennatamente, sensatamente, saggiamente, giudiziosamente, saviamente, seriamente.

insensatézza *s. f.* insensataggine (*raro*), squilibrio, stoltezza, sciocchezza, stupidaggine, balordaggine, dissennatezza, melensaggine, scempiaggine, insulsaggine, storditaggine, vaneggiamento **CONTR.** senno, saggezza, sensatezza, ragionevolezza, spirito, criterio, giudizio, buonsenso, cervello.

insensàto *agg.* ***1*** stolto, sciocco, stolido, stupido, balordo, melenso, dissennato, irragionevole, scriteriato, stordito, scimunito, cretino, fatuo, idiota, pazzo, scemo **CONTR.** assennato, ragionevole, sensato, savio, avveduto, spiritoso, sveglio ***2*** (*di ragionamento, di lavoro, ecc.*) assurdo, inspiegabile, ingiustificato, delirante, paradossale, pazzesco, sballato (*fam.*), immotivato **CONTR.** sensato, ragionato, giustificato, motivato, spiegabile, logico. *V. anche* ASSURDO

insensìbile *agg.* ***1*** (*di cosa*) impercettibile, inavvertibile, leggerissimo, lievissimo, minimo **CONTR.** sensibile, percettibile, avvertibile, visibile, forte ***2*** (*di arto, ecc.*) addormentato, anestetizzato ***3*** (*fig.*) (*di persona*) impassibile, indifferente, imperturbabile, sordo, coriaceo, refrattario (*fig.*), vaccinato, distaccato □ (*est.*) freddo, duro, spietato, arido, cinico, disumano, frigido, glaciale, inflessibile, incallito (*fig.*), indurito (*fig.*) □ indolente, apatico, inerte **CONTR.** sensibile, sensitivo, delicato, impressionabile, emotivo, ricettivo, vulnerabile, fragile, eccitabile, emozionabile □ affettuoso, buono, soccorrevole.

insensibilità *s. f.* ***1*** mancanza di sensibilità, impercettibilità, estrema leggerezza **CONTR.** percettibilità ***2*** (*di arto, ecc.*) intorpidimento ***3*** (*di persona*) impassibilità, imperturbabilità, indifferenza, distacco, impenetrabilità, refrattarietà (*fig.*), sordità □ (*est.*) freddezza, frigidezza, frigidità, durezza, callo (*fig.*), aridità, cinismo □ passività, apatia, inerzia **CONTR.** sensibilità, sensitività, delicatezza, impressionabilità, ricettività, emotività, cuore, sentimento, gentilezza d'animo.

insensibilménte *avv.* ***1*** inavvertibilmente, impercettibilmente, leggerissimamente, lievissimamente **CONTR.** sensibilmente, percettibilmente ***2*** freddamente, duramente.

inseparàbile *agg.* indivisibile, inscindibile, strettamente connesso, inerente, indissociabile **CONTR.** divisibile, separabile, isolato, disgiungibile, scindibile.

inseparabilità *s. f.* indivisibilità, inscindibilità, indissolubilità **CONTR.** divisibilità, separabilità, scomponibilità.

inseriménto *s. m.* inserzione, immissione, introduzione, insinuazione, inclusione, innesto, innesco, interposizione □ (*fig.*) (*di testo, ecc.*) interpolamento, interpolazione □ (*fig.*) (*di persona*) integrazione, ambientamento **CONTR.** estrazione, disinnesco □ estrapolazione, lacuna □ isolamento, emarginazione.

inserìre ***A*** *v. tr.* ***1*** introdurre, infilare, immettere □ ficcar dentro, conficcare, piantare, incastrare, calettare □ (*di marcia*) innestare, ingranare **CONTR.** disinserire, estrarre, levare, togliere, disinnestare ***2*** (*fig.*) (*di nome, di scritto, ecc.*) includere, integrare, interpolare, intercalare, incassare (*ling.*) **CONTR.** escludere, togliere, depennare, stralciare ***3*** (*fig.*) accogliere, integrare **CONTR.** isolare, emarginare ***B*** **inserirsi** *v. intr. pron.* ***1*** (*di cosa*) unirsi, congiungersi, attaccarsi, entrare, incastrarsi, ingranare □ (*fig.*) inquadrarsi, innestarsi (*fig.*) **CONTR.** staccarsi, disunirsi ***2*** (*fig.*) (*di persona*) entrare a far parte, introdursi, insinuarsi, integrarsi, ambientarsi, socializzare, radicarsi □ interferire, mischiarsi, frapporsi, intromettersi, ingerirsi **CONTR.** staccarsi, andarsene, allontanarsi, isolarsi, emarginarsi.

inserìto *part. pass. di* **inserire**; *anche agg.* ***1*** introdotto, messo, immesso, piantato, ingranato, incastrato □ funzionante, operativo **CONTR.** disinserito, inattivo, cavato, estratto ***2*** (*fig.*) (*di scritto, di racconto, ecc.*) incluso, interpolato, intercalato **CONTR.** escluso, tolto ***3*** (*di persona*) introdotto, adattato, integrato, ambientato □ allineato, inquadrato **CONTR.** emarginato, disadattato, disambientato, déraciné (*fr.*), spaesato, sperduto, sperso, sradicato.

insèrto *s. m.* fascicolo, incartamento, foglio, cartella, documento, pratica.

inservìbile *agg.* inutilizzabile, inutile, inagibile (*est.*), irrecuperabile, fuori uso, inefficiente **CONTR.** servibile, adoperabile, utilizzabile, usabile, fruibile, utile, in uso.

inserviènte *s. m.* e *f.* servitore, garzone, fattorino, uomo di fatica, messo, galoppino □ bidello **CONTR.** padrone, dirigente, superiore.

inserzióne *s. f.* ***1*** incastro, interposizione, introduzione □ (*fig.*) inserimento, inclusione **CONTR.** estrazione ***2*** (*nei giornali*) annuncio, avviso, notizia, pubblicità, réclame (*fr.*) ***3*** (*ling.*) epentesi.

insetticìda *s. m.*; *anche agg.* antiparassitario, disinfestante.

insètto *s. m.* ***1*** bacherozzo ***2*** (*fig.*) persona sprege-

vole, meschino, verme (*fig.*).
insicurézza *s. f.* incertezza, perplessità, indecisione, irresolutezza, smarrimento, timidezza, fragilità □ complesso □ (*di cosa, di momento, ecc.*) pericolosità, problematicità, precarietà **CONTR.** certezza, risolutezza, sicurezza, decisione.
insicùro *agg.*; *anche s. m.* incerto, malsicuro, indeciso, irresoluto, perplesso, cacadubbi (*pop., spreg.*), titubante, timido □ complessato, fragile □ (*di esito e sim.*) opinabile □ (*di equilibrio, di passo, ecc.*) barcollante, instabile, precario, malfermo **CONTR.** certo, risoluto, sicuro, deciso, baldo, energico □ affidabile □ assicurato, garantito. *V. anche* INCERTO, TIMIDO
insìdia *s. f.* ***1*** inganno, agguato, tranello, trama, intrigo, imboscata, trappola, trabocchetto, tagliola, macchinazione, sotterfugio, stratagemma, truffa, raggiro, ragnatela, rete, tela □ (*est.*) pericolo nascosto, sirte (*lett.*) ***2*** (*fig.*) lusinga, allettamento, seduzione, suggestione, malia.
insidiàre *v. tr.* e *intr.* tendere insidie, ordire inganni, tramare, macchinare, complottare, intrigare □ circuire, circonvenire, irretire, abbindolare, sedurre, tentare □ (*di salute, di reputazione*) minare, attentare **CONTR.** mostrarsi apertamente, combattere apertamente. *V. anche* SEDURRE
insidiosaménte *avv.* pericolosamente, fraudolentemente **CONTR.** apertamente, lealmente.
insidióso *agg.* ingannevole, pieno d'insidie, fraudolento, fallace, infido **CONTR.** aperto, franco, leale, schietto, sincero.
insième ***A*** *avv.* ***1*** in compagnia, assieme □ unitamente, congiuntamente, collegialmente, coralmente □ promiscuamente **CONTR.** separatamente, partitamente (*lett.*), spicciolatamente, sparpagliatamente □ disgiuntamente, isolatamente ***2*** nello stesso tempo, contemporaneamente, simultaneamente **CONTR.** prima, dopo, successivamente ***3*** vicendevolmente, l'un l'altro **CONTR.** separatamente ***B*** *in funzione di s. m.* ***1*** totalità, complesso, corpus (*lat.*), sistema, struttura, architettura, compagine, contesto □ aggregato, aggregazione, agglomerato, raggruppamento, grappolo, teoria (*lett.*), fascio, mucchio, moltitudine □ (*di gomme*) treno □ (*di macchine e sim.*) parco □ accozzaglia, ammasso, guazzabuglio, congerie, ibrido, composto, impasto, collage (*fr.*), somma □ (*di biancheria, ecc.*) set (*ingl.*), parure (*fr.*), ensemble (*fr.*), coordinato, completo □ (*di scelte, ecc.*) gamma, rosa, ventaglio, serie □ (*di persone*) frotta, stuolo, gruppo, schieramento, ensemble (*fr.*) **CONTR.** parte, porzione, frazione, elemento, particolare, particolarità ***2*** (*mat.*) collezione, classe, aggregato ***3*** (*raro*) accordo, armonia, affiatamento **CONTR.** disaccordo, discordia **FRAS.** *mettersi insieme*, unirsi, associarsi, convivere □ *mettere insieme*, raccogliere, organizzare, allestire □ *stare bene insieme*, andare d'accordo, armonizzare.
insìgne *agg.* (*di persona*) famoso, illustre, chiaro, distinto, nobile, rinomato, considerevole, ragguardevole, cospicuo, eccellente, alto, celebre, conosciuto, degno, emerito, eminente, esimio, glorioso, inclito, preclaro, segnalato, sommo, spiccato □ (*di monumento e sim.*) di gran pregio, di gran valore, importante, sublime, notevole **CONTR.** oscuro, ignorato, ignoto, trascurato, insignificante. *V. anche* FAMOSO
insignificànte *agg.* ***1*** (*di persona, di stile, ecc.*) privo di interesse, privo di personalità, mediocre, banale, spento, grigio, qualunque, scialbo, anodino, incolore, inespressivo, piatto, anonimo **CONTR.** interessante, autorevole, eminente, affascinante □ (*di stile*) eloquente, espressivo, forte, graffiante, robusto (*fig.*), sugoso ***2*** (*di cosa*) irrilevante, trascurabile, ininfluente, privo di importanza, futile, indifferente, innocuo, lieve, minuscolo, piccolo **CONTR.** importante, rilevante, emblematico, significante, significativo, ingente, notevole. *V. anche* BANALE
insignìre *v. tr.* decorare, fregiare, ornare **CONTR.** degradare, destituire.
insincèro *agg.* falso, finto, fallace, doppio, ipocrita, bugiardo, menzognero, dissimulatore, mellifluo, sleale, reticente **CONTR.** sincero, aperto, franco, leale, semplice, schietto, verace, veritiero, candido, genuino, limpido. *V. anche* IPOCRITA
insindacàbile *agg.* non criticabile, incensurabile, indiscutibile, inappellabile, definitivo **CONTR.** sindacabile, discutibile, appellabile, criticabile, non definitivo.
insinuànte *part. pres. di* **insinuare**; *anche agg.* suadente, carezzevole, dolce, lusinghiero, persuasivo, suggestivo, entrante (*raro*) □ melato, mellifluo, zuccherato, zuccheroso □ scivoloso, strisciante, untuoso, viscido **CONTR.** brutale, violento, rozzo, sgarbato, aspro.
insinuàre ***A*** *v. tr.* ***1*** introdurre, far penetrare, infilare □ insufflare **CONTR.** estrarre, tirar fuori ***2*** (*fig.*) (*di sospetto, di desiderio, ecc.*) far nascere, ispirare, suggerire, suscitare, istigare, inoculare, instillare, infondere □ vociferare, alludere **CONTR.** dissipare, allontanare ***B*** **insinuarsi** *v. intr. pron.* (*anche fig.*) introdursi, infiltrarsi, penetrare, inserirsi, entrare, incunearsi □ (*fig.*) serpeggiare **CONTR.** uscire, allontanarsi.
insinuazióne *s. f.* ***1*** (*raro*) introduzione, inserimento, infiltrazione **CONTR.** estrazione ***2*** (*fig.*) accusa indiretta, accusa subdola, allusione maligna, malignità, diffamazione, ciarla, ciancia, chiacchiera, vociferazione, calunnia, pettegolezzo ***3*** (*nella retorica*) dissimulazione.
insipidézza *s. f.* ***1*** mancanza di sapore, insipidità, scipitezza **CONTR.** sapidità (*lett.*), gusto, sapore ***2*** (*fig.*) insulsaggine, fatuità, melensaggine, banalità, opacità **CONTR.** arguzia, spirito, vivacità, brio, salacità.
insìpido *agg.* ***1*** privo di sapore, insapore, scipito, sciapo, sciocco (*tosc.*), scondito **CONTR.** saporito, gustoso, appetitoso, salato, piccante, sapido ***2*** (*fig.*) scialbo, senza vivacità, insulso, banale, melenso, piatto **CONTR.** arguto, spiritoso, vivace, intelligente, sugoso.
insipiènte *agg.* (*lett.*) ignorante, vacuo □ sciocco, cretino, stolto, stupido **CONTR.** sapiente, saggio, assennato, giudizioso, intelligente.
insipiènza *s. f.* (*lett.*) ignoranza □ sciocchezza, stoltezza, stupidità, dissennatezza **CONTR.** sapienza, dot-

trina □ saggezza, assennatezza, giudizio, intelligenza.

insistènte *part. pres. di* **insistere**; *anche agg.* **1** continuo, incessante, persistente, ripetuto **CONTR.** effimero, passeggero, discontinuo, interrotto, saltuario **2** importuno, indiscreto, invadente, petulante, inopportuno, scocciante (*pop.*), incalzante, assillante □ ostinato, caparbio, cocciuto, pertinace, tenace **CONTR.** discreto, delicato, modesto, riservato.

insistenteménte *avv.* **1** continuamente, ripetutamente, fittamente, persistentemente **CONTR.** saltuariamente **2** importunamente, petulantemente, ostinatamente **CONTR.** con discrezione, delicatamente.

insistènza *s. f.* **1** pertinacia, accanimento, caparbietà, cocciutaggine, costanza, ostinatezza, perseveranza, tenacia, ostinazione □ petulanza, importunità, inopportunità, indiscrezione **CONTR.** condiscendenza, discrezione **2** assedio, istanza, richiesta, pressione, sollecitazione, supplica **3** persistenza, continuità **CONTR.** intermittenza. *V. anche* COSTANZA, INDISCREZIONE

insìstere *v. intr.* **1** perseverare, persistere, ostinarsi, continuare, incaparbirsi, incaponirsi, fissarsi, proseguire, perdurare □ ripetersi, ripicchiare (*fam.*), battere, reiterare, instare (*lett.*), ribadire, incalzare, premere, pretendere **CONTR.** desistere, mollare, demordere, rinunciare, smettere □ essere discreto, glissare **2** (*di edificio*) sorgere, essere costruito.

ìnsito *agg.* congenito, ingenito, innato, connaturale, naturale, connaturato, radicato, immanente **CONTR.** acquisito, acquistato, appreso, mutuato.

in situ /*lat.* in 'situ/ [loc. lat., propriamente 'nel sito'] *loc. avv.* sul posto.

insociévole *agg.* asociale, scontroso, selvatico, misantropo, ritroso, schivo, solitario, orso (*fig.*), malmostoso (*dial.*) **CONTR.** socievole, affabile, amabile, cortese, gentile.

insocievolézza *s. f.* gufaggine, intrattabilità, orsaggine, scontrosità, selvatichezza, asocialità, ritrosia, misantropia **CONTR.** socievolezza, trattabilità.

insoddisfacènte *agg.* insufficiente, deludente, cattivo □ (*di spiegazione e sim.*) carente, parziale **CONTR.** eccezionale, ottimo, ideale □ esauriente.

insoddisfàtto *agg.* scontento, malcontento, inappagato, contrariato, deluso, insaziato, disappagato □ incontentabile, insaziabile, frustrato **CONTR.** soddisfatto, contento, appagato, pago, sazio □ compiaciuto, orgoglioso.

insoddisfazióne *s. f.* scontentezza, malcontento, delusione, scontento □ malessere, frustrazione, noia, incontentabilità, insaziabilità, spleen (*ingl.*) **CONTR.** soddisfazione, soddisfacimento, contentezza, appagamento, sazietà, gratificazione.

insofferènte *agg.* impaziente, intollerante, recalcitrante, scontento, smanioso, allergico, fastidioso, maltollerante, fegatoso, stizzoso □ ribelle **CONTR.** paziente, tollerante, indulgente, calmo, condiscendente, pacioso.

insofferènza *s. f.* impazienza, scontentezza, smania, intolleranza, allergia **CONTR.** pazienza, tolleranza, indulgenza, sopportazione, flemma.

insolazióne *s. f.* (*med.*) colpo di sole.

insolènte A *agg.* arrogante, impertinente, irriguardoso, irrispettoso, irriverente, ingiurioso, offensivo, oltraggioso, protervo, sfrontato, sfacciato, tracotante, spavaldo, procace (*lett.*), petulante **CONTR.** affabile, amabile, cortese, discreto, fine, garbato, gentile, riguardoso, deferente **B** *s. m.* e *f.* screanzato, villano, maleducato, prepotente.

insolenteménte *avv.* arrogantemente, irriverentemente, prepotentemente, sfrontatamente, sfacciatamente, offensivamente, maleducatamente, irriguardosamente, ingiuriosamente, irrispettosamente, oltraggiosamente **CONTR.** affabilmente, discretamente, garbatamente, amabilmente, gentilmente, riguardosamente.

insolentìre *v. tr.* e *intr.* ingiuriare, insultare, inveire, oltraggiare, svillaneggiare, offendere **CONTR.** complimentare, elogiare, lodare, ossequiare.

insolènza *s. f.* **1** impertinenza, arroganza, impudenza, irriverenza, petulanza, prepotenza, protervia, sfacciataggine, sfrontatezza, superbia, tracotanza **CONTR.** affabilità, amabilità, bonarietà, condiscendenza, cortesia, garbo, gentilezza, riguardo, deferenza **2** insulto, contumelia (*lett.*), improperio, invettiva, ingiuria, villania, offesa, oltraggio **CONTR.** lode, elogio, esaltazione. *V. anche* PREPOTENZA

insolitaménte *avv.* eccezionalmente, straordinariamente, abnormemente, insolitamente, inconsuetamente, inusitatamente □ stranamente, singolarmente, curiosamente **CONTR.** comunemente, ordinariamente, abitualmente, generalmente, solitamente □ normalmente.

insòlito *agg.* inconsueto, infrequente, inusitato, inusuale, raro □ particolare, singolare, diverso, nuovo, strano, curioso, esotico □ eccezionale, straordinario, abnorme, clamoroso **CONTR.** frequente, quotidiano, rituale, regolare □ comune, consueto, ordinario, solito, usato, abituale, tradizionale, usuale. *V. anche* RARO

insolùbile *agg.* **1** indissolubile, inseparabile **CONTR.** solubile, divisibile, separabile, scioglibile **2** (*fig.*) (*di questione, di dubbio, ecc.*) inesplicabile, inestricabile, inspiegabile, irrisolvibile, enigmatico, irresolubile **CONTR.** chiaro, comprensibile, facile, palese, perspicuo, risolvibile, risolubile, semplice.

insolubilménte *avv.* inesplicabilmente, inestricabilmente **CONTR.** comprensibilmente, facilmente, semplicemente.

insolùto *agg.* **1** (*di problema, di dubbio, ecc.*) irrisolto, non chiarito, non spiegato, irresoluto **CONTR.** risolto, chiarito, spiegato **2** (*di sostanza*) non sciolto **CONTR.** sciolto **3** (*di debito*) non pagato, arretrato **CONTR.** pagato.

insómma A *avv.* in breve, infine, in conclusione, finalmente, in fin dei conti, dopotutto, sicché **B** *in funzione di inter.* allora □ (*con valore dubitativo*) così così, né bene né male.

insondàbile *agg.* inesplorabile **CONTR.** sondabile, esplorabile.

insònne *agg.* **1** senza sonno, sveglio, vigile **CONTR.** dormiente, addormentato, sonnolento **2** (*est.*) instancabile, alacre, attivo, laborioso, operoso, solerte, infaticabile **CONTR.** indolente, inerte, pigro, neghittoso, ozioso, poltrone.

insonnolito *agg.* assonnato, abbioccato (*region.*), sonnolento, sonnacchioso **CONTR.** sveglio, vigile.

insonorizzànte *part. pres. di* **insonorizzare**; *anche agg.* coibente, isolante.

insopportàbile *agg.* (*di situazione, di dolore, ecc.*) intollerabile, insostenibile, insoffribile (*lett.*), inammissibile, grandissimo, gravissimo, atroce, tremendo □ (*di persona, di ambiente, ecc.*) noioso, odioso, opprimente, oppressivo, pesante, soffocante, spiacevole, infrequentabile □ (*di cibo, di odore*) pestifero, indigeribile, pestilenziale, micidiale, irrespirabile **CONTR.** sopportabile, tollerabile, leggero, lieve, piccolissimo □ piacevole, gradevole, simpatico, amabile □ digeribile, buono. *V. anche* SPIACEVOLE

insopportabilità *s. f.* insostenibilità, intollerabilità, pesantezza **CONTR.** sopportabilità, tollerabilità □ amabilità, piacevolezza.

insopportabilménte *avv.* intollerabilmente, noiosamente, spiacevolmente, odiosamente **CONTR.** sopportabilmente, tollerabilmente □ amabilmente, piacevolmente.

insopprimìbile *agg.* ineliminabile, inderogabile, ineluttabile, imprescrittibile, necessario **CONTR.** eliminabile, sopprimibile.

insorgènte *part. pres. di* **insorgere**; *anche agg.* incipiente, nascente, iniziale **CONTR.** finale, conclusivo.

insorgènza *s. f.* (*spec. di malattia, di febbre e sim.*) manifestazione improvvisa, apparizione **CONTR.** scomparsa.

insórgere *v. intr.* ***1*** ribellarsi, rivoltarsi, sollevarsi, ammutinarsi, protestare, reagire, scuotersi **CONTR.** soggiacere, sottostare, subire, sopportare, tollerare, rassegnarsi ***2*** (*di malattia, di difficoltà, ecc.*) manifestarsi all'improvviso, apparire, destarsi, scatenarsi **CONTR.** sopirsi, attutirsi, spegnersi, cessare. *V. anche* SCUOTERE

insormontàbile *agg.* insuperabile, imbattibile, invincibile **CONTR.** superabile, battibile, vincibile.

insórto *part. pass. di* **insorgere**; *anche agg.* e *s. m.* ***1*** sopravvenuto, sopraggiunto □ apparso **CONTR.** cessato, scomparso ***2*** (*di persona*) rivoltoso, ribelle, sedizioso, rivoluzionario, sovversivo □ (*di militare, di marinaio*) ammutinato **CONTR.** sottomesso, soggetto, docile.

insospettàbile *agg.* ***1*** al di sopra di ogni sospetto, irreprensibile **CONTR.** sospettabile, criticabile, sospetto ***2*** (*est.*) impensabile, imprevedibile, inaspettato **CONTR.** pensabile, prevedibile.

insospettàto *agg.* ***1*** (*di persona*) esente da sospetti, fidato, sicuro **CONTR.** sospettato, sospetto ***2*** (*est.*) (*di ostacolo, di resistenza, ecc.*) imprevisto, impensato, inaspettato **CONTR.** previsto, aspettato.

insospettìre ***A*** *v. tr.* suscitare sospetto, mettere in sospetto, mettere una pulce nell'orecchio (*fig.*), allarmare, mettere in guardia **CONTR.** tranquillizzare, rassicurare ***B*** *v. intr.* e **insospettirsi** *intr. pron.* mettersi in sospetto, allarmarsi **CONTR.** fidarsi, confidare, tranquillizzarsi, rassicurarsi.

insospettìto *part. pass. di* **insospettire**; *anche agg.* messo in sospetto, messo in guardia, allarmato, sospettoso, guardingo **CONTR.** tranquillizzato, rassicurato.

insostenìbile *agg.* ***1*** (*di spesa, di impegno, ecc.*) insopportabile, insoffribile (*lett.*), intollerabile, incompatibile **CONTR.** sopportabile, sostenibile, tollerabile ***2*** (*di tesi, di argomento, ecc.*) indifendibile, assurdo, irragionevole, infondato **CONTR.** difendibile, ragionevole.

insostenibilità *s. f.* ***1*** (*di spesa, di impegno, ecc.*) insopportabilità, insoffribilità (*lett.*), intollerabilità **CONTR.** sopportabilità, sostenibilità, tollerabilità ***2*** (*di tesi, di argomento, ecc.*) assurdità, irragionevolezza **CONTR.** ragionevolezza.

insostituìbile *agg.* impareggiabile, unico □ prezioso □ (*dir.*) infungibile **CONTR.** sostituibile, cambiabile, intercambiabile, surrogabile □ fungibile.

insozzàre ***A*** *v. tr.* (*anche fig.*) imbrattare, sporcare, macchiare, insudiciare, deturpare, lordare, chiazzare, guastare, bruttare (*lett.*) □ disonorare, profanare **CONTR.** pulire, tergere, detergere, nettare □ purgare, purificare ***B*** **insozzarsi** *v. rifl.* macchiarsi, sporcarsi, lordarsi, imbrattarsi **CONTR.** pulirsi, tergersi, detergersi. *V. anche* GUASTARE

insozzàto *part. pass. di* **insozzare**; *anche agg.* imbrattato, sporco, sozzo, macchiato, insudiciato, lordo, chiazzato, deturpato □ (*fig.*) disonorato, profanato **CONTR.** pulito, terso, deterso, mondo, netto □ purgato.

insperàbile *agg.* improbabile, inattendibile, incredibile, quasi impossibile **CONTR.** sperabile, probabile, possibile.

insperabilménte *avv.* incredibilmente, insperatamente, inaspettatamente **CONTR.** prevedibilmente.

insperataménte *avv.* improvvisamente, inaspettatamente, inopinatamente, insperabilmente **CONTR.** prevedibilmente.

insperàto *agg.* improvviso, inaspettato, inopinato, inatteso, imprevisto **CONTR.** atteso, aspettato, sperato, scontato.

inspiegàbile *agg.* inesplicabile, incomprensibile, indefinibile, indimostrabile, insolubile, misterioso □ insensato, inconcepibile **CONTR.** spiegabile, comprensibile □ giustificabile.

inspiegabilménte *avv.* inesplicabilmente, incomprensibilmente, arcanamente **CONTR.** comprensibilmente.

inspiràre *v. tr.* (*di aria, di ossigeno e sim.*) aspirare, introdurre, inalare **CONTR.** espirare, soffiare.

inspiraziόne *s. f.* aspirazione **CONTR.** espirazione.

instàbile *agg.* ***1*** malfermo, malsicuro, mobile, traballante □ precario, provvisorio, transitorio, altalenante, transeunte, cangiabile (*lett.*), fluido, caduco **CONTR.** fermo, stabile, fisso, immobile, saldo, statico □ duraturo, consolidato, durevole, invariabile, permanente ***2*** (*est.*) (*di tempo, di vento e sim.*) variabile, incerto, balordo, capriccioso **CONTR.** stabile ***3*** (*fig.*) (*di persona, di volontà, ecc.*) volubile, lunatico, incostante, mutevole, incoerente, irresoluto, fluttuante, vago, inaffidabile, leggero **CONTR.** costante, coerente, lineare, risoluto, perseverante, tenace.

V. *anche* INCERTO

instabilità *s. f.* ***1*** insicurezza, pericolosità, precarietà □ mutabilità, provvisorietà, variabilità, fluidità, mobilità, transitorietà **CONTR.** stabilità, fissità, immobilità, equilibrio □ durevolezza, saldezza, immutabilità, invariabilità ***2*** (*fig.*) (*di persona*) incostanza, volubilità, incoerenza, leggerezza, inaffidabilità **CONTR.** coerenza, costanza, fermezza, perseveranza, carattere.

instabilménte *avv.* precariamente □ transitoriamente □ incostantemente, volubilmente, incoerentemente **CONTR.** saldamente, solidamente □ durevolmente □ coerentemente, costantemente.

installàre ***A*** *v. tr.* ***1*** (*in un ufficio, in una carica e sim.*) insediare, intronizzare **CONTR.** deporre, espellere, scacciare, defenestrare, dimettere, dimissionare ***2*** (*di persona*) sistemare, collocare, mettere, piazzare ***3*** (*est.*) (*di apparecchio, di impianto e sim.*) montare, far funzionare, impiantare **CONTR.** smontare ***B*** **installarsi** *v. intr. pron.* stabilirsi, insediarsi, prendere posto, piazzarsi, domiciliarsi **CONTR.** spostarsi, allontanarsi, andarsene.

installàto *part. pass. di* **installare**; *anche agg.* ***1*** (*di persona*) insediato, sistemato, collocato, piazzato **CONTR.** cacciato, espulso, dimesso ***2*** (*di apparecchio, di impianto e sim.*) montato, sistemato **CONTR.** smontato.

installazióne *s. f.* ***1*** (*di persona*) insediamento □ assunzione **CONTR.** deposizione, espulsione, defenestrazione, licenziamento ***2*** (*di apparecchio, di impianto, ecc.*) montaggio, impianto, collocazione, sistemazione **CONTR.** smontaggio.

instancàbile *agg.* ***1*** (*di persona*) infaticabile, indefesso, resistente, perseverante, alacre, insonne, operoso, strenuo, vulcanico **CONTR.** affaticato, spossato, stanco, estenuato, fiacco, stremato, sfibrato, logoro ***2*** (*est.*) (*di attività, di impegno, ecc.*) incessante, continuo, febbrile, ininterrotto, assiduo, costante **CONTR.** discontinuo, interrotto, intermittente.

instancabilménte *avv.* infaticabilmente, indefessamente, alacremente, continuamente **CONTR.** fiaccamente, stancamente, faticosamente.

instauràre ***A*** *v. tr.* (*di ordine, di metodo, ecc.*) fondare, istituire, stabilire, dare avvio, inaugurare, iniziare **CONTR.** abolire, annullare, sopprimere ***B*** **instaurarsi** *v. intr. pron.* avere inizio, prendere avvio, cominciare, aprirsi **CONTR.** finire, concludersi, terminare.

instauratóre *s. m.* (*f. -trice*) fondatore, istitutore, iniziatore, inauguratore **CONTR.** demolitore, sovvertitore.

instaurazióne *s. f.* costituzione, istituzione, formazione, avvio, apertura **CONTR.** fine, chiusura, abolizione, soppressione.

instillàre *v. tr.* ***1*** versare a goccia a goccia, distillare, versare ***2*** (*fig.*) (*di odio, di amore, ecc.*) ispirare, insinuare, infondere, trasfondere, suggerire, trasmettere **CONTR.** sradicare, liberare.

instillàto *part. pass. di* **instillare**; *anche agg.* ***1*** versato ***2*** (*fig.*) (*di odio, di amore, ecc.*) ispirato, insinuato, infuso, trasfuso, suggerito, trasmesso **CONTR.** sradicato, strappato.

instradàre ***A*** *v. tr.* (*anche fig.*) avviare, indirizzare, iniziare, orientare, incamminare, guidare **CONTR.** sviare, far deviare ***B*** **instradarsi** *v. intr. pron.* indirizzarsi, avviarsi, intraprendere.

insù *avv.* in su, in alto **CONTR.** ingiù.

insubordinataménte *avv.* indocilmente, riottosamente, indisciplinatamente **CONTR.** docilmente, ubbidientemente.

insubordinàto *agg.*; *anche s. m.* indisciplinato, indocile, ribelle, riottoso, disobbediente, irrispettoso, recalcitrante **CONTR.** subordinato, ubbidiente, docile, sottomesso.

insubordinazióne *s. f.* indisciplina, indocilità, disobbedienza, ribellione, ammutinamento **CONTR.** subordinazione, ubbidienza, docilità, sottomissione, disciplina. V. *anche* RIBELLIONE

insuccèsso *s. m.* cattivo esito, fallimento, fiasco, flop (*ingl.*), scacco, smacco, delusione, sconfitta, crollo, naufragio **CONTR.** successo, buon esito, riuscita, trionfo, vittoria, affermazione.

insudiciàre ***A*** *v. tr.* ***1*** imbrattare, insozzare, sporcare, schizzare, bruttare (*lett.*), lordare, chiazzare, impataccare, impiastrare, contaminare, deturpare, smerdare (*volg.*) **CONTR.** pulire, tergere, detergere, nettare, smacchiare ***2*** (*fig.*) (*di nome, di fama, ecc.*) disonorare, macchiare, infamare, svergognare **CONTR.** onorare, celebrare, esaltare, ossequiare ***B*** **insudiciarsi** *v. rifl.* ***1*** sporcarsi, imbrattarsi, bruttarsi (*lett.*), lordarsi, impataccarsi, intrugliarsi, macchiarsi **CONTR.** pulirsi, tergersi, detergersi, ripulirsi ***2*** (*fig.*) compromettersi, disonorarsi **CONTR.** farsi onore.

insufficiènte *agg.* non sufficiente, inadeguato, scarso, manchevole, difettoso, carente, deficitario, imperfetto, deludente, irrisorio, magro, meschino, misero, scadente, scarno, cattivo □ (*di spiegazione, ecc.*) insoddisfacente, lacunoso, parziale □ (*di persona*) inidoneo, incapace, disadatto, inabile, inetto **CONTR.** sufficiente, bastante, bastevole □ lauto, abbondante □ esauriente □ idoneo, capace. V. *anche* SCARSO

insufficienteménte *avv.* scarsamente, inadeguatamente, poco, irrisoriamente, imperfettamente, male **CONTR.** sufficientemente, bastantemente, bastevolmente □ esaurientemente □ copiosamente, abbondantemente, molto.

insufficiènza *s. f.* ***1*** inadeguatezza, inidoneità, inettitudine **CONTR.** adeguatezza, idoneità ***2*** manchevolezza, difetto, carenza, penuria, deficienza, mancanza, scarsezza, scarsità □ incompiutezza, lacunosità □ ristrettezza, angustia **CONTR.** sufficienza □ copiosità, larghezza, abbondanza, copia, dovizia, pienezza ***3*** voto insufficiente **CONTR.** sufficienza **FRAS.** *insufficienza immunitaria*, immunodeficienza.

insulàre *agg.* e *s. m.* isolano **CONTR.** continentale.

insulsàggine *s. f.* ***1*** (*raro*) (*di cibo*) insipidezza, scipitezza **CONTR.** sapore ***2*** (*di persona*) imbecillaggine, melensaggine, sciocchezza, futilità, balordaggine, insensatezza, vuotaggine, stupidaggine **CONTR.** arguzia, acume □ saggezza, assennatezza, intelligenza.

insulsaménte *avv.* scioccamente, stupidamente, insipidamente **CONTR.** argutamente, spiritosamente □ saggiamente.

insùlso *agg.* ***1*** (*raro*) privo di sale, insipido, scipito, sciapo, insapore **CONTR.** sapido (*lett.*), saporito, gustoso ***2*** (*fig.*) (*di persona, di discorso, ecc.*) sciocco, stupido, futile, melenso, stolido □ amorfo, noioso, balogio (*tosc.*), insignificante, grigio □ (*di descrizione, ecc.*) convenzionale, oleografico, scialbo **CONTR.** arguto, intelligente, saggio, spiritoso, salace, sugoso.

insultàre *v. tr.* ingiuriare, insolentire, offendere, oltraggiare, schernire, vilipendere, vituperare, svillaneggiare **CONTR.** elogiare, encomiare, esaltare, lodare, ossequiare.

insùlto *s. m.* ***1*** offesa, improperio, ingiuria, insolenza, oltraggio, villania, affronto, cafonata, calcio (*fig.*), contumelia, imprecazione, sfregio (*fig.*) □ (*al pl.*) (*fig.*) (*di tempo, ecc.*) danno, usura **CONTR.** elogio, encomio, esaltazione, lode, ossequio, plauso ***2*** (*di malattia*) accesso, attacco, colpo.

insuperàbile *agg.* ***1*** insormontabile, invalicabile, inestricabile, invincibile **CONTR.** superabile, valicabile, vincibile ***2*** (*fig.*) (*di attore, di film, ecc.*) eccellente, straordinario, imbattibile, inarrivabile, impareggiabile, eccezionale, ineguagliabile, unico **CONTR.** mediocre, modesto, cattivo, pessimo.

insuperàto *agg.* non superato, imbattuto, invitto, indomito **CONTR.** superato, vinto, battuto.

insuperbìre ***A*** *v. tr.* inorgoglire, imbaldanzire, ringalluzzire, gonfiare **CONTR.** abbassare, avvilire, deprimere, umiliare ***B*** *v. intr.* e **insuperbirsi** *intr. pron.* diventare superbo, darsi delle arie, imbaldanzirsi, ringalluzzirsi, innalzarsi (*fig.*), gonfiarsi, montarsi, grandeggiare, esaltarsi, inorgoglirsi, guardare dall'alto in basso **CONTR.** abbassarsi, avvilirsi, umiliarsi, strisciare.

insuperbito *part. pass. di* **insuperbire**; *anche agg.* reso superbo, imbaldanzito, inorgoglito, ringalluzzito **CONTR.** umiliato, mortificato.

insurrezionàle *agg.* rivoluzionario, sedizioso, sovversivo, turbolento **CONTR.** pacifico, tranquillo □ reazionario, repressivo.

insurrezióne *s. f.* sollevazione, rivolta, sommossa, sommovimento, sedizione, ribellione, cospirazione, moto, rivoluzione, sollevamento, tumulto □ (*di militari, di marinai*) ammutinamento **CONTR.** reazione, repressione □ sottomissione. *V. anche* COSPIRAZIONE, RIBELLIONE

insussistènte *agg.* infondato, inesistente, fantastico, irreale, immaginario, inventato, falso, nullo, non vero □ inattendibile, inconsistente **CONTR.** sussistente, esistente, fondato, reale, vero. *V. anche* IMMAGINARIO

insussistènza *s. f.* ***1*** (*di reato, di testimoni, ecc.*) inesistenza, irrealtà, finzione **CONTR.** sussistenza, esistenza, realtà ***2*** (*di accusa, di notizia, ecc.*) infondatezza, falsità, inconsistenza, erroneità, nullità **CONTR.** consistenza, fondamento, fondatezza, sussistenza.

intabarràre ***A*** *v. tr.* incappottare, imbacuccare, ammantellare, infagottare **CONTR.** spogliare, svestire, scoprire ***B*** **intabarrarsi** *v. rifl.* incappottarsi, imbacuccarsi, ammantellarsi **CONTR.** spogliarsi, svestirsi, scoprirsi.

intaccàre ***A*** *v. tr.* ***1*** incidere, graffiare, solcare, scalfire ***2*** (*est.*) (*di acido, di ruggine, ecc.*) attaccare, corrodere, consumare, logorare, mangiare, scavare ***3*** (*fig.*) (*di capitale, di provviste, ecc.*) cominciare a consumare **CONTR.** accrescere, aumentare ***4*** (*fig.*) (*di onore, di reputazione, ecc.*) ledere, offendere, nuocere, compromettere, pregiudicare □ (*est., fig.*) (*di convinzione, ecc.*) incrinare, mettere in dubbio **CONTR.** esaltare □ difendere, proteggere, salvaguardare, salvare ***5*** (*di infezione, di malattia e sim.*) infettare, contagiare □ (*di dente*) cariare ***B*** *v. intr.* tartagliare, balbettare, incepparsi **CONTR.** parlare speditamente.

intaccàto *part. pass. di* **intaccare**; *anche agg.* ***1*** inciso, graffiato, scalfito ***2*** (*est.*) (*di acido, di ruggine, ecc.*) attaccato, corroso, consumato, mangiato, roso ***3*** (*fig.*) (*di capitale, di provviste e sim.*) consumato, diminuito **CONTR.** accresciuto, aumentato ***4*** (*fig.*) (*di onore, di reputazione, ecc.*) leso, offeso, compromesso □ (*est., fig.*) (*di convinzione, ecc.*) incrinato **CONTR.** esaltato, accresciuto □ difeso, salvato ***5*** (*da malattia, da infezione e sim.*) infettato, contagiato □ (*di dente*) cariato.

intaccatùra *s. f.* tacca, incisione, solco, scalfittura, intacco, taglio, unghiata, graffio □ (*di tessuto*) dente.

intagliàre *v. tr.* scolpire a rilievo, incidere, scalpellare, scalfire □ frastagliare.

intagliàto *part. pass. di* **intagliare**; *anche agg.* scolpito, inciso □ frastagliato.

intagliatóre *s. m.* (*f. -trice*) scultore, incisore.

intàglio *s. m.* ***1*** incisione, taglio, incavo, frastaglio ***2*** rilievo, cammeo.

intangìbile *agg.* ***1*** intoccabile, impalpabile **CONTR.** tangibile, palpabile, toccabile ***2*** (*est., fig.*) (*di libertà, di autorità, ecc.*) inviolabile, inoffensibile, sacro, sacrosanto **CONTR.** violabile, offendibile (*raro*).

intangibilità *s. f.* intoccabilità, inviolabilità, sacralità, santità **CONTR.** violabilità.

intànto ***A*** *avv.* ***1*** frattanto, nel frattempo, nel mentre **CONTR.** poi, dopo, più tardi, in seguito ***2*** per il momento, per ora ***B*** *nella loc. cong. intanto che*, mentre.

intarsiàre *v. tr.* ***1*** lavorare a intarsio □ incrostare □ (*di armi*) damaschinare □ (*di tessuto*) damascare ***2*** (*fig.*) (*di scritto*) abbellire, arricchire, decorare, ornare **CONTR.** imbruttire, deturpare.

intarsiàto *part. pass. di* **intarsiare**; *anche agg.* ***1*** lavorato a intarsio □ incrostato □ (*di tessuto*) damascare ***2*** (*fig.*) (*di scritto*) abbellito, arricchito, infiorato, ornato **CONTR.** imbruttito, deturpato.

intàrsio *s. m.* intarsiatura, tarsia, agemina, incrostatura □ (*di armi*) damaschinatura.

intasaménto *s. m.* intasatura, otturamento, ostruzione, otturazione, occlusione □ blocco, congestione, ingorgo **CONTR.** sturamento, sblocco, liberazione, decongestionamento.

intasàre ***A*** *v. tr.* ***1*** occludere, ostruire, otturare, bloccare, accecare (*est.*), ingorgare, ingombrare **CONTR.** stasare, sturare, sgorgare, sbloccare, liberare, deostruire, disintasare *2* (*est.*) produrre un ingorgo (stradale) **CONTR.** liberare, decongestionare, sveltire ***B*** **intasarsi** *v. intr. pron.* ostruirsi, otturarsi, turarsi, occludersi □ bloccarsi, ingorgarsi **CONTR.** stasarsi, sturarsi, sgorgarsi, sbloccarsi, liberarsi.

intasàto *part. pass. di* **intasare**; *anche agg.* ostruito, occluso, turato □ bloccato **CONTR.** stasato, sbloccato, aperto, libero.

intascàre *v. tr.* mettere in tasca □ (*est.*) guadagnare, riscuotere **CONTR.** sborsare, spendere.

intascàto *part. pass. di* **intascare**; *anche agg.* messo in tasca □ (*est.*) guadagnato, riscosso **CONTR.** sborsato, speso.

intàtto *agg.* *1* mai toccato, intonso □ intero, integro, inconsunto □ incolume, illeso, sano **CONTR.** guastato, sciupato, rotto, disfatto, consunto, logoro, usato □ danneggiato, offeso, ferito *2* (*est.*) (*di ragazza, di fama, ecc.*) incorrotto, immacolato, incontaminato, inviolato, puro □ vergine, illibato, casto, verginale, virgineo **CONTR.** contaminato, corrotto, depravato, pervertito, viziato.

intavolàre *v. tr.* *1* (*raro*) mettere in tavola *2* (*fig.*) (*di discorso, di trattativa, ecc.*) dare inizio, cominciare, avviare, aprire, introdurre, iniziare **CONTR.** concludere, finire, terminare.

intavolàto *part. pass. di* **intavolare**; *anche agg.* (*fig.*) avviato, cominciato, aperto, introdotto, iniziato **CONTR.** concluso, finito, terminato.

integèrrimo *agg.* incorruttibile, intemerato, onestissimo, dabbene, probo **CONTR.** corrotto, corruttibile, depravato, disonesto.

integràle *agg.* intero, totale, completo, globale □ (*di alimento*) naturale, non trattato, greggio **CONTR.** incompleto, parziale □ raffinato, setacciato.

integralìsmo *s. m.* (*est.*) fondamentalismo, dogmatismo, intransigenza, intolleranza **CONTR.** tolleranza, rispetto, convivenza.

integralìsta *s. m. e f.; anche agg.* (*est.*) fondamentalista, dogmatico, intransigente, intollerante **CONTR.** tollerante, rispettoso.

integralménte *avv.* compiutamente, completamente, interamente, totalmente, globalmente **CONTR.** parzialmente, frammentariamente, affatto (*in frase negativa*).

integrànte *part. pres. di* **integrare**; *anche agg.* fondamentale, essenziale, indispensabile, necessario **CONTR.** accessorio, complementare.

integràre ***A*** *v. tr.* *1* completare, compiere, finire, terminare, perfezionare **CONTR.** lasciare incompiuto *2* (*di persona*) inserire, introdurre **CONTR.** emarginare, isolare, estromettere ***B*** **integrarsi** *v. rifl. rec.* completarsi ***C*** *v. rifl.* inserirsi bene, ambientarsi, socializzare, adattarsi, radicarsi **CONTR.** emarginarsi, isolarsi.

integratìvo *agg.* aggiuntivo, complementare, supplementare, suppletivo □ di completamento **CONTR.** fondamentale.

integràto *part. pass. di* **integrare**; *anche agg. e s. m.* *1* completato, compiuto, finito, terminato □ perfezionato, arricchito **CONTR.** lasciato incompiuto *2* (*di persona*) pienamente inserito, adattato, ambientato, radicato □ (*spreg.*) conformista, allineato, inquadrato **CONTR.** sradicato, isolato, disadattato.

integraziòne *s. f.* *1* completamento, compimento, supplemento **CONTR.** lacuna *2* (*di persona*) inserimento, ambientamento **CONTR.** isolamento **FRAS.** *integrazione razziale*, fusione tra diversi gruppi etnici.

integrazionìsta *s. m. e f.; anche agg.* antirazzista **CONTR.** razzista.

integrità *s. f.* *1* interezza, compiutezza, completezza, finitezza, totalità **CONTR.** incompiutezza, incompletezza, imperfezione, lacunosità *2* (*fig.*) probità, rettitudine, onestà, lealtà, virtù, immacolatezza, incorruttibilità, santità, sanità, galantomismo, moralità, virtuosità □ verginità, illibatezza, purezza, innocenza **CONTR.** corruttibilità, corruzione, aberrazione, depravazione, disonestà, vizio, impurità.

ìntegro *agg.* *1* intatto, intero, perfetto, completo, funzionante **CONTR.** incompleto, difettoso, imperfetto, mutilo (*lett.*), lacunoso □ consumato, consunto, logoro □ guasto, marcio □ deformato, incrinato, rotto *2* incorruttibile, probo, onesto, illibato, intemerato, incorrotto, puro, virtuoso, dabbene, sano, specchiato, retto, rispettabile, leale □ illibato, vergine, innocente **CONTR.** corrotto, depravato, disonesto, sleale, traviato, debosciato, impuro, vizioso.

intelaiatùra *s. f.* *1* sostegno, incastellatura, gabbia, telaio, ossatura, impalcatura, ponteggio, carcassa, fusto, traliccio □ scocca □ cornice □ montatura □ pergola, pergolato *2* (*fig.*) orditura, trama.

intellettìvo *agg.* razionale, mentale, conoscitivo **CONTR.** irrazionale.

intellètto *s. m.* *1* capacità di intendere, capacità di ragionare, raziocinio, mente, logos (*filos.*), psiche, spirito, intelligenza, ingegno, cervello, testa, ragione, senno, pensiero, criterio, perspicacia, discernimento, comprendonio (*fam., scherz.*), intendimento *2* (*est.*) (*di persona*) ingegno, genio **CONTR.** idiota, cretino. *V. anche* RAGIONE

intellettuàle ***A*** *agg.* dell'intelletto, dell'ingegno, spirituale, mentale, razionale, cerebrale **CONTR.** materiale, manuale ***B*** *agg.; anche s. m. e f.* persona colta, studioso, testa d'uovo (*fig.*) □ (*al pl.*) intellettualità, intellighenzia (*anche iron.*) **CONTR.** ignorante, analfabeta, asino.

intellettualménte *avv.* mentalmente □ culturalmente, scientificamente **CONTR.** fisicamente □ praticamente, materialmente.

intelligence /*ingl.* in'telidʒəns/ [vc. ingl., acrt. di *intelligence service*, propr. 'servizio informazioni'] *s. f. inv.* servizio segreto □ spionaggio.

intelligènte *agg.* capace di intendere, capace di giudicare □ accorto, acuto, avveduto, ingegnoso, lucido, perspicace, pronto, sagace, sveglio **CONTR.** idiota, stupido, lento, difficile, tardo, ottuso, duro, deficiente.

intelligenteménte *avv.* accortamente, acutamente, ingegnosamente, lucidamente, perspicacemente, sagacemente, sapientemente, sensatamente **CONTR.** stupidamente, lentamente, ottusamente.

intelligentóne *s. m.* *1* *accr. di* **intelligente** *2* (*iron.*) aquila □ (*spreg.*) sapientone, saputello **CONTR.** microcefalo, maccherone (*fig.*).

intelligènza *s. f.* **1** capacità di intendere, capacità di giudicare, comprendonio, pensiero, intelletto, ragione, spirito □ perspicacia, sagacia, intuito, logica, senno □ (*est.*) perizia, ingegnosità, sapienza, competenza, sensatezza **CONTR.** idiozia, ignoranza, ottusità, stupidità **2** (*est.*) (*di persona*) cervello, ingegno, mente, talento, testa, genio, capoccione **CONTR.** idiota, cretino, microcefalo **3** (*lett.*) intendimento, interpretazione, comprensione **4** accordo, intesa. *V. anche* RAGIONE

intellighènzia *s. f.* (*anche iron.*) intellettualità, intellettuali, persone colte, teste d'uovo (*fig.*).

intelligìbile *agg.* **1** (*filos.*) soprasensibile **CONTR.** inintelligibile **2** chiaro, piano, comprensibile, facile, evidente, afferrabile, decifrabile, percettibile, conoscibile, spiegabile **CONTR.** incomprensibile, involuto, oscuro, astruso, complicato, sibillino.

intemeràto *agg.* puro, integro, incorrotto, illibato, immacolato, incontaminato, ineccepibile, onestissimo, dabbene, incorruttibile, innocente, integerrimo, morale, onesto, onorato, probo, specchiato **CONTR.** corrotto, depravato, disonesto, pervertito, vizioso, inverecondo. *V. anche* ONESTO

intemperànte *agg.* incontinente, smodato, smoderato, trasmodato, eccessivo, sfrenato, sbrigliato, sregolato □ dissoluto, libertino, scostumato □ violento, aggressivo **CONTR.** temperante, sobrio, regolato, moderato □ morigerato, casto, castigato.

intemperànza *s. f.* incontinenza, smoderatezza, sfrenatezza, sregolatezza, dismisura, disordine, trasmodamento, sbrigliatezza □ scostumatezza, libertinaggio, dissolutezza, dissipatezza □ eccesso, abuso **CONTR.** temperanza, sobrietà, moderazione, freno, regola, continenza □ astinenza, castigatezza.

intempèrie *s. f. inv.* perturbazione atmosferica, cattivo tempo, maltempo, tempaccio **CONTR.** sereno, bel tempo.

intempestività *s. f.* inopportunità, sconvenienza, infelicità **CONTR.** tempestività, opportunità, convenienza.

intempestìvo *agg.* fuori di tempo, tardivo, frettoloso □ inopportuno, fuori di proposito, sconveniente, impolitico **CONTR.** tempestivo, puntuale □ opportuno, conveniente.

intendènte **A** *part. pres. di* **intendere**; *anche agg.* intenditore, esperto, conoscitore **CONTR.** inesperto, profano **B** *s. m.* (*dir.*) direttore, procuratore, amministratore.

intèndere **A** *v. tr.* **1** capire, comprendere, intuire, interpretare, conoscere, decifrare, giudicare, penetrare, realizzare, vedere, raccapezzare **CONTR.** non capire, fraintendere, travisare, alterare, stravolgere, deformare **2** udire, sentire, percepire, captare, cogliere □ venire a sapere **3** (*di consigli, di ragioni, ecc.*) accettare, ascoltare, seguire **4** (*di partire, di sapere, ecc.*) avere intenzione □ volere, esigere, pretendere **B** *v. intr.* **1** rivolgere l'attenzione, attendere (*lett.*) **2** (*al bene, al male, ecc.*) tendere, mirare **C** **intendersi** *v. rifl. rec.* essere d'accordo, comprendersi, capirsi **CONTR.** contrastarsi **D** *v. intr. pron.* (*di pittura, di musica, ecc.*) conoscere a fondo, essere esperto, essere intenditore, capire **CONTR.** essere ignorante, essere profano **FRAS.** *dare a intendere*, far credere □ *lasciare intendere*, fare capire □ *intendersela*, essere d'accordo; (*est.*) amoreggiare □ *non intendere ragione*, non lasciarsi convincere in alcun modo. *V. anche* GIUDICARE, UDIRE

intendiménto *s. m.* **1** proposito, scopo, intenzione, fine, intento, proponimento **2** facoltà di intendere, intelligenza, intelletto, discernimento, intuito, intuizione, cervello, mente, ragione **CONTR.** ottusità **3** comprensione. *V. anche* RAGIONE

intenditóre *s. m.* (*f. -trice*) esperto, conoscitore, competente, specialista, estimatore □ (*di cibo*) buongustaio **CONTR.** incompetente, inesperto, ignaro, profano □ amatore, dilettante.

inteneriménto *s. m.* ammorbidimento, ammollimento (*lett.*) □ (*fig.*) commozione, compassione, pietà, tenerezza, dolcezza **CONTR.** solidificazione, indurimento □ (*fig.*) freddezza, impassibilità, indifferenza, crudeltà, irrigidimento.

intenerìre **A** *v. tr.* **1** ammollire, ammorbidire □ frollare **CONTR.** indurire, rassodare, solidificare **2** (*fig.*) muovere a pietà, commuovere, impietosire, addolcire **CONTR.** muovere a odio, indurire, irrigidire, incrudelire **B** *v. intr.* e **intenerirsi** *intr. pron.* **1** divenire tenero, ammorbidirsi, ammollirsi □ frollarsi **CONTR.** indurirsi, rassodarsi, solidificarsi **2** (*fig.*) commuoversi, impietosirsi, addolcirsi **CONTR.** irrigidirsi, incrudelire, inferocire, infierire.

intenerìto *part. pass. di* **intenerire**; *anche agg.* (*fig.*) commosso, impietosito **CONTR.** incrudelito, irrigidito.

intensaménte *avv.* fortemente, acutamente □ svisceratamente, sentitamente, profondamente, prepotentemente □ fissamente, fisso □ espressivamente, potentemente, vivacemente, vivamente □ febbrilmente, alacremente, sodo **CONTR.** debolmente, fiaccamente □ poco.

intensificàre **A** *v. tr.* (*est.*) rafforzare, aumentare, moltiplicare, triplicare, serrare **CONTR.** attenuare, diminuire, indebolire, moderare, smorzare, diradare **B** **intensificarsi** *v. intr. pron.* farsi più intenso, rafforzarsi, moltiplicarsi **CONTR.** attenuarsi, diminuire, indebolirsi, scemare, diradarsi.

intensità *s. f.* **1** energia, potenza, forza □ veemenza, violenza, furore □ vigore, fervore, vivacità, drammaticità, espressività **CONTR.** debolezza □ leggerezza □ inefficacia **2** (*fis.*) (*di corrente elettrica*) amperaggio.

intensìvo *agg.* **1** intenso, profondo **CONTR.** estensivo **2** accrescitivo **CONTR.** diminutivo **3** accelerato, rapido **CONTR.** lento.

intènso *agg.* **1** forte, energico □ efficace, vigoroso □ veemente, violento □ (*di attività, di ritmo*) febbrile, sostenuto □ (*di freddo*) pungente □ (*di sentimento*) acuto, vivo, profondo □ (*di sguardo*) folgorante □ (*di stile, di discorso*) espressivo, fervido □ (*di passione*) cocente, sviscerato, viscerale **CONTR.** debole, scarso, leggero, esile **2** (*di colore*) vivo, carico, caldo, cupo, vivace, vivido, acceso, concentrato, denso **CONTR.** spento, smorto, smorzato, tenue, chiaro, pallido, sbiadito, sfumato. *V. anche* DENSO, FREQUENTE, VERO

intènto (1) *agg.* attento, applicato, assorto, impegnato, rivolto, teso, fiso (*lett.*), inteso (*lett.*), pensoso, pensieroso, fisso **CONTR.** distratto, svagato, disimpegnato, disinteressato, distolto.

intènto (2) *s. m.* fine, scopo, intenzione, intendimento, proposito, proponimento, mira, obiettivo, progetto, volere.

intenzionàle *agg.* volontario, voluto, premeditato, consapevole, fatto apposta, calcolato, meditato □ (*dir.*) doloso **CONTR.** involontario, forzato □ preterintenzionale.

intenzionalità *s. f.* volontarietà, premeditazione, consapevolezza **CONTR.** involontarietà, inconsapevolezza.

intenzionalménte *avv.* volontariamente, apposta, calcolatamente, consapevolmente, determinatamente, premeditatamente, appositamente, avvertitamente, ex professo (*lat.*), deliberatamente, studiatamente **CONTR.** involontariamente, inconsapevolmente.

intenzionàto *agg.* propenso, deciso, determinato **CONTR.** contrario, alieno, restio.

intenzióne *s. f.* proposito, intendimento, proponimento, progetto, pensiero, desiderio, volontà, animo, disegno, intento, idea □ meta, mira, scopo, fine, obiettivo, finalità □ premeditazione **CFR.** istinto.

interagìre *v. intr.* agire reciprocamente □ influirsi reciprocamente.

interaménte *avv.* del tutto, completamente, affatto, integralmente, totalmente, in toto (*lat.*), assolutamente, pienamente, compiutamente, integramente **CONTR.** per nulla, affatto (*in frase negativa*).

intercalàre (1) ***A*** *agg.* intercalato, interposto ***B*** *s. m.* ***1*** modo di dire, espressione, parola ***2*** (*letter.*) ritornello **FRAS.** *anno intercalare*, anno bisestile □ *giorno intercalare*, 29 febbraio.

intercalàre (2) *v. tr.* ***1*** frammettere, inframmettere, frapporre, inframmezzare, inserire, interporre □ punteggiare **CONTR.** espungere, togliere ***2*** ripetere.

intercalàto *part. pass. di* **intercalare (2)**; *anche agg.* frammesso, frapposto, inserito, inframmezzato, interposto □ ripetuto.

intercambiàbile *agg.* sostituibile, commutabile, convertibile **CONTR.** insostituibile.

intercapèdine *s. f.* interstizio, intervallo, vuoto, spazio vuoto, camicia (*tecnol.*).

intercèdere ***A*** *v. intr.* ***1*** (*raro*) intercorrere, esserci ***2*** intervenire, interporsi, intromettersi, farsi mediatore ***B*** *v. tr.* (*raro*) cercare di ottenere, chiedere, domandare, impetrare, pregare, propiziare **CONTR.** ottenere, conseguire, raggiungere.

intercessióne *s. f.* interposizione, intervento, mediazione □ raccomandazione □ preghiera.

intercessóre *s. m.* (*f. interceditrice*) mediatore, intermediario, propiziatore.

intercettaménto *s. m.* intercettazione, arresto, interruzione.

intercettàre *v. tr.* ***1*** ostacolare, bloccare, impedire, arrestare, fermare, interrompere □ (*sport*) fermare, placcare, prendere **CONTR.** far proseguire ***2*** (*di comunicazione telefonica e sim.*) ricevere, captare, cogliere, ascoltare di nascosto.

intercettàto *part. pass. di* **intercettare**; *anche agg.* ***1*** fermato, arrestato ***2*** (*di comunicazione*) ricevuto, captato, colto, ascoltato □ ascoltato di nascosto.

intercettazióne *s. f.* blocco □ intercettamento, ricezione, ascolto □ (*di telefonata e sim.*) ascolto clandestino.

intercity /*semi-ingl.* inter'siti/ [comp. di *inter-* e dell'ingl. *city* 'città'] *s. m. inv.* (*ferr.*) rapido.

intercontinentàle *agg.* transoceanico.

intercorrènte *part. pres. di* **intercorrere**; *anche agg.* frapposto, sopraggiunto.

intercórrere *v. intr.* frapporsi, passare, correre, esserci, interporsi.

intercórso *part. pass. di* **intercorrere**; *anche agg.* passato, trascorso.

interdétto (1) ***A*** *part. pass. di* **interdire**; *anche agg.* proibito, vietato, impedito, negato **CONTR.** concesso, consentito, ammesso, autorizzato, lecito, permesso ***B*** *s. m.* ***1*** (*dir.*) incapace di agire □ impedito ***2*** (*est., fam.*) sciocco, stupido **CONTR.** intelligente.

interdétto (2) *agg.* sorpreso, turbato, disorientato, sconcertato, sbigottito, stupito, sbalordito **CONTR.** impassibile, imperturbabile, indifferente, tranquillo.

interdétto (3) *s. m.* interdizione, divieto, proibizione □ scomunica **CONTR.** autorizzazione, concessione, permesso.

interdipendènte *agg.* dipendente, collegato, correlato, connesso **CONTR.** libero, autonomo.

interdipendènza *s. f.* dipendenza, nesso, correlazione, connessione **CONTR.** libertà, autonomia.

interdire *v. tr.* ***1*** vietare, proibire, impedire, inibire, ostacolare **CONTR.** consentire, ammettere, acconsentire, autorizzare, concedere, permettere, favorire ***2*** (*dir.*) privare della capacità di agire, escludere, bandire, inabilitare ***3*** (*relig.*) dare l'interdetto, scomunicare ***4*** (*sport*) (*nel calcio*) intervenire di anticipo.

interdizióne *s. f.* ***1*** proibizione, divieto, privazione **CONTR.** autorizzazione, concessione, permesso, licenza ***2*** (*dir.*) incapacità d'agire, inabilitazione □ interdetto □ (*est.*) scomunica. *V. anche* INIBIZIONE

interessaménto *s. m.* ***1*** interesse, cura, impegno, partecipazione, premura, sollecitudine, zelo, coscienza □ impegno **CONTR.** disinteresse, indifferenza, freddezza, noncuranza □ agnosticismo, evasione ***2*** (*raro*) coinvolgimento. *V. anche* ZELO

interessànte *part. pres. di* **interessare**; *anche agg.* notabile, degno d'attenzione, importante, rilevante □ attraente, avvincente, divertente, stimolante, intrigante, coinvolgente, gustoso, succoso **CONTR.** insignificante, irrilevante □ noioso, uggioso, barboso, pesante, monotono, molesto **FRAS.** *stato interessante*, gravidanza.

interessàre ***A*** *v. tr.* ***1*** riguardare, concernere, toccare, importare ***2*** destare l'interesse, attirare, intrigare, incuriosire, divertire, appassionare, piacere, avvincere, attrarre, dilettare **CONTR.** annoiare, seccare, stancare, stuccare, scocciare, stufare, infastidire ***3*** (*al dibattito, allo studio, ecc.*) far partecipare, cointeressare, coinvolgere, sensibilizzare **CONTR.** demotivare, disaffezionare, disincentivare, disinteressare ***4*** (*di sindaco, di stampa, ecc.*) fare intervenire ***B*** *v. intr.* importare, premere □ essere interessante **C interessarsi** *v. intr. pron.* prendere interesse, incuriosirsi, appassionarsi, darsi, amare, dilettarsi, avere interesse, curiosare □ prendersi cura, occuparsi, adoperarsi, attendere, badare, pensare, sorvegliare, intervenire, dedicarsi **CONTR.** seccarsi, stuccarsi, stancarsi, stufarsi □ disinteressarsi, trascurare, fregarsene (*pop.*), sbattersene (*pop., volg.*), infischiarsene (*fam.*). *V. anche* PENSARE

interessataménte *avv.* per interesse, egoisticamente, utilitaristicamente, per lucro, calcolatamente, venalmente, parzialmente **CONTR.** disinteressatamente, altruisticamente, generosamente, gratuitamente.

interessàto **A** *part. pass. di* **interessare**; *anche agg.* **1** partecipe, appassionato, incuriosito, curioso, attento, divertito □ incline, dedito □ coinvolto, implicato **CONTR.** incurante, indifferente □ annoiato, stufo, disamorato □ estraneo **2** avido di guadagno, avaro, egoista, calcolatore, esoso, venale, mercenario □ (*di giudizio e sim.*) parziale, tendenzioso □ (*di attività, di carità, ecc.*) fatto a scopo di lucro, egoistico, utilitaristico, peloso **CONTR.** disinteressato, altruista, generoso, liberale, munifico, splendido □ obiettivo, spassionato **B** *s. m.* parte in causa **CONTR.** estraneo.

interèsse *s. m.* **1** (*econ.*) compenso, frutto, rendita, dividendo, saggio, tasso, aggio, rendimento **2** (*est.*) tornaconto, utilità, guadagno, profitto, utile, beneficio □ vantaggio, convenienza **CONTR.** perdita, danno, scapito **3** (*spec. al pl.*) affari, beni **4** avidità di guadagno, desiderio di lucro, egoismo, venalità, calcolo, avarizia, materialismo, utilitarismo **CONTR.** disinteresse, altruismo, generosità, spassionatezza **5** (*per uno, per una cosa*) interessamento, coinvolgimento, curiosità, partecipazione, premura, sollecitudine, zelo, dedizione, amore, passione □ (*per un'attività*) attitudine, tendenza, inclinazione **CONTR.** disinteresse, distacco, indifferenza, noncuranza □ disaffezione, disamore **6** (*di grande, di poco, ecc.*) attrattiva, fascino □ (*di evento e sim.*) importanza, rilevanza, risonanza, eco, sensazione **CONTR.** irrilevanza, trascurabilità. *V. anche* COSCIENZA, GUADAGNO, ZELO

interézza *s. f.* **1** totalità, compiutezza, completezza, pienezza **CONTR.** parzialità, incompiutezza **2** (*fig., lett.*) integrità, onestà, probità, rettitudine, moralità **CONTR.** disonestà, immoralità.

interfàccia *s. f.* (*elab.*) collegamento, connessione, raccordo, contatto.

interfacciaménto *s. m.* (*elab.*) collegamento, connessione, contatto.

interfacciàre *v. tr.* (*elab.*) collegare, connettere, raccordare.

interferènza *s. f.* **1** sovrapposizione, intersecazione **2** (*fig.*) ingerenza, intromissione, intrusione, invadenza, inframmettenza **CONTR.** disinteresse, indifferenza, noncuranza.

interferìre *v. intr.* **1** sovrapporsi, intersecarsi **2** (*fig.*) intervenire, intromettersi, inserirsi, ingerirsi, immischiarsi **CONTR.** disinteressarsi, trascurare.

interfònico *s. m.* interfono, telefono interno, citofono.

interfòno *s. m.* telefono interno, citofono, interfonico.

interiezióne *s. f.* esclamazione.

interim /*lat.* 'interim/ [vc. lat. 'frattanto, nel frattempo'] *s. m. inv.* incarico provvisorio, incarico temporaneo, interinato **FRAS.** *ad interim*, temporaneo, temporaneamente.

interinàle *agg.* temporaneo, provvisorio **CONTR.** fisso, definitivo, duraturo, permanente, stabile.

interióra *s. f. pl.* intestini, visceri, minugie, budella □ (*est.*) rigaglie, frattaglie, trippa.

interióre *agg.* **1** interno **CONTR.** esteriore, esterno **2** (*fig.*) spirituale, della coscienza, intimo, morale, psichico, psicologico, introspettivo **CONTR.** materiale.

interiorizzàre *v. tr.* introiettare **CONTR.** esteriorizzare.

interiorménte *avv.* internamente, all'interno, dentro □ (*fig.*) intimamente, mentalmente, spiritualmente, psicologicamente **CONTR.** esteriormente, esternamente □ fisicamente.

interìsta *agg.* e *s. m.* e *f.* (*calcio*) nerazzurro.

interlocutóre *s. m.* conversatore □ controparte.

interlocutòrio *agg.* provvisorio, ancora aperto **CONTR.** definitivo.

interlùdio *s. m.* (*fig., lett.*) intermezzo, pausa, sosta, diversivo, parentesi.

intermediàrio **A** *agg.* di collegamento **B** *s. m.* mediatore, intercessore, negoziatore, remisier (*fr., banca*), mezzano, sensale, rappresentante, agente, broker (*ingl.*) □ contatto, tramite, trait d'union (*fr.*) □ paciere, pacificatore.

intermèdio *agg.* mediano, medio □ cuscinetto **CONTR.** iniziale, terminale, esterno, estremo.

intermèzzo *s. m.* **1** intervallo, pausa, sospensione, parentesi, riposo, ristoro, break (*ingl.*) **CONTR.** continuazione, ripresa **2** (*mus.*) interludio.

interminàbile *agg.* **1** infinito, eterno, illimitato, inesauribile, senza termine **CONTR.** terminabile, temporaneo, transitorio, passeggero, effimero, provvisorio, limitato **2** (*est.*) lungo, lunghissimo, chilometrico, fiume **CONTR.** brevissimo, corto.

intermittènte *agg.* discontinuo, interrotto, intervallato, ricorrente, saltuario, ciclico, irregolare, sporadico **CONTR.** inintermittente, continuo, continuato, continuativo, ininterrotto, insistente.

intermittènza *s. f.* discontinuità, interruzione, intervallo, sospensione, saltuarietà, sporadicità **CONTR.** insistenza, permanenza, persistenza, continuità.

internaménte *avv.* dalla parte interna, dentro, di dentro, all'interno □ interiormente **CONTR.** esternamente, fuori, di fuori.

internaménto *s. m.* **1** relegamento, relegazione □ prigionia **CONTR.** liberazione **2** ricovero.

internàre **A** *v. tr.* **1** relegare, rinchiudere, recludere, rinserrare, incarcerare, imprigionare, deportare **CONTR.** liberare, far uscire **2** ricoverare, ospedalizzare **CONTR.** dimettere **B internarsi** *v. intr. pron.* **1** addentrarsi, entrare, penetrare, insinuarsi **CONTR.** uscire, trarsi fuori **2** (*fig.*) (*nello studio, in una questione, ecc.*) sprofondarsi, immergersi, concentrarsi, dedicarsi.

internàto *part. pass. di* **internare**; *anche agg.* e *s. m.* **1**

confinato, relegato, prigioniero, recluso, rinchiuso *2* ricoverato.

internazionàle *agg.* *1* mondiale, universale **CONTR.** nazionale *2* (*di ambiente, ecc.*) cosmopolita □ plurietnico, multietnico, multirazziale.

internazionalìsmo *s. m.* cosmopolitismo, universalismo **CONTR.** nazionalismo, sciovinismo.

intèrno *A* *agg.* *1* di dentro, interiore **CONTR.** esterno, perimetrale *2* (*fig.*) intimo, spirituale, psichico, profondo **CONTR.** esteriore, superficiale *3* (*sport*) casalingo **CONTR.** esterno *4* nazionale □ (*di guerra*) fratricida **CONTR.** estero *B* *s. m.* *1* parte di dentro, parte interna □ (*di abito, ecc.*) rivestimento, fodera **CONTR.** parte di fuori, superficie, perimetro *2* (*fig.*) sfera interiore, intimo, animo, cuore, spirito **CONTR.** esteriorità, facciata *3* (*nel calcio*) mezzala *4* (*anche pl.*) (*di uno Stato*) affari interni **CONTR.** esteri, affari esteri *5* (*di istituto, di collegio, ecc.*) collegiale **CONTR.** esterno *6* entroterra **CONTR.** litorale.

inter nos /*lat.* 'inter nɔs/ [letteralmente 'fra (*inter*) noi (*nos*)'] *loc. avv.* fra noi, in confidenza, a quattr'occhi, in camera charitatis (*lat.*) **CONTR.** pubblicamente, in pubblico.

intéro *A* *agg.* *1* completo, compiuto, integrale, integro, intatto, tutto d'un pezzo □ sano, illeso, incolume **CONTR.** incompleto, incompiuto, parziale, frammentario, monco, mozzo □ frazionato □ rotto, danneggiato □ ferito *2* (*di fiducia, di libertà, ecc.*) perfetto, assoluto, saldo, pieno, senza restrizioni, totale, illimitato **CONTR.** limitato, esiguo, scarso *B* *s. m.* tutto, totalità **CONTR.** nulla □ avanzo, frammento, frazione, lotto, parte, pezzo, spezzone **FRAS.** *per intero*, interamente □ *latte intero*, latte non scremato □ *animale intero*, animale non castrato.

interpellànza *s. f.* domanda, mozione, interrogazione, richiesta di spiegazione **CONTR.** risposta.

interpellàre *v. tr.* richiedere, consultare, interrogare, chiedere spiegazioni, chiamare, sentire **CONTR.** rispondere.

interpellàto *part. pass. di* **interpellare**; *anche agg.* e *s. m.* interrogato **CONTR.** interpellante, interrogante.

interpersonàle *agg.* interindividuale **CONTR.** personale, individuale.

interplanetàrio *agg.* interspaziale, interstellare.

interpolaménto *s. m.* interpolazione, inserimento, introduzione **CONTR.** estrapolazione, soppressione.

interpolàre *v. tr.* *1* inserire, introdurre, aggiungere, frammettere, frapporre, intromettere, intercalare **CONTR.** estrapolare, sopprimere, espungere *2* (*dir.*) modificare.

interpolàto *part. pass. di* **interpolare**; *anche agg.* inserito, introdotto, aggiunto, intercalato **CONTR.** estrapolato, soppresso, tolto.

interpolazióne *s. f.* *1* interpolamento, inserimento, introduzione **CONTR.** estrapolazione, soppressione *2* (*ling.*) parola inserita, locuzione inserita **CONTR.** estrapolazione.

interpórre *A* *v. tr.* porre in mezzo, frammettere, intercalare, frapporre, introdurre, intromettere **CONTR.** eliminare, levare, togliere *B* **interporsi** *v. intr. pron.* porsi in mezzo, frammettersi, frapporsi, interporsi □ intervenire, intromettersi, mediare, intercedere, far da mediatore **CONTR.** opporsi.

interposizióne *s. f.* *1* frapposizione, inserimento, inserzione *2* intervento, intercessione **CONTR.** opposizione *3* (*ling.*) parentesi, inciso.

interpósto *part. pass. di* **interporre**; *anche agg.* messo in mezzo, frapposto, intercalato, intercalare, intramezzato **CONTR.** eliminato, tolto **FRAS.** *per interposta persona*, con la mediazione di uno.

interpretàre *v. tr.* *1* (*di scritto, di sogno, ecc.*) intendere, capire, spiegare, decifrare, decodificare, leggere (*est.*) □ commentare, esporre, parafrasare, volgarizzare *2* (*di gesto, di parola, ecc.*) giudicare, intendere, valutare *3* (*di volontà, di intenzione, ecc.*) intuire, indovinare, svelare **CONTR.** travisare, deformare, fraintendere *4* (*teat., cine.*) portare sulla scena, rappresentare, inscenare □ impersonare, recitare □ (*mus.*) eseguire, suonare. *V. anche* GIUDICARE

interpretàto *part. pass. di* **interpretare**; *anche agg.* *1* (*di scritto, di sogno, ecc.*) chiarito, spiegato, commentato, decodificato, parafrasato, tradotto *2* (*di gesto, di parola, ecc.*) giudicato, inteso, valutato, letto (*est.*) *3* (*di volontà, di intenzione, ecc.*) intuito, indovinato **CONTR.** travisato, deformato *4* (*teat., cine.*) recitato, rappresentato □ (*mus.*) eseguito, suonato.

interpretazióne *s. f.* *1* spiegazione, decodificazione, chiarimento, commento, lettura (*est.*), versione, esposizione, esegesi, esplicazione, decifrazione, parafrasi, chiosa, glossa **CFR.** ermeneutica *2* (*teat., cine.*) recitazione, rappresentazione □ (*mus.*) esecuzione.

INTERPRETAZIONE
sinonimia strutturata

L'operazione o il risultato di intendere e spiegare una cosa ritenuta oscura o difficile o dell'attribuire un particolare significato a qualcosa si definisce **interpretazione**: *l'interpretazione di un passo controverso, di un'iscrizione*; *l'interpretazione dei sogni*; *una dubbia interpretazione dei fatti*.

Un'interpretazione è necessaria per intendere ad esempio scritti o messaggi secondo determinati schemi, e in questo caso è chiamata anche **decifrazione** o **decodificazione**: *la decodificazione di un messaggio*; *la decifrazione di una grafia, di un telegramma, di un manoscritto*; in senso figurato decifrazione si usa anche per indicare l'interpretazione di ciò che è genericamente difficile da capire e misterioso: *mi riesce difficile la decifrazione dei tuoi sentimenti*.

Se l'oggetto di indagine è un testo, la sua interpretazione critica si definisce **esegesi**, termine che indica anche tale metodologia di studio: *esegesi biblica, dantesca*. Tipica dell'esegesi medievale è la **glossa**, ossia l'annotazione marginale o interlineare a testi biblici, letterari o giuridici. Il termine usato estensivamente può indicare la raccolta delle annotazioni di un glossatore o anche la nota esplicativa, il commento in genere; inoltre, per antonomasia si dicono glosse le postille esplicative apposte ai testi giuridici della compilazione giustinianea dai giuristi della scuola di Bologna. Vicinissimo nel significato è **chiosa**, che pure si riferisce alla spiegazione di parola o passo difficile aggiunta a un testo da parte di chi legge o commenta un testo stesso; in senso estensivo e figurato indica semplicemente il commento: *fare le chiose di un fatto*.

Sempre in quest'ambito, la ripetizione di un testo mediante circonlocuzione o aggiunte esplicative, talora anche traducendolo, si dice **parafrasi**: *fare la parafrasi di un'ode, di un articolo, di uno scritto*. La **traduzione** invece consiste nell'interpretare un testo o un discorso scritto o pronunciato in una data lingua e trasportarlo in un'altra: *fare una buona traduzione*; *una traduzione letterale*; traduzione indica anche il testo tradotto: *è l'ultima traduzione di Balzac*; oppure, come sinonimo di **versione**, designa un tipo particolare di traduzione scolastica di un testo non molto esteso: *una traduzione dal francese*; *versione libera*.

La versione in senso estensivo e la **esposizione** corrispondono al racconto, alla relazione di fatti, e sono quindi sinonimi di interpretazione come narrazione di avvenimenti effettuata secondo un particolare punto di vista: *la sua esposizione dei fatti è diversa dalla vostra*; *questa versione differisce alquanto dalla precedente*; esposizione inoltre può essere sinonimo di interpretazione come scioglimento di un problema: *l'esposizione di un'allegoria*. In quest'ultima accezione è molto vicino ai termini generali **esplicazione**, **spiegazione** e **chiarimento**, che indicano appunto il rendere intelligibile: *l'esplicazione di una dottrina*; *la spiegazione di un punto controverso*; *ho chiesto un chiarimento su questa questione*. Il **commento**, invece, si distingue perché è un'esposizione riassuntiva di un avvenimento corredata di giudizi critici: *fare il commento a un discorso politico*; *il commento a una partita di calcio*.

Rispetto ai termini precedenti, **lettura** usato estensivamente si differenzia perché può riferirsi anche solo alla valutazione che precede l'esposizione del valore o del significato di un'opera d'arte, di un'avvenimento politico o di altri eventi secondo particolari o personali criteri: *la lettura di un quadro*; *la lettura dell'ultima crisi di governo secondo la stampa d'opposizione*. In senso proprio, lettura si ricollega ai sinonimi che si riferiscono all'interpretazione, al commento di un testo: *dare una lettura nuova di un brano*; così è anche per commento, che in un secondo significato corrisponde all'insieme di annotazioni esegetiche che spesso corredano per uso didattico testi letterari o filosofici: *il commento di Boccaccio a Dante*; *un commento ad Aristotele*.

Il termine interpretazione può riferirsi anche all'espressione artistica: *la perfetta interpretazione di una commedia, di un personaggio*; *un'ottima interpretazione musicale*; in particolare, in ambito teatrale e cinematografico l'atto o il modo di un attore di sostenere un ruolo si chiama **recitazione**: *recitazione nervosa, efficace*. Con **rappresentazione**, invece, non si pone l'accento sulla fusione di attore e personaggio, ma ci si riferisce al portare in scena in senso complessivo un'opera, soprattutto teatrale, o una sua parte: *la rappresentazione di una scena fantastica*; *abbiamo assistito ad una bellissima rappresentazione*. Nella sfera della musica sinonimo di interpretazione è **esecuzione**, che indica appunto l'interpretare, con la voce o con strumenti, composizioni musicali: *un'esecuzione di brani musicali*.

intèrprete *s. m.* e *f.* ***1*** espositore, commentatore, esegeta, chiosatore, critico ***2*** traduttore ***3*** attore, artista, cantante, musicista, esecutore **FRAS.** *farsi interprete*, esprimere, manifestare. *V. anche* MUSICISTA

interpunzióne *s. f.* punteggiatura.

interraménto *s. m.* sotterramento, seppellimento, sepoltura, inumazione **CONTR.** scavo, dissotterramento, disseppellimento, esumazione.

interràre ***A*** *v. tr.* ***1*** mettere sotto terra, piantare ***2*** sotterrare, seppellire, inumare **CONTR.** dissotterrare, disseppellire, esumare ***3*** colmare di terra, riempire di terra **CONTR.** dragare, sgombrare, scavare ***B*** **interrarsi** *v. intr. pron.* colmarsi di terra, riempirsi di terra.

interràto ***A*** *part. pass. di* **interrare**; *anche agg.* ***1*** piantato ***2*** sotterrato, sepolto, inumato **CONTR.** dissotterrato, dissepolto, esumato ***3*** riempito di terra ***4*** sotto il livello stradale ***B*** *s. m.* seminterrato, cantina.

interrogàre *v. tr.* ***1*** porre domande, domandare, chiedere, richiedere, interpellare, intervistare **CONTR.** rispondere, replicare, ribattere ***2*** (*dir.*) (*di testimone, di imputato, ecc.*) sottoporre a interrogatorio, escutere ***3*** (*di coscienza, di storia, ecc.*) esaminare, consultare □ sondare, scandagliare.

interrogativo ***A*** *agg.* di interrogazione □ interrogatorio, inquisitorio ***B*** *s. m.* ***1*** interrogazione, quesito, domanda **CONTR.** risposta, replica ***2*** (*fig.*) problema, dubbio, mistero, perché **FRAS.** *punto interrogativo* (*ling.*), punto di domanda.

interrogàto *part. pass. di* **interrogare**; *anche agg.* ***1*** interpellato, intervistato ***2*** sottoposto a interrogatorio, sottoposto a interrogazione □ (*dir.*) escusso ***3*** esaminato, consultato, scandagliato.

interrogatòrio ***A*** *agg.* interrogativo, inquisitore, inquisitorio ***B*** *s. m.* ***1*** esame □ (*dir.*) escussione ***2*** (*est.*) serie di interrogazioni, serie di domande, test (*ingl.*) **FRAS.** *interrogatorio di terzo grado* (*fig.*), domande incalzanti e precise. *V. anche* ESAME

interrogazióne *s. f.* ***1*** domanda, interrogativo **CONTR.** risposta, replica ***2*** esame, quesito, quiz (*ingl.*), questionario, inchiesta, intervista, serie di domande, test (*ingl.*) ***3*** interpellanza. *V. anche* ESAME

interrómpere ***A*** *v. tr.* ***1*** (*di attività, di rapporti*) lasciare a mezzo, troncare, spezzare, recidere, cessare, smettere, abbandonare, tralasciare, sospendere, dismettere, arrestare, congelare (*fig.*) **CONTR.** cominciare, allacciare □ riprendere □ continuare, proseguire ***2*** (*di traffico e sim.*) impedire, ostruire, bloccare, ostacolare, intralciare, disturbare □ (*di viveri, di comunicazioni, ecc.*) tagliare **CONTR.** aprire, sbloccare, liberare ***3*** fare tacere, togliere la parola, intromettersi **CONTR.** lasciar parlare ***B*** **interrompersi** *v. intr. pron.* arrestarsi, fermarsi, cessare, spegnersi □ sostare □

smettere di parlare, tacere □ insabbiarsi, incagliarsi **CONTR.** cominciare, iniziare □ procedere, proseguire, seguitare, riprendere. *V. anche* SCIOGLIERE

interrótto *part. pass. di* **interrompere**; *anche agg.* ***1*** rotto, troncato, sospeso, arrestato, congelato, reciso, spezzato **CONTR.** cominciato, intrapreso □ iniziato, ripreso ***2*** (*di traffico*) impedito, ostacolato, bloccato **CONTR.** sbloccato, ripreso ***3*** discontinuo, intermittente, sporadico, saltuario **CONTR.** continuo, ininterrotto, non stop (*ingl.*).

interruttóre *s. m.* reotomo, deviatore, switch (*ingl.*) □ (*est.*) chiave, bottone, pulsante **CFR.** rubinetto, valvola.

interruzióne *s. f.* sospensione, blocco, battuta d'arresto, arresto, troncamento, cessazione, black-out (*ingl.*) □ break (*ingl.*), pausa, sosta, intervallo □ discontinuità, frattura, iato **CONTR.** avvio, sblocco, continuazione, ripresa, prosecuzione, proseguimento □ continuità.

intersecàre ***A*** *v. tr.* attraversare, tagliare □ incrociare, intrecciare, incrocicchiare ***B*** **intersecarsi** *v. rifl. rec.* incrociarsi, tagliarsi, attraversarsi.

intersecazióne *s. f.*, intersezione, attraversamento, crocicchio, crocevia, incrocio, confluenza, intreccio.

intersezióne *s. f. V.* **intersecazione**.

interstìzio *s. m.* intervallo, spazio, apertura, fessura, intercapedine.

interurbàna *s. f.* (*di telefonata*) extraurbana.

intervallàre *v. tr.* porre a intervalli, alternare, distanziare **CONTR.** restringere, infittire.

intervàllo *s. m.* ***1*** distanza, lontananza, stacco ***2*** interstizio, intercapedine, spazio vuoto ***3*** pausa, buco, intermezzo, interruzione, sospensione, ricreazione, break (*ingl.*) □ lasso di tempo, parentesi □ indugio, tregua **CONTR.** continuazione, prosecuzione ***4*** (*mus.*) distanza, salto. *V. anche* TEMPO

intervenìre *v. intr.* ***1*** (*in una discussione, in una lite, ecc.*) intromettersi, interferire, frapporsi, interporsi, frammettersi □ interloquire, parlare **CONTR.** disinteressarsi, restar fuori, estraniarsi □ tacere ***2*** (*a una cerimonia, a uno spettacolo, ecc.*) partecipare, assistere, presenziare, mostrarsi **CONTR.** essere assente, assentarsi ***3*** (*lett.*) accadere, avvenire, capitare, accorrere, sopravvenire, succedere, sopraggiungere, verificarsi ***4*** intercedere, adoperarsi, interessarsi ***5*** (*med.*) operare.

intervènto *s. m.* ***1*** (*a una cerimonia, a una riunione, ecc.*) partecipazione, presenza □ adesione **CONTR.** assenza, lontananza, astensione ***2*** (*in un affare, in una questione, ecc.*) ingerenza, inframmettenza, intromissione □ mossa, atto, passo **CONTR.** disinteresse, indifferenza, noncuranza ***3*** intercessione, mediazione, aiuto, cooperazione ***4*** discorso ***5*** (*med.*) atto chirurgico, operazione ***6*** (*nel calcio e sim.*) entrata.

intervìdeo *s. m.* videocitofono.

intervìsta *s. f.* serie di domande □ incontro, colloquio □ (*org. az.*) test (*ingl.*).

intésa *s. f.* ***1*** accordo, alleanza, patto, convenzione □ coalizione, confederazione, unione, cartello (*econ.*) **CONTR.** antagonismo, conflitto, controversia ***2*** collaborazione, consenso, cooperazione □ affiatamento, idillio (*fig.*), feeling (*ingl.*), sintonia, simpatia □ (*spreg.*) intrigo, collusione, comunella □ (*sport*) coordinazione **CONTR.** disaccordo, inimicizia, dissenso □ antipatia. *V. anche* COALIZIONE

intéso *part. pass. di* **intendere**; *anche agg.* ***1*** capito, compreso, intuito, interpretato, decifrato, decodificato **CONTR.** frainteso, alterato, stravolto, deformato ***2*** udito, sentito, percepito ***3*** pattuito, convenuto, deciso, fissato, stabilito ***4*** (*raro*) informato ***5*** (*lett.*) intento, dedito, attento **FRAS.** *non darsene per inteso*, fingere di non capire.

intèssere *v. tr.* ***1*** tessere, intrecciare, contessere (*lett.*) **CONTR.** sfilare ***2*** (*fig.*) (*di lodi, di melodie, ecc.*) comporre ***3*** (*fig.*) (*di trame, di inganni, ecc.*) ordire, tramare, macchinare.

intessùto *part. pass. di* **intessere**; *anche agg.* ***1*** tessuto, intrecciato ***2*** (*fig.*) formato, composto, pieno, costellato ***3*** (*fig.*) ordito, tramato.

intestardìrsi *v. intr. pron.* ostinarsi, fissarsi, incaparsi (*tosc.*), incaponirsi, intestarsi **CONTR.** cedere, arrendersi, piegarsi.

intestàre ***A*** *v. tr.* ***1*** (*di azienda, di lettera, ecc.*) intitolare □ dedicare □ indirizzare ***2*** (*di casa, di auto, ecc.*) far registrare ***B*** **intestarsi** *v. intr. pron.* intestardirsi, ostinarsi, fissarsi, incaparsi (*tosc.*), incaponirsi, incaparbirsi **CONTR.** cedere, arrendersi, piegarsi.

intestatàrio *s. m.* titolare, beneficiario □ (*est.*) proprietario.

intestàto *part. pass. di* **intestare**; *anche agg.* ***1*** intitolato □ dedicato □ indirizzato ***2*** registrato ***3*** ostinato, fissato.

intestazióne *s. f.* dicitura, titolo, nome, intitolazione, testata.

intestinàle *agg.* (*anat., est.*) enterico.

intestìno (1) *agg.* (*raro*) interiore □ (*di guerra*) interno, civile, fratricida **CONTR.** esteriore, esterno.

intestìno (2) *s. m.* (*anat., est.*) visceri, budella, interiora □ pancia, ventre.

intiepidìre ***A*** *v. tr.* ***1*** rendere tiepido **CFR.** raffreddare □ riscaldare ***2*** (*fig.*) mitigare, attenuare, affievolire, smorzare **CONTR.** accendere, esaltare, infervorare, infiammare ***B*** *v. intr.* e **intiepidirsi** *intr. pron.* ***1*** diventare tiepido **CFR.** raffreddarsi □ riscaldarsi ***2*** (*fig.*) mitigarsi, attenuarsi, affievolirsi, smorzarsi **CONTR.** accendersi, esaltarsi, infervorarsi, infiammarsi.

intiepidìto *part. pass. di* **intiepidire**; *anche agg.* ***1*** divenuto tiepido **CFR.** raffreddato □ riscaldato ***2*** (*fig.*) mitigato, affievolito, attenuato, smorzato **CONTR.** acceso, riscaldato, infiammato, rafforzato, infervorato.

intimaménte *avv.* ***1*** profondamente, nell'intimo, interiormente **CONTR.** superficialmente, esteriormente ***2*** strettamente, indissolubilmente, fortemente **CONTR.** liberamente.

intimàre *v. tr.* dichiarare, indire, ordinare, comandare, imporre, ingiungere, dettare, notificare, elevare **CONTR.** accettare, accogliere □ suggerire, invitare. *V. anche* ORDINARE

intimazióne *s. f.* comando, imposizione, ingiunzione, ordine, notifica, notificazione, dichiarazione, sfida □ (*dir.*) precetto, citazione, diffida, contestazione, comminatoria **CONTR.** accettazione, accoglimento, sottomissione □ supplica, preghiera.

INTIMAZIONE
sinonimia strutturata

L'ordinare o l'imporre in modo perentorio si chiama **intimazione**: *intimazione inefficace*; *intimazione di pagamento*. Sinonimi correnti sono **ordine**, **comando**, **imposizione** e **ingiunzione**, tra loro quasi perfettamente equivalenti nel significato ma usati in contesti diversi: *ordine dell'autorità*; *ordine di mobilitazione generale*; *un comando brusco, secco, che non ammette discussioni*; *ubbidire a un comando*; *non tollerare imposizioni*; *gli fu comunicata l'ingiunzione di arrendersi*. L'intimazione è inoltre il mezzo con cui si intima qualcosa: *ricevere l'intimazione di guerra*; in questo senso corrisponde a **notifica** e **notificazione**, che consistono appunto nel rendere noto, nel comunicare ufficialmente qualcosa e quindi eventualmente anche un ordine. Vicino nel significato è **dichiarazione**, che indica il rendere manifesto qualcosa, e che in senso estensivo può riferirsi al documento che la contiene: *firmare una dichiarazione di pace*.

Intimazione inoltre è sinonimo generale di numerosi termini che attengono alla sfera giuridica: la **diffida**, ad esempio, è l'atto di intimazione a una persona affinché esegua una determinata attività o si astenga da un certo comportamento; vicino nel significato è **precetto**, che in quest'ambito indica specificamente l'atto consistente nell'intimazione di adempiere un obbligo prima che questo venga fatto eseguire in maniera forzata. La **contestazione** precede invece l'intimazione: ad esempio si deve contestare una contravvenzione, ossia notificarla a chi l'ha commessa, e quindi intimare il pagamento della relativa multa. Infine, si dice **citazione** l'atto o l'attività processuale della parte o dell'Ufficio giudiziario, con cui si intima a qualcuno di presentarsi in giudizio a una determinata udienza: *mandare, ricevere una citazione*; *decreto di citazione*.

intimidatòrio *agg.* minaccioso, minatorio **CONTR.** bonario, mite, gentile.

intimidazióne *s. f.* minaccia, ricatto, prepotenza **CONTR.** preghiera, invito, persuasione. *V. anche* PREPOTENZA

intimidìre ***A*** *v. tr.* ***1*** rendere timido, imbarazzare **CONTR.** mettere a proprio agio ***2*** intimorire, impaurire, spaurire, sgomentare □ spaventare, minacciare, atterrire **CONTR.** incoraggiare, rassicurare, rianimare, rincuorare ***B*** *v. intr.* e **intimidirsi** *intr. pron.* diventare timido □ intimorirsi, impaurirsi, spaurirsi, spaventarsi, sgomentarsi, smarrirsi, vergognarsi **CONTR.** incoraggiarsi, rassicurarsi, rianimarsi, rincuorarsi. *V. anche* IMBARAZZARE

intimidìto *part. pass. di* **intimidire**; *anche agg.* intimorito, impaurito, sgomentato, smarrito □ spaventato, minacciato **CONTR.** incoraggiato, rassicurato, rianimato, rincuorato.

intimità *s. f.* ***1*** (*della casa, della famiglia e sim.*) intimo, privacy (*ingl.*), privatezza, privato, segreto, vivo, seno ***2*** confidenza, dimestichezza, familiarità, intrinsichezza, stretta amicizia, consuetudine **CONTR.** soggezione, ritegno, riserbo, diffidenza ***3*** (*spec. al pl.*) espressioni confidenziali, atti confidenziali, effusioni.

ìntimo ***A*** *agg.* ***1*** (*di luogo*) più interno, più profondo **CONTR.** superficiale ***2*** (*fig.*) (*di significato, di valore, ecc.*) più nascosto, più segreto **CONTR.** esteriore, apparente ***3*** (*fig.*) interiore, spirituale □ personale, privato, riservato **CONTR.** esteriore, materiale ***4*** (*fig.*) (*di coesione, di connessione, ecc.*) fondamentale, intrinseco **CONTR.** estrinseco ***5*** (*fig.*) (*di rapporto*) strettissimo, confidenziale □ sessuale, carnale **CONTR.** formale □ spirituale, platonico ***6*** (*di persona*) carissimo, prediletto, preferito, favorito **CONTR.** odiato, trascurato, meno amato ***B*** *s. m.* ***1*** interno **CONTR.** esterno, superficie ***2*** (*fig.*) intimità, profondità, cuore, coscienza, fondo, pieghe, imo (*lett.*), latebre (*fig., lett.*), penetrali (*fig., lett.*) ***3*** amico stretto, parente stretto, familiare ***4*** biancheria intima, lingerie (*fr.*) **FRAS.** *rapporti intimi* (*euf.*), relazione amorosa □ *intimo colloquio* (*euf.*), convegno amoroso □ *cena intima*, cena tra pochi amici, cena tra pochi parenti. *V. anche* COSCIENZA

intimorìre ***A*** *v. tr.* incutere timore, impaurire, intimidire, spaventare, sgomentare, sbigottire, minacciare, atterrire **CONTR.** incoraggiare, rassicurare, rianimare ***B*** **intimorirsi** *v. intr. pron.* impaurirsi, intimidirsi, smarrirsi, temere, tremare, spaurirsi, spaventarsi, sgomentarsi **CONTR.** incoraggiarsi, rassicurarsi, rianimarsi, farsi animo.

intimorìto *part. pass. di* **intimorire**; *anche agg.* impaurito, spaventato, intimidito, sgomentato, sbigottito, scoraggiato **CONTR.** incoraggiato, rassicurato, rianimato.

intìngere *v. tr.* tuffare leggermente, immergere, immollare, bagnare, inzuppare.

intìngolo *s. m.* ***1*** sugo, salsa, condimento, guazzetto ***2*** (*est.*) manicaretto, cibreo, pietanza gustosa **CONTR.** brodaglia, intruglio, sbobba (*pop.*).

intirizzìre ***A*** *v. tr.* intorpidire, intormentire, irrigidire, aggranchire, rattrappire □ ghiacciare, assiderare **CONTR.** scaldare, sciogliere ***B*** *v. intr.* e **intirizzirsi** *intr. pron.* intorpidirsi, intormentirsi, irrigidirsi, perdere la sensibilità, indolenzirsi, rattrappirsi, aggranchirsi □ ghiacciarsi, assiderarsi, infreddolirsi **CONTR.** scaldarsi, accaldarsi □ sciogliersi.

intirizzìto *part. pass. di* **intirizzire**; *anche agg.* gelato, ghiacciato, agghiacciato, assiderato, infreddolito □ intorpidito, intormentito, irrigidito, aggranchito, rattrappito, indolenzito, rigido **CONTR.** scaldato, accaldato □ sciolto.

intitolàre ***A*** *v. tr.* ***1*** (*di libro, di quadro e sim.*) fornire del titolo, dare il titolo, chiamare ***2*** (*di strada, di scuola, ecc.*) intestare, dedicare, nominare, denominare □ (*di chiesa*) consacrare ***B*** **intitolarsi** *v. intr. pron.* avere per titolo, chiamarsi.

intitolàto *part. pass. di* **intitolare**; *anche agg.* ***1*** (*di libro, di quadro, ecc.*) che ha per titolo, chiamato ***2*** (*di strada, di scuola, ecc.*) dedicato, intestato, denominato.

intoccàbile *A agg.* intangibile □ inviolabile, sacro, tabù **CONTR.** violabile, discutibile *B s. m.* e *f.* (*in India*) paria.

intolleràbile *agg.* (*di attesa, di dolore, di fatica ecc.*) insopportabile, insoffribile, insostenibile □ (*di caldo e sim.*) feroce □ (*di aria, ecc.*) irrespirabile, pestilenziale □ (*di bambino*) fastidioso, pestifero □ (*di atteggiamento*) indecente, indecoroso, inaccettabile, incompatibile, vergognoso, inammissibile, impensabile **CONTR.** sopportabile, tollerabile, accettabile □ decente, decoroso.

intollerabilità *s. f.* insopportabilità, insoffribilità, insostenibilità, incompatibilità □ indecenza, inammissibilità **CONTR.** sopportabilità, tollerabilità □ decoro.

intollerànte *agg.* e *s. m.* e *f.* insofferente, impaziente, intransigente, maltollerante, rigido □ fanatico, settario, prepotente, dittatore, dittatoriale, esclusivista, assolutista, integralista **CONTR.** tollerante, paziente, arrendevole, docile, remissivo, flessibile □ moderato, liberale, democratico.

intollerànza *s. f.* *1* idiosincrasia, allergia **CONTR.** tolleranza *2* insofferenza, impazienza, intransigenza, antipatia, fobia, odio, ripugnanza □ fanatismo, settarismo, esclusivismo, dogmatismo, integralismo, fondamentalismo, assolutismo **CONTR.** tolleranza, sopportazione, arrendevolezza, docilità, remissività, comprensione □ liberalismo, democrazia. *V. anche* FANATISMO

intonàre *A v. tr.* *1* (*di strumento*) accordare, dare il giusto tono *2* cantare senza stonare □ prendere il tono giusto **CONTR.** stonare *3* (*fig.*) (*di colori, di discorsi, ecc.*) accordare, armonizzare, comporre *4* (*di canzone*) cominciare a cantare *B* **intonarsi** *v. intr. pron.* (*anche fig.*) essere in tono, armonizzare, legare □ adattarsi, star bene, addirsi **CONTR.** stridere, stonare, contrastare.

intonàto *part. pass. di* **intonare**; *anche agg.* (*anche fig.*) accordato, armonizzato, adattato **CONTR.** stonato, dissonante, disarmonico, discordante.

intonazióne *s. f.* *1* attacco musicale *2* (*fig.*) armonia, stile □ tonalità, colore, sfumatura *3* (*di voce*) modulazione, tono, inflessione, flessione, pronuncia.

intónso *agg.* *1* (*lett.*) (*di barba, di capelli*) non tosato, lungo, fluente **CONTR.** tosato *2* (*fig.*) (*di libro*) non tagliato, non rifilato □ (*est.*) intatto **CONTR.** tagliato, rifilato.

intontiménto *s. m.* stordimento, istupidimento, rintronamento, torpore, sbalordimento. *V. anche* STORDIMENTO

intontìre *A v. tr.* stordire, frastornare, rintronare, ubriacare, sbalordire □ inebetire, istupidire **CONTR.** svegliare *B v. intr.* e **intontirsi** *intr. pron.* diventare tonto, istupidirsi, inebetirsi, rimbambirsi, rintontirsi, rimbecillirsi.

intontìto *part. pass. di* **intontire**; *anche agg.* istupidito, rimbecillito □ stordito, frastornato, imbambolato, stranito, incantato, svanito, imbranato, inebetito **CONTR.** sveglio, vivace.

intoppàre *A v. tr.* (*raro*) urtare, inciampare, incespicare □ (*est., raro*) incontrare *B v. intr.* e **intopparsi** *intr. pron.* *1* (*anche fig.*) urtare, imbattersi, incontrare, incagliarsi *2* (*tosc.*) (*nel parlare*) incepparsi, balbettare, tartagliare. *V. anche* BALBETTARE

intòppo *s. m.* ostacolo, impedimento, incaglio, inciampo, ingombro □ difficoltà, contrasto, impaccio, impasse (*fr.*), inconveniente, intralcio, nodo, groppo (*lett.*), contrattempo, imprevisto **CONTR.** facilità, agio, agevolezza □ soluzione.

intorbidàre *A v. tr.* *1* rendere torbido, insudiciare, inquinare, intorbidire **CONTR.** depurare, disinquinare, illimpidire, chiarificare, chiarire, purificare *2* (*fig.*) (*di amicizia, di ordine, ecc.*) turbare, sconvolgere, sovvertire **CONTR.** calmare, placare, rasserenare *3* (*fig.*) (*di mente, di idee e sim.*) confondere, offuscare, oscurare, annebbiare, appannare *B v. intr.* e **intorbidarsi** *intr. pron.* *1* diventare torbido **CONTR.** illimpidirsi *2* (*fig.*) (*di mente, di situazione, ecc.*) turbarsi, confondersi, annebbiarsi **CONTR.** schiarirsi **FRAS.** *intorbidare le acque* (*fig.*), provocare disordini.

intorbidire *v. tr., intr.* e *intr. pron.* *V.* **intorbidare**.

intórno *A avv.* attorno, d'intorno, all'intorno, in giro, tutt'in giro, in cerchio, circolarmente, dattorno *B nella loc. prep.* *intorno a* *1* attorno a *2* riguardo, sopra, su *3* circa, suppergiù, pressappoco *C in funzione di agg. inv.* circostante, attorno.

intorpidiménto *s. m.* indolenzimento, intormentimento, torpore, irrigidimento, rigidità, insensibilità □ intirizzimento, assideramento □ formicolio □ (*fig.*) infiacchimento **CONTR.** calore, scioltezza, agilità, elasticità, mobilità, speditezza.

intorpidìre *A v. tr.* *1* rendere torpido, indolenzire, intormentire, ingranchire, rattrappire, informicolire □ assiderare, aggranchire, intirizzire *2* (*fig.*) (*di mente, di animo e sim.*) impigrire, infiacchire, addormentare, offuscare, appesantire, annebbiare, arrugginire **CONTR.** rafforzare, rinvigorire, spigrire, svegliare, sveltire *B v. intr.* e **intorpidirsi** *intr. pron.* *1* diventare torpido, ingranchirsi, rattrappirsi, indolenzirsi, informicolirsi □ intirizzirsi, assiderarsi *2* (*fig.*) impigrirsi, impoltronirsi, infingardirsi, infiacchirsi, oziare □ (*di mente, ecc.*) arrugginirsi, addormentarsi, appesantirsi **CONTR.** scuotersi, svegliarsi, spigrirsi, sveltirsi.

intorpidìto *part. pass. di* **intorpidire**; *anche agg.* indolenzito, torpido, irrigidito, informicolito □ intirizzito, infreddolito □ (*fig.*) addormentato, appesantito, arrugginito, offuscato, annebbiato, sonnacchioso, sonnolento, lento.

intossicàre *A v. tr.* *1* avvelenare, attossicare (*lett.*), inquinare **CONTR.** disintossicare, disinquinare *2* (*fig.*) (*di animo, di gioventù, ecc.*) turbare, depravare, corrompere, pervertire, rovinare **CONTR.** elevare, migliorare *B* **intossicarsi** *v. rifl.* avvelenarsi □ impasticcarsi (*gerg.*).

intossicàto *part. pass. di* **intossicare**; *anche agg.* e *s. m.* *1* avvelenato □ inquinato □ impasticcato (*gerg.*) **CONTR.** disintossicato □ disinquinato *2* (*fig.*) (*di animo, di gioventù, ecc.*) corrotto, rovinato.

intossicazióne *s. f.* (*med.*) avvelenamento □ inquinamento **CONTR.** disintossicazione □ disinquinamento. *V. anche* INQUINAMENTO

in toto /*lat.* in 'tɔto/ [loc. lat., propr. 'in tutto'] *loc.*

avv. del tutto, completamente, totalmente, interamente, globalmente.

intralciàre ***A*** *v. tr.* ostacolare, bloccare, ostruire, inceppare, imbarazzare, imbrogliare, impacciare, impedire, frenare, rallentare, interrompere, congestionare □ impastoiare, disturbare, handicappare, complicare □ contrastare, sabotare **CONTR.** liberare, sbloccare, districare, sbarazzare, sbrigare □ snellire, spianare, agevolare, facilitare, favorire, cooperare, collaborare ***B*** **intralciarsi** *v. rifl. rec.* impacciarsi, ostacolarsi. *V. anche* IMBARAZZARE

intràlcio *s. m.* ostacolo, impedimento, impaccio, ingombro, intoppo □ difficoltà, complicazione, freno, disturbo, impiccio, intrigo, inconveniente □ ostruzionismo, sabotaggio **CONTR.** agevolazione, facilitazione, aiuto, apporto, supporto, appoggio. *V. anche* COMPLICAZIONE, DISTURBO

intrallazzàre *v. intr.* fare intrallazzi, intrigare, imbrogliare, manovrare, brigare.

intrallazzatóre *s. m.* (*f. -trice*) intrigante, manovratore, ruffiano, maneggione, faccendiere, imbroglione, trafficone, mestatore, traffichino.

intrallàzzo *s. m.* ***1*** traffico illecito, affare illegale ***2*** (*est.*) intrigo, imbroglio, pastetta, intruglio, compromesso, mercato.

intramezzàre *v. tr.* inframmezzare, tramezzare, alternare, intervallare.

intramontàbile *agg.* (*fig.*) imperituro, perpetuo, duraturo, eterno, sempiterno (*lett.*), evergreen (*ingl.*) **CONTR.** perituro, effimero, passeggero, precario. *V. anche* PERPETUO

intramuscolàre *agg.* endomuscolare, intramuscolo **CFR.** ipodermico, sottocutaneo, endovenoso.

intramùscolo *agg. inv. V.* **intramuscolare.**

intransigènte *agg.* e *s. m.* e *f.* irremovibile, inflessibile, ostinato, fiscale, severo □ intollerante, fanatico, estremista, settario, esclusivista, massimalista, manicheo, puritano, estremistico, assolutista, integralista **CONTR.** transigente, tollerante, elastico, moderato, remissivo, arrendevole, condiscendente, comprensivo, permissivo □ possibilista, liberale. *V. anche* SEVERO

intransigènza *s. f.* irremovibilità, inflessibilità, ostinazione, fiscalismo, rigore, rigidezza, durezza, severità □ intolleranza, fanatismo, estremismo, settarismo, massimalismo, esclusivismo, dogmatismo, manicheismo, puritanesimo, assolutismo, integralismo, fondamentalismo **CONTR.** transigenza, patteggiamento, tolleranza, elasticità, moderazione, remissività, arrendevolezza, condiscendenza, permissivismo □ liberalità. *V. anche* FANATISMO

intransitàbile *agg.* impervio, impraticabile, inaccessibile □ invalicabile **CONTR.** transitabile, percorribile, viabile, pervio (*lett.*), praticabile, accessibile.

intransitabilità *s. f.* impraticabilità, inaccessibilità **CONTR.** transitabilità, praticabilità, accessibilità, viabilità.

intrappolàre *v. tr.* ***1*** prendere in trappola, accalappiare, invescare (*lett.*) **CONTR.** liberare ***2*** (*fig.*) imbrogliare, ingannare, raggirare, truffare, frodare, fregare (*pop.*), bidonare (*gerg.*), impaniare, inviluppare **CONTR.** trattare onestamente.

intraprendènte *part. pres. di* **intraprendere**; *anche agg.* industrioso, ingegnoso, laborioso, solerte, sveglio, svelto, efficiente, volenteroso, coraggioso, determinato, risoluto, abile, destro □ ardito, audace, sfacciato **CONTR.** accidioso, apatico, indolente, inerte, inetto, neghittoso, noncurante, pigro, torpido □ pavido, timido, timoroso, esitante, schivo.

intraprendènza *s. f.* ingegnosità, laboriosità, solerzia, sveltezza, volontà, iniziativa, industria, coraggio, risolutezza, abilità, destrezza, determinazione □ ardimento, audacia, sfacciataggine **CONTR.** accidia, apatia, indolenza, inerzia, inettitudine, neghittosità, noncuranza, pigrizia, torpidezza, timidezza, timore, esitazione.

INTRAPRENDENZA
sinonimia strutturata

Chi ha attitudine e prontezza nel progettare e realizzare imprese o attività, da cui eventualmente trarre vantaggio, oppure chi dimostra una notevole disinvoltura nelle relazioni interpersonali si dice caratterizzato da **intraprendenza**: *uno speculatore di notevole intraprendenza*; *la sua intraprendenza con le donne è incredibile*. Esistono numerosi termini che specificano le varie sfumature dell'intraprendenza; ad esempio **audacia**, **coraggio** e, in contesti letterari, **ardimento** indicano in particolare quella disposizione d'animo che mette in grado di intraprendere grandi cose e di affrontare i rischi che queste ultime comportano: *l'audacia di un esploratore*; *uomo di grande coraggio*; *mancare di coraggio*; *mostrare il proprio ardimento*.

Iniziativa e **ingegnosità**, al contrario, sottolineano la capacità di avviare cose nuove o di trovare nuove soluzioni, insomma si riferiscono alla fase di ideazione e di inizio di qualcosa: *persona piena d'iniziativa*; *spirito d'iniziativa*; *la sua ingegnosità ci ha tirato fuori dai guai*; con ingegnosità coincidono quasi perfettamente **abilità**, **destrezza** e **sveltezza**, che si riferiscono all'astuzia, alla prontezza nell'agire e nell'affrontare situazioni inedite: *uscire con abilità da una situazione poco chiara*; *comportarsi con destrezza*; *dimostrare sveltezza nel risolvere problemi intricati*. Il termine **industria** indica l'operosità volta al raggiungimento di uno scopo specifico, e si avvicina molto al vocabolo leggermente più generale **laboriosità**, che denomina la dedizione appassionata al lavoro: *l'industria proverbiale delle api*; *la laboriosità della popolazione giapponese*; in particolare, una laboriosità contraddistinta da cura, diligenza e attenzione estrema si dice **solerzia**: *lavorare con solerzia*; *attendere con solerzia a un ufficio*. Una sfumatura diversa sottende i sinonimi **determinazione**, **risolutezza** e **volontà**, che evidenziano la decisione e la forza morale che permettono di portare avanti ciò che si è intrapreso e di perseguire uno scopo: *ci è riuscito grazie alla sua determinazione*; *la sua risolutezza e la sua costanza sono ammirevoli*; *è un uomo intelligente ma privo di volontà*.

intraprèndere *v. tr.* cominciare, iniziare, accingersi, imprendere (*lett.*), metter mano, avviare, incominciare, debuttare, principiare, abbracciare, instradarsi CONTR. finire, terminare, concludere, compiere, completare □ smettere, desistere, abbandonare, tralasciare.

intrapréso *part. pass. di* **intraprendere**; *anche agg.* cominciato, iniziato, avviato CONTR. finito, terminato, concluso, completato □ interrotto, abbandonato.

intrasferìbile *agg.* inamovibile □ inalienabile CONTR. amovibile □ cedibile.

intrasportàbile *agg.* fisso, inamovibile CONTR. movibile, trasferibile.

intrattàbile *agg.* **1** (*di persona*) scontroso, irascibile, iracondo, collerico, insocievole, aspro, duro, indocile, impaziente, angoloso, difficile, inabbordabile, inavvicinabile, inselvatichito, ispido, riottoso, ritroso, rozzo CONTR. trattabile, duttile, affabile, amabile, cortese, garbato, gentile, mansueto, mite, docile, accondiscendente, socievole, abbordabile, avvicinabile **2** (*di argomento, di affare, ecc.*) difficile, scabroso, spinoso, scottante, tabù □ oscuro, insolubile CONTR. trattabile, facile, risolvibile, agevole.

intrattabilità *s. f.* **1** (*di persona*) scontrosità, insocievolezza, asprezza, durezza, indocilità, irascibilità, irritabilità, impazienza, iracondia, riottosità CONTR. trattabilità, affabilità, amabilità, cortesia, garbo, gentilezza, mansuetudine, mitezza, docilità, socievolezza **2** (*di argomento, di affare, ecc.*) difficoltà, scabrosità, insolubilità CONTR. trattabilità, facilità, risolvibilità.

intrattenére **A** *v. tr.* **1** trattenere, fermare, far indugiare CONTR. mandare via, licenziare **2** tenere occupato, interessare, divertire, dilettare, trastullare CONTR. annoiare **3** (*di rapporti, ecc.*) tenere, mantenere CONTR. interrompere, troncare **B** **intrattenersi** *v. intr. pron.* **1** fermarsi, indugiare CONTR. andarsene, affrettarsi **2** soffermarsi a parlare, conversare, discutere, chiacchierare. *V. anche* PARLARE

intratteniménto *s. m.* trattenimento, festa, ricevimento, divertimento, passatempo.

intrattenitóre *s. m.* (*f. -trice*) anchor man (*ingl.*), conduttore, presentatore, showman (*ingl.*).

intravedére *v. tr.* **1** vedere di sfuggita, vedere confusamente, scorgere CONTR. vedere chiaramente, distinguere, individuare **2** (*fig.*) presagire, prevedere, indovinare, intuire.

intravìsto *part. pass. di* **intravedere**; *anche agg.* **1** visto di sfuggita, visto confusamente, scorto CONTR. visto chiaramente, individuato **2** (*fig.*) previsto, indovinato, intuito.

intrecciàre **A** *v. tr.* **1** (*di capelli, di corda, ecc.*) unire in treccia **2** (*est., anche fig.*) tessere, intessere, contessere, ordire □ avviluppare, attorcigliare, arruffare, aggrovigliare CONTR. sciogliere, sbrogliare, separare, staccare **3** (*fig.*) (*di rapporti*) annodare, allacciare, stringere **B** **intrecciarsi** *v. rifl. rec.* incrociarsi, avvilupparsi, arruffarsi, imbrogliarsi, intersecarsi.

intrecciàto *part. pass. di* **intrecciare**; *anche agg.* tessuto, intessuto, avviluppato, inviluppato, attorcigliato, concatenato, legato CONTR. sciolto, sbrogliato □ separato.

intréccio *s. m.* **1** treccia □ intessitura, tessitura, orditura □ tessuto, ordito □ (*di fili, ecc.*) nodo, intrico, viluppo, garbuglio, imbroglio, groviglio **2** (*fig.*) (*di romanzo, di film, ecc.*) argomento, storia, fatto, tela, trama, plot (*ingl.*), vicenda, soggetto, canovaccio, testura (*lett.*) □ eventi, casi.

intrèpido *agg.* ardito, animoso, audace, coraggioso, impavido, imperterrito, valoroso, eroico, fiero, leonino, robusto, sicuro, strenuo, virile CONTR. timoroso, trepidante, timido □ pauroso, pavido, codardo, pusillanime, vile, vigliacco. *V. anche* PRODE

intricàre **A** *v. tr.* (*anche fig.*) avviluppare, aggrovigliare, arruffare, imbrogliare, intrecciare, ingarbugliare, complicare, confondere CONTR. districare, sbrogliare, sciogliere, risolvere, semplificare **B** **intricarsi** *v. intr. pron.* (*lett., anche fig.*) imbrogliarsi, confondersi, aggrovigliarsi, avvilupparsi, complicarsi, confondersi, ingarbugliarsi.

intricàto *part. pass. di* **intricare**; *anche agg.* **1** avviluppato, aggrovigliato, arruffato, imbrogliato, inviluppato, ingarbugliato, ravviluppato CONTR. districato, sbrogliato, sciolto **2** (*fig.*) (*di questione, di problema, ecc.*) complicato, confuso, difficile, arduo, caotico, contorto, incasinato (*gerg.*), inesplicabile, involuto, tortuoso CONTR. aperto, chiaro, evidente, lineare, manifesto, palese, semplice.

intrìco *s. m.* (*anche fig.*) groviglio, viluppo, garbuglio, intreccio, groppo, matassa, nodo □ complicazione, confusione, imbroglio □ ginepraio, pelago (*lett.*), prunaio, vespaio □ giungla, meandro, rete, reticolo.

intrìdere *v. tr.* inzuppare, immollare, imbevere, impregnare, stemperare, bagnare, permeare CONTR. seccare, asciugare □ strizzare.

intrigànte *part. pres. di* **intrigare**; *anche agg.* e *s. m.* e *f.* **1** faccendiere, intrallazzatore, maneggione, imbroglione, manovratore, mestatore, politicante, raggiratore, ruffiano, traffichino, trafficone □ invadente, ficcanaso, curioso, impiccione CONTR. riservato, discreto, prudente, schivo **2** stuzzicante, affascinante, interessante, attraente, coinvolgente, curioso CONTR. noioso, barboso (*fam.*), pesante.

intrigàre **A** *v. tr.* **1** (*anche fig.*) avviluppare, aggrovigliare, arruffare, imbrogliare, intrecciare, ingarbugliare, scompigliare, complicare CONTR. districare, sbrogliare, sciogliere **2** affascinare, interessare, stuzzicare, incuriosire, attrarre CONTR. annoiare, stuccare **B** *v. intr.* macchinare, brigare, tramare, congiurare, cospirare, complottare, armeggiare, intrallazzare, manovrare, mestare, trescare CONTR. agire lealmente **C** **intrigarsi** *v. intr. pron.* (*fam.*) impicciarsi, intromettersi, immischiarsi, ingerirsi, ficcare il naso CONTR. disinteressarsi, trascurare, fregarsene (*pop.*).

intrìgo *s. m.* **1** congiura, macchinazione, complotto, maneggio, trama, tresca, mena, armeggio, cospirazione, giochetto, insidia, intrallazzo, lavorio, manipolazione, raggiro **2** impiccio, situazione imbrogliata, complicazione, garbuglio, pantano, matassa, ginepraio. *V. anche* COSPIRAZIONE, FRODE

intrìnseco *agg.* **1** (*di forza, di valore, ecc.*) inerente, congiunto, connesso, immanente, innato CONTR. estrinseco, esterno, esteriore **2** (*di amico, di rappor-

to, ecc.) intimo, stretto, familiare **CONTR.** estraneo, nemico, ostile.

intrìso ***A*** *part. pass. di* **intridere**; *anche agg.* ***1*** inzuppato, immollato, imbevuto, bagnato, fradicio, grondante, madido, zuppo **CONTR.** arido, asciutto, secco, seccato ***2*** (*fig.*) impregnato, permeato ***B*** *s. m.* impasto, intruglio, miscuglio.

intristire *v. intr.* ***1*** (*di persona*) rattristarsi, affliggersi, immalinconirsi, ingrigire (*fig.*) **CONTR.** allietarsi, rallegrarsi, risollevarsi ***2*** (*di persona, di pianta*) perdere la freschezza, deperire, avvizzire, disseccarsi, imbozzacchire, ammuffire, intisichire **CONTR.** fiorire, rifiorire, prosperare, verdeggiare.

intristito *part. pass. di* **intristire**; *anche agg.* triste, afflitto, immalinconito □ appassito, rachitico, imbozzacchito, deperito, esaurito **CONTR.** allegro, felice, vivace □ forte, rigoglioso, verdeggiante.

introdótto *part. pass. di* **introdurre**; *anche agg.* ***1*** messo dentro, immesso, inserito, incastrato, incluso, infilato □ iniettato □ mescolato, mischiato □ (*di testo*) interpolato □ importato, fatto entrare **CONTR.** estratto, cavato, tirato □ tagliato, cancellato □ esportato ***2*** (*di moda, di prodotto, ecc.*) lanciato, propagandato, diffuso ***3*** (*allo studio, alla professione, ecc.*) avviato, iniziato **CONTR.** distolto, allontanato ***4*** (*nelle scienze, nel commercio, ecc.*) esperto, istruito, pratico, provetto **CONTR.** inesperto, ignaro, ignorante, digiuno ***5*** (*in un ambiente*) ben inserito, appoggiato, raccomandato, che ha molte aderenze **CONTR.** sconosciuto, ignoto.

introdùrre ***A*** *v. tr.* ***1*** far penetrare, mettere dentro, cacciare dentro, ficcare, infilare, incastrare, incuneare, insinuare □ immergere □ immettere, iniettare, inoculare, versare □ frapporre, frammezzare, interporre, alternare □ (*di modifica e sim.*) inserire, interpolare **CONTR.** estrarre, cavar fuori, far uscire, trarre, levare □ cassare, depennare ***2*** (*est.*) (*di merci*) importare, far venire **CONTR.** esportare ***3*** (*in un ambiente, a persone*) far entrare □ (*est.*) presentare, annnunciare, fare ricevere, fare conoscere, appoggiare, raccomandare **CONTR.** cacciare, espellere ***4*** (*di moda, di prodotto, ecc.*) lanciare, propagandare, diffondere ***5*** (*fig.*) (*allo studio, alla professione, ecc.*) iniziare, avviare, incamminare, instradare □ (*di discorso, ecc.*) intavolare, cominciare, aprire **CONTR.** distogliere, allontanare ***B*** **introdursi** *v. intr. pron.* ***1*** insinuarsi, penetrare, entrare, ficcarsi, cacciarsi, infilarsi, infiltrarsi, inserirsi, intrufolarsi **CONTR.** uscire ***2*** (*in un ambiente*) affermarsi, farsi conoscere.

introduttìvo *agg.* di introduzione, di presentazione □ iniziale □ propedeutico, preparatorio, preliminare **CONTR.** conclusivo, finale.

introduzióne *s. f.* ***1*** immissione, inserimento, incastro, inserzione, inclusione □ iniezione □ (*fig.*) innesto, interpolazione, trapianto **CONTR.** estrazione □ estrapolazione, elisione ***2*** (*di merci*) importazione **CONTR.** esportazione ***3*** (*in un ambiente*) presentazione □ infiltrazione, intrusione □ ingresso **CONTR.** estromissione, espulsione ***4*** (*di libro, di lezioni e sim.*) trattato introduttivo, prefazione, cappello, proemio, prologo, premessa, prolusione, esordio, preambolo □ (*mus.*) ouverture (*fr.*), preludio □ principio, cominciamento (*lett.*) **CONTR.** conclusione, epilogo, fine, termine, coda, postfazione, chiusa (*lett.*), scioglimento ***5*** (*alla scienza, alla storia, ecc.*) avviamento, guida.

introiettàre *v. tr.* interiorizzare **CONTR.** esteriorizzare.

intròito *s. m.* entrata, guadagno, reddito, gettito, incasso, provento □ riscossione, esazione **CONTR.** uscita, sborso, esborso, spesa. *V. anche* GUADAGNO

intromettènte *part. pres. di* **intromettere**; *anche agg. e s. m.* intrigante, impiccione, ficcanaso, invadente **CONTR.** discreto, prudente □ menefreghista.

introméttere ***A*** *v. tr.* (*raro*) mettere dentro, mettere in mezzo, frammettere, frapporre, interporre, introdurre, ficcare, immischiare, intrudere (*lett.*) **CONTR.** estromettere, estrarre, cacciar fuori ***B*** **intromettersi** *v. rifl.* ingerirsi, impicciarsi, immischiarsi, intrugliarsi, interferire, intrigarsi □ interporsi, frapporsi, intervenire □ interrompere, interloquire **CONTR.** estraniarsi, fregarsene (*pop.*) □ tacere.

intromissióne *s. f.* ingerenza, inframmettenza, intrusione, interferenza, invadenza, immistione □ intervento, intercessione, mediazione, presenza **CONTR.** disinteresse, indifferenza, noncuranza.

intronàre ***A*** *v. tr.* assordare, stordire, frastornare ***B*** *v. intr.* ***1*** (*raro*) rintronare ***2*** (*raro*) rimanere stordito.

intronàto *part. pass. di* **intronare**; *anche agg.* intontito, stordito.

introspettìvo *agg.* (*est.*) interiore **CONTR.** esteriore.

introspezióne *s. f.* (*psicol.*) ispezione interna, analisi interiore, esame, meditazione, riflessione, introversione, concentrazione **CONTR.** estroversione. *V. anche* ESAME

introvàbile *agg.* irreperibile **CONTR.** trovabile, reperibile, rintracciabile.

introversióne *s. f.* (*psicol.*) introspezione, riflessione, chiusura **CONTR.** estroversione, comunicativa, disinibizione, apertura.

introvèrso *agg.; anche s. m.* chiuso, poco espansivo, taciturno, silenzioso, ritroso **CONTR.** estroverso, aperto, espansivo, loquace, comunicativo, disinibito. *V. anche* SOLITARIO, TIMIDO

intrufolàre ***A*** *v. tr.* introdurre di nascosto, infilare ***B*** **intrufolarsi** *v. rifl.* introdursi di nascosto, intromettersi, infilarsi, cacciarsi, intrudersi (*lett.*) **CONTR.** uscire, togliersi di mezzo.

intrùglio *s. m.* ***1*** miscuglio sgradevole, beverone, beveraggio (*est.*), sbobba (*pop.*), poltiglia, zozza (*pop., tosc.*) **CONTR.** ambrosia, nettare, manna ***2*** (*fig.*) mescolanza, confusione, insalata (*fig.*), misto, zuppa (*fig.*), pasticcio ***3*** (*fig.*) imbroglio, intrallazzo, faccenda losca, affare sospetto, maneggio.

intruppàre *v. intr.* (*dial.*) urtare, sbattere, cozzare, intoppare □ inciampare, incespicare.

intruppàrsi *v. intr. pron.* (*est.*) imbrancarsi, raggrupparsi, associarsi, accodarsi.

intrusióne *s. f.* ***1*** intromissione, introduzione **CONTR.** estromissione ***2*** (*est.*) interferenza, inframmettenza, ingerenza, invadenza **CONTR.** disinteresse, noncuranza, menefreghismo.

intrùso *s. m.* estraneo □ (*spreg.*) ficcanaso, invadente **CONTR.** familiare □ riservato.
intuìbile *agg.* comprensibile, indovinabile, immaginabile, prevedibile, concepibile, desumibile **CONTR.** incomprensibile, imprevedibile.
intuìre *v. tr.* ***1*** capire, cogliere, comprendere, afferrare, indovinare, intendere, decifrare, desumere ***2*** (*est.*) accorgersi, rendersi conto, avvertire, scoprire □ presentire, presagire, arguire, sospettare, immaginare, intravedere, fiutare, subodorare, captare, annusare, sgamare (*gerg.*).
intuitivaménte *avv.* per intuito, istintivamente, spontaneamente **CONTR.** razionalmente, ponderatamente.
intuitività *s. f.* immediatezza, intuizione.
intuitivo *agg.* ***1*** (*di verità e sim.*) comprensibile, immediato, evidente, facile, ovvio **CONTR.** oscuro, difficile ***2*** percettivo, perspicace, clinico (*fig.*).
intuìto (1) *part. pass. di* **intuire**; *anche agg.* capito, afferrato, compreso, inteso, interpretato □ indovinato, avvertito.
intùito (2) *s. m.* intuizione, percezione, comprensione, intelligenza, acume, acutezza, perspicacia, prontezza, chiaroveggenza, intendimento □ fiuto, sesto senso, naso, occhio, odorato **CONTR.** meditazione, riflessione, studio, calcolo.
intuizióne *s. f.* intuito, insight (*psicol., ingl.*) □ fiuto, sesto senso, perspicacia, chiaroveggenza, intendimento, psicologia □ presagio, presentimento, percezione □ scintilla, illuminazione, folgorazione, lampo, ispirazione, pensiero.
inumanità *s. f.* crudeltà, efferatezza, ferocia, crudezza, disumanità, inesorabilità, spietatezza, durezza, barbarie, cannibalismo (*fig.*), brutalità, violenza **CONTR.** bontà, dolcezza, benignità, mansuetudine, misericordia, mitezza, pietà, umanità.
inumàno *agg.* disumano, crudele, feroce, spietato, efferato, inesorabile, bruto, duro, brutale, violento, malvagio, atroce, barbaro, crudo, selvaggio, sanguinario **CONTR.** buono, benigno, dolce, mansueto, mite, pietoso, misericordioso, umano. *V. anche* CRUDELE
inumàre *v. tr.* seppellire, sotterrare, interrare, tumulare **CONTR.** esumare, riesumare, disseppellire, dissotterrare.
inumazióne *s. f.* seppellimento, sotterramento, sepoltura, interramento, tumulazione **CONTR.** esumazione, riesumazione, disseppellimento, dissotterramento.
inumidire ***A*** *v. tr.* bagnare leggermente, umettare, irrorare, umidificare **CONTR.** asciugare, tergere □ essiccare, inaridire, seccare, disseccare ***B*** **inumidirsi** *v. intr. pron.* diventare umido, umettarsi, bagnarsi, umidificarsi **CONTR.** asciugarsi □ essiccarsi, inaridirsi, seccarsi, disseccarsi.
inumidìto *part. pass. di* **inumidire**; *anche agg.* umido, umettato, irrorato **CONTR.** asciugato, asciutto, secco, disseccato, inaridito, seccato.
inurbaménto *s. m.* trasferimento in città, urbanizzazione, urbanesimo.
inurbanità *s. f.* scortesia, sgarbatezza, inciviltà, increanza, malacreanza, maleducazione, ineducazione, grossolanità, insolenza, villania, rozzezza, zoticaggine, cafonaggine, sguaiataggine **CONTR.** urbanità, creanza, educazione, finezza, cortesia, garbo, gentilezza, civiltà.
inurbàno *agg.* incivile, scortese, rozzo, maleducato, cafonesco, contadinesco, contadino, malcreato, screanzato, sguaiato, ineducato, insolente, villano, zotico, grossolano **CONTR.** urbano, educato, fine, cortese, garbato, gentile, civile, costumato. *V. anche* ROZZO
inurbàrsi *v. intr. pron.* ***1*** trasferirsi in città, urbanizzarsi ***2*** (*fig., lett.*) incivilirsi, ingentilirsi.
inurbàto *part. pass. di* **inurbarsi**; *anche agg.* urbanizzato □ incivilito, ingentilito.
inusitàto *agg.* inconsueto, insolito, inusuale, infrequente, nuovo, eteroclito (*lett.*), inusato (*lett.*) □ straordinario, eccezionale, strano, stravagante, anormale **CONTR.** abituale, consueto, frequente, ordinario, solito, usuale, comune, convenzionale, rituale, tradizionale.
inusuàle *agg.* insolito, inconsueto inusitato □ fuori dal comune, straordinario, eccezionale **CONTR.** usuale, solito, normale, consueto, ordinario.
inùtile *agg.* (*di tentativo e sim.*) senza effetto, inefficace, vano, inane (*lett.*), nullo, disutile, sterile, infruttifero, infruttuoso, infecondo □ (*di oggetto*) inutilizzabile, inservibile, inutilizzato, inadoprabile □ (*di argomento, di discorso, ecc.*) superfluo, pleonastico, vacuo, futile □ (*di bene*) voluttuario, superfluo □ (*di persona, di atteggiamento*) parassita, parassitario, inconcludente, inetto **CONTR.** utile, efficace, giovevole, proficuo, fruttuoso □ efficiente, valido □ vantaggioso, produttivo, profittevole □ necessario, occorrente □ concludente. *V. anche* SUPERFLUO
inutilità *s. f.* inefficacia, infruttuosità, inefficienza, inservibilità, disutilità, sterilità □ inanità, vanità, vacuità, oziosità, superfluità **CONTR.** utilità, vantaggio, proficuità, efficienza, efficacia.
inutilizzàbile *agg.* inservibile, inutile, inutilizzato, inadoprabile, irrecuperabile □ inagibile □ indisponibile **CONTR.** utilizzabile, utile, adoperabile, sfruttabile, usabile, usufruibile □ disponibile.
inutilizzàto *part. pass. di* **inutilizzare**; *anche agg.* reso inutile, inutile, inservibile □ inattivo, dismesso □ giacente **CONTR.** utilizzato, utile, attivo.
inutilménte *avv.* vanamente, invano, indarno (*lett.*), infruttuosamente, inefficacemente, sterilmente, senza utilità □ futilmente, inconcludentemente, oziosamente, vacuamente **CONTR.** utilmente, fruttuosamente, vantaggiosamente, giovevolmente □ seriamente.
invadènte *part. pres. di* **invadere**; *anche agg. e s. m. e f.* indiscreto, indelicato, intrigante, intromettente, petulante, curioso, ingombrante, insistente, possessivo □ ficcanaso, rompiscatole, rompipalle (*volg.*), intruso **CONTR.** discreto, delicato, prudente □ menefreghista.
invadènza *s. f.* inframmettenza, intromissione, intrusione, interferenza □ indiscrezione, indelicatezza, petulanza, insistenza **CONTR.** discrezione, delicatezza, prudenza □ indifferenza, menefreghismo. *V. anche* INDISCREZIONE
invàdere *v. tr.* ***1*** (*di territorio*) irrompere, conquista-

re, occupare, prendere, impadronirsi, assalire □ (*ass.*) sconfinare, dilagare **CONTR.** lasciare, sgombrare □ abbandonare **2** (*di fiume, di male, ecc.*) inondare, devastare, allagare, riversarsi □ contagiare, infestare, propagarsi □ (*fig.*) (*di mente, ecc.*) pervadere, penetrare, impossessarsi **CONTR.** ritirarsi, lasciare □ liberare, guarire **3** (*fig.*) (*di diritti, di poteri, ecc.*) attribuirsi illegittimamente, usurpare. *V. anche* PRENDERE

invaghìre **A** *v. tr.* (*lett.*) innamorare **CONTR.** disamorare, disinnamorare **B** **invaghirsi** *v. intr. pron.* incapricciarsi, innamorarsi, infiammarsi, infatuarsi, ubriacarsi **CONTR.** disamorarsi, disinnamorarsi.

invaghito *part. pass. di* **invaghire**; *anche agg.* incapricciato, innamorato, cotto, infatuato, preso **CONTR.** disamorato.

invalicàbile *agg.* intransitabile □ insormontabile, insuperabile **CONTR.** valicabile, transitabile, superabile.

invalidàre *v. tr.* **1** infirmare, annullare, impugnare, inficiare, viziare, abrogare, cancellare, cassare, rescindere, risolvere **CONTR.** convalidare, ratificare, sanzionare, autenticare, autorizzare, legalizzare, legittimare, omologare **2** (*est.*) (*di obiezioni, di ragionamento, ecc.*) dimostrare infondato, confutare **CONTR.** approvare, giustificare, avvalorare, confortare, corroborare.

invalidàto *part. pass. di* **invalidare**; *anche agg.* infirmato, annullato, impugnato, inficiato, viziato, rescisso **CONTR.** convalidato, ratificato, sanzionato, approvato, autenticato, autorizzato, legittimato.

invalidità *s. f.* **1** menomazione, infermità, inabilità **CONTR.** integrità, sanità **2** (*dir.*) nullità, non idoneità **CONTR.** validità, idoneità. *V. anche* DEBOLEZZA

invàlido **A** *agg.* **1** inabile, menomato, minorato, impedito, handicappato **CONTR.** integro, sano **2** (*dir.*) nullo, privo di validità, annullabile **CONTR.** valido **B** *s. m.* inabile, minorato, impedito, handicappato, mutilato.

invàno *avv.* senza effetto, inefficacemente, inutilmente, vanamente, indarno (*lett.*), a vuoto, senza profitto **CONTR.** utilmente, efficacemente, proficuamente.

invariàbile *agg.* **1** immutabile, inalterabile, irrevocabile □ costante, fisso, stabile, stazionario □ (*mat.*) invariantivo **CONTR.** variabile, mutevole, mutabile, incostante, instabile, momentaneo **2** (*ling.*) indeclinabile **CONTR.** declinabile, variabile.

invariabilménte *avv.* immutabilmente, inalterabilmente □ costantemente, stabilmente **CONTR.** mutabilmente, mutevolmente □ incostantemente, instabilmente.

invariàto *agg.* immutato, inalterato, costante, fermo, fisso, stabile, uguale, stazionario **CONTR.** variato, diverso, mutato, cambiato, modificato, trasformato, alterato.

invasàto *agg.* e *s. m.* ossesso, indemoniato, spiritato, posseduto □ (*fig.*) infatuato, infervorato, esaltato, fanatico, ossessionato, fan (*ingl.*) **CONTR.** calmo, freddo, impassibile, imperturbabile, indifferente.

invasióne *s. f.* **1** occupazione, conquista, discesa, calata □ incursione, irruzione, assalto, scorreria, sconfinamento, penetrazione **CONTR.** liberazione □ ritirata, ripiegamento, sgombero **2** (*di acque*) inondazione, diluvio, alluvione **CONTR.** ritiro **3** (*fig., med.*) contagio dilagante, epidemia. *V. anche* ASSALTO

invasóre *s. m.*; *anche agg.* (*f. invaditrice*) conquistatore, occupante, assalitore, aggressore □ nemico, straniero, usurpatore **CONTR.** liberatore.

invecchiaménto *s. m.* **1** vecchiaia, senescenza, avvizzimento □ decadenza, decadimento, declino □ obsolescenza **CONTR.** ringiovanimento, giovinezza □ ammodernamento, svecchiamento, rinnovamento □ rifioritura **2** stagionatura, maturazione.

invecchiàre **A** *v. intr.* **1** diventare vecchio, avanzare negli anni □ incanutire, avvizzire **CONTR.** ringiovanire □ mantenersi, conservarsi **2** (*est.*) (*di vino, di formaggio, ecc.*) stagionarsi, maturarsi □ (*di alimento, di pane, ecc.*) modificarsi, raffermarsi **3** (*est.*) (*di persona, di cosa*) perdere in freschezza, sfiorire, decadere, declinare, logorarsi, ammuffire **CONTR.** rifiorire, rinnovarsi, innovarsi **4** (*fig.*) (*di vestito, di uso, ecc.*) passare di moda, cadere in disuso, essere out (*ingl.*) **CONTR.** tornare di moda, essere in (*ingl.*) **5** (*fig.*) (*nel vizio, nelle idee e sim.*) incallirsi, sclerotizzarsi, cristallizzarsi, fossilizzarsi, mummificarsi **CONTR.** modernizzarsi **B** *v. tr.* **1** far diventare vecchio, rendere vecchio **CONTR.** svecchiare, ammodernare, modernizzare □ ringiovanire **2** (*di formaggio, di vino, ecc.*) far maturare, stagionare.

invecchiàto *part. pass. di* **invecchiare**; *anche agg.* **1** divenuto vecchio □ incanutito **CONTR.** ringiovanito □ giovanile **2** (*est.*) (*di vino, di formaggio, ecc.*) stagionato, maturato, stravecchio **CONTR.** novello, giovane, fresco **3** (*di persona, di cosa*) sfiorito, decaduto, avvizzito **CONTR.** rifiorito, rinnovato **4** (*fig.*) (*di vestito, di uso, ecc.*) fuori moda, disusato, in disuso, out (*ingl.*), superato, sorpassato, inattuale, obsoleto, stantio, antiquato **CONTR.** in uso, di moda, alla moda, in (*ingl.*), recente.

invéce **A** *avv.* al contrario, all'opposto, bensì, anzi, mentre, viceversa, ma, e, però **CONTR.** appunto, infatti **B** *nella loc. prep. invece di*, in luogo di, al posto di, in cambio di, anziché **CONTR.** come.

inveìre *v. intr.* rivolgersi contro, scagliarsi contro, scatenarsi, apostrofare, assalire, infierire, ingiuriare, oltraggiare, gridare, urlare, insolentire, imprecare, tuonare **CONTR.** parlare dolcemente, blandire, lodare. *V. anche* GRIDARE, PARLARE

inventàre *v. tr.* **1** (*di cosa*) escogitare, scoprire, creare, trovare, ideare, congegnare, fabbricare □ (*di espressione*) coniare □ brevettare **CONTR.** copiare, imitare, plagiare, ricalcare, riprodurre **2** (*di storie, di situazioni, ecc.*) immaginare, pensare, concepire, creare con la fantasia □ fingere, mentire, affermare falsamente, simulare, sparare (*fig.*), sballare (*pop.*). *V. anche* PENSARE

inventàrio *s. m.* **1** rilevazione, registrazione, catalogo, lista, nota, repertorio, indice **2** registro □ protocollo **3** (*fig.*) (*di malattie, di guai, ecc.*) enumerazione, lista, elenco.

inventàto *part. pass. di* **inventare**; *anche agg.* **1** (*di cosa*) scoperto, escogitato, trovato, creato, ideato, congegnato □ brevettato □ (*di espressione*) coniato **CONTR.** copiato, imitato, plagiato ***2*** (*di storie, di situazioni, ecc.*) immaginato, concepito □ fantastico, immaginario □ infondato, falso, finto, menzognero, sparato (*fig.*), sballato (*pop.*) **CONTR.** effettivo, reale, vero, autentico. *V. anche* IMMAGINARIO

inventìva *s. f.* fantasia, immaginazione, immaginativa, creatività, estro, fecondità, invenzione **CONTR.** banalità, piattezza.

inventìvo *agg.* creativo, immaginativo □ fantasioso, immaginoso, immaginifico □ brillante.

inventóre ***A*** *agg.* (*f. -trice*) creatore ***B*** *s. m.* autore, scopritore, ideatore, creatore, ritrovatore, fondatore, progettista **CONTR.** copiatore, imitatore, plagiario.

invenzióne *s. f.* ***1*** scoperta, ideazione, creazione, ritrovamento □ (*di espressione*) coniazione ***2*** trovata, idea, espediente, stratagemma, artificio **CONTR.** copia, imitazione, plagio ***3*** creatività, immaginativa, immaginazione, inventiva, fantasia ***4*** (*est.*) notizia inventata, bugia, fandonia, favola, fola, fanfaluca, panzana, menzogna, balla (*fam.*), ciancia, ciarla, chiacchiera, finzione, storia, storiella, romanzo **CONTR.** realtà, vero, verità ***5*** (*dir.*) ritrovamento. *V. anche* BUGIA

inverecóndia *s. f.* impudicizia, incontinenza, immodestia, indecenza, immoralità, lascivia, lubricità, procacità, scurrilità, licenziosità, libertinaggio, scostumatezza, oscenità □ (*est.*) spudoratezza, impudenza, sfacciataggine, sfrontatezza **CONTR.** verecondia, pudicizia, pudore, castità, illibatezza, decenza, onore, virtù, modestia, moralità, onestà, continenza, costumatezza.

inverecóndo *agg.* impudico, lascivo, licenzioso, immodesto, immorale, osceno, lubrico, scurrile, sporco, sudicio, fescennino (*est.*), libertino □ (*est.*) spudorato, impudente, sfacciato, sfrontato **CONTR.** verecondo, pudico, casto, illibato, intemerato, continente, modesto, onesto, costumato. *V. anche* OSCENO

invernàle *agg.* dell'inverno, d'inverno □ (*di tempo*) brumoso, freddo □ (*di abito*) pesante, caldo **CFR.** primaverile, estivo, autunnale **CONTR.** (*di abito*) leggero, fresco.

invernàta *s. f.* inverno.

invèrno *s. m.* stagione fredda, invernata, freddo **CONTR.** estate.

inverosìmile *agg.* incredibile, improbabile, inammissibile, inattendibile, inconcepibile, assurdo, inaudito, illogico, stravagante, strano, romanzesco, cinematografico **CONTR.** verosimile, credibile, attendibile, probabile, concepibile, logico, plausibile, possibile.

inverosimilménte *avv.* incredibilmente, assurdamente, inconcepibilmente, illogicamente, stranamente **CONTR.** verosimilmente, credibilmente, attendibilmente.

inversaménte *avv.* in modo inverso, contrariamente **CONTR.** direttamente.

inversióne *s. f.* ***1*** capovolgimento, rovesciamento, stravolgimento, ribaltamento □ trasposizione □ (*elettr.*) commutazione □ virata, voltata ***2*** (*ling.*) anastrofe **FRAS.** *inversione di tendenza*, mutamento di direzione □ *inversione sessuale*, omosessualità □ *inversione di parola*, anagramma.

invèrso *agg.* contrario, opposto, rovescio, rovesciato, contrapposto **CONTR.** diritto, dritto.

invertebràto ***A*** *agg.* senza colonna vertebrale **CONTR.** vertebrato ***B*** *agg.* e *s. m.* (*fig.*) fiacco, indolente, debole **CONTR.** alacre, attivo, energico, operoso, solerte.

invertìre *v. tr.* ***1*** (*di strada, di marcia, ecc.*) volgere, cambiare, mutare, virare ***2*** (*di ordine, di situazione, ecc.*) capovolgere, rovesciare, voltare, rivoltare, stravolgere, ribaltare **CONTR.** riordinare, raddrizzare.

invertito ***A*** *part. pass. di* **invertire**; *anche agg.* messo al contrario, capovolto, rivoltato, ribaltato, rovescio, rovesciato **CONTR.** raddrizzato ***B*** *s. m.* omosessuale, diverso, gay (*ingl.*).

investigàre *v. tr.* cercare, ricercare, esaminare, esplorare, scandagliare, scrutare, sviscerare, osservare, saggiare, scavare, speculare □ indagare, inquisire, perquisire **CONTR.** scoprire, rinvenire, scovare, svelare, trovare.

investigativo *agg.* inquisitivo □ indagatore, investigatore, esplorativo.

investigatóre *agg.*; *anche s. m.* (*f. -trice*) investigativo □ ricercatore, esaminatore, scrutatore, esploratore, osservatore □ indagatore, informatore, detective (*ingl.*), zerozerosette, segugio.

investigazióne *s. f.* indagine, ricerca, esame, esplorazione, analisi □ (*spec. al pl.*) indagini, inchiesta, inquisizione, perquisizione **CONTR.** rinvenimento, ritrovamento, scoperta. *V. anche* ESAME

investiménto *s. m.* ***1*** (*di denaro*) collocamento, impiego ***2*** (*est.*) (*di veicolo*) collisione, scontro, urto, speronamento, tamponamento, incidente.

investìre ***A*** *v. tr.* ***1*** (*di titolo, di carica, ecc.*) concedere, dare, promuovere, innalzare, elevare **CONTR.** dimettere, estromettere, esonerare, esautorare ***2*** (*di compito, di impegno, ecc.*) incaricare, affidare, delegare ***3*** (*di denaro*) collocare, impiegare ***4*** (*di veicolo*) urtare, cozzare, speronare, tamponare □ travolgere, arrotare **CONTR.** sfiorare □ evitare, schivare ***5*** (*di persona, di nemico*) premere, incalzare, aggredire, assalire, affrontare, attaccare, avventarsi □ (*con insulti, con domande, ecc.*) apostrofare, bombardare, mitragliare, martellare ***B*** **investirsi** *v. rifl. rec.* urtarsi, scontrarsi □ assalirsi, ferirsi ***C*** *v. rifl.* ***1*** (*di titolo, di carica, ecc.*) appropriarsi ***2*** (*di compito, di parte, ecc.*) immedesimarsi, identificarsi, compenetrarsi, sobbarcarsi **CONTR.** essere indifferente, disinteressarsi.

investito *part. pass. di* **investire**; *anche agg.* e *s. m.* ***1*** (*di titolo, di carica, ecc.*) elevato, promosso **CONTR.** dimesso, esonerato, esautorato ***2*** (*di compito, di impegno, ecc.*) incaricato, delegato ***3*** (*di denaro*) collocato, impiegato ***4*** (*da veicolo*) urtato, colpito, speronato, tamponato □ travolto, arrotato **CONTR.** sfiorato, schivato, evitato ***5*** (*di persona, di nemico*) premuto, assalito, incalzato, aggredito, affrontato ***6*** (*fig.*) (*di un compito, di una parte, ecc.*) compenetrato, pervaso, immedesimato **CONTR.** indifferente, apatico.

investitùra *s. f.* ***1*** (*di feudo, di carica, ecc.*) attribuzione, concessione, elevazione □ infeudamento **2** insediamento, nomina □ presa di possesso **CONTR.** destituzione, esonero, rimozione.

inveteràto *agg.* connaturato, radicato, inguaribile, profondo, cronico, incallito, incurabile, vecchio **CONTR.** fresco, nuovo, recente.

invettìva *s. f.* apostrofe, attacco, filippica, sfuriata, tirata, rampogna, intemerata, catilinaria, diatriba □ ingiuria, improperio, insolenza, maledizione, imprecazione **CONTR.** elogio, lode, encomio, esaltazione, plauso, adulazione, incensamento □ benedizione.

inviàre *v. tr.* mandare, spedire, indirizzare, inoltrare, trasmettere, deferire, diramare, rimettere, rimandare, destinare, smistare □ scagliare **CONTR.** ricevere, accogliere, accettare.

inviàto ***A*** *part. pass. di* **inviare**; *anche agg.* mandato, spedito, indirizzato, inoltrato, trasmesso, destinato, diretto **CONTR.** ricevuto, accolto, accettato ***B*** *s. m.* **1** incaricato, emissario, delegato, rappresentante, procuratore, ambasciatore, messo, mandatario, legato (*lett.*), messaggero **CONTR.** mandante **2** giornalista, cronista, corrispondente, reporter (*ingl.*).

invìdia *s. f.* **1** gelosia, livore, bile, malevolenza, rivalità **CONTR.** compiacimento, altruismo, disinteresse, consenso, ammirazione **2** ammirazione **CONTR.** disprezzo, dispiacere, commiserazione. *V. anche* STIZZA

INVIDIA
sinonimia strutturata

Il sentimento di rancore e di astio per la fortuna, le qualità o la felicità altrui, spesso unito al desiderio che tutto ciò si trasformi in male, si dice **invidia**, che nella teologia cattolica è uno dei sette peccati capitali: *rodersi d'invidia*; *essere divorato dall'invidia*; *portare invidia a qualcuno*; *essere degno d'invidia*. L'invidia si avvicina molto alla **gelosia**, che però è suscitata da preferenze presunte o reali: *gelosie di mestiere*; *i suoi successi suscitano la gelosia di tutti*. Quando l'invidia è decisamente maligna ed astiosa si chiama **livore**: *cupo livore*; *il livore degli avversari*. Risultato dell'invidia è la collera, la stizza, ossia la **bile** nel suo significato figurato: *rodersi, crepare dalla bile*; così pure la **malevolenza** può derivare dall'invidia, e consiste nella cattiva disposizione d'animo verso qualcuno e nel gusto del male altrui: *i suoi guadagni eccezionali generano malevolenza tra i colleghi*.

L'invidia, in quanto sentimento di una persona in uno stato di vera o immaginaria inferiorità verso chi si trova in una situazione migliore, se diretta verso un persona particolare può tramutarsi anche in **rivalità**, ossia in un senso di competizione e di emulazione anche reciproca tendente al raggiungimento dello stato dell'altro: *tra loro c'è un'antica rivalità*.

Un secondo ambito semantico vede l'invidia coincidere perfettamente con un senso di **ammirazione** per i beni o le qualità altrui, unito al desiderio non rancoroso di possederne in egual misura: *ha una salute che fa invidia*; *un bambino così bello che suscita invidia*.

invidiàbile *agg.* ammirevole, desiderabile, appetibile, eccellente, straordinario □ felice, fausto **CONTR.** indesiderabile, detestabile, deplorevole □ funesto, infelice.

invidiàre *v. tr.* **1** provare invidia, provare rancore **CONTR.** compiacersi, ammirare **2** ammirare, ambire, desiderare ardentemente **CONTR.** odiare, disprezzare □ compatire.

invidióso *agg.* pieno d'invidia, astioso, geloso, ìnvido (*lett.*) **CONTR.** ammiratore, esaltatore □ amico.

invincìbile *agg.* imbattibile, inespugnabile, invulnerabile, indomabile □ ribelle, indomito, invitto, inviolato □ (*fig.*) (*di ostacolo, ecc.*) insormontabile, insuperabile, invalicabile **CONTR.** vincibile, superabile □ vinto, sconfitto, sopraffatto.

invincibilità *s. f.* imbattibilità, inespugnabilità, inviolabilità, invulnerabilità □ (*fig.*) (*di ostacolo, ecc.*) insormontabilità, insuperabilità **CONTR.** superabilità, debolezza.

invìo *s. m.* **1** spedizione, trasmissione, inoltro, mandata, diramazione, rimessa, deferimento (*est., lett.*) **CONTR.** ricevimento, ricezione, ritiro **2** (*letter.*) (*di poesia*) commiato, congedo.

inviolàbile *agg.* (*di patto, di diritto, ecc.*) imprescindibile, infrangibile, intrasgredibile, intangibile, intoccabile, sacro, sacrosanto □ tabù □ invulnerabile □ inespugnabile, impenetrabile □ invincibile, imbattibile **CONTR.** violabile □ vulnerabile □ battibile.

inviolabilità *s. f.* imprescindibilità, infrangibilità, intangibilità, sacralità, santità □ invulnerabilità □ invincibilità **CONTR.** violabilità □ vulnerabilità □ battibilità.

inviolàto *agg.* intatto, integro, illeso, incontaminato, vergine □ imbattuto **CONTR.** violato, contaminato □ battuto, vinto.

inviperìre ***A*** *v. tr.* irritare, inasprire, invelenire **CONTR.** calmare, rabbonire, ammansire, placare, quietare ***B*** *v. intr.* e **inviperirsi** *intr. pron.* irritarsi, arrabbiarsi, adirarsi, infuriarsi **CONTR.** calmarsi, rabbonirsi, ammansirsi, placarsi.

inviperìto *part. pass. di* **inviperire**; *anche agg.* irritato, arrabbiato, esacerbato, furente, adirato, furibondo, invelenito, rabbioso **CONTR.** calmo, rabbonito, placato.

invischiàre ***A*** *v. tr.* **1** spalmare di vischio **2** prendere col vischio, impaniare, invescare (*lett.*) **CONTR.** liberare **3** (*fig.*) adescare, lusingare, sedurre □ incasinare (*pop.*), incastrare, inguaiare, irretire **CONTR.** disgustare, allontanare, respingere ***B*** **invischiarsi** *v. intr. pron.* (*anche fig.*) impaniarsi, invescarsi, impegolarsi, impelagarsi, impantanarsi, ingolfarsi **CONTR.** liberarsi, sbrogliarsi. *V. anche* SEDURRE

invischiàto *part. pass. di* **invischiare**; *anche agg.* (*fig.*) impegolato, impaniato, incasinato (*pop.*), inguaiato, impelagato, impantanato, ingolfato **CONTR.** liberato, libero.

invisìbile *agg.* impossibile a vedersi, impercettibile, indistinguibile □ (*est.*) microscopico, piccolissimo □ nascosto, occulto □ immateriale, incorporeo, spirituale **CONTR.** visibile, avvertibile, osservabile □ appariscente, enorme, grandissimo □ materiale, corporeo.

invìso *agg.* (*lett.*) malvisto, antipatico, sgradito, malaccetto, detestato, odiato **CONTR.** ben visto, gradito, accetto, caro, benamato, diletto.
invitànte *part. pres. di* **invitare**; *anche agg.* (*di sorriso e sim.*) allettante, lusinghiero, seducente, attraente, affascinante, ammaliante, convincente, persuasivo, solleticante, suadente, suasivo (*lett.*) **CONTR.** repellente, ripugnante, disgustoso, antipatico, deterrente, dissuasivo.
invitàre ***A*** *v. tr.* ***1*** chiamare, far venire, fare intervenire □ (*est.*) convocare **CONTR.** respingere, mandar via, scacciare ***2*** convitare, ospitare ***3*** indurre, esortare, incitare, pregare, persuadere, sollecitare, spingere, ufficiare (*bur.*) □ allettare, invogliare **CONTR.** dissuadere, distogliere, allontanare, rimuovere ***4*** (*nel gioco*) chiamare ***B*** **invitarsi** *v. rifl. rec.* farsi inviti, scambiarsi inviti. *V. anche* SPINGERE
invitàto *part. pass. di* **invitare**; *anche agg.* e *s. m.* ***1*** chiamato, convocato, partecipante ***2*** convitato, ospite, commensale **CONTR.** ospitante, anfitrione ***3*** indotto, invogliato, esortato, persuaso, sollecitato, spinto **CONTR.** dissuaso, allontanato.
invìto *s. m.* ***1*** convocazione, chiamata □ sollecitazione, incitamento, stimolo, esortazione, stimolazione, appello □ preghiera, domanda, proposta, offerta, profferta **CONTR.** cacciata, allontanamento □ rifiuto, ripulsa ***2*** biglietto di invito ***3*** ingiunzione, ordine, richiesta ***4*** (*fig.*) richiamo, allettamento, lusinga, seduzione.
in vitro /*lat.* in 'vitro/ [lat., letteralmente 'nel (*in*) vetro (*vĭtro*)'] *loc. agg.* e *avv.* in laboratorio, di laboratorio.
invìtto *agg.* (*lett.*) non vinto, mai vinto, insuperabile, insuperato, invincibile, indomito, imbattuto, imbattibile **CONTR.** vinto, sconfitto, piegato, battuto, superato.
invivìbile *agg.* inabitabile **CONTR.** abitabile, vivibile.
in vivo /*lat.* in 'vivo/ [loc. lat., letteralmente 'sul vivo'] *loc. agg.* e *avv.* su cellule viventi, su tessuti viventi.
invocàre *v. tr.* ***1*** (*di persona, di Dio, ecc.*) chiamare □ supplicare, scongiurare, pregare, implorare, fare appello **CONTR.** maledire, esecrare, imprecare, sacramentare (*pop.*) ***2*** (*di aiuto, di pietà, ecc.*) chiedere, richiedere, gridare, domandare, impetrare, implorare □ ambire, sognare, desiderare **CONTR.** dare, offrire, prestare ***3*** (*di legge, di diritto, ecc.*) citare a sostegno, chiamare a sostegno, appellarsi. *V. anche* GRIDARE
invocàto *part. pass. di* **invocare**; *anche agg.* ***1*** (*di persona, di Dio, ecc.*) chiamato □ implorato, pregato **CONTR.** maledetto, esecrato ***2*** (*di aiuto, di pietà, ecc.*) chiesto, implorato, supplicato, impetrato □ ambito, desiderato, atteso, sospirato **CONTR.** dato, offerto, prestato ***3*** (*di legge, di diritto, ecc.*) chiamato a sostegno **CONTR.** confutato.
invocazióne *s. f.* ***1*** implorazione, preghiera, supplica, grido □ richiesta, istanza, appello **CONTR.** comando, imposizione, ingiunzione □ rifiuto, rigetto, ripulsa □ bestemmia, imprecazione ***2*** (*di poema*) protasi.
invogliàre ***A*** *v. tr.* eccitare, incitare, indurre, invitare, stimolare □ allettare, tentare, attrarre, sedurre **CONTR.** dissuadere, distogliere, disamorare, allontanare, stancare ***B*** **invogliarsi** *v. intr. pron.* bramare, desiderare, incapricciarsi, invaghirsi **CONTR.** disamorarsi, disgustarsi, nausearsi, stomacarsi.
invogliàto *part. pass. di* **invogliare**; *anche agg.* indotto, invitato, stimolato, eccitato □ allettato, tentato, preso, bramoso, desideroso, voglioso **CONTR.** svogliato, disamorato, disgustato, nauseato, stanco, stomacato, disincentivato, demotivato.
involontàrio *agg.* non voluto, casuale, subitaneo, accidentale, fortuito □ (*dir.*) colposo, preterintenzionale □ istintivo, meccanico, automatico, inconsapevole, inconscio, incontrollato, macchinale □ (*raro*) forzato, obbligato, coatto **CONTR.** volontario, voluto, fatto apposta, intenzionale, premeditato.
involtàre ***A*** *v. tr.* (*fam.*) avviluppare, avvolgere, fasciare, involgere, ravvolgere, rinvolgere, infagottare, rinvoltare **CONTR.** svolgere, disinvolgere, scartare, aprire, sfasciare, liberare ***B*** **involtarsi** *v. rifl.* avvolgersi, rinvolgersi.
invòlto *s. m.* ***1*** fagotto, pacco, fardello, malloppo, rotolo, plico, cartoccio, balla ***2*** involucro.
invòlucro *s. m.* ***1*** rivestimento, involto, copertura □ incarto, federa, camicia (*tecnol.*), astuccio, scatola, contenitore, busta □ capsula □ guscio, crosta □ corteccia, scorza, buccia □ confezione, pacco, pacchetto ***2*** (*bot.*) brattee.
involùto *agg.* intricato, confuso, contorto, imbrogliato, oscuro, tortuoso, concettoso, arzigogolato, complicato □ (*raro*) regredito, peggiorato **CONTR.** aperto, chiaro, evidente, facile, intelligibile, lineare, piano, perspicuo, semplice □ evoluto.
involuzióne *s. f.* ***1*** complicazione, intrico, tortuosità, concettosità, oscurità **CONTR.** chiarezza, evidenza, intelligibilità, linearità, perspicuità, semplicità ***2*** regresso, regressione, decadimento, decadenza, declino, degenerazione, peggioramento **CONTR.** evoluzione, progresso, perfezionamento, sviluppo, avanzamento, miglioramento.
invulneràbile *agg.* inattaccabile, inviolabile □ invincibile **CONTR.** vulnerabile, violabile.
invulnerabilità *s. f.* inviolabilità □ invincibilità, inattaccabilità, imbattibilità **CONTR.** vulnerabilità, violabilità.
inzaccheràre ***A*** *v. tr.* schizzare di fango, infangare, impillaccherare, macchiare di fango ***B*** **inzaccherarsi** *v. rifl.* infangarsi, impillaccherarsi.
inzeppàre *v. tr.* (*anche fig.*) riempire, colmare, rimpinzare, stipare, caricare □ (*di cibo*) rimpinzare, empire **CONTR.** vuotare, svuotare, sgombrare.
inzuccàrsi *v. intr. pron.* ostinarsi, intestardirsi.
inzuccheràre *v. tr.* ***1*** zuccherare, addolcire, dolcificare, edulcorare, raddolcire **CONTR.** rendere amaro ***2*** (*fig.*) trattare dolcemente, blandire □ addolcire, rendere suadente □ mitigare **CONTR.** trattare male, inveire.
inzuppàre ***A*** *v. tr.* ***1*** bagnare, ammollare, immollare, impregnare, infradiciare, intingere, intridere, permeare **CONTR.** asciugare, seccare, disseccare, strizzare ***2*** (*est.*) immergere, imbevere ***B*** **inzupparsi** *v. intr. pron.*

bagnarsi, imbeversi, impregnarsi, infradiciarsi **CONTR.** disseccarsi, seccarsi.

inzuppàto *part. pass. di* **inzuppare**; *anche agg.* bagnato, zuppo, immollato, fradicio, imbevuto, impregnato, infradiciato, intriso, molle **CONTR.** asciutto, secco, disseccato, seccato.

io *s. m. inv.* **1** proprio essere, soggetto pensante, individualità **2** (*psicol.*) Io, ego (*lat.*) **FRAS.** *io come io*, per quanto mi riguarda.

ionoforèsi *s. f.* **1** ionoterapia **2** elettroforesi.

ionoterapìa *s. f.* ionoforesi.

iòsa *vc.*; *solo nella loc. avv. a iosa*, in grande quantità, in abbondanza, a bizzeffe, a profusione **CONTR.** poco, scarsamente.

iperalimentazióne *s. f.* alimentazione eccessiva, superalimentazione, ipernutrizione, supernutrizione **CONTR.** ipoalimentazione, iponutrizione, denutrizione, sottoalimentazione.

ipèrbole *s. f.* **1** (*ling.*) amplificazione **2** (*est.*) esagerazione, eccesso, ingrandimento, gonfiatura **CONTR.** attenuazione, diminuzione, moderazione.

iperbolicaménte *avv.* **1** per iperbole **2** (*fig.*) esageratamente, eccessivamente, enormemente **CONTR.** misuratamente, modestamente, moderatamente.

ipèrbolico *agg.* **1** (*ling.*) di iperbole **2** (*est.*) (*di prezzo, di lode, ecc.*) eccessivo, esagerato, sperticato, smodato, smoderato, smisurato, enorme, grandioso, astronomico **CONTR.** misurato, moderato, modico, contenuto, limitato, sobrio, semplice, discreto, minimo.

ipercalòrico *agg.* **CONTR.** ipocalorico.

ipereccitàbile *agg.* molto eccitabile, sovreccitabile, ipersensibile □ nevrotico **CONTR.** apatico, calmo, flemmatico, freddo, impassibile, indifferente, imperturbabile.

ipereccitabilità *s. f.* sovreccitabilità, ipersensibilità **CONTR.** impassibilità, imperturbabilità.

iperemìa *s. f.* (*med.*) congestione **CONTR.** ipoemia, stasi sanguigna.

iperestesìa *s. f.* ipersensibilità **CONTR.** impassibilità, apatia.

ipèrico *s. m.* (*bot.*) cacciadiavoli (*pop.*).

ipermercàto *s. m.* supermercato. *V. anche* MERCATO

ipermètrope *agg.*; *anche s. m.* e *f.* presbite **CONTR.** ipometrope, miope.

ipermetropìa *s. f.* presbiopia **CONTR.** ipometropia, miopia.

ipernutrito *agg.* iperalimentato, superalimentato, sovralimentato **CONTR.** ipoalimentato, denutrito, iponutrito, sottoalimentato.

ipernutrizióne *s. f.* iperalimentazione, superalimentazione, supernutrizione, sovralimentazione **CONTR.** iponutrizione, ipoalimentazione.

ipersensìbile *agg.* eccessivamente sensibile, fragilissimo □ ipereccitabile □ (*est.*) suscettibile **CONTR.** apatico, freddo, impassibile, imperturbabile.

ipersensibilità *s. f.* eccessiva sensibilità, sensibilità morbosa, ipereccitabilità, emotività, emozionalità, fragilità □ (*est.*) suscettibilità □ (*med.*) iperestesia, eretismo □ (*med.*) anafilassi, allergia **CONTR.** apatia, calma, flemma, freddezza, impassibilità, imperturbabilità, indifferenza.

ipersònico *agg.* ultrasonico, supersonico **CONTR.** iposonico.

ipertensióne *s. f.* (*med.*) alta pressione **CONTR.** ipotensione, bassa pressione.

ipertermìa *s. f.* febbre, temperatura **CONTR.** ipotermia.

ipertrofìa *s. f.* (*med.*) aumento di volume, ingrossamento **CONTR.** ipotrofia, atrofia.

ipnòsi *s. f.* sonno artificiale, ipnotismo, trance (*ingl.*), catalessia.

ipnòtico **A** *agg.* dell'ipnosi **B** *agg.* e *s. m.* sonnifero, soporifero, ipnogeno, tranquillante □ barbiturico, narcotico, stupefacente, droga **CONTR.** eccitante.

ipnotismo *s. m.* ipnosi, sonno artificiale.

ipnotizzàre *v. tr.* **1** indurre in ipnosi, addormentare **2** (*fig.*) dominare, suggestionare, magnetizzare, calamitare, affascinare, attrarre.

ipnotizzàto *part. pass. di* **ipnotizzare**; *anche agg.* **1** addormentato **2** (*fig.*) dominato, suggestionato, affascinato.

ipoalimentàto *agg.* sottoalimentato, iponutrito, denutrito **CONTR.** iperalimentato, ipernutrito.

ipoalimentazióne *s. f.* iponutrizione, denutrizione, alimentazione insufficiente **CONTR.** iperalimentazione, supernutrizione, superalimentazione, ipernutrizione.

ipocalòrico *agg.* leggero, light (*ingl.*) **CONTR.** ipercalorico.

ipocèntro *s. m.* **CFR.** centro, epicentro.

ipocondrìa *s. f.* **1** atrabile (*lett.*) **2** (*est., lett.*) abbattimento, avvilimento, sconforto, depressione, scoramento, tristezza, tetraggine (*lett.*), pessimismo, malinconia **CONTR.** allegrezza, contentezza, gaiezza, gioia, letizia, euforia, ottimismo. *V. anche* MALINCONIA

ipocondrìaco *agg.* (*est., lett.*) abbattuto, avvilito, cupo, depresso, sconfortato, triste, tetro, pessimista, malinconico **CONTR.** allegro, contento, gaio, lieto, ottimista.

ipocrisìa *s. f.* falsità, doppiezza, insincerità, infingimento, affettazione, mellifluità, simulazione, dissimulazione □ fariseismo, filisteismo, gesuitismo, perbenismo, tartufismo □ bigotteria, bigottismo, bacchettoneria, santimonia, santocchieria, pietismo □ (*est.*) impostura, finzione, mascheramento, menzogna **CONTR.** candore, dirittura, franchezza, ingenuità, onestà, semplicità, sincerità, schiettezza, trasparenza, limpidezza, naturalezza.

ipòcrita *agg.* e *s. m.* falso, finto, doppio, insincero, impostore, simulatore, dissimulatore, affettato, bugiardo, ingannatore, serpe, serpente, menzognero □ perbenista, fariseo, collotorto, gattamorta, gesuita, camaleonte, tartufo, sepolcro imbiancato, acqua cheta, madonnina infilzata (*iron.*), commediante □ strisciante, viscido, untuoso, mellifluo, subdolo □ bacchettone, bigotto, baciapile, santarello (*iron.*), santocchio, picchiapetto □ (*di atteggiamento, ecc.*) perbenistico, gesuitico, camaleontico, farisaico **CONTR.** aperto, candido, diritto, franco, ingenuo, onesto, semplice, schietto, sincero, chiaro, limpido, trasparente.

IPOCRITA
sinonimia strutturata

L'ipocrisia è la capacità di simulare sentimenti e intenzioni lodevoli e moralmente buoni allo scopo di ingannare qualcuno per ottenerne la simpatia e i favori; chi agisce con ipocrisia è definito **ipocrita**, vocabolo che può essere adoperato come aggettivo o come sostantivo: *uomo sfuggente e ipocrita*; così è per i suoi sinonimi **falso**, **finto**, **dissimulatore**, **ingannatore** che pure descrivono chi è privo di schiettezza e cela le proprie intenzioni sotto diversa apparenza: *è un falso*; *ha l'apparenza dell'ingannatore*; il **bugiardo** invece è chi coscientemente asserisce cose contrarie alla verità: *mi ha dato del bugiardo*.

Doppio e **subdolo** possono essere usati solo come aggettivi per designare chi è infido e astutamente ingannevole: *è un uomo doppio*; così è anche per **insincero** e **menzognero**, che si riferiscono specificamente a chi si comporta con ambiguità o racconta cose non vere: *persona menzognera*. Vicini ai precedenti ed equivalenti tra loro sono i vocaboli **strisciante**, **viscido**, **untuoso** e **mellifluo**, che usati in senso figurato e spregiativo si adoperano in relazione a chi ha atteggiamenti insinuanti e subdolamente lusinghieri, di urtante cortesia o servilismo: *individuo strisciante*. Più sfumato è il termine **affettato**, che descrive ciò che è lezioso, studiato e artificioso ma non necessariamente ai fini di un vantaggio personale preciso: *quella donna è insopportabilmente affettata*.

Sinonimi di ipocrita usato come sostantivo sono **simulatore** e, figuratamente, **commediante**; **camaleonte** sottolinea in particolare l'opportunismo di chi, specialmente in campo politico, cambia spesso opinione per convenienza; la parola **gattamorta** e l'espressione figurata **acqua cheta** sono adoperate per rappresentare una persona apparentemente buona e tranquilla ma in realtà subdola oppure forte e volitiva. Più forte è il termine **impostore**, che designa chi, per malafede o interesse, abitualmente racconta menzogne o falsifica la verità: *chi ha messo in giro certe calunnie è un impostore*. I vocaboli **serpe** e **serpente** si adoperano figuratamente per definire una persona ipocrita e soprattutto perfida: *non fidarti di lui*: *è un vero serpente*.

Perbenista è invece specificamente chi desidera apparire onesto, costumato e ligio alla morale sociale comune; il termine è molto vicino a **tartufo**, che deriva da un personaggio di Molière e che indica chi sotto un'apparenza di onestà e di sentimenti devoti e pii nasconde cinismo, viltà e immoralità. È invece un **gesuita**, in senso spregiativo, chi è subdolo e astuto: *parole, contegno, risposta da gesuita*.

Oltre al precedente, ipocrita ha numerosi altri sinonimi legati all'idea della religione: **bacchettone**, **baciapile**, **bigotto**, **picchiapetto**, **collotorto**, **santarello** usato ironicamente e il raro **santocchio** sono termini che originariamente si riferiscono appunto a chi ostenta una grande religiosità dedicandosi soprattutto alle pratiche minute ed esteriori del proprio culto, e che nell'uso corrente vengono ad indicare chi è solo apparentemente devoto o dabbene; così anche **fariseo** in senso figurato indica chi si preoccupa più della forma che della sostanza delle sue azioni.

L'aggettivo ipocrita può descrivere non solo una persona ma anche un comportamento; in questo caso, alcuni dei sinonimi già descritti riguardano sia un modo di comportarsi sia un atteggiamento che rivela ipocrisia; specificamente volti a definire un comportamento ipocrita sono infine alcuni aggettivi, come **perbenistico**, **gesuitico**, **camaleontico**, e **farisaico**.

ipocritaménte *avv.* falsamente, fintamente, doppiamente, simulatamente, affettatamente, farisaicamente, mellifluamente, subdolamente, untuosamente CONTR. apertamente, candidamente, francamente, ingenuamente, onestamente, schiettamente, semplicemente, sinceramente.

ipodèrmico *agg.* sottocutaneo CFR. endomuscolare, intramuscolare.

ipodermoclisi *s. f.* (*med.*) fleboclisi.

ipoemìa *s. f.* (*med.*) stasi sanguigna CONTR. iperemia, congestione.

ipogèo ***A*** *agg.* sotterraneo CONTR. epigeo ***B*** *s. m.* tomba sotterranea, catacomba, cripta.

ipomèa *s. f.* (*bot.*) gialappa.

ipomètrope *agg.*; *anche s. m. e f.* miope CONTR. ipermetrope, presbite.

ipometropìa *s. f.* miopia CONTR. ipermetropia, presbiopia.

iponutrito *agg.* sottoalimentato, ipoalimentato, denutrito CONTR. ipernutrito, iperalimentato, superalimentato.

iponutrizióne *s. f.* insufficiente nutrizione, denutrizione, sottoalimentazione, ipoalimentazione CONTR. ipernutrizione, supernutrizione, iperalimentazione, superalimentazione.

ipotèca *s. f.* ***1*** garanzia ***2*** (*fig.*) impegno, obbligo.

ipotecàre *v. tr.* ***1*** (*dir.*) gravare d'ipoteca, impegnare CONTR. riscattare ***2*** (*fig.*) cercare di assicurarsi, fare proprio.

ipotensióne *s. f.* (*med.*) bassa pressione CONTR. ipertensione, alta pressione.

ipotermìa *s. f.* (*med.*) ibernazione CONTR. ipertermia.

ipòtesi *s. f.* ***1*** (*est.*) congettura, supposizione, presupposto, presunzione, presupposizione, calcolo CONTR. certezza, sicurezza ***2*** caso, eventualità, possibilità, evenienza.

ipotètico *agg.* ***1*** fatto per ipotesi, fondato su un'ipotesi, congetturale ***2*** (*est.*) dubbio, incerto, controverso □ possibile, eventuale □ preteso, supposto CONTR. certo, indubbio, sicuro, provato, reale. *V. anche* INCERTO

ipotizzàbile *agg.* supponibile, congetturabile, ammissibile □ possibile, eventuale CONTR. inammissibile.

ipotizzàre *v. tr.* congetturare, immaginare, supporre,

postulare, ammettere.

ipotrofia *s. f.* (*med.*) scarso sviluppo, atrofia **CONTR.** ipertrofia.

ìppica *s. f.* (*sport*) equitazione **FRAS.** *darsi all'ippica* (*scherz.*), cambiare mestiere.

ìppico *agg.* equestre, turf (*ingl., est.*).

ippocàmpo *s. m.* (*zool.*) cavalluccio marino (*pop.*), ippuro.

ippocastàno *s. m.* (*bot.*) castagno d'India.

ippòdromo *s. m.* turf (*ingl.*) □ trottatoio, trotter (*ingl.*).

ippùro *s. m.* (*zool.*) ippocampo, cavalluccio marino (*pop.*).

ipso facto /*lat.* 'ipso 'facto/ [lat., letteralmente 'nello stesso (*ipso*) fatto (*facto*)'] *loc. avv.* subito, immediatamente, istantaneamente, all'istante **CONTR.** dopo, più tardi.

ìra *s. f.* ***1*** collera, corruccio, furia, furore, indignazione, iracondia, irritazione, esacerbazione, rabbia, sdegno, stizza, bile, fiele, accanimento, arrabbiatura, isterismo **CONTR.** calma, placidità, quiete, tranquillità, mansuetudine, mitezza, flemma, impassibilità, imperturbabilità ***2*** (*spec. al pl.*) gravi discordie ***3*** (*fig.*) (*di vento, di mare, ecc.*) furia, veemenza **FRAS.** *è un'ira di Dio* (*fig., fam.*), è una persona terribile, è una cosa terribile. *V. anche* STIZZA

IRA
sinonimia strutturata

L'impeto dell'animo improvviso e violento che si rivolge contro qualcuno o qualcosa è denominato **ira**: *infiammarsi, accendersi, avvampare, ardere d'ira*; *trattenere, placare l'ira*; l'espressione *essere accecato dall'ira* rappresenta figuratamente l'essere oltremodo irato; una persona o cosa terribile e pericolosa si definisce invece nel linguaggio familiare con la locuzione *è un'ira di Dio*. Nell'ambito particolare della teologia cattolica l'ira è uno dei sette vizi capitali e consiste nell'ingiusto e smodato desiderio di vendetta. Chi per tendenza naturale o abituale è facile preda di questo sentimento si dice caratterizzato da irascibilità, ossia da **iracondia**. I sinonimi che più si avvicinano a ira sono **collera**, **rabbia** e **arrabbiatura**: *andare, montare in collera*; *essere in collera con qualcuno*; *parole piene di rabbia*; *ho fatto prendere a mio padre una bella arrabbiatura*.

L'**irritazione** è invece lo stato o la condizione di chi ha perso la pazienza senza arrivare però agli accessi violenti che contraddistinguono l'ira e i suoi sinonimi precedenti: *provo irritazione verso la sua ipocrisia*. In particolare, un'irritazione acuta ma di breve durata, dovuta specialmente a scontentezza, contrarietà o impazienza, si dice **stizza**: *reagire con un moto di stizza*; questo termine corrisponde a **bile** usato in senso figurato: *sputare, ingoiare bile*; *rodersi dalla bile*; molto vicino è anche **fiele**, che però designa un'irritazione accompagnata da rancore, amarezza e astio: *parole di fiele*; *essere pieno di fiele*.

All'origine di questi moti dell'animo c'è di solito un sentimento di vivo risentimento o di riprovazione provocato da chi o da ciò che sembra intollerabile, ossia un sentimento di **sdegno** o **indignazione**: *trattenere lo sdegno*; *muovere, suscitare la pubblica indignazione*; per indicare uno sdegno misto a dolore e delusione si adopera il termine **corruccio**: *dimostrare il proprio corruccio*; *sentire corruccio*. Quando la reazione emotiva è sproporzionata a quanto l'ha provocata e sfocia in atti d'ira smodati e incontrollati si ricorre ai termini **isteria** ed **isterismo**, usati in senso estensivo e non specialistico e connotati naturalmente da una sfumatura negativa; l'**accanimento** è invece un odio tenace, una rabbia ostinata e quasi persecutoria contro qualcuno: *perseguitare con accanimento un rivale*. Ancora più intensi sono il **furore** e la **furia**, che consistono in una veemente agitazione collerica, per lo più di durata limitata, così violenta che quasi offusca la ragione: *accendere qualcuno di furore*; *un furore momentaneo*; *placare il furore*; *lasciamogli sbollire la furia*; *andare su tutte le furie*; entrambi questi termini sono equivalenti al significato figurato di ira, che indica lo scatenarsi degli elementi naturali: *l'ira del mare*; *la furia del vento e della pioggia ha causato danni enormi*; *il furore delle acque distrusse il villaggio*.

iracóndia *s. f.* propensione all'ira, irritabilità, irascibilità, suscettibilità, permalosità, intrattabilità **CONTR.** calma, placidezza (*raro*), placidità, tranquillità, mansuetudine, mitezza, flemma, impassibilità, imperturbabilità. *V. anche* IRA

iracóndo *agg.* pronto all'ira, bilioso, irascibile, iroso, collerico, furente, furioso, iroso, permaloso, suscettibile, irritabile, rabbioso, ringhioso, risentito, stizzito, stizzoso, violento, intrattabile, riottoso (*lett.*) **CONTR.** calmo, pacifico, placido, quieto, tranquillo, mansueto, mite, flemmatico, impassibile, imperturbabile.

irascìbile *agg.* pronto all'ira, iroso, iracondo, irritabile, collerico, permaloso, suscettibile, alterabile, atrabiliare (*lett.*), bilioso, fegatoso, infiammabile, stizzoso **CONTR.** calmo, pacifico, placido, quieto, tranquillo, mansueto, mite, flemmatico, impassibile, imperturbabile.

irascibilità *s. f.* propensione all'ira, iracondia, collera, irritabilità, suscettibilità, permalosità, alterabilità, litigiosità **CONTR.** calma, pacatezza, placidezza, placidità, mansuetudine, mitezza, flemma, impassibilità, imperturbabilità.

iràto *agg.* adirato, sdegnato, indignato, incollerito, stizzito, risentito, rabbioso, incazzato (*volg.*), arrabbiato □ (*spec. di sguardo, di espressione*) alterato, cagnesco, iroso □ (*lett.*) (*di mare, di cielo, ecc.*) tempestoso, burrascoso **CONTR.** calmo, pacifico, placido, quieto, tranquillo, mansueto, mite, flemmatico, impassibile, imperturbabile.

ìreos *s. m.* (*bot.*) giaggiolo, iris, iride.

iridàto ***A*** *agg.* iridescente ***B*** *s. m.* (*di ciclismo e altri sport*) campione mondiale **FRAS.** *maglia iridata*, maglia di campione del mondo □ *campione iridato*, campione del mondo.

ìride *s. f.* ***1*** arcobaleno □ (*est.*) iridescenza ***2*** (*bot.*) giaggiolo, iris, ireos ***3*** (*est.*) occhio **FRAS.** *vestirsi*

dell'iride, indossare la maglia di campione del mondo.
iridescènte agg. iridato □ variopinto □ allocroico, cangiante, madreperleaceo (*est.*), perlaceo, opalescente, opalino.
ìris s. f. (*bot.*) giaggiolo, ireos, iride.
ironìa s. f. derisione, sarcasmo, scherno, satira, causticità □ umorismo □ (*ling.*) antifrasi **CONTR.** serietà, severità, austerità.
ironicaménte avv. beffardamente, sarcasticamente, causticamente, satiricamente, sardonicamente, mordacemente □ umoristicamente **CONTR.** seriamente.
irònico agg. beffardo, derisorio, sarcastico, sardonico, mordace, beffeggiatore, burlesco, canzonatorio, caustico, satirico □ umoristico, divertito, frizzante □ (*ling.*) antifrastico **CONTR.** serio, severo, austero.
ironizzàre v. tr. e intr. fare dell'ironia, beffarsi, corbellare, motteggiare, scherzare, fare dell'umorismo.
iróso agg. bilioso, iracondo, irascibile, collerico, isterico, nevrastenico, ringhioso, fegatoso, fastidioso, viperino □ furioso, rabbioso, irato, adirato, arrabbiato **CONTR.** calmo, pacifico, placido, bonario, bonaccione, quieto, tranquillo, mansueto, mite, flemmatico, impassibile, imperturbabile.
irraccontàbile agg. inenarrabile, indicibile **CONTR.** raccontabile, narrabile, dicibile.
irradiaménto s. m. irradiazione, irraggiamento, radiazione, diffusione.
irradiàre ***A*** v. tr. ***1*** illuminare, rischiarare **CONTR.** oscurare, ottenebrare ***2*** raggiare, irraggiare □ diffondere, emanare, sprigionare, spandere ***B*** v. intr. ***1*** risplendere, brillare ***2*** (*fig.*) sprigionarsi ***C*** **irradiarsi** v. intr. pron. estendersi, propagarsi, diffondersi, irraggiarsi.
irradiàto part. pass. di **irradiare**; anche agg. ***1*** illuminato, rischiarato **CONTR.** oscurato, ottenebrato ***2*** diffuso, emanato, sprigionato.
irradiazióne s. f. ***1*** irraggiamento, irradiamento, effluvio (*est.*) □ illuminazione, riverberazione ***2*** (*est., fig.*) diffusione, propagazione.
irraggiaménto s. m. irradiamento, irradiazione □ diffusione, propagazione.
irraggiàre ***A*** v. tr. ***1*** irradiare □ illuminare, rischiarare **CONTR.** oscurare, ottenebrare ***2*** diffondere, sprigionare, spandere, emanare ***B*** v. intr. e **irraggiarsi** intr. pron. irradiarsi, diffondersi, propagarsi □ splendere.
irraggiungìbile agg. difficile da raggiungere, inconseguibile, ambizioso □ inaccessibile, impervio □ impareggiabile, inarrivabile **CONTR.** raggiungibile, accessibile □ conseguibile, ottenibile.
irragionévole agg. ***1*** (*di animale*) privo di ragione, irrazionale, bruto **CONTR.** ragionevole ***2*** (*di persona*) dissennato, stolto, matto, pazzo, sconsiderato, temerario, scriteriato **CONTR.** ragionevole, giudizioso, prudente, saggio, savio ***3*** (*di sospetto, di discorso, di comportamento, ecc.*) illogico, incoerente, incongruo, ingiusto, inconseguente, infondato, insostenibile, assurdo, paradossale, cervellotico, contraddittorio □ insensato, cieco, capriccioso, emotivo, animalesco □ (*di prezzo, ecc.*) eccessivo, spropositato **CONTR.** ragionevole, logico, coerente, fondato □ razionale, sensato □ equo. *V. anche* ASSURDO, MATTO
irragionevolézza s. f. ***1*** (*di persona*) dissennatezza, stoltezza, pazzia, sconsideratezza, sconsigliatezza, irrazionalità, cecità **CONTR.** ragionevolezza, giudizio, prudenza, saggezza, ragione ***2*** (*di sospetto, di discorso, di comportamento, ecc.*) illogicità, incoerenza, infondatezza, assurdità, insostenibilità **CONTR.** coerenza, fondatezza, logicità, logica, probabilità.
irragionevolménte avv. dissennatamente, stoltamente, pazzamente, follemente, assurdamente, illogicamente, irrazionalmente, cervelloticamente, incongruentemente □ capricciosamente, velleitariamente **CONTR.** ragionevolmente, assennatamente, logicamente, ragionatamente, riflessivamente.
irrazionàle agg. ***1*** (*di persona, di comportamento*) privo di ragione, irragionevole, bruto □ emotivo, animalesco, istintivo, viscerale, uterino **CONTR.** razionale, ragionevole ***2*** (*di decisione, di teoria, ecc.*) illogico, assurdo, immotivato, incomprensibile, pazzesco, surreale **CONTR.** logico, razionale, cartesiano, dialettico ***3*** (*di cosa, di utensile, ecc.*) privo di funzionalità, scomodo **CONTR.** funzionale, razionale. *V. anche* ASSURDO
irrazionalità s. f. irragionevolezza, cecità □ illogicità, assurdità, incoerenza □ inadeguatezza, inefficienza **CONTR.** razionalità, logicità, ragionevolezza, logica □ funzionalità, praticità.
irrazionalménte avv. emotivamente, istintivamente □ irragionevolmente, illogicamente, assurdamente, inconseguentemente **CONTR.** razionalmente □ logicamente, motivatamente, ragionatamente.
irreàle agg. privo di realtà, astratto, insussistente □ fantastico, immaginario, ideale, idealistico, improbabile, platonico □ chimerico, fittizio, illusorio, fantomatico, fiabesco, romanzesco, surreale, spettrale **CONTR.** reale, vero, concreto, positivo, effettivo, tangibile. *V. anche* IMMAGINARIO
irrealizzàbile agg. impossibile, inattuabile, ineffettuabile, utopico, utopistico, velleitario, fantascientifico **CONTR.** realizzabile, possibile, attuabile, adempibile, fattibile.
irrealtà s. f. mancanza di realtà, insussistenza □ sogno, fantasia, immaginazione, illusione □ mondo irreale, mondo delle nuvole, stratosfera **CONTR.** realtà, concretezza, effettività.
irrecuperàbile agg. definitivamente perduto, irrimediabile, irreparabile □ cronico, inguaribile, terminale □ inservibile, inutilizzabile **CONTR.** recuperabile, sanabile, correggibile □ curabile □ utilizzabile, aggiustabile.
irrecusàbile agg. ***1*** irrinunciabile **CONTR.** ricusabile ***2*** irrefutabile, innegabile, inconfutabile, indiscutibile, incontrastabile, irrefragabile (*lett.*), certo, evidente **CONTR.** discutibile, opinabile, contestabile, inaccettabile.
irredimìbile agg. inestinguibile **CONTR.** redimibile, estinguibile.
irrefrenàbile agg. inarrestabile, incoercibile, incontenibile, sfrenato, travolgente, incontrollabile, irresistibile, infrenabile □ (*di pianto*) dirotto **CONTR.** frenabile, arrestabile, contenibile, moderato, controlla-

bile.

irrefutàbile *agg.* certo, evidente, apodittico, assiomatico, indiscutibile, inconfutabile, irrecusabile, incontrastabile, irrefragabile (*lett.*), incontestabile, ineccepibile, innegabile **CONTR.** confutabile, discutibile, controvertibile, criticabile.

irrefutabilità *s. f.* indiscutibilità, incontestabilità, certezza **CONTR.** discutibilità, contestabilità, incertezza.

irrefutabilménte *avv.* inconfutabilmente, incontestabilmente, incontrastabilmente, indiscutibilmente, innegabilmente **CONTR.** discutibilmente, incertamente.

irreggimentàre *v. tr.* **1** incorporare in un reggimento **2** (*fig.*) inquadrare, disciplinare □ intruppare.

irreggimentazióne *s. f.* inquadramento □ intruppamento.

irregolàre *agg.* **1** anomalo, anormale, diverso, insolito, inconsueto, eteroclito (*lett.*), aberrante, abnorme **CONTR.** regolare, normale, solito, canonico **2** (*di bocca, di naso, ecc.*) sproporzionato, disarmonico, informe, deforme **CONTR.** armonioso, proporzionato **3** (*di fenomeno, di rendimento, ecc.*) discontinuo, incostante, aritmico, intermittente, ineguale □ (*di paesaggio, ecc.*) gibboso, ondulato, variato, disuguale, accidentato □ (*di superficie*) scabro, grinzoso, ruvido **CONTR.** costante, uniforme, periodico, ritmico □ uniforme □ liscio **4** (*di documento, di decisione, ecc.*) abusivo, illegittimo, arbitrario □ (*sport*) scorretto **CONTR.** ineccepibile, legale, regolamentare □ corretto **5** (*ling.*) anomalo. *V. anche* DEFORME

irregolarità *s. f.* **1** anomalia, anormalità, aberrazione **CONTR.** norma, normalità, regola **2** (*di fenomeno, di rendimento, ecc.*) discontinuità, incostanza □ (*di pulsazione*) aritmia **CONTR.** continuità, costanza, metodicità, sistematicità, periodicità **3** (*di tratti, di viso, ecc.*) disarmonia, sproporzione, deformità, bruttezza **CONTR.** regolarità, geometricità, armonia **4** (*di legge, di norma, ecc.*) violazione, abuso **CONTR.** osservanza, ossequio □ validità, ineccepibilità **5** (*sport*) fallo, scorrettezza **6** (*ling.*) anomalia, eccezione.

irregolarménte *avv.* fuori regola □ confusamente, disordinatamente □ discontinuamente, episodicamente, saltuariamente □ abusivamente, illegittimamente **CONTR.** regolarmente, ordinatamente □ metodicamente, sistematicamente, periodicamente □ correttamente, ineccepibilmente.

irremissìbile *agg.* imperdonabile, inescusabile (*lett.*) **CONTR.** remissibile, perdonabile, scusabile.

irremovìbile *agg.* **1** (*raro*) fermo, fisso, saldo **CONTR.** movibile, mobile, spostabile, rimovibile **2** (*fig.*) ostinato, caparbio, pervicace, coriaceo, duro, forte, granitico, tenace, rigido, tetragono □ inflessibile, irriducibile, intransigente, inesorabile, incrollabile **CONTR.** arrendevole, condiscendente, docile, remissivo, accomodante, conciliante, morbido. *V. anche* SEVERO

irremovibilità *s. f.* inflessibilità, ostinazione, caparbietà, intransigenza, pervicacia, fermezza, ostinatezza, saldezza **CONTR.** arrendevolezza, condiscendenza, docilità.

irremovibilménte *avv.* inflessibilmente, ostinatamente, irriducibilmente, caparbiamente **CONTR.** docilmente, arrendevolmente.

irreparàbile *agg.* irrimediabile, insanabile □ (*raro*) ineluttabile, inevitabile **CONTR.** riparabile, rimediabile, sanabile □ evitabile.

irreparabilità *s. f.* irrimediabilità □ (*raro*) ineluttabilità, inevitabilità **CONTR.** riparabilità □ evitabilità.

irreparabilménte *avv.* irrimediabilmente □ ineluttabilmente.

irreperìbile *agg.* introvabile, scomparso, fantomatico **CONTR.** reperibile.

irreprensìbile *agg.* incensurabile, ineccepibile, inattaccabile, inappuntabile, impeccabile, insospettabile □ corretto, morigerato, onesto, retto **CONTR.** reprensibile, biasimevole, censurabile, criticabile, scorretto, corrotto. *V. anche* ONESTO

irreprensibilità *s. f.* incensurabilità, inappuntabilità, impeccabilità, inattaccabilità, ineccepibilità □ correttezza, castigatezza, morigeratezza, onestà, probità, rettitudine **CONTR.** censurabilità, criticabilità, scorrettezza □ lubricità.

irrequietézza *s. f.* irrequietudine, inquietudine, agitazione, smania, vivacità, eccitazione, morbino (*pop.*), orgasmo (*est.*) **CONTR.** calma, placidità, quiete, tranquillità, flemma, posatezza, pacatezza.

irrequièto *agg.* inquieto, agitato, smanioso, nervoso, ansioso, preoccupato, impaziente, scalpitante □ (*raro*) (*di attesa, di attività, ecc.*) spasmodico, febbrile □ (*di ragazzino*) vivace, birichino, turbolento, vispo, tremendo **CONTR.** calmo, placido, quieto, tranquillo, flemmatico, posato, sereno.

irresistìbile *agg.* **1** irrefrenabile, invincibile, inesorabile, indomabile, incoercibile, imperioso, travolgente, violento, prepotente **CONTR.** domabile, vincibile, coercibile **2** (*di persona*) affascinante, avvincente, attraente, fascinoso, magnetico **CONTR.** ributtante, orrendo, orribile.

irresistibilménte *avv.* irrefrenabilmente, invincibilmente, prepotentemente.

irresolùbile *agg.* **1** indissolubile **CONTR.** solubile **2** (*di problema, di questione, ecc.*) irrisolvibile, inestricabile **CONTR.** risolvibile, risolubile.

irresolutézza *s. f.* incertezza, indecisione, perplessità, irresoluzione, esitazione, insicurezza, titubanza, dubbio, indeterminazione, tentennamento, tentennio **CONTR.** decisione, determinatezza, risolutezza, sicurezza, ardire, slancio. *V. anche* DEBOLEZZA

irresolùto *agg.* **1** incerto, indeciso, perplesso, esitante, tentennante, titubante, dubbioso, insicuro, inconcludente, ondeggiante, pavido, rinunciatario, timido, timoroso, vacillante **CONTR.** deciso, determinato, deliberato, risoluto, sicuro, decisionista, volitivo **2** (*lett.*) insoluto, irrisolto, dubbio **CONTR.** risolto. *V. anche* INCERTO, TIMIDO

irresoluzióne *s. f. V.* **irresolutezza.**

irrespiràbile *agg.* **1** (*est.*) dannoso, inquinato, miasmatico, viziato, pestilenziale **CONTR.** respirabile **2** (*fig.*) (*di ambiente, di situazione, ecc.*) intollerabile, insopportabile, grave, opprimente **CONTR.** sopportabile, tollerabile, leggero, sereno.

irresponsàbile *agg.*; *anche s. m. e f.* **1** innocente □ inconsapevole **CONTR.** responsabile **2** leggero, facilone, incosciente, sconsiderato, scriteriato **CONTR.** cosciente, coscienzioso, consapevole, equilibrato, serio.

irresponsabilità *s. f.* incoscienza, inconsapevolezza □ leggerezza, sconsideratezza **CONTR.** responsabilità, coscienza, consapevolezza.

irretìre *v. tr.* **1** (*raro*) prendere nella rete **2** (*fig.*) ingannare, imbrogliare, accalappiare, abbindolare, impaniare, sedurre, insidiare, inviluppare, raggirare, stregare, turlupinare **CONTR.** liberare □ disingannare. *V. anche* SEDURRE

irretito *part. pass. di* **irretire**; *anche agg.* (*fig.*) ingannato, imbrogliato, accalappiato, sedotto.

irreversìbile *agg.* ininvertibile, inconvertibile □ inarrestabile **CONTR.** reversibile.

irrevocàbile *agg.* immutabile, invariabile, definitivo, inappellabile □ fatale, ineluttabile **CONTR.** revocabile, mutabile, variabile, precario.

irrevocabilità *s. f.* immutabilità, invariabilità, irremovibilità □ fatalità, ineluttabilità **CONTR.** revocabilità, mutabilità, precarietà.

irrevocabilménte *avv.* immutabilmente, definitivamente □ ineluttabilmente, fatalmente **CONTR.** per nulla, affatto (*in frase negativa*).

irriconciliàbile e deriv. *V.* **irreconciliabile** e deriv.

irriconoscènte *agg.*; *anche s. m. e f.* ingrato, sconoscente, disconoscente (*lett.*) **CONTR.** grato, memore, riconoscente.

irriconoscènza *s. f.* ingratitudine **CONTR.** gratitudine, riconoscenza, obbligazione.

irriconoscìbile *agg.* sfigurato □ cambiatissimo **CONTR.** riconoscibile, individuabile, distinto, identificabile □ immutato.

irrìdere *v. tr.* (*lett.*) deridere, schernire, beffare, dileggiare, prendere in giro, canzonare, beffarsi, corbellare (*pop.*), disprezzare **CONTR.** elogiare, encomiare, lodare, onorare, ossequiare.

irriducìbile *agg.*; *anche s. m. e f.* (*di persona, di volontà, ecc.*) inflessibile, incoercibile, resistente, caparbio, coriaceo, implacabile, acerrimo, accanito, irremovibile, ostinato, tenace □ incorreggibile, incallito, refrattario, riottoso **CONTR.** condiscendente, clemente, conciliante, flessibile □ riducibile, correggibile, arrendevole, docile, remissivo. *V. anche* CAPARBIO

irriducibilità *s. f.* (*di persona, di volontà, ecc.*) irremovibilità, incoercibilità, inesorabilità, inflessibilità, ostinazione, tenacia □ incorreggibilità, riottosità **CONTR.** arrendevolezza, docilità, condiscendenza, remissività, flessibilità.

irriducibilménte *avv.* irremovibilmente, ostinatamente, inflessibilmente □ incorreggibilmente **CONTR.** docilmente, arrendevolmente, remissivamente.

irriferìbile *agg.* irripetibile, impronunciabile, sconveniente, indecente, osceno □ inenarrabile, irraccontabile **CONTR.** riferibile, riportabile □ raccontabile.

irriflessìvo *agg.* sventato, sconsiderato, spensierato, leggero, superficiale, impulsivo, corrivo, imprevidente, improvvido, imprudente, incauto, inconsiderato, scapato, stordito, vanesio □ avventato, folle, inconsulto **CONTR.** riflessivo, considerato, ponderato, prudente, accorto, avveduto, giudizioso, pensoso, posato □ meditato.

irrigaménto *s. m.* irrigazione **CONTR.** prosciugamento, drenaggio.

irrigàre *v. tr.* **1** bagnare, adacquare, annacquare, annaffiare, innaffiare, inondare, irrorare **CONTR.** drenare, asciugare, prosciugare, seccare, disseccare **2** (*est.*) (*di fiume*) attraversare, bagnare.

irrigàto *part. pass. di* **irrigare**; *anche agg.* **1** bagnato, irriguo □ ricco d'acqua **CONTR.** arido, secco, assetato, riarso **2** (*da un fiume*) bagnato, attraversato.

irrigazióne *s. f.* irrigamento, annaffiamento, innaffiamento, adacquamento, bagnatura, irrorazione **CONTR.** drenaggio, prosciugamento, disseccamento, essiccamento.

irrigidiménto *s. m.* **1** indurimento □ intirizzimento, intorpidimento □ anchilosi □ sclerosi **CONTR.** intenerimento, ammorbidimento **2** (*fig.*) inasprimento □ inflessibilità, ostinazione □ cristallizzazione **CONTR.** attenuazione □ condiscendenza, docilità, pieghevolezza □ flessibilità.

irrigidìre **A** *v. tr.* **1** rendere rigido, indurire, intirizzire, aggranchire, aggricciare (*dial.*), anchilosare **CONTR.** intenerire, distendere, rilassare, sciogliere, snodare, riscaldare, flettere **2** (*fig.*) inasprire □ sclerotizzare **CONTR.** ammorbidire, attenuare □ vivacizzare **B** **irrigidirsi** *v. intr. pron.* e raro *intr.* **1** diventare rigido, indurirsi, intirizzirsi, congelarsi, aggranchirsi, anchilosarsi **CONTR.** intenerirsi, distendersi, rilassarsi □ flettersi, piegarsi □ riscaldarsi **2** (*sull'attenti e sim.*) immobilizzarsi, impalarsi, stecchirsi, pietrificarsi (*fig.*), raggelarsi (*fig.*) **3** (*fig.*) ostinarsi, incaparbirsi, impuntarsi, non transigere □ cristallizzarsi, sclerotizzarsi **CONTR.** cedere, transigere, patteggiare □ aggiornarsi.

irrigidìto *part. pass. di* **irrigidire**; *anche agg.* **1** indurito, intirizzito, intorpidito **CONTR.** intenerito, disteso, rilassato, riscaldato **2** (*sull'attenti e sim.*) immobile, impalato, pietrificato **3** (*fig.*) inflessibile, irremovibile, ostinato, incaponito □ cristallizzato, sclerotizzato **CONTR.** arrendevole, docile, pieghevole, sensibile □ aggiornato, dinamico.

irriguardóso *agg.* insolente, impertinente, irriverente, arrogante, incivile, scortese, indiscreto, sfacciato, sfrontato, strafottente (*pop.*) **CONTR.** riguardoso, cortese, garbato, gentile, rispettoso, deferente, timorato.

irrilevànte *agg.* poco importante □ trascurabile, insignificante, indifferente □ inconsistente, nullo, irrisorio, dappoco, disprezzabile, esiguo, minuto, ridicolo **CONTR.** rilevante, importante, notevole, considerevole, significativo, essenziale □ grande, grosso, sostanzioso, massiccio, vistoso.

irrilevànza *s. f.* scarsa importanza, futilità, nullità, inconsistenza, irrisorietà **CONTR.** rilevanza, importanza, rilievo, interesse, entità, conseguenza, mole, gravità, risalto □ autorevolezza.

irrimediàbile *agg.* irreparabile, ineluttabile, inevitabile, fatale, imperdonabile, irrecuperabile, insanabile **CONTR.** rimediabile, riparabile, evitabile, sanabile.

irrimediabilménte *avv.* inevitabilmente, ineluttabilmente, irrecuperabilmente, irreparabilmente, fatalmente, per sempre **CONTR.** per nulla, affatto (*in frase negativa*).

irrinunciàbile *agg.* imprescindibile, indispensabile **CONTR.** declinabile.

irripetìbile *agg.* **1** irriproducibile, unico **CONTR.** ripetibile, riproducibile, iterabile, rinnovabile **2** (*di parole, di gesti, ecc.*) irriferibile, indecente, sconveniente, osceno, sconcio □ inenarrabile, irraccontabile **CONTR.** decente, decoroso, conveniente, pulito, riferibile, pronunciabile. *V. anche* OSCENO

irrisióne *s. f.* scherno, beffa, derisione, dileggio, sarcasmo, canzonatura, corbellatura, minchionatura (*pop.*), motteggio, sberleffo, scorno **CONTR.** rispetto, omaggio, deferenza, riguardo.

irrìso *part. pass. di* **irridere**; *anche agg.* (*lett.*) deriso, schernito, beffato, canzonato, scornato **CONTR.** apprezzato, onorato, ossequiato, rispettato.

irrisòlto *agg.* impregiudicato, insoluto, indefinito, pendente, sub iudice (*lat.*) **CONTR.** risolto, definito, deciso.

irrisolùto e deriv. *V.* **irresoluto** e deriv.

irrisolvìbile *agg.* insolubile, irresolubile, inestricabile **CONTR.** appianabile, risolubile, risolvibile.

irrisòrio *agg.* **1** derisorio, ironico, sarcastico, canzonatorio, irrisore, dileggiatore **CONTR.** esaltatore, elogiativo **2** (*di prezzo, di costo, ecc.*) minimo, irrilevante, esiguo, modesto, inadeguato, trascurabile, ridicolo **CONTR.** rilevante, notevole, sufficiente, adeguato.

irrispettosaménte *avv.* insolentemente, irriverentemente, sfrontatamente, sfacciatamente, villanamente **CONTR.** rispettosamente, riguardosamente, riverentemente, deferentemente, ossequiosamente.

irrispettóso *agg.* insolente, irriverente, sfrontato, sfacciato, villano, strafottente **CONTR.** rispettoso, riguardoso, riverente, deferente, ossequioso, reverenziale.

irritàbile *agg.* suscettibile, eccitabile, irascibile, permaloso, bizzoso, collerico, emotivo, fastidioso, iracondo, nervoso, nevrastenico, nevrotico, rabbioso, scontroso, sovreccitabile **CONTR.** calmo, pacifico, bonario, placido, quieto, tranquillo, flemmatico, posato, impassibile, imperturbabile.

irritabilità *s. f.* suscettibilità, eccitabilità, irascibilità, permalosità, elettricità, emotività, intrattabilità, iracondia, malumore, nervosismo, nevrastenia, nevrosi **CONTR.** calma, quiete, placidità, tranquillità, flemma, impassibilità, imperturbabilità.

irritànte *part. pres. di* **irritare**; *anche agg.* **1** fastidioso, indisponente, molesto, sgradevole, antipatico, dispettoso, pesante, provocatorio, pungente, urtante, nauseante **CONTR.** amabile, gradevole, gradito, piacevole, simpatico, blando, conciliante **2** (*di sostanza*) urticante, pruriginoso □ (*di farmaco*) revulsivo **CONTR.** calmante, lenitivo.

irritàre **A** *v. tr.* **1** sdegnare, indignare, adirare, esasperare, indispettire, contrariare, seccare, stizzire, infastidire, crucciare, scocciare (*fam.*), indisporre, infuriare, innervosire, invelenire, inviperire □ punzecchiare, stuzzicare, provocare, aizzare □ (*lett.*) (*di sentimenti*) eccitare, inasprire, esacerbare, esulcerare, aggravare, acuire **CONTR.** ammorbidire, ammansire, quietare, rabbonire, raddolcire □ calmare, mitigare, placare, attenuare, temperare **2** (*med.*) infiammare, bruciare, scottare **CONTR.** sfiammare □ lenire **B** **irritarsi** *v. intr. pron.* **1** adirarsi, alterarsi, arrabbiarsi, corrucciarsi, incollerirsi, esasperarsi, indispettirsi, innervosirsi, inquietarsi, sdegnarsi, indignarsi, incavolarsi (*euf.*), incazzarsi (*volg.*), esacerbarsi, inacidirsi, inalberarsi, infuriarsi, invelenirsi, inviperirsi, seccarsi, spazientirsi, stizzirsi, urtarsi **CONTR.** calmarsi, mitigarsi, placarsi, quietarsi, rabbonirsi, raddolcirsi, acquietarsi, ammansirsi, ammorbidirsi **2** (*med.*) infiammarsi **CONTR.** sfiammarsi. *V. anche* ESACERBARE

irritàto *part. pass. di* **irritare**; *anche agg.* **1** esasperato, indispettito, contrariato, corrucciato, crucciato, inquieto, impermalito, inasprito, adirato, incavolato (*euf.*), incazzato (*volg.*), inferocito, arcigno, incollerito, indignato, innervosito, invelenito, inviperito, scontento, sdegnato, seccato, spazientito, scocciato (*fam.*), stizzito **CONTR.** calmo, quieto, tranquillo, rabbonito, raddolcito, ammansito, contento, placato, acquietato **2** (*med.*) infiammato, bruciato, scottato **CONTR.** sfiammato.

irritazióne *s. f.* **1** sdegno, ira, corruccio, esacerbazione, esasperazione, eccitazione, furore, arrabbiatura, collera, dispetto, indignazione, nervosismo, rabbia, rodimento, scontentezza, scontento, stizza **CONTR.** bonarietà, benignità, benevolenza, affetto, simpatia **2** (*med.*) processo infiammatorio, infiammazione, bruciore, scottatura **CONTR.** lenimento. *V. anche* IRA, STIZZA

irriverènte *agg.* irrispettoso, insolente, sfrontato, sfacciato, irriguardoso, impertinente, tracotante, offensivo □ blasfemo, empio, sacrilego **CONTR.** riverente, rispettoso, riguardoso, ossequioso, deferente, ossequente, reverenziale □ pietoso, devoto.

irriverentemente *avv.* insolentemente, sfrontatamente, sfacciatamente, irriguardosamente, irrispettosamente □ empiamente, sacrilegamente **CONTR.** riverentemente, rispettosamente, riguardosamente □ pietosamente, piamente, devotamente.

irriverènza *s. f.* insolenza, sfacciataggine, sfrontatezza, impertinenza, sfrontataggine □ empietà □ sacrilegio, bestemmia **CONTR.** riverenza, rispetto, riguardo, ossequio, deferenza, timore, umiltà □ religione, devozione.

irrobustìre **A** *v. tr.* fortificare, invigorire, rinforzare, rafforzare, ingagliardire, rinvigorire, indurire, ritemprare, temprare, tonificare **CONTR.** indebolire, debilitare, fiaccare, illanguidire, snervare, svigorire, infiacchire, minare, sfiancare, stremare **B** **irrobustirsi** *v. intr. pron.* divenire robusto, rafforzarsi, corroborarsi, rinforzarsi, ritemprarsi, fortificarsi, ingagliardirsi, invigorirsi, rinvigorirsi **CONTR.** indebolirsi, fiaccarsi, infiacchirsi, illanguidire, snervarsi, svigorirsi, consumarsi, debilitarsi, deperire, esaurirsi, sfiancarsi, sfinirsi.

irrogàre *v. tr.* infliggere, dare, decretare, applicare **CONTR.** esimere, liberare, perdonare, condonare.

irrómpere *v. intr.* entrare a forza, penetrare, fare irruzione, invadere □ buttarsi, gettarsi, riversarsi, sboccare **CONTR.** erompere, prorompere, uscire.

irroràre *v. tr.* aspergere, bagnare, inumidire, innaffiare, annaffiare, spruzzare, cospergere (*lett.*) □ permeare □ (*agr.*) adacquare, irrigare **CONTR.** asciugare, seccare, disseccare.

irroràto *part. pass. di* **irrorare**; *anche agg.* bagnato, irrigato, spruzzato, annaffiato, asperso, inumidito **CONTR.** asciutto, secco.

irrorazióne *s. f.* innaffiamento, irrigazione, spruzzamento, bagnata.

irruènte o **irruènto** *agg.* impetuoso, focoso, irriflessivo, precipitoso, prorompente, veemente, vulcanico, impulsivo, istintivo □ violento, aggressivo, collerico **CONTR.** calmo, flemmatico, lento, pigro, tardo.

irruentemènte *avv.* impetuosamente, impulsivamente □ violentemente, veeementemente □ aggressivamente, collericamente **CONTR.** flemmaticamente, lentamente, pigramente, dolcemente, blandamente.

irruènza *s. f.* aggressività, impetuosità, impeto, violenza, impulsività, veemenza **CONTR.** calma, flemma, lentezza, dolcezza.

irruvidìre ***A*** *v. tr.* rendere ruvido, indurire **CONTR.** levigare, limare, lisciare, spianare ***B*** **irruvidirsi** *v. intr. pron.* e *intr.* diventare ruvido, indurirsi.

irruzióne *s. f.* entrata violenta, incursione, invasione, attacco, assalto, scorreria, scorribanda, blitz (*ingl.*) **CONTR.** ritirata, ripiegamento **FRAS.** *fare irruzione*, irrompere. *V. anche* ASSALTO

irsùto *agg.* pieno di peli, peloso, villoso, irto, ispido □ barbuto **CONTR.** glabro, depilato, liscio, lisciato, rasato, spelato.

ìrto *agg.* ***1*** ispido, irsuto, dritto, pungente, spinoso, stecchito **CONTR.** levigato, liscio, morbido, raso ***2*** (*di difficoltà, ecc.*) pieno, zeppo **CONTR.** privo ***3*** (*fig., lett.*) aspro, ruvido, selvaggio □ complicato, difficile **CONTR.** facile, agevole, piano.

iscrìtto *part. pass. di* **iscrivere**; *anche agg.* e *s. m.* ***1*** registrato, incluso, catalogato, immatricolato, segnato, censito ***2*** (*est.*) membro, socio, adepto, associato, aderente, tesserato, affiliato, ascritto (*raro*) □ militante.

iscrìvere ***A*** *v. tr.* registrare, includere, catalogare, immatricolare, censire □ affiliare, tesserare, ammettere, associare, aggregare **CONTR.** cancellare, depennare, togliere, espungere, radiare ***B*** **iscriversi** *v. rifl.* farsi socio, affiliarsi, entrare, immatricolarsi, tesserarsi, farsi ammettere, aderire, associarsi **CONTR.** dimettersi, ritirarsi, abbandonare, uscire. *V. anche* REGISTRARE

iscrizióne *s. f.* ***1*** registrazione, trascrizione, immatricolazione, allibramento, catalogazione □ ammissione, aggregazione, tesseramento, affiliazione **CONTR.** depennamento, cancellamento, cassazione ***2*** epigrafe, lapide, epitaffio, dedica □ cartello, scritta, soprascritta, leggenda.

islàm o (*evit.*) **ìslam** *s. m.* islamismo, maomettismo, musulmanesimo.

islàmico *agg.* e *s. m.* musulmano, maomettano.

islamìsmo *s. m.* islam, maomettismo, maomettanesimo, musulmanesimo.

islamìta *s. m.* e *f.* musulmano, maomettano.

ìsola *s. f.* ***1*** (*fig.*) territorio isolato, area staccata ***2*** (*di case*) isolato ***3*** piattaforma pedonale, salvagente **FRAS.** *isola corallina*, atollo.

isolaménto *s. m.* ***1*** segregazione, emarginazione, esilio, ghettizzazione, separazione, distacco □ esclusione □ (*di città, di fortezza*) blocco **CONTR.** integrazione, inserimento □ liberazione ***2*** ritiro, solitudine, romitaggio (*lett., fig.*) **CONTR.** compagnia, società, rapporti sociali ***3*** quarantena. *V. anche* EMARGINAZIONE

isolànte ***A*** *part. pres. di* **isolare**; *anche agg.* coibente, dielettrico **CONTR.** conduttore ***B*** *s. m.* isolatore.

isolàre ***A*** *v. tr.* separare, staccare, tagliare fuori □ (*di città, di fortezza*) bloccare □ (*di persona*) emarginare, segregare, ghettizzare, relegare, confinare □ (*di virus e sim.*) distinguere, localizzare, individuare □ (*di oggetto, di ambiente, ecc.*) difendere, proteggere, coibentare, insonorizzare **CONTR.** unire, congiungere, attaccare, connettere, collegare, saldare ***B*** **isolarsi** *v. intr. pron.* ritirarsi, appartarsi, segregarsi, confinarsi, esiliarsi, estraniarsi, rinchiudersi, allontanarsi **CONTR.** frequentare gente, avere rapporti sociali, socializzare. *V. anche* DIVIDERE

isolàto (1) *part. pass. di* **isolare**; *anche agg.* e *s. m.* ***1*** separato, diviso, scisso **CONTR.** unito, congiunto, concatenato ***2*** (*di persona*) solitario, appartato, solingo (*lett.*), solo □ emarginato, confinato, ghettizzato □ marziano, sbandato **CONTR.** in compagnia, in società, integrato, inserito, socievole ***3*** (*di luogo*) remoto, riposto, sperduto, deserto, ermo (*lett.*), romito (*lett.*), ritirato **CONTR.** affollato, frequentato ***4*** (*di caso, di fenomeno, ecc.*) particolare, unico, singolo, sporadico, episodico **CONTR.** frequente, numeroso. *V. anche* SOLITARIO

isolàto (2) *s. m.* isola urbanistica, caseggiato, insula (*lat.*), edificio, casermone, palazzo.

isolatóre *s. m.*; *anche agg.* isolante, apparecchio isolante □ dielettrico **CONTR.** conduttore.

ispànico *agg.* spagnolo, iberico.

ispanìsmo *s. m.* (*ling.*) spagnolismo.

ispàno *agg.* (*lett.*) spagnolo.

ispessiménto *s. m.* aumento di spessore, ingrossamento □ (*di cute*) callosità □ condensamento, coagulazione **CONTR.** assottigliamento, diradamento, rarefazione.

ispessìre ***A*** *v. tr.* ***1*** aumentare lo spessore, ingrossare **CONTR.** assottigliare, sfoltire ***2*** infoltire, infittire □ rendere più denso, condensare, addensare, coagulare **CONTR.** diradare, rarefare □ diluire, fluidificare ***B*** **ispessirsi** *v. intr. pron.* infoltirsi, infittirsi □ addensarsi, condensarsi, coagularsi **CONTR.** diradarsi, rarefarsi □ fluidificarsi.

ispettoràto *s. m.* (*est.*) sovrintendenza.

ispettóre *s. m.* (*f. -trice*) controllore, revisore, sovrintendente □ (*di polizia, ecc.*) investigatore, zerozerosette.

ispezionàre *v. tr.* controllare, sottoporre a ispezione, esaminare, osservare, sorvegliare, sovrintendere, visitare, indagare, guardare. *V. anche* GUARDARE

ispezióne *s. f.* ***1*** esame, osservazione, revisione, accertamento ***2*** indagine, controllo, visita, sopralluogo.

ìspido agg. ***1*** irto, irsuto, peloso, ruvido, spinoso, setoloso, aspro, duro **CONTR.** glabro, liscio, morbido, rasato ***2*** (*fig.*) (*di persona, di carattere e sim.*) intrattabile, scontroso, sgarbato, scostante, rozzo, ruvido, ombroso **CONTR.** affabile, amabile, cortese, garbato, gentile, trattabile, alla buona, alla mano.

ispiràre ***A*** v. tr. ***1*** (*di fiducia, di paura, ecc.*) infondere, suscitare, incutere, inoculare, insinuare, instillare, far nascere, comunicare, mettere **CONTR.** togliere, liberare ***2*** (*di idea, di soluzione, ecc.*) suggerire, consigliare, presentare, proporre **CONTR.** plagiare, portare via, strappare, sottrarre ***3*** (*est.*) eccitare l'estro creativo ***4*** (*di stampa, di risposta, di persona, ecc.*) guidare, orientare, imbeccare, imboccare ***B*** **ispirarsi** v. intr. pron. ***1*** trarre ispirazione, derivare, risalire ***2*** adeguarsi, conformarsi **CONTR.** divergere, allontanarsi.

ispiràto part. pass. di **ispirare**; anche agg. ***1*** (*di fiducia, di paura, ecc.*) infuso, suscitato, instillato, comunicato, generato **CONTR.** tolto ***2*** (*di idea, di soluzione, ecc.*) suggerito, consigliato, presentato, proposto **CONTR.** plagiato, sottratto, strappato ***3*** (*est.*) eccitato **CONTR.** placato ***4*** (*di stampa, di risposta, di persona, ecc.*) guidato, orientato, improntato, imboccato ***5*** (*di discorso, di appello e sim.*) appassionato, eloquente, elevato, commosso, poetico, alato **CONTR.** arido, freddo, monotono ***6*** scritto per ispirazione divina □ profetico.

ispiratóre s. m.; anche agg. (f. *-trice*) consigliere, suggeritore, suscitatore, guida, oracolo □ (*di poesia*) musa.

ispirazióne s. f. ***1*** estro, potenza creativa, afflato, linfa, soffio (*lett.*), vena □ lirismo, liricità ***2*** consiglio, suggerimento, suggestione, imbeccata, dettame ***3*** impulso, trovata, idea, folgorazione ***4*** indirizzo, orientamento, tendenza ***5*** (*relig.*) chiamata, vocazione.

israeliàno agg.; anche s. m. **CFR.** ebreo, ebraico, giudaico.

israelita s. m. e f.; anche agg. ebreo, ebraico, giudeo, giudaico, israelitico.

israelìtico agg. ebraico, giudaico, israelita.

issàre ***A*** v. tr. alzare, innalzare, sollevare, tirar su **CONTR.** abbassare, calare, tirar giù □ (*di bandiera*) ammainare ***B*** **issarsi** v. intr. pron. salire, arrampicarsi, sollevarsi, scalare **CONTR.** calarsi, scendere.

istallàre V. **installare**.

istantaneaménte avv. in un istante, in un attimo, detto fatto, ipso facto (*lat.*), su due piedi, all'istante, improvvisamente, immediatamente, subito, subitamente, repentinamente, immantinente (*lett.*), repente (*lett.*) **CONTR.** adagio, lentamente, pian piano.

istantaneità s. f. immediatezza, repentinità **CONTR.** lentezza.

istantàneo agg. subitaneo, repentino, repente (*lett.*), subito (*lett.*) □ immediato, pronto, rapido **CONTR.** lento, graduale, previsto.

istànte s. m. attimo, minuto, lampo, battibaleno, fiat (*lat.*), momento **CONTR.** secolo □ prima □ dopo **FRAS.** *all'istante*, immediatamente, subito, istantaneamente □ *sull'istante*, sul momento, lì per lì.

istànza s. f. ***1*** (*est.*) domanda, richiesta, petizione, esposto, mozione, ricorso, supplica, sollecitazione, appello, invocazione ***2*** insistenza, perseveranza ***3*** aspirazione, necessità, esigenza, bisogno, rivendicazione.

isterìa s. f. ***1*** (*med.*) isterismo ***2*** (*est.*) eccitazione, fanatismo, esaltazione, rabbia, ira **CONTR.** apatia, indifferenza, freddezza, calma. *V. anche* FANATISMO, IRA

istericaménte avv. (*est.*) fanaticamente, ossessivamente, eccitatamente, irosamente, rabbiosamente, forsennatamente, convulsamente **CONTR.** apaticamente, indifferentemente, freddamente.

istèrico agg. (*est.*) esaltato, fanatico, rabbioso, iroso, convulso, nervoso, nevrotico **CONTR.** apatico, indifferente, freddo, calmo.

isterilìre ***A*** v. tr. ***1*** rendere sterile, inaridire, disseccare, esaurire, depauperare **CONTR.** fecondare, fertilizzare, bonificare ***2*** (*fig.*) impoverire, svigorire **CONTR.** arricchire, rinvigorire ***B*** **isterilirsi** v. intr. pron. (*anche fig.*) divenire sterile, inaridirsi, disseccarsi, impoverirsi, esaurirsi **CONTR.** rinvigorirsi.

isterilito part. pass. di **isterilire**; anche agg. ***1*** divenuto sterile, inaridito, disseccato **CONTR.** fecondato, fecondo ***2*** (*fig.*) impoverito, svigorito, esaurito **CONTR.** rinvigorito.

isterìsmo s. m. ***1*** (*med.*) isteria ***2*** (*est.*) eccitazione, fanatismo, esaltazione, rabbia, ira **CONTR.** apatia, indifferenza, freddezza, calma. *V. anche* IRA

istigaménto s. m. V. **istigazione**.

istigàre v. tr. indurre, suggestionare, spingere, condurre, aizzare, stimolare, provocare, incitare, eccitare, sommuovere (*lett.*), sobillare, sollevare, subornare □ (*di animi, di sentimenti, ecc.*) fomentare, accendere, attizzare, scatenare **CONTR.** calmare, distogliere, frenare, placare, rabbonire, trattenere. *V. anche* SPINGERE

ISTIGARE
sinonimia strutturata

Lo spingere qualcuno a qualcosa di riprovevole si dice **istigare**: *istigare al male, alla ribellione*. Il cercare di corrompere si dice anche **tentare**: *lo tentavano con promesse di una vita facile*; molto vicini sono **provocare** e **stuzzicare**, che figuratamente indicano anche il molestare fino a suscitare una reazione. Non altrettanta incisività hanno **spingere** e il più ricercato **condurre**, che sono tra loro equivalenti e che in altra accezione possono avere anche una connotazione positiva: *spingere qualcuno a far male*; *condurre qualcuno alla ribellione*; vicino semanticamente è **stimolare**, che suggerisce però un'azione più consapevole e mirata. **Indurre** non si discosta molto dai precedenti, ma ha in sé l'idea del persuadere, e quindi si avvicina a sua volta a **suggestionare**, che indica l'influenzare fino a modificare il comportamento, e al più generico **consigliare**: *l'ha indotto ad un cattivo comportamento*. Più forti sono **eccitare** e **incitare**: *eccitare, incitare il popolo alla rivolta*; lo stesso vale per **scatenare** in senso figurato, che però evoca l'idea di liberare in tutto il loro impeto pulsioni già esistenti: *scatenare le masse alla ribellione*.

L'istigare all'insurrezione è indicato specificamente da **sommuovere**, che ha connotazione letteraria, e da **sollevare**: *sommuovere, sollevare il popolo contro l'oppressore*; pressoché equivalente è **sobillare**, che però si riferisce ad un'azione portata avanti di nascosto: *sobillare gli animi*; *sobillare le masse contro il governo*. In quest'ultima sfumatura è simile ad **aizzare**, che significa appunto incitare alla violenza, all'offesa: *aizzare i cani*; *aizzare una persona contro l'altra*. **Subornare** nell'uso generale significa indurre qualcuno a mancare al proprio dovere, e può essere usato anche nel linguaggio giuridico per indicare il reato di chi offre denaro o altro a un testimone, perito o interprete per spingerlo a dire il falso.

Il verbo istigare ha inoltre una seconda sfumatura di significato, e si riferisce anche all'infiammare l'animo, i sentimenti: *istigare le passioni*; termini pressappoco equivalenti che ugualmente indicano il rendere più intenso, più ardente sono **attizzare** e **fomentare**: *attizzare l'odio, il desiderio*; *fomentare la discordia, la passione*; **accendere**, usato figuratamente, si differenzia leggermente perché può riferirsi specificamente alla fase iniziale, e avvicinarsi quindi a suscitare: *accendere gli odi, la rivalità, la passione*.

istigàto *part. pass. di* **istigare**; *anche agg.* indotto, spinto, aizzato, stimolato, incitato, eccitato, sobillato, condotto, stuzzicato, subornato **CONTR.** calmato, frenato, placato, rabbonito, trattenuto, distolto.

istigatóre *s. m.*; *anche agg.* (*f. -trice*) animatore, fomentatore, eccitatore, sobillatore, stimolatore, subornatore, suscitatore, provocatore, aizzatore, attizzatore, incitatore **CONTR.** sedatore, placatore, mitigatore, pacificatore.

istigazióne *s. f.* incitamento, istigamento, spinta, sobillamento, sobillazione, subornazione, eccitamento, eccitazione, stimolo, fomento, provocazione, suggestione (*raro*) **CONTR.** freno, mitigamento, mitigazione, attenuazione.

istillàre *V.* **instillare**.

istintivaménte *avv.* naturalmente, impulsivamente, spontaneamente, incontrollatamente, involontariamente, macchinalmente, meccanicamente □ passionalmente, irrazionalmente, visceralmente □ intuitivamente **CONTR.** volutamente, volontariamente, ponderatamente, apposta □ razionalmente.

istintività *s. f.* impulsività, spontaneità, animalità **CONTR.** riflessione, ponderatezza.

istintìvo *agg.* **1** innato □ naturale, spontaneo, innato, sincero □ incontrollato, incontrollabile, involontario, macchinale, meccanico **CONTR.** acquisito □ sforzato, artificioso □ volontario, voluto, meditato, ponderato **2** (*di persona*) impulsivo, intuitivo, naif (*fr.*) □ (*di atteggiamento*) passionale, uterino, viscerale **CONTR.** riflessivo, posato, razionale. *V. anche* SPONTANEO

istìnto *s. m.* **1** impulso congenito, inclinazione naturale, disposizione naturale, propensione, attitudine, tendenza, impulsività □ appetito, desiderio **CONTR.** volontà, volere, proposito, intenzione, ragione **2** indole, natura, genio, facoltà **FRAS.** *istinto vitale, istinto di conservazione*, eros, libido. *V. anche* FACOLTÀ, INDOLE

istituìre *v. tr.* **1** fondare, impiantare, costituire, stabilire, creare, aprire, edificare, erigere, formare, organizzare, promuovere, instaurare **CONTR.** abolire, abrogare, sopprimere **2** (*di erede e sim.*) nominare, designare **3** (*di confronto, di ricerca, ecc.*) iniziare, impostare **CONTR.** finire, terminare, ultimare.

istituìto *part. pass. di* **istituire**; *anche agg.* **1** fondato, costituito, stabilito, creato, promosso **CONTR.** abolito, abrogato, soppresso **2** (*di erede e sim.*) designato, nominato **3** (*di confronto, di ricerca, ecc.*) iniziato, impostato **CONTR.** ultimato, terminato.

istitùto *s. m.* **1** istituzione □ ente, organizzazione, organismo, centro □ congregazione, collegio, educandato, convitto **2** accademia, biblioteca, laboratorio **3** scuola **FRAS.** *istituto di credito*, banca.

istitutóre *s. m.* (*f. -trice*) **1** fondatore, creatore, iniziatore, instauratore **2** precettore, educatore, aio, pedagogo, maestro, insegnante, docente, istruttore **CONTR.** alunno, allievo, collegiale, scolaro, studente.

istituzionalizzàre *v. tr.* **1** dare forma giuridica **2** (*est.*) (*di uso, di consuetudine e sim.*) riconoscere definitivamente, imporre stabilmente **CONTR.** abolire, sopprimere.

istituzionalizzàto *part. pass. di* **istituzionalizzare**; *anche agg.* **1** riconosciuto giuridicamente **2** (*est.*) (*di uso, di consuetudine e sim.*) riconosciuto definitivamente, imposto stabilmente **CONTR.** abolito, soppresso.

istituzionalizzazióne *s. f.* **1** riconoscimento giuridico **2** (*est.*) riconoscimento definitivo **CONTR.** abolizione, soppressione.

istituzióne *s. f.* **1** costituzione, fondazione, fondamento, ordinamento, erezione, formazione, instaurazione, stabilimento **2** istituto, ente, organismo, organo, centro **3** norma, consuetudine □ (*di matrimonio, ecc.*) istituto **4** (*al pl.*) sistema, costituzione **5** (*al pl.*) nozioni fondamentali, fondamenti, principi.

istogràmma *s. m.* grafico, diagramma, ideogramma.

istoriàre *v. tr.* ornare, dipingere, illustrare.

istoriàto *part. pass. di* **istoriare**; *anche agg.* ornato, dipinto, illustrato.

istradàre *V.* **instradare**.

ìstrice *s. m.* e raro *f.* **1** (*zool.*) porcospino **2** (*fig.*) (*di persona*) difficile, scontroso, intrattabile, selvatico, misantropo, orso (*fig.*).

istrióne *s. m.* **1** (*nell'antica Roma*) attore di teatro **2** (*spreg.*) attore di poco conto, teatrante, commediante, guitto **3** (*fig.*) ciarlatano, esibizionista, impostore, imbonitore, gigione (*est.*).

istruìre **A** *v. tr.* **1** ammaestrare, erudire, addottrinare, addottorare, dirozzare, insegnare, educare, allevare, formare □ indottrinare, catechizzare □ imbeccare, imboccare □ (*di animale*) ammaestrare □ (*di soldati*) addestrare **CONTR.** apprendere, imparare **2** rendere edotto, informare, avvertire, avvisare, ragguagliare **B** **istruirsi** *v. rifl.* **1** darsi un'istruzione, imparare, apprendere, studiare, addottrinarsi, dirozzarsi, erudirsi □ impratichirsi *2* informarsi. *V. anche* EDUCARE

istruìto *part. pass. di* **istruire**; *anche agg.* *1* colto, dotto, erudito, sapiente, addottrinato, dirozzato, educato, indottrinato, ammaestrato **CONTR.** ignorante, illetterato, incolto, rozzo, analfabeta, somaro (*fam.*) *2* informato, avvertito, avvisato, edotto □ imbeccato, imboccato **CONTR.** tenuto all'oscuro.

istruttìvo *agg.* educativo, didascalico, didattico, pedagogico, culturale, dotto, formativo, precettivo (*raro*) **CONTR.** diseducante, diseducativo.

istruttóre *A agg.* inquirente, inquisitore **CONTR.** inquisito *B s. m.* (*f. -trice*) maestro, insegnante, istitutore □ allenatore, preparatore, trainer (*ingl.*) **CONTR.** allievo, alunno, scolaro, studente.

istruzióne *s. f.* *1* ammaestramento, addestramento, educazione, insegnamento, addottrinamento *2* cultura, erudizione, dottrina, sapere, conoscenza, scienza **CONTR.** ignoranza, rozzezza, zoticaggine, asineria, somaraggine, analfabetismo *3* informazione, norma, ragguaglio, regola, avvertimento, consiglio, disposizione, direttiva, indicazione □ dicitura, avvertenza □ prescrizione medica □ (*al pl.*) programma (*elab.*), lay-out (*ingl.*), manuale *4* (*dir.*) istruttoria. *V. anche* INFORMAZIONE

istupidìre *A v. tr.* rendere stupido, incretinire, rimbecillire, rincitrullire, inebetire □ intontire, frastornare, ubriacare, sbalordire **CONTR.** rendere sveglio, mantenere sveglio, scaltrire, svegliare *B v. intr.* e **istupidirsi** *intr. pron.* rincretinire, inebetirsi, rimbecillire, rimbambire, rincitrullirsi, rintontirsi **CONTR.** svegliarsi, infurbirsi.

istupidìto *part. pass. di* **istupidire**; *anche agg.* incretinito, rincretinito, rimbecillito, rimbambito, grullo, inebetito, svampito, svanito □ intontito, frastornato, sbalordito, stordito **CONTR.** mantenuto sveglio.

italiàno *agg.* italico (*lett.*), italo (*lett.*) □ (*sport*) azzurro.

itàlico *agg.* (*lett.*) italiano, italo (*lett.*), ausonio (*lett.*).

ìtalo *agg.* (*lett.*) italiano, italico (*lett.*).

iter /*lat.* 'iter/ [vc. lat., letteralmente 'viaggio'] *s. m. inv.* procedura, percorso, itinerario, rito, trafila □ serie di formalità. *V. anche* RITO

itinerànte *agg.* viaggiante, mobile **CONTR.** stabile.

itineràrio *s. m.* percorso, viaggio, tragitto, cammino, tracciato, via, linea □ rotta.

IUD /jud/ [sigla dell'ingl. *Intra Uterine Device* 'dispositivo intrauterino'] *s. m. inv.* (*med.*) spirale.

iuventìno *V.* **juventino.**

ìvi *avv.* (*lett.*) in quel luogo, lì, là, colà **CONTR.** qui, qua.

j, J

jabot /*fr.* ʒa'bo/ [vc. fr., originariamente 'rigonfiamento dell'esofago degli uccelli'] *s. m. inv.* (*di camicetta, di vestito femminile*) davantino, pettino, pettorina.

j'accuse /*fr.* ʒa'kyz/ [dal titolo di una lettera aperta di E. Zola in difesa di A. Dreyfus] *loc. sost. m. inv.* denuncia pubblica, pubblica accusa.

jack /*ingl.* dʒæk/ [vc. ingl., riconducibile al n. proprio *Jacke* soprannome di *Johan* = John = Giovanni] *s. m. inv.* **1** (*nelle carte da gioco*) fante **2** (*tecnol.*) spinotto □ spina (telefonica).

jais /*fr.* ʒɛ/ [da *jaiet* 'giaietto'] *s. m. inv.* giaietto, perlina, giavazzo.

jeans /*ingl.* dʒi:nz/ *s. m. pl. acrt. di* **blue-jeans**.

jeep /*ingl.* 'dʒi:p/ [lettura della sigla G.P., da *g*(*eneral*) *p*(*urpose*) (*car*) 'veicolo di uso generale'] *s. f. inv.* camionetta, fuoristrada, campagnola.

jersey /*ingl.* 'dʒə:zi/ [vc. ingl., dal n. dell'isola *Jersey*, dove sono notevoli fabbriche di questo tipo di maglieria] *s. m. inv.* maglina, organzino.

jet /*ingl.* dʒet/ *s. m. inv.* aereo a reazione, reattore, aviogetto, aerogetto, aeroreattore.

jet-set /*ingl.* 'dʒet set/ [vc. ingl., propriamente 'società (*set*) usa a muoversi in jet'] *loc. sost. m. inv.* alta società, high society (*ingl.*), jet-society (*ingl.*), haute (*fr.*), high life (*ingl.*), bel mondo, crema (*fig.*), crème (*fr.*), élite (*fr.*).

jet-society /*ingl.* 'dʒet sə'saiəti/ [vc. ingl., propriamente 'società (*society*) che si muove prevalentemente in jet'] *loc. sost. f. inv.* jet-set.

JET-SET, JET-SOCIETY
sinonimia strutturata

Sinonimi perfetti sono i termini **jet-society** e **jet-set**, anche se il secondo è di uso molto più frequente; anche la loro origine è simile: l'uno è formato dalla giustapposizione di *jet*, aeroplano a reazione, con *society*, ossia società intesa in senso classista di "alta società", e l'altro dall'accostamento di *jet* con *set*, cioè organizzazione; in breve, entrambe le espressioni indicano in origine gente ricca abituata ad adoperare il jet per spostarsi velocemente o per condurre i propri affari. Insieme al termine francese **haute** e ai vocaboli inglesi **high life** e **high society**, jet-set e jet-society possono designare particolarmente ambienti del gran mondo internazionale; per questa leggera sfumatura si distinguono dall'**alta società** e dal **bel mondo**, che comunque designano anch'essi quell'insieme di persone molto ricche, influenti o prestigiose appartenenti ai ceti socialmente più elevati.

jiddish /*ted.* 'jidiʃ/ *V.* **yiddish**.

jihad /*ar.* ʒi'ha:d, dʒi'ha:d/ [vc. ar., propr. 'lotta, combattimento'] *s. m.* o *f. inv.* guerra santa.

jockey /*ingl.* 'dʒɔki/ [da *Jockey*, diminutivo di Giovanni, in scozzese] *s. m. inv.* **1** (*nelle carte da gioco*) fante **2** (*nelle corse al galoppo*) fantino.

jogging /*ingl.* 'dʒɔgiŋ/ *s. m. inv.* footing (*ingl.*).

jolly /*ingl.* 'dʒɔli/ [vc. ingl., abbr. di *jolly joker* 'l'allegro (*jolly*) buffone (*joker*)'] *s. m. inv.* **1** (*nel gioco di carte*) matta **2** (*est., fig.*) tuttofare □ asso.

joystick /*ingl.* 'dʒɔistik/ [vc. del gergo ingl., propr. 'cloche (di aeroplano)'] *s. m. inv.* (*elab.*) barra di comando.

jujitsu /*giapp.* 'zu:zitu/ o **jūjutsu** /*giapp.* 'zu:zutu/ [vc. giapp., propriamente 'arte (*jutsu*) della gentilezza (*jū*)'] *s. m. inv.* tipo di lotta giapponese.

juke-box /*ingl.* 'dʒu:k bɔks/ [vc. dell'ingl. d'America, letteralmente 'scatola (*box*) da sala da ballo (*juke*)'] *loc. sost. m. inv.* giradischi a gettone.

jumbo o **jumbo-jet** /*ingl.* 'dʒʌmbou 'dʒet/ [dal nome *Jumbo* dato a un elefante portato a Londra da Barnum] *s. m. inv.* grande aereo a reazione, boeing (*ingl.*).

junior /*lat.* 'junjor/ [vc. lat., propriamente 'il più giovane', compar. di *iūvenis* 'giovane'] *agg.* (*pl. juniores*) più giovane, minore, giovane **CONTR.** senior, maggiore, anziano.

jùta /'juta/ *V.* **iuta**.

juventìno *s. m.; anche agg.* (*calcio*) bianconero.

k, K

kafkiàno [da F. *Kafka*, scrittore ceco di opere drammatico-esistenziali] *agg.* (*est., fig.*) allucinante, angoscioso, assurdo.

Kaiser /*ted.* 'kaizər/ [lat. *Caesar* 'Cesare', poi 'imperatore'] *s. m. inv.* (*st.*) imperatore.

kalashnikov /ka'laʃnikof/ [dal nome del progettista russo M. T. *Kalašnikov*] *s. m. inv.* fucile mitragliatore.

kamikàze [vc. giapp., propriamente 'vento (*kaze*) di dio (*kami*)'] *s. m. inv.; anche agg.* ***1*** (*in Giappone*) pilota da guerra suicida ***2*** (*est.*) suicida.

kappaò [dalla pron. delle iniziali della loc. *knock out*] *avv.; anche s. m. inv.* (*nel pugilato*) knock out (*ingl.*) **FRAS.** *mandare o mettere kappaò* (*anche fig.*), mandare al tappeto.

kaputt /*ted.* ka'put/ [vc. ted., dall'espressione fr., usata nel gioco delle carte, *faire capot* 'vincere senza che l'avversario faccia punti'] *agg. inv.; anche avv.* rovinato, annientato, distrutto, finito, morto.

kayàk *s. m. inv.* canoa (eschimese).

kay-way /*ingl.* 'kei wei/ *V.* **k-way**.

kermesse /*fr.* ker'mɛs/ [vc. fr., dal fiammingo *kèrkmisse* 'messa', allargatasi poi nel senso di 'festa (patronale) della chiesa (*kerk*)'] *s. f. inv.* ***1*** (*nelle Fiandre e nel Belgio*) festa patronale □ sagra, festa popolare, fiera ***2*** (*est.*) manifestazione allegra, manifestazione rumorosa, tripudio.

KERMESSE
sinonimia strutturata

Voce originariamente fiamminga, giunta in italiano attraverso il francese, **kermesse** significava "messa della parrocchia"; il termine venne poi a designare la **festa del patrono**, ossia il giorno della sua commemorazione, nei paesi delle Fiandre e del Belgio. Da questo significato, che vive ancor oggi, si è sviluppato quello di **sagra**, che a sua volta è propriamente la festa nell'anniversario della consacrazione di una chiesa e, nel suo significato estensivo, coincide con kermesse nell'indicare una **festa popolare**: *la sagra del paese*; una kermesse può consistere anche in una **fiera**, ossia in un mercato locale periodico con vendita all'ingrosso o al minuto dei più svariati prodotti, che si tiene specialmente in occasione di festività religiose: *domani comincia la fiera di Santa Lucia*. Un ulteriore sviluppo semantico del forestierismo ha portato kermesse a significare, estensivamente, una qualsiasi manifestazione collettiva di allegria rumorosa e caotica.

ketch /*ingl.* ketʃ/ [vc. ingl., da *to catch* 'cacciare'] *s. m. inv.* yacht a due alberi.

khan *s. m. inv.* (*titolo mongolo*) principe.

khmèr [nella lingua del luogo: 'cambogiano'] *agg. inv.; anche s. m. e f. inv.* cambogiano.

kibbùtz [vc. ebr. (*qibbûtz*), col sign. fondamentale di 'riunione, assemblea'] *s. m. inv.* (*in Israele*) fattoria collettiva.

kiefer /*ingl.* 'kifə/ [dal n. di Adolf *Kiefer*, il campione americano che l'adottò per primo] *s. f. inv.* (*nel nuoto*) capovolta.

killer /*ingl.* 'kilə/ [vc. ingl., da *to kill* 'uccidere'] *s. m. inv.* assassino prezzolato, sicario, omicida.

kilomètrico *agg.* (*fig.*) interminabile, lunghissimo, inesauribile, infinito, eterno **CONTR.** breve, corto, sintetico.

kìloton *s. m. inv.* (*fis.*) mille ton.

kilt /*ingl.* kilt/ [vc. scozzese, da *to kilt* 'alzare la sottana'] *s. m. inv.* gonnellino scozzese.

Kindergarten /*ted.* 'kindərgartən/ [vc. ted., propriamente 'giardino (*Garten*) dei bambini (*Kinder*)'] *s. m. inv.* asilo infantile, giardino d'infanzia, kinderheim (*ted.*).

Kinderheim /*ted.* 'kindərhaim/ [vc. ted., propriamente 'casa (*Heim*) dei bambini (*Kinder*)'] *s. m. inv.* kindergarten (*ted.*).

king-size /*ingl.* 'kiŋ saiz/ [loc. ingl., propr. 'misura regale', comp. di *king* 're' e *size* 'misura, dimensione'] *loc. agg. inv.* enorme, grande, large (*ingl.*) **CONTR.** normale, standard (*ingl.*).

Kirsch /*ted.* kirʃ/ [vc. ted., che sta per il comp. *Kirschgeist* 'spirito (*Geist*) di ciliegia (*Kirsche*)'] *s. m. inv.* acquavite di marasche, maraschino.

Kitsch /*ted.* kitʃ/ ***A*** *s. m. inv.* ***1*** cattivo gusto **CONTR.** gusto, eleganza, buongusto, raffinatezza ***2*** cosa di cattivo gusto ***B*** *agg.* di cattivo gusto, pacchiano **CONTR.** elegante, raffinato.

kìwi o **kìvi** *s. m.* (*bot.*) actinidia, uva spina cinese.

knickerbockers /*ingl.* 'nikəbɔkəz/ [vc. ingl., dal n. (D. *Knickerbockers*) dello pseudoautore della 'Storia di New York' di W. Irving, libro illustrato con disegni di olandesi immigrati a New York, che indossavano tale tipo di calzoni] *s. m. pl.* ***1*** calzoni alla zuava ***2*** calzettoni con disegni a quadri.

knock out /*ingl.* nɔk 'aut/ ***A*** *loc. avv.* (*nel pugilato*) kappaò, fuori combattimento ***B*** *loc. sost. m. inv.* (*nel pugilato*) kappaò, colpo da fuori combattimento.

know how /*ingl.* 'nou hau/ [loc. anglo-americana, propriamente 'sai (*know*) come (*how*)'] *loc. sost. m. inv.* capacità ed esperienza.

koinè [gr. *koinḗ*, f. sost. di *koinós* 'comune'] *s. f. inv.* (*ling.*) lingua comune □ comunità culturale.

kràpfen /'krafen, *ted.* 'krapfən/ [ted., da *krapfen* 'uncino', di origine germ., per l'originaria forma arcuata] *s. m. inv.* bombolone, bomba.

kùrsaal /'kursal, *ted.* 'ku:rza:l/ [vc. ted., letteralmente 'sala (*Saal*) di cura (*Kur*)'] *s. m. inv.* **1** casa da gioco, casinò **2** casa di cura, stabilimento termale.

K-way /*ingl.* 'kei wei/ [vc. ingl., d'orig. non chiarita] *s. m.* o *f. inv.* giacca a vento, cerata leggera.

l, L

la (**1**) **A** *art. det. f. sing.* **1** questa, quella **2** (*con valore distributivo*) ogni, ciascuna **3** (*con valore temporale*) nella, durante la **B** *pron. pers.* e *dimostr. f. sing.* (*come compl. ogg.*) lei, essa □ colei, costei.

la (**2**) *s. m. inv.* (*mus.*) sesta nota musicale **FRAS.** *dare il la* (*fig.*), dare l'intonazione, dare il tono giusto; dare l'avvio.

là *avv.* **1** in quel luogo, in quel punto, ce, ci, ve, vi, colà, lì, ivi, quivi □ verso quel luogo **CONTR.** qui, qua, in questo luogo **2** (*con valore temporale*) circa, approssimativamente **FRAS.** *tirarsi in là*, scansarsi □ *essere in là con gli anni*, essere anziano □ *essere più di là che di qua*, essere vicino a morire □ *al di là*, oltre □ *l'aldilà*, l'oltretomba □ *qua e là*, un po' dappertutto □ *non andare molto in là* (*fig., fam.*), non capire molto.

làbbro *s. m.* **1** (*spec. al pl.*) (*est.*) bocca **2** (*est.*) (*di ferita e sim.*) margine, bordo **3** (*est.*) (*di vaso*) orlo, bordo, ciglio (*lett.*) **FRAS.** *a fior di labbra*, sussurrando appena □ *avere sulla punta delle labbra* (*fig.*), non ricordare sul momento □ *pendere dalle labbra di uno* (*fig.*), seguire uno con attenzione, ascoltare uno con grande interesse **FRAS.** *arricciare le labbra* (*fig.*), esprimere disgusto, dubbio e simili □ *leccarsi le labbra* (*fig.*), pregustare o apprezzare qualcosa di piacevole □ *mordersi le labbra* (*fig.*), trattenersi dal parlare □ *morire sulle labbra* (*fig.*), interrompersi subito (*di sorriso, di frase e sim.*).

lab-ferménto *s. m.* (*chim.*) chimasi, chimosina, rennina.

làbile *agg.* **1** (*lett.*) caduco, effimero, transitorio, fugace, fuggevole, sfuggevole, incostante, passeggero, momentaneo □ impercettibile **CONTR.** costante, durevole, duraturo, imperituro, incancellabile, indelebile, sempiterno, fermo, incrollabile, saldo, stabile **2** (*di memoria*) debole, corto, che dimentica **CONTR.** ferreo, forte, tenace **3** (*psicol.*) fragile, influenzabile **CONTR.** deciso, determinato, sicuro **4** (*di situazione, di relazione*) instabile, fluido. *V. anche* FUGACE

labilità *s. f.* **1** (*lett.*) caducità, transitorietà, debolezza, fragilità, fugacità, fuggevolezza (*raro*) □ inconsistenza **CONTR.** costanza, durevolezza, continuità, saldezza, stabilità □ consistenza, peso, sostanza **2** debolezza di memoria.

labirìnto [da *labirinto*, il leggendario palazzo fatto costruire dal re Minosse, dal quale non si poteva uscire senza guida] *s. m.* **1** (*est.*) intreccio di strade, intreccio di sentieri, intrico di vie, dedalo, casba **2** (*fig.*) situazione complicata, ginepraio, imbroglio, garbuglio.

laboratòrio *s. m.* **1** (*di ricerca, di analisi, ecc.*) gabinetto, studio, istituto **2** (*artistico*) atelier (*fr.*) □ (*artigianale*) bottega □ negozio **3** manifattura, officina, opificio.

laboriosaménte *avv.* **1** con laboriosità, operosamente **CONTR.** neghittosamente, oziosamente, pigramente, scioperatamente **2** faticosamente, stentatamente **CONTR.** facilmente, rapidamente.

laboriosità *s. f.* alacrità, attività, industriosità, operosità, fattività, solerzia **CONTR.** inoperosità, indolenza, inerzia, apatia, ignavia (*lett.*), infingardaggine, neghittosità, pigrizia, poltroneria. *V. anche* INTRAPRENDENZA

laborióso *agg.* **1** (*di lavoro, di digestione, ecc.*) faticoso, gravoso, penoso, disagevole, pesante, stancante, difficile, impegnativo, macchinoso □ minuzioso □ (*fig.*) certosino **CONTR.** agevole, facile, leggero, lieve, rapido, spiccio **2** (*di persona, di città, ecc.*) alacre, attivo, industrioso, operoso, solerte, vivace, infaticabile □ (*est.*) insonne **CONTR.** sonnacchioso, sonnolento, indolente, inerte □ infingardo, neghittoso, pigro, ozioso, poltrone **3** (*di giornata*) operoso, attivo, denso di lavoro **CONTR.** inattivo, vuoto, disutile.

labrònico [da *Lăbro*, genit. *Labrōnis*, n. lat. di una località che sorgeva nei pressi dell'attuale Livorno] *agg.* **1** (*lett.*) livornese **2** sostenitore del Livorno, tifoso del Livorno.

laburìsmo [ingl. *labourism*, dal n. del 'partito del *lavoro*' (*Labour Party*)] *s. m.* socialismo riformista □ socialdemocrazia **CONTR.** conservatorismo.

laburìsta *agg.* e *s. m.* e *f.* socialista riformista □ socialdemocratico **CONTR.** conservatore.

labùrno *s. m.* (*bot.*) ornello, orno.

làcca [ar. *lakk*, dal persiano *lák*, di origine sanscrita (*lākṣā* 'migliaia', con allusione al gran numero degli insetti che la producono)] *s. f.* **1** (*est.*) smalto **2** (*per pettinatura*) fissatore.

laccàre *v. tr.* verniciare con lacca □ (*est.*) smaltare.

laccàto *part. pass. di* **laccare**; *anche agg.* verniciato con lacca □ (*est.*) smaltato.

laccétto *s. m.* **1** *dim. di* **laccio** **2** lacciolo, stringa, cinturino.

lacchè *s. m.* **1** valletto □ domestico, servitore, staffiere **2** (*spreg.*) persona servile, adulatore, incensatore, tirapiedi □ (*est.*) portaborse, sottopancia (*gerg.*) **CONTR.** oppositore, avversario, contestatore □ calunniatore, denigratore, diffamatore.

làccio *s. m.* **1** cappio, calappio, corda, legaccio, cinghia, correggia, tirante, guinzaglio □ capestro □

aghetto, stringa, cinturino □ legatura, allacciatura □ (*pl.*) guiggia □ lacciolo, laccetto ***2*** (*fig.*) inganno, insidia, macchinazione, tranello, trappola, rete, trabocchetto ***3*** (*fig.*) difficoltà, impedimento, ostacolo ***4*** (*fig.*) legame, nodo, vincolo, catena **FRAS.** *mettere il laccio al collo* (*fig.*), costringere qualcuno; indurre al matrimonio □ *tendere il laccio* (*fig.*), preparare un'insidia.

laceraménto *s. m.* laceratura, lacerazione, squarciamento, squarcio, strappo, rottura.

lacerànte *part. pres. di* **lacerare**; *anche agg.* ***1*** che lacera ***2*** (*fig.*) (*di rumore, ecc.*) penetrante, assordante, fragoroso **CONTR.** debole, fioco, silenzioso ***3*** (*di dolore*) straziante, perforante, acuto **CONTR.** sordo, diffuso.

laceràre ***A*** *v. tr.* ***1*** (*di tessuto*) ridurre a brandelli, dilacerare (*lett.*), stracciare, strappare, sdrucire, rompere, squarciare, sbrindellare, sbrandellare **CONTR.** accomodare, rammendare, rattoppare, racconciare, rappezzare ***2*** (*fig.*) (*di dolore, di rumore, ecc.*) ferire, piagare, straziare, dilaniare, torturare □ assordare ***B*** **lacerarsi** *v. intr. pron.* stracciarsi, strapparsi, squarciarsi, rompersi.

laceràto *part. pass. di* **lacerare**; *anche agg.* (*di tessuto*) rotto, sdrucito, strappato, stracciato □ straziato **CONTR.** rammendato.

lacerazióne *s. f.* ***1*** dilacerazione (*lett.*), laceramento, squarciamento, squarcio, strappo, taglio, fenditura, slabbratura, sbrego (*dial.*) **CONTR.** rammendatura, rattoppo ***2*** (*di organo*) ferita, lesione ***3*** (*fig.*) rottura □ strazio, afflizione, pena.

làcero *agg.* strappato, stracciato, squarciato, rotto □ logoro, frusto, povero, consunto, consumato, liso, sbrindellato, cencioso **CONTR.** intatto, integro, nuovo □ rammendato, rappezzato.

laconicaménte *avv.* concisamente, brevemente, stringatamente, succintamente, asciuttamente, epigraficamente **CONTR.** diffusamente, prolissamente, verbosamente, loquacemente, facondamente.

laconicità *s. f.* concisione, brevità, essenzialità, stringatezza, brachilogia **CONTR.** prolissità, magniloquenza, verbosità, logorrea.

lacònico [vc. dotta, lat. *Lacōnicu(m)*, dal gr. *Lakonikós* 'proprio dei *Laconi*', cioè degli spartani, famosi per la loro scarsa loquacità] *agg.* conciso, asciutto, secco, breve, essenziale, sintetico, telegrafico, stringato, succinto, epigrafico, tacitiano, brachilogico **CONTR.** ampolloso, diffuso, magniloquente, logorroico, prolisso, verboso.

làcrima *s. f.* ***1*** goccia di pianto, stilla di pianto, luccicone □ pianto ***2*** (*est.*) (*di liquido*) goccia, gocciola, piccola quantità, stilla **FRAS.** *valle di lacrime*, la terra □ *asciugare le lacrime* (*fig.*), consolare □ *avere le lacrime in tasca* (*fig.*), piangere per cose da nulla □ *ingoiare le lacrime* (*fig.*), trattenersi dal piangere □ *lacrime di coccodrillo*, pentimento falso o tardivo □ *lacrime di San Lorenzo* (*fig.*), stelle cadenti estive □ *lacrime e sangue* (*fig.*), *lacrime di sangue* (*fig.*), enorme sofferenza o fatica □ *spremere le lacrime* (*fig.*), costringere a piangere; fingere di piangere.

lacrimàre ***A*** *v. intr.* ***1*** versare lacrime, piangere **CONTR.** ridere ***2*** (*est., raro*) gocciolare, stillare, trasudare ***B*** *v. tr.* (*lett.*) compiangere. *V. anche* PIANGERE

lacrimàto *part. pass. di* **lacrimare**; *anche agg.* (*lett.*) compianto, rimpianto □ desiderato appassionatamente **CONTR.** illacrimato (*poet.*).

lacrimévole *agg.* ***1*** degno di lacrime, lacrimabile (*lett.*), deplorabile □ (*est.*) compassionevole, pietoso, lamentevole ***2*** triste, commovente, lacrimoso, struggente, patetico **CONTR.** allegro, divertente, lieto, ridente.

lacrimevolménte *avv.* lacrimosamente, compassionevolmente **CONTR.** lietamente, allegramente.

lacrimògeno *agg.* ***1*** che provoca lacrime ***2*** (*scherz., spreg.*) (*di attore, di film, ecc.*) commovente, patetico, sdolcinato, svenevole **CONTR.** allegro, gaio, lieto.

lacrimosaménte *avv.* lacrimevolmente, compassionevolmente **CONTR.** lietamente, allegramente.

lacrimóso *agg.* ***1*** bagnato di lacrime, gonfio di lacrime □ mesto, lamentoso ***2*** (*di storia, di film, ecc.*) commovente, lacrimevole, patetico, straziante □ sentimentale, sdolcinato **CONTR.** allegro, gaio, lieto.

lacùna *s. f.* interruzione, mancanza, manchevolezza, difetto, insufficienza, omissione, vuoto, salto, buco □ dimenticanza **CONTR.** aggiunta, completamento, integrazione, inserimento, interpolazione.

lacunóso *agg.* pieno di lacune, discontinuo, difettoso, mutilo, mozzo, incompleto, frammentario, insufficiente, mancante, manchevole **CONTR.** continuo, ininterrotto, integro, pieno.

laddóve ***A*** *avv.* (*lett.*) dove, nel luogo in cui ***B*** *cong.* (*lett.*) (*con valore avvers.*) mentre, invece, quando □ (*con valore cond.*) qualora, quando.

làdro ***A*** *s. m.* chi ruba □ (*est.*) disonesto, malandrino, malvivente, malfattore, mariolo, pirata □ borsaiolo, borseggiatore, scippatore, tagliaborse, svaligiatore, taccheggiatore, rapinatore, predatore, sciacallo (*fig.*), scassinatore ***B*** *agg.* ***1*** che ruba ***2*** (*fig.*) (*di occhi, di sguardo*) attraente, affascinante, seducente **CONTR.** disgustoso, ripugnante ***3*** (*fig.*) (*di tempo, di mondo, ecc.*) pessimo, brutto **CONTR.** bellissimo, stupendo **FRAS.** *andare come il ladro alla forca*, malvolentieri □ *andare a rubare in casa dei ladri* (*fig.*), cercare di battere un rivale più abile □ *tempo da ladri*, tempo pessimo □ *ladro di cuori* (*fig.*), uomo (o donna) molto fortunato in amore □ *ladro in guanti gialli*, grande truffatore.

LADRO

sinonimia strutturata

Chi ruba o vive di furti si denomina in modo generico **ladro**. Nella lingua corrente si parla più propriamente di *ladro di professione* o *matricolato* per chi commette in continuazione dei furti, in contrapposizione all'attività estemporanea del *ladro occasionale* o a quella più specifica e a volte patologica del *cleptomane*, colui che ruba senza stretta necessità economica, spinto dal desiderio di impossessarsi di un oggetto particolare. Per estensione si definisce ladro chi richiede prezzi o compensi eccessivi: *quel negoziante è un ladro*; o chi si impossessa di qualcosa che non è frutto del suo pensiero originale: *è un ladro di idee*.

Esistono numerose parole che indicano in modo più specifico i diversi tipi di ladri a seconda del tipo di furto che essi commettono. Così **borsaiolo**, **borseggiatore** e **tagliaborse** sono tre termini pressoché equivalenti per denominare un ladro che con abilità o sveltezza, e senza farsi notare, ruba nelle tasche o nelle borse altrui portafogli o altri oggetti di valore, specialmente in luoghi affollati o mezzi di trasporto pubblici. Lo **scippatore** (da *scippare*, vocabolo napoletano di etimologia incerta che significa propriamente "strappare") è invece chi commette uno scippo, un furto compiuto per strada, e quasi sempre con l'aiuto di un motorino o di una motocicletta, strappando con rapidità e violenza borse o oggetti preziosi tenuti in mano o indossati da qualcuno. Si parla in modo estensivo di scippo anche nel caso di qualcuno che venga privato, senza che se lo aspetti, di qualcosa ormai ritenuto conseguito o meritato: *nel finale della partita la Juve ha scippato al Torino la vittoria*.

Colui che commette un *furto con scasso* è invece propriamente uno **scassinatore**, cioè esegue un particolare tipo di furto consistente nel rompere o aprire con forza porte, serrature, finestre e simili allo scopo d'impossessarsi di valori e oggetti preziosi contenuti all'interno di cassaforti o di abitazioni private lasciate incustodite. Un altro tipo particolare di furto è quello commesso dal **taccheggiatore**, colui che, entrato in una bottega col pretesto di fare acquisti, eludendo la sorveglianza degli addetti alle vendite, sottrae di nascosto ciò che gli capita a portata di mano.

Una sostanziale differenza esiste tra il ladro da una parte e il **rapinatore** e il **bandito** dall'altra. Rapinatore è chi commette una rapina, cioè si impossessa di un bene altrui sottraendolo a chi lo detiene facendo ricorso alla violenza o alle minacce: *rapina a mano armata*; *condannare qualcuno per rapina*. Per estensione rapina indica un'appropriazione indebita, un'estorsione, una ruberia: *con le sue rapine si è comprato la villa al mare*. Rispetto al ladro e al rapinatore, l'attività criminale del bandito, un tempo chiamato anche **brigante**, **grassatore**, **masnadiere** (o **masnadiero**), è caratterizzata da una più spiccata componente di spietatezza e dalla ripetizione di numerose azioni criminali, commesse da un solo individuo o da una banda, che possono contemplare, oltre alla rapina, anche l'assassinio o il sequestro di persona: *la ricerca dei banditi ha impegnato tutte le forze dell'ordine*; *i banditi dell'anonima sequestri*.

ladrocìnio *s. m.* furto, ruberia, ladroneccio, ladreria, ladroneria, rapina, truffa, saccheggio.

ladróne *s. m.* ***1*** ladro incallito, ladro astuto ***2*** masnadiero, grassatore, brigante, predone, razziatore, saccheggiatore, bandito, pirata.

lady /*ingl.* 'leidi/ [vc. ingl., letteralmente 'signora'] *s. f. inv.* signora □ moglie di lord.

lager /*ted.* 'la:gər/ [vc. ted., da *liegen* 'giacere'] *s. m. inv.* campo di concentramento □ campo di sterminio, gulag (*russo*) □ (*per gli ufficiali*) Stalag (*ted.*).

làgna *s. f.* ***1*** lamento, lagno, nenia, brontolamento, solfa, sinfonia (*fig.*), broscia (*fig.*) ***2*** (*fam.*) pianto, piagnisteo □ noiosità, borsa (*fig.*) ***3*** (*fam.*) rompiscatole, noioso, pizza (*fam.*), piaga (*fam.*) **CONTR.** spiritoso.

lagnànza *s. f.* lamentela, lamento, protesta, reclamo, recriminazione, lamentazione (*lett.*), doglianza, rimostranza, querela (*lett.*), lagno (*lett.*), querimonia (*lett.*).

lagnàrsi *v. intr. pron.* lamentarsi, querelarsi (*lett.*), gemere, crucciarsi, dolersi □ reclamare, rimostrare, protestare, brontolare, mormorare, recriminare **CONTR.** accontentarsi, compiacersi, esultare, gioire, godere, rallegrarsi, ridere.

làgno *s. m.* gemito, lamento, lamentazione (*raro*) □ lagna, lagnanza, rimostranza.

lagnóso *agg.* ***1*** lamentoso, piagnucoloso, lamentevole, querulo ***2*** (*pop.*) (*di persona*) noioso, pesante, barboso **CONTR.** vivace, allegro.

làgo *s. m.* (*est., fig.*) bacino d'acqua dolce, biviere (*merid.*) □ (*est.*) (*di liquido*) grande quantità, pozza, stagno.

laicàle *agg.* laico, secolare **CONTR.** clericale, ecclesiastico, confessionale.

laicismo *s. m.* aconfessionalismo **CONTR.** clericalismo, confessionalismo.

laicità *s. f.* aconfessionalità **CONTR.** confessionalità.

laicizzàre *v. tr.* secolarizzare.

laicizzazióne *s. f.* secolarizzazione.

làico ***A*** *agg.* secolare, profano, aconfessionale □ laicale **CONTR.** ecclesiastico, religioso, sacerdotale, confessionale ***B*** *s. m.* **CONTR.** religioso, ecclesiastico.

laidaménte *avv.* brutamente, disgustosamente, sconvenientemente, oscenamente, sconciamente, turpemente, vergognosamente **CONTR.** bellamente, gradevolmente, piacevolmente, nobilmente.

làido *agg.* ***1*** (*lett.*) sporco, sozzo, sudicio, brutto, ripugnante, schifoso, sconcio **CONTR.** bello, grazioso, venusto, pulito, immacolato, netto, mondo ***2*** (*fig., lett.*) disonesto, ignobile, impudico, osceno, turpe, vergognoso, sporcaccione □ fangoso (*fig., lett.*) **CONTR.** onesto, retto, pudico.

làma (1) *s. f.* ***1*** (*di coltello, di rasoio e sim.*) taglio, filo ***2*** (*est.*) coltello, arma bianca, spada, pugnale □ (*fig.*) ferro □ (*dell'aratro*) coltro **FRAS.** *incrociare le lame*, battersi a duello; (*fig.*) lottare.

làma (2) *s. m. inv.* (*zool., est.*) alpaca, vigogna.

lambiccàre ***A*** *v. tr.* ***1*** distillare ***2*** (*fig.*) esaminare attentamente, esaminare minuziosamente, ponderare ***B*** **lambiccarsi** *v. intr. pron.* scervellarsi, sforzarsi, arrovellarsi, arzigogolare.

lambiccàto *part. pass. di* **lambiccare**; *anche agg.* ***1*** distillato ***2*** (*fig.*) artificioso, non naturale, complicato, astruso, ricercato, manierato, sforzato, studiato □ (*est.*) rococò **CONTR.** immediato, naturale, semplice, spontaneo.

lambìre *v. tr.* **1** leccare leggermente **2** (*fig.*) (*di acqua, di fiamma, ecc.*) bagnare □ sfiorare, toccare, toccare appena, rasentare □ accarezzare, baciare.

lambrétta [marchio registrato; da *Lambrate*, nome del luogo di produzione] *s. f.* (*est.*) motorscooter (*ingl.*), motoretta, motociclo, motoleggera **CFR.** Vespa.

lamé /*fr.* la'me/ [vc. fr., letteralmente 'stoffa laminata'] *s. m. inv.* (*di tessuto*) laminato.

lamèlla *s. f.* **1** *dim. di* **lama** (**1**) **2** lamina, sottile lamina, laminetta □ (*est.*) scaglia, sfoglia □ (*di epidermide*) squama.

lamentàre **A** *v. tr.* piangere, compiangere, deplorare **CONTR.** desiderare, invidiare **B** **lamentarsi** *v. intr. pron.* **1** gemere, piangere, sospirare □ (*fig., scherz.*) belare, miagolare, guaire, mugolare, gagnolare (*est., raro*), pigolare, uggiolare, vagire, guaiolare **CONTR.** ridere, sorridere **2** borbottare, brontolare, crucciarsi, dolersi, lagnarsi, mormorare, recriminare, rammaricarsi, fare rimostranze, protestare, reclamare **CONTR.** compiacersi, gongolare, gioire, godere, rallegrarsi, essere soddisfatto. *V. anche* PIANGERE

lamentèla *s. f.* lamento, lagnanza □ doglianza, rimostranza, brontolamento, protesta, querela (*lett.*), reclamo, recriminazione □ (*lett.*) querimonia, geremiade (*lett.*), lamentazione **CONTR.** esultanza, gioia, letizia, tripudio.

lamentévole *agg.* **1** (*di voce, di discorso, ecc.*) lamentoso, lagnoso, querulo, lacrimoso, piagnucoloso **CONTR.** allegro, festante, gaio, giocondo, giulivo, lieto **2** (*di sorte, di destino, ecc.*) compassionevole, lacrimevole, miserando, miserevole, pietoso **CONTR.** auspicabile, desiderabile, invidiabile.

lamentìo *s. m.* lamento, querimonia (*lett.*) □ piagnucolio, pigolio, uggiolio (*fig., scherz.*).

laménto *s. m.* **1** gemito, pianto, piagnucolio □ (*poet., pl.*) lai □ (*fig., scherz.*) belato, guaito, miagolio, vagito **CONTR.** risata, grido di gioia **2** lagnanza, lagno, lamentela, protesta, brontolamento, doglianza, querela (*lett.*), querimonia (*lett.*), reclamo, lamentazione **CONTR.** contentezza, piacere, appagamento, soddisfazione.

lamentóso *agg.* **1** gemebondo, lacrimoso, piangente, piagnucoloso, lagnoso, querulo **CONTR.** allegro, festante, gaio, giocondo, giulivo, lieto, ridente **2** accorato, dolente, doloroso, lamentevole, triste □ patetico **CONTR.** ameno, divertente, piacevole, spassoso.

lamièra *s. f.* lastra metallica, lamina, piastra, bandone, latta.

làmina *s. f.* **1** piastra, lamella, lametta, foglia, foglio, placca, scaglia □ bandone, lastra **2** (*anat.*) membrana, squama **3** (*bot.*) lembo.

laminàre *v. tr.* **1** calandrare **2** coprire con lamine.

laminàto (**1**) *part. pass. di* **laminare**; *anche agg. e s. m.* calandrato, profilato, battuto.

laminàto (**2**) *agg.; anche s. m.* (*di tessuto*) lamé (*fr.*).

laminatóio *s. m.* calandra, filiera.

laminazióne *s. f.* calandratura.

làmpada *s. f.* lanterna, lucerna, lampadina, luce, lume, lampione, faro, fanale, riflettore, lampara **FRAS.** *lampada a stelo*, piantana □ *avere la lampada di Aladino* (*fig.*), riuscire in tutto quello che si desidera.

lampadàrio *s. m.* lumiera □ doppiere (*lett.*), candelabro, candeliere.

lampànte *agg.* **1** limpido, lucente, luccicante, luminoso, brillante, splendente **CONTR.** offuscato, appannato, oscurato, ottenebrato **2** (*fig.*) (*di verità, di prova, ecc.*) chiaro, flagrante, lapalissiano, palmare, certo, evidente, manifesto, palese, solare, patente, parlante (*fig.*), tangibile, palpabile, schiacciante **CONTR.** dubbio, incerto □ astruso, confuso, incomprensibile, oscuro, ermetico, esoterico, misterioso, inesplicabile.

lampeggiaménto *s. m.* lampo, bagliore, balenio, baleno, barbaglio, balenamento (*raro*), lampeggio, scintillio.

lampeggiànte *part. pres. di* **lampeggiare**; *anche agg.* corrusco (*raro*), sfavillante, splendente, fiammeggiante, luccicante.

lampeggiàre **A** *v. intr. impers.* balenare, baluginare □ (*raro*) corruscare **B** *v. intr.* (*est., fig.*) brillare, folgorare, sfolgorare, fiammeggiare, luccicare, raggiare, splendere, risplendere, rifulgere, scintillare.

lampeggiatóre *s. m.* **1** (*di veicolo*) indicatore di direzione, freccia **2** (*foto, cine.*) lampo fotografico, flash (*ingl.*).

lampióne *s. m.* fanale, lanterna, lampada, lume.

làmpo **A** *s. m.* **1** baleno □ fulmine **2** (*est.*) luce improvvisa, balenamento, splendore, lampeggiamento, lampeggio, barbaglio, flash, bagliore, lucciichio, sfolgoramento, raggio □ fiamma, vampa **CONTR.** luce continua **3** (*fig.*) (*di tempo*) attimo, istante, momento, batter d'occhio, battibaleno □ folgore, saetta **CONTR.** eternità **4** (*fig.*) (*di ingegno, di speranza, ecc.*) intuizione improvvisa, sprazzo, colpo **B** *s. f.* cerniera, chiusura, zip **C** *in funzione di agg. inv.* (*posposto al s.*) (*di guerra, di impresa*) velocissimo, brevissimo **CONTR.** lentissimo, lunghissimo **FRAS.** *lampo di genio*, idea geniale.

làna *s. f.* (*di animali*) pelo, vello **FRAS.** *buona lana* (*fig.*), briccone □ *questione di lana caprina*, questione futile □ *essere della stessa lana*, somigliarsi moltissimo.

lancétta *s. f.* **1** *dim. di* **lancia** (**1**) **2** (*di strumento di misura*) ago □ (*ant.*) saetta, indice, indicatore, freccia □ sfera (*dial.*) **3** bisturi **4** (*zool.*) anfiosso.

lància (**1**) *s. f.* **1** asta, picca, giavellotto, spiedo (*ant.*), zagaglia **2** (*est.*) (*di persona*) guerriero □ lanciere **FRAS.** *spezzare una lancia in favore di uno* (*fig.*), prendere le difese di uno, aiutare uno □ *a lancia in resta* (*fig.*), con impeto e determinazione □ *combattere con lance d'argento* (*fig.*), corrompere □ *essere una lancia spezzata* (*fig.*), essere sostenitore dichiarato.

lància (**2**) *s. f.* barca, scialuppa, maona (per usi portuali).

lanciàre **A** *v. tr.* **1** tirare, scoccare, sferrare, avventare, buttare, gettare, emettere, scagliare, scaraventare, catapultare, proiettare, balestrare, slanciare, vibrare □ fulminare, saettare, grandinare **2** (*est.*) (*di auto, di cavallo, ecc.*) far scattare, guidare velocemente, spingere **CONTR.** frenare, rallentare, stoppare ***3*** (*fig.*) (*di persona, di prodotto, ecc.*) pubblicizzare, reclamizzare, rendere noto, introdurre □ portare al successo ***B*** **lanciarsi** *v. rifl.* (*anche fig.*) saltare, avventarsi, buttarsi, balzare, gettarsi, tuffarsi, catapultarsi, precipitarsi, scagliarsi. *V. anche* SPINGERE

lanciàto *part. pass. di* **lanciare**; *anche agg.* ***1*** scagliato, gettato, tirato, vibrato, buttato, proiettato, scaraventato, catapultato ***2*** (*di veicolo, di cavallo, ecc.*) spinto a gran velocità **CONTR.** frenato, rallentato ***3*** (*fig.*) (*di persona, di prodotto, ecc.*) affermato, noto, famoso **CONTR.** oscuro, sconosciuto.

lanciatóre *s. m.* (*f. -trice*) scagliatore, tiratore □ (*nel baseball*) pitcher (*ingl.*) □ (*mil.*) missile.

lancinànte *agg.* penetrante, acutissimo, intensissimo, violentissimo, straziante **CONTR.** debole, leggero, lieve, sopportabile, tollerabile.

làncio *s. m.* ***1*** getto, tiro, gettata □ battuta, colpo ***2*** (*nel calcio*) tiro lungo, passaggio ***3*** (*fig.*) (*di prodotto*) campagna pubblicitaria, propaganda, pubblicità, battage (*fr.*), réclame (*fr.*) ***4*** (*giorn.*) trasmissione.

lànda *s. f.* pianura incolta, pianura sterile, steppa, brughiera, prateria □ distesa □ (*fig.*) paese, terra, regione, zona □ cimitero, deserto.

languidaménte *avv.* ***1*** debolmente, fiaccamente, fievolmente, mollemente, senza vigore **CONTR.** fortemente, energicamente, gagliardamente, vigorosamente ***2*** svenevolmente, sdolcinatamente.

lànguido *agg.* ***1*** debole, esausto, estenuato, fiacco, esangue, molle, sfinito, snervato, spossato, cascante **CONTR.** forte, energico, gagliardo, robusto, vigoroso ***2*** (*di luce, di suono, ecc.*) fioco, smorzato, fievole **CONTR.** brillante, luminoso, vivo ***3*** (*di modi, di sguardo, ecc.*) morbido, dolce, carezzevole □ provocante, seducente □ sdolcinato, svenevole, sentimentale □ (*est.*) sospiroso **CONTR.** aspro, ruvido.

languìre *v. intr.* ***1*** (*di persona*) perdere le forze, venir meno, deperire, indebolirsi, sentirsi mancare, svenire, illanguidire, struggersi, sfinirsi, snervarsi, svigorirsi □ (*fig.*) appassirsi, marcire, stagnare **CONTR.** irrobustirsi, rafforzarsi, rinforzarsi, essere forte, essere energico □ (*fig.*) fiorire, prosperare ***2*** (*di luce, di suono, di attività*) scemare, attenuarsi, svanire, spegnersi **CONTR.** aumentare, crescere, ingrandirsi, riaccendersi, fervere ***3*** (*di persona*) essere inattivo, essere bloccato, poltrire, oziare □ impoverirsi **CONTR.** essere attivo, darsi da fare.

languóre *s. m.* ***1*** debolezza, languidezza, estenuazione, fiacca, fiacchezza, mollezza, sfinimento, prostrazione, spossatezza, illanguidimento □ svigorimento, atonia, inedia **CONTR.** forza, energia, gagliardia, robustezza, vigore, rigoglio ***2*** rilassatezza □ abbandono, struggimento □ (*fig.*) deliquescenza, turbamento amoroso □ svenevolezza, smanceria, romanticheria, romanticume ***3*** (*est.*) uggiolina, fame. *V. anche* DEBOLEZZA

lanóso *agg.* villoso, peloso □ (*di capelli*) crespo.

lantàna *s. f.* (*bot.*) viburno.

lantèrna *s. f.* ***1*** lume, lampada, lampione, lucerna, fanale ***2*** (*mar.*) lampara, faro ***3*** (*arch.*) lucernario ***4*** (*spec. al pl.*) (*fig., scherz.*) occhi □ (*fam.*) occhiali **FRAS.** *prendere lucciole per lanterne* (*fig.*), prendere un grosso abbaglio.

lanùgine *s. f.* peluria, pelo, primo pelo □ (*lett.*) calugine.

lapalissiàno [dal n. del capitano fr. de *La Palisse* celebrato in versi involontariamente ovvii] *agg.* ovvio, chiaro, evidente, lampante, indiscutibile, scontato **CONTR.** astruso, confuso, oscuro, discutibile.

lapidàre *v. tr.* ***1*** uccidere a sassate □ prendere a sassate ***2*** (*fig.*) inveire, attaccare, criticare, screditare **CONTR.** adulare, elogiare, lodare.

lapidàrio ***A*** *agg.* (*fig.*) incisivo, epigrafico, conciso, tacitiano, telegrafico □ solenne, sentenzioso **CONTR.** verboso, prolisso, logorroico ***B*** *s. m.* scalpellino.

làpide *s. f.* ***1*** pietra sepolcrale, pietra tombale, lastra □ (*est.*) marmo ***2*** iscrizione commemorativa, epigrafe.

làpis *s. m.* matita.

làppa *s. f.* (*bot.*) bardana.

làppola *s. f.* (*bot.*) strappalana (*pop.*), zeccola.

lapsus /*lat.* 'lapsus/ [vc. lat., propriamente 'scivolata', 'caduta'] *s. m. inv.* sbaglio, distrazione, errore involontario, papera, svista □ (*est.*) errore, sproposito **FRAS.** *lapsus calami*, errore nello scrivere □ *lapsus linguae*, errore nel parlare.

làrdo *s. m.* (*di maiale*) adipe, grasso, grassume □ strutto **FRAS.** *nuotare nel lardo* (*fig.*), essere molto ricchi.

lardóso *agg.* obeso, pingue, grasso **CONTR.** magro, stecchito, allampanato.

largaménte *avv.* ***1*** estesamente, spaziosamente, in lungo e in largo, ampiamente □ abbondantemente, copiosamente **CONTR.** poco, scarsamente, angustamente ***2*** generosamente, lautamente, munificamente, magnanimamente, profumatamente **CONTR.** strettamente, tirchiamente, meschinamente.

largheggiàre *v. intr.* essere generoso, essere liberale, liberaleggiare, grandeggiare, donare, regalare **CONTR.** lesinare, economizzare, risparmiare, limitarsi, stiracchiare, tirare, essere di manica stretta.

larghézza *s. f.* ***1*** (*est.*) ampiezza, grandezza, vastità, spaziosità, estensione, misura, base, apertura **CONTR.** strettezza, ristrettezza, angustia ***2*** (*fig.*) (*di mente, di giudizio, ecc.*) mancanza di pregiudizi, indulgenza, elasticità **CONTR.** intransigenza, rigidezza, severità, piccolezza ***3*** (*fig.*) generosità, liberalità, lautezza, munificenza, prodigalità □ magnificenza **CONTR.** avarizia, parsimonia, taccagneria, spilorceria, tirchieria, grettezza, meschinità, piccineria, pitoccheria ***4*** abbondanza, copia (*lett.*), profusione, dovizia (*lett.*), copiosità **CONTR.** scarsezza, scarsità, limitatezza, insufficienza, penuria. *V. anche* MISURA

làrgo ***A*** *agg.* ***1*** ampio, esteso, spazioso, vasto, capace □ (*anche fig.*) (*di spalle*) quadrato **CONTR.** stretto, corto, ristretto, scarso, misero ***2*** (*di persona*) grasso, obeso, pingue, adiposo, corpulento **CONTR.** magro, asciutto, secco, allampanato ***3*** (*fig.*) (*di parte, di influenza, ecc.*) abbondante, copioso (*lett.*), grande, notevole CONTR. piccolo, scarso *4* (*fig.*) (*di persona*) liberale, generoso, magnificente, magnifico, munifico, splendido, munificente, prodigo CONTR. avaro, parsimonioso, taccagno, spilorcio, tirchio, gretto, meschino, pitocco, tirato, sparagnino *5* (*di compenso*) lauto, congruo, grosso, generoso CONTR. misero, piccolo, esiguo *6* (*fig.*) (*di mentalità*) aperto CONTR. angusto *7* (*di senso*) lato, estensivo CONTR. stretto, proprio *8* (*di vocale*) aperto CONTR. chiuso *9* (*di maglia, di tessuto*) rado CONTR. fitto *B* s. m. *1* larghezza *2* mare aperto, alto mare *3* piazzetta, piazza, piazzale, campiello □ radura, pianoro, spiazzo, slargo, spianata *4* (*mus.*) movimento lento FRAS. *essere di manica larga* (*fig.*), essere generoso □ *stare alla larga*, stare lontano □ *a larghi tratti* (*fig.*), trascurando i particolari □ *su larga scala* (*fig.*), in proporzioni notevoli □ *farsi largo*, aprirsi la strada; (*fig.*) fare carriera. *V. anche* FLESSIBILE, GENEROSO, GRANDE

larianò [dal n. lat. del lago di Como, *Lārius* 'Lario'] *agg.*; *anche s. m.* *1* del lago di Como □ comasco *2* (*sport*) sostenitore del Como, tifoso del Como.

làrva *s. f.* *1* camola, cacchione, verme, girino □ baco *2* (*lett.*) spettro, fantasma, spirito, ombra, lemure *3* (*fig.*) persona emaciata, scheletro, ombra, relitto CONTR. colosso, gigante, ercole *4* (*fig.*) falsa apparenza CONTR. realtà *5* (*fig.*) abbozzo, barlume.

larvàto *agg.* mascherato, nascosto, celato, occulto, camuffato, ambiguo CONTR. manifesto, aperto, palese.

lasàgna *s. f. spec. al pl.* (*cuc.*) fettuccina, nastrino, pappardella, tagliatella.

lasciapassàre *s. m. inv.* salvacondotto, passi □ (*est.*) permesso.

lasciàre *A* *v. tr.* *1* (*di presa*) allentare, mollare, liberare CONTR. tenere, trattenere, bloccare, stringere, tirare, prendere, pigliare, afferrare *2* (*di persona, di paese, ecc.*) abbandonare, allontanarsi, separarsi, andarsene CONTR. ritornare *3* (*di lavoro, di posto, ecc.*) desistere, ritirarsi, rinunciare, dimettersi, tralasciare, interrompere, troncare □ (*fig.*) (*di carica, di ufficio, di responsabilità*) spogliarsi CONTR. conservare, tenere, occupare, mantenere, detenere, praticare, continuare, perseverare *4* affidare, consegnare □ rimettere □ assegnare per testamento *5* (*con inf. o prop. dipendente*) dare □ concedere, permettere, accordare, consentire CONTR. negare, rifiutare, inibire *6* far rimanere □ dimenticare, perdere *7* (*con* di *e inf.*) cessare, smettere, finire CONTR. cominciare, ricominciare, riprendere *B* **lasciarsi** *v. rifl. rec.* separarsi, dividersi CONTR. riunirsi, riavvicinarsi FRAS. *lasciar correre* (o *andare* o *perdere*) (*fig.*), non curarsi □ *lasciarsi andare* (*fig.*), divenire trasandato, trascurarsi.

lasciàto *part. pass. di* **lasciare**; *anche agg.* *1* abbandonato, dimenticato CONTR. preso *2* libero, sgombro, vacante CONTR. occupato *3* causato, suscitato.

làscito *s. m.* (*dir.*) legato, eredità.

lascìvia *s. f.* dissolutezza, impudicizia, concupiscenza, carnalità, libidine, lussuria, sensualità, lubricità CONTR. castimonia (*ant.*), pudicizia, pudore, verecondia.

lascìvo *agg.* impudico, inverecondo, immodesto (*raro*), dissoluto, lussurioso, libidinoso, provocante CONTR. casto, pudico, verecondo. *V. anche* OSCENO

lassatìvo *agg.* e *s. m.* purgante, purga, purgativo CONTR. astringente, costrittivo.

lassìsmo *s. m.* (*est.*) eccessiva indulgenza, noncuranza, permissivismo CONTR. rigore, severità.

lassìsta *agg.* eccessivamente indulgente, permissivo CONTR. rigido, severo.

làsso *s. m.* (*di tempo*) periodo, spazio, intervallo, torno, arco. *V. anche* TEMPO

lassù *avv.* *1* là in alto, là verso l'alto, colassù (*lett.*) CONTR. laggiù *2* (*fig.*) in cielo, in Paradiso CONTR. all'inferno.

làstra *s. f.* *1* lamina, lamiera, piastra, placca □ foglio, pannello, tavola □ lapide, pietra (*est.*) □ targa *2* (*tip.*) cliché *3* pellicola radiografica *4* vetro FRAS. *farsi le lastre*, sottoporsi a un esame radiologico, farsi i raggi.

lastricàre *v. tr.* pavimentare, selciare, ammattonare CONTR. disselciare.

lastricàto *A* *part. pass. di* **lastricare**; *anche agg.* pavimentato, selciato, ammattonato CONTR. disselciato, sterrato *B* *s. m.* lastrico, pavimento, pavimentazione, selciato.

lastricatùra *s. f.* pavimentazione, selciato.

làstrico *s. m.* *1* pavimentazione stradale, rivestimento stradale, selciato, lastricato *2* (*est.*) strada FRAS. *sul lastrico* (*fig.*), in miseria.

latènte *agg.* potenziale, virtuale, quiescente □ celato, nascosto, dissimulato, occulto, riposto, segreto, inespresso CONTR. aperto, evidente, manifesto, palese.

lateràle *A* *agg.* *1* di fianco, ai lati □ trasversale *2* (*fig., lett.*) accessorio, secondario, marginale CONTR. fondamentale, essenziale, principale *B* *s. m.* (*nel calcio*) mediano.

laterìzio *A* *agg.* di terracotta, di mattoni *B* *s. m. spec. al pl.* mattoni, tegole, embrici.

latìno *A* *agg.* *1* del Lazio antico, dell'antica Roma, romano *2* (*est.*) (*di popolo, di lingua, ecc.*) neolatino *3* (*di religione*) cattolico romano *B* *s. m.* (*est.*) romano *C* *s. m. solo sing.* lingua romana.

latitànte *agg.*; *anche s. m.* e *f.* (*dir.*) contumace, fuggiasco, clandestino.

latitànza *s. f.* (*dir.*) contumacia, clandestinità.

latitùdine *s. f.* *1* (*geogr.*) CFR. altezza □ coordinata, longitudine *2* (*lett.*) larghezza □ ampiezza, estensione.

làto *s. m.* *1* parte, ala, banda, canto, faccia □ fianco, bordo, costa, versante, zona □ (*di edificio*) braccio, ala □ senso, direzione, corsia, verso, mano (*fig.*) *2* (*fig.*) (*di questione, di problema, ecc.*) aspetto, punto di vista, corno (*lett.*). *V. anche* PARTE

latóre *s. m.* (*f.* *-trice*) corriere, portatore, presentatore, trasportatore □ (*est.*) ambasciatore, messaggero CONTR. ricevente, destinatario.

latràre *v. intr.* *1* (*di cane*) abbaiare furiosamente, abbaiare *2* (*est.*) (*di persona*) sbraitare, vociare CONTR. bisbigliare, sussurrare.

latràto *s. m.* *1* abbaio, abbaiamento furioso □ cagnara **2** (*est.*) (*di persona*) urlo rabbioso, urlo minaccioso CONTR. bisbiglio, sussurro.

latrìna [vc. dotta, lat. *latrīna(m)*, per *la(va)trīna(m)* 'stanza da bagno, latrina', da *lavare*] *s. f.* camerino, gabinetto, ritirata, cesso, water (*ingl.*), bagno (*euf.*), orinatoio, vespasiano □ (*est.*) fogna.

làtta *s. f.* **1** lamierino, lamiera, tolla (*sett.*), stagnola, bandone **2** (*di recipiente*) stagnata (*dial.*), bidone, lattina (*fam.*), barattolo.

lattànte *agg.* e *s. m.* e *f.* poppante, fantolino, neonato, infante, baby (*ingl.*) □ (*di animale*) lattonzolo, lattone CFR. divezzato, slattato, svezzato.

làtte ***A*** *s. m.* (*bot.*) latice, lattice, sugo, essudato, secreto, secrezione, succo ***B*** *in funzione di agg. inv.* (*posposto al s.*) (*di colore*) bianco, lattato FRAS. *il latte dei vecchi* (*fig.*), il vino □ *far venire il latte alle ginocchia* (*fig.*), essere insopportabile, annoiare, seccare □ *latte di gallina* (*fig.*), cosa introvabile o rarissima □ *essere tutto latte e miele* (*fig.*), essere dolcissimi, svenevoli.

lattemièle ***A*** *s. m.* **1** (*sett.*) panna montata, panna **2** (*fig., est.*) cosa piacevolissima, zucchero (*fig.*), situazione facile ***B*** *agg. inv.* (*fig., est.*) gentile, affabile, premuroso □ affettato, sdolcinato, stucchevole CONTR. sgarbato, rozzo □ naturale, semplice, spigliato.

làtteo *agg.* **1** di latte, a base di latte **2** simile al latte, lattiginoso □ color latte, bianco, candido CONTR. nero, nerastro, scuro, fosco. *V. anche* BIANCO

làttice *s. m.* sugo, succo, latte, latice, essudato, secreto, secrezione.

lattiginóso *agg.* simile al latte, lattescente, latteo, bianco, biancastro, biancheggiante, perlaceo, opalescente CONTR. nero, nerastro, scuro. *V. anche* BIANCO

lattìna *s. f.* latta, barattolo □ scatola.

lattonière *s. m.* stagnaio, stagnino □ (*est.*) fontaniere, idraulico.

làurea [vc. dotta, lat. *lāurea(m)*, sott. *corōna(m)* 'corona d'alloro'] *s. f.* dottorato, addottoramento.

laureàre ***A*** *v. tr.* addottorare, conferire la laurea ***B*** **laurearsi** *v. intr. pron.* ottenere la laurea, addottorarsi.

laureàto ***A*** *part. pass. di* **laureare**; *anche agg.* addottorato ***B*** *s. m.* dottore.

lautaménte *avv.* abbondantemente, copiosamente (*lett.*), grassamente (*fig.*), largamente, magnificamente, riccamente, pinguemente, profumatamente, sontuosamente, splendidamente, sfarzosamente, generosamente CONTR. scarsamente, miseramente, meschinamente, poveramente, avaramente.

làuto *agg.* abbondante, cospicuo, pingue, largo, lussuoso, magnifico, ricco, sfarzoso, sontuoso, splendido, luculliano, sardanapalesco (*lett.*), generoso CONTR. scarso, misero, meschino, insufficiente, limitato. *V. anche* GENEROSO

làva *s. f.* magma.

lavabiancherìa *s. f. inv.* lavatrice.

lavàbo [vc. dotta, lat. *lavābo*, letteralmente 'laverò', parola iniziale della formula che accompagnava la lavatura delle mani del sacerdote durante la messa, passata poi a designare la 'pila della sacrestia' e quindi il 'lavamano'] *s. m.* **1** (*nella messa*) abluzione delle mani **2** acquaio, lavandino, lavello, lavatoio □ lavamano, catino, catinella, bacile.

lavàggio *s. m.* lavacro, lavanda, abluzione, lavatura, lavata, bagno □ sgrassatura FRAS. *lavaggio del cervello* (*fig.*), processo di spersonalizzazione.

lavàgna [dal n. della località ligure dove è estratta, *Lavagna*] *s. f.* (*miner.*) ardesia.

lavamàno *s. m. inv.* lavabo, lavatoio, lavandino, lavello, acquaio □ catino, catinella, bacile.

lavànda (**1**) *s. f.* lavacro, lavaggio, lavata, lavatura, bagno, abluzione.

lavànda (**2**) *s. f.* (*bot.*) spigo, nardo □ lozione □ sciacquo.

lavanderìa *s. f.* (*est.*) lavasecco, tintoria.

lavandìno *s. m.* acquaio, lavello, lavabo, lavamano, lavatoio.

lavapiàtti ***A*** *s. m.* e *f.* sguattero ***B*** *s. f.* (*di macchina*) lavastoviglie.

lavàre ***A*** *v. tr.* **1** nettare, pulire, ripulire, mondare, tergere, astergere, detergere □ sciacquare, risciacquare □ rigovernare CONTR. sporcare, insozzare, insudiciare, lordare, imbrattare **2** (*fig.*) (*di colpa, di peccato, ecc.*) purificare, riscattare, purgare CONTR. contaminare, corrompere ***B*** **lavarsi** *v. rifl.* **1** pulirsi, tergersi, rinfrescarsi, ripulirsi CONTR. asciugarsi □ sporcarsi, insudiciarsi **2** (*fig.*) (*da colpa, da disonore, ecc.*) riscattarsi, liberarsi FRAS. *lavare il capo a uno* (*fig.*), sgridare uno □ *lavare la testa all'asino* (*fig.*), fare cosa inutile, beneficare un ingrato □ *lavarsene le mani* (*fig.*), non volere responsabilità. *V. anche* PULIRE

lavasécco *s. m.* o *f. inv.* (*est.*) lavanderia, tintoria.

lavastovìglie *s. f.* (*di macchina*) lavapiatti.

lavàta *s. f.* lavanda, lavacro, lavaggio, lavatura, abluzione, bagno, pulita, ripulita, rinfrescata FRAS. *lavata di capo* (*fig.*), aspro rabbuffo.

lavatìvo *s. m.* **1** (*pop.*) clistere, serviziale, clisma, enteroclisi, enteroclisma **2** (*fig.*) fannullone, pigrone, poltrone, scansafatiche CONTR. lavoratore.

lavàto *part. pass. di* **lavare**; *anche agg.* **1** pulito, mondo, netto, deterso □ purificato CONTR. sporco, sudicio, lercio, lurido, sozzo **2** asperso, bagnato, irrorato CONTR. asciutto, secco.

lavatóio *s. m.* vasca □ acquaio, lavandino, lavello, lavabo, lavamano.

lavatrìce *s. f.* lavabiancheria.

lavèllo *s. m.* acquaio, lavatoio, lavabo, lavandino, lavamano □ vasca, conca, catino.

lavorànte *part. pres. di* **lavorare**; *anche agg.* e *s. m.* e *f.* lavoratore, operaio □ bracciante, colono □ artigiano □ apprendista, garzone, giovane (*est.*). *V. anche* APPRENDISTA

lavoràre ***A*** *v. intr.* **1** esercitare un lavoro, dedicarsi a un mestiere, dedicarsi a una professione, impiegarsi □ applicarsi □ affaticarsi, faticare, sfaccendare, sfacchinare, sgobbare, sudare CONTR. oziare, dormire (*fig.*), poltrire, riposare, bighellonare, girovagare, stare con le mani in mano, stare in panciolle, baloccarsi, gingillarsi, dondolarsi **2** (*di macchine, di parti del corpo, ecc.*) funzionare, servire **3** (*di persona,* *di negozio, ecc.*) fare affari, avere molti clienti ***4*** macchinare, tramare, agire, operare ***B*** *v. tr.* ***1*** (*di materia*) elaborare, maneggiare, manipolare, trasformare □ (*di terra*) arare, coltivare, dissodare ***2*** (*di abiti, di scarpe, ecc.*) confezionare, eseguire, fare, fabbricare, costruire, preparare, produrre **FRAS.** *lavorare di cervello* (*fig.*), svolgere un'attività intellettuale □ *lavorarsi uno* (*fig.*), circuire uno per ottenere vantaggi □ *lavorare sott'acqua* (*fig.*), intrigare, complottare.

lavoratìvo *agg.* ***1*** (*di terreno*) coltivo, fertile **CONTR.** sterile ***2*** (*di giorno*) feriale **CONTR.** festivo ***3*** (*di capacità, di attitudini, ecc.*) di lavoro, al lavoro.

lavoràto *part. pass. di* **lavorare**; *anche agg.* ***1*** (*di materia*) fatto, fabbricato, confezionato, trasformato, raffinato **CONTR.** greggio, grezzo, naturale ***2*** (*di soffitto, di stoffa, ecc.*) abbellito, adorno, ornato □ elaborato **CONTR.** semplice, spoglio, disadorno ***3*** (*di terreno*) coltivato, arato, dissodato **CONTR.** incolto, abbandonato.

lavoratóre ***A*** *s. m.* (*f. -trice*) ***1*** lavorante, operaio, proletario, contadino, bracciante, garzone, manovale, uomo (*est.*), salariato, dipendente, impiegato □ artigiano, professionista □ (*spec. al pl.*) lavoro (*est.*), opera, manodopera, maestranza **CFR.** datore di lavoro, imprenditore □ benestante, possidente ***2*** sgobbone, stacanovista **CONTR.** fannullone, lavativo, poltrone, scansafatiche, sfaticato, perdigiorno, perditempo, scioperato ***B*** *agg.* attivo, intraprendente, dinamico, operoso, industrioso □ dei lavoratori.

lavorazióne *s. f.* elaborazione, trattamento, trasformazione, fabbricazione, produzione, fabbrica, industria, manifattura.

lavorìo *s. m.* ***1*** lavoro assiduo ***2*** (*fig.*) assillo, travaglio ***3*** (*fig.*) intrigo, macchinazione, raggiro.

lavóro *s. m.* ***1*** attività produttiva □ opera, operazione, azione, compito, impresa, industria, affare, negozio, faccenda, fatica, sudore (*fig.*), sgobbo □ fattura, manifattura, confezione, elaborazione **CONTR.** inattività, inerzia, ozio, pigrizia, riposo ***2*** attività, occupazione, mestiere, arte, professione, impiego, ufficio, posto (*fam.*), collocazione, sistemazione, collocamento □ anzianità, servizio □ luogo di lavoro **CONTR.** disoccupazione □ ferie, vacanza, passatempo, svago ***3*** classe lavoratrice, lavoratori **CONTR.** capitalisti, capitale ***4*** oggetto lavorato, cosa (*est.*), manufatto, prodotto □ studio, saggio, scritto, scrittura, opera, composizione, elaborato, componimento, tema ***5*** (*fig.*) faccenda intricata, imbroglio ***6*** (*raro*) fatica, sforzo ***7*** (*fig.*) (*di una forza*) grandezza scalare **FRAS.** *lavoro certosino*, lavoro di precisione □ *lavoro di schiena*, lavoro pesante.

LAVORO
sinonimia strutturata

Un **lavoro** è un'attività di produzione di beni o di servizi, solitamente retribuita e tutelata da una legislazione particolare, che si manifesta nell'esercizio di un mestiere o di una professione. A seconda del tipo di attività svolta, del luogo dove si svolge e della forma di retribuzione si parla di *lavoro manuale* contrapposto al *lavoro intellettuale*, di *lavoro subordinato* o *autonomo*, *a cottimo*, *a domicilio*, *nero*, ecc.

Cercare un'occupazione significa *cercare un lavoro*. Il termine **occupazione**, in questo caso, indica un lavoro, un impiego o un ufficio. In realtà occupazione si riferisce alle attività abituali, anche non propriamente lavorative: *la sua occupazione è la pesca*. Col termine **attività** si indica invece un insieme di operazioni, comportamenti e decisioni propri di un individuo o di una categoria di individui tesi alla realizzazione di uno scopo determinato. Ha quindi un significato più ampio di lavoro, di cui è pure sinonimo nel suo significato primario, quello di *attività professionale*, *lavorativa*, *produttiva* e simili.

Esistono poi anche termini più specifici per indicare un'attività lavorativa e la sua tipologia. In particolare, un **mestiere** è l'esercizio di un'attività lavorativa, specialmente manuale, frutto di esperienza e pratica, svolta a scopo di guadagno. Un **impiego** è invece un'occupazione, un posto di lavoro stabile in un ufficio. Indica anche il rapporto di dipendenza di un lavoratore da un datore di lavoro. Una **professione**, al contrario, è un'attività di carattere prevalentemente intellettuale che si contrappone all'esercizio di un mestiere. Si parla quindi di *imparare*, *esercitare una professione*; *la professione dell'avvocato*, *del medico*, ecc. In particolare con l'espressione *libera professione* ci si riferisce a una professione esercitata senza dipendere da altri, e colui che esercita tale attività si chiama *libero professionista*.

Col termine di **arte**, che comprende sia la nozione di mestiere che quella di professione, si designa quell'attività umana regolata da accorgimenti tecnici e basata sull'esperienza, sullo studio e l'insieme dei precetti e delle regole necessari per mettere in pratica questa attività: *l'arte del fabbro*, *del falegname*, *del pittore*; *l'arte del chirurgo*.

Altri sinonimi di lavoro denotano attività più generiche. Un **ufficio**, ad esempio, è in senso stretto l'insieme di funzioni e compiti specifici di cui è investito un funzionario: *doveri ed oneri dell'ufficio*. Ha anche il significato estensivo e più generico di assunto, incarico, incombenza: *accettare*, *rifiutare un ufficio*; *ufficio spinoso*, *delicato*; *ufficio di paciere*, *arbitro*, *padrino*. Un lavoro assegnato da eseguire, un incarico, un dovere, una mansione è un **compito**. Pressoché sinonimo di compito in alcuni contesti è la parola **faccenda**, specie quando indica in modo generico una cosa da eseguire, un affare: *ho da sbrigare una faccenda importante*. In accezioni più particolari, faccenda può designare anche il complesso dei lavori domestici quotidiani: *le faccende di casa*.

Fatica è invece propriamente lo sforzo che si sostiene per compiere qualcosa di particolarmente impegnativo per il corpo o per l'intelletto: *ardua*, *penosa*, *ingrata fatica*; *fatica di braccia*, *di gambe*. Per estensione indica un lavoro fisico o mentale che costa sforzo e stanca: *scansare*, *sfuggire le fatiche*; *le fatiche di Ercole*.

Lavoro in senso lato sta ad indicare anche ogni realizzazione concreta frutto di un'attività e in questo caso il concetto può essere espresso con i termini **opera**, **manufatto**, **prodotto**: *è un'opera difficile da realizzare*; *il suo manufatto è stato premiato alla mostra*; *hai realizzato un bel prodotto*.

lay-out /*ingl.* 'lei 'aut/ [loc. ingl., propriamente 'disposizione', da *to lay* 'porre' e *out* 'fuori'] *loc. sost. m. inv.* ***1*** disposizione □ istruzioni ***2*** rappresentazione, planimetria ***3*** grafico, schema.

lazzaróne o **lazzeróne** [sp. *lázaro* 'povero, straccione', dal n. di Lazzaro, il mendico lebbroso del Vangelo] *s. m.* ***1*** mascalzone, canaglia, delinquente, farabutto, imbroglione **CONTR.** galantuomo ***2*** (*est., scherz.*) fannullone, poltrone, scansafatiche, scioperato, vagabondo **CONTR.** lavoratore.

làzzo *s. m.* battuta, frizzo, celia.

leader /*ingl.* 'li:də/ [vc. ingl., da *to lead* 'guidare'] ***A*** *s. m. inv.* ***1*** (*di partito, di schieramento politico, ecc.*) capo, capeggiatore □ (*est.*) esponente di punta ***2*** (*est., sport*) capoclassifica, conducente ***B*** *agg. inv.* (*di azienda, di scienza, ecc.*) all'avanguardia, di punta, guida, modello **CONTR.** ultimo, fanalino di coda.

leadership /*ingl.* 'li:dəʃip/ [vc. ingl., comp. di *leader* 'capo, guida' e il suff. di qualità *-ship*] *s. f. inv.* posizione di preminenza, guida, egemonia.

leàle *agg.* fedele, fidato, fido (*lett.*), giusto, integro, diritto, rettilineo, onesto, probo, retto, schietto, sicuro, sincero **CONTR.** falso, simulatore, insincero, infido, ambiguo, doppio, subdolo, infedele, sleale, bifronte, traditore, fedifrago (*lett.*), fraudolento, ingannatore, disonesto. *V. anche* ONESTO, VERO

lealìsmo *s. m.* fedeltà, lealtà.

lealménte *avv.* fedelmente, onestamente, onorevolmente, fidatamente, rettamente, schiettamente, sinceramente **CONTR.** infedelmente, infidamente, falsamente, slealmente, ambiguamente, doppiamente, subdolamente, ingannevolmente, fraudolentemente, fintamente.

lealtà *s. f.* buona fede, lealismo, fedeltà, fidatezza, dirittura, galantomismo, onoratezza (*raro*), onorabilità, onestà, probità, rettitudine, schiettezza, sincerità, integrità, limpidezza **CONTR.** ambiguità, doppiezza, falsità, insincerità, infedeltà, malafede, perfidia, slealtà, tradimento, disonestà, frode, inganno. *V. anche* COSCIENZA

leasing /*ingl.* 'li:ziŋ/ [vc. ingl., propriamente 'il noleggiare', da *to lease* 'affittare'] *s. m. inv.* (*econ.*) locazione finanziaria.

lébbra *s. f.* ***1*** (*med.*) morbo di Hansen ***2*** (*fig.*) corruzione, male morale, vizio **CONTR.** virtù.

leccapiàtti *s. m.* e *f.* ***1*** ghiottone, mangione □ parassita, scroccone ***2*** (*raro, lett.*) squallido servitore.

leccapièdi *s. m.* e *f.* (*spreg.*) adulatore, incensatore, piaggiatore.

leccàre ***A*** *v. tr.* ***1*** lambire con la lingua □ (*est.*) sfiorare, toccare leggermente ***2*** (*fig.*) adulare, blandire, lisciare, lusingare **CONTR.** criticare, denigrare, diffamare, screditare ***3*** (*fig.*) (*di lavoro, di scritto, ecc.*) rifinire con cura ***B*** **leccarsi** *v. rifl.* (*fig.*) lisciarsi, agghindarsi, azzimarsi.

leccàto *part. pass. di* **leccare**; *anche agg.* (*fig.*) affettato, lezioso, manieroso, lisciato **CONTR.** semplice □ rozzo, sciatto, trasandato, trascurato.

leccatùra *s. f.* ***1*** leccata ***2*** (*fig.*) leggera ferita ***3*** (*fig.*) adulazione, servilismo **CONTR.** biasimo, diffamazione, denigrazione, critica ***4*** (*fig.*) eccessiva limatura, leziosaggine, ricercatezza **CONTR.** rozzezza, sciattezza, trascuratezza.

lecchìno *s. m.* leccapiedi.

leccornìa o (*evit.*) **leccòrnia** *s. f.* cibo ghiotto, ghiottoneria, bocconcino, golosità, squisitezza, prelibatezza, delicatezza **CONTR.** porcheria, schifezza.

lecitaménte *avv.* giustamente, legalmente, legittimamente **CONTR.** ingiustamente, illegalmente, illegittimamente.

lécito *agg.* legale, legittimo, autorizzato, concesso, consentito, permesso □ giusto, onesto, conveniente **CONTR.** illecito, indebito, proibito, tabù (*est.*), illegale, abusivo, clandestino, vietato □ ingiusto, disonesto, sconveniente.

lèdere *v. tr.* danneggiare, nuocere, intaccare, offendere, pregiudicare, rovinare **CONTR.** rispettare, giovare, essere utile, recare vantaggio, beneficare.

léga *s. f.* ***1*** (*di persone*) associazione, società, federazione, confederazione, partito, sindacato, consociazione, unione, trust (*econ.*) ***2*** accordo, alleanza, coalizione **CONTR.** inimicizia, ostilità ***3*** combriccola, combutta, cricca, gang (*ingl.*) ***4*** (*di metalli, ecc.*) amalgama, miscela □ composizione, composto ***5*** (*fig.*) (*di persone o cose*) genere, tipo, indole, forma, sorta **FRAS.** *di bassa lega* (*fig.*), di natura vile, di bassa qualità □ *far lega con qualcuno*, accordarsi, fare amicizia con qualcuno. *V. anche* COALIZIONE

legàccio *s. m.* laccio, stringa, nastro, corda, legame, legatura, allacciatura.

legàle ***A*** *agg.* ***1*** della legge, giuridico, giudiziario, curiale (*lett.*) ***2*** stabilito dalla legge, conforme alla legge, giusto, lecito, legittimo, consentito, permesso, regolamentare, regolare, valido **CONTR.** illegale, illecito, illegittimo, irregolare, abusivo, proibito, vietato, interdetto, clandestino, pirata ***B*** *s. m.* avvocato, procuratore, giurista **FRAS.** *carta legale*, carta bollata.

legalità *s. f.* legittimità, costituzionalità, conformità alle leggi, liceità **CONTR.** illegittimità, illegalità, arbitrio, illecito, incostituzionalità.

legalizzàre *v. tr.* ***1*** (*di documento*) autenticare ***2*** (*di atto*) rendere legale, legittimare, regolarizzare □ approvare □ codificare **CONTR.** infirmare, invalidare.

legalizzazióne *s. f.* autenticazione □ legittimazione, regolarizzazione, approvazione.

legalménte *avv.* legittimamente, lecitamente, secondo la legge **CONTR.** illegittimamente, illecitamente, contro la legge, arbitrariamente, illegalmente.

legàme *s. m.* ***1*** laccio, legaccio, legamento, legatura, allacciatura, cinghia, correggia, cappio, calappio, nodo di catena, nodo, incatenamento, corda, filo, fune, spago ***2*** (*fig.*) (*di amicizia, di morale, ecc.*) liaison (*fr.*), attaccamento, vincolo, catena, obbligo, pastoia, dovere □ difficoltà, impedimento, impegno **3** (*fig.*) (*tra cose, tra fatti, ecc.*) nesso, connessione, trait--d'union (*fr.*), collegamento, rapporto, relazione, correlazione, attinenza, simbiosi, interdipendenza, unione □ somiglianza, analogia.

legaménto *s. m.* **1** articolazione **2** legame, legatura, congiugimento □ (*ling.*) liaison (*fr.*) □ copula **CONTR.** scioglimento, slegatura, slegamento.

legàre ***A*** *v. tr.* **1** avvolgere, avvincere, avvinghiare, stringere, accappiare, allacciare, cingere, cerchiare, chiudere, ammanettare, annodare, assicurare, attaccare, saldare, affibbiare, fissare, fermare, impastoiare, imbracare, impaccare, incatenare □ congiungere, unire, connettere, amalgamare, fondere **CONTR.** sciogliere, disciogliere, slegare, slacciare, staccare, liberare □ disgiungere, separare, scindere, decomporre, frammentare **2** (*fig.*) (*di persone*) unire, tenere insieme, accomunare **CONTR.** disunire, dividere **3** (*di libro*) rilegare **4** (*fig.*) costringere, obbligare, vincolare, trattenere □ impedire, ostacolare **CONTR.** lasciare libero, svincolare □ agevolare, permettere **5** incastonare, incastrare ***B*** *v. intr.* **1** far lega, associarsi, socializzare, amalgamarsi **2** (*fig.*) andare d'accordo, ingranare (*fig.*) **CONTR.** discordare, dissentire ***C*** **legarsi** *v. rifl.* unirsi con un vincolo, congiungersi, attaccarsi, allacciarsi, affezionarsi, stringersi □ obbligarsi, incatenarsi **CONTR.** liberarsi, staccarsi, svincolarsi **FRAS.** *legare le mani e i piedi* (*fig.*), impedire di agire liberamente □ *legare la lingua* (*fig.*), impedire di parlare □ *legarsela al dito* (*fig.*), ricordarsi di un torto, pensare alla vendetta. *V. anche* COSTRINGERE, UNIRE

legàto (1) *part. pass. di* **legare**; *anche agg.* **1** unito, annesso, congiunto, stretto insieme, fermato, fissato, allacciato, annodato, assicurato, impacchettato □ incastonato **CONTR.** separato, sciolto, scisso, sconnesso, disarticolato, staccato, slegato, snodato **2** (*fig.*) costretto, impedito, obbligato, vincolato **CONTR.** libero, svincolato **3** (*fig.*) (*di comportamento*) goffo, impacciato **CONTR.** disinvolto, spigliato.

legàto (2) *s. m.* **1** (*dell'antica Roma e del Vaticano*) ambasciatore, inviato, messaggero, negoziatore **2** nunzio.

legatùra *s. f.* **1** laccio, legaccio, cappio, legame, legamento, nodo, allacciatura **2** (*di libro*) rilegatura **3** (*oref.*) incastonatura.

legazióne *s. f.* **1** ambasceria, ambasciata, delegazione, deputazione **2** missione diplomatica.

légge *s. f.* **1** diritto, giure (*raro*), giurisprudenza, scienza giuridica, codice, giustizia **2** norma giuridica, bando, decreto, decreto-legge, disposizione, provvedimento, editto, regolamento, statuto, canone, precetto, prescrizione, grida □ consuetudine □ (*pl.*) costituzione, ordinamento, legislazione **3** autorità giudiziaria, apparato statale **4** (*di società, di convivenza, ecc.*) modello, criterio, principio, misura **5** (*est.*) (*della pittura, della poesia, ecc.*) regola, norma, principio, metodo, tecnica **FRAS.** *dettar legge*, imporre la propria volontà □ *fuorilegge*, delinquente, bandito □ *far legge* (*fig.*), valere come una legge, essere attendibile □ *legge draconiana* (*fig.*), legge severissima. *V. anche* MISURA

leggènda *s. f.* **1** racconto fantastico, narrazione, mito, saga, tradizione, credenza, favola, ciclo, mitologia **CONTR.** storia, realtà **2** (*fig.*) fandonia, bugia **CONTR.** verità, vero **3** didascalia, spiegazione □ iscrizione, scritta, epigrafe.

LEGGENDA
sinonimia strutturata

Una **leggenda** è un racconto tradizionale, orale o scritto, dove svolge la funzione di verità storica un particolare avvenimento accaduto in tempi remoti e caratterizzato dalla presenza di preponderanti elementi fantastici: *la leggenda della tavola rotonda*. In significato estensivo una leggenda è anche un evento storico deformato dalle credenze e dalla fantasia popolare: *la leggenda garibaldina*.

Affine alla leggenda è il **mito** cioè la narrazione favolosa e simbolica degli eventi relativi all'origine dell'universo, di imprese riguardanti la fondazione di città o di nazioni, di gesta e origini di dei ed eroi: *i miti greci*; *il mito della fondazione di Roma*; *il mito di Prometeo*. Da questo significato primario derivano altre accezioni particolari della parola. Mito può così indicare l'esposizione di un'idea, di un insegnamento astratto sotto forma allegorica o poetica: *il mito della caverna in Platone*. Più correntemente, la parola denota un'immagine idealizzata o schematica di un evento, di un fenomeno sociale, di un determinato personaggio, la quale svolge un ruolo determinante nel comportamento di un gruppo umano: *il mito di Garibaldi*; *il mito della flemma britannica*.

Un'**epopea** è invece una narrazione, orale o scritta, incentrata sulle vicende di un popolo o di un personaggio particolare. In tale significato epopea è sinonimo di **poema epico**. Per estensione epopea è l'insieme delle narrazioni epiche proprie di un popolo o di una letteratura, considerate per il loro aspetto contenutistico e formale come un'opera organica e unitaria: *l'epopea omerica*, *anglosassone*. Con lo stesso termine si può indicare anche una serie di fatti memorabili, leggendari ed eccezionali per il valore e l'eroismo di chi li ha compiuti: *l'epopea napoleonica*, *garibaldina*; *l'epopea dei Mille*. Strettamente connesso con epopea è **ciclo**, termine che fra i suoi numerosi significati ha anche quello di serie di leggende, tradizioni, poemi riferiti a un grande avvenimento, a un personaggio, a un'epoca: *il ciclo bretone*, *carolingio*, *cavalleresco*. Una **saga**, invece, è più specificamente un racconto tradizionale germanico, una leggenda mitica o eroica dei popoli del nord Europa. In accezione estensiva si indica con questo termine anche la storia romanzata di una famiglia o di un personaggio: *la saga dei Buddenbrook*.

Sottili distinzioni esistono nei significati di **favola** e **fiaba**, termini non sempre intercambiabili nei medesimi contesti. Le favole in senso ristretto e proprio, sono brevi narrazioni in prosa o in versi, di intento morale, didascalico e simile, aventi per oggetto un fatto immaginario e i cui protagonisti sono per lo più animali o esseri inanimati: *le favole di La Fontaine*. Le fiabe, invece, sono propriamente **novelle** o racconti popolari di argomento fantastico, popolati da personaggi immaginari come fate, gnomi, streghe e simili, nei quali l'intento educativo, didascalico o moraleggiante cede il posto ad elementi più marcatamente fantastici: *la fiaba di Cappuccetto Rosso, di Biancaneve, di Barbablù*. In quest'ultima accezione i termini fiaba, novella e favola sono pressoché sinonimi e intercambiabili.

Il tramandare notizie, memorie, consuetudini da una generazione all'altra attraverso l'esempio o tramite informazioni, testimonianze e ammaestramenti orali o scritti costituisce la **tradizione**: *l'ininterrotta tradizione della musica popolare*. In particolare, la *tradizione orale* è un complesso di testimonianze su fatti o costumi trasmesso oralmente da una generazione all'altra e utilizzato specialmente nel corso di ricerche e studi etnologici.

leggendàrio *agg.* **1** favoloso, immaginario, mitico, mitologico, tradizionale, eroico, epico **CONTR.** storico, vero, attuale **2** (*est.*) eccezionale, impressionante, meraviglioso, straordinario **CONTR.** comune, normale, ordinario. *V. anche* IMMAGINARIO

lèggere *v. tr.* **1** (*di scritto*) scorrere con gli occhi, decifrare, leggicchiare, leggiucchiare, compitare, recitare, dare una scorsa, passare □ (*ass.*) dedicarsi alla lettura, sprofondarsi nella lettura **2** (*lett.*) (*di testo*) capire, comprendere, interpretare **3** (*fig.*) (*di pensiero e sim.*) intuire, penetrare, scoprire.

leggerézza *s. f.* **1** levità (*lett.*), vaporosità, delicatezza, tenuità □ sottigliezza, snellezza **CONTR.** gravità, pesantezza, peso, densità, durezza **2** agilità, elasticità, souplesse (*fr.*), scioltezza **CONTR.** impaccio, goffaggine, lentezza **3** (*fig.*) frivolezza, fatuità, vacuità, futilità □ volubilità □ incostanza, instabilità **CONTR.** serietà, profondità, rigore, sensatezza □ costanza, perseveranza **4** superficialità, pressapochismo, negligenza **CONTR.** pignoleria, pedanteria, perfezionismo **5** sconsideratezza, avventatezza, precipitazione, imprudenza, spericolatezza, temerarietà, sventatezza, irriflessione, spensieratezza, sbadataggine **CONTR.** prudenza, cautela, ponderatezza, riflessione, meditazione, senno.

leggerménte *avv.* **1** lievemente, agilmente □ debolmente, delicatamente, tenuemente, dolcemente, piano □ appena appena, un pochino **CONTR.** pesantemente, duramente □ fortemente, molto, sensibilmente **2** (*fig.*) con leggerezza, imprudentemente, irriflessivamente, precipitosamente, sconsideratamente □ superficialmente **CONTR.** ponderatamente, profondamente, meditatamente, sensatamente, seriamente.

leggèro *agg.* **1** poco pesante, leggiero (*ant.*), lieve, tenue, aereo (*fig.*), inconsistente, evanescente, vaporoso □ morbido, piumoso □ (*est.*) (*di cibo*) digeribile, light (*ingl.*) **CONTR.** grave, greve, opprimente, pesante, indigeribile, indigesto **2** (*est.*) (*di voce, di vento, ecc.*) fievole, sommesso, debole **CONTR.** forte, intenso, violento **3** (*fig.*) (*di spesa, di investimento, ecc.*) piccolo, modesto, modico **CONTR.** grande, grosso, notevole, oneroso, considerevole, gravoso **4** (*di sonno, di profumo, ecc.*) debole, delicato, sottile □ (*di ferita, di dolore*) lieve, piccolo **CONTR.** pesante, acuto □ violento, lancinate **5** (*di persona, di passo, ecc.*) agile, elastico, snello, sciolto, spedito, scattante **CONTR.** goffo, impacciato, lento, massiccio **6** (*fig.*) (*di discorso, di comportamento, ecc.*) fatuo, vacuo, vano, frivolo, vanesio, futile, vuoto, incostante, mutevole, mutabile, spensierato, superficiale, allegro (*est.*), irriflessivo, sventato, sconsiderato, imprudente, irresponsabile, sventato, stordito, svaporato (*fig.*) **CONTR.** sensato, serio, savio, ponderato, riflessivo, profondo, severo, costante, tenace, perseverante, coerente **7** (*di musica*) poco impegnativo **CFR.** classico, sinfonico **8** (*di lavoro*) lieve, agevole, facile, piano **CONTR.** difficile, faticoso, duro, laborioso, massacrante.

leggiadrìa *s. f.* avvenenza, garbo, gentilezza, grazia, venustà (*lett.*), bellezza, armonia, dolcezza □ vezzo, vezzosità **CONTR.** bruttezza, goffaggine, rozzezza.

leggiàdro *agg.* aggraziato, avvenente, bello, carino, gentile, garbato, grazioso, piacevole, dolce, vezzoso, venusto (*lett.*) □ elegante **CONTR.** brutto, goffo, sgraziato, rozzo.

leggìbile *agg.* decifrabile, comprensibile **CONTR.** illeggibile, indecifrabile, incomprensibile.

leggibilità *s. f.* chiarezza, perspicuità **CONTR.** oscurità, incomprensibilità.

legióne *s. f.* **1** (*di carabinieri, di finanzieri*) corpo, unità **2** (*fig.*) schiera foltissima, moltitudine, tribù (*fig.*), folla, turba, quantità, caterva. *V. anche* FOLLA

legislatóre *s. m.* **1** (*dir.*) persona o persone con il potere di emanare leggi, legista (*ant.*) □ (*est.*) giurisperito, giurista, giureconsulto **2** (*per anton.*) parlamento □ costituente.

legislatùra *s. f.* legislazione.

legislazióne *s. f.* **1** legislatura, leggi **2** (*fig.*) norme, normativa, disciplina.

legittimaménte *avv.* legalmente, lecitamente, giustamente, a buon diritto **CONTR.** illegalmente, illecitamente, illegittimamente, indebitamente, ingiustamente, a torto.

legittimàre *v. tr.* **1** (*dir.*) riconoscere legittimo **2** (*est.*) convalidare, legalizzare, ratificare, autorizzare □ giustificare □ consacrare **CONTR.** invalidare, infirmare.

legittimàto *part. pass. di* **legittimare**; *anche agg.* convalidato, ratificato, autorizzato □ giustificato **CONTR.** invalidato, infirmato.

legittimazióne *s. f.* approvazione, convalida, ratifica, legalizzazione □ giustificazione **CONTR.** annullamento, invalidamento, invalidazione.

legittimità *s. f.* conformità alle leggi, legalità, liceità, regolarità, validità, costituzionalità □ fondatezza **CONTR.** illegittimità, illegalità, nullità, incostituzionalità.

legìttimo *agg.* ***1*** conforme alla legge, legale, lecito, giusto, regolare, valido □ canonico **CONTR.** illegittimo, illegale, illecito, ingiusto, nullo ***2*** (*est.*) (*di desiderio, di affermazione, ecc.*) giustificato, lecito, motivato, accettabile, giustificabile, plausibile, ragionevole, sacrosanto **CONTR.** ingiustificato, arbitrario, immotivato, infondato, inaccettabile.

légna *s. f.* legname, da ardere □ tronchi, rami, ceppo, ciocco.

legnaiòlo *s. m.* falegname □ taglialegna, boscaiolo, tagliaboschi.

legnàre *v. tr.* bastonare, manganellare, randellare □ (*est.*) picchiare, percuotere, stangare.

legnàta *s. f.* bastonata, bastonatura, picchiata, manganellata, randellata □ (*est.*) percossa, batosta, botta, bussa, stangata.

légno *s. m.* ***1*** (*est.*) legname, legna, pezzo di legno □ bastone, mazza, randello ***2*** (*lett.*) albero ***3*** (*fig.*) bastimento, nave **FRAS.** *testa di legno*, marionetta; (*fig.*) zuccone □ *portar legna al bosco* (*fig.*), fare una cosa inutile □ *toccar legno* (*fig.*), fare gli scongiuri.

legnosità *s. f.* (*est.*) (*di persona*) durezza, rigidità **CONTR.** elasticità, morbidezza.

legnóso *agg.* ***1*** di legno ***2*** legnaceo, ligneo (*lett.*), fibroso, tiglioso **CONTR.** molle, soffice, tenero, morbido ***3*** (*fig.*) (*di persona*) impacciato, rigido, privo di scioltezza, compassato **CONTR.** disinvolto, sciolto.

legùme *s. m.* baccello.

lèi ***A*** *pron. pers. di terza pers. f. sing.* ***1*** (*come compl.*) essa, la ***2*** (*come sogg.*) ella ***3*** (*in segno di rispetto*) ella (*ant.*) ***B*** *in funzione di s. m.* terza persona ***C*** *in funzione di s. f.* (*fam.*) donna amata.

leitmotiv /*ted.* 'laitmoti:f/ [vc. ted. da *leiten* 'guidare, dirigere' e *Motiv* 'motivo'] *s. m. inv.* ***1*** (*mus.*) tema ricorrente, motivo guida ***2*** (*est.*) concetto ricorrente, argomento ricorrente, tema, motivo ***3*** (*est.*) refrain (*fr.*), ritornello.

lèmbo *s. m.* ***1*** falda □ (*est.*) bordo, estremità, cocca, margine, orlo ***2*** (*di terra, di cielo, ecc.*) zona, fascia, parte □ striscia, frammento, pezzetto.

lèmma *s. m.* ***1*** (*mat.*) teorema secondario ***2*** proposizione, argomento ***3*** (*di dizionario*) esponente, voce, entrata, lemma attivo.

lèmme lèmme *avv.* (*fam.*) piano piano, adagio adagio, flemmaticamente, lentamente □ pigramente **CONTR.** in fretta, frettolosamente.

léna *s. f.* ***1*** ardore, energia, forza, gagliardia, vigore, vigoria **CONTR.** debolezza, fiacca, rilassatezza, svogliatezza, accidia ***2*** fiato, respiro, respirazione. *V. anche* ENERGIA

leniménto *s. m.* ***1*** addolcimento, alleviamento, attenuazione, mitigazione, sollievo **CONTR.** inasprimento, rincrudimento, irritazione ***2*** (*di medicamento*) lenitivo, calmante, balsamo **CONTR.** eccitante, stimolante.

lenìre *v. tr.* mitigare, calmare, chetare, placare, pacare, sedare, medicare, sopire, addolcire, raddolcire, attenuare, disacerbare, ridurre, temperare □ consolare, confortare **CONTR.** inasprire, acuire, esacerbare, esasperare, aggravare, rincrudire. *V. anche* CONSOLARE

lenitìvo *agg.*; *anche s. m.* calmante, sedativo, balsamico, anodino (*med.*) □ lenimento □ emolliente **CONTR.** eccitante, stimolante.

lentaménte *avv.* adagio, piano piano, passo passo, lemme lemme □ con calma, senza fretta, flemmaticamente, piano, pacatamente, tranquillamente, a rilento, fiaccamente, neghittosamente, pigramente, sonnacchiosamente □ stentatamente, pesantemente, gradatamente, a poco a poco **CONTR.** affrettatamente, celermente, sveltamente, solertemente, speditamente, alacremente, rapidamente, velocemente, forte, presto, sollecitamente, frettolosamente, precipitosamente, prontamente, lestamente, in fretta e furia, difilato □ repentinamente, improvvisamente.

lènte *s. f.* ***1*** cristallo oculare, occhiolino, monocolo □ oculare, obiettivo □ (*est.*) cristallo, vetro ***2*** (*spec. al pl.*) occhiali, lenti a contatto ***3*** (*bot.*) lenticchia.

lentézza *s. f.* calma, flemma, fiacca, fiacchezza, sonnolenza, torpidezza, torpore, rilassatezza □ ritardo, lungaggine, indugio, remora, pausa □ indolenza, infingardaggine, pigrizia, poltroneria, svogliatezza, inefficienza □ ottusità, tardezza □ (*nel parlare*) bradifasia **CONTR.** celerità, lestezza, speditezza, sveltezza, sollecitudine, zelo, tempestività, rapidità, scorrevolezza, snellezza, velocità □ fretta, premura, foga □ alacrità, attività, dinamicità, energia, operosità, solerzia, vivacità, dinamismo □ acutezza, prontezza, agilità. *V. anche* PIGRIZIA

lentìcchia *s. f.* (*bot.*) lente **FRAS.** *dare per un piatto di lenticchie* (*fig.*), dare per nulla.

lentìggine *s. f.* (*med.*) efelide, crusca (*pop.*), semola.

lènto *agg.* ***1*** calmo, flemmatico, torpido, sonnacchioso, sonnolento, pesante □ tardo, ottuso, (*fig.*) beota □ lungo, serotino (*lett.*) □ (*est.*) misurato, prudente **CONTR.** celere, lesto, sveglio, pronto, acuto, spedito, accelerato, affrettato, svelto, scorrevole, intensivo, bruciante, solerte, rapido, scattante, dinamico, veloce ***2*** (*di persona, di carattere, ecc.*) indolente, pigro, neghittoso, svogliato, inefficiente □ apatico, indifferente **CONTR.** alacre, vivace, vispo, attivo, sollecito □ improvviso ***3*** (*di vite, di fune, ecc.*) allentato, molle, lasco **CONTR.** tirato, teso, stretto, serrato ***4*** (*nella musica*) slow **CONTR.** mosso, presto.

lènza *s. f.* ***1*** filo per l'amo, bolentino ***2*** (*fig., merid.*) furbone, furbastro, dritto (*fam.*) ***3*** (*agr.*) terrazzamento, terrazzo.

leóne *s. m.* (*fig.*) uomo forte, coraggioso **CONTR.** pecora, coniglio, fifone **FRAS.** *far la parte del leone* (*fig.*), prendersi la parte migliore □ *leone d'America*, puma □ *leone marino*, otaria □ *sentirsi un leone*, sentirsi molto forti □ *essere un leone in gabbia* (*fig.*), manifestare insofferenza per qualche limitazione; essere molto nervosi.

leonìno *agg.* ***1*** di leone, da leone ***2*** (*fig.*) coraggioso, fiero, intrepido, valoroso **CONTR.** pauroso, timido, timoroso, vile.

leopàrdo *s. m.* (*zool.*) pantera, pardo **FRAS.** *leopardo delle nevi*, irbis.

lèrcio o **lércio** *agg.* sozzo, lurido, sudicio, sucido (*raro, lett.*) sordido, sporco □ ripugnante, immondo, ributtante, schifoso **CONTR.** pulito, lindo, mondo, netto, terso, lavato.

lerciùme *s. m.* sudiciume, sporcizia, luridume, sozzura, putridume, sudiceria □ (*fig.*) cimiciaio, concimaia, porcaio, pulciaio **CONTR.** pulizia, nettezza, lindezza, purezza.

lèsbica *s. f.* omosessuale, gay (*ingl.*).

lesbìsmo *s. m.* omosessualità femminile, tribadismo, saffismo.

lésina *s. f.* **1** (*fig.*) avarizia, spilorceria, taccagneria, tirchieria, sordidezza, grettezza □ economia, parsimonia, risparmio **CONTR.** generosità, larghezza, liberalità, prodigalità □ sperpero, scialo **2** (*est., fig.*) (*di persona*) avaraccio, spilorcio, tirchio **CONTR.** prodigo, dissipatore, scialacquatore **FRAS.** *spuntare la lesina* (*fig.*), spendere.

lesinàre *v. tr.* e *intr.* essere avaro, essere tirchio, fare economie, economizzare, risparmiare, razionare, contare, tirare **CONTR.** largheggiare, spendere, sperperare, scialacquare, dissipare, dilapidare.

lesionàre *v. tr.* **1** rendere instabile, rendere pericolante, danneggiare **2** traumatizzare, menomare, ulcerare.

lesionàto *part. pass. di* **lesionare**; *anche agg.* **1** pericolante, danneggiato, leso **2** traumatizzato.

lesióne *s. f.* **1** (*med.*) ferita, piaga, taglio, lacerazione, ulcera, ulcerazione, scalfittura, ecchimosi □ frattura, rottura **2** (*di muro, di bicchiere, ecc.*) crepa, fenditura, incrinatura, screpolatura **3** (*fig.*) (*di dignità, di libertà, ecc.*) danno, offesa, pregiudizio, torto, vulnus (*lat.*).

lesìvo *agg.* dannoso, nocivo, offensivo, pregiudizievole **CONTR.** giovevole, propizio, utile, vantaggioso. *V. anche* DANNOSO

léso o **lèso** *part. pass. di* **ledere**; *anche agg.* **1** (*med.*) ferito, lesionato, lacerato, colpito **CONTR.** illeso, indenne, incolume **2** (*di muro, di bicchiere, ecc.*) crepato, incrinato **3** (*di dignità, di libertà, ecc.*) danneggiato, intaccato, offeso, oltraggiato, vilipeso, violato **CONTR.** osservato, rispettato.

lessàre *v. tr.* allessare (*raro*), bollire **CFR.** arrostire.

lessàto *part. pass. di* **lessare**; *anche agg.* allesso, lesso, bollito **CFR.** arrostito, in umido.

lèssico *s. m.* **1** dizionario, vocabolario **2** linguaggio, (*specialistico*) glossario.

lessicògrafo *s. m.* lessicologo, vocabolarista, dizionarista.

lésso **A** *agg.* bollito, allesso, lessato **CFR.** arrostito, in umido **B** *s. m.* carne lessa, bollito **CFR.** arrosto.

lestézza *s. f.* celerità, prestezza (*raro*), prontezza, sollecitudine, rapidità, sveltezza, velocità □ agilità, destrezza, scioltezza □ abilità, astuzia **CONTR.** lentezza, pigrizia, tardità (*raro*), torpidezza, torpidità (*raro*), torpore. *V. anche* RAPIDITÀ, ZELO

lèsto *agg.* celere, fulmineo, presto (*lett.*), pronto, rapido, ratto (*lett.*), spedito, svelto, veloce, sollecito □ sbrigativo, spicciativo, spiccio □ agile, destro, sciolto □ abile, astuto **CONTR.** lento, pigro, tardo, torpido.

lestofànte *s. m.* e *f.* imbroglione, truffatore, truffaldino, avventuriero, ciurmatore (*ant.*), briccone **CONTR.** galantuomo.

letàle *agg.* mortale, esiziale, mortifero □ fatale, funesto, fulminante, micidiale □ incurabile, inguaribile **CONTR.** vitale □ benefico, risanatore, taumaturgico □ benigno.

letamàio *s. m.* **1** concimaia **2** (*est.*) luogo sudicio, immondezzaio, porcile, fogna **3** (*fig.*) luogo corrotto, luogo malfamato.

letàme *s. m.* **1** concime, ingrasso (*agr.*), concio (*tosc.*), fimo (*lett.*), strame, stabbio, sterco, stallatico **2** (*fig.*) immondezza, sudiciume, corruzione.

letàrgo *s. m.* **1** (*zool.*) letargia □ torpore, sonno, sopore, sonnolenza □ riposo **2** (*med.*) obnubilamento **3** (*fig.*) inerzia, inazione, oblio **CONTR.** operosità, solerzia, laboriosità.

letìzia *s. f.* allegrezza, allegria, contentezza, beatitudine, serenità, contento (*lett.*), felicità, gaudio (*lett.*), esultanza, festa, festosità, festevolezza, gaiezza, giocondità, gioia, sorriso (*fig.*), giubilo, piacere, soddisfazione **CONTR.** malinconia, mestizia, tristezza, scontentezza, scontento, desolazione, abbattimento, afflizione, infelicità, dolore, accoramento, angustia, depressione, tormento.

lètta *s. f.* rapida lettura, scorsa.

lèttera o **léttera** *s. f.* **1** segno dell'alfabeto, grafema **2** carattere, battuta (*tip.*), forma, grafia, scrittura **3** senso letterale, interpretazione letterale **CONTR.** senso lato □ spirito, essenza, morale **4** (*di medaglia, di stampa, ecc.*) iscrizione, leggenda **5** (*al pl.*) letteratura □ cultura **6** (*di corrispondenza*) comunicazione, breve, nota, scritto □ mia (*loc. ell.*), presente, missiva, epistola, dispaccio □ (*al pl.*) epistolario **7** documento, bolla, carta **FRAS.** *alla lettera*, parola per parola, puntualmente □ *a lettere di fuoco* (*fig.*), con tono energico □ *restare lettera morta* (*fig.*), restare senza effetto □ *belle lettere*, studi umanistici □ *lettera pontificia, lettera apostolica*, breve, bolla, enciclica □ *a tutte lettere, a lettere maiuscole* (*fig.*), molto chiaramente □ *a lettere d'oro* (*fig.*), impossibile da ignorare.

letteràle *agg.* formale, preciso, testuale, parola per parola □ (*di traduzione, di relazione, ecc.*) fedele **CONTR.** allegorico, metaforico, simbolico, estensivo □ libero, approssimativo, a senso.

letteralménte *avv.* **1** alla lettera, parola per parola, testualmente **CONTR.** approssimativamente, a senso □ simbolicamente **2** (*fig.*) assolutamente, completamente, totalmente, del tutto, nel vero senso della parola **CONTR.** per nulla.

letteràto **A** *agg.* istruito in letteratura □ colto, dotto, istruito **CONTR.** illetterato, ignorante **B** *s. m.* **1** uomo di lettere, persona colta, umanista □ scrittore, autore, prosatore, saggista **2** grammatico.

letteratùra *s. f.* **1** lettere □ cultura letteraria **2** (*est.*) produzione letteraria □ bibliografia.

lettièra *s. f.* **1** (*est.*) letto **2** (*di animale*) giaciglio, paglia, strame, covile.

lettìga *s. f.* **1** portantina, bussola **2** barella □ autolettiga.

lettighière *s. m.* portatore di lettiga □ barelliere, portantino □ (*est.*) infermiere.

lettino *s. m.* **1** *dim. di* **letto** **2** (*est.*) cuccetta, culla, brandina.

lètto *s. m.* **1** giaciglio, branda, piuma (*pl.*), talamo (*lett.*), covo (*est., scherz.*) □ culla, cuna □ cuccia □ lettiera □ capezzale (*est.*) **2** (*fig.*) matrimonio **3** (*di fiume*) fondo, alveo **4** (*est.*) (*di concime, di foglie, ecc.*) piano, strato **5** (*med.*) tavolo **FRAS.** *andare a letto*, andare a dormire □ *mettersi a letto*, ammalarsi □ *letto di spine* (*fig.*), situazione difficile □ *andare a letto con le galline*, andare a dormire molto presto □ *letto di piume, letto di rose* (*fig.*), situazione comoda e felice □ *trovare il letto rifatto* (*fig.*), essere ricchi; essere serviti.

lettóre *s. m.* **1** (*f.* *-trice*) (*pl.*) pubblico **2** banditore □ annunciatore, speaker (*ingl.*) **3** (*edit.*) revisore **4** (*eccl.*) chierico **5** (*est.*) insegnante di lingua (*università*).

lettùra *s. f.* **1** il leggere **2** interpretazione **3** libro, testo, opera, pubblicazione, scritto **4** lezione, conferenza. V. *anche* INTERPRETAZIONE

leucocita o **leucocito** *s. m.* (*anat.*) globulo bianco **CFR.** eritrocita, emazia.

lèva (1) *s. f.* **1** martinetto, cricco, cric **2** (*fig.*) (*di ambizione, di denaro, ecc.*) stimolo, spinta, impulso **3** asta, sbarra, stanga □ cloche, manetta **FRAS.** *far leva su* (*fig.*), agire su, premere su, puntare su.

lèva (2) *s. f.* **1** arruolamento, coscrizione, reclutamento **2** reclute, coscritti □ classe.

levànte ***A*** *part. pres. di* **levare**; *anche agg.* (*di astro*) sorgente **CONTR.** calante ***B*** *s. m.* **1** oriente, est **CONTR.** occidente, ponente, ovest, (*lett.*) occaso, (*lett.*) espero **2** (*est.*) Medio Oriente, Estremo Oriente, Oriente.

levantino *agg.*; *anche s. m.* **1** del Levante, orientale **2** (*raro, fig., spreg.*) astuto, furbo, sleale **CONTR.** onesto, leale.

levàre ***A*** *v. tr.* **1** alzare, sollevare, innalzare, drizzare, ergere, tirar su, mandar su, tendere verso l'alto **CONTR.** abbassare, calare, tirar giù, mandar giù **2** (*di dente*) togliere, estrarre, cavare □ (*di ostacolo, di oggetto*), rimuovere, spostare, asportare, eliminare, portar via, tirar via, prender via, sottrarre □ (*di pericolo, di danno, di problema, ecc.*) allontanare, evitare **CONTR.** mettere, porre, frapporre, interporre, collocare, piazzare, arrecare, introdurre, inserire **3** (*di selvaggina*) stanare, scovare **4** (*di tassa, di debito, ecc.*) detrarre, trarre, defalcare, dedurre □ spuntare **CONTR.** sommare, addizionare, aggiungere, maggiorare ***B*** **levarsi** *v. rifl.* **1** alzarsi, elevarsi, sollevarsi, erigersi, emergere, sorgere □ (*di popolo, di massa*) ribellarsi **CONTR.** abbassarsi, calare □ cadere, cascare **2** alzarsi, rizzarsi, drizzarsi **CONTR.** coricarsi, stendersi **3** allontanarsi, scostarsi, trarsi **CONTR.** avvicinarsi, appressarsi **4** (*di indumenti, di scarpe, ecc.*) togliersi, cavarsi **CONTR.** indossare, vestire, mettersi, calzare ***C*** *v. intr. pron.* (*di astro, di vento, ecc.*) sorgere, apparire, alzarsi, salire, torreggiare (*lett.*) **CONTR.** declinare, cadere, tramontare, calare **FRAS.** *levare il bollore*, cominciare a bollire □ *levare di mezzo*, eliminare □ *levare l'ancora*, salpare □ *levare le tende* (*fig.*), andarsene □ *levare le parole di bocca*, prevenire nel parlare.

levàta *s. f.* **1** (*di astro, di vento, ecc.*) comparsa, il sorgere **CONTR.** tramonto, scomparsa, caduta **2** (*di terreno*) rilievo (topografico) **3** acquisto all'ingrosso **FRAS.** *levata di scudi* (*fig.*), ribellione, protesta.

levatàccia *s. f.* alzataccia.

levàto *part. pass. di* **levare**; *anche agg.* **1** alzato, sollevato, teso in alto, volto in su **CONTR.** abbassato, calato, volto in giù **2** detratto, estratto, tolto **CONTR.** assegnato, dato, imposto.

levatóio *agg.* (*di ponte*) mobile □ spostabile **CONTR.** fisso.

levatrìce *s. f.* (*pop.*) ostetrica, mammana (*dial.*).

levatùra *s. f.* livello intellettuale, intelligenza, statura (*fig.*) □ autorevolezza, prestigio.

levigàre *v. tr.* rendere liscio, lisciare, spianare, limare, molare, polire, piallare, pomiciare, smerigliare, raspare, raschiare **CONTR.** irruvidire, rendere scabro, granire. V. *anche* PULIRE

levigatézza *s. f.* liscezza, morbidità, morbidezza, politezza **CONTR.** ruvidezza, ruvidità, asprezza, asperità, scabrosità, scabrezza, rugosità.

levigàto *part. pass. di* **levigare**; *anche agg.* **1** liscio, lisciato, polito, spianato □ scivoloso □ piano, omogeneo, morbido □ raso, smerigliato, rasato, raschiato **CONTR.** aspro, ruvido, scabro, scabroso, rugoso, grinzoso, nodoso, granuloso, bitorzoluto **2** (*fig.*) (*di scritto, di lavoro, ecc.*) accurato, perfetto, rifinito, tornito, pulito **CONTR.** farraginoso, raffazzonato, sciatto, trasandato, trascurato.

levigatùra *s. f.* V. **levigazione**.

levigazióne *s. f.* lisciatura, finitura, rifinitura, levigatura, honing (*ingl.*), politura, smerigliatura, limatura, molatura, tornitura, spianatura.

levità *s. f.* V. **lievità**.

lezióne *s. f.* **1** insegnamento, studio, lettura, corso (*pl.*) **2** dissertazione, conferenza **3** (*fig.*) ammaestramento, esortazione **4** (*fig.*) sgridata, rimprovero, punizione, castigo, esempio, lavata di capo **5** (*filologia*) variante, testo. V. *anche* PUNIZIONE

leziosàggine *s. f.* **1** affettazione, posa, svenevolezza, smanceria, civetteria, leziosità, tenerume **CONTR.** naturalezza, semplicità, spontaneità **2** lezio, moina, smorfia, vezzo.

leziosità *s. f.* leziosaggine, affettazione, sdolcinatura, sdilinquimento, sdolcinatezza, svenevolezza, tenerume, moina **CONTR.** naturalezza, spontaneità, semplicità.

lezióso *agg.* affettato, manierato, mellifluo, caramelloso, smanceroso, flautato, zuccheroso, sdolcinato, melenso, melato, sentimentale, smorfioso, complimentoso, vezzoso, svenevole, manieroso, leccato □ privo di naturalezza **CONTR.** naturale, semplice, spontaneo.

lézzo *s. m.* fetore, graveolenza (*lett.*), miasma, mefite, puzza, puzzo, tanfo, tanfata **CONTR.** profumo, fragranza, aroma, olezzo (*lett.*), effluvio (*lett.*), buon odore.

lì *avv.* **1** (*di luogo*) in quel luogo, là, ivi, quivi, ce, ci, ve **CONTR.** qui, qua **2** (*di tempo*) in quel momento, allora, in quel punto, costì □ circa in quel tempo **FRAS.** *giù di lì*, pressappoco □ *lì per lì*, sul momento.

libagióne *s. f.* **1** offerta sacrificale, oblazione sacrificale **2** (*est., scherz.*) bevuta □ brindisi, bicchierata.

libéccio *s. m.* vento da sud-ovest, garbino, africo.

libèllo *s. m.* **1** operetta **2** pubblicazione diffamatoria, scritto scandalistico o satirico, pamphlet (*fr.*) □ libercolo **CONTR.** apologia **3** (*raro*) citazione, lettera citatoria. *V. anche* LIBRO

libèllula *s. f.* (*fig.*) persona agile, persona snella □ farfalla, silfide.

liberàle *agg.* **1** generoso, largo, munifico, (*lett.*) munificente, magnificente, splendido, prodigo □ magnanimo, magnifico **CONTR.** avaro, parsimonioso, sordido, spilorcio, taccagno, micragnoso, pidocchioso, tirchio, tirato □ gretto, meschino **2** aperto, libertario, largo di vedute □ tollerante, democratico **CONTR.** reazionario, retrogrado, oscurantista, dittatore, codino (*fig.*), dittatorio □ intollerante **3** (*lett.*) (*di studi, di professioni, ecc.*) proprio di uomo libero, non servile. *V. anche* GENEROSO

liberalìsmo *s. m.* **1** (*econ.*) liberismo **CONTR.** protezionismo, dirigismo **2** democrazia, libertà, autodeterminazione **CONTR.** comunismo, fascismo, totalitarismo, dittatura.

liberalità *s. f.* **1** generosità, larghezza, munificenza, prodigalità, magnanimità, grandezza, cortesia, ospitalità, magnificenza, signorilità □ tolleranza **CONTR.** avarizia, grettezza, pidocchieria, pitoccheria, ristrettezza meschinità, parsimonia, spilorceria, taccagneria, tirchieria **2** (*dir.*) donazione.

liberalizzàre *v. tr.* **1** (*di mercato, di commercio*) dichiarare libero **CONTR.** monopolizzare, controllare **2** rendere più libero, svincolare, agevolare **CONTR.** vincolare, disciplinare, regolamentare, pianificare.

liberalizzazióne *s. f.* **1** (*econ.*) deregulation (*ingl.*) **CONTR.** monopolizzazione, controllo **2** svincolo **CONTR.** pianificazione, vincolo, chiusura.

liberalménte *avv.* generosamente, magnanimamente, munificamente, splendidamente, prodigalmente **CONTR.** avaramente, grettamente, meschinamente.

liberaménte *avv.* **1** con libertà, senza impedimenti, indipendentemente □ facoltativamente **CONTR.** obbligatamente, per forza, coattivamente, coercitivamente **2** apertamente, chiaramente, francamente, sinceramente, senza riguardo **CONTR.** eufemisticamente, velatamente, nascostamente, copertamente, ipocritamente **3** emancipatamente, anticonformisticamente **CONTR.** condizionatamente, conformisticamente.

liberàre ***A*** *v. tr.* **1** rendere libero, affrancare, emancipare □ restituire alla libertà □ scarcerare, rilasciare, slegare, sguinzagliare, sbrigliare **CONTR.** asservire, assoggettare, aggiogare, sottomettere, incatenare, legare, imprigionare □ arrestare, carcerare, incarcerare, sequestrare **2** (*anche fig.*) sciogliere, prosciogliere □ sgravare, disimpegnare, disobbligare □ depurare, guarire, purificare, decantare (*est.*) **CONTR.** imputare, condannare, opprimere, oberare, impegnare, obbligare, impacciare, impastoiare **3** sgombrare, svuotare, sbarazzare, togliere, sparecchiare, lasciare, sbloccare, disincagliare □ sturare, stasare, disintasare, spurgare, decongestionare, bonificare □ snebbiare (*anche fig.*) **CONTR.** bloccare, occludere, ostruire, otturare, turare, intasare, chiudere, fermare, condizionare, occupare, inceppare, incastrare, ingolfare, ingombrare, intralciare **4** (*di valori, di debiti, ecc.*) pagare, spignorare, disimpegnare, riscattare **CONTR.** impegnare **5** (*da incendio, da pericolo, ecc.*) salvare, scampare, campare (*ant.*), preservare, salvaguardare, tutelare **CONTR.** esporre **6** (*da tasse, da obbligo, ecc.*) esimere, esentare, sollevare (*fig.*), esonerare, dispensare □ condonare **CONTR.** imporre, obbligare, vincolare **7** mollare, scaricare **8** (*fig.*) (*di gas, di liquido*) sprigionare □ (*di colpo*) sferrare, sganciare **CONTR.** controllare, inibire ***B*** **liberarsi** *v. rifl.* **1** (*da un legame, da un vincolo, da un impegno*) rendersi libero, affrancarsi, sciogliersi, slegarsi, svincolarsi, sganciarsi, disimpegnarsi, sottrarsi, trarsi, cavarsi, sfuggire, esimersi, alleggerirsi □ sbarazzarsi, sbolognare, disfarsi □ (*dei vestiti*) (*anche fig.*) spogliarsi, svestirsi **CONTR.** legarsi, obbligarsi, assoggettarsi, asservirsi, impegnarsi, sobbarcarsi, accollarsi, inguaiarsi, ingolfarsi, impegolarsi **2** (*da un condizionamento*) emanciparsi **CONTR.** inibirsi, frenarsi □ bloccarsi **3** (*di una colpa, di un torto*) redimersi, purificarsi, salvarsi □ scaricarsi, sfogarsi, sgravarsi **4** (*fig.*) andare di corpo, evacuare ***C*** *v. intr. pron.* diventare libero. *V. anche* SBRIGARE, SCIOGLIERE

liberàto *part. pass. di* **liberare**; *anche agg.* **1** reso libero, affrancato □ rilasciato, scarcerato, assolto, prosciolto **CONTR.** arrestato, imprigionato, sequestrato □ sgravato, sollevato **CONTR.** condannato, imputato, accusato **2** redento **CONTR.** irredento.

liberatóre *s. m.*; *anche agg.* (*f. -trice*) affrancatore, redentore, riscattatore, salvatore □ liberatorio **CONTR.** oppressore, tiranno, despota.

liberatòrio *agg.* **1** liberatore □ assolutorio **CONTR.** oppressivo, repressivo, inibitorio, **2** (*fig.*) catartico, espiatorio.

liberazióne *s. f.* **1** affrancamento, affrancazione, disimpegno, emancipazione, scioglimento, proscioglimento **CONTR.** asservimento, assoggettamento, sottomissione, occupazione, oppressione **2** redenzione, riscatto, catarsi (*fig.*) **CONTR.** irredenzione, punizione, colpa, dannazione **3** esenzione, esonero, dispensa **CONTR.** costrizione, obbligo **4** scarcerazione, rilascio **CONTR.** imprigionamento, prigionia, arresto, carcerazione **5** preservazione, salvaguardia, salvezza **6** (*di strade, di traffico, ecc.*) decongestionamento (*fig.*), sblocco, sgombero □ evacuazione **CONTR.** ingorgo, intasamento, ostruzione, occlusione, blocco **7** (*di gas*) sprigionamento.

liberìsmo *s. m.* libero scambio, liberalismo **CONTR.** protezionismo, mercantilismo, dirigismo.

lìbero ***A*** *agg.* **1** affrancato, franco, autonomo, emancipato, indipendente, svincolato, senza padrone □ prosciolto, sciolto □ salvo (*est.*) **CONTR.** asservito, assoggettato, sottomesso, soggetto, servo, legato, schiavo, sottoposto, costretto ***2*** (*da tasse, da obblighi, ecc.*) esentato, esente, immune, esonerato, dispensato, sgravato CONTR. obbligato, vincolato, coatto, forzato, impegnato, oberato ***3*** (*est. fig.*) (*di linguaggio, di comportamento, ecc.*) disinvolto, spregiudicato, disinibito, anticonformistico, anticonformista, anarcoide □ ardito, audace □ indecente, licenzioso, sconveniente, spiccio CONTR. impacciato, imbarazzato, condizionato, inibito, conformista, convenzionale □ morigerato, decente, controllato ***4*** (*di ingresso, di adesione, di passaggio e sim.*) permesso a tutti, consentito a tutti, aperto □ gratuito, gratis □ (*di offerta, ecc.*) facoltativo, volontario CONTR. proibito, vietato □ riservato □ a pagamento □ obbligatorio, prescritto ***5*** (*di posto, di appartamento*) non occupato, non riservato, disponibile, sfitto, vacante, vuoto, sgombro CONTR. occupato, riservato, indisponibile, ingombro ***6*** (*est. fig.*) (*di errori, di pregiudizi*) privo, scevro CONTR. pieno ***7*** (*di congegno, di meccanismo*) articolato, snodato CONTR. bloccato, fisso ***B*** *s. m.* (*sport*) battitore libero.

libertà *s. f.* ***1*** emancipazione, indipendenza, franchigia, autonomia, autodecisione, autodeterminazione □ anticonformismo CONTR. servitù, schiavitù, soggezione, dipendenza, oppressione, servaggio □ conformismo ***2*** arbitrio, facoltà, licenza, permesso, possibilità, diritto CONTR. divieto, proibizione, interdizione □ obbligo, coercizione, obbligatorietà ***3*** (*fig.*) vacanza ***4*** (*al pl.*) eccessiva familiarità, confidenza, scorrettezza CONTR. riservatezza, autocontrollo, riguardo FRAS. *mettersi in libertà* (*fig.*), indossare abiti più comodi; svestirsi □ *prendersi delle libertà con qualcuno*, eccedere in confidenza; toccare una persona senza il suo consenso □ *prendersi la libertà di fare qualcosa*, arrogarsi un diritto □ *mettere in libertà* (*fig.*), licenziare. *V. anche* FACOLTÀ

LIBERTÀ
sinonimia strutturata

Il termine **libertà** indica la condizione privilegiata di colui che può disporre autonomamente di sé stesso, senza vincoli che gli impediscano atti e movimenti o limitino la facoltà di decidere in modo autonomo, di agire secondo la propria volontà o coscienza. In una parola, designa lo stato di chi è libero (specialmente in contrapposizione a schiavitù), ovvero di chi non è prigioniero o nella condizione di servitù, soggezione, dipendenza.

L'esercizio della libertà, in particolare, determina il potere di agire nell'ambito di una società organizzata, secondo le proprie convinzioni e volontà, entro i limiti stabiliti dalla legge o comunque riconosciuti validi dalla comunità. Il termine si riferisce anche al potere specifico che la legge riconosce all'individuo in un determinato ambito: *libertà di associazione, di religione, di stampa*. Nell'accezione più limitata alla sfera personale, una libertà, invece, è un atto o un comportamento eccessivamente familiare o confidenziale, spesso scorretto o audace, o comunque urtante per chi ne è oggetto: *prendersi delle libertà*; in questo ambito la parola libertà si sovrappone al termine **licenza**.

Una forma di libertà è l'**emancipazione** cioè il rendere o rendersi libero, indipendente da qualcosa o da qualcuno: *l'emancipazione della donna*; *emancipazione di un popolo dal dominio straniero*. Più in particolare, nel mondo romano l'emancipazione consisteva nel liberare un figlio dalla patria potestà o nel rendere liberto uno schiavo. Nel lessico giuridico attuale, invece, *emancipare un minore d'età* significa attribuire al minorenne una limitata capacità giuridica di agire, allorché sussistano determinate condizioni. In senso più ampio l'emancipazione è la caratteristica di una persona priva di condizionamenti nel modo di pensare o di vivere per indicare la quale si usa più frequentemente l'aggettivo emancipato: *una ragazza emancipata*.

Per indicare chi o ciò che è stato reso libero da impegni, obblighi o servizi si dice **franco**. Tale termine designava anticamente un territorio o un insediamento urbano libero da soggezione feudale o da vincoli di signoria: *Stato franco*; *città franca*. Nell'uso odierno, invece, il termine è limitato al linguaggio economico e commerciale, dove si dice franco ciò che è esente dal pagamento di imposte, di spese di trasporto, sdoganamento e simili. Appartiene al medesimo ambito semantico di franco anche il termine **franchigia**, che in passato indicava la concessione, da parte di un sovrano o di un signore feudale, dell'autonomia politica, amministrativa e giudiziaria ad una città o ad un territorio soggetti alla loro giurisdizione. Oggi, invece, la parola viene impiegata in diverse accezioni: nel lessico commerciale, ad esempio, si chiama franchigia una forma particolare di esenzione da imposte o dazi: *franchigia postale*, *doganale*.

Si denomina **indipendenza** la condizione privilegiata di chi o di ciò che non dipende da altri o da altre cose: *indipendenza politica, economica*; *lottare per la propria indipendenza*; *le guerre risorgimentali per l'indipendenza italiana*. Così si chiama indipendente colui che è libero o non è soggetto a vincoli di alcun genere: *uomo indipendente*; *essere indipendente dai genitori*. Con *Stato, nazione, Repubblica indipendente* ci si riferisce invece ad entità politico-territoriali non soggette al dominio di altre nazioni. Il termine ha inoltre un significato particolare nel linguaggio dei mass-media, dove indipendente è ciò che non è legato a partiti politici: *giornale, stampa, televisione indipendente*.

Il termine **autonomia**, nel suo significato primario, indica la capacità di governarsi con proprie leggi: si parla infatti di *autonomia dello Stato*, di *autonomia legislativa regionale*, di *autonomia politica* o *amministrativa*. Nel linguaggio corrente si usa invece per designare la capacità di pensare e agire liberamente, senza subire influenze esterne: *ho preso questa decisione in piena autonomia*. **Autodecisione**, invece, indica la capacità di prendere decisioni autonome, senza subire condizionamenti o costrizioni. Di significato molto vicino ad autodecisione è **autodeterminazione**, come dimostra l'interscambiabilità dei due termini in alcuni contesti: si parla infatti di *autodecisione* o *autodeterminazione dei popoli* o *degli uomini* per significare il diritto o la facoltà da parte di una collettività di decidere liberamente il proprio destino.

libertino ***A*** *agg.* e *s. m.* scostumato, sregolato, intemperante □ (*est.*) dissoluto, vizioso, licenzioso, lussurioso, osceno, sconcio **CONTR.** continente, costumato, morigerato, pudico, temperante, virtuoso ***B*** *s. m.* ***1*** (*nel dir. romano*) liberto ***2*** donnaiolo, dongiovanni, playboy (*ingl.*). *V. anche* OSCENO

libidine *s. f.* ***1*** concupiscenza, incontinenza, lascivia, impudicizia, lussuria, carnalità, voluttuosità, voluttà, brama sessuale, sensualità, foia (*raro*), fregola (*pop.*) **CONTR.** continenza, morigeratezza, pudicizia, temperanza ***2*** (*est.*) bramosia (*lett.*), cupidigia, voglia, desiderio smodato **CONTR.** ripugnanza, avversione, indifferenza. *V. anche* CUPIDIGIA

libidinóso *agg.* dissoluto, impudico, incontinente, lascivo, lussurioso, sensuale, voluttuoso, carnale □ cupido, voglioso **CONTR.** casto, continente, morigerato, pudico, temperante.

libràre ***A*** *v. tr.* ***1*** (*lett.*) pesare, ponderare ***2*** (*lett., fig.*) giudicare ***B*** **librarsi** *v. rifl.* stare in aria, volare, roteare, volteggiare, spaziare, equilibrarsi.

librerìa *s. f.* ***1*** negozio di libri ***2*** biblioteca ***3*** (*di mobile*) scaffale, scansia.

librétto *s. m.* ***1*** *dim. di* **libro** ***2*** (*est.*) taccuino, notes, quadernetto, rubrica ***3*** fascicoletto, opuscolo ***4*** (*di opera, di melodramma*) testo ***5*** tessera □ (*di assegni*) carnet. *V. anche* LIBRO

lìbro *s. m.* ***1*** volume, testo, opera stampata, pubblicazione, quaderno, manuale, trattato, tomo, opuscolo, prontuario □ (*pl.*) bibliografia ***2*** (*di opera, di poema*) sezione, parte, canto ***3*** (*spec. al pl.*) (*fig.*) studi, (*est.*) lettura ***4*** (*di ufficio, di azienda, ecc.*) registro □ scritture contabili ***5*** (*bot.*) floema □ (*est.*) corteccia **FRAS.** *libro di testo*, libro scolastico □ *libro nero* (*fig.*), lista di sospetti, lista dei colpevoli □ *libro giallo* (*fig.*), libro poliziesco □ *libri sacri*, Bibbia (per i cristiani) □ *non essere nel libro di uno*, non essere gradito a uno □ *essere un libro aperto* (*fig.*), non avere niente da nascondere □ *essere un libro chiuso* (*fig.*), essere impenetrabile, essere misterioso □ *libro da spiaggia*, libro d'evasione, poco impegnativo □ *libro della vita, libro del destino*, la sorte, il destino □ *libro della natura*, l'universo, il mondo □ *mettere a libro* (*fig.*), assumere regolarmente □ *portare a libro* (*comm.*), registrare □ *parlare come un libro stampato* (*fig.*), parlare bene; sapere molte cose.

LIBRO
sinonimia strutturata

Il termine **libro** deriva dalla voce latina *librum*, originariamente quella pellicola tra la corteccia e il legno dell'albero che, cosparsa di cera, serviva per scrivervi, prima dell'uso del papiro. Il termine *librum* passò poi ad indicare nella lingua latina un insieme di queste tavolette legate insieme a formare, appunto, un libro. Uno dei significati della parola libro, che riprende quello latino, è volume di fogli cuciti insieme, siano essi scritti, stampati o bianchi: *un libro di 500 pagine*, *un libro rilegato in pelle*. Il termine si usa anche per indicare un'opera o un testo scritto o una partizione di un'opera: *un libro di storia*; *i 12 libri dell'Eneide*, *i libri della Bibbia*.

Se libro, quindi, indica sia l'oggetto fisico che l'opera intellettuale, con **volume** e **tomo** ci si riferisce soprattutto all'oggetto fisico, materiale. Un volume è un libro a sé stante, anche se costituisce parte di un'opera: *un'opera in 12 volumi*; il tomo è, invece, una sezione, una parte di un'opera a stampa o di un volume: *il terzo volume della Storia della letteratura italiana è diviso in due tomi*.

Tipi particolari di libro sono l'**opuscolo**, il **codice** e l'**incunabolo**. Un opuscolo è un libro di poche pagine, generalmente non più di 80. Un testo manoscritto antico costituito da più fogli riuniti insieme è propriamente un codice, e si differenzia sia dal rotolo manoscritto, sia dal libro a stampa. Un incunabolo è un libro stampato nel XV secolo, quando l'arte della stampa era appena nata. Il termine viene dal neutro plurale latino *incunabula*, letteralmente 'fasce', composto da *in-* 'dentro' e *cunabula*, diminutivo di *cuna*, 'culla'; dal significato proprio di inizio della tipografia (*Incunabula typographiae*), il nome passò in un secondo momento ad indicare le singole opere stampate prima del 1500.

Due fra i diminutivi di libro hanno anche significati particolari: uno è **libello**, che, oltre ad essere un termine ormai desueto per indicare un piccolo libro, indica una pubblicazione diffamatoria, polemica o satirica, spesso anonima (un altro termine per definire questo tipo di scritti è **pamphlet**); *l'altro è* **libretto,** che indica il testo di un melodramma o il fascicoletto che lo contiene.

licàntropo [gr. *lykánthrōpos*, letteralmente 'uomo (*ánthrōpos*)-lupo (*lýkos*)'] *s. m.* lupo mannaro.

licènza *s. f.* ***1*** permesso, permissione (*ant.*), autorizzazione, facoltà, dispensa, consenso, concessione, assenso, patente, brevetto **CONTR.** divieto, proibizione, interdizione, freno, impedimento, tabù ***2*** commiato, congedo **CONTR.** ricevimento, accoglienza ***3*** (*dir.*) disdetta ***4*** (*di studi*) diploma, maturità, titolo ***5*** libertà, abuso, arbitrio, sfrenatezza, indisciplina, anarchia, insubordinazione **CONTR.** disciplina, disciplinatezza, ubbidienza □ assolutismo, tirannia ***6*** dissolutezza, licenziosità, libidine, lussuria, libertinaggio, scostumatezza, sregolatezza **CONTR.** castigatezza, continenza, morigeratezza, pudicizia, temperanza. *V. anche* FACOLTÀ, LIBERTÀ

licenziaménto *s. m.* ***1*** congedo, accomiatamento ***2*** (*di dipendente*) allontanamento, esonero, risoluzione di contratto, rimozione, dimissione, benservito, espulsione, sospensione □ (*di inquilino*) sfratto □ (*di *capo di stato, di presidente, ecc*) deposizione, destituzione, detronizzazione **CONTR.** assunzione, insediamento, arruolamento, reclutamento □ scrittura ***3*** (*di studente*) lilcenza, diploma.

licenziàre ***A*** *v. tr.* ***1*** (*di ospite, di visitatore, ecc.*) accomiatare, congedare, mandar via **CONTR.** accogliere, ricevere, intrattenere ***2*** (*di dipendente*) allontanare, cacciare, espellere, scacciare, rimuovere, esonerare, destituire, dimettere, dimissionare, sospendere □ detronizzare, deporre □ (*di inquilino*) sfrattare **CONTR.** assumere, insediare, ingaggiare, reclutare, scritturare, impiegare, arruolare, chiamare ***3*** (*di studente*) promuovere, diplomare **CONTR.** bocciare, respingere ***B*** **licenziarsi** *v. rifl.* ***1*** (*raro*) (*da un ospite*) accomiatarsi, congedarsi, andarsene **CONTR.** presentarsi ***2*** (*dal lavoro*) dimettersi, ritirarsi **CONTR.** impiegarsi, collocarsi, sistemarsi ***3*** (*di studente*) diplomarsi.

licenziàto *part. pass. di* **licenziare**; *anche agg. e s. m.* ***1*** allontanato, esonerato, destituito, deposto, dimesso, congedato □ sfrattato **CONTR.** assunto, arruolato, impiegato, ingaggiato ***2*** diplomato.

licenzióso *agg.* dissoluto, immorale, impudico, inverecondo, libertino, vizioso, lubrico, scandaloso, lussurioso, scollacciato, vergognoso, osceno □ scostumato, sregolato, sfrenato, scapestrato, incontinente □ (*nello scrivere o nel parlare*) boccaccesco, sboccato, grasso (*fig.*), triviale, sconcio, scurrile **CONTR.** castigato, morigerato, pudico, puro, temperante, virtuoso □ pulito. *V. anche* OSCENO

licére o **licere** *v. intr.* (*poet.*) essere permesso, essere concesso, essere possibile **CONTR.** essere proibito, essere vietato.

lidar [vc. ingl., comp. di *li*(*ght*) 'luce' e (*ra*)*dar*] *s. m. inv.* radar ottico.

lido *s. m.* ***1*** costa, litorale, marina, riva, riviera, spiaggia, sponda ***2*** (*lett.*) territorio, paese.

lie detector /*ingl.* 'lai di'tektə/ [ingl., letteralmente 'rivelatore (*detector*) di bugia (*lie*)'] *loc. sost. m. inv.* macchina della verità.

lietaménte *avv.* allegramente, felicemente, festosamente, giocosamente, festevolemente, gaiamente, giulivamente, giocondamente, gaudiosamente, gioiosamente, serenamente **CONTR.** malinconicamente, mestamente, tristemente, accoratamente, dolorosamente, amaramente, desolatamente, sconsolatamente.

lièto *agg.* ***1*** allegro, sorridente, contento, esultante, gioioso, felice, festante, gaio, sereno, giocondo, giulivo, gaudioso, radioso, ilare, festoso, festevole, soddisfatto, di buon umore, compiaciuto □ (*di eventi, ecc.*) roseo, dorato, fausto **CONTR.** spiacente, abbattuto, addolorato, afflitto, avvilito, infelice, malinconico, mesto, triste, contristato, rattristato, angustiato □ scuro, accigliato, tetro □ fosco, buio, nero, cupo ***2*** (*di luogo*) ameno, leggiadro, piacevole, ridente **CONTR.** brutto, sgradevole, spiacevole.

liève *agg.* ***1*** leggero, lene (*lett.*), delicato, tenue, impercettibile □ (*di dolore*) vago, diffuso **CONTR.** grave, greve, pesante, ponderoso □ intenso, lancinante ***2*** (*fig.*) (*di compito, di impegno, ecc.*) liscio, semplice, piano, tranquillo, agevole, comodo, facile **CONTR.** difficile, gravoso, duro, faticoso, impegnativo, improbo, oneroso ***3*** (*fig.*) (*di movimento, di dislivello, ecc.*) debole, fiacco □ piccolo, insignificante, dappoco, poco importante **CONTR.** forte, pronunciato □ grande, grosso, notevole, importante.

lieveménte *avv.* leggermente, debolmente, tenuemente, impercettibilmente, delicatamente □ agilmente **CONTR.** gravemente, pesantemente, gravosamente, sensibilmente, seriamente.

lievità *s. f.* levità (*lett.*), leggerezza, tenuità □ delicatezza, vaporosità **CONTR.** gravità, peso, pesantezza, ponderosità (*lett.*).

lievitàre *v. intr.* ***1*** (*di pasta*) gonfiarsi, fermentare ***2*** (*fig.*) (*di prezzi, di malcontento, ecc.*) crescere, aumentare, salire **CONTR.** calare, diminuire.

lievitazióne *s. f.* ***1*** (*di pasta*) fermentazione ***2*** (*fig.*) (*di prezzi*) aumento, crescita **CONTR.** calo, diminuzione ***3*** (*fig.*) eccitazione, irrequietudine **CONTR.** calma, tranquillità. *V. anche* AUMENTO

lièvito *s. m.* ***1*** fermento ***2*** (*fig.*) causa, impulso, stimolo.

lift /*ingl.* lift/ *s. m. inv.* ***1*** ascensore ***2*** inserviente dell'ascensore.

light /*ingl.* 'lait/ [vc. ingl., propr. 'leggero'] *agg.* ***1*** (*di cibo*) leggero, ipocalorico **CONTR.** grasso, intero, pesante ***2*** (*di sigaretta*) leggera, a basso contenuto di nicotina.

light pen /*ingl.* 'lait pen/ [loc. ingl., propr. '(oggetto simile a) penna (*pen*), che fa luce (*light*)'] *loc. sost. f. inv.* penna luminosa, penna ottica.

ligio *agg.* ossequiente, rispettoso, diligente □ devoto, fedele, legato, affezionato, dedito □ sottomesso, soggetto, supino, servo, schiavo **CONTR.** inadempiente, trasgressore □ avverso, avversario, contrario, nemico, ostile, ribelle.

lignàggio *s. m.* discendenza, parentela, parentado, schiatta, casata, casato, nascita, famiglia, stirpe, progenie (*lett.*), prosapia (*lett.*). *V. anche* FAMIGLIA

ligneo *agg.* ***1*** di legno, legnoso, legnaceo ***2*** (*est.*) duro, coriaceo, fibroso **CONTR.** molle, morbido, tenero.

lignìte *s. f.* (*est.*) carbone fossile.

lillipuziàno [fr. *lilliputien*, dall'ingl. *Lilliputian* 'piccolissimo abitante del paese di *Lilliput*', immaginato da J. Swift nel romanzo *I viaggi di Gulliver*] ***A*** *agg.* minuscolo, piccolissimo, piccino, piccolo, ridottissimo **CONTR.** enorme, gigantesco, grandissimo, ciclopico, colossale ***B*** *s. m.* nano, nanerottolo, pigmeo, tappo **CONTR.** colosso, gigante, ercole, ciclope, omone, omaccione.

lìma *s. f.* ***1*** raspa, ingordina (*raro*), scuffina ***2*** (*fig.*) (*di scritto*) revisione, rifinitura, perfezionamento ***3*** (*fig.*) affanno, preoccupazione, tormento, rodimento.

limaccióso *agg.* ***1*** (*di luogo*) fangoso, melmoso, pantanoso, motoso (*raro*), poltiglioso, limoso **CONTR.** arido, asciutto, secco ***2*** (*fig.*) (*di vino, di acqua, ecc.*) denso, torbido, inquinato, sporco, lutulento (*raro*) **CONTR.** chiaro, limpido, terso, trasparente, pulito.

limàre *v. tr.* ***1*** (*di utensile*) raspare, raschiare, lisciare, smussare, levigare, digrossare □ polire, cesellare ***2*** (*fig.*) (*di preoccupazione, di pensiero, ecc.*) consumare, rodere, corrodere **CONTR.** rafforzare, rinvigorire ***3*** (*fig.*) (*di scritto*) correggere, perfezionare, rifinire, migliorare, ripulire **CONTR.** peggiorare, guastare. *V. anche* CORREGGERE, PULIRE

limatùra *s. f.* ***1*** (*di cosa*) raschiatura, levigatura □ polvere ***2*** (*di scritto*) correzione, rifinitura.

lìmbo *s. m.* (*fig.*) incertezza, indeterminatezza, vaghezza **CONTR.** sicurezza **FRAS.** *tenere nel limbo* (*fig.*), tenere in sospeso □ *vivere in un limbo* (*fig.*), essere trasognati; vivere in un mondo irreale; non capire la realtà.

limitàbile *agg.* contenibile, circoscrivibile, delimitabile, racchiudibile, riducibile **CONTR.** illimitabile (*lett.*), allargabile, aumentabile, ampliabile.

limitàre (1) *s. m.* ***1*** soglia, limine (*lett.*) □ (*est.*) porta, uscio □ margine, estremità ***2*** (*fig.*) (*della vita, degli studi, ecc.*) principio, inizio, avvio **CONTR.** fine, termine, conclusione.

limitàre (2) ***A*** *v. tr.* ***1*** (*di estensione, di durata, di terreno*) circoscrivere, delimitare, chiudere, contenere, racchiudere □ (*di merci, ecc.*) contingentare, razionare □ (*fig.*) (*di persona*) condizionare **CONTR.** dilatare, espandere, propagare ***2*** (*fig.*) (*di questione*) definire, delineare, determinare ***3*** (*di spese, di progetti, di ambizioni*) diminuire, decurtare, restringere, ridurre, contrarre, moderare, misurare **CONTR.** ampliare, amplificare, aumentare, incrementare, sviluppare, allargare, estendere ***B*** **limitarsi** *v. rifl.* contenersi, restringersi, frenarsi, misurarsi, moderarsi, contentarsi, localizzarsi **CONTR.** estendersi, dilatarsi, propagarsi, abbandonarsi, sfogarsi □ largheggiare. *V. anche* DIMINUIRE

limitatézza *s. f.* ristrettezza, angustia, imperfezione, manchevolezza □ finitezza, brevità □ piccineria, meschinità □ carenza, pochezza, scarsità **CONTR.** ampiezza, abbondanza, estensione, larghezza, vastità □ illimitatezza. *V. anche* IMPERFEZIONE

limitatìvo *agg.* restrittivo, riduttivo, costrittivo **CONTR.** amplificativo, amplificatore.

limitàto *part. pass. di* **limitare (2)**; *anche agg.* ***1*** circoscritto, delimitato, definito, ridotto, ristretto, finito, racchiuso, chiuso, piccolo, localizzato □ contato, razionato, contingentato □ condizionato **CONTR.** senza limiti, illimitato, infinito, sconfinato, smoderato, spazioso, sterminato, vasto, universale, libero, incondizionato ***2*** (*est.*) (*di mente, di risorse, ecc.*) esiguo, scarso, modesto, corto, angusto, insufficiente, carente □ (*di persona, di azione*) gretto, meschino, condizionato □ (*di spesa*) misurato, modico, parco □ (*di azione*) relativo, settoriale, parziale, locale **CONTR.** abbondante, ampio, largo, lauto, ricco, aperto, sufficiente, esteso, numeroso, intero, completo ***3*** (*est.*) (*di capacità, di abilità*) mediocre. *V. anche* SCARSO

limitaziόne *s. f.* ***1*** restrizione, razionamento, riduzione, limite stabilito, delimitazione □ (*fig.*) (*di una questione*) definizione ***2*** costrizione, condizione, eccezione, se, riserva, condizionamento, impedimento **CONTR.** ampliamento, accrescimento, aumento, allargamento, estensione, proliferazione, sviluppo.

lìmite ***A*** *s. m.* ***1*** confine, frontiera, barriera, delimitazione, demarcazione, cinta, linea, linea esterna, margine, marginatura, orlo, bordo, contorno □ termine, estremità, estremo, ultimo, massimo, portata □ (*di spesa*) plafond (*fr.*), tetto ***2*** ambito, estensione, orizzonte, orbita □ (*fig.*) scadenza □ stremo, fine ***3*** misura, modo, moderazione ***B*** *in funzione di agg. inv.* (*posposto al s.*) (*fig.*) (*di ipotesi, di caso, ecc.*) definitivo, insuperabile **FRAS.** *al limite* (*fig.*), tutt'al più □ *entro certi limiti*, fino a un certo punto □ *passare i limiti* (*fig.*), eccedere. *V. anche* MISURA

limìtrofo *agg.* confinante, contiguo, contermine (*raro*), finitimo, attiguo, adiacente, viciniore, vicino, circostante, circonvicino, prossimo, propinquo **CONTR.** distante, lontano, staccato. *V. anche* VICINO

limonàre *v. intr.* (*fam.*) amoreggiare.

limóne *in funzione di agg. inv.* (*posposto al s.*) (*di colore*) giallo-verde **FRAS.** *limone spremuto* (*fig.*), persona già sfruttata □ *fare i limoni* (*fig.*), amoreggiare vistosamente □ *spremere i limoni* (*fig.*), pregare fervidamente a mani giunte.

limpidaménte *avv.* ***1*** chiaramente, nitidamente, tersamente **CONTR.** torbidamente, copertamente ***2*** (*fig.*) francamente, apertamente, schiettamente **CONTR.** falsamente, ipocritamente.

limpidézza *s. f.* ***1*** chiarezza, chiarore, nitidezza, nitore (*lett.*), trasparenza, diafanità, lucentezza, purezza, limpidità (*raro*) □ (*di pietre preziose*) acqua **CONTR.** opacità, torbidità, torbidezza, offuscamento, caligine, cupezza, foschia, nebulosità ***2*** (*fig.*) franchezza, lealtà, schiettezza, sincerità, serenità, evidenza **CONTR.** falsità, ipocrisia, slealtà, insincerità.

limpidità *s. f.* (*raro*) *V.* **limpidezza**.

lìmpido *agg.* ***1*** chiaro, trasparente, diafano, nitido, puro, terso, sereno, cristallino, lucente, traslucente (*lett.*), splendente, lucido **CONTR.** opaco, torbido, fosco, offuscato, oscuro, buio, coperto, fuligginoso, nuvoloso, plumbeo ***2*** (*est.*) (*di suono*) sonoro, squillante, argentino **CONTR.** smorzato, roco, fioco, cupo, cavernoso, profondo, rauco ***3*** (*fig.*) (*di persona, di stile, ecc.*) genuino, puro, schietto, sincero **CONTR.** falso, ipocrita, insincero, ricercato, fumoso (*fig.*), nebuloso (*fig.*). *V. anche* TRASPARENTE

lìndo *agg.* ***1*** pulito, netto, terso **CONTR.** sporco, sudicio, sozzo, lurido, lordo, lercio ***2*** elegante, azzimato, attillato, ordinato **CONTR.** sciatto, trasandato, trascurato.

lindóre *s. m.* ***1*** lindezza (*raro*), lindura, mondezza, nitidezza, pulizia, nettezza, pulitezza (*raro*) **CONTR.** sporcizia, sudiceria, sozzura, lerciume, lordume, luridume, lordura ***2*** (*fig.*) accuratezza, eleganza, raffinatezza, ricercatezza □ chiarezza, purezza **CONTR.** sciattezza, sciatteria, trasandataggine, trascuratezza.

lìnea *s. f.* ***1*** riga, tratto, segno, frego, retta, segmento, rigo □ fascia, striscia ***2*** (*di separazione, di vegetazione, ecc.*) limite, confine, delimitazione ***3*** contorno, sagoma, profilo, lineamento, tratto □ silhouette (*fr.*) ***4*** (*di abito*) foggia, taglio, modello, stile □ eleganza, classe ***5*** (*mil.*) fronte, schiera, schieramento ***6*** (*di *proiettile, di strada, ecc.*) direzione, traiettoria, tracciato □ itinerario, percorso, asse, direttrice □ conduttura □ (*elettr.*) flusso, corrente **7** (*fig.*) (*di condotta, di politica, ecc.*) comportamento, indirizzo, norma, regola **8** (*fig.*) (*di pensiero, di discorso, ecc.*) sviluppo logico, filo □ scaletta **9** (*di persone, di cose*) serie, fila, successione □ set, completo **10** (*biol.*) discendenza, successione, genealogia **FRAS.** *linea d'arrivo*, traguardo □ *su tutta la linea* (*fig.*), completamente □ *passare in seconda linea* (*fig.*), essere meno importante □ *a grandi linee*, sommariamente □ *in linea di massima*, nel complesso □ *in linea di principio*, teoricamente □ *mantenersi in linea*, mantenersi agile □ *essere sulla linea del fuoco* (*fig.*), essere in una posizione pericolosa o attaccabile □ *linea d'ombra* (*fig.*), confine vago tra due realtà contrapposte □ *in prima linea* (*fig.*), in posizione prioritaria; posizione pericolosa.

lineaménto s. m. **1** (*raro*) linea **2** (*al pl.*) contorno, profilo, viso, volto, faccia, tratti, aspetto, fattezze, fisionomia, sembianze **3** (*al pl.*) (*fig.*) (*di una disciplina*) elementi essenziali, fondamenti, schema.

lineàre agg. **1** di linea, delle linee □ a forma di linea **2** (*fig.*) (*di discorso, di ragionamento, ecc.*) rettilineo, logico, chiaro, semplice □ difficoltoso, stentato **CONTR.** complicato, confuso, contorto, tortuoso, intricato, astruso **3** (*fig.*) (*di persona, di carattere, ecc.*) fermo, costante, coerente **CONTR.** incoerente, instabile, incostante.

linearità s. f. **1** sviluppo rettilineo **2** (*fig.*) (*di discorso, di ragionamento, ecc.*) chiarezza, semplicità **CONTR.** complicatezza (*raro*), confusione, complessità **3** (*fig.*) (*di persona, di carattere, ecc.*) fermezza, costanza, coerenza **CONTR.** incoerenza, instabilità, incostanza. *V. anche* COSTANZA

lineétta s. f. **1** dim. di **linea 2** trattino, trait d'union (*fr.*).

lìnfa s. f. **1** (*poet.*) acqua **2** (*fig.*) alimento, nutrimento, fluido, umore, succo, ispirazione **3** (*biol.*) succhio.

linfàtico **A** agg. della linfa **B** s. m.; anche agg. anemico, debole, fiacco **CONTR.** forte, gagliardo, sanguigno.

linfocìta s. m. (*biol.*) globulo bianco **CFR.** eritrocita.

lingòtto s. m. (*di metallo*) blocco, massello, verga.

lìngua s. f. **1** organo del gusto **2** (*est.*) (*di terra, di fuoco, ecc.*) lista, striscia **3** linguaggio, favella, idioma, parlata, dizione, discorso, eloquio □ prosa, stile **4** (*ass.*) italiano, lingua italiana **5** (*fig.*) nazione **FRAS.** *mordersi la lingua* (*fig.*), sforzarsi di tacere, pentirsi di aver parlato □ *avere la lingua lunga* (*fig.*), parlare troppo; essere pettegolo, essere maldicente □ *non aver peli sulla lingua* (*fig.*), parlare senza riguardi □ *malalingua*, persona maligna □ *lingua morta*, lingua non più in uso □ *lingue classiche*, greco e latino □ *lingua di bue*, fungo fistulina □ *avere sulla punta della lingua* (*fig.*), non riuscire a ricordare □ *buona lingua, lingua sciolta* (*fig.*), buona loquela □ *lingua biforcuta* (*fig.*), persona bugiarda □ *avere la lingua in bocca* (*fig.*), saper esporre le proprie ragioni □ *lingua d'inferno, lingua serpentina*, persona malevola, maligna □ *lingua di fuoco, lingua affilata* (*fig.*), persona mordace □ *lingua che taglia e cuce* (*fig.*), *mala lingua*, maldicente □ *sciogliere la lingua* (*fig.*), indurre a parlare □ *tenere la lingua a freno*, non dire quello che va taciuto □ *tenere la lingua a posto* (*fig.*), sorvegliare il proprio linguaggio, parlare educatamente.

LINGUA
sinonimia strutturata

Con riferimento alla funzione che l'organo anatomico omonimo adempie nella fonazione, il termine **lingua** indica un sistema grammaticale e lessicale per mezzo del quale gli appartenenti ad una comunità comunicano tra loro: *lingua italiana, francese, inglese*; *le lingue classiche*; *la madre lingua.* **Linguaggio** è quella capacità peculiare della specie umana di comunicare per mezzo di un sistema di segni vocali che mette in gioco una tecnica fisiologica complessa la quale presuppone l'esistenza di una funzione simbolica e di centri nervosi geneticamente specializzati. Per estensione un linguaggio è anche quel sistema di segnali per mezzo dei quali gli animali comunicano tra di loro: *il linguaggio delle api.* Con il termine linguaggio si indica pure quel determinato modo di parlare proprio di determinati individui ed ambienti: *linguaggio scientifico, forense, infantile.* Infine il termine linguaggio può essere impiegato per designare quel particolare significato che l'uomo riconosce o attribuisce a determinati gesti, simboli, oggetti, ecc. e facoltà di esprimersi mediante il loro uso: *il linguaggio dell'arte*; *il linguaggio degli occhi.*

Un **idioma** è la lingua propria di una comunità: *l'idioma italiano.* A volte, però, questo termine assume un significato simile a quello di **dialetto,** cioè di sistema linguistico particolare usato in zone geograficamente limitate. Ecco quindi che si parla di *idiomi delle vallate alpine*; *dialetti della lingua italiana*; *dialetto veneto, emiliano, napoletano.*

Vernacolo è termine molto simile a dialetto, da cui si distingue nel senso che indica la lingua caratteristica di un'area geografica ristretta, che ha assunto, nell'uso popolare, connotazioni di maggiore vivacità e spontaneità rispetto al dialetto e alla lingua letteraria: *poesia in vernacolo.*

Il termine **gergo** indica una lingua criptica, convenzionale, utilizzata da una comunità o da un gruppo sociale per non farsi capire o per distinguersi dagli altri: *gergo della malavita.* Gergo, nell'accezione non tecnica, indica anche un particolare linguaggio comune ad una determinata categoria di persone: *gergo studentesco, militare, giovanile.* Infine ha il significato di linguaggio oscuro, allusivo: *parlare in gergo.*

La **parlata** è un modo di parlare, caratteristico quanto ad accento, forma e terminologia. È quindi un particolare modo di usare la lingua o il dialetto, e non un sistema linguistico completo: *parlata colta,* *popolare, dialettale*; *la parlata lombarda*; *dalla parlata si direbbe toscano*; *l'ho riconosciuto dalla parlata*. Parlata è anche, a volte, equivalente di gergo: *la parlata della malavita*.

Dizione è propriamente la maniera di pronunciare le parole: *dizione dialettale, toscana*. In accezione più specifica indica anche il modo e la tecnica di parlare con chiarezza o con modalità di pronuncia particolari come, ad esempio, quelle che un attore impiega sulla scena: *dizione corretta, precisa*; *corso di dizione*. **Favella** è invece la facoltà del parlare ed è sinonimo più ricercato di **parola**: *il dono della favella*; *perdere o riacquistare la favella*.

Il **discorso** è un colloquio, una conversazione, un ragionamento: *discorso frivolo, impegnato, sconclusionato*; *entrare in discorso*; *cambiare discorso*; è anche una dissertazione, scritta o pronunciata in pubblico, attorno ad un certo argomento: *discorso politico, elettorale*; *fare, leggere, pronunciare un discorso*.

linguàccia *s. f.* **1** *pegg. di* **lingua** **2** (*fig.*) maldicente, calunniatore, malalingua, cornacchia, vipera.

linguacciùto *agg.* e *s. m.* chiacchierone, ciarliero, lingualunga, ciarlone, parolaio □ calunniatore, maldicente, pettegolo **CONTR.** silenzioso, taciturno, laconico.

linguàggio *s. m.* **1** lingua, idioma, parlata, favella □ loquela (*lett.*), verbo □ parola □ dialetto, gergo, vernacolo □ eloquio **2** (*est.*) frasario, fraseologia, vocabolario, lessico **3** (*est.*) modo di esprimersi, espressione □ significato, segno □ comportamento. *V. anche* LINGUA

linguétta *s. f.* **1** *dim. di* **lingua** **2** (*est.*) (*di pelle, di stoffa e sim.*) lista, listello, striscia **3** (*mus.*) ancia.

linguìsta *s. m.* e *f.* filologo, lessicologo, lessicografo, glottologo, grammatico.

linguìstica *s. f.* filologia, lessicologia, lessicografia, glottologia, grammatica.

linguìstico *agg.* della lingua □ filologico, glottologico, lessicologico.

liniménto *s. m.* unzione, fregagione (*pop.*), frizione □ unguento, pomata.

liquefàre ***A*** *v. tr.* **1** fondere, sciogliere, disciogliere, squagliare, sgelare, struggere, diluire, stemperare, disfare, fluidificare **CONTR.** coagulare, far rapprendere, aggrumare, raddensare, raggrumare, rapprendere, solidificare **2** (*fig.*) (*di denaro, di sostanze*) dissipare, dissolvere, disperdere □ sprecare, scialacquare **CONTR.** economizzare, risparmiare, lesinare ***B*** **liquefarsi** *v. intr. pron.* **1** diventare liquido, colare, fondere, sgelare, fondersi, disciogliersi, sciogliersi, squagliarsi, disfarsi **CONTR.** coagularsi, solidificarsi, aggrumarsi, raddensarsi, rassodarsi □ raggelarsi **2** (*fig.*) struggersi **3** (*fig.*) (*di denaro, di sostanze*) finire, dissolversi. *V. anche* SCIOGLIERE

liquefàtto *part. pass. di* **liquefare**; *anche agg.* **1** fuso, sciolto, squagliato, disciolto, disfatto, diluito, stemperato **CONTR.** coagulato, rappreso, solidificato, aggrumato, rassodato **2** (*fig.*) (*di denaro, di sostanze*) dissipato, dissolto, disperso □ sprecato, scialacquato **CONTR.** economizzato, risparmiato, lesinato.

liquefazióne *s. f.* **1** fusione, scioglimento, diluizione, soluzione, stemperamento (*raro*) **CONTR.** coagulazione, coagulamento, solidificazione, congelamento □ vaporizzazione, gassificazione, sublimazione **2** (*fig.*) (*di denaro, di sostanze*) dissoluzione, dissipazione, sperpero **CONTR.** economia, risparmio.

liquidàre *v. tr.* **1** (*di credito, di conto, di eredità, ecc.*) calcolare, accertare □ (*di società, di azienda*) stralciare **2** (*di debito, di conto, ecc.*) pagare, saldare, estinguere □ retribuire **CONTR.** aprire **3** (*di merce*) svendere, vendere **4** (*fig.*) (*di argomento*) concludere, esaurire **CONTR.** cominciare, iniziare **5** (*fig.*) (*di cosa*) eliminare, scartare, smaltire □ (*fig.*) (*di persona*) licenziare, destituire, allontanare, rimuovere □ togliere di mezzo **6** (*fig.*) sopprimere, uccidere, sterminare.

liquidàto *part. pass. di* **liquidare**; *anche agg.* **1** (*di conto, di eredità, ecc.*) calcolato, accertato **2** (*di debito, di conto, ecc.*) pagato, saldato □ retribuito **3** (*fig.*) (*di persona*) licenziato, destituito, allontanato □ tolto di mezzo **4** (*fig.*) ucciso, soppresso, sterminato.

liquidazióne *s. f.* **1** (*di conto, di debito, ecc.*) pagamento, saldo □ (*di società*) stralcio □ (*di una persona*) (*fig.*) uccisione, soppressione, eliminazione **2** (*di pensionato, di lavoratore, ecc.*) buonuscita **3** (*di merce*) svendita, vendita.

liquidità *s. f.* **1** fluidità, scorrevolezza **CONTR.** viscosità □ solidità **2** (*econ.*) (*di denaro*) disponibilità, riserva.

lìquido ***A*** *agg.* **1** fluido, scorrevole **CONTR.** viscoso □ solido □ gassoso **2** fuso, disciolto, liquefatto **CONTR.** solidificato, coagulato, rappreso, aggrumato, raggrumato, cremoso **3** (*fig.*) (*di denaro*) contante, in contanti, cash (*ingl.*) **4** (*fig., lett.*) (*di voce, di fonte, ecc.*) chiaro, limpido, luminoso, puro, terso, sereno, cristallino **CONTR.** offuscato, oscuro, scuro, torbido, opaco ***B*** *s. m.* **1** (*est.*) acqua □ broda, umore, succo, liquore (*lett.*) **2** (*di denaro*) contante.

liquóre *s. m.* **1** bevanda alcolica **2** (*lett.*) liquido, acqua.

lìrica *s. f.* **1** (*est.*) poesia, carme □ ode, sonetto, canto, canzone **CONTR.** prosa **2** (*mus.*) opera teatrale, melodramma □ romanza, lied (*ted.*).

lìrico ***A*** *agg.* **1** di poesia, poetico, melico **CONTR.** di prosa, prosaico **2** (*est.*) appassionato, sentimentale ***B*** *s. m.* (*est.*) poeta **FRAS.** *opera lirica*, melodramma.

lirìsmo *s. m.* liricità □ (*est.*) ispirazione, esaltazione, entusiasmo □ pathos.

lìsca *s. f.* (*di pesce*) spina, resta.

liscézza *s. f.* levigatezza, politezza **CONTR.** ruvidità, ruvidezza, scabrosità, scabrezza, asprezza.

lisciaménto *s. m.* lisciatura.

lisciàre ***A*** *v. tr.* **1** rendere liscio, levigare, polire, spianare, piallare, rasare, raspare, limare, smerigliare □ rifinire, raffinare, pulire **CONTR.** irruvidire, rendere scabro □ gualcire, increspare, spiegazzare, piegare, sgualcire, stropicciare **2** (*est.*) (*di capelli, di pelo, ecc.*) stirare □ sfregare, strofinare, accarezzare, carezzare □ ravviare, pettinare **CONTR.** arricciare, arruffare, rabuffare □ scapigliare, scarmigliare, spettinare ***3*** (*fig.*) (*di persona*) adulare, blandire, insaponare (*fig. raro*), lusingare, leccare, incensare, piaggiare, coccolare, vezzeggiare, strisciarsi (*fig.*), strofinarsi (*fig.*), strusciare (*fig*), ungere (*fig.*) **CONTR.** biasimare, criticare, denigrare, diffamare, disprezzare, maltrattare □ rabbuffare (*fig.*), sbertucciare ***4*** (*nel gioco delle carte*) strisciare **CONTR.** bussare ***B*** **lisciarsi** *v. rifl.* curarsi, pulirsi, pettinarsi, ravviarsi, agghindarsi, leccarsi (*fam.*) **CONTR.** arruffarsi, scapigliarsi, scarmigliarsi, spettinarsi. *V. anche* PULIRE

lisciàto *part. pass. di* **lisciare**; *anche agg.* ***1*** levigato, polito, spianato, liscio, smerigliato, rasato **CONTR.** ruvido, scabro ***2*** (*di persona*) imbellettato □ elegante □ azzimato, pettinato **CONTR.** spettinato, scapigliato ***3*** (*fig.*) (*di cosa*) accurato, rifinito, limato, raffinato, leccato (*fam.*) **CONTR.** abborracciato, raffazzonato, trascurato.

lisciatùra *s. f.* ***1*** levigatura, levigazione, politura, lisciata, lisciamento, spianamento, rasatura □ strofinamento, carezza ***2*** (*tecnol.*) finitura, levigatura, honing (*ingl.*) ***3*** (*fig.*) incensamento, piaggeria, adulazione, lusinga **CONTR.** biasimo, critica, denigrazione, diffamazione, disprezzo ***4*** (*fig.*) (*di cosa*) accuratezza, rifinitura **CONTR.** abborracciatura, raffazzonamento.

lìscio *agg.* ***1*** levigato, lisciato, spianato, piano, pari, uguale (*est.*), piallato, polito □ morbido, delicato (*est.*), serico, vellutato □ rasato, glabro, imberbe □ piatto, uniforme **CONTR.** ruvido, scabro, aspro, irregolare, aggrinzito, arricciato, bitorzoluto, calloso, crespato, grinzoso, grumoso, increspato, nodoso, irto, irsuto ***2*** (*est.*) (*di stile, di finitura, ecc.*) semplice, naturale, pulito, spontaneo, schietto **CONTR.** ornato, elaborato, ricercato ***3*** (*fig.*) (*di affare, di vicenda, ecc.*) facile, chiaro, intelligibile **CONTR.** oscuro, difficile, complicato ***4*** (*fig.*) (*di traffico, di scritto, ecc.*) scorrevole, fluido **CONTR.** pesante, lento ***5*** (*di bevanda*) schietto, puro □ naturale, fermo **CONTR.** annacquato, corretto □ frizzante, mosso, gassato, effervescente **FRAS.** *filare liscio*, svolgersi senza difficoltà □ *passarla liscia*, cavarsela senza danni.

lìso *agg.* consumato, logoro, consunto, frusto, usato, vecchio, sdrucito, lacero, cencioso **CONTR.** nuovo, intatto, integro.

lìsta *s. f.* ***1*** fascia, benda □ fettuccia, nastro, lingua (*fig.*), linguetta □ orlatura, bordatura, bordura, profilatura, striscia, riga □ gallone ***2*** catalogo, elenco, inventario, indice, repertorio, elencazione, enumerazione, nota, ruolo, registro, agenda, listino □ menu, carta ***3*** (*est.*) (*di lavoro, di ristorante, ecc.*) conto, distinta, specifica.

listàre *v. tr.* ***1*** fregiare □ rigare, venare, striare ***2*** contornare, fiancheggiare, bordare, orlare, profilare.

listàto *part. pass. di* **listare**; *anche agg.* rigato □ striato, venato □ orlato, profilato.

listèllo *s. m.* ***1*** *dim. di* **lista**, linguetta, zeppa ***2*** righello ***3*** mondanatura ***4*** (*est.*) travicello, perlina, asse.

listìno *s. m.* ***1*** *dim. di* **lista** ***2*** nota, distinta, lista, elenco, bollettino, catalogo, tariffario.

litanìa *s. f.* (*est., fig.*) filastrocca, sequela, serie noiosa, tiritera, cantafavola □ rosario.

lìte *s. f.* ***1*** (*dir.*) causa, contesa, controversia, vertenza, contenzione (*lett.*) ***2*** alterco, disputa, battibecco, diverbio, diatriba, discussione □ contrasto, contestazione, questione, bega, briga, dissidio □ baruffa, litigio, bisticcio, litigata □ tafferuglio, mischia, battaglia, rissa, zuffa, accapigliamento □ chiassata, piazzata, scenata □ rotta (*fig.*), crepa (*fig.*), discordia, lotta, conflitto □ cozzo (*fig.*) **CONTR.** accomodamento, accordo, pace, pacificazione, composizione, rappacificamento, riconciliazione. *V. anche* CONTROVERSIA, DISCORDIA

litigàre ***A*** *v. intr.* ***1*** contrastare, contendere, altercare, bisticciare, questionare, discutere, disputare, polemizzare, abbaruffarsi, baruffare, accapigliarsi, azzuffarsi, battagliare, rissare, beccarsi, becchettarsi, rimbeccarsi, lottare, bisticciarsi, venire ai ferri corti, attaccar briga, cavarsi gli occhi **CONTR.** andar d'accordo, capirsi □ rappacificarsi, fare la pace, accordarsi, aggiustarsi, riconciliarsi ***2*** (*dir.*) essere in causa ***B*** **litigarsi** *v. rifl. rec.* contendersi, disputarsi, rivendicare.

litigàta *s. f.* lite.

litìgio *s. m.* lite **CONTR.** rappacificamento, rappacificazione, riconciliazione, idillio. *V. anche* ZUFFA

litigiosità *s. f.* irascibilità, permalosità, suscettibilità, riottosità **CONTR.** calma, flemma, pacatezza, pazienza.

litigióso *agg.* e *s. m.* attaccabrighe, litighino, rissaiolo, rissoso, piantagrane, battagliero, cavilloso, polemico, aggressivo **CONTR.** bonario, bonaccione, pacioso, accomodante, conciliante, flemmatico, pacato, pacifico, paziente.

litoràle ***A*** *agg.* litoraneo, costiero □ marittimo **CONTR.** interno, continentale ***B*** *s. m.* costa, costiera, lido, riva, riviera, spiaggia **CFR.** entroterra, retroterra, hinterland (*ted.*) □ altomare.

litoràneo *agg.* litorale, rivierasco, costiero □ marittimo **CONTR.** interno, continentale.

litosfèra *s. f.* crosta terrestre.

littorìna *s. f.* elettromotrice, locomotrice.

littòrio *agg.* (*est.*) fascista.

liturgìa *s. f.* cerimoniale, rituale, culto (*est.*) □ cerimonia, rito. *V. anche* RITO

litùrgico *agg.* sacro **CONTR.** profano.

live /*ingl.* 'laiv/ [vc. ingl., propr. '(dal) vivo'] *agg. inv.* dal vivo, in diretta **CONTR.** registrato, in differita.

livèlla *s. f.* livello □ traguardo.

livellaménto *s. m.* ***1*** spianamento, spianatura, appianamento, pareggio ***2*** (*fig.*) (*di stipendi, di funzioni, ecc.*) uguagliamento, appiattimento, equiparazione, pareggiamento, parificazione, perequazione, massificazione **CONTR.** differenziazione, sperequazione.

livellàre ***A*** *v. tr.* appianare, pareggiare, spianare, agguagliare (*raro*), uguagliare, uniformare □ perequare, appiattire, equiparare, massificare **CONTR.** differenziare, spareggiare, sperequare ***B*** **livellarsi** *v. intr. pron.* uguagliarsi, equilibrarsi, pareggiarsi, appiattirsi

CONTR. squilibrarsi, spareggiarsi, differenziarsi.

livellàto *part. pass. di* **livellare**; *anche agg.* pareggiato, pari, piano, uguale, appiattito, rasato □ equiparato, massificato CONTR. mosso, ondulato □ diversificato, sperequato.

livèllo *s. m.* ***1*** superficie, piano □ (*fig.*) pelo ***2*** (*di altura*) altezza, quota, altitudine ***3*** (*fig.*) (*di intelligenza, di vita, ecc.*) condizione, standard (*ingl.*), grado, portata, ordine, importanza, valore, tenore □ gradino, fase, stadio ***4*** (*di salario*) parametro ***5*** (*di strumento*) livella, traguardo, indicatore (*fig.*) FRAS. *livello di guardia*, limite di pericolosità.

lividaménte *avv.* astiosamente, malignamente, con livore CONTR. affettuosamente, benevolmente, benignamente.

lìvido ***A*** *agg.* ***1*** (*di colore*) bluastro, violaceo, violetto, paonazzo, cianotico □ grigio, cinereo, pallido, terreo, cereo, verde, verdognolo CONTR. rubicondo, rubizzo, colorito ***2*** (*est.*) (*di cielo, di occhi, ecc.*) plumbeo, cupo, pesto (*fig.*) CONTR. chiaro, sereno ***B*** *s. m.* lividura, lividore (*lett.*), ecchimosi, contusione, botta (*fam.*).

living-room /*ingl.* 'liviŋ rum/ [loc. ingl., da *living* 'per vivere' e *room* 'stanza'] *s. m. inv.* soggiorno, sala, salone.

livóre *s. m.* astio, astiosità, fiele (*fig.*), bile (*fig.*), veleno (*fig.*), acredine, acrimonia, rancore, inimicizia, malanimo, malvolere, malevolenza, odio, ostilità, risentimento CONTR. affetto, affezione, benevolenza, benignità, amicizia, simpatia. *V. anche* INVIDIA, ODIO

livrèa *s. f.* uniforme, assisa, divisa, montura (*raro*).

lìzza *s. f.* ***1*** palizzata, steccato, recinto ***2*** (*per torneo, per giostra e sim.*) campo, agone (*est., lett.*) ***3*** (*fig.*) lotta, contesa, gara, agone (*lett.*), arringo (*raro*).

lo ***A*** *art. det. m. sing.* ***B*** *pron. dimostr. e pers. di terza pers. m. sing.* ***1*** (*come compl. ogg.*) lui, esso, colui, costui ***2*** ciò, questo, quello ***3*** (*davanti al v. essere*) tale.

lobby /*ingl.* 'lɔbi/ [vc. ingl., dal lat. mediev. *laubia* 'loggia'] *s. f. inv.* gruppo influente, gruppo di pressione.

locàle (1) *agg.* ***1*** del luogo, regionale □ ambientale □ topico ***2*** parziale □ limitato, circoscritto CONTR. esterno, forestiero, straniero, esotico □ generale, universale.

locàle (2) *s. m.* ***1*** ambiente, camera, stanza, vano □ appartamento (*est.*) ***2*** ritrovo, esercizio, posto, bar.

località *s. f.* luogo, centro, stazione, posto, ambiente, zona, sito, cittadina, paese.

localizzàre ***A*** *v. tr.* ***1*** individuare, determinare la posizione □ distinguere ***2*** circoscrivere, isolare, delimitare, restringere CONTR. allargare, ampliare, estendere, propagare ***3*** collocare, situare □ ambientare ***B*** **localizzarsi** *v. intr. pron.* circoscriversi, limitarsi CONTR. allargarsi, diffondersi.

localizzàto *part. pass. di* **localizzare**; *anche agg.* limitato, circoscritto □ individuato CONTR. allargato, diffuso.

localizzazióne *s. f.* collocazione, circoscrizione, individuazione □ classificazione.

localménte *avv.* nel luogo, sul posto □ limitatamente.

locànda *s. f.* pensione, albergo □ trattoria, osteria.

locandière *s. m.* albergatore, oste, trattore.

locandìna *s. f.* volantino, stampato, civetta, avviso □ (*est.*) réclame (*fr.*).

locazióne *s. f.* (*dir.*) affitto, pigione, affittanza, conduzione, fitto, appigionamento (*raro*), nolo, noleggio CFR. sfratto FRAS. *locazione finanziaria*, leasing (*ingl.*).

locomotìva *s. f.* (*ass.*) vaporiera □ elettromotrice, locomotore, motrice, automotrice □ (*est.*) littorina.

locomotóre *s. m.* locomotiva.

locomotrice *s. f.* locomotiva.

locomozióne *s. f.* spostamento, movimento FRAS. *mezzo di locomozione*, veicolo.

lòculo *s. m.* ***1*** nicchia cimiteriale ***2*** (*fig.*) nicchia, cantuccio, angolo, abitacolo, cabina, stanzetta ***3*** (*di vespaio*) celletta, cavità ***4*** (*bot.*) loggia.

locùsta *s. f.* (*zool.*) (*est.*) cavalletta, saltamartino.

locuzióne *s. f.* ***1*** modo di dire, frase idiomatica, idiotismo, frase, espressione □ scritta, dicitura, dizione □ proverbio ***2*** (*ling.*) unità lessicale.

lodàre ***A*** *v. tr.* ***1*** elogiare, esaltare, encomiare, celebrare, cantare, decantare, apologizzare, incensare, gloriare, glorificare, magnificare, vantare CONTR. biasimare, sindacare, vituperare, disapprovare, condannare, stigmatizzare, criticare, contestare, demolire, denigrare, diffamare, dileggiare, infamare, screditare, stroncare □ rimbrottare, rimproverare, sgridare, riprendere ***2*** (*relig.*) adorare, onorare, benedire, riverire, venerare CONTR. bestemmiare, maledire ***3*** approvare, applaudire, acclamare, ammirare, commendare (*lett.*) CONTR. imprecare, oltraggiare, vilipendere, offendere ***B*** **lodarsi** *v. rifl.* esaltarsi, gloriarsi, vanagloriarsi, vantarsi CONTR. abbassarsi, denigrarsi, sminuirsi, disprezzarsi, umiliarsi.

lodàto *part. pass. di* **lodare**; *anche agg.* celebrato, elogiato, esaltato, glorificato, magnificato, predicato, decantato, incensato, applaudito, ammirato CONTR. biasimato, contestato, criticato, condannato, discusso, denigrato, riprovato, disapprovato, sindacato, sputtanato (*fam*).

lodatóre *s. m.*; *anche agg.* (*f. -trice*) esaltatore, celebratore, elogiatore □ incensatore, apologista, panegirista, vantatore CONTR. denigratore, critico, censore, detrattore, spregiatore, fustigatore.

lòde *s. f.* ***1*** approvazione, elogio, plauso, applauso, ammirazione, consenso, encomio, esaltazione, celebrazione, glorificazione, incensamento, magnificazione □ apologia, apoteosi, panegirico CONTR. biasimo, censura, attacco, critica, condanna, osservazione, stroncatura, disapprovazione, detrazione ***2*** (*relig.*) preghiera, orazione, implorazione, invocazione □ lauda, gloria, inno CONTR. bestemmia, imprecazione, maledizione.

LODE
sinonimia strutturata

Una **lode** è un'approvazione incondizionata, un elogio, un plauso: *ottenere, meritare, ricevere grandi* *lodi*; *essere degno di lode*; *lodi eccessive, sperticate, false*; *scrivere, parlare in lode di qualcuno*. Un altro significato di lode è quello di **vanto**, **merito**, **virtù**: *commemorare le lodi di qualcuno*; *tornare a lode di qualcuno*. Una lode, infine, è anche una particolare nota di plauso, oltre ai pieni voti assoluti, in un esame universitario: *trenta e lode*; *laurearsi con la lode*.

Nella letteratura latina ed umanistica un **elogio** è un particolare tipo di componimento con cui veniva celebrato un personaggio illustre. Questa parola viene ora usata per indicare un discorso o uno scritto laudativo: *fare l'elogio di qualcuno*; *il suo coraggio merita molti elogi*; un *elogio funebre* è un elogio in lode di un defunto. Oltre che ad indicare un applauso, con la parola **plauso** si indica in senso figurato una approvazione, una lode: *meritare il plauso dell'intera nazione*.

Con **celebrazione** si indica l'esaltazione o la lode pubblica mediante parole o scritti. Una celebrazione è anche una commemorazione, il festeggiamento solenne di anniversari, ricorrenze civili, religiose o simili.

Il primo significato di **encomio** è di canto in lode di un personaggio eminente. Per estensione questa parola indica una lode, specialmente pubblica e solenne, tributata da una persona importante e autorevole a un inferiore. In particolare, nel gergo militare, un *encomio semplice* è una lode data dal superiore all'inferiore, sia verbalmente che per lettera; un *encomio solenne* è quella lode pubblicata nell'ordine del giorno dell'unità cui appartiene il militare encomiato.

Il temine **apologia** indica un discorso o un componimento letterario in difesa e giustificazione di sé o un in difesa o esaltazione di una persona, una dottrina, una fede: *apologia del passato regime*; *apologia di reato*.

Altre parole per indicare la celebrazione o la lode dei pregi o delle virtù di qualcosa o qualcuno, a volte anche con elogi esagerati, sono **magnificazione** ed **esaltazione**: *la magnificazione delle proprie virtù*; *l'esaltazione delle imprese di un eroe* o, in modo ancora più eccessivo, **incensamento** e **incensatura**.

Una **apoteosi** è quella solenne cerimonia con la quale si divinizzavano gli eroi morti o gli imperatori romani viventi. Nel gergo teatrale è la trasformazione finale dell'eroe in divinità, ottenuta scenicamente mediante macchinari che danno l'impressione del meraviglioso. Nelle coreografie ottocentesche l'apoteosi era la scena finale, spesso simbolica, caratterizzata da luci e costumi fastosi e dalla presenza contemporanea sul palcoscenico di tutti gli attori. In senso figurato una apoteosi è una celebrazione, un'esaltazione di un avvenimento: *fare l'apoteosi di un uomo politico*.

Il **panegirico**, infine, è un'opera in prosa o in poesia di tono oratorio e con fini celebrativi: *i panegirici di Claudiano*. Un panegirico è anche uno scritto o un discorso in lode di qualcuno. In senso figurato indica un'eccessiva esaltazione: *ha intessuto un panegirico intorno alla sua opera*.

lodévole *agg.* lodabile, encomiabile, ammirevole, ammirabile, commendevole (*lett.*), commendabile, onorevole, apprezzabile, meritevole, meritorio □ edificante **CONTR.** biasimevole, deplorevole, deprecabile, censurabile, criticabile, condannabile, riprovevole, esecrabile, vituperabile, spregevole, disprezzabile.

lodevolménte *avv.* con lode, onorevolmente □ meritoriamente, mirabilmente, giustamente, bene □ elogiativamente, laudativamente, positivamente, encomiasticamente **CONTR.** biasimevolmente, male, indegnamente, riprovevolmente □ negativamente.

lòggia *s. f.* ***1*** loggiato, galleria, ballatoio, porticato, portico, veranda □ altana ***2*** (*di massoni*) tempio □ (*est.*) massoneria ***3*** (*bot.*) loculo, casella.

loggiàto *s. m.* loggia.

loggióne *s. m.* (*di teatro*) galleria, piccionaia (*scherz.*).

lògica *s. f.* rigore di ragionamento, coerenza, criterio, razionalità, ragione, raziocinio □ (*est.*) matematica □ (*est., fig.*) ovvietà **CONTR.** illogicità, irrazionalità, irragionevolezza, assurdità, incongruenza, incoerenza. *V. anche* RAGIONE

logicaménte *avv.* in modo logico, ragionevolmente, cerebralmente (*raro*), razionalmente, ragionatamente, coerentemente, conseguentemente □ (*est., fig.*) necessariamente, ovviamente, naturalmente **CONTR.** illogicamente, irragionevolmente, irrazionalmente, incoerentemente, contradditoriamente, incongruamente, stranamente.

logicità *s. f.* ragionevolezza, razionalità, sensatezza, coerenza, criterio **CONTR.** illogicità, irragionevolezza, irrazionalità, insensatezza, assurdità, incoerenza, stravaganza.

lògico *agg.* razionale, ragionevole, raziocinante, pensante, razionalistico, razionalista, ragionato, coerente, conseguente □ (*est.*) prudente, sensato, verosimile, sostenibile □ (*est., fig.*) ovvio, chiaro, naturale **CONTR.** illogico, irrazionale, assurdo, irragionevole, insensato, scriteriato, cervellotico, pazzesco, sballato, strampalato, inconcepibile.

lògo *s. m. inv.* logotipo, marchio, simbolo, griffe (*fr.*).

logoraménto *s. m.* consumo, logorio, usura, consunzione, sciupio **CONTR.** rifioritura, rinnovamento.

logorànte *part. pres. di* **logorare**; *anche agg.* debilitante, spossante, stressante, estenuante, affaticante, faticoso, pesante, massacrante □ monotono, noioso **CONTR.** corroborante, eccitante, rinforzante, tonico □ riposante, ristoratore, leggero, agevole, piacevole, vario.

logoràre ***A*** *v. tr.* ***1*** consumare, corrodere, erodere, intaccare, danneggiare, guastare, disgregare **CONTR.** restaurare, riparare, ricostruire, ripristinare ***2*** (*fig.*) affaticare, fiaccare, sfiancare, sforzare, stancare, prostrare, stremare, stressare □ sciupare, rovinare, divorare **CONTR.** rinforzare, tonificare, ristorare, rafforzare, riposare, rilassare □ conservare, risparmiare ***B*** lo-

gorarsi *v. intr. pron.* (*anche fig.*) struggersi, consumarsi, macerarsi, esaurirsi, rodersi, sciuparsi, stancarsi, sfiancarsi, affaticarsi, divorarsi **CONTR.** rinforzarsi, riposarsi, rilassarsi, ristorarsi. *V. anche* GUASTARE, STANCARE

logorìo *s. m.* **1** consumo, consumazione, deterioramento, logoramento, consunzione, usura **CONTR.** irrobustimento, ricostituzione **2** (*fig.*) stress □ affanno, struggimento, tormento, rodimento.

lógoro *agg.* **1** (*di cosa*) consunto, consumato, usurato, sciupato, logorato, frusto, liso, sdrucito, spelacchiato, roso, eroso, mangiato (*fig.*), rovinato, usato, vecchio **CONTR.** nuovo, intatto, fresco, integro **2** (*fig.*) (*di fisico, di persona, ecc.*) stanco, sfinito, spossato **CONTR.** energico, instancabile, vigoroso **3** (*fig.*) (*di discorso, di moda, ecc.*) trito, ritrito, abusato, sorpassato, superato **CONTR.** nuovo, originale. *V. anche* ANTICO

lombàta *s. f.* lombo.

lómbo *s. m.* **1** (*anat.*) regione lombare □ (*pl.*) reni **2** (*est.*) fianco, anca **3** (*fig., iron.*) famiglia, stirpe **4** lombata.

lombrìco *s. m.* (*est.*) verme.

longa manus /*lat.* 'lɔnga 'manus/ [loc. lat., letteralmente 'lunga mano'] *loc. sost. f. inv.* persona di fiducia, persona influente, braccio destro □ (*est.*) factotum.

longevità *s. f.* **1** vita lunga □ anzianità, vecchiaia **2** (*fig.*) persistenza, stabilità **CONTR.** breve durata, precarietà, provvisorietà.

longilìneo *agg.; anche s. m.* (*est.*) alto, slanciato, lungo **CONTR.** brevilineo, corto, piccolo, tozzo, tarchiato.

longitudinàle *agg.* in lunghezza, orizzontale **CONTR.** trasversale, obliquo, perpendicolare, verticale.

longitudinalménte *avv.* in lunghezza, orizzontalmente **CONTR.** obliquamente, perpendicolarmente, trasversalmente, verticalmente.

longitùdine *s. f.* (*est.*) lunghezza **CFR.** latitudine, larghezza.

long play /*ingl.* 'lɔŋ plei/ *V.* **long playing**.

long playing /*ingl.* 'lɔŋ pleiŋ/ [loc. ingl., da *long* 'a lungo' e *playing* 'che suona'] *loc. agg. e sost. m. inv.* long play (*ingl., fam.*), microsolco, trentatré giri, album, compilation (*ingl.*), LP, ellepì, disco.

lontanaménte *avv.* **1** lontano, in lontananza, da lontano **CONTR.** vicino **2** (*fig.*) pressappoco, alla lontana **CONTR.** esattamente, precisamente.

lontanànza *s. f.* **1** (*di spazio, di tempo*) distanza, intervallo **CONTR.** vicinanza, adiacenza, prossimità, contiguità, propinquità, imminenza **2** (*dagli amici, dalla patria, ecc.*) assenza, distacco, separazione **CONTR.** vicinanza, presenza.

lontàno ***A*** *agg.* **1** (*di spazio, di tempo*) distante, discosto, remoto, appartato, ritirato, romito (*lett.*), fuori, fuorivia **CONTR.** vicino, adiacente, attiguo, contiguo, prossimo, circostante, confinante, finitimo □ imminente **2** (*di persona*) assente, diviso, separato, estraneo, avulso **CONTR.** presente, unito, connesso, collegato **3** (*fig.*) (*di idee, di proposte, ecc.*) diverso, differente, discordante, divergente, disgiunto **CONTR.** simile, somigliante, uguale **4** (*fig.*) (*di persona*) alieno, contrario **CONTR.** favorevole, propizio **5** (*fig.*) (*di somiglianza, di sospetto, ecc.*) vago, indeterminato, indefinito, incerto **CONTR.** definito, determinato, certo **6** (*fig.*) immune, salvo, al riparo ***B*** *avv.* distante, lungi, lontanamente **CONTR.** vicino, dappresso, nelle vicinanze ***C*** *s. m.* luogo distante, via **FRAS.** *alla lontana*, in distanza; (*fig.*) vagamente □ *veder lontano* (*fig.*), essere lungimirante □ *andar lontano* (*fig.*), far carriera, aver successo □ *mirare lontano* (*fig.*), avere grandi ambizioni.

look /*ingl.* 'luk/ [vc. ingl., propriamente 'immagine'] *s. m. inv.* immagine, apparenza, aspetto, stile □ moda.

loquàce *agg.* **1** (*di persona*) chiacchierone, ciarliero, chiacchierino, linguacciuto, parolaio, verboso, facondo (*lett.*), garrulo (*raro, lett.*), logorroico, prolisso, discorsivo **CONTR.** muto, silenzioso, chiuso, zitto, taciturno, conciso, laconico **2** (*fig.*) (*di gesto, di silenzio, ecc.*) eloquente, espressivo, significativo **CONTR.** inespressivo, insignificante.

loquaceménte *avv.* verbosamente, prolissamente, diffusamente **CONTR.** brevemente, concisamente, laconicamente.

loquacità *s. f.* facilità di parola, chiacchiera, scilinguagnolo (*fig.*), parlantina, verbosità, facondia, garrulità, logorrea **CONTR.** brevità, concisione, laconicità.

lord /*ingl.* 'lɔ:d/ [dall'anglosassone *hláford* 'guardiano (*ward*) del pane (*hlaf*)'] *s. m. inv.* (*pop., fig.*) milord (*ingl.*), ricco, raffinato, elegantone **CONTR.** poveraccio, pezzente, straccione.

lordàre ***A*** *v. tr.* **1** imbrattare, sporcare, insozzare, insudiciare, bruttare (*lett.*), macchiare, chiazzare, deturpare **CONTR.** pulire, nettare, detergere, sbrattare, lavare, ripulire, spazzare, forbire **2** (*fig.*) corrompere, contaminare, depravare, pervertire **CONTR.** moralizzare, purificare ***B*** **lordarsi** *v. rifl.* insudiciarsi, imbrattarsi, insozzarsi, sporcarsi, macchiarsi **CONTR.** pulirsi, mondarsi, purificarsi.

lórdo *agg.* **1** sporco, imbrattato, insozzato, sozzo, sudicio, lurido, macchiato □ ributtante, immondo, schifoso **CONTR.** pulito, mondo, netto, terso **2** (*fig.*) (*di coscienza, di vita, ecc.*) corrotto, dissoluto, impuro, turpe, vizioso **CONTR.** incorrotto, morigerato, onesto, puro, virtuoso **3** (*di peso, di importo e sim.*) con la tara, bruto **CONTR.** netto, pulito.

lordùra *s. f.* **1** sporcizia, sozzura, lordume, lordezza, immondizia, pattume, feccia **CONTR.** pulizia, lindezza, forbitezza, nettezza **2** (*fig.*) (*di morale*) corruzione, bruttura, depravazione, immoralità □ disonore, infamia, macchia **CONTR.** moralità, onestà, purezza. *V. anche* DEPRAVAZIONE, INFAMIA

lóro ***A*** *pron. pers. di terza pers. m. e f. pl.* **1** essi, esse, quelli, quelle, coloro, le, li **2** ad essi, ad esse, a quelli, a quelle, a coloro ***B*** *agg. e pron. poss. di terza persona pl.* di essi, di esse □ proprio ***C*** *s. m. e f. sing.* loro roba, loro ricchezza, loro denaro ***D*** *s. m. e f. pl.* familiari, parenti, amici **FRAS.** *dire la loro*, dire la loro opinione □

stare dalla loro, stare dalla loro parte.

lósco *agg.* **1** (*di persona, di occhio*) guercio, strabico **2** (*est.*) (*di sguardo, di parole, ecc.*) bieco, torvo **CONTR.** benigno, sereno, ridente **3** (*fig.*) (*di persona, di affare, ecc.*) ambiguo, equivoco, subdolo, di dubbia onestà, disonesto □ (*di aspetto fisico*) patibolare (*fig.*), sinistro **CONTR.** onesto, irreprensibile, incensurabile, pulito, chiaro, degno.

lòtta *s. f.* **1** combattimento, battaglia, conflitto, guerra, faida □ rissa, zuffa, colluttazione, litigio **CONTR.** pace, concordia, tregua **2** (*fig.*) (*sport, politica, economia ecc.*) competizione, gara, match, incontro, meeting (*ingl.*), competitività, conflittualità, contesa, opposizione, duello, lizza **3** (*fig.*) contrasto, disaccordo, discordia, dissidio, rivalità □ dimostrazione, contestazione, manifestazione, rivendicazione, sciopero **CONTR.** accordo, armonia, intesa. *V. anche* DISCORDIA, ZUFFA

lottàre *v. intr.* **1** combattere, battagliare, guerreggiare, pugnare (*lett.*), colluttare (*lett.*), venire alle mani, battersi, accapigliarsi, azzuffarsi, percuotersi, picchiarsi, scontrarsi, litigare, discutere, polemizzare **CONTR.** essere in pace, essere d'accordo, essere in amicizia **2** (*sport*) fare alla lotta □ competere, gareggiare, misurarsi **CONTR.** ritirarsi **3** (*fig.*) impegnarsi, sforzarsi □ resistere □ rivendicare, scioperare, dimostrare, contestare, manifestare **CONTR.** arrendersi, cedere, rinunciare.

lottatóre *s. m.*; *anche agg.* (*f. -trice*) combattente, atleta, campione □ (*est.*) avversario, oppositore □ (*fig.*) gladiatore.

lotterìa *s. f.* pesca, riffa, tombola, lotto, biribissi □ sorteggio.

lottizzàre *v. tr.* suddividere, frazionare □ dividere **CONTR.** accorpare, unificare. *V. anche* DIVIDERE

lottizzazióne *s. f.* suddivisione, frazionamento □ divisione **CONTR.** accorpamento, unificazione.

lòtto *s. m.* **1** lotteria, riffa, sorteggio □ (*est.*) botteghino **2** (*di divisione*) parte, parcella, frazione **3** (*di merce*) quantità, blocco, gruppo **CONTR.** intero, tutto **FRAS.** *dare i numeri del lotto* (*fig.*), parlare sconclusionatamente □ *vincere un terno al lotto* (*fig.*), avere un colpo di fortuna.

love story /*ingl.* lʌv 'stɔ:ri/ [loc. ingl., propr. 'storia d'amore', dal titolo di un romanzo di E. Segal] *loc. sost. f. inv.* relazione amorosa, amore.

LP /elle'pi/ o **lp** *s. m. inv.* sigla di **long playing**.

lubrificànte ***A*** *part. pres. di* **lubrificare**; *anche agg.* (*per macchina*) lubrificatore, ingrassatore ***B*** *s. m.* olio, unto, grasso.

lubrificàre *v. tr.* oliare, ungere, ingrassare.

luccicànte *part. pres. di* **luccicare**; *anche agg.* brillante, diamantino, lucente, lustro, lucido, rilucente, luminoso, radioso, raggiante, lampeggiante, fiammante, scintillante, sfavillante, risplendente **CONTR.** opaco, appannato, offuscato, oscuro, velato.

luccicàre *v. intr.* (*di minerali, di pietre preziose*) brillare, rilucere, splendere, risplendere, scintillare, sfavillare, sfolgorare, dardeggiare, gatteggiare, lampeggiare, rifulgere, mandare bagliori □ (*di sguardo, di occhi*) (*fig., est.*) ridere **CONTR.** essere opaco, essere appannato, essere offuscato, essere velato. *V. anche* RIDERE

luccichìo *s. m.* brillio, sfolgorio, scintillio, bagliore, sfavillamento, sfavillio, lucentezza, sfolgoramento.

luccicóne *s. m.* lacrima, lacrimone, lucciolone (*tosc.*).

lùcciola *s. f.* **1** (*zool.*) lampiride, lucia (*pop.*) **2** (*fig.*) prostituta, peripatetica, passeggiatrice (*euf.*), battona (*pop.*), puttana **FRAS.** *prendere lucciole per lanterne* (*fig.*), fraintendere.

lùce *s. f.* **1** luminosità □ chiaro, chiarore □ bagliore, fulgore, scintilla, sfavillamento, sfavillio, luccicore (*raro*), lucore (*ant.*), face (*est., lett.*), splendore, balenio, barlume, fosforescenza, sorgente luminosa □ giorno **CONTR.** buio, oscurità, scuro (*fam.*), tenebre, tenebrore (*lett.*), notte, ombra, foschia **2** raggi del sole, sole □ raggio (*est.*) **3** (*di veicolo, di edificio, ecc.*) faro, fanale, fanalino □ sorgente luminosa □ lucerna, fiaccola □ lampada, lume, lampadina **4** (*est.*) energia elettrica, corrente elettrica, illuminazione **5** (*di pietra preziosa, di superficie luminosa, ecc.*) riflesso **6** (*fig.*) (*di ragione, di scienza, ecc.*) lume, valore, forza, perfezione, evidenza **7** (*poet.*) occhi **8** (*di finestra*) vano, foro **9** (*di un condotto*) apertura, bocca **10** (*arch.*) (*di un arco*) corda, portata □ ampiezza, vista prospettiva □ finestra (*est.*) **FRAS.** *dare alla luce* (*fig.*), partorire □ *venire alla luce* (*fig.*), *vedere la luce* (*fig.*), nascere □ *alla luce del sole* (*fig.*), *alla luce del giorno* (*fig.*), apertamente □ *luci della ribalta* (*fig.*), palcoscenico □ *alla luce dei fatti*, a posteriori; secondo la realtà delle cose □ *far luce su qualcosa* (*fig.*), chiarire, spiegare qualcosa □ *mettere in luce* (*fig.*), rivelare; evidenziare □ *venire in luce* (*fig.*), rivelarsi, manifestarsi.

lucènte *part. pres. di* **lucere**; *anche agg.* brillante, chiaro, radiante, raggiante, lustro, rilucente, fiammante, fiammeggiante, fulgente (*lett.*), rifulgente (*lett.*), rutilante (*lett.*), risplendente, fulgido, luccicante, lucido □ (*di aria, di cielo*) luminoso, limpido, nitido, pulito, terso □ (*di colore*) scintillante, sfavillante, sfolgorante, splendente, smagliante, vivido **CONTR.** opaco, oscuro, scuro, buio, torbido, appannato, annebbiato, offuscato, spento, velato.

lucentézza *s. f.* fulgore, splendore, chiarore, luminosità, limpidezza, luccichio, lustro, luccicore (*raro*), lucidità, scintillio, sfavillio **CONTR.** opacità, oscurità, offuscamento, torbidezza, torbidità.

lucèrna *s. f.* **1** lume, lume a olio, lampada, lanterna **2** (*poet.*) luce, splendore **3** (*pop., scherz.*) cappello a due punte (dei carabinieri).

lucernàio o **lucernàrio** *s. m.* finestra sul tetto, abbaino, lanterna.

lucidàre *v. tr.* **1** lustrare □ (*est.*) pulire, forbire, tergere, polire, detergere □ (*di tessuto, di carta, di vetro, ecc.*) calandrare, satinare, smerigliare □ (*di mobili, di pavimenti*) incerare **CONTR.** offuscare, appannare, velare **2** (*tecnol.*) ricopiare, ricalcare. *V. anche* PULIRE

lucidatùra *s. f.* lustratura □ (*di tessuto, di carta, di* *vetro, ecc.*) calandratura, satinatura, smerigliatura □ (*di mobili, di pavimenti*) inceratura.

lucidità *s. f.* ***1*** brillantezza, lucentezza, luminosità, limpidezza, limpidità, nitidezza, nitore, splendore **CONTR.** opacità, oscurità, offuscamento, torbidezza ***2*** (*fig.*) (*di mente, di parola, ecc.*) chiarezza, rigore, presenza, coerenza, acutezza, perspicuità □ obiettività **CONTR.** confusione, incertezza, oscurità, disorientamento, delirio, nebulosità.

lùcido (1) *agg.* ***1*** brillante, chiaro, limpido, lucente, luminoso, lustro, luccicante, rilucente, risplendente, sfavillante, sfolgorante, splendente **CONTR.** opaco, oscuro, torbido, appannato, offuscato, velato, nebuloso ***2*** (*fig.*) (*di mente, di parola, ecc.*) cosciente, evidente, perspicuo □ acuto, perspicace **CONTR.** confuso, incerto, disorientato, stordito □ ottuso.

lùcido (2) *s. m.* ***1*** lucentezza, luminosità, splendore **CONTR.** opacità, offuscamento, oscurità, torbidezza ***2*** (*per scarpe, per mobili, ecc.*) crema, cera ***3*** (*tecnol.*) trasparente.

lucìfero [vc. dotta, lat. *lucĭferu*(*m*), comp. di *lūx*, genit. *lūcis*, 'luce', e *-feru*(*m*) '-fero'] *s. m.* ***1*** (*lett.*) Venere (pianeta) ***2*** (*relig.*) diavolo, demonio, satana.

lucìgnolo *s. m.* ***1*** stoppino ***2*** (*fig., scherz.*) spilungone.

lùcro *s. m.* guadagno, profitto, speculazione **CONTR.** perdita, passivo, scapito, deficit (*lat.*). *V. anche* GUADAGNO

lucróso *agg.* lucrativo, redditizio, remunerativo, vantaggioso, conveniente **CONTR.** improduttivo, dannoso, passivo.

lucullìano [dal n. del buongustaio romano Lucio Licinio *Lucullo*] *agg.* (*di pranzo, di piatto e sim.*) magnifico, sontuoso, lauto, splendido, abbondante **CONTR.** frugale, modesto, povero, misero.

lùdico *agg.* di gioco, di passatempo, ricreativo, lusorio (*lett.*).

lùgubre *agg.* funebre, funereo, ferale (*lett.*), luttuoso, mortuario, tetro, triste, macabro, sinistro, sepolcrale □ (*di persona*) accigliato, afflitto **CONTR.** allegro, festante, festoso, gaio, giocondo, lieto, ridente, comico.

lugubreménte *avv.* malinconicamente, tristemente, angosciosamente, sconsolatamente, tetramente **CONTR.** lietamente, allegramente, gaiamente, festosamente.

lùi ***A*** *pron. pers. di terza pers. m. sing.* ***1*** (*come compl. ogg.*) lo ***2*** (*come sogg. fam.*) egli, esso ***B*** *in funzione di s. m.* (*fam.*) amato **CONTR.** lei.

lumàca *s. f.* ***1*** (*zool.*) limaccia ***2*** (*pop.*) chiocciola ***3*** (*fig.*) persona lenta **CONTR.** fulmine (*fig.*).

lumacóne *s. m.* ***1*** *accr. di* **lumaca** ***2*** (*fig.*) persona lenta, fiaccone ***3*** (*fig.*) finto tonto, sornione ***4*** (*fig.*) brontolone.

lùme *s. m.* ***1*** lampada, lanterna, lucerna, lampione, fanale, fiaccola, torcia, candela, face (*lett.*) ***2*** (*est., poet.*) stella, astro □ (*al pl.*) luminaria ***3*** chiarore, chiaro (*fam.*), luce, splendore, brillantezza **CONTR.** opacità, oscurità ***4*** (*fig.*) vista ***5*** (*fig.*) guida, ammaestramento, consiglio □ chiarimento, spiegazione ***6*** (*lett.*) (*di persona*) luminare, celebrità **FRAS.** *perdere il lume degli occhi, della ragione* (*fig.*), arrabbiarsi violentemente □ *il secolo dei lumi*, il Settecento □ *chiedere lumi* (*fig.*), domandare chiarimenti □ *accendere un lume* (*fig.*), riconoscere di essere sfuggiti a un pericolo □ *arrivare a lumi spenti* (*fig.*), arrivare troppo tardi.

lumicìno *s. m.* ***1*** *dim. di* **lume** ***2*** lumino, fiammella **FRAS.** *essere al lumicino* (*fig.*), essere alla fine (spec. della vita).

luminàre *s. m.* (*fig.*) (*di persona*) personaggio, grande, nome, personalità, celebrità, lume.

luminària *s. f.* ***1*** illuminazione pubblica (per feste) ***2*** (*est.*) fiaccolata □ lumi □ scintillio di luci.

luminescènte *agg.* brillante, luminoso **CONTR.** offuscato, opaco.

luminescènza *s. f.* fosforescenza, brillantezza, luminosità **CONTR.** offuscamento, opacità.

lumìno *s. m.* ***1*** *dim. di* **lume** ***2*** candelina, cero, lume a olio, lumicino.

luminosità *s. f.* chiarore, chiarezza, chiaro (*fam.*) □ radiosità, sfolgoramento, fulgore, bagliore, luminescenza, lucentezza, splendore, fulgidezza (*lett.*), luce, luccicore, sfolgorio **CONTR.** opacità, oscurità, buio, tenebra.

luminóso *agg.* ***1*** brillante, fulgente (*lett.*), luminescente, radiante, splendido, fulgido, vivido, fiammeggiante, radioso, luccicante, lucente, risplendente, scintillante, sfavillante, sfolgorante, splendente □ (*di colore*) rutilante, acceso, vivo, solare **CONTR.** offuscato, annebbiato, appannato, opaco, scuro, buio, tetro, atro (*lett.*) ***2*** (*fig.*) (*di esempio, ecc.*) chiaro, evidente, lampante, manifesto, palese, perspicuo, inconfutabile □ ingegnoso **CONTR.** incomprensibile, oscuro, confuso □ piatto, insignificante. *V. anche* TRASPARENTE

lùna *s. f.* ***1*** satellite della Terra ***2*** lunazione, mese lunare ***3*** (*fig.*) luogo irreale, regione fantastica **FRAS.** *aver la luna* (*di traverso*) (*fig.*), essere di malumore □ *chiari di luna* (*fig.*), momenti critici □ *essere ancora nel mondo della luna*, non essere ancora nato □ *abbaiare alla luna* (*fig.*), lamentarsi o agitarsi inutilmente □ *andare a lune*, essere incostanti □ *essere di luna buona* (*fig.*), essere di buonumore □ *far vedere la luna nel pozzo* (*fig.*), far credere cose assurde □ *luna di miele* (*fig.*), i primi giorni di matrimonio; viaggio di nozze □ *luna sporca* (*fig.*), luna foriera di pioggia.

lunàrio *s. m.* almanacco, calendario, effemeride □ barbanera (*est.*) **FRAS.** *sbarcare il lunario* (*fig.*), vivere stentatamente.

lunàtico *agg.* e *s. m.* bizzarro, capriccioso, incostante, instabile, mutevole, strambo, balzano, bislacco, stravagante, volubile, svitato, tocco, toccato, mattoide **CONTR.** costante, coerente, normale, equilibrato.

lunch /*ingl.* lʌntʃ/ *s. m. inv.* pranzo, colazione □ (*est.*) spuntino, pasto leggero.

lunétta *s. f.* ***1*** *dim. di* **luna** ***2*** (*est.*) mezzaluna, archetto.

lungàggine *s. f.* ***1*** indugio, lentezza □ burocrazia (*est., fig.*) **CONTR.** rapidità, sveltezza, prestezza (*raro*), velocità ***2*** (*di discorsi, ecc.*) verbosità, prolissità □ (*fig., fam.*) pappardella, pizza, broda, zuppa, broscia □ cantafavola, cantilena, tiritera, filastrocca **CONTR.** concisione, brevità.

lungaménte *avv.* ***1*** per lungo tempo, a lungo ***2*** estesamente, diffusamente, prolissamente **CONTR.** concisamente, succintamente, stringatamente, brevemente.

lunghézza *s. f.* ***1*** (*di spazio*) estensione, misura, distanza □ altezza, statura □ longitudine □ grandezza, metraggio, metratura **CONTR.** brevità, cortezza ***2*** (*di tempo*) corso, durata □ indugio, ritardo **CONTR.** breve durata. *V. anche* MISURA

lungimirànte *agg.* accorto, avveduto, previdente, perspicace, preveggente, prudente **CONTR.** avventato, imprevidente, irriflessivo, miope.

lungimirànza *s. f.* accortezza, avvedutezza, previdenza, prudenza **CONTR.** avventatezza, imprevidenza, miopia, sconsideratezza. *V. anche* PRUDENZA

lùngo ***A*** *agg.* ***1*** esteso, grande □ bislungo, oblungo □ (*ling.*) geminato **CONTR.** breve, corto ***2*** (*di persona*) alto, allampanato, longilineo **CONTR.** basso, piccolo ***3*** (*di vita, di pace, ecc.*) durevole, duraturo, costante **CONTR.** fugace, passeggero, transitorio ***4*** (*di persona*) lento, tardo **CONTR.** rapido, veloce, svelto ***5*** (*di liquido*) diluito, allungato **CONTR.** condensato, concentrato ***6*** (*fig.*) (*di discorso, di scritto, di attesa, ecc.*) brodoso, prolisso, verboso □ eterno, interminabile **CONTR.** conciso, succinto, telegrafico □ breve ***B*** *in funzione di avv.* lungamente, a lungo **CONTR.** brevemente ***C*** *prep.* ***1*** rasente, accosto ***2*** durante ***D*** *s. m.* lunghezza, distanza **FRAS.** *saperla lunga* (*fig.*), essere furbo □ *a lungo*, per molto tempo □ *a lungo andare*, col passare del tempo □ *tirare di lungo*, proseguire □ *tirarla in lungo, mandare in lungo*, rimandare continuamente □ *farla lunga*, dilungarsi inutilmente in un discorso □ *lungo come l'anno della fame, lungo come il digiuno, come la quaresima*, lentissimo □ *tirare di lungo*, ignorare una persona o un evento, come non li si vedesse; fare qualcosa in fretta e senza cura. *V. anche* GRANDE

luògo *s. m.* ***1*** posto, regno (*est., fig.*), posizione, parte, sede, sito, spazio, scena, teatro (*fig.*), località, zona, angolo ***2*** paese, regione, territorio, suolo (*fig.*), centro, stazione, centro abitato, città, villaggio ***3*** (*fig.*) agio, modo, occasione, momento, opportunità ***4*** (*fig., lett.*) ceto, condizione, famiglia ***5*** (*di libro*) brano, passo, punto **FRAS.** *in luogo di*, invece di □ *fuori luogo* (*fig.*), inopportuno □ *a tempo e luogo* (*fig.*), nel momento opportuno □ *aver luogo* (*fig.*), avvenire, verificarsi □ *luoghi santi* (*per anton.*), Palestina (per i cristiani).

luogotenènte *s. m.* (*in cariche importanti*) sostituto, vice, supplente, delegato, governatore.

lùpo *s. m.* **CFR.** pecora **FRAS.** *lupo delle praterie*, coyote □ *cane lupo*, pastore tedesco □ *lupo di mare* (*fig.*), marinaio esperto □ *lupo mannaro*, licantropo □ *gridare al lupo* (*fig.*), dare un allarme per burla □ *tempo da lupi* (*fig.*), tempo burrascoso, tempo freddissimo □ *in bocca al lupo!*, auguri! □ *cadere in bocca al lupo* (*fig.*), cadere in mano al nemico o in un grave pericolo □ *fare più strada di un lupo a digiuno* (*fig.*), viaggiare molto; faticare o lavorare moltissimo □ *lupo in veste d'agnello*, persona infida □ *mettere il lupo nell'ovile* (*fig.*), non riconoscere un nemico; essere terribilmente ingenui, fiduciosi o stupidi.

luridaménte *avv.* sozzamente, sudiciamente □ schifosamente, turpemente **CONTR.** pulitamente □ onestamente.

lùrido *agg.* ***1*** (*di persona o cosa*) lordo, sozzo, lercio, sporco, sudicio □ disgustoso, ripugnante, schifoso **CONTR.** pulito, forbito, lindo, mondo, terso, netto, nitido ***2*** (*fig.*) (*di persona*) abietto, detestabile, spregevole, immondo □ scostumato, turpe, vizioso **CONTR.** onorato, onorevole, onesto, virtuoso.

luridùme *s. m.* ***1*** sporcizia, sudiciume, sudiceria, laidume, lerciume, porcheria **CONTR.** pulizia, lindura, nettezza ***2*** (*fig.*) abiezione, corruzione, turpitudine, bassezza **CONTR.** dignità, elevatezza, nobiltà, onestà.

lùsco *agg.*; *anche s. m.* (*raro*) losco □ guercio **FRAS.** *tra il lusco e il brusco*, al crepuscolo; nella mezza luce, in penombra.

lusìnga *s. f.* ***1*** allettamento, fascino, seduzione, attrazione, tentazione, attrattiva, invito, lustra (*raro*), accalappiamento, adescamento □ esca, pania (*fig.*), amo (*est.*), insidia □ galanteria □ lisciamento, lisciatura, adulazione, piaggeria, vezzeggiamento, lisciata, cortigianeria, sviolinatura □ carezza, moina, blandizie, vezzo, leziosaggine, smorfia **CONTR.** ingiuria, insulto, insolenza, vituperio, minaccia, sarcasmo ***2*** illusione, inganno, chimera, sogno, speranza □ piacere, vanità **CONTR.** delusione, disillusione, disinganno, disincanto, certezza, sicurezza, realtà. *V. anche* SPERANZA

lusingàre ***A*** *v. tr.* ***1*** attrarre, sedurre, allettare □ adescare, accalappiare, blandire, adulare, accarezzare, carezzare, lisciare, vezzeggiare □ fare sperare, illudere, menare per il naso **CONTR.** deludere, disingannare, disilludere ***2*** (*est.*) dilettare, deliziare, soddisfare, solleticare, cullare, fare piacere **CONTR.** irritare, scontentare, far dispiacere ***3*** (*fig.*) alimentare, fomentare, sollecitare ***B*** **lusingarsi** *v. intr. pron.* ***1*** (*raro*) illudersi ***2*** sperare, credere. *V. anche* SEDURRE

lusingàto *part. pass. di* **lusingare**; *anche agg.* ***1*** onorato ***2*** adescato, allettato.

lusingatóre *s. m.*; *anche agg.* (*f. -trice*) adulatore, adescatore, ruffiano, seduttore, allettatore **CONTR.** detrattore, denigratore.

lusinghièro *agg.* allettante, attraente, gradevole, invitante, lusinghevole (*lett.*), carezzevole, piacevole, seducente, promettente, adescatore, allettevole, suadente, soddisfacente, incoraggiante **CONTR.** malevolo, disgustoso, ripugnante, repellente, deludente, scoraggiante.

lusitàno [vc. dotta lat. *Lusitānu(m)*, da *Lusus*, figlio di Bacco, leggendario conquistatore del Portogallo] *agg.*; *anche s. m.* portoghese.

lussazióne *s. f.* (*med., est.*) slogatura, distorsione, storta □ storpiamento.

lùsso *s. m.* **1** sfarzo, fasto, fastosità, splendore, gala, magnificenza, pompa, sciccheria, sontuosità, grandigia (*lett.*), grandezza □ opulenza, ricchezza, benessere **CONTR.** miseria, povertà, modestia, semplicità, sobrietà **2** agio, comodità □ mollezza □ prelibatezza **3** (*est.*) (*di cultura, di citazioni, ecc.*) abbondanza, larghezza, esuberanza **CONTR.** mancanza, scarsità.

lussuosaménte *avv.* sfarzosamente, sontuosamente, pomposamente, fastosamente, riccamente, splendidamente, grandiosamente, magnificamente, principescamente **CONTR.** miseramente, poveramente, semplicemente, disagiatamente.

lussuóso *agg.* fastoso, sfarzoso, sardanapalesco (*est.*), sibaritico (*fig.*), sontuoso, magnifico, splendido, prestigioso □ (*di ricompensa, di pranzo*) ricco, lauto, principesco, regale **CONTR.** misero, modesto, povero, semplice, economico.

lussureggiànte *part. pres. di* **lussureggiare**; *anche agg.* **1** (*di pianta, di luogo*) prosperoso, verde, verdeggiante, rigoglioso, prospero, ricco, vigoroso, virente (*poet.*) **CONTR.** arido, avvizzito, secco, brullo, desertico **2** (*fig.*) (*di stile, di ornamento, ecc.*) copioso (*lett.*), abbondante □ ampolloso, verboso **CONTR.** scarso □ conciso, stringato, succinto, semplice.

lussùria *s. f.* lascivia, libidine, carnalità, concupiscenza, impudicizia, incontinenza, sensualità, voluttà, libertinaggio, licenziosità **CONTR.** castità, castimonia (*lett.*), continenza, pudicizia, purezza □ frigidità.

lussurióso *agg.*; *anche s. m.* lascivo, libidinoso, impudico, incontinente, carnale, sensuale, libertino, vizioso, concupiscente, licenzioso, voluttuoso **CONTR.** casto, continente, costumato, morigerato, pudico.

lustràre **A** *v. tr.* **1** lucidare, forbire, rendere brillante, far risplendere, dar lucidezza □ polire **CONTR.** appannare, offuscare **2** (*fig.*) adulare, lisciare, blandire, ungere (*pop.*) **B** *v. intr.* brillare, luccicare, risplendere **CONTR.** essere opaco, essere spento.

lustrascàrpe *s. m.* e *f. inv.* (*fig.*) adulatore, leccapiedi, incensatore, cortigiano.

lustràto *part. pass. di* **lustrare**; *anche agg.* lucidato, lucido, lustro, forbito **CONTR.** appannato, opaco.

lustratùra *s. f.* lucidatura, lustrata.

lustrìno *s. m.* paillette (*fr.*), perlina.

lùstro (**1**) *agg.* lucido, lucidato, lustrato, luccicante, lucente, rilucente, sfavillante, splendente, pulito **CONTR.** appannato, opaco, offuscato, oscuro, scuro.

lùstro (**2**) *s. m.* **1** lucentezza, splendore □ (*est., fig.*) vernice **2** (*fig., lett.*) decoro, gloria, vanto, fama, onore, distinzione □ mostra, apparenza **CONTR.** infamia, disonore, vergogna, onta. *V. anche* VANTO

lùtto *s. m.* **1** (*est.*) cordoglio, compianto, dolore, mestizia, tristezza, pianto □ gramaglie **CONTR.** allegria, festa, gioia, tripudio, giocondità, letizia **2** (*est.*) disgrazia, sciagura, calamità, disastro, tragedia **CONTR.** fortuna **FRAS.** *abito da lutto*, abito nero.

luttuóso *agg.* doloroso, funesto, funereo, ferale, triste, funebre, tragico, calamitoso □ (*fig.*) scuro, nero, tetro, lugubre **CONTR.** allegro, festoso, gioioso, gaio, giocondo, lieto. *V. anche* NERO

m, M

ma *A* cong. *1* (*con valore concessivo*) però, bensì, tuttavia, eppure, ciononostante *2* (*con valore avversativo*) invece, al contrario, anzi, piuttosto, all'opposto *3* (*con valore coordinativo*) e *B* in funzione di s. m. inv. obiezione, incertezza, difficoltà, però, scoglio.

màcabro [dal fr. (*danse*) *macabre*, alterazione di *danse macabré* 'danza dei Maccabei', eroi biblici il cui culto era avvicinato a quello dei morti] agg. funereo, funebre, lugubre, spettrale □ orrido, orrendo, orripilante, agghiacciante, raccapricciante, spaventoso □ opprimente, tetro, triste **CONTR.** lieto, felice, allegro □ ameno, giocondo, ridente. *V. anche* NERO

macàco s. m. *1* (*fig.*) tonto, sciocco □ credulone, sempliciotto □ pollo, merlo, merlotto **CONTR.** furbo, dritto *2* incapace, inetto **CONTR.** asso, drago, dio *3* uomo brutto, omarello **CONTR.** bell'uomo, adone, apollo.

maccabèo [da *Maccabeo*, personaggio biblico] s. m. tanghero □ tonto, credulone, sempliciotto, sciocco, stupidone **CONTR.** furbone, dritto.

maccarèllo [dal fr. *maquereau* 'mezzano', 'ruffiano', perché secondo una credenza popolare il *maccarello* accompagna le aringhe nelle loro migrazioni e avrebbe la funzione di far accoppiare i maschi con le femmine] s. m. (*zool.*) scombro, sgombro, lacerto.

macché inter. niente affatto, per niente, per nulla, neanche per sogno, neanche per idea, assolutamente no.

maccheróne s. m. (*fig.*) stupidone, cretino, babbeo **CONTR.** intelligentone, furbone **FRAS.** *il cacio sui maccheroni* (*fig.*), cosa opportuna, cosa che capita a proposito.

maccherònico agg. *1* (*di latino*) grossolano, parodiato *2* (*est.*) (*di lingua*) alterato, scorretto, sgrammaticato **CONTR.** corretto, puro.

màcchia (1) s. f. *1* macula (*ant., lett.*), segno, frego, baffo, frittella, patacca, padella, pillacchera (*tosc.*), sgorbio, sgorbiatura, schizzo, chiazza, imbrattatura, imbrodolatura, lordura, sbrodolatura, imbrattamento □ gora, alone *2* (*di colore*) screziatura, chiazza, venatura □ tacca □ (*sulla pelle*) rosa, voglia, neo, fungo *3* (*fig.*) colpa, peccato, fallo, mancanza, reato, taccia, vergogna, vizio, difetto, menda, magagna, tara, neo, pecca **CONTR.** virtù, merito, dote, pregio *4* (*fig.*) offesa, oltraggio **CONTR.** elogio, lode, encomio **FRAS.** *a macchia d'olio*, tendente a espandersi.

màcchia (2) s. f. boscaglia, bosco, sottobosco, selva, sterpaia, sterpeto, roveto fratta, cespuglio □ fioritura **FRAS.** *darsi alla macchia* (*fig.*), nascondersi, darsi al brigantaggio □ *alla macchia* (*fig.*), di nascosto.

macchiàre *A* v. tr. *1* imbrattare, impataccare, impiastricciare, impillaccherare (*tosc.*), insozzare, insudiciare, inzaccherare, lordare, sporcare □ sgorbiare **CONTR.** smacchiare, pulire, ripulire, tergere, astergere, mondare, nettare, sgrassare *2* (*fig.*) (*di onore, di nome, ecc.*) disonorare, infamare, contaminare, deturpare □ calunniare, denigrare, oltraggiare, profanare, viziare **CONTR.** onorare, lodare, esaltare *3* dipingere a macchie, screziare, chiazzare *B* **macchiarsi** v. intr. pron. *1* imbrattarsi, sporcarsi, insudiciarsi, lordarsi, insozzarsi, impataccarsi, inzaccherarsi, impiastricciarsi **CONTR.** smacchiarsi, pulirsi, ripulirsi, tergersi *2* (*fig.*) (*di infamia, di delitto, ecc.*) disonorarsi, infamarsi, contaminarsi.

macchiàto part. pass. di **macchiare**; anche agg. *1* (*di persona o cosa*) imbrattato, sporcato, insudiciato, impadellato, insozzato, impataccato, sbrodolato, impiastricciato, lordato □ sporco, lercio, sudicio, sozzo, lordo **CONTR.** pulito, netto, terso *2* (*di colore*) chiazzato, screziato, variegato, venato, macchiettato, maculato, picchiettato, punteggiato, vaio, variolato *3* (*di cavallo*) pezzato, pomellato *4* (*fig.*) (*di persona, di nome, di onore, ecc.*) disonorato, infamato, oltraggiato □ offeso **CONTR.** onorato, rispettato, considerato □ lodato, esaltato □ immacolato, intatto.

macchiétta s. f. *1* dim. di **macchia (1)**; macchiolina *2* schizzo, bozzetto, caricatura *3* (*fig.*) (*di persona*) tipo originale, tipo bizzarro, persona divertente, persona comica, caricatura, buffone, numero (*fam.*), sagoma (*fam.*) □ burlone, mattacchione.

màcchina s. f. *1* apparecchio, congegno, meccanismo, strumento, dispositivo, utensile □ organo □ ordigno *2* (*per anton.*) automobile, autovettura, autoveicolo, veicolo □ aereo, nave □ calcolatrice, calcolatore, computer □ robot *3* (*fig.*) (*dello Stato, della burocrazia, ecc.*) organismo, organizzazione, organo, istituto, istituzione *4* (*fig.*) (*di persona*) fantoccio, automa, robot *5* (*pl.*) impianto, apparato, apparecchiatura, macchinario **FRAS.** *macchina della verità*, lie detector (*ingl.*) □ *fare macchina indietro*, recedere da un'azione □ *mettere in macchina* (*fig.*), dare inizio a qualcosa.

macchinàre v. tr. *1* ordire, tramare, complottare, congiurare, cospirare, intrigare □ architettare, concertare, tessere, intessere *2* elucubrare, pensare, meditare, mulinare *3* fabbricare, armeggiare, lavorare.

macchinàrio s. m. *1* macchine *2* meccanismo, impianto.

macchinazióne s. f. *1* congiura, complotto, cospirazione, macchinamento (*raro*) □ insidia, intrigo, inganno, trama, tresca **2** tranello, trappola, trabocchetto □ orditura (*fig.*), armeggio, tela, matassa □ (*est.*) lavorio. *V. anche* COSPIRAZIONE

macchinista *s. m.* **1** manovratore, guidatore, conducente, conduttore □ fuochista □ meccanico **2** (*di teatro, di TV e sim.*) montatore, operatore.

macchinóso *agg.* artificioso, elaborato, complicato, complesso, laborioso **CONTR.** semplice, facile, chiaro.

macedònia [dal fr. *macédoine*, detta così perché formata con diversi tipi di frutta, con allusione all'eterogeneità dei popoli che formavano l'Impero macedone] *s. f.* **1** mescolanza di frutta varia **2** (*est.*) ammasso eterogeneo, accozzaglia, miscuglio, zabaione (*fig., raro*), insalata (*fig., raro*), risotto (*region.*) **CONTR.** insieme uniforme.

macellàre *v. tr.* **1** mattare, abbattere, ammazzare **2** (*fig.*) massacrare, trucidare, assassinare, sterminare **3** (*fig.*) rovinare, guastare.

macellàto *part. pass. di* **macellare**; *anche agg.* **1** ammazzato, abbattuto **2** (*fig.*) massacrato, trucidato, assassinato, sterminato **3** (*fig.*) rovinato, guastato.

macellazióne *s. f.* abbattimento, mattazione (*raro*).

macellerìa *s. f.* beccheria, bottega del macellaio, macello (*raro*) □ salumeria, norcineria.

macèllo *s. m.* **1** mattatoio, ammazzatoio, scannatoio **2** (*raro*) beccheria, macelleria **3** (*fig.*) carneficina, massacro, sterminio, strage, ecatombe, eccidio □ carnaio **4** (*fig.*) disastro, guaio, rovina **5** (*fig.*) baraonda, disordine, confusione, caos, casino (*pop.*) **FRAS.** *andare al macello* (*fig.*), andare verso la morte □ *carne da macello* (*fig.*), soldati destinati a morte sicura □ *fare un macello* (*fig.*), creare molto disordine o confusione.

maceràre **A** *v. tr.* **1** ammollare, ammorbidire, sottoporre a macerazione □ inzuppare, bagnare **2** (*fig.*) (*di persona*) percuotere duramente, picchiare selvaggiamente, pestare **3** (*fig.*) (*di animo, di forze, ecc.*) logorare, infiacchire, spossare, svigorire **CONTR.** rinforzare, rinvigorire **B** **macerarsi** *v. rifl.* **1** infiacchirsi, consumarsi, logorarsi, svigorirsi □ infrollirsi, spomparsi (*pop.*) **2** (*fig.*) (*di rabbia, di dolore, ecc.*) rodersi, tormentarsi, crucciarsi, struggersi angustiarsi, torturarsi, crocifiggersi **CONTR.** allietarsi, consolarsi.

maceràto *part. pass. di* **macerare**; *anche agg.* macero, bagnato, ammollato, inzuppato □ ammorbidito □ frollato, frollo.

macerazióne *s. f.* **1** maceramento (*raro*), macceratura, ammollamento, macero **2** (*fig.*) mortificazione, penitenza, tormento **3** (*fig.*) rodimento, struggimento, afflizione.

macèria *s. f. spec. al pl.* rovine, ruderi, avanzi, frantumi, detriti, rottami, macia (*tosc., poet.*).

màcero **A** *agg.* **1** macerato, ammollato **2** (*fig.*) (*da fatica, da preoccupazione, ecc.*) spossato, sfinito **B** *s. m.* **1** macerazione, ammollamento **2** maceratoio.

machiavèllico [dalla interpretazione deteriore del pensiero di *N. Machiavelli*] *agg.* (*fig.*) astuto, furbo, scaltro, spregiudicato, subdolo, senza scrupoli **CONTR.** franco, leale, onesto, retto, semplice, sincero.

machiavellìsmo *s. m.* (*est.*) astuzia, furberia, scaltrezza, spregiudicatezza, cinismo, amoralità, opportunismo, politica senza scrupoli **CONTR.** franchezza, lealtà, onestà, rettitudine, semplicità, sincerità.

macìgno *s. m.* **1** masso, pietrone, grosso sasso, pietra, blocco di pietra **2** rupe, roccia □ scoglio **3** (*fig.*) (*di persona*) testardo, testone, mulo, ostinato, caparbio, cocciuto **CONTR.** arrendevole, condiscendente, conciliante, docile, remissivo **4** (*fig.*) cosa noiosa, mattone □ cibo indigesto.

macilènto *agg.* magrissimo, smunto, emaciato, allampanato, cadaverico □ denutrito, patito □ indebolito, spossato **CONTR.** florido, fresco, prosperoso, fiorente, formoso □ atletico, aitante, prestante □ corpacciuto, corpulento, pingue, robusto.

macilènza *s. f.* emaciamento (*raro*), emaciazione (*raro*), estrema magrezza, spossatezza □ denutrizione, consunzione, indebolimento **CONTR.** floridezza, prestanza, freschezza, formosità, prosperità, robustezza □ pinguedine, corpulenza.

màcina *s. f.* **1** mola, palmento, molazza **2** (*fig.*) oppressione, affanno, cosa insopportabile **3** (*fig.*) (*di persona*) lavoratore instancabile.

macinacaffè *s. m.* macinino.

macinàre *v. tr.* **1** (*di grano, di orzo, ecc.*) ridurre in farina **2** (*est.*) (*di altre sostanze*) polverizzare □ tritare, triturare □ maciullare stritolare **3** (*fig.*) (*di persona*) mangiare molto, abboffarsi, mangiare avidamente **CONTR.** mangiucchiare, mangiare di malavoglia **4** (*fig.*) (*di denaro e sim.*) consumare, spendere **FRAS.** *macinare chilometri*, camminare a lungo senza sosta. *V. anche* SPENDERE

macinàto **A** *part. pass. di* **macinare**; *anche agg.* **1** (*di grano, di orzo, ecc.*) ridotto in farina **2** (*di altre sostanze*) polverizzato □ frantumato, tritato, trito, triturato □ maciullato, stritolato **B** *s. m.* **1** farina, semola **2** carne tritata.

macinatùra *s. f.* **1** (*di grano, di orzo, ecc.*) macinazione, molitura **2** (*di altre sostanze*) polverizzazione □ frantumazione, tritatura, trituramento (*raro*), triturazione □ maciullatura, stritolamento.

macinazióne *s. f.* **1** (*di grano, di orzo, ecc.*) macinatura, molitura **2** (*di altre sostanze*) polverizzazione □ frantumazione, tritatura, trituramento (*raro*), triturazione □ maciullatura, stritolamento.

macinìno *s. m.* **1** *dim. di* **macina** macinino da caffè **2** (*fig., scherz.*) veicolo malridotto, trappola (*fam.*), bidone (*pop.*), trespolo, trabiccolo (*fam.*), bagnarola (*fam.*), caffettiera (*fam.*), carretta (*fam.*).

macìste [dal n. di un personaggio cinematografico; tratto dal gr. *mákistos*, sup. di *makrós* 'lungo'] *s. m.* (*scherz.*) uomo fortissimo, colosso, omone, omaccio, ercole, sansone, carnera **CONTR.** ometto, omarino, mingherlino, gracilino, debole.

maciullàre *v. tr.* **1** gramolare **2** (*est.*) stritolare, polverizzare, frantumare, macinare, tritare, triturare, spappolare □ masticare **3** (*anche fig.*) (*di persona*) dilaniare, lacerare, massacrare, stritolare.

macramé *s. m.* merletto, trina.
macrofotografìa *s. f.* ingrandimento, gigantografia CONTR. microfotografia.
macroscòpico *agg.* (*fig.*) evidentissimo, grandissimo, enorme □ madornale, grossolano CONTR. microscopico, minimo, piccolissimo, insignificante, trascurabile.
maculàre *v. tr.* *1* (*lett.*) macchiare, imbrattare, lordare, insudiciare, insozzare, sporcare CONTR. smacchiare, pulire, ripulire, mondare, nettare, tergere *2* macchiettare, picchiettare *3* (*fig.*) (*di onore, di nome e sim.*) contaminare, disonorare, infamare, oltraggiare CONTR. onorare, lodare, esaltare.
maculàto *part. pass. di* **maculare**; *anche agg.* *1* (*lett.*) macchiato, imbrattato, lordato, insudiciato, insozzato, sporcato, sporco CONTR. smacchiato, pulito, mondo, netto, terso, immacolato *2* macchiettato, picchiettato *3* (*di cavallo*) pezzato, pomellato, variegato, variolato *4* (*fig.*) (*di onore, di nome e sim.*) contaminato, disonorato, infamato □ colpevole, reo CONTR. onorato, lodato, esaltato □ innocente.
madàma *s. f.* *1* (*anche scherz.*) gran signora *2* (*gerg.*) polizia.
maddaléna [dal nome di Maria di *Magdala*, la peccatrice convertita da Gesù] *s. f.* *1* peccatrice pentita *2* (*est.*) donna ipocrita, opportunista FRAS. *fare la maddalena pentita*, mostrarsi umile e pentita.
made in /*ingl.* 'meid in/ *loc. agg. inv.* fabbricato in, fatto a FRAS. *il made in Italy*, i prodotti italiani; la produzione italiana.
màdido *agg.* umido, bagnato, rorido (*poet.*), trasudante, sudato, umidiccio □ fradicio, impregnato, intriso, zuppo CONTR. arido, asciutto, riarso, secco.
madònna *s. f.* *1* (*lett., ant.*) (*di titolo di rispetto*) signora, donna, monna (*ant.*) *2* (*est.*) Vergine, madre di Gesù, Maria *3* (*est.*) raffigurazione di Maria *4* (*est.*) donna casta e bella.
madornàle *agg.* *1* grandissimo, spropositato, grossissimo, enorme, macroscopico, colossale *2* (*di errore*) marchiano, grossolano, cubitale (*raro*) CONTR. minimo, piccolissimo, insignificante, trascurabile, microscopico.
màdre *A* *s. f.* *1* genitrice, mamma (*fam.*) CONTR. figlio, figlia *2* (*est.*) (*di animali*) femmina *3* (*di comunità religiosa*) superiora, priora, badessa *4* (*fig.*) (*di cose*) origine, causa, motivo, movente, fonte, radice, ragione, principio, sorgente CONTR. conseguenza, effetto *5* matrice *B* *in funzione di agg.* (*posposto al s.*) *1* con figli *2* (*est.*) principale FRAS. *divenire madre*, partorire □ *regina madre*, madre del re □ *casa madre*, sede principale □ *scena madre*, scena principale; sceneggiata □ *la Grande Madre*, la Natura, la Terra □ *madre patria*, terra d'origine. *V. anche* RAGIONE
madrepàtria *s. f.* *1* patria d'origine *2* patria CONTR. estero, patria adottiva.
madreperlàceo *agg.* *1* di madreperla, perlato *2* simile alla madreperla, perlaceo, iridescente.
madreséiva *s. f.* (*bot.*) caprifoglio.
madrevite *s. f.* *1* vite femmina, dado, chiocciola CONTR. vite maschio *2* filettatrice.
madrìna *s. f.* *1* comare, santola (*sett.*) CFR. padrino, compare *2* (*est.*) (*di inaugurazione*) inauguratrice, presidentessa, patrona.
maestà *s. f.* *1* maestosità, magnificenza, grandiosità, imponenza, solennità, nobiltà □ dignità, sovranità, regalità CONTR. modestia, semplicità, umiltà, meschinità *2* (*persona*) re, regina FRAS. *Sua Maestà*, il re □ *lesa maestà*, offesa al re. *V. anche* DIGNITÀ
maestosaménte *avv.* grandiosamente, solennemente, magnificamente, regalmente CONTR. modestamente, semplicemente, umilmente, meschinamente.
maestosità *s. f.* maestà, grandiosità, solennità, imponenza, sontuosità, magnificenza □ gravità, dignità □ regalità □ nobiltà CONTR. modestia, semplicità, umiltà, meschinità. *V. anche* DIGNITÀ
maestóso *agg.* *1* imponente, grandioso, monumentale, faraonico, colossale □ splendido, magnifico, solenne, meraviglioso, magnificente (*raro*) □ sontuoso, sfarzoso, pomposo □ statuario, michelangiolesco CONTR. modesto, semplice, umile, dimesso, meschino, piccolo, piccino *2* (*degno di re e principi*) augusto, cesareo, pontificale, principesco, reale, regale, regio.
maèstra o **maéstra** *s. f.* *1* insegnante elementare, insegnante □ insegnante di musica *2* (*est.*) donna abile, donna esperta, artista.
maestràle *s. m.* *1* maestro, vento di maestro, vento di nord-ovest, mistral, traversone (*raro*) CONTR. scirocco *2* (*di punto cardinale*) nord ovest CONTR. sud--est.
maestrànza *s. f. spec. al pl.* operai, lavoratori.
maestrìa *s. f.* abilità, perizia, bravura, esperienza, eccellenza, valentia □ virtuosismo CONTR. imperizia, inesperienza, inabilità, inferiorità.
maèstro o **maéstro** *A* *s. m.* *1* insegnante elementare, insegnante □ pedagogo, educatore □ istitutore, precettore □ docente, professore □ istruttore, addestratore, ammaestratore □ mentore (*lett.*), maitre à penser (*fr., raro*) □ insegnante di musica *2* (*est.*) esperto, provetto, perito, artista □ dotto, sapiente, scienziato CFR. discente, discepolo, scolaro, studente CONTR. apprendista, praticante, tirocinante, principiante, debuttante, esordiente, inesperto, novellino □ dilettante *3* (*ant., nella religione ebraica*) rabbi *4* caposcuola, fondatore CFR. continuatore □ manierista *5* (*fig.*) capo, guida, antesignano □ alfiere, propugnatore *6* compositore □ direttore d'orchestra, maestro concertatore *7* maestrale, vento di nord-ovest CONTR. scirocco *B* *agg.* *1* (*di strada, di muro, ecc.*) principale, maggiore, più importante CONTR. minore, secondario *2* abile, astuto, esperto, provetto, artista CONTR. inabile, incapace, inetto, inesperto, maldestro FRAS. *muro maestro*, muro principale □ *colpo maestro*, colpo abilissimo □ *albero maestro*, albero principale di una nave.
màfia *s. f.* *1* onorata società, Cosa Nostra, cupola CFR. camorra, 'ndrangheta *2* (*est.*) malavita, racket (*ingl.*), camarilla, combriccola, lobby (*ingl.*), cricca, cosca.

mafióso *agg.*; *anche s. m.* **1** della mafia, uomo della mafia **2** (*est.*) camorrista, malavitoso (*gerg.*) □ prepotente, prevaricatore, bravaccio.

màga *s. f.* **1** strega, fata □ fattucchiera, indovina **2** (*fig.*) donna abilissima, donna espertissima **3** (*fig.*) ammaliatrice, incantatrice, maliarda, seduttrice.

magàgna *s. f.* **1** difetto, imperfezione, deformazione, malformazione, storpiatura □ lacuna, carenza, debolezza, guasto **CONTR.** perfezione, bellezza **2** (*fig.*) vizio segreto, difetto, menda, neo, pecca □ macchia, vergogna, onta **CONTR.** virtù, merito, dote. *V. anche* IMPERFEZIONE

magàri ***A*** *inter.* fosse vero!, così fosse!, volesse il cielo! ***B*** *cong.* volesse il cielo che, oh se ***C*** *avv.* **1** forse, probabilmente, eventualmente **2** anche, persino, addirittura.

magazzinàggio *s. m.* **1** deposito, stoccaggio **2** costo di deposito.

magazzinière *s. m.* (*di magazzino*) sorvegliante, custode.

magazzìno *s. m.* **1** deposito, fondaco, dock (*ingl.*), silo, capannone, rimessa **2** emporio, spaccio, bazar, negozio **3** stoccaggio, ammasso, blocco, stock (*ingl.*) **4** scorta □ giacenza. *V. anche* MERCATO

maggiorànza *s. f.* **1** i più, maggior parte, maggior numero □ gruppo maggioritario □ (*est.*) massa **CONTR.** minoranza, meno, minorità (*raro*) **2** prevalenza, predominanza, preponderanza **CONTR.** minoranza **FRAS.** *in maggioranza*, per lo più, generalmente.

maggioràre *v. tr.* aumentare, accrescere, rendere maggiore, ingrandire **CONTR.** diminuire, scemare, calare, ridurre.

maggioràto *part. pass. di* **maggiorare**; *anche agg.* **1** aumentato, accresciuto, reso maggiore **CONTR.** diminuito, ridotto, scemato, calato **2** (*est., scherz.*) (*di persona*) prosperoso, ben dotato.

maggiorazióne *s. f.* aumento, accrescimento, aggiunta, supplemento **CONTR.** calo, riduzione, diminuzione, ribasso.

maggióre ***A*** *agg.* **1** *compar. di* **grande** **2** più grande, superiore, più numeroso, più alto, più intenso **CONTR.** minore, più piccolo, inferiore □ più basso, meno numeroso **3** più importante, più rilevante, più cospicuo □ primario, centrale, principale **CONTR.** meno importante, secondario **4** (*mil.*) di grado superiore **5** più anziano, senior (*lat.*), più vecchio **CONTR.** minore, più giovane, junior (*lat.*), secondo ***B*** *s. m. e f.* **1** (*per età*) anziano □ primogenito **CONTR.** più giovane, cadetto **2** (*per grado*) superiore **CONTR.** inferiore, subordinato, subalterno **3** (*est.*) maggiorenne **CONTR.** minorenne, minore ***C*** *s. m. al pl.* genitori, progenitori □ predecessori **FRAS.** *andare per la maggiore*, essere in voga, essere di moda, avere un gran successo.

maggioritàrio *agg.* della maggioranza, predominante (*est.*), regnante **CONTR.** minoritario.

maggiorménte *avv.* più, più grandemente, in maggior misura, meglio **CONTR.** meno, in minor misura.

magìa *s. f.* **1** stregoneria, negromanzia, scienza occulta, occultismo, incantesimo, incanto, incantagione (*lett.*), fattucchieria, diavoleria, malia, sortilegio □ fattura, iettatura, malocchio **2** (*fig.*) fascino, attrattiva, malia, seduzione, suggestione, richiamo. *V. anche* INCANTESIMO

magiàro *agg.*; *anche s. m.* ungherese, ungarico (*lett.*).

màgico *agg.* **1** della magia, dei maghi **2** prodigioso, straordinario, fatato, incantato, stregato **3** (*fig.*) affascinante, incantevole, attraente, ammaliante, seducente, irresistibile, piacevole, suggestivo **CONTR.** brutto, spiacevole, repellente, ripugnante.

magistèro *s. m.* **1** compito di insegnante, mansione di maestro **2** (*est.*) insegnamento, ammaestramento, direttiva, precetto □ disciplina, materia **3** (*est.*) abilità, perizia.

magistràle *agg.* **1** di maestro, da maestro **2** eccellente, ottimo, perfetto, squisito, fatto con maestria **CONTR.** pessimo, spregevole □ dilettantesco, velleitario.

magistralménte *avv.* abilmente, eccellentemente, ottimamente, perfettamente, squisitamente □ brillantemente, genialmente **CONTR.** malamente, pessimamente, imperfettamente.

magistràto *s. m.* **1** giudice □ pretore **2** pubblico funzionario **3** ufficio amministrativo, carica amministrativa **4** (*al pl.*) magistratura, giustizia, tribunale.

magistratùra *s. f.* **1** funzione del magistrato **2** organi giudiziari **3** magistrati.

màglia *s. f.* **1** intreccio di fili, rete **2** (*di catena*) anello **3** (*di indumento*) golf, pullover, cardigan, sweater (*ingl.*), corpetto a maglia □ (*intimo*) maglietta, canottiera, camiciola **4** (*lavoro*) tricot (*fr.*), calza, aghi, ferri □ crochet (*fr.*), uncinetto **5** corazza a maglia, cotta.

magliétta *s. f.* **1** *dim. di* **maglia** **2** camiciola, canottiera, corpino **3** maglia leggera.

maglìna *s. f.* jersey (*ingl.*), organzino.

maglióne *s. m.* **1** *accr. di* **maglia** **2** maglia pesante, sweater (*ingl.*), pullover, golf.

màgma *s. m.* **1** (*est.*) lava, sciara **2** (*fig.*) (*di idee, di passioni, ecc.*) caos, confusione, massa confusa, massa disordinata.

magnanimità *s. f.* grandezza d'animo, generosità, larghezza, prodigalità, magnificenza, munificenza, regalità, signorilità, nobiltà □ longanimità, liberalità **CONTR.** abiettezza, bassezza, meschinità, viltà d'animo, pusillanimità, ingenerosità □ taccagneria, miseria, piccineria.

magnànimo *agg.* generoso, liberale, magnifico, magnificente (*lett.*), longanime, nobile, prodigo, cavalleresco **CONTR.** abietto, meschino, vile, ingeneroso □ pidocchioso, pitocco, taccagno, piccino. *V. anche* GENEROSO

magnàte *s. m.* **1** notabile, maggiorente, ottimate (*lett.*) □ nobile, dignitario □ big (*ingl.*), vip (*ingl.*), boss (*ingl.*) □ re **2** persona influente, autorità.

magnèsia *s. f.* ossido di magnesio □ citrato di magnesio, citrato.

magnète *s. m.* **1** calamita **2** elettrocalamita.

magnètico *agg.* **1** di magnete **2** (*fig.*) (*di sguardo, di parola, ecc.*) affascinante, attraente, irresistibile, seducente, suggestivo **CONTR.** ripugnante, repellente **FRAS.** *forza magnetica*, forza di attrazione □ *ago magnetico*, ago calamitato (della bussola).

magnetìsmo *s. m.* ***1*** (*fis.*) attrazione ***2*** (*est.*) ipnotismo, suggestione ***3*** (*fig.*) fascino, attrattiva, seduzione, suggestione **CONTR.** antipatia, ripugnanza.

magnetizzàre *v. tr.* ***1*** (*elettr.*) calamitare **CONTR.** demagnetizzare, smagnetizzare ***2*** (*est.*) (*di persona*) ipnotizzare ***3*** (*fig.*) (*con lo sguardo, con la parola, ecc.*) affascinare, avvincere, rapire, sedurre, suggestionare **CONTR.** allontanare, respingere. *V. anche* SEDURRE

magnetòfono *s. m.* registratore.

magnificaménte *avv.* ***1*** grandiosamente, sontuosamente, sfarzosamente, lussuosamente, solennemente, pomposamente, maestosamente □ brillantemente, perfettamente, benissimo □ meravigliosamente, splendidamente, stupendamente, superbamente, fantasticamente, mirabilmente, divinamente □ regalmente, principescamente □ (*di cibo*) lucullianamente **CONTR.** miseramente, modestamente, meschinamente, dimessamente, umilmente ***2*** benissimo, ottimamente, perfettamente, trionfalmente **CONTR.** malissimo, pessimamente.

magnificàre ***A*** *v. tr.* onorare, glorificare, gloriare, cantare, celebrare, elogiare, lodare □ vantare, sbandierare, millantare, esaltare, decantare **CONTR.** disprezzare, sprezzare, denigrare, spregiare □ disistimare, vilipendere □ vituperare, condannare, riprovare, biasimare, screditare □ censurare, criticare □ distruggere, stroncare, annientare ***B*** **magnificarsi** *v. rifl.* vantarsi, esaltarsi, incensarsi, glorificarsi **CONTR.** disprezzarsi, svalutarsi, buttarsi giù, screditarsi, sminuirsi, sottovalutarsi.

magnificènza *s. f.* ***1*** magnanimità, generosità, larghezza, liberalità, munificenza □ scialo, spreco **CONTR.** avarizia, tirchieria, taccagneria, grettezza, piccineria, pitoccheria, meschinità ***2*** grandiosità, maestosità, imponenza, pompa, fasto, lusso, pomposità, fastosità, sontuosità, sfarzo, splendore **CONTR.** miseria, meschinità, modestia, povertà, umiltà, piccolezza ***3*** (*di cosa*) meraviglia, splendore, bellezza, grandezza **CONTR.** orrore, schifo.

magnìfico *agg.* ***1*** magnanimo, generoso, largo, liberale, munifico, nobile, grande, brillante **CONTR.** avaro, tirchio, taccagno, gretto, meschino, spilorcio ***2*** grandioso, maestoso, imponente, solenne, monumentale, spettacoloso, spettacolare □ bellissimo, stupendo, meraviglioso, superbo, splendido, eccellente, fantastico ***3*** pomposo, fastoso, ricco, principesco, lussuoso, sfarzoso, sontuoso □ (*di pranzo, ecc.*) lauto, ottimo, eccellente, lucullìano **CONTR.** misero, meschino, dimesso, modesto, povero, umile. *V. anche* GENEROSO

magniloquènza *s. f.* grande eloquenza, grandiloquenza, facondia □ ampollosità, enfasi, gonfiezza, ridondanza, verbosità, frondosità, retorica **CONTR.** breviloquenza (*lett.*), laconicità, concisione, stringatezza.

màgo *s. m.* ***1*** negromante, fattucchiere, affatturatore, incantatore □ stregone, sciamano ***2*** indovino, divinatore, veggente □ cartomante, chiromante □ profeta □ maliardo ***3*** illusionista, prestigiatore, prestidigitatore ***4*** (*fig.*) (*in una attività*) genio, artista **CONTR.** incapace, inetto.

magóne *s. m.* ***1*** (*sett.*) (*di pollo*) ventriglio ***2*** (*fig., sett.*) accoramento, scoramento □ dispiacere, crepacuore **CONTR.** piacere, contentezza, gioia, letizia.

màgra *s. f.* ***1*** (*di fiume*) secca **CONTR.** piena, colmo (*raro*), proluvie (*lett.*) ***2*** (*fig.*) (*di cose*) penuria, scarsezza, carestia, crisi, ristrettezza **CONTR.** floridità, ricchezza, abbondanza □ dovizia, profusione ***3*** (*fam.*) brutta figura, figuraccia, sbianca (*sett.*).

magrézza *s. f.* ***1*** (*di corporatura*) secchezza, esilità, gracilità, sottigliezza, asciuttezza **CFR.** denutrizione **CONTR.** grassezza, adiposità, grasso, corpulenza, obesità, pinguedine, floridezza, formosità ***2*** (*di terreno*) aridità, improduttività, scarsa fertilità **CONTR.** fertilità, fecondità, feracità (*lett.*).

màgro ***A*** *agg.* ***1*** (*di corporatura*) sottile, asciutto, smilzo, esile, diafano, allampanato □ ossuto, adusto (*lett.*), segaligno, scarno □ mingherlino, gracile □ denutrito, deperito, dimagrito, scarnito, sparuto, secco **CONTR.** grasso, adiposo, obeso, lardoso, pingue □ gonfio □ florido, prosperoso, fiorente □ grosso, carnoso, corpacciuto, corpulento, massiccio, tarchiato, pieno, tondo ***2*** (*di viso*) emaciato, smunto, scavato **CONTR.** pieno, tondo, paffuto, rubicondo ***3*** (*di cibo*) leggero, povero di grassi **CONTR.** grasso, unto, pesante, ricco ***4*** (*di terreno*) arido, improduttivo, poco fertile **CONTR.** fertile, fecondo, ferace (*lett.*), umifero (*raro*) ***5*** (*fig.*) (*di guadagno, di cena, ecc.*) povero, scarso, insufficiente, inadeguato, misero, meschino **CONTR.** abbondante, ricco, adeguato, sufficiente ***6*** (*di organo*) atrofico, ipotrofico **CONTR.** ipertrofico ***B*** *s. m.* (*di carne*) parte magra **CONTR.** grasso.

mah *inter.* (*di dubbio, incertezza, ecc.*) chi lo sa!, non lo so!, chissà!, bah!, ehm!, boh!

mài *avv.* ***1*** giammai, nessuna volta, in nessun tempo, in nessun caso **CONTR.** sempre □ continuamente, ognora, perpetuamente, sistematicamente ***2*** no, assolutamente no, niente affatto **CONTR.** sì, certo, certamente ***3*** talvolta, talora, qualche volta, in qualche caso **FRAS.** *caso mai, se mai*, eventualmente □ *il giorno del mai* (*scherz.*), il giorno che non verrà.

maialàta *s. f.* (*fig.*) porcata, porcheria, sudiceria, turpitudine, disonestà □ cattiveria, dispetto.

maiàle [dal lat. *maiale(m)*, detto così, perché lo si sacrificava alla dea *Maia* (?)] *s. m.* ***1*** (*zool.*) porco, suino, porcello, verro ***2*** carne suina ***3*** (*fig.*) (*di persona*) sudicione, sporcaccione, porcellone, sozzone □ scostumato.

maiòlica [da *Maiolica*, forma ant. di *Maiorca*, isola delle Baleari, da dove fu importata] *s. f.* porcellana, ceramica, terracotta, terraglia.

màis *s. m. inv.* (*bot.*) granturco, frumentone, granone.

maître /*fr.* mɛtr/ [vc. fr., dal latino *magister* 'maestro'] *s. m. inv.* ***1*** (*di ristorante*) capocameriere, capocuoco, chef (*fr.*) ***2*** (*di casa signorile*) maggiordomo.

maiùscolo *agg.* ***1*** **CONTR.** minuscolo ***2*** (*fig.*) (*di co-

sa) grande, grandissimo, enorme □ incredibile, madornale, spropositato **CONTR.** piccolo, piccolissimo, minimo, minuscolo.

make-up /*ingl.* 'meik ʌp/ [vc. ingl., da *to make up* 'truccare, imbellettare'] *s. m. inv.* trucco (del volto), belletto, maquillage (*fr.*) □ fondotinta.

màla *s. f.* (*gerg.*) malavita, criminalità, delinquenza, teppismo.

malaccètto *agg.* sgradito, inviso **CONTR.** benaccetto, gradito, accetto, caro.

malaccòrto *agg.* imprudente, incauto, avventato, malavveduto, sconsigliato, improvvido, sconsiderato, inavveduto, disavveduto, sprovveduto □ sventato, stordito **CONTR.** accorto, cauto, astuto, avveduto, oculato, sagace, scaltro, furbo, giudizioso, saggio.

malacòpia o **màla còpia** *s. f.* minuta, brutta, brutta copia, brogliaccio **CONTR.** bella, bella copia.

malacreànza o **màla creànza** *s. f.* maleducazione, diseducazione, inurbanità, inciviltà □ grossolanità, sguaiataggine □ scortesia, sgarbatezza, malgarbo, malagrazia, villania **CONTR.** creanza, urbanità, compitezza, civiltà, educazione □ finezza, grazia, garbo, garbatezza, cortesia.

malafède o **màla fède** *s. f.* slealtà, disonestà, inganno, dolo □ frode, fraudolenza □ ipocrisia, fariseismo **CONTR.** buona fede, onestà, lealtà, dirittura. *V. anche* FRODE

malafémmina *s. f.* donna di malaffare, prostituta.

malaffàre *s. m. solo nella loc. agg. di malaffare*, disonesto, immorale **CONTR.** onesto, morale **FRAS.** *donna di malaffare*, prostituta, puttana (*volg.*) □ *casa di malaffare*, postribolo, casino (*pop.*), bordello.

malagévole *agg.* difficile, duro, faticoso, disagevole, aspro, arduo, impraticabile, scomodo □ (*di terreno*) impervio, ripido **CONTR.** agevole, comodo, facile.

malagràzia *s. f.* sgarbatezza, malgarbo, scortesia, malacreanza, grossolanità, mancanza di tatto □ atto scortese, villania, sgarberia **CONTR.** finezza, grazia, garbo, garbatezza, compitezza, cortesia, urbanità, civiltà, tatto, buona creanza.

malalìngua o **màla lìngua** *s. f.* linguaccia, calunniatore, diffamatore, maldicente, maledico (*lett.*) □ vipera (*fig.*), cornacchia (*fig.*) **CONTR.** lodatore, elogiatore, esaltatore, adulatore.

malaménte *avv.* male, in malo modo □ affrettatamente, superficialmente, trascuratamente, maldestramente **CONTR.** bene □ accuratamente, attentamente, magistralmente, compiutamente.

malandàto *agg.* **1** (*di cosa*) malridotto, cadente, sgangherato, malconcio, rovinato **CONTR.** intatto, nuovo, perfetto **2** (*di persona*) malaticcio, malazzato (*raro*), acciaccato, malato □ tristo **CONTR.** sano, arzillo, benportante, robusto, vigoroso **3** (*di aspetto*) cencioso, scalcinato, scalcagnato **CONTR.** ordinato, decoroso, in ordine □ elegante, azzimato.

malandrino **A** *s. m.* **1** brigante, rapinatore, malfattore, delinquente, farabutto, furfante, ribaldo, grassatore, bandito, gangster (*ingl.*) **CONTR.** galantuomo **2** (*fig., scherz.*) birichino, furbacchione, birbone **CONTR.** ingenuo, sempliciotto **B** *agg.* **1** ladro, disonesto **CONTR.** onesto, retto **2** (*fig., scherz.*) birichino, furbacchione **CONTR.** ingenuo, sempliciotto.

malànimo *s. m.* malevolenza, animosità, avversione, risentimento, astio, inimicizia, livore, ostilità, rancore, malvolere (*raro*), fiele (*fig.*), cattiveria □ ruggine (*fig.*) **CONTR.** simpatia, affetto, affezione, amicizia, amorevolezza, benevolenza, benignità, bontà, grazia **FRAS.** *di malanimo*, contro voglia, malvolentieri, a malincuore.

malànno *s. m.* **1** male, malattia, acciacco, accidente, indisposizione, disturbo, infermità, morbo, malessere, malore **CONTR.** sanità, salute **2** danno, disgrazia, calamità, guaio, iattura (*raro*) **CONTR.** vantaggio, guadagno, fortuna **3** (*fig.*) (*di persona*) guastafeste, seccatore, scocciatore (*fam.*), noioso, rompiscatole (*volg.*), disastro, sciagura. *V. anche* DISTURBO, MALATTIA

malaparàta o **màla paràta** *s. f.* (*fam.*) situazione critica, pericolo.

malapéna *s. f. solo nella loc. avv. a malapena*, a stento, con fatica **CONTR.** facilmente, bene.

malària *s. f.* **1** (*med.*) terzana, febbre terzana **2** (*est.*) mefite, miasma.

malasòrte o **màla sòrte** *s. f.* sfortuna, avversità, disgrazia, destino avverso □ (*est.*) iattura, iettatura **CONTR.** fortuna, buona sorte.

malatìccio *agg.* malazzato (*raro*), malandato, gracile, fragile, patito, valetudinario (*ant., raro*), acciaccoso, malsano, cagionevole, impiastro (*fig.*) **CONTR.** sano, fiorente, florido, robusto, vegeto, rubizzo, rubicondo.

malàto **A** *agg.* **1** (*di persona*) ammalato, infermo, malandato, egro (*lett.*), acciaccato, allettato (*raro*), indisposto, sofferente □ infortunato, invalido **CONTR.** sano, fiorente, florido, robusto, vegeto **2** (*fig.*) (*di cosa*) guasto, corrotto, bacato **CONTR.** sano, buono **3** (*fig.*) (*per amore, per invidia, ecc.*) ossessionato, dominato, sconvolto, tormentato **B** *s. m.* ammalato, infermo □ paziente □ degente, ricoverato, ospedalizzato **CONTR.** sano.

malattìa *s. f.* **1** infermità, morbo, male, malanno, affezione, patologia, bua (*fam.*) □ malore, malessere □ acciacco, incomodo, indisposizione **CONTR.** salute, benessere, sanità □ guarigione, risanamento, ristabilimento **2** (*fig.*) male, vizio, peccato **CONTR.** virtù, morigeratezza.

MALATTIA
sinonimia strutturata

Una **malattia** è uno stato patologico causato dall'alterazione della funzione di un organo particolare o di tutto l'organismo. Equivalente a malattia è la parola **morbo**: nel linguaggio corrente si parla infatti indifferentemente di *malattie* o *morbi contagiosi, terribili, devastanti* e simili. Più specifico e meno impiegato a livello d'uso non specialistico è **sindrome**, termine che propriamente designa l'insieme dei sintomi che caratterizzano una malattia: *essere colpito da una sindrome influenzale*. Con **male**, invece, si può intendere sia una serie di alcune malattie specifiche, sia un malessere passeggero provocato da determinate condizioni ambientali esterne: così nel primo caso si parla di *mal caduco* per l'epilessia e di *mal sottile* per la tubercolosi, nel secondo di *mal d'auto, di mare, di montagna*, ecc. Altro termine usato per indicare una disposizione morbosa, una malattia è **affezione**: *colpito da una grave affezione*. Di uso corrente sono anche **malanno** e **acciacco**, che nel linguaggio quotidiano e familiare si riferiscono a disturbi fisici non gravi ma fastidiosi, spesso dovuti a cattiva salute o all'età avanzata: *quando si è vecchi si è pieni di malanni; essere carichi di acciacchi*.

Con **patologia** s'intende nel linguaggio scientifico quella parte della medicina che studia le cause e l'evoluzione delle malattie. In accezione estensiva patologia si usa anche col significato generico di malattia: *una patologia poco nota*. In senso figurato, il termine può anche indicare un insieme di condizioni atipiche o degenerate rispetto alla norma che si verifica nel funzionamento di un ente, nel comportamento di una persona e simili: *la patologia delle aziende a partecipazione statale; la patologia dei suoi sentimenti*.

L'**infermità** è invece la condizione o lo stato di chi è infermo, cioè di chi è affetto da una malattia grave o lunga, tale comunque da costringerlo all'immobilità: *un'infermità lieve, grave, temporanea, permanente; essere infermo agli arti*. Infermità significa anche malattia, malanno e in parte si sovrappone in tale accezione neutra a **malessere** ed a **indisposizione**, che sono lievi infermità, sensazioni passeggere di non stare bene: *avvertire uno strano malessere; essere impedito da una leggera indisposizione*. Un'indisposizione improvvisa che provoca talvolta anche la perdita momentanea della conoscenza si chiama invece **malore**: *essere colto da malore*. Alla stessa area di significati, infine, appartiene anche **disturbo**, un turbamento di solito non grave e occasionale che colpisce la funzionalità dell'organismo umano o di qualche sua parte.

malaugurataménte avv. disgraziatamente, sventuratamente, sfortunatamente, purtroppo **CONTR.** fortunatamente.

malauguràto agg. disgraziato, maledetto, nefasto, infausto, dannato, sciagurato, sinistro, deprecabile, sventurato, sfortunato **CONTR.** fortunato, benaugurato (*raro*), avventurato (*ant.*), desiderato, benedetto.

malaugùrio s. m. (*fig.*) maledizione, iattura □ iettatura **CONTR.** augurio, benedizione.

malavìta s. f. solo sing. malandrinaggio, camorra, mafia, criminalità, delinquenza, malvivenza (*raro*), teppismo □ mala (*gerg.*), delinquenti.

malavitóso s. m. (*gerg.*) malvivente, mafioso, camorrista, uno della mala □ teppista, bravaccio, delinquente.

malavòglia o **màla vòglia** s. f. pigrizia, fiacca, svogliatezza, indolenza, infingardaggine **CONTR.** buonavoglia, voglia, alacrità, premura, prontezza, lena, solerzia **FRAS.** *di malavoglia*, malvolentieri, svogliatamente. *V. anche* PIGRIZIA

malavvedùto agg. malaccorto, imprudente, sprovveduto, incauto, sconsigliato □ sventato, stordito, sconsiderato **CONTR.** attento, accorto, avveduto, sagace □ astuto, scaltro, furbo.

malcadùco s. m. (*med., pop.*) epilessia.

malcapitàto agg.; anche s. m. disgraziato, infelice, sfortunato, tapino, sventurato **CONTR.** avventurato, fortunato.

malcelàto o **mal celàto** agg. manifesto, evidente **CONTR.** dissimulato.

malcóncio agg. malridotto, maltrattato, pesto, guasto, in cattivo stato □ fracassato, rotto □ strapazzato □ scalcagnato, scalcinato, cencioso **CONTR.** in buono stato.

malcontènto ***A*** agg. scontento, insoddisfatto, disgustato □ afflitto, amareggiato, rammaricato **CONTR.** contento, allegro, soddisfatto, pago ***B*** s. m. scontentezza, insoddisfazione, malumore, disapprovazione, rincrescimento **CONTR.** contentezza, soddisfazione, approvazione, buonumore, allegria.

malcostùme s. m. dissolutezza, vizio, immoralità □ scostumatezza, libertinaggio □ corruzione, disonestà □ malgoverno **CONTR.** moralità, costumatezza, buon costume □ irreprensibilità, onestà □ rettitudine.

malcreàto agg. screanzato, maleducato, ineducato, inurbano, villano, ignorante, incivile, rozzo, zotico **CONTR.** beneducato, cortese, gentile, urbano, civile, perbene. *V. anche* ROZZO

maldèstro agg. inabile, inesperto, inetto, incapace, sprovveduto, imbranato (*fam.*) **CONTR.** destro, abile, esperto, capace, provetto, versato, valido. *V. anche* ROZZO

maldicènte agg.; anche s. m. e f. denigratore, detrattore, sparlatore □ boccaccia, linguaccia, chiacchierone, pettegolo, linguacciuto □ malalingua, maledico (*lett.*), maligno □ calunniatore, diffamatore □ cornacchia (*fig.*), dicace (*lett.*) **CONTR.** lodatore, elogiatore, apologeta, esaltatore □ adulatore, turiferario (*lett.*), incensatore.

maldicènza s. f. calunnia, diffamazione □ denigrazione, detrazione □ malignità □ pettegolezzo, voce, diceria, chiacchiericcio, ciancia, ciarla **CONTR.** lode, elogio, esaltazione, adulazione, incensamento.

maldispósto agg. avverso, ostile, contrario, prevenuto, malevolo, sfavorevole **CONTR.** benevolo, benevolente, favorevole, ben disposto, propenso.

màle ***A*** avv. ***1*** (*di fare, ecc.*) malamente, in malo modo, in modo cattivo □ schifosamente, da cani, pessimamente **CONTR.** bene, ammodo, abilmente, acconciamente, adeguatamente, degnamente □ discretamente, dignitosamente □ impeccabilmente, a puntino, perfettamente □ benissimo, ottimamente, magnificamente ***2*** (*di comprare, di vendere, ecc.*) svantaggiosamente, sconvenientemente, insoddisfacentemente **CONTR.** convenientemente, vantaggiosamente, soddisfacentemente ***3*** (*di vedere, di riuscire, ecc.*) imperfettamente, incompletamente **CONTR.** perfettamente, completamente, bene, efficacemente, felicemente ***B*** s. m. ***1*** ingiustizia, disonestà, colpa, peccato, scelleratezza **CONTR.** bene, onestà ***2*** danno, svantaggio, nocumento (*lett.*) □ inconveniente **CONTR.** vantaggio, utilità, convenienza ***3*** disgrazia, sventura, sfortuna, avversità, calamità, guaio **CONTR.** fortuna, ventura ***4*** sofferenza, malanno, malattia, infermità, morbo, acciacco, dolore fisico □ bua (*infant.*) □ noia, seccatura **CONTR.** salute, sanità **FRAS.** *rimanere male*, rimanere deluso □ *stare male*, essere a disagio; essere indisposto □ *aversene a male*, offendersi □ *andare a male*, guastarsi, rovinarsi. *V. anche* MALATTIA

maledettaménte *avv.* moltissimo, eccessivamente, esageratamente, estremamente □ terribilmente, orribilmente **CONTR.** poco, moderatamente, scarsamente.

maledétto *part. pass. di* **maledire**; *anche agg.* ***1*** (*di giorno, di episodio, ecc.*) dannato, sfortunato, malaugurato, esecrato, nefasto **CONTR.** benedetto, fortunato ***2*** (*di tempo*) orribile, bruttissimo, pessimo, schifoso (*pop.*) **CONTR.** calmo, sereno, bellissimo, splendido ***3*** (*fig.*) (*di caldo, di sete, ecc.*) insopportabile, tremendo, molesto, fastidioso **CONTR.** sopportabile, tollerabile, piacevole ***4*** (*di persona*) odiato, esecrato, odioso **CONTR.** amato, caro.

maledìre *v. tr.* esecrare, anatematizzare, scomunicare, abominare, imprecare, rinnegare, augurare male □ (*est.*) detestare, odiare □ bestemmiare, sacramentare (*fam.*) **CONTR.** benedire, augurare bene, lodare.

maledizióne ***A*** *s. f.* ***1*** esecrazione, anatema, abominazione, scomunica □ imprecazione, invettiva □ malaugurio □ bestemmia, siracca (*region.*), madonne (*pop.*), moccoli (*pop.*) **CONTR.** benedizione, lode, buon augurio ***2*** castigo, dannazione ***B*** *in funzione d'inter.* dannazione, accidente, mannaggia (*region.*).

maleducàto *agg.*; *anche s. m.* ineducato, diseducato, malcreato, inurbano, incivile, impertinente, malnato, rozzo, zotico □ selvaggio, materiale, becero, cafone □ screanzato, villano, scortese, sgarbato **CONTR.** beneducato, urbano, perbene, civile, ammodo, compito, corretto, discreto □ galante □ garbato, gentile, cortese □ raffinato, riguardoso, delicato, complimentoso. *V. anche* ROZZO

maleducazióne *s. f.* malacreanza, diseducazione, scorrettezza, inurbanità, inciviltà, grossolanità, volgarità, rozzezza, impertinenza □ ignoranza □ sgarbatezza, scortesia, villania **CONTR.** educazione, urbanità, civiltà, creanza, discrezione □ etichetta, galateo □ garbo, gentilezza, grazia, cortesia □ raffinatezza, delicatezza, tatto.

malefàtta *s. f.* ***1*** birbonata, birbanteria, bricconata, bricconeria, furfanteria, gherminella, bruttura, marioleria, ribalderia □ canagliata, disonestà, infamia, iniquità, cattiveria, scelleratezza, delitto ***2*** errore, colpa, sbaglio, mancanza ***3*** guaio, malestro. *V. anche* INFAMIA

malefìcio *s. m.* ***1*** malia, stregoneria, sortilegio, fattura, fattucchieria, malocchio ***2*** (*raro, lett.*) delitto, misfatto, crimine, peccato, colpa □ disonestà **CONTR.** beneficio, bene □ onestà. *V. anche* INCANTESIMO

malèfico *agg.* ***1*** dannoso, cattivo, maligno, perfido, pregiudizievole, pericoloso, nocivo, pernicioso ***2*** (*di sostanze*) tossico, velenoso, venefico **CONTR.** benefico, buono, utile, vantaggioso, provvidenziale. *V. anche* DANNOSO

maleodorànte *part. pres. di* **maleodorare**; *anche agg.* puzzolente, puteolente (*raro*), putido, maleolente (*lett.*), fetente, fetido, graveolente □ ammorbante, appestante □ nauseabondo **CONTR.** profumato, odoroso, olezzante (*lett.*), balsamico, fragrante, aromatico, aulente (*lett.*).

malèrba *s. f.* erbaccia, erba inutile, erba dannosa □ gramigna, zizzania.

malèssere *s. m.* ***1*** indisposizione, disturbo, acciacco, malore, malanno □ stanchezza, spossatezza □ (*est.*) malattia **CONTR.** benessere, salute ***2*** (*est.*) inquietudine, turbamento, disagio, fastidio, spleen (*ingl.*), nervosismo **CONTR.** quiete, serenità, sicurezza, tranquillità. *V. anche* DISTURBO, MALATTIA

malèstro *s. m.* guaio, malefatta, marachella □ danno, guasto, rottura.

malevolènza *s. f.* animosità, astio, malanimo, odio, ostilità, acredine, acrimonia, livore, inimicizia, rancore □ antipatia, avversione, malvolere **CONTR.** amicizia, affetto, benvolere, benevolenza, amorevolezza □ simpatia, appoggio. *V. anche* INVIDIA, ODIO

malevolménte *avv.* ostilmente, animosamente, astiosamente, livorosamente, perfidamente, rancorosamente, dispettosamente, malignamente, velenosamente **CONTR.** benignamente, benevolmente, amichevolmente □ serenamente, distaccatamente, imparzialmente.

malèvolo *agg.*; *anche s. m.* astioso, aspro, maldisposto, ostile, nemico, avverso, acido, acre, dispettoso, maligno, malvagio, malizioso, velenoso, perfido **CONTR.** amico, amichevole, benevolo, favorevole, caritatevole.

malfamàto *agg.* screditato, famigerato, disistimato □ equivoco, di cattiva fama **CONTR.** rinomato, famoso, stimato.

malfàtto ***A*** *agg.* ***1*** (*di persona, di cosa*) deforme, imperfetto, malcostruito, difettoso, infelice, racchio (*region.*), zoppicante (*anche fig.*) □ sbilenco □ storto **CONTR.** bello, benfatto, equilibrato, armonioso ***2*** (*fig.*) (*di azione*) riprovevole, sconcio, biasimevole, brutto, sbagliato **CONTR.** encomiabile, lodevole ***B*** *s. m.* colpa, misfatto. *V. anche* DEFORME

malfattóre *s. m.* (*f. -trice*) ribaldo, malandrino, furfante, canaglia, mascalzone, manigoldo □ delinquente, malvivente, assassino, criminale, scellerato, ladro □ masnadiero, brigante, bandito **CONTR.** galantuomo, onest'uomo.

malférmo *agg.* ***1*** (*di persona, di cosa*) insicuro, instabile, incerto, zoppo, zoppicante, precario, debole **CONTR.** sicuro, stabile, fermo, saldo ***2*** (*di passo, andatura*) claudicante, zoppicante ***3*** (*di vite, chiodo, ecc.*) molle, lento, allentato ***4*** (*di terreno*) smosso, franoso, motoso ***5*** (*di dente*) traballante, ballerino ***6*** (*di salute*) cattivo, precario, incerto. *V. anche* INCERTO

malfidàto *agg.*; *anche s. m.* diffidente, sospettoso, malfidente **CONTR.** fiducioso, fidente.

malfidènte *agg.* diffidente, malfidato, sospettoso,

prevenuto.

malformàto *agg.* non ben formato, malfatto, deforme, deformato, imperfetto, difettoso, brutto **CONTR.** ben formato, benfatto, perfetto, bello. *V. anche* DEFORME

malformazióne *s. f.* anomalia, imperfezione, deformità, difetto □ vizio **CONTR.** regolarità, perfezione, normalità. *V. anche* IMPERFEZIONE

malgàrbo *s. m.* ***1*** maniera sgraziata, maniera sgarbata **CONTR.** garbo, grazia ***2*** villania, sgarbo, sgarbatezza, scortesia, rozzezza, zoticaggine **CONTR.** cortesia, gentilezza □ tatto, finezza, delicatezza.

malgovèrno *s. m.* ***1*** cattivo governo, cattiva amministrazione, malcostume **CONTR.** buon governo ***2*** (*est.*) trascuratezza, mancanza di cura **CONTR.** accuratezza, cura.

malgràdo ***A*** *prep.* nonostante, a dispetto di, contro la volontà di ***B*** *cong.* nonostante, sebbene, benché, quantunque.

malìa *s. f.* ***1*** fattucchieria, fattura, incantesimo, maleficio, sortilegio, stregoneria ***2*** (*fig.*) incanto, fascino, attrattiva, attrazione, incantesimo, seduzione, suggestione. *V. anche* INCANTESIMO

maliàrda *s. f.* ***1*** maga, strega, fattucchiera ***2*** (*est.*) ammaliatrice, donna affascinante, seduttrice, donna fatale, sirena, circe, vamp (*ingl.*).

malignaménte *avv.* maliziosamente, malvagiamente, perfidamente, maleficamente, perversamente, sinistramente, velenosamente, acidamente, sardonicamente □ diabolicamente, satanicamente **CONTR.** bonariamente, amichevolmente, benignamente □ candidamente, ingenuamente.

malignàre *v. intr.* sparlare, pettegolare, spettegolare, fare insinuazioni, dire malignità □ bisbigliare, chiacchierare **CONTR.** lodare, elogiare □ difendere.

malignità *s. f.* ***1*** malvagità, maltalento (*lett.*), malvolere, perversità, perfidia, cattiveria □ malizia, scaltrezza, furberia □ acredine, acrimonia, astio, livore **CONTR.** bontà, benignità, bonarietà, bonomia □ innocenza, candore ***2*** calunnia, detrazione, diffamazione □ maldicenza, insinuazione maligna □ pettegolezzo, ciancia, ciarla **CONTR.** lode, elogio, encomio ***3*** avversità, ostilità **CONTR.** favore.

malìgno ***A*** *agg.* ***1*** cattivo, perverso, pravo (*lett.*), malvagio, malefico, tristo, velenoso, dispettoso □ diabolico, satanico □ malizioso, scaltro, furbo □ pestifero, pestilenziale **CONTR.** buono, benigno, bonario, benevolo ***2*** (*di malattia*) grave, pericoloso, mortale, letale, esiziale, nefasto □ inguaribile, incurabile **CONTR.** leggero, lieve □ benigno □ curabile, guaribile ***3*** (*discorso*) calunnioso, dispettoso, malevolo, perfido, iniquo ***B*** *s. m.* persona malevola, birbone, malvagio, cattivo, perverso, serpente (*fig.*) **CONTR.** persona buona, bonario, buono **FRAS.** *il maligno*, il demonio.

malinconìa *s. f.* mestizia, tristezza, tristizia, nostalgia, abbattimento, afflizione, ipocondria, tedio, uggia, pathos □ malumore, paturnia, umor nero □ tetraggine, spleen (*ingl.*) **CONTR.** letizia, allegrezza, allegria, gaiezza, giocondità, serenità, buonumore, spensieratezza, contentezza, felicità, gioia.

MALINCONIA
sinonimia strutturata

Nell'uso comune la parola **malinconia** (detta anche **melanconia** o, con forme ormai desuete, **malanconia**, **malenconia**, **maninconia** e **melancolia**) indica una condizione abituale o momentanea caratterizzata da vaga sensazione di tristezza: *pensieri e ricordi colmi di malinconia*; *sguardo pieno di malinconia*. Una malinconia è anche un pensiero, un presentimento che causa tristezza o preoccupazione: *mettiamo da parte le malinconie*. Nel linguaggio psicologico la malinconia è uno stato patologico di tristezza, pessimismo, sfiducia o avvilimento, senza una causa apparentemente adeguata, che rappresenta una delle fasi della psicosi maniaco-depressiva. Secondo l'antica medicina la malinconia era un umore (parola questa volta usata nel significato di liquido biologico di un organismo animale o vegetale) nero, di natura fredda e secca, secreto dalla bile. Questo umore veniva detto anche **atrabile**. Ippocrate e la sua scuola consideravano infatti fondamentali per il corpo umano quattro liquidi biologici: la flemma, il sangue, la bile gialla e la bile nera.

Mestizia, **tristezza** e **afflizione** sono tre termini che definiscono lo stato d'animo di chi è in una condizione di abbattimento spirituale, di avvilimento, di depressione psichica, di chi è privo di gioia, serenità, piacere e simili: *un'ombra di mestizia apparve nei suoi occhi*; *il suo viso esprimeva una profonda tristezza*; *abbandonarsi all'afflizione*.

Essere di **malumore** (o, in una forma più rara, **mal umore**) significa essere di umore inquieto e stizzoso: *in un momento di malumore gli ho risposto male*. Per estensione il malumore è rancore, discordia, malcontento: *tra quei due c'è del malumore*.

Un termine usato in letteratura per indicare una grave forma di malinconia è **ipocondria**: *noiosa ipocondria t'opprime* (PARINI). Significato principale di questa parola è, però, quello stato ansioso caratterizzato dalla infondata sensazione di essere malato e della percezione di dolori che non hanno un riscontro obiettivo. Altro termine, ugualmente usato nel linguaggio letterario, per indicare uno stato di malessere, di malinconia, di totale insoddisfazione è la parola inglese **spleen**. Con essa ci si riferisce ad un particolare stato d'animo (che Baudelaire definisce frequentemente **ennui**) fatto di tristezza, di disperazione, di incapacità di stabilire un rapporto attivo col mondo esterno, di angoscia esistenziale che caratterizza la condizione e il disagio del vivere odierno.

Quando si viene assaliti da un senso di fastidio, tristezza e dolorosa stanchezza, a causa dell'inerzia materiale, della mancanza di interessi spirituali o della ripetizione monotona delle stesse azioni, si dice che si è vittime della **noia**, del **tedio**, dell'**uggia**: *essere sommerso dalla noia*; *ripetere qualcosa fino alla noia*; *morire di noia*; *dare tedio*; *venire a tedio*; *questa lettura provoca un profondo tedio*; il *tedio della vita* sta ad indicare l'indifferenza e l'insofferenza verso i problemi della vita propria e altrui; *stagione piovosa che dà uggia*; *avere qualcuno o qualcosa in uggia* vuol dire trovarlo antipatico o molesto; *essere in uggia a qualcuno* vuol dire invece diventare molesto, noioso, antipatico, insopportabile.

malinconicaménte avv. mestamente, tristemente, infelicemente, sconsolatamente □ nostalgicamente **CONTR.** lietamente, allegramente, gaiamente, giocondamente, serenamente, gioiosamente.

malincònico agg. mesto, triste, sconsolato, mogio, abbattuto, afflitto, dolente □ ipocondriaco, annoiato, tediato, infelice, tetro □ uggioso, grigio □ di malumore, nero **CONTR.** lieto, allegro, gaio, giocondo, sereno, di buon umore, contento, felice, festante, gioioso, giulivo, spensierato. *V. anche* NERO

malincuòre vc.; solo nella loc. avv. *a malincuore*, di malavoglia, controvoglia, malvolentieri, con rincrescimento **CONTR.** volentieri, di buonavoglia.

malintenzionàto agg.; anche s. m. ***1*** malevolo, maldisposto □ ostile, contrario, avverso **CONTR.** benintenzionato □ favorevole ***2*** (*est.*) furfante, malandrino, malfattore, farabutto, malvivente.

malintéso ***A*** agg. frainteso, travisato, equivocato, male interpretato **CONTR.** capito a volo, capito perfettamente ***B*** s. m. equivoco, fraintendimento, disguido, errore, incomprensione, falsa interpretazione, permale (*tosc.*), qui pro quo (*lat.*) **CONTR.** interpretazione esatta.

malìzia s. f. ***1*** cattiveria, malvagità, perversità, malignità □ mordacità **CONTR.** bontà, benignità ***2*** astuzia, accorgimento, furberia, furbizia, scaltrezza, fraudolenza **CONTR.** franchezza, lealtà, dirittura, schiettezza, sincerità □ candore, innocenza, ingenuità □ inesperienza, semplicioneria □ grullaggine, minchioneria ***3*** tranello, trappola, sotterfugio, artificio, escamotage (*fr.*), stratagemma, trucco.

maliziosaménte avv. ***1*** malignamente, con malizia **CONTR.** benevolmente, benignamente ***2*** astutamente, abilmente, accortamente, furbamente, destramente, scaltramente **CONTR.** francamente, lealmente, schiettamente, sinceramente □ candidamente, innocentemente, ingenuamente.

malizióso agg. ***1*** malevolo, maligno, perverso □ serpentino, tristo □ faunesco **CONTR.** buono, benigno ***2*** astuto, accorto, furbo, scaltro, smaliziato, furbesco **CONTR.** franco, leale, schietto, sincero □ candido, ingenuo, innocente, semplice □ sempliciotto, merlo, pollo, grullo, minchione ***3*** birichino, birbante, bricconcello.

malleàbile agg. ***1*** (*di metallo, materiale, ecc.*) duttile, pieghevole, flessibile, plasmabile, forgiabile **CONTR.** duro, rigido ***2*** (*fig.*) (*di persona*) arrendevole, cedevole, docile, acquiescente, accomodante, remissivo, conciliante, accondiscendente, morbido, flessibile, persuadibile □ domabile, correggibile **CONTR.** duro, rigido, inflessibile, coriaceo, testardo, testone, angoloso □ indisciplinato. *V. anche* FLESSIBILE

malleabilità s. f. ***1*** (*di metallo, materiale, ecc.*) duttilità, flessibilità □ elasticità **CONTR.** durezza ***2*** (*fig.*) (*di persona*) arrendevolezza, cedevolezza, apertura, remissività **CONTR.** durezza, chiusura, inflessibilità, rigore, rigidità □ testardaggine, cocciutaggine.

màllo s. m. (*di noce, di mandorla e sim.*) scorza, corteccia, involucro, buccia.

mallòppo s. m. ***1*** involto, fagotto ***2*** (*fig., dial.*) groppo ***3*** (*est.*) gruzzolo, capitale ***4*** (*gerg.*) refurtiva, bottino, grisbi.

malmenàre v. tr. ***1*** percuotere, picchiare, conciare male, randellare, pestare, menare (*pop.*), battere □ (*est.*) massacrare, seviziare ***2*** (*fig.*) bistrattare, maltrattare, strapazzare, tartassare **CONTR.** curare, trattar bene, coccolare, vezzeggiare.

malmésso agg. ***1*** sciatto, trasandato, trascurato □ dimesso, malvestito, scalcagnato **CONTR.** agghindato, azzimato, elegante, ordinato, decente, decoroso ***2*** mal ridotto, mal sistemato, malconcio **CONTR.** ben messo, ben sistemato.

malnàto agg. ***1*** di umile stirpe, di origini ignobili **CONTR.** nobile, di buona famiglia ***2*** (*fig.*) maleducato, screanzato, malcreato □ villano □ ignorante **CONTR.** bennato, educato, beneducato □ cortese, gentile ***3*** (*fig.*) tristo, cattivo, sciagurato **CONTR.** buono, onesto, retto.

malnutrìto agg. nutrito insufficientemente, denutrito, macilento, magro □ deperito, emaciato, scarno, sparuto **CONTR.** ben nutrito.

malòcchio s. m. iettatura, maleficio □ magia **CFR.** scaramanzia **FRAS.** *di malocchio*, con antipatia, con odio, malamente.

malóra s. f. perdizione, rovina, disastro, fallimento, sfascio, disgrazia **CONTR.** fortuna, ventura, successo, riuscita.

malóre s. m. indisposizione improvvisa, malessere, svenimento, collasso, mancamento □ malanno, malattia. *V. anche* MALATTIA

malridótto agg. malconcio, malandato □ guasto, rotto, danneggiato □ scalcagnato, scalcinato **CONTR.** intatto, integro, sano □ ben messo.

malsàno agg. ***1*** (*di persona*) malato, malaticcio, infermo, sofferente □ cagionevole, delicato, gracile **CONTR.** sano, vegeto, forte, robusto ***2*** (*di clima, di luogo*) insalubre, insano □ mefitico, venefico **CONTR.** salubre, buono, sano ***3*** (*di cibo*) dannoso, pesante, indigesto **CONTR.** digeribile, leggero □ assimilabile, tollerabile ***4*** (*fig.*) (*di idee, di gesti, ecc.*) cattivo, insano, riprovevole, immorale □ licenzioso, lascivo, peccaminoso **CONTR.** sano, pulito, puro. *V. anche* DANNOSO

malsicùro agg. ***1*** (*di cosa*) pericoloso, pericolante, insicuro, precario, instabile □ rischioso **CONTR.** sicuro, stabile ***2*** (*fig.*) (*di persona*) incerto, dubbioso, indeciso, malcerto, tentennante, titubante □ inaffidabile □ falso **CONTR.** sicuro, deciso, certo, determinato, risoluto ***3*** (*di andatura*) claudicante, zoppicante **CONTR.** deciso, sicuro, fermo. *V. anche* INCERTO

màlta s. f. ***1*** calce, calcina, cemento ***2*** (*dial.*) fango.

maltèmpo s. m. ***1*** cattivo tempo, brutto tempo, tempaccio, cattiva stagione, intemperie **CONTR.** bel tempo, buona stagione, sereno ***2*** (*in mare*) burrasca

CONTR. bonaccia, piatta.
maltòlto *agg.*; *anche s. m.* tolto indebitamente □ refurtiva, bottino.
maltrattaménto *s. m.* cattivo trattamento, trattamento duro, sevizia, violenza, angheria, prepotenza, persecuzione □ offesa, sgarbo **CONTR.** buon trattamento, garbo, garbatezza, cortesia, gentilezza, vezzeggiamento.
maltrattàre *v. tr.* ***1*** malmenare, strapazzare, bistrattare, perseguitare, tartassare, tormentare, vessare, angariare, travagliare □ offendere, ingiuriare, svillaneggiare □ arrangiare, conciare, scardassare □ (*iron.*) cucinare □ calpestare, malmenare, bastonare □ brutalizzare, molestare □ (*fig.*) assassinare, seviziare **CONTR.** rispettare, onorare, blandire, accarezzare, trattare bene, coccolare, lisciare, vezzeggiare ***2*** (*di oggetto e sim.*) sciupare, rovinare, strapazzare **CONTR.** curare, tenere bene, trattar bene.
maltrattàto *part. pass. di* **maltrattare**; *anche agg.* malmenato, strapazzato, malconcio, conciato, danneggiato, bistrattato, offeso, ingiuriato, calpestato, tartassato, vessato, angariato, tormentato, travagliato **CONTR.** rispettato, onorato, blandito, coccolato, vezzeggiato, accarezzato.
malùccio *avv.* malino, alquanto male, piuttosto male, non molto bene **CONTR.** benino, discretamente, abbastanza bene.
malumóre *s. m.* ***1*** malcontento, scontentezza, scontento □ malinconia, tristezza, mestizia, depressione □ irritabilità, scontrosità □ corruccio, cruccio □ luna storta □ noia, uggia □ mutria, broncio **CONTR.** allegrezza, allegria, serenità, buon umore, gaiezza, letizia, contentezza, soddisfazione ***2*** (*est.*) malanimo, astio, rancore, discordia **CONTR.** benevolenza, indulgenza, simpatia. *V. anche* DISCORDIA, MALINCONIA
malvàgio ***A*** *agg.* cattivo, maligno, crudele, perfido, spietato, inumano □ empio, infame, iniquo, bieco, perverso, sinistro, improbo, malevolo, torvo □ satanico, demoniaco □ blasfemo, sacrilego □ scellerato, sciagurato □ criminale, criminoso □ feroce, efferato, truce, brutale **CONTR.** buono, misericordioso, probo, umano, dolce, giusto, pietoso, pio, angelico □ mite, mansueto □ benigno, bonario ***B*** *s. m.* farabutto, delinquente, cattivo soggetto, poco di buono, bruto □ cane (*fig.*), demonio (*fig.*), diavolo (*fig.*), vipera (*fig.*) **CONTR.** galantuomo, uomo buono □ angelo, santo, tesoro. *V. anche* CRUDELE, NERO
malvagità *s. f.* cattiveria, crudeltà, empietà, improbità, iniquità, perfidia, nequizia, spietatezza, perversità, ribalderia, scelleratezza □ ferocia, efferatezza, brutalità, truculenza, malignità, malevolenza **CONTR.** bontà, carità □ mitezza, benignità, mansuetudine, probità, umanità, amorevolezza, dolcezza.
malvestìto *agg.* con abiti logori, scalcagnato, malconcio, scalcinato, cencioso, stracciato, malmesso □ inelegante, sciatto, trasandato **CONTR.** ben vestito, elegante, azzimato, curato, decente, decoroso.
malvìsto *agg.* inviso, sgradito, malgradito, odiato, detestato □ spregiato, snobbato, disprezzato **CONTR.** ben visto, amato, beneamato, caro, considerato, stimato □ prediletto, preferito, beniamino.
malvivènte *agg.*; *anche s. m.* e *f.* delinquente, malfattore □ canaglia, teppista, malavitoso, ribaldo, reo, scellerato, bandito, brigante, camorrista, mafioso, gangster (*ingl.*), ladro □ assassino, criminale **CONTR.** galantuomo, onesto.
malvolentièri *avv.* controvoglia, poco volentieri, a malincuore, senza entusiasmo, controstomaco (*fam.*), di malavoglia, obtorto collo (*lat.*) **CONTR.** volentieri, con gioia, con entusiasmo, di buon grado, con piacere, di cuore.
malvolére ***A*** *v. tr.* detestare, odiare, aborrire, avere in antipatia **CONTR.** benvolere, amare, voler bene, avere in simpatia ***B*** *s. m.* malanimo, malevolenza, animosità, avversione, astio, inimicizia, livore, ostilità, odio, rancore **CONTR.** amore, amicizia, affezione, affetto, benevolenza, simpatia.
màmma o (*merid.*) **mammà** *s. f.* (*fam.*) madre, genitrice (*lett.*).
mammalùcco [dall'ar. *mamlûk* 'schiavo comperato'] *s. m.* (*fig.*) sciocco, stupido, scimunito, stolido, balordo, rimbambito, allocco, fesso **CONTR.** sveglio, intelligente, pronto, vivace, sagace, acuto.
mammàna *s. f.* ***1*** (*merid.*) levatrice, ostetrica ***2*** ruffiana, mezzana.
mammasantìssima [da *mamma santissima!*, escl. di terrore] *s. m. inv.* (*gerg., merid.*) capo della camorra, capomafia.
mammèlla *s. f.* (*anat.*) poppa, seno, tetta (*fam.*), petto, zizza (*dial.*), zinna (*dial.*).
màmmola *s. f.* ***1*** (*bot.*) viola ***2*** (*fig.*) persona timida, persona ritrosa.
management /*ingl.* 'mænidʒmɛnt/ [vc. ingl., 'direzione, governo', da *to manage* 'maneggiare'] *s. m. inv.* (*di azienda, di organizzazione*) amministrazione, direzione, gestione, vertici.
manager /*ingl.* 'mænidʒə/ [ingl., da *to manage* 'maneggiare'] *s. m. inv.* ***1*** dirigente, direttore, imprenditore, amministratore ***2*** (*di sportivo, di cantante, ecc.*) allenatore, procuratore, agente, impresario.
manageriàle *agg.* del manager, dirigenziale, direzionale □ imprenditoriale, aziendale.
managerialità *s. f.* capacità direttiva, capacità organizzativa.
manàta *s. f.* ***1*** pacca, botta, colpo, percossa □ pugno ***2*** (*di soldi, di grano, ecc.*) manciata, brancata, giumella, pugnello □ mannello, mazzo, manipolo.
mànca *s. f.* mancina, sinistra, mano sinistra □ parte sinistra **CONTR.** dritta, mandritta, destra **FRAS.** *a dritta e a manca*, a destra e a sinistra, per ogni verso.
mancaménto *s. m.* ***1*** malore, collasso, deliquio, svenimento, perdita dei sensi □ smarrimento ***2*** (*fig.*) colpa, fallo, mancanza, peccato □ imperfezione, difetto **CONTR.** pregio, virtù, qualità, merito. *V. anche* IMPERFEZIONE
mancànte *part. pres. di* **mancare**; *anche agg.* carente, deficiente, difettoso, lacunoso, manchevole, scarso □ scevro, privo **CONTR.** dotato, corredato, munito □ completo, intero, perfetto, integro. *V. anche* SCARSO
mancànza *s. f.* ***1*** penuria, carenza, insufficienza,

scarsezza, deficienza, difetto, assenza, privazione, carestia, povertà, ristrettezza **CONTR.** abbondanza, copiosità, copia (*lett.*), dovizia (*lett.*), ricchezza, profusione □ eccesso, esorbitanza, eccedenza, sovrabbondanza, surplus, extra □ subisso, caterva, fiumana, infinità ***2*** omissione □ colpa, pecca, fallo, peccato, infrazione, negligenza, manchevolezza, menda, trasgressione □ bambinata, birichinata, marachella, ragazzata, scappata **CONTR.** osservanza, ubbidienza ***3*** imperfezione, errore, difetto □ lacuna, buco, vuoto **CONTR.** pregio, virtù, qualità, merito. *V. anche* IMPERFEZIONE

mancàre ***A*** *v. intr.* ***1*** non esserci, non esistere, difettare, scarseggiare, far difetto, non bastare, essere insufficiente □ necessitare, abbisognare **CONTR.** bastare □ avere, possedere □ abbondare, sovrabbondare, eccedere, traboccare, debordare, rigurgitare ***2*** (*di forze, di fiato, ecc.*) venir meno, scomparire **CONTR.** tornare, ritornare ***3*** (*est.*) (*di persona*) svenire, cadere in deliquio, perdere i sensi **CONTR.** rinvenire, riprendere i sensi ***4*** deperire, struggersi **CONTR.** rifiorire, rinforzarsi ***5*** estinguersi, morire, perire **CONTR.** nascere, crescere ***6*** essere assente, essere lontano □ assentarsi, defezionare **CONTR.** essere presente, esserci, sussistere □ presenziare ***7*** (*di informare, di ringraziare, ecc.*) omettere, saltare, ignorare, tralasciare, trascurare **CONTR.** comprendere, contemplare, considerare □ toccare, trattare, avere cura, interessarsi ***8*** (*di patto, di promessa, ecc.*) violare, non mantenere, infrangere, tradire □ denunciare, impugnare **CONTR.** rispettare, tener fede, mantenere, onorare, soddisfare ***9*** (*verso persone*) essere in colpa, essere in errore, sbagliare, peccare, deludere, errare **CONTR.** essere innocente, avere ragione ***10*** (*di tempo*) rimanere, restare, avere, disporre ***B*** *v. tr.* (*di colpo, di bersaglio, ecc.*) fallire, sbagliare, spadellare (*region.*) **CONTR.** colpire, azzeccare, centrare, imbroccare.

mancàto *part. pass. di* **mancare**; *anche agg.* ***1*** (*di artista, di cantante, ecc.*) non riuscito, fallito **CONTR.** riuscito, realizzato ***2*** (*di promessa, di parola, ecc.*) omesso, tralasciato **CONTR.** mantenuto, onorato, rispettato ***3*** (*di impegno, di controllo, ecc.*) insufficiente, inadeguato **CONTR.** sufficiente, adeguato ***4*** (*di colpo, obiettivo, ecc.*) sbagliato, bucato □ rientrato **CONTR.** centrato, conseguito.

mancétta *s. f.* paghetta, argent de poche (*fr.*).

manche /*fr.* mɑ̃ʃ/ [vc. fr., propriamente ‘manica’, perché in origine le partite erano due come le maniche] *s. f.* ***1*** (*di giochi*) partita, giro, mano ***2*** (*sport*) eliminatoria, prova.

manchette /*fr.* mɑ̃ˈʃɛt/ [vc. fr., ‘polsino’, dim. di *manche* ‘manica’] *s. f. inv.* ***1*** (*di libro*) fascetta pubblicitaria ***2*** (*edit.*) menabò.

manchévole *agg.* difettoso, imperfetto, inadeguato, debole □ insufficiente, deficiente, lacunoso, scarso □ incompiuto, sprovvisto, mancante, incompleto □ privo, mutilo **CONTR.** perfetto, adeguato, completo, sufficiente, abbondante □ eccedente, esorbitante, eccessivo. *V. anche* SCARSO

manchévolézza *s. f.* ***1*** imperfezione, difetto, deficienza, insufficienza, limitatezza, carenza, inadeguatezza, scarsezza □ incompiutezza, lacuna **CONTR.** perfezione, abbondanza, completezza ***2*** menda, pecca, colpa, mancanza, fallo, peccato. *V. anche* IMPERFEZIONE

mància [dal fr. *manche* ‘manica’, con riferimento alla manica che la dama regalava al cavaliere nelle cerimonie cavalleresche] *s. f.* donativo, buonamano, incerto, regalia, strenna, offa (*lett.*) □ (*est.*) bustarella □ sottomano, toccamano (*raro*).

manciàta *s. f.* manata, pugno, pugnello, giumella, brancata □ mannello, manipolo, mazzo □ piccola quantità.

mancìna *s. f.* manca, sinistra, mano sinistra, parte sinistra **CONTR.** destra, dritta, diritta, mandritta.

mancìno *agg.* ***1*** sinistro, manco **CONTR.** destro □ ambidestro, dritto ***2*** (*fig.*) (*di tiro, di scherzo, ecc.*) birbone □ maligno, cattivo, sleale, scorretto **CONTR.** leale, corretto.

mànco ***A*** *agg.* sinistro, mancino **CONTR.** destro, dritto □ ambidestro ***B*** *s. m.* (*lett.*) mancanza, difetto **CONTR.** abbondanza, eccedenza ***C*** *avv.* ***1*** (*lett.*) meno **CONTR.** più ***2*** (*pop.*) nemmeno, neppure, neanche.

mandànte *part. pres. di* **mandare**; *anche agg. e s. m. e f.* mandatore (*raro*) □ emissario, mittente **CFR.** esecutore □ sicario **CONTR.** mandatario, incaricato, inviato, agente, delegato □ rappresentante.

mandaràncio *s. m.* (*bot.*) clementina.

mandàre *v. tr.* ***1*** far andare, inviare, spedire, inoltrare, trasmettere, rimettere □ diramare □ fare giungere, recapitare, fare pervenire, fare venire, fare recapitare □ indirizzare, dirigere □ rinviare **CONTR.** ricevere, avere, accogliere, ritirare ***2*** (*di dipendente*) assegnare, destinare, designare, trasferire, comandare **CONTR.** accettare, accogliere, assumere ***3*** (*di veicolo*) mettere in moto, fare funzionare, guidare ***4*** (*di voce, di suono, ecc.*) emettere, proferire, tirar fuori, cacciar fuori **CONTR.** frenare, trattenere ***5*** (*di fumo, di odore, ecc.*) emanare, esalare, emettere, diffondere, sprigionare **CONTR.** assorbire, trattenere, riassorbire ***6*** (*di fortuna, di bene, ecc.*) concedere **CONTR.** togliere **FRAS.** *mandare a monte, mandare all'aria* (*fig.*), far fallire □ *mandare all'altro mondo*, uccidere □ *mandare in fumo* (*fig.*), rendere vano □ *mandare in pezzi*, spezzare □ *mandare giù*, ingoiare; (*fig.*) sopportare pazientemente □ *mandare al diavolo, mandare a quel paese* (*fig.*), non volerne più sapere □ *mandare in onda*, trasmettere □ *piove come Dio la manda*, piove a catinelle □ *non mandarle a dire* (*fig.*), dire quello che si pensa anche se sgradevole; litigare aspramente.

mandàta *s. f.* ***1*** (*di cose*) invio, inoltro, spedizione ***2*** (*di persone*) scaglione, contingente, serie ***3*** (*di chiave*) giro, tratto.

mandatàrio *s. m.* incaricato, inviato, agente, delegato, emissario □ rappresentante **CONTR.** mandante.

mandàto ***A*** *part. pass. di* **mandare**; *anche agg.* inviato, spedito, indirizzato, trasmesso, diretto ***B*** *s. m.* ***1*** (*dir.*) procura, facoltà, autorità, delega ***2*** nomina, designazione □ incarico, compito, incombenza □ commissione □ missione, ufficio □ comando, ordine. *V. anche* FACOLTÀ

màndria o **màndra** *s. f.* ***1*** (*di animali*) branco, armento, bestiame □ gregge ***2*** (*spreg.*) (*di persone*) torma, moltitudine, folla. *V. anche* FOLLA

mandriàno *s. m.* custode di mandria, buttero, vaccaio, vaccaro, bovaro, cow-boy (*ingl.*), gaucho (*sp.*) □ (*di pecore*) pastore.

mandrìno *s. m.* ***1*** (*tecnol.*) albero principale ***2*** (*tecnol.*) piattaforma ***3*** (*tecnol.*) allargatoio.

mandrìtta *s. f.* ***1*** mano destra □ lato destro □ dritta, destra **CONTR.** mano sinistra □ lato sinistro □ sinistra, manca ***2*** (*mar.*) tribordo **CONTR.** babordo.

maneggévole *agg.* ***1*** (*di cosa*) maneggiabile, facile da maneggiare, pratico ***2*** (*fig.*) (*di persona*) docile, arrendevole, malleabile, remissivo, trattabile **CONTR.** duro, indocile, intrattabile, restio, scontroso.

maneggevolézza *s. f.* ***1*** (*di cosa*) facilità di maneggio, facilità di uso, praticità ***2*** (*fig.*) (*di persona*) docilità, arrendevolezza, trattabilità **CONTR.** durezza, intrattabilità, scontrosità.

maneggiàre ***A*** *v. tr.* ***1*** manipolare, toccare, tastare, palpare, palpeggiare, brancicare, rigirare, rimenare, tramenare, palleggiare ***2*** (*di strumento, di macchina*) usare (abilmente), sapere usare, manovrare, adoperare ***3*** (*fig.*) (*di somme, di capitali*) gestire, amministrare ***B*** **maneggiarsi** *v. intr. pron.* (*raro*) destreggiarsi, barcamenarsi, cavarsela.

maneggiatóre *s. m.* (*f. -trice*) ***1*** chi maneggia, manovratore ***2*** (*fig.*) maneggione, intrigante, manipolatore, mestatore, faccendone.

manéggio *s. m.* ***1*** (*raro*) (*di strumenti*) uso, impiego ***2*** (*di capitali, di affari, ecc.*) amministrazione, gestione, controllo □ direzione, governo ***3*** (*est.*) intrigo, espediente, manovra, tresca, macchinazione, raggiro, trama, broglio, congiura, cospirazione ***4*** (*equitazione*) cavallerizza, pista per cavalli, galoppatoio.

maneggióne *s. m.* intrigante, faccendiere, faccendone, factotum, manovratore, trafficone, traffichino, intrallazzatore, trafficante □ speculatore.

manésco *agg.* facile a menar le mani, violento □ rissoso, litigioso, attaccabrighe **CONTR.** conciliante, pacifico, tranquillo.

manétta *s. f.* ***1*** leva, manopola, manico, maniglia, manubrio ***2*** (*al pl.*) ferri, catenelle, manichini □ ceppi **FRAS.** *andare a manetta* (*fig.*), fare qualcosa molto in fretta, o con gran zelo.

manfòrte *s. f. inv.* aiuto, soccorso.

manfrìna *s. f.* ***1*** monferrina ***2*** smanceria, smorfia, leziosaggine, moina ***3*** ritornello, ripetizione ***4*** predicozzo, paternale, rampogna.

manganèllo *s. m.* sfollagente □ bastone, randello.

mangeréccio *agg.* commestibile, mangiabile, edule, esculento **CONTR.** immangiabile, non commestibile.

mangerìa *s. f.* peculato, malversazione, profitto illecito □ sperpero □ ruberia, scrocco, truffa □ mangiatoia, mangiatoria, pappatoria.

mangiàbile *agg.* commestibile, consumabile, mangereccio, edule, esculento **CONTR.** immangiabile, non commestibile □ (*di carne*) tiglioso.

mangiacassétte *s. m. inv.* mangianastri, giranastri.

mangiadischi *s. m. inv.* giradischi, fonografo.

mangianàstri *s. m. inv.* mangiacassette, giranastri.

mangiapàne *s. m. e f. inv.* fannullone, ozioso, poltrone, parassita **CONTR.** lavoratore, persona attiva, persona laboriosa.

mangiaprèti *s. m. e f. inv.* anticlericale **CONTR.** clericale, bacchettone, bigotto, collotorto, santarello.

mangiàre ***A*** *v. tr.* ***1*** ingerire cibo, prendere cibo □ cibarsi, nutrirsi, alimentarsi, rifocillarsi, sostentarsi, saziarsi, sfamarsi □ pranzare, cenare, pasteggiare, desinare □ divorare, banchettare, gozzovigliare, pappare, gustare, masticare, sgranocchiare, taffiare (*pop.*), beccare, rimpinzarsi, trangugiare □ pascere **CONTR.** digiunare, astenersi dal cibo ***2*** (*fig.*) (*di ruggine, ecc.*) intaccare, corrodere, consumare ***3*** (*fig.*) (*di capitale, di fortuna, ecc.*) dissipare, sperperare, sprecare, scialacquare, distruggere **CONTR.** economizzare, risparmiare □ lesinare ***4*** (*di denaro e sim.*) rubare, estorcere, scroccare, soffiare ***5*** (*nel gioco della dama, delle carte, ecc.*) eliminare, prendere ***B*** *s. m.* vivanda, cibo, alimento **FRAS.** *mangiare la foglia* (*fig.*), accorgersi di un tranello □ *mangiarsi il fegato* (*fig.*), rodersi di rabbia □ *mangiarsi le parole* (*fig.*), pronunciare male le parole □ *mangiare coi piedi* (*fig.*), stare a tavola da maleducati □ *mangiare a quattro palmenti*, mangiare molto e avidamente □ *mangiarsi vivo qualcuno* (*fig.*), aggredirlo verbalmente; offenderlo o maltrattarlo. *V. anche* NUTRIMENTO, PRENDERE

mangiarìno *s. m.* manicaretto. *V. anche* NUTRIMENTO

mangiàta *s. f.* scorpacciata, spanciata, strippata (*pop.*), pappata, bisboccia, gozzoviglia, pacchia, repulisti **CONTR.** digiuno.

mangiàto *part. pass. di* **mangiare**; *anche agg.* ***1*** (*di cibo*) ingerito, consumato ***2*** (*fig.*) (*di cosa o persona*) intaccato, roso, corroso, logoro **CONTR.** intatto.

mangiatóia *s. f.* ***1*** greppia, rastrelliera □ truogolo ***2*** (*fig.*) peculato, malversazione □ sperpero □ mangeria, mangiatoria, ruberia, scrocco, truffa.

mangiatóre *s. m.* (*f. -trice*) mangione, ghiottone, epulone, sbafatore, piluccone, buzzone, crapulone, goloso, golosone, ingordo, divoratore, pappone (*fam.*), pappatore, pappalardo (*raro*), leccapiatti, vorace, lurco (*lett.*) **CONTR.** parco, regolato, temperante, sobrio.

mangiaùfo *s. m.* parassita, scroccone.

mangìme *s. m.* becchime, pastone □ biada, foraggio.

mangióne *s. m.*; *anche agg.* mangiatore, ghiottone, crapulone, sbafatore, epulone, goloso, golosone, ingordo, piluccone, buzzone (*pop.*), divoratore, pappone (*fam.*), pappatore, pappalardo (*raro*), leccapiatti, vorace, lurco (*lett.*), fogna (*fam.*) **CONTR.** parco, regolato, temperante, sobrio.

mangiucchiàre *v. tr.* mangiare poco, mangiare a stento □ sbocconcellare, mordicchiare, beccare, piluccare, rosicchiare, spilluzzicare, spizzicare **CONTR.** divorare, ingurgitare, macinare (*fig.*).

manìa *s. f.* **1** alienazione, delirio, squilibrio, demenza, insania, follia, pazzia □ complesso **2** (*fig.*) smania, fissazione, idea fissa, ossessione, chiodo, desiderio incontenibile □ capriccio, ghiribizzo, pallino, hobby (*ingl.*), ticchio, vezzo □ abitudine, costume. *V. anche* ABITUDINE

maniacàle *agg.* di mania, delirante, demenziale, ossessivo.

manìaco *agg.*; *anche s. m.* **1** alienato, folle, pazzo, demente, insano, malato di mente **CONTR.** sano di mente, equilibrato **2** (*fig.*) fissato, fanatico, fan (*ingl.*), patito.

mànica *s. f.* **1** (*est.*) (*per acqua o aria*) segnavento, banderuola □ manicotto, manichetta □ condotta **2** (*fig., spreg.*) (*di persone*) accozzaglia, manipolo, banda, squadraccia **FRAS.** *essere di manica larga* (*fig.*), essere indulgente □ *essere di manica stretta* (*fig.*), essere severo □ *rimboccarsi le maniche* (*fig.*), mettersi al lavoro □ *essere nella manica di uno* (*fig.*), godere la protezione di uno □ *essere un altro paio di maniche* (*fig.*), essere tutt'altra cosa □ *mezze maniche* (*spreg.*), persona di scarsa importanza o di basso livello; persona mediocre.

manicarétto *s. m.* ghiottoneria, leccornia, bocconcino, mangiarino, pietanzina, intingolo, vivanda appetitosa, vivanda squisita, piattino **CONTR.** intruglio, brodaglia, sbobba (*pop.*), cibo grossolano. *V. anche* NUTRIMENTO

manicheìsmo [da *Mani*, fondatore di una dottrina religiosa basata sul conflitto tra il bene e il male] *s. m.* (*est.*) intransigenza, inconciliabilità □ estremismo assolutista **CONTR.** conciliabilità, relatività.

manichèo *agg.*; *anche s. m.* (*est.*) intransigente, assolutista, assoluto, categorico **CONTR.** relativo, conciliante.

manichìno *s. m.* **1** (*per artisti, sarti, ecc.*) fantoccio, modello **2** (*fig.*) (*di persona*) automa, robot □ marionetta **3** (*pl., raro, ant.*) manette.

mànico *s. m.* presa, impugnatura, maniglia, ansa, manubrio, manetta.

manicòmio *s. m.* **1** frenocomio, ospedale psichiatrico **2** (*fig., scherz.*) babele, babilonia, casino (*pop.*).

manicòtto *s. m.* **1** (*di abbigliamento*) manichetta **2** (*per acqua o aria*) manica, condotta, manichetta, tubo di collegamento.

manièra *s. f.* **1** modo, come □ costume, consuetudine, usanza, uso, guisa, foggia **2** (*di vita*) norma, regola, genere, modello, condotta, comportamento **3** tatto, garbo, creanza **CONTR.** sgarbatezza, scortesia **4** (*di artista, di pensatore*) stile, gusto, tecnica □ tocco, mano **5** (*est.*) affettazione, ricercatezza, convenzionalità, preziosismo **CONTR.** naturalezza, spontaneità **6** (*di lavorare, di fare*) mezzo, metodo, procedimento, sistema.

manieràto *agg.* **1** affettato, ricercato, studiato, lezioso, manieroso, leccato, lambiccato, artificioso, convenzionale **CONTR.** naturale, semplice, spontaneo □ naïf **2** educato, composto **CONTR.** scomposto, sguaiato. *V. anche* SNOB

manifattùra *s. f.* **1** lavorazione, lavoro **2** (*di luogo*) stabilimento, fabbrica, industria, opificio, officina laboratorio **3** (*raro*) (*di lavoro*) confezione, manufatto, merce.

manifestànte *part. pres. di* **manifestare**; *anche agg.* e *s. m.* e *f.* dimostrante, contestatore □ scioperante.

manifestàre ***A*** *v. tr.* **1** palesare, rivelare, svelare, dimostrare, mostrare, notificare, esprimere, esternare, enunciare, dichiarare, annunciare, esporre, dire, confessare, esteriorizzare, estrinsecare, significare, far conoscere **CONTR.** nascondere, coprire, sottacere, velare, dissimulare, occultare, celare, tacere, tenere dentro di sé **2** accusare, scoprire, denotare, indicare, denunciare, riflettere, rispecchiare, sprizzare, tradire, trasudare **3** (*di sentimenti*) aprire, confidare, estrinsecare, sfogare □ professare ***B*** *v. intr.* partecipare a una manifestazione, dimostrare, scendere in piazza □ scioperare ***C*** **manifestarsi** *v. rifl.* e *intr. pron.* **1** emergere, apparire, comparire, spuntare, rivelarsi □ palesarsi, mostrarsi, farsi conoscere, evidenziarsi, svelarsi □ scoprirsi, dichiararsi **CONTR.** nascondersi, occultarsi, celarsi, tacere **2** (*di malattia*) insorgere, venire (*fam.*) **CONTR.** scomparire, cessare. *V. anche* PARLARE

manifestàto *part. pass. di* **manifestare**; *anche agg.* palesato, espresso, esternato, dichiarato, denunciato, esteriorizzato □ confidato, confessato □ rivelato, svelato **CONTR.** nascosto, celato, occultato, taciuto □ sottaciuto, velato □ dissimulato.

manifestazióne *s. f.* **1** (*di idee, di sentimenti, ecc.*) dimostrazione, espressione, rivelazione, esteriorizzazione, estrinsecazione, enunciazione, professione, confessione **CONTR.** occultamento **2** (*di cittadini*) dimostrazione □ corteo, sfilata □ protesta □ sciopero, agitazione **3** (*di musica, di sport, ecc.*) spettacolo, happening (*ingl.*), performance (*ingl.*) **4** indice, sintomo, segno, spia, segnale.

manifestìno *s. m.* **1** *dim. di* **manifesto** **2** volantino, avviso, locandina.

manifèsto ***A*** *agg.* chiaro, aperto, evidente, palese, patente, lampante, visibile □ esplicito □ malcelato □ palpabile, tangibile □ conosciuto, noto, notorio **CONTR.** nascosto, occulto, celato, ignorato □ recondito, riposto, latente, sotterraneo □ segreto, confidenziale □ esoterico □ oscuro, impenetrabile, incomprensibile ***B*** *s. m.* **1** avviso, affisso, poster (*ingl.*), cartello, stampato, affiche (*fr.*), cartellone, bando, giornale murale **2** (*di partito, di movimento culturale, ecc.*) programma □ proclama.

manìglia *s. f.* manico, manetta, ansa, impugnatura, pomello, manubrio.

manipolàre *v. tr.* **1** (*di cose*) maneggiare, rimestare, impastare, mescolare, preparare, trattare con le mani, lavorare, trattare **2** (*anche fig.*) (*di cibo, di notizia, ecc.*) alterare, adulterare, falsificare, falsare, sofisticare, preparare con truffe **3** massaggiare. *V. anche* MESCOLARE

manipolàto *part. pass. di* **manipolare**; *anche agg.* **1** (*di cosa*) maneggiato, rimestato, impastato, mescolato **2** (*anche fig.*) (*di cibo, di notizia, ecc.*) alterato, adulterato, falsificato, sofisticato, preparato con truffa **CONTR.** inalterato, autentico, genuino, naturale, nature (*fr.*).

manipolatóre *s. m.; anche agg.* (*f. -trice*) ***1*** maneggiatore, impastatore, mescolatore ***2*** (*est.*) (*di notizie, di musica, ecc.*) compilatore, arrangiatore ***3*** (*fig.*) adulteratore, falsificatore, sofisticatore □ cospiratore, raggirone (*fam., tosc.*), maneggione.

manipolazióne *s. f.* ***1*** mescolanza, impasto, miscuglio □ preparazione, trattamento ***2*** (*est.*) (*di notizie, di scritto, ecc.*) adulterazione, falsificazione, mistificazione □ manomissione, travisamento ***3*** (*fig.*) intrigo, imbroglio, macchinazione, raggiro, manovra, trama, tranello, trappola ***4*** massaggio.

manìpolo *s. m.* ***1*** (*di grano, di erba, ecc.*) mannello, mannella, manica, manciata, manata, mazzo □ fascina, fascio, fastello □ covone ***2*** (*mil.*) drappello, schiera, reparto □ plotone ***3*** (*est.*) (*di persone*) gruppetto compatto.

mànna [dall'ebr. *manâ*, il cibo che, secondo la Bibbia, piovve sugli Ebrei che attraversavano il deserto] *s. f.* ***1*** (*est.*) grazia celeste, verità rivelata ***2*** squisitezza, cibo squisito, bevanda squisita **CONTR.** intruglio, brodaglia, sbobba (*pop.*) ***3*** (*fig.*) provvidenza, cuccagna, fortuna **CONTR.** sfortuna, iella, scalogna, disdetta. *V. anche* FORTUNA

mannàggia [vc. merid., da *male n'aggia* 'ne abbia male'] *inter.* (*centr., merid.*) maledizione!, dannazione!, accidenti!

mannàia *s. f.* scure, ascia, accetta □ (*est.*) lama (della ghigliottina).

mannàro *agg. solo nella loc. lupo mannaro* (*pop.*), licantropo □ (*fam.*) mostro (delle favole).

mannequin /*fr.* manə'kɛ̃/ [vc. fr., dall'ol. *mannekijn*, dim. di *man* 'uomo'] *s. f. inv.* indossatrice, modella.

màno *s. f.* ***1*** (*anat.*) organo tattile e prensile ***2*** (*fig.*) potere, potestà, custodia □ abilità ***3*** (*fig.*) scrittura, carattere, grafia ***4*** (*fig.*) (*di scritto, di pittura, ecc.*) stile, impronta, caratteristica, tocco ***5*** (*fig.*) (*di vernice, di colore, ecc.*) strato, passata ***6*** (*fig.*) (*di luogo*) lato, parte, banda ***7*** (*nel gioco delle carte*) distesa, giro, giocata, manche (*fr.*), game (*ingl.*) □ prima giocata ***8*** aiuto, soccorso **FRAS.** *di prima mano* (*fig.*), proveniente direttamente dalla fonte; scelto, nuovo □ *di seconda mano* (*fig.*), usato, scadente; avuto indirettamente □ *col cuore in mano* (*fig.*), con tutta sincerità □ *mettersi le mani nei capelli* (*fig.*), disperarsi □ *mordersi* (o *mangiarsi*) *le mani* (*fig.*), pentirsi; sfogare la propria rabbia □ *per mano di*, per mezzo di □ *avere le mani legate* (*fig.*), non poter agire liberamente □ *lavarsene le mani* (*fig.*), disinteressarsi □ *avere le mani bucate* (*fig.*), spendere troppo □ *a mano a mano*, gradatamente □ *sotto mano* (*fig.*), vicino, a disposizione □ *fuori mano* (*fig.*), lontano □ *avere la mano pesante* (*fig.*), essere troppo duro, essere troppo severo □ *avere le mani lunghe* (*fig.*), essere molto potente; (*fam.*) essere portato al furto □ *a mano*, con le mani; portatile □ *mettere le mani avanti* (*fig.*), cercare scuse; cautelarsi, premunirsi □ *largo di mano* (*fig.*), generoso □ *prendere la mano* (*fig.*), sfuggire al controllo □ *dare una mano* (*fig.*), aiutare □ *venire alle mani*, azzuffarsi □ *menar le mani*, picchiare □ *calcare la mano* (*fig.*), eccedere □ *fare man bassa*, arraffare tutto □ *avere la mano a...*, essere pratico di... □ *avere le mani in pasta* (*fig.*), essere ben introdotto □ *dare l'ultima mano* (*fig.*), completare □ *stare con le mani in mano* (*fig.*), stare senza far nulla □ *uomo alla mano* (*fig.*), uomo affabile, cortese □ *denaro alla mano*, in contanti □ *cedere la mano*, dare la precedenza. *V. anche* IMPRONTA

manodòpera o **màno d'òpera** *s. f. solo sing.* ***1*** lavoratori, operai, maestranze □ dipendenti ***2*** costo del lavoro.

manomésso *part. pass. di* **manomettere**; *anche agg.* danneggiato, sciupato, leso, guastato, violato □ truccato **CONTR.** integro, intatto, inalterato.

manométtere *v. tr.* ***1*** (*di botte, di risparmi, ecc.*) cominciare a usare, cominciare, toccare, intaccare **CONTR.** non toccare ***2*** alterare, danneggiare, guastare, sciupare □ truccare □ falsificare, inquinare □ offendere, ledere, profanare, violare □ scassare, forzare, scassinare **CONTR.** riparare, risistemare ***3*** (*di pacco, di documento, ecc.*) forzare, frugare, aprire abusivamente ***4*** (*di schiavo*) liberare. *V. anche* GUASTARE

manomissióne *s. f.* ***1*** (*di cosa*) alterazione, danneggiamento, danno, guasto, manipolazione □ falsificazione, inquinamento □ violazione **CONTR.** rispetto, osservanza ***2*** (*di schiavo*) liberazione. *V. anche* INQUINAMENTO

manòpola *s. f.* ***1*** guantone, paramano, bracciale, risvolto ***2*** (*di racchetta, di manubrio, ecc.*) impugnatura, manetta ***3*** (*di congegno*) pomello □ manovella.

manoscrìtto ***A*** *agg.* scritto a mano **CFR.** dattiloscritto, stampato ***B*** *s. m.* autografo, opera autografa, originale □ codice, palinsesto.

manovalànza *s. f.* manovali, operai.

manovàle *s. m.* operaio, lavoratore □ ragazzo, apprendista, aiutante, garzone □ scarriolante, terrazziere, sterratore, badilante □ facchino, scaricatore.

manovèlla *s. f.* asta, manopola, pomello, leva.

manòvra *s. f.* ***1*** (*di veicolo, di macchina*) movimento, mutamento di marcia, mutamento di velocità, cambio di velocità, evoluzione ***2*** (*spec. al pl.*) (*mar.*) cime, scotte, sartie ***3*** (*al pl.*) (*mil.*) esercitazioni, evoluzione di truppe, finta battaglia ***4*** (*fig.*) maneggio, raggiro, stratagemma, tattica.

manovràre ***A*** *v. tr.* ***1*** (*di veicolo, di congegno, ecc.*) far funzionare, mettere in moto, azionare, guidare, governare □ usare, maneggiare ***2*** (*fig.*) (*di persona*) influenzare, dirigere, condurre □ corrompere ***B*** *v. intr.* ***1*** eseguire manovre, esercitarsi ***2*** (*fig.*) tramare, brigare, intrigare, intrallazzare.

manovràto *part. pass. di* **manovrare**; *anche agg.* ***1*** (*di cosa*) fatto funzionare, guidato, messo in moto ***2*** maneggiato, usato ***3*** (*fig.*) (*di persona*) influenzato, condizionato □ corrotto.

manovratóre *s. m.* (*f. -trice*) ***1*** (*di veicolo*) guidatore, conducente, autista, pilota, macchinista, conduttore □ addetto alla manovra ***2*** (*fig.*) maneggione, intrigante, intrallazzatore □ stratega, anima nera, longa manus (*lat.*), deus ex machina (*lat.*).

manrovèscio *s. m.* ceffone, schiaffo, sberla, sganascione, scapaccione, scappellotto, colpo traverso.

man sàlva o **mansàlva** *vc.; solo nella loc. avv. a mansalva*, liberamente, senza freno, senza limiti.

mansàrda [fr. *mansarde*, dall'architetto F. *Mansard*, che la ideò] *s. f.* abbaino, soffitta □ solaio, sottotetto.

mansióne *s. f.* ***1*** attribuzione, incarico, incombenza, compito □ occupazione ***2*** ufficio, funzione, qualifica □ veste, qualità. *V. anche* CARICA, FUNZIONE

mansuèto *agg.* ***1*** (*di animale*) ammansito, addomesticato, domestico □ addomesticabile □ inoffensivo, innocuo □ domato **CONTR.** selvatico, selvaggio, feroce, aggressivo, ferino □ indomato, brado ***2*** (*di persona*) docile, pacifico, pacioso, placido, bonaccione, mite, paziente, arrendevole, benigno, remissivo, trattabile, calmo □ buono, dolce, soave **CONTR.** indomito, duro, indomabile, intrattabile, inflessibile, riottoso □ inumano, sanguinario, spietato □ battagliero, bellicoso, combattivo.

mansuetùdine *s. f.* docilità, mitezza, pazienza, arrendevolezza, benignità, remissività, trattabilità, calma, placidità, miele (*fig.*) □ bontà, dolcezza, soavità, **CONTR.** acidità, indocilità, riottosità, arroganza, prepotenza, aggressività, durezza, inflessibilità, intrattabilità, ostinatezza □ crudezza, ferocia, inumanità, spietatezza.

mantèlla *s. f.* cappa □ mantello, manto.

mantellìna *s. f.* ***1*** *dim. di* **mantella** ***2*** (*di bersaglieri, alpini, ecc.*) mantello □ (*est.*) mantiglia, mozzetta, mantelletto ***3*** (*di pozzo*) camicia, intonaco interno.

mantèllo *s. m.* ***1*** manto, cappa, paludamento, ferraiolo, mantella, mantellina, pellegrina, pipistrello, domino, palandrana, gabbana, zimarra, tabarro □ clamide, pallio □ poncho (*sp.*), burnus (*ar.*) □ cappotto, pastrano, paletot (*fr.*), soprabito □ (*relig.*) piviale □ (*giur.*) toga □ finanziera, redingote (*fr.*) □ palamidone (*scherz.*) ***2*** (*fig.*) (*di neve, di cenere, ecc.*) coltre, manto, strato, cortina, tappeto ***3*** (*di animali*) pelame, pelo ***4*** (*fig.*) (*di persona*) finzione, maschera, falsa apparenza.

mantenére ***A*** *v. tr.* ***1*** (*di cose*) conservare, tenere, serbare, far durare, far continuare **CONTR.** distruggere, mandare in rovina, far finire ***2*** (*di persona*) sostentare, sostenere, nutrire, alimentare, sfamare, provvedere al sostentamento, dar da mangiare, dar da vivere ***3*** finanziare, spesare, dotare ***4*** (*di ordine, di disciplina, ecc.*) proteggere, difendere, conservare, far rispettare **CONTR.** abbandonare, trascurare ***5*** (*di patto, di parola, ecc.*) osservare, adempiere, rispettare, tenere fede, onorare **CONTR.** contravvenire, disattendere, infrangere, mancare, rompere, ritrattare, tradire, denunciare, impugnare, trasgredire, violare ***B*** **mantenersi** *v. rifl.* ***1*** alimentarsi, sostentarsi, vivere ***2*** tenersi, serbarsi **CONTR.** corrompersi, sciuparsi, rovinarsi ***C*** *v. intr. pron.* conservarsi, rimanere, resistere, perdurare, durare, restare **CONTR.** cambiare, mutare.

manteniménto *s. m.* ***1*** (*di cosa*) conservazione, custodia, difesa □ manutenzione **CONTR.** abbandono ***2*** (*di persona, di animale*) alimento, cibo, vitto, sostentamento.

màntice *s. m.* ***1*** soffietto ***2*** (*di vettura*) copertura, capote (*fr.*), tettuccio.

mantìglia *s. f.* scialle, mantellina.

mantìle *s. m.* tovaglia □ tovagliolo, salvietta.

mànto *s. m.* ***1*** mantello, mantella, paludamento □ ammanto (*lett.*), cappa ***2*** (*contro le infiltrazioni d'acqua*) strato protettivo, protezione, impermeabilizzazione ***3*** (*fig.*) (*di neve, di cenere, ecc.*) coltre, cortina, tappeto, strato ***4*** (*di animale*) pelame, pelo, mantello ***5*** (*fig.*) (*di persona*) finzione, falsa apparenza.

manuàle (1) *agg.* delle mani, eseguito con le mani, a mano **CONTR.** meccanico, a macchina, automatico, meccanizzato.

manuàle (2) *s. m.* prontuario, trattatello, compendio, vademecum, guida, baedeker (*ted.*).

MANUALE
sinonimia strutturata

La parola **manuale** indica un libro, generalmente un volumetto facilmente consultabile, contenente un compendio delle nozioni fondamentali di una determinata disciplina: *un manuale di filosofia, di storia, di diritto* o un opuscolo con le istruzioni per il funzionamento di qualche apparecchiatura: *il manuale di istruzioni per il funzionamento del videoregistratore*; *il manuale dei comandi del DOS*. Un **compendio** è una riduzione che, senza abbondanza di particolari, fornisce in breve tutta la materia di uno scritto, di un discorso e simili: *un compendio di letteratura latina*. Un **prontuario** e un **vademecum** sono quei libri, fascicoli o manualetti tascabili in cui sono esposte le notizie e le indicazioni di uso più frequente su un dato argomento, una materia, una disciplina o quelle più utili allo svolgimento di una particolare professione o arte: *il prontuario dell'ingegnere*; *un prontuario dei modi di dire*; *il vademecum del costruttore*.

Una **guida** è un libro che si propone di insegnare i primi elementi di un'arte o una tecnica: *guida alla pittura, allo studio delle scienze, al disegno industriale*; con questa parola si indicano anche quelle opere a stampa per turisti o viaggiatori contenenti la descrizione sistematica di strade, musei, monumenti o altre caratteristiche di regioni, città e simili: *guida della Germania, della Francia, dell'Italia, della Toscana, di Roma, di Parigi*. In particolare, **Baedeker** è la denominazioni di alcune guide turistiche, redatte in tedesco o in altre lingue, che prendono nome dal libraio tedesco K. Baedeker (1801-1859) che pubblicò per primo queste rinomatissime guide.

manualìstico *agg.* di manuale, da manuale, nozionistico.

manùbrio *s. m.* ***1*** manico, manovella □ volano ***2*** (*di bicicletta, di motocicletta*) manopola, impugnatura.

manufàtto ***A*** *agg.* fatto a mano **CONTR.** fatto a macchina, meccanico ***B*** *s. m.* ***1*** prodotto, oggetto fatto a mano ***2*** (*est.*) opera edile, costruzione. *V. anche* LA-

VORO

manutenzióne s. f. mantenimento, conservazione □ conduzione **CONTR.** distruzione, rovina.

mànzo s. m. vitello, vitellone, giovenco, bue giovane.

maomettàno agg. e s. m. **1** musulmano, islamita, islamico **2** (*est.*) arabo, moro, saraceno.

màppa s. f. carta topografica □ pianta, disegno, carta, cartina.

mappamóndo s. m. planisfero □ globo terrestre.

maquillage /fr. maki'jaʒ/ [vc. fr., da *maquiller* 'truccare'] s. m. inv. truccatura, imbellettamento, imbellettatura □ make-up (*ingl.*), trucco, belletto, fondo tinta.

marachèlla s. f. bricconata, gherminella, monelleria, birichinata, birbonata □ imbroglio, inganno, bricconeria, marioleria, raggiro, truffa □ malestro.

maràsca s. f. (*bot.*) visciola, amarena, agriotta, ciliegia.

maràsma s. m. **1** (*med.*) deperimento organico (per vecchiaia), consunzione **2** (*fig.*) (*di istituzioni, di ordini e sim.*) decadenza **3** (*fig., est.*) confusione, disordine, bailamme, caos, casino (*pop.*) □ incertezza **CONTR.** ordine, quiete, regolatezza. *V. anche* CONFUSIONE

maratóna [dal nome della città di *Maratona*, in Attica, dalla quale un messaggero corse velocissimamente alla volta di Atene] s. f. **1** (*est.*) lunga camminata, camminata faticosa **2** (*fig.*) fatica estenuante, tour de force (*fr.*).

màrca s. f. **1** marchio □ contrassegno, bollo, timbro, impronta, segno, etichetta **2** marchio di fabbrica □ (*est.*) ditta, azienda, fabbrica, casa **3** scontrino, bolletta, contromarca □ fiche (*fr.*), gettone **4** (*est.*) qualità **5** (*fig.*) carattere, impronta. *V. anche* IMPRONTA

marcantònio [da *Marcantonio*, risonante nome romano] s. m. persona grande e grossa, ercole **CONTR.** mingherlino.

marcàre v. tr. **1** marchiare, contrassegnare, bollare, stampigliare, timbrare, apporre un marchio, punzonare, siglare, segnare □ obliterare, annullare **2** (*fig.*) (*di suono, di segno, ecc.*) accentuare, sottolineare □ rimarcare, scandire, dar rilievo **CONTR.** attenuare, velare **3** (*di avversario*) controllare, neutralizzare, bloccare □ tallonare □ (*nel calcio*) segnare un goal, fare rete **FRAS.** *marcare visita*, darsi malato.

marcatèmpo s. m. inv. segnatempo, cronografo.

marcàto part. pass. di **marcare**; anche agg. **1** marchiato, timbrato, bollato, stampigliato, contrassegnato □ punzonato, fornito di marchio □ obliterato, annullato □ segnato **2** accentuato, rilevato, ben distinto, spiccato, deciso □ pronunziato **CONTR.** indistinto, confuso, impercettibile, sfocato, sfumato **3** (*di avversario*) controllato, neutralizzato, bloccato **CONTR.** libero.

marcatóre s. m. (f. -trice) **1** marchiatore, timbratore □ marker (*ingl.*), evidenziatore **2** (*nel calcio*) goleador (*sp.*) **3** (*di avversario*) controllore, stopper (*ingl.*).

marcatùra s. f. **1** marchiatura, punzonatura, bollatura **2** marchio, bollo, contrassegno, timbro, punzone, segno **3** (*nel calcio*) rete, punto, goal (*ingl.*), segnatura **4** (*di avversario*) controllo, blocco, tallonamento.

marchétta s. f. **1** marca previdenziale, marca assistenziale **2** contrassegno □ gettone **3** (*pop.*) prostituta **FRAS.** *fare marchette* (*pop.*), prostituirsi.

marchiàre v. tr. **1** marcare, bollare, contrassegnare, segnare, timbrare, apporre un marchio □ punzonare **2** (*fig.*) biasimare, condannare, additare al disprezzo, stigmatizzare **CONTR.** lodare, elogiare, esaltare, onorare.

marchiàto part. pass. di **marchiare**; anche agg. marcato, timbrato, bollato, contrassegnato, segnato □ fornito di marchio.

marchiatùra s. f. **1** marcatura, bollatura, timbratura **2** marchio, bollo, timbro, segno, contrassegno.

màrchio s. m. **1** bollo, segno, contrassegno □ timbro, punzone, sigillo □ marcatura, marchiatura □ marca, etichetta, logo, griffe (*fr.*) **2** (*fig.*) impronta, indice, indizio, caratteristica, stigma, stigmate, simbolo **3** (*fig.*) cattiva fama, taccia infamante **CONTR.** onore, buona fama. *V. anche* BOLLO, IMPRONTA

màrcia (1) s. f. **1** marciata, andatura □ (*est.*) camminata, scarpinata, passeggiata lunga, passeggiata faticosa, footing (*ingl.*), jogging (*ingl.*) **2** (*di veicoli, di meccanismo*) moto, movimento, corsa **3** corteo, sfilata **4** (*di motore*) rapporto di trasmissione □ movimento **FRAS.** *far marcia indietro*, retrocedere; (*fig.*) abbandonare un'impresa, ritirarsi □ *avere una marcia in più* (*fig.*), essere più dotati di altri.

màrcia (2) s. f. (*pop.*) pus, sanie (*lett.*), purulenza, marcio, marciume, materia.

marciapiède s. m. banchina, salvagente **FRAS.** *battere il marciapiede* (*fig.*), esercitare la prostituzione.

marciàre v. intr. **1** (*mil.*) sfilare, camminare a passo di marcia **2** (*est.*) procedere, avanzare, camminare, andare, muoversi **CONTR.** star fermo, sostare **3** (*di veicolo*) andare, camminare, muoversi **CONTR.** fermarsi, arrestarsi **4** (*est.*) (*di orologio, di meccanismo, ecc.*) funzionare, procedere regolarmente, andare bene **CONTR.** andare male, incepparsi, bloccarsi, fermarsi **5** (*di motore*) girare **CONTR.** grippare. *V. anche* CAMMINARE

màrcio ***A*** agg. **1** putrido, putrefatto, putrescente, decomposto, imputridito, marcito, marcescente, putrido □ fradicio, guasto, avariato **CONTR.** fresco, intatto, sano **2** (*med.*) giunto a suppurazione, purulento □ (*di dente*) guasto, cariato **CONTR.** sano **3** (*fig.*) (*di persona*) corrotto, depravato, spregevole **CONTR.** incorrotto, puro, onesto, retto **4** (*con valore intensivo*) molto, assai □ fradicio ***B*** s. m. **1** marcia (*pop.*), marciume, pus, putridume, purulenza, putredine, materia **2** parte infetta, parte malata □ infezione **CONTR.** parte sana **3** (*fig.*) corruzione, depravazione, malcostume **CONTR.** morigeratezza, purezza, castigatezza, onestà, rettitudine **FRAS.** *aver torto marcio* (*fig.*), essere del tutto in torto.

marcìre v. intr. **1** imputridire, putrefarsi, infracidire (*raro*), corrompersi, decomporsi □ avariarsi, deteriorarsi, guastarsi, infunghire (*tosc.*) **2** (*med.*) suppurare **3** (*fig.*) (*di persona*) consumarsi, languire, infiacchirsi, snervarsi **CONTR.** rinvigorirsi, rinforzarsi **4** (*di acqua*) stagnare, ristagnare. *V. anche* GUASTARE

marcìto *part. pass. di* **marcire**; *anche agg.* marcio, imputridito, putrido, putrescente, putrefatto, decomposto, marcescente □ avariato, deteriorato **CONTR.** fresco, sano, intatto.

marciùme *s. m.* **1** putridume, putredine, fradiciume, purulenza, marcio, pus **2** (*fig.*) depravazione, corruzione, degenerazione, malcostume **CONTR.** morigeratezza, purezza, castigatezza, onestà, rettitudine. *V. anche* DEPRAVAZIONE

marconìsta *s. m.* e *f.* radiotelegrafista.

màre *s. m.* **1** pelago (*lett.*), ponto (*lett.*) □ oceano □ (*est.*) superficie marina □ marina **2** (*est.*) (*di erba, di sabbia, ecc.*) distesa, grande estensione, immensità **3** (*fig.*) (*di guai, di soldi, ecc.*) abbondanza, grande quantità, moltitudine **FRAS.** *frutti di mare*, molluschi commestibili □ *essere in alto mare* (*fig.*), essere lontano dalla soluzione □ *per terra e per mare* (*fig.*), dappertutto □ *buttare, gettare a mare* (*fig.*), disfarsi, abbandonare □ *promettere mari e monti* (*fig.*), fare grandi promesse □ *porto di mare* (*fig.*), luogo molto frequentato; continuo andirivieni.

marèa *s. f.* **1** (*di mare*) flusso e riflusso, corso e ricorso, risucchio **2** (*fig.*) massa, folla, moltitudine.

mareggiàta *s. f.* tempesta, burrasca □ sciroccata, libecciata **CONTR.** mare calmo, bonaccia, piatta. *V. anche* BURRASCA

mare magnum /*lat.* 'mare 'maɲɲum/ [loc. lat., letteralmente 'mare grande'] *loc. sost. m. inv.* gran quantità, gran confusione **CONTR.** scarsità, pochezza.

marétta *s. f.* **1** (*di mare*) leggera agitazione **2** (*fig.*) agitazione □ tensione, nervosismo **CONTR.** calma, quiete, tranquillità.

marginàle *agg.* **1** a margine, laterale □ periferico **CONTR.** centrale **2** (*di argomento, di cosa, ecc.*) accessorio, secondario, non essenziale, non rilevante □ complementare □ casuale **CONTR.** principale, focale, precipuo, basilare, essenziale **3** (*di variazione, di costo, ecc.*) trascurabile, minimo, dappoco **CONTR.** notevole, rilevante, elevato, sensibile.

màrgine *s. m.* **1** contorno, estremità, bordo, orlo, lembo □ marginatura □ confine, limite □ perimetro **CONTR.** centro, parte centrale **2** (*est.*) (*di fiume*) riva, sponda **3** (*di strada*) ciglio, banchina **4** (*di ferita*) lembo, labbro **5** (*fig.*) spazio disponibile, disponibilità □ tolleranza **6** guadagno, profitto, utile.

mariàno *agg.* di Maria, della Madonna **FRAS.** *mese mariano*, mese di maggio.

marijuana /*ingl.* mæri'wa:nə/ *s. f. inv.* canapa indiana, erba (*gerg.*).

marìna *s. f.* **1** (*poet.*) mare **2** costa, lido, spiaggia, fascia costiera, riviera **3** (*di quadro*) veduta di mare, paesaggio marino **4** flotta, naviglio □ marineria, nautica.

marinàio *s. m.* **1** marittimo, marinaro □ soldato di marina, marò (*gerg., mil.*) **2** (*al pl.*) (*di nave*) equipaggio, ciurma **3** (*est.*) navigante, navigatore, uomo di mare **FRAS.** *promessa di marinaio* (*fig.*), promessa che non verrà mantenuta □ *marinaio d'acqua dolce*, sbruffone.

marinàre *v. tr.* **1** (*di pesce, di cipolline, ecc.*) conservare sottaceto **2** (*fig.*) (*di scuola*) salare (*region.*), bigiare (*sett.*), bruciare, disertare, far forca (*sett.*) **CONTR.** frequentare.

marinarésco *agg.* della marina, dei marinai, marino, marittimo, marinaro □ nautico, navale.

marinàro **A** *agg.* del mare, della marina, marino, marittimo, marinaresco □ rivierasco □ navale, nautico **CFR.** terrestre, lacustre, fluviale, aereo **B** *s. m.* marinaio, marittimo □ navigante, navigatore.

marinàto *part. pass. di* **marinare**; *anche agg.* **1** (*di pesce, di cipolline, ecc.*) sottaceto **2** (*fig.*) (*di scuola*) salato (*region.*), bigiato (*sett.*), bruciato, disertato **CONTR.** frequentato.

marìno *agg.* di mare, del mare, marittimo, marinaro, marinaresco, equoreo (*lett.*) □ navale, nautico **CFR.** terrestre, aereo, fluviale, lacustre.

mariòlo *s. m.* **1** briccone, furfante, ribaldo, barabba, disonesto, imbroglione, frodatore □ malfattore, canaglia, mascalzone, malvivente **CONTR.** galantuomo, brav'uomo, onest'uomo **2** (*fam., scherz.*) monello, birbante.

marionétta *s. f.* **1** fantoccio □ (*est.*) burattino, pupazzo, pupo **2** (*fig.*) (*di persona*) persona senza carattere, automa, burattino, robot, manichino **CONTR.** volitivo, persona di carattere.

maritàre **A** *v. tr.* **1** (*di donna*) accasare, sposare **2** (*fig.*) congiungere, unire, accoppiare **B** **maritarsi** *v. intr. pron.* **1** accasarsi, sposarsi, prendere marito **2** (*fig.*) (*di cose*) unirsi, accoppiarsi, legare, star bene.

maritàta *s. f.* signora, donna sposata **CONTR.** nubile, zitella, ragazza, signorina.

maritàto *part. pass. di* **maritare**; *anche agg.* **1** sposato, coniugato, accasato □ (*est.*) ammogliato **CONTR.** scapolo, nubile, celibe **2** (*fig.*) (*di cose*) congiunto, unito, accoppiato.

marito *s. m.* sposo, coniuge, consorte, uomo, metà (*scherz.*) **CFR.** moglie, sposa.

marittimo (1) *agg.* **1** del mare, marino, marinaro, marinaresco □ navale, nautico **CFR.** terrestre, lacustre, fluviale, aereo **2** che si svolge sui mari **3** (*della riva del mare*) litorale, litoraneo, rivierasco.

marittimo (2) *s. m.* marinaio □ portuale.

màrker /'marker, *ingl.* 'ma:kə*/ [vc. ingl., da *to mark* 'segnare, marchiare'] *s. m. inv.* **1** evidenziatore **2** (*chim.*) marcatore.

market /*ingl.* 'ma:kit/ [vc. ingl. 'mercato'] *s. m. inv. acrt. di* **supermarket**; supermercato. *V. anche* MERCATO

marketing /*ingl.* 'ma:kitiŋ/ [vc. ingl., gerundio di *to market* 'vendere'] *s. m. inv.* commercializzazione, tecnica di mercato □ ricerca di mercato.

marmàglia *s. f.* canaglia, ciurmaglia, gentaglia, plebaglia, accozzaglia, genìa, branco, becerume (*tosc.*), zozza (*tosc.*) **CONTR.** gente ammodo, gente per bene. *V. anche* RIFIUTO

marmellàta *s. f.* conserva di frutta, composta, confettura □ gelatina.

marmìsta *s. m.* marmoraio, marmorario (*lett.*) □ (*est.*) scalpellino, lapicida (*ant.*), tagliapietre.
marmìtta *s. f.* **1** pentolone, pentola, pignatta **2** (*di motore*) silenziatore FRAS. *marmitta catalitica*, catalizzatore.
marmittóne [fr. *marmiton* 'giovane addetto ai servizi di cucina (da *marmite* 'marmitta')'] *s. m.* (*scherz.*) soldato sempliciotto, soldato goffo □ recluta goffa.
màrmo *s. m.* **1** calcare **2** scultura (in marmo) □ statua **3** (*poet.*) lapide, tomba.
marmòcchio *s. m.* (*scherz.*) bimbo, bimbetto, bambino, fanciullo, ragazzino.
marmòtta *s. f.* (*fig.*) indolente, addormentato, tardo, lento □ inetto, goffo, oca, barbagianni CONTR. svelto, vivace □ furbo, dritto (*fam.*).
marocchìno *A agg.*; *anche s. m.* **1** del Marocco **2** (*fig., spreg.*) meridionale *B s. m.* cuoio morbidissimo.
maróso *s. m.* cavallone, grossa onda □ flutto, ondata, procella.
marpióne *s. m.* furbo, furbacchione, dritto, furbastro, furbone, astuto CONTR. semplicione, babbeo, gonzo, allocco, minchione (*pop.*).
marràno [sp. *marrano* 'porco', dall'ar. *muharram* 'cosa vietata', perché la carne di maiale era vietata ai musulmani] *s. m.* **1** (*est., fig.*) traditore, furfante, mascalzone, maramaldo, persona infida CONTR. galantuomo, persona leale **2** (*scherz.*) zotico, villanzone, screanzato CONTR. raffinato, distinto.
marróne *s. m.* **1** castagno □ castagna **2** (*di colore*) bruno scuro **3** (*pop., fig.*) marronata (*pop.*), sproposito, granchio, errore grossolano, errore madornale, sbaglio, cantonata, sfarfallone, sfondone, strafalcione, svarione FRAS. *marrone chiaro*, beige (*fr.*), nocciola.
marsùpio *s. m.* **1** (*zool.*) tasca ventrale (dei marsupiali) **2** (*fig., scherz.*) gruzzolo, capitale, ricchezza.
martellaménto *s. m.* **1** colpi ripetuti, martellio **2** (*anche fig.*) bombardamento, battage (*fr.*).
martellànte *part. pres. di* **martellare**; *anche agg.* **1** (*fig.*) molto intenso, molto vivo, molto assillante, molto insistente □ tambureggiante **2** (*di dolore*) pulsante.
martellàre *A v. tr.* **1** percuotere (col martello), lavorare a martello **2** (*di porta, ecc.*) battere con forza, battere con insistenza, picchiare, bussare **3** (*anche fig.*) (*di nemico, di pubblicità, ecc.*) bombardare senza tregua **4** (*fig.*) (*di domande, ecc.*) incalzare □ assillare, affliggere, angustiare, travagliare *B v. intr.* (*di polso, di tempie, ecc.*) pulsare forte, battere forte, palpitare.
martellàta *s. f.* **1** colpo di martello, mazzata **2** (*fig., fam.*) sventura improvvisa, duro colpo.
martellàto *part. pass. di* **martellare**; *anche agg.* **1** battuto (col martello), lavorato col martello **2** picchiato violentemente **3** (*anche fig.*) angustiato, afflitto, tormentato CONTR. allietato, rallegrato.
martelliàno [da P. I. *Martello*, che lo adoperò nelle sue tragedie] *s. m.* (*metrica*) doppio settenario, alessandrino.
martèllo *s. m.* **1** (*est.*) maglio, mazza, battente, battipalo, mazzuola, mazzuolo, mazzapicchio, piccozza □ picchio, picchiotto **2** (*di campana*) battaglio, batacchio.
martinétto *s. m.* cricco.
màrtire *s. m.* e *f.* **1** (*relig.*) eroe della fede, testimone della fede, confessore della fede □ santo **2** (*est.*) vittima **3** (*fig.*) maltrattato, tormentato, tribolato, travagliato.
martìrio *s. m.* **1** (*relig.*) morte, uccisione, supplizio □ sevizia, tortura, strazio □ olocausto **2** (*fig.*) pena, tormento, travaglio, dolore, sofferenza, patimento, sacrificio □ inquietudine, struggimento CONTR. gaudio, gioia, contentezza, letizia, piacere, sollievo.
martirizzàre *v. tr.* **1** (*relig.*) sottoporre a martirio, uccidere, torturare, martoriare, seviziare, suppliziare, tormentare **2** (*fig.*) affliggere, tormentare, far soffrire, rattristare, addolorare, amareggiare, angosciare CONTR. allietare, rallegrare, dilettare, consolare.
martirizzàto *part. pass. di* **martirizzare**; *anche agg.* **1** (*relig.*) sottoposto al martirio, ucciso, tormentato, martoriato, torturato, seviziato, suppliziato **2** (*fig.*) afflitto, tormentato, rattristato, amareggiato, angosciato, addolorato CONTR. allietato, rallegrato, dilettato, consolato.
martoriàre *v. tr.* **1** (*di persona*) martirizzare, torturare, seviziare, suppliziare, tormentare **2** (*fig.*) (*di preoccupazione, di mali, ecc.*) affliggere, tormentare, far soffrire, rattristare, addolorare, amareggiare, angosciare CONTR. allietare, rallegrare, dilettare, consolare.
martoriàto *part. pass. di* **martoriare**; *anche agg.* **1** martirizzato, torturato, seviziato, suppliziato **2** (*fig.*) afflitto, tormentato, rattristato, amareggiato, angosciato, addolorato, travagliato CONTR. allietato, rallegrato, dilettato, consolato.
marxìsmo [dal filosofo, economista e politico tedesco K. *Marx*] *s. m.* materialismo storico, comunismo □ socialismo.
marxìsta *A s. m.* e *f.* comunista, socialista *B agg.* del marxismo, marxiano □ comunista, socialista.
marziàle *agg.* **1** (*lett.*) di Marte **2** (*est.*) marzio (*lett.*), di guerra, guerresco, bellico, militaresco, guerriero □ combattivo, bellicoso, battagliero □ fiero, energico, pugnace (*lett.*) CONTR. pacifico, sereno.
marziàno *s. m.* **1** abitante di Marte **2** (*fam., fig.*) strano, indecifrabile □ estraneo, isolato.
mascalzonàta *s. f.* lazzaronata, birbonata, canagliata, carognata, furfanteria, porcata, maialata (*pop.*), bricconata, marioleria □ porcheria, disonestà, azionaccia CONTR. buona azione, azione meritoria, azione onesta.
mascalzóne *s. m.* farabutto, birbante, furfante, disonesto, lazzarone, malfattore, imbroglione, birbone, avanzo di galera, canaglia, cialtrone, carogna, gaglioffo □ sciagurato, disgraziato CONTR. galantuomo, onest'uomo, brav'uomo, gentiluomo, persona onesta, persona retta, giusto, sant'uomo.
màschera *s. f.* **1** finto volto □ bautta **2** (*est.*) travestimento, costume □ persona mascherata **3** (*fig.*) fin-

zione, simulazione, impostura, menzogna, atteggiamento ipocrita **CONTR.** franchezza, sincerità, schiettezza, lealtà **4** (*fig.*) figura, personaggio **5** (*di defunto*) calco **6** (*di teatro, di cinematografo e sim.*) inserviente, controllore **FRAS.** *gettare la maschera* (*fig.*), rivelare il proprio vero carattere, le proprie vere intenzioni.

mascheràre **A** *v. tr.* **1** coprire con la maschera **CONTR.** togliere la maschera **2** (*est.*) travestire, camuffare, contraffare, truccare **CONTR.** smascherare, svelare **3** (*fig.*) (*di sentimenti*) nascondere, celare, occultare, coprire, mimetizzare, dissimulare **CONTR.** scoprire, mostrare, esprimere, rivelare, fare sapere, lasciar vedere □ sbandierare **B** **mascherarsi** *v. rifl.* **1** mettersi in maschera **CONTR.** togliersi la maschera **2** (*est.*) travestirsi, camuffarsi, truccarsi □ mimetizzarsi **CONTR.** smascherarsi, svelarsi **3** (*fig.*) spacciarsi, fingersi, farsi credere, simulare **CONTR.** rivelarsi, palesarsi, farsi conoscere.

mascheràta *s. f.* **1** compagnia di maschere □ carnevalata □ travestimento **2** (*fig.*) messa in scena **3** (*fig.*) finzione, inganno **CONTR.** franchezza, schiettezza, sincerità.

mascheràto *part. pass. di* **mascherare**; *anche agg.* **1** con maschera **2** (*est.*) travestito, camuffato, truccato, contraffatto, velato □ mimetizzato **CONTR.** smascherato, svelato **3** (*fig.*) (*di sentimenti*) larvato □ falso, ipocrita, finto, simulato □ dissimulato **CONTR.** franco, schietto, sincero, chiaro, aperto.

maschìle **A** *agg.* **1** di maschio, da maschio, mascolino, maschio □ yang **CONTR.** femminile, femminino, muliebre, donnesco, yin **2** (*est.*) virile, forte, vigoroso **CONTR.** femmineo, effeminato, debole **B** *s. m.* genere maschile **CONTR.** genere femminile.

maschilìsmo *s. m.* fallocrazia **CONTR.** femminismo, vulvocrazia.

maschilìsta *s. m.* e *f.*; *anche agg.* fallocrate, fallocratico **CONTR.** femminista.

màschio **A** *s. m.* **1** (*biol.*) individuo di sesso maschile □ uomo, signore **CONTR.** femmina □ donna, signora **2** (*fam.*) bambino, ragazzo □ figlio **3** (*di castello, di fortezza*) mastio, torrione, torre principale **B** *agg.* **1** maschile, mascolino **CONTR.** femminile **2** (*est.*) virile, forte, robusto, vigoroso **CONTR.** femmineo, muliebre □ effeminato, debole.

mascolinità *s. f.* virilità **CONTR.** femminilità, femminino □ effeminatezza.

mascolìno *agg.* maschile, maschio, virile **CONTR.** femminile, muliebre, donnesco, femmineo, femminino □ efebico, effeminato.

mascotte /*fr.* mas'kɔt/ [vc. fr., dal provz. moderno *mascoto* 'sortilegio, portafortuna', da *masco* 'strega'] *s. f. inv.* (*di persona o animale*) portafortuna.

masnadièro o **masnadière** *s. m.* **1** bandito, brigante, malfattore, assassino **2** (*est.*) ladro, ladrone, persona disonesta □ bravaccio, scherano (*lett.*) **CONTR.** galantuomo, persona perbene **3** soldato, uomo d'arme. *V. anche* LADRO

masochìsmo [ted. *Masochismus*, dal n. del romanziere L. von Sacher-*Masoch*, autore di romanzi i cui personaggi erano affetti da questa perversione] *s. m.* (*est.*) autolesionismo **CONTR.** sadismo.

masochìsta *s. m.* e *f.* (*est.*) autolesionista, tormentatore di sé stesso **CONTR.** sadico.

màssa *s. f.* **1** (*di cose*) ammasso, ammassamento, agglomeramento, agglomerato, agglomerazione, mucchio, catasta, congerie, cumulo, quantità caterva, raccolta, serqua □ blocco **CONTR.** parte, elemento, suddivisione **2** (*di persone*) moltitudine, folla □ (*est.*) popolo □ orda, stuolo, torma, turba, fiumana □ collettività **CONTR.** individuo, persona singola **3** (*di animali*) gregge, mandria, branco, sciame, stormo, banco **4** (*grande quantità*) (*fig.*) fiume, marea, montagna, monte, pozzo, selva, sterminio, valanga **5** maggioranza, maggior parte, più **CONTR.** minoranza, meno **6** (*materia, parte solida di qualcosa*) corpo, volume, grosso. *V. anche* FOLLA

massacrànte *part. pres. di* **massacrare**; *anche agg.* spossante, estenuante, sfibrante, logorante, stressante **CONTR.** riposante, leggero, distensivo.

massacràre *v. tr.* **1** trucidare, ammazzare, uccidere, macellare, fare strage, fare scempio **2** malmenare, percuotere selvaggiamente **3** (*est.*) guastare, rovinare, distruggere **CONTR.** accomodare, riparare, restaurare, ricostruire **4** (*fig.*) logorare, stremare, sfibrare, spossare, estenuare, sfiancare, stressare **CONTR.** rinforzare, rinvigorire. *V. anche* GUASTARE

massacràto *part. pass. di* **massacrare**; *anche agg.* **1** trucidato, ucciso, ammazzato □ maciullato **2** malmenato, picchiato selvaggiamente **3** (*est.*) guastato, danneggiato, distrutto **CONTR.** accomodato, riparato, restaurato, ricostruito **4** (*fig.*) sconvolto, deluso **CONTR.** contento, soddisfatto.

massàcro *s. m.* **1** eccidio, strage, carneficina, sterminio, uccisione, scempio, macello, carnaio □ ecatombe **2** (*fig.*) disastro, rovina, sconquasso, sfacelo.

massaggiàre *v. tr.* fare un massaggio, frizionare, fregare, manipolare, stropicciare, strofinare, stirare.

massàggio *s. m.* frizione, fregamento, fregagione (*raro*), strofinamento, manipolazione, stropicciamento, stiramento □ massoterapia.

massàia *s. f.* donna di casa, casalinga.

massàio o (*dial.*) **massàro** *s. m.* **1** fattore, amministratore, capoccia **2** possidente, proprietario terriero **3** fittavolo, mezzadro.

massèllo *s. m.* **1** *dim. di* **massa** **2** (*di metallo*) lingotto **3** (*costr.*) (*di pietra, di legno, ecc.*) blocco.

masserìa *s. f.* fattoria, tenuta, poderi, possedimenti, predio (*ant.*). *V. anche* POSSEDIMENTO

masserìzia *s. f. spec. al pl.* mobili, mobilia, mobilio, suppellettili, arredi, arredamento.

massicciàta *s. f.* (*ferr.*) ballast (*ingl.*).

massìccio **A** *agg.* **1** (*di cosa*) compatto, solido, sodo, pieno, pesante □ saldo, stabile □ voluminoso □ resistente **CONTR.** vuoto, sottile, leggero **2** (*di persona*) corpulento, grosso, nerboruto, tarchiato, atticciato, corpacciuto, ben piantato, robusto, tozzo, tracagnotto, inquartato **CONTR.** minuto, magro, smilzo, snello □ slanciato □ esile, gracile, mingherlino, secco **3** (*fig.*) (*di bombardamento, ecc.*) grande, rilevante, importante, imponente **CONTR.** piccolo, irrilevante ***4*** (*fig.*) (*di errore, ecc.*) grave, enorme, imperdonabile **CONTR.** lieve, leggero, superficiale ***5*** (*di cura, di trattamento*) pesante, forte □ massivo, d'urto **CONTR.** graduale, progressivo □ mantenitivo □ blando ***B*** *s. m.* montagna, monte, acrocoro. *V. anche* GRANDE, ROBUSTO

massificàre *v. tr.* uniformare, livellare, standardizzare **CONTR.** differenziare, diversificare.

màssima *s. f.* ***1*** principio, precetto, sentenza, insegnamento, detto, adagio, pensiero, motto, proposizione, proverbio, aforisma, assioma, apoftegma, wellerismo (*raro*) ***2*** (*di temperatura, di pressione, ecc.*) grado massimo **CONTR.** minima. *V. anche* PROVERBIO

MASSIMA
sinonimia strutturata

Una verità generale che serve di norma, guida o regola si chiama **massima**: *una raccolta di massime*; *imprimersi bene in mente una massima*; per estensione, la parola indica una regola di condotta personale: *la sua massima è rispettare gli altri*. Come verità generale, la massima corrisponde al **principio**, ossia a un'idea, a un criterio scaturito dal ragionamento e che informa tutta la pratica: *ognuno ha i suoi principi*; *uomo di saldi principi*; una *questione di principio* tocca le convinzioni più profonde e fondamentali. Proprio perché fondamentale, il principio può essere considerato un **assioma**, termine che in senso lato designa un'affermazione che è superfluo dimostrare perché palesemente vera.

In quanto principio, la massima può trasformarsi in **insegnamento** o **precetto**: *gli ha dato dei buoni insegnamenti*; *i saggi precetti dei nostri anziani*; i due vocaboli sono molto vicini, ma mentre il primo evoca sempre l'idea di ammaestramento progressivo, di consiglio, il secondo può in certi contesti suggerire una regola fissa o imposta: *precetti morali, civili, religiosi*; *un precetto igienico*; nella dottrina cattolica infatti il termine indica la legge con cui la Chiesa prescrive ai fedeli le attività da tenere (astinenze, digiuni, preghiere, ecc.) in alcune festività solenni.

Gli insegnamenti di vita, i principi anche filosofici spesso vengono espressi concisamente in brevi frasi dette **pensieri** o **aforismi**: *i suoi pensieri sono raccolti in un volume*; *parlare per aforismi*; le **sentenze** si differenziano lievemente perché di norma si riferiscono alla morale: *un'aurea sentenza*; *un'antica sentenza*. Coincidenti tra loro sono **detto** e **adagio**, che designano frasi tipiche o ormai entrate nella tradizione: *nei classici vi sono molti detti famosi*; *un adagio popolare*; *un antico adagio dice "aiutati che il ciel t'aiuta"*. Molto vicino è il **proverbio**, che è spesso arguto, di origine popolare e contiene massime fondate sull'esperienza: *raccolta di antichi proverbi*; *i proverbi sono la sapienza popolare*. Una frase proverbiale è un *motto popolare*; il **motto** è in genere una breve frase sentenziosa, e in questo senso corrisponde a **formula**: *"provando e riprovando" era il motto dell'Accademia del Cimento*; *la formula di Mazzini era: "pensiero e azione"*; inoltre, può essere sinonimo **apoftegma**, termine meno diffuso dei precedenti nell'indicare una massima memorabile. Una sentenza o un proverbio che, in tono scherzoso o asseverativo, vengono attribuiti a una persona reale o immaginaria si definisce **wellerismo**, dal nome di un personaggio di Charles Dickens, il sentenzioso Sam Weller.

massimàle ***A*** *agg.* massimo **CONTR.** minimo, minimale ***B*** *s. m.* limite massimo, misura massima, massimo □ (*di assicurazione*) massimo risarcimento **CONTR.** minimale, minimo.

massimalìsmo *s. m.* bolscevismo, comunismo □ estremismo, radicalismo □ intransigenza **CONTR.** riformismo.

massimalista *s. m.* e *f.* bolscevico, comunista □ estremista, radicale □ intransigente **CONTR.** riformista, moderato, menscevico, minimalista.

màssimo ***A*** *agg.* ***1*** *sup. di* **grande** ***2*** grandissimo, il più grande, sommo, estremo, primo, principale, magno, supremo, superlativo, centrale, sovrano, ultimo **CONTR.** minimo, il più piccolo, menomo ***B*** *s. m.* il grado più elevato, il punto più elevato, acme, limite, meglio, ideale, maximum (*lat.*), non plus ultra (*lat.*), optimum (*lat.*), record, la misura più elevata **CONTR.** minimo, minimum (*lat.*) **FRAS.** *al massimo*, al più, tutt'al più. *V. anche* SOVRANO

mass media /*ingl.* mæs 'mi:djə/ [loc. ingl., da *mass* 'massa' e *media* 'mezzi'] *loc. sost. m. pl.* mezzi di comunicazione di massa, informazione □ stampa, radio, televisione, cinema.

màsso *s. m.* macigno, pietra, pietrone, roccia, grosso sasso, blocco di pietra □ scoglio.

massóne *s. m.* frammassone, franco muratore, libero muratore.

massonerìa *s. f.* ***1*** frammassoneria □ loggia ***2*** (*est.*) consorteria, conventicola.

mastèllo *s. m.* tinozza, bigoncia, bigoncio, conca, brenta (*region.*), mastella (*region.*).

masticàre *v. tr.* ***1*** tritare con i denti, biascicare, maciullare, rodere, sgranocchiare, ruminare □ (*est.*) mangiare □ addentare, mordere ***2*** (*fig.*) (*di parole*) borbottare, biascicare ***3*** (*fig.*) (*di lingua*) conoscere un po', avere un'infarinatura **CONTR.** conoscere a fondo **FRAS.** *masticare amaro, masticare veleno* (*fig.*), soffrire in silenzio.

masticàto *part. pass. di* **masticare**; *anche agg.* ***1*** triturato coi denti, biascicato, sgranocchiato □ (*est.*) mangiato ***2*** (*fig.*) borbottato, biascicato.

masticazióne *s. f.* biascicatura, triturazione □ il masticare.

màstice *s. m.* colla, collante, resina.

mastìno *s. m.* bulldog (*ingl.*), cane da guardia.

mastodòntico *agg.* enorme, grandissimo, gigantesco, ciclopico, colossale, titanico, faraonico, smisurato, spropositato **CONTR.** piccolissimo, minuscolo. *V. anche* GRANDE

màstro ***A*** *s. m.* ***1*** artigiano provetto, artefice provetto **2** registro, giornale, libro **B** *agg. inv.* maestro.

masturbazióne *s. f.* onanismo, autoerotismo.

matàssa *s. f.* **1** gavetta, mannella, rotolo, ruffello (*pop.*) □ (*est.*) intrico, groviglio, viluppo □ complesso, quantità **2** (*fig.*) imbroglio, intrigo, confusione, macchinazione, trama, raggiro.

match /*ingl.* mætʃ/ [vc. ingl., da *to match* 'gareggiare'] *s. m. inv.* gara, competizione, sfida, lotta, incontro, combattimento, scontro.

matemàtica *s. f.* **1** scienza dei numeri □ aritmetica, geometria, algebra □ (*est.*) calcolo **2** (*fig.*) logica, cosa inoppugnabile.

matematicaménte *avv.* **1** mediante la matematica □ aritmeticamente □ razionalmente CONTR. empiricamente **2** (*est.*) assolutamente, con assoluta certezza CONTR. relativamente □ approssimativamente.

matemàtico **A** *agg.* **1** della matematica □ aritmetico **2** (*est.*) assoluto, esatto, preciso, rigoroso, sicuro CONTR. relativo, incerto □ approssimativo **B** *s. m.* studioso di matematica.

materassino *s. m.* **1** *dim. di* **materasso** □ (*est.*) strapuntino **2** (*sport*) tappeto imbottito.

materàsso *s. m.* coltrice (*lett.*), materassa (*raro*), strapunto.

matèria *s. f.* **1** mondo sensibile, mondo, corporeità CONTR. spirito, anima **2** (*di cosa*) sostanza, materiale, corpo **3** pus, marcio, putridume, purulenza, marcia **4** (*di discussione, ecc.*) argomento, elemento, soggetto, contenuto, fatto, tema **5** (*di studio*) disciplina, insegnamento, ramo, campo **6** (*di scandalo, di chiacchiere, ecc.*) occasione, motivo, pretesto, ragione FRAS. *materia grigia* (*fig.*), cervello; ingegno; intelligenza. *V. anche* RAGIONE

materiàle **A** *agg.* **1** fisico, corporeo, corporale □ (*est.*) sensuale, carnale CONTR. immateriale, incorporeo, etereo, spirituale, astratto, intangibile, morale, invisibile □ soprannaturale, soprasensibile □ ideale, metafisico, intellettuale □ mentale, psichico □ interiore, intimo **2** (*di tempo, di beni, ecc.*) concreto, reale, sensibile, tangibile, palpabile, fenomenico, effettivo CONTR. apparente **3** (*di persona, di discorso, ecc.*) grosso, grossolano, maleducato, rozzo, sgraziato □ prosaico, terra terra, piatto CONTR. fine, delicato, educato, gentile, raffinato **4** (*di lavoro*) meccanico CONTR. intellettuale, creativo **B** *s. m.* materia, sostanza, roba (*fam.*) □ strumenti, utensili, attrezzi □ elementi, dati.

materialismo *s. m.* **1** (*anche fig.*) positivismo □ concretezza, praticità □ venalità CONTR. spiritualismo, idealismo **2** (*spreg.*) edonismo, utilitarismo, interesse □ (*est.*) epicureismo CONTR. ascetismo, contemplazione □ quietismo FRAS. *materialismo storico*, marxismo.

materialista *agg.; anche s. m. e f.* **1** (*anche fig.*) positivista □ concreto, pratico, realista □ venale CONTR. spiritualista, idealista, asceta, ascetico, mistico, contemplativo □ quietista □ poeta **2** edonista, epicureo, utilitarista.

materialità *s. f.* **1** corporeità, fisicità □ carnalità CONTR. spiritualità, immaterialità, incorporeità **2** realtà, concretezza, tangibilità CONTR. apparenza **3** prosaicità, grossolanità, rozzezza, grossezza, volgarità CONTR. finezza, gentilezza, urbanità, garbo □ poesia.

materializzàre **A** *v. tr.* rendere materiale □ concretizzare, realizzare CONTR. idealizzare, spiritualizzare **B** **materializzarsi** *v. intr. pron.* prendere corpo, prendere forma, concretizzarsi, realizzarsi.

materializzazióne *s. f.* realizzazione, incarnazione, concretizzazione CONTR. idealizzazione, spiritualizzazione, sublimazione.

materialménte *avv.* **1** fisicamente, concretamente □ sensibilmente, corporalmente CONTR. idealisticamente, intellettualmente □ spiritualmente □ platonicamente **2** grossolanamente, rozzamente CONTR. finemente, gentilmente, garbatamente **3** sostanzialmente, praticamente.

materialóne *s. m.* ignorantone, grossolano, rozzo CONTR. raffinato, fine.

maternaménte *avv.* **1** da madre **2** (*est.*) affettuosamente, amorevolmente, premurosamente CONTR. freddamente, duramente, severamente.

maternità *s. f.* **1** condizione di madre **2** (*est.*) gravidanza **3** (*di ospedale*) ostetricia.

matèrno *agg.* **1** di madre, da madre CONTR. paterno **2** (*di parentela*) per parte di madre CONTR. paterno **3** (*est.*) (*di paese, di lingua, ecc.*) natio, patrio, di origine CONTR. straniero, forestiero **4** (*est.*) (*di cura, di indulgenza, ecc.*) amorevole, indulgente, premuroso, sollecito CONTR. freddo, duro, severo.

matinée /*fr.* mati'ne/ [vc. fr., propriamente 'mattinata'] *s. f. inv.* (*teat.*) mattinata, spettacolo diurno.

matita *s. f.* **1** lapis **2** grafite, piombaggine.

matrìce *s. f.* **1** (*lett.*) utero **2** (*biol.*) strato germinativo **3** (*fig.*) (*di male, di scienza, ecc.*) fonte, origine, principio, causa, provenienza CONTR. effetto, conseguenza **4** (*per riproduzione originale*) stampo, forma, madre, punzone CONTR. duplicato, copia, pezzo, derivazione, esemplare **5** (*di bollettario*) madre CONTR. figlia.

matrìcola *s. f.* **1** registro d'iscrizione, ruolo **2** (*est.*) numero di registrazione, numero **3** (*di studente*) novizio, del primo anno, cappella (*gerg.*) CONTR. anziano **4** (*est.*) novellino, pivello, principiante, recluta CONTR. veterano, anziano, senior (*lat.*).

matricolàto *agg.* **1** (*fig., raro*) noto, riconosciuto CONTR. ignoto, sconosciuto **2** (*fig.*) (*di ladro, di imbroglione, ecc.*) patentato, solenne, famigerato, incallito, incorreggibile CONTR. pentito, contrito **3** (*scherz.*) abilissimo, scaltrissimo CONTR. ingenuo, maldestro. *V. anche* FAMOSO

matrìgna *s. f.* **1** CFR. patrigno **2** (*fig.*) madre poco affettuosa, madre snaturata, madre crudele **3** (*fig.*) (*di cosa*) ostile, avverso, crudele CONTR. benigno, favorevole, propizio.

matrimoniàle *agg.* coniugale, nuziale, maritale, imeneo (*raro, lett.*).

matrimònio *s. m.* connubio, coniugio (*lett.*), maritaggio (*lett.*), imeneo (*lett.*), talamo (*lett.*), accasamento, legittima unione □ nozze, sposalizio, sponsali, letto (*fig.*) CFR. celibato, nubilato □ separazione, divorzio.

màtta *s. f.* atout (*fr.*), jolly (*ingl.*).

mattacchióne *s. m.* allegrone, burlone, buontempone, bellospirito, compagnone, chiassone, pazzerellone, matto, mattoide, capo ameno, capo scarico, corbellatore (*region.*) **CONTR.** musone, mutrione (*raro*), muso lungo. *V. anche* MATTO

mattàna *s. f.* ***1*** (*fam.*) irascibilità, malumore, uggia, luna **CONTR.** buon umore, placidità, serenità, tranquillità ***2*** stramberia, stravaganza, gesto inconsulto, capriccio improvviso □ follia, pazzia.

mattàta *s. f.* (*pop.*) stramberia, matteria, sconsideratezza, imprudenza, dissennatezza □ burla, trovata **CONTR.** ponderatezza, assennatezza.

mattatóio *s. m.* macello, ammazzatoio (*raro*), scannatoio.

mattatóre *s. m.* (*f. -trice* nel sign. 3) ***1*** macellatore ***2*** (*raro*) (*di corrida*) torero, matador (*sp.*) ***3*** (*fig.*) protagonista, show man (*ingl.*), vedette (*fr.*).

matterèllo *s. m.* spianatoio, rullo, lasagnolo (*dial.*), mestatoio (*ant.*), mestone.

matterìa *s. f.* mattata (*pop.*), stramberia, sconsideratezza, imprudenza, dissennatezza **CONTR.** ponderatezza, assennatezza.

mattìna *s. f.* mattino, mattinata, ore antimeridiane, mane (*lett.*) **CFR.** giorno, pomeriggio, sera, serata, notte **FRAS.** *dalla mattina alla sera* (*fig.*), improvvisamente.

mattinàta (**1**) *s. f.* ***1*** mattina, mattino, ore antimeridiane **CFR.** giorno, pomeriggio, sera, serata, notte ***2*** suonata **CONTR.** serenata.

mattinàta (**2**) *s. f.* matinée (*fr.*), spettacolo diurno.

mattinièro *agg.* che si alza presto, sollecito, mattinale (*lett.*) □ mattutino.

mattìno *s. m.* mattina, mattinata, mane (*lett.*) **CFR.** giorno, pomeriggio, sera, serata, notte.

màtto (**1**) *agg.* e *s. m.* ***1*** (*di persona*) pazzo, folle, demente, alienato, forsennato, insano, dissennato, mentecatto □ irragionevole, stolto **CONTR.** sano □ assennato, giudizioso, savio ***2*** (*est.*) estroso, bizzarro, originale, allegrone, mattacchione, pazzerellone, capo ameno **CONTR.** musone, mutrione (*raro*), muso lungo ***3*** (*fig.*) (*di voglia, di gusto, ecc.*) grande, enorme, straordinario **CONTR.** piccolo, moderato, scarso ***4*** (*fig.*) (*di oro, di pietra, ecc.*) falso, falsificato **CONTR.** vero, puro, genuino.

MATTO
sinonimia strutturata

È propriamente **matto** chi è privo della ragione: *il dolore lo ha reso matto*; *è matto da legare*; *sei matto?* si dice a chi fa cose assurde o si comporta in modo impossibile; *andare matto, pazzo per qualcosa* significa invece esserne appassionatissimo. Denominano genericamente chi è infermo di mente anche **alienato**, il letterario **insano**, che designa anche ciò che rivela follia e **mentecatto**, quest'ultimo usato soprattutto nel senso ingiurioso di imbecille; **impazzito** invece descrive chi è uscito di senno, e suggerisce una degenerazione: chi impazzisce infatti si comporta spesso in modo violento e furioso, cioè da **forsennato**. **Demente** segnala un declino patologico delle capacità intellettuali e uno scarso controllo dell'emotività; soffre di demenza precoce ad esempio lo **schizofrenico**: la schizofrenia è infatti un gruppo di disturbi mentali psicotici, caratterizzato da un'alterazione profonda del rapporto con la realtà, da dissociazione mentale e altri disturbi. Demente però si usa soprattutto con il significato corrente di **stupido**: *si è comportato da demente*; così, schizofrenico in senso estensivo ed iperbolico significa folle, pazzesco.

Altri termini, come **stolto** e **dissennato** rinviano a matto inteso estensivamente, ossia si riferiscono a persona che dimostra poca intelligenza, poco senno o imprudenza: *comportamento matto*; *fu così stolto da credergli*; *stolta superbia*; *atti dissennati*. **Irragionevole** in senso estensivo è vicino a stolto, ma riferito a persone può suggerire irrazionale testardaggine. La parola sicuramente più vicina a matto è **pazzo**, che si riferisce sia a chi mostra alterazione nelle proprie facoltà mentali sia a chi si comporta in modo insensato, come se fosse fuori di sé: *diventare pazzo*; *pazzo furioso, da legare*; *urlare come un pazzo*. **Folle** definisce di solito chi agisce senza senno e raziocinio o ciò che è fatto o concepito sconsideratamente, meno frequentemente chi è realmente matto: *una ragazza folle*; *un'idea folle*; *sguardo da folle*.

Anche chi è stravagante o eccentrico può essere definito matto o pazzo: *è un tipo mezzo matto*; *è sempre stato un po' pazzo*; *che pazzo a vestirsi in quel modo*; in particolare, *un cavallo matto* è imprevedibile e difficile da trattare. In quest'accezione, i sinonimi più generali sono **bizzarro** e per estensione **originale**, che non hanno la pregnanza di matto ma che pure indicano chi o ciò che non segue i comportamenti comuni: *non gli badare, è un tipo bizzarro*; *un tipo originale e un po' pazzo*; *si veste in modo originale*; **estroso** suggerisce anche fantasia e inventiva: *carattere, atleta, oratore estroso*; *scritto estroso*. Talvolta si considera bizzarro anche chi è sempre spensierato e incline allo scherzo, ma in quest'accezione si preferisce usare i sinonimi **mattacchione**, **pazzerellone**, **allegrone**, **capo ameno**.

In senso figurato e posposto al nome a cui si riferisce, matto significa **enorme**, **straordinario**, cioè fuori della norma, specialmente per forza e intensità: *un gusto matto, una paura matta*; *spese matte*; anche in questa accezione particolare matto si sovrappone a pazzo: *ho una voglia pazza di gelato*; *correre a pazza velocità*. Semanticamente equivalente ma meno incisivo è **grande**: *ho una gran fame*.

Sempre figuratamente, matto significa **falso**, specialmente in riferimento a metalli preziosi: *argento, oro matto*; mentre un *soldo matto* è un soldo che non vale più. È **falsificato** invece ciò che è stato contraffatto con intenzione dolosa.

màtto (**2**) [persiano (*Shâh*) *mât* '(il re) è morto'] *agg. solo nella loc. scacco matto* (nel gioco degli scacchi) FRAS. *dare scacco matto a uno (fig.)*, vincerlo, batterlo definitivamente.

mattòide *agg.; anche s. m. e f.* **1** pazzoide, paranoico CONTR. assennato, giudizioso, savio **2** (*est.*) pazzerellone, strambo, lunatico, picchiatello, squilibrato, tocco, toccato, mattacchione, cervello balzano CONTR. serio, posato, equilibrato.

mattóne **A** *s. m.* **1** laterizio □ pietra **2** (*fig.*) (*di cosa*) peso, oppressione □ (*est.*) (*di persona*) pedante, noioso, noia, pizza (*fig.*), barba (*fig.*) **B** *in funzione di agg. inv.* (*di colore*) rosso cupo FRAS. *avere un mattone sullo stomaco (fig.)*, non avere digerito; avere un grosso dispiacere o problema.

mattonèlla *s. f.* **1** *dim. di* **mattone** **2** (*per rivestimento*) piastrella.

mattutìno *agg.* del mattino, della mattina, mattinale (*raro*), mattiniero □ diurno, antimeridiano CFR. meridiano, pomeridiano, serale, serotino, vespertino, notturno.

maturàre **A** *v. tr.* **1** rendere maturo, portare a maturazione, stagionare CONTR. inacerbire **2** (*fig.*) (*di persona*) rendere più giudizioso, rendere più adulto, far crescere □ emancipare □ equilibrare **3** (*fig.*) (*di decisione, ecc.*) meditare, valutare, covare, considerare attentamente CONTR. improvvisare **4** (*fig.*) (*di progetto, di lavoro, ecc.*) portare a compimento □ sviluppare, perfezionare CONTR. interrompere, lasciare incompiuto **B** *v. intr.* e **maturarsi** *intr. pron.* **1** (*di frutti, di messi e sim.*) venire a maturità, allegare (*raro*) □ stagionarsi, stagionare CONTR. inacerbire, inacerbirsi **2** (*fig.*) (*di persona*) raggiungere la maturità, diventare giudizioso, diventare adulto, crescere □ emanciparsi CONTR. rimanere immaturo, rimanere bambino **3** (*di salume, di formaggio, ecc.*) stagionare, invecchiare **4** (*fig.*) (*di cose*) giungere a compimento, giungere, arrivare, avvenire **5** (*di interessi*) divenire esigibile.

maturàto *part. pass. di* **maturare**; *anche agg.* **1** (*di frutto*) giunto a maturazione CONTR. immaturo, acerbo **2** (*di salume, di formaggio, ecc.*) stagionato **3** (*fig.*) (*di persona, di lavoro, ecc.*) cresciuto, sviluppato □ compiuto, terminato CONTR. non sviluppato, incompiuto **4** (*fig.*) (*di idea, di decisione, ecc.*) elaborato, meditato CONTR. improvvisato, impulsivo, viscerale **5** (*di interessi*) esigibile, disponibile CONTR. inesigibile, indisponibile.

maturazióne *s. f.* **1** maturità, crescita completa □ formazione □ invecchiamento, stagionatura CONTR. acerbità **2** (*fig.*) meditazione, elaborazione, incubazione (*fig.*) CONTR. improvvisazione **3** (*fig.*) (*di lavoro, di idea, ecc.*) compimento, perfezionamento CONTR. interruzione **4** (*di interessi*) esigibilità, disponibilità CONTR. inesigibilità, indisponibilità.

maturità *s. f.* **1** maturazione, crescita completa, pienezza CONTR. acerbità **2** (*est.*) virilità, età adulta CFR. infanzia, fanciullezza, giovinezza, vecchiaia **3** (*fig.*) responsabilità, equilibrio, prudenza, gravità, coscienza CONTR. immaturità, puerilità, infantilismo **4** (*fig.*) (*di lavoro*) compimento, perfezione CONTR. incompletezza **5** (*scolastica*) licenza superiore, diploma, licenza. *V. anche* PRUDENZA

matùro *agg.* **1** (*di frutto*) giunto a maturazione, fatto, pronto CONTR. acerbo, immaturo, verde **2** (*di salume, di formaggio, ecc.*) stagionato, pronto, fatto **3** (*di vino*) pronto, invecchiato CONTR. nuovo, novello, giovane **4** (*di persona, ecc.*) adulto, grande, anziano, vecchio CFR. infantile, giovanile, anziano, vecchio CONTR. giovane, piccolo **5** (*di età*) tardo, avanzato CONTR. giovane, verde **6** (*fig.*) (*di persona*) assennato, equilibrato, prudente, saggio, quadrato, virile CONTR. immaturo, avventato, imprudente, fanciullesco, infantile, puerile **7** (*fig.*) (*di cosa*) meditato, ponderato, ben considerato CONTR. improvvisato, impulsivo, viscerale **8** (*fig.*) (*di tempo*) adatto, opportuno CONTR. immaturo, inopportuno **9** (*di studente*) licenziato, diplomato. *V. anche* ANTICO

matùsa [da *Matusalemme*] *s. m. e f. inv.* (*scherz.*) vecchione □ vecchio, superato, bacucco, fossile, mummia, sopravvissuto CFR. bambino, bimbo.

matusalèmme [ebr. *Mĕtûshelâh*, n. di uno dei padri dell'Antico Testamento che sarebbe vissuto 969 anni] *s. m.* (*fam.*) vecchione □ vecchio, superato.

mausolèo [vc. dotta, gr. *Mausōlêion*, da *Máusōlos*, re di Caria, in onore del quale fu costruito] *s. m.* sepolcro, tomba monumentale □ monumento. *V. anche* TOMBA

màxi *in funzione di s. m. e f. inv.* maxicappotto, maxigonna, maximoto, ecc. CONTR. mini.

maximum /*lat.* 'maksimum/ [vc. lat., letteralmente 'massimo'] *s. m. inv.* (*econ.*) massimo, limite massimo, prezzo massimo CONTR. minimum (*lat.*), minimo.

mayday /*ingl.* 'meidei/ [vc. ingl., corrispondente alla pronuncia del fr. (*venez*) *m'aider!* '(venite ad) aiutarmi!'] *s. m. inv.* S.O.S., richiesta di aiuto, segnale di soccorso.

màzza *s. f.* **1** bastone, randello, clava, legno □ maglio, mazzapicchio **2** canna, bastone da passeggio **3** martello **4** bastone da baseball □ bastone da golf.

mazzàta *s. f.* **1** colpo di mazza, martellata, bastonata, randellata **2** (*fig.*) batosta, duro colpo, suonata (*fig.*).

mazzétta *s. f.* **1** (*di banconote, di fogli, ecc.*) pacchetto, blocco, mazzo **2** (*per corrompere*) bustarella, tangente.

mazzétto *s. m.* **1** mazzolino, bouquet (*fr.*) □ fascetto, fastello, gruppetto □ ciocca, ciuffo, nappa **2** (*bot.*) infiorescenza.

mazzière *s. m.* (*nei giochi di carte*) chi tiene il mazzo, chi distribuisce le carte □ banco.

màzzo *s. m.* **1** (*di fiori, di erbe e sim.*) bouquet (*fr.*), mazzolino □ fascio □ corbeille (*fr.*), fascetto, fastello, pennacchio **2** (*est.*) (*di carta*) fascio, fascicolo, mazzetta, risma **3** (*di chiavi, di matite, ecc.*) gruppetto, grappolo □ manata **4** (*fig., spreg., scherz.*) (*di persone*) gruppo, massa **5** (*di carte da gioco*) serie FRAS. *estrarre dal mazzo (fig.)*, prendere il meglio di quanto c'è □ *metter tutti nello stesso mazzo (fig.)*, non distinguere, non vedere le priorità □ *tenere il mazzo (fig.)*, avere il potere □ *uscire dal mazzo*, distinguersi.

mazzolino *s. m.* mazzetto, bouquet (*fr.*).

me *pron. pers. di prima pers. m. e f. sing.* **FRAS.** *da me*, da solo □ *per me, secondo me*, a mio parere □ *tra me, tra me e me, dentro di me*, nel mio intimo □ *non saper né di me né di te* (*fam.*), non saper di nulla.

mea culpa /*lat.* 'mɛa 'kulpa/ [loc. lat. tratta dal Confiteor, propriamente 'per mia colpa'] *s. m. inv.* riconoscimento di colpa, atto di pentimento.

meàndro [vc. dotta, lat. *maeăndru(m)*, gr. *Măiandros*, fiume dell'Asia Minore, famoso per le sue sinuosità] *s. m.* **1** (*di fiume*) ansa **2** (*est.*) serpeggiamento, sinuosità, tortuosità, giro, avvolgimento, labirinto, zig zag, intreccio, giravolta **CONTR.** rettilineo, via diritta, tratto diritto **3** (*fig.*) intrico, raggiro, tortuosità, ambiguità **CONTR.** chiarezza, trasparenza.

mècca [ar. *Makka*, la città santa dell'islamismo] *s. f.* **1** (*fam.*) luogo remoto **2** (*fig.*) luogo di sogno, luogo desiderato, sogno □ baldoria.

meccànica *s. f.* **1** tecnologia **2** congegno, meccanismo, apparato meccanico **3** (*fig.*) (*di avvenimento*) svolgimento, sviluppo, processo.

meccanicaménte *avv.* **1** con mezzi meccanici **2** (*fig.*) macchinalmente, automaticamente, istintivamente, inconsciamente, senza riflettere □ mnemonicamente, pappagallescamente **CONTR.** ponderatamente, meditatamente, coscientemente.

meccànico **A** *agg.* **1** della macchina, macchinale □ di meccanica **2** fatto a macchina □ industriale **CONTR.** manuale, manufatto □ artigianale **3** (*fig.*) (*di comportamento*) automatico, istintivo, inconscio, involontario **CONTR.** ponderato, meditato, conscio, cosciente, ragionato, volontario **4** (*fig.*) (*di lavoro, di gesto, ecc.*) artificioso, innaturale □ monotono, ripetitivo **CONTR.** naturale, spontaneo □ vivace **5** (*fig.*) (*di impegno*) materiale, pratico **CONTR.** intellettuale, spirituale **B** *s. m.* operaio qualificato, tecnico.

meccanìsmo *s. m.* **1** congegno, macchina, macchinario, apparato meccanico, dispositivo, ingranaggio, congegno □ strumento, utensile **2** (*di organizzazione, di ente e sim.*) funzionamento, organizzazione **3** (*est.*) (*di mente*) processo.

meccanizzàre **A** *v. tr.* **1** (*di attività*) dotare di macchinari, rendere meccanico □ automatizzare, motorizzare **CONTR.** manualizzare **2** (*fig.*) (*di persona, di gesto, ecc.*) rendere macchinale, abituare, rendere abitudinario **B** **meccanizzarsi** *v. intr. pron.* **1** munirsi di macchine, automatizzarsi **2** (*fam.*) motorizzarsi.

meccanizzàto *part. pass. di* **meccanizzare**; *anche agg.* **1** (*di lavoro*) fatto a macchina □ meccanico, automatico **CONTR.** manuale, artigianale **2** (*di attività*) dotato di macchinari, motorizzato, automatizzato, robotizzato, computerizzato.

meccanizzazióne *s. f.* automazione, motorizzazione, robotizzazione, computerizzazione.

mecenàte [vc. dotta, lat. *Maecenāte(m)*, il protettore dei poeti latini Virgilio e Orazio] *s. m.* e *f.* (*di letterati, di artisti*) protettore □ patrocinatore, sponsor (*ingl.*).

medàglia *s. f.* **1** (*per meriti*) distintivo □ decorazione, onorificenza □ nastrino, croce □ patacca (*spreg.*) □ riconoscimento, premio **2** (*est., fig.*) decorato **FRAS.** *rovescio della medaglia* (*fig.*), lato meno bello (di una persona o di una situazione). *V. anche* DECORAZIONE

medaglióne *s. m.* **1** *accr. di* **medaglia**, ciondolo **2** (*di scrittore*) bozzetto, saggio □ biografia, profilo.

medésimo **A** *agg. dimostr.* **1** stesso, identico, uguale, preciso, idem (*lat.*) **CONTR.** differente, diverso, altro **2** (*raff.*) proprio, di persona **B** *pron. dimostr.* stessa persona, identica persona □ (*raro*) stessa cosa.

mèdia (**1**) *s. f.* **1** (*mat.*) valore intermedio **CFR.** massimo, minimo **2** (*a scuola*) votazione **3** scuola secondaria. *V. anche* VOTAZIONE

media (**2**) /*ingl.* 'mi:djə/ [vc. ingl., dal lat. *media*, pl. di *medium* 'mezzo'] *s. m. pl.* **1** *acrt. di* **mass media** **2** mezzi di comunicazione di massa □ stampa, radio, televisione, cinema.

mediaménte *avv.* in media, circa, all'incirca.

mediàno **A** *agg.* medio, mezzano, centrale, posto nel mezzo, intermedio □ eccentrico, laterale, periferico **B** *s. m.* (*nel calcio*) centrocampista, giocatore di seconda linea.

mediànte *prep.* con, per mezzo di, per opera di, con l'aiuto di, attraverso, grazie a.

mediàre **A** *v. intr.* (*raro*) stare in mezzo, interporsi, fare da mediatore **B** *v. tr.* (*anche fig.*) conciliare, comporre, mettere d'accordo, fare da mediatore.

mediàto *part. pass. di* **mediare**; *anche agg.* indiretto, interposto **CONTR.** diretto, immediato.

mediatóre *s. m.* (*f. -trice*) intermediario, negoziatore □ broker (*ingl.*) □ agente □ sensale, cozzone (*tosc.*) □ intercessore □ tramite, strumento (*fig.*) □ mezzano, paraninfo, ruffiano, prosseneta.

mediazióne *s. f.* **1** intervento, intromissione, arbitrato □ senseria □ intercessione □ raccomandazione **2** compenso (al mediatore), costo (del mediatore), percentuale, provvigione □ tangente.

medicaménto *s. m.* **1** medicina, farmaco, medicinale, sostanza curativa □ unguento, pomata, balsamo □ terapia, cura, medicazione □ rimedio **2** (*fig.*) rimedio, sollievo, conforto, panacea. *V. anche* MEDICINA

medicamentóso *agg.* curativo, medicinale □ medicato.

medicàre **A** *v. tr.* **1** (*di ferita, di piaga e sim.*) detergere, disinfettare, curare □ bendare, fasciare **2** (*fig., lett.*) addolcire, mitigare, lenire **CONTR.** acuire, aumentare, inasprire, esacerbare □ ferire, colpire **B** **medicarsi** *v. rifl.* farsi una medicazione, disinfettarsi, curarsi.

medicàto *part. pass. di* **medicare**; *anche agg.* **1** (*di ferita, di piaga e sim.*) curato, disinfettato □ bendato, fasciato **2** (*di prodotto*) medicamentoso.

medicazióne *s. f.* medicatura, bendatura, fasciatura □ medicamento □ cura, terapia.

medicina *s. f.* **1** scienza medica, arte medica, nosologia **2** (*pop.*) medicamento, farmaco, medicinale □ rimedio **3** (*est.*) cura, terapia **4** (*fig.*) (*di riposo, di viaggio, ecc.*) sollievo, conforto, consolazione.

MEDICINA
sinonimia strutturata

La **medicina** è la scienza che si occupa dello studio delle malattie, della loro prevenzione, diagnosi e terapia. La stessa parola ha il significato di farmaco, medicamento o, per estensione, di cura, rimedio: *prendere la medicina, la miglior medicina è il riposo*. Un tipo particolare di medicina sono le *medicine omeopatiche* (o *rimedi omeopatici* o *metodi omeopatici*): si tratta di quelle medicine, rimedi o metodi che concernono l'omeopatia. L'**omeopatia** è quel metodo di cura che consiste nel somministrare ai malati sostanze in minime dosi che nell'uomo sano provocano gli stessi sintomi della malattia che si vuole curare. In senso figurato una medicina è tutto ciò che reca sollievo, conforto, consolazione: *le tue parole sono una medicina per il mio spirito*.

Farmaco, **medicamento** e **medicinale** sono termini che stanno ad indicare sostanze che per le loro virtù chimiche, chimico-fisiche o fisiche sono dotate di proprietà terapeutiche e curative. Medicinale, usato come aggettivo, indica anche ciò che possiede virtù curative o che è usato come farmaco: *erba, sostanza medicinale*.

Tutti i mezzi di natura farmacologica o medicinale con cui si guarisce o si combatte una malattia sono dei **rimedi**: *hanno trovato un eccellente rimedio contro l'influenza*. Per estensione un rimedio è un provvedimento, un espediente, che mette riparo ad una situazione negativa o elimina una difficoltà: *trovare, porre rimedio alla recessione economica*.

L'insieme di medicamenti e rimedi per il trattamento di una malattia viene detto **cura**: *cura termale, climatica*; *cura del sole, delle acque*; *cura dimagrante*. Nell'uso popolare questa parola indica anche un ciclo completo di trattamento con un particolare farmaco: *il medico gli ha prescritto una cura a base di calcio*. Per estensione una cura è anche l'opera di un medico nei confronti di un malato: *affidarsi alle cure di un medico*; *avere in cura qualcuno*; *essere, mettersi in cura presso qualcuno*.

medicinàle ***A*** *agg.* medicamentoso, curativo, terapeutico □ (*di pianta*) officinale ***B*** *s. m.* farmaco, medicamento, rimedio, medicina (*pop.*), prodotto farmaceutico. *V. anche* MEDICINA

mèdico ***A*** *s. m.* (*f. medichessa*) ***1*** dottore □ sanitario, clinico, specialista, professore ***2*** (*fig.*) consolatore, rimedio ***B*** *agg.* ***1*** di medico, di medicina ***2*** curativo, terapeutico.

medicóne *s. m.* ***1*** *accr. di* **medico** ***2*** (*pop.*) guaritore, medicastro, praticone, mediconzolo.

medievàle *agg.* ***1*** del Medio Evo ***2*** (*fig., spreg.*) arretrato, antiquato, reazionario, retrogrado **CONTR.** progressista, moderno, evoluto.

mèdio ***A*** *agg.* ***1*** mediano, mezzano, centrale, intermedio, di mezzo, posto nel mezzo **CFR.** eccentrico, periferico, laterale ***2*** (*di intelligenza, di capacità, ecc.*) mediocre, modesto □ comune, qualunque, normale □ standard (*ingl.*), tipo ***B*** *s. m.* terzo dito **FRAS.** *media Italia*, l'Italia centrale □ *ceto medio*, piccola borghesia □ *scuola media*, scuola secondaria.

mediòcre ***A*** *agg.* ***1*** (*di statura, di intelligenza, ecc.*) medio, comune, discreto, passabile, tollerabile, giusto, né troppo né poco **CONTR.** singolare, straordinario, eccezionale, superiore, speciale ***2*** (*di guadagno, di affare, ecc.*) modesto, inferiore alla media, scarso, piccolo **CONTR.** abbondante, largo, ricco, eccessivo, cospicuo ***3*** (*di lavoro, di abito, ecc.*) scadente, dozzinale, ordinario □ difettoso, imperfetto □ volgare, di cattivo gusto □ insignificante, piatto, banale, solito, incolore **CONTR.** eccellente, perfetto, ottimo □ eccezionale, fantastico, sensazionale, divino ***B*** *s. m.* (*di persona*) limitato, inetto, incapace, mezzacalzetta, mezzacartuccia **CONTR.** ingegno, bella mente. *V. anche* SCARSO

mediocreménte *avv.* ***1*** modestamente, decorosamente, passabilmente, grigiamente **CONTR.** egregiamente, brillantemente, degnamente ***2*** banalmente, pedissequamente, pedestremente **CONTR.** genialmente, originalmente, ingegnosamente.

mediocrità *s. f.* ***1*** medietà, posizione intermedia ***2*** inettitudine, inefficienza, scarsa abilità **CONTR.** abilità, eccellenza, perizia, maestria, genialità, ingegno ***3*** banalità, grigiore, piattezza, ordinarietà **CONTR.** singolarità, straordinarietà, originalità, eccezionalità.

medioleggèro *s. m.* e *agg.* (*di pugile*) welter (*ingl.*).

meditabóndo *agg.* cogitabondo, pensieroso, pensoso, assorto, raccolto, concentrato, meditativo **CONTR.** spensierato, svagato, noncurante.

meditàre ***A*** *v. tr.* ***1*** pensare, considerare, riflettere, lambiccarsi il cervello □ vagliare, contemplare, valutare, soppesare **CONTR.** distrarsi, divagare ***2*** (*di delitto, di fuga, ecc.*) premeditare, progettare, macchinare, ordire, tramare □ elaborare, inventare ***B*** *v. intr.* pensare, riflettere, rimuginare, ruminare, riandare col pensiero □ studiare, elucubrare □ filosofare. *V. anche* PENSARE

meditàto *part. pass. di* **meditare**; *anche agg.* ***1*** (*di decisione, di scelta, ecc.*) pensato, esaminato attentamente, analizzato con cura, studiato, valutato, soppesato, calcolato, ben ponderato, maturato, considerato **CONTR.** superficiale □ affrettato, precipitoso, estemporaneo □ istintivo, impulsivo □ meccanico, automatico ***2*** (*di azione, di fuga, ecc.*) progettato, macchinato, ordito, tramato □ elaborato, studiato, inventato **CONTR.** improvvisato, spontaneo ***3*** (*di delitto*) volontario, premeditato, intenzionale **CONTR.** involontario, preterintenzionale, colposo.

meditazióne *s. f.* ***1*** riflessione, valutazione, ponderazione, cogitazione, attenta considerazione □ raccoglimento, contemplazione, concentrazione □ pensiero, elucubrazione □ speculazione, studio □ introspezione **CONTR.** distrazione, disattenzione, leggerezza, spensieratezza, superficialità ***2*** (*di delitto, di fuga, ecc.*) progetto, proposito, preparazione, elaborazione **CONTR.** improvvisazione.

mèdium (1) *s. m. e f. inv.* sensitivo.

medium (2) /*ingl.* 'mi:djəm/ [vc. ingl., propriamente 'mezzo', dal lat. *mĕdium* 'mezzo'] *s. m. inv.* mezzo di comunicazione di massa.

meeting /*ingl.* 'mi:tiŋ/ [vc. ingl., gerundio di *to meet* 'incontrarsi'] *s. m. inv.* ***1*** riunione, convegno, incontro, raduno, forum (*lat.*), simposio, symposium (*lat.*) □ comizio ***2*** (*sport*) manifestazione, incontro.

mefistofèlico [da *Mefistofele*, diavolo delle leggende popolari tedesche, passato nel mito di Faust come spirito della sottile corruzione] *agg.* (*fig.*) beffardo, cinico, maligno, malvagio, perfido, subdolo **CONTR.** benigno, bonario, dolce, mansueto, mite.

mefìtico *agg.* ***1*** fetido, puzzolente, infetto, malsano **CONTR.** profumato, odoroso, aulente, balsamico ***2*** (*fig.*) corrotto, impuro **CONTR.** incorrotto, puro.

megàfono *s. m.* ***1*** amplificatore, altoparlante ***2*** (*mar.*) portavoce.

megagalàttico *agg.* ***1*** (*gerg.*) grandissimo, enorme, astronomico **CONTR.** microscopico, piccolissimo ***2*** (*fig.*) bellissimo, magnifico, splendido, sensazionale **CONTR.** brutto, schifoso, orrendo.

megalòmane *agg.*; *anche s. m.* e *f.* affetto da megalomania, gradasso, rodomonte, spaccone, paranoico, millantatore, smargiasso □ esibizionista, ostentatore.

megalomanìa *s. f.* mania di grandezza, paranoia.

megalòpoli *s. f.* grande città, grande concentrazione urbana **CONTR.** cittadina.

megèra [da *Megera*, n. di una delle tre Erinni, l''invidiosa', dal gr. *megáirein* 'invidiare'] *s. f.* arpia, strega, vecchiaccia, donna invidiosa, donna perfida, donna brutta, donna malvagia □ carampana, befana **CFR.** circe, fata, sirena, venere.

mèglio ***A*** *avv.* ***1*** *compar. di* **bene** ***2*** in modo migliore □ più soddisfacentemente, più adeguatamente, con migliori risultati □ piuttosto, preferibilmente **CONTR.** peggio ***3*** più, maggiormente **CONTR.** meno ***B*** *in funzione di agg. inv.* ***1*** migliore, più bello, più pregiato **CONTR.** peggiore ***2*** preferibile, più conveniente, più opportuno ***C*** *in funzione di s. m.* e *f. inv.* cosa migliore □ parte migliore □ scelta, fiore, fior fiore, massimo, ideale, optimum (*lat.*), top (*ingl.*) **CONTR.** peggio, scarto, scoria □ parte peggiore **FRAS.** *alla bell'e meglio*, il meno male possibile □ *per il meglio*, nel modo migliore. *V. anche* SCELTA

méla *s. f.* ***1*** (*bot.*) pomo (*lett.*) ***2*** (*gerg.*) (*nel tennis*) palla ***3*** (*gerg.*) (*nella pallacanestro*) pallone ***4*** (*pop.*) natica, culo (*volg.*) **FRAS.** *mela marcia* (*fig.*), persona che dà il cattivo esempio ad altri.

mélange /*fr.* me'lãʒ/ [vc. fr., dal v. *mêler* 'mescolare'] *s. m. inv.* ***1*** (*di colori*) mescolanza, misto ***2*** filato di vari colori ***3*** caffè o cioccolato con panna.

melàto *agg.* ***1*** (*di cibo*) condito con miele, addolcito con miele □ dolce come miele, dolciastro, zuccherino, zuccheroso ***2*** (*di parola, di voce, ecc.*) languido, lezioso, sdolcinato, svenevole □ lusinghiero, mellifluo, insinuante **CONTR.** caustico, mordace, pungente, rude, secco, brusco.

melensàggine *s. f.* ***1*** svenevolezza, sdolcinatura **CONTR.** rudezza, asprezza □ franchezza, schiettezza ***2*** moina, manfrina, smanceria, smorfie ***3*** balordaggine, storditaggine, stupidità, scipitaggine, sciocchezza, idiozia, grullaggine, insensatezza, insulsaggine **CONTR.** buonsenso, saggezza.

melènso *agg.* ***1*** svenevole, stucchevole, lezioso, sdolcinato, caramelloso, smanceroso **CONTR.** rude, brusco, secco, aspro □ franco, schietto, diretto ***2*** tardo, lento, sciocco, balordo, imbecille, scemo, scimunito, stupido, grullo, fatuo, inetto, ottuso, rimbambito, stordito, tonto, insensato **CONTR.** acuto, arguto, intelligente, spiritoso, sveglio ***3*** scipito, sciocco, stolido, insulso, insipido, vacuo **CONTR.** serio, intelligente.

mellìfluo *agg.* ***1*** (*lett.*) mellifero (*lett.*) ***2*** (*lett.*) dolce come il miele ***3*** (*fig.*) (*di tono, di voce, ecc.*) melato, flautato, lezioso, lusingatore □ sdolcinato, zuccheroso, insinuante, untuoso □ insincero, ipocrita, falso, falsamente gentile **CONTR.** franco, schietto, sincero □ brusco, aspro, rude. *V. anche* IPOCRITA

mélma *s. f.* ***1*** fango, fanghiglia, limaccio, limo, melma, poltiglia, brago (*lett.*), belletta (*lett.*), mota, loto (*lett.*), motriglia (*tosc.*) ***2*** (*fig.*) abiezione, corruzione, bruttura morale **CONTR.** elevatezza, nobiltà, onestà, moralità, purezza.

melmóso *agg.* fangoso, limaccioso, limoso, pantanoso, acquitrinoso, lutulento (*lett.*), poltiglioso □ (*fig.*) torbido **CONTR.** limpido, chiaro, trasparente.

mélo *s. m.* (*bot.*) pomo (*pop.*).

melodìa *s. f.* ***1*** melos (*lat.*), canto poetico ***2*** (*mus.*) armonia, musicalità, eufonia □ musica **CONTR.** cacofonia, rumore ***3*** (*est.*) aria, arietta, motivo, canto □ cantabile, ballabile.

melòdico *agg.* ***1*** di melodia ***2*** (*est.*) melodioso, dolce, soave **CONTR.** disarmonico, stonato.

melodiosaménte *avv.* melodicamente, dolcemente, soavemente, armoniosamente, musicalmente **CONTR.** disarmonicamente, sgradevolmente, aspramente.

melodióso *agg.* melodico, armonico, armonioso, dolce, soave, musicale □ cantabile, ballabile □ (*di uccello*) canoro, canterino **CONTR.** disarmonico, sgradevole, aspro, cacofonico, stridente.

melodràmma *s. m.* (*mus.*) opera (lirica), dramma musicale □ lirica **FRAS.** *da melodramma*, esagerato, teatrale, enfatico.

melodrammàtico *agg.* ***1*** di melodramma, operistico ***2*** (*est.*) enfatico, esagerato, teatrale, ostentato, artificioso, retorico **CONTR.** naturale, semplice, spontaneo □ equilibrato, misurato.

melogràno *s. m.* (*bot.*) granato, pomo punico (*lett.*), punico granato (*lett.*).

melòmane *s. m.* e *f.* maniaco di musica, musicofilo, musicomane.

melóne *s. m.* (*bot.*) popone **FRAS.** *melone d'acqua*, cocomero □ *melone dei tropici*, papaia.

membràna *s. f.* ***1*** pellicina, pellicola, tegumento, integumento (*raro*), tunica, cuticola, pannicolo, foglietto, guaina, lamina, strato ***2*** (*di frutto*) buccia, corteccia, scorza, involucro ***3*** (*di strumento musicale, di codice, ecc.*) pelle, pergamena, cartapecora ***4*** (*elettr.*) lamina **FRAS.** *membrana alare*, patagio.

membratùra *s. f.* corporatura, complessione, struttura.

mèmbro *s. m.* ***1*** (*spec. al pl.*) arto, estremità, appendice ***2*** (*anat.*) pene ***3*** (*est.*) (*di collettività*) componente, socio, seguace, affiliato, associato, consocio, iscritto □ commissario □ individuo ***4*** (*est.*) (*di cosa*) elemento, parte. *V. anche* SEGUACE

membrùto *agg.* grosso, forte, muscoloso, aitante, robusto □ forzuto **CONTR.** debole, esile, gracile, mingherlino, striminzito, minuto □ (*fig.*) scheletrico.

memento */lat.* me'mɛnto/ [lat. *memento* 'ricordati', la parte della Messa in cui il celebrante menziona i vivi e i morti] *s. m. inv.* (*scherz.*) ammonizione, monito.

memoràbile *agg.* memorando (*lett.*), degno di memoria, celebre, famoso, noto, storico, indimenticabile, inobliabile (*lett.*), notevole **CONTR.** immemorabile, degno d'oblio. *V. anche* FAMOSO

memorandum */lat.* memo'randum/ [vc. lat., da *memorare* 'ricordare'] *s. m. inv.* ***1*** appunti, promemoria, comunicazione ***2*** agenda, taccuino, notes.

memòria *s. f.* ***1*** capacità di ricordare □ (*raro, pop.*) ritentiva □ ricordo, ricordanza (*lett.*), rimembranza (*lett.*), reminiscenza, richiamo, evocazione, rievocazione, sovvenire (*lett.*) □ testa, memorizzazione, mente **CONTR.** oblio □ smemorataggine, smemoratezza □ dimenticanza ***2*** tradizione □ monumento □ documento, menzione ***3*** appunto, nota, annotazione, promemoria ***4*** dissertazione, monografia ***5*** (*al pl.*) autobiografia, ricordi, confessioni, vita, memoriale **FRAS.** *a memoria*, a mente □ *a memoria d'uomo*, da che mondo è mondo □ *memoria di transito* (*di computer*), buffer (*ingl.*) □ *rinfrescare la memoria*, far ricordare, specialmente a chi non lo vorrebbe □ *alla memoria*, in onore o in ricordo di un defunto □ *memoria di ferro* (*fig.*), ottima memoria.

memoriàle *s. m.* ***1*** libro di memorie, memorie, ricordi, confessioni, autobiografia □ relazione, rapporto, resoconto □ storia □ memoria, promemoria ***2*** istanza, domanda, esposto, petizione, supplica.

memòrie *s. f. pl.* memoriale, autobiografia, vita □ commentario.

memorizzàre *v. tr.* fissare nella memoria, mandare a memoria, imparare a memoria, registrare □ ricordare **CONTR.** dimenticare, scordare □ cancellare.

memorizzàto *part. pass. di* **memorizzare**; *anche agg.* impresso nella memoria, registrato □ ricordato **CONTR.** dimenticato, scordato □ cancellato.

menabò [vc. milanese, propriamente 'mena buoi', forse con allusione alla funzione di guida, di assetto] *s. m. inv.* (*edit.*) prova di impaginazione, impaginato □ manchette (*fr.*).

menadìto *vc.; solo nella loc. avv. a menadito*, benissimo, perfettamente, a memoria **CONTR.** male.

ménage */fr.* me'naʒ/ [vc. fr., dall'ant. fr. *maisnie* 'famiglia', dal lat. *mansio* 'alloggio'] *s. m. inv.* andamento familiare □ quotidianità, routine (*fr.*), tran tran.

menagràmo *s. m. e f. inv.* (*fam.*) iettatore, scalognatore (*pop.*), cornacchia.

menàre ***A*** *v. tr.* ***1*** (*di animali, di acque, ecc.*) condurre, guidare, portare □ accompagnare, scortare, recare (*lett.*) ***2*** (*di persona, di animale, di cosa*) trascinare ***3*** (*di mani, di coda, ecc.*) agitare, scuotere, dimenare **CONTR.** fermare ***4*** (*di tempo*) passare, trascorrere ***5*** (*di colpo, di pugno, ecc.*) dare, assestare, infliggere, affibbiare, aggiustare, rifilare, vibrare ***6*** (*di persona*) battere, picchiare, fare a pugni, percuotere ***B*** **menarsi** *v. rifl. rec.* picchiarsi, fare a pugni, prendersi a botte, scazzottarsi **FRAS.** *menare il can per l'aia* (*fig.*), tirare in lungo senza concludere □ *menare per il naso* (*fig.*), burlare, prendere in giro □ *menarla per le lunghe* (*fig.*), tirare in lungo □ *menar le mani*, picchiare □ *menar vanto*, gloriarsi.

menaròla *s. f.* trapano, succhiello.

menàta *s. f.* ***1*** colpo ***2*** (*fam.*) bastonatura pestata ***3*** (*fig., fam.*) discorso noioso, seccatura, tiritera, barba.

mendàce *agg.* bugiardo, menzognero, mentitore □ falso, fallace, ingannevole, ingannatore, simulatore □ calunnioso, calunniatore □ spergiuro **CONTR.** verace, veritiero, veridico, sincero, franco, schietto.

mendicànte *part. pres. di* **mendicare**; *anche agg. e s. m. e f.* mendico, accattone, pezzente, barbone, pitocco (*raro*), povero, questuante, indigente, clochard (*fr.*), postulante **CFR.** abbiente, agiato, benestante, facoltoso, ricco, danaroso □ donatore, benefattore.

mendicàre ***A*** *v. tr.* ***1*** (*di denaro, di pane, ecc.*) elemosinare, questuare, accattare, pitoccare **CONTR.** dare, donare, concedere, elargire, largire ***2*** (*fig.*) (*di amore, di aiuto, ecc.*) procurarsi a stento, procurarsi con fatica, cercare, chiedere, domandare □ invocare, reclamare, pietire ***B*** *v. intr.* chiedere l'elemosina, questuare, stendere la mano **CONTR.** fare l'elemosina, donare, elargire.

mendicità *s. f.* ***1*** accattonaggio, accatto, questua **CONTR.** beneficenza, elemosina ***2*** indigenza, bisogno, miseria, estrema povertà **CONTR.** agiatezza, benessere, opulenza, ricchezza.

menefreghìsmo *s. m.* ***1*** noncuranza, indifferenza, disinteresse, negligenza □ qualunquismo **CONTR.** diligenza, zelo □ impegno ***2*** strafottenza, villania, sprezzo, disprezzo **CONTR.** cortesia, gentilezza, garbo, civiltà.

menefreghìsta *s. m. e f.; anche agg.* ***1*** noncurante, indifferente, negligente □ qualunquista **CONTR.** diligente, zelante □ impegnato ***2*** strafottente, villano, sprezzante **CONTR.** educato, gentile, garbato, cortese.

meneghìno *agg.; anche s. m.* (*fam.*) milanese, ambrosiano.

menestrèllo *s. m.* giullare di corte, cantore ambulante, cantastorie □ giocoliere.

menìnge *s. f. spec. al pl.* (*pop.*) cervello, testa **FRAS.** *spremersi le meningi* (*fig.*), scervellarsi.

méno ***A*** *avv.* ***1*** in minor quantità, in minor misura, in minor grado, manco (*lett.*) □ peggio **CONTR.** più, di più, sovrappiù, maggiormente ***2*** (*in prop. disgiuntive*) no **CONTR.** sì ***B*** *prep.* eccetto, fuorché, tranne, escluso **CONTR.** compreso, incluso ***C*** *agg. inv.* minore, inferiore **CONTR.** maggiore, superiore □ meglio, migliore ***D*** *in funzione di sost. m. inv.* ***1*** la cosa minore, la parte minore **CONTR.** più ***2*** (*spec. al pl.*) minoranza

CONTR. maggioranza **3** (*mat.*) sottrazione **CONTR.** più, addizione **FRAS.** *più o meno, poco più poco meno*, quasi, pressappoco □ *di meno*, in minor misura □ *né più né meno*, proprio □ *non meno*, ugualmente □ *senza meno*, senza dubbio □ *quanto meno*, almeno □ *venir meno*, mancare, svenire □ *essere da meno*, mostrarsi inferiore □ *fare a meno*, privarsi □ *a meno che, a meno di*, eccetto che.

menomàre ***A*** *v. tr.* ***1*** diminuire, ridurre, scemare, rimpiccolire, abbassare **CONTR.** aumentare, accrescere, ingrandire, esaltare, innalzare ***2*** (*anche fig.*) danneggiare, mutilare, lesionare ***B*** *v. intr.* e **menomarsi** *intr. pron.* ***1*** diminuire, venire meno **CONTR.** crescere, aumentare ***2*** mutilarsi, danneggiarsi.

menomàto *part. pass. di* **menomare**; *anche agg.* e *s. m.* ***1*** diminuito, rimpiccolito, abbassato **CONTR.** accresciuto, ingrandito ***2*** mutilato, minorato, invalido **CONTR.** integro, sano.

menomazióne *s. f.* ***1*** diminuzione, riduzione, impiccolimento, scemamento (*raro*), abbassamento **CONTR.** accrescimento, aumento, ingrandimento ***2*** (*anche fig.*) lesione, mutilazione, minorazione, invalidità □ danno. *V. anche* IMPERFEZIONE

mènsa *s. f.* ***1*** desco, tavola □ imbandigione (*raro, lett.*) ***2*** (*relig.*) altare ***3*** (*est.*) pasto, pranzo □ banchetto.

mensile ***A*** *agg.* ***1*** di ogni mese ***2*** mensuale (*raro*), di un mese ***B*** *s. m.* ***1*** mesata, mensilità, mensualità (*raro*), stipendio □ canone ***2*** periodico.

mensilità *s. f.* ***1*** periodicità mensile ***2*** mensile, mesata, stipendio mensile.

mènsola *s. f.* ***1*** sostegno, tavoletta, piano d'appoggio, beccatello, modiglione, aggetto, peduccio ***2*** console (*fr.*), ripiano ***3*** (*sopra il camino*) caminiera.

mentàle *agg.* ***1*** intellettuale, intellettivo, della mente □ psichico □ spirituale, astratto **CONTR.** materiale ***2*** (*di malattia*) psichico **CONTR.** fisico, organico, funzionale ***3*** (*di calcolo, di orazione, ecc.*) fatto con la mente **CONTR.** scritto, a voce, orale.

mentalità *s. f.* forma mentis (*lat.*), habitus (*lat.*) □ modo di vedere, modo di intendere, modo di ragionare, punto di vista □ pensiero, visione, posizione.

mentalménte *avv.* interiormente, in silenzio, dentro di sé, col pensiero □ idealmente □ psichicamente **CONTR.** apertamente, a parole.

ménte *s. f.* ***1*** intelligenza, intelletto, ragione, facoltà intellettive □ psiche, spirito □ testa, cranio ***2*** senno, raziocinio, cervello, criterio □ coscienza **CONTR.** stoltezza, stolidità, stupidità □ leggerezza ***3*** attenzione ***4*** memoria ***5*** fantasia, immaginazione, sentimento, pensiero ***6*** (*est.*) (*di persona*) intelligenza, ingegno **CONTR.** idiota, cretino, stupido ***7*** intenzione, intendimento, animo, proposito. *V. anche* COSCIENZA, RAGIONE

mentecàtto *agg.*; *anche s. m.* folle, pazzo, pazzoide, insensato, squilibrato, matto □ idiota, imbecille, cretino, scimunito **CONTR.** assennato, giudizioso, savio, sano di mente. *V. anche* MATTO

mentire *v. intr.* dire il falso, dire bugie, inventare, ingannare, fingere, alterare la verità, travisare i fatti, dissimulare **CONTR.** dire il vero.

mentitóre *s. m.*; *anche agg.* (*f. -trice*) bugiardo, menzognero, mendace, impostore, falso simulatore □ spergiuro **CONTR.** veritiero, veridico, schietto, sincero.

ménto *s. m.* bazza (*scherz.*) **FRAS.** *onor del mento* (*scherz.*), barba.

méntre ***A*** *cong.* ***1*** nel tempo in cui, nel momento in cui, intanto che, quando ***2*** finché, fino a che, fino a tanto che ***3*** (*con valore avvers.*) quando, invece, laddove, dove, ove ***B*** *in funzione di s. m. inv. nelle loc. in questo mentre, in quel mentre*, in questo stesso momento, in quello stesso momento.

menu /*fr.* mə'ny/ [vc. fr., letteralmente '(elenco) minuto', dal lat. *minutum* 'minuto, particolareggiato'] *s. m. inv.* lista dei cibi, lista delle vivande, carta □ (*est.*) vivande, cibi.

menzionàre *v. tr.* ricordare, rimembrare (*lett.*), mentovare (*lett.*), citare, accennare, nominare, rammentare, rievocare, far menzione **CONTR.** dimenticare, scordare, tacere, trascurare. *V. anche* NARRARE

menzionàto *part. pass. di* **menzionare**; *anche agg.* mentovato (*lett.*), ricordato, citato, accennato, nominato, rammentato, rievocato **CONTR.** dimenticato, scordato, taciuto, trascurato.

menzióne *s. f.* ricordo, memoria, rimembranza (*lett.*), rievocazione □ cenno, riferimento, citazione, segnalazione □ nota, parola **CONTR.** dimenticanza, silenzio, oblio.

menzógna *s. f.* bugia, mendacio (*lett.*), fandonia, panzana, bubbola, bugiarderia, fanfaluca, frottola, favola, balla (*pop.*) □ invenzione, storia, fola, pettegolezzo, ciancia □ doppiezza, impostura, ipocrisia, bugiardaggine, falsità, insincerità □ finzione, simulazione □ inganno **CONTR.** verità, veracità, veridicità □ sincerità, franchezza, schiettezza. *V. anche* BUGIA

menzognèro *agg.* bugiardo, insincero, mendace, ipocrita, doppio, mendacio (*lett.*), falso, mentitore, ballista (*pop.*) □ spergiuro □ finto, simulato, inventato □ calunnioso □ illusorio, ingannevole **CONTR.** veritiero, verace, veridico □ vero, reale. *V. anche* IPOCRITA

meravìglia *s. f.* ***1*** ammirazione, stupore, stordimento, stupefazione, emozione, sorpresa, rapimento □ sbalordimento, trasecolamento, sbigottimento ***2*** persona stupenda, cosa stupenda, prodigio, miracolo, portento □ sogno, incanto □ splendore, magnificenza □ (*fig.*) poema, schianto, capolavoro, cannonata (*fam.*) **CONTR.** bruttura □ boiata (*pop.*), porcheria, schifo, sconcezza, sconcio, orrore, mostro, mostruosità **FRAS.** *l'ottava meraviglia*, cosa eccezionalmente bella □ *far meraviglie*, compiere imprese eccezionali; mostrarsi molto stupiti. *V. anche* STORDIMENTO

meravigliàre ***A*** *v. tr.* strabiliare, stupefare, stupire, far meravigliare, sbalordire, sorprendere, stordire, colmare di stupore □ incantare ***B*** **meravigliarsi** *v. intr. pron.* e (*poet.*) *intr.* provare meraviglia, sorprendersi, stupirsi, strabiliare, trasecolare, restare di sale, restare di stucco, restare a bocca aperta **CONTR.** restare impassibile, restare indifferente.

meravigliosaménte *avv.* ***1*** magnificamente, eccellentemente, stupendamente, deliziosamente, fantasticamente, favolosamente, mirabilmente, spettacolosamente, splendidamente, ottimamente, superbamente **CONTR.** orrendamente, orribilmente ***2*** moltissimo, straordinariamente, grandemente **CONTR.** pochissimo.

meraviglióso *agg.* ***1*** magnifico, stupendo, splendido, bellissimo, fantastico, mozzafiato (*fam.*), paradisiaco, ammirevole, incantevole, mirabile, mirifico (*raro*), spettacoloso □ grandioso, maestoso, imponente, sublime, superbo □ spettacolare, sbalorditivo, sensazionale, stupefacente, strabiliante **CONTR.** orrendo, orribile, bruttissimo, schifoso, ripugnante, obbrobrioso, orrido ***2*** (*lett.*) straordinario, incredibile, miro (*lett.*), sovrannaturale, sovrumano, enorme, fenomenale □ leggendario, mitico **CONTR.** banale, comune, terra terra.

mercànte *s. m.* (*f. -essa*) negoziante, commerciante, trafficante, venditore, bottegaio, rivenditore **CONTR.** compratore, acquirente, cliente.

mercanteggiàre ***A*** *v. intr.* ***1*** commerciare, contrattare, mercare (*ant.*), negoziare, trafficare, fare il mercante, vendere, speculare **CONTR.** comprare, acquistare ***2*** (*ass.*) contrattare tirando sul prezzo, tirare, stiracchiare (*fam.*) ***B*** *v. tr.* trafficare.

mercantìle ***A*** *agg.* ***1*** commerciale, di commercio ***2*** di mercante, da mercante, mercantesco ***B*** *s. m.* nave da carico, cargo.

mercanzìa *s. f.* merce, derrata, roba, prodotto, articoli.

mercàto *s. m.* ***1*** emporio, fiera, piazza, bazar, supermercato, fondaco □ agorà (*ant., lett.*) □ sbocco commerciale ***2*** contrattazioni, operazioni commerciali ***3*** scambio, compravendita ***4*** (*est., spreg.*) mercimonio (*raro*), traffico illecito, intrallazzo ***5*** (*fig.*) luogo di grande confusione, babilonia, babele, caos, casino (*pop.*) **FRAS.** *a buon mercato*, economico, a basso prezzo, a prezzo conveniente □ *segmento di mercato*, nicchia.

MERCATO
sinonimia strutturata

Il significato primario della parola **mercato** è quello di luogo destinato alla vendita di merci, specialmente di generi alimentari e generi di consumo vari: *mercato ortofrutticolo, del bestiame, del pesce*. Il termine mercato indica anche quelle riunioni periodiche di venditori con la loro merce per fare contrattazioni: *giorno di mercato*; *tener mercato due giorni alla settimana*; *contadini che vanno al mercato*. Il diminutivo **mercatino** indica un piccolo mercato, specie rionale, o un mercato all'aperto, su bancarelle, di roba usata, cianfrusaglie e simili. Il termine **supermercato**, quello inglese, ma ormai entrato nell'uso comune, **supermarket** e la forma accorciata di quest'ultimo, **market**, si riferiscono tutti a quei locali per la vendita di prodotti di largo consumo, caratterizzati dalla massima esposizione possibile dei prodotti e dalla possibilità offerta ai clienti di acquistare tramite il self-service. Un **ipermercato** è quel centro di vendita al dettaglio con superficie superiore a 2500 metri quadrati, situato fuori dai centri abitati o su vie di grande comunicazione, fornito di tutti i servizi complementari per la clientela. Un tipo particolare di supermercato sono gli **hard discount**, supermercati che vendono prodotti di largo consumo di marche poco note o sconosciute a prezzi competitivi grazie alla rapida rotazione delle scorte, alla riduzione del personale e ai risparmi sui costi pubblicitari. Un **bazar** è un mercato tipico dell'Oriente islamico o dell'Africa settentrionale. Per estensione, questo termine indica un emporio di merci di ogni genere. In senso figurato indica un luogo dove regna un grande disordine: *la tua stanza è un vero bazar.*

Una **fiera** è un mercato locale periodico con vendita all'ingrosso o al minuto dei più svariati prodotti, tenuta per lo più in occasione di festività religiose: *domani comincia la fiera di Santa Lucia*. Questo termine indica anche un grande mercato nazionale o internazionale che si tiene periodicamente in luoghi determinati, ove convengono produttori ed acquirenti, che interessa tutti i settori della produzione o che si limita solo ad alcuni: *la fiera di Milano, del Levante*; *la fiera del mobile, dell'arredamento*, ecc. Una *fiera campionaria* è una fiera in cui si espongono solo i campioni dei vari prodotti, che possono essere acquistati solo su ordinazione. Infine, una fiera è anche l'esposizione e la vendita al pubblico di oggetti ottenuti gratuitamente, a scopo benefico: *fiera di beneficenza*; ecc.

Il termine **piazza**, tra i suoi significati, ha anche quello di luogo in cui si svolgono operazioni commerciali, affari e simili: *piazza commerciale*; *la piazza di Milano, di Genova*. *Rovinare la piazza a qualcuno* significa rovinargli la reputazione (anche scherzosamente).

Un **magazzino** è un edificio, una stanza o un locale adibito a deposito di merci o materiali vari. Un **grande magazzino** o **emporio**, in particolare, è un locale di estesa superficie, attrezzato per la vendita di ogni genere di prodotti: *le commesse di un grande magazzino*. Il termine emporio viene anche talvolta usato per indicare quei luoghi ove confluivano i commerci ed i prodotti di una regione: *Venezia era l'emporio dell'Adriatico*; designa anche un centro di commercio di un particolare prodotto: *Amsterdam è l'emporio mondiale dei diamanti*. **Bottega** e **negozio** sono quei locali, generalmente al piano terra e accessibili dalla strada, dove si vendono merci al dettaglio: *la bottega del fruttivendolo, del panettiere, del macellaio*; *un negozio ben fornito*; *aprire un negozio di gioielliere*. *Aprire bottega* significa cominciare un commercio, un'attività. Uno **spaccio** è una bottega per la vendita al minuto, specialmente di generi alimentari. Nelle caserme o nell'ambito di una comunità è quel locale dove si vendono generi vari di conforto.

Un **fondaco** era una bottega in cui si vendevano, un tempo, tessuti al minuto. Nel medioevo con questo termine si indicavano quegli edifici adibiti a magazzini e depositi di merci varie o, talvolta, ad alloggio tenuto dai mercanti in paesi stranieri.

Il **cash and carry** è quel particolare tipo di vendita secondo il quale i dettaglianti acquistano in magazzini di grandissime dimensioni qualsiasi articolo, pagandolo in contanti e assicurandone il trasporto con i propri mezzi. Per estensione il termine definisce anche quei magazzini ove si effettua questo tipo di vendita.

Il **suk** è il quartiere del mercato nelle città arabe, costituito da un dedalo di viuzze spesso coperte e fiancheggiate da botteghe. Per estensione, spregiativamente, può indicare un mercato disordinato oppure una contrattazione poco seria.

mèrce *s. f.* mercanzia, derrata, generi, roba, prodotto, articoli.

mercenàrio ***A*** *agg.; anche s. m.* ***1*** pagato, salariato, assoldato, prezzolato ***2*** interessato, venale **CONTR.** disinteressato ***3*** soldato di ventura ***B*** *agg.* (*raro*) a pagamento, dietro compenso **CONTR.** gratuito, volontario.

mercerìa *s. f.* ***1*** articoli minuti, mercanzia minuta, merce ***2*** bottega di merciaio, chincaglieria.

merciàio *s. m.* venditore di mercerie, merciaiolo □ commerciante al minuto, negoziante, rivenditore.

mèrda *s. f.* ***1*** (*volg.*) sterco, feci, deiezioni, escrementi, cacca (*inft. e pop.*) □ stronzo ***2*** (*fig., volg.*) (*di persona*) nullità, nessuno, zero □ vile, abietto ***3*** (*fig., volg.*) (*di cosa*) schifo, schifezza, schifenza (*dial.*), porcheria, bruttura ***4*** (*fig., volg.*) difficoltà, pericolo, imbroglio **FRAS.** *di merda* (*fig., volg.*), spregevole, schifoso.

merènda *s. f.* spuntino pomeridiano, refezione, picnic (*ingl.*), asciolvere (*lett.*).

merendìna *s. f. dim. di* **merenda**; spuntino, snack (*ingl.*).

meridiàna *s. f.* orologio solare □ gnomone.

meridiàno ***A*** *agg.* di mezzogiorno, del meriggio **CFR.** mattutino, pomeridiano, serale, notturno ***B*** *s. m.* (*astron.*) cerchio.

meridionàle ***A*** *agg.* ***1*** a sud, a mezzogiorno **CONTR.** settentrionale, a nord, nordico, iperboreo (*lett.*) ***2*** del sud, dei paesi meridionali **CONTR.** del nord, dei paesi settentrionali ***3*** australe, antartico **CONTR.** boreale, artico ***B*** *s. m. e f.* nativo del meridione, abitante del sud, terrone (*pop., spreg.*) **CONTR.** settentrionale, nativo del settentrione, abitante del nord.

meridióne *s. m.* ***1*** mezzogiorno, sud **CONTR.** settentrione, nord, borea (*lett.*) ***2*** (*est.*) Italia meridionale.

meritàre ***A*** *v. tr.* ***1*** (*di premio, di lode, ecc.*) essere degno, essere meritevole, rendersi degno, guadagnare, vincere **CONTR.** demeritare, essere indegno, rendersi immeritevole □ usurpare □ scroccare (*fam.*) ***2*** (*di fama, ecc.*) procurare, assicurare, procacciare, far ottenere ***B*** *v. intr.* ***1*** (*fam.*) (*di cosa*) valere, avere pregio, aver valore **CONTR.** non valere nulla ***2*** (*di persona*) rendersi benemerito **CONTR.** demeritare, malmeritare ***C*** *v. impers.* valere la pena, importare. *V. anche* VINCERE

meritàto *part. pass. di* **meritare**; *anche agg.* (*di premio, di risultato*) guadagnato □ dovuto, sacrosanto, giusto **CONTR.** immeritato.

meritévole *agg.* degno □ lodabile, lodevole, encomiabile, pregevole **CONTR.** immeritevole, indegno □ biasimevole □ infame.

mèrito *s. m.* ***1*** azione meritoria, azione lodevole □ benemerenza **CONTR.** demerito, torto, pecca, colpa ***2*** valore, pregio, validità, qualità □ vaglia □ vanto, virtù ***3*** sostanza, ragione intrinseca ***4*** ricompensa, premio. *V. anche* LODE, VANTO

meritòrio *agg.* encomiabile, lodevole, lodabile, degno di lode, degno di premio **CONTR.** immeritorio, indegno □ biasimevole, condannabile, criticabile □ infame.

merlétto *s. m.* pizzo, trina, blonda, macramè, dentelle (*fr.*).

mèrlo *s. m.* ***1*** (*fig.*) (*di persona*) imbecille, sempliciotto, gonzo, grullo, minchione (*pop.*), babbeo, babbaccione (*tosc.*), babbaleo (*tosc.*), baggeo (*raro*), baggiano, bietolone, credulone, sciocco, stupido, tonto, fesso, ingenuo, allocco, barbagianni, oca, ciuco, pollo, pollastro **CONTR.** furbo, furbacchione, scaltro, astuto, malizioso, dritto (*fam.*), volpe ***2*** (*fig.*) spasimante, corteggiatore, cascamorto.

merlùzzo *s. m.* (*zool.*) baccalà, stoccafisso □ nasello.

mèro *agg.* (*lett., anche fig.*) puro, genuino, naturale, pretto, schietto, semplice, vero □ limpido, trasparente **CONTR.** mescolato, mischiato, alterato, adulterato. *V. anche* VERO

mesàta *s. f.* mensile, mese, mensilità, mensualità (*raro*), paga mensile, stipendio (mensile).

meschinaménte *avv.* ***1*** miseramente, poveramente, stentatamente □ grigiamente, tapinamente □ avaramente **CONTR.** abbondantemente, grandiosamente, lautamente, magnificamente, regalmente, signorilmente, copiosamente (*lett.*), riccamente ***2*** (*fig.*) grettamente, ottusamente, sordidamente □ bassamente, vigliaccamente **CONTR.** generosamente, largamente, nobilmente, splendidamente, dignitosamente.

meschinerìa *s. f. V.* **meschinità**.

meschinità *s. f.* ***1*** miseria, povertà, strettezza, pochezza **CONTR.** abbondanza, ricchezza, fasto, grandiosità ***2*** (*fig.*) grettezza, limitatezza, dappocaggine, grigiore, piccineria, pidocchieria, pitoccheria, ristrettezza, povertà morale, miopia (*fig.*) **CONTR.** generosità, larghezza, liberalità, magnificenza, splendidezza, magnanimità, signorilità.

meschìno *agg.* ***1*** (*di persona*) misero, infelice, povero, miserabile, poveraccio, poveretto, afflitto, poveruomo □ disgraziato, sventurato, tapino **CONTR.** felice, contento, beato, lieto, soddisfatto, fortunato ***2*** (*di cosa, di lavoro, di risultato, ecc.*) mediocre, insufficiente, esiguo, inadeguato, scarso, dappoco, minuscolo, modesto, limitato, piccolo, ridicolo **CONTR.** abbondante, grande, grandioso, importante, poderoso, copioso (*lett.*), soddisfacente, prezioso, ricco, sfarzoso, superbo, superiore ***3*** (*est.*) (*di animo, di idee, ecc.*) angusto, stretto, ristretto, limitato, piccino, piccolo **CONTR.** generoso, largo, magnifico, nobile, elevato, eletto, liberale, splendido, sublime ***4*** (*fig.*) (*di persona*) futile, vile, vigliacco, ignobile, spregevole, trascurabile, fetente (*fig.*) □ pidocchio, microbo, insetto **CONTR.** notevole, degno, meritevole, pregevole, straordinario.

mescolaménto *s. m.* ***1*** (*raro*) mescolanza, amalgama, miscela, fusione, miscelazione, miscelatura, commistione, immistione (*raro*), miscuglio □ mélange (*fr.*) **CONTR.** separazione, scissione, divisione ***2*** (*fig.*) confusione, imbroglio, promiscuità, rimescolo (*dial.*), rimescolio.

mescolànza *s. f.* ***1*** mescolamento (*raro*), miscuglio, miscela, immistione (*raro*), mistione (*lett.*) □ mistura, intruglio □ zibaldone □ cocktail (*ingl.*) **CONTR.** separazione, scissione, distinzione, scelta, cernita ***2*** (*di persone*) promiscuità, eterogeneità comunanza, unione □ guazzabuglio, confusione, rimescolo (*dial.*), rimescolio ***3*** (*di cose, di alimenti, ecc.*) amalgama, composizione, composto □ congerie, farragine, guazzabuglio, groviglio, accozzaglia, coacervo (*lett.*) □ ibrido □ impasto, insalata, pastone, zuppa.

mescolàre ***A*** *v. tr.* ***1*** (*di materie*) mischiare, miscelare, mescere (*lett.*), misturare, amalgamare, frammischiare, manipolare, intrugliare □ agitare, sbattere, girare (*fam.*), menare (*fam.*), rimescolare, rimestare, frammescolare, frammettere □ aggiungere, unire, incorporare □ impastare **CONTR.** dividere, isolare, separare, scindere □ scegliere, cernere, distinguere, sceverare (*lett.*), selezionare, discriminare, decomporre ***2*** (*di carte*) scozzare ***3*** (*est., fig.*) (*di persone, di lingue, ecc.*) confondere □ raccogliere, unire, mettere insieme **CONTR.** dividere, separare ***4*** (*di vino*) tagliare, temperare (*ant.*), allungare, battezzare (*fam.*) ***B*** **mescolarsi** *v. intr. pron.* ***1*** (*di materie*) unirsi, combinarsi, fondersi, mischiarsi, amalgamarsi **CONTR.** separarsi, dividersi, scindersi ***2*** (*di lingue, ecc.*) confondersi ***3*** (*di persone*) amalgamarsi, mettersi insieme, frammischiarsi **CONTR.** distinguersi, stagliarsi ***4*** (*fig.*) (*di persona*) impicciarsi, immischiarsi, ingerirsi, imbrogliarsi **CONTR.** estraniarsi, fregarsene (*pop.*). *V. anche* UNIRE

MESCOLARE
sinonimia strutturata

Il mettere insieme sostanze diverse, o distinte qualità di una stessa sostanza, così da formare una sola massa si dice **mescolare** o **mischiare**: *mescolare l'acqua col vino, lo zucchero con il cacao*; *mischiare due mucchi di farina*. Per estensione, mescolare significa muovere una sostanza in modo da mutarne l'ordine di disposizione degli elementi costitutivi, e corrisponde perfettamente a **mestare** e al toscano **rimenare**: *mescolare il condimento, l'insalata, un impasto*; *la cuoca sta mestando l'intingolo*; *rimenare la pasta, la calcina*; **rimestare** e **rimescolare** si differenziano solamente perché indicano un'azione che si ripete o che dura più a lungo, mentre **agitare** equivale a scuotere con forza un contenitore per mescolarne il contenuto, in genere liquido: *agitare una bottiglia*; pressoché equivalente è **sbattere**, che però ha per oggetto direttamente ciò che sta dentro il recipiente: *sbattere le uova per la frittata*.

Si agita, si sbatte qualcosa per **amalgamare**, **incorporare**, **miscelare** cioè per mescolare due o più elementi in modo da formare una sola massa, con caratteristiche proprie: *amalgamare i colori e l'olio, il latte e la farina*; *incorporando l'acqua col sale e la farina si ottiene una pasta*; *miscelare uno sciroppo con acqua*; incorporare si avvicina anche ad **aggiungere**, ossia ad unire: *aggiungere lentamente il latte*. **Impastare** si differenzia perché si riferisce sempre a un composto solido, tranne che nel caso dei colori, nel quale indica il mescolarli e diluirli sulla tavolozza: *impastare il pane, la creta*. Per impastare senza l'aiuto di una macchina bisogna **manipolare** il composto, cioè lavorarlo con le mani; il verbo in senso lato significa preparare qualcosa con varie sostanze o ingredienti, oppure alterare o contraffare un prodotto alimentare: *manipolare una pomata, un'essenza*; *manipolare le conserve di frutta*. In quest'accezione si avvicina molto a **misturare**, ossia mescolare con sostanze diverse: *misturare il vino* significa adulterarlo. Significato specifico ha **mantecare**, che si adopera in cucina per indicare il rendere pastose e cremose sostanze alimentari.

In senso lato e figurato, in riferimento non a materiali ma a persone o cose diverse, mescolare equivale a **mettere insieme**, a **unire**, cioè accostare: *mescolare varie lingue, vari stili*; *unire prosa e poesia, nobili e plebei, vecchi e ragazzi*; per estensione, unire significa fondere in un unico complesso: *unire le voci*; *un dramma che unisce il magico al reale*; in quest'ultima accezione si avvicina molto a **raccogliere**, che pure richiama il concetto di radunare, comprendere, evocando quindi un luogo o un insieme circoscritto. Se ci si riferisce all'immissione in un corpo, organismo, raggruppamento più vasto si può ricorrere a incorporare usato figuratamente: *incorporare le leggi vecchie nel nuovo codice*. Anche **confondere** significa unire in un tutto omogeneo, ma richiama un'idea di disordine suggerita talvolta anche da mescolare: *si è confuso tra la folla*; *ha confuso tutti i libri della biblioteca*; *il vento ha mescolato i fogli*.

Nella sua forma intransitiva pronominale, mescolare si arricchisce di un'area semantica, e mescolarsi assume anche il significato figurato di **impicciarsi**, **immischiarsi**, **ingerirsi**, ossia di intromettersi in questioni altrui.

mescolàta *s. f.* rimestata, rimescolata, mischiata □ scozzata.

mescolàto *part. pass. di* **mescolare**; *anche agg.* ***1*** (*di cose*) mischiato, miscelato, misturato, amalgamato, frammischiato, commisto, frammisto, manipolato □ caotico, farraginoso □ ibrido **CONTR.** diviso, separato, distinto, scisso, scelto □ puro, mero, schietto ***2*** unito, messo insieme, incorporato **CONTR.** diviso, separato ***3*** (*di persona*) coinvolto, implicato, immischiato □

introdotto, inserito **CONTR.** alieno, estraneo.

mescolatóre *s. m.* (*di macchina*) impastatrice, miscelatore, mixer (*ingl.*).

mescolatrìce *s. f.* ***1*** impastatrice ***2*** (*per cemento*) betoniera.

mése *s. m.* ***1*** trenta giorni ***2*** mesata (*raro*) ***3*** (*fig.*) luna.

méssa (1) *s. f.* (*teol.*) divino sacrificio, sacrificio dell'altare **FRAS.** *messa piana*, messa ordinaria □ *messa solenne, messa grande*, messa cantata.

méssa (2) *s. f.* ***1*** (*bot.*) germoglio, pollone ***2*** gettata, getto, lancio **FRAS.** *messa in moto*, avviamento □ *messa a punto*, regolazione finale; puntualizzazione □ *messa a fuoco*, regolazione (di un apparecchio ottico) □ *messa in piega*, ondulazione dei capelli □ *messa a dimora*, trapianto di un vegetale □ *messa in scena*, *V.* messinscena.

messaggèro ***A*** *s. m.* messo, inviato, nunzio, ambasciatore, legato □ araldo, portavoce □ latore, corriere □ staffetta, portaordini ***B*** *agg.* (*fig., poet.*) annunciatore □ foriero, apportatore.

messàggio *s. m.* ***1*** annuncio, nuova, notizia □ avviso, comunicazione □ ambasciata, ambasceria ***2*** allocuzione, discorso solenne, comunicazione ufficiale ***3*** insegnamento, predicazione □ dottrina, pensiero, idea.

mèsse *s. f.* ***1*** mietitura ***2*** distesa di spighe □ grano, biade □ raccolto ***3*** (*est.*) (*di lodi, di consensi, ecc.*) grande quantità, moltitudine, infinità, caterva **CONTR.** scarsità, pochezza ***4*** (*fig.*) profitto, risultato, frutto.

messìa *s. m. inv.* (*con la maiuscola nel sign. 1*) ***1*** (*relig.*) Salvatore, Redentore, Gesù Cristo ***2*** (*fig.*) persona lungamente attesa **FRAS.** *aspettare il messia* (*fig.*), aspettare inutilmente uno.

messinscèna *s. f.* ***1*** sceneggiatura, allestimento scenico, apparato scenico ***2*** (*fig.*) montatura, finzione, simulazione, cinema (*fam.*) □ espediente, artificio □ pagliacciata, pantomima, sceneggiata **CONTR.** realtà, verità, schiettezza, sincerità.

mésso (1) *part. pass. di* **mettere**; *anche agg.* ***1*** posto, collocato, situato, sito, sistemato, disposto □ posato, deposto □ incluso, infilato, inserito, piazzato **CONTR.** levato, sottratto, tolto ***2*** (*di persona*) abbigliato, acconciato, vestito ***3*** arredato, ordinato, allestito **FRAS.** *ben messo*, robusto, in buona salute; ben vestito.

mésso (2) *s. m.* ***1*** messaggero, inviato, nunzio, araldo, ambasciatore, annunciatore, legato □ emissario □ galoppino □ corriere ***2*** (*di ufficio*) usciere, inserviente, fattorino, bidello, valletto.

mestaménte *avv.* malinconicamente, tristemente, desolatamente, pateticamente, accoratamente **CONTR.** lietamente, allegramente, gaiamente, giocondamente, festosamente, gioiosamente, spensieratamente.

mèstica *s. f.* tinta. *V. anche* TINTA

mesticherìa *s. f.* coloreria.

mestière *s. m.* ***1*** arte manuale, occupazione, attività, lavoro, professione, impiego **CFR.** passatempo ***2*** compito, ufficio □ comportamento, condotta ***3*** (*fig.*) conoscenza, perizia, abilità, capacità, competenza **CONTR.** incapacità, imperizia, incompetenza, inettitudine ***4*** (*spec. al pl.*) faccende, lavori domestici. *V. anche* LAVORO

mestìzia *s. f.* afflizione, tristezza, tristizia (*lett.*), amarezza, accoramento, abbattimento, scontentezza, turbamento, malumore □ nostalgia, malinconia □ dolore, lutto **CONTR.** allegrezza, allegria, contentezza, gaiezza, giocondità, letizia, spensieratezza, esultanza, felicità, festosità, gaudio, gioia, giubilo, ilarità. *V. anche* MALINCONIA

mèsto *agg.* ***1*** (*di persona*) afflitto, addolorato, accorato, amareggiato, dolente, triste, contristato (*ant., lett.*), travagliato, scontento, sconsolato, malinconico, immalinconito, abbattuto, turbato, pensieroso **CONTR.** allegro, contento, gaio, giocondo, lieto, spensierato, felice, festante, festoso, gioioso, gioviale, giulivo, gongolante ***2*** (*di cosa*) doloroso, grave, lacrimevole, lacrimoso, tetro, nostalgico, gramo **CONTR.** sereno, allegro, ridente, spassoso. *V. anche* NERO

méstola *s. f.* ***1*** mestolo, cucchiaione, ramaiolo ***2*** (*del muratore*) cazzuola.

méstolo *s. m.* mestola, cucchiaione, ramaiolo, mestone **FRAS.** *avere il mestolo in mano* (*fig.*), spadroneggiare, comandare.

mestruazióne *s. f.* menorrea, mestruo, flusso mestruale, ciclo mestruale, regola.

mèta *s. f.* ***1*** termine, fine, traguardo, destinazione, porto **CONTR.** inizio, punto di partenza ***2*** (*fig.*) scopo, fine, risultato, obiettivo, intenzione, mira, finalità, proposito, bersaglio, target (*ingl.*) ***3*** (*nel rugby*) try (*ingl.*).

metà *s. f.* ***1*** mezza parte, mezzo **CFR.** doppio, triplo, ecc. ***2*** (*di strada, di mese, ecc.*) parte mediana, punto di mezzo, centro ***3*** (*fam.*) coniuge, marito, moglie.

metabolizzàre *v. tr.* elaborare, trasformare.

metafìsica *s. f.* ***1*** **CONTR.** fisica ***2*** (*fig., spreg.*) astrusità, cosa incomprensibile, invenzione, irrealtà **CONTR.** chiarezza, evidenza, realtà.

metafìsico *agg.* ***1*** di metafisica, metempirico **CONTR.** fisico ***2*** (*fig.*) astruso, oscuro, difficile, sottile **CONTR.** chiaro, facile, comprensibile, evidente, perspicuo.

metàfora *s. f.* (*retorica*) traslato, figura, tropo, allegoria **FRAS.** *sotto metafora*, in modo oscuro, allusivamente □ *fuor di metafora*, in modo chiaro, chiaramente.

metafòrico *agg.* di metafora, figurato, simbolico, allegorico, traslato **CONTR.** letterale.

metaldetector /*ingl.* 'metl di'tektə/ *s. m. inv.* rivelatore di metalli, cercametalli.

metàllico *agg.* ***1*** di metallo ***2*** simile a metallo, ferrigno ***3*** (*fig.*) (*di suono*) sonoro, senza inflessioni.

metàllo *s. m.* ***1*** **CONTR.** metalloide, non-metallo ***2*** (*fig., raro*) (*di voce*) timbro.

metallurgìa *s. f.* lavorazione dei metalli, siderurgia.

metallùrgico *agg.* siderurgico.

metamòrfosi *s. f.* trasformazione, mutamento, mutazione, cambiamento, trasfigurazione. *V. anche* TRASFORMAZIONE

metanodótto *s. m.* conduttura di metano, gasdotto.

metempsicòsi *s. f.* trasmigrazione dell'anima □ reincarnazione.

metèora *s. f.* **1** (*astron.*) bolide, stella cadente, stella filante **2** (*fig.*) (*di persona*) fugace splendore.

meteorìsmo *s. m.* flatulenza.

meteorìte *s. m.* o *f.* (*astron.*) aerolito, bolide, stella cadente.

metìccio *s. m.* (*biol.*) ibrido, mezzosangue, sanguemisto □ incrocio, mulatto, creolo □ bastardo **CFR.** bianco, giallo, negro.

meticolosità *s. f.* pedanteria, fiscalità, scrupolosità, minuziosità, pignoleria, puntigliosità, perfezionismo, scrupolo, rigore □ pazienza □ cineseria **CONTR.** faciloneria, superficialità □ trascuratezza, incuria.

meticolóso *agg.* accurato, attento, scrupoloso, diligente, coscienzioso, rigoroso □ paziente, metodico □ capillare, approfondito, minuzioso, minuto □ pedante, fiscale, cavilloso, pignolo, sofistico □ perfezionista □ rigorista **CONTR.** facilone, trascurato, superficiale, corrivo, disinvolto □ confusionario, casinista (*pop.*), sommario.

metòdica *s. f.* metodologia, metodo.

metodicaménte *avv.* ordinatamente, sistematicamente, regolarmente, accuratamente, scrupolosamente, meticolosamente **CONTR.** disordinatamente, irregolarmente, saltuariamente.

metodicità *s. f.* ordine, sistematicità, regolarità, accuratezza, meticolosità, scrupolo **CONTR.** disordine, irregolarità, saltuarietà.

metòdico *agg.* **1** (*di lavoro, di studio, ecc.*) ordinato, regolare, sistematico, accurato, organico, strutturato, scrupoloso, meticoloso **CONTR.** disordinato, irregolare □ disorganico, saltuario □ pasticciato, incasinato (*pop.*) **2** (*di persona*) abitudinario, consuetudinario **CONTR.** capriccioso, volubile, pasticcione, casinista (*pop.*), confusionario, scombinato □ sregolato.

mètodo *s. m.* **1** criterio, norma, regola, legge, canone, condotta, verso □ procedimento, sistema, metodologia, processo, mezzo, maniera, modo □ uso, usanza, consuetudine □ tattica, segreto □ via, strada **2** (*est.*) ordine, sistema, metodica **CONTR.** confusione, disordine, casino (*pop.*).

metodologìa *s. f.* metodica, metodo, tecnica.

metonìmia *s. f.* (*retorica*) sineddoche, traslato.

metràggio *s. m.* **1** metratura, misurazione a metri **2** (*cine.*) lunghezza.

metratùra *s. f.* lunghezza, metraggio □ misurazione in metri.

mètrica *s. f.* **1** (*ling.*) versificazione, prosodia **2** metri, versi.

mètro (**1**) *s. m.* (*est., lett.*) verso, poesia.

mètro (**2**) *s. m.* **1** 100 centimetri **2** (*fig.*) misura, criterio, modo di valutazione **3** (*fig.*) atteggiamento, comportamento, condotta. *V. anche* MISURA

métro /*fr.* me'tro/ [vc. fr., abbr. di *métropolitain* 'metropolitana'] *s. m. inv.* (*ferr.*) metropolitana, sotterranea.

metronòtte *s. m. inv.* guardia notturna.

metròpoli *s. f.* **1** grande città, capitale, conurbazione **CFR.** provincia, suburbio **2** (*raro*) madrepatria.

metropolitàna *s. f.* sotterranea, métro (*fr.*), tube (*ingl.*).

méttere ***A*** *v. tr.* **1** porre, collocare, allogare, disporre, sistemare, piazzare, situare, riporre □ depositare, posare, appoggiare □ includere □ imporre **CONTR.** levare, togliere, cavare □ asportare □ sottrarre **2** (*di indumento*) vestire, indossare, infilare, calzare, portare abitualmente **CONTR.** togliere, sfilare **3** (*di etichetta, di cartello, ecc.*) applicare, apporre, incollare, attaccare □ installare, impiantare **CONTR.** staccare **4** (*di chiodo, di paletto, ecc.*) ficcare, conficcare **CONTR.** estrarre, togliere **5** (*di coraggio, di paura, ecc.*) infondere, incutere, destare, ispirare, instillare, suscitare, provocare, produrre, dare origine **CONTR.** togliere, alleviare, attenuare **6** (*di attività, di impegno, ecc.*) dedicare, impiegare, dare, esplicare **7** (*di piante*) germogliare, gettare, buttare **8** (*di voce*) emettere, pronunciare, proferire **9** (*di tempo*) trascorrere, consumare, impiegare, occupare **10** (*di ipotesi*) ammettere, immaginare, supporre **CONTR.** scartare ***B*** *v. intr.* (*di strada, di fiume, ecc.*) sboccare, finire, terminare, fare capo **CONTR.** iniziare, cominciare, avere origine ***C*** **mettersi** *v. rifl.* **1** porsi, collocarsi, posarsi, piazzarsi, sistemarsi □ unirsi, schierarsi □ cacciarsi **CONTR.** levarsi, togliersi **2** (*di vestiti*) vestirsi, abbigliarsi, rivestirsi, agghindarsi, coprirsi **CONTR.** svestirsi, spogliarsi, togliersi, cavarsi □ alleggerirsi, denudarsi, scoprirsi ***D*** *v. intr. pron.* **1** (*di cose*) disporsi, profilarsi, prendere una piega **2** (*a fare, a dire, ecc.*) cominciare, iniziare **CONTR.** finire, smettere, terminare **FRAS.** *mettere al corrente*, informare □ *mettere a sacco*, saccheggiare □ *mettere a ferro e a fuoco*, devastare □ *mettere a fuoco* (*fig.*), puntualizzare □ *mettere in pratica*, attuare □ *mettere in atto*, realizzare □ *mettere al mondo*, generare, partorire □ *mettere in chiaro*, chiarire.

mèzza *s. f.* mezzogiorno e mezzo, dodici e trenta, mezz'ora (*fam.*).

mezzacalzétta o **mèzza calzétta** *s. f.* (*di persona*) nullità, incapace, mezzacartuccia.

mezzacartùccia o **mèzza cartùccia** *s. f.* mezzacalzetta.

mezzàdro *s. m.* colono, mezzaiolo (*tosc.*) □ (*est.*) contadino, agricoltore □ massaio, fattore **CFR.** coltivatore diretto, padrone.

mezzalùna *s. f.* lunetta.

mezzàna *s. f.* ruffiana, paraninfa, pronuba □ favoreggiatrice.

mezzanìno *s. m.* ammezzato.

mezzàno ***A*** *agg.* **1** medio, intermedio, mediano, di mezzo **CFR.** grande, piccolo **2** (*fig.*) mediocre **CONTR.** eccellente, eccezionale, ottimo ***B*** *s. m.* **1** intermediario, sensale, mediatore □ conciliatore **2** (*est.*) ruffiano, lenone (*lett.*), paraninfo, protettore, magnaccia (*gerg.*), pappone, sfruttatore.

mezzanòtte *s. f.* **1** (*di tempo*) le ventiquattro **CONTR.** mezzogiorno, mezzodì **2** (*di luogo*) tramontana, nord, settentrione **CONTR.** sud.

mezz'asta s. f. nella loc. avv. *a mezz'asta* □ (*di bandiera*) a metà dell'asta, a lutto.
mezzatìnta s. f. chiaroscuro, sfumatura, semitono.
mezzeria s. f. **1** linea mediana **2** (*di segmento, di arco e sim.*) punto mediano.
mézzo (1) agg. **1** (*di frutto*) guasto, fradicio, quasi marcio, semifradicio CONTR. sano, intatto, integro **2** (*fig.*) (*di persona*) corrotto □ rammollito, snervato, infiacchito CONTR. incorrotto, incontaminato □ forte, robusto.
mèzzo (2) *A* agg. **1** metà, dimezzato CONTR. intero **2** medio, intermedio, mediano, centrale, posto nel mezzo CONTR. eccentrico, laterale, periferico **3** (*fam.*) quasi completo, quasi totale *B* s. m. **1** metà CONTR. intero **2** (*di luogo, di cammino, ecc.*) centro, cuore, interno, nucleo, parte centrale, cavità interna CONTR. periferia, parte esterna, parte laterale **3** (*fig.*) misura, moderazione **4** aiuto, strumento, espediente, metodo, modo, procedimento, ripiego, accorgimento, maniera, modo, via, chiave, canale, tramite **5** (*est.*) dote, capacità, virtù, potere **6** veicolo □ autoveicolo, automezzo □ (*al pl.*) parco macchine **7** (*al pl.*) denari, averi, ricchezze, soldi, possibilità economiche, facoltà, disponibilità, quattrini, conquibus (*lat.*), risorse *C* avv. a metà, quasi FRAS. *via di mezzo* (*fig.*), soluzione di compromesso □ *andare di mezzo* (*fig.*), patire danno; essere in gioco □ *levare di mezzo*, eliminare □ *mettere in mezzo*, coinvolgere □ *per mezzo di, a mezzo di*, mediante, con l'aiuto di. *V. anche* FACOLTÀ, MISURA
mezzobùsto o **mèzzo bùsto** s. m. (*est., spreg.*) annunciatore (di TV), speaker (*ingl.*).
mezzodì s. m. inv. mezzogiorno CONTR. mezzanotte.
mezzogiórno s. m. **1** (*di tempo*) le dodici, mezzodì □ sesta CFR. mezzanotte **2** (*di punto cardinale*) sud, meridione, ostro (*lett.*) CONTR. nord, settentrione **3** vento da sud, libeccio, scirocco, ostro, austro CONTR. vento da nord, tramontana, aquilone, maestrale **4** (*di regione*) meridione CONTR. settentrione.
mezzosàngue o **mèzzo sàngue** s. m. e f. inv. **1** sanguemisto, meticcio □ bastardo **2** ibrido, incrocio CONTR. purosangue.
mezzotèrmine s. m. espediente, ripiego, accorgimento, scappatoia, ambiguità.
mezzùccio s. m. espediente meschino, ripiego meschino, trucco, compromesso, espediente, escamotage (*fr.*).
miagolàre *A* v. intr. **1** (*del gatto*) fare miao, gnaulare (*pop.*) **2** (*fig., scherz.*) (*di persona*) lamentarsi, frignare, lagnarsi, recriminare CONTR. rallegrarsi, gioire *B* v. tr. (*fig.*) (*di persona*) cantare male, stonare, strapazzare.
miagolìo s. m. **1** miagolamento, gnaulio (*pop.*), sgnaulio (*pop.*), miagolo (*lett.*), miao **2** (*est.*) (*di suono*) lamento, stridio.
miàsma s. m. esalazione fetida, esalazione malsana, mefite (*lett.*), aria irrespirabile □ vapore □ fetore, puzza, puzzo, lezzo, tanfo CONTR. aria pura, aria balsamica, profumo, olezzo (*lett.*).
mica *A* s. f. (*lett.*) (*di pane e sim.*) briciola, minuzzolo, minuzia, granellino *B* avv. (*fam.*) affatto, punto, per nulla.
miccia s. f. stoppino.
michelàccio [da *Michele*, n. molto diffuso, suggerito anche dall'assonanza con *spasso*] s. m. vagabondo, bighellone, fannullone, ozioso, sfaticato CONTR. laborioso, operoso, attivo, lavoratore.
michelangiolésco [da *Michelangelo* Buonarroti, il possente scultore fiorentino] agg. (*est.*) maestoso, grandioso, imponente.
michétta s. f. (*sett.*) pagnottella, panino, rosetta.
micidiàle agg. **1** letale, mortale, mortifero, nocivo, esiziale, funesto, catastrofico, rovinoso CONTR. vitale, benefico, giovevole **2** (*est.*) gravoso, insopportabile, molesto CONTR. gradito, piacevole.
mìcio s. m. (*fam.*) gatto, gattino.
micràgna s. f. (*merid.*) **1** povertà, miseria CONTR. ricchezza, benessere **2** avarizia, taccagneria CONTR. generosità, grandezza.
micragnóso agg. (*merid.*) **1** povero, misero CONTR. ricco, benestante **2** avaro, taccagno CONTR. generoso, liberale.
micròbico agg. di microbo, da microbo, batterico, bacillare, batteriologico.
mìcrobo o **micròbio** s. m. **1** microrganismo □ bacillo, batterio, germe **2** (*fig., spreg.*) (*di persona*) verme, meschino, dappoco.
microcalcolatóre s. m. (*elab.*) microelaboratore.
microelaboratóre s. m. **1** (*elab.*) microcalcolatore **2** (*elab.*) microprocessore.
micròfono s. m. **1** amplificatore, altoparlante **2** ricevitore □ (*est.*) telefono.
microprocessóre s. m. (*elab.*) microelaboratore.
microrganìsmo s. m. (*biol.*) microbo, batterio, virus.
microscòpico agg. **1** visibile al microscopio CONTR. macroscopico **2** (*est.*) minuscolo, piccolissimo, ridottissimo, minimo, infinitesimale □ infinitesimo □ invisibile, impercettibile CONTR. grandissimo, enorme, gigantesco, immenso, smisurato, stragrande, colossale, immane.
microsólco s. m disco, long play (*ingl.*), long playing (*ingl.*).
microspìa s. f. spia telefonica, oliva (*fig.*), cimice (*gerg.*).
midóllo s. m. (*fig.*) interno, parte interna, parte più tenera, sostanza intima, midolla (*raro*) CONTR. esterno, parte esterna, superficie.
mièle s. m. (*fig.*) dolcezza, soavità, amabilità, benignità, mansuetudine CONTR. asprezza, durezza, rudezza, ruvidezza FRAS. *luna di miele*, primo periodo di matrimonio.
mielóso agg. **1** (*raro*) dolciastro, simile al miele CONTR. amarognolo **2** (*fig.*) (*di persona, di discorso, ecc.*) sdolcinato, svenevole □ falso, subdolo CONTR. franco, schietto, sincero □ brusco, rude □ sgarbato.
mietere v. tr. **1** (*di cereali*) tagliare, falciare, segare, recidere CONTR. seminare **2** (*fig.*) (*di guerra, di malattia, ecc.*) stroncare, troncare, falcidiare, sterminare, uccidere, far morire **3** (*fig.*) (*di medaglie, di re-

cord, ecc.) raccogliere, ottenere, conseguire, ricavare, guadagnare, meritare.

mietitóre *s. m.; anche agg.* (*f. -trice*) falciatore, messore (*ant.*).

mietitrìce *s. f.* ***1*** falciatrice ***2*** macchina per mietere.

mietitùra *s. f.* ***1*** (*di cereali*) raccolta, falciatura, taglio **CONTR.** semina ***2*** (*est.*) tempo del mietere ***3*** (*est.*) messe, raccolta, raccolto.

migliàio *s. m.* circa mille □ (*al pl.*) (*est.*) moltissimi, numerosissimi.

mìglio (1) *s. m.* mille passi □ (*est.*) grande distanza **FRAS.** *essere lontano un miglio* o *le mille miglia*, essere lontanissimo.

mìglio (2) *s. m.* (*bot., est.*) panico.

miglioraménto *s. m.* progresso □ accrescimento, arricchimento, profitto, avanzamento, incremento, risanamento, bonifica, rifiorimento, risorgimento, elevamento □ evoluzione □ raffinamento □ miglioria, perfezionamento □ riforma, correzione, ritocco □ ammodernamento, rimodernamento □ schiarita **CONTR.** peggioramento, crisi □ esacerbazione, inasprimento, deterioramento □ decadenza, declino, decadimento, degenerazione, degradazione, degrado, deperimento, scadimento □ inquinamento □ regressione, involuzione, regresso □ deturpazione □ aggravamento, complicazione, recrudescenza, ricaduta □ imbastardimento.

miglioràre ***A*** *v. tr.* rendere migliore, perfezionare, affinare, cambiare in meglio, abbellire, raffinare, nobilitare, ingentilire, arricchire, avvantaggiare □ elevare, fare progredire □ ottimizzare, potenziare □ incrementare, sviluppare □ correggere, risanare, revisionare **CONTR.** aggravare, peggiorare, cambiare in peggio, danneggiare, deteriorare □ fare arretrare □ imbastardire □ pervertire, rovinare ***B*** *v. intr.* ***1*** (*di salute*) rimettersi, ristabilirsi, riaversi, rifiorire, riprendersi, star meglio, sanarsi **CONTR.** aggravarsi, complicarsi, peggiorare, crollare ***2*** (*di situazione*) avvantaggiarsi, progredire, prosperare, evolversi **CONTR.** peggiorare, regredire, involvere ***3*** (*di persona*) affinarsi, raffinarsi, acquistare, crescere, perfezionarsi □ correggersi, ravvedersi, emendarsi, comportarsi meglio **CONTR.** peggiorare, degradarsi □ pervertirsi.

miglioràto *part. pass. di* **migliorare**; *anche agg.* (*di salute*) in via di guarigione, in ripresa, migliore **CONTR.** peggiorato, peggiore, regredito □ aggravato.

miglióre *agg.* ***1*** *compar. di* **buono** ***2*** (*di persona*) più buono □ più onesto, più virtuoso, più giusto, più retto □ superiore, primo □ più abile, più capace, più esperto, più ingegnoso, più sapiente **CONTR.** peggiore, ultimo □ inferiore ***3*** (*di cosa*) ottimale, più utile, più vantaggioso, più proficuo, più comodo, preferibile **CONTR.** peggiore ***4*** (*di luogo, di cibo, ecc.*) più piacevole, più buono, più gradevole, più gradito □ superiore □ più prospero, più fortunato, meno disagiato **CONTR.** peggiore □ inferiore.

miglioría *s. f.* (*di fondi, di edifici e sim.*) bonifica, miglioramento, recupero, ristrutturazione, risanamento **CONTR.** peggioramento, deterioramento.

mignàtta *s. f.* ***1*** (*zool.*) sanguisuga ***2*** (*fig.*) seccatore, scocciatore (*fam.*), rompiscatole (*pop.*), persona importuna **CONTR.** persona piacevole, persona divertente, persona di grata compagnia ***3*** (*fig., spreg.*) usuraio.

mignon /*fr.* mi'ɲɔ̃/ [vc. fr., propriamente 'piccolo, grazioso'] *agg. inv.* (*di dimensioni, di formato*) ridotto.

mignòtta [fr. *mignotte*, f. di *mignot* 'gattino, micino'] *s. f.* (*volg., centr.*) prostituta, sgualdrina.

migràre *v. intr.* (*spec. di uccelli*) emigrare, partire □ trasmigrare □ espatriare **CONTR.** restare, rimanere.

migratóre *s. m.; anche agg.* (*f. -trice*) ***1*** chi migra, che migra ***2*** (*di uccelli*) di passo **CONTR.** stanziale.

migrazióne *s. f.* emigrazione, partenza □ transumanza □ espatrio, esodo □ trasferimento, mutamento di sede □ trasmigrazione, trasmigramento (*raro*) □ diaspora **CONTR.** permanenza.

mikàdo *s. m. inv.* imperatore del Giappone, tenno. *V. anche* SOVRANO

milanése *agg.; anche s. m. e f.* di Milano, ambrosiano, meneghino (*fam.*).

milanìsta *agg.; anche s. m. e f.* (*calcio*) rossonero.

miliardàrio *agg.; anche s. m.* (*est.*) ricchissimo, straricco, nababbo, signorone, creso **CFR.** spiantato, povero, squattrinato.

miliàrdo *s. m.* bilione, mille milioni □ (*est.*) cifra incalcolabile.

milionàrio *agg.; anche s. m. V.* **miliardario**.

milióne *s. m.* ***1*** mille volte mille, mille migliaia ***2*** (*est.*) grande quantità, cifra molto elevata.

militànte *part. pres. di* **militare (1)**; *anche agg. e s. m. e f.* che milita □ appartenente, partecipante, iscritto, membro attivo, attivista.

militàre (1) *v. intr.* ***1*** fare il soldato □ (*est.*) combattere, guerreggiare ***2*** (*fig.*) (*in organizzazioni, in partiti, ecc.*) aderire attivamente, essere iscritto, appartenere ***3*** (*fig.*) (*di tesi, di prova, ecc.*) valere, servire di sostegno, essere convincente, essere di valido appoggio.

militàre (2) ***A*** *agg.* di milizia, di soldati, di forze armate □ bellico, guerresco **CONTR.** borghese, civile ***B*** *s. m.* soldato, milite, guerriero □ armigero, armato □ (*al pl.*) esercito, truppa.

militarésco *agg.* ***1*** da militare, da caserma, soldatesco, marziale ***2*** (*est.*) brusco, autoritario **CONTR.** dolce, permissivo.

militarìsta *s. m. e f.; anche agg.* bellicista, guerrafondaio, guerraiolo **CONTR.** antimilitarista, pacifista.

militarizzazióne *s. f.* mobilitazione **CONTR.** smilitarizzazione, smobilitazione.

militarménte *avv.* ***1*** in modo militare, con la forza militare **CONTR.** pacificamente ***2*** sotto l'aspetto militare ***3*** (*est.*) duramente, severamente, bruscamente **CONTR.** dolcemente, permissivamente.

mìlite *s. m.* ***1*** soldato, militare □ carabiniere, guardia di finanza, agente, guardia □ legionario **CONTR.** borghese, civile ***2*** (*fig.*) (*di idee*) assertore, sostenitore, propugnatore.

milìzia *s. f.* ***1*** esercizio delle armi, pratica delle armi □ carriera militare, vita militare **CONTR.** vita civile ***2*** (*spec. al pl.*) istituzioni militari, esercito, truppe, forze armate, arma **CONTR.** popolazione civile, civili.

millantàre *A* v. tr. (*di virtù, di abilità, ecc.*) vantare, ostentare, esagerare, decantare, gloriare, magnificare **CONTR.** attenuare, impiccolire *B* **millantarsi** v. intr. pron. gloriarsi, vantarsi, vanagloriarsi, darsi delle arie, insuperbire, fare lo spaccone, fare il rodomonte, fare lo smargiasso **CONTR.** umiliarsi, abbassarsi, farsi piccino.

millantàto part. pass. di **millantare**; anche agg. *1* vantato, ostentato, decantato, esaltato **CONTR.** calunniato, denigrato *2* (*est.*) falso, fasullo □ inesistente, inventato.

millantatóre s. m.; anche agg. (f. *-trice*) smargiasso, spaccone, fanfarone, vanaglorioso, gradasso, borioso, megalomane, ostentatore, rodomonte, ammazzasette, spaccamontagne, bravaccio, capitan fracassa, guascone □ pataccone (*region.*), ballista (*pop.*), sbruffone, blagueur (*fr.*) **CONTR.** modesto, riservato, delicato, riguardoso, umile.

millanterìa s. f. iattanza, vanagloria, vanteria, immodestia, spavalderia, spacconeria, boria, tracotanza, grandigia, megalomania, ostentamento, millantamento, ostentazione, spocchia, mania di grandezza □ fanfaronata, smargiassata, spacconata, gradassata, sparata, guasconata, rodomontata □ bravata, bravazzata (*ant.*) □ ciarlataneria, panzana □ blague (*fr.*) **CONTR.** modestia, umiltà, riserbo, riservatezza, ritegno, riguardo, moderazione. *V. anche* VANTO

mìlle agg. num. card. inv. *1* dieci centinaia *2* (*est.*) moltissimi, numerosissimi, infiniti **CONTR.** pochissimi, scarsissimi **FRAS.** *i Mille*, i garibaldini sbarcati a Marsala.

millenàrio *A* agg. *1* (*di cosa*) millenne (*raro*), di mille anni □ vecchissimo, vetusto *2* che ricorre ogni mille anni *B* s. m. millesimo anniversario.

millepièdi s. m. (*zool.*) centopiedi, centogambe □ scolopendra.

millèsimo *A* agg. num. ord. (*est.*) infinitesimo □ (*fig.*) ennesimo *B* s. m. *1* millesima parte *2* (*di era volgare*) anno, data *3* millennio.

mimàre v. tr. (*con gesti*) imitare, rappresentare, scimmiottare.

mimetìsmo s. m. *1* mimesi *2* (*zool.*) omocromia, mimicry (*ingl.*) *3* (*mil.*) mascheramento, mimetizzazione *4* (*fig.*) opportunismo, camaleontismo.

mimetizzàre *A* v. tr. *1* (*mil.*) mascherare *2* (*est.*) nascondere, proteggere, far passare inosservato, coprire, dissimulare **CONTR.** scoprire, rivelare *B* **mimetizzarsi** v. rifl. *1* mascherarsi, nascondersi, camuffarsi *2* (*di animale*) adattarsi (all'ambiente) *3* (*fig.*) (*di persona*) adeguarsi (all'ambiente), nascondersi, confondersi, passare inosservato **CONTR.** scoprirsi, rivelarsi.

mimetizzàto part. pass. di **mimetizzare**; anche agg. *1* mascherato, camuffato *2* (*fig.*) nascosto, dissimulato **CONTR.** scoperto, rivelato.

mìmica s. f. gesticolazione, gesti, movimento □ espressione, capacità espressiva □ atteggiamento.

mìmo s. m. *1* imitatore □ attore mimico □ ballerino *2* pantomima.

mìna s. f. *1* ordigno esplosivo, carica esplosiva *2* (*di matita*) grafite.

minàccia s. f. *1* intimidazione □ ingiunzione □ avvertimento, avviso **CONTR.** allettamento, lusinga, seduzione *2* (*fig.*) pericolo, rischio □ (*fig.*) nube, spettro.

minacciàre v. tr. *1* (*di persona*) spaventare, intimidire, intimorire, turbare □ avvertire, avvisare **CONTR.** allettare, blandire, lusingare, sedurre, far sperare *2* (*di cosa*) compromettere, mettere in pericolo *3* (*di cadere, di andarsene, ecc.*) esserci rischio, esserci pericolo *4* correre pericolo *5* incalzare, incombere *6* anticipare, far prevedere.

minacciàto part. pass. di **minacciare**; anche agg. *1* (*di persona*) intimidito, spaventato, oppresso, perseguitato **CONTR.** allettato, blandito, lusingato, sedotto *2* (*di cosa*) insidiato, intaccato, compromesso, messo in pericolo **CONTR.** difeso, salvaguardato.

minacciόso agg. *1* (*di persona, di sguardo, ecc.*) intimidatorio, minatorio, minaccevole (*raro*), ostile, aggressivo □ corrucciato, torvo, accigliato, buio, cupo, truce, bieco **CONTR.** sereno □ allettante, lusinghevole (*lett.*), lusinghiero, carezzevole, seducente, attraente *2* (*di cosa*) pericoloso □ malsicuro, infido □ preoccupante, angoscioso **CONTR.** sicuro *3* (*fig.*) (*di rupe, di castello, ecc.*) imponente □ orrido, vertiginoso.

minàre v. tr. *1* (*di ponte, di strada, ecc.*) mettere mine, mettere cariche esplosive *2* (*fig.*) (*di salute, di reputazione, ecc.*) insidiare, indebolire, compromettere **CONTR.** irrobustire, rafforzare, rinforzare, rinvigorire. *V. anche* GUASTARE

minatóre s. m. cavatore, lavoratore delle miniere.

minatòrio agg. minaccioso, intimidatorio, minaccevole (*raro*), ostile, aggressivo **CONTR.** allettante, lusinghevole (*lett.*), lusinghiero, carezzevole, seducente, attraente.

mìnchia s. f. *1* (*merid., volg.*) pene *2* (*merid., est., volg.*) sciocco, stupido.

minchionàre v. tr. (*pop.*) canzonare, prendere in giro, beffare, burlare, corbellare (*pop.*), deridere, dileggiare, schernire, uccellare (*lett.*), berteggiare (*lett.*), gabbare, motteggiare, dare la baia, prendersi gioco, prendere in giro, prendere per il bavero, prendere per il naso, prendere per i fondelli.

minchionàta s. f. cretinata, stupidaggine, cretineria.

minchionatùra s. f. (*pop.*) canzonatura, derisione, irrisione, dileggio, presa in giro, scherno.

minchióne s. m.; anche agg. (*pop.*) gonzo, semplicione, babbeo, babbaleo (*tosc.*), bischero (*tosc.*), baggeo (*raro*), baggiano, bietolone, citrullo, credulone, grullo, idiota, pirla (*region.*), imbecille, scimunito, sempliciotto, stupido, tonto, stolido, fesso, carciofo, scemo, beota, merlo, merlotto, asino, ciuco, allocco, barbagianni, oca **CONTR.** furbacchione, furbo, malizioso, scaltro, dritto (*fam.*), fino, ganzo, diritto, dritto, marpione, smaliziato.

minchionerìa s. f. *1* (*pop.*) stupidità, dabbenaggine, minchionaggine (*pop.*), stoltezza, stolidità, scemenza, ingenuità, semplicioneria **CONTR.** astuzia, avvedutezza, scaltrezza, finezza, malizia, furberia ***2*** corbelleria (*pop.*), sproposito, errore, stupidaggine, baggianata.

mine-detector /*ingl.* 'main di'tektə/ [vc. ingl., comp. di *mine* 'mina' e *detector*, dal lat. *detegere* 'scoprire'] *s. m. inv.* cercamine.

mineràrio *agg.* delle miniere, dei minerali □ estrattivo.

minèstra *s. f.* ***1*** primo □ zuppa, pappa, pasta, pasta asciutta, pasta in brodo ***2*** (*fig.*) vitto, pagnotta ***3*** (*fig.*) faccenda, affare, cosa, operazione.

minestróne *s. m.* ***1*** *accr. di* **minestra** ***2*** minestra con verdure ***3*** (*fig.*) guazzabuglio, miscuglio eterogeneo ***4*** (*pop.*) mangiatore di minestra.

mingherlìno *agg.* esile, gracile, magro, sottile, smilzo, striminzito, delicato, minuto □ emaciato, smunto, rachitico **CONTR.** aitante, muscoloso, nerboruto, prestante □ grasso, grassone, corpacciuto, corpulento, obeso □ atticciato, quadrato, tarchiato, tracagnotto.

miniàre *v. tr.* ***1*** alluminare (*ant.*), fare miniature ***2*** (*fig.*) ricamare, cesellare.

miniàto *part. pass. di* **miniare**; *anche agg.* ***1*** ornato di miniature □ eseguito con la miniatura ***2*** (*fig.*) cesellato, ricamato, raffinatissimo.

miniatùra *s. f.* ***1*** (*fig.*) ricamo, cesello ***2*** (*fig.*) cosa piccola e graziosa **FRAS.** *in miniatura*, in piccolo, in proporzioni ridotte.

miniaturizzàre *v. tr.* (*elettron.*) rimpicciolire, ridurre □ (*est.*) ridurre al minimo **CONTR.** ingrandire.

miniaturizzazióne *s. f.* (*elettron.*) riduzione □ (*est.*) riduzione al minimo **CONTR.** ingrandimento.

minicalcolatóre *s. m.* (*elab.*) minielaboratore, minicomputer.

minicomputer /minikom'pjuter, *ingl.* minikəm'pju:tə*/ [comp. di *mini-* e dell'ingl. *computer*] *s. m. inv.* (*elab.*) minielaboratore, minicalcolatore.

minidìsco *s. m.* (*elab.*) dischetto, floppy disk.

minielaboratóre *s. m.* (*elab.*) minicalcolatore, minicomputer.

minièra *s. f.* ***1*** giacimento minerario □ cava ***2*** (*fig.*) fonte copiosa, pozzo ***3*** (*fig.*) fonte di guadagno, fonte di ricchezza.

minimàle ***A*** *agg.* minimo **CONTR.** massimale ***B*** *s. m.* limite minimo, misura minima, minimo **CONTR.** massimale, massimo.

minimalìsta *s. m.* e *f.* riformista, menscevico **CONTR.** massimalista, bolscevico, comunista.

minimaménte *avv.* pochissimo, affatto, per nulla, il meno possibile, menomamente **CONTR.** massimamente, moltissimo, assai, sommamente.

minimizzàre *v. tr.* ***1*** ridurre al minimo **CONTR.** ingrandire al massimo ***2*** (*fig.*) sminuire, dare poca importanza, dare scarso rilievo □ sdrammatizzare, sgonfiare **CONTR.** dare risalto, mettere in rilievo, amplificare, ingigantire □ drammatizzare, pompare.

minimizzàto *part. pass. di* **minimizzare**; *anche agg.* ridotto, sminuito, sgonfiato **CONTR.** pompato, gonfiato.

mìnimo ***A*** *agg.* ***1*** *sup. di* **piccolo** ***2*** piccolissimo, più piccolo, menomo (*tosc.*) □ minutissimo, microscopico, quasi invisibile, infinitesimo, infinitesimale □ trascurabile, irrisorio **CONTR.** massimo, grandissimo, sommo, stragrande, colossale, enorme, il più grande □ supremo, capitale ***3*** (*fig.*) (*di persona*) modestissimo, umilissimo **CONTR.** importantissimo ***B*** *s. m.* ***1*** parte più piccola, misura più piccola, quantità più piccola, grado più ridotto, minimum (*lat.*) □ grano, granello, grammo, idea, unghia **CONTR.** il massimo, il meglio, l'optimum (*lat.*), acme, maximum (*lat.*), top (*ingl.*) ***2*** (*di motore*) più basso regime **CONTR.** massimo.

mìnio *s. m.* ***1*** ossido di piombo, cinabro, vermiglione □ antiruggine ***2*** (*raro*) rossetto, belletto.

ministèro *s. m.* ***1*** nobile ufficio, missione ***2*** (*polit.*) dicastero □ dipartimento ***3*** (*est.*) ministri, consiglio dei ministri, governo, potere esecutivo ***4*** sede del ministro, gabinetto.

minìstro *s. m.* ***1*** membro del governo □ cancelliere, guardasigilli, sottosegretario □ ambasciatore ***2*** (*di culto*) sacerdote ***3*** (*fig.*) difensore, divulgatore □ responsabile, strumento **FRAS.** *primo ministro*, capo del governo, presidente del consiglio.

minorànza *s. f.* ***1*** i meno, la minor parte, minor numero □ gruppo minoritario **CONTR.** maggioranza, i più, la maggior parte, la preponderanza □ massa, generalità ***2*** (*polit.*) opposizione.

minoràto *part. pass. di* **minorare**; *anche agg.* e *s. m.* ***1*** invalido, impedito, disabile, menomato, mutilato, monco, handicappato, portatore di handicap, storpio □ subnormale, minus habens (*lat.*), deficiente, down (*ingl.*), ritardato, mongoloide **CONTR.** normale, sano □ superdotato ***2*** diminuito, sminuito, scemato, ridotto, limitato **CONTR.** accresciuto, ampliato, aumentato, ingrandito, maggiorato.

minorazióne *s. f.* ***1*** menomazione, mutilazione, lesione, imperfezione, handicap (*ingl.*) ***2*** riduzione, scadimento, diminuzione, abbassamento **CONTR.** accrescimento, ampliamento, aumento, ingrandimento, maggiorazione. *V. anche* IMPERFEZIONE

minóre ***A*** *agg.* ***1*** *compar. di* **piccolo** ***2*** (*di dimensione*) più piccolo, meno ampio, meno grande, meno esteso, meno alto, meno intenso, meno numeroso **CONTR.** maggiore, più grande, soverchiante ***3*** (*di importanza*) inferiore, meno importante, di rilevanza ridotta **CONTR.** superiore, più importante, prevalente, preminente ***4*** (*di età*) più giovane, junior (*lat.*) **CONTR.** maggiore, più anziano ***5*** (*di figlio*) cadetto **CONTR.** primogenito □ senior (*lat.*) ***B*** *s. m.* e *f.* ***1*** più giovane **CONTR.** maggiore, più anziano ***2*** (*dir.*) minorenne **CONTR.** maggiorenne.

minorènne *s. m.* e *f.*; *anche agg.* (*dir.*) minore □ piccolo, adolescente **CONTR.** maggiorenne □ grande, adulto □ emancipato.

minorità *s. f.* ***1*** (*raro*) minoranza **CONTR.** maggioranza ***2*** (*dir.*) minore età **CONTR.** maggiore età.

minoritàrio *agg.* di minoranza **CONTR.** maggioritario □ predominante, prevalente.

minuèndo *s. m.* (*mat.*) diminuendo, primo termine **CFR.** sottraendo, secondo termine **CONTR.** addendo.

minùgia *s. f.* ***1*** (*spec. al pl.*) budella, interiora ***2*** (*di* *strumento musicale*) corda **3** (*med.*) catetere sottile, sondino.

minùscolo agg. **1** (*di struttura, di carattere*) piccolo CONTR. maiuscolo **2** piccino, piccolissimo, molto piccolo, assai piccolo, piccolino, minuto, microscopico lillipuziano CONTR. grandissimo, enorme, colossale, immenso, mastodontico, smisurato, spropositato, ciclopico, gigantesco, immane, stragrande **3** (*est.*) insignificante, meschino, modesto CONTR. importante, magnifico, splendido.

minus habens /*lat.* 'minus 'habens/ [loc. lat., letteralmente 'che ha meno'] loc. sost. m. e f. inv. minorato, incapace □ sciocco CONTR. superdotato.

minùta s. f. brutta copia, brutta, brogliaccio, mala copia, mala bozza, abbozzo, prima stesura □ schizzo CONTR. bella copia, bella, buona copia, buona. *V. anche* SCHIZZO

minutàglia s. f. **1** minuteria, chincaglieria, bigiotteria □ cianfrusaglia □ rimasuglio **2** pesci piccoli (per frittura) **3** (*di persone*) plebaglia, gentaglia, marmaglia, ciurmaglia, canaglia.

minutaménte avv. **1** a pezzetti, in briciole CONTR. grossolanamente **2** (*fig.*) particolarmente, per filo e per segno, accuratamente, precisamente, particolareggiatamente, dettagliatamente CONTR. sommariamente, approssimativamente, superficialmente.

minuterìa s. f. bigiotteria, chincaglieria □ minutaglia.

minutézza s. f. piccolezza, sottigliezza, gracilità CONTR. grandezza, grossezza, robustezza.

minùto (1) agg. **1** (*di cosa*) piccolo, esiguo, minuscolo, microscopico CONTR. grande, grosso, enorme, colossale, immenso, smisurato, spropositato **2** (*est.*) (*di persona, di fisico*) gracile, mingherlino, delicato, sottile, esile CONTR. corpulento, corpacciuto, membruto, massiccio □ grasso, grassone, obeso **3** (*fig.*) (*di particolare*) insignificante, irrilevante, trascurabile, poco importante CONTR. importante, rilevante, considerevole **4** (*fig.*) (*di condizione sociale*) umile, modesto CONTR. elevato, alto, nobile **5** (*fig.*) (*di descrizione*) particolareggiato, minuzioso, meticoloso, preciso, circostanziato, dettagliato CONTR. riassuntivo, sommario □ negligente, trascurato **6** (*di denaro*) spicciolo, scambio FRAS. *al minuto*, in piccola quantità, al dettaglio.

minùto (2) s. m. **1** sessanta secondi, primo **2** (*fig.*) momento, istante, attimo FRAS. *spaccare il minuto* (*fig.*), essere puntualissimo.

minùzia s. f. nonnulla, quisquilia, inezia, sottigliezza, futilità, sciocchezza, piccolezza, bagattella, bazzecola, particolare insignificante □ dettaglio, particolare.

minuziosàggine s. f. (*raro*) V. **minuziosità**.

minuziosaménte avv. accuratamente, precisamente, particolareggiatamente, dettagliatamente, meticolosamente, scrupolosamente, capillarmente, in modo particolareggiato, per filo e per segno CONTR. sommariamente, approssimativamente, superficialmente.

minuziosità s. f. meticolosità, scrupolosità, rigorosa precisione, meticolosaggine, minuziosaggine (*raro*) □ particolari, particolarità CONTR. faciloneria, negligenza, superficialità, trascuratezza.

minuzióso agg. **1** (*di persona*) meticoloso, scrupoloso, diligentissimo CONTR. facilone, negligente, superficiale, trascurato **2** (*di lavoro, di racconto*) precisissimo, perfetto □ particolareggiato, dettagliato □ capillare □ completo, esauriente CONTR. trascurato, grossolano □ sommario **3** (*di metodo, di atteggiamento*) pedante, pedantesco, pignolo, rigorista, rigoroso.

minùzzolo s. m. pezzettino, briciola, granello, bruscolo.

mìo **A** agg. poss. sing. (*fam.*) solito, abituale, consueto **B** pron. poss. sing. **1** la mia roba, le mie cose **2** (*al pl.*) i miei familiari, i miei parenti.

mìope agg. **1** (*med.*) affetto da miopia, ipometrope □ orbo, lippo (*ant.*) CONTR. presbite, ipermetrope **2** (*est.*) sbircio (*raro*), bircio (*raro*), losco (*ant.*) **3** (*fig.*) (*di mente*) poco acuto, poco perspicace, di mentalità ristretta, gretto CONTR. acuto, perspicace, di larghe vedute, lungimirante.

miopìa s. f. **1** (*med.*) vista corta, ipometropia CONTR. presbiopia, ipermetropia **2** (*fig.*) (*di mente*) scarso acume, scarsa perspicacia, scarsa lungimiranza, grettezza, meschinità □ cecità (*fig.*) CONTR. acume, acutezza, avvedutezza, lungimiranza, perspicacia, larghezza di vedute, mentalità aperta.

miosòtide s. m. o f. (*bot.*) nontiscordardimé, myosotis (*lat.*), occhio della Madonna.

mìra s. f. **1** (*di tiro*) puntamento, direzione **2** bersaglio, obiettivo **3** (*spec. al pl.*) (*fig.*) fine, meta, scopo □ intento, intenzione, proponimento, proposito □ aspirazione, pretesa □ disegno, progetto, piano CONTR. attuazione, compimento, esecuzione, realizzazione FRAS. *prendere di mira* (*fig.*), bersagliare, tormentare, perseguitare.

miràbile agg. ammirevole, ammirabile, mirifico (*lett.*) □ meraviglioso, bellissimo, stupendo □ grandissimo, eccezionale, straordinario, inaudito, stupefacente, fenomenale □ miracoloso, prodigioso CONTR. orrendo, orribile, bruttissimo, ripugnante, schifoso □ meschino, misero, spregevole. *V. anche* GRANDE

mirabilia s. f. pl. (*scherz.*) meraviglie, miracoli, cose straordinarie.

mirabilménte avv. meravigliosamente, stupendamente, magnificamente, splendidamente □ benissimo □ eccezionalmente, straordinariamente CONTR. orrendamente, orribilmente □ malissimo □ per nulla.

mirabolànte agg. (*scherz.*) straordinario, stupefacente, incredibile, strabiliante CONTR. comune, solito, ordinario, consueto, normale.

miracolàto agg.; anche s. m. oggetto di miracolo □ (*est.*) salvato, graziato.

miràcolo s. m. **1** (*relig.*) fenomeno trascendente □ grazia **2** (*fig.*) caso incredibile, cosa straordinaria, portento, prodigio, meraviglia **3** (*fig.*) (*di persona*) fenomeno, eccezione, genio, mostro.

miracolosaménte avv. **1** in modo miracoloso, per miracolo **2** (*fig.*) meravigliosamente, incredibilmente, portentosamente, prodigiosamente, straordinariamente, contro ogni aspettativa **CONTR.** ordinariamente, solitamente, comunemente.

miracolóso *agg.* **1** che fa miracoli **2** soprannaturale, divino **CONTR.** naturale, umano **3** (*fig.*) portentoso, prodigioso, incredibile, eccezionale, straordinario, sorprendente, stupefacente □ taumaturgico **CONTR.** comune, ordinario.

miràggio *s. m.* **1** fata morgana □ allucinazione **2** (*fig.*) illusione, chimera □ sogno, ideale irraggiungibile □ seduzione □ speranza □ inganno, lustra (*lett.*) **CONTR.** realtà, concretezza. *V. anche* SPERANZA

miràre **A** *v. tr.* (*lett.*) ammirare □ osservare, guardare, contemplare, esaminare **B** *v. intr.* **1** (*ad un bersaglio*) prendere la mira, puntare, aggiustare il tiro □ tirare **2** (*fig.*) (*a uno scopo*) tendere, aspirare, desiderare, anelare, vagheggiare, cercare di ottenere **CONTR.** rinunciare, desistere, recedere, ritirarsi **3** (*di discorso, di azione*) convergere, finire, parare, intendere **C** **mirarsi** *v. rifl.* rimirarsi, guardarsi, osservarsi, contemplarsi.

mirasóle *s. m.* (*bot.*) girasole, elianto.

miratóre *s. m.* (*f. -trice*) puntatore, tiratore.

miriade *s. f.* grandissimo numero, enorme quantità, infinità, moltitudine □ caterva, valanga **CONTR.** pochissimi.

mirìfico *agg.* (*lett.*) meraviglioso, mirabile, eccezionale, inaudito, portentoso, prodigioso, straordinario, strabiliante, stupefacente **CONTR.** orrendo, orribile, ripugnante □ meschino, misero, spregevole.

mirìno *s. m.* tacca di mira □ visore **FRAS.** *essere nel mirino* (*fig.*), essere osservato, essere controllato.

mìro *agg.* (*lett.*) ammirabile, meraviglioso, eccezionale, straordinario, inaudito, portentoso, prodigioso **CONTR.** orribile, orrendo, ripugnante □ meschino, misero.

mìrto *s. m.* (*bot.*) mortella.

misantropìa *s. f.* **1** odio per l'uomo **CFR.** misoginia **CONTR.** filantropia, umanitarismo **2** (*est.*) selvatichezza, scontrosità **CONTR.** socievolezza, giovalità, espansività, affabilità.

misàntropo *agg.*; *anche s. m.* **1** che odia l'uomo **CFR.** misogino **CONTR.** filantropo **2** (*est.*) persona poco socievole, insocievole, selvatico, solitario □ schivo, taciturno □ orso, gufo, istrice **CONTR.** socievole, espansivo, affabile. *V. anche* SOLITARIO

miscèla *s. f.* miscuglio, mescolanza, mistura, misto, mix, commistione, mistione (*lett.*), miscelatura, amalgama, unione, lega, fusione □ soluzione □ cocktail (*ingl.*) **CONTR.** separazione, distinzione, divisione.

miscelàre *v. tr.* mescolare, mischiare □ incorporare **CONTR.** separare, dividere. *V. anche* MESCOLARE, UNIRE

miscelàto *part. pass. di* **miscelare**; *anche agg.* mescolato, mischiato, non puro, tagliato **CONTR.** puro, integro, mero.

miscelatóre *s. m.*; *anche agg.* (*f. -trice*) **1** mescolatore, mixer (*ingl.*) **CONTR.** separatore **2** (*di macchina*) impastatrice □ betoniera.

miscelatùra *s. f.* mescolanza, miscelazione, taglio **CONTR.** separazione, divisione.

miscelazióne *s. f.* miscelatura, mescolanza, taglio **CONTR.** separazione, divisione.

miscellànea *s. f.* **1** (*anche fig.*) mescolanza, misto, miscuglio **2** (*di scritti*) zibaldone, raccolta, florilegio □ antologia, crestomazia (*lett.*).

miscellàneo *agg.* composito, misto, eterogeneo **CONTR.** unito, unico.

mìschia *s. f.* **1** rissa, zuffa, tafferuglio, baruffa, scaramuccia, combattimento, scontro, colluttazione □ lite, contesa, dissidio **2** accozzaglia, affollamento, ridda, confusione **3** (*sport*) bagarre (*fr.*) **FRAS.** *gettarsi nella mischia* (*fig.*), partecipare attivamente. *V. anche* ZUFFA

mischiàre **A** *v. tr.* mescolare, mestare, rimestare, miscelare, rimenare, rimescolare □ stemperare, amalgamare, diluire **CONTR.** dividere, separare, distinguere, discernere **B** **mischiarsi** *v. rifl.* e *intr. pron.* introdursi, unirsi, congiungersi, inserirsi, ingerirsi, intromettersi, mescolarsi **CONTR.** restar fuori, estraniarsi, disinteressarsi, togliersi (*fam.*). *V. anche* MESCOLARE

mischiàto *part. pass. di* **mischiare**; *anche agg.* **1** mescolato, miscelato, rimestato □ stemperato, amalgamato, diluito **CONTR.** diviso, separato, distinto **2** inserito, introdotto, aggiunto □ connesso **CONTR.** tolto, levato.

misconoscènza *s. f.* indifferenza, disistima, ostilità **CONTR.** interessamento, riconoscimento, stima.

misconóscere *v. tr.* disconoscere, sottovalutare, rinnegare, negare, ignorare **CONTR.** riconoscere, apprezzare, stimare.

misconosciùto *part. pass. di* **misconoscere**; *anche agg.* disconosciuto, sottovalutato, trascurato □ rinnegato **CONTR.** riconosciuto, apprezzato, stimato.

miscredènte *agg.*; *anche s. m.* e *f.* (*relig.*) ateo, eretico, incredulo, agnostico, irreligioso, empio, senzadio **CONTR.** credente, fedele, devoto, pio.

miscredènza *s. f.* (*raro, est.*) mancanza di fede, ateismo, irreligiosità, incredulità, empietà, indifferenza religiosa **CONTR.** fede, religiosità, devozione.

miscùglio *s. m.* amalgama, impasto, commistione, mistione (*lett.*), miscela, mistura, combinazione, unione, composizione, composto, misto, mix, mescolanza □ guazzabuglio, accozzaglia, farragine □ promiscuità □ intruglio, cocktail (*ingl.*) □ miscellanea, zibaldone □ macedonia, pastone □ caos, casino (*pop.*).

mise /*fr.* 'miz/ [vc. fr., letteralmente 'messa', da *mettre* 'mettere'] *s. f. inv.* **1** modo di vestire **2** (*est.*) abito, vestito, abbigliamento, toilette (*fr.*).

miseràbile **A** *agg.* **1** misero, miserando, infelice, compassionevole, miserevole, sciagurato, disperato, tapino □ povero, poveraccio, indigente, affamato, diseredato, morto di fame, straccione, pezzente **CONTR.** beato, felice, invidiabile □ abbiente, danaroso, benestante, straricco **2** abietto, meschino, spregevole, indegno, vile **CONTR.** degno, nobile, apprezzato **3** (*di cosa*) scadentissimo, di scarsissimo valore **CONTR.** pregevole **B** *s. m.* e *f.* disgraziato, abietto, persona spregevole **CONTR.** galantuomo, persona stimata, persona di valore.

miserabilménte *avv.* miseramente, compassionevolmente, pietosamente, dolorosamente **CONTR.** felicemente, degnamente.

miseraménte *avv.* ***1*** dolorosamente, infelicemente, miserabilmente, compassionevolmente **CONTR.** felicemente, degnamente ***2*** poveramente, disagiatamente, stentatamente, squallidamente **CONTR.** riccamente, splendidamente, agiatamente.

miseràndo *agg.* degno di commiserazione, misero, infelice, compassionevole, miserabile □ sciagurato, tapino **CONTR.** beato, felice, invidiabile.

miserévole *agg.* ***1*** miserando, compassionevole, infelice, misero, sciagurato, tapino **CONTR.** beato, felice, invidiabile ***2*** gretto, meschino, sordido **CONTR.** aperto, generoso.

miserevolménte *avv.* miseramente, pietosamente, compassionevolmente **CONTR.** felicemente, degnamente.

misèria *s. f.* ***1*** indigenza, povertà, angustia, bisogno, inopia (*lett.*), necessità, privazione, stento, strettezza, fame, bolletta, lastrico □ mendicità **CONTR.** ricchezza, abbondanza, floridezza, agio, agiatezza, benessere, dovizia (*lett.*), opulenza, lusso ***2*** (*est.*) (*di cosa*) inezia, bazzecola, nonnulla, bagattella, scemenza ***3*** (*fig.*) infelicità, disperazione, afflizione, sconforto, desolazione, tristezza □ squallore **CONTR.** felicità, consolazione, conforto, serenità, splendore □ cuccagna ***4*** (*spec. al pl.*) ristrettezza, grettezza, meschinità, bruttura morale **CONTR.** magnanimità, liberalità, grandezza d'animo.

misericòrdia *s. f.* ***1*** compassione, pietà, carità, commiserazione, compatimento **CONTR.** crudeltà, durezza, inesorabilità, implacabilità, spietatezza, ferocia, inumanità ***2*** grazia, perdono, clemenza **CONTR.** castigo, condanna, punizione, vendetta. *V. anche* PERDONO

misericordiosaménte *avv.* pietosamente, caritatevolmente, benignamente, compassionevolmente, indulgentemente □ longanimemente □ piamente **CONTR.** crudelmente, duramente, implacabilmente, inesorabilmente, spietatamente, ferocemente.

misericordióso *agg.* compassionevole, misericorde (*lett.*), pietoso, caritatevole, clemente, benigno, indulgente, longanime □ soccorrevole (*ant.*) **CONTR.** crudele, duro, feroce, inumano, implacabile, inesorabile, spietato.

mìsero ***A*** *agg.* ***1*** (*economicamente*) povero, bisognoso, indigente, morto di fame, miserabile, disagiato, diseredato, malagiato **CONTR.** agiato, benestante, ricco, danaroso, facoltoso ***2*** (*moralmente*) miserando, miserevole, infelice, sventurato, disgraziato, triste, sfortunato, tapino, lasso (*lett.*) **CONTR.** beato, felice, fortunato ***3*** (*di stipendio, di cena, ecc.*) insufficiente, inadeguato, magro, meschino, scarso, piccolo, striminzito, gramo **CONTR.** abbondante, opulento, pingue, sontuoso, copioso (*lett.*) □ esuberante, traboccante □ grasso, pantagruelico ***B*** *s. m.* poveraccio, miserabile, disgraziato, sventurato, infelice **CONTR.** ricco, fortunato, felice. *V. anche* SCARSO

misfàtto *s. m.* scelleratezza, delitto, colpa, reato, crimine, fattaccio, malfatto, iniquità, nefandezza. *V. anche* COLPA

misirìzzi [da *mi si rizzi*, perché il giocattolo tende sempre a rizzarsi in su] *s. m. inv.* ***1*** **CFR.** balocco, giocattolo ***2*** (*fig.*) (*di persona*) voltagabbana, banderuola, opportunista **CONTR.** persona di carattere.

misoginìa *s. f.* repulsione per le donne □ fallocrazia **CFR.** misantropia.

misògino *agg.*; *anche s. m.* che disprezza le donne, antifemminista □ fallocrate **CFR.** misantropo **CONTR.** femminista, antimaschilista □ donnaiolo.

misoneìsmo *s. m.* avversione per le novità, neofobia, conservatorismo □ immobilismo **CONTR.** filoneismo (*lett.*), neofilia.

misoneìsta *s. m.* e *f.* chi odia le novità, conservatore, retrogrado **CONTR.** progressista, amante del nuovo.

miss /*ingl.* mis/ [vc. ingl., 'signorina', da *mistress* 'signora'] *s. f. inv.* ***1*** signorina ***2*** (*spec. di un concorso di bellezza*) reginetta.

mìssile *s. m.* ***1*** (*lett.*) dardo, proiettile ***2*** razzo.

missionàrio ***A*** *s. m.* ***1*** (*relig.*) evangelizzatore, catechista, predicatore □ sacerdote ***2*** (*fig.*) (*di ideologie*) apostolo, propagandista, redentore ***B*** *agg.* ***1*** delle missioni ***2*** (*fig.*) propagandistico.

missióne *s. f.* ***1*** apostolato, evangelizzazione ***2*** (*est.*) compito, incombenza, incarico, ufficio, funzione, mandato □ ministero ***3*** (*bur.*) trasferta □ deputazione ***4*** vocazione, compito morale, impegno morale □ dedizione.

missìva *s. f.* (*lett.*) lettera, comunicazione epistolare, epistola.

mister /*ingl.* 'mistə/ [vc. ingl., letteralmente 'signore'] *s. m. inv.* ***1*** signore ***2*** (*in un concorso*) vincitore ***3*** (*nel calcio*) allenatore, trainer (*ingl.*), direttore tecnico.

misteriosaménte *avv.* oscuramente, arcanamente, imperscrutabilmente, inesplicabilmente, incomprensibilmente, enigmaticamente □ segretamente, occultamente, copertamente □ misticamente **CONTR.** chiaramente, apertamente, evidentemente, palesemente.

misterióso *agg.* ***1*** (*di cosa*) oscuro, inesplicabile, incomprensibile, inconoscibile, imperscrutabile, inspiegabile, occulto, astruso, arcano, enigmatico, criptico, illeggibile, sibillino, amletico, ancipite (*lett., ant.*) □ cabalistico, esoterico, orfico □ fantomatico **CONTR.** chiaro, comprensibile, evidente, aperto, palese, semplice, spiegabile ***2*** (*di persona, di discorso, ecc.*) segreto □ reticente, sospettoso, riservato **CONTR.** aperto, franco, schietto, sincero. *V. anche* ENIGMATICO

mistèro *s. m.* ***1*** (*teologia*) dogma, verità di fede ***2*** (*est.*) segreto, incognita, interrogativo, enigma, arcano, indovinello, rebus, cosa incomprensibile, cosa inesplicabile **CONTR.** evidenza, chiarezza.

misticaménte *avv.* ***1*** religiosamente, devotamente ***2*** (*fig.*) misteriosamente.

misticìsmo *s. m.* slancio mistico, misticità, devozione, ascetismo, contemplazione □ quietismo **CONTR.**

scetticismo, indifferenza □ materialismo.

misticità *s. f.* misticismo, ascetismo **CONTR.** scetticismo.

mìstico ***A*** *agg.* puro, spirituale, contemplativo, ascetico, devoto □ anagogico (*lett.*), quietista **CONTR.** scettico, indifferente ***B*** *s. m.* asceta, spiritualista, contemplativo **CONTR.** materialista, realista.

mistificàre *v. tr.* ***1*** (*di cosa*) adulterare, falsificare ***2*** (*di persona*) ingannare, raggirare, beffare, irretire, gabbare, turlupinare, infinocchiare □ burlare.

mistificatóre *s. m.* (*f. -trice*) ingannatore, imbroglione, impostore, frodatore, turlupinatore □ ciarlatano, cerretano (*lett.*).

mistificazióne *s. f.* ***1*** (*di cosa*) adulterazione, falsificazione, alterazione ***2*** (*di persona*) beffa, inganno, imbroglio, impostura, truffa, raggiro, turlupinatura, trappola ***3*** (*di pensiero, di verità, ecc.*) manipolazione, distorsione, falsificazione, tendenziosità **CONTR.** veridicità, autenticità.

mìsto ***A*** *agg.* ***1*** (*di materie*) mescolato, mischiato, miscelato, amalgamato, impastato □ vario **CONTR.** diviso, distinto, separato □ puro ***2*** (*est.*) unito, congiunto, promiscuo **CONTR.** disgiunto, a sé ***B*** *s. m.* mescolanza, miscela, miscuglio, impasto, combinazione, composto, fusione, unione □ miscellanea □ intruglio, guazzabuglio, accozzaglia □ ibrido **CONTR.** divisione, distinzione, separazione.

mistùra *s. f.* mescolanza, miscela, miscuglio, amalgama, impasto □ fusione, unione.

misturàre *v. tr.* mescolare, amalgamare □ manipolare, adulterare. *V. anche* MESCOLARE

misùra *s. f.* ***1*** (*di spazio*) dimensione, estensione, lunghezza, larghezza, superficie □ grandezza □ mole ***2*** misurazione, rilevamento ***3*** (*di quantità*) dose, dosaggio, dosatura, quantità □ porzione, razione □ grado, numero □ scala □ taglia ***4*** (*fig.*) (*di forze, di ingegno, ecc.*) valore, capacità, possibilità □ proporzione ***5*** (*fig.*) (*di valutazione*) giudizio, stima □ criterio di valutazione, canone, parametro ***6*** (*fig.*) (*nel dire, nel fare, ecc.*) discrezione, moderazione, compostezza, equilibrio, misuratezza, controllo, temperanza, prudenza □ tatto, riserbo, ritegno, riservatezza □ semplicità □ limite □ norma, legge, regola **CONTR.** eccesso, sfrenatezza, smoderatezza, indiscretezza (*raro*), indiscrezione ***7*** (*di sicurezza, di polizia, ecc.*) provvedimento, disposizione, riparo ***8*** (*mus.*) battuta **FRAS.** *a misura che*, secondo che. *V. anche* PRUDENZA

MISURA
sinonimia strutturata

In matematica, si definisce **misura** sia il rapporto tra una grandezza e un'altra, scelta per convenzione come unitaria, sia il numero che esprime l'estensione d'una quantità rispetto all'unità di misura fissata. Nel linguaggio corrente, per misura si intende invece l'insieme delle **dimensioni** di un oggetto, ossia della sua **lunghezza**, **larghezza** e **altezza**: *la misura di un mobile, di un lenzuolo, di una stanza*; *misura approssimativa*; in riferimento alla lunghezza o alla larghezza la dimensione può essere detta anche **estensione** o **superficie**, che però si avvicina in senso lato anche al concetto di area: *l'estensione di un campo, di una zona*; *un paese di grande estensione*; *la superficie di un muro, di uno specchio, del mare*. Dimensione può corrispondere inoltre a **grandezza**, **mole**: *un impianto di ampie dimensioni*; *prospettive di un lavoro di notevoli dimensioni*. In riferimento alla corporatura e quindi all'abbigliamento, la misura corrisponde alla **taglia**: *questo vestito non è della mia misura*; *abbiamo la stessa taglia*.

Il valutare, il prendere le misure corrisponde alla **misurazione**; significato più ampio ha **rilevamento**, che indica la raccolta di un complesso di dati per rappresentare o esaminare una situazione.

In senso figurato, misura corrisponde a **valore**, **capacità**, **possibilità**, ossia abilità, potenzialità: *conoscere la propria misura* corrisponde a conoscere il proprio valore, le proprie capacità o possibilità. Inoltre, equivale alla **proporzione**, intesa come quantità o come rapporto: *contribuire a qualcosa in egual misura*; *impegnarsi in misura delle proprie forze*.

In riferimento invece al giudizio, alla stima di qualcosa, la misura consiste nel **metro**, nel **criterio di valutazione**, ossia nei **canoni**, nei **parametri** cui ci si riferisce giudicando, che possono definirsi delle unità di misura figurate, dei principi che informano il nostro pensiero.

Relativamente al comportamento, misura coincide con **misuratezza**, **moderazione**, **compostezza**, **posatezza** e **sobrietà**, che definiscono la capacità di chi non eccede, di mantenere **equilibrio** e **temperanza** nel pensiero e nell'azione: *nelle cose ci vuol misura*; *agire con compostezza*; *non avere misuratezza nel mangiare*; *parlare, esprimersi con moderazione*. Misura corrisponde quindi anche a **limite**: *ignorare il senso della misura*; *passare il limite*. La volontà di comportarsi secondo le **norme**, le **leggi**, le **regole**, ossia i principi che governano il vivere civile, può essere dettata dalla **prudenza**, dall'assennatezza.

Nei rapporti con le persone, la prudenza si risolve nella delicatezza, cioè nel **tatto**, nella **discrezione**, che descrivono una maniera d'agire attenta alle reazioni e alla sensibilità altrui: *bisogna intervenire con discrezione*. La discrezione può essere intesa anche come **discretezza**, **riserbo**, **riservatezza**, che descrivono la tendenza a manifestare raramente i propri sentimenti e intenzioni, e possono suggerire addirittura un'idea di introversione: *agire con riservatezza e prudenza*; *rivelò le sue decisioni con grande riserbo*; quasi equivalente è **ritegno**, che però evoca autocontrollo, e si avvicina quindi a scrupolo: *non abbiamo ritegno a dirti ciò che pensiamo*.

Sempre figuratamente, la misura consiste in un **mezzo**, in un **provvedimento**, preso a un dato fine, specialmente per evitare o difendersi da eventi dannosi o pericolosi, e quindi in una cautela preventiva: *misura di prevenzione, precauzionale*; *ricorrere a mezzi energici*; *adottare drastici provvedimenti per contenere l'inflazione*. Molto vicino è **riparo**, che però non indica solo e necessariamente una cautela preventiva, ma anche un **rimedio** a ciò che è già accaduto. Più generale è il termine **disposizione**, che però indica di solito una misura voluta o ordinata dall'alto.

misuràre ***A*** *v. tr.* ***1*** prendere la misura □ calcolare, rilevare, considerare, commisurare □ quantificare, quantizzare □ determinare □ calibrare □ sperimentare ***2*** (*di tempo*) cronometrare ***3*** (*fig.*) (*di parole, di atti, ecc.*) pesare, soppesare, controllare, ponderare, valutare **CONTR.** sottovalutare ***4*** (*est.*) (*di strada*) percorrere ***5*** (*di abito*) provare, indossare ***6*** (*fig.*) (*di merito, di difetto, ecc.*) stimare, giudicare, valutare ***7*** (*fig.*) (*di forze, di denaro, ecc.*) limitare, regolare, dosare, economizzare **CONTR.** sperperare, sprecare ***B*** *v. intr.* essere, essere lungo, essere alto, essere largo, essere profondo, avere la misura, estendersi, alzarsi, allargarsi ***C*** **misurarsi** *v. rifl.* ***1*** contenersi, regolarsi, limitarsi **CONTR.** largheggiare, essere generoso, essere sregolato ***2*** (*fig.*) (*con uno*) contendere, competere, cimentarsi, gareggiare, paragonarsi, sfidare, lottare, venire alle mani. *V. anche* GIUDICARE

misuratamènte *avv.* moderatamente, regolatamente, con misura, sobriamente, parsimoniosamente **CONTR.** smisuratamente, smoderatamente, sregolatamente, sfrenatamente.

misuràto *part. pass. di* **misurare**; *anche agg.* ***1*** calcolato, rilevato □ dosato □ quantificato, quantizzato □ provato ***2*** (*di persona*) equilibrato, ponderato, prudente, discreto, limitato, moderato □ parco, sobrio, temperante, continente □ parsimonioso **CONTR.** eccessivo, smodato, dissoluto, sfrenato, sregolato □ illimitato, smisurato □ disordinato ***3*** regolato, stabilito ***4*** scarso, contenuto. *V. anche* SCARSO

misurazióne *s. f.* misura, metratura, calcolo, rilievo, stima, valutazione, quantificazione, quantizzazione □ cronometraggio. *V. anche* MISURA

misurìno *s. m.* dosatore.

mite *agg.* ***1*** benevolo, clemente, umano, benigno, indulgente, bonario, dolce, soave, gentile, paziente, moderato, buono, placido, quieto, pacifico, pacioso, angelico, inoffensivo □ (*est.*) molle □ buonuomo **CONTR.** crudele, feroce, spietato, brutale, cattivo, disumano □ severo, duro □ acre □ aggressivo, violento, bellicoso ***2*** (*di animale*) docile, mansueto, tranquillo □ agnello **CONTR.** selvaggio, selvatico, brado, indocile □ furioso, rabbioso, ringhioso ***3*** (*di clima*) temperato, buono, gradevole, dolce, tiepido **CFR.** inclemente □ afoso, torrido, soffocante □ rigido, gelido, polare ***4*** (*di prezzo*) accessibile, discreto, buono **CONTR.** eccessivo, esagerato, esorbitante.

mitézza *s. f.* ***1*** benevolenza, benignità, bontà, bonomia, bonarietà, clemenza, dolcezza, soavità, gentilezza, indulgenza, moderazione, tolleranza, umanità □ docilità, mansuetudine, remissività **CONTR.** crudeltà, disumanità, ferocia, severità, inesorabilità, spietatezza, brutalità, durezza ***2*** (*di clima*) tiepidezza, dolcezza, gradevolezza **CONTR.** inclemenza □ afosità □ rigidità.

mìtico *agg.* ***1*** mitologico ***2*** (*fig.*) eroico, favoloso, leggendario □ fantastico, fantasioso, immaginoso □ straordinario, meraviglioso **CONTR.** reale, concreto, vero, documentato.

mitigàre ***A*** *v. tr.* attenuare, diminuire, addolcire, raddolcire, alleviare, attutire, calmare, lenire □ alleggerire, allentare, ammorbidire, raffrenare, moderare, placare, sedare, sopire □ quietare, chetare □ temperare, smussare □ medicare **CONTR.** accrescere, attizzare, aumentare, inasprire, esacerbare, esasperare, irritare ***B*** **mitigarsi** *v. intr. pron.* calmarsi, moderarsi, placarsi **CONTR.** irritarsi, infuriarsi □ esasperarsi, inasprirsi, rincrudirsi, rinfocolarsi. *V. anche* DIMINUIRE

mitigàto *part. pass. di* **mitigare**; *anche agg.* addolcito, ammorbidito, attutito, placato □ ammansito.

mitigazióne *s. f.* mitigamento, attenuazione, diminuzione, addolcimento, alleviamento, lenimento, temperamento **CONTR.** accrescimento, aumento, esasperazione, esacerbamento, inasprimento.

mìtilo *s. m.* (*zool.*) cozza, muscolo, peocio (*dial.*), arsella, vongola, tellina.

mitizzàre *v. tr.* ***1*** miticizzare ***2*** (*est.*) esaltare, idealizzare **CONTR.** demitizzare, smitizzare.

mìto *s. m.* ***1*** favola, leggenda, saga **CONTR.** storia, realtà ***2*** (*est.*) idealizzazione ***3*** (*est.*) sogno, utopia. *V. anche* LEGGENDA

mitològico *agg.* ***1*** mitico ***2*** (*fig.*) favoloso, leggendario, fantastico **CONTR.** storico, reale, documentato.

mitòmane *s. m.* e *f.*; *anche agg.* ***1*** affetto da mitomania ***2*** (*est.*) paranoico, bugiardo.

mìtra *s. m. inv.* mitragliatore, fucile mitragliatore, fucile automatico, moschetto automatico, sten (*ingl.*).

mitragliàre *v. tr.* ***1*** colpire con mitraglia ***2*** (*est.*) (*con sassi e sim.*) colpire ripetutamente ***3*** (*fig.*) (*con domande*) investire, incalzare, importunare, infastidire.

mitragliatóre *s. m.* mitra, fucile automatico, moschetto automatico.

mitragliatrìce *s. f.* ***1*** mitraglia (*gerg.*), mitragliera, sten (*ingl.*) ***2*** (*fig.*) parlatore instancabile.

mittènte *s. m.* e *f.* mandante, speditore **CONTR.** destinatario, ricevente, consegnatario.

mix /*ingl.* miks/ [vc. ingl., da *to mix* 'mescolare'] *s. m. inv.* mescolanza, miscuglio, miscela.

mixer /*ingl.* 'miksə/ [vc. ingl., da *to mix* 'mescolare'] *s. m. inv.* ***1*** (*di recipiente*) miscelatore, mescolatore, scotitoio ***2*** (*di persona*) tecnico del missaggio ***3*** missaggio.

mo' *avv.* (*dial.*) ora, adesso □ poco fa.

mòbile ***A*** *agg.* ***1*** movibile, amovibile, asportabile, rimovibile, trasportabile □ itinerante □ girevole □ snodato **CONTR.** immobile, fermo, inamovibile, stabile, statico, fisso ***2*** (*di mente, di fuoco, ecc.*) vivo, inquieto, vivace, sempre in movimento **CONTR.** calmo, quieto, tranquillo ***3*** (*fig.*) (*di persona, di carattere*) instabile, incostante, volubile, mutevole □ superficiale, leggero **CONTR.** costante, saldo, perseverante, tenace □ irremovibile ***4*** (*di ponte*) levatoio ***B*** *s. m.* suppellettile, arredo □ (*al pl.*) mobilio, masserizie, arredamento.

mobilétto *s. m.* stipo.

mobìlia *s. f.* mobilio, mobili, masserizie, suppellettili.

mobìlio *s. m.* mobilia, mobili, masserizie, roba (*fam.*), suppellettili.

mobilità *s. f.* ***1*** movibilità, facilità di muoversi □ agilità, vivacità **CONTR.** immobilità, fissità, stabilità, inerzia □ quiete ***2*** (*fig.*) (*di idee, di carattere, ecc.*) incostanza, leggerezza, mutevolezza, instabilità, volubilità **CONTR.** costanza, fermezza, imperturbabilità, perseveranza, saldezza, tenacia.

mobilitàre ***A*** *v. tr.* ***1*** chiamare alle armi, mettere sul piede di guerra **CONTR.** smobilitare, smilitarizzare, disarmare ***2*** (*fig.*) (*di forze, di capacità, ecc.*) smuovere, mettere in moto, impegnare **CONTR.** fermare, bloccare, inibire ***B*** **mobilitarsi** *v. rifl.* mettersi in moto, impegnarsi.

mobilitàto *part. pass. di* **mobilitare**; *anche agg.* ***1*** chiamato alle armi □ in assetto di guerra **CONTR.** smobilitato ***2*** (*fig.*) (*di forze, di capacità, ecc.*) messo in moto, impegnato, sollecitato **CONTR.** fermato, bloccato, inibito.

mobilitazióne *s. f.* ***1*** chiamata alle armi **CONTR.** smobilitazione □ smilitarizzazione ***2*** (*fig.*) (*di opinione, di partiti, ecc.*) appello a partecipare, impegno, sollecitazione, messa in moto **CONTR.** blocco, disimpegno.

móccio *s. m.* muco, mucco, moccico (*tosc.*), moccolo.

mòccolo o **móccolo** *s. m.* ***1*** (*di candela*) colaticcio □ mozzicone ***2*** (*pop.*) bestemmia, imprecazione ***3*** (*pop.*) moccio.

mòda *s. f.* ***1*** (*di abbigliamento, acconciatura e sim.*) foggia, stile, look (*ingl.*), novità, gusto, usanza **CONTR.** disuso ***2*** (*est.*) uso, consuetudine, voga, abitudine, costume, andazzo, corrente, attualità, conformismo **CONTR.** anticonformismo **FRAS.** *alta moda*, sartoria.

MODA
sinonimia strutturata

La parola **moda** indica il modo corrente di vestire e di abbigliarsi, legato ad una determinata epoca e al gusto di una determinata società: *moda italiana, francese*; *moda del secolo scorso, del Settecento*; *storia della moda*; *giornale, rivista, articolo di moda*. Forma ed aspetto esteriore di un vestito o di un accessorio di moda vengono definite **foggia** o **stile**: *abito di foggia strana, capricciosa*; *mantello di stile inglese*; *eleganza di stile italiano*. Per estensione la moda è l'industria ed il commercio degli articoli di abbigliamento, specialmente femminili: *lavorare nella moda*; *l'alta moda*.

Un particolare settore dell'industria della moda è quello della **moda pronta** o del **prêt-à-porter**, che produce capi d'abbigliamento firmati da uno stilista che possono essere confezionati in serie in un'ampia gamma di taglie: *i successi del prêt-à-porter italiano*; *un abito prêt-à-porter*.

Con **moda** si indica anche un modo, un costume passeggero di vivere e di comportarsi: *la moda dei tè letterari, delle trattorie fuori porta*. Nelle locuzioni *alla moda, di moda*, la parola designa il gusto del momento: *questo è il colore di moda*; *quest'anno va di moda il viola*; così *uscito di moda* indica qualcosa che non è più nel gusto corrente. Equivalente a questa accezione di moda è **voga**, con cui ci si riferisce sempre a qualcosa che gode di grande diffusione, di favore, successo e popolarità presso il pubblico: *un cantante molto in voga*; *un tipo di giornale, di musica molto in voga*.

Rispetto a moda e voga, **tendenza** è in qualche modo più ristretto: è l'orientamento corrente che si sviluppa all'interno di fenomeni culturali, movimenti storici, artistici o letterari: *le nuove tendenze della moda, della poesia contemporanea*; *tendenza di destra, di sinistra*. Per definire un andamento generale, un orientamento o una tendenza si può usare anche il vocabolo inglese **trend**. **Trendy**, un altro vocabolo inglese, derivato da trend, indica ciò che segue una tendenza di moda o che contribuisce a crearla: *discoteca, rivista trendy*.

Non tutto ciò che si fa è dettato dalla moda o viene fatto solo perché trendy. Il modo in cui, tradizionalmente, si vive, si agisce e ci si comporta in un determinato luogo, tempo o ambiente viene detto **usanza** o **uso**: *rispettare gli usi locali, nazionali, famigliari*. Per estensione entrambe queste parole indicano una moda, una voga: *l'usanza del cappello, della gonna corta, dei tacchi a spillo*; *essere, venire in uso*.

Mentre usanza e uso indicano soprattutto un modo di agire proprio di una collettività più che di un singolo, **abitudine** indica la disposizione di un individuo ad agire in un determinato modo in virtù della continua e regolare ripetizione degli stessi atti: *buona, cattiva, vecchia abitudine*; *abitudine inveterata*; *fare l'abitudine a qualcosa*.

Un **costume** ed una **consuetudine** sono sia dei comportamenti abituali di una persona: *è suo costume alzarsi presto*; *è sua consuetudine arrivare in anticipo*; che usanze collettive: *secondo la consuetudine*; *le antiche consuetudini del luogo*. Costume, in particolare, designa consuetudini ed usi collettivi quando si riferisce al complesso delle usanze e credenze che caratterizzano la vita sociale e culturale di una società in una data epoca: *ha studiato a lungo i costumi di quelle tribù*; *critica di costume*; *fatto di costume*.

modalità *s. f.* ***1*** caratteristica, schema, norma, procedura, formalità, modo ***2*** (*est., dir.*) accidente, circostanza particolare **CONTR.** fondamento, essenza.

modanatùra *s. f.* (*arch.*) aggetto, cornice, dentello, rilievo, listello, fascia, regolo.

modèlla *s. f.* ***1*** (*di artista*) posatrice ***2*** (*di moda*) mannequin (*fr.*), indossatrice.

modellàre ***A*** *v. tr.* ***1*** formare, plasmare, foggiare, forgiare, conformare, configurare, sagomare □ (*est.*) delineare, tratteggiare, abbozzare, schematizzare □ effigiare **CONTR.** sformare ***2*** (*di abito*) mettere in risalto le forme ***3*** (*fig.*) (*di idee, di comportamento,* *ecc.*) adattare, improntare □ indirizzare ***B*** **modellarsi** *v. rifl.* conformarsi, adattarsi, adeguarsi, imitare CONTR. differenziarsi, distinguersi.

modellàto *part. pass. di* **modellare**; *anche agg.* ***1*** plasmato, conformato, configurato □ sagomato □ abbozzato CONTR. sformato ***2*** (*fig.*) (*di idee, di comportamento, ecc.*) adattato, improntato, indirizzato.

modèllo *s. m.* ***1*** originale □ archetipo, prototipo, campione, esemplare □ tipo, genere, abbozzo □ bozzetto, bozza □ saggio, esempio, specimen (*lat.*) □ schema, falsariga □ stampo, forma, sagoma, cliché (*fr.*) □ manichino, plastico, calco, rilievo CONTR. copia, duplicato, imitazione, riproduzione ***2*** (*est.*) (*di comportamento*) esempio □ quintessenza, ideale, guida □ idolo, eroe □ foggia, maniera ***3*** (*di pensiero, di scienza*) canone, legge, norma, regola □ standard □ linea ***4*** (*bur.*) stampato, modulo. *V. anche* PARAGONE

MODELLO
sinonimia strutturata

Un **modello** è, propriamente, un esemplare perfetto, qualcosa da imitare o degno di essere imitato, copiato o riprodotto. Nella fraseologia corrente si usano espressioni come: *è un modello di virtù, di coerenza*; *uno scrittore che si rifà ai modelli classici.* In questo ambito semantico suo sinonimo è **originale**. Il primo significato di originale è abbastanza diverso da quello di modello: esso indica, infatti, un'opera scritta, composta o comunque realizzata direttamente dall'autore: *manoscritto, spartito originale*; *una prima edizione con note e commenti originali a margine*; *l'originale è andato perduto.* Originale, inoltre, può assumere il significato di modello che viene riprodotto in un'opera d'arte: *l'originale è più bello del ritratto*; o da cui vengono tratte copie, riproduzioni, riduzioni, traduzioni e simili: *una traduzione poco fedele all'originale*; *originale sbiadito.* Per estensione questa parola indica anche il primo esemplare di un documento con valore legale del quale sono state fatte eventuali copie: *originale autenticato, copia conforme all'originale.*

Un **archetipo** è un primo esemplare o modello. Nella filosofia platonica un archetipo è un modello originario ed ideale delle cose sensibili; in filologia, un archetipo è anche una redazione non conservata di un'opera letteraria, ricostruibile attraverso le testimonianze di altri manoscritti o stampe da essa derivati, che rappresenta il testo ipoteticamente più simile all'originale perduto. Un **prototipo** è un modello di prima ideazione o costruzione, un esemplare primitivo, originario: *il prototipo dei moderni sottomarini*; in usi ironico-scherzosi può significare un individuo che presenta determinate caratteristiche di comportamneto, spesso negative: *il prototipo degli imbroglioni.*

Si usa la parola **tipo** per indicare, anche ironicamente, un modello, un esemplare, un campione: *il primo tipo di caldaia a vapore*; *il vero tipo del gentiluomo.*

Esemplare ed **esempio** sono due termini che nel loro primo significato non si discostano molto da quello primario di modello: essi indicano, infatti, una persona, una cosa o un animale che sono degni di essere presi a modello da imitare o da riprovare: *un esemplare di edificio barocco*; *una punizione esemplare*; *il cane è il miglior esempio di fedeltà.* Il termine esemplare si usa anche per indicare ogni unità in un gruppo di oggetti appartenenti a collezioni omogenee: *un prezioso esemplare di moneta del Cinquecento.* Nel linguaggio delle scienze naturali e nell'uso corrente, un esemplare è anche un individuo o un oggetto tipico del proprio genere, famiglia o specie: *ha raccolto molti esemplari di farfalle, di funghi, di fiori esotici.* Con il termine esempio si indica anche un fatto reale o immaginario, un'azione o un caso da imitare: *insegnare con gli esempi*; *dare buono* o *cattivo esempio.* Infine la parola esempio designa una frase o un passo di un testo letterario che attesta usi grammaticali o lessicali o che chiarisce un concetto: *spiegare una regola grammaticale con esempi*; *un vocabolario ricco di esempi.*

Modello è detto anche uno **stampo**, cioè quell'attrezzo che reca impressa la modellatura dell'oggetto da riprodurre: *fatto a stampo*; o una **forma**, oggetto o struttura che consente di modellare i prodotti: *forma per dolci*; o anche un **calco**, termine che designa sia l'impronta di una scultura ricavata in materia molle allo scopo di ottenere delle copie dell'originale, sia la copia così ottenuta.

Si chiamano modello un abito eseguito su disegno originale, *sfilata di modelli*; un prototipo industriale destinato alla produzione in serie: *un nuovo modello di automobile*; con la stessa parola si indica anche uno degli innumerevoli **moduli** che si usano per le pratiche burocratiche: *presentare il modello della dichiarazione dei redditi.*

Modello può anche indicare non soltanto qualcosa chè deve essere imitato, ma qualcosa che imita la realtà. Un modello può infatti essere una rappresentazione, su scala ridotta, di strutture edilizie, meccaniche, idrauliche e simili: *il modello della nuova ferrovia, di un edificio, di un motore, della diga.* Per estensione può anche essere la riproduzione, generalmente di dimensioni ridotte rispetto all'originale, di opere artistiche, organi, strutture anatomiche e simili: *un modello del Colosseo, un modello del cuore umano.* Collegato a questi significati di modello è quello del diminutivo **modellino**, che indica riproduzioni in miniatura di treni, navi o altro, usate specialmente come giocattoli o in cinematografia e in televisione per evitare costose riprese di tali oggetti in dimensioni naturali.

moderàre ***A*** *v. tr.* ***1*** (*raro*) governare, reggere ***2*** limitare, contenere, arginare □ disciplinare, controllare, regolare □ attenuare, addolcire, mitigare, temperare, diminuire □ frenare, raffrenare, rallentare □ smorzare, smussare CONTR. alzare, elevare □ ingigantire □ radicalizzare □ estremizzare □ sfrenare, aizzare, eccitare, incitare, galvanizzare ***B*** **moderarsi** *v. rifl.*

contenersi, controllarsi, frenarsi, limitarsi, regolarsi, raffrenarsi, rattenersi, reprimersi, trattenersi □ addolcirsi, mitigarsi **CONTR.** sfrenarsi, eccedere, trasmodare, trascendere □ scatenarsi □ strafare. *V. anche* COSTRINGERE, DIMINUIRE, VINCERE

moderataménte *avv.* con moderazione, con equilibrio, senza eccedere, cautamente, discretamente, limitatamente, misuratamente, modicamente, parcamente, parsimoniosamente, sobriamente, ponderatamente, regolatamente **CONTR.** eccessivamente, smoderatamente, esageratamente, soverchiamente (*lett.*), sfrenatamente, sregolatamente, troppo.

moderàto ***A*** *part. pass. di* **moderare**; *anche agg.* ***1*** temperato, corretto, regolato, misurato □ addolcito, smorzato, piano, discreto □ parco, sobrio, morigerato □ castigato □ parsimonioso, frugale **CONTR.** eccessivo, esagerato, indiscreto, esasperato, smoderato, iperbolico, smodato □ intemperante, sregolato, disordinato ***2*** (*di costo, ecc.*) basso, equo, giusto, modico, contenuto, modesto **CONTR.** alto, elevato, esorbitante ***3*** (*polit.*) conservatore, centrista, riformista **CONTR.** estremista, rivoluzionario □ radicale, intransigente, intollerante ***B*** *s. m.* (*polit.*) centrista, riformista, conservatore, revisionista □ menscevico (*est.*) **CONTR.** estremista, rivoluzionario, massimalista □ radicale □ bolscevico (*est.*).

moderatóre *s. m.; anche agg.* (*f. -trice*) coordinatore, disciplinatore, regolatore □ equilibratore.

moderazióne *s. f.* moderatezza (*lett.*), misura, discrezione, discretezza (*raro*), equilibrio, compostezza, prudenza, cautela, ponderatezza, ponderazione □ sobrietà, morigeratezza, temperanza, continenza, regolatezza, castigatezza, frugalità **CONTR.** eccesso, esagerazione, abuso □ smoderatezza, intemperanza, sregolatezza □ indiscrezione. *V. anche* MISURA, PRUDENZA

modernità *s. f.* novità □ moda, attualità, contemporaneità □ modernismo □ freschezza **CONTR.** antichità, passato, passatismo, inattualità □ conservatorismo.

modernizzàre ***A*** *v. tr.* rimodernare, ammodernare, rinnovare, aggiornare, adeguare ai tempi moderni □ innovare **CONTR.** invecchiare ***B*** **modernizzarsi** *v. rifl.* rinnovarsi, aggiornarsi, adeguarsi ai gusti moderni **CONTR.** cristallizzarsi.

modèrno ***A*** *agg.* odierno, attuale, corrente, presente, recente, nuovo, fresco, giovane, in (*ingl.*) □ evoluto **CONTR.** antico, vecchio, antiquato, vetusto, arcaico, sorpassato, antidiluviano, superato, arretrato, disusato, inattuale, demodé (*fr.*), out (*ingl.*) ***B*** *s. m. solo sing.* attualità, modernità, contemporaneità **CONTR.** antico, passato ***C*** *s. m. spec. al pl.* i contemporanei **CONTR.** gli antichi.

modestaménte *avv.* ***1*** dimessamente, semplicemente, umilmente □ dignitosamente, pudicamente, verecondamente □ con discrezione, con riservatezza **CONTR.** immodestamente (*lett.*), superbamente, boriosamente, altezzosamente, orgogliosamente, presuntuosamente, sfrontatamente □ vanitosamente □ impudicamente, sfacciatamente ***2*** poco, scarsamente, modicamente **CONTR.** molto, assai, oltremodo, smisuratamente, abbondantemente.

modèstia *s. f.* ***1*** discrezione, discretezza (*lett.*), misura, moderatezza (*lett.*), moderazione, equilibrio, compostezza, prudenza, riserbo, riservatezza, timidezza □ semplicità, umiltà **CONTR.** eccesso, esagerazione, indiscrezione, smoderatezza □ albagia, presunzione, vanità, sicumera, vanagloria, esibizionismo, superbia □ ambizione ***2*** pudore, verecondia, pudicizia, costumatezza **CONTR.** immodestia, sfacciataggine, sfrontatezza, impudenza, arroganza, spavalderia, iattanza, millanteria, presuntuosità ***3*** (*quantità*) pochezza, scarsità.

modèsto *agg.* ***1*** misurato, equilibrato, prudente □ discreto, riservato, schivo, timido □ umile **CONTR.** immodesto, superbo, vanitoso, borioso, esibizionista, gradasso, spaccone, altezzoso, arrogante, presuntuoso, vanaglorioso □ ambizioso ***2*** (*di contegno*) pudico, verecondo, costumato, timorato, composto, pudibondo **CONTR.** impudente, sfacciato, sconveniente, sfrontato, protervo ***3*** (*di valore, di intelligenza, ecc.*) mediocre, comune, irrisorio, meschino, limitato, scarso, rasoterra **CONTR.** eccellente, straordinario, superiore ***4*** (*di casa, di abito, ecc.*) dimesso, economico, povero, semplice, privo di sfarzo, poco vistoso **CONTR.** sfarzoso, fastoso, lussuoso, vistoso, sontuoso, prestigioso ***5*** (*di prezzo*) basso, accessibile, modico ***6*** (*di quantità*) piccolo, minuscolo, ridotto **CONTR.** grande, forte. *V. anche* SCARSO

mòdico *agg.* limitato, moderato, basso, esiguo, modesto, temperato, tenue, poco, accessibile **CONTR.** eccessivo, esagerato, smoderato, esorbitante, esoso, soverchio (*lett.*), inaccessibile, sproporzionato, iperbolico.

modìfica *s. f.* modificazione, riforma, ritocco, rettificazione, cambiamento, correzione, emendazione, emendamento, variazione, variante, trasformazione **CONTR.** immutabilità, stabilità. *V. anche* TRASFORMAZIONE

modificàre ***A*** *v. tr.* ***1*** cambiare, mutare, trasformare, ristrutturare, variare, rivoluzionare, regolare, rivedere, riprendere, ritoccare □ correggere, emendare, riformare **CONTR.** lasciare immutato, lasciare invariato, confermare ***2*** alterare, contraffare, truccare, diversificare ***B*** **modificarsi** *v. intr. pron.* cambiarsi, cangiare (*lett.*), mutarsi, trasformarsi □ alterarsi **CONTR.** restare immutato, restare invariato. *V. anche* CORREGGERE

modificàto *part. pass. di* **modificare**; *anche agg.* ***1*** cambiato, mutato, trasformato, ristrutturato, corretto, riformato, riveduto, variato □ diverso **CONTR.** immutato, invariato, uguale ***2*** alterato, artefatto, contraffatto.

modìsta *s. f.* modellista, stilista, couturier (*fr.*) □ sarta, crestaia (*tosc.*).

modisterìa *s. f.* laboratorio di modista, atélier (*fr.*), boutique (*fr.*).

mòdo *s. m.* ***1*** maniera, come □ foggia, forma, genere □ tono, regola, guisa ***2*** mezzo, espediente, sistema, metodo □ tattica □ occasione, possibilità ***3*** (*spec. al pl.*) tratto, comportamento, condotta, contegno ***4*** abitudine, uso, usanza, stile, maniera ***5*** (*ling.*) locuzione linguistica, idiotismo ***6*** limite, misura, norma, regola **FRAS.** *in special modo*, specialmente □ *modo di dire*, locuzione, idiotismo □ *in ogni modo*, comunque, con tutti i mezzi □ *in malo modo*, sgarbatamente, con violenza □ *persona a modo*, persona perbene.

modulàre (1) *v. tr.* variare, regolare □ cadenzare, ritmare □ cantare.

modulàre (2) *agg.* ***1*** composto di elementi, costituito da moduli ***2*** (*est.*) ripetitivo.

modulazióne *s. f.* ***1*** variazione □ intonazione, tono, inflessione □ cadenza ***2*** (*fig.*) variazione di frequenza **CONTR.** demodulazione.

mòdulo *s. m.* ***1*** esemplare, modello **CONTR.** copia, riproduzione ***2*** forma □ misura, regola □ schema, disegno ***3*** (*bur.*) stampato, formulario, questionario, scheda □ cartellino ***4*** (*numism.*) (*di moneta*) diametro. *V. anche* MODELLO

modus vivendi /*lat.* 'mɔdus vi'vɛndi/ [loc. lat., letteralmente 'modo di vivere'] *loc. sost. m. inv.* accordo, accomodamento, transazione, agreement (*ingl.*).

mògio *agg.* avvilito, abbattuto, dimesso, malinconico □ fiacco, lento, indolente, assonnato **CONTR.** baldanzoso, tracotante, sicuro di sé □ sveglio, vivace, spigliato, arzillo.

móglie *s. f.* sposa, coniuge, consorte, signora, donna, metà (*scherz.*), mogliera (*ant.*) □ donna maritata **CFR.** marito, sposo.

moìna *s. f. spec. al pl.* carezza leziosa, lezio, leziosaggine, leziosità, attuccio (*region.*), smanceria, vezzo, svenevolezza, sdilinquimento, sdolcinatura, smorfia, daddolo (*tosc.*), sdolcinatezza, blandizia, civetteria □ lusinga □ tenerume **CONTR.** sgarberia, sgarbo, sgarbatezza, malgarbo, scortesia, villania.

mòla *s. f.* macina □ levigatrice.

molàre (1) *v. tr.* affilare, arrotare □ levigare, smerigliare □ raspare, rettificare.

molàre (2) *agg.* (*di dente*) mascellare.

molàto *part. pass. di* **molare (1)**; *anche agg.* arrotato, affilato □ levigato, smerigliato □ rettificato.

molatùra *s. f.* arrotatura, affilatura □ levigatura, smerigliatura.

mòle *s. f.* ***1*** masso, massa ***2*** edificio grandissimo ***3*** dimensione, misura, grandezza, grossezza, taglia, volume □ statura ***4*** (*fig.*) entità, quantità, importanza **CONTR.** irrilevanza, trascurabilità. *V. anche* MISURA

molècola *s. f.* (*est.*) particella, frammento, minuzzolo, briciola, piccolissima parte, minima parte.

molestàre *v. tr.* ***1*** infastidire, seccare, scocciare (*fam.*) □ annoiare, noiare, dar noia, tediare □ stancare □ asfissiare, assediare, tampinare, assillare, ossessionare □ scomodare, incomodare, importunare, disturbare □ pungere, punzecchiare, stuzzicare **CONTR.** allietare, dilettare, deliziare, divertire ***2*** perseguitare, vessare, maltrattare □ preoccupare, turbare □ tribolare, travagliare **CONTR.** aiutare, soccorrere, favorire. *V. anche* STANCARE

molestàto *part. pass. di* **molestare**; *anche agg.* ***1*** importunato, infastidito, seccato, assillato, tampinato, punzecchiato, stuzzicato **CONTR.** allietato, dilettato ***2*** perseguitato, oppresso, tormentato **CONTR.** aiutato, soccorso, favorito.

molestatóre *s. m.* (*f. -trice*) ***1*** importuno, seccatore, scocciatore (*fam.*) ***2*** (*a scopo sessuale*) maniaco □ (*est.*) pedofilo □ stupratore, violentatore.

molèstia *s. f.* ***1*** noia, fastidio, seccatura, bega, briga, rompimento (*pop.*), scocciatura (*fam.*), persecuzione, assedio □ punzecchiamento, punzecchiatura □ (*est.*) tormento, cruccio, vessazione □ incomodo, disturbo □ rogna, grattacapo □ tedio, uggia □ peso, pesantezza, gravezza □ disagio, imbarazzo **CONTR.** piacere, gioia, svago, spasso, divertimento, diletto □ sollievo ***2*** danno, rovina. *V. anche* DISTURBO

molèsto *agg.* noioso, fastidioso □ appiccicaticcio, attaccaticcio □ ossessionante □ importuno □ irritante, indisponente, scocciante (*fam.*), seccante □ spiacevole, sgradito, increscioso □ pesante, tedioso, uggioso, gravoso, rognoso **CONTR.** gradito, gradevole, amabile, divertente, piacevole, spassoso. *V. anche* SPIACEVOLE

molitùra *s. f.* (*di cereali*) macinazione □ (*di olive*) frangitura.

mòlla *s. f.* ***1*** (*fig.*) stimolo, impulso, spinta □ causa, motivo ***2*** (*al pl.*) pinze, pinzette ***3*** (*dial.*) susta **FRAS.** *da prendere con le molle* (*fig.*), poco raccomandabile; difficile da trattare.

mollàre ***A*** *v. tr.* ***1*** allentare, lasciare andare, lasciare, sganciare □ liberare, sciogliere **CONTR.** tenere, stringere, trattenere □ afferrare, acciuffare, agguantare, bloccare ***2*** (*fig., fam.*) (*di schiaffo, di pedata*) dare, appioppare, assestare, rifilare ***B*** *v. intr.* cedere, desistere, rinunciare, smettere, demordere **CONTR.** insistere, continuare, perseverare, persistere, resistere. *V. anche* SCIOGLIERE

mòlle ***A*** *agg.* ***1*** (*di materia*) morbido, tenero, cedevole al tatto, soffice, floscio □ flaccido, moscio, sfatto **CONTR.** duro, consistente, resistente, rigido, sodo, solido ***2*** (*di giunco, ecc.*) flessibile, flessuoso, elastico, pieghevole ***3*** (*di vite, chiodo, ecc.*) allentato, lento **CONTR.** rigido ***4*** (*fig.*) (*di voce, di modi, ecc.*) mite, dolce, tenero, carezzevole, soave, seducente **CONTR.** aspro, sgradevole, brusco ***5*** (*fig.*) (*di persona, di carattere, ecc.*) debole, fiacco, languido, remissivo, privo di energia, cedevole, deliquescente **CONTR.** forte, energico, deciso, fermo, risoluto □ dinamico ***6*** (*di pane, di persona, ecc.*) bagnato, inzuppato, fradicio, intriso, umido, immollato, zuppo **CONTR.** arido, asciutto, secco □ stagionato ***B*** *s. m.* bagnato, umidità **CONTR.** asciutto. *V. anche* FLESSIBILE

molleggiàre ***A*** *v. intr.* (*di cuscino, di letto, ecc.*) essere elastico, essere morbido **CONTR.** essere rigido ***B*** *v. tr.* (*di divano, di sedile, ecc.*) rendere elastico, dotare di molleggio, mettere le molle ***C*** **molleggiarsi** *v. rifl.* (*di persona*) muoversi con elasticità, muoversi con leggerezza **CONTR.** irrigidirsi.

molleggiàto *part. pass. di* **molleggiare**; *anche agg.* ***1*** dotato di molle ***2*** (*di andatura, di corpo, ecc.*) elastico, flessuoso **CONTR.** rigido, impacciato.

molléggio *s. m.* ***1*** molle, sospensioni ***2*** elasticità, flessuosità **CONTR.** rigidità ***3*** flessione.

molleménte *avv.* ***1*** fiaccamente, pigramente, svogliatamente **CONTR.** energicamente, fortemente, risolutamente ***2*** delicatamente, lievemente, con garbo, dolcemente □ languidamente **CONTR.** aspramente, duramente.

mollézza *s. f.* ***1*** (*di cosa*) cedevolezza, delicatezza, morbidezza, tenerezza, elasticità, flessibilità **CONTR.** durezza, consistenza, resistenza, rigidezza, sodezza, solidità ***2*** (*fig.*) (*di persona*) debolezza, languidezza, languore, infiacchimento, fiacchezza, rilassatezza **CONTR.** forza, energia, risolutezza, decisione, fermezza □ fierezza ***3*** (*spec. al pl.*) comodità, lusso, piaceri **CONTR.** povertà, miseria, bisogno, ristrettezza. *V. anche* DEBOLEZZA

mollìca o (*evit.*) **mòllica** *s. f.* ***1*** (*di pane*) midolla **CONTR.** crosta ***2*** (*spec. al pl.*) briciole, pezzetti, minuzzoli.

mollìccio *agg.* ***1*** bagnaticcio, umidiccio, sudaticcio □ viscido **CONTR.** asciutto, arido, secco ***2*** floscio, cascante, flaccido **CONTR.** duro, resistente, sodo.

mollùsco *s. m.* ***1*** frutto di mare ***2*** (*fig., spreg.*) smidollato, debole **CONTR.** risoluto, duro.

mòlo *s. m.* banchina □ approdo □ argine, diga □ imbarcadero, imbarcatoio, imbarco, pontile, sbarcatoio, scalo.

molòsso *s. m.* bulldog (*ingl.*).

moltéplice *agg.* complesso, composito, composto, multiplo, plurimo □ multiforme, proteiforme, poliedrico □ sfaccettato, versatile, svariato, vario, di molte specie □ numeroso, ripetuto, copioso (*lett.*) **CONTR.** semplice, unico, singolo, solo, uniforme.

molteplicità *s. f.* varietà, differenza, diversità, svariatezza, complessità, pluralità **CONTR.** semplicità, uniformità, unicità, singolarità, unità.

moltìplica *s. f.* ***1*** (*tra ruote dentate*) rapporto ***2*** (*di bicicletta*) ruota dentata ***3*** (*pop.*) moltiplicazione **CONTR.** divisione.

moltiplicàre ***A*** *v. tr.* ***1*** (*mat.*) **CFR.** dividere ***2*** accrescere, aumentare, ingrandire □ intensificare, sviluppare □ accentrare □ duplicare, triplicare, quadruplicare, centuplicare, ecc. **CONTR.** diminuire, calare, ridurre, scemare ***B*** **moltiplicarsi** *v. intr. pron.* ***1*** aumentare, accrescersi, ingrandirsi, intensificarsi **CONTR.** diminuire, calare, diradare, ridursi □ rallentare ***2*** riprodursi, proliferare, prolificare.

moltiplicazióne *s. f.* ***1*** (*mat.*) moltiplica □ prodotto **CFR.** divisione ***2*** accrescimento, aumento, incremento, intensificazione, propagazione, riproduzione, proliferazione □ duplicazione, triplicazione, ecc. **CONTR.** diminuzione, calo, riduzione.

moltìssimo *avv. sup. di* **molto**; tantissimo, oltremisura, oltremodo, sommamente, supremamente, maledettamente, un sacco, un mucchio, un mondo, a strafottere (*fam.*) **CONTR.** minimamente, pochissimo.

moltitùdine *s. f.* ***1*** grande quantità, grande numero, massa, infinità, mare, ammasso, alluvione (*fig.*), mucchio, pioggia, selva, stormo, torrente, montagna, valanga, nugolo **CONTR.** esiguità, scarsità ***2*** (*di persone*) folla, ressa, fiumana, carnaio, coorte, falange, formicaio, gregge, legione, orda, miriade, torma, calca, turba, caterva, affollamento, assembramento, marea, sciame, schiera, stuolo, concorso, esercito, reggimento, tribù, pigia pigia. *V. anche* FOLLA

mólto ***A*** *avv.* assai, tanto, grandemente, abbondantemente, considerevolmente, copiosamente, estremamente, immensamente, notevolmente, profondamente, ragguardevolmente, sensibilmente, altamente, terribilmente □ densamente, vivamente, gravemente **CONTR.** poco, leggermente, scarsamente, modestamente ***B*** *agg. indef.* ***1*** numeroso, parecchio, in grande quantità, copioso **CONTR.** poco, niente ***2*** grande, notevole **CONTR.** piccolo ***3*** (*rafforzativo*) marcio, morto, sodo, davvero, davanzo ***C*** *s. m.* ***1*** gran quantità, parecchio **CONTR.** poco ***2*** (*al pl.*) molte persone, tanti, centinaia, migliaia, moltitudine □ svariati, vari **CONTR.** pochi.

momentaneaménte *avv.* adesso, in questo momento, al momento, temporaneamente, per ora **CONTR.** in passato, una volta, allora □ in futuro, più avanti □ sempre □ mai.

momentàneo *agg.* passeggero, transitorio, labile, caduco, fugace, effimero, breve, istantaneo □ temporaneo, provvisorio, precario, contingente **CONTR.** saldo, durevole, costante, invariabile □ stabile, duraturo, fisso □ continuativo, perenne. *V. anche* FUGACE

moménto *s. m.* ***1*** attimo, istante, minuto, secondo, lampo, baleno, battibaleno, batter d'occhio, punto, respiro ***2*** circostanza, occasione, congiuntura, situazione □ opportunità □ periodo, tappa, fase, stadio, epoca □ ora, tempo □ (*est.*) luogo **FRAS.** *per il momento*, per ora □ *sul momento*, lì per lì, immediatamente □ *dal momento che*, dato che.

mònaca *s. f.* religiosa, suora, sorella, sposa del Signore □ vergine.

monacàle *agg.* ***1*** monastico, claustrale, conventuale □ cenobitico **CONTR.** laicale, secolare, mondano ***2*** (*fig.*) austero, semplice, severo, rigoroso □ virginale **CONTR.** corrivo, indulgente. *V. anche* SEVERO

monachìna (1) *s. f.* ***1*** *dim. di* **monaca** ***2*** (*spec. al pl.*) (*fig.*) (*di fuoco*) favilla, scintilla.

monachìna (2) *s. f.* (*zool.*) avocetta.

mònaco (1) *s. m.* religioso, frate, fratello, padre □ eremita □ cenobita.

mònaco (2) *s. m.* scaldaletto.

monàrca *s. m.* sovrano, re, principe, sire (*ant.*), imperatore, zar (in Russia), kaiser (in Germania), negus (in Etiopia), Gran Khan (in Mongolia), Gran Mogol (in Mongolia e in India), regnante. *V. anche* SOVRANO

monarchìa *s. f.* regno, impero, principato, trono (*fig.*), corona (*fig.*) **CFR.** repubblica, diarchia, triarchia, poliarchia.

monastèro *s. m.* convento, chiostro, ritiro, abbazia, badia, cenobio, certosa, comunità, eremo □ (*est.*) casa.

monàstico *agg.* ***1*** conventuale, monacale, claustrale, cenobitico **CONTR.** secolare ***2*** (*est.*) (*di vita, di abbigliamento, ecc.*) austero, semplice, disadorno **CONTR.** ornato, sfarzoso.

moncherìno *s. m.* moncone, troncone, braccio monco, gamba monca.

mónco *agg.* **1** (*di arto*) mozzato, troncato, mutilato **2** (*di persona*) storpio, minorato **CONTR.** intero, integro **3** (*fig.*) (*di notizia, di scritto, ecc.*) incompleto, insufficiente, carente □ poco convincente **CONTR.** completo, esauriente.

moncóne *s. m.* **1** (*di arto*) moncherino, troncone, braccio monco, gamba monca **2** (*di cosa*) resto, avanzo, mozzicone.

mondanità *s. f.* **1** futilità, vanità, frivolezza, spensieratezza □ mondo, secolo **CONTR.** serietà, severità **2** divertimento, spasso **CONTR.** penitenza, mortificazione **3** bel mondo, vita mondana **CONTR.** vita ritirata, vita claustrale □ ascetismo.

mondàno *agg.* **1** del mondo, terreno, terrestre, temporale, secolare, umano **CONTR.** celeste, divino, sacro, spirituale **2** (*di vita, di ambiente, ecc.*) frivolo, futile, caduco, profano, salottiero □ (*di persona*) gaudente, vitaiolo (*scherz.*), play-boy (*ingl.*) **CONTR.** austero, severo.

mondàre **A** *v. tr.* **1** (*di patata, di frutta, di cereali, ecc.*) sbucciare, pelare, pilare, spulare **2** (*di cosa*) nettare, ripulire, pulire, purgare, lavare, sbrattare, tergere, detergere, astergere **CONTR.** insozzare, lordare, sporcare, macchiare **3** (*fig., raro*) (*di persona*) purificare, riscattare, redimere **CONTR.** corrompere, depravare, viziare, contaminare **B** **mondarsi** *v. rifl.* (*fig., lett.*) purificarsi, purgarsi, redimersi, farsi puro **CONTR.** corrompersi. *V. anche* PULIRE

mondàto *part. pass. di* **mondare**; *anche agg.* pilato, purgato, pulito.

mondezzàio *s. m.* **1** ammasso di sudiciume, letamaio □ concimaia, sterquilinio (*lett.*), immondezzaio **2** (*fig.*) ambiente corrotto, luogo turpe.

mondiàle *agg.* **1** del mondo □ universale □ (*relig.*) ecumenico **2** (*fig., fam.*) (*di trovata, di impresa, ecc.*) eccezionale, meraviglioso, straordinario **CONTR.** mediocre, modesto, ordinario.

móndo (1) *agg.* **1** (*di cereale, di frutto, ecc.*) sbucciato, sgusciato, scortecciato **2** (*di cosa*) nettato, netto, nitido, pulito, ripulito, terso, lavato **CONTR.** sporco, lercio, lurido, insozzato, sudicio, sozzo **3** (*fig.*) (*di persona*) immacolato, puro, innocente **CONTR.** immondo, impuro, laido.

móndo (2) *s. m.* **1** cosmo, universo, creato, creazione □ realtà **2** astro, corpo celeste □ pianeta **3** Terra, globo, globo terrestre, globo terracqueo **4** (*est.*) regione, territorio, plaga, zona □ continente **5** consorzio umano, genere umano, uomini, umanità, società **6** civiltà **7** ambiente, ambito **8** sfera di idee **9** (*est.*) vita frivola, vita spensierata, mondanità, bel mondo **CONTR.** vita ritirata, clausura **10** (*fam.*) gran quantità, molto, moltissimo **CONTR.** poco **FRAS.** *vivere nel mondo della luna* (*fig.*), essere distratto; essere fuori dalla realtà □ *l'altro mondo*, l'aldilà □ *cose dell'altro mondo* (*fig.*), cose incredibili □ *venire al mondo*, nascere.

monellerìa *s. f.* birichinata, birbonata, marachella, bricconata, ragazzata, bambinata □ scherzo.

monèllo *s. m.* **1** ragazzo di strada, discolo, ragazzo insolente □ ragazzaccio, teppista **2** (*est.*) ragazzo vivace, ragazzo irrequieto, birichino, bricconcello, furfantello, birba, birbone, birbante, scugnizzo.

monéta *s. f.* **1** denaro, valuta, soldi, lira, palanca, baiocco □ spiccioli □ divisa □ metallo coniato, carta moneta, banconota, biglietto di banca **2** denaro spicciolo **FRAS.** *moneta sonante*, contanti.

monetàrio *agg.* valutario.

monetizzàre *v. tr.* monetare (*raro*), trasformare in contante.

mongolfièra [dal n. dei fratelli *Montgolfier* che la inventarono nel 1782] *s. f.* pallone aerostatico, aerostato.

mongolìsmo [dall'aspetto di *mongolo* assunto da chi è affetto da questa anomalia] *s. m.* (*med.*) sindrome di Down.

mongolòide *agg.*; *anche s. m. e f.* affetto da mongolismo, down (*ingl.*).

monile *s. m.* collana, vezzo □ (*est.*) gioiello.

mònito *s. m.* avvertimento, avviso, ammonimento, ammonizione, rimprovero, memento (*lett.*) □ esempio □ esortazione, consiglio **CONTR.** lode, elogio.

monitor /*ingl.* 'mɔnitə/ *s. m. inv.* **1** schermo, visore, display (*ingl.*) **2** apparecchio di segnalazione, apparecchio di controllo **3** (*elab., est.*) video, videoterminale.

monocameràle *agg.* (*polit.*) unicamerale **CFR.** bicamerale.

monocellulàre *agg.* unicellulare **CONTR.** pluricellulare, multicellulare.

monoclìno *agg.* (*in botanica*) bisessuale, bisessuato, ermafrodito **CONTR.** unisessuale, unisessuato.

monocolóre **A** *agg. inv.* **1** di un solo colore, monocromo, monocromatico **CFR.** bicolore, tricolore, policromo, variopinto, multicolore **2** (*polit.*) di un solo partito **CFR.** bipartito, tripartito, quadripartito, pentapartito **B** *s. m.* governo di un solo partito **CFR.** governo di coalizione, bipartito, tripartito, quadripartito, pentapartito.

monoètnico *agg.* monorazziale **CONTR.** multietnico, multirazziale, plurietnico, internazionale, cosmopolita.

monofamiliàre *agg.* unifamiliare **CONTR.** plurifamiliare, multifamiliare.

monografìa *s. f.* saggio, trattato, trattatello, dissertazione, trattazione, studio.

monogràmma *s. m.* cifra, sigla, iniziale. *V. anche* SIGLA

monokini [da *bikini*, in cui la prima parte è stata interpretata come *bi-* 'due' e quindi mutata in *mono* 'solo, unico'] *s. m. inv.* topless (*ingl.*), slip (*ingl.*), tanga **CONTR.** duepezzi.

monolìtico *agg.* **1** di un solo blocco **2** (*fig.*) (*di opposizione, di sciopero, ecc.*) compatto, unitario, unanime □ imperturbabile **CONTR.** discorde, dissenziente.

monolìto *s. m.* pietra, blocco roccioso □ guglia rocciosa.

monòlogo *s. m.* soliloquio **CONTR.** dialogo, colloquio □ conversazione.

monopartitìsmo *s. m.* (*est.*) dittatura, regime **CONTR.** pluripartitismo, democrazia.

monopètalo *agg.* (*bot.*) gamopetalo **CONTR.** dialipetalo, coripetalo.

monopòlio *s. m.* ***1*** privativa, esclusiva □ monopolizzazione □ appalto □ trust (*ingl.*) **CONTR.** libera vendita, concorrenza ***2*** (*fig.*) privilegio, prerogativa.

monopolizzàre *v. tr.* ***1*** avere il monopolio □ (*est.*) incettare, accaparrare **CONTR.** liberalizzare ***2*** (*fig.*) egemonizzare, accentrare su di sé, volere per sé solo, riservarsi.

monorazziàle *agg.* monoetnico **CONTR.** multietnico, plurietnico, internazionale, cosmopolita.

monotonìa *s. f.* uniformità, unicità, noiosità, noia □ grigiore, opacità, piattezza **CFR.** conformismo, trantran □ (*est.*) solfa, musica, canzone **CONTR.** varietà, molteplicità, diversità □ vivacità.

monòtono *agg.* uniforme, monocorde, ripetitivo, sempre uguale, privo di varietà □ grigio, incolore, opaco, piatto □ noioso **CONTR.** vario, molteplice, diverso, interessante, brioso, fantasioso.

mónta *s. f.* (*di animali*) accoppiamento.

montàggio *s. m.* montatura, collegamento, assemblaggio, installazione, imbastitura **CONTR.** smontaggio.

montàgna *s. f.* ***1*** monte, massiccio, rilievo □ catena di monti, giogaia, sierra **CONTR.** pianura, piana, piano ***2*** zona montuosa, regione montuosa, paese montuoso ***3*** (*fig.*) (*di cose*) ammasso, massa, mucchio, grande quantità **CONTR.** esiguità, scarsezza.

montanàro ***A*** *agg.* di montagna, montano, montanino (*tosc.*), alpestre ***B*** *s. m.* alpigiano **CFR.** valligiano, pianigiano.

montàno *agg.* montanino (*tosc.*), montanaro, della montagna, alpestre, alpino **CFR.** di pianura, di valle, vallivo.

montànte *s. m.* ***1*** (*di carrozza*) montatoio, predellino ***2*** (*nel calcio*) palo verticale (della porta) ***3*** (*pugilato*) uppercut (*ingl.*).

montàre ***A*** *v. intr.* ***1*** salire, andare su, ascendere **CONTR.** scendere, discendere, venir giù □ sbarcare □ smontare ***2*** (*ass.*) andare a cavallo ***3*** (*di prezzo, di rabbia, ecc.*) crescere, aumentare, accrescersi, alzarsi **CONTR.** calare, decrescere, diminuire ***B*** *v. tr.* ***1*** salire □ (*di cavallo*) inforcare, cavalcare ***2*** (*di congegno*) mettere insieme, assemblare, comporre □ installare ***3*** (*di ambiente*) allestire, ammobiliare □ (*est.*) sistemare **CONTR.** smontare ***4*** (*spec. fig.*) (*di notizia, di fatto, ecc.*) gonfiare, pompare (*fam.*), ingigantire, esagerare □ imbastire **CONTR.** sgonfiare, smontare □ minimizzare, ridimensionare ***5*** (*di animale*) coprire, fecondare ***6*** (*di pietra preziosa*) incastonare, incassare ***7*** (*di pellicola*) eseguire il montaggio ***C*** **montarsi** *v. intr. pron.* agitarsi, eccitarsi, esaltarsi, insuperbire **CONTR.** smontarsi, inchinarsi, strisciare **FRAS.** *montare in collera, montare in bestia*, arrabbiarsi □ *montarsi la testa* (*fig.*), esaltarsi; agitarsi.

montàto *part. pass. di* **montare**; *anche agg.* ***1*** salito, asceso **CONTR.** disceso ***2*** (*di notizia, di fatto, ecc.*) gonfiato, ingigantito □ montato ***3*** (*di personaggio*) caricato, pompato (*fam.*), gasato ***4*** (*di congegno, di struttura*) installato, allestito **CONTR.** smontato ***5*** (*di pietra preziosa*) incastonato, incassato **CONTR.** sciolto.

montatùra *s. f.* ***1*** montaggio, incastonatura, allestimento **CONTR.** smontaggio ***2*** (*di occhiali, di quadri, ecc.*) telaio, intelaiatura, supporto, struttura, cornice ***3*** (*fig.*) (*di notizia, di stampa, ecc.*) esagerazione, messinscena, gonfiatura **CONTR.** attenuazione, minimizzazione ***4*** (*di abito*) guarnizione.

mónte *s. m.* ***1*** montagna, altura, alpe, poggio, colle, collina, contrafforte, giogo, giogaia, catena, massiccio, montuosità □ cima, vetta **CONTR.** pianura, piana, piano, bassopiano, valle, vallata ***2*** (*fig.*) grande quantità, mucchio, massa, ammassamento, ammasso, caterva, acervo (*lett.*) **CONTR.** esiguità, scarsezza ***3*** banca, istituto di credito, banco, cassa **FRAS.** *a monte*, verso la sommità; (*fig.*) all'inizio □ *mandare a monte* (*fig.*), far fallire □ *andare a monte* (*fig.*), fallire □ *monte di pietà*, monte dei pegni.

monticèllo *s. m. dim. di* **monte**; altura, poggio, collina, colle, clivo (*lett.*).

montóne *s. m.* ariete, capro, caprone.

montuóso *agg.* montagnoso □ fatto di monti **CONTR.** pianeggiante, piano, piatto.

monumentàle *agg.* ***1*** di monumento ***2*** (*est.*) grandioso, imponente, magnifico, splendido, solenne, colossale, faraonico **CONTR.** meschino, misero, piccolo ***3*** (*di zona*) ricco di monumenti. *V. anche* GRANDE

monuménto *s. m.* ***1*** opera architettonica □ obelisco, colonna, arco trionfale □ statua, busto, scultura □ sarcofago, mausoleo, sepolcro, tomba □ tempio, chiesa □ teatro, palazzo ***2*** (*fig.*) testimonianza, documento □ memoria, ricordo.

moog /*ingl.* mu:g/ [dal n. dell'ingegnere americano R. A. *Moog*, che lo inventò] *s. m. inv.* (*est.*) sintetizzatore.

moquette /*fr.* mɔ'kɛt/ *s. f. inv.* (*di pavimento*) rivestimento di stoffa.

moràle ***A*** *agg.* ***1*** (*di cosa*) etico, spirituale, interiore □ simbolico, astratto **CONTR.** materiale, corporeo, fisico, sensibile □ concreto, effettivo ***2*** (*di persona, di azione, ecc.*) onesto, buono, giusto, retto, probo, virtuoso, castigato, intemerato, continente, casto, decente **CONTR.** immorale, amorale, disonesto, licenzioso, impudico, turpe, vizioso ***B*** *s. f.* ***1*** (*filos.*) etica, ethos, eticità □ moralità **CFR.** deontologia ***2*** condotta, costume, consuetudine, principio, precetto, educazione ***3*** (*di favola, di discorso, ecc.*) ammaestramento, insegnamento, senso allegorico **CONTR.** lettera, senso letterale ***C*** *s. m.* condizione psicologica, animo, umore **FRAS.** *schiaffo morale*, bruciante umiliazione.

MORALE

sinonimia strutturata

L'accezione principale della parola **morale** è quella di complesso di consuetudini e norme che, secondo la propria natura e volontà, una persona o un gruppo di persone scelgono e seguono nella vita pubblica e privata, in un'attività, e simili. Così si parla di *morale individuale* o *collettiva,* di *uomo senza morale*; di *giudizio, precetto, massima morale*; il *senso morale* è la percezione intuitiva di ciò che è bene o male; la *coscienza morale* è la consapevolezza del significato etico delle proprie azioni; la *responsabilità morale* è invece collegata agli effetti del nostro comportamento pratico, di cui rispondiamo direttamente. Morale significa anche che qualcosa è conforme ai principi di ciò che è ritenuto **buono** e **giusto** da un singolo individuo o da una collettività: per esempio *un libro, un discorso morale*, che è **castigato**, non licenzioso: *spettacolo morale* o **onesto**, **retto**: *è una persona morale*. L'attuazione pratica delle norme morali viene detta moralità: *moralità pubblica, frivola*. Un altro termine per indicare l'insieme delle norme di condotta pubblica e privata è **etica**: *un'etica severa*; *la mia etica professionale*; *l'etica cristiana*. Il complesso dei doveri inerenti a particolari categorie specialmente professionali viene detto **deontologia**: *non poter contravvenire alla propria deontologia professionale*; *deontologia medica*.

Questi termini hanno anche un preciso significato nel linguaggio filosofico. La morale è quella parte della filosofia che studia i problemi relativi alla condotta dell'uomo. L'etica è lo studio della determinazione della condotta umana e della ricerca dei mezzi atti a concretizzarla. Caratteristica, condizione di ciò che è etico è l'eticità. Nella filosofia hegeliana, questa parola indica la realizzazione del diritto e della moralità in istituzioni storiche quali la famiglia, la società, lo Stato. Nella filosofia di J. Bentham la deontologia è una concezione morale che si propone di ricercare il piacere e di fuggire il dolore.

Consuetudine, **costume** e **condotta** sono tre termini che indicano il modo di comportarsi, di vivere di un determinato popolo, luogo, tempo, oppure le usanze: *secondo la consuetudine*; *le antiche consuetudini del luogo*; *persona di cattivi costumi*; *ha sempre avuto una chiara linea di condotta*.

Un **principio** è un'idea originaria, un criterio dal quale deriva un sistema di idee o sul quale si basano gli elementi di una speculazione: *il principio di Archimede*; *partire da un principio giusto*. È anche una massima, una norma generale scaturita dal ragionamento e che informa tutta la pratica: *ognuno ha i suoi princìpi*; *un uomo dai saldi principi morali*. Una *questione di principio* è una questione che tocca le convinzioni più profonde e (per estensione) designa anche ciò che risulta vitale, fondamentale: *finire quel lavoro è diventata una questione di principio*. Un **precetto** è una regola di condotta stabilita da una norma, da una morale codificata, da un codice particolare di comportamento: *vivere secondo i precetti cristiani*. L'**educazione** è la formazione intellettuale e morale attuata sulla base di determinati principi: *dare, impartire, ricevere una buona educazione*; *educazione rigida, severa*; *educazione civile* è quella condotta particolare di comportamento civile che agisce nel rispetto dei doveri e nell'esercizio dei diritti; *l'educazione religiosa*, invece, si esplica nella conoscenza e nella pratica delle norme religiose che possono incidere durevolmente sul carattere di una persona: *ha avuto da adolescente una severa educazione religiosa*.

Si consideri, infine, che morale ha anche il significato di **insegnamento** che si può trarre da un discorso, da un racconto, da una favola; in particolare con l'espressione *morale della favola* si può indicare in senso figurato la conclusione sintetica di un avvenimento descritto nel suo articolarsi o riassunto a grandi linee: *morale della favola, mi sono trovato senza posto di lavoro*.

moraleggiànte *part. pres. di* **moraleggiare**; *anche agg.* moralistico, gnomico (*lett.*) □ rigido, austero □ didattico, educativo **CONTR.** lassista, indulgente.

moralìsmo *s. m.* rigidità morale, integralismo □ (*est.*) puritanesimo, pruderie (*fr.*) **CONTR.** lassismo, indulgenza.

moralìsta *s. m. e f.* integralista, rigido, austero, puritano **CONTR.** lassista, indulgente.

moralìstico *agg.* moraleggiante, integralistico, rigido, austero **CONTR.** lassista, indulgente.

moralità *s. f.* ***1*** senso morale □ comportamento morale, dirittura, onestà, rettitudine, integrità, probità, costumatezza, buon costume, castigatezza, castimonia (*lett.*) □ etica, eticità □ deontologia **CONTR.** immoralità, amoralità, disonestà, corruzione, malcostume, depravazione □ licenziosità, scostumatezza ***2*** (*di un discorso, di una favola, ecc.*) morale, ammaestramento, insegnamento.

moralizzàre *v. tr.* rendere morale, rendere onesto □ ripulire **CONTR.** corrompere, depravare, guastare, viziare.

moralizzatóre *s. m.; anche agg.* (*f. -trice*) (*est.*) educatore □ censore **CONTR.** corruttore, pervertitore.

moralménte *avv.* ***1*** onestamente, rettamente □ sanamente □ eticamente □ castamente, virtuosamente **CONTR.** immoralmente, disonestamente, turpemente, illecitamente, licenziosamente ***2*** sotto l'aspetto morale.

moratòria *s. f.* dilazione, differimento, proroga, sospensiva, sospensione **CONTR.** intimazione.

morbidaménte *avv.* dolcemente, delicatamente, con morbidezza, flessuosamente, vaporosamente (*est.*) **CONTR.** aspramente, duramente, ruvidamente.

morbidézza *s. f.* tenerezza, delicatezza □ morbido, mollezza □ levigatezza, sofficità **CONTR.** durezza, asprezza, ruvidezza, ruvidità, scabrosità, legnosità.

mòrbido ***A*** *agg.* ***1*** tenero, soffice, molle, pastoso, cedevole **CONTR.** duro, sodo, consistente, resistente ***2*** dolce, liscio, levigato, delicato, vellutato, serico, piumoso □ felpato **CONTR.** duro, aspro, ruvido, scabroso, legnoso, coriaceo ***3*** leggero, sfumato □ vaporoso **CONTR.** intenso, vivo, vivace, carico, accentuato ***4*** (*fig.*) docile, affabile, arrendevole, condiscendente, duttile, malleabile, elastico **CONTR.** inflessibile, rigido, irremovibile, sostenuto ***B*** *s. m. solo sing.* morbidezza, cosa morbida **CONTR.** duro.

mòrbo *s. m.* ***1*** malattia, epidemia, contagio □ peste ***2*** (*fig.*) malanno, male □ piaga, bubbone. *V. anche* MALATTIA

morbosaménte *avv.* eccessivamente, esageratamente, fanaticamente □ patologicamente **CONTR.** moderatamente, modicamente, poco.

morbosità *s. f.* **1** (*lett.*) malattia, infermità **2** (*fig.*) fanatismo, eccessivo attaccamento □ anomalia **CONTR.** indifferenza, disinteresse, freddezza. *V. anche* FANATISMO

morbóso *agg.* **1** (*med.*) di morbo **2** (*est.*) anormale, patologico □ eccessivo, esagerato, sconsiderato **CONTR.** moderato, modico, scarso.

mordàce *agg.* **1** (*di cane*) che morde **2** (*fig.*) (*di parola, di persona, ecc.*) aspro, caustico, pungente, acre □ satirico, ironico, epigrammatico □ maledico (*lett.*), velenoso, maldicente, maligno **CONTR.** benigno, bonario, mite, benevolo, indulgente.

mordènte ***A*** *part. pres. di* **mordere**; *anche agg.* (*est.*) aspro, acre, irritante, insopportabile **CONTR.** benigno, indulgente, mite ***B*** *s. m.* **1** fissatore, fissante **2** (*fig.*) (*di persona*) combattività, aggressività, grinta **CONTR.** remissività □ benignità, bonarietà □ mitezza **3** (*fig.*) (*di discorso, di pittura, ecc.*) forza, carattere, efficacia, incisività **CONTR.** inefficacia, inutilità.

mòrdere ***A*** *v. tr.* **1** addentare, morsicare, azzannare, dare morsi □ mordicchiare, brucare, masticare **2** (*est.*) stringere, fermare, serrare **CONTR.** allentare, allargare **3** (*di acido*) intaccare, corrodere, smangiare (*pop.*) **4** (*di insetto*) pungere, pinzare (*pop.*), beccare (*pop.*) **5** (*di pneumatico*) aderire, far presa ***B*** **mordersi** *v. rifl.* morsicarsi, addentarsi, azzannarsi **FRAS.** *mordersi le mani* (o *le dita*) (*fig.*), pentirsi.

mordicchiàre *v. tr.* mordere leggermente, mordere adagio **CONTR.** addentare, azzannare.

morènte *part. pres. di* **morire**; *anche agg.* e *s. m.* e *f.* moribondo, morituro (*lett.*) **CONTR.** nascente □ sorgente.

more uxorio /*lat.* 'mɔre uk'sɔrjo/ [loc. lat., letteralmente 'secondo il costume matrimoniale'] *loc. avv.* e *agg. inv.* come marito e moglie, maritalmente.

morfologìa *s. f.* (*di una parola, di organismi, ecc.*) studio della forma, studio della struttura.

morgue /*fr.* mɔrg/ [vc. fr., da *morguer* 'sfidare, affrontare (la morte)'] *s. f. inv.* obitorio, camera mortuaria.

morìa *s. f.* (*spec. di animali*) alta mortalità □ epidemia, pestilenza, contagio.

moribóndo *agg.*; *anche s. m.* **1** vicino a morte, morente, agonizzante, morituro (*lett.*), in fin di vita, al lumicino (*fig.*) **CONTR.** nascente, nascituro **2** (*est.*) ormai finito, vicino a spegnersi **CONTR.** incipiente, all'inizio.

morigeratézza *s. f.* onestà, irreprensibilità □ continenza, sobrietà, temperanza **CONTR.** corruttela (*raro*), corruzione, depravazione, pervertimento, incontinenza, dissolutezza, sregolatezza, sfrenatezza, vizio.

morigeràto *agg.* onesto, irreprensibile, puro, di buoni costumi □ continente, moderato, sobrio, temperante **CONTR.** corrotto, depravato, pervertito, vizioso, sregolato, incontinente, intemperante, dissoluto, scapestrato □ libertino.

morìre *v. intr.* **1** cessare di vivere, spirare, mancare, decedere, perire, trapassare, soccombere, crepare (*fam.*), schiattare (*fam.*), dipartirsi (*lett.*) □ uscire di vita, andare all'altro mondo, andare al Creatore, andare nel numero dei più, andare nel mondo di là, andarsene per sempre, passare a miglior vita, rendere l'anima a Dio, esalare l'ultimo respiro, mancare ai vivi, chiudere i propri giorni, chiudere gli occhi per sempre, mancare all'affetto dei propri cari, cedere al fato, finire di penare, finire di tribolare, tirare le cuoia (*fam.*), andare a Patrasso (*fig.*) **CFR.** risorgere, rivivere, sopravvivere, vivere **CONTR.** nascere, venire al mondo, venire alla luce, essere partorito **2** (*est.*) (*di fame, di rabbia, ecc.*) soffrire, patire, crepare (*fig., fam.*) **3** (*fig.*) (*di giorno, di luce, di fuoco, ecc.*) finire, terminare, estinguersi, consumarsi, mancare, dileguarsi □ affievolirsi, smorzarsi, spegnersi **CONTR.** cominciare, iniziare, avere inizio, ridestarsi □ rinforzarsi, rinvigorirsi, riaccendersi.

mormoràre ***A*** *v. intr.* **1** (*di fronde, di acqua, ecc.*) mormoreggiare (*lett.*), frusciare, fremere, stormire □ gorgogliare, borbottare **CONTR.** rumoreggiare, strepitare **2** (*di persona*) bisbigliare, sussurrare, parlare sottovoce, parlottare sommessamente **CONTR.** gridare, sbraitare, urlare **3** borbottare, brontolare, lagnarsi, protestare □ sparlare, biasimare, denigrare, diffamare, parlare dietro le spalle **CONTR.** parlare in faccia, elogiare, esaltare, lodare ***B*** *v. tr.* dire a bassa voce, borbottare, balbettare **CONTR.** gridare, strillare, sgolarsi. *V. anche* PARLARE

mormorazióne *s. f.* mormoramento (*ant.*), denigrazione, diffamazione, calunnia, detrazione □ diceria, chiacchiere **CONTR.** elogio, encomio, esaltazione, lode, apologia.

mormorìo *s. m.* **1** (*di fronde, di acqua, ecc.*) rumorio, gorgoglio, fremito, fruscio, frascheggio (*tosc.*) **CONTR.** strepito, baccano, frastuono, fragore **2** (*di persona*) bisbiglio, sussurro □ brontolio, borbottio **CONTR.** grido, urlio, clamore.

mòro (**1**) *agg.*; *anche s. m.* (*est.*) (*di colore, di carnagione*) bruno **CONTR.** biondo. *V. anche* NERO

mòro (**2**) *s. m.* (*bot.*) gelso.

morosità *s. f.* ritardo, indugio **CONTR.** anticipo.

moróso (**1**) *agg.* ritardatario **CONTR.** in anticipo.

moróso (**2**) *s. m.* (*pop.*) innamorato, amoroso, ganzo (*tosc.*), ragazzo (*fam.*), fidanzato.

mòrsa *s. f.* **1** (*spec. al pl.*) (*di mattoni*) addentellato **2** (*fig.*) stretta □ oppressione, angoscia, tormento.

mòrso (**1**) *part. pass. di* **mordere**; *anche agg.* **1** addentato, azzannato, roso, morsicato **2** (*fig.*) (*dal dolore, dal rimorso, ecc.*) tormentato, turbato.

mòrso (**2**) *s. m.* **1** morsicatura **2** (*di insetto*) puntura **3** (*di cibo*) boccone, pezzetto **4** (*fig.*) (*di fame, di dolore, ecc.*) fitta □ oppressione, tormento **5** (*fig.*) (*di invidia, di morte, ecc.*) attacco, assalto, danno.

mortàle ***A*** *agg.* **1** letale, esiziale □ morituro (*lett.*), perituro (*lett.*) **CONTR.** immortale **2** umano, caduco, effimero, vano **CONTR.** duraturo, durevole □ imperituro (*lett.*), eterno □ saldo, stabile **3** (*di offesa, di lotta, ecc.*) micidiale, letale, dannosissimo, gravissimo, pericolosissimo □ (*di malattia*) incurabile, inguaribile **CONTR.** benefico, giovevole, innocuo, benigno, salutare, vantaggioso □ (*di peccato*) veniale ***4*** (*est.*) (*di noia, di giornata, ecc.*) insopportabile, micidiale, estremo ***5*** (*di odio, di ira, ecc.*) feroce, insanabile ***B*** *s. m. spec. al pl.* uomo **CONTR.** dio, divinità.

mortalità *s. f.* (*est.*) moria □ pestilenza, epidemia **CONTR.** natalità.

mortalménte *avv.* ***1*** in modo mortale, a morte □ gravissimamente **CONTR.** leggermente, lievemente ***2*** (*fig.*) sommamente, aspramente, insopportabilmente **CONTR.** moderatamente, poco.

mortarétto *s. m.* tric trac (*dial.*), castagnola, petardo.

mòrte *s. f.* ***1*** decesso, trapasso, dipartita, transito, sonno eterno, scomparsa **CONTR.** nascita, vita ***2*** pena capitale ***3*** fine, caduta, distruzione, rovina □ decadenza **CONTR.** rinascita, rinnovamento, rifiorimento, risurrezione □ (*relig., est.*) palingenesi **FRAS.** *questione di vita o di morte*, questione decisiva □ *avere la morte nel cuore*, essere profondamente addolorato □ *averla a morte con uno*, odiarlo profondamente.

mortificàre ***A*** *v. tr.* ***1*** (*di discorso, di azione, ecc.*) umiliare, avvilire □ svergognare □ ferire, offendere **CONTR.** esaltare, elogiare, glorificare, magnificare, onorare, inorgoglire ***2*** (*di istinto, di desiderio, ecc.*) reprimere, dominare, frenare, regolare, rintuzzare **CONTR.** sfrenare, liberare, dar libero sfogo ***B*** **mortificarsi** *v. rifl.* ***1*** punirsi □ umiliarsi **CONTR.** esaltarsi, elogiarsi ***2*** (*relig.*) fare penitenza ***C*** *v. intr. pron.* dispiacersi □ vergognarsi **CONTR.** godere □ vantarsi.

mortificàto *part. pass. di* **mortificare**; *anche agg.* avvilito, abbattuto, confuso, umiliato **CONTR.** rianimato, rinfrancato, esaltato, insuperbito.

mortificazióne *s. f.* ***1*** (*di persona*) umiliazione, avvilimento, pentimento, vergogna, senso di frustrazione □ costernazione **CONTR.** baldanza, orgoglio, sicurezza, spavalderia, vanto ***2*** (*di cosa*) repressione, costrizione, soffocamento □ astensione, rinuncia, privazione **CONTR.** sfogo, scatenamento □ godimento. *V. anche* RINUNCIA

mòrto ***A*** *part. pass. di* **morire**; *anche agg.* ***1*** defunto, deceduto, estinto, perito, spirato, trapassato, scomparso, crepato (*spec. spreg.*) □ stecchito **CONTR.** nato □ vivo, vivente □ redivivo, risorto □ sopravvissuto ***2*** (*est.*) inerte, atrofizzato, paralizzato **CONTR.** vitale, sano ***3*** (*di pianta*) appassito, secco **CONTR.** rigoglioso ***4*** (*fig.*) (*di ambiente*) inanimato, spento □ solitario, desolato **CONTR.** animato, vivace □ frequentato ***5*** (*fig.*) (*di tempo, di età*) passato, trascorso **CONTR.** presente, attuale ***6*** (*fig.*) (*di capitale, ecc.*) inutilizzabile, inattivo, improduttivo, inefficace, infruttifero **CONTR.** utilizzabile, efficace, produttivo, fruttifero ***7*** (*di lingua*) non più parlato, spento **CONTR.** parlato, vivo ***8*** (*come rafforzativo di agg.*) molto, assai **CONTR.** poco, per nulla ***B*** *s. m.* defunto, estinto, persona morta □ cadavere, salma, spoglia, corpo **CONTR.** vivo.

mortòrio *s. m.* ***1*** funerale, esequie, ufficio funebre ***2*** (*fig.*) festa spenta, manifestazione poco animata, noia.

mortuàrio *agg.* ***1*** funebre, funerario ***2*** (*est.*) lugubre, funereo, squallido, luttuoso **CONTR.** gaio, ridente, vivace.

mósca *s. f.* ***1*** (*fig.*) persona noiosa, persona insopportabile **CONTR.** persona divertente, persona piacevole ***2*** (*di barba*) pizzetto **FRAS.** *mosca bianca* (*fig.*), persona rarissima, cosa rarissima □ *saltare la mosca al naso* (*fig.*), incollerirsi.

moschétto *s. m.* fucile.

móscio *agg.* ***1*** (*di cosa*) flaccido, floscio, cascante, molle, mencio (*tosc.*) **CONTR.** duro, rigido, resistente ***2*** (*di pelle, di fiore, ecc.*) appassito, vizzo, avvizzito **CONTR.** fresco, fiorente, florido, sodo ***3*** (*fig.*) (*di persona*) abbattuto, depresso □ rassegnato **CONTR.** ardito, baldanzoso, spavaldo, sicuro di sé.

moscóne *s. m.* ***1*** *accr. di* **mosca** ***2*** (*fig.*) corteggiatore, spasimante ***3*** (*di imbarcazione*) pattino.

mòssa *s. f.* ***1*** movimento, moto, spostamento ***2*** atto, gesto, movenza □ comportamento ***3*** (*fig.*) azione, iniziativa, intervento, passo ***4*** (*di un pezzo nella dama, negli scacchi*) spostamento ***5*** (*fig.*) avvio, inizio, partenza **FRAS.** *prendere le mosse* (*fig.*), cominciare.

mòsso *part. pass. di* **muovere**; *anche agg.* ***1*** in movimento, scosso ***2*** (*di terreno*) arato, scavato □ accidentato ***3*** (*anche fig.*) (*di ritmo, di film, ecc.*) accelerato, veloce, agitato, animato, movimentato, vivace, vivo **CONTR.** fermo, inerte, immobile, statico □ fiacco, lento.

móstra *s. f.* ***1*** ostentazione, sfoggio, esibizione ***2*** finta, finzione, simulazione, apparenza, lustro ***3*** esposizione, fiera ***4*** (*di negozio*) vetrina, vetrinetta ***5*** (*di merce*) campione, saggio, esemplare ***6*** (*di bavero*) risvolto, mostrina ***7*** (*di orologio*) quadrante. *V. anche* AFFETTAZIONE

mostràre *v. tr.* ***1*** far vedere, esporre, sottoporre alla vista, mettere in mostra □ ostentare □ esibire **CONTR.** celare, occultare, nascondere, tener nascosto □ dissimulare, mascherare ***2*** indicare, additare □ rivelare □ insegnare ***3*** manifestare, dimostrare, palesare, rivelare, dichiarare □ rendere noto, far conoscere □ spiattellare, spifferare **CONTR.** tacere, nascondere, tener segreto ***4*** fingere, simulare, far finta, dare a intendere.

mostrìno *s. m.* ***1*** (*di negozio*) vetrina, vetrinetta ***2*** (*di orologio*) quadrante (dei secondi).

móstro *s. m.* ***1*** essere deforme, essere bruttissimo, essere anormale, essere strano ***2*** (*fig.*) persona repellente, persona ripugnante, persona tarata □ persona disumana, belva, bestia, bruto □ stupratore, violentatore ***3*** (*fig.*) (*di persona*) prodigio, portento, miracolo.

mostruosaménte *avv.* ***1*** orrendamente ***2*** bestialmente, crudelmente, ferocemente **CONTR.** umanamente, benignamente, benevolmente ***3*** enormemente, straordinariamente **CONTR.** moderatamente, poco.

mostruosità *s. f.* ***1*** anormalità, deformità □ bruttura, orrore **CONTR.** normalità □ bellezza ***2*** (*di azione*) brutalità, crudeltà, ferocia **CONTR.** umanità.

mostruóso *agg.* ***1*** anormale, deforme, orrendo, bruttissimo **CONTR.** normale □ bello, seducente ***2***

(*fig.*) enorme, smisurato, straordinario □ singolare, portentoso **CONTR.** modesto, meschino, piccolo ***3*** (*di persona, di azione*) bestiale, crudele, disumano, feroce **CONTR.** umano, benigno, indulgente, mite. *V. anche* CRUDELE, DEFORME

mòta *s. f.* fango, melma, belletta (*lett.*), fanghiglia.

motèl [amer., comp. di *mot(or)* 'automobile' e (*ho-*)*tel*] *s. m. inv.* albergo con parcheggio, autostello.

motivàre *v. tr.* ***1*** giustificare, rendere plausibile, spiegare, esporre **CONTR.** demotivare ***2*** causare, provocare, dare motivo **CONTR.** evitare, impedire ***3*** (*di persona*) incentivare, stimolare, spingere **CONTR.** demotivare, abbattere. *V. anche* SPINGERE

motivatamènte *avv.* a ragione, con giusto motivo, ragionando, razionalmente **CONTR.** senza motivo, irrazionalmente, vacuamente.

motivàto *part. pass. di* **motivare**; *anche agg.* ***1*** (*di cosa*) giustificato □ esposto, spiegato **CONTR.** immotivato, gratuito, ingiustificato ***2*** causato, provocato **CONTR.** evitato, impedito ***3*** (*di persona*) stimolato, incentivato **CONTR.** demotivato, privo di motivazioni.

motivazióne *s. f.* causa, motivo □ giustificazione, spiegazione. *V. anche* CAUSA

motivo *s. m.* ***1*** ragione, causa, cagione, motivazione □ impulso, stimolo, movente, occasione **CONTR.** effetto, conseguenza ***2*** (*mus.*) aria, melodia ***3*** (*est.*) tema, tematica, leitmotiv (*ted.*), argomento principale, filo conduttore. *V. anche* CAUSA, RAGIONE

mòto (1) *s. m.* ***1*** movimento, spostamento **CONTR.** immobilità, quiete, staticità ***2*** il camminare, camminata, passeggiata **CONTR.** sedentarietà ***3*** atto, gesto, mossa, movenza ***4*** (*di animo*) impulso, impeto, slancio □ sentimento, commozione ***5*** tumulto popolare, sommossa, insurrezione.

mòto (2) *s. f. inv. acrt.* (*fam.*) *di* **motocicletta**; motociclo, motore (*region.*).

motobàrca *s. f.* barca a motore, motoscafo, motorboat (*ingl.*).

motocàrro *s. m.* motofurgone.

motocarrozzétta *s. f.* sidecar (*ingl.*).

motociclétta *s. f.* motociclo, moto (*fam.*), motore (*region.*).

motociclìsta *s. m. e f.* centauro (*fig.*).

motocìclo *s. m.* motocicletta, motoleggera, motoretta, vespa, lambretta, motorscooter (*ingl.*), scooter (*ingl.*), motoscuter, scuter.

motofurgóne *s. m.* furgone a motore, motocarro.

motoleggèra *s. f.* motorino, ciclomotore, vespa, lambretta, motociclo, motorscooter (*ingl.*), scooter (*ingl.*), motoscuter, scuter.

motorboat /*ingl.* 'moutə'bout/ [vc. ingl., comp. di *motor* 'motore' e *boat* 'barca'] *s. m. inv.* motobarca, motoscafo.

motorcaravan /*ingl.* 'moutəkærə'væn/ [vc. ingl., comp. di *motor* 'motore' e *caravan* 'caravan'] *s. m. inv.* autocaravan.

motóre ***A*** *agg.* (*f. -trice*) che muove, che fa muovere ***B*** *s. m.* ***1*** (*filos.*) causa prima ***2*** (*fig.*) causa, movente, origine □ stimolo, impulso ***3*** propulsore □ motrice, apparato motore ***4*** (*region.*) motocicletta, moto (*fam.*).

motorétta *s. f.* motoleggera, motorino, motociclo, motorscooter (*ingl.*), motoscuter, scooter (*ingl.*), scuter.

motorìno *s. m.* ***1*** *dim. di* **motore** ***2*** (*fam.*) ciclomotore, motoleggera, motociclo, motorscooter (*ingl.*), motoscuter, scooter (*ingl.*), scuter.

motorizzàre ***A*** *v. tr.* fornire di motore □ provvedere di veicolo a motore ***B*** **motorizzarsi** *v. rifl.* (*fam.*) fornirsi di veicolo a motore □ meccanizzarsi.

motorscooter /*ingl.* 'moutə'sku:tə/ [vc. ingl., comp. di *motor* 'motore' e *scooter* 'monopattino', da *to scoot* 'correre'] *s. m. inv.* motoscuter, scooter (*ingl.*), scuter, motoretta, motoleggera □ lambretta, vespa.

motrìce *s. f.* locomotore, locomotiva, automotrice.

motteggiàre ***A*** *v. intr.* dire battute spiritose, scherzare, ironizzare ***B*** *v. tr.* schernire, beffare, burlare, canzonare, deridere, prendere in giro, prendere per il bavero, prendere per i fondelli (*fam.*) □ pungere, punzecchiare **CONTR.** complimentare, elogiare, esaltare, lodare, ossequiare.

mottéggio *s. m.* ***1*** scherzo, facezia, arguzia, barzelletta, frizzo, battuta di spirito □ piacevolezza ***2*** scherno, derisione, irrisione □ frecciata, punzecchiatura **CONTR.** complimento, elogio, esaltazione, lode.

mòtto *s. m.* ***1*** detto sentenzioso, sentenza, massima, aforisma ***2*** arguzia, facezia, frizzo, barzelletta, battuta, freddura ***3*** (*lett.*) parola. *V. anche* MASSIMA, PROVERBIO

movènte *part. pres. di* **muovere**; *anche agg. e s. m.* motivo, ragione, causa □ stimolo, impulso, spinta **CONTR.** effetto, conseguenza, frutto (*fig.*). *V. anche* CAUSA, RAGIONE

movìbile *agg.* mobile, amovibile, spostabile □ asportabile **CONTR.** inamovibile, immobile, fisso, intrasportabile.

movimentàre *v. tr.* agitare, animare, vivacizzare **CONTR.** calmare, smorzare.

movimentàto *part. pass. di* **movimentare**; *anche agg.* agitato, mosso □ animato, vivace □ chiassoso **CONTR.** calmo, tranquillo □ silenzioso.

moviménto *s. m.* ***1*** spostamento, mossa, moto □ scatto, guizzo, scossa **CONTR.** fissità, immobilità ***2*** atto, gesto, atteggiamento, movenza □ andatura ***3*** (*mil.*) manovra, evoluzione ***4*** animazione □ agitazione □ folla, gente □ viavai, traffico **CONTR.** calma, quiete ***5*** (*di denaro, di affari*) giro, passaggio, entrata e uscita ***6*** (*di cultura, di politica, ecc.*) corrente, scuola □ tendenza, organizzazione ***7*** (*lett.*) sentimento, stato d'animo.

mozzafiàto *agg. inv.* ***1*** (*fam.*) impressionante, spaventoso ***2*** che lascia a bocca aperta, meraviglioso, eccezionale, emozionante, sconvolgente.

mozzàre *v. tr.* troncare, recidere, tagliare □ amputare, mutilare. *V. anche* TAGLIARE

mozzarèlla *s. f.* fiordilatte.

mozzicóne *s. m.* avanzo □ cicca.

mózzo *agg.* ***1*** troncato, reciso, mozzato □ amputato, mutilato **CONTR.** intero, integro ***2*** (*di fiato, respiro,* *ecc.*) corto, ansante, ansimante **3** (*di parole*) tronco, breve.

mùcchio s. m. **1** ammasso, massa, catasta, cumulo, acervo (*lett.*), congerie, monte, agglomerato, fascio **2** (*est., fig., fam.*) grande quantità, grande numero, moltissimo, moltitudine, sacco, fracco (*dial.*), fracasso (*fam.*) **CONTR.** scarsa quantità, piccolo numero, insufficienza.

mùco s. m. catarro □ mucosità, moccio.

mucosità s. f. vischiosità, viscosità.

mùffa s. f. (*di vino*) fiore, fioretta **FRAS.** *fare la muffa* (*fig.*), ammuffire, intristire; rimanere inattivo.

mugghiàre v. intr. **1** (*di animale*) muggire □ bramire **2** (*est.*) (*di persona*) lamentarsi forte, gridare **3** (*fig.*) (*di mare, di vento*) rumoreggiare cupamente, rombare, rimbombare.

muggire v. intr. **1** (*di animale*) emettere muggiti, mugghiare, mugliare (*lett.*) **2** (*fig., lett.*) (*di mare, di vento*) rumoreggiare, risuonare, rimbombare.

muggìto s. m. **1** (*di animale*) mugghio, muglio (*tosc.*) **2** (*fig., lett.*) (*di mare, di vento*) urlo, boato, rimbombo, rombo.

mugolàre **A** v. intr. **1** (*di cane*) emettere mugolii, guaire **CFR.** abbaiare, latrare **2** (*est.*) (*di animale*) muggire, ruggire, belare **3** (*est.*) (*di persona*) lamentarsi **B** v. tr. mormorare, borbottare.

mugolìo s. m. uggiolio □ (*est.*) gemito, piagnucolio.

mugugnàre v. intr. (*dial.*) brontolare, borbottare.

mugùgno s. m. (*dial.*) brontolio, brontolamento.

mujaheddin /ar. mu(d)ʒahed'din/ o **mujahiddin** /ar. mu(d)ʒahid'din/, **mujahedin** [vc. ar., pl. di *mujāhīd* 'combattente (per la fede)'] s. m. pl. guerriglieri islamici.

mulàtto s. m.; anche agg. **CFR.** creolo, meticcio, mezzosangue.

mulétto s. m. **1** (*gerg.*) (*nelle corse automobilistiche*) macchina di riserva **2** (*fam.*) elevatore.

mulìebre o (*raro*) **mulièbre** agg. femminile, femmineo, donnesco, di donna **CONTR.** maschile, virile, maschio, mascolino.

mulinàre **A** v. tr. **1** (*raro*) (*di cosa*) roteare, girare **2** (*fig.*) (*di progetto, di idee, ecc.*) architettare, macchinare, vagheggiare □ fantasticare **B** v. intr. **1** far mulinello, girare in tondo, vorticare **2** (*fig.*) (*di idee, di pensieri, ecc.*) agitarsi, frullare, turbinare.

mulinèllo s. m. **1** vortice, gorgo □ turbina **2** (*est.*) rotazione, roteazione **3** argano **4** (*aer.*) tonneau (*fr.*).

mulìno s. m. **FRAS.** *tirare l'acqua al proprio mulino* (*fig.*), fare il proprio interesse □ *lottare con i mulini a vento* (*fig.*), lottare contro nemici inesistenti; accingersi a un'impresa inutile.

mùlo s. m. (*fig.*) (*di persona*) ostinato, cocciuto, testardo, testone.

mùlta s. f. pena pecuniaria □ (*est.*) ammenda, contravvenzione, sanzione.

multicellulàre agg. pluricellulare **CONTR.** unicellulare, monocellulare.

multicolóre agg. variopinto, policromo, di molti colori **CONTR.** monocromo.

multidisciplinàre agg. pluridisciplinare **CONTR.** unidisciplinare, monodisciplinare.

multiètnico agg. multirazziale, plurietnico □ internazionale, cosmopolita **CONTR.** monoetnico.

multifórme agg. **1** di varie forme, di diversi aspetti **CONTR.** uniforme **2** (*di persona*) versatile, eclettico, proteiforme.

multilateràle agg. **1** con molti lati **CONTR.** unilaterale **2** (*est., fig.*) con molti aspetti □ aperto, largo **CONTR.** unilaterale **3** (*dir.*) plurilaterale.

multilìngue agg. poliglotta, plurilingue **CONTR.** monolingue.

multilinguìsmo s. m. plurilinguismo **CONTR.** monolinguismo.

multìmetro s. m. (*elettr.*) tester (*ingl.*), analizzatore universale, strumento universale.

multipartitìsmo s. m. pluripartitismo **CONTR.** monopartitismo.

mùltiplo **A** agg. **1** di più parti **2** molteplice **B** s. m. (*arte*) copia, esemplare identico.

multirazziàle agg. multietnico, internazionale, cosmopolita, plurietnico **CONTR.** monoetnico, monorazziale.

mùmmia s. f. **1** cadavere imbalsamato **2** (*fig.*) persona rinsecchita, persona incartapecorita **3** (*fig.*) (*di persona*) sorpassato, fossile, relitto, matusa (*fam., scherz.*).

mummificàre **A** v. tr. imbalsamare **B** **mummificarsi** v. intr. pron. (*fig.*) incartapecorirsi □ fossilizzarsi □ cristallizzarsi **CONTR.** aggiornarsi.

mummificàto part. pass. di **mummificare**; anche agg. **1** imbalsamato **2** (*fig.*) avvizzito, incartapecorito **CONTR.** fiorente, florido **3** (*fig.*) sorpassato, fossilizzato, cristallizzato **CONTR.** aggiornato.

mùngere v. tr. (*fig.*) sfruttare, spremere, succhiare, spillare soldi.

municipàle agg. **1** del municipio, comunale, civico **2** (*spreg.*) campanilistico, provinciale.

municipalìsmo s. m. (*raro, spreg.*) campanilismo, provincialismo.

municipalità s. f. autorità municipali, consiglio comunale.

municipalizzàto part. pass. di **municipalizzare**; anche agg. (*di servizi*) gestito dal comune, comunale.

municìpio s. m. comune □ palazzo comunale □ amministrazione comunale.

munificènza s. f. **1** generosità, larghezza, liberalità, magnificenza **CONTR.** avarizia, grettezza, parsimonia, spilorceria, taccagneria **2** dono □ atto munifico.

munìfico agg. generoso, largo, liberale, magnifico, splendido **CONTR.** parsimonioso □ avaro, gretto, spilorcio, taccagno, pidocchioso. *V. anche* GENEROSO

munìre **A** v. tr. **1** fortificare, armare, guarnire, difendere **CONTR.** indebolire, sguarnire **2** (*est.*) dotare, fornire, provvedere, corredare **CONTR.** privare, spogliare **B** **munirsi** v. intr. pron. (*anche fig.*) fornirsi, provvedersi **CONTR.** privarsi, rinunciare.

munìto part. pass. di **munire**; anche agg. **1** difeso, fortificato **CONTR.** sguarnito **2** (*est.*) dotato, provvisto, provveduto **CONTR.** privato, privo, sprovvisto.

munizióne s. f. **1** (*mil.*) rifornimenti, apparato bellico □ vettovaglie **2** (*spec. al pl.*) proiettili □ esplosivo.

muòvere **A** *v. tr.* **1** mettere in moto, mettere in movimento □ spostare, rimuovere, trasportare, smuovere □ trarre, trascinare □ spingere, sospingere □ agitare, dondolare, scuotere, scrollare **CONTR.** frenare, fermare □ bloccare, fissare, immobilizzare **2** (*di meccanismo*) far funzionare, mettere in azione **CONTR.** fermare, arrestare **3** (*di sentimenti*) suscitare □ commuovere **CONTR.** frenare **4** (*di persona*) indurre, eccitare, incitare, sollecitare, persuadere **CONTR.** trattenere, dissuadere, distogliere **5** (*ass.*) (*a scacchi, a dama, ecc.*) fare la mossa, spostare □ aprire **B** *v. intr.* **1** partire □ avviarsi, avanzare **CONTR.** restare, rimanere **2** cominciare, iniziare **CONTR.** finire, terminare **3** (*fig., tosc.*) (*di pianta*) germogliare **C** **muoversi** *v. rifl.* **1** mettersi in movimento, mettersi in moto □ allontanarsi, avviarsi, spostarsi, andare □ navigare (in un sistema informatico) **CONTR.** fermarsi, star fermo, stazionare **2** (*di meccanismo*) funzionare **CONTR.** fermarsi, incepparsi **3** adoperarsi, darsi da fare □ agire **CONTR.** rimanere inattivo, indugiare □ oziare, poltrire **4** (*fig.*) agitarsi, sollevarsi **CONTR.** calmarsi **D** *v. intr. pron.* **1** essere in movimento **CONTR.** stare fermo, ristare, essere immobile **2** commuoversi. *V. anche* SCUOTERE, SPINGERE

muràglia *s. f.* **1** muro, baluardo, cinta **2** (*est.*) (*di roccia*) parete **3** (*raro, fig.*) impedimento, barriera, ostacolo.

muràle [vc. sp., da *mural* 'murale'] *s. m.* pittura murale, affresco.

muràre **A** *v. tr.* **1** far muri, edificare **2** (*di apertura*) chiudere (con un muro) **3** mettere nel muro, chiudere nel muro **B** **murarsi** *v. rifl.* rinchiudersi, sbarrarsi **CONTR.** uscire.

muràrio *agg.* edilizio, edile.

muràta *s. f.* (*di nave*) fiancata.

muratóre *s. m.* (*est.*) edile **FRAS.** *franco muratore*, massone, frammassone.

mùro *s. m.* **1** costruzione muraria □ muraglia □ parete □ mura **2** (*est., anche fig.*) riparo, difesa **3** (*est., anche fig.*) (*di nebbia, di fumo, ecc.*) barriera, ostacolo **FRAS.** *muro maestro*, muro portante □ *mettere al muro* (*fig.*), fucilare □ *mettere con le spalle al muro* (*fig.*), mettere alle strette □ *avere le spalle al muro* (*fig.*), essere al sicuro.

mùsa *s. f.* **1** (*mitol.*) dea delle arti **2** (*est.*) ispirazione poetica, estro poetico □ poesia **3** ispiratrice **4** (*fig.*) poeta **FRAS.** *decima musa* (*fig.*), cinema.

mùschio *s. m.* musco □ (*est.*) borraccina.

muscolatùra *s. f.* muscolosità □ muscoli **CFR.** ossatura.

mùscolo *s. m.* **1** (*al pl.*) (*fig.*) vigoria, robustezza, forza **2** (*di carne macellata*) polpa **3** (*sett., zool.*) mitilo, cozza, peocio (*dial.*).

muscolóso *agg.* forzuto, nerboruto, gagliardo, robusto □ forte, erculeo **CONTR.** debole, gracile, mingherlino, esile, delicato.

musèo *s. m.* galleria, pinacoteca, gipsoteca **FRAS.** *roba da museo* (*fig.*), anticaglia □ *pezzo da museo* (*fig.*), persona antiquata, matusa (*fam.*).

museruòla *s. f.* musoliera (*raro*), mordacchia **FRAS.** *mettere la museruola* (*fig.*), far tacere.

mùsica *s. f.* **1** arte dei suoni **2** composizione musicale □ stile musicale **3** banda, fanfara **4** (*fig.*) armonia, melodia, suono melodioso, dolcezza di suono, rumore piacevole **CFR.** cacofonia, fracasso, frastuono **5** (*iron.*) suono sgradevole, rumore fastidioso **6** (*est.*) monotonia, tiritera.

musical /*ingl.* 'mju:zikəl/ [vc. ingl., da *musical* (*comedy*) 'commedia musicale'] *s. m. inv.* commedia musicale.

musicàle *agg.* **1** di musica **2** armonioso, melodioso, dolce, sonoro **CONTR.** aspro, disarmonico, dissonante, sgradevole.

musicalità *s. f.* armonia, melodia **CONTR.** asprezza, disarmonia, discordanza.

musicànte *s. m.* e *f.* suonatore, musico, musicista □ bandista. *V. anche* MUSICISTA

music-hall /*ingl.* 'mju:zik 'hɔ:l/ [vc. ingl., propriamente 'sala da musica'] *s. m. inv.* **1** teatro di varietà, tabarin (*fr.*), night (*ingl.*), night-club (*ingl.*) □ sala da concerti **2** varietà.

musicìsta *s. m.* e *f.* (*di musica*) compositore, esecutore, musicante, musico, concertista, bandista.

MUSICISTA
sinonimia strutturata

Musicista è la parola più generica per indicare chi compone o chi esegue musica. Altri termini, invece, designano in maniera più specifica l'attività del musicista. Così, un **compositore** è l'autore di una canzone o di un'opera musicale, mentre un **esecutore**, o **interprete**, è colui che esegue una composizione o un brano musicale.

Con la parola **cantante** si indica chi esercita, per professione o per diletto, l'arte del canto: *cantante d'opera, di musica leggera*. Mentre un cantante di norma interpreta composizioni altrui, un **cantautore** esegue canzoni scritte o musicate da lui stesso. Nella musica leggera, più in particolare, **arrangiatore** viene detto chi cura l'arrangiamento, cioè l'armonizzazione e la strumentazione di una melodia, mentre un **accompagnatore** è chi esegue l'accompagnamento musicale, cioè l'insieme di melodie e parti secondarie che servono a sostenere la melodia principale. Una parola usata per indicare chi suona in una banda o, spregiativamente, chi compone o esegue musica mediocre, è **musicante**. **Musico** è un altro termine, ormai desueto, per indicare un musicista.

Un **concertista** è chi, professionalmente, suona in concerti; concertista può anche essere un musicista o un cantante di grande talento a cui, nei concerti, sono affidate parti da solista, distinguendosi così dagli altri orchestrali o bandisti. Ricordiamo qui che un **orchestrale** è colui che suona in un'orchestra, cioè in uno di quei complessi di strumentisti che eseguono un'opera sinfonica o accompagnano un'opera lirica; un'*orchestra sinfonica* comprende strumenti a fiato in legno ed ottone, strumenti a percussione e ad arco; un'*orchestra da camera*, invece, comprende strumenti ad arco e alcuni strumenti a fiato; un'*orchestrina* è una piccola orchestra di musica leggera: *orchestrina da caffè concerto*. Un **bandista** è un suonatore in una banda musicale, cioè in un complesso di musicanti con strumenti a fiato e a percussione: *fa il bandista nelle bande municipali*.

mùsico *s. m.* musicista, musicante, suonatore, trovatore (*est.*). *V. anche* MUSICISTA

musicòmane *s. m.* e *f.* fanatico per la musica, maniaco di musica □ melomane, musicofilo.

mùso *s. m.* ***1*** (*di animale*) parte anteriore della testa **CONTR.** nuca, collo ***2*** (*scherz., spreg.*) viso, volto, faccia, grugno □ ceffo, individuo ***3*** broncio ***4*** (*est.*) (*di automobile*) parte anteriore **CONTR.** retro, coda **FRAS.** *muso lungo* (*fig.*), broncio □ *a muso duro*, con modi rudi e decisi □ *dire qualcosa sul muso*, parlare con assoluta franchezza.

musóne *s. m.* scontroso, selvatico **CONTR.** cordialone, allegrone, compagnone, mattacchione.

mùssola [da *Mōsul*, città irachena] *s. f.* mussolina, pelle d'uovo.

mussolìna *s. f.* mussola, pelle d'uovo.

mussulmàno *V.* **musulmano**.

must /*ingl.* mʌst/ [vc. ingl., dal v. *must* 'dovere'] *s. m. inv.* requisito indispensabile □ obbligo.

musulmàno *agg.*; *anche s. m.* islamico, islamita, maomettano.

mùta (1) *s. f.* ***1*** cambiamento, mutazione, scambio ***2*** (*di pelle, di penne*) muda ***3*** (*di vestiti, di arredi e sim.*) corredo ***4*** tuta (da sub).

mùta (2) *s. f.* (*per la caccia*) cani.

mutàbile *agg.* ***1*** cambiabile, mutevole, variabile **CONTR.** immutabile, invariabile, stabile, inalterabile ***2*** (*est.*) incerto, insicuro, effimero **CONTR.** durevole, duraturo, stabile □ irrevocabile ***3*** (*est.*) (*di persona*) incostante, volubile, leggero **CONTR.** costante, fermo, ostinato. *V. anche* INCERTO

mutaménto *s. m.* cambiamento, mutazione, modificazione, trasformazione, variazione □ metamorfosi □ alterazione **CONTR.** invariabilità, stabilità. *V. anche* TRASFORMAZIONE

mutandìne *s. f. pl.* slip (*ingl.*).

mutàre ***A*** *v. tr.* cambiare, sostituire, modificare, variare, trasformare □ alterare □ correggere, migliorare, ritoccare, riformare **CONTR.** lasciare inalterato, lasciare invariato ***B*** *v. intr.* diventare diverso, variare □ alterarsi **CONTR.** rimanere uguale, rimanere lo stesso ***C*** **mutarsi** *v. intr. pron.* ***1*** trasformarsi, alterarsi **CONTR.** rimanere inalterato ***2*** (*d'abito*) cambiarsi. *V. anche* CORREGGERE

mutàto *part. pass. di* **mutare**; *anche agg.* cambiato, modificato, variato, trasformato □ alterato **CONTR.** immutato, invariato, inalterato.

mutazióne *s. f.* cambiamento, mutamento, modificazione, trasformazione, variazione □ metamorfosi □ alterazione **CONTR.** immutabilità, invariabilità, stabilità. *V. anche* TRASFORMAZIONE

mutévole *agg.* ***1*** mutabile, variabile, soggetto a mutamento **CONTR.** immutabile, invariabile, stabile ***2*** (*est., fig.*) (*di persona*) volubile, incostante **CONTR.** costante, fermo, ostinato, perseverante.

mutilàre *v. tr.* ***1*** (*di corpo*) amputare, mozzare, troncare, tagliare ***2*** (*est., fig.*) ridurre, impoverire, sminuire **CONTR.** accrescere, aumentare, arricchire. *V. anche* TAGLIARE

mutilàto ***A*** *part. pass. di* **mutilare**; *anche agg.* ***1*** (*di corpo*) amputato, troncato, mozzato, mozzo **CONTR.** integro, intatto ***2*** (*est., fig.*) incompleto, sminuito, alterato, ridotto **CONTR.** completo ***B*** *s. m.* (*di guerra, del lavoro, ecc.*) invalido, minorato, storpio, monco.

mutilazióne *s. f.* ***1*** amputazione, mozzatura, troncamento ***2*** (*fig.*) riduzione, impoverimento **CONTR.** accrescimento, aumento, arricchimento.

mutìsmo *s. m.* ***1*** mancanza della parola ***2*** silenzio ostinato, reticenza □ scarsa loquacità **CONTR.** parlantina, logorrea, chiacchiera.

mùto ***A*** *agg.* ***1*** privo della parola, mutolo (*lett.*) ***2*** (*est.*) ammutolito, attonito ***3*** (*di simpatia, di emozione, ecc.*) tacito, inespresso, nascosto **CONTR.** chiaro, manifesto, palese ***4*** (*anche fig.*) privo di suoni, silenzioso **CONTR.** chiassoso, fragoroso, rumoroso □ loquace ***B*** *s. m.* non parlante, mutolo (*lett.*).

mùtria *s. f.* ***1*** viso accigliato, cipiglio, muso, grugno **CONTR.** viso sereno, viso ridente ***2*** musoneria, broncio, malumore, paturnie **CONTR.** buon umore, allegria, euforia, giocondità, serenità.

mùtua *s. f.* previdenza, assistenza.

mutualìstico *agg.* previdenziale, assistenziale.

mutuàre *v. tr.* ***1*** (*raro*) dare in mutuo, ricevere in mutuo ***2*** (*fig.*) (*di concetti, di idee, ecc.*) prendere da altri, derivare, ricavare.

mutuàto (1) *part. pass. di* **mutuare**; *anche agg.* derivato, ricavato, ripreso, imitato **CONTR.** proprio, personale □ originale.

mutuàto (2) *s. m.* assistito.

mùtuo (1) *agg.* scambievole, vicendevole, reciproco.

mùtuo (2) *s. m.* prestito.

myosotis /*lat.* mio'zɔtis/ [vc. lat., dal gr. *mys, myós* 'topo' e *óus, otós* 'orecchio', perché ha le foglie simili alle orecchie di topo] *s. m.* o *f.* (*bot.*) miosotide, nontiscordardimé, occhio della Madonna.

n, N

nabàbbo *s. m.* (*scherz.*) persona straricca, riccone, miliardario, signore, signorone, pascià, creso **CONTR.** poveraccio, miserabile, pezzente, disperato, morto di fame.

nàcchera *s. f.* ***1*** (*spec. al pl.*) castagnette, castagnole, crotalo □ tamburo ***2*** madreperla (*ant.*).

nàia (**1**) *s. f.* (*zool.*) cobra, serpente dagli occhiali.

nàia (**2**) *s. f.* (*gerg.*) servizio militare □ vita militare.

naïf /*fr.* na'if/ [vc. fr., dal lat. *nativus* 'nativo, ingenuo'] ***A*** *agg. inv.* (*di artista*) istintivo, privo di scuola, primitivo **CONTR.** manierato, raffinato ***B*** *s. m.* e *f. inv.* artista istintivo, artista privo di scuola.

nànna *s. f.* (*inft.*) (*di bambini*) il dormire, sonno □ (*est.*) cantilena, nenia, ninna **FRAS.** *fare la nanna*, dormire.

nàno ***A*** *agg.* (*di persona, animale o pianta*) molto piccolo, piccolissimo, molto basso, molto ridotto **CONTR.** gigantesco, enorme, colossale, smisurato ***B*** *s. m.* (*est.*) uomo molto piccolo, omarino, omino, ometto, omiciattolo, lillipuziano, nanerottolo, tappo, pigmeo, gnomo **CONTR.** omone, omaccione, colosso, gigante, ciclope, titano.

napoletàno *agg.*; *anche s. m.* di Napoli, partenopeo.

nàppa *s. f.* ***1*** fiocco, fiocchetto, frangia, nastro, ciondolo, penero, pompon (*fr.*), mazzetto (di fili) ***2*** tovaglia (d'altare) ***3*** (*pop., scherz.*) nasone **CONTR.** nasino.

narcisismo [da *narciso* (2)] *s. m.* autocompiacimento, autoammirazione, autoesaltazione □ vanità, vanagloria **CFR.** masochismo, autolesionismo, disprezzo di sé, autocommiserazione, vittimismo.

narciso [da *Narciso*, il mitico giovane che si innamorò della sua immagine riflessa nell'acqua e fu tramutato in narciso] *s. m.* vanesio, vanitoso, fatuo, vagheggino.

narcòtico *s. m.*; *anche agg.* sonnifero, ipnotico, soporifero, tranquillante □ stupefacente, barbiturico, anestetico □ (*est.*) allucinogeno, droga **CFR.** eccitante, stimolante.

narcotizzàre *v. tr.* ***1*** sottoporre a narcosi, anestetizzare, addormentare, cloroformizzare **CONTR.** risvegliare, far rinvenire ***2*** (*est.*) stordire, tramortire **CONTR.** eccitare.

narcotizzàto *part. pass. di* **narcotizzare**; *anche agg.* ***1*** sottoposto a narcosi, addormentato, anestetizzato **CONTR.** risvegliato, fatto rinvenire ***2*** (*est.*) stordito, tramortito **CONTR.** eccitato ***3*** (*est.*) assonnato **CONTR.** desto, sveglio ***4*** (*fig.*) affascinato **CONTR.** disgustato, nauseato, stomacato.

narràre ***A*** *v. tr.* raccontare, esporre, rappresentare, dire, riferire, riportare, descrivere, tratteggiare, contare (*lett.*), menzionare, ricordare, far conoscere **CONTR.** tacere, nascondere, tener nascosto ***B*** *v. intr.* raccontare, novellare (*lett.*), riferire, parlare, trattare. *V. anche* PARLARE

NARRARE
sinonimia strutturata

L'esporre un fatto o una serie di fatti, reali o fantastici, seguendo un determinato ordine nella rievocazione e ricerca delle cause si dice **narrare**: *narrare a voce, per iscritto*; *narrare una favola, gli ultimi avvenimenti*. Suoi sinonimi perfetti sono **raccontare** e il desueto o dialettale **contare**: *mi hanno raccontato ciò che si dice di te*; *nella sua ultima lettera ci racconta dei vostri viaggi*; *ci ha contato una lunga storia*. Molto usato e privo di particolari sfumature è **dire**: *dimmi come si sono svolti i fatti*; *un segreto da non dire a nessuno*; in quest'ultimo esempio il verbo equivale a **riferire**, che si avvicina molto a **riportare**: *riferire gli ultimi avvenimenti*; *riportare cose vedute*; vicino semanticamente è **esporre**, che pure indica il narrare, il citare per esteso riferendone a qualcuno e che evoca l'idea di una vera e propria relazione fatta con l'intento di informare: *esporre all'autorità il proprio alibi, a un amico la propria vicenda*; un preciso intento informativo è implicato nell'espressione **far conoscere**: *ci ha fatto conoscere il contenuto del suo prossimo libro*.

Dai verbi precedenti non si discostano molto **descrivere** e **rappresentare**, usati in senso estensivo, che suggeriscono uno spiegare minutamente, con dovizia di particolari, oppure complessivamente un fatto, una situazione, un periodo storico, un contesto culturale: *descrivere un avvenimento*; *hai descritto perfettamente la scena*; *è un testo che rappresenta bene la realtà comunale*; **tratteggiare**, nel suo uso figurato, è abbastanza vicino: precisamente indica il descrivere in modo vivo ed efficace, a voce o per iscritto, una situazione particolare o un personaggio, ed evoca nel contempo un'idea di brevità: *tratteggiare una scena, la figura di un importante uomo politico del passato*. Quest'ultima sfumatura è sottesa anche in **menzionare** e **ricordare**, che indicano il nominare, il citare o il richiamare brevemente: *menzionare un autore, un brano di un'opera*; *ricordiamo spesso quella vacanza nei nostri discorsi*.

Narrare può essere usato anche intransitivamente, e allora corrisponde al **parlare**, al **trattare** di qualcosa, che però suggeriscono un'esposizione meno partecipata rispetto al raccontare; trattare, in particolare, allude ad un tipo di esposizione, sistematica e quasi scientifica: *mi ha narrato dei suoi viaggi*; *mi ha parlato della sua vita passata*; *questo libro tratta delle vicende politiche dell'ultimo anno.*

narratìva s. f. romanzi, novelle, novellistica, racconti, fiction (*ingl.*) **CFR.** saggistica, critica, poesia, lirica, epica, ecc.

narratóre s. m. (f. *-trice*) raccontatore, espositore, romanziere, novelliere, prosatore **CFR.** saggista, critico, poeta, ecc.

narrazióne s. f. racconto, cronaca, esposizione, relazione, resoconto, rendiconto, descrizione, versione, cronistoria □ romanzo, novella, storia, favola, fiaba, opera narrativa. *V. anche* ROMANZO

nasàre v. tr. ***1*** (*region.*) annusare, fiutare ***2*** (*fig.*) curiosare.

nascènte part. pres. di **nascere**; anche agg. che nasce, sorgente, insorgente, che ha inizio, incipiente, emergente **CONTR.** morente, tramontante, calante, che finisce.

nàscere v. intr. ***1*** (*di persona, di animale*) venire al mondo, venire alla luce, vedere la luce, aprire gli occhi alla luce, essere partorito **CONTR.** morire, mancare, decedere ***2*** (*di pianta*) spuntare, germogliare, sbocciare, germinare **CONTR.** morire, inaridire, disseccarsi ***3*** (*di astro*) sorgere, spuntare, apparire **CONTR.** tramontare, calare ***4*** (*di corso d'acqua*) scaturire, sgorgare, avere origine **CONTR.** sfociare, sboccare, gettarsi ***5*** (*fig.*) provenire, derivare, dipendere □ trarre origine, originarsi, incominciare, generarsi, principiare, scaturire, cominciare **CONTR.** finire, terminare, cessare, morire, estinguersi ***6*** (*fig.*) manifestarsi, rivelarsi **CONTR.** sparire, rimanere celato **FRAS.** *nascere con la camicia* (*fig.*), essere fortunato □ *essere nato sotto cattiva stella* (*fig.*), essere sfortunato □ *essere nato con gli occhi aperti* (*fig.*), essere furbo □ *essere nato ieri* (*fig.*), essere ingenuo □ *essere nato per*, avere disposizione per.

nàscita s. f. ***1*** il nascere, il venire al mondo, nascimento (*lett.*), natività, natali, lieto evento **CONTR.** morte, decesso ***2*** famiglia, stirpe, lignaggio (*lett.*), schiatta (*lett.*), discendenza, estrazione, genealogia ***3*** (*fig.*) origine, principio, inizio, culla, genesi, radice, scaturigine (*lett.*) **CONTR.** fine, declino, tramonto, estinzione, termine, cessazione, morte, caduta, crollo. *V. anche* FAMIGLIA

nascóndere ***A*** v. tr. ***1*** sottrarre alla vista, impedire alla vista, celare, occultare, coprire, ricoprire, acquattare (*raro*), ascondere (*lett.*), appiattare (*raro*), rimpiattare, riporre, imboscare □ eclissare **CONTR.** mostrare, scoprire, svelare, portare alla luce ***2*** (*fig.*) (*di pensiero, di sentimento, ecc.*) dissimulare, tacere, non manifestare, adombrare, mascherare, tenere dentro di sé □ velare, offuscare, mimetizzare **CONTR.** far conoscere, palesare, manifestare, rivelare, divulgare, esternare, professare, sbandierare, ostentare ***B*** **nascondersi** v. rifl. sottrarsi alla vista, occultarsi, rimpiattarsi, rintanarsi, acquattarsi, cacciarsi, imboscarsi, mimetizzarsi, rifugiarsi, segregarsi, tapparsi **CONTR.** mostrarsi, affacciarsi, farsi vedere, scoprirsi, rivelarsi ***C*** v. intr. pron. annidarsi, covare, celarsi **CONTR.** manifestarsi, palesarsi.

nascondìglio s. m. luogo nascosto, luogo segreto, asilo, rifugio, recesso (*lett.*), ripostiglio, latebra (*poet.*), buco, covo, ricetto, segreta, tana.

nascondìno s. m. (*di gioco*) rimpiattino.

nascostaménte avv. di nascosto, occultamente, segretamente, furtivamente, celatamente, clandestinamente, larvatamente, tacitamente, alla chetichella, di soppiatto, di straforo, quatto quatto, sotto sotto, silenziosamente **CONTR.** apertamente, manifestamente, ostentatamente, palesemente, scopertamente, allo scoperto, alla luce del sole.

nascòsto agg. ***1*** celato, occultato, occulto, ascoso (*poet.*), annidato, coperto, latente, invisibile, riposto, acquattato, quatto, chiuso, segreto, recondito, non percepibile, clandestino, rifugiato, imboscato **CONTR.** aperto, manifesto, palese, evidente, visibile ***2*** (*di sentimenti, ecc.*) furtivo, dissimulato, larvato, mimetizzato, velato, tacito, sordo, muto (*lett.*) **CONTR.** chiaro, esplicito, scoperto, confessato, dichiarato, palesato, patente.

nàso s. m. ***1*** (*anat.*) organo dell'olfatto □ (*est.*) odorato, olfatto ***2*** (*fig.*) intuito, fiuto, perspicacia, sesto senso □ discrezione, giudizio **FRAS.** *arricciare* (o *torcere*) *il naso*, essere contrariato (o disgustato) □ *non vedere più in là del proprio naso* (*fig.*), essere di idee molto ristrette □ *ficcare* (o *mettere*) *il naso* (*fig.*), impicciarsi □ *montare la mosca al naso* (*fig.*), arrabbiarsi □ *menare per il naso* (*fig.*), ingannare, imbrogliare □ *restare con un palmo* (o *con tanto*) *di naso* (*fig.*), restare deluso, restare ingannato □ *avere naso* (*fig.*), avere buon fiuto □ *andare a naso* (o *a lume di naso*) (*fig.*), fidarsi del proprio intuito.

nastrìno s. m. ***1*** dim. di **nastro**; cordella, fronzolo ***2*** (*est.*) (*di decorazione*) coccarda, distintivo ***3*** (*cuc.*) fettuccina, trenetta, lasagna.

nàstro s. m. ***1*** fettuccia, passamano, ciniglia, canutiglia □ fiocco, nappa, gala, gallone, bindella, stringa, fascia ***2*** banda, bobina, tape (*ingl.*) **FRAS.** *nastro trasportatore*, piano scorrevole, tapis roulant (*fr.*) □ *nastro perforato*, banda perforata □ *sega a nastro*, sega a lama continua.

natàle ***A*** s. m. ***1*** giorno natalizio □ genetliaco, compleanno **CFR.** onomastico ***2*** natività di Cristo ***3*** (*spec. al pl.*) nascita, culla, ceto, famiglia, stirpe, lignaggio (*lett.*), prosapia (*lett.*) ***B*** agg. ***1*** (*di luogo*) della nascita, natio, patrio, d'origine ***2*** (*raro*) natalizio. *V. anche* FAMIGLIA

natalità s. f. nascita **CONTR.** mortalità, denatalità.

natalìzio ***A*** agg. ***1*** del Natale ***2*** natale ***B*** s. m. compleanno, genetliaco **CFR.** onomastico.

natànte ***A*** agg. che nuota, che galleggia, galleggiante **CONTR.** sommerso, affondato ***B*** s. m. galleggiante, chiatta, imbarcazione.

natatòrio agg. ***1*** del nuoto, adatto al nuoto ***2*** dove si può nuotare.

nàtica s. f. chiappa (*pop.*), gluteo □ (*al pl.*) (*est.*) sedere, culo (*pop.*), deretano, didietro, posteriore.

natività s. f. ***1*** (*raro*) nascita ***2*** (*di Cristo*) Natale.

nativo ***A*** agg. ***1*** della nascita, natio (*lett.*), originario, del paese d'origine **CONTR.** forestiero, straniero ***2***

(*raro*) (*di qualità*) naturale, innato, insito, congenito **CONTR.** acquisito, acquistato **3** (*est.*) schietto, sincero, autentico, spontaneo **CONTR.** artificioso, forzato, voluto, ricercato, affettato **B** *s. m.* (*di persona, di usi, ecc.*) indigeno, autoctono, aborigeno **CONTR.** forestiero, immigrato, straniero. *V. anche* SPONTANEO

nàto **A** *part. pass. di* **nascere**; *anche agg.* **1** venuto al mondo, venuto alla luce, partorito, generato, creato **CONTR.** morto, defunto, deceduto **2** (*di astro, di usi, ecc.*) sorto, derivato, spuntato, incominciato, cominciato, apparso **CONTR.** tramontato, calato, cessato, caduto, finito **3** (*di corso d'acqua*) scaturito, sgorgato **CONTR.** sfociato, sboccato **B** *s. m.* figlio, discendente.

natùra *s. f.* **1** creato, universo □ paesaggio, ambiente, territorio **2** potenza generatrice **3** (*di persona o cosa*) essenza, essere, composizione, costituzione, sostanza □ istinto, indole, carattere, animo, temperamento, complessione (*raro*), inclinazione, disposizione, personalità, stampo, stile, tempra, tendenza □ (*di un'epoca*) spirito **4** specie, tipo, genere, qualità, identità **5** (*pop.*) vagina, vulva. *V. anche* INDOLE

naturàle **A** *agg.* **1** della natura, di natura **2** (*di cosa, di fenomeno, ecc.*) ordinario, normale, usuale, consueto, comune, abituale, ovvio **CONTR.** innaturale, insolito, inconsueto, diverso, anormale, singolare, straordinario **3** (*di qualità*) insito, innato, nativo, congenito, connaturale, connaturato, fisiologico **CONTR.** acquisito, acquistato **4** (*di sostanza*) genuino, semplice, fresco, ruspante, schietto, sincero, puro, non artefatto, non alterato, vero, verace, nature (*fr.*) **CONTR.** artefatto, alterato, artificiale, falsificato, adulterato, sofisticato, manipolato, contraffatto, posticcio, falso □ (*di acqua minerale*) liscio **CONTR.** gassato, frizzante, effervescente **5** (*di comportamento*) semplice, franco, istintivo, spontaneo, sincero, spigliato, schietto **CONTR.** artificioso, innaturale, forzato, affettato, caricato, studiato, sforzato **B** *s. m.* (*raro*) indole, natura, carattere **FRAS.** *al naturale*, così com'è in natura; con esattezza, fedelmente □ *è naturale che*, è logico che, è ovvio che. *V. anche* SPONTANEO

naturalézza *s. f.* **1** semplicità, spontaneità, schiettezza, candore, ingenuità, sincerità, franchezza, freschezza, immediatezza **CONTR.** falsità, finzione, ipocrisia, affettazione, doppiezza, leziosità, artificiosità **2** disinvoltura, spigliatezza, scioltezza **CONTR.** impaccio, goffaggine, ritegno **3** (*di prodotto*) autenticità, genuinità, schiettezza, purezza **CONTR.** adulterazione, alterazione, sofisticazione.

naturalménte *avv.* **1** per natura, secondo natura, fisiologicamente **CONTR.** contro natura, forzatamente **2** logicamente, ovviamente, beninteso, normalmente, abitualmente, ordinariamente, comunemente, per lo più **CONTR.** insolitamente, diversamente, straordinariamente, raramente **3** spontaneamente, istintivamente, schiettamente, spigliatamente **CONTR.** artatamente, artificiosamente **4** sì, certamente, sicuramente, senza dubbio **CONTR.** no.

nature /*fr.* na'tyr/ [vc. fr., letteralmente 'natura'] *agg. inv.* naturale, genuino, puro, integro, schietto, intatto, originale **CONTR.** adulterato, alterato, sofisticato, manipolato, contraffatto, falsificato.

naufragàre *v. intr.* **1** (*di imbarcazione*) far naufragio, affondare, inabissarsi, colare a picco, essere inghiottito dal mare **2** (*di persona*) annegare **3** (*fig.*) (*di progetto, ecc.*) fallire, non riuscire, avere cattivo esito, venir meno, andare a monte, abortire, crollare **CONTR.** trionfare, vincere, riuscire, affermarsi.

naufràgio *s. m.* **1** (*di imbarcazione*) affondamento, sommersione (*raro*) **2** (*fig.*) (*di persona, di progetto, ecc.*) fallimento, insuccesso, fiasco, patatrac, rovina, distruzione **CONTR.** trionfo, buona riuscita, esito favorevole, affermazione.

nàufrago *s. m.* superstite (da naufragio), scampato (da naufragio) **CONTR.** annegato.

nàusea *s. f.* **1** (*med.*) senso di sazietà, senso di vomito, voltastomaco **CFR.** appetenza, appetito **2** (*fig.*) fastidio, avversione, disgusto, schifo, ribrezzo, ripugnanza □ noia, tedio, stanchezza **CONTR.** piacere, desiderio, gradimento, simpatia, attrattiva.

nauseabóndo *agg.* (*anche fig.*) nauseante, disgustoso, ripugnante, stomachevole, stucchevole, repellente, rivoltante, ributtante, sgradevole **CONTR.** appetitoso, appetente, fragrante, gustoso, squisito □ piacevole, gradevole, attraente, stuzzicante.

nauseànte *part. pres. di* **nauseare**; *anche agg.* **1** (*di odore, di gusto, ecc.*) che dà nausea, disgustoso, ripugnante, stomachevole, smaccato (*raro*), nauseabondo, stucchevole, sgradevole, repellente, ributtante, schifoso **CONTR.** appetitoso, appetente, ghiotto, squisito, succulento, gustoso, gradevole, piacevole **2** (*fig.*) (*di persona, di discorso, ecc.*) fastidioso, noioso, irritante □ sconveniente **CONTR.** desiderabile, gradito, gradevole, delizioso. *V. anche* SPIACEVOLE

nauseàre *v. tr.* e *intr.* **1** (*di odore, di gusto, ecc.*) dare nausea, stomacare, disgustare **CONTR.** piacere, ingolosire, tentare **2** (*fig.*) (*di persona, di discorso, ecc.*) infastidire, disturbare, disgustare, ripugnare, stomacare, rivoltare, schifare, ributtare, stuccare, saziare, stancare **CONTR.** essere gradito, allettare, avvincere. *V. anche* STANCARE

nauseàto *part. pass. di* **nauseare**; *anche agg.* disgustato, stomacato, sazio, schifato □ stufo, stanco, infastidito, annoiato, ristucco **CONTR.** desideroso, voglioso, avido, bramoso (*lett.*), invogliato.

nàutica *s. f.* marina.

nàutico *agg.* della navigazione, navale, marino, marinaro, marittimo, marinaresco **FRAS.** *sci nautico*, sci d'acqua.

navàle *agg.* di nave, di navi □ marinaresco, marinaro, marittimo, nautico.

nàve *s. f.* **1** imbarcazione, bastimento, piroscafo, vascello, veliero, vela, naviglio, traghetto, legno (*poet.*) **2** (*raro*) (*di chiesa*) navata **FRAS.** *nave traghetto*, ferry-boat (*ingl.*) □ *nave spaziale*, astronave.

NAVE
sinonimia strutturata

La **nave** è un particolare mezzo galleggiante dotato di un proprio sistema di propulsione, utilizzato per il trasporto di persone o cose su corsi d'acqua interni navigabili come fiumi e laghi o in mare. Ciò che distingue una nave dagli altri natanti come barche o imbarcazioni sono, in particolar modo, le sue notevoli dimensioni. Con **imbarcazione** si indica infatti qualsiasi natante di piccole dimensioni, azionato a remi, a vela o a motore. Anche una **barca** è un'imbarcazione di dimensioni ridotte rispetto alla nave, adatta al trasporto di merci o persone e utilizzata sia come mezzo di lavoro sia per attività sportive di svago, di divertimento: *barca da pesca, a vela, a remi*; *fare le vacanze in barca*.

Le imbarcazioni destinate alla navigazione in acque interne, come laghi o fiumi, hanno nomi particolari: quelle, a volte anche di grandi dimensioni, usate per il trasporto fluviale di merci e materiali vengono chiamate **chiatte**; se invece sono adibite al trasporto di passeggeri su fiumi, canali, laghi o lagune prendono il nome di **battelli**. Un battello, più in particolare, è anche un'imbarcazione, generalmente a motore, destinata a particolari impieghi: *battello da pesca*; *battello pilota*; un *battello pneumatico* è un canotto pneumatico, gonfiabile.

Un criterio che distingue i diversi tipi di nave è quello relativo al sistema di propulsione della nave stessa. Si hanno, così, le navi a remi dell'antichità (la **bireme**, la **trireme**, la **galea**, ecc.), quelle a vela, generalmente dette **velieri** (tra cui si ricordano solo il **vascello**, il **brigantino**, il **clipper**) e quelle a motore. Una nave dotata di motore che viene utilizzata per il trasporto di merci o passeggeri si chiama **motonave**.

Altra distinzione possibile tra diversi tipi di nave riguarda l'uso a cui sono destinate: così, una **corazzata**, un **incrociatore**, una **portaerei**, una **fregata**, un **dragamine**, una **silurante** sono navi da guerra; mentre un **cargo**, una **petroliera**, una **bettolina**, una **nave cisterna**, una **portacontainer** sono navi adibite al trasporto merci, cioè navi mercantili o da carico. Un **transatlantico**, un **piroscafo** e una **nave da crociera** sono alcuni dei tanti tipi di navi passeggeri; un **traghetto**, o **ferry-boat**, è invece un tipo di nave adibito al trasporto sia di merci che di cose. Tipi particolari di navi, infine, sono gli **aliscafi** o **idroplani**, veloci battelli dotati di ali totalmente o parzialmente immerse che con l'aumentare della velocità si sollevano sul pelo dell'acqua, e i **sommergibili** o **sottomarini**, cioè quei battelli predisposti a navigare in prevalenza sott'acqua.

navétta ***A*** *s. f.* ***1*** *dim. di* **nave** □ *navetta spaziale*, shuttle (*ingl.*) ***2*** (*di telaio*) spola ***B*** *agg. inv.* (*di mezzo di trasporto*) che fa la spola, che va avanti e indietro.

navicèlla *s. f.* ***1*** *vezz. di* **nave**; piccola nave, barca, battello □ *navicella spaziale*, veicolo spaziale ***2*** (*aer.*) abitacolo, carlinga ***3*** (*per l'incenso*) recipiente, portaincenso.

navigàbile *agg.* (*di acque*) percorribile.

navigànte *part. pres. di* **navigare**; *anche agg.* e *s. m.* e *f.* marinaio, navigatore, nocchiero (*lett.*), nauta (*lett.*).

navigàre ***A*** *v. intr.* ***1*** (*di imbarcazione*) solcare il mare, percorrere il mare, veleggiare, fare vela, fare rotta □ (*fig.*) muoversi, spostarsi (in un sistema telematico) ***2*** salpare, levare le ancore, prendere il largo **CONTR.** approdare, attraccare, gettare l'ancora ***3*** (*di aereo, di missile*) viaggiare, volare, andare, dirigersi, fare rotta ***4*** (*fig.*) (*di persona*) barcamenarsi, destreggiarsi, manovrare □ trovarsi, versare, essere ***B*** *v. tr.* (*raro*) (*di nave, di aereo*) percorrere, attraversare, solcare (il mare, le onde).

navigàto *part. pass. di* **navigare**; *anche agg.* ***1*** (*di acqua*) percorso da navi ***2*** (*di marinaio*) esperto di navigazione, veterano ***3*** (*fig.*) (*di persona*) molto esperto, accorto, avveduto, consumato, vissuto, vecchio □ scaltro, sveglio, furbo □ corrotto, disonesto **CONTR.** inesperto, ingenuo, semplice, novellino, sbarbatello.

navigatóre ***A*** *agg.* che naviga, marinaro ***B*** *s. m.* (*f. -trice*) ***1*** navigante, marinaio, nauta (*poet.*) ***2*** esploratore (di mari) ***3*** (*aer.*) ufficiale di rotta.

navigazióne *s. f.* ***1*** arte del navigare ***2*** viaggio (per acque o nello spazio), traversata, crociera, percorso **FRAS.** *della navigazione*, navigatorio.

navìglio *s. m.* ***1*** imbarcazione, bastimento, nave ***2*** flotta, flottiglia, marina ***3*** navile, canale navigabile.

navìle *s. m.* naviglio, canale navigabile.

nazionàle *agg.* ***1*** della nazione, statale □ demaniale, nostrano, interno, paesano, cittadino **CONTR.** esotico, estero, forestiero, straniero ***2*** nazionalistico (*spreg.*) ***3*** (*sport*) azzurro.

nazionalìsmo *s. m.* patriottismo □ patriottismo eccessivo, sciovinismo □ fascismo **CONTR.** internazionalismo, cosmopolitismo, universalismo.

nazionalìsta ***A*** *s. m.* e *f.* patriota, patriottardo (*spreg.*), sciovinista **CONTR.** internazionalista ***B*** *agg.* nazionalistico □ patriottardo (*spreg.*) **CONTR.** internazionalista.

nazionalità *s. f.* ***1*** identità nazionale, coscienza nazionale ***2*** cittadinanza □ nazione, stirpe, razza.

nazionalizzàre *v. tr.* statalizzare, statizzare, socializzare □ municipalizzare **CONTR.** snazionalizzare, privatizzare.

nazionalizzazióne *s. f.* statalizzazione, statizzazione, socializzazione □ municipalizzazione **CONTR.** snazionalizzazione, privatizzazione.

nazionalsocialìsmo *s. m.* nazismo.

nazionalsocialìsta *agg.*; *anche s. m.* e *f.* nazista, hitleriano.

nazióne *s. f.* ***1*** popolo, popolazione (*est.*), gente, stirpe, razza, famiglia etnica ***2*** stato, patria ***3*** nazionalità, paese (*fig.*), lingua (*fig.*).

NAZIONE
sinonimia strutturata

Col termine **nazione** ci si riferisce principalmente a quel complesso di individui legati da una stessa lingua, storia, civiltà, interessi e aspirazioni, specialmente in quanto coscienti detentori di questo patrimonio comune: *la nazione russa è molto fiera delle sue tradizioni*; *l'unità, il prestigio, l'indipendenza di una nazione*. In accezione più ristretta, e nell'uso di tutti i giorni, nazione ha il significato comune di Stato: *le Nazioni sudamericane, europee, africane*;

l'Organizzazione delle Nazioni Unite; meno frequente, anche se non rarissima, è l'accezione di insieme di persone che appartengono ad una stessa stirpe: *gente di ogni nazione*.

A differenza di nazione nel cui concetto non è necessariamente implicata un'unica sovranità politica, con **Stato** ci si riferisce tecnicamente ad un'entità collettiva giuridica e politica caratterizzata da un ordinamento autonomo esercitato su un territorio e su una popolazione per mezzo di varie istituzioni; in questa accezione la parola Stato viene generalmente scritta con l'iniziale maiuscola: *rapporti tra Stato e Chiesa*; *il Capo dello Stato*. Nell'uso corrente il termine viene impiegato anche per indicare il solo territorio: *stato grande, piccolo*; *invadere, conquistare, occupare uno stato*. A seconda della forma istituzionale prescelta, si può parlare di *Stato repubblicano* o *monarchico*; lo *Stato federale*, cioè lo Stato composto da enti territoriali muniti di un'ampia sfera di autonomia, si contrappone allo *Stato unitario*, in cui un solo ente è titolare della sovranità e nel quale le autonomie territoriali sono controllate da un'autorità centrale; lo *Stato democratico*, che garantisce il godimento dei diritti individuali e politici a tutti i cittadini, si contrappone allo *Stato totalitario*, controllato da un partito unico e in cui vige un'organizzazione dittatoriale che non consente una diretta partecipazione del cittadino alle istituzioni. Altre locuzioni formate con stato hanno significati particolari: *stato del benessere*, *stato assistenziale*, oppure, con termine inglese, *welfare state*, designano uno stato concepito come equo redistributore del reddito e fornitore di servizi assistenziali a tutti i cittadini; così la *ragione di Stato* è la logica dell'azione politica di uno Stato o anche l'interesse dello Stato come criterio di condotta politica, mentre un *affare di Stato* è una situazione particolarmente delicata o di grande importanza politica o diplomatica che concerne lo Stato; il *colpo di Stato*, invece, è un sovvertimento illegittimo dell'ordinamento costituzionale di uno Stato operato da un organismo dello Stato stesso, quale il governo (o membri di esso) o l'esercito.

Con **paese** ci si può riferire sia ad una nazione che ad uno Stato: *un grande paese*; *un paese libero, democratico*. Per estensione questo termine indica anche il complesso dei cittadini di uno Stato o di una nazione: *il paese quest'anno voterà due volte*. L'espressione *paese legale* designa il governo e la classe politica, mentre *paese reale* indica la grande maggioranza dei cittadini che non prendono parte direttamente alla vita pubblica.

La **patria**, il cui significato etimologico è "terra dei padri", è il paese comune ai componenti di una nazione, a cui essi si sentono legati come individui e come collettività sia per nascita, sia per motivi storico-culturali: *ogni uomo ama la propria patria*. In accezione più ristretta, patria designa anche il luogo o la città natale di qualcuno, oppure il luogo di origine di qualcosa: *un piccolo paese montano fu la sua patria*; *l'Australia è la patria dei canguri*.

Popolo e **popolazione** sono due termini con i quali si indica il complesso degli abitanti di uno Stato, una zona, una città o, in generale, delle persone che abitano un luogo qualsiasi: *il popolo di Firenze, di Bologna*; *la popolazione della città, della campagna*; *popolazione mite, laboriosa, combattiva*; *la densità della popolazione*. Con popolo, in particolare, si definisce anche l'insieme dei cittadini che costituiscono le classi economicamente e socialmente meno elevate: *provenire dal popolo*; *gente del popolo*. Anche **gente** può avere il significato di popolazione, nazione (nel senso etnico di stirpe): *la gente etrusca*; *le genti italiche*.

naziskin /*ingl.* 'na:tsi skin/ o **nazi-skin** [vc. ingl., comp. di *Nazi* 'nazista' e *skin*(*head*)] *s. m.* e *f. inv.* **CFR.** skinhead.

nazismo *s. m.* nazionalsocialismo.

nazìsta *s. m.* e *f.*; *anche agg.* nazionalsocialista, hitleriano, camicia bruna.

ne ***A*** *particella pron. atona m.* e *f. sing.* e *pl.* ***1*** di lui, di lei, di essi, di esse ***2*** di questo, di quello, di questa, di quella, di questi, di quelli, di queste, di quelle ***3*** di ciò, di questo, di questa cosa ***4*** da ciò, da questo, da questa cosa ***B*** *avv.* di lì, di là, da quel luogo, di qui, di qua.

né *cong.* e non, neppure, nemmeno, neanche **CONTR.** e, sia, e anche, e pure.

neànche *avv.* e *cong.* neppure, nemmeno, manco, nemmanco, né **CONTR.** anche, pure, perfino.

nébbia *s. f.* ***1*** bruma, foschia, smog (*ingl.*), caligine, vapori, fumo **CONTR.** aria limpida, aria tersa, sereno ***2*** (*fig.*) (*di pensiero, di discorso, ecc.*) offuscamento, nebulosità, velo, nebbiosità, oscurità, confusione **CONTR.** chiarezza, lucidità ***3*** (*bot.*) albugine, mal bianco, oidio.

NEBBIA
sinonimia strutturata

La **nebbia** è la sospensione nell'aria di minuscole goccioline, formatesi per condensazione del vapore acqueo intorno a nuclei di pulviscolo atmosferico, che riducono notevolmente la visibilità: *nebbia densa, rada, fitta, leggera*; *le nebbie del nord*; *banco di nebbia*. L'espressione *nebbia che si taglia col coltello* è una iperbole con cui si definisce una nebbia particolarmente fitta e densa, impenetrabile allo sguardo. L'accrescitivo *nebbione* indica una nebbia molto fitta, mentre il diminutivo *nebbiolina* si riferisce ad una nebbia leggera o ad una foschia. Per la caratteristica del fenomeno che designa, il termine nebbia si presta anche ad un uso figurato col significato di offuscamento, impalpabilità, inconsistenza: *la nebbia dell'ignoranza*; *ricordi avvolti nella nebbia*.

La **foschia** è causata dalla sospensione nell'aria di goccioline microscopiche che riducono la visibilità e donano all'atmosfera un aspetto grigiastro, caliginoso. Propriamente la **caligine** è dovuta alla sospensione nell'aria di particelle minutissime di sostanze, quali smog o cenere, che conferiscono al paesaggio un aspetto opalescente. In generale la parola caligine può riferirsi a foschia, nebbia, vapore o fumo: *le ciminiere della fabbrica provocavano una fitta caligine*. **Bruma** è termine letterario per definire sia la foschia che la nebbia.

Lo **smog** è un insieme di nebbia, fumo e fini residui di combustione che inquinano l'atmosfera, specie nei grandi centri industriali. Il **fumo** è il complesso dei prodotti gassosi di una combustione che trascinano in sospensione particelle solide, quali ceneri, carbone incombusto o solo parzialmente combusto e simili: *fumo denso, nero, soffocante*; *il fumo dell'incendio*. Per estensione tale termine sta ad indicare qualsiasi esalazione che ha apparenza di fumo: *il fumo della pentola, del cibo bollente*.

Il **vapore** per antonomasia è il *vapore acqueo*, cioè il vapore che si sviluppa dall'acqua in ebollizione. Nel linguaggio fisico e chimico un vapore è un aeriforme a temperatura inferiore a quella critica che si sviluppa da un liquido per evaporazione o ebollizione o da un solido per sublimazione. Il plurale di vapore, **vapori**, indica fumo, nebbia e qualunque altra esalazione percepibile coi sensi: *vapori d'incenso*; *gli umidi vapori del mattino*; *i mefitici, malsani vapori delle paludi*.

nebbióso *agg.* **1** coperto di nebbia, brumoso (*lett.*), brumale (*lett.*), caliginoso, fosco, nebuloso **CONTR.** chiaro, terso, sereno **2** (*fig.*) (*di pensiero, di discorso, ecc.*) confuso, poco chiaro, nebuloso, fumoso, indistinto, oscuro, tenebroso **CONTR.** chiaro, comprensibile, perspicuo, evidente, lucido.

nebulizzàre *v. tr.* atomizzare, polverizzare, vaporizzare, spruzzare finemente, inalare.

nebulizzatóre *s. m.* umidificatore, vaporizzatore, spruzzatore, spray (*ingl.*), atomizer (*ingl.*), atomizzatore, polverizzatore, inalatore, aerosol.

nebulosità *s. f.* **1** caligine, nuvolosità, foschia, bruma, nebbiosità □ nebbia **CONTR.** limpidezza, limpidità, trasparenza **2** (*fig.*) (*di pensiero, di discorso, ecc.*) indeterminatezza, vaghezza, nebbia, fumosità, confusione, astrattezza **CONTR.** chiarezza, perspicuità, lucidità, nitidezza.

nebulóso *agg.* **1** caliginoso, fosco, nebbioso, brumoso (*lett.*) **CONTR.** limpido, terso, trasparente **2** (*fig.*) (*di pensiero, di discorso, ecc.*) oscuro, incerto, vago, confuso, fumoso **CONTR.** chiaro, comprensibile, lucido, nitido, perspicuo, evidente, eclatante. *V. anche* INCERTO

nécessaire /*fr.* nesɛ'sɛr/ [vc. fr., propriamente 'necessario'] *s. m. inv.* (*per attrezzi, oggetti utili, ecc.*) valigetta, astuccio, cassetta, borsa □ (*per toeletta*) beauty-case (*ingl.*), beauty (*ingl.*), trousse (*fr.*).

necessariaménte *avv.* per necessità, di necessità, assolutamente, inevitabilmente, fatalmente, obbligatoriamente, forzatamente, indispensabilmente □ ovviamente, evidentemente □ logicamente, conseguentemente, certamente **CONTR.** niente affatto, per nulla, minimamente.

necessàrio ***A*** *agg.* indispensabile, essenziale, fondamentale, vitale, insopprimibile, inevitabile, inderogabile, obbligatorio, logico, fatale, urgente □ utile, occorrente, doveroso, debito, giusto, sufficiente, conveniente **CONTR.** superfluo, secondario, accessorio, contingente, sovrabbondante, eccessivo, facoltativo, opzionale, eccedente □ inutile, vano, ozioso, insignificante, infruttuoso, sterile □ sconveniente, inopportuno, ingiusto ***B*** *s. m. solo sing.* fabbisogno, occorrente, indispensabile **CONTR.** superfluo, eccesso, eccedenza.

necessità *s. f.* **1** esigenza, urgenza, emergenza, occorrenza, indispensabilità, bisogno, bisogna (*lett.*), uopo (*lett.*) **CONTR.** superfluità **2** costrizione, obbligo, forza (maggiore) **CONTR.** libertà **3** ineluttabilità, inevitabilità □ fato, fatalità, destino **CONTR.** contingenza □ evitabilità **4** povertà, miseria, indigenza, penuria **CONTR.** benessere, ricchezza, opulenza, superfluo **FRAS.** *fare di necessità virtù*, rassegnarsi all'inevitabile.

necessitàre ***A*** *v. tr.* richiedere, esigere, reclamare, costringere, obbligare, impegnare **CONTR.** lasciar libero ***B*** *v. intr.* essere necessario, dovere, bisognare, abbisognare, occorrere, urgere □ mancare **CONTR.** essere inutile, essere superfluo. *V. anche* COSTRINGERE, VOLERE

necrològio *s. m.* **1** necrologia, annuncio mortuario □ elogio funebre **2** (*eccl.*) registro dei morti, obituario.

necròsi *s. f.* cancrena, gangrena, infarto □ putredine.

nefandézza *s. f.* turpitudine, indegnità, empietà, ignominia, scelleratezza, scellerataggine □ infamia, abominio, atrocità, misfatto, vergogna □ crimine, delitto □ barbarie. *V. anche* INFAMIA

nefàndo *agg.* abominevole, turpe, empio, infame, cattivo, vergognoso, scellerato, vituperabile, esecrabile, esecrando, atroce, innominabile □ delittuoso, criminale □ barbaro **CONTR.** encomiabile, lodevole, onorevole, onesto, virtuoso, civile.

nefàsto *agg.* infausto, disgraziato, malaugurato, sfortunato □ funesto, luttuoso □ incurabile, calamitoso, dannoso, esiziale, maledetto, sinistro **CONTR.** fasto, fausto, felice, fortunato, favorevole, lieto, propizio, provvidenziale. *V. anche* DANNOSO

negàre *v. tr.* **1** non riconoscere, disdire, smentire, ritrattare, confutare, contestare, contrastare, misconoscere, disconoscere, contraddire, non ammettere **CONTR.** affermare, confermare, asserire, ribadire, attestare, confessare, sostenere, ammettere, riconoscere **2** (*ass.*) dire di no, rispondere di no □ (*est.*) non confessare **CONTR.** confermare, dire di sì, rispondere di sì, assentire, annuire **3** non concedere, rifiutare, ricusare, impedire, proibire, vietare **CONTR.** dare, concedere, lasciare, tollerare.

negatìva *s. f.* **1** negazione □ rifiuto, diniego **CONTR.** assenso, consenso, accettazione **2** (*fot.*) **CONTR.** positiva.

negativaménte *avv.* **1** (*di risposta*) con una negazione, rifiutando, dicendo di no, con un no, criticamente **CONTR.** affermativamente, dicendo di sì, con un sì **2** (*di comportamento*) in modo negativo, sfavorevolmente **CONTR.** positivamente, favorevolmente, assertivamente, costruttivamente.

negativo ***A*** *agg.* **1** di negazione, di rifiuto **CONTR.** affermativo, asseverativo **2** contrario, opposto, svantaggioso, sfavorevole, avverso, ostile □ cattivo, disastroso, infelice, no □ yin CONTR. positivo, soddisfacente, favorevole, propizio, costruttivo, vantaggioso □ yang **3** (*mat.*) minore di zero CONTR. positivo **B** *s. m.* (*fot.*) CONTR. positivo.

negàto *part. pass. di* **negare**; *anche agg.* **1** rifiutato, non concesso □ contestato, contrastato, interdetto, proibito □ smentito CONTR. concesso, consentito, accordato, tollerato, confessato, ammesso, confermato **2** inadatto, non portato, inetto, refrattario CONTR. adatto, portato, tagliato, incline.

negazióne *s. f.* **1** rifiuto, no, diniego, negativa, contestazione, contrapposizione, ripulsa, contraddizione, veto □ smentita, ritrattazione, disconoscimento, sconfessione, rinuncia CONTR. consenso, affermazione, confessione, asserzione, concessione **2** contrario, antitesi, opposto, rovescio CONTR. realizzazione, attuazione. *V. anche* CONTRADDIZIONE, RIFIUTO

neghittóso *agg.* pigro, lento, poltrone, accidioso, indolente, infingardo, ignavo (*lett.*), fiacco, scansafatiche, svogliato, apatico, negligente, pelandrone, torpido, inoperoso CONTR. attivo, operoso, solerte, sollecito, svelto, dinamico, alacre, volitivo, intraprendente.

negligènte *agg.*; *anche s. m.* e *f.* **1** (*di persona*) disattento, distratto, sbadato □ pigro, indolente, sonnacchioso, svogliato, neghittoso □ (*raro*) trascurato, sciatto, trasandato, dimesso, disordinato, poco sollecito, incurante, noncurante, oscitante (*raro*) CONTR. accurato, coscienzioso, rigoroso, attento, diligente, efficiente, solerte, sollecito, volenteroso, scrupoloso, zelante **2** (*di lavoro*) sciatto, trascurato, poco preciso, impreciso, disordinato CONTR. accurato, preciso, esatto, minuzioso, ordinato, diligente. *V. anche* SBADATO

negligènza *s. f.* trascuratezza, disattenzione, svogliatezza, sbadataggine, distrazione, svogliataggine, ignavia (*lett.*), incuria, indolenza, noncuranza, incuranza, pigrizia, cialtroneria, dilettantismo, oscitanza (*raro*), sciatteria □ dimenticanza, errore, mancanza, leggerezza CONTR. diligenza, attenzione, accuratezza, precisione, studio, zelo, cura, rigore, solerzia, buona voglia, volontà. *V. anche* PIGRIZIA

negoziànte *s. m.* e *f.* commerciante, mercante, esercente, bottegaio, venditore, trafficante, dettagliante, fornitore, rivenditore CFR. cliente, avventore, compratore □ grossista.

negoziàre *v. tr.* **1** (*di merce*) commerciare, trafficare, comprare e vendere, contrattare, mercanteggiare **2** (*est.*) (*di accordo, di pace, ecc.*) trattare, discutere, patteggiare, intavolare trattative.

negoziàto **A** *part. pass. di* **negoziare**; *anche agg.* **1** (*di merce*) trattato, contrattato **2** (*di accordo, di pace, ecc.*) trattato, patteggiato, concordato **B** *s. m.* trattativa, patto, patteggiamento, negoziazione, incontro □ contrattazione, discussione.

negoziatóre *s. m.* (*f. -trice*) mediatore, intermediario, sensale, broker (*ingl.*) □ incaricato, inviato, legato.

negòzio *s. m.* **1** (*di attività*) affare, faccenda, traffico, commercio, contrattazione, compravendita, negoziazione, trattativa, vendita, smercio, operazione commerciale □ scambio, baratto **2** (*di luogo*) bottega, laboratorio, emporio, spaccio, esercizio, rivendita, salone, boutique (*fr.*), bazar, magazzino **3** (*lett.*) occupazione, attività, lavoro. *V. anche* MERCATO

negrière o **negrièro** *s. m.* **1** mercante di schiavi □ schiavista CONTR. antischiavista **2** (*fig.*) sfruttatore, padrone esoso, aguzzino.

négro **A** *agg.* **1** (*di persona*) di razza negra CFR. bianco, giallo, ecc. **2** (*di poesia, di arte, ecc.*) dei negri **B** *s. m.* **1** persona di razza negra, nero **2** (*scherz.*) schiavo. *V. anche* NERO

negromànte *s. m.* e *f.* indovino, stregone, mago, sciamano, chiromante, aruspice, veggente.

némbo *s. m.* **1** nube bassa, nube oscura, nube temporalesca □ (*poet.*) pioggia, scroscio, temporale, tempesta **2** (*fig., lett.*) moltitudine, abbondanza, sciame, grande quantità CONTR. scarsità.

nèmesi [da *Nemesi*, dea greca della giustizia] *s. f.* (*fig.*) vendetta, castigo (della divinità, della storia, ecc.) □ giustizia, compensazione.

nemìco **A** *agg.* **1** avverso, contrario, ostile, malevolo CONTR. amico, favorevole, solidale **2** (*fig.*) dannoso, nocivo, infesto (*lett.*) CONTR. benefico, giovevole, utile **B** *s. m.* avversario, oppositore, oppugnatore, antagonista, invasore, rivale, oste (*ant.*) CONTR. alleato, socio, amico, compagno, fautore, seguace, simpatizzante, sostenitore. *V. anche* RIVALE

nemméno *avv.* e *cong.* neanche, neppure, né (*ant.*), manco (*fam.*), nemmanco (*region.*).

nènia *s. f.* **1** canto funebre, lamento funebre **2** cantilena □ ninna nanna **3** (*fig.*) lagna, piagnisteo.

nèo *s. m.* **1** (*med.*) macchia cutanea, voglia **2** (*fig.*) imperfezione, difettuccio, pecca, macchia, tara, magagna, sbaglio, tacca (*raro*). *V. anche* IMPERFEZIONE

neòfita o **neòfito** *s. m.* e *f.* **1** catecumeno, proselito, iniziato, nuovo convertito **2** (*est., fig.*) novizio CONTR. veterano.

neologìsmo *s. m.* (*ling.*) nuova formazione, neoformazione, parola nuova, vocabolo nuovo, frase nuova CONTR. arcaismo.

neonàto **A** *agg.* **1** (*di essere*) appena nato, nato da poco, bebé, baby (*ingl.*), lattante, poppante, piccino **2** (*di cose*) formato da poco, sorto da poco □ nuovissimo, recentissimo **B** *s. m.* bambino appena nato.

nepotìsmo *s. m.* (*est.*) favoreggiamento (di parenti o amici), favoritismo, clientelismo.

neppùre *avv.* e *cong.* neanche, nemmeno, nemmanco (*region.*), tampoco CONTR. anche, pure.

neràstro *agg.* tendente al nero, nericcio, nerognolo, bruno, fuligginoso (*est.*) CFR. biancastro, rossastro, verdastro, ecc.

nerazzùrro *agg.*; *anche s. m.* (*calcio*) interista.

nerbàta *s. f.* **1** colpo di nerbo, frustata, staffilata **2** (*est.*) botta, colpo.

nèrbo *s. m.* **1** (*ant.*) nervo, tendine (*lett.*) **2** scudiscio, staffile, frusta, sferza □ (*est.*) bastone **3** (*fig.*) (*di esercito e sim.*) parte più forte, parte più importante, nucleo, fulcro CONTR. punto debole **4** (*fig.*) (*di persona, di discorso, ecc.*) forza, vigore, vigoria, robustezza, energia **CONTR.** debolezza, gracilità, snervatezza.

nerborùto *agg.* muscoloso, massiccio, ben piantato, robusto, forte, gagliardo, taurino, forzuto, erculeo **CONTR.** debole, delicato, gracile, mingherlino, esile. *V. anche* ROBUSTO

nerétto *s. m.* ***1*** *dim. di* **nero** ***2*** (*tip.*) grassetto ***3*** (*giorn.*) articolo in grassetto.

nerìssimo *agg. sup. di* **nero**; corvino, scurissimo, ebano, pìceo (*lett.*).

néro ***A*** *agg.* ***1*** scurissimo, corvino, atro (*lett.*), bruno intenso, moro, carbone, ebano □ (*fam.*) abbronzato **CFR.** bianco, chiaro, candido ***2*** (*est.*) (*spec. di cielo*) buio, fosco, cupo, oscuro, tenebroso, plumbeo **CONTR.** luminoso, soleggiato ***3*** (*fig.*) (*di avvenimento*) luttuoso, funesto, doloroso **CONTR.** lieto, fausto, fortunato, piacevole ***4*** (*fig.*) (*di giorno, di umore, ecc.*) triste, malinconico, mesto □ arrabbiato, furibondo, incazzato (*volg.*) **CONTR.** allegro, festoso, gaio, gioioso, lieto, felice ***5*** (*di romanzo, ecc.*) macabro, misterioso, poliziesco, thriller (*ingl.*), thrilling (*ingl.*), noir (*fr.*) □ giallo **CONTR.** rosa ***6*** (*fig.*) (*di persona*) cattivo, malvagio, crudele, spietato **CONTR.** buono, benigno, dolce, mite, mansueto, umano ***7*** (*fig., polit.*) clericale □ fascista, neofascista **CONTR.** laico □ antifascista ***8*** (*fig.*) (*di fondi*) segreto, illegale □ (*di mercato*) clandestino □ (*di lavoro, ecc.*) sommerso ***B*** *s. m.* ***1*** persona di razza negra, negro ***2*** scuro **CFR.** bianco, chiaro **FRAS.** *pane nero*, pane integrale □ *vino nero*, vino rosso scuro □ *occhiali neri*, occhiali affumicati □ *vedere tutto nero* (*fig.*), essere pessimista.

NERO
sinonimia strutturata

In fisica, si definisce **nero** un corpo la cui superficie assorbe completamente ogni radiazione. Correntemente, l'aggettivo corrisponde al letterario **atro**, e descrive ciò che ha colore **scurissimo**: *occhi, capelli neri*; *vernice nera*; *essere scurissimo come l'inchiostro*; rappresentano efficacemente l'immagine del nero i sostantivi **ebano** e **carbone**, che in questo senso vengono adoperati in funzione di aggettivi: *capelli di un nero ebano*. Il nero lucido caratteristico delle penne del corvo si dice invece **corvino**: *chioma corvina*. **Bruno intenso** e **moro** descrivono invece un nero che tende lievemente al marrone.

L'aggettivo nero viene usato spesso per descrivere il cielo, e allora si avvicina ai meno forti **cupo** e **plumbeo**, che si riferiscono a un cielo particolarmente coperto; **buio** si adopera anche per descrivere l'aspetto del cielo notturno, mentre **fosco** e **tenebroso** possono evocare una sensazione di mistero o di imminente pericolo.

In senso figurato è nero ciò che è caratterizzato da avversità, sfortune, e che è quindi **doloroso** o **funesto**, che evoca maggiormente l'idea di una sorte contraria: *giorni neri*; *questo è un periodo funesto per me*. Più incisivo è **luttuoso**, che si riferisce ad eventi di morte. Per estensione, si definisce così anche ciò che è **tetro**, ovvero nettamente improntato a tristezza, pessimismo: *umore nero*; *vedere tutto nero*; *ha un aspetto tetro*; meno forti sono **triste** e soprattutto **malinconico** e **mesto**, che possono suggerire anche un certo compiacimento o piacere nell'abbandonarsi a pensieri non lieti.

L'umor nero può derivare non solo da avvilimento ma anche da ira o stizza, e allora l'aggettivo corrisponde ad **arrabbiato** o al volgare **incazzato**; più deciso è **furibondo**, che suggerisce una collera impetuosa o incontenibile.

In un'ulteriore area semantica, nero corrisponde a **fascista**, inteso anche nel senso di appartenente ad un movimento politico di estrema destra: *brigate nere*; *governo nero*. Così figuratamente equivale a **clericale**, ossia dei sacerdoti: *aristocrazia nera*.

Per estensione, e relativamente ad esempio a generi letterari o cinematografici, nero descrive ciò che è **macabro**, che cioè ricorda la morte, specialmente nei suoi aspetti più impressionanti, o che risulta comunque spaventoso, orrido: *umorismo nero*; *il racconto è pieno di episodi macabri*.

Anche chi o ciò che è permeato da perfidia e scelleratezza si dice nero, e in questo senso l'aggettivo corrisponde a **cattivo** o a **malvagio**, che evoca particolare malizia: *anima nera*; *pensieri malvagi*. Più incisivi sono **crudele** e soprattutto **spietato**, che indica una totale mancanza di umanità.

Sempre figuratamente, si definisce nero anche ciò che è **illegale**, ossia caratterizzato da mancato rispetto delle leggi; ad esempio, se riferito al mercato o alla borsa, l'aggettivo coincide con **clandestino**, mentre i fondi neri sono quelli **segreti** usati per finanziamenti illeciti o altre attività illegali e sommerse; in sostanza, in quest'accezione nero coincide con **sommerso**, non dichiarato e quindi non soggetto a ritenute fiscali, previdenziali, ecc.: *lavoro nero*.

Come sostantivo, nero indica estensivamente un individuo che appartiene alla razza caratterizzata da pelle scura o nera, capelli lanosi, naso piatto. Il vocabolo è decisamente preferibile rispetto al sinonimo **negro**, che è a tutt'oggi molto usato ma che spesso assume una valenza spregiativa ed è quindi in genere considerato offensivo; ugualmente, nel riferirsi ai neri d'America il termine più appropriato è **afroamericano**.

nervatùra *s. f.* ***1*** (*di foglia*) nervo, costa, rachide ***2*** (*arch.*) cordonatura, centina, costa, costolone ***3*** (*di libro, di abito*) cordoncino.

nèrvo *s. m.* ***1*** (*impropriamente*) fascio muscolare, tendine, muscolo ***2*** (*raro, fig.*) nerbo, forza, energia, vigore, vigoria **CONTR.** debolezza, gracilità ***3*** (*bot.*) (*di foglia*) nervatura ***4*** (*dell'arco*) corda ***5*** staffile, sferza, scudiscio **FRAS.** *dare ai nervi* o *far venire i nervi*, irritare, infastidire □ *avere i nervi*, essere di cattivo umore □ *avere i nervi a fior di pelle*, essere molto nervoso.

nervosaménte *avv.* con nervosismo, concitatamente, impazientemente, stizzosamente, smaniosamente, agitatamente **CONTR.** con calma, placidamente, pacatamente, serenamente, tranquillamente.

nervosìsmo *s. m.* eccitazione, concitazione, elettricità (*fig.*), elettrizzazione (*fig.*), inquietudine, impazienza, irritazione, eccitabilità, nervoso, nervosità, tensione, smania, irritabilità, nevrastenia, nevrosi **CONTR.** calma, relax (*ingl.*), placidezza, placidità, tranquillità, impassibilità, imperturbabilità.

nervóso ***A*** *agg.* ***1*** di nervo, di nervi ***2*** debole di nervi, nevrotico, sovreccitabile, irritabile, eccitabile, suscettibile □ teso, ansioso, agitato, irrequieto, elettrico, eccitato, smanioso, scalpitante, impaziente, contratto □ isterico, nevrastenico **CONTR.** calmo, beato, sereno, serafico, pacifico, placido, tranquillo, impassibile, quieto, imperturbabile ***3*** (*di fisico*) agile, asciutto, snello, scattante, vigoroso, tutto muscoli **CONTR.** adiposo, corpulento, grasso, obeso, pingue, pesante, lento ***4*** (*di stile*) conciso, stringato, efficace, incisivo, espressivo **CONTR.** debole, fiacco, prolisso, sciatto, trascurato ***B*** *s. m.* (*fam.*) nervosità, nervosismo, tensione, eccitazione **CONTR.** calma, tranquillità, serenità, equilibrio.

nèsso *s. m.* connessione, collegamento, unione, legame, relazione, adentellato, trait d'union (*fr.*), riferimento, rapporto, interdipendenza, attinenza, analogia **CONTR.** sconnessione.

nessùno ***A*** *agg. indef. dif. del pl.* ***1*** neanche uno, neppure uno, nemmeno uno, niuno (*lett.*), veruno (*lett.*) **CONTR.** qualche, tutti ***2*** (*spec. in prop. interr. o dubitative*) qualche, alcuno ***B*** *pron. indef.* ***1*** neanche uno, neppure uno, nemmeno uno **CONTR.** tutti ***2*** (*spec. in prop. interr. o dubitative*) qualcuno, qualcheduno, qualche persona ***C*** *in funzione di s. m. inv.* persona di nessun valore, nullità **CONTR.** qualcuno **FRAS.** *figlio di nessuno*, trovatello.

net /*ingl.* net/ [vc. ingl., letteralmente 'rete'] *s. m. inv.* (*nel tennis e nel ping pong*) colpo nullo, rete.

nettaménte *avv.* ***1*** chiaramente, comprensibilmente, con precisione □ distintamente, nitidamente **CONTR.** confusamente, oscuramente ***2*** decisamente, recisamente, assolutamente, inequivocabilmente, categoricamente □ di gran lunga **CONTR.** blandamente, delicatamente □ per nulla ***3*** francamente, schiettamente **CONTR.** ipocritamente, falsamente.

nèttare (1) *s. m.* ***1*** (*di fiori, di foglie*) liquido dolce ***2*** (*mitol.*) ambrosia ***3*** (*est.*) bevanda dolce, vino squisito **CONTR.** beverone, beveraggio, intruglio.

nettàre (2) *v. tr.* pulire, ripulire, tergere, astergere, detergere, forbire, mondare, espurgare (*raro*), lavare, scopare, spazzare, sbrattare **CONTR.** sporcare, insudiciare, insozzare, imbrattare, lordare, macchiare. *V. anche* PULIRE

nettarìna *s. f.* (*bot.*) nocepesca, pescanoce.

nettézza *s. f.* ***1*** pulizia, pulitezza (*raro*), lindezza, lindura (*raro*), nitidezza, nitore **CONTR.** sporcizia, lordura, lordezza (*raro*), lerciume, sudiciume ***2*** (*fig.*) integrità, onestà, probità, purezza **CONTR.** impurità, impudicizia, sozzura, corruzione, sordidezza, disonestà ***3*** (*fig.*) precisione, esattezza, chiarezza, forbitezza, pulizia **CONTR.** negligenza, trascuratezza, imprecisione.

nétto ***A*** *agg.* ***1*** pulito, lavato, lindo, nitido, mondo, terso, lucido, senza macchie **CONTR.** sporco, sudicio, insudiciato, imbrattato, bisunto, lordo, lercio, lurido, sozzo, insozzato ***2*** (*fig.*) (*di persona*) puro, illibato, onesto, virtuoso, senza colpa **CONTR.** impuro, impudico, corrotto, depravato, disonesto, immondo, squallido, sordido ***3*** (*fig.*) (*di discorso, di contorno, ecc.*) chiaro, distinto, esatto, incisivo, preciso, forbito □ secco, deciso, categorico, inequivocabile, reciso **CONTR.** confuso, vago, impreciso, sfumato, evanescente ***4*** (*di peso, di denaro, ecc.*) depurato, defalcato, senza tara, detratte le spese **CONTR.** lordo ***B*** *avv.* chiaramente, chiaro, preciso, chiaro e tondo, senza reticenze, senza riserbo **CONTR.** ambiguamente, confusamente, vagamente, copertamente **FRAS.** *di netto*, completamente □ *al netto*, fatte le dovute detrazioni □ *peso netto*, peso senza tara.

netturbìno *s. m.* spazzino.

network /*ingl.* 'netwə:k/ [vc. ingl., propriamente 'lavoro a rete'] *s. m. inv.* rete televisiva, consorzio televisivo, televisione.

neutràle *agg.* imparziale, estraneo, indifferente, né per l'uno né per l'altro, neutro, obiettivo, spassionato, equidistante □ non allineato **CFR.** partigiano, tendenzioso □ parziale □ interventista, espansionista, belligerante. *V. anche* OBIETTIVO

neutralità *s. f.* ***1*** imparzialità, indifferenza, equidistanza **CONTR.** parzialità, partigianeria, spirito di parte ***2*** neutralismo, non intervento **CFR.** intervento, belligeranza. *V. anche* OBIETTIVO

neutralizzàre *v. tr.* ***1*** (*di persona, di popoli*) rendere neutrale **CONTR.** militarizzare ***2*** (*chim.*) togliere acidità, togliere alcalinità ***3*** (*fig.*) (*di persona, di impresa*) fermare, bloccare, rendere vano, rendere innocuo, marcare, impedire, sventare, vanificare **CONTR.** aiutare, appoggiare, favorire.

nèutro *agg.* ***1*** (*di persona, di cosa*) né l'uno né l'altro, né dell'uno né dell'altro ***2*** (*di genere*) né maschile né femminile □ (*fig.*) indifferenziato, asessuato (*raro*) **CFR.** maschile, femminile ***3*** neutrale, imparziale **CONTR.** partigiano, parziale ***4*** (*di colore, di sapore, ecc.*) indefinibile, indefinito, poco distinguibile, poco brillante, poco espressivo **CONTR.** ben definito, spiccato, netto, brillante, espressivo ***5*** (*chim.*) **CONTR.** acido, basico.

néve ***A*** *s. f.* ***1*** **CFR.** nevischio, tormenta, ghiaccio ***2*** (*fig.*) candore, bianchezza ***3*** (*gerg.*) cocaina ***B*** *agg. inv.* (*posposto al s.*) (*di colore*) candido, bianchissimo, niveo (*lett.*).

nevóso *agg.* ***1*** di neve, nivale ***2*** (*est.*) (*di luogo*) coperto di neve, innevato □ soggetto a nevicate □ (*di tempo*) foriero di neve.

nevràlgico *agg.* di nevralgia **FRAS.** *punto nevralgico* (*fig.*), punto critico, punto cruciale, punto più delicato, punto più difficile, fase più delicata.

nevrastenìa *s. f.* ***1*** debolezza di nervi ***2*** (*est.*) eccitabilità, irritabilità, suscettibilità, nervosismo, nervoso, tensione, eccitazione **CONTR.** calma, placidità, tranquillità, serenità.

nevrastènico ***A*** *agg.* ***1*** di nevrastenia ***2*** (*anche sost.*) nervoso, nevrotico, irritabile, iroso **CONTR.** calmo, placido, quieto, tranquillo, sereno ***B*** *s. m.* ammalato di nevrastenia.

nevròsi *s. f.* malattia nervosa □ (*est.*) irritabilità, nervosismo **FRAS.** *nevrosi ossessiva*, psicastenia.
nevròtico *agg.; anche s. m.* ***1*** di nevrosi ***2*** affetto da nevrosi, psicastenico, nevrastenico □ nervoso, ipereccitabile, irritabile **CONTR.** calmo, placido, tranquillo, quieto.
new look /*ingl.* nju: luk/ [vc. ingl., 'nuova moda'] *loc. sost. m. inv.* nuovo modo di essere, nuovo modo di apparire, nuovo comportamento.
nìcchia *s. f.* ***1*** cavità, incavo, vano, vuoto □ (*est.*) cameretta, sgabuzzino □ loculo, tomba, tabernacolo, edicola, cappella ***2*** (*pop., tosc.*) conchiglia ***3*** (*fig.*) occupazione, ufficio, carica poco impegnativa □ (*econ.*) segmento di mercato **FRAS.** (*biol.*) *nicchia ecologica*, habitat (*lat.*).
nicchiàre *v. intr.* ***1*** (*lett.*) (*di partoriente*) lamentarsi, gemere ***2*** (*fig.*) (*di persona*) esitare, tentennare, traccheggiare, trimpellare (*tosc.*), tergiversare, titubare, essere incerto, essere indeciso, schermirsi **CONTR.** essere risoluto, agire con risolutezza, essere deciso.
nichilìsmo *s. m.* (*est.*) nullismo □ anarchia.
nichilìsta *s. m. e f.; anche agg.* (*est.*) anarchico, sovversivo, libertario (*est.*).
nidiàta *s. f.* ***1*** covata, figliata ***2*** (*est.*) (*di animali piccoli, di bambini*) famiglia, gruppo ***3*** (*fig.*) figliolanza, prole, cucciolata (*fam.*).
nidificàre *v. intr.* fare il nido □ (*est.*) stabilirsi, fissarsi.
nìdo *s. m.* ***1*** (*di animali*) ricovero di uccelli □ (*est.*) tana, covo, covacciolo (*tosc.*), covile, cova ***2*** (*fig.*) casa, casa natia, focolare domestico □ (*est.*) patria ***3*** (*fig.*) (*di banditi, di spie, ecc.*) nascondiglio, base, rifugio, ricettacolo, ricetto, covo **FRAS.** *asilo nido*, asilo per bambini, pouponnière (*fr.*).
niènte ***A*** *pron. indef.* ***1*** nulla, nessuna cosa **CONTR.** tutto, molto, parecchio ***2*** poca cosa, inezia, quisquilia, bazzecola ***3*** (*spec. in prop. interr. o dubitative*) qualcosa ***B*** *agg. indef. inv.* (*fam.*) nessuno, nessuna ***C*** *in funzione di s. m. inv.* ***1*** nulla, nullità, zero □ (*non sapere, non dire e sim.*) un'acca, un cazzo (*volg.*), un accidente, una sillaba **CONTR.** tutto ***2*** poca cosa ***D*** *avv.* non affatto, per nulla, un accidente, un corno, un cazzo (*volg.*), in alcun modo, punto **FRAS.** *non fa niente*, non ha importanza □ *non farsi niente*, non farsi male □ *cosa da niente*, cosa di poco valore □ *persona da niente*, persona inetta □ *essere un niente*, essere una nullità □ *venire dal niente*, avere umili origini □ *ridursi al niente*, perdere tutto □ *per niente*, in nessun modo; gratis.
nientedimèno *avv.* addirittura, nientemeno, perfino.
nientemèno *avv.* nientedimeno, addirittura, perfino.
night /*ingl.* 'nait/ [ingl., acrt. di *night-club*] *s. m. inv.* (*fam.*) night-club (*ingl.*), tabarin (*fr.*), locale notturno, tavernetta, boîte (*fr.*), café-chantant (*fr.*), cabaret (*fr.*).
night-club /*ingl.* 'nait klʌb/ [vc. ingl., comp. di *night* 'notte' e *club*] *loc. sost. m. inv.* locale notturno, tabarin (*fr.*), night (*ingl.*), taverna.
nìnfa *s. f.* ***1*** (*mitol.*) dea minore ***2*** (*fig., lett.*) fanciulla graziosa ***3*** (*zool.*) crisalide, pupa.
ninnanànna o **nìnna nànna** *s. f.* (*per addormentare i bambini*) cantilena, filastrocca, berceuse (*fr.*).
ninnàre *v. tr.* cullare.
nìnnolo *s. m.* ***1*** trastullo, balocco, giocattolo ***2*** fronzolo, aggeggio, gingillo □ soprammobile, bibelot (*fr.*), cineseria.
nipóte *s. m. e f.* ***1*** figlio del figlio (o della figlia), figlio del fratello (o della sorella), abiatico (*sett.*) **CFR.** zio, nonno ***2*** (*al pl.*) (*fig.*) discendenti, posteri, eredi **CFR.** progenitore, ascendente, antenato.
nippònico *agg.* giapponese.
nirvàna *s. m. inv.* ***1*** (*nel buddismo*) quiete assoluta, beatitudine perfetta ***2*** (*fig.*) beatitudine, tranquillità, quiete □ astrazione dal mondo.
nitidaménte *avv.* limpidamente, luminosamente □ chiaramente, nettamente **CONTR.** confusamente, vagamente, in modo indistinto.
nitidézza *s. f.* ***1*** pulizia, nettezza, nitore (*lett.*), candidezza, candore, chiarezza, lindura, limpidezza, lucentezza, lucidità, luminosità, splendore **CONTR.** sporcizia, sudiciume, opacità, oscurità ***2*** (*fig.*) (*di stile*) precisione, chiarezza, forbitezza, pulizia, trasparenza **CONTR.** confusione, imprecisione, nebulosità.
nìtido *agg.* ***1*** netto, pulito, lucente, lucido, puro, lindo, mondo □ (*di cielo*) limpido, terso, trasparente, sereno **CONTR.** sporco, sudicio, torbido, opaco □ fosco, scuro, oscuro, caliginoso ***2*** (*fig.*) netto, ben delineato, distinto, plastico **CONTR.** vago, nebuloso, impreciso ***3*** (*fig.*) (*di stile*) chiaro, elegante, forbito, pulito, preciso **CONTR.** confuso, sciatto, disadorno, trasandato, trascurato. *V. anche* TRASPARENTE
nitóre *s. m.* ***1*** (*lett.*) nitidezza, nettezza, pulizia, ordine, chiarezza, limpidezza, lucentezza, lucidità, luminosità, splendore **CONTR.** sporcizia, sudiciume, disordine, opacità, torbidezza, oscurità ***2*** (*fig.*) (*di stile*) eleganza, forbitezza, chiarezza, pulizia, precisione **CONTR.** confusione, sciattezza, trascuratezza. *V. anche* ELEGANZA
nitrocellulósa *s. f.* (*chim.*) fulmicotone, cotone collodio.
nitroglicerìna *s. f.* (*chim.*) trinitrina, trinitroglicerina □ dinamite.
nìveo *agg.* (*lett.*) candido, bianchissimo □ biancheggiante **CFR.** nero, scuro, atro (*lett.*). *V. anche* BIANCO
no ***A*** *avv.* ***1*** per nulla, niente affatto **CONTR.** sì, sicuramente, naturalmente, evidentemente, esattamente ***2*** (*in frasi interrogative*) è vero?, non è vero? ***B*** *s. m. inv.* ***1*** rifiuto, negazione, risposta negativa, dissenso ***2*** (*spec. al pl.*) voto contrario ***C*** *in funzione di agg. inv.* (*di giornata, di momento, ecc.*) negativo, sfavorevole **FRAS.** *dire di no*, negare □ *se no*, altrimenti □ *sì e no*, all'incirca □ *stare tra il sì e il no*, essere indeciso. *V. anche* RIFIUTO
nobildònna *s. f.* donna nobile, gentildonna, baronessa, begum □ dama.
nòbile ***A*** *agg.* ***1*** titolato, blasonato, patrizio, aristocratico **CFR.** plebeo, proletario, popolano, popolare, borghese ***2*** decoroso, dignitoso, eletto, elevato, alto, augusto, gentile, insigne, signorile, cavalleresco, il-

lustre, ragguardevole, elegante □ generoso, magnanimo □ (*di scrittore, di libro, ecc.*) aulico, aureo **CONTR.** ignobile, miserabile, basso, indecoroso, spregevole, abietto, indegno, vile, turpe, volgare ***B*** *s. m.* e *f.* titolato, aristocratico, gentiluomo, patrizio, barone, dignitario, magnate, ottimate **CFR.** plebeo, proletario, popolano, borghese. *V. anche* GENEROSO, RARO

nobilitàre ***A*** *v. tr.* ***1*** insignire di titolo nobiliare ***2*** (*fig.*) conferire dignità, elevare, ingentilire, innalzare, migliorare, divinizzare (*est.*), idealizzare, sublimare **CONTR.** abbassare, banalizzare, corrompere, avvilire, svilire, involgarire ***B*** **nobilitarsi** *v. rifl.* elevarsi, innalzarsi, migliorarsi **CONTR.** abbassarsi, involgarirsi, degradarsi, tralignare.

nobilménte *avv.* aristocraticamente □ decorosamente, dignitosamente, generosamente, altamente, cavallerescamente, signorilmente **CONTR.** bassamente, indecorosamente, ignobilmente, volgarmente, spregevolmente, squallidamente, indegnamente.

nobiltà *s. f.* ***1*** condizione nobiliare, blasone □ aristocrazia, patriziato, nobili, casta nobiliare **CFR.** plebe, volgo, popolino, borghesia ***2*** (*fig.*) (*di professione*) dignità, importanza, eccellenza, superiorità **CONTR.** irrilevanza, trascurabilità, inferiorità ***3*** (*fig.*) (*di sentimenti*) distinzione, altezza, grandezza, elevatezza, spiritualità, finezza, gentilezza, signorilità, cavalleria □ generosità, magnanimità **CONTR.** ignobiltà, indegnità, bassezza, trivialità, volgarità, meschinità, cafoneria. *V. anche* DIGNITÀ

nobiluòmo *s. m.* uomo nobile, aristocratico, patrizio, gentiluomo **CFR.** popolano, plebeo, borghese.

nòcca *s. f.* ***1*** (*delle dita*) giuntura ***2*** (*del cavallo*) nodello ***3*** (*mecc.*) snodo.

nocchière o **nocchièro** *s. m.* (*lett.*) timoniere, pilota □ navigante, nauta (*lett.*), nostromo □ barcaiolo, battelliere.

nocciòla ***A*** *s. f.* frutto del nocciolo, nocchia (*dial.*), nocella (*dial.*), avellana ***B*** *in funzione di agg. inv.*; *anche s. m.* (*di colore*) marrone chiaro, beige (*fr.*), noisette (*fr.*).

nocciolina *s. f.* ***1*** *dim. di* **nocciola** ***2*** nocciolina americana, bagigi (*sett.*), arachide ***3*** avellana (*dial.*).

nòcciolo *s. m.* ***1*** (*bot.*) (*di frutto*) seme, osso, anima (*pop.*) ***2*** (*fig.*) essenza, sostanza, nucleo, centro, nodo, fulcro, sodo, cuore, significato sostanziale, aspetto peculiare, dunque **CONTR.** esterno, apparenza, superficie ***3*** (*di congegno*) parte centrale.

nóce *s. m.* ***1*** (*fig.*) pezzetto, piccola quantità ***2*** (*della coscia del bue e del vitello macellati*) parte interna ***3*** (*pop.*) (*del piede*) malleolo.

nocepèsca *s. f.* (*bot.*) pescanoce, nettarina.

nocivo *agg.* dannoso, deleterio, svantaggioso, pernicioso, malefico, funesto, cattivo, controproducente, infesto (*lett.*), pericoloso, esiziale, lesivo, micidiale, nocevole (*raro*) □ insalubre, velenoso, tossico, inquinante **CONTR.** innocuo □ benefico, giovevole, proficuo, utile, vantaggioso □ igienico, salubre, salutare, balsamico. *V. anche* DANNOSO

nocuménto *s. m.* (*lett.*) danno, male, detrimento, pregiudizio, perdita, svantaggio **CONTR.** beneficio, profitto, utilità, vantaggio, giovamento.

nodàle *agg.* ***1*** di nodo, di incrocio ***2*** (*fig.*) centrale, essenziale, fondamentale, basilare, focale **CONTR.** accessorio, secondario.

nodèllo *s. m.* ***1*** (*anat.*) nocca, giuntura, articolazione ***2*** (*di canna*) nodo.

nòdo *s. m.* ***1*** (*di corda, di filo, ecc.*) legamento, legatura, annodamento, annodatura, cappio, intreccio, viluppo, groppo, groviglio ***2*** (*fig.*) (*di sentimenti*) legame, vincolo, laccio, calappio ***3*** (*fig.*) intoppo, difficoltà, intrico, problema intricato, groviglio ***4*** (*fig.*) (*di questioni, di faccende*) essenza, sostanza, nocciolo, cuore, fulcro, nucleo, punto cruciale ***5*** (*fig.*) (*di emozione*) groppo, senso di oppressione ***6*** (*fig.*) (*di dramma, di vicenda*) intreccio, trama ***7*** (*di linee*) punto d'incrocio □ (*di traffico*) centro, ganglio, incrocio, snodo, diramazione ***8*** (*bot.*) nocchio, magliolo, ingrossamento ***9*** (*mar.*) miglio marino (1852 m).

nodosità *s. f.* ***1*** **CONTR.** levigatezza ***2*** nodo, indurimento, ingrossamento, nocchio.

nodóso *agg.* pieno di nodi, nocchioso (*raro*), nocchiuto, nocchieruto (*raro*), bernoccoluto, bitorzoluto **CONTR.** liscio, levigato.

nòia *s. f.* ***1*** scontentezza, insoddisfazione, malinconia, tristezza, malumore, tedio, uggia (*lett.*) □ monotonia, barba (*fig.*), pizza (*fig.*), rompimento, rottura, mortorio, lagna (*fam.*), pianto (*scherz.*), palle (*volg.*) **CONTR.** allegria, giocondità, letizia, piacere, divertimento, diletto, distrazione, sollazzo, spasso ***2*** disgusto, molestia, nausea, sazietà, stanchezza **CONTR.** desiderio, brama, bramosità (*ant.*) ***3*** seccatura, fastidio, disappunto, cruccio □ dolore, male, bega □ incombenza gravosa, aggravio, contrattempo, disturbo, grattacapo, incomodo, peso, grana, rogna, scocciatura, briga. *V. anche* DISTURBO, MALINCONIA

noiosaménte *avv.* ***1*** in modo noioso, tediosamente, barbosamente, monotonamente, malinconicamente **CONTR.** gioiosamente, brillantemente, briosamente, festosamente ***2*** fastidiosamente, pesantemente, insopportabilmente, intollerabilmente **CONTR.** sopportabilmente, tollerabilmente.

noiosità *s. f.* noia, fastidiosità, molestia, pesantezza, monotonia **CONTR.** piacere.

noióso *agg.* e *s. m.* (*f. -a*) ***1*** monotono, pesante, tedioso, barboso, lagna, lagnone, lagnoso, mattone (*fig.*), uggioso, sazievole, stucchevole, soporifero **CONTR.** avvincente, interessante, coinvolgente ***2*** fastidioso, importuno, inopportuno, appiccicaticcio, asfissiante, assillante, seccatore, molesto, seccante, pestifero, sgradevole, sgradito, insopportabile, (*fig.*) piaga, impiastro, pittima **CONTR.** gradevole, gradito, piacevole, brillante, divertente, spassoso, dilettevole.

noir */fr.* nwar/ [vc. fr., propr. 'nero'] *agg. inv.* (*di genere narrativo o cinematografico*) macabro, horror (*ingl.*).

noleggiàre *v. tr.* dare a nolo, prendere a nolo □ affittare, locare.

noléggio *s. m.* nolo, affitto, locazione **CFR.** charter (*ingl.*).

nòlo *s. m.* ***1*** noleggio, affitto, locazione **CFR.** charter (*ingl.*) ***2*** (*su navi e aerei*) prezzo del trasporto.

nòmade ***A*** *agg.* ***1*** (*di popolazione*) senza dimora stabile, non fisso, migratore **CONTR.** stanziale, con dimora stabile ***2*** (*est.*) (*di persona, di fauna*) errante, errabondo, erratico, ramingo, randagio, vagante, vagabondo, girovago, ambulante **CONTR.** fisso, stabile, stanziale, sedentario □ casalingo ***B*** *s. m.* e *f.* persona vagante □ zingaro, girovago.

nomadìsmo *s. m.* ***1*** migrazione ***2*** (*est.*) vagabondaggio.

nóme *s. m.* ***1*** vocabolo, sostantivo, termine, parola ***2*** denominazione □ appellativo □ nome proprio □ nome e cognome, nominativo, firma □ dati personali, generalità □ cognome, casato □ schiatta, famiglia □ soprannome, nomignolo, epiteto, pseudonimo, titolo □ intestazione ***3*** (*fig.*) persona famosa, personalità, luminare ***4*** (*fig.*) fama, rinomanza, reputazione, notorietà, gloria, vita (*lett.*) **FRAS.** *a nome di*, da parte di □ *in nome di*, in rappresentanza di □ *chiamare le cose col loro nome* (*fig.*), parlare chiaro □ *nome d'arte*, pseudonimo □ *senza nome*, anonimo. *V. anche* REPUTAZIONE

NOME
sinonimia strutturata

Un **nome** è una parola con la quale si designano gli esseri animati (persone e animali), gli oggetti, i sentimenti, le qualità, i fenomeni: *il nome del mio cane*; *il nome di una nuova strada*; *non so il nome del vostro compagno*. I nomi comuni si applicano ad ogni elemento di insiemi omogenei in contrapposizione al nome proprio che invece si applica in maniera univoca ed esclusiva ad un essere o una cosa per distinguerli; il nome commerciale è quello distintivo di un prodotto o di un servizio; il nome depositato è quello di un prodotto coperto da brevetto. In senso figurato *chiamare le cose con il proprio nome*, significa parlare senza reticenze e senza eufemismi.

Il nome proprio di persona contraddistingue la persona singola in sé, come individuo, e precede il nome della famiglia (o cognome): *imporre il nome di battesimo*; *nome brutto, bello, esotico*; *primo, secondo nome*. Un *nome di battaglia* è il soprannome spesso adottato da chi combatte clandestinamente: *la "Pasionaria" fu nome di battaglia di Dolores Ibarruri*; il *nome d'arte* è uno pseudonimo adottato specialmente dagli attori o dai cantanti nella loro professione. Un **soprannome** o un **nomignolo** (diminutivo quest'ultimo di nome) sono appellativi spesso legati a particolari caratteristiche individuali, fisiche o morali, che si sostituiscono al vero nome e cognome di una persona: *Giovan Francesco Barbieri è noto con il soprannome di "Il Guercino"*; *appioppare un nomignolo offensivo*. Scrittori e giornalisti spesso firmano i loro articoli o le loro opere con un nome fittizio: lo **pseudonimo**. A differenza del soprannome, lo pseudonimo (dal greco *pséudos* "falso" e *ónyma* "uomo") non è imposto da altri ma è scelto da chi lo adotta. Questi nomi fittizi possono anche essere indicati con la locuzione francese **nom de plume**, propriamente "nome di penna". Nella terminologia grammaticale un **epiteto** è un sostantivo, un aggettivo o una locuzione che qualifica un nome, indicandone le caratteristiche. Per estensione è un titolo ingiurioso: *un epiteto terribile*.

Un **titolo** è una qualificazione particolare che attesta la carica, la dignità, il grado di nobiltà di qualcuno: *avere il titolo di magistrato, di dottore*. Per estensione un titolo è un appellativo, un nome: *merita il titolo di difensore della patria*. La **nomea** è la fama, la rinomanza negativa, spregiativa di qualcosa: *aver la nomea di bugiardo*; *avere una brutta nomea*.

Nella Roma repubblicana il **prenome** era il nome proprio di una persona che si anteponeva al cognome, per identificare la persona stessa. Il secondo elemento del nome di una persona indicava la **gente**, che presso i greci ed i romani erano gruppi di famiglie appartenenti allo stesso ceppo: *la gente Giulia, Fabia, Cornelia*. Il **cognome**, cioè il nome della famiglia, del casato, era il terzo elemento del nome, atto a designare i membri di una stessa famiglia nell'ambito di una gente. Facendo l'esempio di un antico romano famoso, *Caio* era il prenome, *Giulio* l'indicazione della gente di appartenenza e *Cesare* il cognome.

Il **patronimico** è una parte del nome di una persona che, soprattutto nei Paesi slavi, deriva da quello del padre o di un avo: così, ad esempio, in *Fëdor Michailovič Dostoevskij*, il patronimico *Michailovič* significa *figlio di Michail* o in *Anna Pavlovna Serer*, *Pavlovna* è la formula patronimica di *figlia di Pavlov*.

noméa *s. f.* (*spec. spreg.*) fama, gloria, notorietà, reputazione, nominanza (*raro, lett.*), rinomanza, titolo. *V. anche* NOME, REPUTAZIONE

nomenclatóre *s. m.* classificatore.

nomenclatùra *s. f.* terminologia □ classificazione □ serie ordinata.

nomenklatùra *s. f.* (*nell'ex URSS*) funzionari, alta burocrazia.

nomignolo *s. m.* ***1*** *dim. di* **nome** ***2*** soprannome, epiteto, appellativo. *V. anche* NOME

nòmina *s. f.* (*a una carica, a un ufficio*) assegnazione, chiamata, elezione, investitura, incarico, assunzione. *V. anche* SCELTA

nominàle *agg.* ***1*** del nome ***2*** (*di appello*) per nome ***3*** (*di potere, di valore*) solo di nome, attribuito, convenzionale, teorico □ onorario **CONTR.** effettivo, reale, vero.

nominalménte *avv.* soltanto di nome, in teoria **CONTR.** di fatto, effettivamente, realmente.

nominàre *v. tr.* ***1*** chiamare, porre il nome, dare il nome ***2*** chiamare per nome, appellare, denominare, designare, battezzare, intitolare ***3*** rammentare, ricordare, citare, menzionare, mentovare (*lett.*) **CONTR.** tacere, passare sotto silenzio ***4*** (*a una carica*) eleggere, scegliere, preporre, delegare, designare, incaricare, deputare □ (*di commissione e sim.*) creare, costituire (*dir.*).

nominataménte *avv.* ***1*** nominativamente, per nome, a uno a uno ***2*** espressamente.

nomination /*ingl.* nɔmi'neiʃən/ *s. f. inv.* (*in USA*) designazione (ad una carica) □ candidatura (*a un premio, spec. all'Oscar*).

nominatìvo ***A*** *avv.* ***1*** (*di elenco e sim.*) di nomi ***2*** (*econ.*) intestato al proprietario **CONTR.** al portatore ***B*** *s. m.* ***1*** (*bur.*) nome ***2*** (*ling.*) caso del soggetto.

nominàto *part. pass. di* **nominare**; *anche agg.* ***1*** chiamato, denominato, dichiarato, menzionato, ricordato, citato □ delegato, eletto, promosso ***2*** celebre, noto, rinomato **CFR.** anonimo, ignoto.

nonché *cong.* (*fam.*) e anche, e inoltre, come pure □ tanto più, tanto meno.

noncurànte *agg.* (*della fatica, del pericolo, ecc.*) incurante, indifferente, disinteressato, inosservante □ (*nello studio, nel lavoro, ecc.*) indolente, negligente, apatico, menefreghista, sbadato, trascurato **CONTR.** interessato, attento □ diligente, zelante, premuroso, sollecito. *V. anche* SBADATO

noncurànza *s. f.* incuria, incuranza, indifferenza, disinteresse □ inosservanza, negligenza, trascuratezza, sbadataggine □ sufficienza, menefreghismo, indolenza, apatia **CONTR.** attenzione, diligenza, interesse, passione, zelo, interessamento, preoccupazione □ venalità.

nondiméno *cong.* tuttavia, pure, ciò nonostante, nonpertanto, con tutto ciò, però, bensì.

nònno *s. m.* ***1*** padre del padre, padre della madre, avo □ (*est.*) antenato **CFR.** bisnonno, trisnonno □ nipote ***2*** (*fam., sett.*) vecchio ***3*** (*mil.*) veterano **CONTR.** recluta, novellino, burba (*gerg.*), bocia (*sett.*), marmittone (*scherz.*), cappellone (*scherz.*).

nonnùlla *s. m. inv.* cosa da nulla, inezia, minuzia, quisquilia, bazzecola, bagattella, carabattola, miseria, briciola, pinzillacchera, ette, pelo.

nonostànte ***A*** *prep.* a dispetto di, senza curarsi di, malgrado ***B*** *cong.* sebbene, benché, quantunque **FRAS.** *pur nonostante, ciò nonostante*, tuttavia, ugualmente, comunque, pure.

non plus ultra /*lat.* 'nɔn plus 'ultra/ [lat., propriamente 'non più oltre'] *loc. sost. m. inv.* massimo, sommo, apice, vertice, top, tetto, vetta **CONTR.** minimum.

nonsènso *s. m.* assurdità, assurdo, controsenso, illogicità, sciocchezza, pazzia (*est.*).

non so che ***A*** *in funzione di agg. indef.* certo, vago, indefinito ***B*** *s. m. inv.* certa cosa, qualcosa, quid (*lat.*), sensazione.

non stop /*ingl.* 'nən 'stɔp/ [vc. ingl., propriamente 'senza fermata'] *loc. agg. inv.* senza interruzione, ininterrotto, continuativo, continuo □ (*di volo*) senza soste, senza scali intermedi **CONTR.** interrotto, con intervallo, con pausa.

nontiscordardimé o **non ti scordar di me** *s. m.* (*bot.*) miosotide, myosotis (*lat.*), occhio della Madonna.

non vedènte *loc. sost. m.* e *f.* (*euf.*) cieco **CONTR.** vedente.

nonviolènto *s. m.* pacifista.

nonviolènza *s. f.* rifiuto della violenza, pacifismo.

norcinerìa *s. f.* macelleria (di carni suine) □ (*est.*) salumeria.

norcìno [da *Norcia*, la città umbra da dove provenivano molti esperti di lavorazione di carni di maiale] *s. m.* castrino (di maiali), beccaio □ macellaio, venditore di carni suine □ (*est.*) salumiere, salumaio.

nòrd ***A*** *s. m.* settentrione □ mezzanotte (*raro*) □ tramontana, borea, aquilone, bacìo (*raro*) **CONTR.** meridione, sud, mezzogiorno, austro, solatio ***B*** *in funzione di agg. inv.* settentrionale, boreale □ artico **CONTR.** meridionale, australe □ antartico.

nòrdico *agg.*; *anche s. m.* del nord, settentrionale □ boreale, artico, scandinavo **CONTR.** del sud, meridionale □ australe, antartico.

nordìsta *agg.*; *anche s. m.* e *f.* ***1*** (*st.*) unionista **CONTR.** sudista, confederato ***2*** (*est.*) settentrionale **CONTR.** meridionale.

nòrma *s. f.* ***1*** regola, esempio, modello, parametro, standard, criterio, modalità, metodo, guida □ dettato, dettame, precetto □ legge, regolamento, disciplina, codice, canone, principio, prescrizione, ordine, decreto **CONTR.** anomalia, irregolarità ***2*** informazione, avvertenza, istruzione, direttiva **FRAS.** *a norma di*, secondo. *V. anche* INFORMAZIONE, MISURA

normàle ***A*** *agg.* regolare, abituale, consueto, ordinario, solito, usuale, comune, quotidiano, naturale □ (*di parto*) eutocico, fisiologico **CONTR.** anormale, abnorme, anomalo, atipico, buffo, eteroclito, particolare, singolare, speciale, strano, eccezionale, inconsueto, insolito, irregolare, extra □ distocico ***B*** *s. f.* (*mat.*) ortogonale, perpendicolare **CONTR.** orizzontale.

normalità *s. f.* ***1*** regolarità, naturalezza □ quotidianità □ ordine **CONTR.** anormalità, irregolarità, anomalia, eccezione, stranezza, casualità, novità □ disordine ***2*** ortogonalità.

normalizzàre ***A*** *v. tr.* ***1*** regolarizzare, regolare, disciplinare, ordinare **CONTR.** disordinare, perturbare, scombussolare, sovvertire ***2*** (*di misura, di oggetti*) uniformare, unificare, standardizzare **CONTR.** pluralizzare ***B*** **normalizzarsi** *v. intr. pron.* regolarsi, tornare alla normalità **CONTR.** aggravarsi, peggiorare.

normalizzazióne *s. f.* regolarizzazione, regolamentazione, organizzazione □ unificazione, standardizzazione **CONTR.** scombussolamento, sconvolgimento, disorganizzazione.

normalménte *avv.* ***1*** solitamente, di regola, comunemente, usualmente, generalmente, abitualmente □ naturalmente, fisiologicamente **CONTR.** abnormemente, casualmente, straordinariamente, insolitamente, singolarmente, eccezionalmente ***2*** (*mat.*) perpendicolarmente.

normatìva *s. f.* ordinamento, legislazione, norma, direttiva, direttrice, statuto, regolamentazione, codificazione.

normatìvo *agg.* prescrittivo □ didascalico.

nosocòmio *s. m.* ospedale.

nossignóre *loc. avv.* (*ints.*) no, signornò **CONTR.** sissignore, signorsì.

nostalgìa *s. f.* desiderio, rimpianto, ricordo □ tristezza, malinconia, mestizia.

nostàlgico *agg.*; *anche s. m.* ***1*** triste, malinconico, mesto, elegiaco ***2*** (*est.*) passatista, conservatore, reazionario, tradizionalista □ neofascista.

nostràno *agg.* del nostro paese, paesano, nostrale,

nazionale, locale, regionale □ autentico, fatto in casa, casalingo, casereccio, originale, vero **CONTR.** estero, forestiero, straniero, esotico □ adulterato, sofisticato.

nòstro ***A*** *agg. poss. di prima pers. pl.* ***1*** di noi **CONTR.** altrui ***2*** (*fam.*) abituale, consueto, solito ***3*** (*lett.*) (*pl. maiestatico o di modestia*) mio ***B*** *pron. poss. di prima pers. pl.* ***1*** di noi ***2*** ciò che ci appartiene □ nostro avere, nostre cose ***3*** autore, personaggio ***4*** (*al pl.*) nostri familiari, nostri amici, nostri sostenitori.

nostròmo *s. m.* (*mar.*) (*di marinai*) capo □ sottoufficiale, nocchiero.

nòta *s. f.* ***1*** (*per distinguere, per ricordare*) segno, contrassegno, distintivo, marchio, asterisco, richiamo ***2*** (*mus.*) segno ***3*** (*est.*) parola, accento ***4*** (*di scritto*) appunto, annotazione, promemoria, notabene, messaggio ***5*** (*fig.*) considerazione, memoria, menzione, rilievo ***6*** (*di scritto, di discorso*) osservazione, commento, comunicato, postilla, glossa, chiarificazione, didascalia, chiarimento, spiegazione, chiosa ***7*** (*di documento ufficiale*) comunicazione, lettera, memoria, osservazione □ giudizio informativo ***8*** (*di persone, di cose*) lista, distinta, inventario, listino, elenco, specifica, borderò □ fattura, conto, notula, parcella, bolletta ***9*** caratteristica, particolarità, peculiarità **FRAS.** *a chiare note*, chiaramente.

nòta bène o **notabène** *s. m. inv.* (*spec. in fondo a uno scritto*) nota, avvertenza, richiamo, poscritto.

notàbile ***A*** *agg.* (*lett.*) degno di nota □ (*est.*) notevole, pregevole, considerabile, considerevole, cospicuo, interessante, importante, rilevante, significativo **CONTR.** trascurabile, irrilevante, insignificante, comune, qualunque ***B*** *s. m.* autorità, personalità, vip, big, pezzo grosso, ottimate, papavero, boss (*ingl.*), pezzo da novanta, maggiorente.

notàio *s. m.* pubblico ufficiale, attuario, notaro (*pop.*), legale.

notàre *v. tr.* ***1*** (*di scritto*) segnare, contrassegnare, sottolineare, postillare ***2*** (*di appunti*) prendere nota, annotare, registrare, appuntare, elencare, scrivere ***3*** (*di persone o cose*) osservare, considerare, distinguere, guardare attentamente, adocchiare, accorgersi □ vedere, constatare, riscontrare, rilevare, rimarcare ***4*** (*di cosa, di punto di vista*) mettere in evidenza, far presente, far rilevare, avvertire, dire, sottolineare, obiettare **CONTR.** trascurare, non dare importanza. *V. anche* CONSTATARE, REGISTRARE

notebook /*ingl.* 'noutbuk/ [vc. ingl., comp. di *note* 'nota, appunto' e *book* 'libro, libretto'] *s. m. inv.* taccuino, bloc-notes, block-notes.

nòtes *s. m. inv.* taccuino, agenda, quaderno, blocco, libretto, rubrica.

notévole *agg.* degno di nota, apprezzabile, memorabile, rimarchevole, notabile, saliente, importante, pregevole, insigne, segnalato □ ragguardevole, rilevante, considerevole, cospicuo, sensibile, spiccato, vistoso, eminente (*lett.*) **CONTR.** mediocre, scadente, meschino □ trascurabile, irrilevante, irrisorio, lieve, marginale, insignificante.

notevolménte *avv.* in modo notevole, sensibilmente, vistosamente, considerevolmente, grandemente, parecchio, molto, assai **CONTR.** poco, scarsamente, irrisoriamente.

notìfica *s. f.* (*bur.*) notificazione, comunicazione, contestazione, intimazione, denuncia. *V. anche* INTIMAZIONE

notificàre *v. tr.* ***1*** (*dir.*) (*di atti pubblici*) render noto, comunicare, informare, contestare, intimare ***2*** denunciare, dichiarare, divulgare, rivelare, far sapere, significare (*lett.*) **CONTR.** nascondere, occultare, tacere.

notificazióne *s. f.* (*bur.*) notifica, citazione, intimazione, denuncia □ comunicazione, informazione, annuncio, avviso, dichiarazione, bando. *V. anche* INFORMAZIONE, INTIMAZIONE

notìssimo *agg. sup. di* **noto**; conosciutissimo, celeberrimo, rinomato □ notorio, trito (*spreg.*), risaputo.

notìzia *s. f.* ***1*** (*lett.*) cognizione, conoscenza, nozione, cenno, contezza ***2*** annuncio, fatto, novità, nuova, novella (*lett.*), avviso, messaggio, segnalazione, comunicazione, ambasciata, comunicato, dichiarazione, rivelazione, scoop (*ingl.*), voce, vociferazione (*ant.*), informazione, ragguaglio, partecipazione, relazione □ riferimento, dato **FRAS.** *notizia sonda*, ballon d'essai (*fr.*). *V. anche* INFORMAZIONE

notiziàrio *s. m.* ***1*** bollettino, gazzettino, gazzetta, giornale radio, telegiornale, tigì, rubrica ***2*** notizie, avvisi.

nòto *agg.* ***1*** conosciuto, notorio, risaputo, manifesto, pubblico, cognito (*lett.*) **CONTR.** ignoto, sconosciuto, arcano, inesplorato, incognito, segreto ***2*** celebre, famoso, illustre, nominato, emerito, esimio, rinomato, apprezzato, stimato, approvato, popolare, familiare □ (*spreg.*) matricolato, famigerato **CONTR.** oscuro, estraneo, ignoto, impopolare, dimenticato, ignorato, anonimo, X. *V. anche* FAMOSO

notoriaménte *avv.* manifestamente, palesemente, pubblicamente, ufficialmente, proverbialmente □ ovviamente.

notorietà *s. f.* celebrità, fama, grido, nome, popolarità, risonanza, rinomanza, gloria, nomea (*spreg.*) **CONTR.** oscurità, discredito.

notòrio *agg.* pubblico, manifesto, cognito (*lett.*), palese, patente, saputo, risaputo, proverbiale □ (*raro*) famoso, notissimo **CONTR.** ignoto, ignorato, oscuro, sconosciuto, top secret (*ingl.*). *V. anche* FAMOSO

nòtte *s. f.* ***1*** nottata **CONTR.** giorno, giornata ***2*** (*fig.*) tenebre, buio, oscurità, crepuscolo, tramonto, decadenza, rovina **CONTR.** luce, piena luce, luminosità □ fioritura, risveglio, sboccio ***3*** (*fig.*) cecità **FRAS.** *nel cuore della notte*, a notte fonda □ *notte bianca*, notte insonne □ *giorno e notte*, continuamente □ *buona notte al secchio*, non ne parliamo più □ *peggio che andar di notte*, di male in peggio.

nòttola *s. f.* ***1*** (*zool.*) pipistrello ***2*** (*zool., raro*) civetta ***3*** saliscendi (di legno), serratura ***4*** (*dial.*) guardia, gendarme.

nottolino *s. m.* spranghetta, serratura, arpione □ saliscendi.

nottùrna *s. f.* gara notturna, manifestazione notturna.

nottùrno ***A*** *agg.* di notte, della notte **CONTR.** diurno ***B*** *s. m.* (*mus.*) musica languida (per piano).

nouvelle vague /*fr.* nu'vɛl 'vag/ *loc. sost. f. inv.* **1** (*cine.*) giovani registi **2** (*fig.*) ultime generazioni, nuove generazioni, nuove leve, giovani **CONTR.** anziani, vecchi, vecchie generazioni.

nòve *s. m. inv.* **FRAS.** *prova del nove*, verifica, riprova.

novèlla *s. f.* **1** racconto, narrazione, bozzetto, storia □ favola, fiaba **2** (*lett.*) notizia, nuova, annuncio. *V. anche* LEGGENDA, ROMANZO

novellìno **A** *agg.* nuovo, primaticcio, fresco **CONTR.** tardivo, vecchio, stagionato **B** *agg.*; *anche s. m.* novizio, inesperto, esordiente, debuttante, tirocinante, praticante, principiante, imberbe, sbarbatello, poppante, pivello, pivellino, recluta, matricola, tirone (*ant.*) **CONTR.** esperto, pratico, provetto, abile, capace, veterano, navigato.

novèllo *agg.* **1** (*di prodotto*) appena spuntato, nato da poco, venuto da poco, fresco □ tenero, primaticcio **CONTR.** vecchio, invecchiato, stagionato, antico, annoso, tardivo, stantio **2** (*di notizia, di persona, ecc.*) nuovo, recente, fresco □ redivivo **CONTR.** vecchio, antico **FRAS.** *la stagione novella*, la primavera □ *l'età novella*, la giovinezza.

novità *s. f.* **1** nuovo, cosa nuova, cosa recente, primizia, cosa insolita **CONTR.** anticaglia **2** innovazione, novazione (*raro*), mutamento, trasformazione, riforma **3** moda, articolo di moda, oggetto di moda **4** nuova, notizia recente **5** originalità, modernità **CONTR.** routine (*fr.*).

noviziàto *s. m.* (*est.*) periodo di prova, apprendistato, praticantato, tirocinio, addestramento, allenamento.

novìzio **A** *s. m.* **1** neofita, catecumeno **2** (*est.*) apprendista, praticante, principiante, debuttante, esordiente, tirocinante, matricola, recluta, tirone (*ant.*) **B** *agg.* nuovo, inesperto, novellino **CONTR.** esperto, abile, capace, pratico, provetto. *V. anche* APPRENDISTA

noziόne *s. f.* **1** conoscenza, percezione, cognizione, concetto, idea, notizia, dato, principio, consapevolezza, esperienza **CONTR.** ignoranza, inconsapevolezza **2** (*spec. al pl.*) (*di una scienza, di un argomento*) rudimenti, primi fondamenti.

nòzze *s. f. pl.* **1** sposalizio, matrimonio, connubio (*lett.*), talamo (*lett.*), maritaggio (*lett.*), sponsali (*lett.*), imeneo (*lett.*) **CFR.** celibato, vedovanza, divorzio **2** festa nuziale, banchetto nuziale.

nuance /*fr.* 'nyɑ̃s/ [fr., da *nue* 'nuvola', con riferimento ai riflessi sfumati delle nuvole] *s. f. inv.* sfumatura, tono, gradazione.

nùbe *s. f.* **1** nuvola **CFR.** nembo, cumulo, strato, cirro **2** (*est.*) (*di cose, di insetti*) nugolo, quantità, ammasso **3** (*fig.*) (*di cose, di sentimenti*) offuscamento, ciò che dà ombra, velo □ contrasto, screzio, incomprensione **4** (*fig.*) (*di guerra, di sventure e sim.*) minaccia, pericolo.

nubifràgio *s. m.* temporale, diluvio, uragano, acquazzone, procella (*lett.*), rovescione, cataclisma, tempesta, bufera.

nùbile **A** *agg.* (*di ragazza*) da marito, giovane, maritabile **B** *s. f.* donna non maritata, signorina, zitella, ragazza, single (*ingl.*) **CONTR.** maritata, sposa **CFR.** scapolo, celibe.

nùca *s. f.* cervice, occipite, collo, collottola, cuticagna (*scherz.*), coppa (*lett.*).

nucleàre **A** *agg.* del nucleo □ atomico **CONTR.** convenzionale **B** *s. m.* energia atomica.

nùcleo *s. m.* **1** (*di cosa, di atomo*) parte centrale, parte più interna, centro, nocciolo **CONTR.** esterno **2** (*biol.*) primo embrione, primo elemento **3** (*min.*) (*di roccia, di terra*) carota, testimone **4** (*fig.*) (*di idee*) principio ispiratore, carattere dominante, anima, cuore **5** (*fig.*) (*di una questione*) punto centrale, nerbo, fulcro, nodo, nocciolo **6** (*fig.*) (*di persone*) gruppo, gruppetto □ reparto, pattuglia, commando □ squadra, équipe (*fr.*), pool (*ingl.*), staff (*ingl.*), team (*ingl.*).

nudaménte *avv.* (*fig.*) semplicemente, schiettamente, senza reticenze, crudamente.

nudità *s. f. al pl.* **1** (*del corpo*) parti nude **2** (*fig.*) schiettezza, purezza, semplicità, sobrietà **CONTR.** artificio, artificiosità, ricercatezza.

nùdo **A** *agg.* **1** (*di persona*) ignudo, denudato, scoperto, spogliato, svestito, senza veli, in costume adamitico **CONTR.** vestito, rivestito, coperto, ricoperto **2** (*fig., lett.*) (*di persona*) indifeso, inerme, debole **CONTR.** difeso, armato, forte **3** (*est.*) (*di persona o cosa*) privo, mancante, sprovvisto, povero **CONTR.** fornito, munito, completo, in possesso di **4** (*fig.*) (*di discorso, di verità, ecc.*) schietto, crudo, senza reticenze, palese, chiaro □ semplice, asciutto, scarno **CONTR.** complesso, elaborato, reticente, oscuro **5** (*fig.*) (*di luogo, di cosa*) disadorno, brullo, spoglio, squallido, desolato, privo di ornamenti □ (*di roccia, di carne, ecc.*) vivo, scoperto **CONTR.** adorno, ornato, fiorito **B** *s. m.* (*di dipinto, di disegno, ecc.*) figura nuda **FRAS.** *testa nuda*, testa senza cappello □ *spada nuda*, spada sguainata □ *a occhio nudo*, senza lenti.

nùgolo *s. m.* (*fig.*) (*di insetti, di uccelli, di bambini*) frotta, stormo, gran quantità, nuvola, nube, moltitudine, folla, stuolo, torma. *V. anche* FOLLA

nùlla **A** *pron. indef. inv.* niente □ uno zero (*fig.*) un'acca, un accidente, un cavolo, un cazzo (*fam., volg.*), un centesimo, un ette, una sega (*fam.*) **B** *s. m.* **1** inesistenza, non essere □ caos □ vuoto **CONTR.** tutto, essere **2** (*di cosa*) nonnulla, niente, inezia, pelo □ (*di persona*) nullità, zero, nessuno, merda (*volg.*) **C** *avv.* niente, niente affatto, punto, una cicca, un corno **FRAS.** *per nulla*, niente affatto □ *da nulla*, dappoco.

nullafacènte *agg.*; *anche s. m. e f.* sfaccendato, fannullone, perdigiorno, vagabondo, ozioso **CONTR.** lavoratore, attivo, operoso.

nullaòsta *s. m. inv.* autorizzazione, approvazione, benestare, placet (*lat.*), exequatur (*lat.*) **CONTR.** divieto, proibizione, veto.

nullatenènte *agg.*; *anche s. m. e f.* non abbiente, povero, indigente, bisognoso, diseredato, spiantato, squattrinato □ proletario **CONTR.** abbiente, possidente, agiato, benestante, ricco, danaroso, signorone □ capitalista.

nullità *s. f.* **1** (*di cosa*) inefficacia, inconsistenza, irrilevanza, vacuità, inanità □ incapacità **CONTR.** importanza, valore □ capacità, autorevolezza **2** (*di per-*

sona) persona di nessun valore, persona nulla, incapace, inetto, scartina (*fam.*), merda (*volg.*), verme, niente, zero **CONTR.** persona capace, persona di valore, asso, potenza **3** (*dir.*) invalidità, illegittimità, insussistenza **CONTR.** validità, legittimità, vigore.

nùllo ***A*** *agg.* **1** senza valore, senza importanza, trascurabile, inapprezzabile, irrilevante □ inutile, vano **CONTR.** di valore, valido, importante, determinante, chiave □ utile **2** (*sport*) (*di match*) pari **3** (*dir.*) invalido, illegittimo, insussistente, ìrrito **CONTR.** valido, legittimo ***B*** *agg.* e *pron. indef.* (*lett.*) nessuno.

nùme *s. m.* **1** volontà divina, potenza divina **2** divinità, dio, divo **3** (*fig.*) personaggio autorevole □ *nume tutelare*, idolo, guida, protettore.

numeràbile *agg.* calcolabile **CONTR.** innumerabile, innumerevole, incalcolabile.

numeràre *v. tr.* **1** (*di pagine, ecc.*) segnare con numero, mettere il numero **2** (*raro*) contare, computare, enumerare, noverare (*lett.*), annoverare, elencare.

numèrico *agg.* **1** di numero, del numero, con numeri **2** (*elab.*) digitale.

nùmero *s. m.* **1** cifra, insieme di cifre □ sigla, segno numerico □ numerazione **2** quantità indeterminata, entità, quantitativo, massa, folla, moltitudine **3** schiera, classe, categoria, novero, serie **4** (*di scarpe, di abiti, ecc.*) misura, grossezza, taglia **5** parte (di spettacolo), esibizione, scenetta, gag (*ingl.*), show (*ingl.*), sketch (*ingl.*) **6** (*di giornale o rivista*) fascicolo, copia, dispensa, puntata **7** (*lett.*) ritmo **8** (*fig., fam.*) persona buffa, macchietta, sagoma **9** (*spec. al pl.*) (*di persona*) qualità, requisito, dote, titolo, chance (*fr.*) **FRAS.** *numero chiuso*, numero limitato, limite stabilito □ *numero segreto*, pin (*ingl.*) □ *dare i numeri* (*fig.*), dire cose strane, farneticare. *V. anche* CATEGORIA

numeróso *agg.* **1** (*costituito da molte unità*) grande, ampio, fitto, folto, abbondante, nutrito, spesso, copioso (*lett.*), strabocchevole □ (*che è in gran numero*) (*al pl.*) molti, parecchi, molteplici, ripetuti, tanti, non pochi **CONTR.** scarso, esiguo, sparuto, piccolo, limitato, rado □ pochi, rari, isolati, unici **2** (*lett.*) armonioso, ritmico. *V. anche* GRANDE

nùnzio *s. m.* **1** (*lett.*) messaggero, ambasciatore, messo, legato **2** (*del Vaticano*) legato, ambasciatore.

nuòcere *v. intr.* danneggiare, fare del male, pregiudicare, ledere, compromettere, guastare, intaccare, rovinare, offendere, vulnerare **CONTR.** aiutare, giovare, beneficare, proteggere, avvantaggiare, essere utile, servire, confarsi, addirsi.

nuotàre ***A*** *v. intr.* **1** muoversi in acqua, andare a nuoto □ (*est.*) galleggiare **CFR.** affondare, annegare **2** (*fig.*) (*nel benessere e sim.*) guazzare, sguazzare ***B*** *v. tr.* percorrere a nuoto.

nuòva *s. f.* notizia, avviso, messaggio □ novità, novella (*lett.*).

nuovaménte *avv.* **1** un'altra volta, ancora, di nuovo, riecco, daccapo, ex novo **2** (*raro*) poco fa, or ora, da poco.

nuòvo ***A*** *agg.* **1** (*di cosa*) appena fatto, appena accaduto □ recente, ultimo, fresco, novello □ moderno, attuale **CONTR.** vecchio □ antico, annoso, arcaico, secolare **2** (*di attività, di anno, ecc.*) che inizierà tra poco, entrante, venturo, prossimo, che è all'inizio, principiante **CONTR.** vecchio, uscente, terminante, che sta per finire **3** mai visto prima, mai conosciuto prima, insolito, inusitato, inconsueto, inedito, inaudito, straordinario □ originale, ardito **CONTR.** consueto, solito, usuale, classico, tradizionale, frusto, ripetitivo, disusato, obsoleto, sorpassato, abusato, stereotipato, superato **4** (*di cosa*) rinnovato, mutato **CONTR.** immutato **5** (*di cosa*) intatto **CONTR.** usato, di seconda mano, consumato, logoro **6** (*di persona*) novizio, novellino **CONTR.** esperto, pratico, provetto, veterano **7** altro, secondo, diverso, ulteriore, successivo ***B*** *s. m. solo sing.* novità **CONTR.** vecchio **FRAS.** *nuovo di zecca*, nuovissimo □ *di nuovo*, un'altra volta, ancora.

nurse /*ingl.* nə:s/ [vc. ingl., dal lat. *nutrice*(*m*) 'nutrice'] *s. f. inv.* bambinaia, governante, istitutrice, tata (*inft.*), baby-sitter (*ingl.*), bonne (*fr.*), fräulein (*ted.*) □ balia.

nursery /*ingl.* 'nə:sri/ [vc. ingl., deriv. da *nurse*] *s. f. inv.* nido d'infanzia, asilo nido, asilo, pouponnière (*fr.*).

nutrìce *s. f.* **1** balia **2** (*fig., lett.*) alimentatrice.

nutriènte *part. pres.* di **nutrire**; *anche agg.* nutritivo, sostanzioso, corroborante, energetico, tonico.

nutriménto *s. m.* **1** (*raro*) alimentazione **2** (*anche fig.*) alimento, linfa, cibo, vivanda, vitto, pane, pasto, sostentamento.

NUTRIMENTO
sinonimia strutturata

Un **nutrimento** è una cosa che nutre, che alimenta: *il nutrimento per la famiglia*; *dare il nutrimento alle piante*. In senso figurato un nutrimento è ciò che mantiene vivo o fa crescere sentimenti, affetti, aspirazioni e simili: *la speranza è un nutrimento essenziale*. Nutrire significa infatti somministrare alimenti per tenere in vita e fare crescere: *nutrire un vecchio, un bambino*. Per estensione questo verbo ha anche il significato di mantenere, alimentare, sia in senso proprio che traslato: *nutrire una famiglia a proprie spese*; *nutrire buone speranze di vittoria*.

Un **alimento** è una sostanza contenente vari principi nutritivi suscettibili di essere utilizzati dagli organismi viventi: *alimento dietetico, calorico*; *alimenti facilmente digeribili*. In senso figurato con questa parola si può indicare ciò che serve a nutrire l'intelligenza, la sensibilità e simili: *la filosofia è alimento dello spirito*. L'**alimentazione** è dare alimento, nutrire, cibare, mentre alimentarsi è nutrirsi, sostentarsi: *seguire una corretta alimentazione*; *bisogna alimentarsi per vivere*. Ecco quindi che si può parlare di *alimentazione ricca, povera*; *alimentazione sufficiente, insufficiente*... Alimentazione può indicare anche gli alimenti stessi: *alimentazione carnea, lattea, vegetale*. Alimentare ed alimentarsi possono venire usati anche figuratamente, nel senso di mantenere vivo: *alimentare una passione, un sentimento*; *alimentare l'odio, l'amore*; *la loro amicizia si alimenta di lettere*.

Il **cibo** è ciò che serve all'alimentazione umana e

animale: *cibo abbondante, scarso, povero, nutriente*; in senso figurato la parola può riferirsi ad un interesse o ad una passione dominante: *la fisica è il suo cibo*. Il **vitto** è l'insieme degli alimenti, vivande e bevande, necessari per vivere: *vitto sano, nutriente, scarso, abbondante*; *pensione con vitto ed alloggio*; il *vitto animale* è costituito di carne, uova, latte; il *vitto vegetale* di cereali, legumi, ortaggi. Una **bevanda** è ogni liquido che si beve: *bevanda alcolica, analcolica, medicinale*. Una **vivanda** è un cibo preparato per il pasto: *vivande squisite, saporite, genuine*; *portare in tavola le vivande*.

Con **piatto** s'intende un recipiente quasi piano, solitamente tondo, nel quale si mangiano e si servono le vivande. Per estensione questa parola indica la quantità di cibo che un piatto contiene (*un piatto di riso, di carne, di pasta*) o, più genericamente, un cibo, una vivanda: *piatti ricercati, raffinati, casalinghi*; *piatti freddi, caldi*; il *piatto tipico*, in particolare, è una vivanda caratteristica di una regione, una città, un paese. Un altro significato di piatto è quello di ciascuna portata di un pranzo: così il *primo piatto* è di solito una minestra; il *secondo piatto* è invece una pietanza di carne o formaggi; il *piatto unico* è quello che, per i principi nutritivi che contiene, costituisce da solo un pasto completo ed equilibrato (ad esempio la pasta e fagioli, lo spezzatino e la polenta, ecc.); il *piatto del giorno*, invece, in un ristorante costituisce la portata già pronta o consigliata dal cuoco; il *piatto forte* è quello più sostanzioso e, in senso figurato, la parte migliore di uno spettacolo, del repertorio di un artista e simili. Un piatto squisito o particolarmente delicato e appetitoso è un **manicaretto** o un **mangiarino**.

Anche il termine **mangiare**, usato come sostantivo, indica ciò che si mangia ed è in pratica un sinonimo di cibo: *un mangiare saporito, semplice, ghiotto*. Il termine **cibaria** si usa specialmente al plurale, per indicare un insieme, una provvista di generi commestibili. **Vettovaglia**, usato anch'esso per lo più al plurale, indica tutti i generi che servono per il sostentamento di una moltitudine di persone e, soprattutto, di un esercito: *la città assediata era ormai priva di vettovaglie*.

nutrire ***A*** *v. tr.* ***1*** alimentare, cibare, pascere (*lett.*), pasturare (*lett.*), satollare, rifocillare, ristorare, saziare □ sfamare □ allattare, imboccare □ sostenere, sostentare, mantenere, dare di che vivere, allevare, tirare su CONTR. lasciar morire ***2*** (*fig.*) (*di mente, di animo e sim.*) alimentare, arricchire □ educare, plasmare ***3*** (*fig.*) (*di sentimenti*) alimentare, coltivare, serbare, custodire, albergare (*lett.*), covare, concepire, provare ***B*** **nutrirsi** *v. rifl.* (*anche fig.*) alimentarsi, cibarsi, pascersi, rifocillarsi, ristorarsi, sfamarsi, sostentarsi, mangiare CONTR. digiunare.

nutritìvo *agg.* nutriente, energetico, nutritizio, sostanzioso, corroborante □ alimentare, nutrizionale.

nutrito *part. pass. di* **nutrire**; *anche agg.* ***1*** alimentato, pasciuto, saziato, rifocillato, sazio, satollo CONTR. denutrito, digiuno ***2*** (*di persona*) forte, robusto CONTR. debole, gracile, delicato, mingherlino ***3*** (*fig.*) numeroso, grande, intenso, denso, fitto, ricco, forte CONTR. scarso, esiguo ***4*** (*di sentimenti, idee*) concepito, provato, portato. *V. anche* DENSO, GRANDE

nutrizióne *s. f.* ***1*** alimentazione □ dieta ***2*** cibo, alimento, vitto, sostanza.

nutrizionista *s. m. e f.* alimentarista □ dietologo.

nùvola *s. f.* ***1*** nube CFR. nembo, strato, cirro ***2*** (*fig.*) (*di persone, di insetti e sim.*) nugolo, nuvolo, moltitudine, grande quantità, frotta, stormo CONTR. scarsezza, scarsità, scarso numero.

nùvolo ***A*** *agg.* (*dial.*) nuvoloso, brutto CONTR. sereno, terso ***B*** *s. m.* ***1*** tempo nuvoloso, nuvolaglia, nuvolosità CONTR. sereno ***2*** (*lett.*) nembo, nuvola ***3*** (*fig.*) (*di persone, di insetti, ecc.*) grande quantità, moltitudine, nugolo, frotta, stormo CONTR. scarsità, scarsezza, scarso numero. *V. anche* FOLLA

nuvolosità *s. f.* copertura del cielo, nuvole, nuvolaglia.

nuvolóso *agg.* ***1*** coperto (di nubi), nuvolo, fosco, cattivo, brutto, torbido, scuro, rannuvolato, imbronciato CONTR. sereno, terso, sgombro di nubi □ nebbioso ***2*** (*est.*) appannato, annebbiato CONTR. chiaro, limpido.

nuziàle *agg.* delle nozze, di nozze □ matrimoniale, coniugale, sponsale (*lett.*), imeneo (*raro*).

o, O

o *cong.* ***1*** oppure, ovvero, ovverosia ***2*** (*con valore esplicativo*) cioè, ossia.

òasi *s. f.* ***1*** (*est., fig.*) luogo piacevole, luogo riposante ***2*** (*fig.*) pausa, tregua, conforto, consolazione, refrigerio, sollievo ***3*** (*di caccia, di pesca, ecc.*) riserva, zona protetta **FRAS.** *oasi di pace*, luogo distensivo e piacevole.

obbediènte *part. pres. di* **obbedire**; *anche agg.* docile, remissivo □ ossequiente, osservante, rispettoso □ sottomesso, sottoposto, subordinato □ disciplinato **CONTR.** disobbediente, insubordinato, indisciplinato, disubbidiente, ribelle, recalcitrante, indocile □ autonomo □ inosservante.

obbedienteménte *avv.* docilmente, remissivamente, ossequientemente, disciplinatamente, rispettosamente **CONTR.** indocilmente, indisciplinatamente, insubordinatamente.

obbediènza *s. f.* sottomissione, ottemperanza, docilità, disciplina, disciplinatezza (*raro*), subordinazione, soggezione □ rispetto, ossequio, osservanza **CONTR.** disobbedienza, ribellione, rifiuto, indisciplina, inosservanza, inottemperanza, insubordinazione, trasgressione, contravvenzione, violazione □ disprezzo □ comando. *V. anche* RISPETTO

obbedìre ***A*** *v. intr.* e *tr.* (*anche fig.*) ottemperare, sottomettersi, sottoporsi, sottostare, assoggettarsi, adempiere, dare retta, dare ascolto □ osservare, attenersi, tenersi **CONTR.** disobbedire, disubbidire, disattendere, trasgredire, ribellarsi, contravvenire, calpestare, violare □ ordinare, comandare □ dirigere, dominare, governare, regnare, spadroneggiare ***B*** *v. intr.* ***1*** (*di animale*) essere docile **CONTR.** ribellarsi, recalcitrare ***2*** (*est., fig.*) (*di macchina, di veicolo, di strumento*) corrispondere ***3*** (*fig.*) (*di mano, di mente, ecc.*) assecondare, seguire **CONTR.** resistere ***4*** (*fig.*) (*di persona*) rassegnarsi, sottomettersi **CONTR.** ribellarsi, reagire ***5*** (*lett.*) essere suddito, essere sottoposto **CONTR.** essere libero.

OBBEDIRE
sinonimia strutturata

Obbedire significa fare ciò che un altro vuole, eseguirne gli ordini, i suggerimenti: *obbedire alle leggi, ai genitori, ai superiori*. Si può **adempiere** e **ottemperare** solo a una disposizione, a una prescrizione, a una richiesta, ma non a qualcuno: *adempiere a un dovere, a un comando*; *ottemperare a una disposizione, a una legge*; meno incisivo è **osservare**, che significa semplicemente non trasgredire: *osservare un patto, una condizione, le norme, gli ordini*. Quanto detto per i sinonimi precedenti vale anche per **attenersi**, **tenersi**, che figuratamente indicano l'aderire, il conformarsi strettamente, e che rispetto ai verbi precedenti evocano una maggiore volontarietà: *attenersi alle istruzioni ricevute*; *attenersi al consiglio, al parere di qualcuno*. Molto più incisivi sono **sottomettersi**, **sottoporsi** e **assoggettarsi**, che evocano una subordinazione quasi coatta, a differenza dei precedenti anche ad una persona: *dovettero sottomettersi agli invasori*; *sottoporsi alla legge, al volere altrui*; *si è assoggettato alla sua autorità*.

Dare ascolto, **dare retta** suggeriscono una maggiore adesione personale; per questo si avvicinano a obbedire, nel senso di fare ciò che un impulso, un istinto, un moto dell'anima comandano: *obbedire alle leggi della natura, alla voce della coscienza*.

Obbedire, se riferito ad animali, corrisponde al loro **essere docili**, cioè arrendevoli e mansueti: *cavallo che obbedisce al morso*; *cane che obbedisce al fischio del padrone*; in relazione a macchine, veicoli, strumenti, il verbo indica il loro **corrispondere**, reagire in modo adeguato a manovre, sollecitazioni, ecc.: *la nave obbedì docilmente al timoniere*; *un motore che obbedisce al minimo colpo di pedale*. Sempre in senso figurato, obbedire equivale ad **assecondare**, a **seguire**, ossia a piegarsi naturalmente all'ispirazione, all'opera, alla fatica di qualcuno: *la materia obbedisce all'artista*; *la realtà obbedisce al volere dell'uomo*. In un'ulteriore area semantica obbedire corrisponde a **rassegnarsi**, cioè a piegarsi a determinate situazioni di fatto, anche se controvoglia, adeguando a queste il proprio comportamento: *obbedire alla necessità, al bisogno, alle esigenze familiari*.

Infine, in contesti letterari obbedire coincide con **sottostare**, **essere suddito**, **essere sottoposto**, ossia soggetto a una potestà: *sottostare a un padrone severo, alle sue minacce*; *i popoli che obbedivano all'Austria, alla potenze coloniali*.

obbiettàre e deriv. *V.* **obiettare** e deriv.

obbligàre ***A*** *v. tr.* ***1*** impegnare, vincolare, legare **CONTR.** disobbligare, disimpegnare ***2*** costringere, forzare, coartare, imporre, indurre con la forza, condannare **CONTR.** lasciar libero, liberare, svincolare, esimere, dispensare, esonerare ***B*** **obbligarsi** *v. rifl.* impegnarsi, incaricarsi □ vincolarsi, legarsi, votarsi **CONTR.** disobbligarsi, sdebitarsi, ricambiare, disimpegnarsi, svincolarsi, liberarsi. *V. anche* COSTRINGERE

obbligàto *part. pass. di* **obbligare**; *anche agg.* ***1*** (*di passaggio, ecc.*) obbligatorio, vincolante, vincolato □ doveroso, dovuto ***2*** coatto, forzoso **CONTR.** volontario, elettivo ***3*** (*di persona*) impegnato, legato, precettato, tenuto, forzato, coartato, condannato **CONTR.** disobbligato, disimpegnato, libero, esente ***4*** (*verso benefattori*) grato, riconoscente **CONTR.** ingrato, sconoscente ***5*** (*da impegno, da malattia, ecc.*) costretto, trattenuto **CONTR.** libero, sciolto.

obbligatoriaménte *avv.* necessariamente, inevitabilmente, forzosamente, coattivamente **CONTR.** facoltativamente, liberamente, spontaneamente, volontariamente.

obbligatorietà *s. f.* vincolo, obbligo, imposizione, coattività **CONTR.** libertà, facoltatività.

obbligatòrio *agg.* coattivo, coercitivo, costrittivo, forzoso □ vincolante, imprescindibile □ indispensabile, inevitabile, necessario, prescritto, imposto □ doveroso, dovuto **CONTR.** facoltativo, libero, volontario, spontaneo, opzionale.

obbligazióne *s. f.* ***1*** obbligo ***2*** buono, titolo, polizza ***3*** servitù, contratto.

òbbligo *s. m.* ***1*** vincolo, impegno, dovere, obbligazione, costrizione, imposizione, necessità, legame, carico, onere, debito **CONTR.** facoltà, libertà, dispensa, esenzione ***2*** (*di accordo*) clausola, dovere, condizione, patto ***3*** (*verso benefattori*) gratitudine, riconoscenza **CONTR.** ingratitudine, irriconoscenza **FRAS.** *fare obbligo*, obbligare □ *farsi un obbligo*, imporsi □ *sentirsi in obbligo*, ritenersi obbligato □ *d'obbligo*, obbligatorio.

obbròbrio *s. m.* ***1*** disonore, infamia, vituperio, abominio, ignominia, onta, vergogna **CONTR.** onore, vanto, gloria, pregio ***2*** (*est.*) schifo, schifezza, bruttura. *V. anche* INFAMIA

obbrobriosaménte *avv.* malissimo, vergognosamente, ignominiosamente, turpemente, disonorevolmente **CONTR.** benissimo, onorevolmente, degnamente, decorosamente.

obbrobrióso *agg.* ***1*** disonorevole, infame, vergognoso, turpe, ignominioso, ripugnante, abominevole **CONTR.** onorevole, lodevole, meritorio, degno, decoroso ***2*** (*fig.*) (*di spettacolo, di quadro, ecc.*) bruttissimo, schifoso, orrendo **CONTR.** bellissimo, meraviglioso.

obesità *s. f.* pinguedine, grasso, grassezza, adiposità, corpulenza **CONTR.** magrezza, snellezza, esilità, gracilità □ denutrizione.

obèso *agg.*; *anche s. m.* pingue, adiposo, lardoso, grasso, corpacciuto, corpulento, panciuto, trippone (*fam.*), botte, barile, ciccione **CONTR.** magro, snello, esile, smilzo, gracile, allampanato, emaciato □ denutrito.

òbice *s. m.* cannone corto, mortaio.

obiettàre *v. tr.* fare obiezione, eccepire, notare, osservare, far osservare, ridire, opporre, contrapporre, controbattere, replicare, rispondere □ rimproverare **CONTR.** approvare, assentire, consentire, acconsentire.

obiettivaménte *avv.* imparzialmente, disinteressatamente, spassionatamente, oggettivamente, equamente **CONTR.** parzialmente, soggettivamente, faziosamente.

obiettività *s. f.* imparzialità, spassionatezza, equità, oggettività □ freddezza, lucidità **CONTR.** parzialità, soggettività.

obiettìvo ***A*** *agg.* imparziale, spassionato, disinteressato, equo, neutrale, oggettivo **CONTR.** parziale, interessato, soggettivo, settario, fazioso, fanatico ***B*** *s. m.* ***1*** (*fot.*) lente □ (*est.*) macchina fotografica ***2*** (*mil.*) bersaglio ***3*** (*est.*) fine, scopo, meta, traguardo (*fig.*), risultato, intento, intenzione, mira (*fig.*), proposito □ oggetto.

OBIETTIVO

sinonimia strutturata

Un comportamento imparziale, alieno da interessi personali, preconcetti o simili viene detto **obiettivo** o **obbiettivo**: *giudizio obiettivo*; *fornire un quadro obiettivo della situazione*. **Equo** è chi o ciò che ha senso della misura e della moderazione, che è giusto e imparziale: *giudizio equo*. **Imparziale** è detto di chi opera o giudica in modo equanime, senza favorire nessuna delle parti: *giudice, critico, storico imparziale*. Per estensione imparziale è chi o ciò che mostra equità di giudizio: *considerazioni imparziali*. Anche **spassionato** si riferisce a qualcosa o qualcuno che è libero da parzialità, preferenze o interessi: *osservatore spassionato*; *esame spassionato*; *dare un parere spassionato*. La caratteristica di chi è imparziale e obiettivo è detta **imparzialità**: *l'imparzialità di una decisione*.

Oggettivo indica qualcosa che concerne la realtà così come viene percepita secondo parametri universalmente validi: *fondare la propria realtà sui dati oggettivi*; *sistema oggettivo di insegnare*. Riferendosi, quindi, a qualcosa di assolutamente valido, in quanto non vincolato a strutture psicologiche individuali, questo termine è anche equivalente di obiettivo: *essere oggettivo nell'emanare giudizi*; *fece un'oggettiva descrizione dei fatti*.

Neutrale è chi in una discussione, in una vertenza o in una disputa non parteggia per nessuno dei contendenti: *restare, dichiararsi neutrale*; la condizione di chi o di ciò che è neutrale si chiama **neutralità**: *la neutralità del governo nelle trattative sindacali in corso*; *la neutralità di un giornale*. Ricordiamo, infine, che neutralità, nel linguaggio degli storici, è anche la condizione di uno Stato che non partecipa a una guerra in atto o che dichiara che non parteciperà ad una eventuale guerra fra altri Stati: *proclamare, conservare, osservare la neutralità*; *nel 1914 la Germania ha violato la neutralità del Belgio*.

obiettóre *s. m.* contraddittore, oppositore **FRAS.** *obiettore di coscienza*, pacifista, antimilitarista.

obiezióne *s. f.* opposizione, eccezione, contestazione, osservazione, rilievo, replica, recriminazione, disapprovazione □ difficoltà, ma, però □ (*est.*) confutazione, oppugnazione **CONTR.** accettazione, approvazione, consenso, assenso, adesione.

OBIEZIONE
sinonimia strutturata

Un'**obiezione** è un argomento proposto per contraddire in tutto o in parte le affermazioni di altri: *un'obiezione di natura tecnica, formale, sostanziale*; *respingere le obiezioni*; *rispondere alle obiezioni*. Con la locuzione *obiezione di coscienza* ci si riferisce in modo specifico al rifiuto da parte di un civile di prestare il servizio militare armato o da parte di un medico di praticare aborti. L'**opposizione**, in quanto posizione contraria, opposta, contrastante, è un forma più decisa di obiezione: *le sue idee hanno incontrato una forte opposizione*; *l'opposizione della maggioranza*; mentre **osservazione**, oltre ad avere un significato equivalente a quello di obiezione: *il testo è approvato senza osservazioni*, ha anche quello di considerazione critica, espressione di giudizio relativa a qualcosa o a qualcuno: *le sue osservazioni su quel testo sono state assai acute*; *è un'osservazione molto intelligente*, osservazione può anche significare in determinati contesti **riprensione** o **rimprovero**: *non tollerare osservazioni*; *la sua riprensione lo ha irritato*. Un **rilievo** è una osservazione, una nota, o anche un giudizio formulato a conclusione di una valutazione, di un'indagine e ha una valenza abbastanza neutra al contrario di **critica** che ha in sé il concetto di osservazione negativa, giudizio sfavorevole: *i tuoi rilievi mi sono stati molto utili*; *hanno fatto molte critiche su di lui*; *il suo discorso ha suscitato molte critiche*.

Un modo per manifestare la propria obiezione è la **contestazione** cioè quell'atteggiamento di critica e protesta nei confronti di istituzioni, persone, modi di vita, ecc.: *la contestazione studentesca, giovanile*. Col termine contestazione, per antonomasia, si intende il movimento giovanile di protesta nei confronti delle strutture scolastiche sfociato in una radicale opposizione al sistema sociale, economico e politico che si è sviluppato in Europa e in America sul finire degli anni '60: *gli anni della contestazione*. Decisamente più forte è il **rifiuto** che è un atto di obiezione definitiva in quanto consiste nel non voler fare o nel non voler accettare qualcosa: *il suo rifiuto mi ha colto di sorpresa*; *in seguito al suo rifiuto abbiamo rinunciato all'impresa*.

obitòrio *s. m.* camera mortuaria □ morgue (*fr.*).

oblazióne *s. f.* offerta, donazione, contribuzione, contributo, obolo, erogazione, beneficenza, elemosina □ (*di contravvenzione, ecc.*) pagamento, versamento □ multa, ammenda.

obliàre ***A*** *v. tr.* (*lett.*) dimenticare, scordare, trascurare □ perdonare **CONTR.** ricordare, rammentare, rievocare, ripensare, rimembrare (*lett.*), rivangare ***B*** **obliarsi** *v. rifl.* dimenticare sé stessi, andare in estasi.

oblìo *s. m.* dimenticanza, abbandono □ (*est.*) amnesia, letargo □ negligenza, trascuratezza □ (*fig.*) oscurità, anonimato, silenzio **CONTR.** ricordo, memoria, ricordanza (*lett.*), rimembranza (*lett.*), reminiscenza, rievocazione.

obliquaménte *avv.* ***1*** in modo obliquo, trasversalmente, di sghembo, di sghimbescio, di sbieco, diagonalmente **CONTR.** rettamente, dirittamente, diritto, verticalmente ***2*** (*fig.*) subdolamente, slealmente, falsamente, indirettamente **CONTR.** lealmente, francamente, schiettamente, sinceramente.

obliquità *s. f.* ***1*** inclinazione **CONTR.** parallelismo, perpendicolarità ***2*** (*fig.*) (*di ragionamento*) tortuosità, malignità, malvagità, perversione **CONTR.** limpidezza, probità, rettitudine.

oblìquo *agg.* ***1*** (*di posizione*) inclinato, sghembo, sghimbescio, diagonale, sbieco, divergente, convergente, trasversale, traversale (*raro*), traverso, storto **CONTR.** diritto, retto, ritto, verticale, orizzontale, parallelo, perpendicolare ***2*** (*fig.*) (*di discorso*) indiretto **CONTR.** diretto ***3*** (*fig.*) (*di sguardo*) bieco, torvo **CONTR.** diritto ***4*** (*fig.*) (*di fine, di discorso*) sleale, disonesto, falso, subdolo, perverso **CONTR.** franco, leale, onesto, retto.

obliteràre *v. tr.* ***1*** (*lett.*) cancellare, eliminare, cassare, togliere, rendere illeggibile **CONTR.** marcare, evidenziare ***2*** (*con sigillo, con timbro*) annullare, timbrare, forare, bucare ***3*** (*fig.*) far dimenticare **CONTR.** ricordare, rammentare.

obliteratóre *agg.* (*f. -trice*) annullatore.

obliterazióne *s. f.* ***1*** (*lett.*) cancellazione, annullamento ***2*** (*di francobolli e sim.*) annullo, timbro ***3*** (*fig.*) dimenticanza **CONTR.** ricordo, memoria.

oblò *s. m.* (*di nave*) finestrino, portellino.

oblùngo *agg.* bislungo, allungato, più lungo che largo, ellissoidale.

òbolo *s. m.* offerta, elemosina, beneficenza, carità, contribuzione □ (*est.*) donazione, elargizione, oblazione.

obsolescènte *agg.* che sta invecchiando, vecchio, obsoleto, antiquato **CONTR.** vivo, vitale □ nuovo, moderno.

obsolèto *agg.* obsolescente, antico, disusato, invecchiato, antiquato, sorpassato, vieto, out (*ingl.*) **CONTR.** attuale, in uso, solito, consueto, in (*ingl.*) □ nuovo, moderno.

obtorto collo /*lat.* ob'tɔrto 'kɔllo/ [loc. lat., propriamente 'col collo piegato'] *loc. avv.* (*lett.*) malvolentieri, controvoglia **CONTR.** volentieri, di buon grado.

òca *s. f.* ***1*** papero, papera ***2*** (*fig.*) sciocco, stupido, balordo, sbadato, imbranato (*centr.*) grullo, merlo, baccalà, allocco, mestolone **CONTR.** sveglio, intelligente, astuto, furbacchione **FRAS.** *avere* (o *fare*) *la pelle d'oca* (*fig.*), rabbrividire □ *oca marina*, smergo □ *oca giuliva* (*fig.*), donna superficiale, sciocca o ingenua.

ocàggine *s. f.* dabbenaggine, stupidità **CONTR.** astuzia, scaltrezza, furberia.

occasionàle *agg.* ***1*** (*di causa*) pretestuoso, giustificativo ***2*** (*di cosa*) accidentale, casuale, fortuito, contingente, imprevisto, eventuale **CONTR.** concordato, convenuto, pattuito, prestabilito, voluto, previsto ***3*** (*di lavoro, di collaborazione*) avventizio, precario, episodico **CONTR.** continuativo. *V. anche* INCERTO

occasionalménte *avv.* ***1*** casualmente, accidentalmente, fortuitamente, per caso **CONTR.** volutamente, volontariamente, intenzionalmente, di proposito ***2*** saltuariamente, episodicamente, di tanto in tanto **CFR.** sempre, mai continuamente, continuativamente.

occasióne *s. f.* ***1*** opportunità, destro, momento buono, momento adatto, fortuna, possibilità, adito, agio, chance (*fr.*) **CONTR.** sfortuna, disgrazia ***2*** causa, motivo, pretesto, appiglio, spunto, appicco, stimolo, impulso, scintilla (*fig.*) ***3*** avvenimento, circostanza, occorrenza, situazione, vicenda, momento, tempo, luogo, ora, evenienza, caso, congiuntura, combinazione ***4*** affare **FRAS.** *d'occasione*, a prezzo favorevole □ *cogliere l'occasione*, saper approfittare del momento. *V. anche* FORTUNA, TEMPO

occhiàia *s. f.* ***1*** (*anat.*) orbita ***2*** (*spec. al pl.*) calamaro.

occhiàli *s. m. pl.* lenti **FRAS.** *serpente dagli occhiali* (*pop.*), cobra □ naja.

occhialìno *s. m.* ***1*** *dim. di* **occhiale** ***2*** occhialetto, monocolo, caramella □ lorgnette (*fr.*).

occhiàta *s. f.* sguardo, guardata, adocchiamento, strizzata d'occhio □ passata, scorsa, sfogliata, ripassata.

occhieggiàre ***A*** *v. tr.* guardare con desiderio, adocchiare, sbirciare ***B*** *v. intr.* apparire, fare capolino.

occhièllo *s. m.* ***1*** (*raro*) *dim. di* **occhio** ***2*** asola □ (*est.*) taglio, foro, apertura, pertugio □ ferita ***3*** (*tip.*) soprattitolo, occhietto.

occhiétto *s. m.* ***1*** *dim. di* **occhio** ***2*** (*tip.*) occhiello, soprattitolo **FRAS.** *fare l'occhietto*, ammiccare.

òcchio *s. m.* ***1*** (*est.*) sguardo, vista, iride, pupilla ***2*** (*fig.*) senso estetico, gusto ***3*** (*al pl.*) (*fig.*) espressione, atteggiamento, ciglio, stato d'animo ***4*** (*fig.*) (*nel giudicare*) discernimento, capacità di intendere, acume, intuito ***5*** (*fig.*) attenzione ***6*** (*di portico, di ciclone, ecc.*) tondo, volta, volto, cerchio, centro □ sfera □ foro □ anello ***7*** (*bot.*) gemma **FRAS.** *a occhio e croce*, approssimativamente □ *a perdita d'occhio*, per una vasta estensione □ *crescere a vista d'occhio*, crescere molto rapidamente □ *avere buon occhio* (*fig.*), saper valutare bene □ *con un'occhio di riguardo*, con trattamento privilegiato □ *chiudere gli occhi* (*fig.*), morire □ *avere gli occhi fuori dalle orbite* (*fig.*), essere molto meravigliato (spaventato, arrabbiato, ecc.) □ *far tanto d'occhi*, stupirsi □ *tener d'occhio*, sorvegliare □ *in un batter d'occhio* (*fig.*), in un attimo □ *strizzare l'occhio*, ammiccare □ *sognare a occhi aperti* (*fig.*), fantasticare □ *chiudere un occhio* (*fig.*), fingere di non vedere □ *a occhi chiusi* (*fig.*), con sicurezza; con fiducia □ *a quattr'occhi*, in confidenza □ *un occhio della testa* (*fam.*), moltissimo □ *dare nell'occhio*, colpire □ *fare l'occhio*, abituarsi □ *saltare agli occhi* (*fig.*), essere molto evidente □ *gettare la polvere negli occhi* (*fig.*), ingannare □ *essere tutt'occhi* (*fig.*), fare grande attenzione.

occhiolìno *s. m. dim. di* **occhio** **FRAS.** *fare l'occhiolino*, ammiccare.

occidènte *s. m.* ponente, ovest, occaso (*poet.*), espero (*lett.*), tramonto **CONTR.** oriente, levante, est.

occìpite *s. m.* (*anat.*) nuca, collottola, cervice (*lett.*).

occitànico *agg.*; *anche s. m.* provenzale □ in lingua d'oc.

occlùdere *v. tr.* otturare, turare, ostruire, interrompere, chiudere, intasare, bloccare, impedire **CONTR.** schiudere, stasare, sturare, sgorgare, aprire, liberare.

occlusióne *s. f.* ostruzione, otturazione, otturamento, intasamento, oppilazione (*ant.*), interruzione, chiusura, blocco, impedimento □ (*med.*) trombosi **CONTR.** sblocco, liberazione, apertura.

occlùso *part. pass. di* **occludere**; *anche agg.* ostruito, intasato, otturato, interrotto, bloccato, chiuso **CONTR.** stasato, sturato, sbloccato, aperto, liberato.

occorrènte ***A*** *part. pres. di* **occorrere**; *anche agg.* necessario, essenziale, indispensabile, opportuno, utile □ sufficiente, bastante **CONTR.** superfluo, inutile, eccedente, esorbitante, soverchio ***B*** *s. m.* necessario, fabbisogno, indispensabile **CONTR.** superfluo, eccedente.

occorrènza *s. f.* ***1*** evenienza, circostanza, occasione, caso ***2*** necessità, bisogno, uopo □ affare, faccenda **CONTR.** inutilità, superfluità.

occórrere *v. intr.* ***1*** essere necessario, servire, necessitare, importare, bisognare, andare, abbisognare, essere opportuno, esser d'uopo, urgere, essere utile, bastare **CONTR.** essere inutile, essere superfluo ***2*** accadere, succedere, capitare. *V. anche* VOLERE

occultaménte *avv.* nascostamente, celatamente, copertamente, furtivamente, segretamente □ misteriosamente, arcanamente **CONTR.** apertamente, dichiaratamente, manifestamente, palesemente, francamente, ostensibilmente, alla luce del sole.

occultaménto *s. m.* nascondimento (*lett.*), occultazione, imboscamento □ mascheramento **CONTR.** palesamento, manifestazione, rivelazione, esibizione, sfoggio, smascheramento. *V. anche* INQUINAMENTO

occultàre ***A*** *v. tr.* nascondere, tenere nascosto, celare, coprire, sottrarre alla vista, imboscare, mascherare, dissimulare **CONTR.** mostrare, divulgare, esibire, manifestare, ostentare, svelare, sbandierare, far vedere, palesare, rivelare ***B*** **occultarsi** *v. rifl.* nascondersi, sottrarsi alla vista, appiattarsi, annidarsi, rimpiattarsi **CONTR.** mostrarsi, rivelarsi, mettersi in mostra, manifestarsi, palesarsi, trasparire, scoprirsi.

occultàto *part. pass. di* **occultare**; *anche agg.* nascosto, celato, sottratto alla vista, annidato, coperto, sepolto (*fig.*) **CONTR.** mostrato, palesato, rivelato, manifestato, confessato, esteriorizzato.

occultazióne *s. f.* occultamento, nascondimento (*lett.*) □ (*astron.*) eclissi **CONTR.** palesamento, rivelazione, scoperta, smascheramento.

occultìsmo *s. m.* scienze occulte □ spiritismo, parapsicologia (*est.*), magia.

occùlto *agg.* nascosto, ascoso (*lett.*), celato, coperto, non manifesto □ recondito, riposto □ clandestino, segreto, sommerso, (*est.*) sotterraneo □ emertico, arcano, misterioso, invisibile **CONTR.** manifesto, palese, chiaro, evidente, patente, tangibile, scoperto, aperto, visibile.

occupàre ***A*** *v. tr.* ***1*** (*di luogo*) invadere, impossessarsi, impadronirsi, prendere, conquistare, colonizzare, espugnare **CONTR.** lasciare, abbandonare, evacuare, liberare ***2*** (*est.*) (*di appartamento e sim.*) abitare ***3*** (*di ufficio, di carica e sim.*) avere, tenere, sostenere, coprire, ricoprire, detenere □ usurpare □ assumere **CONTR.** dimettersi, abbandonare ***4*** (*di personale*) dare lavoro, impiegare ***5*** (*di spazio*) ingombrare, riempire □ diffondersi, estendersi **CONTR.** sgombrare, sloggiare ***6*** (*di mente, di tempo, ecc.*) passare, trascorrere, utilizzare □ impegnare, tenere assorto, tenere intento **CONTR.** distrarre, svagare ***B*** **occuparsi** *v. intr. pron.* ***1*** interessarsi, curarsi, badare, pensare, dedicarsi, adoperarsi, accudire, attendere **CONTR.** trascurare, disinteressarsi, infischiarsi, disprezzare, dimenticare ***2*** impiegarsi, farsi assumere, collocarsi, sistemarsi **CONTR.** dimettersi, rinunciare, ritirarsi ***3*** impicciarsi, immischiarsi, ingerirsi **CONTR.** disinteressarsi, infischiarsi. *V. anche* PENSARE, PRENDERE

occupàto *part. pass. di* **occupare**; *anche agg.* ***1*** (*di luogo*) preso, espugnato, posseduto, non libero □ ingombro, pieno, impedito □ invaso **CONTR.** libero, liberato, vacante, disponibile, sfitto, sgombro, vuoto, lasciato ***2*** (*di persona, di mente, ecc.*) impegnato, indaffarato, affaccendato, assorbito □ impiegato **CONTR.** senza lavoro, disoccupato.

occupazióne *s. f.* ***1*** (*di luogo*) presa, presa di possesso, conquista, espugnazione □ invasione, colonizzazione **CONTR.** abbandono, evacuazione, liberazione ***2*** (*di persona*) lavoro, impiego, ufficio, incombenza, mansione, professione, attività, carica □ affare, faccenda □ cura, preoccupazione □ hobby (*ingl.*) **CONTR.** disoccupazione, ozio. *V. anche* LAVORO

oceànico *agg.* ***1*** dell'oceano ***2*** (*fig.*) (*di folla, di manifestazione*) immenso, dilagante, grandioso, senza limiti, sterminato **CONTR.** piccolo, scarso, limitato, esiguo.

ocèano *s. m.* ***1*** (*lett.*) mare, pelago ***2*** (*fig.*) (*di gente, di erba, ecc.*) immensità, gran quantità, grande distesa, vastità **CONTR.** scarsità, limitatezza, esiguità.

oculataménte *avv.* accortamente, avvedutamente, attentamente, acutamente, sagacemente, prudentemente, astutamente, cautamente **CONTR.** avventatamente, sbadatamente, sconsideratamente, temerariamente, precipitosamente.

oculatézza *s. f.* accortezza, avvedutezza, discernimento, giudizio, attenzione, cautela, circospezione, prudenza, sagacia, vigilanza, astuzia **CONTR.** avventatezza, precipitazione, sbadataggine, disattenzione, disavvedutezza, imprudenza, imprevidenza, sconsideratezza. *V. anche* PRUDENZA

oculàto *agg.* accorto, avveduto, astuto, cauto, circospetto, guardingo, sagace, vigile, vigilante, attento, prudente, scrupoloso **CONTR.** avventato, temerario, sbadato, disattento, disavveduto, imprudente, malaccorto, sconsiderato.

oculìsta *s. m. e f.* oftalmologo.

oculìstica *s. f.* oftalmologia □ oftalmoiatria.

òde *s. f.* canto, carme, lirica **CFR.** ditirambo, peana, anacreontica, saffica, alcaica, pindarica.

odiàre ***A*** *v. tr.* avere in odio, aborrire, abominare, detestare, esecrare, maledire □ avversare, malvolere, avere in antipatia, non poter soffrire, avere a noia □ disprezzare, disdegnare, sdegnare **CONTR.** amare, adorare, voler bene □ apprezzare, stimare, ammirare ***B*** **odiarsi** *v. rifl. rec.* detestarsi **CONTR.** amarsi, adorarsi, volersi bene.

odiàto *part. pass. di* **odiare**; *anche agg.* aborrito, detestato, esecrato, maledetto, odioso, inviso □ disprezzato, malvisto, sdegnato, spregiato **CONTR.** amato, idolatrato, adorato, benvoluto, caro, diletto □ apprezzato, stimato.

odièrno *agg.* ***1*** di oggi ***2*** del giorno d'oggi, del presente, dei nostri giorni, attuale, recente, presente, contemporaneo, moderno **CFR.** passato, antico, antiquato, inattuale, primitivo, vetusto, vieto, d'altri tempi, futuro, del domani.

òdio *s. m.* ***1*** (*di persone*) profonda avversione, detestazione (*raro lett.*), aborrimento, abominazione, animosità, malvolere, astio, acredine (*fig.*), esecrazione, inimicizia, livore, malevolenza, ostilità, rancore, fiele, veleno (*fig.*), ruggine **CONTR.** amore, affetto, affezione, adorazione, amicizia, benvolere □ pietà ***2*** (*est.*) intolleranza, antipatia, fobia (*est.*), idiosincrasia, ripugnanza, disprezzo, sdegno, rifiuto **CONTR.** simpatia, predilezione, passione.

ODIO
sinonimia strutturata

L'**odio** è una totale ed intensissima avversione nei confronti di qualcuno: *odio inveterato, bieco, feroce*; *avere, nutrire, portare, serbare, covare, concepire un odio mortale per qualcuno*; *alimentare, rinfocolare, fomentare, accendere gli odi di razza, di casta.* Per estensione questa parola indica un senso di intolleranza, contrarietà o ripugnanza verso qualcuno o qualcosa: *avere in odio le cerimonie, i pettegolezzi.*

Termini per esprimere un sentimento di malanimo o viva antipatia verso qualcuno o qualcosa meno forte dell'odio sono **avversione**, **ostilità**, **inimicizia**, **malevolenza**: *provare, nutrire, sentire avversione*; *vincere l'ostilità dell'ambiente*; *acquistarsi, procurarsi inimicizie*; *una critica piena di malevolenza.* Per estensione avversione indica anche ripugnanza, nausea: *ha una vera avversione per certi cibi.* Ostilità, usato specialmente al plurale, indica un atto o un comportamento da nemico o una attività bellica: *le ostilità furono sospese per tre giorni.*

Abominazione e **aborrimento** sono altri due termini, meno usati dei precedenti e di registro letterario, che indicano sentimenti di odio, disprezzo, avversione o ripugnanza: *avere qualcuno o qualcosa in abominazione*; *manifestare aborrimento per qualcosa.* Abominazione si usa, raramente, per definire anche una cosa o una persona abominevole: *quell'individuo è l'abominazione della sua famiglia.* L'**esecrazione** è un sentimento di estremo orrore e disprezzo: *fu oggetto della nostra esecrazione.* Questa parola definisce anche la manifestazione di tale sentimento: *indicarono il bandito alla pubblica esecrazione.*

Un sentimento di odio o di sdegno che non trova sfogo e viene tenuto nascosto si chiama **rancore**: *covare, serbare un sordo rancore.* L'**astio** è un rancore, una disposizione malevola dell'animo, specialmente causato da invidia o dispetto: *portare astio a qualcuno*; *avere, nutrire, provare astio verso, contro qualcuno*. Parola di significato assai simile ad astio è **livore**, che esprime una invidia astiosa e maligna: *cupo livore*; *il livore degli avversari*. Senso di amarezza e di rancore esprime anche la parola **fiele**: *ha avuto parole di fiele nei miei confronti*. Da ultimo, la parola **ruggine**, tra i suoi vari significati, in senso figurato, sta ad indicare anche un disaccordo, un attrito o un astio profondamente radicati e perduranti nel tempo: *c'è una vecchia ruggine tra i due*.

odiosaménte *avv.* ***1*** con odio, ostilmente, astiosamente, ferocemente **CONTR.** amichevolmente, affabilmente ***2*** fastidiosamente, insopportabilmente, antipaticamente **CONTR.** amabilmente, adorabilmente, simpaticamente, deliziosamente ***3*** detestabilmente, infamemente, spiacevolmente, velenosamente.

odiosità *s. f.* ***1*** l'essere odioso **CONTR.** amabilità ***2*** atto odioso, comportamento odioso.

odióso *agg.* odiabile, odiato, esecrabile, esecrando, malvagio, abominevole, detestabile, ripugnante, infame □ (*est.*) molesto, sgradito, antipatico, insopportabile, spiacevole, urtante, fastidioso **CONTR.** amabile, adorabile, delizioso □ simpatico, gradito, accetto. *V. anche* SPIACEVOLE

odissèa [dal poema omerico *Odissea*, che narra le travagliate vicende del ritorno di Ulisse] *s. f.* (*fig.*) serie di vicende dolorose, vicissitudini, peripezie, disavventure.

odontoiàtra *s. m.* e *f.* dentista.

odontoiàtrico *agg.* dentistico.

odoràre ***A*** *v. tr.* ***1*** percepire con l'olfatto, sentire l'odore, annusare, annasare (*lett., dial.*), fiutare ***2*** (*fig.*) (*di affare, di intrigo, ecc.*) presentire, intuire, indovinare, subodorare ***3*** (*di cosa*) profumare, aromatizzare ***B*** *v. intr.* ***1*** profumare, olezzare, aulire (*lett.*) **CONTR.** puzzare, putire (*lett.*) ***2*** (*fig.*) (*di imbroglio, ecc.*) sapere, dare indizio, dare sentore.

odoràto *s. m.* ***1*** olfatto, fiuto □ (*est.*) naso ***2*** (*fig.*) intuito, perspicacia.

odóre *s. m.* ***1*** effluvio, esalazione, emanazione, usta (*di animale*) ***2*** profumo, aroma, fragranza, olezzo (*lett.*) **CONTR.** puzzo, puzza (*dial., lett.*), tanfo, fetore, lezzo ***3*** fetore, puzzo, puzza (*dial., lett.*), afrore, lezzo, tanfo **CONTR.** profumo, aroma, fragranza, olezzo (*lett.*) ***4*** essenza odorosa ***5*** (*fig.*) (*di intrigo, ecc.*) indizio, sentore ***6*** (*al pl.*) (*per condimenti*) erbette odorose, aromi **FRAS.** *sentire odor di bruciato* (*fig.*), subodorare un inganno □ *sentire odor di stalla* (*fig.*), essere quasi arrivati a destinazione.

odoróso *agg.* profumato, fragrante, olezzante (*lett.*), aromatico, balsamico, aulente (*lett.*), odorante, odorifero (*lett.*) **CONTR.** fetido, puzzolente, puzzoso (*lett.*), fetente, mefitico, graveolente, pestifero.

off /*ingl.* ɔf/ [vc. ingl., propriamente 'fuori'] *agg. inv.* (*di dicitura*) chiuso, fuori servizio, guasto **CONTR.** on (*ingl.*), aperto, in funzione.

offèndere ***A*** *v. tr.* ***1*** (*di persona*) ingiuriare, insolentire, insultare, strapazzare, maltrattare, bistrattare, oltraggiare, vilipendere, vituperare, schernire, svillaneggiare, mancare di rispetto □ mortificare, umiliare **CONTR.** accarezzare, carezzare, adulare, elogiare, lodare, onorare, rispettare ***2*** (*di legge, di pudore, ecc.*) trasgredire, violare, contravvenire, urtare, disubbidire, non tener conto, intaccare, profanare, violare **CONTR.** osservare, conformarsi, ubbidire, rispettare, salvaguardare ***3*** (*di parole, di comportamento*) infastidire, molestare, urtare, disgustare, provocare, pungere, scandalizzare, toccare, scottare **CONTR.** dilettare, piacere, essere gradito ***4*** (*di parti del corpo*) ledere, ferire, colpire ***B*** **offendersi** *v. rifl. rec.* oltraggiarsi, ingiuriarsi, insultarsi **CONTR.** complimentarsi, felicitarsi ***C*** *v. intr. pron.* impermalirsi, infastidirsi, risentirsi, sdegnarsi, aversene a male, adombrarsi, adontarsi, imbronciarsi, inalberarsi **CONTR.** avere piacere, essere contento.

offensìva *s. f.* attacco, assalto, offesa □ pressione **CONTR.** difensiva, controffensiva. *V. anche* ASSALTO

offensìvo *agg.* ***1*** ingiurioso, spregiativo, oltraggioso, arrogante, insolente, urtante, insultante, dispettoso, irriverente, diffamatorio, dissacratorio, mortificante, provocatorio, provocante, villano **CONTR.** elogiativo, encomiastico, lodativo, laudativo (*lett.*), rispettoso, riguardoso ***2*** (*di arma*) lesivo, atto a ferire **CONTR.** inoffensivo, innocuo ***3*** (*di guerra, ecc.*) di attacco, ostile **CONTR.** difensivo, protettivo.

offèrta *s. f.* ***1*** (*di matrimonio, di lavoro, ecc.*) proposta, profferta, invito **CONTR.** accettazione, accoglimento, gradimento □ rifiuto, ripulsa ***2*** (*di denaro, ecc.*) oblazione, obolo, contributo, contribuzione, elargizione, erogazione, elemosina, beneficenza, carità, dono, omaggio, regalo ***3*** (*di merce*) proposta, lancio, messa in vendita □ (*fig.*) mostra, esibizione, parata **CONTR.** domanda, incetta ***4*** (*relig.*) consacrazione, dedica, vittima.

offèrto *part. pass.* di **offrire**; *anche agg.* ***1*** proposto, profferto (*lett.*), porto, dato, elargito, donato, regalato, pagato (*pop.*) □ (*alla vista*) esibito, mostrato, sciorinato **CONTR.** accettato, accolto, gradito, cercato, chiesto, commissionato □ respinto, rifiutato ***2*** (*relig.*) consacrato, dedicato, votato.

offésa *s. f.* ***1*** affronto, ingiuria, insolenza, insulto, maltrattamento, oltraggio, profanazione, onta, dispetto, scherno, vilipendio, diffamazione, villania, provocazione, sgarro, sfregio, torto, umiliazione, schiaffo morale □ contumelia, improperio, svillaneggiamento **CONTR.** elogio, lode, encomio, esaltazione, glorificazione, complimento, adulazione ***2*** (*di parte del corpo*) danno, lesione ***3*** (*di ostilità*) attacco, offensiva **CONTR.** difensiva, difesa, resistenza.

offéso ***A*** *part. pass.* di **offendere**; *anche agg.* ***1*** (*di persona, di morale, ecc.*) ingiuriato, disonorato, infamato, insultato, maltrattato, bistrattato, profanato, oltraggiato, provocato, punto, schiaffeggiato moralmente, vilipeso, svillaneggiato **CONTR.** elogiato, lodato, encomiato, esaltato, glorificato, adulato ***2*** (*di umore, di stato d'animo*) imbronciato, indignato, ingrugnato, sdegnato ***3*** (*di parte del corpo*) danneggiato, leso, ferito, colpito, intaccato **CONTR.** integro, intatto ***B*** *s. m.* **CONTR.** offensore.

office /*ingl.* 'ɔffis/ [vc. ingl., stessa radice dell'it.

ufficio, dal lat. *officium* 'lavoro'] s. m. inv. (*in una casa*) disimpegno, servizio.

officiànte part. pres. di **officiare**; anche agg. e s. m. celebrante, ufficiante.

officiàre v. intr. (*di funzione religiosa*), ufficiare, celebrare.

officìna s. f. laboratorio, opificio, fabbrica, cantiere, stabilimento, fonderia, bottega, fucina, manifattura □ cenacolo (*fig.*).

officinàle agg. farmaceutico.

off-limits /*ingl.* ɔf 'limitz/ [loc. ingl., propriamente 'fuori (*off*) dei limiti (*limits*)'] loc. avv. (*est.*) proibito, vietato **CONTR.** consentito, permesso, lecito.

off-line /*ingl.* ɔf 'lain/ [loc. ingl., propriamente 'fuori (*off*) linea (*line*)'] loc. agg. (*elab.*) non collegato direttamente **CONTR.** on-line (*ingl.*).

offrìre ***A*** v. tr. ***1*** porgere, proporre, proferire (*lett.*), promettere □ presentare, parare, esibire, esporre □ dare, concedere, fornire, rendere, prestare □ apprestare, imbandire □ donare, regalare, consacrare, dedicare □ pagare **CONTR.** accettare, accogliere, prendere, chiedere, cercare, sottrarre □ rifiutare, respingere ***2*** (*di merce*) mettere in vendita, vendere **CONTR.** comprare, acquistare, incettare, serbare, commissionare ***3*** (*di terra*) produrre ***B*** **offrirsi** v. rifl. ***1*** proporsi, esibirsi, presentarsi, proferirsi (*lett.*), prestarsi □ consacrarsi, donarsi, promettersi, votarsi **CONTR.** ritrarsi, ritirarsi, defilarsi, sottrarsi ***2*** esporsi ***C*** v. intr. pron. (*di occasione, ecc.*) presentarsi, occorrere.

off-shore /*ingl.* 'ɔ:f ʃɔ:/ [loc. ingl., propriamente 'fuori (*off*) spiaggia (*shore*)'] ***A*** agg. inv. (*di gara, di ricerche petrolifere, ecc.*) marino, d'alto mare ***B*** s. m. inv. motonautica d'altura.

offuscaménto s. m. (*anche fig.*) annebbiamento, oscuramento, adombramento, obnubilamento (*lett.*), obnubilazione (*lett.*), accecamento, ottenebramento, abbagliamento, intorbidamento **CONTR.** rasserenamento, rischiaramento, schiarimento, illuminamento, illuminazione, splendore, trasparenza.

offuscàre ***A*** v. tr. ***1*** (*di cielo, di cosa*) oscurare, abbuiare, ottenebrare scurire, adombrare, annebbiare, appannare, intorbidare, nascondere, intorbidire, velare **CONTR.** illuminare, rasserenare, rischiarare ***2*** (*fig.*) (*di mente, di sensi*) ottenebrare, annebbiare, obnubilare, confondere, turbare, sconvolgere, intorpidire, ubriacare **CONTR.** aprire, schiarire, snebbiare ***3*** (*fig.*) (*di fama e sim.*) screditare, eclissare, sminuire, superare, abbassare **CONTR.** esaltare, celebrare, glorificare, magnificare, onorare ***B*** **offuscarsi** v. intr. pron. annebbiarsi, oscurarsi, ottenebrarsi, appannarsi, eclissarsi, velarsi, impallidire **CONTR.** rischiararsi, illuminarsi, chiarirsi, rasserenarsi.

offuscàto part. pass. di **offuscare**; anche agg. (*anche fig.*) oscurato, ottenebrato, accecato, annebbiato, appannato, velato, intorpidito **CONTR.** rischiarato, rasserenato, illuminato, lucido, terso, solare.

oftalmologìa s. f. (*med.*) oculistica.

oftalmòlogo s. m. (*med.*) oculista.

oggettìno s. m. dim. di **oggetto** ninnolo, soprammobile.

oggettivaménte avv. obiettivamente, imparzialmente, spassionatamente, equamente **CONTR.** soggettivamente, parzialmente.

oggettività s. f. ***1*** obiettività, oggettivismo, realtà **CONTR.** soggettività ***2*** (*di giudizio*) imparzialità, equità, realismo, spassionatezza **CONTR.** parzialità, partigianeria, relatività.

oggettìvo agg. ***1*** obiettivo, effettivo, reale, esterno (*filos.*) **CONTR.** soggettivo ***2*** (*di giudizio, di comportamento, ecc.*) imparziale, equo, spassionato, impersonale, giusto **CONTR.** parziale, partigiano, personale, preconcetto. *V. anche* OBIETTIVO

oggètto s. m. ***1*** cosa, coso □ arnese, attrezzo, articolo □ roba, bene **CONTR.** soggetto ***2*** (*di viaggio, ecc.*) termine, fine, scopo, bersaglio, obiettivo □ contenuto ***3*** (*di discorso, di studio, ecc.*) motivo, occasione □ argomento, soggetto, tema, materia ***4*** (*di elenco*) voce, capo.

òggi ***A*** avv. ***1*** oggidì, oggigiorno, in questo giorno, quest'oggi, presentemente, attualmente **CFR.** ieri, domani ***2*** (*est.*) ora, adesso, attualmente, modernamente, nel nostro tempo, al giorno d'oggi **CFR.** in altri tempi, in passato, anticamente, in avvenire, in futuro ***B*** s. m. ***1*** presente, tempo presente, giorno presente, giorno corrente ***2*** epoca attuale, epoca contemporanea **CFR.** ieri, domani **FRAS.** *oggi a otto*, tra otto giorni □ *oggi come oggi*, al presente □ *al giorno d'oggi*, oggigiorno □ *da oggi innanzi*, per l'avvenire □ *dall'oggi al domani*, improvvisamente.

oggidì avv. V. **oggi**.

oggigiórno avv. V. **oggi**.

ogìva s. f. ***1*** (*arch.*) arco acuto, sesto acuto ***2*** finestra a sesto acuto ***3*** (*di proiettile, di missile*) testa, capsula.

ogivàle agg. ***1*** a ogiva, a sesto acuto, archiacuto ***2*** gotico.

ógni agg. indef. m. e f. sing. ***1*** ciascuno, tutti **CONTR.** nessuno ***2*** qualunque, qualsiasi, qualsivoglia **FRAS.** *ogni momento*, sempre □ *in ogni dove*, dappertutto.

ognùno pron. indef. solo sing. ogni persona, ciascuno, cadauno, tutti, chiunque **CONTR.** nessuno.

oh inter. ehi, ehilà, ve'.

ohimè o **ohimé** ***A*** inter. ahimè, povero me ***B*** in funzione di s. m. inv. lamento.

O.K. /o'kɛi, *ingl.* ou'kei/ o **OK** inter.; anche s. m. V. **okay**.

okay /*ingl.* 'əukei/ [dalla sigla *O.K.*, iniziali di *O(ld) K(inderhook Club)*, associazione di sostenitori di Martin van Buren divenuto ottavo presidente degli Stati Uniti, usato come slogan poi come formula di approvazione] ***A*** inter. va bene, d'accordo, sì, all right (*ingl.*) ***B*** s. m. benestare, visto.

olandése ***A*** agg.; anche s. m. e f. fiammingo ***B*** s. m. (*di surrogato del caffè*) estratto di cicoria.

oleifìcio s. m. frantoio, elaiopolio, trappeto.

oleodótto s. m. pipeline (*ingl.*).

oleogràfico agg. (*fig.*) banale, convenzionale, manierato, insulso **CONTR.** nuovo, originale. *V. anche* BANALE

oleosità s. f. untuosità.

oleóso agg. ***1*** contenente olio ***2*** oleico, oleifero, oleaginoso (*raro*) ***3*** (*est.*) unto, untuoso, sporco di grasso □ grasso, denso.

olezzàre *v. intr.* (*lett.*) odorare, profumare, aulire (*ant.*) **CONTR.** puzzare, putire (*lett.*).

olézzo *s. m.* **1** (*lett.*) profumo, fragranza, effluvio, buon odore **CONTR.** puzzo, puzza, fetore (*dial., lett.*), lezzo, esalazione, miasma **2** (*iron., antifr.*) puzzo, puzza (*dial., lett.*) **CONTR.** profumo, fragranza, effluvio.

olfàtto *s. m.* odorato, fiuto, naso.

oliàre *v. tr.* ungere (con olio), lubrificare.

oliatóre *s. m.* lubrificatore, ingrassatore.

oliatùra *s. f.* lubrificazione.

olièra *s. f.* ampolliera, portampolle, ampolle.

olimpìade [da *Olimpia*, l'antica città della Grecia dove ogni quattro anni di svolgevano le famose gare in onore di Giove] *s. f. spec. al pl.* giochi olimpici.

olìmpico *agg.* **1** olimpiaco, olimpio, di Olimpia **2** (*est.*) divino, celeste, superumano **CONTR.** terreno, umano **3** (*fig.*) imperturbabile, sereno, calmo, tranquillo, sicuro, impassibile **CONTR.** inquieto, affannato, agitato, ansioso, turbato **4** olimpionico.

olìmpo [dal monte *Olimpo*, ritenuto dagli antichi Greci sede degli dei] *s. m.* **1** (*lett.*) cielo □ paradiso **2** (*fig., iron.*) gotha, palmarès (*fr.*), aristocrazia □ (*est.*) sprezzante superiorità.

òlio *s. m.* **1** lubrificante **2** quadro, pittura, dipinto, tela **FRAS.** *liscio come l'olio* (*fig.*), calmissimo; senza contrasti □ *calmo come l'olio* (*fig.*), calmissimo □ *gettare olio sul fuoco* o *sulle fiamme* (*fig.*), attizzare le ire □ *olio di gomito* (*fig.*), fatica, impegno □ *olio santo*, estrema unzione □ *olio di vaselina*, paraffina liquida □ *olio di vetriolo*, acido solforico □ *oli minerali*, idrocarburi liquidi. *V. anche* QUADRO

olìva **A** *s. f.* **1** frutto dell'olivo **2** (*lett.*) olivo □ ramo d'olivo **3** (*giorn.*) cimice (*gerg.*), microspia **B** *in funzione di agg. inv.* (*di colore*) verde spento **FRAS.** *domenica degli olivi*, domenica delle palme.

òlla *s. f.* pentola (di coccio), vaso (di coccio), giara, pignatta.

olocàusto *s. m.* (*est.*) sacrificio, immolazione □ martirio, vittima.

oltraggiàre *v. tr.* **1** ingiuriare, insultare, offendere, vilipendere □ insolentire, svillaneggiare □ violentare **CONTR.** elogiare, encomiare, lodare, complimentare, adulare **2** (*di legge, di costumi, ecc.*) violare, non rispettare, contravvenire **CONTR.** mantenere, osservare, rispettare.

oltraggiàto *part. pass. di* **oltraggiare**; *anche agg.* offeso, leso, violato, profanato, vilipeso.

oltràggio *s. m.* soperchieria, prepotenza, violazione, sopruso, sfregio, violenza, affronto, insulto, offesa, onta, vilipendio, diffamazione, villania □ ingiuria, contumelia, insolenza, improperio, pregiudizio, danno **CONTR.** complimento, elogio, encomio, lode, onore, rispetto.

oltraggiosaménte *avv.* ingiuriosamente, offensivamente, insolentemente, villanamente □ sfacciatamente, spudoratamente **CONTR.** riguardosamente, garbatamente, gentilmente.

oltraggióso *agg.* ingiurioso, insolente, offensivo, diffamatorio □ sgarbato, scortese □ arrogante, superbo, tracotante **CONTR.** elogiativo, encomiastico, apologetico, laudativo □ benigno, bonario, mite, mansueto, umile.

oltranzìsmo *s. m.* estremismo, massimalismo **CFR.** moderatismo, reazione.

óltre **A** *avv.* **1** (*anche fig.*) più in là, più in avanti, dopo, sopra **CONTR.** di qua, al di qua **2** più, di più, ancora **B** *prep.* **1** di là da, dall'altra parte di **CONTR.** di qua da, da questa parte di **2** più di **CONTR.** meno di **3** in aggiunta a, in più di **4** all'infuori di, eccetto, fuori, tranne **FRAS.** *farsi oltre*, avanzare □ *andare troppo oltre* (*fig.*), oltrepassare la misura.

oltremisùra *avv.* oltremodo (*lett.*), troppo, eccessivamente, eccezionalmente, moltissimo, smisuratamente, straordinariamente **CONTR.** poco, scarsamente, esiguamente, limitatamente, modestamente, moderatamente.

oltrepassàre *v. tr.* **1** (*di luogo*) andare oltre, superare, sormontare, attraversare, scavalcare, sorpassare, saltare □ varcare, valicare, travalicare (*raro*) □ doppiare (*mar.*) **CONTR.** fermarsi, rimanere indietro **2** (*fig.*) (*di misura*) trascendere, eccedere, esorbitare, esulare, trasgredire, non rispettare **CONTR.** osservare, rispettare.

oltretómba *s. m. inv.* aldilà, acheronte (*lett.*), Ade, Inferi, mondo dei più □ inferno, paradiso **CONTR.** mondo. *V. anche* INFERNO

omaccióne *s. m accr. di* **omaccio** (*scherz.*) colosso, gigante, maciste, mastodonte, sansone, ercole, ciclope **CONTR.** omino, omarino, scricciolo.

omàggio **A** *s. m.* **1** ossequio, onore, riverenza, riguardi, onoranza, venerazione □ galanteria, complimento **CONTR.** scortesia, sgarberia, sgarbatezza, sgarbo, villania, affronto, dileggio, sfregio **2** offerta, dono, dedica, regalo **3** (*spec. al pl.*) dichiarazione di ossequio, cortesia, saluto **B** *in funzione di agg. inv.* (*posposto al s.*) gratuito, in dono. *V. anche* REGALO

ombelìco *s. m.* **1** (*anat.*) onfalo **2** (*fig.*) centro, zona centrale **CONTR.** esterno, periferia.

ómbra *s. f.* **1** oscurità, tenebre, offuscamento □ adombramento □ penombra, mezza luce, semioscurità □ (*est.*) buio **CONTR.** luce, splendore **2** luogo ombroso, rezzo (*poet.*) **CONTR.** sole **3** (*di corpo*) sagoma scura **4** fantasma, spettro, larva, spirito, anima **5** (*fig.*) apparenza, inconsistenza, simulacro, immagine, parvenza **CONTR.** realtà **6** poco, pochino, velo **CONTR.** abbondanza **7** (*fig.*) difesa, protezione, riparo, tutela **8** (*fig.*) sospetto, dubbio, timore **9** (*fig.*) ombrosità, uggia **FRAS.** *nell'ombra* (*fig.*), di nascosto □ *restare nell'ombra* (*fig.*), non farsi notare □ *vivere nell'ombra* (*fig.*), vivere appartato □ *essere l'ombra di sé stesso* (*fig.*), essere molto dimagrito □ *avere paura della propria ombra* (*fig.*), avere paura di tutto.

ombreggiàre *v. tr.* **1** adombrare, far ombra □ riparare **CONTR.** soleggiare, assolare, illuminare, rischiarare **2** (*di colore*) sfumare, tratteggiare, dare il chiaroscuro.

ombrèllo *s. m.* ombrella, paracqua, parapioggia □ parasole.

ombróso *agg.* **1** coperto d'ombra, ombreggiato, umbratile, ombrato, ombratile, opaco, oscuro **CONTR.** assolato, soleggiato, solatio, aprico, esposto al sole ***2*** (*di albero*) frondoso, fronzuto **CONTR.** spoglio, sfrondato ***3*** (*fig.*) (*di cavallo*) nervoso, facile a spaventarsi ***4*** (*fig.*) (*di persona*) permaloso, bizzoso, suscettibile, piccoso, diffidente, sospettoso, scontroso **CONTR.** fidente, fiducioso, bonario, cordiale, tollerante.

omèga o (*raro*) **òmega** *s. m.* ***1*** ultima lettera dell'alfabeto greco **CFR.** alfa ***2*** (*fig.*) fine, termine, compimento **CONTR.** inizio, avvio, principio **FRAS.** *dall'alfa all'omega* (*fig.*), dal principio alla fine.

omelìa *s. f.* ***1*** sermone, predica ***2*** (*fig.*) esortazione.

omèrico *agg.* ***1*** di Omero ***2*** (*fig.*) (*di risata*) fragoroso, irrefrenabile.

omertà *s. f.* (*tra criminali*) silenzio □ (*est.*) complicità, tacita intesa, acquiescenza.

omésso *part. pass. di* **omettere**; *anche agg.* dimenticato, lasciato, saltato, sorvolato, taciuto, trascurato, negletto (*lett.*) **CONTR.** fatto, effettuato, eseguito, realizzato, adempiuto, detto, citato, menzionato.

ométtere *v. tr.* tralasciare, saltare, sorvolare, tacere, trascurare, negligere (*lett.*), non fare, scordare, dimenticare, lasciare **CONTR.** fare, compiere, effettuare, eseguire, realizzare, adempiere, mettere, includere □ citare, menzionare, dire.

omicìda ***A*** *agg.* ***1*** di assassino, da assassino ***2*** mortale ***B*** *s. m. e f.* assassino, uccisore, killer (*ingl.*).

omicìdio *s. m.* assassinio, uccisione, delitto **FRAS.** *omicidio premeditato*, omicidio volontario □ *omicidio colposo*, omicidio accidentale.

omissióne *s. f.* dimenticanza, tralasciamento (*raro*), salto, sorvolamento (*raro*), esclusione, omissis (*lat.*), lacuna □ inosservanza □ mancanza, errore **CONTR.** adempimento, compimento, effettuazione, esecuzione, realizzazione, inclusione.

omissis /*lat.* o'missis/ [dalla loc. lat. (*ceteris rebus*) *omissis* 'omesse le altre cose'] *s. m. inv.* (*giur.*) omissione, parti tralasciate.

omnicomprensivo *agg.* totale, generale, globale **CONTR.** parziale.

omogeneità *s. f.* uguaglianza, affinità, uniformità, unitarietà, compattezza, unità □ analogia, similitudine, somiglianza **CONTR.** eterogeneità, disuguaglianza.

omogèneo *agg.* ***1*** (*di materie*) dello stesso genere, della stessa natura, della stessa razza **CONTR.** eterogeneo ***2*** (*di superficie, ecc.*) compatto □ levigato **CONTR.** incoerente □ ruvido ***3*** (*di cose o persone*) affine, analogo, conforme, uniforme, uguale, similare, somigliante, simile **CONTR.** differente, diverso, vario ***4*** (*fig.*) (*di colore, di suono, ecc.*) armonico, armonioso **CONTR.** discordante, dissonante, disarmonico, disorganico, disunito. *V. anche* SIMILE

omologàre *v. tr.* approvare, convalidare, ratificare, riconoscere ufficialmente **CONTR.** invalidare, non riconoscere □ abrogare, annullare, revocare, cassare.

omologàto *part. pass. di* **omologare**; *anche agg.* a norma, regolare □ ratificato, approvato, confermato.

omologazióne *s. f.* approvazione, convalida, ratifica, riconoscimento ufficiale, autenticazione **CONTR.** invalidamento (*raro*), invalidazione □ abrogazione, annullamento, revoca.

omòlogo *agg.* affine, analogo, consentaneo, conforme, corrispondente, equivalente **CONTR.** diverso, differente, dissomigliante, disuguale □ opposto, contrario.

omóne *s. m. accr. di* **uomo** (*scherz.*) gigante, colosso, ercole, mastodonte, ciclope, maciste, sansone **CONTR.** omino, scricciolo.

omosessuàle *agg.; anche s. m. e f.* omofilo, invertito, gay (*ingl.*), finocchio (*pop., fam.*), recchione (*centr.*), checca (*gerg., dial.*) □ lesbica **CONTR.** eterosessuale.

on /*ingl.* ɔn/ [vc. ingl., propriamente 'su, sopra'] *agg. inv.* (*di dicitura*) acceso, in servizio, in funzione, attivato **CONTR.** spento, off (*ingl.*), chiuso, fuori servizio.

óncia *s. f.* (*fig.*) minima quantità, inezia, minuzia **CONTR.** abbondanza, quantità.

ónda *s. f.* ***1*** (*di mare, di fiume o lago*) flutto, maroso, cavallone, ondata, increspatura ***2*** (*lett.*) acque □ (*poet.*) mare ***3*** (*fig.*) (*di sentimenti*) impeto, veemenza, forza travolgente ***4*** (*fig.*) (*di gente*) grande quantità, massa **CONTR.** scarsità, esiguità ***5*** linea sinuosa, linea serpeggiante, superficie sinuosa ***6*** (*di capelli*) ondulazione ***7*** movimento fluttuante ***8*** (*spec. al pl.*) vibrazione, oscillazione **FRAS.** *seguire l'onda* (*fig.*), seguire l'andazzo generale □ *mandare in onda*, trasmettere per radio o TV.

ondàta *s. f.* ***1*** colpo d'onda, colpo di mare □ flutto, cavallone, maroso, procella (*est.*) ***2*** (*fig.*) afflusso □ zaffata, spruzzo, effusione ***3*** (*fig.*) massa, gran quantità, frotta.

ondeggiaménto *s. m.* ***1*** oscillazione, fluttuazione, barcollamento, dondolamento, ancheggiamento **CONTR.** immobilità, fissità, ristagno, stagnamento ***2*** (*fig.*) (*di pensiero, di situazione, ecc.*) esitazione, dubbio, incertezza, tentennamento, pencolamento, indecisione **CONTR.** decisione, prontezza, risolutezza.

ondeggiànte *part. pres. di* **ondeggiare**; *anche agg.* ***1*** fluttuante, oscillante, tremolante, tremulo, traballante, pencolante, vacillante **CONTR.** immobile, fisso, stagnante ***2*** (*fig.*) (*di persona, di pensiero, ecc.*) esitante, dubbioso, incerto, indeciso, irresoluto **CONTR.** deciso, determinato, pronto, risoluto. *V. anche* INCERTO

ondeggiàre *v. intr.* ***1*** fluttuare, oscillare, muoversi in su e in giù, dondolarsi □ tremolare, tremare **CONTR.** essere immobile, essere fermo, stagnare ***2*** (*fig.*) (*di persone*) agitarsi ***3*** (*fig.*) (*di persone, di cose*) barcollare, vacillare, traballare **CONTR.** andare dritto, star dritto ***4*** (*fig.*) (*di persona, di pensiero, ecc.*) essere dubbioso, essere incerto, esitare, tentennare **CONTR.** essere deciso, essere risoluto.

ondóso *agg.* fluttuante, ondeggiante, mareggiante □ pieno di onde **CONTR.** fermo, immobile, liscio, stagnante.

ondulàre ***A*** *v. tr.* incurvare a onde, piegare a onde ***B*** *v. intr.* (*lett.*) muoversi ondeggiando, ondeggiare leggermente.

ondulàto *part. pass. di* **ondulare**; *anche agg.* ***1*** (*di mare, di terreno, ecc.*) irregolare, mosso, crespato

CONTR. piano, piatto, pianeggiante **2** (*di capelli, ecc.*) mosso, a onde □ riccio, crespo, increspato **CONTR.** dritto, liscio.

ondulazióne *s. f.* **1** (*di apparecchio*) oscillazione, vibrazione, ondeggiamento, fluttuazione **CONTR.** fissità, immobilità **2** (*di terreno*) movimento **3** (*di capelli*) piega, messa in piega □ arricciatura, permanente.

ònere *s. m.* **1** (*dir.*) obbligo, peso, fardello, soma, carico, aggravio, gravame □ spesa **CONTR.** sgravio **2** (*fig.*) impegno, incarico, dovere, obbligo, responsabilità gravosa **CONTR.** sinecura. *V. anche* CARICA

onerosità *s. f.* peso, pesantezza, gravezza, gravosità □ costosità, costo **CONTR.** leggerezza.

oneróso *agg.* pesante, ponderoso, grave, molesto, gravoso, duro, faticoso, impegnativo □ costoso □ a pagamento **CONTR.** leggero, lieve □ economico □ gratuito, gratis.

onestà *s. f.* **1** (*di carattere*) moralità, dirittura, integrità, lealtà, correttezza, equità, giustizia, probità, irreprensibilità, incorruttibilità, onorabilità, onore, rettitudine □ buona fede, serietà, trasparenza, schiettezza □ scrupolosità **CONTR.** disonestà, corruttibilità, improbità (*raro*) □ infedeltà, slealtà □ doppiezza, falsità, ipocrisia □ ingiustizia, iniquità □ malafede, dolo, fraudolenza **2** (*fig.*) costumatezza, decenza, morigeratezza, pudicizia, pudore, modestia □ castità, illibatezza, purezza, verginità, purità **CONTR.** immoralità, impudicizia, svergognatezza, inverecondia, licenziosità, dissolutezza, corruzione, depravazione, scostumatezza. *V. anche* COSCIENZA

onestaménte *avv.* con onestà, probamente (*lett.*), rettamente, correttamente, giustamente, moralmente, pulitamente, decorosamente, lealmente **CONTR.** disonestamente, immoralmente (*lett.*), delittuosamente □ slealmente, proditoriamente.

onèsto ***A*** *agg.* **1** (*di persona*) sano, retto, morale, dritto, puro, integro, incorruttibile, cristallino, adamantino, probo, degno, bravo, dabbene, intemerato, irreprensibile, incorrotto **CONTR.** immorale, disonesto, improbo (*lett.*), ingiusto, ambiguo, corruttibile, corrotto □ falso, ipocrita, sleale **2** (*di azione*) lecito, legittimo **CONTR.** fraudolento, truffaldino, iniquo, turpe □ illecito, illegittimo **3** (*fig.*) casto, illibato, puro □ costumato, morigerato, pudico, modesto □ fedele **CONTR.** immorale, impudico, inverecondo, dissoluto, licenzioso, svergognato, depravato □ infedele **4** (*di lavoro, ecc.*) dignitoso, onorevole, pulito, scrupoloso, coscienzioso, decoroso, rispettabile **CONTR.** indegno, losco, equivoco **5** (*di proposta, di prezzo, ecc.*) giusto, equo, decoroso, lecito, accettabile, chiaro, corretto **CONTR.** illecito, inaccettabile, scorretto ***B*** *s. m.* galantuomo, onestuomo, giusto, santo (*est.*), angelo (*fig.*), sant'uomo (*est.*), persona perbene **CONTR.** imbroglione, impostore, farabutto, malvivente, disonesto ***C*** *s. m. solo sing.* giusto, dovuto **CONTR.** ingiusto. *V. anche* MORALE

ONESTO
sinonimia strutturata

Un uomo **onesto** è una persona che vive e agisce rettamente, incapace di compiere atti malvagi, illegali o illeciti, sia per osservanza di principi giuridici o morali, sia per un radicato intimo senso della giustizia: *i buoni e gli onesti condanneranno le tue decisioni*; *è gente onesta*; *è un giovane povero ma onesto*. L'*onesto Iago* è un'espressione in cui, facendo riferimento al personaggio dell'Otello shakespeariano, onesto viene usato in senso ironico, per indicare una persona pessima, con apparenza e ostentazione di galantuomo. A proposito di **galantuomo**, questa parola, come il suo equivalente **onestuomo** o **onest'uomo**, indica una persona onesta e dabbene: *si è comportato da galantuomo*; *tra galantuomini ci si intende*; *parola di galantuomo*.

Leale è chi è fedele alla parola data, alle promesse fatte, ai patti e agli accordi stipulati: *una persona leale*; leale è anche chi è schietto e sincero: *comportamento leale*. Altre parole per definire chi o ciò che è onesto e leale sono **retto** e **giusto**: *una retta intenzione*; *una retta coscienza*; *una persona retta e sincera*. In senso figurato *dormire il sonno del giusto* significa dormire placidamente e profondamente; nel linguaggio religioso questa espressione significa godere del riposo eterno nella pace del Signore, e viene impiegata a proposito di chi è morto dopo aver rettamente vissuto. **Probo** è chi dà prova di grande integrità morale e onestà di coscienza: *cittadino probo*.

Incorrotto e **incorruttibile** è, in senso figurato, chi non ha subito subornazioni, chi non si è lasciato corrompere: *giudice, magistrato incorrotto*; *testimone, guardiano incorruttibile*. **Intemerato** è chi è puro, integro, incorrotto: *coscienza, fama intemerata*. **Irreprensibile** chi non merita appunti o critiche di sorta: *vita, condotta, lavoro irreprensibile*. **Specchiato** è, in senso figurato, chi è puro, integro, esemplare: *una persona di specchiati costumi*. **Scrupoloso** è chi si fa scrupoli, che è pieno di scrupoli, specialmente di natura religiosa o morale: *coscienza scrupolosa*. Scrupoloso indica anche chi agisce con coscienza, senso di responsabilità, diligenza e simili: *funzionario attivo e scrupoloso*. Per estensione indica una persona pedante: *essere scrupoloso all'eccesso*.

ònfalo *s. m.* (*anat.*) ombelico.

on-line /*ingl.* 'ɔnlain/ [loc. ingl., propriamente 'in (*on*) linea (*line*)'] *loc. agg.* (*elab.*) collegato direttamente **CONTR.** off-line (*ingl.*).

onnipotènte ***A*** *agg.* **1** (*di Dio*) che può tutto, onnipossente (*lett.*) **2** (*est.*) (*di persona*) molto potente, potentissimo ***B*** *s. m.* (*per anton.*) Dio.

onnipresènte *agg.* **1** (*di Dio*) presente ovunque **2** (*fig., scherz.*) (*di persona*) che si incontra dappertutto, ubiquo (*raro*), presenzialista (*scherz.*).

onnisciènte *agg.* **1** (*di Dio*) che sa tutto **2** (*scherz.*) (*di persona*) informatissimo, sapientone.

onomàstico *s. m.* festa, santo.
onorabilità *s. f.* **1** buon nome, buona fama, onoratezza (*raro*), onore, dignità, rispettabilità **CONTR.** infamia, nomea, discredito, indegnità, disonore **2** (*banca*) solvibilità, standing (*ingl.*).
onorànza *s. f.* **1** segno d'onore, segno di stima, omaggio, ossequio □ onorificenza **CONTR.** disprezzo **2** (*spec. al pl.*) festeggiamento, celebrazione **FRAS.** *estreme onoranze, onoranze funebri*, esequie, funerali.
onoràre ***A*** *v. tr.* **1** (*di persona*) rendere onore, rendere omaggio, riverire, ossequiare □ celebrare, festeggiare, solennizzare, esaltare, glorificare □ incensare, lodare, magnificare, osannare □ adorare, venerare, santificare, temere **CONTR.** disonorare, denigrare, screditare, diffamare □ disdegnare, disprezzare, disistimare, spregiare □ offendere, profanare, vilipendere **2** (*di impegno*) adempiere, soddisfare, rispettare **CONTR.** venir meno, mancare ***B*** **onorarsi** *v. rifl.* pregiarsi, fregiarsi, reputarsi onorato, vantarsi, gloriarsi **CONTR.** vergognarsi.
onoràrio (1) *agg.* **1** (*di cittadinanza, di titolo*) a titolo d'onore, ad honorem (*lat.*) **2** (*di carica*) nominale **CONTR.** effettivo.
onoràrio (2) *s. m.* (*di professionista*) compenso, notula, retribuzione, remunerazione, parcella, emolumento, spettanza. *V. anche* PAGA
onorataménte *avv.* con onore, onorevolmente, dignitosamente, decorosamente, onestamente **CONTR.** disonorevolmente, disonestamente.
onoratìssimo *agg.* **1** *sup. di* **onorato** **2** (*spec. in formule di cortesia*) molto piacere, enchanté (*fr.*), felicissimo **3** esimio, pregiatissimo, chiarissimo, illustrissimo.
onoràto *part. pass. di* **onorare**; *anche agg.* **1** degno di onore, degno di stima, stimato □ rispettato, riverito, onesto, intemerato, elevato, nobile □ celebrato, festeggiato **CONTR.** disonorato, infamato, irriso, macchiato **2** (*di servizio, di vita, ecc.*) onorevole, lodevole, dabbene, decoroso **CONTR.** disonorevole, infame, ignobile, biasimevole **3** (*in frasi di cortesia*) felicissimo, molto piacere, enchanté (*fr.*).
onóre *s. m.* **1** buon nome, buona fama, buona reputazione, onorabilità, onorevolezza, onoratezza (*raro*), credito, credibilità, stimabilità □ decoro, dignità, prestigio **CONTR.** disonore, disdoro, indegnità, abominio, infamia, ignominia, disistima, discredito **2** (*fig.*) (*di donna*) castità, illibatezza **3** gloria, fama, vanto, lode, lustro, merito **CONTR.** vergogna, onta **4** riconoscimento □ ossequio, omaggio **CONTR.** disconoscimento **5** bellezza, orgoglio, ornamento **CONTR.** onta, vergogna, neo, pecca **6** soddisfazione, piacere **7** riguardo, rispetto **CONTR.** derisione, disprezzo, vilipendio, sfregio **8** (*a Dio, ai santi*) culto, adorazione, venerazione **9** carica, dignità, alto ufficio **10** trattamento onorevole, tappeti rossi (*fig.*), accoglienza benevola **11** alloro, corona, lauro, palma, premio **FRAS.** *uomo d'onore*, galantuomo □ *dare la parola d'onore*, impegnarsi sul proprio buon nome □ *a onor del vero*, in verità □ *l'onor del mento*, la barba □ *farsi onore*, affermarsi, riuscire bene □ *fare gli onori di casa*, ricevere gli ospiti □ *per onor di firma*, per rispettare un impegno. *V. anche* DIGNITÀ, PRIVILEGIO, VANTO
onorévole ***A*** *agg.* **1** degno di onore, onorabile, degno, meritevole, ragguardevole, rispettabile, stimabile, elogiabile, encomiabile, lodevole **CONTR.** disonorevole, indegno, infame, infamante, ignominioso, abietto, vituperevole, disprezzabile, spregevole **2** (*di carica, di titolo, ecc.*) che fa onore, onorifico **CONTR.** disonorante, vergognoso ***B*** *s. m. e f.* parlamentare, deputato, senatore.
onorevolménte *avv.* onorabilmente (*lett.*), onoratamente, nobilmente, lealmente, lodevolmente, decorosamente, dignitosamente, irreprensibilmente, rispettabilmente **CONTR.** disonorevolmente, indegnamente, bassamente, ignobilmente, indecorosamente, ignominiosamente.
onorificènza *s. f.* carica onorifica, titolo onorifico, onoranza, segno d'onore □ decorazione, medaglia, diploma. *V. anche* DECORAZIONE
ónta *s. f.* **1** vergogna, disonore, infamia, ignominia, disdoro, vituperio **CONTR.** onore, gloria, lustro, vanto **2** affronto, oltraggio, ingiuria, offesa, sgarro **CONTR.** lode, elogio, complimento, adulazione **FRAS.** *a onta di*, a dispetto di. *V. anche* INFAMIA
opacità *s. f.* **1** oscurità, buio, foschia **CONTR.** trasparenza, limpidezza, lucentezza, brillantezza **2** (*fig.*) (*di mente, di discorso, ecc.*) mancanza di vivacità, mancanza di espressione, piattezza, insipidezza, monotonia **CONTR.** vivacità, espressività.
opàco *agg.* **1** non trasparente, velato, spento, smorzato □ denso, fitto, caliginoso, scuro, oscuro **CONTR.** diafano, trasparente, luminoso, lucido, brillante, lucente □ terso, nitido, limpido, cristallino **2** (*fig.*) (*di mente, di discorso, ecc.*) inespressivo, monotono, piatto, spento **CONTR.** vivace, espressivo, efficace, scintillante, vivido.
òpera *s. f.* **1** attività, impresa, operazione □ lavoro, fatica □ atto, azione, operato □ responsabilità □ prestazione lavorativa □ colpa □ fattura, esecuzione, realizzazione □ frutto, operato, prodotto, risultato **2** (*di farmaco, di malattia, ecc.*) efficacia, effetto, risultato **3** (*est.*) lavoro a giornata □ bracciante, giornaliero, giornante, lavoratore, manovale **4** (*di attività artistica, letteraria, ecc.*) lavoro, creazione, produzione □ parto (*fig.*) □ componimento □ composizione □ libro, scritto, trattato, volume, testo □ disegno, quadro □ statua, monumento □ costruzione **5** ente, associazione, istituzione **6** (*mus.*) melodramma □ (*est.*) teatro dell'opera. *V. anche* LAVORO
operàio ***A*** *s. m.* **1** prestatore d'opera, lavorante, lavoratore □ bracciante, manovale, giornante, giornaliero, apprendista, garzone, salariato **CFR.** padrone, datore di lavoro **2** (*pl.*) maestranze, manodopera, manovalanza □ classe lavoratrice, proletariato, tute blu ***B*** *agg.* degli operai.
operànte *part. pres. di* **operare**; *anche agg.* attivo, operativo.
opera omnia /*lat.* 'ɔpera 'ɔmnja/ [loc. lat., propriamente 'tutte le opere'] *loc. sost. f. inv.* (*di un autore*) tutte le opere.
operàre ***A*** *v. tr.* **1** fare, effettuare, eseguire, compie-

re, esercitare, realizzare □ porre in essere, praticare **2** (*chir.*) sottoporre a operazione, sottoporre a intervento **B** *v. intr.* **1** agire, fare, lavorare, adoperarsi **CONTR.** essere inattivo, oziare, poltrire **2** influire, avere efficacia, avere effetto **CONTR.** essere inefficace **3** (*mil.*) guerreggiare **4** (*chir.*) eseguire un intervento chirurgico, intervenire **C operarsi** *v. intr. pron.* **1** realizzarsi, verificarsi, accadere **2** sottoporsi a intervento chirurgico.

operativaménte *avv.* praticamente, ai fini pratici **CONTR.** teoricamente.

operatività *s. f.* efficacia □ possibilità di operare, esecutività **CONTR.** inefficacia.

operativo *agg.* **1** operazionale, esecutivo, pratico **CONTR.** teorico **2** costruttivo, efficace **CONTR.** inefficace **3** (*di macchina*) funzionante, acceso, in funzione, attaccato (*fam.*), inserito, attivo, innescato **CONTR.** inattivo, spento, fermo, staccato (*fam.*), disinnescato.

operàto A *part. pass. di* **operare**; *anche agg.* **1** fatto, effettuato, eseguito, compiuto, realizzato **2** (*di tessuto, carta e sim.*) lavorato, ricamato, damascato, damaschinato **CONTR.** liscio, semplice **B** *s. m.* opera, azione, comportamento.

operatóre *s. m.* (*f. -trice*) **1** esecutore **2** (*med.*) chirurgo **3** (*ad un congegno*) addetto, macchinista □ tecnico **4** (*comm.*) imprenditore **5** (*econ.*) venditore, compratore **FRAS.** *operatore ecologico*, netturbino, spazzino.

operatòrio *agg.* (*med.*) chirurgico.

operazióne *s. f.* **1** atto, azione, attività, lavoro, opera **2** pratica, procedimento, processo, tecnica **3** (*chir.*) intervento **4** (*di pubblicità*) campagna **5** (*mil.*) azione, spedizione, impresa **6** (*mat.*) calcolo, conto. *V. anche* FUNZIONE

operétta *s. f.* **1** *dim. di* **opera** **2** libretto, libello, opuscolo **3** commedia musicale □ vaudeville (*fr.*) **FRAS.** *da operetta* (*fig.*), frivolo, fatuo, poco serio, ridicolo.

operosaménte *avv.* attivamente, alacremente, solertemente, dinamicamente, laboriosamente, industriosamente **CONTR.** pigramente, oziosamente, neghittosamente, fiaccamente, indolentemente.

operosità *s. f.* attività, laboriosità, alacrità, dinamismo, solerzia, sollecitudine, zelo **CONTR.** pigrizia, fiacca, indolenza, inerzia, accidia, ignavia, oziosità, poltroneria, svogliatezza, neghittosità. *V. anche* ZELO

operóso *agg.* attivo, laborioso, alacre, solerte, dinamico, industrioso, industre, instancabile, volenteroso, sollecito, zelante **CONTR.** pigro, fiacco, indolente, ozioso, neghittoso, inattivo, sfaccendato, sfaticato.

opinàbile *agg.* incerto, insicuro, contestabile, controvertibile, eccepibile, discutibile **CONTR.** certo, sicuro, pacifico, indiscutibile.

opinàre *v. tr. e intr.* **1** eccepire, ridire, obiettare **2** ritenere, supporre, pensare, credere, giudicare, immaginare, reputare, stimare, arguire, congetturare, dedurre, presumere, presupporre. *V. anche* GIUDICARE, PENSARE

opinióne *s. f.* **1** convinzione, convincimento, credenza, presunzione, presupposizione, supposizione, animo, avviso, parere, idea, persuasione, congettura, deduzione, impressione, pensiero, teoria, veduta, fissazione □ giudizio, sentenza □ diagnosi, valutazione, responso **2** stima, considerazione, concetto, fama, reputazione, voce **3** corrente, tendenza.

opinionìsta *s. m. e f.* opinionist (*ingl.*), commentatore, editorialista, columnist (*ingl.*), fondista □ persuasore, opinion-maker (*ingl.*), opinion-leader (*ingl.*).

opinion leader /*ingl.* ə'pinjən 'li:də*/ [loc. ingl., comp. di *opinion* 'opinione' e *leader* 'guida, capo'] *loc. sost. m. e f. inv. V.* **opinion-maker**.

opinion-maker /*ingl.* 'əpinjən 'meikə/ [vc. ingl., comp. di *opinion* 'opinione' e *maker* 'fabbricante'] *s. m. e f. inv.* opinionista.

oppórre A *v. tr.* **1** porre contro, contrapporre □ paragonare, obiettare, ribattere, contraddire, replicare, eccepire, contestare, contrastare, confutare **CONTR.** ammettere, approvare, consentire **2** (*di barricata, di ostacolo, ecc.*) ergere, innalzare, presentare **B opporsi** *v. rifl.* **1** fare opposizione, protestare □ affrontare, combattere, avversare, contrastare, ostacolare □ reagire, resistere, rivoltarsi, ribellarsi **CONTR.** cedere, piegarsi, adeguarsi, arrendersi, disarmare, conformarsi, rassegnarsi, sopportare, subire **2** (*raro*) stare di fronte.

opportunaménte *avv.* a ragion veduta, giustamente, utilmente, efficacemente, efficientemente, acconciamente, convenientemente □ tempestivamente, a tempo opportuno, a proposito, al momento buono, provvidenzialmente **CONTR.** inopportunamente, intempestivamente.

opportunismo *s. m.* acrobatismo, camaleontismo, trasformismo, funambolismo, equilibrismo, doppio gioco □ compromesso □ calcolo **CONTR.** coerenza, lealtà, rettitudine.

opportunìsta *s. m. e f.* doppiogiochista, profittatore, camaleonte, calcolatore, trasformista, voltagabbana, funambolo (*fig.*), equilibrista □ politicante **CONTR.** galantuomo, persona coerente.

opportunità *s. f.* circostanza, momento, caso, congiuntura, occasione □ adito, agio, destro, possibilità, spazio, chance (*fr.*) □ convenienza, utilità, tornaconto, vantaggio □ tempismo, tempestività □ bisogno, necessità **CONTR.** inopportunità, intempestività. *V. anche* TEMPO

opportùno *agg.* adatto, acconcio, idoneo, indicato, giusto, efficace, pertinente, competente, confacente, proprio, appropriato □ conveniente, consigliabile, comodo, favorevole, propizio, utile □ provvidenziale, provvido, tempestivo, a proposito □ debito, dovuto, doveroso **CONTR.** inopportuno, sbagliato, infelice, inadatto, inefficace, disadatto, sconveniente □ intempestivo, estemporaneo. *V. anche* ADATTO

oppositóre *s. m.*; *anche agg.* (*f. -trice*) antagonista, rivale, avversario, contraddittore, obiettore, contestatore, frondista, dissenziente, dissidente, critico **CONTR.** fautore, sostenitore, seguace, amico, alleato, simpatizzante, sodale, favoreggiatore. *V. anche* RIVALE

opposizióne *s. f.* **1** antagonismo, conflittualità, contestazione, conflitto, disaccordo, dissenso, lotta, rivalità, reazione, resistenza, ribellione, protesta, obiezione □ antitesi, contrapposizione, contrasto, contraddizione □ incaglio, intoppo, ostacolo, veto **CONTR.** approvazione, accordo, accettazione, acquiescenza, adesione, appoggio, partecipazione, benestare, consenso, favore, adattamento, sottomissione, soggezione, ubbidienza **2** (*polit.*) oppositori, minoranza. *V. anche* CONTRADDIZIONE, OBIEZIONE, RIBELLIONE

oppósto **A** *part. pass. di* **opporre**; *anche agg.* **1** contrario, inverso, contrapposto, antitetico, contraddittorio, contrastante □ avverso, rivale, nemico, ostile **CONTR.** concordante, analogo, affine, omologo, parallelo, corrispondente, simile **2** (*di luogo*) di fronte **B** *s. m.* contrario, rovescio, negazione **CONTR.** uguale.

oppressióne *s. f.* **1** soffocamento, affanno **2** tirannia, tirannide, dittatura, schiavitù, servitù, soggezione, sopraffazione, sopruso, angheria, vessazione, prepotenza, soperchieria, soverchieria, coercizione, coartazione, conculcamento (*raro*), costrizione □ (*fig.*) catena, ceppo, giogo, morsa, morso, stretta **CONTR.** liberazione, libertà, indipendenza, riscossa, autonomia **3** (*fig.*) (*di sentimenti*) peso, angoscia, ambascia, affanno, afflizione, ansia, preoccupazione, pena, tormento, depressione, disagio **CONTR.** pace, serenità, tranquillità, calma, sollievo, benessere.

oppressìvo *agg.* **1** tirannico, dittatoriale, crudele, vessatorio, dispotico, liberticida, prepotente **CONTR.** mite, indulgente, clemente, benigno, umano **2** (*fig.*) (*di caldo, di insistenza, ecc.*) opprimente, insopportabile, deprimente **CONTR.** leggero, lieve, sopportabile, liberatorio. *V. anche* CRUDELE

opprèsso *part. pass. di* **opprimere**; *anche agg.* e *s. m.* **1** (*da debiti, da impedimenti, ecc.*) premuto, gravato, oberato, carico, schiacciato, impedito □ coperto, sommerso, soffocato, affogato, avvolto **CONTR.** sgravato, liberato **2** (*da persona*) assoggettato, soggiogato, asservito, schiavo □ angariato, vessato, maltrattato, molestato, perseguitato **CONTR.** libero, indipendente □ aiutato, favorito, trattato bene, trattato con i guanti.

oppressóre *s. m.*; *anche agg.* tiranno, despota, dittatore, liberticida, angariatore, conculcatore (*raro*), persecutore, vessatore, tormentatore, soverchiatore **CONTR.** liberatore, difensore, salvatore, redentore, fautore, favoreggiatore.

opprimènte *part. pres. di* **opprimere**; *anche agg.* **1** pesante, gravoso, oppressivo, insopportabile, ossessivo, asfissiante, snervante, molto fastidioso **CONTR.** leggero, lieve, piacevole, sopportabile **2** (*di aria, di atmosfera, ecc.*) afoso, irrespirabile, plumbeo, soffocante.

opprìmere *v. tr.* **1** (*di carico, di dovere, ecc.*) appesantire, gravare, caricare, premere, pesare, schiacciare **CONTR.** sgravare, alleggerire **2** (*est.*) (*di caldo, di stanchezza, ecc.*) sopraffare, sovraccaricare, soffocare, estenuare, deprimere **CONTR.** sollevare, confortare, ricreare **3** (*di persona*) tiranneggiare, angariare, ossessionare, asservire, calpestare, conculcare (*lett.*), vessare, perseguitare, tenere in soggezione, tormentare, tenere in schiavitù, molestare **CONTR.** liberare, lasciar libero, rimettere in libertà. *V. anche* SCHIACCIARE

oppùre *cong.* **1** o, ovvero, o invece **2** se no, in caso contrario, altrimenti.

optàre *v. intr.* scegliere, decidere, preferire.

optimum /*lat.* 'ɔptimum/ [vc. lat., letteralmente 'ottimo'] *s. m. inv.* massimo, meglio, ideale **CONTR.** minimum (*lat.*), minimo.

optional /*ingl.* 'ɔpʃənəl/ [vc. ingl., da *option* 'opzione, scelta'] *s. m. inv.* (*di auto*) accessorio a richiesta.

opulènto *agg.* **1** (*lett.*) abbondante, dovizioso (*lett.*), ricchissimo □ (*est.*) carnoso, formoso **CONTR.** misero, indigente, povero, inope (*lett.*) □ magro, striminzito **2** (*fig.*) eccessivamente carico, splendidamente ornato, fastoso **CONTR.** disadorno, spoglio, nudo.

opulènza *s. f.* (*anche fig.*) abbondanza, copia (*lett.*), dovizia (*lett.*), lusso, fasto, grande ricchezza **CONTR.** miseria, povertà, inopia (*lett.*), indigenza, ristrettezza, scarsezza, scarsità, bisogno.

opùnzia *s. f.* (*bot.*) fico d'India.

opùscolo *s. m.* libretto, operetta, trattatello, fascicolo, prontuario, dispensa, estratto, stampato, plaquette (*fr.*) □ pubblicazione pubblicitaria. *V. anche* LIBRO

opzionàle *agg.* a libera scelta, facoltativo, accessorio **CONTR.** obbligatorio, necessario.

opzióne *s. f.* libera scelta, diritto di scelta, alternativa, scelta □ prelazione. *V. anche* SCELTA

óra (1) *s. f.* **1** ventiquattresima parte del giorno □ 60 minuti **2** momento, tempo □ occasione **3** (*est.*) (*della giornata*) parte **FRAS.** *a tarda ora*, tardi □ *ore piccole*, prime ore dopo mezzanotte □ *di buon'ora*, al mattino presto □ *ora di punta*, ora di maggior traffico, attività, consumo e sim. □ *avere le ore contate* (*fig.*), stare per finire; essere moribondi □ *quarto d'ora di celebrità* (*fig.*), gloria effimera, brevissima □ *passare un brutto quarto d'ora* (*fig.*), trovarsi in grave difficoltà □ *non vedere l'ora* (*fig.*), desiderare ardentemente □ *di ora in ora*, da un momento all'altro.

óra (2) **A** *avv.* **1** in questo momento, adesso, mo' (*dial.*) **2** attualmente, al presente, presentemente, oggi **CONTR.** prima, in passato □ dopo, in futuro **3** poco fa □ tra poco, tra un attimo **4** (*correl.*) un momento, ... un altro momento **B** *cong.* **1** ma, invece **2** dunque, allora, ormai **C** *nella loc. cong. ora che*, adesso che **FRAS.** *or ora*, poco fa □ *ora come ora*, per il momento □ *due anni or sono*, due anni fa.

oràcolo *s. m.* **1** responso, predizione, profezia, vaticinio □ (*est.*) divinità **2** (*fig., iron.*) sentenza autorevole □ (*est.*) bocca della verità □ consigliere autorevole, ispiratore, maestro.

òrafo **A** *s. m.* (*lett.*) orefice, cesellatore, niellatore □ gioielliere **B** *agg.* di orefice □ di oreficeria.

oràle **A** *agg.* **1** della bocca, boccale **2** a voce, espresso a voce, verbale **CONTR.** scritto **B** *s. m.* esame orale, colloquio, interrogazione **CONTR.** esame scritto.

oralménte *avv.* **1** a voce, verbalmente **CONTR.** per scritto **2** (*med.*) per bocca.

oramài *V.* **ormai**.

oràrio **A** *agg.* dell'ora, delle ore □ di un'ora **B** *s. m.*

(*di lezioni, di treni, ecc.*) successione, ordine, prospetto, tabella, tabellone □ puntualità CONTR. ritardo.

oratóre *s. m.* (*f. -trice*) parlatore eloquente □ conferenziere, allocutore, relatore, arringatore, concionatore (*lett.*), declamatore, retore, dicitore, comiziante, tribuno □ avvocato □ predicatore, panegirista.

oratòria *s. f.* arte del dire, arte del parlare, eloquenza, facondia, dialettica, retorica.

oratòrio (**1**) *agg.* ***1*** dell'oratore, dell'eloquenza, declamatorio ***2*** (*est.*) retorico, ampolloso, artificioso, gonfio CONTR. semplice, naturale, asciutto, conciso.

oratòrio (**2**) *s. m.* ***1*** (*relig.*) chiesetta, cappella ***2*** (*di parrocchia*) ricreatorio ***3*** (*mus.*) composizione sacra.

orazióne *s. f.* ***1*** preghiera, prece (*lett.*), prego (*lett.*) ***2*** discorso □ allocuzione, arringa, concione (*iron.*) □ predica, panegirico.

orbène *cong.* dunque, ordunque.

òrbita *s. f.* ***1*** (*astron.*) traiettoria, eclittica ***2*** (*fig.*) ambito, limite, cerchia, giro ***3*** (*anat.*) cavità (dell'occhio), occhiaia FRAS. *andare in orbita* (*fig.*), perdere il senso della realtà □ *essere nell'orbita di qualcuno* (*fig.*), frequentare le stesse persone.

orbitàre *v. intr.* (*astron.*) descrivere un'orbita, gravitare, girare attorno.

òrbo *agg.* ***1*** (*lett.*) privo, privato, orbato (*lett.*) CONTR. fornito, provvisto ***2*** guercio, cieco ***3*** (*fig.*) poco intelligente, miope.

orchèstra *s. f.* ***1*** (*archeol.*) area del coro ***2*** (*mus.*) golfo mistico □ musicisti ***3*** strumenti musicali, complesso, band (*ingl.*) ***4*** (*fig., scherz.*) rumori sgradevoli.

orchestràre *v. tr.* ***1*** scrivere la partitura □ arrangiare, strumentare ***2*** (*fig.*) organizzare, coordinare.

orchestrazióne *s. f.* ***1*** partitura ***2*** (*fig.*) predisposizione, organizzazione, preparazione.

órcio *s. m.* vaso di terracotta, coppo, doglio, giara, boccale, brocca, ziro (*tosc.*).

òrco *s. m.* ***1*** (*mitol.*) averno, ade, inferi ***2*** (*delle favole*) mostro, essere mostruoso, babau, mangiabambini, spauracchio ***3*** (*fig.*) persona orrenda, persona paurosa.

òrda *s. f.* (*spesso scherz. o spreg.*) torma, frotta, accozzaglia, branco, folla, massa, moltitudine. *V. anche* FOLLA

ordigno *s. m.* ***1*** arnese, congegno, macchina, meccanismo, strumento, utensile □ (*est.*) oggetto strano ***2*** bomba, oggetto esplosivo ***3*** (*fig.*) maneggio, intrigo.

ordinaménto *s. m.* ***1*** ordine, assestamento, classificazione, organizzazione, gerarchia, disposizione, costituzione, sistema coerente ***2*** regolamento, normativa, regolamentazione, statuto □ ordinanza □ (*al pl.*) leggi.

ordinànza *s. f.* ***1*** decreto, ordine, disposizione, provvedimento normativo ***2*** (*mil.*) prescrizione ***3*** (*mil.*) attendente FRAS. *marciare in ordinanza*, marciare in schiera □ *ufficiale d'ordinanza*, aiutante di campo □ *d'ordinanza*, regolare □ *fuori ordinanza*, irregolare.

ordinàre ***A*** *v. tr.* ***1*** mettere in ordine, sistemare, assettare, accomodare, acconciare, aggiustare, organizzare, preparare, predisporre, preordinare, apparecchiare, assestare, riordinare, rassettare □ catalogare, classificare □ strutturare □ disporre, schierare, allineare, incolonnare □ collocare, incasellare □ distribuire, dividere, ripartire □ regolare, coordinare CONTR. disordinare, scompigliare, scombinare, scompaginare, mettere sottosopra, dissestare, buttare all'aria, rimescolare, scombussolare ***2*** comandare, ingiungere, imporre, intimare □ stabilire, decretare □ volere ***3*** (*di cura, di medicine*) prescrivere, ricettare ***4*** disciplinare, normalizzare, regolamentare CONTR. sovvertire, sobillare ***5*** (*di merci*) commissionare, commettere, prenotare, fissare, opzionare CONTR. disdire, revocare l'ordine ***6*** (*relig.*) consacrare ***7*** (*lett.*) concertare, ordire, costruire (*fig.*) ***B*** **ordinarsi** *v. rifl.* e *intr. pron.* mettersi in ordine, disporsi, schierarsi CONTR. disorganizzarsi, sbandarsi. *V. anche* VOLERE

ORDINARE
sinonimia strutturata

La parola **ordinare** ha il significato di dare, impartire, emanare un ordine, un comando, una prescrizione, una disposizione e simili: *gli ordinarono di accertare i fatti e le responsabilità*; *il medico mi ha ordinato riposo assoluto*; *ordinare una serie di interventi finanziari in favore dell'agricoltura*; *ordinare una partita di caffè, di carni congelate*. Nei locali pubblici ordinare ha il significato di chiedere agli addetti al servizio ciò che si desidera consumare: *ordinare un caffè, una birra*; *avete già ordinato?*

Equivalente ad ordinare è **comandare**, che significa imporre autorevolmente la propria volontà, manifestarla affinché sia eseguita: *comandò con decisione. Comandare a bacchetta* è una locuzione che indica un comandare autoritario, che non ammette discussioni. Comandare è anche chiedere con autorità, esigendo obbedienza: *vi comando il silenzio*; *gli comandarono di partire*. Nella terminologia giuridica comandare è l'imporre ad altri dati doveri da parte di un'autorità costituita legislativa, amministrativa, giurisdizionale. In particolare, nel linguaggio burocratico indica il destinare un impiegato o un funzionario a un nuovo incarico, diverso dal suo abituale, o in una località diversa da quella dove lavora abitualmente: *comandare un insegnante presso una biblioteca*. Anche il verbo **disporre** ha un significato molto simile: *la legge dispone di perseguire gli evasori fiscali*; *disponiamo che queste norme siano rispettate*; disporre ha inoltre il significato di decidere, stabilire: *disporrà nel modo che riterrà opportuno*; *abbiamo disposto diversamente*. **Prescrivere** è l'ordinare, il disporre secondo certe norme: *prescrivere una medicina, una cura, una dieta*; *la legge prescrive che...* **Commissionare** è l'affidare a qualcuno una commissione, un incarico da svolgere: *commissionare una partita di merce*; *commissionarono il quadro ad un noto ritrattista*.

Comandare, fare osservare o rispettare qualcosa a qualcuno si dice anche **imporre**: *imporre condizioni, patti*; *imporre una tassa, la propria volontà*; *imporre a qualcuno di ubbidire, di giurare*. **Ingiungere** e **intimare** significano che si impone qualcosa con un tono particolarmente autoritario e perentorio, questi due verbi sono usati soprattutto, anche se non esclusivamente, nel linguaggio burocratico e militare: *ingiungere l'immediato pagamento di una somma*; *ingiungere ai testimoni di comparire in giudizio*; *gli intimò di partire entro un'ora*; *intimare la resa*; *intimare ai testimoni di presentarsi a deporre*.

ordinariaménte *avv.* abitualmente, comunemente, generalmente, usualmente, solitamente, di solito, di consueto, per lo più **CONTR.** insolitamente, eccezionalmente, straordinariamente.

ordinàrio ***A*** *agg.* ***1*** abituale, comune, consueto, quotidiano, familiare, regolare, naturale, normale, ovvio, solito, tradizionale, rituale, usitato, usuale **CONTR.** insolito, inconsueto, inusuale, eccezionale, raro, anomalo, inusitato, speciale, straordinario, unico ***2*** grossolano, andante, rozzo, corrente, comune, dozzinale, banale, mediocre, vile, scadente □ volgare, scurrile, triviale **CONTR.** sopraffino, fine, elegante, chic (*fr.*), scelto, pregevole, squisito, pregiato □ distinto, signorile, fine ***3*** di ruolo **CONTR.** avventizio ***B*** *s. m. solo sing.* consuetudine, normalità ***C*** *s. m.* ***1*** professore di ruolo ***2*** (*di una diocesi*) vescovo **FRAS.** *per l'ordinario*, di solito □ *d'ordinario*, normalmente.

ordinàta *s. f.* (*mat.*) coordinata cartesiana, asse delle y **CONTR.** ascissa.

ordinataménte *avv.* in ordine, con ordine, regolarmente □ compostamente, disciplinatamente □ accuratamente, precisamente, perbene □ metodicamente, sistematicamente, organicamente **CONTR.** disordinatamente, imprecisamente, negligentemente, caoticamente, confusamente, disorganicamente, alla rinfusa.

ordinatìvo ***A*** *agg.* ordinatore, regolatore ***B*** *s. m.* (*di merce*) commissione, commessa, ordine, ordinazione, richiesta.

ordinàto *part. pass. di* **ordinare**; *anche agg.* ***1*** in ordine, rassettato, sistemato, assestato, assettato □ allineato, disposto, organizzato, aggiustato, classificato, distribuito, preparato □ regolato, disciplinato **CONTR.** disordinato, disorganico, scompigliato, rimescolato, scompaginato, buttato all'aria, messo sottosopra, incasinato (*fam.*) ***2*** preciso, accurato, attento, puntuale, diligente □ metodico, organico, strutturato, sistematico **CONTR.** negligente, trasandato, pasticcione, trascurato, impreciso, sbadato, confusionario, dispersivo, caotico ***3*** comandato, imposto, ingiunto, prescritto **CONTR.** ritirato, revocato, annullato ***4*** commissionato, commesso, richiesto **CONTR.** disdetto, annullato.

ordinatóre ***A*** *agg.* (*f. -trice*) che ordina □ che deve porre ordine, regolatore, ordinativo ***B*** *s. m.* ***1*** chi ordina, regolatore, sistematore, coordinatore, organizzatore **CONTR.** sovvertitore, sconvolgitore ***2*** (*elab.*) calcolatore, computer, elaboratore.

ordinazióne (1) *s. f.* ***1*** (*di merce*) commissione, ordinativo, ordine, commessa □ (*di bar*) consumazione ***2*** (*di medicina*) prescrizione, ricetta.

ordinazióne (2) *s. f.* (*relig.*) consacrazione.

órdine *s. m.* ***1*** (*di cose*) assetto, struttura, disposizione, sistemazione, assestamento, collocazione, coordinazione, distribuzione, ordinamento, sesto □ (*est.*) criterio ordinatore, metodo, procedimento □ armonia, regolarità **CONTR.** disordine, disorganizzazione, confusione, scompiglio, sconvolgimento, baraonda, putiferio, babilonia, caos, bailamme, guazzabuglio, quarantotto (*fam.*), casino (*pop.*) ***2*** (*mil.*) formazione, ordinanza ***3*** (*di persone e cose*) serie, fila, piano, gerarchia, strato ***4*** (*di arrivo, ecc.*) successione, classifica, cronologia ***5*** (*di professionisti, di religiosi, ecc.*) associazione, corporazione, categoria, corpo, raggruppamento, ceto, classe, rango □ (*est.*) casta ***6*** (*fig.*) carattere, tipo, natura, genere ***7*** (*fig.*) importanza, livello, qualità, valore ***8*** comando, comandamento, invito, mandato, precettazione, precetto, ingiunzione, imposizione, intimazione, consegna, ordinanza, disposizione, decreto, direttiva, editto, disposto, diktat (*ted.*) ***9*** (*di merce*) commissione, ordinativo, ordinazione ***10*** (*fig.*) sicurezza pubblica, normalità, norma, tranquillità **CONTR.** tumulto, disordini, insurrezione **FRAS.** *ritirarsi in buon ordine* (*fig.*), desistere □ *i tutori dell'ordine*, gli agenti di polizia □ *di prim'ordine* (*fig.*), eccellente □ *di second'ordine* (*fig.*), scadente □ *impiegato d'ordine*, impiegato di grado inferiore □ *ordine del giorno*, argomenti in discussione □ *all'ordine del giorno* (*fig.*), abituale □ *all'ordine* (*banca*), trasferibile mediante girata. *V. anche* CATEGORIA, FAMIGLIA, INDOLE, INTIMAZIONE

ordìre *v. tr.* ***1*** (*di filato*) disporre i fili sul telaio, preparare l'ordito ***2*** (*fig.*) (*di racconto, di film, ecc.*) congegnare, predisporre □ abbozzare, schizzare, tracciare ***3*** (*fig.*) (*di inganno*) macchinare, tramare, congiurare, tessere, concertare, architettare, complottare, cospirare, premeditare.

ordìto ***A*** *part. pass. di* **ordire**; *anche agg.* ***1*** disposto sul telaio ***2*** (*fig.*) (*di lavoro*) iniziato, cominciato, intrapreso **CONTR.** finito, concluso, terminato, ultimato ***3*** (*fig.*) (*di inganno*) tramato, architettato, macchinato, concertato ***B*** *s. m.* ***1*** (*di stoffa*) orditura ***2*** (*fig.*) (*di romanzo, di film, ecc.*) disegno, trama, argomento, struttura, canovaccio, intreccio.

orditóre *s. m.* (*f. -trice*) ***1*** addetto all'orditura, tessitore ***2*** (*fig.*) (*di inganni*) macchinatore (*raro*), cospiratore.

orditùra *s. f.* ***1*** ordito ***2*** (*fig.*) (*di inganno*) trama, macchinazione.

ordùnque *cong.* dunque, orbene.

orecchiànte *agg.*; *anche s. m. e f.* dilettante, facilone, superficiale **CONTR.** competente, conoscitore, esperto, intenditore, specialista.

orecchiàre *v. intr.* origliare, ascoltare, spiare.

orecchìno *s. m.* monile per le orecchie, buccola, boucle (*fr.*), ciondolo, pendente, cerchio, clip (*ingl.*).

orécchio *s. m.* ***1*** organo dell'udito, orecchia ***2*** (*est.*) udito ***3*** (*fig.*) sensibilità musicale ***4*** padiglione auricolare ***5*** (*fig.*) (*di foglio, di pagina, di oggetto*) piega, becca, angolo **FRAS.** *prestare orecchio, porgere l'orecchio* (*fig.*), dare ascolto □ *essere tutt'orecchi* (*fig.*), stare molto attento □ *avere le orecchie lunghe* (*fig.*), essere curiosi e indiscreti □ *rizzare le orecchie* (*fig.*), dimostrare interesse □ *sentirsi fischiare le orecchie* (*fig.*), avere la sensazione che si stia parlando di noi □ *da questo orecchio non ci sento* (*fig.*), non voglio sentir parlare di ciò □ *mettere una pulce nell'orecchio* (*fig.*), insinuare dubbi o sospetti □ *tirare le orecchie* (*fig.*), rimproverare aspramente □ *fare orecchie da mercante* (*fig.*), fingere di non sapere □ *essere duro d'orecchi*, sentirci poco □ *non avere orecchio*, essere stonato.

orecchióne *s. m.* **1** *accr. di* **orecchio** **2** (*al pl.*) (*med., pop.*) parotite.

oréfice *s. m.* **1** gioielliere **2** orafo **CFR.** cesellatore, battiloro, doratore, argentiere, niellatore.

oreficerìa *s. f.* **1** arte dell'orafo **2** (*di negozio*) gioielleria.

orezzàre *v. intr.* **1** (*ant.*) spirare lievemente **2** stare all'ombra.

òrfano *agg.*; *anche s. m.* **1** senza padre, senza madre, senza genitori **2** (*fig.*) abbandonato, derelitto.

orfanotròfio *s. m.* istituto per gli orfani, ospizio, brefotrofio, brefetrofio.

organétto *s. m.* **1** *dim. di* **organo** **2** pianola, organino □ (*pop.*) armonica a bocca □ (*pop.*) fisarmonica.

organicaménte *avv.* armonicamente, coerentemente, strutturalmente **CONTR.** incoerentemente, disorganicamente, dispersivamente.

organicità *s. f.* armonicità, coerenza, connessione **CONTR.** disorganicità, dispersività.

orgànico ***A*** *agg.* **1** (*di corpo, di struttura*) che ha organi, costituito da organi □ di organi □ (*est.*) del mondo animale, del mondo vegetale **CONTR.** inorganico **2** (*di malattia, di tara e sim.*) fisico, strutturale **CONTR.** funzionale, mentale, psichico, psicologico, psicosomatico **3** (*fig.*) armonico, omogeneo, ordinato, regolare, metodico, ben equilibrato **CONTR.** disarmonico, sproporzionato, disorganizzato, dispersivo ***B*** *s. m.* (*di ufficio, di azienda*) personale, impiegati, dipendenti.

organìsmo *s. m.* **1** essere vivente □ (*dell'uomo*) corpo **2** congegno, meccanismo, macchina **3** (*fig.*) complesso, complessione, sistema, struttura, costituzione, organizzazione, istituto, istituzione, collettivo.

organizzàre ***A*** *v. tr.* ordinare, disporre, preparare, predisporre, preordinare, costituire, formare, istituire □ coordinare, concertare, congegnare □ pianificare, programmare **CONTR.** disorganizzare, disordinare, dissestare, scombinare, scompigliare, mettere sottosopra, improvvisare ***B*** **organizzarsi** *v. rifl.* attrezzarsi, strutturarsi, prepararsi, costituirsi.

organizzàto *part. pass. di* **organizzare**; *anche agg.* e *s. m.* **1** fornito di organi **2** ordinato, strutturato, congegnato, formato, costituito, predisposto, preparato, pianificato, programmato, preordinato, coordinato **CONTR.** disorganizzato, inorganico, disordinato, scombinato, scompigliato, caotico, improvvisato.

organizzatóre *s. m.*; *anche agg.* (*f. -trice*) chi organizza, ordinatore, coordinatore, preparatore, iniziatore, promotore □ capo, regista, patron (*fr.*), basista (della malavita) **CONTR.** disorganizzatore, demolitore.

organizzazióne *s. f.* **1** costituzione, formazione, ordinamento, preparazione, disposizione, impostazione □ (*est.*) regia, coordinamento **CONTR.** disorganizzazione, caos **2** complesso organizzato, struttura, organismo, associazione, movimento, società, ente, corporazione, istituto.

òrgano *s. m.* **1** (*anat.*) parte □ membro **2** (*est.*) (*di congegno*) parte □ congegno, strumento, macchina **3** (*di attività*) ente, istituzione, complesso, centro, sede, ufficio **4** (*fig.*) (*di stampa*) portavoce, interprete □ bollettino, giornale, periodico **5** (*mus.*) armonium a canne, clavicembalo (*est.*).

orgàsmo *s. m.* **1** (*di coito*) climax **2** (*est.*) agitazione, ansia, eccitazione, febbre, sovreccitazione, smania, frenesia, alterazione, commozione, inquietudine, irrequietezza, turbamento **CONTR.** calma, flemma, imperturbabilità, indifferenza, pacatezza, placidezza (*raro*), placidità, quiete, serenità, tranquillità.

òrgia [dal nome delle feste in onore di Bacco] *s. f.* **1** (*st.*) baccanale **2** (*est.*) bagordo, crapula, gozzoviglia, stravizio, bisboccia, festino, ammucchiata (*pop.*) **3** (*fig.*) (*di colori, di suoni, ecc.*) grande quantità, abbondanza, tripudio.

orgóglio *s. m.* **1** presunzione, superbia, alterigia, albagia, arroganza, boria, burbanza, sicurezza **CONTR.** umiltà, modestia, discrezione, riserbo, semplicità **2** alterezza, fierezza, amor proprio, dignità **CONTR.** servilismo, cortigianeria **3** onore, gloria, vanto **CONTR.** vergogna, disonore. *V. anche* DIGNITÀ, VANTO

orgogliosaménte *avv.* **1** con orgoglio, superbamente, altezzosamente, presuntuosamente, arrogantemente **CONTR.** dimessamente, modestamente, discretamente, semplicemente **2** alteramente, fieramente, dignitosamente **CONTR.** umilmente □ servilmente, pavidamente.

orgoglióso *agg.* **1** presuntuoso, superbo, altezzoso, arrogante, borioso, burbanzoso, pettoruto, tronfio **CONTR.** umile, modesto, discreto, riservato, semplice, dimesso **2** fiero, altero, dignitoso **CONTR.** servile, pavido **3** soddisfatto, contento **CONTR.** insoddisfatto, malcontento, scontento.

orientàle ***A*** *agg.* **1** dell'est □ a oriente, a est, eoo (*poet.*), levantino (*poet.*) **CONTR.** occidentale, a ovest, occiduo (*lett.*) **2** dell'oriente **CONTR.** occidentale ***B*** *s. m.* e *f.* abitante dei paesi orientali **CONTR.** occidentale.

orientaménto *s. m.* **1** orientazione, orizzontamento **CONTR.** disorientamento **2** (*fig.*) indirizzo, tendenza, verso, avviamento, direttiva, ispirazione.

orientàre ***A*** *v. tr.* **1** rivolgere a oriente (*raro*) **2** (*secondo i punti cardinali*) disporre, dirigere, orizzontare **CONTR.** disorientare **3** (*fig.*) indirizzare, avviare, dirigere, guidare, instradare, ispirare ***B*** **orientarsi** *v. rifl.* **1** (*di luogo*) orizzontarsi, ritrovarsi **CONTR.** perdersi, smarrirsi **2** (*fig.*) (*di situazione*) raccapezzarsi **CONTR.** confondersi, perdere la bussola, disorientarsi, sperdersi **3** (*fig.*) (*di scelta di studi, di attività, ecc.*) indirizzarsi, avviarsi, scegliere, propendere.

orientatìvo *agg.* indicativo.

orientàto *part. pass. di* **orientare**; *anche agg.* volto, esposto □ (*fig.*) propenso, incline, proclive.

orientazióne *s. f.* orientamento.
oriènte *s. m.* **1** est, levante, orto (*poet.*) **CONTR.** ovest, occidente, tramonto, ponente, espero (*lett.*), occaso (*poet.*) **2** paesi orientali □ Asia.
orifiàmma *s. f.* (*est.*) stendardo, bandiera, gonfalone, vessillo. *V. anche* BANDIERA
orifìzio *s. m.* apertura, buco, foro, meato, condotto, dotto, rima, ostio.
originàle ***A*** *agg.* **1** (*raro*) delle origini, originario **2** (*di progetto, di modello, ecc.*) iniziale, primitivo, primigenio (*lett.*) **CONTR.** attuale, odierno **3** (*di scritto, di spartito, ecc.*) proprio dell'autore, di mano dell'autore, di pugno, autografo **CONTR.** riprodotto, copiato, scopiazzato, imitato □ spurio, apocrifo **4** (*di prodotto*) autentico, naturale, genuino, nature (*fr.*), vero **CONTR.** artefatto, alterato, falso, finto, contraffatto **5** (*di forma*) nuovo, inedito, singolare, ardito, atipico, curioso, particolare, fantasioso, straordinario **CONTR.** solito, comune, consueto, ordinario, banale, stereotipato, convenzionale, oleografico, pedissequo, rifritto, trito **6** (*di carattere*) strano, bizzarro, stravagante, capriccioso, balzano, estroso, strambo, pazzo, eccentrico **CONTR.** normale, semplice ***B*** *s. m.* opera originale, modello, archetipo, prototipo, manoscritto, autografo **CONTR.** copia, duplicato, doppione, riproduzione, apografo ***C*** *s. m.* e *f.* persona bizzarra, persona stravagante, eccentrico, anticonformista, snob, tipo □ matto **CONTR.** persona equilibrata, persona sensata, conformista. *V. anche* MATTO, MODELLO, SNOB, VERO
originalità *s. f.* **1** (*di opera, di scritto, ecc.*) autenticità, genuinità **CONTR.** falsità **2** (*di un fatto, di un modello, ecc.*) novità, singolarità, particolarità, rarità **CONTR.** banalità, insulsaggine, piattezza **3** (*di pensiero*) trovata, pensata, ingegnosità, genialità **4** (*di persona*) bizzarria, stranezza, eccentricità, stravaganza, stramberia **CONTR.** normalità.
originalménte *avv.* **1** all'origine, in origine, originariamente, dapprima, inizialmente **CONTR.** alla fine, da ultimo **2** con originalità, genialmente, bizzarramente, estrosamente, stranamente, eccentricamente **CONTR.** banalmente, pedestremente, insulsamente.
origināre ***A*** *v. tr.* dare origine, far nascere, cagionare, causare, generare, produrre, provocare **CONTR.** compiere, concludere, finire, terminare ***B*** *v. intr.* e **originarsi** *v. intr. pron.* essere cagionato, essere determinato, dipendere, derivare, nascere, procedere, provenire, scaturire **CONTR.** concludersi, aver fine, aver termine.
originariaménte *avv.* in origine, originalmente, anticamente, inizialmente, dapprima, prima **CONTR.** alla fine, da ultimo, poi, dopo.
originàrio *agg.* **1** (*di luogo*) di origine □ nativo, natio, oriundo, derivante, proveniente □ indigeno, autoctono **2** (*di natura, di lingua, ecc.*) primitivo, primordiale, primigenio, pristino (*lett.*), iniziale, antico **CONTR.** attuale, moderno, odierno **3** (*di opera, di scritto, ecc.*) autentico, genuino, originale □ autografo **CONTR.** falso, contraffatto □ apocrifo. *V. anche* ANTICO
origine *s. f.* **1** (*di cosa, di azione*) momento iniziale, fase iniziale, primordi, inizio, nascita, genesi, generazione, principio □ punto di partenza, base, fonte, sorgente, capo □ (*fig.*) germe, germoglio, radice, seme **CONTR.** fine, termine, conclusione, punto finale **2** (*di persona, di lingua, ecc.*) provenienza, derivazione, discendenza □ ceppo, stirpe, razza, famiglia, estrazione **3** (*di fatto, di questione, ecc.*) causa, cagione, motivo, fomite (*lett.*), matrice, motore (*fig.*) **CONTR.** effetto, conseguenza **4** (*di parola*) etimo, etimologia **FRAS.** *dare origine*, causare □ *origine delle parole*, etimologia. *V. anche* CAUSA, FAMIGLIA
origliàre *v. tr.* e *intr.* ascoltare di nascosto, spiare, curiosare, orecchiare (*raro*), usciolare (*raro*).
orìna *s. f.* (*fisiol.*) piscia (*pop.*), piscio (*pop.*), pipì (*inft.*), acqua.
orinàle *s. m.* vaso da notte, pitale, cantero, pappagallo, padella, bugliolo.
orinàre *v. intr.* e *tr.* pisciare (*pop.*), mingere, spandere acqua, fare la pipì (*inft.*).
orinatóio *s. m.* pisciatoio (*pop.*), vespasiano, latrina.
oriùndo *agg.*; *anche s. m.* originario, nativo, derivante **CFR.** immigrato, purosangue.
orizzontàle *agg.* **1** parallelo (ad un piano) □ (*est.*) longitudinale **CONTR.** verticale, perpendicolare, ortogonale, trasversale, diagonale, obliquo □ incidente, intersecante **2** (*fig.*) sullo stesso piano **CONTR.** differente, diverso, altro.
orizzontalménte *avv.* in senso orizzontale, in posizione orizzontale □ (*est.*) longitudinalmente **CONTR.** verticalmente, perpendicolarmente, ortogonalmente, appiombo □ diagonalmente, trasversalmente, obliquamente.
orizzontàre ***A*** *v. tr.* disporre (secondo un punto cardinale) □ (*est.*) orientare ***B*** **orizzontarsi** *v. rifl.* **1** (*di luogo*) orientarsi, ritrovarsi **CONTR.** perdersi, smarrirsi **2** (*fig.*) (*di situazione*) raccapezzarsi, raccogliere le idee **CONTR.** confondersi, perdere la bussola.
orizzónte *s. m.* **1** linea d'orizzonte, circolo dell'orizzonte **2** (*fig.*) (*di persona*) idee, ideali, aspirazioni **3** (*fig.*) (*di situazione politica, culturale, ecc.*) quadro, campo, prospettiva **4** (*della scienza*) limite, meta, scopo **FRAS.** *fare un giro d'orizzonte* (*fig.*), esaminare nel suo complesso. *V. anche* QUADRO
orlàre *v. tr.* fornire di orlo, bordare, contornare, filettare, listare, profilare **CONTR.** sfrangiare.
orlàto *part. pass. di* **orlare**; *anche agg.* bordato, contornato, filettato, listato, profilato **CONTR.** sfrangiato.
orlatùra *s. f.* orlo, bordo, bordatura, bordura, filettatura, profilatura, profilo **CONTR.** sfrangiatura.
órlo *s. m.* **1** (*di strada, di bicchiere, ecc.*) margine, bordo, estremità, cornice, labbro, lembo, limite, scrimolo (*raro*), contorno, perimetro, riva, sponda **2** (*di vestito, di tovaglia, ecc.*) ripiegatura □ bordo, bordatura, bordura, orlatura □ (*est.*) (*di pezza, di tessuto*) vivagno, cimosa, lisiera.
órma *s. f.* **1** pesta, pedata, zampata, impronta, calpestamento (*raro*) **2** (*fig.*) pista, sentiero □ segno, traccia, ricordo □ (*spec. al pl.*) resti, vestigia **FRAS.** *ricalcare le proprie orme*, tornare sui propri passi □ *ricalcare le orme di uno* (*fig.*), seguire il suo esempio. *V. anche* IMPRONTA

ormài *avv.* **1** (*con valore enfatico*) già, adesso **2** (*di conclusione vicina*) quasi, finalmente **3** (*con valore conclusivo*) stando così le cose, giunti a questo punto **4** (*con valore di rassegnazione*) a questo punto, ora, ora purtroppo, tanto.

ormeggiàre A *v. tr.* assicurare alla riva, ancorare, attraccare, dar fondo **CONTR.** disancorare, disormeggiare □ (*est.*) salpare **B ormeggiarsi** *v. intr. pron.* ancorarsi.

orméggio *s. m.* **1** ancoraggio □ ancora, pontile **2** (*al pl.*) (*di attrezzi*) cavi, cime, catene, gomene.

ornamentàle *agg.* decorativo, esornativo (*lett.*), ornativo (*raro*) □ migliorativo **CONTR.** deturpante, peggiorativo.

ornaménto *s. m.* **1** abbellimento, addobbo, adornamento, agghindamento (*raro*), apparato, parato, arredo, decorazione, fregio, guarnizione, ornamentazione (*raro*), ornato, paramento, fiorettatura, riabbellimento (*raro*) □ applicazione, finimento, finitura, frangia, gala, vezzo **CONTR.** deturpamento, deturpazione, imbruttimento **2** (*fig.*) dote, pregio. *V. anche* DECORAZIONE

ornàre A *v. tr.* **1** rendere bello, abbellire, addobbare, adornare, agghindare, illeggiadrire, arricchire, decorare, fregiare, guarnire, parare, pavesare, riabbellire (*raro*), ornamentare (*raro*) □ arabescare, dorare, drappeggiare, frangiare, fiorettare, fiorire, infiorare, ingemmare, inghirlandare, ingioiellare, inorpellare (*raro*), intarsiare, istoriare, miniare, tappezzare **CONTR.** deturpare, imbruttire, disabbellire (*lett.*), guastare, sconciare (*raro*) **2** (*fig.*) (*di virtù, di cultura, ecc.*) arricchire, impreziosire **CONTR.** impoverire **B ornarsi** *v. rifl.* adornarsi, agghindarsi, acconciarsi.

ornàto *part. pass. di* **ornare**; *anche agg.* **1** adorno, bello, addobbato, decorato, guarnito, lavorato, intarsiato, istoriato, fregiato **CONTR.** liscio, nudo, scarno, povero □ deturpato, imbruttito, guastato, sconciato (*raro*) **2** (*di virtù, di cultura, ecc.*) fornito, dotato **CONTR.** privo, sprovvisto **3** (*di stile*) elegante, forbito, tornito **CONTR.** sciatto, dimesso, trasandato, squallido, disadorno.

òro *s. m.* **1** (*est.*) moneta aurea **2** (*est.*) denaro, ricchezza **3** (*di colore*) giallo brillante **4** (*spec. al pl.*) gioie, preziosi, gioielli, oggetti d'oro **FRAS.** *oro nero*, petrolio □ *dare l'oro*, indorare □ *cuore d'oro* (*fig.*), buono e generoso □ *oro colato* (*fig.*), verità sacrosanta □ *prendere per oro colato*, credere ciecamente a quanto viene detto □ *neanche per tutto l'oro del mondo*, per nessun motivo □ *a peso d'oro* (*fig.*), a carissimo prezzo □ *nuotare nell'oro* (*fig.*), essere ricchissimo.

oròbico [dagli *Orobii*, nome di una popolazione preromana] *agg.*; *anche s. m.* **1** bergamasco **2** (*sport*) dell'Atalanta, giocatore dell'Atalanta.

orològio *s. m.* misuratore del tempo, oriolo (*tosc.*) **CFR.** clessidra, meridiana, sveglia, cronometro, cronografo, pendola, cipolla **FRAS.** *orologio solare*, meridiana □ *orologio ad acqua* (*o a sabbia*), clessidra □ *come un orologio* (*fig.*), molto preciso; perfettamente.

oròscopo *s. m.* (*est.*) divinazione, predizione, pronostico, previsione □ pianeta.

orpèllo *s. m.* **1** similoro, oro falso, princisbecco **2** (*fig.*) falsa apparenza, esteriorità **CONTR.** realtà, verità **3** (*spec. al pl.*) fronzoli.

orrendaménte *avv.* orribilmente, orridamente, spaventosamente, terribilmente, tremendamente, atrocemente, crudelmente, mostruosamente **CONTR.** dolcemente, soavemente, delicatamente, mirabilmente, meravigliosamente.

orrèndo *agg.* orribile.

orrìbile *agg.* orrendo, orrido, orripilante, spaventevole, spaventoso, pauroso, terribile, terrorizzante, terrificante, tremendo, atroce, crudele, mostruoso, raccapricciante □ (*est.*) bruttissimo, obbrobrioso, pessimo, turpe, osceno □ sgradevolissimo, schifoso □ (*di luogo*) pericolosissimo, selvaggio **CONTR.** bellissimo, meraviglioso, affascinante, mirabile, ammirabile, ammirevole, gentile, grazioso, stupendo, splendido, rasserenante, incantevole, piacevole. *V. anche* CRUDELE

orribilménte *avv.* orrendamente, orridamente, paurosamente, spaventosamente, terribilmente, atrocemente, ferocemente, tremendamente, crudelmente, mostruosamente **CONTR.** dolcemente, soavemente, delicatamente, meravigliosamente.

òrrido A *agg. V.* **orribile B** *s. m.* forra, burrone, precipizio, baratro.

orripilànte *agg.* che fa rizzare i capelli, raccapricciante, macabro, agghiacciante **CONTR.** rasserenante, tranquillizzante.

orróre *s. m.* **1** ribrezzo, ripugnanza, raccapriccio □ paura, spavento, terrore □ odio, antipatia, esecrazione, abominazione **CONTR.** fascino, suggestione, incanto □ ammirazione **2** cosa brutta, cosa orrenda, cosa orribile, cosa spaventosa □ schifo, schifezza, oscenità, bruttura □ atrocità, crudeltà, efferatezza, mostruosità **CONTR.** meraviglia, magnificenza, splendore, bellezza **3** (*fig., fam.*) enormità, esagerazione **CONTR.** inezia, piccolezza. *V. anche* PAURA

órsa *s. f.* **1** femmina dell'orso **2** (*astron.*) Orsa maggiore, gran Carro □ Orsa minore, piccolo Carro.

órso *s. m.* **1** (*fig.*) persona goffa, persona sgraziata **2** misantropo, scontroso, selvatico, burbero, gufo, istrice (*fig.*) **CONTR.** persona socievole, cordialone, allegrone **3** (*gerg.*) (*in Borsa*) ribassista **CONTR.** rialzista, toro (*gerg.*) **FRAS.** *orso del bambù*, panda gigante.

orsù *inter.* suvvia!, animo!, coraggio!

ortodossìa *s. f.* **1** (*relig.*) retta credenza, retta dottrina □ fede **CONTR.** eterodossia, allodossia (*raro*) □ eresia **2** (*est.*) (*a idee, a principi*) stretta osservanza, stretta adesione **CONTR.** eresia, deviazionismo, dissenso, errore.

ortodòsso A *agg.* **1** (*relig., anche est.*) osservante, credente, fedele **CONTR.** eterodosso, eretico, ereticale **2** scismatico **B** *s. m.* (*est.*) (*a idee, a principi*) fedele seguace **CONTR.** eretico, deviazionista.

ortogonàle *agg.* (*mat.*) perpendicolare, verticale, a piombo, normale **CONTR.** orizzontale, longitudinale, parallelo, diagonale, trasversale, obliquo.

ortogonalménte *avv.* perpendicolarmente, verticalmente, normalmente **CONTR.** orizzontalmente, longitudinalmente, parallelamente, diagonalmente, trasversalmente, obliquamente.

ortolàno ***A*** *s. m.* ***1*** orticoltore □ (*est.*) erbivendolo, fruttivendolo □ (*est.*) giardiniere ***2*** erbaiolo ***B*** *agg.* ortivo, ortense (*raro*).

osànna ***A*** *inter.* (*raro*) evviva!, gloria! **CONTR.** crucifige! ***B*** *in funzione di s. m. inv.* grido di esultanza, grido di gioia, applauso **CONTR.** esecrazione.

osannàre *v. intr.* ***1*** (*lett.*) cantare osanna ***2*** (*est.*) levare grandi lodi, inneggiare, applaudire, onorare, decantare, commendare (*lett.*), congratularsi **CONTR.** esecrare, fischiare.

osàre ***A*** *v. tr.* ardire, arrischiare, azzardare **CONTR.** temere ***B*** *v. intr.* rischiare, arrischiarsi, attentarsi, azzardarsi, spingersi, buttarsi, avere il coraggio, avere l'audacia, avere il cuore, avere il fegato, avere la faccia tosta **CONTR.** esitare, peritarsi, titubare, aver paura.

òscar [da *Oscar*, il nome dello zio del segretario dell'Accademia, scambiato con l'uomo che portava la statuetta data in premio] *s. m. inv.* ***1*** (*fig.*) primo premio ***2*** opera eccezionale, persona eccezionale.

oscenità *s. f.* ***1*** indecenza, impudicizia, impurità, dissolutezza, lascivia, licenziosità, lubricità (*raro*), schifosità, sconcezza, spudoratezza, svergognatezza, inverecondia, scostumatezza, turpitudine, disonestà, pornografia □ scurrilità, trivialità, volgarità **CONTR.** decenza, pudicizia, verecondia, moralità, onestà, purezza, pudore, virtù ***2*** (*di azione, di cosa*) indecenza, scandalo, vergogna □ bruttura, schifezza, orrore **CONTR.** cosa bellissima, capolavoro, bellezza, meraviglia.

oscèno *agg.* ***1*** indecente, impudico, impuro, dissoluto, lascivo, lubrico (*lett.*), boccaccesco (*est.*), scollacciato (*fig.*), sconcio □ spudorato, scostumato, libertino, licenzioso □ scandaloso, svergognato, inverecondo, sozzo, sporco, sudicio □ erotico, pornografico, porno, spinto (*fig.*), grasso, salace (*est.*) □ scurrile, triviale, sboccato **CONTR.** decente, decoroso, castigato, costumato, pudico, verecondo, onesto, puro, virtuoso, pudibondo ***2*** (*di azione, di cosa*) bruttissimo, ripugnante, turpe, vile, basso, meschino, riprovevole, indegno, immondo, vergognoso, scandaloso □ orribile, schifoso, orrendo, pessimo **CONTR.** nobile, elevato, lodevole □ bellissimo, straordinario, fantastico.

OSCENO
sinonimia strutturata

Ciò che secondo il comune sentimento offende il pudore viene definito **osceno** o, in contesti letterari, **dissoluto**: *atto osceno*; *pubblicazioni e spettacoli osceni*; *scritti dissoluti*. Tutto quello che è contrario o non si confà alla decenza o al decoro si dice anche **indecente**, **sconcio**, **impudico**, **lascivo**, e, in contesti letterari, **lubrico**: *discorso, abito indecente*; *azioni, parole sconce, impudiche*; *gesto, sguardo lascivo*; *discorso lubrico*. Più debole è **impuro**, che descrive ciò che offende la castità: *costumi, pensieri impuri*.

Sozzo, **sudicio**, **sporco** e il più incisivo **immondo** definiscono in senso figurato ciò che è moralmente sordido: *ambiente, film sozzo*; *una sozza storia*; *individuo, affare sudicio*; *discorsi sudici*; *fare una sporca politica*.

Spesso questi termini si riferiscono a qualcosa di **erotico**, legato cioè alla sfera sessuale: *poesie erotiche*; quest'aggettivo non ha una connotazione negativa forte come **porno** o **pornografico**, che si riferiscono a descrizioni o rappresentazioni volutamente lubriche di cose inerenti al sesso, e suggeriscono volgarità: *film porno*; *rivista pornografica*.

Chi o ciò che non ha freno nel parlare o nello scrivere è **sboccato**: *quella ragazza dovrebbe essere meno sboccata*; le espressioni di chi è sboccato risultano spesso **irripetibili**, tali da non poter essere riportate: *oscenità irripetibili*. Meno connotati negativamente sono per estensione **boccaccesco** e **salace**: *storielle boccaccesche*; *motti, frasi salaci*. In particolare, salace può equivalere a eccitante, ed evoca comunque un'idea di mordacità. Più forte è **scurrile**, che suggerisce un comportamento, o spesso una comicità, triviale e sguaiata. **Licenzioso** e figuratamente **scollacciato** invece indicano chi o ciò che è eccessivamente libero, audace: *licenzioso nel parlare*; *scrittore licenzioso*; *discorsi scollacciati*. Molto vicino è **libertino**, che descrive ciò che è improntato a costumi spregiudicati soprattutto sessualmente, e in senso lato ciò che risulta osceno. Più negativi sono **svergognato**, **spudorato** e **scostumato** che evocano un'impudenza quasi voluta; anche l'aggettivo assieme a **inverecondo** designa ciò che rivela impudenza: *contegno inverecondo*. Tutti gli aggettivi precedenti si sovrappongono almeno in parte a **immorale**, che descrive con maggior veemenza ciò che non è conforme ai principi di ciò che è buono e giusto: *discorso, libro immorale*.

Osceno descrive inoltre ciò che risulta esteticamente ripugnante, cioè **brutto** o **bruttissimo**: *essere vestito in modo osceno*; *un dipinto artisticamente osceno*. Pressoché equivalenti sono **vergognoso** e **scandaloso**, che designano ciò che provoca sdegno, riprovazione e disgusto in quanto contrario alle leggi della morale.

Significato estremamente sfaccettato ha **volgare**, che quindi in senso figurato e spregiativo si avvicina a tutti i sinonimi precedenti, designando tutto ciò che è assolutamente privo di finezza, distinzione, signorilità, garbo: *bellezza volgare*; *donna vistosa e volgare*; *parole, espressioni volgari*; *gesto, atteggiamento volgare*.

oscillànte *part. pres. di* **oscillare**; *anche agg.* ***1*** (*di cosa*) dondolante, ciondolante, fluttuante, ondeggiante, tremolante, tremulo, tremante, vacillante, pencolante, traballante, precario **CONTR.** fermo, fisso, immobile, immoto, rigido, stabile ***2*** (*fig.*) (*di persona*) tentennante, dubbioso, incerto **CONTR.** deciso, determinato, risoluto, sicuro. *V. anche* INCERTO

oscillàre *v. intr.* ***1*** (*di cosa*) dondolare, ciondolare, fluttuare, ondeggiare, tremolare, vibrare, barcollare, traballare, pendolare, pencolare, vacillare □ (*di barca*) beccheggiare, rollare **CONTR.** essere fisso, stare fermo, stare immobile, essere saldo, essere stabile ***2*** (*di prezzo, di valore, ecc.*) fluttuare, variare **CONTR.** stabilizzarsi, attestarsi ***3*** (*fig.*) (*di persona*) dubitare, tentennare, altalenare, esitare, essere indeciso, essere incerto **CONTR.** agire risolutamente, decidersi, determinarsi, risolversi.

oscillazióne *s. f.* ***1*** dondolamento, dondolio, ciondolamento, ondeggiamento, tremolio, vibrazione, vibramento (*raro*), vacillamento, vacillazione (*raro*), barcollamento, traballamento □ beccheggio, rollio **CONTR.** fissità, immobilità, saldezza, stabilità ***2*** (*di prezzo, di valore, ecc.*) variazione, fluttuazione **CONTR.** invariabilità, stabilizzazione.

oscuraménte *avv.* con oscurità, misteriosamente, astrusamente, incomprensibilmente, ermeticamente □ nebulosamente, fumosamente, confusamente, ambiguamente, enigmaticamente □ velatamente □ allegoricamente, eufemisticamente, metaforicamente **CONTR.** chiaramente, apertamente, esplicitamente, palesemente, evidentemente, lucidamente, nettamente.

oscuraménto *s. m.* adombramento, offuscamento, ottenebramento, ottenebrazione (*raro*), oscurazione (*raro*), appannamento, annebbiamento, annerimento, buio, abbuiamento, annuvolamento □ eclissi **CONTR.** illuminazione, rischiaramento.

oscurantìsmo *s. m.* ***1*** **CONTR.** illuminismo ***2*** (*spreg.*) reazione, conservazione **CONTR.** progressismo.

oscurantìsta *s. m.* e *f.*; *anche agg.* reazionario, conservatore **CONTR.** progressista, liberale.

oscuràre ***A*** *v. tr.* ***1*** adombrare, offuscare, ottenebrare, appannare, annebbiare, abbuiare, ombrare, annerire, scurire, affumicare, intorbidare, eclissare, coprire **CONTR.** illuminare, rischiarare, schiarire ***2*** (*fig.*) (*di fama, di gloria, ecc.*) eclissare, far impallidire, superare □ denigrare, diffamare **CONTR.** esaltare, lodare, vantare, portare alle stelle ***B*** **oscurarsi** *v. intr. pron.* e (*lett.*) *intr.* ***1*** (*di cielo, di sole, ecc.*) divenire oscuro, annuvolarsi, offuscarsi, annebbiarsi **CONTR.** schiarirsi, accendersi, risplendere ***2*** (*fig.*) (*di persona*) rannuvolarsi, abbuiarsi, rabbuiarsi, rincupirsi, accigliarsi **CONTR.** illuminarsi, rasserenarsi, allietarsi, sorridere.

oscuràto *part. pass. di* **oscurare**; *anche agg.* offuscato, accecato, appannato, chiuso **CONTR.** illuminato.

oscurità *s. f.* ***1*** assenza di luce, buio, scuro, tenebre, tenebrosità, tenebrore (*poet.*), ombra, notte □ torbidezza, torbidità (*raro*) □ caligine, foschia, nebbia **CONTR.** chiarore, luce, illuminazione, luminosità, fulgore, lucentezza, splendore ***2*** (*fig.*) (*di mente, di vista*) ottenebramento ***3*** (*fig.*) (*di pensiero, di discorso, ecc.*) mancanza di chiarezza, inintelligibilità, astruseria, astrusità, ermetismo, anfibologia (*lett.*), fumosità, impenetrabilità, incomprensibilità, ambiguità, confusione **CONTR.** chiarezza, intelligibilità, leggibilità, comprensibilità, evidenza, facilità, nitidezza, perspicuità, semplicità ***4*** (*fig.*) ignoranza **CONTR.** conoscenza □ informazione ***5*** (*fig.*) mancanza di fama, mancanza di notorietà, anonimato **CONTR.** fama, notorietà, celebrità, gloria, rinomanza.

oscùro ***A*** *agg.* ***1*** privo di luce, non illuminato, poco illuminato, buio, fosco, nero, scuro, tenebroso, tetro, atro (*lett.*), cupo, ombroso, caliginoso, annebbiato, nebbioso, appannato, torbido **CONTR.** luminoso, rilucente, splendente, fulgido, sfolgorante, lucente, illuminato □ terso, limpido ***2*** (*di corpo*) opaco **CONTR.** trasparente ***3*** (*di colore*) cupo, scuro, buio **CONTR.** brillante, vivace ***4*** (*fig.*) (*di pensiero, di discorso, ecc.*) astruso, incomprensibile, enigmatico, contorto, criptico, difficile, ermetico, sibillino, indecifrabile, misterioso, ambiguo, nebuloso, confuso, involuto, intricato **CONTR.** comprensibile, chiaro, esplicito, decifrabile, nitido, perspicuo, semplice, intelligibile □ eclatante, manifesto ***5*** (*fig.*) (*di persona, di vita, ecc.*) privo di notorietà, ignoto, sconosciuto, anonimo, umile **CONTR.** notorio, conosciuto, celebre, illustre, importante, insigne, rinomato ***6*** (*fig.*) (*di espressione, di fatto*) bieco, fosco, triste **CONTR.** gaio, lieto, sereno, radioso, solare ***B*** *s. m. solo sing.* ***1*** buio **CONTR.** luce ***2*** (*fig.*) ignoranza **CONTR.** conoscenza.
V. anche DENSO, ENIGMATICO

osé /*fr.* o'ze/ [vc. fr., propriamente 'osato'] *agg. inv.* (*di discorso, di vestito, ecc.*) scandalistico, scandaloso, spinto, ardito, audace **CONTR.** castigato, edificante.

ospedàle *s. m.* nosocomio, spedale (*tosc.*), clinica, policlinico, casa di cura, casa di salute **CFR.** sanatorio, astanteria, pronto soccorso, infermeria, frenocomio, manicomio, dispensario.

ospitàle *agg.* ***1*** (*di persona*) che ospita cordialmente, cortese, cordiale, gentile ***2*** (*di luogo*) accogliente, sereno **CONTR.** freddo, inospitale, inabitabile **FRAS.** *casa ospitale*, casa d'appuntamenti.

ospitalità *s. f.* ***1*** buona accoglienza □ cordialità, generosità, liberalità □ accoglienza **CONTR.** inospitalità, scortesia, sgarbatezza ***2*** alloggio, albergo.

ospitàre *v. tr.* dare ospitalità, accogliere, invitare, allogare, alloggiare, albergare, ricevere, convitare, ricoverare.

ospitàto *part. pass. di* **ospitare**; *anche agg.* accolto, invitato, ospite, ricoverato.

òspite *s. m.* e *f.* ***1*** ospitante, alloggiatore, albergatore □ anfitrione ***2*** persona ospitata, ospite □ cliente, pensionante, pigionante □ invitato □ forestiero, straniero.

ospìzio *s. m.* ***1*** ricovero, casa di riposo □ orfanotrofio, brefotrofio, gerontocomio ***2*** (*fig.*) asilo, rifugio ***3*** (*lett.*) dimora, alloggio.

ossàrio *s. m.* cimitero, sacrario. *V. anche* TOMBA

ossatùra *s. f.* ***1*** (*anat.*) (*di corpo*) ossa, scheletro, carcassa **CONTR.** carne, muscolatura ***2*** (*fig.*) (*di costruzione, di apparecchio, ecc.*) struttura, armatura, impalcatura, intelaiatura, telaio, castello, sostegno □ (*di barca*) scafo ***3*** (*fig.*) (*di opera letteraria o artistica*) orditura.

ossequiàre *v. tr.* ***1*** rendere ossequio, rendere omaggio, onorare, riverire, venerare, rispettare **CONTR.** disprezzare, umiliare, irridere, insolentire ***2*** chinarsi, inchinarsi, scappellarsi.

ossequiènte *agg.* **1** ossequioso, riverente, deferente □ osservante, rispettoso, ubbidiente, disciplinato, ligio **CONTR.** irriverente, sprezzante, sgarbato, ribelle, disubbidiente, inadempiente **2** sottomesso, supino.

ossèquio *s. m.* **1** rispetto, deferenza, devozione, onore, omaggio, riverenza **CONTR.** disprezzo, disdegno, dileggio, irriverenza, sgarbatezza, spregio **2** osservanza, ubbidienza, ottemperanza **CONTR.** disobbedienza, inottemperanza, contravvenzione **3** (*spec. al pl.*) (*nei saluti*) omaggi, convenevoli, complimenti, deferente saluto □ (*iron.*) salamelecco, sberrettata, scappellata. *V. anche* RISPETTO

ossequiosaménte *avv.* con ossequio, ossequientemente, deferentemente rispettosamente, con deferenza □ cerimoniosamente, manierosamente, complimentosamente □ servilmente **CONTR.** sprezzantemente, sgarbatamente, irrispettosamente.

ossequióso *agg.* deferente, rispettoso, reverenziale, riverente, ossequiente □ cerimonioso, complimentoso **CONTR.** sgarbato, sprezzante, irriverente, irrispettoso, impertinente.

osservànte ***A*** *part. pres. di* **osservare**; *anche agg.* rispettoso, obbediente, ubbidiente □ (*di fede*) pio, religioso, praticante **CONTR.** inosservante, inadempiente, disubbidiente, trasgressore, contravventore ***B*** *s. m. e f.* **1** (*di fede, di idee*) ortodosso, credente **CONTR.** eretico, miscredente □ iconoclasta **2** (*al pl.*) frati minori francescani.

osservànza *s. f.* **1** adempimento, esecuzione, ubbidienza □ pratica **CONTR.** inosservanza, inottemperanza, inadempienza, disubbidienza, infrazione, violazione, trasgressione **2** deferenza, ossequio, rispetto **FRAS.** *di stretta osservanza*, del tutto conforme. *V. anche* RISPETTO

osservàre *v. tr.* **1** guardare attentamente, guardare, esaminare, scrutare □ esplorare, ispezionare, investigare, scandagliare, spiare, studiare □ notare, constatare, rilevare, avvertire □ badare, vigilare □ considerare, ponderare □ squadrare, fissare, guatare **CONTR.** guardare di sfuggita, guardare distrattamente, guardare superficialmente, sbirciare, sorvolare, dare un'occhiata **2** obiettare, rimarcare, ridire **CONTR.** concordare, approvare **3** (*di ordine, di disciplina, ecc.*) curare attentamente, rispettare, tenere, mantenere **CONTR.** trascurare, eludere **4** (*di precetti, di legge, ecc.*) adempiere, rispettare, non trasgredire, ubbidire, seguire, attenersi **CONTR.** venir meno, trasgredire, disattendere, violare, contravvenire, derogare, disubbidire, infrangere. *V. anche* CONSTATARE, GUARDARE, OBBEDIRE

osservatóre ***A*** *agg.* (*f. -trice*) **1** che osserva, scrutatore, indagatore, investigatore **2** (*a convegni, a congressi, ecc.*) partecipante □ delegato, inviato ***B*** *s. m.* chi osserva, ricercatore, ricognitore, sorvegliante, vedetta.

osservazióne *s. f.* **1** (*di cose, di fenomeni, ecc.*) considerazione, contemplazione, visione □ ricognizione, rilevazione, esplorazione □ indagine, ispezione, ricerca, analisi, studio, rilievo, esame, disamina (*raro*) **2** (*su qualcuno o qualcosa*) rilievo, annotazione, commento, nota, giudizio, riflessione □ critica, rimarco, obiezione **3** (*a persone*) ammonimento, rimprovero, riprensione (*lett.*) **CONTR.** elogio, encomio, lode. *V. anche* ESAME, OBIEZIONE

ossessionànte *part. pres. di* **ossessionare**; *anche agg.* ossessivo, assillante, opprimente, tormentoso □ fastidioso, molesto, importuno **CONTR.** che dà sollievo, tranquillante, calmante.

ossessionàre *v. tr.* tormentare, assillare, opprimere, perseguitare □ (*est.*) infastidire, molestare, importunare **CONTR.** sollevare, tranquillizzare, calmare.

ossessióne *s. f.* **1** (*da demonio*) invasamento, possessione **2** (*fig.*) mania, fobia, fissazione, assillo, tormento, angoscia, ansia, incubo □ fisima, chiodo (*fig.*) □ paranoia, psicosi.

ossessìvo *agg.* **1** ossessionante **2** (*med.*) maniacale, fobico.

ossèsso *agg.*; *anche s. m.* **1** invasato dal demonio, posseduto, indemoniato, invasato, indiavolato, spiritato **2** (*fig.*) infuriato, furibondo, furioso, fuori di sé **CONTR.** calmo, flemmatico, pacifico, placido, quieto, sereno, tranquillo.

ossìa *cong.* o, oppure, ovvero, ovverossia, cioè, o per meglio dire, o per maggior chiarezza, o meglio.

ossidàre ***A*** *v. tr.* combinare con l'ossigeno □ arrugginire **CONTR.** disossidare, sruggìnire ***B*** **ossidarsi** *v. intr. pron.* combinarsi con l'ossigeno □ arrugginirsi □ (*fig.*) fiorire.

ossidàto *part. pass. di* **ossidare**; *anche agg.* combinato con l'ossigeno □ arrugginito, rugginoso.

ossigenàre *v. tr.* **1** trattare con ossigeno, arricchire di ossigeno **2** (*di capelli*) decolorare **3** (*fig.*) (*di attività, di azienda*) incrementare, aiutare.

ossigenàto *part. pass. di* **ossigenare**; *anche agg.* **1** (*di capelli*) decolorato **2** (*di acqua*) arricchito di ossigeno.

ossigenatùra *s. f.* (*di capelli*) decolorazione.

ossìgeno *s. m.* (*fig.*) polmone, aiuto, soldi, finanziamento.

ossìtono *agg.* (*ling.*) tronco **CFR.** piano, sdrucciolo, bisdrucciolo.

òsso *s. m.* **1** (*spec. al pl.*) (*di cadavere*) resti **2** (*di frutto*) nocciolo **FRAS.** *avere le ossa rotte* (*fig.*), essere stanchissimo □ *essere di carne e d'ossa* (*fig.*), essere soggetto a sbagliare □ *in carne e ossa*, di persona □ *rimetterci l'osso del collo* (*fig.*), rovinarsi □ *farci l'osso* (*fig.*), abituarsi □ *ridurre all'osso* (*fig.*), ridurre al minimo □ *osso duro* (*fig.*), ostacolo molto difficile □ *farsi le ossa* (*fig.*), fare esperienza □ *sacco d'ossa* (*fig.*), magrissimo.

ostacolàre *v. tr.* essere di ostacolo, contrastare, opporsi, ostare (*raro*) □ inibire, interdire, proibire, vietare □ ostruire, precludere, fermare, arrestare □ sbarrare, attraversare, inceppare, intralciare, impedire □ disturbare, ritardare, impastoiare, impacciare, impicciare □ sabotare, boicottare **CONTR.** lasciare libero, dare agio, sbloccare, coadiuvare, collaborare, aiutare, agevolare, facilitare, favorire, assecondare, permettere, consentire. *V. anche* IMBARAZZARE

ostàcolo *s. m.* impedimento, inciampo, intralcio, incaglio □ ingombro, disturbo, intoppo, impaccio, pastoia, impiccio □ argine, barriera, barricata, muro, muraglia, sbarramento □ scoglio, contrarietà, difficoltà, contrattempo, disguido, inconveniente □ opposizione, boicottaggio, ostruzionismo, sabotaggio **CONTR.** agio, aiuto, facilità, facilitazione, spinta, agevolazione, libertà, opportunità. *V. anche* DISTURBO

ostàggio *s. m.* (*est.*) prigioniero.

òste *s. m.* gestore di osteria, taverniere, tavernaio, bettoliere, cantiniere, vinaio, vinattiere (*raro*) □ albergatore, locandiere, trattore.

osteggiàre *v. tr.* avversare, contrastare, combattere, attaccare, contrariare, oppugnare (*lett.*) **CONTR.** aiutare, favorire, proteggere, spalleggiare, incoraggiare, appoggiare, secondare, sostenere.

osteggiàto *part. pass. di* **osteggiare**; *anche agg.* avversato, contrastato, ostacolato, boicottato **CONTR.** incoraggiato, favorito, protetto.

ostentaménto *s. m. V.* **ostentazione**.

ostentàre *v. tr.* mostrare con affettazione, far mostra, far pompa, pavoneggiarsi, vantare, sbandierare, sfoggiare, sciorinare □ affettare, simulare, fingere, posare, atteggiarsi **CONTR.** celare, nascondere, occultare □ essere modesto, essere umile.

ostentàto *part. pass. di* **ostentare**; *anche agg.* esagerato, affettato, sbandierato, sfoderato, plateale, vistoso □ finto, simulato **CONTR.** celato, nascosto □ umile, modesto.

ostentatóre *s. m.* (*f. -trice*) esibizionista □ (*est.*) borioso, vanaglorioso **CONTR.** modesto, dimesso, discreto, riservato, umile.

ostentazióne *s. f.* ostentamento, esibizione, mostra, sfarzo, grandigia, sfoggio, sbandieramento, vanteria, vanto, pompa □ esagerazione, prosopopea, superbia, vanagloria, vanità □ affettazione, posa **CONTR.** modestia, riserbo, riservatezza, ritegno, ritrosia, semplicità, umiltà. *V. anche* AFFETTAZIONE, VANTO

osterìa *s. f.* bettola, taverna, bottiglieria, fiaschetteria, canova, cantina, mescita, gargotta, bistrot (*fr.*).

ostéssa *s. f.* ***1*** trattrice, trattora (*pop.*) ***2*** moglie dell'oste.

ostètrica *s. f.* levatrice, mammana (*dial.*), comare (*ant.*).

ostetricìa *s. f.* (*est.*) ginecologia, maternità (*fam.*).

ostètrico ***A*** *agg.* (*est.*) ginecologico ***B*** *s. m.* (*est.*) ginecologo.

òstia ***A*** *s. f.* ***1*** (*lett.*) vittima sacrificale ***2*** (*relig.*) particola, specie (*lett.*) □ viatico ***3*** cialda, cachet (*fr.*) ***B*** *in funzione di inter.* ***1*** (*volg.*) (*di meraviglia*) ma no! ***2*** (*di disappunto*) porca miseria!

òstico *agg.* ***1*** (*lett.*) (*di sapore, di gusto, ecc.*) ripugnante, sgradevole **CONTR.** gradevole, buono, gustoso ***2*** (*fig.*) (*di persona, di discorso, ecc.*) difficile, complicato, duro, ingrato, spiacevole, sgradito, insopportabile, intollerabile **CONTR.** gradito, grato, piacevole, caro, accetto, amabile, sopportabile, tollerabile.

ostìle *agg.* ***1*** nemico, avversario **CONTR.** alleato ***2*** avverso, contrario □ acrimonioso, animoso, malevolo, prevenuto, maldisposto, sfavorevole □ (*di sguardo*) minaccioso, cattivo **CONTR.** amico, amichevole, cordiale, benevolo, favorevole, propizio.

ostilità *s. f.* ***1*** inimicizia, avversione □ astio, malanimo, animosità, contrarietà **CONTR.** amicizia, benevolenza, benignità, favore, simpatia ***2*** (*spec. al pl.*) fatti d'arme, azioni belliche □ (*est.*) guerra. *V. anche* ODIO

ostinàrsi *v. intr. pron.* resistere, insistere, persistere, accanirsi □ impuntarsi, impuntigliarsi, intestardirsi, intestarsi, incaparsi (*ant., tosc.*), incaponirsi, incocciarsi (*tosc.*), ripetersi, piccarsi, inzuccarsi, puntare i piedi, cozzare col muro, fare il mulo □ fissarsi, irrigidirsi **CONTR.** arrendersi, cedere, piegarsi, accondiscendere, condiscendere, lasciar perdere.

ostinataménte *avv.* caparbiamente, testardamente, cocciutamente, pervicacemente (*lett.*), protervamente, accanitamente, tenacemente, implacabilmente, irremovibilmente, irriducibilmente **CONTR.** docilmente, mansuetamente, remissivamente, arrendevolmente.

ostinatézza *s. f. V.* **ostinazione**.

ostinàto *agg.* ***1*** (*di persona*) caparbio, cocciuto, incaponito, incocciato (*tosc.*), intestato, pervicace (*lett.*), testardo, puntiglioso, testone, zuccone □ incallito, impenitente, incorreggibile □ incrollabile, inflessibile □ insistente, fisso, persistente, implacabile, intransigente, irremovibile, irriducibile □ costante, fermo, perseverante, tenace **CONTR.** arrendevole, ragionevole, condiscendente, duttile, docile, mansueto, remissivo, sottomesso ***2*** (*di resistenza, di silenzio, ecc.*) duro, tenace, resistente, forte, accanito, indomito **CONTR.** debole, fiacco, fragile. *V. anche* CAPARBIO

ostinazióne *s. f.* ostinatezza, caparbietà, protervia, caponaggine, caponeria (*raro*), puntiglio, cocciutaggine, pervicacia (*lett.*), pertinacia, testardaggine □ accanimento, inflessibilità, intransigenza, irriducibilità, irremovibilità □ persistenza, costanza, insistenza, fermezza, resistenza, perseveranza, tenacia **CONTR.** arrendevolezza, duttilità, ragionevolezza, condiscendenza, docilità, mansuetudine □ remissività, sottomissione □ incostanza, volubilità, mutevolezza. *V. anche* COSTANZA

ostracìsmo [dal greco *óstrakon* 'coccio', sul quale gli Ateniesi scrivevano il nome del cittadino che volevano mandare in esilio] *s. m.* ***1*** esilio, espulsione, bando ***2*** (*est.*) (*da un ambiente*) esclusione, allontanamento **FRAS.** *dare l'ostracismo* (*anche fig.*), mettere al bando, esiliare, allontanare, espellere.

ostrogòto *agg.*; *anche s. m.* ***1*** (*st.*) goto orientale **CONTR.** visigoto ***2*** (*est., fig.*) (*di persona, di uso, ecc.*) barbaro, incivile **CONTR.** civile, civilizzato ***3*** (*fig.*) (*di discorso*) incomprensibile **CONTR.** chiaro, comprensibile.

ostruìre *v. tr.* chiudere, occludere, otturare, tappare, turare, intasare, ingorgare, ingombrare, impedire, ostacolare, oppilare (*lett.*), sbarrare, serrare **CONTR.** aprire, schiudere, disoppilare (*raro*), sgorgare, disintasare, sturare, liberare. *V. anche* IMBARAZZARE

ostruìto *part. pass. di* **ostruire**; *anche agg.* occluso, intasato, chiuso, turato, tappato.

ostruzióne *s. f.* occlusione, chiusura, otturazione, ingorgo, intasamento, oppilazione (*raro*), otturamento, impedimento, sbarramento **CONTR.** apertura, schiusura, stasamento, sgorgo, sgorgamento (*raro*),

liberazione.
ostruzionìsmo *s. m.* intralcio, ostacolo □ (*est., polit.*) boicottaggio, filibustering (*ingl.*), sabotaggio CONTR. accordo, collaborazione, appoggio, favore, sostegno.
ostruzionìsta *s. m. e f.* chi fa ostruzionismo, oppositore, boicottatore, sabotatore CONTR. collaboratore, favoreggiatore, sostenitore.
ottavìno *s. m.* (*est.*) flauto, piffero.
ottemperànza *s. f.* obbedienza, ubbidienza, ossequio, osservanza, sottomissione CONTR. disubbidienza, renitenza, deroga.
ottemperàre *v. intr.* ubbidire, obbedire, conformarsi, uniformarsi, adempiere, eseguire CONTR. disobbedire, contravvenire, ribellarsi, trasgredire. *V. anche* OBBEDIRE
ottenebraménto *s. m. V.* **ottenebrazione**.
ottenebràre ***A*** *v. tr.* ***1*** offuscare, oscurare, abbuiare, annebbiare CONTR. illuminare, rischiarare, schiarire, snebbiare ***2*** (*fig.*) (*di mente*) confondere, offuscare, turbare, accecare CONTR. rasserenare ***B*** **ottenebrarsi** *v. intr. pron.* (*anche fig.*) oscurarsi, offuscarsi, incupirsi, rabbuiarsi CONTR. illuminarsi, schiarirsi, rischiararsi.
ottenebràto *part. pass. di* **ottenebrare**; *anche agg.* accecato, confuso, annebbiato, offuscato CONTR. illuminato, snebbiato, lucido.
ottenebraziòne *s. f.* (*anche fig.*) ottenebramento, offuscamento, oscuramento □ confusione, ottundimento, annebbiamento CONTR. illuminamento, illuminazione, rischiaramento □ chiarezza, lucidità.
ottenére *v. tr.* ***1*** (*di scopo*) riuscire ad avere, conseguire, guadagnare, acquistare, raggiungere, riportare, riscuotere, avere, prendere, cogliere, conquistare, vincere, procurarsi, procacciarsi, accaparrarsi, aggiudicarsi, buscarsi CONTR. perdere, rimettere, smarrire, scapitare, fallire ***2*** (*di prodotto*) ricavare, estrarre, raccogliere, ritrarre, trarre, mietere, attingere. *V. anche* VINCERE
ottenìbile *agg.* conseguibile, raggiungibile, acquistabile, conquistabile, ricavabile □ facile, possibile, a portata di mano CONTR. inconseguibile, irraggiungibile, difficile, impossibile.
ottentòtto [dall'ol. *hottentot*, nome di origine onomatopeica per indicare un popolo rozzo che non sa parlare] *agg.; anche s. m.* (*fig., spreg.*) barbaro, incivile, rozzo CONTR. civile, civilizzato, educato.
òttica *s. f.* ***1*** scienza dei fenomeni luminosi ***2*** (*fig.*) modo di vedere, punto di vista, prospettiva.
òttico ***A*** *agg.* ***1*** della vista ***2*** dell'ottica ***B*** *s. m.* occhialaio.
ottimàle *agg.* ottimo, migliore, perfetto, più favorevole CONTR. pessimo, peggiore.
ottimaménte *avv.* molto bene, benissimo, eccellentemente, brillantemente, meravigliosamente, magistralmente, divinamente, magnificamente, nel migliore dei modi □ perfettamente, inappuntabilmente CONTR. pessimamente, malissimo.
ottimìsta ***A*** *s. m. e f.* speranzoso, fiducioso CONTR. pessimista, disfattista, scettico ***B*** *agg.* ottimistico CONTR. pessimistico.
òttimo ***A*** *agg.* ***1*** molto buono, buonissimo, eccellente, magistrale, brillante, eccelso, magnifico □ aureo, perfetto, inappuntabile CONTR. pessimo, cattivissimo □ (*est.*) deludente, scadente ***2*** bellissimo CONTR. bruttissimo, disastroso ***B*** *s. m. solo sing.* meglio.
òtto *s. m. inv.* (*fig.*) percorso a forma di otto FRAS. *oggi a otto*, tra una settimana □ *in quattro e quattr'otto* (*fig.*), in brevissimo tempo, subito □ *dare gli otto giorni* (*est.*), licenziarsi.
ottocentésco *agg.* ***1*** del diciannovesimo secolo, del secolo decimonono ***2*** (*fig.*) antiquato, vecchio □ reazionario, conservatore CONTR. moderno □ innovatore, progressista.
ottomàna *s. f.* divano, sofà, canapè, turca, sultana.
ottomàno *agg.; anche s. m.* turco.
ottóne *s. m.* ***1*** lega di rame e zinco ***2*** (*al pl.*) (*mus.*) strumenti a fiato di ottone CFR. oricalco (*lett.*), corno, tromba, trombone, cornetta, tuba.
otturàre ***A*** *v. tr.* turare, chiudere, ostruire, occludere, tappare, ingorgare, intasare, impedire, oppilare (*lett.*) □ (*di dente*) impiombare, zaffare (*enol., med., mar.*) CONTR. aprire, schiudere, disoppilare (*raro*), stasare, sgorgare, disintasare, sturare, liberare ***B*** **otturarsi** *v. intr. pron.* chiudersi, intasarsi, ingorgarsi, tapparsi CONTR. aprirsi, sgorgarsi, stasarsi, sturarsi.
otturazióne *s. f.* otturamento, ostruzione, occlusione, chiusura, ingorgo, intasamento, oppilazione (*raro*), impedimento □ (*di dente*) impiombatura CONTR. apertura, schiusura, stasamento, sgorgamento (*raro*), liberazione.
ottusaménte *avv.* in modo ottuso, stupidamente, cretinamente, scioccamente, grossolanamente CONTR. acutamente, sagacemente, sottilmente, intelligentemente, perspicacemente.
ottusità *s. f.* (*fig.*) (*di mente*) mancanza di acume, stupidità □ torpidezza, torpidità, lentezza □ grossolanità, materialità CONTR. acume, acutezza, perspicacia, sottigliezza, intelligenza, sagacia FRAS. *ottusità d'orecchio*, durezza d'orecchio, sordità.
ottùso *agg.* ***1*** (*di cosa*) senza punta, arrotondato, senza taglio, smussato, spuntato CONTR. aguzzo, appuntito, acuminato, tagliente ***2*** (*fig.*) (*di persona*) poco perspicace, corto di mente, stupido □ torpido, lento, tardo CONTR. acuto, fine, perspicace, penetrante, sottile, sagace, pronto, sveglio, svelto, intelligente ***3*** (*fig.*) (*di suono*) sordo, oscuro CONTR. chiaro, limpido ***4*** (*mat.*) (*di angolo*) maggiore del retto, minore del piatto CFR. retto, piatto, acuto.
out /*ingl.* 'aut/ [vc. ingl., propriamente 'fuori'] ***A*** *avv. e agg. inv.* (*di persona, di moda*) superato, sorpassato, fuori moda, antiquato, demodé (*fr.*), inattuale, vecchio CONTR. in (*ingl.*), aggiornato, moderno, alla moda, up-to-date (*ingl.*), à la page (*fr.*), dernier cri (*fr.*) ***B*** *s. m. inv.* (*nel pugilato*) fuori combattimento.
outdoor /*ingl.* 'autdɔ:/ [vc. ingl., comp. di *out* 'fuori' e *door* 'porta'] *agg. inv.* (*di gara*) all'aperto CONTR. indoor (*ingl.*), al chiuso.
output /*ingl.* 'autput/ [vc. ingl., propriamente 'produzione, rendimento', comp. di *out* 'fuori' e *to put* 'mettere, calcolare'] *s. m. inv.* ***1*** (*elab.*) elemento finale ***2*** estrazione dei dati CONTR. input (*ingl.*).

ouverture /*fr.* uvɛr'tyr/ [vc. fr., propriamente 'apertura'] *s. f. inv.* (*mus.*) apertura, introduzione, preludio, prologo.

ovàle ***A*** *agg.* (*di forma*) simile a uovo, ovulare, ovoidale, ovato (*raro*), ellittico ***B*** *s. m.* ***1*** ellissi, ovoide ***2*** conformazione del viso **FRAS.** *palla ovale*, rugby (*ingl.*).

ovàtta *s. f.* cotone per imbottire, cotone in falde, bambagia □ cotone idrofilo **FRAS.** *nell'ovatta* (*fig.*), con ogni riguardo.

ovattàre *v. tr.* ***1*** imbottire di ovatta, riempire di ovatta ***2*** (*fig.*) (*di rumore*) attutire, attenuare, smorzare, ammorbidire **CONTR.** accrescere, aumentare, rafforzare.

ovattàto *part. pass. di* **ovattare**; *anche agg.* (*fig.*) (*di rumore, di passo, ecc.*) attutito, attenuato, smorzato, felpato, debole, soffocato, leggero **CONTR.** accresciuto, aumentato, rafforzato □ forte, chiaro, squillante.

ovazióne *s. f.* ***1*** (*st.*) (*nell'antica Roma*) trionfo minore ***2*** (*est.*) festosa accoglienza, acclamazione, applausi, evviva **CONTR.** disapprovazione, fischi.

óve ***A*** *avv.* ***1*** (*lett.*) dove ***2*** (*lett.*) dovunque ***B*** *cong.* ***1*** (*lett.*) se mai, nel caso che, qualora ***2*** (*lett.*) mentre, invece.

òvest *s. m.* occidente, ponente, tramonto, espero (*lett.*), occaso (*poet.*), west (*ingl.*) **CONTR.** est, oriente, levante, orto (*poet.*).

ovìle *s. m.* ***1*** ricovero per ovini ***2*** (*fig.*) propria casa, proprio ambiente □ abitazione, dimora, rifugio, nido, riparo.

ovìno *agg.* di pecora, pecorino.

ovùnque *avv.* (*lett.*) dovunque, dappertutto.

ovvéro *cong.* ***1*** ossia, ovverosia (*raro*), cioè ***2*** oppure.

ovvìa *inter.* orsù!, forza!, coraggio!

ovviaménte *avv.* evidentemente, logicamente, naturalmente, comprensibilmente, pacificamente **CONTR.** assurdamente, difficilmente.

ovviàre *v. intr.* porre rimedio, rimediare, riparare, opporsi, impedire **CONTR.** favorire, permettere, sopportare, tollerare.

ovvietà *s. f.* evidenza, logica, naturalezza, regolarità, semplicità, facilità, frequenza **CONTR.** difficoltà, rarità, illogicità, assurdità, incomprensibilità.

òvvio *agg.* evidente, lapalissiano, logico, pacifico, scontato, comprensibile, normale, naturale, semplice, facile □ ordinario, regolare, comune, solito, usuale, frequente **CONTR.** difficile, illogico, assurdo, incomprensibile, astruso, straordinario, raro, inaudito. *V. anche* BANALE

oziàre *v. intr.* stare in ozio, bighellonare, vagabondare, ciondolare, dondolarsi, gingillarsi, trastullarsi, impigrire, ozieggiare (*raro*), poltrire, poltroneggiare (*raro*), stare con le mani in mano, stare in panciolle, battere la fiacca, darsi al bel tempo, far l'arte di Michelaccio **CONTR.** lavorare, affannarsi, affaccendarsi, industriarsi, arrabattarsi, trafficare, operare, agire, fare, sgobbare, sudare, affaticarsi.

òzio *s. m.* ***1*** inattività, inazione, inerzia, inoperosità, neghittosità, oziosaggine, oziosità, pigrizia, infingardaggine, poltronaggine, poltroneria, scioperataggine, scioperatezza, fannullaggine (*raro*), accidia **CONTR.** alacrità, attività, dinamismo, laboriosità, operosità, solerzia, sollecitudine, zelo ***2*** vacanza, tempo libero, riposo. *V. anche* PIGRIZIA

oziosaménte *avv.* ***1*** pigramente, neghittosamente, inoperosamente, accidiosamente **CONTR.** attivamente, alacremente, laboriosamente, operosamente ***2*** inutilmente **CONTR.** utilmente.

ozióso *agg.* ***1*** (*di persona*) inattivo, inerte, inoperoso, infingardo, pigro, poltrone, sfaticato, scioperato, sfaccendato, fannullone, bighellone, ciondolone, dondolone, gingillone, perdigiorno, scaldapanche, scansafatiche, mangiapane, pelandrone, vagabondo, michelaccio **CONTR.** alacre, industrioso, laborioso, solerte, sollecito, zelante, sgobbone □ indaffarato, affaccendato ***2*** (*di vita*) inoperoso, pigro **CONTR.** attivo, dinamico ***3*** (*di discorso, di ragionamento, ecc.*) vano, inutile, disutile, superfluo, accademico, bizantino **CONTR.** necessario, indispensabile, essenziale, utile. *V. anche* SUPERFLUO

p, P

pacataménte *avv.* tranquillamente, serenamente, pacificamente, placidamente, quietamente □ lentamente, con calma, flemmaticamente **CONTR.** agitatamente, affannosamente, concitatamente, impetuosamente, nervosamente, polemicamente, rabbiosamente, violentemente, vivacemente.

pacatézza *s. f.* tranquillità, serenità, pace, quiete □ flemma, calma □ pazienza, placidezza, distensione, placidità, posatezza **CONTR.** furia, irascibilità, litigiosità, veemenza, frenesia, concitazione, impetuosità, foga, irrequietezza, tensione, vivacità.

pacàto *agg.* tranquillo, sereno, posato, placido, equilibrato, disteso, pacifico, pacioso (*dial.*), cheto, quieto □ calmo, flemmatico, lento **CONTR.** irrequieto, agitato, inquieto, concitato □ irritabile, irascibile □ rabbioso, turbolento, impetuoso, violento □ vivace.

pàcca *s. f.* **1** colpo, manata **2** schiaffo, ceffata, ceffone, botta, percossa **3** (*fig., fam.*) danno, umiliazione **CONTR.** fortuna, vantaggio, trionfo.

pacchétto *s. m.* **1** *dim. di* **pacco** **2** involto, involtino, cartoccio **3** (*di proposte, di soluzioni, di banconote, ecc.*) insieme, blocco, plico, mazzetta **4** (*elab.*) package (*ingl.*).

pàcchia *s. f.* **1** (*fam.*) mangiata, abbuffata, gozzoviglia **2** (*fig., fam.*) cuccagna, abbondanza, fortuna **FRAS.** *far pacchia*, mangiare bene e molto **CONTR.** sfortuna. *V. anche* FORTUNA

pacchianerìa *s. f.* cafoneria, cafonaggine, vistosità, volgarità **CONTR.** finezza, eleganza, raffinatezza.

pacchiàno *agg.* kitsch (*ted.*), vistoso, appariscente, cafone, volgare **CONTR.** elegante, raffinato, fine, chic (*fr.*).

pàcco *s. m.* involto, involucro, collo, fagotto, cartoccio, spedizione □ plico.

paccottìglia *s. f.* cianfrusaglia, raccattaticcio (*raro, pop.*), scarto, robaccia, robetta.

pàce *s. f.* **1** tregua, armistizio □ sospensione (*est.*), pausa (*est.*) **CONTR.** conflitto, battaglia, lotta, guerra **2** pacificazione, rappacificazione, rappacificamento, conciliazione, riconciliazione □ accomodamento **CONTR.** discordia, contrasto, contesa, urto, lite, screzio **3** concordia, accordo, unione, serenità, armonia, intesa **CONTR.** discordia, attrito, disaccordo, dissidio, disunione, antagonismo, conflittualità, incompatibilità **4** (*di spirito, di sensi, ecc.*) quiete, calma, riposo, silenzio, tranquillità, pacatezza, serenità, requie **CONTR.** chiasso, frastuono □ scompiglio, sconvolgimento, disordine, confusione, agitazione, trambusto, subbuglio **5** (*lett.*) felicità, beatitudine **CONTR.** infelicità, tribolazione **FRAS.** *lasciare in pace*, non disturbare □ *darsi pace*, rassegnarsi □ *non dare pace*, perseguitare, assillare □ *la pace eterna*, la morte. *V. anche* CONCILIAZIONE

pachidèrma *s. m. inv.* (*anche fig.*) elefante, ippopotamo, rinoceronte **FRAS.** *essere un pachiderma* (*fig.*), essere grosso e goffo; essere sgraziato e lento.

pacificaménte *avv.* **1** tranquillamente, serenamente, placidamente □ quietamente, pacatamente □ idillicamente **CONTR.** nervosamente, inquietamente, iratamente, irosamente □ bellicosamente, litigiosamente □ violentemente **2** (*fig.*) ovviamente, evidentemente, indiscutibilmente **CONTR.** discutibilmente, opinabilmente.

pacificàre **A** *v. tr.* **1** (*di persona*) riconciliare, conciliare, amicare, accordare, comporre, raggiustare **CONTR.** inimicare, fare litigare, dividere **2** (*di animo*) conciliare, placare, pacare (*lett.*), quietare, calmare, chetare, sedare, addolcire, rabbonire, acquietare □ tranquillare, tranquillizzare **CONTR.** irritare, eccitare, incendiare (*fig.*), fomentare, aizzare, pungolare, turbare **B** **pacificarsi** *v. rifl. rec.* riconciliarsi, rappacificarsi, raggiustarsi, rappattumarsi, accomodarsi **CONTR.** pungolarsi, punzecchiarsi □ litigare, questionare, urtarsi **C** *v. intr. pron.* **1** trovare pace, pacarsi **CONTR.** rodersi, tormentarsi **2** fare pace **CONTR.** inimicarsi.

pacificazióne *s. f.* conciliazione, rappacificamento, rappacificazione, accordo, accomodamento, componimento, composizione, riconciliazione ravvicinamento, riavvicinamento, pace **CONTR.** contrasto, contesa, conflitto, ostilità, disaccordo, dissidio, lite, provocazione. *V. anche* CONCILIAZIONE

pacìfico *agg.* **1** placido, pacioso, pacato, flemmatico □ calmo, quieto, cheto □ tranquillo, sereno, serafico □ mite, mansueto, remissivo □ distensivo **CONTR.** inquieto, irrequieto, litigioso, iracondo, irritabile, irascibile, nervoso, eccitabile, infiammabile (*fig.*) □ violento, battagliero, bellicoso □ polemico □ turbolento **2** (*est.*) (*di Paese*) antimilitarista, pacifista **CONTR.** militarista, guerrafondaio, colonialista, espansionista **3** (*fig.*) evidente, ovvio, indiscusso, incontrovertibile **CONTR.** discutibile, incerto, opinabile, dubbio.

pacifìsmo *s. m.* antimilitarismo, nonviolenza **CONTR.** militarismo, bellicismo.

pacifista *s. m.* e *f.*; *anche agg.* antimilitarista, nonviolento, colomba (*fig.*) **CONTR.** militarista, bellicista, guerrafondaio, falco (*fig.*).

pacioccóne *s. m.* bonaccione, pacione, bonario, cuorcontento **CONTR.** forsennato, agitato, piantagrane, attaccabrighe, turbolento.

pack /*ingl.* pæk/ [vc. ingl., abbr. di *pack-ice*, da

pack 'pacco' e *ice* 'ghiaccio'] s. m. inv. (*est.*) banchisa, banchiglia.

package /*ingl.* 'pækidʒ/ [vc. ingl., propr. 'pacco, imballaggio', da *pack* 'pacco'] s. m. inv. (*elab.*) pacchetto, insieme di programmi.

packaging /*ingl.* 'pækidʒiŋ/ [vc. ingl., da *to package* 'imballare'] s. m. inv. imballaggio, confezione.

paddock /*ingl.* 'pædək/ [vc. ingl., propr. 'recinto'] s. m. inv. (*di ippodromo, di autodromo, ecc.*) recinto, box (*ingl.*).

padèlla s. f. **1** (*est.*) tegame, teglia □ (*est.*) padellata **2** scaldaletto **3** crogiuolo **4** macchia, chiazza, frittella, patacca **5** orinale (*negli ospedali*) **FRAS.** *fare padella*, sbagliare il bersaglio □ *cadere dalla padella nella brace*, peggiorare la propria situazione.

padiglióne s. m. **1** stand (*ingl.*), reparto **2** chiosco, pergola, pergolato □ chalet **3** tenda, baraccone **4** baldacchino, cortinaggio **5** (*dell'automobile*) tetto **6** (*mus.*) campana.

pàdre s. m. **1** babbo (*fam.*), papà (*fam.*), genitore □ capofamiglia **2** (*est.*) creatore, procreatore **3** (*est.*) guida, protettore **4** antenato **5** (*di stirpe*) fondatore, capostipite **CONTR.** discendente **6** (*fig.*) (*della medicina, della scuola moderna, ecc.*) maestro, iniziatore, fondatore, promotore □ autore **7** (*relig.*) sacerdote, frate, monaco, prete **FRAS.** *di padre in figlio*, di generazione in generazione □ *Santo Padre*, Papa □ *padre coscritto* (nell'antica Roma), senatore.

padrenòstro s. m. (*di preghiera cristiana*) paternostro, paternoster (*lat.*), pater (*lat.*).

padretèrno s. m. **1** Dio **2** (*fig.*) potente, big (*ingl.*), boss (*ingl.*).

padrìno s. m. **1** compare, santolo (*sett.*) **CFR.** madrina **CONTR.** figlioccio **2** (*di duellanti*) testimonio, secondo **3** (*gerg.*) (*di mafia*) capo, boss (*ingl.*).

padronànza s. f. **1** autorità, signoria, dominazione, possesso, sovranità **CONTR.** asservimento, obbedienza, sudditanza **2** (*di strumento, di nervi, ecc.*) controllo, dominio □ autodominio, virtuosismo **CONTR.** incertezza, insicurezza **3** (*di disciplina, di lingua, ecc.*) conoscenza, sicurezza **CONTR.** ignoranza.

padronàto s. m. capitale (*fig.*), capitalisti, padroni, capitalismo.

padróne s. m. **1** proprietario □ possessore, detentore □ locatore □ possidente **CONTR.** suddito □ locatario, affittuario **2** principale, capo, boss (*ingl.*), patron (*fr.*), sahib, bwana (*swahili*) □ imprenditore, datore di lavoro □ capitalista **CONTR.** dipendente, subalterno, subordinato, sottoposto □ commesso, servitore, garzone, inserviente, impiegato **3** (*di un paese, di una situazione, ecc.*) dominatore, signore, donno (*lett.*), sovrano, re □ arbitro □ despota **CONTR.** servitore, servo, schiavo **4** (*fig.*) (*di materia, di argomento e sim.*) conoscitore, esperto, specialista, intenditore **CONTR.** ignorante, inesperto, incompetente **5** (*mar.*) armatore **6** (*al pl.*) padronato **FRAS.** *andare a padrone*, andare a servizio □ *cercare padrone*, cercare lavoro □ *farla da padrone*, spadroneggiare □ *essere il padrone del vapore* (*fig.*), detenere il potere. *V. anche* SOVRANO

padroneggiàre **A** v. tr. **1** dominare, spadroneggiare, comandare, controllare, disporre, tiranneggiare, signoreggiare, predominare, possedere □ domare **CONTR.** obbedire, servire, sottostare **2** (*fig.*) (*di materia, di argomento, ecc.*) conoscere bene, conoscere a fondo **CONTR.** ignorare, essere incompetente **B** **padroneggiarsi** v. rifl. dominarsi, controllarsi, contenersi, frenarsi, raffrenarsi, ritenersi (*lett.*), moderarsi, sorvegliarsi, temperarsi, vincersi **CONTR.** abbandonarsi, sfrenarsi (*fig.*), trascendere, trasmodare □ cedere.

paesàggio s. m. **1** panorama, vista, veduta, visione, prospettiva, scenario **2** (*est.*) natura.

paesàno **A** agg. del paese, nostrano, nostrale, nazionale, indigeno, vernacolo (*raro*) **B** s. m. **1** borghigiano, terrazzano (*lett.*), paisà (*merid.*) **CFR.** cittadino, campagnolo **2** (*dial.*) compaesano, conterraneo **CONTR.** forestiero.

paése s. m. **1** territorio, regione, provincia, terra, plaga, landa, contrada, luogo, posto, zona, piaggia (*poet.*), lido (*lett.*) □ (*fig.*) ambiente, provenienza **2** nazione, stato **3** patria, suolo (*fig., lett.*) **4** cittadini **5** villaggio, borgo, borgata □ abitato, centro, località **FRAS.** *mandare a quel paese* (*fig.*), mandare all'inferno, mandare al diavolo □ *trovar paese* (*fig.*), realizzare le proprie aspettative. *V. anche* NAZIONE, PARTE

paffùto agg. florido, grassoccio, grasso, carnoso, pienotto, tondo, pasciuto, pingue, cicciuto, butirroso, polpacciuto, polposo, polputo **CONTR.** magro, emaciato, smunto, macilento, affilato, secco, segaligno, incavato, scavato, rinsecchito, asciutto.

pàga s. f. **1** salario, stipendio, compenso, emolumento, mercede, soldo, onorario, parcella, retribuzione, rimunerazione, corresponsione, competenza, spettanza, propina (*bur.*), provvigione, corrispettivo, diaria □ pagnotta (*fig.*) □ settimana, giornata, mensile, quindicina (*est.*) **2** (*fig.*) ricompensa, riconoscenza **CONTR.** punizione, castigo **3** (*fig., fam.*) percosse, botte □ batosta, sconfitta **FRAS.** *dare la paga* (*fig.*), sconfiggere, battere. *V. anche* GUADAGNO

PAGA
sinonimia strutturata

Qualsiasi tipo di **compenso**, di somma di denaro dovuta per una prestazione, si definisce genericamente **paga**: *paga giornaliera, oraria*; *una buona paga*; la *paga base* è il compenso minimo, al netto di qualsiasi assegno integrativo, corrisposto a una data categoria di lavoratori per una prestazione stabilita. Altri sinonimi generali sono **retribuzione** e **rimunerazione**, che pure designano il compenso spettante al prestatore d'opera per un lavoro effettuato: *retribuzione in denaro*; *una meschina retribuzione*; *questa somma è una congrua rimunerazione*. Abbastanza vicini tra loro, **emolumento**, **onorario** e **parcella** indicano un compenso per prestazioni di carattere professionale: *presentare al cliente la parcella*; in particolare, emolumento si caratterizza perché definisce un compenso che può essere corrisposto anche per una prestazione continuativa, mentre la parcella include la nota spese: *percepisce ricchi emolumenti*.

Competenze, usato soprattutto al plurale, **spet-**

tanza e il disusato **mercede** si distinguono dai termini precedenti perché non sono necessariamente legati a un'attività di tipo professionale: *liquidare le competenze, le spettanze*; *la spettanza di un reparto militare*; *la mercede dell'operario*. Vicino è il **corrispettivo**, che però può essere non solo in denaro ma anche in natura.

La **diaria** consiste specificamente nel rimborso spese per ogni giorno di lavoro svolto fuori sede; la paga di quindici giorni di normale lavoro è invece la **quindicina**: *chiedere in anticipo la quindicina*. Quanto serve per il mantenimento quotidiano viene detto familiarmente **pagnotta**: *anche tu lavori per la pagnotta!*

Il compenso di un soldato mercenario era anticamente detto **soldo**; adesso, il termine indica ogni paga militare. Sinonimo perfetto di soldo era un tempo **stipendio**, che ora indica la retribuzione del lavoro subordinato degli impiegati: *stipendio magro, lauto*; *ritirare lo stipendio*; *avere un aumento di stipendio*; *essere sospeso dallo stipendio*. Il lavoro dipendente degli operai è invece retribuito col **salario**, sulla base delle ore e della quantità di lavoro prestata, regolato per lo più da contratti collettivi di lavoro: *salario settimanale, mensile*. L'atto del dare, del versare qualunque tipo di paga si chiama **corresponsione** o **pagamento**.

In senso figurato, paga equivale a **ricompensa**, che designa il contraccambio che si dà per un servizio reso, un favore ricevuto, o il premio per un'azione lodevole: *bella paga dopo tanti sacrifici!*; *una ricompensa adeguata alla fatica*; *la nostra ricompensa è la vostra amicizia*.

pagàia *s. f.* remo.

pagaiàre *v. intr.* vogare, remare.

pagaménto *s. m.* ***1*** sborso, versamento, esborso ***2*** (*est.*) acconto, anticipo, caparra □ saldo, liquidazione □ restituzione, rifusione, riparazione, soddisfazione □ regolamento □ tacitazione □ scadenza **CONTR.** incasso, riscossione, esazione □ evasione ***3*** paga. *V. anche* PAGA

pagàno *agg.*; *anche s. m.* (*est.*) gentile, idolatra, infedele **CONTR.** cristiano, battezzato.

pagàre *v. tr.* ***1*** (*di persona o cosa*) remunerare, rimunerare, retribuire, salariare, stipendiare, compensare □ rifondere, ripagare, rimborsare, risarcire □ liquidare □ tacitare □ ungere (*fig.*), corrompere, comprare □ assoldare, prezzolare ***2*** (*di debito*) ammortare, ammortizzare □ coprire □ estinguere, saldare **CONTR.** contrarre, evadere ***3*** (*di denaro*) versare, sborsare, spendere, scucire (*pop.*) dare, corrispondere, finanziare, snocciolare (*fig., fam.*) **CONTR.** riscuotere, incassare, ricevere, intascare ***4*** (*fam.*) (*di bevanda, di cibo, ecc.*) offrire ***5*** (*fig.*) (*di amore, di vita, ecc.*) ricompensare, contraccambiare, corrispondere ***6*** (*fig.*) (*di torto, di pena, ecc.*) scontare, espiare, purgare **FRAS.** *pagare il fio* (*fig.*), espiare una colpa □ *pagare a peso d'oro*, pagare a carissimo prezzo. *V. anche* SPENDERE

pagàto *part. pass. di* **pagare**; *anche agg.* ***1*** (*di persona*) remunerato, retribuito, compensato, stipendiato □ assoldato, prezzolato ***2*** (*di debito, ecc.*) rimborsato, risarcito, soddisfatto, liquidato, saldato, coperto □ (*di oggetto, di beneficio, ecc.*) comperato, acquistato **CONTR.** gratuito, regalato, contratto, insoluto ***3*** (*di denaro*) versato, sborsato, corrisposto, finanziato, dato **CONTR.** riscosso, incassato, ricevuto, intascato ***4*** (*fam.*) (*di bevanda, di cibo, ecc.*) offerto ***5*** (*fig.*) (*di amore, di vita, ecc.*) ricompensato, contraccambiato, corrisposto ***6*** (*fig.*) (*di torto, di pena, ecc.*) scontato, espiato.

pàggio *s. m.* donzello, damigello, valletto.

pagherò *s. m.* cambiale, vaglia cambiario, effetto, titolo di credito, tratta.

paghétta *s. f.* argent de poche (*fr.*), mancetta.

pàgina *s. f.* ***1*** (*di libro, di quaderno e sim.*) facciata, faccia ***2*** (*est.*) foglio, carta, cartella (*edit.*) ***3*** (*est.*) scritto, brano, passo ***4*** (*fig.*) (*di storia, di vita, ecc.*) episodio, vicenda ***5*** (*bot.*) (*di foglia*) faccia **FRAS.** *voltare pagina* (*fig.*), cambiare discorso; mutare radicalmente; dimenticare un fatto spiacevole □ *essere una pagina bianca*, essere un'incognita.

pàglia ***A*** *s. f.* stelo, fuscello, festuca, stoppia, culmo □ (*per animali*) lettiera, strame ***B*** *in funzione di agg. inv.* (*di colore*) giallo chiaro, paglierino, giallino **FRAS.** *uomo di paglia* (*fig.*), prestanome, comparsa □ *avere la coda di paglia* (*fig.*), sentirsi in colpa; adombrarsi facilmente □ *aver paglia in becco* (*fig.*), avere risorse insospettate □ *lasciar la paglia vicino al fuoco* (*fig.*), essere molto imprudenti □ *tirare la paglia più corta* (*fig.*), essere sfortunati.

pagliacciàta *s. f.* buffonata, buffoneria, bambocciata, burletta, ciarlatanata, lazzo, farsa, carnevalata, fantocciata, burattinata, pulcinellata.

pagliàccio *s. m.* ***1*** buffone, clown (*ingl.*), augusto, toni, zanni □ giullare, saltimbanco ***2*** (*est., spreg.*) fantoccio, burattino, pulcinella, ciarlatano.

pagliàio *s. m.* (*est.*) fienile **FRAS.** *cane da pagliaio* (*fig.*), cane bastardo.

paglierìno *agg.* (*di colore*) giallino, paglia, giallo chiaro.

pagliétta *s. f.* ***1*** *dim. di* **paglia** ***2*** paglia di ferro ***3*** cappello di paglia da uomo, magiostrina ***4*** (*fig., spreg., merid.*) avvocato, azzeccagarbugli.

pagliùzza *s. f.* ***1*** *dim. di* **paglia** ***2*** fuscello, fuscellino, pagliuca (*raro*), festuca.

pagnòtta *s. f.* ***1*** pane ***2*** (*fig.*) paga, stipendio □ vitto, minestra **FRAS.** *guadagnarsi la pagnotta* (*fig.*), lavorare □ *lavorare per la pagnotta* (*fig.*), lavorare per vivere. *V. anche* PAGA

pagnottèlla o **pagnottìna** *s. f.* ***1*** *dim. di* **pagnotta** ***2*** panino, rosetta, michetta (*sett.*).

pàgo *agg.* appagato, soddisfatto, contento, felice □ satollo, sazio **CONTR.** inappagato, scontento, insoddisfatto □ deluso □ smanioso, insaziabile.

paillette /*fr.* pa'jɛt/ [vc. fr., lett. 'paglietta, pagliuzza'] *s. f. inv.* lustrino.

pàio *s. m.* coppia, due, pariglia, paro (*dial.*) □ abbinamento, binomio **FRAS.** *un paio* (*fig.*), alcuni.

paiòlo *s. m.* caldaia, calderone, pentolone, caldaio.

pàla *s. f.* (*est.*) badile, vanga, braccio (*di mulino a* *vento*) □ mestola □ palata.

paladino s. m. **1** (*est.*) cavaliere **2** (*fig.*) difensore, sostenitore, campione, eroe, protettore, propugnatore, tutore.

palafrenière s. m. **1** staffiere, scudiero **2** (*mil.*) maestro di equitazione.

palafréno o **palafrèno** [lat. tardo *paraverēdu*(*m*) 'cavallo da posta'] s. m. destriero, cavallo.

palànca s. f. (*spec. al pl.*) (*pop.*) soldo, denaro, quattrino, moneta, bezzo.

palanchìno s. m. **1** dim. di **palanco 2** portantina.

palànco s. m. argano, paranco.

palandràna s. f. **1** vestaglia □ mantello, cappottone, palamidone (*scherz.*), pastrano, soprabito, sopravveste, zimarra, giubbone **2** (*scherz.*) gabbana, gabbano, gabbanone.

palàta s. f. **1** (*est.*) pala **2** colpo di pala, badilata **3** colpo di remo □ remata **FRAS.** *a palate* (*fig.*), in abbondanza.

palàto s. m. (*fig.*) gusto **FRAS.** *palato molle*, velopendulo.

palàzzo s. m. **1** (*lett., est.*) palagio (*lett.*), corte, reggia, capanna **2** (*est.*) magione (*lett.*), villa, villona **CONTR.** casupola, tugurio, stamberga, topaia (*fig.*), abituro **3** casa, edificio □ condominio, caseggiato □ isolato.

pàlco s. m. **1** tavolato, assito □ impalcatura, ponteggio □ soppalco **2** (*di libreria, di mobile*) ripiano **3** (*di frutta, di canne, ecc.*) strato, piano **4** (*di teatro*) palchetto □ podio □ tribuna □ barcaccia □ scena, palcoscenico □ (*nelle chiese*) pergamo, pulpito **5** (*mar.*) ponte di comando **6** (*di corna*) ramificazione **FRAS.** *far palco* (*pop.*) simulare, fingere.

palcoscènico s. m. palco, scena **FRAS.** *calcare il palcoscenico*, lavorare in teatro, come attore, cantante e simili.

palesàre **A** v. tr. manifestare, mostrare, denotare □ estrinsecare, dimostrare □ esternare, dichiarare, esprimere □ rivelare, svelare □ scoprire, smascherare, discoprire (*lett.*) □ confessare □ confidarsi □ dire, annunciare, propalare □ accusare, denunciare (*di male, di dolore*) **CONTR.** nascondere, ascondere (*lett.*), sottacere, tacere, celare, occultare □ dissimulare **B** **palesarsi** v. intr. pron. e rifl. manifestarsi, mostrarsi, rivelarsi, svelarsi, dimostrarsi □ scoprirsi □ trapelare, trasparire **CONTR.** nascondersi, celarsi, occultarsi. *V. anche* PARLARE

palése agg. manifesto, noto, notorio, conosciuto, risaputo □ chiaro, evidente, lampante, palmare (*fig.*), patente, visibile □ semplice, trasparente, chiaro **CONTR.** ignoto, segreto, ignorato, sconosciuto □ nascosto, recondito, riposto, occulto □ larvato, velato □ sommerso, sotterraneo □ sibillino, ambiguo □ arcano, misterioso □ criptico, indecifrabile, incomprensibile.

paleseménte avv. chiaramente, evidentemente, manifestamente □ apertamente, francamente, scopertamente, esplicitamente **CONTR.** nascostamente, segretamente □ larvatamente, velatamente, ambiguamente □ misteriosamente, oscuramente, incomprensibilmente, confidenzialmente, di soppiatto.

palétto s. m. **1** dim. di **palo 2** (*di chiusura*) spranga, chiavistello, chiavaccio, catorcio (*raro, tosc.*), catenaccio, serrame, serratura **3** (*di indicazione, di sostegno, ecc.*) piolo, picchetto, cavicchio □ bandierina, palina, cavicchio.

palinsèsto s. m. **1** manoscritto **2** (*scherz.*) scritto illeggibile **3** (*tv*) schema, scaletta.

pàlio s. m. **1** drappo **2** (*est.*) gara.

palizzàta s. f. steccato, palificata, stecconata, palancato, staccionata, cannicciata, lizza □ recinto, recinzione.

pàlla s. f. **1** globo, sfera, boccia, biglia, bilia **2** pallone **3** (*di arma*) pallottola, proiettile, proietto **4** (*volg.*) bugia, frottola, fandonia, balla (*volg.*) **5** (*spec. al pl.*) (*volg.*) testicoli **FRAS.** *palla basca*, pelota □ *mancare una palla* (*fig.*), mancare un'occasione favorevole □ *essere in palla* (*fig.*), essere storditi per alcol, droga o altro; essere in forma □ *palla al piede* (*fig.*), ostacolo □ *rompere le palle* (*fig.*), infastidire, seccare □ *che palle!* (*volg.*), che noia, che seccatura! □ *prendere la palla al balzo*, cogliere una buona occasione □ *palla di lardo* (*fig.*) persona molto grassa □ *passare la palla* (*fig.*), cedere ad altri un'opportunità □ *palla bianca* (*fig.*) voto favorevole □ *palla nera* (*fig.*), voto sfavorevole.

pallacanèstro s. f. basket-ball (*ingl.*), basket (*ingl.*).

pallavólo s. m. volley (*ingl.*), volley-ball (*ingl.*).

palleggiàre **A** v. tr. **1** maneggiare **2** sballottare **B** v. intr. (*sport*) dribblare **C** **palleggiarsi** v. rifl. rec. (*fig.*) (*di responsabilità, di decisione, ecc.*) attribuirsi, addossarsi □ scaricare □ passarsi, scambiarsi.

palléggio s. m. dribblaggio, dribbling (*ingl.*).

palliativo s. m. **1** lenimento, sedativo □ (in funzione di agg.) anodino, attenuante **2** (*fig.*) ripiego, rimedio momentaneo, toppa.

pàllido agg. **1** cereo, cinereo, terreo, smorto, bianco, slavato, cadaverico, esangue □ sbattuto □ livido □ giallo, grigio, verdognolo **CONTR.** colorito, rosso, rubicondo **2** (*di luce, di colore, ecc.*) tenue, chiaro, diafano, opalino □ scialbo, scolorito, sbiadito, dilavato **CONTR.** acceso, intenso, forte, sgargiante, vivo, vivace **3** (*fig.*) (*di idea, di visione, ecc.*) minimo, debole, vago, confuso **CONTR.** sicuro, preciso, chiaro, vivido. *V. anche* BIANCO

pallidóre s. m. (*ant.*) pallore.

pallìna s. f. **1** dim. di **palla 2** sferetta, biglia, bilia, ballotta, pallottola, bolo.

pallìno s. m. **1** dim. di **palla 2** (*nel gioco delle bocce*) boccino □ boccetta (*di biliardo*) **3** (*di cartuccia*) munizione, piombino **4** (*su tessuto, su stoffa*) disco, pois (*fr.*) **5** (*fig.*) fissazione, mania, chiodo □ hobby (*ingl.*).

pallonàio s. m. (*fig., merid.*) fanfarone, ballista (*pop.*), spaccone.

pallonàta s. f. **1** colpo di pallone **2** (*fig.*) bugia, balla (*fig.*), esagerazione, fandonia, millanteria, fanfaronata, spacconata.

palloncìno s. m. **1** dim. di **pallone 2** (*per segnalazioni marittime*) boa.

pallóne s. m. **1** accr. di **palla 2** (*sport*) football (*ingl.*), calcio **3** palla, mela (*gerg. nella pallacane-

stro) **4** (*mar.*) spinnaker (*ingl.*) **5** (*aer.*) aerostato, aeromobile, dirigibile, mongolfiera **FRAS.** *pallone gonfiato* (*fig.*), borioso, vanesio □ *avere la testa come un pallone* (*fig., fam.*), essere intontito.

pallóre *s. m.* pallidezza (*raro*), pallidore (*ant.*), bianchezza, lividore **CONTR.** colorito, rossore.

pallòttola *s. f.* **1** *dim. di* **palla**; pallina, grumo (*est.*) **2** (*di arma*) proiettile, proietto, colpo, piombo, palla □ munizione, cartuccia.

pàlma (1) *s. f.* (*di mano*) palmo **CONTR.** dorso **FRAS.** *portare in palma di mano* (*fig.*), stimare moltissimo □ *ottenere la palma* (*fig.*), conseguire una vittoria.

pàlma (2) *s. f.* **1** (*bot.*) palmizio **2** ramo d'ulivo, ulivo **3** (*fig.*) premio, vittoria, gloria, onore.

palmarès /*fr.* palma'rɛs/ [vc. fr., deriv. dal pl. (*palmāres*) del lat. *palmāre(m)* 'degno della palma della vittoria'] *s. m. inv.* **1** (*di gara, di concorso*) classifica, graduatoria **2** (*di persone*) cerchia ristretta, olimpo, Gotha (*ted.*), élite (*fr.*), crema **3** (*est.*) medagliere.

pàlmo *s. m.* **1** (*tosc.*) (*di mano*) palma **CONTR.** dorso **2** spanna **FRAS.** *restare con un palmo di naso* (*fig.*), restare deluso □ *a palmo a palmo*, con accanimento; alla perfezione.

pàlo *s. m.* **1** pertica, asta, stanga, barra, sbarra, bastone □ pennone □ palanca, sostegno, trave **2** pilone **3** (*gerg., fig.*) (*di rapina, di delitto e sim.*) complice, basista (*gerg.*), piantone, sentinella **FRAS.** *fare il palo* (*fig.*), stare di guardia □ *saltare di palo in frasca* (*fig.*), saltare da un argomento all'altro □ *restare al palo* (*fig.*), perdere un'occasione.

palombàro *s. m.* sommozzatore □ (*est.*) subacqueo, sub.

palpàbile *agg.* **1** (*di corpo*) tangibile, toccabile, materiale, corporeo **CONTR.** impalpabile, immateriale, intangibile □ tenue, aereo □ intoccabile **2** (*fig.*) (*di errore, di segno, ecc.*) chiaro, manifesto, evidente, icastico (*lett.*), lampante, eclatante, patente, palese, apodittico, palmare □ irrefutabile, indiscusso, indubbio, innegabile, incontestabile **CONTR.** oscuro, dubbio, incerto, dubitabile, ambiguo, discutibile, sfuggente.

palpàre **A** *v. tr.* tastare, tasteggiare, palpeggiare, toccare, brancicare, maneggiare, tentare (*lett.*) □ (*raro*) accarezzare **B** **palparsi** *v. rifl. rec.* toccarsi.

palpàta *s. f. V.* **palpeggiamento.**

palpazióne *s. f. V.* **palpeggiamento.**

palpeggiaménto *s. m.* palpata, toccamento, toccata, tastamento, tastata □ (*med.*) palpazione, palpamento.

palpeggiàre **A** *v. tr.* palpare, tastare, tasteggiare, toccare, brancicare □ (*raro*) accarezzare **B** **palpeggiarsi** *v. rifl. rec.* toccarsi.

palpitànte *part. pres. di* **palpitare**; *anche agg.* pulsante, vivo, fremente, sussultante, guizzante, vibrante □ tremante, tremebondo (*lett.*), tremolante, tremulo □ (*est.*) emozionato, commosso **CONTR.** insensibile, indifferente, freddo, apatico, inerte, calmo.

palpitàre *v. intr.* **1** (*di cuore, di vena, ecc.*) pulsare, battere, martellare, sussultare, saltellare, guizzare **2** (*fig.*) (*di gioia, di paura, ecc.*) fremere, trepidare, vibrare, agitarsi, commuoversi, emozionarsi.

palpitazióne *s. f.* **1** (*di cuore, di polso e sim.*) batticuore, cardiopalmo, tachicardia, pulsazione, sussulto, battito, palpito **2** (*fig.*) (*per gioia, per paura, ecc.*) commozione, emozione, brivido, fremito, agitazione. *V. anche* EMOZIONE

pàlpito *s. m.* **1** (*di cuore, di polso e sim.*) pulsazione, sussulto, palpitazione, battito, batticuore **2** (*fig.*) (*di gioia, di paura, ecc.*) agitazione, tremore, tremito, brivido **CONTR.** indifferenza, insensibilità, freddezza.

paltò *s. m.* cappotto, paletot (*fr.*), pastrano.

paludàto *agg.* **1** ammantato **2** (*fig.*) (*di stile, di discorso, ecc.*) solenne, importante.

palùde *s. f.* acquitrino, stagno, pantano, padule (*tosc.*), maremma, lama, biviere (*merid.*).

paludóso *agg.* acquitrinoso, palustre, pantanoso □ stagnante **CONTR.** asciutto, riarso, secco.

panacèa *s. f.* rimedio per tutti i mali, toccasana.

pànca *s. f.* **1** sedile, scanno, banco, panchina, scranna **2** cassapanca **FRAS.** *scaldare le panche* (*fig.*), occupare un posto per nulla.

pancétta *s. f.* **1** *dim. di* **pancia** **2** (*fam.*) ventre, adipe **3** (*di maiale*) lardo, ventresca **FRAS.** *pancetta affumicata*, bacon (*ingl.*).

panchétto *s. m.* **1** *dim. di* **panca** **2** sgabello, poggiapiedi.

panchìna *s. f.* **1** *dim. di* **panca** **2** sedile, panca **3** (*est.*) (*di calcio, di pallacanestro, ecc.*) allenatore **4** (*est., sport*) riserva **FRAS.** *restare in panchina* (*fig.*), essere tenuto in disparte.

pància *s. f.* **1** (*pop., fam.*) ventre, addome, buzzo (*pop.*), epa (*lett.*), trippa (*fam.*), intestino **2** (*fig.*) (*di botte, di vaso, ecc.*) rigonfiamento, rotondità **FRAS.** *grattarsi la pancia* (*fig.*), oziare □ *a pancia all'aria*, supino □ *essere a pancia vuota*, aver fame.

pancièra *s. f.* ventriera, reggipancia.

panciòlle *vc.*; *loc. avv.* (*tosc.*) *in panciolle*, a pancia all'aria, comodamente, oziosamente.

pancióne *s. m.* **1** *accr. di* **pancia** **2** (*zool.*) rumine **3** (*fam.*) grassone, ciccione, buzzone (*pop.*), trippone □ mangione **CONTR.** mingherlino, esile, smilzo.

panciòtto *s. m.* gilè, farsetto, corpetto, giustacuore.

panciùto *agg.* **1** (*di persona*) obeso, pingue, corpacciuto, corpulento, pancione **CONTR.** allampanato, striminzito, secco, magro, smilzo, segaligno (*fig.*) **2** (*est.*) (*di cosa*) tondeggiante, rotondeggiante □ prominente **CONTR.** sottile.

pancòtto *s. m.* pappa, pane bollito, panzanella □ ribollita (*tosc.*), zuppa **FRAS.** *essere di pancotto* (*fig.*), essere smidollato.

pandemònio [ingl. *pandemonium*, vc. creata da Milton, nel suo poema *Paradiso perduto*, per indicare la capitale dell'inferno, comp. del gr. *pân* 'tutto' e *daimónion* 'demonio'] *s. m.* confusione, frastuono, chiassata, chiasso, tumulto, caos, rivoluzione, baraonda, finimondo, putiferio, bailamme, diavolio, babele, babilonia, sabba, tregenda, casino (*pop.*) **CONTR.** silenzio, quiete, calma, pacatezza, ordine.

pàne (1) *s. m.* **1** (*est.*) pagnotta **2** (*est., fig.*) (*della scienza, della mente, ecc.*) sostentamento, nutrimento, cibo, vitto **FRAS.** *non è pane per i suoi denti* (*fig.*), è cosa superiore alle sue capacità □ *trovare pane per i propri denti* (*fig.*), trovare un avversario molto duro; trovare un ostacolo molto duro □ *dire pane al pane* (*fig.*), parlare con chiarezza □ *se non è zuppa è pan bagnato* (*fig.*), è la stessa cosa □ *rendere pan per focaccia* (*fig.*), vendicarsi □ *pane perso* (*fig.*), uomo da nulla, scioperato □ *pani di metallo*, lingotti □ *a pan di zucchero*, a cono □ *pane degli angeli* (*fig.*), eucaristia □ *pan di serpe* (*bot.*), gigaro italico □ *essere pane e cacio* (*fig.*), andare molto d'accordo □ *guadagnarsi il pane*, lavorare per vivere □ *levarsi il pane di bocca* (*fig.*), sacrificarsi per qualcuno □ *mancare del pane*, essere molto poveri □ *mangiar pane e cipolle* (*fig.*), vivere con poco □ *per un tozzo di pane* (*fig.*), a bassissimo prezzo □ *mangiare il pane a tradimento*; *a ufo* (*fig.*), vivere alle spalle di qualcuno, sfruttare qualcuno □ *mangiare pane e volpe* (*fig.*), essere molto furbi □ *masticare come il pane* (*fig.*), conoscere benissimo □ *non distinguere il pane dai sassi* (*fig.*), vederci malissimo; non capire niente □ *vendere come il pane*, vendere con grande facilità □ *spezzare il pane della scienza* (*fig.*), insegnare.

pàne (**2**) s. m. (*mecc.*) (*di vite*) filetto, spira.

panegìrico s. m. ***1*** lode, elogio, encomio, apologia, inno **CONTR.** biasimo, detrazione (*lett.*), riprovazione, intemerata, catilinaria, filippica ***2*** (*fig.*) esaltazione, adulazione, incensamento **CONTR.** stroncatura. *V. anche* DIFESA, LODE

panettière s. m. fornaio, panificatore, pistore (*region., ant.*), prestinaio (*region.*).

pànfilo s. m. yacht (*ingl.*).

pània s. f. ***1*** vischio, pegola, visco ***2*** (*fig.*) lusinga, inganno, trappola, adescamento, raggiro, allettamento, insidia, tranello, rete **FRAS.** *cadere nella pania* (*fig.*), farsi ingannare.

pànico (**1**) [vc. dotta, lat. *pānicu*(*m*), nom. *pānicus*, dal gr. *panikós*, agg. 'del dio Pan', che incuteva timore ai viandanti] s. m. sgomento, terrore, spavento, paura, costernazione, sbigottimento **CONTR.** coraggio, ardimento, spavalderia. *V. anche* PAURA

panìco (**2**) s. m. (*bot., est.*) miglio.

panière s. m. cesta, cesto, cestello, cestino, canestra, canestro, corba, corbello, paniera, zana (*tosc.*) **FRAS.** *rompere le uova nel paniere a uno* (*fig.*), mandare all'aria i progetti di uno □ *fare la zuppa nel paniere* (*fig.*), fare cosa inutile □ *paniere sfondato* (*fig.*), mangione; scialacquatore.

panificatóre s. m. panettiere.

panifìcio s. m. forno, panetteria.

panìno s. m. ***1*** dim. di **pane** ***2*** pagnottina, pagnottella, rosetta, michetta (*sett.*), tartina, tramezzino, sandwich (*ingl.*).

panne /fr. pan/ [vc. fr. di etim. incerta] s. f. inv. (*di autoveicolo*) panna, guasto, arresto, tilt.

panneggiàre ***A*** v. intr. drappeggiare, drappare ***B*** v. tr. (*raro*) addobbare, guarnire, abbigliare **CONTR.** sguarnire.

pannéggio s. m. drappeggio, panneggiamento, festone, parato, addobbo.

pannèllo s. m. ***1*** festone, parato, addobbo ***2*** riquadro, riquadratura, quadro, tavoletta, tavola, formella, lastra ***3*** (*tecnol.*) quadro dei comandi, pulsantiera. *V. anche* QUADRO

pànno s. m. ***1*** tessuto, stoffa ***2*** (*est.*) telo, drappo □ pezza □ cencio, straccio □ canovaccio, salvietta, strofinaccio □ asciugamano, asciugatoio ***3*** (*spec. al pl.*) abiti, vesti, vestiti **FRAS.** *non stare nei panni per la gioia* (*fig.*), essere contentissimo □ *mettersi nei panni di uno* (*fig.*), mettersi nella situazione di uno □ *tagliare i panni addosso a uno* (*fig.*), parlare male di uno □ *lavare in casa i panni sporchi* (*fig.*), non divulgare le proprie faccende private.

pannòcchia (**1**) s. f. ***1*** (*bot.*) tirso ***2*** (*di mais, di miglio, ecc.*) spiga, tirso.

pannòcchia (**2**) s. f. (*zool.*) cicala di mare, canocchia, squilla (*dial.*).

panoràma s. m. ***1*** (*di luogo*) veduta, visuale, vista, visione, prospettiva, paesaggio, scenario, colpo d'occhio ***2*** (*fig.*) (*di situazione, di economia, ecc.*) rassegna, esame, esposizione, sommario, complesso, quadro (*fig.*) ***3*** (*gerg.*) (*di teatro*) fondale, scena. *V. anche* QUADRO

panoràmica s. f. (*fig.*) sguardo generale, carrellata.

panoràmico agg. (*spec. fig.*) globale, generale, totale, completo, ampio **CONTR.** ristretto, parziale, angusto.

panpepàto s. m. dolce, certosino, panspeziale.

pansé s. f. inv. (*bot.*) viola del pensiero, pensée (*fr.*).

panspeziàle s. m. certosino, panpepato.

pantacàlza o **pantacàlze** s. f. pantacollant, fuseaux, calzamaglia.

pantacollànt /semi-fr. pantakol'lan/ [da *panta*(*lone*) e *collant*] s. m. inv. V. **pantacalza**.

pantagruèlico [da *Pantagruel*, personaggio del romanzo *Gargantua et Pantagruel* di F. Rabelais, dotato di un formidabile appetito] agg. (*di pranzo e sim.*) enorme, gigantesco, abbondantissimo, succulento **CONTR.** scarso, misero, povero, modesto.

pantaloncìno s. m. ***1*** dim. di **pantalone** ***2*** (*spec. al pl.*) calzoncini, shorts (*ingl.*), bermuda, hot-pants (*ingl.*).

pantalóne [fr. *pantalons*, da *Pantalone*, la maschera veneziana che li indossava] s. m. spec. al pl. calzoni, brache **FRAS.** *farsela nei pantaloni* (*fig.*), avere molta paura.

pantàno s. m. ***1*** fango, melma, mota, brago (*lett.*) ***2*** (*est.*) acquitrino, palude, stagno ***3*** (*fig.*) intrigo, impiccio, ginepraio.

pantegàna s. f. (*region.*) topo di fogna, ratto, zoccola (*merid.*).

pantèra s. f. ***1*** (*zool.*) leopardo, pardo ***2*** (*gerg.*) auto della polizia **CFR.** gazzella.

pantòfola s. f. babbuccia, ciabatta, pianella.

pantofolàio s. m.; anche agg. (*fig., spreg.*) indolente, inattivo, pigro, inerte **CONTR.** attivo, operoso, solerte.

pantomìma s. f. ***1*** mimo, pantomimo, balletto, ballo ***2*** comunicazione gestuale ***3*** (*fig.*) messinscena, commedia, sceneggiata.

panzàna s. f. fandonia, frottola, bugia, invenzione, bufala, fanfaluca, balla (*fig.*), bubbola (1), canard (*fr.*), favola, menzogna, carota (*fig., fam.*) CONTR. verità. *V. anche* BUGIA

panzer /*ted.* 'pantsər/ [ted., propr. 'corazza', dall'it. *panciera*] *s. m. inv.* carro armato, tank (*ingl.*).

paonàzzo [lat. *pavonāceu(m)* 'simile alla coda del pavone', da *pāvo*, genit. *pavōnis* 'pavone'] *agg.* **1** violaceo, livido □ rosso **2** (*fig.*) congestionato, alterato.

pàpa *s. m.* pontefice, Santo Padre, Vicario di Cristo FRAS. *a ogni morte di papa* (*fig.*), molto raramente □ *stare da papa* (*fig.*), stare benissimo; condurre una vita agiata □ *papa nero*, generale dei gesuiti □ *tornar da papa a vescovo* (*fig.*), regredire, perdere potere.

papà *s. m.* (*fam.*) padre, babbo (*fam.*), pa' (*merid.*), papi (*fam.*).

papàbile *agg.* (*est.*) eleggibile, favorito CONTR. sfavorito.

papàle *agg.* pontificio, pontificale, apostolico □ papalino □ vaticano □ (*di anello*) piscatorio.

papalìna *s. f.* calotta, zucchetto, zuccotto (*tosc.*).

paparàzzo [da *Paparazzo*, cognome di un fotografo nel film *La dolce vita* di F. Fellini] *s. m.* fotoreporter.

papàto *s. m.* **1** pontificato **2** governo papale.

papàvero *s. m.* (*bot., est.*) rosolaccio FRAS. *alto papavero* (*fig.*), pezzo grosso, persona importante, big (*ingl.*).

pàpera *s. f.* **1** oca **2** (*fig., fam.*) persona stupida, sciocca, insulsa CONTR. persona intelligente, astuta **3** (*fig.*) errore, lapsus (*lat.*), strafalcione, sproposito.

paperback /*ingl.* 'peipə bæk/ [vc. ingl., propr. 'dorso (*back*) di carta (*paper*)'] *s. m. inv.* (*di libro*) brossura □ (*est.*) edizione economica.

pàpero *s. m.* **1** oca maschio, ocone **2** (*fig., fam.*) sciocco, inetto, tonto, insulso CONTR. svelto, intelligente, astuto.

papillon /*fr.* papi'jɔ̃/ [vc. fr., lett. 'farfalla'] *s. m. inv.* cravatta a farfalla, farfallino, cravattino.

papìro *s. m.* **1** (*bot.*) giunco del Nilo **2** (*est., ant.*) carta, documento **3** (*fam.*) lettera prolissa.

papòcchio *s. m.* **1** (*region.*) pasticcio, garbuglio **2** (*est.*) imbroglio, raggiro, inghippo.

pàppa *s. f.* **1** pancotto, pane bollito **2** (*spreg.*) pappolata, poltiglia, sbobba (*pop.*), sbroscia, minestra, zuppa **3** (*nel linguaggio infantile*) cibo FRAS. *voler la pappa fatta* (*fig.*), volere ottenere qualcosa senza fare fatica □ *essere pappa e ciccia*, andare molto d'accordo □ *pappa molle* (*fig.*), persona debole, fiacca, indecisa o paurosa.

pappagàllo *s. m.* **1** (*zool.*) parrocchetto, macao **2** (*fig.*) bellimbusto **3** orinale (*negli ospedali*) FRAS. *a pappagallo*, meccanicamente, macchinalmente.

pappamòlle o **pàppa mòlle,** (*region.*) **pappamòlla** *s. m.* e *f. inv.* rammollito, smidollato, incapace □ vigliacco, pusillanime CONTR. deciso, volitivo, duro (*gerg.*), tosto (*gerg.*).

pappardèlla *s. f.* **1** (*est.*) (*di pasta*) lasagna, tagliatella, trenetta **2** (*fig.*) (*di discorso*) lungaggine, sproloquio, tiritera.

pappàre *v. tr.* **1** mangiare, divorare, ingozzare CONTR. digiunare **2** (*fig.*) lucrare illecitamente.

pappatòria *s. f.* **1** (*fam.*) mangiata **2** (*fig.*) mangeria, guadagno illecito, mangiatoria (*raro*).

pappóne *s. m.* **1** (*fam.*) mangiatore, mangione, divoratore, pappatore, ingordo, goloso CONTR. parco, sobrio **2** (*dial., spreg.*) (*di prostitute*) protettore, lenone (*lett.*), ruffiano, magnaccia, mezzano, sfruttatore, pappa (*dial.*).

paràbola (1) *s. f.* **1** (*di proiettile*) traiettoria **2** (*est.*) (*della vita, di un avvenimento, ecc.*) corso, percorso, curva.

paràbola (2) *s. f.* (*del Vangelo*) racconto morale, allegoria, apologo.

parabolóne *s. m.* parabolano (*raro*), chiacchierone, fanfarone, blaterone, cicalone, ciarlone, parolaio, farabolone □ bugiardo, ballista (*scherz.*), imbroglione CONTR. taciturno, riservato.

parabrézza *s. m. inv.* tagliavento.

paracólpi *s. m. inv.* paraurti.

paradisìaco *agg.* **1** del paradiso, edenico, elisio, celeste **2** (*fig.*) celestiale, divino, sovrumano □ delizioso, bello, piacevole, ridente, incantevole, stupendo, meraviglioso, dolcissimo CONTR. infernale, orrendo, spaventoso.

paradìso *s. m.* **1** cielo, empireo □ olimpo CONTR. inferno, abisso, ade, averno, tartaro **2** (*fig.*) luogo delizioso □ paradiso terrestre, eden, elisio, eliso □ Eldorado, Paese della cuccagna CONTR. galera (*fig.*) **3** (*est.*) beatitudine, delizia, felicità CONTR. infelicità, tribolazione FRAS. *paradiso artificiale*, stato di benessere indotto da droghe o simili □ *paradiso fiscale* (*fig.*), Stato in cui si pagano poche tasse □ *sentirsi in paradiso*, essere molto felici □ *strada del paradiso* (*fig.*), strada molto difficile e ripida □ *stare in paradiso a dispetto dei santi* (*fig.*), essere un intruso, essere sgradito in un posto □ *tirar giù tutto il paradiso* (*fig., pop.*), bestemmiare o imprecare a lungo.

paradossàle *agg.* **1** assurdo, insensato, irragionevole, esagerato, incredibile, pazzesco CONTR. normale, sensato, ragionevole, razionale **2** (*est.*) bizzarro, stravagante, eccentrico, estroso CONTR. comune, normale. *V. anche* ASSURDO

paradòsso *s. m.* **1** assurdità, assurdo, esagerazione, errore CONTR. verità, realtà **2** bizzarria, stravaganza, stranezza, eccentricità CONTR. normalità.

parafrasàre *v. tr.* **1** spiegare, ripetere, chiarire, interpretare **2** (*est.*) imitare, rifare il verso, parodiare.

paràfrasi *s. f.* circonlocuzione, esposizione, interpretazione, spiegazione, traduzione (*est.*). *V. anche* INTERPRETAZIONE

parafuòco *s. m.* caminiera.

paràggio *s. m.* (*spec. al pl.*) dintorni, pressi, vicinanze, prossimità, adiacenze CONTR. lontananza.

paragonàre ***A*** *v. tr.* comparare, confrontare, ragguagliare, contrapporre, raffrontare, commisurare, accostare, raccostare, ravvicinare □ misurare □ agguagliare, equiparare, uguagliare □ collazionare, riscontrare ***B*** **paragonarsi** *v. rifl.* confrontarsi, compararsi, raffrontarsi, commisurarsi, misurarsi, contrapporsi, agguagliarsi, uguagliarsi.

paragonàto *part. pass.* di **paragonare**; *anche agg.* confrontato, comparato, raffrontato, ravvicinato, commisurato, ragguagliato, contrapposto.

paragóne *s. m.* **1** raffronto, confronto, parallelo, comparazione, equiparazione, similitudine, riscontro, raccostamento (*fig.*), agguaglio □ contrapposizione **2** esempio, esemplare, modello, riferimento **FRAS.** *pietra di paragone* (*fig.*), termine di confronto; modello.

PARAGONE
sinonimia strutturata

L'esame comparativo che dà luogo a un giudizio o a una scelta si definisce **paragone**: *fare un paragone*; *mettere a paragone*; *i paragoni sono sempre odiosi*; *reggere al paragone*; i *termini del paragone* sono gli elementi tra cui questo si stabilisce; **raffronto**, **confronto**, **comparazione**, **parallelo** sono i sinonimi più generali, che pure designano il considerare due o più cose insieme, valutando le loro somiglianze e differenze, il loro relativo valore, ecc.: *istituire un raffronto*; *mettere a confronto una cosa con un'altra*; *fare un parallelo, una comparazione tra due opere, tra diversi modi di vivere*. Semanticamente equivalenti ma di impiego raro sono **raccostamento**, **ragguaglio**, usato di rado in quest'accezione, e **rispetto**, che indica il paragone inteso come relazione, attinenza: *non c'è rispetto tra forma e materia*. Si distingue **riscontro** perché si riferisce al mettere a fronte due cose, due fatti per trarne un giudizio: *dopo un laborioso riscontro, i due disegni sono apparsi uguali*; *mettere a riscontro*; il termine è anche sinonimo di **collazione**, che indica specificamente il confronto compiuto fra le diverse copie di testi letterari o altri scritti, o fra queste e il testo originale, per giungere a una stesura definitiva: *una collazione dei due codici*. Analogo a riscontro è **fronte**, che però in quest'accezione è adoperato solo nelle espressioni *mettere, porre a fronte*.

Il paragone è alla base di alcune figure retoriche: una di queste è la **similitudine**, che consiste nel paragonare concetti, immagini o cose sulla base di alcuni caratteri comuni: così nei versi *La memoria / amica come l'edera alle tombe* (SABA) c'è similitudine metaforica tra la memoria e l'edera. L'**allegoria** è invece la rappresentazione di idee o atti mediante immagini con significato diverso da quello letterale, ed è procedimento tipico della letteratura e delle arti figurative medievali.

Un paragone è anche un **esempio**, inteso come confronto che si stabilisce fra due elementi analoghi: *portare un paragone*; *un paragone calzante, che non regge*; *fammi un esempio*. Vicini sono **esemplare** e l'uso figurato di **riferimento**, che indicano la persona o la cosa assunta come termine fondamentale di confronto, di orientamento. Intesa figuratamente, la locuzione **pietra di paragone** indica appunto il **termine di comparazione**, il **modello** da imitare o degno d'essere seguito: *non puoi considerarlo una pietra di paragone*. Così, specie in contesti letterari, paragone indica in modo simile il perfetto esemplare di qualcosa: *di vera pudicizia è un paragone* (ARIOSTO); allo stesso modo, ma in usi di lingua corrente, *essere senza paragoni, non avere paragoni* viene detto di cosa unica nel suo genere o di persona che eccelle sulle altre.

paràgrafo *s. m.* (*est.*) articolo, comma, alinea, accapo, capoverso.

paràlisi *s. f.* **1** (*med.*) apoplessia, colpo, accidente, paresi, anchilosi, sincope **2** (*fig.*) (*di traffico, di attività, ecc.*) blocco, arresto, stasi □ ristagno **CONTR.** movimento, traffico, attività.

paralizzàre **A** *v. tr.* (*anche fig.*) fermare, arrestare, immobilizzare, atrofizzare, bloccare, inceppare, impedire, soffocare **CONTR.** muovere, agitare, scuotere □ promuovere, animare **B** **paralizzarsi** *v. intr. pron.* anchilosarsi, atrofizzarsi. *V. anche* IMBARAZZARE

paralizzàto *part. pass. di* **paralizzare**; *anche agg.* (*anche fig.*) bloccato, immobilizzato, inceppato, immobile, rigido, fermo **CONTR.** mosso, agitato, scosso □ promosso, animato.

parallelaménte *avv.* con andamento parallelo □ (*fig.*) simmetricamente □ (*est.*) analogamente, comparativamente, collateralmente, ugualmente **CONTR.** ortogonalmente, trasversalmente □ diversamente.

parallèlo **A** *agg.* **1** (*est.*) equidistante **CONTR.** ortogonale **2** (*fig.*) corrispondente, analogo, equivalente, gemello **CONTR.** opposto, diverso **B** *s. m.* comparazione, confronto, paragone, raffronto, riscontro □ similitudine **CONTR.** contrapposizione. *V. anche* PARAGONE

parallelogràmma *s. m.* (*est.*) quadrangolo, quadrilatero.

paralùme *s. m.* schermo, abat-jour (*fr.*).

paramàno *s. m.* (*di arma bianca*) elsa, guardia, guardamano □ (*di abito*) polsino, risvolto, rovescia (*raro*) □ (*est.*) manopola, guanto.

paraménto *s. m.* **1** ornamento, addobbo, parato, drappo, decorazione **2** (*relig.*) indumento liturgico. *V. anche* DECORAZIONE

paràmetro *s. m.* **1** (*fig.*) criterio, misura, norma, regola, principio **2** livello salariale, livello retributivo. *V. anche* MISURA

parànco *s. m.* carrucola, puleggia, verricello, palanco, argano, taglia □ (*mar.*) poggia.

paranòia *s. f.* (*psicol.*) delirio coerente □ (*fig.*) ossessione, mania, fissazione.

parapètto *s. m.* muretto, spalletta, ringhiera, balaustra, balaustrata, davanzale, spalto.

parapìglia *s. m. inv.* trambusto, tumulto, subbuglio, confusione, scompiglio, putiferio, pigia pigia, fuggifuggi □ (*est.*) tafferuglio, colluttazione, rissa, baruffa, zuffa **CONTR.** ordine, quiete. *V. anche* ZUFFA

parapiòggia *s. m. inv.* ombrello, ombrella (*sett.*), paracqua (*dial.*).

paràre **A** *v. tr.* **1** (*di persona, di cosa*) abbigliare, addobbare, rivestire, ornare, decorare □ pavesare □ tappezzare **CONTR.** spogliare **2** riparare, difendere, coprire, proteggere, custodire, guardare □ schermare **CONTR.** esporre, scoprire **3** (*di colpo, di danno, ecc.*) scansare, schivare, stornare □ impedire, evitare □ fermare, trattenere **CONTR.** cercare **4** (*raro*) porgere, offrire, presentare **B** *v. intr.* andare a finire, tendere, mirare **C** **pararsi** *v. rifl.* **1** presentarsi □ opporsi **2** abbigliarsi, ornarsi **CONTR.** spogliarsi *3* difendersi, coprirsi □ schermirsi *4* interporsi.

parasóle *s. m. inv.* *1* ombrellino, ombrello, ombrella (*sett.*) *2* paraluce.

parassìta *A* *agg.* (*fig.*) (*di ente, di società, ecc.*) improduttivo, inutile, deficitario, passivo **CONTR.** produttivo, utile, attivo *B* *s. m.* (*fig.*) scroccone, sanguisuga, succhione, leccapiatti, cortigiano, mantenuto, mangiaufo, mangiapane, sbafatore, scroccatore, sfruttatore, cavalletta, vampiro.

paràta *s. f.* *1* situazione, pericolo, piega, avviamento, prospettive *2* (*di cose*) sfoggio, mostra, sfarzo, pompa □ gala, festa *3* (*di persone, di armi, ecc.*) rivista, rassegna, schieramento, sfilata *4* difesa, reazione, schivata □ (*sport*) presa **FRAS.** *mala parata*, momento avverso, situazione sfavorevole.

paratìa *s. f.* tramezzo, divisorio.

paràto *A* *part. pass. di* **parare**; *anche agg.* addobbato, ornato, rivestito, decorato □ pavesato □ tappezzato **CONTR.** disadorno, spoglio *B* *s. m.* *1* cortinaggio, panneggio, paramento, addobbo, ornamento *2* rivestimento, tappezzeria.

paraùrti *s. m. inv.* paracolpi.

paravènto *s. m.* copertura, riparo, difesa. *V. anche* DIFESA

parcaménte *avv.* sobriamente, austeramente, frugalmente, parsimoniosamente, continentemente, moderatamente, temperantemente, poco (*di misura*) **CONTR.** eccessivamente, smodatamente, smoderatamente, molto, assai.

parcèlla *s. f.* *1* nota, notula, conto □ specifica □ paga *2* (*dir.*) particella. *V. anche* PAGA

parcellizzàre *v. tr.* frazionare, lottizzare, dividere **CONTR.** accorpare.

parcheggiàre *v. tr.* posteggiare, parcare (*raro*) □ stazionare.

parcheggiatóre *s. m.* posteggiatore.

parchéggio *s. m.* posteggio, parco □ stazionamento, fermata, sosta.

parchìmetro *s. m.* tassametro.

pàrco (1) *s. m.* *1* bosco, giardino *2* (*di materiale, di macchine, ecc.*) deposito □ insieme, complesso □ materiali, mezzi *3* (*per automobili*) parcheggio, posteggio **FRAS.** *parco buoi* (*spreg.*), in Borsa, luogo destinato al pubblico.

pàrco (2) *agg.* *1* sobrio, frugale, parsimonioso, moderato, temperante, temperato, controllato, misurato, morigerato □ astinente, continente □ economo **CONTR.** intemperante, avido, dissoluto, ingordo, vorace, sciupone, smodato, eccessivo, incontinente, sfrenato *2* avaro, gretto, limitato **CONTR.** prodigo, largo, generoso.

par condicio /*lat.* 'par kon'ditʃo/ [loc. lat., propr. 'pari, uguale condizione'] *loc. sost. f. inv.* parità, uguaglianza **CONTR.** disparità, privilegio.

pardon /*fr.* par'dɔ̃/ [vc. fr., propriamente 'perdono'] *inter.* *1* scusa, scusi, scusate *2* prego.

parécchio *A* *agg. indef.* *1* molto, alquanto *2* (*al pl.*) molti, tanti, più, numerosi, svariati, vari, diversi **CONTR.** pochi, rari *3* (*con valore indet.*) cento, centomila **CONTR.** poco, scarso *B* *pron. indef.* *1* alquanto, molto, tanto *2* (*al pl.*) molti, diversi, centinaia **CONTR.** pochi, rari, niente, nessuno *C* *avv.* alquanto, notevolmente, assai, molto, abbastanza, grandemente, sensibilmente **CONTR.** poco, punto.

pareggiàre *A* *v. tr.* *1* (*di terreno, di muro, di siepe, ecc.*) rendere pari, spianare, appianare, agguagliare, rullare, livellare □ piallare □ cimare, spuntare □ raffilare, refilare, rifilare □ tosare, rasare *2* (*di conto, di peso, ecc.*) far quadrare, far tornare □ equilibrare □ bilanciare, compensare, controbilanciare **CONTR.** spareggiare (*ant.*), squilibrare *3* (*di diritto, di paga, ecc.*) uguagliare, ragguagliare, perequare, equiparare, parificare, adeguare **CONTR.** sperequare, differenziare, diversificare *B* *v. intr. e tr.* (*di sport*) impattare *C* **pareggiarsi** *v. rifl.* adeguarsi, equipararsi **CONTR.** differenziarsi, diversificarsi *D* *v. intr. pron.* essere pari, bilanciarsi, equilibrarsi □ uguagliarsi □ tornare, quadrare **CONTR.** squilibrarsi.

pareggiàto *part. pass. di* **pareggiare**; *anche agg.* *1* uguagliato, livellato □ rasato □ equilibrato □ pari **CONTR.** spareggiato, squilibrato *2* (*di paga, di diritto, ecc.*) perequato, equiparato, parificato **CONTR.** differenziato, diversificato, sperequato.

paréggio *s. m.* *1* pareggiamento, uguaglianza, parificazione, equilibrio, livellamento, perequazione **CONTR.** disuguaglianza, disparità, differenza, sperequazione, spareggio *2* conguaglio, conguagliamento (*raro*), agguaglio *3* (*sport*) patta, parità, pari, x (*sulla schedina del Totocalcio*) **CFR.** vittoria, sconfitta.

parentàdo *s. m.* *1* parentela *2* (*est.*) matrimonio *3* parenti □ stirpe, lignaggio, casato. *V. anche* FAMIGLIA

parènte *s. m. e f.* *1* congiunto, affine, consanguineo □ caro, familiare, agnato (*dir. rom.*) **CONTR.** estraneo *2* (*lett.*) genitore *3* (*fig.*) affine, simile, somigliante **CONTR.** dissimile, diverso, opposto, contrario. *V. anche* SIMILE

parentèla *s. f.* *1* consanguineità, sangue, agnazione (*dir. rom.*) *2* parenti, parentado, famiglia □ casato, lignaggio, stirpe *3* (*fig.*) (*di idee, di gusti, ecc.*) affinità, similitudine, comunanza, somiglianza **CONTR.** diversità, estraneità, contrarietà. *V. anche* FAMIGLIA

parèntesi *s. f.* *1* inciso *2* (*est.*) digressione *3* (*fig.*) (*di tempo*) intervallo, intermezzo, interposizione (*ling.*) **FRAS.** *tra parentesi*, per inciso, incidentalmente.

parére *A* *v. intr.* *1* apparire, sembrare, figurare, passare, somigliare *2* pensare, credere, reputare, ritenere, giudicare, stimare, essere dell'opinione *3* (*fam.*) volere □ piacere *B* *v. intr. impers.* sembrare *C* *s. m.* opinione, giudizio, avviso, idea, concetto □ convinzione, credenza □ consiglio □ risposta □ (*di professionista*) consulenza □ diagnosi, referto, responso, sentenza. *V. anche* CONSIGLIO, PENSARE

paréte *s. f.* *1* muro, tramezzo, divisorio, fiancata (*di mobile*) *2* (*fig.*) riparo □ (*di ignoranza, incomprensione ecc.*) ostacolo, muraglia (*raro*) *3* (*anat.*) setto.

pàrgolo *A* *s. m.* (*lett.*) bambino, fanciullo, bimbo, bambolo (*lett.*) *B* *agg.* (*lett.*) piccolo **CONTR.** grande.

pàri *A* *agg.* *1* uguale, identico, stesso, medesimo □ corrispondente □ equivalente, equipollente **CONTR.** disuguale, diverso, differente, dissimile *2* (*di nume-*

ro) divisibile per 2 **CONTR.** dispari ***3*** (*di terreno, di muro, ecc.*) liscio, livellato, pareggiato, piano, pianeggiante, uniforme **CFR.** ondulato, rientrante, pendente, irregolare, accidentato ***4*** (*fig.*) (*ad un compito, ad una necessità, ecc.*) adeguato, sufficiente, atto, adatto, idoneo, all'altezza **CONTR.** inidoneo, impari, insufficiente, inadeguato, inadatto, incapace ***5*** (*sport*) (*di risultato*) nullo ***B*** avv. egualmente, similmente, parimenti, allo stesso modo, in modo pari **CONTR.** diversamente, differentemente, dissimilmente ***C*** s. m. uguaglianza, parità, patta, pareggio, x (*sulla schedina del Totocalcio*) **CONTR.** disparità ***D*** s. m. e f. (*di grado, di condizione, ecc.*) simile **FRAS.** *di pari passo* (*fig.*), contemporaneamente; all'unisono □ *a piè pari*, con i piedi uniti; (*fig.*) completamente, del tutto □ *far pari*, impattare □ *far pari e patta*, terminare in parità □ *mettersi in pari*, annullare un divario; recuperare il tempo perduto □ *pari pari*, alla lettera, di sana pianta, testualmente, senza variazioni; direttamente, senza indugio □ *al pari di*, come □ *in pari*, sullo stesso piano; (*fig.*) al corrente; in regola □ *non trovarla mai pari* (*fig.*), non essere mai soddisfatto □ *senza pari*, incomparabile, eccellente. *V. anche* SIMILE

pària [ingl. *pariah*, dal tamil *paraiyan*, propr. 'tamburini', da *parai* 'tamburo'] s. m. inv. ***1*** (*in India*) intoccabile ***2*** (*est.*) sottoproletario, miserabile, reietto, ilota (*fig.*) **CONTR.** privilegiato, ricco, aristocratico.

paricòllo agg. inv. (*di indumento*) girocollo.

parificàre v. tr. pareggiare, uguagliare, equiparare, adeguare, assimilare, perequare, conguagliare **CONTR.** differenziare, diversificare, sperequare.

parificàto part. pass. di **parificare**; anche agg. pareggiato, uguagliato, equiparato, adeguato **CONTR.** diversificato **FRAS.** *scuola parificata*, equiparata a una scuola statale.

parificazióne s. f. pareggiamento, pareggio, livellamento, equiparamento, equiparazione, adeguamento □ riconoscimento pubblico □ parifica (*bur.*) **CONTR.** differenziazione, diversificazione.

parìglia s. f. ***1*** coppia, paio, due ***2*** contraccambio **FRAS.** *rendere la pariglia*, ricambiare (un torto, un'offesa).

parità s. f. ***1*** uguaglianza, equivalenza, equipollenza, par condicio (*lat.*) **CONTR.** differenza, disuguaglianza, disparità, squilibrio ***2*** (*sport*) pareggio, patta, pari, x (*sulla schedina del Totocalcio*) **CFR.** vittoria, sconfitta **FRAS.** *in parità*, a punti pari.

parlamentàre (1) v. intr. ***1*** trattare ***2*** (*est.*) discutere, parlare, perorare. *V. anche* PARLARE

parlamentàre (2) ***A*** agg. ***1*** del parlamento ***2*** (*fig.*) formale, corretto, dignitoso ***B*** s. m. e f. deputato, senatore, onorevole.

parlaménto s. m. ***1*** camera, senato, assemblea legislativa, legislatore (*per anton.*) ***2*** assemblea, convegno, adunanza.

parlantìna s. f. (*fam.*) loquacità, chiacchiera, facondia, ciarla (*fam., scherz.*), garrulità, scilinguagnolo □ verbosità, logorrea **CONTR.** laconicità, mutismo.

parlàre ***A*** v. intr. ***1*** dire, favellare, esprimersi, comunicare, fiatare **CONTR.** tacere □ ammutolire, azzittirsi ***2*** conversare, ragionare, discorrere, colloquiare, chiacchierare, discutere, ciarlare □ esclamare, fare (*fam.*), interloquire, intervenire □ mormorare, bofonchiare, parlottare, sussurrare, borbottare □ strepitare, sbraitare **CONTR.** tacere □ ammutolire ***3*** (*di notizie, di dati, ecc.*) rivelare, narrare, confessare, confidare, divulgare, svelare, disvelare (*lett.*), propalare □ riferire □ spiattellare, spifferare (*fam.*), cantare (*fig.*) □ (*di progetti, idee*) palesare, manifestare, narrare □ (*di argomento, di persona*) affrontare **CONTR.** tacere, nascondere ***4*** intrattenersi, dialogare □ parlamentare, rappresentare ***5*** conferire, contattare ***6*** (*in pubblico, alla gente, ecc.*) arringare, predicare, concionare ***7*** (*di arte, di politica, ecc.*) trattare, discutere, dissertare, disputare ***8*** (*di persona o cosa*) riferirsi, alludere □ vociferare ***9*** (*fig.*) (*di occhi, di atteggiamenti, ecc.*) essere vivace, essere espressivo, toccare, commuovere ***B*** **parlarsi** v. rifl. rec. ***1*** (*pop.*) amoreggiare, flirtare ***2*** incontrarsi, abboccarsi (*fig.*) ***C*** s. m. ***1*** discorso, parola ***2*** parlata, linguaggio, lingua, idioma, dialetto, favella **FRAS.** *parlare come un libro stampato* (*fig.*), parlare benissimo, dire cose esatte □ *parlare in punta di forchetta* (*fig.*), parlare con affettazione □ *parlare al vento, al muro, al deserto* (*fig.*), parlare invano, parlare a chi non vuole ascoltare □ *parlare coi piedi* (*fig.*), dire spropositi □ *far parlare di sé*, esporsi a chiacchiere, esporsi a critiche; diventare famoso □ *parlare arabo, turco* (*fig.*), parlare in modo incomprensibile □ *parlare a vanvera*, dire cose insensate □ *parlare del tempo* (*fig.*), parlare di futilità □ *parlare fra i denti, nella barba* (*fig.*), pronunciare male, parlare in modo incomprensibile, bofonchiare. *V. anche* NARRARE

PARLARE
sinonimia strutturata

Parlare significa innanzitutto emettere dei suoni articolati: *ho imparato a parlare presto*; l'articolare dei suoni ha per scopo solitamente il manifestare pensieri e sentimenti, ossia l'**esprimersi**, il **dirli** agli altri; pressoché equivalente è **comunicare**, che però di solito è usato in contesti formali ed evoca una minore espansività o partecipazione: *hanno comunicato che il treno è in ritardo*; completamente desueto è invece il letterario **favellare**.

Il comunicare una notizia segreta o precedentemente tenuta tale si definisce **svelare**, **rivelare** oppure **propalare** e **divulgare**, che evocano fortemente un'idea di vasta diffusione; l'ultimo verbo significa inoltre rendere comprensibile a una vasta cerchia di persone concetti artistici, letterari o scientifici esponendoli in modo semplice e chiaro. **Riferire** corrisponde a riportare, ridire.

Confidare corrisponde a rivelare, ma implica una fiducia nella riservatezza dell'interlocutore; lo stesso vale per **confessare**, che pure indica il rivelare, specialmente a una persona amica o comunque in un ambito ristretto, segreti, problemi personali e intimi, ecc.; questo verbo però molto spesso significa anche dichiarare apertamente comportamenti considerati moralmente negativi o persino delittuosi: *confessare i propri errori, la verità, un crimine*.

Per descrivere invece il rendere semplicemente noti, il dichiarare progetti, idee, sentimenti su cui si è meditato, i verbi più adatti sono **manifestare**, **palesare**. **Narrare** si avvicina di più a raccontare, e quindi si riferisce a un'esposizione più lunga e di solito di eventi passati e in qualche modo fuori dal comune.

Parlare con qualcuno corrisponde a **conversare**, **discorrere**, **intrattenersi**, **dialogare**; **confabulare** e **parlottare** significano conversare specialmente a bassa voce, in disparte e in un'atmosfera di segretezza: *che cosa state confabulando, voi due?* **Sbraitare** e **strepitare** denotano invece un'espressione particolarmente sguaiata e confusa, e si avvicinano a gridare; **esclamare** non trasmette la stessa idea di fastidiosa esagerazione, ma piuttosto richiama l'immagine di un impeto, di uno slancio o di uno sfogo; **inveire** si distingue perché indica specificamente il rivolgersi contro qualcuno o qualcosa protestando ma soprattutto ingiuriando: *inveire contro i falsi amici, la vigliaccheria, il malgoverno*. **Bofonchiare** invece corrisponde a brontolare a bassa voce e confusamente, cioè borbottando. **Mormorare** e **sussurrare** indicano il dire piano, con un filo di voce; per questo, spesso, soprattutto usati impersonalmente, indicano la circolazione di pettegolezzi, voci di corridoio, e quindi corrispondono a **vociferare** o **chiacchierare**.

L'ultimo verbo corrisponde anche a **ciarlare**, che evoca una conversazione leggera o addirittura frivola. Al contrario, **ragionare**, **interloquire** e **discutere** presuppongono argomenti di qualche peso; l'ultimo verbo può indicare anche un animato confronto di opinioni, e inoltre può corrispondere a **parlamentare**, che per estensione indica il **conferire**, ossia lo stare a colloquio, per iniziare, svolgere, concludere trattative, accordi, ecc.

Implicano un certo impegno anche **trattare**, **dissertare** e **disputare**; **vertere** si dice ad esempio di un discorso, di un libro, e corrisponde a riguardare, avere per argomento qualcosa.

parlàta *s. f.* **1** lingua, idioma, favella, linguaggio, gergo, dialetto □ cantilena, pronuncia, pronunzia □ intercalare □ elocuzione, loquela (*lett.*) □ vocabolario, linguaggio, terminologia **2** (*est.*) sproloquio, predicozzo (*fam.*), cicalata, chiacchierata, tiritera. *V. anche* LINGUA

parlàto *part. pass. di* **parlare**; *anche agg.* **1** (*di lingua, di uso, ecc.*) corrente, quotidiano, popolare, vivo **CONTR.** scritto □ letterario, morto **2** (*di cinema e sim.*) sonoro **CONTR.** muto **3** orale, a voce **CONTR.** scritto.

parlottàre *v. intr.* confabulare, complottare □ mormorare sussurrare, borbottare □ ciangottare, cinguettare □ ciarlare, chiacchierare □ parlare. *V. anche* PARLARE

parlottìo *s. m.* chiacchierio, ciangottio, cinguettio, chiacchiericcio □ mormorio, sussurrio, bisbiglio, pispiglio (*raro*), pissi pissi, borbottio.

parodìa *s. f.* (*est.*) imitazione, copiatura, caricatura, satira, ridicolo, buffonata.

parodiàre *v. tr.* imitare, copiare, rifare □ rifare il verso, parafrasare, imitare □ mettere in caricatura, mettere in ridicolo, ridicolizzare.

paròla *s. f.* **1** vocabolo, termine □ sostantivo, nome □ motto, verbo, sillaba **2** (*spec. al pl.*) ragionamento, parlare, discorso, dire □ consiglio, insegnamento **3** precetto, sentenza, massima **4** espressione, frase, detto **5** (*spec. al pl.*) chiacchiere, ciance □ discorso inutile, discorso inconsistente **CONTR.** fatto, concetto, idea **6** voce, suono, favella, loquela (*lett.*), accento (*poet.*), dizione **7** cenno, menzione **8** promessa, impegno, assicurazione **FRAS.** *avere l'ultima parola* (*fig.*), avere la meglio in una discussione; avere il potere decisionale □ *a parole*, solo in teoria □ *avere una sola parola, essere di parola* (*fig.*), tener fede alle promesse □ *buona parola* (*fig.*), intercessione, raccomandazione □ *dalla prima all'ultima parola* (*fig.*), dal principio alla fine □ *darsi la parola*, accordarsi □ *dire a mezze parole* (*fig.*), essere ambigui o reticenti □ *è una parola!*, facile a dirsi! □ *essere in parola con qualcuno*, avere iniziato una trattativa con qualcuno □ *giro di parole*, perifrasi □ *in parola*, di cui si tratta □ *in una parola*, brevemente; per concludere □ *macinar parole* (*fig.*), parlare in continuazione □ *mezza parola* (*fig.*), impegno o promessa non ancora formalizzata □ *mezze parole* (*fig.*), discorso vago; allusione □ *non fare parola*, non parlare □ *parola di Dio* (*fig.*), le Sacre Scritture □ *parole di fuoco* (*fig.*), discorso acceso; accuse pesanti □ *parole d'oro, sante* (*fig.*), parole piene di verità □ *parole grosse, pesanti* (*fig.*), insulti, offese □ *parola per parola*, alla lettera, letteralmente □ *passar parola*, far sapere, divulgare □ *pesare*; *misurare le parole* (*fig.*) esprimersi con prudenza □ *prendere la parola*, cominciare a parlare □ *prendere in parola* (*fig.*), considerare impegnativa una promessa □ *quattro parole in croce*, discorso o scritto molto succinto □ *rimangiarsi la parola* (*fig.*), mancare a una promessa □ *spendere una parola* (*fig.*), parlare a favore □ *stare sulla parola* (*fig.*), fidarsi delle promesse di qualcuno □ *tenere in parola* (*fig.*), tenere vincolato qualcuno o qualcosa senza ancora decidere □ *togliere la parola di bocca* (*fig.*), dire esattamente quanto sta per dire un altro □ *venire a parole* (*fig.*), arrivare all'alterco. *V. anche* LINGUA

parolàccia *s. f.* **1** *pegg. di* **parola** **2** volgarità, offesa, ingiuria, bestemmia, imprecazione, vituperio, moccolo (*pop.*), sproposito.

parolàio **A** *agg.* loquace, ciarliero, verboso, facondo, prolisso **CONTR.** taciturno, silenzioso, laconico, conciso, succinto **B** *s. m.* chiacchierone, parabolone, ciarlone, linguacciuto □ ciarlatano.

parossìsmo *s. m.* **1** (*med.*) acme, crisi, colmo **2** (*fig.*) massima intensità □ escandescenza, esacerbazione, esasperazione.

parossìstico *agg.* esasperato, esacerbato, violento, intenso **CONTR.** calmo, quieto, contenuto.

parotìte *s. f.* (*med.*) orecchioni.

parquet /*fr.* par'kε/ [vc. fr., dim. di *parc* 'parco'] *s. m. inv.* assito, tassellato, tavole.

parròcchia *s. f.* **1** cura, pieve □ prepositura **2** (*est.*) chiesa, parrocchiani, comunità **FRAS.** *interessi di par-*

rocchia (*fig.*), interessi di parte □ *essere di un'altra parrocchia* (*fig.*), non avere attinenza o relazione; essere omosessuali.

parrocchiàno *s. m.* ***1*** fedele ***2*** (*al pl.*) parrocchia.

pàrroco *s. m.* curato, prevosto, preposto, pievano, priore, arciprete.

parrùcca *s. f.* ***1*** parrucchino, posticcio, toupet (*fr.*) ***2*** (*scherz.*) capigliatura, zazzera, chioma, acconciatura ***3*** (*spec. al pl.*) (*fig.*) parruccone, antiquato, retrogrado, reazionario **CONTR.** progressista.

parrucchièra *s. f.* coiffeuse (*fr.*), acconciatrice, pettinatrice.

parrucchière *s. m.* barbiere □ acconciatore, coiffeur (*fr.*).

parrucchìno *s. m.* ***1*** *dim. di* **parrucca** ***2*** toupet (*fr.*).

parruccóne *s. m.* (*fig.*) barbogio, retrogrado, codino, retrivo, reazionario **CONTR.** progressista.

parsimònia *s. f.* ***1*** frugalità, risparmio, economia, lesina **CONTR.** sperpero, larghezza, munificenza, lusso, spreco, scialacquio, prodigalità ***2*** (*fig.*) moderazione, temperanza, oculatezza, continenza, sobrietà, contenutezza, misura **CONTR.** esagerazione, smoderatezza, intemperanza, eccesso.

parsimonióso *agg.* ***1*** parco, sobrio, frugale, temperato, economo, economizzatore, contenuto, misurato, attento, oculato, moderato, morigerato, temperante, risparmiatore, previdente □ tirato, sparagnino (*dial., spreg.*) **CONTR.** largo, munifico, prodigo □ sperperatore, dilapidatore, sprecone, spendaccione, scialacquatore, dissipatore ***2*** (*fig.*) (*di linguaggio, di stile, ecc.*) scarso, povero **CONTR.** ricco, abbondante.

pàrte *s. f.* ***1*** pezzo, lembo, brandello, frammento □ fetta, ritaglio, scheggia, spicchio □ razione, porzione, dose, boccone □ (*di libro, di relazione ecc.*) capitolo, partizione, brano, passo, passaggio, frase □ (*di opera letteraria*) libro □ (*di un piano*) quadrante **CONTR.** tutto, intero, globalità, massa ***2*** unità, sezione, settore, frazione, sottoinsieme, tratto, segmento **CONTR.** tutto, intero, insieme ***3*** (*del corpo, di una macchina, ecc.*) organo, membro, elemento □ (*di un palazzo, di un discorso ecc.*) corpo, estratto ***4*** (*di luogo*) paese, plaga (*lett.*), regione, territorio □ (*mil.*) scacchiere ***5*** cantone, quartiere, luogo, zona, città □ lotto ***6*** (*di foglio, di moneta, ecc.*) lato, banda, faccia ***7*** (*di spazio*) direzione, senso, verso, corsia, mano (*fig.*) □ angolo, canto □ versante ***8*** quantità limitata, numero, alcuni ***9*** (*di idee, di seguaci, ecc.*) fazione, partito, setta, gruppo, segmento, colore (*fig.*) ***10*** categoria, reparto □ settore, branca, ramo ***11*** (*dir.*) contraente, litigante, belligerante, nemico, controparte ***12*** (*di denaro, di eredità, ecc.*) quota, dividendo, porzione, aliquota, provvigione, percentuale, tangente, partecipazione ***13*** (*di pagamento*) rata □ tranche ***14*** (*di attore*) ruolo, personaggio □ vece □ (*di commedia, di tragedia*) scena, atto, quadro □ (*di film, di telefilm*) tempo, puntata □ spezzone ***15*** (*fig.*) compito, contributo, dovere, ruolo, ufficio, incombenza, funzione ***16*** (*fam.*) figura ***17*** (*fig.*) atteggiamento, azione, comportamento ***18*** (*di legge, di regolamento*) articolo, rubrica **FRAS.** *mettere a parte*, far sapere □ *da una parte* (*fig.*), in un certo senso □ *d'altra parte*, d'altronde □ *far parte a sé*, essere diverso □ *far due parti in commedia* (*fig.*), essere molto diplomatici; essere falsi; fare il doppio gioco □ *da parte di*, per conto di □ *in parte*, limitatamente □ *essere senz'arte né parte*, essere uno spiantato □ *spirito di parte*, parzialità □ *a parte*, tranne, eccetto, salvo, all'infuori di. *V. anche* CATEGORIA

PARTE
sinonimia strutturata

Si intende per **parte** innanzitutto ogni singola unità in cui si divide o si può dividere un tutto, e quindi ogni elemento che, unito ad altri supplementari o complementari, costituisce un tutto: *le parti di una macchina, di una statua, di un edificio, di un libro*; sinonimi altrettanto generali sono **pezzo**, **frazione**, **sezione**. **Segmento**, **sottoinsieme**, **fetta** e **tratto** sottolineano la relatività della parte rispetto al tutto; lo stesso vale per **spicchio**, **frammento**, **scheggia** e **punto**, che indicano parti molto piccole; equivalente è nel suo significato figurato **brandello**, che in senso proprio denomina un frammento strappato di tessuto o di altro materiale. **Brano** indica invece la parte di uno scritto o di un discorso; un libro è di solito diviso in **capitoli**; questi, come gli articoli di rivista, possono essere stampati a parte utilizzando la stessa composizione, andando a costituire un fascicolo indipendente detto **estratto**.

Branca, **ramo**, **settore** corrispondono alle parti intese come particolari specialità di una disciplina, di una scienza, ecc.: *un ramo della zoologia*; *lavora nel settore delle assicurazioni*.

Parte indica anche una **quantità limitata**, un **numero determinato**, ed equivale in questo caso ad **alcuni**: *una parte di noi fu invitata*; *solo alcuni hanno protestato*. Inoltre, può designare anche un insieme di persone, un **gruppo** caratterizzato ideologicamente, ossia una **fazione**; **partito** si distingue perché evoca una vera e propria organizzazione, più grande e più strutturata.

Categoria per estensione designa un complesso di cose o persone raggruppato secondo un criterio di appartenenza a uno stesso genere, specie, ossia ad insiemi che condividono alcune caratteristiche fondamentali: *la categoria degli impiegati*.

In riferimento a luoghi, parte equivale a **regione**, al letterario **plaga** o a **paese** inteso nel senso di **territorio**, **terra**: *mi trasferisco dalle parti di Napoli*; *viene da terre lontane*. **Zona** si differenzia perché indica un luogo più circoscritto: *la zona meridionale della regione*; ancor più connotato in questo senso è **quartiere**, che indica una parte di una città.

Una parte di superficie di un oggetto corrisponde al suo **lato**, **banda**, **faccia**: *la parte destra, sinistra*; *il lato superiore, inferiore*; il declivio di un lato di un monte o di una catena si definisce in particolare **versante**. La parte di piano vicina all'intersezione di due lati ad esempio di una stanza, di un foglio, si dice invece **angolo** o **canto**, con termini che possono suggerire l'immagine di un luogo appartato.

partecipànte *part. pres. di* **partecipare**; *anche agg. e s. m. e f.* **1** (*in assemblee, di giurie, di corsi, ecc.*) presente, componente, convenuto, corsista, intervenuto, osservatore □ congressista, convegnista **2** (*in gare, in competizioni, ecc.*) concorrente **3** (*in organizzazioni, in partiti, ecc.*) militante **4** partecipe **CONTR.** estraneo, assente.

partecipàre **A** *v. intr.* **1** intervenire, presenziare, assistere □ aderire, stare □ collaborare □ condividere □ (*a un lutto, ecc.*) condolersi **CONTR.** mancare, disertare □ estraniarsi **2** (*econ.*) compartecipare, associarsi, contribuire **3** (*in gare, in spettacoli, ecc.*) correre, concorrere, esibirsi **B** *v. tr.* (*di notizia, di gioia, ecc.*) comunicare, informare, annunciare.

partecipazióne *s. f.* **1** presenza, intervento, concorso □ adesione **CONTR.** assenza, assenteismo, astensionismo, astensione, diserzione (*fig.*) □ ritiro **2** (*est., anche fig.*) complicità □ contributo, contribuzione, interessamento, interesse □ solidarietà □ coinvolgimento **CONTR.** estraneità, disinteresse, indifferenza **3** (*di matrimonio, di morte, ecc.*) annunzio, avviso, comunicazione, notizia **4** (*econ.*) cointeressenza, compartecipazione. *V. anche* SOLIDARIETÀ

partécipe *agg.* partecipante, compartecipe, compartecipante, socio, associato □ interessato □ complice **CONTR.** estraneo, disinteressato, distaccato, agnostico (*est.*). *V. anche* VICINO

parteggiàre *v. intr.* favorire, sostenere, difendere, proteggere, simpatizzare, tenere, tifare (*fam.*) **CONTR.** avversare, opporsi.

partenopèo [vc. dotta, lat. *Parthenopēiu(m)*, da *Parthĕnope*, ant. nome di Napoli, dalla sirena *Parthĕnope* che vi sarebbe stata sepolta] *agg.* (*lett.*) napoletano.

partènza *s. f.* **1** dipartita (*lett.*) □ commiato, congedo □ allontanamento, distacco, separazione □ uscita **CONTR.** arrivo, avvento, venuta □ avvicinamento, riunione □ ritorno, rientro **2** (*est.*) (*di impresa, di lavoro, ecc.*) inizio, principio, origine, decollo (*fig.*) **CONTR.** fine, termine **3** (*di gara*) avviamento, avvio, start (*ingl.*), via! **CONTR.** arrivo □ traguardo **4** (*aer., mar.*) decollaggio, decollo, take off (*ingl.*) □ imbarco **CONTR.** atterraggio □ attraccaggio, attracco, sbarco **5** (*di popoli, di uccelli*) esodo, emigrazione, migrazione **CONTR.** ritorno.

particèlla *s. f.* **1** *dim. di* **parte** **2** (*est.*) corpuscolo, granello, grano (*fig.*), molecola, parcella (*dir.*).

particolàre **A** *agg.* **1** specifico, peculiare, speciale, esclusivo □ personale, individuale, proprio □ singolo, dato, determinato □ tipico, caratteristico, distintivo □ apposito □ settoriale □ endemico **CONTR.** generale, generico, comune, universale □ assoluto □ complessivo, globale, collettivo □ plenario, totale **2** (*di persona, di avvenimento, ecc.*) insolito, originale, strano, eccezionale, raro, straordinario, singolare, sui generis □ isolato **CONTR.** comune, normale, qualsiasi, qualunque, solito **B** *s. m.* **1** particolarità, peculiarità, caratteristica **CONTR.** universalità **2** dettaglio, minuzia, sfumatura, frangia (*fig.*) **CONTR.** complesso, insieme, totalità, generalità. *V. anche* RARO

particolareggiàto *agg.* dettagliato, circostanziato, minuto, minuzioso □ diffuso, prolisso □ analitico **CONTR.** sommario, sintetico, stilizzato.

particolarità *s. f.* **1** peculiarità, tipicità, caratteristica, specialità, specificità **2** contingenza, circostanza □ dettaglio, particolare, minuzia, sfumatura **CONTR.** insieme, generalità, complesso, totalità □ universalità **3** (*di fatto, di avvenimento, ecc.*) eccezionalità, singolarità, stranezza, originalità, rarità, unicità.

particolarménte *avv.* **1** soprattutto, segnatamente (*lett.*), segnalatamente, specialmente, specificatamente □ propriamente □ tipicamente □ massimamente □ singolarmente **CONTR.** generalmente, complessivamente, globalmente, indiscriminatamente **2** minutamente.

partigiàno **A** *agg.* **1** fazioso, parziale, settario, fanatico **CONTR.** imparziale, equanime, oggettivo, neutrale, spassionato **2** (*della Resistenza*) antifascista **CONTR.** fascista **B** *s. m.* **1** fautore, seguace, sostenitore, simpatizzante **2** combattente, guerrigliero, patriota, resistente, gappista, garibaldino, maquis (*fr.*), tupamaro. *V. anche* SEGUACE

partìre *v. intr.* **1** (*di persona*) allontanarsi, dipartirsi (*lett.*), andare, andarsene, assentarsi, sloggiare (*fam.*) □ migrare, trasferirsi **CONTR.** arrivare, giungere, venire □ rimanere, restare, trattenersi □ insediarsi, stanziarsi, tornare, ritornare, rientrare **2** (*di veicolo, di aereo, ecc.*) muoversi, salpare, decollare, avviarsi **CONTR.** fermarsi, arrivare, atterrare, attraccare **3** (*fig.*) (*di strada, di proposta, ecc.*) provenire, avere origine, iniziare, cominciare, muovere, prendere l'avvio **CONTR.** terminare, finire, sboccare, concludersi.

partìta *s. f.* **1** (*di porta, di finestra e sim.*) elemento, sezione **2** (*di merce*) quantità, stock (*ingl.*), blocco **3** (*rag.*) registrazione □ conto **4** (*fig.*) (*di sport, di giochi, ecc.*) sfida, competizione, incontro, gara, gioco, combattimento □ manche, giocata, set **5** (*di caccia*) battuta **FRAS.** *essere della partita* (*fig.*), unirsi a un gruppo □ *saldare la partita* (*fig.*), dirimere una questione sospesa; vendicarsi. *V. anche* GIOCO

partìto **A** *agg.* (*raro*) suddiviso, diviso, ripartito, spartito **CONTR.** unito **B** *s. m.* **1** parte politica, setta, fazione, consorteria, fronte, lega, parte, società, colore (*fig.*) **2** decisione, determinazione, deliberazione, risoluzione □ accordo □ alternativa □ consiglio, proposito □ mossa, passo **3** (*di matrimonio*) occasione, offerta **4** condizione, stato, situazione **5** espediente, risorsa, mezzo **FRAS.** *mettere la testa a partito*, ravvedersi □ *trarre partito*, trarre vantaggio, approfittare □ *a mal partito*, in cattive condizioni □ *buon partito* (*fig.*), persona che offre un matrimonio conveniente □ *per partito preso*, per puntiglio. *V. anche* PARTE

partitùra *s. f.* (*mus.*) spartito □ orchestrazione □ strumentatura, strumentazione, orchestrazione.

partner /*ingl.* 'pa:tnə/ [vc. ingl., dall'ant. fr. *parçonier*, dal lat. *partionarius* 'che ha una parte'] *s. m. e f. inv.* compagno □ (*est.*) socio, spalla.

partorìre *v. tr.* **1** generare □ figliare, procreare □ sgravarsi, dare alla luce, mettere al mondo **2** (*fig.*) (*della mente*) produrre, creare **3** (*fig.*) (*di odio, di danno, ecc.*) cagionare, causare.

part time /*ingl.* 'pa:t 'taim/ [vc. ingl., propr. 'mezzo (*part*) tempo (*time*)'] ***A*** *loc. agg. inv.* e *avv.* a tempo parziale, a metà tempo **CONTR.** a tempo pieno, full time (*ingl.*) ***B*** *loc. sost. m. inv.* tempo parziale, metà tempo **CONTR.** tempo pieno, full time (*ingl.*).

party /*ingl.* 'pa:ti/ [vc. ingl., dal fr. *partie* 'partita'] *s. m. inv.* trattenimento, ricevimento, cocktail (*ingl.*), festa, festicciola, bicchierata, rinfresco.

parure /*fr.* pa'ryr/ [vc. fr., da *parer* 'preparare'] *s. f. inv.* (*di biancheria femminile, di gioielli, ecc.*) completo, insieme.

parvènza *s. f.* ***1*** (*lett.*) apparenza, finzione, esteriorità, mostra, vista, aspetto, immagine, lustra (*ant.*), facciata **CONTR.** concretezza, realtà ***2*** (*fig.*) (*di bontà, di giustizia, ecc.*) ombra, velo, patina.

parziàle *agg.* ***1*** (*di cosa*) diviso, frazionato, limitato, ridotto **CONTR.** totale, intero, completo, integrale □ omnicomprensivo, universale ***2*** (*est.*) (*di persona, di giudizio, ecc.*) ingiusto, interessato, personale, influenzato, fazioso, partigiano, tendenzioso, settario **CONTR.** imparziale, spassionato, disinteressato, giusto, obiettivo, oggettivo, equo, equanime, equilibrato, sereno.

parzialità *s. f.* ingiustizia, favoritismo, faziosità, partigianeria, tendenziosità, settarismo **CONTR.** imparzialità, equità, equanimità, giustizia, obiettività, oggettività, serenità, spassionatezza.

parzialménte *avv.* ***1*** in parte **CONTR.** totalmente, integralmente, pienamente □ complessivamente, globalmente ***2*** ingiustamente, interessatamente, faziosamente, tendenziosamente **CONTR.** imparzialmente, spassionatamente, equamente, obiettivamente, disinteressatamente.

pàscere ***A*** *v. tr.* ***1*** (*di animali*) sfamare, pasturare (*raro*), satollare ***2*** pascolare, condurre al pascolo ***3*** (*fig.*) (*di mente e sim.*) alimentare, nutrire ***B*** *v. intr.* pascolare, mangiare, brucare ***C*** **pascersi** *v. rifl.* ***1*** nutrirsi, alimentarsi, sfamarsi ***2*** (*fig.*) (*di speranze, di ideali, ecc.*) appagarsi, dilettarsi, compiacersi.

pascià *s. m.* (*fig.*) nababbo (*scherz.*).

pasciùto *part. pass. di* **pascere**; *anche agg.* nutrito, sazio, satollo, grasso, paffuto, carnoso, cicciuto **CONTR.** affamato, digiuno □ denutrito, emaciato, scarno.

pascolàre ***A*** *v. tr.* pascere, pasturare, portare al pascolo ***B*** *v. intr.* brucare, cibarsi, mangiare.

pàscolo *s. m.* ***1*** prato, prateria, alpe, alpeggio, pabulo (*ant.*), pastura ***2*** (*est.*) foraggio ***3*** (*fig.*) (*della mente e sim.*) alimento, nutrimento, cibo.

passàbile *agg.* accettabile, discreto, decente, tollerabile, sopportabile, sufficiente, mediocre **CONTR.** inaccettabile, intollerabile.

passàggio *s. m.* ***1*** attraversamento □ transito □ tragitto, trasbordo, spostamento, smistamento □ trasferimento, emigrazione □ trasporto □ strappo (*gerg.*), strappata (*gerg.*) □ comunicazione, trasmissione □ conduzione (*fis.*) □ (*aer.*) trasvolata, sorvolo □ (*mar.*) traghettamento, traversata □ (*di periodo*) transizione ***2*** moto, movimento, via vai, andirivieni, traffico ***3*** apertura, varco, accesso, ingresso, uscita, adito □ pertugio, breccia □ cunicolo, tunnel, camino □ meato, condotto □ sfogatoio, sfogo □ passo, valico, gola □ guado □ cammino, via, strada □ imboccatura, sbocco □ corridoio, corsia **CONTR.** chiusura, blocco ***4*** (*di proprietà, di condizione, ecc.*) trapasso, successione □ devoluzione, mutamento, cambiamento □ conversione ***5*** (*di libro, di autore*) brano, frammento, citazione, passo ***6*** (*di musica*) brano, fraseggio, episodio ***7*** (*astron.*) transito ***8*** (*sport*) invio, lancio ***9*** (*di liquidi*) travasamento, travaso ***10*** (*negli studi, sul lavoro*) promozione ***11*** (*in macchina*) strappo (*fig., pop.*).

passamàno (1) *s. m.* ringhiera, corrimano.

passamàno (2) *s. m.* pizzo, merletto, spighetta, nastro, cordone, treccia, frangia.

passànte ***A*** *part. pres. di* **passare**; *anche agg.* ***1*** transitante ***2*** (*ferr.*) di transito ***3*** (*di vino*) flessibile, non ruvido **CONTR.** ruvido ***B*** *s. m.* e *f.* pedone, viandante □ viaggiatore (*est.*), passeggero (*est.*).

passàre ***A*** *v. intr.* ***1*** transitare, circolare, percorrere, muoversi, sfilare, procedere **CONTR.** fermarsi, indugiare, sostare ***2*** (*fig.*) (*di fiume, di strada, ecc.*) toccare, estendersi, snodarsi, bagnare, correre, tagliare ***3*** andare, venire ***4*** (*fig.*) (*di rapporti, di anni, ecc.*) esistere, esserci, intercorrere, avere luogo ***5*** (*di persona*) entrare, accedere □ uscire □ penetrare, scivolare, sgusciare □ (*di liquido*) permeare ***6*** (*di sostanza chimica*) trasmigrare ***7*** (*fig.*) (*di limite, di numero, ecc.*) oltrepassare, eccedere ***8*** allontanarsi ***9*** (*fig.*) (*di concorrente, di proposta, ecc.*) essere promosso, essere approvato, riuscire, avere successo **CONTR.** essere bocciato, essere respinto, fallire ***10*** (*fig.*) (*per intelligente, per buono, ecc.*) essere considerato, figurare, sembrare, parere ***11*** (*di tempo*) trascorrere, scorrere, fluire □ finire, scadere □ decorrere **CONTR.** fermarsi ***B*** *v. tr.* ***1*** traversare, attraversare □ varcare □ saltare, scavalcare □ superare, sorpassare, oltrepassare □ trasvolare □ traghettare, trasbordare □ guadare □ valicare □ (*raro*) percorrere ***2*** (*fig.*) (*di scritto*) leggere, scorrere ***3*** (*di corda, di chiave, ecc.*) fare entrare, fare uscire, infilare, infilzare **CONTR.** togliere, sfilare ***4*** (*di persona o cosa*) trafiggere, trapassare, ferire ***5*** (*di frutta, di liquido, ecc.*) filtrare, colare, depurare □ ridurre in poltiglia □ travasare ***6*** (*di polveri, di ghiaia, ecc.*) setacciare, stacciare, vagliare ***7*** (*di corrispondenza, ecc.*) smistare, distribuire ***8*** (*di lucido, di vernice, ecc.*) strofinare, spalmare, applicare ***9*** (*di cosa*) dare, porgere, cedere □ (*di denaro*) assegnare, devolvere, trasferire □ (*di pallone*) smistare ***10*** (*di messaggio, di notizia, ecc.*) comunicare, trasmettere, tramandare ***11*** (*di limite, di esame, ecc.*) oltrepassare, sorpassare □ superare ***12*** (*est.*) (*di guai, di umiliazione, di esperienza, ecc.*) subire, soffrire, sopportare □ provare, esperimentare ***13*** (*di candidato, di proposta, ecc.*) approvare, promuovere **CONTR.** bocciare, respingere ***14*** (*di azione, di comportamento, ecc.*) perdonare, accettare, ammettere, tollerare ***15*** (*di tempo, di esistenza*) trascorrere, condurre, menare, consumare, occupare ***C*** *s. m.* (*di tempo*) decorso, corso, fluire, andare **FRAS.** *passare sopra* (*fig.*), lasciare correre □ *passarsela bene*, essere in buone condizione economiche □ *passarla liscia*, non avere conseguenze da una cattiva azione □ *pas-*

sarla bella, uscire senza danni da un pericolo □ *passare per il rotto della cuffia* (*fig.*), cavarsela per un pelo, farcela a malapena □ *passare per le armi*, uccidere □ *passare il segno* (*fig.*), eccedere □ *passare al voto*, votare □ *passare la voce*, far sapere □ *passare parola*, comunicare, far sapere □ *passarsela*, vivere, stare. *V. anche* SCADERE

passàta *s. f.* ***1*** occhiata, scorsa, guardata ***2*** (*di colore, di vernice, ecc.*) spalmatura, mano, pennellata, verniciatura ***3*** (*cuc.*) rosolatura, scottatura ***4*** (*di selvaggina*) passaggio, passo.

passatèmpo *s. m.* divertimento, diversivo, distrazione, svago, diporto, spasso, sollazzo, ricreazione, sport, intrattenimento, gioco, trastullo, hobby (*ingl.*), scacciapensieri (*raro fig.*) **CONTR.** mestiere, professione □ lavoro, fatica □ scocciatura, strazio (*fam.*).

passàto ***A*** *part. pass. di* **passare**; *anche agg.* ***1*** trascorso, andato □ finito, scaduto, cessato □ decorso □ intercorso, vecchio □ pregresso, precedente, anteriore preesistente, antecedente □ scorso, ultimo □ antico □ avvenuto, accaduto □ superato □ vissuto, condotto, consumato ***2*** (*di cibo, di bellezza, ecc.*) guasto, appassito, passo (*ant.*), sfiorito **CONTR.** fresco ***3*** (*di persona*) anziano **CONTR.** giovane ***4*** (*di ricordo*) sbiadito, spento ***5*** (*di pallone*) servito ***6*** (*di liquido*) colato, filtrato ***7*** (*di anni*) suonato (*fam.*) ***B*** *s. m.* ***1*** ieri □ antichità **CONTR.** domani □ modernità **CFR.** presente, futuro, avvenire ***2*** (*di verdure*) purè, purea, crema.

passatóia *s. f.* ***1*** (*lungo un corridoio, lungo una scala, ecc.*) guida, corsia □ tappeto ***2*** (*ferr.*) passerella.

passatùtto *s. m. inv.* passaverdura.

passaverdùra *s. m. inv.* passatutto.

passeggèro ***A*** *agg.* caduco, momentaneo, temporaneo, transitorio, provvisorio, fugace, effimero, breve, labile, fuggevole, sfuggevole, transeunte (*lett.*), perituro **CONTR.** stabile, costante, durevole, continuo, duraturo, lungo □ permanente, insistente, immutabile, incessante, interminabile □ perpetuo, immortale, imperituro □ cronico ***B*** *s. m.* ***1*** viaggiatore ***2*** viandante, passante, pellegrino □ turista □ escursionista □ forestiero. *V. anche* FUGACE

passeggiàre ***A*** *v. intr.* andare a spasso, gironzolare, camminare, girellare, vagare, girare, andare, deambulare (*scherz.*) ***B*** *v. tr.* (*raro, lett.*) percorrere. *V. anche* CAMMINARE

passeggiàta *s. f.* ***1*** camminata, giro, giretto, escursione, gita, girata ***2*** viale, lungomare, giardino, parco, corso, passeggio ***3*** (*fig.*) cosa facile, scherzo, giochetto.

passeggìno *s. m.* seggiolino, carrozzino, carrozzina, carrozzella.

passerèlla *s. f.* ***1*** ponticello, cavalcavia, passaggio, corsia ***2*** (*ferr.*) passatoia ***3*** (*di teatro, di sfilate*) pedana ***4*** (*est.*) sfilata.

pàssi [propr. terza persona del congv. di *passare*] *s. m.* lasciapassare.

passìno *s. m.* colino.

passionàle ***A*** *agg.* di passione, per passione □ d'amore, amoroso □ affettivo □ erotico, carnale, sensuale **CONTR.** spirituale, platonico, casto ***B*** *agg.*; *anche s. m. e f.* emotivo, istintivo, impulsivo □ estroverso □ appassionato, enfatico, caldo **CONTR.** freddo, gelido, indifferente, insensibile, asettico (*fig.*), introverso, cerebrale (*fig.*).

passionalità *s. f.* impulsività, enfasi **CONTR.** cerebralismo.

passióne *s. f.* ***1*** (*fisica o morale*) pena, sofferenza, dolore, crepacuore, patimento, patema, affanno, struggimento, tormento **CONTR.** gioia, felicità □ serenità ***2*** (*di sentimenti*) febbre, pathos, delirio, eccitazione, ebbrezza, frenesia, smania, esaltazione □ furore, follia □ fiamma, fuoco, ardore □ veemenza □ fanatismo **CONTR.** freddezza, indifferenza, imperturbabilità, distacco □ svogliatezza □ calma ***3*** amore □ infatuazione, cotta (*pop.*) □ bramosia (*lett.*), fregola, voglia, brama □ trasporto, calore **CONTR.** odio ***4*** (*dei sensi*) desiderio, eccitazione □ sensualità, carnalità □ concupiscenza, lubricità, lascivia, libidine ***5*** (*del gioco, del vino, ecc.*) propensione, interesse, inclinazione, attaccamento, vizio □ vocazione (*fig.*) **CONTR.** indifferenza, noncuranza, distacco, fastidio ***6*** (*di giudizio, di comportamento*) parzialità **CONTR.** imparzialità ***7*** (*letter.*) mistero, sacra rappresentazione. *V. anche* AMORE, FANATISMO, ZELO

passività *s. f.* ***1*** inerzia, apatia, indifferenza, insensibilità □ disfattismo **CONTR.** attivismo, reattività, reazione ***2*** (*econ.*) passivo.

passìvo ***A*** *agg.* ***1*** (*di persona*) inerte, indifferente, abulico, inattivo, indolente, inoperoso □ supino **CONTR.** attivo, solerte, alacre, appassionato, emotivo □ reattivo ***2*** (*di ente, di società, ecc.*) deficitario, improduttivo, parassita (*fig.*), parassitario **CONTR.** produttivo, lucrativo, lucroso ***B*** *s. m.* (*econ.*) debito, indebitamento, perdita, passività, deficit (*lat.*), disavanzo, buco (*fig.*), sbilancio, scoperto, spareggio □ spesa, uscita **CONTR.** attività, attivo, credito □ guadagno, lucro, utile, rendimento, rendita, entrata.

pàsso (**1**) *s. m.* ***1*** andatura, incedere, movenza, movimento, incesso (*lett.*), andare, camminata □ ritmo, velocità, cadenza (*di marcia*), tempo (*di danza*) ***2*** (*est.*) orma, impronta ***3*** (*fig.*) (*per uno scopo*) atto, azione, mossa □ iniziativa □ provvedimento, risoluzione, decisione, partito □ tentativo ***4*** (*fig.*) (*di libro*) brano, citazione, pagina, stralcio, frammento, punto ***5*** (*mus.*) passaggio **FRAS.** *passo a passo*, lentamente □ *segnare il passo* (*fig.*), fermarsi □ *a ogni passo* (*fig.*), spessissimo □ *tornare sui propri passi* (*fig.*), rivedere □ *di passo in passo*, successivamente □ *di pari passo* (*fig.*), all'unisono □ *a passo di lumaca*; *di formica*; *d'uomo*; molto lentamente □ *essere a un passo* (*fig.*), essere molto vicino □ *fare i propri passi* (*fig.*), agire □ *fare il grande passo*, decidere; sposarsi; morire □ *fare un passo avanti* (*fig.*), progredire, migliorare □ *fare il passo più lungo della gamba* (*fig.*), sopravvalutarsi □ *passo falso* (*fig.*), comportamento sbagliato □ *passo d'elefante* (*fig.*), passo molto pesante □ *primi passi* (*fig.*), inizio, esordio □ *stare al passo* (*fig.*), adeguarsi □ *sbarrare il passo* (*fig.*), ostacolare, bloccare. *V. anche* IMPRONTA

pàsso (**2**) *s. m.* ***1*** passaggio, transito ***2*** (*geogr.*) valico, bocca, gola, forcella, sella, callaia, guado ***3*** (*fig.*) varco.

pàsta *s. f.* ***1*** (*est.*) impasto ***2*** (*est.*) pasta alimentare, pastasciutta ***3*** (*fig.*) (*di persona*) indole, natura ***4*** pasticcino, dolce, dolciume ***5*** (*al pl.*) pasticceria **FRAS.** *pasta d'uomo* (*fig.*), uomo buono □ *essere di pasta grossa* (*fig.*), essere rozzi, grossolani □ *di tutt'altra pasta* (*fig.*), completamente diverso. *V. anche* INDOLE

pastèllo *s. m.* ***1*** dipinto (eseguito a pastello) ***2*** matita colorata, colore (*fam.*).

pastìcca *s. f.* pastiglia.

pasticcerìa *s. f.* ***1*** confetteria ***2*** paste, dolci.

pasticciàre *v. tr.* imbrattare, sporcare □ sbagliare □ confondere, cianfrugliare, raffazzonare □ (*ass.*) fare pasticci.

pasticcière *s. m.* confettiere, caramellaio, cioccolataio, cioccolatiere.

pasticcìno *s. m.* pasta, dolce.

pasticcio *s. m.* ***1*** (*cuc.*) timballo, sformato □ polpettone ***2*** (*fig.*) confusione, garbuglio, disordine, casino (*pop.*) □ pastrocchio (*dial.*), inciucio, papocchio, paciugo □ raffazzonamento □ pastone (*fig., spreg.*) ***3*** (*fig.*) guaio ***4*** (*fig.*) imbroglio, truffa, inganno. *V. anche* CONFUSIONE

pasticcióne *s. m.*; *anche agg.* arruffone, confusionario, disordinato, casinista (*pop.*), casinaro (*pop.*) □ imbroglione **CONTR.** ordinato, metodico, preciso, scrupoloso.

pastìglia *s. f.* compressa, pasticca □ pillola, capsula, cachet (*fr.*), tabloide, discoide, confetto □ (*dolce*) caramella, zuccherino.

pàsto *s. m.* ***1*** cibo, nutrimento, alimento, vitto, boccone (*est.*) ***2*** refezione, colazione, desinare, pranzo, cena □ coperto (*est.*) **FRAS.** *dare in pasto al pubblico* (*fig.*), far sapere a tutti.

pastóia *s. f.* ***1*** fune ***2*** (*fig.*) impedimento, impaccio, ostacolo, vincolo, legame, remora, incaglio.

pastóne *s. m.* ***1*** *accr. di* **pasta** ***2*** (*fig., spreg.*) mescolanza, guazzabuglio, pasticcio, miscuglio ***3*** (*fig., spreg.*) polenta ***4*** (*per animali*) mangime.

pastoràle ***A*** *agg.* ***1*** di pastore, da pastore □ (*est.*) agreste □ idilliaco, bucolico, georgico, arcadico ***2*** (*est.*) episcopale, vescovile □ sacerdotale ***B*** *s. m.* bacolo, bastone vescovile, ferula.

pastóre *s. m.* ***1*** pecoraio, capraio □ (*est.*) buttero, cavallaro, mandriano, bovaro, vaccaro, cow-boy (*ingl.*) ***2*** (*fig.*) guida, reggitore □ sacerdote, vescovo **FRAS.** *pastore tedesco*, cane lupo □ *pastore scozzese*, collie.

pastóso *agg.* ***1*** molle, morbido, tenero, soffice **CONTR.** ruvido, duro ***2*** (*fig.*) (*di stile, di colore, ecc.*) morbido, gradevole, sfumato **CONTR.** ruvido, aspro, duro ***3*** (*di vino*) dolce, abboccato, amabile **CONTR.** secco, asciutto ***4*** (*di consistenza*) cremoso.

pastràno *s. m.* cappotto, paltò, paletot (*fr.*), soprabito, mantello, tabarro, zimarra, gabbana, palandrana, palamidone (*scherz.*).

pastròcchio *s. m.* (*dial., anche fig.*) pasticcio, pateracchio, inciucio, papocchio.

patàcca *s. f.* ***1*** (*fig., scherz.*) distintivo, medaglia, decorazione ***2*** (*fig., fam.*) macchia, padella, chiazza, frittella (*fig., fam.*) ***3*** (*dial.*) bugia, balla (*volg.*) **CONTR.** verità ***4*** (*dial.*) sbruffone, spaccone, smargiasso, bullo, gradasso, vanesio **CONTR.** schivo, modesto. *V. anche* DECORAZIONE

pataccàro *s. m.* (*pop., est.*) imbroglione, truffatore, vendifumo.

pataccàta *s. f.* (*dial.*) sbruffonata, spacconata, gradassata, smargiassata, fanfaronata, guasconata, rodomontata, sparata, trombonata.

pataccóne *s. m.* (*dial.*) sbruffone, spaccone, gradasso, fanfarone, guascone, rodomonte, spaccamontagne, vanesio, ballista, millantatore, trombone **CONTR.** schivo, modesto.

patàta *s. f.* **FRAS.** *patata americana* o *patata dolce*, batata □ *patata bollente* (*fig.*), argomento scottante □ *spirito di patata* (*fig.*), battuta insulsa, scherzo di cattivo gusto.

patatràc *s. m.* crollo, disastro, dissesto, fallimento, naufragio.

patèma *s. m.* sofferenza, afflizione, passione, dolore, ansia, affanno, accoramento, ansietà **CONTR.** gioia, gaudio, letizia, sollievo.

patentàto *agg.* ***1*** diplomato □ brevettato ***2*** (*fig., scherz.*) (*di furfante e sim.*) qualificato, dichiarato, matricolato.

patènte *s. f.* brevetto, diploma, licenza, permesso, attestato, autorizzazione.

pateràcchio *s. m.* (*pop.*) pasticcio, pastrocchio (*dial.*), imbroglio, inghippo, inciucio (*giorn.*).

pateréccio *s. m.* (*med.*) giradito, paronichia, patereccio (*pop.*).

paternàle *s. f.* ramanzina, rimprovero, rampogna, riprensione, sermone, predica, predicozzo (*fam.*), rimbrotto, cicchetto, tirata, rabbuffo, sgridata, strigliata, risciacquata (*fig., fam.*) **CONTR.** lode, elogio, plauso, approvazione.

patèrno *agg.* ***1*** di padre, da padre **CFR.** materno ***2*** benevolo, amorevole, benigno, affettuoso, condiscendente, comprensivo **CONTR.** ostile, severo, scostante, duro.

patètico *agg.* ***1*** (*di persona, di fatto*) mesto, malinconico □ commovente □ pietoso ***2*** (*di cenno, di discorso, ecc.*) svenevole, affettato, lacrimoso, sdolcinato, teatrale (*fig., spreg.*).

pàthos [dal gr. *páthos* 'patimento, commozione, affetto'] *s. m. inv.* patos, lirismo, liricità, intensità di sentimento, emozione, sentimento, passione, emotività, commozione □ malinconia **CONTR.** freddezza, indifferenza. *V. anche* EMOZIONE

patìbile *agg.* soffribile, sopportabile **CONTR.** insopportabile.

patibolàre *agg.* degno del patibolo □ (*est.*) sinistro, bieco, torvo, feroce, cupo, minaccioso, losco, tenebroso, pauroso **CONTR.** buono, onesto, sereno, simpatico, mite, pulito.

patìbolo *s. m.* (*est.*) forca, ghigliottina, capestro.

patiménto *s. m.* dolore, male, sofferenza □ doglia (*lett.*), martirio, supplizio, passione, afflizione, tormento, pena, accoramento, affanno, crepacuore, travaglio □ stenti, disagi, privazioni, tribolazioni **CONTR.** gioia, gaudio, esultanza, godimento, soddisfazione.

pàtina *s. f.* strato, velatura, velo, film, vernice, verniciatura, colore □ placca, rivestimento □ apparenza, parvenza.

patire ***A*** *v. tr.* ***1*** (*di fame, di freddo, ecc.*) subire, soffrire, provare, sentire **CONTR.** godere, gustare, assaporare ***2*** (*di insulto, di incomprensione, ecc.*) sopportare, tollerare, consentire, ammettere **CONTR.** causare, provocare ***B*** *v. intr.* ***1*** soffrire, penare, tribolare, angustiarsi □ stentare □ (*di passione*) bruciare **CONTR.** godere, gioire, esultare ***2*** (*per umidità, per siccità, ecc.*) guastarsi, sciuparsi, deteriorarsi, deperire, morire **CONTR.** rafforzarsi, riprendersi, prosperare.

patito ***A*** *part. pass. di* **patire**; *anche agg.* ***1*** (*di danno, di insulto, ecc.*) subito, sofferto, sopportato, tollerato **CONTR.** causato, provocato ***2*** (*di persona, di fisico, ecc.*) sofferente, deperito, smunto, denutrito, malaticcio, scarno, gracile, cagionevole, emaciato, consunto, magro, macilento, affilato, sciupato, stentato □ vizzo, avvizzito **CONTR.** fiorente, sano, florido, rubicondo ***B*** *s. m.* ***1*** (*raro*) innamorato ***2*** fanatico, fan (*ingl.*), ammalato, esaltato, maniaco, tifoso.

patologìa *s. f.* (*est.*) malattia. *V. anche* MALATTIA

pàtria *s. f.* luogo natale, luogo di origine, città, paese, nazione, terra, madrepatria, casa □ zona, terra **CONTR.** estero, paese straniero, terra straniera. *V. anche* NAZIONE

patriàrca *s. m.* ***1*** capostipite ***2*** (*est.*) capofamiglia.

patrimoniàle ***A*** *agg.* del patrimonio □ ereditario ***B*** *s. f.* imposta sul patrimonio.

patrimònio *s. m.* ***1*** sostanza, averi, beni, fortuna, proprietà, ricchezza, mezzi, capitale, risorse, roba (*fam.*), censo (*raro*), asse (*dir.*) ***2*** (*fig.*) (*di cultura, di affetti, ecc.*) retaggio, bagaglio, eredità, valore. *V. anche* FORTUNA

patriòta *s. m. e f.* ***1*** (*pop.*) compatriota, connazionale, concittadino, compaesano ***2*** (*della Resistenza*) partigiano, antifascista, gappista **CONTR.** fascista.

patriottìsmo *s. m.* amor patrio, nazionalismo.

patrìzio ***A*** *agg.* (*est.*) nobile, nobiliare, aristocratico, gentilesco (*lett.*), gentilizio **CONTR.** popolare, comune, popolano, plebeo, borghese ***B*** *s. m.* nobile, nobiluomo, aristocratico, comune, titolato, blasonato, gentiluomo.

patrocinàre *v. tr.* ***1*** (*dir.*) difendere, assistere, rappresentare **CONTR.** accusare, perseguire ***2*** (*est.*) (*di candidatura, di proposta, ecc.*) proteggere, sostenere, perorare, propugnare, appoggiare, auspicare **CONTR.** avversare, respingere, combattere.

patrocinàto *part. pass. di* **patrocinare**; *anche agg. e s. m.* ***1*** (*dir.*) difeso, assistito, rappresentato, cliente ***2*** (*est.*) (*di candidato, di proposta, ecc.*) sostenuto, appoggiato, protetto **CONTR.** avversato, combattuto.

patrocinatóre *s. m.* ***1*** (*dir.*) difesa (*est.*) □ patrocinante, difensore, avvocato, legale **CONTR.** accusa □ rappresentato, patrocinato, assistito, cliente ***2*** (*est.*) (*di arti, di lettere, ecc.*) protettore, sostenitore, mecenate.

patrocìnio *s. m.* difesa, tutela, assistenza, protezione, patronato, auspici, egida.

patron */fr.* pa'trɔ̃/ [vc. fr., propr. 'patrono'] *s. m. inv.* ***1*** (*gener.*) capo, padrone ***2*** (*sport*) organizzatore.

patróna *s. f.* ***1*** (*di santa*) protettrice ***2*** (*di istituzione*) madrina, presidentessa, promotrice.

patróno *s. m.* ***1*** (*dir.*) difensore, avvocato ***2*** (*di santo*) protettore ***3*** (*di istituzione*) promotore.

pàtta (1) *s. f.* pareggio, pari, parità **FRAS.** *fare pari e patta*, pareggiare.

pàtta (2) *s. f.* (*di abito*) pattina, finta.

patteggiaménto *s. m.* contrattazione, negoziato, negoziazione, trattativa.

patteggiàre ***A*** *v. tr.* trattare, negoziare, contrattare □ concordare, pattuire, stabilire, stipulare ***B*** *v. intr.* trattare, accordarsi, mercanteggiare □ scendere a patti □ transare **CONTR.** irrigidirsi.

pattinàggio *s. m.* (*su rotelle*) schettinaggio, skating (*ingl.*).

pattìno *s. m.* moscone.

pàtto *s. m.* ***1*** accordo, convenzione, negoziato, concordato, trattato, intesa □ alleanza, coalizione □ contratto, impegno, obbligo ***2*** (*est.*) promessa ***3*** condizione, clausola, se ***4*** legge **FRAS.** *venire a patti*, trattare, transare. *V. anche* COALIZIONE

pattùglia *s. f.* drappello, commando, guardia, ronda.

pattugliàre *v. tr.*; *anche intr.* sorvegliare, perlustrare.

pattuìre *v. tr.* concordare, stabilire, stipulare, fissare, convenire, convenzionare, concludere □ patteggiare, trattare, contrattare.

pattuìto *part. pass. di* **pattuire**; *anche agg.* stabilito, concordato, convenuto, stipulato, definito, inteso.

pattùme *s. m.* immondizia, immondezza, spazzatura, rifiuti, lordura □ (*est.*) robaccia, porcheria. *V. anche* RIFIUTO

pattumièra *s. f.* portaimmondizie □ immondezzaio.

patùrnia *s. f. spec. al pl.* (*pop.*) malumore, stizza □ tristezza, malinconia.

paùra *s. f.* ***1*** spavento, terrore, panico, fifa (*fam.*), cacarella (*volg., fig.*), spaghetto, tremarella (*fam.*), strizza □ sgomento, sbigottimento, smarrimento □ orrore, fobia, ribrezzo, raccapriccio □ pavidità, pusillanimità, vigliaccheria, codardia (*lett.*) **CONTR.** coraggio, virtù (*est. lett.*), ardire, ardimento, intrepidezza, animo, animosità, audacia, baldanza □ (*fig.*) cuore, fegato ***2*** trepidazione, trepidanza, batticuore □ timore, preoccupazione, apprensione, ansia, inquietudine, allarme □ sospetto **CONTR.** sicurezza, serenità, tranquillità, fermezza, risolutezza.

PAURA
sinonimia strutturata

La **paura** consiste in un intenso turbamento misto a preoccupazione e inquietudine per qualcosa di reale o immaginario che è o sembra capace di a produrre gravi danni o di costituire un pericolo: *paura della morte, del fulmine*; *prima degli esami ho molta paura*; *impallidire per la paura.* Nelle parole composte, equivale a paura il secondo elemento **-fobia**: *agorafobia.* Sinonimo familiare di paura è **fifa**; più forte è il **terrore**: *ho il terrore di non farcela*; *avere terrore del buio*; equivalente è il significato figurato del volgare **cacarella**.

Lo **spavento** si differenzia perché assale improvvisamente in seguito alla repentina consapevolezza o sensazione di essere in presenza di un pericolo: *provare un grande spavento*; simile è il **panico**, che annulla la ragione e impedisce ogni reazione logica: *la folla era in preda al panico*. Equivalente ma d'uso regionale è **spaghetto**, mentre **strizza** appartiene al linguaggio familiare: *prendersi uno spaghetto*; *che strizza!*; familiare è anche **tremarella**, in senso estensivo e figurato, che è più debole e indica una leggera paura: *questi racconti mi hanno messo la tremarella*. Più forte è **tremore**, inteso figuratamente, che richiama l'immagine di un vero tremito dovuto alla paura: *reagire senza alcun tremore*. Sempre provocato da avvenimenti esterni è lo **sgomento**, che però è uno stato di turbamento, depressione, ansia angosciosa meno intenso e più duraturo: *lasciarsi vincere, riprendersi dallo sgomento*; molto vicino è **sbigottimento**, che si distingue perché evoca un senso di stupore: *lo sbigottimento generale*; più debole è lo **smarrimento**, che suggerisce disorientamento. La paura può inoltre provocare un'impressione di freddo, cioè di **gelo**: *sentì il gelo penetrargli nelle ossa*.

Un timore profondo e quasi incontrollabile si dice letterariamente **orrore**: *orrore della morte*; nel suo uso più comune, il termine indica forte ripugnanza: *ho orrore del sangue*; si dice infatti *film, romanzo dell'orrore* quello il cui contenuto è prevalentemente costituito da scene e situazioni che provochino violenta paura e schifo. Meno incisivi sono **ribrezzo** e **raccapriccio**, che pure indicano repulsione: *i ragni mi fanno ribrezzo*; *sentirsi rizzare i capelli per il raccapriccio*. Se l'orrore, la paura per determinati oggetti o situazioni appare irrazionale, eccessiva o patologica è una **fobia**.

Chi è sempre pauroso è caratterizzato da **pavidità**. Più incisivi sono **pusillanimità**, **vigliaccheria** e **codardia**, che segnalano viltà e debolezza d'animo: *dar prova di vigliaccheria*.

Quasi equivalente a paura è **timore**, che indica uno stato d'animo ansioso provocato da un disagio o male imminente: *vivere in continuo timore*; *timore degli esami*; il termine corrisponde anche a **preoccupazione**: *i tuoi timori sono irragionevoli*; *la sua salute desta preoccupazione*; l'agitazione più o meno irragionevole che deriva dal timore di eventi dolorosi o pericolosi si dice anche **inquietudine**, **apprensione** o **ansia**: *tenere nell'inquietudine*; *stare in apprensione, in ansia se qualcuno ritarda*. Più forte è l'ultimo termine, che in psicologia designa uno stato emotivo spiacevole, con un senso di oppressione, agitazione e timore di un male futuro, la cui caratteristica principale è la scomparsa o la notevole diminuzione del controllo razionale della personalità. **Allarme** sottolinea particolarmente l'attesa di un pericolo: *mettere in allarme*; un'idea di diffidenza è evocata invece da **sospetto**, che pure indica un cattivo presentimento: *ho il sospetto che voglia ingannarmi*.

Molto vicini ad apprensione sono **trepidazione** e il letterario **trepidanza**, che però possono suggerire anche un'attesa emozionante e positiva; lo stesso vale per il senso figurato di **batticuore**.

paurosaménte *avv.* ***1*** spaventosamente, spaventevolmente, terribilmente, orribilmente, tremendamente CONTR. allegramente, piacevolmente ***2*** pavidamente, codardamente □ timorosamente, timidamente, trepidamente CONTR. arditamente, audacemente, coraggiosamente, impavidamente, intrepidamente, valorosamente ***3*** (*est., fam.*) straordinariamente, incredibilmente, eccezionalmente CONTR. modestamente, poco.

pauróso *agg.* ***1*** spaventoso, terrificante, orrendo, orribile, terribile, spaventevole, allucinante, raccapricciante, tremendo CONTR. divertente, allegro, piacevole, allettante, attraente, seducente ***2*** (*est., fam.*) straordinario, incredibile, eccezionale, fenomenale, formidabile □ inusitato, raro CONTR. piccolo, insignificante ***3*** (*di persona*) pavido, pusillanime, codardo, vile, vigliacco, timoroso □ fifone (*fam., scherz.*), coniglio (*fig.*) CONTR. coraggioso, impavido, intrepido, audace, ardito, temerario, ardimentoso, baldanzoso, prode (*lett.*), bravo, valoroso ***4*** impaurito, spaurito, sbigottito, spaventato, sgomento, tremante, tremebondo CONTR. calmo, sereno, tranquillo ***5*** timido, irresoluto, trepidante, trepido, ansioso, inquieto, ubbioso (*raro*) □ pecorone (*fig.*), imbelle CONTR. sicuro, risoluto, deciso, fermo □ energico, agguerrito. *V. anche* TIMIDO

pàusa *s. f.* intervallo, intermezzo, interludio (*fig., lett.*), sosta, fermata, interruzione, posa, indugio, stasi, sospensione, intermissione (*lett.*), mora (*raro, lett.*), break (*ingl.*) □ requie, riposo, respiro □ cesura (*fig.*) □ tregua, armistizio CONTR. continuazione, proseguimento.

pàvido *agg.*; *anche s. m.* ***1*** pauroso, pusillanime, codardo, vigliacco, vile, timoroso, trepidante, coniglio, fifone (*fam., scherz.*), cacasotto (*fig., volg., spreg.*) CONTR. coraggioso, impavido, intrepido, audace, ardito, temerario, baldo, ardimentoso, baldanzoso, eroe, eroico ***2*** timido, irresoluto, trepidante, ansioso, inquieto CONTR. sicuro, fermo, deciso, risoluto □ intraprendente. *V. anche* TIMIDO

pavimentàre *v. tr.* lastricare, selciare, ammattonare CONTR. disselciare.

pavimentazióne *s. f.* impiantito, piancito (*dial.*), pavimento □ selciato, lastricato, lastricatura, acciottolato.

paviménto *s. m.* impiantito, pavimentazione, piancito (*dial.*) □ assito, tavolato □ (*di strada, ecc.*) selciato, ammattonato, lastricato □ (*est.*) suolo, terra CONTR. soffitto.

pavóne *s. m.* (*fig.*) (*di persona*) fatuo, vanaglorioso, vanesio, vanitoso, tronfio CONTR. umile, modesto FRAS. *farsi bello con le penne del pavone*, attribuirsi i meriti altrui.

pavoneggiàrsi *v. intr. pron.* compiacersi, vantarsi, ostentare, gonfiarsi, vagheggiarsi (*lett.*), gloriarsi, vanagloriarsi, sfoggiare, pompeggiare CONTR. umiliarsi, deprezzarsi.

pazientàre *v. intr.* **1** tollerare, subire, sopportare, abbozzare **2** attendere, aspettare **CONTR.** scalpitare, spazientirsi.

paziènte ***A*** *agg.* **1** buono, tollerante, mite, mansueto, longanime, indulgente, clemente, condiscendente □ calmo, flemmatico **CONTR.** impaziente, insofferente, intollerante □ nervoso, nevrotico □ ansioso, smanioso □ severo, esigente □ litigioso, stizzoso **2** (*di lavoro, di studio, ecc.*) diligente, meticoloso, preciso, certosino (*fig.*) **CONTR.** affrettato, frettoloso, trasandato, impreciso ***B*** *s. m.* e *f.* sofferente, ammalato, malato, ricoverato, degente **CONTR.** sano.

pazienteménte *avv.* **1** con pazienza, tranquillamente, serenamente □ indulgentemente □ flemmaticamente □ filosoficamente, rassegnatamente **CONTR.** impazientemente, nervosamente, smaniosamente, insofferentemente □ rabbiosamente, stizzosamente □ severamente **2** diligentemente, meticolosamente, con precisione **CONTR.** affrettatamente, frettolosamente, trasandatamente.

paziènza *s. f.* **1** sopportazione, rassegnazione, tolleranza, calma, indulgenza, longanimità, mansuetudine, pacatezza □ adattamento □ flemma **CONTR.** impazienza, intolleranza, insofferenza, smania, nervoso (*fam.*) □ litigiosità, stizza □ rigore, severità **2** (*est.*) (*nel lavoro, nello studio, ecc.*) diligenza, precisione, meticolosità, costanza **CONTR.** negligenza, trascuratezza, fretta, imprecisione **3** (*relig.*) scapolare □ cordone dei frati. *V. anche* COSTANZA

pazzaménte *avv.* follemente □ furiosamente □ irragionevolmente, dissennatamente, assurdamente □ eccessivamente, esageratamente, farneticamente (*raro*) □ immensamente □ incredibilmente **CONTR.** equilibratamente, ragionevolmente □ per nulla.

pazzerèllo *agg.* **1** *dim.* di **pazzo** **2** (*fig., scherz.*) capriccioso, bizzarro, stravagante, balzano, fantasioso, ghiribizzoso (*raro*), strano, strambo, picchiatello (*scherz.*) **CONTR.** equilibrato, savio, saggio.

pazzésco *agg.* **1** folle, demenziale, dissennato, insensato, pazzoide, furioso □ strambo, stravagante □ esaltato □ irrazionale, sconclusionato, incoerente **CONTR.** equilibrato, savio, razionale, ragionevole, logico, tranquillo, calmo **2** (*fam.*) incredibile, straordinario, sbalorditivo, eccezionale, fenomenale □ inaudito □ assurdo, paradossale □ bellissimo, da luna (*gerg.*) **CONTR.** comune, solito, normale, consueto □ brutto, modesto, da poco. *V. anche* ASSURDO

pazzìa *s. f.* **1** (*di mente*) insania, follia, demenza, alienazione, aberrazione, anormalità, squilibrio □ mania □ dissennatezza □ delirio, farnetico □ mattana (*fam.*) □ furia, frenesia □ (*psicol.*) psicopatia **CONTR.** ragione, equilibrio, senno □ ragionevolezza, saggezza **2** (*est.*) (*di comportamento, di azione, ecc.*) stravaganza, bizzarria, assurdità, stoltezza, nonsenso, balordaggine, stranezza, stramberia, strampaleria, eccentricità, originalità □ capriccio, ghiribizzo **CONTR.** assennatezza, normalità, sensatezza, buonsenso.

pàzzo *agg.*; *anche s. m.* **1** folle, matto, mentecatto, demente, alienato, insano, squilibrato, psicopatico □ forsennato, maniaco **CONTR.** saggio, savio, ragionevole, assennato, normale **2** (*est.*) sciocco, stolto, cieco, demenziale, dissennato, insensato, sconsiderato, irragionevole, scriteriato **CONTR.** ragionevole, sensato, equilibrato, prudente **3** (*fig.*) stravagante, strano, bizzarro, strambo, eccentrico, originale, ghiribizzoso (*raro*) **CONTR.** normale, sensato **4** (*fig.*) eccezionale, eccessivo, enorme **CONTR.** piccolissimo. *V. anche* MATTO

pazzòide *agg.*; *anche s. m.* e *f.* mattoide □ strano, stravagante, strambo, bizzarro, eccentrico, strampalato, squinternato **CONTR.** normale, saggio, savio, equilibrato.

PC /pit'tʃi*/ *s. m. inv.* sigla di **personal computer**.

pècca *s. f.* difetto, mancanza, manchevolezza □ imperfezione, menda, macchia, magagna, fallo, vizio, neo □ debolezza **CONTR.** pregio, virtù, merito, dote. *V. anche* DEBOLEZZA, IMPERFEZIONE

peccaminóso *agg.* colpevole □ vizioso, torbido, malsano (*fig.*) □ scellerato, delittuoso **CONTR.** innocente, candido, virtuoso.

peccàre *v. intr.* mancare, trasgredire, delinquere, fallare (*raro*), errare, sbagliare.

peccàto *s. m.* colpa, mancanza, fallo, delitto, vizio, errore, sbaglio, caduta □ traviamento, pervertimento □ male **CONTR.** virtù, innocenza, candore.

peccatóre *s. m.*; *anche agg.* (*f.* *-trice*) colpevole, trasgressore, vizioso, reo, malfattore □ traviato **CONTR.** giusto, innocente, santo **FRAS.** *pubblica peccatrice*, prostituta.

péce *s. f.* (*est.*) bitume, catrame, colla, resina **FRAS.** *pece greca*, colofonia.

pècora *s. f.* **1** ovino **2** (*fig.*) (*di persona*) timido, mansueto □ rassegnato, debole, pavido, pauroso □ vile, codardo **CONTR.** lupo, leone □ audace, risoluto, coraggioso, ardito **FRAS.** *pecora nera* (*fig.*), persona riprovevole o di cui ci si vergogna □ *contare le pecore* (*fig.*) non riuscire a dormire □ *essere una pecora segnata* (*fig.*), essere la vittima di tutti.

pecoràio *s. m.* **1** pastore **2** (*fig.*) (*di persona*) zoticone, ignorantone, rozzo, selvatico **CONTR.** raffinato.

pecorìno *agg.* (*di formaggio, ecc.*) ovino.

pecoróne *s. m.*; *anche agg.* **1** *accr.* di **pecora** **2** (*fig.*) sottomesso, servile, sciocco, pavido, pauroso, vile, codardo **CONTR.** ribelle, ardimentoso, risoluto, indipendente, coraggioso.

peculàto *s. m.* (*dir.*) malversazione □ (*est.*) mangeria, mangiatoia, mangiatoria, ruberia, furto, sottrazione.

peculiàre *agg.* particolare, proprio, precipuo, tipico, specifico, caratteristico □ esclusivo □ speciale □ singolare **CONTR.** generale, universale, comune.

peculiarità *s. f.* caratteristica, particolarità, particolare, prerogativa, tipicità, qualità □ specialità □ singolarità **CONTR.** generalità.

pedàggio *s. m.* tassa, tributo □ dazio, gabella.

pedagògico *agg.* educativo, didattico (*est.*), istruttivo □ scolastico.

pedagògo *s. m.* istitutore, precettore, aio, maestro, educatore, docente, insegnante **CONTR.** studente, allievo, alunno, discepolo, discente.

pedalìno *s. m.* **1** *dim. di* **pedale** **2** (*fam.*) calzino, calzetta, calza, calzerotto.

pedàna *s. f.* **1** poggiapiedi, predella **2** palco, podio □ passerella (*est.*), pista (*est.*) **3** tappeto, scendiletto.

pedànte *agg.*; *anche s. m. e f.* **1** sofistico, formalista, formalistico, rigorista, pedantesco (*spreg.*), cattedratico □ (*di persona*) grammatico (*est., spreg.*), linguaiolo (*spreg.*), professore (*est., spreg.*) □ (*di linguaggio*) burocratico (*fig.*), cancelleresco, curialesco (*spreg.*) **CONTR.** agile, spigliato, semplice, familiare **2** (*est.*) pignolo, meticoloso, minuzioso, fiscale (*fig.*), scrupoloso □ tedioso, noioso, lagnoso □ pittima (*fig.*), impiastro (*fig., fam.*), cataplasma (*fig.*), mattone (*est.*), piaga (*fig., scherz.*) □ saccente, sentenzioso, sputasentenze **CONTR.** sbrigativo, disinvolto □ piacevole, leggero, divertente, brioso, vivace □ facilone, sciatto, trascurato.

pedanterìa *s. f.* meticolosità, meticolosaggine, scrupolosità, pignoleria, pedantaggine (*raro*), formalismo, accademismo, rigorismo, minuzia, capziosità, cavillosità, noiosità, sofisticheria, tediosità □ saccenteria, sentenziosità **CONTR.** disinvoltura, leggerezza, vivacità, piacevolezza, brio □ faciloneria, sciatteria.

pedàta *s. f.* **1** impronta, orma, traccia, pesta **2** calcio **3** parte orizzontale di un gradino **CONTR.** alzata. *V. anche* IMPRONTA

pederàsta *s. m.* omosessuale, gay (*ingl.*).

pedèstre *agg.* (*fig.*) banale, mediocre, comune, umile, basso, dimesso, ordinario, pedissequo **CONTR.** pregevole, nobile, elevato, poetico, geniale, originale, profondo, estroso.

pedicèllo *s. m.* **1** (*bot.*) peduncolo, gambo, stelo, picciolo **2** (*region.*) foruncolo.

pedicùre *s. m. e f. inv.* callista.

pedigree /*ingl.* 'pedigri:/ [vc. ingl., dal fr. *pied de grue* 'piede di gru', dal segno di cui ci si serviva nei registri ufficiali inglesi per indicare i gradi o le ramificazioni di una genealogia] *s. m. inv.* **1** (*di animale*) genealogia **2** certificato genealogico.

pedìna *s. f.* **1** (*nei giochi di scacchiera*) pedone **2** (*fig.*) (*di persona*) emissario, strumento.

pedinàre *v. tr.* seguire, tallonare □ spiare, sorvegliare, braccare.

pedìssequo *agg.*; *anche s. m.* pedestre, impersonale, basso **CONTR.** originale, geniale, individuale, autonomo, libero.

pedòmetro *s. m.* contapassi.

pedóne s. m. **1** camminatore, passante **2** pedina.

pedùncolo *s. m.* (*bot.*) pedicello, gambo, stelo, picciolo, filamento.

pèggio **A** *avv.* **1** *compar. di* **male** **2** in modo peggiore, peggiormente (*raro*), meno bene **CONTR.** meglio **3** (*di vedere, di sentire, ecc.*) meno chiaramente, meno distintamente, meno limpidamente, meno luminosamente, meno manifestamente, meno speditamente **CONTR.** meglio **4** (*con compar. e sup.*) meno **CONTR.** meglio, più **B** *agg. inv.* **1** peggiore **CONTR.** migliore **2** meno opportuno, meno preferibile **CONTR.** preferibile, meglio **C** *s. m. e f.* cosa peggiore, parte peggiore, scoria **CONTR.** meglio, fiore, optimum (*lat.*), massimo, top (*ingl.*) **FRAS.** *alla peggio*, nell'ipotesi peggiore □ *alla meno peggio*, come si può; in qualche modo; più male che bene □ *avere la peggio*, essere battuto □ *per il peggio*, nel modo peggiore.

peggioraménto *s. m.* aggravamento, inasprimento, recrudescenza □ scadimento □ decadenza, declino □ crisi □ deperimento □ deterioramento □ imbruttimento □ regressione, involuzione, regresso **CONTR.** miglioramento, risanamento □ perfezionamento, affinamento, raffinamento □ rifioritura, ripresa, schiarita □ abbellimento □ progresso.

peggioràre **A** *v. tr.* deteriorare, danneggiare □ aggravare, inasprire □ rovinare, guastare □ imbruttire **CONTR.** migliorare, affinare, perfezionare □ rigenerare, risanare □ abbellire □ correggere □ normalizzare **B** *v. intr.* deteriorarsi, aggravarsi, inasprirsi, regredire, degenerare **CONTR.** migliorare, alleggerirsi, progredire, sanarsi □ normalizzarsi **C** *in funzione di s. m. solo sing.* peggioramento, aggravamento, recrudescenza, inasprimento **CONTR.** miglioramento, alleggerimento. *V. anche* GUASTARE, SCADERE

peggióre *agg.* **1** *compar. di* **cattivo** **2** inferiore, dammeno, peggio, ultimo (*est.*) **CONTR.** migliore, meglio, superiore **3** più cattivo, più brutto **CONTR.** migliore **4** meno utile, meno vantaggioso, deteriore **CONTR.** migliore **FRAS.** *rendere peggiore*, peggiorare.

pégno *s. m.* **1** malleveria, cauzione, caparra, arra, acconto **2** (*fig.*) (*di amicizia, di fedeltà, ecc.*) segno, testimonianza, prova, attestato.

pelàme *s. m.* mantello, vello, manto, pelo.

pelandróne *s. m.* scansafatiche, ozioso, poltrone, pigro, pigrone, infingardo, bighellone, fannullone, perdigiorno, sfaccendato, vagabondo, neghittoso, scioperato, ciondolone **CONTR.** attivo, solerte.

pelapatàte *s. m. inv.* sbucciapatate.

pelàre **A** *v. tr.* **1** (*di animale*) spiumare, spennare, spelare □ spennacchiare, spelacchiare **2** (*di patate, di mela, ecc.*) sbucciare, spellare, mondare **3** (*di persona*) radere, depilare, sbarbare □ tosare (*scherz.*), rapare **4** (*fig.*) (*di vento, di freddo, ecc.*) pungere, scorticare, screpolare **5** (*fig.*) (*di persona, di cliente*) scorticare (*fig.*), ripulire (*fig.*), spennare (*fig.*), sfruttare (*fig.*), mungere (*fig.*), spolpare (*fig.*), spremere (*fig.*), strozzare (*fig.*), mettere in bolletta, rapinare, far pagare salato **B** **pelarsi** *v. intr. pron.* raparsi, radersi □ perdere i capelli.

pelàta *s. f.* **1** (*anche scherz.*) rasatura □ rapata, tosatura (*scherz.*) **2** calvizie, chierica (*est., scherz.*) **3** (*fig.*) (*di cliente*) scorticata (*fig.*), rapina, salassata.

pelàto **A** *part. pass. di* **pelare**; *anche agg.* **1** (*di animale*) spennato, spelato, spiumato, spellato □ spelacchiato **2** (*di patata, di mela, ecc.*) sbucciato **3** (*di viso, di testa, ecc.*) rapato, raso, rasato, depilato, sbarbato, glabro □ calvo **CONTR.** peloso, villoso □ capelluto, zazzeruto **4** (*di mano, di tronco, ecc.*) escoriato, scorticato **B** *s. m.* (*al pl.*) (*cuc.*) pomodori in scatola.

pellàccia *s. f.* **1** *pegg. di* **pelle** **2** (*fig.*) (*di persona*) duro **CONTR.** debole **3** (*fig., spreg.*) volpone, furbacchione, astuto **CONTR.** ingenuo, innocente.

pellàme *s. m.* pelli conciate, cuoiame, pelle.

pèlle *s. f.* **1** cute, epidermide, derma **2** (*est.*) carnagione, incarnato ***3*** cotenna, cotica ***4*** (*est.*) (*di frutta, di patata, ecc.*) buccia, scorza, corteccia, tegumento, membrana ***5*** pellame, cuoio ***6*** (*di muro, di metallo, ecc.*) tonaca, crosta, rivestimento, strato, pellicola ***7*** (*fig.*) superficie ***8*** (*fig., fam.*) vita, ghirba (*gerg.*) □ salute **FRAS.** *a fior di pelle*, superficialmente □ *avere i nervi a fior di pelle* (*fig.*), essere nervosissimo, essere molto teso □ *in pelle* (*fig.*), alla superficie □ *fare la pelle*, uccidere □ *lasciarci la pelle* (*fig.*), morire □ *non stare più nella pelle* (*fig.*), non contenersi più □ *essere pelle e ossa*, essere magrissimo □ *non volere essere nella pelle di uno*, non volere essere nella situazione di uno □ *amici per la pelle*, amici inseparabili □ *pelle sintetica*, skai.

pellegrìno ***A*** *agg.* ***1*** errante, ramingo, vagabondo **CONTR.** sedentario ***2*** (*lett.*) forestiero, straniero **CONTR.** indigeno, locale ***B*** *s. m.* ***1*** (*raro*) romeo (*ant.*), viandante, viaggiatore ***2*** (*al pl.*) pellegrinaggio.

pelleróssa *s. m.* e *f.* indiano (del Nord America).

pelletterìa *s. f.* oggetti in pelle □ (*est.*) valigeria.

pellìccia *s. f.* pelo, vello.

pellicina *s. f.* membrana, cuticola, buccia.

pellìcola *s. f.* ***1*** pelle, membrana, cuticola, buccia, film (*ingl.*), rivestimento, velo □ squama ***2*** bobina, rullino, pizza (*gerg.*) □ cinema.

pélo *s. m.* ***1*** capello, ciglio, baffo, barba, crine ***2*** peluria, lanugine □ lana □ filamento ***3*** (*di animale*) tricoma, setola □ pelliccia, vello, manto, mantello, pelame ***4*** (*di vegetale*) fibra, tricoma ***5*** (*di liquido*) superficie, livello ***6*** (*di marmo, di muro e sim.*) fessura, crepa, incrinatura ***7*** (*di tempo, di cosa, ecc.*) pochissimo, nonnulla, nulla **CONTR.** molto, moltissimo **FRAS.** *lisciare il pelo* (*fig.*), adulare; picchiare di santa ragione □ *avere il pelo al cuore* o *sullo stomaco* (*fig.*), essere crudele, essere senza scrupoli, essere insensibile □ *non avere peli sulla lingua* (*fig.*), parlare senza mezzi termini □ *cercare il pelo nell'uovo* (*fig.*), essere molto pignolo □ *essere a un pelo da* (*fig.*), essere lì lì per □ *levare il pelo* (*fig.*), rimproverare aspramente □ *rizzare il pelo* (*fig.*), prepararsi a reagire □ *pel di carota* (*fig.*), persona dai capelli rossi □ *di primo pelo*, giovanissimo; (*fig.*) inesperto, ingenuo □ *non torcere un pelo* (*fig.*), non fare alcun male □ *non ci corre un pelo*, non c'è la minima differenza.

pelóso *agg.* ***1*** villoso, setoloso, lanoso, velloso, capelluto, barbuto, selvoso (*fig.*) □ ispido, irsuto **CONTR.** glabro, pelato, spelacchiato, imberbe ***2*** (*fig.*) (*di bontà, di carità e sim.*) interessato, fatto per interesse **CONTR.** disinteressato.

pelùria *s. f.* villosità, lanugine, lanuggine (*raro*), calugine (*raro*), pelosità, pelo □ tomento (*bot.*).

péna *s. f.* ***1*** castigo, punizione, penitenza, espiazione □ condanna □ ammenda, sanzione □ fio (*fig.*) **CONTR.** ricompensa, premio ***2*** (*est.*) (*fisica o morale*) tormento, supplizio, martirio, calvario (*fig.*), croce (*fig.*), tortura, sofferenza, ferita (*fig.*), spina (*fig.*), dolore, patimento, afflizione, strazio, infelicità **CONTR.** gioia, gaudio, godimento, piacere, sollievo ***3*** angoscia, apprensione, cruccio, struggimento, inquietudine, angustia (*fig.*), affanno, travaglio, cura (*lett.*) □ tarlo (*fig.*), rovello □ pietà, compassione **CONTR.** gioia, piacere, sollievo ***4*** stento, fatica, sforzo, difficoltà, tribolazione **CONTR.** facilità **FRAS.** *a pena di, sotto pena di* (*fig.*), con minaccia di □ *prendersi pena*, affaticarsi □ *valere la pena*, meritare, convenire. *V. anche* PUNIZIONE

penàle ***A*** *agg.* (*est.*) giudiziario ***B*** *s. f.* (*est.*) multa, ammenda, contravvenzione, sanzione, penalità □ (*sport*) penalità, penalty (*ingl.*).

penalizzàre *v. tr.* ***1*** punire **CONTR.** depenalizzare □ premiare ***2*** (*est.*) trascurare **CONTR.** curare.

penalty /*ingl.* 'penlti/ [vc. ingl., dal fr. *pénalité* 'penalità'] *s. f. inv.* (*sport*) punizione □ rigore. *V. anche* PUNIZIONE

penàre *v. intr.* ***1*** patire, soffrire, tormentarsi, affliggersi, angosciarsi, consumarsi, angustiarsi □ spasimare **CONTR.** godere, gioire ***2*** faticare, stentare, tribolare, sudare (*fig.*).

pencolànte *part. pres. di* **pencolare**; *anche agg.* ***1*** pendente □ vacillante, barcollante, oscillante, ondeggiante □ pericolante **CONTR.** saldo, fermo, fisso ***2*** (*fig.*) tentennante, titubante, esitante **CONTR.** sicuro, deciso.

pencolàre *v. intr.* ***1*** pendere, penzolare □ vacillare, barcollare, ciondolare, oscillare, ondeggiare **CONTR.** stare fermo, stare saldo ***2*** (*fig.*) tentennare, dubitare, titubare, esitare **CONTR.** essere deciso, essere sicuro.

pendàglio *s. m.* ciondolo, pendente, penzolo, medaglione.

pendènte ***A*** *part. pres. di* **pendere**; *anche agg.* ***1*** appeso, sospeso, pensile (*lett.*) □ pendulo, pencolante □ inclinato, spiovente, declive (*lett.*) **CONTR.** ritto, diritto, rigido ***2*** (*fig.*) (*di causa, di problema, ecc.*) irrisolto, sospeso **CONTR.** risolto, concluso, finito, deciso ***B*** *s. m.* ciondolo, pendaglio, orecchino.

pendènza *s. f.* ***1*** pendio, declivio, declino (*lett.*), declività (*lett.*), pendice, calata, costa, salita, discesa ***2*** inclinazione, dislivello ***3*** (*dir.*) vertenza, controversia ***4*** (*fig.*) conto, debito **CONTR.** credito.

pèndere *v. intr.* ***1*** (*di cosa*) spenzolare, penzolare, ciondolare, scendere, dondolare, oscillare, cadere, ricadere, ricascare □ piegarsi, volgersi, tendere **CONTR.** alzarsi, ergersi ***2*** (*di terreno, di muro, ecc.*) strapiombare, inclinarsi, declinare **CONTR.** essere diritto ***3*** (*fig.*) (*di pericolo*) incombere, minacciare, sovrastare ***4*** (*fig.*) (*di persona*) tentennare, esitare, titubare **CONTR.** essere sicuro, essere deciso ***5*** (*fig.*) (*di disposizione, di decisione, ecc.*) propendere, tendere **CONTR.** avversare, essere contrario **FRAS.** *la bilancia pende dalla sua parte* (*fig.*), la situazione gli è favorevole □ *pendere dalle labbra di uno* (*fig.*), ascoltare uno con attenzione; dipendere da uno. *V. anche* SCENDERE

pendìo *s. m.* pendenza, inclinazione, declivio, clivo (*lett.*), china, calata □ discesa, scesa □ scoscendimento, scarpata.

pène *s. m.* (*anat.*) membro, verga (*pop.*), fallo, pisello (*pop.*), cazzo (*volg.*), uccello (*pop., volg.*).

penetrànte *part. pres. di* **penetrare**; *anche agg.* ***1*** compenetrante, perforante □ appuntito, aguzzo, affilato ***2***

(*di odore, di suono, ecc.*) acre, acuto, pungente **CONTR.** debole, roco **3** (*fig.*) (*di sguardo, di parola, ecc.*) profondo, vivido □ attento, acuto □ folgorante □ caustico **CONTR.** inespressivo, superficiale **4** (*fig.*) (*di dolore*) straziante, lancinante. *V. anche* ROBUSTO

penetràre ***A*** *v. intr.* entrare, addentrarsi, introdursi, insinuarsi, internarsi, ficcarsi, spingersi, incunearsi, infiltrarsi, infilarsi □ radicarsi □ attraversare, passare □ filtrare, compenetrare □ irrompere, invadere □ (*di sentiero*) imboccare, infilare **CONTR.** uscire, sortire (*pop.*), allontanarsi □ erompere, scaturire, sgorgare ***B*** *v. tr.* **1** (*anche fig.*) (*di spada, di sguardo, ecc.*) trapassare, trafiggere **2** (*di liquido, di profumo, ecc.*) permeare, pervadere **CONTR.** emanare, esalare **3** (*di significato, di mistero, ecc.*) comprendere, conoscere, intendere, intuire, leggere, afferrare, capire, decifrare **CONTR.** ignorare, non capire □ travisare, deformare ***C*** **penetrarsi** *v. intr. pron.* (*raro*) compenetrarsi. *V. anche* SPINGERE

penetrazióne *s. f.* **1** addentramento, compenetrazione, infiltrazione, introduzione, invasione **CONTR.** uscita, fuoriuscita **2** (*fig.*) acutezza, intuito, acume, perspicacia, intuizione, sottigliezza **CONTR.** ottusità, torpidità.

penitènte *agg.*; *anche s. m.* espiante □ (*lett.*) pentito, contrito, ravveduto, convertito, umiliato, compunto, mortificato **CONTR.** impenitente, ostinato, pervicace, ribelle, incorreggibile, incallito, sibarita (*fig.*).

penitènza *s. f.* **1** espiazione, ammenda □ castigo, punizione **CONTR.** premio **2** (*est.*) contrizione, pentimento □ ravvedimento **CONTR.** impenitenza (*raro*), ostinazione, protervia **3** sacrificio, privazione, mortificazione, astinenza, digiuno □ (*fig.*) quaresima **CONTR.** baldoria, gozzoviglia, bagordo, bisboccia □ mondanità. *V. anche* PUNIZIONE

penitenziàrio *s. m.* carcere, prigione, reclusorio (*raro*), galera, stabilimento penale, bagno penale □ ergastolo.

pénna *s. f.* **1** (*zool.*) piuma **2** (*per scrivere*) (*est.*) pennino, calamo (*est., lett.*) □ stilografica, pennarello, biro **CONTR.** matita, macchina **3** (*est.*) scrittore **4** (*pl.*) ali □ piume, piumaggio **FRAS.** *a penna*, manoscritto □ *lasciare nella penna* (*fig.*), dimenticare di scrivere qualcosa □ *lasciarci* o *rimetterci le penne* (*fig.*), morire; subire gravissimi danni □ *uomo di penna*, letterato □ *cane da penna*, cane da caccia agli uccelli □ *penne nere*, alpini.

pennàcchio *s. m.* **1** (*di penne*) ciuffo, mazzo, cresta, piumetto □ (*di elmo*) cimiero **2** (*fig.*) (*di fumo e sim.*) sbuffo, fiocco.

pennichèlla *s. f.* (*dial.*) pisolo (*fam.*), pisolino (*fam.*), sonnellino, riposino, siesta, chilo (*fam.*).

pennóne *s. m.* **1** stendardo, bandiera, insegna, banderuola, gagliardetto **2** (*mar.*) antenna **3** (*di bandiera*) asta. *V. anche* BANDIERA

pennùto ***A*** *agg.* piumato **CONTR.** implume, spiumato ***B*** *s. m.* uccello, volatile.

penny /*ingl.* 'peni/ [vc. ingl., da avvicinare al ted. *Pfennig* 'centesimo'] *s. m. inv.* (*di sterlina*) centesimo □ (*est.*) soldo, quattrino.

penómbra *s. f.* semioscurità, crepuscolo, barlume, ombra, rezzo (*poet.*) **CFR.** luce □ buio.

penóso *agg.* **1** (*di situazione, di problema, ecc.*) triste, doloroso, tormentoso, angoscioso, crudele, acerbo (*lett.*), brutto □ increscioso **CONTR.** lieto, grato, gradevole, piacevole, rallegrante **2** (*di compito, di lavoro, ecc.*) molesto, faticoso, fastidioso, affliggente, ingrato, laborioso, greve, gravoso **CONTR.** gradito, piacevole, dilettevole, allettante. *V. anche* CRUDELE

pensàbile *agg.* immaginabile, concepibile □ possibile, presumibile, supponibile **CONTR.** impensabile, inimmaginabile, inconcepibile.

pensànte *part. pres. di* **pensare**; *anche agg.* e *s. m.* e *f.* ragionante, raziocinante, ragionevole, logico, razionale **CONTR.** irragionevole, illogico.

pensàre ***A*** *v. intr.* **1** riflettere, meditare □ ponderare, ponzare, contemplare, considerare □ escogitare, almanaccare, elucubrare □ rimuginare, ruminare (*fig.*), argomentare, arzigogolare, filosofare □ scervellarsi **2** (*a fantasticherie, a viaggi, ecc.*) immaginare, figurarsi, fantasticare, sognare **3** (*a persona o cosa*) guardare, badare □ interessarsi, occuparsi, guardare □ provvedere **CONTR.** disinteressarsi, infischiarsi, fregarsene (*pop.*) ***B*** *v. tr.* **1** (*per lo più seguito da* che) ragionare, arguire, dedurre, congetturare, supporre, credere, opinare, parere, giudicare, stimare, trovare, ritenere, presumere, presupporre □ sospettare **2** (*di partire, di fare, ecc.*) decidere, deliberare □ proporsi, avere in animo, volere, contare **3** (*di trovata, di idea, ecc.*) escogitare, inventare, concepire, ideare, progettare, architettare, macchinare. *V. anche* GIUDICARE

PENSARE
sinonimia strutturata

Il **pensare** consiste nel possedere e utilizzare precise facoltà razionali: *gli esseri umani pensano.* In senso lato, il verbo indica l'adoperarle in relazione a date questioni: *sto pensando alla possibilità di intervenire*; *devi pensare prima di agire*; pensare a lungo e profondamente equivale a **riflettere**, **meditare**: *riflettere sui fatti*; *meditare una pagina, i propri errori*; abbastanza vicino è **filosofare**, che designa l'argomentare con linguaggio e metodo filosofico, ma il verbo è usato quasi sempre con sfumatura ironica per indicare il ragionare su cose banali atteggiandosi da filosofo; così il filosofare con metodo deduttivo si dice **sillogizzare**, che equivale al più familiare **almanaccare**, ossia a lambiccarsi il cervello; **arzigogolare** indica il tessere ragionamenti troppo tortuosi. Il pensare a lungo e con impegno si dice **rimuginare**, **ruminare**; molto vicino è **scervellarsi**, che più che la durata della riflessione ne sottolinea la difficoltà.

È di solito più circoscritto e legato alla quotidianità l'oggetto del **considerare**, che significa sia esaminare che tener presente: *bisogna considerare bene tutte le possibilità*; *considera che sei malato.* Nella prima accezione corrisponde a **ponderare**, che figuratamente indica il sottoporre qualcosa ad attenta analisi prima di giudicare, agire o parlare.

Il pensare può coincidere coll'abbandonarsi alla fantasia, e allora si definisce **fantasticare**: *su cosa* *state fantasticando?* Vicinissimi sono **immaginare** e **sognare**, che però indicano anche il rappresentarsi nella mente qualcosa, e allora equivalgono a **figurarsi**, **contemplare**, **disegnare** in senso figurato.

Se il pensare tende a una valutazione coincide con **giudicare**, **parere**, **ritenere**, **reputare**, **trovare**: *penso che sbagli*; *lo giudico maturo*; *mi pare opportuno andare*; *ritengo sia bene non giudicare*; *reputare necessario qualcosa*; *trovo che hai fatto bene*. Molto vicino è **stimare**, che significa anche avere una buona opinione: *lo stimo fortunato*. Un'ipotesi basata su elementi vaghi o generici è sottintesa da **credere** e ancor più da **congetturare**, immaginare, **supporre** e **presumere**: *non è possibile congetturare nulla di sicuro*; *suppongo che tu non sia d'accordo*; *lo credevo giusto*; non si discosta molto **sospettare**, che indica un generico immaginare oppure il ritenere, da indizi sufficienti, qualcosa o qualcuno diversi da come sembrano o come si vuole che sembrino: *non sospettavo in te tanta crudeltà*; *in quelle parole sospetto un tranello*. Il supporre in anticipo si dice **presupporre**: *presuppongo di sì*. L'essere di una certa opinione e manifestarla si dice **opinare**: *opiniamo che si debba cambiare idea*. Si definisce **dedurre**, **arguire** o raramente **argomentare** il ricavare razionalmente un'idea da fatti o indizi: *dall'addensarsi delle nuvole dedussi che il temporale si avvicinava*. Queste attività si basano quindi sul **ragionare**, ossia sul procedere nel pensiero con rigore logico: *parla senza ragionare*.

Pensare di fare qualcosa equivale ad **avere in animo**, **proporsi** di farlo, ossia averne l'intenzione, prefiggerselo: *cosa pensi di fare?*; *proporsi di visitare Roma*; molto vicini sono **volere**, che suggerisce un desiderio, e **contare**, che evoca una previsione abbastanza certa: *conto di partire domani*; più forti sono **decidere** e **deliberare**, ossia stabilire con determinazione: *decidemmo di partire subito*; *hanno deliberato di non intervenire*; la deliberazione spesso è frutto di una scelta collegiale.

Interessarsi, **occuparsi**, **guardare**, **badare** a qualcosa o a qualcuno equivale a pensarci o curarsene: *bada ai fatti tuoi*; pensare a qualcosa equivale anche a **provvedere**, ossia a disporre le cose in modo opportuno: *provvedo io alla tua sistemazione*.

Il farsi venire in mente qualcosa di nuovo si dice pensare, oppure più specificamente **inventare**: *ne pensa sempre una*; *inventare un sistema di vendita*; il verbo indica anche il creare qualcosa di originale con la fantasia, utilizzandola specialmente per scopi artistici: *inventare nuovi accostamenti di colore*; in questo senso, si avvicina molto a **ideare** e al senso estensivo di **concepire**: *ideare uno stratagemma, un programma televisivo*; *concepire un piano, un poema*. Il trovare nella propria mente dopo aver pensato a lungo si dice **escogitare** o, anche ironicamente, **elucubrare**: *escogitare un trucco*. Ideare si avvicina anche a **progettare**, che suggerisce una pianificazione più concreta e dettagliata, legata all'attuazione dell'idea.

pensàta *s. f.* idea, trovata, pensiero □ pretesto, espediente, cavatina (*fig., raro*) □ originalità.

pensée /*fr.* pã'se/ [vc. fr., propr. 'pensata'] *s. f. inv.* (*bot.*) viola del pensiero, pansé.

pensierìno *s. m.* ***1*** *dim. di* **pensiero** ***2*** (*fam.*) attenzione, riguardo □ regalino, pensiero **FRAS.** *fare un pensierino su qualcosa, farci un pensierino*, desiderare una cosa.

pensièro *s. m.* ***1*** mente, intelletto, intelligenza, spirito □ immaginazione □ ragione, razionalità, logica □ cervello (*est.*), testa (*est.*) □ mentalità ***2*** (*sul bene, sulla vita, ecc.*) riflessione, speculazione, meditazione ***3*** (*di ciò che si pensa*) idea, concezione, convinzione, concetto □ ispirazione, intuizione, illuminazione (*fig.*) □ opinione, giudizio □ illazione, supposizione, considerazione, congettura □ pensata, trovata □ proposito, intenzione, disegno, progetto ***4*** (*di Platone, di Marx, ecc.*) dottrina, teoria ***5*** detto, sentenza, massima, aforisma ***6*** (*per una persona o cosa*) ansia, preoccupazione, cruccio, inquietudine, timore □ cura (*lett.*) □ fastidio, rogna (*pop., fig.*) grattacapo □ problema (*est.*) □ assillo, rovello ***7*** (*fam.*) (*gentile, nobile, ecc.*) atto, comportamento, gesto ***8*** (*fam.*) dono, regalo, pensierino. *V. anche* MASSIMA

pensieróso *agg.* meditabondo, pensoso, assorto, cogitabondo (*lett.*), raccolto □ intento, concentrato □ taciturno □ preoccupato □ (*est.*) meditativo, riflessivo, speculativo **CONTR.** svagato, distratto □ spensierato, allegro.

pensilìna *s. f.* tettoia.

pensionànte *s. m. e f.* dozzinante, pigionante, pigionale □ ospite, cliente.

pensióne *s. f.* ***1*** quiescenza, riposo ***2*** vitalizio ***3*** (*per vitto e alloggio*) pigione (*est.*), retta, dozzina (*raro*) □ vitto e alloggio ***4*** (*est.*) locanda, alberghetto, garni (*fr.*).

pentacòrdo *s. m.* (*mus.*) cetra.

pentagràmma *s. m.* rigo musicale, rigo.

pentecòste *s. f.* pasquetta (*dial., pop.*).

pentiménto *s. m.* ravvedimento, conversione (*est.*) □ rimorso, resipiscenza (*lett.*), rincrescimento, contrizione, rammarico, rimpianto □ espiazione, mortificazione, penitenza □ vergogna **CONTR.** gioia, piacere □ impenitenza.

pentìrsi *v. intr. pron.* ***1*** ravvedersi, emendarsi, convertirsi, correggersi □ ricredersi □ espiare, riprendersi **CONTR.** provare piacere, essere fiero ***2*** rammaricarsi, contristarsi, dolersi, recriminare, rimpiangere **CONTR.** essere contento, essere felice.

pentìto *part. pass. di* **pentirsi**; *anche agg. e s. m.* convertito, ravveduto □ contrito, rammaricato, resipiscente (*lett.*) □ (*est.*) dissociato □ collaboratore di giustizia **CONTR.** impenitente.

péntola *s. f.* pignatta, marmitta, casseruola, tegame, olla **FRAS.** *qualcosa bolle in pentola* (*fig.*), si sta macchinando qualcosa.

pentolóne *s. m.* ***1*** *accr. di* **pentola** ***2*** caldaia, calderone, marmitta, paiolo.

penùria *s. f.* mancanza, scarsezza, scarsità, magra (*fig.*), carestia, carenza, difetto, insufficienza, pochezza, povertà, strettezza, ristrettezza, angustia (*fig.*) □ necessità, bisogno □ rarità (*est.*) **CONTR.** abbondanza, larghezza, lautezza (*raro*), ricchezza, dovizia (*lett.*), copia (*lett.*), copiosità (*lett.*) □ sovrabbondanza, sovreccedenza, eccedenza, esuberanza.

penzolàre *v. intr.* e (*raro*) **penzolàrsi** *intr. pron.* pendere, spenzolare □ ciondolare, dondolare, oscillare, pencolare **CONTR.** alzarsi, ergersi.

penzolóni *avv.* dondoloni, ciondoloni, pendoloni (*raro*), pendulo, spenzoloni.

pepàto *agg.* **1** piccante, saporito **2** (*fig.*) (*di carattere, di risposta, ecc.*) pungente, mordace, frizzante, salace, brioso, vivace, ardito, stuzzicante, arguto **CONTR.** mite, benigno, benevolo, mansueto, blando **3** (*di prezzo*) caro, dispendioso.

pépe *s. m.* **FRAS.** *pepe di Caienna*, paprika □ *pepe di Giamaica*, pimento □ *capelli color pepe e sale*, brizzolati □ *tutto pepe* (*fig.*), molto vivace, molto brioso.

pér *prep.* **1** (*di luogo*) attraverso, da, lungo, secondo **2** verso, alla volta di, in direzione di **3** in **4** (*di tempo*) durante **5** (*di causa*) a causa di, sotto, stante, tra **6** (*di fine*) con lo scopo di, al fine di **7** (*di vantaggio*) a vantaggio di, a favore di, pro **CONTR.** contro **8** (*di mezzo*) a, con, di **9** (*di limitazione*) secondo, quanto a **10** (*di modo*) come **11** (*mat.*) (nelle moltiplicazioni) volte **FRAS.** *per tempo*, in tempo; presto □ *per il momento*, per ora □ *per di più*, in aggiunta □ *per certo*, sicuramente □ *per l'appunto*, proprio, quindi, perciò □ *essere per, stare per*, essere sul punto di, essere in procinto di, avere intenzione di.

perbàcco *inter.* (*euf.*) perdindirindina, perdio (*pop.*), perdiana, perdinci (*euf.*), capperi (*euf.*), cavolo, diamine, corbezzoli (*pop.*), sorbole (*fam., dial.*) □ eccome.

perbène **A** *agg. inv.* onesto, probo (*lett.*), costumato, ammodo, beneducato, benpensante, garbato, benallevato (*raro, lett.*), dabbene, per la quale (*fam.*), civile **CONTR.** maleducato, sgarbato, scostumato, malcreato □ disonesto **B** *avv.* ordinatamente, scrupolosamente, accuratamente, bene **CONTR.** malamente, disordinatamente.

perbenìsmo *s. m.* conformismo **CONTR.** anticonformismo.

percènto *s. m.* percentuale.

percentuàle **A** *agg.* percento **B** *s. f.* **1** percento, provvigione, royalty (*ingl.*) □ tangente □ interessenza **2** (*est.*) guadagno □ (*di denaro, di eredità*) aliquota, quota, parte, porzione **3** (*di alcol, di soluzione*) tasso, gradazione, tenore, titolo.

percentualménte *avv.* in percentuale □ (*est.*) proporzionalmente.

percepìbile *agg.* **1** (*con i sensi, con la mente*) percettibile, sensibile, distinguibile, avvertibile, udibile, visibile □ comprensibile, conoscibile, intelligibile □ spiegabile □ chiaro **CONTR.** impercettibile, inavvertibile □ incomprensibile **2** (*di denaro, di credito e sim.*) riscuotibile, incassabile, esigibile **CONTR.** inesigibile.

percepìre *v. tr.* **1** (*con i sensi, con la mente*) distinguere, avvertire, ravvisare, comprendere, intendere, capire, apprendere, riconoscere, sentire, provare, udire, vedere □ conoscere, presentire **2** (*di denaro, di credito, ecc.*) ricevere, riscuotere, trarre, avere, guadagnare, incassare, prendere. *V. anche* PRENDERE, UDIRE

percepìto *part. pass. di* **percepire**; *anche agg.* **1** (*con i sensi, con la mente*) distinto, avvertito, compreso, inteso, capito, conosciuto, sentito, provato, udito **2** (*di denaro, di credito, ecc.*) ricevuto, riscosso, incassato, esatto, preso.

percettìvo *agg.* conoscitivo, intuitivo □ ricettivo.

percezióne *s. f.* conoscenza, intuito, idea, concetto, nozione □ (*est.*) impressione, sensazione, intuizione, presentimento, puzzo (*fig., fam.*) □ coscienza. *V. anche* COSCIENZA

perché **A** *avv.* per quale ragione, come mai **B** *cong.* **1** (*in prop. caus.*) poiché, giacché, essendoché (*raro*), ché, in quanto **2** (*in prop. finale*) affinché, acciocché, acciò (*lett.*), onde **3** (*in prop. consec.*) cosicché, talché, che **C** *s. m. inv.* **1** motivo, causa, ragione, cagione □ scopo, fine **2** interrogativo, domanda □ incertezza, dubbio **CONTR.** certezza, sicurezza **FRAS.** *il perché e il percome*, tutte le ragioni. *V. anche* RAGIONE

perciò *cong.* per questo, così, cosicché, pertanto, dunque, quindi, ergo (*lett., scherz.*), epperò (*lett.*), laonde (*lett.*), allora, or dunque.

percorrènza *s. f.* percorso, tragitto, viaggio.

percórrere *v. tr.* attraversare, trascorrere (*lett.*), andare, muoversi, spostarsi, transitare, esplorare, perlustrare, girare, visitare, peregrinare, vagare, viaggiare □ passare, superare □ navigare, spaziare (*fig.*) □ (*di strada, di distanza*) battere, calcare (*fig.*), coprire (*fig.*). *V. anche* CAMMINARE

percorrìbile *agg.* transitabile, viabile, carrabile, rotabile, navigabile **CONTR.** impercorribile, intransitabile.

percorribilità *s. f.* transitabilità, viabilità, navigabilità.

percórso **A** *part. pass. di* **percorrere**; *anche agg.* **1** (*di luogo*) attraversato, esplorato, solcato, visitato **2** (*di tempo*) passato, trascorso **B** *s. m.* tragitto, via, cammino, itinerario □ percorrenza □ corsa, tratta, viaggio □ rotta, navigazione □ tracciato □ attraversamento □ tratto, via, strada, circuito, pista □ traiettoria, linea, parabola □ iter, tramite (*fig.*).

percòssa *s. f.* **1** colpo, botta, battuta, bussa, sorba (*dial., fam.*), bastonata, pugno, cazzotto (*pop.*), nespola (*fig., fam.*), schiaffo, calcio, ceffone, sventola, legnata, randellata □ manata, pacca □ (*di cosa*) urto, sbatacchiamento **2** (*fig.*) avversità, batosta, stangata, colpo, disavventura, traversia **CONTR.** fortuna, ventura.

percòsso *part. pass. di* **percuotere**; *anche agg.* battuto, picchiato, pestato, colpito, contuso, ferito, schiaffeggiato, malmenato.

percuòtere **A** *v. tr.* **1** battere, picchiare, colpire, bastonare, bussare, legnare, randellare, malmenare, menare, suonare (*fam.*), cazzottare (*volg.*), pestare, schiaffeggiare □ castigare, punire **2** (*anche fig.*) ferire **3** (*contro qualcosa*) sbattere, sbatacchiare, urtare, colpire, cozzare **B** **percuotersi** *v. rifl. rec.* picchiarsi, battersi, flagellarsi.

percussionìsta *s. m.* e *f.* batterista.

perdènte *part. pres. di* **perdere**; *anche agg.* e *s. m.* e *f.* soccombente, vinto, battuto **CONTR.** vincente, vincitore.

pèrdere ***A*** *v. tr.* ***1*** restare privo, non avere più □ lasciare, abbandonare **CONTR.** acquistare, acquisire, conseguire, impadronirsi, ottenere □ riavere ***2*** smarrire, sperdere (*raro*) **CONTR.** ritrovare, trovare, recuperare, rintracciare, rinvenire, scovare ***3*** (*di treno, di film, ecc.*) lasciarsi sfuggire, lasciarsi scappare, mancare **CONTR.** prendere □ vedere ***4*** (*in affari*) rimetterci, scapitare **CONTR.** guadagnare, ricavare ***5*** (*di tempo, di forze, ecc.*) sciupare, sprecare, buttare, consumare, dissipare, scialacquare **CONTR.** utilizzare, recuperare, ripigliare, riprendere, conservare ***6*** (*di liquido, di gas*) lasciare uscire, versare □ gocciolare, colare, pisciare (*fig., volg.*) ***7*** essere vinto, essere battuto, essere sconfitto **CONTR.** vincere, trionfare, battere, sconfiggere, debellare ***B*** *v. intr.* scendere, diminuire, calare **CONTR.** crescere, aumentare ***C*** **perdersi** *v. intr. pron.* ***1*** smarrirsi **CONTR.** ritrovarsi, orientarsi, orizzontarsi ***2*** (*fig.*) (*di animo, di coraggio, ecc.*) disperdersi, confondersi, imbrogliarsi □ scoraggiarsi, turbarsi, disanimarsi, sconcertarsi **CONTR.** riaversi, rinfrancarsi, confortarsi ***3*** (*di suono, di profumo, ecc.*) svanire, dissolversi, sfumare, sperdersi, dileguarsi, svaporare, dissiparsi **CONTR.** giungere, arrivare ***4*** (*economicamente, moralmente*) rovinarsi, bruciarsi, sprecarsi, sviarsi **CONTR.** fare fortuna, rafforzarsi ***5*** (*di fama, di usanza*) perire, sparire **CONTR.** durare, tenere (*fam.*), conservarsi **FRAS.** *perdere le staffe*, perdere la bussola □ *perdere la tramontana* (*fig.*), perdere il controllo di sé □ *perdere la faccia* (*fig.*), fare una pessima figura □ *perdere terreno* (*fig.*), essere in difficoltà, calare.

perdifiàto *solo nella loc. avv. a perdifiato*, a più non posso, col massimo sforzo, fortissimo **CONTR.** adagio, lentamente, sommessamente.

perdigiórno *s. m.* e *f. inv.* ozioso, bighellone, gingillone (*fig.*), scioperato, perditempo, sfaccendato, inconcludente, fannullone, pelandrone, scansafatiche, sfaticato, trastullone (*raro, fam.*), vagabondo, ciondolone **CONTR.** lavoratore, stacanovista, sgobbone.

pèrdita *s. f.* ***1*** (*di beni, di persona, ecc.*) privazione, deprivazione, evizione (*dir.*) **CONTR.** acquisto ***2*** (*di persona*) morte **CONTR.** nascita ***3*** (*di cosa*) smarrimento **CONTR.** ritrovamento, rinvenimento ***4*** (*di forze, di vista, ecc.*) diminuzione, calo, esaurimento **CONTR.** recupero, ripresa, miglioramento ***5*** danno, discapito, detrimento, rovina, nocumento (*lett.*) **CONTR.** vantaggio, beneficio ***6*** (*di liquido, di gas*) fuoriuscita, fuga, emanazione, esalazione, versamento, dispersione **CONTR.** infiltrazione, immissione ***7*** (*di denaro, di azioni*) disavanzo, passività, passivo, deficit (*lat.*) □ tracollo (*fig.*) □ svalutazione, disvalore **CONTR.** attivo, guadagno, lucro, profitto, utile, interesse □ aumento, rivalutazione ***8*** (*di tempo*) spreco, sciupio ***9*** (*di sangue*) emorragia ***10*** disfatta, sconfitta **CONTR.** vittoria □ conquista ***11*** (*nel gioco*) svantaggio, rimessa **CONTR.** vantaggio, rimonta □ vincita **FRAS.** *perdite bianche*, leucorrea.

perditèmpo *s. m.* e *f. inv.* inconcludente □ (*est.*) perdigiorno, ozioso, bighellone, gingillone (*fig.*), scioperato, sfaccendato, fannullone, vagabondo, ciondolone, baloccone (*fam., tosc.*), trastullone (*raro, fam.*) **CONTR.** lavoratore, stacanovista.

perdizióne *s. f.* rovina, malora □ dannazione **CONTR.** successo □ salvezza, salvamento, salvazione.

perdonàre ***A*** *v. tr.*; *anche intr.* ***1*** (*di colpa, errore, fallo, ecc.*) assolvere, abbonare, rimettere □ (*est.*) condonare, amnistiare, graziare **CONTR.** condannare □ accanirsi, infierire □ castigare, punire □ vendicare, vendicarsi □ giustiziare ***2*** (*di difetto, ecc.*) comprendere, indulgere, scusare, compatire, obliare (*lett.*), dimenticare, passare **CONTR.** essere rigidi, non tener conto ***3*** (*fig.*) (*di mali, di umiliazione, ecc.*) risparmiare **CONTR.** infierire ***B*** **perdonarsi** *v. rifl. rec.* comprendersi.

perdonàto *part. pass. di* **perdonare**; *anche agg.* condonato, graziato, assolto □ compreso, giustificato **CONTR.** condannato □ castigato, punito □ giustiziato.

perdóno *s. m.* ***1*** (*di colpa, di peccato, ecc.*) remissione □ assoluzione, indulto, condono, sanatoria □ (*est.*) indulgenza, misericordia, clemenza **CONTR.** condanna, punizione, castigo □ inesorabilità, implacabilità, rigore □ vendetta ***2*** scusa, giustificazione, comprensione **CONTR.** punizione, condanna. *V. anche* SCUSA

PERDONO
sinonimia strutturata

Il **perdono** è l'atteggiamento di chi ha deposto ogni proposito di punizione o di vendetta nei confronti di qualcuno: *ti chiedo perdono*; *domandare perdono alla persona offesa*; *per simili colpe non c'è perdono*; così, *perdono!* è l'invocazione di chi vuole essere perdonato, mentre in espressioni di cortesia del tipo *domando, chiedo perdono*, la parola equivale a **scusa**. In contesti letterari o scherzoso-ironici, si trova spesso usato al posto di perdono il sostantivo **venia**: *chiedo venia*. Molto vicini sono **indulgenza**, **misericordia** e **clemenza**, che indicano in modo specifico un perdono dettato dalla pietà, dalla benevolenza: *sperare nell'indulgenza di qualcuno*; *la misericordia di Dio*; *usare, avere clemenza*. Nel linguaggio della teologia cattolica, indulgenza ha un significato tecnico di remissione della pena temporale dei peccati, mentre l'*indulgenza plenaria* è la totale remissione dei peccati; genericamente, la remissione concessa dal sacerdote cattolico al penitente che si è confessato si chiama **assoluzione**.

Anche al di fuori dell'ambito religioso molti sono i sinonimi che si riferiscono specificamente al condonare completamente o in parte una colpa; il più generale è **remissione**: *remissione delle colpe, dei peccati, delle offese ricevute*. Altri vocaboli appartengono invece al linguaggio giuridico: ad esempio **grazia** designa il provvedimento mediante il quale il Capo dello Stato condona, in tutto o in parte, o commuta la pena principale inflitta a una persona con una sentenza irrevocabile; molto vicino è l'**indulto**, che però è diretto a tutti coloro che si trovano in determinate condizioni, e non ad una singola persona.

L'effetto dell'indulto consistente nella liberazione dall'obbligo di scontare tutta o parte della pena si chiama **condono**, termine col quale si denomina anche un provvedimento legislativo con cui si consente di sanare, pagando una somma, determinati illeciti o irregolarità: *condono fiscale, edilizio*. In accezione larga, un condono è anche una **sanatoria**, termine che designa sia l'atto amministrativo col quale l'autorità competente rende legittima una situazione irregolare, sia la rinuncia da parte di una qualsiasi autorità a prendere provvedimenti contro chi ha commesso un'infrazione.

In un'altra sfera semantica, perdono coincide con **scusa**, ossia con l'atto del difendersi, del giustificarsi: *ti chiedo perdono*; *scusa per il ritardo, per il modo con cui ti ho trattato*. Il chiedere perdono spesso coincide con l'appellarsi alla **comprensione** di qualcuno, cioè alla sua capacità di considerare con indulgenza o simpatia sentimenti, azioni, opinioni altrui: *una persona piena di comprensione*; *la vostra comprensione lo ha molto aiutato*; *con i giovani ci vuole molta comprensione*. La comprensione è alla base del **compatimento**, che però indica un'indulgenza che non è sempre benevola, e che può corrispondere anche alla sopportazione o alla commiserazione: *lo guardava con un'aria di compatimento*.

perduràre v. intr. **1** (*di situazione, di febbre, ecc.*) permanere, continuare, durare, seguitare, proseguire, mantenere, rimanere, resistere, sopravvivere (*fig.*), vivere (*fig.*) **CONTR.** cessare, finire **2** (*nei propositi, nella vendetta, ecc.*) persistere, perseverare, ostinarsi, insistere, accanirsi, impuntarsi, incaponirsi **CONTR.** desistere, arrendersi, cedere, piegarsi.

perdutaménte avv. appassionatamente, infinitamente, disperatamente **CONTR.** poco, scarsamente.

perdùto part. pass. di **perdere**; anche agg. **1** smarrito, perso □ disperso, sperduto, scomparso, sparito, andato **CONTR.** vinto □ trovato, ritrovato, rinvenuto, recuperato, reperito **2** (*fig.*) (*di persona*) smarrito, sbigottito, disperato, avvilito, confuso **CONTR.** baldanzoso, sicuro, spavaldo **3** (*fig.*) (*di persona*) corrotto, depravato, dissoluto, immorale □ bruciato (*fig., est.*) **CONTR.** onesto, incorrotto, salvo, redimibile, recuperabile.

peregrinàre v. intr. vagare, errare, vagabondare, ramingare (*lett.*) □ viaggiare **CONTR.** sostare, stare, fermarsi □ stanziarsi.

peregrinazióne s. f. vagabondaggio, viaggio, pellegrinaggio **CONTR.** sosta, permanenza.

peregrìno agg. (*fig., raro*) sciocco, assurdo □ bizzarro, strano, singolare, strambo, raro □ forestiero □ pellegrino, viaggiatore, viandante □ vagabondo **CONTR.** furbo, intelligente, sensato □ comune, qualunque. *V. anche* RARO

perènne agg. eterno, perpetuo, sempiterno, immortale □ costante, continuo, durevole, immutabile, incessante, illimitato, inesauribile, inestinguibile **CONTR.** temporaneo, effimero, momentaneo, caduco, deciduo, fugace, fuggevole, discontinuo. *V. anche* PERPETUO

perennemènte avv. eternamente, perpetuamente, continuamente, incessantemente **CONTR.** momentaneamente, temporaneamente, fugacemente, fuggevolmente.

perentoriaménte avv. esplicitamente, tassativamente, inderogabilmente, improrogabilmente, categoricamente **CONTR.** facoltativamente.

perentòrio agg. **1** esplicito, energico **2** decisivo, improrogabile, inderogabile, irremissibile, tassativo, indilazionabile, categorico, ultimativo **CONTR.** prorogabile, dilazionabile, rimandabile, differibile.

perfettaménte avv. esattamente, precisamente □ impeccabilmente, inappuntabilmente □ divinamente, magnificamente, magistralmente, ottimamente □ squisitamente, finemente □ a menadito □ assolutamente, affatto, del tutto **CONTR.** imperfettamente, male □ per nulla.

perfètto agg. **1** (*di opera, di lavoro, ecc.*) compiuto, finito, realizzato, ultimato □ integro, sano **CONTR.** incompiuto □ manchevole, difettoso □ guasto, carente □ avariato **2** (*est.*) (*di accordo, di intesa, ecc.*) totale, assoluto, completo □ ideale, pieno **CONTR.** imperfetto, incompleto, parziale **3** eccellente, esemplare, ottimo, ineccepibile, impeccabile, inappuntabile, incensurabile □ magistrale, squisito, divino (*fig.*) **CONTR.** pessimo, mediocre.

perfezionaménto s. m. compimento, completamento □ miglioramento, miglioria, raffinamento, affinamento □ finitura, rifinitura, rifinimento, ritocco □ approfondimento □ specializzazione **CONTR.** scadimento, peggioramento □ degenerazione □ propedeutica.

perfezionàre **A** v. tr. completare, finire □ concludere □ migliorare □ correggere, ritoccare □ rifinire, limare, cesellare (*est., fig.*), polire □ raffinare, affinare, integrare **CONTR.** peggiorare, deteriorare, guastare **B** **perfezionarsi** v. intr. pron. (*est.*) affinarsi, migliorare, crescere, progredire, raffinarsi, digrossarsi, correggersi □ approfondire gli studi, specializzarsi **CONTR.** peggiorare, degenerare. *V. anche* CORREGGERE, PULIRE

perfezióne s. f. **1** (*di doti*) eccellenza, esemplarità, ottimo, apice, vertice, ideale, quintessenza **CONTR.** imperfezione, difetto **2** (*di lavoro, di accordo, ecc.*) compimento, compiutezza, finitezza □ impeccabilità, incensurabilità □ raffinatezza, squisitezza **CONTR.** incompiutezza □ manchevolezza.

perfezionismo s. m. (*est.*) pignoleria, meticolosità **CONTR.** leggerezza, approssimazione, imprecisione.

perfezionista s. m. e f. (*est.*) pignolo, meticoloso, scrupoloso **CONTR.** leggero, impreciso □ ciabattone, sciatto □ praticone.

perfidia s. f. malvagità, crudeltà, malignità, cattiveria, nequizia (*lett.*), disonestà, ribalderia, scelleratàggine, tristizia (*lett.*) □ bassezza, slealtà □ (*di azione*) carognata (*fam.*), azionaccia, maialata (*fam.*) **CONTR.** lealtà, sincerità, onestà, bontà, benignità, benevolenza, dirittura, fidatezza, galantomismo. *V. anche* FRODE

pèrfido agg. maligno, malevolo, malvagio, cattivo, crudele, iniquo, malefico, perverso, pravo (*lett.*), rio (*poet.*), tristo (*lett.*) □ infido, sleale, traditore, infedele □ disonesto □ reprobo, ribaldo, scellerato, sciagurato □ venefico (*fig.*), viperino (*fig.*) □ diabolico (*est.*), satanico (*fig.*), mefistofelico (*fig.*) □ serpe (*fig.*) CONTR. benigno, dabbene, buono □ leale, sincero, fido (*lett.*), fidato, sicuro, fedele □ angelico. *V. anche* CRUDELE

perfìno *avv.* persino, finanche, addirittura, infino (*lett.*), fino, anche, nientedimeno, nientemeno, stesso (*raff.*) CONTR. neppure, neanche, nemmeno.

perforaménto *s. m. V.* **perforazione**.

perforàre ***A*** *v. tr.* forare, traforare, bucare, trapassare, trivellare, trapanare, sforacchiare ***B*** **perforarsi** *v. intr. pron.* forarsi.

perforàto *part. pass. di* **perforare**; *anche agg.* bucato, forato, trapassato, trivellato, trapanato, sforacchiato, bucherellato □ traforato.

perforatrìce *s. f.* trivella, trivello, trivellatore, trapano.

perforatùra *s. f.* (*raro*) *V.* **perforazione**.

perforazióne *s. f.* ***1*** perforamento, perforatura (*raro*), trapanazione, trivellamento, trivellazione, traforazione, traforo □ buco, bucatura □ foratura, fori ***2*** (*med.*) (*di organo cavo*) rottura.

performance /*ingl.* pəˈfɔːməns/ [vc. ingl., dall'ant. fr. *parformance*, da *parformer* 'compiere'] *s. f. inv.* ***1*** (*sport*) prova, prestazione, impresa □ risultato □ forma, condizione, stato CONTR. défaillance (*fr.*) ***2*** (*arte*) risultato □ (*teat., arte*) happening (*ingl.*) □ (*musica*) jam-session (*ingl.*) ***3*** (*ling.*) esecuzione ***4*** manifestazione.

pergamèna [vc. dotta, lat. (*chărtam*) *pergamēna*(*m*) 'carta di Pergamo', così detta perché l'uso di essa venne introdotto da Eumene II di *Pergamo*] *s. f.* ***1*** cartapecora, membrana ***2*** (*est.*) documento, diploma.

pèrgola *s. f. V.* **pergolato**.

pergolàto *s. m.* pergola, frascato, ombracolo (*ant.*) □ padiglione, capanno, chiosco □ bersò, berceau (*fr.*) □ intelaiatura, graticcio.

pericolànte *agg.* malsicuro, traballante, pencolante, pendente, lesionato, fatiscente CONTR. saldo, sicuro, stabile, robusto.

perìcolo *s. m.* ***1*** rischio, minaccia, emergenza, allarme □ repentaglio □ cimento, frangente □ insidia □ azzardo CONTR. sicurezza, riparo, rifugio □ salvezza ***2*** (*est.*) persona pericolosa ***3*** (*fig., fam.*) probabilità, possibilità, eventualità CONTR. impossibilità.

pericolosaménte *avv.* rischiosamente, insidiosamente □ dannosamente, nocivamente CONTR. sicuramente, impunemente □ utilmente, vantaggiosamente.

pericolosità *s. f.* ***1*** insicurezza, rischiosità □ serietà, gravità CONTR. sicurezza, innocuità ***2*** nocività, dannosità CONTR. utilità, vantaggio.

pericolóso *agg.* ***1*** (*di viaggio, di situazione, ecc.*) rischioso, periglioso (*lett.*), critico, malsicuro □ arrischiato, avventuroso, azzardoso □ difficile □ compromettente □ preoccupante, serio, grave CONTR. sicuro, tranquillo ***2*** (*di persona, di sostanza, ecc.*) infido, temibile □ cattivo, malefico, maligno, perfido □ sconsigliabile □ nocivo, dannoso, pernicioso, deleterio, fatale, funesto □ insalubre □ pregiudizievole CONTR. utile, vantaggioso, buono, sicuro □ innocuo, inoffensivo □ consigliabile. *V. anche* DANNOSO

periferìa *s. f.* ***1*** circonferenza, perimetro CONTR. centro ***2*** esterno, interno ***3*** sobborgo, suburbio, dintorni, hinterland (*ted.*), banlieue (*fr.*) CONTR. centro.

perifèrico *agg.* ***1*** di periferia, decentrato, extraurbano, suburbano □ esterno CONTR. centrale ***2*** (*fig.*) (*di argomento, di critica, ecc.*) marginale, superficiale, secondario CONTR. principale.

perìfrasi *s. f.* circonlocuzione, circuizione (*ant.*), giro di parole.

perimetràle *agg.* esterno CONTR. interno.

perìmetro *s. m.* ***1*** circonferenza, contorno, periferia ***2*** (*mat.*) (*di figura*) lati ***3*** (*est.*) giro, orlo, margine, circuito, ambito, recinto, cerchia, cinta, girone.

periodicaménte *avv.* a periodi, a intervalli, regolarmente, sistematicamente, ciclicamente CONTR. saltuariamente, discontinuamente, irregolarmente □ continuamente.

periodicità *s. f.* regolarità, sistematicità, ciclicità, ricorrenza, ricorso CONTR. saltuarietà, irregolarità, discontinuità.

periòdico ***A*** *agg.* regolare, sistematico, ciclico, ricorrente, ritmico CONTR. saltuario, discontinuo, irregolare □ continuo ***B*** *s. m.* giornale, rivista, mensile, quindicinale, settimanale, bimestrale, trimestrale, bimensile, effemeride CONTR. quotidiano.

perìodo *s. m.* ***1*** intervallo, spazio, arco (*fig.*), lasso □ ciclo □ fase, stadio (*fig.*) □ momento □ età, era, evo, epoca, secolo, stagione, tempo □ data □ ritmo ***2*** (*ling.*) frase, proposizione □ periodare. *V. anche* TEMPO

peripezìa *s. f.* caso, vicenda, avventura, vicissitudine, traversia, guaio, disgrazia, odissea.

pèriplo *s. m.* circumnavigazione □ giro.

perìre *v. intr.* ***1*** morire, mancare, soccombere, ammazzarsi, cadere CONTR. vivere, campare, salvarsi ***2*** (*fig.*) (*d'amore*) languire ***3*** (*est.*) (*di fama, di ricordo, ecc.*) finire, estinguersi, perdersi, cessare, sparire CONTR. durare, resistere, prosperare, progredire.

perìto (1) *part. pass. di* **perire**; *anche agg.* morto, finito, estinto, caduto CONTR. sopravvissuto, superstite, vivo.

perìto (2) ***A*** *agg.* esperto, pratico, abile, competente, capace, bravo, consumato, valente, specializzato, versato □ veterano, maestro CONTR. incapace, inesperto, incompetente, inabile, inetto, ignorante, ignaro □ dilettante ***B*** *s. m.* esperto, consulente, stimatore, specialista, tecnico.

perìzia *s. f.* ***1*** maestria, magistero, mestiere, esperienza, competenza, abilità, capacità, bravura, pratica, valentia (*raro*) CONTR. imperizia, incapacità, ignoranza, inettitudine, dappocaggine, mediocrità, dilettantismo ***2*** (*di parte*) stima, estimo, valutazione. *V. anche* COMPETENZA, ESAME

periziàre *v. tr.* stimare, valutare, misurare.

perizòma *s. m.* tanga (*port.*) □ coprisesso □ fascia, cintura.

pèrla *s. f.* ***1*** (*est.*) sferetta, globuletto ***2*** (*fig.*) (*di persona*) bontà, tesoro ***3*** (*fig.*) (*di cosa*) gioiello ***4***

(*med.*) capsula.

perlàceo *agg.* chiaro, opalescente, iridescente, perlé (*fr.*), opalino, madreperlaceo, lattiginoso, perlato.

perlaquàle o **per la quàle** ***A*** *in funzione di agg. inv.* (*fam.*) per bene, raccomandabile, ammodo □ ottimo, apprezzabile □ costumato, beneducato, garbato, benallevato (*lett.*) **CONTR.** disonesto □ maleducato, sgarbato, villano ***B*** *in funzione di avv.* (*fam.*) bene **CONTR.** male.

perlìna *s. f.* ***1*** *dim. di* **perla** ***2*** lustrino, margheritina, jais (*fr.*), giaietto □ (*solo al pl.*) conterie.

perloméno *avv.* a dir poco, almeno.

perlopiù *avv.* quasi sempre, di solito, solitamente, spesso, generalmente **CONTR.** quasi mai, raramente, insolitamente.

perlustràre *v. tr.* ispezionare, battere, esplorare, visitare, percorrere, pattugliare □ (*est.*) cercare, ricercare.

perlustraziòne *s. f.* ricognizione, battuta, ispezione, esplorazione, pattugliamento, sopralluogo, visita.

permàle *s. m.* (*fam.*) risentimento, equivoco, malinteso.

permalóso *agg.*; *anche s. m.* suscettibile, ombroso, adombrabile, irritabile, irascibile, difficile, piccoso, stizzoso □ diffidente, sospettoso **CONTR.** tollerante, bonario, scherzoso.

permanènte ***A*** *part. pres. di* **permanere**; *anche agg.* indelebile □ stabile, fisso, stanziale □ duraturo, durevole, continuo, continuativo □ cronico □ eterno, perpetuo **CONTR.** provvisorio, transitorio, temporaneo □ fugace, caduco, effimero, passeggero □ instabile □ precario □ discontinuo, saltuario ***B*** *s. f.* (*di capelli*) ondulazione, arricciatura. *V. anche* PERPETUO

permanenteménte *avv.* stabilmente □ durevolmente, perpetuamente, continuamente, eternamente **CONTR.** provvisoriamente, transitoriamente, temporaneamente, fugacemente, saltuariamente.

permanènza *s. f.* ***1*** stabilità, continuità, durata **CONTR.** discontinuità, temporaneità □ scomparsa ***2*** soggiorno, dimora, sosta **CONTR.** transito, passaggio, migrazione, peregrinazione.

permanére *v. intr.* ***1*** durare, perdurare, continuare **CONTR.** mutare ***2*** rimanere, restare, sostare □ abitare **CONTR.** transitare, viaggiare.

permeàre *v. tr.* ***1*** passare, attraversare, compenetrare, intridere, impregnare, inzuppare ***2*** (*fig.*) (*di idee, di cultura, ecc.*) penetrare, condizionare, influenzare, influire, pervadere.

permésso ***A*** *part. pass. di* **permettere**; *anche agg.* ***1*** autorizzato, accordato, consentito, concesso, tollerato, ammesso, sopportato **CONTR.** proibito, vietato, interdetto, proscritto (*fig.*), tabù, off-limits (*ingl.*) ***2*** legittimo, lecito, legale, possibile **CONTR.** illecito, illegale, illegittimo, impossibile ***B*** *s. m.* ***1*** autorizzazione, consenso, facoltà, concessione, permissione (*lett.*), libertà, consentimento (*lett.*) □ lasciapassare, salvacondotto □ patente, brevetto, licenza □ dispensa, esonero □ nulla osta □ beneplacito, placet (*lat.*), benestare **CONTR.** proibizione, divieto, impedimento, no, veto, inibizione, interdizione ***2*** (*di militare, di impiegato, ecc.*) licenza, congedo. *V. anche* FACOLTÀ

perméttere *v. tr.* autorizzare, acconsentire, consentire, concedere, comportare, condiscendere, compiacere, lasciare, tollerare, sopportare, accordare, ammettere, assentire, volere **CONTR.** proibire, vietare, interdire, proscrivere (*fig.*), rifiutare, impedire, inibire **FRAS.** *permettersi di*, prendersi la libertà di, concedersi di.

permissivìsmo *s. m.* eccessiva indulgenza, permissività, tolleranza, lassismo **CONTR.** rigorismo, rigore, severità, intransigenza.

permissività *s. f. V.* **permissivismo**.

permissìvo *agg.* tollerante, indulgente, comprensivo, condiscendente, lassista **CONTR.** intransigente, severo, rigoroso, inflessibile.

pèrmuta *s. f. V.* **permutazione**.

permutàbile *agg.* mutabile, commutabile, cambiabile, convertibile, barattabile, surrogabile **CONTR.** incommutabile, impermutabile.

permutabilità *s. f.* mutabilità, commutabilità, convertibilità **CONTR.** incommutabilità, impermutabilità.

permutàre *v. tr.* barattare, cambiare, scambiare, tramutare, commutare, convertire, trasformare, cangiare (*lett.*).

permutaziòne *s. f.* permutamento (*raro*), permuta, scambio, baratto, cambio, interscambio □ commutazione, trasformazione.

perniciòso *agg.* dannoso, deleterio, nocivo, rovinoso, malefico, funesto, infesto, esiziale, mortifero, venefico **CONTR.** benefico, positivo, inoffensivo, utile, giovevole, salutare, salutifero, sano, santo (*fig., fam.*), confacente □ inoffensivo, innocuo. *V. anche* DANNOSO

pèrno *s. m.* ***1*** (*mecc.*) fulcro, cardine, asse, bilico ***2*** (*fig.*) (*della famiglia, della vicenda, ecc.*) sostegno, fondamento, base, chiave, riferimento, fulcro (*fig.*).

però ***A*** *cong.* ***1*** ma, sennonché, solo, veramente ***2*** tuttavia, nondimeno, contuttociò, tanto, bensì ***B*** *s. m.* (*fig.*) scoglio, difficoltà □ ma.

peroràre ***A*** *v. tr.* difendere, patrocinare ***B*** *v. intr.* arringare, concionare (*lett.*), parlamentare.

perpendicolàre *agg.* ortogonale, a piombo, a perpendicolo, diritto, verticale, normale (*mat.*) **CONTR.** parallelo, orizzontale, obliquo, traverso, traversale (*raro*).

perpendicolarménte *avv.* ortogonalmente, a piombo, appiombo, a perpendicolo, verticalmente **CONTR.** parallelamente, orizzontalmente, traversalmente (*raro*), obliquamente.

perpetràre *v. tr.* eseguire, commettere, compiere, consumare (*lett.*).

perpètua [dal n. di *Perpetua*, la serva di don Abbondio nei 'Promessi Sposi' del Manzoni] *s. f.* ***1*** (*di sacerdote*) domestica, serva ***2*** (*est.*) serva ciarliera.

perpetuaménte *avv.* eternamente, sempre, perennemente □ incessantemente, ininterrottamente, incessabilmente □ durevolmente, permanentemente □ inestinguibilmente, indelebilmente **CONTR.** mai □ temporaneamente, momentaneamente, provvisoriamente □ saltuariamente, sporadicamente.

perpetuàre ***A*** *v. tr.* immortalare, eternare □ tramandare ***B*** **perpetuarsi** *v. intr. pron.* immortalarsi, eternarsi □ continuare, conservarsi, mantenersi, durare □ rivivere, ripetersi.

perpètuo *agg.* ***1*** eterno, perenne, intramontabile, sempiterno □ duraturo, durevole □ indistruttibile, inestinguibile □ indelebile, incancellabile □ infinito, immortale **CONTR.** transitorio, precario, fugace, effimero, transeunte, caduco □ temporale, mortale ***2*** continuo, ininterrotto, costante, incessante, permanente **CONTR.** passeggero, temporaneo, provvisorio, alterno, saltuario **FRAS.** *leva perpetua*, puleggia.

PERPETUO
sinonimia strutturata

Ciò che dura sempre, che è destinato a non finire mai si dice **perpetuo**: *dannazione, felicità perpetua*; *a perpetua memoria*; l'aggettivo designa anche ciò che dura per tutta la vita: *carcere, esilio perpetuo*; *dittatore perpetuo, socio perpetuo di un'accademia*; l'espressione *in perpetuo* significa per sempre, in eterno. Sinonimi perfetti sono **eterno** e **perenne**, che designano ciò che è durato e durerà sempre, e che è quindi **infinito**, oppure ciò che ha avuto un inizio ma non avrà una fine, e in questa seconda sfumatura corrisponde a **immortale** e al letterario **sempiterno**: *Dio è eterno*; *il moto perenne del mare*; *sonno eterno*; *Dante ha raggiunto una fama eterna*; *l'anima immortale*; *odio immortale*; *monumento eretto a perenne ricordo dei caduti*; infinito si distingue solo perché evoca un'idea di immensità: *spazi infiniti*. Inoltre, eterno, come perpetuo, descrive anche ciò che finisce con la vita dell'uomo: *provare eterna gratitudine*.

Altri sinonimi suggeriscono che la durevolezza di qualcosa venga dalla sua resistenza all'erosione del tempo: è questo il caso di **indistruttibile**, **inestinguibile**, **indelebile**, tutti intesi in quest'accezione in senso figurato: *fede indistruttibile*; *rancore inestinguibile*; *ricordo indelebile*. Ciò che malgrado il trascorrere degli anni non perde la propria abilità, capacità o validità, continuando a riportare successi oltre quanto concede normalmente l'età, si dice **intramontabile**. Più deboli sono **duraturo** e **durevole**, che designano ciò che è destinato a durare a lungo ma non necessariamente per sempre: *affetto duraturo*; *amore sincero e duraturo*; *situazione stabile e durevole*.

Perpetuo descrive anche ciò che si protrae nel tempo senza soluzione di continuità: *la sua perpetua indecisione ci ha danneggiato gravemente*; *così la lampada perpetua*, è quella tenuta accesa giorno e notte su una tomba o davanti a un'immagine sacra. In questo senso, sinonimi pressoché equivalenti sono **ininterrotto**, **incessante** e il meno pregnante **continuo**, che indicano appunto ciò che si svolge o si ripete senza interruzioni: *andirivieni, rumore ininterrotto*; *pioggia continua*; *molestie, preoccupazioni continue*; molto vicino è **permanente**, che descrive ciò che deve perdurare nel tempo e si protrae per un lungo periodo: *esposizione permanente*. Analogo significato ha **costante**, che si caratterizza perché suggerisce un'idea di stabilità, di invariabilità oltre che di durevolezza: *amore, desiderio costante*; *vento costante*.

perplessità *s. f.* sconcerto, disorientamento □ sospetto, diffidenza, incredulità, incertezza, indecisione, titubanza, tentennamento, esitazione, dubbio, dubbiosità, imbarazzo □ insicurezza, irresolutezza **CONTR.** decisione, convinzione, risolutezza, sicurezza, certezza.

perplèsso *agg.* sconcertato, disorientato □ sospettoso, diffidente, incredulo, poco convinto □ dubbioso, indeciso, incerto, titubante, esitante, tentennante □ irresoluto, insicuro **CONTR.** sicuro, certo, deciso, convinto, persuaso □ determinato, risoluto, fermo. *V. anche* INCERTO

perquisire *v. tr.* frugare, rovistare □ rastrellare (*fig.*) □ cercare, ricercare, investigare.

perquisizióne *s. f.* ricerca, indagine, investigazione.

persecuzióne *s. f.* ***1*** vessazione, oppressione, maltrattamento, angheria, sopruso **CONTR.** favoreggiamento, favore, protezione ***2*** (*fig.*) (*di persona o cosa*) molestia, seccatura, tormento, ossessione **CONTR.** gioia, piacere, spasso, diversivo.

perseguìbile *agg.* punibile.

perseguire *v. tr.* inseguire, cercare □ ripromettersi.

perseguitàre *v. tr.* ***1*** vessare, opprimere, angariare, maltrattare, bersagliare, tormentare, braccare, travagliare **CONTR.** aiutare, beneficare, favorire, appoggiare, spalleggiare ***2*** (*fig.*) infastidire, molestare, importunare, seccare, ossessionare, tediare **CONTR.** divertire, rallegrare.

perseguitàto *part. pass. di* **perseguitare**; *anche agg.* e *s. m.* vessato, oppresso, angariato, tormentato, molestato, maltrattato, flagellato, braccato, travagliato □ vittima **CONTR.** aiutato, favorito, beneficato, protetto □ beniamino.

perseverànte *part. pres. di* **perseverare**; *anche agg.* tenace, accanito, costante, infaticabile, instancabile, insistente, persistente, assiduo □ irragionevole, coriaceo, protervo, pertinace, cocciuto, testardo □ caparbio, ostinato, pervicace □ persistente, insistente **CONTR.** incostante, instabile, discontinuo, mutevole, volubile, leggero □ arrendevole, malleabile, remissivo, conciliante □ ragionevole.

perseverànza *s. f.* costanza, pertinacia, tenacia, fermezza, persistenza, infaticabilità, insistenza, assiduità, accanimento, ostinazione, ostinatezza, pervicacia **CONTR.** incostanza, instabilità, mutevolezza, volubilità, mutabilità, leggerezza □ sbandamento. *V. anche* COSTANZA

perseveràre *v. intr.* continuare, insistere, durare, perdurare, persistere, seguitare, proseguire, accanirsi, fissarsi (*fig.*) **CONTR.** desistere, lasciare, mollare □ (*pop.*) demordere.

persiàna [fr. *persienne*, f. sost. di *persien* 'persiano', perché ritenuta originaria della *Persia*] *s. f.* gelosia □ (*est.*) imposta, battente, scuretto, scuro □ griglia.

persino *avv.* perfino, infino (*lett.*), fino, anche, ancora, magari, stesso.

persistènte *part. pres. di* **persistere**; *anche agg.* ***1*** insistente, costante, stabile □ durevole, duraturo, incessante, continuo, incessabile □ cronico **CONTR.** discontinuo, mutevole, instabile, effimero, saltuario □ debole, leggero ***2*** (*di persona*) perseverante, tenace, caparbio, ostinato.

persistènza *s. f.* insistenza, perseveranza, ostinazione, ostinatezza, costanza, durevolezza, pertinacia, continuità, stabilità, durata **CONTR.** instabilità, mutabilità, discontinuità, intermittenza, saltuarietà. *V. anche* COSTANZA

persìstere *v. intr.* insistere, continuare, perseverare, ostinarsi, battere (*fig.*), picchiare (*fig.*), ripicchiare (*fig.*), durare, perdurare, resistere, rimanere, seguitare, proseguire, sussistere **CONTR.** cedere, rinunciare, tralasciare, desistere □ mollare (*fam.*), smettere.

pèrso *part. pass. di* **perdere**; *anche agg.* ***1*** smarrito, perduto □ disperso, sperso □ scomparso, sparito **CONTR.** trovato, ritrovato, recuperato, reperito, rinvenuto ***2*** (*di tempo, di forze, ecc.*) sprecato, buttato (*fam.*), sciupato, inutile **CONTR.** utilizzato, usato ***3*** (*di beni, di denaro*) sprecato, dissipato, scialacquato **CONTR.** guadagnato, ricavato.

persóna *s. f.* ***1*** essere umano, individuo, uomo, donna □ essere □ singolo, soggetto, anima (*fig.*), vita ***2*** qualcuno, alcuno ***3*** personale, corpo, corporatura, fattezze, forme, aspetto, struttura, figura, fisico, statura, complessione ***4*** (*est.*) portamento, atteggiamento □ indole, carattere ***5*** (*di romanzo, di commedia, ecc.*) personaggio, figura ***6*** (*al pl.*) gente **FRAS.** *in persona, di persona*, personalmente □ *persona di servizio*, domestico, domestica.

personàggio *s. m.* ***1*** autorità, potente, ottimate, personalità, notabile, vip (*ingl.*), grande, big (*ingl.*), boss (*ingl.*) □ divo, star (*ingl.*), stella ***2*** (*fig., scherz.*) tipo, soggetto, elemento ***3*** (*est.*) (*di romanzo, di dramma e sim.*) eroe, figura, protagonista □ attore, interprete □ ruolo, parte. *V. anche* GRANDE

pèrsonal /ˈpɛrsonal, *ingl.* ˈpəːsənəl/ *s. m. inv.* acrt. di **personal computer**.

personal computer /ˈpɛrsonal komˈpjuter, *ingl.* ˈpəːsənəl kəmˈpjuːtə*/ [vc. ingl., comp. di *personal* ‘personale, individuale’ e *computer* (V.)] *loc. sost. m. inv.* home computer (*ingl.*), personal, PC □ (*est.*) elaboratore, cervello elettronico, computer, calcolatore.

personàle ***A*** *agg.* ***1*** proprio, esclusivo, ad personam (*lat.*) □ individuale, soggettivo □ privato □ particolare, caratteristico, tipico □ individualistico, soggettivistico **CONTR.** comune, collettivo, comunitario, impersonale □ interpersonale, interindividuale, generale, generico □ oggettivo ***2*** (*di discorso, di lettera, ecc.*) privato, riservato, confidenziale **CONTR.** ufficiale, pubblico ***B*** *s. m.* ***1*** (*di azienda, di ufficio, ecc.*) organico, dipendenti, addetti, impiegati, operai ***2*** figura, fisico, fattezze, forme, aspetto, statura, complessione, fattezze, corpo, struttura, corporatura, persona ***C*** *s. f.* (*di artista*) mostra, esposizione.

personalità *s. f.* ***1*** individualità ***2*** temperamento, carattere, qualità, natura, indole ***3*** potente, ottimate, personaggio, autorità, notabile, big (*ingl.*), boss (*ingl.*) □ luminare, nome (*fig.*), qualcuno (*pop.*). *V. anche* INDOLE

personalménte *avv.* ***1*** di persona, in persona, da sé, per conto proprio, direttamente □ brevi manu (*lat.*), a voce ***2*** da parte mia (tua, sua, nostra, vostra, loro).

personificàre *v. tr.* incarnare, impersonare, rappresentare, simboleggiare, simbolizzare.

personificazióne *s. f.* rappresentazione, figurazione, immagine, incarnazione, ritratto □ simbolo, tipo, emblema **CONTR.** astrazione.

perspicàce *agg.* ***1*** sagace, acuto, agile (*fig.*), vivace, penetrante, fine, intuitivo, fino, sottile, intelligente, lucido □ astuto, furbo, scaltro, volpino (*raro, fig.*) **CONTR.** ottuso, tardo, lento, stolido, tonto ***2*** (*est.*) lungimirante, previdente, avveduto, accorto **CONTR.** imprevidente, sconsiderato, miope (*fig.*). *V. anche* ROBUSTO

perspicàcia *s. f.* sagacia, intelligenza, penetrazione, sottigliezza, acutezza, intuizione, intuito, fiuto (*fig.*), naso (*fig.*), acume □ avvedutezza, accortezza □ astuzia, scaltrezza **CONTR.** ottusità, stolidità, tardezza □ miopia (*fig.*), cecità (*fig.*), dabbenaggine □ citrullaggine □ stoltezza.

perspìcuo *agg.* evidente, chiaro, esplicito, comprensibile, trasparente, icastico (*lett.*) **CONTR.** oscuro, nebuloso, incomprensibile, inesplicabile, sibillino (*fig.*). *V. anche* TRASPARENTE

persuadére ***A*** *v. tr.* convincere, suadere (*poet.*), far capire □ spingere, indurre □ consigliare, invitare, suggerire □ imbonire □ incitare, esortare □ piegare **CONTR.** dissuadere, distogliere sconsigliare □ sviare, disviare □ trattenere ***B*** **persuadersi** *v. rifl.* capacitarsi, concepire, convincersi. *V. anche* SPINGERE, VINCERE

persuasióne *s. f.* ***1*** convincimento □ esortazione, ammonimento **CONTR.** dissuasione ***2*** opinione, convinzione, idea, certezza, fissazione, sicurezza **CONTR.** dubbio, incertezza, titubanza.

persuasivo *agg.* persuadente, suasivo (*lett.*), convincente □ dialettico □ efficace □ invitante, allettante, suadente (*lett.*) **CONTR.** dissuasivo □ inefficace, debole.

persuàso *part. pass. di* **persuadere**; *anche agg.* convinto □ invitato □ indotto, spinto □ risoluto □ certo, sicuro □ rassegnato, vinto **CONTR.** dissuaso □ dubbioso, incerto, perplesso.

persuasóre *s. m.* (*f. persuaditrice*) esortatore, ammonitore, ispiratore, istigatore.

pertànto *cong.* ***1*** perciò, quindi, dunque, così, ergo (*lett., scherz.*) ***2*** tuttavia, nondimeno.

pèrtica *s. f.* ***1*** bastone, palo, asta, stanga, stecca □ bacchio, canna (*est.*) ***2*** (*fig., fam.*) anima lunga, spilungone.

pertinàce *agg.* tenace, ostinato, pervicace, testardo, coriaceo, irragionevole, cocciuto, caparbio, puntiglioso, insistente, protervo **CONTR.** docile, arrendevole, remissivo, malleabile □ ragionevole □ aperto □ incostante, titubante. *V. anche* CAPARBIO

pertinàcia *s. f.* perseveranza, testardaggine, ostinazione, ostinatezza, pervicacia, cocciutaggine, caparbietà, puntigliosità **CONTR.** docilità, arrendevolezza, remissività □ incostanza, volubilità, titubanza, incertezza. *V. anche* COSTANZA

pertinènte *agg.* attinente, relativo, riguardante, inerente, afferente, appartenente □ spettante **CONTR.** estraneo. *V. anche* ADATTO

pertinènza *s. f.* **1** (*di osservazione, di discorso, ecc.*) giustezza, attinenza, appartenenza, proprietà, relazione, coerenza **CONTR.** estraneità **2** (*dir.*) competenza, giurisdizione, spettanza, ragione (*est.*) **CONTR.** incompetenza.

pertósse *s. f.* tosse canina, tosse asinina, tosse cattiva, tosse convulsa.

pertùgio *s. m.* buco, foro, fessura, occhiello, orifizio, spiraglio.

perturbàre **A** *v. tr.* turbare, conturbare, sgomentare, inquietare, sconvolgere, scombussolare, agitare, disordinare, scompigliare □ sobillare, sovvertire **CONTR.** calmare, sopire, assopire, placare, quietare □ normalizzare **B** **perturbarsi** *v. intr. pron.* agitarsi, turbarsi, conturbarsi, sconvolgersi □ (*meteor.*) guastarsi **CONTR.** calmarsi, sopirsi, placarsi, quietarsi □ rasserenarsi. *V. anche* GUASTARE

perturbàto *part. pass. di* **perturbare**; *anche agg.* turbato, agitato, inquieto, sconvolto **CONTR.** calmo, quieto, tranquillo, sereno.

perturbatóre *s. m.*; *anche agg.* (*f. -trice*) disturbatore □ sobillatore, sovvertitore, sovversivo, provocatore □ turbolento **CONTR.** conciliatore, pacificatore.

perturbazióne *s. f.* **1** (*di animo*) perturbamento, turbamento, conturbamento, agitazione, smarrimento **CONTR.** quiete, serenità, pace, tranquillità **2** (*meteor.*) turbamento atmosferico, tempo perturbato, cattivo tempo, depressione, burrasca, temporale **CONTR.** sereno, bel tempo **3** (*nelle telecomunicazioni*) disturbo. *V. anche* DISTURBO

Perù *s. m.* **FRAS.** *valere, costare un Perù* (*fig.*), valere, costare moltissimo, una fortuna, un occhio della testa.

pervàdere *v. tr.* invadere, penetrare, compenetrare, permeare, impregnare, inondare (*fig.*), empire.

pervàso *part. pass. di* **pervadere**; *anche agg.* penetrato, pieno (*fig.*), venato.

pervenìre *v. intr.* **1** giungere, arrivare, capitare, addivenire, venire, raggiungere, sboccare (*fig.*) **CONTR.** partire, andare, procedere, allontanarsi □ provenire **2** (*di eredità, di rendita, ecc.*) toccare, ereditare, spettare.

pervenùto *part. pass. di* **pervenire**; *anche agg.* giunto, arrivato.

perversaménte *avv.* malvagiamente, malignamente, perfidamente, iniquamente, scelleratamente, tristamente (*lett.*), turpemente, diabolicamente, sadicamente **CONTR.** onestamente, benevolmente, lealmente, rettamente.

perversióne *s. f.* deviazione, aberrazione, anormalità □ depravazione, degenerazione, pervertimento □ alterazione □ vizio, degradazione □ corruzione, traviamento **CONTR.** onestà, rettitudine, bontà, innocenza, sanità. *V. anche* DEPRAVAZIONE

perversità *s. f.* malvagità, cattiveria, iniquità, malignità, nequizia (*lett.*), crudeltà, depravazione, scelleratezza, scellerataggine, tristizia (*lett.*) **CONTR.** bontà, innocenza, virtù, onestà.

pervèrso *agg.* malvagio, maligno, perfido, cattivo, pravo (*lett.*), rio (*lett.*), demoniaco, diabolico, sadico, efferato, iniquo, immondo, scellerato, tristo (*lett.*), turpe □ vizioso, depravato, degenerato, corrotto **CONTR.** buono, onesto, dabbene, giusto, innocente, virtuoso, angelico, puro.

pervertiménto *s. m. V.* **perversione**.

pervertire **A** *v. tr.* depravare, degenerare, corrompere, traviare □ guastare (*fig.*), rovinare **CONTR.** moralizzare, migliorare, educare **B** **pervertirsi** *v. intr. pron.* corrompersi, degenerare, deviare, depravarsi, guastarsi **CONTR.** moralizzarsi, normalizzarsi, migliorarsi. *V. anche* GUASTARE

pervertito *part. pass. di* **pervertire**; *anche agg.* e *s. m.* deviato, anormale □ degenerato, vizioso, degenere, depravato □ corrotto, guasto **CONTR.** virtuoso, innocente, puro, onesto, sano.

pervicàcia *s. f.* ostinazione, ostinatezza, caparbietà, caponaggine, testardaggine, cocciutaggine, zucconaggine (*fig.*), pertinacia, accanimento, protervia, tenacia, perseveranza, fermezza, persistenza □ irremovibilità **CONTR.** arrendevolezza, malleabilità □ ragionevolezza, remissività, volubilità, instabilità, mutevolezza. *V. anche* COSTANZA

pervìnca **A** *agg.* e *s. m.* (*di colore*) azzurro-violaceo, azzurro, blu **B** *s. f.* (*bot.*) vinca.

pesànte *part. pres. di* **pesare**; *anche agg.* **1** grave, ponderoso, greve, gravoso, oneroso, faticoso, schiacciante, grande, grosso **CONTR.** leggero, lieve, piccolo **2** (*fig.*) (*di aria, di cielo, ecc.*) viziato, malsano, afoso □ asfissiante, opprimente □ plumbeo, basso **CONTR.** frizzante, puro, sottile, sereno, terso (*fig.*) **3** (*est.*) (*di sonno*) profondo **CONTR.** leggero **4** (*est.*) (*di cibo*) indigesto, indigeribile **CONTR.** leggero, digeribile, light (*ingl.*) **5** (*fig.*) (*di persona*) tardo, lento, impacciato, ottuso □ (*di fisico, di passo, ecc.*) corpacciuto, corpulento, massiccio, elefantesco **CONTR.** sciolto, agile, leggero □ magro, scattante, snello **6** (*est., fig.*) (*di stile, di scritto, ecc.*) grave, sovraccarico, barocco (*fig.*), laborioso, lento **CONTR.** agile, svelto, scorrevole **7** (*fig.*) (*di discorso, di compagnia, ecc.*) noioso, soporifero, barboso (*fam.*), tedioso, lagnoso, molesto, importuno, seccante, affliggente, insopportabile **CONTR.** piacevole, ameno, divertente, arguto, spassoso, interessante **8** (*fig.*) (*di situazione*) grave, duro, preoccupante **CONTR.** felice, facile **9** (*est., sport*) (*di gioco*) scorretto **CONTR.** corretto **10** (*di sgridata, di pugno, ecc.*) solenne, sonoro (*fig.*), sodo.

pesanteménte *avv.* **1** con difficoltà, lentamente, faticosamente, ponderosamente, onerosamente **CONTR.** leggermente, lievemente **2** (*di dormire*) profondamente **CONTR.** leggermente **3** (*di parlare, di fare, ecc.*) noiosamente, insopportabilmente **CONTR.** piacevolmente **4** (*sport*) (*di giocare*) scorrettamente **CONTR.** correttamente **5** (*di rimproverare, di criticare, ecc.*) duramente, severamente **CONTR.** benevolmente, benignamente.

pesantézza *s. f.* **1** peso, gravezza, gravosità, ponderosità (*raro*), onerosità **CONTR.** leggerezza, levità **2** (*fig.*) (*di persona, di discorso, ecc.*) noiosità, insopportabilità, molestia **CONTR.** leggerezza, piacevolezza □ scorrevolezza **3** (*fig.*) (*di aria, di clima*) afosità **CONTR.** leggerezza **4** (*fig.*) (*di mente*) lentezza, ottusità, torpidità **CONTR.** vivacità, agilità **5** (*di fisico*) goffaggine, corpulenza **CONTR.** scioltezza, snellezza **6** sonnolenza.

pesàre ***A*** *v. tr.* **1** trovare il peso, stabilire il peso **2** (*fig.*) (*con la mente*) ponderare, calcolare, misurare, valutare, giudicare, esaminare, considerare, riflettere, soppesare, analizzare **3** (*di parole, di forze, ecc.*) misurare, dosare ***B*** *v. intr.* **1** essere pesante **2** (*fig.*) (*di fatica, di impegno, ecc.*) gravare, opprimere, affliggere, annoiare, costare **CONTR.** dare piacere, divertire, rallegrare **3** (*fig.*) (*di decisione, di discorso, ecc.*) valere, contare, influire, incidere, essere importante **4** (*fig.*) (*di minaccia, di male, ecc.*) incombere. *V. anche* GIUDICARE

pesàto *part. pass. di* **pesare**; *anche agg.* ponderato, calcolato, valutato, giudicato, analizzato □ dosato.

pésca *s. f.* (*fig.*) lotteria, riffa.

pescanóce *s. f.* (*bot.*) nocepesca, nettarina.

pescàre *v. tr.* **1** (*di pesce*) prendere, catturare **2** (*fig.*) (*di notizia, di oggetto, ecc.*) trovare, reperire, scovare **CONTR.** perdere, smarrire **3** (*est.*) (*di carta, di premio, ecc.*) estrarre, prendere □ vincere **4** (*fig.*) (*di persona*) beccare (*fam.*), sorprendere.

pescàto *part. pass. di* **pescare**; *anche agg.* **1** (*di pesce*) preso, catturato **2** (*fig.*) (*di notizia, di oggetto, ecc.*) trovato, reperito **CONTR.** perso, smarrito **3** (*est.*) (*di carta, di premio, ecc.*) estratto, preso □ vinto **4** (*fig.*) (*di persona*) beccato (*fam.*), sorpreso.

pésce *s. m.* **FRAS.** *pesce angelo*, squadro □ *pesce cane*, squalo □ *pesce combattente*, betta □ *pesce istrice*, diodonte □ *pesce lupo*, spigola □ *pesce palla*, tetraodonte □ *pesce prete*, uranoscopo □ *pesce rondine*, dattilottero □ *pesce rosso*, carassio dorato □ *pesce tamburo*, mola, pesce luna □ *pesce tigre*, piranha □ *pesce pipistrello*, malte □ *pesce volante*, esoceto □ *pesce d'aprile* (*fig.*), burla □ *non sapere che pesci prendere* (*fig.*), non sapere come agire □ *sentirsi un pesce fuor d'acqua* (*fig.*), sentirsi a disagio □ *fare il pesce in barile* (*fig.*), mostrarsi indifferente □ *prendere a pesci in faccia* (*fig.*), trattare villanamente.

pescecàne *s. m.* **1** squalo **2** (*fig.*) arricchito (spec. durante la guerra), affarista, incettatore, borsanerista.

péso *s. m.* **1** (*est.*) carico, soma, fardello, zavorra **2** pesantezza, onerosità, aggravio □ gravità **CONTR.** leggerezza, levità **3** (*fig.*) autorità, rilievo, valore, importanza, incidenza, rilevanza, influenza **4** (*fig.*) preoccupazione, assillo, obbligo, responsabilità **5** molestia, angustia, noia, affanno, fastidio, tedio, tormento **CONTR.** diletto, svago, spasso **6** onere, gravame **7** (*sport*) (*nell'ippica*) handicap (*ingl.*) **8** (*di pendola, di filo a piombo*) pendolo **FRAS.** *peso gallo*, bantam □ *a peso d'oro* (*fig.*), a carissimo prezzo □ *peso morto* (*fig.*), gravame inutile □ *non dar peso*, non dare importanza.

pessimìsmo *s. m.* (*est.*) sfiducia, scetticismo, disfattismo **CONTR.** ottimismo, fiducia □ (*est.*) trionfalismo.

pessimìsta *s. m. e f.* (*est.*) sfiduciato, disfattista, scettico **CONTR.** ottimista, fiducioso.

pèssimo *agg.* **1** *sup. di* **cattivo** **2** cattivissimo **CONTR.** ottimo, buonissimo **3** bruttissimo, orrendo, schifoso, orrido, orribile **CONTR.** bellissimo, meraviglioso, stupendo, magistrale, perfetto.

pésta *s. f.* **1** (*spec. al pl.*) orma, traccia, impronta, pedata **2** (*al pl.*) (*fig.*) guai, situazione difficile. *V. anche* IMPRONTA

pestàggio *s. m.* **1** bastonatura, pestatura **2** rissa, zuffa. *V. anche* ZUFFA

pestàre *v. tr.* **1** calpestare, schiacciare, pigiare, ammaccare, acciaccare, calcare, spiaccicare **2** (*di pepe, di erbe, ecc.*) frantumare, sminuzzare, polverizzare, tritare **3** (*di carne, di verdura, ecc.*) battere **4** (*est.*) picchiare, bastonare, battere, percuotere, riempire di botte. *V. anche* SCHIACCIARE

pestàta *s. f.* **1** ammaccatura, contusione, acciaccatura, schiacciata **2** botte, percosse, fracco di botte, menata (*fam.*).

pestàto *part. pass. di* **pestare**; *anche agg.* **1** calpestato, schiacciato, pigiato, calcato **2** (*di pepe, di erbe, ecc.*) frantumato, sminuzzato, tritato, polverizzato **3** (*di carne, di verdura, ecc.*) battuto **4** (*di persona*) picchiato, percosso, menato (*fam.*) □ contuso, pesto.

pèste *s. f.* **1** pestilenza, morbo **2** (*fig.*) fetore, puzzo, lezzo, afrore, tanfo, miasma **CONTR.** profumo, fragranza, aroma, olezzo (*lett.*) **3** (*fig.*) (*anche di persona*) calamità, rovina, sciagura, sventura **CONTR.** ventura, benedizione, fortuna **4** (*fig.*) (*di bambino*) diavolo, giamburrasca **FRAS.** *dire peste e corna di uno* (*fig.*), parlare malissimo di uno.

pestìfero *agg.* **1** pestilenziale **2** (*fig.*) puzzolente, putrido, fetido, mefitico, graveolente (*lett.*) **CONTR.** fragrante, olezzante (*lett.*), aromatico, profumato, odoroso, balsamico **3** (*fig.*) dannoso, esiziale, funesto, maligno, ferale (*lett.*), nefasto, infausto **CONTR.** fausto, favorevole, propizio, benefico, buono **4** (*fig.*) (*di bambino, di persona*) noioso, molesto, fastidioso, seccatore, insopportabile, intollerabile **CONTR.** piacevole, divertente, gradito, quieto, tranquillo.

pestilènza *s. f.* **1** peste □ (*est.*) contagio, epidemia □ moria, mortalità **2** (*fig.*) calamità, rovina, flagello, sciagura, sventura, cataclisma **CONTR.** fortuna, ventura, benedizione **3** (*fig.*) fetore, puzzo, lezzo, afrore, tanfo, miasma **CONTR.** profumo, fragranza, olezzo (*lett.*).

pestilenziàle *agg. V.* **pestifero.**

pésto ***A*** *agg.* **1** ammaccato, pestato, malconcio, magagnato, acciaccato □ contuso □ indolenzito □ livido **2** (*fig.*) (*di buio*) fitto, totale, completo, assoluto ***B*** *s. m* ematoma, bernoccolo, ecchimosi.

petàrdo *s. m.* castagnola, castagnetta, mortaretto, bombetta, detonante.

petizióne *s. f.* domanda, istanza, supplica, richiesta □ (*est.*) esposto.

péto *s. m.* scoreggia (*volg.*), loffa, vento.

petronìano [da san *Petronio*, protettore di Bologna] *agg.*; *anche s. m.* **1** (*lett.*) bolognese, felsineo (*lett.*) **2** (*sport*) sostenitore del Bologna, tifoso del

Bologna, rossoblù.

pettegolézzo *s. m.* chiacchiera, diceria, indiscrezione, voce, voce di corridoio, ciancia, ciarla □ malignità, maldicenza. *V. anche* INDISCREZIONE

pettégolo *agg.; anche s. m.* chiacchierone, linguacciuto, gazzettino, sussurrone (*fam.*), gazzetta, ciarlone □ maldicente, maligno, calunniatore □ mormoratore **CONTR.** discreto, segreto (*dial., fam.*), riservato.

pettinàre ***A*** *v. tr.* ***1*** (*di capelli*) ravviare, acconciare, lisciare, districare **CONTR.** spettinare, arruffare, scarmigliare, scapigliare, rabbuffare ***2*** (*di lana, di seta e sim.*) cardare, scardassare, scapecchiare, carminare ***3*** (*fig.*) rimproverare, rabbuffare, strigliare, sgridare **CONTR.** lodare, encomiare, elogiare ***B*** **pettinarsi** *v. rifl.* ravviarsi □ acconciarsi, lisciarsi **CONTR.** spettinarsi, arruffarsi, scarmigliarsi, scapigliarsi.

pettinàto *part. pass. di* **pettinare**; *anche agg.* ravviato, acconciato, lisciato **CONTR.** spettinato, arruffato, scarmigliato, scapigliato.

pettinatrìce *s. f.* parrucchiera, acconciatrice.

pettinatùra *s. f.* acconciatura.

pètto *s. m.* ***1*** (*est.*) torace, torso, costato, busto **CONTR.** dorso ***2*** (*est.*) polmoni ***3*** (*est.*) seno, mammella, poppa, zinna, zizza ***4*** (*di abito*) davanti **CONTR.** dietro, schiena ***5*** (*fig.*) fronte, parte anteriore **CONTR.** schiena, tergo ***6*** (*fig.*) cuore, animo **FRAS.** *prendere di petto* (*fig.*), affrontare con energia □ *a petto*, a confronto □ *battersi il petto* (*fig.*), pentirsi.

pettorìna *s. f.* pettino, davantino □ bavaglino.

pettorùto *agg.* (*fig.*) impettito, altero, tronfio, altezzoso, superbo.

petulànte *agg.* impertinente, insolente □ impudente, sfrontato, sfacciato, spudorato □ indiscreto, indelicato, invadente □ seccante, inopportuno, importuno, impronto □ molesto, insistente □ provocante □ arrogante, tracotante **CONTR.** discreto, riguardoso, riservato.

pèzza *s. f.* ***1*** toppa, rattoppo ***2*** (*est.*) stoffa, panno, tessuto, drappo ***3*** straccio, cencio □ striscia ***4*** (*lett.*) tratto, tempo ***5*** (*di terreno*) appezzamento ***6*** carta, documento ***7*** (*sul manto di animale*) chiazza, macchia **FRAS.** *pezza da piedi* (*fig.*), nullità, individuo insignificante □ *metterci una pezza* (*fig.*), rimediare alla meno peggio □ *pezza d'appoggio*, documento giustificativo.

pezzàto *agg.* (*di animale*) macchiato, maculato, toppato, chiazzato □ (*di cavallo*) pomellato.

pezzatùra (1) *s. f.* (*di mantello di animale*) chiazza, macchia □ (*di cavallo*) pomellatura.

pezzatùra (2) *s. f.* (*di legna, di carbone, ecc.*) forma, dimensione, taglio.

pezzènte *s. m. e f.* straccione, disperato, miserabile, povero □ mendico, mendicante, questuante, accattone □ pitocco (*raro*) **CONTR.** ricco, benestante, signorone, nababbo.

pèzzo *s. m.* ***1*** brandello, frammento □ brano, parte, tocco □ taglio, scheggia, spezzone □ coccio, frantume, ritaglio, minuzzolo, scampolo □ resto, avanzo **CONTR.** intero ***2*** (*di pane e sim.*) tozzo, fetta, morso, boccone, porzione ***3*** (*di macchina, di mobile, ecc.*) parte ***4*** (*di opera musicale, letteraria e sim.*) brano, componimento, composizione, passaggio, passo, frase, parte ***5*** (*fig.*) (*di spazio, di tempo*) tratto, parte ***6*** (*di terra*) terreno, fondo, appezzamento □ zolla ***7*** (*fig.*) persona ***8*** (*est.*) elemento, esemplare ***9*** arma, cannone ***10*** (*di giornale*) articolo **FRAS.** *fare a pezzi*, frantumare; (*fig.*) stroncare, distruggere, uccidere □ *essere a pezzi* (*fig.*), essere esausto □ *a pezzi e a bocconi* (*fig.*), un po' per volta, alla meno peggio □ *tutto d'un pezzo* (*fig.*), inflessibile, incorruttibile □ *pezzo grosso*, persona influente, big (*ingl.*), boss (*ingl.*) □ *pezzo d'uomo*, omone □ *pezzo da novanta* (*fig.*), mafioso potente; persona influente □ *pezzo di carta* (*fam.*), diploma, laurea. *V. anche* PARTE

pezzuòla *s. f.* cencio, straccio, straccetto □ fazzoletto, moccichino.

piacènte *part. pres. di* **piacere**; *anche agg.* avvenente, attraente, bello, grazioso, carino, gradevole, piacevole □ amabile, simpatico, affabile, cordiale **CONTR.** brutto, sgradevole, spiacevole, detestabile, antipatico.

piacére ***A*** *v. intr.* ***1*** aggradare (*lett.*), garbare, incontrare (*fam.*) □ dilettare, deliziare, soddisfare □ attirare, incantare, allettare, attrarre, interessare **CONTR.** dispiacere, contrariare, spiacere □ infastidire, ripugnare, annoiare, tediare, repellere ***2*** (*di leggere, di dormire, ecc.*) desiderare, volere, gradire, andare (*fam.*), comodare (*fam.*), quadrare (*fam.*), sfagiolare (*fam.*), avere voglia **CONTR.** dispiacere, nauseare ***3*** sembrare giusto ***B*** *s. m.* ***1*** godimento, diletto, soddisfazione, compiacimento □ goduria (*fam., scherz.*), delizia, dolcezza □ letizia, gaudio, contentezza, gioia □ sollievo, appagamento, beatitudine, consolazione □ voluttà **CONTR.** dispiacere, affanno, afflizione, amarezza, angustia, dolore, sofferenza □ strazio, supplizio □ tormento □ disgusto, fastidio, noia □ ansia, angoscia □ dispetto, rabbia ***2*** divertimento, distrazione, spensieratezza, sollazzo, serenità **CONTR.** noia, rompimento, grattacapo, scocciatura, disturbo, fatica, molestia ***3*** onore, soddisfazione, fortuna **CONTR.** sventura, sfortuna, fastidio ***4*** favore, servigio, beneficio, cortesia, gentilezza **CONTR.** inconveniente, fastidio, impiccio, seccatura ***5*** desiderio, volontà, gusto, arbitrio, piacimento, talento **CONTR.** obbligo, dovere. *V. anche* FAVORE, REGALO

piacévole *agg.* dilettevole, gradevole, simpatico, godibile □ spassoso, divertente, gustoso □ piacente, bello, carino, grazioso □ brioso, vivace □ attraente, affascinante, allettante, stuzzicante □ amabile, affabile □ gentile, garbato, cortese □ ameno □ incantevole, delizioso **CONTR.** brutto, increscioso, spiacevole, antipatico, seccante, fastidioso, sgradevole, ingrato, molesto □ barboso, noioso □ nauseante, repellente, ripugnante, schifoso □ pesante, opprimente □ insopportabile, irritante.

piacevolézza *s. f.* ***1*** amenità, amabilità □ grazia □ brio, spirito, briosità **CONTR.** gravità, scontrosità, pedanteria, musoneria □ pesantezza, oppressione ***2*** facezia, scherzo, spiritosaggine, lepidezza.

piacevolménte *avv.* bene, gradevolmente □ gustosamente, spassosamente □ spiritosamente, brillantemente, briosamente □ affabilmente, simpaticamente, graziosamente, gentilmente, soavemente **CONTR.** sgradevolmente, antipaticamente, spiacevolmente □ tragicamente.

piaciménto *s. m.* piacere, gradimento □ voglia, volontà, desiderio □ arbitrio, capriccio.

piàga *s. f.* **1** (*med.*) lesione, ferita, ulcera, ulcerazione, fistola □ pustola, bubbone **2** (*fig.*) (*di grandine, di pestilenza, ecc.*) flagello, danno, male, afflizione, sciagura **CONTR.** beneficio, benedizione, fortuna **3** (*fig.*) (*di animo*) afflizione **4** (*fig., scherz.*) (*di persona*) noioso, pesante, pedante, lagnone, piagnone, insopportabile **CONTR.** delizia, spasso.

piagàre *v. tr.* ferire, ulcerare, esulcerare, lacerare **CONTR.** cicatrizzare, rimarginare, chiudere.

piaggerìa *s. f.* blandizia, lusinga, adulazione, incensamento, cortigianeria, incensatura, sviolinata, sviolinatura, ruffianeria, blandimento (*lett.*) □ servilismo **CONTR.** ingiuria, vituperio, disprezzo, biasimo, denigrazione.

piaggiatóre *s. m.; anche agg.* (*f. -trice*) adulatore, lusingatore, incensatore, cortigiano, leccapiedi, ruffiano **CONTR.** spregiatore, insolente, denigratore, diffamatore.

piagnistèo *s. m.* **1** piagnucolamento, lamento, piagnucolio **CONTR.** risata **2** (*est.*) querimonia, lamentela, geremiade, lamentazione, lagna.

piagnucolàre *v. intr.* frignare □ piangere sommessamente. *V. anche* PIANGERE

piagnucolìo *s. m.* piagnucolamento, gemito, lamentio, lamento, mugolio, frignio **CONTR.** riso, risata.

piagnucolóso *agg.* querulo, gemebondo, lamentoso, lagnoso, piagnoloso (*lett.*), lacrimoso **CONTR.** ridanciano, ridente, scherzoso, allegro.

piallàre *v. tr.* lisciare, levigare □ appianare, pareggiare, spianare.

piàna *s. f.* pianura, bassa (*pop.*), bassopiano, piano, spianata **CFR.** monte, montagna.

piancìto *s. m.* (*dial.*) pavimento, pavimentazione, impiantito.

pianeggiànte *part. pres. di* **pianeggiare**; *anche agg.* piano, piatto □ pari **CONTR.** ondulato, montuoso, montagnoso, ripido, erto, scosceso.

pianeggiàre *v. tr.* livellare, pareggiare.

pianèlla *s. f.* pantofola, ciabatta, babbuccia.

pianeròttolo *s. m.* ripiano □ ballatoio □ (*in alpinismo*) spiazzo.

pianéta *s. m.* **1** (*est.*) corpo celeste, stella, astro **2** (*fig.*) stelle, destino, sorte **3** oroscopo **4** (*fig.*) mondo, ambiente.

pianetìno *s. m.* **1** *dim. di* **pianeta** **2** (*astron.*) asteroide, satellite.

piàngere **A** *v. intr.* **1** lacrimare, plorare (*poet.*), singhiozzare □ gemere, piagnucolare, frignare, lamentarsi **CONTR.** ridere, sghignazzare □ rallegrarsi, gioire, sogghignare, gongolare **2** soffrire, rammaricarsi, dolersi **3** (*di liquido*) gocciolare, stillare, gocciare **B** *v. tr.* **1** versare, emettere **2** deplorare, plorare (*poet.*), lamentare **CONTR.** gioire, godere **3** (*est.*) rimpiangere **C** *s. m.* pianto, lacrime **CONTR.** riso.

PIANGERE
sinonimia strutturata

Si dice **piangere** il versare lacrime per dolore, commozione o altri sentimenti: *piangere amaramente, in silenzio, alla notizia di qualcosa, per la morte di qualcuno, delle ingiustizie subite*; in questo senso, equivale a **lacrimare**, che però può designare anche una lacrimazione non dovuta a un'emozione: *si mise a lacrimare per la commozione*; *il fumo la fa lacrimare*. Il piangere a dirotto e con singulti si definisce **singhiozzare**. Viceversa, il lamentarsi o il singhiozzare sommessamente si dice **gemere**: *si sentiva il ferito gemere*. Il piangere dei lattanti si chiama **vagire**: *il piccolo vagiva nella culla*; se un bambino o un adulto piange in modo continuo, noioso e ingiustificatamente si dice che **frigna** o **piagnucola**.

Vicino ma non connotato negativamente è **lamentarsi**, che indica il mostrarsi risentito o scontento di qualcosa, e che corrisponde al significato estensivo di piangere: *lamentarsi per un torto subito*. Lamentare coincide con piangere anche nell'uso transitivo: *piangere la morte di qualcuno, i danni subiti*; *lamentare un'offesa, un errore*; **deplorare** significa sia biasimare: *deplorare il comportamento di qualcuno*; sia, con un'accezione condivisa da lamentare, compiangere: *deplorare, lamentare le disgrazie di qualcuno*. Per estensione, piangere adoperato transitivamente significa **rimpiangere**, cioè ricordare con rammarico e nostalgia: *piangere il bene perduto*; *rimpiangere un caro amico*.

Piangere corrisponde anche a **soffrire** molto, ossia a provare un intenso dolore: *piangere dentro di sé, sotto la tirannia*. Più deboli sono **dolersi** e **rammaricarsi**, che richiamano dispiacere e rincrescimento più che profonda sofferenza: *dolersi di un errore*; *di una cattiva azione*; *si è molto rammaricato della tua disgrazia*.

pianificàre *v. tr.* **1** (*raro*) pareggiare, livellare **2** progettare, organizzare, programmare □ disciplinare, regolare, controllare **CONTR.** liberalizzare.

pianificazióne *s. f.* programmazione, organizzazione □ disciplina, regolamentazione, controllo **CONTR.** liberalizzazione.

piàno (1) **A** *agg.* **1** piatto, pianeggiante, pari, liscio, spianato, livellato, piallato, levigato □ orizzontale □ uguale, uniforme **CONTR.** ondulato, montuoso, dirupato, rupestre □ accidentato, scosceso □ diseguale □ scabro, ruvido, irto, granuloso **2** (*fig.*) (*di parlare*) sommesso, basso, dolce, moderato, leggero **CONTR.** forte, altisonante, sonoro **3** (*fig.*) (*di faccenda, di argomento, ecc.*) agevole, facile, chiaro, intelligibile, semplice □ discorsivo, colloquiale **CONTR.** ampolloso, complicato, difficile, arduo, scabroso, agitato, concitato, acceso **B** *avv.* **1** adagio, lentamente **CONTR.** forte, velocemente, affrettatamente, speditamente **2** (*fig.*) (*di posare, di agire, ecc.*) prudentemente, cautamente **CONTR.** imprudentemente, incautamente **3** (*di parlare, di cantare, ecc.*) sommessamente, sottovoce, fiocamente, dolcemente, leggermente, delicatamente **CONTR.** forte, violentemente.

piàno (2) *s. m.* ***1*** superficie ***2*** pianura, piana, pianoro, spianata, tavoliere □ piattaforma **CONTR.** montagna, monte ***3*** (*di acque*) superficie, specchio ***4*** (*di persona, ecc.*) livello, grado, altezza ***5*** (*di frutta, di crema, ecc.*) strato, fila ***6*** (*di libreria, di mobile*) palco, palchetto, ripiano **FRAS.** *piano nobile*, piano padronale □ *di primo piano* (*fig.*), importante □ *di secondo piano* (*fig.*), secondario.

piàno (3) *s. m.* ***1*** (*di costruzione, di oggetto, ecc.*) progetto, disegno □ planimetria ***2*** (*di studio, di libro, ecc.*) schema, disposizione ***3*** (*di azione, di lavoro, ecc.*) progetto, proposito, programma, previsione, proponimento, mira □ strategia □ iniziativa.

pianòro *s. m.* altopiano, piano, pianura, spianata, tavoliere □ spiazzo **CFR.** altura, monte, montagna, collina, bassura, avvallamento, depressione.

pianotèrra *s. m. inv.* pianterreno.

piànta *s. f.* ***1*** vegetale, arbusto, arboscello, albero, erba ***2*** (*est.*) piede ***3*** (*di scarpa*) suola ***4*** (*di edificio, di mobile, ecc.*) proiezione, planimetria, progetto, disegno ***5*** (*est.*) (*di luogo*) mappa, carta, cartina ***6*** (*bur.*) ruolo, organico **FRAS.** *di sana pianta* (*fig.*), totalmente, interamente, completamente, radicalmente □ *in pianta stabile*, permanentemente.

piantagióne *s. f.* coltivazione, coltura □ piantata.

piantagràne *s. m.* e *f. inv.* cavilloso, pedante, litighino, rompiscatole (*pop.*), rompiballe (*volg.*) **CONTR.** pacioso (*dial.*), pacifico.

piantàre ***A*** *v. tr.* ***1*** (*di pianta, di semi*) interrare, mettere a dimora □ seminare □ coltivare **CONTR.** sradicare, spiantare (*raro*), svellere, divellere, strappare ***2*** (*di palo, di chiodo, ecc.*) conficcare, ficcare, figgere, infiggere, configgere, inserire **CONTR.** strappare, svellere ***3*** (*est.*) (*di tenda, di fondamenta, ecc.*) collocare, posare, installare, piazzare, porre **CONTR.** togliere, levare ***4*** (*di azienda, di impresa, ecc.*) impiantare, fondare, avviare, iniziare □ fissare, stabilire **CONTR.** chiudere ***5*** (*fig.*) (*di persona*) abbandonare, lasciare ***6*** (*di lavoro, di scrivere, ecc.*) finire □ smettere, interrompere **CONTR.** cominciare, riprendere ***B*** **piantarsi** *v. intr. pron.* ***1*** (*di chiodo, di palo, ecc.*) conficcarsi, ficcarsi, infiggersi, configgersi ***2*** (*di persona*) collocarsi, sistemarsi, piazzarsi, fermarsi **CONTR.** andarsene, partire **FRAS.** *piantare chiodi* (*fig.*), fare debiti □ *piantare grane* (*fig.*), sollevare questioni spiacevoli □ *piantare baracca e burattini* (*fig.*), abbandonare tutto □ *piantare in asso*, abbandonare a sé stesso □ *piantarla*, finirla □ *piantala!, piantatela!*, basta!, stop!

piantàto *part. pass. di* **piantare**; *anche agg.* ***1*** (*di terreno*) coltivato □ piantumato, alberato **CONTR.** incolto ***2*** (*est.*) (*di persona*) solido, robusto, massiccio, tarchiato **CONTR.** gracile, mingherlino ***3*** (*fig.*) immobile □ impettito, impalato, rigido ***4*** (*fig.*) (*di persona, di lavoro, ecc.*) abbandonato, lasciato ***5*** (*di oggetto*) fissato, infisso, inserito **CONTR.** divelto, sradicato, strappato.

pianterréno *s. m.* pianoterra.

piànto (1) *part. pass. di* **piangere**; *anche agg.* rimpianto, compianto.

piànto (2) *s. m.* ***1*** piangere, piagnucolio, piagnisteo **CONTR.** riso, risata ***2*** (*est.*) lacrime, singhiozzo, gemito, lamento, singulto **CONTR.** riso, sorriso ***3*** afflizione, dolore, lutto, compianto, cordoglio, duolo (*lett.*) **CONTR.** esultanza, allegria, gioia, allegrezza, festa ***4*** (*scherz.*) (*di persona*) lagna, pizza, noia □ disastro, sfacelo, delusione.

piantonaménto *s. m.* vigilanza, sorveglianza, controllo.

piantonàre *v. tr.* vigilare, sorvegliare, controllare, custodire.

piantóne *s. m.* sentinella, guardia □ (*est.*) palo (*gerg.*), basista (*gerg.*), sorvegliante.

piantumàto *agg.* alberato.

pianùra *s. f.* piano, pianoro, spianata, piana, tavoliere □ landa □ tundra, steppa **CFR.** monte, montagna, collina, vetta, avvallamento, depressione.

piàstra *s. f.* ***1*** lastra, lamina, lamiera, placca, targa □ strato □ crosta ***2*** (*di registrazione*) deck (*ingl.*).

piastrèlla *s. f.* mattonella, formella.

piastrìna *s. f.* medaglia di riconoscimento, piastrino □ medaglietta.

piattafórma *s. f.* ***1*** piano ***2*** trampolino ***3*** (*di roccia*) ripiano, pianerottolo, spiazzo ***4*** (*fig.*) (*di lavoro*) programma ***5*** (*fig.*) (*di trattativa, di discussione*) base ***6*** spiazzo, piazzola.

piattézza *s. f.* (*di discorso, di idee, ecc.*) banalità, monotonia, noiosità, piattume, convenzionalità, aridità **CONTR.** ricchezza, originalità, espressività.

piattìno *s. m.* ***1*** *dim. di* **piatto** ***2*** sottocoppa, sottobicchiere, tondino ***3*** manicaretto.

piàtto ***A*** *agg.* ***1*** piano, liscio, levigato, uniforme, livellato, pianeggiante, tabulare □ schiacciato, camuso (*di naso*) **CONTR.** rilevato, accidentato, ruvido, rugoso, montuoso, ondulato, inuguale ***2*** (*fig.*) (*di persona, di discorso, ecc.*) scialbo, scipito, convenzionale, insipido, inespressivo, monotono, banale, insignificante, incolore, prosaico **CONTR.** vario, colorito, vivace, effervescente, estroso, vivo, espressivo, originale, significativo, adorno, immaginoso, pittoresco, alato, poetico ***B*** *s. m.* ***1*** scodella, stoviglia, fondina, tondino, vassoio ***2*** (*est.*) cibo, vivanda, pietanza ***3*** portata ***4*** (*di giradischi*) portadischi ***5*** (*del gong*) cimbalo ***6*** (*nel gioco*) posta, puglia (*gerg.*) **FRAS.** *piatto forte* (*fig.*), parte migliore □ *il piatto piange* (*fig.*), mancano le poste. *V. anche* BANALE, NUTRIMENTO

piàttola *s. f.* ***1*** (*zool.*) pidocchio del pube ***2*** (*fig.*) persona noiosa, seccatore, impiccione, impiastro, rompiscatole (*pop.*), scocciatore (*fam.*).

piàzza *s. f.* ***1*** largo, piazzale, spiazzo, slargo, agorà (*ant.*), foro, campo (*dial.*), rondò □ (*di chiesa*) sagrato ***2*** (*est.*) area, spazio, posto, zona ***3*** mercato, centro commerciale ***4*** (*fig.*) popolo, pubblico, gente, folla ***5*** (*mil.*) fortezza, campo trincerato, piazzaforte **FRAS.** *mettere in piazza* (*fig.*), far sapere a tutti, sbandierare □ *fare piazza pulita* (*fig.*), sgomberare tutto, spazzare via tutto □ *scendere in piazza* (*est.*), dimostrare, manifestare, scioperare □ *rovinare la piazza* (*fig.*), rovinare la reputazione □ *letto a una piazza*, letto singolo □ *letto a due piazze*, letto matrimoniale □ *piazza d'armi* (*fig.*), locale molto vasto. *V. anche*

piazzafòrte *s. f.* fortificazione, roccaforte.

piazzàle *s. m.* piazza, spiazzo, largo, slargo.

piazzaménto *s. m.* **1** (*raro*) collocazione, sistemazione, allogamento **2** (*di classifica, di graduatoria, e sim.*) posizione, posto.

piazzàre **A** *v. tr.* **1** collocare, situare, porre, sistemare, mettere □ piantare, impiantare **CONTR.** togliere, levare **2** (*di merce*) vendere, collocare **B** **piazzarsi** *v. rifl.* collocarsi, sistemarsi, mettersi, installarsi, piantarsi □ classificarsi.

piazzàta *s. f.* scenata, scena, sceneggiata, chiassata □ litigio, alterco, baruffa.

piazzàto *part. pass. di* **piazzare**; *anche agg.* **1** collocato, situato, sistemato, messo, posto **CONTR.** tolto, levato **2** (*in classifica, in graduatoria e sim.*) classificato.

piazzista *s. m.* rappresentante, propagandista, commesso viaggiatore, venditore.

picarésco [sp. *picaresco*, da *picaro* 'imbroglione'] *agg.* **1** sfrontato, astuto, buffo **CONTR.** serio **2** avventuroso, romanzesco, rocambolesco.

picaro /*sp.* 'pikaro/ [vc. sp., propr. 'imbroglione'] *s. m.* **1** furfante, imbroglione □ sfrontato, guitto **2** (*fig.*) vagabondo, mascalzone.

piccànte *agg.* **1** pungente, pepato, saporito, stuzzicante, forte **CONTR.** insipido, dolce **2** (*fig.*) (*di discorso, di immagine, ecc.*) spinto, audace, erotico, licenzioso, boccacesco, osé (*fr.*), eccitante □ arguto, caustico, salace, pungente, velenoso **CONTR.** serio, pudico, controllato □ benigno, benevolo, mite.

piccàrsi *v. intr. pron.* **1** presumere, pretendere **2** impuntarsi, ostinarsi, incaponirsi, incaparsi (*tosc.*) **CONTR.** arrendersi, piegarsi, cedere **3** impermalirsi, offendersi, adontarsi, risentirsi.

picchettàggio *s. m.* picchettamento, sorveglianza, blocco.

picchettàre *v. tr.* (*di luogo di lavoro*) bloccare, sorvegliare.

picchétto *s. m.* **1** paletto, piolo **2** (*mil.*) squadra, guardia, drappello **3** (*di operai*) gruppo di sorveglianza, sorveglianti.

picchiàre **A** *v. tr.* **1** battere, colpire, martellare, tempestare **2** percuotere, bastonare, sculacciare, scazzottare, legnare, malmenare, randellare, pestare, menare (*fam.*) **CONTR.** carezzare, vezzeggiare **B** *v. intr.* **1** (*alla porta*) bussare **2** (*contro qualcosa*) urtare, cozzare **3** (*fig.*) (*su un argomento*) battere, insistere, persistere, perseverare **CONTR.** desistere, smettere, rinunciare **C** **picchiarsi** *v. rifl. rec.* bastonarsi, scazzottarsi, malmenarsi, azzuffarsi, menarsi, legnarsi, darsele □ battersi, lottare **CONTR.** carezzarsi, vezzeggiarsi.

picchiàta *s. f.* **1** battuta, bastonatura, menata (*fam.*), pestata **CONTR.** carezza, moina **2** (*est.*) urto, urtata, cozzo, botta **3** (*aer.*) (*est.*) discesa **CONTR.** cabrata, salita, impennata.

picchiettàre **A** *v. tr.* e *intr.* picchierellare, tamburellare, crepitare, bruire (*di pioggia*) **B** *v. tr.* punteggiare, macchiettare, maculare.

picchiettatùra *s. f.* macchiatura, macchiettatura, punteggiatura, maculatura, puntinatura.

picchiettio *s. m.* ticchettio, tamburellio, crepitio.

pìcchio *s. m.* **1** bussata, colpo, busso **2** picchiotto, batacchio, battiporta, batocchio, battaglio □ martello, mazzapicchio, maglio, mazzuolo.

picchiòtto *s. m.* battiporta, batacchio, picchio, batocchio, battaglio.

piccinerìa *s. f.* meschinità, bassezza, grettezza, piccolezza, ristrettezza, pitoccheria **CONTR.** larghezza, generosità, magnanimità, magnificenza, apertura, liberalità.

piccìno **A** *agg.* **1** piccolo, piccolino, minuscolo, minuto, lillipuziano **CONTR.** grande, maestoso, imponente, alto **2** (*fig.*) (*di persona*) umile, basso, dimesso, debole **CONTR.** potente, importante **3** (*fig.*) (*di animo, di mente, ecc.*) angusto, gretto, meschino, pitocco, ristretto, misero **CONTR.** largo, generoso, aperto, magnanimo, liberale **B** *s. m.* neonato, bambino **CFR.** ragazzo, adulto, grande, maturo, anziano, vecchio.

picciòlo *s. m.* (*est., bot.*) gambo, peduncolo, pedicello.

piccionàia *s. f.* **1** colombaia **2** sottotetto, soffitta **3** (*scherz.*) (*di teatro*) loggione.

piccióne *s. m.* colombo **FRAS.** *prendere due piccioni con una fava* (*fig.*), raggiungere due scopi con un solo mezzo.

pìcco *s. m.* vetta, cima, pizzo, guglia, pinnacolo, dente, punta **FRAS.** *colare a picco* (*fig.*), andare in rovina, andare a fondo □ *a picco* verticalmente, perpendicolarmente, a piombo.

piccolézza *s. f.* **1** (*di qualità e quantità*) insufficienza, pochezza, esiguità, impercettibilità **CONTR.** grandezza, grossezza, ampiezza, vastità, imponenza, cospicuità, rilevanza **2** (*est.*) (*di cosa*) inezia, sciocchezza, bazzecola, frivolezza, minuzia, bagatella, quisquilia **3** (*fig.*) (*di animo, di mente, ecc.*) grettezza, meschinità, piccineria, ristrettezza, pitoccheria **CONTR.** larghezza, generosità, magnanimità, magnificenza, apertura, liberalità.

pìccolo **A** *agg.* **1** (*di misura*) minuscolo, piccino, lillipuziano, microscopico **CONTR.** grande, enorme, gigantesco, maestoso, imponente, grosso, voluminoso, ciclopico **2** (*di corporatura*) esile, sottile, minuto □ basso **CONTR.** grande, grosso, robusto □ alto **3** (*di compenso, di somma, di pensione, ecc.*) scarso, esiguo, basso, minimo, insufficiente, inadeguato, limitato, modesto, stentato **CONTR.** abbondante, cospicuo, ragguardevole, rilevante, ingente, ricco, dovizioso **4** (*di spazio*) ridotto, ristretto, angusto **CONTR.** immenso, vasto, ampio, sterminato, smisurato, esteso **5** (*di tempo*) breve, corto, poco, ristretto **CONTR.** lungo, eterno, interminabile, infinito **6** (*di età*) giovane, immaturo, giovanile **CONTR.** adulto, vecchio, maturo, cresciuto **7** (*di errore, di protesta, ecc.*) modesto, trascurabile, lieve **CONTR.** grave, madornale, macroscopico, marchiano, vistoso, colossale **8** (*di persona*) modesto, insignificante, mediocre □ umile, comune, semplice **CONTR.** sommo, superiore □ potente, importante **9** (*fig.*) (*di animo, di mente, ecc.*) gretto, meschino, misero, angusto, ristretto, cheap (*ingl.*)

CONTR. generoso, aperto, liberale, largo, meraviglioso, straordinario *10* (*di formato, di edizione*) tascabile, tabloid (*ingl.*) *B* *s. m.* *1* bambino *2* (*est.*) (*di animale*) cucciolo, pulcino, avannotto, larva *3* piccolezza, esiguità, minuzia **CONTR.** grandezza **FRAS.** *in piccolo*, in proporzioni ridotte □ *nel mio piccolo*, nell'ambito delle mie possibilità □ *piccolo borghese* (*est., anche agg.*), meschino, gretto. *V. anche* SCARSO

pick-up /*ingl.* 'pik ʌp/ [vc. ingl., propriamente 'raccoglitore (di vibrazioni)'] *s. m. inv.* *1* fonorivelatore, fonogeno, testina *2* (*autom.*) furgone, camioncino.

picnic /*ingl.* pik'nik/ [vc. ingl. *picnic*, dal fr. *pique-nique*, comp. di *piquer* 'rubacchiare', e *nique* 'cosa di nessun valore'] *s. m. inv.* *1* colazione, merenda, merendina, spuntino *2* (*est.*) scampagnata, gita.

pidòcchio *s. m.* *1* (*di piante*) afide, gorgoglione *2* (*fig., spreg.*) avaraccio, meschino, gretto, taccagno **CONTR.** generoso, liberale **FRAS.** *grattarsi i pidocchi* (*fig.*), essere molto poveri □ *scorticare un pidocchio* (*fig.*), essere molto avari.

pidocchióso *agg.* (*fig.*) taccagno, sordido, avaro, spilorcio, pitocco, gretto, miserabile, laido, straccione **CONTR.** generoso, prodigo, liberale, magnanimo, munifico.

pièce /*fr.* pjes/ [vc. fr., letteralmente 'pezzo'] *s. f. inv.* opera teatrale, commedia, tragedia, comica.

piède *s. m.* *1* estremità (inferiore) *2* (*di animale*) zampa, zoccolo, artiglio *3* (*fig.*) (*di mobile, di lampadario, ecc.*) base, basamento, sostegno, piedistallo, parte inferiore, pianta **CONTR.** testa, testata, parte superiore, cima, cocuzzolo *4* (*di albero, di fungo, ecc.*) base, gambo □ ceppo □ radice *5* (*di monte*) falda, pendice *6* (*fig.*) (*di guerra, di parità, ecc.*) condizione, stato *7* (*di verso*) misura **FRAS.** *pedibus calcantibus* (*lat., scherz.*), a piedi □ *piedi piatti* (*fig.*), cameriere, poliziotto □ *andare coi piedi di piombo* (*fig.*), agire con grande cautela □ *essere tra i piedi* (*fig.*), dare fastidio, intralciare □ *prendere piede* (*fig.*), rafforzarsi, diffondersi □ *mettere in piedi* (*fig.*), allestire □ *cadere in piedi* (*fig.*), uscirne senza danno □ *puntare i piedi* (*fig.*), ostinarsi, incaponirsi □ *fatto coi piedi* (*fig.*), fatto malissimo □ *su due piedi* (*fig.*), subito, lì per lì □ *darsi la zappa sui piedi* (*fig.*), danneggiarsi da sé □ *con le ali ai piedi* (*fig.*), a grande velocità □ *tenere il piede in due staffe* (*fig.*), barcamenarsi □ *mettere piede*, entrare; attecchire □ *restare a piedi* (*fig.*), restare senza risorse.

piedipiàtti *s. m.* (*spreg.*) poliziotto, questurino (*pop.*) □ cameriere.

piedistàllo *s. m.* basamento, base, sostegno, supporto, zoccolo, piede.

piedrìtto *s. m.* colonna, pila, pilastro, pilone, stipite.

pièga *s. f.* *1* piegatura, ripiegatura □ increspatura, crespa, grinza, ruga □ (*di capelli*) ondulazione □ (*di libro, ecc.*) orecchio (*fig.*) *2* (*di strada, di fiume, ecc.*) circonvoluzione, curva, gomito, ansa, sinuosità, giro *3* (*geol.*) curvatura, flessione □ corrugamento *4* (*est.*) (*di coscienza, di mente, ecc.*) intimo, seno, anfratto *5* (*fig., fam.*) andazzo, andamento □ indirizzo, verso □ abitudine, tendenza, inclinazione *6* (*di abito*) pieghettatura, plissettatura, plissé (*fr.*) **FRAS.** *non fare una piega* (*fig.*), essere conseguente, essere chiaro; rimanere impassibili.

piegaménto *s. m.* flessione, curvamento, curvatura.

piegàre *A* *v. tr.* *1* curvare, incurvare, inarcare, flettere, deflettere, inflettere □ chinare, inclinare, abbassare, voltare □ far pendere, reclinare **CONTR.** drizzare, raddrizzare *2* (*di stoffa, di carta, ecc.*) ripiegare, raddoppiare, accartocciare, arricciare, increspare, ravvolgere, spiegazzare, gualcire **CONTR.** lisciare, stirare, spiegare, dispiegare, distendere, stendere, svolgere, sciorinare *3* (*fig.*) (*di persona, di mente, ecc.*) indurre, persuadere □ domare, vincere □ umiliare, prostrare □ rovesciare **CONTR.** dissuadere, distogliere *B* *v. intr.* (*di strada, di fiume, ecc.*) volgere, dirigersi, girare, voltare, curvare **CONTR.** drizzarsi *C* **piegarsi** *v. rifl.* e *intr. pron.* *1* flettersi, incurvarsi, abbassarsi, chinarsi, pendere, inclinarsi, inarcarsi, ripiegarsi, torcersi, volgersi, dirigersi, voltarsi **CONTR.** alzarsi, raddrizzarsi *2* (*fig.*) (*alla violenza, alle preghiere, ecc.*) arrendersi, cedere, capitolare, adattarsi, rassegnarsi, sottomettersi, sottoporsi, sottostare □ inchinarsi, prosternarsi □ consentire, condiscendere **CONTR.** ribellarsi, rifiutarsi, rivoltarsi, opporsi, dissentire, irrigidirsi, ostinarsi, resistere, tenere. *V. anche* SCENDERE, VINCERE

piegàto *part. pass. di* **piegare**; *anche agg.* *1* curvato, ricurvo, incurvato, inarcato □ inclinato □ chinato, chino, abbassato, prono, prostrato □ voltato, arrovesciato, girato □ torto, ritorto □ reclinato **CONTR.** dritto, steso, disteso *2* (*di stoffa, di carta, ecc.*) ripiegato, accartocciato, arricciato, increspato, ravvolto, spiegazzato, gualcito **CONTR.** lisciato, stirato, spiegato, svolto *3* (*di persona, di mente, ecc.*) domato, vinto □ umiliato **CONTR.** invitto, indomato, indomito *4* (*di strada, di fiume, ecc.*) volto, voltato, diretto, curvo, inclinato **CONTR.** dritto *5* (*alla violenza, alle preghiere, ecc.*) sottomesso, rassegnato **CONTR.** ribelle.

piegatùra *s. f.* piega, ripiegatura, curva, curvatura, gomito, sinuosità, tortuosità.

pieghettàre *v. tr.* plissettare.

pieghettàto *part. pass. di* **pieghettare**; *anche agg.* plissettato, plissé (*fr.*).

pieghévole *A* *agg.* *1* flessibile, flessuoso, elastico, piegabile, snodabile □ malleabile, duttile, plastico, molle **CONTR.** rigido *2* (*fig.*) (*di persona, di carattere, ecc.*) arrendevole, cedevole, docile, trattabile, facile, accondiscendente, conciliante, accomodante, acquiescente **CONTR.** indocile, intrattabile, restio, ribelle, ostinato, inflessibile *B* *s. m.* dépliant (*fr.*), specimen (*lat.*). *V. anche* FLESSIBILE

pieghevolézza *s. f.* *1* flessibilità, elasticità, flessuosità □ duttilità, plasticità **CONTR.** rigidezza *2* (*fig.*) (*di persona*) arrendevolezza, cedevolezza, docilità, trattabilità, morbidezza, acquiescenza, accondiscendenza **CONTR.** indocilità, intrattabilità, ostinazione, inflessibilità.

pièna *s. f.* *1* fiumana, inondazione, straripamento **CONTR.** magra, aridità *2* (*fig.*) (*di discorso, di affetti, ecc.*) sovrabbondanza, copia (*lett.*), intensità, foga, impeto **CONTR.** freddezza, indifferenza, povertà, pochezza *3* (*di persone*) folla, calca, affollamento, pienone, gente. V. *anche* FOLLA

pienaménte *avv.* completamente, appieno, esaurientemente, interamente, del tutto, totalmente, toto corde (*lat.*), affatto, incondizionatamente **CONTR.** parzialmente, scarsamente, per nulla, niente affatto.

pienézza *s. f.* **1** compiutezza, totalità, interezza □ maturità, colmo, apice, apogeo □ rotondità **CONTR.** deficienza, scarsità, insufficienza, vacuità, vuotaggine □ (*est.*) tramonto, declino □ (*est.*) giovinezza, immaturità **2** (*fig.*) sazietà, saturazione, appagamento, soddisfazione, completezza **CONTR.** insoddisfazione, vuoto.

pièno ***A*** *agg.* **1** colmo, ricolmo, zeppo, gonfio, rigonfio, riboccante, rigurgitante, traboccante, raso, straripante □ folto, fitto, irto □ gremito, stipato, empito, pigiato, accalcato, affollato □ impregnato, imbevuto, pregno □ imbottito, farcito, ripieno □ saturo, ricco, denso □ ingorgato, intasato □ carico, gravato **CONTR.** deserto, vuoto □ scarso, deficiente, incompleto, lacunoso, manchevole, privo, scevro, scarico, sgravato **2** (*est.*) (*di mobili, di libri, ecc.*) ingombro, ingombrato, occupato **CONTR.** sgombro, libero **3** (*fig.*) (*di gioia, di speranza, ecc.*) traboccante, invaso, pervaso **CONTR.** privo **4** (*fam.*) (*di cibo*) rimpinzato, sazio, satollo **CONTR.** vuoto, digiuno, affamato **5** (*fig.*) (*di beghe, di pensieri, ecc.*) oberato, gravato **CONTR.** libero, spensierato, leggero **6** (*di muro, di oro, ecc.*) massiccio **CONTR.** vuoto, cavo **7** (*di persona, di faccia, ecc.*) rotondo, grassottello, florido, prosperoso, fiorente, paffuto **CONTR.** magro, smilzo, sottile, scavato, asciutto, smunto **8** (*fig.*) (*di guarigione, di efficienza, di potere, di consenso, ecc.*) completo, perfetto, totale, intero □ illimitato, incondizionato □ plenario, totalitario **CONTR.** parziale, scarso, relativo **9** (*fig.*) (*di vino*) corposo **10** (*mus.*) (*di accordo*) complesso **11** (*di giorno, di notte, ecc.*) inoltrato, fatto, profondo, fondo, alto **CONTR.** iniziato, finito, giovane ***B*** *s. m.* **1** (*della notte, dell'inverno, ecc.*) culmine, colmo, cuore **CONTR.** inizio, far, fine **2** (*spec. di carburante*) carico completo, rifornimento completo **CONTR.** riserva (*est.*), vuoto **FRAS.** *a piene mani*, abbondantemente □ *averne piene le tasche* (o *le scatole*) (*fig., pop.*), essere seccato, essere stufo. V. *anche* DENSO

pienóne *s. m.* **1** *accr. di* **piena** **2** (*fam.*) grande folla, affollamento, superaffollamento, calca, completo, esaurito **CONTR.** vuoto.

pietà *s. f.* **1** compassione, commiserazione, compatimento □ benevolenza, benignità, comprensione, indulgenza □ umanità, misericordia, bontà, carità □ tristezza, pena □ tenerezza, commozione **CONTR.** crudeltà, barbarie, disumanità, durezza, ferocia, efferatezza, cinismo, insensibilità, spietatezza **2** (*verso uno, verso la patria, ecc.*) rispetto, amore, tenerezza **CONTR.** irriverenza, disprezzo, odio **3** (*relig.*) devozione, culto, venerazione, adorazione, religiosità **CONTR.** empietà, ateismo, irreligiosità.

pietànza *s. f.* vivanda, secondo, companatico, piatto, portata, cibo, manicaretto.

pietóso *agg.* **1** caritatevole, misericordioso, misericorde, compassionevole, sensibile, umano, umanitario, buono □ clemente, indulgente **CONTR.** impietoso, insensibile, inumano, disumano, truce, crudele, cattivo, malvagio, cinico, implacabile, spietato **2** (*di vicenda, di racconto, ecc.*) triste, patetico, commovente, lacrimevole, toccante, drammatico, rattristante □ crudo, barbaro **CONTR.** rallegrante, lieto, giocondo, gaio **3** (*verso i genitori, verso gli anziani, ecc.*) rispettoso, tenero, amoroso **CONTR.** impietoso, irriverente, duro **4** deplorevole, meschino, disgustoso.

piètra *s. f.* **1** roccia, sasso, masso, monolito, blocco, macigno, rupe, scoglio, ciottolo □ pietrisco, breccia, ghiaia, scheggia **2** (*est.*) lastra, lapide, cippo □ rocchio (*arch., edil.*) **3** gemma **4** (*med., raro*) calcolo **FRAS.** *di pietra* (*fig.*), duro, insensibile □ *metterci una pietra sopra* (*fig.*), non parlarne più □ *pietra dello scandalo* (*fig.*), causa di scandalo □ *pietra miliare* (*fig.*), fatto importante, data importante □ *pietra tombale* (o *sepolcrale*), lapide □ *portare la propria pietra* (*fig.*), dare il proprio apporto □ *posare la prima pietra* (*fig.*), dare inizio.

pietrificàre ***A*** *v. tr.* **1** indurire, cristallizzare, fossilizzare **2** (*fig.*) (*di persona*) irrigidire, immobilizzare, paralizzare, impietrire **CONTR.** intenerire, commuovere ***B*** **pietrificarsi** *v. intr. pron.* **1** indurirsi, cristallizzarsi, fossilizzarsi **2** (*fig.*) (*di persona*) irrigidirsi, immobilizzarsi, impietrirsi **CONTR.** intenerirsi, commuoversi.

pietrìsco *s. m.* ghiaia, breccia.

pietróso *agg.* **1** sassoso, ciottoloso, ghiaioso, roccioso, breccioso □ litoide **CONTR.** erboso, sabbioso, nevoso, acquitrinoso, melmoso **2** (*fig., lett.*) (*di persona*) duro, aspro, insensibile **CONTR.** pietoso, sensibile.

pietrùzza *s. f.* tessera, sassolino.

piève *s. f.* parrocchia, chiesa.

pifferàio *s. m.* (*est.*) zampognaro.

pìffero *s. m.* **1** ottavino **2** (*est.*) zampogna, cennamella, piva.

pìgia pìgia *s. m. inv.* calca, folla, ressa, affollamento, assembramento, confusione, formicaio (*fig.*).

pigiàre ***A*** *v. tr.* **1** (*di uva, di tabacco, ecc.*) schiacciare, spremere □ calcare, premere, torchiare, pestare, pressare, soppressare **2** (*di un luogo*) stivare, stipare, accalcare, calcare, empire **CONTR.** vuotare **3** (*di pulsante, di campanello, ecc.*) premere, suonare, schiacciare ***B*** *v. intr.* (*di persone*) affollarsi, accalcarsi, ammucchiarsi, stiparsi, stivarsi, gremire. V. *anche* SCHIACCIARE

pigiatùra *s. f.* torchiatura, spremitura, pigiamento (*raro*), pigiata, premitura, pressatura □ pressione.

pigionànte *s. m.* e *f.* inquilino, locatario, pensionante, pigionale **CONTR.** locatore, proprietario.

pigióne *s. f.* affitto, affittanza, appigionamento, locazione □ retta.

piglia-pìglia *s. m. inv.* incetta, accaparramento.

pigliàre ***A*** *v. tr.* (*fam.*) prendere, afferrare, catturare, acchiappare, acciuffare, arraffare, beccare (*fam.*) □ riscuotere **CONTR.** dare, lasciare, abbandonare ***B*** *v. intr.* (*di pianta, di neve, ecc.*) attecchire, prendere, attaccare. V. *anche* PRENDERE

pìglio *s. m.* **1** cipiglio □ occhiata, guardata, sguardo **2**

(*fig.*) tono, intonazione, atteggiamento, modo, maniera, espressione.

pigmentàre *v. tr.* colorare.

pigménto *s. m.* (*est.*) colore, colorante.

pigmèo [vc. dotta, lat. *Pygmǣu(m)*, nom. *Pygmǣus*, dal gr. *pygmâios* 'alto un cubito', da *pygmḗ* 'pugno, cubito'] *s. m.* (*fig.*) nano, tappo (*scherz.*), soldo di cacio (*scherz.*), nanerottolo, bassotto **CONTR.** gigante, watusso (*scherz.*), anima lunga (*fam.*), spilungone.

pignolerìa *s. f.* cavillosità, fiscalità, rigorismo, perfezionismo, meticolosità, sottigliezza □ pedanteria, noiosità **CONTR.** disinvoltura, scioltezza, vivacità □ leggerezza, faciloneria □ sciatteria, trascuratezza.

pignolescaménte *avv.* pedantescamente, cavillosamente, noiosamente **CONTR.** disinvoltamente, sbrigativamente, vivacemente □ sciattamente.

pignòlo *agg.*; *anche s. m.* pedante, pedantesco, cavilloso, sofistico, ipercritico, esigente, meticoloso, minuzioso □ fiscale, burocratico □ sentenzioso, accademico □ rigoroso, perfezionista, formalista **CONTR.** sbrigativo, spiccio, disinvolto, sciolto □ facilone, sciatto, trascurato, trasandato.

pignoraménto *s. m.* espropriazione, esproprio, sequestro **CONTR.** dissequestro, spignoramento.

pignoràre *v. tr.* espropriare, sequestrare **CONTR.** spignorare, dissequestrare.

pigolàre *v. intr.* **1** (*di uccello*) pipiare, piare, pipilare (*lett.*) **2** (*fig.*) (*di persona*) lamentarsi, piagnucolare, frignare.

pigolìo *s. m.* ciangottio, pio pio, passeraio (*fig.*), lamentio, piagnisteo, mugolio **CONTR.** riso, risata.

pigraménte *avv.* **1** indolentemente, neghittosamente, accidiosamente, scioperatamente □ oziosamente □ fiaccamente, sonnacchiosamente, svogliatamente **CONTR.** attivamente, operosamente, laboriosamente □ diligentemente, coscienziosamente **2** lentamente, lemme lemme, torpidamente, apaticamente **CONTR.** solertemente, prontamente □ alacremente □ rapidamente, velocemente □ vivacemente, dinamicamente.

pigrìzia *s. f.* indolenza, infingardaggine, neghittosità, accidia, ignavia, poltroneria, scioperataggine, poltronaggine □ inattività, ozio, oziosità, oziosaggine □ inerzia, apatia, abulia, svogliatezza, sonnolenza, torpidezza, torpore, fiacca, fiacchezza □ negligenza, trascuratezza, oscitanza (*raro*) □ lentezza, flemma, calma □ malavoglia, rifiuto, riottosità **CONTR.** operosità, attività, solerzia, laboriosità □ coscienziosità, diligenza, zelo, alacrità, sollecitudine □ dinamicità, dinamismo □ celerità, lestezza, prontezza, sveltezza □ vivacità, acutezza, intraprendenza □ fervore, ardore.

PIGRIZIA
sinonimia strutturata

La **pigrizia** è la caratteristica di chi per natura è restio ad agire, a muoversi, a prendere decisioni: *la sua incorreggibile pigrizia*. Equivalenti sono **neghittosità**, **infingardaggine**, **indolenza** e il letterario **ignavia**, che descrivono il carattere e il comportamento di chi è incurante, trascurato nell'agire e apatico verso il mondo esterno: *alzarsi con indolenza da una poltrona*; *indolenza di carattere*. L'**inerzia** definisce ugualmente mancanza di energia o **inattività**, che però possono essere dovute a necessità e non solo a pigrizia di carattere: *inerzia abituale, forzata*; *l'incidente lo costrinse a un lungo periodo di inattività*; l'inerzia della volontà si chiama **abulia**, termine che è usato anche in senso medico per indicare lo stato patologico derivato da tale indebolimento delle facoltà volitive individuali. La malinconica e l'inerte indifferenza verso ogni forma di azione si definisce col letterario **accidia**. Ancor più forte è l'**apatia**, che per estensione consiste in uno stato di insensibilità di fronte alla vita, ai sentimenti: *è difficile scuoterlo dalla sua apatia*.

Chi manca di cura e di coscienziosità nell'adempiere i propri compiti e doveri è caratterizzato da **negligenza**, **trascuratezza**, **cialtroneria**: *la negligenza degli scolari*; *tutti conoscono la sua trascuratezza*. Queste possono essere causate da **malavoglia** o da **svogliatezza**, ossia dallo stato d'animo per cui si fa qualcosa mal volentieri, senza convinzione e grinta: *svogliatezza dallo studio*; *essere preso dalla svogliatezza*. Più forte è la **scioperataggine**, che contraddistingue chi non ha voglia di lavorare e vive alla giornata, in modo disordinato. La pigra inoperosità, abituale e infingarda si chiama **ozio**: *poltrire, giacere nell'ozio*; l'**oziosità** o **oziosaggine** è la caratteristica di chi per natura ama l'ozio, e corrisponde alla **poltronaggine** o **poltroneria**.

La malavoglia può indurre **fiacca**, **fiacchezza**, cioè una mancanza di vigore o di resistenza anche morale: *la fiacchezza di mente, d'animo*. Molto vicini sono **torpidezza** in senso figurato e il significato estensivo di **torpore**, che designano pigrizia fisica, intellettuale o spirituale unita a **lentezza**, ossia alla mancanza di prontezza e sollecitudine: *vincere la torpidezza della mente*; *il torpore provocato dal caldo*; *il torpore dell'ozio*. Il torpore, la gravezza che assale chi sente la necessità di dormire si dice **sonnolenza**, che in accezione figurata indica pigrizia, lentezza e mancanza di vivacità mentale.

pigro *agg.* **1** (*di persona*) indolente, infingardo, neghittoso, accidioso, scioperato, poltrone, scansafatiche, fannullone, lavativo, pelandrone, ignavo □ ozioso, inattivo, sfaccendato □ svogliato, fiacco □ negligente, oscitante (*lett.*), trascurato □ impigrito, impoltronito □ addormentato, posapiano, calmo, lento, flemmatico □ pantofolaio, casalingo **CONTR.** dinamico, attivo, solerte, alacre □ industrioso, laborioso, indefesso, operoso □ attento, diligente □ intraprendente, energico, fattivo **2** sonnolento, sonnacchioso, torpido, trascinato **CONTR.** vivo, vivace, veloce, svelto, lesto □ spiccio, sbrigativo **3** (*est.*) (*di carattere, di mente, ecc.*) inerte, ottuso, tardo, lento, abulico, apatico, addormentato **CONTR.** sveglio, desto, acuto, pronto.

pila *s. f.* **1** (*di libri, di piatti, ecc.*) catasta, mucchio, cumulo, pigna **2** (*fis.*) batteria □ (*est.*) torcia **3** vaschetta, conca, conchetta **4** (*est.*) acquasantiera **5** (*edil.*) piedritto, pilastro, pilone, sostegno **FRAS.** *pila* *nucleare, pila atomica*, reattore, nucleare.

pilàstro *s. m.* **1** piedritto, pilone, pila, sostegno, colonna **2** (*fig.*) (*della famiglia, della società, ecc.*) sostegno, base, fondamento.

pìllola *s. f.* **1** compressa, cachet (*fr.*), capsula, pastiglia, pasticca **2** (*per anton.*) anticoncezionale **3** (*fig.*) delusione, amarezza, difficoltà, dispiacere **CONTR.** piacere **FRAS.** *indorare la pillola* (*fig.*), rendere meno gravoso un dispiacere □ *inghiottire la pillola* (*fig.*), assoggettarsi a qualcosa di sgradevole □ *a pillole* (*fig.*), a piccole dosi, un po' alla volta.

pilóne *s. m.* **1** *accr. di* **pila** **2** piedritto, pilastro, pila, sostegno, palo **3** traliccio **4** (*nel rugby*) giocatore di prima linea.

pilòta **A** *s. m. e f.* **1** (*di imbarcazione*) nocchiere (*lett.*), timoniere **2** (*di veicolo*) aviatore, conducente, guidatore, automobilista, autista □ guida **B** *in funzione di agg. inv.* (*posposto al s.*) guida, modello, campione.

pilotàre *v. tr.* (*anche fig.*) guidare, governare, condurre.

piluccàre *v. tr.* **1** spizzicare, spiluccare (*tosc.*), spilluzzicare, sbocconcellare, mangiucchiare **CONTR.** trangugiare, divorare, inghiottire **2** (*fig.*) (*di denaro, di roba*) spillare, arraffare, estorcere.

pimpànte *agg.* **1** (*fam.*) sgargiante, vistoso, appariscente, chiassoso **CONTR.** modesto, incolore, squallido, dimesso, smorto **2** (*est.*) vivace, allegro, esuberante, brioso, vispo **CONTR.** calmo, fiacco, indolente, apatico, inerte.

pin (1) [vc. ingl., propr. 'spillo'] *s. m. inv.* **1** spilla, spilletta, clip **2** (*elettron.*) contatto.

pin (2) /*ingl.* pin/ [sigla ingl. di *P*(*ersonal*) *I*(*dentification*) *N*(*umber*) 'numero personale di identificazione'] *s. m. inv.* codice numerico, codice segreto, numero segreto.

pinacotèca *s. f.* galleria, museo.

ping-pong *s. m. inv.* tennis da tavolo.

pìngue *agg.* **1** (*di persona, di viso, ecc.*) adiposo, grasso, obeso, carnoso, paffuto, cicciuto **CONTR.** magro, scarno, scarnito, macilento, secco, asciutto **2** (*est., fig.*) (*di terra*) fertile, fecondo, ubertoso **CONTR.** sterile, arido, improduttivo **3** (*fig.*) (*di banchetto, di rendita, ecc.*) lauto, ricco, abbondante, copioso □ lucroso, redditizio **CONTR.** scarso, povero, misero.

pinguèdine *s. f.* grassezza, grasso, obesità, adipe, adiposità, ciccia **CONTR.** magrezza, secchezza, macilenza, emaciazione (*raro*).

pinnàcolo *s. m.* **1** (*di edificio*) guglia, aguglia □ sommità **2** (*est.*) (*di montagna*) vetta, cima, sommità, picco, punta **CONTR.** base, piede, falda, pendice.

pin-up /*ingl.* 'pin ʌp/ [loc. ingl., abbr. di *pin-up girl*, propr. 'ragazza (*girl*) da appuntare (*pin*) su (*up*)'] *loc. sost. f. inv.* ragazza-copertina, cover girl (*ingl.*) □ (*est.*) vamp (*ingl.*).

pìnza *s. f.* **1** tenaglia, molla **2** (*zool.*) chela.

pinzàre *v. tr.* **1** aggraffare, graffettare, cucire **2** pungere, pizzicare.

pinzatrìce *s. f.* (*per ufficio*) cucitrice.

pinzatùra *s. f.* **1** aggraffatura, graffettatura **2** puntura.

pìo *agg.* **1** devoto, religioso, credente, fedele, osservante □ santo **CONTR.** miscredente, irreligioso □ ateo, sacrilego, blasfemo, profanatore **2** pietoso, caritatevole, misericordioso, buono, clemente, giusto **CONTR.** impietoso, ingiusto, malvagio **3** (*fig.*) (*di desiderio, di illusione, ecc.*) illusorio, vano, irrealizzabile **CONTR.** reale, realizzabile, possibile.

piòggia *s. f.* **1** precipitazione, acqua, acquazzone, scroscio, rovescio, piovasco, diluvio, nubifragio □ acquerugiola, pioggerella, spruzzata **CONTR.** siccità **2** (*fig.*) (*di improperi, di telegrammi, ecc.*) grande quantità, grande numero, abbondanza, mucchio, moltitudine, copia (*lett.*).

piòlo *s. m.* cavicchio, paletto, picchetto, beccatello □ piantatoio, foraterra.

piombàre (1) *v. intr.* **1** cadere, cascare, precipitare, stramazzare, ricadere, rovesciarsi **CONTR.** alzarsi, sollevarsi **2** (*fig.*) (*nella miseria, nella disperazione, ecc.*) sprofondare, cadere, crollare **CONTR.** riemergere, risollevarsi **3** (*sul ladro, sulla folla, ecc.*) gettarsi, buttarsi, precipitarsi, investire, assalire **4** (*in casa, all'improvviso, ecc.*) arrivare, giungere, sopraggiungere, capitare **CONTR.** andarsene, allontanarsi. *V. anche* CADERE

piombàre (2) *v. tr.* **1** (*di vagone, di pacco, ecc.*) chiudere, sigillare, impiombare **CONTR.** aprire, spiombare **2** (*di dente, di buco, ecc.*) otturare **CONTR.** aprire.

piombìno *s. m.* **1** *dim. di* **piombo** **2** piombo, pallino **3** sigillo **4** scandaglio, sonda.

piómbo **A** *s. m.* **1** (*est.*) piombino **2** sigillo, suggello **3** proiettile, pallottola, cartuccia, munizioni **B** *in funzione di agg.* (*di colore*) grigio scuro **FRAS.** *cadere di piombo*, cadere di schianto, di colpo □ *con i piedi di piombo* (*fig.*), con estrema cautela □ *filo a piombo*, perpendicolo □ *a piombo*, perpendicolarmente.

pionière *s. m.* **1** (*fig.*) precursore, antesignano, avanguardista, anticipatore, apostolo, portabandiera **CONTR.** seguace, proselito, epigono **2** esploratore, colonizzatore **3** (*mil.*) guastatore, geniere.

pìo pìo *s. m. inv.* pigolio, cinguettio.

piòppo *s. m.* (*bot.*) pioppa, albera, tremola **FRAS.** *pioppo bianco*, gattice, alberello, albarello, tremolo.

piovàsco *s. m.* scroscio, acquazzone, acquata, pioggia.

piòvere **A** *v. intr. impers.* **1** cadere (*della pioggia*), piovigginare, diluviare, scrosciare **2** (*est.*) stillare, gocciolare **B** *v. intr.* **1** (*anche fig.*) (*di cenere, di sassi, ecc.*) scendere, cadere **2** (*fig.*) (*di lettere, di proteste, ecc.*) arrivare, affluire, giungere, capitare **3** (*di tetto e sim.*) pendere, essere spiovente.

piòvra *s. f.* **1** grosso polipo **2** (*fig.*) sfruttatore, sanguisuga, sciacallo, profittatore.

pipàta *s. f.* fumata.

pipeline /*ingl.* 'paip-lain/ [vc. ingl., da *pipe* 'tubo' e *line* 'linea, fila'] *s. f. inv.* oleodotto, gasdotto, metanodotto □ tubatura, tubazione, condotta.

pipì *s. f.* (*inft.*) urina, piscio (*volg.*), piscia (*volg.*).

pipistrèllo *s. m.* **1** (*zool.*) nottola □ vampiro **2** mantello, domino, cappa.

pira *s. f.* (*lett.*) rogo □ (*est.*) falò, fuoco.
piramidàle *agg.* (*fig., raro*) (*di errore*) madornale, enorme, gigantesco, marchiano, grandissimo **CONTR.** piccolo, lieve.
piràta ***A*** *s. m.* ***1*** corsaro, corsiere (*ant.*), filibustiere, bucaniere □ (*est.*) predatore, predone, bandito, brigante □ avventuriero ***2*** (*fig.*) ladro, sfruttatore, profittatore, sanguisuga, truffatore, imbroglione ***B*** *in funzione di agg. inv.* (*fig.*) (*di radio, di televisione, ecc.*) abusivo **CONTR.** legale.
pirateria *s. f.* ***1*** filibusteria, filibusta (*est.*), corsa □ brigantaggio (*est.*), banditismo ***2*** (*fig.*) ruberia, saccheggio, truffa, frode, sopraffazione. *V. anche* FRODE
piratésco *agg.* ***1*** da pirata, da corsaro ***2*** (*fig.*) truffaldino, ladresco, brigantesco **CONTR.** onesto.
pirla *s. m.* ***1*** (*volg., sett.*) pene ***2*** (*est., volg., sett.*) sciocco, pollo, merlo, sprovveduto, stupidone **CONTR.** furbone, furbo, dritto (*fam.*), volpe, volpone.
piroétta *s. f.* capriola □ giravolta, prillo (*dial.*), volteggiamento, giro, volteggio.
piroettàre *v. intr.* prillare (*dial.*), volteggiare, girare.
piròga *s. f.* (*est.*) canoa.
piròmane *s. m. e f.* incendiario.
piròscafo *s. m.* nave, bastimento, vapore, transatlantico, battello. *V. anche* NAVE
pirotècnico *agg.* (*fig.*) spumeggiante, sorprendente **CONTR.** piatto, uniforme, monotono.
piscia *s. f.* (*volg.*) orina, piscio (*volg.*), pipì (*inft.*).
pisciàre *v. intr. e tr.* (*volg.*) mingere, orinare.
piscio *s. m.* (*volg.*) piscia.
pisèllo *s. m.* (*pop.*) pene, pipì (*inft.*), pistolino (*fam.*).
pisolàre *v. intr.* (*fam.*) dormicchiare, riposare, sonnecchiare, appisolarsi.
pisolìno *s. m.* ***1*** *dim. di* **pisolo** ***2*** riposino, pennichella (*region.*), siesta, sonnellino.
pìspola *s. f.* ***1*** uccellino simile al passero ***2*** (*fig.*) frottola, bugia, fandonia **CONTR.** verità ***3*** fischietto, richiamo, chioccolo.
pìsside *s. f.* ciborio.
pista *s. f.* ***1*** (*est.*) orma, pesta, impronta □ (*fig.*) traccia ***2*** sentiero, carovaniera, mulattiera, stradina, viottolo, tratturo □ circuito, percorso □ (*per gare di cavalli*) turf (*ingl.*) □ autodromo, velodromo ***3*** (*di spettacolo, di gara, di circo, ecc.*) pedana □ arena, lizza, campo ***4*** (*di nastro magnetico*) banda **FRAS.** *pista!*, largo!
pistàcchio *agg. e s. m. inv.* (*di colore*) verde tenero.
pistòla *s. f.* rivoltella, revolver, colt (*ingl.*) **FRAS.** *pistola a spruzzo*, aerografo; compressore (*est.*).
pistolìno *s. m.* ***1*** *dim. di* **pistola** ***2*** (*fam.*) pisello.
pistóne *s. m.* stantuffo.
pitoccheria *s. f.* ***1*** (*spreg.*) povertà, accattonaggio, mendicità, accatto **CONTR.** ricchezza ***2*** (*est.*) taccagneria, tirchieria, spilorceria, avarizia, esosità □ meschinità, piccineria, grettezza **CONTR.** generosità, prodigalità, larghezza, magnificenza, liberalità □ signorilità.
pitòcco *s. m.; anche agg.* ***1*** (*raro*) pezzente, mendicante, accattone, povero **CONTR.** benestante, ricco ***2*** (*fig.*) tirchio, taccagno, spilorcio, avaro, pidocchioso, avido, esoso, tirato **CONTR.** generoso, prodigo, liberale, largo, magnanimo.
pìttima *s. f.* ***1*** impiastro, cataplasma ***2*** (*fig.*) (*di persona*) importuno, seccatore, scocciatore, rompipalle (*volg.*), rompiscatole (*pop.*), assillante, cerotto (*fig.*) □ pedante, noioso, uggioso, fastidioso.
pittóre *s. m.* (*f. -trice*) ***1*** artista, autore, paesaggista, ritrattista ***2*** (*est.*) decoratore □ imbianchino, dipintore (*raro*).
pittorésco *agg.* ***1*** (*est.*) (*di paesaggio, di scena, ecc.*) ameno, suggestivo □ caratteristico, folcloristico **CONTR.** triste, squallido, piatto, monotono ***2*** (*fig.*) (*di stile, di modo di parlare, ecc.*) colorito, vivace, espressivo, efficace **CONTR.** inespressivo, incolore, monotono, impersonale.
pittòrico *agg.* ***1*** di pittura ***2*** (*fig.*) espressivo, efficace, vivace **CONTR.** inespressivo, incolore, monotono.
pittùra *s. f.* ***1*** (*est.*) dipinto, quadro, tavola, tela, affresco, olio ***2*** tinteggiatura, coloritura, verniciatura ***3*** (*fig.*) descrizione, rappresentazione. *V. anche* QUADRO
pitturàre ***A*** *v. tr.* ***1*** dipingere, pittare (*merid.*) ***2*** (*est.*) verniciare, imbiancare, tinteggiare □ colorare, colorire ***B*** **pitturarsi** *v. rifl.* (*fam.*) imbellettarsi, truccarsi.
più ***A*** *avv.* ***1*** maggiormente □ meglio □ soprattutto, principalmente **CONTR.** meno, peggio □ secondariamente, in subordine ***2*** (*in frasi negative indica cessazione*) oltre, ancora ***3*** (*nelle addizioni*) sommato, addizionato a **CONTR.** meno ***B*** *prep.* oltre a, con l'aggiunta di ***C*** *agg.* ***1*** maggiore **CONTR.** meno, minore ***2*** parecchi, molti, diversi **CONTR.** pochi ***D*** *s. m.* maggioranza, maggior numero, maggior parte, grosso **CONTR.** meno, minoranza **FRAS.** *di più*, in maggior misura □ *tanto più*, molto più, ancor più, a maggior ragione □ *per di più*, inoltre □ *più o meno*, circa, all'incirca □ *al più*, al massimo, eventualmente, forse.
piùma *s. f.* ***1*** penna ***2*** lanugine, peluria, calugine (*raro*) ***3*** (*lett., fig.*) guanciale, cuscino, letto ***4*** (*fig., poet.*) comodità, agi **CONTR.** sacrificio, disagio, scomodità **FRAS.** *piuma al vento* (*fig.*), persona molto volubile □ *sedere in piuma* (*fig.*), vivere oziosamente tra molti agi.
piumàggio *s. m.* penne, piume.
piumìno *s. m.* ***1*** *dim. di* **piuma** ***2*** guanciale □ (*est.*) imbottita, piumotto, trapunta, coltrone ***3*** pennacchio, piumetto ***4*** spolverino (*tosc.*) ***5*** (*di giacca*) giacca a vento, duvet (*fr.*).
piumóne *s. m.* ***1*** trapunta ***2*** giaccone imbottito, duvet (*fr.*).
piumòtto *s. m.* giubbotto, piumino, duvet (*fr.*).
piuttòsto *avv.* ***1*** meglio, anzi, preferibilmente, di preferenza, più volentieri, più facilmente, più spesso □ cioè, per meglio dire ***2*** alquanto, abbastanza, quasi **CONTR.** neanche, poco **FRAS.** *piuttosto che, piuttosto di*, anziché, più che, invece di.
piva *s. f.* cornamusa, zampogna, cennamella, ciaramella, sordellina (*ant.*) **FRAS.** *con le pive nel sacco* (*fig.*), deluso, scornato □ *essere una piva* (*fig.*), essere qualcosa di lungo e noioso □ *avere la piva* (*fig.*), essere immusoniti, imbronciati.

pivèllo *s. m.* **1** novellino, principiante, inesperto, sbarbatello, poppante (*scherz.*), recluta, matricola, cappellone (*mil.*), coscritto (*mil.*) **CONTR.** esperto, provetto **2** giovincello **CONTR.** anziano, veterano.

piviàle *s. m.* (*eccl.*) mantello.

pìzza *s. f.* **1** focaccia, schiacciata, stiacciata (*pop., tosc.*) **2** (*fig.*) (*di persona*) impiastro (*fig.*), seccatore, rompiscatole (*pop.*), rompiballe (*volg.*), disturbatore **3** (*fig.*) (*di libro, di film, ecc.*) noia, solfa, tiritera, lungaggine, barba (*pop.*) **4** (*gerg., cine.*) pellicola, bobina.

pizzardóne *s. m.* (*region.*) vigile, ghisa (*region.*) guardia.

pizzétto *s. m.* **1** *dim. di* **pizzo** **2** barba, barbetta, barbino, mosca, moschettone.

pizzicàgnolo *s. m.* salumiere, droghiere, speziale (*region., ant.*) salumaio.

pizzicàre **A** *v. tr.* **1** (*di persona*) pizzicottare **2** (*di insetto*) pungere, mordere, morsicare, piare (*region.*), pinzare (*pop.*), beccare **3** (*mus.*) far vibrare, suonare **4** (*pop.*) (*di ladro, di ricercato, ecc.*) cogliere, beccare (*fam.*), sorprendere, catturare, prendere (*fam.*) **5** (*fig.*) (*con parole, con battute e sim.*) provocare, punzecchiare, stuzzicare **B** *v. intr.* **1** (*di mani, di naso, ecc.*) prudere, pungere **2** (*di cibo, di freddo, ecc.*) essere pungente.

pizzicàto *part. pass. di* **pizzicare**; *anche agg.* **1** (*da insetto*) punto, beccato **2** (*pop.*) (*di ladro, di ricercato, ecc.*) colto, beccato (*fam.*), preso (*fam.*), sorpreso, catturato **3** (*fig.*) (*con parole, con battute e sim.*) provocato, punzecchiato, stuzzicato.

pizzicherìa *s. f.* salumeria, drogheria, posteria (*region.*).

pìzzico *s. m.* **1** pizzicotto **2** (*est.*) (*di sale, di tabacco, ecc.*) presa, presina, spizzico, punta **3** (*fig.*) (*di ingegno, di volontà, ecc.*) piccola quantità, poco, pochino **4** (*di insetto*) puntura, morso.

pizzicóre *s. m.* **1** prurito, prudore (*raro*), solletico, prurigine (*lett.*) **2** (*fig.*) desiderio, voglia, capriccio, stimolo, uzzolo (*tosc.*), ghiribizzo, fregola **FRAS.** *pizzicore alle mani* (*fig.*), voglia di menare botte.

pìzzo *s. m.* **1** (*di montagna*) punta, estremità, sommità, picco, vetta **2** merletto, trina, dentelle (*fr.*) **3** barba, pizzetto □ basette **4** (*di mafia*) tangente, bustarella, stecca (*gerg.*), mazzetta.

placàre **A** *v. tr.* **1** (*di dolore, di fame, ecc.*) mitigare, sedare, lenire, estinguere, spegnere, assopire, sopire, consolare □ saziare, appagare **CONTR.** stimolare, suscitare, aumentare, accrescere, esacerbare, esasperare, inasprire, ridestare, attizzare **2** (*di persona, di rabbia, di timore, ecc.*) calmare, pacare, acquietare, chetare, quietare, tranquillizzare, abbonire, raddolcire, addolcire, ammansire, rabbonire, pacificare, temperare, rasserenare **CONTR.** irritare, urtare, agitare, accendere, aizzare, incattivire, istigare, infiammare, provocare, eccitare, sovreccitare **B** **placarsi** *v. intr. pron.* calmarsi, chetarsi, quietarsi, pacarsi, tranquillizzarsi, ammansirsi, abbonirsi, rabbonirsi, rasserenarsi, raddolcirsi, mitigarsi, sbollire, svanire **CONTR.** irritarsi, agitarsi, alterarsi, elettrizzarsi, indispettirsi, infiammarsi, inasprirsi, innervosirsi, scaldarsi, eccitarsi.

placàto *part. pass. di* **placare**; *anche agg.* **1** mitigato, lenito, estinto, spento **CONTR.** irritato, aumentato, esacerbato, accresciuto **2** calmato, quietato, rabbonito, tranquillizzato, addolcito, ammansito, rasserenato **CONTR.** concitato, eccitato □ irritato, innervosito, inferocito, inviperito.

plàcca *s. f.* **1** lastra, lamina, piastra **2** patina, rivestimento, crosta **3** targa, targhetta, distintivo **FRAS.** *placca continentale,* piattaforma continentale.

placcàre *v. tr.* **1** rivestire, ricoprire **2** (*nel rugby*) bloccare, intercettare, fermare, prendere, arrestare.

placet /*lat.* 'platʃet/ [vc. lat., propriamente 'piace, sta bene', da *placēre* 'piacere'] *s. m. inv.* (*dir.*) approvazione, placito, benestare, nullaosta, permesso, autorizzazione, beneplacito **CONTR.** veto, opposizione.

placidaménte *avv.* tranquillamente, pacificamente, quietamente, pacatamente, flemmaticamente □ serenamente, seraficamente, olimpicamente **CONTR.** nervosamente, ansiosamente, convulsamente, freneticamente, smaniosamente, concitatamente □ furiosamente, impetuosamente, rabbiosamente.

placidità *s. f.* flemma, tranquillità, calma, quiete, imperturbabilità, serenità, placidezza (*raro*), pacatezza **CONTR.** irrequietezza, irritabilità, eccitabilità, agitazione, nervosismo, impulsività □ ira, irascibilità □ veemenza, impetuosità, violenza.

plàcido *agg.* flemmatico, pacifico, tranquillo, pacato, pacioso (*dial.*), quieto, calmo, mite, bonario, mansueto □ imperturbabile, sereno, serafico **CONTR.** agitato, nervoso, nevrastenico, irrequieto, frenetico, convulso, concitato, inquieto □ irritabile, eccitabile, ansioso □ turbolento, impetuoso, furioso, violento.

plagiàre *v. tr.* **1** (*di scritto, di musica, ecc.*) copiare, contraffare, imitare, scopiazzare, saccheggiare **CONTR.** creare, inventare **2** (*di persona*) assoggettare, influenzare, subornare, circonvenire **CONTR.** liberare.

plàgio *s. m.* **1** (*di scritto, di musica, ecc.*) copiatura, imitazione, contraffazione **CONTR.** creazione, invenzione **2** (*di persona*) assoggettamento **CONTR.** liberazione.

plaid /*ingl.* plæd/ [vc. ingl. di etim. incerta] *s. m. inv.* coperta di lana, panno □ scialle.

planimetrìa *s. f.* (*di terreno, di edificio, ecc.*) pianta.

planisfèro *s. m.* mappamondo, globo.

plasmàbile *agg.* (*anche fig.*) modellabile, malleabile, duttile, forgiabile, formabile, foggiabile □ (*di persona*) malleabile, manovrabile **CONTR.** rigido, indeformabile, duro.

plasmàre *v. tr.* **1** (*di creta, di cera, ecc.*) creare, formare, modellare, foggiare □ (*est.*) fare, realizzare, compiere **CONTR.** disfare, distruggere **2** (*fig.*) (*di carattere, di persona, ecc.*) formare, forgiare, conformare, modificare, educare. *V. anche* EDUCARE

plasmàto *part. pass. di* **plasmare**; *anche agg.* **1** creato, modellato, foggiato □ (*est.*) fatto, realizzato **CONTR.** disfatto **2** (*fig.*) allevato, formato, modificato, educato.

plasmatóre *s. m.* e *agg.* (*fig.*) forgiatore, modellatore, creatore, educatore.

plasticità *s. f.* **1** flessibilità, duttilità, elasticità, malleabilità, pieghevolezza, cedevolezza **CONTR.** rigidezza, inflessibilità, resistenza, durezza **2** (*est.*) armonia.

plàstico **A** *agg.* **1** flessibile, duttile, elastico, malleabile, pieghevole, cedevole **CONTR.** rigido, resistente, duro, inflessibile **2** rilevato **3** (*est.*) scultoreo **CONTR.** disarmonico **4** (*est.*) nitido, evidente **B** *s. m.* **1** modello **2** esplosivo. *V. anche* FLESSIBILE

platèa *s. f.* **1** (*di teatro*) sala **2** (*est.*) pubblico, spettatori **3** (*di oceano*) piattaforma, placca.

plateàle *agg.* **1** (*di gesto, di offesa, ecc.*) volgare, plebeo, triviale, piazzaiolo **CONTR.** raffinato, distinto, garbato, signorile, fine **2** (*est.*) teatrale, scenografico **CONTR.** discreto **3** (*di errore, di comportamento, ecc.*) grossolano, marchiano, madornale, evidente □ ostentato, appariscente, smaccato, esibizionistico **CONTR.** semplice, sobrio, riservato.

plateau /*fr.* pla'to/ [vc. fr., da *plat* 'piatto'] *s. m. inv.* **1** vassoio **2** cassetta **3** (*geogr.*) altipiano **CONTR.** bassopiano.

platéssa *s. f.* (*zool.*) pianuzza, passera di mare.

platonicaménte *avv.* spiritualmente, idealmente **CONTR.** sensualmente, passionalmente, materialmente, carnalmente.

platònico [da *Platone*, il celebre filosofo greco] *agg.* **1** (*est.*) (*di sentimento, di amore*) spirituale, puro □ elevato, nobile, ideale **CONTR.** sensuale, carnale, passionale, materiale **2** (*fig.*) (*di desiderio, di aspirazione e sim.*) immaginario, irreale, impossibile **CONTR.** reale, positivo, effettivo, concreto.

plausìbile *agg.* concepibile, possibile, probabile, credibile, verosimigliante, verosimile, ragionevole, razionale, presumibile □ accettabile, ammissibile, tollerabile, giusto, onesto **CONTR.** improbabile, impossibile, assurdo, inverosimile □ inammissibile, inaccettabile, intollerabile.

plausibilménte *avv.* presumibilmente, credibilmente □ giustamente **CONTR.** assurdamente □ ingiustamente.

plàuso *s. m.* **1** (*lett.*) applauso, ovazione, acclamazione, battimano, evviva, viva **CONTR.** disapprovazione, fischi **2** lode, elogio, encomio □ approvazione, consenso **CONTR.** disapprovazione, condanna, biasimo. *V. anche* LODE

playback /*ingl.* 'pleibæk/ [vc. ingl., comp. di *to play* 'recitare' e *back* 'di nuovo'] *s. m. inv. nella loc. in playback*, registrato **CONTR.** dal vivo.

playboy /*ingl.* 'pleibɔi/ [vc. ingl., comp. di *to play* 'recitare, giocare, scherzare' e *boy* 'ragazzo'] *s. m. inv.* dongiovanni, casanova, conquistatore, libertino, donnaiolo, seduttore, vitaiolo (*gerg.*), cicisbeo, damerino, dandy (*ingl.*), vagheggino, zerbinotto.

play-off /*ingl.* 'plei'ɔ:f/ [vc. ingl., deriv. di (*to*) *play off* 'finire, concludere'] *s. m. inv.* (*sport*) finale.

plebàglia *s. f.* (*spreg.*) canaglia, marmaglia, feccia, gentaglia, ciurma, ciurmaglia, popolaccio, teppa, teppaglia **CONTR.** gente bene, bel mondo.

plèbe *s. f.* volgo, popolo, popolino, proletariato **CONTR.** nobiltà, patriziato, bel mondo.

plebèo **A** *agg.* **1** popolare, proletario, comune, popolano **CONTR.** nobile, patrizio, aristocratico **2** (*fig.*) (*di parola, di gesto, ecc.*) volgare, banale, triviale, popolaresco **CONTR.** raffinato, distinto, fine, delicato, corretto, educato **B** *s. m.* **1** proletario, popolano, comune **CONTR.** aristocratico, signore, patrizio, nobile, dignitario **2** becero (*tosc.*), lazzarone, trivialone **CONTR.** gentiluomo, signore.

plebiscìto *s. m.* **1** voto, votazione, referendum **2** (*fig.*) consenso unanime, approvazione unanime. *V. anche* VOTAZIONE

plenàrio *agg.* **1** pieno, completo, totale, generale **CONTR.** parziale, particolare **2** (*di consenso, di accordo e sim.*) totale, unanime, plebiscitario **CONTR.** parziale.

plenum /*lat.* 'plɛnum/ [dal lat. *plenus* 'pieno'] *s. m. inv.* riunione plenaria, assemblea generale □ vertici.

pleonàstico *agg.* (*est.*) superfluo, inutile, ridondante **CONTR.** scarso, incompleto. *V. anche* SUPERFLUO

plèsso *s. m.* **1** (*anat.*) ganglio, nodo **2** (*bur.*) circoscrizione, consorzio, circolo.

plèttro *s. m.* pettine, penna.

plìco *s. m.* busta, involto, fascicolo.

plissé /*fr.* pli'se/ [vc. fr., part. pass. di *plisser* 'pieghettare'] *agg. inv.* pieghettato, plissettato.

plissettàre *v. tr.* pieghettare.

plissettàto *part. pass. di* **plissettare**; *anche agg.* plissé (*fr.*), pieghettato.

plotóne *s. m.* (*est.*) drappello, manipolo, schiera, gruppo.

plùmbeo *agg.* **1** (*di cielo*) nero, cupo, grigio, scuro, livido **CONTR.** chiaro, limpido, sereno, terso, trasparente **2** (*fig.*) (*di scritto, di atmosfera, ecc.*) noioso, pesante, tetro, opprimente, soffocante, greve **CONTR.** leggero, lieve, vivace. *V. anche* NERO

pluralità *s. f.* molteplicità, numerosità, copiosità □ collettività, comunità **CONTR.** unicità, singolarità.

pluridisciplinàre *agg.* multidisciplinare **CONTR.** monodisciplinare, unidisciplinare.

pluriètnico *agg.* multietnico, multirazziale, plurazziale, internazionale, cosmopolita **CONTR.** monoetnico.

plurilateràle *agg.* multilaterale **CONTR.** unilaterale.

plurilìngue *agg.*; *anche s. m. e f.* multilingue, poliglotta **CONTR.** monolingue.

plurilinguìsmo *s. m.* multilinguismo **CONTR.** monolinguismo.

plùrimo *agg.* molteplice, multiplo **CONTR.** unico, singolo, semplice.

pluripartitìsmo *s. m.* (*est.*) democrazia **CONTR.** monopartitismo, dittatura, regime.

pluriùso *agg. inv.* multiuso **CONTR.** monouso.

plutòcrate *s. m.* ricco, capitalista.

pneumàtico **A** *agg.* **1** gonfiabile **2** (*di freno e sim.*) ad aria **3** (*di copertura*) a pallone **B** *s. m.* (*est.*) (*di veicolo*) copertone, ruota, gomma, tubolare.

pochézza *s. f.* **1** scarsezza, scarsità, penuria □ piccolezza, esiguità, brevità, cortezza, modicità **CONTR.** abbondanza, ricchezza, copiosità, sovrabbondanza, dovizia (*lett.*) **2** (*fig.*) (*di animo, di ingegno, ecc.*) povertà, meschinità, debolezza, modestia, vacuità

CONTR. forza, potenza, ricchezza, generosità. *V. anche* DEBOLEZZA

pocket book /*ingl.* 'pɔkit buk/ [vc. ingl., comp. di *pocket* 'tasca' e *book* 'libro'] *loc. sost. m. inv.* tascabile.

pòco **A** *avv.* **1** (*di misura*) scarsamente, insufficientemente □ esiguamente, modicamente, modestamente, parcamente, moderatamente, temperatamente CONTR. molto, tanto, abbondantemente, copiosamente, considerevolmente, grandemente, largamente, notevolmente □ immensamente, infinitamente □ oltremisura, troppo, eccessivamente, esageratamente **2** (*di tempo*) brevemente CONTR. lungamente, a lungo, interminabilmente **3** raramente CONTR. spesso, frequentemente **B** *agg. indef.* **1** (*di gente, di alberi, ecc.*) raro, rado, scarso CONTR. molto, numeroso, fitto, frequente **2** (*di spesa, di aiuto, ecc.*) piccolo, modesto, moderato, modico CONTR. grande, grosso **3** (*di forza, di luce, ecc.*) insufficiente, inadeguato, scarso, limitato, esiguo, minimo, tenue CONTR. molto, abbondante, forte, intenso □ eccessivo, sovrabbondante, esagerato **4** (*di tempo*) breve, corto, contato CONTR. lungo **C** *s. m.* piccola quantità, pochino, poche cose CONTR. molto, grande quantità FRAS. *un po', un poco, un bel po'*, alquanto, parecchio □ *a dir poco*, come minimo □ *per poco non*, quasi □ *da poco*, di poco valore, di scarsa importanza □ *un poco di buono*, un cattivo soggetto, un disonesto □ *a poco a poco*, pian piano □ *poco o nulla*, pochissimo. *V. anche* SCARSO

podére *s. m.* fondo, possedimento, tenuta □ campo, appezzamento, campagna, predio (*lett.*) □ masseria, fattoria. *V. anche* POSSEDIMENTO

poderóso *agg.* potente, possente, gagliardo, robusto, forte □ titanico, ciclopico CONTR. debole, fiacco, meschino. *V. anche* ROBUSTO

pòdio *s. m.* **1** basamento, zoccolo **2** palco, tribuna, pedana.

podìsta *s. m.* e *f.* marciatore, camminatore.

podòlogo *s. m.* callista, pedicure.

podòmetro *s. m.* contapassi.

poèma *s. m.* **1** composizione poetica, canto, carme □ (*est.*) poesia **2** (*fig.*) meraviglia, splendore □ (*fig., scherz.*) stravaganza.

poesìa *s. f.* **1** versi, lirica, canto, carme, canzone, cantico, idillio, poema □ (*est., fig.*) musa, parnaso CONTR. prosa **2** (*gener.*) metrica, metro, verso, rima **3** (*est., fig.*) idealità, ispirazione, romanticismo CONTR. prosaicità, realismo **4** (*fig.*) illusione, immaginazione, finzione, evasione CONTR. realtà, materialità, concretezza.

poèta *s. m.* (*f. poetessa*) **1** verseggiatore, versificatore, rimatore, cantore, trovatore, aedo (*lett.*), bardo (*lett.*), vate (*lett.*), rapsodo □ scrittore, artista, autore CONTR. prosatore **2** (*est., fig.*) sognatore, illuso, idealista CONTR. materialista FRAS. *il divino poeta*, Dante.

poetàre *v. intr.* verseggiare, versificare, rimare.

poeticaménte *avv.* **1** liricamente **2** (*est.*) romanticamente, sentimentalmente, teneramente, idillicamente CONTR. prosaicamente, realisticamente, concretamente, volgarmente.

poètico *agg.* **1** di poeta, da poeta **2** di poesia, della poesia **3** (*est.*) fantasioso, immaginario, ideale CONTR. reale **4** (*est.*) lirico, ispirato, idilliaco, romantico, sentimentale, tenero, appassionato CONTR. prosaico, prosastico, realistico, concreto, materiale □ rude, volgare □ piatto, pedestre.

poggiapièdi *s. m.* panchetto, sgabello.

poggiàre **A** *v. tr.* **1** appoggiare, posare **2** (*fig.*) fondare, basare **B** *v. intr.* (*anche fig.*) sostenersi, basarsi, fondarsi, gravare.

pòggio *s. m.* collina, altura, colle, monticello, monte, clivo.

pòi **A** *avv.* **1** in seguito, successivamente, dopo, appresso, dipoi □ ulteriormente, indi □ in futuro, in avanti CONTR. prima, dapprima, innanzi, precedentemente, anteriormente □ subito **2** inoltre, in secondo luogo, secondariamente, quindi **3** dunque, infine, allora **B** *s. m.* futuro, avvenire CFR. presente, passato FRAS. *a poi*, a un'altra volta; a più tardi □ *il giorno del poi* (*scherz.*), mai □ *prima o poi*, un giorno o l'altro □ *un prima e un poi*, una causa e un effetto.

poiché *cong.* **1** dato che, dal momento che, per il fatto che, perché, giacché, essendoché, perciocché, in quanto, siccome **2** (*lett.*) dopo che, dal giorno in cui.

pois /*fr.* pwa/ [vc. fr., letteralmente 'pisello'] *s. m. inv.* pallino.

polàre *agg.* **1** del polo **2** (*fig.*) (*di freddo, di temperatura e sim.*) gelido, glaciale, freddissimo CONTR. equatoriale, caldissimo, torrido.

Polària *s. f. inv.* CFR. polizia, Polfer, Polstrada.

polarizzàre **A** *v. tr.* (*fig.*) accentrare, attirare, attrarre, concentrare CONTR. respingere, allontanare, distrarre **B** **polarizzarsi** *v. intr. pron.* (*fig.*) volgersi, orientarsi, dirigersi CONTR. allontanarsi, distrarsi.

polarizzazióne *s. f.* (*fig.*) attrazione, concentrazione CONTR. repulsione, distrazione.

polèmica *s. f.* controversia, contrasto, contesa □ querelle (*fr.*), discussione, dibattito, disputa, diatriba □ (*fig.*) schermaglia, scaramuccia □ (*fig.*) attacco, aggressione.

polemicaménte *avv.* provocatoriamente, aggressivamente, litigiosamente (*fig.*) CONTR. conciliantemente, pacatamente.

polèmico *agg.* **1** battagliero □ (*est.*) litigioso CONTR. pacifico, bonaccione **2** (*est., spreg.*) provocatorio, aggressivo CONTR. conciliante.

polemizzàre *v. intr.* discutere, disputare, contendere, battagliare, lottare, contestare, questionare, litigare.

polentóne *s. m.* lentone, pigrone CONTR. attivo, dinamico, svelto.

Polfèr *s. f. inv.* CFR. polizia, Polaria, Polstrada.

policlìnico *agg.* (*est.*) ospedale.

polìcromo *agg.* policromatico, variopinto, variegato, multicolore CONTR. monocromo, monocromatico.

poliedricità *s. f.* (*fig.*) versatilità, diversità, varietà CONTR. uniformità, conformismo, monotonia.

polièdrico *agg.* (*fig.*) versatile, multiforme, geniale, capace, vario, diverso, molteplice CONTR. monotono, monocorde, uniforme.

polifunzionàle *agg.* universale, polivalente, multiuso.
pòlipo *s. m.* **1** (*impropriamente*) polpo, piovra **2** (*fig.*) parassita, sanguisuga, scroccone **3** (*med.*) (*delle mucose*) tumore benigno.
polìre *v. tr.* **1** levigare, smerigliare, lisciare, lustrare, spianare, limare, forbire, lucidare, affilare **2** (*fig.*) perfezionare, pulire, rifinire, cesellare, ripulire, migliorare. *V. anche* PULIRE
politeàma *s. m.* teatro, arena.
politècnico *s. m.* (*est.*) università.
politica *s. f.* (*fig.*) tatto, diplomazia □ accortezza, astuzia, furberia, avvedutezza, destrezza, scaltrezza **CONTR.** ingenuità, sprovvedutezza.
politicànte *agg.*; *anche s. m. e f.* (*spreg.*) politicone (*fam.*), diplomatico, intrigante, opportunista, funambolo, arrivista, politico, agitatore, tribuno, demagogo.
politico **A** *agg.* **1** di politica, della politica **CONTR.** apolitico **2** (*fig.*) furbo, astuto, diplomatico **CONTR.** ingenuo, sprovveduto **B** *s. m.* (*fig.*) diplomatico, arrivista, politicante, intrigante, opportunista, funambolo, politicone (*fam.*) **CONTR.** ingenuo, sprovveduto.
politicóne *s. m.* **1** *accr. di* **politico** **2** (*fam.*) politicante, opportunista, furbo, intrigante □ (*fig.*) funambolo.
politùra *s. f.* levigazione, levigatura, lisciatura, levigamento.
polivalènte *agg.* **1** **CFR.** monovalente, bivalente, trivalente, tetravalente **2** (*fig.*) multiforme, vario □ multiuso, universale **CONTR.** uniforme, piatto □ monouso, specifico.
polizìa *s. f.* **1** pubblica sicurezza □ 113, centotredici **2** (*pop.*) questura, commissariato, madama (*gerg.*) **CFR.** Polaria, Polfer, Polstrada.
poliziésco *agg.* **1** della polizia **2** (*spreg.*) inquisitorio, arbitrario, prepotente **3** (*di romanzo, di film, ecc.*) giallo.
poliziòtto *s. m.* **1** agente di polizia, agente, questurino (*pop.*), guardia, gendarme, segugio (*fig.*), bargello (*ant., lett.*) **2** (*spreg.*) sbirro, birro, piedipiatti, celerino.
pòlizza *s. f.* ricevuta, cedola, buono, contrassegno, obbligazione, bolla, bolletta, cartella □ (*est.*) assicurazione.
pólla *s. f.* (*d'acqua*) vena, sorgente, fonte, fontana, scaturigine (*lett.*).
pollàio *s. m.* **1** stia, gallinaio **2** (*fig.*) confusione, baraonda, baccano, chiasso.
pollàstra *s. f.* **1** gallinella, pollanca (*dial.*) **2** (*fig., scherz.*) ragazzotta ingenua, sempliciotta **CONTR.** furbastra.
pollàstro *s. m.* **1** galletto, pollo **2** (*fig., scherz.*) ingenuo, semplicione, credulone, sempliciotto, merlotto, merlo **CONTR.** furbastro, furbacchione, birbone.
pòllice *s. m.* (*della mano*) dito grosso, primo dito **FRAS.** *non cedere di un pollice* (*fig.*), resistere a tutti i costi □ *avere il pollice verde* (*fig.*), essere un abile giardiniere □ *pollice verso*, rifiuto, disapprovazione □ *girarsi i pollici* (*fig.*), oziare, non lavorare.
póllo *s. m.* **1** gallo, gallina, pollastro **2** (*fig.*) credulone, semplicione, ingenuo, sempliciotto, merlo, merlotto **CONTR.** furbastro, birbone, furbacchione **FRAS.** *conoscere i propri polli* (*fig.*), sapere bene con chi si ha a che fare □ *far ridere i polli* (*fig.*), dire delle grosse sciocchezze, essere ridicolo □ *andare a letto con i polli* (*fig.*), coricarsi molto presto.
pollóne *s. m.* **1** (*bot.*) germoglio, getto, gettata, succhione, sprocco (*ant.*), gemma, messa, rampollo, virgulto □ innesto, talea, tallo **2** (*fig., lett.*) (*di persona*) rampollo, erede.
polluzióne *s. f.* inquinamento.
polmóne *s. m.* **1** (*fig.*) (*di zona verde*) regolatore di ossigeno, ossigeno **2** (*fig.*) (*di economia e sim.*) motore **FRAS.** *polmone d'acciaio*, respiratore automatico □ *a pieni polmoni*, con tutto il fiato.
pòlo *s. m.* **1** (*est.*) regione polare **2** (*fig.*) estremità, capo **3** (*fig.*) centro (di attrazione), elemento centrale, fulcro, fondamento, modello □ alleanza, coalizione.
pólpa *s. f.* **1** (*est.*) (*di frutto*) mesocarpo **CFR.** corteccia **2** carne, muscolo midolla **CONTR.** osso, scheletro **3** (*anat.*) tessuto **4** (*fig.*) (*di discorso e sim.*) succo, sostanza, nucleo, essenza **5** (*pop.*) polpaccio.
polpétta *s. f.* **1** (*di cibo*) crocchetta **2** (*per animali*) boccone avvelenato **FRAS.** *fare polpette di uno* (*fig.*), conciarlo male, farne scempio.
polpettóne *s. m.* **1** *accr. di* **polpetta** **2** (*fig.*) (*di romanzo, di film e sim.*) pasticcio, pasticciaccio, zibaldone.
polpóso *agg.* **1** (*est.*) (*di frutta*) succoso, carnoso **2** (*di persona*) polputo, polpacciuto, grasso, paffuto **CONTR.** scarno, rinsecchito, macilento, patito, ossuto, asciutto.
polsìno *s. m.* **1** *dim. di* **polso** **2** (*di manica*) paramano, listino, risvolto, rovescia **3** gemello.
pólso *s. m.* **1** (*med.*) pulsazione, battito **2** (*fig.*) forza, energia, potenza, gagliardia, vigore, nerbo, volontà, carattere **CONTR.** debolezza, fiacchezza, rilassatezza, impotenza **FRAS.** *tastare il polso a uno* (*fig.*), cercare di conoscere le intenzioni di uno □ *aver polso* (*fig.*), essere energici; essere autorevoli □ *polso di ferro* (*fig.*), risolutezza, fermezza. *V. anche* ENERGIA
Polstràda *s. f. inv.* **CFR.** polizia, Polaria, Polfer.
poltìglia *s. f.* **1** intruglio, pappa, impiastro, polenta, paciugo **2** fango, fanghiglia, mota, limo, melma **FRAS.** *ridurre in poltiglia* (*fig.*), conciare per le feste.
poltrìre *v. intr.* **1** sonnecchiare, riposare **CONTR.** essere sveglio, vegliare **2** oziare, ozieggiare, ciondolare, impoltronire, impigrire, bighellonare **CONTR.** lavorare, operare, agire, affannarsi, affaccendarsi, sgobbare, trafficare.
poltróna *s. f.* (*fig.*) carica, ufficio □ posto importante **FRAS.** *starsene in poltrona* (*fig.*), oziare. *V. anche* CARICA
poltronàggine *s. f. V.* **poltroneria**.
poltróne *agg.*; *anche s. m.* fannullone, lavativo, lazzarone, neghittoso, sfaccendato, sfaticato, ozioso, accidioso, inoperoso, scioperato, vagabondo, infingardo, pigro, mangiapane, scansafatiche, pelandrone, indo-

lente, inattivo, ignavo (*lett.*) **CONTR.** attivo, operoso, solerte, alacre, laborioso, industrioso, lavoratore.

poltronerìa *s. f.* neghittosità, ozio, oziosità, poltronaggine, pigrizia, accidia, inazione, inattività, inoperosità, vagabondaggine, scioperataggine, infingardaggine, lentezza, fiacca, fiacchezza, inerzia **CONTR.** attività, operosità, laboriosità, alacrità. *V. anche* PIGRIZIA

pólvere *s. f.* **1** pulviscolo, polverio, polverone, terra, sabbia □ frammenti **2** farina, cipria, limatura, raschiatura, cenere **3** (*fig.*) nulla **FRAS.** *gettare* (o *buttare*) *la polvere negli occhi* (*fig.*), illudere, ingannare subdolamente □ *mordere la polvere* (*fig.*), rimanere sconfitto □ *ridurre in polvere*, macinare; (*fig.*) annientare □ *sentire odore di polvere* (*fig.*), presentire lotte, battaglie, pericolo.

polverièra *s. f.* santabarbara, armeria, arsenale, deposito di munizioni.

polverizzàre ***A*** *v. tr.* **1** macinare, frantumare, stritolare, tritare, triturare, sminuzzare, sfarinare, incenerire **2** (*est.*) (*di medicinali, di vernice, ecc.*) atomizzare, nebulizzare, vaporizzare **3** (*di zucchero, di cacao, ecc.*) spruzzare, cospargere **4** (*fig.*) (*di persona*) annientare, annullare, distruggere, annichilire **5** (*est.*) (*di record*) battere, superare ***B*** **polverizzarsi** *v. intr. pron.* dissolversi, frantumarsi, sminuzzarsi, sfarinarsi.

polverizzàto *part. pass. di* **polverizzare**; *anche agg.* **1** in polvere, macinato, tritato, triturato, frantumato, sminuzzato, sfarinato, incenerito **2** (*di medicinali, di vernice, ecc.*) nebulizzato, vaporizzato **3** (*fig.*) (*di persona*) annientato, annullato, distrutto, annichilito **4** (*est.*) (*di record*) battuto, superato.

polverizzazióne *s. f.* **1** frantumazione, distruzione, sminuzzamento, macinazione, macinatura, triturazione, sfarinamento, incenerimento **2** (*di medicinali, di vernice, ecc.*) atomizzazione, vaporizzazione, nebulizzazione **3** (*fig.*) dissolvimento, annientamento, annullamento.

polveróne *s. m.* **1** *accr. di* **polvere** **2** nube di polvere **3** (*fig.*) confusione.

polveróso *agg.* **1** impolverato **CONTR.** spolverato **2** (*est.*) velato, coperto, offuscato **CONTR.** terso, limpido, pulito **3** polverulento, renoso, sabbioso.

pomàta *s. f.* crema, unguento, untume (*ant.*), medicamento, manteca, cosmetico, brillantina.

pomèllo *s. m.* **1** *dim. di* **pomo** **2** pomolo, impugnatura □ maniglia, manopola, manovella **3** (*est.*) zigomo.

pomeridiàno *agg.* (*est.*) diurno **CONTR.** antimeridiano, mattutino, serale, notturno.

pomerìggio *s. m.* dopopranzo, meriggio (*lett.*), sera.

pomiciàre ***A*** *v. tr.* (*raro*) pulire, levigare ***B*** *v. intr.* (*pop., scherz.*) amoreggiare, accarezzarsi, toccarsi. *V. anche* PULIRE

pómo *s. m.* **1** (*lett.*) mela, melo **2** (*est.*) frutto **3** pomolo, pomello, impugnatura, elsa □ sfera **FRAS.** *pomo punico* (*lett.*), melograno.

pómolo *s. m.* impugnatura, pomo, pomello.

pómpa (1) *s. f.* **1** sfarzo, sfarzosità, sontuosità, fastosità, fasto, lusso, sfoggio, magnificenza, splendore, solennità, gala **CONTR.** semplicità, modestia **2** vanagloria, vanità, ostentamento, ostentazione, vanteria **CONTR.** riserbo, riservatezza.

pómpa (2) *s. f.* (*di carburanti*) distributore. *V. anche* DECORAZIONE

pompàre *v. tr.* **1** (*di liquido*) tirare, aspirare □ immettere, premere, comprimere **2** (*di pneumatico*) gonfiare **CONTR.** sgonfiare **3** (*fig.*) (*di notizia e sim.*) esagerare, ingrandire **CONTR.** sminuire, minimizzare.

pompàto *part. pass. di* **pompare**; *anche agg.* **1** (*di liquido*) aspirato, tirato □ compresso, immesso, premuto **2** (*di pneumatico*) gonfiato **CONTR.** sgonfiato **3** (*fig.*) (*di notizia e sim.*) esagerato, ingrandito **CONTR.** sminuito, minimizzato **4** (*fam., gerg.*) (*di persona*) montato, gasato (*gerg.*), esaltato.

pompétta *s. f.* **1** *dim. di* **pompa** **2** contagocce, peretta.

pompière *s. m.* vigile del fuoco.

pompon */fr.* pɔ̃'pɔ̃/ [vc. fr. di origine espressiva] *s. m. inv.* fiocco, nappa.

pomposaménte *avv.* **1** solennemente, fastosamente, sfarzosamente, vistosamente, splendidamente, grandiosamente, trionfalmente, lussuosamente, magnificamente, regalmente **CONTR.** modestamente, semplicemente, dimessamente **2** tronfiamente, ampollosamente, enfaticamente **CONTR.** misuratamente, moderatamente, umilmente.

pompóso *agg.* **1** solenne, fastoso, sfarzoso, appariscente, vistoso, splendido, grandioso, lussuoso, sontuoso, magnifico, principesco, regale, maestoso, trionfale, spettacoloso **CONTR.** semplice, modesto, sobrio, dimesso **2** (*fig.*) vanaglorioso, tronfio, ampolloso, enfatico, teatrale **CONTR.** misurato, temperato, semplice, modesto, riservato, schivo, umile.

pònce *s. m. inv.* punch (*ingl.*), grog.

ponderàre *v. tr. e intr.* **1** (*raro*) pesare **2** (*fig.*) considerare, calcolare, misurare, soppesare, vagliare, valutare, esaminare, studiare **3** pensare, riflettere, elucubrare, ponzare (*fig., scherz.*). *V. anche* GIUDICARE, PENSARE

ponderatézza *s. f.* riflessione, saggezza, ragionevolezza, equilibrio, criterio, ponderazione, considerazione □ circospezione, precauzione, prudenza **CONTR.** sconsideratezza, istintività, impulsività, precipitazione, irriflessione, sbadataggine, avventatezza, imprudenza, leggerezza. *V. anche* PRUDENZA, SAGGEZZA

ponderàto *part. pass. di* **ponderare**; *anche agg.* **1** vagliato, considerato, calcolato, valutato, misurato, pesato, giudicato, previsto **2** equilibrato, maturo, posato, riflessivo □ cauto, prudente, saggio **CONTR.** leggero, sconsiderato, avventato, precipitoso, irriflessivo □ impulsivo, macchinale, automatico, istintivo.

ponderazióne *s. f.* riflessione, meditazione, ponderatezza, considerazione **CONTR.** irriflessione, sconsideratezza, impulsività, precipitazione.

ponderóso *agg.* **1** pesante, oneroso **CONTR.** lieve, leggero **2** (*est.*) (*di lavoro, di impegno, ecc.*) faticoso, impegnativo, grave, arduo, difficile □ importante **CONTR.** facile, leggero, lieve.

ponènte *s. m.* occidente, ovest, tramonto, occaso

(*lett.*), espero (*poet.*) **CONTR.** levante, est, oriente.

pónte ***A*** *s. m.* ***1*** cavalcavia, viadotto, passerella **CFR.** sottopassaggio, sottopasso ***2*** collegamento, by-pass (*ingl.*) ***3*** (*di nave*) tolda, coperta ***4*** impalcatura, palco, castello, ponteggio ***5*** (*tra giorni festivi*) vacanza ***B*** *in funzione di agg. inv.* (*posposto al s.*) (*di governo, di legge, ecc.*) di collegamento, transitorio **FRAS.** *tagliare i ponti* (*fig.*), troncare ogni rapporto □ *fare ponti d'oro* (*fig.*), offrire grandi vantaggi □ *fare da ponte* (*fig.*), fungere da collegamento □ *gettare un ponte* (*fig.*), dimostrarsi disponibili □ *fare il ponte* (*fig.*), non lavorare in un giorno feriale incluso fra due festivi □ *testa di ponte* (*fig.*), la parte più avanzata di un progetto, di un'impresa.

pontéfice *s. m.* (*per i cattolici*) Papa, Santo Padre.

pontéggio *s. m.* ponte, impalcatura, palco, castello.

pontificàre *v. intr.* (*fig., iron.* o *scherz.*) sentenziare, sputare sentenze, parlare con sussiego.

pontificàto *s. m.* papato.

pontifìcio *agg.* ***1*** pontificale, papale □ (*est.*) piscatorio, vaticano ***2*** (*spreg.*) papalino.

pontìle *s. m.* imbarcadero, imbarcatoio, sbarcatoio, molo, ormeggio, attracco.

pontóne *s. m.* barcone, chiatta, zatterone.

pool /*ingl.* pu:l/ [vc. ingl., dal fr. *poule* 'posta al gioco, montepremi'] *s. m. inv.* cartello, alleanza, consorzio, sindacato, accordo □ gruppo, équipe (*fr.*), staff (*ingl.*), team (*ingl.*), squadra.

popcorn /*ingl.* 'pɔp kɔ:n/ [vc. anglo-amer., comp. di *pop* 'scoppiato' e *corn* 'granoturco'] *s. m. inv.* granturco soffiato.

pòpe *s. m. inv.* prete (ortodosso).

popò ***A*** *s. f.* (*inft.*) escremento, cacca (*pop.*) ***B*** *s. m.* (*inft.*) culo (*pop.*), culino (*pop., inft.*), sedere.

popolàno ***A*** *agg.* popolare, plebeo, contadino (*est.*), popolaresco, rusticano □ (*est.*) ordinario, grossolano, rozzo □ triviale, volgare **CONTR.** nobile, colto, aristocratico, raffinato ***B*** *s. m.* ***1*** plebeo, comune, proletario **CFR.** dignitario, gentiluomo, patrizio ***2*** abitante.

popolàre (1) ***A*** *v. tr.* ***1*** colonizzare, ripopolare □ insediarsi, stanziarsi **CONTR.** spopolare ***2*** risiedere, abitare ***3*** riempire **CONTR.** svuotare, vuotare ***B*** **popolarsi** *v. intr. pron.* riempirsi **CONTR.** vuotarsi, spopolarsi.

popolàre (2) *agg.* ***1*** del popolo, della popolazione □ comune, pubblico ***2*** popolano □ folcloristico, folk (*ingl.*) □ caratteristico, tipico **CONTR.** nobile, colto, raffinato □ snob ***3*** conosciuto, noto, rinomato, famoso, celebre **CONTR.** sconosciuto, ignoto ***4*** (*est.*) gradito, apprezzato **CONTR.** impopolare ***5*** democratico **CONTR.** elitario. *V. anche* FAMOSO

popolarità *s. f.* fama, successo, notorietà, rinomanza, risonanza, celebrità, voga, gloria □ gradimento, apprezzamento **CONTR.** anonimato □ impopolarità. *V. anche* SUCCESSO

popolàto *part. pass. di* **popolare**; *anche agg.* ***1*** abitato, popoloso, frequentato **CONTR.** disabitato, inabitato, deserto, solitario, romito ***2*** riempito, pieno **CONTR.** vuoto, vuotato.

popolazióne *s. f.* ***1*** abitanti, gente, cittadinanza, città, cittadini ***2*** (*est.*) nazione, popolo, stirpe, razza, gente. *V. anche* NAZIONE

popolìno *s. m.* ***1*** *dim. di* **popolo** ***2*** volgo, proletariato □ (*spreg.*) plebe, gentaglia, plebaglia **CONTR.** nobiltà, aristocrazia, signori.

pòpolo *s. m.* ***1*** popolazione, cittadinanza ***2*** (*est.*) nazione, stirpe, razza, gente ***3*** plebe, volgo, proletariato **CONTR.** nobiltà, aristocrazia, signori ***4*** moltitudine, calca, folla □ massa, piazza. *V. anche* FOLLA, NAZIONE

popolóso *agg.* popolato, abitato, affollato, frequentato **CONTR.** spopolato, deserto, disabitato, romito, solingo (*lett.*), solitario.

popóne *s. m.* (*bot.*) melone.

póppa (1) *s. f.* ***1*** mammella, tetta (*pop.*), zinna (*pop.*), zizza (*pop.*) ***2*** (*poet.*) petto, seno.

póppa (2) *s. f.* (*mar.*) ***1*** **CONTR.** prua ***2*** (*poet.*) nave **FRAS.** *avere il vento in poppa* (*fig.*), andare bene, avere fortuna.

poppànte *part. pres. di* **poppare**; *anche agg.* e *s. m.* e *f.* ***1*** lattante, neonato ***2*** (*fig., scherz.*) novellino, pivello, inesperto **CONTR.** esperto, navigato, provetto, veterano.

poppatóio *s. m.* biberon (*fr.*).

populismo *s. m.* demagogia.

porcàta *s. f.* ***1*** oscenità, sconcezza ***2*** (*fig.*) disonestà, birbonata, bricconata, mascalzonata ***3*** (*fig.*) cosa brutta, porcheria, boiata, troiata, vaccata, maialata (*pop.*) **CONTR.** capolavoro.

porcellàna *s. f.* (*est.*) maiolica, ceramica, terracotta, terraglia.

porcèllo *s. m.* ***1*** (*zool.*) maiale ***2*** (*fig.*) (*di persona*) sudicione, sporcaccione, sozzone, immorale.

porcherìa *s. f.* ***1*** sporcizia, sudiciume, immondizia, immondezza, luridume, sozzume, putridume, robaccia ***2*** (*fig.*) oscenità, sconcezza, scurrilità, sudiceria, sozzeria ***3*** (*fig.*) disonestà, mascalzonata, birbonata, bricconata ***4*** (*fig.*) cosa brutta, porcata, puttanata, puzzonata, troiata, vaccata, maialata, boiata (*pop.*), schifo, schifezza **CONTR.** capolavoro, meraviglia, incanto □ prelibatezza, ghiottoneria, bontà, leccornia.

porcìle *s. m.* ***1*** porcilaia, stabbiolo, stalletto, stalluccio ***2*** (*fig.*) porcaio, troiaio, letamaio, porcume, sudiciume, laidume.

porcìno *agg.* suino.

pòrco ***A*** *s. m.* ***1*** maiale, suino, verro ***2*** (*fig.*) (*di persona*) sudicione, sporcaccione, porcellone, sozzone (*pop.*), immorale, luridone ***B*** *agg.* ***1*** (*spreg.*) indecente, schifoso, sudicio, laido, immorale, lurido **CONTR.** onesto, pulito, bello ***2*** *nelle loc. inter.* (*volg.*) (*di mondo, di miseria, ecc.*) boia di.

porcospìno *s. m.* ***1*** (*zool.*) istrice ***2*** (*pop.*) riccio.

pòrgere ***A*** *v. tr.* ***1*** (*di cosa*) tendere, dare, allungare, offrire, protendere, sporgere, passare, presentare, esibire **CONTR.** ritirare, togliere, trarre, riprendere, portare via ***2*** (*fig.*) (*di aiuto, di assistenza, ecc.*) dare, concedere, accordare, prestare, somministrare □ regalare **CONTR.** negare, rifiutare ***B*** *v. intr.* declamare, recitare, pronunziare, dire, parlare **FRAS.** *porgere orecchio*, ascoltare □ *porgere la mano* (*fig.*), aiutare, soccorrere.

pornogràfico *agg.* porno, osceno, hard (*ingl.*),

hard-core (*ingl.*), licenzioso, immorale, indecente, lascivo, scandaloso, scollacciato, sconcio, scurrile □ soft-core (*ingl.*), erotico, osé, spinto, cochon (*fr.*) **CONTR.** casto, costumato, decente, morale, pudico. *V. anche* OSCENO

pornoshop /pornoʃ'ʃɔp, *ingl.* 'pɔ:nou ʃɔp/ [comp. di *porno-* e dell'ingl. *shop* 'negozio'] *s. m. inv.* sex-shop (*ingl.*).

poróso *agg.* spugnoso, bucherellato, cavernoso □ (*di terreno*) permeabile **CONTR.** compatto, unito, denso, liscio, stagno □ impermeabile.

pórpora ***A*** *s. f.* ***1*** (*di colore*) ostro (*lett.*), vermiglio, rosso ***2*** (*est.*) cardinalato ***B*** *agg.* (*di colore*) vermiglio **FRAS.** *indossare la porpora*, diventare cardinale.

porporàto *s. m.* cardinale.

porporino *agg.* purpureo, vermiglio, rosso.

pórre ***A*** *v. tr.* ***1*** mettere, collocare, ubicare, situare, depositare, riporre, stabilire, piazzare, piantare, allogare (*lett.*) □ posare, appoggiare, deporre **CONTR.** levare, togliere, sollevare ***2*** (*di lapide, di monumento e sim.*) dedicare ***3*** (*fig.*) (*seguito da* che) supporre, ammettere ***4*** (*di scuse, di domanda, ecc.*) rivolgere, presentare ***5*** (*di argomento*) esporre, impostare, asserire ***6*** (*di occhi, di attenzione, ecc.*) fissare, rivolgere **CONTR.** distogliere ***B*** **porsi** *v. rifl.* ***1*** mettersi, collocarsi **CONTR.** levarsi, togliersi ***2*** (*al lavoro e sim.*) accingersi, apprestarsi **CONTR.** smettere.

pòrro *s. m.* (*med.*) escrescenza, verruca.

pòrta *s. f.* ***1*** uscio, portone ***2*** accesso, adito, varco, apertura, entrata, ingresso, uscita, soglia, limitare (*lett.*) ***3*** (*pl.*) imposte, battenti ***4*** (*di mobile, di caldaia, ecc.*) sportello □ portello, anta ***5*** (*geogr.*) valico (di montagna), passo □ (*di ghiacciaio, di canale*) bocca ***6*** (*sport*) rete □ (*est.*) goal (*ingl.*) **FRAS.** *fuori porta*, in periferia □ *essere alle porte* (*fig.*), essere molto vicino □ *mettere alla porta*, cacciare via □ *prendere la porta*, andarsene □ *trovare la porta chiusa* (*fig.*), ottenere solo rifiuti □ *a porte chiuse* (*fig.*), in privato □ *prendere la porta* (*fig.*), andarsene □ *sfondare una porta aperta* (*fig.*), tentare cose già fatte □ *picchiare alla porta* (*fig.*), chiedere aiuto.

portabagàgli *s. m.* ***1*** (*di persona*) facchino, portatore ***2*** (*di contenitore*) portapacchi, baule, bagagliaio, bagagliera.

portabandièra *s. m. e f. inv.* ***1*** alfiere, vessillifero, gonfaloniere, portainsegna ***2*** (*fig.*) antesignano, pioniere, precursore **CONTR.** epigono.

portàbiti *s. m. inv.* ometto (*dial.*), gruccia.

portabórse *s. m. e f.* accolito, tirapiedi, lacchè.

portacandéle *s. m.* bugia, candeliere.

portacénere *s. m. inv.* posacenere, ceneriera.

portadólci *s. m.* guantiera, vassoio, confettiera.

portafióri *s. m.* portavasi.

portafògli o **portafòglio** *s. m. inv.* ***1*** portamonete, borsa, borsellino ***2*** (*est.*) busta, cartella ***3*** (*fig.*) ministero.

portafortùna *s. m. inv.*; *anche agg.* talismano, mascotte (*fr.*), amuleto.

portafrùtta *s. m. inv.* fruttiera.

portagiòie *s. m. inv.* cofanetto, scrigno, portagioielli.

portagioièlli *s. m.* portagioie.

portaimmondìzie *s. m. inv.* pattumiera, secchio, bidone □ cassonetto.

portainségna *s. m. e f. inv.* (*est.*) portabandiera.

portalàpis *s. m. inv.*; *anche agg.* portamatite.

portàle *s. m.* portone.

portalèttere *s. m. e f. inv.* postino.

portamatite *s. m. inv.*; *anche agg.* portalapis, astuccio.

portaménto *s. m.* ***1*** andatura, andare, incesso (*lett.*), movenza ***2*** (*fig.*) aspetto, positura (*lett.*), postura (*lett.*), posizione □ comportamento, modo, atteggiamento, maniera, contegno, condotta.

portamonéte *s. m. inv.* borsellino.

portampólle *s. m. inv.* ampolliera, oliera.

portantìna *s. f.* ***1*** bussola, palanchino ***2*** lettiga, barella.

portantìno *s. m.* barelliere, lettighiere.

portapàcchi *s. m.* ***1*** portabagagli, baule, bagagliaio ***2*** (*di persona*) facchino, portatore.

portapénne *s. m. inv.* ***1*** asticciola, cannello ***2*** astuccio.

portàre ***A*** *v. tr.* ***1*** (*di pacco, di vassoio, ecc.*) reggere, sostenere, tenere □ (*di nave*) stazzare **CONTR.** lasciare, abbandonare ***2*** (*di conto, di risposta, di merce, ecc.*) consegnare, recare, dare, recapitare, scaricare □ comunicare, trasmettere **CONTR.** ritirare, ricevere, prelevare, prendere ***3*** (*di provviste, di abito, ecc.*) prendere con sé, recare, trasportare **CONTR.** lasciare ***4*** (*di esempio, di prova, ecc.*) proporre, designare, addurre, presentare, apportare, arrecare ***5*** (*di persona, di animale, ecc.*) condurre, (*a un carcere, ecc.*) tradurre, associare, trarre, accompagnare, menare **CONTR.** ricondurre, riportare ***6*** (*di strada, di acquedotto, ecc.*) fare arrivare **CONTR.** interrompere, fare finire ***7*** (*di fiume, di vento, ecc.*) trascinare, trasportare, trasferire ***8*** (*di autoveicoli*) guidare, pilotare, comandare ***9*** (*fig.*) (*di danno, di disturbo, ecc.*) indurre □ causare, arrecare, generare, produrre, cagionare ***10*** (*di abito, di scarpe, di capelli, ecc.*) indossare, avere, vestire, calzare, usare, mettere ***11*** (*fig.*) (*di rancore, di odio, ecc.*) provare, nutrire, serbare, conservare ***12*** (*di conseguenze, di vino, ecc.*) subire, sopportare **CONTR.** dimenticare ***B*** **portarsi** *v. intr. pron.* ***1*** trasferirsi, recarsi, andare **CONTR.** venire, arrivare ***2*** comportarsi, condursi, agire ***3*** (*di salute*) stare.

portaspìlli *s. m.* puntaspilli.

portàta *s. f.* ***1*** vivanda, piatto, pietanza ***2*** (*di carico*) capacità, carico, stazza ***3*** (*di tiro, di lancio*) gittata, distanza, lunghezza, tiro ***4*** (*fig.*) (*di prezzo, di incarico, ecc.*) possibilità, livello, limite ***5*** (*fig.*) capacità, calibro, potenza, forza ***6*** (*fig.*) (*di avvenimento, di gesto, ecc.*) importanza, significato, valore, rilievo, proporzione, respiro (*fig.*) ***7*** (*di arco*) corda.

portàtile *agg.* trasportabile, trasferibile **CONTR.** intrasportabile.

portàto *part. pass. di* **portare**; *anche agg.* ***1*** tenuto, sostenuto **CONTR.** lasciato, abbandonato ***2*** consegnato, recato, recapitato, comunicato, trasmesso **CONTR.** ritirato, ricevuto, preso, sottratto ***3*** (*fig.*) (*di esempio,* *di prova, ecc.*) proposto, designato, addotto, presentato **4** (*di persona, di animale, ecc.*) condotto, menato **CONTR.** ricondotto, riportato **5** (*da fiume, da vento, ecc.*) trascinato, trasportato **6** (*di autoveicolo*) guidato **7** (*di danno, di disturbo, ecc.*) indotto, causato, generato, cagionato **8** (*di abito, di scarpe, ecc.*) usato, vecchio □ messo, indossato, calzato **9** (*fig.*) (*di rancore, di odio, ecc.*) provato, nutrito, conservato **10** (*allo studio, per la musica, ecc.*) tagliato, predisposto, adatto, idoneo □ propenso, incline **CONTR.** negato, inadatto □ contrario, alieno, allergico (*fig.*).

portatóre *s. m.* **1** latore □ ambasciatore **2** facchino, sherpa, portabagagli □ trasportatore, traslocatore.

portavàsi *s. m.* cache-pot (*fr.*) □ portafiori, trespolo.

portavóce *s. m. inv.* **1** (*mar.*) megafono **2** (*di persona*) messaggero, latore, ambasciatore, rappresentante **3** (*di mezzo di comunicazione*) organo.

portèllo *s. m.* **1** *dim. di* **porta** **2** anta, battente, porticina, sportello, botola, apertura □ (*di autoveicolo*) portiera □ (*mar.*) boccaporto.

portènto *s. m.* prodigio, miracolo, meraviglia □ (*fig.*) cannonata (*fam.*), mostro.

portentóso *agg.* prodigioso, miracoloso, straordinario, stupefacente, ammirabile, incredibile, soprannaturale, mirifico (*lett.*), miro (*poet.*), mostruoso (*fam.*).

porticàto *s. m.* portico, loggiato, colonnato □ pronao, propileo.

pòrtico *s. m.* porticato, loggia, loggiato, galleria, colonnato □ pronao, propileo.

portièra *s. f.* **1** (*di autoveicolo*) sportello **2** tenda, drappeggio **3** portinaia.

portière *s. m.* portinaio, guardaportone, usciere, receptionist (*ingl.*), custode, ostiario (*lett.*).

portinàio *s. m.* portiere, custode.

portinerìa *s. f.* guardiola.

pòrto *s. m.* **1** insenatura, scalo, imbarco, approdo, ancoraggio, bacino, banchina, cala, calata, baia, dock (*ingl.*) **2** (*fig.*) meta, conclusione, rifugio **FRAS.** *porto di mare* (*fig.*), luogo sempre molto affollato □ *condurre in porto* (*fig.*), concludere felicemente.

portoghése *s. m. e f.*; *anche agg.* **1** lusitano **2** (*fam.*) scroccatore, seroccone.

portóne *s. m.* **1** *accr. di* **porta** **2** portale □ (*est.*) uscio, ingresso, entrata.

portuàle *agg.* portuario, marittimo.

porzióne *s. f.* **1** parte, dose, quota, frazione □ quantità, misura, percentuale □ tranche (*fr.*), rata □ settore, segmento, zona **CFR.** insieme **2** (*di cibo e sim.*) razione, spicchio, fetta, trancio, trancia, dose, pezzo.

pòsa *s. f.* **1** (*di peso, di pietra, ecc.*) deposizione, appoggio, collocazione **CONTR.** sollevamento **2** quiete, riposo, sosta, pausa, interruzione **3** (*fot.*) esposizione **4** (*di persona*) atteggiamento, posizione, positura, postura (*lett.*) **5** ostentazione, affettazione, artificio, leziosaggine, ricercatezza **6** (*raro*) (*di materiale*) sedimento, deposito, posatura, fondo, fondaccio, precipitato, residuato, residuo **7** (*mus.*) pausa, fermata. *V. anche* AFFETTAZIONE

posacénere *s. m. inv.* portacenere, ceneriera.

posapiàno *s. m. e f. inv.* (*scherz.*) flemmatico, placido, indolente, pigro **CONTR.** irrequieto, agitato, frenetico.

posàre **A** *v. tr.* mettere, porre, deporre, appoggiare, collocare, adagiare, coricare **CONTR.** sollevare, sorreggere, togliere, levare **B** *v. intr.* **1** (*anche fig.*) (*di cosa, di ragionamento, ecc.*) fondarsi, basarsi, poggiare **2** (*fig.*) (*di persona*) atteggiarsi, affettare, ostentare **3** (*di liquido*) depositare, sedimentare, precipitare **C** **posarsi** *v. intr. pron.* appoggiarsi, sostare, adagiarsi, mettersi, fermarsi, appollaiarsi, riposare **CONTR.** alzarsi, muoversi, agitarsi.

posàta *s. f.* **1** (*est.*) cucchiaio, coltello, forchetta **2** coperto **3** sedimento.

posatézza *s. f.* ponderazione, riflessione, prudenza, equilibrio □ pacatezza, calma, tranquillità, flemma, placidità, placidezza **CONTR.** nervosismo, impulsività, irrequietezza, sventataggine (*raro*), avventatezza, temerarietà, imprudenza. *V. anche* MISURA, PRUDENZA

posàto *part. pass. di* **posare**; *anche agg.* **1** messo, deposto, adagiato, collocato, appollaiato **CONTR.** sollevato, tolto **2** (*anche fig.*) (*di ipotesi, di ragionamento, ecc.*) fondato, basato **3** (*di andamento, di movimento, ecc.*) grave, rilassato, lento, contenuto **CONTR.** svelto, veloce, vivace, gagliardo, scattante, vulcanico **4** (*fig.*) (*di persona*) riflessivo, ponderato, quieto, tranquillo, pacato, calmo, equilibrato, serio □ accorto, prudente **CONTR.** irrequieto, inquieto, agitato, avventato, sventato, irriflessivo, imprudente □ bizzarro, svitato, strampalato.

poscrìtto *s. m.* postscriptum (*lat.*), codicillo, nota bene.

positivìsmo *s. m.* razionalismo, realismo □ naturalismo, sperimentalismo **CONTR.** romanticismo, idealismo, irrazionalismo.

positivìsta *s. m. e f.*; *anche agg.* razionalista, realista □ naturalista **CONTR.** romantico, idealista, irrazionalista.

positività *s. f.* concretezza, realtà, effettività, materialità, realismo **CONTR.** negatività, astrattezza, astrazione, indeterminatezza, fantasia.

positìvo **A** *agg.* **1** affermativo □ (*di fatto, di notizia, ecc.*) reale, concreto, effettivo, vero, accertato, certo, valido, sicuro, evidente **CONTR.** negativo □ incerto, irreale, fantastico, immaginoso, suppositivo, astratto, insicuro, vago, dubbio **2** (*di persona, di mente, ecc.*) pratico, costruttivo, realistico, concreto, calcolatore **CONTR.** astratto, poetico, ideale, teorico, chimerico, utopistico **3** (*di esito, di aspetto, ecc.*) soddisfacente, affermativo, favorevole, vantaggioso, buono, attivo **CONTR.** negativo, sfavorevole, disastroso, distruttivo, infelice **B** *s. m.* reale □ (*di foto, di film*) stampa, copia **CONTR.** irreale, astratto **C** *avv.* certamente, sicuramente, senza dubbio. *V. anche* VERO

posizionàre *v. tr.* **1** sistemare, collocare **2** (*elab.*) registrare.

posizióne *s. f.* **1** collocazione, sito, luogo, punto, ubicazione, posto, postura (*raro*), giacitura **2** (*di persona, del corpo, ecc.*) atteggiamento, stazione, posa, positura, portamento **3** (*fig.*) (*sociale, econo-*

mica, ecc.) condizione, situazione, grado, ceto, ruolo, qualifica, status **4** (*in graduatoria*) posto, piazzamento, qualificazione.

pospórre *v. tr.* **1** rimandare, rimettere, posticipare, differire CONTR. anticipare **2** (*di interesse, di lavoro, ecc.*) trascurare, tralasciare, subordinare, sacrificare, sottomettere, subordinare CONTR. anteporre, preferire, privilegiare.

possedére *v. tr.* **1** avere, tenere, detenere, disporre, fruire, contare, godere CONTR. essere privo, mancare **2** (*di ira, di demonio, ecc.*) dominare, soggiogare, vincere, padroneggiare, occupare CONTR. liberare, sgombrare **3** (*di materia, di argomento, ecc.*) conoscere bene, essere padrone CONTR. ignorare.

possediménto *s. m.* **1** (*raro*) possessione, possesso **2** dominio, colonia, stabilimenti **3** terra, terreno, tenuta, podere, fondo, predio (*raro*), campagna, proprietà, feudo (*lett.*).

POSSEDIMENTO
sinonimia strutturata

Il termine **possedimento** possiede un'accezione poco frequente nell'uso comune che designa l'avere qualcosa in proprietà, dominio o signoria; in questo senso coincide con **possessione** e **possesso**, che definiscono il godere, il disporre pienamente di qualcosa. Il termine possedimento designa anche concretamente ciò di cui si è padroni, specialmente in terreni o territori: *ha venduto tutti i suoi possedimenti*; *credo abbia vasti possedimenti nell'Italia meridionale*; *l'Olanda ha perduto ogni suo possedimento nelle Indie*. In questo senso, l'unico corrente, i suoi sinonimi più generali sono **proprietà** e **bene**, usato soprattutto al plurale, che designano appunto tutto ciò che si può possedere: *proprietà mobiliare, immobiliare, fondiaria*; *ha perso tutti i suoi beni*; rispetto a proprietà, bene abbraccia un concetto più ampio di ricchezza, slegandosi quindi maggiormente dall'idea della proprietà fondiaria o immobiliare e avvicinandosi all'accezione particolare di **roba**: *ha lasciato tutta la sua roba ai nipoti*.

Pressoché equivalenti sono **fondo** e **terra**, usato in questo senso di solito al plurale: *si è ritirato nelle sue terre*; *vive nelle proprie terre*; *le belle terre che aveva covato con gli occhi tanto tempo* (VERGA); nei casi in cui il fondo sia di notevole estensione si può denominare anche **feudo**. Un appezzamento di terra può essere detto con termine raro **predio**: *predio rustico, urbano*. Un'ampia distesa di terreno aperto e pianeggiante, coltivato o coltivabile, lontano dai centri abitati si chiama, con un vocabolo molto generico, **campagna**: *una campagna verde, ubertosa, arida*. Diversamente, il **podere** consiste in un fondo agricolo di qualche ampiezza con casa colonica; se è molto vasto e comprende fabbricati e servizi si dice **masseria**; un esteso possedimento agricolo di più poderi è invece una **tenuta**: *acquistare una tenuta in collina*.

Anche un territorio extra-metropolitano sottoposto alla sovranità di uno Stato si chiama possedimento o **colonia**, termine che denomina appunto un territorio distinto dalla madrepatria e a questa assoggettato da vincoli militari, giuridici, politici ed economici: *le colonie britanniche*; *emancipazione di una colonia*. Perfettamente equivalente a colonia, ma di uso molto più limitato, è **stabilimento**, che si usa al plurale per indicare dei possedimenti coloniali di antica data localizzati in precise aree geografiche: *gli stabilimenti francesi d'Oceania*. Un territorio sottomesso a un determinato potere politico si chiama anche **dominio**, che in quest'accezione specifica ha un significato affine a quello di colonia: *i domini coloniali inglesi*.

possedùto **A** *part. pass. di* **possedere**; *anche agg.* **1** avuto, tenuto, goduto **2** (*da ira, da demonio, ecc.*) soggiogato, dominato, occupato, invasato CONTR. libero **3** (*di materia, di argomento, ecc.*) ben conosciuto CONTR. ignorato **B** *s. m.* indemoniato, ossesso, invasato.

possènte *agg.* **1** potente, forte, poderoso, valido, vigoroso, energico CONTR. debole, meschino **2** grande, colossale, gigantesco, imponente, stentoreo (*di voce*) CONTR. piccolo. *V. anche* GRANDE, ROBUSTO

possessìvo *agg.* **1** di possesso **2** dominatore, invadente □ geloso (*fig., est.*) CONTR. distaccato, apatico.

possèsso *s. m.* **1** (*anche est.*) proprietà, detenzione, fruizione, uso, godimento **2** (*di materia, di argomento, ecc.*) padronanza, conoscenza, cognizione, bagaglio, corredo CONTR. ignoranza **3** (*di sentimenti, di sensi, ecc.*) dominio, potere, controllo **4** (*spec. al pl.*) (*di beni*) possedimento, proprietà, capitale, possessione (*raro*), podere, terra, campagna, fondo, feudo, tenuta. *V. anche* POSSEDIMENTO

possessóre *s. m.* proprietario, padrone, detentore.

possìbile *agg.* **1** eventuale, ipotetico, probabile, avverabile, facile, virtuale, potenziale, futuribile, ottenibile CONTR. impossibile, escluso, improbabile, inavverabile, difficile **2** (*di ipotesi, di proposta, ecc.*) accettabile, ammissibile, ragionevole, credibile, attendibile, sostenibile, plausibile, presumibile, prevedibile, pensabile, concepibile, immaginabile, supponibile, ipotizzabile, verosimile □ permesso, lecito CONTR. impossibile, improbabile, inaccettabile, inammissibile, inverosimile, fantascientifico, assurdo, irragionevole, incredibile, inconcepibile, inimmaginabile **3** (*di progetto, di lavoro, ecc.*) fattibile, creabile, effettuabile, realizzabile, esperibile, adempibile, eseguibile, attuabile, conseguibile, praticabile, tentabile, agibile CONTR. impossibile, impraticabile, inattuabile, ineffettuabile, difficile, irrealizzabile, intentabile, insperabile.

possibilità *s. f.* **1** eventualità, ipotesi, condizione, circostanza, evenienza, occorrenza, opportunità, caso, contingenza, combinazione, occasione, casualità CONTR. impossibilità **2** mezzo, potere, capacità, facoltà, potestà, libertà, potenza □ potenziale, potenzialità □ spiraglio, speranza, prospettiva □ via, adito, chance (*fr.*), modo, opportunità CONTR. impossibilità **3** probabilità, eventualità, attuabilità, effettuabilità, fattibilità, plausibilità, ammissibilità, verosimiglianza, attendibilità, credibilità, prevedibilità **CONTR.** impossibilità, improbabilità, inattuabilità, inattendibilità *4* (*spec. al pl.*) mezzi, facoltà, risorse, denaro. *V. anche* FACOLTÀ, INCERTO, MISURA, SPERANZA, TEMPO

possibilménte *avv.* probabilmente, eventualmente, potendo, per quanto possibile, prevedibilmente, all'occasione.

possidènte *s. m.* e *f.*; *anche agg.* proprietario, possessore, padrone □ capitalista, abbiente, ricco, signore **CONTR.** nullatenente □ povero.

pòsta *s. f.* *1* (*di carrozza, di corriere*) fermata, tappa, sosta □ (*est.*) diligenza □ (*di cacciatore*) balzello, agguato, attesa *2* corrispondenza *3* ufficio postale *4* (*al gioco*) puntata, puglia (*gerg.*), somma, scommessa, giocata, gioco, piatto *5* (*lett.*) piacere, volontà **FRAS.** *a bella posta*, di proposito, deliberatamente. *V. anche* GIOCO

postazióne *s. f.* (*mil., est.*) fortino, ridotta, ridotto, base, area.

posteggiàre *v. tr.* e *intr.* parcheggiare, parcare (*raro*), fermarsi, stazionare.

posteggiatóre *s. m.* parcheggiatore, guardamacchine, custode.

postéggio *s. m.* *1* (*di veicolo*) parcheggio, stazione, stazionamento □ (*coperto*) box (*ingl.*), garage (*fr.*), autorimessa, rimessa *2* (*di ambulante*) posto, spazio.

poster /*ingl.* 'poustə/ [vc. ingl. 'manifesto, affisso', da *to post* 'piazzare'] *s. m. inv.* (*est.*) manifesto, riproduzione.

posterióre **A** *agg.* *1* (*di tempo*) successivo, susseguente, seguente, conseguente, ulteriore, sopraggiunto **CONTR.** anteriore, antecedente, precedente, preesistente □ concomitante, simultaneo, sincronico *2* (*di luogo*) dietro, a tergo, retrostante **CONTR.** davanti, anteriore **B** *s. m.* (*euf.*) deretano, natiche, didietro, sedere, culo (*pop.*).

posteriorménte *avv.* *1* di dietro, nel retro **CONTR.** anteriormente, sul davanti, davanti *2* successivamente, dopo, conseguentemente **CONTR.** prima, precedentemente, antecedentemente □ simultaneamente, contemporaneamente.

posterità *s. f.* discendenza, posteri, figli, nipoti, eredi **CONTR.** ascendenza, avi.

pòstero *s. m.* discendente, pronipote, posterità **CONTR.** avo, antenato.

postìccio **A** *agg.* artificiale, finto, falso, appiccicato □ provvisorio **CONTR.** naturale, vero □ stabile **B** *s. m.* toupet (*fr.*), parrucca, parrucchino.

posticipàre *v. tr.* posporre, prorogare, rinviare, differire, rimandare, ritardare **CONTR.** anticipare, anteporre, accelerare, affrettare.

posticipàto *part. pass. di* **posticipare**; *anche agg.* ritardato, rinviato, rimandato **CONTR.** anticipato.

posticipazióne *s. f.* differimento, rinvio, proroga, procrastinazione **CONTR.** anticipazione.

postiglióne *s. m.* cocchiere, auriga (*lett.*).

postìlla *s. f.* chiosa, codicillo, glossa, commento, notazione, nota, annotazione, richiamo, scolio (*lett.*).

postillàre *v. tr.* annotare, notare, chiosare, glossare, postergare (*lett.*), commentare.

postìno *s. m.* portalettere, procaccia (*lett.*).

pósto (1) *part. pass. di* **porre**; *anche agg.* *1* collocato, situato, sito, ubicato, messo, piazzato, piantato □ adagiato, giacente **CONTR.** levato, tolto *2* (*seguito da* che) supposto, ammesso, premesso, dato, stabilito, affermato **CONTR.** escluso, rifiutato, negato *3* (*di scusa, di domanda, ecc.*) rivolto, presentato *4* (*di occhi, di attenzione, ecc.*) fissato, rivolto **CONTR.** distolto.

pósto (2) *s. m.* *1* luogo, sede, sito, punto, posizione, ubicazione, collocazione, piazzamento (*di gara, ecc.*) □ zona, area *2* (*est.*) spazio □ sede, insediamento *3* (*a scuola, al cinema, al ristorante ecc.*) sedile, sedia, coperto □ banco □ seggio, stallo, poltrona, cattedra *4* (*in banca, in ferrovia, ecc.*) impiego, lavoro □ incarico, ufficio, ruolo, carica, incombenza *5* (*di villeggiatura, di mare, ecc.*) località, luogo, paese, stazione, contrada *6* locale pubblico, locale **FRAS.** *persona a posto* (*fig.*), persona degna di fiducia □ *essere a posto*, essere in ordine □ *quel posto, quel certo posto* (*euf.*), gabinetto □ *mettere a posto* (*anche fig.*), sistemare □ *al posto di*, invece di □ *posto da lupi* (*fig.*), luogo inospitale, selvaggio □ *trovarsi un posto al sole* (*fig.*), farsi una posizione. *V. anche* CARICA

postscriptum /*lat.* post'skriptum/ *s. m. inv.* poscritto, aggiunta, nota bene.

postulànte *s. m.* e *f.* *1* richiedente, supplicante, instante *2* mendicante, questuante.

postulàre *v. tr.* *1* chiedere, domandare, richiedere, supplicare, invocare □ (*est.*) esigere, reclamare **CONTR.** concedere, esaudire, accordare *2* mendicare, questuare *3* ipotizzare.

postulàto **A** *part. pass. di* **postulare**; *anche agg.* richiesto, domandato, invocato □ mendicato **CONTR.** concesso, esaudito **B** *s. m.* assioma, proposizione.

pòstumo **A** *agg.* (*est.*) (*di gloria, di riconoscimento, ecc.*) tardivo **CONTR.** tempestivo **B** *s. m. spec. al pl.* (*di malattia*) conseguenza, effetto, strascico **CONTR.** primi sintomi, prodromo.

postùra *s. f.* *1* (*raro*) (*di cosa*) posizione, collocazione, positura (*raro*), giacitura (*raro*), ubicazione *2* (*di persona*) atteggiamento, posa, portamento.

potàbile *agg.* bevibile **CONTR.** imbevibile.

potàre *v. tr.* tagliare, recidere, accorciare, amputare, capitozzare, cimare, scapezzare, scapitozzare, svettare. *V. anche* TAGLIARE

potatóio *s. m.* ronchetto, roncolo, roncola, ronca, falcetto.

potatùra *s. f.* taglio, capitozzatura, cimatura.

potènte *agg.* *1* poderoso, forte, vigoroso, energico, valido, possente, robusto, gagliardo **CONTR.** debole, meschino, impotente, fiacco *2* (*di veleno, di medicina, ecc.*) efficace, forte **CONTR.** inefficace, debole *3* (*di persona*) autorevole, influente, importante, padreterno (*fam.*) **CONTR.** da nulla, ininfluente. *V. anche* ROBUSTO

potènza *s. f.* *1* forza, energia, intensità, gagliardia, vigore, robustezza **CONTR.** debolezza, impotenza, inefficacia *2* (*di veleno, di arma, di macchina ecc.*)

capacità, efficienza, facoltà, potenzialità, possibilità, efficacia **CONTR.** inefficacia, debolezza **3** (*di persona*) influsso, prestigio, influenza, autorevolezza, autorità, ascendente, potestà, potere **CONTR.** nullità, ininfluenza **FRAS.** *all'ennesima potenza* (*fig.*), estremamente, massimamente. *V. anche* ENERGIA

potenziàle **A** *agg.* virtuale, possibile, eventuale, latente **CONTR.** reale, presente, attuale, effettivo **B** *s. m.* **1** energia, tensione **2** (*fig.*) possibilità, potenzialità, forza.

potenzialità *s. f.* facoltà, possibilità, virtualità, potenza, potenziale. *V. anche* FACOLTÀ

potenziaménto *s. m.* incremento, aumento, sviluppo □ rafforzamento **CONTR.** calo, diminuzione □ impoverimento, indebolimento. *V. anche* AUMENTO

potenziàre *v. tr.* incrementare, aumentare, sviluppare □ rafforzare **CONTR.** diminuire □ indebolire, distruggere, impoverire.

potére **A** *v. intr.* **1** riuscire, essere in grado, avere la forza, avere il titolo, avere il diritto, avere la facoltà, avere la capacità, avere la possibilità **2** essere possibile, essere probabile, essere credibile □ essere lecito, essere conveniente, essere permesso, essere consentito **3** essere augurabile, essere desiderabile **4** avere forza, avere autorità, valere **5** ottenere **6** reggere, sopportare **B** *s. m.* **1** possibilità, mezzo, autorità, potenza, facoltà, potestà □ influenza, influsso, ascendente, credito □ balìa **CONTR.** impotenza, impossibilità **2** efficacia, vigore, effetto **CONTR.** inefficacia, inutilità **3** virtù, potenza, forza **4** capacità, proprietà **CONTR.** incapacità **5** possesso, dominio, preda **6** comando, sovranità, signoria, governo, controllo, dominio □ poltrona, cadreghino (*fam.*) □ (*fig.*) redini, timone **CONTR.** soggezione, dipendenza **7** supremazia, sopravvento **8** diritto. *V. anche* FACOLTÀ

potestà *s. f.* **1** potere, comando, autorità, signoria, dominio, possibilità, potenza □ facoltà, attribuzione □ balìa **2** (*dir.*) tutela. *V. anche* FACOLTÀ

pot-pourri /fr. 'po pu'ri/ [vc. fr., propriamente 'pentola putrida'] *s. m. inv.* (*est.*) accozzaglia, guazzabuglio, mescolanza, zibaldone.

poveràccio *s. m.* **1** *pegg. di* **povero** **2** poveruomo, meschino, miserabile, misero, poverocristo, poveretto, poverino, tapino (*lett.*), squattrinato □ disgraziato, sventurato, sfortunato **CONTR.** signore, signorone, nababbo □ fortunato.

poveraménte *avv.* miseramente, dimessamente, meschinamente, umilmente, miserabilmente, disagiatamente, stentatamente **CONTR.** riccamente, abbondantemente, doviziosamente, lautamente, splendidamente □ elegantemente, lussuosamente, sfarzosamente, sontuosamente.

poverétto *s. m.*; *anche agg.* **1** *dim. di* **povero** **2** infelice, poverino, poveraccio, poveruomo, tapino (*lett.*), meschino, sfortunato **CONTR.** fortunato.

pòvero **A** *agg.* **1** (*di persona*) misero, indigente, bisognoso, bisognevole, miserabile, diseredato, disagiato □ meschino, sventurato, tapino **CONTR.** ricco, abbiente, agiato, benestante, danaroso, facoltoso □ felice, fortunato, tranquillo, beato, sereno **2** (*di cosa*) modesto, basso, vile, scadente, ordinario, cheap (*ingl.*), economico □ misero, squallido, dimesso **CONTR.** splendido, magnifico, fastoso, grandioso, lussuoso, sontuoso, regale, sfarzoso, sardanapalesco **3** (*di acqua, di ingegno, ecc.*) scarso, privo, mancante, sterile, infruttuoso, infecondo, improduttivo **CONTR.** abbondante, traboccante, copioso, ricco □ fiorente, fertile, florido, fecondo, produttivo, ubertoso **4** (*di parole, di discorso e sim.*) disadorno, scarno, nudo **CONTR.** elegante, fiorito, ornato, prezioso **5** (*di abito e sim.*) logoro, stracciato, miserevole, lacero **CONTR.** nuovo, elegante, costoso **6** (*di paese, di popolo, ecc.*) depresso, sottosviluppato **CONTR.** ricco, potente, sviluppato **7** (*fam.*) defunto, fu **CONTR.** vivo **B** *s. m.* spiantato, squattrinato, nullatenente □ mendico, mendicante, accattone, straccione, pitocco, pezzente **CONTR.** ricco, riccone, capitalista, miliardario. *V. anche* SCARSO

povertà *s. f.* **1** (*di persona*) indigenza, miseria, necessità, bisogno, ristrettezza, inopia (*lett.*), miserabilità, mendicità, angustia, bolletta (*fam.*), micragna (*region.*) □ privazione, stenti **CONTR.** ricchezza, agiatezza, benessere, opulenza, abbondanza, sontuosità **2** (*di cosa*) difetto, scarsezza, esiguità, scarsità, pochezza, penuria, mancanza **CONTR.** abbondanza, dovizia (*lett.*), copiosità, lautezza.

poveruòmo *s. m.* poveraccio.

pozióne *s. f.* decotto, beveraggio, beverone, tisana, infuso, bevanda.

pózza *s. f.* **1** pozzanghera, guazzo □ (*fig*) lago **2** buca, fossatello.

pozzànghera *s. f.* pozza.

pózzo *s. m.* **1** cisterna, serbatoio **2** buca, fossa, cavità, miniera, camino **3** (*fig.*) (*di soldi, di debiti, ecc.*) grande quantità, enormità, mucchio, massa, fracco (*dial.*), casino (*pop.*) **FRAS.** *essere il pozzo di S. Patrizio* (*fig.*), essere ricchissimo □ *pozzo di scienza* (*fig.*), persona molto colta.

prammàtica *s. f.* uso, consuetudine, pratica, obbligo.

prammàtico *agg.* (*est.*) pratico, realistico, concreto, d'uso **CONTR.** teorico.

prammatìsmo *s. m.* (*est.*) realismo, concretezza **CONTR.** teoria.

pranzàre *v. intr.* mangiare, desinare, banchettare, fare pranzo, pasteggiare.

prànzo *s. m.* pasto, banchetto, convito, convivio, desinare, refezione (*est.*), mensa, colazione, cena.

pràssi *s. f.* **1** pratica, azione, uso, usanza, consuetudine **CONTR.** teoria **2** iter (*lat.*), procedura corrente.

prataiòlo **A** *agg.* pratense **B** *s. m.* (*di fungo*) champignon (*fr.*).

prateria *s. f.* prato, landa, steppa, savana, pampa □ pascolo, pastura.

pràtica *s. f.* **1** attività, azione, concretezza □ esercizio, uso, abitudine, esperienza □ familiarità, dimestichezza □ tirocinio, apprendistato, praticantato, esercitazione □ scuola, tecnica □ empirismo **CONTR.** teoria, astrazione **2** abilità, cognizione, competenza, perizia, sicurezza, conoscenza **CONTR.** imperizia, inesperienza, ignoranza, dilettantismo ***3*** (*di persone*) familiarità, frequentazione, amicizia, confidenza, dimestichezza ***4*** (*di procedura*) usanza, consuetudine, costume, costumanza, prammatica, prassi, routine (*fr.*) ***5*** (*spec. al pl.*) trattativa, passo, operazione, affare, negozio ***6*** (*est.*) documento, incartamento, carta (*pop.*), fascicolo, cartella, dossier (*fr.*), scartoffia **FRAS.** *in pratica*, praticamente □ *mettere in pratica*, attuare. *V. anche* COMPETENZA

praticàbile *agg.* ***1*** (*di cura, di attività, ecc.*) possibile, fattibile, effettuabile, attuabile **CONTR.** impossibile, inattuabile, impraticabile ***2*** (*di luogo*) accessibile, frequentabile, raggiungibile, attraversabile, penetrabile, pervio **CONTR.** impraticabile, inaccessibile, intransitabile, impervio, impenetrabile, irraggiungibile ***3*** (*di persona*) trattabile, frequentabile, avvicinabile **CONTR.** intrattabile, inavvicinabile, inaccostabile.

praticaménte *avv.* concretamente, materialmente, effettivamente, empiricamente, realisticamente, realmente, in realtà, de facto (*lat.*), in sostanza, operativamente **CONTR.** teoricamente, idealmente, astrattamente.

praticànte *part. pres. di* **praticare**; *anche agg. e s. m. e f.* ***1*** apprendista, tirocinante □ principiante, esordiente, novizio, novellino **CONTR.** veterano, maestro, esperto ***2*** (*spreg.*) praticone **CONTR.** specialista □ perfezionista ***3*** (*di fede religiosa*) credente, fedele, osservante **CONTR.** irreligioso, non osservante. *V. anche* APPRENDISTA

praticàre *v. tr.* ***1*** (*di mestiere, di professione*) esercitare, professare ***2*** (*di luogo, di persona*) frequentare, trattare, bazzicare ***3*** (*di sconto, di sport, ecc.*) eseguire, fare, applicare, effettuare, operare.

praticità *s. f.* ***1*** utilità, funzionalità, semplicità, facilità, comodità, maneggevolezza **CONTR.** scomodità, difficoltà, complicazione ***2*** realismo, concretezza.

pràtico *agg.* ***1*** (*di metodo, di discorso, ecc.*) concreto, reale, realistico, effettivo □ sperimentale, empirico, empiristico, operativo, fattivo, costruttivo, applicativo □ materiale, prosaico **CONTR.** astratto, teorico □ speculativo, puro, scientifico ***2*** (*di cosa*) utile, semplice, facile, razionale, funzionale, comodo, maneggevole **CONTR.** difficile, complicato, scomodo ***3*** (*di persona*) esperto, competente, introdotto, abile, sicuro, provetto, consumato, versato, sperimentato, esercitato □ conoscitore, intenditore, perito **CONTR.** inesperto, ignaro, imperito, novellino, novizio, nuovo, incapace, incompetente, inabile.

praticóne *s. m.* ***1*** *accr. di* **pratico** ***2*** empirico □ (*spreg.*) facilone **CONTR.** specialista □ perfezionista.

pràto *s. m.* (*est.*) terreno erboso, prateria, pascolo, pastura, radura, erbaio.

pratolina *s. f.* margheritina di prato, pratellina, prataiola.

preàmbolo *s. m.* esordio, introduzione, prefazione, preludio, preliminare, proemio, premessa, prologo, cappello **CONTR.** fine, chiusa, conclusione, epilogo, coda.

preannunciàre *v. tr.* ***1*** preavvertire, preavvisare, preludere ***2*** (*est.*) predire, prevedere, presagire, profetare, profetizzare, pronosticare, preconizzare, vaticinare.

preannùncio *s. m.* ***1*** preavvertimento, preavviso ***2*** predizione, profezia, vaticinio, pronostico □ presagio, sintomo, preludio. *V. anche* VENTO

preavvisàre *v. tr.* preavvertire, preannunciare, avvertire.

preavvìso *s. m.* preavvertimento, preannuncio.

precariaménte *avv.* ***1*** temporaneamente, momentaneamente, provvisoriamente, transitoriamente **CONTR.** stabilmente, durevolmente, sempre ***2*** instabilmente, insicuramente **CONTR.** sicuramente, saldamente.

precarietà *s. f.* instabilità, incertezza, temporaneità, provvisorietà, transitorietà, revocabilità, mutabilità, fugacità, insicurezza **CONTR.** stabilità, certezza, irrevocabilità, sicurezza, durevolezza.

precàrio *agg.* ***1*** (*di lavoro, di domicilio, ecc.*) temporaneo, incerto, provvisorio, transitorio, revocabile, mutabile, insicuro, momentaneo **CONTR.** stabile, fisso, durevole, duraturo, permanente, costante, certo, irrevocabile ***2*** (*di equilibrio, di situazione, ecc.*) instabile, malsicuro, oscillante, malfermo **CONTR.** stabile, saldo, sicuro, fermo, saldo ***3*** (*di salute*) cagionevole, debole **CONTR.** buono. *V. anche* FUGACE, INCERTO

precauzionàle *agg.* cautelativo, preventivo.

precauzióne *s. f.* ***1*** cautela, circospezione, attenzione, prudenza, riguardo, avvertenza, discernimento **CONTR.** avventatezza, temerarietà, imprudenza, imprevidenza, precipitazione, impulsività ***2*** previdenza, profilassi, prevenzione. *V. anche* PRUDENZA

precedènte ***A*** *part. pres. di* **precedere**; *anche agg.* antecedente, preesistente, anteriore, passato, arretrato, altro, scorso, prima, avanti, innanzi **CONTR.** seguente, successivo, susseguente, posteriore, ulteriore □ simultaneo, sincrono, concomitante ***B*** *s. m.* antefatto, trascorsi.

precedenteménte *avv.* prima, pria (*lett.*), già, innanzi, sopra, in precedenza, antecedentemente, anteriormente, in passato **CONTR.** dopo, successivamente, poi, in seguito □ simultaneamente, contemporaneamente.

precedènza *s. f.* antecedenza, priorità, preferenza, prelazione **FRAS.** *in precedenza*, anteriormente, prima.

precèdere *v. tr. e intr.* andare avanti, andare innanzi, antecedere (*lett.*), precorrere, preludere, prevenire, antivenire (*ant.*) □ scavalcare, sorpassare, superare □ essere anteriore, accadere prima **CONTR.** seguire, succedere, susseguire □ essere posteriore, accadere dopo, sopraggiungere.

precettàre *v. tr.* imporre, comandare, intimare, ordinare □ richiamare alle armi, richiamare in servizio.

precettazióne *s. f.* precetto, comando, ordine □ richiamo alle armi, richiamo in servizio.

precètto *s. m.* ***1*** comando, prescrizione, intimazione, precettazione, ordine □ legge, decreto, editto ***2*** insegnamento, ammaestramento □ norma, regola, disciplina, dettame, comandamento **3** (*est.*) aforisma, massima, morale, parola, citazione. *V. anche* INTIMAZIONE, MASSIMA, MORALE, PROVERBIO

precettóre *s. m.* (*f. -trice*) istitutore, pedagogo, mentore (*lett.*), aio (*lett.*), educatore, insegnante, docente, maestro, professore **CFR.** discepolo, scolaro.

precipitàre ***A*** *v. tr.* ***1*** gettare, scagliare, scaraventare ***2*** (*fig.*) (*di giudizio, di partenza, ecc.*) affrettare, accelerare **CONTR.** rallentare, frenare ***B*** *v. intr.* (*anche fig.*) cadere, cascare, piombare, volare, capitombolare, tombolare, tonfare, rotolare, sprofondare, stramazzare, crollare, rovinare, franare ***C*** **precipitarsi** *v. rifl.* gettarsi, lanciarsi, buttarsi, tuffarsi, fiondarsi (*region.*) **CONTR.** alzarsi, sollevarsi, innalzarsi ***D*** *v. intr. pron.* accorrere, correre, affrettarsi, catapultarsi, piombare, slanciarsi. *V. anche* CADERE

precipitàto ***A*** *part. pass. di* **precipitare**; *anche agg.* ***1*** gettato, scagliato, scaraventato ***2*** caduto, cascato, piombato, stramazzato □ crollato, rovinato, franato ***B*** *s. m.* posa, posatura, deposito, sedimento.

precipitazióne *s. f.* ***1*** caduta ***2*** (*fig.*) fretta, furia, impazienza **CONTR.** calma, flemma ***3*** (*fig.*) avventatezza, impulsività, imprevidenza, irriflessione, sconsideratezza, leggerezza, impeto, imprudenza **CONTR.** lentezza, ponderazione, prudenza, riflessione, cautela, precauzione, circospezione, oculatezza, discernimento ***4*** (*atmosferica*) nevicata, pioggia, grandinata.

precipitevolissimevolménte *avv.* (*scherz.*) a precipizio, con impeto, con gran fretta.

precipitosaménte *avv.* ***1*** frettolosamente, affrettatamente, furiosamente, precipitevolmente, rovinosamente, impetuosamente, all'impazzata, alla cieca, a rompicollo, a precipizio **CONTR.** lentamente, adagio, prudentemente ***2*** (*fig.*) avventatamente, impulsivamente, sconsideratamente, imprudentemente, leggermente **CONTR.** cautamente, prudentemente, oculatamente, assennatamente.

precipitóso *agg.* ***1*** (*di acqua, di frana, ecc.*) impetuoso, precipite (*raro*), rovinoso, irruente, veemente, violento **CONTR.** lento, calmo, pacato ***2*** (*est.*) (*di fuga, ecc.*) velocissimo, rapidissimo **CONTR.** lento ***3*** (*fig.*) (*di persona*) imprudente, impaziente, frettoloso, corrivo (*raro*), impulsivo, avventato, temerario **CONTR.** posato, prudente, guardingo, moderato, ponderato ***4*** (*di decisione, di giudizio, ecc.*) affrettato, sconsiderato, sconsigliato **CONTR.** meditato, ragionato, ponderato.

precipìzio *s. m.* ***1*** dirupo, voragine, orrido, abisso, baratro, burrone, strapiombo ***2*** (*fig.*) baratro, rovina, perdizione **FRAS.** *a precipizio* (*fig.*), con gran fretta, con impeto, precipitevolissimevolmente.

precìpuo *agg.* principale, essenziale, preminente, fondamentale, centrale, capitale, primo □ peculiare, proprio **CONTR.** secondario, marginale, casuale, incidentale.

precisaménte *avv.* ***1*** esattamente, specificamente, specificatamente, perfettamente, proprio, giusto, appunto, già, propriamente **CONTR.** approssimativamente, indicativamente, pressapoco, circa, genericamente, vagamente, suppergiù ***2*** diligentemente, scrupolosamente, minutamente, minuziosamente, puntualmente, rigorosamente, accuratamente, ordinatamente **CONTR.** negligentemente, trascuratamente.

precisàre *v. tr.* circostanziare, specificare, spiegare, chiarire, puntualizzare, focalizzare □ determinare, definire, stabilire **CONTR.** accennare vagamente, adombrare, alludere.

precisazióne *s. f.* ***1*** definizione, determinazione, delineamento, delineazione (*lett.*), indicazione ***2*** puntualizzazione, spiegazione, chiarimento, chiarificazione, schiarimento, specificazione □ (*est.*) smentita, confutazione.

precisióne *s. f.* ***1*** esattezza, giustezza, fedeltà, proprietà, correttezza, nettezza, nitidezza **CONTR.** improprietà, imprecisione, inesattezza, indeterminatezza, genericità, vaghezza ***2*** ordine, cura, rigore, diligenza, puntualità, attenzione, accuratezza, scrupolosità, scrupolo, acribia (*lett.*) **CONTR.** confusione, trascuratezza, disattenzione, pressapochismo, negligenza.

precìso *agg.* ***1*** (*di ora, di orologio, ecc.*) esatto, giusto, puntuale, cronometrico ***2*** chiaro □ determinato, definito, esplicito, inequivocabile □ rigoroso, categorico **CONTR.** vago, incerto, fumoso, indeterminato ***3*** (*di contorni, di sagome, ecc.*) netto, nitido, pulito □ (*di racconto, di traduzione, ecc.*) testuale, letterale, fedele, puntuale **CONTR.** impreciso, sfocato, approssimativo ***4*** (*di persona, ecc.*) diligente, scrupoloso, coscienzioso, attento, solerte, paziente **CONTR.** confusionario, disattento, disordinato, pasticcione ***5*** (*di lavoro*) ordinato, appropriato, accurato, minuzioso, inappuntabile □ (*di linguaggio, ecc.*) appropriato, forbito **CONTR.** impreciso, inesatto, trascurato, negligente ***6*** (*di abiti, di forme, ecc.*) uguale, identico, corrispondente, coincidente **CONTR.** ineguale, diverso, differente.

precitàto *agg.* predetto, sopraccennato, sopraccitato, sopraddetto, sopraindicato, succitato, suddetto, sunnominato.

preclùdere *v. tr.* impedire, vietare, ostacolare, contrastare, proibire, sbarrare, bloccare **CONTR.** agevolare, facilitare, aprire, autorizzare, consentire.

preclusióne *s. f.* impedimento, ostacolo, blocco, chiusura □ esclusione, rifiuto **CONTR.** agevolazione, facilitazione □ benevolenza.

preclùso *part. pass. di* **precludere**; *anche agg.* impedito, sbarrato, vietato, ostacolato.

precòce *agg.* ***1*** (*di frutto*) acerbo, primaticcio **CONTR.** tardivo ***2*** prematuro, immaturo, anticipato **CONTR.** tardivo, avanzato, serotino (*lett.*).

precoceménte *avv.* anticipatamente, immaturamente, prematuramente, anzitempo, ante litteram (*lat.*) **CONTR.** tardivamente.

precocità *s. f.* immaturità □ anticipo, anticipazione □ intempestività **CONTR.** ritardo, tardività.

preconcètto ***A*** *agg.* (*di idea, di atteggiamento*) prevenuto, soggettivo **CONTR.** libero, oggettivo, sereno ***B*** *s. m.* prevenzione, fisima, superstizione, pregiudizio, tabù **CONTR.** obiettività, serenità. *V. anche* PREGIUDIZIO

precórrere *v. tr.* ***1*** (*lett.*) (*nella corsa*) precedere, superare CONTR. seguire, susseguire *2* (*fig.*) (*di tempo, di evento, ecc.*) prevenire, anticipare, preannunciare, presagire, preludere.

precòtto *agg.*; *anche s. m.* (*di cibo*) precucinato, pronto.

precucinàto *agg.*; *anche s. m.* (*di cibo*) precotto, pronto.

precursóre ***A*** *agg.* precorritore, annunziatore, anticipatore, foriero □ preconizzatore ***B*** *s. m.* antesignano, anticipatore, precorritore, avanguardia, pioniere □ portabandiera, alfiere, vessillifero CONTR. seguace, epigono, proselito □ contemporaneo.

prèda *s. f.* ***1*** bottino, spoglie □ caccia, cacciagione ***2*** (*est.*) razzia, spoliazione, saccheggio, sacco ***3*** (*fig.*) balìa, potere.

predàre *v. tr.* ***1*** rapinare, derubare, depredare, razziare, saccheggiare, arraffare □ (*est.*) rubare, piratеggiare ***2*** (*di animale*) catturare.

predatóre ***A*** *agg.* (*di animale*) rapace ***B*** *s. m.* predone, depredatore, saccheggiatore, razziatore, pirata, corsaro □ (*est.*) ladro.

predecessóre *s. m.* ***1*** antecessore CONTR. successore ***2*** (*est.*) antenato, avo, vecchio CONTR. discendente, nipote, erede. *V. anche* ANTENATO

predèlla *s. f.* pedana, base, gradino.

predellìno *s. m.* ***1*** *dim. di* **predella** ***2*** (*di vettura e sim.*) montatoio, montante, staffa.

predestinàre *v. tr.* designare, prescegliere, predeterminare, preordinare, prestabilire, destinare.

predestinàto *part. pass. di* **predestinare**; *anche agg. e s. m.* prestabilito, designato, preordinato, prescelto, destinato, eletto □ inevitabile, fatale □ ineluttabile.

predestinazióne *s. f.* predeterminazione (*raro*), preordinazione, designazione □ inevitabilità, fatalità, ineluttabilità.

predeterminàre *v. tr.* predestinare, preordinare, prestabilire, destinare, predisporre.

predeterminàto *part. pass. di* **predeterminare**; *anche agg.* predestinato, preordinato, prestabilito, destinato, predisposto.

predétto *part. pass. di* **predire**; *anche agg.* ***1*** (*di argomento, di persona, ecc.*) suddetto, succitato, anzidetto, sopraddetto, sopraccennato, sopraccitato, sullodato, precitato, sunnominato ***2*** (*di destino, di giorno, ecc.*) annunziato, preannunziato, presagito, previsto □ (*di evento*) profetizzato, pronosticato.

prèdica *s. f.* ***1*** sermone, omelia, predicazione, discorso ***2*** (*fig.*) ramanzina, rimprovero, ammonizione, intemerata, fervorino, predicozzo (*fam.*), paternale, pistolotto.

predicàre *v. tr.*; *anche intr.* ***1*** sermoneggiare (*raro*), evangelizzare, parlare □ annunciare ***2*** (*di pace, di teoria, ecc.*) spiegare, insegnare, propagare, pubblicare, divulgare □ esortare, consigliare, raccomandare ***3*** (*di meriti, di virtù e sim.*) esaltare, lodare, celebrare, magnificare CONTR. denigrare, sminuire, disprezzare.

predicàto *part. pass. di* **predicare**; *anche agg.* ***1*** (*di vangelo, di pace, ecc.*) annunciato, divulgato, spiegato, propagato ***2*** (*di meriti, di virtù e sim.*) esaltato, lodato, celebrato, magnificato CONTR. denigrato, sminuito, disprezzato.

predicatóre *agg.*; *anche s. m.* ***1*** oratore, omelista, quaresimalista, apostolo, evangelizzatore, missionario ***2*** (*di idee*) sostenitore, banditore, diffusore.

predilètto *part. pass. di* **prediligere**; *anche agg. e s. m.* preferito, beniamino, pupillo, favorito, protetto, prescelto, eletto, coccolo, cocco (*fam.*) CONTR. disprezzato, trascurato, detestato, malvisto.

predilezióne *s. f.* ***1*** preferenza, favore, simpatia, affezione, amore, dilezione (*raro*), debole, tenero CONTR. disaffezione, antipatia, avversione, rifiuto, disamore, detestazione (*lett.*), idiosincrasia, odio ***2*** inclinazione, propensione, passione. *V. anche* DEBOLEZZA, FAVORE

predilìgere *v. tr.* preferire, privilegiare, scegliere, favorire, prescegliere □ anteporre, preporre CONTR. avversare, odiare, detestare, aborrire □ posporre, subordinare.

predire *v. tr.* profetizzare, profetare, pronosticare, preannunciare, presagire, vaticinare, divinare, indovinare, prevedere, preconizzare, astrologare.

predispórre ***A*** *v. tr.* preparare, provvedere, allestire, sistemare, apprestare, approntare, apparecchiare, organizzare □ preordinare, disporre, ordinare, predeterminare, prestabilire, prefissare ***B*** **predisporsi** *v. rifl.* prepararsi, accingersi, apprestarsi, premunirsi, organizzarsi.

predisposizióne *s. f.* ***1*** (*med.*) diatesi ***2*** inclinazione, attitudine, tendenza, vocazione, talento, bernoccolo (*fam.*) CONTR. inettitudine, inattitudine, inabilità, idiosincrasia, avversione ***3*** preparativo, preparazione. *V. anche* INDOLE

predispósto *part. pass. di* **predisporre**; *anche agg.* ***1*** inclinato, tagliato, idoneo, portato ***2*** approntato, preparato, allestito, pronto, organizzato ***3*** predeterminato, prefissato, preordinato, prestabilito.

predizióne *s. f.* profezia, vaticinio, pronostico, oracolo, auspicio, preannunzio, divinazione, preconizzazione, presagio, previsione □ oroscopo.

predominànte *part. pres. di* **predominare**; *anche agg.* prevalente, preponderante, egemone, egemonico □ maggioritario, maggiore, superiore □ diffuso, comune □ primario, principale, prioritario CONTR. secondario, minoritario.

predominànza *s. f.* predominio, preponderanza.

predominàre ***A*** *v. intr.* prevalere, imporsi □ preponderare, padroneggiare, spadroneggiare, signoreggiare □ emergere, primeggiare, superare, sovrastare, sopravanzare □ regnare, imperare CONTR. soggiacere, servire ***B*** *v. tr.* (*raro*) vincere, sopraffare, sconfiggere. *V. anche* VINCERE

predomìnio *s. m.* ***1*** supremazia, signoria, egemonia, controllo, dominio, dominazione CONTR. dipendenza, soggezione, obbedienza ***2*** preponderanza, predominanza, prevalenza, predominazione (*raro*), superiorità, maggioranza □ primato, scettro CONTR. inferiorità, minoranza.

predóne *s. m.* predatore, saccheggiatore, ladrone, rapinatore, razziatore □ (*del mare*) pirata, corsaro, filibustiere.

preesistènte *agg.* precedente, antecedente, anteriore, passato, di prima **CONTR.** seguente, posteriore □ contemporaneo □ successivo, futuro.

preesistènza *s. f.* anteriorità.

prefazióne *s. f.* introduzione, presentazione □ (*est.*) proemio, prologo, preambolo, prolusione, premessa, preludio, preliminare **CONTR.** epilogo, conclusione, fine, chiusa, postfazione.

preferènza *s. f.* predilezione, simpatia, debole, propensione, favore, scelta, precedenza □ prelazione □ parzialità **CONTR.** odio, avversione, antipatia □ imparzialità. *V. anche* FAVORE, SCELTA

preferìbile *agg.* migliore, meglio, più opportuno **CONTR.** peggio, inopportuno, scartabile **FRAS.** *è preferibile*, è meglio.

preferibilménte *avv.* più volentieri, a preferenza, meglio, piuttosto **CONTR.** peggio.

preferìre *v. tr.* anteporre, preporre □ prescegliere, scegliere, prediligere □ favorire, privilegiare, optare, propendere, tendere, eleggere **CONTR.** posporre, subordinare □ avversare, odiare, detestare. *V. anche* VOLERE

preferìto *part. pass. di* **preferire**; *anche agg.* e *s. m.* ***1*** prescelto, eletto, selezionato ***2*** beniamino, prediletto, protetto, favorito, pupillo, cocco, coccolo **CONTR.** disprezzato, trascurato, detestato, odiato, malvisto.

prefìggere ***A*** *v. tr.* fissare, prefissare, stabilire, prestabilire, determinare, predisporre ***B*** **prefiggersi** *v. intr. pron.* proporsi, prefissarsi, risolversi, ripromettersi.

prefigurazióne *s. f.* figurazione, figura, simbolo, emblema.

prefinanziaménto *s. m.* anticipo, anticipazione.

prefissàre *v. tr.* prestabilire, fissare, stabilire.

prefisso ***A*** *part. pass. di* **prefiggere**; *anche agg.* (*raro*) prestabilito, predisposto, prefissato, predeterminato ***B*** *s. m.* affisso (*ling.*) **CFR.** suffisso, infisso.

pregàre *v. tr.* ***1*** (*di fare, di dire, ecc.*) richiedere, domandare, chiedere, invitare, sollecitare, raccomandare ***2*** (*di divinità, di santi, di potenti, ecc.*) impetrare, supplicare, implorare, scongiurare, ricorrere, invocare, orare (*lett.*) **CONTR.** bestemmiare, esecrare, sacramentare, smoccolare (*pop.*), smadonnare (*pop.*).

pregévole *agg.* ***1*** (*di cosa*) pregiabile (*raro*), notevole, ragguardevole, apprezzabile **CONTR.** dozzinale, andante, comune, ordinario, scadente, pedestre ***2*** (*di persona*) apprezzato, rinomato, stimato, degno, onorevole, eccellente, stimabile, meritevole **CONTR.** spregevole, disprezzabile, indegno, turpe, miserabile, fetente (*fam.*).

preghièra *s. f.* ***1*** orazione, devozione, prece (*lett.*), litania, giaculatoria □ ufficio, prego (*lett.*), invocazione, implorazione **CONTR.** bestemmia, moccolo (*pop.*), madonna (*pop.*), imprecazione, blasfema (*raro, lett.*) ***2*** (*est.*) impetrazione (*lett.*), supplica, domanda, richiesta □ invito, raccomandazione.

pregiatìssimo *agg.* ***1*** *sup. di* **pregiato** ***2*** stimatissimo, onoratissimo, degnissimo, eccellente **CONTR.** spregevolissimo.

pregiàto *agg.* di valore, di lusso, di qualità, di pregio, di classe, prezioso **CONTR.** comune, ordinario, corrente, dozzinale, andante. *V. anche* RARO

prègio *s. m.* ***1*** valore, qualità, preziosità, classe, finezza, prezzo ***2*** decoro, onore, stima, considerazione, merito, conto, credito, vanto, reputazione **CONTR.** spregio, disprezzo, dispregio, disonore, obbrobrio ***3*** (*est.*) dote, qualità, bontà, bello, buono, virtù, dono, merito **CONTR.** difetto, demerito, colpa, debolezza, pecca, neo, guaio, brutto, mancanza. *V. anche* PRIVILEGIO

pregiudicàre ***A*** *v. tr.* compromettere, nuocere, danneggiare, sciupare, intaccare, rovinare, guastare, ledere, ostacolare **CONTR.** giovare, avvantaggiare, aiutare, favorire ***B*** *v. intr.* **pregiudicarsi** compromettersi. *V. anche* GUASTARE

pregiudicàto ***A*** *part. pass. di* **pregiudicare**; *anche agg.* compromesso, danneggiato, sciupato, rovinato, guastato **CONTR.** impregiudicato, avvantaggiato, aiutato ***B*** *s. m.* schedato, recidivo **CONTR.** incensurato.

pregiudiziévole *agg.* pregiudiziale, pericoloso, dannoso, compromettente, controproducente, svantaggioso, lesivo **CONTR.** giovevole, favorevole, utile, vantaggioso. *V. anche* DANNOSO

pregiudìzio *s. m.* ***1*** preconcetto, prevenzione, tabù □ (*fig.*) razzismo **CONTR.** serenità, oggettività, imparzialità ***2*** (*est.*) superstizione, credenza □ fisima, ubbia, fantasia ***3*** danno, detrimento, svantaggio, lesione, scapito, nocumento (*lett.*) **CONTR.** vantaggio, giovamento, utilità, favore. *V. anche* FANATISMO

PREGIUDIZIO
sinonimia strutturata

Un'idea o un'opinione errata, anteriore alla diretta conoscenza di determinati fatti o persone, fondata su convincimenti tradizionali e comuni ai più che rendono difficile un giudizio retto e spassionato, si chiama **pregiudizio**: *essere pieno di pregiudizi*; *avere pregiudizi verso, contro, nei confronti di qualcuno o di qualcosa*. Il termine semanticamente più vicino è **preconcetto**, che designa una persuasione che ci si forma su qualcosa o su qualcuno prima di conoscerli direttamente e che impedisce giudizi sereni: *lasciare da parte i preconcetti*; diverso è **prevenzione** che si distingue perché, oltre che un giudizio preventivo, può indicare un'anticipata disposizione d'animo negativa nei confronti di una persona: *questa è un'assurda prevenzione contro di me*.

Poiché non si accompagna alla conoscenza diretta, il pregiudizio spesso corrisponde a un **errore**, ossia a una falsa rappresentazione della realtà. Spesso, il preconcetto o il pregiudizio è talmente radicato che non permettere comunque una valutazione, una visione obiettiva delle cose nemmeno nel caso sia possibile farne un'esperienza diretta: in questo senso corrisponde a un **velo**, in senso figurato, ossia a qualcosa che maschera o nasconde: *avere sugli occhi il velo dell'ignoranza*. Se il pregiudizio dà origine a una proibizione ingiustificata, questa si definisce **tabù**, un termine della sfera religiosa che trova applicazione anche nei settori affini della morale e della sessualità.

La **superstizione**, nel senso più generico del termine, o la **credenza**, intese come convinzioni irrazionali dell'influenza di determinati fattori sulle vicende umane rientrano anch'esse nel campo del pregiudizio: *vecchi pregiudizi*; *credenze popolari*; *la superstizione del gatto nero*. Quando l'adesione a una credenza, a un'idea arriva a comportare l'intolleranza dell'opinione altrui, diventa **fanatismo**: *si lasciano trasportare dal fanatismo*. Quando l'intolleranza o il disprezzo riguardano determinati individui o gruppi ed è basato su prevenzioni o pregiudizi di tipo etnico o culturale in senso lato, si parla di **razzismo**.

Infine, in un ulteriore ambito semantico il pregiudizio coincide con il **danno**, ossia con ogni fatto, circostanza o azione che nuoce a persone o cose sia materialmente che immaterialmente: *recare pregiudizio a qualcosa, a qualcuno*; *essere di grave danno per la salute, per l'onore*. Meno incisivi e tra loro equivalenti sono **svantaggio**, **detrimento** e **scapito**: *ciò torna a svantaggio della salute*; *ricevere, apportare detrimento*; *tutto ciò è a suo detrimento*; *studia poco, con grande detrimento del suo avvenire*; *con grave scapito dell'onore*; *va tutto a tuo scapito*; l'espressione *a scapito di* significa con pregiudizio, danno: *agisce così a scapito della nostra amicizia*.

pregustàre *v. tr.* gustare, assaporare, assaggiare, prelibare, delibare (*lett.*).

preistòrico *agg.* (*fig., scherz.*) vecchissimo, primordiale, antidiluviano, arcaico, fossile, primitivo, out (*ingl.*) **CONTR.** moderno, attuale, giovane, in (*ingl.*).

prelevàre *v. tr.* ***1*** detrarre, ritirare, prendere, togliere, sottrarre **CONTR.** depositare, versare ***2*** asportare, portare via **CONTR.** portare.

prelibatézza *s. f.* squisitezza, raffinatezza, bontà □ ghiottoneria, leccornia **CONTR.** schifezza, porcheria.

prelibàto *agg.* eccellente, squisito, gustoso, buonissimo, ghiotto, succulento, delicato **CONTR.** disgustoso, cattivo, nauseabondo, schifoso.

prelièvo *s. m.* ritiro, prelevamento □ estrazione, carotaggio (*tecnol.*) □ (*di organi*) espianto, asportazione **CONTR.** versamento, deposito □ trasfusione, immissione, apporto □ trapianto.

preliminàre ***A*** *avv.* iniziale, introduttivo, preparatorio, propedeutico, pregiudiziale (*dir.*) **CONTR.** conclusivo, finale ***B*** *s. m.* premessa, preludio, prefazione, preambolo □ preparativo, preparazione, propedeutica □ (*est., fig.*) presupposto, basi, elementi **CONTR.** epilogo, finale.

prelùdere *v. intr.* ***1*** preannunciare, preannunziare, precorrere, precedere, anticipare **CONTR.** seguire ***2*** introdurre, preparare.

prelùdio *s. m.* ***1*** (*mus.*) introduzione, ouverture (*fr.*) ***2*** (*fig.*) prodromo, preannuncio, preambolo, prologo, preliminare, proemio, preparazione, introduzione, prefazione □ principio, inizio, esordio **CONTR.** epilogo, conclusione, fine.

prematùro *agg.* precoce, anticipato, immaturo, acerbo **CONTR.** tardivo, ritardato, avanzato, serotino (*lett.*).

premeditàre *v. tr.* tramare, ordire, meditare, preparare, prestabilire.

premeditàto *part. pass. di* **premeditare**; *anche agg.* meditato, preparato, voluto, intenzionale, ordito, prestabilito **CONTR.** improvviso, improvvisato, spontaneo, involontario, preterintenzionale.

premeditazióne *s. f.* preparazione, intenzionalità, proposito, intenzione, calcolo **CONTR.** spontaneità, improvvisazione.

prèmere ***A*** *v. tr.* ***1*** comprimere, schiacciare, pigiare, pressare, calcare, calpestare □ (*di campanello, di pulsante, ecc.*) suonare, toccare ***2*** (*raro*) stringere, strizzare, spremere ***3*** (*fig.*) (*di dolore, di preoccupazione, ecc.*) opprimere, gravare, angustiare, tormentare **CONTR.** alleviare, alleggerire ***4*** (*fig.*) (*di persona*) inseguire, incalzare, sollecitare, spingere □ imporsi, insistere ***B*** *v. intr.* ***1*** (*di dolore, di preoccupazione, ecc.*) pesare □ gravare, scaricarsi ***2*** (*fig.*) importare, calere (*lett.*), stare a cuore, interessare □ (*raro*) essere urgente, urgere. *V. anche* SCHIACCIARE, SPINGERE

premèssa *s. f.* precedente, antecedente, antefatto, preliminare, presupposto, preambolo, prefazione, introduzione □ proposizione, protasi (*lett.*) **CONTR.** deduzione, corollario □ epilogo, conclusione, scioglimento, fine.

premèsso *part. pass. di* **premettere**; *anche agg.* anteposto, preaccennato, anticipato **CONTR.** posposto.

premèttere *v. tr.* anteporre, preaccennare, anticipare, preporre **CONTR.** concludere, posporre.

premiàre *v. tr.* ricompensare, riconoscere, retribuire, remunerare, rimunerare, rimeritare, gratificare **CONTR.** punire, castigare, rimproverare, penalizzare, sanzionare.

premiàto *part. pass. di* **premiare**; *anche agg.* e *s. m.* ricompensato, gratificato, retribuito, remunerato **CONTR.** punito, castigato, rimproverato.

premiazióne *s. f.* premio, riconoscimento **CONTR.** punizione, castigo.

premier /*ingl.* 'premjə/ [vc. ingl., dal fr. *premier* 'primo'] *s. m. inv.* primo ministro □ presidente del consiglio.

preminènte *agg.* superiore, eminente, emergente, precipuo, prevalente, più importante **CONTR.** secondario, inferiore, minore.

preminènza *s. f.* superiorità, autorità, predominio, egemonia, primato, prevalenza, supremazia, sopravvento □ priorità, precedenza, anteriorità **CONTR.** secondarietà, inferiorità.

prèmio *s. m.* ***1*** riconoscimento, gratificazione, onore, palma, medaglia, corona **CONTR.** punizione, castigo, sanzione, pena, rimprovero ***2*** vincita **CONTR.** perdita ***3*** gratifica, indennità, guiderdone (*lett.*) ***4*** (*di assicurazione, di ingaggio, ecc.*) somma, denaro, costo ***5*** compenso, ricompensa, taglia.

premonitóre *agg.* (*f. -trice*) premonitorio, preavvertitore, preannunciatore, presago, ammonitore, anticipatore.

premonizióne *s. f.* preavvertimento, avviso, preavviso.

premunìre **A** *v. tr.* **1** predisporre, preordinare, preparare, apprestare, provvedere **2** garantire, assicurare, cautelare, preservare, proteggere, difendere **B** **premunirsi** *v. rifl.* armarsi, provvedersi, tutelarsi, cautelarsi, garantirsi, coprirsi, difendersi.

premùra *s. f.* **1** fretta, urgenza, furia, pressa, sollecitazione, pressione CONTR. calma, lentezza, flemma, indugio **2** cura, scrupolo, solerzia, rispetto, riguardo, sollecitudine, diligenza, impegno, interessamento, zelo, attenzione, studio CONTR. trascuratezza, noncuranza, incuria, negligenza, malavoglia, oscitanza (*lett., raro*) **3** (*spec. al pl.*) premurosità, attenzione, tenerezza, amorevolezza, gentilezza, affetto, calore CONTR. indifferenza, disinteresse. *V. anche* RISPETTO, ZELO

premurosaménte *avv.* **1** con cura, sollecitamente, diligentemente, zelantemente, solertemente CONTR. con indifferenza, indifferentemente, trascuratamente **2** gentilmente, amorevolmente, affettuosamente CONTR. screanzatamente.

premuróso *agg.* **1** sollecito, attento, zelante, solerte CONTR. noncurante, incurante, indifferente, trascurato, egoista **2** gentile, affettuoso, amorevole, tenero CONTR. indifferente, disinteressato. *V. anche* GENEROSO

premùto *part. pass. di* **premere**; *anche agg.* spinto, stretto □ compresso, schiacciato, pressato.

prèndere **A** *v. tr.* **1** (anche *fig.*) afferrare, pigliare, agguantare, acciuffare, acchiappare, abbrancare, accalappiare, ghermire □ (*da una fonte*) attingere, prelevare □ (*di malore, di sfortuna, di passione*) cogliere, sopraggiungere, colpire CONTR. lasciare, abbandonare, cedere, dare □ depositare **2** (*est.*) (*di armi*) stringere, brandire, impugnare CONTR. lasciare, abbandonare, consegnare **3** portare CONTR. lasciare, buttare **4** (*di treno, di tram e sim.*) servirsi, utilizzare, usare **5** (*di merce*) acquistare, procurarsi, comprare CONTR. vendere **6** (*di lettera, di pacco, ecc.*) ritirare, ricevere CONTR. portare, recapitare **7** (*di stipendio, di compenso, ecc.*) ricevere, percepire, riscuotere, incassare, guadagnare, raccogliere CONTR. perdere, rimetterci, scapitare □ erogare, somministrare **8** (*di bene altrui*) rubare, arraffare, sottrarre, strappare, togliere, portare via, carpire, impadronirsi, impossessarsi CONTR. dare, regalare, disfarsi, offrire **9** (*di ladro, di latitante, ecc.*) arrestare, fermare, incastrare, catturare, beccare (*fam.*) □ (*di pesce*) pescare **10** (*di persona*) cogliere, sorprendere, raggiungere **11** (*di luogo, di regno*) impadronirsi, usurpare, invadere, conquistare, espugnare, impossessarsi, occupare CONTR. abbandonare, lasciare, abdicare, rinunciare **12** (*fig.*) (*di spazio, di tempo*) occupare, richiedere, impegnare **13** (*fig.*) ritrarre, fotografare **14** misurare, calcolare, valutare **15** (*fig.*) (*di persona, di situazione, ecc.*) trattare, affrontare **16** (*di strada, di decisione, ecc.*) scegliere, adottare, assumere □ (*fig.*) (*di direzione*) sterzare, girare, voltare **17** (*di cibo*) mangiare, bere, ingerire, ingoiare CONTR. rimettere, vomitare, rigettare **18** (*di aria*) respirare **19** (*di impegno, di incarico, ecc.*) assumere, accettare, contrarre □ (*di abitudine*) derivare, ereditare CONTR. rinunciare, demordere **20** (*di persona o cosa*) credere, giudicare, considerare, stimare, valutare □ scambiare, intendere, interpretare **21** (*di caldo, di botte, ecc.*) subire, sopportare, accettare □ buscare **22** (*di colpa, di responsabilità, ecc.*) addossarsi, assumersi, darsi CONTR. rifiutare, ricusare **23** (*di premio, ecc.*) ottenere, meritare, guadagnare **24** (*unito al pron.* la) preoccuparsi, adirarsi, risentirsi CONTR. tranquillizzarsi, pacificarsi, calmarsi **B** *v. intr.* **1** (*a sinistra, per di là, ecc.*) andare CONTR. venire, tornare **2** (*di pianta*) attecchire, allignare, radicare CONTR. morire, seccarsi **3** (*di fuoco, di fiamma*) appiccarsi CONTR. spegnersi **4** (*di colla e sim.*) attaccare, tenere, far presa □ rapprendersi, solidificarsi **C** **prendersi** *v. rifl. rec.* **1** andare d'accordo, mettersi d'accordo CONTR. litigare **2** azzuffarsi, attaccarsi **3** (*di diritti, di responsabilità*) assumersi, arrogarsi CONTR. privarsi, ritirarsi **4** (*fig.*) (*di malanno, di raffreddore*) buscarsi, beccarsi (*fam.*) FRAS. *prendere per il naso, prendere in giro, prendere per il sedere, prendere per il culo*, ingannare, imbrogliare; burlarsi □ *prendere piede* (*fig.*), affermarsi □ *prendere di mira* (*fig.*), bersagliare □ *prendere con le molle* (*fig.*), trattare con precauzione □ *prendere in castagna* (*fig.*), cogliere in fallo □ *prendere tempo*, indugiare □ *prendere il velo*, farsi monaca □ *prendere l'abito*, farsi prete o monaco.

PRENDERE
sinonimia strutturata

Varie sono le accezioni del verbo **prendere**, che in generale significa appropriarsi di cose, persone o animali. Nel significato proprio, prendere equivale a **pigliare** e ad **afferrare**, che indicano un'azione particolarmente energica; lo stesso vale per **agguantare**, **acchiappare**, **acciuffare**, **abbrancare**, che suggeriscono particolare prontezza e velocità. Acchiappare significa anche riuscire a **cogliere**, a **sorprendere** con inganno e astuzia: *sorprendere un ladro in flagrante*; in questo senso, riferito ad esempio a malviventi, corrisponde perfettamente al familiare **beccare** e a **fermare**; **arrestare** e **catturare** si distinguono leggermente perché richiamano più chiaramente l'immagine della prossima reclusione.

In guerra, il vincitore può finire per **conquistare** il territorio nemico, cioè per appropriarsene; meno incisivi sono **invadere** e **occupare**, che di solito non si riferiscono a una situazione definitiva. Conquistare può alludere anche a una vittoria parziale: *conquistare una fortezza, un caposaldo*; in quest'accezione, si avvicina molto a **espugnare**, che però ha per oggetto luoghi forti e muniti, e figuratamente significa costringere alla resa: *espugnare una città*; *siamo riusciti a espugnare la sua resistenza.* **Usurpare** evoca un'idea di illegittimità. Anche se in misura molto minore, la stessa sfumatura contraddistingue **impadronirsi** e **impossessarsi**, che possono riferirsi anche a beni materiali di minore entità e corrispondere quindi a **togliere**, **portare via**, ossia levare. In questo senso, **strappare** segnala maggiore violenza, mentre ingannevoli manovre sono suggerite da **sottrarre** e soprattutto da **ghermire** e **carpire**. **Rubare** significa semplicemente sottrarre al legittimo proprietario. **Acquistare** e **comprare** qualcosa indicano invece l'ottenerla versando in cambio del denaro; abbastanza vicino è **procurarsi**, che però non implica necessariamente un pagamento, e corrisponde a fare in modo di ottenere.

Il ricevere ossia l'entrare in possesso di una somma di denaro si dice invece **percepire**, **incassare**; abbastanza vicino è **riscuotere**, che evoca invece l'idea di ritirare, mentre **guadagnare** presuppone che la somma venga corrisposta a fronte di una vendita o di una prestazione.

Si definisce prendere anche l'immettere qualcosa per bocca nel proprio corpo; pressoché equivalenti sono **ingoiare** e **ingerire**, **assumere**, mentre **mangiare** e **bere** si riferiscono rispettivamente a cibi solidi o liquidi.

Specialmente in relazione a mezzi di locomozione, prendere equivale a **servirsi**, **utilizzare**, **usare**, ossia adoperare, far uso.

Tra gli usi figurati di prendere, il verbo coincide con rubare, **occupare**, **impegnare** se riferito al tempo e allo spazio: *il bambino mi occupa molte ore*. Sempre figuratamente, riferito a situazioni o a persone, prendere corrisponde a **trattare** o ad **affrontare**, che però suggerisce un approccio iniziale: *sa come prendermi*. Riferito invece a responsabilità, a colpe, prendere equivale ad **addossarsi**, **assumersi**, **darsi**, ossia a farsene carico ritenendole proprie.

prendìbile *agg.* ***1*** espugnabile, vincibile **CONTR.** inespugnabile, invincibile ***2*** afferrabile, acciuffabile, accalappiabile **CONTR.** imprendibile, inafferrabile.

prenotàre ***A*** *v. tr.* fissare, accaparrare, fermare, riservare, opzionare **CONTR.** disdire ***B*** **prenotarsi** *v. rifl.* mettersi in nota.

preoccupànte *part. pres. di* **preoccupare**; *anche agg.* inquietante, allarmante, serio, grave, pesante, difficile, minaccioso, pericoloso **CONTR.** sereno □ felice □ innocuo.

preoccupàre ***A*** *v. tr.* impensierire, allarmare, affannare, angustiare, turbare, inquietare, innervosire **CONTR.** rassicurare, rasserenare, calmare ***B*** **preoccuparsi** *v. intr. pron.* ***1*** impensierirsi, temere, angustiarsi, inquietarsi, angosciarsi, incupirsi, ammattire ***2*** premurarsi, disturbarsi. *V. anche* GUARDARE

preoccupàto *part. pass. di* **preoccupare**; *anche agg.* ***1*** angustiato, inquieto, allarmato, trepidante, impensierito, agitato, nervoso **CONTR.** rassicurato, sereno, tranquillo, calmo ***2*** aggrondato, cupo, incupito **CONTR.** allegro ***3*** sollecito, premuroso **CONTR.** disinteressato.

preoccupazióne *s. f.* ***1*** inquietudine, angustia, pensiero, apprensione, timore, paura, allarme, cruccio, ansia, turbamento, assillo, affanno, peso, angoscia, disperazione, tormento, tribolazione, nervosismo **CONTR.** felicità, spensieratezza, noncuranza, calma, serenità, tranquillità ***2*** grattacapo, problema, rogna (*pop.*) ***3*** cura, sollecitudine, premura. *V. anche* ANGOSCIA, PAURA

preordinàre *v. tr.* organizzare, predisporre, prestabilire, predeterminare, preparare, ordinare **CONTR.** improvvisare.

preordinàto *part. pass. di* **preordinare**; *anche agg.* organizzato, predisposto, prestabilito, predeterminato, preparato, pronto **CONTR.** improvvisato.

preparàre ***A*** *v. tr.* ***1*** (*di tavola, di cibo, ecc.*) approntare, allestire, apparecchiare, disporre, apprestare, acconciare, cucinare, imbandire, ammannire **CONTR.** disfare, sparecchiare, spreparare, buttare all'aria, fare saltare ***2*** (*fig.*) (*di animo, di cuore*) predisporre, abituare, addestrare ***3*** (*di guerra, di difesa, ecc.*) organizzare, predisporre, preordinare, prestabilire ***4*** (*di scritto, di progetto, ecc.*) elaborare, fare, concertare, formulare, programmare, studiare **CONTR.** improvvisare ***5*** (*fig.*) (*di avvenire, di destino, ecc.*) riservare, serbare, destinare ***B*** **prepararsi** *v. rifl.* ***1*** (*di persona*) accingersi, predisporsi, apprestarsi, allenarsi, acconciarsi, avviarsi, disporsi, organizzarsi, premunirsi, agguerrirsi ***2*** (*di tempo, di crisi, ecc.*) avvicinarsi.

preparatìvo *s. m.* ***1*** preparazione, apparecchiamento, apparecchio (*ant.*), allestimento, apprestamento (*lett.*) ***2*** organizzazione, preordinamento, predisposizione **CONTR.** smobilitazione, sgombero, demolizione ***3*** (*di accordo, di contratto, ecc.*) preliminare **CONTR.** conclusione ***4*** (*sport*) allenamento, addestramento.

preparàto *part. pass. di* **preparare**; *anche agg. e s. m.* ***A*** *agg.* ***1*** disposto, predisposto, impostato, apprestato, approntato, allestito, elaborato, fatto, organizzato, pronto, presto (*fig.*), apparecchiato □ servito, ammannito □ acconciato, vestito □ preordinato, premeditato, concertato, studiato, programmato **CONTR.** disfatto, demolito, distrutto □ estemporaneo, casuale, fortuito ***2*** bravo, capace, qualificato, agguerrito, ferrato, aggiornato, addestrato, allenato **CONTR.** impreparato, malpreparato, incapace, incompetente, digiuno, disinformato ***B*** *s. m.* prodotto, preparazione.

preparatóre *s. m.* (*f. -trice*) (*sport*) allenatore, tecnico, istruttore, trainer (*ingl.*) □ assistente.

preparatòrio *agg.* iniziale, introduttivo, preliminare, propedeutico **CONTR.** conclusivo, risolutivo.

preparazióne *s. f.* ***1*** preparativo, allestimento, apprestamento (*lett.*), apparecchiamento □ confezione, fattura □ prodotto, preparato ***2*** (*di un progetto, di un'idea, di un'attività*) programmazione, progettazione, organizzazione, preordinamento, predisposizione, orchestrazione, regia, preludio, gestazione, elaborazione **CONTR.** estemporaneità, improvvisazione, sprovvedutezza ***3*** (*di accordo, di contratto, ecc.*) preliminare **CONTR.** conclusione ***4*** (*per una prova, per un esame*) addestramento, allenamento, esercizio, studio ***5*** cultura, sapere, cognizione, esperienza, background (*ingl.*), capacità, competenza, know how (*ingl.*), bravura, professionalità, aggiornamento **CONTR.** impreparazione, incompetenza, disinformazione.

preponderànte *agg.* primario, prevalente, predominante, dominante, superiore (*est., fig.*), diffuso, corrente, imperante **CONTR.** inferiore, soggiacente, minoritario.

preponderànza *s. f.* prevalenza, superiorità, predominio, maggioranza, supremazia, sopravvento **CONTR.** inferiorità, soggezione, minoranza.

prepórre *v. tr.* ***1*** anteporre, premettere **CONTR.** posporre ***2*** (*lett.*) eleggere, mettere a capo, nominare ***3*** (*fig.*) preferire, prediligere, privilegiare, scegliere, prescegliere **CONTR.** posporre, subordinare.

prepósto ***A*** *part. pass. di* **preporre**; *anche agg.* anteposto ***B*** *s. m.* ***1*** (*eccl.*) prevosto, parroco, curato ***2*** addetto, incaricato, responsabile.

prepotènte ***A*** *agg.* e *s. m.* e *f.* (*di persona, di atteggiamento, ecc.*) arrogante, tracotante, insolente, villano, violento □ soverchiatore, soperchiatore, sopraffattore, vessatore, prevaricatore □ dispotico, tirannico, autoritario **CONTR.** mite, gentile, cortese, timido, arrendevole, sottomesso ***B*** *agg.* (*di bisogno, di desiderio, ecc.*) irresistibile, forte, imperioso, impellente, intenso **CONTR.** debole, tenue.

prepotènza *s. f.* ***1*** arroganza, insolenza, villania, violenza, dispotismo, tracotanza **CONTR.** gentilezza, cortesia, mitezza □ umiltà, sottomissione, arrendevolezza, timidezza ***2*** angheria, sopraffazione, vessazione, soperchieria, sopruso, ingiustizia, prevaricazione, riffa (*tosc.*), arbitrio (*est.*).

PREPOTENZA
sinonimia strutturata

Chi o ciò che agisce per mezzo della forza o della violenza, in modo da soverchiare la volontà e i desideri altrui a proprio vantaggio, è caratterizzato da **prepotenza**: *la sua prepotenza non ha limiti*; *agire con prepotenza*; *i suoi sentimenti si manifestano sempre con grande prepotenza*. Semanticamente vicino è **dispotismo**, che figuratamente indica un modo di comportarsi autoritario e tirannico; così, a un livello estremo, il dispotismo diventa **violenza**, che oltre all'idea di brutalità indica la coazione fisica o morale esercitata da un soggetto su un altro, così da indurlo a compiere atti contro il proprio volere.

Un modo si comportarsi insolente e presuntuoso si dice, più in particolare, contraddistinto da **arroganza** e **tracotanza**: *parlare, rispondere, trattare gli altri con arroganza, con tracotanza*; abbastanza vicino è **pretensione**, che non ha l'incisività dei termini precedenti e che evoca fortemente una prepotenza dettata da arroganza o orgoglio sprezzante: *parlare con pretensione*. L'arroganza si risolve in **insolenza** o **villania** quando diviene vera e propria mancanza di rispetto o offesa: *persona di insopportabile villania*; *si è comportato con un'insolenza inaudita*.

Una prepotenza è anche un atto oppure un comportamento prepotente: *è una prepotenza bella e buona*; *prepotenze e orrendi crimini per parte di signorotti e dei loro bravi* (CROCE). In quest'ambito semantico, i sinonimi più generali sono **sopruso**, **angheria** in senso figurato, il più ricercato **soperchieria**, il toscano **riffa** e **sopraffazione**: *fare un sopruso a qualcuno*; *commettere, ricevere, subire un sopruso*; *è stato un sopruso dei superiori*; *fare angherie*; *ha voluto entrarci di riffa*; *patire una sopraffazione*; **baronata** ha il medesimo significato dei precedenti, ma è raro e compare solitamente in contesti letterari. È adoperato raramente con questo significato anche **imposizione**, che in senso proprio denomina un comando, un ordine, un'ingiunzione da parte di chi ha più potere. Vicino è **prevaricazione**, che però suggerisce più decisamente un abuso del potere per fini personali; chi ha potere per impaurire qualcuno o impedire qualcosa può ricorrere all'**intimidazione**, cioè ad atti o parole minacciose: *cedere a un ricatto a causa di crudeli intimidazioni*. **Arbitrio** invece in senso estensivo, oltre all'idea di prepotenza, suggerisce quella di capriccio: *prendersi un arbitrio*; nel suo significato proprio, designa un'azione abusiva, illegale, e quindi si ricollega a **ingiustizia**, che pure è usato come sinonimo di prepotenza, specialmente quando quest'ultima si risolve in un'offesa, in un torto: *commettere, subire, soffrire un'ingiustizia*; *vendicare un'ingiustizia*; *è un'ingiustizia!*

prerogativa *s. f.* ***1*** vantaggio, privilegio □ diritto, appannaggio (*fig., lett.*), facoltà, potere **CONTR.** svantaggio ***2*** (*est.*) dote, capacità, pregio, virtù, dono, qualità, caratteristica, proprietà, peculiarità, singolarità **CONTR.** difetto, debolezza. *V. anche* FACOLTÀ, PRIVILEGIO

présa *s. f.* ***1*** appiglio, attacco, collegamento, manico ***2*** (*di mano*) stretta ***3*** (*di persona o animale*) cattura ***4*** (*di pianta*) attecchimento □ innesto ***5*** (*di sale, di tabacco, ecc.*) pizzico, dose, presina ***6*** (*sport*) (*calcio*) parata, blocco ***7*** (*di potere, di città, ecc.*) occupazione, conquista, espugnazione, assalto **CONTR.** capitolazione ***8*** (*tecnol.*) conduttore □ bocca □ derivazione **CONTR.** spina, spinotto ***9*** (*cine., fot.*) ripresa **FRAS.** *venire alle prese*, litigare □ *essere alle prese* (*fig.*), cimentarsi □ *presa in giro*, canzonatura □ *cane da presa*, cane da ferma □ *fare presa*, mordere; attecchire; rapprendersi; (*di notizia, di pubblicità*) fare colpo □ *presa di posizione* (*fig.*), atteggiamento, comportamento □ *in presa diretta*, ripreso direttamente.

presàgio *s. m.* ***1*** presentimento, intuizione □ indizio, sentore, sintomo (*fig.*), puzzo (*fig.*), annuncio, preannunzio ***2*** previsione, preconizzazione (*lett.*), profezia, pronostico, auspicio, predizione.

presagìre *v. tr.* ***1*** presentire, intuire, percepire, intravedere (*fig.*), fiutare (*fig.*) □ (*est.*) indovinare ***2*** prevedere, antivedere (*raro, lett.*), pronosticare, preconizzare (*lett.*), preconoscere (*lett.*), profetizzare, profetare, vaticinare, predire.

presàme *s. m.* caglio, coagulo □ chimasi, coagulante.

prescélto *agg.* e *s. m.* preferito, scelto, prescelto, privilegiato, prediletto, anteposto, eletto **CONTR.** negletto, trascurato, scartato.

prescìndere *v. intr.* escludere, tralasciare, astrarre, omettere, eccettuare, trascurare **CONTR.** considerare, includere, comprendere.

prescritto *part. pass. di* **prescrivere**; *anche agg.* ***1*** ordinato, comandato, stabilito, determinato, dato, disposto, imposto, obbligatorio □ assegnato, consigliato **CONTR.** libero, facoltativo ***2*** (*di usanza, di norma, di reato*) decaduto, vecchio, estinto **CONTR.** vigente, attuale, vivo, in uso.

prescrivere ***A*** *v. tr.* ***1*** ordinare, stabilire, comandare, imporre, statuire, deliberare, disporre, dettare ***2*** (*dir.*) mandare in prescrizione, far decadere, estinguere **CONTR.** mettere in vigore, instaurare ***3*** (*di medico*) dare, consigliare, ricettare ***B*** **prescriversi** *v. intr. pron.* (*dir.*) cadere in prescrizione, estinguersi. *V. anche* ORDINARE

prescrizióne *s. f.* ***1*** norma, regola, legge, precetto, dettame, comandamento (*teol.*), comando, ordine, ordinanza, disposizione, consegna (*mil.*) □ indicazione, consiglio, istruzione ***2*** (*med.*) ricetta ***3*** (*dir.*) estinzione, perenzione **CONTR.** entrata in vigore.

presentàbile *agg.* decente, decoroso, conveniente, dignitoso, onorevole, corretto, proponibile **CONTR.** impresentabile, sconveniente, indecoroso, indecente, scorretto, improponibile.

presentàre ***A*** *v. tr.* ***1*** mostrare, esporre, esibire □ (*di notizia, di legge*) pubblicare □ (*di dubbio*) (*fig.*) manifestare, esprimere, affacciare **CONTR.** nascondere, occultare ***2*** (*fig.*) (*di soluzione, di vantaggio, ecc.*) avere, offrire, prospettare □ (*di idea, di progetto*) avanzare, enunciare, sottoporre, sottomettere ***3*** (*di dono, di omaggio, ecc.*) offrire, porgere, donare, consegnare, portare, regalare ***4*** (*di viso, di facciata, ecc.*) volgere, girare ***5*** (*di candidato*) candidare, proporre, suggerire **CONTR.** ritirare ***6*** (*di denuncia, di reclamo e sim.*) sporgere **CONTR.** ritirare ***7*** (*di dimissioni*) rassegnare, dare, licenziarsi ***8*** (*di persona*) far conoscere □ introdurre, raccomandare ***9*** (*di scusa, di prova, ecc.*) addurre, produrre □ (*di documento*) allegare ***10*** (*di cantante, di spettacolo ecc.*) annunciare, condurre ***11*** (*di vivanda*) servire, portare ***12*** (*di pensiero, di atmosfera*) rendere ***B*** **presentarsi** *v. rifl.* ***1*** recarsi, andare **CONTR.** disertare, assentarsi, fuggire, scappare ***2*** comparire, costituirsi ***3*** farsi vedere, farsi conoscere □ qualificarsi **CONTR.** accomiatarsi, congedarsi ***4*** candidarsi ***C*** *v. intr. pron.* ***1*** (*di occasione, di caso, ecc.*) capitare, accadere, occorrere, cadere (*fig.*) □ (*di opportunità, di esito*) offrirsi, prospettarsi, configurarsi, profilarsi □ apparire, sbucare (*fig.*), mostrarsi □ (*di ostacolo, di difficoltà*) pararsi **CONTR.** svanire, volatilizzarsi ***2*** (*di dubbio, di idea*) (*fig.*) affacciarsi, venire, sopraggiungere.

presentàto *part. pass. di* **presentare**; *anche agg.* ***1*** (*di progetto, di idea*) proposto, sottoposto ***2*** (*di domanda, di problema*) inoltrato, fatto □ posto ***3*** (*di documento*) prodotto, allegato, portato ***4*** (*di vivanda, di piatto*) servito.

presentatóre *s. m.* ***1*** conduttore televisivo, showman (*ingl.*), anchorman (*ingl.*) □ intrattenitore ***2*** latore, proponente.

presentazióne *s. f.* ***1*** (*di documento*) produzione, esibizione, mostra ***2*** (*di libro e sim.*) introduzione, premessa, prefazione **CONTR.** conclusione ***3*** (*di progetto, di film, di teoria ecc.*) illustrazione, esposizione □ orazione, concione, conferenza, relazione □ enunciazione, ostensione (*fig.*) □ (*di un teorema*) (*mat.*) enunciato ***4*** (*di persona*) introduzione, raccomandazione, referenza ***5*** (*di candidato e sim.*) candidatura, proposta.

presènte (1) ***A*** *agg.* ***1*** (*di persona*) spettatore, astante **CONTR.** assente ***2*** (*fig.*) sveglio, attento, pronto **CONTR.** svagato, distratto ***3*** (*fig.*) vicino, disponibile, solerte **CONTR.** lontano, inesistente ***4*** (*di persona o cosa*) questo ***5*** (*di tempo, di situazione, ecc.*) attuale, odierno, moderno □ incombente **CONTR.** passato, trascorso, finito ***6*** (*est.*) (*di legge, di norma, ecc.*) vigente, corrente **CONTR.** abrogato, abolito, annullato ***B*** *s. m.* e *f.* ***1*** spettatore, testimone □ convenuto **CONTR.** assente □ contumace ***2*** partecipante, intervenuto ***3*** (*fig.*) (*pl.*) sala, piazza, pubblico ***C*** *s. m.* oggigiorno, oggi, tempo attuale **CONTR.** passato □ futuro ***D*** *s. f.* lettera, epistola, missiva **FRAS.** *avere presente, tenere presente*, ricordare □ *fare presente*, far ricordare □ *al presente*, per ora, per il momento, attualmente □ *essere presente*, assistere.

presènte (2) *s. m.* dono, regalo, strenna. *V. anche* REGALO

presenteménte *avv.* ora, adesso, in questo momento, momentaneamente, per il momento, oggidì, oggigiorno.

presentiménto *s. m.* ***1*** intuizione, sensazione, percezione □ presagio, previsione, divinazione (*est.*), prescienza, preveggenza, anticonoscenza (*lett.*), chiaroveggenza (*fig.*) ***2*** sospetto, dubbio, timore.

presentìre *v. tr.* e *intr.* prevedere, indovinare, intuire, fiutare (*fig.*), odorare (*fig.*), subodorare, sentire, percepire, presagire.

presènza *s. f.* ***1*** esistenza **CONTR.** inesistenza □ assenza ***2*** intervento, partecipazione □ intromissione, ingerenza **CONTR.** assenza, assenteismo □ (*dir.*) contumacia ***3*** cospetto ***4*** (*fig.*) (*di spirito*) prontezza ***5*** (*di persona*) figura, apparenza, aspetto ***6*** (*per l'occultismo*) spirito, fantasma, spettro, entità.

presenziàre *v. tr.* e *intr.* assistere, partecipare, intervenire **CONTR.** disertare, assentarsi, andarsene.

preservàre *v. tr.* ***A*** salvaguardare, difendere, proteggere □ custodire, salvare, conservare, garantire □ premunire, cautelare **CONTR.** rovinare, guastare, consumare ***B*** **preservarsi** *v. rifl.* riguardarsi, mantenersi, conservarsi, cautelarsi.

preservativo ***A*** *agg.* protettivo, difensivo, preventivo, preservatore **CONTR.** distruttivo ***B*** *s. m.* profilattico, antifecondativo, anticoncezionale.

prèside *s. m.* e *f.* capo di istituto, direttore.

presidènte *s. m.* direttore, dirigente, capo, sovrintendente, chairman (*ingl.*), coordinatore □ (*nei Paesi anglosassoni*) speaker (della Camera dei deputati).

presidiàre *v. tr.* **1** (*di luogo, di postazione*) occupare, tenere (*est.*), controllare, pattugliare, sorvegliare **CONTR.** sguarnire, abbandonare **2** (*fig.*) (*di pace, di morale, ecc.*) difendere, proteggere, tutelare **CONTR.** combattere, osteggiare.

presìdio *s. m.* **1** (*di luogo*) truppe, guarnigione **2** circoscrizione **3** (*fig.*) (*di pace, di istituzione, ecc.*) difesa, protezione, aiuto, sussidio, custodia, garanzia, salvaguardia, tutela. *V. anche* DIFESA

presièdere *v. tr.* reggere, governare, guidare □ dirigere, essere a capo, sovrintendere, vigilare.

presìna *s. f.* **1** manopola **2** (*di medicinale*) cartina.

préso *part. pass. di* **prendere**; *anche agg.* **1** afferrato, catturato, acchiappato, agguantato, abbrancato, accalappiato, stretto, impugnato □ (*di persona*) (*fig.*) occupato, indaffarato, impegnato □ sprofondato, immerso, concentrato □ avvinto, trasportato, rapito □ allettato, attratto □ invaghito, innamorato, cotto (*pop.*) □ invogliato **CONTR.** lasciato, abbandonato □ libero, disimpegnato □ distolto, distratto, interrotto □ riluttante, restio, dubbioso □ disamorato, indifferente, disinteressato **2** (*est.*) (*di armi*) stretto, brandito, impugnato **CONTR.** lasciato, abbandonato **3** (*di merce*) acquistato, comprato **CONTR.** venduto **4** (*di lettera, di pacco*) ricevuto, avuto, ritirato **CONTR.** portato, recapitato, consegnato, dato **5** (*di stipendio, di compenso, ecc.*) ricevuto, percepito, riscosso, incassato, guadagnato **CONTR.** perso **6** (*di bene altrui*) rubato, sottratto, carpito, trafugato, rapinato **7** (*di animale*) catturato **8** (*di ladro, ecc.*) fermato, arrestato, beccato (*fam.*) **CONTR.** lasciato, rilasciato **9** (*di persona*) sorpreso, colto **10** (*di luogo*) invaso, espugnato, conquistato **CONTR.** liberato, abbandonato **11** (*d'impiego, di carica, di lavoro, ecc.*) occupato, assegnato, coperto **CONTR.** libero, vuoto, vacante **12** (*di virus*) (*anche fig.*) contratto **13** (*di notizie, di informazioni, ecc.*) (*fig.*) attinto, pescato **14** (*di argomento, ecc.*) trattato, affrontato **15** (*fig.*) ritratto, fotografato, dipinto, rappresentato.

prèssa *s. f.* **1** calca, ressa, folla, pigia pigia, affollamento, moltitudine, mischia **CONTR.** vuoto **2** (*region.*) premura, fretta **CONTR.** calma, flemma, lentezza **3** torchio, strettoio, pressatrice, torchietto, pressoio, soppressa (*ant.*), calandra □ (*per monete o medaglie*) bilanciere. *V. anche* FOLLA

press-agent /*ingl.* 'pres'eidʒənt/ [loc. ingl., propriamente 'agente (*agent*) per la stampa (*press*)'] *s. m. e f. inv.* agente pubblicitario, addetto stampa.

pressànte *part. pres. di* **pressare**; *anche agg.* urgente, incalzante, impellente, assillante, indilazionabile, imminente, incombente, imperioso, stringente **CONTR.** prorogabile, dilazionabile, rimandabile, ritardabile.

pressappochìsmo *s. m.* approssimazione, imprecisione, faciloneria □ dilettantismo **CONTR.** precisione, accuratezza, serietà □ professionalità.

pressappòco *avv.* all'incirca, a un dipresso, quasi, circa, pressoché, suppergiù, intorno, approssimativamente, vagamente **CONTR.** esattamente, precisamente, totalmente, del tutto, proprio.

pressàre *v. tr.* **1** premere, schiacciare, calcare, serrare, pigiare, comprimere, stringere □ spremere, torchiare **CONTR.** allentare, mollare **2** (*fig.*) incalzare, sollecitare, sospingere, spingere, incitare **CONTR.** frenare, trattenere. *V. anche* COSTRINGERE, SCHIACCIARE, SPINGERE

pressàto *part. pass. di* **pressare**; *anche agg.* **1** compresso, stretto **2** (*fig.*) spinto, incalzato, sollecitato.

pressióne *s. f.* **1** (*est.*) forza □ coercizione, stretta **2** (*di uva, di olive, ecc.*) compressione, torchiatura, pigiatura, spremitura, premitura **3** (*di liquido*) tensione **4** (*fig.*) insistenza, premura, urgenza, sollecitazione, sollecitamento **FRAS.** *far pressione* (*fig.*), insistere.

prèsso ***A*** *avv.* vicino, dappresso, appresso, accanto, daccanto (*raro*), a lato **CONTR.** lontano, distante, in disparte ***B*** *prep.* **1** vicino, appresso, accanto, in prossimità, accosto, rasente, a lato **CONTR.** lontano, distante, in disparte **2** (*est.*) in casa di, da □ in, a **3** (*est.*) sul punto di **4** (*est., fig.*) nell'opinione di, nelle opere di, nel pensiero di □ nell'ambiente, nella cerchia di ***C*** *s. m. spec. al pl.* prossimità, dintorni, vicinanze, paraggi, sobborghi, periferia, hinterland (*ingl.*), suburbio.

pressoché *avv.* (*lett.*) quasi, circa, approssimativamente, pressappoco, suppergiù, all'incirca, a un dipresso **CONTR.** esattamente, precisamente, del tutto, totalmente.

prestabilìre *v. tr.* preordinare, predeterminare, predisporre, preparare □ stabilire, determinare, fissare, disporre, calcolare.

prestabilito *part. pass. di* **prestabilire**; *anche agg.* preordinato, prefissato, predeterminato □ stabilito, fissato, convenuto.

prestànte *agg.* aitante, gagliardo, vigoroso, robusto, imponente, forte, bello **CONTR.** sparuto, mingherlino, macilento, stentato.

prestànza *s. f.* gagliardia, vigoria, robustezza, imponenza, forza, bellezza **CONTR.** gracilità, esilità, bruttezza. *V. anche* ENERGIA

prestàre ***A*** *v. tr.* **1** imprestare **CONTR.** rendere, restituire **2** (*di aiuto, di attenzione, ecc.*) concedere, porgere, dare, offrire **CONTR.** rifiutare, negare ***B*** **prestarsi** *v. rifl. e intr. pron.* **1** (*di persona*) offrirsi, adoperarsi, darsi, prodigarsi **CONTR.** rifiutarsi, negarsi **2** (*di cosa*) adattarsi, addirsi **FRAS.** *prestare orecchio* (*fig.*), ascoltare.

prestazióne *s. f.* **1** servizio □ (*sport*) risultato, performance (*ingl.*), prova **2** (*di macchina*) rendimento, produttività, resa.

prestidigitatóre *s. m.* (*f. -trice*) *V.* **prestigiatore**.

prestidigitazióne *s. f.* illusionismo.

prestigiatóre *s. m.* (*f. -trice*) **1** illusionista, prestidigitatore, mago (*pop.*) □ giocoliere **2** (*fig.*) impostore, ciarlatano, imbroglione, truffatore, vendifrottole **CONTR.** galantuomo.

prestigio *s. m.* **1** ascendente, influsso, influenza, potenza, credito, autorità, reputazione, autorevolezza *2* (*di giochi, ecc.*) illusione □ destrezza, trucco *3* (*lett.*) suggestione, illusione, incantesimo **CONTR.** realtà, verità.

prestigiosaménte *avv.* autorevolmente □ grandemente, elegantemente, lussuosamente **CONTR.** modestamente, mediocremente, male, poco.

prestigióso *agg.* *1* importante, autorevole □ lussuoso, elegante, chic (*fr.*) *2* (*fig.*) seducente, affascinante, attraente, fascinoso, malioso, carismatico, irresistibile **CONTR.** modesto, mediocre, da poco, sgradevole.

prèstito *s. m.* mutuo, finanziamento, fido, apertura di credito.

prèsto ***A*** *avv.* *1* fra poco, fra breve, fra non molto, prossimamente **CONTR.** tardi *2* rapidamente, velocemente, sollecitamente, prontamente, speditamente, urgentemente, affrettatamente, in fretta, alla svelta, al volo, celermente, subito, tosto (*lett.*), subitamente **CONTR.** piano, adagio, lentamente, con calma *3* (*est., fig.*) facilmente **CONTR.** difficilmente *4* in anticipo, prima **CONTR.** tardi, dopo *5* (*est.*) di buon'ora, per tempo **CONTR.** tardi ***B*** *agg.* *1* (*lett.*) sollecito, rapido, spedito, agile, destro, lesto, svelto **CONTR.** lento, tardo, pigro, flemmatico, indolente *2* (*lett.*) pronto, acconcio (*lett.*), preparato **CONTR.** impreparato.

presùmere *v. tr.* *1* ritenere, credere, pensare, presupporre, congetturare, reputare, immaginare, supporre □ dedurre, trarre, arguire *2* ardire, arrogarsi, piccarsi, pretendere. *V. anche* PENSARE

presumìbile *agg.* probabile, prevedibile, possibile, supponibile, immaginabile, pensabile, verosimile, plausibile, ragionevole **CONTR.** improbabile, difficile, impossibile.

presumibilménte *avv.* probabilmente, prevedibilmente, possibilmente, verosimilmente, plausibilmente, ragionevolmente **CONTR.** improbabilmente, impossibilmente, difficilmente.

presùnto *part. pass. di* **presumere**; *anche agg.* supposto, suppositivo (*raro*), creduto, ritenuto, immaginato, presupposto □ stimato, calcolato, valutato, previsto □ valutabile, calcolabile, presuntivo, prevedibile, probabile □ ipotetico, teorico, immaginario **CONTR.** inopinato □ improbabile, imprevisto. *V. anche* IMMAGINARIO

presuntuosaménte *avv.* arrogantemente, boriosamente, saccentemente, tronfiamente, pretenziosamente, spocchiosamente, superbamente, vanagloriosamente, vanitosamente **CONTR.** umilmente, modestamente, ritrosamente, semplicemente.

presuntuóso *agg.* e *s. m.* borioso, altezzoso, vanaglorioso, spocchioso, tronfio, saccente, sapientone, superbo, pieno di sé, immodesto □ tracotante, arrogante, protervo □ vanitoso, vanesio □ pallone gonfiato, trombone, superuomo **CONTR.** umile, modesto, semplice, ritroso.

presunzióne *s. f.* *1* opinione, congettura, supposizione, dubbio, idea, ipotesi **CONTR.** certezza, verità, prova, documentazione *2* immodestia, presuntuosità, albagia, pretesa, sicumera, boria, tracotanza, arroganza, protervia, saccenteria, spocchia, tronfiezza, sufficienza, superbia, alterigia, altezzosità **CONTR.** modestia, umiltà, ritegno, semplicità, ritrosia. *V. anche* AMBIZIONE, VANTO

presuppórre *v. tr.* *1* immaginare, prevedere, supporre, presumere, congetturare, pensare, credere, temere, dubitare □ ipotizzare, ammettere **CONTR.** constatare, affermare *2* implicare, richiedere, comportare, esigere, volere **CONTR.** escludere, eliminare. *V. anche* PENSARE

presupposizióne *s. f.* congettura, illazione, supposizione, ipotesi, dubbio, opinione □ presupposto, assunto, premessa **CONTR.** certezza.

presuppósto ***A*** *part. pass. di* **presupporre**; *anche agg.* previsto, immaginato, supposto, congetturato, presunto ***B*** *s. m.* *1* presupposizione, supposizione, ipotesi, congettura **CONTR.** certezza *2* premessa, preliminare □ dato, elemento, assunto, fondamento, base **CONTR.** conclusione.

prète *s. m.* *1* sacerdote, padre, reverendo, pope □ ecclesiastico *2* (*pop.*) scaldino, scaldaletto, monaco, suora.

pretendènte *part. pres. di* **pretendere**; *anche s. m.* e *f.* *1* (*a cariche, al trono, ecc.*) aspirante, candidato *2* (*in amore*) corteggiatore, innamorato, spasimante, amoroso.

pretèndere ***A*** *v. tr.* *1* (*di giustizia, di retribuzione, ecc.*) esigere, reclamare, volere, rivendicare, chiedere, richiedere **CONTR.** rinunziare *2* (*di avere ragione, di essere il padrone, ecc.*) presumere, vantarsi, spacciarsi, reputarsi, piccarsi □ arrogarsi, avocarsi □ sostenere, asserire, affermare, insistere **CONTR.** negare ***B*** *v. intr.* (*al trono, ad una carica, ecc.*) ambire, aspirare **CONTR.** rifiutare, rinunciare. *V. anche* VOLERE

pretenzióso *agg.* *1* presuntuoso, vanitoso, sussiegoso, saccente, arrogante □ vanesio, vanitoso □ pacchiano **CONTR.** modesto, umile *2* (*est.*) esigente, incontentabile, schifiltoso.

preterintenzionàle *agg.* involontario □ (*est.*) colposo **CFR.** doloso, intenzionale **CONTR.** innocente.

pretésa *s. f.* *1* richiesta, rivendicazione □ diritto *2* ambizione, mira, smania, cupidigia *3* esigenza, necessità, pretensione, aspirazione **CONTR.** rinuncia *4* (*fig.*) superbia, presuntuosità, presunzione, vanità **CONTR.** semplicità, modestia, umiltà. *V. anche* AMBIZIONE, CUPIDIGIA

pretéso *part. pass. di* **pretendere**; *anche agg.* *1* reclamato, richiesto, chiesto, voluto **CONTR.** ricusato, rifiutato *2* supposto, ritenuto □ dubbio, incerto, opinabile, ipotetico **CONTR.** certo, accertato, sicuro.

pretèsto *s. m.* *1* scusa, giustificazione, scusante, alibi (*fig.*) □ storia, storiella, trovata, pensata *2* appiglio, cavillo, scappatoia □ materia, motivo, ragione □ occasione, opportunità □ cagione, causa, causa scatenante, scintilla (*fig.*). *V. anche* RAGIONE, SCUSA

prettaménte *avv.* schiettamente, tipicamente, squisitamente, autenticamente **CONTR.** falsamente.

prevalènte *part. pres. di* **prevalere**; *anche agg.* preponderante, predominante, dominante, superiore, imperante, primario, preminente **CONTR.** minoritario, minore, inferiore, subordinato.

prevalenteménte *avv.* in prevalenza, preminentemente, primariamente, più che altro, in maggioranza, in maggior parte, per la maggior parte **CONTR.** in minoranza, in minor parte.

prevalènza *s. f.* maggioranza, preponderanza, preminenza, superiorità, predominio, sopravvento, supremazia **CONTR.** inferiorità, soggezione, dipendenza **FRAS.** *in prevalenza*, in maggior numero, per la maggior parte, in maggior parte.

prevalére **A** *v. intr.* **1** predominare, preponderare (*raro*) **CONTR.** essere inferiore **2** vincere, imporsi, superare, distanziare, sopraffare, trionfare □ avvantaggiarsi **CONTR.** sottostare **B** *v. intr. pron.* (*raro*) servirsi, approfittarsi, avvalersi, abusare. *V. anche* VINCERE

prevaricàre *v. intr.* **1** spadroneggiare, angariare, imporsi **2** abusare, approfittare □ malversare, rubare, estorcere **3** trasgredire, tralignare, disobbedire **CONTR.** osservare, obbedire.

prevaricatóre *s. m.; anche agg.* (*f. -trice*) **1** prepotente, soperchiatore, vessatore **2** profittatore, malversatore, ladro **3** (*raro, lett.*) peccatore, trasgressore.

prevaricazióne *s. f.* **1** prepotenza, soperchieria, angheria, vessazione **2** abuso, profittazione (*raro*) □ peculato, malversazione, ruberia, concussione, furto. *V. anche* PREPOTENZA

prevedére *v. tr.* **1** (*di futuro*) vedere, immaginare, indovinare, preannunziare, pronosticare, anticonoscere (*ant.*), preconoscere (*lett.*), predire, anticipare, prevenire □ calcolare, valutare □ divinare, profetare, antivedere (*lett.*), vaticinare, profetizzare **2** (*di tempo, di successo, ecc.*) presagire, presentire, aspettarsi, fiutare, intravedere, attendersi □ temere, auspicare, sperare **3** (*di legge, di statuto, ecc.*) considerare, disciplinare, contemplare.

prevedìbile *agg.* presumibile, presuntivo, supponibile, immaginabile, probabile, possibile, intuibile, presagibile, pronosticabile, contemplabile □ scontato **CONTR.** dubbio, imponderabile, inimmaginabile, insospettabile, imprevedibile, impensabile, improbabile, impossibile, assurdo.

preveggènza *s. f.* **1** prescienza, divinazione, antiveggenza (*lett.*), anticonoscenza (*raro, lett.*) chiaroveggenza **2** (*lett.*) presentimento □ previdenza, cautela, assennatezza, prudenza **CONTR.** imprevidenza, imprudenza. *V. anche* PRUDENZA

prevenìre *v. tr.* **1** precedere □ anticipare, precorrere **CONTR.** seguire **2** (*di malattia, di danno, ecc.*) impedire, ostacolare, evitare, bloccare, trattenere, intralciare **CONTR.** facilitare, agevolare, permettere **3** (*di persona*) preavvertire, preavvisare, avvisare, avvertire, preannunciare.

preventivaménte *avv.* **1** precauzionalmente, per cautela, cautelarmente **2** anticipatamente, prima **CONTR.** posticipatamente, dopo.

preventivàre *v. tr.* calcolare, stanziare.

preventìvo (1) *s. m.* presuntivo **CONTR.** consuntivo.

preventìvo (2) *agg.* precauzionale, cautelativo, cautelare (*dir.*), difensivo □ (*di misure contro le malattie infettive*) profilattico, preservativo.

prevenùto **A** *part. pass. di* **prevenire**; *anche agg.* **1** preavvisato **2** (*est.*) preconcetto, viziato □ (*di persona*) sospettoso, malfidente, dubbioso, diffidente, guardingo, maldisposto, ostile **CONTR.** sereno, oggettivo, spassionato □ favorevole, fiducioso, fidente **B** *s. m.* (*raro*) imputato, accusato.

prevenzióne *s. f.* **1** (*di malattia, di danno, ecc.*) profilassi, immunoprofilassi, difesa, precauzione **2** pregiudizio, preconcetto, sospetto, dubbio, diffidenza. *V. anche* DIFESA, PREGIUDIZIO

previdènte *agg.* **1** provvido, prudente, lungimirante, preveggente, attento, accorto, avveduto, cauto, riflessivo **CONTR.** improvvido, imprevidente, imprudente, avventato, incauto, sconsiderato, incosciente **2** economo, parsimonioso, risparmiatore.

previdenteménte *avv.* prudentemente, provvidamente, accortamente, avvedutamente, cautamente **CONTR.** imprevidentemente, imprudentemente, avventatamente, sconsideratamente, improvvidamente.

previdènza *s. f.* **1** prudenza, lungimiranza, preveggenza □ accortezza, avvedutezza, cautela, riflessione, precauzione, circospezione **CONTR.** imprevidenza, sconsideratezza, avventatezza, imprudenza, incoscienza **2** (*di Stato assistenziale, ecc.*) pensione, mutua, assistenza, contributo, marchette (*pop.*), assicurazione, contribuzione, integrazione. *V. anche* PRUDENZA

previdenziàle *agg.* (*di Stato assistenziale, ecc.*) mutualistico, pensionistico, assistenziale, contributivo.

prèvio *agg.* precedente, antecedente **CONTR.** posteriore, seguente, susseguente.

previsióne *s. f.* **1** presentimento, predizione, auspicio, oroscopo, presagio, pronostico, profezia **2** (*med.*) prognosi **3** calcolo, conto, estrapolazione, congettura, valutazione □ exit poll (*ingl.*) **4** (*di andamento aziendale*) piano, proiezione, prospettiva **FRAS.** *in previsione di*, prevedendo.

prevìsto *part. pass. di* **prevedere**; *anche agg.* **1** (*di evento futuro*) immaginato, intravisto, indovinato, profetato, preannunziato, vaticinato, predetto □ scontato, atteso □ presuntivo, presunto **2** visto, considerato, preveduto, ponderato, stimato **CONTR.** imprevisto, impensato, inimmaginato, inaspettato, inatteso, sorprendente, inopinato, inopinabile, insospettato, impensabile.

preziosìsmo *s. m.* (*di comportamento, di abbigliamento*) ricercatezza, preziosità □ affettazione, leziosaggine, artificiosità, barocchismo (*est.*) □ (*di stile, di linguaggio*) artifizio, alessandrinismo, gongorismo (*est.*), secentismo (*est.*) **CONTR.** semplicità, naturalezza, schiettezza, immediatezza. *V. anche* ELEGANZA

preziosità *s. f.* **1** (*di gemma, di dono, ecc.*) pregio, valore, costosità, rarità, unicità **CONTR.** pochezza **2** (*di stile, di arredamento, ecc.*) eleganza, ricercatezza □ preziosismo, affettazione, leziosaggine, artificiosità **CONTR.** semplicità, naturalezza, immediatezza **3** (*fig.*) gemma, virtù.

prezióso **A** *agg.* **1** (*di gioiello, di dono, ecc.*) pregiato, pregevole, costoso, caro, ricco, sfarzoso, sontuoso CONTR. modesto, povero, misero, meschino *2* (*fig.*) (*di libro, di libertà, ecc.*) raro, unico, insostituibile, magnifico, splendido, eccellente, inestimabile, impareggiabile, impagabile CONTR. di nessun valore, scadente *3* (*fig.*) (*di stile, di arredamento, ecc.*) ricercato, raffinato □ affettato, artificioso, lezioso, leccato CONTR. modesto, banale, povero □ spontaneo, naturale, semplice, immediato *4* (*fam.*) (*di persona*) difficile, schizzinoso, altezzoso, superbo, borioso CONTR. semplice, alla buona *B* s. m. (*spec. al pl.*) gioielli, gioie, ori, gemme. *V. anche* RARO

prezzàre v. tr. etichettare, tariffare.

prezzàrio s. m. tariffario, listino.

prezzémolo s. m. (*bot.*) petrosello (*dial.*), erbetta (*dial.*) FRAS. *essere come il prezzemolo* (*fig.*), intrufolarsi dappertutto.

prèzzo s. m. *1* valore, costo, importo, spesa, tariffa, compenso *2* (*est.*) cartellino *3* (*raro, fig.*) pregio, stima, valutazione, conto *4* (*banca*) bid (*ingl.*), fixing (*ingl.*), quotazione, corso FRAS. *senza prezzo* (*fig.*), inestimabile.

prezzolàre v. tr. pagare, assoldare, retribuire, rimunerare, salariare, comprare.

prezzolàto part. pass. di **prezzolare**; anche agg. *1* assoldato, mercenario, pagato, retribuito CONTR. gratuito, volontario, disinteressato *2* (*est.*) corrotto, venale, venduto CONTR. onesto.

prigióne s. f. *1* carcere, galera, penitenziario, reclusorio (*raro*), casa di pena, bagno penale, fresco (*fig.*), gabbia (*fig.*), gattabuia (*pop.*) *2* reclusione, carcerazione, detenzione, ergastolo CONTR. scarcerazione, libertà *3* (*fig.*) oppressione, coercizione, costrizione, vessazione, schiavitù CONTR. libertà, liberazione.

prigionìa s. f. *1* carcerazione, detenzione, cattività, reclusione □ campo di concentramento, internamento CONTR. libertà, liberazione *2* (*fig.*) asservimento, soggezione, sottomissione, servitù CONTR. libertà.

prigionièro agg.; anche s. m. *1* carcerato, detenuto, galeotto, recluso, ergastolano CONTR. libero *2* arrestato, catturato, internato, ostaggio CONTR. liberato, riscattato *3* (*fig.*) schiavo, soggiogato, dominato, servo CONTR. libero, liberato.

prillàre v. intr. (*dial.*) roteare, ruotare, piroettare, giravoltare, volteggiare □ ronzare.

prìllo s. m. giravolta, piroetta.

prìma *A* avv. *1* (*di tempo*) pria (*lett.*), antecedentemente, anteriormente, precedentemente, in principio, dapprincipio, dianzi (*lett.*), dinanzi, anzi (*lett.*), addietro, inizialmente, anticamente, un tempo, una volta CONTR. dopo, poi, posteriormente, in seguito, infine, successivamente, più tardi *2* prematuramente, precocemente, in anticipo CONTR. tardivamente, in ritardo *3* (*fam.*) presto, più presto, più rapidamente, più velocemente, più celermente CONTR. più tardi, più lentamente *4* (*di luogo*) avanti, davanti, innanzi, dapprima □ sopra, disopra CONTR. dietro *5* in primo luogo, anzitutto, soprattutto, prioritariamente CONTR. poi, in seguito, secondariamente *6* preventivamente, anticipatamente CFR. ora, simultaneamente, contemporaneamente, insieme *B* loc. prep. avanti, davanti, anzi CONTR. dopo, dietro *C* loc. cong. piuttosto di, piuttosto che, anziché *D* agg. precedente *E* s. f. (*di spettacolo, ecc.*) debutto.

primadónna s. f. showgirl, soubrette, regina.

primàrio *A* agg. *1* primo CONTR. ultimo *2* (*di finalità, di obiettivo, di scopo*) più importante, prioritario, principale, maggiore, predominante, prevalente, preponderante, dominante, superiore □ essenziale, sostanziale, vitale, ultimo, base, capitale, centrale CONTR. secondario, inferiore, accessorio, meno importante □ accidentale, ausiliare, collaterale, sussidiario, incidentale *3* (*econ.*) settore produttivo, produzione CFR. secondario, terziario □ (*di beni di consumo*) essenziale, di prima necessità CONTR. voluttuario *B* s. m. (*di ospedale*) direttore di reparto □ archiatra (*raro*), protomedico.

primàte s. m. vescovo, arcivescovo □ gerarca, dignitario.

primatìccio agg. (*di frutto*) precoce CONTR. tardivo.

primatista s. m. e f. campione, recordman (*ingl.*).

primàto s. m. *1* preminenza, superiorità, supremazia, priorità, predominio, egemonia CONTR. inferiorità, dipendenza, soggezione *2* (*sport* e *est.*) record, scettro (*fig.*), corona (*fig.*), titolo.

primaverile agg. *1* della primavera *2* (*lett., fig.*) fresco, giovanile CONTR. spento, vecchio.

primeggiàre v. intr. dominare, emergere, spiccare, sovrastare, risaltare, predominare, segnalarsi, distinguersi, brillare (*fig.*), eccellere, giganteggiare (*fig.*), torreggiare (*fig.*) CONTR. sottostare, essere inferiore.

primitìvo agg. *1* originario, iniziale, primigenio, primiero (*est.*), pristino (*lett.*), primo, primario, primevo (*raro, lett.*) □ originale CONTR. ultimo, finale, attuale *2* (*di vita, di popolazione, ecc.*) preistorico, arcaico, primordiale, antico, antichissimo, prisco (*raro, lett.*), antidiluviano CONTR. moderno, odierno, attuale *3* (*fig.*) (*di persona, di modi, ecc.*) semplice, ingenuo, infantile □ rozzo, barbaro, selvaggio, rudimentale, elementare, incolto CONTR. evoluto, maturo, civile, colto, raffinato *4* (*di stile artistico*) naïf (*fr.*). *V. anche* ANTICO, ROZZO

primìzia s. f. *1* frutto primaticcio *2* (*est.*) novità.

prìmo *A* agg. *1* iniziale CONTR. finale, ultimo *2* primitivo, primiero, primordiale *3* principale, migliore, massimo, sommo, superiore, supremo, fondamentale, centrale, prioritario, principe, precipuo, primario, dominante CONTR. inferiore □ secondario, ultimo *B* s. m. *1* iniziatore, antesignano, capofila, capolista, innovatore, promotore, precursore CONTR. seguace *2* (*di gara*) vincitore, favorito CONTR. ultimo *3* (*di pasto*) prima portata, minestra *4* (*di tempo*) minuto FRAS. *in primo luogo*, principalmente, essenzialmente, sostanzialmente □ *a prima vista*, subito □ *di prim'ordine*, eccellente □ *di prima mano* (*fig.*), recentissimo, fresco □ *a tutta prima*, dapprima □ *primo cittadino*, presidente della Repubblica; sindaco.

primogènito agg. e s. m. (*di figlio*) maggiore CFR. cadetto, secondogenito.

primogenitùra *s. f.* maggiorascato, maggiorasco **CFR.** secondogenitura.

primordiàle *agg.* **1** originario, iniziale, primitivo, primo, primigenio, primevo (*raro, lett.*), prisco (*raro, lett.*), pristino (*lett.*), arcaico, antichissimo, remoto, preistorico **CONTR.** futuro **2** (*est., fig.*) arretrato, retrogrado **CONTR.** evoluto, civile.

principàle ***A*** *agg.* precipuo, primario, primo, prioritario, principe, massimo, capitale, maggiore, dominante, superiore, supremo □ base, essenziale, sostanziale, centrale, fondamentale, cardinale **CONTR.** secondario, accessorio, ausiliare, complementare, collaterale, laterale, marginale, periferico, subalterno, inferiore ***B*** *s. m.* padrone, capo, direttore, boss (*ingl.*) **CONTR.** impiegato, dipendente, subalterno □ operaio, garzone, commesso.

principalménte *avv.* soprattutto, specialmente, specie, in primo luogo, essenzialmente, fondamentalmente, sostanzialmente, massimamente, più, precipuamente, primariamente, prioritariamente **CONTR.** secondariamente, accessoriamente, marginalmente.

principàto *s. m.* signoria, monarchia, governo, sovranità.

prìncipe ***A*** *s. m.* **1** sovrano, signore, re, imperatore, monarca **CONTR.** suddito **2** (*fig.*) autorità, capo, principale, primo ***B*** *agg.* (*raro*) primo, primario, principale **CONTR.** ultimo **FRAS.** *principe degli apostoli*, san Pietro □ *principe del foro*, avvocato insigne □ *principe delle tenebre, dei Demoni* (*per i cristiani*), il diavolo Lucifero □ *principe della Chiesa*, cardinale □ *principe consorte*, marito della regina □ *principe azzurro* (*fig.*), sposo ideale. *V. anche* SOVRANO

principésco *agg.* (*est.*) lussuoso, sontuoso, sfarzoso, pomposo, fastoso, ricco, elegante, maestoso, magnifico, regale, splendido **CONTR.** povero, misero, modesto, umile, dimesso, austero, economico, semplice, parco, squallido.

principiànte *agg.* e *s. m.* e *f.* esordiente, novizio, novellino, nuovo, inesperto, tirocinante, praticante, apprendista, debuttante, pivello, pivellino, recluta, tirone (*st.*), sbarbatello □ matricola **CONTR.** veterano, vecchio, maestro, esperto, provetto, capace. *V. anche* APPRENDISTA

principio *s. m.* **1** avvio, avviamento, partenza, inizio, fase iniziale, cominciamento, incominciamento (*lett.*) □ (*di fune, di strada*) capo, bandolo, estremità □ (*di luogo, di spazio*) soglia, limitare, entrata, cominciare (*lett.*) □ (*di attività artistica*) debutto, esordio **CONTR.** termine, fine, conclusione, cessazione, compimento, completamento **2** (*est.*) (*di favola, di film, ecc.*) introduzione, preliminare, prefazione, prologo, proemio, esordio □ (*mus.*) preludio **CONTR.** fine, finale, conclusione, epilogo, chiusura □ apice, culmine **3** (*di bene, di male, ecc.*) origine, causa, ragione, radice, fonte, madre (*fig.*), sorgente, cagione, matrice, seme, germe, germoglio, provenienza, scaturigine (*lett.*), spunto □ prodromo, avvisaglia **CONTR.** conseguenza, esito, risultato, effetto, risultanza □ coda, strascico **4** (*est.*) (*di civiltà, di libertà, ecc.*) nascita, primordio, alba (*fig.*), aurora (*fig., lett.*), infanzia (*fig.*), genesi **CONTR.** fine, termine, esito, declino, declinare, crepuscolo, tramonto **5** (*spec. al pl.*) (*di disciplina, scienza ecc.*) base, fondamento, rudimento, elemento, nozione, abbiccì (*fig.*) □ cardine, caposaldo □ assioma, sistema, teoria **6** (*di stato, di società, ecc.*) legge **7** (*di morale, di politica, ecc.*) canone, idea, concetto, convinzione, convincimento, norma, credo, criterio, morale **FRAS.** *questione di principio*, questione fondamentale. *V. anche* CAUSA, COSCIENZA, MASSIMA, MORALE, RAGIONE

prióra *s. f.* (*di convento*) superiora, badessa, madre.

prióre *s. m.* (*di convento*) superiore, abate, padre.

priorità *s. f.* anteriorità, precedenza, antecedenza **CONTR.** posteriorità.

prioritàrio *agg.* primo, primario, principale **CONTR.** secondario, accessorio.

privacy /*ingl.* 'praivəsi/ [vc. ingl., da *private* ‘privato’] *s. f. inv.* privatezza, vita privata, intimità, riservatezza, privato, intimo **CONTR.** mondanità, vita pubblica.

privàre ***A*** *v. tr.* **1** (*di beni, ecc.*) togliere, defraudare, strappare, spogliare, denudare, nudare (*lett.*), levare, deprivare, espropriare, sottrarre, derubare **CONTR.** dare, donare, concedere, offrire, provvedere, assegnare, equipaggiare, dotare, munire **2** (*del potere*) destituire, esautorare **3** (*della vista*) accecare, orbare (*ant.*) ***B*** **privarsi** *v. rifl.* rinunciare, sacrificarsi, astenersi, mortificarsi, disfarsi, spogliarsi, sprovvedersi □ (*di cibo*) digiunare **CONTR.** concedersi, procurarsi, prendersi, offrirsi, corredarsi, munirsi, rifornirsi.

privataménte *avv.* in privato, segretamente, in confidenza, confidenzialmente, riservatamente **CONTR.** pubblicamente, formalmente, coram populo (*lat.*), manifestamente, evidentemente.

privatizzàre *v. tr.* rendere privato, denazionalizzare, destatalizzare **CONTR.** statalizzare, statizzare, nazionalizzare.

privàto ***A*** *agg.* **1** (*di vita, di interesse, ecc.*) proprio, personale **CONTR.** pubblico, statale, sociale, collettivo, comunitario **2** (*di discorso, di confidenza e sim.*) confidenziale, segreto □ ristretto, riservato □ intimo, familiare, domestico, ufficioso, speciale, individuale **CONTR.** pubblico, palese, manifesto, formale, ufficiale, protocollare ***B*** *part. pass. di* **privare**; *anche agg.* privo, spoglio, spogliato, espropriato, deprivato □ mancante, sprovvisto, carente **CONTR.** fornito, provvisto, munito ***C*** *s. m.* **1** comune cittadino **CONTR.** uomo pubblico **2** singolo **3** privacy (*ingl.*), vita privata, intimità.

privazióne *s. f.* **1** spoliazione, esproprio, espropriazione, perdita, deprivazione □ mancanza, assenza, difetto **CONTR.** concessione, conferimento, presenza □ (*del potere*) esautorazione **2** rinuncia, sacrificio, ristrettezza, carenza, stento, bisogno, povertà, disagio, miseria, patimento **CONTR.** abbondanza, ricchezza, agi, agiatezza. *V. anche* RINUNCIA

privilegiàre *v. tr.* favorire, avvantaggiare, proteggere, facilitare □ preferire **CONTR.** osteggiare, avversare, contrariare.

privilegiàto *part. pass. di* **privilegiare**; *anche agg.* **1**

favorito, fortunato, facilitato, avvantaggiato **CONTR.** disgraziato, sfortunato, sfavorito ***2*** (*est.*) (*di condizione, di posizione, ecc.*) migliore, favorevole, propizio, benigno, fausto **CONTR.** sfavorevole, avverso, contrario, ostile.

privilègio *s. m.* ***1*** dispensa, esenzione □ beneficio, vantaggio, concessione, immunità, franchigia, favore, protezione (*est.*) □ monopolio, esclusiva, privativa, eccezione □ facoltà, diritto **CONTR.** svantaggio, danno, inconveniente ***2*** (*est.*) onore, vanto, dote, prerogativa, pregio, merito, caratteristica, dono, virtù, qualità, attributo **CONTR.** disonore, svantaggio, difetto. *V. anche* FACOLTÀ, VANTO

PRIVILEGIO
sinonimia strutturata

Con **privilegio** s'intendeva in epoca medievale un documento pontificio o sovrano di concessione di diritti o immunità. Nel linguaggio corrente, invece, privilegio è ciò che arreca un **vantaggio**, ossia ciò che mette in condizione più favorevole rispetto ad altri: *il vantaggio della statura*; *avere il vantaggio del sole*; l'azione che reca ad altri un vantaggio, un bene è anche un **beneficio**: *colmare qualcuno di benefici*; un *beneficio di legge* è accordato legislativamente. Vicino è **favore**, che indica un'azione che dimostra benevolenza: *mi ha riempito di favori*. In un'altra accezione favore corrisponde ad appoggio, ossia a una **protezione** che può costituire un privilegio: *fuggì col favore delle tenebre*; *ha ottenuto il posto per mezzo di protezioni*.

Il privilegio acquisito diviene in senso generico un **diritto** o una **facoltà**, cioè un potere che deriva da una consuetudine o da una norma morale: *i diritti della vecchiaia*; *non hai il diritto di seguirmi*; *ho la facoltà di andarmene quando voglio*.

Privilegi particolari possono essere una **dispensa** o un'**esenzione**, che indicano lo scioglimento da un obbligo, oppure una **immunità**: *dispensa dal servizio militare*; *godere dell'esenzione, dell'immunità dalle imposte*. L'esenzione da imposte o dazi si chiama più propriamente **franchigia**: *franchigia doganale, postale*.

Per estensione, il privilegio corrisponde a una **distinzione**, a un **onore** speciale, ossia a un trattamento riservato a cose particolarmente pregevoli o a persona di grande fama o dignità: *non ho il privilegio di conoscerlo*; *il suo libro ebbe l'onore di numerose riedizioni*; *meritare una distinzione*. Il termine si può intendere anche nel senso di **caratteristica**, **prerogativa**, **attributo** positivo: *ha il privilegio della chiarezza*; *ha la prerogativa di essere sempre calmo*; mentre questi termini indicano solo un tratto tipico, senza connotazioni positive o negative, **pregio** designa ciò che conferisce stima: *questo è il pregio della verità*.

privo *agg.* ***1*** sprovvisto, mancante, sfornito, povero, spoglio, privato, sguarnito, vuoto, nudo, spogliato, mutilo (*lett.*), monco □ (*di cibo*) digiuno □ (*di energia*) scarico □ (*di una persona cara*) orbato (*lett.*), vedovo (*ant.*) **CONTR.** provvisto, fornito, rifornito, munito, provveduto, ricco, corredato, dotato □ carico ***2*** (*di pregiudizi, di condizionamenti, di conseguenze*) immune, scevro (*lett.*) **CONTR.** pieno, denso, gravido (*fig.*), pregno (*fig.*), saturo.

pro (1) *prep.* in favore di, a vantaggio di, per, in difesa di **CONTR.** contro, a svantaggio di, avverso.

pro (2) *s. m.* utilità, vantaggio, giovamento, guadagno, profitto, favore, utile, tornaconto **CONTR.** svantaggio, danno, perdita. *V. anche* GUADAGNO

probàbile *agg.* credibile, verosimile, possibile, prevedibile, presumibile, ammissibile, attendibile, verosimigliante, plausibile, facile, eventuale, ragionevole □ presunto **CONTR.** improbabile, inverosimile, incredibile, difficile, irragionevole, imprevedibile, insperabile □ impossibile, inammissibile, inattendibile, escluso.

probabilità *s. f.* ***1*** possibilità, chance (*fr.*), speranza □ rischio □ (*fam.*) pericolo ***2*** prevedibilità, presumibilità, attendibilità, plausibilità, facilità, verosimiglianza, ragionevolezza, credibilità □ eventualità, caso, evenienza **CONTR.** improbabilità, impossibilità, inverosimiglianza, inattendibilità, irragionevolezza, incredibilità. *V. anche* SPERANZA

probabilménte *avv.* forse, magari, facilmente, presumibilmente, verosimilmente, prevedibilmente, quasi certamente, quasi **CONTR.** difficilmente.

problèma *s. m.* ***1*** quesito, interrogativo □ incertezza, dubbio □ (*pl.*) problematica **CONTR.** soluzione ***2*** (*fig.*) questione, punto, faccenda, cosa, roba (*fam.*) □ difficoltà, impasse (*fr.*), grattacapo, rogna (*fam.*) ***3*** (*fig.*) incognita, enigma.

problemàtico *agg.* dubbio, incerto □ difficile, oscuro, ambiguo □ opinabile, discutibile, controvertibile, disputabile, controverso, contrastato **CONTR.** certo, indiscutibile, assiomatico, decisivo, indubbio, schiacciante, chiaro, evidente, sicuro, dogmatico, inoppugnabile. *V. anche* INCERTO

pròbo *agg.* (*lett.*) integro, onesto, dabbene, perbene, retto, giusto, intemerato, virtuoso, incorruttibile, integerrimo, incorrotto, inattaccabile, incensurabile, galantuomo, rispettabile, ineccepibile, ligio, serio, specchiato □ fidato, leale **CONTR.** disonesto, inonesto, corrotto, ingiusto, depravato, malvagio, iniquo, improbo □ sleale, infido. *V. anche* ONESTO

procacciàre ***A*** *v. tr.* procurare, vendemmiare (*fig.*), cercare, trovare, assicurare, provvedere □ meritare, conquistare **CONTR.** togliere, sottrarre, rubare ***B*** **procacciarsi** *v. rifl.* acquistare, ottenere, provvedersi.

procàce *agg.* ***1*** (*lett.*) protervo, sfacciato, petulante, presuntuoso, insolente, sfrontato **CONTR.** ritroso, riguardoso, timido, dignitoso, riservato ***2*** licenzioso, sfrontato, provocante, conturbante, sexy, lascivo, stuzzicante, eccitante, impudico **CONTR.** verecondo, pudico, pudibondo (*lett.*), modesto ***3*** (*di corporatura*) formoso, abbondante, florido, fiorente **CONTR.** segaligno, ossuto.

pro capite /*lat.* prɔ 'kapite/ [loc. lat., letteralmente 'per testa'] *loc. agg.* e *avv.* a testa, per ciascuno, ad ognuno, singolarmente.

procèdere *v. intr.* **1** camminare, incedere, marciare, avanzare □ inoltrarsi, muovere, proseguire, andare avanti, andare **CONTR.** sostare, fermarsi, arrestarsi □ arretrare, indietreggiare, retrocedere **2** (*fig.*) (*di pratica, di studio, ecc.*) seguitare, proseguire, continuare, progredire, riuscire **CONTR.** regredire, fermarsi, interrompersi, arenarsi (*fig.*), insabbiarsi (*fig.*), dormire (*fig.*) **3** (*di affari, di situazione, ecc.*) andar bene, svolgersi, svilupparsi, evolversi **CONTR.** bloccarsi, arrestarsi, cessare, finire **4** (*con onestà, da galantuomo, ecc.*) comportarsi, operare, condursi, regolarsi, agire, fare, trattare, vivere **5** (*di male, di fiume, ecc.*) derivare, provenire, dipendere, scaturire, originare, originarsi, discendere **CONTR.** pervenire, finire, terminare **6** (*all'esecuzione, all'arresto, ecc.*) effettuare, iniziare, fare, mettere mano. *V. anche* CAMMINARE

procediménto *s. m.* **1** (*di fatti*) progresso, progressione, corso, svolgimento, andamento, successione, evoluzione, ordine **2** (*per fare, per ottenere, ecc.*) metodo, tecnica, lavorazione, procedura, processo □ ragionamento □ sistema, mezzo, via, modo, criterio, maniera **3** (*dir.*) processo, procedura, rito **4** (*di persona*) comportamento, condotta, contegno **5** procedura. *V. anche* RITO

procedùra *s. f.* **1** (*dir.*) diritto processuale □ processo, giudizio, rito **2** (*bur.*) procedimento, modalità, formalità, iter (*lat.*), prassi. *V. anche* RITO

processàre *v. tr.* **1** sottoporre a processo, muovere causa **2** (*fig.*) indagare, inquisire, investigare.

processióne *s. f.* **1** corteo, teoria (*lett.*) **2** (*est.*) fila, serie, moltitudine.

procèsso *s. m.* **1** (*di fatti*) progressione, successione, svolgimento, sviluppo, meccanica, corso, andamento, evoluzione **2** (*per fare, per ottenere, ecc.*) procedura **3** (*dir.*) dibattito, dibattimento, udienza, giudizio, causa **4** (*est.*) incartamento, fascicolo □ (*politico o giudiziario*) caso, affare **5** (*di malattia*) decorso, evoluzione.

procìnto *s. m. solo nella loc. in procinto di*, sul punto di.

procióne *s. m.* orsetto lavatore.

proclàma *s. m.* appello, bando, editto, manifesto, grida, decreto.

proclamàre **A** *v. tr.* **1** (*di editto, di legge e sim.*) pubblicare, promulgare, bandire, emanare □ (*di persona*) acclamare, conclamare, incoronare, eleggere, nominare, consacrare, salutare **2** (*est.*) (*di verità, di innocenza, ecc.*) affermare, dichiarare, asserire □ divulgare, annunciare, diffondere, gridare, propagare, propalare **CONTR.** tacere, nascondere **B** **proclamarsi** *v. rifl.* dichiararsi, affermarsi, professarsi, protestarsi. *V. anche* GRIDARE

proclamazióne *s. f.* dichiarazione, riconoscimento, acclamazione.

procrastinàre *v. tr.; anche intr.* differire, rimandare, prorogare, rinviare, dilazionare, prolungare, tardare, tergiversare, indugiare, ritardare, protrarre, temporeggiare **CONTR.** anticipare, affrettare.

procreàre *v. tr.* generare, concepire, partorire □ prolificare, moltiplicarsi, riprodursi, figliare.

procreazióne *s. f.* generazione, nascita, riproduzione.

procùra *s. f.* mandato, incarico, delega, rappresentanza.

procuràre **A** *v. tr.* **1** procacciare, provvedere, fornire, trovare, rimediare, fare avere □ fruttare, rendere **CONTR.** togliere, sottrarre, rubare **2** (*di guai, di malessere, ecc.*) provocare, attirare, suscitare, cagionare, arrecare, causare **3** (*di fare, di dire, ecc.*) cercare, ingegnarsi, sforzarsi, adoperarsi, studiare, curare, guardare **4** meritare, valere, guadagnare, accattivare, attirare **CONTR.** alienare, allontanare **B** **procurarsi** *v. rifl.* **1** ottenere, trovare, cogliere, provvedersi, conquistare **CONTR.** privarsi, spogliarsi, disfarsi **2** prendere, attirare, accaparrarsi, buscarsi. *V. anche* GUARDARE, PRENDERE

procuratóre *s. m.* (*f. -trice*) **1** rappresentante, agente, incaricato, delegato, inviato **2** intendente, amministratore, legale, avvocato **3** (*di sport*) manager (*ingl.*), impresario **4** ingaggiatore, procacciatore.

pròda *s. f.* **1** sponda, riva, ripa (*lett.*), approdo, spiaggia, battigia, bagnasciuga **2** (*di campo*) rivale **3** (*mar.*) prua, prora **CONTR.** poppa.

pròde *agg.; anche s. m.* (*lett.*) valoroso, coraggioso, intrepido, impavido, bravo, ardito, audace, fiero, ardimentoso, animoso, eroico, valente, eroe **CONTR.** pauroso, vile, vigliacco, pusillanime, trepido, imbelle, codardo.

PRODE

sinonimia strutturata

Il termine **prode** può essere adoperato sia come aggettivo, specialmente in contesti letterari, che come sostantivo, e definisce chi è valoroso ed eroico: *uomo, guerriero prode*; *in Maratona / ove Atene sacrò tombe a' suoi prodi* (FOSCOLO). Come sostantivo è sinonimo di **eroe**, vocabolo che designa appunto chi sa lottare con eccezionale coraggio e generosità, fino al cosciente sacrificio di sé, per una ragione o un ideale ritenuti validi e giusti: *morire da eroe*; *battersi, sacrificarsi da eroe per la fede, per la scienza, per un'idea politica*; in senso estensivo, il termine indica un uomo illustre per virtù eccelse e in particolare per valore guerriero: *gli eroi del Risorgimento*; *l'eroe dei due mondi* è per antonomasia Giuseppe Garibaldi; ironicamente e in senso antifrastico, si applica a chi è coraggioso solo a parole: *eroe da poltrona, da soffitta, da caffè*; *fare l'eroe a chiacchiere*. Ciò che è tipico di un eroe si definisce **eroico**, aggettivo che designa in senso lato anche chi è dotato di grande coraggio e forza d'animo: *azione, impresa eroica*; *fare una morte eroica*; *donna, madre eroica*.

Come aggettivo, prode ha numerosi altri sinonimi; il più frequente e generico è **valoroso**, che si usa in riferimento a persone o a ciò che dimostra coraggio e ardimento: *soldato valoroso*; *un popolo valoroso*; *i valorosi combattenti*; *azione valorosa*; *gesta valorose*. Pressoché equivalenti tra loro sono **impavido**, **intrepido**, **ardimentoso** e **animoso**, che si distinguono perché indicano chi è dotato di quella forza morale che permette di intraprendere grandi cose e di affrontare senza timore difficoltà e pericoli di ogni genere: *cuore impavido*; *soldato, lottatore impavido*; *animo, eroe intrepido*; *atto, gesto ardimentoso*; *giovane animoso*; **coraggioso** è semanticamente identico ma estremamente più frequente dei precedenti: *gente coraggiosa*; *mostrarsi coraggioso di fronte al pericolo*; **ardito** invece si caratterizza perché in certi contesti può designare chi o ciò che sconfina nell'avventatezza, e quindi può avvicinarsi a **temerario**: *spirito ardito*; *atto, comportamento ardito*. L'energia che di solito accompagna la mancanza di paura è suggerita dal termine **fiero**, che può evocare anche un'idea di orgoglio o di dignità: *fiero in armi*; *una risposta fiera*; *carattere fiero*. Chi è **strenuo** è invece non solo valoroso e gagliardo, ma pronto e perseverante al massimo in ciò che intraprende: *strenuo combattente, difensore*.

Più generici e quindi meno incisivi rispetto ai precedenti sono **valente** e il più comune **bravo**, che designano chi compie la propria opera con abilità: *un valente capitano*; *un giovane valente nelle armi, nello studio*; *un bravo professionista*; *un bravo cane da guardia*; quest'ultimo aggettivo può sottolineare, oltre alla capacità, anche la buona volontà; inoltre in un uso ricercato e specialmente letterario viene a coincidere con prode nel suo significato più specifico di animoso e coraggioso: *gli epici canti del tuo popol bravo* (CARDUCCI); in quest'ultimo senso, *fare il bravo* significa ostentare coraggio, spesso solo a parole.

prodézza *s. f.* **1** valore, virtù (*lett.*), coraggio, ardimento, gagliardia (*lett.*), intrepidezza, eroismo, valentia (*ant.*) CONTR. viltà, pusillanimità, vigliaccheria, codardia **2** impresa eroica **3** (*fam.*) vanteria, bravata, spacconata, smargiassata, millanteria.

prodigalità *s. f.* larghezza, grandiosità, generosità, liberalità, profusione □ sperpero, scialacquio, scialacquamento, scialo, sciupio, eccesso, dissipazione CONTR. parsimonia, risparmio, economia □ avarizia, taccagneria, spilorceria, tirchieria, grettezza, pitoccheria, lesina, pidocchieria.

prodigàre **A** *v. tr.* **1** (*di sostanze, di beni*) largheggiare, consumare, spendere □ sperperare, scialacquare, dilapidare, sciupare, dissipare, rovinare, sprecare CONTR. risparmiare, lesinare, economizzare, misurare, tesaurizzare **2** (*fig.*) (*di lodi, di complimenti, ecc.*) dare, elargire, largire, profondere, spargere, distribuire, versare CONTR. risparmiare, misurare **B** **prodigarsi** *v. rifl.* adoperarsi, prestarsi □ sacrificarsi, affannarsi, arrabattarsi CONTR. risparmiarsi. *V. anche* SPENDERE

prodìgio **A** *s. m.* (*anche fig.*) portento, miracolo □ mostro, fenomeno, meraviglia, splendore, incanto □ stregoneria, incantesimo, magia **B** *in funzione di agg. inv.* (*posposto al s.*) eccezionale.

prodigiosaménte *avv.* **1** portentosamente, miracolosamente **2** straordinariamente, eccezionalmente, incredibilmente CONTR. ordinariamente, comunemente.

prodigióso *agg.* **1** portentoso, miracoloso, soprannaturale, magico **2** raro, straordinario, mirifico (*lett.*), eccezionale, incredibile, sorprendente, stupefacente, mirabile, miro (*lett.*), sbalorditivo, strabiliante CONTR. naturale, ordinario, comune.

pròdigo *agg.* **1** scialacquatore, dilapidatore, dissipatore, spendaccione, sprecone, sciupone CONTR. avaro, stretto, tirato, gretto, meschino, pitocco (*fig.*), pidocchioso (*fig.*), spilorcio, tirchio, taccagno, sparagnino **2** (*fig.*) generoso, liberale, munifico, brillante, splendido, largo CONTR. economo, sobrio, frugale, misurato, parsimonioso, parco □ ingeneroso. *V. anche* GENEROSO

prodótto **A** *part. pass. di* **produrre**; *anche agg.* **1** (*di frutto, di cosa, ecc.*) generato, procreato □ fatto, creato, confezionato, made (*ingl.*), elaborato, lavorato CONTR. distrutto, rovinato, annientato **2** (*di scritto, di quadro, ecc.*) creato, composto **3** (*di male, di febbre, di danno, ecc.*) causato, cagionato, arrecato, portato, suscitato, provocato, originato, dipendente, determinato, dato, derivante, derivato, dovuto **4** (*di documento, di motivo, ecc.*) esibito, allegato, addotto, presentato, mostrato □ accampato CONTR. nascosto **B** *s. m.* **1** (*della terra, del lavoro, ecc.*) frutto, derrata □ articolo, mercanzia, lavoro, manufatto, merce □ preparato, sostanza **2** (*di operazione, di attività, ecc.*) risultato, effetto, risultanza, frutto, profitto, provento, guadagno, rendita **3** (*mat.*) moltiplicazione. *V. anche* GUADAGNO, LAVORO

prodùrre **A** *v. tr.* **1** (*di terra, di albero, ecc.*) dare, rendere, fruttare, fruttificare □ secernere **2** (*di animale*) generare, partorire, figliare, concepire **3** (*est.*) (*di fabbrica, di miniera, ecc.*) dare, fornire, rendere □ fabbricare, fare, elaborare, realizzare, lavorare **4** (*fig.*) (*di scrittore, di pittore, ecc.*) scrivere, creare, comporre **5** (*di male, di febbre, di danno, ecc.*) cagionare, provocare, causare, suscitare, ingenerare, originare, recare, determinare, arrecare, apportare **6** (*di documento, di motivo, di prova, ecc.*) presentare, pubblicare, esporre, portare, mostrare, allegare, addurre, esibire □ accampare **B** **prodursi** *v. rifl.* **1** comparire, presentarsi, esordire □ fare, esibirsi CONTR. nascondersi, celarsi, occultarsi, allontanarsi **2** (*di fenomeno, di reazione, ecc.*) formarsi, ingenerarsi, innescarsi, svilupparsi, nascere.

produttività *s. f.* **1** (*anche fig.*) fecondità, fertilità, feracità (*lett.*) CONTR. sterilità, infruttuosità **2** (*di attività*) capacità, redditività, prestazione, rendimento, resa.

produttivo *agg.* **1** fecondo, fertile, ferace (*lett.*), ubertoso (*lett.*) CONTR. sterile, improduttivo, infecondo **2** (*anche fig.*) redditizio, fruttifero, rimuneratore, vantaggioso, buono, conveniente, utile, profittevole, fattivo CONTR. improduttivo, inutile, infruttifero, povero.

produttóre *s. m.*; *anche agg.* (*f. -trice*) **1** generatore, creatore **2** fabbricante, costruttore CONTR. consumatore **3** (*di spettacolo*) impresario, finanziatore □ organizzatore, realizzatore **4** (*comm.*) propagandista, procacciatore, venditore, agente.

produzióne *s. f.* **1** (*raro, est.*) (*di piante e animali*) allevamento, coltivazione **2** (*di cose*) fabbricazione, industria, lavorazione, creazione, confezione □ (*in agricoltura*) raccolto **CONTR.** consumo **3** (*di libro, di quadro, ecc.*) opera **4** (*di dati*) elaborazione **5** (*dir.*) presentazione, esibizione **6** (*med.*) formazione, proliferazione.

proèmio *s. m.* introduzione, prefazione, preambolo, esordio, prologo, protasi, preludio **CONTR.** epilogo, conclusione, chiusa.

profanàre *v. tr.* **1** violare □ offendere, dissacrare **CONTR.** consacrare, dedicare, votare **2** (*est.*) (*di ricordo, di nome, ecc.*) contaminare, macchiare, disonorare, infamare, insozzare **CONTR.** onorare, rispettare, venerare.

profanatóre *s. m.; anche agg.* (*f. -trice*) **1** sacrilego, empio, dissacratore **CONTR.** pio **2** (*est.*) irrispettoso, ingiurioso **CONTR.** rispettoso.

profanazióne *s. f.* **1** sacrilegio, empietà, contaminazione, violazione, offesa, turpitudine **CONTR.** adorazione, venerazione, rispetto **2** (*fig.*) (*di ricordo, di nome, ecc.*) infamia, disonore, offesa **CONTR.** rispetto, venerazione, considerazione.

profàno **A** *agg.* **1** (*di cosa*) mondano, terreno, terrestre, laico, secolare, temporale **CONTR.** sacro, religioso, divino, liturgico, sacrale **2** (*di mano, di persona, ecc.*) empio, sacrilego, profanatore **CONTR.** devoto, misericordioso, pio, caritatevole **B** *s. m.; anche agg.* incompetente, inesperto, digiuno, nuovo, ignorante **CONTR.** esperto, iniziato, competente, studioso.

proferìre **A** *v. tr.* **1** (*di parola, di giudizio, ecc.*) pronunziare, dire, esprimere, manifestare, articolare, emettere, mandare **CONTR.** tacere **2** (*lett.*) (*di dono, di omaggio, ecc.*) offrire, porgere, presentare **B** **proferirsi** *v. rifl.* offrirsi, darsi, donarsi, proporsi **CONTR.** rifiutarsi, ritirarsi.

professàre **A** *v. tr.* **1** (*di idee, di amore, ecc.*) dichiarare, confessare, manifestare, ostentare, mostrare, dimostrare □ seguire, praticare **CONTR.** tacere, nascondere, dissimulare, occultare **2** (*di professione*) fare, svolgere, esercitare, praticare, esercire **B** **professarsi** *v. rifl.* dichiararsi, proclamarsi, protestarsi, manifestarsi, riconoscersi **CONTR.** tacere, negare.

professionàle *agg.* della professione, del mestiere □ (*est.*) (*di attività, di interesse, ecc.*) permanente, normale, quotidiano **CONTR.** dilettantesco, amatoriale.

professionalità *s. f.* formazione professionale, capacità, preparazione, competenza **CONTR.** incompetenza.

professióne *s. f.* **1** (*di fede, di idee*) confessione, dichiarazione, manifestazione, fede, dimostrazione □ promessa, impegno, giuramento **2** attività, arte, mestiere, impiego, lavoro, ufficio, esercizio, condizione, occupazione, carriera □ (*est.*) insegnamento, dottrina. *V. anche* LAVORO

professóre *s. m.* **1** docente, didatta **2** (*pop., gener.*) insegnante, maestro, precettore **CONTR.** allievo, discepolo, discente, studente, scolaro **3** (*est.*) conoscitore, esperto, specialista, intenditore **CONTR.** profano **4** (*est., spreg.*) saccente, pedante.

profèta *s. m.* **1** annunziatore, preconizzatore, vate, aruspice, augure **2** (*est.*) veggente, indovino, rivelatore, chiaroveggente, divinatore, mago **FRAS.** *essere facile profeta*, fare una previsione scontata.

profezìa *s. f.* **1** vaticinio, oracolo, divinazione □ rivelazione **2** (*est.*) predizione, pronostico, presagio, auspicio, preconizzazione, preannunzio, previsione.

proffèrta *s. f.* proposta, avance (*fr.*) □ proposizione, offerta, invito.

profìcuo *agg.* utile, conveniente, giovevole, profittevole, vantaggioso □ buono, efficace, attivo **CONTR.** dannoso, controproducente, nocivo, svantaggioso □ inutile, inefficace, infruttuoso, sterile.

profilàre **A** *v. tr.* **1** (*di contorno, di tratto, ecc.*) delineare, disegnare **2** (*di abito, di stoffa, ecc.*) orlare, bordare, filettare, listare, contornare □ ornare, guarnire **B** **profilarsi** *v. intr. pron.* **1** (*di montagna, di campanile, ecc.*) stagliarsi, disegnarsi, spiccare **2** (*fig.*) (*di situazione, di crisi, ecc.*) delinearsi, presentarsi, intravedersi, prospettarsi, mettersi **CONTR.** scomparire, svanire, sfumare.

profilàssi *s. f.* prevenzione, protezione, preservazione, difesa, precauzione. *V. anche* DIFESA

profilàto **A** *part. pass. di* **profilare**; *anche agg.* **1** (*di contorno, di tratto, ecc.*) delineato, disegnato **2** (*di abito, di stoffa, ecc.*) filettato, orlato, listato, contornato, ornato, bordato, guarnito **3** (*di naso*) affilato, sottile **CONTR.** grosso **B** *s. m.* laminato.

profilàttico **A** *agg.* preventivo, protettivo **B** *s. m.* preservativo.

profilatùra *s. f.* orlatura, filettatura, bordatura, contorno, lista, guarnizione.

profìlo *s. m.* **1** contorno, sagoma, silhouette (*fr.*), disegno, linea □ (*di volto*) tratti, lineamenti □ (*est.*) identikit **2** (*morale, economico, ecc.*) aspetto **3** (*letter.*) (*di personaggio, di periodo*) biografia, medaglione, ritratto, saggio, spaccato **4** (*di abito, di stoffa, ecc.*) bordatura, orlatura, filettatura, contorno □ guarnizione **5** diagramma **FRAS.** *di profilo*, di fianco □ *sotto il profilo*, per quanto riguarda, circa.

profittàre *v. intr.* **1** (*nello studio, nel lavoro, ecc.*) progredire, avanzare, procedere, migliorare **CONTR.** regredire, peggiorare **2** (*dell'amicizia, dell'occasione, ecc.*) approfittare, avvantaggiarsi, guadagnare, lucrare, speculare, sfruttare, usare, servirsi, avvalersi, giovarsi, afferrare, cogliere **CONTR.** perderci, rimetterci, danneggiarsi, scapitare.

profittatóre *s. m.* (*f. -trice*) sfruttatore, vampiro, strozzino, piovra (*fig.*), pirata (*fig.*), speculatore, succhione, opportunista, paraculo (*dial., pop.*) **CONTR.** sfruttato.

profìtto *s. m.* **1** utile, vantaggio, giovamento, frutto, lucro, guadagno, margine, ricavo, tornaconto, utilità, convenienza, beneficio □ (*di società*) dividendo □ (*di azienda*) attivo □ (*di erario*) gettito, introito □ (*di investimento*) interesse, reddito, rendita **CONTR.** danno, nocumento (*lett.*), svantaggio, detrimento, scapito, perdita **2** (*fig.*) (*nello studio, nel lavoro,* *ecc.*) progresso, avanzamento, miglioramento **CONTR.** regresso. *V. anche* GUADAGNO

profondaménte *avv.* **1** a fondo, intimamente, addentro, svisceratamente, sentitamente **CONTR.** superficialmente, esteriormente, esternamente, epidermicamente **2** intensamente, fortemente, pesantemente, molto, altamente, assai **CONTR.** poco, per nulla, leggermente.

profóndere ***A*** *v. tr.* **1** (*di lodi, di suggerimenti, ecc.*) spargere, spandere, prodigare, largire, donare, elargire, fondere (*ant.*) **CONTR.** lesinare, risparmiare **2** (*est.*) (*di denaro, di beni*) scialacquare, sperperare, sciupare, dissipare, largheggiare **CONTR.** risparmiare, economizzare ***B*** **profondersi** *v. intr. pron.* (*in elogi, in ringraziamenti, ecc.*) effondersi, diffondersi, sprofondarsi.

profondità *s. f.* **1** (*di terreno, di crosta, di ghiaccio, ecc.*) altezza, spessore **2** (*di mare, di terra, ecc.*) abisso, fondo, fondale □ voragine, baratro, precipizio **3** (*fig.*) (*di sentimento*) intensità, forza, potenza **CONTR.** tenuità, labilità, inconsistenza, leggerezza **4** (*dell'animo, del cuore e sim.*) intimità, intimo, profondo, interiorità, segreto **CONTR.** esteriorità, superficialità **5** (*di immagine, ecc.*) prospettiva.

profóndo ***A*** *agg.* **1** fondo, alto, imo (*lett.*) **CONTR.** basso **2** interno, radicato, infiltrato **CONTR.** superficiale, esteriore, esterno □ elevato, rilevato, sporgente **3** (*fig.*) (*di cultura, di sapere, ecc.*) vasto, largo, solido (*fig.*) **CONTR.** scarso, poco, dilettantistico **4** (*di sentimento*) vero, vivo, intenso, sentito, radicato, inveterato, viscerale, sviscerato, ancestrale **CONTR.** leggero, superficiale, frivolo, epidermico **5** (*fig.*) (*di sguardo e sim.*) espressivo, parlante, penetrante □ acuto, indagatore, attento, scrutatore **CONTR.** superficiale, distratto **6** (*di notte*) avanzato, alto, inoltrato, fondo, fatto **CONTR.** giovane **7** (*fig.*) (*di discorso, di ragionamento e sim.*) difficile, complesso, grave, serio, penetrante, meditato, concentrato, esauriente, attento **CONTR.** mondano, salottiero, leggero □ generico, vago **8** (*di silenzio*) assoluto, totale, sepolcrale (*fig.*), completo, immenso, infinito **9** (*di sonno*) pesante, saporito (*fig.*) **CONTR.** leggero **10** (*di suono*) basso, grave, cupo, cavernoso, lugubre, rimbombante **CONTR.** squillante, acuto, alto, trillante, argentino, limpido **11** (*di colore*) ricco, pieno, fondo, carico, intenso, forte **CONTR.** tenue, delicato **12** (*di buio*) cupo, denso, totale, fitto **13** (*di respiro, di sospiro*) pieno, largo **CONTR.** leggero ***B*** *s. m.* **1** profondità, fondo **CONTR.** superficie **2** (*fig.*) intimità, interiorità, segreto (*lett.*), cuore **CONTR.** apparenza, esteriorità **3** (*psicol.*) inconscio **CONTR.** conscio. *V. anche* DENSO, VERO

profórma o **pro forma** /*lat.* prɔ 'forma/ [loc. lat., propriamente 'per la forma'] ***A*** *loc. avv.*; *anche agg.* formale, per formalità, formalmente ***B*** *s. m. inv.* formalità.

pròfugo *agg.*; *anche s. m.* esule, fuggiasco, fuoruscito, proscritto, rifugiato, fuoriuscito, esiliato.

profumàre ***A*** *v. tr.* aromatizzare □ (*di cibo*) speziare **CONTR.** appuzzare (*lett.*), appestare, ammorbare, impuzzolentire ***B*** *v. intr.* olezzare (*lett.*), odorare, sapere **CONTR.** puzzare, putire (*lett.*).

profumataménte *avv.* (*fig.*) generosamente, lautamente, caro, salato (*fig.*), largamente, abbondantemente **CONTR.** pocó, scarsamente.

profumàto *part. pass. di* **profumare**; *anche agg.* odoroso, odorante, odorifero, balsamico, olezzante (*lett.*), aulente (*lett.*), redolente (*lett.*), fragrante, olente (*ant.*), aromatico □ speziato, aromatizzato **CONTR.** puzzolente, maleolente, mefitico, miasmatico, fetido, fetente, graveolente (*lett.*).

profùmo *s. m.* **1** fragranza, olezzo (*lett.*), effluvio, aroma, odore □ (*di vino*) bouquet **CONTR.** puzzo, fetore, lezzo, esalazione, miasma, mefite, puzza, tanfo **2** (*di soluzione odorosa*) essenza, eau de parfum (*fr.*), eau de toilette (*fr.*), eau de Cologne (*fr.*), acqua di Colonia, Colonia, eau fraîche (*fr.*), dopobarba □ deodorante **3** (*fig.*) (*di innocenza, di giovinezza, ecc.*) delicatezza, grazia, incanto.

profusaménte *avv.* abbondantemente **CONTR.** sinteticamente.

profusióne *s. f.* **1** (*fig.*) abbondanza, quantità, copiosità, copia (*lett.*), iosa, dovizia (*lett.*), larghezza, eccesso, diluvio, caterva, profluvie, subisso, valanga **CONTR.** mancanza, esiguità, scarsezza, carestia, fame (*fig.*), carenza, magra (*pop., fig.*) **2** (*fig.*) prodigalità, sperpero, scialacquamento, scialo, dispendio, sciupio, dissipazione, sperperamento **CONTR.** risparmio, economia, parsimonia.

profùso *part. pass. di* **profondere**; *anche agg.* **1** effuso, diffuso, elargito, donato, sparso **2** prodigato, immesso, dato □ sperperato, dissipato, sciupato **CONTR.** lesinato, risparmiato.

progènie *s. f. inv.* **1** (*lett.*) stirpe, posteri, discendenti, eredi, figli (*est.*), prole, discendenza, prosapia (*lett.*), generazione, lignaggio, razza, schiatta, ceppo (*fig.*), tronco (*fig.*), stipite (*fig., ant.*) **2** (*spreg.*) genia, gentaglia, canaglia, canagliume.

progenitóre *s. m.* (*f. -trice*) capostipite, avo, antenato □ (*pl.*) antico (*lett.*), maggiore (*lett.*), seme (*fig.*) **CONTR.** discendente, nipote □ (*pl.*) discendenza. *V. anche* ANTENATO

progettàre *v. tr.* **1** (*di viaggio, di ricerca, ecc.*) ideare, meditare, studiare, concepire, immaginare, escogitare, divisare (*lett.*), pensare, architettare □ pianificare, programmare □ proporre, ventilare **CONTR.** realizzare, effettuare, attuare **2** (*di costruzione, di ferrovia, ecc.*) disegnare, schizzare, fare il progetto. *V. anche* PENSARE

progettazióne *s. f.* preparazione, programma, programmazione □ ideazione, concezione □ concepimento □ disegno, progetto **CONTR.** esecuzione, attuazione, realizzazione, effettuazione.

progettìsta *s. m.* e *f.* architetto □ disegnatore, designer (*ingl.*) □ ideatore, inventore, creatore.

progètto *s. m.* **1** (*di ponte, di strada, ecc.*) piano, disegno, schizzo, studio, bozzetto, pianta, schema **2** (*fig.*) (*di viaggio, di ricerca, ecc.*) idea, intenzione, proponimento, proposito, divisamento (*lett.*) □ intento, disegno, pensiero □ ideazione, concezione □

programma, progettazione, impresa, iniziativa □ mira, obiettivo, piano **CONTR.** realizzazione, esecuzione, attuazione, compimento.

prògnosi *s. f.* (*med.*) previsione, diagnosi.

progràmma *s. m.* **1** (*di lavoro, di studio, ecc.*) progettazione, piano, schema, progetto, prospetto □ agenda, calendario □ enunciazione, esposizione **2** (*di svago, di viaggio, ecc.*) proposito, proposta, idea **3** (*di spettacolo*) cartellone, elenco **4** (*di radio, tv.*) palinsesto □ rubrica, trasmissione □ canale, rete, emittente **5** (*est.*) spettacolo, rappresentazione **6** (*di partito, di governo e sim.*) piattaforma □ manifesto, dottrina, teoria, ideologia **7** (*elab.*) istruzioni □ package (*ingl.*), software **FRAS.** *fuori programma* (*fig.*), cosa imprevista.

programmàre *v. tr.* **1** (*di viaggio, di lezione, ecc.*) organizzare, progettare, preparare, fissare, stabilire, pianificare **CONTR.** improvvisare, inventare **2** (*di teoria, di piano economico, ecc.*) formulare **3** (*elab.*) istruire.

programmàto *part. pass. di* **programmare**; *anche agg.* organizzato, progettato, preparato, fissato, stabilito, pianificato **CONTR.** improvvisato, inventato.

programmazióne *s. f.* organizzazione, progettazione, preparazione, pianificazione **CONTR.** improvvisazione, invenzione.

progredìre *v. intr.* **1** avanzare, andare avanti, crescere, evolvere □ andare, procedere, camminare **CONTR.** regredire, retrocedere, indietreggiare, regredire, recedere, arretrare □ bloccarsi, fermarsi, arrestarsi, involvere **2** (*di tecnica, di economia, ecc.*) migliorare, perfezionarsi, evolversi, svilupparsi **CONTR.** regredire, peggiorare, scadere □ fermarsi, languire.

progressióne *s. f.* **1** aumento, escalation (*ingl.*), accrescimento, avanzamento, progresso **CONTR.** regresso, regressione, involuzione, arretramento □ stasi, stallo **2** (*mat.*) successione, serie, gradiente **FRAS.** *in progressione geometrica* (*fig.*), rapidamente, vertiginosamente.

progressìsmo *s. m.* illuminismo, riformismo **CONTR.** conservatorismo, oscurantismo, reazione, immobilismo.

progressìsta *s. m.* e *f.* riformatore, innovatore, illuminato, modernista **CONTR.** retrogrado, reazionario, conservatore, codino, oscurantista, retrivo.

progressivaménte *avv.* gradualmente, gradatamente, successivamente, a mano a mano, a grado a grado, a poco a poco, via via □ crescendo, calando **CONTR.** repentinamente, bruscamente, a scatti.

progressività *s. f.* gradualità, successione, sequenza **CONTR.** saltuarietà, sbalzo, salto.

progressìvo *agg.* **1** graduale, successivo, progrediente (*raro*), avanzante **CONTR.** improvviso, saltuario, subitaneo **2** crescente **CONTR.** calante.

progrèsso *s. m.* **1** (*tecnologico*) avanzamento, sviluppo, cammino, evoluzione, progressione, conquista, avanzata **CONTR.** regresso, arretramento, decadenza, involuzione **2** (*di studio*) profitto **CONTR.** peggioramento, regressione **3** (*economico, sociale, ecc.*) rinnovamento, perfezionamento, miglioramento, incremento **CONTR.** regresso, peggioramento, regressione, recessione, scadimento, riflusso, declino, decadimento **4** (*gener.*) civiltà, civilizzazione **CONTR.** barbarie, arretratezza.

proibìre *v. tr.* **1** vietare, negare, denegare (*lett.*), interdire, inibire, precludere, rifiutare □ proscrivere (*fig.*), bandire **CONTR.** permettere, consentire, acconsentire, autorizzare, tollerare, ammettere, concedere **2** (*di vento, di mare, ecc.*) impedire, ostacolare, frenare, intralciare, contrastare, arrestare, fermare **CONTR.** favorire, facilitare, aiutare, agevolare.

proibitìvo *agg.* **1** inibitorio, proibitorio (*raro*) **CONTR.** permissivo, concessivo, coadiuvante **2** (*di prezzo*) altissimo, inaccessibile, elevato, impossibile, eccessivo **CONTR.** accessibile, moderato, contenuto, possibile **3** (*di tempo*) bruttissimo, orrendo **CONTR.** bellissimo.

proibìto *part. pass. di* **proibire**; *anche agg.* vietato, precluso, interdetto, impedito, negato □ illecito, illegale, tabù **CONTR.** libero □ permesso, concesso, ammesso, autorizzato □ lecito, legale.

proibizióne *s. f.* divieto, veto, interdizione, proscrizione (*fig.*), preclusione, inibizione, impedimento □ tabù **CONTR.** concessione, permesso, licet (*lat.*), placet (*lat.*), autorizzazione, nullaosta □ facoltà, licenza, libertà. *V. anche* INIBIZIONE

proiettàre *v. tr.* **1** gettare, scagliare, lanciare, buttare, scaraventare, catapultare **2** (*arch.*) sviluppare, disegnare **3** (*di film e sim.*) presentare, dare, fare vedere, programmare.

proiettàto *part. pass. di* **proiettare**; *anche agg.* **1** gettato, scagliato, lanciato, buttato, scaraventato **2** (*arch.*) sviluppato, disegnato **3** (*di film e sim.*) dato, fatto vedere, presentato, programmato, proiettato.

proièttile *s. m.* proietto, palla, cartuccia, pallino, pallottola, piombo (*fig.*), munizione, granata.

proiettóre *s. m.* **1** (*est.*) lanterna magica, episcopio **2** (*di auto*) faro **3** fotocellula, fotoelettrica **4** riflettore.

proiezióne *s. f.* **1** (*di ombra, di immagine, ecc.*) rappresentazione, visione, film **2** (*stat.*) calcolo, previsione **3** pianta, sviluppo, disegno, assonometria.

pròle *s. f.* **1** figliolanza, figlio, figlia, figli, discendenti, rampolli, marmocchi, figliolame □ covata, nidiata, cucciolata, figliata **2** (*est.*) generazione, progenie, stirpe, discendenza, razza.

proletariàto *s. m.* popolo, plebe, popolino, gente □ lavoratori, salariati, operai **CONTR.** padronato, plutocrazia, capitale, capitalismo □ capitalisti, proprietari, padroni, signori.

proletàrio *s. m.*; *anche agg.* **1** lavoratore, salariato, operaio **CONTR.** possidente, capitalista, proprietario **2** (*est.*) povero, indigente, nullatenente, popolano, plebeo **CONTR.** ricco, possidente, signore, capitalista.

proliferàre *v. intr.* **1** (*biol.*) riprodursi, moltiplicarsi, prolificare **2** (*fig.*) (*di idee, di malattia, ecc.*) espandersi, dilatarsi, estendersi, allargarsi, diffondersi **CONTR.** diminuire, restringersi, limitarsi, contenersi.

proliferazióne *s. f.* **1** (*biol.*) moltiplicazione, riproduzione, generazione **2** (*fig.*) (*di notizie, ecc.*)

espansione, diffusione, estensione **CONTR.** diminuzione, limitazione, riduzione.

prolificàre *v. intr.* **1** (*di persona o animale*) procreare, figliare, generare, riprodursi, moltiplicarsi, progenerare (*raro, lett.*) **2** (*di pianta*) germogliare, buttare, gemmare **3** (*fig.*) (*di idee, di usi, ecc.*) espandersi, diffondersi, proliferare, allargarsi **CONTR.** scomparire, morire, spegnersi.

prolìfico *agg.* **1** (*di persona o animale*) fecondo, fertile **CONTR.** sterile, infecondo **2** (*fig.*) (*di ingegno, di artista, ecc.*) fecondo, produttivo, fertile, ferace (*lett.*) **CONTR.** sterile, improduttivo.

prolìsso *agg.* **1** (*di discorso, ecc.*) verboso, ripetitivo, dispersivo, diluito **CONTR.** conciso, laconico, stringato, tacitiano, telegrafico, epigrafico **2** (*di racconto, di brano e sim.*) particolareggiato, dettagliato, esteso, circostanziato, diffuso, diluito **CONTR.** sintetico, breve, conciso, scarno, schematico, succinto **3** (*est.*) (*di persona*) ciarliero, chiacchierone, loquace **CONTR.** laconico, taciturno.

pròlogo *s. m.* **1** (*di discorso, di opera teatrale, musicale*) introduzione, esordio, principio, prefazione, proemio, preludio □ ouverture (*fr.*), preambolo, protasi **CONTR.** epilogo, conclusione, chiusa, fine, finale **2** (*fig.*) (*di avvenimenti*) preannunzio, prodromo, avvisaglia, preavviso, presagio **CONTR.** coda, strascico.

prolùnga *s. f.* (*tecnol.*) giunta, prolungamento.

prolungaménto *s. m.* **1** prolungazione (*raro*), allungamento, estensione, prosecuzione, coda, allungatura, proseguimento, prosieguo, continuazione, seguito **CONTR.** accorciamento, accorciatura, taglio **2** (*tecnol.*) prolunga **3** (*di termine, di scadenza e sim.*) dilazione, proroga, rinvio, protrazione, procrastinazione, differimento **CONTR.** abbreviazione, abbreviamento, abbreviatura.

prolungàre ***A*** *v. tr.* **1** (*di linea, di muro, ecc.*) allungare, estendere, continuare, aumentare **CONTR.** accorciare, scorciare, abbreviare, dimezzare, tagliare **2** (*fig.*) (*di attesa, di riunione, ecc.*) protrarre, dilungare (*ant.*) □ (*di scadenza, ecc.*) prorogare, dilazionare, rinviare, procrastinare, differire **CONTR.** anticipare ***B*** **prolungarsi** *v. intr. pron.* **1** estendersi, allungarsi, protendersi, stendersi □ durare, proseguire, protrarsi **CONTR.** finire, fermarsi **2** (*fig.*) (*di persona*) indugiare, dilungarsi, soffermarsi, diffondersi **CONTR.** troncare, abbreviare **3** (*di esistenza*) trascinarsi □ vivere.

prolungàto *part. pass. di* **prolungare**; *anche agg.* **1** (*di linea, di muro, ecc.*) allungato, esteso, continuato **CONTR.** accorciato, abbreviato, tagliato **2** (*fig.*) (*di attesa, di riunione, ecc.*) protratto, esteso, continuato □ (*di scadenza, ecc.*) prorogato, dilazionato, rinviato **CONTR.** accorciato, abbreviato, anticipato, troncato.

promemòria *s. m. inv.* nota, appunto, annotazione, memorandum (*lat.*), memoria, memoriale.

proméssa *s. f.* **1** impegno, parola, patto, assicurazione, giuramento, voto **2** (*est.*) pegno, arra (*fig.*), cambiale, cauzione, vincolo **3** (*fig.*) (*di persona*) speranza **CONTR.** delusione **FRAS.** *promessa di marinaio* (*fig.*), promessa subito dimenticata. *V. anche* SPERANZA

proméssο ***A*** *part. pass. di* **promettere**; *anche agg.* assicurato, garantito, giurato ***B*** *s. m.* fidanzato.

promettènte *part. pres. di* **promettere**; *anche agg.* lusinghiero, allettante, piacevole, attraente, seducente, cattivante **CONTR.** deludente, scoraggiante.

prométtere ***A*** *v. tr.* **1** assicurare, garantire, giurare, impegnarsi **2** far sperare, illudere **CONTR.** deludere **3** (*est.*) fare presagire, minacciare ***B*** **promettersi** *v. rifl.* impegnarsi, votarsi, offrirsi, darsi.

prominènte *agg.* sporgente, rilevato, sopraelevato, eminente, saliente, protuberante, sporto, spiccante, pronunciato, gibboso **CONTR.** rientrante, rientrato, infossato, avvallato, concavo, cavo, scavato, depresso, incassato, incavato.

prominènza *s. f.* sporgenza, protuberanza, eminenza, rilievo, dosso, gibbosità, gobba, gobbo, risalto, altura, sporto, bitorzolo, convessità, rialto, rialzo, elevamento, rialzamento, rilevamento, gnocco (*fam.*), bernoccolo, aggetto, saliente **CONTR.** rientranza, concavità, cavità, incavo, scavo, rientramento, avvallamento, infossamento, incassamento, infossatura, buca, sacca, depressione, sprofondamento.

promiscuità *s. f.* **1** mescolanza, mescolamento, comunanza **CONTR.** divisione, separazione, distinzione **2** (*est.*) varietà, miscuglio, molteplicità, confusione **CONTR.** divisione, distinzione, separazione.

promìscuo *agg.* misto, mescolato, confuso, vario, molteplice □ collettivo, comune **CONTR.** separato, diviso, distinto, isolato □ individuale, personale, privato.

promontòrio *s. m.* (*geogr.*) sporgenza, punta, capo □ (*est.*) penisola **CONTR.** insenatura, seno.

promòsso *part. pass. di* **promuovere**; *anche agg. e s. m.* **1** (*di progetto, di allievo, ecc.*) approvato, ammesso, accettato **CONTR.** respinto, bocciato, rimandato □ declassato, degradato, squalificato, destituito, trombato (*fig., scherz.*) **2** (*di attività, di iniziativa, ecc.*) istituito, fondato, iniziato □ favorito, incoraggiato, appoggiato, caldeggiato **CONTR.** avversato, contrastato, osteggiato, ostacolato, impedito **3** (*di febbre, di freddo, ecc.*) causato, provocato **CONTR.** spento, eliminato, tolto **4** (*di causa e sim.*) iniziato, avviato, cominciato, stimolato, suscitato, mosso **CONTR.** calmato, sedato, impedito, bloccato, evitato □ concluso, chiuso.

promotion /*ingl.* prəˈmouʃən/ *s. f. inv.* (*econ.*) promozione, propaganda, pubblicità.

promotóre *s. m.*; *anche agg.* (*f. -trice*) fautore, padre, primo, iniziatore, autore, fondatore, innovatore □ animatore, banditore, esortatore, apostolo, corifeo (*lett.*), patrono, organizzatore, promulgatore, auspice **CONTR.** abolitore, soppressore.

promozionàle *agg.* propagandistico, pubblicitario, di sviluppo.

promozióne *s. f.* **1** avanzamento, passaggio, miglioramento, approvazione, accettazione, ammissione, idoneità **CONTR.** retrocessione, declassamento, bocciatura, degradazione, disapprovazione, destituzione, siluramento, rimozione, stangata, trombatura (*fam., scherz.*) **2** (*econ.*) promotion (*ingl.*), propaganda, pubblicità.

promulgàre *v. tr.* **1** (*di legge e sim.*) varare, emanare, pubblicare **2** (*est.*) (*di idee, di notizie, ecc.*) diffondere, divulgare, proclamare **CONTR.** nascondere, tenere nascosto.

promuòvere *v. tr.* **1** (*di attività, di iniziativa, ecc.*) favorire, incoraggiare, istituire, appoggiare, proteggere, sostenere, dare impulso, alimentare, incrementare, approvare, caldeggiare **CONTR.** avversare, contrastare, osteggiare, ostacolare, impedire, paralizzare **2** (*di causa e sim.*) intentare, fare, avviare, proporre, cominciare, iniziare **CONTR.** concludere, chiudere **3** (*di allievo, di progetto, ecc.*) approvare, avanzare, accettare, ammettere, licenziare, passare **CONTR.** bocciare, respingere, rimandare □ disapprovare, escludere, eliminare, scartare **4** (*a una carica*) elevare, nominare **CONTR.** declassare, degradare, destituire, retrocedere, rimuovere, silurare, stangare, trombare (*fam., scherz.*) **5** (*di sudore, di vomito, ecc.*) muovere, stimolare, provocare, sollecitare, eccitare.

pronipóte *s. m. e f. spec. al pl.* bisnipote, discendente, discendenza, postero, posterità **CFR.** ascendente, antico.

pròno *agg.* **1** (*lett.*) piegato, curvo, chino, prostrato, bocconi **CONTR.** ritto, diritto □ supino, riverso **2** (*fig.*) (*allo studio, alle passioni, ecc.*) propenso, incline, sottomesso, arrendevole, remissivo, supino, succube, disposto, condiscendente, facile **CONTR.** insensibile, apatico, restio, indifferente, freddo, ribelle.

pronosticàre *v. tr.* preannunziare, indovinare, predire, presagire, prevedere, antivedere, preconizzare, fiutare □ vaticinare, profetare, profetizzare, divinare.

pronòstico *s. m.* predizione, previsione, annunzio, presagio, profezia, divinazione, oroscopo, preannuncio, preconoscimento (*lett.*), vaticinio □ augurio, auspicio.

prontaménte *avv.* **1** subito, presto, celermente, sollecitamente, rapidamente, velocemente, speditamente, immediatamente, solertemente, lestamente **CONTR.** lentamente, pigramente, adagio **2** acutamente, argutamente, vivacemente, brillantemente, spigliatamente **CONTR.** torpidamente, ottusamente □ banalmente, scontatamente.

prontézza *s. f.* **1** rapidità, speditezza, sveltezza, prestezza, velocità, tempismo, immediatezza, lestezza **CONTR.** lentezza, indugio, torpidezza, torpore **2** solerzia, sollecitudine, zelo □ agilità, scioltezza, destrezza **CONTR.** pigrizia, inerzia, neghittosità, malavoglia, rilassatezza **3** acume, acutezza, presenza di spirito, arguzia, argutezza, vivacità, vivezza □ spigliatezza, disinvoltura □ intuito **CONTR.** banalità, piattezza, scontatezza, insipienza, pedanteria, ottusità □ impaccio, goffaggine. *V. anche* RAPIDITÀ, ZELO

prónto *agg.* **1** preparato, predisposto, disponibile, disposto, apparecchiato, allestito, organizzato, preordinato, deliberato, determinato □ finito, compiuto **CONTR.** disorganizzato, impreparato, disfatto **2** sollecito, celere, svelto, lesto **CONTR.** lento, fiacco, flemmatico, molle, indolente, indeciso, pigro **3** (*di ingegno, di risposta, ecc.*) franco, aperto □ disinvolto, spigliato □ vivo, intelligente, vivido, sveglio, agile, brillante, acuto, arguto, vivace, vispo, desto □ calzante, appropriato **CONTR.** tardo, impacciato, ottuso, tonto, addormentato □ inadatto, improprio **4** (*di decisione, di effetto, ecc.*) rapido, immediato, istantaneo, veloce **CONTR.** lento, tardo **5** (*all'ira, alla commozione, ecc.*) facile, propenso, favorevole, disposto, portato, incline **CONTR.** indifferente, insensibile, apatico **FRAS.** *a pronti contanti*, immediatamente □ *a pronta cassa*, alla consegna. *V. anche* ARGUTO

prontuàrio *s. m.* **1** libro, fascicolo, manuale, guida, agenda, vademecum, rubrica, registro, opuscolo □ (*farm.*) elenco **2** tavola, specchietto, quadro, sinossi, prospetto. *V. anche* MANUALE

pronùncia *s. f.* **1** articolazione **2** (*est.*) dizione **3** (*est.*) modo di parlare, parlata, accento, cadenza, intonazione, tono **4** (*dir.*) decisione.

pronunciàre **A** *v. tr.* **1** (*di suono, di parola*) articolare, emettere, proferire, formare □ sillabare □ (*fig.*) dire □ fiatare **2** (*est.*) (*di discorso, di giudizio, ecc.*) dire, esporre, dichiarare, recitare, declamare, esprimere, enunciare **CONTR.** tacere **B** **pronunciarsi** *v. intr. pron.* dichiararsi, professarsi.

pronunciàto *part. pass. di* **pronunciare**; *anche agg.* **1** (*di suono, di parola*) articolato, emesso, proferito **2** (*di discorso, di giudizio, ecc.*) detto, esposto, dichiarato, declamato, enunciato, recitato **CONTR.** taciuto, sottinteso **3** (*fig.*) (*di simpatia, di cadenza, ecc.*) rilevato, spiccato, marcato, eccessivo **CONTR.** delicato, tenue, leggero, lieve, minimo **4** (*est.*) (*di naso, di mento, ecc.*) sporgente, prominente, protuberante **CONTR.** rientrante, piatto, rincagnato.

pronunziàre e deriv. *V.* **pronunciare** e deriv.

propagànda *s. f.* **1** (*di idee*) diffusione, divulgazione, apostolato **2** pubblicità, réclame (*fr.*), battage (*fr.*), campagna, lancio, promozione, promotion (*ingl.*), pubblicizzazione, sviluppo, imbonimento.

propagandàre *v. tr.* **1** diffondere, pubblicizzare, reclamizzare, promuovere □ introdurre, lanciare, immettere **2** rivelare, divulgare **CONTR.** nascondere, tenere nascosto.

propagandista *s. m. e f.* **1** pubblicitario **2** agente, rappresentante, piazzista, produttore **3** banditore, propugnatore, diffusore, propagatore, divulgatore □ (*est.*) catechizzatore, missionario □ attivista.

propagandìstico *agg.* pubblicitario, reclamistico, promozionale, di sviluppo.

propagàre **A** *v. tr.* **1** (*biol.*) moltiplicare **2** (*fig.*) (*di idea, di notizia, ecc.*) diffondere, spargere, spandere, rivelare, divulgare, propalare, diramare, predicare, spacciare, pubblicare **CONTR.** tacere, nascondere, frenare, contenere **3** (*lett.*) (*di influenza, di potere, ecc.*) allargare, dilatare, estendere, stendere, espandere **CONTR.** restringere, contenere, limitare, localizzare **B** **propagarsi** *v. intr. pron.* spargersi, diffondersi, correre, volare, circolare, girare, spandersi, dilatarsi, estendersi, espandersi □ irradiarsi, invadere, infiltrarsi □ attecchire, contagiare, affermarsi, dilagare

CONTR. limitarsi, contenersi, restringersi.

propagazióne *s. f.* **1** diffusione, propalazione, divulgazione, espansione, moltiplicazione, spargimento, diramazione **2** (*fis.*) trasmissione, trasporto, conduzione, irradiazione **3** (*di infezione, di malattia*) contagio, epidemia.

propàggine *s. f.* **1** (*agr.*) ramo, margotta, talea **2** (*fig.*) diramazione, ramificazione **3** (*di montagna*) cresta, costone, contrafforte **4** (*lett., fig.*) prole, rampollo.

propalàre *A v. tr.* divulgare, diffondere, raccontare, pubblicare, propagare, spargere □ dire, palesare, svelare, rivelare □ annunciare, proclamare CONTR. tacere, sottacere, nascondere *B v. intr. pron.* spargersi, diffondersi, rimbalzare. *V. anche* PARLARE

propedèutico *agg.* preparatorio, introduttivo, preliminare CONTR. specialistico □ conclusivo.

propellènte *A agg.* propulsorio *B s. m.* combustibile, carburante.

propèndere *v. intr.* essere favorevole, inclinare, preferire, pendere, simpatizzare, prediligere, tendere, orientarsi CONTR. avversare, osteggiare, contrariare.

propensióne *s. f.* **1** (*allo studio, alla musica, ecc.*) tendenza, inclinazione, attitudine, talento, predisposizione, stoffa (*fam.*), genio, vocazione, disposizione, istinto, bernoccolo (*fam.*) CONTR. inattitudine, negazione, idiosincrasia, refrattarietà, avversione, ostilità **2** (*verso persona*) preferenza, predilezione, simpatia, amore, passione, tenero CONTR. avversione, antipatia, ostilità.

propènso *part. pass. di* **propendere**; *anche agg.* favorevole, incline, portato, disposto, indirizzato, tendente, proclive (*lett.*), amante, orientato, intenzionato CONTR. avverso, sfavorevole, maldisposto, indisponibile, contrario, restio, refrattario, alieno, allergico (*scherz.*).

propilèo *s. m.* (*archeol.*) porticato, portico, colonnato, pronao.

propinàre *v. tr.* somministrare, mescere, dare, distribuire □ ammanire, rifilare.

propìnquo *agg.* **1** (*lett.*) parente, congiunto, affine, consanguineo CONTR. estraneo **2** (*lett.*) vicino, prossimo, contiguo, adiacente, limitrofo, confinante, contermine CONTR. lontano, distante, staccato, remoto. *V. anche* VICINO

propiziàre *v. tr.* cattivarsi, conciliarsi, ingraziarsi, amicare, intercedere CONTR. inimicarsi, urtarsi.

propiziatóre *s. m.; anche agg.* (*f. -trice*) intercessore.

propiziatòrio *agg.* propiziante, propiziativo (*raro*), espiatorio, placatore (*raro*), scaramantico.

propiziazióne *s. f.* conciliazione, placazione (*ant.*), espiazione.

propìzio *agg.* **1** (*di vento, di clima, ecc.*) favorevole, benigno, amico, secondo (*lett.*), fausto, prospero, felice CONTR. infausto, nefasto, avverso, contrario, calamitoso, ostile, sfavorevole **2** (*di momento, di occasione, ecc.*) opportuno, vantaggioso, adatto, buono, acconcio, idoneo, adeguato, conveniente, giusto, utile CONTR. sbagliato, inadatto, inopportuno.

proponènte *part. pres. di* **proporre**; *anche agg.* e *s. m.* e *f.* presentatore.

proponìbile *agg.* suggeribile, consigliabile, presentabile CONTR. improponibile, sconsigliabile, impresentabile.

proponiménto *s. m.* proposito, intenzione, volontà, animo, progetto, intento, intendimento, divisamento (*raro*), disegno, mira, piano.

propórre *A v. tr.* **1** (*di partire, di comprare, ecc.*) suggerire, consigliare, prospettare, offrire CONTR. sconsigliare, distogliere, dissuadere **2** (*fig.*) (*di progetto, di idea, ecc.*) presentare, avanzare, portare, sottoporre, esporre, ventilare, ispirare, promuovere **3** (*di persona*) candidare, deputare, designare, indicare, segnalare **4** (*di meta, di scopo, ecc.*) stabilire, determinare, progettare *B v. intr. pron.* **1** candidarsi, offrirsi, presentarsi **2** prefiggersi, riproporsi, ripromettersi, volere, pensare. *V. anche* PENSARE

proporzionàle *agg.* commisurato, adeguato, conveniente, equilibrato, perequato □ scalare, graduale CONTR. inadeguato, sproporzionato, squilibrato, sperequato.

proporzionalménte *avv.* in proporzione, percentualmente, adeguatamente, convenientemente, corrispettivamente CONTR. sproporzionatamente, inadeguatamente.

proporzionàre *v. tr.* adattare, adeguare, perequare, commisurare, graduare, equilibrare CONTR. sproporzionare, sperequare, squilibrare.

proporzionàto *part. pass. di* **proporzionare**; *anche agg.* **1** adeguato, perequato, commisurato, congruente, graduato, equilibrato, consono, corrispettivo, corrispondente, equo CONTR. sproporzionato, sperequato, squilibrato, spropositato, abnorme **2** (*di figura, di corpo, ecc.*) armonico, simmetrico, armonioso, regolare, ben fatto □ normolineo, normotipo CONTR. disarmonico, sproporzionato, deforme **3** (*est.*) (*di guadagno, di lavoro, ecc.*) conforme, adeguato, atto, adatto, equo, rispondente, giusto, degno, conveniente, ragionevole, commisurato CONTR. sproporzionato, inadeguato, inadatto, antieconomico.

proporzióne *s. f.* **1** (*tra cose*) rapporto, corrispondenza, relazione, correlazione, congruenza CONTR. sproporzione, incongruenza, inadeguatezza **2** (*di membra, di peso, ecc.*) simmetria, equilibrio, armonia, euritmia, misura, rispondenza, convenienza CONTR. sproporzione, asimmetria, deformità **3** (*di terremoto, di innovazione, ecc.*) dimensione, grandezza, grossezza, titolo (*chim.*), estensione, scala, tenore, portata FRAS. *in proporzione*, proporzionalmente, nella giusta misura □ *senza proporzione* (*raro*), senza confronto, senza paragone. *V. anche* MISURA

propòsito *s. m.* **1** proponimento, intenzione, intendimento, volontà, deliberazione, determinazione, partito, risoluzione, voto, divisamento (*raro*), intento, prefiggimento (*raro*) □ idea, pensiero, animo, mente □ progetto, programma, disegno, piano **2** (*est.*) fine, scopo, meta, obiettivo, mira, finalità **3** (*di discorso*) materia, argomento, tema, soggetto, assunto FRAS. *di propòsito*, apposta, intenzionalmente □ *a* *proposito di*, quanto a, intorno a □ *a proposito*, al momento opportuno □ *male a proposito*, inopportunamente.

proposizióne s. f. **1** giudizio, affermazione, enunciazione **2** (*ling.*) frase, periodo, costrutto **3** premessa, esordio, postulato, tesi, assioma, assunto **4** profferta, proposta.

propósta s. f. **1** (*di lavoro, di pace, ecc.*) offerta, invito □ profferta, avance (*fr.*) **2** progetto, mozione, disegno, parere, idea, intenzione, suggerimento, consiglio, iniziativa, programma. *V. anche* CONSIGLIO

propósto part. pass. di **proporre**; anche agg. **1** suggerito, consigliato, ispirato, portato, offerto, prospettato, ventilato **CONTR.** sconsigliato **2** (*fig.*) (*di progetto, di idea, ecc.*) presentato, sottoposto, esposto **3** (*di persona*) designato, indicato, segnalato **4** (*di meta, di scopo, ecc.*) stabilito, determinato, ideato, progettato.

propriaménte avv. **1** veramente, realmente, esattamente, proprio, in verità □ specificamente, particolarmente, tipicamente □ precisamente, letteralmente **CONTR.** impropriamente, inesattamente □ figuratamente, estensivamente **2** bene, correttamente, a puntino **CONTR.** male, scorrettamente.

proprietà s. f. **1** appartenenza, possesso, diritto, dominio, pertinenza, spettanza **2** (*di medicina, di erba, ecc.*) qualità, facoltà, potere, virtù, prerogativa, caratteristica, singolarità, attributo, dono, dote **3** possedimento, bene, patrimonio, capitale, terreno, avere, roba (*fam.*) **4** (*di linguaggio*) precisione, esattezza, correttezza **CONTR.** imprecisione, inesattezza, scorrettezza, improprietà **5** (*di vestire, di comportarsi, ecc.*) eleganza, decoro, ricercatezza, accuratezza, garbo **CONTR.** trascuratezza, sciatteria, ineleganza. *V. anche* ELEGANZA, FACOLTÀ, POSSEDIMENTO

proprietàrio s. m. (*anche est.*) possessore, possidente, padrone, signore, detentore, intestatario, locatore, titolare □ capitalista, azionista **CFR.** affittuario, inquilino, locatario □ proletario.

pròprio **A** agg. **1** appartenente, inerente, rispettivo □ caratteristico, tipico, specifico, peculiare, precipuo, personale, esclusivo, distintivo, speciale, particolare, rappresentativo, endemico **CONTR.** generale, comune, aspecifico, alieno **2** (*di nome, di motivo, ecc.*) personale, privato, individuale, particolare **CONTR.** comune **3** (*di parola, di frase e sim.*) appropriato, giusto, esatto, preciso, letterale □ rispondente, calzante, adatto, legittimo **CONTR.** impreciso, approssimato, inesatto, improprio □ figurato, traslato, estensivo, metaforico, eufemistico **4** (*di vestito, di comportamento, ecc.*) adatto, decoroso, conveniente, opportuno, confacente, acconcio, corretto, garbato, elegante **CONTR.** indecoroso, inopportuno, sconveniente, scorretto **B** agg. poss. suo, loro, personale **CONTR.** altrui **C** avv. **1** precisamente, propriamente, giustappunto, appunto, già, esattamente, realmente, veramente, davvero, vero **CONTR.** vagamente, approssimativamente, pressappoco **2** espressamente, specificamente, appositamente **3** affatto, per nulla, niente affatto **FRAS.** *in proprio*, di proprietà personale; personalmente; senza dipendere da altri.

propugnàre v. tr. **1** (*raro*) difendere **CONTR.** accusare, avversare **2** (*fig.*) sostenere, favorire, patrocinare **CONTR.** avversare, combattere, perseguitare.

propugnatóre s. m.; anche agg. (f. *-trice*) (*raro*) difensore, protettore, paladino □ sostenitore, diffusore, propagatore, propagandista, alfiere, apostolo.

propulsióne s. f. spinta, impulso.

propulsóre s. m. **1** motore **2** (*fig.*) (*di persona*) animatore, sostenitore.

pròra s. f. (*mar.*) **1** prua, proda **CONTR.** poppa **2** (*fig., lett.*) nave.

pròroga s. f. differimento, posticipazione, dilazione, rinvio, rimando, ritardo, aggiornamento, procrastinazione (*raro*), prolungamento, protrazione, moratoria, temporeggiamento □ comporto (*dir.*) **CONTR.** anticipo, anticipazione, attuazione.

prorogàre v. tr. posticipare, procrastinare, rinviare, differire, dilazionare, prolungare, ritardare, aggiornare, indugiare, rimandare, protrarre **CONTR.** anticipare, accelerare, affrettare.

prorompènte part. pres. di **prorompere**; anche agg. impetuoso, incontenibile, traboccante, indomabile, irruente, aggressivo, veemente, violento, dirompente **CONTR.** calmo, tranquillo, pacato, lento.

prorómpere v. intr. **1** (*di folla, di fiume, ecc.*) erompere, sboccare, traboccare, irrompere, riversarsi, straripare, straboccare (*pop.*) **2** (*fig.*) (*in lacrime, in grida, ecc.*) scoppiare, sbottare, esclamare, esplodere, dirompere (*raro, lett.*), scatenarsi, scattare **CONTR.** trattenersi.

pròsa s. f. **1** scritto, opera, componimento, brano **2** lingua, stile **3** (*fig.*) (*di vita, di azioni e sim.*) prosaicità, realtà, materialità, quotidianità, banalità, volgarità **CONTR.** poesia (*fig.*).

prosaicità s. f. (*fig.*) banalità, quotidianità, materialità, volgarità, realtà, prosa (*fig.*) **CONTR.** poesia (*fig.*), lirismo, idealità, illusione.

prosàico agg. (*fig.*) antipoetico, impoetico, materiale, banale, piatto, quotidiano, concreto, pratico, pedestre, volgare, meschino **CONTR.** ideale, poetico, lirico, spirituale, irreale, visionario.

prosatóre s. m. (f. *-trice*) scrittore, romanziere, saggista, narratore, letterato, autore **CONTR.** poeta, lirico.

proscènio s. m. avanscena, ribalta **CONTR.** retroscena, quinte.

prosciògliere v. tr. (*anche est.*) liberare, rilasciare, assolvere, slegare, sciogliere, dispensare, perdonare **CONTR.** incriminare, rinviare a giudizio, condannare □ vincolare, legare.

proscioglimént o s. m. (*anche est.*) liberazione, rilascio, assoluzione **CONTR.** incriminazione □ condanna □ vincolo.

prosciòlto part. pass. di **prosciogliere**; anche agg. (*anche est.*) liberato, libero, sciolto, assolto **CONTR.** incriminato, rinviato a giudizio □ condannato, vincolato.

prosciugaménto s. m. **1** (*di terreno*) bonifica, bonificazione, drenaggio, risanamento **CONTR.** inondazione, allagamento, alluvione, irrigazione **2** (*di* *fonte, di cosa, ecc.*) disseccamento, inaridimento, disseccazione, essiccazione, essiccamento.

prosciugàre *A* v. tr. *1* (*di terreno*) bonificare, risanare, drenare *2* (*di terreno, di prato, ecc.*) asciugare, seccare, disseccare, insecchire, inaridire **CONTR.** allagare, inondare, irrigare, bagnare, annaffiare *B* **prosciugarsi** v. intr. pron. asciugarsi, disseccarsi, seccarsi, insecchire, inaridirsi **CONTR.** allagarsi, inondarsi, inumidirsi, bagnarsi.

prosciugàto part. pass. di **prosciugare**; anche agg. asciugato, asciutto, seccato, secco, disseccato, inaridito **CONTR.** allagato, bagnato.

proscrìtto *A* part. pass. di **proscrivere**; anche agg. *1* (*di persona*) esiliato, bandito, espulso, scacciato *2* (*fig.*) (*di cosa*) abolito, vietato, eliminato, soppresso **CONTR.** accolto, permesso, consentito *B* s. m. esule, esiliato, fuoriuscito, profugo, confinato, rifugiato.

proscrìvere v. tr. *1* (*est.*) (*di persona*) esiliare, bandire, espellere, scacciare *2* (*fig.*) (*di cosa*) abolire, vietare, eliminare, sopprimere, cancellare, proibire, annullare **CONTR.** accogliere, accettare, permettere, consentire, concedere, autorizzare.

proscrizióne s. f. *1* (*di persona*) esilio, bando, espulsione, cacciata, espatrio □ deportazione, confino *2* (*fig.*) (*di cosa*) abolizione, divieto, soppressione, cancellazione, annullamento, proibizione **CONTR.** accettazione, permesso, concessione, autorizzazione.

prosecuzióne s. f. continuazione, prosieguo (*bur.*), seguito **CONTR.** cessazione, fine, interruzione, troncamento, taglio, arresto □ intervallo, sospensione, fermata, sosta, pausa, tregua.

proseguiménto s. m. continuazione, prolungamento □ seguito, prosieguo (*bur.*), prosecuzione **CONTR.** interruzione, troncamento □ cessazione, fine □ sospensione, arresto, sosta.

proseguìre *A* v. tr. (*di lavoro, di cammino, ecc.*) seguitare, continuare □ riprendere, ripigliare **CONTR.** interrompere, troncare, cessare, smettere, tralasciare *B* v. intr. *1* (*di lavoro, di cammino, ecc.*) procedere, andare avanti, durare, perdurare, prolungarsi **CONTR.** arrestarsi, fermarsi, arenarsi, incagliarsi, smettere, interrompersi, cessare, indugiare, soffermarsi *2* (*nel lavoro, nel cammino, ecc.*) persistere, perseverare, insistere, tirare **CONTR.** rinunciare, abbandonare, ritirarsi, desistere □ recedere, retrocedere, ripiegare.

prosèlito o (*raro*) **prosèlite** s. m. adepto, aderente, seguace, iniziato, affiliato, neofita, convertito **CONTR.** precursore, pioniere. *V. anche* SEGUACE

prosit /lat. 'prɔzit/ [terza pers. cong. pres. di *prodesse* 'giovare'] inter. buon pro!, salute!, cin cin!

prosopopèa s. f. *1* (*retorica*) personificazione *2* (*fig.*) boria, boriosità, presunzione, alterigia, sussiego, superbia, albagia, spocchia, iattanza, burbanza, pomposità, sicumera, ostentazione **CONTR.** modestia, semplicità, naturalezza, umiltà.

prosperàre v. intr. crescere, fiorire, lussureggiare, svilupparsi, attecchire □ ingrandirsi, migliorare, abbondare **CONTR.** deperire, avvizzire, appassirsi, intristire, languire, stentare, patire, perire.

prosperità s. f. rigoglio, floridezza □ (*fig.*) agiatezza, benessere, ricchezza, prosperosità, fortuna, abbondanza **CONTR.** indigenza, povertà, stentatezza, debolezza, miseria, penuria, carestia, scarsità. *V. anche* FORTUNA

pròspero agg. *1* (*di situazione, di vento, ecc.*) favorevole, felice, fortunato, fausto, propizio, secondo (*lett.*), benigno, roseo **CONTR.** infausto, nefasto, infelice, sfortunato *2* (*di persona*) prosperoso, fiorente, robusto, gagliardo, formoso, vigoroso, florido **CONTR.** stentato, stento, debole, gracile, cagionevole, delicato, malaticcio, malandato, esile *3* (*di commercio, di attività, ecc.*) florido, redditizio, fruttifero, avviato, solido, ricco **CONTR.** difficoltoso, stentato, misero, povero, asfittico (*fig.*) *4* (*est.*) (*di pianta*) rigoglioso, lussureggiante, abbondante, esuberante **CONTR.** avvizzito, imbozzacchito, incatorzolito, intristito, stentato.

prosperóso agg. *1* (*di terra, di pianta, ecc.*) prospero, rigoglioso, abbondante, ricco, lussureggiante **CONTR.** appassito, incatorzolito, imbozzacchito, magro, povero, misero, stentato *2* (*di persona*) fiorente, sano, robusto, florido, gagliardo □ (*di donna*) matronale, formoso, procace, giunonico **CONTR.** stentato, stento (*tosc.*), debole, gracile, magro, delicato, macilento, malandato, esile, smunto. *V. anche* ROBUSTO

prospettàre *A* v. tr. *1* (*raro*) (*di edificio*) guardare, fronteggiare, dare, affacciare *2* (*fig.*) (*di situazione, di ipotesi, ecc.*) mostrare, esporre, presentare, far notare, proporre, delineare, prevedere *B* v. intr. (*di edificio, di giardino, ecc.*) affacciarsi, aprirsi, specchiarsi *C* **prospettarsi** v. rifl. (*di situazione, di tempo, ecc.*) presentarsi, profilarsi, delinearsi, apparire, prevedersi.

prospettiva s. f. *1* lontananza, profondità, gradazione, sfondo *2* (*di luogo*) veduta, panorama, vista, scorcio, visuale, paesaggio, orizzonte *3* (*fig.*) (*di economia, di politica, ecc.*) previsione, possibilità, aspettativa, idea, speranza *4* (*fig.*) ottica, punto di vista, visuale, angolatura, angolazione, luce. *V. anche* SPERANZA

prospètto s. m. *1* (*di luogo*) veduta, vista, scorcio, visuale, panorama, paesaggio *2* (*di costruzione*) faccia, facciata, fronte *3* (*di dati, di verbi, ecc.*) tabella, tabellone, tavola, specchio, specchietto, programma, quadro, sinossi, sintesi, riassunto □ bilancio, orario, prontuario, vademecum. *V. anche* QUADRO

prospiciènte agg. volto, rivolto, fronteggiante, guardante, di fronte, antistante **CONTR.** retrostante.

prossimaménte avv. tra poco, presto, fra non molto **CONTR.** più tardi, tardi.

prossimità s. f. *1* vicinanza, attiguità, contiguità, contatto, adiacenze, dintorni, pressi, paraggi, propinquità (*ant.*), imminenza **CONTR.** lontananza, distanza *2* (*fig.*) somiglianza, affinità, analogia **CONTR.** diversità, differenza, dissimiglianza.

pròssimo *A* agg. *1* (*di luogo*) vicino, propinquo (*lett.*), attiguo, contiguo, adiacente, limitrofo, confinante, circonvicino, circostante, contermine **CONTR.** lontano, distante, staccato, discosto *2* (*di tempo*) futuro, venturo, successivo, seguente, entrante **CONTR.** precedente, passato, antecedente, ultimo, scorso □ corrente ***3*** (*di parente*) stretto, diretto, immediato **CONTR.** lontano, remoto ***4*** (*fig.*) (*di persona o cosa*) affine, analogo, simile, somigliante **CONTR.** diverso, differente, dissimile ***B*** *s. m.* ***1*** parente, congiunto, consanguineo ***2*** (*est.*) umanità, simili, gente, altri. *V. anche* SIMILE, VICINO

prostituìre ***A*** *v. tr.* avvilire, vendere, abbassare, disonorare **CONTR.** onorare, nobilitare ***B*** *v. rifl.* vendersi, battere (*volg.*).

prostitùta *s. f.* meretrice, mondana, passeggiatrice (*euf.*), puttana (*volg.*), sgualdrina, donnaccia, squillo (*gerg.*), lucciola (*pop.*), battona (*pop.*).

prostituzióne *s. f.* meretricio, lenocinio.

prostràre ***A*** *v. tr.* ***1*** (*materialmente*) abbattere, atterrare, piegare, prosternare (*lett.*) □ fiaccare, stancare indebolire, accasciare, logorare, affaticare, sfinire, spossare, estenuare, stremare, infiacchire, svigorire, stancare **CONTR.** sollevare, alzare □ ritemprare, rinvigorire, rinforzare ***2*** (*fig.*) (*moralmente*) abbattere, annientare, troncare, avvilire, scoraggiare, deprimere, disanimare □ umiliare, mortificare **CONTR.** incoraggiare, confortare, rianimare, rinfrancare, rincorare, entusiasmare ***B*** **prostrarsi** *v. rifl.* ***1*** inginocchiarsi, prosternarsi, genuflettersi, ripiegarsi **CONTR.** rizzarsi, ergersi ***2*** (*fig.*) (*moralmente*) abbassarsi, umiliarsi, avvilirsi, accasciarsi **CONTR.** rinfrancarsi, rianimarsi, entusiasmarsi. *V. anche* STANCARE

prostràto *part. pass. di* **prostrare**; *anche agg.* ***1*** (*materialmente*) abbattuto, atterrato, piegato, prosternato □ fiaccato, stanco, indebolito, accasciato, logorato, sfinito, spossato, stremato, cotto, esausto **CONTR.** sollevato, ritto □ rinvigorito, rinforzato ***2*** (*moralmente*) umiliato, vinto □ avvilito, affranto, depresso, annientato, accasciato **CONTR.** rinfrancato, rianimato ***3*** inginocchiato, prosternato, genuflesso, piegato, prono □ (*fig.*) supplichevole, supplice, deferente, ossequioso **CONTR.** ritto.

prostrazióne *s. f.* ***1*** (*di fisico*) spossatezza, spossamento, sfinimento, sfinitezza, languore, stanchezza, debolezza, affaticamento, esaurimento, indebolimento, infiacchimento **CONTR.** vigore, gagliardia, energia, vigoria, robustezza ***2*** (*di morale*) accasciamento, avvilimento, abbattimento, demoralizzazione, scoraggiamento, depressione, svilimento, disperazione **CONTR.** coraggio, fervore, ardore, vigore. *V. anche* DEBOLEZZA, SCORAGGIAMENTO

protagonìsta *s. m. e f.* personaggio, eroe, eroina □ primo attore, soubrette (*fr.*), star (*ingl.*), mattatore □ big (*ingl.*), grande. *V. anche* GRANDE

protèggere ***A*** *v. tr.* ***1*** (*di persona o cosa*) riparare, coprire, ricoprire, salvare, isolare □ schermare, velare □ difendere, guardare, custodire, conservare, presidiare □ preservare, premunire, cautelare, garantire, salvaguardare □ blindare, corazzare **CONTR.** danneggiare, nuocere, rovinare, guastare, sovvertire, scoprire ***2*** (*di persona*) soccorrere, difendere, vegliare, tutelare, affiancare, appoggiare, favorire, favoreggiare, spalleggiare, sostenere, aiutare, beneficare, parteggiare, privilegiare **CONTR.** danneggiare, nuocere, avversare, osteggiare, combattere ***3*** (*di attività, di arti, ecc.*) favorire, patrocinare, promuovere **CONTR.** avversare, combattere ***B*** *v. rifl.* cautelarsi, difendersi, ripararsi, tutelarsi.

protèico *agg.* proteinico, nutriente.

protèndere ***A*** *v. tr.* stendere, tendere, distendere, prostendere, allungare, sporgere, porgere, spingere **CONTR.** ritirare ***B*** **protendersi** *v. rifl.* spingersi, sporgersi, stendersi, estendersi, allungarsi, prolungarsi **CONTR.** ritirarsi. *V. anche* SPINGERE

protèrvia *s. f.* arroganza, burbanza, tracotanza, superbia, sfrontatezza, ostinazione, cocciutaggine, caponaggine, insolenza, sfacciataggine, iattanza, albagia, pervicacia, presunzione **CONTR.** umiltà, modestia, mitezza, arrendevolezza, penitenza, vergogna.

protèrvo *agg.* arrogante, burbanzoso, tracotante, insolente, sfacciato, ostinato, cocciuto, superbo, borioso, sfrontato, pervicace, presuntuoso **CONTR.** umile, mite, condiscendente, arrendevole, resipiscente, riguardoso, vergognoso, modesto, ritroso, cortese.

pròtesi *s. f.* ***1*** (*ling.*) prostesi ***2*** (*med.*) apparecchio sostitutivo, arto artificiale **FRAS.** *protesi dentaria*, dentiera.

protèsta *s. f.* ***1*** opposizione, disapprovazione, reazione, ribellione, querela (*lett.*) □ contestazione, sciopero, agitazione, manifestazione □ lamentela, lagnanza, lamento, rimostranza, recriminazione, reclamo **CONTR.** consenso, assentimento, assenso, approvazione, adesione, rassegnazione ***2*** (*di fedeltà, di gratitudine, ecc.*) dichiarazione, assicurazione **CONTR.** negazione. *V. anche* RIBELLIONE

protestàre ***A*** *v. tr.* (*di fedeltà, di gratitudine, ecc.*) dichiarare, proclamare, attestare, affermare, assicurare, palesare **CONTR.** negare ***B*** *v. intr.* opporsi, reagire, insorgere, ribellarsi, contrastare, lagnarsi, lamentarsi, reclamare, gridare, strepitare, strillare, disapprovare, mormorare □ manifestare, agitarsi, contestare, scioperare **CONTR.** accettare, ammettere, approvare, appoggiare, parteggiare, fiancheggiare, consentire □ rassegnarsi, subire ***C*** **protestarsi** *v. rifl.* dichiararsi, professarsi, riconoscersi, proclamarsi **CONTR.** negare, rifiutarsi. *V. anche* GRIDARE

protettìvo *agg.* ***1*** (*di sistema, di materiale, ecc.*) difensivo, preservatore, preservativo, profilattico, conservativo **CONTR.** distruttivo, demolitore ***2*** (*di sguardo, di atteggiamento, ecc.*) benevolo, benigno **CONTR.** cattivo, minaccioso, offensivo.

protètto ***A*** *part. pass. di* **proteggere**; *anche agg.* ***1*** difeso, sicuro, riparato, trincerato, blindato, corazzato □ rivestito, salvaguardato, coperto, schermato □ tutelato, brevettato **CONTR.** danneggiato, rovinato, guastato □ esposto, scoperto, indifeso ***2*** (*di persona*) favorito, patrocinato, tutelato, appoggiato, aiutato, sostenuto, affiancato, spalleggiato, giustificato **CONTR.** avversato, osteggiato, perseguitato, abbandonato ***B*** *s. m.* (*di persona*) raccomandato, beniamino, cocco (*fam.*), prediletto, creatura, pupillo, cliente **CONTR.** vittima, perseguitato, capro espiatorio.

protettóre *s. m.*; *anche agg.* (*f. -trice*) ***1*** difensore, soccorritore, paladino □ custode, tutore, patrono, patrocinatore, sostenitore, benefattore, favoreggiatore, propugnatore, fautore, mecenate **CONTR.** oppositore, nemico, persecutore, vessatore ***2*** (*di prostitute*) sfruttatore.

proteziòne *s. f.* ***1*** difesa, aiuto, soccorso □ appoggio, cooperazione, favore, patronato, sostegno, patrocinio □ auspicio, egida (*lett.*), ala (*fig.*) □ preservazione, conservazione, presidio, salvaguardia □ asilo, rifugio, usbergo (*lett.*), riparo □ bastione, baluardo, scudo (*fig.*), mecenatismo **CONTR.** opposizione, avversione, persecuzione, ostilità, sopruso, vessazione ***2*** (*dell'infanzia, della gioventù, ecc.*) assistenza, tutela ***3*** favoreggiamento, parzialità, agevolazione, ombra (*fig.*), favore, favoritismo, privilegio, raccomandazione, spinta (*fam.*), sponda (*pop.*), puntello **CONTR.** imparzialità ***4*** blinda, blindaggio, corazza, copertura, manto, schermo, schermatura, rivestimento, rivestitura. *V. anche* DIFESA, FAVORE, PRIVILEGIO

protocollàre (1) *v. tr.* registrare, inventariare. *V. anche* REGISTRARE

protocollàre (2) *agg.* cerimoniale, rituale, formale, ufficiale **CONTR.** privato.

protocòllo *s. m.* ***1*** registro, formulario, inventario, regesto (*lett.*) ***2*** cerimoniale ***3*** accordo internazionale.

protòtipo ***A*** *s. m.* ***1*** modello, esempio, tipo, archetipo, campione, originale **CONTR.** copia, imitazione, riproduzione ***2*** (*di sgobbone, di mascalzone, ecc.*) tipico esempio, perfetto esemplare **CONTR.** contrario, opposto ***B*** *agg.* originale, esemplare, primitivo **CONTR.** copiato, imitato, riprodotto, derivato. *V. anche* MODELLO

protràrre ***A*** *v. tr.* ***1*** (*di durata*) prolungare, allungare, continuare **CONTR.** abbreviare, accorciare, raccorciare, sbrigare ***2*** (*di riunione, di data, ecc.*) differire, prorogare, rimandare, rinviare, procrastinare, dilazionare, ritardare **CONTR.** sbrigare, anticipare ***B*** **protrarsi** *v. intr. pron.* prolungarsi, allungarsi, trascinarsi, durare, continuare **CONTR.** cessare, finire.

protràtto *part. pass. di* **protrarre**; *anche agg.* ***1*** (*di durata*) prolungato, allungato, continuato ***2*** (*di riunione, di data, ecc.*) rinviato, differito, rimandato, procrastinato, prorogato, dilazionato.

protuberànza *s. f.* sporgenza, convessità, rialzamento, rialzo, escrescenza, prominenza, eminenza, bozzo, bozza, bernoccolo, bitorzolo, gibbosità, gobba, gobbo, gonfiore, rigonfiamento, tuberosità, rilievo **CONTR.** incavo, cavità, concavità, incavatura, infossamento, rientranza, buco.

pròva *s. f.* ***1*** (*di velocità, di resistenza, ecc.*) esperimento, controllo, collaudo, verifica, verificazione, riscontro, accertamento, analisi, assaggio, saggiatura, test (*ingl.*) ***2*** (*di lavoro, di studio, ecc.*) esame □ tirocinio, noviziato, esercizio, esercitazione ***3*** (*teat., cine.*) saggio, provino ***4*** (*di stampa*) bozza ***5*** cimento, impresa, competizione, gara, contesa, agone (*lett.*), manche (*fr.*), prestazione, performance □ dolore, difficoltà ***6*** (*di colpa, di reato, ecc.*) testimonianza, documento, conferma, suffragio, elemento, attestato, riprova, indizio, testimone, argomento **CONTR.** congettura, presunzione ***7*** (*fig.*) (*d'amore*) pegno ***8*** (*dir.*) argomento, argomentazione, corroborazione (*raro*) ***9*** (*di coraggio, di abilità, ecc.*) dimostrazione, saggio, segno, esempio ***10*** esperienza □ tentativo, sforzo ***11*** (*mat.*) dimostrazione, verifica **FRAS.** *a tutta prova*, affidabile, completamente sicuro □ *alla prova dei fatti*, a una verifica concreta. *V. anche* ESAME

provàre ***A*** *v. tr.* ***1*** (*di resistenza, di abito, ecc.*) sperimentare, saggiare, esperire, controllare, collaudare, verificare, accertare, analizzare, appurare, scandagliare □ misurare □ (*di cibo, ecc.*) assaggiare, sentire ***2*** (*di metodo, di lavoro, ecc.*) tentare, sperimentare ***3*** (*di verità, di intenzione, ecc.*) chiarire, appurare, assodare, constatare, confermare, riscontrare ***4*** (*di dolore, di odio, ecc.*) sentire, nutrire, avvertire, percepire, concepire, avere, portare, vivere ***5*** (*di persona*) mettere alla prova, cimentare ***6*** (*di fatto, di innocenza, ecc.*) dimostrare, testimoniare, attestare, circostanziare, comprovare, documentare **CONTR.** negare ***B*** **provarsi** *v. intr. pron.* esercitarsi, tentare □ cimentarsi, misurarsi, buttarsi. *V. anche* CONSTATARE

provàto *part. pass. di* **provare**; *anche agg.* ***1*** (*di resistenza, di abito, ecc.*) sperimentato, saggiato, controllato, verificato, misurato ***2*** (*di metodo, di lavoro, ecc.*) tentato, sperimentato **CONTR.** nuovo ***3*** (*di dolore, di odio, ecc.*) sentito, nutrito, avvertito, percepito ***4*** (*di fatto, di innocenza, ecc.*) dimostrato, sperimentato, conosciuto, confermato, assodato, comprovato, evidente, certo, accertato, garantito **CONTR.** ipotetico, supposto ***5*** (*di persona*) fedele, sicuro, fidato, devoto, fido (*lett.*) **CONTR.** infedele, infido, falso, ingannatore ***6*** (*di fisico, di morale*) affaticato, stanco, stremato, spossato, indebolito, esaurito **CONTR.** riposato, sereno, forte.

proveniènte *part. pres. di* **provenire**; *anche agg.* originario, derivato, venuto, giunto, discendente, disceso, conseguente, effluente (*raro*).

proveniènza *s. f.* (*fig.*) origine, derivazione, principio, fonte, sorgente, matrice, ceppo □ paese □ discendenza, filiazione **CONTR.** termine, destinazione.

provenìre *v. intr.* ***1*** venire, giungere, partire, arrivare (da) **CONTR.** arrivare (a), pervenire ***2*** (*fig.*) originare, derivare, procedere, scaturire, uscire, emanare, generarsi, originarsi, discendere, dipendere, nascere, risultare **CONTR.** arrivare, pervenire.

provènto *s. m.* entrata, rendita, guadagno, introito, reddito, incasso, gettito, ricavo, utile, frutto, prodotto, attivo **CONTR.** spesa, perdita, deficit (*lat.*). *V. anche* GUADAGNO

provenzàle *agg.* occitanico.

proverbiàle *agg.* (*fig.*) famoso, notorio, risaputo, manifesto, conosciuto, tradizionale, palese **CONTR.** ignoto, ignorato, sconosciuto. *V. anche* FAMOSO

provèrbio *s. m.* detto, adagio, sentenza, massima, aforisma, motto, apoftegma (*lett.*) □ precetto. *V. anche* MASSIMA

PROVERBIO
sinonimia strutturata

Un **proverbio** o una **massima** sono detti brevi e spesso arguti, di origine popolare e molto diffusi, che contengono norme e consigli fondati sull'esperienza: *raccolta di antichi proverbi, i proverbi sono la sapienza popolare*; *un libro di massime morali*; *una massima piena di arguzia*.

Una **sentenza** è una breve frase che, come il proverbio o la massima, esprime concisamente un principio, una norma, specialmente di natura morale, ma la cui origine non è sempre di origine popolare: *un'aurea sentenza*; *una dotta sentenza*; *un'antica sentenza*. L'espressione *sputare sentenze* significa dare consigli o giudizi non richiesti, ostentando una presuntuosa autorità. Una sentenza è anche uno di quei provvedimenti con cui sono decise le questioni sottoposte all'esame del giudice: *il tribunale ha emesso la sua sentenza*. Altro termine per definire una sentenza o un proverbio è **adagio**: *come dice l'antico adagio*. Di significato equivalente è **detto**: *nei classici ci sono molti detti famosi*; *un detto morale* è quello che contiene una norma di comportamento. Un *detto arguto e spiritoso* è una battuta, una facezia, un'arguzia o un **motto**: *motto garbato, pronto*. Quest'ultima parola, motto, definisce anche una breve frase sentenziosa: *"Provando e riprovando" era il motto dell'Accademia del Cimento*. Un *motto popolare* è una frase proverbiale. Nell'araldica militare il motto è la frase che, posta sotto lo stemma di un corpo, ne esprime simbolicamente il carattere e le finalità. Un motto breve ed arguto, un detto memorabile vengono anche definiti, con termine dotto e ricercato, **apoftegma**. Un **aforisma** è una breve massima che esprime una norma di vita o una sentenza filosofica: *parlare per aforismi*.

Il termine **precetto** può avere il significato di consiglio: *i saggi precetti dei nostri anziani*; o quello di insegnamento, norma, regola: *precetti morali, civili, religiosi*. Nella dottrina cattolica, inoltre, un precetto è quella legge con cui la Chiesa, applicando i comandamenti di Dio e per autorità di istituzione divina, prescrive ai fedeli alcuni atti di religione e determinate astinenze: *i cinque precetti generali della Chiesa*; *precetto pasquale*; *festa di precetto*.

provétto *agg.* **1** pratico, esperto, abile, buono, competente, versato, consumato, ferrato, maestro, capace, valente, ingegnoso, valido, conoscitore, qualificato **CONTR.** incompetente, ignorante, inesperto, maldestro, inetto, novizio, novellino, principiante **2** (*lett.*) anziano, non più giovane, vecchio **CONTR.** giovane, imberbe, poppante (*scherz.*).

provìncia *s. f.* **1** circoscrizione □ territorio, compartimento **2** (*est.*) paese, piccolo centro, cittadina **CONTR.** capoluogo, metropoli.

provinciàle *agg.*; *anche s. m.* e *f.* (*spreg.*) semplice, goffo, impacciato, arretrato, rozzo **CONTR.** cittadino, raffinato.

provincialìsmo *s. m.* **1** municipalismo, campanilismo, regionalismo **2** (*spreg.*) mentalità ristretta.

provìno *s. m.* **1** *dim. di* **prova** **2** (*cine.*) breve prova, audizione **3** (*di materiale*) campione.

provocànte *part. pres. di* **provocare**; *anche agg.* **1** (*di persona*) provocatore, provocatorio, irritante, offensivo, urtante, petulante, pungente, caustico **CONTR.** conciliante, bonario **2** (*di sguardo, di atteggiamento, ecc.*) attraente, procace, eccitante, assassino (*fig.*), stuzzicante, stimolante, allettante, tentatore, adescante, seducente, sexy (*ingl.*) **CONTR.** riservato, verecondo, modesto, casto, pudico, pudibondo (*lett.*), costumato.

provocàre ***A*** *v. tr.* **1** (*di danno, di malattia, ecc.*) cagionare, suscitare, causare, determinare, occasionare, scatenare, ingenerare, procurare, produrre, generare, creare, fruttare **CONTR.** impedire, frenare, arrestare, evitare, trattenere, mitigare □ subire, patire **2** (*di legge, di decisione, ecc.*) sollecitare, promuovere, motivare, originare **CONTR.** rallentare, ritardare **3** (*di sguardo, di atteggiamento, ecc.*) eccitare, muovere, spingere, indurre, stimolare **CONTR.** calmare, frenare, sedare **4** (*di persona, di ira, ecc.*) irritare, aizzare, istigare, attizzare, stuzzicare, pungolare, offendere, sfidare, accendere (*fig.*), destare, svegliare **CONTR.** blandire, calmare, ammansire, quietare, placare, acquietare, mitigare ***B*** *v. rifl. rec.* sfidarsi, eccitarsi. *V. anche* ISTIGARE, SPINGERE

provocàto *part. pass. di* **provocare**; *anche agg.* **1** aizzato, offeso, sfidato, stuzzicato **2** creato, prodotto, dato, destato, dovuto, motivato.

provocatóre *s. m.*; *anche agg.* (*f. -trice*) istigatore, eccitatore, fomentatore, stimolatore, agitatore, aizzatore, sobillatore, suscitatore, disturbatore □ sfidante **CONTR.** placatore (*raro*), mitigatore, conciliatore, paciere, pacificatore □ sfidato.

provocatòrio *agg.* **1** provocante, provocativo, polemico, dispettoso, offensivo **CONTR.** benevolo, benigno, amichevole, conciliante, conciliatorio **2** fomentatore, istigatore, stimolatore, sfidatore (*lett.*) **CONTR.** pacificatore, calmante, mitigatore.

provocazióne *s. f.* **1** istigazione, incitamento, eccitazione, eccitamento, stimolazione, pungolo, irritazione **2** offesa, sfida, bravata, ingiuria.

provvedére ***A*** *v. intr.* **1** predisporre, preparare, disporre, curare, organizzare, pensare **CONTR.** disinteressarsi, dimenticare **2** (*a un danno, a un inconveniente e sim.*) rimediare, riparare, sopperire ***B*** *v. tr.* **1** (*di cibo, di carburante, ecc.*) procacciare, procurare, acquistare, comperare, preparare, approntare, disporre, vettovagliare, alimentare **CONTR.** togliere, sottrarre, rubare **2** (*di mezzi, di denaro, ecc.*) fornire, rifornire, dotare, corredare, munire, premunire, armare **CONTR.** privare, sfornire, sguarnire, spogliare ***C*** **provvedersi** *v. rifl.* premunirsi, fornirsi, rifornirsi, munirsi, armarsi, procurarsi, procacciarsi, corredarsi **CONTR.** sprovvedersi, sfornirsi. *V. anche* PENSARE

provvediménto *s. m.* **1** rimedio, riparo □ misura, cautela, cura, accorgimento **2** disposizione, legge, decreto, delibera. *V. anche* MISURA

provvidènza *s. f.* **1** assistenza divina, Dio **2** (*fig.*)

dono, favore, manna (*fig.*), fortuna, benedizione, soccorso **CONTR.** sventura, sciagura, sfortuna.

provvidenziàle *agg.* ***1*** divino ***2*** (*est.*) opportuno, benefico, utile, provvido, tempestivo, favorevole **CONTR.** inopportuno, intempestivo, malefico, nefasto, funesto, rovinoso.

pròvvido *agg.* ***1*** (*di persona*) previdente, preveggente, prudente, saggio **CONTR.** improvvido, imprevidente, imprudente, avventato ***2*** (*di cosa*) utile, opportuno, benefico, favorevole, provvidenziale, tempestivo **CONTR.** dannoso, inopportuno, intempestivo, rovinoso.

provvigióne *s. f.* ***1*** (*di affare*) senseria, mediazione, percentuale ***2*** (*ant.*) (*di lavoro*) stipendio, assegno, emolumento, pagamento ***3*** (*lett.*) (*di viveri, di legna, ecc.*) provvista, approvvigionamento, riserva, rifornimento, scorta □ (*di cibo*) vettovaglia.

provvisoriaménte *avv.* temporaneamente, momentaneamente, transitoriamente, per ora, per il momento, precariamente **CONTR.** sempre, permanentemente, stabilmente, definitivamente, perpetuamente, durevolmente.

provvisorietà *s. f.* precarietà, temporaneità, transitorietà, instabilità, fugacità, fuggevolezza **CONTR.** durevolezza, continuità, perpetuità, perennità, eternità.

provvisòrio *agg.* temporaneo, transitorio, momentaneo, transeunte □ (*est.*) instabile, precario, avventizio, interinale, interino, incerto, effimero, caduco, fuggevole, fugace, passeggero **CONTR.** definitivo, stabile, fisso, permanente, stanziale, durevole, duraturo, continuo, perpetuo, sempiterno, eterno **FRAS.** *in via provvisoria*, temporaneamente. *V. anche* FUGACE, INCERTO

provvìsta *s. f.* ***1*** rifornimento, fornitura, approvvigionamento, provvigione ***2*** scorta, stock (*ingl.*), riserva □ vettovaglie, viveri.

provvìsto *part. pass. di* **provvedere**; *anche agg.* provveduto, fornito, rifornito, dotato, munito, guarnito, ricco **CONTR.** sprovvisto, privo, sguarnito, spogliato.

prùa *s. f.* (*mar.*) proda, prora □ (*est.*) direzione, rotta **CONTR.** poppa.

prudènte *agg.* giudizioso, sensato, responsabile, ragionevole, savio, saggio, assennato, provvido, riflessivo, controllato, misurato, discreto, ponderato, provveduto □ preveggente, previdente, accorto, avveduto, lungimirante, oculato, occhiuto (*raro*) □ cauto, circospetto, guardingo, vigile **CONTR.** imprevidente, irriflessivo, inconsiderato, sconsiderato, avventato, sventato, incauto □ temerario, rischioso, arrischiato, imprudente, audace, incosciente, azzardato, spericolato, folle, pazzo.

prudenteménte *avv.* cautamente, giudiziosamente, accortamente, avvedutamente, oculatamente, saggiamente, saviamente, assennatamente, sensatamente, misuratamente, ponderatamente □ diplomaticamente, delicatamente □ piano, adagio **CONTR.** imprudentemente, avventatamente, sconsideratamente, incautamente, temerariamente, incoscientemente, irresponsabilmente, sventatamente.

prudènza *s. f.* ***1*** previdenza, accortezza, avvedutezza, oculatezza, senno, saggezza, buonsenso, consideratezza (*raro*), lungimiranza, saviezza, assennatezza, giudizio, maturità, misura, moderazione, ragionevolezza, ponderatezza, posatezza, preveggenza, sale (*fig.*), riflessione □ circospezione, cautela, precauzione **CONTR.** imprudenza, avventatezza, irragionevolezza, sconsideratezza, irriflessione, disavvedutezza, sventatezza, precipitazione □ incoscienza, temerarietà, leggerezza, sbadataggine, spensieratezza ***2*** riguardo, scrupolo, considerazione, delicatezza, tatto, discretezza, discrezione, riservatezza □ tattica, diplomazia, savoire-faire (*fr.*) **CONTR.** indiscrezione, improntitudine, invadenza, importunità, disinvoltura. *V. anche* MISURA, SAGGEZZA

PRUDENZA
sinonimia strutturata

Nella vita quotidiana la **prudenza** comunemente intesa consiste nel vivere, nell'agire con **senno**, **saviezza**, **assennatezza**, **avvedutezza**, **giudizio**, ossia con criterio: *agire con la massima prudenza*; *siete proprio senza giudizio*; **saggezza** si distingue appena perché suggerisce una più profonda e generale disposizione dell'animo e dell'intelletto, spesso associata all'età o a una visione globale e quasi filosofica delle cose del mondo: *un vecchio di grande saggezza*. Al contrario, il **buonsenso** si lega all'esperienza spicciola e per questo talvolta può essere considerato negativamente o con sufficienza. Chi è saggio di solito possiede **misura**, **moderazione** e **posatezza**, cioè mantiene equilibrio e temperanza nel pensiero e nell'azione: *nelle cose ci vuol misura*; *parlare, esprimersi con moderazione*; molto vicino è **ragionevolezza**, che designa la capacità di lasciarsi guidare dalla ragione: *è una proposta piena di ragionevolezza*. Queste qualità sono solo in parte innate, e si acquisiscono con l'età, che porta alla **maturità**, ossia al pieno sviluppo delle facoltà intellettuali e morali, della capacità di discernere e agire di conseguenza: *quella ragazza mostra grande maturità*; *questo lavoro richiede una certa maturità*. La maturità si vede anche dalla **ponderatezza**, dalla tendenza cioè alla **riflessione**, a pensare seriamente prima di giudicare, agire o parlare: *manca di ponderatezza, è impulsivo e avventato*.

Previdenza, **preveggenza** e **lungimiranza** invece pongono l'accento sulla capacità di prevedere gli sviluppi futuri, il seguito di certe azioni, e di agire di conseguenza; questa particolare capacità è data dall'**accortezza** e dall'**oculatezza** che sono frutto di prudenza e sagacia insieme. Questi termini enucleano il significato più comune attribuito alla prudenza, ossia di qualità che informa il comportamento di chi sa evitare inutili rischi agendo con **cautela**, **precauzione**, **circospezione**: *circospezione nell'agire*; *procedere, guidare con cautela*.

Nei rapporti con le persone, la prudenza equivale alla **delicatezza**, al **tatto**, alla **discrezione**, che descrivono una maniera d'agire piena di **riguardo**, di **considerazione**, ossia di attenzione per i sentimenti altrui e per le loro possibili reazioni: *è una faccenda da trattare con delicatezza*; *bisogna intervenire con discrezione*. Molto vicino è **savoir-faire**, che però può coincidere anche con la **tattica** e la **diplomazia**, che si differenziano dagli atteggiamenti descritti sopra perché non evocano necessariamente gentilezza d'animo, ma sono dettati spesso dalla volontà di perseguire uno scopo vantaggioso.

prùdere *v. intr.* pizzicare, solleticare, dare prurito, formicolare, frizzare **FRAS.** *sentirsi prudere le mani* (*fig.*), avere voglia di picchiare.

prùgna ***A*** *s. f.* (*bot.*) susina ***B*** *in funzione di agg. inv.* (*posposto al s.*) (*di colore*) rosso violaceo, rosso scuro, violaceo.

prùgno *s. m.* (*bot.*) susino.

prunàio *s. m.* ***1*** pruneto, prunaia □ roveto, spineto ***2*** (*fig.*) ginepraio, intrico.

prunàlbo *s. m.* (*bot.*) biancospino.

pruriginóso *agg.* ***1*** irritante **CONTR.** lenitivo, calmante ***2*** (*fig.*) (*di discorso, di film, ecc.*) stuzzicante, eccitante, stimolante, solleticante, provocante.

prurito *s. m.* ***1*** pizzicore, solletico, prudore (*raro*), prurigine (*lett.*), formicolio ***2*** (*fig.*) voglia, capriccio, ghiribizzo, uzzolo (*tosc.*), smania.

pseudònimo *s. m.* nome d'arte, nome fittizio. *V. anche* NOME

psicanàlisi *s. f.* analisi, psicoterapia.

psicanalista *s. m.* e *f.* analista, psicoterapeuta, psicoterapista, alienista, psichiatra (*est.*), strizzacervelli (*scherz.*).

psicanalìtico *agg.* psicoterapeutico, psicoterapico.

psiche *s. f.* (*est.*) spirito, anima, mente, intelletto.

psichedèlico *agg.* (*est.*) allucinogeno.

psichicaménte *avv.* psicologicamente, mentalmente **CONTR.** fisicamente.

psìchico *agg.* psicologico, introspettivo, interiore, mentale, metafisico **CONTR.** fisico, esteriore, materiale, corporeo.

psicofàrmaco *s. m.* (*est.*) sedativo, calmante, sonnifero, tranquillante **CONTR.** eccitante, stimolante.

psicolàbile *agg.*; *anche s. m.* e *f.* psicotico, malato mentale, instabile **CONTR.** sano.

psicologìa *s. f.* ***1*** conoscenza dell'anima, studio della psiche ***2*** (*est.*) (*del venditore, delle donne, ecc.*) modo di pensare □ sensibilità, intuizione.

psicològico *agg.* (*est.*) introspettivo, metafisico, interiore, psichico **CONTR.** esteriore, materiale, fisico.

psicòlogo *s. m.* ***1*** studioso di psicologia ***2*** (*est.*) conoscitore dell'anima, conoscitore dell'uomo.

psicopàtico *agg.*; *anche s. m.* malato mentale, pazzo, demente, alienato, folle, insano, pazzoide **CONTR.** sano □ saggio, equilibrato, assennato.

psicòsi *s. f.* ***1*** (*est.*) paura, fobia, terrore, ossessione (*est.*) ***2*** (*est.*) esaltazione collettiva, eccitazione collettiva.

pub /*ingl.* pʌb/ [vc. ingl., acrt. di *public house* 'locale pubblico'] *s. m. inv.* bar, cantina, bistrot (*fr.*).

pubblicaménte *avv.* in pubblico, apertamente, davanti a tutti, coram populo (*lat.*) **CONTR.** privatamente, riservatamente, confidenzialmente, individualmente.

pubblicàre *v. tr.* ***1*** annunziare, annunciare, divulgare, diffondere, rivelare, presentare, proclamare, bandire, propagare, propalare, dichiarare, svelare, manifestare □ (*di legge*) promulgare, varare, emanare **CONTR.** occultare, nascondere, tacere ***2*** (*di libro, di giornale e sim.*) stampare, editare (*raro*) **CONTR.** rifiutare, respingere, cestinare.

pubblicàto *part. pass. di* **pubblicare**; *anche agg.* ***1*** divulgato, diffuso, rivelato, presentato, propagato, svelato, rivelato **CONTR.** occultato, taciuto, nascosto □ affisso ***2*** (*di libro, di giornale e sim.*) stampato, edito **CONTR.** inedito.

pubblicazióne *s. f.* ***1*** presentazione, comparsa, apparizione, diffusione, propalazione, divulgazione, affissione, stampa, edizione □ (*di legge, ecc.*) emanazione, promulgazione, varo ***2*** giornale, rivista, bollettino, opuscolo, libro, stampato.

pubblicità *s. f.* ***1*** divulgazione, diffusione, pubblicizzazione, reclamizzazione □ propaganda, battage (*fr.*), promozione, promotion (*ingl.*), campagna, lancio ***2*** (*est.*) annuncio, inserzione, réclame (*fr.*), avviso ***3*** (*est.*) fama, notorietà □ clamore, chiasso, scalpore **CONTR.** privacy (*ingl.*), riservatezza.

pubblicitàrio ***A*** *agg.* propagandistico, promozionale, reclamistico, divulgativo ***B*** *s. m.* ***1*** creativo, copy-writer (*ingl.*) ***2*** propagandista.

pùbblico ***A*** *agg.* ***1*** (*di utilità, di ordine, ecc.*) comune, collettivo, generale, popolare, sociale, statale, comunitario **CONTR.** privato, individuale, personale □ domestico, familiare ***2*** (*di luogo*) aperto, accessibile, demaniale **CONTR.** chiuso, privato, riservato, inaccessibile, vietato ***3*** (*di fatto, di notizia, ecc.*) notorio, conosciuto, manifesto, palese, diffuso, ufficiale, noto, cognito, popolare **CONTR.** ignoto, sconosciuto, segreto, ufficioso ***B*** *s. m.* gente, folla, spettatori, presenti, astanti, uditorio, intervenuti, audience (*ingl.*), piazza, platea, sala **FRAS.** *forza pubblica*, polizia □ *vita pubblica*, vita politica □ *atto pubblico*, documento ufficiale □ *in pubblico*, pubblicamente.

pùbe *s. m.* (*anat.*) inguine (*est.*).

pubertà *s. f.* adolescenza, sviluppo.

public relations /*ingl.* 'pʌblik ri'leiʃənz/ [vc. ingl., propriamente 'pubbliche relazioni'] *loc. sost. f. pl.* pubbliche relazioni, P.R.

pudicaménte *avv.* vergognosamente, verecondamente, compostamente, castigatamente, castamente, modestamente, timidamente, schivamente, decentemente **CONTR.** impudicamente, svergognatamente, sfacciatamente, sfrontatamente, spudoratamente, libidinosamente, oscenamente, lascivamente, sconciamente.

pudicìzia *s. f.* pudore, verecondia, modestia, candore, decenza, castità, compostezza, costumatezza, castigatezza, purezza, castimonia (*lett.*) □ riservatezza, ritegno, discrezione, ritrosia **CONTR.** impudicizia, inverecondia, lascivia, licenziosità, scostumatezza, oscenità, svergognatezza, indecenza, spudoratezza □ sfacciataggine, sfrontatezza, impudenza.

pudìco *agg.* **1** verecondo, pudibondo, vergognoso, castigato, casto, composto, costumato, decente **CONTR.** impudico, inverecondo, osceno, spudorato, svergognato, licenzioso, procace, scostumato **2** (*lett.*) modesto, timido, riservato, ritroso, schivo **CONTR.** sfacciato, sfrontato, impudente.

pudóre *s. m.* **1** pudicizia, verecondia, modestia, decenza, costumatezza, castigatezza **CONTR.** impudicizia, inverecondia, scostumatezza, svergognatezza, indecenza, spudoratezza **2** (*est.*) decoro, discrezione, ritegno, riservatezza, riguardo, ritrosia, vergogna **CONTR.** sfacciataggine, sfrontatezza, impudenza, sfrontataggine, improntitudine.

puerìle *agg.* **1** infantile, fanciullesco, bambinesco **CONTR.** maturo **2** (*spreg.*) ingenuo, sciocco, ridicolo, immaturo, frivolo, leggero, inconsiderato, vacuo **CONTR.** assennato, saggio, ponderato, serio.

puerilità *s. f.* **1** (*spreg.*) sciocchezza, ingenuità, semplicità, fanciullaggine, immaturità, bambinaggine, infantilismo **CONTR.** serietà, maturità, assennatezza, saggezza **2** ragazzata, monelleria, bambinata.

pugilàto *s. m.* boxe (*fr.*).

pùgile *s. m.* boxeur (*fr.*), pugilatore (*raro*).

pugnalàre *v. tr.* ferire, accoltellare, colpire, stilettare.

pugnalàta *s. f.* **1** ferita, stilettata, stoccata **2** (*fig.*) colpo a tradimento.

pugnàle *s. m.* stiletto, coltello, lama (*est.*).

pùgno *s. m.* **1** colpo, cazzotto (*volg.*), sergozzone (*tosc.*), percossa **CONTR.** carezza, moina **2** (*di grano, di sale, ecc.*) manciata, manata, pugnello **3** (*est.*) (*di uomini, di terra, ecc.*) piccola quantità, poco, pochino **CONTR.** molto, grande quantità **FRAS.** *tenere in pugno* (*fig.*), avere in proprio potere □ *mostrare i pugni* (*fig.*), minacciare □ *stringere i pugni* (*fig.*), trattenere l'ira o il rancore □ *avere in pugno* (*fig.*), essere sicuro di ottenere □ *fare a pugni* (*fig.*), *essere un pugno in un occhio* (*fig.*), contrastare, stonare □ *pugno di ferro*, tirapugni □ *restare con un pugno di mosche* (*fig.*), restare senza niente.

pùla *s. f.* lolla, loppa, tritume, scoria, vagliatura.

pùlce *s. f.* **FRAS.** *pulce nell'orecchio* (*fig.*), sospetto, scrupolo □ *mercato delle pulci*, mercatino, mercato dell'usato □ *fare le pulci* (*fig.*), andare a caccia dei minimi difetti.

pulcinèlla [da *Pulcinella*, la famosa maschera napoletana] *s. m. inv.* (*fig.*) buffone, burattino, pagliaccio, voltagabbana, girella **FRAS.** *il segreto di pulcinella*, il segreto noto a tutti.

pulcìno ***A*** *s. m.* **1** (*fig.*) timido **CONTR.** audace **2** (*est., fam.*) bambino **CONTR.** adulto ***B*** (*al pl.*) covata **FRAS.** *pulcino bagnato, pulcino nella stoppa* (*fig.*), persona timida o impacciata.

pulèggia *s. f.* leva perpetua, girella, carrucola, paranco.

pulìre ***A*** *v. tr.* **1** nettare, detergere, tergere, astergere (*lett.*), forbire, mondare, lavare, sgrassare, smacchiare, sbrattare, fregare, sfregare, strofinare, rigovernare, spazzare, scopare, spazzolare, spolverare, purgare, lucidare, strigliare, depurare, spurgare, disinquinare □ purificare □ (*fig.*) (*di aria, di cielo*) rasserenare **CONTR.** sporcare, insudiciare, lordare, insozzare, imbrattare, macchiare, ungere, chiazzare, bruttare, impataccare, impiastricciare, impiastrare □ contaminare, inquinare **2** (*raro*) polire, pomiciare, levigare, bianchire, lisciare □ rifinire, perfezionare, limare ***B*** *v. rifl.* lavarsi, lisciarsi **CONTR.** sporcarsi.

PULIRE

sinonimia strutturata

Pulire significa in generale levare il sudicio, e in questo significato generico equivale ai meno frequenti **nettare**, **detergere**, **forbire**: *pulire una ferita, il pavimento*; *pulirsi le mani*; *nettare l'insalata, i denti*; *detergere una piaga*; *forbirsi la bocca*; forbire e detergere significano anche pulire asciugando, cioè in temini letterari **tergere**, **astergere**: *detergersi il sudore*. Pulire ha sinonimi diversi a seconda del tipo di sporco e della maniera in cui lo si toglie; **spolverare** ad esempio significa eliminare la polvere da una superficie, mentre **sgrassare** corrisponde a rimuovere l'unto, e **smacchiare** a cancellare un segno, una chiazza di sporco, tinta o altro lasciata accidentalmente.

Per smacchiare e per **lucidare**, cioè per rendere più splendente, bisogna **fregare**, **sfregare**, **strofinare**, cioè passare ripetutamente qualcosa sopra una superficie: *fregare un recipiente di rame per lucidarlo*; *strofinare il marmo con uno straccio*. Vicino è **strigliare** usato scherzosamente, che significa ripulire ben bene, e che in senso proprio indica il pulire il pelo degli equini con una specie di spazzola chiamata appunto striglia: *mi sono data un bella strigliata*; *strigliare il cavallo*; togliere la polvere, lucidare, ravviare i capelli, ecc. si dice **spazzolare**: *spazzolare un cappotto, delle scarpe*. **Scopare** e **spazzare** indicano invece il pulire il pavimento, il suolo con un arnese costituito da un fascio di steli di saggina o d'erica, oppure di filamenti di materia plastica, di frange di cotone o altro legato a un lungo manico: *scopare la stanza*; *spazzare la strada*; il secondo verbo ha un'ampiezza semantica leggermente maggiore: ad esempio, *spazzare il cielo, l'aria* significa **rasserenare**, scacciare le nubi. Spazzare insomma può indicare il levare via, lo sgomberare da qualcosa non necessariamente scopando, ma comunque facendo pulizia: *spazzare via gli ultimi dubbi*. Più specifico è **spurgare**, che indica il rimuovere ciò che ostruisce e non solo ciò che sporca o ingombra: *spurgare un canale, una fogna*; *spurgare il petto dal catarro*.

Lavare indica l'uso dell'acqua nella pulizia, che è suggerito di solito anche da **mondare**: *lavare con acqua e sapone*; *lavare il bucato, il viso, la frutta*; *mondare le verdure*; il lavare e asciugare stoviglie si dice specificamente **rigovernare**. I primi due verbi in senso figurato corrispondono a **purificare**, ossia al riscattare qualcuno o qualcosa restituendogli l'innocenza: *lavare l'anima, qualcuno dalle colpe, dal peccato*; *purificare la propria coscienza*; in questo senso, lavare significa anche **cancellare**: *lavare l'onta, il disonore.*

In senso proprio, purificare significa **purgare**, liberare da scorie, impurità, e quindi **depurare**: *purgare il canale dalla feccia, l'aria dai miasmi*; *depurare un liquido filtrandolo*. Più specifico è **disinquinare**, che designa l'eliminare dall'ambiente naturale le sostanze chimiche o biologiche o i fattori fisici che possono danneggiarlo: *disinquinare le acque, l'ambiente.*

Infine, raramente pulire è usato come sinonimo di **polire**, che significa rendere liscio, uniforme al tatto, ossia **lisciare**, **pomiciare** o **levigare**: *polire la superficie di un grosso minerale*. Così, come polire e levigare, pulire rappresenta figuratamente anche il **rifinire**, il **perfezionare**, il **limare**: *polire una pagina, una frase, un verso.*

puliscipièdi *s. m.* zerbino.

pulita *s. f.* lavata, ripulita, ripulitura, spolverata, spazzata, lustrata, spazzolata **CONTR.** sporcata, imbrattamento, insozzata.

pulito *part. pass. di* **pulire**; *anche agg.* **1** netto, mondo, terso, immacolato, lavato, lucente, lustro, lindo, nitido, forbito, deterso, asterso, purgato, spurgato, purificato □ (*di riso*) pilato **CONTR.** sporco, sudicio, lurido, lordo, lercio, sozzo, immondo, imbrattato, macchiato, bisunto, sordido, impataccato, impiastricciato, impolverato, insozzato **2** (*fig.*) (*di stile*) elegante, essenziale **CONTR.** pesante **3** (*fig.*) (*di persona*) dabbene, leale, onesto, giusto, integro, probo, retto, morale, rispettabile, corretto **CONTR.** scorretto, disonesto, bacato, equivoco, turpe, laido, losco, squallido, sconcio, volgare **4** (*di tavolo, di stanza, ecc.*) sgombro, libero **CONTR.** ingombro **5** (*di prodotto, di energia, ecc.*) igienico, ecologico, non inquinante □ rinnovabile **CONTR.** nocivo, tossico, inquinante **6** (*di ambiente*) disinquinato, intatto **7** (*di aria*) buono, respirabile, puro **CONTR.** malsano, cattivo, stagnante **8** (*est.*) (*di materiale*) liscio, levigato **CONTR.** ruvido, grezzo **9** (*gerg.*) (*di persona*) onesto, incensurato **CONTR.** schedato, pregiudicato **FRAS.** *avere la coscienza pulita* (*fig.*), essere tranquillo, non avere nulla da rimproverarsi □ *rimanere pulito* (*fig.*), rimanere in bolletta.

pulizìa *s. f.* **1** nettezza, pulitezza (*raro*), igiene, forbitezza, lindezza, lindura, mondezza, nitore, nitidezza **CONTR.** sporcizia, sporco, sudiciume, lordura, impurità, sozzura, immondezza, laidezza, luridume, sudiceria **2** (*est.*) depurazione, disinfestazione □ (*fig.*) bonifica, risanamento, moralizzazione **3** pulitura.

pùllman [dal n. dell'inventore, l'americano G.M. *Pullmann*] *s. m. inv.* **1** autopullman, autocorriera, corriera, autobus, torpedone **2** (*ferr.*) carrozza salone.

pullòver [vc. ingl., *pull-over*, propriamente 'tira sopra'] *s. m. inv.* gilè, pull (*ingl., fam.*), maglione, golf (*ingl.*), spencer (*ingl.*), sweater (*ingl.*).

pullulàre *v. intr.* **1** (*di pianta*) germogliare, rampollare, buttare, vegetare **2** (*ant.*) (*di acqua*) scaturire, sgorgare, gorgogliare, bulicare, sorgere **3** (*fig.*) (*di gente, di insetti, ecc.*) brulicare, formicolare.

pulp /*ingl.* pʌlp/ [vc. ingl., propr. 'carta di legno' usata per le riviste pop., esteso negli Stati Uniti d'America a qualsiasi scritto di scarsa qualità, popolare e sensazionale] *s. m. inv.*; *anche agg. inv.* **CFR.** splatter.

pùlpito *s. m.* pergamo, ambone, tribuna, cattedra, bigoncia (*ant.*), rostro.

pulsànte **A** *part. pres. di* **pulsare**; *anche agg.* palpitante, martellante, sussultante, guizzante □ vivo, vivace, fervido **CONTR.** spento, monotono, lento, morto **B** *s. m.* (*di apparecchio*) interruttore, bottone, tasto, campanello.

pulsantièra *s. f.* pannello di comando, bottoniera.

pulsàre *v. intr.* **1** palpitare, battere, martellare, sussultare, saltellare **2** (*est.*) (*di traffico, di città, ecc.*) fervere, palpitare, essere vivo, essere animato, essere movimentato **CONTR.** essere tranquillo, spegnersi, morire.

pulsazióne *s. f.* **1** (*di cuore, di arterie*) battito, palpito, polso, palpitazione **2** (*mus.*) oscillazione.

pulsióne *s. f.* **1** impulso, spinta, spinta emotiva **2** (*psicanalisi*) tendenze istintive.

pulvìscolo *s. m.* polvere, polverio.

pùma *s. m. inv.* (*zool.*) coguaro, leone d'America.

pungènte *part. pres. di* **pungere**; *anche agg.* **1** (*di cosa*) aguzzo, acuto, appuntito, penetrante **CONTR.** spuntato, arrotondato **2** (*di trafittura, di freddo, ecc.*) pizzicante, irritante, intenso **CONTR.** dolce, delicato **3** (*fig.*) (*di parola, di discorso e sim.*) aspro, acido, acre, caustico, offensivo, provocante, mordace, piccante, graffiante, sferzante, risentito, salace, pepato, provocatorio, sarcastico, sardonico, schernevole, satirico **CONTR.** cortese, dolce, adulatore, blando, melato, soave.

pùngere **A** *v. tr.* **1** (*di cosa*) ferire, bucare, penetrare, trafiggere **2** (*di insetto, di freddo, ecc.*) pinzare (*pop.*), pizzicare, morsicare, mordere, irritare **3** (*lett.*) (*di cavallo*) incitare, spronare **4** (*lett., fig.*) (*di voglia, di desiderio e sim.*) stimolare, stuzzicare **5** (*fig.*) (*di parola, di discorso e sim.*) criticare, offendere, toccare, punzecchiare, graffiare, molestare, ferire, tormentare **CONTR.** blandire, lenire, lusingare, adulare **B** *v. rifl.* ferirsi, bucarsi □ (*est.*) drogarsi.

pungiglióne *s. m.* aculeo □ (*est.*) punta, ago, spina.

pungolàre *v. tr.* **1** (*di animale*) frustare, sferzare, stimolare **2** (*fig.*) stimolare, spronare, sollecitare, incitare, esortare, consigliare, provocare **CONTR.** frenare, pacare, ostacolare, dissuadere.

pùngolo *s. m.* **1** bastone appuntito **2** (*fig.*) (*allo studio, al lavoro, ecc.*) incitamento, sprone, stimolo, incentivo, incoraggiamento, spinta, esortazione, consiglio **CONTR.** freno, dissuasione, remora **3** (*est.*) (*di fame, di bisogno, ecc.*) assillo, tormento, afflizione □ chiodo (*fig.*), fissazione **CONTR.** piacere, godimento, sollievo, gioia.

pùnico *agg.*; *anche s. m.* cartaginese.

punìre **A** *v. tr.* **1** castigare, condannare, far pagare il fio, penalizzare, sanzionare □ dannare **CONTR.** premiare, ricompensare **CFR.** perdonare, dimenticare, assolvere, amnistiare, graziare **2** (*est.*) battere, percuotere, picchiare, colpire **CONTR.** accarezzare ***B*** *v. rifl.* mortificarsi.

punito *part. pass. di* **punire**; *anche agg.* ***1*** castigato, condannato, dannato **CONTR.** premiato, perdonato, amnistiato, graziato, impunito, invendicato, inulto (*lett.*) ***2*** (*est.*) battuto, picchiato, percosso, colpito **CONTR.** accarezzato.

punizióne *s. f.* castigo, pena, dannazione (*fig.*), penitenza, penalità, penalty (*ingl., sport*), sanzione, correzione, consegna (*mil.*) □ (*est.*) esempio, lezione □ vendetta, rappresaglia □ (*est.*) giustizia **CONTR.** premio, ricompensa, lode, paga, premiazione □ perdono, condono, assoluzione, venia (*lett.*), misericordia.

PUNIZIONE
sinonimia strutturata

Si chiama **punizione** il sottoporre a una pena: *dare, infliggere, meritare una punizione severa, esemplare*; *per punizione non andrai al cinema*; in particolare, la *camera di punizione* è il locale della caserma in cui il soldato semplice e il graduato scontano la punizione per una grave mancanza disciplinare; una mancanza più lieve è punita con la **consegna**, cioè con la privazione della libera uscita: *consegna in caserma*; *dieci giorni di consegna*.

Un sinonimo pressoché equivalente di punizione è **pena**: *noi siamo contrari alle pene corporali*; *è una pena giusta, crudele, immeritata*; abbastanza vicino ma più ricercato è **fio**, vocabolo che nell'uso corrente viene adoperato solo in locuzioni fisse: *pagare il fio della propria colpa*. Nel suo significato proprio, pena si riferise a un danno fisico, morale o economico sancito dalla legge come specifica conseguenza di un reato commesso: *infliggere una pena*; *pena capitale, di morte, detentiva, pecuniaria*; in questo senso si avvicina a **sanzione**, cioè alla **penalità** prevista dalla legge per chi commette una trasgressione: *sanzione penale, amministrativa, fiscale*.

Nel linguaggio religioso, pena definisce il castigo divino per i peccati commessi: *pena dell'inferno, del purgatorio*; in particolare, la perdita dell'anima e la condanna alla pena infernale viene detta **dannazione**: *dannazione eterna*. Appartiene all'ambito religioso anche il termine **penitenza**, che nell'uso corrente indica la penitenza sacramentale, ossia un'opera buona o una preghiera imposta dal confessore a castigo e a correzione del peccatore: *dire, recitare dieci avemaria per penitenza*; in generale, il vocabolo indica qualunque privazione, punizione o mortificazione cui ci si sottopone coscientemente e liberamente, ad esempio a scopo riparatorio.

Penitenza equivale anche a **castigo**, che designa una punizione inflitta a scopo correttivo, specialmente agli adolescenti: *per penitenza gli fece copiare più volte quelle pagine*; *dare un castigo*; *subire il meritato castigo*; nel linguaggio familiare, le espressioni *mettere in castigo* e *essere, stare in castigo* significano rispettivamente sottoporre a una punizione e scontarla. Una punizione a scopo correttivo si dice anche estensivamente **correzione**, ma questo termine si usa come sinonimo di punizione solo in contesti limitati, perlopiù appartenenti al linguaggio giudiziario: *casa di correzione*; *abuso dei mezzi di correzione*. Per estensione quindi la punizione è un **esempio**, e in senso figurato una **lezione**, ossia un ammaestramento: *questa punizione deve servire a tutti da esempio*; *è stata una lezione dura, ma servirà*; *gli ha impartito una severa lezione*; l'ultimo termine può designare anche una sgridata.

Può essere intesa come punizione anche una **vendetta**, ovvero un'offesa, un danno arrecato a qualcuno per fargli scontare un torto o un'ingiustizia da lui provocati: *vendetta privata*; *giurare vendetta*; *una catena di vendette*. È una vendetta anche il **taglione**, ossia la pena antichissima consistente nell'infliggere al colpevole lo stesso danno personale o patrimoniale da lui arrecato ad altri. Molto vicino a vendetta nel suo significato primo è **rappresaglia**, che designa un reazione violenta contro qualcuno per riaffermare i propri diritti o vendicarsi di qualcosa: *una rappresaglia sanguinosa*; *uccidere per rappresaglia*.

Nel calcio e in altri sport, infine, la punizione è un tiro decretato dall'arbitro, a norma di regolamento, contro la squadra che ha commesso un fallo: *tiro di punizione*; *battere la punizione*; il termine equivale all'inglese **penalty**, che però nel calcio designa specificamente il rigore. Sempre in ambito sportivo, la **penalità** è l'entità della penalizzazione, in punti o in secondi, per un'irregolarità commessa durante una gara.

pùnta *s. f.* ***1*** estremità □ spunzone, spuntone, puntale, puntone (*ant.*), aculeo, pungiglione, becco, cocca, capocchia, rebbio ***2*** (*di albero, di campanile, ecc.*) cima, cuspide, colmo, guglia, pinnacolo ***3*** (*di fenomeno, di traffico, ecc.*) massima intensità, massima frequenza, limite ***4*** (*fig.*) (*di sale, di cacio, ecc.*) frammento, scaglia, pizzico, presina ***5*** (*geogr.*) (*di monte*) sommità, apice, vertice, vetta, picco, pizzo, cocuzzolo, dente ***6*** (*di costa*) sporgenza, capo ***7*** (*fig.*) (*di partito, di movimento, ecc.*) parte più avanzata, avanguardia, attaccante (*calcio*) **CONTR.** retroguardia ***8*** (*raro, fig.*) (*di dolore e sim.*) trafittura ***9*** (*raro, fig.*) frizzo, frecciata ***10*** (*di vino*) spunto, forte **FRAS.** *prendere di punta* (*fig.*), affrontare con accanimento □ *in punta di penna* (*fig.*), con ricercatezza □ *in punta di forchetta* (*fig.*), affettatamente □ *avere sulla punta delle dita* (*fig.*), conoscere bene □ *uomo di punta* (*fig.*), uomo emergente, avanguardia □ *ora di punta*, ora di maggior traffico, attività, consumo e sim.

puntàle *s. m.* punta, ghiera, gorbia, ardiglione.

puntàre ***A*** *v. tr.* ***1*** (*di gomito, di chiodo, ecc.*) appoggiare, premere, gravare ***2*** (*di arma, di dito, ecc.*) rivolgere, dirigere, mirare, drizzare, spianare, indirizzare ***3*** (*est.*) (*di sguardo, di attenzione, ecc.*) fissare, guardare ***4*** (*al gioco*) scommettere, giocare ***B*** *v. intr.* ***1*** avanzare, dirigersi, avviarsi, tendere, procedere **CONTR.** retrocedere ***2*** (*fig.*) (*su una persona*) fare assegnamento, confidare, affidarsi, contare.

puntàta (1) *s. f.* ***1*** stoccata, colpo, imbroccata ***2*** giterella, viaggetto, scappata, scorribanda ***3*** (*al gioco*) scommessa, gioco, giocata □ posta, somma, puglia, piatto. *V. anche* GIOCO

puntàta (2) *s. f.* (*di pubblicazione, di film, ecc.*) parte, dispensa, fascicolo, brano, numero, episodio.

punteggiàre *v. tr.* ***1*** interpungere ***2*** macchiettare, picchiettare ***3*** (*fig.*) intercalare, inframmezzare, alternare.

punteggiàto *part. pass. di* **punteggiare**; *anche agg.* ***1*** (*fig.*) intercalato, inframmezzato, alternato ***2*** cosparso di punti, a punti, macchiato, macchiettato, picchiettato.

punteggiatùra *s. f.* ***1*** interpunzione ***2*** macchiettatura, picchiettatura.

puntéggio *s. m.* punti, segnatura, score (*ingl.*).

puntellàre ***A*** *v. tr.* appuntellare, sorreggere, reggere, sostenere, appoggiare, rinforzare, rincalzare **CONTR.** abbattere, atterrare, demolire ***B*** **puntellarsi** *v. rifl.* sostenersi, reggersi, appoggiarsi, assicurarsi, appuntellarsi.

puntèllo *s. m.* ***1*** trave, sostegno, appoggio, palo, rincalzo, supporto, rinforzo, calzatoia ***2*** (*fig.*) appoggio, sostegno, protezione, aiuto, rimedio, difesa, supporto.

puntìglio *s. m.* ***1*** ostinazione, picca, ripicca, ripicco, capriccio, ruzzo, caparbietà, caponaggine, cocciutaggine, impuntatura, tigna (*region.*) **CONTR.** ragionevolezza, remissività, cedevolezza, arrendevolezza, mitezza ***2*** (*est.*) volontà, impegno, pertinacia, amor proprio **CONTR.** apatia, abulia, svogliatezza, rilassatezza, pigrizia.

puntigliosaménte *avv.* ostinatamente, caparbiamente, tenacemente, cocciutamente □ meticolosamente, scrupolosamente.

puntigliosità *s. f.* ostinazione, caparbietà, cocciutaggine, zucconaggine, piccosità, tenacia □ meticolosità **CONTR.** arrendevolezza, mitezza, dolcezza.

puntiglióso *agg.* ostinato, caparbio, piccoso, capriccioso, tenace, incaponito, cocciuto, irriducibile, pertinace, zuccone (*fam.*), tignoso (*region.*) □ meticoloso, scrupoloso **CONTR.** ragionevole, remissivo, arrendevole, cedevole, mite, docile, trattabile. *V. anche* CAPARBIO

puntìna *s. f.* ***1*** *dim. di* **punta** ***2*** (*raro*) pennino, penna ***3*** bulletta ***4*** (*est.*) (*di grammofono*) testina, fonorivelatore.

puntinìsmo *s. m.* (*pitt.*) divisionismo.

puntinìsta *s. m. e f.*; *anche agg.* (*pitt.*) divisionista.

pùnto (1) ***A*** *s. m.* ***1*** posizione, posto, luogo, sito, sede, ubicazione ***2*** segno ***3*** forellino ***4*** macchiolina ***5*** (*di discorso, di film, ecc.*) passo, brano, parte, articolo ***6*** (*est.*) (*di discussione e sim.*) argomento, questione, problema ***7*** (*di tempo*) istante, attimo, momento, circostanza ***8*** (*di ebollizione, di cottura, ecc.*) termine, segno, limite, grado, fase, stadio ***9*** (*est.*) (*di persona*) condizione, stato ***10*** (*di graduatoria, di merito e sim.*) voto, punteggio ***11*** (*di sport*) goal, rete, bersaglio ***12*** (*di colore*) tono, gradazione, sfumatura ***13*** (*di filo*) tratto ***14*** centesimo di carato ***B*** *avv.* niente affatto, per nulla, affatto, mica **CONTR.** molto, completamente, totalmente ***C*** *agg. indef.* (*tosc.*) niente, alcuno, nessuno, nulla **CONTR.** molto, tanto, parecchio **FRAS.** *fare il punto* (*fig.*), definire esattamente; fare l'esame □ *punto morto* (*fig.*), punto di arresto, blocco □ *dare dei punti* (*fig.*), superare, insegnare □ *punto di rottura*, momento di massima tensione □ *segnare un punto* (*fig.*), aggiudicarsi un vantaggio □ *vincere ai punti* (*fig.*), vincere a stento □ *punto per punto*, con ordine, particolareggiatamente □ *punto d'onore*, puntiglio; questione delicata □ *di tutto punto*, completamente □ *in punto*, preciso, esatto □ *di punto in bianco*, all'improvviso □ *punto di vista* (*fig.*), opinione, modo di vedere □ *mettere i punti sulle i* (*fig.*), chiarire, precisare □ *a buon punto*, al momento giusto; avanti □ *essere sul punto di*, stare per □ *mettere a punto*, sistemare, definire, precisare. *V. anche* PARTE

pùnto (2) *part. pass. di* **pungere**; *anche agg.* ***1*** bucato, trafitto, ferito □ (*da insetti, ecc.*) pizzicato, morso, morsicato, piato (*region.*), beccato ***2*** (*fig.*) punzecchiato, offeso, ferito (*fig.*), colpito, irritato ***3*** (*fig.*) stimolato, pungolato, spronato, esortato.

puntuàle *agg.* ***1*** esatto, preciso, cronometrico, tempista, tempestivo, in orario **CONTR.** impreciso, inesatto, intempestivo □ ritardatario, in anticipo ***2*** coscienzioso, fedele, rigoroso, diligente, scrupoloso **CONTR.** trascurato, approssimativo.

puntualità *s. f.* esattezza, precisione, tempestività, tempismo, diligenza □ orario **CONTR.** imprecisione, inesattezza □ anticipo, ritardo.

puntualizzàre *v. tr.* precisare, definire, specificare, fare il punto.

puntualizzazióne *s. f.* precisazione, definizione, specificazione.

puntualménte *avv.* esattamente, precisamente, tempestivamente, improrogabilmente □ fedelmente, rigorosamente **CONTR.** inesattamente, intempestivamente, imprecisamente □ anticipatamente, in anticipo, prima □ tardi, in ritardo, dopo, tardivamente.

puntùra *s. f.* ***1*** (*di insetto, di ago, ecc.*) punzecchiatura, pizzico, beccata, pizzicata, beccatura, morsicatura, morso, pinzatura (*pop.*) ***2*** (*pop.*) iniezione ***3*** (*a una costola, alla spalla, ecc.*) dolore, trafittura, fitta, trafitta ***4*** (*fig.*) frizzo, frecciata.

puntùto *agg.* aguzzo, acuminato, acuto, appuntito, a punta, aghiforme **CONTR.** spuntato, smussato, arrotondato, ottuso, piatto.

punzecchiàre ***A*** *v. tr.* ***1*** (*di insetto, di ago, ecc.*) pungere, pizzicare ***2*** (*fig.*) (*di persona*) molestare, ferire, tormentare, irritare, infastidire, stuzzicare, canzonare, motteggiare, satireggiare, schernire ***B*** **punzecchiarsi** *v. rifl. rec.* beccarsi, infastidirsi, tormentarsi, irritarsi, attaccarsi.

punzecchiatùra *s. f.* ***1*** (*di insetto, di ago, ecc.*) puntura, pinzatura (*pop.*) ***2*** (*fig.*) (*di persona*) punzecchiamento, frecciata, stoccata, frizzo, molestia, fastidio, tormento, motteggio, canzonatura.

punzonàre *v. tr.* marcare, contrassegnare, bollare.

punzonatùra *s. f.* marcatura, bollatura.

punzóne *s. m.* conio, torsello, impronta, bollo, marcatura, marchio, stampo, matrice, cesello. *V. anche* BOLLO

pùpa (1) *s. f.* **1** bambola, bambolotto, pupazzo, pupattola **2** (*pop.*) bambina, fanciulla, ragazza.

pùpa (2) *s. f.* (*zool.*) crisalide, ninfa.

pupàro *s. m.* marionettista, burattinaio.

pupàzzo *s. m.* **1** fantoccio, bambolotto, pupo, burattino, bamboccio **2** caricatura, pupazzetto **3** (*fig., spreg.*) (*di persona*) sciocco, banderuola, girella, voltagabbana, marionetta (*fig.*).

pupìlla *s. f.* (*est.*) iride, occhio **FRAS.** *la pupilla dei propri occhi* (*fig.*), la cosa più cara.

pupìllo *s. m.* (*est.*) protetto, preferito, prediletto, beniamino, cocco (*fam.*).

pùpo *s. m.* **1** (*fam.*) bambino, bimbo, bimbetto, bebè **2** burattino, marionetta, bamboccio, pupazzo, pupazzetto, fantoccio.

puraménte *avv.* **1** castamente, illibatamente, immacolatamente, incontaminatamente, onestamente, pulitamente **CONTR.** impuramente, disonestamente, spudoratamente, turpemente **2** semplicemente, autenticamente, schiettamente, meramente **CONTR.** falsamente **3** solamente, unicamente, del tutto, completamente **CONTR.** in parte, parzialmente.

purché *cong.* a patto che, a condizione che, sempre che, basta che **CONTR.** anche se, quand'anche.

pùre ***A*** (troncato in **pur**) *cong.* **1** tuttavia, nondimeno, eppure, nonostante, nonpertanto **2** anche se, sebbene, quand'anche **CONTR.** neanche, fuorché, neppure ***B*** *avv.* **1** anche, parimenti, eziandio (*lett.*) **2** (*pleon.*) già **3** (*lett.*) proprio, davvero **4** se così vi piace **FRAS.** *pur di*, al fine di, per, purché.

purézza *s. f.* **1** (*di cristallo, di acqua, ecc.*) limpidità, schiettezza, limpidezza, naturalezza, trasparenza, purità, incontaminatezza, genuinità **CONTR.** offuscamento, inquinamento, opacità, impurezza **2** (*fig.*) (*di persona, di animo*) candore, castità, castimonia (*lett.*), verginità, purità, innocenza, illibatezza **CONTR.** impurità, impudicizia, corruzione, depravazione **3** onestà, moralità, probità, rettitudine, incorruttibilità **CONTR.** disonestà, immoralità, turpitudine.

pùrga *s. f.* **1** purgante, lassativo, evacuante (*raro*), purgativo **CONTR.** astringente **2** (*di materiale*) depurazione, purificazione **3** (*polit.*) epurazione, eliminazione **CONTR.** riabilitazione.

purgànte ***A*** *part. pres. di* **purgare**; *anche agg.* purificante, depurativo, depuratore, depurante, spurgante **CONTR.** sporcante, inquinante ***B*** *agg.; anche s. m.* purga, purgativo, lassativo **CONTR.** astringente.

purgàre ***A*** *v. tr.* **1** (*di sostanza*) purificare, nettare, depurare, spurgare, mondare, pulire, ripulire **CONTR.** insozzare, sporcare, inquinare, contaminare, corrompere **2** (*fig.*) (*di scritto*) espungere, espurgare, rivedere, adattare **3** (*fig., polit.*) epurare, risanare **4** (*fig.*) (*di peccato, di errore, ecc.*) espiare, emendare, riparare, scontare, pagare ***B*** **purgarsi** *v. rifl.* **1** prendere la purga **2** (*fig.*) (*da colpe, da errori, ecc.*) purificarsi, mondarsi. *V. anche* PULIRE

purgàto *part. pass. di* **purgare**; *anche agg.* **1** nettato, depurato, spurgato, pulito, mondato **CONTR.** sporcato, inquinato, insozzato, contaminato **2** (*di scritto, di stile*) riveduto, corretto, adattato **3** (*fig., polit.*) epurato **4** (*fig.*) (*di colpa, di errore, ecc.*) espiato, riparato, scontato.

purificàre ***A*** *v. tr.* **1** (*di sostanza*) nettare, mondare, pulire, ripulire, lavare, depurare, purgare, spurgare, sublimare, chiarificare, disinfettare, raffinare, decantare, affinare, disinquinare, sterilizzare, rettificare **CONTR.** inquinare, sporcare, insozzare, contaminare, corrompere, guastare, infettare, lordare **2** (*fig.*) (*di peccato, di errore, ecc.*) espiare, emendare, riparare, scontare **3** (*di animo, di condotta, ecc.*) sublimare **CONTR.** depravare, corrompere ***B*** **purificarsi** *v. intr. pron.* liberarsi, mondarsi, purgarsi, depurarsi □ espiare **CONTR.** contaminarsi. *V. anche* PULIRE

purificàto *part. pass. di* **purificare**; *anche agg.* **1** (*di sostanza*) depurato, purgato, mondato, pulito, ripulito, chiarificato, disinfettato, raffinato, lavato, disinquinato, disintossicato, rettificato, sterilizzato **CONTR.** inquinato, sporcato, contaminato **2** (*fig.*) (*di peccato, di errore, ecc.*) espiato, emendato, scontato, riparato.

purificatóre *s. m.; anche agg.* (*f. -trice*) depuratore, depurativo □ purificativo (*raro*), purificatorio, espiatorio, catartico, lustrale.

purificazióne *s. f.* **1** (*di sostanza*) espurgazione, chiarificazione, depurazione, pulizia, lavaggio, disinfezione, disinquinamento, disintossicazione, raffinazione, rettificazione, sterilizzazione **CONTR.** inquinamento, contaminazione **2** (*fig.*) (*di peccato, di errore, ecc.*) riparazione, espiazione, catarsi **CONTR.** corruzione, corrompimento (*raro*).

puritanésimo *s. m.* (*est.*) rigore, intransigenza, moralismo, integralismo, pruderie (*fr.*).

puritàno *agg.; anche s. m.* (*est.*) moralista, intransigente, integralista.

pùro *agg.* **1** (*di vino, di olio, ecc.*) genuino, schietto, pretto, naturale, solo, fine, nature (*fr.*) **CONTR.** misto, tagliato, miscelato, adulterato, alterato, sofisticato, battezzato (*scherz.*), diluito **2** (*di acqua, di cristallo, ecc.*) limpido, terso, chiaro, trasparente, cristallino □ sorgivo **CONTR.** impuro, torbido □ fangoso, feccioso, putrido **3** (*di aria, di cielo, ecc.*) sano, leggero, fino, salubre □ sereno, trasparente **CONTR.** inquinato, malsano, fosco, pesante, insalubre, offuscato, velato **4** (*anche fig.*) (*di mani, di cuore, ecc.*) nitido, netto, pulito, purgato **CONTR.** sporco, contaminato, torbido, immondo, perverso **5** (*di scienza, di disciplina, ecc.*) teorico, speculativo **CONTR.** applicato, pratico, sperimentale **6** (*di verità, di storia, ecc.*) mero, solo, schietto, semplice, autentico, vero, sincero **CONTR.** falso, complesso **7** (*fig.*) (*di persona, di animo, ecc.*) immacolato, incorrotto, mondo, intatto, intemerato, incontaminato, integro, adamantino, onesto, innocente, verecondo, angelico □ casto, illibato, vergine, verginale, virgineo, specchiato, schietto, ingenuo, candido **CONTR.** impuro, corrotto, turpe, disonesto, depravato, licenzioso, scostumato.

V. anche TRASPARENTE, VERO

purosàngue *agg. inv.*; *anche s. m.* **1** (*di persona*) autentico, schietto **CONTR.** oriundo **2** cavallo di razza, corsiero.

purpùreo *agg.* rosso vivo, rosso sangue, porporino.

purtròppo *avv.* disgraziatamente, malauguratamente, sciaguratamente, sfortunatamente **CONTR.** fortunatamente.

purulènto *agg.* suppurante, infetto, marcio.

pus *s. m.* marcia (*pop.*), marcio, marciume, purulenza, materia (*pop.*), sanie (*raro*).

pusillànime *agg.*; *anche s. m. e f.* vigliacco, vile, pauroso, pavido, codardo, timoroso, fifone (*fam., scherz.*), calabrache (*fam.*) **CONTR.** coraggioso, ardito, audace, ardimentoso, animoso, eroico, impavido, prode, intrepido, temerario, valoroso. *V. anche* TIMIDO

pùstola *s. f.* (*med.*) foruncolo, fignolo (*tosc.*), bolla, brufolo, tubercolo, flemmone.

putifèrio *s. m.* schiamazzo, rumore, baccano, tumulto, parapiglia, tafferuglio, strepito, pandemonio, babilonia, confusione, subbuglio, trambusto, casino (*pop.*), bailamme, baraonda, chiasso, chiassata, vespaio, clamore, scandalo, piazzata, scenata **CONTR.** quiete, silenzio, ordine, tranquillità, calma.

putrèdine *s. f.* **1** (*materiale*) fradiciume, marcia (*pop.*), marcio, putrescenza, marciume, necrosi, cancrena, purulenza, pus, putridità, putridume, suppurazione, infezione **CONTR.** sanità, purezza, freschezza, integrità **2** (*fig.*) (*morale*) corruzione, corruttela (*raro*), depravazione, degenerazione, dissoluzione, dissolutezza, pervertimento, immoralità, vizio **CONTR.** moralità, rettitudine, onestà, virtù, dirittura.

putrefàre *v. intr.* e **putrefarsi** *intr. pron.* imputridire, corrompersi, decomporsi, alterarsi, guastarsi, infracidire (*raro*), infradiciarsi, marcire.

putrefàtto *part. pass. di* **putrefare**; *anche agg.* **1** (*materialmente*) fradicio, imputridito, decomposto, marcito, marcio, mucido (*raro*), putrescente, verminoso, putrido **CONTR.** sano, puro, fresco, integro, incorrotto, pulito **2** (*fig.*) (*moralmente*) corrotto, immorale, depravato, degenerato, dissoluto, pervertito, vizioso **CONTR.** morale, retto, onesto, sano, virtuoso.

putrefazióne *s. f.* disfacimento, imputridimento, putrescenza (*ant.*), decomposizione.

putrèlla *s. f.* trave, longherina, barra.

putridùme *s. m.* **1** (*materiale*) fradiciume, marciume, marcio, porcheria, putredine, sudiciume, lerciume, liquame □ pus, materia (*pop.*) **2** (*fig.*) (*morale*) sozzura, corruzione, corruttela, pervertimento, immoralità, depravazione, dissoluzione, dissolutezza, degenerazione, vizio **CONTR.** moralità, rettitudine, onestà, virtù, dirittura. *V. anche* DEPRAVAZIONE

puttàna *s. f.* **1** (*volg.*) prostituta, meretrice, etera, lucciola (*pop.*), sgualdrina, mignotta (*region.*), squillo (*gerg.*) **2** (*est., spreg.*) venduto, voltagabbana, banderuola, girella.

puttanàta *s. f.* (*volg.*) **1** stupidaggine, sciocchezza **2** porcheria, mascalzonata.

pùtto *s. m.* **1** (*raro*) fanciullino, bambino, bimbo, bimbetto **2** amorino, angioletto, cherubino.

pùzza *s. f.* (*dial., lett.*) *V.* **puzzo**.

puzzàre *v. intr.* **1** (*di persona o cosa*) mandare puzzo, emanare puzzo, putire (*lett.*), ammorbare, appestare, impuzzare, impuzzire (*raro*), mandare fetore **CONTR.** olezzare (*lett.*), aulire (*lett.*), profumare, odorare **2** (*fig.*) stancare, annoiare, infastidire **CONTR.** divertire, rallegrare **3** (*fig.*) (*di imbroglio, di truffa, ecc.*) sapere di, sembrare, parere, assomigliare.

puzzle /*ingl.* pʌzl/ [vc. ingl., di etim. incerta] *s. m. inv.* **1** rompicapo, gioco di pazienza, rebus (*lat.*) **2** (*raro*) cruciverba.

pùzzo *s. m.* **1** puzza (*dial., lett.*), lezzo, tanfo, tanfata, fetore, afrore, miasma, odoraccio, esalazione, mefite (*lett.*), pestilenza, leppo (*lett.*) **CONTR.** profumo, fragranza, olezzo (*lett.*), aroma, effluvio **2** (*fig., fam.*) (*di imbroglio, di corruzione, ecc.*) indizio, sentore, presagio, percezione, segno, sintomo, traccia, sospetto.

puzzolènte *agg.* **1** fetido, fetente, graveolente (*lett.*), putido (*lett.*), pestifero, ammorbante, mefitico, pestilenziale, maleodorante, maleolente (*lett.*), miasmatico, lezzoso (*ant.*) **CONTR.** odoroso, fragrante, olezzante (*lett.*), aulente (*lett.*), balsamico, profumato, redolente (*lett.*) **2** (*raro, fig.*) (*di persona*) osceno, sporco, sozzo, sudicio, laido **CONTR.** pudico, pulito, onesto.

puzzóne *s. m.* **1** (*centr., pop.*) sudicione, sporcaccione **2** (*centr., fig.*) disonesto, spudorato, mascalzone, lazzarone **CONTR.** galantuomo, onesto **3** (*raro*) schifiltoso, schizzinoso, smorfioso **CONTR.** semplice, modesto.

q, Q

qua ***A*** *avv.* ***1*** (*di luogo*) qui, in questo luogo, in questo posto **CONTR.** lì, là, ivi (*lett.*), quivi (*lett.*) ***2*** (*fig.*) a questo punto ***3*** *nella loc. avv. in qua*, a oggi, a questa parte, verso questa parte **CONTR.** in là ***4*** *nella loc. avv. di qua*, di questo luogo, da questo luogo □ in questa stanza □ (*fig.*) in questo mondo ***B*** *nelle loc. prep. di qua da, al di qua di, in qua di, in qua da*, dalla parte di, dal versante di, vicino a **FRAS.** *essere più di là che di qua* (*fig.*), essere mezzo morto, essere sul punto di morire.

quadèrno *s. m.* fascicolo, opuscolo, quinterno, scartafaccio, rubrica, album (*lat.*), albo, carnet (*fr.*), notes (*fr.*), taccuino □ libro, volume.

quadràngolo ***A*** *agg.* quadrangolare, quadrilatero □ (*est.*) quadrato, quadro, quadriforme (*raro*) ***B*** *s. m.* quadrilatero, parallelogramma, rettangolo, quadrato, rombo, romboide, trapezio.

quadrànte *s. m.* ***1*** (*di cerchio*) quarta parte, quarto, quadra ***2*** (*di bussola e sim.*) parte, settore, spicchio, superficie graduata ***3*** (*di orologio*) mostra, mostrino.

quadràre ***A*** *v. tr.* ***1*** (*mat.*) calcolare l'area ***2*** dare forma quadra, ridurre a quadrato, ridurre in forma quadra □ squadrare, riquadrare ***3*** (*mat.*) elevare al quadrato ***B*** *v. intr.* ***1*** (*di calcolo e sim.*) essere esatto, tornare **CONTR.** essere sbagliato ***2*** (*est.*) corrispondere, coincidere, combaciare, bilanciare, bilanciarsi, adattarsi, calzare, concordare, appropriarsi, stare bene, andare bene, convenire ***3*** (*fig., fam.*) (*di discorso, di ragionamento e sim.*) piacere, soddisfare, garbare, andare a genio **CONTR.** dispiacere, urtare.

quadràto ***A*** *part. pass. di* **quadrare**; *anche agg.* ***1*** (*mat.*) quadro, quadrangolare **CFR.** tondo, ovale, triangolare, ecc. ***2*** (*fig.*) (*di persona, di fisico e sim.*) solido, robusto, tarchiato, largo, grosso **CONTR.** mingherlino, magro, sottile, allampanato, esile ***3*** (*fig.*) (*di mente, di animo e sim.*) equilibrato, assennato, misurato, saggio, giudizioso, maturo **CONTR.** squilibrato, dissennato, immaturo, superficiale, scapigliato (*fig.*) ***B*** *s. m.* ***1*** (*mat.*) quadrangolo, quadrilatero ***2*** (*mat.*) seconda potenza ***3*** (*di cosa*) pezzo, frammento ***4*** (*sport*) ring (*ingl.*) □ tappeto **FRAS.** *salire sul quadrato*, disputare un incontro di pugilato □ *far quadrato* (*fig.*), prepararsi alla difesa. *V. anche* ROBUSTO

quadratùra *s. f.* ***1*** (*mat.*) area, quadramento (*raro*) □ calcolo dell'area □ calcolo di un integrale ***2*** (*fig.*) assennatezza, maturità, posatezza, saggezza, equilibrio ***3*** (*di conti*) esattezza, precisione **FRAS.** *quadratura mentale*, chiarezza di idee.

quadrèllo *s. m.* ***1*** (*lett.*) freccia, dardo ***2*** (*edil.*) mattonella quadrata, mattonella, mattone ***3*** (*di strumento*) righetto, righello, righino ***4*** (*di carne*) lombata.

quadrettàto *agg.* diviso a quadretti, a quadretti, a scacchi, a riquadri.

quadrétto *s. m.* ***1*** *dim. di* **quadro** (**2**) ***2*** scacco, quadratino ***3*** (*di giochi, ecc.*) piccolo riquadro, casa, casella ***4*** (*fig.*) scenetta, spettacolo, tableau vivant (*fr.*) ***5*** (*spec. al pl.*) (*di pasta*) quadruccio, quadrettini, quadratini.

quadrifòglio *s. m.* (*fig.*) (*di strade*) rotonda, svincolo, raccordo.

quadrigètto *s. m.* quadrimotore.

quadrilàtero ***A*** *agg.* (*mat.*) di quattro lati, quadrangolare ***B*** *s. m.* ***1*** quadrangolo, parallelogramma, rettangolo, quadrato, rombo, romboide, trapezio ***2*** fortificazione quadrangolare.

quadrimestràle *agg.* di quadrimestre, di quattro mesi **CFR.** mensile, annuale, bimestrale, trimestrale, semestrale, ecc.

quadrimestralménte *avv.* ogni quattro mesi **CFR.** mensilmente, annualmente, bimestralmente, trimestralmente, semestralmente, ecc.

quadrimotóre *s. m.* quadrigetto, quadrireattore **CFR.** bimotore, trimotore.

quadrireattóre *s. m.* quadrimotore.

quadrìvio *s. m.* incrocio, crocicchio, crocevia, diramazione **CFR.** bivio, trivio **FRAS.** *arti del quadrivio*, aritmetica, geometria, musica, astronomia.

quàdro (**1**) *agg.* ***1*** quadrato ***2*** (*fig.*) (*di fisico*) solido, saldo, robusto, massiccio, largo, grosso **CONTR.** mingherlino, esile, sottile **FRAS.** *testa quadra* (*fig., spreg.*), duro, testardo, cocciuto, lento a capire.

quàdro (**2**) ***A*** *s. m.* ***1*** pittura, dipinto, tela, tavola, olio, tempera, acquerello, incisione, gouache (*fr.*), guazzo □ composizione, figurazione, opera ***2*** (*fig.*) (*di situazione, di malattia, ecc.*) descrizione, rappresentazione, figura, immagine, resoconto, orizzonte, panorama, visione ***3*** (*fig.*) foglio, tabella, schema, sintesi, sinossi, compendio, prospetto □ tabellone, tableau (*fr.*) ***4*** (*tecnol.*) pannello, pannello di controllo, pannello di comando □ pulsantiera, comando, bottoniera ***5*** (*di spettacolo*) parte, scena, sketch (*ingl.*) ***6*** (*cine.*) fuoco!, centro! ***7*** (*di partiti, di aziende, ecc.*) funzionario, responsabile organizzativo, dirigente ***B*** *in funzione di agg.* (*posposto al s.*) fondamentale, generale.

QUADRO
sinonimia strutturata

Si definisce **quadro** innanzitutto ogni **pittura**, ogni **dipinto** messo in telaio: *un quadro di Picasso, dell'espressionismo*; il quadro si dice anche **tela** o **ta-**

vola dalla natura del suo supporto. A quest'ultimo è legato anche il termine **affresco**, che designa una pittura murale eseguita sull'intonaco fresco con colori diluiti in acqua pura. Così, a seconda delle varie tecniche, il termine quadro può essere sostituito da altri più specifici; ad esempio un quadro dipinto con colori a colla diluiti in acqua è una **tempera**, mentre un **olio** è eseguito con colori a olio. Per l'**acquerello** si usano colori trasparenti stemperati in acqua con gomma arabica, e lo si esegue su carta o seta; di composizione simile sono i colori usati per le **gouache** o **guazzi**, che prendono il nome da una tecnica impiegata soprattutto in scenografie, cartelloni, ecc. L'**incisione** invece è ricavata a stampa da una lastra di rame o altro materiale disegnata in incavo.

Il quadro è in ogni caso un'**immagine**, e coincide con questo termine anche in senso figurato, designando l'aspetto esteriore di un oggetto animato o inanimato, di una situazione, e quindi la **visione** che questo offre agli altri: *l'immagine della società contemporanea*; *una visione gioiosa della vita*; pressoché equivalenti sono gli usi figurati di **panorama** e **orizzonte**, che però evocano una prospettiva più ampia, generale e complessa: *il panorama scientifico, storico*; *gravi complicazioni turbano l'orizzonte politico internazionale*. Quadro si avvicina moltissimo anche a **descrizione** e **rappresentazione**, che indicano una dettagliata spiegazione con parole, o una riproduzione con immagini, di qualcosa: *fare un quadro delle attuali condizioni economiche, della situazione politica*; **resoconto** si differenzia solamente perché si riferisce a una esposizione verbale o scritta, spesso meno partecipata, più cronachistica.

Se particolarmente schematica, una descrizione può configurarsi come un **foglio**, una **tabella**, un **prospetto** contenente dati di vario genere: *una tabella riassuntiva delle votazioni*; *prospetto sinottico, comparativo*; mentre i termini precedenti indicano uno specchietto, una griglia, e quindi uno **schema**, il **compendio** e la **sintesi** consistono in una esposizione concisa ma comunque discorsiva.

In varie tecnologie, si chiama quadro un **pannello**, forma ellittica di **pannello di controllo** o **pannello di comando**, che applicato su macchinari o veicoli, reca dispositivi di controllo o di comando; *quadro di manovra*; se questi comandi consistono in bottoni, cioè in pulsanti elettrici, il pannello in cui sono inseriti può dirsi **bottoniera**.

In ambito teatrale, il quadro è ogni parte, con scena unitaria, in cui può essere suddiviso un atto: *dramma in un atto e quattro quadri*.

Infine, nell'inquadramento del personale di un'azienda, ma anche in altre organizzazioni, si definisce quadro chi ricopre cariche di responsabilità oppure svolge mansioni amministrative, ed è usato come sinonimo di **dirigente**, del più generico **capo**, o di **funzionario**, che però solitamente evoca un livello più basso: *i quadri intermedi*; *i quadri di un partito*.

quadrùpede ***A*** *agg.* (*di animale*) che ha quattro zampe ***B*** *s. m.* ***1*** animale con quattro zampe **CFR.** bipede ***2*** (*fam., scherz., spreg.*) ignorantone, rozzo, bestia.

quadruplicàre ***A*** *v. tr.* ***1*** moltiplicare per quattro **CFR.** doppiare, raddoppiare, triplicare, quintuplicare, ecc. ***2*** (*est.*) accrescere enormemente, moltiplicare, ingrandire ***B*** **quadruplicarsi** *v. intr. pron.* ***1*** aumentare di quattro volte ***2*** (*est.*) aumentare enormemente, ingrandirsi.

quaggiù *avv.* ***1*** qui in basso, qua in basso **CONTR.** quassù, laggiù, lassù ***2*** (*est.*) in pianura □ al Sud **CONTR.** in montagna □ al Nord ***3*** (*fig.*) sulla terra, in questo mondo **CONTR.** nell'aldilà, nell'altro mondo.

quagliàre *v. intr.* (*fig.*) concludersi, compiersi.

quàlche *agg. indef. m.* e *f. solo sing.* ***1*** alcuni, non molti, taluni, certi ***2*** (*con valore indeterminato*) uno, un qualunque, un qualsiasi **CONTR.** nessuno, veruno (*lett., raro*) ***3*** (*seguito da un sost. astratto*) un certo, parecchio, molto **CONTR.** poco, scarso, nessuno ***4*** (*enf.*) appropriato, idoneo, determinato.

qualcòsa *pron. indef. m.* e *f. solo sing.* ***1*** una cosa, alcune cose ***2*** un po' di soldi, un po' di roba ***3*** un quid (*lat.*), non so che, un certo non so che ***4*** (*spec. in prop. interr. o dubitative*) niente.

qualcùno ***A*** *pron. indef. solo sing.* ***1*** (*di quantità*) alcuni, non molti **CONTR.** molti □ nessuno ***2*** (*di persona*) uno, taluno, alcuno, altri **CONTR.** veruno (*lett., raro*), nessuno ***3*** (*spec. in prop. interr. o dubitative*) nessuno ***B*** *in funzione di s. m. solo sing.* personalità, personaggio, autorità, big (*ingl.*).

quàle ***A*** *agg. interr. m.* e *f.* che, che tipo di, che genere di ***B*** *agg. escl. m.* e *f.* (*enf.*) che, che razza di ***C*** *agg. rel. m.* e *f.* ***1*** (*specie in correl. con* tale) come, come quello che ***2*** (*est.*) della qualità di ***3*** come, per esempio, ad esempio ***D*** *pron. interr. m.* e *f.* chi, che ***E*** *pron. rel. m.* e *f.* che, cui ***F*** *pron. indef. m.* e *f.* alcuni, altri, gli uni, gli altri, l'uno, l'altro e sim. ***G*** *avv.* (*pop.*) in qualità di, in funzione di ***H*** *in funzione di s. m.* (*poet.*) qualità **FRAS.** *tale quale, tale e quale, tal quale*, somigliantissimo, identico, proprio come □ *per la quale*, come deve essere, come dovrebbe essere, come si deve.

qualìfica *s. f.* ***1*** (*di capacità, di qualità, ecc.*) giudizio, considerazione, definizione ***2*** (*di lavoratore*) grado, posizione, qualificazione, mansione, attributo ***3*** (*di professionista*) titolo, ufficio.

qualificàre ***A*** *v. tr.* ***1*** (*di qualità, di capacità e sim.*) giudicare, chiamare, definire, riconoscere, ritenere, distinguere, caratterizzare ***2*** (*di lavoratore*) preparare, formare, specializzare ***B*** **qualificarsi** *v. rifl.* ***1*** presentarsi, definirsi, designarsi, dichiararsi, farsi riconoscere ***2*** (*in un concorso, in una prova e sim.*) classificarsi ***3*** (*di lavoratore*) specializzarsi. *V. anche* GIUDICARE

qualificàto *part. pass. di* **qualificare**; *anche agg.* ***1*** (*di persona*) riconosciuto, patentato, specializzato, accreditato □ abile, capace, preparato, esperto, provetto, provato, adatto, bravo, valido, valente, competente, eccellente □ autorevole **CONTR.** squalificato, screditato □ incapace, ignorante, incompetente, inesperto, inidoneo, cattivo ***2*** (*di lavoro*) specialistico, particolare **CONTR.** generico ***3*** (*di ceto, di condizione, ecc.*) distinto, ragguardevole, nobile, elevato, perbene, bene (*gerg.*), importante CONTR. modesto, povero, umile, basso.

qualificazióne *s. f.* ***1*** qualifica, grado, specializzazione, posizione ***2*** (*di carica, di dignità, ecc.*) denominazione, titolo ***3*** (*sport*) ammissione, accettazione CONTR. squalifica, esclusione ***4*** (*di persona, di luogo, ecc.*) identità.

qualità *s. f.* ***1*** (*di cosa*) natura, specie, peculiarità, prerogativa □ requisito, proprietà, caratteristica □ marca ***2*** (*di qualità morali*) pregio, dote, dono, virtù, merito, valore, vaglia, indole, attributo, disposizione □ intelligenza, mente, spirito □ stampo, stoffa, calibro (*fig.*), tempra, temperamento, carattere, personalità CONTR. difetto, vizio, tara, demerito, svantaggio, mancanza, inconveniente ***3*** (*di cose e persone*) specie, genere, varietà, grado, classe, categoria, ordine, condizione, maniera, tipo, forma, sorta, razza □ (*fig., spreg.*), taglia, fatta, risma ***4*** condizione sociale, professione, titolo, mansione, veste FRAS. *in qualità di*, in veste di, come □ *di prima qualità*, ottimo, eccellente □ *di qualità superiore*, extra, superlativo □ *marchio di qualità*, contrassegno di garanzia □ *salto di qualità*, balzo in avanti, mutamento radicale. *V. anche* CATEGORIA, INDOLE

qualitatìvo ***A*** *agg.* ***1*** di qualità ***2*** qualificativo ***B*** *s. m.* (*comm.*) qualità.

qualóra *cong.* ***1*** nel caso che, se mai, semmai, se, casomai ***2*** (*lett.*) allorché, ove, quando ***3*** (*in prop. condizionali col v. all'infinito*) a.

qualsìasi *agg. indef. m.* e *f.* qualsisia (*lett.*), qualunque, ogni, tutto, qualsivoglia (*lett.*), purchessia CONTR. particolare, singolare.

qualùnque ***A*** *agg. indef. m.* e *f. solo sing.* ***1*** l'uno o l'altro che sia, qualsiasi, qualsisia (*lett.*) CONTR. particolare ***2*** (*spreg.*) qualsiasi, insignificante, comune, medio CONTR. importante, noto, celebre, famoso, scelto ***3*** (*est., enf.*) ogni ***B*** *agg. indef. rel. m.* e *f.* l'uno o l'altro, il quale, qualsivoglia (*lett.*) FRAS. *uomo qualunque*, uomo comune, uomo medio ***C*** *pron. indef. m.* e *f.* chicchessia (*solo sing.*) chissisia.

qualunquìsmo *s. m.* (*est.*) indifferentismo, indifferenza, disinteresse, assenteismo, conformismo, menefreghismo, scetticismo, apatia □ indifferenza politica, insensibilità sociale.

qualunquìsta ***A*** *s. m.* e *f.* (*in politica*) indifferente, conformista, menefreghista, scettico, apatico ***B*** *agg.* qualunquistico.

quàndo ***A*** *avv.* in quale tempo, in quale momento, in quale periodo ***B*** *cong.* ***1*** mentre, come, allorché, allorquando, ogni volta che, nel tempo in cui, nel momento in cui ***2*** (*con valore rel.*) nel quale, in cui ***3*** (*con valore avversativo*) mentre, laddove ***4*** (*con valore cond.*) se, qualora ***5*** (*con valore causale*) giacché, poiché, dal momento che ***C*** *in funzione di s. m. inv.* momento, circostanza, tempo, occasione, attimo FRAS. *di quando in quando*, ogni tanto, qua e là □ *da quando?*, da quanto tempo?

quantificàbile *agg.* valutabile, determinabile, misurabile CONTR. inquantificabile, indeterminabile, incommensurabile.

quantificàre *v. tr.* quantizzare, misurare, determinare, valutare, specificare, monetizzare (*est.*).

quantificazióne *s. f.* misurazione, determinazione, specificazione, quantizzazione.

quantità *s. f.* ***1*** entità, numero, quantitativo, quanto, quoziente, peso, grandezza, misura, dose, mole, parte, porzione, razione, quota, lotto, aliquota, somma, cifra, volume ***2*** gran numero, abbondanza, peso, copia, profusione, profluvio, assortimento, ammasso, congerie, massa, mucchio, infinità, moltitudine, subisso (*fam.*), miriade, caterva, fracasso (*fam.*), fracco (*dial.*) ***3*** (*fig.*) legione, stuolo, frotta, folla, reggimento ***4*** (*ling.*) durata. *V. anche* FOLLA

quantitatìvo ***A*** *agg.* di quantità ***B*** *s. m.* quantità, numero, volume.

quànto (1) ***A*** *agg. rel.* tutto quello che ***B*** *pron. interr.* ***1*** in che misura, in che quantità, in che numero ***2*** quanto tempo ***3*** (*est.*) quanta strada ***4*** quanto denaro ***C*** *pron. rel.* ***1*** (*al pl.*) tutti coloro che, tutti quelli che ***2*** quello che ***D*** *in funzione di s. m.* ***1*** quantità, entità ***2*** denaro, somma, importo, prezzo, costo.

quànto (2) *avv.* ***1*** (*in prop. interr. ed escl.*) in quale misura, in quale quantità ***2*** (*in prop. rel.*) nella misura che, nella quantità che ***3*** (*nelle comparazioni*) come FRAS. *in quanto*, come, in qualità di, perché, per il fatto che □ (*in*) *quanto a*, per ciò che riguarda □ *quanto mai*, come mai, moltissimo □ *per quanto*, nonostante che, anche se, tuttavia.

quànto (3) *s. m.* ***1*** quantità ***2*** (*fis.*) quantum (*lat.*) ***3*** (*fis.*) numero quantico FRAS. *quanto d'azione*, costante di Planck □ *quanto acustico*, fonone.

quantoméno *avv.* al minimo, almeno.

quantùnque *cong.* sebbene, malgrado, nonostante, benché, ancorché, comecché (*lett.*), contuttoché, per quanto.

quarantèna *s. f.* ***1*** quaranta giorni ***2*** isolamento □ contumacia FRAS. *mettere in quarantena* (*fig.*), tenere lontano, tenere in disparte.

quarantòtto [dal 1848, anno delle grandi rivoluzioni europee] *s. m.* (*fig., fam.*) confusione, subbuglio, tumulto, baccano, casino (*fam.*), terremoto, babele, babilonia, bailamme CONTR. ordine, disciplina, silenzio, tranquillità, pace FRAS. *mandare a carte quarantotto*, mandare all'aria, mandare al diavolo, mandare a monte.

quarésima *s. f.* ***1*** quadragesima (*raro*) ***2*** (*fig.*) penitenza □ digiuno CONTR. carnevale ***3*** (*fig., fam.*) persona magrissima, stoccafisso (*fig.*), baccalà (*fig.*), allampanato, mingherlino CONTR. grassone, ciccione ***4*** (*fig., fam.*) persona triste, persona lugubre FRAS. *lungo come la quaresima*, prolisso, pedante, noioso □ *fare quaresima* (*fig.*), vivere nelle privazioni □ *faccia da quaresima*, espressione triste.

quaresimàle ***A*** *agg.* ***1*** di quaresima, quadragesimale ***2*** (*fig.*) lungo, prolisso, pedante, noioso ***B*** *s. m.* ***1*** serie di prediche (in quaresima) ***2*** libro di prediche ***3*** (*fig.*) predica noiosa, ramanzina noiosa, sermone noioso, borsa (*pop.*).

quàrta *s. f.* ***1*** quarta classe ***2*** (*di autoveicolo*) quarta marcia FRAS. *partire in quarta* (*fig.*), iniziare con la massima energia, gettarsi con grande entusiasmo, scatenarsi.

quartière *s. m.* **1** (*di città*) rione, parte, zona, settore □ borgo, contrada (*ant.*), sestiere **2** (*mil.*) acquartieramento, alloggiamento, base, caserma **3** (*tosc.*) appartamento **4** (*arald.*) quarto **FRAS.** *chiedere quartiere*, arrendersi □ *non dare quartiere* (*fig.*), non accettare la resa □ *senza quartiere* (*fig.*), senza esclusione di colpi □ *quartieri alti* (*fig.*), zona elegante di una città. *V. anche* PARTE

quàrto *agg. num. ord.; anche s. m.* **1** quarta parte, metà della metà □ (*di peso*) due etti e mezzo □ (*di capacità*) duecentocinquanta centilitri □ quartuccio, quartino □ (*di tempo*) quindici minuti **2** quarta persona **3** (*di luna*) fase **4** (*arald.*) quartiere **5** (*di cerchio, di bussola, ecc.*) quadra, quadrante **FRAS.** *quarto potere*, stampa □ *quarto stato*, proletariato, popolo □ *quarta dimensione*, tempo □ *quarta malattia*, scarlattina □ *quarta arma*, aeronautica □ *passare un brutto quarto d'ora* (*fig.*), essere nei guai, vivere in ansia □ *quarti di finale*, terz'ultima fase.

quàsi **A** *avv.* **1** circa, approssimativamente, poco più che, poco meno che, mezzo (*est.*), pressoché, pressappoco, a un dipresso, all'incirca, incirca (*raro*) **2** forse, probabilmente **3** ormai, per poco **B** *cong.* come, come se.

quassù *avv.* **1** qui sopra, qui in alto, qua sopra, qua in alto **CONTR.** quaggiù, laggiù, lassù **2** (*est.*) in montagna □ al Nord **CONTR.** in pianura □ al Sud.

quaternàrio *agg. e s. m.* neozoico, antropozoico **CFR.** paleozoico.

quàtto *agg.* **1** acquattato, chinato, nascosto **CONTR.** in piedi, scoperto **2** silenzioso, zitto, tacito, taciturno, chiotto, quieto **CONTR.** rumoroso, chiassoso, irrequieto.

quattrìno *s. m.* **1** (*est.*) moneta spicciola, spicciolo **2** (*al pl.*) (*est.*) denaro, ricchezza, grana (*gerg.*), mezzi, soldi, bezzi, cocuzze (*dial.*), conquibus (*scherz.*), contanti, denari, schei (*sett.*), svanziche (*fam., scherz.*), finanze **FRAS.** *fior di quattrini* (*fig.*), gran quantità di denaro □ *non valere un quattrino* (*fig.*), non valere nulla □ *non avere il becco di un quattrino* (*fig.*), essere in bolletta □ *tirare al quattrino*, essere avido, guardare solo al guadagno □ *bussare a quattrini*, chiedere denaro.

quàttro *agg. num. card. inv.; anche s. m. e f. inv.* **1** (*est.*) pochi, alcun **CONTR.** molti **2** (*di tempo*) quattro del mattino, sedici **FRAS.** *gridare ai quattro venti* (*fig.*), rendere di pubblico dominio, divulgare □ *tra quattro mura* (*fig.*), in casa, lontano da tutti □ *a quattr'occhi*, in confidenza, in segreto, senza testimoni □ *avere quattr'occhi* (*scherz.*), portare gli occhiali □ *fare quattro salti*, ballare in famiglia □ *quattro gatti* (*spreg.*), pochissime persone □ *sudare quattro camicie* (*fig.*), faticare moltissimo □ *fare le scale a quattro a quattro*, salire le scale velocissimamente □ *farsi in quattro* (*fig.*), impegnarsi a fondo, lavorare sodo □ *dirne quattro*, fare una scenata, rimproverare aspramente □ *fare il diavolo a quattro* (*fig.*), fare molta confusione, fare una scenata, reagire violentemente □ *in quattro e quattr'otto* (*fig.*), in un attimo.

quattròcchi *s. m. inv.* **1** (*zool.*) domenicano **2** (*fig., fam., scherz.*) occhialuto, persona con occhiali.

quégli *pron. dimostr. m. solo sing.* quella persona, quello, colui **CONTR.** questo, questi, costui.

quéllo *pron. dimostr.* **1** quegli, la persona □ esso **CONTR.** questo **2** colui, (*al pl.*) coloro, loro □ ciò (*seguito da pron. rel.*) **3** come, quanto (*seguito da pron. rel.*) **FRAS.** *quelli di*, gli abitanti di □ *in quel, in quella*, in quel preciso istante □ *in quel di*, nel territorio di.

quèrcia *s. f.* (*bot.*) rovere **FRAS.** *quercia da sughero*, sughera □ *quercia gentile*, farnia □ *quercia dei tintori*, quercitrone □ *essere una quercia* (*fig.*), essere robustissimo, essere fortissimo □ *vecchia quercia* (*fig.*), persona anziana ma sanissima; persona moralmente forte.

querèla *s. f.* **1** (*dir.*) denuncia □ reclamo, protesta □ causa **2** (*lett.*) lamento, lamentela, lamentazione, lagnanza, querimonia, doglianza.

querelànte *part. pres. di* **querelare**; *anche agg. e s. m. e f.* denunciante, accusante, accusatore **CONTR.** querelato, accusato.

querelàre **A** *v. tr.* dare querela, denunciare **B** **querelarsi** *v. intr. pron.* lamentarsi, rammaricarsi, lagnarsi, dolersi, deplorare, compiangere **CONTR.** rallegrarsi, complimentarsi.

querelàto *part. pass. di* **querelare**; *anche agg. e s. m.* denunciato, accusato **CONTR.** querelante, denunciante, accusatore.

quèrulo *agg.* lamentoso, lamentevole, lagnoso, piagnucoloso, piangente **CONTR.** gaio, festoso, allegro, gioioso.

quesìto *s. m.* interrogativo, interrogazione, problema, domanda, questione, quiz (*ingl.*), test (*ingl.*) **CONTR.** risposta, soluzione.

quésti *pron. dim. m. solo sing.* (*lett.*) questo, questa persona, costui, quest'uomo **CONTR.** quegli.

questionàre *v. intr.* discutere, disputare, polemizzare, contendere, dibattere, ragionare, dissertare □ bisticciare, bisticciarsi, litigare, altercare **CONTR.** andare d'accordo, accordarsi, aggiustarsi, arrangiarsi, fare pace, pacificarsi, riaccomodarsi.

questionàrio *s. m.* domande, serie di domande, quiz (*ingl.*), test (*ingl.*) □ modulo (delle domande), formulario.

questióne *s. f.* **1** problema, argomento, quesito, caso, quiz (*ingl.*), tema, punto **2** (*raro*) dubbio **3** controversia, disputa **4** alterco, contesa, scontro, litigio, diverbio, causa, lite, vertenza.

quésto **A** *agg. dimostr.* **1** sto (*pop.*), codesto (*lett.*) **2** (*enf.*) mio **3** (*di mese, di anno, ecc.*) corrente, attuale, in corso, presente **CONTR.** scorso, passato □ prossimo, venturo **4** simile, di tal genere **CONTR.** diverso **B** *pron. dimostr.* **1** costui, costei, codesto (*lett.*), questi (*lett.*) **CONTR.** quello, quegli **2** (*lett.*) (*in correlazione con* quello) il primo, il secondo, l'ultimo **CONTR.** quello **3** ciò, tanto **CONTR.** quello **FRAS.** *con tutto questo*, nonostante ciò □ *e con questo?*, e allora? □ *quest'oggi*, oggi stesso.

quèstua *s. f.* **1** elemosina, cerca, busca, accattonaggio, mendicità **2** (*est.*) accatto, colletta, raccolta.

questuànte *part. pres. di* **questuare**; *anche agg. e s. m. e f.* **1** mendicante, mendico, accattone □ postulante **2**

(*di frate*) cercante, cercatore.

questuàre *A* v. intr. elemosinare, chiedere l'elemosina, mendicare, accattare, andare alla questua, tendere la mano (*fig.*), pitoccare (*region.*) CONTR. fare l'elemosina, dare, donare, regalare, offrire, largire, elargire *B* v. tr. (*spec. fig.*) elemosinare, mendicare, accattare.

questùra s. f. *1* ufficio del questore, sede del questore *2* (*est.*) polizia, ufficio di polizia.

questurìno s. m. (*pop.*) poliziotto, agente, piedipiatti (*spreg.*), sbirro (*spreg.*).

qui avv. *1* (*di luogo*) qua, in questo luogo, in questo posto, in questa parte CONTR. lì, là, costì, costà, in quel luogo, ivi (*lett.*), quivi (*lett.*) *2* (*di tempo*) ora, in questo momento, a questo punto FRAS. *di qui*, originario, nativo □ *giù di qui*, da queste parti □ *di qui a...*, tra... □ *non ricordarsi da qui a lì*, avere pochissima memoria.

quid /*lat.* kwid/ [vc. lat. 'che cosa?'] s. m. inv. qualche cosa □ non so che, qualcosa.

quiescènte agg. *1* in riposo, inerte, inattivo, quieto, latente □ in pensione, a riposo CONTR. attivo, in movimento, sveglio □ in attività, in servizio, in forza *2* (*fig.*) acquiescente, docile, amorevole, obbediente, sottomesso, condiscendente, conciliante, accomodante CONTR. indocile, disobbediente, ribelle.

quiescènza s. f. *1* riposo, inerzia, inattività CONTR. attività, operosità *2* pensione, riposo CONTR. servizio, lavoro, attività *3* (*fig.*) acquiescenza, docilità, arrendevolezza, sottomissione, condiscendenza, obbedienza CONTR. indocilità, disobbedienza, ribellione.

quietànza s. f. ricevuta.

quietàre *A* v. tr. calmare, placare, acquietare, chetare □ abbonacciare (*anche fig.*), abbonire, rabbonire, ammansire, sedare, mitigare □ saziare, appagare □ tranquillizzare, rassicurare CONTR. irritare, esasperare, inasprire, innervosire □ agitare, scombussolare, sconvolgere, turbare *B* **quietarsi** v. intr. pron. calmarsi, placarsi, acquietarsi, chetarsi, tranquillizzarsi □ rabbonirsi, ammansirsi, mitigarsi CONTR. irritarsi, agitarsi, esasperarsi, innervosirsi, incazzarsi (*volg.*), scatenarsi, turbarsi.

quiète s. f. *1* immobilità, stabilità, inerzia CONTR. moto, mobilità, movimento *2* (*anche fig.*) pace, silenzio, calma, tranquillità, riposo, relax (*ingl.*), distensione, raccoglimento □ requie, respiro, tregua, sosta CONTR. agitazione, tensione, inquietudine, affanno, irrequietezza □ frastuono, rumore, disordine, babilonia, caos, casino (*pop.*).

quièto agg. *1* calmo, fermo, immobile, statico, stabile □ tranquillo, cheto, chiotto, quatto, silenzioso, silente, disteso, raccolto, distensivo, riposante CONTR. agitato, mosso □ rumoroso, disordinato *2* (*fig.*) placido, pacifico, sereno, posato, pacato, flemmatico, pacioccone (*fam.*), pacioso, bonaccione, mite CONTR. irrequieto, inquieto, eccitabile, irritabile, irascibile, teso, impaziente, nervoso, nevrotico, nevrastenico, turbato, turbolento, scatenato.

quinàrio s. m.; anche agg. (*di verso*) pentasillabo.

quìnci avv. *1* (*lett.*) (*con valore temporale*) poi *2* (*in correlazione con* quindi) di qua, da una parte CONTR. quindi FRAS. *parlare di quinci e in quindi*, parlare con affettazione □ *stare sul quinci e sul quindi*, comportarsi affettatamente.

quìndi *A* avv. *1* (*con valore temporale*) poi, in seguito, più tardi, successivamente, indi (*lett.*) *2* (*lett.*) (*con valore locale*) di qui, di lì, di là *3* (*lett.*) per quel luogo *4* (*lett.*) (*in correlazione con* quinci) di là, dall'altra parte CONTR. quinci *B* cong. *1* (*con valore conclusivo*) perciò, per questo, per questa ragione, di conseguenza, conseguentemente, così, dunque, ergo (*lett., scherz.*), laonde (*lett.*), pertanto *2* (*con valore causale*) per tale motivo FRAS. *V.* **quinci**.

quindicennàle *A* agg. quindicenne, trilustre (*lett.*) *B* s. m. quindicesimo anniversario.

quindicènne agg. quindicennale, trilustre (*lett.*).

quindicènnio s. m. quindici anni, tre lustri.

quindicìna s. f. *1* (*di quantità*) quindici, circa quindici *2* (*fam.*) (*di tempo*) quindici giorni, due settimane, circa quindici giorni, mezzo mese *3* (*est.*) paga di quindici giorni, paga. *V. anche* PAGA

quindicinàle *A* agg. di quindici giorni, bimensile CFR. settimanale, semestrale, mensile, ecc. *B* s. m. rivista bimensile, periodico CFR. settimanale, mensile, semestrale, ecc.

quinquennàle *A* agg. di cinque anni, lustrale (*lett.*) *B* s. m. quinto anniversario.

quinquènnio s. m. cinque anni, cinquennio, lustro.

quìnta s. f. *1* (*teat.*) scena, scenario, coulisse (*fr.*) (*raro*) *2* (*di scuola*) quinta classe, quinto anno *3* (*di autoveicolo*) quinta marcia, quinta velocità FRAS. *tra le quinte* (*fig.*), nascostamente, di nascosto □ *stare dietro le quinte* (*fig.*), partecipare di nascosto, spingere gli altri stando nascosto.

quintàna s. f. (*di cavalieri*) giostra, carosello.

quintessènza s. f. *1* (*filos. aristotelica*) etere *2* (*in alchimia*) parte più pura *3* (*in distilleria*) estratto, elisir *4* (*est.*) parte più eletta, fior fiore CONTR. parte peggiore, feccia *5* (*fig.*) intima essenza, intima natura, idea centrale, verità profonda *6* (*fig.*) modello, perfetto esempio, esemplare, tipo.

quìnto agg. num. ord.; anche s. m. quinta parte FRAS. *quinto dito*, mignolo □ *quinto potere*, televisione □ *quinta malattia*, morbillo □ *quinta colonna*, nemico interno.

qui pro quo /*lat.* 'kwi prɔ 'kwɔ/ [loc. lat. mediev. '*qui* invece di *quo*'] loc. sost. m. inv. equivoco, abbaglio, malinteso, svista, errore, sbaglio.

quisquìlia o **quisquiglia** [vc. dotta, lat. *quisquiliae* 'rifiuti, immondezze'] s. f. *1* impurità *2* (*fig.*) minuzia, bazzecola, bagattella, baia (1), briccica, bubbola, piccolezza, inezia, sciocchezza, sciocchezzuola, coserella, cosa da nulla, cosetta, fesseria, stupidaggine, frivolezza, pinzillacchera (*scherz.*), futilità, zeccola, nonnulla, niente.

quìz [dall'ingl. *quiz*, di etim. incerta] s. m. inv. *1* domanda, quesito, indovinello □ enigma, rompicapo □ questionario, serie di domande *2* gioco a quesiti, concorso a quesiti.

quorum /*lat.* 'kwɔrum/ [lat. *quorum* 'dei quali', deriv. da formule come *quorum maxima pars* 'dei quali la maggior parte' e simili] s. m. (*dir.*) numero legale, numero necessario, maggioranza necessaria.

quòta *s. f.* **1** (*est.*) parte, porzione, azione (2) (di capitale), rata, tranche (*fr.*), aliquota, contingente (*di merce*) □ provvigione, commissione, percentuale, tangente (*raro*), caratura (*raro*), quantità □ ticket (*ingl.*) **2** (*geogr.*) altitudine, livello, altezza sul mare **3** (*mar.*) profondità **FRAS.** *prendere quota* (*di aereo*), alzarsi; (*fig.*) affermarsi □ *perdere quota* (*di aereo*), abbassarsi; (*fig.*) indebolirsi, perdere di prestigio.

quotàre ***A*** *v. tr.* **1** (*per contribuzione*) impegnare, obbligare **2** (*in borsa*) fissare, stabilire, determinare (il prezzo) **3** (*fig.*) valutare, stimare, apprezzare ***B*** **quotarsi** *v. intr. pron.* (*per contribuzione*) obbligarsi, impegnarsi **CONTR.** liberarsi.

quotàto *part. pass. di* **quotare**; *anche agg.* **1** (*di cosa*) fissato, stabilito, determinato **2** valutato, stimato □ (*est.*) pregiato **CONTR.** svalutato, di poco valore **3** (*fig.*) (*di persona*) valutato, apprezzato, stimato **CONTR.** screditato, squalificato, disprezzato.

quotazióne *s. f.* prezzo, valore, stima, valutazione, fixing (*ingl.*) □ (*di moneta*) corso, fluttuazione.

quotidianità *s. f.* (*est.*) consuetudine, normalità, abitudine, trantran, ménage (*fr.*) **CONTR.** eccezionalità.

quotidiàno ***A*** *agg.* **1** di ogni giorno, di tutti i giorni, giornaliero, diurno **2** (*est.*) solito, ordinario, consueto, normale, usuale, parlato (*di lingua, di uso, ecc.*) **CONTR.** insolito, eccezionale, raro, straordinario ***B*** *s. m.* giornale, gazzetta **CFR.** settimanale, quindicinale, mensile, bimestrale, trimestrale, ecc.

quòto *s. m.* (*mat.*) quoziente.

quoziènte *s. m.* **1** (*mat.*) quoto **2** (*est.*) capacità, quantità, misura, numero.

r, R

rabberciàre *v. tr.* **1** (*di cosa*) accomodare, raffazzonare, rappezzare, rattoppare, arrangiare, rimediare, racconciare, riparare □ riattare **CONTR.** rompere, sdrucire **2** (*fig.*) (*di scritto*) correggere, sistemare, rimediare, rimaneggiare. *V. anche* CORREGGERE

rabberciàto *part. pass. di* **rabberciare**; *anche agg.* **1** (*di cosa*) accomodato, raffazzonato, rappezzato, rattoppato, riparato **2** (*fig.*) (*di scritto*) corretto, rimaneggiato, sistemato.

rabberciatùra *s. f.* **1** (*di cosa*) rabberciamento, accomodatura, rattoppo, raffazzonatura, rappezzatura, rappezzamento, rappezzo, rattoppatura **2** (*fig.*) (*di scritto*) correzione, rimaneggiamento, sistemazione, ricucitura (*fig.*).

ràbbi [vc. dotta dall'aramaico *rabbī* 'mio maestro'] *s. m. inv.* (*presso gli ebrei*) dottore della legge, maestro.

ràbbia *s. f.* **1** idrofobia **2** (*fig.*) irritazione □ sdegno, furore, collera, ira □ isteria, isterismo **CONTR.** calma, serenità, imperturbabilità, impassibilità **3** dispiacere □ dispetto, stizza, disappunto, rovello (*lett.*), indignazione □ arrabbiatura, incazzatura (*volg.*), bile **CONTR.** piacere, soddisfazione, godimento **4** accanimento, arrovellamento **CONTR.** calma, pacatezza, freddezza **5** (*est.*) (*di vento, di acque, ecc.*) furia, veemenza, violenza, impeto, forza **CONTR.** calma, mitezza, dolcezza. *V. anche* IRA, STIZZA

rabbióso *agg.* **1** idrofobo **2** (*fig.*) (*di persona*) collerico, iroso, astioso, fegatoso, irascibile, irritabile, isterico, stizzoso, bizzoso, bilioso, iracondo, ringhioso (*fig.*), violento, bisbetico □ arrabbiato, incazzato (*volg.*), inviperito, infuriato, furibondo, furente, furioso **CONTR.** calmo, pacato, sereno, placido, mite, bonario, bonaccione, amabile □ paziente, conciliante, arrendevole, ragionevole, tollerante **3** (*est.*) (*di sentimento, di discorso, di reazione, ecc.*) accanito, virulento (*fig.*), esasperato, viperino (*fig.*) □ concitato **CONTR.** calmo, placido, sereno, impassibile, tranquillo, pacato, conciliante **4** (*est.*) (*di paura, di fame, ecc.*) smodato, violento, eccessivo, esagerato, sfrenato, irrefrenabile, incontrollato, incontenibile **CONTR.** moderato, misurato.

rabbonìre **A** *v. tr.* calmare, placare, acquietare, quietare, acchetare (*lett.*), abbonire, sedare, rassicurare, chetare □ ammansire, mansuefare □ tranquillizzare, rasserenare □ conciliare, pacificare **CONTR.** irritare, innervosire, indispettire, inasprire, agitare, eccitare, infiammare, esasperare, esacerbare, istigare, stizzire, inferocire, incattivire, invelenire, inviperire **B** **rabbonirsi** *v. intr. pron.* calmarsi, placarsi, quietarsi, acquietarsi, tranquillizzarsi, raddolcirsi, rassicurarsi, chetarsi, acchetarsi, abbonirsi □ ammansirsi, mansuefarsi **CONTR.** irritarsi, indispettirsi, innervosirsi, inalberarsi (*fig.*) □ indignarsi, sdegnarsi □ infuriarsi □ esasperarsi □ inasprirsi □ eccitarsi, infiammarsi.

rabbonìto *part. pass. di* **rabbonire**; *anche agg.* calmo, placato, tranquillo, tranquillizzato, rasserenato, ammansito **CONTR.** agitato, nervoso □ irritato, innervosito, indispettito □ esasperato □ inasprito.

rabbrividìre *v. intr.* **1** (*per freddo*) provare i brividi, sentire i brividi, abbrividire (*lett.*), rattrappirsi, intirizzire, infreddolirsi **2** (*per paura, per dolore, ecc.*) raccapricciare, inorridire, raggelare, aggricciarsi, accapponarsi □ fremere □ tremare, spaventarsi.

rabbuffàre **A** *v. tr.* **1** (*di cose*) scompigliare, disordinare, sconvolgere, arruffare □ scapigliare, spettinare **CONTR.** ravviare, lisciare, riordinare □ pettinare **2** (*fig.*) (*di persona*) sgridare, rimproverare, rimbrottare, strapazzare, riprendere, pettinare (*fig.*), rampognare, redarguire **CONTR.** lodare, elogiare, encomiare, approvare **B** **rabbuffarsi** *v. intr. pron.* (*di cielo, di tempo*) rannuvolarsi, annuvolarsi, oscurarsi **CONTR.** schiarirsi, rasserenarsi.

rabbùffo *s. m.* sgridata, rimprovero, rimbrotto, rampogna (*lett.*), ramanzina, paternale, ripassata (*fam.*), pettinata (*fig.*), risciacquata (*fig., fam.*), cicchetto, lavata di capo, strapazzata, sfuriata, strigliata, diatriba (*raro*) **CONTR.** lode, elogio, encomio.

rabbuiàre **A** *v. intr.* annottare **B** **rabbuiarsi** *v. intr. pron.* **1** (*di tempo, di cielo*) oscurarsi, annottare, abbuiarsi, incupirsi **CONTR.** rischiararsi, illuminarsi, schiarirsi **2** (*est.*) annuvolarsi, rannuvolarsi **CONTR.** rasserenarsi, rimettersi **3** (*fig.*) (*di persona*) accigliarsi, corrucciarsi, incupirsi, rincupirsi, turbarsi, aggrondarsi, ingrugnarsi □ adombrarsi, inquietarsi, adirarsi **CONTR.** calmarsi, distendersi, rasserenarsi.

raccapezzàre **A** *v. tr.* **1** (*di cosa*) raggranellare, raccogliere, mettere insieme, racimolare, raggruzzolare, raccattare, raccozzare, radunare **2** (*di significato, di discorso, ecc.*) comprendere, afferrare, intendere **B** **raccapezzarsi** *v. intr. pron.* orientarsi, orizzontarsi, ritrovarsi, capire **CONTR.** disorientarsi, confondersi, frastornarsi, smarrirsi.

raccapricciànte *agg.* orripilante, spaventoso, spaventevole, agghiacciante, orrido, orrendo, raggelante, impressionante, terrorizzante, orribile, terrificante, tremendo, macabro, pauroso **CONTR.** rasserenante, allietante, piacevole, rallegrante, gradevole.

raccaprìccio *s. m.* ribrezzo, orrore, impressione, senso, schifo, spavento, paura, terrore **CONTR.** fascino, suggestione, ammirazione □ sollievo, gioia, piacere. *V. anche* PAURA

raccattàre *v. tr.* **1** raccogliere, tirar su, riprendere, ripigliare **CONTR.** gettare, buttare □ seminare (*fig.*) **2** radunare, raccapezzare, raggranellare, racimolare, mettere insieme, raccozzare.

raccattàto *part. pass. di* **raccattare**; *anche agg.* **1** raccolto, tirato su **2** radunato, racimolato, raggranellato, messo insieme.

ràcchio *agg.*; *anche s. m.* (*pop.*) sgraziato, goffo, brutto, malfatto, deforme **CONTR.** grazioso, aggraziato, bello, gradevole, avvenente, attraente.

racchiùdere *v. tr.* **1** contenere, chiudere □ rinchiudere □ comprendere, includere, abbracciare, cingere □ circoscrivere, delimitare, limitare □ (*nell'animo*) albergare (*fig., lett.*) **CONTR.** escludere **2** (*fig.*) implicare, comportare, sottintendere, significare **CONTR.** escludere. *V. anche* COSTRINGERE

racchiùso *part. pass. di* **racchiudere**; *anche agg.* **1** contenuto, chiuso □ circoscritto, limitato **2** (*fig.*) implicito **3** (*fig.*) rinchiuso, custodito, protetto.

raccògliere **A** *v. tr.* **1** cogliere, raccattare, tirar su, prendere, riprendere, ripigliare □ attingere (*anche fig.*) **CONTR.** gettare, buttare, scaraventare □ versare **2** rastrellare, collettare, raggranellare, raccattare, racimolare □ accumulare □ incettare □ (*di frutta, di grano, ecc.*) cogliere, vendemmiare, bacchiare, spigolare, mietere, falciare **CONTR.** spargere, disseminare, seminare, spandere **3** (*est.*) (*di guadagno, di vantaggio, ecc.*) ricavare, trarre, ottenere, riscuotere, guadagnare, tirare (*pop.*), conseguire, cavare (*fig.*) **4** (*fig.*) (*di approvazione, di simpatia, ecc.*) incontrare, ottenere, riscuotere, guadagnarsi **5** (*di persone, di cose*) radunare, assembrare, mettere insieme, conglobare, raccozzare, accozzare, affastellare **6** rilevare, registrare, censire □ compilare **CONTR.** disseminare, seminare, diffondere, sparpagliare, disperdere **7** (*di monete, di francobolli, ecc.*) collezionare **8** (*di truppe, di aiuti, ecc.*) riunire, adunare, radunare, convocare, chiamare □ accentrare, ammassare, mettere insieme **CONTR.** sparpagliare, dividere, disperdere, sperdere (*lett.*), sbandare, sbaragliare □ distribuire, spartire, scompartire **9** (*est.*) (*di persona, di animale*) soccorrere, ricoverare, ospitare, trovare, prendersi (*fam.*) tenere, adottare (*fig.*) salvare **10** (*di cose*) concentrare, mescolare, condensare □ (*raro*) ridurre, restringere, riassumere **CONTR.** allungare, diluire, disciogliere **11** (*di lembi ecc.*) riunire, ripiegare, piegare **12** (*di vele*) calare, ridurre, ammainare **CONTR.** alzare, aprire, sciogliere, spiegare **13** (*fig.*) (*di consigli, di opinioni, ecc.*) accogliere, accettare **CONTR.** rifiutare **B** **raccogliersi** *v. rifl.* **1** comporsi, accomodarsi □ rannicchiarsi **2** concentrarsi, riflettere **CONTR.** distrarsi **C** *v. intr. pron.* **1** (*di persone*) riunirsi, radunarsi, raggrupparsi, adunarsi, accentrarsi, ammassarsi, convenire, accalcarsi, stiparsi, stringersi **CONTR.** disperdersi, sciamare (*fig.*), dilagare (*fig.*) **2** (*di cose*) ammassarsi, addensarsi, fondersi, concentrarsi, accumularsi **CONTR.** disperdersi, sparpagliarsi, diluirsi. *V. anche* MESCOLARE, REGISTRARE, UNIRE

raccogliménto *s. m.* **1** concentrazione, meditazione, riflessione, contemplazione, cogitazione (*lett.*) **CONTR.** distrazione, divagamento (*raro*), spensieratezza **2** (*est.*) ritiro, riposo, pace, quiete **3** (*raro*) raccolta **CONTR.** dispersione.

raccogliticcio **A** *agg.* raccolto qua e là, racimolato, preso a caso **CONTR.** scelto **B** *s. m.* raccolta confusa, insieme disordinato **CONTR.** scelta.

raccoglitóre *s. m.* (*f. -trice*) **1** (*di monete, di francobolli, ecc.*) collezionista, collettore (*lett.*) **2** (*di scritti*) compilatore, cataloghista, codificatore **3** (*gener.*) coglitore, incettatore **4** custodia, cartella, album, carpetta, catalogatore, schedario **5** (*gener.*) vaschetta.

raccòlta *s. f.* **1** (*gener.*) raccattatura, coglitura, colta (*raro*), colletta, incetta, questua □ (*di dati*) censimento, spoglio **2** insieme, coacervo (*lett.*), concentrazione, cumulo, fascio (*fig.*) **3** zibaldone, corpo, corpus (*lat.*), assortimento, collezione, collana, compilazione, atti, miscellanea, repertorio, selezione, scelta, sillabo (*raro*), silloge (*lett.*) □ antologia, crestomazia (*lett.*) **4** (*est.*) compendio, sintesi, sunto **5** (*di persone*) adunata, adunanza, radunata, massa, accolta (*lett.*), assemblea, raduno, riunione **6** (*di frutta, di grano, ecc.*) abbacchiatura, bacchiatura, raccolto, mietitura. *V. anche* SCELTA

raccòlto **A** *part. pass. di* **raccogliere**; *anche agg.* **1** colto, spiccato □ spigolato □ raccattato, ripreso □ accumulato, incettato □ collezionato □ censito, catalogato, selezionato □ conglobato, riunito □ radunato, adunato, chiamato, convocato □ salvato, accolto, aiutato, adottato, soccorso □ (*fig.*) trovato, attinto, sentito, ascoltato **CONTR.** gettato, buttato, sparso, sparpagliato, disseminato, disperso, sperduto **2** (*fig.*) (*di persona*) dignitoso, composto, contenuto, riservato, contegnoso **CONTR.** scomposto, disordinato, incomposto, sguaiato, scorretto **3** (*fig.*) concentrato, assorto, preso (*fam.*) □ pensoso, pensieroso, cogitabondo (*lett.*), meditabondo □ attento **CONTR.** distratto, svagato, assente (*fig.*) □ dispersivo **4** (*di luogo*) tranquillo, intimo, discreto, chiuso, calmo, quieto, silenzioso, silente (*lett.*), appartato **CONTR.** popolato, frequentato, rumoroso, chiassoso **5** (*di sentimento*) contenuto, moderato, frenato, misurato, regolato, temperato, discreto **CONTR.** smodato, intemperante, esagerato, eccessivo, sregolato, sfrenato **B** *s. m.* **1** (*di campo, di frutteto, ecc.*) messe, produzione, raccolta, annata **2** (*est.*) mietitura **CFR.** semina.

raccomandàbile *agg.* sicuro, serio, consigliabile, commendabile (*lett.*), per la quale (*fam.*) □ affidabile **CONTR.** sconsigliabile.

raccomandàre **A** *v. tr.* **1** affidare, consegnare, accomandare (*lett.*), dare, rimettere **CONTR.** abbandonare **2** (*lett.*) commettere, affidare, assicurare **3** (*a un sostegno*) attaccare, assicurare, fissare, agganciare, fermare **CONTR.** staccare, togliere, sganciare **4** appoggiare, favorire, caldeggiare, intercedere, introdurre, presentare, segnalare **CONTR.** denigrare, screditare, calunniare, diffamare **5** consigliare, esortare, ammonire, avvertire, predicare, pregare, ricordare, suggerire **CONTR.** sconsigliare, dissuadere, distogliere **B** **raccomandarsi** *v. rifl.* **1** chiedere, implorare, supplicare, scongiurare **2** affidarsi, appoggiarsi, ricorrere. *V. anche* SPENDERE

raccomandàto ***A*** *part. pass. di* **raccomandare**; *anche agg.* (*di cibo, di cura, ecc.*) consigliato, suggerito ***B*** *s. m.*; *anche agg.* (*di persona*) appoggiato, favorito, protetto, introdotto, tutelato **CONTR.** denigrato, screditato.

raccomandazióne *s. f.* ***1*** preghiera, esortazione, avvertimento, consiglio ***2*** aiuto, appoggio, protezione, mediazione, intercessione, commendatizia (*raro*), presentazione, referenza, segnalazione, spinta (*fig.*), spintarella (*fig.*), spintone (*fig.*), scoppola (*fig., merid.*), favore, ufficio (*est.*) **CONTR.** discredito, denigrazione, disistima. *V. anche* CONSIGLIO

raccomodàre ***A*** *v. tr.* ***1*** accomodare, rassettare, riparare, aggiustare, riattare, racconciare, rammendare, rattoppare, ricucire □ rimaneggiare, rimediare □ raffazzonare **CONTR.** rompere, guastare, lacerare, spaccare, stracciare, rovinare, distruggere, infrangere ***2*** (*fig.*) (*di situazione, di litiganti*) aggiustare, rappacificare, riconciliare, riavvicinare ***B*** **raccomodarsi** *v. rifl. rec.* riavvicinarsi.

racconciàre ***A*** *v. tr.* raccomodare, accomodare, aggiustare, raggiustare, riparare, rimediare, raddobbare, riassestare, reintegrare, rifare, arrangiare □ rinnovare, riattare, risistemare □ rabberciare, raffazzonare, rappezzare, rattoppare **CONTR.** disordinare, rompere, sconquassare, spezzare, infrangere, guastare, lacerare, rovinare, sgangherare ***B*** **racconciarsi** *v. intr. pron.* (*di tempo*) rasserenarsi, riassestarsi.

raccontàre *v. tr.* ***1*** riferire, riportare, ridire □ esporre, dire □ rivelare, spifferare □ propalare □ confessare, confidarsi, ragguagliare **CONTR.** tacere ***2*** narrare, descrivere, ritrarre (*est.*), contare (*lett., dial.*), novellare (*lett.*), favolare (*ant.*), favoleggiare. *V. anche* NARRARE

raccontàto *part. pass. di* **raccontare**; *anche agg.* narrato, riferito, rivelato, confidato, descritto.

raccónto *s. m.* ***1*** narrazione, relazione, resoconto, esposizione, descrizione ***2*** novella, favola, fiaba, storia □ saga □ apologo ***3*** (*al pl.*) narrativa. *V. anche* ROMANZO

raccorciàre *v. tr.* accorciare, abbreviare, tagliare, troncare, scorciare **CONTR.** allungare, protrarre. *V. anche* TAGLIARE

raccordàre ***A*** *v. tr.* collegare, congiungere, connettere, unire, allacciare, legare **CONTR.** disgiungere, separare, dividere, staccare, slegare, sconnettere ***B*** **raccordarsi** *v. intr. pron.* unirsi.

raccòrdo *s. m.* ***1*** collegamento, ricongiungimento, connessione, allacciamento, by pass (*ingl.*) **CONTR.** disgiunzione, divisione ***2*** attacco, giunto, giunzione, giuntura ***3*** (*di strade*) bretella (*fig.*), collegamento, complanare □ (*fig.*) svincolo, quadrifoglio, rotonda.

racèmo *s. m.* grappolo, racimolo, raspo, racchio.

ràchide *s. f.* o *m.* ***1*** (*anat.*) colonna vertebrale, spina dorsale ***2*** (*bot.*) nervatura ***3*** (*di penna*) asse.

rachìtico *agg.* (*fig.*) stentato, mingherlino, striminzito, gracile, patito, debole **CONTR.** vigoroso, robusto, forte, aitante, gagliardo □ rigoglioso, prospero.

rachitìsmo *s. m.* (*fig.*) debolezza, gracilità, stentatezza, fragilità **CONTR.** robustezza, vigore, vigoria, forza, gagliardia.

racimolàre *v. tr.* (*fig.*) raggranellare, raggruzzolare, rabbruscolare (*ant., tosc.*), raccattare, raccozzare, raccapezzare, raccogliere **CONTR.** disperdere, spargere, diffondere, buttare.

racìmolo *s. m.* grappoletto, gracimolo (*tosc.*), raspo, racemo, racchio, raspollo.

racket /*ingl.* 'rækit/ [vc. ingl., propriamente 'chiasso, frastuono'] *s. m. inv.* malavita, camorra, mafia □ (*fig.*) estorsione, ricatto □ (*spreg.*) associazione, sindacato.

ràda *s. f.* golfo, insenatura, baia, cala, calanca, seno.

ràdar [sigla dell'ingl. *ra*(*dio*) *d*(*etecting*) *a*(*nd*) *r*(*anging*) 'rivelatore e misuratore di distanza'] *s. m. inv.* radiolocalizzatore, radiotelemetro, radiorivelatore **FRAS.** *radar ottico*, lidar.

raddensàre ***A*** *v. tr.* addensare, condensare, concentrare **CONTR.** diluire □ sciogliere, liquefare ***B*** **raddensarsi** *v. intr. pron.* addensarsi, condensarsi, concentrarsi **CONTR.** diluirsi □ sciogliersi, liquefarsi.

raddolcìre ***A*** *v. tr.* ***1*** dolcificare, zuccherare, inzuccherare, addolcire, edulcorare (*raro*) ***2*** (*fig.*) mitigare, placare, calmare, sedare, temperare, contemperare, disacerbare (*lett.*), ammollire (*fig., lett.*), ammorbidire (*fig.*), rammorbidire (*fig.*), lenire **CONTR.** esacerbare, inacerbire, inasprire, rincrudire (*fig.*), amareggiare, avvelenare (*fig.*), invelenire, irritare, sdegnare ***B*** **raddolcirsi** *v. intr. pron.* ***1*** rabbonirsi, ammollirsi (*fig.*), ammorbidirsi (*fig.*), rammorbidirsi (*fig.*), placarsi, calmarsi, quietarsi **CONTR.** inasprirsi, rincrudirsi (*fig.*), inacidirsi (*fig.*), incrudelire □ indurirsi, invelenirsi □ irritarsi, adirarsi ***2*** (*di tempo*) mitigarsi, addolcirsi □ rasserenarsi □ migliorare **CONTR.** inasprirsi, irrigidirsi □ rannuvolarsi.

raddoppiaménto *s. m.* ***1*** raddoppio, duplicazione, duplicatura **CONTR.** sdoppiamento, dimezzamento ***2*** (*di lettere*) ripetizione, geminazione (*ling.*).

raddoppiàre ***A*** *v. tr.* ***1*** duplicare, reduplicare (*lett.*), doppiare, geminare (*ling.*) **CONTR.** sdoppiare, dimezzare, scempiare ***2*** (*est.*) accentuare, accrescere, aumentare □ intensificare **CONTR.** diminuire, calare, ridurre □ diradare ***B*** *v. intr.* ***1*** duplicarsi **CONTR.** sdoppiarsi ***2*** (*est.*) accrescersi, aumentare □ intensificarsi **CONTR.** diminuire, calare □ diradarsi.

raddóppio *s. m.* ***1*** raddoppiamento, duplicazione, duplicatura **CONTR.** sdoppiamento, dimezzamento ***2*** (*teat.*) doppione.

raddrizzàbile *agg.* (*fig.*) correggibile, accomodabile, aggiustabile **CONTR.** incorreggibile, irriducibile, impenitente, indocile.

raddrizzàre ***A*** *v. tr.* ***1*** drizzare, rizzare **CONTR.** piegare, curvare, inarcare, flettere, storcere ***2*** (*fig.*) correggere, aggiustare, rettificare □ ristabilire □ riscattare, redimere, salvare **CONTR.** guastare, corrompere □ depravare, viziare ***B*** **raddrizzarsi** *v. rifl.* ***1*** drizzarsi, rizzarsi **CONTR.** piegarsi, curvarsi, raggomitolarsi, sdraiarsi ***2*** (*fig.*) correggersi, ravvedersi, riabilitarsi **CONTR.** guastarsi, corrompersi. *V. anche* CORREGGERE

radènte *part. pres. di* **radere**; *anche agg.* rasente, sfiorante.

ràdere ***A*** *v. tr.* ***1*** sbarbare, fare la barba, rasare □ tosare □ rapare, pelare ***2*** (*raro*) raschiare, abradere (*lett.*), cimare (*tess.*), pulire, limare, tagliare ***3*** (*di albero, di costruzione, ecc.*) abbattere □ diroccare, distruggere, demolire **CONTR.** ricostruire, riedificare, rifare ***4*** (*fig.*) rasentare, sfiorare ***B*** **radersi** *v. rifl.* sbarbarsi, rasarsi, farsi la barba, tosarsi (*scherz.*), pelarsi.

radiànte *part. pres. di* **radiare**; *anche agg.* (*raro*) raggiante □ splendente, luminoso, radioso, lucente □ radioattivo **CONTR.** fosco, opaco, cupo, oscuro.

radiàre *v. tr.* espellere, cancellare, cassare (*raro*) **CONTR.** accogliere, ammettere, iscrivere.

radiatóre *s. m.* (*est.*) termosifone, calorifero.

radiazióne (**1**) *s. f.* irradiamento, irradiazione, raggio □ radioattività.

radiazióne (**2**) *s. f.* espulsione, cancellazione, cassazione (*raro*) **CONTR.** accoglimento.

ràdica *s. f.* ***1*** (*bot.*) saponaria ***2*** (*pop., dial.*) radice.

radicàle ***A*** *agg.* ***1*** della radice ***2*** (*fig.*) totale, completo, efficace, energico **CONTR.** blando, parziale ***3*** (*polit.*) rivoluzionario, innovatore, estremistico, massimalistico **CONTR.** conservatore ***B*** *s. m.* ***1*** (*di vocabolo*) radice ***2*** (*chim.*) residuo ***3*** (*polit.*) estremista, massimalista, giacobino (*est.*).

radicalizzàre ***A*** *v. tr.* estremizzare, acuire, portare alle estreme conseguenze **CONTR.** attenuare, moderare ***B*** **radicalizzarsi** *v. intr. pron.* estremizzarsi, acuirsi, giungere alle estreme conseguenze **CONTR.** attenuarsi, moderarsi.

radicalménte *avv.* (*fig.*) completamente, totalmente, del tutto **CONTR.** parzialmente, in parte.

radicàre ***A*** *v. intr.* attecchire, prendere, crescere, allignare, barbicare **CONTR.** estirpare, sbarbare, svellere, sradicare ***B*** **radicarsi** *v. intr. pron.* (*fig.*) abbarbicarsi, connaturarsi, inserirsi, incancrenirsi, penetrare □ (*di moda, di vizio, ecc.*) attaccarsi, attecchire, allignare **CONTR.** sradicarsi, staccarsi □ passare, finire.

radicàto *part. pass. di* **radicare**; *anche agg.* ***1*** (*di pianta*) abbarbicato, attecchito, cresciuto **CONTR.** sradicato, spiantato ***2*** (*fig.*) connaturato, cronico, insito, ancestrale, inveterato, solido, profondo **CONTR.** epidermico (*fig.*).

radice *s. f.* ***1*** (*di piante*) radica (*pop., dial.*), barba, bulbo, tubero, rizoma ***2*** (*est., fig.*) (*di cosa*) piede, fondamenta, base, parte bassa **CONTR.** cima, vertice ***3*** (*fig.*) (*del male, di un conflitto, ecc.*) origine, principio, inizio, fonte, germe, seme, causa, cagione, madre, sorgente, nascita **CONTR.** fine, termine, conclusione, esito ***4*** (*raro, poet.*) antenato, capostipite, progenitore ***5*** (*ling.*) radicale, tema **CONTR.** desinenza **FRAS.** *estirpare alla radice* (*fig.*), eliminare del tutto □ *mettere radici* (*fig.*), insediarsi stabilmente, non muoversi più. *V. anche* ANTENATO, CAUSA

ràdio *s. f. inv.* ***1*** radiofonia, radiotelefonia, radiotelegrafia ***2*** radioricevitore, sintonizzatore, tuner (*ingl.*) ***3*** (*est.*) radiotrasmissione.

radioattìvo *agg.* radiante.

radiodiffóndere *v. tr.* radiotrasmettere.

radiodiffusióne *s. f.* radiotrasmissione.

radiofonìa *s. f.* radiotelefonia, radio.

radiofònico *agg.* ***1*** radiotelefonico ***2*** radioricevente, radiotrasmittente.

radiolina *s. f.* ***1*** *dim. di* **radio** ***2*** radio a transistor.

radiolocalizzatóre *s. m.* radar, radiorivelatore, radiotelemetro.

radioricevènte *agg.*; *anche s. f.* radioricevitore, radiofonico **CONTR.** radiotrasmittente, radiotrasmettitore.

radioricevitóre *agg.*; *anche s. m.* radioricevente, radio **CONTR.** radiotrasmettitore, radiotrasmittente.

radiorivelatóre *s. m.* radar, radiolocalizzatore, radiotelemetro.

radióso *agg.* ***1*** raggiante, sfolgorante, luminoso, solare, splendido, splendente, risplendente, rilucente, fulgido, fulgente (*lett.*), smagliante, brillante, sfavillante, scintillante, luccicante, corrusco (*lett.*), radiante (*raro*) **CONTR.** fosco, opaco, offuscato, cupo, oscuro □ crepuscolare ***2*** (*fig.*) felice, gioioso, estatico, giocondo, beato, lieto **CONTR.** mesto, malinconico, addolorato, triste, dolente, afflitto.

radiotelefonìa *s. f.* radiofonia, radio.

radiotelefònico *agg.* radiofonico.

radiotelegrafista *s. m. e f.* marconista.

radiotelèmetro *s. m.* radar, radiorivelatore, radiolocalizzatore.

radioterapìa *s. f.* röntgenterapia.

radiotrasmésso *part. pass. di* **radiotrasmettere**; *anche agg.* radiodiffuso.

radiotrasméttere *v. tr.* radiodiffondere.

radiotrasmettitóre *agg.*; *anche s. m.* radiotrasmittente **CONTR.** radioricevitore, radioricevente.

radiotrasmissióne *s. f.* radiodiffusione, radio.

radiotrasmittènte *agg.*; *anche s. f.* radiotrasmettitore **CONTR.** radioricevente, radioricevitore.

ràdo *agg.* ***1*** spaziato, largo **CONTR.** fitto, compatto, spesso ***2*** (*di capelli, di alberi, ecc.*) scarso, distanziato, rarefatto, sparso, disperso, poco, sparpagliato **CONTR.** folto, fitto, denso, spesso, abbondante, consistente, numeroso, serrato ***3*** (*di incontri, di visite, ecc.*) infrequente, raro, rarefatto **CONTR.** frequente, assiduo, ripetuto, continuo. *V. anche* RARO, SCARSO

radunàre ***A*** *v. tr.* ***1*** riunire, adunare, convocare, raccogliere, assembrare (*raro*), accentrare, congregare, attruppare, chiamare **CONTR.** sparpagliare, dividere, disperdere, sperdere (*lett.*) □ allontanare, licenziare ***2*** (*est.*) ammassare, accumulare, ammucchiare, collezionare, conglobare, stipare, accatastare, ammonticchiare, affastellare, raccapezzare, raccattare, raccozzare **CONTR.** sparpagliare, disseminare □ spandere, spargere □ distribuire, spartire ***B*** **radunarsi** *v. intr. pron.* raccogliersi, riunirsi, affollarsi, adunarsi, accentrarsi, ammassarsi, assembrarsi, congregarsi □ costituirsi **CONTR.** sparpagliarsi, dividersi, disperdersi, sbandarsi, sbrancarsi.

radunàto *part. pass. di* **radunare**; *anche agg.* ***1*** adunato, convocato **CONTR.** disperso, sperduto ***2*** raccolto, raccattato, collezionato **CONTR.** sparso □ spartito, diviso.

radùno *s. m.* radunata, adunata, raccolta, accolta, assembramento, adunanza, radunanza (*raro*), attruppamento □ riunione, ritrovo, meeting (*ingl.*) □ comizio □ dimostrazione, sit-in (*ingl.*).

radùra *s. f.* prato, spiazzo, spianata **CFR.** bosco, foresta.

raffaellésco [dal pittore *Raffaello* Sanzio] *agg.* (*est.*) elegante, fine, puro, delicato **CONTR.** rozzo, grossolano.

raffazzonaménto *s. m.* rabberciamento, raffazzonatura, rappezzatura □ accomodatura, rattoppo, raccomodatura □ abborracciatura, improvvisazione, pasticcio □ ricucitura.

raffazzonàre *v. tr.* ***1*** rappezzare, acciabattare, ciabattare (*raro*), racciabattare (*raro*), racciarpare (*raro*), cianfrugliare □ rabberciare, rattoppare, racconciare, raccomodare, raggiustare ***2*** (*fig.*) (*di scritto*) rimaneggiare, rappezzare, ricucire **CONTR.** cesellare (*fig.*).

raffazzonàto *part. pass. di* **raffazzonare**; *anche agg.* abborracciato, improvvisato, rabberciato, rappezzato, rattoppato **CONTR.** rifinito, accurato, ben fatto.

raffazzonatóre *s. m.* rabberciatore, rattoppatore, ciabattino (*fig.*), ciabattone (*fig.*), pecione (*centr.*) □ abborracciatore **CONTR.** cesellatore (*est., fig.*).

raffermàre ***A*** *v. tr.* ***1*** (*tosc.*) riconfermare, confermare, rinnovare, riaffermare **CONTR.** recedere, negare ***2*** (*di vincolo, di amicizia, ecc.*) rafforzare, consolidare, rinsaldare, cementare (*fig.*) **CONTR.** indebolire, affievolire, diminuire, allentare ***B*** **raffermarsi** *v. intr.* e *intr. pron.* (*tosc.*) indurirsi, invecchiarsi, rassodare, rassodarsi □ rinsaldarsi, confermarsi.

raffèrmo *agg.* (*spec. di pane*) indurito, vecchio, secco, stantio □ rancido □ rassodato **CONTR.** fresco, caldo, soffice, morbido, tenero.

ràffica *s. f.* ***1*** (*di vento*) folata, ventata, refolo, buffa (*lett.*). buffo **CONTR.** brezza, venticello, zefiro ***2*** (*di proiettili, di colpi*) scarica, sventagliata ***3*** (*fig.*) (*di pugni, di scioperi, ecc.*) furia, impeto, rapida successione, bordata (*fig.*), bombardamento (*fig.*), sequela, sfilza. *V. anche* VENTO

raffiguràre *v. tr.* ***1*** riconoscere, conoscere, ravvisare, distinguere, individuare ***2*** figurare, rappresentare, effigiare, riprodurre, ritrarre, configurare (*raro*), descrivere, esprimere, rendere (*est.*) □ adombrare ***3*** simboleggiare, simbolizzare, designare.

raffigurazióne *s. f.* rappresentazione, riproduzione □ affresco (*fig.*) □ effigie, ritratto □ simbolo.

raffinaménto *s. m.* ***1*** (*di modi*) perfezionamento, miglioramento, affinamento **CONTR.** peggioramento, deterioramento, scadimento ***2*** (*di sostanze*) raffinazione, depurazione, sublimazione, decantazione.

raffinàre ***A*** *v. tr.* ***1*** (*di prodotto*) purificare, purgare, depurare, digrossare, sublimare □ lavorare, manipolare, trattare, elaborare ***2*** (*fig.*) (*di modi, di mente, ecc.*) affinare, sgrossare, ingentilire, incivilire, dirozzare, dirugginire (*fig.*), dissodare (*fig.*), sbozzacchire (*tosc., fig.*), perfezionare, migliorare, ripulire (*fig.*), educare **CONTR.** peggiorare, imbarbarire, inselvatichire, abbrutire, involgarire, inzotichire ***B*** **raffinarsi** *v. intr. pron.* (*fig.*) affinarsi, ingentilirsi, incivilirsi, digrossarsi, sgrossarsi, dirozzarsi, perfezionarsi, ripulirsi (*fig.*), migliorarsi **CONTR.** peggiorare, imbarbarirsi, inselvatichirsi, abbrutirsi, involgarirsi, inzotichirsi.

raffinataménte *avv.* elegantemente, signorilmente, aristocraticamente, con gusto, finemente, forbitamente, ricercatamente, squisitamente **CONTR.** rozzamente, sciattamente, grossolanamente, grossamente, dozzinalmente, inelegantemente, pacchianamente, volgarmente, provincialmente (*spreg.*).

raffinatézza *s. f.* ***1*** (*fig.*) finezza, distinzione, eleganza, signorilità, bon ton (*fr.*), grazia, gusto, ricercatezza □ cavalleria, galanteria □ affinamento □ forbitezza (*fig.*) □ delicatezza, gentilezza, sensibilità □ perfezione, lindura (*fig.*) □ sottigliezza □ finitezza, aristocrazia (*fig.*) **CONTR.** rozzezza, grossolanità, rudezza (*lett.*), pacchianeria, ineleganza, zotichezza, maleducazione, cafonaggine, trivialità, volgarità, goffaggine ***2*** sciccheria (*pop.*), bellezza, chicca, gioiello **CONTR.** porcheria, schifezza, bruttura, pacchianata ***3*** (*di cibo, di bevanda, ecc.*) squisitezza, prelibatezza, ghiottoneria **CONTR.** sbobba, schifezza, schifosaggine. *V. anche* ELEGANZA

raffinàto ***A*** *part. pass. di* **raffinare**; *anche agg.* ***1*** (*di prodotto*) purificato, purgato, depurato □ colato, semolato, digrossato □ fino □ lavorato, manipolato, trattato, elaborato **CONTR.** grezzo, greggio, naturale, integrale, écru (*fr.*), crudo ***2*** (*fig.*) (*di persona, di stile, ecc.*) elegante, fine, signorile, distinto, aristocratico (*est.*), chic (*fr.*), sciccoso (*pop.*), sopraffino □ educato, incivilito, affinato, dirozzato, forbito □ delicato, squisito, aggraziato **CONTR.** rozzo, ignorante, incivile, incolto, sgraziato, villano, maleducato, zotico, plebeo (*fig.*), volgare, inelegante, grossolano, kitsch (*ted.*), pacchiano, dozzinale ***3*** (*fig.*) (*di astuzia, di tortura, ecc.*) sottile, perfezionato, sofisticato □ crudele **CONTR.** banale, comune, usuale ***B*** *s. m.* signore, gentiluomo, gentleman (*ingl.*), persona di gusto, dandy (*ingl.*), lord (*ingl., fig.*), esteta, buongustaio (*est.*) **CONTR.** zoticone, ignorantone, primitivo, cavernicolo (*fig.*), barbaro, buzzurro, rozzo, materialone, villano. *V. anche* SNOB

raffinazióne *s. f.* raffinamento, raffinatura (*raro*), purificazione, distillazione.

rafforzaménto *s. m.* (*anche fig.*) invigorimento, rinvigorimento, fortificamento, irrobustimento, corroborazione, potenziamento, intensificazione (*est.*) □ cementazione (*fig.*), consolidamento, stabilizzazione **CONTR.** indebolimento, infiacchimento, snervamento, rammollimento □ affievolimento □ esaurimento, debilitazione, deperimento, consunzione □ diminuzione, calo □ destabilizzazione.

rafforzàre ***A*** *v. tr.* ***1*** fortificare, rinforzare, rinsaldare, raffermare (*raro*), afforzare (*ant.*) □ potenziare, intensificare □ confermare, consolidare □ stabilizzare □ (*di muscoli*) rassodare □ blindare, corazzare **CONTR.** indebolire, incrinare □ logorare □ diminuire, impoverire □ esaurire □ demolire, abbattere □ destabilizzare ***2*** (*fig.*) (*di carattere, di forze, ecc.*) rinvigorire, irrobustire, tonificare, rinsaldare, rinfrancare, ritemprare, temprare, ristorare, ingagliardire, agguerrire (*est.*) **CONTR.** affievolire, indebolire □ abbattere □ snervare, infiacchire, sfiancare, svigorire, rammollire □ spossare, estenuare, logorare ***3*** (*fig.*) (*di concetto, di espressione, ecc.*) confermare, convalidare, avvalorare, confortare (*lett.*), ribadire, accentuare (*fig.*), accentare (*mus.*) ***B*** **rafforzarsi** *v. intr. pron.* (*an-*

che fig.) fortificarsi, rinforzarsi, rinsaldarsi, intensificarsi, rinvigorirsi, irrobustirsi □ temprarsi, ritemprarsi □ rinfrancarsi, ingagliardirsi □ tonificarsi, rassodarsi □ agguerrirsi □ affermarsi, avvalorarsi □ confermarsi, consolidarsi CONTR. indebolirsi, affievolirsi, scemare □ logorarsi, esaurirsi □ disgregarsi, incrinarsi, debilitarsi □ infiacchirsi, rammollirsi □ svigorirsi, snervarsi, spossarsi, abbattersi.

rafforzàto *part. pass. di* **rafforzare**; *anche agg.* **1** (*anche fig.*) consolidato □ rinforzato, rinvigorito, irrobustito □ potenziato □ tonificato CONTR. indebolito □ affievolito, scemato, diminuito □ rammollito, sfibrato, infiacchito, fiaccato, spossato □ incrinato **2** (*fig.*) confortato (*lett.*), ribadito.

raffreddaménto *s. m.* **1** refrigeramento (*raro*), refrigerazione, rinfrescamento CONTR. riscaldamento **2** (*fig.*) (*di scala mobile, di inflazione, ecc.*) contenimento, congelamento, freno, blocco, rallentamento CONTR. crescita, aumento **3** (*fig.*) (*di amicizia, di rapporto e sim.*) affievolimento, indebolimento, disamore, disaffezione CONTR. rafforzamento, rinfocolamento (*fig.*), disgelo (*fig.*) **4** (*med.*) infreddatura, raffreddore, costipazione (*fam.*), rinite.

raffreddàre ***A*** *v. tr.* **1** refrigerare, rinfrescare, freddare, infreddare (*raro*), gelare, sorbettare CONTR. riscaldare, scaldare, scottare, arroventare, incalorire (*raro*) **2** (*fig.*) (*di amicizia, di rapporto, ecc.*) affievolire, indebolire, attenuare, intiepidire, smorzare, disamorare CONTR. aumentare, accrescere, rafforzare, rinfocolare (*fig.*), infiammare **3** (*fig.*) (*di scala mobile, di inflazione, ecc.*) contenere, frenare, congelare, bloccare, rallentare CONTR. aumentare, accrescere ***B*** **raffreddarsi** *v. intr. pron.* **1** refrigerarsi, rinfrescarsi, rinfrescare, freddarsi □ infreddolirsi, congelarsi CONTR. riscaldarsi, scaldarsi, arroventarsi **2** prendere il raffreddore, infreddarsi, costiparsi **3** (*fig.*) (*di amicizia, di rapporto, ecc.*) intiepidirsi, indebolirsi, attenuarsi, affievolirsi, smorzarsi, sbollire CONTR. rafforzarsi, rinsaldarsi, accrescersi, fortificarsi, rinvigorirsi.

raffreddàto *part. pass. di* **raffreddare**; *anche agg.* **1** refrigerato, rinfrescato CONTR. riscaldato **2** infreddolito, congelato CONTR. caldo **3** col raffreddore, costipato **4** (*fig.*) (*di prezzo, di scala mobile, ecc.*) contenuto, bloccato, frenato, congelato (*fig.*) **5** (*fig.*) (*di amicizia, di rapporto e sim.*) intiepidito, indebolito, attenuato, smorzato CONTR. rafforzato, rinsaldato, accresciuto.

raffreddóre *s. m.* infreddatura, infreddamento, raffreddamento, costipazione, corizza, rinite.

raffrontàre ***A*** *v. tr.* confrontare, paragonare, riscontrare, agguagliare, ragguagliare, comparare, raccostare (*fig.*), ravvicinare (*fig.*), collazionare, commensurare (*lett.*), commisurare ***B*** **raffrontarsi** *v. rifl.* paragonarsi.

raffrónto *s. m.* paragone, riscontro, confronto, parallelo, comparazione, commisurazione, raccostamento, collazione. *V. anche* PARAGONE

ràgade *s. f.* (*di pelle*) screpolatura.

raganèlla *s. f.* **1** (*zool.*) ila **2** (*di strumento*) battola.

ragàzza *s. f.* **1** giovinetta, giovane, fanciulla, adolescente, donzella (*lett.*), pulcella (*lett.*), vergine, tosa (*dial.*), tota (*sett.*), pupattola (*fig.*), pupa (*pop.*) CFR. bambina, donna, vecchia **2** (*est.*) figlia, figliola, femmina **3** signorina, nubile, zitella CONTR. maritata **4** (*est.*) commessa, cameriera **5** (*fam.*) innamorata, fidanzata, morosa (*pop.*) FRAS. *ragazza copertina*, cover girl (*ingl.*), pin-up (*ingl.*).

ragazzàccio *s. m.* **1** *pegg. di* **ragazzo** **2** maschiaccio, giovinastro, birba (*scherz.*), birbante, teddy boy (*ingl.*).

ragazzàta *s. f.* bambinata, bambinaggine, fanciullaggine, monelleria, monellata, leggerezza, sconsideratezza, puerilità (*spreg.*).

ragazzìna *s. f.* **1** *dim. di* **ragazza** **2** bambina □ sbarbina (*sett.*), teen-ager (*ingl.*).

ragazzìno *s. m.* **1** *dim. di* **ragazzo** **2** bambino, fanciullo, marmocchio (*scherz.*), omino (*est.*), teen-ager (*ingl.*).

ragàzzo *s. m.* **1** giovinetto, fanciullo, bocia (*sett.*), adolescente, pupo (*pop.*), guaglione (*dial., merid.*), caruso (*dial.*), scugnizzo □ monello CFR. bambino, adulto, uomo, vecchio **2** (*est.*) figlio, figliolo, maschio **3** giovanotto celibe, scapolo CONTR. ammogliato **4** garzone, cameriere, fattorino, commesso, aiuto **5** (*fam.*) innamorato, fidanzato, moroso (*pop.*), boy-friend (*ingl.*) FRAS. *ragazzo di strada*, teppistello, ragazzaccio.

raggelànte *part. pres. di* **raggelare**; *anche agg.* **1** (*di spettacolo*) raccapricciante **2** (*di sguardo*) fulminante (*fig.*).

raggelàre ***A*** *v. intr.* e **raggelàrsi** *intr. pron.* **1** (*raro*) gelarsi, congelarsi, agghiacciarsi, irrigidirsi CONTR. scaldarsi, sgelarsi, liquefarsi **2** (*per lo spavento*) agghiacciare, rabbrividire, raccapricciare ***B*** *v. tr.* gelare, agghiacciare CONTR. scaldare, sgelare, liquefare.

raggiànte *part. pres. di* **raggiare**; *anche agg.* **1** radiante □ sfolgorante, sfavillante, splendente, risplendente, radioso, lucente, rilucente, scintillante, luccicante, fulgido, fulgente (*lett.*), rifulgente (*lett.*), rutilante, smagliante, vivido, brillante, corrusco (*lett.*) CONTR. opaco, fosco, offuscato, cupo, fumoso, velato, spento, appannato, annebbiato, oscurato **2** (*fig.*) (*di persona*) contento, esultante, allegro, felice, tripudiante, trionfante, giulivo CONTR. abbattuto, avvilito, triste, depresso, accasciato, scoraggiato, infelice, mesto, afflitto.

raggiàre ***A*** *v. intr.* **1** radiare □ (*anche fig.*) splendere, risplendere, scintillare, dardeggiare (*fig.*), saettare (*est., fig.*), lampeggiare, sfolgorare, sfavillare, rifulgere, rilucere, ridere (*fig., lett.*), luccicare, brillare □ balenare **2** (*di luce, di calore, ecc.*) propagarsi, irradiarsi, diffondersi □ riflettersi ***B*** *v. tr.* **1** (*anche fig.*) riflettere □ irradiare, emanare, diffondere **2** (*poet.*) illuminare. *V. anche* RIDERE

ràggio *s. m.* **1** radiazione **2** (*ass.*) luce, raggio solare, dardo (*fig., lett.*), spera (*tosc.*) □ (*est.*) sole **3** radiazione **4** (*fig.*) lampo, sprazzo, guizzo, barlume **5** fascio, striscia **6** (*fig.*) ambito, spazio, area, zona **7** (*di ruota*) razza **8** (*di carcere*) ala, braccio **9** (*spec. al pl.*) (*pop.*) schermografia (*med.*).

raggiràre *v. tr.* **1** (*raro*) (*di ostacolo*) aggirare, evitare, eludere, rigirare ***2*** (*fig.*) (*di persona*) circuire, ingannare, abbindolare, accalappiare (*fig.*), imbrogliare, truffare, gabbare, infinocchiare (*fam.*), rigirare, circonvenire, irretire, bidonare (*gerg.*), buggerare (*fam.*), buscherare (*pop.*), fregare (*pop.*), turlupinare, intrappolare (*fig.*), trappolare (*raro*), ciurmare (*raro*), impastocchiare, ingarbugliare (*fig.*). *V. anche* SEDURRE

raggiràto *part. pass. di* **raggirare**; *anche agg.* ***1*** (*fig.*) (*di persona*) ingannato, imbrogliato, gabbato, circuito, truffato, abbindolato □ illuso, sedotto, tradito ***2*** (*di legge*) eluso.

raggìro *s. m.* imbroglio, inganno, truffa, bidonata (*pop.*), bidone (*pop.*), bindolo (*fig.*), frode, buggeratura, buscheratura (*pop.*), infinocchiatura, turlupinatura □ circonvenzione, circuizione □ ciurmeria (*raro*), intrigo, rigiro (*fig.*), trufferia (*raro*), tela (*fig.*), impostura, maneggio, manovra (*fig.*), raggiramento (*raro*), aggiramento (*fig.*) □ broglio, pastetta (*est.*) □ abbindolamento, accalappiamento (*fig.*) □ trappola (*fig.*), tranello. *V. anche* FRODE

raggiùngere *v. tr.* ***1*** (*di luogo*) giungere, sopraggiungere, arrivare, pervenire □ ascendere ***2*** (*est.*) (*di bersaglio*) colpire, toccare, attingere (*lett.*), azzeccare, cogliere, centrare, prendere CONTR. mancare ***3*** (*fig.*) (*di scopo, di posto, ecc.*) conseguire, guadagnare, ottenere, riscuotere (*fig.*), conquistare, riuscire, sortire CONTR. fallire ***4*** (*di punti, di tempi, ecc.*) totalizzare, fare (*pop.*).

raggiungìbile *agg.* ***1*** accessibile, accostabile, praticabile CONTR. irraggiungibile, inaccessibile, inarrivabile, inaccostabile ***2*** (*fig.*) conseguibile, ottenibile, conquistabile.

raggiungiménto *s. m.* conseguimento, ottenimento, consecuzione (*raro*), concorrenza (*bur.*) □ riuscita.

raggiustàre ***A*** *v. tr.* ***1*** aggiustare, accomodare, riattare, racconciare, riordinare, rassettare □ raffazzonare, rattoppare (*fig.*) CONTR. rompere, guastare ***2*** (*fig.*) (*di rapporto, di lite e sim.*) comporre, conciliare, pacificare, riconciliare, rappacificare, appaciare (*lett.*) CONTR. aizzare, fomentare ***B*** **raggiustarsi** *v. rifl. rec.* pacificarsi, riconciliarsi, rappacificarsi CONTR. inimicarsi □ rompere, guastarsi, litigare.

raggomitolàre ***A*** *v. tr.* aggomitolare, appallottolare CONTR. sgomitolare, svolgere, dipanare ***B*** **raggomitolarsi** *v. rifl.* (*fig.*) rannicchiarsi, accoccolarsi, acciambellarsi, appallottolarsi, avvolgersi, ravvolgersi CONTR. stendersi, distendersi, raddrizzarsi.

raggranellàre *v. tr.* racimolare, raccogliere, raggruzzolare, raccapezzare, raccattare, raccozzare CONTR. disperdere, sparpagliare.

raggrinzàre ***A*** *v. tr.* corrugare, increspare, arricciare □ contrarre, aggrondare CONTR. distendere, stirare ***B*** *v. intr.* e **raggrinzarsi** *intr. pron.* corrugarsi □ incresparsi, arricciarsi, raggrinzirsi, contrarsi □ (*di frutto*) imbozzacchire, incatorzolire CONTR. distendersi, appianarsi, rasserenarsi.

raggrinzàto *part. pass. di* **raggrinzare**; *anche agg.* grinzo, grinzoso, increspato.

raggrinzìre ***A*** *v. tr.* increspare, accartocciare CONTR. stirare ***B*** *v. intr.* e **raggrinzìrsi** *intr. pron.* raggrinzarsi, corrugarsi, incresparsi, contrarsi □ accartocciarsi CONTR. distendersi, appianarsi, rasserenarsi.

raggrinzìto *part. pass. di* **raggrinzire**; *anche agg.* ***1*** contratto, increspato, crespato, arricciato, crespo □ accartocciato □ grinzo, grinzoso, rugoso, mencio (*tosc.*) □ (*di frutto, di pianta*) vizzo, imbozzacchito, incatorzolito CONTR. disteso, piano ***2*** (*di volto, di persona*) rugoso, incartapecorito CONTR. liscio, giovane, fresco.

raggrumàre ***A*** *v. tr.* aggrumare, rapprendere, condensare, coagulare CONTR. sciogliere, liquefare, stemperare ***B*** **raggrumarsi** *v. intr. pron.* rapprendersi, cagliare, aggrumarsi, coagularsi, condensarsi, incrostarsi, abbozzolarsi (*di farina*) CONTR. sciogliersi, liquefarsi.

raggruppaménto *s. m.* gruppo, aggruppamento, insieme, ammassamento, ammasso, accomunamento, concentramento, riunione, unione □ (*di sportivi, di combattenti, ecc.*) squadra □ raduno □ associazione CONTR. separazione, suddivisione.

raggruppàre ***A*** *v. tr.* riunire, adunare, aggruppare □ ammassare, concentrare □ collezionare □ comprendere □ fondere, unire CONTR. dividere, suddividere, disperdere, separare, smistare, sparpagliare ***B*** **raggrupparsi** *v. intr. pron.* riunirsi, raccogliersi, ammassarsi, aggrupparsi, intrupparsi, unirsi CONTR. dividersi, separarsi, disperdersi, sparpagliarsi. *V. anche* UNIRE

ragguagliàre *v. tr.* ***1*** uguagliare □ (*raro*) livellare, pareggiare □ spianare CONTR. spareggiare, differenziare ***2*** paragonare, confrontare, raffrontare, comparare ***3*** (*di persona*) informare, istruire, erudire, relazionare □ annunciare, raccontare.

ragguagliàto *part. pass. di* **ragguagliare**; *anche agg.* ***1*** paragonato, confrontato, raffrontato ***2*** informato.

ragguàglio *s. m.* ***1*** confronto, paragone, raffronto, comparazione, parallelo ***2*** informazione, indicazione, istruzione □ rapporto, relazione, resoconto □ notizia, annuncio ***3*** (*ant.*) proporzione, misura, stregua. *V. anche* INFORMAZIONE, PARAGONE

ragguardévole *agg.* ***1*** (*di persona, di opera, ecc.*) insigne, notevole, importante, stimabile, degno, rispettabile, onorevole, distinto, influente, autorevole, famoso, preclaro (*lett.*), eminente, qualificato □ pregevole, apprezzabile, pregiato CONTR. insignificante, modesto, trascurabile, esiguo □ spicciolo (*tosc.*), irrilevante □ spregevole, disprezzabile ***2*** (*di quantità*) cospicuo, ingente, rilevante, rimarchevole, considerevole, grande, forte, vistoso (*fig.*) CONTR. modesto, piccolo, trascurabile, esiguo, ridicolo, insignificante. *V. anche* GRANDE

ragionaménto *s. m.* ***1*** argomentazione, argomentarsi, discorso, discussione, dissertazione, considerazione, parole □ dimostrazione ***2*** riflessione, raziocinio, logica, cervello (*pop.*), buon senso, criterio □ coerenza CONTR. delirio, vaneggiamento ***3*** induzione, deduzione, inferenza, sillogismo. *V. anche* ARGOMENTAZIONE

ragionàre *v. intr.* ***1*** pensare, riflettere, calcolare □ arguire, dedurre, indurre, desumere □ connettere □ congetturare, raziocinare (*raro*), sillogizzare □ disputare, questionare, cavillare **CONTR.** sragionare, delirare, farneticare, vaneggiare □ spappagallare ***2*** (*pop.*) discorrere, conversare, parlare, favellare (*ant.*), trattare, dissertare, discutere, chiacchierare. *V. anche* PARLARE, PENSARE

ragionataménte *avv.* in modo ragionevole, secondo ragione, razionalmente, logicamente, ragionevolmente, ponderatamente **CONTR.** irrazionalmente, irragionevolmente, illogicamente.

ragionàto *part. pass. di* **ragionare**; *anche agg.* logico, razionale, coerente, ragionevole **CONTR.** insensato, assurdo □ fantasioso.

ragióne *s. f.* ***1*** intelletto, intelligenza, raziocinio, logos (*filos.*), logica, mente, intendimento, discernimento, giudizio, riflessione □ (*fig.*) cervello ***2*** (*est.*) criterio, senno, ragionevolezza, saggezza **CONTR.** irragionevolezza, pazzia, offuscamento □ emozione, istinto, sentimento ***3*** argomentazione, argomento, prova, dimostrazione **CFR.** supposizione, ipotesi ***4*** cagione, causa, motivo, movente, perché, impulso, pretesto, materia (*fig.*), principio, madre (*fig.*), cosa **CONTR.** effetto, conseguenza ***5*** giustizia, giusto motivo, giusta causa □ campana (*fig.*) **CONTR.** torto ***6*** (*est.*) appartenenza, competenza, pertinenza, spettanza, inerenza ***7*** (*est., fig.*) soddisfazione, conto, giustificazione □ spiegazione, chiarimento ***8*** (*est.*) misura, rapporto, proporzione **FRAS.** *di pubblica ragione*, noto a tutti □ *a ragione*, giustamente, di diritto □ *di santa ragione* (*fig.*), in abbondanza, forte □ *farsi una ragione* (*fig.*), rassegnarsi □ *non sentir ragione*, ostinarsi □ *rendere ragione di qualcosa*, rispondere personalmente di qualcosa □ *avere ragione di qualcuno*, superarlo, sconfiggerlo □ *a ragion veduta*, dopo un'attenta valutazione; per validi motivi. *V. anche* CAUSA

RAGIONE
sinonimia strutturata

Si definisce **ragione** innanzitutto la facoltà di pensare, stabilendo rapporti e legami tra i concetti, e di riconoscere le caratteristiche delle cose: *le bestie non hanno ragione*; *il dominio della ragione sui sensi*. In senso stretto, la ragione equivale quindi al **raziocinio**, alla **logica**, al **logos** filosofico, ossia all'accezione figurata di **cervello**; un'ampiezza leggermente maggiore possono avere **intelletto**, **intelligenza**, **mente**, che indicano l'ingegno nel suo complesso: *pronto intelletto*; *intelligenza spiccata*; *mente lucida, riposata*. La ragione è anche quella facoltà che consente di distinguere il bene dal male e di operare conseguentemente; coincide quindi con il **discernimento**, con l'**intendimento**; questa capacità, unita alla **riflessione**, cioè alla tendenza a pensare seriamente prima di agire o parlare, conduce al **giudizio**. Così, nella vita quotidiana la ragione consiste nel vivere, nell'agire con **senno**, con **criterio**, ossia assennatamente; molto vicino è **ragionevolezza**, che designa la capacità di lasciarsi guidare dalla ragione: *un bambino pieno di ragionevolezza*; *la ragionevolezza di questa domanda*. **Saggezza** si distingue appena perché suggerisce una più profonda e generale disposizione dell'animo e dell'intelletto, spesso associata all'età o a una visione globale e quasi filosofica delle cose del mondo.

In un diverso ambito semantico, si dice ragione l'**argomento**, l'**argomentazione**, ossia il ragionamento usato per persuadere qualcuno, confutare un'affermazione o dimostrarne la validità: *è un argomento inoppugnabile*; *allegare le proprie argomentazioni*.

La ragione è anche quell'elemento che legittimamente giustifica un fatto o un'azione: *la ragione sta dalla sua parte*; *avere ragione da vendere*; *dare ragione a qualcuno*; la locuzione a ragione infatti equivale a giustamente, di diritto; lo stesso significato ha in origine anche di santa ragione, che però nel linguaggio comune ha assunto la valenza di abbondantemente, fortemente. In questo senso il vocabolo si avvicina molto ai concetti di **giusto motivo**, **giusta causa**, che legittimano un certo comportamento, decretandone la **giustizia**.

La ragione può rappresentare qualsiasi **motivo**, **cagione**, **causa**, **perché**, ossia qualsiasi elemento che determina un'azione o il verificarsi di un evento, e che ne decreta quindi l'origine, il **principio**, divenendone in senso figurato **madre**: *voler conoscere la ragione*; *non è una buona ragione*; *ragioni di famiglia*. Farsi una ragione significa rassegnarsi a qualcosa, anche senza afferrarne appieno i motivi. **Movente** si differenzia dai termini precedenti sia perché può determinare solo un'azione, sia perché consiste nell'**impulso**, ossia nello stimolo interiore, consapevole o inconsapevole, a compiere un atto spesso illecito: *scoprire il movente di un crimine*. Il **pretesto** invece non costituirebbe di per sé un motivo sufficiente per fare qualcosa, ma viene preso come appiglio, addotto come ragione: *è un ottimo pretesto per intervenire*. Pretesto si avvicina anche all'uso figurato di **materia**: *dar materia a sospetti, a dicerie*.

Questo significato di ragione fa sì che in senso figurato domandare, rendere ragione di qualcosa significhino chiederne o darne **conto**, **giustificazione**, **soddisfazione**; molto vicino semanticamente è l'uso in queste espressioni di **spiegazione** e **chiarimento**, che però rinviano ad una delucidazione non altrettanto fortemente pretesa o dovuta.

ragionerìa *s. f.* computisteria, contabilità.

ragionévole *agg.* ***1*** (*di persona*) razionale, ragionante, pensante, raziocinante, logico **CONTR.** irragionevole, illogico □ demente □ stolido ***2*** assennato, giudizioso, equilibrato, prudente, saggio, ponderato, responsabile, riflessivo **CONTR.** dissennato, avventato, sventato, scriteriato, scervellato ***3*** (*di ragionamento e sim.*) sensato, ammissibile, valido, coerente, ragionato, razionalistico (*est.*), logico, fondato, sostenibile, legittimo, plausibile, giustificato □ opportuno □ possibile, presumibile, probabile **CONTR.** irragionevole, irrazionale □ ingiustificato, infondato, incongruo, incongruente, inconseguente □ assurdo, illogico, paradossale □ contraddittorio, □ delirante, demenziale, farneticante, insensato, incoerente, sconclusionato, pazzesco □ insostenibile *4* (*di richiesta, di prezzo, ecc.*) giusto, conveniente, convenevole (*lett.*), equo, proporzionato, congruo, discreto, accettabile, legittimo **CONTR.** esagerato, eccessivo, inadeguato, sproporzionato, incongruo.

ragionevolézza *s. f.* *1* ragione, criterio, razionalità, raziocinio, logicità **CONTR.** irragionevolezza, illogicità, irrazionalità □ demenza □ stolidità *2* saggezza, prudenza, giudizio, equilibrio, ponderatezza, senno, sensatezza **CONTR.** irragionevolezza, insensatezza, dissennatezza, incoerenza, incongruenza, inconseguenza, sconsideratezza, assurdità *3* (*di richiesta, di prezzo, ecc.*) convenienza, equità **CONTR.** esagerazione, inadeguatezza. *V. anche* PRUDENZA, RAGIONE

ragionevolménte *avv.* ragionatamente (*raro*), logicamente, sensatamente □ presumibilmente, fondatamente **CONTR.** irragionevolmente, illogicamente, assurdamente, pazzescamente, stravagantemente.

ragionière *s. m.* computista, contabile.

ragliàre *v. intr.* *1* (*di asino*) mandare ragli *2* (*fig.*) (*di persona*) sbraitare, berciare, vociare, strepitare.

ragnatéla *s. f.* *1* ragna (*lett.*) *2* (*fig.*) insidia, inganno, tranello, trappola, trama, intrigo, rete (*fig.*).

ragù *s. m. inv.* *1* sugo, condimento *2* stufato, umido.

raid /*ingl.* reid/ [vc. scozzese corrispondente all'ingl. *road* 'strada'] *s. m. inv.* *1* viaggio, corsa, percorso *2* incursione, scorreria.

rallegraménto *s. m.* *1* (*raro*) allegrezza, contentezza *2* (*spec. al pl.*) congratulazione, felicitazione, compiacimento, complimento, plauso **CONTR.** condoglianza, compianto.

rallegràre *A* *v. tr.* *1* allietare □ sollazzare, deliziare, dilettare, divertire, inebriare, letificare (*lett.*), letiziare (*raro*) □ ricreare, svagare □ consolare, risollevare □ ravvivare, avvivare (*fig.*) **CONTR.** rattristare, contristare, immalinconire, addolorare, amareggiare, attristare □ incupire □ infastidire, annoiare □ angustiare, crucciare, affliggere, struggere, tormentare □ turbare, funestare *2* (*di abito, di arredamento, ecc.*) abbellire, ingentilire, ornare □ rischiarare, illuminare, vivacizzare **CONTR.** rattristare, incupire, spegnere, intristire *B* **rallegrarsi** *v. intr. pron.* *1* gioire, godere, allietarsi, dilettarsi □ consolarsi, risollevarsi □ esultare, tripudiare **CONTR.** rattristarsi □ rammaricarsi, dolersi □ addolorarsi, affliggersi, amareggiarsi, angustiarsi, crucciarsi, struggersi, tormentarsi *2* congratularsi, felicitarsi, complimentarsi, compiacersi **CONTR.** compiangere, condolersi, dispiacersi, commiserare □ deplorare, recriminare. *V. anche* RIDERE

rallentaménto *s. m.* *1* (*anche fig.*) diminuzione, calo, riduzione, decremento □ raffreddamento (*fig.*) □ (*econ.*) recessione, ristagno (*fig.*), stasi □ indugio, remora (*lett.*), ritardo **CONTR.** aumento, accrescimento *2* decelerazione, frenata, frenatura **CONTR.** accelerazione, acceleramento, scatto *3* (*fig.*) diradamento, rarefazione **CONTR.** aumento.

rallentàre *A* *v. tr.* *1* diminuire, moderare, ridurre, allentare, attardare (*lett.*), ritardare □ ristagnare (*fig.*) **CONTR.** aumentare, affrettare, sveltire, snellire (*fig.*), velocizzare □ sbrigarsi *2* (*ass.*) frenare, decelerare □ frenarsi **CONTR.** accelerare, lanciare (*est.*) □ accelerarsi *3* (*fig.*) diradare, ridurre, rarefare **CONTR.** aumentare, infittire, moltiplicare *B* **rallentarsi** *v. intr. pron.* (*fig.*) diminuire, diventare più lento, attenuarsi, indebolirsi **CONTR.** aumentare, crescere. *V. anche* DIMINUIRE

rally /*ingl.* 'ræli/ [vc. ingl., dal fr. *rallier* 'radunare'] *s. m. inv.* (*autom.*) (*est.*) corsa, gara.

ramàio *s. m.* calderaio, battirame.

ramaiòlo o **ramaiuòlo** *s. m.* (*centr.*) mestolo, mestola, cucchiaione, ramino, schiumaiola.

ramanzìna [detta così perché è lunga come un *romanzo*] *s. f.* paternale, predicozzo (*fam., scherz.*), predica (*fig.*), sermone, rampogna (*lett.*), sgridata, rimprovero, obiurgazione (*lett.*), riprensione (*lett.*), reprimenda (*lett.*), intemerata, requisitoria (*est.*), rabbuffo, rimbrotto, cicchetto, pappina (*fig., fam.*), ripassata (*fam.*), risciacquata (*fig., fam.*), strigliata (*fig.*).

ramàzza *s. f.* scopa, granata.

Ràmbo [dal nome del protagonista del film d'azione di Ted Kotcheff *First Blood* (1982)] *s. m. inv.* vendicatore □ (*est.*) individuo aggressivo, violento o forzuto **CONTR.** agnellino.

ramétto *s. m.* *1* *dim. di* **ramo** *2* ramoscello, fuscello, ciocca (*tosc.*), tralcio.

ramificàre *A* *v. intr.* produrre rami *B* **ramificarsi** *v. intr. pron.* (*fig.*) biforcarsi, diramarsi □ espandersi, estendersi, dilatarsi.

ramificazióne *s. f.* *1* produzione di rami, rami *2* (*fig.*) diramazione, propaggine, espansione, biforcazione, diffusione □ (*di strada*) crocicchio, crocevia, bivio, incrocio *3* (*di corna dei Cervidi*) palco.

ramìngo *agg.* errabondo, girovago, vagabondo, peregrinante, errante, erratico, vagante, nomade, randagio, fuggiasco, profugo, pellegrino **CONTR.** sedentario, stabile.

rammaricàre *A* *v. tr.* amareggiare, rattristare, addolorare, affliggere, angustiare, crucciare, spiacere, bruciare **CONTR.** rallegrare, allietare, consolare, confortare *B* **rammaricarsi** *v. intr. pron.* *1* rincrescersi, rincrescere, pentirsi, rimpiangere, rattristarsi, dolersi, condolersi, dispiacersi, spiacersi, affliggersi, angustiarsi, crucciarsi, accorarsi □ deplorare **CONTR.** rallegrarsi, gioire, allietarsi, compiacersi, esultare *2* lamentarsi, lagnarsi, querelarsi, sospirare, compiangersi, piangere □ recriminare **CONTR.** rallegrarsi, compiacersi. *V. anche* PIANGERE

rammaricàto *part. pass. di* **rammaricare**; *anche agg.* *1* amareggiato, triste, afflitto, angustiato, addolorato, spiacente **CONTR.** consolato, allietato, confortato, rallegrato *2* pentito, rincresciuto, dispiaciuto **CONTR.** felice, compiaciuto, contento.

rammàrico *s. m.* *1* rincrescimento, rimpianto, cruccio, dolore □ pentimento, rimorso, contrizione **CONTR.** consolazione, compiacimento, gioia, piacere *2* amarezza, afflizione, dispiacere, angustia, accoramento □ corruccio, disappunto **CONTR.** contentezza, gioia, piacere, allegrezza *3* lamento, lamentela, lagnanza **CONTR.** compiacimento, soddisfazione.

rammendàre *v. tr.* ricucire, cucire, rattoppare, rappezzare, accomodare, raccomodare **CONTR.** strappare, lacerare, stracciare, sdrucire, sbrandellare (*raro*), sbrindellare.

rammendàto *part. pass. di* **rammendare**; *anche agg.* rattoppato, ricucito, rappezzato, riparato **CONTR.** strappato, lacerato, lacero, stracciato, sdrucito, sbrindellato.

rammèndo *s. m.* rammendatura, rattoppo, rattoppamento, rattoppatura, rappezzo, rappezzatura, ricucitura, raccomodatura, riparazione □ toppa, pezza **CONTR.** strappo, buco.

rammentàre ***A*** *v. tr.* ***1*** ricordare, rimembrare (*lett.*), sovvenirsi, risovvenirsi (*lett.*), rievocare, rivivere □ suggerire, far memoria, ricordare □ rinfacciare, rimproverare **CONTR.** scordare, dimenticare, obliare □ seppellire (*fig.*), sotterrare (*fig.*) □ obliterare (*fig.*) ***2*** (*est.*) menzionare, mentovare (*lett.*), nominare, citare □ commemorare **CONTR.** ignorare, saltare (*fam.*), trascurare ***3*** somigliare, rassomigliare, arieggiare **CONTR.** discostarsi ***B*** **rammentarsi** *v. intr. pron.* ricordarsi, rimembrarsi (*lett.*) **CONTR.** scordarsi, scordare, dimenticarsi, dimenticare, obliarsi (*lett.*).

rammodernàre *v. tr.* rimodernare, ammodernare, svecchiare, rinnovare, aggiornare.

rammollìre ***A*** *v. tr.* ***1*** (*di materia*) ammorbidire, rammorbidire, ammollire **CONTR.** indurire, assodare, rassodare, solidificare ***2*** (*fig.*) (*di persona, di mente, ecc.*) indebolire, infiacchire, debilitare, sfibrare, illanguidire, snervare, estenuare, prostrare **CONTR.** rafforzare, rinforzare, rinvigorire ***3*** (*fig.*) impietosire, intenerire, commuovere **CONTR.** indurire ***B*** *v. intr.* e **rammollirsi** *intr. pron.* ***1*** (*di materia*) ammorbidirsi, rammorbidirsi, ammollirsi **CONTR.** indurirsi, assodarsi, rassodarsi, solidificarsi ***2*** (*fig.*) (*di persona, di mente, ecc.*) indebolirsi, infiacchirsi, debilitarsi, sfibrarsi, illanguidirsi, snervarsi, estenuarsi, prostrarsi **CONTR.** rafforzarsi, rinforzarsi, rinvigorirsi ***3*** (*fig.*) impietosirsi, intenerirsi, commuoversi **CONTR.** indurirsi ***4*** (*fig.*) rimbecillirsi, rimbambirsi, rincretinirsi.

rammollìto ***A*** *part. pass. di* **rammollire**; *anche agg.* ***1*** (*di materia*) ammorbidito, ammollito **CONTR.** indurito, assodato, rassodato ***2*** (*fig.*) (*di persona, di mente, ecc.*) infiacchito, debilitato, sfibrato, illanguidito, snervato, estenuato, prostrato, debole **CONTR.** rafforzato, rinforzato, rinvigorito ***3*** (*fig.*) impietosito, intenerito, commosso **CONTR.** indurito ***B*** *agg.* e *s. m.* (*fig.*) rimbecillito, rimbambito, rincretinito, incapace □ smidollato, imbelle **CONTR.** lucido, vivo, capace.

ràmo *s. m.* ***1*** (*di pianta*) fronda, frasca, rama (*tosc.*), tralcio □ virgulto ***2*** (*est.*) ramificazione, propaggine, diramazione ***3*** (*fig.*) (*di studio, di attività*) branca, braccio, parte, sfera (*fig.*) □ campo, settore □ materia, disciplina, specialità ***4*** (*al pl.*) chioma, ramificazione **FRAS.** *avere un ramo di pazzia* (*fig.*), essere stravagante □ *ramo secco* (*fig.*), attività o cosa improduttiva. *V. anche* PARTE

ramoscèllo *s. m.* rametto, fuscello, frasca, fronda, tralcio, verga (*raro*), vermena (*lett.*) □ virgulto □ talea (*bot.*).

ràmpa *s. f.* ***1*** piano inclinato ***2*** (*est.*) salita, erta ***3*** (*raro*) zampa, artiglio.

rampànte *part. pres. di* **rampare**; *anche agg.* e *s. m.* e *f.* (*fig.*) arrampicatore, arrivista, carrierista.

rampìno *s. m.* ***1*** *dim. di* **rampa** ***2*** uncino, gancio, raffio, rampone, ronciglio (*ant.*), grappino ***3*** (*fig.*) pretesto, cavillo, appiglio, capziosità.

rampóllo *s. m.* ***1*** (*di acqua*) sorgente, polla, zampillo ***2*** (*di pianta*) germoglio, pollone, getto, virgulto ***3*** (*fig., scherz.*) (*di persona*) discendente, figlio, figliolo, erede ***4*** (*spec. al pl.*) prole.

rampóne *s. m.* ***1*** fiocina ***2*** gancio, uncino, grappa, raffio, rampino, ronciglio (*ant.*).

ràna *s. f.* batrace (*lett.*) □ (*raro*) anfibio **FRAS.** *uomo rana*, sommozzatore □ *andar per rane* (*fig.*), divagare, perdere il filo di un discorso.

ranch /*ingl.* 'ra:ntʃ/ [vc. ingl., dallo sp. *rancho*] *s. m. inv.* (*nel Middle-Far West americano*) fattoria, rancho (*sp.*) □ (*est.*) riserva.

ràncido *agg.* ***1*** irrancidito, stantio, guasto, raffermo **CONTR.** fresco ***2*** (*fig.*) vecchio, antiquato, sorpassato, vieto, disusato, superato **CONTR.** moderno, odierno, attuale, nuovo, giovane, contemporaneo.

rancidùme *s. m.* (*fig.*) vecchiume, anticaglie **CONTR.** novità, modernità, attualità.

ràncio [sp. *rancho* 'camerata di soldati', da *rancharse* 'prendere alloggio', a sua volta dal fr. *se ranger* 'mettersi in fila, schierarsi', da *rang* 'fila'] *s. m.* pasto, refezione, sbobba (*pop.*).

rancóre *s. m.* livore, risentimento, astio, astiosità, acredine, malanimo, ruggine (*fig.*), animosità, inimicizia, malevolenza, malvolere, odio **CONTR.** perdono □ indulgenza, condiscendenza, sopportazione, tolleranza. *V. anche* ODIO

randàgio *agg.* vagabondo, errabondo, ramingo, vagante, errante, erratico, sperduto, nomade, zingaro (*fig., est.*), zingaresco (*est.*) **CONTR.** fermo, sedentario, casalingo, stabile.

randellàta *s. f.* bastonata, legnata, mazzata, percossa, manganellata, stangata, bastonatura, botta, bussa.

randèllo *s. m.* bastone, mazza, manganello, clava, legno (*est.*).

ràngo *s. m.* ***1*** schiera, riga, fila, allineamento, ordine, ordinanza (*ant.*) ***2*** (*est.*) grado, condizione, ceto, classe □ scalino (*fig.*), gradino (*fig.*) **FRAS.** *a ranghi serrati* (*fig.*), in modo solidale □ *rientrare nei ranghi* (*fig.*), rinunciare a un'azione contraria alle direttive ricevute □ *rompere i ranghi* (*fig.*), ribellarsi a un'ordine, alla disciplina e simili.

rannicchiàre ***A*** *v. tr.* contrarre, ripiegare, raggomitolare, rincantucciare **CONTR.** distendere, stendere, sdraiare, allungare, spiegare, allargare ***B*** **rannicchiarsi** *v. rifl.* raccogliersi, ripiegarsi, aggomitolarsi, raggomitolarsi, acchiocciolarsi, appallottolarsi, acciambellarsi, rincantucciarsi, accoccolarsi, appollaiarsi (*est.*), accovacciarsi, accucciarsi **CONTR.** distendersi, stendersi, sdraiarsi, spaparanzarsi (*fam.*), sbracarsi (*fam.*), allungarsi.

rannicchiàto *part. pass. di* **rannicchiare**; *anche agg.* accovacciato, aggomitolato, raggomitolato, accoccolato, rincantucciato, appollaiato (*est.*).

rannuvolàre ***A*** *v. tr.* (*anche fig.*) oscurare, annuvolare, velare, offuscare, incupire, rabbuiare CONTR. rischiarare, rasserenare, illuminare, distendere ***B*** **rannuvolarsi** *v. intr. pron.* ***1*** coprirsi di nuvole, annuvolarsi, rabbuffarsi, rabbuiarsi, oscurarsi, velarsi, offuscarsi, chiudersi CONTR. schiarirsi, rasserenarsi ***2*** (*fig.*) (*di persona*) turbarsi, rattristarsi, corrucciarsi, incupirsi, rincupirsi, rabbuiarsi, ingrugnarsi, aggrondarsi CONTR. rasserenarsi, placarsi, distendersi, rischiararsi, illuminarsi. *V. anche* GUASTARE

rannuvolàto *part. pass. di* **rannuvolare**; *anche agg.* ***1*** coperto di nuvole, nuvoloso ***2*** (*fig.*) (*di persona*) turbato, rattristato, incupito, ingrugnato, aggrondato, triste CONTR. allegro, felice, sereno.

rantolàre *v. intr.* ***1*** ansare, ansimare, boccheggiare ***2*** (*est.*) agonizzare.

ràntolo *s. m.* rantolio, affanno, ansito.

ràpa *s. f.* (*fig.*) sciocco, stupido, testone, tonto, zucca (*fig.*) CONTR. intelligente, acuto, sveglio.

rapàce ***A*** *agg.* ***1*** predatore, predace (*lett.*) ***2*** (*est., fig.*) (*di persona*) avido, ingordo, bramoso, cupido, grifagno □ avvoltoio (*fig.*), falco (*fig.*) CONTR. generoso, prodigo, disinteressato ***B*** *s. m.* uccello da preda, predatore.

rapacità *s. f.* (*fig.*) avidità, cupidità, ingordigia, cupidigia, bramosità (*ant.*), bramosia CONTR. prodigalità, generosità, disinteresse, liberalità. *V. anche* CUPIDIGIA

rapàre ***A*** *v. tr.* tosare, radere, pelare, rasare ***B*** **raparsi** *v. rifl.* tosarsi, pelarsi, rasarsi.

rapàto *part. pass. di* **rapare**; *anche agg.* tosato, pelato, rasato □ calvo CONTR. capelluto □ capellone, zazzeruto.

ràpida *s. f.* (*di fiume*) cascata, cateratta, salto.

rapidaménte *avv.* ***1*** (*correre, muoversi*) celermente, velocemente, lestamente, speditamente, sveltamente, in fretta, frettolosamente, precipitevolmente, ratto (*lett.*) □ prontamente, prestamente, presto, sollecitamente, tempestivamente, tostamente, tosto (*lett.*), difilato, □ bruscamente, repente (*lett.*) CONTR. lentamente, adagio, a rilento, pigramente ***2*** (*di sosta, di sguardo*) brevemente, fugacemente, fuggevolmente CONTR. lungamente ***3*** (*di spiegazione, di lavoro*) sinteticamente, sommariamente, frettolosamente CONTR. ampiamente, dettagliatamente.

rapidità *s. f.* sveltezza, velocità, celerità, prestezza (*raro*), lestezza, fretta □ prontezza, fulmineità, tempestività, tempismo, sollecitudine, solerzia CONTR. lentezza, calma, flemma, lungaggine, indugio □ pigrizia. *V. anche* ZELO

RAPIDITÀ
sinonimia strutturata

La caratteristica di ciò che si sposta, agisce o si compie in breve tempo è la **rapidità**: *la rapidità della corrente, del pensiero*. Sinonimi perfetti sono **velocità** e **celerità**: *velocità di pensiero, di azione*; *decidere con celerità*; *confido nella tua celerità*. Gli atti o i movimenti rapidi sono caratterizzati da **fretta**, che spesso sottolinea una velocità intenzionale e tesa ad un fine: *lavorare con fretta*; *camminare, leggere in fretta*; *in fretta e furia* è un'espressione che indica un'agitata e affannosa premura. **Lestezza** e **sveltezza**, tra loro quasi equivalenti, si contraddistinguono perché evocano l'idea di abilità o, per i movimenti, di agilità, di mancanza d'impaccio: *lestezza nell'agire, nel decidere, nel saltare*; *la sveltezza di questo cameriere è rara*; uguale significato ha **prestezza**, che però si usa raramente. Molto vicino è **prontezza**, che si distingue dai vocaboli precedenti perché suggerisce una particolare rapidità nella reazione: *rispondere con prontezza*; *prontezza di mano, di parola, di riflessi*. Lo zelo e la diligenza di chi agisce senza indugio sono sottolineati dai vocaboli tra loro equivalenti **sollecitudine** e **solerzia**: *quell'impiegato lavorava con gran sollecitudine*; *attendere con solerzia a un ufficio*. Col termine **dinamismo**, invece, nell'uso corrente si indica un'attività costante e fervida, e quindi rapida, animata da un alacre spirito di iniziativa: *un uomo pieno di dinamismo*; *ammiro il dinamismo con cui si muove*.

ràpido ***A*** *agg.* ***1*** (*di passo, di movimento, ecc.*) celere, veloce □ presto (*lett.*), ratto (*lett.*), svelto, lesto □ precipitevole, accelerato, affrettato □ tosto (*lett.*), fulmineo, precipite (*lett.*), difilato, precipitoso, sollecito tempestivo, tempista (*fig.*), pronto, subito (*lett.*), istantaneo □ brusco, repente (*lett.*), repentino CONTR. lento, tardo, calmo, torpido (*est.*) ***2*** (*est.*) (*di sosta, di visita, ecc.*) breve, fuggevole CONTR. lungo ***3*** (*di spiegazione, di lavoro, ecc.*) sintetico, sommario, superficiale, sbrigativo, affrettato, frettoloso CONTR. ampio, dettagliato □ laborioso, eterno ***B*** *s. m.* treno rapido, intercity.

rapiménto *s. m.* ***1*** ratto, sequestro ***2*** estasi, contemplazione □ trance (*ingl.*) ***3*** esaltazione, ebbrezza (*fig.*) ***4*** (*fig.*), emozione, incanto, stupore, meraviglia, commozione, entusiasmo CONTR. indifferenza, freddezza, disinteresse. *V. anche* EMOZIONE, ENTUSIASMO

rapìna *s. f.* ***1*** furto, grassazione, ruberia, borseggio, spoliazione, ladreria, ladrocinio □ colpo (*gerg.*) □ depredazione (*raro*), saccheggio ***2*** (*est.*) estorsione □ appropriazione □ taccheggio □ sottrazione, trafugamento ***3*** (*lett.*) (*di bufera, di vento e sim.*) forza, violenza.

rapinàre *v. tr.* ***1*** derubare, rubare, borseggiare, depredare, predare, trafugare, saccheggiare, spogliare ***2*** (*est.*) estorcere □ appropriarsi, impossessarsi □ arraffare, carpire, involare (*lett.*) □ taccheggiare ***3*** (*di prezzo esoso*) pelare (*fam.*), scucire (*fam.*).

rapinàto *part. pass. di* **rapinare**; *anche agg.* rubato, derubato, depredato, saccheggiato, spogliato □ estorto.

rapinatóre *s. m.* (*f. -trice*) predone, brigante, bandito □ depredatore (*lett.*), grassatore, saccheggiatore □ taccheggiatore, trafugatore, ladro. *V. anche* LADRO

rapìre *v. tr.* ***1*** portare via, sequestrare □ ghermire, rubare, sottrarre, arraffare, carpire, estorcere, strappare, involare (*lett.*), trafugare, sottrarre ***2*** (*fig.*) estasiare, affascinare, incantare, avvincere □ entusiasmare □ sedurre, innamorare (*est.*), ammaliare, attrarre (*fig.*), magnetizzare (*fig.*) CONTR. disgustare, allontanare. *V. anche* SEDURRE

rapìto *part. pass. di* **rapire**; *anche agg.* ***1*** portato via, sequestrato □ rubato, sottratto, carpito, estorto, strappato, trafugato ***2*** (*fig.*) estasiato, estatico, affascinato, incantato □ assorto, concentrato.

rapitóre *s. m.*; *anche agg.* (*f. -trice*) sequestratore □ rapinatore, brigante, bandito.

rappacificàre ***A*** *v. tr.* ***1*** riconciliare, conciliare, accordare, rappattumare, raggiustare, ravvicinare, riavvicinare, riunire **CONTR.** inimicare, mettere discordia, dividere ***2*** (*est.*) quietare, calmare, acquietare, placare **CONTR.** irritare, esasperare, inasprire ***B*** **rappacificarsi** *v. rifl.* e *rifl. rec.* riconciliarsi, rappattumarsi, pacificarsi, raggiustarsi, ravvicinarsi, riavvicinarsi, accomodarsi, riaccomodarsi, riunirsi **CONTR.** rompere □ inimicarsi □ litigare, bisticciarsi, abbaruffarsi, accapigliarsi, azzuffarsi, rissare.

rappacificazióne *s. f.* riconciliazione, rappacificamento, pacificazione, pace **CONTR.** rottura □ discordia, inimicizia □ odio, risentimento □ lite, litigio.

rappattumàre ***A*** *v. tr.* riconciliare, rappacificare, accordare **CONTR.** inimicare, mettere discordia, dividere ***B*** **rappattumarsi** *v. rifl.* e *rifl. rec.* rappacificarsi, pacificarsi, riconciliarsi, rappaciarsi, accomodarsi **CONTR.** rompere □ inimicarsi □ litigare.

rappezzàre *v. tr.* ***1*** aggiustare, rattoppare, rammendare, cucire, accomodare, riparare, riaggiustare, racconciare, rassettare **CONTR.** strappare, lacerare, stracciare, sbrandellare (*raro*), sbrindellare, sdrucire, rompere, infrangere ***2*** (*fig.*) rabberciare, raffazzonare, rimediare **CONTR.** curare.

rappezzàto *part. part. di* **rappezzare**; *anche agg.* ***1*** aggiustato, rattoppato, rammendato, riparato, accomodato **CONTR.** stracciato, strappato, lacero, sbrindellato, sdrucito ***2*** (*fig.*) rabberciato, raffazzonato, rimediato **CONTR.** accurato.

rappèzzo *s. m.* ***1*** toppa, pezza (*fam.*) □ rattoppo, rammendo, accomodatura, rappezzamento, rappezzatura **CONTR.** rottura, strappo, squarcio ***2*** (*fig.*) rabberciatura, rimedio, ripiego. *V. anche* SCUSA

rapportàre ***A*** *v. tr.* ***1*** (*di notizia*) riferire, riportare, ridire ***2*** (*di cose*) confrontare □ ricondurre ***3*** (*di disegno, di misura, ecc.*) riprodurre, trasportare ***4*** (*econ.*) (*di valore*) ancorare (*fig.*), indicizzare ***B*** **rapportarsi** *v. intr. pron.* ***1*** ricollegarsi ***2*** (*tosc.*) riferirsi.

rapportàto *part. pass. di* **rapportare**; *anche agg.* ***1*** (*di notizia*) riferito ***2*** (*econ.*) (*di valore*) ancorato (*fig.*), indicizzato ***3*** in scala □ proporzionato, adeguato.

rapportatóre *s. m.* goniometro.

rappòrto *s. m.* ***1*** (*su persona o cosa*) relazione, informazione, resoconto, rendiconto, ragguaglio, comunicato, verbale, memoria, esposizione ***2*** (*di autorità*) denuncia, notificazione ***3*** (*tra persone o cose*) connessione, collegamento, relazione, dipendenza, nesso, correlazione, concatenamento, concatenazione, riferimento, attinenza, legame, vincolo (*fig.*), aggancio (*fig.*), contatto □ analogia, somiglianza □ confronto, paragone, raffronto ***4*** relazione sessuale ***5*** (*di bicicletta*) cambio di velocità, cambio □ moltiplica ***6*** (*di valori o parametri*) gradiente, indice, tasso, titolo (*chim.*), scala (*geogr.*), ragione (*est.*) ***7*** proporzione, adeguatezza. *V. anche* INFORMAZIONE

rapprèndere ***A*** *v. tr.* coagulare, rappigliare (*raro*), rassodare, cagliare, raggrumare, aggrumare, quagliare (*region.*), assodare **CONTR.** sciogliere, diluire, liquefare, squagliare ***B*** *v. intr.* e **rapprendersi** *intr. pron.* rappigliarsi (*raro*), coagularsi, rassodarsi, raggrumarsi, aggrumarsi, accagliarsi, cagliare, cagliarsi, condensarsi, assodarsi □ congelarsi **CONTR.** sciogliersi, liquefarsi, disciogliersi, squagliarsi, struggersi □ colare.

rappresàglia *s. f.* ***1*** ritorsione, vendetta, rivalsa, punizione ***2*** reazione. *V. anche* PUNIZIONE

rappresentànte *part. pres. di* **rappresentare**; *anche agg.* e *s. m.* e *f.* esponente, portavoce, delegato, deputato, mandatario, emissario, incaricato □ corrispondente, inviato □ intermediario □ procuratore □ supplente □ agente □ piazzista, propagandista □ concessionario, distributore.

rappresentànza *s. f.* delegazione, commissione □ procura, firma (*comm.*).

rappresentàre ***A*** *v. tr.* ***1*** (*di immagine*) raffigurare, figurare, ritrarre, riprodurre, dipingere, disegnare, effigiare □ configurare ***2*** (*est.*) (*di situazione, di ambiente, ecc.*) descrivere, narrare, mostrare, delineare, tratteggiare (*fig.*), disegnare (*fig.*), caratterizzare, rendere, rispecchiare (*fig.*) ***3*** (*di stemma, di simbolo, ecc.*) simboleggiare, simbolizzare □ adombrare (*fig.*) □ designare □ significare, esprimere □ incarnare, impersonare, personificare ***4*** (*est.*) essere, costituire ***5*** (*di parte*) recitare, interpretare, sostenere, fare (*fam.*), mimare ***6*** (*di spettacolo*) dare, inscenare, eseguire ***7*** (*di persona*) fare le veci, fungere □ patrocinare ***8*** (*per aziende*) vendere, propagandare ***B*** **rappresentarsi** *v. rifl.* immaginare, figurarsi. *V. anche* NARRARE

rappresentatìvo *agg.* ***1*** significativo, emblematico (*fig., lett.*), simbolico, indicativo, decorativo (*iron.*) ***2*** tipico, caratteristico, peculiare, proprio.

rappresentàto *part. pass. di* **rappresentare**; *anche agg.* ***1*** raffigurato, effigiato, ritratto ***2*** descritto, delineato □ immaginato ***3*** impersonato, personificato, incarnato ***4*** recitato, interpretato, sostenuto ***5*** dato, eseguito ***6*** patrocinato ***7*** venduto, distribuito.

rappresentazióne *s. f.* ***1*** raffigurazione (*est.*), figurazione, simbolo, immagine □ descrizione, spaccato (*fig.*), quadro (*fig.*), pittura (*fig.*), caratterizzazione □ adombramento □ personificazione, incarnazione ***2*** (*di immagine*) figura, riproduzione, effigie, disegno, lay-out (*ingl.*) □ proiezione ***3*** spettacolo, recita □ interpretazione. *V. anche* INTERPRETAZIONE, QUADRO

rappréso *part. pass. di* **rapprendere**; *anche agg.* coagulato, cagliato, raggrumato, aggrumato, rassodato □ concentrato, concreto (*raro*) **CONTR.** sciolto, liquefatto, liquido, disciolto □ diluito.

raptus /*lat.* 'raptus/ [vc. lat., propr. 'strappo, rapimento'] *s. m. inv.* ***1*** impulso improvviso, impulso violento ***2*** (*fig.*) (*di ispirazione*) culmine, apice.

raraménte *avv.* rare volte, di rado, poche volte, di tanto in tanto, a lunghi intervalli, a ogni morte di papa, infrequentemente, poco □ limitatamente, difficilmente **CONTR.** spesso, frequentemente, quasi sempre, per lo più □ usualmente, abitualmente, correntemente, sovente, molte volte, reiteratamente, ripetutamente □ continuamente, sistematicamente □ sempre.

rarefàtto *agg.* **1** (*di gas*) dilatato, espanso **CONTR.** compresso □ condensato, denso **2** (*fig.*) (*di traffico, di incontri, ecc.*) diradato, più rado, rado, raro, meno frequente **CONTR.** infittito, fitto, intensificato.

rarefazióne *s. f.* **1** dilatazione, espansione **CONTR.** compressione □ condensazione, ispessimento, addensamento **2** (*fig.*) diradamento, rallentamento (*fig.*), sfoltimento **CONTR.** intensificazione.

rarità *s. f.* **1** curiosità, singolarità, particolarità, originalità, eccezionalità, peregrinità, straordinarietà □ preziosità (*raro*) **CONTR.** normalità, banalità, ovvietà (*est.*), chicca (*fig.*), rara avis (*lat.*), perla (*fig.*), gioiellino (*fig.*) □ eccezione, caso **2** scarsità, scarsezza, penuria, carestia □ infrequenza **CONTR.** abbondanza, ricchezza, dovizia, copia, copiosità □ frequenza.

ràro *agg.* **1** insolito, eccezionale, straordinario, inconsueto, inusitato □ singolare, speciale, unico, particolare, peregrino, curioso **CONTR.** ordinario, comune, usuale, solito, consueto, banale **2** (*fig., est.*) (*di pietra, di ingegno, ecc.*) prezioso, pregiato, nobile **CONTR.** comune, di poco valore **3** (*di traffico, di incontri, ecc.*) infrequente, rado, sporadico, saltuario, discontinuo **CONTR.** frequente, numeroso, abituale, quotidiano **4** rarefatto, diluito **CONTR.** denso, spesso. *V. anche* SCARSO

RARO
sinonimia strutturata

Una persona, una cosa, una qualità poco comune viene definita **rara**: *fenomeni, animali rari*; in questo senso, si usa l'espressione figurata *bestia rara* in relazione a ciò che esce dalla norma. Di uso frequente sono anche **insolito** e **inconsueto**, che descrivono quello che è diverso dal solito e talvolta strano: *fatto inconsueto*; *discorso, avvenimento insolito*; *cerimonia inconsueta*. Quasi equivalenti, **particolare** e **singolare** possono suggerire anche originalità o eccellenza: *è dotato di particolare ingegno*; *ce ne siamo occupati con attenzione particolare*; *donna di singolare bellezza, ingegno*; *spesso i filosofi sono dei tipi singolari*. Inoltre, particolare designa ciò che si distingue per caratteristiche proprie, non comuni ad altre cose o persone, e corrisponde in quest'accezione a **speciale** inteso estensivamente: *significato, caso particolare*; *avere una speciale predilezione per qualcuno*. Anche **peregrino** indica ciò che è inusitato, ma nell'uso corrente è adoperato quasi esclusivamente con intenzione ironica e critica: *parole, idee peregrine*; *ma che trovata peregrina hai avuto!* Ciò che per la sua singolarità suscita interesse e curiosità si dice invece **curioso**: *è un tipo curioso*; *mi è successo un fatto curioso*.

Decisamente più forti sono **straordinario** ed **eccezionale**, che descrivono ciò che esce nettamente dall'ordinario, e che quindi risulta notevolissimo: *spettacolo, successo straordinario*; *intelligenza, bravura eccezionale*; straordinario designa anche ciò che esce dalla consuetudine, per cui ad esempio un *treno straordinario, un'assemblea, una legge straordinaria* vengono effettuati, convocati o imposti solo in caso di necessità. Ancor più incisivo è **unico**, che indica ciò che non è preceduto, accompagnato o seguito da nessun altro elemento uguale, che è il solo esistente del suo tipo e per questo notevole o fuori dal comune: *volume unico*; *pezzo unico, da collezione*; *è un caso più unico che raro*.

Così, unico si avvicina a raro anche nel suo significato di **prezioso**, e descrive ciò che non ha uguali quanto a valore, virtù, e che quindi vale molto: *poeta unico*; *amico unico*; *quadro di bellezza unica*. Vicinissimo a prezioso è **pregiato**: *consiglio prezioso*; *vino, cibo prezioso*; *un'opera pregiata*. Equivalente è **nobile**, che designa nel suo significato estensivo una cosa che eccelle su altre dello stesso genere: *pietra, pianta nobile*; in senso figurato inoltre l'aggettivo indica ciò che è alieno dal volgare e dal comune, ed è quindi raro: *sentimento, animo nobile*; *nobili doti*.

Raro può riferirsi anche a tutto ciò che si verifica poche volte in un dato intervallo di tempo, che è cioè **infrequente**: *casi rari*; *visite rare*; *eventualità infrequente*. Ciò che non ricorre spesso è detto anche **rado**: *incontri molto radi*; vicinissimi sono **sporadico** e **saltuario**, che evocano ancor di più casualità e occasionalità: *casi sporadici*; *presenze sporadiche*; *visite, letture saltuarie*.

rasàre **A** *v. tr.* **1** (*di capelli, di peli*) radere, tosare, rapare, depilare **2** (*di prato, di siepe, ecc.*) pareggiare, livellare, lisciare, spianare **B** **rasarsi** *v. rifl.* radersi, raparsi.

rasàto *part. pass. di* **rasare**; *anche agg.* **1** (*di viso, di pelle*) sbarbato, glabro, raso □ rapato **CONTR.** irsuto, barbuto, ispido □ zazzeruto **2** (*di prato, di siepe, ecc.*) liscio, lisciato □ pareggiato, livellato.

rasatùra *s. f.* **1** (*del capo, del viso, di peli*) tosatura (*scherz.*), pelata (*scherz.*), tosata (*scherz.*), sbarbatura, tricotomia (*med.*), depilazione **2** (*di prato, di siepe, ecc.*) lisciatura □ livellamento, pareggiamento.

raschiàre *v. tr.* fregare, grattare, graffiare, levigare, radere, raspare, scrostare, ripulire, scarificare, scarnificare, scarnire, abradere (*lett.*), limare.

rasentàre *v. tr.* **1** sfiorare, frisare, lambire, strisciare □ toccare appena **2** (*fig.*) avvicinarsi, accostarsi, appressarsi **CONTR.** allontanarsi, scostarsi.

rasènte *prep.* vicinissimo, vicino, radente, lungo, presso, accosto, prossimo, a pelo, a livello, a breve distanza **CONTR.** lontano, distante, scostato, a distanza, discosto. *V. anche* VICINO

ràso **A** *part. pass. di* **radere**; *anche agg.* **1** (*di viso, di pelle*) rasato, glabro, sbarbato, pelato **CONTR.** barbuto, irsuto **2** (*di cosa*) lisciato, liscio, levigato, spianato **CONTR.** scabro, ruvido, irto **3** (*est.*) (*di recipiente*) pieno, ripieno, colmo **CONTR.** vuoto **B** *s. m.* tessuto liscio, stoffa lucente, satin (*fr.*) **C** *prep. nella loc. avv.* *raso terra*, rasente la terra, vicino a terra □ (*fig.*) di basso livello, da poco **CONTR.** alto, in alto □ di valore, interessante, importante **FRAS.** *fare tabula rasa* (*fig.*), consumare tutto, far piazza pulita, eliminare tutto.

rasotèrra ***A*** *avv.* rasente la terra, vicino a terra **CONTR.** alto, in alto ***B*** *agg.* (*fig.*) mediocre, di poco valore, da poco, modesto **CONTR.** di valore, importante, interessante ***C*** *s. m.* (*sport*) tiro radente.

ràspa *s. f.* lima.

raspàre ***A*** *v. tr.* ***1*** levigare, limare, lisciare, polire, molare **CONTR.** rendere ruvido ***2*** (*est.*) (*di vino, di fumo, ecc.*) irritare la gola **CONTR.** calmare ***3*** (*di spazzola, di unghie, ecc.*) grattare, raschiare ***4*** (*di gallina*) razzolare, ruspare ***5*** (*di cavallo*) scalpitare, zampare, zampeggiare ***6*** (*fig., pop.*) rubare ***B*** *v. intr.* ***1*** grattare, raschiare ***2*** (*fig., spreg.*) scrivere male.

rasségna *s. f.* ***1*** (*mil.*) rivista, parata, ispezione ***2*** (*est.*) esame, bilancio (*fig.*), panorama (*fig.*), carrellata, panoramica ***3*** (*di fatti, di notizie, ecc.*) resoconto, cronaca, rubrica □ bollettino, rendiconto, descrizione ***4*** (*di merci, di film, ecc.*) fiera, mostra, esposizione, retrospettiva, festival, concorso. *V. anche* ESAME

rassegnàre ***A*** *v. tr.* ***1*** (*di dimissioni, di esposto, ecc.*) consegnare, presentare **CONTR.** ritirare ***2*** (*lett.*) rendere ***B*** **rassegnarsi** *v. intr. pron.* adattarsi, adeguarsi, assoggettarsi, sottomettersi, sottoporsi, arrendersi, capitolare, cedere, ubbidire, inchinarsi, chinarsi (*fig.*), piegarsi (*fig.*), sopportare, sottostare, conformarsi **CONTR.** opporsi, protestare, reagire, insorgere, ribellarsi □ rodersi, soffrire. *V. anche* OBBEDIRE

rassegnàto *part. pass. di* **rassegnare**; *anche agg.* sottomesso, arreso, obbediente, piegato (*fig.*) □ fatalista **CONTR.** ribelle, contestatore, oppositore.

rassegnazióne *s. f.* accettazione, obbedienza, sottomissione, pecoraggine (*scherz.*), pazienza, sopportazione, adattamento □ fatalismo **CONTR.** protesta, ribellione, opposizione, resistenza.

rasserenaménto *s. m.* schiarimento, schiarita **CONTR.** rannuvolamento, annuvolamento, offuscamento, oscuramento.

rasserenànte *part. pres. di* **rasserenare**; *anche agg.* tranquillizzante, tranquillante, rassicurante, confortante, consolante, consolatore, consolatorio **CONTR.** avvilente, sconfortante, inquietante, conturbante □ orribile, orripilante, raccapricciante, spaventevole.

rasserenàre ***A*** *v. tr.* ***1*** (*di cielo, di aria*) schiarire, pulire, snebbiare **CONTR.** offuscare, rannuvolare, annuvolare, oscurare, annebbiare, velare ***2*** (*fig.*) (*di persona*) tranquillizzare, rinfrancare, rassicurare, confortare, acquietare, rincorare, risollevare (*fig.*), calmare, consolare **CONTR.** agitare, angosciare, sconvolgere, scombussolare, conturbare, turbare, abbattere, preoccupare, crucciare, avvilire, innervosire, spaventare ***B*** *v. intr.* e **rasserenarsi** *intr. pron.* ***1*** (*di cielo, di aria*) schiarirsi, rischiararsi, pulirsi □ (*di tempo*) rimettersi, racconciarsi, raddolcirsi **CONTR.** offuscarsi, rannuvolarsi, annuvolarsi, oscurarsi, rabbuiarsi, annebbiarsi □ guastarsi ***2*** (*fig.*) (*di persona*) tranquillizzarsi, tranquillarsi, calmarsi, rinfrancarsi, rassicurarsi, confortarsi, rincorarsi, risollevarsi (*fig.*), acquietarsi, consolarsi **CONTR.** agitarsi, accigliarsi, imbronciarsi, angosciarsi, turbarsi, conturbarsi, corrucciarsi, preoccuparsi, inquietarsi, sconvolgersi, spaventarsi, abbattersi, avvilirsi. *V. anche* PULIRE

rasserenàto *part. pass. di* **rasserenare**; *anche agg.* ***1*** (*di cielo, di aria*) schiarito, pulito, chiaro, sereno **CONTR.** nuvoloso, offuscato, scuro ***2*** (*fig.*) (*di persona*) tranquillizzato, rinfrancato, confortato, consolato, rassicurato, risollevato **CONTR.** turbato, conturbato, sconvolto, scioccato, agitato, corrucciato, immusonito.

rassettàre ***A*** *v. tr.* ***1*** riassestare, racconciare, riordinare, ordinare, ricomporre, ripulire **CONTR.** disordinare, scompigliare, scomporre, arruffare ***2*** (*anche fig.*) accomodare, riparare, aggiustare, raggiustare, raccomodare, rifare, racconciare, arrangiare, riattare, rappezzare, risanare **CONTR.** rompere, disfare, guastare ***B*** **rassettarsi** *v. rifl.* riordinarsi, sistemarsi, pettinarsi, racconciarsi (*raro*), ripulirsi, ricomporsi, comporsi (*raro*) **CONTR.** scompigliarsi, spettinarsi, sciamannarsi (*tosc.*).

rassicurànte *part. pres. di* **rassicurare**; *anche agg.* confortante, tranquillizzante, tranquillante, rasserenante, incoraggiante **CONTR.** allarmante, inquietante, conturbante, scoraggiante, sconfortante, sconsolante □ terrorizzante, spaventoso.

rassicuràre ***A*** *v. tr.* tranquillizzare, tranquillare, rasserenare, incoraggiare, rincorare, rinfrancare, confortare, riconfortare, consolare, acquietare, calmare **CONTR.** allarmare, intimorire, impaurire, spaventare, terrorizzare, inquietare, agitare, sconvolgere, preoccupare, turbare, avvilire, scoraggiare □ insospettire ***B*** **rassicurarsi** *v. intr. pron.* tranquillizzarsi, tranquillarsi, rasserenarsi, rincorarsi, riconfortarsi, rinfrancarsi, acquietarsi, calmarsi **CONTR.** allarmarsi, intimorirsi, impaurirsi, spaventarsi, agitarsi, inquietarsi, preoccuparsi, turbarsi, sconvolgersi, avvilirsi, scoraggiarsi □ insospettirsi. *V. anche* CONSOLARE

rassicuràto *part. pass. di* **rassicurare**; *anche agg.* incoraggiato, confortato, consolato, rincorato, rinfrancato, tranquillizzato, rasserenato **CONTR.** scoraggiato, intimorito, allarmato, impaurito, spaventato, preoccupato, sgomento, avvilito, sconfortato □ insospettito.

rassicurazióne *s. f.* incoraggiamento, conforto, assicurazione, affidamento (*raro, lett.*) **CONTR.** scoraggiamento, allarme, timore.

rassodànte *part. pres. di* **rassodare**; *anche agg.* tonificante, consolidante **CONTR.** ammorbidente.

rassodàre ***A*** *v. tr.* ***1*** assodare, indurire, rapprendere, rappigliare, raffermarsi (*tosc.*), solidificare **CONTR.** rammollire, ammollire, ammorbidire, intenerire □ sciogliere, disciogliere, liquefare, squagliare, struggere, fondere ***2*** (*di potere, di autorità, ecc.*) consolidare, rinsaldare, rafforzare **CONTR.** indebolire ***B*** *v. intr.* e **rassodarsi** *intr. pron.* ***1*** indurirsi, assodarsi, rapprendersi, rappigliarsi, raffermarsi (*tosc.*), solidificarsi, coagularsi, condensarsi **CONTR.** rammollirsi, ammollirsi, ammorbidirsi, intenerirsi □ sciogliersi, disciogliersi, squagliarsi, struggersi, fondersi, liquefarsi ***2*** (*fig.*) (*di potere, di autorità, ecc.*) consolidarsi, rinsaldarsi, rafforzarsi **CONTR.** indebolirsi.

rassomigliànza *s. f.* somiglianza, similitudine (*raro, lett.*), conformità, analogia, affinità, corrispondenza, assonanza CONTR. dissimiglianza, differenza, diversità, disparità, difformità.

rassomigliàre *A* *v. intr.* e *intr. pron.* somigliare, assomigliare, rammentare, ricordare, arieggiare, sembrare CONTR. differenziarsi, differire, dissomigliare, distinguersi *B* **rassomigliarsi** *v. rifl. rec.* somigliarsi, assomigliarsi CONTR. essere dissimile, essere differente, essere diverso.

rastrellaménto *s. m.* **1** (*fig.*) (*di persone*) cattura, battuta (*fig.*), sequestro **2** (*fig.*) (*di luogo*) ispezione, controllo, perquisizione.

rastrellàre *v. tr.* **1** (*di fieno*) raccogliere col rastrello **2** (*di prato, ecc.*) ripulire col rastrello **3** (*di persone*) catturare, sequestrare **4** (*fig.*) (*di luogo*) ispezionare, controllare, perquisire, frugare.

rastrellièra *s. f.* **1** greppia, mangiatoia **2** scolapiatti.

rastremàre *A* *v. tr.* restringere, assottigliare, diminuire, affusolare, ridurre CONTR. ingrossare *B* **rastremarsi** *v. intr. pron.* restringersi, assottigliarsi, affusolarsi, ridursi CONTR. ingrossarsi.

ràta *s. f.* quota, aliquota, parte, porzione.

rateàle *agg.* **1** di rata, di rate **2** dilazionato, scaglionato, a rate, rateizzato.

rateàre *v. tr.* rateizzare, suddividere, dividere. *V. anche* DIVIDERE

ratìfica *s. f.* (*dir.*) approvazione, convalidazione, convalida, sanzione, conferma □ riconoscimento CONTR. annullamento, cassazione, invalidamento, invalidazione, rescissione.

ratificàre *v. tr.* approvare, confermare, siglare, firmare (*est.*), sanzionare, convalidare, riconoscere, suggellare (*fig.*), omologare, legittimare (*est.*), varare (*fig.*) CONTR. invalidare, inficiare, infirmare □ respingere, cassare, bocciare.

rattan /rat'tan, *ingl.* rə'tæn/ [vc. ingl., dal suo nome malese, *rōtan*] *s. m. inv.* midollino, giunco, canna d'India.

rattizzàre *v. tr.* (*anche fig.*) attizzare, attizzare di nuovo, riaccendere, ridestare, rinfocolare.

rattoppàre *v. tr.* **1** rappezzare, aggiustare, accomodare, raccomodare, riparare, raggiustare, rammendare, cucire, racconciare CONTR. strappare, lacerare, stracciare, sbrandellare (*raro*), sbrindellare, sdrucire, rompere **2** (*fig.*) (*di scritto, di discorso, ecc.*) rabberciare, raffazzonare, rimediare.

rattoppàto *part. pass. di* **rattoppare**; *anche agg.* **1** rappezzato, rammendato, aggiustato, riparato CONTR. stracciato, strappato, sbrindellato, sdrucito **2** (*fig.*) (*di scritto, di discorso, ecc.*) rabberciato, raffazzonato.

rattòppo *s. m.* **1** rattoppatura, aggiustatura, rappezzatura, rappezzo, rappezzamento, accomodatura, rammendo, rammendatura, cucitura, ricucitura, raccomodatura, rattoppamento, racconciatura, riparazione □ toppa, pezza CONTR. rottura, lacerazione, sbrano (*tosc.*), strappo, squarcio **2** (*fig.*) (*di discorso, di situazione, ecc.*) rimedio, rabberciatura, raffazzonamento, ripiego. *V. anche* SCUSA

rattrappìre *A* *v. tr.* contrarre, rattrarre (*lett.*), aggranchire, raggranchiare, aggricciare (*dial.*) □ anchilosare □ intorpidire, intirizzire CONTR. distendere, allungare, stirare *B* **rattrappirsi** *v. intr. pron.* contrarsi, intorpidirsi, rattrarsi (*lett.*), anchilosarsi, aggranchiarsi, raggranchirsi, aggranchirsi, ingranchirsi, intirizzirsi CONTR. distendersi, allungarsi, stirarsi.

rattrappìto *part. pass. di* **rattrappire**; *anche agg.* contratto, aggranchito, rattratto (*lett.*) □ anchilosato, intorpidito □ intirizzito CONTR. disteso, rilassato.

rattristànte *part. pres. di* **rattristare**; *anche agg.* commovente, pietoso □ deprimente □ avvilente CONTR. consolante □ divertente, esilarante, inebriante, ricreativo.

rattristàre *A* *v. tr.* addolorare, affliggere, attristare (*lett.*), contristare, immalinconire, accorare, amareggiare, crucciare, angustiare, spiacere □ deprimere, avvilire, abbattere □ (*di ambiente, di atmosfera, ecc.*) funestare, incupire, rabbuiare, rannuvolare CONTR. allietare, rallegrare, letificare (*lett.*), sollazzare, inebriare, deliziare, dilettare □ divagare, divertire, ricreare □ consolare, confortare, rinfrancare, risollevare *B* **rattristarsi** *v. intr. pron.* addolorarsi, affliggersi, attristarsi (*lett.*), contristarsi, accorarsi, amareggiarsi, crucciarsi, angustiarsi □ abbuiarsi (*fig.*), incupirsi (*fig.*), rannuvolarsi (*fig.*) □ deprimersi, immalinconirsi □ dolersi, rammaricarsi, spiacersi, tormentarsi CONTR. allietarsi, gioire, godere, rallegrarsi, compiacersi, esultare □ sollazzarsi, trastullarsi, inebriarsi, deliziarsi, dilettarsi □ divagarsi, divertirsi, ricrearsi □ confortarsi, consolarsi, rinfrancarsi, risollevarsi.

rattristàto *part. pass. di* **rattristare**; *anche agg.* addolorato, afflitto, contristato, accorato, amareggiato, crucciato, desolato, triste, angustiato □ incupito (*fig.*), rannuvolato (*fig.*) □ immalinconito, depresso □ martirizzato (*fig.*), martoriato (*fig.*) CONTR. allietato, rallegrato, confortato, consolato, rinfrancato, risollevato, divertito, lieto, allegro, felice, gongolante.

raucèdine *s. f.* arrochimento, rocaggine, fiocaggine (*raro*) □ (*est.*) abbassamento di voce.

ràuco *agg.* basso, roco, velato, gutturale, arrochito □ chioccio □ (*est.*) debole, fioco, flebile CONTR. chiaro, squillante, forte, limpido, acuto, argentino.

raviòlo *s. m.* (*reg.*) (*spec. al pl.*) tortello, tortellone, agnolotto, cappelletto.

ravvedérsi *v. intr. pron.* pentirsi, correggersi, emendarsi, convertirsi, raddrizzarsi (*fig.*), riprendersi, migliorarsi □ rinsavire, ricredersi.

ravvediménto *s. m.* pentimento, contrizione, rimorso, conversione, resipiscenza, ripensamento CONTR. deviazione (*fig.*).

ravviàre *A* *v. tr.* **1** riordinare CONTR. disordinare **2** (*di capelli*) pettinare, lisciare CONTR. spettinare, arruffare, rabbuffare, scarmigliare, scapigliare *B* **ravviarsi** *v. rifl.* (*fig.*) riordinarsi, pettinarsi, lisciarsi, assettarsi CONTR. spettinarsi, arruffarsi, scarmigliarsi, scapigliarsi.

ravvicinaménto *s. m.* **1** accostamento, avvicinamento CONTR. allontanamento **2** riconciliazione, pacificazione, accordo CONTR. discordia, dissidio.

ravvicinàre *A* *v. tr.* **1** avvicinare, accostare, approssimare CONTR. allontanare, scostare **2** (*fig.*) confrontare, raffrontare, paragonare, riscontrare, comparare

3 (*fig.*) rappacificare, rappaciare, riconciliare, accordare, riunire **CONTR.** inimicare, mettere discordia ***B*** **ravvicinarsi** *v. rifl.* e *rifl. rec.* (*fig.*) rappacificarsi, riconciliarsi, riunirsi.

ravvisàbile *agg.* riconoscibile, identificabile □ distinguibile **CONTR.** irriconoscibile □ indistinguibile.

ravvisàre ***A*** *v. tr.* ***1*** riconoscere, conoscere, identificare, individuare **CONTR.** scambiare ***2*** (*est.*) distinguere, discernere, percepire, scorgere, vedere ***B*** **ravvisarsi** *v. intr. pron.* vedersi.

ravvivàre ***A*** *v. tr.* ***1*** (*di sentimenti, emozioni, ecc.*) ridestare, risvegliare, risuscitare, rinforzare, rinvigorire, rinsaldare, rinverdire **CONTR.** smorzare, raffreddare ***2*** (*di fuoco*) attizzare, riattizzare, riaccendere **CONTR.** spegnere, soffocare, smorzare ***3*** (*di festa, di ambiente, ecc.*) animare, rallegrare, scaldare, riscaldare, rianimare, vivificare **CONTR.** raffreddare, incupire ***4*** (*di abito, arredamento, ecc.*) vivacizzare, rallegrare, illuminare **CONTR.** smorzare, incupire, intristire, spegnere, scolorire ***5*** (*di colore*) accentuare, rinforzare **CONTR.** smorzare, schiarire, sfumare □ sbiadire, scolorire, impallidire ***B*** **ravvivarsi** *v. intr. pron.* ***1*** (*est.*) (*anche fig.*) riaccendersi, rifiorire, risorgere, rinnovarsi □ vivificarsi, avvivarsi, rianimarsi, risvegliarsi, riprendersi, rinvigorirsi, rinforzarsi, rinsaldarsi, animarsi □ illuminarsi, colorarsi, colorirsi **CONTR.** smorzarsi, appassirsi, sbiadirsi, impallidire, stingersi, spegnersi ***2*** (*fig.*) (*di persona*) rincorarsi, riconfortarsi **CONTR.** disanimarsi, scoraggiarsi, abbattersi, avvilirsi.

ravvivàto *part. pass. di* **ravvivare**; *anche agg.* ***1*** (*anche fig.*) (*di cosa*) vivificato, rinvigorito, reso più vivo **CONTR.** smorzato, impallidito, disseccato ***2*** (*di persona*) rincuorato, incoraggiato, confortato.

ravvòlgere ***A*** *v. tr.* avvolgere, involgere, rinvolgere, avvoltolare, ravvoltolare, avviluppare, ravviluppare, inviluppare, involtare (*fam.*), rinvoltare, fasciare □ piegare **CONTR.** svolgere, svoltolare, srotolare, tendere □ spiegare ***B*** **ravvolgersi** *v. rifl.* avvolgersi, involgersi, rinvolgersi, avvoltolarsi, ravvoltolarsi, avvilupparsi, ravvilupparsi, raggomitolarsi, fasciarsi **CONTR.** svolgersi, svoltolarsi, sfasciarsi.

ravvoltolàre ***A*** *v. tr.* avvolgere, ravvolgere, rinvolgere, avviluppare, inviluppare, rinvoltare **CONTR.** svolgere, districare ***B*** **ravvoltolarsi** *v. rifl.* avvilupparsi, ravvolgersi, avvoltolarsi, involgersi, rinvolgersi **CONTR.** svolgersi, svoltolarsi, sfasciarsi.

raziocìnio *s. m.* ***1*** logica, ragione, mente, intelletto, criterio, senno, cervello (*est.*), ragionevolezza **CONTR.** insania, vaneggiamento ***2*** ragionamento, argomentazione. *V. anche* ARGOMENTAZIONE, RAGIONE

razionàle *agg.* ***1*** (*di persona, di facoltà*) ragionevole, pensante, intellettivo, intellettuale **CONTR.** irrazionale, antirazionale □ istintuale, emotivo, emozionale ***2*** (*di ragionamento, di ordine, ecc.*) coerente, logico, cartesiano (*fig.*), dialettico (*est.*), ragionato, conseguente □ plausibile **CONTR.** illogico, incoerente, contraddittorio, paradossale, assurdo, sconnesso (*fig.*), scucito (*fig.*) ***3*** (*di metodo, di cura, ecc.*) scientifico, rigoroso **CONTR.** empirico, sperimentale ***4*** (*est.*) (*di architettura, di mobile, ecc.*) funzionale, pratico.

razionalìsmo *s. m.* positivismo.

razionalìsta ***A*** *agg.* ***1*** razionalistico **CONTR.** irrazionalista ***2*** logico, ragionevole, coerente **CONTR.** illogico, irrazionalistico ***B*** *s. m.* e *f.* positivista.

razionalità *s. f.* (*est.*) logicità, logica, ragionevolezza, coerenza **CONTR.** irrazionalità, illogicità, incoerenza, assurdità.

razionalménte *avv.* ***1*** logicamente, secondo ragione, ragionatamente, coerentemente □ motivatamente □ dialetticamente □ rigorosamente, scientificamente, matematicamente (*est.*) **CONTR.** irrazionalmente, emotivamente, intuitivamente, incoerentemente, assurdamente □ empiricamente, sperimentalmente ***2*** praticamente, funzionalmente.

razionaménto *s. m.* limitazione, controllo, disciplina □ tesseramento.

razionàre *v. tr.* ***1*** dividere, suddividere, ripartire ***2*** (*est.*) dosare, controllare, limitare, disciplinare □ tesserare □ lesinare.

razióne *s. f.* ***1*** porzione, parte ***2*** quantità, dose, misura.

ràzza *s. f.* ***1*** (*di persone*) specie, genere ***2*** (*di persone, animali e piante*) schiatta (*lett.*), generazione, discendenza, progenie (*lett.*), prole (*est.*), famiglia, stirpe, sangue, ceppo, seme (*lett.*), origine, stipite (*raro, fig.*) □ etnia, popolo, popolazione, nazione, nazionalità ***3*** (*di cose*) tipo, qualità, sorta, varietà **FRAS.** *far razza a sé* (*fig.*), essere diverso dagli altri; non cercare la compagnia degli altri. *V. anche* FAMIGLIA

razzìa *s. f.* ***1*** scorreria, scorribanda, depredazione, sacco, saccheggio, saccheggiamento, preda (*est.*), incursione, gualdana ***2*** (*est.*) (*di animale*) furto, ruberia ***3*** (*raro*) retata, requisizione.

razziàre *v. tr.* saccheggiare, depredare, predare, derubare, rubare.

razziatóre *s. m.*; *anche agg.* (*f. -trice*) predone, saccheggiatore, ladrone, depredatore, predatore.

razzìsmo *s. m.* ***1*** intolleranza razziale, apartheid (*ol.*) (*est., gener.*) **CONTR.** cosmopolitismo ***2*** (*est.*) intolleranza, pregiudizio. *V. anche* PREGIUDIZIO

razzìsta *s. m.* e *f.*; *anche agg.* (*est.*) intollerante, fanatico, fazioso, elitario (*fig.*), segregazionista (*est.*) **CONTR.** tollerante, integrazionista.

ràzzo *s. m.* ***1*** (*aer.*) endoreattore ***2*** fuoco di artificio ***3*** missile ***4*** proiettile tracciante.

razzolàre *v. intr.* ***1*** raspare, ruspare, grattare ***2*** (*est., scherz.*) frugare, rovistare, cercare.

re *s. m. inv.* ***1*** sovrano, monarca, sire, maestà □ (*est.*) trono, corona □ imperatore, principe, sultano, imano, regnante, zar, scià, ragià **CONTR.** suddito ***2*** (*est.*) signore, padrone □ magnate ***3*** (*fig.*) campione, migliore, eroe. *V. anche* SOVRANO

reagìre *v. intr.* ***1*** (*ad un attacco, ad un'accusa, ecc.*) opporsi, protestare, risentirsi, ribellarsi, rivoltarsi, scattare, insorgere, contrattaccare, resistere (*est.*), rintuzzare **CONTR.** accettare, adattarsi, sottomettersi, sottostare, sopportare, rassegnarsi, subire ***2*** (*chim.*) combinarsi.

reàle (1) *agg.* ***1*** (*di cosa, di evento, ecc.*) positivo, concreto, tangibile, corporeo, fisico, materiale, sensibile □ vero, verace (*lett.*), certo, autentico □ storico, documentato, provato **CONTR.** illusorio, chimerico (*fig.*), apparente, potenziale, virtuale □ falso, fittizio, ingannevole □ inesistente, inventato, insussistente □ immaginario, fantastico, fantomatico □ mitico, mitologico ***2*** (*di ragionamento, di metodo, ecc.*) fondato, sostanziale, effettivo, oggettivo, giusto, pratico **CONTR.** infondato, ipotetico, assurdo, ideale ***3*** (*tosc.*) sincero, schietto **CONTR.** falso. *V. anche* VERO

reàle (2) *agg.* ***1*** regale, regio, imperiale, cesareo ***2*** (*fig.*) sontuoso, solenne, magnifico, sfarzoso, fastoso, splendido, maestoso, pomposo **CONTR.** povero, misero, modesto, umile, dimesso, meschino.

realìsmo *s. m.* ***1*** oggettivismo, oggettività **CONTR.** soggettivismo, soggettività ***2*** (*est.*) concretezza, praticità, prammatismo (*est.*), positivismo (*est.*), positività, effettività **CONTR.** astrattezza, indeterminatezza, approssimazione □ idealismo ***3*** (*letter., arte*) naturalismo, verismo, icasticità **CFR.** romanticismo.

realìsta *s. m.* e *f.*; *anche agg.* ***1*** (*est.*) positivo, positivista (*est.*), pratico, effettivo, realistico, concreto **CONTR.** idealista, utopista, sognatore, visionario □ astratto, indeterminato □ approssimativo ***2*** (*letter., arte*) naturalista, verista.

realìstico *agg.* realista, pratico, concreto, prammatico (*est.*), materialistico, positivistico □ naturalistico, veristico, verista **CONTR.** astratto, figurato, idealistico, trascendente, chimerico, utopistico, velleitario, idilliaco, romantico.

realizzàre ***A*** *v. tr.* ***1*** attuare, effettuare, concretizzare, concretare, produrre, creare, fare □ conseguire □ eseguire, compiere, operare, concludere □ avverare, materializzare □ esaudire **CONTR.** progettare ***2*** (*di gol, di punto e sim.*) segnare ***3*** (*fig.*) comprendere, capire, intendere ***4*** (*di titoli e sim.*) convertire, trasformare ***B*** *v. intr.* guadagnare ***C*** **realizzarsi** *v. intr. pron.* ***1*** (*di evento*) attuarsi, avvenire, avverarsi, verificarsi, compiersi, adempiersi, concretarsi, materializzarsi **CONTR.** sfumare, abortire (*fig.*) ***2*** (*di persona*) autoaffermarsi, affermarsi, esprimersi, trovare sé stesso.

realizzàto *part. pass. di* **realizzare**; *anche agg.* ***1*** attuato, creato, fatto, compiuto, conseguito **CONTR.** sfumato ***2*** (*di persona*) affermato **CONTR.** sbandato, spostato ***3*** (*di gol, di punto e sim.*) segnato.

realizzazióne *s. f.* ***1*** (*di cosa*) attuazione, effettuazione, compimento, concretamento, concretizzazione, effetto (*est.*) □ esecuzione, adempimento □ materializzazione, soddisfazione **CONTR.** progetto, progettazione □ fallimento, mira (*fig.*) ***2*** (*di persona*) affermazione ***3*** opera, creazione, modello.

realìzzo *s. m.* guadagno, ricavo □ (*di titoli e sim.*) riscossione, conversione.

realménte *avv.* concretamente, praticamente, tangibilmente □ veramente, effettivamente, davvero, proprio, propriamente, sul serio, in realtà, in effetti, certamente, di fatto □ storicamente **CONTR.** idealmente, simbolicamente, apparentemente □ irrealmente, chimericamente, per finta, nominalmente, potenzialmente, virtualmente.

realtà *s. f.* ***1*** concretezza, effettività, consistenza, materialità, positività □ sussistenza, esistenza, verità, veracità (*lett.*), veridicità □ oggettività □ essenza □ prosaicità □ storicità **CONTR.** irrealtà, apparenza, parvenza, illusione, ideale, idealità, sogno, astrattezza, utopia □ inesistenza, insussistenza, falsità, finzione, invenzione, chimera, immaginazione, virtualità □ mito ***2*** mondo, ambiente, vita.

reàto *s. m.* infrazione, delitto, crimine, colpa, misfatto, infrazione. *V. anche* COLPA

reattìvo ***A*** *s. m.* reagente, tornasole ***B*** *agg.* (*est.*) emotivo, emozionale □ ricettivo.

reattóre *s. m.* ***1*** (*aer.*) motopropulsore ***2*** aeroplano a reazione, aeroreattore, aviogetto, jet (*ingl.*) ***3*** pila nucleare, pila atomica ***4*** (*elettr.*) bobina.

reazionàrio *agg.*; *anche s. m.* ***1*** (*est.*) conservatore, controrivoluzionario □ illiberale □ retrivo, retrogrado □ oscurantista □ borbonico (*fig.*), medievale (*fig.*) □ retroguardia □ (*est.*) forcaiolo **CONTR.** rivoluzionario □ liberale, libertario, illuminato □ innovatore □ avanguardia □ (*est.*) sovversivo, eversivo □ facinoroso ***2*** (*di persona*) conservatore □ borghese □ nostalgico, passatista □ parruccone, codino □ fascista, destrorso, sanfedista **CONTR.** rivoluzionario □ progressista □ avanguardista □ (*est.*) sovversivo, eversore □ sedizioso, rivoltoso □ scamiciato, sanculotto.

reazióne *s. f.* ***1*** (*ass.*) azione, risposta ***2*** (*est.*) effetto, contraccolpo, riflesso (*fig.*), ripercussione, feedback (*ingl., fig.*) ***3*** (*chim.*) trasformazione, combinazione ***4*** (*fis. nucl.*) fissione, disintegrazione ***5*** (*biol.*) risposta (a uno stimolo) ***6*** (*fig.*) resistenza, opposizione □ protesta, ribellione, rivolta □ rappresaglia □ contrattacco, controffensiva **CONTR.** passività, accettazione, sopportazione, remissività ***7*** (*polit.*) controrivoluzione, insurrezione □ conservatorismo, oscurantismo, passatismo □ borghesia □ destra (*est.*), destrismo (*est.*), fascismo (*spreg.*) □ benpensanti, conservatori **CONTR.** rivoluzione, insorti □ progressismo, avanguardia □ sinistra (*est.*), sinistrismo (*est.*), radicalismo (*spreg.*) □ progressisti, innovatori. *V. anche* RIBELLIONE

rèbus [lat. *rēbus* 'per mezzo di cose, di oggetti', abl. pl. di *rēs* 'cosa'] *s. m. inv.* ***1*** indovinello ***2*** (*fig.*) enigma, astrusità, mistero, arcano, ambiguità, rompicapo, puzzle (*ingl.*).

recalcitrànte *part. pres. di* **recalcitrare**; *anche agg.* (*fig.*) (*di persona*) ribelle, nolente (*lett.*), indocile, restio, riluttante, renitente, riottoso, ritroso, refrattario (*fig.*), insofferente □ insubordinato, indisciplinato □ disubbidiente □ ostinato, contumace (*lett.*) **CONTR.** arrendevole, remissivo, sottomesso, supino (*fig.*), obbediente, ubbidiente, acquiescente, rispettoso, manovrabile.

recalcitràre *v. intr.* ***1*** (*di animale*) tirare calci, impuntarsi **CONTR.** obbedire ***2*** (*fig.*) (*di persona*) opporsi, resistere, riluttare, disubbidire, impuntarsi, impennarsi, rifiutarsi, ribellarsi, rivoltarsi **CONTR.** cedere, sottomettersi, rassegnarsi, obbedire, ubbidire, acconsentire.

recapitàre *v. tr.* consegnare, rimettere, portare, recare **CONTR.** spedire, mandare.

recàpito *s. m.* **1** indirizzo, domicilio, abitazione, dimora **2** (*di lettera e sim.*) consegna, destinazione, destino (*raro*) **CONTR.** spedizione.

recàre A *v. tr.* **1** portare, condurre, trasportare, menare, addurre, recapitare, consegnare **CONTR.** andare a prendere, prendere, ritirare **2** (*di firma, di timbro e sim.*) avere, portare **3** (*di danno, di vantaggio, ecc.*) arrecare, cagionare, produrre, apportare, causare, determinare **4** riportare, ricondurre **5** (*di notizia*) riferire, annunciare **6** (*di esempio*) citare **B recarsi** *v. intr. pron.* andare, trasferirsi, rendersi (*ant.*), condursi (*ant.*), portarsi, spostarsi, viaggiare □ indirizzarsi, presentarsi **CONTR.** venire, giungere, arrivare.

recchióne *s. m.* (*centr.*) pederasta, omosessuale, invertito, gay (*ingl.*).

recèdere *v. intr.* **1** (*raro*) arretrare, indietreggiare, retrocedere, ritirarsi, ripiegare, rinculare **CONTR.** avanzare, andare avanti, proseguire, progredire **2** (*fig.*) (*da un'impresa*) tirarsi indietro, ritirarsi, ritrarsi, desistere, rinunciare, rinunziare, abbandonare □ declinare **CONTR.** proseguire, continuare.

recensióne *s. f.* critica, giudizio □ revisione, esame, esame critico.

recensìre *v. tr.* criticare, dare un giudizio, giudicare □ esaminare. *V. anche* GIUDICARE

recensóre *s. m.* critico □ revisore.

recènte *agg.* nuovo, novello, fresco, di poco fa □ ultimo, attuale □ odierno, moderno, neo- (*primo elemento di parole composte*) **CONTR.** vecchio, antico, antiquato, inattuale, disusato, superato □ tradizionale. *V. anche* VICINO

recenteménte *avv.* da poco, poco tempo fa, ultimamente, or ora, poc'anzi, poco fa **CONTR.** anticamente, da molto tempo, da un pezzo, molto tempo fa, una volta, in altri tempi.

recepìre *v. tr.* accogliere, ricevere, far proprio, includere □ capire, rendersi conto **CONTR.** escludere, allontanare, rifiutare.

reception /*ingl.* ri'sepʃən/ o **réception** /*fr.* resɛp'sjɔ̃/ [vc. ingl., dal lat. *receptiōne(m)* 'ricevimento'] *s. f. inv.* portineria □ accettazione.

recessióne *s. f.* **1** ritiro, abbandono, rinunzia **2** riflusso □ recesso □ indietreggiamento **3** (*econ.*) ristagno, stagnazione, ristagnamento (*raro*), rallentamento, crisi, depressione **CONTR.** sviluppo, espansione, escalation (*ingl.*), boom (*ingl.*), crescita, progresso.

recèsso *s. m.* **1** nascondiglio, anfratto, ritiro, rifugio, latebra (*lett.*) □ solitudine **2** (*dir.*) dimissione □ recessione.

recìdere A *v. tr.* **1** tagliare, troncare, tranciare, mozzare, segare, risecare, succidere (*lett.*) □ potare, falciare, mietere **2** (*di arto*) amputare **3** (*fig.*) (*di discorso, di pratica, ecc.*) interrompere **4** (*raro, fig.*) omettere, eliminare **B recidersi** *v. intr. pron.* (*raro*) fendersi, tagliarsi, screpolarsi. *V. anche* TAGLIARE

recidìva *s. f.* **1** (*dir.*) ricaduta **2** (*di malattia*) ricomparsa.

recidìvo *agg.*; *anche s. m.* pregiudicato □ (*est.*) incorreggibile, incallito, ostinato.

recìngere *v. tr.* circondare, recintare, cintare, cingere, cerchiare, contornare, chiudere, vallare (*raro*).

recintàre *v. tr.* circondare, chiudere, recingere, siepare (*ant.*).

recìnto A *part. pass. di* **recingere**; *anche agg.* cinto, circondato, chiuso, recintato, cerchiato **CONTR.** aperto **B** *s. m.* steccato, palizzata, stecconata, lizza (*raro*), cerchia, cinta, chiostra (*lett.*), chiusa (*raro*), recinzione □ paddock (*ingl.*), box (*ingl.*), gabbia (*est.*), stabbio, stazza, caravanserraglio □ (*in borsa*) corbeille (*fr.*).

recinzióne *s. f.* recinto, steccato, staccionata, palizzata, cerchia, cinta, rete, chiudenda (*ant.*).

recipe /*lat.* 'rɛtʃipe/ [imperat. del v. lat. *recĭpere* 'ricevere' propriamente 'prendi', usato per le preparazioni galeniche] *s. m. inv.* (*ant.*) ricetta.

recipiènte *s. m.* contenitore □ serbatoio, tanica, urna □ vaso, secchia, secchio, bacino, cista, coppa (*est.*), navicella (*chim., fis.*) □ vuoto (a rendere).

reciprocaménte *avv.* vicendevolmente, scambievolmente, l'un l'altro **CONTR.** unilateralmente.

reciprocità *s. f.* scambievolezza (*raro*), alternanza, vicendevolezza (*raro*), corrispondenza □ ricambio.

recìproco *agg.* scambievole, vicendevole, mutuo, alterno **CONTR.** unilaterale.

recisaménte *avv.* risolutamente, categoricamente, fermamente, decisamente, nettamente □ bruscamente, seccamente, asciuttamente, brevemente **CONTR.** dubbiosamente, con incertezza, con indecisione.

recìso *part. pass. di* **recidere**; *anche agg.* **1** tagliato, mozzato, troncato, amputato □ mozzo, tronco □ potato □ interrotto **2** (*fig.*) risoluto, categorico, deciso, netto, brusco, asciutto, secco, breve, crudo □ tagliente **CONTR.** titubante, tentennante, dubbioso, incerto, indeciso, irresoluto, vacillante.

rècita *s. f.* recitazione, declamazione □ rappresentazione, dramma, spettacolo, teatro (*est.*) □ serata.

recital /*ingl.* ri'saitl/ [vc. ingl., da *to recite* 'recitare'] *s. m. inv.* spettacolo, esibizione.

recitàre *v. tr.*; *anche intr.* **1** declamare □ scandire, pronunciare, pronunziare □ ripetere, leggere □ interpretare, fare, rappresentare (*di legge, di norma, ecc.*) dire, affermare, stabilire, statuire, sancire **2** (*est.*) fingere, drammatizzare, esagerare, fare l'esibizionista.

recitàto *part. pass. di* **recitare**; *anche agg.* declamato, pronunciato, letto, interpretato, rappresentato □ (*di una canzone*) parlato, recitativo.

recitazióne *s. f.* recita, declamazione, interpretazione □ dizione. *V. anche* INTERPRETAZIONE

reclamànte *part. pres. di* **reclamare**; *anche agg.* e *s. m. e f.* ricorrente.

reclamàre A *v. intr.* protestare, lagnarsi, lamentarsi, rimostrare, ricorrere, contestare □ recriminare **CONTR.** consentire, approvare, applaudire □ accontentarsi **B** *v. tr.* **1** pretendere, esigere, richiedere, rivendicare, domandare, volere, ridomandare □ mendicare (*fig.*) **CONTR.** rinunziare, declinare, rifiutare **2** (*fig.*) abbisognare, richiedere, necessitare, occorrere.

réclame /*fr.* re'klam/ [vc. fr., letteralmente 'richiamo'] *s. f. inv.* **1** propaganda, pubblicità, slogan □ lancio (*fig.*) **2** (*est.*) cartellone, locandina, opuscolo pubblicitario, annuncio, inserzione, avviso economico.

reclamizzàre *v. tr.* pubblicizzare, fare la réclame, propagandare □ lanciare (*fig.*) □ diffondere.

reclàmo *s. m.* protesta, lamentela, rimostranza, lagnanza, esposto, ricorso, querela □ recriminazione □ rivendicazione **CONTR.** consenso, approvazione.

reclinàre ***A*** *v. tr.* chinare, abbassare, piegare, inclinare, rovesciare □ abbandonare **CONTR.** alzare, rialzare, sollevare, ergere ***B*** *v. intr.* piegarsi, inclinarsi **CONTR.** raddrizzarsi, alzarsi, sollevarsi.

reclinàto *part. pass. di* **reclinare**; *anche agg.* (*di testa, di corpo*) chinato, chino, piegato, inclinato, ricurvo (*est.*), prono (*lett.*) □ abbandonato **CONTR.** dritto, ritto, sollevato.

reclusióne *s. f.* ***1*** (*dir.*) pena detentiva, detenzione, prigionia, carcerazione, imprigionamento, segregazione, cattività (*lett.*) **CONTR.** libertà, liberazione, scarcerazione ***2*** (*est.*) prigione, carcere, galera, reclusorio (*raro*).

reclùso *agg.* e *s. m.* carcerato, internato, prigioniero, detenuto, galeotto, ergastolano □ condannato □ rinserrato, segregato, rinchiuso, imprigionato □ ingabbiato **CONTR.** libero, liberato.

rècluta *s. f.* ***1*** (*mil.*) coscritto, arruolato, cappella (*gerg.*), marmittone (*gerg.*), cappellone (*gerg.*), bocia (*est., gerg.*), burba (*gerg.*), tirone (*st.*) **CONTR.** veterano, anziano, nonno (*gerg.*) ***2*** (*fig.*) novizio, novellino, iniziato, tirocinante, principiante, matricola (*est.*), pivello, tirone (*est.*) **CONTR.** anziano, navigato.

reclutaménto *s. m.* ***1*** (*mil.*) arruolamento, coscrizione, leva **CONTR.** congedo, riforma ***2*** (*di personale*) ingaggio, assunzione **CONTR.** licenziamento.

reclutàre *v. tr.* ***1*** (*mil.*) arruolare, coscrivere **CONTR.** congedare, riformare ***2*** (*di personale*) ingaggiare, assumere, assoldare **CONTR.** licenziare.

recòndito *agg.* ***1*** (*di luogo*) nascosto, segreto □ appartato, ritirato, romito (*lett.*) **CONTR.** palese, noto, conosciuto ***2*** (*fig.*) (*di pensiero, di sentimento, ecc.*) occulto, misterioso □ inconfessato, segreto, celato, riposto, intimo **CONTR.** aperto, chiaro, esplicito, espresso □ evidente, palese, manifesto.

record /*ingl.* ˈrɛkɔ:d/ [vc. ingl., dal lat. *recordari* 'ricordare'] ***A*** *s. m. inv.* ***1*** primato □ massimo **CONTR.** minimo ***2*** disco, registrazione ***B*** *in funzione di agg. inv.* (*posposto al s.*) massimo, più alto, superiore in assoluto **CONTR.** minimo, più piccolo.

recordman /*ingl.* ˈrekɔ:dmən/ [vc. ingl., comp. di *record* 'record' e *man* 'uomo'] *s. m. inv.* primatista.

recriminàre ***A*** *v. tr.* (*raro*) ritorcere, contraccusare ***B*** *v. intr.* lagnarsi, lamentarsi, miagolare (*fig., scherz.*), affliggersi, crucciarsi □ rammaricarsi **CONTR.** rallegrarsi, gioire.

recriminazióne *s. f.* ***1*** ritorsione, contraccusa ***2*** lamentela, lagnanza, querimonia (*lett.*) □ reclamo, protesta, rimostranza **CONTR.** soddisfazione.

recrudescènza *s. f.* ***1*** inasprimento, ripresa, rincrudimento, esacerbazione **CONTR.** attenuazione, diminuzione ***2*** (*di male*) ricaduta, aggravamento, peggioramento **CONTR.** miglioramento, guarigione.

recuperàre *v. tr.* ***1*** (*di cosa*) riprendere, riacquistare, riconquistare, ripigliare (*fam.*), riafferrare, ritrovare, riavere, riottenere, rivincere □ riscattare **CONTR.** perdere, smarrire, abbandonare, lasciare ***2*** (*mar.*) (*di ancora*) ritirare, salpare **CONTR.** calare, dar fondo, buttare ***3*** (*est.*) scovare, trovare, rinvenire ***4*** (*di cosa o persona*) salvare, ripescare □ ritrovare, reincontrare **CONTR.** perdere, abbandonare ***5*** (*fig.*) (*di persona*) redimere □ reinserire, reintrodurre **CONTR.** fuorviare (*fig.*) □ escludere, allontanare ***6*** (*di svantaggio*) rimontare, riguadagnare ***7*** (*di materiale, sostanza e sim.*) riutilizzare, riciclare **CONTR.** perdere, disperdere, gettare ***8*** (*di area, di stabile, ecc.*) riattare, bonificare **CONTR.** abbandonare, dismettere.

recùpero *s. m.* ***1*** riacquisto, riscatto, riottenimento, ripresa □ (*est.*) riconquista, riscossa (*raro*), rivincita **CONTR.** perdita, smarrimento ***2*** ritrovamento ***3*** (*di materiale, di energia e sim.*) riutilizzazione, riciclaggio **CONTR.** perdita, dispersione ***4*** (*fig.*) (*di disadattato, di minorato e sim.*) reinserimento, reintroduzione **CONTR.** esclusione, allontanamento ***5*** (*di persona*) rimonta, ripresa **CONTR.** calo, caduta ***6*** (*sport*) repêchage (*fr.*).

redarguìre *v. tr.* rimproverare, riprendere, rimbrottare, rampognare, richiamare, biasimare, rabbuffare, sgridare, strapazzare **CONTR.** lodare, elogiare, encomiare, approvare. *V. anche* BIASIMARE, CORREGGERE

redàtto *part. pass. di* **redigere**; *anche agg.* compilato, scritto, steso □ elaborato.

redattóre *s. m.* (*f. -trice*) ***1*** (*di scritto*) estensore, compilatore, cronachista, scrittore, scrivente ***2*** (*giorn.*) giornalista, cronista □ capocronista □ informatore ***3*** (*edit.*) curatore ***4*** (*al pl.*) redazione **FRAS.** *redattore pubblicitario*, copywriter (*ingl.*).

redazióne *s. f.* ***1*** stesura, scrittura, compilazione □ composizione ***2*** (*giorn.*) redattori, giornalisti □ cucina (*gerg.*).

redditìzio *agg.* produttivo, fruttifero, fruttuoso, remunerativo, rimunerativo, lucrativo, lucroso, conveniente, buono, vantaggioso, profittevole **CONTR.** improduttivo, antieconomico, deficitario.

rèddito *s. m.* (*anche est.*) entrata, rendita, attivo, provento, frutto, guadagno, introito, utile, cespite (*fig.*), salario, rendimento, redditività **CONTR.** spesa, uscita □ perdita, deficit (*lat.*). *V. anche* GUADAGNO

redènto *part. pass. di* **redimere**; *anche agg.* e *s. m.* ***1*** liberato, riscattato, affrancato **CONTR.** irredento, oppresso, soggetto, schiavo ***2*** (*dal peccato*) salvo **CONTR.** dannato, reprobo.

redentóre ***A*** *agg.*; *anche s. m.* (*f. -trice*) affrancatore, liberatore, salvatore **CONTR.** oppressore ***B*** *s. m.* Gesù Cristo, il Salvatore.

redenzióne *s. f.* ***1*** liberazione, riscatto, affrancamento, riabilitazione **CONTR.** oppressione, assoggettamento, soggezione, asservimento, schiavitù ***2*** (*relig.*) salvezza, salvazione, salute (*lett.*) **CONTR.** dannazione.

redìgere *v. tr.* stendere, scrivere, stilare, estendere (*fig. raro*), compilare, comporre □ (*di contratto, ecc.*) stipulare.

redìmere ***A*** *v. tr.* ***1*** affrancare, liberare, riscattare, riabilitare **CONTR.** asservire, assoggettare, soggiogare, sottomettere, opprimere **2** (*fig.*) (*dal peccato, dal vizio*) salvare, mondare, recuperare **CONTR.** dannare, traviare, fuorviare (*fig.*), sviare (*fig.*), corrompere **B** **redimersi** *v. rifl.* liberarsi, riscattarsi, affrancarsi, riabilitarsi, salvarsi, mondarsi (*fig., lett.*) **CONTR.** soggiacere, piegarsi □ perdersi, dannarsi, corrompersi, guastarsi (*fig.*).

rèdine *s. f. spec. al pl.* **1** (*di finimenti*) briglie, guide **2** (*di Stato, di situazione, ecc.*) comando, potere, direzione, governo, guida □ fila.

redivìvo *agg.* rinato, risuscitato □ rinnovato **CONTR.** defunto, morto, dimenticato.

rèduce *agg.; anche s. m.* e *f.* superstite, veterano.

réfe *s. m.* (*est.*) filo.

referèndum [lat., propriamente 'da riferire', da *referre* 'riferire'] *s. m. inv.* plebiscito, voto popolare, votazione, inchiesta (*est.*). *V. anche* VOTAZIONE

referènte **A** *agg.* relatore, che riferisce **B** *s. m.* **1** (*ling.*) contesto **2** (*est.*) punto di riferimento.

referènza *s. f.* (*est.*) informazione, raccomandazione, presentazione. *V. anche* INFORMAZIONE

refèrto *s. m.* **1** relazione clinica **2** rapporto, relazione, informazione, perizia, resoconto □ parere, giudizio. *V. anche* INFORMAZIONE

refill /*ingl.* 'ri:fil/ [vc. ingl., da *to refill* 'riempire di nuovo'] *s. m. inv.* (*di penna a sfera, di accendino, ecc.*) ricambio, cartuccia, caricatore.

rèfolo *s. m.* (*di vento*) folata, soffio, buffo, ventata. *V. anche* VENTO

refrattàrio *agg.* **1** (*di materiale*) inalterabile, resistente **2** (*med.*) insensibile (a stimoli) **CONTR.** soggetto **3** (*fig.*) restio, ribelle □ negato, allergico (*scherz.*), recalcitrante, renitente, riluttante, ritroso □ pervicace, irriducibile, ostinato, indocile, insensibile, negato, allergico (*scherz.*) **CONTR.** docile, adattabile, arrendevole, sensibile, ricettivo, propenso, tagliato (*fig.*).

refrigerànte *part. pres. di* **refrigerare**; *anche agg.* rinfrescante **CONTR.** riscaldante.

refrigeràre **A** *v. tr.* rinfrescare, raffreddare □ gelare **CONTR.** riscaldare, scaldare, arroventare **B** **refrigerarsi** *v. rifl.* rinfrescarsi, raffreddarsi **CONTR.** riscaldarsi.

refrigeràto *part. pass. di* **refrigerare**; *anche agg.* rinfrescato, raffreddato **CONTR.** riscaldato.

refrigeratóre **A** *agg.* refrigerante, rinfrescante **CONTR.** riscaldante **B** *s. m.* **1** frigorifero, frigo (*fam.*), frigidaire (*fr.*), ghiacciaia □ freezer (*ingl.*) **2** condizionatore **CONTR.** calorifero.

refrigerazióne *s. f.* (*raro*) refrigeramento, raffreddamento.

refrigèrio *s. m.* **1** ristoro, freschezza, rinfrescamento, rezzo (*poet.*) **CONTR.** calura, caldo, afa, afosità, arsura **2** (*fig.*) sollievo, conforto, consolazione, benessere, alleviamento, ristoro **CONTR.** oppressione, afflizione, dolore, sconforto.

refurtiva *s. f.* roba rubata, bottino, furto, malloppo (*gerg.*), maltolto, grisbi (*fr., gerg.*).

refùso *s. m.* (*est.*) errore di stampa.

regalàre *v. tr.* **1** donare, offrire, elargire, largire (*lett.*), dare **CONTR.** ricevere □ rubare, appropriarsi **2** vendere a buon mercato **CONTR.** chiedere, esigere, pretendere, farsi pagare **3** (*fig.*) concedere, accordare, permettere **CONTR.** negare, rifiutare.

regalàto *part. pass. di* **regalare**; *anche agg.* **1** donato, offerto, elargito, dato **CONTR.** ricevuto □ pagato, comperato, acquistato □ rubato **2** avuto a buon prezzo □ gratuito **CONTR.** costoso, caro (*fam.*).

regàle *agg.* **1** reale, regio □ sovrano **2** (*est.*) maestoso, magnifico, sontuoso, splendido, sfarzoso, pomposo, lussuoso, imponente, solenne, fastoso **CONTR.** povero, misero, modesto, umile, semplice **3** (*est.*) munifico, generoso **CONTR.** gretto, meschino, pitocco. *V. anche* SOVRANO

regalìa *s. f.* **1** mancia, regalo, dono, donazione, sottomano (*region.*) □ tangente, bustarella, mazzetta (*region.*) **2** (*al pl.*) appendizie. *V. anche* REGALO

regalménte *avv.* **1** da re, da sovrano **2** (*est.*) maestosamente, magnificamente, principescamente, sontuosamente, sfarzosamente, splendidamente, pomposamente, fastosamente, solennemente **CONTR.** poveramente, miseramente, modestamente, umilmente, semplicemente **3** liberalmente, magnanimamente, generosamente **CONTR.** grettamente, meschinamente.

regàlo *s. m.* **1** dono, strenna, omaggio, presente □ donativo, donazione, regalia, elargizione □ (*fig.*) pensiero, ricordo **2** (*fig.*) piacere, favore, cortesia **CONTR.** dispiacere, dolore. *V. anche* FAVORE

REGALO
sinonimia strutturata

Ciò che si dà con libero atto di volontà e senza aspettarsi ricompense si chiama **regalo**, che è sinonimo perfetto di **dono**: *acquistare molti regali*; *regali di nozze*; *un regalo gradito, di pessimo gusto*; *fare, ricevere un dono*; *avere qualcosa per regalo* significa, in accezione idiomatica, ottenerla a basso prezzo, comprarla per pochissimo. Dello stesso significato di regalo è **presente**, che è appena più ricercato e si usa spesso nel linguaggio formale: *un piccolo presente*; *voglia gradire questo mio presente*; molto vicino è **omaggio**, che designa anche un prodotto offerto in regalo a scopo promozionale: *un omaggio floreale*; *un libro è stato distribuito in omaggio a tutti gli iscritti*; *molti quotidiani offrono degli omaggi*. Un regalo che si fa in occasione delle maggiori feste annuali si chiama specificamente **strenna**: *le strenne di Natale*. Il termine **regalia**, che significa anche mancia, definisce doni consistenti in denaro, in relazione ai quali si usa più spesso **donativo**: *un lauto, un generoso donativo*; così è per **elargizione**, che sottolinea la generosità del dono: *un'elargizione ai poveri*. La **donazione** invece è, in senso giuridico, il contratto con cui una parte, per spirito di liberalità, cede a un'altra un bene di sua proprietà.

Infine, il termine regalo può designare non solo un oggetto ma in generale una cosa gradita, che fa piacere: *non potevi farmi regalo più bello*; *la vostra visita è stata un vero regalo*; per antifrasi *bel regalo!* si dice ironicamente di ciò che irrita, molesta o è comunque sgradito. Regalo, inteso figuratamente, si avvicina anche a **favore** e **piacere**, termini tra loro equivalenti che indicano un servigio, un'azione che dimostra benevolenza verso qualcuno: *mi hai fatto un grosso favore a venire a prendermi in macchina*; *fammi il piacere di tacere*.

reggènte *part. pres. di* **reggere**; *anche agg.* e *s. m.* e *f.* ***1*** governatore, governante, viceré □ dirigente □ sostituto, supplente **CONTR.** suddito □ governato □ dipendente ***2*** (*a San Marino*) capo di Stato ***3*** (*ling.*) (*di proposizione*) principale **CONTR.** subordinata, secondaria.

règgere ***A*** *v. tr.* ***1*** sorreggere, sostenere, puntellare, trattenere, tenere ritto, tenere **CONTR.** lasciare, abbandonare ***2*** (*di peso, di pressione*) sopportare, tollerare, resistere, portare ***3*** (*di Stato, di impresa, ecc.*) guidare, capeggiare, dirigere, condurre, presiedere, governare, dominare, amministrare, gestire □ regolare, normare □ informare ***4*** (*di verbo, di complemento, ecc.*) volere (*fam.*), richiedere, prevedere ***B*** *v. intr.* ***1*** (*a fatica, a peso, ecc.*) resistere, sopportare ***2*** (*est.*) (*in un'impresa*) perseverare, insistere, continuare, tenere duro **CONTR.** rinunciare, desistere, disarmare (*fig.*), mollare ***3*** (*di stagione, di tempo, ecc.*) durare, rimanere **CONTR.** finire, cessare, terminare ***4*** (*di discorso, di motivo, ecc.*) sussistere, esistere, esserci □ tenere, stare in piedi (*fam.*) ***C*** **reggersi** *v. rifl.* e *intr. pron.* ***1*** sostenersi, sorreggersi, appoggiare, appoggiarsi, aggrapparsi, puntellarsi, trattenersi, tenersi, stare saldo, stare ritto □ incardinarsi, fondarsi **CONTR.** abbandonarsi □ crollare, cadere ***2*** (*fig.*) dominarsi, controllarsi, padroneggiarsi, frenarsi, vincersi **CONTR.** abbandonarsi ***3*** governarsi ***D*** *v. rifl. rec.* sostenersi, aiutarsi. *V. anche* VOLERE

règgia *s. f.* ***1*** palazzo reale □ corte ***2*** (*fig.*) palazzo lussuoso **CONTR.** tugurio, catapecchia, stamberga, buco, bugigattolo, topaia.

reggiménto *s. m.* ***1*** (*lett.*) governo, regime ***2*** (*fig.*) moltitudine, quantità, folla, turba, torma, stuolo, caterva, infinità.

reggipètto *s. m.* reggiseno.

reggiséno *s. m.* reggipetto.

reggitóre *s. m.*; *anche agg.* (*f. -trice*) ***1*** (*lett.*) governante, signore, governatore □ rettore (*lett.*), pastore (*fig.*) ***2*** (*di famiglia colonica*) capofamiglia ***3*** (*di azienda agricola*) fattore, capoccia, amministratore.

regìa *s. f.* ***1*** direzione artistica ***2*** (*est.*) direzione ***3*** (*di cerimonia, di manifestazione e sim.*) organizzazione, allestimento, preparazione, approntamento, messinscena ***4*** (*ant.*) (*di generi distribuiti dallo Stato*) monopolio □ privativa, concessione, licenza.

regìme *s. m.* ***1*** governo, reggimento (*raro*) ***2*** (*spreg.*) dittatura ***3*** (*di vita*) regola, condotta, sistema, canone, metodo, consuetudine, forma ***4*** dieta ***5*** (*di fenomeno*) andamento ***6*** (*di macchina*) andamento, funzionamento □ resa, produttività, rendimento, velocità.

regina *s. f.* ***1*** sovrana, maestà, monarca, regnante □ basilissa ***2*** (*fig.*) primadonna, padrona, signora ***3*** (*di carta da gioco*) donna.

reginétta *s. f.* ***1*** *dim. di* **regina** □ (*est.*) reginotta, principessa, erede ***2*** miss (*ingl.*).

règio *agg.* ***1*** reale, regale ***2*** (*fig.*) principesco, maestoso, sontuoso, splendido, sfarzoso, solenne, fastoso **CONTR.** povero, modesto, umile, semplice.

regionàle *agg.* ***1*** della regione ***2*** in regioni ***3*** (*est.*) locale, nostrale (*raro*).

regionalìsmo *s. m.* ***1*** autonomia regionale ***2*** (*est.*) campanilismo, provincialismo.

regióne *s. f.* ***1*** plaga, territorio, contrada, terra, mondo, luogo, paese, zona, area ***2*** dipartimento, compartimento, circoscrizione, comprensorio, distretto □ cantone. *V. anche* PARTE

regìsta *s. m.* e *f.* ***1*** direttore artistico ***2*** (*est.*) direttore ***3*** (*fig.*) (*di cerimonia, di manifestazione e sim.*) organizzatore, allestitore.

registràre *v. tr.* ***1*** annotare, notare, segnare, appuntare □ inscrivere, immatricolare □ catalogare □ raccogliere □ inventariare □ censire ***2*** schedare, protocollare, rubricare ***3*** (*est.*) (*di avvenimento*) ricordare, rammentare ***4*** (*di suono*) incidere ***5*** (*di congegno*) mettere a punto, regolare ***6*** (*di conto*) allibrare.

REGISTRARE
sinonimia strutturata

Il significato primo di **registrare** è quello di scrivere in un registro, ossia in un quaderno, in un fascicolo: *registrare le nascite, le morti*; *registrare un ricavo, un'entrata*; *registrare un marchio d'impresa*; *registrare un veicolo* significa immatricolarlo; l'**immatricolare** consiste nell'iscrivere qualcosa o qualcuno in un registro pubblico per la prima volta, assegnandogli un numero di matricola: *immatricolare un'auto, uno studente*. Più generico è **iscrivere**, che indica l'inserire in un elenco o registro: *iscrivere nel registro dei soci*; *iscrivere una spesa sul bilancio*; *iscriversi all'Università*.

Il **catalogare** qualcosa designa l'includerlo in una lista ordinata di nomi od oggetti dello stesso genere, spesso accompagnata da una descrizione degli stessi: *catalogare i libri*; vicinissimo è **schedare**, che indica il riportare su scheda dati relativi a persone o cose a scopo di consultazione e simili; il verbo denomina anche il registrare qualcuno negli schedari della polizia: *hanno schedato tutti i manifestanti*. Non si discosta molto il **raccogliere**, cioè il riunire insieme, di solito per computare: *raccogliere i nomi dei votanti*.

Significato più ampio hanno **annotare**, **notare**, **appuntare** e l'uso estensivo di **segnare**, che indicano il prendere nota: *annotare una spesa, un numero telefonico*; *notare le entrate e le uscite*; *appuntare qualcosa su un taccuino*; *segnarsi un indirizzo*; *segnare a credito, a debito*. Vicino è **rubricare**, che indica il segnare in una rubrica, ossia in un quaderno con margini a scaletta, segnati con lettere dell'alfabeto per facilitarne la consultazione. Il registrare su un libro di conti si dice **allibrare**; appartiene invece al linguaggio burocratico **protocollare**, che significa mettere a protocollo, ossia in un registro su cui vengono annotati gli atti notarili o concernenti l'attività di enti: *protocollare le lettere*. Il registrare suoni o immagini consiste nel fissarli su supporti adatti, quali dischi, pellicole o nastri, per permetterne una riproduzione a distanza di tempo; nel caso di suoni, il termine più appropriato è **incidere**: *incidere una canzone, un disco*. Così, in relazione a congegni e macchine, registrare significa sistemare, modificare il funzionamento per migliorarlo, ossia **mettere a punto** o **regolare**: *registrare l'indice di uno strumento*; *regolare un apparecchio*. *Registrare un orologio* ad esempio corrisponde a spostare la levetta del bilanciere per fare anticipare o ritardare il meccanismo.

registràta s. f. differita CONTR. diretta.

registràto part. pass. di **registrare**; anche agg. ***1*** iscritto, immatricolato, appuntato, schedato, censito, posizionato (*elab.*) ***2*** (*est.*) (*di avvenimento*) memorizzato ***3*** (*di suono*) inciso ***4*** (*di congegno*) regolato.

registratóre ***A*** agg. (*mus.*) incisore ***B*** s. m. ***1*** (*mus.*) magnetofono, incisore, deck (*ingl.*) ***2*** cassa ***3*** (*fis.*) mareografo FRAS. *registratore di volo*, scatola nera.

registrazióne s. f. ***1*** annotazione, iscrizione, catalogazione, immatricolazione, schedatura, inventario ***2*** (*di suono*) incisione □ disco, record (*ingl.*) □ cassetta, CD ***3*** (*di meccanismo*) messa a punto, regolazione ***4*** (*di conto*) allibramento ***5*** (*est.*) (*di avvenimento*) memorizzazione.

regìstro s. m. ***1*** mastro, matricola, catalogo, repertorio, regesto, ruolo, prontuario, elenco, lista, inventario, scadenziario, protocollo, libro, giornale, calepino ***2*** (*di voce, di suono*) ampiezza, estensione, diapason, corda (*est.*) FRAS. *cambiare registro* (*fig.*), cambiare contegno, cambiare sistema □ *registro dei morti*, obituario, necrologio.

regnànte part. pres. di **regnare**; anche agg. e s. m. e f. ***1*** re, regina, sovrano, sovrana, monarca □ (*est.*) capo di Stato ***2*** (*di uso, di opinione, ecc.*) dominante, prevalente, imperante, predominante, comune, maggioritario CONTR. minoritario, di pochi. *V. anche* SOVRANO

regnàre v. intr. ***1*** governare, essere sovrano CONTR. sottostare, ubbidire ***2*** (*est.*) dominare, comandare, imperare CONTR. sottostare, ubbidire ***3*** (*fig.*) (*di pace, di ignoranza, ecc.*) essere presente, prevalere, predominare ***4*** (*di piante*) allignare, prosperare, attecchire.

régno s. m. ***1*** reame, principato, impero, monarchia, stato ***2*** (*est.*) dominio, sovranità, governo □ trono, corona ***3*** (*est.*) dimora, luogo, mondo.

règola s. f. ***1*** norma, prassi □ rituale, etichetta, protocollo, cerimoniale □ modello CONTR. eccezione, irregolarità, anomalia ***2*** (*est.*) precetto, prescrizione, legge, direttiva, istruzione, regolamento □ canone, criterio, parametro CONTR. caos, confusione, disordine ***3*** (*di gioco, di uso, ecc.*) metodo, sistema, consuetudine, costumanza, costume, usanza, usato, uso ***4*** (*nello spendere, nel lavoro, ecc.*) misura, modo, moderazione, freno, sobrietà CONTR. smoderatezza, intemperanza, sregolatezza, dismisura ***5*** (*di comunità*) disciplina, ordine ***6*** insegnamento, ammaestramento □ guida ***7*** (*di vita*) condotta, maniera, linea (*fig.*), regime ***8*** (*spec. al pl.*) mestruazioni ***9*** (*al pl.*) codice, codifica, codificazione, decalogo (*est.*), grammatica, tecnica FRAS. *avere le carte in regola* (*fig.*), avere i requisiti necessari □ *per tua norma e regola* (*fig.*), perché tu ti sappia regolare □ *di regola*, normalmente, di solito, usualmente □ *fare uno strappo alla regola*, fare un'eccezione. *V. anche* MISURA

regolàbile agg. ***1*** (*di meccanismo*) registrabile □ graduabile (*est.*) ***2*** (*di suono*) modulabile.

regolamentàre (**1**) agg. (*bur.*) regolare, normale, legale, conforme CONTR. irregolare, illegale, anomalo □ straordinario.

regolamentàre (**2**) v. tr. sistemare, regolare, disciplinare, ordinare □ (*di prezzo*) calmierare CONTR. disordinare, scompigliare, sconvolgere □ liberalizzare.

regolamentazióne s. f. sistemazione, disciplinamento, regolamento, ordinamento, normalizzazione □ pianificazione.

regolaménto s. m. ***1*** (*di acque, di faccenda, ecc.*) sistemazione, assestamento, assetto, regolarizzazione, riorganizzazione ***2*** (*di scuola, di società, ecc.*) regola, regolamentazione, norma, ordinamento, statuto, legge, disciplina ***3*** (*di debito*) pagamento FRAS. *regolamento di conti* (*gerg.*), vendetta.

regolàre (**1**) ***A*** v. tr. ***1*** (*di traffico, di acque, ecc.*) ordinare, sistemare, disciplinare, normalizzare, normare, coordinare CONTR. sconvolgere, rivoluzionare, scoordinare ***2*** (*est.*) (*di legge, di autorità, ecc.*) governare, guidare, dirigere, reggere, condurre, amministrare ***3*** (*di spesa, di prezzi, ecc. e sim.*) controllare □ (*est.*) limitare, calmierare, commisurare, moderare ***4*** (*di meccanismo, di congegno*) tarare, registrare, accomodare, correggere, modificare, sincronizzare, graduare (*est.*), assestare □ comandare □ (*di suono, di voce*) modulare ***5*** (*fig.*) (*di questione, di conto, ecc.*) sistemare, definire, determinare, regolarizzare, risolvere ***B*** **regolarsi** v. rifl. ***1*** comportarsi, contenersi, procedere, agire CONTR. impazzire ***2*** (*nello spendere, nel dire, ecc.*) limitarsi, controllarsi, frenarsi, moderarsi, misurarsi □ disciplinarsi □ governarsi CONTR. sfrenarsi, eccedere, trascendere, abbandonarsi FRAS. *regolare i conti* (*fig., gerg.*), vendicarsi. *V. anche* REGISTRARE

regolàre (**2**) agg. ***1*** (*di movimento, di andamento, ecc.*) metodico, uniforme, ordinato, costante, sistematico, periodico, ciclico, regolato, fisso, ritmico □ corretto, equo, esatto, ineccepibile □ misurato, equilibrato CONTR. irregolare, disordinato, disarmonico, disuguale, ineguale, incostante, discontinuo □ scorretto, aritmico, squilibrato, abnorme ***2*** (*di comportamento, di avvenimento, ecc.*) usuale, consueto, solito, normale, ordinario □ ovvio CONTR. eccezionale, anormale, aberrante, raro, insolito, straordinario, anomalo, episodico, eteroclito (*lett.*) ***3*** (*di documento, di arma, ecc.*) regolamentare, lecito, legale, legittimo CONTR. illegale, illecito, abusivo, clandestino.

regolarità s. f. ***1*** uniformità, metodicità, costanza, sistematicità, continuità, ritmicità, ciclicità, periodicità □ ovvietà □ normalità, esattezza, ineccepibilità □ equilibrio, misura, ordine CONTR. disordine, discontinuità, saltuarietà □ irregolarità, aberrazione, anomalia, eterotassia (*biol.*), deformità, malformazione, errore, vizio **2** (*di documento, di arma, ecc.*) legalità, legittimità, regolamentarità □ validità **CONTR.** illegalità. *V. anche* COSTANZA

regolarizzàre *v. tr.* regolare □ legalizzare, normalizzare, legittimare.

regolarizzazióne *s. f.* legalizzazione, ordine, normalizzazione, legittimazione.

regolarménte *avv.* metodicamente, uniformemente, ordinatamente, costantemente, sistematicamente, periodicamente, ritmicamente □ correttamente, equamente, esattamente, ineccepibilmente, secondo le regole □ misuratamente, equilibratamente **CONTR.** disordinatamente, aritmicamente, incostantemente, con discontinuità, discontinuamente, inegualmente □ episodicamente □ irregolarmente, scorrettamente, abnormemente □ arbitrariamente, abusivamente.

regolatézza *s. f.* costumatezza, moderazione, sobrietà, moderatezza, temperanza, continenza, frugalità **CONTR.** smoderatezza, intemperanza, esagerazione, eccesso, sregolatezza.

regolàto *part. pass. di* **regolare** (**1**); *anche agg.* **1** (*di traffico, di andamento*) ordinato, disciplinato, regolare, normalizzato, fisso □ pianificato, coordinato **CONTR.** disordinato, confusionario, sregolato, caotico **2** (*di comunità, di azienda, ecc.*) governato, retto, diretto, guidato **3** (*di persona*) moderato, morigerato, misurato, sobrio, temperante **CONTR.** smodato, smoderato, immoderato, eccessivo, intemperante, sregolato, trasmodato **4** (*di meccanismo*) tarato, registrato, messo a punto □ graduato (*est.*), sincronizzato □ (*di suono, di voce*) modulato **5** (*di questione, di conto, ecc.*) sistemato, definito, risolto □ pagato, saldato **CONTR.** irrisolto, sospeso.

regolatóre *s. m.* misuratore, dosatore □ ordinatore, riduttore, valvola □ moderatore □ (*di orologio*) scappamento.

regolazióne *s. f.* **1** sistemazione, coordinamento, coordinazione □ riorganizzazione □ canalizzazione **CONTR.** caos **2** (*di meccanismo*) registrazione, taratura, messa a punto, sincronizzazione.

règolo *s. m.* goniometro □ (*est.*) listello, riga, righello, asticella.

regredìre *v. intr.* (*anche fig.*) tornare indietro, retrocedere, indietreggiare, arretrare □ peggiorare, deteriorarsi □ imbarbarirsi **CONTR.** avanzare, progredire, procedere □ inoltrarsi □ migliorare, evolversi, svilupparsi □ incivilirsi.

regredìto *part. pass. di* **regredire**; *anche agg.* **1** retrocesso, indietreggiato, arretrato, regresso **CONTR.** avanzato, progredito **2** (*fig.*) peggiorato, involuto, deteriorato □ imbarbarito **CONTR.** migliorato, avanzato, progredito.

regressióne *s. f.* **1** ritorno, arretramento **CONTR.** avanzamento, progressione **2** (*fig.*) regresso, decadenza, involuzione, peggioramento, deterioramento **CONTR.** miglioramento, evoluzione, progresso □ civilizzazione **3** (*astron.*) retrodatazione.

regressìvo *agg.* **1** regrediente, retrocedente **CONTR.** progressivo, avanzante **2** (*di processo, di età, ecc.*) involutivo, involutorio **CONTR.** evolutivo **3** (*filos.*) induttivo **CONTR.** deduttivo **4** (*di imposta*) gravante sui redditi minori **CONTR.** progressivo.

regrèsso *s. m.* regressione, involuzione, decadenza, decadimento, deterioramento, declino **CONTR.** progresso, miglioramento, evoluzione, avanzamento, avanzata □ civilizzazione.

reiètto *agg.*; *anche s. m.* respinto, allontanato, ripudiato, ripulso (*lett.*), derelitto, paria, scacciato, emarginato, escluso, fallito, relitto (*fig., est.*) **CONTR.** inserito, integrato □ gradito, accolto, ricevuto, accettato.

reincarnazióne *s. f.* **1** metempsicosi **2** (*fig.*) modello perfetto, copia perfetta **CONTR.** opposto.

reintegràre ***A*** *v. tr.* **1** (*di metodo, di ordine, ecc.*) ristabilire, restaurare, ripristinare **CONTR.** abolire, togliere **2** (*di persona*) riassumere, riabilitare, rimettere, ricollocare **CONTR.** togliere, allontanare, cacciare, deporre (*fig.*), sospendere (*fig.*) **3** (*per danni*) restituire, risarcire, indennizzare ***B*** **reintegrarsi** *v. rifl.* ricollocarsi, risistemarsi.

reintegràto *part. pass. di* **reintegrare**; *anche agg.* **1** (*di metodo, di ordine, ecc.*) ristabilito, ripristinato **CONTR.** abolito, tolto **2** (*di persona*) riassunto, ripreso, rimesso **CONTR.** allontanato, cacciato **3** (*per danni*) risarcito, indennizzato.

reintegrazióne *s. f.* **1** reintegramento, restaurazione (*ant.*) □ restituzione, risarcimento **2** restauro, ripristino, ripristinamento, riparazione **3** (*di persona*) ricollocazione, riassunzione, riabilitazione **CONTR.** allontanamento, cacciata, degradazione, sospensione (*fig.*).

reiteràre *v. tr.* (*lett.*) replicare, ripetere, iterare (*lett.*), insistere, ribadire, rinnovare, riconfermare, rifare, ridire.

reiteràto *part. pass. di* **reiterare**; *anche agg.* ripetuto, replicato, iterato (*lett.*), ribadito, rinnovato, riconfermato.

relativaménte *avv.* **1** in relazione, a proposito, in rapporto a, proporzionalmente, rispetto a □ rispettivamente, limitatamente **CONTR.** assolutamente, totalmente, incondizionatamente, categoricamente **2** abbastanza **CFR.** poco, troppo.

relatività *s. f.* soggettività, parzialità **CONTR.** oggettività, generalità, assolutezza.

relatìvo *agg.* **1** attinente, concernente, appartenente, pertinente, spettante, suo, connesso, riferibile, riguardante, attenente (*raro*), rispettivo, corrispondente, corrispettivo **CONTR.** estraneo **2** (*di opinione, di scelta, ecc.*) soggettivo, parziale **CONTR.** assoluto, assiomatico, dogmatico, categorico **3** (*di possibilità, di tempo, ecc.*) condizionato, limitato, ristretto, scarso **CONTR.** ampio, illimitato. *V. anche* SCARSO

relatóre *s. m.* (*f. -trice*) oratore, conferenziere □ referendario.

relax /*ingl.* ri'læks/ [vc. ingl., da *to relax* 'rilassarsi', dal lat. *relaxāre* 'rilassare'] *s. m. inv.* riposo, quiete, sosta, rilassamento, distensione, ricreazione **CONTR.** nervosismo, tensione □ sforzo, affaticamento □ tour de force (*fr.*), fatica.

relazióne *s. f.* **1** (*tra cose, tra fatti, ecc.*) rapporto, connessione, correlazione, legame, nesso, addentellato (*fig.*), collegamento, concatenazione, concatenamento, riferimento, attinenza, pertinenza, rispondenza, concordanza, dipendenza □ affinità, analogia, somiglianza **2** (*d'affetto, di affari, ecc.*) amicizia, conoscenza, corrispondenza, commercio (*est., lett.*), vincolo, legame, contatto, intimità **3** rapporto sessuale **4** (*di situazione, di vicenda, ecc.*) rapporto, ragguaglio, narrazione, racconto, memoria, cronaca, cronistoria (*est.*), esposizione, informazione, resoconto, rendiconto, comunicato, comunicazione, trattazione, verbale **5** (*spec. al pl.*) aderenze (*fig.*), conoscenze. *V. anche* INFORMAZIONE

relegàre *v. tr.* confinare, esiliare, allontanare, isolare, segregare, internare, emarginare, bandire □ deportare.

relegàto *part. pass. di* **relegare**; *anche agg.* confinato, isolato, segregato, internato, emarginato, bandito, esiliato, deportato.

religióne *s. f.* **1** fede, credo, confessione, credenza □ religiosità **CONTR.** ateismo, irreligiosità, empietà **2** culto, rito **3** rispetto, reverenza, venerazione, devozione, fedeltà, amore, considerazione, adorazione, riguardo **CONTR.** disprezzo, spregio, noncuranza, disistima, irriverenza **FRAS.** *essere senza religione* (*fig.*), essere immorali o disonesti □ *entrare in religione*, prendere i voti.

religiosaménte *avv.* **1** piamente, santamente, devotamente **CONTR.** empiamente, irreligiosamente, sacrilegamente **2** (*fig.*) rispettosamente, deferentemente **CONTR.** sprezzantemente, disdegnosamente **3** (*fig.*) scrupolosamente, accuratamente, coscienziosamente, meticolosamente, minuziosamente, diligentemente **CONTR.** negligentemente, trascuratamente, senza riguardo.

religiosità *s. f.* **1** pietà, religione, devozione **CONTR.** empietà, irreligiosità, ateismo, miscredenza **2** sacralità, spiritualità **3** scrupolo, zelo, esattezza, accuratezza **CONTR.** superficialità, leggerezza, trascuratezza. *V. anche* ZELO

religióso **A** *agg.* **1** sacro, santo, consacrato □ chiesastico, ecclesiale, clericale **CONTR.** profano, temporale □ laico **2** pio, credente, devoto, fedele, osservante **CONTR.** empio, infedele, irreligioso, ateo, senzadio, sacrilego **3** (*fig.*) (*di silenzio, di rispetto, ecc.*) riverente, rispettoso, deferente, ossequioso, riguardoso **CONTR.** sprezzante, disdegnoso **4** (*fig.*) (*di attenzione, di cura, ecc.*) scrupoloso, accuratissimo, esatto, coscienzioso, meticoloso, minuzioso, diligente **CONTR.** trascurato, noncurante, negligente **B** *s. m.* **1** sacerdote, ecclesiastico □ frate, monaco **CONTR.** laico **2** (*al pl.*) clero.

relìquia *s. f.* **1** resto, cimelio, ricordo, vestigia, avanzi (*lett.*) **2** (*fig.*) cosa cara, cosa preziosa.

reliquiàrio *s. m.* (*est.*) urna, reconditorio, teca, custodia.

relìtto *s. m.* **1** (*di nave*) rottame, resto, carcassa □ detrito, residuato **2** (*fig., est.*) (*di persona*) reietto, derelitto, larva, rottame (*fig.*), rudere (*fig.*), ecce homo (*lat.*) (*raro, fig.*).

remàre *v. intr.* vogare, remigare (*lett.*), remeggiare, pagaiare.

remàta *s. f.* **1** vogata, voga, remeggio **2** colpo di remo, palata.

rematóre *s. m.* (*f. -trice*) **1** remigante (*lett.*), vogatore, canottiere, barcaiolo **2** (*al pl.*) ciurma.

remigànte **A** *s. m.* e *f.* (*lett.*) rematore, vogatore, canottiere, barcaiolo **B** *agg.* (*zool.*) (*di penna di uccelli*) portante.

reminiscènza *s. f.* ricordo, memoria, rimembranza (*lett.*), ricordanza, immagine **CONTR.** dimenticanza, oblio.

remissióne *s. f.* **1** (*di pena, di peccato e sim.*) condono, perdono, assoluzione **CONTR.** condanna **2** (*di debito*) estinzione **3** (*fig.*) scampo, salvezza **4** remissività, sottomissione, arrendevolezza **CONTR.** indocilità, ribellione, pervicacia. *V. anche* PERDONO

remissività *s. f.* docilità, remissione, sottomissione, sommissione (*lett.*), arrendevolezza, accondiscendenza, deferenza, mansuetudine, transigenza (*raro*), cedevolezza (*fig.*) □ duttilità (*fig.*), malleabilità (*fig.*) **CONTR.** indocilità, indomabilità, combattività □ ostinatezza, ostinazione, caparbietà, pervicacia, pertinacia, irriducibilità □ resistenza □ riottosità, intransigenza □ disubbidienza, ribellione.

remissìvo *agg.* docile, sottomesso, arrendevole, ubbidiente, mansueto, accondiscendente, deferente, umile, transigente, cedevole (*fig.*) □ duttile (*fig.*), malleabile (*fig.*), maneggevole (*fig.*), manovrabile (*fig.*), molle (*fig.*) **CONTR.** indocile, ribelle, disubbidiente □ indomabile, irriducibile, combattivo, bellicoso □ irremovibile, ostinato, caparbio, pervicace, pertinace □ recalcitrante, riottoso □ restio, riluttante, renitente □ intransigente, intollerante.

rèmo *s. m.* pala, pagaia **FRAS.** *tirare i remi in barca* (*fig.*), concludere un'impresa; ritirarsi da un'attività, dagli affari.

rèmora *s. f.* (*lett.*) indugio, ritardo, rallentamento, lentezza □ freno, impedimento, ostacolo, intralcio, pastoia □ imbarazzo, ritegno, scrupolo **CONTR.** immediatezza, sollecitudine, fretta, premura □ pungolo (*fig.*), incitamento **FRAS.** *farsi delle remore*, avere degli scrupoli □ *essere una remora* (*fig.*), essere d'impaccio a qualcuno.

remòto *agg.* **1** (*di tempo*) lontano, immemorabile, antico, primigenio, primordiale □ futuro, di là da venire **CONTR.** recente □ vicino □ presente, attuale □ imminente, incalzante, incombente **2** (*lett.*) (*di luogo*) appartato, solitario, isolato, distante, ermo (*lett.*), romito (*lett.*), ritirato, sperduto **CONTR.** vicino, vicinissimo, propinquo (*lett.*), prossimo, circostante, finitimo. *V. anche* ANTICO, SOLITARIO

remuneràre *v. tr.* (*lett.*) ricompensare, contraccambiare, ricambiare, premiare, compensare, rimeritare (*lett.*) □ pagare, retribuire, prezzolare, assoldare.

remuneratìvo *agg.* redditizio, compensativo, remuneratorio (*raro*), lucrativo, lucroso, vantaggioso, conveniente.

remunerazióne *s. f.* retribuzione, ricompensa, paga, pagamento, compenso, rimerito (*raro*) □ stipendio, onorario, cachet (*fr.*).

réna *s. f.* sabbia.

rèndere **A** *v. tr.* **1** ridare, restituire, rifondere, rimborsare, risarcire, ripagare **CONTR.** tenere, trattenere, conservare, serbare □ derubare, depredare ***2*** (*di favore, di regalo, ecc.*) ricambiare, contraccambiare, scambiare ***3*** (*di persona, di cosa*) consegnare, riconsegnare, ricondurre, rimandare, rinviare, rimettere, rassegnare (*raro*) **CONTR.** sequestrare, strappare (*fig.*), rapire ***4*** (*di stima, di fiducia*) ridare, ridonare **CONTR.** togliere ***5*** (*est.*) (*di onore, di omaggio, ecc.*) dare, tributare, offrire, presentare ***6*** (*di servizio, di aiuto, ecc.*) fare, prestare **CONTR.** rifiutare, negare ***7*** (*di denaro, di lavoro, ecc.*) fruttare, gettare (*fig.*), produrre, dare, fruttificare □ valere **CONTR.** costare, essere infruttuoso ***8*** (*est.*) (*di immagine, di aspetto*) raffigurare, ritrarre ***9*** (*di idea, di impressione, ecc.*) rappresentare, descrivere, esprimere, rispecchiare, manifestare, riprodurre ***10*** (*in lingua diversa*) tradurre ***11*** (*di persona, di cosa*) far diventare, trasformare □ far sembrare □ ridurre ***12*** (*lett.*) (*di suono, di respiro, ecc.*) emettere, far uscire ***B*** **rendersi** *v. intr. pron.* ***1*** diventare, comportarsi ***2*** dirigersi, recarsi ***C*** *v. rifl.* farsi **FRAS.** *rendere la pariglia* (*fig.*), vendicarsi di un torto □ *rendere pan per focaccia* (*fig.*), ricambiare (un torto, uno sgarbo, ecc.).

rendicónto *s. m.* ***1*** (*est.*) (*di contabilità*) resoconto, consuntivo, bilancio, contabilità ***2*** (*di avvenimento, di situazione*) relazione, rapporto, narrazione.

rendiménto *s. m.* ***1*** produttività, guadagno ***2*** reddito, frutto, rendita, utile, interesse, resa **CONTR.** passivo, deficit (*lat.*) ***3*** (*di un motore, di un apparecchio*) prestazione ***4*** (*di macchina*) resa, produttività □ regime, velocità.

rèndita *s. f.* entrata, censo, frutto, rendimento, reddito, interesse, utile, provento, cespite (*fig.*), emolumento (*ant.*) □ ricchezza, denaro, capitale **CONTR.** spesa, uscita □ passivo, deficit (*lat.*).

réni *s. f. pl.* schiena, lombi, fianchi **FRAS.** *spezzare le reni a qualcuno* (*fig.*), annientarlo, nuocergli gravemente.

renitènte *agg.* ***1*** inadempiente □ restio, riluttante, recalcitrante, ribelle, indocile, refrattario, resistente, ritroso, nolente (*lett.*), disubbidiente, contumace (*lett.*) **CONTR.** docile, arrendevole, cedevole, disposto, adattabile, remissivo, condiscendente, conciliante, sottomesso, supino (*fig.*) ***2*** (*alla leva militare*) disertore □ obiettore di coscienza.

renitènza *s. f.* ***1*** resistenza, riluttanza, ritrosia, indocilità, ribellione, disubbidienza, opposizione **CONTR.** cedevolezza, arrendevolezza, docilità, condiscendenza, sottomissione, ottemperanza ***2*** (*alla leva militare*) diserzione □ obiezione di coscienza.

renóso *agg.* sabbioso, polveroso, arenaceo.

rèo ***A*** *s. m.* ***1*** colpevole □ responsabile □ accusato, imputato ***2*** (*lett.*) manigoldo, malfattore, malvivente, farabutto, delinquente, criminale **CONTR.** innocente, galantuomo ***B*** *agg.* (*lett.*) malvagio, crudele, cattivo, iniquo, infame, perverso, scellerato, tristo, pravo (*lett.*), rio (*lett.*), perfido, malefico **CONTR.** buono, onesto, dabbene.

repàrto *s. m.* ***1*** (*raro*) (*di cose*) divisione, distribuzione, ripartizione, scompartimento (*raro*) ***2*** (*di luogo*) parte, settore, compartimento, sezione, dipartimento, scompartimento □ padiglione, stand (*ingl.*) □ braccio □ servizio, ufficio ***3*** (*di truppa, di gruppo*) distaccamento, compagnia, unità, scaglione, commando, nucleo.

repellènte *agg.* (*fig.*) ripugnante, ributtante, repulsivo, ripulsivo, disgustoso, schifoso, rivoltante, nauseante, stomachevole, nauseabondo, disgustante **CONTR.** piacevole, gradevole, attraente, affascinante, allettante, seducente, invitante, solleticante, incantevole, stimolante, suggestivo, stuzzicante, appetitoso, delizioso, squisito.

repentàglio *s. m.* rischio, cimento (*fig.*), pericolo **CONTR.** riparo, sicurezza.

repentinaménte *avv.* improvvisamente, subitamente, subitaneamente, istantaneamente, fulmineamente, all'improvviso, repente (*lett.*), velocemente **CONTR.** lentamente, gradualmente, pian piano, adagio adagio, progressivamente.

repentìno *agg.* improvviso, rapido, subitaneo, subito (*lett.*), istantaneo, precipitoso, fulmineo, repente (*poet.*), veloce **CONTR.** lento, graduale □ previsto, calcolato.

reperìbile *agg.* trovabile, ritrovabile, rinvenibile, rintracciabile **CONTR.** irreperibile, introvabile.

reperiménto *s. m.* ***1*** ritrovamento, rinvenimento □ reperto **CONTR.** smarrimento, perdita ***2*** (*raro, stat.*) dépistage (*fr.*).

reperìre *v. tr.* (*lett.*) trovare, ritrovare, rinvenire, pescare (*fig.*) **CONTR.** smarrire, perdere.

repèrto ***A*** *part. pass. di* **reperire**; *anche agg.* (*lett.*) reperito ***B*** *s. m.* ***1*** ritrovamento, resto, rinvenimento ***2*** corpo del reato ***3*** (*med.*) referto, relazione.

repertòrio *s. m.* ***1*** (*teat.*) programma, elenco di opere ***2*** indice, prontuario, inventario, raccolta, registro, regesto, catalogo, elenco, formulario, lista.

replay /*ingl.* 'ri:'plei/ [vc. ingl., 'rigiocare', da *to play* 'suonare, recitare'] *s. m. inv.* (*mus., radio, tv., ecc.*) riproduzione, ripetizione.

rèplica *s. f.* ***1*** ripetizione, reiterazione, iterazione (*raro*) ***2*** (*a discorso, a lettera, ecc.*) risposta, obiezione, contraddizione, confutazione, eccezione □ contrattacco (*fig.*), controffensiva (*fig.*) **CONTR.** domanda, interrogativo, interrogazione ***3*** (*teat.*) ripetizione, bis ***4*** (*di opera d'arte*) riproduzione, copia, facsimile **CFR.** originale.

replicàre *v. tr.* ***1*** (*di esperimento, di azione, ecc.*) ripetere, rifare, reiterare, iterare (*lett.*), rinnovare, bissare ***2*** (*a discorso, a scritto*) rispondere, ribattere, obiettare, contraddire, ridire, ribadire, opporre, eccepire □ rimbeccare, controbattere, contrattaccare (*fig.*) **CONTR.** domandare, interrogare.

reportage /*fr.* rəpɔr'taʒ/ [vc. fr., da *reporter*, lo stesso che l'ingl. *reporter*] *s. m. inv.* ***1*** servizio ***2*** (*est.*) inchiesta, cronaca □ telecronaca.

reporter /*ingl.* ri'pɔ:tə/ [vc. ingl., da *to report* 'riportare'] *s. m. inv.* cronista, inviato, corrispondente □ telecronista.

repressióne *s. f.* soffocamento, smorzamento, soppressione, costrizione, compressione, mortificazione, rintuzzamento (*raro*) **CONTR.** liberazione □ ribellione, insurrezione. *V. anche* INIBIZIONE

repressìvo *agg.* costrittivo, coercitivo, opprimente,

reprimente, coattivo **CONTR.** liberatorio □ insurrezionale.

reprèsso *part. pass. di* **reprimere**; *anche agg.* **1** domato, frenato, vinto, dominato, soffocato, impedito, smorzato, compresso, costretto, contenuto, schiacciato, oppresso, fiaccato, mortificato □ dissimulato **CONTR.** liberato □ incitato, istigato, aizzato, spinto **2** inibito, complessato **CONTR.** libero.

reprimènda *s. f.* sgridata, riprensione (*lett.*), rimprovero, rampogna (*lett.*), redarguizione (*ant.*), strapazzata **CONTR.** lode, encomio, elogio, approvazione, complimento.

reprìmere ***A*** *v. tr.* **1** (*di sentimenti, di passioni*) raffrenare, trattenere, rattenere (*lett.*), ritenere (*lett.*), contenere, frenare, padroneggiare, signoreggiare (*fig.*), costringere, arrestare, dominare, comprimere □ mortificare, umiliare **CONTR.** liberare **2** (*di rivolta, di sciopero, ecc.*) soffocare, domare, sedare, stroncare, vincere, schiacciare, sopprimere, fiaccare **CONTR.** favorire, aiutare □ incitare, istigare, aizzare ***B*** **reprimersi** *v. rifl.* frenarsi, dominarsi, trattenersi, rattenersi (*lett.*), contenersi, padroneggiarsi, controllarsi, moderarsi **CONTR.** eccitarsi, esaltarsi, scatenarsi. *V. anche* COSTRINGERE, SCHIACCIARE, VINCERE

rèprobo *agg.*; *anche s. m.* **1** dannato, empio, maledetto **CONTR.** benedetto, redento, eletto **2** (*est.*) malvagio, cattivo, ribelle, perfido **CONTR.** buono, mite, benigno, probo.

repùbblica *s. f.* stato (*ant.*) **CONTR.** monarchia, impero.

repulisti /*lat.* repu'listi/ [dal versetto del salmo 42: *quare me repulisti?*, perché mi hai respinto?] *s. m.* piazza pulita, tabula rasa (*lat.*) □ pulizia, ripulita □ mangiata.

repulsióne *s. f.* avversione, ripugnanza, incompatibilità, idiosincrasia, fastidio, antipatia, fobia, disgusto, voltastomaco (*fig.*), ribrezzo **CONTR.** simpatia, gradimento, attrattiva, attrazione, affinità, fascino, seduzione.

reputàre ***A*** *v. tr.* considerare, stimare, credere, giudicare, ritenere, congetturare, presumere, valutare, vedere, parere ***B*** **reputarsi** *v. rifl.* stimarsi, credersi, considerarsi, giudicarsi, ritenersi, valutarsi, pretendere. *V. anche* GIUDICARE, PENSARE

reputàto *part. pass. di* **reputare**; *anche agg.* considerato, creduto, stimato.

reputazióne *s. f.* stima, considerazione, giudizio, credito, nome, fama, nomea, rinomanza. *V. anche* RISPETTO

REPUTAZIONE
sinonimia strutturata

L'opinione generale, positiva o negativa, nei confronti di qualcuno si chiama **reputazione**: *avere un'ottima reputazione*; in particolare *rovinarsi, guastarsi la reputazione* significa perdere la stima in cui si era tenuti; la reputazione deriva insomma dal **giudizio**, buono o cattivo, degli altri, e coincide perfettamente con la **fama** nel senso di pubblica stima: *buona, dubbia, cattiva, pessima fama*; *avere fama di galantuomo*. Nel caso di cattiva reputazione si può adoperare invece il vocabolo spregiativo **nomea**: *avere la nomea di bugiardo*; *avere una brutta nomea*.

Se la reputazione è buona coincide con la **considerazione**, con la **stima**, con il **credito** di cui si gode nella società: *godere di molta considerazione*; *ho un'alta, una scarsa considerazione di lui*; *avere poca, molta, nessuna stima di qualcuno*; *godere la stima di tutti*; *avere credito*; *perdere credito* equivale a perdere la stima altrui, e una *persona di credito* è una persona molto considerata. La buona reputazione può essere definita anche **nome**, in senso figurato: *avere buon, cattivo nome*; *cose per le quali il tuo ingegno... s'acquista perpetua fama e nome* (L.B. ALBERTI); *avere un certo nome* corrisponde ad essere abbastanza conosciuti. A differenza dei precedenti, **rinomanza** è un termine proprio soprattutto del linguaggio letterario, ed evoca l'idea di celebrità, di fama intesa come notorietà, e quindi possiede un'accezione leggermente più forte della semplice reputazione: *salire in rinomanza*; *quel prodotto ha acquistato notevole rinomanza*; *quel poeta gode fama mondiale*.

rèquie *s. f.* **1** riposo, quiete, calma, tranquillità, tregua, respiro (*fig.*), pausa, sosta, pace □ distensione **CONTR.** agitazione, furia, furore, impeto, inquietudine, irrequietudine, agitazione, tormento **2** requiem (*lat.*).

requisìre *v. tr.* sequestrare, incettare, confiscare **CONTR.** restituire, svincolare, liberare.

requisìto *s. m.* **1** (*di persona*) condizione, titolo, qualità, dote, pregio, capacità, numeri **2** (*di cosa*) caratteristica, carattere, elemento.

requisitòria *s. f.* **1** (*dir.*) discorso di accusa **CONTR.** discorso di difesa, arringa **2** (*est.*) rimprovero, biasimo, ramanzina **CONTR.** elogio, lode.

requisizióne *s. f.* incetta, sequestro, confisca, accaparramento.

résa *s. f.* **1** (*di persona, di città, ecc.*) capitolazione, caduta (*fig.*) **CONTR.** resistenza **2** (*di cosa*) restituzione, rimborso **3** rendimento, prestazione, produttività □ frutto, gettito □ utile **4** (*di contabilità*) rendiconto, bilancio, consuntivo **5** merce invenduta, giacenza **6** (*di macchina*) rendimento, produttività □ regime, velocità.

rescìndere *v. tr.* **1** (*lett.*) tagliare, rompere, sciogliere, troncare **2** (*dir.*) annullare, cassare, invalidare, disdire, risolvere **CONTR.** convalidare, ratificare, confermare.

rescissióne *s. f.* annullamento, invalidamento, risoluzione, rottura, abolizione, scioglimento **CONTR.** accordo □ ratifica, conferma, convalida.

resecàre *v. tr.* (*med.*) amputare, tagliare, segare.

reset /re'sɛt, *ingl.* ri:'set/ [vc. ingl., propr. 'ricollocamento'] *s. m. inv.* (*elab.*) azzeramento.

resettàre *v. tr.* (*elab.*) azzerare.

resezióne *s. f.* (*med.*) asportazione, taglio.

residence /*ingl.* 'rezidəns/ [vc. ingl., dal fr. *résidence* 'residenza'] *s. m. inv.* **1** complesso alberghiero **2** complesso di abitazioni, complesso turistico.

residènte *A agg.* domiciliato, stanziato *B s. m. e f.* abitante, cittadino.

residènza *s. f.* *1* sede, dimora, abitazione, domicilio *2* (*est.*) edificio, casa, abitazione *3* (*di funzionario*) destinazione.

residuàto *A agg.* rimanente, restante, eccedente, sopravanzante **CONTR.** mancante, difettante *B s. m.* *1* rimanenza, residuo, eccedenza, resto, avanzo, posa (*raro*), posatura *2* relitto, rottame.

resìduo *A agg.* restante, rimanente, eccedente, sopravanzante, rimasto, avanzato **CONTR.** mancante, difettante *B s. m.* *1* resto, avanzo, rimasuglio □ eccedenza, giacenza, rimanenza, sopravanzo, surplus *2* scoria, impurità, scarto □ deposito, fondo, sedimento, posa, fondiglio □ mondiglia, nettatura □ rifiuto, feccia □ scampolo □ cascame, cenere □ radicale (*chim.*) *3* relitto, rottame, residuato. *V. anche* RIFIUTO

resistènte *A part. pres. di* **resistere**; *anche agg.* *1* tenace, saldo, fermo, stabile □ forte, robusto, solido, massiccio, compatto, consistente □ duro, coriaceo □ sodo □ durevole, duraturo, durabile □ incorruttibile, infrangibile, strong (*ingl.*) **CONTR.** tentennante, malfermo □ fragile, frale (*lett.*) □ molle, molliccio, morbido, moscio, soffice, friabile □ degradabile, deperibile *2* (*fig.*) (*di persona*) costante, incrollabile, instancabile, irremovibile, perseverante, ostinato, tetragono (*fig.*), pertinace, irriducibile □ infaticabile, indefesso □ renitente, riluttante **CONTR.** debole, fiacco, cedevole, svogliato, arrendevole, spossato, stanco, svigorito, snervato *B s. m. e f.* partigiano. *V. anche* ROBUSTO

resistènza *s. f.* *1* (*fis.*) attrito, forza □ impedimento □ reazione *2* (*mil.*) difesa, difensiva **CONTR.** offesa, attacco, assalto *3* (*a nemico, ad ostacolo, ecc.*) opposizione, ribellione, rifiuto, contrasto, ostacolo □ rigidità, ostinatezza, inflessibilità □ riluttanza, renitenza, ritrosia □ ostinazione, caparbietà □ indocilità □ ripugnanza **CONTR.** sottomissione, sommissione (*lett.*), docilità, arrendevolezza, accondiscendenza, cedevolezza, remissività, rassegnazione, adattamento *4* opposizione al fascismo, guerra partigiana, guerra di liberazione *5* (*di materiale*) solidità, robustezza, durezza, tempra □ stabilità, tenuta, saldezza, tenacità □ compattezza, consistenza □ durevolezza, durata, incorruttibilità □ rigidezza **CONTR.** fragilità, friabilità □ inconsistenza □ deperibilità □ mollezza *6* (*fig.*) (*di carattere*) saldezza, fermezza □ energia □ sopportazione □ instancabilità, perseveranza, infaticabilità, incrollabilità □ costanza, tenacia **CONTR.** debolezza, fiacca, fiacchezza, spossatezza, svogliatezza, cedevolezza *7* (*est.*) fiato, vigore, lena, forza, gagliardia **CONTR.** debolezza. *V. anche* COSTANZA, ENERGIA, RIBELLIONE

resìstere *v. intr.* *1* (*nel tempo*) durare, perdurare, rimanere, conservarsi, mantenersi, tenere □ vivere □ persistere, continuare **CONTR.** cedere, perire *2* (*est.*) (*al nemico, ad una proposta, ecc.*) opporsi, tener testa, tener duro, far fronte, fronteggiare, difendersi □ sostenere, fermare, respingere, reggere, bloccare □ contrastare, disubbidire □ recalcitrare, riluttare **CONTR.** cedere, cadere, arrendersi, disarmare (*fig.*), mollare (*fig.*) □ abbandonarsi, indulgere, concedersi, darsi □ ubbidire *3* (*est.*) (*a uno*) contrastare, ostacolare, contrariare, rispondere, reagire □ ostinarsi, incaponirsi, impuntarsi **CONTR.** arrendersi, cedere, piegarsi, rimettersi, adeguarsi, accettare, compiacere, concedere, transigere *4* (*al freddo, al dolore, ecc.*) sopportare, tollerare, sostenere, reggere **CONTR.** cedere.

resocónto *s. m.* *1* (*di contabilità, di seduta, ecc.*) rapporto, rendiconto, bilancio, relazione, ragguaglio, verbale, quadro (*fig.*) *2* (*est.*) (*di avvenimento*) esposizione, narrazione, racconto, cronaca, cronistoria, memoria, versione (*est.*). *V. anche* QUADRO

respìngere *v. tr.* *1* (*di persona*) spingere indietro, ributtare, ricacciare, far retrocedere, mettere in fuga, allontanare, cacciare, risospingere, scacciare, escludere, espellere, estromettere **CONTR.** attrarre, attirare, adescare, allettare □ accogliere, accettare □ invitare □ richiamare *2* (*di proposta, di palla, di pacco, di dono, ecc.*) rifiutare, disdegnare, rigettare □ scartare □ rimandare, rinviare □ restituire, rispedire □ ripudiare □ rilanciare **CONTR.** accettare, accogliere, approvare □ varare, ratificare □ ricevere, gradire □ sollecitare *3* (*di accusa, di obiezione, ecc.*) ribattere, confutare, rintuzzare, ricusare **CONTR.** accettare, digerire (*fig.*), incassare, riconoscere *4* (*di studente, di candidato, ecc.*) bocciare, riprovare, rimandare, cannare (*gerg.*), trombare (*fig., scherz.*) **CONTR.** ammettere, promuovere, licenziare, passare *5* (*di idea, di teoria*) bocciare, disapprovare, rifiutare, ripudiare **CONTR.** adottare, sposare (*fig.*), abbracciare, seguire, sostenere.

respìnto *part. pass. di* **respingere**; *anche agg. e s. m.* *1* (*di persona*) rimandato, ricacciato, scacciato, escluso, espulso, ripulso (*lett.*), allontanato, risospinto **CONTR.** accolto, accettato, accetto □ adescato □ allettato □ richiamato *2* (*di dono, di proposta, ecc.*) rifiutato, ripudiato □ scartato, bocciato □ rimandato, restituito **CONTR.** accettato, accolto, approvato □ gradito *3* (*di studente, di candidato, ecc.*) bocciato, riprovato, trombato (*fig., scherz.*) **CONTR.** promosso, ammesso.

respiràbile *agg.* puro, pulito, spirabile (*poet.*) **CONTR.** irrespirabile.

respiràre *v. intr.* *1* alitare, fiatare, soffiare, ansare, ansimare, sbuffare, boccheggiare, rantolare *2* (*est.*) vivere **CONTR.** morire *3* (*fig.*) riposare, riaversi, rifiatare, fermarsi, distendersi, rilassarsi **CONTR.** affannarsi, agitarsi, affaccendarsi, affaticarsi.

respirazióne *s. f.* (*est.*) respiro, fiato, soffio, alito.

respìro *s. m.* *1* respirazione, fiato, soffio, alito, sospiro, ansito, sbuffo, affanno, rantolo □ anima *2* (*fig.*) sollievo, riposo, pausa, interruzione, fermata, tregua, quiete, requie, ristoro **CONTR.** fatica, stanchezza, affanno, strapazzo, esagitazione, angustia *3* (*fig.*) (*di opera letteraria*) portata, forza, potenza.

responsàbile *A agg.* *1* (*di affare, di locale, ecc.*) garante, mallevadore, avallante *2* (*di sé stesso*) conscio, consapevole, assennato, sensato, cosciente, giudizioso, prudente, savio, avveduto, ragionevole **CONTR.** irresponsabile, insensato, incosciente, dissennato *3* (*di misfatto, di reato, ecc.*) colpevole, imputabile **CONTR.** innocente, estraneo ***B*** *s. m.* e *f.* ***1*** (*della vita pubblica, di azienda, ecc.*) capo, dirigente, governante, ministro, amministratore □ incaricato, sorvegliante, custode ***2*** (*di negozio*) gerente, gestore □ titolare ***3*** (*di misfatto, di reato*) colpevole, reo, autore **CONTR.** innocente.

responsabilità *s. f.* ***1*** (*di sé stesso, di comportamento*) consapevolezza, assennatezza, sensatezza, giudizio, coscienza, avvedutezza, ragionevolezza □ maturità **CONTR.** irresponsabilità, incoscienza, insensatezza, dissennatezza ***2*** (*di lavoro, di mansione*) onere, peso, soma (*fig., lett.*), dovere, carico □ custodia ***3*** (*di misfatto, di reato, ecc.*) colpa, colpevolezza, carico. *V. anche* CARICA, COSCIENZA

responsabilménte *avv.* consciamente, coscientemente, consapevolmente, sensatamente, giudiziosamente **CONTR.** irresponsabilmente, incoscientemente, imprudentemente.

respònso *s. m.* ***1*** (*lett.*) (*di oracolo*) risposta ***2*** risposta, parere, giudizio, sentenza, opinione, oracolo (*fig., iron.*).

rèssa *s. f.* calca, folla, pigia pigia, affollamento, moltitudine, torma, turba, brulicame, carnaio (*spreg.*), carname (*spreg.*), stuolo, formicaio (*fig.*), serra serra, pressa (*ant.*), assiepamento **CONTR.** solitudine. *V. anche* FOLLA

restànte ***A*** *part. pres. di* **restare**; *anche agg.* residuo, rimanente, rimasto, eccedente ***B*** *s. m.* resto, avanzo, eccedenza, rimanenza.

restàre *v. intr.* ***1*** fermarsi, arrestarsi, trattenersi, rimanere, permanere, stare **CONTR.** andarsene, andare, partire, allontanarsi, proseguire, spostarsi, migrare, viaggiare ***2*** (*in salute, in rapporto, ecc.*) mantenersi, serbarsi ***3*** (*est.*) sopravvivere ***4*** (*cieco, muto, ecc.*) divenire, diventare, rimanere ***5*** (*di cose*) avanzare, eccedere, residuare, sopravanzare ***6*** (*di luogo*) trovarsi, essere situato, stare ***7*** (*lett.*) (*di vento, di bufera, ecc.*) cessare, smettere, desistere **FRAS.** *restare a bocca asciutta* (*fig.*), non trarre nessun vantaggio □ *restare con un palmo di naso* (*fig.*), restare deluso □ *restare di stucco, di sale* (*fig.*), rimanere molto meravigliato □ *restare al verde, restare in bolletta* (*fig.*), rimanere senza denaro □ *restare sul colpo*, morire all'improvviso.

restauràre ***A*** *v. tr.* ***1*** (*di quadro, di mobile, ecc.*) riparare, rinfrescare, ritoccare, accomodare, risanare, ricostruire □ ristrutturare, riattare □ rinnovare, innovare, rimodernare **CONTR.** deteriorare, danneggiare, distruggere, scheggiare, sfasciare, sfondare, spezzare, scassare, guastare, logorare ***2*** (*di ordine, di usi, ecc.*) ripristinare, ristabilire, risuscitare (*fig.*), restituire (*lett.*), reintegrare, rimettere in vita **CONTR.** abolire, sopprimere ***B*** **restaurarsi** *v. intr. pron.* (*fig.*) rifiorire.

restaurazióne *s. f.* ***1*** (*est.*) ripristino, ripristinamento, reintegrazione, restituzione (*lett.*), ricostituzione, palingenesi (*est.*) **CONTR.** eversione ***2*** (*raro*) (*di quadro, di mobile, ecc.*) restauro.

restàuro *s. m.* ***1*** (*di quadro, di mobile, ecc.*) riparazione, ripristino, rifacimento, risanamento □ riattamento, ricostruzione, ristrutturazione □ rinnovo, rinnovamento, rimodernamento, rimodernatura **CONTR.** danneggiamento, danno, distruzione ***2*** (*di ordine, di usi, ecc.*) restaurazione.

restìo *agg.* ***1*** (*di animale*) recalcitrante **CONTR.** docile, sottomesso ***2*** (*est.*) (*di persona*) ritroso, schivo, riluttante, riottoso (*est.*), recalcitrante, nolente (*lett.*), alieno, contrario, renitente, refrattario **CONTR.** docile, arrendevole, remissivo, ubbidiente, cedevole, duttile (*fig.*), manovrabile (*fig.*), compiacente, acquiescente □ proclive (*lett.*), disposto, favorevole, propenso, intenzionato.

restituìre *v. tr.* ***1*** ridare, rendere, riportare, riconsegnare, rispedire, rimandare, rinviare, respingere, tornare (*lett.*) □ rimborsare, rifondere, ripagare, rimettere **CONTR.** tenersi □ incamerare □ sequestrare □ prestare □ regalare ***2*** (*di favore, di saluto, ecc.*) ricambiare, contraccambiare, scambiare ***3*** (*lett.*) (*di ordine, di usi, ecc.*) restaurare, rimettere, ristabilire, ripristinare, reintegrare **CONTR.** sovvertire.

restituìto *part. pass. di* **restituire**; *anche agg.* ***1*** ridato, riconsegnato, riportato □ respinto □ rimborsato ***2*** ricambiato, contraccambiato.

restituzióne *s. f.* ***1*** resa, ritorno, riconsegna, rinvio □ rifusione, saldo, rimborso, risarcimento, indennità, indennizzo □ rimessa, pagamento ***2*** (*lett.*) (*in un posto*) reintegrazione, ristabilimento, restaurazione, ripristinamento.

rèsto *s. m.* ***1*** (*di cosa*) rimanente, restante, avanzo, sopravanzo, rimanenza □ eccedenza, eccedente, rimasuglio, scampolo (*est.*), pezzo, residuo ***2*** (*di racconto, di avvenimento, ecc.*) seguito, proseguimento, continuazione ***3*** (*di denaro*) differenza, saldo ***4*** (*spec. al pl.*) (*di monumento, di costruzione, ecc.*) rovina, rudere, vestigia, orme (*fig.*), tracce (*fig.*) □ reperto □ relitto, rottame ***5*** (*al pl.*) (*di morto*) spoglia, salma, ossa, ceneri □ reliquia.

restrìngere ***A*** *v. tr.* ***1*** diminuire, rimpiccolire, ridurre, stringere, rastremare, impiccolire, strozzare (*est.*), coartare (*raro, lett.*) □ contrarre □ concentrare **CONTR.** ingrandire, aumentare, slargare, estendere, ampliare, espandere, dilatare, ingrossare ***2*** (*fig.*) (*di spese, di indagini, ecc.*) limitare, contenere □ ridurre □ (*est.*) localizzare, delimitare, circoscrivere **CONTR.** allargare, ampliare, estendere, generalizzare ***3*** (*fig.*) (*di racconto, di discorso, ecc.*) abbreviare, compendiare, riassumere, sunteggiare, sintetizzare, stringere (*fig.*), ricapitolare, riepilogare **CONTR.** ampliare, dilatare, allungare ***B*** **restringersi** *v. intr. pron.* ***1*** ridursi, rimpicciolirsi, impiccolirsi, diminuire, stringersi, contrarsi, ritirarsi □ rastremarsi **CONTR.** ingrandirsi, estendersi, espandersi, dilatarsi, slargarsi, ampliarsi, crescere, ingrossarsi ***2*** (*nelle spese e sim.*) limitarsi, moderarsi, contenersi, rattenersi **CONTR.** allargarsi. *V. anche* DIMINUIRE

restringiménto *s. m.* ***1*** restrizione, riduzione, limitazione, diminuzione, contrazione, ritiro, rientro, entrave □ stringimento, strozzamento, strozzatura, strettoia □ chiusa **CONTR.** allargamento, allargatura, espansione, estensione, ampliamento, ingrossamento, dilatamento, dilatazione □ slargo ***2*** (*med.*) coartazione, ritrazione, stenosi ***3*** (*fig.*) angoscia **CONTR.**

gioia.

restrittìvo *agg.* limitativo, circoscrittivo, condizionante, delimitante, riduttivo □ detentivo **CONTR.** largo, aperto.

restrizióne *s. f.* **1** (*fig.*) diminuzione, limitazione, contrazione, freno, disciplina, costrizione **2** (*fig.*) riserva, eccezione **3** (*raro*) restringimento, stringimento **CONTR.** allargamento, allungamento.

resurrezióne *s. f.* **1** rinascita, reviviscenza **2** (*est., fig.*) rifioritura, ripristinamento, ripresa, recupero, rinnovamento, rinascita, palingenesi (*est.*) **CONTR.** fine, crollo, scomparsa.

resuscitàre ***A*** *v. tr.* **1** (*di persona*) richiamare in vita **CONTR.** uccidere **2** (*fig.*) (*di parole, di cibo, ecc.*) riconfortare, rinvigorire, rianimare **CONTR.** abbattere, indebolire, fiaccare **3** (*fig.*) (*di usi, di moda, ecc.*) restaurare, ripristinare **4** (*fig.*) (*di speranza, di coscienza, ecc.*) ravvivare, ridestare, rinfocolare (*fig.*), rinnovare, risvegliare ***B*** *v. intr.* **1** risorgere **2** (*fig.*) riprendersi, rianimarsi, scuotersi **CONTR.** abbattersi, indebolirsi.

resuscitàto *part. pass. di* **resuscitare**; *anche agg.* redivivo, risorto.

retàta *s. f.* (*fig.*) cattura, razzia (*raro*).

réte *s. f.* **1** (*est.*) intreccio, maglia, bucine (*ant.*), reticolato, reticolo **2** (*est.*) recinzione **3** borsa, sacca, sacchetto **4** (*fig.*) agguato, insidia, inganno, ragna (*fig.*), laccio, tranello, imboscata, trappola, trama, trabocchetto, pania (*fig.*) **5** (*est.*) intrico, labirinto, ragnatela **6** (*di strade, elettrica, ecc.*) sistema, intersecamento, intreccio □ (*radio, tv*) network (*ingl.*), televisione **7** (*sport*) (*nel calcio*) porta □ goal (*ingl.*), gol, punto, marcatura □ (*nel tennis*) net (*ingl.*) **8** (*cuc.*) omento del maiale **FRAS.** *tendere le reti* (*fig.*), preparare un raggiro, una trappola □ *tendere le reti al vento* (*fig.*), fare una cosa sciocca e inutile □ *rete stradale*, viabilità.

reticèlla *s. f.* **1** *dim. di* **rete** **2** cuffia, retina **3** garza □ zanzariera.

reticènte *agg.* misterioso □ riluttante, restio □ impreciso.

reticènza *s. f.* riluttanza, ritrosia, mutismo (*fig.*) □ renitenza **CONTR.** franchezza, sincerità, loquacità, schiettezza, chiarezza.

reticolàto ***A*** *agg.* rigato ***B*** *s. m.* intreccio, grata, barriera, rete, reticolo, traliccio.

retìcolo *s. m.* (*di linee, di strade, ecc.*) reticolato, intreccio, intersecamento, intrico, rete.

retìna *s. f.* **1** *dim. di* **rete** **2** reticella, cuffia.

retòrica *s. f.* **1** eloquenza, oratoria **2** precettistica, stilistica **3** (*spreg.*) ridondanza, ampollosità, magniloquenza, esagerazione, prolissità, enfasi **CONTR.** brevità, concisione, stringatezza, efficacia, laconicità **4** (*est.*) formalità, formalismo, accademia (*fig.*), superficialità, convenzionalità.

retòrico *agg.* (*spreg.*) vuoto, ampolloso, ridondante, gonfio, magniloquente, declamatorio, oratorio, tribunizio (*spreg.*), enfatico, sonoro (*fig.*), prolisso, sovrabbondante, melodrammatico (*est.*) **CONTR.** laconico, conciso, succinto, scarno, disadorno, stringato, efficace.

retràttile *agg.* retraibile, rientrabile □ contrattile **CONTR.** fisso.

retribuìre *v. tr.* compensare, ricompensare, rimunerare, pagare, rimeritare (*lett.*), stipendiare, salariare □ assoldare, prezzolare □ premiare, rimborsare.

retributìvo *agg.* della retribuzione □ (*est.*) salariale □ parametrico.

retribuzióne *s. f.* ricompensa, rimunerazione, compenso, paga, emolumento, mercede, salario, stipendio, onorario, corresponsione, appannaggio, fisso, indennità, propina (*bur.*), sportula (*gener.*). *V. anche* PAGA

retrìvo *agg.*; *anche s. m.* (*fig.*) retrogrado, reazionario, codino, parruccone, conservatore, arretrato, borbonico (*fig.*) □ (*gerg.*) fossile (*fig.*), sopravvissuto **CONTR.** progressista, innovatore, riformatore.

rètro ***A*** *avv.* **1** (*poet.*) dietro, dopo, sotto, a tergo **CONTR.** prima, davanti **2** (*raro*) indietro **CONTR.** avanti ***B*** *s. m. inv.* **1** (*di bottega, di edificio, ecc.*) parte posteriore **CONTR.** davanti, facciata **2** (*di medaglia*) tergo, verso, rovescio **CONTR.** faccia, fronte, diritto **3** (*di foglio*) volta, dietro **CONTR.** bianca, davanti.

retrobottéga *s. f.* (*est.*) laboratorio, deposito, ripostiglio.

retrocèdere ***A*** *v. intr.* **1** indietreggiare, ritirarsi, arretrare, ripiegare, rinculare, arretrarsi **CONTR.** avanzare, avanzarsi, incedere, proseguire, procedere □ inoltrarsi □ slanciarsi **2** (*fig.*) regredire, recedere, desistere, abbandonare **CONTR.** avanzare, progredire ***B*** *v. tr.* (*di militare, di squadra, ecc.*) declassare, degradare, riportare indietro **CONTR.** promuovere, avanzare, elevare.

retrocessióne *s. f.* **1** indietreggiamento **CONTR.** avanzamento, proseguimento **2** (*di militare, di squadra, ecc.*) degradazione, arretramento **CONTR.** promozione, carriera (*est.*).

retrocèsso *part. pass. di* **retrocedere**; *anche agg.* **1** arretrato **CONTR.** avanzato **2** (*fig.*) regredito **3** (*di militare, di squadra, ecc.*) degradato.

retrodatàre *v. tr.* (*bur.*) antidatare.

retrògrado *agg.*; *anche s. m.* **1** (*fig.*) retrivo, reazionario, antiprogressista, misoneista, codino, conservatore, borbonico (*fig.*), medievale (*fig., spreg.*) □ parrucca (*fig.*), parruccone **CONTR.** progressista, innovatore, riformatore, illuminato, liberale **2** (*fig.*) primordiale, arretrato **CONTR.** avanzato, evoluto.

retromàrcia *s. f.* marcia indietro, contromarcia **FRAS.** *fare retromarcia* (*fig.*), ritirarsi; cambiare idea.

retroscèna *s. m. inv.* **1** quinte **CONTR.** scena □ proscenio, ribalta **2** (*fig.*) antefatto, precedenti **3** (*fig.*) maneggio nascosto, manovra, intrigo, briga, raggiro, macchinazione, trama.

retrospettìva *s. f.* mostra attraverso il tempo, rassegna.

retrostànte *agg.* che sta dietro, di dietro, dietro, posteriore **CONTR.** antistante, anteriore, dirimpetto, prospiciente.

retrotèrra *s. m. inv.* **1** entroterra, hinterland (*ted.*), banlieue (*fr.*) **2** (*fig.*) sfondo, background (*ingl.*), sostrato, substrato, fondo, sottofondo, base.

rètta (1) [da (*somma*) *retta* 'somma giusta'] *s. f.* pensione, dozzina (*raro*), pigione.
rètta (2) *s. f.* (*geom.*) linea, asse **CFR.** diagonale.
rettàle *agg.* (*anat., est.*) anale.
rettaménte *avv.* ***1*** onestamente, lealmente, giustamente, probamente (*lett.*), dirittamente, bene, correttamente, irreprensibilmente, sanamente, moralmente, innocentemente **CONTR.** disonestamente, slealmente, ingannevolmente, iniquamente, perversamente, subdolamente, criminosamente, delittuosamente ***2*** precisamente, esattamente, ineccepibilmente, rigorosamente, fedelmente, scrupolosamente **CONTR.** imprecisamente, inesattamente, erratamente, confusamente.
rettìfica *s. f.* ***1*** rettificazione, correzione, modificazione, emendamento, emendazione, ritrattazione, storno (*rag.*) **CONTR.** conferma ***2*** (*di alcol, di liquore, ecc.*) purificazione.
rettificàre *v. tr.* ***1*** raddrizzare, aggiustare **CONTR.** piegare, curvare ***2*** (*fig.*) (*di errore, di inesattezza, ecc.*) correggere, emendare, rimediare, migliorare, cambiare, risanare, stornare (*rag.*) **CONTR.** confermare □ peggiorare ***3*** (*fig.*) (*di notizia, di dichiarazione, ecc.*) smentire, chiarire, spiegare ***4*** (*tecnol.*) rifinire, molare ***5*** (*chim.*) purificare, purgare, denaturare, decantare. *V. anche* CORREGGERE
rettificàto *part. pass. di* **rettificare**; *anche agg.* ***1*** (*di notizia, di errore, ecc.*) corretto, smentito, chiarito ***2*** (*tecnol.*) rifinito, molato ***3*** (*chim.*) purificato.
rettifilo *s. m.* rettilineo **CFR.** zig-zag, curva, serpeggiamento, tortuosità, sinuosità.
rèttile *s. m.* ***1*** serpe, serpente ***2*** (*fig., spreg.*) vile, malvagio, infido, viscido, ipocrita.
rettilìneo ***A*** *agg.* ***1*** (*di andamento, di strada, ecc.*) retto, diretto, diritto **CFR.** curvilineo, curvo, ricurvo, serpeggiante, a serpentino, tortuoso, sinuoso, circolare ***2*** (*fig.*) (*di condotta, di comportamento, ecc.*) giusto, leale, onesto, probo (*lett.*), integro, corretto, coerente **CONTR.** disonesto, sleale, ingiusto, scorretto, incoerente ***B*** *s. m.* rettifilo **CFR.** curva, svolta, gomito (*est.*), serpeggiamento, tortuosità, sinuosità, zigzag.
rettitùdine *s. f.* dirittura, onestà, probità, integrità, giustizia, giustezza, equità, moralità □ onoratezza (*raro*), irreprensibilità, inattaccabilità, incorruttibilità, rigorosità □ lealtà, sincerità, fedeltà □ innocenza, coscienza, purezza, santità **CONTR.** disonestà, ingiustizia, immoralità, improbità (*lett.*) □ scorrettezza □ slealtà, infedeltà, tradimento □ obliquità (*fig.*), ambiguità □ malvagità, sciaguratàggine □ inganno, frode, dolo, corruzione, impostura □ perversione, pervertimento. *V. anche* COSCIENZA
rètto (1) ***A*** *agg.* ***1*** (*di linea, di strada, ecc.*) diritto, rettilineo **CFR.** curvilineo, curvo, obliquo, serpeggiante, tortuoso, sinuoso, incurvato ***2*** (*fig.*) (*di persona, di comportamento*) onesto, probo (*lett.*), giusto, integro, equo, morale □ corretto, ineccepibile, irreprensibile, specchiato (*fig.*), sano, incorruttibile, rispettabile, dabbene, degno □ leale, fedele, sincero □ coscienzioso, serio, coerente **CONTR.** disonesto, inonesto (*lett.*), ingiusto, iniquo, subdolo, immorale, improbo □ scorretto □ sleale, infedele □ ambiguo, ingannevole, traverso (*fig.*) □ criminoso, delittuoso □ doloso □ spregiudicato, fedifrago, traviato ***3*** (*di pronuncia, di procedimento, ecc.*) corretto, giusto, esatto, rigoroso, preciso, appropriato **CONTR.** inesatto, impreciso, errato, scorretto, confuso ***B*** *s. m.* ***1*** giustizia, onestà, giusto, onesto ***2*** (*anat.*) intestino retto □ (*est.*) ano. *V. anche* ONESTO
rètto (2) *part. pass. di* **reggere**; *anche agg.* ***1*** (*di costruzione, di mobile, ecc.*) sorretto, sostenuto, puntellato, trattenuto, frenato ***2*** (*di Stato, di azienda, ecc.*) guidato, governato, diretto, presieduto, amministrato, condotto □ regolato □ dominato ***3*** (*di spesa, di fatica, ecc.*) sostenuto, sopportato ***4*** (*di persona*) sostenuto, aiutato, tenuto.
rettóre *s. m.* (*f. -trice*) (*lett.*) reggitore (*lett.*), governatore, capo, direttore, superiore.
reverèndo ***A*** *agg.* (*lett.*) rispettabile, venerando, venerabile, onorando (*lett.*), onorabile ***B*** *s. m.* (*fam.*) sacerdote, prete.
reverenziàle *agg.* riverente, rispettoso, ossequiente, ossequioso, deferente, riguardoso □ devoto **CONTR.** irriverente, irrispettoso, irriguardoso, sgarbato, villano, scortese.
reversìbile *agg.* invertibile, rovesciabile □ trasferibile, trasmissibile **CONTR.** irreversibile.
revisionàre *v. tr.* riesaminare, controllare, rivedere, correggere, migliorare.
revisióne *s. f.* esame, ispezione, controllo □ correzione, riforma, ritocco, aggiornamento (*elab.*), emendazione, riesame □ rivisitazione □ recensione □ rilettura. *V. anche* ESAME
revisóre *s. m.* controllore, verificatore, ispettore □ correttore, censore □ esaminatore □ proboviro (*est.*) □ emendatore, recensore.
revival /*ingl.* riˈvaivəl/ [vc. ingl., propriamente 'ritorno alla vita', da *to revive* 'rivivere'] *s. m. inv.* (*di tendenze, di moda, ecc.*) riproposta, reviviscenza, ritorno.
rèvoca *s. f.* abrogazione, annullamento, cancellazione, cassazione, disdetta, ritrattazione, revocazione □ deroga, derogazione, ritiro **CONTR.** emissione, emanazione, approvazione □ aggiudicazione, omologazione. *V. anche* DEROGA
revocàre *v. tr.* ***1*** (*lett.*) richiamare ***2*** (*di ordine, di impegno, ecc.*) annullare, disdire, abrogare, cancellare, cassare, ritirare, ritrattare □ derogare **CONTR.** emanare, approvare, decretare, omologare, sancire, sanzionare, emettere, fissare, aggiudicare, applicare.
revocàto *part. pass. di* **revocare**; *anche agg.* annullato, disdetto, abrogato, cancellato, ritirato **CONTR.** emanato, proclamato, fissato, approvato, ordinato, sancito, sanzionato.
revolver /*ingl.* riˈvɔlvə/ [vc. ingl., da *to revolve* 'girare'] *s. m. inv.* rivoltella, pistola, colt (*ingl.*).
revolveràta *s. f.* pistolettata, rivoltellata, sparo, colpo.
riabbracciàre ***A*** *v. tr.* ***1*** abbracciare di nuovo ***2*** (*est.*) rivedere ***B*** **riabbracciarsi** *v. rifl. rec.* ***1*** abbracciarsi di nuovo ***2*** (*est.*) rivedersi.
riabilitàre ***A*** *v. tr.* ***1*** abilitare nuovamente ***2*** (*dir.*) reintegrare **CONTR.** inabilitare ***3*** (*fig.*) restituire ono-

re, ridare stima □ ridare fama □ redimere, riscattare CONTR. disonorare □ degradare □ traviare □ diffamare, fuorviare, dannare *4* (*di strada, di veicolo, ecc.*) ripristinare, rendere di nuovo servibile ***B*** **riabilitarsi** *v. intr. pron.* redimersi, riscattarsi, riconquistarsi la stima, raddrizzarsi CONTR. disonorarsi, screditarsi, degradarsi, guastarsi.

riabilitazióne *s. f.* *1* reintegrazione, riacquisto *2* (*fig.*) redenzione, riconquista della stima CONTR. degradazione, traviamento.

riaccèndere ***A*** *v. tr.* *1* accendere nuovamente, attizzare, rattizzare, rinfocolare *2* (*fig.*) (*di speranza, di passione, ecc.*) ravvivare, rinnovare, rinvigorire, vivificare, ridestare, rinverdire CONTR. spegnere □ abbattere, avvilire ***B*** **riaccendersi** *v. intr. pron.* *1* accendersi di nuovo, rinfocolarsi CONTR. languire, morire *2* (*fig.*) ravvivarsi, rinnovarsi, rinvigorirsi, vivificarsi, avvivarsi, ridestarsi, rinfocolarsi CONTR. spegnersi, avvilirsi, abbattersi.

riacchiappàre *v. tr.* (*fam.*) acchiappare di nuovo, riafferrare, ripigliare (*fam.*), riprendere, riassorbire (*di corridore*).

riacciuffàre *v. tr.* riafferrare, riprendere.

riaccomodàre ***A*** *v. tr.* accomodare di nuovo, riaggiustare □ riattare, riordinare ***B*** **riaccomodarsi** *v. rifl. rec.* (*fig.*) rappacificarsi, riconciliarsi, accordarsi CONTR. litigare, questionare.

riaccostàre ***A*** *v. tr.* accostare di nuovo, riavvicinare, riunire ***B*** **riaccostarsi** *v. rifl.* riavvicinarsi, riunirsi.

riacquistàre ***A*** *v. tr.* *1* acquistare di nuovo, ricomperare □ riscattare CONTR. rivendere *2* (*di stima, di fiducia, di forze, ecc.*) recuperare, riavere, riottenere, riconquistare, riprendere, ripigliare (*fam.*), ritrovare, riguadagnare CONTR. perdere, riperdere ***B*** *v. intr.* (*lett.*) avvantaggiarsi, riavvantaggiarsi, guadagnare, riprendersi, rimpadronirsi CONTR. perdere, riperdere.

riadattaménto *s. m.* riattamento, rimodernamento, rinnovamento □ riparazione.

riadattàre ***A*** *v. tr.* adattare di nuovo, rimodernare, rinnovare ***B*** **riadattarsi** *v. intr. pron.* adattarsi di nuovo, rimodernarsi, rinnovarsi.

riadoperàre *v. tr.* adoperare di nuovo, riutilizzare.

riaffacciàre ***A*** *v. tr.* affacciare di nuovo ***B*** **riaffacciarsi** *v. rifl.* e *intr. pron.* *1* (*di astro*) riapparire, risorgere *2* (*fig.*) (*alla memoria*) ripresentarsi.

riaffermàre ***A*** *v. tr.* confermare, riconfermare, ribadire, ridire, rinnovare CONTR. ritrattare, ringoiare (*fig.*) ***B*** **riaffermarsi** *v. rifl.* riconfermarsi.

riafferràre ***A*** *v. tr.* *1* riacchiappare, riagguantare, riprendere, riacciuffare, recuperare, ripigliare (*fam.*) CONTR. abbandonare, lasciare *2* (*fig.*) riappropriarsi, riconquistare, rimpossessarsi, rimpadronirsi, riprendersi, ripigliarsi (*fam.*) CONTR. lasciare, abbandonare, rinunciare ***B*** **riafferrarsi** *v. intr. pron.* riattaccarsi, afferrarsi con più forza.

riaffioràre *v. intr.* (*di macchia, di muffa, ecc.*) affiorare di nuovo, ricomparire, rifiorire, rispuntare, riemergere □ (*est.*) tornare alla memoria.

riaggravàre ***A*** *v. tr.* peggiorare CONTR. migliorare ***B*** **riaggravarsi** *v. intr. pron.* peggiorare, deteriorarsi, rincrudirsi CONTR. migliorare.

riagguantàre *v. tr.* agguantare di nuovo, riafferrare.

riallacciàre ***A*** *v. tr.* *1* allacciare di nuovo, riannodare, ricollegare, ricongiungere, riconnettere CONTR. sciogliere *2* (*fig.*) (*di amicizia*) riprendere CONTR. troncare ***B*** **riallacciarsi** *v. rifl.* (*fig.*) ricongiungersi, ricollegarsi, riannodarsi, rifarsi CONTR. sciogliersi.

riàlto *s. m.* rialzo, prominenza, rilievo, sporgenza, dosso, protuberanza, montuosità, rialzamento, elevazione CONTR. avvallamento, bassura, concavità, incavo, cavità, rientramento, rientranza, depressione, valloncello.

rialzàre ***A*** *v. tr.* *1* sollevare, risollevare, alzare, issare CONTR. abbassare, distendere □ reclinare, chinare □ atterrare *2* elevare, sopraelevare CONTR. abbassare, sbassare *3* (*fig.*) (*di prezzo, di valore, ecc.*) aumentare, rincarare, accrescere CONTR. calare, diminuire, abbassare, ribassare ***B*** *v. intr.* *1* rincarare, aumentare di prezzo, crescere CONTR. calare, diminuire, ribassare *2* salire, elevarsi CONTR. diminuire, calare, abbassarsi ***C*** **rialzarsi** *v. rifl.* *1* sollevarsi, tirarsi su, risollevarsi, risorgere (*lett.*) CONTR. abbassarsi, chinarsi □ adagiarsi, distendersi, sdraiarsi □ accasciarsi, cadere *2* (*di prezzo, di valore, ecc.*) crescere, aumentare CONTR. diminuire, calare.

rialzàto *part. pass.* di **rialzare**; *anche agg.* *1* sollevato, alzato CONTR. calato, abbassato □ chinato *2* (*di prezzo, di valore, ecc.*) aumentato, salito, rincarato CONTR. calato, diminuito, ribassato *3* (*di piano*) più alto del livello stradale, sopraelevato, alto, rilevato CFR. seminterrato, ammezzato, terreno, ecc.

riàlzo *s. m.* *1* (*di prezzo, di valore, ecc.*) rincaro, aumento, rialzamento, caro CONTR. diminuzione, calo, ribasso *2* (*di terreno, di mobile, ecc.*) sporgenza, rialto, prominenza, rilievo, dosso, protuberanza, montuosità, rialzamento, spalletta, elevazione CONTR. avvallamento, bassura, concavità, incavo, cavità, depressione, valloncello □ rientramento, rientranza *3* (*di scarpa*) tacco □ alzatacco. *V. anche* AUMENTO

riamméttere *v. tr.* ammettere di nuovo, riaccettare, ripigliare CONTR. ricacciare.

riandàre ***A*** *v. intr.* andare di nuovo, ripartire, riportarsi, ricorrere (*raro*) ***B*** *v. tr.* *1* (*lett.*) ripercorrere *2* (*fig.*) (*col pensiero*) ricordare, rievocare, rivangare, risalire, tornare, scorrere (*lett.*).

rianimàre ***A*** *v. tr.* *1* (*di corpo, di membra, ecc.*) ridare forza, invigorire, rinfrancare, rinverdire (*fig.*), risuscitare, ritemprare CONTR. indebolire, stancare, infiacchire, prostrare □ tramortire *2* (*fig.*) ridare coraggio, inanimare (*lett.*), rincorare, rinfrancare, consolare, sollevare (*fig.*) □ risvegliare, ridestare CONTR. avvilire, abbattere, demoralizzare, deprimere, scoraggiare, sconfortare ***B*** **rianimarsi** *v. intr. pron.* *1* (*da svenimento, da malattia*) riaversi, rinvenire, riprendersi □ riscuotersi, ridestarsi, risvegliarsi, risentirsi (*lett.*), risorgere (*fig.*), risuscitare □ rinvigorirsi, invigorirsi, ritemprarsi CONTR. accasciarsi □ indebolirsi, infiacchirsi, stancarsi, prostrarsi, consumarsi *2* (*fig.*) (*da avvilimento*) rincuorarsi, consolarsi, rinfrancarsi, riprendersi, sollevarsi (*fig.*) CONTR. abbattersi, scoraggiarsi, avvilirsi, abbacchiarsi, deprimersi, demoralizzarsi *3* (*fig.*) movimentarsi, animarsi, ravvivarsi.

rianimàto *part. pass. di* **rianimare**; *anche agg.* ***1*** riavuto, rinvenuto **CONTR.** esanime, svenuto, accasciato ***2*** rinvigorito, ritemprato **CONTR.** prostrato, consumato ***3*** (*fig.*) consolato, rinfrancato, rincuorato □ ringalluzzito □ sollevato (*fig.*) **CONTR.** sconfortato, scoraggiato, demoralizzato, costernato □ spaurito.

riannodàre ***A*** *v. tr.* (*anche fig.*) annodare di nuovo, riallacciare, riunire **CONTR.** sgroppare, sciogliere ***B*** **riannodarsi** *v. intr. pron.* riallacciarsi.

riapertùra *s. f.* ripresa, rentrée (*fr.*), nuova apertura **CONTR.** chiusura.

riapparire *v. intr.* apparire di nuovo, ricomparire, riaffacciarsi, ripresentarsi, rimanifestarsi, tornare, rispuntare □ risorgere **CONTR.** scomparire, sparire, eclissarsi, dileguarsi.

riappicicàre *v. tr.* appiccicare nuovamente, riconnettere, riattaccare.

riappropriàre ***A*** *v. tr.* rifare proprio ***B*** **riappropriarsi** *v. intr. pron.* (*anche fig.*) prendere di nuovo possesso, riprendersi, ripigliarsi (*fam.*).

riaprìre *v. tr.* ***1*** aprire di nuovo **CONTR.** richiudere ***2*** (*fig.*) (*di dolore, di ricordo, ecc.*) rinnovare, ridestare, risvegliare, rinfocolare **CONTR.** assopire, spegnere, rimarginare (*fig.*) ***3*** (*fig.*) (*di negozio, ecc.*) riprendere, ricominciare, reiniziare, riavviare **CONTR.** chiudere, finire.

riàrso *agg.* arido, secco, bruciato, asciutto, rinsecchito, assetato, adusto, inaridito, arsiccio, arso **CONTR.** umido, bagnato, irrigato, rorido (*poet.*), inumidito □ acquitrinoso, paludoso □ fertile, verdeggiante, virente (*poet.*).

riascoltàre *v. tr.* risentire, riudire.

riassètto *s. m.* ***1*** (*anche fig.*) riordinamento, riassestamento, raccomodatura, racconciatura, riparazione, risanamento **CONTR.** distruzione ***2*** riorganizzazione, risistemazione.

riassorbìre ***A*** *v. tr.* ***1*** assorbire di nuovo ***2*** (*fig.*) (*di denaro, di energie, ecc.*) impegnare, inghiottire, risucchiare ***3*** (*fig.*) (*di corridore*) riprendere, riacchiappare ***B*** **riassorbirsi** *v. intr. pron.* asciugarsi, prosciugarsi, seccarsi **CONTR.** bagnarsi, colare, inumidirsi.

riassùmere ***A*** *v. tr.* ***1*** (*di persona*) richiamare, riprendere, reintegrare **CONTR.** licenziare, destituire, dimettere, dimissionare ***2*** (*di scritto, di discorso, ecc.*) ricapitolare, riepilogare, sintetizzare, sunteggiare, compendiare, epilogare (*raro*), abbreviare, accorciare, condensare, ridurre, restringere, stringere (*fig.*) □ concludere **CONTR.** allungare, estendere, diluire, analizzare, ampliare, aumentare, dilatare, dettagliare, particolareggiare, dilungarsi □ sviluppare, svolgere ***B*** **riassumersi** *v. intr. pron.* (*spec. fig.*) compendiarsi, ridursi.

riassuntìvo *agg.* riepilogativo, ricapitolativo, sintetico, succinto, compendiario, compendioso (*raro*), sinottico **CONTR.** ampio, esteso □ dettagliato, minuto (*fig.*) □ ampliato □ integrale.

riassùnto ***A*** *part. pass. di* **riassumere**; *anche agg.* ***1*** (*di persona*) assunto di nuovo, ripreso, riaccettato **CONTR.** licenziato ***2*** (*di scritto, di discorso, ecc.*) compendiato, riepilogato, sintetizzato, abbreviato, accorciato, condensato, ridotto **CONTR.** ampliato, allungato, esteso, dilatato ***B*** *s. m.* compendio, riepilogo, sunto, sommario, riepilogazione, ricapitolazione, sintesi, estratto, sinossi □ specchietto.

RIASSUNTO

sinonimia strutturata

Un **riassunto**, o in forma abbreviata **sunto**, è uno scritto o un discorso che riassume, condensandone il contenuto, altri scritti o discorsi: *mi ha fatto un breve riassunto della tua relazione*; *fare il sunto di qualcosa*. Fare un **riepilogo**, una **riepilogazione** o una **sintesi**, significa dire in breve, esporre, compendiare, senza abbondanza di particolari, la materia di uno scritto o un discorso: *ti farò un chiaro riepilogo della sua conferenza*; *un compendio della materia trattata*; *dimmi, fammi la sintesi di quello che hai letto*; *dire, esporre, esprimere in sintesi.* Stesso significato dei precedenti ha **ricapitolazione** che vuol dire raccontare succintamente, per sommi capi: *mi fece una ricapitolazione di tutti i temi trattati*; mentre con **sinossi** si intende una trattazione breve e schematica che presenta tutt'insieme una materia: *una sinossi della storia della letteratura tedesca.*

Con **estratto,** oltre al vero e proprio riassunto, si intende anche uno stralcio di un articolo o di un libro per la cui stampa si usa di solito la stessa composizione dell'originale: *un estratto di un manuale di storia.*

Un **sommario** o un **compendio** è una trattazione ristretta e fatta per sommi capi, per esempio di una materia scolastica: *Cesare Balbo scrisse il "Sommario della Storia d'Italia"*; *un compendio di storia moderna.* Un sommario è anche un indice, un breve riassunto degli argomenti trattati nelle singole parti di un libro. Un riassunto di un'opera di notevole vastità viene detta **epitome**: *l'epitome delle storie di Livio.* Un'epitome è anche uno di quei sunti di storia sacra che un tempo venivano usati nelle scuole.

Una **riduzione**, infine, è un particolare tipo di riassunto. Si tratta, infatti, di un adattamento o una trasposizione di un'opera da una forma di spettacolo ad un'altra: *la riduzione cinematografica, teatrale di un testo letterario.*

riattaccàre ***A*** *v. tr.* ***1*** attaccare di nuovo, rincollare, ricollegare, ricongiungere, riconnettere, riunire **CONTR.** staccare, scucire, spiccare □ scollegare, sconnettere ***2*** (*di discorso, di battaglia, ecc.*) riprendere, ricominciare, ripigliare □ riassalire **CONTR.** terminare, cessare, interrompere, smettere ***B*** **riattaccarsi** *v. rifl.* riafferrarsi.

riattivàre ***A*** *v. tr.* ***1*** ripristinare, rimettere in uso, rimettere in attività, ristabilire, rigenerare □ rieducare **CONTR.** disattivare, sopprimere ***2*** (*di erogazione, di servizio, ecc.*) ridare, rimettere **CONTR.** levare, togliere, interrompere, tagliare ***B*** **riattivarsi** *v. intr. pron.* rigenerarsi.

riavére ***A*** *v. tr.* avere di nuovo, recuperare, riacquistare, riottenere, riconquistare, riprendere, riguadagnare, riscattare, ripigliare (*fam.*), rimpadronirsi □ ritrovare **CONTR.** perdere, riperdere ***B*** **riaversi** *v. intr. pron.* ***1*** rianimarsi, rinvenire, rimettersi, riprendersi, risentirsi (*lett.*) □ migliorare, guarire □ sollevarsi (*fig.*) □ riscuotersi, risorgere (*fig.*) **CONTR.** svenire, basire (*lett.*), disanimarsi, venire meno, afflosciarsi □ perdersi (*fig.*), smarrirsi (*fig.*) ***2*** (*di pianta*) ripigliare **CONTR.** morire.

riavvicinaménto *s. m.* ***1*** riaccostamento, raccostamento **CONTR.** allontanamento ***2*** (*fig.*) rappacificamento, pacificazione, raccomodamento, riconciliazione, conciliazione. *V. anche* CONCILIAZIONE

riavvicinàre ***A*** *v. tr.* ***1*** accostare, raccostare, riaccostare **CONTR.** allontanare, scostare ***2*** (*fig.*) rappacificare, conciliare, riconciliare, raccomodare ***B*** **riavvicinarsi** *v. rifl.* e *rifl. rec.* riaccostarsi, rappacificarsi, riconciliarsi, raccomodarsi **CONTR.** lasciarsi, rompere.

ribadìre ***A*** *v. tr.* ***1*** (*di chiodo*) ribattere ***2*** (*fig.*) confermare, rafforzare, avvalorare, confortare (*lett.*) □ riconfermare □ riaffermare, reiterare, ripetere, ridire, ribattere, rinnovare □ insistere **CONTR.** negare, smentire □ disdire ***B*** **ribadirsi** *v. intr. pron.* (*fig.*) confermarsi, imprimersi, fissarsi.

ribalderìa *s. f.* bricconata, birbonata, malefatta, perfidia, furfanteria, canagliata, iniquità, gaglioffaggine, scellerataggine, scelleratezza, infamia, cattiveria, nequizia (*lett.*), malvagità, ribaldaggine (*ant.*) □ prepotenza. *V. anche* INFAMIA

ribàldo *s. m.* briccone, birbante, tristo (*raro*), malandrino, malfattore, perfido, furfante, mascalzone, scellerato, sciagurato, farabutto, gaglioffo, mariolo, lazzarone, malvivente, manigoldo, canaglia, carogna, teppista □ prepotente, gangster (*ingl.*) **CONTR.** galantuomo.

ribàlta *s. f.* ***1*** piano, sportello ***2*** (*teat.*) proscenio **CONTR.** retroscena, quinte ***3*** (*est.*) teatro **FRAS.** *le luci della ribalta*, il mondo del teatro, dello spettacolo; (*fig.*) la notorietà; *venire alla ribalta, salire alla ribalta* (*fig.*), emergere, acquistare notorietà, farsi strada.

ribaltaménto *s. m.* ***1*** rovesciamento, capovolgimento, balta (*tosc.*) **CONTR.** raddrizzamento ***2*** (*fig.*) (*di situazione*) inversione, cambiamento **CONTR.** immutabilità, invariabilità.

ribaltàre ***A*** *v. tr.* rovesciare, capovolgere, rivoltare, invertire, balzare (*raro*) **CONTR.** raddrizzare □ sollevare ***B*** **ribaltarsi** *v. intr.* e *intr. pron.* rovesciarsi, rivoltarsi, capovolgersi □ cadere □ cappottare **CONTR.** raddrizzarsi, alzarsi. *V. anche* CADERE

ribassàre *v. tr.; anche intr.* scemare, diminuire, calare, deprezzare, svalutare, svendere, abbassare, sbassare **CONTR.** rincarare, aumentare, crescere, rialzare □ rilanciare.

ribàsso *s. m.* ***1*** diminuzione, calo, abbassamento, flessione **CONTR.** aumento, rincaro, rialzo, rialzamento, maggiorazione ***2*** sconto, riduzione, abbuono **CONTR.** aumento, aggravio **FRAS.** *essere in ribasso* (*fig.*), avere perduto stima, essere meno importante □ *giocare al ribasso* (*fig.*), minimizzare valori, capacità o altro per averne vantaggio.

ribàttere ***A*** *v. tr.* ***1*** (*di palla*) respingere, rimandare, rinviare, ributtare ***2*** (*fig.*) (*di discorso, di scritto*) contraddire, replicare, rispondere, confutare, controbattere, contrastare, rintuzzare, rimbeccare, opporsi, respingere □ (*ass.*) ribadire, ripetere **CONTR.** approvare, assentire, ammettere ***B*** *v. intr.* (*raro*) (*di luce*) riflettersi, riverberare ***C*** **ribattersi** *v. rifl. rec.* (*fig.*) rimbeccarsi.

ribattìno *s. m.* rivetto.

ribellàrsi *v. intr. pron.* ***1*** sollevarsi, insorgere, rivoltarsi, levarsi, ammutinarsi, tumultuare □ riscuotersi, scuotersi **CONTR.** soggiacere, subire, sottostare, assoggettarsi, sottomettersi, piegarsi (*fig.*) □ cedere, rassegnarsi ***2*** (*est.*) opporsi, dissentire, disubbidire, recalcitrare (*fig.*), reagire, protestare, infuriarsi **CONTR.** ubbidire, ottemperare, acconsentire, dare retta, adattarsi, conformarsi, uniformarsi. *V. anche* SCUOTERE

ribèlle *s. m.* e *f.; anche agg.* ***1*** (*al potere*) insorto, rivoltoso, rivoluzionario, ammutinato, sedizioso, sovversivo, sovvertitore, eversivo, eversore, agitatore, facinoroso, anarchico, anarcoide, fazioso, tumultuante, frondista □ guerrigliero **CONTR.** sottomesso □ repressore □ paciere, pacificatore ***2*** (*est.*) (*di temperamento*) insofferente, indocile, disubbidiente, avverso, insubordinato, indisciplinato, indomato (*lett.*), indomito (*lett.*), ingovernabile, turbolento, caparbio, renitente, refrattario (*fig.*), recalcitrante (*fig.*), nonconformista **CONTR.** obbediente, ubbidiente, arrendevole, sottomesso, quieto, tranquillo, docile, ligio, conformista, rassegnato, remissivo, duttile (*fig.*), ossequiente, acquiescente ***3*** (*est.*) (*di malattia, di febbre, ecc.*) ostinato, incurabile, indomabile, invincibile, incontrollabile **CONTR.** curabile, guaribile.

ribellióne *s. f.* ***1*** (*al potere*) rivolta, sommossa, insurrezione, sollevazione, sedizione, tumulto, ammutinamento, rivoluzione □ agitazione, disordini, fermento **CONTR.** sottomissione □ repressione, soffocamento, reazione □ mediazione ***2*** (*est.*) (*a disciplina, a controllo, ecc.*) insubordinazione, indisciplina, indomabilità, renitenza, riottosità **CONTR.** disciplina, ubbidienza, docilità, sottomissione □ rassegnazione, adattamento ***3*** (*est.*) (*a decisioni, a provvedimenti, ecc.*) resistenza, opposizione, protesta, indignazione, sdegno, rifiuto **CONTR.** approvazione, consenso, accordo, accettazione, adattamento.

RIBELLIONE
sinonimia strutturata

Si definisce **ribellione** innanzitutto l'insorgere collettivamente, specialmente in armi, contro un potere statale, un'autorità costituita: *organizzare, scatenare, sedare una ribellione*; sinonimi sono **rivolta**, **sommossa**, **insurrezione**, **sedizione**, **sollevazione** e in senso lato **tumulto**: *nel popolo scoppiò una violenta rivolta*; *fare una sommossa*; *l'insurrezione popolare si estende in modo fulmineo*; *la piazza è in tumulto*. La ribellione dell'equipaggio di una nave si chiama **ammutinamento**, che in senso lato e nel linguaggio corrente indica il rifiuto di obbedire a un ordine superiore da parte di appartenenti alle forze armate, di membri dell'equipaggio, di carcerati.

Le ribellioni e le rivoluzioni sono di solito precedute o accompagnate da **agitazione** e **fermento**, che in senso figurato designano una situazione o uno stato d'animo, con le relative manifestazioni esteriori, caratterizzato dal sovrapporsi, spesso disordinato o incontrollato, di avvenimenti, aspirazioni, critiche tendenti a mutare una situazione che si ritiene ingiusta o inadeguata: *la popolazione è in fermento*; *gli animi erano in fermento*; agitazione in particolare può riferirsi in modo specifico ad una azione spesso politica o sindacale che persegue un fine mediante manifestazioni pubbliche.

Un'agitazione, o uno stato più generico di tensione possono essere causati da **sdegno**, **indignazione**, ossia da un sentimento di riprovazione e rabbia provocato da una cosa che sembra intollerabile: *suscitare la pubblica indignazione*; *non poter nascondere lo sdegno*. Ciò che non può essere sopportato provoca di solito una **protesta**, una **reazione**, ossia l'espressione e manifestazione decisa del proprio parere contrario, cioè della propria **opposizione**: *in segno di protesta me ne andai*; *il discorso scatenò una violenta reazione*. L'ultimo sinonimo indica anche il contrastare, il fare **resistenza** contro qualcosa: *l'opposizione della famiglia sarà vinta difficilmente*. Più incisivo è **rifiuto**, che evoca una non accettazione più ferma e definitiva.

Un atteggiamento ribelle che coincide con l'incapacità testarda di adattarsi, di ubbidire ai superiori si chiama **indisciplina**, **indomabilità** e, con termine più raro, **riottosità**. Equivalente è **insubordinazione**, che però indica non solo un modo di sentire e di porsi, ma anche un'azione da ribelle: *punire ogni insubordinazione*.

ribollìre *v. intr.* **1** bollire, gorgogliare, bulicare (*lett.*) **CONTR.** sbollire **2** fermentare, spumeggiare □ brulicare **3** (*fig.*) (*di persona*) agitarsi, accendersi, riscaldarsi.

ribrézzo *s. m.* ripugnanza, schifo, senso (*fam.*), repulsione, ripulsione, disgusto, raccapriccio □ orrore, paura □ nausea, voltastomaco **CONTR.** attrazione, piacere, simpatia, propensione. *V. anche* PAURA

ributtànte *part. pres. di* **ributtare**; *anche agg.* ripugnante, schifoso, repulsivo, ripulsivo, raccapricciante, nauseante, sgradevole, spiacevole, nauseabondo, repellente, rivoltante, disgustoso, disgustante, stomachevole **CONTR.** gradevole, piacevole, affascinante, attraente, irresistibile, seducente, desiderabile, tentante, convincente, stimolante, solleticante, appetitoso, appetibile, stuzzicante. *V. anche* SPIACEVOLE

ributtàre ***A*** *v. tr.* **1** (*di palla, di sasso, ecc.*) buttare di nuovo, rilanciare, ritirare, ribattere **CONTR.** trattenere **2** (*di cibo*) vomitare, rigettare, rimettere, rigurgitare **3** (*di attacco, di nemico, ecc.*) respingere, ricacciare, risospingere, cacciare, allontanare, fugare (*lett.*) **CONTR.** arrendersi, soggiacere, soccombere, perdere □ ritirarsi, arretrare, fuggire ***B*** *v. intr.* **1** ripugnare, stomacare, nauseare, disgustare, repellere, infastidire **CONTR.** attrarre, solleticare **2** (*di piante*) rigermogliare, ributtare ***C*** **ributtarsi** *v. rifl.* rilanciarsi, rituffarsi, ricacciarsi, rigettarsi **CONTR.** ritirarsi, andarsene.

ricacciàre ***A*** *v. tr.* **1** (*di persona*) cacciare, allontanare, respingere, risospingere, ributtare, scacciare, fugare (*lett.*), espellere **CONTR.** accogliere, ricevere, introdurre **2** (*di cosa*) rificcare, rimettere, reintrodurre, riconficcare, reincastrare **CONTR.** strappare, svellere, tirare fuori, estirpare, estrarre ***B*** **ricacciarsi** *v. rifl.* cacciarsi di nuovo, ributtarsi, rientrare **CONTR.** tirarsi fuori, uscire.

ricadére *v. intr.* **1** ricascare, ripiombare, piombare, precipitare **2** pendere, penzolare, ciondolare, spiovere **3** (*fig.*) (*di colpa, di responsabilità e sim.*) riversarsi, toccare, spettare **4** (*fig.*) (*di caso, di compito*) rientrare **5** (*fig.*) (*in malattia*) riammalarsi, riaggravarsi.

ricadùta *s. f.* recidiva, recrudescenza **CONTR.** miglioramento **FRAS.** *ricaduta radioattiva*, fall-out (*ingl.*).

ricalcàre *v. tr.* **1** calcare di nuovo **2** (*di disegno*) ricopiare, riprodurre, decalcare **3** (*fig.*) (*di esempio, di orme, ecc.*) imitare, seguire, ripetere **CONTR.** inventare **4** (*est.*) (*di persona*) scimmiottare, copiare, scopiazzare.

ricalcàto *part. pass. di* **ricalcare**; *anche agg.* **1** (*di disegno*) ricopiato, riprodotto **2** (*fig.*) (*di esempio, di orma, ecc.*) imitato, seguito, ripetuto **3** (*est.*) (*di persona*) scimmiottato.

ricamàre *v. tr.* **1** (*est.*) cucire, trapuntare, trapungere (*lett.*) □ decorare, adornare, ornare **2** (*est., fig.*) (*di manufatto, di racconto*) arricchire, infiorare, infiorettare, abbellire □ miniare, cesellare.

ricambiàre ***A*** *v. tr.* **1** (*di cortesia, di torto, ecc.*) contraccambiare, restituire, rendere, ripagare, ricompensare, compensare, corrispondere, rimunerare (*lett.*) □ scambiare □ vendicare □ (*di amore*) riamare **2** cambiare di nuovo ***B*** **ricambiarsi** *v. rifl. rec.* scambiarsi, contraccambiarsi, corrispondersi.

ricambiàto *part. pass. di* **ricambiare**; *anche agg.* contraccambiato, restituito, corrisposto.

ricàmbio *s. m.* **1** scambio □ contraccambio □ corresponsione □ reciprocità **2** riserva, scorta **3** avvicendamento, turn-over (*ingl.*) **4** (*med.*) metabolismo **5** (*di penna, di accendino, ecc.*) cartuccia, refill (*ingl.*).

ricàmo *s. m.* **1** (*est.*) decorazione **2** (*fig.*) miniatura, filigrana.

ricapitolàre *v. tr.* **1** riassumere, riepilogare, compendiare, sintetizzare, condensare, ridurre, restringere **CONTR.** ampliare, allungare, estendere **2** (*est.*) ripetere, ridire.

ricapitolazióne *s. f.* riepilogo, riassunto, sintesi, riduzione, sunto, compendio, sommario, estratto **CONTR.** ampliamento, allargamento. *V. anche* RIASSUNTO

ricattàre *v. tr.* estorcere □ (*est.*) taglieggiare.

ricattatóre *s. m.*; *anche agg.* (*est.*) estorsore, taglieggiatore **CONTR.** ricattato.

ricàtto *s. m.* estorsione, coercizione □ intimidazione □ racket (*ingl.*).

ricavàre *v. tr.* **1** (*di materia*) cavare, ottenere, estrarre □ attingere, raccogliere **2** (*di conclusione, di rego-

la, ecc.) dedurre, desumere, estrapolare, evincere, rilevare, tirare (*fig.*), capire, derivare *3* (*di denaro, di vantaggio, ecc.*) guadagnare, incassare, trarre, ritrarre, tirare (*pop.*), riscuotere, mietere (*fig.*) CONTR. rimetterci, perdere *4* (*da opere o idee altrui*) mutuare (*fig.*), togliere, prendere, trarre, attingere.

ricavàto *A* part. pass. di **ricavare**; anche agg. *1* (*di materia*) cavato, ottenuto, estratto *2* (*di conclusione, di regola, ecc.*) dedotto, desunto, indotto (*filos.*), derivato, capito *3* (*di denaro, di vantaggio, ecc.*) guadagnato, incassato, riscosso CONTR. perso *B* s. m. (*est.*) ricavo. V. *anche* GUADAGNO

ricàvo s. m. *1* (*est.*) ricavato, utile, guadagno, profitto, provento CONTR. perdita, deficit (*lat.*) *2* (*fig.*) vantaggio, frutto, utilità, beneficio, convenienza, aiuto, tornaconto CONTR. svantaggio, discapito, perdita, danno, scapito. V. *anche* GUADAGNO

riccaménte avv. *1* agiatamente, da ricco, bene CONTR. poveramente, miseramente, stentatamente *2* (*est.*) abbondantemente, copiosamente, ampiamente, doviziosamente (*lett.*), opulentemente, pinguemente, grassamente, lautamente CONTR. scarsamente, miseramente *3* (*est.*) preziosamente, lussuosamente, sfarzosamente, sontuosamente, splendidamente CONTR. misuratamente, modestamente, dimessamente □ squallidamente.

ricchézza s. f. *1* agiatezza, benessere, agi, prosperità, opulenza, abbondanza □ lusso, sfarzo □ splendore, sontuosità CONTR. povertà, ristrettezza □ indigenza, stenti, bisogno □ miseria, inedia, mendicità *2* (*est.*) cuccagna, pacchia *3* (*fig.*) floridezza, rigoglio CONTR. inopia (*lett.*), squallore □ dissesto *4* (*anche fig.*) dovizia (*lett.*), copia (*lett.*), copiosità (*lett.*) CONTR. scarsezza, pochezza, mancanza, penuria, deficienza □ carestia *5* beni, averi, sostanza, soldi, mezzi, fortuna, patrimonio, capitale, rendita, denaro, risorsa, quattrini (*est.*) *6* (*di vestito*) abbondanza, ampiezza *7* (*est.*) (*di luogo*) risorsa. V. *anche* FACOLTÀ, FORTUNA

rìccio (1) *A* agg. ricciuto, arricciolato (*raro*), inanellato, crespo, riccioluto, ondulato CONTR. liscio, teso, stirato, irto *B* s. m. *1* ricciolo, anello, boccolo, tirabaci, cirro (*lett.*), buccola (*raro*), ondulazione, cincinno (*lett.*) *2* (*est.*) voluta, giravolta □ (*di violino*) chiocciola □ (*di legno*) truciolo.

rìccio (2) s. m. (*zool.*) (*pop., improprio*) porcospino FRAS. *riccio di mare*, echino, echinometra □ *essere un riccio, chiudersi a riccio* (*fig.*), essere chiusi, introversi.

rìcciolo s. m. riccio.

ricciùto agg. riccio, arricciolato, arricciato, inanellato, crespo, riccioluto CONTR. liscio, teso, irto, stirato.

rìcco *A* agg. *1* danaroso, facoltoso, abbiente, agiato CONTR. povero, indigente, disagiato, bisognoso, misero, mendico *2* (*est.*) abbondante, copioso (*lett.*), prosperoso, dovizioso (*lett.*), nutrito (*fig.*), succoso (*fig.*), pingue, grasso, ampio, lauto, opulento (*lett.*) □ (*anche fig.*) florido, fiorente, prospero CONTR. povero, scarso, scarno, esiguo, stentato, limitato □ dissestato, depresso *3* (*est.*) fornito, dotato, provvisto, pieno, carico, traboccante CONTR. privo, scarseggiante, scevro, deficitario *4* (*est.*) (*di terra*) fertile, fecondo, generoso, opimo (*lett.*), benedetto (*est.*), prodigo, pingue, ubertoso (*lett.*), almo (*lett.*) CONTR. sterile, arido, brullo, povero, magro *5* (*di vegetazione*) folto, lussureggiante CONTR. scarso, stentato, arido *6* (*di merce, di gioiello, ecc.*) prezioso, costoso, pregiato, raro CONTR. spregevole, povero *7* (*est.*) (*di vestito, di cerimonia, ecc.*) lussuoso, sfarzoso, fastoso, principesco (*est.*), magnifico, sontuoso, splendido, superbo CONTR. modesto, misero, povero, squallido, disadorno, dimesso *B* s. m. signore, benestante, capitalista, plutocrate, riccone, creso, possidente, nababbo, lord (*ingl., pop.*) milionario, miliardario CONTR. indigente, povero, nullatenente, spiantato, squattrinato, pitocco, mendicante, diseredato, accattone, tapino (*lett.*), pezzente. V. *anche* DENSO, GENEROSO

riccóne s. m. *1* accr. di **ricco** *2* straricco, creso, nababbo, signorone CONTR. povero.

ricérca s. f. *1* (*di persona, di cosa*) caccia, investigazione, ricognizione, perquisizione *2* (*di argomento, di fenomeno, ecc.*) analisi, studio, saggio, inchiesta, demoscopia, esame, indagine, osservazione □ sondaggio □ screening (*ingl.*) □ rilievo □ disquisizione □ speculazione □ sperimentazione. V. *anche* ESAME

ricercàre v. tr. *1* cercare □ investigare, indagare, scavare □ inquisire □ frugare, rovistare, grufolare (*est.*), perquisire, ispezionare □ perlustrare, esplorare □ compulsare, studiare CONTR. nascondere, coprire *2* (*ant.*) richiedere, esigere, desiderare.

ricercatézza s. f. eleganza, buon gusto, raffinatezza □ preziosismo, preziosità □ concettosità □ snobismo, affettazione, posa, artificio, artificiosità, oleografismo (*spreg.*) □ maniera, manierismo (*fig.*), elaboratezza (*raro*) CONTR. cattivo gusto, kitsch (*ted.*) □ rozzezza, ineleganza □ praticità, comodità □ semplicità, essenzialità, lindura (*fig.*), pulizia (*fig.*), spontaneità □ disinvoltura, naturalezza, immediatezza, scioltezza, spigliatezza. V. *anche* AFFETTAZIONE, ELEGANZA

ricercàto part. pass. di **ricercare**; anche agg. *1* (*di ladro, di perseguitato, ecc.*) braccato, inseguito *2* (*di persona, di merce, ecc.*) richiesto, apprezzato, desiderato, ambito, cercato □ corteggiato *3* (*di persona, di vestito, di stile, ecc.*) manierato, stilé (*fr.*), raffinato □ affettato, manieroso, studiato, artificioso, forzato, lambiccato (*fig.*), snob (*ingl.*), snobistico □ sofisticato □ caricato, esagerato, elaborato CONTR. semplice, spontaneo □ disinvolto, naturale, spigliato *4* elegante, chic (*fr.*), prezioso, squisito CONTR. rozzo, trascurato, trasandato, sciatto, negletto, kitsch (*ted.*) □ pratico, comodo, casual (*ingl.*). V. *anche* SNOB

ricercatóre s. m. (f. *-trice*) *1* studioso, scienziato *2* indagatore, investigatore, osservatore, speculatore □ cacciatore (*fig.*) □ amatore.

ricetrasmettitóre s. m.; anche agg. (f. *-trice*) ricetrasmittente, walkie-talkie (*ingl.*).

ricetrasmittènte s. f.; anche agg. ricetrasmettitore.

ricètta s. f. *1* prescrizione, recipe (*lat.*) *2* (*est.*) formula *3* (*est., fig.*) rimedio, cura □ espediente, trucco, segreto □ antidoto.

ricettàcolo *s. m.* **1** ricovero, rifugio, ricetto (*lett.*), nascondiglio, nido, covo **2** (*bot.*) talamo.

ricettività *s. f.* **1** sensibilità, percettività, sensitività **CONTR.** apatia, insensibilità, indifferenza **2** (*est.*) emotività, suscettibilità, delicatezza, reattività **CONTR.** impassibilità, insensibilità, freddezza **3** (*radio, tv.*) sensibilità **4** (*di luogo, di albergo, ecc.*) capacità ricettiva, capienza.

ricettivo *agg.* **1** sensibile, percettivo, reattivo **CONTR.** apatico, insensibile, indifferente, refrattario **2** (*est.*) emotivo, sensitivo, suscettibile, delicato **CONTR.** impassibile, insensibile, freddo, duro **3** (*di luogo, di albergo, ecc.*) capiente, capace.

ricevènte **A** *part. pres. di* **ricevere**; *anche agg.* captante, ricevitore **CONTR.** emittente **B** *s. m. e f.* destinatario **CONTR.** donatore □ mittente, speditore □ latore.

ricévere *v. tr.* **1** accettare, prendere, avere, ritirare **CONTR.** mandare, inviare, spedire, indirizzare, inoltrare, consegnare **2** (*di denaro, di compenso, ecc.*) riscuotere, incassare, percepire **CONTR.** pagare, dare □ donare, devolvere □ erogare **3** (*di offesa, di danno, di schiaffo, ecc.*) subire, sostenere, sopportare, riportare, buscare, beccarsi (*fam.*) **CONTR.** dare, appioppare, assestare, somministrare **4** (*di persona*) ammettere, accogliere, ospitare, accettare **CONTR.** respingere, rifiutare, allontanare, cacciare **5** (*di vaso, di luogo*) trattenere, contenere **6** (*di luce, di alimentazione, ecc.*) prendere, trarre **7** (*di gioia, di dolore, ecc.*) avere, provare, sentire **CONTR.** dare, donare □ causare, provocare, indurre **8** (*ass.*) tenere ricevimento □ dare ascolto, accogliere, udire (*est.*) **9** (*di segnale, di onda, ecc.*) captare □ intercettare **CONTR.** trasmettere, emettere, mandare.

ricevimènto *s. m.* **1** trattenimento, intrattenimento, festa, serata, pranzo, cocktail (*ingl.*), cocktail-party (*ingl.*), party (*ingl.*), drink (*ingl., est.*) □ riunione, udienza **2** ricezione, accoglienza, accoglimento (*lett.*) **3** arrivo, consegna **CONTR.** invio, inoltro, spedizione **4** (*di segnale, di onda, ecc.*) ricezione, ascolto (*est.*).

ricevitóre *s. m.* **1** (*raro*) ricevente, destinatario, consegnatario **CONTR.** mittente, mandante, speditore **2** (*di tasse*) esattore **3** (*sport*) (*nel baseball*) catcher (*ingl.*), prenditore **4** (*fis., elettr.*) microfono □ (*di telefono*) cornetta **CONTR.** trasmettitore, emittente.

ricevitorìa *s. f.* **1** esattoria **2** (*del lotto*) botteghino.

ricevùta *s. f.* quietanza □ bolletta, scontrino □ bolla, reversale □ figlia.

ricevùto *part. pass. di* **ricevere**; *anche agg.* **1** (*di pacco, ecc.*) preso, ritirato **CONTR.** dato, consegnato, recapitato □ respinto, rifiutato **2** (*di persona, ecc.*) accolto, ammesso **CONTR.** allontanato, congedato **3** (*di denaro, di compenso, ecc.*) incassato, percepito **CONTR.** saldato □ anticipato □ prestato □ erogato □ pagato **4** (*di segnale, di onda, ecc.*) captato □ intercettato **CONTR.** inviato, mandato, emesso, trasmesso.

ricezióne *s. f.* **1** (*di segnale, di onda, ecc.*) captazione □ intercettazione, emissione, trasmissione □ invio **2** ricevimento, accoglienza.

richiamàre **A** *v. tr.* **1** chiamare di nuovo, riconvocare **2** (*di esuli*) far rientare **CONTR.** esiliare, cacciare, scacciare, restituire (*lett.*) **3** (*di soldati*) ritirare □ riarruolare, mobilitare **CONTR.** smobilitare, congedare **4** (*di persona, di attenzione, ecc.*) attirare, attrarre, fare accorrere □ allettare, lusingare **CONTR.** allontanare, respingere □ dissuadere **5** riprendere, rimproverare, ammonire, redarguire, sgridare, strapazzare, strigliare **CONTR.** lodare, elogiare, encomiare, approvare **6** (*di ricordo, di poesia, ecc.*) citare, riportare, riferire, rievocare, ricordare **CONTR.** (*est.*) dimenticare, scordare □ cancellare **7** assomigliare, ricordare, far pensare, rievocare **B** **richiamarsi** *v. intr. pron.* riferirsi, rifarsi, ricollegarsi, riportarsi □ ricorrere, fare appello. *V. anche* CORREGGERE

richiamàto *part. pass. di* **richiamare**; *anche agg.* **1** allettato, attirato, attratto **CONTR.** allontanato, respinto **2** sgridato, ammonito, redarguito, rimproverato **CONTR.** approvato, lodato, elogiato.

richiàmo *s. m.* **1** chiamata, appello, invito □ voce (*fig.*) **2** (*est.*) ammonimento, ammonizione, apostrofe, avvertimento, esortazione **CONTR.** lode, elogio, encomio **3** segno, gesto, cenno **4** allettamento, adescamento (*fig.*), attrazione, lusinga, attrattiva, fascino, calamita (*fig.*) **5** (*est.*) réclame (*fr.*), pubblicità **6** (*nella caccia*) zimbello, pispola, chioccolo, civetta, specchietto □ (*di uccello*) verso **7** (*in uno scritto*) rimando, riferimento □ citazione, postilla, nota, nota bene, asterisco.

richiedènte *part. pres. di* **richiedere**; *anche agg. e s. m. e f.* postulante, esponente, istante, interpellante (*raro*), interrogante, ricorrente, appellante, supplicante.

richièdere *v. tr.* **1** ridomandare □ interrogare, interpellare **2** (*di aiuto, di sussidio, ecc.*) chiedere, domandare, sollecitare, postulare, reclamare, chiamare, invocare **3** (*di giustizia, di riparazione, ecc.*) ricercare, esigere, pretendere, volere, rivendicare, reclamare, desiderare **4** (*di fatica, di esperienza, di prudenza, ecc.*) comportare, costare, importare (*raro*), necessitare, abbisognare, presupporre, comandare (*lett.*) **5** (*di merce*) ordinare, commissionare, commettere. *V. anche* VOLERE

richièsta *s. f.* **1** domanda, preghiera, invocazione, istanza, domanda, petizione □ pretesa, rivendicazione, invito □ esposto, ricorso **2** bisogno, esigenza □ ricerca □ ordinativo **CONTR.** risposta **3** (*di stipendio, ecc.*) compenso, pretesa **4** (*al pl.*) desiderata.

richièsto *part. pass. di* **richiedere**; *anche agg.* chiesto, domandato, cercato, desiderato, preteso □ comandato, ordinato, commissionato, commesso □ ricercato, ambito, gettonato (*gerg.*).

richiùso *agg.* risigillato □ manomesso, violato □ (*di ferita*) rimarginato **CONTR.** riaperto.

riciclàggio *s. m.* **1** (*di cosa*) riutilizzazione, recupero **2** (*fig.*) (*di persona*) riqualificazione, riconversione, aggiornamento.

riciclàre *v. tr.* **1** (*di cosa*) riutilizzare, recuperare, rigenerare □ (*di denaro*) rimettere in circolazione **2** (*fig.*) (*di persona*) riqualificare, riconvertire, aggiornare.

ricìngere *V.* **recingere**.

ricognitóre *s. m.* **1** esploratore, osservatore **2** aereo da ricognizione, aereo spia.

ricognizióne *s. f.* ***1*** riconoscimento, identificazione ***2*** esplorazione, indagine, perlustrazione, avanscoperta, osservazione, verifica, esame, ricerca. *V. anche* ESAME

ricollegàre ***A*** *v. tr.* ***1*** (*di cose*) collegare di nuovo, ricongiungere, riabbinare, riaggregare, riallacciare, riattaccare, ricongiungere, riconnettere, rannodare, riunire, ricucire, riallacciare, risaldare, riattaccare **CONTR.** ristaccare, ridividere, riseparare, riallontanare ***2*** (*fig.*) (*di fatti, di pensieri, ecc.*) concatenare, accomunare, associare, connettere **CONTR.** dividere, separare, distinguere, isolare, scindere ***B*** **ricollegarsi** *v. rifl.* e *intr. pron.* (*di persona, di fatto*) riferirsi, richiamarsi, riportarsi, rapportarsi, riallacciarsi, connettersi ***C*** *v. rifl. rec.* (*di cosa*) legarsi, ricongiungersi, concatenarsi, accomunarsi, associarsi **CONTR.** scindersi, dividersi, distinguersi.

ricollocàre ***A*** *v. tr.* ***1*** rimettere, risistemare, riporre, riordinare, riposare, rideporre **CONTR.** ritogliere, rilevare ***2*** (*di persona*) reintegrare ***B*** **ricollocarsi** *v. rifl.* reintegrarsi □ ritornare.

ricolmàre *v. tr.* ***1*** colmare di nuovo ***2*** riempire, saturare, empire, stipare, stivare, zeppare (*raro*), imbottire, farcire, impinzare, insaccare □ (*di attenzioni*) ricoprire **CONTR.** vuotare, svuotare, cavare, sgombrare, scaricare.

ricólmo *agg.* pieno, traboccante, straripante, riempito, gremito, inzeppato, ripieno, empito (*raro*), ricolmato, rigonfio, rigurgitante, saturo, fitto, stipato, stivato, straboccante, imbottito, ingombro, zeppo, rimpinzato □ (*di attenzioni*) ricoperto **CONTR.** vuoto, sgombro, deserto, libero.

ricominciàre ***A*** *v. tr.* riattaccare, riprendere, ripetere, ripigliare, riavviare □ riaprire **CONTR.** finire, concludere, cessare, ultimare, terminare □ lasciare, smettere, tralasciare ***B*** *v. intr.* iniziare nuovamente, riprendere □ rifiorire (*fig.*) **CONTR.** cessare, terminare, ristare (*fig., lett.*).

ricomparìre *v. intr.* comparire di nuovo, riapparire, ripresentarsi, rimanifestarsi, rimostrarsi, rispuntare, ritornare, tornare □ (*di macchia, di muffa*) rifiorire **CONTR.** sparire, scomparire, eclissarsi, dileguarsi, disparire (*lett.*).

ricompàrsa *s. f.* riapparizione, ritorno, ripresentazione □ (*in un ambiente*) rentrée (*fr.*) □ (*di una malattia*) recidiva (*med.*) **CONTR.** partenza, scomparsa, sparizione.

ricompènsa *s. f.* retribuzione, remunerazione, rimunerazione, compenso, mercede, guiderdone (*lett.*), paga, salario, emolumento, onorario □ gratificazione, premio, riconoscimento □ contraccambio □ prezzo □ taglia **CONTR.** castigo, punizione, correzione, sanzione, pena, fio. *V. anche* PAGA

ricompensàre *v. tr.* ***1*** premiare, gratificare □ ripagare □ rendere □ risarcire, riconoscere □ contraccambiare, ricambiare **CONTR.** punire, misconoscere ***2*** retribuire, pagare □ compensare, rimunerare.

ricompórre ***A*** *v. tr.* ***1*** comporre di nuovo, rifare, ripetere **CONTR.** disfare, scomporre, discomporre (*raro*), distruggere ***2*** riordinare, ricostruire, ricostituire, rassettare, riorganizzare, rimaneggiare, ricreare, riformare, ripristinare **CONTR.** disfare, scompaginare, ingarbugliare, squinternare □ demolire, rompere, distruggere ***3*** (*di controversia*) ricucire (*fig.*) ***B*** **ricomporsi** *v. intr. pron.* ***1*** risistemarsi, rassettarsi □ riaversi, riprendersi **CONTR.** sciamannarsi, scomporsi □ turbarsi, agitarsi ***2*** ricostituirsi **CONTR.** sciogliersi, finire.

ricomposizióne *s. f.* ***1*** rifacimento, rimaneggiamento, rimpasto, rifusione **CONTR.** disfacimento, distruzione, demolizione, scomposizione ***2*** ricollocazione, riordinamento, risistemazione, ricostituzione, ripristino **CONTR.** distruzione, disfacimento, dispersione, scioglimento.

ricompósto *part. pass. di* **ricomporre**; *anche agg.* riordinato, rassettato □ ricostituito **CONTR.** disordinato, scomposto, squinternato □ sciolto, finito.

ricompràre *v. tr.* comprare di nuovo, riacquistare □ riscattare.

riconciliàre ***A*** *v. tr.* (*di persone*) rappacificare, appaciare, pacificare, rappattumare, raggiustare, accordare, riavvicinare, ravvicinare, riunire, accomodare, comporre **CONTR.** allontanare, inimicare, dividere, disunire ***B*** **riconciliarsi** *v. rifl. rec.* rappacificarsi, appaciarsi, pacificarsi, raggiustarsi, rappattumarsi, ravvicinarsi riavvicinarsi, accomodarsi, riaccomodarsi **CONTR.** inimicarsi, litigare, altercare, allontanarsi, abbaruffarsi, azzuffarsi, guastarsi, urtarsi.

riconciliazióne *s. f.* rappacificazione, rappacificamento, riunione, pacificazione, ravvicinamento, riavvicinamento, accomodamento, accordo, pace **CONTR.** discordia, dissidio, disaccordo, inimicizia, litigio, lite, alterco, contesa.

riconducìbile *agg.* ***1*** riportabile, riadducibile (*lett.*), riducibile (*anche fig.*) ***2*** (*fig.*) riferibile, attribuibile, rapportabile □ legato, connesso.

ricondùrre *v. tr.* ***1*** riportare, rimenare (*lett.*) □ rendere, tornare (*lett.*), riaddurre (*lett.*) **CONTR.** abbandonare, lasciare, rimandare ***2*** (*fig.*) rapportare, attribuire, far risalire.

riconfermàre ***A*** *v. tr.* confermare di nuovo, confermare, raffermare (*tosc.*), riaffermare, ripetere, ribadire, ridire **CONTR.** negare, smentire, contraddire ***B*** **riconfermarsi** *v. rifl.* riaffermarsi.

ricongiùngere ***A*** *v. tr.* riunire, riattaccare, raggiuntare, riallacciare, rincollare, ricomporre, rannodare, riallacciare, ricollegare, riconnettere, risaldare □ (*di frattura ossea*) ridurre (*med.*) **CONTR.** ridividere, ridisunire, ristaccare, riallontanare, riscindere, riscomporre, rifendere, riscioglìere, riseparare ***B*** **ricongiungersi** *v. rifl.* e *rifl. rec.* riunirsi, riallacciarsi, ricollegarsi **CONTR.** ridividersi, risepararsi, riallontanarsi.

riconnèttere ***A*** *v. tr.* connettere, ricongiungere, riunire, ricucire, ricollegare, ricomporre, riallacciare, raggiuntare, riattaccare, riappiccicare, rannodare **CONTR.** ridividere, riseparare, riallontanare, ristaccare ***B*** **riconnettersi** *v. intr. pron.* connettersi, collegarsi, rifarsi, riallacciarsi, riprendere, unirsi **CONTR.** differenziarsi, staccarsi, allontanarsi □ dissociarsi, staccarsi.

riconoscènte *part. pres. di* **riconoscere**; *anche agg.* grato, memore □ in obbligo, in debito (*fig.*), obbligato **CONTR.** ingrato, irriconoscente, dimentico, disconoscente, sconoscente, immemore.

riconoscènza *s. f.* gratitudine □ riconoscimento □ obbligo, debito (*fig.*), obbligazione (*raro*) □ ringraziamento **CONTR.** ingratitudine, disconoscenza, irriconoscenza □ oblio.

riconóscere ***A*** *v. tr.* ***1*** (*una persona, una cosa*) ravvisare, identificare, individuare □ scorgere, avvistare □ distinguere, discernere □ riscontrare □ raffigurare □ ritrovare (*fig.*) **CONTR.** confondere, scambiare ***2*** (*di pianta, di vino, ecc.*) distinguere, discernere, giudicare, differenziare, classificare □ scegliere ***3*** (*di patto, di autorità, ecc.*) dichiarare legittimo, dichiarare legale, accettare, rispettare □ consacrare □ ratificare □ approvare **CONTR.** disconoscere, disapprovare, ripudiare, rifiutare, ignorare, ricusare ***4*** (*di torto, di merito, ecc.*) ammettere, confessare □ convenire □ premiare, ricompensare (*raro*), rimeritare (*lett.*) **CONTR.** ricusare, negare, rinnegare, misconoscere, respingere, escludere ***5*** (*di luogo, di fatto*) verificare, ispezionare, esaminare, constatare □ diagnosticare (*est.*) ***B*** **riconoscersi** *v. rifl.* ***1*** (*innocente o colpevole*) dichiararsi, professarsi, protestarsi, confessarsi, conoscersi (*lett.*) ***2*** identificarsi, vedersi (*fig.*). *V. anche* CONSTATARE, GIUDICARE

riconoscìbile *agg.* identificabile, ravvisabile, individuabile, distinguibile, distinto, definibile, discernibile, classificabile, raffigurabile **CONTR.** irriconoscibile, indistinguibile, inconoscibile.

riconosciménto *s. m.* ***1*** identificazione □ ravvisamento, individuazione □ avvistamento, scoprimento, scoperta □ discernimento □ constatazione ***2*** (*di favore, di servizio*) contraccambio, scambio, ricambio □ disobbligo □ compenso, encomio, ricompensa, premio, benemerenza, benemerito (*raro*), medaglia □ riconoscenza, gratitudine ***3*** (*di colpa, di errore, ecc.*) ammissione, dichiarazione, confessione **CONTR.** rinnegamento ***4*** (*di diritto, di autorità, ecc.*) accettazione, proclamazione **CONTR.** disconoscimento ***5*** (*teat.*) agnizione.

riconosciùto *part. pass. di* **riconoscere**; *anche agg.* ***1*** ravvisato, identificato, individuato □ avvistato, visto □ ritrovato ***2*** (*di torto, di merito, ecc.*) ammesso, confessato, dichiarato **CONTR.** ricusato, rifiutato, misconosciuto, smentito ***3*** (*fig.*) (*di persona*) qualificato, apprezzato, considerato, quotato, stimato **CONTR.** squalificato, screditato □ misconosciuto ***4*** (*dir.*) rato, accettato **CONTR.** contestato, discusso.

riconquìsta *s. f.* recupero, riacquisto □ rioccupazione □ riscossa, rivincita **CONTR.** perdita, abbandono.

riconquistàre *v. tr.* ***1*** conquistare di nuovo ***2*** (*di fiducia, di salute, ecc.*) recuperare, riacquistare, ripigliare (*fam.*), riprendere, riottenere, riavere, riguadagnare □ ritrovare **CONTR.** perdere ***3*** (*di territorio, di potere, ecc.*) riprendere, rioccupare, ripigliarsi.

riconségna *s. f.* restituzione **CONTR.** sequestro, sottrazione.

riconsegnàre *v. tr.* ***1*** consegnare di nuovo ***2*** restituire, ridare, riportare, rendere □ rinviare, rimandare **CONTR.** riprendere, tenere, conservare.

riconsideràre *v. tr.* (*di questione, di situazione, ecc.*) considerare di nuovo, riesaminare, rianalizzare, ripensare, rivedere, rivisitare (*fig.*), ritornare □ scandagliare, vagliare, verificare, approfondire, riflettere, ponderare □ rimasticare (*fig.*), ruminare (*fig.*) □ ridefinire.

ricontrollàre *v. tr.* riesaminare, riguardare.

riconversióne *s. f.* trasformazione.

riconvertìre *v. tr.* ***1*** convertire nuovamente ***2*** (*est.*) convincere, persuadere **CONTR.** dissuadere, distogliere ***3*** trasformare, utilizzare altrove.

ricopèrto *part. pass. di* **ricoprire**; *anche agg.* ***1*** coperto, rivestito, foderato, avvolto, tappezzato, placcato **CONTR.** scoperto, grezzo, vivo, nudo ***2*** cosparso, costellato **CONTR.** spoglio, spogliato ***3*** nascosto, celato, occultato, riparato **CONTR.** scoperto, in vista.

ricopiàre *v. tr.* ***1*** (*di scritto*) copiare, trascrivere ***2*** (*di modello, di artista, ecc.*) imitare, riprodurre, ritrarre, ricalcare □ contraffare, simulare □ scopiazzare.

ricopiàto *part. pass. di* **ricopiare**; *anche agg.* copiato, trascritto, riprodotto, ricalcato □ imitato.

ricoprìre ***A*** *v. tr.* ***1*** coprire di nuovo ***2*** coprire, rivestire, vestire (*fig.*), avvolgere, incartare, foderare, tappezzare, placcare, patinare, incrostare, tegumentare (*raro*), fasciare **CONTR.** scoprire, svolgere, scrostare, denudare, spogliare ***3*** (*est.*) (*di trincea, di postazione, ecc.*) riparare, proteggere □ mimetizzare **CONTR.** scoprire ***4*** (*di attenzioni, di denaro, ecc.*) colmare, riempire, circondare, ricolmare, subissare (*fig.*) ***5*** (*di difetto, di pensiero, ecc.*) nascondere, celare, occultare □ riparare, difendere **CONTR.** mostrare, palesare, denudare (*fig.*) ***6*** (*di incarico, di ruolo, ecc.*) avere, svolgere, assumere, occupare ***B*** **ricoprirsi** *v. rifl.* ***1*** rivestirsi, coprirsi, vestirsi, tappezzarsi, avvolgersi, ammantarsi, fasciarsi **CONTR.** scoprirsi, denudarsi, spogliarsi ***2*** (*est., fig.*) ripararsi, difendersi, occultarsi, celarsi, nascondersi **CONTR.** scoprirsi.

ricordànza *s. f.* (*poet.*) ricordo, memoria, rimembranza (*lett.*), reminiscenza **CONTR.** oblio, dimenticanza.

ricordàre ***A*** *v. tr.* ***1*** (*di fatto, di persona, ecc.*) rammentare, rammemorare (*lett.*), rimembrare (*poet.*), sovvenirsi, risovvenirsi (*lett.*), riandare (*fig.*), rivangare, ripensare, rievocare, riesumare, rivivere, ripercorrere □ registrare (*gerg.*), memorizzare □ rimpiangere **CONTR.** dimenticare, scordare, obliare, seppellire (*fig.*), sotterrare (*fig.*) ***2*** (*di persona, di quadro, ecc.*) rassomigliare, assomigliare, somigliare, rammentare, richiamare, rievocare ***3*** (*di persona, di poesia, ecc.*) nominare, menzionare, mentovare (*lett.*), citare □ richiamare, suggerire ***4*** (*di morti, di vittoria, ecc.*) celebrare, rievocare, evocare (*fig.*), commemorare ***B*** **ricordarsi** *v. intr. pron.* rammentarsi, risovvenirsi (*poet.*), sovvenirsi **CONTR.** dimenticarsi, dimenticare, scordarsi, scordare. *V. anche* NARRARE

ricordàto *part. pass. di* **ricordare**; *anche agg.* ***1*** rammentato, rievocato, rimembrato (*poet.*) □ memorizzato, registrato (*gerg.*) **CONTR.** dimenticato, scordato, obliato (*lett.*), obliterato (*fig.*) ***2*** nominato, menzionato, mentovato (*lett.*), citato □ suggerito ***3*** celebrato, rievocato.

ricordìno *s. m.* ***1*** *dim. di* **ricordo** ***2*** souvenir (*fr.*), pensierino.

ricòrdo *s. m.* **1** memoria, rimembranza (*lett.*), ricordanza (*poet.*), reminiscenza **CONTR.** oblio, dimenticanza, oblivione (*lett.*) **2** (*di persona, di data, ecc.*) rimpianto, nostalgia **3** (*di vittoria, di morti, ecc.*) rievocazione, evocazione, commemorazione **4** (*di civiltà, di passato, ecc.*) vestigia, traccia, orma, segno, immagine, testimonianza, documento, monumento, reliquia, cimelio, reperto □ riesumazione (*fig.*) **5** nota, appunto **6** regalo, dono, gingillo, souvenir (*fr.*) **7** (*al pl.*) memoriale, memorie □ autobiografia, biografia.

ricorrènte **A** *part. pres. di* **ricorrere**; *anche agg.* frequente □ intermittente, periodico, ciclico **CONTR.** continuo, ininterrotto, incessante □ episodico **B** *s. m. e f.* attore (*dir.*), richiedente, reclamante, postulante. *V. anche* FREQUENTE

ricorrènza *s. f.* **1** frequenza □ periodicità **2** (*est.*) anniversario, annuale □ festa, celebrazione, giornata, giorno.

ricórrere *v. intr.* **1** (*col pensiero*) riandare, ritornare **2** (*di date, di festa, ecc.*) ripetersi, ripresentarsi, cadere (*fig.*), venire **3** (*a qualcuno, a qualcosa*) rivolgersi, indirizzarsi, appellarsi, adire, invocare, pregare, raccomandarsi, fare appello, implorare, affidarsi, appoggiarsi (*fig.*) **4** (*al dizionario, alla forza, ecc.*) utilizzare, usare, valersi, servirsi, adoperare, richiamarsi **5** adire (*dir.*), domandare, reclamare, impugnare (*dir.*).

ricórso *s. m.* **1** (*all'autorità*) istanza, domanda, reclamo, supplica, richiesta, appello, petizione **2** (*di avvenimento*) ricorrenza □ ritorno □ ritmo, periodicità.

ricostituènte **A** *part. pres. di* **ricostituire**; *anche agg.* fortificante, rinforzante, tonificante **CONTR.** debilitante **B** *s. m.* corroborante, energetico, tonico, stimolante.

ricostituìre **A** *v. tr.* **1** (*di governo, di società, ecc.*) rifare, ricomporre, ripristinare, riordinare, rinnovare, riformare, rimpastare (*fig.*) **CONTR.** disfare, sciogliere, disciogliere **2** (*fig.*) (*di forze, di organismo, ecc.*) corroborare, rinvigorire, rinforzare, fortificare, tonificare, rigenerare **CONTR.** debilitare, indebolire, infiacchire **3** (*di documento, di scritto, ecc.*) ricostruire □ rimaneggiare, ricucire (*fig.*), rimpastare (*fig.*) **B** **ricostituirsi** *v. intr. pron.* **1** (*di governo, di società, ecc.*) ricomporsi, riordinarsi, riformarsi, rifarsi **CONTR.** sciogliersi, disciogliersi, disgregarsi **2** (*di persona*) rimettersi, rinforzarsi, rigenerarsi, corroborarsi, rinvigorirsi **CONTR.** debilitarsi, indebolirsi, infiacchirsi.

ricostituzióne *s. f.* ricomposizione, ripristino, ripristinamento, riordinamento, rinnovamento, riformazione, rimpasto, restaurazione **CONTR.** scioglimento, discioglimento, fine □ sbandamento.

ricostruìre *v. tr.* **1** costruire di nuovo, riedificare, rifare **CONTR.** abbattere, demolire, radere, distruggere, diroccare, disfare **2** restaurare, rinnovare, riparare, riattare, ripristinare, ricomporre **CONTR.** abbandonare.

ricostruzióne *s. f.* ripristino, rinnovamento, riedificazione, restauro, rifacimento **CONTR.** abbandono □ distruzione, abbattimento, demolizione, devastazione □ sfascio, dissesto, rovina.

ricoveràre **A** *v. tr.* **1** alloggiare, albergare, raccogliere **2** (*in ospedale, in ospizio, ecc.*) accogliere, ospitare, ricettare (*raro, lett.*) **CONTR.** dimettere **3** (*in manicomio, ecc.*) rinchiudere, internare **B** **ricoverarsi** *v. intr. pron.* ripararsi, rifugiarsi, nascondersi □ rinchiudersi, ritirarsi.

ricoveràto **A** *part. pass. di* **ricoverare**; *anche agg.* accolto, ospitato, riparato □ internato, rinchiuso **CONTR.** liberato **B** *s. m.* (*in ospedale, in ospizio, ecc.*) degente, ospite **CONTR.** dimesso.

ricòvero *s. m.* **1** rifugio, asilo, ricetto (*lett.*), albergo □ tetto, riparo □ (*di animale*) stalla **2** ospizio, brefotrofio **3** (*in ospedale*) degenza.

ricreàre **A** *v. tr.* **1** creare di nuovo, rifare, rinnovare, ricomporre **CONTR.** rompere, rovinare, disfare, distruggere **2** (*di spirito, di vista, ecc.*) ristorare, sollevare, risollevare, confortare, consolare, rilassare **CONTR.** affliggere, rattristare, attristare (*lett.*), opprimere, avvilire **3** (*est., ass.*) (*di persona*) divertire, rallegrare, dilettare, allietare, deliziare, distrarre, divagare, svagare, sollazzare, trastullare **CONTR.** affliggere, rattristare, annoiare, tediare, scocciare (*pop.*), avvilire, demoralizzare, importunare, disgustare **4** (*di fisico, di forze*) rinvigorire, ritemprare, rinverdire (*fig., fam.*) **CONTR.** indebolire, abbattere, infiacchire **B** **ricrearsi** *v. rifl.* **1** sollevarsi, confortarsi, consolarsi, rilassarsi, ristorarsi, rinfrescarsi (*est.*), risollevarsi **CONTR.** affliggersi, rattristarsi, avvilirsi, demoralizzarsi **2** (*di fisico, di forze*) rinvigorirsi, ritemprarsi **CONTR.** indebolirsi, abbattersi, infiacchirsi □ strapazzarsi, straccarsi **3** (*est.*) divertirsi, dilettarsi, deliziarsi, distrarsi, divagarsi, svagarsi, sollazzarsi, spassarsela **CONTR.** affliggersi, rattristarsi, avvilirsi □ annoiarsi, tediarsi **C** *v. intr. pron.* riformarsi, rifarsi.

ricreatìvo *agg.* distensivo, piacevole, divertente, lusorio (*lett.*), ludico (*lett.*) **CONTR.** triste, rattristante, demoralizzante □ noioso.

ricreazióne *s. f.* **1** ristoro, riposo, sollievo, relax (*ingl.*), distrazione, svago, diporto, passatempo, sollazzo (*lett.*), spasso, gioco, sport (*est.*) **2** (*a scuola*) intervallo, pausa.

ricrédersi *v. intr. pron.* credere diversamente, cambiare opinione, convincersi del contrario, disingannarsi □ pentirsi, ravvedersi.

ricucìre *v. tr.* **1** cucire di nuovo, rammendare, raccomodare **CONTR.** scucire, strappare, stracciare, sbrindellare **2** (*fig.*) (*di scritti, di componimenti, ecc.*) accozzare, unire, riunire, raffazzonare, acconciare **3** (*chir.*) rimarginare, suturare **4** (*fig.*) (*di amicizia, di controversia, ecc.*) ricomporre, ricostituire **5** (*di cose*) ricollegare, riconnettere.

ricucitùra *s. f.* **1** rammendo, rammendatura, rattoppo **2** (*fig.*) (*di scritti, di componimenti, ecc.*) accozzamento, raffazzonamento, rabberciatura **3** (*fig.*) (*di amicizia, di controversia, ecc.*) ricomposizione.

ricuperàre e deriv. *V.* **recuperare** e deriv.

ricùrvo *agg.* **1** curvo, curvato, ritorto, arcuato, falcato, lunato, inarcato, incurvato, bombato, curvilineo □ adunco **CONTR.** diritto, rettilineo □ verticale, orizzontale **2** (*est.*) (*di persona*) piegato, chino, ripiegato, reclinato, inclinato, curvo, storto **CONTR.** diritto, eretto, rigido, impalato, impettito, ritto.

ridacchiàre *v. intr.* ridere, sogghignare, sghignazzare. *V. anche* RIDERE

ridanciàno *agg.* **1** (*di persona*) allegro, ameno, ridente, ilare, ridarello **CONTR.** imbronciato, musone, piagnucoloso, noioso, serio, triste, corrucciato, grave, ingrugnito, gemebondo **2** (*di discorso, di scritto, ecc.*) beffardo, spiritoso, canzonatorio, satirico, faceto, derisorio, giocoso, scherzoso, lepido, mordace, burlone **CONTR.** serio, contegnoso, triste.

ridàre *v. tr.* **1** dare di nuovo □ (*di stima e sim.*) ridonare, restituire, rendere **CONTR.** riprendere **2** restituire, rendere, riconsegnare, riportare □ rinviare, rimandare □ rifondere, rimborsare, risarcire, ripagare **CONTR.** trattenere, tenere, sequestrare, togliere □ riprendere, ritogliere □ derubare, depredare.

ridefinìre *v. tr.* rivedere, riconsiderare, modificare.

ridènte *part. pres. di* **ridere**; *anche agg.* **1** (*di persona, di occhi, ecc.*) gongolante □ allegro, sorridente, ilare, gaio, sereno, vispo, vivace □ gioioso, lieto, festante (*lett.*), festoso **CONTR.** serio, fosco, funereo, arcigno, torvo □ musone, burbero □ triste, piangente, piagnucoloso, lacrimante, gemebondo, sconsolato, dolente, mesto □ imbronciato, ingrugnito **2** (*di luogo*) piacevole, ameno, dilettevole, allegro, gaio, gioioso, bello, vivace, sereno, delizioso, paradisiaco **CONTR.** cupo, chiuso, triste, uggioso, desolato, malinconico, lugubre, macabro, sinistro, sepolcrale, tetro, squallido.

ridere **A** *v. intr.* **1** sorridere, ridacchiare, sogghignare, ghignare, sghignazzare, sbellicarsi, scompisciarsi (*pop.*), sganasciarsi, smascellarsi **CONTR.** piangere, rattristarsi, lamentarsi, lagnarsi, singhiozzare, frignare **2** gioire, esultare, rallegrarsi, tripudiare **CONTR.** rattristarsi, affliggersi, addolorarsi, soffrire, sconfortarsi, penare, crucciarsi **3** (*fig., lett.*) (*di occhi, di volto, ecc.*) brillare, splendere, irradiare, luccicare, raggiare, rifulgere, rilucere, risplendere, scintillare, balenare, sfolgorare, sfavillare, fiammeggiare **CONTR.** offuscarsi, incupirsi, spegnersi, velarsi, annebbiarsi **4** (*lett.*) (*di fortuna e sim.*) arridere, essere favorevole **CONTR.** avversare, contrariare **B** **ridersi** *v. intr. pron.* **1** burlarsi, beffarsi, prendersi gioco **2** non temere, non considerare, fregarsene (*pop.*), infischiarsene **CONTR.** considerare, importarsene **FRAS.** *fare morire dal ridere* (*fig.*), essere molto divertente, pazzesco o paradossale □ *far ridere*, essere ridicoli □ *far ridere i polli, i sassi, le panche, il mondo, ecc.* (*fig.*), essere estremamente ridicoli □ *ridere a denti stretti, ridere verde* (*fig.*), ridere malvolentieri, per dovere □ *ridere sotto i baffi* (*fig.*), sogghignare □ *ridere di cuore*, ridere gustosamente □ *ridere in faccia* (*fig.*), ridere di scherno □ *essere tutto da ridere*, essere estremamente ridicolo, assurdo, stupidissimo.

RIDERE
sinonimia strutturata

Il mostrare allegria, specialmente spontanea e improvvisa, con particolare contrazione e increspamento dei muscoli della faccia e l'emissione di suoni caratteristici si definisce **ridere**: *scoppiare a ridere*; *ridere per un moto nervoso, per il solletico*; *non c'è da ridere* si dice in situazioni che non offrono occasione per **gioire**, **tripudiare**, **esultare**, **rallegrarsi**, ovvero non danno motivo di essere contenti, ma che anzi di solito provocano rammarico o preoccupazione. Ridere a fior di labbra e senza rumore equivale a **sorridere**, mentre **smascellarsi**, il popolare **scompisciarsi**, **sganasciarsi** e **sbellicarsi** indicano il ridere a crepapelle, fragorosamente e quasi senza potersi contenere. **Sghignazzare** indica una risata rumorosa ma anche di scherno: *stanno sghignazzando di te*; designa un riso meno sguaiato, e quindi è meno incisivo **ridacchiare**, che equivale a ridere a più riprese e a brevi tratti senza compiacenza, ma con intenzione maligna e canzonatoria: *alla sua vista, tutti presero a ridacchiare*. Un'intenzione molto simile porta a **ghignare** e **sogghignare**, ossia a manifestare ridendo malizia, cattiveria, disprezzo e sarcasmo.

Per estensione, e detto ad esempio di occhi, ridere significa mostrare contentezza, e quindi **rilucere**, **scintillare**, **luccicare** di gioia: *i suoi occhi ridono*; più forti sono **balenare** e **fiammeggiare**, che indicano il mandare lampi di luce, in senso figurato.

Molto vicino è l'uso figurato e letterario del verbo, che riferito alla natura la descrive mostrarsi in tutta la sua bellezza, e quindi **brillare** nella pienezza vivace dei suoi colori; in questo senso può essere sostituito da **splendere**, **risplendere**, **sfolgorare**, **sfavillare**, **rifulgere**, **raggiare**: *il cielo rideva*; *ridono i prati / e 'l ciel si rasserena* (PETRARCA).

Sempre in contesti letterari ma in riferimento alla fortuna, alla sorte, ridere indica il suo mostrarsi amica, ossia **arridere**, **essere favorevole**: *gli ha riso la fortuna.*

Altri significati ancora assume il verbo nella sua forma intransitiva pronominale **ridersi**, che significa innanzitutto prendere in giro, ossia **burlarsi**, **beffarsi**, **prendersi gioco** di qualcosa o di qualcuno: *ridersi della stoltezza di qualcuno*. Infine, sempre nell'uso intransitivo ridere indica il non fare conto, il **non considerare** qualcosa: *mi rido delle vostre minacce*; equivalenti ma di uso molto colloquiale e inelegante sono **fregarsene** e **infischiarsene**. **Non temere** si differenzia perché non sottolinea particolarmente un atteggiamento di superiorità e sprezzo.

ridestàre **A** *v. tr.* **1** risvegliare, destare, risvegliare □ riscuotere **CONTR.** riaddormentare, addormentare, riassopire, assopire, sopire (*lett.*) **2** (*fig.*) ravvivare, scuotere, rianimare, rinvigorire, vivificare **CONTR.** abbattere, avvilire, scoraggiare **3** (*fig.*) (*di sentimenti*) riaccendere, rinfocolare, risuscitare, eccitare, stimolare, riattizzare, infiammare □ fomentare, rieccitare **CONTR.** spegnere, smorzare, mitigare, placare, calmare **B** **ridestarsi** *v. intr. pron.* **1** risvegliarsi, destarsi, svegliarsi □ scuotersi **CONTR.** addormentarsi, assopirsi, dormire **2** (*fig.*) (*di persona, di sentimenti*) risorgere, rinascere, rinfocolarsi, scuotersi, riscuotersi, rianimarsi, rinvigorirsi, rinverdirsi, vivificarsi **CONTR.** abbattersi, avvilirsi, scoraggiarsi □ riassopirsi, spegnersi, morire. *V. anche* SCUOTERE

ridétto *part. pass. di* **ridire**; *anche agg.* **1** ripetuto □ ritrito **2** riferito, riportato.

ridicolàggine *s. f.* **1** ridicolezza, goffaggine, burletta, buffonata, buffoneria, burattinata, amenità, comica, commedia (*est., scherz.*), sciocchezza, scimunitaggine, ridicolo **2** (*est.*) inezia, piccolezza, meschinità, coserella, bagattella, baggianata, sciocchezzuola.

ridicolménte *avv.* **1** buffamente, comicamente, grottescamente, goffamente **CONTR.** seriamente, severamente, tragicamente **2** (*est.*) meschinamente, irrisoriamente **CONTR.** notevolmente, considerevolmente.

ridìcolo **A** *agg.* **1** risibile, comico, buffo, grottesco, caricaturale, umoristico, buffonesco, pagliaccesco, claunesco, arlecchinesco, carnevalesco (*fig.*), parodistico, farsesco, goffo, burlesco, puerile, strampalato, eccessivo, assurdo, curioso, bislacco, ameno **CONTR.** serio, severo, grave, drammatico, tragico, rattristante **2** (*est.*) meschino, inadeguato, esiguo, irrisorio, inconsistente, irrilevante **CONTR.** consistente, rilevante, ragguardevole, rispettabile, notevole **B** *s. m.* comicità, ridicolaggine □ arguzia, spirito □ parodia. *V. anche* ASSURDO

ridimensionàre *v. tr.* (*fig.*) ridurre, sgonfiare **CONTR.** enfatizzare, ingigantire, ingrandire, montare.

ridipìngere *v. tr.* **1** dipingere di nuovo, ripitturare, ricolorare, ritinteggiare, riaffrescare **2** ritoccare.

ridìre *v. tr.* **1** dire di nuovo, ripetere, ribadire, rifriggere (*fig.*), confermare, riconfermare, rinnovare, riaffermare, ricantare (*fam.*) □ replicare, reiterare □ ricapitolare (*est.*) **2** riferire, riportare, spifferare (*fam.*), chiacchierare, rivelare, svelare, confidare, propalare, divulgare, diffondere **CONTR.** tacere, celare, occultare, nascondere **3** narrare, raccontare, esporre, dire, riferire **CONTR.** tacere, celare **4** criticare, biasimare, censurare, osservare, obiettare, eccepire, riprendere, disapprovare, condannare □ rispondere, controbattere □ rinfacciare **CONTR.** lodare, approvare, elogiare, esaltare, decantare □ assentire, acconsentire.

ridondànte *agg.* **1** sovrabbondante, eccessivo, abbondante, traboccante, esuberante, riboccante, soverchio (*lett.*), rigurgitante, sovreccedente □ pleonastico (*est.*) **CONTR.** moderato, temperato, limitato, sobrio **2** retorico, prolisso, ampolloso, gonfio, tronfio, frondoso (*fig.*), magniloquente, altisonante **CONTR.** scarno, conciso, stringato, laconico, sintetico, sinottico. *V. anche* SUPERFLUO

ridondànza *s. f.* **1** sovrabbondanza, abbondanza, eccesso, eccessività, sovreccedenza, esuberanza, profusione □ pleonasmo (*ling.*) **CONTR.** povertà, moderatezza, limitatezza **2** retorica, prolissità, ampollosità, enfasi, grandiloquenza, magniloquenza, verbosità, frondosità (*fig.*) **CONTR.** semplicità, stringatezza, sobrietà, laconicità, concisione.

ridòsso *s. m.* riparo □ contrafforte **FRAS.** *a ridosso* (*fig.*), alle spalle.

ridótto **A** *part. pass. di* **ridurre**; *anche agg.* rimpiccolito, diminuito, abbassato, contratto, ristretto, limitato □ abbreviato, accorciato, tagliato □ compendiato, riassunto, mutilato (*est., fig.*) □ calato, scemato □ parziale □ piccolo, mignon (*fr.*), tascabile **CONTR.** aumentato, accresciuto, allargato, ampliato, amplificato, esteso, ingrossato, dilatato □ moltiplicato, decuplicato, centuplicato **B** *s. m.* **1** (*di cinema, di teatro*) atrio, foyer (*fr.*), hall (*ingl.*) **2** (*mil.*) ridotta, postazione, fortino **3** ritrovo, casino, casinò.

riducìbile *agg.* **1** diminuibile, abbassabile, accorciabile **CONTR.** irriducibile □ aumentabile **2** modificabile, trasformabile **CONTR.** intrasformabile **3** (*di discorso, di ragionamento, ecc.*) riconducibile, limitabile, condensabile, compendiabile **CONTR.** estensibile.

ridùrre **A** *v. tr.* **1** ricondurre, portare, condurre, riportare **2** raccogliere, adunare, ammassare, radunare **CONTR.** sparpagliare, respingere, allontanare, disperdere **3** far diventare, rendere, mutare, fare, trasformare, modificare, cambiare **4** (*di discorso, di scritto*) adattare □ compendiare, condensare (*fig.*), riassumere, sintetizzare, sunteggiare, ricapitolare, riepilogare □ amputare (*fig.*) □ abbreviare, accorciare, tagliare **CONTR.** allargare, amplificare, ampliare, sviluppare **5** (*di locale, di vestito, ecc.*) restringere, rimpicciolire, rimpiccolire **CONTR.** ingrandire, allargare, allungare **6** (*fig.*) (*di tempo, di spesa, ecc.*) diminuire, limitare, contenere, regolare, decurtare, tagliare, risecare (*fig.*) **CONTR.** aumentare □ espandere □ abbondare, largheggiare **7** (*di persona*) costringere, obbligare, indurre **8** (*est.*) diminuire, abbassare, scorciare, assottigliare, contrarre □ mutilare (*est., fig.*) □ miniaturizzare **CONTR.** ingrossare, dilatare, slargare, estendere, stendere □ moltiplicare **9** (*med.*) (*di frattura ossea*) aggiustare **B** **ridursi** *v. intr. pron.* **1** (*di persona*) conciarsi, ritrovarsi **2** (*di cosa*) restringersi, diminuire, scemare, calare, rimpiccolirsi, rimpicciolirsi, impiccolirsi, assottigliarsi, accorciarsi, scorciarsi □ compendiarsi **CONTR.** allargarsi, allungarsi, aumentare, ingrandirsi, ingrossarsi, ampliarsi, dilatarsi, slargarsi, espandersi, estendersi □ moltiplicarsi **3** (*di persona*) rifugiarsi, ritirarsi, ritrarsi, ripararsi, nascondersi. *V. anche* COSTRINGERE, DIMINUIRE, TAGLIARE

riduttìvo *agg.* limitativo, restrittivo **CONTR.** estensivo.

riduttóre *s. m.* regolatore, trasformatore □ (*di presa elettrica*) adattatore.

riduzióne *s. f.* **1** diminuzione, limitazione, calo, abbassamento, contrazione, decremento, flessione, decurtazione, erosione □ rimpiccolimento, restringimento, assottigliamento, accorciatura □ miniaturizzazione □ rallentamento, ristagnamento, ristagno □ strozzatura, strozzamento **CONTR.** aumento, sviluppo, espansione, proliferazione □ ingrandimento, allargamento, allargatura, allungamento, amplificazione, dilatazione, estensione, ingrossamento □ moltiplicazione **2** (*est.*) sconto, ribasso □ tara (*ant.*) □ abbuono **CONTR.** aumento, maggiorazione, rincaro **3** adattamento, trasformazione, modificazione □ sceneggiatura □ sceneggiato (*tv.*) □ spartito (*mus.*) **4** (*est.*) (*di discorso, di scritto*) semplificazione, riassunto, sunto, accorciamento, abrégé (*fr.*), compendio □ riepilogo, ricapitolazione **CONTR.** ampliamento, sviluppo.

V. *anche* RIASSUNTO

riecheggiàre *v. intr.* **1** echeggiare, risonare, rimbombare, rombare, rumoreggiare □ rintronare **2** (*fig.*) (*di ricordi, di parole, ecc.*) sentirsi, avvertirsi, ravvisarsi, notarsi.

riedificàre *v. tr.* ricostruire, rifare, rifabbricare **CONTR.** abbattere, distruggere.

rieducàre *v. tr.* **1** correggere, riprendere, migliorare **2** (*di parti del corpo*) riattivare.

rieducazióne *s. f.* **1** correzione **2** (*di parti del corpo*) riattivazione.

riemèrgere *v. intr.* **1** emergere di nuovo **CONTR.** affondare, immergersi **2** (*fig.*) risorgere **CONTR.** finire, sparire **3** (*di macchia, di muffa*) rifiorire, riaffiorare.

riempìre ***A*** *v. tr.* **1** colmare, empire, ricolmare □ imbottire, farcire, infarcire, lardellare (*fig.*) □ inzeppare, stipare, stivare □ saturare, impregnare, imbibire □ coprire (*fig.*), ricoprire □ subissare, inondare (*fig.*) □ caricare □ saziare, sfamare, impinzare, stuccare □ gremire, affollare, occupare □ popolare **CONTR.** vuotare, svuotare, evacuare, liberare □ scaricare □ esaurire □ asciugare (*fig.*) **2** (*di modulo, di scheda e sim.*) compilare, redigere ***B*** **riempirsi** *v. intr. pron.* diventare pieno, stiparsi, colmarsi, caricarsi, coprirsi, impregnarsi, imbeversi, gremirsi, popolarsi **CONTR.** vuotarsi, svuotarsi, liberarsi ***C*** *v. rifl.* (*di cibo, ecc.*) ingozzarsi, satollarsi, saziarsi, abbuffarsi, rimpinzarsi □ saturarsi **CONTR.** digiunare.

riempitivo ***A*** *agg.* (*fig.*) superfluo, eccessivo, pleonastico ***B*** *s. m.* **1** additivo, filler (*ingl.*) **2** (*fig.*) pleonasmo, zeppa (*est.*), tappabuchi (*fam.*).

rientrànte *part. pres. di* **rientrare**; *anche agg.* incurvato, incavato, concavo **CONTR.** sporgente, saliente (*lett.*), prominente, rilevato, protuberante, convesso.

rientrànza *s. f.* **1** rientramento, cavità, incavo, concavità **CONTR.** sporgenza, aggetto (*edil.*), prominenza, protuberanza, rilevamento, rilievo, rialto, rialzo **2** (*di costa*) insenatura, seno, golfo, cala, baia, sacca (*fig.*) □ (*di fiume, ecc.*) ansa.

rientràre *v. intr.* **1** tornare, rincasare, ritornare **CONTR.** uscire, andarsene □ ripartire, riuscire **2** (*di tessuto e sim.*) restringersi, accorciarsi, ritirarsi, ridursi **CONTR.** allargarsi, allungarsi, estendersi **3** (*di muro, di fiume, ecc.*) incurvarsi, piegarsi **4** (*di lavoro, di denaro, ecc.*) ricadere □ fare parte, essere compreso, ritornare **CONTR.** esorbitare, esulare, essere escluso.

rientràto *part. pass. di* **rientrare**; *anche agg.* **1** ritornato, rincasato, tornato **CONTR.** uscito **2** (*di tessuto e sim.*) accorciato, ritirato, ristretto **CONTR.** allargato, allungato **3** (*fig.*) (*di tentativo, di azione*) fallito, mancato, incompiuto **CONTR.** riuscito, compiuto, completo **4** concavo **CONTR.** sporgente, prominente, rilevato.

riéntro *s. m.* **1** ritorno, rimpatrio, reingresso □ ritirata **CONTR.** andata, uscita □ sconfinamento **2** (*di tessuto e sim.*) accorciamento, restringimento **CONTR.** allargamento, allungamento.

riepilogàre *v. tr.* riassumere, ricapitolare, compendiare, epilogare (*raro*), sintetizzare, sunteggiare, condensare □ abbreviare, ridurre, restringere, stringere □ concludere **CONTR.** estendere, dettagliare, allungare, analizzare.

riepìlogo *s. m.* riassunto, ricapitolazione, compendio, sommario, sintesi, sunto, riduzione, conclusione, estratto, sinossi, abrégé (*fr.*) □ specchietto. V. *anche* RIASSUNTO

riesàme *s. m.* revisione, rilettura, rivisitazione □ disamina, correzione, controllo.

riesaminàre *v. tr.* riprovare, ricontrollare, disaminare, riguardare, riscontrare, rivedere, riconsiderare, rivisitare, ripassare, verificare, revisionare. V. *anche* CORREGGERE

riesumàre *v. tr.* **1** (*di cadavere*) dissotterrare, disseppellire, esumare **CONTR.** seppellire, sotterrare, interrare, inumare, tumulare **2** (*fig.*) (*di ricordo, di tempo, ecc.*) ricordare, evocare, rievocare, rivangare □ ritrovare **CONTR.** dimenticare, obliare.

riesumazióne *s. f.* **1** (*di cadavere*) dissotterramento, disseppellimento, esumazione **CONTR.** seppellimento, inumazione **2** (*fig.*) (*di ricordo, di tempo, ecc.*) ricordo, rievocazione **CONTR.** dimenticanza, oblio.

rievocàre *v. tr.* **1** ricordare, riparlare, ridestare, evocare, rinvangare, rivangare, rammentare, rammemorare (*lett.*), rimemorare (*ant.*), rimembrare (*poet.*), risovvenire (*lett.*), ripensare, menzionare, richiamare □ rivivere, riandare (*fig.*) □ risalire (*fig.*) □ riesumare □ disseppellire (*fig.*), dissotterrare (*fig.*) **CONTR.** dimenticare, obliare, scordare **2** commemorare, celebrare.

rievocazióne *s. f.* **1** ricordo, memoria, rimembranza (*lett.*), rammemorazione (*lett.*), risovvenimento (*ant.*) □ evocazione, flashback (*ingl.*) □ riesumazione (*fig.*) **CONTR.** dimenticanza, oblio **2** commemorazione, celebrazione.

rifaciménto *s. m.* rifacitura, rielaborazione, riedificazione, rimaneggiamento, rimanipolazione, remake (*ingl.*), riordinamento, rinnovo, ricostruzione, ristrutturazione, restauro, rinnovamento, rimodernamento □ riproduzione, copia.

rifàre ***A*** *v. tr.* **1** (*di azione, di errore, ecc.*) fare di nuovo, ripetere, bissare, reiterare, replicare, rinnovare, riprodurre **2** (*di edificio, di cosa, ecc.*) riedificare, ristrutturare, rimodernare, ricostruire, rifabbricare □ ricreare, riformare, ricomporre, ricostituire, ristabilire **CONTR.** abbattere, distruggere **3** (*di letto, di compito, ecc.*) rassettare, riordinare □ rimaneggiare, rielaborare **CONTR.** disfare **4** (*di persona*) rieleggere, eleggere **5** (*di gesto, di voce, ecc.*) imitare, contraffare, scimmiottare, mimare, parodiare **6** (*di alimento*) ricucinare, ricuocere ***B*** **rifarsi** *v. intr. pron.* **1** ridiventare, tornare **2** cominciare, ricominciare **3** (*fisicamente, moralmente*) recuperare, ristabilirsi, rimettersi □ rianimarsi □ rinnovarsi **4** (*di danno, di perdita*) prendersi la rivincita, risarcirsi, rifondersi □ rivalersi, vendicarsi **5** riallacciarsi, richiamarsi **FRAS.** *rifarsi con qualcuno*, vendicarsi; sfogare ira o malumore su chi non ne è la causa.

rifàtto *part. pass. di* **rifare**; *anche agg.* **1** ripetuto, replicato **2** ricostruito, ristrutturato, riformato, ricostituito, riparato **CONTR.** danneggiato □ abbattuto □ rovinato **3** copiato, imitato, falsificato □ falso, fasullo, spurio, matto (*fam.*) CONTR. originale, primitivo □ autentico, vero, buono (*fam.*).

riferìbile *agg.* ***1*** (*di discorso, di segreto, ecc.*) raccontabile, rivelabile, comunicabile, ripetibile, narrabile, descrivibile, dicibile □ pronunziabile (*est.*) CONTR. irriferibile, inenarrabile, indicibile, irripetibile ***2*** (*di discorso, di azione, ecc.*) ascrivibile, attribuibile □ rapportabile, riconducibile, applicabile, concernente, riguardante, relativo.

riferiménto *s. m.* ***1*** relazione, rapporto, richiamo, citazione ***2*** informazione, notizia, ragguaglio, segnalazione ***3*** (*di discorso e sim.*) allusione, accenno, menzione □ toccatina (*fig.*) ***4*** (*di cosa*) attinenza, riguardo, nesso, connessione □ confronto, paragone. *V. anche* INFORMAZIONE, PARAGONE

riferìre ***A*** *v. tr.* ***1*** (*di discorso*) ridire, riportare □ dire, narrare, raccontare, contare (*lett., dial.*) □ citare □ esporre, descrivere □ testimoniare (*est.*) CONTR. tacere ***2*** (*est.*) (*di segreto*) rivelare, spifferare (*fam.*), svelare, parlare, cantare (*fig.*), chiacchierare □ confessare, confidare CONTR. tacere, nascondere ***3*** (*est.*) (*di fatto, di errore, ecc.*) ascrivere, attribuire, addossare □ rapportare, richiamare, riportare, adattare □ applicare ***B*** **riferirsi** *v. intr. pron.* ***1*** rapportarsi, ricollegarsi, richiamarsi, riportarsi, adattarsi □ rimettersi ***2*** (*di discorso*) accennare, alludere, parlare ***3*** riguardare, concernere, attenere, toccare. *V. anche* NARRARE, PARLARE

riferìto *part. pass. di* **riferire**; *anche agg.* ***1*** (*di discorso*) ridetto, riportato, raccontato, detto □ citato □ descritto □ alluso ***2*** (*est.*) (*di segreto*) rivelato, spifferato (*fam.*), svelato CONTR. taciuto, nascosto ***3*** (*di fatto, di errore, ecc.*) ascritto, attribuito, addossato □ rapportato □ adattato ***4*** inerente.

rìffa *s. f.* lotteria, lotto, pesca (*fig.*).

rifiatàre *v. intr.* ***1*** fiatare, respirare ***2*** (*est.*) parlare ***3*** (*fig.*) riposare, riposarsi, rimettersi, riaversi, distendersi, rilassarsi CONTR. affaticarsi, affannarsi □ affaccendarsi, lavorare, faticare.

rifilàre *v. tr.* ***1*** tagliare a filo, raffilare, rifinire, pareggiare, uguagliare, livellare, refilare, ritagliare ***2*** (*pop.*) (*di cosa falsa, di cosa di poco valore, ecc.*) dare per buono, sbarazzarsi, sbolognare (*fam.*) ***3*** (*fam.*) (*di compito sgradevole, di pugni, ecc.*) affibbiare, appioppare (*fam.*), mollare (*fam.*), assestare.

rifinìre *v. tr.* ***1*** finire, terminare, compiere, completare ***2*** curare, perfezionare, ritoccare, polire (*fig.*), limare (*fig.*) □ lisciare □ ripulire □ cesellare (*est., fig.*) □ tornire (*fig.*) CONTR. abbozzare, schizzare (*fig.*), sbozzare, sgrossare (*est.*) ***3*** (*tosc.*) consumare, esaurire ***4*** (*est.*) rifilare, rettificare (*mecc.*). *V. anche* PULIRE

rifinìto *part. pass. di* **rifinire**; *anche agg.* ***1*** curato, perfetto □ completo, perfezionato □ compiuto □ levigato (*fig.*), lisciato (*fig.*) CONTR. grezzo, rozzo □ abbozzato □ incompiuto, incompleto, abborracciato, raffazzonato, trascurato, grossolano ***2*** (*tosc.*) esausto, consumato, consunto, sfatto, logorato, spossato, esaurito, sfinito CONTR. fiorente, gagliardo, vigoroso, florido.

rifinitùra *s. f.* ***1*** finimento (*raro*), finitura □ perfezionamento, ritocco □ compimento, completamento □ finissaggio □ limatura □ tornitura (*fig.*) □ rifilatura, rettificazione (*mecc.*), aggiustaggio (*mecc.*) CONTR. sgrossamento, sgrossatura □ raffazzonamento, abborracciatura ***2*** guarnizione □ rifinizione.

rifiorìre *v. intr.* ***1*** tornare a fiorire CONTR. sfiorire, avvizzire, appassire ***2*** (*fig.*) (*di salute*) rinvigorirsi, rinforzarsi, migliorare, guarire, ringiovanire, rivivere CONTR. sfinirsi, spossarsi, estenuarsi, stancarsi, deperire, distruggersi, invecchiare, intristire ***3*** (*fig.*) (*di civiltà, di arte, ecc.*) rinascere, rinnovarsi, ricominciare, risorgere, restaurarsi, rivivere, rigenerarsi CONTR. decadere, deteriorarsi, guastarsi, declinare, rovinare ***4*** (*di macchia, di muffa, di ruggine*) ricomparire, riaffiorare, rispuntare, riemergere CONTR. sparire, scomparire.

rifiutàre ***A*** *v. tr.* ***1*** respingere □ riprovare, sconfessare □ cestinare, scartare □ ricusare, rigettare, ripudiare □ sgradire (*raro*), disdegnare, denegare (*lett.*) CONTR. accettare, approvare, accogliere, ammettere □ avallare □ gradire □ adottare, seguire (*fig.*), sposare (*fig.*), pretendere, reclamare, sollecitare □ desiderare, anelare, bramare ***2*** (*di incarico, di responsabilità, ecc.*) declinare, sottrarsi, rinunciare, abdicare (*est., fig.*) □ abbandonare □ scartare, escludere □ astenersi CONTR. accettare □ consentire, acconsentire, accondiscendere □ adempiere □ sobbarcarsi □ arrendersi, cedere, concedere ***3*** (*di consenso, di proposta, di permesso, ecc.*) negare, proibire, vietare □ bocciare CONTR. concedere, permettere, autorizzare, accordare □ rilasciare ***B*** **rifiutarsi** *v. intr. pron.* ricusarsi, recalcitrare (*fig.*) CONTR. conformarsi, piegarsi □ prestarsi.

rifiutàto *part. pass. di* **rifiutare**; *anche agg.* ***1*** respinto, scartato, ripudiato CONTR. accettato □ sostenuto, desiderato, preteso ***2*** (*di incarico*) declinato CONTR. assunto ***3*** (*di permesso, di proposta, ecc.*) negato □ bocciato CONTR. accordato, concesso.

rifiùto *s. m.* ***1*** diniego, ricusa, no, negazione □ veto, proibizione, divieto □ bocciatura □ ripulsa (*lett.*), rigetto, ricusazione (*lett.*), rinuncia CONTR. accettazione, accoglimento □ consenso, assenso □ approvazione □ autorizzazione, permesso □ avallo ***2*** (*di merce*) scarto, avanzo, residuo ***3*** (*di persona*) cialtrone, lazzarone, teppista, canaglia □ gentaglia, feccia ***4*** (*al pl.*) immondizie, spazzatura, immondezza, pattume □ (*est.*) ciarpame, robaccia. *V. anche* OBIEZIONE, RIBELLIONE, RINUNCIA

RIFIUTO
sinonimia strutturata

Il non accettare o il non voler fare qualcosa si definisce **rifiuto**: *il rifiuto di un incarico*; *il tuo improvviso rifiuto ci ha sorpresi*; *rispondere con un rifiuto*. Il sostantivo ha anche significati più circoscritti: ad esempio, in alcuni giochi di carte, rifiuto indica il non rispondere all'invito del compagno, mentre nei concorsi ippici è l'arresto improvviso di un cavallo davanti a un ostacolo. Termini equivalenti ma propri del linguaggio letterario e rari sono **ricusa** e **ricusazione**. Ha connotazione letteraria anche **ripulsa**, che denomina il rifiuto di una richiesta: *ricevere una ripulsa alla domanda di matrimonio*; il non concedere qualcosa o semplicemente il rispondere di no corrisponde anche alla **negazione** e al **diniego**: *la negazione del consenso a partire*; *scuotere il capo in segno di diniego*. Di uso più frequente per designare una risposta negativa è **no**: *non mi aspettavo un no*; *il loro no ci è veramente dispiaciuto*; *gli ha detto un no chiaro e tondo*; uguale significato ha in senso figurato **rigetto**: *abbiamo saputo del rigetto della tua proposta*. Il rifiuto spontaneo di qualcosa che è nostro o dovrebbe esserlo per diritto si chiama **rinuncia**: *rinuncia alla corona, all'eredità*.

In un'altra sfera semantica, il rifiuto indica una cosa o persona rifiutata perché di nessun valore: *mettere, buttare tra i rifiuti*; *sbarazzarsi dei rifiuti*; *la merce di rifiuto* è quella di scarto. **Scarto** designa appunto ciò che viene eliminato perché inservibile o non buono: *scarto di magazzino, di fabbrica*; in senso figurato, indica una persona che non vale niente: *scarto d'uomo*; ancora più forte è l'espressione *rifiuti della società*, che si riferisce alla gente peggiore, cioè alla **canaglia**; quest'ultimo vocabolo usato in contesti letterari, al singolare e in senso spregiativo corrisponde a **marmaglia**, mentre nell'uso più frequente indica una persona malvagia e disonesta.

Altri due sinonimi di rifiuto sono **avanzo** e **residuo**, che però sono meno forti perché non richiamano alla mente l'idea dello scartare, ma denominano invece ciò che rimane dopo un'operazione, un processo, un trattamento.

Infine, i rifiuti, ossia ciò che la gente getta via, formano **immondizia**, **immondezza**, **pattume**, **spazzatura**: *raccolta differenziata dei rifiuti*; *il deposito delle immondizie*; *le immondezze di tutto il quartiere*; *buttare qualcosa nella spazzatura*; una sfumatura diversa caratterizza **ciarpame**, che designa non ciò che è già stato gettato, ma una quantità di oggetti vecchi o inutili e privi di valore: *è meglio buttare via questo vecchio ciarpame*.

riflessióne *s. f.* ***1*** considerazione, coagitazione (*lett.*), ponderazione, ripensamento □ consideratezza, ponderatezza, posatezza □ meditazione, raccoglimento □ attenzione, avvertenza, prudenza, previdenza, cautela **CONTR.** leggerezza, irriflessione, spensieratezza, avventatezza, sventatezza, sconsideratezza, distrazione, precipitazione, temerarietà, impulsività, istintività ***2*** (*fis.*) ripiegamento, riverberazione, riverberamento (*raro*), riverbero, riflesso ***3*** osservazione, pensiero, ragionamento, idea, introspezione, consiglio, perscrutazione (*raro, lett.*) □ rilievo, studio. *V. anche* ESAME, PRUDENZA, RAGIONE

riflessìvo *agg.* giudizioso, posato, ponderato, ragionevole, savio, assennato, sensato, serio □ prudente, previdente, cauto, guardingo, attento □ ragionatore □ meditativo, pensieroso, pensoso, cogitabondo (*lett.*), cogitativo **CONTR.** scriteriato, imprudente, incauto, avventato, sventato, temerario, irriflessivo, impulsivo, istintivo, inconsulto, sconsiderato, sconsigliato, scapato, improvvido (*lett.*), superficiale, distratto.

riflèsso (**1**) *s. m.* ***1*** riverbero, riverberazione ***2*** (*fig.*) ripercussione, conseguenza, reazione, effetto, contraccolpo (*fig.*) □ rimbalzo **FRAS.** *di riflesso* (*fig.*), indirettamente.

riflèsso (**2**) *part. pass. di* **riflettere**; *anche agg.* ***1*** rimandato, riverberato, ripercosso **CONTR.** primario ***2*** (*fig.*) rispecchiato, manifestato, svelato, rivelato **CONTR.** nascosto, celato.

riflèttere ***A*** *v. tr.* ***1*** rimandare, riverberare □ riecheggiare ***2*** (*fig.*) (*di discorso, di azione, ecc.*) rispecchiare, manifestare, mostrare, svelare, rivelare, significare, trapelare **CONTR.** nascondere, celare ***B*** *v. intr.* (*di persona*) meditare, pensare, raccogliersi □ ragionare, filosofare, raziocinare, speculare, congetturare, considerare, deliberare (*lett.*), esaminare, lambiccarsi, scervellarsi □ perscrutare (*raro, lett.*), pesare, ponderare, rimuginare, ripensare, riconsiderare, soppesare, calcolare, almanaccare **CONTR.** sragionare, delirare, vaneggiare ***C*** **riflettersi** *v. rifl.* ***1*** riverberarsi, rispecchiarsi, specchiarsi, rimbalzare ***2*** (*fig.*) (*di decisione, di danno, ecc.*) ripercuotersi □ pesare, influire, ricadere. *V. anche* PENSARE

riflettóre *s. m.* faro, proiettore, lampada.

rifluìre *v. intr.* ***1*** scorrere, fluire ***2*** scorrere indietro, ritornare ***3*** (*fig.*) (*di merci, di denaro, ecc.*) affluire, confluire.

riflùsso *s. m.* ***1*** (*di marea, di folla, ecc.*) flusso contrario, ritorno ***2*** bassa marea **CONTR.** alta marea ***3*** (*fig.*) (*di idee, di economia*) recessione □ ritorno al passato, reazione □ rigurgito (*fig.*) **CONTR.** ripresa, avanzata, progresso.

rifocillàre ***A*** *v. tr.* ristorare, satollare, sfamare, nutrire **CONTR.** affamare ***B*** **rifocillarsi** *v. rifl.* ristorarsi, mangiare, satollarsi, sfamarsi, nutrirsi, cibarsi, saziarsi **CONTR.** digiunare.

rifocillàto *part. pass. di* **rifocillare**; *anche agg.* ristorato, satollato, nutrito, sazio **CONTR.** digiuno, affamato.

rifóndere *v. tr.* ***1*** fondere nuovamente ***2*** (*fig.*) (*di scritto*) ricomporre, rimaneggiare, rifare ***3*** (*fig.*) (*di danni, di spese*) indennizzare, risarcire, rimborsare, ripagare □ restituire, rendere, ridare, pagare **CONTR.** incamerare.

riforestàre *v. tr.* rimboschire.

riforestazióne *s. f.* rimboschimento, rimboscamento **CONTR.** disboscamento, deforestazione □ desertificazione.

rifórma *s. f.* ***1*** modifica, miglioramento, innovazione, rinnovamento, cambiamento, revisione, trasformazione, mutamento, modificazione, riorganizzazione, riordinamento, riordino (*bur.*) □ svecchiamento □ novità □ emendamento, correzione **CONTR.** conservazione, status quo (*lat.*) □ controriforma ***2*** (*mil.*) congedo **CONTR.** arruolamento, coscrizione, reclutamento.

riformàre ***A*** *v. tr.* ***1*** formare di nuovo, rifare, ricomporre ***2*** (*di società, di leggi, ecc.*) cambiare, innovare, migliorare, riordinare, correggere, rivedere, mutare, svecchiare, rinnovare, emendare, modificare, trasformare, rifare, ricostituire, riorganizzare, risanare **CONTR.** conservare, confermare, mantenere □ peggiorare ***3*** (*mil.*) scartare, dichiarare inabile, congedare

CONTR. arruolare, reclutare, coscrivere, fare abile **B** **riformarsi** *v. intr. pron.* rifarsi, ricrearsi, ricostituirsi, riprodursi CONTR. disfarsi, sciogliersi, rompersi. *V. anche* CORREGGERE

riformàto *part. pass. di* **riformare**; *anche agg.* **1** cambiato, mutato, innovato, migliorato, corretto, riveduto, modificato, trasformato, rifatto, ricostituito, svecchiato CONTR. immutato, conservato **2** (*mil.*) scartato, inabile, congedato CONTR. abile □ arruolato, reclutato.

riformatóre *s. m.; anche agg.* (*f. -trice*) innovatore, novatore (*lett.*), rinnovatore, progressista, riformista □ riordinatore, riorganizzatore CONTR. conservatore, retrivo, codino, retrogrado, tradizionalista.

riformatòrio *s. m.* casa di correzione, carcere minorile, correzionale.

riformìsta *s. m. e f.; anche agg.* riformatore, moderato, minimalista, menscevico CONTR. massimalista.

rifornimento *s. m.* **1** provvisione (*ant.*), provvista, fornitura, approvvigionamento, vettovagliamento, scorta, riserva **2** (*al pl.*) (*est.*) soccorsi.

rifornìre **A** *v. tr.* approvvigionare, fornire, provvedere, munire, dare, equipaggiare, corredare, attrezzare □ vettovagliare, alimentare CONTR. sfornire, spogliare, privare **B** **rifornirsi** *v. rifl.* fornirsi, munirsi, provvedersi, approvvigionarsi, equipaggiarsi, corredarsi, attrezzarsi □ (*di commercio, ecc.*) servirsi CONTR. sfornirsi, spogliarsi, privarsi.

rifornito *part. pass. di* **rifornire**; *anche agg.* fornito, provvisto, provveduto, dotato, corredato, equipaggiato, munito, attrezzato CONTR. sfornito, privo, sprovvisto.

rifrìtto *agg.* **1** fritto di nuovo **2** (*fig.*) (*di discorso, di idee*) banale, trito, solito, usuale, ordinario, ripetuto, stereotipato, ovvio CONTR. nuovo, originale, inusitato, eccentrico, inedito. *V. anche* BANALE

rifuggìre **A** *v. intr.* **1** fuggire di nuovo **2** (*fig.*) (*da azioni, da discorsi, ecc.*) aborrire, guardarsi, evitare, detestare, esecrare, abominare CONTR. amare, adorare, ammirare **B** *v. tr.* scansare, fuggire, evitare, schivare CONTR. gradire, accettare.

rifugiàrsi *v. intr. pron.* ricoverarsi, nascondersi, ripararsi, ritirarsi, ripararsi, annidarsi, rimpiattarsi, rintanarsi, celarsi, rincantucciarsi CONTR. esporsi, avventurarsi, rivelarsi, svelarsi, scoprirsi, mostrarsi.

rifugiàto *part. pass. di* **rifugiarsi**; *anche agg. e s. m.* fuoruscito, proscritto, esule, sfollato, esiliato □ ricercato.

rifùgio *s. m.* **1** (*anche fig.*) asilo, riparo, difesa, protezione, ricovero, nascondiglio, tetto, ricetto (*lett.*), albergo (*lett.*), recesso (*lett.*) □ ritiro (*est., raro*), santuario (*est.*), casa, nido □ (*fig.*) consolazione, salvezza, salute (*lett.*) **2** (*di montagna*) capanna, baita, casotto **3** (*per anziani, per malati, ecc.*) casa di riposo, ospizio, ricovero **4** (*per bimbi, per orfani, ecc.*) asilo □ orfanotrofio, brefetrofio **5** (*di sfaccendati, di giocatori, ecc.*) ritrovo, ricettacolo, ricetto (*lett.*), porto, covo, covile, tana.

rifùlgere *v. intr.* risplendere, brillare, splendere, rilucere, sfavillare, fiammeggiare, folgorare (*raro*), sfolgorare, fulgere (*lett.*), raggiare, scintillare, sfolgoreggiare (*lett.*), smagliare (*ant.*), luccicare, rutilare, lampeggiare, balenare CONTR. oscurarsi, offuscarsi, spegnersi, rabbuiarsi, velarsi, annebbiarsi. *V. anche* RIDERE

rifusióne *s. f.* **1** (*fig.*) (*di danni, di denaro*) restituzione, rimborso, risarcimento, pagamento, indennizzo, indennità CONTR. incameramento **2** (*fig.*) (*di scritto*) ricomposizione, rimaneggiamento.

rìga *s. f.* **1** linea, tratto, trattino, frego, rigo, solco, striatura, stria, striscia, segno, rigatura, solcatura **2** (*est.*) (*di soldati, di alberi, ecc.*) serie, fila, ordine, allineamento, rango, teoria, filza, infilata, coda, schieramento, incolonnamento **3** fila di parole □ verso **4** (*di capelli*) scriminatura, divisa, scriminale **5** (*di strumento*) doppio decimetro, righello **6** (*di apparecchio*) tacca, segno, linea, stecca **7** (*di stoffa, di colore, ecc.*) banda, lista FRAS. *rimettersi in riga* (*fig.*), tornare all'obbedienza, filare diritto □ *leggere tra le righe* (*fig.*), capire ciò che è sottinteso □ *riga tipografica*, cicero □ *rompere le righe* (*fig.*), sfuggire al controllo □ *sopra le righe*, eccessivo, sproporzionato.

rigàglia *s. f.* **1** (*spec. al pl.*) (*di volatile*) interiora, frattaglie **2** (*di seta*) cascame, avanzo, rimasuglio.

rigàgnolo *s. m.* rivolo, rivoletto □ (*est.*) rivo, rio, ruscelletto, canaletto, gora.

rigàre *v. tr.* **1** tracciare, listare □ striare, venare □ segnare, sfregiare, graffiare □ scannellare, scanalare, solcare, zigrinare **2** righettare, vergare **3** (*di lacrime*) solcare, bagnare FRAS. *rigare diritto* (*fig.*), fare il proprio dovere.

rigàto *part. pass. di* **rigare**; *anche agg.* solcato, righettato, striato, venato □ segnato, sfregiato □ listato, zebrato □ scanalato, scannellato, zigrinato CONTR. liscio □ uniforme.

rigattière *s. m.* rivendugliolo, ferrovecchio, ferravecchio □ robivecchi □ straccivendolo, cenciaiolo, cenciaio, stracciaiolo.

rigeneràre **A** *v. tr.* **1** generare di nuovo, fare rinascere □ redimere **2** (*fig.*) (*di forze*) ritemprare, rinnovare, migliorare □ (*di ricordo, di sentimento, ecc.*) rinnovellare, rinverdire CONTR. indebolire, fiaccare, peggiorare □ cancellare, sopire **3** (*di cose*) ricostituire, riprodurre, ripristinare, riattivare, reintegrare, riciclare CONTR. distruggere □ abbandonare □ gettare **B** *v. intr. e* **rigenerarsi** *intr. pron.* **1** riprodursi, ricostituirsi, ripristinarsi, rifiorire (*fig.*), riattivarsi CONTR. distruggersi **2** (*fig.*) (*di persona*) migliorarsi, rinnovarsi.

rigenerazióne *s. f.* **1** riproduzione, ricostituzione, ripristino, riattivazione **2** (*fig.*) (*di persona*) redenzione, rinnovazione, palingenesi (*est.*), liberazione, nuova vita, riscatto CONTR. decadimento, decadenza, corruzione, guasto FRAS. *rigenerazione nucleare*, reprocessing (*ingl.*), ritrattamento.

rigettàre **A** *v. tr.* **1** rilanciare, ributtare, rimandare, respingere CONTR. trattenere **2** (*bot.*) germogliare, gemmare, buttare, spuntare, rampollare CONTR. disseccarsi, inaridirsi, morire **3** restituire CONTR. trattenere **4** (*fig.*) (*di proposta, di domanda, ecc.*) respingere, rifiutare, scartare, ricusare CONTR. accettare, accogliere, approvare, ammettere □ soddisfare **5** vomitare, rimettere, raccare (*gerg.*), recere (*raro*), rigurgitare **CONTR.** digerire, trattenere, tener giù (*fam.*) ***B*** **rigettarsi** *v. rifl.* ributtarsi, ritornare ***C*** *v. intr.* (*fig.*) (*di macchie*) rifiorire, ricomparire, riaffiorare, rispuntare, riemergere **CONTR.** sparire, scomparire.

rigètto *s. m.* ***1*** rifiuto, ripulsa, ricusazione, reiezione (*raro*), respingimento **CONTR.** accettazione, accoglimento, consenso □ gradimento ***2*** (*bot.*) pollone ***3*** (*biol.*) distacco, espulsione **CONTR.** attecchimento. *V. anche* RIFIUTO

righèllo *s. m.* riga, stecca, doppio decimetro □ quadrello, listello.

rigidaménte *avv.* severamente, duramente, austeramente, spartanamente, rigorosamente, inflessibilmente, aspramente, strettamente, tenacemente **CONTR.** elasticamente, indulgentemente, tollerantemente, benevolmente, bonariamente, clementemente, teneramente.

rigidità *s. f.* ***1*** rigidezza □ inflessibilità, resistenza □ indeformabilità **CONTR.** flessibilità, morbidezza □ flessuosità □ malleabilità, duttilità, deformabilità ***2*** (*fig.*) (*di carattere, di modi, ecc.*) durezza, severità, inflessibilità, rigore, rigorismo, austerità, fermezza, rigidezza, intransigenza, asprezza, inesorabilità **CONTR.** indulgenza, bonarietà, elasticità, arrendevolezza, tolleranza, condiscendenza, benignità, dolcezza ***3*** (*di arti, di muscoli*) intorpidimento, legnosità.

rigido *agg.* ***1*** indeformabile □ duro, inflessibile **CONTR.** deformabile □ flessibile, elastico, piegabile, curvabile, malleabile, molle, cedevole, duttile, morbido ***2*** (*di membra*) inarticolato, intirizzito, anchilosato, inerte, legnoso, paralizzato **CONTR.** articolato, motile ***3*** (*di andatura, di movimenti, ecc.*) impettito, inamidato (*fig., scherz.*), ritto **CONTR.** elastico, agile, flessuoso, sciolto, snodato, dinoccolato ***4*** (*di clima*) freddo, glaciale, inclemente, aspro, crudo **CONTR.** mite, dolce, clemente □ torrido, caldissimo ***5*** (*fig.*) (*di carattere, di modi, ecc.*) severo, duro, austero □ inflessibile, implacabile, inesorabile □ rigoroso, scrupoloso □ sostenuto, brusco, burbero □ immutabile, tetragono □ imperativo, categorico □ moralistico, moraleggiante **CONTR.** condiscendente, clemente, bonario, arrendevole, indulgente, elastico, tollerante, accomodante, lassista ***6*** (*di vita, di esistenza*) austero, spartano, cenobitico ***7*** (*di disciplina, di regolamento, ecc.*) ferreo, inflessibile, rigoroso. *V. anche* SEVERO

rigiràre ***A*** *v. tr.* ***1*** (*di cosa*) girare, rivolgere, volgere, rivoltare, voltare, voltolare ***2*** (*fig.*) (*di persona*) raggirare, imbrogliare, ingannare, maneggiare ***B*** *v. intr.* muoversi, andare in giro ***C*** **rigirarsi** *v. rifl.* voltarsi, rivoltarsi, volgersi, rivolgersi, voltolarsi.

rigìro *s. m.* ***1*** giro ***2*** (*fig.*) viluppo, garbuglio, intrico, confusione, intreccio ***3*** (*fig.*) imbroglio, intrigo, raggiro, inganno, maneggio, ginepraio, truffa, broglio.

rigo *s. m.* ***1*** linea, riga, tratto, frego, segno, trattino ***2*** (*mus.*) pentagramma.

rigogliosaménte *avv.* prosperosamente, esuberantemente, floridamente, gagliardamente, vigorosamente **CONTR.** debolmente, stentatamente.

rigoglióso *agg.* (*anche fig.*) lussureggiante, verdeggiante, verde, virente (*poet.*), folto, frondoso, fronzuto □ florido, fiorente □ ubertoso (*lett.*), ferace (*lett.*), opimo (*lett.*) □ prospero, prosperoso □ vigoroso, robusto, esuberante □ vivido, vivo, vivace, vegeto **CONTR.** brullo, appassito, vizzo, avvizzito □ intristito, cadente, debole, illanguidito, fragile, stentato, rachitico, asfittico, vecchio. *V. anche* ROBUSTO

rigonfiaménto *s. m.* gonfiezza, gonfio, ingrossamento □ protuberanza, bolla, gobba, gobbo, pancia (*fig.*), bombaggio, entasi (*arch.*) □ turgidezza, turgore □ gonfiore, tumefazione, enfiagione, intumescenza, pomfo **CONTR.** infossamento, incavo, schiacciamento, schiacciatura.

rigónfio *agg.* tumido, turgido, tumefatto, pieno, enfiato, gonfiato, ripieno, ricolmo, rigurgitante, sbuffante, bouffant (*fr.*) **CONTR.** sgonfio, vuoto, infossato, incavato, schiacciato.

rigóre *s. m.* ***1*** (*di clima*) rigidità, freddo, asprezza, rigidezza, durezza, inclemenza, acerbità, crudezza **CONTR.** dolcezza, mitezza, tepore, caldo, calura, canicola ***2*** (*med.*) spasmo, contrattura ***3*** (*di carattere, di modi, ecc.*) severità, inflessibilità, disciplina, fermezza, autoritarismo, rigorosità, rigorismo, gravità, imperturbabilità, tenacia, risolutezza, energia **CONTR.** clemenza, tolleranza, indulgenza, bonarietà, flessibilità, condiscendenza, sopportazione, benignità, volubilità ***4*** (*est.*) (*di idee*) intolleranza, inesorabilità, irremovibilità, intransigenza, fanatismo **CONTR.** tolleranza, pazienza, moderazione, liberalità, permissività ***5*** (*di qualità morale*) austerità, durezza, rigorosità, rettitudine, serietà, gravità, severità, puritanesimo (*est.*) **CONTR.** leggerezza, sconsideratezza, superficialità, futilità, mollezza, lassismo, permissivismo ***6*** (*sport*) penalty (*ingl.*) ***7*** (*di metodo, di indagine, ecc.*) precisione, esattezza, scrupolo, scrupolosità, diligenza, coscienziosità, meticolosità, compasso (*raro, fig.*) **CONTR.** noncuranza, disinvoltura, negligenza, trascuratezza, inesattezza, imprecisione. *V. anche* COSCIENZA, ENERGIA, FANATISMO

rigorìsmo *s. m.* rigorosità, rigore, rigidezza, pedanteria, rigidità, pignoleria **CONTR.** rilassatezza, indulgenza, bonarietà, permissivismo, permissività.

rigorosaménte *avv.* ***1*** rigidamente, severamente, duramente, austeramente, spietatamente, strettamente (*fig.*) **CONTR.** bonariamente, benignamente, permissivamente ***2*** esattamente, precisamente, puntualmente, rettamente, meticolosamente, coscienziosamente, scrupolosamente, strettamente **CONTR.** superficialmente, negligentemente, con leggerezza.

rigorosità *s. f.* rigore.

rigoróso *agg.* ***1*** (*di persona, di disciplina, ecc.*) severo, rigido, ferreo, duro, aspro (*fig.*), inesorabile, inflessibile, implacabile □ irremovibile, irriducibile, fiscale (*fig.*), spietato, crudo □ austero, monacale, conventuale, cenobitico **CONTR.** clemente, tollerante, mite, comprensivo, condiscendente, bonario, flessibile, benigno ***2*** (*di metodo, di controllo, ecc.*) esatto, preciso, meticoloso, scrupoloso, pignolo, diligente, coscienzioso, buono, razionale, matematico (*est.*), aritmetico (*fig.*), geometrico (*fig.*), cronometrico (*fig.*), scientifico (*fig.*) **CONTR.** noncurante, disinvolto, negligente, trascurato, inesatto, impreciso, superficiale. *V. anche* SEVERO

rigovernàre *v. tr.* ***1*** (*di stoviglie e sim.*) lavare, pulire ***2*** (*di animali*) custodire, accudire, dare da mangiare **CONTR.** trascurare. *V. anche* PULIRE

riguadagnàre *v. tr.* guadagnare di nuovo □ recuperare, riacquistare, ripigliare, riottenere, riavere, riprendere, riconquistare, ritrovare **CONTR.** perdere, riperdere.

riguardànte *part. pres. di* **riguardare**; *anche agg.* concernente, riferentesi, riferibile, relativo, afferente, inerente, pertinente, attenente, attinente, appartenente, spettante, interessante.

riguardàre ***A*** *v. tr.* ***1*** guardare di nuovo, contemplare, guatare (*lett.*), osservare, squadrare, scrutare, rimirare ***2*** (*di conti, di bozze, ecc.*) riscontrare, rivedere, riesaminare, ripassare, verificare, controllare, ricontrollare, rileggere ***3*** (*di persona*) considerare, stimare, valutare, giudicare, ritenere ***4*** concernere, appartenere, competere, spettare, riferirsi, toccare, tangere (*lett., fig.*), interessare, attenere, vertere ***5*** (*di persona o cosa*) custodire, conservare, curare **CONTR.** trascurare, abbandonare ***B*** **riguardarsi** *v. rifl.* ***1*** risparmiarsi, guardarsi, preservarsi, cautelarsi, aver riguardo di sé, aver cura di sé **CONTR.** esporsi, essere imprudente ***2*** rimirarsi.

riguàrdo *s. m.* ***1*** cura, attenzione, cautela, precauzione, avvertenza, diligenza, circospezione, prudenza, accuratezza, oculatezza, scrupolo □ delicatezza, tatto, discrezione, discretezza, riserbo, riservatezza, ritegno, ritenutezza, pudore **CONTR.** incuria, trascuratezza, noncuranza, inavvertenza, sbadataggine, disattenzione □ disinvoltura, sufficienza □ indiscrezione, sfacciataggine, sfrontatezza, impudenza, spudoratezza ***2*** (*di persona*) soggezione, timore **CONTR.** indifferenza ***3*** (*di persona o cosa*) stima, rispetto, considerazione, deferenza, compiacenza, cortesia, premura, sollecitudine, riverenza, venerazione, omaggio **CONTR.** disistima, disprezzo, sprezzo, noncuranza, denigrazione, derisione, irrisione, irriverenza, insolenza, impertinenza ***4*** (*spec. al pl.*) premure, attenzioni, gentilezze, carinerie (*fam.*), delicatezze ***5*** (*con una cosa*) relazione, attinenza, nesso, legame, inerenza, connessione, correlazione, corrispondenza, riferimento ***6*** (*di argomento*) intorno a, sopra **FRAS.** *senza tanti riguardi*, brutalmente, senza delicatezza; in modo aperto, schietto. *V. anche* PRUDENZA, RISPETTO

riguardóso *agg.* rispettoso, riverente, reverente □ cortese, gentile, premuroso, sollecito □ educato, compito, manierato, costumato □ delicato, discreto □ cerimonioso, deferente, manieroso □ (*di atteggiamento, ecc.*) reverenziale, religioso (*fig.*) **CONTR.** maleducato, irriguardoso, irriverente, insolente, impertinente, screanzato, sgarbato, villano, rozzo, inurbano, indelicato, scortese, offensivo, sfrontato, strafottente, sfacciato, indiscreto.

rigurgitàre ***A*** *v. intr.* traboccare, riboccare, straboccare, straripare, rigonfiarsi, sovrabbondare, debordare, tracimare, stramoggiare (*pop., tosc.*), sovreccedere, ridondare **CONTR.** mancare, scarseggiare ***B*** *v. tr.* rimettere, vomitare, rigettare, ributtare, recere (*raro*), dare di stomaco.

rigùrgito *s. m.* ***1*** ritorno all'indietro □ sbocco, trabocco, traboccamento, versamento □ sovrabbondanza, sovreccedenza ***2*** (*fig.*) (*di idee*) ritorno, riflusso ***3*** vomito.

rilanciàre ***A*** *v. tr.* ***1*** (*di cosa*) rigettare, ributtare, ritirare □ respingere **CONTR.** trattenere ***2*** (*fig.*) (*di moda, di prodotto, ecc.*) riproporre, riorganizzare, fare rivivere **CONTR.** fare morire ***3*** (*all'asta, al gioco*) aumentare l'offerta, aumentare la somma **CONTR.** ribassare ***B*** **rilanciarsi** *v. rifl.* ributtarsi.

rilasciàre ***A*** *v. tr.* ***1*** lasciare di nuovo ***2*** (*bur.*) (*di documento, di dichiarazione*) dare, concedere, consegnare, rimettere, accordare **CONTR.** negare, rifiutare ***3*** (*di persona*) liberare, prosciogliere, dimettere **CONTR.** trattenere, detenere □ carcerare, arrestare, catturare, fermare ***4*** (*raro*) (*di freno, di lingua, ecc.*) allentare, sciogliere **CONTR.** frenare, contenere ***5*** (*raro*) cedere ***B*** **rilasciarsi** *v. rifl. rec.* (*di persone*) lasciarsi, separarsi, abbandonarsi **CONTR.** rimettersi insieme, riunirsi. *V. anche* SCIOGLIERE

rilàscio *s. m.* ***1*** abbandono ***2*** (*bur.*) (*di documento, di dichiarazione*) consegna, concessione, accordo, cessione **CONTR.** rifiuto, negazione ***3*** (*di merce*) svincolo **CONTR.** vincolo ***4*** (*di persona*) liberazione, scarcerazione □ dimissione □ proscioglimento **CONTR.** detenzione, carcerazione □ fermo □ arresto, cattura.

rilassaménto *s. m.* ***1*** (*anche fig.*) (*di muscoli, di costumi, ecc.*) allentamento, cedimento, atonia (*med.*), rammollimento, rilasciamento, rilassatezza □ abbandono, stanchezza, svogliatezza (*est.*), prolasso (*med.*), ptosi (*med.*) **CONTR.** energia, tono, vigore □ esuberanza, alacrità, fervore □ indurimento, rassodamento □ contrattura, contrazione ***2*** (*fig.*) relax (*ingl.*), sollievo, riposo, distensione, defaticamento (*sport*) **CONTR.** tensione, nervosismo, stress (*ingl.*), surmenage (*fr.*).

rilassànte *part. pres. di* **rilassare**; *anche agg.* riposante, distensivo □ tranquillante **CONTR.** eccitante □ affaticante, snervante, stancante.

rilassàre ***A*** *v. tr.* ***1*** (*di muscolo, di mente, ecc.*) allentare, decontrarre, distendere, riposare, sollevare, ricreare, alleggerire **CONTR.** affannare, affaticare, stancare, snervare, logorare □ irrigidire, indurire □ tendere, contrarre □ eccitare ***2*** (*fig.*) (*di disciplina, di costumi, ecc.*) indebolire, affievolire, rammollire, snervare, infiacchire **CONTR.** rinvigorire, rinforzare, irrigidire, rafforzare, irrobustire ***B*** **rilassarsi** *v. rifl.* (*di persona, di mente, ecc.*) distendersi, sollevarsi, ricrearsi, riposare, riposarsi, alleggerirsi, scaricarsi (*ass., fig.*), respirare (*fig.*), rifiatare (*fig.*), defaticarsi (*sport*) □ adagiarsi, impigrire **CONTR.** affannarsi, affaticarsi, estenuarsi, logorarsi, stancarsi ***C*** *v. intr. pron.* (*di disciplina, di costumi, ecc.*) infiacchirsi, scadere, affievolirsi, scemare, indebolirsi **CONTR.** rinforzarsi, rinvigorirsi, rafforzarsi, irrobustirsi, irrigidirsi.

rilassatézza *s. f.* rilassamento, allentamento, indebolimento, fiacchezza, mollezza, languidezza, svogliatezza, languore, abbandono, tiepidezza, dissolutezza, ignavia, inerzia, lentezza **CONTR.** energia, vigore, vigoria, esuberanza □ alacrità, lena, fervore, prontezza □ fermezza, polso (*fig.*). *V. anche* DEBOLEZZA

rilassàto *part. pass. di* **rilassare**; *anche agg.* molle, rilasciato, disteso, riposato **CONTR.** contratto, irrigidito □ estenuato.

rilegàre *v. tr.* **1** legare di nuovo, riannodare, riallacciare, riunire **2** (*di libro*) legare, cucire, mettere la copertina.

rilegatùra *s. f.* **1** (*di libro*) legatura □ copertina **2** (*di pietra preziosa*) incastonatura.

rilènto *avv.*; *nella loc. avv. a rilento*, con grande lentezza, molto adagio, piano piano, eccessivamente piano **CONTR.** rapidamente, velocemente.

rilettùra *s. f.* revisione, riesame, seconda lettura, nuova lettura, ripasso, ripassata, riguardata, riveduta.

rilevaménto *s. m.* **1** (*di dati*) rilievo, rilevazione, accertamento, sondaggio **2** (*di strada, di struttura*) sporgenza, prominenza, risalto □ dosso **CONTR.** rientranza □ cunetta. *V. anche* MISURA

rilevànte *part. pres. di* **rilevare**; *anche agg.* **1** importante, considerevole, notevole, notabile, saliente, ragguardevole, rimarchevole, cospicuo, grande, grosso, massiccio, sostanzioso, sensibile, vistoso, interessante □ autorevole **CONTR.** irrilevante, scarso, esiguo, modesto, trascurabile, insignificante, irrisorio, indifferente, piccolo, minuto, ridicolo, futile, dappoco **2** (*raro*) rilevato. *V. anche* GRANDE

rilevànza *s. f.* **1** (*raro*) rilievo **2** importanza, entità, peso, rilievo, calibro, valore, interesse □ gravità □ autorevolezza **CONTR.** irrilevanza, trascurabilità, futilità, piccolezza.

rilevàre **A** *v. tr.* **1** (*raro*) ricavare, trarre, attingere, derivare, estrarre, dedurre, raccogliere **2** (*di notizia*) sapere, conoscere, apprendere **3** spiccare, risaltare **4** (*di errore, di informazione, ecc.*) notare, osservare, evidenziare, cogliere, riscontrare, constatare, arguire, capire, comprendere □ sottolineare, accentuare (*est.*), calcare (*fig.*), rimarcare **5** (*di azienda, di merce*) comperare, assumere, acquistare □ sostituire, subentrare, dare il cambio **6** (*di persona*) andare a prendere **7** (*di dati*) accertare, determinare, misurare, censire **B** *v. intr.* alzarsi, sollevarsi □ spiccare, risaltare, evidenziarsi, campeggiare □ emergere **C** **rilevarsi** *v. intr. pron.* alzarsi, sollevarsi **CONTR.** abbassarsi. *V. anche* CONSTATARE

rilevàto *part. pass. di* **rilevare**; *anche agg.* **1** rialzato, sporgente, prominente, protuberante, saliente, accentuato, spiccante, rilevante, scolpito (*fig.*), scultoreo (*fig.*), convesso □ marcato, deciso, pronunziato □ gonfio, rigonfio **CONTR.** incavato, infossato, rientrante, rientrato, avvallato, concavo □ piatto **2** misurato, censito.

rilièvo *s. m.* **1** (*di cosa, di luogo*) sporgenza, prominenza, aggetto, protuberanza, sporto, risalto, rialto, rialzo, rialzamento, balzo, dosso, gibbosità, gobba □ (*di strada*) dosso **CONTR.** rientranza, incavo, concavità, incassamento, incassatura, abbassamento, incavatura □ cunetta **2** (*di montuosità*) altura, montagna, colle, collina □ (*est.*) cresta, pizzo, punta □ corrugamento (*geol.*) **CONTR.** infossamento, sacca, avvallamento, valle **3** scultura, fregio, bassorilievo, altorilievo □ modanatura, cordone, sbalzo, intaglio **4** (*fig.*) spicco, risalto, evidenza, entità, importanza, rilevanza, peso, portata, valore, efficacia, autorità **CONTR.** irrilevanza, trascurabilità **5** osservazione, nota, appunto □ obiezione, rimarco (*bur.*) □ chiarimento **6** (*di dati*) rilevamento, rilevazione, misurazione □ indagine, ricerca, sondaggio, inchiesta, screening (*ingl.*). *V. anche* OBIEZIONE

rilùcere *v. intr.* brillare, raggiare, sfavillare, scintillare, luccicare, lucere (*poet.*), risplendere, fulgere, rifulgere, fiammeggiare, rutilare (*lett.*), sfolgorare **CONTR.** velarsi, spegnersi, smorzarsi. *V. anche* RIDERE

riluttànte *agg.* restio, contrario, ritroso, refrattario, renitente, schivo, recalcitrante, disdegnoso (*lett.*), resistente, indocile **CONTR.** disposto, consenziente □ manovrabile (*fig.*), arrendevole, remissivo, supino (*fig.*), docile.

riluttànza *s. f.* ritrosia, resistenza, renitenza, indocilità, ritrosaggine, opposizione, contrarietà **CONTR.** disponibilità □ docilità, arrendevolezza, cedevolezza, compiacenza.

rimandàre *v. tr.* **1** ridare, restituire, rendere, riconsegnare, rispedire, rinviare, rimettere **2** respingere, rifiutare **CONTR.** ricevere, accogliere, trattenere **3** (*di impegno, di lavoro, ecc.*) differire, rinviare, aggiornare, spostare, posporre, posticipare, prorogare, ritardare, procrastinare, protrarre, dilazionare □ temporeggiare □ sospendere **CONTR.** precorrere, anticipare □ anteporre □ accelerare, affrettare, velocizzare **4** (*ad altre persone, uffici, ecc.*) indirizzare, dirottare, inviare **5** (*di scolaro*) rinviare **CONTR.** promuovere, passare (*fam.*) □ respingere, bocciare.

rimandàto **A** *part. pass. di* **rimandare**; *anche agg.* **1** rispedito, reinviato □ (*di specchio, ecc.*) riflettere **2** respinto **3** differito, spostato, protratto, dilazionato, sospeso **B** *s. m.* rinviato ad altra prova **CONTR.** promosso □ bocciato.

rimàndo *s. m.* **1** (*di palla, di domanda, ecc.*) rilancio **2** (*di pagamento, di impegno, ecc.*) dilazione, differimento, proroga, protrazione, rinvio □ sospensione **CONTR.** anticipazione **3** (*di persona, di nota, ecc.*) rinvio □ richiamo, asterisco.

rimaneggiàre *v. tr.* riordinare, ricomporre, rifare, rimpastare, rinnovare, ricostituire □ raffazzonare, rabberciare, raccomodare.

rimanènte **A** *part. pres. di* **rimanere**; *anche agg.* restante, avanzato, rimasto, eccedente **B** *s. m.* resto, avanzo, residuo, residuato, rimanenza, eccedenza.

rimanènza *s. f.* avanzo, rimanente, resto, restante, residuo, residuato □ giacenza, stock (*ingl.*) □ eccedenza, sopravanzo, surplus (*fr.*) □ scoria, scampolo.

rimanére *v. intr.* **1** (*di persona*) fermarsi, restare, sostare, trattenersi, indugiare, stare, permanere **CONTR.** andare, partire, muovere, allontanarsi, spostarsi **2** restare, essere, risultare, finire **3** (*di persona o cosa*) durare, persistere, perdurare, resistere, continuare □ conservarsi, serbarsi, mantenersi □ sussistere, reggere **CONTR.** finire, cessare, terminare **4** (*di luogo*) essere posto, essere situato, essere ubicato, essere collocato **5** (*fig.*) (*di persona*) morire **6** (*di cosa*) avanzare, sopravanzare, residuare *7* (*di tempo, di occasione, ecc.*) restare □ mancare *8* sopravvivere CONTR. morire.

rimangiàre *v. tr.* mangiare di nuovo □ (*di parola, di promessa, ecc.*) mancare, tradire □ ritrattare CONTR. mantenere □ confermare.

rimarcàre *v. tr.* notare, rilevare, osservare □ evidenziare, sottolineare, marcare CONTR. nascondere, occultare □ minimizzare.

rimarchévole *agg.* notevole, considerevole, importante, ragguardevole, rilevante, apprezzabile, cospicuo CONTR. trascurabile, modesto, comune, ordinario, insignificante, irrilevante.

rimarginàre *A* *v. tr.* *1* (*di ferita*) ricongiungere, saldare, ricucire, suturare (*chir.*) □ cicatrizzare CONTR. riaprire, aprire *2* (*fig.*) (*di dolore, di ricordo*) lenire, calmare *B* *v. intr.* e **rimarginarsi** *intr. pron.* (*anche fig.*) cicatrizzarsi, chiudersi, guarire CONTR. riaprirsi, riacutizzarsi.

rimasùglio *s. m.* (*anche est.*) avanzo, resto, residuo, avanzaticcio (*raro*), briciola, tritume, ciarpame, minutaglia, ritaglio, brindello, cascame, scampolo, scarto, scoria, sopravanzo, fondiglio, colaticcio.

rimbalzàre *v. intr.* *1* (*di palla, di luce, ecc.*) balzare, sobbalzare, sbalzare, trabalzare (*raro*) *2* (*fig.*) (*di notizia e sim.*) trasmettersi, divulgarsi, propalarsi, diffondersi □ ripercuotersi, riflettersi.

rimbàlzo *s. m.* *1* (*di palla, di luce, ecc.*) salto, balzo, sobbalzo, sbalzo *2* (*di notizia e sim.*) contraccolpo, scossa □ riflesso, ripercussione FRAS. *di rimbalzo* (*fig.*), di riflesso, indirettamente.

rimbambìre *v. intr.* e **rimbambìrsi** *intr. pron.* rimbecillirsi, rincretinirsi, rincitrullirsi, rincoglionirsi (*volg.*) □ rammollirsi (*fig.*).

rimbambìto *part. pass.* di **rimbambire**; *anche agg.* e *s. m.* (*di persona anziana, ecc.*) rimbecillito CONTR. lucido, vigile.

rimbeccàre *A* *v. tr.* (*fig.*) contraddire, ribattere, replicare, rispondere, rintuzzare, controbattere CONTR. approvare, assentire *B* **rimbeccarsi** *v. rifl. rec.* (*fig.*) rintuzzarsi, ribattersi, litigare.

rimbecillìre *A* *v. tr.* (*per età, per malattia, ecc.*) imbecillire, incitrullire, rincitrullire, incretinire, rincoglionire (*volg.*) CONTR. mantenersi, restare lucido *B* *v. intr.* e **rimbecillìrsi** *intr. pron.* rimbambirsi, rincretinirsi, rincoglionirsi (*volg.*), istupidirsi □ intontirsi, ubriacarsi (*fig.*).

rimbecillìto *part. pass.* di **rimbecillire**; *anche agg.* e *s. m.* *1* (*per età, per malattia, ecc.*) rimbambito, rincretinito, incretinito, incitrullito, rincoglionito (*volg.*) □ rammollito CONTR. lucido, vigile, sveglio, vispo (*fig.*) *2* inebetito, istupidito, intontito, intronato, ubriaco (*fig.*), suonato (*fig.*).

rimboccàre *v. tr.* (*di orlo, di manica e sim.*) arrovesciare, ripiegare, arrotolare.

rimbombànte *part. pres.* di **rimbombare**; *anche agg.* risonante, tonante, rombante, rintronante, rumoroso, rumorosissimo, rumoreggiante, echeggiante, riecheggiante, sonante, fragoroso □ assordante CONTR. sommesso, fievole, debole, fioco.

rimbombàre *v. intr.* rintronare, risonare, rombare, tuonare, rumoreggiare, bombire (*lett.*), ruggire (*fig.*), rugliare, mugghiare (*fig.*), muggire (*fig., lett.*) □ assordare □ ripercuotersi, echeggiare, riecheggiare.

rimbómbo *s. m.* fragore, frastuono, boato, tuono, rombo, bombito (*lett.*), ruggito (*fig.*), muggito (*fig., lett.*), ululato (*fig.*) □ risonanza, eco.

rimborsàre *v. tr.* restituire, ridare, rendere □ rifondere, risarcire, indennizzare, ripagare, ritornare.

rimbórso *s. m.* restituzione, resa □ rifusione, indennità, indennizzo, risarcimento.

rimboschiménto *s. m.* rimboscamento, riforestazione CONTR. disboscamento, deforestazione □ desertificazione.

rimboschìre *v. tr.* rimboscare, riforestare □ alberare CONTR. disboscare, diboscare, sboscare (*pop.*).

rimbrottàre *A* *v. tr.* rimproverare, rampognare (*lett.*), redarguire, brontolare, rabbuffare, riprendere, riprovare (*lett.*), sgridare, ammonire, strigliare (*fig.*), strapazzare (*fig.*) CONTR. lodare, elogiare, encomiare, applaudire, approvare *B* **rimbrottarsi** *v. rifl. rec.* rinfacciarsi.

rimbròtto *s. m.* rimprovero, rampogna (*lett.*), riprensione (*lett.*), ammonimento, ammonizione, biasimo, sgridata, rabbuffo, predicozzo (*fam.*), intemerata, ramanzina, ripassata (*fam.*), risciacquata (*fig., fam.*), strapazzata (*fig.*), paternale, cicchetto, partaccia □ brontolamento CONTR. lode, elogio, applauso, plauso, approvazione, compiacimento, complimento.

rimediàre *A* *v. intr.* *1* (*di danno, di guasto, ecc.*) ovviare, riparare, sistemare, sanare, aggiustare, accomodare, tamponare (*fig.*), rabberciare, racconciare, rattoppare, raccomodare, rappezzare □ rettificare, correggere CONTR. guastare, rovinare, distruggere *2* (*di assenza, ecc.*) supplire, sopperire, sostituire *B* *v. tr.* (*fam.*) (*di cibo, di scusa, ecc.*) procurare, provvedere, trovare, mettere insieme □ accomodare.

rimèdio *s. m.* *1* (*ad un male*) medicamento, farmaco, medicina, medicinale □ toccasana □ cura □ antidoto, contravveleno, panacea, balsamo, palliativo *2* (*est.*) (*ad una situazione*) provvedimento, riparo □ espediente, scappatoia, compromesso □ soluzione, ricetta (*fig.*) □ scampo □ ripiego, rappezzo (*raro, fig.*), rappezzatura (*fig.*), rattoppo (*fig.*), rattoppatura (*fig.*), zeppa (*fig.*). *V. anche* MEDICINA, MISURA

rimescolaménto *s. m.* *1* (*di cose*) mescolanza, rimestamento, rimestio, rimescolio, rimescolo (*dial.*), mistione, confusione, disordine, tramenio, tramestio, arruffio, scombussolamento, scombussolio *2* (*fig.*) (*di sentimenti*) turbamento, ansia, commozione, agitazione, sconvolgimento, fermento, smarrimento □ spavento CONTR. tranquillità, impassibilità, calma, imperturbabilità, indifferenza.

rimescolàre *A* *v. tr.* *1* (*di pasta, di colori, ecc.*) rimestare, mestare, mescolare, rimischiare, rimenare, tramestare, tramenare, mischiare, rivoltare, rivoltolare *2* (*fig.*) (*di pensieri, di sentimenti*) agitare, turbare, conturbare, confondere, sconvolgere, scombussolare CONTR. quietare, calmare, tranquillizzare *3* (*di carte da gioco*) scozzare, mischiare *B* **rimescolarsi** *v. intr. pron.* *1* (*di persona*) agitarsi, turbarsi, conturbarsi, scombussolarsi, sobbalzare, sussultare, trasalire **CONTR.** quietarsi, calmarsi, tranquillizzarsi **2** (*di cose*) mischiarsi, mescolarsi, confondersi, perdersi. *V. anche* MESCOLARE

rimescolìo *s. m.* **1** (*di persone o cose*) rimescolamento, tramestio, mescolanza, mescolamento, rimescolo (*dial.*), rimestamento, rimestio, mistione (*lett.*), rivoltolio, confusione, arruffio, scombussolamento, scompiglio, fermento, brulichio **2** (*fig.*) (*di persona*) turbamento, ansia, commozione, agitazione, sconvolgimento, scombussolamento **CONTR.** quiete, tranquillità, pace, impassibilità, imperturbabilità, calma.

riméssa *s. f.* **1** stallatico □ autosilo, autorimessa, garage (*fr.*), box (*ingl.*) □ (*di aereo*) hangar (*ingl.*) **2** (*di merci*) magazzino, deposito **3** (*di denaro, di merce*) invio, spedizione, consegna **4** scapito, perdita, discapito, danno **CONTR.** guadagno, vantaggio **5** (*di pianta*) germoglio, getto **6** (*nel tennis*) risposta al servizio.

rimésso *part. pass. di* **rimettere**; *anche agg.* **1** ricollocato, risistemato, riposto, riordinato, ridisposto **CONTR.** tolto, spostato □ disordinato, scompigliato, arruffato **2** (*di salute*) ristabilito **3** (*di peccato, di errore*) condonato, perdonato **4** (*di pacco, di assegno, ecc.*) consegnato **5** (*di persona*) reintegrato **6** (*di cibo*) vomitato, rigettato.

rimestàre *v. tr.* **1** (*di cose*) mescolare, rimischiare, rimenare, mestare, tramenare, tramestare, rivoltolare, mischiare, rimescolare, scompigliare, confondere, disordinare **2** (*fig.*) (*di questione, di episodi, ecc.*) dibattere, riagitare, rinvangare, rivangare, rimuginare, ricordare. *V. anche* MESCOLARE

riméttere **A** *v. tr.* **1** (*di cosa*) collocare, ricollocare, riporre, riposare, risistemare, riordinare, ridisporre **CONTR.** spostare, togliere, rimuovere □ disordinare, scompigliare, arruffare **2** (*di pianta*) riprodursi, buttare, rispuntare, rinascere **CONTR.** morire **3** (*di palla e sim.*) rimandare, rinviare, restituire, rendere, tornare (*lett.*) **4** (*fig.*) (*di decisione e sim.*) trasferire, assegnare, affidare, lasciare, demandare, deferire □ raccomandare **5** (*di peccato, di errore, ecc.*) perdonare, condonare **CONTR.** vendicare **6** (*fam.*) (*di denaro e sim.*) scapitare, discapitare, perdere **CONTR.** guadagnare, ricavare, lucrare, ottenere **7** (*di riunione, di gita, ecc.*) differire, rimandare, posporre, posticipare, prorogare, rinviare, ritardare **CONTR.** anticipare **8** (*di lettera, di assegno, ecc.*) inviare, mandare, spedire, consegnare, rilasciare, recapitare **CONTR.** ritirare, ricevere **9** (*di cibo, di bevanda*) vomitare, rigettare, ributtare, dare di stomaco, rigurgitare, raccare (*gerg.*), rovesciare (*pop.*) **CONTR.** digerire, tener giù (*fam.*) **10** (*di persona*) reintegrare **B** **rimettersi** *v. intr. pron.* **1** mettersi di nuovo (*a fare qualcosa*) **2** (*di salute*) ristabilirsi, guarire, risanare, riprendersi, sanarsi, migliorare □ riaversi □ rinvenire **CONTR.** ammalarsi **3** (*di tempo*) rasserenarsi, schiarirsi **CONTR.** annuvolarsi, rabbuiarsi **4** (*a persona, a volontà altrui*) appellarsi, sottoporsi, affidarsi □ riferirsi.

rimiràre **A** *v. tr.* **1** guardare, riguardare, contemplare □ ammirare □ vagheggiare (*lett.*) **2** (*est.*) considerare, esaminare, scrutare, osservare **B** **rimirarsi** *v. rifl.* guardarsi, riguardarsi, mirarsi, vedersi, contemplarsi. *V. anche* GUARDARE

rimodernaménto *s. m.* rinnovamento, innovazione, svecchiamento, restauro, miglioramento, ammodernamento, novazione (*raro*), rinnovo, rimodernatura, riadattamento **CONTR.** invecchiamento, decadenza, decadimento, rovina, logoramento, deterioramento.

rimodernàre **A** *v. tr.* rinnovare, restaurare, riadattare □ aggiornare, svecchiare, innovare, migliorare □ modernizzare, ammodernare, rammodernare **CONTR.** invecchiare, logorare, deteriorare, guastare **B** **rimodernarsi** *v. intr. pron.* aggiornarsi, rinnovarsi, svecchiarsi.

rimónta *s. f.* ripresa, recupero, risalita, aumento **CONTR.** calo, diminuzione, crisi, caduta, défaillance (*fr.*).

rimontàre **A** *v. tr.* **1** risalire **CONTR.** ridiscendere **2** (*di svantaggio, di distacco*) recuperare, riprendere, risalire □ ridurre, annullare **CONTR.** perdere **B** *v. intr.* risalire **CONTR.** ridiscendere.

rimorchiàre *v. tr.* **1** (*di veicolo*) trascinare, trainare, tirarsi dietro, tirare □ guidare **2** (*fig.*) indurre, convincere, istigare, tentare **3** (*gerg.*) abbordare, adescare (*fig.*), cuccare (*gerg.*).

rimòrdere *v. tr.* (*fig.*) tormentare, torturare, crucciare, affliggere, opprimere, pungere, rodere, travagliare **CONTR.** consolare, confortare, allietare.

rimòrso *s. m.* pentimento, ravvedimento, contrizione, rammarico, rimpianto, rincrescimento □ tormento, cruccio, tarlo (*fig.*), dolore □ spina (*fig.*) **CONTR.** soddisfazione, compiacimento, piacere.

rimòsso *part. pass. di* **rimuovere**; *anche agg.* **1** spostato □ tolto, levato, asportato □ strappato, divelto **CONTR.** collocato, messo, posizionato **2** (*fig.*) (*di proposito*) dimenticato, cancellato **3** (*da una carica, da un posto*) deposto, destituito, scacciato.

rimostrànza *s. f.* reclamo, protesta □ lagnanza, lagno, querimonia (*lett.*), lamentela, rimprovero, doglianza (*lett.*), recriminazione, contestazione □ biasimo, disapprovazione **CONTR.** consenso, assenso, approvazione, compiacimento.

rimozióne *s. f.* **1** (*di cosa*) spostamento, allontanamento, eliminazione, sgombero □ sblocco **CONTR.** collocazione, sistemazione **2** (*fig.*) (*di idea, di pensiero*) allontanamento, esclusione, eliminazione **CONTR.** accoglimento, ammissione, convincimento, conferma **3** (*di persona*) sospensione, dimissione, destituzione, deposizione, esautorazione, defenestrazione (*fig.*), cacciata **CONTR.** assunzione, promozione □ reintegrazione **4** (*di cadavere*) esumazione.

rimpannucciàre **A** *v. tr.* rivestire, vestire **B** **rimpannucciarsi** *v. intr. pron.* (*fig.*) arricchirsi, migliorare, risistemarsi **CONTR.** sbancarsi (*fig.*), impoverire, rovinarsi.

rimpastàre *v. tr.* (*fig.*) (*di governo, di scritto, ecc.*) rimaneggiare, ricomporre, riordinare, cambiare, modificare, migliorare, rinnovare, ricostituire.

rimpàsto *s. m.* (*fig.*) (*di governo, di scritto, ecc.*) ricomposizione, rimaneggiamento, modificazione, rinnovamento, ricostituzione.

rimpatriàre *A* *v. intr.* ritornare **CONTR.** espatriare, emigrare, esiliarsi *B* *v. tr.* richiamare, riportare.
rimpàtrio *s. m.* rientro, ritorno **CONTR.** espatrio, emigrazione, esilio □ diaspora.
rimpètto *loc. prep. di rimpetto*, di fronte, davanti, dinnanzi **CONTR.** dietro, posteriormente.
rimpiàngere *v. tr.* ricordare con rammarico □ rammaricarsi, dolersi, rincrescersi, pentirsi, dispiacersi, deplorare, piangere (*est.*) **CONTR.** compiacersi, rallegrarsi, rammentare con piacere. *V. anche* PIANGERE
rimpiànto *A* *part. pass. di* **rimpiangere**; *anche agg.* ricordato con rammarico □ compianto, pianto, lacrimato (*lett.*) *B* *s. m.* nostalgia, ricordo □ rammarico, pentimento, cordoglio □ rimorso, rincrescimento, doglianza (*lett.*) □ desiderio **CONTR.** indifferenza, apatia.
rimpiazzàre *v. tr.* *1* (*di cosa*) sopperire, sostituire, surrogare *2* (*di persona*) supplire, fare le veci, sostituire □ sostituirsi □ succedere, subentrare, sottentrare □ spodestare.
rimpiàzzo *s. m.* sostituzione.
rimpicciolìre *A* *v. tr.* ridurre, impiccolire, rimpiccolire, impiccinire, diminuire, restringere, stringere **CONTR.** ingrandire, aumentare, ampliare, allargare, accrescere □ ingrossare □ ingigantire *B* *v. intr.* e **rimpicciolirsi** *intr. pron.* ridursi, impiccolirsi, rimpiccolirsi, restringersi □ calare, diminuire □ scemare **CONTR.** ingrandirsi, ingigantirsi, ingrossarsi, accrescersi, allargarsi, ampliarsi, aumentare. *V. anche* DIMINUIRE
rimpicciolito *part. pass. di* **rimpicciolire**; *anche agg.* ridotto, rimpiccolito, diminuito **CONTR.** ingrandito, ampliato, allargato.
rimpinguàre *v. tr.* *1* impinguare, ingrassare **CONTR.** dimagrire *2* (*fig.*) arricchire, accrescere, aumentare **CONTR.** impoverire, depauperare.
rimpinzàre *A* *v. tr.* (*anche fig.*) satollare, saziare, empire, impinzare, inzeppare, ingozzare, imbottire □ sfamare □ stipare, stivare, colmare **CONTR.** vuotare, svuotare *B* **rimpinzarsi** *v. rifl.* riempirsi, empirsi, ingozzarsi, abbuffarsi, impinzarsi, satollarsi, saziarsi, saturarsi (*fig.*), mangiare troppo, ingurgitare □ sfamarsi **CONTR.** liberarsi □ controllarsi, moderarsi □ digiunare.
rimpolpàre *A* *v. tr.* *1* ingrassare, impolpare, impinguare **CONTR.** spolpare, smungere *2* (*fig.*) (*di scritto e sim.*) accrescere, arricchire **CONTR.** impoverire, immiserire *B* **rimpolparsi** *v. intr. pron.* ingrassarsi, impinguarsi, impolparsi **CONTR.** dimagrire, rinsecchire.
rimpolpàto *part. pass. di* **rimpolpare**; *anche agg.* *1* ingrassato, impinguato **CONTR.** dimagrito, scarnito *2* (*fig.*) (*di scritto e sim.*) accresciuto, arricchito **CONTR.** impoverito, immiserito.
rimpossessàrsi *v. intr. pron.* *1* impossessarsi di nuovo, riafferrare, riprendersi, riappropriarsi, rimpadronirsi, riacquistare, riavere □ ritogliere *2* (*di territorio, di posizione*) rioccupare.
rimproveràre *v. tr.* *1* biasimare, ammonire, riprendere, richiamare, rampognare (*lett.*), rimbrottare, redarguire, mortificare, svergognare, rabbuffare, riprovare (*lett.*), stigmatizzare (*fig.*), censurare □ sgridare, gridare (*fam.*), strillare (*fam.*), pettinare (*fig.*), strapazzare, strigliare, sferzare (*fig.*) **CONTR.** lodare, elogiare, encomiare, approvare, premiare *2* rinfacciare, rammentare. *V. anche* BIASIMARE, CORREGGERE, GRIDARE
rimpròvero *s. m.* ammonizione, rimbrotto, riprensione, riprovazione (*lett.*), ammonimento, monito, cicchetto, biasimo, appunto, critica, osservazione, deplorazione, reprimenda, requisitoria (*est.*), ramanzina, predica (*fig.*), predicozzo (*fam.*), sermone, rabbuffo, paternale, censura, condanna □ sgridata, apostrofe, obiurgazione (*lett.*), lezione, ripassata, risciacquata (*fig., fam.*), strigliata, strapazzata, cazziata (*merid.*), tirata, sfuriata, sferzata (*fig.*) □ brontolio, brontolamento, rampogna, mugugno □ rinfacciamento **CONTR.** lode, elogio, approvazione, complimento, encomio. *V. anche* OBIEZIONE
rimuginàre *v. tr.* e *intr.* *1* frugare, rimestare, rivoltare, agitare, ricercare *2* (*fig.*) (*di pensiero, di idea, ecc.*) meditare, ripensare, rimasticare (*fig.*), ruminare (*fig.*), ponzare (*fig., scherz.*), pensare, fantasticare, arzigogolare, escogitare, elucubrare, riflettere, scervellarsi, congetturare. *V. anche* PENSARE
rimuòvere *A* *v. tr.* *1* spostare, scostare, discostare (*raro*), allontanare, dilungare (*lett.*), togliere, cavare, levare, eliminare, appianare (*fig.*), smuovere, muovere, sgombrare, sbaraccare (*fam.*), portare via (*fig.*), strappare, sradicare (*fig.*) □ scartare (*fig.*), appianare **CONTR.** rimettere, collocare, ricollocare, risistemare, lasciare al suo posto, situare *2* (*fig.*) (*di persona*) distogliere, dissuadere, sconsigliare, stornare, distrarre, sviare **CONTR.** persuadere, convincere, invitare, confermare *3* (*da una carica, da un posto*) deporre, destituire, cacciare, scacciare, esonerare, liquidare, licenziare, silurare (*fig.*), sospendere (*fig.*) **CONTR.** assumere, promuovere, mantenere *B* **rimuoversi** *v. intr. pron.* (*fig.*) allontanarsi, distogliersi, stornarsi, dissuadersi **CONTR.** persuadersi, convincersi, confermarsi.
rinàscere *v. intr.* *1* ricrescere, rivivere, rigermogliare, rivegetare, rispuntare, rimettere, ripigliare **CONTR.** rinsecchire, appassire *2* (*fig.*) (*di sentimenti, di idee, ecc.*) risorgere, rinnovarsi, ridestarsi, risvegliarsi, rinvigorire, rifiorire **CONTR.** decadere, finire.
rinàscita *s. f.* *1* (*fig.*) rinascimento, rinascenza (*lett.*), rinnovamento, rinnovazione, rifiorimento, rifioritura, risorgimento, resurrezione (*est., fig.*), risveglio (*fig.*), palingenesi (*est.*) **CONTR.** decadimento, decadenza, fine, morte *2* (*relig.*) reincarnazione, metempsicosi.
rincagnàto *agg.* (*di volto, di naso*) schiacciato, tozzo, camuso **CONTR.** pronunziato.
rincalzàre *v. tr.* (*anche fig.*) rinforzare, assicurare, sostenere, ribadire, rinsaldare, puntellare, calzare **CONTR.** scalzare, indebolire.
rincàlzo *s. m.* *1* rincalzamento (*raro*), rincalzatura, aiuto, rinforzo, sostegno, puntello, zeppa, bietta, cuneo, calzatoia *2* (*sport*) riserva.
rincantucciàre *A* *v. tr.* incantucciare, nascondere, celare, acquattare, rimpiattare, rannicchiare **CONTR.** mostrare *B* **rincantucciarsi** *v. rifl.* incantucciarsi, nascondersi, celarsi, rifugiarsi, acquattarsi, rimpiattarsi,

rannicchiarsi, accucciarsi CONTR. mostrarsi.

rincaràre *v. tr.* e *intr.* aumentare, accrescere, rialzare, salire, risalire CONTR. ribassare, deprezzare.

rincàro *s. m.* aumento, rialzo, caro, crescita, salto (*fig.*) CONTR. diminuzione, calo, riduzione, ribasso, deprezzamento. *V. anche* AUMENTO

rincasàre *v. intr.* e **rincasàrsi** *intr. pron.* rientrare, ritornare, ritirarsi CONTR. uscire, riuscire.

rinchiùdere ***A*** *v. tr.* ***1*** chiudere dentro, serrare, chiudere, rinserrare, racchiudere CONTR. lasciare fuori ***2*** (*di delinquenti, di animali, ecc.*) recludere (*lett.*), internare, ricoverare, imprigionare, carcerare, incarcerare, ingabbiare, confinare (*fig.*) CONTR. liberare, affrancare, sciogliere, scarcerare ***B*** **rinchiudersi** *v. rifl.* ***1*** chiudersi, serrarsi, rinserrarsi □ barricarsi, asserragliarsi □ ritirarsi, confinarsi, seppellirsi (*fig.*), murarsi (*fig.*), tapparsi □ appartarsi, estraniarsi, isolarsi CONTR. mostrarsi, comparire ***2*** chiudersi in sé, immusonirsi.

rinchiùso ***A*** *part. pass. di* **rinchiudere**; *anche agg.* ***1*** chiuso, serrato, rinserrato, racchiuso CONTR. aperto ***2*** (*di delinquente, di animale, ecc.*) recluso, internato, incarcerato, imprigionato, ingabbiato □ confinato (*fig.*) CONTR. libero, affrancato, liberato, scarcerato ***3*** chiuso in sé, immusonito ***B*** *s. m.* recinto.

rincitrullìre ***A*** *v. tr.* incitrullire, istupidire, rimbecillire, rincretinire, incretinire, imbecillire, rincoglionire (*volg.*) □ rimbambire ***B*** *v. intr.* e **rincitrullirsi** *intr. pron.* incitrullirsi, istupidirsi, rimbecillirsi, rincretinirsi, incretinirsi, imbecillirsi, rincoglionirsi (*volg.*).

rincoglionìre ***A*** *v. tr.* (*volg.*) rincitrullire, rimbecillire ***B*** *v. intr.* e **rincoglionirsi** *intr. pron.* (*volg.*) rimbecillire, rincitrullire, rincitrullirsi, rintontirsi □ rimbambire.

rincórrere ***A*** *v. tr.* (*anche fig.*) inseguire, tallonare, correre dietro ***B*** **rincorrersi** *v. rifl. rec.* inseguirsi, tallonarsi, corrersi dietro.

rincréscere *v. intr.* dispiacere, dispiacersi, spiacere, dolere, dolersi, increscere (*lett.*), rammaricarsi, rimpiangere, addolorare, affliggere, rattristare, contristare, amareggiare, desolare, angustiare, crucciare, bruciare (*fig.*) CONTR. rallegrare, allietare, sollevare, consolare, confortare.

rincresciménto *s. m.* rammarico, dispiacere, amarezza, afflizione, deplorazione, angustia, cruccio, tristezza, rimpianto, malcontento, scontentezza, inquietudine, contrarietà, disappunto □ rimorso, contrizione, resipiscenza (*lett.*), pentimento CONTR. piacere, gioia, soddisfazione, allegrezza, letizia, consolazione, compiacimento, contentezza, gaudio.

rincretinìre ***A*** *v. tr.* incretinire, incitrullire, rincitrullire CONTR. svegliare, scaltrire ***B*** *v. intr.* e **rincretinirsi** *v. intr. pron.* incitrullire, incitrullirsi, rincitrullire, rincitrullirsi, istupidirsi, rimbecillirsi, rincoglionirsi (*volg.*) □ rimbambirsi.

rinculàre *v. intr.* indietreggiare, arretrare, recedere (*raro*), retrocedere, ripiegare, ritirarsi, ritrarsi CONTR. avanzare, procedere, slanciarsi.

rincùlo *s. m.* indietreggiamento, arretramento □ contraccolpo CONTR. avanzamento.

rincuoràre ***A*** *v. tr.* confortare, incoraggiare, riconfortare, rincorare, racconsolare (*lett.*), rassicurare, rinfrancare, rasserenare (*fig.*), consolare, animare, rianimare (*fig.*), inanimare (*lett.*), sostenere, sorreggere (*fig.*), sollevare (*fig.*) CONTR. scoraggiare, avvilire, disanimare, sconfortare, rattristare, affliggere, addolorare, prostrare, demoralizzare, deprimere □ allarmare □ sgomentare, spaventare, atterrire, sconsolare ***B*** **rincuorarsi** *v. intr. pron.* rincorarsi, riconfortarsi, racconsolarsi (*lett.*), rassicurarsi, rinfrancarsi, rasserenarsi (*fig.*), consolarsi, sostenersi, confortarsi, animarsi, rianimarsi, sollevarsi (*fig.*) CONTR. scoraggiarsi, avvilirsi, sconfortarsi, rattristarsi, affliggersi, addolorarsi, deprimersi, demoralizzarsi, abbattersi □ allarmarsi, spaventarsi. *V. anche* CONSOLARE

rincuoràto *part. pass. di* **rincuorare**; *anche agg.* incoraggiato, rassicurato, rasserenato, rianimato, rinfrancato, consolato, sollevato (*fig.*) CONTR. demoralizzato, scoraggiato □ avvilito, abbattuto □ spaventato, spaurito.

rinfacciàre ***A*** *v. tr.* rimproverare, accusare □ rammentare, ricordare con risentimento, ridire ***B*** **rinfacciarsi** *v. rifl. rec.* rimbrottarsi.

rinfocolàre ***A*** *v. tr.* ***1*** (*di fuoco*) riattizzare, riaccendere CONTR. spegnere, estinguere, soffocare, smorzare ***2*** (*fig.*) (*di passioni, di ricordi*) rieccitare, rinfervorare, ridestare, risuscitare, risvegliare, rinfocare □ infiammare, fomentare, riscaldare, stimolare CONTR. calmare, sedare, frenare, rattenere (*lett.*), smorzare, trattenere, lenire, raffreddare ***B*** **rinfocolarsi** *v. intr. pron.* ***1*** (*di fuoco*) riaccendersi, riattizzarsi, attizzarsi CONTR. spegnersi, estinguersi, smorzarsi, morire ***2*** (*fig.*) (*di passioni, di ricordi*) rinfiammarsi, ridestarsi, risvegliarsi CONTR. calmarsi, mitigarsi, rattenersi (*lett.*), smorzarsi, frenarsi.

rinforzànte *part. pres. di* **rinforzare**; *anche agg.* e *s. m.* corroborante, tonico, ricostituente CONTR. debilitante.

rinforzàre ***A*** *v. tr.* ***1*** rinvigorire, invigorire, rafforzare, fortificare, irrobustire, ringagliardire, ingagliardire, rinfrancare, ritemprare, corroborare, tonificare □ rinsanguare (*fig.*) □ ravvivare □ rinsaldare, cementare (*fig.*) CONTR. indebolire, fiaccare, stancare, stremare, svigorire, debilitare, spossare, sfiancare, sfibrare, snervare, prostrare, logorare, affaticare, minare (*fig.*), stroncare ***2*** (*mil., edil.*) puntellare, consolidare, solidificare □ blindare ***3*** (*fig.*) (*di ipotesi, di discorso, ecc.*) avvalorare, confortare (*raro*), appoggiare □ rincalzare CONTR. togliere valore, indebolire ***B*** *v. intr.* e **rinforzarsi** *intr. pron.* rafforzarsi, fortificarsi, rinvigorirsi, invigorirsi, irrobustirsi, ingagliardirsi □ rinfrancarsi, riprendersi, ritemprarsi, corroborarsi CONTR. indebolirsi, infiacchirsi, stancarsi, spossarsi, sfiancarsi, stremarsi, svigorirsi, logorarsi, consumarsi, sfinirsi □ rammollirsi.

rinforzàto *part. pass. di* **rinforzare**; *anche agg.* corroborato, tonificato □ sostenuto CONTR. debilitato, prostrato, stremato.

rinfòrzo *s. m.* ***1*** puntello, rincalzo, supporto □ (*arch.*) contrafforte, barbacane, sperone □ (*di calza*) tallone □ (*di calzoni*) battitacco ***2*** (*fig.*) aiuto, appoggio, sostegno ***3*** (*mil.*) (*spec. al pl.*) aiuti, nuove forze, nuovi mezzi, soccorsi.

rinfrancàre *A* v. tr. *1* rassicurare, incoraggiare, rincorare, rincuorare, riconfortare, racconsolare (*lett.*), rasserenare (*fig.*), rianimare, sostenere CONTR. scoraggiare, avvilire, sconfortare, rattristare, prostrare □ preoccupare *2* (*raro, lett.*) rinforzare, rafforzare, corroborare, ritemprare CONTR. debilitare, indebolire *B* **rinfrancarsi** v. intr. pron. *1* rassicurarsi, rincorarsi, riconfortarsi, racconsolarsi (*lett.*), rasserenarsi (*fig.*), rianimarsi CONTR. scoraggiarsi, avvilirsi, sconfortarsi, rattristarsi *2* (*raro*) rinforzarsi, rafforzarsi.

rinfrancàto part. pass. di **rinfrancare**; anche agg. *1* rassicurato, incoraggiato, rincuorato, rincorato, riconfortato, racconsolato (*lett.*), rasserenato (*fig.*), rianimato, sostenuto CONTR. scoraggiato, avvilito, sconfortato, rattristato, prostrato □ spaventato, preoccupato *2* rinvigorito, corroborato.

rinfrescànte part. pres. di **rinfrescare**; anche agg. *1* refrigerante □ refrigeratore CONTR. scaldante *2* (*fam.*) (*di medicina e sim.*) calmante, antinfiammatorio □ (*intestinale*) astringente.

rinfrescàre *A* v. tr. *1* raffreddare, refrigerare CONTR. scaldare *2* (*fam.*) (*di medicina e sim.*) calmare, mitigare, moderare CONTR. riscaldare, surriscaldare *3* (*di parete, di dipinto, ecc.*) ritoccare, restaurare, rinnovare, ripristinare *4* (*di memoria, di idee, ecc.*) rinnovare, ravvivare CONTR. togliere, spegnere *B* v. intr. *1* (*di tempo, di stagione*) raffreddarsi, diventare fresco CONTR. riscaldarsi *2* (*di vento*) rafforzarsi, aumentare, intensificarsi CONTR. diminuire, calare *C* **rinfrescarsi** v. rifl. *1* refrigerarsi □ ristorarsi, riposare, riposarsi, ricrearsi CONTR. scaldarsi □ affaticarsi, spossarsi, accaldarsi, scalmanarsi *2* (*est.*) lavarsi, ripulirsi.

rinfrésco s. m. (*est.*) bevuta, bicchierata, sbicchierata, buffet (*fr.*), cocktail (*ingl.*), cocktail-party (*ingl.*), ricevimento, festa, festicciola.

rinfùsa s. f. solo nella loc. avv. *alla rinfusa*, confusamente, disordinatamente, sossopra, caoticamente CONTR. ordinatamente, in ordine.

ringalluzzìre *A* v. tr. (*scherz.*) imbaldanzire, insuperbire, inorgoglire, gasare (*gerg.*) CONTR. avvilire, abbattere, demoralizzare, afflosciare, sgonfiare (*fig.*) *B* v. intr. e **ringalluzzirsi** intr. pron. (*scherz.*) imbaldanzirsi, insuperbirsi, inorgoglirsi, rianimarsi CONTR. avvilirsi, abbattersi, demoralizzarsi, sgonfiarsi (*fig.*), afflosciarsi.

ringalluzzìto part. pass. di **ringalluzzire**; anche agg. (*scherz.*) imbaldanzito, inorgoglito, insuperbito, gasato (*gerg.*) □ vivace, vispo, esuberante, arzillo CONTR. avvilito, abbattuto, demoralizzato, sgasato (*gerg.*) □ pigro, fiacco, lento, indolente, inerte, apatico.

ringhièra s. f. corrimano, passamano □ balaustra, balaustrata □ parapetto.

ringhióso agg. (*fig.*) (*di persona*) iroso, iracondo, stizzoso, rabbioso, astioso, bilioso, collerico, fegatoso, irascibile CONTR. calmo, pacifico, tranquillo, placido, mite.

ringiovaniménto s. m. (*anche fig.*) rinnovamento, svecchiamento □ rifioritura, ripresa CONTR. invecchiamento, senescenza, decadimento, decadenza.

ringiovanìre *A* v. tr. (*anche fig.*) fare ritornare giovane □ rinnovare, ammodernare, svecchiare □ rinvigorire CONTR. invecchiare *B* v. intr. e **ringiovanirsi** intr. pron. (*fig.*) tornare giovane, rifiorire, rinascere □ rinnovarsi, rinvigorirsi, riprosperare, rinverdire, rinverdirsi CONTR. decadere, invecchiare, intristire, avvizzire (*fig.*), appassirsi (*fig.*), sfiorire.

ringraziaménto s. m. grazie, riconoscenza, gratitudine.

ringraziàre v. tr. rendere grazie □ benedire.

rinìte s. f. (*med.*) infiammazione nasale □ (*est.*) raffreddore, corizza, infreddatura.

rinnegaménto s. m. sconfessione, sconfessamento (*raro*), abiura, tradimento, apostasia, ripudio CONTR. fedeltà □ accettazione, riconoscimento.

rinnegàre v. tr. *1* disconoscere, ripudiare, rifiutare, maledire, misconoscere CONTR. riconoscere, accettare *2* sconfessare, abiurare, tradire, apostatare □ disertare CONTR. riconoscere, accettare *3* ritrattare, smentire, contraddire CONTR. confermare, ribadire.

rinnegàto *A* part. pass. di **rinnegare**; anche agg. *1* ripudiato, misconosciuto *2* smentito, contraddetto *B* s. m. spergiuro, apostata, fellone, infedele, traditore, fedifrago CONTR. fido, fedele.

rinnovaménto s. m. *1* (*di persone, di attività, di cose*) innovamento, innovazione, riforma □ rimodernamento, rimodernatura, svecchiamento, ringiovanimento □ ripristinamento, ripristino □ trasformazione, cambiamento □ rifiorimento, rifioritura, risveglio, rinnovellamento (*poet.*), rinascenza (*fig., lett.*), rinascita, rinascimento, resurrezione (*est., fig.*) □ rivoluzione (*est.*) □ rinnovo, rinnovazione CONTR. invecchiamento, decadenza, decadimento, declino, morte *2* (*di cose*) restauro, ricostruzione, rifacimento, ristrutturazione CONTR. abbandono □ rovina, deterioramento, consunzione, logoramento, decadimento *3* ripetizione. *V. anche* TRASFORMAZIONE

rinnovàre *A* v. tr. *1* (*di discorso, di invito, ecc.*) ripetere, rifare, ribadire, reiterare (*lett.*), iterare (*lett.*), ridire, replicare, riaffermare, raffermare (*tosc.*) CONTR. disdire, risolvere *2* (*di abito, di locale, ecc.*) rimodernare, svecchiare, ammodernare, innovare, divecchiare (*ant.*), modernizzare, rammodernare, restaurare, riformare, ricreare, rimaneggiare, rigenerare, rinnovellare (*poet.*), rinfrescare, rinverdire, accomodare, racconciare, riadattare, migliorare, trasformare □ ricostruire, ristrutturare, ripristinare, riattare □ cambiare, sostituire CONTR. logorare, fare decadere, deteriorare, devastare, guastare, consumare, rovinare *3* (*fig.*) (*di aria*) cambiare *B* **rinnovarsi** v. intr. pron. *1* rifiorire, innovarsi, rifarsi, rigenerarsi, rinvigorirsi, ringiovanire □ aggiornarsi, rimodernarsi, modernizzarsi CONTR. intristire, decadere, invecchiare, avvizzire *2* (*di fenomeno, di ricorrenza, ecc.*) ripetersi, avvenire di nuovo, riaccadere, ripresentarsi, riprodursi, tornare.

rinnòvo s. m. rinnovamento.

rinomàto agg. famoso, celebre, noto, notissimo, conosciuto, popolare, celebrato, stimato, memorabile, preclaro (*lett.*) □ illustre, insigne, eminente, esimio

CONTR. oscuro, ignoto, sconosciuto, ignorato □ malfamato, squalificato, screditato, chiacchierato, discusso. *V. anche* FAMOSO

rinsaldàre ***A*** *v. tr.* (*anche fig.*) raffermare (*raro*), rafforzare, rinvigorire, consolidare, stabilizzare, cementare, rinforzare, riconsolidare, rincalzare □ ritemprare, corroborare **CONTR.** attenuare, svigorire, indebolire, spegnere, fare morire, distruggere, dissestare ***B*** **rinsaldarsi** *v. intr. pron.* (*anche fig.*) raffermarsi (*raro*), rafforzarsi, rinvigorirsi, consolidarsi, rinforzarsi, ritemprarsi, temprarsi, corroborarsi **CONTR.** attenuarsi, svigorirsi, indebolirsi, spegnersi, svanire, morire □ incrinarsi, raffreddarsi.

rinsanguàre ***A*** *v. tr.* (*fig.*) rinvigorire, rinforzare, corroborare **CONTR.** indebolire, svigorire, dissanguare ***B*** **rinsanguarsi** *v. intr. pron.* ***1*** rinvigorirsi, rinforzarsi, corroborarsi **CONTR.** indebolirsi, svigorirsi ***2*** (*fig.*) riprendersi economicamente, trovare denaro **CONTR.** fallire □ dissanguarsi (*fig.*), svenarsi (*fig.*).

rinsavìre *v. intr.* tornare in senno □ (*fig.*) emendarsi, correggersi, ravvedersi **CONTR.** ammattire, impazzire, insanire □ incitrullire.

rinserràre ***A*** *v. tr.* rinchiudere, chiudere, serrare, recludere □ internare, imprigionare, ingabbiare **CONTR.** liberare, affrancare, sciogliere □ scarcerare ***B*** **rinserrarsi** *v. rifl.* chiudersi, rinchiudersi, tapparsi, serrarsi **CONTR.** uscire, mostrarsi.

rintanàre ***A*** v. tr. intanare **CONTR.** scovare, snidare ***B*** **rintanarsi** *v. intr. pron.* (*fig.*) nascondersi, celarsi, rifugiarsi, intanarsi, ripararsi, imbucarsi □ segregarsi, confinarsi, seppellirsi (*fig.*), appartarsi, ritirarsi □ riparare **CONTR.** uscire, sbucare.

rintanàto *part. pass. di* **rintanare**; *anche agg.* nascosto, rifugiato □ ritirato, appartato.

rintoccàre *v. intr.* (*di campana*) suonare, risonare, battere.

rintócco *s. m.* (*di campana*) tocco, botto.

rintontìre ***A*** *v. tr.* intontire, stordire, intronare, rintronare, istupidire ***B*** *v. intr.* e **rintontirsi** *intr. pron.* intontirsi, intronarsi, rintronarsi, istupidirsi, rincoglionirsi (*volg.*).

rintracciàre *v. tr.* trovare, scovare, ripescare, scoprire, stanare, ritrovare, rinvenire **CONTR.** perdere, smarrire.

rintronàre ***A*** *v. intr.* rimbombare, rombare, riecheggiare, risonare, echeggiare, tuonare, rumoreggiare, rugliare □ ripercuotersi ***B*** *v. tr.* ***1*** (*di suono*) assordare, stordire, intontire, rintontire, intronare, ubriacare (*fig.*) ***2*** (*di cosa*) far tremare, scuotere ***C*** **rintronarsi** *v. intr. pron.* rintontirsi.

rintronàto *part. pass. di* **rintronare**; *anche agg.* stordito, ubriaco (*fig.*).

rintuzzàre ***A*** *v. tr.* ***1*** (*di punta*) ribattere, spuntare, ottundere, piegare **CONTR.** appuntire, affilare ***2*** (*fig.*) (*di superbia e sim.*) reprimere, soffocare, mortificare, umiliare, avvilire, castigare **CONTR.** incoraggiare, eccitare ***3*** (*fig.*) (*di persona, di accusa, ecc.*) ribattere, rimbeccare, confutare, rispondere, controbattere, reagire □ respingere **CONTR.** assentire, approvare, accettare ***B*** **rintuzzarsi** *v. rifl. rec.* rimbeccarsi.

rinùncia *s. f.* ***1*** abbandono, abdicazione □ cessione □ rifiuto, negazione, diniego **CONTR.** accettazione, accoglimento, consenso ***2*** (*est.*) privazione, sacrificio, mortificazione ***3*** (*sport*) (*nel tennis*) scratch (*ingl.*). *V. anche* DEROGA, RIFIUTO

RINUNCIA
sinonimia strutturata

La parola **rinuncia** definisce sia l'atto del ricusare spontaneamente una cosa che è nostra o dovrebbe esserlo di diritto, sia (in senso concreto) la dichiarazione, il documento con cui lo si fa: *fare, notificare la rinuncia all'impiego*; *inviare una rinuncia motivata*; nel linguaggio giuridico infatti la rinuncia è il potere di un soggetto di abbandonare un diritto di cui è titolare: *rinuncia a un diritto immobiliare, al diritto di querela*; *rinuncia all'eredità*.

Equivalente a rinuncia è **rifiuto**, che però equivale anche a risposta negativa in generale e quindi risulta meno specifico: *il tuo improvviso rifiuto ci ha sorpresi*; *il rifiuto di un incarico*. Altro sinonimo più ricercato è **abdicazione**, che in modo particolare designa il rinunciare all'autorità sovrana o ad altro potere legittimo: *l'abdicazione del re*. Così la **cessione** corrisponde al rinunciare e al mettere qualcosa a disposizione di qualcuno, soprattutto in via temporanea, mentre nella lingua forense indica specificamente il negozio giuridico di trasferimento ad altri di diritti, azioni: *cessione dei crediti, del contratto, di azienda*.

Se la rinuncia corrisponde all'allontanamento da qualcosa che potrebbe essere portatore di soddisfazioni e di vantaggi si chiama anche **abbandono**: *l'abbandono degli studi ha segnato l'inizio del suo malessere*; questo termine inoltre indica più specificamente la rinuncia al proseguimento di una gara sportiva da parte di un concorrente, e quindi si avvicina a ritiro.

In senso estensivo, e soprattutto al plurale, rinuncia equivale a **privazione** e **sacrificio**, che indicano il fare a meno soprattutto volontariamente di qualcosa di necessario, di utile o di gradito: *nella sua vita si è assoggettato a molte rinunce*; *una vita di stenti e di privazioni*; *studia a costo di grandi sacrifici*; *vivere là è proprio un sacrificio*; una maggiore forza caratterizza la **mortificazione**, sinonimo marcato di privazione e sacrificio attinto dal linguaggio religioso, dove si riferisce alla pratica di punizioni corporali o alla regressione delle passioni e degli stimoli dei sensi.

Infine, il termine appartiene anche al linguaggio sportivo, e specificamente del tennis in cui traduce l'inglese **scratch**: *vincere per scratch* significa essere dichiarato vincitore per rinuncia dell'avversario.

rinunciàre *v. intr.* ***1*** lasciare, abbandonare, recedere, ritrarsi (*fig.*), desistere □ capitolare (*fig.*), mollare (*fig., fam.*), smettere □ astenersi □ ricusare, rifiutare, deporre (*fig.*), declinare □ demordere, deflettere, smuoversi **CONTR.** accettare, accogliere, prendere, addossarsi, assumere, assumersi, cimentarsi, consentire □ insistere, persistere, proseguire □ lottare, battersi, tentare *2* (*a cibi, a divertimenti, ecc.*) sacrificarsi, privarsi *3* (*a cariche, a eredità, ecc.*) abdicare, cedere, ritirarsi, dimettersi □ abiurare, rinnegare, abnegare (*ant.*) CONTR. mantenere, conservare □ godere, usufruire □ adire.

rinunciatàrio *s. m.; anche agg.* *1* dimissionario, abdicante *2* (*est.*) debole, irresoluto, fiacco, incerto, titubante CONTR. risoluto, determinato, energico, attivo.

rinveniménto *s. m.* ritrovamento □ scoperta, reperimento □ reperto CONTR. perdita, smarrimento.

rinvenìre (1) *v. tr.* *1* (*di cosa*) ritrovare, ricuperare, recuperare, scovare, ripescare, rintracciare, reperire (*lett.*) CONTR. perdere, smarrire *2* (*di resti*) scoprire, trovare □ disseppellire CONTR. nascondere, occultare □ seppellire.

rinvenìre (2) *v. intr.* *1* (*di persona*) riaversi, rianimarsi CONTR. svenire, mancare, accasciarsi *2* (*di cosa, di pianta*) rigonfiarsi, ammorbidirsi, riprendersi, riprendere freschezza CONTR. appassire, afflosciarsi.

rinverdìre *A* *v. tr.* (*fig.*) (*di speranza, di ricordo, ecc.*) ravvivare, rinnovare, rigenerare, rinnovellare (*poet.*), ricreare, vivificare □ rinvigorire, riaccendere, rianimare CONTR. spegnere, mortificare, avvilire, abbattere *B* *v. intr.* e **rinverdirsi** *intr. pron.* *1* (*di pianta, di prato e sim.*) ritornare verde, inverdire, verdeggiare, verzicare (*poet.*), ripigliare (*fam.*) CONTR. ingiallire, appassire, appassirsi, seccare □ spogliarsi *2* (*fig.*) (*di speranza, di ricordo, ecc.*) rinnovarsi, rifiorire, rinvigorirsi, ridestarsi CONTR. logorarsi, invecchiarsi, consumarsi.

rinviàre *v. tr.* *1* (*di palla, di colpo, ecc.*) respingere, ridare, ribattere CONTR. prendere, trattenere *2* (*di lettera, di pacco, ecc.*) rimandare, rendere, restituire, riconsegnare, rimettere, rispedire CONTR. ricevere, accogliere *3* (*di seduta, di festa, ecc.*) aggiornare, differire, posticipare, spostare, procrastinare, prorogare, ritardare CONTR. anticipare, affrettare.

rinviàto *part. pass. di* **rinviare**; *anche agg.* differito, spostato □ dilazionato, prolungato, protratto.

rinvigorìre *A* *v. tr.* (*anche fig.*) irrobustire, rafforzare, rinforzare, fortificare, rinsaldare, vivificare, ingagliardire □ rinverdire □ tonificare, ricostituire, ritemprare, ristorare, corroborare □ rinsanguare (*fig.*) □ risuscitare (*fig.*) □ consolidare, cementare (*fig.*) CONTR. indebolire, debilitare, stancare, spossare, stremare, estenuare, infiacchire, fiaccare, svigorire, sfibrare, snervare, esaurire, rammollire, prostrare, stroncare □ affievolire, allentare, attenuare *B* *v. intr.* e **rinvigorirsi** *intr. pron.* (*anche fig.*) irrobustirsi, rafforzarsi, rinforzarsi, fortificarsi, riprendersi □ ristorarsi, ritemprarsi □ rivivere, rinascere, rifiorire, risuscitare (*fig.*) CONTR. indebolirsi, infiacchirsi, debilitarsi, deperire, estenuarsi, stancarsi, sfinirsi □ vacillare, affievolirsi, attenuarsi.

rinvigorìto *part. pass. di* **rinvigorire**; *anche agg.* (*anche fig.*) irrobustito, rinfrancato, fortificato, vivificato, ravvivato, rianimato □ corroborato, tonificato, riposato CONTR. indebolito, debilitato, infiacchito, estenuato, stremato, snervato, prostrato.

rinvìo *s. m.* *1* (*di palla, di colpo, ecc.*) respinta, restituzione *2* (*in un libro*) rimando *3* (*di seduta, di festa, ecc.*) differimento, aggiornamento, posticipazione, sospensiva, proroga, ritardo CONTR. anticipo □ attuazione.

rióne *s. m.* quartiere, sestiere, contrada, zona.

riordinaménto *s. m.* riordino, riassetto, riassestamento, ricomposizione, riorganizzazione, risistemazione, sistemazione, riforma, rifacimento, rimaneggiamento CONTR. dissestamento, confusione, disorganizzazione, sbandamento.

riordinàre *A* *v. tr.* *1* rassettare, ordinare, riassestare, ravviare, ripulire, accomodare, riaccomodare, raggiustare, sistemare, riporre, sbarazzare, sbrattare CONTR. disordinare, confondere, arruffare, scombussolare, scompigliare, sconvolgere *2* riorganizzare, riformare, ricomporre □ ripristinare □ rimpastare, rifare, rimaneggiare CONTR. disorganizzare, dissestare, scompaginare *B* **riordinarsi** *v. rifl.* *1* rassettarsi, accomodarsi, risistemarsi, rimettersi in ordine, ravviarsi (*fig.*) *2* riorganizzarsi, ricostituirsi CONTR. scompaginarsi, rompersi.

riordinàto *part. pass. di* **riordinare**; *anche agg.* rassettato, in ordine, ordinato, ripulito □ ristrutturato, riorganizzato CONTR. scombussolato, scompigliato.

riórdino *s. m.* (*bur.*) riordinamento, riorganizzazione, riforma, risistemazione, ristrutturazione CONTR. disorganizzazione, dissesto.

riorganizzàre *A* *v. tr.* riordinare, risistemare, ripreparare, riformare, ristrutturare CONTR. disordinare, disorganizzare *B* **riorganizzarsi** *v. rifl.* riordinarsi, risistemarsi CONTR. disorganizzarsi.

riottenére *v. tr.* ricuperare, recuperare, ritrovare, riavere, riacquistare, riguadagnare, riconquistare CONTR. perdere.

riottóso *agg.* *1* (*lett.*) litigioso, attaccabrighe, iracondo, rissoso, rissaiolo, bellicoso, prepotente, manesco CONTR. pacifico, conciliante, placido, mite, pacato, quieto, mansueto *2* (*est.*) caparbio, indocile, restio, recalcitrante, ritroso, intrattabile, cocciuto, incorreggibile, indisciplinato, insubordinato, pervicace, puntiglioso, irriducibile, pertinace, zuccone CONTR. arrendevole, remissivo, condiscendente, docile, persuadibile.

ripagàre *v. tr.* *1* (*di cosa*) pagare di nuovo *2* (*di persona*) ricompensare, contraccambiare, ricambiare, restituire, rimeritare □ corrispondere *3* (*di danno*) risarcire, indennizzare, rimborsare, compensare, rifondere, pagare.

riparàbile *agg.* aggiustabile, accomodabile, rappezzabile □ rimediabile, correggibile, risanabile, sanabile CONTR. irreparabile, inaggiustabile □ irrimediabile □ ineluttabile, inesorabile.

riparàre (1) *A* *v. tr.* *1* proteggere, difendere, coprire, schermare, schermire, ombreggiare, parare □ ricoprire (*est.*), rivestire CONTR. esporre, scoprire, mostrare *2* (*di male, di danno, ecc.*) ovviare, rimediare, risarcire, sanare, risanare, correggere □ scontare, espiare, purgare *3* (*di attrezzo, di strada, ecc.*) aggiustare, accomodare, raccomodare, restaurare, rappezzare, rattoppare, racconciare, rassettare, rabberciare, riattare, ripristinare, rifare, ricostruire CONTR. rovinare, danneggiare, rompere, scassare, sgangherare, logorare, guastare □ sabotare **B** *v. intr.* (*a inconvenienti, mancanze, ecc.*) ovviare, rimediare, provvedere, empire (*fig.*) □ riscattarsi **CONTR.** provocare, causare **C** **ripararsi** *v. rifl.* mettersi al riparo, ricoverarsi, coprirsi, salvarsi, rifugiarsi, nascondersi, rintanarsi □ difendersi, proteggersi, salvaguardarsi **CONTR.** esporsi, scoprirsi. *V. anche* CORREGGERE

riparàre (2) *v. intr.* rifugiarsi, salvarsi, rintanarsi, ritirarsi, nascondersi **CONTR.** esporsi, scoprirsi, mostrarsi, avventurarsi.

riparàto (1) *part. pass. di* **riparare (1)**; *anche agg.* **1** (*di cosa*) aggiustato, sistemato, accomodato, restaurato, rappezzato, rattoppato, racconciato, rabberciato, riattato, ripristinato, ristrutturato, rifatto **CONTR.** rovinato, danneggiato, guastato, sfasciato, sgangherato **2** (*di danno, di colpa*) risarcito, ripagato □ espiato, purgato, pagato **3** (*di luogo*) coperto, protetto, difeso, chiuso **CONTR.** indifeso, scoperto, esposto.

riparàto (2) *part. pass. di* **riparare (2)**; *anche agg.* rifugiato, rintanato, nascosto, fuggito.

riparazióne *s. f.* **1** (*di cosa*) accomodatura, aggiustatura, aggiustamento, restauro, racconciatura, racconciamento, raccomodatura, rattoppo, ripristino, ripristinamento, ripristinazione, reintegrazione, riattamento, riassetto, riadattamento **CONTR.** guasto, deterioramento, danneggiamento, danno, rottura □ sabotaggio **2** (*di danno, di torto e sim.*) risarcimento, ammenda (*fig.*), soddisfacimento, soddisfazione, rimedio, riparo, compenso □ espiazione **CONTR.** provocazione.

ripàro *s. m.* **1** difesa, protezione □ baluardo, barriera, barricata, sbarramento □ copertura, schermo, schermatura □ paravento □ tetto □ (*est.*) salvezza, sicurezza **2** (*di animali*) stalla, ricovero □ rifugio, tana, covo, latibolo (*lett.*) **3** (*al male, al vizio, ecc.*) rimedio, provvedimento, misura, ripiego **FRAS.** *correre ai ripari* (*fig.*), cercare di rimediare **CONTR.** incentivo, spinta. *V. anche* DIFESA, MISURA

ripartìre A *v. tr.* **1** dividere, suddividere, frazionare, ordinare, compartire, scompartire, spartire, distribuire □ razionare **CONTR.** unificare, unire, riunire, accorpare **2** assegnare, dare, conferire, attribuire, impartire (*raro*) **CONTR.** togliere, sottrarre **B** **ripartirsi** *v. rifl. rec.* dividersi, spartirsi.

ripartizióne *s. f.* **1** spartizione, divisione, suddivisione, partizione, frazionamento, compartizione, comparto, smistamento, scaglionamento □ distinzione, classificazione **CONTR.** unificazione, riunificazione, accorpamento **2** divisione, assegnazione, distribuzione, conferimento **CONTR.** sottrazione **3** (*di ente, di attività, ecc.*) reparto, servizio, sezione, settore, branca (*fig.*).

ripassàre A *v. tr.* **1** (*di luogo*) passare di nuovo, riattraversare **2** (*di scritto, di dipinto, ecc.*) scorrere, rileggere, riguardare, rivedere, riesaminare, controllare, correggere, ritoccare, ripetere **B** *v. intr.* ritornare, tornare. *V. anche* CORREGGERE

ripassàta *s. f.* **1** (*di scritto, ecc.*) riguardata, rilettura, scorsa, occhiata, riveduta, ripasso, ripetizione **2** (*fam.*) ammonizione, sgridata, cicchetto, ramanzina, rabbuffo, rimbrotto, rimprovero, sfuriata, strapazzata, strigliata, risciacquata (*fig., fam.*), tirata **CONTR.** lode, plauso, elogio, approvazione, encomio.

ripàsso *s. m.* ripetizione, ripassata, riguardata, rilettura, scorsa, occhiata.

ripensaménto *s. m.* **1** riflessione, meditazione, considerazione, ponderazione **2** (*di idea, di decisione, ecc.*) mutamento, cambiamento di opinione, ravvedimento.

ripensàre A *v. intr.* **1** riflettere, meditare, considerare, ponderare, rimuginare (*fig.*), rimasticare (*fig.*), ruminare (*fig.*) **2** cambiare pensiero, cambiare parere **3** ricordare, rievocare, rammemorare (*lett.*), rimemorare (*ant.*), rimembrare (*poet.*), risovvenirsi (*lett.*) **CONTR.** dimenticare, scordare, obliare (*lett.*) **B** *v. tr.* (*lett.*) riconsiderare.

ripercórrere *v. tr.* **1** (*anche fig.*) percorrere di nuovo, riandare **2** ricordare **CONTR.** dimenticare.

ripercuòtere A *v. tr.* percuotere di nuovo **B** **ripercuotersi** *v. intr. pron.* **1** (*di luce, di acqua, ecc.*) rimbalzare, riflettersi, riverberare **2** (*di suono*) rintronare, echeggiare, rimbombare, risonare **3** (*di dolore*) rispondere (*fig.*) **4** (*est.*) propagarsi, ricadere □ incidere, influire.

ripercussióne *s. f.* **1** contraccolpo, rimbalzo, ripercuotimento (*raro*) **2** (*di luce, di suono, ecc.*) riecheggiamento, risonanza, rimbombo, eco, riverbero **3** (*di avvenimento, di notizia, ecc.*) conseguenza, riflesso, reazione, effetto, rispondenza, risvolto (*fig.*).

ripescàre *v. tr.* **1** riprendere, ricuperare, ripigliare (*fam.*) **CONTR.** perdere, abbandonare **2** (*fig.*) ritrovare, trovare, rinvenire, recuperare, rintracciare **3** (*est.*) (*di nozioni, di progetti, ecc.*) rispolverare (*fig.*), riesumare (*fig.*).

ripètere A *v. tr.* **1** (*di discorso, ecc.*) dire di nuovo, ridire, confermare, riconfermare □ ribadire, insistere (*fig.*) □ ricapitolare (*est.*), rifriggere (*fig.*), riferire, riportare □ (*di richiesta, di invito, ecc.*) reiterare, rinnovare □ (*di cosa, ecc.*) ricominciare, rifare **2** (*di successo*) bissare, rinnovare, replicare **3** rifare, iterare (*lett.*), riprodurre, imitare, ricalcare (*fig.*), parafrasare, copiare, echeggiare (*fig.*) **4** (*di lezione*) ripassare □ rispiegare **B** **ripetersi** *v. intr. pron.* **1** ridire **2** insistere, ostinarsi **3** (*di fatto, di avvenimento, ecc.*) ricorrere, ritornare, succedersi, avvenire, accadere □ rinnovarsi, riprodursi.

ripetìbile *agg.* rinnovabile, iterabile (*lett.*), ripresentabile, replicabile, imitabile □ riferibile **CONTR.** irripetibile, irreplicabile.

ripetitivo *agg.* ridetto, replicato, rifatto □ (*est.*) monotono, meccanico (*fig.*), noioso **CONTR.** nuovo.

ripetizióne *s. f.* **1** iterazione, reiterazione, replica, bis, replay (*ingl.*) **2** ribadimento, riconferma, rinnovazione, rinnovamento, ritorno □ ritornello, refrain (*fr.*) □ routine (*fr.*) **3** lezione privata □ ripasso, ripassata **4** (*ling.*) geminazione, raddoppiamento.

ripetutaménte *avv.* spesso, più volte, frequentemente, sovente, reiteratamente, iteratamente, insistentemente **CONTR.** di rado, raramente, talvolta, sporadicamente.

ripetùto *part. pass. di* **ripetere**; *anche agg.* **1** ridetto □ ritrito (*fig.*), rifritto (*fig.*) □ insistente □ replicato □

imitato, rifatto □ reiterato, iterato (*lett.*) □ vieto □ tautologico □ geminato (*ling.*) ***2*** numeroso, frequente, molto, molteplice, vario, diverso **CONTR.** rado, raro, sporadico, casuale. *V. anche* FREQUENTE

ripiàno *s. m.* ***1*** (*di mobile*) piano, scaffale, mensola ***2*** (*di architettura, di terreno*) pianale, gradone □ terrazzo □ (*agr.*) scaglione, lenza ***3*** piattaforma, pedana, palco □ scalino, gradino.

ripicca *s. f.* ripicco, puntiglio, picca, dispetto, vendetta.

ripidézza *s. f.* ripidità, inclinazione, pendenza.

rìpido *agg.* erto, inclinato, pendente □ scosceso, arduo, difficile, malagevole, acclive (*lett.*), precipite (*lett.*) **CONTR.** dolce □ piano, pianeggiante.

ripiegàre ***A*** *v. tr.* ***1*** piegare più volte □ rimboccare **CONTR.** rispiegare ***2*** (*di ali, di braccia*) piegare, raccogliere, chiudere, rannicchiare **CONTR.** spiegare, distendere ***B*** *v. intr.* (*mil.*) indietreggiare, ritirarsi, cedere, arretrare, recedere (*raro*), retrocedere, rinculare **CONTR.** avanzare, proseguire □ affrontare ***C*** **ripiegarsi** *v. intr. pron.* incurvarsi, piegarsi, flettersi, torcersi, accartocciarsi **CONTR.** raddrizzarsi, rizzarsi ***D*** *v. rifl.* (*fig.*) (*di persona*) rinchiudersi, chiudersi, rannicchiarsi □ rifugiarsi **CONTR.** aprirsi.

ripiègo *s. m.* palliativo (*fig.*), compromesso, rappezzamento (*fig.*), rappezzatura (*fig.*), rattoppo (*fig.*), rattoppatura (*fig.*), zeppa (*fig.*) □ rimedio, riparo □ mezzuccio, mezzotermine □ stratagemma, artificio, scappatoia, espediente, trovata, appiglio □ pretesto, scusa. *V. anche* ARTIFICIO, SCUSA

ripièno ***A*** *agg.* ***1*** colmo, pienissimo, raso, rigurgitante, straripante, traboccante, ricolmo □ gonfio, rigonfio, zeppo, denso, fitto □ imbottito, impinzato (*fig.*), inzeppato, repleto (*ant.*), stipato, stivato, pigiato **CONTR.** vuoto, scarso, sgonfio, sgombro ***2*** (*fig.*) invaso, pervaso, penetrato ***B*** *s. m.* (*di vivanda*) farcitura, farcia □ impasto.

ripigliàre ***A*** *v. tr.* ***1*** (*fam.*) riprendere, riacchiappare, riafferrare, rioccupare, riconquistare **CONTR.** perdere, lasciare, abbandonare ***2*** (*fam.*) recuperare, ripescare, riacquistare, riguadagnare, riavere **CONTR.** perdere ***3*** (*di discorso, di lavoro, ecc.*) ricominciare, riattaccare □ continuare, seguitare, proseguire **CONTR.** interrompere, troncare, smettere ***4*** (*di persona*) riaccettare, riammettere, riaccogliere **CONTR.** allontanare, rifiutare ***B*** *v. intr.* (*di piante, alberi e sim.*) rinvenire, riaversi, rinverdire, rigermogliare, rinascere, rinvigorire □ ravvivarsi **CONTR.** ingiallire, appassire, avvizzire, disseccarsi, inaridire □ morire ***C*** **ripigliarsi** *v. rifl.* riprendersi, riafferrare, rioccupare, riconquistare **CONTR.** riperdere, abbandonare.

ripórre ***A*** *v. tr.* ***1*** rimettere, ricollocare **CONTR.** ritogliere, levare ***2*** metter via, risistemare, riordinare □ conservare, serbare ***3*** nascondere, celare, imbucare (*est., fam.*) ***4*** (*fig.*) (*di fiducia, di affetto, ecc.*) dare, accordare **CONTR.** togliere ***B*** **riporsi** *v. rifl.* mettersi, risistemarsi.

riportàre ***A*** *v. tr.* ***1*** restituire, ridare, riconsegnare, rispedire, tornare (*lett.*) **CONTR.** tenersi, trattenere ***2*** ricondurre, rimenare ***3*** (*di notizia, di discorso e sim.*) riferire, ripetere, ridire □ spifferare (*fam.*), raccontare, dire, rivelare **CONTR.** tacere □ nascondere, celare (*lett.*) ***4*** (*di scritto, di prova, ecc.*) citare, richiamare, allegare ***5*** (*di disegno e sim.*) ridurre, trasportare, trasferire ***6*** (*fig.*) (*di approvazione, di premio, ecc.*) conseguire, avere, acquistare, ottenere, riscuotere, ricevere □ (*di vantaggio*) cavare, ricavare ***B*** **riportarsi** *v. intr. pron.* ***1*** tornare, andare, ritornare ***2*** (*a scritto, a discorso, ecc.*) richiamarsi, riferirsi, ricollegarsi ***3*** (*con la mente*) riandare, ricordare. *V. anche* NARRARE

riportàto *part. pass. di* **riportare**; *anche agg.* ***1*** restituito ***2*** riferito, citato.

riposànte *part. pres. di* **riposare** (**2**); *anche agg.* distensivo, rilassante □ ristoratore □ calmo, tranquillo, sereno, quieto □ tranquillizzante **CONTR.** irritante, eccitante, stressante, logorante, massacrante.

riposàre (**1**) ***A*** *v. tr.* posare di nuovo, rimettere, riadagiare, risistemare, ricollocare **CONTR.** risollevare, rialzare ***B*** **riposarsi** *v. rifl.* riadagiarsi, rimettersi, risistemarsi, ricollocarsi **CONTR.** risollevarsi, rialzarsi.

riposàre (**2**) ***A*** *v. intr.* ***1*** (*di persona*) fermarsi, sostare, distendersi, posarsi (*lett.*), poltrire □ dormire, sonnecchiare **CONTR.** lavorare, fare, faticare, agire, sfaccendare ***2*** (*est.*) dormire, sonnecchiare, pisolare (*fam.*) ***3*** ristorarsi, rinfrescarsi, rilassarsi, rifiatare, respirare (*fig.*), riprendersi **CONTR.** affaticarsi, debilitarsi, affannarsi, affaccendarsi, spossarsi, stancarsi, straccarsi (*pop.*) ***4*** (*euf.*) essere sepolto □ essere morto ***5*** (*anche fig.*) (*di cosa*) poggiare, reggersi, appoggiarsi ***B*** *v. tr.* rilassare, distendere, ristorare **CONTR.** estenuare, logorare, stressare ***C*** **riposarsi** *v. intr. pron.* rilassarsi □ rifiatare □ ristorarsi, rinfrescarsi **CONTR.** sfinirsi, sfiancarsi □ scalmanarsi □ strapazzarsi, sovraffaticarsi.

riposàto *part. pass. di* **riposare** (**2**); *anche agg.* (*lett.*) ristorato, fresco, rinvigorito □ tranquillo, calmo, sereno **CONTR.** stanco, spossato, esausto, provato, trafelato, stressato □ inquieto, ansioso, turbato.

riposìno *s. m.* ***1*** *dim. di* **riposo** ***2*** pisolino, pennichella (*dial.*), pisolo (*fam.*).

ripòso *s. m.* ***1*** respiro, sosta, pausa, tregua, intermezzo **CONTR.** lavoro, attività □ fatica, sfacchinata, tour de force (*fr.*) ***2*** (*est.*) ristoro □ sollievo □ rilassamento, relax (*ingl.*) **CONTR.** stanchezza, strapazzo, surmenage (*fr.*), spossatezza □ tensione ***3*** (*est.*) sonno □ dormita □ pisolino, pennichella (*dial.*) ***4*** letargo ***5*** quiete, tranquillità, pace, requie **CONTR.** agitazione, frenesia, tensione, irrequietezza, ansia, ansietà ***6*** (*est.*) ozio, ricreazione, distrazione □ vacanza, villeggiatura ***7*** quiescenza, pensione **FRAS.** *eterno riposo* (*euf.*), morte.

ripostìglio *s. m.* bugigattolo, sgabuzzino, stanzino, stambugio □ deposito, retrobottega □ sottoscala, sottotetto, cantuccio.

ripósto *part. pass. di* **riporre**; *anche agg.* ***1*** (*di luogo*) appartato, solitario, isolato, ritirato, romito (*lett.*) □ riservato **CONTR.** frequentato, affollato ***2*** (*di pensiero, di sentimento, ecc.*) segreto, nascosto, recondito, celato, occulto □ latente **CONTR.** palese, evidente, chiaro, manifesto ***3*** (*di cosa*) conservato, messo da parte, serbato, riservato ***4*** rimesso. *V. anche* SOLITARIO

riprèndere ***A*** *v. tr.* ***1*** (*di cosa*) ripigliare (*fam.*), recuperare, ritogliere, riacquistare, riguadagnare, riacchiappare, riacciuffare, riafferrare, riavere, rivincere, ritirare, ripescare CONTR. perdere, lasciare, riabbandonare □ ridare, riconsegnare ***2*** (*di luogo*) rioccupare, riconquistare CONTR. perdere ***3*** (*di lavoro, di discorso, ecc.*) ricominciare, riattaccare, rincominciare □ continuare, seguitare, proseguire □ soggiungere CONTR. interrompere, sospendere □ troncare □ smettere, abbandonare, piantare □ tralasciare ***4*** (*di persona, di comportamento, ecc.*) ammonire, sgridare, redarguire, richiamare, rimbrottare, rimproverare, rabbuffare (*fig.*) □ criticare, ridire, biasimare, riprovare (*lett.*), censurare (*est., fig.*), condannare CONTR. lodare, elogiare, esaltare ***5*** fotografare, filmare, cinematografare, girare ***6*** (*di cucitura, di modello, ecc.*) stringere, ridurre □ ritoccare, modificare, correggere ***7*** (*di impiegato*) riassumere CONTR. cacciare ***8*** (*di corridore, di svantaggio*) riassorbire (*fig.*), rimontare ***B*** **riprendersi** *v. intr. pron.* ***1*** rinforzarsi, rinvigorirsi, rianimarsi, irrobustirsi, ricomporsi, riaversi, migliorare, rinvenire CONTR. indebolirsi, infiacchirsi □ svenire, accasciarsi, afflosciarsi □ avvilirsi, abbattersi, sconfortarsi, crollare, tramortire ***2*** correggersi, ravvedersi, emendarsi, pentirsi, rinsavire CONTR. peggiorarsi ***C*** *v. intr.* ***1*** ricominciare, riattaccare □ continuare, seguitare CONTR. smettere, interrompersi ***2*** (*di pianta, di fuoco, ecc.*) rinvigorirsi, rinforzarsi □ ravvivarsi CONTR. appassirsi, seccarsi, inaridirsi □ spegnersi. *V. anche* BIASIMARE, CORREGGERE

riprésa *s. f.* ***1*** (*di ostilità, di attività, ecc.*) rinnovo, risveglio, riapertura □ incremento, aumento □ recupero, ricupero □ progresso CONTR. diminuzione, calo □ cessazione, troncamento, fine, interruzione, sospensione, ristagno (*fig.*), stasi ***2*** (*di motore*) accelerazione, sprint (*ingl.*) ***3*** (*sport*) fase, tempo, round (*ingl.*) ***4*** (*di abito*) piega, cucitura, pince (*fr.*), piegolina ***5*** (*mus.*) ritorno, ritornello ***6*** (*cine.*) inquadratura.

ripresentàre ***A*** *v. tr.* presentare di nuovo, riproporre CONTR. ritirare ***B*** **ripresentarsi** *v. rifl.* ***1*** riapparire CONTR. scomparire ***2*** (*di occasione, di avvenimento, ecc.*) ricapitare, riaccadere, risuccedere □ tornare, ritornare □ rinnovarsi □ ricorrere CONTR. svanire, scomparire ***3*** (*di candidato*) riproporsi CONTR. ritirarsi.

ripréso *part. pass. di* **riprendere**; *anche agg.* ***1*** raccolto ***2*** (*di persona*) riassunto, reintegrato ***3*** (*di comportamento*) riprovato (*lett.*) ***4*** (*di discorso*) ricominciato ***5*** (*cine.*) filmato.

ripristinàre *v. tr.* ***1*** ricostituire, ristabilire, riattivare, riprendere □ ricomporre, riordinare □ riparare □ reintegrare, riabilitare □ ricostruire, restaurare, risistemare, riattare, recuperare □ rinfrescare, rinnovare □ rigenerare CONTR. rivoluzionare, stravolgere, sovvertire □ guastare, demolire, deteriorare, danneggiare ***2*** (*fig.*) (*di ordine, di usi, ecc.*) riproporre, recuperare, risuscitare (*fig.*), disseppellire (*fig.*), dissotterrare (*fig.*) CONTR. abbandonare, far morire.

riprìstino *s. m.* ripristinamento, ripristinazione □ riattivamento, riattivazione □ ristabilimento, ricostituzione, ricomposizione □ reintegrazione, riparazione □ rinnovo, rinnovamento □ risistemazione, riattamento, racconciamento, ricostruzione, restaurazione, restauro, recupero CONTR. abbandono □ rovina, demolizione □ deterioramento, danneggiamento.

riprodótto *part. pass. di* **riprodurre**; *anche agg.* (*di disegno, di stile*) copiato, ricopiato, ricalcato, trasportato (*est.*), duplicato □ imitato CONTR. originale.

riprodùrre ***A*** *v. tr.* ***1*** produrre di nuovo, rifare □ clonare □ rigenerare ***2*** (*di immagine, di disegno, ecc.*) copiare, ricopiare, ricalcare, trasportare (*est.*) □ duplicare, fotocopiare □ (*est.*) ripetere CONTR. inventare ***3*** (*est.*) (*di libro*) stampare, ripubblicare, ristampare ***4*** (*di paesaggio, di situazione, ecc.*) ritrarre, rappresentare, effigiare, raffigurare, rendere, esprimere, rispecchiare □ simulare, imitare ***B*** **riprodursi** *v. intr. pron.* ***1*** figliare, procreare, moltiplicarsi, prolificare □ generare □ rigenerarsi, riformarsi, proliferare ***2*** (*di fenomeno, di situazione, ecc.*) ripetersi, rinnovarsi CONTR. cessare, scomparire.

riproduzióne *s. f.* ***1*** generazione, rigenerazione, proliferazione ***2*** (*biol.*) procreazione, prolificazione, moltiplicazione ***3*** (*di disegno, di documento, ecc.*) copia, calco, facsimile, fotografia, incisione (*est.*), stampa, poster (*ingl.*) □ ristampa, reprint (*ingl.*) □ fotocopia, duplicato □ (*di gioielli, di architettura, ecc.*) imitazione, falso □ rifacimento CONTR. originale, modello ***4*** (*est.*) (*di situazione, di paesaggio, ecc.*) raffigurazione, rappresentazione, immagine (*fig.*), veduta.

ripromèttere ***A*** *v. tr.* ***1*** promettere di nuovo ***2*** (*raro*) sperare, aspettarsi, augurarsi, prevedere ***B*** **riprométtersi** *v. intr. pron.* prefiggersi, proporsi, contare, intendere.

ripropórre *v. tr.* e **ripropórsi** *rifl.* e *intr. pron.* riavanzare, riesporre, rilanciare (*fig.*), riprospettare, ripresentare □ (*di dire, di fare*) prefiggersi, intendere, proporsi, contare CONTR. ritirare □ rinunciare.

ripropósta *s. f.* (*fig.*) revival (*ingl.*), rilancio, replay (*ingl.*), rivisitazione.

ripròva *s. f.* verifica, verificazione, controllo, conferma, prova, riscontro, controprova.

ripudiàre *v. tr.* ***1*** rifiutare, respingere, disconoscere, abbandonare (*fig.*), rinnegare, sconfessare, abiurare, apostatare □ tradire CONTR. accettare, accogliere, riconoscere, seguire, adottare (*fig.*) ***2*** (*est.*) divorziare CONTR. sposare.

ripùdio *s. m.* ***1*** rifiuto, disconoscimento, abbandono (*fig.*), rinnegamento, sconfessione, ripulsa, reiezione (*raro*), ricusa, ricusazione (*lett.*), abiura, apostasia □ tradimento CONTR. accettazione, riconoscimento, accoglimento, consenso, gradimento ***2*** (*est.*) divorzio CONTR. matrimonio.

ripugnànte *part. pres. di* **ripugnare**; *anche agg.* disgustoso, nauseante, repellente, ributtante, stomachevole, nauseabondo, schifoso, rivoltante, repulsivo, ripulsivo, detestabile □ (*est.*) laido (*lett.*), lercio, lurido, obbrobrioso, osceno, brutto, deforme CONTR. invitante, allettevole, solleticante, allettante, attraente, affascinante, seducente, tentante □ appetitoso, stuzzicante □ meraviglioso, mirabile, incantevole, delizioso, ammaliante, adorabile. *V. anche* DEFORME, SPIACE-

VOLE

ripugnànza *s. f.* **1** nausea, ribrezzo, voltastomaco, repulsione, ripulsione, avversione, fobia, disgusto, schifo, senso □ idiosincrasia, avversione, intolleranza, aborrimento, odio, orrore, fastidio **CONTR.** attrattiva, attrazione, seduzione, fascino □ brama, bramosia, desiderio, smania, voglia, dilezione (*lett.*), affezione **2** (*a fare, a dire, ecc.*) riluttanza, renitenza, resistenza, antipatia, ritrosia, indocilità **CONTR.** disposizione, disponibilità, inclinazione, tendenza, penchant (*fr.*).

ripugnàre *v. intr.* **1** (*di cibo, di sapore, ecc.*) disgustare, nauseare, ributtare, rivoltare, repellere (*lett.*), schifare, fare schifo, stomacare □ stuccare **CONTR.** gradire, piacere, attrarre, solleticare, tentare **2** (*di persona, di guerra, ecc.*) detestare, aborrire, rifuggire, odiare **CONTR.** piacere, accettare, gradire.

ripulìre *A v. tr.* **1** nettare (*tosc.*), mondare, tergere □ detergere, lavare, forbire, spolverare, sgrassare, spazzare, sbrattare, purgare □ purificare, depurare, epurare (*raro*), espurgare (*raro*), sbarazzare, sgomberare **CONTR.** insudiciare, sporcare, imbrattare, insozzare, lordare, macchiare, impiastricciare, impiastrare **2** riordinare, riassettare, rassettare, sistemare **CONTR.** disordinare **3** (*fig.*) (*di scritto, di stile, ecc.*) perfezionare, rivedere, correggere, limare, rifinire, migliorare, polire □ sfrondare, snellire, alleggerire **CONTR.** peggiorare, rovinare □ appesantire **4** (*lett., fig.*) (*di persona, di costumi, ecc.*) dirozzare, ingentilire, raffinare, affinare, digrossare, incivilire, scozzonare, educare □ (*est.*) risanare □ moralizzare (*fig.*) **CONTR.** inselvatichire, imbarbarire, peggiorare, degenerare **5** (*fig.*) rubare, pelare (*fig.*) **B ripulirsi** *v. rifl.* **1** lavarsi, pettinarsi, rinfrescarsi, strigliarsi (*scherz.*), forbirsi, riassettarsi, rivestirsi **CONTR.** insudiciarsi, imbrattarsi, insozzarsi, sporcarsi, macchiarsi, lordarsi **2** (*fig.*) incivilirsi, raffinarsi, affinarsi **CONTR.** inselvatichirsi, imbarbarirsi. *V. anche* CORREGGERE

ripulìta *s. f.* ripulitura, pulita □ lavata, spolverata, spazzata, scopata, rinfrescata, riordinata, riassettata, risistemata □ repulisti, pulizia.

riquadràre *v. tr.* **1** squadrare **2** (*fig., raro*) corrispondere, quadrare, tornare.

riquàdro *s. m.* **1** (*raro*) riquadratura **2** casella, quadretto □ formella.

riqualificàre *A v. tr.* (*di lavoratori*) aggiornare, riconvertire, riciclare (*fig.*) **B riqualificarsi** *v. rifl.* aggiornarsi.

riqualificazióne *s. f.* (*di lavoratori*) aggiornamento, riconversione, riciclaggio (*fig.*).

risàcca *s. f.* (*di onda*) ritorno, rifrangimento (*raro*), risucchio.

risalìre *A v. tr.* salire, rimontare, ascendere (*lett.*) **CONTR.** scendere, ridiscendere **B** *v. intr.* **1** salire, arrampicarsi, inerpicarsi, issarsi **CONTR.** scendere, ridiscendere **2** (*fig.*) (*di merce, di prezzo, ecc.*) rincarare, aumentare, crescere **CONTR.** calare, diminuire **3** (*di fatto, di costruzione, ecc.*) accadere, avvenire □ avere origine, datare □ ispirarsi (*fig.*) **4** (*fig.*) (*di pensiero, di ricordo, ecc.*) ripensare, ritornare, riandare, risovvenire, rievocare.

risalìta *s. f.* rimonta □ rincaro, aumento **CONTR.** calata.

risaltàre *A v. tr.* e *intr.* rimbalzare **B** *v. intr.* **1** (*di struttura*) sporgere, aggettare, rilevarsi, sopravanzare, sportare (*ant.*) **CONTR.** rientrare **2** (*est.*) stagliarsi, dominare, spiccare, campeggiare □ emergere, staccare, rilevarsi, evidenziarsi **CONTR.** sfumare, svanire, scomparire, uniformarsi **3** (*fig.*) (*di persona*) emergere, primeggiare, distaccarsi (*fig.*), distinguersi, segnalarsi, eccellere, evidenziarsi **4** (*fig.*) apparire evidente, balzare agli occhi (*fig.*).

risàlto *s. m.* **1** spicco, rilievo, evidenza □ appariscenza, vistosità □ stacco, contrasto □ accento **CONTR.** uniformità, piattezza, irrilevanza **2** (*di struttura*) rilievo, prominenza, aggetto, sporgenza, sbalzo, sporto, rilevamento, elevamento, dente, dentello.

risanaménto *s. m.* **1** (*di persona*) guarigione, sanamento (*raro*) **CONTR.** malattia **2** (*di luogo*) bonifica, bonificazione, recupero, disinfestazione, decontaminazione **CONTR.** degrado, deterioramento □ inquinamento, infestazione **3** (*di economia, di situazione*) riassetto, miglioramento **CONTR.** crisi □ peggioramento, rovina, deterioramento.

risanàre *A v. tr.* **1** (*di persona*) guarire, ristabilire, curare, sanare **CONTR.** contagiare, infettare **2** (*di luogo*) recuperare, bonificare, disinfestare, decontaminare **CONTR.** degradare, rovinare □ inquinare, infestare **3** (*fig.*) (*di economia, di situazione, ecc.*) riassestare, migliorare, riparare, riassettare, riformare, purgare □ modificare, correggere, rettificare **CONTR.** peggiorare, rovinare □ squilibrare **B** *v. intr.* guarire, rimettersi, ristabilirsi, sanarsi **CONTR.** ammalarsi. *V. anche* CORREGGERE

risapùto *agg.* noto, arcinoto, notorio, palese, cognito (*lett.*), conosciuto, saputo, proverbiale □ trito **CONTR.** ignorato, ignoto, sconosciuto, inedito (*fig.*).

risarciménto *s. m.* riparazione, rifusione, indennizzo, rimborso, restituzione □ ammenda (*fig.*) □ compenso, compensazione, rivalsa, soddisfacimento, soddisfazione □ restauro (*raro*) **CONTR.** danno.

risarcìre *v. tr.* ripagare, indennizzare, rendere, rifondere, ridare, rimborsare, reintegrare □ compensare, pagare, riparare, soddisfare.

riscaldàre *A v. tr.* **1** scaldare, intiepidire, incalorire (*raro*) **CONTR.** raffreddare, refrigerare, congelare **2** (*fig.*) (*di animo, di sentimento, ecc.*) eccitare, infiammare, accendere, infervorare □ rinfocolare, ravvivare **CONTR.** calmare, quietare, sedare, raffreddare (*fig.*) **3** (*est.*) (*di cibo, di bevanda*) infiammare, irritare **CONTR.** rinfrescare **B riscaldarsi** *v. rifl.* riprendere calore, intiepidirsi, scaldarsi **CONTR.** raffreddarsi, refrigerarsi □ assiderarsi, infreddolirsi, congelarsi **C** *v. intr. pron.* (*fig.*) infervorarsi, accendersi, accaldarsi, accalorarsi, infiammarsi, scaldarsi (*fig.*), incalorirsi, eccitarsi **CONTR.** calmarsi, quietarsi.

riscattàre *A v. tr.* **1** (*di cosa*) riacquistare, ricomprare, recuperare, riavere □ disimpegnare, spignorare **2** (*fig.*) svincolare **CONTR.** vincolare, ipotecare **3** (*fig.*) (*di persona*) redimere, liberare, salvare, affrancare, riabilitare, mondare (*fig., raro*) **CONTR.** traviare **B riscattarsi** *v. rifl.* riabilitarsi, redimersi, salvarsi □ affrancarsi, liberarsi, riparare.

riscàtto *s. m.* **1** (*di cosa*) recupero, dissequestro, svincolo CONTR. sequestro **2** (*fig.*) (*di persona*) liberazione, affrancamento □ redenzione CONTR. prigionia, soggezione, schiavitù □ traviamento **3** (*dir.*) retratto, rivendicazione.

rischiaràre ***A*** *v. tr.* **1** (*anche fig.*) illuminare, lumeggiare (*lett.*), schiarire, stenebrare (*lett.*), imbiancare (*est.*) □ irradiare, irraggiare CONTR. oscurare, offuscare, incupire, scurire, velare **2** (*di idee, di mente, ecc.*) chiarire, schiarire, aprire (*fig.*), liberare, snebbiare CONTR. ottenebrare, annebbiare, confondere, obnubilare ***B*** *v. intr.* e **rischiararsi** *intr. pron.* **1** (*di tempo, di cielo*) schiarire, schiarirsi, rasserenarsi CONTR. rannuvolarsi, rabbuiarsi **2** (*di voce, di colore, ecc.*) diventare limpido CONTR. incupirsi, arrochirsi □ offuscarsi, scurirsi.

rischiàre ***A*** *v. tr.* arrischiare, ardire, osare, giocarsi, azzardare, esporre, mettere a repentaglio, risicare (*tosc.*) ***B*** *v. intr.* arrischiarsi, avventurarsi, azzardarsi □ cimentarsi, affrontare.

rìschio *s. m.* pericolo, repentaglio □ alea, azzardo □ cimento □ ventura □ minaccia □ scommessa CONTR. sicurezza. *V. anche* INCERTO

rischióso *agg.* pericoloso, periglioso (*lett.*), temerario, folle □ aleatorio, arrischiato, azzardoso, imprudente, avventato, avventuroso, audace, compromettente □ malsicuro, infido CONTR. sicuro □ assennato, meditato, prudente.

risciacquàre *v. tr.* sciacquare, lavare.

riscontràre ***A*** *v. tr.* **1** (*di documenti, di ricevute, ecc.*) raffrontare, confrontare, paragonare, comparare, raccostare (*fig.*), ravvicinare (*fig.*), collazionare **2** (*di peso, di conto, ecc.*) verificare, controllare, provare, esaminare, riesaminare, riguardare, rivedere, accertare, appurare, spuntare **3** (*di errore, di ammanco, ecc.*) riconoscere, rilevare, constatare, scoprire, arguire, notare, capire, osservare, vedere, trovare ***B*** *v. intr.* accordarsi, corrispondere, coincidere, concordare CONTR. discordare. *V. anche* CONSTATARE

riscóntro *s. m.* **1** (*di documenti, di ricevute, ecc.*) confronto, raffronto, paragone, comparazione, raccostamento (*fig.*), collazione, parallelo **2** (*di conto, di peso, ecc.*) revisione, verifica, verificazione, controllo, prova, riprova, conferma, esame □ constatazione **3** (*est.*) (*di cose*) corrispondenza, concordanza, pendant (*fr.*), contrapposizione, simmetria **4** (*di meccanismo*) corrispondenza **5** (*di corrispondenza*) risposta, ricevuta **6** (*di aria*) corrente. *V. anche* PARAGONE

riscòssa *s. f.* **1** rivincita, revanche (*fr.*) □ riconquista, ribellione, rivolta, insurrezione □ reazione CONTR. oppressione, schiavitù, rassegnazione **2** recupero, redenzione, riscatto.

riscossióne *s. f.* incasso, esazione, riscotimento (*raro*) □ introito, realizzo CONTR. pagamento, versamento, esborso, spesa.

riscrìvere ***A*** *v. tr.* scrivere di nuovo □ trascrivere, ricopiare, copiare □ rimaneggiare ***B*** *v. intr.* rispondere.

riscuòtere ***A*** *v. tr.* **1** scuotere, risvegliare, ridestare CONTR. addormentare **2** (*di denaro*) ricevere, ritirare, percepire, incassare, intascare, introitare, ricavare, pigliare (*fam.*), prendere □ raccogliere CONTR. pagare, versare, sborsare, sganciare (*fig., fam.*), spendere, dare **3** (*fig.*) (*di fama, di consenso, ecc.*) riportare, conseguire, ottenere, acquistare, raggiungere ***B*** **riscuotersi** *v. intr. pron.* **1** scuotersi, risvegliarsi, rianimarsi, ridestarsi □ trasalire, sussultare CONTR. assopirsi, dormire, addormentarsi, riposare, disanimarsi **2** reagire, ribellarsi, rivoltarsi, insorgere, riscattarsi CONTR. subire, soggiacere, adattarsi. *V. anche* PRENDERE, SCUOTERE

risentiménto *s. m.* rancore, livore □ acredine, animosità, malanimo □ ruggine □ puntiglio, ripicca, picca, dispetto □ indignazione, sdegno □ odio, gelosia, permale (*fam.*) CONTR. perdono □ concordia □ cordialità □ generosità, indulgenza, sopportazione, tolleranza □ rappacificamento, rappacificazione.

risentire ***A*** *v. tr.* **1** riudire, riascoltare, ricogliere □ rivedere **2** (*di dolore, di mancanza, ecc.*) patire, soffrire, sentire, temere CONTR. gioire, godere **3** (*di vantaggio, di svantaggio, ecc.*) riportare, ricavare, attingere, derivare, guadagnare, ottenere, conseguire CONTR. perdere ***B*** *v. intr.* riecheggiare ***C*** **risentirsi** *v. intr. pron.* **1** (*lett.*) svegliarsi, destarsi, rianimarsi, riaversi CONTR. assopirsi, addormentarsi, disanimarsi **2** offendersi, sdegnarsi, indignarsi, impennarsi (*fig.*), impermalirsi, piccarsi, prendersela, reagire, adirarsi, adontarsi, corrucciarsi, cuocersi (*fig.*) CONTR. rallegrarsi, godere.

risentìto *part. pass. di* **risentire**; *anche agg.* **1** (*di persona, di protesta*) sdegnoso, sdegnato, piccato, indignato, corrucciato □ suscettibile, permaloso □ vibrato, vivace CONTR. sereno, pacato □ indulgente, bonario **2** (*raro*) vivo, forte, intenso, gagliardo CONTR. leggero, tenue, debole, impercettibile.

risèrbo *s. m.* riservatezza, ritegno, pudore □ ritrosia, timidezza, vergogna (*est.*) □ verecondia, modestia □ contegno, decoro, decenza □ discrezione, delicatezza, riguardo □ circospezione, cautela, prudenza, segretezza, precauzione, avvertenza □ misura, moderazione CONTR. sfrontatezza, sfrontataggine (*raro*), cinismo, sfacciataggine, disinvoltura, impudenza, spudoratezza □ inverecondia. *V. anche* MISURA

risèrva *s. f.* **1** (*di caccia, di pesca*) bandita, diritto **2** zona protetta, oasi, parco naturale **3** (*di cose*) provvista, scorta, serbatoio (*fig.*), polmone (*fig.*) □ ricambio □ provvisione (*ant.*), approvvigionamento, rifornimento □ accantonamento, accaparramento □ (*di denaro, ecc.*) fondo, liquidità **4** (*di accettazione, di pensiero*) restrizione, limitazione □ condizione, se **5** (*mil., sport*) (*di persona*) riservista, rincalzo, panchina (*fig., est.*).

riservàre *v. tr.* **1** tenere, serbare, conservare, mantenere, custodire, riporre, risparmiare, salvare, preparare CONTR. dare, largire, prodigare **2** (*di luogo, di tempo*) fissare, prenotare, assicurarsi □ adibire, consacrare, impegnare.

riservatézza *s. f.* **1** riserbo, discrezione, segretezza, riguardo, tatto CONTR. ostentazione, esibizionismo **2** (*est.*) privacy (*ingl.*), intimità. *V. anche* MISURA

riservàto *part. pass. di* **riservare**; *anche agg.* **1** (*di luogo, di informazione, ecc.*) privato, confidenziale, segreto, personale, intimo, familiare □ appartato CONTR. aperto, pubblico, comune, formale **2** (*di persona, di carattere, ecc.*) discreto □ chiuso, introverso, taciturno, umbratile (*lett.*) □ timido, vergognoso (*est.*) □ ritroso □ pudico, pudibondo, verecondo □ compassato, contegnoso □ impenetrabile, abbottonato (*fig.*) □ sostenuto, scostante □ asociale CONTR. indiscreto □ pettegolo, chiacchierone, ciarliero □ impiccione, ficcanaso, invadente □ socievole, affabile, espansivo, estroverso □ sfacciato, sfrontato, spudorato □ ostentatore, esibizionista **3** (*di riunione, di questione*) ristretto, esclusivo **4** prenotato, fissato, opzionato □ serbato, adibito. *V. anche* TIMIDO

risguàrdo *s. m.* (*di libro*) risvolto, aletta, bandella.

risicàto *agg.* ottenuto con rischio, stentato, azzardato CONTR. sicuro, certo.

risièdere *v. intr.* **1** (*di persona*) dimorare, abitare, stare, vivere, domiciliarsi, stabilirsi, stanziarsi **2** (*fig.*) (*di cosa*) stare, consistere.

rìsma *s. f.* **1** (*di fogli*) mazzo, pacco, pila, tassa (*region.*) **2** (*fig., spreg.*) genere, qualità, tipo, fatta, sorta, specie, stampo FRAS. *essere della stessa risma* (*fig.*), somigliarsi moltissimo.

rìso *s. m.* **1** risata, sorriso, ghigno, sogghigno, risolino, sghignazzata CONTR. pianto, piagnucolio, singhiozzo, singulto **2** (*est.*) ilarità, allegrezza, giocondità, allegria CONTR. tristezza, malinconia **3** (*poet.*) bocca.

risolìno *s. m.* **1** *dim. di* **riso** **2** sorrisino, sorrisetto, risatina, sogghigno.

risollevàre **A** *v. tr.* **1** sollevare, rialzare, raddrizzare CONTR. riabbassare, riadagiare, ridistendere, ristendere **2** (*fig.*) (*di animo, di morale, ecc.*) confortare, rallegrare, consolare, rasserenare, rincuorare, rianimare, incoraggiare, tranquillizzare CONTR. rattristare, intristire, immalinconire, sconfortare, scoraggiare, avvilire, demoralizzare **B** **risollevarsi** *v. rifl.* **1** rialzarsi, raddrizzarsi CONTR. riabbassarsi, riadagiarsi, ridistendersi, ristendersi **2** (*di animo, di morale, ecc.*) confortarsi, rallegrarsi, consolarsi, rasserenarsi, tranquillizzarsi CONTR. sconfortarsi, avvilirsi, scoraggiarsi, intristirsi, rattristarsi, deprimersi, demoralizzarsi.

risòlto *part. pass. di* **risolvere**; *anche agg.* **1** (*di dubbio, di problema, ecc.*) chiarito, spiegato, decifrato CONTR. irrisolto, insoluto, inesplicato, oscuro **2** (*di questione, di lite, ecc.*) deciso, deliberato, determinato, definito, stabilito, regolato □ terminato, concluso, finito □ appianato, sistemato CONTR. indefinito, indeciso, pendente, impregiudicato, sub iudice (*lat.*).

risolutézza *s. f.* decisione, energia, prontezza, saldezza, fermezza, intraprendenza, coraggio, determinazione, determinatezza □ audacia, ardire CONTR. esitazione, dubbio, titubanza, indecisione, irresolutezza, insicurezza, perplessità, incertezza □ debolezza, timidezza □ timore, paura, sgomento. *V. anche* ENERGIA, INTRAPRENDENZA

risolutìvo *agg.* decisivo, determinante, conclusivo, definitivo, ultimo CONTR. incerto, dubbio.

risolùto *part. pass. di* **risolvere**; *anche agg.* sicuro, deciso, energico, pronto, fermo, intraprendente, determinato, volitivo, sicuro, saldo □ ardito, audace, animoso CONTR. irresoluto, indeciso, incerto, insicuro, dubbioso, perplesso, titubante, debole, vacillante, esitante, tentennante, tentenna (*scherz.*) □ rinunciatario, timido □ timoroso, pavido, vigliacco.

risoluzióne *s. f.* **1** (*di problema, di dubbio, ecc.*) scioglimento, soluzione, risolvimento **2** decisione, determinazione, proposito, consiglio (*raro*), deliberazione, definizione **3** espediente, metodo, mossa, passo, partito, sistema, alternativa, soluzione **4** risolutezza, coraggio, ardire CONTR. esitazione, incertezza **5** (*raro*) scomposizione **6** (*di contratto*) annullamento, rescissione CONTR. ratificazione, convalida, conferma □ rinnovo **7** conclusione, disbrigo.

risòlvere **A** *v. tr.* **1** (*di dubbio, di problema, ecc.*) dissolvere, sciogliere, spiegare, chiarire, decifrare, chiarificare, districare (*fig.*), sbrogliare (*fig.*), sgarbugliare (*fig.*), sgrovigliare (*fig.*) CONTR. confondere, complicare, intricare, imbrogliare **2** (*di lite, ecc.*) dirimere, arbitrare, troncare □ appianare, comporre **3** (*di impegno, ecc.*) estinguere, onorare, mantenere □ annullare, rescindere CONTR. invalidare, contestare □ rimandare, procrastinare, rinviare □ rimangiarsi (*fam.*) **4** convalidare, ratificare, confermare □ rinnovare **5** (*di elementi*) scomporre, dividere, dissolvere, disciogliere **6** (*di questione*) decidere, deliberare, stabilire, determinare, definire, statuire, sistemare CONTR. esitare, tergiversare **7** sbrigare, disbrigare **B** **risolversi** *v. intr. pron.* **1** (*raro*) (*di elementi*) sciogliersi, stemperarsi **2** (*fig.*) (*di questione, di lite, ecc.*) concludersi, sfociare, finire, appianarsi CONTR. complicarsi **3** (*di persona*) decidersi, agire, fare CONTR. tergiversare, esitare, tentennare, titubare. *V. anche* SBRIGARE, SCIOGLIERE, VOLERE

risolvìbile *agg.* **1** (*di dubbio, di difficoltà, ecc.*) solubile, risolubile □ spiegabile, chiaribile, decifrabile □ appianabile CONTR. irresolubile, irrisolvibile, insolubile, insolvibile, inspiegabile, intrattabile **2** (*di impegno, di debito, ecc.*) estinguibile, rescindibile, annullabile, dirimibile, invalidabile CONTR. ratificabile, confermabile, rinnovabile.

risonànte *part. pres. di* **risonare**; *anche agg.* rimbombante, tonante, rintronante, rombante, rumoroso, forte, sonante, sonoro, echeggiante, riecheggiante, altisonante (*lett.*) CONTR. sordo, silenzioso, flebile, fievole, attutito.

risonànza *s. f.* **1** (*fis.*) eco, ripercussione □ ripercuotimento, sonorità □ rimbombo, suono **2** clamore, interesse, rumore (*fig.*), scalpore □ (*fig.*) notorietà, fama, nomea, rinomanza, vita, popolarità □ suono (*poet.*).

risonàre *V.* **risuonare**.

risórgere *v. intr.* **1** (*di astro*) sorgere di nuovo, rinascere, ripresentarsi, riapparire, riaffacciarsi, rispuntare CONTR. tramontare, calare, morire, scomparire, nascondersi **2** (*di persona*) risuscitare, rivivere, rinascere CONTR. morire **3** riaversi, rinvenire □ rianimarsi, riprendersi CONTR. svenire □ disanimarsi, scoraggiarsi **4** (*fig.*) sollevarsi, alzarsi, rialzarsi, riemergere, ergersi, risollevarsi CONTR. abbassarsi **5** (*fig.*) (*di arte, di cultura e sim.*) riprendersi, rifiorire, ravvivarsi, ridestarsi (*fig.*) CONTR. spegnersi, esaurirsi, decadere, morire.

risórsa *s. f.* **1** mezzo, espediente, aiuto, stratagemma, accorgimento, argomento, ripiego, scappatoia **2** (*di persona*) qualità, dote, capacità, facoltà **3** (*spec. al pl.*) cespite, ricchezza, patrimonio, denaro, capitale, disponibilità, possibilità, finanze **CONTR.** miseria, povertà. *V. anche* FACOLTÀ

risparmiàre ***A*** *v. tr.* **1** serbare, non usare, mettere da parte, accumulare, conservare, immagazzinare, accantonare □ avanzare **CONTR.** consumare, usare, utilizzare □ sprecare, buttare (*fig.*) **2** (*di forze, di denaro, ecc.*) economizzare, lesinare, dosare, stiracchiare (*fig., fam.*), sparagnare (*dial.*) **CONTR.** sperperare, dissipare, dilapidare, spendere, spandere, scialacquare, scialare (*raro*), largheggiare, profondere **3** (*di persona*) rispettare, avere riguardo **CONTR.** abusare, strapazzare, vessare **4** (*di vita, di persona*) salvare, graziare □ perdonare **CONTR.** uccidere □ condannare ***B*** **risparmiarsi** *v. rifl.* riguardarsi, preservarsi □ cautelarsi **CONTR.** affaticarsi, sfinirsi, prodigarsi □ esporsi, impegnarsi.

risparmiatóre *s. m.; anche agg.* (*f. -trice*) economo, economizzatore, parsimonioso, frugale, previdente, sobrio **CONTR.** spendaccione, sprecone, scialacquatore, sperperatore, dilapidatore, sciupone.

rispàrmio *s. m.* **1** economia, attenzione, parsimonia □ morigeratezza, frugalità, sobrietà **CONTR.** sperpero, larghezza, prodigalità, profusione, spreco, scialacquamento, dilapidazione **2** (*pl.*) gruzzolo, peculio (*est., scherz.*), economie, accantonamento □ denaro, soldi.

rispecchiàre *v. tr.* e **rispecchiarsi** *rifl.* **1** (*di luce, di immagine, ecc.*) specchiare, riflettere, riflettersi, riverberare **2** (*fig.*) (*di situazione, di idee, ecc.*) esprimere, rendere, rappresentare, riflettere (*fig.*), riprodurre, manifestare, rivelare **CONTR.** nascondere, celare (*lett.*), mascherare.

rispettàbile *agg.* **1** stimabile, onorevole, venerabile, reverendo (*lett.*), degno, ragguardevole, spettabile □ nobile **CONTR.** spregevole, disprezzabile, sprezzabile (*lett.*) □ indecoroso, ignominioso, vergognoso, ontoso (*ant.*) **2** (*est.*) onesto, dabbene, probo, retto, integro **CONTR.** disonesto, dissoluto **3** (*di patrimonio, ecc.*) considerevole, notevole, cospicuo, ragguardevole **CONTR.** misero, trascurabile, irrisorio, ridicolo, minimo **4** (*di posizione, di livello, di carica, ecc.*) importante, elevato **CONTR.** basso, insignificante.

rispettabilità *s. f.* onorabilità □ stimabilità, dignità, spettabilità □ stima, riguardo, rispetto, decoro **CONTR.** spregevolezza (*lett., raro*), indegnità, ignobiltà. *V. anche* DIGNITÀ

rispettàre *v. tr.* **1** onorare □ stimare □ riverire, ossequiare, venerare, ammirare □ temere □ risparmiare **CONTR.** disprezzare, spregiare □ deridere □ offendere, profanare □ vituperare, biasimare □ vilipendere, denigrare, infamare □ condannare **2** (*di idea, di usi, ecc.*) considerare, riconoscere, ammettere, accettare □ mantenere **CONTR.** ledere, danneggiare, disprezzare **3** (*di legge, di regola, ecc.*) osservare, obbedire, seguire, ottemperare, attenersi, soddisfare **CONTR.** trascurare, disobbedire, trasgredire, infrangere, violare.

rispettàto *part. pass. di* **rispettare**; *anche agg.* stimato, onorato, ammirato □ temuto □ seguito, osservato **CONTR.** deriso, sdegnato, spregiato □ trasgredito.

rispettivaménte *avv.* relativamente a, a proposito di, rispetto a, riguardo a □ ordinatamente, in ordine, secondo l'ordine **CONTR.** complessivamente, globalmente, totalmente.

rispettìvo *agg.* proprio, suo □ relativo, attinente, concernente, riguardante.

rispètto *s. m.* **1** deferenza, reverenza □ venerazione, riguardo □ stima, alta opinione, considerazione **CONTR.** irriverenza, irrispettosità, irriguardosità □ spregio, irrisione, dileggio □ disistima □ biasimo, critica **2** omaggio, ossequio **CONTR.** trascuratezza, negligenza, disprezzo **3** (*di legge, di ordine, ecc.*) osservanza, ossequio, obbedienza, adempimento **CONTR.** inosservanza, trasgressione, disubbidienza **4** confronto, paragone, relazione, attinenza **FRAS.** *trattare con rispetto*, trattare con estrema cura, attenzione o deferenza □ *di tutto rispetto*, degno di grande stima. *V. anche* PARAGONE

RISPETTO
sinonimia strutturata

Il sentimento e il comportamento che nasce dalla considerazione verso persone, princìpi o istituzioni ritenuti superiori o preminenti si chiama **rispetto**: *nutre un profondo rispetto per il padre*; *rispetto per le libertà democratiche*; *trattare con rispetto*. Il rispetto scaturisce e viene a coincidere quindi con la **stima**, con la **considerazione**, cioè con l'alta opinione di qualcuno o di qualcosa: *essere degno di stima*; *godere di molta considerazione*; alla stima si lega la **reputazione**, ossia la fama, la considerazione che circonda qualcuno, che può incutere rispetto misto addirittura a **soggezione**, ossia **timore**: *ha un timore reverenziale del suo maestro*, abbastanza simili sono **riverenza** e **deferenza**, che caratterizzano chi o ciò che si conforma per ossequio alla volontà o all'autorità altrui: *la servile deferenza ai potenti*; *salutare con deferenza*. Un rispetto che si accompagna a una fortissima ammirazione si chiama invece **venerazione**: *provare una grande venerazione per qualcuno*; *trattare con venerazione*.

Il rispetto quindi ci trattiene dall'offendere gli altri, ledere i loro diritti o menomare i loro beni: *portare rispetto ai propri simili*; *avere rispetto per la proprietà*; in relazione a cose, consiste nel trattenersi dal danneggiarle: *avere rispetto per i tesori dell'archeologia*. In questo senso corrisponde a **riguardo** inteso come attenzione e cura: *senza riguardo per nessuno*; *riguardo per l'età*. Più forti sono **sollecitudine** e **premura**, che indicano un atteggiamento, un atto o un pensiero gentile e pronto: *usare ogni premura nei riguardi di qualcuno*.

Il rispetto consiste anche nell'**osservanza** di una regola, di un ordine, ovvero nel riverirli e nell'astenersi dal trasgredirli: *non avere rispetto per le norme di galateo*; *curare l'osservanza della legge*; pressoché equivalente è **adempimento**, che però richiama alla mente un'idea di esecuzione, di compimento, di soddisfazione di un obbligo, di un impegno. Docilità e sottomissione passiva sono invece evocate da **obbedienza**: *si deve obbedienza ai superiori, alle leggi*. **Ossequio** è vicino nel significato, ma suggerisce maggiormente un'idea di riverenza, e può essere usato non solo in relazione a istituzioni ma anche a persone ritenute di grande dignità e merito: *scoprirsi il capo in segno di ossequio*.

rispettóso *agg.* **1** deferente, ossequioso, riguardoso, ossequiente, reverente □ religioso (*fig.*) □ reverenziale **CONTR.** irrispettoso, irriverente, irriguardoso □ scortese, offensivo □ impertinente, sfacciato **2** (*di legge, di ordine, ecc.*) obbediente, ubbidiente, ligio, osservante, disciplinato **CONTR.** disobbediente, inosservante, inadempiente, trasgressore.

risplèndere *v. intr.* **1** brillare, splendere, rifulgere, rilucere, lucere (*poet.*), balenare, folgorare, fulgere (*lett.*), rutilare (*raro, lett.*), ridere (*fig., lett.*), sfavillare, scintillare, corruscare (*lett.*), lampeggiare, sfolgorare, smagliare □ gatteggiare, luccicare □ irradiare, irraggiare **CONTR.** offuscarsi, oscurarsi, velarsi, annebbiarsi, ottenebrarsi, incupirsi, spegnersi **2** (*fig.*) (*di persona*) distinguersi, emergere, spiccare, segnalarsi, farsi notare, eccellere, sopravanzare **CONTR.** confondersi, nascondersi, passare inosservato. *V. anche* RIDERE

rispolveràre *v. tr.* **1** spolverare di nuovo **2** (*fig.*) (*di nozioni, di progetto, ecc.*) riesumare, ripescare **CONTR.** dimenticare, abbandonare.

rispondènte *part. pres. di* **rispondere**; *anche agg.* proporzionato, armonico, in armonia, conveniente, adatto, conforme, corrispondente, adeguato, confacente, proprio, concorde, congruo, consentaneo □ simmetrico **CONTR.** inadeguato, inadatto, improprio, dissonante, disarmonico, contrastante.

rispondènza *s. f.* **1** conformità, accordo, armonia, consonanza, correlazione, relazione, concordanza, proporzione □ simmetria **CONTR.** disarmonia, dissonanza, difformità, discordanza, disaccordo **2** (*fig.*) accordo, comprensione, intesa, sintonia **CONTR.** incomprensione **3** riflesso, ripercussione, conseguenza, reazione, effetto.

rispóndere **A** *v. intr.* **1** (*a domanda, a lettera*) dare risposta, dialogare, replicare, riscrivere **CONTR.** ignorare, tacere □ chiedere, domandare, interrogare, interpellare **2** (*a un discorso, a un'offesa, ecc.*) ribattere, rimbeccare, confutare, controbattere, ribadire, rintuzzare, contraddire □ obiettare □ accettare, confermare, subire **CONTR.** tacere **3** (*fig.*) (*di voto, di speranza, ecc.*) esaudire, soddisfare, appagare **CONTR.** deludere, scontentare, disattendere **4** (*fig.*) (*di conto, di provvedimento, ecc.*) quadrare, corrispondere □ servire, giovare **5** (*ad una regola, ad un ordine, ecc.*) obbedire, sottostare, sottomettersi **CONTR.** disubbidire, ribellarsi, ignorare **6** (*di azione, di comportamento, ecc.*) essere responsabile **7** (*raro*) (*di apertura, di costruzione*) guardare, aprirsi, dare **8** (*fig.*) (*di dolore, di sensazione, ecc.*) riflettersi, ripercuotersi **B** *v. tr.* replicare **FRAS.** *rispondere a tono, rispondere per le rime*, replicare in modo vivace o molto esplicito e diretto.

rispósta *s. f.* **1** responso, parere, opinione, sentenza, giudizio, esito **CONTR.** domanda, quesito, interrogativo, richiesta, interpellanza, consulto **2** replica, controproposta **3** (*ad un'azione*) reazione **4** (*di corrispondenza*) riscontro □ evasione.

rispuntàre **A** *v. intr.* **1** (*di piante, di barba, ecc.*) spuntare di nuovo, rinascere, ricrescere, rimettere, rigermogliare **2** (*fig.*) (*di persona*) riapparire, ricomparire, rifarsi vivo **CONTR.** sparire, scomparire **3** (*di astro*) risorgere **4** (*di macchia, di muffa*) riaffiorare, rifiorire **B** *v. tr.* (*di piante, di capelli, ecc.*) riaccorciare, ritagliare, ripareggiare.

rìssa *s. f.* zuffa, baruffa, tafferuglio, lotta, colluttazione, accapigliamento, cazzottata (*pop.*), cazzottatura (*pop.*), scazzottata (*pop.*), pestaggio □ tumulto □ contesa, lite, litigio □ alterco, disputa, battibecco □ parapiglia, mischia **CONTR.** intesa, accordo □ pacificazione, composizione. *V. anche* ZUFFA

rissóso *agg.* rissaiolo, litigioso, attaccabrighe, litighino, riottoso (*lett.*), bellicoso, battagliero, violento, manesco **CONTR.** calmo, tranquillo, pacifico, mite, conciliante.

ristabilìre **A** *v. tr.* (*di orario, di ordine, ecc.*) ripristinare, riattivare, reintegrare, rifare, restaurare, restituire (*lett.*) **CONTR.** abbandonare, abrogare, lasciare □ guastare, distruggere **B** **ristabilirsi** *v. intr. pron.* guarire, risanarsi, riprendersi, sanarsi, rimettersi □ migliorare **CONTR.** ammalarsi.

ristabilìto *part. pass. di* **ristabilire**; *anche agg.* **1** reintegrato, ripristinato, rimesso **CONTR.** abrogato **2** guarito **CONTR.** ammalato.

ristagnàre *v. intr.* **1** (*di liquido*) impaludarsi, stagnare, marcire **CONTR.** fluire, scorrere, correre **2** (*est.*) fermarsi **CONTR.** fluire, andare (*fam.*) **3** (*fig.*) (*di attività, di economia, ecc.*) diminuire, calare, arrestarsi, rallentare, ridursi **CONTR.** aumentare, espandersi, svilupparsi □ riprendere.

ristàgno *s. m.* **1** (*di liquido*) ristagnamento (*raro*), impaludamento □ (*est.*) ostruzione, otturamento, otturazione □ ingorgo **CONTR.** scorrimento, circolazione **2** (*fig.*) (*di attività, di economia, ecc.*) arresto, inerzia, diminuzione, calo, recessione, crisi, stasi, paralisi, rallentamento, riduzione, stagnazione, staticità (*fig.*) **CONTR.** aumento, espansione, boom (*ingl.*), sviluppo □ ripresa, risveglio (*fig.*).

ristàmpa *s. f.* ripubblicazione, riedizione □ reprint (*ingl.*).

ristorànte *s. m.* trattoria, ristoratore (*raro*), restaurant (*fr.*) □ (*est.*) buffet (*fr.*), tavola calda.

ristoràre **A** *v. tr.* **1** riposare, rinfrescare, rinvigorire, ricreare, ritemprare, corroborare, ringagliardire, rafforzare **CONTR.** affaticare, affliggere, stancare, debilitare, fiaccare, spossare, logorare, indebolire **2** (*est.*) (*di cibo e sim.*) rifocillare, sfamare □ sostentare, nutrire, alimentare **CONTR.** affamare **B** **ristorarsi** *v. rifl.* **1** riposarsi, riposare, rinfrescarsi, rinvigorirsi, ricrearsi, ritemprarsi, rafforzarsi, rifarsi **CONTR.** affaticarsi, debilitarsi, fiaccarsi, stancarsi, spossarsi, logorarsi, indebolirsi **2** (*est.*) (*con cibo e sim.*) rifocillarsi, sfamarsi □ sostentarsi, nutrirsi, alimentarsi.

ristòro *s. m.* **1** refrigerio □ riposo, sollievo, ricreazione, intermezzo, respiro, pausa, alleggerimento, balsamo (*fig.*), rugiada (*fig.*) **CONTR.** arsura □ stanchezza, spossatezza, esaurimento **2** (*est.*) (*di cibo e sim.*) rifocillamento, spuntino.

ristrettézza *s. f.* **1** strettezza, angustia, limitatezza, piccolezza **CONTR.** larghezza, ampiezza, vastità, spaziosità **2** (*fig.*) (*di cibo, di denaro, ecc.*) scarsità, penuria, scarsezza, carestia, insufficienza, mancanza, bisogno, povertà, miseria, indigenza **CONTR.** abbondanza, larghezza, ricchezza, dovizia **3** (*est.*) (*spec. al pl.*) privazioni, stenti, sacrificio **CONTR.** abbondanza, agiatezza, agi **4** (*fig.*) (*di mente, di animo, ecc.*) grettezza, meschinità, piccineria **CONTR.** apertura, liberalità, larghezza.

ristrétto ***A*** *part. pass. di* **restringere**; *anche agg.* **1** (*di cosa*) racchiuso, serrato, celato, riparato, nascosto, raccolto **CONTR.** aperto, schiuso **2** (*est.*) (*di spazio*) angusto, scarso, striminzito, disagevole, piccolo □ chiuso, stretto **CONTR.** ampio, spazioso, largo □ sconfinato, sterminato, immenso, infinito □ dilatato, aperto **3** (*di quantità*) limitato, relativo, circoscritto, piccolo, finito, determinato **CONTR.** illimitato, numeroso, ampio **4** (*di riunione, ecc.*) riservato, limitato, privato **CONTR.** pubblico, allargato **5** (*di mezzi*) insufficiente, scarso, misero, inadeguato, irrisorio **CONTR.** abbondante, largo, ricco, dovizioso **6** (*di liquido*) concentrato, condensato **CONTR.** diluito, lungo **7** (*di volume*) ridotto, diminuito **CONTR.** ampliato **8** (*di scritto*) riassunto, abbreviato, compendiato, sintetizzato **CONTR.** ampliato, esteso **9** (*fig.*) (*di significato, di uso, ecc.*) rigoroso, preciso, rigido **CONTR.** impreciso, indeterminato, flessibile, elastico, vago, indistinto **10** (*fig.*) (*di mente, di animo, ecc.*) gretto, meschino, piccino (*fig.*), misero □ ottuso, limitato, calcolatore **CONTR.** aperto, generoso, illuminato □ intelligente ***B*** *s. m.* riassunto, compendio, sommario, riepilogo, ricapitolazione, estratto, sunto, sintesi, epitome, résumé (*fr.*).

ristrutturàre *v. tr.* **1** modificare, riattare, risistemare, restaurare, rinnovare, rifare **CONTR.** abbandonare □ abbattere, distruggere □ deteriorare, guastare, rovinare **2** (*est.*) (*di azienda, di organizzazione*) riorganizzare, riordinare **CONTR.** rovinare, distruggere, gettare nel caos.

ristrutturàto *part. pass. di* **ristrutturare**; *anche agg.* **1** modificato, restaurato, rifatto **CONTR.** abbandonato □ deteriorato, rovinato **2** (*di azienda, di organizzazione*) riorganizzato, riordinato.

ristrutturazióne *s. f.* **1** restauro, riattamento, risistemazione, rinnovamento, rinnovo, rifacimento **CONTR.** abbattimento, distruzione, deterioramento, guasto **2** (*est.*) (*di azienda, di organizzazione*) riorganizzazione, riordino **CONTR.** rovina, distruzione.

risucchiàre *v. tr.* succhiare, attirare, assorbire, riassorbire, aspirare.

risùcchio *s. m.* **1** vortice, gorgo, mulinello **2** risacca, rifrangimento (*raro*).

risultànte ***A*** *part. pres. di* **risultare**; *anche agg.* **1** derivante, causato, dipendente, conseguente **2** emergente ***B*** *s. m. e f.* **1** (*fis.*) forza, vettore **2** (*fig.*) risultato.

risultàre *v. intr.* **1** provenire, derivare, conseguire, dipendere, seguire, venire, originarsi, nascere, scaturire, uscire (*fig.*), discendere **2** evidenziarsi, emergere **3** (*est.*) rivelarsi, dimostrarsi, apparire **4** rimanere, trovarsi, essere, restare **5** riuscire.

risultàto ***A*** *part. pass. di* **risultare**; *anche agg.* derivato, causato, dipendente, conseguente, conseguito, seguito, venuto ***B*** *s. m.* **1** effetto, conseguenza, risultanza, prodotto, esito, risultante, conclusione, frutto □ fine, meta, obiettivo □ riuscita, successo **CONTR.** inizio, principio, partenza, causa, cagione, germe (*fig.*), input (*ingl.*), iniziativa **2** (*sport*) performance (*ingl.*), prestazione, score (*ingl.*) **3** (*mat.*) somma, prodotto, quoto, quoziente, totale. *V. anche* SUCCESSO

risuonàre ***A*** *v. tr.* suonare di nuovo ***B*** *v. intr.* **1** suonare di nuovo **2** risonare, echeggiare, riecheggiare □ diffondersi □ rimbombare, rintronare □ ripercuotersi.

risvegliàre ***A*** *v. tr.* **1** svegliare, ridestare, destare **CONTR.** addormentare, assopire, sopire (*lett.*) **2** (*fig.*) (*di memoria, di ricordo e sim.*) evocare, richiamare, ravvivare, stimolare, rianimare **3** (*fig.*) (*di animo, di sentimento, ecc.*) stimolare, eccitare, suscitare, risuscitare, scuotere, rinfocolare, fomentare, sollecitare, stuzzicare, vellicare **CONTR.** disanimare, abbattere, avvilire, fiaccare ***B*** **risvegliarsi** *v. intr. pron.* **1** svegliarsi, destarsi **CONTR.** addormentarsi, assopirsi **2** (*fig.*) (*da torpore, da avvilimento, ecc.*) riscuotersi, scuotersi, rianimarsi, ravvivarsi, rinascere (*fig.*), risuscitare (*fig.*) **CONTR.** disanimarsi, abbattersi, avvilirsi. *V. anche* SCUOTERE

risvéglio *s. m.* **1** sveglia **CONTR.** sonno, assopimento **2** (*fig.*) (*di sentimento, di cultura, ecc.*) rinascita, ripresa, espansione, sviluppo, rinnovamento, ravvivamento, rifiorimento, rifioritura, reviviscenza (*fig.*) **CONTR.** stasi, ristagno, paralisi, arresto, regresso.

risvòlto *s. m.* **1** arrovesciatura, mostra, risvolta, rovescia, revers (*fr.*), manopola, paramano **CONTR.** basta **2** (*di libro*) risguardo, aletta, bandella **3** (*fig.*) (*di situazione, di questione, ecc.*) aspetto, conseguenza, ripercussione, sviluppo, effetto.

ritagliàre *v. tr.* tagliare, rifilare.

ritàglio *s. m.* pezzo, brano, frammento, scampolo, rimasuglio, taglio, brandello, pezzetto, parte, segmento, avanzo.

ritardàre ***A*** *v. intr.* **1** indugiare, tardare **CONTR.** anticipare **2** essere in ritardo **3** essere indietro ***B*** *v. tr.* rallentare, trattenere, ostacolare, inceppare □ rimandare, rinviare, differire, prorogare, procrastinare, posticipare □ dilazionare, protrarre □ temporeggiare **CONTR.** anticipare, sollecitare, accelerare, affrettare.

ritàrdo *s. m.* **1** indugio □ rallentamento, lentezza, lunghezza (*ant.*) □ mora, morosità, sofferenza (*fig.*) **CONTR.** anticipo □ puntualità □ rapidità, celerità, velocità □ tempismo, tempestività **2** aggiornamento, proroga, procrastinazione, protrazione, rinvio □ dilazione **CONTR.** anticipo, anticipazione **3** rallentamento **CONTR.** accelerazione.

ritégno *s. m.* riserbo, pudore □ remora, scrupolo, vergogna □ inibizione □ contegno, decoro, decenza □ riguardo, misura, discrezione □ freno, controllo **CONTR.** impeto, impulso, slancio □ sfrenatezza, scostumatezza □ impudenza, sfacciataggine, sfrontatezza. *V. anche* INIBIZIONE, MISURA

ritenére ***A*** *v. tr.* ***1*** trattenere □ contenere, arrestare, fermare, frenare □ reggere, tenere □ ostacolare, impedire **CONTR.** cedere, perdere, lasciare, abbandonare ***2*** (*fig., lett.*) (*di sentimenti, di istinti, ecc.*) reprimere, controllare, padroneggiare, contenere, soffocare, dominare, rattenere **CONTR.** sfogare, liberare ***3*** credere, stimare, pensare, considerare, opinare, reputare, trovare, giudicare □ immaginare, presumere, congetturare □ parere, sembrare **CONTR.** emettere ***B*** **ritenersi** *v. rifl.* ***1*** stimarsi, considerarsi, credersi, reputarsi, vedersi ***2*** (*lett.*) trattenersi, contenersi, frenarsi, tenersi, padroneggiarsi, dominarsi, vincersi **CONTR.** abbandonarsi. *V. anche* GIUDICARE, PENSARE

ritentàre *v. tr.* riprovare **CONTR.** abbandonare, ritirarsi.

ritiràre ***A*** *v. tr.* ***1*** (*di palla, di sasso, ecc.*) rilanciare, ributtare, scagliare **CONTR.** trattenere ***2*** (*di mano, ecc.*) ritrarre, tirare indietro, togliere **CONTR.** porgere, tendere, mettere avanti, lasciare ***3*** (*est.*) (*di persona*) richiamare, rimuovere, allontanare, togliere **CONTR.** mandare ***4*** (*est.*) (*di denaro, di lettera, ecc.*) riscuotere, incassare, prendere, pigliare (*fam.*), prelevare **CONTR.** versare, depositare, consegnare, rimettere, spedire, inviare, imbucare, impostare ***5*** (*fig.*) (*di decreto, di proposta, ecc.*) revocare, annullare, disdire, ritrattare, recedere **CONTR.** proporre, presentare, avanzare ***B*** **ritirarsi** *v. rifl.* ***1*** tirarsi indietro, indietreggiare, ripiegare, rinculare, arretrare, retrocedere, ritrarsi **CONTR.** avanzare, procedere, inoltrarsi, proseguire ***2*** (*est.*) allontanarsi, andarsene, assentarsi, estromettersi **CONTR.** venire, arrivare ***3*** rincasare, rientrare **CONTR.** uscire ***4*** raccogliersi, appartarsi, isolarsi □ segregarsi, chiudersi, rinchiudersi, serrarsi, rintanarsi, intanarsi □ confinarsi, esiliarsi (*est.*) □ riparare, rifugiarsi **CONTR.** uscire, affacciarsi ***5*** (*da un'attività*) lasciare, abbandonare, cedere, dimettersi, licenziarsi, uscire **CONTR.** cominciare, iniziare, gettarsi, buttarsi, entrare ***6*** (*da un impegno*) disdire, rinunciare, desistere, recedere **CONTR.** assumere, assumersi, prendersi ***C*** *v. intr. pron.* ***1*** (*di tessuti*) ridursi, restringersi, accorciarsi **CONTR.** cedere, allargarsi, allungarsi ***2*** (*di acqua*) defluire **CONTR.** avanzare.

ritiràta *s. f.* ***1*** abbandono, ripiegamento, fuga, indietreggiamento, arretramento **CONTR.** avanzata ***2*** (*est.*) (*da impegno*) rinuncia **CONTR.** assunzione, accettazione ***3*** (*di militari, di collegiali e sim.*) rientro **CONTR.** uscita, libera uscita ***4*** (*fig.*) latrina, gabinetto, toilette (*fr.*), water (*ingl.*), bagno (*euf.*) **FRAS.** *battere in ritirata* (*fig.*), abbandonare velocemente una situazione rischiosa o spiacevole □ *fare una ritirata strategica* (*fig.*), cercare di mascherare uno smacco; evitare un problema.

ritiràto *part. pass. di* **ritirare**; *anche agg.* ***1*** (*di luogo*) appartato, isolato, solitario, solingo (*lett.*), romito (*lett.*), ermo (*lett.*) □ riposto, recondito (*lett.*), sperduto, lontano, remoto **CONTR.** popolato, frequentato ***2*** (*di persona, di vita*) solitario, selvatico, chiuso (*fig.*), confinato, segregato, certosino (*fig.*) **CONTR.** socievole, mondano, sociale ***3*** (*est.*) preso, ricevuto **CONTR.** inoltrato, inviato ***4*** (*fig.*) disdetto, annullato, revocato ***5*** rientrato. *V. anche* SOLITARIO

ritiro *s. m.* ***1*** (*di documento, di pacco, ecc.*) presa, accettazione □ prelevamento, prelievo **CONTR.** inoltro, invio □ consegna, deposito ***2*** (*di proposta, di ambasciatore, ecc.*) revoca, revocamento, revocazione □ abrogazione **CONTR.** proposta, invio ***3*** (*est.*) (*di luogo*) rifugio, asilo, recesso (*lett.*) □ eremo, eremitaggio, romitaggio, romitorio ***4*** (*est.*) isolamento, solitudine, raccoglimento ***5*** (*da un'attività, da una gara, ecc.*) allontanamento, rinuncia, abbandono, forfait (*fr.*) □ recessione, rifiuto **CONTR.** entrata, ingresso, accettazione, partecipazione ***6*** (*di stoffa, di metallo, ecc.*) diminuzione, restringimento, rimpicciolimento, contrazione **CONTR.** allargamento, ingrandimento.

ritmàre *v. tr.* cadenzare, scandire, modulare □ verseggiare (*ant.*).

rìtmico *agg.* ***1*** ritmato, cadenzato, modulato, armonico, euritmico, accentato, misurato **CONTR.** aritmico, disarmonico, inarmonico (*lett.*) ***2*** (*est.*) regolare, periodico, ciclico **CONTR.** irregolare, saltuario.

rìtmo *s. m.* ***1*** (*di suoni, di accenti, ecc.*) successione, alternanza, tempo, cadenza, ordine, accento, consonanza, battuta, inflessione, cantilena (*est.*), scansione ***2*** (*di persona*) passo, andatura, allure (*fr.*) ***3*** (*di cuore, di polso, ecc.*) battito, palpito ***4*** (*fig.*) (*di fenomeno, di tempo, ecc.*) fase, periodo, ciclo, successione, periodicità, ricorso ***5*** euritmia.

rìto *s. m.* ***1*** (*relig.*) liturgia, culto ***2*** usanza, costume, tradizione, consuetudine □ cerimoniale, rituale □ procedimento, iter (*lat.*), procedura **FRAS.** *di rito*, usuale, consueto, solito, normale. *V. anche* FUNZIONE

RITO
sinonimia strutturata

Nell'ambito religioso il **rito** è un comportamento cultuale caratterizzato da azioni, preghiere o formule che sono fissate dalla tradizione scritta o orale e tendono a realizzare, nell'individuo o nella comunità, il rapporto con il mondo divino; in particolare, in etnologia si dice *rito di passaggio* quel complesso di cerimonie che accompagnano e rendono pubblico il passaggio di un individuo da una condizione a un'altra, come la nascita, la pubertà, il fidanzamento, il matrimonio, la morte. Inoltre, sempre nel campo religioso, si dice rito il modo e l'ordine con cui si compiono le **funzioni sacre**: *il rito del battesimo*; *il rito della Messa.* Il rito, in quest'ultimo senso, corrisponde quindi alla **liturgia**: *chiesa cattolica di rito bizantino*; *rito ambrosiano.* Questo vocabolo a sua volta ha tre accezioni principali: può indicare infatti il complesso degli atti cerimoniali pubblici destinati al culto, oppure, nel cristianesimo, l'insieme degli atti attraverso i quali la comunità dei fedeli, unita a Cristo, professa pubblicamente la sua fede; infine, designa anche l'insieme delle cerimonie cultuali pubbliche proprie di ciascuna confessione cristiana o di singole chiese: *liturgia luterana, anglicana, cattolica, ambrosiana.* Più generale è il termine **culto**, che indica il complesso delle usanze e degli atti per mezzo dei quali si esprime il sentimento religioso: *culto cattolico, protestante, ortodosso, musulmano; libertà di culto.*

Per estensione il termine indica anche una cerimonia non religiosa: *sposarsi con rito civile*; oppure una consuetudine: *il rito dei doni natalizi*; *il rito delle assemblee studentesche*; così, la locuzione *di rito* designa qualcosa di usuale, che si ripete: *i saluti di rito*. In questo senso è molto vicino ad **usanza** e **costume**, che indicano ciò che si usa fare tradizionalmente in un determinato luogo, tempo e ambiente: *un'antica usanza meridionale*; *le usanze della campagna*; *l'usanza delle uova pasquali, dell'albero di Natale*; *ha studiato a lungo i costumi di quella tribù*. L'insieme delle norme che disciplinano lo svolgimento di una cerimonia o di un rito viene detto **cerimoniale** o **rituale**: *cerimoniale di corte*; *osservare il rituale*; il secondo vocabolo denomina anche l'insieme dei comportamenti cultuali di una religione, l'insieme delle cerimonie proprie di una festa o di una liturgia, o il libro che contiene le norme che regolano un certo rito: *rituale ambrosiano, cattolico, romano*.

In un ambito distinto da quello religioso, si sovrappongono semanticamente tra loro **procedimento** e il latino **iter**, che definiscono la maniera, il metodo di condurre e trattare un'operazione, o i passaggi che questa deve attraversare per arrivare al termine.

Nel linguaggio giuridico sinonimo di rito è **procedura** che in particolare designa il complesso delle formalità che debbono osservare, specialmente nel caso di procedimenti giudiziari, tutti coloro che comunque operano negli stessi: *seguire la procedura normale*; *osservare la procedura*; inoltre, nella prassi giuridica, è sinonimo di diritto processuale: *norme di procedura*; *errore di procedura*; *codice di procedura civile*.

ritoccàre *v. tr.* ***1*** toccare di nuovo ***2*** (*di scritto, di pittura, ecc.*) perfezionare, migliorare, abbellire, rifinire □ rivedere, riprendere, ripassare, correggere, modificare □ mutare, variare □ restaurare, rinfrescare. *V. anche* CORREGGERE

ritoccàto *part. pass. di* **ritoccare**; *anche agg.* corretto, riveduto.

ritócco *s. m.* ritoccata, ritoccamento (*raro*) □ correzione, modifica, variazione, revisione, miglioramento, perfezionamento, rifinitura.

ritòrcere *v. tr.* ***1*** (*di filo, di metallo, ecc.*) torcere di nuovo, torcere **CONTR.** raddrizzare □ svolgere ***2*** (*di danno, di accusa*) rivolgere contro, volgere, contrattaccare (*fig.*) **CONTR.** andare a vantaggio, favorire.

ritornàre ***A*** *v. intr.* ***1*** tornare, rivenire, venire, redire (*poet.*), riedere (*lett.*), ripassare, riportarsi □ rincasare, rientrare □ rimpatriare **CONTR.** allontanarsi, assentarsi, fuggire, scappare, sparire, partire, ripartire, andare, uscire □ espatriare, emigrare ***2*** (*su una questione*) riconsiderare, ristudiare, rianalizzare **CONTR.** tralasciare, abbandonare ***3*** (*di persona, di febbre, ecc.*) ricomparire, ripresentarsi, tornare, ricorrere, ripetersi **CONTR.** scomparire, andarsene ***4*** ridiventare, ridivenire ***5*** (*lett.*) (*a danno, a vantaggio, ecc.*) volgersi, riuscire ***B*** *v. tr.* restituire, contraccambiare.

ritornèllo *s. m.* ***1*** (*di canzone*) refrain (*fr.*), periodo musicale, leitmotiv (*ted., est.*) □ ripresa ***2*** (*fig.*) (*di discorso*) ripetizione, manfrina (*pop.*) ***3*** intercalare (*letter.*).

ritórno *s. m.* ***1*** rientro, rimpatrio, tornata (*raro, lett.*) **CONTR.** partenza, andata □ espatrio ***2*** (*di fenomeno, di febbre, ecc.*) ricomparsa, ripresentazione, ricorso, ripetizione **CONTR.** scomparsa, sparizione ***3*** (*di corrispondenza, di oggetto, ecc.*) restituzione, riconsegna **CONTR.** ritiro ***4*** (*di luce, di fiamma, ecc.*) riflesso, rimbalzo ***5*** (*est.*) (*anche fig.*) riflusso, risacca, rigurgito, regressione ***6*** revival (*ingl.*) ***7*** (*mus.*) ripresa.

ritorsióne *s. f.* rivalsa, vendetta, picca, ripicca □ rappresaglia □ contrattacco, controffensiva.

ritràrre ***A*** *v. tr.* ***1*** ritirare, togliere, tirare indietro **CONTR.** avanzare, mettere avanti, tendere, sporgere ***2*** (*fig.*) (*da un pericolo, da un luogo, ecc.*) allontanare, distogliere **CONTR.** avvicinare, spingere ***3*** (*di utile, di denaro, ecc.*) ricavare, ottenere, percepire, cavare, raccogliere, riscuotere, derivare, incassare **CONTR.** perdere, rimetterci ***4*** (*di immagine*) riprodurre, rendere, rappresentare, raffigurare, copiare, ricopiare □ scolpire, effigiare, disegnare, dipingere □ riprendere, fotografare, prendere (*fig.*) ***5*** (*est.*) (*di situazione, di persona, ecc.*) raccontare, descrivere, figurare, rappresentare ***B*** **ritrarsi** *v. rifl.* ***1*** ritirarsi, indietreggiare, rinculare **CONTR.** avanzare, proseguire ***2*** appartarsi, allontanarsi □ raccogliersi **CONTR.** affacciarsi ***3*** (*fig.*) ritirarsi, sottrarsi, recedere, rinunciare **CONTR.** offrirsi.

ritrattàre ***A*** *v. tr.* disdire, ritirare, negare, rimangiare, ringoiare, sconfessare, revocare, rinnegare, smentire **CONTR.** ribadire, riaffermare, confermare, mantenere ***B*** **ritrattarsi** *v. rifl.* correggersi, smentirsi.

ritrattazióne *s. f.* revoca, revocazione, disdetta, rettifica, correzione, negazione, sconfessione, ritrattamento (*raro*), smentita **CONTR.** conferma, riconferma.

ritràtto ***A*** *part. pass. di* **ritrarre**; *anche agg.* rappresentato, effigiato ***B*** *s. m.* ***1*** (*di persona*) effigie, immagine, disegno, simulacro, caricatura, fotografia, raffigurazione, dipinto, pittura □ profilo (*fig.*), biografia ***2*** (*est.*) (*di ambiente, di situazione, ecc.*) descrizione, rappresentazione, quadro, panorama ***3*** (*fig.*) immagine, personificazione, specchio (*fig.*).

ritrosìa *s. f.* ***1*** riluttanza, ritrosaggine, ritrosità (*raro*), renitenza, reticenza, ripugnanza, contrarietà, schifiltà (*raro*), resistenza, repulsione, scompiacenza (*raro*) **CONTR.** compiacenza, cedevolezza ***2*** selvatichezza, scontrosità, rustichezza, ritiratezza □ riserbo, timidezza, pudore **CONTR.** cordialità, cortesia, socievolezza, affabilità.

ritróso *agg.* ***1*** restio, riluttante, recalcitrante, renitente, contrario, refrattario, riottoso **CONTR.** arrendevole, compiacente, docile ***2*** scontroso, schivo, selvatico, introverso, rustico, intrattabile, umbratile (*fig.*), insocievole, timido **CONTR.** cordiale, cortese, socievole, affabile, gioviale, estroverso **FRAS.** *a ritroso*, all'indietro, in senso inverso **CONTR.** in avanti. *V. anche* TIMIDO

ritrovaménto *s. m.* rinvenimento □ recupero, reperimento □ reperto □ invenzione, scoperta **CONTR.** perdita, smarrimento □ imboscamento.

ritrovàre ***A*** *v. tr.* ***1*** rinvenire, rintracciare, recuperare, ripescare, scovare, trovare, reperire, riesumare, riscoprire, scoprire **CONTR.** perdere, smarrire, sperdere (*raro*), dimenticare ***2*** (*fig.*) (*di salute, di calma, ecc.*) riacquistare, riavere, riottenere, riconquistare, riguadagnare **CONTR.** perdere ***3*** (*fig.*) (*di sembianze, di modi, ecc.*) conoscere, riconoscere ***4*** reincontrare, rivedere ***B*** **ritrovarsi** *v. rifl. rec.* trovarsi di nuovo, incontrarsi, rivedersi, riunirsi, capitare insieme, imbattersi, combinarsi, incrociarsi □ convenire ***C*** *v. rifl.* (*in una situazione, in un posto*) raccapezzarsi, orientarsi, orizzontarsi, sentirsi a proprio agio **CONTR.** perdersi, disorientarsi.

ritrovàto ***A*** *part. pass. di* **ritrovare**; *anche agg.* rinvenuto, rintracciato, recuperato, reperito, trovato, ripescato, riscoperto □ riavuto, riottenuto, riconquistato, riguadagnato □ riconosciuto **CONTR.** perduto, perso, smarrito, dimenticato ***B*** *s. m.* ***1*** scoperta, invenzione, congegno ***2*** espediente, rimedio, risorsa, ripiego, astuzia.

ritròvo *s. m.* ***1*** circolo, club (*ingl.*), sala, locale, ridotto, caffè ***2*** (*spreg.*) covo, rifugio ***3*** riunione, raduno, convegno, adunanza, incontro □ appuntamento, rendez-vous (*fr.*) □ trattenimento □ crocchio, cerchia.

rìtto *agg.* ***1*** diritto, dritto, eretto, erto, rizzato □ (*tosc.*) verticale, perpendicolare □ alzato **CONTR.** steso, sdraiato, giacente □ orizzontale, pendente, obliquo, inclinato □ incurvato, curvo ***2*** (*fig.*) (*di persona, di testa, ecc.*) impalato, rigido, impettito **CONTR.** pendente, ciondolante, rilassato, chino, reclinato ***3*** (*tosc.*) destro **CONTR.** sinistro.

rituàle ***A*** *agg.* ***1*** di rito ***2*** (*est.*) consueto, abituale, solito, ordinario, usuale, usitato (*lett.*), sacramentale (*fig., scherz.*), protocollare **CONTR.** insolito, inconsueto, inusitato, straordinario, desueto (*lett.*) ***B*** *s. m.* ***1*** cerimoniale, rito ***2*** norma, regola, uso ***3*** liturgia. *V. anche* RITO

riunióne *s. f.* ***1*** adunanza, convegno, meeting (*ingl.*), briefing (*ingl.*), assemblea, raduno, consesso, adunata, radunata, accolta (*lett.*), raggruppamento, aggruppamento □ congresso □ comizio, conferenza □ seduta, tornata □ consiglio, consulta □ forum (*ingl.*), assise (*est.*) □ ricevimento, ritrovo, salotto (*est.*) □ (*di dirigenti*) panel (*ingl.*) □ (*di prelati*) capitolo, collegio, concilio, concistoro, sinodo ***2*** (*est.*) accozzaglia, accozzamento, ammassamento, conglomerato, concentramento, concentrazione, raccolta, conglobamento **CONTR.** disseminazione, dispersione, spargimento, sparpagliamento, suddivisione ***3*** banda, brigata, camerata, circolo, cenacolo, comitiva, gruppo, assembramento, crocchio, congrega, conventicola (*lett.*) ***4*** associazione, alleanza, fratellanza, confederazione, federazione □ lega, dieta □ coalizione ***5*** (*sport*) incontro, gara ***6*** ricongiungimento, ricongiunzione, congiunzione □ riconciliazione **CONTR.** separazione, divisione, scioglimento **FRAS.** *riunione al vertice*, summit (*ingl.*).

riunìre ***A*** *v. tr.* ***1*** (*di cose*) ricongiungere, riattaccare, reincollare, risaldare, ricementare, rilegare, riannodare, ricollegare, riconnettere, ricomporre **CONTR.** staccare, separare, dividere, disgiungere, scindere, scomporre ***2*** raggruppare, aggruppare, adunare, ammassare, raccogliere, conglobare, conglomerare, concentrare **CONTR.** sparpagliare, disperdere, disseminare, spargere, separare, suddividere, spartire ***3*** (*di persone*) riconciliare, riavvicinare, rappacificare, riaccostare **CONTR.** separare, dividere ***4*** (*di persone e animali*) convocare, radunare, adunare, assembrare, attruppare, imbrancare **CONTR.** disperdere, sfollare, sciogliere, sbrancare ***B*** **riunirsi** *v. intr. pron.* ***1*** ricollegarsi, riconnettersi, ricongiungersi **CONTR.** dividersi, separarsi, scindersi ***2*** adunarsi, radunarsi, aggrupparsi, raggrupparsi, convenire, attrupparsi, raccogliersi, ritrovarsi, incontrarsi, accentrarsi **CONTR.** separarsi, disperdersi, sparpagliarsi, sbrancarsi ***C*** *v. rifl. rec.* rappacificarsi, riaccostarsi, riavvicinarsi, ricongiungersi **CONTR.** separarsi, dividersi, lasciarsi □ litigare.

riunìto *part. pass. di* **riunire**; *anche agg.* ***1*** associato, consociato, confederato, aggregato **CONTR.** disciolto, separato, dissociato ***2*** ammassato, raggruppato, conglobato, concentrato **CONTR.** sparso, suddiviso □ disperso, sparpagliato.

riuscìre *v. intr.* ***1*** uscire di nuovo **CONTR.** rientrare, rincasare ***2*** (*di strada, di fiume, ecc.*) finire, terminare, sboccare, fare capo, andare a finire, arrivare, approdare, terminare **CONTR.** derivare, provenire, venire ***3*** (*di faccenda, di impresa, ecc.*) concludersi, avere esito, risultare, venire (*fam.*), procedere **CONTR.** cominciare, iniziare, iniziarsi ***4*** (*ass.*) avere buon effetto, avere successo, sortire buon effetto **CONTR.** fallire, naufragare (*fig.*), abortire (*fig.*) ***5*** (*di scopo*) ottenere, conseguire, raggiungere ***6*** (*in una gara, nella carriera, ecc.*) trionfare, avere fortuna, imbroccare, spuntarla, farcela, passare (*fig.*), sfondare **CONTR.** fallire, bruciarsi (*fig.*), scornarsi (*fig.*) ***7*** (*in una disciplina, in una attività, ecc.*) essere capace, avere attitudine, essere dotato, potere, cavarsela (*fam.*), disimpegnarsi **CONTR.** essere incapace, non riuscire ***8*** (*simpatico, buono, ecc.*) apparire, dimostrarsi, risultare, rivelarsi, essere, sembrare.

riuscita *s. f.* esito, risultato, fine, conclusione, effetto, risultanza □ conseguimento, raggiungimento □ successo, trionfo, vittoria, affermazione **CONTR.** insuccesso, fiasco, fallimento, sconfitta. *V. anche* SUCCESSO

riutilizzàre *v. tr.* riusare, riadoperare, riciclare, recuperare, riattare **CONTR.** buttare, gettare, scartare, abbandonare, dismettere.

rìva *s. f.* ***1*** spiaggia, litorale, lido, riviera □ sponda, costa, ripa (*lett.*), quai (*fr.*), piaggia (*ant.*), costiera, arenile, argine, proda, approdo, battigia, bagnasciuga ***2*** (*est.*) estremità, orlo, margine, ciglio.

rivàle *agg.*; *anche s. m. e f.* antagonista, avversario, gareggiatore, oppositore, competitore, concorrente, contendente, nemico **CONTR.** alleato, compagno, uguale, solidale, amico, aiutante □ emulo □ gregario.

RIVALE
sinonimia strutturata

Chi gareggia, anche in senso figurato, con altri è detto **rivale**; il termine, come tutti i suoi sinonimi, può essere usato sia come aggettivo che come sostantivo e può riferirsi non solo a persone singole ma anche a squadre oppure a cose: *gli atleti rivali*; *sono rivali nella professione*; *la barca rivale*; spesso questo vocabolo designa chi compete per l'amore di qualcuno: *rivali in amore*. Chi o ciò che è rivale è detto anche **avversario**, ossia sta dalla parte avversa in una discussione, in una lotta, in una gara, in un concorso: *i due avversari erano uno di fronte all'altro*; *scagliò l'arma contro l'avversario*; *demolì tutti gli argomenti dell'avversario*; *fazione avversaria*; il vocabolo si usa anche nel linguaggio giuridico per indicare, nel processo, la parte contraria o ciò che è ad essa legato: *replicare alle argomentazioni dell'avversario*; *avvocato avversario*; *ragioni avversarie*.

Equivalenti sono **concorrente** in senso figurato, **competitore**, e **antagonista**, termine che nel linguaggio drammatico designa chi è in conflitto con il protagonista; invece concorrente nel suo significato proprio si distingue perché si adopera specialmente in riferimento a gare, e allora corrisponde a **gareggiatore**, o a concorsi, oppure per designare specificamente un operatore economico che agisce in una situazione di concorrenza: *per un posto ci sono dieci concorrenti*; *l'azienda concorrente ha messo in vendita un prodotto analogo a un prezzo inferiore*. Raramente assume il significato di rivale anche **emulo**, che nell'uso abituale denomina chi si sforza di imitare qualcuno o le sue capacità o virtù.

Una maggiore intensità contraddistingue la parola **oppositore**, che indica chi contrasta qualcuno o qualcosa, specialmente sostenendo idee, principi, dottrine o scelte contrarie: *fiero, accanito oppositore*; *i deputati oppositori*. Se poi la rivalità si risolve in ostilità, chi la manifesta o la nutre si dice **nemico**: *giornale nemico del governo*; *l'esercito nemico*.

rivaleggiàre *v. intr.* competere, gareggiare, contrastare, concorrere, contendere □ emulare **CONTR.** collaborare, cooperare, allearsi, accordarsi.

rivalérsi *v. intr. pron.* **1** rifarsi, risarcirsi, indennizzarsi **2** vendicarsi.

rivalità *s. f.* antagonismo, concorrenza, gara, lotta, opposizione, competizione, competitività, contrasto, contesa, gelosia □ emulazione **CONTR.** accordo, solidarietà, amicizia, aiuto, alleanza. *V. anche* INVIDIA

rivàlsa *s. f.* **1** compensazione, risarcimento, indennizzo **2** (*est.*) rivincita □ vendetta, rappresaglia, ritorsione, picca.

rivangàre **A** *v. tr.* vangare di nuovo **B** *v. tr.* e *intr.* (*fig.*) (*di ricordo, di passato, ecc.*) ricercare, riandare, rinvangare, rifrugare, rimescolare, rimestare, riesumare, rievocare, ricordare, rimenare **CONTR.** dimenticare, scordare, obliare (*lett.*).

rivedére **A** *v. tr.* **1** vedere di nuovo, ritrovare, riabbracciare, rincontrare, risentire **2** (*di lezione, di scritto, ecc.*) ripassare, rileggere, ristudiare, riguardare, scorrere, rivisitare (*est.*) **3** (*di documento, di conto, ecc.*) riesaminare, esaminare, controllare, correggere, riscontrare, verificare, riguardare, riconsiderare, revisionare **4** (*di prezzo e sim.*) ritoccare, ridefinire, correggere, modificare **B** **rivedersi** *v. rifl. rec.* incontrarsi di nuovo, ritrovarsi, riabbracciarsi. *V. anche* CORREGGERE

rivedùto *part. pass. di* **rivedere**; *anche agg.* **1** rivisto **2** (*di lezione, di scritto, ecc.*) ripassato, riletto, scorso **3** (*di documento, di conto, ecc.*) riesaminato, controllato, verificato □ perfezionato **4** (*di prezzo e sim.*) ritoccato, corretto, modificato.

rivelàre **A** *v. tr.* **1** (*di notizia, di segreto, ecc.*) svelare □ palesare, manifestare □ denunciare □ propalare, propagare, divulgare, spargere, diffondere, propagandare □ riferire, riportare, dire, ridire □ confidare, confessare □ annunciare, notificare □ raccontare, far sapere, spifferare (*fam.*) □ scoprire, smascherare **CONTR.** celare (*lett.*), nascondere, occultare □ coprire, dissimulare, mascherare, tenere segreto □ omettere □ tacere **2** (*di qualità*) mostrare, denotare, indicare, rispecchiare □ caratterizzare □ dare prova di □ tradire **CONTR.** mimetizzare, simulare, velare **B** **rivelarsi** *v. rifl.* mostrarsi, dimostrarsi, farsi conoscere, manifestarsi, scoprirsi, smascherarsi, svelarsi, risultare **CONTR.** nascondersi, occultarsi □ mascherarsi, simulare, fingere. *V. anche* PARLARE

rivelatóre *agg.* e *s. m.* (*f. -trice*) rilevatore, indicatore, detector (*ingl.*) □ dimostrativo, sintomatico □ scopritore, annunciatore, divulgatore, propalatore, denunciatore.

rivelazióne *s. f.* **1** propalazione, manifestazione, palesamento □ notizia □ confessione, confidenza **CONTR.** occultamento, occultazione **2** (*est.*) scoperta, sorpresa **3** (*relig.*) verità rivelata, teofania, profezia, illuminazione **4** (*est.*) Libro, Scrittura □ Bibbia, Corano, Veda.

rivéndere *v. tr.* vendere di nuovo □ vendere, commerciare **CONTR.** riacquistare.

rivendicàre *v. tr.* **1** (*di bene, di merito, ecc.*) reclamare, richiedere, pretendere, esigere, chiedere, accampare diritti **CONTR.** abbandonare, rinunziare **2** (*est.*) (*di diritto*) lottare, battersi **3** (*di responsabilità*) avocare a sé, attribuirsi **CONTR.** negare.

rivendicazióne *s. f.* **1** richiesta, reclamo, pretesa, istanza **2** attribuzione **CONTR.** negazione **3** (*dir.*) retratto, riscatto.

rivéndita *s. f.* negozio, bottega, esercizio (*est.*) □ spaccio, vendita.

rivenditóre *s. m.* (*f. -trice*) **1** bottegaio, mercante, negoziante, esercente □ dettagliante, venditore al minuto **CONTR.** acquirente, cliente □ grossista **2** (*di cose vecchie*) rivendugliolo.

riverberàre **A** *v. tr.* riflettere, rispecchiare, ripercuotere, ribattere **B** **riverberarsi** *v. intr. pron.* riflettersi, ripercuotersi, rispecchiarsi.

rivèrbero *s. m.* **1** (*di luce, di suono, ecc.*) riflesso, riverberazione, riverberamento (*raro*) □ irradiazione □ rifrazione, diffusione, ripercussione **2** calore.

riverènte *part. pres. di* **riverire**; *anche agg.* ossequioso, ossequiente, rispettoso, deferente, riguardoso □ cerimonioso □ reverenziale, religioso (*fig.*) **CONTR.** irriverente, irrispettoso □ noncurante.

riverènza *s. f.* **1** inchino, genuflessione □ (*est.*) scappellata, sberrettata, salamelecco, saluto **2** ossequio, omaggio, rispetto, riguardo □ deferenza, ossequiosità □ venerazione, devozione □ soggezione **CONTR.** irriverenza, disprezzo, dileggio □ noncuranza □ alterigia, altezzosità. *V. anche* RISPETTO

riverìre *v. tr.* **1** rispettare, onorare, venerare **CONTR.** disprezzare, disdegnare □ canzonare □ insultare, offendere **2** ossequiare, inchinarsi, riverenziare (*ant.*) □ sberrettarsi (*raro*), scappellarsi, salutare **CONTR.** ignorare, dileggiare.

riverìto *part. pass. di* **riverire**; *anche agg.* onorato, stimato, venerato, nobile **CONTR.** disprezzato, spregevole, ignobile.

riversàre **A** *v. tr.* versare di nuovo, rigettare □ rovesciare, scaricare, versare □ spandere, effondere (*lett.*) **B** **riversarsi** *v. intr. pron.* **1** (*di folla, ecc.*) confluire, irrompere, invadere □ (*fig.*) affluire, concorrere **CONTR.** andarsene, sfollare, disperdersi **2** spargersi, spandersi, effondersi **3** (*da un recipiente e sim.*) versarsi, rovesciarsi, traboccare **4** (*di acque, ecc.*) sgorgare □ invadere, prorompere **CONTR.** inaridirsi, seccarsi □ ritirarsi **5** (*di strada, di fiume, ecc.*) sfociare, sboccare, immettersi, confluire **6** (*fig.*) (*di ira*) volgersi, ricadere.

rivèrso *agg.* (*lett.*) supino, all'indietro, arrovesciato, rovesciato, rovescio **CONTR.** prono, bocconi □ dritto, eretto.

rivestiménto *s. m.* rivestitura, fodera □ tappezzeria, parato □ patina, mano, placcatura, strato, pellicola □ imbottitura □ protezione, copertura, ricopertura, riparo □ involucro, custodia, capsula, camicia, guaina, fodero □ placca, glassa □ incamiciatura, blindatura, blindaggio □ tunica, tegumento.

rivestire **A** *v. tr.* **1** (*di persona*) vestire di nuovo, rimpannucciare **CONTR.** svestire, spogliare □ denudare **2** vestire, indossare **3** (*di cosa*) ricoprire, tappezzare, foderare □ avvolgere, proteggere, riparare □ incapsulare, incamiciare, inguainare □ fasciare, imbottire □ placcare, patinare **CONTR.** scoprire **4** (*fig.*) (*di neve, di verde, ecc.*) ammantare, coprire □ velare, mascherare **5** (*fig.*) (*di valore, di carattere, ecc.*) assumere, avere **6** (*fig.*) (*di carica, di ufficio*) ricoprire, avere **CONTR.** perdere, lasciare **B** **rivestirsi** *v. rifl.* **1** (*anche fig.*) vestirsi di nuovo, coprirsi, ricoprirsi □ ammantarsi (*fig.*) **CONTR.** svestirsi, denudarsi, spogliarsi, scoprirsi **2** mettersi, indossare **CONTR.** togliersi.

rivestito *part. pass. di* **rivestire**; *anche agg.* **1** vestito, coperto, ricoperto, foderato, tappezzato, fasciato, protetto, placcato, imbottito □ ammantato **CONTR.** scoperto, sfoderato □ esposto □ nudo **2** (*di carica, di ufficio, ecc.*) ricoperto, avuto, tenuto **CONTR.** lasciato, perso.

rivétto *s. m.* ribattino.

rivièra *s. f.* costa, riva, sponda, arenile, costiera, lido, litorale, marina, spiaggia.

rivìncita *s. f.* **1** rivalsa, revanche (*fr.*), riscossa, recupero, riconquista **2** (*di tempo, di malattia, ecc.*) sopravvento □ vendetta.

rivìsta *s. f.* **1** revisione, ripassata **2** (*di persone*) rassegna, ispezione □ parata, sfilata **3** (*di stampa*) periodico, pubblicazione, rassegna, rotocalco (*est.*), bollettino **4** (*di spettacolo*) varieté (*fr.*), varietà, avanspettacolo **FRAS.** *passare in rivista* (*fig.*), prendere attenta visione di qualcosa; studiare bene qualcuno; ispezionare a fondo un luogo.

rivìvere **A** *v. intr.* **1** (*anche fig.*) vivere di nuovo, rinascere, risorgere, rifiorire, rinvigorire **CONTR.** indebolirsi, morire **2** (*fig.*) (*di usi, di cultura, ecc.*) rifiorire, tornare in uso **CONTR.** spegnersi, morire **3** rinnovarsi, perpetuarsi, eternarsi, durare **CONTR.** svanire, finire **B** *v. tr.* **1** tornare a vivere **2** (*di ricordo, di tempo, ecc.*) ricordare, rammentare, rievocare, rimembrare (*poet.*) **CONTR.** dimenticare.

rivolére *v. tr.* volere di nuovo, richiedere.

rivòlgere **A** *v. tr.* **1** volgere di nuovo **2** rovesciare, rivoltare, rivoltolare, girare, rigirare **3** (*di pensiero, di parola, ecc.*) dirigere, indirizzare □ volgere, destinare, finalizzare **4** (*di occhi, di attenzione, ecc.*) porre, puntare **CONTR.** distrarre, distogliere **B** **rivolgersi** *v. rifl.* **1** voltarsi, volgersi, rigirarsi, girare **2** dirigersi □ ricorrere, adire, appellarsi, appoggiarsi (*fig.*) **3** (*fig.*) darsi, applicarsi, convertirsi.

rivolgiménto *s. m.* **1** (*est.*) (*di stomaco e sim.*) rovesciamento, sconvolgimento **2** (*fig.*) cambiamento, mutamento, sconvolgimento, travolgimento (*raro*) □ rivolta, ribellione, rivoluzione □ turbamento.

rivòlta *s. f.* (*fig.*) insurrezione, ribellione, sommossa, rivoluzione, rivolgimento (*fig.*), ammutinamento, sedizione, sollevamento (*raro*), sollevazione, tumulto, turbolenza (*raro*), reazione, riscossa □ eversione, sovversione **CONTR.** accettazione, obbedienza, sommissione, sottomissione. *V. anche* RIBELLIONE

rivoltànte *part. pres. di* **rivoltare**; *anche agg.* ripugnante, stomachevole, nauseante, ributtante, repellente, repulsivo, ripulsivo, disgustoso, schifoso, nauseabondo **CONTR.** allettante, attraente. *V. anche* SPIACEVOLE

rivoltàre **A** *v. tr.* **1** (*di cosa*) rovesciare, capovolgere, ribaltare, invertire, volgere, rivolgere, capovoltare, voltare, rivoltolare, girare, rigirare, arrovesciare, riversare □ (*di terreno, ecc.*) vangare, zappare **CONTR.** drizzare, raddrizzare **2** (*fig.*) (*di persona*) sconvolgere, ripugnare, nauseare, disturbare, disgustare □ turbare, rimescolare, agitare **CONTR.** piacere □ calmare, quietare **B** **rivoltarsi** *v. rifl.* volgersi, voltarsi, girarsi, rigirarsi □ rovesciarsi, arrovesciarsi, capovolgersi, ribaltarsi □ rotolarsi, rivoltolarsi, avvoltolarsi **CONTR.** drizzarsi, raddrizzarsi **C** *v. intr. pron.* **1** ribellarsi, ammutinarsi, insorgere, opporsi, recalcitrare, reagire, disobbedire **CONTR.** sottomettersi, sottostare, sopportare, chinarsi (*fig.*), piegarsi (*fig.*), obbedire **2** (*di tempo*) mutare, cambiare **3** (*di stomaco e sim.*) sconvolgersi □ turbarsi, rimescolarsi.

rivoltèlla *s. f.* pistola, revolver (*ingl.*), colt (*ingl.*).

rivoltellàta *s. f.* revolverata, pistolettata □ sparo.

rivòlto *part. pass. di* **rivolgere**; *anche agg.* **1** (*di pensiero, di sguardo, ecc.*) diretto, indirizzato, destinato, teso, finalizzato, volto, intento, puntato **CONTR.** distratto ***2*** (*di edificio*) orientato, esposto.

rivoltóso *agg.* e *s. m.* ribelle, insorto, rivoluzionario, ammutinato.

rivoluzionàre *v. tr.* ***1*** (*fig.*) mutare radicalmente, modificare, trasformare, capovolgere (*fig.*), rinnovare **CONTR.** mantenere, conservare ***2*** (*fig.*) sovvertire, sconvolgere, disordinare, turbare **CONTR.** riordinare □ ripristinare.

rivoluzionàrio *agg.* e *s. m.* ***1*** ribelle, insorto, tumultuante, rivoltoso, sanculotto (*est.*), scamiciato (*est.*), giacobino (*est.*) □ ammutinato □ sovversivo, eversore, sedizioso □ agitatore, sovvertitore □ cospiratore (*est.*), congiurato (*est.*) □ fazioso, facinoroso □ insurrezionale □ estremista (*est.*), estremistico (*est.*) **CONTR.** conservatore, reazionario, controrivoluzionario □ borghese, moderato, benpensante ***2*** (*fig.*) rinnovatore, innovatore, radicale **CONTR.** conservatore.

rivoluzióne *s. f.* ***1*** rivolta, insurrezione, sollevazione, ribellione, moto, disordine, agitazione, tumulto, sommossa, sommovimento, sovversione, fermento □ eversione, sedizione □ cospirazione **CONTR.** ordine, pace, tranquillità □ controrivoluzione ***2*** (*est., fig.*) radicale trasformazione, rivolgimento, sovvertimento, rovesciamento, rinnovamento, cambiamento, sconvolgimento, mutamento, svolta (*fig.*) **CONTR.** conservazione ***3*** (*fig., fam.*) confusione, turbamento, caos, scompiglio, baraonda, pandemonio, tramestio, terremoto (*fig.*) **CONTR.** ordine, quiete, tranquillità ***4*** (*astron.*) giro. *V. anche* COSPIRAZIONE

ròba *s. f.* ***1*** cosa, arnese, aggeggio, materiale, oggetto, coso (*fam.*) □ masserizie, mobilio, suppellettile, arredo ***2*** proprietà, beni, averi, possedimenti, denaro, patrimonio, sostanze, effetti ***3*** cibo, alimento, bevanda, vitto ***4*** faccenda, affare, azione, opera, impresa, negozio, commercio, lavoro ***5*** parola, pensiero, discorso, affermazione, accenno, notizia, informazione, sensazione, conoscenza, giudizio, idea, problema, difficoltà, questione, realtà ***6*** stoffa □ abito, indumento, acconciatura □ monile, gioiello ***7*** merce, mercanzia, articolo ***8*** (*gerg.*) stupefacente, droga. *V. anche* POSSEDIMENTO

robìnia [da J. *Robin* che la importò dal Canada] *s. f.* (*bot.*) pseudoacacia, gaggia, acacia.

robivècchi *s. m.* rigattiere, cenciaiolo, cenciaio, ferrovecchio, rivendugliolo, straccivendolo, stracciaio, stracciaiolo.

roboànte *agg.* ***1*** (*di voce, di suono*) rimbombante, altisonante, sonoro, sonante, rumoroso, tonante, rintronante **CONTR.** flebile, fievole, sommesso, tenue, debole ***2*** (*fig., spreg.*) (*di stile, di discorso*) ampolloso, declamatorio, magniloquente, gonfio, tronfio, esagerato, borioso, enfatico, iperbolico **CONTR.** sobrio, semplice, moderato, stringato □ dimesso.

ròbot [dal ceco *ròbota* 'lavoro'; il nome fu coniato dallo scrittore ceco Čapek per gli automi che agivano nel suo dramma '*R.U.R.*'] *s. m. inv.* automa, uomo meccanico □ androide □ macchina (*fig.*), manichino (*fig.*), marionetta (*fig.*).

robustézza *s. f.* forza, vigore, vigoria, vigorosità, gagliardia, possanza, potenza, prestanza □ saldezza, solidità, consistenza □ resistenza □ energia □ sanità, salute, fibra (*est.*), tempra (*est.*) **CONTR.** debolezza, delicatezza, fragilità, fralezza (*lett.*) □ fiacchezza, bolsaggine, sfinimento, prostrazione □ infermità, malattia, cagionevolezza. *V. anche* ENERGIA

robùsto *agg.* ***1*** forte, vigoroso, gagliardo, poderoso, potente, possente □ solido, resistente, massiccio □ saldo, fermo □ energico, ferreo □ forzuto, erculeo □ tarchiato, atticciato, tracagnotto, quadrato □ aitante, prestante, nerboruto, muscoloso **CONTR.** debole, fiacco, incerto, fievole □ svigorito, snervato, sfinito, prostrato □ malfermo, gracile, esile, macilento □ molle, bolso (*est.*) ***2*** (*fig.*) prospero, rigoglioso □ fiorente, florido □ sano **CONTR.** stento, stentato □ malato, malsano, delicato, cagionevole ***3*** (*fig.*) intrepido, coraggioso, impavido, audace, ardito **CONTR.** trepido, timoroso, timido, pauroso ***4*** (*fig.*) (*di stile*) efficace, espressivo, significativo, eloquente **CONTR.** inefficace, inespressivo, insignificante ***5*** (*fig.*) (*di ingegno*) acuto, pronto, vigoroso, penetrante, sottile, perspicace. *V. anche* GRANDE

ROBUSTO
sinonimia strutturata

Ciò che possiede forza, energia si dice **robusto**: *un bambino robusto*; *non c'è pastor più robusto o dotto / a seguir fére fuggitive in caccia* (L. DE' MEDICI); l'aggettivo descrive anche un corpo resistente e vigoroso o una delle sue parti: *costituzione robusta*; *braccia robuste*. In alcuni contesti è usato come eufemismo per grasso: *una ragazza un po' robusta*; in quest'ultima accezione si avvicina a **prosperoso**, che però di solito non è connotato negativamente ed evoca una floridezza piacevole, che suggerisce buona salute.

Robusto descrive anche una cosa solida, che non si piega o rompe facilmente: *una catena robusta*; una *pianta robusta* è ben radicata e provvista di grosso fusto. Così, anche un corpo robusto e forte è di solito di aspetto **massiccio**, **tarchiato**, **atticciato**, **quadrato**, **compatto**, ossia grosso, brevilineo e privo di snellezza: *corporatura massiccia*; **aitante** si caratterizza perché indica la prestanza fisica di una persona ben formata e tornita e spesso anche longilinea, e inoltre perché di solito evoca un'idea di energia, di dinamismo.

Forzuto, **nerboruto**, **erculeo**, **possente**, **poderoso**, **potente** si distinguono leggermente perché oltre a delineare l'aspetto muscoloso di un corpo ne sottolineano più decisamente la forza: *due braccia nerborute la tenevano come conficcata nel fondo della carrozza* (MANZONI); *fisico possente*; *muscolatura poderosa*.

Un'immagine di gagliardia fisica è convogliata anche da **solido** e **forte**, che assieme a **resistente**, **forte**, **saldo**, **fermo**, **ferreo**, **incrollabile** possono riferirsi alla capacità di non lasciarsi piegare non solo fisicamente ma anche spiritualmente, intellettualmente e moralmente: *un uomo forte*; *carattere fermo*; *il cuore è ancora saldo*; *braccia ferree*; *fede incrollabile*. Lo stesso vale per **energico**, **vigoroso**, **ri-**

goglioso e **gagliardo**, che si distinguono perché suggeriscono vitalità e dinamismo: *uomo, discorso energico*; *complessione gagliarda*; *ragazza, intelligenza rigogliosa*; *membra, azioni vigorose*.

Se riferito allo stile, robusto ne designa l'incisività, la capacità di comunicare chiaramente e di mantenere viva l'attenzione di chi legge o ascolta, e quindi equivale a **efficace**, e a **espressivo**: *stile robusto, espressivo*; *un efficace resoconto*.

Infine, robusto rappresenta figuratamente la capacità dell'ingegno di vedere dentro ai problemi cogliendone ogni sfumatura, ed equivale a **penetrante**, **perspicace** e al significato figurato di **acuto** e **sottile**: *la fantasia tanto è più robusta quanto più debole è il raziocinio* (VICO); *parole penetranti*; *un giovane perspicace*; *mente, osservazione acuta, sottile*.

rocambolésco [da *Rocambole*, il protagonista dei romanzi di Ponson du Terrail] *agg.* audace, strabiliante, avventuroso, ardito, ardimentoso, impavido, temerario, spericolato.

ròcca *s. f.* cittadella, roccaforte, forte, acropoli (*st.*), fortilizio, fortificazione, fortezza, piazzaforte, castello.

roccafòrte *s. f.* ***1*** fortezza, rocca, cittadella, forte, fortilizio, fortificazione, piazzaforte, castello ***2*** (*fig.*) ambiente sicuro, dominio.

rocchétto *s. m.* bobina, spola, cannello, cilindretto, cilindro, rullo.

ròccia *s. f.* ***1*** pietra, sasso ***2*** (*est.*) masso, rupe, dirupo, parete, picco, macigno, blocco, scoglio.

rocciatóre *s. m.* arrampicatore, alpinista, scalatore, crodaiolo.

roccióso *agg.* pietroso, litoide □ dirupato (*est.*).

ròco *agg.* arrochito □ rauco, fioco, flebile, chioccio, cavernoso (*fig.*), aspro **CONTR.** squillante, acuto, penetrante, chiaro, limpido, argentino □ forte, stentoreo.

rococò [dal fr. *rococo*, deformazione di *rocaille* 'pietrame, opera a nicchi', per ornamento di grotte artificiali, ecc.] *agg.* ***1*** barocco (*est.*) ***2*** (*est.*) lambiccato, arzigogolato, bizzarro, ghiribizzoso (*raro*) **CONTR.** semplice, lineare.

rodàggio *s. m.* (*fig.*) adattamento, assestamento, messa a punto.

ródere ***A*** *v. tr.* ***1*** rosicchiare, rosicare □ sgretolare, tritare, intaccare, mordere, consumare, distruggere, limare, raschiare, scarnire, sgranocchiare □ smangiare, corrodere, erodere ***2*** (*fig.*) (*di pensiero*) rimordere, trivellare (*fig.*) ***3*** (*scherz.*) mangiare ***B*** **rodersi** *v. rifl.* (*fig.*) consumarsi, tormentarsi, logorarsi, affliggersi, crucciarsi, macerarsi, struggersi, travagliarsi (*lett.*), friggere (*fig.*), arrabbiarsi **CONTR.** rasserenarsi, placarsi, allietarsi, quietarsi, rassegnarsi.

rodomónte [dal nome di un celebre personaggio dell'*Orlando furioso* di L. Ariosto] *s. m.* spaccone, smargiasso, fanfarone, bravaccio, millantatore, spavaldo, prepotente, guascone, gradasso, spaccamontagne, tracotante, sballone, vanaglorioso, vantatore, ostentatore, pataccone (*dial.*), ammazzasette **CONTR.** modesto, umile, riservato.

rògito *s. m.* (*dir.*) atto notarile, stipulazione, stipula, voltura.

rógna *s. f.* ***1*** (*di malattia*) scabbia, tigna ***2*** (*fig., fam.*) grana, guai, pasticci, briga, fastidio, seccatura, scocciatura (*fam.*), noia, molestia, impiccio, uggia **FRAS.** *cercare rogne* (*fig.*), crearsi dei problemi, mettersi nei pasticci volontariamente.

rognóne *s. m.* rene, arnione (*dial.*).

rognóso *agg.* ***1*** affetto da rogna, scabbioso, tignoso ***2*** (*fig.*) fastidioso, noioso, seccante, scocciante (*fam.*), molesto, uggioso, brigoso.

rògo *s. m.* ***1*** pira ***2*** (*est.*) falò, incendio, fiammata, fiamma, fuoco.

rollàre *v. intr.* oscillare, dondolare, ballare **CONTR.** beccheggiare.

rollìo *s. m.* oscillazione, rollata **CONTR.** beccheggio.

romàno *agg.*; *anche s. m.* (*est.*) capitolino □ romanesco □ latino.

romanticìsmo *s. m.* sentimentalismo, pathos, patos □ poesia **CONTR.** realismo, positivismo □ prosaicità.

romàntico [dal fr. *romantique*, da *roman* 'romanzo'] *agg.* malinconico, patetico, sentimentale, appassionato, passionale, sospiroso, sognante □ poetico, idillico, idilliaco **CONTR.** duro, freddo, realistico, positivistico (*est.*) □ prosaico.

romanzésco *agg.* ***1*** di romanzo ***2*** (*est., fig.*) straordinario, singolare, avventuroso, inverosimile, fantastico, irreale, incredibile, rocambolesco, picaresco.

romanzière *s. m.* narratore, prosatore, scrittore.

romànzo *s. m.* ***1*** narrazione, componimento narrativo **CFR.** romanzo storico, romanzo epistolare, romanzo d'appendice, romanzo fiume, romanzo nero, romanzo rosa, romanzo giallo, romanzo poliziesco, romanzo psicologico, romanzo ciclico, romanzo a fumetti, romanzo sceneggiato ***2*** (*fig.*) storia incredibile, fantasticheria, invenzione, chimera, fandonia **CONTR.** realtà, verità ***3*** (*est., fig.*) avventura, vicenda complessa □ saga **FRAS.** *da romanzo*, fantastico, avventuroso, incredibile, apparentemente inventato.

ROMANZO
sinonimia strutturata

Nel mondo classico il termine **romanzo** indicava un'ampia narrazione continua, complessa ed avventurosa, spesso con mescolanza di stili e toni narrativi: *i romanzi alessandrini*; *il romanzo di Petronio*. Nel periodo medievale con questo termine ci si riferiva ad ampie narrazioni in volgare di fatti di argomento cavalleresco, eroico ed amoroso, come i *romanzi del ciclo bretone*. Nel mondo moderno i romanzi sono estesi componimenti narrativi, fondati su elementi fantastici o avventurosi o anche realistici, che hanno come argomento i grandi temi sociali o ideologici, oppure lo studio dei costumi, dei caratteri o dei sentimenti: *i romanzi di Dostoevskij, di Balzac, di Moravia*.

Al termine romanzo spesso si affiancano altri termini per meglio specificarne le caratteristiche. Così abbiamo i *r. gialli* o *polizieschi*, il *r. storico*, un misto di storia ed invenzione, il *r. psicologico*, che segue la storia interiore di un personaggio, il *r. d'av-*

venture, con prevalenza dell'azione e dell'intreccio sulle altre strutture narrative, il *r. educativo* o *filosofico*, con finalità morali o speculative, il *r. epistolare*, in cui la vicenda emerge da un carteggio, specialmente tenuto fra i protagonisti, il *r. fiume*, un romanzo lunghissimo, il *r. ciclico*, che narra le vicende di più generazioni, il *r. nero*, che stimola l'attenzione del lettore con storie truci e tragiche, il *r. rosa*, che narra storie sentimentali a lieto fine, il *r. sceneggiato*, adattamento di un romanzo alla rappresentazione televisiva e, infine, il *r. d'appendice*, detto anche *feuilleton*, pubblicato in appendice a giornali. Il romanzo d'appendice o feuilleton, in particolare, è un romanzo a forte tinte, macchinoso e ricco di colpi di scena, con netta contrapposizione fra personaggi buoni e cattivi, con trionfo finale del bene, aperto ai gusti più grossolani del pubblico, molto in voga verso la fine dell'Ottocento. Usate spregiativamente queste due definizioni indicano scritti di nessun valore artistico. Per estensione, figuratamente, un romanzo è una storia incredibile, inventata o fantastica, frutto di fantasia o di invenzione, una vicenda complessa dall'intreccio avventuroso, quasi uscito dall'immaginazione di un romanziere: *la vita di quell'uomo è un romanzo*.

Una **narrazione** è l'atto del narrare, cioè del raccontare, dell'esporre un fatto o una serie di fatti, reali o fantastici, seguendo un determinato ordine nella rievocazione e nella ricerca delle cause: *la narrazione di una favola, degli ultimi avvenimenti*. Può anche essere in senso concreto un racconto, un'esposizione scritta o verbale: *narrazione storica*. La narrazione scritta di una vicenda reale, verosimile o immaginaria, di lunghezza sensibilmente inferiore a quella del romanzo, è una **novella**. Un componimento letterario in prosa di lunghezza notevolmente inferiore al romanzo e a volte brevissimo è, invece, un **racconto**. Questo termine indica anche un'esposizione, una narrazione orale di parole o avvenimenti: *iniziò il racconto delle sue avventure*. Racconto, infine, indica anche ciò che viene raccontato, le parole o gli avvenimenti di cui si narra: *un racconto inventato, inverosimile*.

rombàre *v. intr.* rimbombare, rumoreggiare, risonare, rintronare, tuonare, echeggiare, riecheggiare, ronzare, bombire (*ant.*), mugghiare (*fig.*).

rómbo (1) *s. m.* rimbombo, rintronamento, rintrono, tuono, risonanza, fragore, frastuono, boato, muggito (*fig., lett.*), rimbombamento (*raro*), rumoreggiamento, rumore **CONTR.** silenzio, calma, tranquillità, quiete. *V. anche* CHIASSO

rómbo (2) *s. m.* losanga □ quadrilatero, quadrangolo.

rombòide *s. m.* (*mat.*) parallelogramma, quadrilatero, quadrangolo.

romìto ***A*** *agg.* (*lett.*) (*di luogo*) solitario, solingo (*lett.*), abbandonato, appartato, ermo (*lett.*), deserto, isolato, recondito, remoto, ritirato, riposto, sperduto, disabitato □ lontano **CONTR.** frequentato, affollato, popolato, popoloso ***B*** *s. m.* ***1*** (*di persona*) eremita, anacoreta, cenobita, stilita ***2*** (*est.*) misantropo, solitario. *V. anche* SOLITARIO

rómpere ***A*** *v. tr.* ***1*** spezzare, spaccare, stroncare, scavezzare (*raro*), schiantare, troncare □ fratturare □ scindere, dividere **CONTR.** ricomporre, riunire, riparare, aggiustare, rattoppare, raggiustare, rabberciare, rappezzare ***2*** infrangere, frantumare, fracassare, sfasciare, sgangherare, sconquassare, frangere (*lett.*), sfondare, forzare, sforzare, scassinare □ devastare, distruggere, scheggiare, sbrindellare, scassare (*fam.*), smozzicare, spezzettare □ incrinare, sbrecciare, sgretolare, sbriciolare **CONTR.** aggiustare, accomodare, raccomodare, assestare, riassestare, risistemare, rassettare, riparare, racconciare, rappezzare ***3*** stritolare, sfracellare, squarciare, squartare, maciullare, triturare, schiacciare ***4*** (*di carta, di stoffa, ecc.*) stracciare, lacerare, sminuzzare, strappare, tagliuzzare, scucire **CONTR.** accomodare, incollare, rammendare ***5*** (*di ordine, di fila, ecc.*) scomporre, disfare, scompaginare, scompigliare **CONTR.** ordinare, riordinare, riformare ***6*** (*di torrente, di folla, ecc.*) dividere, fendere, aprire **CONTR.** congiungere, ricongiungere, richiudere ***7*** (*di festa, di armonia, ecc.*) guastare, deteriorare, danneggiare, disfare, rovinare, sciupare **CONTR.** accomodare, ricreare ***8*** (*di lavoro, di vacanza, ecc.*) interrompere, sospendere, fermare **CONTR.** continuare, proseguire, riprendere ***9*** (*fig.*) (*di ordine, di patto, ecc.*) violare, trasgredire, tradire, denunciare **CONTR.** rispettare, osservare, mantenere, suggellare ***B*** *v. intr.* ***1*** (*di acqua*) frangersi ***2*** (*di amicizia, di rapporto, ecc.*) troncare, interrompere, tagliare, mettersi in urto, inimicarsi, distaccarsi **CONTR.** annodare (*fig.*), contrarre, cementare (*fig.*), pacificarsi ***3*** (*in pianto, in riso, ecc.*) scoppiare, prorompere, dirompere (*raro, lett.*) ***4*** (*di fiume*) straripare, tracimare ***5*** (*volg.*) (*di persona*) scocciare (*fam.*), seccare, stancare, annoiare, infastidire, importunare, disturbare, asfissiare (*fig., fam.*) ***C*** **rompersi** *v. intr. pron.* ***1*** spezzarsi, spaccarsi, tagliarsi □ schiantarsi, scavezzarsi (*raro*) **CONTR.** rabberciarsi, aggiustarsi ***2*** frangersi, infrangersi, rifrangersi, frantumarsi, sgranarsi, fracassarsi, sfasciarsi, scassarsi, schiacciarsi, sconquassarsi, scoppiare, incrinarsi, cedere, sfondarsi, scheggiarsi, sbrindellarsi, sgretolarsi ***3*** (*di testa, di mano, ecc.*) stritolarsi, sfracellarsi, squarciarsi, maciullarsi, fratturarsi ***4*** (*di carta, di stoffa, ecc.*) stracciarsi, lacerarsi, strapparsi **CONTR.** risaldarsi, guarire ***5*** (*di ordine, di fila, ecc.*) scomporsi, disfarsi, scompaginarsi, scompigliarsi **CONTR.** riformarsi ***6*** (*di vaso, di argine, ecc.*) dividersi, fendersi, aprirsi ***7*** (*di congegno*) guastarsi, danneggiarsi, bloccarsi, inceppparsi, rovinarsi ***8*** (*fig., volg.*) scocciarsi (*fam.*), seccarsi, stancarsi **FRAS.** *rompere le scatole* (*fig., pop.*), infastidire, annoiare □ *rompersi il capo* (*fig.*), scervellarsi. *V. anche* GUASTARE, SCHIACCIARE, SCIOGLIERE, STANCARE, TAGLIARE

rompicàpo *s. m.* ***1*** indovinello, rebus, quiz (*ingl.*), puzzle (*ingl.*), enigma, sciarada ***2*** (*est.*) fastidio, preoccupazione, molestia, noia, bega.

rompicòllo *s. m.* ***1*** sconsiderato, scapestrato, sventato, scavezzacollo □ scioperato, vagabondo **CONTR.**

assennato, saggio, prudente **2** *nella loc. avv.* *a rompicollo*, precipitosamente, a rotta di collo, a gran velocità, furiosamente, sconsideratamente **CONTR.** adagio, lentamente, cautamente, prudentemente.

rompiménto *s. m.* **1** rottura, spezzatura **2** (*est., pop.*) seccatura, importunità, scocciatura (*fam.*), molestia, fastidio, impiccio, bega, noia **CONTR.** piacevolezza, piacere, divertimento.

rompiscàtole *s. m.* e *f. inv.* (*pop.*) seccatore, importuno, disturbatore, fastidioso, rompitore (*pop.*), rompitasche (*pop.*), scocciatore (*fam.*) □ impiastro, cataplasma (*fig.*), pizza (*fig.*), piantagrane, pittima, tafano, piattola (*fig.*), tormentatore, tummistufi (*scherz.*) □ impiccione, invadente.

rónda *s. f.* **1** pattuglia, guardia **2** sorveglianza, controllo **FRAS.** *fare la ronda* (*fig.*), girare intorno a una persona, per controllarla o corteggiarla.

rondèlla *s. f.* (*mecc.*) riparella, rosetta.

ronfàre *v. intr.* **1** (*fam.*) russare, stronfiare (*tosc.*) **2** (*est.*) (*di gatto*) fare le fusa.

röntgenterapìa *s. f.* (*med.*) radioterapia.

ronzàre *v. intr.* **1** bombire (*ant.*), brusire (*lett.*) □ (*est.*) fischiare, sussurrare, mormorare **2** (*est.*) (*di insetto*) volare **3** (*est.*) (*di idea, di pensiero*) girare, mulinare, frullare, agitarsi, dibattersi, prillare (*region.*).

ronzìno *s. m.* brenna, brocco, rozza.

ronzìo *s. m.* **1** brusio, bombito (*ant.*) **2** (*est.*) bisbiglio, mormorio, brontolio, sussurro, sussurrio, soffio, rumoreggiamento, rumorio, cicalio, chiacchiericcio, chiacchierio **3** acufene (*med.*).

ròsa **A** *s. f.* **1** (*fig.*) (*di persone, di cose, ecc.*) gruppo, serie, insieme, cerchia **2** (*sulla pelle*) macchia, alone **3** (*di carne*) noce **4** (*di romanzo*) amoroso, sentimentale **B** *s. m. inv.* (*di colore*) carnicino, incarnato **C** *agg. inv.* carnicino, incarnato, rosato, roseo **FRAS.** *vedere tutto rosa* (*fig.*), essere molto ottimisti; essere innamorati.

rosàrio *s. m.* **1** corona, coroncina **2** (*est., fig.*) (*di insolenze, di disgrazie, ecc.*) sequela, serie, successione, filza, sfilza, fila, litania.

ròseo *agg.* **1** rosa, rosato, carnicino, incarnato **2** (*di viso*) colorito **CONTR.** pallido, cereo, cinereo **3** (*fig.*) (*di avvenire, di speranze, ecc.*) lieto, felice, sereno, fausto, propizio, fortunato, prospero, favorevole **CONTR.** infausto, sfortunato, triste.

rosétta *s. f.* **1** (*mecc.*) rondella, riparella, borchia **2** diamantino, brillantino **3** coccarda **4** panino, pagnottella, michetta (*sett.*).

rosicchiàre *v. tr.* **1** rosicare, rodere, sbocconcellare, mangiucchiare, sgretolare, intaccare, consumare, sgranocchiare **2** (*fig.*) (*di voto, di tempo, ecc.*) strappare, riuscire a guadagnare.

rosolàre **A** *v. tr.* soffriggere, scottare, abbrustolire, arrostire, friggere, saltare **B** **rosolarsi** *v. intr. pron.* (*fig., est.*) (*di persona*) abbronzarsi.

ròspo *s. m.* **1** botta (*tosc.*), batrace (*lett.*) **2** (*fig., spreg.*) persona ripugnante **3** (*fig.*) problema, sconfitta, dispiacere, smacco **4** (*est., spreg.*) scontroso, selvatico, asociale **CONTR.** socievole **FRAS.** *ingoiare il rospo* (*fig.*), sopportare qualcosa di sgradevole □ *sputare il rospo* (*fig.*), parlare di qualcosa di sgradevole.

rosseggiàre *v. intr.* tendere al rosso, arrossarsi, imporporarsi, rutilare (*lett.*), fiammeggiare, vampeggiare (*raro*).

rossétto *s. m.* belletto, cinabro (*est., poet.*), minio (*est., raro*).

rósso *agg.*; *anche s. m.* **1** scarlatto, vermiglio, purpureo, porpora, porporino, amaranto, carminio, cremisi, fulvo, sanguigno, rossastro, rossiccio, puniceo (*lett.*), rubino, ponsò (*raro*) □ (*di viso*) rubicondo, imporporato, paonazzo, congestionato **CONTR.** pallido, sbiancato, smorto, scolorito, slavato **2** comunista, socialista **FRAS.** *diventare rosso*, arrossire, vergognarsi □ *essere in rosso, andare in rosso*, essere a debito, in passivo □ *vedere rosso* (*fig.*), essere in preda all'ira.

rossoblù *agg.*; *anche s. m. inv.* (*calcio*) bolognese, petroniano □ genoano.

rossonéro *agg.*; *anche s. m.* (*calcio*) milanista.

rossóre *s. m.* **1** arrossamento, erubescenza (*lett.*), fiamma (*fig.*), vampa (*fig.*), vampata (*fig.*) **CONTR.** pallore, pallidezza (*raro*) **2** (*est., fig.*) vergogna, pudore **CONTR.** spudoratezza.

rosticcerìa *s. f.* friggitoria, grill (*ingl.*), grill-room (*ingl.*).

ròstro *s. m.* **1** (*di rapace*) becco **2** (*di nave*) sperone, sprone, uncino **3** (*al pl.*) tribuna, pulpito.

rotàbile **A** *agg.* **1** carrozzabile, camionabile □ carrabile, carraio, carreggiabile □ percorribile, transitabile **2** girevole, girante, ruotante, rotante, ruotabile **B** *s. f.* strada, via, strada grande, stradone **CONTR.** pista, sentiero, mulattiera **C** *s. m.* (*di ferrovia, di tramvia*) veicolo.

rotàia *s. f.* **1** (*di ruota*) solco, striscia **2** (*mecc.*) guida, binario **3** (*al pl.*) (*ferr.*) binario.

rotànte *part. pres. di* **rotare**; *anche agg.* girevole, girante, roteante.

rotàre e deriv. *V.* **ruotare** e deriv.

rotazióne *s. f.* **1** giro, circolazione □ (*aer.*) imbardata, mulinello □ (*di palla*) effetto **2** (*fig.*) (*di colture, di cariche, ecc.*) avvicendamento, successione, turno, turnover (*ingl.*), scambio.

roteàre **A** *v. intr.* turbinare, rotare, volteggiare, librarsi, prillare (*dial.*), frullare **B** *v. tr.* (*di occhi, di braccia, ecc.*) girare, torcere, stralunare, mulinare.

rotèlla *s. f.* **1** *dim. di* **ruota** **2** (*anat.*) rotula, patella **3** (*per le misurazioni*) metro, fettuccia **4** scudo.

rotocàlco *s. m.* (*est.*) periodico illustrato, settimanale, rivista.

rotolaménto *s. m.* rotolio, ruzzolio.

rotolàre **A** *v. tr.*; *anche intr.* **1** ruzzolare, capitombolare, girare, fare girare, precipitare, voltolare **CONTR.** arrampicarsi **2** (*raro*) arrotolare, avvolgere **CONTR.** srotolare **B** **rotolarsi** *v. rifl.* rivoltarsi, voltolarsi.

rotolìo *s. m.* ruzzolio, rotolamento.

ròtolo *s. m.* **1** (*di carta, di stoffa, ecc.*) involto, rocchio □ spola, rocchetto, spagnoletta **2** (*di pellicola e sim.*) rullo, rullino, bobina **3** *nella loc. avv.* (*fig.*) *a rotoli*, in malora, in rovina.

rotolóne *s. m.* **1** *accr. di* **rotolo** **2** caduta, capitombolo, ruzzolone.

rotolóni avv. *1* rotolando, ruzzolando, precipitando, capitombolando *2* nella loc. avv. (*fig.*) *a rotoloni*, a rotoli, in malora, in rovina.

rotónda s. f. spiazzo, rondò, spartitraffico □ terrazza.

rotondeggiànte agg. rotondo, circolare, tondo, sferico, arrotondato, globoso, orbicolare, panciuto (*est.*), tondeggiante, globulare.

rotondétto agg. grassoccio.

rotondità s. f. *1* sfericità □ pancia (*fig.*), borsa (*fig.*), rigonfiamento (*fig.*) *2* (*fig.*) (*di periodo, di stile e sim.*) simmetria, armonia, tornitura **CONTR.** disarmonia, asciuttezza *3* (*spec. al pl.*) (*di membra*) forma rotonda, curva, pienezza.

rotóndo agg. *1* tondo, circolare, sferico, rotondeggiante, arrotondato, globoso, globuloso, orbicolare, tondeggiante, globulare *2* (*fig.*) (*di periodo, di stile e sim.*) sonoro, pieno, armonico **CONTR.** inarmonico (*lett.*), disarmonico, asciutto *3* (*fig., raro*) (*di cifra, di prezzo*) tondo, netto, senza decimali.

rótta (1) s. f. *1* (*di argine, di muro, ecc.*) breccia, rottura, apertura, spaccatura *2* (*fig.*) (*di persone*) rottura, lite, contrasto **CONTR.** accordo *3* (*di esercito, di insorti, ecc.*) sconfitta, disfatta, sbaraglio, sbaragliamento, fuga, sbandamento **CONTR.** vittoria, trionfo **FRAS.** *a rotta di collo* (*fig.*), a precipizio, in gran fretta, di corsa.

rótta (2) s. f. (*di nave, di aereo, ecc.*) direzione, percorso, itinerario, cammino, viaggio, via **FRAS.** *cambiare rotta* (*fig.*), cambiare atteggiamento; cambiare idea □ *perdere la rotta* (*fig.*), non sapere che cosa fare, smarrirsi; sentirsi confusi.

rottàme s. m. *1* (*di cosa*) frammento, avanzo, resto, residuato, residuo, relitto, sfasciume, pezzo, frantume, coccio, scheggia, brandello, maceria *2* (*fig.*) (*di persona*) rudere, relitto, sopravvissuto, avanzo umano, ciabatta (*fig.*) *3* (*fig.*) (*di oggetto*) carcassa, catorcio (*fam.*), catenaccio (*fam., scherz.*), ferrovecchio (*fig.*).

rótto *A* part. pass. di **rompere**; anche agg. *1* (*di cosa*) spezzato, spaccato □ infranto, frantumato, fracassato, franto (*lett.*) □ scassinato, forzato □ incrinato, crepato, fesso, screpolato □ lacero, lacerato, sbrindellato □ sdrucito, stracciato, strappato □ bucato, perforato □ stritolato, maciullato, schiacciato □ sbriciolato, sminuzzato □ sbocconcellato, sbrecciato □ troncato, mozzato, mozzo □ deteriorato, guastato, guasto □ scompaginato, sfasciato □ scoppiato □ disfatto, distrutto, devastato □ danneggiato, rovinato □ sconquassato, sgangherato, sfondato, schiantato □ squarciato **CONTR.** intero, intatto, sano, nuovo, integro, aggiustato *2* (*di persona*) pesto, malconcio, fiaccato, pestato, contuso, ammaccato, piagato, sfregiato, ferito, scorticato **CONTR.** sano, indenne, illeso *3* (*a fatica, a intemperie, ecc.*) resistente, avvezzo, abituato, assuefatto, agguerrito **CONTR.** disabituato, disavvezzo *4* (*fig., volg.*) annoiato, seccato, stufo, scocciato (*fam.*), infastidito, stanco (*est.*) *5* (*di patto, di accordo, ecc.*) sciolto, disatteso, violato, denunciato **CONTR.** suggellato, rispettato, mantenuto, onorato *6* (*di amicizia, di rapporto*) interrotto **CONTR.** contrattato, cementato (*fig.*) *7* (*di voce*) tremante *B* s. m. *1* (*raro*) rottura *2* (*al pl.*) spiccioli, moneta **FRAS.** *per il rotto della cuffia*, senza danno; a stento.

rottùra s. f. *1* (*di cosa*) spacco, spaccatura, squarcio, lacerazione, laceramento, laceratura, lesione, strappo, buco, bucatura, falla (*mar.*), perforazione, taglio □ fenditura, incrinatura, crepa, crepatura, screpolatura, fessura, scissura, breccia □ sbocconcellatura, sbrindello, sbrano (*raro*) □ scucitura, sdrucitura, smagliatura, stracciatura □ fracassamento, sfasciamento, sfondamento □ spezzatura, frantumazione, frattura □ scollamento, scollatura □ danneggiamento, danno, guasto, avaria □ scassinamento, effrazione □ scissione (*est.*), fissione (*fis. nucl.*) **CONTR.** integrità □ riparazione, accomodatura, aggiustamento, aggiustatura, raccomodatura, racconciatura, rappezzatura, rappezzo, rattoppatura *2* (*di patto, di tregua, ecc.*) interruzione, cessazione, scioglimento, rescissione, violazione **CONTR.** continuità, mantenimento, suggello *3* (*tra persone*) disunione, discordia, divisione **CONTR.** unione, accordo *4* (*fig., volg.*) noia, seccatura, fastidio, bega, scocciatura (*fam.*), stanchezza (*est.*), rompimento (*pop.*). *V. anche* DISCORDIA

roulotte /*fr.* ru'lɔt/ [vc. fr., da *rouler* 'rotolare'] s. f. inv. caravan (*ingl.*) □ carrozzone.

round /*ingl.* raund/ [vc. ingl., letteralmente 'turno'] s. m. inv. (*sport*) fase, ripresa, tempo.

routine /*fr.* ru'tin/ [vc. fr., dim. di *route* 'strada'] s. f. inv. trantran, tran tran, pratica, uniformità, abitudine, ripetizione **CONTR.** novità, diversità, varietà. *V. anche* ABITUDINE

rovènte agg. (*anche fig.*) caldo, infocato, ardente, cocente, torrido, canicolare, arroventato, caldissimo, scottante, incandescente, bollente, bruciante, avvampante **CONTR.** freddo, freddissimo, gelato, gelido, glaciale, algente (*poet.*), algido (*lett.*).

rovesciàbile agg. rivoltabile, invertibile, ribaltabile, capovolgibile, reversibile □ double-face (*fr.*).

rovesciaménto s. m. *1* capovolgimento, ribaltamento, balta, volta, inversione □ caduta, crollo, distruzione **CONTR.** raddrizzamento □ mantenimento, conservazione *2* (*fig.*) (*di ordine, di nemico*) sovvertimento, eversione, rivoluzione *3* (*di stomaco*) rivolgimento.

rovesciàre *A* v. tr. *1* versare, buttare, far cadere, spargere, spandere □ scaricare, riversare, scodellare □ vuotare *2* (*pop.*) rimettere, vomitare, rigettare *3* voltare, rivoltare, arrovesciare, invertire, capovolgere, ribaltare, rivolgere **CONTR.** rialzare, raddrizzare, riassestare, rizzare, drizzare *4* (*fig.*) (*di situazione, di ordine, ecc.*) invertire, modificare, capovolgere, cambiare, trasformare, stravolgere, sovvertire, travoltare (*ant.*) **CONTR.** mantenere *5* (*fig.*) (*di governo*) abbattere **CONTR.** formare *6* (*mil.*) (*di nemico*) atterrare, abbattere, travolgere, distruggere, sgominare *7* (*di testa, di corpo*) reclinare, chinare, piegare **CONTR.** rialzare, sollevare, ergere *8* (*di colpa, di responsabilità, ecc.*) riversare, buttare, gettare **CONTR.** liberare, togliere *9* (*fig.*) (*di teoria*) demolire *B* **rovesciarsi** v. intr. pron. *1* (*di fiume, di frana, ecc.*) piombare, precipitarsi, franare, riversarsi, sfociare, gettarsi ***2*** (*di auto, ecc.*) capovolgersi, ribaltarsi, cappottare, trabaltare (*ant.*), rivoltarsi **CONTR.** raddrizzarsi, rizzarsi, drizzarsi ***3*** (*di liquido*) versarsi, spandersi, spargersi ***4*** (*fig.*) (*di folla*) accorrere, riversarsi, precipitarsi **CONTR.** allontanarsi, andarsene, disperdersi ***5*** (*fig.*) (*di persona*) sdraiarsi, abbandonarsi, stendersi, mettersi supino **CONTR.** rizzarsi, raddrizzarsi, alzarsi.

rovesciàto *part. pass. di* **rovesciare**; *anche agg.* ***1*** (*di auto, ecc.*) capovolto, ribaltato, cappottato, rivoltato, invertito **CONTR.** dritto ***2*** (*di liquido*) versato, sparso ***3*** (*di folla*) accorso, precipitato **CONTR.** disperso, allontanatosi ***4*** (*di persona*) sdraiato, steso, supino, riverso (*lett.*), arrovesciato **CONTR.** alzato, ritto, in piedi ***5*** (*fig.*) (*di governo, di ordine*) caduto, travolto ***6*** (*fig.*) (*di teoria*) demolito.

rovèscio ***A*** *agg.* ***1*** voltato, rovesciato, capovolto, inverso, invertito, ribaltato **CONTR.** diritto ***2*** contrario, posteriore, opposto **CONTR.** davanti, diritto, anteriore ***3*** (*di persona*) riverso, supino **CONTR.** ritto, alzato ***B*** *s. m.* ***1*** (*fig.*) disgrazia, dissesto, stangata (*fig.*), danno, contrarietà, rovina, sconfitta, capitombolo (*fig.*), ruzzolone (*fig.*) **CONTR.** fortuna ***2*** contrario, rovescia, opposto □ tergo, verso **CONTR.** diritto, giusto □ faccia ***3*** (*di acqua, di grandine e sim.*) acquazzone, acquata, scroscio, pioggia ***4*** manrovescio, rovescione **FRAS.** *per diritto e per rovescio* (*fig.*), in ogni modo □ *il rovescio della medaglia* (*fig.*), il lato negativo □ *a rovescio*, capovolto; all'opposto.

rovìna *s. f.* ***1*** crollo, caduta, distruzione, sfacelo, catastrofe, disastro, tragedia, scempio □ finimondo, macello, sfascio, sconquasso, desolazione, devastazione ***2*** (*spec. al pl.*) (*di costruzione*) maceria, rudere, avanzi, resti, vestigia ***3*** (*est., econ.*) danno, tracollo, disfatta, fallimento, dissesto, crac, crisi, rovescio (*fig.*), capitombolo (*fig.*), ruzzolone (*fig.*) **CONTR.** fortuna, successo ***4*** (*di costumi, di morale, ecc.*) decadenza, degenerazione, deterioramento **CONTR.** miglioramento, salvezza ***5*** (*fig.*) (*di persona*) perdizione □ piaga, flagello □ disgrazia, iattura (*raro*) **CONTR.** fortuna, salvezza, scampo ***6*** malora, ramengo (*sett.*). *V. anche* TRACOLLO

rovinàre ***A*** *v. intr.* ***1*** crollare, cadere, cascare (*fam.*), franare, precipitare, tracollare, sprofondare, disfarsi ***2*** (*di costumi, di civiltà, ecc.*) deperire, decadere, andare in rovina **CONTR.** fiorire, rifiorire ***B*** *v. tr.* ***1*** danneggiare, guastare, rompere □ sciupare, logorare, usurare, consumare □ frantumare, sbriciolare □ spaccare, spezzare □ fracassare, sfasciare, scassare □ sfracellare, massacrare □ disfare, distruggere □ abbattere, demolire, diroccare □ sconquassare, sgangherare □ devastare, disastrare □ deturpare, sfregiare □ deteriorare, avariare, alterare **CONTR.** migliorare, perfezionare □ erigere, innalzare □ preservare, salvare, costruire ***2*** (*fig.*) (*di salute, di economia, ecc.*) guastare, compromettere, pregiudicare, danneggiare, nuocere, ledere, dissestare □ dissanguare (*fig.*), svenare, sbancare, strangolare **CONTR.** favorire, migliorare, aiutare, risanare, sanare ***3*** (*fig.*) (*di persona*) pervertire, perdere **CONTR.** educare ***C*** **rovinarsi** *v. rifl.* danneggiarsi, guastarsi, sciuparsi, deteriorarsi, avariarsi, rompersi, scassarsi, compromettersi, andare in malora, fallire, bruciarsi, perdersi □ dissanguarsi, svenarsi, sbancarsi **CONTR.** conservarsi, salvarsi. *V. anche* CADERE, GUASTARE

rovinóso *agg.* ***1*** (*di evento, di impresa, ecc.*) disastroso, dannoso, deleterio, funesto, esiziale, fatale, calamitoso (*lett.*), catastrofico, micidiale, pernicioso, fallimentare **CONTR.** provvidenziale, benefico, utile, vantaggioso, giovevole, salutare, provvido ***2*** (*di persona*) impetuoso, furioso, precipitoso, tempestoso, irruente, violento **CONTR.** quieto, lento, calmo, tranquillo. *V. anche* DANNOSO

rovistàre *v. tr.* frugare, cercare, ricercare, tramenare, tramestare, perquisire, razzolare (*est., scherz.*), ruspare (*fig.*).

róvo *s. m.* pruno, tribolo (*lett.*), spina, spino (*dial.*).

rozzézza *s. f.* grossolanità, grossezza, sgraziataggine, ineleganza, cafonaggine, zotichezza, zoticaggine □ rusticità, rudezza, ruvidezza □ ignoranza, incultura □ malgarbo, sgarbatezza □ sguaiataggine, volgarità, grossezza **CONTR.** finezza, gentilezza, cortesia, affabilità, eleganza, raffinatezza, gusto, squisitezza, delicatezza, discrezione, distinzione, signorilità, aristocrazia, educazione, garbo, tatto, urbanità, civiltà, cultura, istruzione, ricercatezza, elaboratezza, forbitezza.

rózzo *agg.* ***1*** (*di cosa*) grezzo, grossolano, greggio □ scabro, ruvido □ disadorno **CONTR.** rifinito, levigato □ curato, ornato, abbellito, adorno ***2*** (*fig.*) (*di persona, di discorso, ecc.*) incolto, rustico, ignorante □ grossolano, materiale (*region.*) □ primitivo, barbaro □ maldestro, inesperto □ semplice, diretto □ selvatico, rude □ goffo, sgraziato **CONTR.** raffinato, delicato, fine, elegante, distinto, compito, colto, civile, forbito, ricercato ***3*** (*spreg.*) zotico, villano, cafone, inurbano, incivile, malcreato, maleducato, screanzato □ volgare, sguaiato **CONTR.** educato, beneducato, cortese, garbato.

ROZZO
sinonimia strutturata

Ciò che non ha subito puliture o lavorazioni, che è così come si trova in natura si definisce **rozzo, grezzo** o **greggio**: *lana, pietra rozza*; *diamante, metallo, cuoio grezzo*; *petrolio greggio*. Un materiale non lavorato è di solito **ruvido, scabro**, cioè non liscio, levigato o morbido: *panno rozzo*; *ruvido al tatto*; *superficie scabra*. Rozzo descrive anche un lavoro non ornato, né levigato, né rifinito: *mobile rozzo*; in questo senso si avvicina a **disadorno**, che designa ciò che è semplice, sobrio, e, estensivamente, ciò che è nudo, spoglio e addirittura squallido: *abito, stile disadorno*; *altare, linguaggio disadorno*. Per estensione, rozzo corrisponde a **grossolano**, cioè senza garbo: *i rozzi versi e poco ornati / daremo al vento* (L. DE' MEDICI).

Grossolano, come rozzo e in contesti letterari **rude**, descrive anche chi non è ingentilito né raffinato da educazione, buone maniere, cultura: *un uomo ancora rozzo*; *persona dai modi grossolani*; grossolano può riferirsi inoltre all'aspetto esteriore: *lineamenti* *grossolani*; in questo senso si avvicina a **sgraziato**, che indica chi appare privo di armonia: *andatura, figura sgraziata*. Chi è sgraziato nel muoversi è anche **maldestro** e **goffo**, cioè impacciato: *un giovane timido e maldestro*; i due aggettivi descrivono anche ciò che è inelegante o fatto malamente: *maniere goffe*; *abito goffo*; *maldestri approcci*. Spesso queste caratteristiche derivano dall'ingenuità di chi è **semplice** o **inesperto**, cioè privo della conoscenza delle cose del mondo: *una contadina semplice e rozza*. Più forti sono **selvatico** e il senso figurato di **rustico**, che tratteggiano chi non è molto raffinato nel tratto ed è anche poco socievole: *è un uomo selvatico ma buono*. **Primitivo** e soprattutto **barbaro** sono ancor più incisivi, e ritraggono figuratamente chi si mostra tremendamente ordinario e per nulla dirozzato: *vestire in modo barbaro*; *gusti barbari*. **Incolto** in senso figurato e **ignorante** descrivono invece specificamente chi manca di istruzione e cultura.

Come molti dei vocaboli precedenti, anche **zotico** e **incivile** richiamano l'immagine di chi ha per nascita un basso livello di civiltà; entrambi però sono usati prevalentemente come sinonimi di rozzo nel suo uso spregiativo, in cui descrive chi non conosce l'educazione e il modo di comportarsi: *ti sei comportato in modo incivile*. I sinonimi più generali sono **maleducato**, **malcreato**, ignorante, **sgarbato**, **scortese** e il più ricercato e meno incisivo **inurbano**: *sei proprio il più maleducato di tutti!*; *rifiuto scortese*; *risposta sgarbata*; *comportamento inurbano*.

Più forte di maleducato sono **villano** che indica chi o ciò che può risultare addirittura insolente e offensivo: *è piuttosto villano*; *tono villano*, così, **screanzato** indica una particolare insolenza. Molto vicino è **cafone**, che però evoca un'idea di trivialità: *comportarsi da cafone*. È triviale anche ciò che è **volgare**, cioè assolutamente privo di finezza e signorilità, sia nei modi che nell'aspetto: *parole, atteggiamento volgare*; *donna vistosa e volgare*; vicinissimo è **sguaiato**, che suggerisce scompostezza, chiassosità.

rùba *s. f.* **FRAS.** *andare a ruba* (*fig.*), essere molto richiesto.

rubacuòri *s. m. e f.; anche agg.* conquistatore, dongiovanni.

rubagallìne *s. m. e f. inv.* ladruncolo, ladroncello.

rubamàzzo *s. m.* rubamonte, calabrache.

rubamónte *s. m.* rubamazzo, calabrache.

rubàre *v. tr.* (*anche fig.*) portare via, carpire, trafugare, arraffare, aggranfiare (*fig.*), sottrarre, estorcere, appropriarsi, impadronirsi, acchiappare, sgraffignare (*fam.*), graffiare (*fam.*), fregare (*pop.*), grattare (*fig., pop.*), involare (*lett.*), impossessarsi, ghermire, soffiare (*est.*), prendere, raspare (*fig., pop.*), spolverare (*fig.*) □ rapinare, ripulire, spogliare, derubare, alleggerire, borseggiare □ defraudare, frodare, truffare □ saccheggiare, razziare, svaligiare □ rubacchiare, taccheggiare □ ladroneggiare, pirateggiare, predare **CONTR.** donare, regalare, largire, offrire □ prestare, procacciare, procurare, provvedere. *V. anche* PRENDERE

rubàto *part. pass. di* **rubare**; *anche agg.* (*anche fig.*) sottratto, carpito, trafugato, arraffato, estorto, sgraffignato (*fam.*), soffiato, rapinato **CONTR.** donato, regalato, largito, prestato.

ruberìa *s. f.* ***1*** ladreria, ladroneria, furto, sottrazione, taccheggio, ladrocinio, frode, peculato, appropriazione ***2*** saccheggio, sacco, rapina, grassazione, spoliazione, razzia, pirateria, depredazione, estorsione ***3*** (*di denaro pubblico*) peculato □ mangeria (*pop.*), mangiatoia (*fig.*). *V. anche* FRODE

rubicóndo *agg.* rosso, rosseggiante, colorito, sanguigno, rubicante (*ant.*), acceso **CONTR.** pallido, slavato, sbiancato, esangue, smorto, livido, terreo, cereo, smunto, emaciato, cadaverico.

rubinétto [dal fr. *robinet*, da *robin*, n. pop. del montone, perché i rubinetti erano spesso ornati con la testa di un montone] *s. m.* chiavetta, interruttore, cannella (*est.*).

rubìzzo *agg.* florido, vegeto, arzillo, robusto, fresco, solido, vigoroso, prestante, gagliardo, sano **CONTR.** debole, fiacco, svigorito, snervato, sparuto, malaticcio.

rubrìca *s. f.* ***1*** (*di libro*) titolo, indice, sommario ***2*** (*per appunti*) libretto, agenda, notes (*fr.*), block-notes (*ingl.*), bloc-notes (*fr.*), taccuino, quaderno ***3*** (*est.*) (*di giornale, di trasmissione radiofonica, ecc.*) sezione, parte, rassegna □ cronaca, gazzettino, notiziario ***4*** indirizzario ***5*** catalogo, elenco, prontuario.

rùde *agg.* ***1*** (*lett.*) rozzo, grossolano, selvatico, rustico **CONTR.** raffinato, delicato, fine ***2*** ruvido, aspro, duro, severo **CONTR.** sensibile, dolce, bonario, cortese. *V. anche* ROZZO, SEVERO

rudeménte *avv.* ***1*** rozzamente, grossolanamente **CONTR.** finemente, raffinatamente ***2*** aspramente, duramente, severamente, crudamente **CONTR.** delicatamente, dolcemente, bonariamente.

rùdere *s. m.* ***1*** (*spec. al pl.*) avanzo, rovina, vestigia, resto, macerie ***2*** (*spec. al pl.*) (*fig.*) memoria, testimonianza, reminiscenza ***3*** (*fig.*) (*di persona*) sopravvissuto, rottame, relitto, avanzo umano, ciabatta (*pop.*).

rudimentàle *agg.* ***1*** elementare, iniziale, semplice, facile **CONTR.** complicato, difficile, complesso ***2*** (*est.*) informe, indefinito, embrionale, primitivo, abbozzato, grossolano **CONTR.** maturo, evoluto, perfetto, compiuto, completo.

rudiménto *s. m.* ***1*** (*spec. al pl.*) primi elementi, prime nozioni, fondamento, avviamento, ammaestramento ***2*** (*est.*) abbozzo, accenno, embrione, principio.

ruffianerìa *s. f.* (*est.*) adulazione, piaggeria.

ruffiàno *s. m.* ***1*** mezzano, lenone (*lett.*), prosseneta (*lett.*), macrò (*fr.*), paraninfo, magnaccia (*dial., spreg.*), pappone (*dial.*) ***2*** (*est.*) intrallazzatore, intrigante, raggiratore ***3*** (*est.*) adulatore, leccapiedi (*pop.*), lusingatore, piaggiatore, paraculo (*volg.*), cortigiano (*est.*), tirapiedi (*fig., spreg.*), satellite (*fig., spreg.*).

rùga *s. f.* grinza, crespa, piega, solco, fessura (*raro*),

increspatura.
rugàre *v. intr.* (*gerg.*) infastidire, seccare, rompere (*pop.*) **CONTR.** interessare, piacere.
ruggènte *part. pres. di* **ruggire**; *anche agg.* ***1*** urlante, rugghiante (*lett.*), rugliante **CONTR.** silenzioso ***2*** (*fig.*) (*di anno, ecc.*) febbrile, fremente, assai vivace **CONTR.** spento, grigio.
rùggine ***A*** *s. f.* ***1*** (*fig.*) (*tra persone*) malanimo, rancore, astio, odio, fiele (*fig.*), risentimento, dissidio, discordia, dissapore **CONTR.** simpatia, accordo, benevolenza, amore ***2*** (*est.*) ossidazione, ossido ***B*** *in funzione di agg. inv.* rossastro. *V. anche* DISCORDIA, ODIO
ruggìre *v. intr.* ***1*** (*di animale*) urlare, rugghiare (*lett.*), rugliare ***2*** (*fig.*) (*di persona*) strepitare, gridare, berciare (*tosc.*), vociare, sbraitare **CONTR.** mormorare, sussurrare, bisbigliare ***3*** (*fig.*) (*di vento, di tempesta, ecc.*) rumoreggiare, mugghiare, ululare, tuonare, rimbombare. *V. anche* GRIDARE
ruggìto *s. m.* ***1*** (*di animale*) rugghio (*lett.*), ruglio ***2*** (*di persona*) urlo, grido ***3*** (*di vento, di tempesta*) fragore, rimbombo, frastuono, mugghio.
rugiàda *s. f.* ***1*** guazza □ brina ***2*** (*fig.*) consolazione, conforto, ristoro.
rugosità *s. f.* grinzosità, scabrosità, asperità, ruvidezza, ruvidità **CONTR.** levigatezza, morbidezza.
rugóso *agg.* grinzoso, grinzo, increspato, crespo, solcato, aggrinzito, raggrinzito, aggrinzato, ruvido □ (*di volto, di pelle, ecc.*) vizzo, avvizzito, incartapecorito, segnato **CONTR.** liscio, levigato □ morbido, fresco, giovanile.
rullio *s. m.* ***1*** (*di tamburo*) tambureggiamento ***2*** (*di nave*) rollio, rollata **CONTR.** beccheggio, beccheggiata.
rùllo *s. m.* ***1*** (*di tamburo*) colpo, battuta, tambureggiamento ***2*** (*di macchina, di attrezzo*) cilindro, bobina, rocchetto □ compressore, schiacciasassi, appianatoio ***3*** (*di pellicola*) rotolo, rullino ***4*** tombolo ***5*** matterello.
ruminàre *v. tr.* ***1*** (*di animale*) rimasticare ***2*** (*fig.*) biascicare, masticare a lungo ***3*** (*fig.*) (*di idea, di progetto, ecc.*) riconsiderare, meditare, rimuginare, ripensare, pensare **CONTR.** dimenticare, scordare. *V. anche* PENSARE
rumóre *s. m.* ***1*** suono **CONTR.** silenzio ***2*** (*est.*) baccano, chiasso, fracasso, frastuono □ vocio, schiamazzo, vociare, gridio, strillio, urlio, strepito, strepitio, clamore, canea (*est.*) □ gazzarra, cagnara (*fam.*), canizza (*fig.*) □ diavolio, putiferio, baraonda □ (*est.*) bailamme, casino (*pop.*), sarabanda □ ruglio, mugghio, rombo, rumoreggiare, boato, rimbombo, tuono, rugghio □ fragore, scroscio, brontolio (*est.*) □ gorgoglio, sciacquio, sciabordio □ strombettio, scoppiettio, crepitio □ sparo, tonfo, scrocco, colpo, botto □ brusio, mormorio, bisbiglio □ acciotolio, ticchettio, tintinnio □ tramenio, trapestio, rumorio, scalpiccio □ stormio, mormorio, fruscio, chiocciolio, zirlio, sussurrio □ urlo, ululato □ cigolio, scricchiolio, stridore, stridio, crepitio □ ronzio, sibilo, fischio □ rintronamento, rumoreggiamento, echeggiamento **CONTR.** quiete, pace, silenzio, tranquillità ***3*** (*fig.*) chiacchiera, diceria, scalpore, risonanza, voce ***4*** (*raro*) tumulto, rivolta, sollevazione. *V. anche* CHIASSO
rumoreggiàre *v. intr.* ***1*** fare rumore ***2*** (*est.*) mormorare, brontolare, borbottare, mugugnare □ contestare, protestare □ tumultuare **CONTR.** tacere □ approvare □ subire, sottomettersi.
rumorosaménte *avv.* chiassosamente, fragorosamente, sonoramente, stridulamente □ strepitosamente, clamorosamente **CONTR.** silenziosamente, tacitamente, chetamente, quietamente, tranquillamente.
rumoróso *agg.* fragoroso, tonante, rimbombante, sonoro, reboante, roboante, rintronante, rombante, toneggiante, rumoreggiante, risonante □ (*di persona*) chiassoso, fracassone □ urlante, strepitante, strillante □ garrulo (*est., lett.*) □ (*fig.*) strepitoso, clamoroso **CONTR.** silenzioso, silente (*lett.*) □ taciturno, cheto, quieto, tranquillo.
ruòlo *s. m.* ***1*** matricola, registro, lista, elenco, catalogo, nota ***2*** assegnazione, indicazione ***3*** (*in un racconto, in un film, ecc.*) parte, personaggio ***4*** (*est., fig.*) funzione, ufficio, posto, posizione □ atteggiamento □ importanza, influenza. *V. anche* FUNZIONE
ruòta *s. f.* ***1*** disco, volano, volante ***2*** puleggia, carrucola, girella ***3*** rotella ***4*** (*nel lotto*) urna □ sede ***5*** pneumatico, tubolare (*di bicicletta*) ***6*** (*fig.*) (*di tempo, di avvenimenti, ecc.*) avvicendamento, spira, spirale, successione, alternanza, turno **FRAS.** *a ruota libera* (*fig.*), liberamente, senza controllo □ *a ruota*, circolare; (*fig.*) a brevissima distanza □ *ungere le ruote* (*fig.*), corrompere □ *mettere i bastoni tra le ruote* (*fig.*), ostacolare □ *essere la ruota di scorta* (*fig.*), essere considerati pochissimo, ma utilizzati in caso di emergenza □ *la ruota della vita* (*fig.*), l'alternarsi delle vicende umane □ *ungere le ruote* (*fig.*), corrompere □ *essere l'ultima ruota del carro* (*fig.*), non contare nulla □ *fare la ruota* (*fig.*), pavoneggiarsi.
ruotànte *agg.* girevole, girante, rotante □ ruotabile, rotabile.
ruotàre ***A*** *v. intr.* ***1*** girare, rotare ***2*** volteggiare, roteare, prillare (*dial.*) ***3*** (*di persone*) alternarsi, avvicendarsi ***B*** *v. tr.* (*di braccio, di spada, ecc.*) roteare, voltare, volgere, mulinare.
rùpe *s. f.* roccia, sperone, picco, balza, balzo, parete, dirupo, macigno, masso, croda, pietrone, scoglio, sasso, ronchione (*ant.*).
rupèstre *agg.* roccioso, pietroso, petroso (*lett.*), dirupato, scosceso, aspro **CONTR.** piano, liscio, agevole, facile.
ruràle ***A*** *agg.* agricolo, agreste, agrario, campestre, rustico, contadino, forese, bucolico, villereccio, rusticano, contadinesco **CONTR.** borghigiano, cittadino □ urbano, civico ***B*** *s. m.* campagnolo, contadino, villano, agricoltore **CONTR.** cittadino.
ruscèllo *s. m.* rivo, rivolo, rivoletto, torrentello, rio, rigagnolo, fosso.
rùspa *s. f.* escavatrice, escavatore, scavatrice, scavatore, scraper (*ingl.*).
ruspànte *part. pres. di* **ruspare**; *anche agg.* ***1*** (*di pollo*) razzolante, libero, di cortile **CONTR.** di allevamento ***2*** (*est., fig.*) autentico, naturale, genuino **CONTR.** alterato, artificiale, adulterato.

ruspàre ***A*** *v. intr.* ***1*** (*di pollo*) razzolare, raspare, grattare ***2*** (*fig.*) rovistare, frugare ***B*** *v. tr.* (*di terreno*) spianare, livellare.

russàre *v. intr.* ronfare (*fam.*), stronfiare (*tosc.*).

rusticità *s. f.* ***1*** rustichezza, ruvidezza, rozzezza, zotichezza, grossolanità, rudezza **CONTR.** gentilezza, garbo, finezza, cortesia ***2*** (*est.*) timidezza, ritrosia, orsaggine, selvatichezza.

rùstico *agg.* ***1*** (*di luogo, di casa, ecc.*) campagnolo, rurale, agricolo, agreste, campestre, villereccio, rusticano, contadinesco, contadino **CONTR.** urbano, cittadino ***2*** (*fig.*) (*di persona, di modi, ecc.*) zotico, rozzo, rude (*lett.*), grossolano □ sgraziato **CONTR.** raffinato, fine, elegante, delicato ***3*** (*est.*) timido, scontroso, scostante, schivo, ritroso, selvatico **CONTR.** socievole, affabile, cordiale. *V. anche* ROZZO

rutilànte *agg.* (*lett.*) rosso vivo, rosseggiante □ (*est.*) risplendente, splendente, scintillante, sfavillante, rifulgente, sfolgorante, lucente, rilucente, vivido **CONTR.** opaco, fosco, offuscato.

rùtto *s. m.* eruttazione, eruttamento, flato.

ruvidaménte *avv.* ***1*** (*di cosa*) ispidamente **CONTR.** morbidamente ***2*** (*fig.*) bruscamente, seccamente, zoticamente, sgarbatamente **CONTR.** garbatamente, gentilmente, dolcemente.

ruvidézza *s. f.* ***1*** (*di cosa*) ruvidità, asprezza, rugosità, scabrezza, scabrosità, asperità, granulosità, squamosità **CONTR.** levigatezza, morbidezza, liscezza ***2*** (*fig.*) (*di persona, di modi, ecc.*) rudezza, rustichezza, rusticità, scontrosità, selvatichezza, orsaggine, asprezza □ sgarbatezza, scortesia □ rozzezza, zotichezza, zoticaggine **CONTR.** garbo, gentilezza, cortesia, delicatezza.

rùvido *agg.* ***1*** (*di cosa*) scabro, scabroso, aspro, rugoso, grinzoso, squamoso □ satinato, zigrinato □ grossolano, greggio, rozzo □ granelloso, granuloso, bernoccoluto □ irregolare □ ispido, spinoso, irto **CONTR.** liscio, lisciato, levigato □ rasato, raso, piallato □ omogeneo, uguale □ vellutato, serico □ viscido, scivoloso ***2*** (*fig.*) (*di persona, di modi, ecc.*) brusco, aspro, burbero, scontroso, rude □ sgarbato, villano, scortese □ rozzo, zotico **CONTR.** gentile, cortese, fine, garbato, cordiale, delicato. *V. anche* ROZZO

rùzzola *s. f.* girella.

ruzzolàre ***A*** *v. intr.* cadere, capitombolare, rotolare, tombolare (*fam.*) ***B*** *v. tr.* voltolare, girare, rotolare. *V. anche* CADERE

ruzzolóne *s. m.* ***1*** capitombolo, caduta, ruzzolata, cascatone (*fam.*), tombolone, tombola (*fam.*), tombolo, rotolone, capriola (*est.*), cristo (*pop., dial.*) ***2*** (*fig.*) (*di potere, di economia, ecc.*) tracollo, rovescio, rovina, fallimento.

ruzzolóni *avv.* ruzzolando.

s, S

sàbbia ***A*** *s. f.* arena, rena □ zavorra ***B*** *in funzione di agg. inv.* (*posposto a un s.*) (*di colore*) marrone chiaro, beige **FRAS.** *costruire sulla sabbia* (*fig.*), fare una cosa di breve durata □ *seminare nella sabbia* (*fig.*), fare un lavoro inutile.

sabbióso *agg.* ***1*** pieno di sabbia, arenoso, renoso □ ricco di sabbia ***2*** simile a sabbia.

sabotàggio *s. m.* ***1*** danneggiamento, distruzione, rappresaglia **CONTR.** riparazione, ricostruzione ***2*** (*fig.*) disturbo, intralcio, ostacolo □ ostruzionismo, boicottaggio, filibustering (*ingl.*) **CONTR.** aiuto, appoggio, assistenza, cooperazione, soccorso, sostegno.

sabotàre *v. tr.* ***1*** danneggiare, distruggere **CONTR.** accomodare, aggiustare, restaurare, riparare ***2*** (*fig.*) intralciare, impedire, ostacolare, incagliare, boicottare, fare ostruzionismo **CONTR.** aiutare, appoggiare, favorire, secondare, sostenere, concorrere, contribuire.

sàcca *s. f.* ***1*** sacco, bisaccia, borsa, scarsella (*dial.*), saccoccia (*dial.*), tasca, rete, tascapane, bolgia (*lett.*) ***2*** (*fig.*) (*di fiume, di spiaggia, ecc.*) curvatura, insenatura, rientranza **CONTR.** punta, prominenza, sporgenza, rilievo ***3*** (*scient.*) cavità, ricettacolo ***4*** (*mil.*) isolamento, zona accerchiata.

saccènte *agg.*; *anche s. m. e f.* presuntuoso, saputo, saputello, pretenzioso, sapientone, pedante, pedantesco, professorale, sputasenno (*spreg.*), sentenzioso, sputasentenze (*spreg.*), cacasenno (*fam.*), barbassoro (*lett.*), baccelliere (*fig.*) **CONTR.** modesto, riservato, ritroso, schivo, umile.

saccenterìa *s. f.* presunzione, sufficienza, pedanteria, sentenziosità □ sfacciataggine **CONTR.** modestia, riservatezza, ritrosia, umiltà.

saccheggiàre *v. tr.* ***1*** mettere a sacco, predare, depredare, razziare, rapinare, spogliare, devastare, rovinare, scorrere (*lett.*), desolare (*lett.*) □ rubare, derubare, svaligiare ***2*** (*fig.*) (*di scritto, di musica, ecc.*) appropriarsi indebitamente, far proprio, plagiare.

sacchéggio *s. m.* sacco saccheggiamento (*raro*), depredazione, depredamento, razzia, pirateria, spoliazione, devastazione, distruzione, vandalismo □ rapina, ladrocinio, ladroneria, ruberia.

sacchétto *s. m.* involucro, rete □ cestino □ borsa, borsetta □ shopper (*ingl.*).

sàcco *s. m.* ***1*** sacca, bisaccia, balla, borsa, tasca, tracolla (*est.*), zaino □ (*est.*) saccata, bagaglio ***2*** (*fig., fam.*) gran quantità, mucchio, valanga (*fig.*), fracasso (*fam.*), fracco (*dial.*), moltissimo **CONTR.** scarsità, piccola quantità, pochissimo ***3*** (*est.*) rozza veste, saio, tonaca ***4*** (*est., fig.*) cavo, cavità ***5*** (*scherz.*) stomaco ***6*** saccheggio, saccheggiamento, razzia, ruberia, preda, sterminio ***7*** (*fig., scherz.*) mille lire **FRAS.** *farina del proprio sacco* (*fig.*), lavoro personale, opera propria □ *colmare il sacco* (*fig.*), oltrepassare i limiti □ *vuotare il sacco* (*fig.*), dire tutto senza riserve □ *mettere nel sacco* (*fig.*), ingannare, battere □ *cogliere con le mani nel sacco* (*fig.*), sorprendere in flagrante □ *tornare con le pive nel sacco* (*fig.*), tornare deluso □ *con la testa nel sacco* (*fig.*), alla cieca, sbadatamente □ *reggere il sacco, tenere il sacco* (*fig.*), essere complice.

sacerdotàle *agg.* ***1*** di sacerdote, da sacerdote, ecclesiastico, chiesastico, pastorale □ ieratico **CONTR.** laico, profano ***2*** (*di abito*) talare **CONTR.** borghese.

sacerdòte *s. m.* ***1*** prete, ecclesiastico, cappellano, chierico, padre, religioso, ministro di Dio, celebrante, reverendo □ pastore □ levita **CONTR.** laico, secolare ***2*** (*fig.*) (*della giustizia, della scienza, ecc.*) apostolo, missionario, difensore, propugnatore, divulgatore.

sacerdotéssa *s. f.* (*in alcune religioni*) devadasi, druidessa, pitonessa, pizia, sibilla, vestale.

sacramentàre *v. tr.* ***1*** giurare □ (*est.*) affermare risolutamente, asserire, assicurare, asseverare (*raro*) **CONTR.** negare ***2*** (*pop.*) imprecare, bestemmiare, maledire **CONTR.** pregare, invocare, supplicare.

sacraménto *s. m.* ***1*** **CFR.** battesimo, cresima o confermazione, penitenza o riconciliazione, eucaristia, ordine, matrimonio, estrema unzione o unzione degli infermi ***2*** (*per anton.*) eucaristia, comunione ***3*** (*al pl.*) (*fam.*) regole ***4*** (*lett.*) giuramento.

sacràrio *s. m.* ***1*** sacello, santuario, tempio, tempietto, cappella, delubro (*lett.*) ***2*** (*fig.*) (*della famiglia e sim.*) intimità.

sacrificàre ***A*** *v. tr.* ***1*** offrire in sacrificio, immolare ***2*** (*ass., liturgia*) celebrare la Messa ***3*** (*est.*) (*di interesse, di libertà, ecc.*) rinunciare, abbandonare, privarsi, spogliarsi, posporre **CONTR.** profittare, trarre guadagno ***4*** (*fig.*) (*di persona, di intelligenza, ecc.*) mortificare, sprecare, umiliare **CONTR.** valorizzare, lanciare ***B*** **sacrificarsi** *v. rifl.* ***1*** offrirsi in sacrificio, immolarsi ***2*** prodigarsi, sopportare privazioni, sostenere disagi, svenarsi, consacrarsi, rinunciare **CONTR.** disinteressarsi, trascurare ***C*** *v. intr.* ossequiare **CONTR.** disprezzare.

sacrificàto *part. pass. di* **sacrificare**; *anche agg.* ***1*** offerto in sacrificio, immolato ***2*** (*di vita, di lavoro, ecc.*) disagiato, difficile **CONTR.** agiato, comodo, facile ***3*** (*di persona, di intelligenza, ecc.*) danneggiato, sprecato, sciupato, inutilizzato **CONTR.** valorizzato, lanciato, avvantaggiato, beneficato.

sacrificio o (*lett.*) **sacrifizio** *s. m.* ***1*** offerta agli dei, immolazione (*raro*) □ penitenza, fioretto **2** (*relig.*) Messa **3** olocausto, martirio, morte **4** privazione, costo, perdita, rinuncia, abnegazione, disagio, ristrettezza, scapito **CONTR.** guadagno, vantaggio, diletto. *V. anche* RINUNCIA

sacrilègio *s. m.* **1** (*di cose sacre*) profanazione, violazione, contaminazione, empietà □ furto **CONTR.** adorazione, venerazione **2** (*fig.*) (*verso persone*) mancanza di rispetto, irriverenza **CONTR.** onore, rispetto, riverenza.

sacrìlego *agg.* **1** profanatore, profano □ (*est.*) scomunicato (*lett.*) **2** empio, irriverente, bestemmiatore, disonesto, malvagio, scellerato **CONTR.** devoto, pio, religioso, buono, onesto.

sàcro ***A*** *agg.* **1** dedicato alla divinità □ divino, santo, sacrosanto, benedetto, religioso, sacrale, lustrale, ieratico □ liturgico □ tabù **CONTR.** profano, mondano, temporale, sconsacrato, satanico, diabolico **2** (*est.*) (*di ospite, di memoria, ecc.*) venerabile, venerando, augusto, rispettabile **CONTR.** disprezzabile, spregevole **3** (*est.*) (*di giuramento, di dovere, ecc.*) inviolabile, intangibile **CONTR.** violabile **4** (*alla patria, al riposo, ecc.*) consacrato, dedicato ***B*** *s. m.* **CONTR.** profano.

sacrosànto *agg.* **1** santissimo, sacro, santo **2** (*di dovere, di diritto, ecc.*) inviolabile, legittimo, intangibile **CONTR.** violabile **3** (*est.*) (*di verità, di parole, ecc.*) indubitabile, giusto, vero **CONTR.** ingiusto, iniquo **4** (*scherz.*) (*di botte, di avvertimento, ecc.*) appropriato, ben fatto, meritato **CONTR.** immeritato. *V. anche* VERO

sàdico *agg.; anche s. m.* **1** **CONTR.** masochista **2** (*est.*) crudele, feroce, perverso, efferato **CONTR.** buono, generoso. *V. anche* CRUDELE

sadìsmo [dal nome del marchese D. *de Sade* esponente del 'romanzo nero'] *s. m.* **1** **CONTR.** masochismo **2** (*est.*) crudeltà, ferocia, efferatezza, cannibalismo (*fig.*) **CONTR.** bontà, mitezza, umanità.

saétta *s. f.* **1** (*lett.*) freccia, dardo, strale **2** fulmine, folgore **3** (*dell'orologio*) lancetta, sfera.

saettàre *v. tr.* **1** (*est., fig.*) (*di sole*) raggiare **2** (*est., fig.*) lanciare, gettare, scagliare, dardeggiare, fulminare.

sàga *s. f.* **1** leggenda epica, epopea, epica, epos, mito, tradizione **2** (*est.*) (*di famiglia, di personaggio, ecc.*) storia, romanzo, racconto. *V. anche* LEGGENDA

sagàce *agg.* (*fig.*) accorto, acuto, astuto, callido (*lett.*), avvertito, avveduto, fine, fino, furbo, intelligente, penetrante, perspicace, oculato, raffinato, scaltro, destro, desto, sottile **CONTR.** malaccorto, incauto, imprudente, inconsiderato, sconsigliato, avventato, ottuso, tardo.

sagàcia *s. f.* sagacità (*raro*), accortezza, acume, acutezza, astuzia, callidità (*lett.*), scaltrezza, avvertenza, avvedutezza, finezza, oculatezza, sottigliezza, perspicacia, discernimento, fiuto, capacità, intelligenza, furberia, furbizia, destrezza **CONTR.** imprudenza, inconsideratezza, sconsideratezza, sconsigliatezza, avventatezza, dabbenaggine, ottusità. *V. anche* SAGGEZZA

saggézza *s. f.* senno, assennatezza, discernimento, avvedutezza, sensatezza, criterio, giudizio, ragione, ragionevolezza, ponderatezza, discrezione (*lett.*), prudenza □ buon senso, senso comune, equilibrio, quadratura, sale (*fig.*), cervello (*fig.*) □ sapienza, saviezza, filosofia (*fig.*) **CONTR.** avventatezza, imprudenza, imprevidenza, inconsideratezza (*raro*), sconsideratezza, dissennatezza, irragionevolezza, follia □ sconsigliatezza, insipienza, ottusità, stolidità, insulsaggine, asineria, stoltezza, stupidità. *V. anche* PRUDENZA, RAGIONE

SAGGEZZA
sinonimia strutturata

La **saggezza** è la caratteristica di colui che è saggio, cioè pensa o agisce secondo criteri di prudenza, accortezza, assennatezza, esperienza: *la saggezza degli anziani*; *parlare, agire con grande saggezza*; *ha modesta cultura ma molta saggezza*. Equivalente è il termine **senno**, cioè la facoltà di discernere, giudicare, agire con sensatezza, prudenza, saviezza: *il senno vince l'astuzia*; *il senno dei vecchi*; con l'espressione *il senno di poi*, si definisce il fatto di esprimere giudizi o valutazioni riguardo a qualcosa che, ormai risolto e concluso, rende inutile ogni commento. Così l'**assennatezza** è la qualità di chi è assennato, cioè ha senno, giudizio, come l'**avvedutezza** è caratteristica di chi è avveduto, cioè sagace, accorto, giudizioso, e la **sensatezza** è di colui o di ciò che è sensato, cioè ha o dimostra buon senso, giudizio, assennatezza: *dimostra scarsa assennatezza*; *un ragazzo pieno di avvedutezza*; *un discorso privo di sensatezza*.

Criterio indica la facoltà di giudicare rettamente, oppure il buon senso: *ebbe il criterio di tacere*. Il **giudizio** è la facoltà propria della mente umana di confrontare, paragonare, distinguere persone o cose: *è una persona di giudizio finissimo*; *raggiungere l'età del giudizio*. Questa parola indica anche genericamente senno, prudenza, discernimento: *siete proprio senza giudizio*; *ci vuole giudizio!*; *mettere giudizio*. Con **ponderatezza** si indica la qualità di chi è solito riflettere seriamente prima di giudicare, decidere, agire o parlare: *la sua ponderatezza è davvero encomiabile*; *manca di ponderatezza, è impulsivo e avventato*. La **prudenza** è nell'uso comune la caratteristica o il comportamento di chi sa evitare inutili rischi agendo con cautela e assennatezza: *occorre agire con molta prudenza*; *la prudenza non è una dote dei bambini*. Nella teologia cattolica è una delle quattro virtù cardinali (assieme a giustizia, fortezza e temperanza), che permette di distinguere il bene dal male e fa operare secondo retta ragione.

Di uso assai comune è **buon senso** o **buonsenso**, cioè la capacità di giudicare e comportarsi con saggezza, senso della misura ed equilibrio: *un ragazzo pieno di buonsenso*. Frequente e molto simile è anche **senso comune**, che indica il modo di intendere e giudicare della maggior parte delle persone. Più significati possiede invece **equilibrio**, che in fisica definisce lo stato di un corpo che è in quiete o che si muove di moto rettilineo uniforme; in senso figurato e nell'uso corrente la parola indica la convivenza e la conciliazione di forze, elementi, atteggiamenti contrastanti: *l'equilibrio politico tra le grandi potenze*, o la capacità di comportarsi con misura, controllo di sé: *in quell'occasione dimostrò un grande equilibrio*. Affini sono anche i termini **sagacia**, caratteristica di chi o di ciò che è sagace, cioè accorto, scaltro, avveduto, e **discernimento**, la facoltà della mente di giudicare, valutare, distinguere rettamente: *essere privo, mancare di sagacia*; *persona di poco, di molto discernimento*; *persona di sottile discernimento*.

saggiaménte *avv.* assennatamente, sensatamente, sapientemente, saviamente, giudiziosamente, ponderatamente, filosoficamente, prudentemente, provvidamente, con equilibrio, seriamente **CONTR.** avventatamente, imprudentemente, insipientemente, dissennatamente, sconsideratamente, sconsigliatamente, insensatamente, stoltamente, stupidamente.

saggiàre *v. tr.* **1** (*fig.*) mettere alla prova, cimentare, verificare, provare, investigare, cercare di conoscere □ sondare, esperire, sperimentare, tastare, testare, scandagliare **2** assaggiare (*dial.*).

sàggio (1) *agg.*; *anche s. m.* assennato, accorto, cauto, avveduto, sensato, savio, giudizioso, ragionevole, discreto (*lett.*), ponderato (*raro*), quadrato, prudente, provvido, equilibrato, serio, maturo □ savio, sapiente, filosofo **CONTR.** malaccorto, avventato, imprudente, imprevidente, dissennato, scriteriato, sconsiderato, irragionevole, sconsigliato, insipiente, ottuso, stolido, stolto, stupido, tonto, fesso (*fam.*).

sàggio (2) *s. m.* **1** assaggio, prova, esperimento, esame, esperienza, analisi, test, scandaglio **2** campione, campionario, mostra, esempio, modello, specimen (*lat.*) □ (*min.*) carota **3** (*econ.*) tasso, percentuale □ interesse □ sconto.

sàggio (3) *s. m.* ricerca, scritto, monografia, studio, dissertazione, trattatello, profilo, lavoro, scrittura (*lett.*).

saggìsta *s. m.* e *f.* scrittore di saggi, critico, letterato, prosatore, storico.

sàgoma *s. f.* **1** (*di persona o cosa*) profilo, sagomatura, linea, forma, corpo □ silhouette (*fr.*) **2** (*di lavoro*) modello, modano, modanatura, centina **3** (*fig., fam.*) tipo bizzarro, tipo originale, bel tipo, tomo (*fam.*), allegrone, mattacchione, macchietta, numero (*fam.*).

sagomàre *v. tr.* modellare, foggiare, formare, conformare, centinare **CONTR.** sformare.

sagomàto *part. pass. di* **sagomare**; *anche agg.* delineato, foggiato, modellato **CONTR.** informe, sformato.

sàgra *s. f.* **1** commemorazione, celebrazione, festività, solennità **2** (*est.*) festa, fiera, mercato, festeggiamento, festival, kermesse (*fr.*). *V. anche* KERMESSE

sagrestàno *s. m.* sacrista, scaccino, chierico.

sàio *s. m.* abito monacale, tonaca, sacco.

sàla *s. f.* stanza, camera □ salone, stanza da pranzo, stanza da ricevimento, living room (*ingl.*), soggiorno □ hall (*ingl.*) □ aula □ platea, cinema, teatro, dancing (*ingl.*), discoteca, auditorio, ritrovo, saloon (*ingl.*) **FRAS.** *sala di esposizione*, mostra, showroom (*ingl.*).

salàce *agg.* **1** (*ant.*) afrodisiaco **2** (*est.*) lascivo, libidinoso, lussurioso, impudico, osceno, grasso, scurrile, pepato, fescennino (*lett.*) **CONTR.** casto, onesto, pudico, puro, verecondo, castigato, morigerato **3** (*est.*) mordace, pungente, piccante, eccitante **CONTR.** insipido, insulso, scipito. *V. anche* OSCENO

salàme *s. m.* **1** soppressa (*region.*) **2** (*fig.*) persona goffa, persona impacciata, scemo □ baccalà □ cetriolo, bietolone, carciofo □ merlo, allocco, barbagianni **CONTR.** persona disinvolta, persona spigliata.

salamelècco [dall'ar. *salām 'alaik'* 'pace su di te'] *s. m.* saluto cerimonioso, cerimonia, complimento, ossequio, inchino, riverenza, complimento, baciamano **CONTR.** sgarbo, sgarberia, villania, impertinenza, insolenza.

salàre *v. tr.* **1** condire con sale **2** (*fig.*) (*di scuola*) marinare, bigiare (*sett.*).

salariàto *agg.* e *s. m.* stipendiato, pagato □ lavoratore, operaio, bracciante □ (*spreg.*) mercenario □ (*al pl.*) proletariato.

salàrio *s. m.* retribuzione, stipendio, paga, compenso, mercede, onorario, baliatico (*della balia*) □ (*est.*) emolumento, guadagno, reddito. *V. anche* GUADAGNO, PAGA

salassàre *v. tr.* **1** levar sangue **2** (*fig.*) spremere molto denaro, spillare molto denaro, pelare, spennare, dissanguare (*fig.*).

salassàta *s. f.* (*fig., scherz.*) salasso, dissanguamento □ pelata, spennata, mazzata, stangata.

salàsso *s. m.* **1** flebotomia, cavata di sangue **CONTR.** trasfusione **2** *V.* **salassata**.

salàto **A** *part. pass. di* **salare**; *anche agg.* **1** contenente sale, condito con sale, marinato, saporito □ salino, salmastro, salso □ troppo saporito **CFR.** dolce **CONTR.** insipido, insulso, scipito, sciocco (*tosc.*) **2** (*fig.*) (*di prezzo*) carissimo, costoso, dispendioso, esoso **CONTR.** a buon mercato **3** (*fig.*) (*di discorso, di parole, ecc.*) pungente, mordace, aspro, caustico, arguto **CONTR.** benevolo, bonario, benigno, soave, mellifluo **B** *s. m.* **1** **CONTR.** dolce **2** salume, affettato **FRAS.** *pagare salato*, pagare profumatamente □ *pagare caro*, scontare duramente.

saldaménte *avv.* **1** fermamente, solidamente, fortemente, robustamente, stabilmente **CONTR.** instabilmente, precariamente **2** (*fig.*) costantemente, tenacemente, durevolmente, incrollabilmente **CONTR.** mutevolmente, variabilmente, fuggevolmente.

saldàre **A** *v. tr.* **1** congiungere, ricongiungere, attaccare, riattaccare, incollare, appiccicare, riappiccicare, rimarginare, unire, riunire, ricollegare □ piombare, stagnare, brasare (*tecnol.*), calatafare **CONTR.** dissaldare, disunire, dividere, isolare, separare, distaccare, scollare **2** (*fig.*) (*di concetti, di brani, ecc.*) coordinare, legare, armonizzare, fondere □ (*di amicizia e sim.*) cementare (*fig.*) **CONTR.** staccare, separare **3** (*di conto, di debito, ecc.*) pareggiare, pagare, quietanzare, estinguere, liquidare, chiudere **CONTR.** contrarre, fare, aprire **B** **saldarsi** *v. intr. pron.* **1** (*med.*) cicatrizzarsi, rimarginarsi *2* (*fig.*) collegarsi **CONTR.** staccarsi. *V. anche* UNIRE

saldàto *part. pass. di* **saldare**; *anche agg.* *1* attaccato, congiunto, stagnato □ rimarginato □ (*fig.*) (*di amicizia e sim.*) cementato **CONTR.** distaccato, diviso, scollato *2* pagato, liquidato **CONTR.** arretrato.

saldatùra *s. f.* *1* saldamento, stagnatura, impiombatura, riattaccatura, brasatura, calatafaggio, bollitura (a fuoco) *2* (*fig.*) (*tra episodi, tra brani, ecc.*) congiunzione, coordinazione, collegamento, fusione **CONTR.** distacco, disaccordo, scollatura, contrasto.

sàldo (1) *agg.* *1* compatto, intero, massiccio, tutto d'un pezzo □ fermo, fisso, resistente, durevole, robusto, sodo, solido, stabile **CONTR.** debole, fragile, instabile, malfermo, cadente, cedevole, pencolante, pericolante, traballante, tentennante, labile, zoppicante, vacillante, precario *2* (*fig.*) (*di carattere, di animo, ecc.*) fermo, costante, irremovibile, imperterrito, forte, incrollabile, granitico, tetragono, perseverante, risoluto, tenace, adamantino, inconcusso (*lett.*) **CONTR.** incostante, leggero, irresoluto, volubile, fatuo, superficiale *3* (*fig.*) (*di argomento, di ragione, ecc.*) fondato, valido **CONTR.** infondato, dubbio. *V. anche* ROBUSTO

sàldo (2) *s. m.* *1* (*di conto*) pareggiamento, pareggio □ attivo, passivo *2* pagamento definitivo, quietanza □ resto, residuo **CONTR.** acconto *3* (*spec. al pl.*) merci residue, rimanenze, giacenze, fondi □ liquidazione, svendita.

sàle *s. m.* *1* (*est.*) cloruro di sodio □ salsedine *2* (*fig.*) senno, giudizio, criterio, discernimento, prudenza, saggezza, buon senso, sensatezza **CONTR.** avventatezza, dissennatezza, imprudenza, sconsideratezza, sconsigliatezza, leggerezza *3* (*fig.*) arguzia, mordacità, spirito, salacità **CONTR.** insipidezza, insulsaggine, scipitaggine **FRAS.** *restare di sale* (*fig.*), rimanere di stucco □ *color sale e pepe*, grigiastro □ *sale inglese*, epsomite.

saliènte *A* *agg.* *1* (*lett.*) che sale, montante **CONTR.** calante, discendente *2* (*di cosa*) sporgente, prominente, rilevato, in rilievo **CONTR.** incavato, concavo, rientrante *3* (*fig.*) (*di fatto, di particolare, ecc.*) importante, notevole, rilevante, cospicuo, considerevole, principale **CONTR.** irrilevante, irrisorio, trascurabile, secondario *B* *s. m.* prominenza, sporgenza.

salìre *A* *v. intr.* *1* andare su, ascendere, risalire, montare, elevarsi, alzarsi, innalzarsi, issarsi, levarsi, saltare, sollevarsi, prendere quota, estollersi (*lett.*), assurgere □ arrampicarsi, inerpicarsi, scalare, rampicare □ inforcare □ imbarcarsi **CONTR.** scendere, discendere, smontare, abbassarsi, calare, atterrare *2* (*di astro*) sorgere, spuntare, levarsi **CONTR.** tramontare, calare, declinare *3* (*di strada e sim.*) essere in salita **CONTR.** scendere, digradare *4* (*fig.*) (*nella stima, in fama, ecc.*) crescere, arrivare **CONTR.** decadere *5* (*fig.*) (*di numero, di prezzo, ecc.*) crescere, accrescersi, aumentare, lievitare □ rincarare, rialzare **CONTR.** calare, diminuire, decrescere *B* *v. tr.* percorrere verso l'alto, montare □ scalare **CONTR.** scendere, discendere **FRAS.** *salire al cielo* (*fig.*), morire □ *salire in cattedra* (*fig.*), fare il saccente.

saliscéndi o **saliscèndi** *s. m.* (*di porta*) nottolino, nottola □ (*est.*) chiavaccio, chiavistello.

salìta *s. f.* *1* ascensione, ascesa, montata (*raro*), scalata, arrampicata □ (*fig.*) aumento **CONTR.** discesa, calata, abbassamento □ (*fig.*) caduta, declino, tracollo *2* costa, erta, pendio, pendenza, rampa, clivo (*lett.*) **CONTR.** china, declivio, scesa, pendio.

salìto *part. pass. di* **salire**; *anche agg.* *1* asceso, innalzatosi, montato **CONTR.** sceso, disceso, sbarcato *2* (*di temperatura, di prezzo, ecc.*) cresciuto, accresciuto, aumentato, rialzato **CONTR.** calato, abbassato, diminuito, caduto.

salìva *s. f.* salivazione, sputo, bava, acquolina.

sàlma *s. f.* *1* (*poet.*) corpo **CONTR.** anima *2* cadavere, spoglia, resti, morto.

salmàstro *A* *agg.* *1* salino *2* salso, salato □ amarognolo **CONTR.** dolciastro □ insipido *B* *s. m.* (*est.*) salsedine.

sàlmo *s. m.* canto sacro, cantico, inno.

salóne (1) *s. m.* *1* *accr. di* **sala** *2* (*est.*) soggiorno, living room (*ingl.*), sala, salotto, saloon (*ingl.*).

salóne (2) *s. m.* *1* (*dell'automobile, della moda, ecc.*) mostra, esposizione *2* (*di barbiere, di parrucchiere*) negozio.

salopette /fr. salɔ'pɛt/ [vc. fr., prob. da *salope* 'persona mal vestita, poco pulita'] *s. f. inv.* tuta, tutina.

salottièro *agg.* (*est.*) vacuo, superficiale, frivolo, mondano **CONTR.** serio, austero, solenne.

salòtto *s. m.* *1* salone, soggiorno *2* (*est.*) (*letterario, artistico, ecc.*) riunione, circolo *3* (*fig.*) ambiente frivolo, luogo di pettegolezzi.

salpàre *A* *v. tr.* (*di ancora, di mina, ecc.*) sollevare, tirare su, recuperare **CONTR.** calare, gettare *B* *v. intr.* *1* (*di nave*) levare le ancore, sciogliere gli ormeggi, prendere il largo, disancorare, partire **CONTR.** gettare l'ancora, attraccare, ormeggiare, approdare, accostare *2* (*fig., scherz.*) partire, andarsene, alzare i tacchi **CONTR.** arrivare, giungere.

sàlsa *s. f.* intingolo, sugo, sughetto, brodetto, condimento, guazzetto.

salsèdine *s. f.* salinità, salso, salmastro □ (*est.*) sale.

saltabeccàre *v. intr.* saltellare, salterellare.

saltàre *A* *v. intr.* *1* spiccare un salto, balzare, zompare (*dial.*) □ ballare, danzare, ruzzare □ gettarsi, lanciarsi, slanciarsi, scagliarsi, precipitarsi, buttarsi *2* sussultare, sobbalzare, trasalire, trabalzare (*raro*) *3* (*di scheggia, di bottone, ecc.*) schizzare, volare via □ scattare *4* (*di mina, di valvola, ecc.*) esplodere, scoppiare □ fondersi, bruciarsi *5* (*a cavallo, sul treno, ecc.*) salire, montare **CONTR.** scendere, smontare, venir giù *6* (*fig.*) (*da un argomento ad un altro, ecc.*) passare bruscamente *7* (*fig.*) (*di luce e sim.*) guastarsi, bloccarsi, fulminarsi (*fam.*) **CONTR.** funzionare *B* *v. tr.* *1* (*di fosso, di muro, ecc.*) oltrepassare, attraversare, passare, varcare *2* (*fig.*) (*di parola, di capitolo, ecc.*) omettere, tralasciare, sorvolare **CONTR.** aggiungere *3* (*di vivanda*) rosolare **FRAS.** *saltare agli occhi*, avventarsi contro; (*fig.*) essere evidente □ *saltare la mosca al naso* (*fig.*), perdere la pazienza □ *saltare il pasto*, non mangiare □ *fare saltare*, distruggere.

saltàto *part. pass. di* **saltare**; *anche agg.* ***1*** oltrepassato ***2*** omesso, tralasciato, sorvolato **CONTR.** incluso ***3*** (*di vivanda*) rosolato, al salto, sauté (*fr.*).
saltatóre *s. m. anche agg.* (*f. -trice*) acrobata, stunt man (*ingl.*).
saltellànte *part. pres. di* **saltellare**; *anche agg.* ballonzolante, guizzante, vibrante.
saltellàre *v. intr.* ***1*** salterellare, salticchiare (*raro*), balzellare, ballonzolare, sgambettare, ballare, zampettare, zompare, saltabeccare ***2*** (*fig.*) (*di cuore*) palpitare, battere, pulsare **CONTR.** arrestarsi, fermarsi.
saltimbànco *s. m.* ***1*** acrobata, funambolo, equilibrista, giocoliere, cantambanco ***2*** (*fig., spreg.*) ciarlatano, opportunista, impostore, pagliaccio, voltagabbana, girella, giullare, camaleonte.
sàlto *s. m.* ***1*** balzo, sbalzo, strabalzo (*raro*), trabalzo, rimbalzo, balzello, balzellone, zompo (*dial.*), guizzo, slancio, scatto, falcata □ capriola, tuffo, volo □ sobbalzo, sussulto ***2*** (*est.*) visitina, scappata, capata, capatina ***3*** (*est.*) brevissimo tempo, minuto ***4*** (*est.*) dislivello □ sbalzo, scarto, variazione **CONTR.** gradazione, progressività ***5*** (*est.*) (*di fiume*) rapida, cascata, cateratta ***6*** (*fig.*) (*di temperatura, di moneta, ecc.*) rapido passaggio, rapido cambiamento, crollo, improvviso calo □ impennata, rincaro ***7*** (*fig.*) (*di pagina, di riga, ecc.*) lacuna, omissione, dimenticanza ***8*** (*fam.*) ballo **FRAS.** *fare i salti mortali* (*fig.*), fare l'impossibile per riuscire □ *salto della quaglia* (*fig.*), scavalcamento □ *a salti*, senza continuità, in modo saltuario □ *al salto*, saltato, sauté (*fr.*).
saltuariaménte *avv.* di tanto in tanto, ogni tanto, qualche volta, incostantemente, discontinuamente, occasionalmente, sporadicamente **CONTR.** continuamente, costantemente, sempre, ininterrottamente, assiduamente.
saltuàrio *agg.* discontinuo, intermittente, incostante, raro, rapsodico, sporadico, interrotto, volante **CONTR.** continuo, costante, persistente, continuativo, ininterrotto, incessante, fedele, metodico. *V. anche* RARO
salùbre *agg.* salutare, sano, puro, igienico, benefico, salutifero (*ant.*), balsamico **CONTR.** insalubre, malsano, nocivo, dannoso, pernicioso, venefico.
salùme *s. m.* insaccato, salato, affettato.
salumerìa *s. f.* pizzicheria, norcineria, salsamenteria (*dial.*).
salumière *s. m.* salumaio, pizzicagnolo, salsicciaio, norcino.
salutàre (1) *agg.* ***1*** salubre, sano, salutifero (*ant.*), puro, igienico, balsamico, benefico **CONTR.** insalubre, malsano, dannoso, nocivo, pernicioso ***2*** (*fig.*) (*di consiglio, di decisione, ecc.*) giovevole, proficuo, buono, utile, vantaggioso, efficace, benedetto, santo **CONTR.** inutile, dannoso, cattivo, deleterio, rovinoso, mortale, svantaggioso, inefficace.
salutàre (2) ***A*** *v. tr.* ***1*** rivolgere il saluto, porgere i saluti, dare il benvenuto, dare il bentornato □ accommiatare, accomiatarsi, dire addio ***2*** inchinarsi, inginocchiarsi, genuflettersi, riverire, presentare gli omaggi, sberrettarsi (*raro*), scappellarsi ***3*** (*con applausi, con fischi, ecc.*) accogliere, ricevere ***4*** (*lett.*) proclamare, acclamare ***B*** **salutarsi** *v. rifl. rec.* scambiarsi i saluti **FRAS.** *non salutarsi più*, rompere i rapporti.
salùte *s. f.* ***A*** ***1*** benessere, sanità, igiene **CONTR.** malattia, malessere, infermità, disturbo, male, malanno ***2*** (*gener.*) condizioni, stato, costituzione, fibra, tempra ***3*** (*lett.*) salvezza, salvamento, salvazione □ redenzione ***4*** (*lett.*) aiuto, scampo, rifugio **FRAS.** *casa di salute*, casa di cura, clinica psichiatrica ***B*** (*inter.*) prosit, cincin □ ave, salve □ caspita.
salùto *s. m.* ***1*** salutazione (*lett.*) □ inchino, stretta di mano, baciamano, riverenza, sberrettata, scappellata, ossequio, convenevole, cerimonia, omaggio ***2*** (*est.*) benvenuto, benarrivato □ commiato, addio.
sàlva *s. f.* ***1*** (*di armi da fuoco*) sparo simultaneo, sparo multiplo, bordata ***2*** (*fig.*) (*di applausi, di fischi, ecc.*) esplosione, scroscio □ bordata.
salvacondótto *s. m.* permesso, lasciapassare, passaporto.
salvagènte *s. m.* ***1*** (*gener.*) cintura di salvataggio, ciambella ***2*** isola pedonale, marciapiede, pensilina.
salvaguardàre ***A*** *v. tr.* custodire, conservare, preservare, difendere, proteggere, tutelare, cautelare, garantire, aiutare, assicurare **CONTR.** colpire, danneggiare, offendere, compromettere, intaccare ***B*** **salvaguardarsi** *v. rifl.* difendersi, ripararsi, proteggersi, tutelarsi, cautelarsi **CONTR.** esporsi, offrirsi, presentarsi.
salvaguàrdia *s. f.* custodia, difesa, presidio, protezione, tutela, conservazione, preservazione. *V. anche* DIFESA
salvàre ***A*** *v. tr.* trarre in salvo, strappare alla morte □ difendere, preservare, proteggere, campare, scampare, liberare, sottrarre, tutelare, aiutare, assicurare, redimere, riscattare, recuperare □ serbare, riservare, mettere in serbo, conservare, risparmiare **CONTR.** uccidere, rovinare, perdere, compromettere, distruggere, intaccare ***B*** **salvarsi** *v. rifl.* ***1*** sottrarsi alla morte, scampare, fuggire, sfuggire, liberarsi, restare illeso, sopravvivere **CONTR.** morire, perire, cadere ***2*** trovare scampo, rifugiarsi, riparare ***3*** (*da critiche, da attacchi, ecc.*) difendersi, proteggersi, tutelarsi ***4*** (*relig.*) redimersi, riscattarsi □ andare in paradiso **CONTR.** dannarsi. *V. anche* AIUTARE
salvatàggio *s. m.* ***1*** salvamento, salvezza **CONTR.** pericolo, rischio, perdizione, danno ***2*** (*fig.*) aiuto, assistenza, soccorso.
salvatóre *s. m.* (*f. -trice*) liberatore, affrancatore, redentore **CONTR.** oppressore **FRAS.** *il Salvatore*, Cristo.
sàlve *inter.* (*lett., fam.*) salute, ave □ saluti, good bye (*ingl.*).
salvézza *s. f.* salvamento, salvazione, salvataggio, salute, incolumità, riparo, rifugio, difesa, scampo, sicurezza □ redenzione, riscatto, liberazione, remissione **CONTR.** pericolo, rischio, danno □ dannazione, rovina, perdizione, abisso.
salviétta *s. f.* ***1*** tovagliolo, mantile (*ant.*) ***2*** (*dial.*) asciugamano, asciugatoio.
sàlvo ***A*** *agg.* illeso, indenne, immune, incolume, salvato, scampato, sano, sicuro, esente, libero, franco □ redento **CONTR.** danneggiato, compromesso, perduto, rovinato, morto, fritto (*pop.*) ***B*** *prep.* all'infuori di, fuorché, tranne, eccetto, eccettuato **FRAS.** *salvo che*,

a meno che; eccetto il caso che.

sanàre ***A*** *v. tr.* ***1*** guarire, risanare, curare, cicatrizzare □ bonificare, disinfestare **CONTR.** alterare, infestare, contagiare ***2*** (*est.*) (*di danno, di bilancio, ecc.*) correggere, emendare, rimediare, riparare, ristabilire, migliorare **CONTR.** guastare, peggiorare, rovinare ***B*** **sanarsi** *v. intr. pron.* ***1*** guarire, risanarsi, rimettersi, ristabilirsi □ cicatrizzarsi **CONTR.** ammalarsi ***2*** (*fig.*) correggersi, emendarsi, migliorare **CONTR.** corrompersi, guastarsi, peggiorare, rovinarsi. *V. anche* CORREGGERE

sanatòria *s. f.* (*dir., est.*) condono, perdono **CONTR.** condanna. *V. anche* PERDONO

sanatòrio *s. m.* tubercolosario, casa di cura, casa di salute, convalescenziario.

sancìre *v. tr.* sanzionare, ratificare, consacrare, convalidare, suggellare □ confermare, decretare, stabilire, statuire (*raro*), promulgare, fissare, emanare, comminare, disporre **CONTR.** abrogare, abolire, annullare, cancellare, cassare, sopprimere, revocare, estinguere.

sancito *part. pass. di* **sancire**; *anche agg.* sanzionato, ratificato, consacrato, convalidato □ confermato, decretato, stabilito, statuito (*raro*), promulgato **CONTR.** abrogato, abolito, annullato, cancellato, cassato, soppresso, revocato, estinto.

sandwich /*ingl.* 'sɛnduitʃ/ [vc. ingl., dal nome di John Montague conte di *Sandwich*, che, per non lasciare il tavolo da gioco, si faceva preparare questo tipo di cibo] *s. m. inv.* panino imbottito, panino ripieno □ tartina, tramezzino, toast (*ingl.*).

sàngue *s. m.* ***1*** (*fig.*) discendenza, parentela, famiglia, stirpe, schiatta, razza □ figlio, discendente ***2*** (*fig.*) forza, energia, vigore, spirito, salute **CONTR.** debolezza, fiacca, fiacchezza, spossatezza, stanchezza ***3*** (*fig.*) stato d'animo, cuore, sentimento **FRAS.** *far sangue*, sanguinare □ *fatto di sangue*, delitto, strage, omicidio □ *pagare col sangue* (*fig.*), rimetterci la vita □ *sudar sangue* (*fig.*), sostenere una gran fatica □ *sangue freddo* (*fig.*), autocontrollo □ *a sangue freddo* (*fig.*), senza scomporsi □ *avere il sangue caldo* (*fig.*), essere facile preda delle passioni □ *guastarsi il sangue* (*fig.*), tormentarsi □ *farsi cattivo sangue* (*fig.*), arrabbiarsi □ *sentirsi rimescolare il sangue*, essere preso dallo sdegno □ *sentirsi gelare il sangue*, essere paralizzato dallo spavento □ *non correre buon sangue* (*fig.*), non esserci simpatia □ *sangue del proprio sangue*, i figli. *V. anche* FAMIGLIA

sanguemìsto *s. m.* meticcio □ incrocio, ibrido, mezzosangue.

sanguìgno ***A*** *agg.* ***1*** di sangue, del sangue, sanguineo ***2*** (*di persona*) ricco di sangue, pletorico, rubicondo □ impetuoso, veemente **CONTR.** esangue, pallido, smorto, diafano, anemico, linfatico ***B*** *s. m.* (*lett.*) color sangue, rosso, rossastro, rosseggiante.

sanguinàre *v. intr.* ***1*** far sangue, versare sangue, stillare sangue, perdere sangue ***2*** (*fig.*) addolorare, addolorarsi **CONTR.** rallegrare, rallegrarsi, gioire.

sanguinàrio *agg.*; *anche s. m.* crudele, efferato, feroce, inumano, spietato, truce, tigre (*fig.*), cannibalesco **CONTR.** buono, clemente, compassionevole, indulgente, mansueto, mite, misericordioso, pietoso, umano. *V. anche* CRUDELE

sanguinolènto *agg.* sanguinante, stillante sangue, lordo di sangue, insanguinato, sanguinoso, sanguineo (*poet.*) **CONTR.** dissanguato.

sanguinóso *agg.* ***1*** (*di ferita, di mano, ecc.*) sanguinante, insanguinato, sanguinolento, sanguineo (*poet.*) **CONTR.** esangue, dissanguato ***2*** (*di battaglia, di vittoria, ecc.*) cruento (*lett.*), con molte vittime **CONTR.** incruento ***3*** (*fig.*) (*di offesa, di parole, ecc.*) gravissimo, durissimo, dolorosissimo, dannosissimo, imperdonabile, inescusabile **CONTR.** lieve, leggero, perdonabile, scusabile.

sanguisùga *s. f.* ***1*** (*zool.*) mignatta, sanguetta (*pop.*) ***2*** (*fig.*) esoso, avido, usuraio, strozzino □ parassita, scroccone, piovra, polipo (*fig.*), vampiro, pirata ***3*** (*fig.*) seccatore, scocciatore (*fam.*), rompiscatole (*fam.*), rompiballe (*volg.*) ***4*** (*sport*) succhiaruote.

sanità *s. f.* ***1*** salute, benessere, forza, robustezza, fibra, tempra, floridezza, prosperità, vigore **CONTR.** malattia, infermità, invalidità, indisposizione, acciacco, malanno, cagionevolezza, debolezza ***2*** (*fig.*) (*di mente, di principi, ecc.*) integrità, pienezza □ onestà, rettitudine, morigeratezza **CONTR.** corruzione, depravazione, putredine, disonestà, immoralità, perversione, scostumatezza ***3*** (*di aria, di clima, ecc.*) salubrità, purezza, igiene **CONTR.** insalubrità, dannosità, perniciosità.

sanitàrio ***A*** *agg.* della sanità, igienico ***B*** *s. m.* (*bur.*) medico, dottore, clinico.

sàno ***A*** *agg.* ***1*** (*di persona, di aspetto, ecc.*) esente da malattie, in buona salute, fiorente, florido, fresco, robusto, forte, vegeto, prosperoso, rubizzo **CONTR.** malato, ammalato, malaticcio, infermo, infermiccio, debilitato, deperito, malandato, malazzato (*raro*), menomato, disabile ***2*** (*di cosa*) intero, integro, intatto, inalterato, perfetto **CONTR.** guasto, difettoso, alterato, avariato, bacato, imperfetto, rotto, infranto ***3*** (*di clima, di aria, ecc.*) salubre, salutare, salutifero, puro, balsamico, igienico □ (*di latte*) indenne **CONTR.** insalubre, dannoso, nocivo, malsano, pernicioso, putrido □ infetto ***4*** (*fig.*) (*di principi, di ambiente, ecc.*) onesto, retto, buono, integro, incorrotto, probo, schietto, costumato, morigerato **CONTR.** corrotto, depravato, disonesto, immorale, pervertito, scostumato ***B*** *s. m.* **CONTR.** ammalato, malato.

sansóne [da *Sansone*, l'eroe di Israele, famoso per la sua forza] *s. m.* (*per anton., fam.*) omone, omaccio, forzuto, ercole, maciste **CONTR.** omino, deboluccio.

santabàrbara [da *Santa Barbara*, patrona degli artiglieri] *s. f.* ***1*** (*in una nave*) deposito di munizioni, armeria, polveriera ***2*** (*fig.*) situazione esplosiva.

santificàre *v. tr.* ***1*** (*di defunto*) dichiarare santo, canonizzare, beatificare, porre sugli altari □ (*est.*) deificare ***2*** (*di luogo, di matrimonio, ecc.*) consacrare **CONTR.** profanare, sconsacrare, violare ***3*** (*di nome di Dio, di feste, ecc.*) venerare, adorare, celebrare, onorare, benedire □ osservare **CONTR.** bestemmiare, maledire, disprezzare, vilipendere.

santificàto *part. pass. di* **santificare**; *anche agg.* venerato, canonizzato, adorato, onorato, benedetto □ osservato **CONTR.** bestemmiato, maledetto, disprezzato, vilipeso □ dissacrato.

santità *s. f.* ***1*** divinità, sacralità □ venerabilità, inviolabilità, intangibilità **CONTR.** empietà ***2*** (*di vita, di costumi, ecc.*) integrità, illibatezza, purezza, onestà, probità, rettitudine, bontà, virtù, religiosità, religione **CONTR.** disonestà, impurità, corruzione, corruttela, depravazione, malvagità, pervertimento, vizio.

sànto ***A*** *agg.* ***1*** divino, soprannaturale □ religioso **CONTR.** diabolico, infernale, demoniaco, satanico □ empio, profano ***2*** canonizzato, venerabile, beatificato ***3*** (*di luogo, di giorno, ecc.*) sacro, benedetto, consacrato, sacrosanto **CONTR.** sconsacrato, maledetto ***4*** (*di persona, di azione, ecc.*) pio, religioso □ (*est.*) buono, onesto, giusto, probo, retto, virtuoso **CONTR.** disonesto, corrotto, depravato, malvagio, pervertito, vizioso ***5*** (*fig., fam.*) (*di rimedio, di punizione, ecc.*) efficace, giovevole, salutare, vantaggioso, utile, sacrosanto **CONTR.** inefficace, inutile, svantaggioso, dannoso, nocivo, pernicioso ***B*** *s. m.* ***1*** canonizzato, beato, venerabile □ martire, patrono **CONTR.** peccatore, demonio, anticristo ***2*** (*est.*) persona virtuosissima, persona onestissima **CONTR.** farabutto, canaglia, mascalzone ***3*** (*fam.*) onomastico **FRAS.** *Terra Santa*, Palestina □ *Santo Padre*, papa □ *Santa Sede*, curia romana, Vaticano □ *anno santo*, giubileo □ *di santa ragione*, a ragione, con forza; in gran quantità □ *non c'è santo che tenga*, non c'è niente da fare □ *avere un santo dalla propria* (*fig.*), avere molta fortuna □ *avere dei santi in Paradiso* (*fig.*), avere un protettore molto potente □ *non sapere a che santo votarsi*, non sapere a chi rivolgersi □ *non essere uno stinco di santo*, essere senza scrupoli.

santóne *s. m.* ***1*** eremita, asceta □ guru, marabut, stregone ***2*** (*spreg.*) bacchettone, bigotto, baciapile, santarello, gattamorta **CONTR.** mangiapreti, anticlericale.

santuàrio *s. m.* ***1*** luogo sacro, tempio, chiesa, basilica, sacrario, sancta sanctorum (*lat.*) ***2*** (*fig.*) (*di famiglia, di affetti, ecc.*) intimità ***3*** (*di guerriglieri, di fuorilegge e sim.*) asilo, rifugio, nascondiglio.

sanzionàre *v. tr.* ***1*** sancire, statuire, codificare, approvare, confermare, decretare, ratificare, firmare, suggellare, convalidare □ comminare **CONTR.** abolire, abrogare, annullare, cancellare, cassare, estinguere, invalidare, revocare, sopprimere ***2*** (*raro*) punire, multare **CONTR.** premiare.

sanzióne *s. f.* ***1*** approvazione, conferma, convalida, convalidamento, convalidazione (*raro*), ratifica, ratificazione □ comminazione **CONTR.** annullamento, abolizione, abrogazione, cancellazione, cassazione, invalidazione, revoca, soppressione ***2*** pena, penale, penalità, multa, ammenda, punizione, comminatoria □ ostracismo, embargo **CONTR.** premio, ricompensa.
V. anche PUNIZIONE

sapére ***A*** *v. tr.* ***1*** conoscere □ (*ass.*) essere colto, essere dotto, essere erudito, essere istruito, essere un'arca di scienza **CONTR.** ignorare, essere ignorante, essere incolto, essere rozzo, essere un analfabeta, essere un beota ***2*** (*di mestiere, di regole, ecc.*) essere abile, essere bravo, essere capace, essere esperto, essere pratico, intendersi **CONTR.** essere inabile, essere incapace, essere inesperto, non intendersi ***3*** (*di notizia, di fatto, ecc.*) conoscere, apprendere, essere informato, venire a conoscere, aver notizia, sentire, rilevare □ constare (*impers.*) ***4*** (*di mentire, come fare, ecc.*) avere ben chiaro, aver coscienza, essere consapevole, rendersi conto ***5*** (*di agire, di leggere, ecc.*) essere in grado, essere capace ***B*** *v. intr.* ***1*** (*di sale, di menta, ecc.*) avere sapore □ avere odore, odorare, profumare ***2*** (*di truffa, che sia vero, ecc.*) sembrare, parere, dare l'impressione ***C*** *in funzione di s. m. solo sing.* nozioni, conoscenze, scienza, sapienza, conoscenza, cultura, dottrina, istruzione, scibile **CONTR.** ignoranza, asineria **FRAS.** *sapere il fatto suo, saperci fare*, essere in gamba, essere molto abile □ *saperla lunga*, essere molto astuto □ *far sapere*, informare □ *non volerne sapere*, disinteressarsi □ *saper vivere*, conoscere il mondo □ *mi sa che*, ho l'impressione che.

sapiènte *agg.* e *s. m.* e *f.* ***1*** (*di persona*) colto, culto (*lett.*), dotto, erudito, istruito, luminare, maestro, dottore, enciclopedico, scienziato, arca di scienza, illuminato, savio **CONTR.** ignorante, incolto, illetterato, insipiente (*lett.*), analfabeta, zuccone, asino, somaro, ciuco, bestia, beota ***2*** (*di consiglio, di decisione, ecc.*) accorto, avveduto, intelligente, saggio, sagace, prudente **CONTR.** malaccorto, avventato, imprudente, insensato, sconsiderato, sciocco, sconsigliato, scriteriato ***3*** (*di mano, di arte, ecc.*) abile, capace, esperto, perito, pratico, versato **CONTR.** inabile, incapace, inesperto, imperito, inetto.

sapientóne *agg.*; *anche s. m.* saccente, saccentone, presuntuoso, saputo, intelligentone, sputasentenze (*spreg.*), barbassoro (*lett.*), baccelliere (*lett.*), superuomo (*iron.*) **CONTR.** modesto, riservato, umile.

sapiènza *s. f.* ***1*** dottrina, cultura, sapere, conoscenze, erudizione, scienza **CONTR.** ignoranza, insipienza, rozzezza, zoticaggine, asineria, somaraggine, bestialità ***2*** accortezza, avvedutezza, intelligenza, prudenza, sagacia, saviezza, saggezza **CONTR.** avventatezza, imprudenza, insensatezza, sconsideratezza, scioccchezza, sconsigliatezza, scemenza ***3*** abilità, capacità, esperienza, perizia, pratica **CONTR.** inabilità, incapacità, inesperienza, imperizia, inettitudine.

sapóre *s. m.* ***1*** gusto, gustosità, sapidità (*lett.*), saporosità (*raro*) **CONTR.** insipidezza, scipitezza, insulsaggine ***2*** (*fig.*) (*di parole, di romanzo, ecc.*) tono, carattere, intonazione ***3*** (*fig.*) finezza, piacevolezza, spirito, squisitezza **CONTR.** grossolanità, rozzezza.

saporitaménte *avv.* ***1*** con sapore **CONTR.** insipidamente ***2*** (*fig.*) di gusto, gustosamente, con piacere, saporosamente (*raro*) **CONTR.** svogliatamente, controvoglia.

saporìto *agg.* ***1*** gradevole, gustoso, sapido (*lett.*), saporoso (*raro*), appetitoso, stuzzicante, succulento, squisito □ salato, piccante **CONTR.** insaporo, insipido, scipito, scondito ***2*** (*fig.*) (*di risata, di dormita, ecc.*) profondo, gustoso, piacevole **CONTR.** svogliato ***3*** (*fig.*) (*di racconto, di stile, ecc.*) arguto, frizzante, pungente, spiritoso **CONTR.** insulso, sciocco, stupido, melenso.

sapùto ***A*** *part. pass. di* **sapere**; *anche agg.* ***1*** noto, conosciuto, notorio, palese, manifesto, risaputo **CONTR.** ignorato, ignoto, oscuro, sconosciuto ***2*** (*est., lett.*) saggio, avveduto **CONTR.** sciocco, ingenuo, semplicione ***B*** *agg.; anche s. m.* presuntuoso, dottorale, dottoresco, saccente, intelligentone, sapientone, cacasenno, sputasenno (*spreg.*), sputasentenze (*spreg.*) **CONTR.** modesto, discreto, prudente, riservato, umile.

sarabànda [dallo sp. *zarabanda*, dall'ar.-persiano *serbend* 'danza con canto'] *s. f.* (*fig.*) chiasso, confusione, bailamme, baccano, rumore, fracasso **CONTR.** silenzio, quiete.

saracèno [lat. tardo *Saracēnu*(*m*), dall'ar. *šarqī* 'orientale'] *s. m.* musulmano, saracino □ arabo, turco, moro, maomettano.

saracinésca [abbr. di *porta saracinesca*, cioè, come quella dei saraceni] *s. f.* ***1*** serranda, chiudenda, bandone, avvolgibile □ cateratta, chiavica ***2*** cancellata, cancello.

sarcàsmo *s. m.* ironia, satira, scherno, beffa, irrisione, causticità **CONTR.** adulazione, complimento, incensamento, lusinga.

sarcàstico *agg.* acre, amaro, aspro, mordace, sardonico, pungente, caustico, ironico, irrisorio, irrisore, schernevole, sprezzante, velenoso **CONTR.** adulatorio, complimentoso, lusingatore, mellifluo.

sarcòfago *s. m.* arca, sepolcro, tomba, avello (*lett.*). *V. anche* TOMBA

sàrta *s. f.* cucitrice, pantalonaia □ modista, stilista.

sàrto *s. m.* pantalonaio, cucitore □ stilista, modellista.

sartorìa *s. f.* ***1*** atelier (*fr.*) ***2*** alta moda.

sàsso *s. m.* ***1*** pietra, masso, blocco, macigno, roccia, rupe, scoglio ***2*** materia pietrosa ***3*** ciottolo, frammento di pietra, cogolo (*sett.*), selce ***4*** (*di monte*) parete ***5*** (*lett.*) pietra sepolcrale, sepolcro **FRAS.** *essere di sasso* (*fig.*), essere duro d'animo □ *rimanere di sasso* (*fig.*), rimanere attonito, restare stupito □ *far piangere i sassi*, essere penoso; essere ridicolo.

sassóso *agg.* pietroso, ciottoloso, ghiaioso **CONTR.** arenoso.

sàtana *s. m. inv.* demonio, diavolo, Lucifero, Belzebù, Mefistofele, spirito maligno, tentatore, angelo delle tenebre, satanasso (*pop.*) **CONTR.** angelo, spirito celeste, creatura celeste, intelligenza celeste, cherubino.

satànico *agg.* ***1*** demoniaco, diabolico, luciferino **CONTR.** angelico, sacro, santo ***2*** (*fig.*) perfido, maligno, malvagio, perverso **CONTR.** buono, benigno, innocente, serafico.

satèllite ***A*** *s. m.* ***1*** (*lett.*) (*di persona*) guardia del corpo, accompagnatore, servitore, sgherro, scherano (*lett.*), birro, bravo, giannizzero, gorilla (*fig.*), guardaspalle ***2*** (*est.*) seguace, persona di fiducia □ (*spreg.*) tirapiedi, ruffiano ***3*** (*astron.*) pianetino ***4*** veicolo spaziale ***5*** (*mecc.*) ruota planetaria ***B*** *in funzione di agg.* (*posposto al s.*) (*polit.*) dipendente, subordinato, vassallo, suddito **CONTR.** autonomo, indipendente. *V. anche* SEGUACE

sàtira *s. f.* ***1*** poesia mordace ***2*** (*est.*) critica, caricatura, ironia, epigramma, parodia, sarcasmo, sferzata, scherno □ pasquinata **CONTR.** apologia, elogio, encomio, esaltazione, incensamento, lode, plauso, panegirico.

satìrico *agg.* di satira, epigrammatico □ canzonatorio, ironico, mordace, motteggiatore, beffardo, caricaturale, pungente, sferzante, dicace (*lett.*), bernesco (*lett.*) **CONTR.** benevolo, benigno, bonario, elogiativo, laudatorio (*raro*).

satollàre ***A*** *v. tr.* rimpinzare, saziare, saturare, pascere, sfamare □ stuccare **CONTR.** affamare ***B*** **satollarsi** *v. intr. pron.* riempirsi, rimpinzarsi, saziarsi, saturarsi, sfamarsi, mangiare a sazietà **CONTR.** digiunare, morire di fame.

saturàre ***A*** *v. tr.* (*fig.*) riempire, colmare, empire, ricolmare □ (*ant.*) rimpinzare, satollare, saziare **CONTR.** vuotare, svuotare ***B*** **saturarsi** *v. intr. pron.* riempirsi □ (*ant.*) saziarsi, satollarsi, rimpinzarsi **CONTR.** svuotarsi, digiunare, non mangiare.

saturazióne *s. f.* ***1*** saturità (*raro*) □ riempimento, concentrazione ***2*** (*gener.*) massimo, massima quantità **CONTR.** minimo **FRAS.** *arrivare al punto di saturazione* (*fig.*), averne abbastanza, non sopportare oltre.

sàturo *agg.* (*fig.*) pieno, ricolmo, traboccante, saturato, impregnato, gravido, pregno □ (*ant.*) satollo, sazio **CONTR.** vuoto, privo.

saviaménte *avv.* assennatamente, avvedutamente, accortamente, giudiziosamente, ponderatamente, prudentemente, saggiamente, sensatamente, seriamente, sapientemente **CONTR.** avventatamente, malaccortamente, inconsideratamente, sconsideratamente, leggermente, imprudentemente, stoltamente, dissennatamente, insensatamente, follemente.

sàvio *agg. e s. m.* assennato, avveduto, accorto, giudizioso, ponderato, prudente, saggio, sensato, riflessivo, responsabile, serio, sapiente □ sano di mente **CONTR.** avventato, malaccorto, sventato, scapato, imprudente, inconsiderato, sconsiderato, insensato, irragionevole, strambo, capriccioso, leggero, dissennato, irriflessivo, stolto, folle □ pazzoide, tocco, matto.

saziàre ***A*** *v. tr.* ***1*** rimpinzare, riempire, empire, satollare, saturare (*ant.*), pascere abbondantemente, sfamare **CONTR.** lasciar digiuno, affamare ***2*** (*est.*) nauseare, stomacare, disgustare, stuccare, stufare, annoiare, tediare, stancare, ristuccare, infastidire **CONTR.** allietare, dilettare, divertire, svagare, rallegrare, ricreare ***3*** (*fig.*) (*di desiderio, di ambizione, ecc.*) appagare, accontentare, soddisfare, placare, quietare **CONTR.** lasciare inappagato, deludere ***B*** **saziarsi** *v. intr. pron.* ***1*** riempirsi, rimpinzarsi, empirsi, impinzarsi, saturarsi (*ant.*), sfamarsi, satollarsi, mangiare a sazietà **CONTR.** digiunare, non mangiare, morir di fame ***2*** (*fig.*) appagarsi, contentarsi, levarsi la voglia, stancarsi **CONTR.** rimanere insoddisfatto. *V. anche* STANCARE

sazietà *s. f.* ***1*** pienezza, rimpinzamento (*raro*), satollamento (*raro*), appagamento, saturazione, saturità (*raro*) **CONTR.** fame, appetito, digiuno, inedia ***2*** (*fig.*) disgusto, fastidio, noia, nausea, repulsione, ripugnanza, stanchezza **CONTR.** brama, bramosia (*lett.*), desiderio, avidità, voglia, sete.

sàzio *agg.* ***1*** pieno, satollo, saturo (*ant.*), ripieno, rimpinzato, saziato, sfamato □ pago, soddisfatto **CONTR.** affamato, famelico, digiuno □ insaziabile, inappagato, scontento, insoddisfatto ***2*** (*fig.*) stufo, arcistufo, stucco, ristucco, annoiato, disgustato, infastidito, nauseato, seccato, stomacato, stanco **CONTR.** avido, bramoso, desideroso, cupido (*lett.*), voglioso, assetato.

sbadatàggine *s. f.* disattenzione, inavvedutezza, disavvedutezza, sventatezza, distrazione, inavvertenza, disavvertenza, incuria, leggerezza, negligenza, noncuranza, storditaggine, scapataggine, sconsideratezza, smemorataggine, svagataggine, trascurataggine, trascuratezza, irriflessione **CONTR.** attenzione, cautela, prudenza, riguardo, cura, applicazione, diligenza, zelo, assiduità, oculatezza, ponderatezza, concentrazione, esattezza, solerzia, scrupolo.

sbadataménte *avv.* distrattamente, imprudentemente, inconsideratamente, irriflessivamente, leggermente, disattentamente, disavvedutamente, inavvertitamente, inavvedutamente, negligentemente, erroneamente, sventatamente, sconsideratamente, storditamente, trascuratamente **CONTR.** attentamente, accuratamente, diligentemente, assiduamente, esattamente, oculatamente, prudentemente, scrupolosamente.

sbadàto *agg.*; *anche s. m.* disattento, distratto, disavveduto, inavveduto, sventato, spensierato, svagato, smemorato, stordito □ incurante, sconsiderato, inconsiderato, noncurante, negligente, trascurato **CONTR.** attento, avveduto, cauto, prudente, guardingo, desto, vigile, avvertito, concentrato □ posato, diligente, solerte, scrupoloso, esatto.

SBADATO
sinonimia strutturata

Si dice **sbadato** chi non bada a quello che fa, chi non riflette o si comporta da inavveduto, irriflessivo, sventato: *chi è sbadato commette molti errori senza accorgersene.* Sinonimo pressoché equivalente è **disattento**, cioè colui che non riesce a concentrarsi su qualcosa e agisce per questo commettendo degli errori: *alunno disattento*; *domestica disattenta*; al contrario, l'**inavveduto**, pur condividendo la connotazione negativa dei termini precedenti, è propriamente chi manca di accortezza, prudenza o intuito: *lettore, gesto inavveduto.* Anche **sventato** si riferisce a chi si comporta senza giudizio, senza ponderazione, ma è aggettivo più raro dei precedenti e sottolinea un tipo di comportamento particolarmente privo di lucidità: *non esco in macchina con quello sventato!* Equivalente al significato di sbadato e disattento è invece **distratto**, che indica chi o ciò che appare assorto nei propri pensieri e lontano dalle cose presenti e reali: *è un ragazzo distratto*; *mi guardava con un'aria distratta.* Con **spensierato** ci si riferisce in modo stringente a chi o a ciò che non presenta un aspetto preoccupato ed è privo di patemi: *essere lieto e spensierato*; *quel bambino ha un'espressione spensierata.* Più marcati dei precedenti in senso negativo, ma molto vicini al significato di sventato, sono gli aggettivi **inconsiderato** (di uso non frequente) e **sconsiderato**, con i quali si definisce chi non considera o non riflette abbastanza sulle conseguenze dei propri atti e quindi agisce in modo imprudente e non riflessivo: *è un giovane inconsiderato*; *quei ragazzi sconsiderati hanno sorpassato tutti i limiti.* I due aggettivi si applicano anche a ciò che è avventato, pensato, detto e fatto senza alcuna considerazione o riflessione: *un atto inconsiderato*; *un discorso sconsiderato.*

Alla medesima area semantica di sbadato afferisce anche il termine **incurante**, che designa chi, per leggerezza o incuria non si preoccupa di ciò che lo interessa o lo riguarda personalmente: *persona incurante della propria salute, del pericolo, delle critiche, del proprio aspetto*; così, pure il sinonimo **noncurante** si riferisce a colui che non attribuisce importanza o interesse a qualcosa che, al contrario, meriterebbe attenzione: *essere noncurante del pericolo, dei giudizi altrui.* Valore negativo ha anche **trascurato**, cioè colui che agisce con poca cura, premura, sollecitudine: *è trascurato nei suoi doveri*; si dice inoltre trascurato ciò che ha un aspetto trasandato, poco in ordine: *si è presentato con un abbigliamento molto trascurato.* Pressoché coincidenti le accezioni dell'aggettivo **negligente**, che si riferisce sia a chi è svogliato e trascurato nell'adempiere i propri compiti e doveri: *impiegato, scolaro negligente*; *essere negligente nel lavoro*; sia a ciò che rivela trasandatezza, poca cura: *atteggiamento, aspetto negligente.*

sbafàre *v. tr.* (*pop.*) mangiare con avidità □ mangiare a sbafo, scroccare.

sbàfo *s. m.* **FRAS.** *a sbafo*, a ufo, a scrocco, gratis, senza pagare.

sbagliàre ***A*** *v. tr.* fallire, mancare, bucare, steccare, cannare (*gerg.*) □ confondere, scambiare **CONTR.** azzeccare, cogliere, colpire, imbroccare, indovinare, prendere, centrare ***B*** *v. intr.* errare, fallare, fallire, equivocare, fraintendere, ingannarsi, sgarrare, peccare, spropositare, prendere un abbaglio, prendere un granchio, prendere una cantonata **CONTR.** essere esatto, essere preciso ***C*** **sbagliarsi** *v. intr. pron.* errare, ingannarsi, imbrogliarsi, equivocare, essere in errore **CONTR.** essere nel giusto, avere ragione.

sbagliàto *part. pass. di* **sbagliare**; *anche agg.* erroneo, errato, inesatto, falso, cattivo, scorretto □ inopportuno, inadatto □ confuso, frainteso □ fallito, mancato, bucato, storto □ malfatto **CONTR.** giusto, esatto, vero □ opportuno, adatto, propizio □ centrato, azzeccato □ ben fatto.

sbàglio *s. m.* ***1*** errore, inesattezza, imprecisione, scorrettezza, sgrammaticatura □ sproposito, svarione, farfallone (*fam.*), sfarfallone (*fam.*), topica, castroneria, corbelleria, lapsus (*lat.*) □ equivoco, granchio, svista, scambio, confusione, disguido, dirizzone, abbaglio, abbarbagliamento, cantonata, qui pro quo, passo falso, marrone (*fam.*) **CONTR.** correzione, rettifica, rettificazione ***2*** fallo, neo, peccato, colpa, malefatta, sgarro (*fam.*), trascorso.

sbalestràre *A* v. intr. (*est., fig.*) divagare, sragionare **CONTR.** ragionare *B* v. tr. *1* (*di cosa*) gettare, scagliare, sbalzare, proiettare, scaraventare *2* (*fig.*) (*di persona*) trasferire, spostare, cacciare **CONTR.** chiamare, far venire.

sbalestràto part. pass. di **sbalestrare**; anche agg. *1* smarrito, spaesato, sperduto, a disagio, disambientato **CONTR.** ambientato *2* (*fig.*) disordinato, spostato □ illogico, incoerente, squilibrato, scriteriato **CONTR.** coerente, equilibrato, logico, ordinato, ponderato, riflessivo, saggio, savio.

sballàre v. tr. (*pop.*) raccontare balle, dire bugie, esagerare, ingrandire, sparare, inventare, mentire, spacciare.

sballàto agg. *1* aperto **CONTR.** imballato, incassato, confezionato *2* (*fig.*) infondato, illogico, inattendibile, assurdo, insensato, campato in aria **CONTR.** attendibile, fondato, logico, sensato, ragionevole *3* (*fig.*) esagerato, inventato, bugiardo, menzognero, sparato **CONTR.** verace (*lett.*), veritiero, veridico, sincero.

sballottàre v. tr. agitare, scuotere, palleggiare, sbalzellare.

sbalordiménto s. m. (*raro*) stordimento, tramortimento, turbamento, conturbamento, intontimento, intorpidimento, intronamento (*raro*) □ frastornamento (*raro*), sbigottimento, sconcerto, sorpresa, sensazione, trasecolamento, disorientamento, confusione, meraviglia, stupore **CONTR.** freddezza, impassibilità, imperturbabilità, indifferenza. *V. anche* STORDIMENTO

sbalordìre *A* v. tr. *1* (*raro*) stordire, tramortire, intronare, istupidire **CONTR.** far rinvenire *2* (*fig.*) frastornare, intontire, turbare, conturbare, sbigottire, shockare, sconcertare, disorientare, confondere, meravigliare, stupire, sorprendere, strabiliare **CONTR.** lasciare freddo, lasciare indifferente *B* v. intr. (*est.*) impressionarsi, sconcertarsi, restare di sasso, sorprendersi, allibire **CONTR.** restare impassibile. *V. anche* IMPRESSIONARE

sbalorditìvo agg. incredibile, straordinario, stupefacente, sconcertante □ meraviglioso, stupendo, strabiliante, prodigioso □ eccessivo, pazzesco, esagerato, vertiginoso **CONTR.** credibile, comune, naturale, semplice □ moderato, modesto, modico.

sbalordìto part. pass. di **sbalordire**; anche agg. *1* (*raro*) stordito, tramortito, intronato, istupidito, stecchito, trasecolato, trasognato **CONTR.** rinvenuto *2* (*fig.*) attonito, disorientato, interdetto, sgomento, frastornato, turbato, conturbato, confuso, strabiliato, shockato □ sorpreso, meravigliato, sbigottito, stupito, esterrefatto, stupefatto **CONTR.** calmo, freddo, impassibile, imperturbabile, indifferente, apatico.

sbalzàre *A* v. tr. *1* far balzare, lanciare, sbalestrare, scaraventare, trabalzare *2* (*fig.*) (*da una carica, da una sede, ecc.*) allontanare, cacciare, rimuovere **CONTR.** chiamare, far venire *B* v. intr. *1* balzare, sobbalzare *2* rimbalzare.

sbàlzo s. m. *1* balzo, rimbalzo, sobbalzo, scossone, salto, balta (*tosc.*), singhiozzo *2* (*fig.*) (*di temperatura, di pressione, ecc.*) oscillazione improvvisa, variazione improvvisa, salto, sbilancio **CONTR.** gradazione, progressività.

sbancàre *A* v. tr. *1* (*al gioco*) vincere, far saltare il banco **CONTR.** perdere *2* (*fig.*) rovinare, far fallire, spogliare, ridurre al verde, dissestare **CONTR.** riassestare *B* **sbancarsi** v. intr. pron. (*fig.*) rovinarsi, fallire, ridursi al verde **CONTR.** rimpannucciarsi. *V. anche* VINCERE

sbandaménto (1) s. m. *1* (*spec. di soldati*) dispersione, sbaraglio, fuga, disfatta, sconfitta, rotta, scompiglio, scompigliamento, sparpagliamento **CONTR.** riordinamento, riorganizzazione, ricostituzione *2* (*fig.*) disgregazione, divisione.

sbandaménto (2) s. m. *1* (*di veicolo*) scarto laterale, derapaggio, dérapage (*fr.*), slittamento *2* (*fig.*) (*di persona, di coscienza, ecc.*) deviazione, disorientamento, sconcerto, turbamento **CONTR.** coerenza, costanza, fermezza, perseveranza.

sbandàre (1) *A* v. tr. (*di persone, di esercito, ecc.*) smobilitare □ disperdere, sperdere, sciogliere, disciogliere, disordinare, dissipare, scompigliare, sfollare, sparpagliare, scomporre, sbaragliare, sgominare, sbrancare **CONTR.** ordinare, unire, organizzare, raccogliere *B* **sbandarsi** v. intr. pron. separarsi disordinatamente, fuggire disordinatamente, disperdersi, dividersi, sciogliersi, disciogliersi, sparpagliarsi, sbrancarsi **CONTR.** unirsi, ordinarsi, organizzarsi, radunarsi.

sbandàre (2) v. intr. *1* (*di nave*) inclinarsi, perdere la direzione **CONTR.** raddrizzarsi *2* (*di veicolo*) scartare lateralmente, deviare *3* (*fig.*) deviare.

sbandàta s. f. *1* deviazione, derapaggio, derapage (*fr.*) **CONTR.** raddrizzamento *2* (*fig.*) cotta, scuffia (*fam.*) **FRAS.** *prendere una sbandata* (*fig.*), innamorarsi ciecamente.

sbandàto part. pass. di **sbandare (1)**; anche agg. e s. m. *1* disperso, isolato, separato dagli altri **CONTR.** riunito *2* (*fig.*) confuso, disorientato, smarrito, sperduto □ spostato, disinserito, fallito **CONTR.** coerente, costante, fermo, perseverante □ realizzato.

sbandieràre v. tr. *1* sventolare le bandiere *2* (*fig.*) ostentare, far mostra, sfoggiare, affettare, vantare, esaltare, magnificare **CONTR.** celare (*lett.*), nascondere, mascherare, occultare, dissimulare.

sbaraccàre v. tr. (*fam.*) togliere di mezzo, rimuovere, cacciare □ (*ass.*) andarsene, levare le tende.

sbaragliàre v. tr. mettere in rotta, disperdere, scompigliare, sparpagliare, sbandare □ battere, vincere, debellare, distruggere, sgominare, sopraffare, sottomettere, sconfiggere **CONTR.** riunire, raccogliere, riordinare, riorganizzare. *V. anche* VINCERE

sbaraglìno s. m. tavola reale, tric-trac, backgammon (*ingl.*).

sbaràglio s. m. sbaragliamento, dispersione, scompiglio, sbandamento, confusione, fuga, sconfitta, rotta, disfatta **CONTR.** vittoria, successo, trionfo □ riunione, riordinamento, riorganizzazione **FRAS.** *mandare allo sbaraglio*, esporre a grave pericolo □ *buttarsi allo sbaraglio*, avventurarsi avventatamente.

sbarazzàre *A* v. tr. liberare, sgomberare, sbrogliare, vuotare, ripulire, riordinare **CONTR.** imbarazzare, ingombrare, impacciare, impedire, intralciare, congestionare ***B*** **sbarazzarsi** *v. rifl.* liberarsi, disfarsi, sgravarsi, scaricarsi □ liquidare **CONTR.** chiamare, far venire.

sbarazzìno ***A*** *s. m.* ragazzo vivace □ birichino, monello, birbantello, bricconcello ***B*** *agg.* vivace, furbo **CONTR.** posato, spento.

sbarbàre ***A*** *v. tr.* ***1*** sradicare, estirpare, spiantare, svellere, divellere (*lett.*), sbarbicare (*lett.*), strappare **CONTR.** piantare, conficcare, radicare ***2*** fare la barba, radere, pelare ***B*** **sbarbarsi** *v. rifl.* radersi, farsi la barba.

sbarbatèllo *s. m.* ragazzo presuntuoso, saccentello, immaturo, inesperto, pivello, novellino, principiante **CONTR.** esperto, navigato, veterano.

sbarbàto *part. pass. di* **sbarbare**; *anche agg.* ***1*** estirpato, spiantato, sradicato **CONTR.** piantato ***2*** pelato, rasato, raso □ imberbe **CONTR.** barbuto ***3*** (*fig.*) immaturo, inesperto, novellino.

sbarbìna *s. f.* (*gerg.*) squinzia, ragazzina, monella.

sbarcàre ***A*** *v. tr.* ***1*** (*da nave, da aereo*) far scendere **CONTR.** imbarcare ***2*** (*est.*) far scendere, far smontare, scaricare **CONTR.** far salire, far montare ***3*** (*fig.*) (*di tempo*) trascorrere, passare alla meglio ***B*** *v. intr.* (*da nave, da aereo*) scendere, arrivare, smontare **CONTR.** imbarcarsi, salire, montare **FRAS.** *sbarcare il lunario*, vivere alla meglio, tirare a campare. *V. anche* SCENDERE

sbarcàto *part. pass. di* **sbarcare**; *anche agg.* smontato, sceso, arrivato **CONTR.** imbarcato, salito.

sbàrco *s. m.* (*da nave, da aereo*) discesa, arrivo □ scarico, scalo **CONTR.** imbarco.

sbàrra *s. f.* ***1*** asta, spranga, barra, stanga, bastone, palo, traversa, leva ***2*** tramezzo, parapetto, assito, balaustra, balaustrata □ confine.

sbarraménto *s. m.* ***1*** chiusura, blocco, sprangatura, ostruzione, occlusione, imbrigliamento, otturamento **CONTR.** apertura ***2*** barriera, barricata, steccato, cordone, transenna, trincea, riparo, ostacolo □ chiusa, diga, frangiflutti.

sbarràre *v. tr.* ***1*** sprangare, chiudere, otturare, stangare, serrare, tappare □ barricare, bloccare, ostruire, asserragliare **CONTR.** aprire, spalancare, disserrare ***2*** (*di foglio, di assegno*) barrare, segnare ***3*** (*est.*) (*di carriera, di passaggio, ecc.*) ostacolare, impedire, precludere **CONTR.** favorire ***4*** (*di occhi*) spalancare, allargare, dilatare, stralunare, sgranare **CONTR.** chiudere, stringere.

sbarràto *part. pass. di* **sbarrare**; *anche agg.* ***1*** chiuso, sprangato □ barricato, trincerato, serrato, tappato **CONTR.** aperto, spalancato, disserrato ***2*** (*est.*) ostacolato, impedito, precluso **CONTR.** libero ***3*** (*di occhi*) spalancato, allargato, stralunato, dilatato, vitreo **CONTR.** chiuso, semichiuso, stretto.

sbatacchiàre ***A*** *v. tr.* e *intr.* sbattere, scuotere, sconquassare, agitare □ percuotere, urtare ***B*** **sbatacchiarsi** *v. rifl.* (*raro*) agitarsi, dibattersi, dimenarsi. *V. anche* SCUOTERE

sbàttere ***A*** *v. tr.* ***1*** (*di ali, di tappeti, ecc.*) battere, percuotere, scrollare, sbatacchiare ***2*** (*contro il muro, per terra, ecc.*) gettare, scagliare, scaraventare, lanciare ***3*** (*est., fig.*) mandare via, cacciare, buttare, schiaffare ***4*** urtare, battere ***5*** (*di sostanza, di uova, ecc.*) agitare, frullare, mescolare, scekerare ***B*** **sbattersi** *v. intr. pron.* agitarsi, dibattersi **CONTR.** calmarsi ***C*** *v. intr.* ***1*** battere violentemente, scontrarsi, cozzare ***2*** (*per vento*) scuotersi, gonfiarsi, garrire **FRAS.** *sbattere fuori*, cacciare in malo modo □ *non sapere dove sbattere la testa* (*fig.*), essere in grave difficoltà □ *sbattere la porta in faccia* (*fig.*), negare un aiuto. *V. anche* MESCOLARE, SCUOTERE

sbattùto *part. pass. di* **sbattere**; *anche agg.* ***1*** (*di cosa*) battuto, scosso, sbatacchiato, agitato, dimenato □ frullato, scekerato □ percosso, urtato ***2*** (*di persona*) abbattuto, pallido, smorto, scolorito, disfatto **CONTR.** colorito, fresco, riposato, rubicondo, vivace.

sbavatùra *s. f.* (*di metallo, di peso*) bava, bavetta □ (*fig.*) divagazione, dispersione.

sbeccàre *v. tr.* sbreccare, scheggiare, sbeccucciare, sbocconcellare.

sbeffeggiàre *v. tr.* beffare, beffeggiare, canzonare, deridere, schernire, corbellare, spernacchiare **CONTR.** adulare, complimentare, elogiare, encomiare, esaltare, magnificare.

sbellicàrsi *v. intr. pron.* smascellarsi, scompisciarsi (*pop.*), sganasciarsi, sgangherarsi, crepare. *V. anche* RIDERE

sbendàre *v. tr.* sfasciare **CONTR.** bendare, fasciare.

sbèrla *s. f.* schiaffo, manrovescio, ceffone, scapaccione, castagna (*fig.*).

sberlèffo *s. m.* gesto di scherno, smorfia, verso, boccaccia, irrisione, dileggio (*lett.*), corbellatura **CONTR.** moina, complimento, vezzeggiamento.

sbevazzàre *v. intr.* (*spreg.*) bere molto, bere sregolatamente, tracannare, trincare, cioncare (*region.*), schiccherare, sburacchiare (*raro*) **CONTR.** sorseggiare, assaggiare.

sbiadìre ***A*** *v. intr.* e **sbiadìrsi** *intr. pron.* scolorire, scolorare, scolorarsi, scolorirsi, schiarirsi, stingersi, impallidire, spegnersi, smontare **CONTR.** avvivarsi, ravvivarsi, intensificarsi ***B*** *v. tr.* scolorire, stingere, dilavare, schiarire, spegnere **CONTR.** colorire, avvivare, ravvivare.

sbiadìto *part. pass. di* **sbiadire**; *anche agg.* ***1*** scolorito, stinto, dilavato, annacquato, slavato, schiarito, impallidito, smorto, scialbo, spento, incolore **CONTR.** colorito, acceso, vivo, vivace, intenso, carico, sgargiante, squillante ***2*** (*fig.*) (*di stile, di persona, ecc.*) scialbo, spento □ sfiorito **CONTR.** vivace, brillante □ fiorente, florido.

sbiancànte *part. pres. di* **sbiancare**; *anche agg.* e *s. m.* candeggiante.

sbiancàre ***A*** *v. tr.* imbiancare, imbianchire, sbianchire, candeggiare ***B*** *v. intr.* e **sbiancarsi** *intr. pron.* diventare bianco □ (*di persona*) impallidire, scolorire, trascolorarsi **CONTR.** arrossire, imporporarsi, colorirsi, colorarsi.

sbiancàto *part. pass. di* **sbiancare**; *anche agg.* ***1*** imbiancato, imbianchito, dilavato, slavato, candeggiato, scolorito **CONTR.** offuscato, oscurato, annerito ***2*** (*di persona*) pallido, trascolorato, impallidito, cereo, smorto **CONTR.** arrossito, imporporato, rubicondo, rosso.

sbicchieràta *s. f.* bicchierata, bevuta, rinfresco.

sbièco *agg.* obliquo, storto, trasversale, fuori di squadra **CONTR.** diritto, dritto **FRAS.** *di sbieco*, obliquamente, di traverso □ *guardare di sbieco* (*fig.*), guardare con malanimo.

sbigottiménto *s. m.* sgomento, paura, spavento, brivido, panico, smarrimento, terrore, costernazione, profondo timore, trepidazione, turbamento □ meraviglia, stupore, stordimento, impressione, confusione, sbalordimento, sconcerto, stupefazione **CONTR.** gioia, felicità. *V. anche* PAURA, STORDIMENTO

sbigottìre ***A*** *v. tr.* turbare, sconcertare, sgomentare, atterrire, impaurire, intimorire, spaurire, spaventare, impressionare, stordire, sbalordire, costernare, sconvolgere, avvilire, scoraggiare □ stupire, meravigliare, stupefare **CONTR.** rincuorare, confortare, incoraggiare, rassicurare, far animo, tranquillizzare, calmare, quietare, rallegrare, dare gioia ***B*** *v. intr.* e **sbigottirsi** *intr. pron.* turbarsi, smarrirsi, scoraggiarsi, sgomentarsi, avvilirsi, impressionarsi, impaurirsi, atterrirsi, spaurirsi, spaventarsi □ impallidire, stupirsi, meravigliarsi, allibire **CONTR.** farsi animo, rincuorarsi, rassicurarsi, imbaldanzirsi, confortarsi, calmarsi, tranquillizzarsi, quietarsi □ rallegrarsi, gioire. *V. anche* IMPRESSIONARE

sbigottìto *part. pass. di* **sbigottire**; *anche agg.* turbato, impressionato, impaurito, spaurito, intimorito, spaventato, atterrito, angustiato, sgomento, avvilito, smarrito, scoraggiato, scorato □ stupefatto, stupito, esterrefatto, sbalordito, allibito, meravigliato, attonito, stordito, confuso, interdetto **CONTR.** rincuorato, rianimato, confortato, incoraggiato, rassicurato, rallegrato, imbaldanzito □ calmo, disteso, quieto, sereno, tranquillo.

sbilanciàre ***A*** *v. tr.* ***1*** squilibrare **CONTR.** bilanciare, equilibrare, controbilanciare ***2*** (*fig.*) (*di finanze, di economia e sim.*) dissestare, mettere in crisi **CONTR.** compensare □ dare impulso, incrementare ***3*** (*fig.*) (*di progetto, di piano, ecc.*) turbare, sconcertare, sconvolgere, scombussolare **CONTR.** sistemare, organizzare ***B*** *v. intr.* perdere l'equilibrio, pendere da una parte ***C*** **sbilanciarsi** *v. intr. pron.* ***1*** (*in economia*) dissestarsi, rovinarsi **CONTR.** fare fortuna ***2*** compromettersi, arrischiarsi, promettere troppo **CONTR.** controllarsi, contenersi.

sbilàncio *s. m.* ***1*** squilibrio, disegualità, sbalzo, scompenso **CONTR.** equilibrio ***2*** (*econ.*) disavanzo, deficit (*lat.*), dissesto, passivo **CONTR.** attivo, avanzo, eccedenza.

sbilènco *agg.* ***1*** storto, bilenco, fuori sesto □ sciancato, storpio, storpiato, zoppo, zoppicante **CONTR.** diritto, dritto, in sesto ***2*** (*fig.*) (*di ragionamento, di idea, ecc.*) malfatto, contorto, balordo, sciocco, illogico, incoerente **CONTR.** coerente, logico, sensato.

sbirciàre *v. tr.* guardare di traverso, guardare di sfuggita, occhieggiare **CONTR.** osservare, fissare.

sbirciàta *s. f.* rapido sguardo, guardata, occhiata.

sbirro *s. m.* (*spreg.*) poliziotto, sgherro, scherano (*lett.*), bargello (*lett.*), aguzzino, questurino (*pop.*), gendarme, agente.

sbizzarrire ***A*** *v. tr.* togliere i capricci, far passare le bizzarrie, scapricciare (*raro*) ***B*** **sbizzarrirsi** *v. intr. pron.* scapricciarsi, sbrigliarsi **CONTR.** frenarsi, contenersi, trattenersi, moderarsi.

sbloccàre ***A*** *v. tr.* liberare, sciogliere, accelerare □ (*di situazione*) risolvere, sbrogliare □ (*di affitti e sim.*) svincolare, liberalizzare □ (*psicol.*) disinibire **CONTR.** bloccare, vincolare, impedire, impacciare, frenare, intralciare, ostacolare ***B*** *v. intr. pron.* liberarsi □ risolversi □ disinibirsi **CONTR.** bloccarsi □ inibirsi.

sblòcco *s. m.* liberazione, rimozione □ liberalizzazione **CONTR.** blocco, interruzione □ vincolo □ inibizione.

sbòbba *s. f.* (*pop.*) broda, brodaglia, sciacquatura, schifezza **CONTR.** squisitezza, delicatezza, ghiottoneria, intingolo.

sboccàre ***A*** *v. intr.* ***1*** (*di fiume*) sfociare, gettarsi, versarsi, confluire, riversarsi, scaricarsi □ (*di acqua*) sgorgare □ (*ant.*) traboccare **CONTR.** nascere, derivare ***2*** (*di strada*) terminare, finire, metter capo, dare, comunicare, immettere, immettersi, condurre, riuscire **CONTR.** cominciare, partire ***3*** (*di persone*) arrivare, giungere, pervenire, irrompere ***4*** (*fig.*) (*di situazione, di discussione, ecc.*) andare a finire, concludersi, terminare **CONTR.** iniziare, cominciare ***B*** *v. tr.* (*di vaso, di orlo, ecc.*) sbreccare, sbeccucciare, sbocconcellare.

sboccàto *agg.* ***1*** (*di persona, di discorso, ecc.*) sfrenato, licenzioso, grasso, osceno, boccaccesco, spudorato, scurrile, scollacciato, sbracato, volgare **CONTR.** casto, castigato, discreto, pudico, decente, verecondo, onesto ***2*** (*di vaso, di orlo, ecc.*) sbreccato, sbeccucciato, sbocconcellato. *V. anche* OSCENO

sbocciàre *v. intr.* ***1*** (*di fiore, di pianta*) aprirsi, schiudersi, germogliare, germinare, spuntare, fiorire **CONTR.** sfiorire, appassire, avvizzire, inaridirsi, seccarsi, disseccarsi ***2*** (*fig.*) (*di amore, di poesia, ecc.*) nascere, avere origine, scaturire, sorgere, manifestarsi, palesarsi **CONTR.** finire, tramontare, spegnersi.

sbócco *s. m.* ***1*** (*di fiume*) bocca, imboccatura, foce, sfocio □ delta, estuario **CONTR.** sorgente ***2*** (*di strada, di grotta, ecc.*) uscita, apertura, fauci, sfogo ***3*** (*econ.*) approdo, emporio, scalo ***4*** (*econ.*) collocamento, smercio, mercato ***5*** (*di liquido, di gas*) fuoriuscita, fiotto, rigurgito, sgorgo, trabocco □ (*pop.*) emottisi ***6*** (*fig.*) (*di situazione, di trattativa*) soluzione, conclusione, via d'uscita, esito.

sbocconcellàre *v. tr.* ***1*** mangiucchiare, assaggiare, piluccare, rosicchiare, spizzicare, spilluzzicare **CONTR.** divorare, ingoiare, trangugiare ***2*** (*di vaso, di orlo, ecc.*) sbeccare, sbreccare, sbeccucciare, sboccare, scheggiare, slabbrare.

sbollìre *v. intr.* ***1*** cessare di bollire **CONTR.** bollire, ribollire ***2*** (*fig.*) (*di ira, di entusiasmo, ecc.*) calmarsi, placarsi, raffreddarsi, diminuire, scemare, cessare **CONTR.** inasprirsi, acuirsi, accrescersi, aumentare, esacerbarsi, esasperarsi. *V. anche* DIMINUIRE

sbolognàre [da *s-* e *Bologna*, città dove si facevano oggetti d'oro falso] *v. tr.* ***1*** (*fam.*) (*di cosa*) appioppare, affibbiare, rifilare ***2*** (*fig.*) (*di persona*) levarsi di torno, liberarsi.

sbòrnia *s. f.* (*pop.*) ubriacatura, sbronza (*fam.*), cotta (*pop.*), balla (*dial.*), ciucca (*dial.*), scimmia (*dial.*), scuffia (*pop.*).

sborniàre *A* v. tr. (*pop., raro*) ubriacare *B* **sborniarsi** v. intr. pron. ubriacarsi, sbronzarsi (*fam.*).

sborniàto part. pass. di **sborniare**; anche agg. (*pop.*) ubriaco, sbronzo (*fam.*), ebbro, brillo, avvinazzato CONTR. sobrio, temperante.

sborsàre v. tr. (*est.*) pagare, versare, spendere, dare, snocciolare, sganciare, scucire (*pop.*) CONTR. incassare, intascare, introitare, riscuotere. *V. anche* SPENDERE

sbottàre v. intr. *1* erompere, scoppiare, prorompere CONTR. frenare, contenere, trattenere, soffocare *2* inveire, sfogarsi, prorompere, esplodere CONTR. contenersi, frenarsi, trattenersi, mandar giù, ingoiare, subire.

sbottonàre *A* v. tr. slacciare, sfibbiare CONTR. abbottonare, allacciare, affibbiare *B* **sbottonarsi** v. rifl. sbracarsi □ (*fig., fam.*) confidarsi, aprirsi CONTR. tacere, tener segreto.

sbozzàre v. tr. *1* sgrossare, digrossare, assottigliare, dirozzare CONTR. finire, rifinire, cesellare *2* (*fig.*) (*di discorso, di progetto, ecc.*) delineare, schizzare, abbozzare, schematizzare CONTR. concludere.

sbozzatùra s. f. sbozzo, sgrossatura, sgrossamento, digrossatura, digrossamento, abbozzo, schizzo, studio CONTR. lavoro finito, lavoro compiuto.

sbracàrsi v. rifl. *1* sbottonarsi □ (*fam.*) spaparanzarsi CONTR. abbottonarsi *2* (*fig.*) darsi da fare, interessarsi, adoperarsi, affaticarsi, sbracciarsi CONTR. disinteressarsi, infischiarsi, fregarsene (*pop.*) *3* lasciarsi andare, trascurarsi CONTR. aver cura di sé FRAS. *sbracarsi dalle risa*, ridere sguaiatamente.

sbracàto part. pass. di **sbracarsi**; anche agg. *1* trasandato, sciatto CONTR. curato, elegante *2* (*fig.*) sboccato, sguaiato, smodato, scomposto CONTR. composto, educato, fine, garbato, gentile, perbene.

sbracciàrsi v. intr. pron. *1* rimboccarsi le maniche *2* gesticolare, agitare le braccia *3* (*fig.*) darsi d'attorno, darsi da fare, adoperarsi, affannarsi, ingegnarsi, sforzarsi, sbracarsi CONTR. oziare, poltrire, stare con le mani in mano, stare in panciolle.

sbracciàto part. pass. di **sbracciarsi**; anche agg. *1* (*di persona*) con le braccia nude *2* (*di indumento*) senza maniche, con maniche corte.

sbraitàre v. intr. gridare, strepitare, vociare, strillare, spolmonarsi, urlare, berciare (*tosc.*), latrare, ragliare, ruggire CONTR. mormorare, bisbigliare, sussurrare. *V. anche* GRIDARE, PARLARE

sbranàre *A* v. tr. *1* fare a brani, dilaniare, lacerare, dilacerare (*lett.*), smembrare, squarciare, squartare, stracciare, strappare, straziare, fare scempio □ rompere, sminuzzare, tritare □ divorare CONTR. riunire, ricostruire, ricomporre *2* (*est., fig.*) (*di dolore, di pena, ecc.*) lacerare, straziare *3* (*fig.*) (*di avversario*) attaccare, cercare di rovinare CONTR. aiutare, appoggiare, favorire, proteggere *B* **sbranarsi** v. rifl. rec. (*fig.*) dilaniarsi, attaccarsi, cercare di rovinarsi CONTR. aiutarsi, appoggiarsi, favorirsi.

sbreccàre v. tr. sbeccare, sbeccucciare, scheggiare, sbocconcellare, sboccare, sbrecciare, slabbrare.

sbrégo s. m. (*sett.*) strappo, lacerazione.

sbriciolàre *A* v. tr. ridurre in briciole, sminuzzare, tritare, triturare, frantumare, stritolare, spezzettare, tagliuzzare, sgretolare, grattuggiare, smozzicare □ disintegrare, distruggere CONTR. unire, amalgamare *B* **sbriciolarsi** v. intr. pron. ridursi in briciole, frantumarsi, sgretolarsi, stritolarsi □ sfracellarsi, spappolarsi, disintegrarsi CONTR. unirsi, amalgamarsi.

sbrigàre *A* v. tr. *1* finire, spicciare, spacciare (*raro*), disimpegnare, disbrigare, districare, sbrogliare, risolvere, adempiere □ (*di corrispondenza*) evadere, smistare CONTR. tirare in lungo, rallentare, intralciare, ostacolare, protrarre, insabbiare (*fig.*) *2* (*est.*) (*di persona*) servire, accontentare, soddisfare *B* **sbrigarsi** v. intr. pron. *1* fare presto, spicciarsi, affrettarsi, galoppare (*fig.*) CONTR. attardarsi, indugiare, tardare *2* sbrogliarsi, liberarsi, disfarsi FRAS. *sbrigarsela*, cavarsela, disimpegnarsi. *V. anche* EVADERE

SBRIGARE
sinonimia strutturata

Coi verbi **sbrigare** e **disbrigare** ci si riferisce al risolvere e porre fine con sollecitudine ad un impegno assunto: *sbrigare una faccenda, una pratica, un affare*; *disbrigare una questione, un incarico urgente*; **sbrigarsela** significa invece disimpegnarsi da qualcosa o da qualcuno: *con tuo padre me la sbrigo io*. Affine è il significato di **finire**, verbo che indica il portare a termine o a compimento qualcosa di precedentemente avviato: *finire un discorso, un lavoro, un disegno*; *finire un romanzo, un libro*, ha un duplice significato di conclusione della stesura da parte dell'autore, oppure di conclusione della lettura da parte del lettore. Sottolineano invece ciò che deve essere compiuto i verbi **adempiere** e **soddisfare**, di tono sostenuto e particolarmente impiegati nel linguaggio amministrativo e burocratico: *adempiere a un dovere, al proprio ufficio*; *soddisfare a una richiesta, a una preghiera, ai propri impegni*.

Anche gli impieghi riflessivi dei verbi **liberare**, **disimpegnare** e **districare** definiscono tutti il concludere qualcosa o il venir fuori da una situazione particolare. In particolare, **liberarsi**, **disimpegnarsi** e **districarsi** sottolineano il trarsi d'impaccio, il non essere più vincolato da obblighi verso qualcosa o qualcuno: *liberarsi da un impegno*; *mi sono disimpegnato da qualsiasi obbligo verso di lui*; *non so districarmi da questo imbroglio*. Appartengono alla stessa area semantica anche **sbrogliare** in senso figurato, e **risolvere**. Questi verbi possono significare infatti il venir fuori da una questione particolarmente intricata e complessa: *devo sbrogliare un affare delicato*; *non sono riuscito a risolvere quella controversia*.

sbrigativaménte avv. *1* prontamente, speditamente, affrettatamente, celermente, sollecitamente □ risolutamente, bruscamente CONTR. lentamente, pigramente □ garbatamente *2* (*est.*) superficialmente, frettolosamente, sommariamente CONTR. accuratamente, ponderatamente, pignolescamente.

sbrigatìvo *agg.* **1** spedito, svelto, rapido, pronto, lesto, sollecito, celere **CONTR.** lento, tardo, pigro **2** (*est.*) (*di esame, di giudizio, ecc.*) superficiale, frettoloso, sommario, inaccurato, affrettato **CONTR.** profondo, accurato, sottile, ipercritico, sentenzioso **3** (*di persona, di modi, ecc.*) deciso, risoluto, determinato, energico, dinamico □ spiccio, spicciativo **CONTR.** indeciso, irresoluto, perplesso, incerto □ garbato.

sbrigliàre **A** *v. tr.* **1** **CONTR.** imbrigliare **2** (*fig.*) (*di fantasia, di immaginazione, ecc.*) dare piena libertà, liberare, sfrenare **CONTR.** frenare, impedire, ostacolare, domare **B** **sbrigliarsi** *v. intr. pron.* (*fig.*) sfrenarsi, sbizzarrirsi, galoppare **CONTR.** frenarsi, contenersi, dominarsi, trattenersi.

sbrigliàto *part. pass. di* **sbrigliare**; *anche agg.* sfrenato, scatenato, sregolato, irriflessivo, avventato □ intemperante, scapestrato **CONTR.** moderato, contegnoso, ponderato, prudente, riflessivo, considerato, controllato.

sbrindellàre **A** *v. tr.* sbrandellare (*raro*), lacerare, strappare, rompere, sdrucire, stracciare, squarciare **CONTR.** rammendare, rappezzare, rattoppare, ricucire **B** *v. intr.* cadere a brandelli, sbrendolare (*tosc.*), rompersi.

sbrindellàto *part. pass. di* **sbrindellare**; *anche agg.* lacero, strappato, rotto, stracciato □ cencioso, scalcagnato, sciatto **CONTR.** rammendato, rappezzato, rattoppato, ricucito □ elegante.

sbrindellóne *s. m.* sbrendolone (*tosc.*), sciattone, pezzente, straccione **CONTR.** elegantone, damerino, zerbinotto, bellimbusto, gagà.

sbrodolàre **A** *v. tr.* **1** insudiciare di brodo, imbrodare (*raro*), imbrodolare, macchiare **2** (*fig.*) (*di scritto, di discorso, ecc.*) rendere prolisso, tirare in lungo, diluire **CONTR.** essere conciso **B** **sbrodolarsi** *v. rifl.* insudiciarsi con brodo, imbrodarsi (*raro*), imbrodolarsi, macchiarsi, intrugliarsi.

sbrodolàta *s. f. V.* **sbrodolatura**.

sbrodolàto *part. pass. di* **sbrodolare**; *anche agg.* **1** sporco di brodo, imbrodato (*raro*), imbrodolato, macchiato **2** (*fig.*) (*di scritto, di discorso, ecc.*) prolisso, troppo lungo **CONTR.** breve, conciso, laconico, serrato, stringato, succinto.

sbrodolatùra *s. f.* **1** macchia, traccia, unto **2** (*fig.*) lungaggine, divagazione, tirata, sbrodolata.

sbrodolóne *s. m.* **1** (*di persona*) frittellone, brodolone **2** (*fig.*) prolisso, noioso, troppo lungo **CONTR.** breve, conciso, laconico, serrato, stringato, succinto.

sbrogliàre **A** *v. tr.* **1** (*di nodi, di grovigli, ecc.*) sciogliere, districare, sgrovigliare, sgarbugliare, dipanare, strigare (*raro*) **CONTR.** imbrogliare, ingarbugliare, aggrovigliare, arruffare, intricare, ammatassare **2** (*fig.*) (*di questione, di situazione, ecc.*) risolvere, sbrigare, spicciare **CONTR.** complicare **3** sgombrare, sbarazzare, liberare **CONTR.** ingombrare **B** **sbrogliarsi** *v. rifl.* (*fig.*) liberarsi, districarsi, disbrigarsi, sbrigarsi, distrigarsi, spicciarsi **CONTR.** impegolarsi, invischiarsi, ingarbugliarsi, imbrogliarsi. *V. anche* SBRIGARE, SCIOGLIERE

sbrónza *s. f.* (*fam.*) ubriacatura, sbornia (*pop.*), cotta (*pop.*), balla (*dial.*), ciucca (*pop.*), scimmia (*pop*).

sbronzàrsi *v. rifl.* (*fam.*) sborniarsi (*pop.*), ubriacarsi.

sbrónzo *agg.* (*fam.*) ubriaco, ebbro (*lett.*), avvinazzato, bevuto, sborniato (*pop.*), brillo, cotto **CONTR.** sobrio, temperante, astemio.

sbruffàre *v. tr.* **1** spruzzare □ aspergere, irrorare **2** (*fig.*) vantarsi, vanagloriarsi, fare lo sbruffone **3** (*fig., raro*) corrompere, dare la bustarella.

sbrùffo *s. m.* **1** sbruffata, spruzzata, spruzzo **2** (*fig.*) bustarella.

sbruffonàta *s. f.* (*dial.*) spacconata, smargiassata, gradassata, pataccata (*dial.*).

sbruffóne *s. m.* (*dial.*) spaccone, millantatore, smargiasso, gradasso, patacca (*dial.*), pataccone (*dial.*) **CONTR.** modesto.

sbucàre **A** *v. intr.* **1** uscire, venire fuori **CONTR.** imbucarsi, rintanarsi, entrare **2** apparire, presentarsi **B** *v. tr.* (*raro*) stanare, snidare.

sbucciapatàte *s. m. inv.* pelapatate.

sbucciàre **A** *v. tr.* **1** (*di patata, di mela, ecc.*) levare la buccia, pelare, scortecciare, scorzare, mondare □ sgranare, sgusciare **2** (*di pelle*) escoriare, spellare, scorticare, scrostare **B** **sbucciarsi** *v. intr. pron.* escoriarsi, spellarsi, scorticarsi.

sbucciatùra *s. f.* **1** pelatura □ sgranamento, sgusciatura **2** spellatura, abrasione, escoriazione, scorticatura, ferita.

sbudellàre **A** *v. tr.* **1** (*di animale*) sventrare, sbuzzare (*tosc.*) **2** (*di persona*) accoltellare, ammazzare, uccidere, ferire **B** **sbudellarsi** *v. rifl. rec.* accoltellarsi, uccidersi **FRAS.** *sbudellarsi dalle risa* (*fig.*), ridere a crepapelle.

sbuffàre *v. intr.* **1** soffiare □ ansimare, buffare (*lett.*), stronfiare (*tosc.*) □ (*fig.*) annoiarsi, spazientirsi, irritarsi **2** (*di ciminiera, di locomotiva, ecc.*) emettere fumo, fumare.

sbùffo *s. m.* **1** (*di vento, di fumo, ecc.*) sbuffata, respiro, fiotto, fiato, pennacchio (*fig.*) □ folata, soffio **2** (*di abito*) sboffo, sgonfio, rigonfiamento, rigonfiatura, arricciatura.

sbullonàto *agg.* (*est., gerg.*) eccentrico, svitato, strambo, sconclusionato **CONTR.** savio, saggio, equilibrato.

scàbbia *s. f.* (*med.*) psoriasi, rogna, tigna.

scàbro *agg.* **1** ruvido, aspro, scabroso, irregolare, granelloso, granulare, granuloso, ineguale **CONTR.** levigato, liscio, serico, piano, uniforme **2** (*lett., fig.*) (*di luogo*) pietroso, brullo **3** (*di scritto, di stile, ecc.*) conciso, essenziale, serrato, stringato, succinto, concettoso, compendioso **CONTR.** prolisso, troppo lungo, diffuso, verboso. *V. anche* ROZZO

scabrosità *s. f.* **1** (*di cosa*) asprezza, asperità, ruvidezza, ruvidità (*lett.*), scabrezza, rugosità **CONTR.** levigatezza, liscezza (*raro*), morbidezza **2** (*fig.*) (*di scritto, di stile, ecc.*) concisione, stringatezza, concettosità, compendiosità **CONTR.** prolissità, lungaggine, verbosità **3** (*fig.*) (*di problema, di argomento, ecc.*) difficoltà, delicatezza, intrattabilità, angolosità **CONTR.** facilità, agevolezza, semplicità.

scabróso *agg.* **1** (*di cosa*) scabro, aspro, ruvido, non liscio **CONTR.** levigato, liscio, morbido, piano **2** (*fig.*) (*di scritto, di stile, ecc.*) conciso, stringato, succinto, concettoso, compendioso **CONTR.** prolisso, diffuso, troppo lungo, verboso **3** (*fig.*) (*di problema, di argomento, ecc.*) difficile, delicato, riservato, che richiede tatto, spinoso, difficoltoso, angoloso, intrattabile □ spinto **CONTR.** facile, semplice, chiaro.

scacchièra *s. f.* damiere, damiera.

scacciapensièri *s. m. inv.* (*fig.*) passatempo, svago.

scacciàre *v. tr.* **1** mandare via, cacciare □ rimuovere, licenziare □ espellere □ sfrattare, sloggiare □ respingere, fugare, disperdere □ bandire, esiliare, proscrivere, confinare **CONTR.** fare venire, chiamare, accogliere **2** (*fig.*) (*di malinconia, di pensieri, ecc.*) allontanare, far dimenticare, far passare **CONTR.** far venire, alimentare.

scacciàto *part. pass. di* **scacciare**; *anche agg.* cacciato, espulso, ripulso, reietto, respinto □ escluso □ bandito, esiliato, proscritto □ sfrattato, licenziato, rimosso **CONTR.** chiamato, accolto, fatto venire.

scàcco *s. m.* **1** (*est.*) quadratino **2** (*fig.*) fallimento, insuccesso, sconfitta, mortificazione, fiasco **CONTR.** successo, vittoria, trionfo **FRAS.** *tenere in scacco* (*fig.*), tenere sotto minaccia; tenere in stato di inferiorità; bloccare; impedire.

scaccomàtto o **scàcco màtto** *s. m. solo sing.* (*fig.*) sconfitta definitiva, insuccesso completo **CONTR.** vittoria, successo, trionfo.

scadènte *part. pres. di* **scadere**; *anche agg.* **1** di poco pregio, di serie B, andante, povero, corrente, ordinario, grossolano, inferiore, mediocre, dozzinale, deteriore □ cattivo, difettoso, imperfetto **CONTR.** pregevole, pregiato, eccellente, egregio, ottimo, prezioso, scelto, raro, speciale **2** (*di voto, di alunno, ecc.*) insufficiente, scarso, inclassificabile □ (*di impiegato e sim.*) inefficiente **CONTR.** sufficiente, discreto, bravo, abile, valente. *V. anche* SCARSO

scadènza *s. f.* **1** (*di tempo*) termine, limite, decorso **2** (*est.*) (*di impegno*) pagamento □ obbligo, impegno.

scadére *v. intr.* **1** perdere valore, decadere, declinare, svalutarsi, deprezzarsi, degenerare, peggiorare, degradarsi, deperire **CONTR.** valorizzarsi, migliorare, tenere **2** (*di tempo, di pagamento, ecc.*) finire, passare, concludersi **CONTR.** decorrere **3** (*di documento e sim.*) perdere validità, non valere più **CONTR.** valere.

SCADERE
sinonimia strutturata

Il significato di **scadere** richiama immediatamente una serie di accezioni negative come il perdere pregio, stima, forza o altre caratteristiche positive: *scadere nel credito, nell'opinione pubblica*; *scadere nella salute*. Il suo sinonimo più generale è **peggiorare**: *la qualità del cibo in quel ristorante è molto scaduta*; *il livello della preparazione degli insegnanti scade di anno in anno*; molto vicino è **decadere**, che indica precisamente il passare da uno stato caratterizzato da prosperità e forza a uno contrassegnato da miseria e debolezza: *è una teoria che va rapidamente decadendo*; *la sua salute decade rapidamente*; *la loro religione decadde a superstizione*; in quest'ultimo esempio, decadere equivale a **degenerare**, che si riferisce appunto al mutare in peggio: *lo scherzo degenerò in rissa*. Rispetto ai verbi precedenti, **declinare** si distingue perché può indicare una diminuzione di intensità e potenza oltre che di valore, e quindi, in certi contesti, evoca l'idea del tramonto più che quella del peggioramento: *la sua validità va declinando*; *la febbre declina*; *a quei tempi la fortuna di Napoleone già cominciava a declinare*; *certe mode declinano presto*. Più in particolare, per indicare un declino nella forza, nella salute, nell'aspetto esteriore il verbo più calzante è **deperire**: *deperire in seguito a una grave malattia*. Al contrario, si usa soprattutto in relazione a fattori sociali, urbanistici ed ecologici il verbo **degradarsi**: *la zona si è molto degradata*. Si riferiscono invece specificamente alla perdita di valore **deprezzarsi** e **svalutarsi**: *dopo la costruzione della nuova autostrada la villa si è notevolmente deprezzata*; *la moneta si sta svalutando*.

In un secondo ambito semantico, il verbo scadere significa giungere al tempo fissato, ad esempio per un pagamento o un adempimento, e si applica a contratti, obbligazioni, ecc.: *domani scade la cambiale*; usato in riferimento al tempo, o meglio ad un periodo di tempo stabilito per compiere una data cosa, il verbo è sinonimo di **finire**, **passare**, **concludersi**, ossia di esaurirsi: *domani scadono i sessanta giorni per presentare il ricorso*. Inoltre, sempre in relazione al tempo, indica il superare il limite massimo di validità o di durata: *la tua patente è scaduta*; *questo farmaco è scaduto*; in quest'ultima accezione, se si riferisce per esempio a un documento, il verbo corrisponde al **perdere validità**, al **non valere più**, ovvero al non essere più legalmente efficace.

scadiménto *s. m.* decadenza, decadimento, declino, degenerazione, degrado, degradamento, degradazione, minorazione □ abbassamento, diminuzione, peggioramento **CONTR.** miglioramento, progresso, incremento, rifiorimento.

scadùto *part. pass. di* **scadere**; *anche agg.* **1** decaduto, declinato, degenerato, peggiorato □ demodé (*fr.*) **CONTR.** migliorato, progredito, rifiorito **2** (*di tempo, di pagamento, ecc.*) finito, passato, decorso, perento (*dir.*), spirato **3** (*di documento*) non valido **CONTR.** valido, ancora in vigore, valevole, corrente.

scaffalatùra *s. f.* scaffali, scansia.

scaffàle *s. m.* scansia, scaffalatura, casellario, palco, ripiano, etagère (*fr.*) □ libreria.

scàfo *s. m.* (*di navi, di idrovolanti*) fusto, guscio, fasciame, ossatura, intelaiatura, corpo.

scagionàre **A** *v. tr.* scolpare, discolpare, giustificare, difendere, scusare **CONTR.** accagionare (*ant.*), accusare, denunciare, imputare, incolpare, incriminare, tacciare **B** **scagionarsi** *v. rifl.* scolparsi, discolparsi, giustificarsi, difendersi, scusarsi **CONTR.** accusarsi, incolparsi, incriminarsi.

scagionàto *part. pass. di* **scagionare**; *anche agg.* prosciolto, assolto □ giustificato, scusato.

scàglia *s. f.* **1** (*zool.*) squama, placchetta **2** (*est., gener.*) falda, placca, frammento, lamina, lamella, piastra, piastrina, scheggia, punta.

scagliàre ***A*** *v. tr.* **1** gettare, buttare, lanciare, tirare, proiettare, scaraventare, catapultare, sbattere, scaricare, scoccare, slanciare, avventare, fondare (*est.*), sbalestrare, frombolare, grandinare (*raro*) □ vibrare, sferrare **2** (*fig.*) (*di insulti, di ingiurie e sim.*) lanciare, inviare, pronunciare, proferire (*lett.*), sparare (*fig.*), sputare (*fig.*), eruttare (*fig.*), vomitare (*fig.*) ***B*** **scagliarsi** *v. rifl.* **1** avventarsi, gettarsi, lanciarsi, slanciarsi, assalire, buttarsi, proiettarsi, sferrarsi, catapultarsi, scattare, balzare, saltare, tuffarsi **CONTR.** ritirarsi **2** (*fig.*) (*a parole*) inveire, aggredire, apostrofare, scatenarsi, tuonare.

scaglionaménto *s. m.* frazionamento, ripartizione, distribuzione, divisione □ intervallo.

scaglionàre *v. tr.* disporre a scaglioni □ disporre a intervalli □ frazionare, distribuire, dividere □ dilazionare, rateizzare **CONTR.** unire, unificare. *V. anche* DIVIDERE

scaglióne *s. m.* **1** contingente, mandata, gruppo, reparto **2** frazionamento □ fascia, parte, quota.

scagnòzzo *s. m.* **1** prete miserabile **2** (*est.*) (*di professionista, di artista, ecc.*) cane (*fig.*), incapace, incompetente **CONTR.** competente, bravo **3** (*spreg.*) tirapiedi, accolito □ gorilla, guardaspalle.

scàla *s. f.* **1** scalini □ scalinata, scalone, gradinata, scalea, scaleo, scalera (*raro*), cordonata **2** (*di valori, di misure, ecc.*) successione, sequenza, serie, gamma, gerarchia, gradazione, graduatoria **3** (*geogr.*) rapporto **4** (*fig.*) proporzione, misura, dimensione **5** (*nei giochi di carte*) sequenza **FRAS.** *a scala*, in ordine crescente o decrescente □ *su vasta scala* (*fig.*), in grandi proporzioni.

scalàre *v. tr.* **1** salire □ ascendere, arrampicarsi, inerpicarsi, issarsi **CONTR.** scendere, discendere, calarsi, digradare, ruzzolar giù, rotolar giù, precipitare **2** (*da un conto, da un credito, ecc.*) detrarre, defalcare, diminuire, ridurre, scemare **CONTR.** accrescere, aumentare, aggiungere **3** (*di colori, di oggetti, ecc.*) disporre gradualmente. *V. anche* DIMINUIRE

scalàta *s. f.* arrampicata, ascensione, salita **CONTR.** discesa, calata.

scalatóre *s. m.* (*f. -trice*) arrampicatore, alpinista, rocciatore □ (*nel ciclismo*) grimpeur (*fr.*).

scalcagnàto *agg.* **1** (*di scarpa*) con i calcagni consumati, consunto, sformato **2** (*est.*) (*di persona*) male in arnese, malridotto, scalzacane, scalcinato, sbrindellato **CONTR.** elegante, ben vestito, agghindato, attillato.

scalcinàto *agg.* **1** (*di muro*) senza intonaco **CONTR.** intonacato **2** (*fig.*) (*di persona*) malridotto, scalcagnato, sgangherato, male in arnese **CONTR.** elegante, ben messo, ben vestito, agghindato, attillato.

scaldaàcqua *s. m. inv.* scaldabagno, boiler (*ingl.*).

scaldabàgno *s. m.* scaldaacqua, boiler (*ingl.*).

scaldalètto *s. m.* (*fam.*) scaldino, prete, suora, monaco, padella, trabiccolo.

scaldàre ***A*** *v. tr.* **1** rendere caldo, riscaldare, incalorire (*raro*) **CONTR.** raffreddare, rinfrescare, refrigerare **2** (*fig.*) (*di persona, di animo, ecc.*) agitare, eccitare, accendere, infervorare, infiammare, inebriare, appassionare, elettrizzare, entusiasmare, commuovere, turbare, impressionare **CONTR.** calmare, placare, quietare ***B*** **scaldarsi** *v. rifl.* procurarsi calore, riscaldarsi **CONTR.** raffreddarsi ***C*** *v. intr. pron.* **1** divenire caldo, riscaldarsi, incalorirsi (*raro*) **CONTR.** raffreddarsi, rinfrescarsi **2** (*fig.*) (*di persona, di animo, ecc.*) agitarsi, eccitarsi, accalorarsi, accendersi, animarsi, infervorarsi, infiammarsi, appassionarsi, elettrizzarsi, entusiasmarsi, commuoversi, turbarsi, impressionarsi □ perdere il controllo, scalmanarsi **CONTR.** calmarsi, placarsi, quietarsi. *V. anche* SCIOGLIERE

scaldìno *s. m.* caldano (*tosc.*), braciere, trabiccolo, veggio (*tosc.*), prete (*dial.*) □ boule (*fr.*).

scalétta *s. f.* **1** *dim. di* **scala** **2** (*di film, di discorso, ecc.*) abbozzo, schema, schizzo, traccia, linea, disegno (*fig.*), appunti, palinsesto, scheletro (*fig.*). *V. anche* SCHIZZO

scalfìre *v. tr.* incidere, intaccare, graffiare, segnare, intagliare □ ferire leggermente.

scalfittùra *s. f.* intaccatura □ lesione superficiale, ferita, graffio, graffietto, graffiatura.

scalìgero [dai *Della Scala*, signori di Verona] *agg.* (*est.*) veronese.

scalinàta *s. f.* ampia scala, scalone, gradinata, scalea.

scalìno *s. m.* **1** gradino □ ripiano, pedata **2** (*fig.*) grado, condizione, rango.

scalmàna *s. f.* **1** (*al viso*) vampata, caldana **2** (*fig.*) infatuazione, entusiasmo, esaltazione, fanatismo **CONTR.** freddezza, indifferenza, antipatia, avversione. *V. anche* FANATISMO

scalmanàrsi *v. intr. pron.* **1** affaticarsi, sudare, accaldarsi **CONTR.** raffreddarsi, rinfrescarsi, riposarsi **2** (*fig.*) darsi da fare, agitarsi, gesticolare, affannarsi, affaccendarsi, sfegatarsi, sforzarsi, scaldarsi, preoccuparsi **CONTR.** calmarsi, quietarsi.

scalmanàto *part. pass. di* **scalmanarsi**; *anche agg.* e *s. m.* **1** accaldato, affaticato, sudato **CONTR.** fresco, riposato **2** (*fig.*) agitato, affannato, affaccendato, preoccupato □ turbolento, fanatico, esagitato **CONTR.** calmo, quieto, tranquillo, composto, impassibile.

scàlo *s. m.* **1** approdo, sbarco, imbarcatoio, imbarcadero, banchina, molo, calata, darsena, squero (*ven*) □ porto, aeroporto, stazione **2** fermata intermedia, sosta, attesa **FRAS.** *senza scali intermedi*, non stop.

scalógna *s. f.* (*fam.*) iettatura, sfortuna, iattura, disdetta, iella (*dial.*), disgrazia, sventura, sfiga (*gerg.*) **CONTR.** fortuna, buona sorte, cuccagna, manna, bazza.

scalognàto *agg.* (*fam.*) sfortunato, disgraziato, sventurato, iellato (*dial.*), sciagurato **CONTR.** fortunato, favorito dalla sorte, avventurato.

scalóne *s. m.* scala, scalinata, scalea, gradinata.

scalpellàre *v. tr.* scalpellinare (*tosc.*), incidere, intagliare, scheggiare □ cancellare.

scalpellìno *s. m.* marmista, marmoraio (*lett.*), tagliapietre, lapidario, scultore.

scalpèllo *s. m.* bulino, sgorbia, gorbia, subbia, ugnetto, tagliaferro.

scalpiccìo *s. m.* scalpicciamento, stropicciamento, calpestio, tacchettio □ scalpitio, rumoreggiamento.
scalpitànte *part. pres. di* **scalpitare**; *anche agg.* (*anche fig.*) impaziente, nervoso, irrequieto **CONTR.** calmo, tranquillo.
scalpitàre *v. intr.* **1** (*di cavallo*) zampare, zampeggiare, scalpicciare **2** (*fig.*) (*di persona*) essere impaziente, essere irrequieto **CONTR.** stare calmo, stare tranquillo, pazientare.
scalpóre *s. m.* **1** chiasso, clamore, rumore, strepito, frastuono **CONTR.** silenzio, pace, quiete, tranquillità **2** (*fig.*) eco, risonanza, impressione, pubblicità, scandalo.
scaltrézza *s. f.* accortezza, accorgimento, avvedutezza, sagacia, destrezza, esperienza, finezza, perspicacia, tattica □ astutezza (*raro*), astuzia, callidità (*lett.*), furberia, furbizia, malizia, machiavellismo **CONTR.** candidezza (*raro*), candore, inesperienza, dabbenaggine, ingenuità, semplicioneria, stoltezza, minchioneria (*fam.*), innocenza, semplicità, schiettezza.
scaltrìre ***A*** *v. tr.* rendere scaltro, ammaliziare, smaliziare, svegliare □ dirozzare, scozzonare **CONTR.** istupidire, rincretinire ***B*** **scaltrirsi** *v. intr. pron.* **1** diventare scaltro, ammaliziarsi, smaliziarsi, diventare furbo, svegliarsi, infurbirsi **CONTR.** incretinire, rimbecillire, rimminchionire (*volg.*) **2** (*in un mestiere, in un'arte, ecc.*) diventare sicuro, diventare padrone.
scàltro *agg.* accorto, cauto, avveduto, sagace, destro, abile, esperto, navigato, fino, perspicace □ furbo, astuto, callido (*lett.*), volpino, scaltrito, ambidestro (*lett.*), dritto (*fam.*), furbacchione, malizioso, smaliziato, calcolatore, machiavellico □ furbesco **CONTR.** candido, inesperto, ingenuo, innocente, semplice, semplicione, schietto, bonaccione, malaccorto, sconsigliato, minchione (*fam.*), babbeo, coglione (*pop. volg.*).
scalzacàne o **scalzacàni** *s. m.* **1** (*spreg.*) uomo male in arnese, miserabile, scalcagnato, straccione **CONTR.** uomo ben messo, elegantone **2** ignorantone, screanzato □ inetto, incompetente, cane (*fig.*), incapace **CONTR.** esperto, competente, bravo.
scalzàre ***A*** *v. tr.* **1** (*di piede*) denudare **CONTR.** calzare **2** (*di pianta*) levare la terra **CONTR.** rincalzare, interrare **3** (*fig.*) (*di muro, di costruzione, ecc.*) abbattere, atterrare, demolire, distruggere **CONTR.** costruire, edificare, erigere, innalzare **4** (*fig.*) (*di persona, di fama, ecc.*) screditare, indebolire, rovinare **CONTR.** accreditare, rafforzare, accrescere **5** (*fig.*) (*da un posto*) spodestare, allontanare, cacciare **CONTR.** assumere ***B*** **scalzarsi** *v. rifl.* togliersi scarpe e calze.
scambiàbile *agg.* cambiabile, intercambiabile, convertibile.
scambiàre ***A*** *v. tr.* **1** prendere per un altro, confondere **CONTR.** riconoscere, ravvisare, identificare **2** confondere, equivocare, errare, sbagliare **CONTR.** indovinare, azzeccare **3** (*di cose*) cambiare, barattare, permutare, commutare, sostituire, convertire **4** (*di favore, di saluto, ecc.*) ricambiare, contraccambiare, rendere, restituire **5** discorrere, conversare ***B*** **scambiarsi** *v. rifl. rec.* ricambiarsi, contraccambiarsi □ palleggiarsi.
scàmbio *s. m.* **1** (*tra persone o cose*) confusione, errore, sbaglio, abbaglio, equivoco **CONTR.** riconoscimento, identificazione **2** cambio, cambiamento, sostituzione, commutazione □ baratto, permuta, permutamento, permutazione □ (*di colture*) rotazione **3** (*di saluti, di favori, ecc.*) ricambio, contraccambio, do ut des (*lat.*) **4** (*di merci*) commercio, traffico, mercato, negozio **5** (*ferr.*) deviatoio.
scamiciàto ***A*** *agg.* in maniche di camicia □ (*est.*) scomposto, inelegante, sciatto, disordinato, trasandato **CONTR.** curato, ordinato, composto, elegante ***B*** *s. m.* abito scollato.
scampagnàta *s. f.* gita in campagna, picnic (*ingl.*), escursione.
scampanàto *agg.* (*di abito*) allargato sul fondo, svasato, a godet (*fr.*).
scampàre ***A*** *v. tr.* salvare, liberare, preservare, difendere, tutelare, proteggere, sottrarre □ evitare, scapolare, schivare, sfuggire **CONTR.** esporre, gettare □ incontrare ***B*** *v. intr.* **1** uscire illeso, salvarsi, sottrarsi, sopravvivere, campare (*lett.*) **CONTR.** incorrere, incappare **2** rifugiarsi, scappare, andare, nascondersi **CONTR.** presentarsi, consegnarsi. *V. anche* EVADERE
scampàto *part. pass. di* **scampare**; *anche agg. e s. m.* **1** evitato, schivato **CONTR.** incontrato **2** salvato, liberato, preservato, sottratto, salvo, immune □ sopravvissuto, superstite, naufrago **CONTR.** esposto.
scàmpo *s. m.* salvezza, salvazione, salute, liberazione, remissione □ rimedio, difesa, protezione, tutela **CONTR.** perdizione, rovina.
scàmpolo *s. m.* residuo, resto, rimanenza, scarto, rimasuglio, pezzo, pezzetto, segmento □ (*anche fig.*) avanzo, ritaglio.
scanalàre *v. tr.* scannellare, solcare, incavare, scavare, rigare.
scanalatùra *s. f.* incavo, incavatura, scannellatura, cavità, gola, coulisse (*fr.*), tacca □ rigatura □ (*di vite*) filetto □ (*arch.*) glifo, stria.
scandagliàre *v. tr.* **1** (*di acque*) misurare con lo scandaglio **2** (*fig.*) (*di sentimenti, di intenzioni, ecc.*) tentare di conoscere, investigare, indagare, osservare, inquisire, calcolare, esplorare, esaminare, saggiare, esperire, provare, soppesare, tastare.
scandàglio *s. m.* **1** piombino, sonda, sagola, batometro, batimetro □ (*med.*) specillo **2** (*fig.*) calcolo, prova, esame, esperimento, indagine, saggio, tentativo. *V. anche* ESAME
scandalizzàre ***A*** *v. tr.* dare scandalo, suscitare scandalo, offendere, turbare, indignare, disgustare □ indurre al male, indurre a peccare **CONTR.** edificare, dare buon esempio ***B*** **scandalizzarsi** *v. intr. pron.* sdegnarsi, indignarsi, crucciarsi, formalizzarsi, irritarsi, turbarsi, vergognarsi.
scàndalo *s. m.* **1** turbamento morale, sconvolgimento morale □ immoralità, indecenza, oscenità, disgusto, vergogna **CONTR.** edificazione **2** cattivo esempio **CONTR.** buon esempio **3** (*est.*) scalpore, cancan (*fr.*), clamore, vespaio, putiferio **4** (*est.*) scenata, lite, litigio, piazzata.
scandalóso *agg.* **1** (*spec. di condotta*) causa di

scandalo, disonesto, immorale, indecente, infame, licenzioso, vergognoso, vituperabile □ (*spec. di linguaggio, di film, di libro, ecc.*) scurrile, osé (*fr.*), sporco, osceno, porno, pornografico **CONTR.** onesto, morale, esemplare, casto, castigato, decente, edificante **2** (*scherz.*) grandissimo, eccessivo, esagerato **CONTR.** minimo, pochissimo, da nulla. *V. anche* OSCENO

scandìre *v. tr.* (*est.*) (*di parole*) pronunciare distintamente, pronunciare lentamente, sillabare, staccare, compitare, marcare, spiccare, accentare □ (*anche fig.*) ritmare, cadenzare, battere **CONTR.** borbogliare (*raro*), balbettare, borbottare, farfugliare, strascicare.

scannàre *v. tr.* **1** sgozzare □ uccidere, ammazzare, trucidare **2** (*fig.*) (*di tasse, di prezzi, ecc.*) opprimere, angariare, tartassare, strangolare, strozzare, spellare, pelare, rapinare, spennare, spennacchiare, iugulare, giugulare (*lett.*), rovinare, vessare.

scannellàre *v. tr.* scanalare, rigare.

scanning /*ingl.* 'skæniŋ/ [vc. ingl., da *to scan* 'esaminare minuziosamente'] *s. m. inv.* scansione.

scànno *s. m.* sedile, seggio, banco, stallo, panca, scranna, scranno, sedia, seggiola, sgabello, cadrega (*dial.*).

scansafatiche *s. m.* e *f. inv.* fannullone, bighellone, ciondolone, gingillone, infingardo, ozioso, neghittoso, perdigiorno, lazzarone, poltrone, pelandrone, pigro, sfaccendato, sfaticato, scioperato, vagabondo, imboscato, inattivo, lavativo **CONTR.** lavoratore □ sgobbone, stacanovista.

scansàre **A** *v. tr.* **1** (*di cosa*) allontanare, rimuovere, scostare, spostare **CONTR.** avvicinare, accostare, appressare **2** (*di persona, di pericolo, ecc.*) schivare, parare, evitare, scapolare, sfuggire, fuggire, rifuggire, scantonare, eludere, scongiurare **CONTR.** cercare, ricercare, cagionare, andare incontro, abbordare, affrontare, fronteggiare, sfidare **B** **scansarsi** *v. intr. pron.* farsi da parte, scostarsi, discostarsi, allontanarsi, staccarsi, sottrarsi **CONTR.** avvicinarsi, accostarsi, accompagnarsi.

scansìa *s. f.* scaffale, scaffalatura, casellario, vetrina, étagère (*fr.*) □ libreria, armadio.

scansióne *s. f.* **1** (*di verso*) divisione □ lettura metrica □ ritmo □ compitazione, articolazione **2** scanning (*ingl.*).

scantinàto *s. m.* seminterrato, sotterraneo, cantina.

scantonàre **A** *v. tr.* (*fig.*) evitare, eludere, schivare, scansare **CONTR.** cercare, affrontare, andare incontro **B** *v. intr.* andarsene di nascosto, fuggire, scantinare, svicolare, scappare, svignarsela (*fam.*) **CONTR.** venire incontro.

scanzonàto *agg.* disinvolto, spensierato, scherzoso **CONTR.** serio, ponderato, riflessivo, professorale.

scapaccióne *s. m.* scappellotto, scoppola (*region.*), ceffone, ceffata.

scapestràto *agg.*; *anche s. m.* discolo, scapigliato, sbrigliato, scioperato, scapato, spregiudicato, caposcarico, scavezzacollo, rompicollo □ dissoluto, scostumato, licenzioso, sfrenato, sregolato **CONTR.** galantuomo, uomo serio, morigerato, equilibrato, dabbene.

scapicollàrsi *v. intr. pron.* (*dial., fig.*) affannarsi, affaticarsi, darsi da fare, adoperarsi **CONTR.** disinteressarsi.

scapigliàre **A** *v. tr.* scompigliare i capelli, scarmigliare, spettinare, arruffare, rabbuffare **CONTR.** pettinare, ravviare, lisciare, acconciare **B** **scapigliarsi** *v. rifl.* e *intr. pron.* scompigliarsi i capelli, spettinarsi, scarmigliarsi, arruffarsi **CONTR.** pettinarsi, ravviarsi, lisciarsi, acconciarsi.

scapigliàto *part. pass.* di **scapigliare**; *anche agg.* **1** spettinato, scarmigliato, arruffato **CONTR.** pettinato, ravviato, lisciato **2** (*fig.*) dissoluto, discolo, scapato, scapestrato, sregolato, sfrenato, spregiudicato, spensierato □ bohémien (*fr.*) **CONTR.** morigerato, serio, equilibrato, quadrato.

scapitàre *v. intr.* discapitare, subire un danno, rimetterci, perdere, rovinarsi **CONTR.** guadagnare, profittare, trarre vantaggio, ricavare, ottenere.

scàpito *s. m.* perdita, disavanzo, passività, rimessa □ danno, detrimento, pregiudizio, svantaggio, sacrificio, discapito (*raro*) **CONTR.** guadagno, profitto, utile, interesse, ricavo, tornaconto, lucro (*raro*) □ vantaggio, giovamento. *V. anche* PREGIUDIZIO

scàpola *s. f.* (*anat.*) omoplata, paletta (*fam.*).

scapolàre *v. tr.* e *intr.* **1** (*mar.*) (*di promontorio, di ostacolo, ecc.*) doppiare **2** (*fig., fam.*) sfuggire, sottrarsi, scampare, liberarsi, evitare, scansare **CONTR.** incappare, incorrere, cascare, incontrare **FRAS.** *scapolarsela*, uscire, svignarsela □ *scapolarla bella*, cavarsela senza danno.

scàpolo *agg.*; *anche s. m.* non ammogliato, celibe, giovane (*fam.*), zitellone (*fam.*), single (*ingl.*) **CONTR.** ammogliato, sposato, coniugato **CFR.** nubile, zitella.

scappaménto *s. m.* **1** (*mecc.*) scarico (dei gas) **2** (*di orologio*) regolatore.

scappàre *v. intr.* **1** darsi alla fuga, fuggire □ svignarsela (*fam.*), evadere, uscire, filare, scantonare, scampare, sgusciare, sgattaiolare, dileguarsi, darsela a gambe, schizzare, alzare il tacco, pigliare il volo **CONTR.** resistere, attaccare □ arrivare, consegnarsi, presentarsi **2** correre, affrettarsi, andare di corsa **CONTR.** andare piano, rallentare **3** (*di occasione, di treno, ecc.*) sfuggire, perdere **CONTR.** approfittare, cogliere **4** (*di acqua, di gas, ecc.*) fuoriuscire, sbucar fuori **5** (*fig.*) (*a dire, in una risata, ecc.*) prorompere, scoppiare, sbottare **CONTR.** frenarsi, trattenersi. *V. anche* EVADERE

scappàta *s. f.* **1** corsa, scappatina, sfuggita, puntata, salto, visita, visitina **2** frase inattesa, gesto imprevisto □ frizzo, motto, battuta, spiritosaggine, trovata **3** mancanza, leggerezza, imprudenza, fallo, errore, trascorso, follia, scappatella.

scappatèlla *s. f.* **1** *dim.* di **scappata** **2** lieve mancanza, leggerezza, peccatuccio □ avventura.

scappatóia *s. f.* espediente, sotterfugio, scusa, pretesto, rimedio, ripiego, cavillo, risorsa, appiglio, escamotage (*fr.*), scusante. *V. anche* SCUSA

scappellòtto *s. m.* scapaccione, scoppola (*region.*).

scarabocchiàre *v. tr.* **1** coprire di scarabocchi,

sgorbiare, scribacchiare, scrivacchiare, schiccherare ***2*** (*fig.*) scrivere svogliatamente.

scarabòcchio *s. m.* ***1*** macchia d'inchiostro, sgorbio, frego, imbratto, ghirigoro, girigogolo, sgorbiatura, geroglifico (*scherz.*) ***2*** disegno informe ***3*** (*fig.*) (*di persona*) nanerottolo, scherzo di natura **CONTR.** adone, apollo, fusto (*fam.*).

scarafàggio *s. m.* (*zool.*) blatta, bacherozzo (*dial.*).

scaramàntico *agg.* propiziatorio, superstizioso.

scaramanzìa *s. f.* scongiuro, malia □ superstizione **CONTR.** iettatura, maleficio, malocchio.

scaramùccia *s. f.* ***1*** breve scontro, avvisaglia, baruffa, mischia, tafferuglio, zuffa, battaglia, combattimento ***2*** (*fig.*) polemica, schermaglia, controversia. *V. anche* ZUFFA

scaraventàre ***A*** *v. tr.* ***1*** scagliare, sbattere, gettare, precipitare, lanciare, slanciare (*raro*), avventare, buttare, proiettare, catapultare, tirare ***2*** (*fig.*) (*di persona*) trasferire, sbalestrare, balestrare (*raro*), sbalzare, sbattere, spostare **CONTR.** chiamare, far venire ***B*** **scaraventarsi** *v. intr. pron.* gettarsi, avventarsi, slanciarsi, buttarsi **CONTR.** recarsi, andare incontro.

scarceràre *v. tr.* liberare, dimettere, far uscire di prigione, sprigionare (*raro*) **CONTR.** arrestare, carcerare, incarcerare, imprigionare, recludere, detenere.

scardinàre *v. tr.* ***1*** levare dai cardini, sgangherare, sbandellare (*raro*) □ (*est.*) forzare, scassare **CONTR.** incardinare ***2*** (*fig.*) demolire, smantellare □ disgregare.

scàrica *s. f.* ***1*** spari simultanei, raffica, sparata, sparatoria, sventagliata ***2*** (*di sassi, di insulti, ecc.*) rovescio, subisso, gragnola, valanga (*fig.*), mucchio, gran quantità **CONTR.** penuria, scarsità ***3*** (*di ventre*) violenta evacuazione ***4*** (*elettr.*) passaggio di corrente, scossa **FRAS.** *tubo a scarica*, tubo a gas.

scaricàre ***A*** *v. tr.* ***1*** (*di veicolo, di merce, ecc.*) levare il carico, sgravare del carico, sbarcare □ liberare, svuotare, vuotare, smaltire □ deporre, depositare, portare **CONTR.** caricare, imbarcare, stoccare ***2*** (*est.*) (*di cisterna, di arma, ecc.*) vuotare, svuotare, evacuare □ (*di ordigno e sim.*) disattivare **CONTR.** empire, riempire, colmare, ricolmare, caricare ***3*** (*di fiume, di conduttura, ecc.*) versare, riversare, rovesciare **CONTR.** ricevere, accogliere ***4*** (*fig.*) (*di coscienza, di mente, ecc.*) liberare, alleggerire **CONTR.** gravare, appesantire, aggravare ***5*** (*di sasso, di proiettile, ecc.*) scagliare, vibrare □ sparare ***6*** (*fis.*) togliere la carica ***B*** **scaricarsi** *v. rifl.* ***1*** togliersi un peso, deporre il carico, sbarazzarsi, sgravarsi **CONTR.** caricarsi, gravarsi ***2*** (*fig.*) (*di responsabilità, di colpa, ecc.*) liberarsi, alleggerirsi ***3*** (*ass., fig.*) distendersi, rilassarsi **CONTR.** tendersi, innervosirsi ***C*** *v. intr. pron.* ***1*** (*di fiume, di conduttura, ecc.*) gettarsi, sfociare, versarsi, sboccare, finire **CONTR.** nascere, cominciare ***2*** (*di fulmine*) scoppiare ***3*** (*di pila, di orologio, ecc.*) perdere la carica, esaurirsi.

scaricatóre *s. m.* facchino.

scàrico (1) *agg.* ***1*** libero, privo, vuoto, sgombro **CONTR.** carico, pieno, stracarico ***2*** (*di pila, di orologio, ecc.*) esaurito, scaricato **CONTR.** carico **FRAS.** *capo scarico*, buontempone.

scàrico (2) *s. m.* ***1*** scaricamento, scaricatura (*raro*), alleggerimento, sbarco **CONTR.** caricamento, carico ***2*** getto di rifiuti, getto di immondizie □ deposito di rifiuti, discarica, scolo ***3*** (*raro, fig.*) discarico, giustificazione, difesa, discolpa, sgravio, scusa **CONTR.** colpa, aggravio, accusa, addebito ***4*** (*di materiale*) espulsione, eliminazione, svuotamento, deflusso, sfocio □ (*autom.*) scappamento ***5*** (*di merce, di denaro, ecc.*) uscita **CONTR.** carico, entrata **FRAS.** *tubo di scarico*, tubo di scappamento.

scarlàtto *agg.* e *s. m.* (*di colore*) rosso vivo, fiamma, fiammante, fiammeggiante.

scarmigliàre ***A*** *v. tr.* spettinare, scompigliare i capelli, scapigliare, arruffare **CONTR.** pettinare, comporre, ravviare, lisciare ***B*** **scarmigliarsi** *v. rifl.* e *intr. pron.* spettinarsi, scompigliarsi i capelli, scapigliarsi, arruffarsi **CONTR.** pettinarsi, ravviarsi, lisciarsi.

scarmigliàto *part. pass. di* **scarmigliare**; *anche agg.* spettinato, arruffato, scapigliato **CONTR.** pettinato, ravviato.

scarnìre ***A*** *v. tr.* ***1*** scarnificare, scarificare, raschiare, spolpare ***2*** (*fig.*) (*di stile, di linguaggio, ecc.*) rendere scarno, rendere spoglio, ridurre all'essenziale **CONTR.** arricchire ***B*** **scarnirsi** *v. rifl.* dimagrire, insecchire **CONTR.** ingrassare.

scàrno *agg.* ***1*** magro, affilato, scarnito, scheletrico, scheletrito, asciutto, secco, emaciato, consunto, scavato, angoloso, smunto □ segaligno, smilzo, gracile, denutrito, anemico, sparuto, patito **CONTR.** grasso, carnoso, polputo, polpacciuto, corpulento, pienotto, rimpolpato, pingue ***2*** (*fig.*) (*di contenuto, di idee, ecc.*) povero, insufficiente, scarso **CONTR.** ricco, abbondante, diffuso, ridondante, prolisso ***3*** (*fig.*) (*di stile, di linguaggio, ecc.*) essenziale, spoglio, sobrio **CONTR.** ornato, elegante, retorico. *V. anche* SCARSO

scarógna *s. f. V.* **scalogna**.

scaròla *s. f.* (*bot.*) indivia □ (*dial.*) lattuga, cicoria.

scàrpa *s. f.* ***1*** calzatura, calzare (*lett.*) ***2*** freno □ cuneo, puntello **FRAS.** *fare le scarpe* (*fig.*), fare del male fingendosi amico □ *scarpa rotta* (*fig.*), persona da nulla.

scarpàta *s. f.* pendio, pendice, argine, terrapieno, ciglio, ciglione, spalto, scarpa □ burrone, dirupo.

scarpìna *s. f.* ***1*** *dim. di* **scarpa** ***2*** babbuccia.

scarpinàre *v. intr.* (*fam.*) camminare a lungo, camminare con fatica.

scarpinàta *s. f.* (*fam.*) camminata lunga, camminata faticosa, marcia, sgambata.

scarseggiàre *v. intr.* essere scarso, mancare, difettare **CONTR.** abbondare, sovrabbondare, traboccare, eccedere.

scarsézza *s. f.* mancanza, penuria, difetto, deficienza, insufficienza, inadeguatezza, manchevolezza, limitatezza, carenza, pochezza, rarità, esiguità, tenuità □ strettezza, ristrettezza, povertà, miseria □ magra, carestia **CONTR.** abbondanza, copia (*lett.*), dovizia (*lett.*), esuberanza, eccesso, eccedenza, sovrabbondanza, larghezza, ricchezza, profusione.

scarsità *s. f. V.* **scarsezza**.

scàrso *agg.* ***1*** (*di annata, di raccolto, di vitto, di mezzi, ecc.*) insufficiente, manchevole, inadeguato, magro, piccolo, povero, misero, modesto, misurato, stentato □ (*di tempo*) limitato, ristretto, contato, poco □ (*di visite e sim.*) raro, infrequente □ (*di capelli, di alberi*) rado □ (*di abito*) stretto, corto, striminzito □ (*di luce*) fioco, tenue □ (*di vento*) debole CONTR. sufficiente, abbondante, copioso (*lett.*), dovizioso (*lett.*), ricco, prospero, esuberante, eccessivo, sovrabbondante □ frequente □ fitto □ largo, comodo, abbondante □ forte **2** (*di preparazione e sim.*) basso, mediocre, scadente, deficitario, difettoso CONTR. alto, elevato **3** (*in qualcosa*) impreparato, carente, insufficiente CONTR. preparato, valido **4** (*di fantasia, di ingegno*) povero, mancante, deficiente, limitato, difettivo (*lett.*) CONTR. ricco **5** (*di misura, di peso*) CONTR. abbondante.

SCARSO
sinonimia strutturata

Si definisce **scarso** ciò che non raggiunge il livello o la quantità che sarebbe necessaria: *raccolto, patrimonio, nutrimento scarso*; *mezzi scarsi*; *acqua scarsa*; in questo senso, pressoché equivalenti sono **insufficiente**, **inadeguato**, **deficitario**, **manchevole**: *alimentazione insufficiente per vivere*; *cifra inadeguata a pagare un debito*; *alimentazione deficitaria*; *educazione manchevole*.

Deficiente, **carente**, **scarseggiante** e il letterario **difettivo** si distinguono dagli aggettivi precedenti perché corrispondono anche al significato estensivo di scarso, che descrive chi o ciò che è **povero** o addirittura **mancante** di qualcosa, ossia ne è parzialmente o totalmente privo: *stanza deficiente di illuminazione*; *alimentazione carente di ferro*; *discorso povero di logica*; *essere mancante di ingegno, di fantasia*.

Limitato, **modesto**, **relativo**, **misurato** e i più incisivi **contato**, **esiguo** e **misero** descrivono invece ciò che è **poco**, che basta a stento e forzatamente: *disporre di limitate risorse economiche*; *intelligenza limitata*; *ingegno modesto*; *spazio relativo, esiguo*; *avere i minuti contati*; *pasto misero*. Limitato, modesto, relativo e misero coincidono con scarso anche in relazione ad un risultato che può definirsi **mediocre**, **scadente** o **deludente**, ossia inferiore alle aspettative: *un atleta limitato nelle sue prestazioni*; *guadagno modesto*; *prestazione deludente*; *voto, alunno scadente*; *è scadente in matematica*; meno incisivi sono **piccolo** e in senso lato **basso**, che però a differenza dei tre sinonimi precedenti non si possono riferire alle persone: *piccola somma, eredità*; *basso prezzo, stipendio, quoziente di intelligenza*. Lo stesso vale per **scarno**, che descrive figuratamente ciò che è povero di contenuto: *trattazione scarna*. È invece **inefficiente** ciò che è inefficace, di scarso o nessun rendimento: *organizzazione inefficiente*.

Infine, **infrequente**, **raro** e **rado** corrispondono a scarso nel descrivere ciò che non si verifica quasi mai o comunque non spesso: *contatti infrequenti*; *incontri molto radi*.

scartabellàre *v. tr.* scorrere rapidamente, leggere qua e là, consultare, compulsare, spulciare, sfogliare, squadernare (*raro*).

scartafàccio *s. m.* **1** brogliaccio, taccuino, quaderno, bloc-notes **2** libro malridotto.

scartàre (1) *v. tr.* togliere dalla carta, scartocciare, svolgere, aprire, spacchettare, sballare CONTR. incartare, accartocciare, avvolgere, involgere.

scartàre (2) *v. tr.* **1** (*di proposta, di ipotesi*) rigettare, ricusare, respingere, rifiutare, liquidare □ (*da una lista e sim.*) eliminare, togliere □ (*di oggetto*) mettere via, liberarsi, buttare, mettere da parte □ (*al gioco*) sfagliare CONTR. mettere, aggiungere, riutilizzare □ accettare, adottare, seguire **2** (*mil.*) riformare, inabilitare CONTR. abilitare, arruolare.

scartàre (3) **A** *v. intr.* deviare bruscamente, piegarsi, balzare lateralmente **B** *v. tr.* (*sport*) superare, dribblare.

scartàto *part. pass. di* **scartare**; *anche agg.* **1** scartocciato, svolto, aperto CONTR. incartato, accartocciato, incartocciato, involto, avvolto **2** respinto, rifiutato, messo da parte CONTR. messo, aggiunto, accettato, prescelto **3** (*mil.*) riformato CONTR. abile, arruolato.

scartìna *s. f.* **1** (*gioco*) carta di poco valore **2** (*fig., fam.*) (*di persona o cosa*) nullità, scarto CONTR. personalità, autorità.

scàrto (1) *s. m.* **1** eliminazione, esclusione, rifiuto □ (*al gioco*) sfaglio CONTR. immissione, accettazione **2** avanzo, scampolo, residuo, rimasuglio, fondo, fondaccio, cascame, paccottiglia, scoria, ciarpame, ciarpume, feccia, borra, vagliatura CONTR. fiore, scrematura, roba scelta, roba pregiata **3** (*fig.*) (*di persona*) scartina (*fam.*), nullità CONTR. personalità, autorità. *V. anche* RIFIUTO

scàrto (2) *s. m.* **1** salto brusco, improvviso spostamento, scartata **2** (*est.*) deviazione **3** (*tra persone o cose*) differenza, distacco, distanza, dislivello, gap (*ingl.*), scostamento, tolleranza **4** (*sport*) dribbling (*ingl.*), dribblatura.

scartocciàre *v. tr.* **1** disfare, scartare, svolgere, aprire CONTR. accartocciare, incartocciare, rimpacchettare, avvolgere, incartare **2** (*di granoturco*) sfogliare, spannocchiare, spogliare.

scartòffia *s. f. spec. al pl.* (*spreg.*) incartamento, pratica □ foglio, carta.

scasàre *v. tr.* (*dial.*) sfrattare, sloggiare.

scassàre **A** *v. tr.* **1** arare a fondo, dissodare **2** (*fam.*) rompere, rovinare, guastare, sconquassare, spaccare, sfasciare, sfondare, sforzare, scassinare CONTR. accomodare, aggiustare, riparare, restaurare, riassestare **B** **scassarsi** *v. intr. pron.* (*fam.*) rompersi, rovinarsi, guastarsi, sconquassarsi, spaccarsi, sfasciarsi.

scassinàre *v. tr.* forzare, sforzare, rompere, manomettere, sconquassare, scardinare, sgangherare, sconficcare, scassare CONTR. accomodare, aggiustare, restaurare, riparare, riassestare.

scassinatóre *s. m.* (*f.* -*trice*) (*est.*) ladro. *V. anche* LADRO

scàsso *s. m.* **1** rottura, effrazione, scassinamento **2** aratura profonda, dissodamento.

scatarràre *v. intr.* espettorare, scaracchiare (*pop.*), sputare, spurgarsi, sputacchiare.

scatenàre ***A*** *v. tr.* ***1*** (*raro*) (*di animale*) liberare dalla catena, sciogliere, sferrare **CONTR.** incatenare, legare ***2*** (*fig.*) (*di passioni, di disordini, ecc.*) sollevare, destare, incitare, eccitare, sfrenare, istigare, spingere, aizzare, provocare **CONTR.** contenere, frenare, domare, moderare, trattenere ***B*** **scatenarsi** *v. rifl.* (*raro*) liberarsi dalla catena, sciogliersi, disserrarsi ***C*** *v. intr. pron.* ***1*** (*fig.*) folleggiare, sfrenarsi, scapricciarsi □ (*di fantasia*) galopppare, sollevarsi, agitarsi, precipitarsi, gettarsi, scagliarsi, inveire **CONTR.** contenersi, dominarsi, frenarsi, moderarsi, trattenersi ***2*** insorgere, scoppiare, esplodere, prorompere □ divampare, deflagrare □ (*fig.*) (*di tempesta, di vento, ecc.*) infuriare, imperversare **CONTR.** calmarsi, quietarsi, cessare. *V. anche* ISTIGARE, SPINGERE

scatenàto *part. pass. di* **scatenare**; *anche agg.* ***1*** (*di animale*) liberato dalla catena, sciolto **CONTR.** incatenato, legato ***2*** (*fig.*) (*di persona, di passione, ecc.*) sfrenato, sbrigliato, smodato, smoderato □ infuriato, furioso, furente □ (*fig.*) diavolo, terremoto **CONTR.** moderato, misurato, equilibrato, discreto □ calmo, quieto, tranquillo.

scàtola *s. f.* ***1*** contenitore, boîte (*fr.*) □ cassetta, cassettina, lattina, bussolotto, beauty-case (*ingl.*) □ astuccio, cofanetto, custodia, teca, scrigno ***2*** (*est.*) involucro ***3*** (*spec. al pl.*) palle (*volg.*), balle (*volg.*) **FRAS.** *a scatola chiusa* (*fig.*), senza controllare □ *scatola nera*, registratore di volo □ *caratteri di scatola* (*fig.*), lettere cubitali □ *rompere le scatole* (*fig., pop.*), importunare □ *togliersi dalle scatole* (*fig., pop.*), togliersi di mezzo □ *averne piene le scatole* (*fig.*), non poterne più □ *scatola armonica*, carillon (*fr.*).

scattànte *part. pres. di* **scattare**; *anche agg.* svelto, celere, agile, guizzante, pronto, veloce, spedito, leggero vivace □ (*di fisico*) asciutto □ (*di automobile*) sprint (*ingl.*) **CONTR.** lento, tardo, goffo, impacciato, torpido, pesante.

scattàre ***A*** *v. intr.* ***1*** (*di molle, di congegno*) liberarsi, allentarsi □ funzionare ***2*** (*est.*) balzare, saltare, slanciarsi, scagliarsi □ sprintare ***3*** (*fig.*) (*di ora legale, di momento, ecc.*) cominciare, decorrere **CONTR.** finire ***4*** (*fig.*) (*di tempo utile*) finire ***5*** (*fig.*) (*in insulti, in applausi, ecc.*) prorompere, erompere, scoppiare, sbottare □ reagire **CONTR.** contenersi, frenarsi, moderarsi, trattenersi ***B*** *v. tr.* fotografare.

scattering /*ingl.* 'skætəriŋ/ [vc. ingl., gerundio di *to scatter* 'sparpagliare, disseminare'] *s. m. inv.* (*fis.*) deviazione, diffusione, sparpagliamento.

scattìsta *s. m.* e *f.* (*sport*) sprinter (*ingl.*), velocista **CONTR.** fondista.

scàtto *s. m.* ***1*** balzo, salto, sussulto, guizzo, sobbalzo, slancio, tuffo, volata □ (*est.*) spunto □ sprint (*ingl.*) □ impeto, irruenza, celerità ***2*** (*est.*) (*di meccanismo*) rumore, scoppio, scrocco ***3*** (*di velocità*) accelerazione **CONTR.** rallentamento ***4*** (*tel.*) unità, impulso ***5*** (*fig.*) (*di ira, di gioia, ecc.*) manifestazione violenta, impulso, esplosione, scoppio ***6*** (*fig.*) (*di grado, di stipendio, ecc.*) aumento **CONTR.** diminuzione, calo.

scaturìre *v. intr.* ***1*** zampillare, sgorgare, pullulare, erompere, spicciare, sprizzare, sorgere, stillare, pollare, rampollare, uscire **CONTR.** sfociare, imboccare ***2*** (*fig.*) avere origine, originarsi, emanare, sbocciare, nascere □ derivare, provenire, discendere, dipendere, conseguire, risultare, procedere **CONTR.** finire, terminare.

scavalcàre *v. tr.* ***1*** sbalzare da cavallo, disarcionare, appiedare **CONTR.** mettere a cavallo ***2*** (*di muro, di ostacolo, ecc.*) passare al disopra, superare, oltrepassare, passare, valicare □ (*fig.*) (*di difficoltà e sim.*) bypassare ***3*** (*fig.*) (*di persona*) passare avanti, precedere, superare, soppiantare, sopravanzare (*raro*) **CONTR.** rimanere indietro.

scavàre *v. tr.* ***1*** (*di buca, di fosso, ecc.*) incavare, scanalare, solcare, intaccare, sterrare, dragare, aprire □ erodere, corrodere □ fare, formare **CONTR.** interrare, colmare, riempire ***2*** (*fig.*) indagare, studiare a fondo, approfondire, investigare, esplorare, ricercare, sviscerare, scrutare ***3*** (*di resti, di tesoro, ecc.*) riportare alla luce, dissotterrare, disseppellire, estrarre, esumare, cavar fuori **CONTR.** seppellire, sotterrare ***4*** (*fig.*) (*di storia, di idea, ecc.*) escogitare, inventare, trovare **FRAS.** *scavarsi la fossa con le proprie mani* (*fig.*), rovinarsi da sé.

scavàto *part. pass. di* **scavare**; *anche agg.* ***1*** estratto, dissotterrato, disseppellito **CONTR.** seppellito, sotterrato ***2*** cavo, concavo, incavato, affossato, infossato, scanalato, solcato, corroso **CONTR.** prominente, sporgente ***3*** (*est.*) (*di viso*) magro, scarno, smunto, emaciato, sparuto **CONTR.** pieno, paffuto, fiorente, florido, grasso.

scavatóre *s. m.* scavatrice, escavatore, ruspa.

scavatrìce *s. f.* scavatore, escavatore, escavatrice, benna, ruspa.

scavezzacòllo ***A*** *s. m.* (*raro*) precipizio, discesa ripida □ (*est.*) caduta rovinosa ***B*** *s. m.* e *f.* (*fig.*) rompicollo, scapestrato □ imprudente, sfrenato, sregolato, discolo **CONTR.** serio, posato, assennato, avveduto.

scàvo *s. m.* ***1*** sterramento, sterro, escavazione, scavatura (*raro*) **CONTR.** interramento, colmata, colmatura ***2*** incavo, incavatura, cavo, concavità, fossa, buco, solco, solcatura □ trincea, cunicolo, camminamento **CONTR.** convessità, rilievo, gobba, prominenza, sporgenza.

scazzottàta *s. f.* (*pop.*) scambio di cazzotti, botte, rissa.

scégliere *v. tr.* ***1*** prendere, discernere, cernere, eleggere, decidere □ designare, delegare, nominare □ dividere, separare, campionare, scernere, sceverare, scremare □ selezionare, cliccare (*elab.*) **CONTR.** confondere, prendere alla rinfusa, mescolare ***2*** preferire, prescegliere, preporre, anteporre, prediligere, adottare, optare, orientarsi, dare la preferenza **CONTR.** posporre, rifiutare, respingere. *V. anche* DIVIDERE

scelleratàggine *s. f.* ***1*** scelleratezza, scelleraggine, infamia, atrocità, empietà, iniquità, malvagità, malizia, nefandezza, nefandità (*raro*), nequizia (*lett.*), cattiveria, perfidia, perversità, reità, ribalderia **CONTR.** bontà, onestà, probità, umanità, innocenza ***2*** canagliata, birbanteria, furfanteria, bricconata, carognata, misfatto, delitto. *V. anche* INFAMIA

scelleratézza *s. f. V.* **scellerataggine**.

scelleràto ***A*** *agg.* infame, sciagurato, snaturato, malvagio, cattivo, tristo, empio, iniquo, perfido, perverso, facinoroso □ nefando, criminoso, peccaminoso, delittuoso, sacrilego, esecrabile, esecrando, rio (*lett.*) **CONTR.** benigno, buono, onesto, probo, umano, innocente ***B*** *s. m.* canaglia, malfattore, malvivente, ribaldo, sciagurato, birbante, birbone, briccone, farabutto, delinquente, carogna, reo, pravo **CONTR.** galantuomo, brav'uomo.

scélta *s. f.* ***1*** cernita, elezione, eletta (*raro, lett.*), selezione, selezionamento, scrematura, stralcio, opzione, preferenza □ adozione, decisione, designazione □ separazione, spoglio, vaglio □ alternativa, aut aut (*lat.*), dilemma, bivio (*fig.*) **CONTR.** confusione, mescolanza, miscuglio, raccogliticcio ***2*** meglio, selezione, antologia, crestomanzia (*lett.*), fiore, florilegio, collezione, raccolta □ assortimento, campionario, varietà.

SCELTA
sinonimia strutturata

La **scelta** consiste nell'indicare, nel prendere tra più persone, cose, soluzioni o altro quella che, secondo un dato criterio o per un dato fine, sembra la migliore: *la sua è stata una libera scelta*; ciò che è *di prima scelta* è di prima qualità, mentre è *di seconda scelta* ciò che è scadente; la radice di una scelta o il suo risultato può essere la **preferenza**, ossia l'opinione o l'atto con cui si antepone qualcosa o qualcuno ad altro; equivalente è **opzione**, che però indica un scelta tra due soluzioni, vie, ecc. Il frutto di un processo di scelta è una **decisione**, che evoca un giudizio, una risoluzione ferma e definitiva.

Cernita, **selezione**, e **selezionamento** indicano proprio l'atto del selezionare, dello scegliere tra cose dello stesso genere: *cernita della frutta, degli scritti su un argomento*; *fare, operare una selezione*. **Scrematura**, **stralcio**, **spoglio** e **vaglio** evocano più l'idea dell'esclusione, dell'eliminazione, della **separazione** di ciò che non si desidera. Si riferisce di solito a cose più astratte **elezione**, che evoca un atto di volontà perticolarmente libero: *tema di mia elezione*; *patria d'elezione*; in questo senso si avvicina molto ad **adozione**, che comunque può anche avere una connotazione più concreta e non suggerire altrettanta carica ideale: *paese d'adozione*; *adozione dei libri di testo*. L'elezione concide anche con la **nomina** di qualcuno a un ufficio, una carica o dignità per mezzo di una votazione, palese o segreta: *l'elezione del presidente, dell'amministratore delegato*; vicinissimo è **designazione**, che si distingue perché spesso coincide più con la proposta, con l'indicazione di qualcuno per un determinato ruolo che precede la nomina vera e propria; inoltre, la designazione può essere l'atto di una sola persona, mentre l'elezione è collettiva.

Anche la possibilità di scegliere si definisce scelta: *qui c'è poca scelta*; *non c'è altra scelta*; in questo senso, scelta coincide con **alternativa**, ed entrambe le parole designano anche le diverse soluzioni, decisioni possibili: *non avere altra alternativa*; *è l'unica alternativa possibile*. Un'alternativa cui non ci si può sottrarre e che esclude automaticamente le altre è un **aut aut** o figuratamente un **bivio**, mentre una scelta particolarmente difficile è un **dilemma**.

Infine, la scelta è anche il **fiore**, il **meglio**, cioè la parte di maggior qualità, valore, ecc.: *una scelta di liriche*; *era presente il fiore della società*; molto vicino è **selezione**, che però non suggerisce necessariamente altrettanta eccellenza: *una selezione dei migliori atleti*; *una selezione di prose*. Lo stesso vale per **collezione**, che indica un insieme di oggetti della stessa specie o comunque interessanti, anche solo soggettivamente: *collezione di monete rare, di quadri, di porcellane*; equivalente è **raccolta**, che però designa anche un insieme di varie composizioni di uno o più autori, e quindi può coincidere con **antologia**, **florilegio** e col letterario **crestomazia**: *una raccolta di libri, di quadri*; *un florilegio dei suoi lavori migliori*.

Un insieme di oggetti congeneri differenti nei particolari è un loro **assortimento** o **varietà**: *assortimento di piatti, di mobili, di suppellettili*; il primo termine indica anche la disponibilità di merci esistenti in un punto vendita e destinate alla vendita: *un vasto assortimento di articoli sportivi*. Un **campionario** è una raccolta di piccoli campioni adatti a indicarne le caratteristiche, in vista di una loro commercializzazione: *esporre un campionario di oggetti preziosi*.

scélto *part. pass. di* **scegliere**; *anche agg.* ***1*** deciso, delegato, designato □ (*di merce e sim.*) ottimo, migliore, squisito, fine, pregiato, speciale **CONTR.** pessimo, scadente, ordinario, usuale ***2*** (*di modi, di pubblico, ecc.*) (*est.*) elegante, raffinato, distinto, eccellente, eletto, fine, selezionato, squisito, scremato **CONTR.** comune, dozzinale, andante, corrente, rozzo, grossolano, volgare, qualunque, raccogliticcio ***3*** (*di tiratore, di guardia, ecc.*) abile, addestrato, capace, esperto, specializzato **CONTR.** inesperto, inetto, incapace, inabile.

scemàre ***A*** *v. tr.* ridurre, diminuire, calare, abbassare, accorciare, assottigliare, mitigare, impiccolire, scalare □ attenuare, allentare, rilassare, sminuire, smorzare **CONTR.** aumentare, accrescere, ingrandire, ingrossare, incrementare, intensificare, aggravare ***B*** *v. intr.* calare, declinare, scendere, decrescere, diminuire, ridursi, digradare, restringersi, impiccolirsi, rimpiccolirsi, assottigliarsi, accorciarsi □ indebolirsi, allentarsi, sbollire, attenuarsi **CONTR.** aumentare, crescere, accrescersi, ingrandirsi, ingrossarsi, svilupparsi □ rafforzarsi, intensificarsi, rinvigorirsi. *V. anche* DIMINUIRE, SCENDERE

scemàta *s. f.* stupidata, cretinata.

scemènza *s. f.* ***1*** imbecillità, imbecillaggine, idiozia, cretineria, sciocchezza, scempiaggine, stupidaggine, stupidità, stoltezza, stolidezza, stolidità, citrullaggine, grulleria, minchioneria (*pop.*), balordaggine, scimunitaggine (*raro*), asineria **CONTR.** accortezza, acutezza, avvedutezza, finezza, intelligenza, comprendonio, cervello, ingegno, capacità, perspicacia, sagacia, saviezza, saggezza, sapienza, scaltrezza, furberia ***2*** baggianata, cretinata ***3*** cosa da nulla, inezia, piccolezza, quisquilia, miseria.

scémo ***A*** *agg.* (*lett.*) non pieno, diminuito, calato, mancante, manchevole □ povero, scarso **CONTR.** pieno, intero, integro, completo ***B*** *agg.*; *anche s. m.* imbecille, idiota, cretino, deficiente, ebete, insensato, rimbambito, svampito, svanito, scempio, scimunito, sciocco, stupido, stolido, stolto, balordo, citrullo, grullo, allocco, baggiano, balordo, gonzo, minchione (*pop.*), tonto, babbeo, babbaleo (*raro*), babbione (*raro*), credulone, asino, ciuco, barbagianni, merlo, oca, salame, bietolone **CONTR.** intelligente, avveduto, fine, sagace, sveglio, saggio, scaltro, astuto, furbo, furbacchione, dritto (*fam.*), volpe, aquila.

scempiàggine *s. f.* scemenza, stupidità, stupidaggine, insensatezza, idiozia, goffaggine, grullaggine, scipitezza, balordaggine, fatuità □ baggianata, asineria, sproposito **CONTR.** avvedutezza, intelligenza, ingegno, sagacia.

scémpio *s. m.* ***1*** strazio, tormento □ massacro, strage, carneficina, sterminio, macello, carnaio, ecatombe, eccidio, sbranamento (*raro*) ***2*** (*fig.*) (*di paesaggio, di ambiente, ecc.*) danno, deturpazione, guasto, sciupio, distruzione, rovina.

scèna *s. f.* ***1*** (*teat.*) parte di un atto, quadro ***2*** (*spec. al pl.*) (*est.*) teatro ***3*** palcoscenico, ribalta ***4*** scenario, fondale, scenografia, quinta, proscenio ***5*** (*di vicenda*) luogo, ambiente, teatro, contesto ***6*** azione, recitazione ***7*** (*est.*) (*di luogo*) spettacolo, vista, panorama, veduta, visione ***8*** (*spec. al pl.*) chiasso, litigio, piazzata, scenata, sceneggiata **FRAS.** *mettere in scena*, rappresentare □ *andare in scena*, essere rappresentato □ *darsi alle scene*, intraprendere la carriera teatrale □ *scena madre*, scena principale; (*fig.*) scenata □ *far scena muta* (*fig.*), non parlare □ *uscire dalla scena del mondo*, morire; ritirarsi a vita privata □ *cambiamento di scena* (*fig.*), mutamento improvviso □ *agire dietro le scene* (*fig.*), agire nascostamente.

scenàrio *s. m.* ***1*** (*teat.*) scena, fondale, quinta ***2*** (*est.*) (*di luogo*) paesaggio, ambiente, panorama □ (*di vicenda*) sfondo, contesto, teatro ***3*** (*di film, di romanzo*) trama, canovaccio, sceneggiatura.

scenàta *s. f.* litigio violento, alterco, scena, sceneggiata, piazzata, chiassata, partaccia, putiferio, scandalo.

scéndere ***A*** *v. intr.* ***1*** venir giù, calare, calarsi, discendere □ (*da cavallo, da veicolo ecc.*) smontare □ atterrare, ammarare, sbarcare **CONTR.** ascendere, andar su, arrampicarsi, sollevarsi, scalare, salire □ montare, inforcare □ decollare, imbarcarsi ***2*** (*di pioggia, di neve, di grandine*) piovere, nevicare, fioccare, grandinare, cadere ***3*** (*in albergo, in città, ecc.*) fermarsi, sostare, alloggiare **CONTR.** partire, ripartire, andarsene ***4*** (*in campo, in gara, ecc.*) presentarsi, venire **CONTR.** ritirarsi ***5*** (*di strada, di terreno, ecc.*) pendere, degradare, digradare, declinare ***6*** (*di acque*) fluire, defluire ***7*** (*fig.*) (*a patti, a compromessi, ecc.*) indursi, piegarsi, decidersi, risolversi □ abbassarsi ***8*** (*fig.*) (*di temperatura, di prezzo, ecc.*) diminuire, calare, scemare, abbassarsi, decrescere, declinare **CONTR.** aumentare, crescere, accrescersi, salire, alzarsi ***B*** *v. tr.* (*di scale, di monte, ecc.*) discendere, calare, venire giù **CONTR.** salire. *V. anche* DIMINUIRE

SCENDERE
sinonimia strutturata

Lo **scendere** consiste nel dirigersi, nel muoversi dall'alto verso il basso, o verso un luogo più basso: *scendere dal colle, dalla torre, dal quarto piano, nel fosso, in cantina, all'inferno*; in riferimento all'acqua, scendere trova due termini corrispondenti in **fluire** e **defluire**. Invece, per segnalare che qualcosa è in discesa si usa il verbo **digradare**, che indica l'abbassarsi gradatamente, l'essere in declivio: *il sentiero scende verso la costa*; *verdi pendii digradano verso la città*; un'inclinazione maggiore è suggerita da **pendere** che indica l'essere spostato verso il basso, o addirittura l'essere appeso, sospeso a qualcosa gravitando all'ingiù: *pendeva per il peso eccessivo.*

Sinonimi invece molto generali sono **venire giù**, **discendere**, **calare** e **calarsi**. **Smontare** può essere usato come sinonimo di scendere da un veicolo, da cavallo, ecc.: *smontare dalla bici*; se si parla di un'imbarcazione, è possibile usare il più specifico **sbarcare**, che in senso lato si riferisce a qualsiasi mezzo di trasporto: *sbarcammo al porto di Napoli*; *sbarcare dall'aereo*. Significato ben definito ha anche **atterrare**, che indica il posarsi sul terreno o su un'altra superficie solida di un aeromobile; lo scendere fino a posarsi sull'acqua di un idrovolante o altro veicolo si dice invece **ammarare**.

Tra gli usi figurati di scendere c'è quello di **piegarsi**, rinunciare alle proprie posizioni o modificarle: *piegarsi alle decisioni altrui*. Sempre figuratamente, scendere delinea l'**abbassarsi**, soprattutto nel senso di scadere a un livello non dignitoso di comportamento: *abbassarsi a ingiurie, a suppliche*; il verbo può indicare anche il pervenire a un livello più basso in genere: *è sceso nella mia stima*; *scendere di grado*.

Abbassarsi coincide con scendere anche nel significato di **diminuire**, **calare**, **decrescere**, ossia divenire inferiore in intensità, valore, ecc.: *la voce è calata di tono*; *il livello delle acque è diminuito*; *i prezzi sono scesi*. Molto vicino è **scemare**, che evoca soprattutto un calo di energia o quantità: *scemare di peso, di autorità*; *le forze vanno scemando*; **declinare** si distingue perché evoca l'immagine di qualcosa che volge alla fine.

scendilètto *s. m. inv.* ***1*** pedana, tappeto, tappetino ***2*** vestaglia, accappatoio.

sceneggiàta *s. f.* (*est.*) messinscena, scena, simulazione, pantomima □ scenata, piazzata □ (*est.*) tragedia.

scenétta *s. f. dim. di* **scena**; gag (*ingl.*), quadretto, numero, sketch (*ingl.*).

scenogràfico *agg.* (*fig., spreg.*) appariscente, plateale, sfarzoso, grandioso, spettacolare **CONTR.** modesto, semplice, dimesso.

scervellàrsi *v. intr. pron.* stillarsi il cervello, lambiccarsi, riflettere, rimuginare, almanaccare, impazzire (*fig.*), pensare. *V. anche* PENSARE

scervellàto *agg.; anche s. m.* privo di giudizio, scriteriato, sventato, dissennato, stolto **CONTR.** assennato, giudizioso, ragionevole, saggio, serio.

scéso *part. pass. di* **scendere**; *anche agg.* **1** disceso, calato □ smontato, atterrato, sbarcato **CONTR.** salito, montato, decollato **2** (*in albergo, ecc.*) alloggiato, fermatosi **CONTR.** partito **3** (*in campo, in gara, ecc.*) presentatosi, venuto **CONTR.** ritiratosi **4** (*fig.*) (*a patti, a compromessi, ecc.*) indotto, venuto, piegato **5** (*di temperatura, di prezzo, ecc.*) diminuito, calato **CONTR.** aumentato, cresciuto.

scetticìsmo *s. m.* dubbio, incredulità, indifferenza, disincanto, pessimismo □ agnosticismo □ scepsi (*filos.*) **CONTR.** certezza, convinzione, fede, dogmatismo, ottimismo.

scèttico *agg.* e *s. m.* dubbioso, incredulo, diffidente, indifferente, pessimista, blasé (*fr.*) □ ateo, agnostico **CONTR.** credulo, certo, convinto, credente, ottimista.

scèttro *s. m.* **1** bastone, verga, bacchetta □ (*est.*) potere monarchico **2** (*fig.*) primato, predominio.

schèda *s. f.* cartellina, cartellino, cartoncino, biglietto, foglio, foglietto □ modulo □ riquadro □ voto.

schedàre *v. tr.* registrare, catalogare, inventariare, archiviare □ segnalare □ (*est.*) recensire. *V. anche* REGISTRARE

schedàrio *s. m.* **1** raccolta di schede, archivio, raccolta, catalogo, elenco **2** (*est.*) casellario, classificatore, raccoglitore.

schedàto *part. pass. di* **schedare**; *anche agg.* e *s. m.* registrato, catalogato □ segnalato □ (*est.*) recensito.

schedatùra *s. f.* registrazione, catalogazione, classificazione, archiviazione □ segnalazione □ (*est.*) recensione.

schéggia *s. f.* frammento, pezzo, pezzetto, parte, frantume, scaglia, sverza, schiappa (*raro*). *V. anche* PARTE

scheggiàre ***A*** *v. tr.* sbreccare, sbeccucciare, sbeccare, sbocconcellare, slabbrare □ ridurre in schegge, fendere, rompere, sgretolare, disgregare, crepare **CONTR.** riattaccare, riparare, restaurare ***B*** **scheggiarsi** *v. intr. pron.* rompersi in schegge, disgregarsi □ sbreccarsi, slabbrarsi □ fendersi, creparsi.

scheggiàto *part. pass. di* **scheggiare**; *anche agg.* sbreccato, sbeccucciato, sbocconcellato, slabbrato □ crepato □ frastagliato, disgregato **CONTR.** intatto, integro, intero, sano.

schelètrico *agg.* **1** (*est.*) (*di persona, di viso, ecc.*) scarno, magrissimo, scheletrito, scarnito, spolpato **CONTR.** grasso, grosso, adiposo, cicciuto, corpulento, corpacciuto, obeso, quartato (*raro*), membruto **2** (*fig.*) (*di stile, di scritto, ecc.*) essenziale, ridotto al minimo, succinto, breve, compendioso, conciso **CONTR.** prolisso, diluito, esteso, troppo lungo.

scheletrito *agg.* **1** (*di persona, di viso, ecc.*) scheletrico, scarno, scarnito, magrissimo, spolpato **CONTR.** grasso, grosso, adiposo, cicciuto, corpulento, corpacciuto, membruto, obeso, quartato (*raro*) **2** (*di albero, di ramo e sim.*) secco, stecchito, nudo, spoglio **CONTR.** frondoso, fronzuto **3** (*fig.*) (*di stile, di scritto, ecc.*) ridotto al minimo, essenziale, breve, compendioso, conciso, succinto **CONTR.** prolisso, diluito, esteso, troppo lungo.

schèletro *s. m.* **1** (*anat.*) ossa □ carcassa, carcame (*raro*) **CONTR.** carne, polpa **2** (*fig.*) persona magrissima, pelle e ossa, acciuga **CONTR.** grassone, ciccione **3** (*est.*) (*di nave, di mobile, ecc.*) ossatura, struttura, sostegno, armatura, centina, incastellatura **4** (*fig.*) (*di commedia, di romanzo, ecc.*) schema, trama, canovaccio, scaletta.

schèma *s. m.* **1** (*di mobile, di casa, ecc.*) disegno, lineamenti, traccia, progetto, modello, sapone, figura, lay-out (*ingl.*), schizzo □ tavola, modulo, tabelle, quadro **2** (*di commedia, di romanzo, ecc.*) trama, idea, abbozzo, canovaccio, condensato, imbastitura, piano, traccia, scaletta, palinsesto **3** (*ideologico, politico, ecc.*) sistema, modello, canone, programma **FRAS.** *schema di legge*, proposta di legge, disegno di legge. *V. anche* QUADRO, SCHIZZO

schematicità *s. f.* brevità, compendiosità, concisione, sommarietà, stringatezza □ (*spreg.*) rigidità, astrattezza, schematismo **CONTR.** ampiezza, diffusione, lunghezza, prolissità □ flessibilità.

schemàtico *agg.* abbozzato, breve, compendioso, conciso, sommario, stringato, succinto □ (*spreg.*) rigido, estratto **CONTR.** completo, sviluppato, svolto □ ampio, diffuso, esteso, lungo, prolisso □ flessibile, articolato.

schematismo *s. m.* schematicità, astrattezza, rigidità □ (*est., filos.*) schema, modello.

schematizzàre *v. tr.* ridurre a schema, semplificare, condensare, sbozzare □ stilizzare **CONTR.** sviluppare, svolgere.

schermàglia *s. f.* **1** scaramuccia, zuffa, combattimento **2** (*fig.*) contesa, discussione, disputa, polemica, battibecco. *V. anche* ZUFFA

schermàre *v. tr.* fare schermo, riparare, parare, difendere, proteggere □ velare.

schermàto *part. pass. di* **schermare**; *anche agg.* difeso, protetto, riparato, coperto, corazzato □ velato.

schermatùra *s. f.* schermo, difesa, protezione, riparo.

schermìre ***A*** *v. tr.* difendere, riparare, proteggere ***B*** **schermirsi** *v. rifl.* pararsi, difendersi □ (*fig.*) sottrarsi abilmente, destreggiarsi, nicchiare, esimersi, eludere, sfuggire **CONTR.** esporsi, affrontare, fronteggiare. *V. anche* DIMINUIRE

schérmo o **schèrmo** *s. m.* **1** (*anche fig.*) riparo, schermatura, difesa, protezione, scudo, corazza □ argine, diga □ paralume **2** (*per proiezione*) telone, tela □ video, teleschermo, display (*ingl.*) **3** (*est.*) cinematografo, cinema **FRAS.** *piccolo schermo*, televisore, televisione. *V. anche* DIFESA

schernìre *v. tr.* burlare, canzonare, corbellare, minchionare, deridere, dileggiare, scherzare, sbertucciare, sbertare, zimbellare, irridere, beffare, beffeggiare, motteggiare, punzecchiare, satireggiare, sfottere (*pop*), scornare, offendere, vilipendere **CONTR.** adulare, elogiare, encomiare, esaltare, lodare, celebrare, incensare, stimare, temere, compatire.

schernìto *part. pass. di* **schernire**; *anche agg.* burlato, beffato, beffeggiato, canzonato, deriso, dileggiato, irriso, satireggiato, scornato, vilipeso **CONTR.** adulato, elogiato, encomiato, esaltato, lodato, celebrato, incensato.

schérno *s. m.* beffa, canzonatura, derisione, dileggio, berlina, irrisione, ludibrio, motteggio, ironia, sarcasmo, satira, baia, minchionatura (*fam.*), corbellatura, gabbo, beffa, sfottimento (*fam.*), vilipendio □ (*persona*) ludibrio, zimbello, vittima **CONTR.** adulazione, elogio, esaltazione, lode, ammirazione, timore.

scherzàre ***A*** *v. intr.* ***1*** giocare, trastullarsi, baloccarsi, divertirsi, ruzzare ***2*** burlare, celiare, ironizzare, motteggiare, parodiare, prendere in giro **CONTR.** fare sul serio, dire sul serio □ essere imbronciato, avere il muso ***B*** *v. tr.* (*dial., pop.*) schernire, deridere, canzonare, punzecchiare, corbellare, zimbellare **CONTR.** adulare, elogiare, esaltare, lodare, celebrare, incensare.

scherzétto *s. m. dim. di* **scherzo**; burletta, tiro, sorpresa.

schérzo *s. m.* ***1*** celia, lazzo, facezia, piacevolezza, gioco, motteggio □ beffa, burla, burletta, monelleria, gabbo, baia, canzonatura, blague (*fr.*) □ buffonata, farsa, commedia ***2*** (*antifr.*) (*brutto, cattivo, ecc.*) tiro, partaccia, sorpresa, giochetto, scherzetto ***3*** (*fig.*) (*risolvere un problema, sollevare un quintale, ecc.*) roba da ridere, facilissimo **CONTR.** difficilissimo ***4*** (*mus.*) **CFR.** capriccio **FRAS.** *non stare allo scherzo*, essere permaloso □ *scherzo di natura*, mostro □ *per scherzo*, non sul serio □ *senza scherzi*, sul serio □ *neppure per scherzo*, per nessuna ragione. *V. anche* GIOCO

scherzosaménte *avv.* scherzevolmente, amenamente, argutamente, briosamente, facetamente (*raro*), giocosamente, piacevolmente, lepidamente, spiritosamente, allegramente, beffardamente, buffamente, comicamente **CONTR.** seriamente, austeramente, solennemente, drammaticamente.

scherzóso *agg.* scherzevole, ameno, sapido, brioso, faceto, piacevole, beffardo, buffo, comico, burlesco, carnevalesco □ (*spec. di persona*) arguto, giocoso, spiritoso, allegro, mattacchione, burlone, ridanciano **CONTR.** serio, solenne, sostenuto, funereo □ austero, posato, burbero, imbronciato, permaloso, musone, piagnucoloso.

schèttino *s. m.* pattino a rotelle.

schiacciaménto *s. m.* schiacciatura, ammaccamento, ammaccatura, acciaccamento, appiattimento, compressione, pressatura, deformazione, stritolamento **CONTR.** gonfiamento, rigonfiamento.

schiacciànte *part. pres. di* **schiacciare**; *anche agg.* ***1*** comprimente, pesante, deformante ***2*** (*fig.*) (*di prova, di accusa, ecc.*) evidente, chiarissimo, innegabile, indiscutibile, inoppugnabile, incontrovertibile, lampante, manifesto, palese **CONTR.** dubbio, incerto, malsicuro, ipotetico, oscuro, problematico.

schiacciàre ***A*** *v. tr.* ***1*** calcare, comprimere, ammaccare, acciaccare □ (*di folla*) spingere, stringere □ (*di olive*) spremere, torchiare □ (*di pulsante e sim.*) premere, pressare, pigiare, cliccare (*elab.*) □ rompere, spezzare, schiantare, sfracellare, spiaccicare, stritolare, infrangere **CONTR.** gonfiare, rigonfiare, sollevare ***2*** (*est.*) (*di abito, di pettinatura, ecc.*) deformare, sformare, appiattire **CONTR.** far risaltare ***3*** (*fig.*) (*di persona, di avversario*) sconfiggere, battere, annientare, soverchiare, stracciare □ opprimere, annichilire □ umiliare, scornare, sgonfiare, mettere in ginocchio □ (*di ribellione*) reprimere, soffocare, domare □ (*di volontà, di idee*) conculcare, calpestare **CONTR.** sollevare, risollevare, rinfrancare, rianimare, rincuorare ***B*** **schiacciarsi** *v. intr. pron.* deformarsi, appiattirsi, ammaccarsi □ rompersi, spezzarsi, infrangersi, schiantarsi, sfracellarsi, spappolarsi, spiaccicarsi. *V. anche* SPINGERE

SCHIACCIARE
sinonimia strutturata

L'esercitare una forte pressione su qualcosa, specialmente dall'alto verso il basso, così da far perdere la forma originaria si dice **schiacciare**: *si è seduto sul cappello e lo ha schiacciato*; *si schiacciò un dito*. I sinonimi più vicini e generali sono **calcare**, **pressare** e **comprimere**: *calcare i vestiti in una valigia, il cappello in testa a qualcuno*; *pressare carta, tessuti in una cassa*; *si comprimeva con una mano la ferita*. Calcare equivale anche a schiacciare con i piedi, e quindi a **pestare** e a **calpestare**, che si differenzia perché indica un atto forte e ripetuto: *calcare la terra smossa*; *calpestare il tappeto*.

Lo schiacciare qualcosa talora comporta semplicemente lo spostarla, e allora equivale a **spingere**, **premere**, **pigiare**: *schiacciare un bottone*; *spingere un pulsante*; *pigiare un interruttore*; *premere il campanello*. L'ultimo verbo in riferimento all'uva indica il pestarla per fare il mosto. In questo senso, si avvicina a **spremere**, che indica lo schiacciare qualcosa per trarne il liquido contenuto: *spremere un'arancia*. Il verbo **torchiare**, più specifico, significa comprimere, in genere la pasta di olive o le vinacce, con un'apposita macchina, il torchio.

Lo schiacciare qualcosa può avere come conseguenza l'**ammaccarla** o l'**acciaccarla**, ossia il deformarne la superficie: *ammaccare una pentola*; *acciaccare un parafango*; acciaccare corrisponde a schiacciare anche nel suo significato più generale, oppure equivale a **rompere** o al più incisivo **spaccare**, che significano dividere qualcosa in più parti con la forza, rapidamente o senza precisione e inavvertitamente. Il ridurre in due o più pezzi si dice anche **spezzare**, che indica spesso un'azione più intenzionale: *spezzare il pane*. Questi ultimi verbi sono sinonimi anche di **infrangere**, che si riferisce di solito a oggetti fragili e suggerisce una frantumazione in numerosi frammenti, dovuta non sempre a schiacciamento ma anche a urto, ecc.: *infrangere un vetro*; vicinissimo è **stritolare**, che indica il ridurre in pezzi minuti: *quella macchina stritola i sassi*. Una violenza distruttrice è evocata da **sfracellare**, che si avvicina a massacrare: *l'incidente gli ha sfracellato le gambe*; come acciaccare, spesso questo verbo coincide con **spiaccicare**, che descrive lo schiacciamento specialmente di cosa molliccia e cedevole: *spiaccicare un insetto*.

In senso figurato e in riferimento all'aspetto fisico, schiacciare corrisponde ad **appiattire**, a **deformare** o **sformare** nel senso di peggiorare: *quel modello ti schiaccia la figura*.

Sempre figuratamente, il verbo significa **annientare**, ossia distruggere, sotto il peso della forza fisica o morale: *schiacciare l'avversario, qualcuno sotto il peso della propria cultura*. Molto vicini sono **annichilire** e **mettere in ginocchio**, che rappresentano figuratamente l'abbattere profondamente, togliendo ogni volontà o capacità di reazione: *quelle parole lo annichilirono*. **Umiliare** si differenzia perché indica l'avvilire qualcuno specialmente mettendo in risalto la sua inferiorità, i suoi errori, difetti; quasi equivalente è **scornare**, che però spesso coincide anche col mettere in ridicolo. Lo scornare può avere come effetto lo **sgonfiare**, ossia lo sminuire l'eccessiva considerazione di sé o di altri.

Schiacciare nemici o rivali equivale a vincerli, e quindi è sinonimo di **battere**, **sconfiggere** e del più incisivo **stracciare**, che però si adopera solo in riferimento a competizioni e solitamente in contesti familiari: *battere gli avversari*; *ha stracciato tutti*. Il letterario **soverchiare** può evocare un'idea di sopraffazione oltre che di superamento: *hanno messo innanzi il nome di vossignoria... per soverchiare due innocenti* (MANZONI). In questa seconda sfumatura, il verbo si avvicina a **opprimere**, che significa gravare in modo fastidioso, anche provocando angoscia, o addirittura sottoporre a vessazioni, tribolazioni, angustie: *mille doveri mi opprimono*. Significato più circoscritto ha **reprimere**, che significa raffrenare l'impeto di ciò che tende a prorompere istintivamente, oppure domare con la forza ciò che tende a sconvolgere specialmente un certo assetto politico-sociale: *reprimere l'ira, una ribellione*.

schiacciasàssi *s. m.* compressore, rullo.

schiacciàta *s. f.* **1** pestata, ammaccatura, acciaccatura **2** focaccia, pizza **3** (*dial.*) bocciatura **4** (*nel tennis*) smash (*ingl.*).

schiacciàto *part. pass. di* **schiacciare**; *anche agg.* **1** ammaccato, acciaccato, calcato, compresso, pestato, pigiato, spinto, spremuto, torchiato □ rotto, infranto, franto, frantumato, spezzato, sformato, schiantato CONTR. gonfio, rigonfio, sollevato, sporgente, tondeggiante **2** (*est.*) (*di naso, di forma, ecc.*) piatto, appiattito, deformato, camuso, rincagnato CONTR. appuntito **3** (*fig.*) (*di persona*) oppresso, vinto, annientato, soggiogato, represso, umiliato □ (*dai debiti*) affogato □ (*di volontà e sim.*) conculcato, calpestato CONTR. libero, sciolto.

schiacciatùra *s. f.* schiacciamento, ammaccamento, acciaccamento, compressione, appiattimento, deformazione □ spremitura □ ammaccatura, acciaccatura CONTR. gonfiamento, rigonfiamento.

schiaffàre **A** *v. tr.* gettare, buttare, sbattere, sbatacchiare **B** **schiaffarsi** *v. intr. pron.* buttarsi, gettarsi, sprofondarsi.

schiaffeggiàre *v. tr.* **1** prendere a schiaffi **2** (*fig.*) colpire con forza, percuotere CONTR. accarezzare, sfiorare.

schiàffo *s. m.* **1** ceffata, ceffone, sganascione (*fam.*), mostaccione (*raro*), manrovescio, sberla □ colpo, percossa, pacca CONTR. carezza **2** (*fig.*) umiliazione, mortificazione, offesa, torto CONTR. adulazione, elogio, lode.

schiamazzàre *v. intr.* fare schiamazzo, gridare, strepitare, vociare, vociferare, rumoreggiare, gracchiare CONTR. tacere, far silenzio. *V. anche* GRIDARE

schiamàzzo *s. m.* chiasso, chiassata, baccano, clamore, frastuono, rumore, rumoreggiamento, clangore (*lett.*), bailamme, caciara (*pop.*), putiferio, fracasso, grida, gridio, strepito, vociare, vociferazione, canea, canizza CONTR. silenzio, tranquillità.

schiantàre **A** *v. tr.* **1** rompere, spezzare, fendere, sfondare, spaccare, schiacciare, fracassare, sfracellare, squarciare, fare a pezzi **2** (*est.*) (*di pianta*) strappare, svellere **3** (*di cuore, di persona, ecc.*) colpire, ferire, trafiggere, stroncare CONTR. allietare, rallegrare, confortare, riconfortare, sollevare, risollevare **B** **schiantarsi** *v. intr. pron.* scoppiare, rompersi, fracassarsi, spaccarsi, spezzarsi, schiacciarsi, sfracellarsi □ (*di albero, di edificio*) crollare, cadere **C** *v. intr.* (*fam.*) (*dal ridere, dall'ira, ecc.*) scoppiare, crepare.

schiànto *s. m.* **1** caduta, crollo □ colpo, urto □ rumore secco, scoppio, rottura **2** (*fig.*) (*al cuore*) strappo, dolore, fitta, colpo, trafittura **3** (*fig., fam.*) (*di persona o cosa*) bellezza, meraviglia FRAS. *di schianto*, all'improvviso.

schiàppa *s. f.* **1** scheggia di legno **2** (*fig.*) (*di persona*) incapace, inetto, cane, brocco (*pop.*) CONTR. campione, asso, specialista, artista.

schiariménto *s. m.* **1** schiarita, rasserenamento, rischiaramento, schiaritura □ illuminazione CONTR. oscuramento, offuscamento, ottenebramento, appannamento **2** (*fig.*) spiegazione, delucidazione, chiarimento, commento, dichiarazione, precisazione, ragione CONTR. intorbidamento.

schiarìre **A** *v. tr.* **1** chiarire, rischiarare, imbianchire □ illuminare, snebbiare CONTR. annerire, oscurare, offuscare, appannare, ottenebrare, annebbiare, intorbidare **2** (*fig., raro*) spiegare, chiarire, chiarificare, dichiarare **B** *v. intr.* e **schiarirsi** *intr. pron.* **1** diventare chiaro, diventare più chiaro, sbiancarsi, sbiadire, scolorarsi, rischiararsi CONTR. oscurarsi, scurirsi, annerirsi **2** (*di cielo*) farsi chiaro, rischiarare, biancheggiare, imbiancarsi □ tornare sereno, aprirsi, rasserenarsi CONTR. annuvolarsi, rannuvolarsi, coprirsi, velarsi, incupirsi, annebbiarsi, offuscarsi, corrucciarsi **C** *v. intr. impers.* **1** tornare sereno, rasserenarsi, rimettersi CONTR. annuvolarsi **2** aggiornare, farsi giorno CONTR. annottare.

schiarìta *s. f.* **1** rasserenamento, schiarimento CONTR. annuvolamento **2** (*fig.*) (*di rapporti, di situazione, ecc.*) miglioramento CONTR. peggioramento, deterioramento.

schiattàre *v. intr.* (*spec. fig.*) scoppiare, crepare, schiantare, morire.

schiavìsta *s. m.* e *f.*; *anche agg.* negriere □ (*est.*) oppressore, sfruttatore, aguzzino **CONTR.** abolizionista.

schiavitù *s. f.* **1** servitù, servaggio (*lett.*), cattività (*lett.*), schiavismo □ giogo, ceppo, catena, prigione, oppressione **CONTR.** libertà, indipendenza, autonomia, emancipazione, riscatto, riscossa, redenzione **2** (*fig.*) soggezione, dipendenza, sudditanza.

schiavizzàre *v. tr.* ridurre in schiavitù □ (*est.*) assoggettare, dominare, umiliare, sottomettere **CONTR.** emancipare, liberare, riscattare.

schiàvo *s. m.*; *anche agg.* (*anche fig.*) privo della libertà, servo, ilota □ (*est.*) assoggettato, soggetto, oppresso, prigioniero □ (*fig.*) (*di pregiudizi, di passioni*) dipendente, dominato, succube, vittima **CONTR.** padrone, despota, signore □ arbitro, libero, indipendente, affrancato, emancipato, esente, immune.

schièna *s. f.* dorso, dosso, tergo, groppa, groppone □ reni **CFR.** petto, seno **FRAS.** *filo della schiena*, spina dorsale □ *voltare la schiena* (*fig.*), andarsene, fuggire □ *colpire alla schiena*, colpire a tradimento □ *curvare la schiena* (*fig.*), umiliarsi □ *a schiena d'asino*, ad arco.

schienàle *s. m.* **1** spalliera □ tergale **2** (*di animale da macello*) schiena.

schièra *s. f.* **1** (*mil.*) reparto schierato, fila, linea, ordine □ colonna, compagnia, coorte, drappello, falange, manipolo, plotone, squadra **2** (*est.*) folla, massa, moltitudine, torma, stuolo, carovana, coro, frotta, masnada, gruppo, numero, frotta, serie, turba, stormo **FRAS.** *a schiera*, in fila, in ordine □ *a schiere*, in gran quantità. *V. anche* FOLLA

schieraménto *s. m.* **1** allineamento, ordinamento, spiegamento, scaglionamento □ disposizione, parata □ fila, linea, riga **2** (*sport*) composizione, formazione, squadra **3** (*di forze politiche e sim.*) insieme, gruppo, coalizione. *V. anche* COALIZIONE

schieràre ***A*** *v. tr.* **1** ordinare, allineare, attestare, indrappellare (*raro*), spiegare **2** (*est.*) disporre, sistemare, mettere a posto **CONTR.** disordinare, scompigliare, confondere, rimescolare, mettere sottosopra ***B*** **schierarsi** *v. rifl.* **1** ordinarsi in schiera, allinearsi, spiegarsi, attestarsi, ordinarsi **2** (*fig.*) (*a favore, contro*) prendere posizione, mettersi, appoggiare, favorire □ osteggiare, combattere.

schiettaménte *avv.* francamente, lealmente, onestamente, sinceramente, veracemente, apertamente □ chiaramente, limpidamente, nettamente, puramente, semplicemente □ candidamente, ingenuamente, genuinamente, naturalmente, spontaneamente **CONTR.** falsamente, artificiosamente, maliziosamente, fintamente, ipocritamente, doppiamente, slealmente, subdolamente, ambiguamente.

schiettézza *s. f.* **1** purezza, purità (*lett.*), genuinità, autenticità □ sanità **CONTR.** manipolazione, falsificazione, adulterazione □ impurità, contaminazione, mescolanza **2** (*fig.*) (*di persona, di discorso, ecc.*) franchezza, limpidezza, lealtà, coscienza, naturalezza, onestà, rettitudine, semplicità, sincerità, spontaneità, veracità, cordialità □ candidezza, candore, ingenuità **CONTR.** finzione, ipocrisia, ambiguità, artificiosità, dissimulazione, doppiezza, malizia, slealtà, falsità, insincerità, impostura, reticenza. *V. anche* COSCIENZA

schiètto *agg.* **1** (*di ispirazione, di linguaggio, ecc.*) puro, non contaminato, non mescolato, genuino, autentico, mero (*lett.*), pretto **CONTR.** impuro, contaminato, mescolato **2** (*est.*) (*di frutta, di vino, ecc.*) sano, perfetto □ nature (*fr.*), verace **CONTR.** guasto, marcio □ adulterato, artefatto, contraffatto, alterato, artificiale, lavorato **3** (*est.*) (*di stile, di prosa, ecc.*) liscio □ semplice, nudo, disadorno, chiaro, limpido, trasparente **CONTR.** nodoso, pesante, ornato, ridondante **4** (*fig.*) (*di persona, di parole, ecc.*) sincero, franco, veritiero, leale, spontaneo, aperto, onesto □ candido, ingenuo, naturale, innocente **CONTR.** falso, finto, doppio, ambiguo, insincero, impostore, ipocrita, sleale, dissimulatore, sfuggente. *V. anche* SPONTANEO, TRASPARENTE, VERO

schifàre ***A*** *v. tr.* **1** avere a schifo, avere a noia, sdegnare, disdegnare, disprezzare, sprezzare, spregiare, repellere (*lett.*), sgradire (*raro*), rifiutare **CONTR.** apprezzare, gradire, accogliere, accettare **2** fare schifo, disgustare, stomacare, nauseare, ripugnare **CONTR.** allettare, attrarre, piacere, garbare, gustare, andare a genio ***B*** **schifarsi** *v. intr. pron.* provare schifo, provare nausea, disgustarsi, stomacarsi, non poterne più **CONTR.** amare, prediligere.

schifézza *s. f.* schifosaggine, schifosità (*raro*), laidezza, sporcizia, sudiceria □ (*spec. di cibo, di libro, ecc.*) porcheria, boiata (*pop.*), obbrobrio, sconcio, oscenità, orrore, merda (*volg.*) **CONTR.** bontà, delizia, delicatezza, raffinatezza, squisitezza, prelibatezza, ghiottoneria □ bellezza, meraviglia, sogno, splendore.

schìfo *s. m.* **1** ripugnanza, nausea, disgusto, orrore, raccapriccio, ribrezzo, voltastomaco **CONTR.** ammirazione, attrazione, appetenza, gradimento, piacere **2** (*fig.*) (*di cosa, di persona*) vergogna, orrore, schifezza, boiata (*pop.*), porcheria, indecenza, obbrobrio **CONTR.** meraviglia, magnificenza, incanto, bellezza.

schifosàggine *s. f.* schifezza, porcheria, laidezza, sporcizia, sudiceria, sozzura **CONTR.** bontà, delizia, delicatezza, raffinatezza, squisitezza.

schifóso *agg.* **1** ributtante, disgustoso, stomachevole, nauseante, repellente, repulsivo, rivoltante, ripugnante □ immondo, laido (*lett.*), lercio, sozzo, sporco, lordo, lurido, sudicio □ osceno, sconcio, sporcaccione, porco, turpe **CONTR.** allettante, prelibato, squisito, gustoso, stuzzicante □ ammirevole, attraente, gradevole, simpatico, stupendo, meraviglioso □ lindo, pulito, piacevole □ onesto, virtuoso **2** (*est., pop.*) pessimo, scadentissimo, cattivissimo, orrido, obbrobrioso **CONTR.** eccellente, ottimo, pregevole **3** (*antifr., pop.*) grande, smisurato, eccessivo **CONTR.** limitato, poco, scarso.

schiòcco *s. m.* rumore secco, colpo, scocco □ (*delle dita*) buffetto, castagnette.

schiodàre *v. tr.* dischiodare (*raro*), sbullettare, sconficcare, staccare, aprire **CONTR.** inchiodare, chiodare, imbullettare, chiudere.

schioppettàta *s. f.* fucilata, sparo.

schiòppo *s. m.* (*gener.*) fucile, archibugio **FRAS.** *a un tiro di schioppo*, vicino.

schiùdere ***A*** *v. tr.* aprire, dischiudere, disserrare, socchiudere **CONTR.** chiudere, serrare □ spalancare ***B*** **schiudersi** *v. intr. pron.* ***1*** (*di pianta, di fiore, ecc.*) aprirsi, dischiudersi, socchiudersi □ sbocciare **CONTR.** chiudersi, serrarsi □ appassire, avvizzire ***2*** (*fig., lett.*) manifestarsi, palesarsi **CONTR.** nascondersi, celarsi, occultarsi.

schiùma *s. f.* ***1*** spuma, effervescenza, bolle □ (*di animali*) bava ***2*** (*fig.*) (*di persone*) feccia, rifiuto, canaglia, gentaglia, ciurmaglia **CONTR.** crema, fior fiore, élite (*fr.*).

schiumàre *v. intr.* ***1*** spumare, spumeggiare ***2*** (*fig.*) (*dall'ira, dalla rabbia, ecc.*) essere sopraffatto, essere fuori di sé.

schiumògeno *s. m.* estintore.

schiùso *part. pass. di* **schiudere**; *anche agg.* (*lett.*) aperto, dischiuso, socchiuso, disserrato □ sbocciato **CONTR.** chiuso, serrato.

schivàre *v. tr.* scansare, scampare, sottrarsi, evitare, eludere, parare, deludere (*raro, lett.*) □ scantonare, fuggire, rifuggire, sfuggire, dribblare **CONTR.** cercare, ricercare, andare incontro, affrontare, abbordare, sfidare.

schìvo *agg.* ***1*** alieno, contrario, restio, riluttante **CONTR.** favorevole, incline, proclive (*raro*), propenso ***2*** ritroso, sdegnoso, modesto, timido, vergognoso, pudibondo, insocievole, rustico, misantropo **CONTR.** ardito, audace, coraggioso, intraprendente, intrigante, sfacciato, sfrontato, spudorato. *V. anche* TIMIDO

schizofrenìa *s. f.* (*psicol.*) dissociazione mentale □ (*est.*) follia, pazzia, demenza **CONTR.** assennatezza, saggezza, equilibrio.

schizofrènico *agg.*; *anche s. m.* (*est.*) folle, matto, pazzo, dissociato **CONTR.** assennato, giudizioso, sano, saggio, equilibrato. *V. anche* MATTO

schizzàre ***A*** *v. tr.* ***1*** (*di acqua, di sangue, ecc.*) emettere, buttar fuori, spruzzare ***2*** (*di fango, di vernice, ecc.*) insudiciare, inzaccherare ***3*** (*fig.*) (*di progetto, di ambiente, ecc.*) abbozzare, sbozzare, delineare, tracciare, disegnare, progettare, ordire □ (*est.*) descrivere sommariamente **CONTR.** completare, perfezionare, rifinire ***B*** *v. intr.* ***1*** (*di liquido*) zampillare, sprizzare, sgorgare, spicciare ***2*** (*est.*) (*di persona, di animale*) saltar fuori, balzare, scappare, sgusciare **FRAS.** *schizzar veleno* (*fig.*), manifestare invidia, manifestare rancore.

schizzàto *agg.* (*gerg.*) teso, agitato, nervoso.

schizzinóso *agg.*; *anche s. m.* difficile, incontentabile, esigente, delicato, schifiltoso, sofistico, smorfioso, raffinato, prezioso, sdegnoso, puzzone (*dial.*) stomacato **CONTR.** contentabile, adattabile, di bocca buona, alla buona, semplice.

schìzzo *s. m.* ***1*** spruzzo, zampillo, schizzata, sprizzo □ pillacchera, zacchera, macchia ***2*** (*di casa, di discorso, ecc.*) abbozzo, bozzetto, sbozzatura, disegno, figurino, traccia, progetto, studio □ bozza, minuta, schema, descrizione, trama, scaletta.

SCHIZZO
sinonimia strutturata

Lo **schizzo** è la prima rapida notazione e fissazione dei tratti e degli elementi essenziali di un'opera figurativa o letteraria, di un progetto, di un tema che verrà in seguito sviluppato: *buttare giù lo schizzo di un paesaggio*; *lo schizzo di un personaggio di un romanzo*. Una valenza simile a schizzo possiede l'**abbozzo**, cioè lo stadio preparatorio dell'opera d'arte in cui è accennata la forma che l'artista intende realizzare, oppure una stesura rapida e sommaria di una composizione scritta o musicata: *abbozzo di un ritratto, di un paesaggio*; *abbozzo di un racconto, di una sinfonia*. Il **bozzetto** è invece un modello o disegno preliminare in scala ridotta di un'opera. Bozzetto può designare anche un disegno colorato o un modellino in scala ridotta di una scena teatrale, cinematografica o televisiva che deve essere realizzata. Sempre a una fase preparatoria di un lavoro fa riferimento la **bozza**, prima stesura o schema di un lavoro, specialmente letterario o artistico, da sottoporre a correzioni, rifacimenti e simili, che precede l'esecuzione definitiva. Il termine può indicare anche una prova di stampa di una composizione tipografica usata dall'autore o dal correttore per correggere gli eventuali errori.

Il termine **traccia** può indicare l'abbozzo, lo schizzo che serve da guida per la realizzazione di un disegno, di un quadro, di un'incisione, di un affresco o lo schema di un componimento, il sommario con l'indicazione dei punti principali da toccare in un discorso, il filo conduttore di una discussione.

Termini equivalenti a traccia possono essere considerati la **minuta**, che è la prima stesura di una lettera o un contratto, in modo schematico, breve, senza lo svolgimento e le formule della stesura definitiva, lo **schema**, cioè il complesso delle linee principali di un disegno, la **scaletta**, che è un abbozzo scritto di un discorso o una relazione che ne individua gli argomenti principali in maniera rapida e sommaria o un primo e schematico abbozzo di una elaborazione cinematografica, televisiva o radiofonica. Infine, un termine tecnico, proveniente dall'inglese, oggi abbastanza in voga nell'ambiente del creative design, è **rough**, col quale ci si riferisce al primo abbozzo disegnato di un messaggio pubblicitario.

scìa *s. f.* ***1*** (*nell'acqua*) traccia, solco □ (*di cometa*) coda, chioma ***2*** (*est.*) (*di sensazioni olfattive*) traccia, odore, profumo □ puzza (*dial., lett.*), puzzo, fetore **FRAS.** *seguire la scia di uno* (*fig.*), imitare uno □ *sulla scia di*, in continuità, in coerenza con.

sciàbola *s. f.* spada, scimitarra.

sciabolàta *s. f.* fendente, traversone.

sciabordàre ***A*** *v. tr.* ***1*** (*di liquido*) agitare ***2*** (*di panni*) sciacquare ***B*** *v. intr.* (*di onda*) battere, frangersi, sguazzare, rumoreggiare.

sciabordìo *s. m.* sciacquio, rumorio, rumoreggiamento.

sciacàllo *s. m.* ***1*** (*fig.*) ladro ***2*** (*fig.*) sfruttatore, piovra (*fig.*), strozzino **CONTR.** sfruttato, vittima.

sciacquàre *v. tr.* lavare più volte, rilavare, risciacquare, agitare nell'acqua, sciabordare **FRAS.** *sciacquarsi la bocca sul conto di uno* (*fig.*), sparlare di uno.

sciacquatùra *s. f.* ***1*** risciacquatura, lavatura ***2*** (*est., spreg.*) minestra sgradevole, brodaglia, broda, sbobba (*pop.*).

sciàcquo *s. m.* lavanda, gargarismo, collutorio.

sciacquóne *s. m.* scarico.

sciagùra *s. f.* disgrazia, incidente, accidente, infortunio, disastro, sinistro □ dramma, tragedia, catastrofe, cataclisma, finimondo, traversia, avversità, calamità, flagello, peste, pestilenza, lutto, infelicità, procella (*lett.*) □ disavventura, iattura, sfortuna, iella (*dial.*), disdetta, sventura, sinistro, tegola (*fam.*) **CONTR.** fortuna, bazza, cuccagna.

sciaguràto *agg.* e *s. m.* ***1*** (*di persona*) disgraziato, infelice, misero, sfortunato, sventurato, scalognato (*fam.*), iellato (*dial.*), sfigato (*pop.*), miserevole, miserando **CONTR.** fortunato, avventurato, nato con la camicia ***2*** (*di evento*) calamitoso, disastroso, doloroso **CONTR.** felice, piacevole, bello ***3*** (*di persona, di gesto, ecc.*) malvagio, cattivo, iniquo, perverso, scellerato, malnato, tristo, perfido, vile, ribaldo, birbante, birbone, canaglia, mascalzone, miserabile **CONTR.** buono, onesto, probo, galantuomo ***4*** (*di idea, di proposta, ecc.*) malaugurato, brutto, infelice, inopportuno **CONTR.** felice, bello ***5*** (*fam.*) incosciente, irresponsabile.

scialacquaménto *s. m.* scialo, sperpero, spreco, sciupio, dilapidazione, dissipazione, sperperamento □ profusione, prodigalità **CONTR.** economia, risparmio, parsimonia, avarizia, taccagneria, tirchieria, spilorceria.

scialacquàre *v. tr.* ***1*** sperperare, dissipare, spandere, dilapidare, sprecare, disperdere, perdere, scialare, divorare, ingoiare, trangugiare, liquefare **CONTR.** economizzare, risparmiare, mettere da parte, avanzare, tesaurizzare, lesinare ***2*** (*fig.*) (*di elogi, di saluti, ecc.*) profondere, prodigare **CONTR.** essere avaro, contenere. *V. anche* SPENDERE

scialacquatóre *s. m.*; *anche agg.* (*f. -trice*) dilapidatore, dissipatore, prodigo, sciupone, sprecone, scialone (*fam.*), scialacquone (*pop.*), spendereccio, spendaccione **CONTR.** economo, risparmiatore, economizzatore, parsimonioso, avaro, spilorcio, taccagno, sparagnino (*dial.*), lesina, tirchio, tirato.

scialàcquo *s. m.* spreco, sperpero, profusione, scialo, dilapidazione, sciupio **CONTR.** economia, risparmio, parsimonia, avarizia, taccagneria, tirchieria.

scialàre ***A*** *v. tr.* (*raro*) dissipare, scialacquare, sperperare, dilapidare, divorare, consumare, ingoiare **CONTR.** economizzare, risparmiare, mettere da parte, conservare ***B*** *v. intr.* vivere bene, spendere senza risparmio, sfoggiare, grandeggiare, largheggiare, godere, divertirsi, sguazzare, gavazzare (*lett.*), sbaldoriare (*lett.*) **CONTR.** vivere male, campicchiare, sacrificarsi, limitarsi. *V. anche* SPENDERE

sciàlbo *agg.* ***1*** pallido, scolorito, smorto, sbiadito, slavato, dilavato, stinto, diluito **CONTR.** colorito, colorato, sgargiante ***2*** (*fig.*) (*di persona, di scritto, ecc.*) privo di personalità, anonimo, inespressivo, inefficace, banale, squallido, insignificante, impersonale, piatto, spento, sfocato, grigio, incolore, insipido **CONTR.** espressivo, brioso, vivace, fantasioso.

sciàlle *s. m.* sciarpa, fisciù, fichu (*fr.*), plaid (*ingl.*), mantiglia, zendado (*ant.*), zendale (*reg.*).

sciàlo *s. m.* ***1*** scialacquamento, sperpero, sperperamento, sperperio, spreco, consumo, dissipazione, dispendio, sciupio, profusione, scialacquo **CONTR.** economia, parsimonia, risparmio ***2*** pompa, magnificenza, sfoggio, sfarzo, lusso, prodigalità **CONTR.** modestia, miseria, povertà.

scialùppa *s. f.* barca di salvataggio, lancia, battello, canotto, imbarcazione, tender (*ingl.*), palischermo (*ant.*), schifo (*ant.*).

sciamannàto *agg.* e *s. m.* disordinato, scomposto nelle vesti, sciatto, negletto, trasandato, trascurato, ciabattone, sciattone **CONTR.** ordinato, assettato, agghindato, azzimato.

sciamàno *s. m.* mago, stregone, negromante.

sciamàre *v. intr.* ***1*** (*di insetti*) raccogliersi in sciame ***2*** (*fig.*) (*in massa, a frotte*) andarsene, allontanarsi, disperdersi **CONTR.** entrare □ riunirsi.

sciàme *s. m.* ***1*** gruppo di api ***2*** (*fig.*) (*di persone*) moltitudine, grande numero, folla, massa, caterva, stuolo, branco, turba, tribù, flagello □ (*lett.*) nembo, coorte. *V. anche* FOLLA

sciancàto ***A*** *agg.* ***1*** storpio, storpiato, zoppicante, zoppo, cionco (*region.*), claudicante **CONTR.** diritto, snello, agile, sciolto, svelto ***2*** (*di mobile, di sedia, ecc.*) che non si regge in piedi, malandato, sgangherato, sbilenco, storto **CONTR.** nuovo, robusto ***B*** *s. m.* storpio.

sciaràda *s. f.* (*fig.*) rompicapo, questione astrusa, enigma.

sciàrpa *s. f.* fascia, fusciacca, stola, scialle □ tracolla.

sciattaménte *avv.* trascuratamente, negligentemente, sgraziatamente, scompostamente, disordinatamente □ piattamente **CONTR.** accuratamente, elegantemente, ricercatamente, distintamente, raffinatamente.

sciatterìa *s. f.* trascuratezza, sciattaggine (*raro*), cialtroneria, sciattezza, trascurataggine, negligenza, incuria, disordine □ scompostezza, grossolanità **CONTR.** accuratezza, cura, diligenza, ordine, proprietà, eleganza □ forbitezza, compostezza, finezza.

sciàtto *agg.* negligente, trasandato, trascurato, disordinato, dimesso, malmesso, negletto (*lett.*), discinto, sciamannato, scomposto, sbrindellato, scamiciato, bracalone, ciondolone □ disadorno, sgraziato, pedestre, approssimativo, impreciso, rozzo, raffazzonato **CONTR.** elegante, agghindato, attillato, azzimato, composto □ diligente, ordinato □ accurato, forbito, leccato, stilé, ricercato, ornato.

sciattóne *s. m.* (*fam.*) trasandato, trascurato, sciamannato, ciabattone, straccione, sbrendolone, sbrindellato **CONTR.** elegantone, damerino, gagà, zerbinotto, snob, dandy (*ingl.*).

scìbile *s. m.* sapere, scienza, dottrina.

sciccherìa *s. f.* (*pop.*) eleganza, lusso □ squisitezza, raffinatezza **CONTR.** sciatteria, rozzezza, grossolanità □ porcheria, pacchianata. *V. anche* ELEGANZA

science fiction /*ingl.* 'saiəns 'fikʃən/ [vc. ingl., comp. di *science* 'scienza' e *fiction* 'finzione'] *loc. sost. f. inv.* fantascienza.

scientemènte *avv.* consapevolmente, consciamente, deliberatamente, apposta **CONTR.** inconsapevolmente, inconsciamente.

scientificamènte *avv.* razionalmente, rigorosamente, esattamente **CONTR.** empiristicamente.

scientìfico *agg.* ***1*** fondato sulla scienza, razionale, rigoroso **CONTR.** pratico, antiscientifico, sperimentale, empiristico, empirico ***2*** (*di materia di studio*) **CONTR.** letterario, umanistico.

sciènza *s. f.* ***1*** (*raro*) conoscenza, cognizione **CONTR.** ignoranza ***2*** cognizioni, dottrina, sapere, sapienza, scibile **CONTR.** ignoranza ***3*** disciplina, materia □ (*al pl.*) discipline scientifiche, attività scientifiche **FRAS.** *uomo di scienza*, scienziato □ *pozzo di scienza* (*fig.*), persona coltissima □ *scienze occulte*, magia, negromanzia □ *scienza pura*, scienza fine a sé stessa.

scienziàto *s. m.* uomo di scienza, dotto, sapiente, dottore, maestro, luminare, ricercatore **CONTR.** profano, ignaro, ignorante, incolto.

sciìstico *agg.* sciatorio.

scilinguàgnolo *s. m.* ***1*** (*raro*) (*della lingua*) frenulo ***2*** (*fig.*) parlantina, chiacchiera, ciarla, loquacità, scioltezza di parola **CONTR.** laconicità, concisione, brevità.

scimitàrra *s. f.* sciabola □ (*est.*) spada.

scìmmia *s. f.* ***1*** quadrumane ***2*** (*fig.*) (*di persona*) imitatore □ (*fig.*) persona sgraziata, dispettoso ***3*** (*dial.*) sbornia (*pop.*), sbronza (*fam.*), balla (*pop.*) ***4*** (*gerg.*) droga.

scimmieggiàre *v. tr.* scimmiottare, contraffare.

scimmiottàre *v. tr.* contraffare □ rifare il verso, mimare, rifare, imitare, copiare, ricalcare, seguire pedestramente **CONTR.** essere originale.

scimmiottatùra *s. f.* imitazione, contraffazione, copiatura **CONTR.** originale.

scimunito *agg.*; *anche s. m.* scemo, sciocco, stupido, ebete, stolido, stolto, deficiente, imbecille, cretino, tonto, scempio, citrullo, mammalucco, mentecatto, babbeo, idiota, grullo, gonzo, barbagianni, minchione (*pop.*) **CONTR.** intelligente, sveglio, scaltro, astuto, furbo.

scìndere ***A*** *v. tr.* (*raro*) fendere, spaccare, rompere, spezzare, tagliare □ (*chim.*) frazionare □ (*fig.*) separare, dividere, staccare, isolare **CONTR.** attaccare, congiungere, ricongiungere □ unire, riunire, associare, assommare, legare, collegare, connettere, aggregare, mettere insieme, mescolare ***B*** **scindersi** *v. intr. pron.* dividersi, spaccarsi □ (*chim.*) decomporsi **CONTR.** riunirsi, ricongiungersi □ aggregarsi, mescolarsi. *V. anche* DIVIDERE, TAGLIARE

scindìbile *agg.* separabile, divisibile **CONTR.** inscindibile, inseparabile, indivisibile.

scintigrafìa *s. f.* (*med.*) scintillografia.

scintilla *s. f.* ***1*** favilla, monachina □ sprazzo □ luce, fiamma, lampeggiamento ***2*** (*fig.*) (*di genio, di creatività, ecc.*) illuminazione, sprazzo, intuizione ***3*** (*fig.*) (*di lite, di guerra, ecc.*) motivo, causa, occasione, pretesto, scusa.

scintillànte *part. pres. di* **scintillare**; *anche agg.* sfavillante, brillante, fiammante, vivido, luccicante, lucente, raggiante, radioso, risplendente, splendente, rifulgente, lampeggiante, corrusco (*poet.*), rutilante (*poet.*), luminoso, vivido **CONTR.** opaco, annebbiato, fosco, offuscato, scuro, oscuro, buio, cupo.

scintillàre *v. intr.* sfavillare, luccicare, rilucere, splendere, risplendere, balenare, lampeggiare, fiammeggiare, folgorare (*lett.*), dardeggiare, ardere, raggiare, rifulgere, brillare, tremolare, corruscare (*poet.*), rutilare (*poet.*) **CONTR.** essere opaco, essere annebbiato, essere offuscato, essere buio. *V. anche* RIDERE

scintillìo *s. m.* sfavillio, luccichio, luccicore, sfavillamento, balenio, brillio, barbaglio, lampeggiamento.

scintillografìa *s. f.* (*med.*) scintigrafia.

scioccamènte *avv.* stupidamente, stoltamente, storditamente, idiotamente, stolidamente, insipientemente, cretinamente, balordamente **CONTR.** intelligentemente, saggiamente, astutamente, accortamente, scaltramente.

scioccàre e deriv. *V.* **shockare** e deriv.

sciocchézza *s. f.* ***1*** scemenza, imbecillità, idiozia, cretineria, stupidità, balordaggine, castronaggine, citrullaggine, credulità, dabbenaggine, grullaggine, insensatezza, insipienza, insulsaggine, semplicioneria, somaraggine, storditaggine, zucconaggine **CONTR.** intelligenza, sapienza, cervello, accortezza, perspicacia, discernimento, furberia, scaltrezza ***2*** baggianata, castroneria, asineria, buscherata, cavolata, cazzata, (*volg.*) coglionata (*volg.*), corbelleria, enormità, puttanata (*volg.*), sproposito, nonsenso, topica ***3*** cosa da nulla, sciocchezzuola, piccolezza, ridicolezza, bazzecola, bagattella, banalità, carabattola, baia, quisquilia, fanfaluca, minuzia, pinzillacchera, zeccola (*raro*) □ (*spec. di costo*) inezia, nonnulla, miseria.

sciòcco ***A*** *agg.* ***1*** (*tosc.*) privo di sale, insipido, insapore, insulso **CONTR.** salato, saporito, saporoso (*lett.*), sapido (*lett.*), gustoso ***2*** (*di idea, di discorso, ecc.*) futile, stupido, insulso **CONTR.** serio ***B*** *agg.* e *s. m.* scemo, stupido, imbecille, idiota, cretino, deficiente, scimunito, stolido, stolto, insipiente, minus habens (*lat.*), sempliciotto, sprovveduto, baggiano, beota, mammalucco, citrullo, fesso, tonto □ credulone, babbeo, grullo, gonzo, calandrino □ allocco, asino, baccalà, barbagianni, merlo, oca, papero, macaco, pecorone □ bietolone, cetriolo, rapa, baccello, zuccone, carciofo **CONTR.** intelligente, sveglio, scaltro, astuto, accorto, furbo □ serio, equilibrato, assennato.

sciògliere ***A*** *v. tr.* ***1*** (*di nodo, di pacco, ecc.*) disfare, snodare, slegare, disciogliere, districare, slacciare, svolgere, sviluppare (*lett.*), sciorre (*poet.*) **CONTR.** allacciare, annodare, avvolgere, avviluppare, imballare, involgere, avvincere, stringere, legare, fermare ***2*** (*anche fig.*) liberare, affrancare, emancipare, disimpacciare (*raro*), svincolare □ (*di cane*) mollare, sguinzagliare **CONTR.** vincolare, impacciare, impastoiare, impigliare ***3*** (*fig.*) (*di contratto e sim.*) troncare, rompere, annullare □ (*da un vincolo, da un impegno, ecc.*) disobbligare, disimpegnare, togliere **CONTR.** stipulare, contrarre □ impegnare, obbligare ***4*** (*di metallo, di cera, di neve, ecc.*) fondere, liquefare, decomporre, struggere, dissolvere, squagliare, sgelare **CONTR.** coagulare, condensare, far rapprendere, solidificare, amalgamare, congelare ***5*** (*fig.*) (*di riunione, di comizio, ecc.*) disunire, disperdere □ (*di Camere parlamentari*) interrompere, far cessare **CONTR.** riunire, raccogliere, adunare, assembrare, convocare ***6*** (*di voto, di obbligo, ecc.*) porre fine, annullare □ adempiere, compiere, soddisfare □ (*di appuntamento*) disdire **CONTR.** fare, confermare ***7*** (*fig.*) (*da una accusa*) prosciogliere, assolvere ***8*** (*di dubbio, di problema, di difficoltà*) spiegare, risolvere, appianare, chiarire, delucidare, dileguare, sbrogliare **CONTR.** porre, insinuare □ intricare, ingarbugliare, inviluppare ***9*** (*fig.*) (*di muscoli, di gambe, ecc.*) slegare, sgranchire, snellire, disimpacciare, rendere agile, riscaldare **CONTR.** bloccare, irrigidire ***10*** (*di colori, di colla, ecc.*) diluire, stemperare ***B*** **sciogliersi** *v. rifl.* liberarsi, svincolarsi □ slacciarsi, slegarsi, staccarsi, scatenarsi (*raro*) **CONTR.** vincolarsi, allacciarsi, annodarsi ***C*** *v. intr. pron.* ***1*** (*di ghiaccio, gelato, cera ecc.*) squagliarsi, liquefarsi, disfarsi, colare, fondersi, fondere **CONTR.** coagularsi, condensarsi, rapprendersi, solidificarsi ***2*** (*fig.*) (*di persona*) struggersi, sdilinquirsi, stemperarsi (*raro*) ***3*** (*fig.*) (*di dubbio*) dissolversi, risolversi ***4*** (*fig.*) (*di folla*) disperdersi, sbandarsi □ (*di riunione*) terminare, concludersi **CONTR.** riunirsi □ iniziare, aprirsi **FRAS.** *sciogliersi in lacrime*, piangere accoratamente.

SCIOGLIERE
sinonimia strutturata

Sciogliere equivale a disfare, rendere libero ciò che si trova legato, avvolto, intrecciato, ecc.: *sciogliere un nodo, un pacco, un sacco, i capelli*. Quando ci si riferisce a ciò che è tenuto insieme o fermo ad esempio da una corda, da un nastro si usano i verbi **slegare**, **disciogliere** e **districare**, che evoca l'immagine di qualcosa di particolarmente ingarbugliato: *voglio slegarmi i capelli*; invece **svolgere**, **disfare** e il letterario **sviluppare** si riferiscono di solito all'apertura di un involto: *devo ancora disfare i pacchi*. Più specifici sono **snodare**, che significa disfare un nodo, e **slacciare**, che significa aprire una chiusura costituita da fermagli, bottoni, lacci, ecc.: *hai la camicia slacciata*.

Detto di persona o di animale sciogliere corrisponde quindi a **liberare**, a **rilasciare**, anche figuratamente, da ciò che tiene legati: *rilasciare i prigionieri*; *liberare i buoi dal giogo*; **mollare** si riferisce di solito a un'azione improvvisa o particolarmente circoscritta nel tempo: *hanno mollato i cani*. **Svincolare** si differenzia perché viene usato spesso anche in relazione a impegni, obblighi assunti, impedimenti che trattengono dal fare qualche cosa. In questo senso può coincidere col **togliere**, **annullare** questo vincolo, ossia col levarlo, oppure coll'**adempierlo**, **soddisfarlo**: *annullare un contratto*; *adempiere un voto, una promessa*. Cancellare un obbligo, un appuntamento equivale a **disdire**, **disdettare**.

Sciogliere invece un problema equivale a **spiegarlo**, ossia a renderlo intellegibile. Così, detto ad esempio di un dubbio, sciogliere corrisponde a **risolvere**, **chiarire**, **delucidare**; più incisivo è **dileguare**, che equivale a far sparire ogni incertezza ed evoca un'azione dall'effetto istantaneo e assoluto, quasi magica. **Appianare** si usa soprattutto in riferimento a situazioni complicate, la cui difficoltà è sottolineata da **sbrogliare**.

Il porre fine a una riunione di persone riunite per uno scopo comune, anche non pacifico, si dice sciogliere o **disperdere**, che evoca maggiormente l'idea dell'allontanamento: *sciogliere una seduta*; *la polizia disperse i manifestanti*; molto vicini sono **smembrare**, **scomporre** e **disunire**, che sottolineano la disgregazione, la separazione del gruppo. Il porre fine invece a una relazione si dice **interrompere**; **rompere** e soprattutto **troncare** danno l'idea di una sospensione dei rapporti più violenta, di una frattura.

Anche il fare una soluzione in un liquido si definisce sciogliere: *sciogliere il sale nell'acqua, l'olio nell'acquaragia* e in questo senso i verbi più vicini sono **diluire** e **stemperare**. Nel linguaggio familiare, per sciogliere si intende il portare allo stato liquido, e il verbo corrisponde quindi a **liquefare**, **squagliare**, **fondere**: *il calore scioglie il ghiaccio*.

Infine, sciogliere gli arti equivale a **sgranchirli**, mentre nel caso dei muscoli si usa il verbo **scaldare**; in quest'ambito semantico più generici e quindi adatti in entrambi i casi sono **slegare**, **disimpacciare**, **rendere più agile**, che equivalgono a rendere più snodato e propenso al movimento.

scioglimento *s. m.* ***1*** dissolvimento, disfacimento, slegamento, soluzione, diluizione, dissoluzione, scissione, decomposizione, scomposizione, disgregamento, disgregazione, liquefazione □ liberazione, svincolamento, scatenamento (*raro*), disimpegno **CONTR.** legamento, legame, allacciamento, unione, riunione, congiungimento, ricongiungimento, connessione, fusione, coagulazione, solidificazione ***2*** (*di patto, di impegno, ecc.*) rottura, disdetta, rescissione, risoluzione, annullamento **CONTR.** stipulazione, accordo ***3*** (*fig.*) (*di commedia, di romanzo, ecc.*) conclusione, epilogo, fine, chiusa **CONTR.** inizio, introduzione, proemio, prefazione, premessa.

scioltamente *avv.* ***1*** agilmente, destramente, flessuosamente, prestamente, lestamente, scorrevolmente, speditamente **CONTR.** lentamente, pesantemente ***2*** (*fig.*) spigliatamente, disinvoltamente, vivacemente, spiritosamente **CONTR.** goffamente, timidamente.

scioltezza *s. f.* ***1*** agilità, destrezza, prestezza, snellezza, leggerezza, speditezza, lestezza, sveltezza, facilità di movimenti, flessuosità, elasticità, fluidità, scorrevolezza, souplesse (*fr.*) **CONTR.** lentezza, pesantezza, rigidità, intorpidimento ***2*** (*fig.*) (*nel parla-

re, nell'agire, ecc.) disinvoltura, spigliatezza, disinibizione, brio, vivacità, spirito, naturalezza, prontezza, semplicità, agevolezza (*lett.*), verve (*fr.*) **CONTR.** goffaggine, imbarazzo, impaccio, soggezione, perplessità, timidezza □ affettazione, ricercatezza.

sciòlto *part. pass. di* **sciogliere**; *anche agg.* ***1*** (*di nodo, di pacco, ecc.*) disciolto, snodato, slegato, slacciato, discinto, disfatto, dissolto, sbrogliato, disgiunto, disunito, scisso, decomposto, disgregato □ (*spec. di capelli*) sparso, sparpagliato □ (*di merce*) sfuso □ diluito, squagliato, fuso, liquefatto, stemperato □ libero, liberato, scatenato (*raro*) □ prosciolto, assolto, immune, esente, svincolato **CONTR.** legato, collegato, allacciato, avviluppato, avvolto, annodato, intrecciato, avvinto, congiunto, ricongiunto □ confezionato □ coagulato, condensato, rappreso, solidificato □ raccolto □ costretto, coinvolto, implicato, imputato ***2*** (*di accordo, di patto, ecc.*) rescisso, annullato, rotto, disdettato, disdetto **CONTR.** stipulato, concordato, contratto, suggellato ***3*** (*fig.*) (*di passo, di membra, ecc.*) agile, spedito, elastico, flessuoso, leggero, lesto, snello, svelto **CONTR.** lento, pesante, tardo, anchilosato, aggranchito, intirizzito, rigido ***4*** (*fig.*) (*nel parlare, nell'agire, ecc.*) disinvolto, facondo, fluente, fluido, franco, disimpacciato, spigliato, brioso, vivace, spiritoso **CONTR.** goffo, imbarazzato, impacciato, perplesso, timido □ affettato.

scioperàre *v. intr.* astenersi dal lavoro, incrociare le braccia □ (*est.*) manifestare, agitarsi, protestare **CONTR.** fare il crumiro.

scioperatàggine *s. f.* poltroneria, infingardaggine, poltronaggine, neghittosità, oziosità, pigrizia, inoperosità, vagabondaggine, indolenza, accidia **CONTR.** alacrità, attività, laboriosità, operosità, solerzia, dinamismo. *V. anche* PIGRIZIA

scioperatézza *s. f. V.* **scioperataggine**.

scioperàto *agg.*; *anche s. m.* sfaccendato, sfaticato, fannullone, ozioso, vagabondo, scansafatiche, lazzarone, perdigiorno, pelandrone, inoperoso, neghittoso, poltrone, infingardo, accidioso □ scapestrato, sregolato **CONTR.** alacre, attivo, laborioso, operoso, solerte, dinamico, affaccendato, sgobbone, lavoratore.

sciòpero *s. m.* astensione dal lavoro □ (*est.*) manifestazione, protesta **CONTR.** crumiraggio □ serrata **FRAS.** *sciopero articolato*, sciopero per settori □ *sciopero a singhiozzo*, sciopero a intervalli □ *sciopero selvaggio* o *a gatto selvaggio*, sciopero indiscriminato □ *sciopero della fame*, digiuno di protesta.

sciorinàre *v. tr.* ***1*** (*di bucato, di biancheria e sim.*) spiegare, dispiegare (*lett.*), stendere, mettere fuori **CONTR.** piegare, ripiegare, riporre ***2*** (*fig.*) (*di merce, di cultura, ecc.*) mettere in mostra, ostentare, sfoggiare, esporre, offrire **CONTR.** nascondere, occultare, celare, dissimulare.

sciovìa *s. f.* impianto di risalita, ski-lift (*ingl.*).

sciovinìsmo *s. m.* nazionalismo fanatico, patriottismo esagerato □ (*est.*) campanilismo **CONTR.** internazionalismo, esterofilia.

sciovinista *s. m. e f.* nazionalista fanatico, patriottardo □ (*est.*) campanilista **CONTR.** internazionalista, esterofilo.

scipitézza *s. f.* insipidezza, scipitaggine □ insulsaggine, scempiaggine, sciocchezza, stupidaggine, stupidità, stoltezza, melensaggine, cretinismo, idiozia **CONTR.** sapidità, saporosità □ arguzia, salacità, intelligenza, spirito.

scipìto *agg.* ***1*** (*di cibo*) privo di sapore, insipido, sciocco (*tosc.*) **CONTR.** salato, sapido, saporito, saporoso, gustoso, succulento ***2*** (*fig.*) (*di persona, di discorso, ecc.*) sciocco, stupido, tonto, insulso, melenso, piatto **CONTR.** arguto, intelligente, spiritoso, salace.

scippàre *v. tr.* (*anche fig.*) derubare.

scippatóre *s. m.* (*f. -trice*) ladro, borsaiolo. *V. anche* LADRO

scippo *s. m.* furto.

sciroccàto *agg.*; *anche s. m.* (*gerg.*) (*di persona*) scombinato, stravagante, spostato, svitato □ tonto, suonato **CONTR.** ordinato, equilibrato □ sveglio.

sciròcco *s. m.* euro, mezzogiorno **CONTR.** maestrale.

sciroppàre *v. tr.* candire, confettare, giulebbare **FRAS.** *sciropparsi* (*fig., fam.*), dover sopportare, sorbirsi.

sciroppóso *agg.* ***1*** denso, spesso **CONTR.** liquido ***2*** (*fig.*) (*di film, di racconto, ecc.*) languido, sentimentale, sdolcinato, dolciastro **CONTR.** realistico, crudo.

scìsma *s. m.* ***1*** (*relig.*) separazione, distacco □ eresia, eterodossia ***2*** (*est.*) divisione, scissione, frattura, rottura, discordia **CONTR.** unione □ accordo, armonia, concordia, intesa. *V. anche* DISCORDIA

scissióne *s. f.* ***1*** divisione, separazione, distacco □ discordia, disaccordo, dissidio, dissidenza, dissociazione, disunione, spaccatura □ scisma □ secessione **CONTR.** unione □ accordo, armonia, concordia, intesa ***2*** (*fis.*) fissione **CONTR.** fusione ***3*** (*med.*) schisi. *V. anche* DISCORDIA

scìsso *part. pass. di* **scindere**; *anche agg.* separato, diviso, disunito, staccato, distaccato, sciolto, spaccato □ disgiunto, isolato, avulso **CONTR.** unito, attaccato, congiunto, legato □ collegato.

scissùra *s. f.* ***1*** (*raro*) fessura, fenditura ***2*** (*fig.*) discordia, dissidio, disunione, disaccordo, rottura **CONTR.** accordo, armonia, concordia, intesa.

sciupàre ***A*** *v. tr.* ***1*** (*di cosa*) ridurre in cattivo stato, conciare male, strapazzare, logorare, danneggiare, rovinare, sconciare (*raro*), deformare, guastare □ gualcire, sgualcire, spiegazzare, strusciare **CONTR.** curare, aver cura, conservare ***2*** (*est.*) (*di denaro, di tempo, ecc.*) dissipare, sprecare, sperperare, profondere, impiegare male, spendere male, consumare, dilapidare, perdere, buttare via **CONTR.** utilizzare, impiegare bene, mettere a frutto, mettere da parte, economizzare, risparmiare, dosare ***B*** **sciuparsi** *v. intr. pron.* ***1*** (*di cosa*) sgualcirsi, logorarsi, danneggiarsi, rovinarsi, guastarsi, patire, viziarsi, sconciarsi (*raro*) **CONTR.** rimanere nuovo, conservarsi bene ***2*** (*ass.*) (*di persona*) deperire, indebolirsi, imbruttire **CONTR.** rifiorire, imbellirsi. *V. anche* GUASTARE

sciupàto *part. pass. di* **sciupare**; *anche agg.* ***1*** (*di cosa*) consunto, consumato, fané (*fr.*), guasto, logoro, strapazzato, danneggiato, deformato □ (*di persona*) stanco, affaticato, deperito, appassito, sfiorito

CONTR. intatto, conservato, integro □ sano, florido **2** dissipato, perso, profuso, sacrificato, pregiudicato, sprecato CONTR. risparmiato, conservato, salvato.

sciupóne *s. m.* sprecone, scialacquatore, dissipatore, prodigo, spendaccione, spendereccio, scialone (*fam.*) CONTR. economo, parsimonioso, parco, risparmiatore, avaro, taccagno, tirchio, tirato.

scivolàre *v. intr.* **1** (*di persona*) slittare, sdrucciolare, glissare, derapare □ perdere l'equilibrio **2** (*est.*) (*di pesce, di oggetto, ecc.*) sfuggire, guizzar via, sgusciare, cadere □ (*di barca e sim.*) andare, scorrere FRAS. *scivolare su un argomento* (*fig.*), evitare un argomento.

scivolàta *s. f.* slittamento, sdrucciolamento, sdrucciolone, scivolone.

scivolóne *s. m.* **1** scivolata, slittamento, sdrucciolamento, sdrucciolone **2** (*fig.*) grave errore, grave peccato □ (*sport*) sconfitta inattesa.

scivolóso *agg.* **1** sdrucciolevole, sdrucciolоso (*raro*), lubrico CONTR. ruvido, scabro **2** (*di pesce, di bottiglia, ecc.*) sfuggente, viscido **3** (*fig.*) (*di persona*) falso, finto, ipocrita, simulatore, sfuggente, viscido, insinuante, subdolo, untuoso CONTR. aperto, franco, leale, schietto, sincero.

scleròsi o **sclèrosi** *s. f.* **1** (*biol.*) indurimento **2** (*fig.*) (*in economia, in politica, ecc.*) paralisi, rigidità, irrigidimento, blocco CONTR. vivacità, elasticità.

scòcca *s. f.* telaio, intelaiatura, struttura portante, châssis (*fr.*), autotelaio.

scoccàre **A** *v. tr.* **1** (*di freccia, di sasso, ecc.*) tirare, scagliare, lanciare, vibrare, far scattare **2** (*di orologio*) battere, suonare **3** (*fig.*) (*di bacio, di occhiata, ecc.*) dare, rivolgere, indirizzare **B** *v. intr.* **1** (*di ore*) battere, suonare, scandire **2** (*di freccia, di trappola, ecc.*) scattare **3** (*di scintilla e sim.*) balenare, guizzare, sprigionarsi.

scocciànte *part. pres. di* **scocciare**; *anche agg.* (*fam.*) seccante, assillante, importuno, insistente, molesto, rognoso CONTR. divertente, interessante, dilettevole, piacevole.

scocciàre **A** *v. tr.* (*fam.*) importunare, molestare, sgonfiare (*fam.*), assillare, infastidire, seccare, annoiare, stufare, stancare, stuccare, scomodare, incomodare, tediare, tormentare, disturbare, rompere le scatole (*pop.*) CONTR. distrarre, divertire, interessare, rallegrare, attrarre, deliziare, ricreare, svagare **B** **scocciarsi** *v. intr. pron.* (*fam.*) seccarsi, annoiarsi, infastidirsi, tediarsi, stufarsi, spazientirsi, stancarsi, stizzirsi, stuccarsi CONTR. distrarsi, divertirsi, interessarsi, rallegrarsi, sollazzarsi, deliziarsi, svagarsi. *V. anche* STANCARE

scocciàto *part. pass. di* **scocciare**; *anche agg.* (*fam.*) seccato, annoiato, infastidito, stufo, spazientito, stizzito, disgustato, stucco CONTR. divertito, interessato, felice, attento.

scocciatóre *s. m.* (*f.* *-trice*) (*fam.*) molestatore, disturbatore, stuzzichino, seccatore, importuno, pittima, borbottone, brontolone, guastamestieri, rompiscatole (*pop.*), attaccabottoni, cataplasma (*pop.*), impiastro, mignatta (*pop.*), sanguisuga (*pop.*) CONTR. educato, riservato, rispettoso □ spiritoso.

scocciatùra *s. f.* (*fam.*) seccatura, noia, fastidio, disturbo, incomodo, molestia, bega, grattacapo, rogna (*fam.*) CONTR. divertimento, piacere, passatempo, svago. *V. anche* DISTURBO

scodèlla *s. f.* **1** piatto fondo, fondina, ciotola, tazza □ zuppiera, terrina (*region.*) **2** (*tecnol.*) capsula.

scodellàre *v. tr.* **1** (*di minestra*) versare, ministrare (*lett.*), rovesciare **2** (*fig., fam., scherz.*) (*di bugie, di giustificazioni, ecc.*) sfornare, spiattellare, spifferare (*fam.*), strombazzare □ buttare giù, dare alla luce.

scoglièra *s. f.* scogli, faraglioni □ costiera.

scòglio *s. m.* **1** roccia affiorante, frangente, faraglione **2** (*est., lett.*) rupe, masso, sasso, pietra, macigno **3** (*fig.*) ostacolo, difficoltà, ma, però, handicap (*ingl.*).

scoglionàto *agg.*; *anche s. m.* (*volg.*) annoiato, infastidito, scontento CONTR. contento, felice.

scoglióso *agg.* pieno di scogli □ (*fig.*) pericoloso.

scolapiàtti *s. m.* sgocciolatoio, rastrelliera.

scolàre **A** *v. tr.* **1** spillare, sgocciolare, far gocciolare **2** bere, tracannare **B** *v. intr.* colare, scorrere in giù, gocciare, gocciolare, sgocciolare, sgrondare, spillare, spiovere.

scolarésca *s. f.* scolari, scuola.

scolàro *s. m.* alunno, allievo, discente, educando, giovane, studente, uditore (*ant.*) □ discepolo, seguace CONTR. insegnante, maestro, professore, istitutore, precettore, aio, docente, didatta, istruttore □ alfiere, antesignano. *V. anche* SEGUACE

scolàstico *agg.* **1** pedagogico, didattico **2** (*fig., spreg.*) conformista, dogmatico, impersonale CONTR. personale, originale.

scollacciàto *agg.* **1** (*di abito, di persona*) scollato, discinto CONTR. accollacciato, accollato, coperto **2** (*fig.*) (*di discorso, di scritto, ecc.*) licenzioso, immorale, indecente, lascivo, osceno, boccaccesco, pornografico, sboccato CONTR. castigato, casto, pudico, decente, verecondo. *V. anche* OSCENO

scollaménto *s. m.* **1** scollatura □ scommettitura, sconnessura **2** (*fig.*) (*tra persone, tra partiti, ecc.*) distacco, allontanamento, rottura CONTR. coesione, avvicinamento, unità.

scollàre **A** *v. tr.* staccare, dividere, separare, dissaldare, disgiungere, disunire, spiccicare CONTR. incollare, attaccare, appiccicare, affiggere, saldare, unire, congiungere **B** **scollarsi** *v. intr. pron.* **1** disgiungersi, sconnettersi, staccarsi CONTR. incollarsi, attaccarsi, unirsi, appiccicarsi **2** (*fig.*) (*di persone, di partiti, ecc.*) rompersi, dividersi CONTR. unirsi, stringersi.

scollatùra (1) *s. f.* (*di abito*) scollo CONTR. accollatura.

scollatùra (2) *s. f.* **1** distacco, separazione, scomposizione CONTR. incollamento, incollatura, attaccamento, saldatura **2** (*di persone, di partiti, ecc.*) scollamento, distacco, allontanamento, rottura, divisione CONTR. coesione, avvicinamento, unità.

scollegàre *v. tr.* slegare, separare, staccare, disgiungere, disunire, scombaciare CONTR. collegare, unire, attaccare.

scòllo *s. m.* scollatura.

scólo *s. m.* **1** sgrondo, scorrimento, flusso, scarico, sgorgo **2** scolatura, colaticcio **3** condotto, tubatura, canale, scolmatore **4** (*volg.*) blenorragia, blenorrea, gonorrea.

scoloràre ***A*** *v. tr.* scolorire, decolorare, discolorare, stingere, sbiadire, sbiancare, schiarire **CONTR.** colorare, colorire, tingere ***B*** **scolorarsi** *v. intr. pron.* perdere il colore, scolorirsi, discolorarsi, decolorarsi, stingersi, sbiadire, sbiancarsi, schiarirsi □ impallidire **CONTR.** colorarsi, colorirsi, tingersi, dipingersi □ arrossire.

scolorìre ***A*** *v. tr.* **1** scolorare, stingere, decolorare, discolorare, sbiadire, sbiancare, imbianchire, dilavare **CONTR.** colorare, colorire, tingere **2** (*fig.*) (*di ricordo, di episodio, ecc.*) spegnere, sbiadire, affievolire **CONTR.** animare, avvivare, ravvivare, vivacizzare ***B*** *v. intr.* e **scolorirsi** *intr. pron.* **1** stingersi, discolorarsi, scolorarsi, sbiadirsi, sbiancarsi, schiarirsi **CONTR.** colorarsi, colorirsi, dipingersi **2** (*est.*) (*di persona, di viso*) impallidire **CONTR.** arrossire.

scolorìto *part. pass. di* **scolorire**; *anche agg.* decolorato, sbiadito, sbiancato, stinto, dilavato, slavato, diluito, schiarito, scialbo, incolore □ (*di ricordo e sim.*) sfocato □ pallido, smorto, impallidito, sbattuto **CONTR.** colorato, colorito, tinto, dipinto □ chiaro, netto □ roseo, rosso, rubizzo.

scolpìre *v. tr.* **1** lavorare a rilievo, incidere □ ritrarre, effigiare **2** (*fig.*) (*nella mente, nel cuore, ecc.*) imprimere, fissare **CONTR.** cancellare.

scolpìto *part. pass. di* **scolpire**; *anche agg.* **1** inciso, intagliato, graffito **2** (*fig.*) (*di ricordo, di immagine, ecc.*) distinto, rilevato, netto, spiccato, impresso, inciso **CONTR.** vago, indistinto.

scombinàre *v. tr.* **1** scomporre, disordinare, scompigliare, sconvolgere, scombussolare, mettere sottosopra **CONTR.** ordinare, assestare, assettare, combinare **2** (*di affare, di incontro, ecc.*) mandare a monte, far saltare, disdire **CONTR.** concordare, organizzare, preparare.

scombinàto *part. pass. di* **scombinare**; *anche agg.* e *s. m.* **1** mal combinato, disordinato, confuso, messo sottosopra **CONTR.** ordinato, assestato, assettato **2** (*di persona o ragionamento*) sconclusionato, incoerente, stravagante, confusionario, toccato, tocco, sciroccato (*gerg.*), casinista (*fam.*) **CONTR.** coerente, metodico, equilibrato.

scombussolaménto *s. m.* sconvolgimento, scombussolio, turbamento, agitazione, inquietudine, rimescolamento, sconcerto, smarrimento, sovreccitazione □ sconquasso, soqquadro, sottosopra, scompaginamento **CONTR.** calma, pace, quiete, serenità, tranquillità, impassibilità, imperturbabilità.

scombussolàre *v. tr.* **1** confondere, disordinare, scompigliare, scombinare, mettere sottosopra, mettere a soqquadro, incasinare (*pop.*), rimescolare, scompaginare, sconquassare, squinternare, sbilanciare, guastare **CONTR.** ordinare, riordinare, assestare, riassestare **2** (*fig.*) frastornare, sconvolgere, turbare, conturbare, perturbare, scuotere, sovreccitare, agitare **CONTR.** calmare, pacificare, placare, quietare, rasserenare, tranquillizzare. *V. anche* GUASTARE, SCUOTERE

scombussolàto *part. pass. di* **scombussolare**; *anche agg.* **1** disordinato, scompigliato, sottosopra, sconquassato, scompaginato, incasinato (*pop.*) **CONTR.** ordinato, riordinato, assestato, riassestato **2** (*fig.*) confuso, frastornato, sconvolto, rimescolato, turbato, conturbato, agitato **CONTR.** calmo, placido, quieto, sereno, tranquillo.

scomméssa *s. f.* **1** patto, impegno, intesa, accordo **2** somma, posta, puntata, giocata **3** impresa difficile, rischio.

scomméttere *v. tr.* **1** fare una scommessa, pattuire **2** (*est.*) affermare, asserire, assicurare, sostenere, essere sicuro **CONTR.** negare **3** (*al gioco*) puntare, giocare.

scomodàre ***A*** *v. tr.* incomodare, disturbare, infastidire, molestare, seccare, scocciare (*fam.*) **CONTR.** far piacere, essere gradito ***B*** *v. intr.* causare disagio, essere scomodo ***C*** **scomodarsi** *v. rifl.* disturbarsi, incomodarsi, disagiarsi (*lett.*).

scomodità *s. f.* incomodo, disturbo, fastidio, disagio, impiccio, inconveniente, disagevolezza **CONTR.** comodità, comodo, agio, praticità, conforto, comfort (*ingl.*). *V. anche* DISTURBO

scòmodo (1) *agg.* incomodo, disagevole, malagevole, malagiato, disagiato □ faticoso, strapazzoso □ angusto, stretto, striminzito □ imbarazzante, fastidioso, arduo, difficile □ (*di persona*) indocile **CONTR.** comodo, agevole, pratico, confortevole □ facile.

scòmodo (2) *s. m.* incomodo, disturbo, disagio, fastidio, imbarazzo, impiccio, inconveniente **CONTR.** comodità, comodo, agio.

scompaginàre ***A*** *v. tr.* **1** turbare, disordinare, squilibrare, dissestare, scompigliare, scombussolare, sconvolgere, sconnettere, scomporre, destrutturare, rompere, sfasciare **CONTR.** ordinare, riordinare, assestare, riassestare **2** (*tip.*) spaginare **CONTR.** impaginare ***B*** **scompaginarsi** *v. intr. pron.* scomporsi, disgregarsi, disordinarsi, turbarsi, sconvolgersi, rompersi, sfasciarsi **CONTR.** comporsi, ricomporsi, riordinarsi.

scompaginàto *part. pass. di* **scompaginare**; *anche agg.* **1** disordinato, scombussolato, sconvolto **CONTR.** ordinato **2** (*tip.*) spaginato **CONTR.** impaginato.

scompagnàre *v. tr.* dividere, spaiare, disunire, separare, sparigliare **CONTR.** appaiare, unire, accompagnare, accoppiare, disporre simmetricamente.

scompagnàto *part. pass. di* **scompagnare**; *anche agg.* spaiato, diviso, separato, unico, isolato, solo, solitario **CONTR.** appaiato, accompagnato, accoppiato, unito. *V. anche* SOLITARIO

scomparìre *v. intr.* **1** dileguarsi, sparire, disparire (*raro*), dissolversi, svanire, svaporare, tramontare □ evadere, fuggire, eclissarsi, volatilizzarsi, squagliarsi (*fam.*) □ (*euf.*) morire **CONTR.** apparire, comparire, riapparire, ripresentarsi, rispuntare, farsi vedere, manifestarsi, mostrarsi, palesarsi □ sopravvivere **2** (*fig.*) fare magra figura, sfigurare, franare **CONTR.** fare bella figura, affermarsi, brillare, emergere **3** (*fig.*) non spiccare, non risaltare **CONTR.** spiccare, risaltare, elevarsi, spuntare. *V. anche* EVADERE

scompàrsa *s. f.* **1** sparizione, eclisse, eclissamento, allontanamento □ estinzione **CONTR.** apparizione, comparizione, comparsa, manifestazione, ritorno, ricomparsa **2** (*euf.*) morte, dipartita (*lett.*) **CONTR.** risurrezione.

scompàrso ***A*** *part. pass. di* **scomparire**; *anche agg.* sparito, eclissato, dileguato, disperso, irreperibile □ svanito, tramontato □ (*di specie*) estinto **CONTR.** apparso, comparso □ vivente ***B*** *agg.* e *s. m.* (*euf.*) morto, defunto, buonanima **CONTR.** superstite, vivo.

scompartiménto *s. m.* **1** (*raro*) divisione, suddivisione, partizione, ripartizione **CONTR.** riunione, raccolta **2** (*di treno*) compartimento **3** (*di ministero, di organismo, ecc.*) reparto, porzione, sezione, scomparto **4** (*di mobile, di scaffalatura*) casella □ (*di borsa, di valigia, ecc.*) tasca.

scompàrto *s. m.* scompartimento.

scompènso *s. m.* alterazione, sbilancio, squilibrio, disarmonia, crisi □ insufficienza **CONTR.** compensazione, armonia, equilibrio, stabilità.

scompigliàre *v. tr.* disordinare, disorganizzare, perturbare, scompaginare, mettere sottosopra, incasinare (*pop.*), confondere, sconvolgere, scombussolare, intricare, ingarbugliare, scombinare □ (*di capelli*) scarmigliare, rabbuffare, arruffare, spettinare **CONTR.** ordinare, riordinare, assestare, comporre, riassestare, assettare, sistemare, rassettare.

scompigliàto *part. pass. di* **scompigliare**; *anche agg.* disordinato, ingarbugliato, incasinato (*pop.*), caotico, confuso, sconvolto, scombussolato, scomposto, sparpagliato, sparso □ scarmigliato, spettinato, arruffato **CONTR.** ordinato, riordinato, assestato, riassettato, rassettato.

scompìglio *s. m.* confusione, babele, casino (*pop.*), caos, disordine, sconquasso, sottosopra, sconvolgimento, sbandamento, soqquadro, subbuglio, agitazione, arruffio, trambusto, parapiglia, tafferuglio, buriana, burrasca, cancan (*fr.*), rivoluzione □ turbamento, perturbamento, perturbazione **CONTR.** ordine, assetto, assestamento □ armonia, pace.

scompisciàrsi *v. intr. pron.* **1** pisciarsi addosso **2** (*fig.*) sbellicarsi, sganasciarsi, smascellarsi, ridere. *V. anche* RIDERE

scomponìbile *agg.* divisibile, separabile, decomponibile □ componibile, smontabile **CONTR.** indivisibile, inseparabile, elementare □ massiccio.

scompórre ***A*** *v. tr.* **1** decomporre, disfare, sfare, disgiungere, disgregare, disarticolare, discomporre (*raro*), sciogliere, disunire, dividere, separare, sconnettere, scombinare, scommettere, sfaldare, smembrare, smontare, scompaginare, destrutturare **CONTR.** comporre, ricomporre, unire, riunire, congiungere, ricongiungere, combinare **2** (*di vesti, di capelli, ecc.*) disordinare, scompigliare, arruffare, mettere sottosopra **CONTR.** ordinare, riordinare, mettere a posto, assettare, rassettare **3** (*fig.*) (*di persona*) turbare, conturbare, agitare, sconvolgere ***B*** **scomporsi** *v. intr. pron.* disordinarsi □ (*fig.*) alterarsi, turbarsi, agitarsi, sciamannarsi (*tosc.*) **CONTR.** ricomporsi, comporsi, riprendere il controllo di sé. *V. anche* DIVIDERE, SCIOGLIERE

scomposizióne *s. f.* sconnessura, scommettitura, scollatura, distacco □ separazione, divisione, suddivisione, frazionamento, smembramento □ smontaggio, smontatura □ decomposizione, disgregazione, disgregamento **CONTR.** composizione, ricomposizione, connessione, unificazione, riunificazione, sintesi, incastro.

scompostézza *s. f.* incompostezza, disordine, sciattezza (*raro*), sciatteria, sguaiataggine, sconvenienza, scorrettezza, maleducazione **CONTR.** compostezza, correttezza, decoro, educazione, serietà, ordine.

scompósto *part. pass. di* **scomporre**; *anche agg.* **1** disfatto, decomposto, distaccato, diviso, disarticolato, disordinato, scompigliato, separato, disunito, smontato **CONTR.** unito, attaccato, congiunto, raccolto, ricomposto, ordinato **2** (*fig.*) (*di persona, di gesto, ecc.*) incomposto, sciatto, sconveniente, indecente, sbracato, discinto, scamiciato, scorretto, sguaiato, maleducato **CONTR.** composto, corretto, decoroso, educato, serio, contegnoso.

scomùnica *s. f.* **1** (*eccl.*) censura ecclesiastica, anatema, interdetto, interdizione □ (*est.*) maledizione **2** (*da un partito, da un'associazione, ecc.*) espulsione **CONTR.** accoglimento, accettazione □ riabilitazione.

scomunicàre *v. tr.* **1** (*eccl.*) infliggere la scomunica, anatematizzare, interdire □ (*est.*) maledire **2** (*fig.*) (*da partito, da associazione, ecc.*) espellere □ escludere, condannare, sconfessare **CONTR.** ammettere, accogliere □ riabilitare.

scomunicàto *part. pass. di* **scomunicare**; *anche agg.* e *s. m.* **1** (*eccl.*) colpito da scomunica, anatematizzato, interdetto **2** (*fig.*) (*da un partito, da un'associazione, ecc.*) espulso □ sconfessato, condannato **CONTR.** ammesso, accolto □ riabilitato **3** (*fig.*) profano, empio, sacrilego, iniquo, malvagio **CONTR.** giusto, onesto, buono.

sconcertànte *part. pres. di* **sconcertare**; *anche agg.* sconvolgente, impressionante, conturbante, sbalorditivo, imbarazzante, grave, inquietante **CONTR.** rassicurante, confortante.

sconcertàre ***A*** *v. tr.* **1** (*di piano, di progetto, ecc.*) disturbare, confondere, scompigliare, scompaginare, sconvolgere, sbilanciare **CONTR.** ordinare, riordinare, rassettare, ricomporre, rimettere a posto **2** (*fig.*) (*di persona*) turbare, conturbare, disorientare, imbarazzare, impressionare, frastornare, sbalordire, sbigottire, sconvolgere **CONTR.** lasciare impassibile, lasciare indifferente □ rassicurare, confortare ***B*** **sconcertarsi** *v. intr. pron.* rimanere disorientato, sbalordire, turbarsi, conturbarsi, disorientarsi, smarrirsi, perdersi, imbarazzarsi, confondersi, impressionarsi **CONTR.** restare indifferente. *V. anche* IMPRESSIONARE

sconcertàto *part. pass. di* **sconcertare**; *anche agg.* turbato, conturbato, confuso, interdetto, perplesso, frastornato, smarrito, imbarazzato, disorientato, sconvolto, impressionato **CONTR.** impassibile, imperturbabile, indifferente.

sconcèrto *s. m.* turbamento, inquietudine, sconvolgimento, perplessità, scombussolamento, disorientamento, smarrimento, sbandamento, sbalordimento, sbigottimento, crisi **CONTR.** calma, impassibilità, imperturbabilità, indifferenza.

sconcézza *s. f.* indecenza, sconvenienza, laidezza, oscenità, sudiciume, sudiceria, turpitudine □ vergogna, sconcio □ bruttura, porcheria, porcata **CONTR.** decenza, decoro, onestà, pulizia, pudore, morigeratezza □ meraviglia, bellezza.

scóncio ***A*** *agg.* ***1*** (*di persona, di corpo, ecc.*) brutto, deforme, schifoso, difettoso, malfatto, mostruoso **CONTR.** bello, delicato, grazioso, ben fatto, avvenente, perfetto ***2*** (*di discorso, di atto, ecc.*) indecente, turpe, osceno, vergognoso, licenzioso, volgare, immondo, laido (*lett.*), sudicio, sporco, sconveniente, irripetibile, innominabile, inconfessabile, stomachevole, porno, pornografico **CONTR.** decoroso, dignitoso, decente, pulito, casto, castigato, costumato, onesto, pudico, verecondo ***B*** *s. m.* ***1*** vergogna, scandalo, infamia ***2*** bruttura, sconciatura, sconcezza, porcheria, schifezza **CONTR.** bellezza, squisitezza, rarità, meraviglia. *V. anche* OSCENO

sconclusionàto *agg.* disordinato, scombinato, sconnesso, farraginoso, scucito, incoerente, contraddittorio, illogico, confuso, strampalato, assurdo, pazzesco □ inconcludente, inconseguente, confusionario, svitato, scentrato, sbullonato (*gerg.*) **CONTR.** coerente, logico, ragionevole, chiaro □ concludente, conseguente, equilibrato.

sconcòrdia *s. f.* discordanza, sconcordanza, discordia, disaccordo, dissapore **CONTR.** concordanza, accordo, concordia, armonia.

scondìto *agg.* non condito, insipido **CONTR.** condito, saporito.

sconfessàre *v. tr.* rinnegare, abiurare, rifiutare, ripudiare, riprovare, ritrattare, disdire □ disconoscere, disapprovare, contestare, smentire **CONTR.** confermare, ribadire □ accettare, ammettere, approvare.

sconfìggere *v. tr.* vincere, sbaragliare, domare, sgominare, disperdere, sterminare, annientare, sopraffare, sottomettere, conquidere (*lett.*) □ superare, battere □ eliminare, debellare **CONTR.** perdere, soccombere, essere vinto. *V. anche* SCHIACCIARE, VINCERE

sconfinàre *v. intr.* ***1*** uscire dai confini, oltrepassare i confini □ invadere ***2*** (*fig.*) passare i limiti, eccedere, trascendere, trasmodare **CONTR.** contenersi, moderarsi ***3*** (*fig.*) (*da un tema*) uscire, andare fuori, divagare, digredire (*raro*) **CONTR.** attenersi, tenersi, stare a.

sconfinàto *part. pass. di* **sconfinare**; *anche agg.* senza limiti, immenso, infinito, illimitato, smisurato, sterminato, grande, enorme **CONTR.** limitato, finito, angusto, ristretto. *V. anche* GRANDE

sconfitta *s. f.* ***1*** disfatta, rotta, sbaraglio, sbandamento, sbaragliamento, fuga **CONTR.** vittoria ***2*** (*est.*) perdita, scacco, smacco, scorno, fallimento, insuccesso, rovescio, tracollo **CONTR.** affermazione, trionfo, successo, riuscita ***3*** (*di analfabetismo, di male*) debellamento, vittoria, eliminazione.

sconfitto *part. pass. di* **sconfiggere**; *anche agg.* e *s. m.* vinto, superato, sopraffatto, sbaragliato, battuto, debellato, sgominato, sterminato, disperso, annientato, disfatto, domo (*lett.*), conquiso (*lett.*), soccombente **CONTR.** vincente, vincitore, vittorioso, trionfante, trionfatore □ invitto, invincibile, imbattuto.

sconfortànte *agg.* deprimente, avvilente, scoraggiante, disarmante, desolante, deludente, sconsolante, demoralizzante, umiliante **CONTR.** confortante, consolante, incoraggiante, rassicurante, rasserenante.

sconfortàto *agg.* avvilito, depresso, deluso, abbattuto, desolato, sconsolato, inconsolabile, disperato, accasciato, costernato, scoraggiato, afflitto, triste, accorato, addolorato, sfervorato (*raro*) **CONTR.** consolato, confortato, riconfortato, sollevato, risollevato, rianimato, rincorato, rassicurato, rinfrancato, corroborato.

sconfòrto *s. m.* abbattimento, depressione, delusione, afflizione, avvilimento, scoraggiamento, sfiducia, accasciamento, desolazione, sconsolatezza, demoralizzazione, costernazione, disperazione, smarrimento, ipocondria (*lett.*), tristezza □ (*psicol.*) lipemania **CONTR.** conforto, consolazione, speranza, euforia, gioia, felicità. *V. anche* SCORAGGIAMENTO

scongelaménto *s. m.* decongelazione, decongelamento, scongelazione.

scongelàre *v. tr.* decongelare, disgelare, sgelare □ fondere **CONTR.** congelare.

scongiuràre *v. tr.* ***1*** (*fig.*) (*di persona*) pregare, supplicare, invocare, impetrare, implorare ***2*** (*fig.*) (*di pericolo, di danno, ecc.*) allontanare, scansare, evitare □ (*lett.*) esorcizzare, deprecare **CONTR.** affrontare, fronteggiare □ auspicare.

scongiùro *s. m.* ***1*** scaramanzia, esorcismo, esorcizzazione, deprecazione, magia ***2*** (*lett.*) preghiera, invocazione, supplica.

sconnessióne *s. f.* ***1*** *V.* **scommessura** ***2*** (*fig.*) mancanza di connessione, mancanza di nesso, disgiungimento, scollamento, incongruenza **CONTR.** connessione, attinenza, nesso, collegamento, unione, congruenza.

sconnèsso *part. pass. di* **sconnettere**; *anche agg.* ***1*** (*di cosa*) disunito, slegato, staccato, separato, sgangherato, sfasciato □ (*di terreno e sim.*) accidentato **CONTR.** connesso, unito, legato, collegato, attaccato □ regolare ***2*** (*fig.*) (*di discorso, di idee, ecc.*) sconclusionato, illogico, incoerente, incongruente, zoppicante (*fig.*), scucito, inconcludente, inorganico, disorganico **CONTR.** ordinato, logico, coerente, razionale.

sconnèttere ***A*** *v. tr.* disconnettere, scommettere, separare, disgiungere, disunire, dividere, scomporre, scompaginare, squinternare **CONTR.** connettere, unire, collegare, raccordare, attaccare, fondere, incastrare ***B*** *v. intr.* (*fig.*) (*di persona*) sragionare, delirare **CONTR.** connettere, ragionare.

sconosciùto ***A*** *agg.* ***1*** ignoto, oscuro, anonimo, incognito, senza fama **CONTR.** noto, conosciuto, illustre, famoso, rinomato ***2*** (*di luogo*) inesplorato **CONTR.** esplorato ***3*** (*di malattia e sim.*) misterioso □ (*di metodo, di motivo e sim.*) ignorato, inedito, malnoto, oscuro **CONTR.** risaputo, notorio, proverbiale, sperimentato ***B*** *s. m.* ignoto, estraneo, tale.

sconquassàre *v. tr.* ***1*** scuotere, sgangherare, scassinare, rompere □ sfasciare, fracassare, rovinare, distruggere, scassare (*fam.*) **CONTR.** accomodare, aggiustare, riparare, riassestare ***2*** (*anche fig.*) (*di persona*) stancare, sfiancare, indolenzire, scombussolare, disturbare. *V. anche* GUASTARE, SCUOTERE

sconquassàto *part. pass. di* **sconquassare**; *anche agg.* **1** (*di cosa*) sgangherato, scarcassato, rotto, fracassato, rovinato, sfasciato, scassato (*fam.*) **CONTR.** intatto, integro, nuovo **2** (*fig.*) (*di persona*) stancato, sfiancato, scombussolato, disturbato.

sconquàsso *s. m.* **1** sconquassamento (*raro*), sfasciamento **2** rovina, distruzione, devastazione, disastro, cataclisma, catastrofe □ scompiglio, disordine, sconvolgimento, scombussolamento, terremoto, trambusto, finimondo, fracasso **CONTR.** ordine, pace.

sconsacràre *v. tr.* dissacrare, profanare **CONTR.** consacrare, benedire, sacrare, santificare.

sconsideratézza *s. f.* avventatezza, incoscienza, imprudenza, irriflessione, leggerezza, scapataggine, inconsideratezza (*raro*), sventatezza, sbadataggine, irresponsabilità, malaccortezza, disavvedutezza, dabbenaggine, storditaggine, sconsigliatezza, precipitazione, imprevidenza, irragionevolezza, impulsività, temerarietà **CONTR.** avvedutezza, assennatezza, riflessione, criterio, discernimento, discrezione, oculatezza, cautela, prudenza, previdenza, ragionevolezza, considerazione, ponderatezza, sagacia, senno, sensatezza.

sconsideràto *agg.*; *anche s. m.* avventato, imprudente, incauto, inconsiderato, irriflessivo, leggero, irragionevole, irresponsabile, imprevidente, sconsigliato, sventato, malavveduto, disavveduto, malaccorto, sbadato, stordito □ precipitoso, frettoloso, rompicollo □ folle, cieco (*fig.*), incosciente, pazzo, spericolato □ impulsivo, temerario, ardito, azzardoso, demenziale, precipitato **CONTR.** avveduto, giudizioso, riflessivo, cauto, oculato, prudente, previdente, preveggente, sensato, saggio, assennato, considerato, ponderato. *V. anche* SBADATO

sconsigliàbile *agg.* pericoloso, inopportuno **CONTR.** consigliabile, indicato, raccomandabile.

sconsigliàre *v. tr.* (*qualcuno*) dissuadere, distogliere, rimuovere, stornare, scoraggiare, trattenere □ (*qualcosa*) controindicare **CONTR.** consigliare, persuadere, incitare, spingere, stimolare □ indicare, proporre, raccomandare, comandare, prescrivere.

sconsigliàto *agg.* inavveduto, incauto, malaccorto, malavveduto, sconsiderato, scriteriato, imprudente, temerario, leggero **CONTR.** avveduto, cauto, prudente, considerato, riflessivo □ sagace, saggio, scaltro.

sconsolàre ***A*** *v. tr.* sconfortare, scoraggiare, avvilire, abbattere, costernare, deprimere, demoralizzare **CONTR.** confortare, riconfortare, rianimare, corroborare, rincorare ***B*** **sconsolarsi** *v. intr. pron.* sconfortarsi, scoraggiarsi, avvilirsi, deprimersi, demoralizzarsi, abbattersi, disanimarsi, disperare **CONTR.** confortarsi, rianimarsi, rincorarsi, risollevarsi, riprendersi, consolarsi, sperare.

sconsolàto *part. pass. di* **sconsolare**; *anche agg.* sconfortato, avvilito, abbattuto, malinconico, mesto, triste, depresso, accasciato, desolato, inconsolabile, disperato, costernato, scoraggiato, afflitto, addolorato **CONTR.** allegro, felice, contento, festoso.

scontàre *v. tr.* **1** (*da un conto*) detrarre, dedurre, defalcare, scomputare, abbonare □ estinguere **CONTR.** contare, computare **2** (*di pena, di colpa, ecc.*) pagare il fio, espiare, purgare, purificare, riparare **3** (*di successo, di fallimento, ecc.*) prevedere, presagire, presentire.

scontàto *part. pass. di* **scontare**; *anche agg.* **1** (*da un conto*) detratto, scomputato **CONTR.** contato, computato **2** (*di pena, di errore, ecc.*) pagato, espiato, purgato, purificato **3** (*di risultato, di esito, ecc.*) previsto, prevedibile, immaginabile, immancabile **CONTR.** imprevisto, imprevedibile, inimmaginabile, insperato **4** (*esperienza*) superato, risaputo □ (*di ragionamento e sim.*) ovvio, lapalissiano **CONTR.** attuale □ discutibile.

scontentàre *v. tr.* lasciare insoddisfatto, lasciare inappagato, deludere, dispiacere, contrariare, disgustare **CONTR.** accontentare, contentare, appagare, piacere, lusingare, soddisfare.

scontentézza *s. f.* insoddisfazione, incontentabilità, insofferenza, malcontento, scontento, malumore, disgusto, dispiacere, delusione, rincrescimento, mestizia, noia, irritazione **CONTR.** contentezza, allegrezza, gioia, letizia, allegria, felicità, piacere, soddisfazione, soddisfacimento.

scontènto (1) *agg.* insoddisfatto, malcontento, incontentabile, insofferente, disgustato, contrariato, dispiaciuto, inappagato, irritato, deluso, mesto **CONTR.** contento, soddisfatto, pago, appagato, gioioso, felice, lieto, orgoglioso, superbo, entusiasta, sazio, saziato.

scontènto (2) *s. m.* insoddisfazione, scontentezza, malcontento, malumore, disgusto, dispiacere, delusione, irritazione **CONTR.** contentezza, gioia, letizia, allegrezza, allegria, piacere, appagamento, soddisfazione.

scónto *s. m.* **1** (*da un conto*) detrazione, scomputo, abbuono, tara (*ant.*) **CONTR.** computo, addebito **2** (*di prezzo*) ribasso, riduzione, calo **CONTR.** aumento, rincaro, supplemento.

scontràre ***A*** *v. tr.* incontrare, rincontrare, imbattersi, incappare ***B*** **scontrarsi** *v. intr. pron.* **1** (*raro*) imbattersi, incontrare **2** (*spec. di veicoli*) cozzare, cozzarsi, urtare, urtarsi, investirsi, sbattere, collidere, tamponarsi ***C*** *v. rifl. rec.* **1** cozzare l'uno contro l'altro, urtarsi **2** combattere, lottare, azzuffarsi, affrontarsi **3** (*fig.*) (*di opinioni, di progetti, ecc.*) divergere, discordare, dissentire **CONTR.** concordare, collimare, combinare, convergere, conciliarsi.

scontrìno *s. m.* contrassegno, marca, contromarca, ricevuta, biglietto, cedola, buono, tagliando, ticket (*ingl.*).

scóntro *s. m.* **1** cozzo, collisione, urto, impatto, investimento, tamponamento, carambola (*fig.*) **2** mischia, combattimento, azione, battaglia, assalto, scaramuccia, tenzone (*lett.*) □ zuffa, colluttazione **3** (*fig.*) (*di idee, di modo di agire, ecc.*) discussione, divergenza, conflitto, contrasto, alterco, battibecco, bisticcio, questione **CONTR.** concordanza, accordo, consenso **4** (*nello sport*) tackle (*ingl.*), carica, fallo. *V. anche* ZUFFA

scontrosità *s. f.* permalosità, ombrosità, suscettibilità, ritrosia, insocievolezza, selvatichezza, ruvidezza, intrattabilità, musoneria, orsaggine, gufaggine, scompiacenza, scortesia, sdegnosità, piccosità □ misantropia CONTR. cordialità, espansività, affabilità, gentilezza, socievolezza, trattabilità, accessibilità, piacevolezza, maneggevolezza.

scontróso *agg.* permaloso, piccoso, ombroso, adombrabile, suscettibile, difficile, ritroso, introverso, musone, scorbutico □ inabbordabile, inaccessibile, inaccostabile, inavvicinabile □ intrattabile, insocievole, selvatico, rustico, ruvido, ispido, istrice (*fig.*), orso (*fig.*) □ angoloso, spigoloso, spinoso, aspro, dispettoso, irritabile □ burbero, sdegnoso, scortese CONTR. bonario, cordiale, espansivo □ abbordabile, accessibile, avvicinabile □ cortese, estroverso, socievole.

sconveniènte *agg.* **1** indecoroso, sconvenevole (*lett.*), brutto, disdicevole, disacconcio, disconveniente, inconveniente, sconfacente, biasimevole, disadatto, improprio, incongruente, indebito, inadatto, indegno, indelicato, sgarbato, inopportuno, disonorevole □ indecente, ripugnante, sconcio, irriferibile, scomposto, scorretto, nauseante CONTR. conveniente, acconcio, adatto, giusto, doveroso, degno, decoroso, delicato, garbato, onorevole, lecito □ decente, corretto, presentabile **2** (*raro*) (*di prezzo, di proposta, ecc.*) svantaggioso, caro, alto, eccessivo, esagerato, sproporzionato CONTR. conveniente, moderato, opportuno, adeguato, modesto, basso.

sconveniènza *s. f.* **1** indegnità, indelicatezza, sgarbatezza, sgraziataggine, impertinenza, scompostezza, scortesia, sfacciataggine, sfrontatezza, inopportunità, scorrettezza □ indecenza, sconcezza CONTR. convenienza, cortesia, garbo, garbatezza, opportunità, correttezza, decoro □ decenza **2** (*raro*) (*di prezzo, di proposta, ecc.*) svantaggio, eccesso, incongruenza, sproporzione CONTR. vantaggio, convenienza.

sconvolgènte *part. pres. di* **sconvolgere**; *anche agg.* impressionante, conturbante, vorticoso, travolgente, traumatizzante, sconcertante, sensazionale, mozzafiato, shoccante CONTR. insignificante.

sconvòlgere ***A*** *v. tr.* **1** disordinare, scompigliare, mettere sottosopra, buttare all'aria, guastare, intorbidare, confondere, alterare, arruffare, capovolgere, devastare, rimescolare, disorganizzare, rivoltare, rivoluzionare, scomporre, sbilanciare, scompaginare, sovvertire, stravolgere, scombinare (*raro*) CONTR. ordinare, riordinare, sistemare, assestare, riassestare, regolare, regolamentare, mettere a posto **2** (*fig.*) (*di persona, di mente, ecc.*) scombussolare, sconcertare, agitare, turbare, perturbare, conturbare, sbigottire, scuotere, traumatizzare, tribolare, commuovere, travolgere CONTR. calmare, placare, quietare, rasserenare, rassicurare, confortare, tranquillizzare ***B*** *v. intr. pron.* turbarsi, conturbarsi, perturbarsi CONTR. rasserenarsi, rassicurarsi. *V. anche* GUASTARE, SCUOTERE

sconvolgiménto *s. m.* **1** disordine, scompiglio, scombuglio (*raro*), subbuglio, sconquasso, casino (*pop.*) □ (*fig.*) burrasca, cataclisma, devastazione, procella (*lett.*), tempesta, terremoto CONTR. calma, ordine, pace **2** rivolgimento, travolgimento, capovolgimento, sovversione, sovvertimento, rivoluzione CONTR. ordine, assestamento, normalizzazione **3** (*fig.*) (*di animo, di mente, ecc.*) turbamento, conturbamento, scombussolamento, agitazione, tumulto, rimescolio, rimescolamento □ inquietudine, smarrimento, spavento, sconcerto, travaglio, tribolazione, vertigine CONTR. serenità, pace, quiete, serenità, tranquillità, distensione, rilassamento, relax (*ingl.*).

sconvòlto *part. pass. di* **sconvolgere**; *anche agg.* **1** alterato, devastato, perturbato, scombussolato, scompaginato, scompigliato CONTR. ordinato, inalterato **2** esterrefatto, sconcertato, conturbato, scosso, stravolto, shockato, smarrito, spaventato, traumatizzato, travagliato □ fremente, spiritato, stralunato CONTR. calmo, tranquillo, sereno.

scoop /*ingl.* sku:p/ [vc. ingl., di orig. germ.] *s. m. inv.* (*giorn.*) colpo, notizia sensazionale, colpo giornalistico, bomba.

scoordinàto *agg.* scollegato □ disarmonico CONTR. collegato, coordinato, armonico.

scooter /*ingl.* 'sku:tə/ [vc. ingl., dal v. fam. *to scoot* 'guizzar via'] *s. m. inv.* motoretta, motorscooter (*ingl.*), motociclo, motoleggera, motorino.

scópa *s. f.* granata, ramazza (*gerg.*), bionda (*mar. scherz.*).

scopàta *s. f.* **1** pulita, ripulita **2** (*volg.*) amplesso, coito.

scoperchiàre *v. tr.* levare il coperchio, scoprire □ (*est.*) togliere il tetto CONTR. coprire, ricoprire.

scopèrta *s. f.* **1** scoprimento, ritrovamento, rinvenimento □ (*di colpevole*) individuazione, identificazione **2** (*fig.*) rivelazione, creazione, ideazione, invenzione, trovata □ (*di scienza*) conquista, ritrovato **3** (*di territorio*) esplorazione, ricognizione, avanscoperta, perlustrazione.

scopèrto ***A*** *part. pass. di* **scoprire**; *anche agg.* **1** scoperchiato, aperto, indifeso, esposto CONTR. coperto, riparato, ricoperto, difeso, protetto, sicuro **2** (*di corpo, di braccia, ecc.*) nudo, svestito CONTR. coperto, vestito, rivestito **3** (*di intenzione, di scopo, ecc.*) visibile, rivelato, manifesto, aperto, franco, sincero □ (*di mistero e sim.*) svelato, squarciato CONTR. celato, nascosto, occulto, falso, mimetizzato, velato **4** (*di prodotto, di soluzione, ecc.*) ideato, trovato, inventato ***B*** *s. m.* **1** fuori, addiaccio CONTR. chiuso **2** (*banca*) passivo, deficit (*lat.*), debito, ammanco CONTR. attivo, credito FRAS. *a viso scoperto* (*fig.*), francamente, apertamente □ *a carte scoperte* (*fig.*), senza sotterfugi.

scopettóne *s. m. spec. al pl.* (*scherz.*) basette, fedine, favoriti.

scopiazzàre *v. tr.* (*spreg.*) copiare □ plagiare.

scòpo *s. m.* fine, finalità, intento, intendimento, intenzione, proposito, meta, mira, obiettivo, aspirazione, oggetto, bersaglio, destinazione, orizzonte, traguardo, termine, causa, perché.

scoppiàre *v. intr.* **1** esplodere, deflagrare, brillare, saltare, detonare (*raro*), conflagrare (*raro*) □ spaccarsi, schiantarsi, creparsi, fendersi, rompersi, squarciarsi □ (*di fulmine*) scaricarsi □ (*fig.*) (*di applausi*) scrosciare □ (*fig.*) morire **2** (*fig.*) (*in pianto, in risa, ecc.*) prorompere, erompere, sbottare, schiattare, dirompere, scattare, sfogarsi **3** (*fig.*) (*di guerra, di scandalo, ecc.*) manifestarsi improvvisamente, accadere, avvenire □ (*di tempesta e sim.*) scatenarsi **4** (*per fatica*) cedere, non farcela più, ritirarsi FRAS. *scoppiare dal ridere* (*fig.*), ridere a più non posso.

scoppiàto *part. pass. di* **scoppiare**; *anche agg.* **1** esploso, brillato, rotto, crepato □ (*fig.*) morto **2** (*fig.*) (*di guerra, di scandalo, ecc.*) manifestatosi, avvenuto, accaduto.

scoppiettàre *v. intr.* **1** crepitare, sfriggere, sfrigolare, friggere, crosciare (*lett.*) **2** (*fig.*) risuonare, echeggiare, rumoreggiare.

scoppiettìo *s. m.* crepitio, sfrigolio □ rumorio.

scòppio *s. m.* **1** esplosione, detonazione, deflagrazione, conflagrazione, schianto, crepito, tuono, brillamento, botta, botto, colpo, bang (*ingl.*) **2** (*fig.*) (*di guerra, di scandalo, ecc.*) verificarsi improvviso, manifestarsi, scatenamento **3** (*di pianto, di riso, ecc.*) scatto, convulsione, convulso, crisi, sbottata, sbotto □ (*di applausi e sim.*) scroscio.

scòppola *s. f.* **1** (*dial.*) scapaccione, scappellotto □ (*fig.*) batosta **2** (*mer.*) raccomandazione **3** (*centr.*) berretto, coppola.

scoprìre ***A*** *v. tr.* **1** scoperchiare, dischiudere □ svelare, denudare, spogliare, svestire □ liberare CONTR. coprire, vestire, ricoprire **2** (*di corpo, di fianco, ecc.*) lasciare indifeso, esporre CONTR. coprire, difendere, proteggere **3** (*fig.*) (*di verità, di intenzione, ecc.*) rivelare, svelare, manifestare, palesare, propalare, dimostrare, tradire CONTR. celare, nascondere, occultare, dissimulare, mascherare, mimetizzare, sottacere, velare, soffocare **4** (*di tesoro e sim.*) rinvenire, trovare, ritrovare □ (*di colpevole*) scovare, identificare, individuare, rintracciare, smascherare □ (*di errore, di ammanco*) riscontrare □ (*di malattia*) rilevare, diagnosticare, dimostrare □ (*di nuovo metodo, di farmaco, ecc.*) trovare, ideare, inventare □ (*di notizia, di fatto*) leggere, udire, sentire, apprendere, venire a sapere, vederci chiaro ***B*** **scoprirsi** *v. rifl.* **1** alleggerirsi, svestirsi, denudarsi CONTR. coprirsi, ricoprirsi, vestirsi, rivestirsi **2** togliersi il cappello **3** manifestarsi, mostrarsi, palesarsi, farsi conoscere, rivelarsi, tradirsi, smascherarsi CONTR. nascondersi, celarsi, mimetizzarsi, occultarsi **4** uscire dai ripari, uscire allo scoperto CONTR. ripararsi, rifugiarsi. *V. anche* UDIRE

scopritóre *s. m.; anche agg.* (*f. -trice*) autore, inventore, ideatore, rivelatore, ritrovatore.

scoraggiaménto *s. m.* demoralizzazione, sconforto, sfiducia, scoramento (*lett.*), abbattimento, abbandono, avvilimento, accasciamento, sconsolazione (*ant.*), costernazione, prostrazione, depressione, smarrimento, tristezza, umiliazione CONTR. incoraggiamento, rassicurazione, consolazione □ animo, ardimento, ardire, baldanza, coraggio, risolutezza, sicurezza, spavalderia.

SCORAGGIAMENTO
sinonimia strutturata

Lo **scoraggiamento** corrisponde alla perdita progressiva della fiducia, dello spirito di iniziativa, e anche al conseguente stato d'animo: *essere preso dallo scoraggiamento*; *reagire allo scoraggiamento.* Molto vicini sono il letterario **scoramento**, **avvilimento**, **demoralizzazione** e **sconforto**, anche se quest'ultimo indica una condizione più che un processo: *gettare nell'avvilimento*; *cadere in un profondo avvilimento*; *essere preso dallo, essere preda dello sconforto*; *cadere nello sconforto*; *un attimo di sconforto.* Vicinissimo è **costernazione**, che però suggerisce una certa sorpresa: *provocare la costernazione generale*; *essere in preda alla costernazione*; ancor più connotato in questo senso è **smarrimento**, che designa turbamento e sbigottimento insieme: *un attimo di smarrimento*; *riprendersi dallo smarrimento.*

Molto forte è la **disperazione**, che corrisponde anche, per estensione, all'angoscia, al dolore, cioè alla **tristezza**: *abbandonarsi alla disperazione*; *essere ridotto alla disperazione*; *essere preso, assalito dalla disperazione*; *il suo viso esprimeva profonda tristezza.* Se la disperazione si associa a una stanchezza fisica o psichica che impedisce ogni reazione si chiama **prostrazione**: *essere in preda a una profonda prostrazione*; *prostrazione fisica, morale*; un'idea di indebolimento suggeriscono anche gli usi figurati di **abbattimento** e **accasciamento**, che però sono meno incisivi del precedente. Questi stati d'animo possono divenire cronici, e degenerare in una **depressione**, cioè in una vera e propria patologia consistente in uno stato d'animo caratterizzato da avvilimento e tristezza, con diminuzione del livello di attività e delle reazioni agli stimoli esterni.

Sfiducia si distingue perché indica propriamente un atteggiamento pessimista sul futuro, o un'opinione sfavorevole sulle proprie o altrui capacità: *avere sfiducia in qualcuno*; *guardare a un'impresa con sfiducia*; *esprimere la propria sfiducia.*

scoraggiànte *part. pres. di* **scoraggiare**; *anche agg.* demoralizzante, disarmante, deprimente, sconfortante, sconsolante, avvilente, umiliante, disperante CONTR. confortante, incoraggiante, rassicurante, consolante, lusinghiero, promettente.

scoraggiàre ***A*** *v. tr.* demoralizzare, sconfortare, scorare (*lett.*), abbattere, accasciare, avvilire, disanimare (*raro*), fiaccare, sconsolare, costernare, deprimere, smontare, sgomentare, spaventare, sbigottire, prostrare, invilire, esanimare □ frenare, sconsigliare, disincentivare CONTR. rianimare, confortare, consolare, incoraggiare, rassicurare, rinfrancare, risollevare, rincuorare, imbaldanzire, esaltare, animare □ stimolare, favorire ***B*** **scoraggiarsi** *v. intr. pron.* perdersi di coraggio, disanimarsi, esanimarsi, abbandonarsi, abbattersi, accasciarsi, avvilirsi, scorarsi (*lett.*), deprimersi, demoralizzarsi, sfiduciarsi, sconfortarsi, sconsolarsi, disperare, perdersi, sgomentarsi, sbigottirsi, smarrirsi, sgonfiarsi, smontarsi CONTR. rianimarsi, confortarsi, riconfortarsi, consolarsi, rassicurarsi, rinfrancarsi, incoraggiarsi, rincuorarsi, imbaldanzirsi, ravvivarsi.

scoraggiàto *part. pass. di* **scoraggiare**; *anche agg.* disanimato, abbattuto, accasciato, avvilito, costernato, depresso, demoralizzato, smarrito, sfiduciato, fiaccato, sconfortato, sconsolato, scorato (*lett.*), sgomentato, disperato **CONTR.** rianimato, rincuorato, confortato, corroborato, imbaldanzito, incoraggiato □ baldanzoso, ardito, animoso.

scorbùtico *agg.* bisbetico, irascibile, scontroso, insocievole, selvatico, scortese, sgarbato **CONTR.** cordiale, affabile, garbato, gentile, amabile, cortese, educato.

scorciàre ***A*** *v. tr.* accorciare, abbreviare, ridurre, restringere, contrarre, raccorciare □ spuntare, cimare **CONTR.** allungare, prolungare, dilungare, protendere ***B*** **scorciarsi** *v. intr. pron.* accorciarsi, abbreviarsi, ridursi, restringersi, contrarsi **CONTR.** allungarsi, prolungarsi, dilungarsi, protendersi.

scorciatóia *s. f.* ***1*** via più breve □ (*est.*) sentiero, diramazione, traversa ***2*** (*fig.*) mezzo spiccio, espediente, trucco.

scórcio *s. m.* ***1*** prospettiva, prospetto □ visuale limitata ***2*** (*di tempo*) fine, ultima parte **CONTR.** inizio, principio **FRAS.** *di scorcio*, di sfuggita.

scordàre ***A*** *v. tr.* dimenticare, obliare (*lett.*), disimparare □ omettere, tralasciare **CONTR.** ricordare, ricordarsi, rammentare, rammentarsi ***B*** **scordarsi** *v. intr. pron.* dimenticarsi **CONTR.** ricordarsi, rammentarsi.

scoréggia *s. f.* (*volg.*) peto, vento, flato, flatulenza.

scòrfano *s. m.* ***1*** (*zool.*) scorpena ***2*** (*fig., pop.*) persona brutta, persona malfatta, mostro **CONTR.** bellezza, adone, apollo, venere.

scòrgere *v. tr.* ***1*** intravedere, avvistare, vedere, adocchiare, riconoscere, distinguere, ravvisare, discernere, trovare ***2*** (*fig.*) accorgersi, individuare, decifrare.

scòria *s. f.* ***1*** residuo, rimanenza, rimasuglio, avanzo, loppa, scarto □ cascame, pula, mondiglia □ feccia ***2*** (*fig.*) parte peggiore, peggio **CONTR.** parte migliore, meglio.

scornàre ***A*** *v. tr.* (*fig.*) svergognare, mettere in ridicolo, beffare, beffeggiare, dileggiare, deridere, corbellare, umiliare, schernire **CONTR.** onorare, esaltare, lodare ***B*** **scornarsi** *v. intr. pron.* ***1*** (*di animale*) rompersi le corna ***2*** (*fig.*) (*di persona*) fallire, subire uno scacco **CONTR.** riuscire, trionfare. *V. anche* SCHIACCIARE

scornàto *part. pass. di* **scornare**; *anche agg.* svergognato, beffato, beffeggiato, deriso, dileggiato, irriso, schernito, umiliato, deluso, illuso, scottato **CONTR.** onorato, esaltato, lodato, vittorioso, trionfante.

scòrno *s. m.* vergogna, umiliazione, beffa, dileggio, derisione, irrisione, ignominia, infamia, vituperio, vilipendio, onta, sconfitta, delusione, scottatura (*fig.*) **CONTR.** onore, ossequio, trionfo, vittoria. *V. anche* INFAMIA

scorpacciàta *s. f.* grande mangiata, strippata (*pop.*), abbuffata (*fam.*), pappata, spanciata.

scorrazzàre ***A*** *v. intr.* ***1*** correre qua e là □ fare scorrerie ***2*** (*fig.*) (*di lavoro, di argomento, ecc.*) toccare di sfuggita, soffermarsi brevemente **CONTR.** approfondire ***B*** *v. tr.* percorrere rapidamente.

scórrere ***A*** *v. intr.* ***1*** spostarsi velocemente, correre, scivolare, sdrucciolare, strisciare ***2*** (*di liquido, di fiume, ecc.*) fluire, defluire, affluire, colare, spiovere, scolare, fuoriuscire **CONTR.** ingorgarsi, stagnare, ristagnare ***3*** (*fig.*) (*di ragionamento, di film, ecc.*) procedere bene, filare, svolgersi ***4*** (*di tempo*) trascorrere, passare **CONTR.** fermarsi ***B*** *v. tr.* ***1*** fare scorrerie □ saccheggiare, razziare ***2*** (*di libro, di giornale e sim.*) percorrere con lo sguardo, leggere, sfogliare, consultare, ripassare, rivedere □ (*di ricordo*) riandare.

scorrerìa *s. f.* incursione, assalto, attacco, scorribanda, irruzione, invasione, razzia, devastazione, gualdana (*ant.*) □ raid (*ingl.*).

scorrettézza *s. f.* ***1*** imprecisione, inesattezza, improprietà, erroneità, irregolarità □ errore, sbaglio, topica, scorrezione (*raro*) **CONTR.** correttezza, precisione, esattezza ***2*** indelicatezza, sconvenienza, grossolanità, scompostezza, maleducazione, mancanza di riguardo □ slealtà □ scortesia, sgarbo **CONTR.** convenienza, delicatezza, riguardo, costumatezza, educazione, irreprensibilità, probità □ lealtà, sportività.

scorrètto *agg.* ***1*** (*di scritto, di parola, ecc.*) non corretto, errato, sbagliato, inesatto, erroneo, improprio, incorretto, irregolare, maccheronico, sgrammaticato **CONTR.** corretto, regolare, esatto ***2*** (*di persona, di atto, ecc.*) indelicato, scomposto, sconveniente, incivile, sgarbato, scortese, grossolano, maleducato □ (*sport*) falloso, pesante **CONTR.** delicato, conveniente, civile, cortese, garbato, castigato, educato □ onesto, irreprensibile, incensurabile, retto ***3*** (*di persona, di comportamento, ecc.*) sleale, falso, disonesto, mancino **CONTR.** leale, sincero, pulito, onesto.

scorrévole *agg.* ***1*** girevole □ (*di porta*) a coulisse (*fr.*) **CONTR.** fisso ***2*** (*di materia*) fluido, liquido, liscio **CONTR.** viscoso, viscido, appiccicaticcio, attaccaticcio, vischioso ***3*** (*fig.*) (*di stile, di racconto, ecc.*) agile, disinvolto, facile, fluente, corrente, andante, filato, sciolto, spigliato, snello, vivace □ (*di traffico*) veloce **CONTR.** impacciato, faticoso, pesante, contorto, stiracchiato □ lento.

scorribànda *s. f.* ***1*** scorreria, irruzione, razzia, incursione ***2*** escursione, corsa, salto, puntata, puntatina ***3*** (*fig.*) (*di argomento, di studio, ecc.*) digressione, excursus (*lat.*).

scorriménto *s. m.* ***1*** (*di liquido, di fiume, ecc.*) deflusso, scolo, versamento, spargimento, colata **CONTR.** ristagno ***2*** (*di cancello, di veicoli, ecc.*) spostamento □ scivolamento □ passaggio, decongestionamento **FRAS.** *strada di scorrimento*, strada di comunicazione veloce.

scórsa *s. f.* occhiata, occhiatina, rapida lettura, passata, ripassata, ripasso, sfogliata, letta.

scórso ***A*** *part. pass. di* **scorrere**; *anche agg.* trascorso, passato, precedente, altro, percorso □ (*lett.*) sfuggito **CFR.** attuale, odierno, presente, corrente □ futuro, prossimo, venturo ***B*** *s. m.* errore, svista.

scòrta *s. f.* ***1*** (*di persone*) accompagnamento, compagnia, corteggio, codazzo (*spreg.*), seguito, convoglio (*ant.*) □ guida ***2*** (*est.*) guardia, reparto armato, drappello, difesa □ gorilla (*fig.*), guardaspalle, guardia del corpo ***3*** (*di cibi, di denaro, ecc.*) provvista, rifornimento, provvigione, provvisione (*raro*), accantonamento ***4*** (*spec. al pl.*) viveri, riserve, giacenze, vettovaglie □ capitale agrario.

scortàre *v. tr.* fare scorta, accompagnare, seguire, fiancheggiare, condurre, guidare, convogliare (*ant.*) □ difendere, tutelare.

scortecciàre ***A*** *v. tr.* ***1*** togliere la corteccia, scorzare, sbucciare ***2*** (*est.*) (*di intonaco*) scrostare **CONTR.** intonacare, rivestire ***B*** **scortecciarsi** *v. intr. pron.* ***1*** perdere la corteccia, sbucciarsi ***2*** scrostarsi.

scortése *agg.* sgarbato, villano, scompiacente, incivile, inurbano, maleducato, ineducato, irriguardoso, scorretto, screanzato, sgraziato, inospitale □ scontroso, scorbutico □ rustico, grossolano, zotico, rozzo, burbero, ruvido **CONTR.** affabile, amabile, cortese, cordiale, gentile, ospitale, garbato, civile, educato, fine, compiacente, benevolo, benigno, umano. *V. anche* ROZZO

scorteseménte *avv.* sgarbatamente, incivilmente, irriguardosamente, inurbanamente, villanamente, rusticamente, grossolanamente, rozzamente, ruvidamente, seccamente, scontrosamente, sgraziatamente, sfacciatamente **CONTR.** cortesemente, affabilmente, amabilmente, cordialmente, garbatamente, familiarmente, gentilmente, urbanamente, civilmente, educatamente, riguardosamente.

scortesìa *s. f.* inurbanità, impertinenza, malagrazia, malgarbo, ineducazione, malacreanza, sgarberia, sgarbatezza, sfrontatezza, sfacciataggine, scompiacenza (*raro*), sconvenienza, inciviltà, inospitalità, volgarità, zoticaggine, sgraziataggine □ indelicatezza, ruvidezza, ruvidità, scontrosità, rustichezza □ sgarbo, villania **CONTR.** cortesia, affabilità, amabilità, civiltà, cavalleria, compiacenza, gentilezza, cordialità, educazione, grazia, maniera, garbo, tatto, urbanità.

scorticàre *v. tr.* ***1*** (*di animale*) spellare, scoiare ***2*** (*di pelle, di mano, ecc.*) sbucciare, escoriare, lacerare ***3*** (*fig.*) (*di cliente, di avventore, ecc.*) pelare (*fig.*), strozzare, spennare, spremere, succhiare, squattrinare, sfruttare, mettere in bolletta ***4*** (*fig.*) (*di scolaro*) tartassare.

scorticatùra *s. f.* escoriazione, sbucciatura, spellatura, abrasione, ferita, piaga.

scòrto *part. pass. di* **scorgere**; *anche agg.* visto, intravisto, avvistato, adocchiato, trovato, riconosciuto.

scòrza *s. f.* ***1*** corteccia, tegumento, superficie ***2*** (*est.*) buccia, guscio, baccello, involucro, membrana, crosta, coccia, mallo □ squama, spoglia ***3*** (*est.*) pelle ***4*** (*fig.*) (*di persona*) aspetto, apparenza, esteriorità, facciata **CONTR.** realtà, sostanza, interiorità, anima.

scoscéso *agg.* dirupato, erto, ripido, precipite (*lett.*), aspro, rupestre, arduo **CFR.** agevole, liscio, pianeggiante, piano, uguale.

scòssa *s. f.* ***1*** scuotimento, crollamento (*raro*), crollo, scrollo, scrollamento (*raro*), sballottamento, scossone, scrollata, scrollone, strattone, squasso (*raro*) □ trasalimento, soprassalto, sussulto, guizzo, fremito, tremito, convulsione, balzo, strabalzo (*raro*), trabalzo (*raro*), sobbalzo □ terremoto, sismo □ (*fis.*) vibrazione ***2*** (*pop.*) (*di elettricità*) scarica ***3*** (*fig.*) grande dolore, viva impressione, choc (*fr.*), turbamento, commozione **CONTR.** gioia, felicità ***4*** (*fig., econ.*) danno, contrarietà **CONTR.** vantaggio, impulso.

scòsso *part. pass. di* **scuotere**; *anche agg.* (*fig.*) agitato, emozionato, impressionato, turbato, sconvolto, shockato, paralizzato (*fig.*), suggestionato □ commosso, addolorato **CONTR.** calmo, sereno, tranquillo, impassibile, imperturbabile, indifferente.

scossóne *s. m.* ***1*** *accr. di* **scossa** ***2*** colpo, scuotimento, scrollamento, trabalzone, sbalzo □ turbamento, trauma, choc (*fr.*).

scostànte *part. pres. di* **scostare**; *anche agg.* antipatico, odioso, indisponente, urtante, ispido, burbero, rustico □ freddo, gelido, inaccessibile, riservato, insocievole, difficile, contegnoso **CONTR.** simpatico, piacevole, disponibile, affabile, cordiale, socievole, aperto, espansivo.

scostàre ***A*** *v. tr.* ***1*** allontanare, discostare, rimuovere, separare, staccare **CONTR.** accostare, avvicinare, unire ***2*** (*di persona*) evitare, sfuggire, scansare **CONTR.** cercare, ricercare ***B*** **scostarsi** *v. rifl.* e *intr. pron.* (*anche fig.*) allontanarsi, discostarsi, separarsi, staccarsi, levarsi, straniarsi, togliersi, scansarsi, slargarsi □ deviare **CONTR.** accostarsi, appressarsi, avvicinarsi, rasentare □ rimanere fedele.

scostumatézza *s. f.* dissolutezza, depravazione, vizio, libertinaggio, malcostume, licenza, licenziosità (*raro*), scapestrataggine, intemperanza, smoderatezza, corruzione, corruttela (*raro*), disonestà, immoralità, impurità, oscenità, spudoratezza, inverecondia, indecenza, dissipatezza (*raro*), sfrenatezza, sregolatezza **CONTR.** onestà, castigatezza, castità, costumatezza, decenza, morigeratezza, pudicizia, pudore, correttezza, moralità, temperanza, freno, regola, ritegno, compostezza. *V. anche* DEPRAVAZIONE

scostumàto *agg.*; *anche s. m.* dissoluto, vizioso, debosciato, depravato, libertino, licenzioso, scapestrato, immorale, impuro, osceno, indecente, dissipato, disonesto, corrotto, sbrigliato, sfrenato, smodato, smoderato, sregolato, intemperante, discolo (*ant.*), lurido, maiale, sporcaccione **CONTR.** onesto, casto, castigato, costumato, decente, morigerato, perbene, pudico, puro, verecondo, temperante, corretto, virtuoso, sano, specchiato. *V. anche* OSCENO

scottànte *part. pres. di* **scottare**; *anche agg.* ***1*** ardente, bruciante, caldissimo, cocente, bollente, arroventato, rovente □ (*lett.*) fervido, fervoroso, fervente, urente **CONTR.** freddo, gelato, gelido, ghiacciato ***2*** (*fig.*) (*di questione, di argomento, ecc.*) grave, urgente, assillante, eccitante, impellente, preoccupante, vitale, interessantissimo □ delicato **CONTR.** insignificante, insulso, futile, poco importante.

scottàre ***A*** *v. tr.* ***1*** bruciare, ardere, ustionare **CONTR.** raffreddare, rinfrescare, refrigerare ***2*** (*est.*) (*di vivanda*) cuocere appena, rosolare, sbollentare □ (*tosc.*) bianchire ***3*** (*fig.*) (*di parole, di giudizio, ecc.*) irritare, offendere, addolorare **CONTR.** rallegrare, piacere, confortare ***4*** (*fig.*) (*di questione, di argomento, ecc.*) irritare, offendere, addolorare **CONTR.** lasciare indifferente ***B*** **scottarsi** *v. rifl.* e *intr. pron.* ***1*** bruciarsi, bruciacchiarsi, ustionarsi ***2*** (*fig.*) rimanere deluso, subire danno ***C*** *v. intr.* ***1*** bruciare, ardere

CONTR. gelare **2** (*fig.*) (*di questione, di argomento, ecc.*) interessare, preoccupare, impensierire □ essere delicato CONTR. lasciare indifferente.

scottàto *part. pass. di* **scottare**; *anche agg.* **1** bruciato, ustionato □ sbollentato, cotto **2** (*fig.*) (*in amore, in affari, ecc.*) deluso, amareggiato, colpito, scornato □ danneggiato CONTR. appagato, contento, soddisfatto □ favorito.

scottatùra *s. f.* **1** bruciatura, bruciacchiatura, scottamento, ustione □ breve cottura, passata, scottata, rosolatura **2** (*fig.*) (*in amore, in affari, ecc.*) delusione, amarezza, scorno □ danno CONTR. soddisfazione □ vantaggio.

scovàre *v. tr.* **1** (*di animale*) stanare, snidare, levare CONTR. nascondere, rintanare, annidare **2** (*fig.*) (*di persona o cosa*) trovare, scoprire, rinvenire, ritrovare, rintracciare, recuperare, pescare CONTR. perdere □ investigare.

screanzàto *agg.*; *anche s. m.* ineducato, maleducato, diseducato, malcreato, malnato, scortese, insolente, sgarbato, sguaiato, incivile, inurbano, grossolano, rozzo, villano, villanzone, bifolco, cafone, zotico, rustico, selvaggio, tanghero, facchino CONTR. educato, cortese, civile, fine, garbato, gentile, compito, urbano, delicato, premuroso, gentiluomo. *V. anche* ROZZO

screditàre ***A*** *v. tr.* diffamare, discreditare, disonorare, abbassare, infamare, denigrare, calunniare, sparlare, stritolare, sputtanare (*volg.*) □ offuscare, infangare, demolire, scalzare, sfatare, dissacrare CONTR. elogiare, esaltare, magnificare, incensare, sviolinare, leccare (*pop.*), lodare, onorare, valorizzare, accreditare ***B*** **screditarsi** *v. intr. pron.* disonorarsi, squalificarsi, infangarsi, infamarsi, sputtanarsi (*volg.*) CONTR. farsi stimare, valorizzarsi, riabilitarsi.

screditàto *part. pass. di* **screditare**; *anche agg.* disonorato, squalificato, infamato, sputtanato (*volg.*) CONTR. accreditato, stimato, autorevole, qualificato, quotato.

scremàre *v. tr.* **1** spannare, sfiorare, sburrare **2** (*fig.*) selezionare, scegliere CONTR. scartare.

scrematùra *s. f.* **1** sfioratura, spannatura **2** (*fig.*) selezione, scelta CONTR. scarto. *V. anche* SCELTA

screpolàre ***A*** *v. tr.* fendere, crepare, incrinare □ (*di vento, di freddo*) pelare (*fig.*) ***B*** **screpolarsi** *v. intr. pron.* e *intr.* fendersi, incrinarsi, creparsi, sgretolarsi, recidersi (*raro*).

screpolatùra *s. f.* crepa, apertura, fenditura, fessura, crepatura, spaccatura, rottura, frattura, cavillatura, incrinatura, lesione □ ferita, escoriazione, scorticatura, ragade (*med.*).

screziàre *v. tr.* chiazzare, picchiettare, variegare, marezzare, venare, macchiare.

screziàto *part. pass. di* **screziare**; *anche agg.* picchiettato, chiazzato, macchiettato, marezzato, variegato, variopinto, macchiato, venato CONTR. monocolore, uniforme.

screziatùra *s. f.* picchiettatura, variegatura, marezzatura, marezzo, macchia, tacca, vena, venatura CONTR. tinta unica.

scrèzio *s. m.* discordia, dissenso, contrasto, dissapore, disaccordo, dissidio, incrinatura, urto, nube CONTR. accordo, concordia, armonia, pace, intesa, unanimità. *V. anche* DISCORDIA

scribacchiàre *v. tr.* scrivere malamente, scrivere di malavoglia, scarabocchiare.

scricchiolàre *v. intr.* cricchiare, crocchiare, scrocchiare (*raro*), scricchiare (*raro*), crepitare, cigolare, crosciare, stridere, gemere □ (*fig.*) traballare, vacillare, zoppicare.

scricchiolìo *s. m.* scricchiolamento, cricchio, scricchio, crocchio, crepitio, cigolio, crepito, rumorio, stridore □ (*fig.*) cedimento, incrinatura, crepa.

scrìcciolo *s. m.* **1** (*zool.*) reattino, forasiepe, forapaglie **2** (*fig.*) (*di persona*) mingherlino CONTR. omone, omaccione.

scrìgno *s. m.* forziere, cassetta, cofano, astuccio, scatola, custodia, stipo, teca, portagioielli, portagioie.

scriminatùra *s. f.* (*di capelli*) divisa, riga.

scriteriàto *agg.*; *anche s. m.* insensato, dissennato, irragionevole, irresponsabile, pazzo, pazzoide, scervellato, squilibrato, squinternato, sbalestrato, stolto CONTR. assennato, giudizioso, saggio, sensato, riflessivo, ragionevole.

scrìtta *s. f.* **1** scritto, frase, dicitura, didascalia, leggenda, sovrastampa □ epigrafe, epitaffio, iscrizione □ cartello, insegna, avviso **2** scrittura, contratto, obbligo.

scrìtto ***A*** *part. pass. di* **scrivere**; *anche agg.* **1** (*di documento, di lettera, ecc.*) vergato, redatto, steso, composto, elaborato, esposto, formulato, concepito CONTR. (*di esame*) orale □ (*di lingua*) parlato **2** (*nel destino e sim.*) destinato, decretato, segnato **3** (*fig.*) (*di ricordo, di nome, ecc.*) impresso, stampato CONTR. cancellato, dimenticato ***B*** *s. m.* **1** notazione, espressione, appunto, bozza, nota, comunicazione, pagina □ lettera **2** opera, lavoro, prosa, studio, trattato, trattazione □ saggio, manoscritto, autografo, articolo, servizio, corrispondenza.

scrittóio *s. m.* scrivania, tavolino, tavola □ bureau (*fr.*), secrétaire (*fr.*).

scrittóre *s. m.* (*f. -trice*) autore, penna (*est.*), compositore, scrivente □ letterato, romanziere, novelliere, saggista, prosatore, poeta, artista □ pubblicista, redattore □ amanuense, scrivano.

scrittùra *s. f.* **1** scritto, iscrizione, nota **2** grafia, calligrafia, mano □ (*est.*) ortografia □ (*di sistema*) caratteri **3** (*di lettera, di documento, ecc.*) redazione, stesura, trascrizione **4** (*lett.*) opera, lavoro, saggio, scritto, testo, lettera, componimento **5** (*per anton.*) Bibbia **6** (*dir.*) documento, atto, contratto, strumento, scritta **7** (*di attore e sim.*) scritturazione, ingaggio, assunzione CONTR. licenziamento **8** (*spec. al pl.*) contabilità.

scritturàre *v. tr.* **1** (*di attore e sim.*) impegnare, ingaggiare CONTR. licenziare **2** (*di contabilità*) annotare, contabilizzare, registrare.

scrivanìa *s. f.* scrittoio, tavolino, tavola □ bureau (*fr.*), secrétaire (*fr.*).

scrivàno *s. m.* copista, amanuense, scritturale, tabellione (*lett.*), scriba.

scrivènte *part. pres. di* **scrivere**; *anche agg.* e *s. m.* e *f.*

1 compilatore, estensore, redattore, scrittore **2** sottoscritto, firmatario, dichiarante.

scrìvere *v. tr.* **1** (*di lettera, di appunto, ecc.*) registrare, segnare, trascrivere, vergare, appuntare, notare, annotare □ redigere, stendere, stilare, compilare □ stipulare □ dattiloscrivere □ scribacchiare, scarabocchiare **2** (*di romanzo, di poesia, ecc.*) comporre, creare, produrre **3** (*per lettera*) comunicare, essere in corrispondenza **4** (*ad un giornale e sim.*) collaborare **5** (*di scrittore, di musicista*) creare, comporre, descrivere, trattare **6** affermare, sostenere, asserire, dichiarare **7** (*fig., lett.*) (*nella memoria, nel cuore, ecc.*) imprimere, fissare, stampare **CONTR.** cancellare, dimenticare.

scroccàre *v. tr.* (*fam.*) (*di pranzo e sim.*) sbafare □ (*di denaro e sim.*) mangiare □ (*est.*) (*di impiego, di stipendio, ecc.*) frodare, strappare **CONTR.** guadagnare, meritare.

scroccatóre *s. m.* (*f. -trice*) sbafatore (*pop.*), scroccone, parassita, portoghese.

scroccóne *s. m.* scroccatore, sbafatore (*pop.*), parassita, leccapiatti, leccone, sanguisuga □ portoghese (*fig.*).

scrollàre ***A*** *v. tr.* crollare, agitare, muovere, dimenare, tentennare, vibrare (*lett.*) □ scuotere, sbattere, dibattere, squassare **CONTR.** fermare, arrestare, frenare, bloccare, immobilizzare, trattenere ***B*** **scrollarsi** *v. intr. pron.* **1** muoversi, scuotersi, agitarsi, dimenarsi **CONTR.** star fermo, bloccarsi, immobilizzarsi **2** (*fig.*) (*dall'abbattimento, dall'inerzia, ecc.*) scuotersi, destarsi (*fig.*), svegliarsi (*fig.*) **CONTR.** impigrirsi, addormentarsi (*fig.*). *V. anche* SCUOTERE

scròllo *s. m.* scrollata □ scrollamento, scuotimento.

scrosciànte *part. pres. di* **scrosciare**; *anche agg.* **1** (*di acqua, di pioggia*) fragoroso, rumoroso, assordante, rumoreggiante □ dirotto, diluviale, torrenziale **CONTR.** silenzioso, tacito, tenue **2** (*fig.*) (*di applauso, di risata, ecc.*) impetuoso, caloroso, entusiastico, strepitoso, fervido **CONTR.** freddo, fiacco, svogliato.

scrosciàre *v. intr.* **1** (*di acque, di pioggia*) crosciare, rumoreggiare, crepitare, strepitare **CONTR.** gocciare, stillare **2** (*fig.*) (*di applauso, di risa, ecc.*) susseguirsi, piovere, fioccare, scoppiare.

scròscio *s. m.* **1** rumore, rumoreggiamento, strepito, crepitio, crepito, croscio (*lett.*) □ (*di applausi*) pioggia, diluvio, uragano, salva, scoppio **2** (*di pioggia*) acquazzone, acquata, piovasco, rovescio **CONTR.** acquerugiola, stillicidio.

scrostàre ***A*** *v. tr.* levare la crosta, scortecciare, sbucciare, scorzare, sverniciare, raschiare **CONTR.** incrostare, intonacare, inverniciare, ricoprire ***B*** **scrostarsi** *v. intr. pron.* perdere la crosta, perdere l'intonaco, scortecciarsi.

scrùpolo *s. m.* **1** (*di coscienza, di morale, ecc.*) timore, apprensione, turbamento, ansia, angustia, dubbio, inquietudine □ incertezza, esitazione **2** (*est.*) (*nel chiedere, nel parlare, ecc.*) delicatezza, riguardo, ritegno, premura, prudenza, tatto **CONTR.** indelicatezza, improntitudine, sfacciataggine, sfrontatezza, spregiudicatezza **3** *V.* **scrupolosità** **FRAS.** *senza scrupoli*, disonesto, spregiudicato □ *fino allo scrupolo*, al massimo. *V. anche* TIMORE

scrupolosaménte *avv.* diligentemente, esattamente, coscienziosamente, metodicamente, meticolosamente, precisamente, accuratamente, minuziosamente, rigorosamente □ religiosamente, gelosamente, puntigliosamente **CONTR.** frettolosamente, affrettatamente, negligentemente, trascuratamente, superficialmente.

scrupolóso *agg.* **1** pieno di scrupoli, timorato, onesto, coscienzioso, religioso **CONTR.** senza scrupoli, disonesto, spregiudicato, senzadio **2** diligente, esatto, preciso, oculato, metodico, rigoroso, puntiglioso, puntuale, serio, attento □ pedante □ (*di lavoro*), accurato, meticoloso, minuzioso **CONTR.** disinvolto, frettoloso, negligente, superficiale, facilone, disattento, trascurato, pasticcione □ affrettato, sommario. *V. anche* ONESTO

scrutàre *v. tr.* **1** esaminare, osservare, guardare, guatare (*lett.*), riguardare, rimirare, contemplare □ indagare, investigare, ricercare, perscrutare (*lett.*), esplorare, frugare, inquisire **CONTR.** dare un'occhiata, guardare di sfuggita **2** (*raro*) scrutinare. *V. anche* GUARDARE

scrutinàre *v. tr.* **1** (*raro, lett.*) scrutare, indagare **2** (*di schede*) fare lo spoglio, spogliare, contare **3** (*scol.*) fare lo scrutinio, valutare.

scrutìnio *s. m.* **1** (*in una votazione*) spoglio **2** (*scol.*) computo dei voti, valutazione.

scucìre ***A*** *v. tr.* **1** disfare la cucitura, sdrucire, rompere □ disfare, disgiungere, separare, staccare **CONTR.** cucire, ricucire, attaccare, riattaccare, appuntare **2** (*pop.*) (*di denaro*) pagare, sborsare, tirar fuori ***B*** **scucirsi** *v. intr. pron.* perdere la cucitura, sdrucirsi.

scucìto *part. pass. di* **scucire**; *anche agg.* **1** sdrucito **CONTR.** cucito, ricucito, aggiustato **2** (*fig.*) (*di discorso, di ragionamento e sim.*) sconnesso, incoerente, slegato, sconclusionato, illogico, inconcludente **CONTR.** coerente, concludente, conseguente, logico, razionale.

scuderìa *s. f.* **1** (*per cavalli*) stalla **2** (*est.*) cavalli (spec. da corsa) **3** (*est., autom.*) macchine (da corsa) □ (*sport*) team (*ingl.*), squadra, clan (*ingl.*).

scudétto *s. m.* **1** distintivo **2** (*est., sport*) vittoria □ campionato.

scudiscio *s. m.* frustino, frusta, sferza, staffile, nerbo, ferula, nervo, disciplina, knut (*russo*).

scùdo *s. m.* **1** brocchiere, pavese, targa, clipeo, egida, parma, pelta, rotella **2** (*est.*) rivestimento, corazza **3** (*est., anche fig.*) riparo, difesa, protezione, schermo **4** (*zool.*) corazza, piastra **5** (*arald.*) stemma gentilizio, blasone. *V. anche* DIFESA

scùffia *s. f.* **1** cuffia **2** (*fig., pop.*) cotta, sbandata **3** (*pop.*) sbornia (*pop.*), ubriacatura.

scugnìzzo *s. m.* (*centr.*) (*a Napoli*) monello □ (*est.*) birichino, ragazzaccio.

sculettàre *v. intr.* dimenarsi, ancheggiare.

scultóre *s. m.* (*f. -trice*) marmista, marmorario, bronzista, intagliatore, cesellatore, incisore, lapicida, scalpellatore, scalpellino.

scultòreo *agg.* **1** (*est.*) (*di profilo, di figura, ecc.*) statuario, marmoreo, imponente, rilevato, plastico, solenne **CONTR.** misero, meschino ***2*** (*fig.*) (*di stile, di parola, ecc.*) incisivo, forte, rilevato, efficace, icastico **CONTR.** debole, fiacco, sbiadito.

scultùra *s. f.* ***1*** statuaria (*raro*) ***2*** (*est.*) statua, figura, busto □ monumento, lapide □ rilievo, bassorilievo, altorilievo □ marmo, bronzo.

scuoiàre *v. tr.* levare la pelle, spellare, scorticare.

scuòla *s. f.* ***1*** istituzioni scolastiche □ istituto ***2*** (*est.*) insegnamento, educazione, formazione, istruzione, studio □ tirocinio ***3*** (*est.*) edificio scolastico ***4*** insegnanti □ scolaresca, scolari, alunni, studenti, allievi ***5*** (*fig.*) ammaestramento, pratica, esercizio □ ammonimento, esempio ***6*** tecnica, addestramento ***7*** (*letteraria, artistica, ecc.*) indirizzo, movimento, corrente, tendenza, stile □ discepoli □ (*spreg.*) maniera, convenzionalità.

scuòtere ***A*** *v. tr.* ***1*** agitare, scrollare, crollare, dimenare, tentennare □ sbattere, sbatacchiare, dibattere (*raro*), squassare, sconquassare, conquassare **CONTR.** fermare, arrestare, frenare, bloccare, immobilizzare, trattenere ***2*** (*fig.*) (*di animo, di opinione, ecc.*) agitare, muovere, smuovere, eccitare, destare, galvanizzare, ridestare, riscuotere, risvegliare □ turbare, commuovere, impressionare, inquietare, scombussolare, sconvolgere, emozionare **CONTR.** lasciare indifferente, paralizzare ***3*** (*fig.*) (*di persona apatica*) spigrire, spoltronire, svegliare, sveltire **CONTR.** impigrire, impoltronire ***B*** **scuotersi** *v. intr. pron.* ***1*** scrollarsi, agitarsi, dimenarsi, dibattersi, divincolarsi □ sobbalzare, sussultare **CONTR.** fermarsi, bloccarsi, immobilizzarsi ***2*** (*fig.*) (*di persona, di animo, ecc.*) agitarsi, turbarsi, commuoversi, impressionarsi, inquietarsi, trasalire □ insorgere, ribellarsi **CONTR.** rimanere quieto, rimanere freddo, rimanere indifferente ***3*** (*anche fig.*) (*dal sonno, dall'apatia, ecc.*) destarsi, svegliarsi, risvegliarsi, ridestarsi, riscuotersi, risuscitare, spigrirsi, spoltronirsi, sveltirsi, sbattersi (*fam.*) **CONTR.** addormentarsi, intorpidirsi, impigrirsi ***C*** *v. intr.* dondolare. *V. anche* IMPRESSIONARE

SCUOTERE

sinonimia strutturata

Scuotere qualcosa consiste nel farlo muovere in più direzioni con grande energia o violenza: *il vento scuote gli alberi*; *il terremoto scuote la terra*; in riferimento alla testa, un sinonimo molto adatto è **crollare**: *crollare, scuotere il capo in segno di scontentezza, dubbio o rifiuto*; abbastanza vicino è **tentennare**, che però si presta anche ad altri usi e suggerisce un movimento non molto forte: *tentennava la testa in segno di disapprovazione*; suggeriscono più energia **dimenare** e **scrollare**, che pure si adoperano specialmente in riferimento a parti del corpo: *dimenare le braccia, la coda*; *scrollare le spalle*.

Un sinonimo molto generico di scuotere è **agitare**; più incisivi sono **sbattere**, **sbatacchiare** e soprattutto **sconquassare**, che indica lo scuotere tanto da rompere, danneggiare, rovinare, ecc.: *il vento sbatacchia porte e finestre*; *sbattere le ali, i panni*. Molto vicini sono **destabilizzare** e **squassare**, ma il primo verbo è usato quasi esclusivamente in riferimento a forme di governo o di potere politico.

In senso figurato, scuotere significa agitare emotivamente: *quest'annuncio mi ha scosso*; *è un tipo che non si scuote mai*; semanticamente equivalenti sono **eccitare** e i più incisivi **galvanizzare** e **incendiare**, naturalmente intesi in accezione figurata. **Muovere** e soprattutto **smuovere**, **destare**, **ridestare**, **risvegliare** e **riscuotere** si distinguono perché suggeriscono un precedente stato di torpore, apatia o insensibilità. Infatti, in riferimento a persone pigre di natura o temporaneamente inerti, scuotere equivale a **spigrire**, a **spoltronire**, ossia a stimolare fortemente tanto da vincere il loro immobilismo: *scuotere qualcuno dal sonno, dal torpore, dall'inattività*; abbastanza vicini sono **sveltire** e **svegliare**, che però di solito si usano in relazione a chi non solo è pigro ma un po' lento, imbranato o ingenuo nel ragionamento e nell'azione. Scuotere una persona può indurla a **ribellarsi**, **insorgere**, ossia ad assumere atteggiamenti di rivolta.

Naturalmente un'agitazione emotiva può essere anche di segno negativo, e allora scuotere equivale a **inquietare**, **scombussolare** e al più forte **sconvolgere**; anche **turbare** e **impressionare** possono avere una connotazione negativa, ma si avvicinano anche a **commuovere**, che indica il toccare intimamente qualcuno, il **far vibrare** il suo animo. Il far **trasalire** qualcuno equivale a stupirlo o a incutergli timore.

scuotiménto *s. m.* scossa, scossone, crollamento (*raro*), crollo, scrollo, scrollamento, sballottamento, squassamento (*raro*), squasso (*raro*) □ ancheggiamento, dimenio.

scùre *s. f.* accetta, ascia, bipenne (*lett.*), mannaia, pennato.

scurìre ***A*** *v. tr.* rendere scuro, abbuiare, abbrunire, brunire, abbrunare, annerire, offuscare, oscurare, ottenebrare, affumicare **CONTR.** imbiancare, schiarire, rischiarare ***B*** **scurirsi** *v. intr. pron.* diventare scuro, abbuiarsi, annerirsi, offuscarsi, oscurarsi □ abbronzarsi **CONTR.** imbiancarsi, schiarirsi, rischiararsi ***C*** *v. intr. impers.* annottare, imbrunire **CONTR.** albeggiare, aggiornare.

scùro (1) ***A*** *agg.* ***1*** privo di luce, oscuro, buio, offuscato, fosco, tenebroso, tetro, nero, ombroso, opaco, caliginoso, fuligginoso, affumicato, torbido **CONTR.** chiaro, candido, limpido, luminoso, latteo, nitido, lucente, rilucente, splendente, risplendente, brillante, fulgente (*lett.*), fulgido ***2*** (*di colore*) cupo, spento, foncé (*fr.*), morato, morello, bruno, brunastro **CONTR.** brillante, caldo, vivido, vivo, vivace ***3*** (*di cielo*) coperto, nuvoloso, plumbeo **CONTR.** sereno ***4*** (*fig.*) (*di persona, di viso*) fosco, turbato, torvo, corrucciato, accigliato, aggrondato **CONTR.** sereno, sorridente, tranquillo, disteso, lieto ***5*** (*fig.*) (*di scritto, di discorso, ecc.*) difficile, astruso **CONTR.** chiaro, facile, evidente, perspicuo ***6*** (*fig.*) (*di tempi, di momenti, ecc.*) triste, penoso, doloroso, sfortunato **CONTR.** felice, fortunato ***B*** *s. m.* ***1*** buio, oscurità, tenebra **CONTR.** chiaro, chiarore, luce, lume, splendore ***2*** (*di disegno, di pittura*) ombra, tratteggio.

scùro (2) *s. m.* scuretto, imposta, persiana, gelosia, battente.

scurrile *agg.* triviale, volgare, sguaiato, lascivo, licenzioso, lubrico (*lett.*), impudico, inverecondo, osceno, salace (*lett.*), sboccato, scandaloso, sporco, spinto, sudicio, porno, pornografico **CONTR.** casto, castigato, onesto, pudico, corretto, morigerato, austero, serio □ elegante, fine. *V. anche* OSCENO

scùsa *s. f.* ***1*** perdono, indulgenza, comprensione, ammenda, venia (*lett.*) □ giustificazione, discolpa, discarico □ attenuante, spiegazione, scusante, alibi **CONTR.** colpa, accusa ***2*** pretesto, cavicchio (*fig.*), ripiego, scappatoia, astuzia, cavillo, finta ragione, espediente, sotterfugio, argomento, storia (*fig.*), storiella (*fig.*), trovata, rappezzo (*raro, fig.*), rattoppo (*fig.*), tergiversazione (*raro*), appiglio, uncino (*fig.*) **CONTR.** buona ragione, valido motivo. *V. anche* PERDONO

SCUSA
sinonimia strutturata

L'atto del giustificarsi o di discolpare qualcuno si definisce **scusa**: *chiedere scusa*; *fare, porgere le proprie scuse a qualcuno*; *chiedo scusa* è una formula di cortesia che si usa quando si interrompe qualcuno. Il termine indica anche gli atti, le parole con cui ci si scusa: *scusa buona, banale*; *parole, biglietto di scusa*. Chiedere scusa equivale a chiedere **perdono**: *ti chiedo perdono per il ritardo, del modo in cui ti ho trattato*. La scusa corrisponde quindi alla **giustificazione**, ossia all'argomentazione a favore del proprio operato; questo termine indica anche la prova addotta a propria discolpa o il documento che tale prova contiene: *presentare la giustificazione*. Equivalenti, ma usati prevalentemente in locuzioni fisse sono **discarico** e **discolpa**, che può inoltre riferirsi a una dimostrazione che libera o tende a liberare da una colpa: *prove, argomenti a discarico*; *ciò sarà a tuo discarico*; *ciò che ha fatto non ha alcuna discolpa*; *non ha nulla da dire in sua discolpa*; *la sua discolpa non è stata accettata*; un *testimone a discarico* depone a favore dell'imputato. Si dice **ammenda** invece il riconoscimento e la riparazione di una colpa, di un errore: *fare ammenda dei propri peccati* significa riconoscerli e pentirsene.

Inoltre, la scusa è anche l'argomento che, costituendo una giustificazione anche parziale dell'errore, ne attenua la gravità: *questa volta non hai scuse*; *il suo ritardo trova una scusa nel traffico*; *non si accettano scuse*. In questo senso coincide perfettamente con la **scusante**, con l'**alibi** in senso figurato e anche con la **spiegazione** intesa come chiarimento volto a spiegare le ragioni esterne che hanno determinato la mancanza: *cercare una scusante*; *avere, non avere scusanti*; *costruirsi un alibi morale*. Più debole è **attenuante**, che designa una circostanza che scusa solo in parte.

Una scusa è anche una **finta ragione**: *sono tutte scuse*; *ha sempre una scusa pronta*; *tutte le scuse sono buone per non lavorare*; *con la scusa di uscire mi ha piantato in asso*; così **pretesto** indica anche una giustificazione per spiegare qualcosa o nascondere la verità: *col pretesto di controllare i conti compì un grosso furto*; *addurre, trovare dei pretesti*; *un pretesto futile, ridicolo*. In questo senso, si avvicina a **scappatoia**, **ripiego**, **trovata**, al raro **tergiversazione** e al senso figurato di **appiglio**, che designano in generale un **espediente**, cioè un rimedio, spesso ingegnoso, per risolvere una situazione difficile o imbarazzante: *cercare una scappatoia*; *trovare un ripiego momentaneo*; *una trovata veramente originale*; *cercare un appiglio per giustificarsi*; *espediente efficace, valido*. Abbastanza vicino a espediente è **sotterfugio**, che si distingue perché è un accorgimento fondato sulla finzione e l'inganno, usato non solo per liberarsi da una difficoltà, ma anche per fini poco leciti. Più specifico è **cavillo**, che designa un argomento sottile, falso ma con qualche apparenza di validità; richiamano più decisamente l'idea di fandonia **storia** e **storiella** usati in senso figurato: *questa è una storia per non venire*; *non raccontarmi la solita storiella*; **rattoppo** e il meno comune **rappezzo** indicano invece un argomento con cui si tenta di rimediare alla meglio a qualcosa che si è fatto o detto.

scusànte ***A*** *part. pres. di* **scusare**; *anche agg.* giustificativo, attenuante **CONTR.** incriminante, aggravante ***B*** *s. f.* scusa, giustificazione, attenuante, alibi, discolpa **CONTR.** aggravante. *V. anche* SCUSA

scusàre ***A*** *v. tr.* ***1*** scagionare, giustificare, capire, comprendere, scolpare, discolpare, compatire, indulgere, condonare, coonestare (*lett.*), difendere **CONTR.** accusare, incolpare, imputare, addebitare ***2*** (*spec. in formule di cortesia*) perdonare ***B*** **scusarsi** *v. rifl.* chiedere scusa, difendersi, giustificarsi, discolparsi, scagionarsi, scolparsi, mendicare pretesti, cercare attenuanti **CONTR.** accusarsi, incolparsi.

scusàto *part. pass. di* **scusare**; *anche agg.* scagionato, giustificato, difeso, discolpato **CONTR.** accusato, incolpato.

sdebitàre ***A*** *v. tr.* (*raro*) liberare dai debiti **CONTR.** indebitare ***B*** **sdebitarsi** *v. rifl.* ***1*** pagare i debiti **CONTR.** indebitarsi ***2*** (*fig.*) disobbligarsi, contraccambiare **CONTR.** obbligarsi.

sdegnàre ***A*** *v. tr.* ***1*** disprezzare, sprezzare (*lett.*), spregiare, dispregiare (*raro*), disistimare, abominare, schifare, aborrire, odiare **CONTR.** apprezzare, approvare, lodare, stimare, rispettare ***2*** (*lett., tosc.*) provocare sdegno, indignare, irritare, alterare, esasperare, inasprire **CONTR.** calmare, placare, raddolcire ***B*** **sdegnarsi** *v. intr. pron.* offendersi, adontarsi, indignarsi, corrucciarsi, crucciarsi, scandalizzarsi, risentirsi □ adirarsi, irritarsi, inalberarsi, incollerirsi, arrabbiarsi, stizzirsi, alterarsi, invelenirsi, incazzarsi (*volg.*), andare in bestia **CONTR.** calmarsi, placarsi, quietarsi, ammansirsi, rabbonirsi.

sdegnàto *part. pass. di* **sdegnare**; *anche agg.* ***1*** indignato, corrucciato, crucciato, irritato, inasprito, alterato, esasperato, irato, stizzito, incazzato (*volg.*), risentito, offeso **CONTR.** calmo, placato, quieto, rabbonito, ammansito, tranquillo, sereno ***2*** spregiato, disprezzato, aborrito, odiato, disdegnato **CONTR.** apprezzato, lodato, rispettato, amato, desiderato.

sdégno *s. m.* **1** riprovazione, indignazione, disdegno, irritazione, ira, corruccio, collera, risentimento, ribellione, stizza, dispetto, disgusto, bile, rabbia **CONTR.** benignità, benevolenza, affetto, simpatia, indulgenza **2** disprezzo, spregio (*lett.*), sprezzo, odio, malpiglio (*lett.*) **CONTR.** approvazione, rispetto, stima, amore. *V. anche* IRA, RIBELLIONE, STIZZA

sdegnóso *agg.* sprezzante, disdegnoso (*raro*), altero, fiero, amaro, risentito □ sussiegoso, arrogante, borioso, burbanzoso, permaloso, ombroso, superbo, tracotante, schifiltoso **CONTR.** affabile, amabile, benigno, tenero, bonario, cordiale, cortese, gentile, socievole.

sdilinquìre **A** *v. tr.* (*raro*) indebolire, infiacchire **CONTR.** rinforzare, invigorire, rinvigorire **B** **sdilinquirsi** *v. intr. pron.* **1** venir meno, andare in deliquio, indebolirsi, infiacchirsi **CONTR.** rinforzarsi, rinvigorirsi, riprendersi **2** (*fig.*) sciogliersi, essere svenevole, fare smorfie, fare moine, andare in brodo di giuggiole **CONTR.** essere rude, essere rigido, essere severo.

sdolcinatézza *s. f.* svenevolezza, lezio, leziosità, languidezza, sdilinquimento, smanceria, moina, sdolcinatura, smorfia **CONTR.** durezza, rudezza, rigidezza, rigore, severità, sgarbatezza.

sdolcinàto *agg.* (*fig.*) languido, svenevole, patetico, sentimentale, lezioso, affettato, smanceroso, smorfioso, vezzoso, sdilinquito, smaccato, melenso, melato, mieloso, mellifluo, sciropposo, zuccheroso, caramelloso, lattemiele, stucchevole, lacrimoso, svenevole **CONTR.** brusco, rude, virile, ruvido, rozzo, rigido, rigoroso, severo, sgarbato.

sdoppiaménto *s. m.* **1** divisione in due, dimezzamento, separazione **CONTR.** raddoppiamento (*raro*), raddoppio, duplicazione, geminazione □ abbinamento, accoppiamento, appaiamento **2** (*psicol.*) dissociazione.

sdoppiàre **A** *v. tr.* dividere in due, dimezzare, scindere, sparigliare, scempiare **CONTR.** raddoppiare, duplicare, geminare □ accoppiare, abbinare, appaiare **B** **sdoppiarsi** *v. intr. pron.* **1** dividersi in due, dimezzarsi **CONTR.** raddoppiarsi **2** (*psicol.*) dissociarsi.

sdraiàre **A** *v. tr.* coricare, adagiare, distendere, stendere **CONTR.** alzare, sollevare, mettere in piedi **B** **sdraiarsi** *v. rifl.* coricarsi, adagiarsi, distendersi, allungarsi, abbandonarsi, rovesciarsi **CONTR.** alzarsi, rialzarsi, sollevarsi, risollevarsi, rizzarsi, raddrizzarsi, drizzarsi, tirarsi su.

sdraiàto *part. pass. di* **sdraiare**; *anche agg.* steso, disteso, coricato, adagiato, comodo, allungato, abbandonato, rovesciato **CONTR.** ritto, dritto, drizzato, alzato, in piedi.

sdrammatizzàre *v. tr.* alleggerire, minimizzare **CONTR.** drammatizzare, esagerare.

sdrucciolàre *v. intr.* **1** scivolare, scorrere, strisciare, slittare **2** (*fig., raro*) (*in un tranello, in un argomento scabroso, ecc.*) incorrere, incappare, imbattersi, cascare.

sdrucciolévole *agg.* **1** scivoloso, sdrucciolosо (*raro*), scorrevole, lubrico (*lett.*) **CONTR.** ruvido, aspro, scabro, scabroso **2** (*fig.*) (*di discorso, di argomento, ecc.*) ingannevole, malsicuro, pericoloso **CONTR.** sicuro, tranquillo.

sdrucciolóne *s. m.* scivolone, scivolata.

sdrucciolóni *avv.* sdrucciolando, scivolando.

sdrucciolóso *agg.* (*raro*) sdrucciolevole, scivoloso, scorrevole, lubrico (*lett.*) **CONTR.** ruvido, aspro, scabro, scabroso.

sdrucìre **A** *v. tr.* **1** scucire, strappare **CONTR.** cucire **2** (*est.*) lacerare, stracciare, sbrindellare, squarciare, scompaginare **CONTR.** rappezzare, rattoppare, rammendare, rabberciare, riparare **B** **sdrucirsi** *v. intr. pron.* scucirsi, strapparsi.

sdrucito *part. pass. di* **sdrucire**; *anche agg.* scucito □ lacerato, strappato, stracciato, squarciato, rotto, logoro, consunto, liso **CONTR.** cucito, rammendato, rappezzato, rattoppato, aggiustato, riparato.

se **A** *cong.* **1** nel caso che, nell'eventualità che, qualora, quando **2** poiché, dato che, dal momento che **3** come, quanto **B** *in funzione di s. m. inv.* **1** condizione, patto, limitazione, riserva **2** esitazione, incertezza, dubbio **FRAS.** *se Dio vuole*, finalmente □ *se non altro*, per lo meno.

sé *pron. pers. di terza pers. m.* e *f. sing.* e *pl.* **FRAS.** *essere pieno di sé*, essere vanitoso □ *fra sé e sé*, nel proprio intimo □ *uscire di sé*, impazzire; perdere il controllo □ *essere fuori di sé*, non sapersi dominare; essere impazzito □ *tornare in sé*, rinvenire □ *a sé*, a parte □ *in sé e per sé*, nella sostanza □ *va da sé*, è naturale.

sebbène *cong.* benché, quantunque, nonostante, anche se, pure, seppure, ancorchè, contuttoché, malgrado.

sèbo *s. m.* (*est.*) (*della pelle*) grasso, cerume.

seccaménte *avv.* asciuttamente, bruscamente, aspramente, decisamente, esplicitamente, recisamente, risolutamente, scortesemente, sgarbatamente, ruvidamente **CONTR.** cortesemente, delicatamente, dolcemente, garbatamente, gentilmente, finemente.

seccànte *part. pres. di* **seccare**; *anche agg.* (*fig.*) noioso, fastidioso, petulante, scocciante (*fam.*), importuno, inopportuno, molesto, asfissiante, attaccaticcio, assillante, seccatore □ (*di situazione*) increscioso, rognoso, spiacevole, tedioso, barboso, pesante **CONTR.** ameno, dilettevole, divertente, gradito, piacevole, interessante. *V. anche* SPIACEVOLE

seccàre **A** *v. tr.* **1** disseccare, essiccare, insecchire (*raro*), inaridire, asciugare, prosciugare □ (*di sole, di clima*) ardere, arrostire □ (*di gelo*) bruciare **CONTR.** bagnare, inzuppare, imbevere, immollare, adacquare (*raro*), innaffiare, irrigare, irrorare, umidificare, inumidire **2** (*fig.*) (*di inventiva, di ispirazione, ecc.*) esaurire, svigorire, infiacchire, inaridire **CONTR.** invigorire, rinvigorire, rafforzare, stimolare **3** (*fig.*) (*di persona*) annoiare, stufare, tediare, stuccare □ importunare, infastidire, disturbare, contrariare, perseguitare, scomodare, incomodare, molestare, irritare, stuzzicare, stancare, tormentare, assillare, asfissiare, scocciare (*fam.*) **CONTR.** divertire, rallegrare, interessare **B** *v. intr.* e **seccarsi** *intr. pron.* **1** disseccarsi, essiccarsi, inaridirsi, insecchire, riassorbirsi □ (*di torren-*

te, di lago) asciugarsi, rasciugarsi, prosciugarsi CONTR. bagnarsi, inzupparsi, imbeversi, ammollarsi, immollarsi, impregnarsi, inumidirsi □ attecchire, germogliare, vegetare **2** (*fig.*) annoiarsi, stancarsi, stufarsi, stuccarsi, tediarsi □ infastidirsi, stizzirsi, irritarsi, scocciarsi (*fam.*) CONTR. divertirsi, rallegrarsi, interessarsi **3** (*fig.*) (*di ispirazione e sim.*) inaridirsi, sfiorire, isterilirsi, spegnersi, finire CONTR. rinvigorirsi. *V. anche* STANCARE

seccàto *part. pass. di* **seccare**; *anche agg.* **1** secco, disseccato, essiccato, inaridito, asciutto, prosciugato CONTR. bagnato, inzuppato, zuppo, imbevuto, intriso, ammollato, inumidito **2** (*fig.*) importunato, molestato, assillato, stuzzicato, tormentato, stufato □ infastidito, contrariato, irritato, stizzito, scocciato (*fam.*) □ annoiato, sazio, stanco, stufo, stucco, ristucco, tediato, uggiato (*raro*) CONTR. divertito, allegro, contento, sereno, sollevato, interessato.

seccatóre *s. m.*; *anche agg.* (*f. -trice*) fastidioso, noioso, importuno, seccante, tedioso, pesante, uggioso, pestilenziale, pestifero □ scocciatore (*fam.*), disturbatore, molestatore, tormentatore, rompitore □ pizza, impiastro, attaccabottoni, pittima, tumistufi, cataplasma, calabrone, mignatta, piattola, sanguisuga, zanzara, rompiscatole (*fam.*) CONTR. buontempone, allegrone, compagnone, giovialone, simpaticone.

seccatùra *s. f.* **1** (*raro*) essiccatura, essiccazione, essiccamento, disseccamento, prosciugamento CONTR. adacquamento (*raro*), annaffiamento, irrigazione, inumidimento **2** (*fig.*) noia, disturbo, fastidio, cruccio, bega, molestia, rogna, grana, scocciatura (*fam.*), imbarazzo, grattacapo, rompimento, impazzimento, rottura, impiccio, tedio, tormento CONTR. divertimento, diversivo, piacere, spasso, distrazione, svago. *V. anche* DISTURBO

secchézza *s. f.* **1** aridità, arsura, sete, asciuttezza, siccità, secca (*dial.*) CONTR. bagnato, umidità, umido, umore **2** (*est.*) magrezza CONTR. floridezza **3** (*fig.*) (*di modi, di tono, ecc.*) durezza, risolutezza CONTR. affabilità **4** (*fig.*) (*di stile*) concisione, essenzialità CONTR. pomposità, retorica.

sécchio *s. m.* secchia □ (*est.*) recipiente, vaso, portaimmondizie, bugliolo.

secchióne *s. m.* **1** *accr. di* **secchio** **2** (*fam., spreg.*) sgobbone, secchia (*fam., spreg.*), studioso.

sécco ***A*** *agg.* **1** arido, seccato, appassito, rinsecchito, essiccato, disseccato, asciutto, prosciugato, asciugato, arso, riarso, sfiorito, morto, sterile □ siccitoso, desertico, torrido CONTR. bagnato, umido, inumidito, acquoso, molle, fradicio □ piovoso **2** (*di persona*) magro, scarnito, scarno, smunto, sparuto, scheletrito, pelle e ossa, smilzo, segaligno, allampanato CONTR. grasso, grosso, carnoso, corpulento, massiccio, pingue, tarchiato, tozzo **3** (*fig.*) (*di modi, di tono, ecc.*) brusco, deciso, duro, reciso, risoluto, sgarbato CONTR. affabile, amabile, benigno, cordiale, garbato, gentile, delicato **4** (*di stile*) disadorno, conciso, essenziale, laconico CONTR. fiorito, colorito, retorico, pomposo, **5** (*fig.*) (*di colpo, di partenza, ecc.*) improvviso, netto CONTR. calcolato, meditato, programmato **6** (*di vino*) non dolce, asciutto, dry (*ingl.*) CONTR. amabile, abboccato, dolce ***B*** *s. m.* **1** asciutto CONTR. umido **2** aridità, siccità, arsura, asciuttezza, secchezza CONTR. bagnato, umidità, umore FRAS. *pane secco*, pane raffermo □ *fare secco*, uccidere, fulminare □ *rimanere a secco* (*fig.*), restare senza risorse □ *a secco*, senz'acqua; senza calcina; senza bere; (*fig.*) all'improvviso, inaspettatamente.

secessióne *s. f.* ritiro, defezione □ separazione, scissione, distacco, divisione □ ribellione □ discordia, dissidenza CONTR. unione, unanimità, accordo, concordia, armonia, pace.

secessionìsta *s. m.* e *f.* **1** separatista, scissionista CONTR. unionista **2** (*st.*) sudista, confederato CONTR. nordista.

secolàre ***A*** *agg.* **1** centenario, centennale, centenne □ (*est.*) annoso, antichissimo, vecchissimo, vetusto (*lett.*) CONTR. nuovo, recente, giovane, attuale, moderno **2** (*di persona, di abito, ecc.*) laico, civile, laicale CONTR. ecclesiastico, chiesastico, monacale, monastico **3** (*di vita, di beni, ecc.*) mondano, terreno, profano, temporale CONTR. spirituale ***B*** *s. m.* laico CONTR. ecclesiastico.

sècolo *s. m.* **1** cento anni, centennio □ (*est.*) molto tempo, molti anni, eternità CONTR. attimo, istante, momento **2** periodo, età, epoca, era, evo, tempo **3** (*di scoperta, di male, ecc.*) tempo attuale, giorno, oggi **4** (*al pl.*) (*gener.*) tempo **5** vita terrena, vita mortale CONTR. vita eterna, eternità **6** (*di piaceri, di cure, ecc.*) vita mondana, mondo, mondanità CONTR. vita religiosa, vita monastica FRAS. *avvenimento del secolo*, avvenimento di grande risonanza □ *per tutti i secoli*, per sempre □ *lasciare il secolo*, entrare in convento □ *il secolo dei lumi*, il Settecento □ *dell'altro secolo*, superato, sorpassato.

secondàre *v. tr.* **1** assecondare, favorire, incoraggiare, sostenere, aiutare, fiancheggiare, indulgere, compiacere, accondiscendere, condiscendere, accomodarsi, adattarsi, obbedire CONTR. contrariare, opporsi, ostacolare, osteggiare (*lett.*), avversare, sabotare, contrastare, contestare **2** (*lett.*) accompagnare, seguire.

secondariaménte *avv.* **1** in secondo luogo, poi, in seguito, in un secondo tempo CONTR. in primo luogo, anzitutto, prima, primariamente, prioritariamente **2** in grado minore, marginalmente, accessoriamente CONTR. principalmente, essenzialmente, fondamentalmente.

secondàrio *agg.* **1** seguente, successivo, consecutivo CONTR. precedente, anteriore **2** accessorio, meno importante, inferiore, complementare, marginale, sussidiario, accidentale, casuale, episodico, incidentale, ininfluente, periferico, laterale (*lett.*), collaterale CONTR. primario, principale, capitale, centrale, cruciale, determinante, focale, prioritario, essenziale, fondamentale, precipuo (*lett.*), sostanziale, basilare, importantissimo, vitale **3** (*di proposizione*) dipendente CONTR. principale, reggente FRAS. *attività secondaria* (*econ.*), industria □ *scuola secondaria*, scuola superiore.

secondìno *s. m.* guardia carceraria, carceriere, agente di custodia.

secóndo (1) ***A*** *agg. num. ord.* ***1*** (*est.*) (*di possibilità, di casa, ecc.*) altro, differente, diverso, nuovo **CONTR.** vecchio, solito, usuale □ unico ***2*** (*est.*) (*di categoria, di qualità, ecc.*) inferiore, minore, scadente, meno importante, meno costoso **CONTR.** maggiore, superiore, più importante, più costoso ***3*** (*lett.*) (*di vento, di fortuna, ecc.*) favorevole, prospero, propizio **CONTR.** sfavorevole, avverso, contrario ***B*** *s. m.* ***1*** attimo, momento ***2*** (*cuc.*) pietanza ***3*** (*nei duelli*) padrino ***4*** (*nel pugilato*) assistente ***5*** (*mar.*) vice, in seconda **FRAS.** *di seconda mano*, usato **CONTR.** nuovo □ *di seconda scelta*, scartato □ *secondo fine*, scopo nascosto □ *seconda colazione*, pranzo □ *secondo vino*, vinello.

secóndo (2) ***A*** *prep.* ***1*** lungo, nella direzione di, nel verso di, seguendo **CONTR.** contro ***2*** (*fig.*) nel modo richiesto, conformemente a, in base a, in dipendenza di ***3*** stando a ***4*** in rapporto a, in proporzione a ***B*** *cong.* (*lett.*) nella maniera in cui, come □ (*ass.*) dipende.

secondogènito *agg.*; *anche s. m.* (*di famiglia nobile*) cadetto **CONTR.** primogenito.

secrezióne *s. f.* (*biol.*) escrezione, secreto, elaborato, escreto, umore.

sedàre *v. tr.* calmare, placare, pacare, acquietare, chetare, quietare, lenire, alleviare, attutire, mitigare, addolcire, raddolcire □ frenare, contenere, pacificare, reprimere, soffocare **CONTR.** eccitare, provocare, suscitare, irritare, esacerbare, stimolare □ accendere, esasperare, inasprire, rinfocolare, attizzare, acuire.

sedatìvo *agg.* e *s. m.* calmante, lenitivo, palliativo, antispasmodico, analgesico, antalgico, antidolorifico, antinevralgico, anodino, nepente (*lett.*) □ tranquillante, ansiolitico, barbiturico, psicofarmaco, sonnifero, soporifero **CONTR.** eccitante, stimolante, corroborante, tonico □ irritante, stuzzicante.

sède *s. f.* ***1*** residenza, dimora, domicilio □ (*di funzione e sim.*) destinazione □ (*lett.*) stanza □ (*lett.*) (*di un sovrano*) soglio □ località □ luogo, città ***2*** spazio, punto, posto □ abitazione, casa, edificio, magione (*lett.*) □ ufficio ***3*** (*di azienda, di ente e sim.*) centrale **CONTR.** filiale, dipendenza, succursale ***4*** (*di strada*) carreggiata ***5*** (*di malattia*) parte, organo **FRAS.** *in sede di*, durante □ *in separata sede* (*fig.*), in privato.

sedentàrio ***A*** *agg.* (*di persona*) che si muove poco □ (*di popolazione*) stabile, fisso, stanziale **CONTR.** attivo, dinamico □ nomade, vagante, girovago ***B*** *s. m.* persona sedentaria.

sedére ***A*** *v. intr.* ***1*** star seduto, stare, posare ***2*** (*in parlamento, in regione e sim.*) avere seggio ***3*** (*lett.*) essere situato, stare, giacere, trovarsi ***B*** **sedersi** *v. intr. pron.* mettersi a sedere, assidersi, accomodarsi, adagiarsi, sprofondarsi **CONTR.** alzarsi, rizzarsi, drizzarsi, tirarsi su ***C*** *in funzione di s. m.* ***1*** deretano, ano, culo (*fam.*), didietro, posteriore, fondoschiena, natiche, popò (*inft.*), tafanario (*scherz.*), mazzo (*volg.*) ***2*** (*est.*) (*di bottiglia, di vaso, ecc.*) fondo, base **FRAS.** *avere del sedere* (*fig.*), essere fortunato □ *prendere per il sedere* (*fig.*), prendere in giro, imbrogliare.

sèdia *s. f.* seggiola, scranna (*dial.*) □ sedile, scanno, seggio, posto, cadrega (*dial.*), cadreghino (*pop.*).

sedicènte *agg.* falso, finto **CONTR.** autentico, vero.

sedìle *s. m.* sedia, seggiola, seggiolino, panca, panchina, scranna (*dial.*), scanno, sgabello, seggio, banco, stallo □ sella □ (*di carrozza*), cassetta, serpa □ posto.

sedimentàre *v. intr.* depositarsi, decantare, posare **CONTR.** venire a galla, galleggiare.

sediménto *s. m.* deposito, fondo, fondiglio, fondaccio, posa (*raro*), posata (*raro*), posatura, feccia, residuo, morchia □ (*chim.*) precipitato.

sedizióne *s. f.* ribellione, sommossa, rivolta, sollevamento, sollevazione, ammutinamento, tumulto, insurrezione, disordine, moto, rivoluzione **CONTR.** pace, quiete, tranquillità. *V. anche* RIBELLIONE

sedizióso *agg.* e *s. m.* ribelle, sovversivo, rivoltoso, insorto, rivoluzionario, agitatore, ammutinato □ insurrezionale, turbolento, tumultuante **CONTR.** moderato, pacifico, sottomesso, reazionario.

sedótto *part. pass. di* **sedurre**; *anche agg.* ***1*** adescato, corrotto, circuito, insidiato, invischiato, ingannato, irretito, disonorato, raggirato ***2*** affascinato, allettato, ammaliato, avvinto.

seducènte *part. pres. di* **sedurre**; *anche agg.* affascinante, allettante, allettevole, attraente, magnetico, avvincente, accattivante, amabile, ammaliante, adorabile, incantevole, piacevole, simpatico □ stimolante, stuzzicante, invitante, tentante, promettente □ incantatore, fascinoso, fascinatore (*lett.*), fatale, malioso, rapinoso, vezzoso □ languido, provocante, eccitante, sexy (*ingl.*), lascivo **CONTR.** repellente, ripugnante, nauseante, schifoso, stomachevole, disgustoso, ributtante, antipatico, spiacevole, sgradevole.

sedùrre *v. tr.* ***1*** irretire, adescare, corrompere, circuire, invischiare, insidiare, ingannare, raggirare, accalappiare (*fig.*), disonorare (*est.*) ***2*** (*est.*) attrarre, avvincere, affascinare, allettare, ammaliare, magnetizzare (*fig.*), accattivare, lusingare, incantare, conquistare □ rapire (*fig.*), fascinare, invescare (*fig., lett.*), stregare **CONTR.** allontanare, indisporre, disgustare, ripugnare, nauseare, schifare, repellere (*raro, lett.*), stomacare.

SEDURRE
sinonimia strutturata

Il significato più frequente di **sedurre** corrisponde al senso figurato di **attrarre**: *l'idea mi seduce*; *ha un modo di fare che attrae.* Attrarre corrisponde ad **allettare** usato assolutamente: *è una visione che alletta*; in senso proprio il verbo corrisponde a invitare con lusinghe o prospettive piacevoli: *lo allettarono con la speranza di un grosso guadagno*; *si lasciò allettare alle nozze.* Molto vicini sono **trastullare** e **lusingare**, che evocano illusione e adulazione: *trastullare qualcuno con vane parole*; *la lusingarono vilmente.*

L'attrarre può risolversi nel **conquistare**, che per estensione significa guadagnarsi psicologicamente: *conquistarsi la simpatia di qualcuno*; *conquistare quella ragazza non è facile*; *mi ha conquistato con la sua semplicità.* Molto vicino è **accattivarsi**, che significa specificamente procurarsi le simpatie, la benevolenza di qualcuno, e quindi ingraziarselo: *ha saputo accattivarsi la nostra stima*. Più incisivi sono **affascinare**, **fascinare**, **rapire**, **ammaliare**, **stregare**, **magnetizzare**, **incantare** e il letterario **invescare**, intesi figuratamente, che evocano una forza di suggestione irresistibile e come soprannaturale: *affascinare un uomo*; *le sue parole lo affascinarono*; *ormai l'ha incantato*. L'attrarre e legare a sé si definisce anche **avvincere**, che però suggerisce un processo di minore immediatezza.

Sedurre ha una valenza negativa nel senso di trascinare al male con lusinghe, allettamenti e inganni. Il porre, il coinvolgere qualcuno in situazioni rischiose o compromettenti allettandolo con promesse o altro si dice figuratamente anche **invischiare**: *quel losco individuo è riuscito a invischiarlo*. Molto vicino è **corrompere**, che pure indica l'indurre al male e al disfacimento morale, ma non necessariamente usando l'astuzia o approfittando dell'ingenuità altrui. La primissima fase della seduzione coincide con l'**insidiare**, ossia con il tentare con lusinghe cui è facile cedere; pressoché equivalente è **adescare** inteso figuratamente, che suggerisce un avvicinamento fisico: *adescare una fanciulla*; *adescare i passanti*. **Irretire** e **accalappiare** invece in senso figurato evocano un'idea di fraudolenza: *irretire con lusinghe, con arti sottili*; *si è lasciato accalappiare da quella donnetta*. La seduzione infatti spesso richiede di **ingannare** e, in senso figurato, **raggirare**, ossia di indurre in errore con malizie approfittando dell'altrui buona fede, e quindi nel **circuire** e abbindolare: *si è lasciato raggirare con poche parole*.

Il sedurre consiste anche nel lusingare, allettare, circuire qualcuno allo scopo di avere con lui dei rapporti sessuali: *è stata sedotta e abbandonata*; se riferito a una donna, in determinati contesti sociali il sedurla coincide col **disonorarla**, ossia col privarla della verginità.

sedùta *s. f.* **1** adunanza, riunione, assemblea, sessione, udienza, congresso, consesso, tornata **2** (*di modello*) posa **3** (*dal medico, dall'estetista, ecc.*) visita, incontro, appuntamento.

seduttóre *s. m.*; *anche agg.* **1** conquistatore, ammaliatore, incantatore, ganzo (*spreg.*), dongiovanni, casanova, playboy (*ingl.*), galletto (*fam. scherz.*), tombeur de femmes (*fr.*) **2** adescatore, lusingatore, accalappiatore, allettatore, trascinatore, tentatore □ corruttore, depravatore, abbindolatore, traviatore.

seduzióne *s. f.* **1** adescamento, allettamento, tentazione, lusinga, corruzione, accalappiamento, invito, insidia, esca, tentacolo, lenocinio **2** fascino, malia, incantesimo, incanto, magia, prestigio, attrazione, magnetismo, attrattiva □ charme (*fr.*), sex appeal (*ingl.*) **CONTR.** disgusto, nausea, ripugnanza, repulsione, schifo, antipatia. *V. anche* INCANTESIMO

séga *s. f.* **1** lama dentata □ saracco, gattuccio, frullone **2** (*pop., volg.*) masturbazione **3** (*pop.*) (*di persona, di cosa*) nulla, nullità **FRAS.** *sega meccanica*, segatrice □ *a sega*, seghettato.

segaligno *agg.* (*fig.*) magro, asciutto, scarno, secco, allampanato, ossuto **CONTR.** grasso, grosso, adiposo, panciuto, corpacciuto, corpulento, obeso, tarchiato, tozzo.

segàre *v. tr.* **1** dividere con la sega **2** (*di vena, di grano, ecc.*) recidere, resecare, tagliare, troncare □ falciare, mietere **3** (*di cintura, di laccio e sim.*) solcare, stringere. *V. anche* TAGLIARE

segatùra *s. f.* **1** recisione, troncamento, troncatura □ mietitura, falciatura **2** polvere di legno.

sèggiola *s. f.* (*tosc.*) sedia, scanno, scranna (*dial.*), sedile.

seggiolìno *s. m. dim. di* **seggiola**; sedile, sgabello, sella □ passeggino.

seggiovìa *s. f.* (*est.*) teleferica.

seghettàto *agg.* dentellato, a sega, addentellato, frastagliato.

segmentàre **A** *v. tr.* dividere, suddividere, frazionare **CONTR.** unire **B** **segmentarsi** *v. intr. pron.* dividersi **CONTR.** unirsi.

segménto *s. m.* **1** linea, tratto, porzione, parte, sezione, asse (*mat.*) **2** (*di stoffa, di carta, ecc.*) striscia, ritaglio, avanzo, scampolo □ (*fig.*) sezione, parte **3** (*mecc.*) fascia elastica. *V. anche* PARTE

segnalàre **A** *v. tr.* **1** (*di un pericolo, di un arrivo, ecc.*) avvertire, avvisare, trasmettere, comunicare, annunciare, denunciare □ additare, indicare, significare □ (*ant.*) distinguere **2** (*fig.*) (*di caso, di situazione, ecc.*) far conoscere, far notare, accennare, informare **CONTR.** celare (*lett.*), nascondere, tacere **3** (*di persona*) raccomandare, proporre, designare **B** **segnalarsi** *v. rifl.* distinguersi, emergere, primeggiare, risaltare, farsi notare, farsi conoscere, affermarsi, aver successo, farsi un nome **CONTR.** screditarsi, fallire □ rimanere sconosciuto.

segnalàto *part. pass. di* **segnalare**; *anche agg.* **1** comunicato, indicato, accennato, trasmesso, denunciato **CONTR.** celato (*lett.*), nascosto, taciuto **2** (*di persona, di meriti, ecc.*) insigne, illustre, famoso, eccezionale, cospicuo, grandissimo, notevole, distinto, notevolissimo, considerevole, importante, spettabile **CONTR.** mediocre, modesto, insignificante, minimo, trascurabile, irrilevante, irrisorio **3** (*di persona*) raccomandato, designato, proposto. *V. anche* FAMOSO

segnalazióne *s. f.* **1** indicazione, segnale, segno □ segnaletica **2** (*est.*) notizia, avvertimento, annuncio, avviso, comunicazione, riferimento, citazione **3** (*fig.*) (*di persona, di caso, ecc.*) menzione, raccomandazione, designazione.

segnàle *s. m.* **1** segno, segnalazione, avvertimento, avviso, indicazione □ indicatore, contrassegno, insegna, cartello, scritta □ cenno, gesto **2** indizio, sintomo, avvisaglia, spia (*fig.*) **FRAS.** *segnale di soccorso*, S.O.S.; mayday (*ingl.*). *V. anche* VENTO

segnalètico *agg.* indicatore.

segnalìnee *s. m. inv.* (*sport*) guardalinee.

segnàre **A** *v. tr.* **1** notare, distinguere □ contrassegnare, contraddistinguere, marcare, marchiare, tracciare, bollare, demarcare, definire, sottolineare, imprimere, improntare, stampare **2** (*est.*) (*di indirizzo, di appuntamento, ecc.*) prendere nota, registrare, annotare, appuntare, scrivere **3** (*di ora, di gradi, ecc.*) indicare, mostrare, additare ***4*** (*fig.*) (*di gesto, di discorso, ecc.*) annunciare, rappresentare, essere, costituire, significare ***5*** (*di cosa appuntita*) scalfire, incidere, rigare, scavare, solcare, graffiare □ sfregiare, ammaccare ***6*** (*di carte da gioco*) truccare ***7*** (*sport*) (*di punto, di rete, ecc.*) realizzare, fare ***8*** (*ass., sport*) fare il punto, fare goal, fare rete ***B*** **segnarsi** *v. rifl.* farsi il segno della croce. *V. anche* REGISTRARE

segnatèmpo *s. m. inv.* marcatempo.

segnàto *part. pass. di* **segnare**; *anche agg.* ***1*** contrassegnato, marcato, marchiato, contraddistinto, bollato, impresso, stampato ***2*** (*di indirizzo, di numero, ecc.*) indicato, scritto, annotato, appuntato, iscritto ***3*** (*di ora, di destino, ecc.*) deciso, stabilito ***4*** (*di carrozzeria, di vetro, ecc.*) solcato, rigato, graffiato □ sfregiato, ammaccato, contuso ***5*** (*sport*) (*di punto, di rete, ecc.*) realizzato, fatto.

segnatùra *s. f.* ***1*** notazione, indicazione, marcatura, marchiatura, sottolineatura ***2*** (*sport*) punti, punteggio.

ségno *s. m.* ***1*** (*di piede, di confine, di penna, di superficie, ecc.*) impronta, linea, rigo, riga, punto, nota, traccia, tratto, orma, impressione, stampa □ graffiatura, graffio, solco, solcatura □ macchia, vena, venatura ***2*** (*di pace, di partito, ecc.*) figura, simbolo, immagine, emblema, insegna □ (*di civiltà*) ricordo, vestigio (*lett.*) ***3*** (*di riconoscimento*) contrassegno, distintivo, contromarca, iniziale, cifra, sigla, sovrastampa □ bollo, marca, marcatura, marchio, timbro ***4*** (*di saluto, di gioia, ecc.*) cenno, gesto, atto, parola, espressione, richiamo □ (*di amicizia, di coraggio, ecc.*) prova, attestazione, dimostrazione, pegno ***5*** (*di malattia, di ripresa, ecc.*) accenno, indizio, sintomo, segnale, indice, avvisaglia, annuncio, spia (*fig.*), termometro (*fig.*) ***6*** (*di sopportazione, di stanchezza, ecc.*) punto, grado, limite, misura, regola ***7*** bersaglio ***8*** (*ling.*) carattere, lettera, grafema **FRAS.** *in segno di*, come prova di □ *lasciare il segno* (*fig.*), rimanere impresso; avere conseguenze □ *non dare segni di vita*, sembrare morto; non dare più notizie di sé □ *cogliere nel segno* (*fig.*), indovinare, azzeccare □ *essere fatto segno di*, essere oggetto di □ *per filo e per segno*, punto per punto; con tutti i particolari. *V. anche* IMPRONTA

segregàre ***A*** *v. tr.* isolare, separare, staccare, appartare, allontanare, confinare, emarginare, relegare **CONTR.** aggregare, unire, riunire, congiungere, mischiare □ accogliere ***B*** **segregarsi** *v. intr. pron.* isolarsi, appartarsi, separarsi, staccarsi, allontanarsi, rintanarsi, nascondersi, ritirarsi **CONTR.** aggregarsi, unirsi, riunirsi, mischiarsi, socializzare.

segregazióne *s. f.* ***1*** isolamento, separazione, emarginazione, allontanamento □ romitaggio, solitudine **CONTR.** aggregamento, aggregazione, unione, socializzazione ***2*** apartheid (*ol.*). *V. anche* EMARGINAZIONE

segréta *s. f.* ***1*** sotterraneo, cella, prigione ***2*** (*di mobile*) nascondiglio.

segretàrio *s. m.* ***1*** persona di fiducia □ impiegato di fiducia □ cancelliere ***2*** (*di partito, di organizzazione, ecc.*) dirigente, capo, responsabile ***3*** (*di verbale*) estensore **FRAS.** *segretario di Stato*, ministro.

segreterìa *s. f.* (*di partito, di organizzazione, ecc.*) direzione, responsabilità **FRAS.** *Segreteria di Stato*, dicastero degli Esteri.

segretézza *s. f.* circospezione, riserbo, delicatezza, discrezione, prudenza, tatto □ misteriosità, riservatezza **CONTR.** indiscretezza (*raro*), indiscrezione, indelicatezza □ propalazione.

segretìssimo *agg. sup. di* **segreto**; riservatissimo, top secret (*ingl.*).

segréto (1) *agg.* ***1*** (*di luogo e sim.*) appartato, nascosto, celato, recondito (*lett.*), riposto **CONTR.** noto, conosciuto ***2*** (*di pensiero, di notizia, di gioia, ecc.*) riservato, arcano (*lett.*), intimo, confidenziale, privato, furtivo, occulto, latente, ascoso (*lett.*) **CONTR.** dichiarato, manifesto, pubblico, palese, ufficiale ***3*** (*di associazione, di attività, ecc.*) clandestino, illegale, illegittimo, sotterraneo, underground (*ingl.*) **CONTR.** pubblico, legale, legittimo ***4*** (*di persona*) riservato, discreto, abbottonato, chiuso, cauto, circospetto, delicato, prudente **CONTR.** avventato, imprudente, chiacchierone, indelicato, pettegolo, ciarliero, ciarlone **FRAS.** *in segreto*, segretamente; di nascosto □ *fondi segreti*, fondi neri. *V. anche* NERO

segréto (2) *s. m.* ***1*** mistero, arcano (*lett.*), enigma, confidenza ***2*** (*di professionista, di sacerdote, ecc.*) vincolo, riserbo, riservatezza ***3*** (*di lavoro, di lunga vita, ecc.*) metodo, sistema, espediente, modo, maniera, ricetta, trucco ***4*** (*di cassaforte, di mobile, ecc.*) congegno, serratura ***5*** (*dell'animo, della famiglia, ecc.*) intimità, intimo, profondo □ (*lett.*) recessi, latebre **FRAS.** *segreto di Pulcinella* (*scherz.*), cosa nota a tutti.

seguàce *s. m. e f.* discepolo, scolaro, allievo, fedele, proselito, iniziato □ emulo, erede, epigono (*lett.*), imitatore □ fautore, partigiano, ammiratore, simpatizzante □ adepto, aderente, affiliato, membro, socio □ accompagnatore, satellite (*lett.*), accolito, gregario **CONTR.** precursore, alfiere, antesignano □ antagonista, avversario, competitore, nemico, oppositore, concorrente, dissidente.

SEGUACE
sinonimia strutturata

Chi segue una dottrina, un maestro è un **seguace**: *i seguaci del marxismo*; *i seguaci di Aristotele*; quando ci si riferisce a un maestro famoso, chi si attiene al suo insegnamento, anche senza essere stato alla sua scuola, si dice per estensione suo **discepolo**: *i moderni discepoli di Kant*; molto vicino è **epigono**, che indica un pensatore, scrittore, artista che continua ed elabora idee e forme dei suoi predecessori. Così si chiama **erede** chi continua o estende idee e attività di una grande personalità: *gli eredi di Freud, di Marx*. È invece un **allievo** o uno **scolaro** chi si forma direttamente sotto l'insegnamento di un maestro o a una scuola: *gli allievi di un famoso chirurgo*; *gli scolari del De Sanctis*.

Vi sono altri sinonimi che si riferiscono in particolare al rapporto con una singola persona: ad esempio **emulo** e **imitatore**, raro in quest'accezione, indicano chi si sforza di imitare qualcuno o le sue qualità: *quel discepolo fu degno emulo del maestro.* Invece, un membro di un'organizzazione che è dipendente in tutto dal capo e privo di iniziativa autonoma è un **gregario**; non si discosta molto **accolito**, che spesso con intenzione ironica e spregiativa denomina un seguace, un **accompagnatore** fedelissimo di persona potente o altolocata: *è sempre circondato dai suoi accoliti*; vicinissimo anche se d'uso non frequente è **satellite** in senso estensivo, che però un tempo non era connotato spregiativamente e indicava semplicemente una persona di fiducia.

È un **proselito** chi da poco si è convertito a una religione o ha abbracciato le idee di una dottrina, di un partito, ecc.: *fare proseliti*; *i proseliti del socialismo*; molto vicino è **iniziato**, che richiama alla mente le prove e i riti superati da chi è ammesso a far parte di un'associazione segreta, e designa anche chi ha ricevuto i primi insegnamenti di una dottrina religiosa di tipo esoterico: *gli iniziati ai misteri orfici, alla Carboneria.* Chi è stabilmente legato a gruppi di questo genere si dice anche **fedele**, **adepto** o **aderente**: *i fedeli di Cristo*; *i fedeli del re, della monarchia*; *gli aderenti a una setta*; *ha riunito tutti i suoi adepti.* Gli aderenti invece corrispondono anche agli iscritti, ossia agli **affiliati**, ai **membri**, ai **soci**: *gli aderenti a un partito*; *gli affiliati alla massoneria*; *socio del circolo sportivo.*

Chi sostiene e difende una parte o un'idea si dice che ne è **fautore** o **partigiano**: *fautore della pace, della libertà, dell'alleanza, della rivoluzione*; *i partigiani del socialismo*; chi protegge una parte col proprio favore, specie in senso spregiativo, è un **favoreggiatore**, mentre è un suo **ammiratore** chi la tiene in grande considerazione; più debole è **simpatizzante**, che descrive chi ha affinità di idee con un movimento, con un partito, pur senza aderirvi completamente e formalmente.

seguènte *part. pres. di* **seguire**; *anche agg.* consecutivo, successivo, susseguente, conseguente (*ant.*), posteriore, futuro, secondario □ prossimo, altro, appresso **CONTR.** anteriore, antecedente, precedente, preesistente □ simultaneo, contestuale, sincrono.

segùgio *s. m.* ***1*** bracco leggero ***2*** (*fig.*) agente di polizia, poliziotto, sbirro, pedinatore, inseguitore, investigatore, detective (*ingl.*).

seguìre ***A*** *v. tr.* ***1*** (*di persona*) andare dietro, tener dietro, accodarsi, venire appresso, pedinare, seguitare (*ant.*), corteggiare (*ant.*), sorvegliare, spiare □ accompagnare, scortare **CONTR.** precedere, antecedere (*raro*), prevenire ***2*** (*di rotta, di orme, ecc.*) procedere, avanzare ***3*** (*fig.*) (*di ideologia, di ordine, ecc.*) accettare, accogliere, abbracciare, accostarsi, adottare, professare, farsi seguace □ attenersi, conformarsi, aderire, uniformarsi, allinearsi, ubbidire, rispettare, secondare, intendere □ imitare, ricalcare, specchiarsi **CONTR.** respingere, rifiutare, ripudiare, scartare □ trasgredire, disattendere □ abbandonare, discostarsi ***4*** (*di lezione, di corso, ecc.*) frequentare □ ascoltare, udire, comprendere ***5*** (*di novità, di teatro, ecc.*) informarsi, tenersi al corrente, coltivare, aggiornarsi ***6*** (*fig.*) (*di manovra, di gesti, ecc.*) osservare, fare attenzione □ studiare □ (*di figli, ecc.*) curare, aiutare, assistere ***B*** *v. tr.* e *intr.* venire dopo **CONTR.** venire prima, precedere, preludere ***C*** *v. intr.* ***1*** derivare, conseguire **CONTR.** causare ***2*** accadere, avvenire, capitare, succedere ***3*** (*di scritto, di film, ecc.*) continuare **CONTR.** finire, terminare. *V. anche* OBBEDIRE

seguitàre ***A*** *v. tr.* (*di lavoro, di cammino, ecc.*) (*ant.*) seguire □ continuare, proseguire **CONTR.** interrompere, sospendere, troncare ***B*** *v. intr.* ***1*** (*a piovere, a parlare, ecc.*) continuare, durare, persistere □ riprendere, ripigliare □ perdurare, perseverare, procedere □ soggiungere **CONTR.** cessare, smettere, arrestarsi, fermarsi, interrompersi ***2*** (*lett.*) venire dopo, venire di seguito **CONTR.** venire prima, precedere.

séguito *s. m.* ***1*** accompagnamento, corteo, teoria, scorta, codazzo, corte, corteggio, compagnia ***2*** discepoli, seguaci, accoliti, ammiratori, fan (*ingl.*) □ claque (*fr.*) ***3*** (*fig.*) aderenza, favore, successo, consenso **CONTR.** avversione, dissenso, insuccesso ***4*** (*di vicende, di insuccessi, ecc.*) sequela, successione, fila, filza, serie, sequenza **CONTR.** sospensione, sosta, arresto ***5*** (*di racconto, di film, ecc.*) continuazione, proseguimento, prosieguo, prosecuzione, prolungamento, resto **CONTR.** fine, termine ***6*** (*di lite, di malattia, ecc.*) conseguenza, risultato, esito □ strascico **CONTR.** risoluzione, composizione. *V. anche* FAMIGLIA, FAVORE, SUCCESSO

sélce *s. f.* sasso, ciottolo.

selciàto ***A*** *agg.* pavimentato, lastricato ***B*** *s. m.* (*est.*) pavimento, lastricato, lastrico, acciottolato, pavimentazione, pavé (*fr.*).

selettìvo *agg.* eliminatorio, discriminatorio, discriminante □ esigente, difficile, incontentabile □ esclusivo, elitario.

selezionàre *v. tr.* scegliere, vagliare, distinguere, dividere, separare, scremare, discriminare, scernere, smistare, sceverare (*lett.*), cernere (*lett.*), trascegliere (*raro*) □ cliccare (*elab.*) **CONTR.** prendere indiscriminatamente, accogliere in massa. *V. anche* DIVIDERE

selezionàto *part. pass. di* **selezionare**; *anche agg.* scelto, vagliato, distinto, diviso, separato **CONTR.** preso in massa, indiscriminato.

selezionatóre *s. m.*; *anche agg.* (*f. -trice*) (*nel calcio*) commissario tecnico.

selezióne *s. f.* ***1*** scelta, cernita, distinzione, selezionamento, screening (*ingl.*), discriminazione, stralcio, scrematura, sceveramento (*raro*), separazione, elezione □ concorso **CONTR.** assunzione indiscriminata ***2*** (*di attitudini*) valutazione ***3*** (*di scritti, di musiche, ecc.*) antologia, raccolta, fiore, florilegio, crestomazia (*lett.*) □ (*di atleti*) squadra ***4*** (*tel.*) combinazione. *V. anche* SCELTA

self-control /*ingl.* 'self kən'troul/ [vc. ingl., da *self* 'sé stesso' e *control* 'controllo'] *s. m. inv.* autocontrollo, autogoverno, padronanza di sé, sangue freddo □ autarchia, autonomia.

sèlla *s. f.* ***1*** sedile, seggiolino, sellino □ (*est.*) arcione, basto, barda ***2*** (*fig.*) posizione eminente, carica importante ***3*** (*geogr.*) valico, varco, passo, colle, forcella, giogaia, giogo.

sèltz [fr. *seltz*, dal nome di *Seltz*, ted. *Selters*, città della Prussia nota per le sue sorgenti di acqua gassata] *s. m. inv.* (*est.*) acqua gassata, soda.

sélva *s. f.* **1** bosco, foresta, boscaglia, macchia **2** (*fig.*) (*di gente, di bandiere, ecc.*) moltitudine, gran quantità, folla, massa. *V. anche* FOLLA

selvaggiaménte *avv.* barbaramente, brutalmente, crudelmente, efferatamente, ferocemente, furiosamente, inumanamente, bestialmente, spietatamente **CONTR.** civilmente, bonariamente, mitemente, blandamente, pacificamente, placidamente, umanamente.

selvaggìna *s. f.* cacciagione, caccia, uccellagione, uccellame, carniere.

selvàggio **A** *agg.* **1** (*di pianta, di animale*) selvatico □ brado **CONTR.** coltivato □ domestico, addomesticato **2** (*est.*) (*di luogo*) deserto, disabitato, solitario, orrido, pauroso, impervio, inospitale, sperduto, silvestre **CONTR.** abitato, ameno, ridente **3** (*di persona*) incivile, sgarbato, maleducato, grossolano, rozzo, screanzato, diseducato, villano, zotico **CONTR.** affabile, amabile, civile, cordiale, cortese, educato, garbato, gentile, socievole **4** (*fig.*) (*di attacco, di delitto, ecc.*) disumano, efferato, crudele, feroce, barbaro, barbarico, brutale, inumano, aspro, bestiale, cannibalesco, ferino, spietato, violento, furibondo **B** *agg.*; *anche s. m.* incivile, primitivo, indigeno □ (*est., spreg.*) troglodita, cavernicolo, baluba **CONTR.** civile, civilizzato. *V. anche* CRUDELE, SOLITARIO

selvàtico *agg.* **1** (*di pianta*) silvestre, incolto **CONTR.** coltivato **2** (*di animale*) selvaggio, brado, non domestico **CONTR.** domestico, addomesticato, mansueto, mite **3** (*di persona*) poco socievole, insocievole, rozzo, rustico, ritroso, misantropo, musone, orso, istrice, schivo, rude, scorbutico, scontroso □ eremita, ritirato, solitario **CONTR.** affabile, amabile, civile, cortese, educato, fine, garbato, socievole. *V. anche* ROZZO, SOLITARIO

sembiànza *s. f.* **1** (*poet.*) somiglianza **2** sembiante (*poet.*), aspetto, figura, forma, apparenza, fisionomia, immagine **3** (*spec. al pl.*) lineamenti, fattezze.

sembràre **A** *v. intr.* parere, somigliare, rassomigliare □ apparire, risultare **B** *v. intr. impers.* parere, dare l'impressione, passare, sapere □ avere l'impressione, credere, giudicare, ritenere, stimare.

séme *s. m.* **1** embrione, germe □ semente, semenza **2** (*est., pop.*) (*di ciliegia, di zucca, ecc.*) nocciolo, anima, granello, acino, chicco, gheriglio, granulo, grano **3** (*biol.*) sperma **4** (*lett.*) razza, discendenza, schiatta, stirpe □ antenati, progenitori **5** (*fig.*) (*della discordia, della violenza, ecc.*) origine, principio, causa, fonte, genesi, germe, sorgente, radice **CONTR.** conseguenza, effetto **6** (*delle carte da gioco*) simbolo, colore.

semènza *s. f.* **1** seme, semente **2** (*fig.*) origine, causa, fonte, genesi, semente **CONTR.** conseguenza, effetto **3** (*est.*) chiodino.

semiapèrto *agg.* socchiuso, semichiuso **CFR.** aperto, spalancato □ chiuso, serrato.

semibùio *agg.* crepuscolare.

semicérchio *s. m.* emiciclo.

semichiùso *agg.* socchiuso, semiaperto **CFR.** chiuso, serrato □ aperto, spalancato.

semidìo *s. m.* eroe □ (*fig., iron.*) superuomo, ambizioso, borioso, vanaglorioso **CONTR.** paria, povero Cristo.

semifréddo *agg.*; *anche s. m.* biscuit (*fr.*), bavarese.

seminàre *v. tr.* **1** (*di sementi*) spargere □ piantare **2** (*fig.*) (*di cose*) spargere qua e là, lasciar cadere, disseminare, sparpagliare **CONTR.** raccogliere, raccattare, riunire **3** (*fig.*) (*di panico, di discordia, ecc.*) diffondere, suscitare, promuovere, provocare **CONTR.** calmare, lenire, placare, sopire, smorzare **4** (*sport*) (*di avversario*) staccare, distanziare.

seminàrio *s. m.* **1** (*est.*) collegio **2** (*su un argomento*) esercitazione □ corso di aggiornamento, corso di addestramento □ riunione, briefing (*ingl.*), simposio, symposium (*lat.*), tavola rotonda, convegno.

seminàto *part. pass. di* **seminare**; *anche agg.* **1** cosparso di semi **2** (*anche fig.*) (*di fiori, di difficoltà, ecc.*) cosparso, disseminato **FRAS.** *uscire dal seminato* (*fig.*), divagare, deviare dall'argomento.

seminatóre *s. m.* (*f. -trice*) (*fig.*) (*di odio, di idee, ecc.*) diffusore, propagatore, suscitatore, divulgatore, propalatore, disseminatore.

seminterràto *s. m.* scantinato, basso, cantina.

seminùdo *agg.* mezzo nudo, quasi nudo, discinto **CFR.** vestito, rivestito, coperto, ricoperto □ nudo, svestito.

semioscurità *s. f.* penombra, ombra **CONTR.** oscurità, buio, tenebre □ luce.

semisécco *agg.* (*di vino*) abboccato, demi-sec (*fr.*).

semisfèra *s. f.* emisfera.

semispènto *agg.* (*anche fig.*) mezzo spento, fioco, languente, debole **CFR.** spento □ acceso, vivace, ardente, infocato, fiammeggiante.

semitrasparènte *agg.* traslucido, semidiafano, diafano, opalescente, pellucido (*lett.*) **CFR.** diafano, trasparente □ opaco.

semmài **A** *cong. V.* **se mai** **B** *avv.* tutt'al più, caso mai, eventualmente.

sémola *s. f.* **1** crusca, cruschello **2** farina grossolana, macinato (*ant.*) **3** (*pop.*) efelidi, lentiggini.

sémplice **A** *agg.* **1** (*di cosa*) solo, unico, piccolo, scempio (*raro*), nudo **CONTR.** doppio, duplice, duplicato, gemello, composto, binato, binario, composito **2** (*di discorso, di problema, ecc.*) elementare, facile, accessibile, discorsivo, divulgativo, ovvio, evidente, chiaro, palese, piano, lineare, manifesto, agevole, rudimentale **CONTR.** difficile, complesso, elaborato, complicato, arduo, astruso, contorto, macchinoso, difficoltoso, enigmatico, intricato, incomprensibile, insolubile, oscuro **3** (*di stile, di abito, ecc.*) sobrio, essenziale, disadorno, misurato, privo di affettazione, sciolto, naturale, pratico □ (*di modi, di persona*) spontaneo, disarmante, disinvolto, familiare, domestico, democratico, dimesso, socievole □ (*di prodotto, di cucina*) casereccio, casalingo □ (*di pasto*) frugale **CONTR.** affettato, ricercato, manierato, artificioso, leccato, lezioso □ sofisticato, eccessivo **B** *agg.* e *s. m.* **1** (*di persona*) modesto, schietto, sincero, trasparente, genuino, puro, leale, alla buona, senza malizia, bonaccione, bonario □ inesperto, ingenuo, candido, vergine, innocente □ provinciale, primitivo, semplicione, credulo, credulone, rozzo, sempliciotto, minchione (*fam.*), sciocco, stolto **CONTR.** esigente □ astuto, scaltro, furbo, furbacchione, malizioso ***2*** (*mil.*) non graduato **CONTR.** graduato. *V. anche* ROZZO, SEVERO, SPONTANEO, TRASPARENTE

sempliceménte *avv.* ***1*** con semplicità, alla buona, modestamente □ senza malizia, onestamente, candidamente, innocentemente, puramente, spontaneamente, sinceramente **CONTR.** affettatamente, ampollosamente, stravagantemente □ astutamente, maliziosamente, disonestamente ***2*** soltanto, solo, unicamente, esclusivamente, meramente.

sempliciòtto *agg.; anche s. m.* ingenuo, credulone, semplicione, sincero, alla buona, schietto, candido □ sciocco, babbeo, bietolone, bamboccio, baccello, gonzo, grullo, macaco, maccabeo, merlo, allocco, pollastro, tonto **CONTR.** astuto, scaltro, furbo, furbacchione, malizioso, dritto (*fam.*).

semplicìstico *agg.* superficiale, generico, vago **CONTR.** profondo, riflessivo.

semplicità *s. f.* ***1*** facilità, agevolezza, chiarezza, evidenza, elementarità, linearità, ovvietà (*raro*) **CONTR.** difficoltà, complessità, astrusità, astruseria, ambiguità, incomprensibilità, oscurità, macchinosità ***2*** (*di modi, di parole, ecc.*) naturalezza, spontaneità, misura, sobrietà, essenzialità, disinvoltura, scioltezza **CONTR.** affettazione, artificiosità, ricercatezza, stravaganza, leziosità ***3*** (*di animo, di mente*) candidezza, purità, candore, inesperienza, ingenuità, innocenza, modestia, umiltà, schiettezza, franchezza, sincerità □ dabbenaggine, sciocchezza, puerilità, stoltezza, credulità, minchioneria (*pop.*) **CONTR.** astuzia, scaltrezza, furberia, furbizia, malizia, doppiezza.

semplificàre ***A*** *v. tr.* rendere semplice, rendere più semplice, agevolare, facilitare, snellire, chiarire, appianare, risolvere, elementarizzare, sfrondare **CONTR.** complicare, imbrogliare, ingarbugliare, intricare ***B*** **semplificarsi** *v. intr. pron.* diventare più semplice, chiarirsi, appianarsi **CONTR.** complicarsi, ingarbugliarsi.

sèmpre *avv.* ***1*** senza fine, in ogni tempo, eternamente, perpetuamente, ininterrottamente, permanentemente, indelebilmente **CONTR.** mai, giammai ***2*** continuamente, sistematicamente, con persistenza, tutte le volte, ogni volta, ognora □ spesso **CONTR.** raramente, a intervalli, saltuariamente ***3*** ancora, tuttavia (*lett.*) ***4*** ma, però, a patto che ***5*** nondimeno, pur tuttavia **FRAS.** *per sempre*, per l'eternità; per tutto il tempo □ *da sempre*, fin dall'inizio; da lunghissimo tempo □ *di sempre*, di tutti i tempi; di una volta.

senàto *s. m.* ***1*** (*nell'antica Roma*) senatori, Padri coscritti ***2*** Curia ***3*** (*attualmente*) senatori, Camera alta ***4*** (*est.*) Palazzo Madama.

senìle *agg.* vecchio **CONTR.** giovanile.

senilità *s. f.* vecchiaia, vecchiezza **CONTR.** giovinezza, gioventù, freschezza.

senior /*lat.* 'sɛnjor/ [vc. lat., propriamente 'il più vecchio', compar. di *sĕnex* 'vecchio'] *agg.* (*pl. seniores*) ***1*** più vecchio, anziano, maggiore **CONTR.** junior, giovane, minore ***2*** (*est.*) più esperto, veterano **CONTR.** inesperto, matricola.

sénno *s. m.* ragione, intelletto, mente, cervello, testa □ criterio, discernimento, assennatezza, sensatezza, giudizio, buonsenso, prudenza, ragionevolezza, raziocinio, intelligenza, saggezza, equilibrio, consiglio **CONTR.** insania, follia, demenza, pazzia, avventatezza, dissennatezza, inconsideratezza (*raro*), sconsideratezza, faciloneria, imprevidenza, imprudenza, leggerezza. *V. anche* PRUDENZA, RAGIONE, SAGGEZZA

sennò *V.* **se no**.

se no *avv.* (*fam.*) altrimenti, in caso contrario.

séno *s. m.* ***1*** petto □ (*est.*) mammelle, poppe, tette (*fam.*) □ (*dial.*) zinne, zizze **CONTR.** dorso, schiena, tergo ***2*** (*euf.*) (*di madre*) ventre, grembo, utero ***3*** (*fig.*) intimità, intimo, animo, cuore ***4*** (*di veste*) sinuosità, piega ***5*** (*della terra, della montagna, ecc.*) interno, viscere, cavità, incavo, rientranza **CONTR.** rilievo, risalto, prominenza, sporgenza ***6*** (*di mare, di fiume e sim.*) insenatura, baia, rada, golfo, cala, calanca **CONTR.** capo, punta, promontorio.

sensàle *s. m.* mediatore, agente, intermediario, negoziatore, procuratore d'affari, cozzone (*tosc.*), prosseneta (*lett.*).

sensatézza *s. f.* senno, criterio, discernimento, giudizio, buonsenso, consideratezza, responsabilità, prudenza, ragionevolezza, saggezza, intelligenza □ (*di ragionamento*) logicità, razionalità **CONTR.** insensatezza, dissennatezza, avventatezza, sconsideratezza, balordaggine, stravaganza, imprudenza, leggerezza, faciloneria, follia □ assurdità, irrazionalità. *V. anche* SAGGEZZA

sensàto *agg.* assennato, avveduto, giudizioso, riflessivo, responsabile, intelligente, prudente, ragionevole, saggio, savio, serio □ (*di ragionamento*) logico, razionale **CONTR.** insensato, avventato, dissennato, imprudente, incauto, inconsiderato, sconsiderato, facilone, imprevidente, estroso, leggero, scriteriato □ irrazionale, assurdo, bislacco, cervellotico, paradossale, sballato.

sensazionàle *agg.* eccezionale, meraviglioso, straordinario, impressionante, sconvolgente, conturbante, emozionante, appassionante, entusiasmante, fenomenale, commovente, bestiale (*gerg.*) **CONTR.** irrilevante, mediocre, modesto, di nessun valore, da nulla.

sensazióne *s. f.* ***1*** senso, percezione □ presentimento, coscienza, impressione □ non so che ***2*** ammirazione, emozione, interesse, meraviglia, sbalordimento, sorpresa, stupore **CONTR.** disinteresse, freddezza, indifferenza. *V. anche* COSCIENZA, EMOZIONE

sensìbile *agg.* ***1*** percepibile, percettibile, reale, rilevabile, tangibile, concreto, materiale, corporeo **CONTR.** immateriale, spirituale, morale, ideale, soprasensibile, astratto ***2*** (*di segno, di aumento, ecc.*) chiaro, evidente □ apprezzabile, forte, intenso, notevole, rilevante **CONTR.** debole, fievole, impercettibile, tenue, piccolo, modesto ***3*** (*di persona*) sensitivo, delicato, tenero, emotivo, emozionabile, eccitabile, impressionabile, vulnerabile □ suscettibile, ombroso, permaloso □ cosciente, aperto, disponibile, ricettivo

CONTR. freddo, insensibile, indifferente, apatico, distaccato, duro □ incurante, noncurante □ chiuso, sordo.

sensibilità *s. f.* **1** percettibilità, tangibilità, concretezza **CONTR.** impercettibilità, immaterialità **2** (*di persona*) emotività, emozionalità, impressionabilità, eccitabilità □ coscienza, delicatezza, senso, sentimento, finezza, gusto, gentilezza, raffinatezza, squisitezza, tenerezza □ disponibilità, apertura, ricettività **CONTR.** freddezza, insensibilità, indifferenza, apatia, distacco, disinteresse, durezza, incuranza, noncuranza □ chiusura, sordità. *V. anche* COSCIENZA

sensibilizzàre *v. tr.* **1** rendere sensibile, rendere più sensibile **2** (*fig.*) (*di persone, di opinione, ecc.*) rendere cosciente, rendere consapevole, coinvolgere, attirare, interessare, smuovere **CONTR.** distrarre, disinteressare, deviare, indurire.

sensibilménte *avv.* **1** percettibilmente, materialmente **CONTR.** impercettibilmente, mentalmente, spiritualmente **2** notevolmente, considerevolmente, molto, parecchio **CONTR.** insensibilmente, poco, lievemente, leggermente, scarsamente.

sensitività *s. f.* sensibilità, ricettività □ emotività, eccitabilità, impressionabilità **CONTR.** insensibilità, indifferenza, apatia, disinteresse, freddezza, incuranza.

sensitivo ***A*** *agg.* sensibile, emotivo, eccitabile, impressionabile, emozionabile □ disponibile, ricettivo **CONTR.** insensibile, indifferente, apatico, distaccato, disinteressato, freddo □ chiuso ***B*** *s. m.* medium.

sènso *s. m.* **1** percezione, sensazione, sensibilità, sensitività **CONTR.** insensibilità **2** (*al pl.*) coscienza, conoscenza, consapevolezza **3** (*al pl.*) sensualità, concupiscenza, appetito sessuale, pulsione erotica **CONTR.** freddezza, frigidità **4** (*di strettezza, di vuoto, ecc.*) sensazione, sentimento, impressione **5** (*con fare, dare*) raccapriccio, ribrezzo, ripugnanza **CONTR.** piacere **6** (*della giustizia, dell'orientamento, ecc.*) capacità di giudicare, criterio, intelligenza, intuizione, coscienza **7** (*spec. al sing.*) (*di parola, di frase, ecc.*) significato, concetto, idea, accezione, estensione, valore, uso **8** (*di luogo*) direzione, verso, parte, lato **9** (*positivo, negativo, ecc.*) modo, maniera, tono **FRAS.** *perdere i sensi*, svenire □ *senso comune*, buonsenso; modo comune di intendere □ *senso pratico*, capacità di risolvere le cose della vita □ *senso critico*, obiettività □ *a senso*, non alla lettera; liberamente □ *a doppio senso*, con duplice interpretazione □ *a senso di, ai sensi di*, in conformità; secondo. *V. anche* COSCIENZA, SAGGEZZA

sensuàle *agg.* **1** dei sensi, materiale □ carnale **CONTR.** spirituale **2** erotico, lascivo, libidinoso, passionale, voluttuoso, lussurioso, impudico, eccitante, faunesco, sexy (*ingl.*) **CONTR.** casto, pudico, puro, temperante □ platonico, sentimentale □ frigido, freddo.

sensualità *s. f.* **1** materialità **CONTR.** spiritualità **2** sensi, eros, concupiscenza, lascivia, libidine, lussuria, passione, impudicizia, voluttà, voluttuosità, carnalità **CONTR.** castità, morigeratezza, pudicizia, purezza, temperanza □ sentimentalismo □ freddezza, frigidità.

sentènza *s. f.* **1** decisione, verdetto, giudizio, giudicato, lodo, declaratoria, ordinanza, decreto, responso **2** (*raro, lett.*) avviso, parere, opinione **3** massima, detto, dettato (*lett.*), pensiero, motto, adagio, aforisma, apoftegma, assioma, principio, verità, proverbio, wellerismo (*lett.*) **FRAS.** *sputare sentenze*, dare giudizi inutili, sentenziare presuntuosamente. *V. anche* MASSIMA, PROVERBIO

sentenziàre *v. tr.* e *intr.* **1** emettere la sentenza, giudicare, proclamare, dichiarare **2** giudicare con sussiego, sputar sentenze, pontificare, moraleggiare.

sentenzióso *agg.* **1** ricco di sentenze, concettoso, compendioso, conciso, sintetico, lapidario, aforistico **CONTR.** prolisso **2** pedante, dogmatico, saccente, sofistico, professorale, cattedratico, pignolo **CONTR.** facilone, sbrigativo, frivolo, lepido, fatuo, vacuo.

sentièro *s. m.* **1** viottolo, stradicciola, scorciatoia, calle (*poet.*), callaia (*lett.*), mulattiera, pista, cavedagna, diverticolo (*lett.*) **2** (*fig.*) via, strada, orme **FRAS.** *essere sul sentiero di guerra* (*fig., scherz.*), dare inizio ad una controversia; avere intenzioni bellicose.

sentimentàle *agg.* e *s. m.* e *f.* **1** affettivo, emotivo **CFR.** razionale **2** passionale, affettuoso, appassionato, tenero, romantico, delicato, gentile □ affettato, languido, svenevole, sdolcinato, lezioso, smanceroso, smorfioso □ (*di libro, di scena, ecc.*) poetico, lirico, idilliaco □ lacrimoso, sciropposo, sospiroso, patetico **CONTR.** sensuale □ rude, duro, ruvido, grossolano, rozzo, violento, arido, cinico.

sentimentalismo *s. m.* sentimentalità, sentimento, romanticismo □ romanticheria, smanceria, sdolcinatura, pateticità, patetismo **CONTR.** sensualità □ rudezza, ruvidezza, rozzezza, durezza, severità, realismo, aridità, cerebralismo, cinismo.

sentiménto *s. m.* **1** (*di sé, della famiglia, ecc.*) coscienza, consapevolezza, percezione, sensazione, sensibilità, senso, idea **2** (*di gioia, di pietà, ecc.*) affetto, passione, emozione, impulso □ delicatezza, finezza, gentilezza, raffinatezza, squisitezza, tenerezza **CONTR.** freddezza, distacco, disinteresse, indifferenza, insensibilità, aridità, noncuranza **3** (*spec. al pl.*) (*con* esprimere, manifestare, *ecc.*) pensiero, opinione, parere, concetto, convincimento, convinzione **4** (*al sing.*) (*ass.*) sfera affettiva, sfera emozionale □ (*fig.*) anima, cuore, viscere (*raro*) **CONTR.** ragione. *V. anche* COSCIENZA, EMOZIONE

sentinèlla *s. f.* guardia, guardiano, vedetta, scolta (*lett.*), torrigiano, segnalatore, vigile, piantone □ palo (*gerg.*).

sentire ***A*** *v. tr.* **1** (*di odore, di cibo, ecc.*) avvertire, percepire □ assaggiare, gustare, toccare **2** (*di suono*) ascoltare, udire **3** (*di medico, di consulente, ecc.*) consultare, interpellare, chiedere consiglio **4** (*di notizia*) apprendere, venire a sapere, imparare, vedere **5** (*di dolore, di gioia, ecc.*) provare, risentire, patire, soffrire, ricevere, concepire **6** (*di arrivo, di assenza, ecc.*) avvertire, accorgersi, aver coscienza, aver sentore, presentire **7** (*di poesia, di musica, ecc.*) capire, comprendere, intendere, conoscere, saper gustare ***B***

v. intr. sapere, avere odore, aver sapore **C sentirsi** *v. rifl.* **1** (*bene, male, ecc.*) stare **2** (*offeso, in debito, ecc.*) conoscersi, riconoscersi, sapersi, vedersi **3** (*di partire, di lottare, ecc.*) avere la forza, avere il coraggio, essere in grado, essere disposto **D** *in funzione di s. m. solo sing.* (*lett.*) sentimento, sensibilità. *V. anche* UDIRE

sentitaménte *avv.* caldamente, cordialmente, sinceramente, vivamente, intensamente, profondamente, fervidamente **CONTR.** freddamente, distaccatamente.

sentìto *part. pass. di* **sentire**; *anche agg.* **1** (*di rumore, di persona, ecc.*) ascoltato, udito, avvertito, percepito **2** (*di dolore, di gioia, ecc.*) provato, patito, sofferto, concepito, condiviso **3** (*di notizia*) appreso, imparato, inteso **4** (*di simpatia, di cordoglio, ecc.*) vivo, sincero, cordiale, caldo, intenso, profondo **CONTR.** freddo, distaccato, superficiale **FRAS.** *per sentito dire*, per conoscenza indiretta. *V. anche* VERO

sentóre *s. m.* **1** impressione, avviso, indizio, sintomo, notizia vaga, idea, puzza (*pop.*) **CONTR.** certezza, sicurezza, assicurazione, conferma **2** (*lett.*) profumo, odore.

sènza *prep.* **1** privo di, privato di, spoglio di, sfornito di, sprovvisto di **CONTR.** fornito di, provvisto di, con **2** escludendo, in assenza di, senza contare **CONTR.** incluso, includendo, comprendendo **FRAS.** *senza dubbio*, certamente, naturalmente □ *senza tregua*, incessantemente □ *senza indugio*, subito □ *non senza*, con; dopo □ *senza fili* (*elettr.*), per radioonde; cordless (*ingl.*).

senzatétto *s. m.* e *f. inv.*; *anche agg.* baraccato, sinistrato.

separàbile *agg.* divisibile, suddivisibile, scindibile, scomponibile, decomponibile, staccabile, dissociabile **CONTR.** indivisibile, inseparabile, indissociabile, inscindibile (*raro*).

separàre A *v. tr.* **1** disgiungere, disunire, scollare, dividere, dissociare, allontanare, scostare, staccare, distaccare, scindere (*lett.*), sconnettere, disconnettere, spartire, fendere, spaccare, strappare, svellere □ spaiare, sparigliare, scompagnare □ smembrare, disaggregare, disgregare, decomporre, scomporre, scorporare □ appartare, isolare, segregare, tagliare **CONTR.** unire, riunire, congiungere, ricongiungere, legare, collegare, attaccare, saldare, fondere, mescolare, amalgamare, stringere, unificare □ abbinare, accoppiare □ aggregare, conglobare □ raggruppare, avvicinare, accostare **2** (*di bene, di giusto, ecc.*) distinguere, cernere, scegliere, selezionare, tenere distinto, differenziare, sceverare (*lett.*) **CONTR.** accomunare, confondere, equiparare, associare **B separarsi** *v. rifl.* e *rifl. rec.* dividersi, staccarsi, disgiungersi, distaccarsi, scostarsi, allontanarsi, scompagnarsi □ lasciarsi, divorziare □ appartarsi, isolarsi, segregarsi **CONTR.** unirsi, riunirsi, congiungersi, ricongiungersi, collegarsi, unificarsi, avvicinarsi, accostarsi □ accasarsi, sposarsi □ aggregarsi, associarsi. *V. anche* DIVIDERE, TAGLIARE

separataménte *avv.* disgiuntamente, disunitamente, sparsamente, partitamente (*lett.*) □ distintamente, isolatamente, a parte, da solo, singolarmente, uno per volta, pochi per volta, alla spicciolata, spicciolatamente **CONTR.** insieme, congiuntamente, unitamente, inseparabilmente, indissolubilmente, contemporaneamente, collettivamente.

separatìsmo *s. m.* (*polit.*) autonomismo □ scissionismo, secessionismo **CONTR.** unionismo.

separàto *part. pass. di* **separare**; *anche agg.* **1** disgiunto, disunito, diviso, allontanato, scostato, staccato, scisso, scompagnato, distaccato, sconnesso, spartito **CONTR.** unito, riunito, congiunto, ricongiunto, legato, collegato, attaccato, frammisto, incorporato, fuso, stretto, unificato, raggruppato, avvicinato, accostato, vicino, contiguo **2** distinto, disgiunto, differenziato, avulso, isolato **CONTR.** collegato, associato **3** (*di persona*) diviso, divorziato □ solo, single (*ingl.*) **CONTR.** sposato.

separatóre *s. m.*; *anche agg.* (*f. -trice*) divisore, divisorio **CONTR.** collegatore (*raro*), miscelatore.

separazióne *s. f.* **1** disgiungimento, disunione, divisione, disgiunzione, dissociazione, allontanamento, distaccamento, distacco, scissione, spartizione, smembramento, scorporo, disaggregazione, scomposizione, smistamento, sdoppiamento, scompagnamento, stacco □ (*gramm.*) tmesi □ analisi, dialisi □ (*fis.*) fissione □ (*chim.*) estrazione □ distillazione **CONTR.** unione, riunione, congiungimento, abbinamento, aggregazione, legame, fusione, raggruppamento, accostamento, avvicinamento **2** distinzione, differenziazione, scelta, selezione, cernita **CONTR.** associazione, accomunamento, commistione **3** (*di coniugi*) divisione, divorzio **CONTR.** matrimonio **4** dipartita (*lett.*), distacco, congedo, partenza, commiato, addio □ isolamento, segregazione, esilio, lontananza □ secessione **CONTR.** ricongiunzione. *V. anche* SCELTA

sepolcràle *agg.* **1** tombale, cimiteriale **2** (*fig.*) triste, mesto, cupo, funereo, lugubre, pauroso, desolato □ (*di silenzio*) assoluto **CONTR.** allegro, gaio, lieto, ridente **3** (*fig.*) (*di voce*) cavernoso, cupo, basso, profondo **CONTR.** alto, chiaro, argentino, squillante.

sepólcro *s. m.* monumento funebre, sarcofago, tomba, sepoltura, sasso (*lett.*), tumulo, arca, avello (*lett.*), urna, cenotafio, mausoleo **FRAS.** *sepolcro imbiancato* (*fig.*), ipocrita. *V. anche* TOMBA

sepólto *part. pass. di* **seppellire**; *anche agg.* **1** seppellito, interrato, inumato, sotterrato, tumulato **CONTR.** disseppellito, dissepolto, dissotterrato, esumato, riesumato, tratto alla luce **2** (*fig.*) (*nei libri, nel sonno, ecc.*) immerso, sprofondato, sommerso **3** (*fig.*) (*di manoscritto, di segreto, ecc.*) occultato, nascosto, celato, coperto, dimenticato, obliato (*lett.*) **CONTR.** alla portata di tutti, visibile.

sepoltùra *s. f.* **1** seppellimento, sotterramento, interramento, inumazione, tumulazione, umazione (*lett.*) □ cerimonia funebre, funerale, esequie **CONTR.** disseppellimento, dissotterramento, esumazione **2** (*est.*) sepolcro, tomba, fossa, tumulo. *V. anche* TOMBA

seppellìre A *v. tr.* **1** deporre nella tomba, inumare, interrare, sotterrare, tumulare, infossare **CONTR.** disseppellire, dissotterrare, esumare, riesumare, trarre alla luce **2** (*di tesoro, di refurtiva, ecc.*) nascondere, celare (*lett.*), occultare, ricoprire, sotterrare □ travolgere **CONTR.** trovare, rinvenire, mostrare, riportare alla luce ***3*** (*fig.*) (*di passato, di torti, ecc.*) dimenticare, non parlare più, obliare (*lett.*) **CONTR.** ricordare, rammentare ***B*** **seppellirsi** *v. intr. pron.* (*fig.*) rinchiudersi, appartarsi, rintanarsi, immergersi, sprofondarsi **CONTR.** uscire.

seppellito *part. pass. di* **seppellire**; *anche agg.* ***1*** deposto nella tomba, sepolto, interrato, inumato, sotterrato, tumulato **CONTR.** disseppellito, dissepolto, dissotterrato, esumato, riesumato, tratto alla luce ***2*** (*di tesoro, di refurtiva, ecc.*) nascosto, celato **CONTR.** trovato, rinvenuto, scavato ***3*** (*fig.*) (*di persona*) rinchiuso, rintanato, appartato □ immerso, sprofondato **CONTR.** uscito.

seppùre *cong.* ***1*** se anche, ammesso pure che, quand'anche ***2*** anche se, posto che, sebbene.

sequèla *s. f.* (*di noie, di guai*) serie, sequenza, seguito, successione, catena, concatenazione, rosario, trafila, fila, filza, infilzata, sfilza □ (*di fischi, di colpi*) bordata, gragnola □ (*di nomi, di lamentele*) litania.

sequènza *s. f.* ***1*** sequela, seguito, serie, successione, catena, concatenazione, fila, trafila, filza, sfilza □ (*di alternative*) ventaglio ***2*** (*cine.*) serie di inquadrature □ (*est.*) episodio ***3*** (*in giochi di carte*) scala ***4*** (*elab.*) frame (*ingl.*) □ (*ling.*) stringa.

sequestràre *v. tr.* ***1*** (*dir.*) porre sotto sequestro □ incamerare, espropriare, trattenere, pignorare, avocare, confiscare, requisire, intercettare, incettare, rastrellare **CONTR.** rendere, restituire, ridare ***2*** (*di persona*) catturare, rapire, segregare, isolare, bloccare **CONTR.** liberare, riscattare.

sequestràto *part. pass. di* **sequestrare**; *anche agg.* ***1*** (*dir.*) sottoposto a sequestro □ espropriato, pignorato, confiscato, requisito, intercettato **CONTR.** spegnato, spignorato □ reso, restituito, ridato ***2*** (*di persona*) catturato, rapito, segregato, isolato, bloccato **CONTR.** liberato, riscattato.

sequèstro *s. m.* ***1*** (*dir.*) confisca, esproprio, espropriazione, incameramento, pignoramento, requisizione, intercettazione, incetta □ embargo, fermo **CONTR.** spignoramento □ restituzione, resa, riconsegna ***2*** (*di persona*) cattura, rapimento, segregazione, isolamento **CONTR.** liberazione, riscatto.

séra *s. f.* (*est.*) tramonto, crepuscolo, vespro (*poet.*), vespero (*poet.*), imbrunire □ serata □ pomeriggio **CONTR.** mattino, mattina, mane (*lett.*), alba, aurora **FRAS.** *abito da sera*, abito da società □ *dalla mattina alla sera*, tutto il giorno.

seràfico *agg.* ***1*** angelico, celestiale **CONTR.** demoniaco, diabolico, satanico ***2*** (*fig., fam.*) pacifico, placido, tranquillo, sereno, impassibile, imperturbabile **CONTR.** agitato, eccitato, inquieto, irrequieto, smanioso, turbato, nervoso.

seràle *agg.* vespertino, serotino (*lett.*) □ pomeridiano **CONTR.** mattutino, diurno.

seràta *s. f.* ***1*** sera **CONTR.** mattina ***2*** festa serale, ricevimento serale, soirée (*fr.*), veglia □ spettacolo serale, recita, beneficiata (*raro*).

serbàre ***A*** *v. tr.* ***1*** mettere da parte, risparmiare, tesaurizzare, avanzare (*lett.*) □ conservare, custodire, mantenere, tenere, riporre, riserbare, riservare, immagazzinare, salvare **CONTR.** dare, donare, distribuire, offrire, regalare, consumare, adoperare, usare, dissipare, sperperare ***2*** (*di sentimenti*) nutrire, portare ***B*** **serbarsi** *v. rifl.* conservarsi, mantenersi, restare, rimanere.

serbatóio *s. m.* ***1*** recipiente, cisterna, caldaia, conserva, vasca, piscina, invaso, pozzo, bacino, tanica ***2*** (*fig.*) riserva, ricetto.

serenità *s. f.* ***1*** (*di cielo*) chiarezza, limpidezza, nitidezza, purezza, trasparenza **CONTR.** nuvolosità, nebbia, foschia, caligine, oscurità ***2*** (*fig.*) (*di persona, di discorso, ecc.*) pacatezza, calma, placidità, tranquillità, letizia, pace, spensieratezza □ atarassia (*filos.*), olimpicità, imperturbabilità **CONTR.** agitazione, inquietudine, irrequietudine, ansia, ansietà, affanno, angoscia, concitazione, trepidazione, turbamento, preoccupazione ***3*** (*fig.*) (*di giudizio*) imparzialità, equanimità, spassionatezza, disinteresse, equità **CONTR.** parzialità, partigianeria, tendenziosità, interesse, pregiudizio, preconcetto.

seréno ***A*** *agg.* ***1*** (*di cielo*) chiaro, limpido, nitido, puro, diafano, terso, trasparente, rasserenato, senza nubi **CONTR.** annuvolato, rannuvolato, plumbeo, temporalesco, coperto, fosco, brumoso, nebbioso, caliginoso, minaccioso, scuro, tenebroso ***2*** (*fig.*) (*di persona, di carattere, ecc.*) calmo, olimpico, pacato, pacifico, filosofico, serafico, disarmante, placido, quieto, cheto, tranquillo □ beato, spensierato, lieto, sorridente, fiducioso, roseo, allegro □ impassibile, imperturbabile, stoico **CONTR.** nervoso, adirato, agitato, inquieto, irrequieto, ansioso, angosciato, affannato, addolorato, preoccupato, teso, turbato, cupo, imbronciato, triste ***3*** (*fig.*) (*di giudizio*) imparziale, spassionato, disinteressato, equo, equanime, equilibrato **CONTR.** parziale, partigiano, interessato, appassionato, iniquo, preconcetto ***B*** *s. m.* bel tempo, serenità **CONTR.** nuvolo (*region.*), nuvoloso, tempo coperto, brutto, cattivo tempo.

serial /*ingl.* 'siəriəl/ [vc. ingl., propriamente 'di serie'] *s. m. inv.* serie televisiva, trasmissione a puntate □ soap opera (*ingl.*), telenovela (*port.*).

seriaménte *avv.* ***1*** giudiziosamente, assennatamente, ponderatamente, saggiamente, sensatamente, coscienziosamente □ austeramente, severamente, solennemente **CONTR.** dissennatamente, insensatamente, scioccamente, stoltamente, stupidamente, futilmente, ironicamente, scherzosamente ***2*** molto, assai, fortemente □ gravemente, pericolosamente **CONTR.** poco, lievemente, leggermente, appena.

sèrico *agg.* ***1*** (*di industria e sim.*) della seta □ (*lett.*) di seta ***2*** (*fig.*) morbido, liscio, vellutato **CONTR.** ruvido, scabro, secco.

sèrie *s. f.* ***1*** sequela, sequenza, successione, linea, seguito, schiera, insieme, catena, concatenazione, ordine, progressione, processione, consecuzione, distesa, fuga, fila, sfilata, ventaglio, filza, sfilza □ (*di suoni*) estensione □ (*di fischi*) bordata □ batteria □ assortimento, gamma, set (*ingl.*) □ (*di ipotesi e sim.*) □ grappolo, mazzo □ collana, collezione □ (*di confe-*

renze) ciclo □ (*di animali, di piante*) classe ***2*** (*sport*) gruppo, raggruppamento, categoria, divisione **FRAS.** *di serie B* (*fig.*), meno importante, di scarto. *V. anche* CATEGORIA

serietà *s. f.* ***1*** coscienziosità, onestà, probità □ scrupolosità, rigore, affidabilità □ (*di argomento*) solidità, validità **CONTR.** incoscienza, disonestà □ pressappochismo ***2*** austerità, sostenutezza, posatezza, contegno, dignità, compostezza, riservatezza, severità, cipiglio, sussiego **CONTR.** amenità, ironia, frivolezza, futilità, fatuità, puerilità, spensieratezza, superficialità, sventatezza, storditaggine ***3*** (*di situazione, di danno, ecc.*) gravità, importanza, pericolosità **CONTR.** leggerezza, tenuità. *V. anche* COSCIENZA, DIGNITÀ

sèrio *agg.* ***1*** onesto, probo, retto □ scrupoloso, diligente, coscienzioso □ attendibile, affidabile, raccomandabile **CONTR.** disonesto, infido, sleale □ immaturo, irresponsabile ***2*** composto, posato, riservato, contenuto, giudizioso, riflessivo, sensato, saggio, assennato □ austero, contegnoso, accigliato, cupo, burbero, sostenuto, sussiegoso, dignitoso, solenne, rigido, severo, serioso, duro, scostante □ (*di ragionamento*) profondo, solido, valido **CONTR.** amabile, ameno, giocoso, faceto, frivolo, gaio, leggero, lieto, scherzoso, spensierato □ superficiale, vago ***3*** (*di situazione, di danno, ecc.*) grave, importante, pericoloso, preoccupante **CONTR.** superficiale, innocuo, sicuro, rassicurante. *V. anche* SEVERO

sermóne *s. m.* ***1*** (*lett.*) lingua, idioma, linguaggio ***2*** discorso, conversazione ***3*** predica, omelia □ (*iron.*) concione, sproloquio ***4*** predicozzo, ramanzina, paternale, rimprovero, riprensione (*lett.*) **CONTR.** elogio, encomio, lode, approvazione ***5*** (*est.*) satira ***6*** poesiola natalizia.

sèrpe *s. f.* e (*zool., dial., lett.*) *m.* ***1*** serpente, rettile □ biscia, angue (*lett.*) ***2*** (*fig.*) (*di persona*) perfido, infido, subdolo, ipocrita □ vipera, rettile, aspide (*lett.*) **CONTR.** persona fidata, persona leale, galantuomo. *V. anche* IPOCRITA

serpeggiànte *part. pres. di* **serpeggiare**; *anche agg.* ondulato, strisciante, tortuoso, sinuoso, a zigzag, con molte curve, tortile (*lett.*) **CONTR.** diritto, rettilineo, in linea retta.

serpeggiàre *v. intr.* ***1*** procedere tortuosamente, andare a zigzag, zigzagare, strisciare **CONTR.** andare diritto ***2*** (*fig.*) (*di malcontento, di dicerie, ecc.*) circolare, insinuarsi, diffondersi **CONTR.** manifestarsi, esplodere, scoppiare, prorompere, divampare.

serpènte *s. m.* ***1*** ofide (*est.*), serpe, aspide, biscia, biscione, angue (*lett.*), colubro (*lett.*), rettile ***2*** (*fig.*) (*di persona*) subdolo, maligno, ipocrita □ vipera, serpe, aspide (*lett.*), rettile **CONTR.** persona fidata, persona leale, galantuomo **FRAS.** *serpente dagli occhiali*, cobra □ *serpente a sonagli*, crotalo □ *serpente d'acqua*, natrice. *V. anche* IPOCRITA

serpentina *s. f.* ***1*** *nella loc. a serpentina*, serpeggiante, a zigzag, a spirale ***2*** tornante, tourniquet (*fr.*), zigzag **CONTR.** rettilineo, rettifilo.

serpentino *agg.* (*fig.*) infido, ipocrita, maledico (*lett.*), velenoso, malizioso, maligno **CONTR.** innocuo, benigno, benevolo, bonario, indulgente, mite.

serràglio *s. m.* (*est.*) zoo, giardino zoologico.

serrànda *s. f.* ***1*** saracinesca □ avvolgibile, chiudenda, caterrata ***2*** cancellata.

serràre ***A*** *v. tr.* ***1*** chiudere, richiudere, recludere, rinchiudere, rinserrare, costringere (*lett.*), sbarrare, sprangare, sigillare, bloccare, ostruire, otturare □ cingere, cintare, cerchiare, asserragliare, circondare **CONTR.** aprire, schiudere, dischiudere, socchiudere, disserrare, spalancare ***2*** (*di pugni, di denti, di vite, ecc.*) stringere, comprimere **CONTR.** allargare, allentare ***3*** (*di tempo, di ritmo, ecc.*) intensificare, accelerare **CONTR.** diminuire, rallentare ***4*** (*di nemico, di ladro, ecc.*) premere, incalzare, inseguire, stare alle calcagna ***B*** *v. intr.* (*tosc.*) combaciare, commettere, aderire, coincidere, chiudere ***C*** **serrarsi** *v. rifl.* chiudersi, rinchiudersi, rinserrarsi, bloccarsi, stringersi **CONTR.** aprirsi. *V. anche* COSTRINGERE

serràta *s. f.* (*di datore di lavoro*) chiusura, blocco **CONTR.** sciopero.

serràto *part. pass. di* **serrare**; *anche agg.* ***1*** chiuso, rinchiuso, richiuso, ristretto, cinto, rinserrato, sbarrato, sprangato, sigillato, bloccato **CONTR.** aperto, disserrato, schiuso, dischiuso, spalancato, slegato, socchiuso ***2*** (*di file, di tessuto, ecc.*) compatto, fitto, denso, stretto □ folto **CONTR.** lento, rado, allentato, allargato, dilatato ***3*** (*di discorso, di ragionamento, ecc.*) conciso, breve, essenziale, condensato, stringato, asciutto, sintetico, succinto, telegrafico, compendioso, sinottico □ (*di ritmo e sim.*) veloce, rapido, incalzante **CONTR.** diffuso, dettagliato, prolisso, verboso, profuso, ridondante □ lento. *V. anche* DENSO

serratùra *s. f.* serrame, serramento, chiusura □ lucchetto, nottola, nottolino, saliscendi, catenaccio, chiavistello, paletto.

sèrva *s. f.* ***1*** collaboratrice familiare, collaboratrice domestica, colf, donna (*fam.*), donna di servizio, domestica, fantesca (*lett.* o *scherz.*), cameriera, ancella (*lett.*), perpetua, governante **CONTR.** padrona, signora ***2*** (*fig., spreg.*) donna meschina, donna gretta.

servìle *agg.* ***1*** di servo, da servo **CONTR.** padronale ***2*** (*spreg.*) basso, vile, indegno, abietto, spregevole, umile, meschino **CONTR.** nobile, degno, alto, elevato, signorile, altero, altezzoso, orgoglioso, arrogante, prepotente, superbo ***3*** adulatorio, ancillare, cortigianesco, strisciante, supino, untuoso, pecorone **CONTR.** leale, sincero □ brusco.

servilismo *s. m.* servilità, adulazione, cortigianeria, bassezza, untuosità, incensamento, piaggeria, leccatura (*pop.*) **CONTR.** autonomia □ nobiltà, elevatezza □ fierezza, alterigia, orgoglio, superbia.

servìre ***A*** *v. tr.* e *intr.* ***1*** (*di schiavo, di oppresso, ecc.*) essere schiavo, essere soggetto, soggiacere, sottostare **CONTR.** comandare, dominare, predominare, signoreggiare, spadroneggiare, dettar legge ***2*** (*di lavoratore*) dipendere, lavorare, prestare la propria opera ***3*** (*di bottegaio, di commerciante, ecc.*) fornire di merce, provvedere, rifornire, vendere □ avere come cliente, accontentare **CONTR.** rifornirsi, comprare ***4*** (*di cameriere*) portare in tavola, mettere in tavola, ministrare (*lett.*), mescere, preparare la tavola ***B*** *v. tr.*

1 (*di patria, di società, ecc.*) prodigarsi, adoperarsi, essere utile, obbedire, rispondere, aiutare CONTR. disinteressarsi, infischiarsi *2* (*nel calcio*) passare il pallone *C* v. intr. *1* (*ad uno scopo, alla salute, ecc.*) giovare, essere utile, contare, valere, aiutare, coadiuvare, collaborare CONTR. contrastare, danneggiare, nuocere, ostacolare *2* (*fam.*) (*di aiuto, di consiglio, ecc.*) bisognare, occorrere, volerci, essere necessario *D* **servirsi** v. intr. pron. *1* usare, adoperare, fare uso, impiegare, utilizzare, valersi, avvalersi, fruire, giovarsi, godere, sperimentare, usufruire, approfittare *2* (*di cosa offerta*) prendere, accettare CONTR. respingere, rifiutare *3* essere cliente, fornirsi, rifornirsi, comprare CONTR. rifornire, vendere. *V. anche* PRENDERE

servìto part. pass. di **servire**; anche agg. *1* (*di merce*) fornito, dato, venduto, presentato CONTR. acquistato, preso *2* (*di vivanda*) messo in tavola, portato, preparato, pronto *3* (*sport*) (*di pallone*) passato.

servitóre s. m. (f. *-tora*) *1* servo, domestico, cameriere, dipendente, inserviente □ lacchè, valletto, sottopancia, servente, staffiere, fante, coolie (*ingl.*) CONTR. padrone, signore *2* (*est.*) (*della patria, dello Stato, ecc.*) fedele, osservante, legalitario, devoto CONTR. nemico, ribelle.

servitù s. f. *1* schiavitù, soggezione, servaggio (*lett.*), dipendenza, servizio, giogo, catena, ceppo, oppressione, sottomissione, subordinazione, sudditanza, vassallaggio □ prigionia, cattività (*lett.*) CONTR. libertà, liberazione, affrancamento, autonomia, indipendenza, emancipazione *2* (*fig.*) (*del lavoro, della famiglia, ecc.*) legame, obbligo, obbligazione, onere, vincolo, impegno, gravame CONTR. disinteresse, indifferenza, noncuranza *3* servi, servidorame, servitorame, personale di servizio CONTR. padrone, signore *4* (*dir.*) limitazione, vincolo. *V. anche* FAMIGLIA

serviziévole agg. compiacente, cortese, gentile, officioso, premuroso, obbligante, sollecito CONTR. scompiacente, scortese, sgarbato, indifferente, noncurante □ arrogante, prepotente.

servìzio s. m. *1* (*raro*) servitù *2* (*di persona*) disposizione *3* attività, lavoro, opera, prestazione, turno, corvé (*fr.*) *4* (*giorn.*) articolo, corrispondenza, scritto, intervista, reportage (*fr.*) *5* (*fig.*) favore, cortesia, finezza, gentilezza, servigio, beneficio, piacere, ufficio (*lett.*) CONTR. dispetto, sgarbo, scortesia, villania *6* (*pop.*) faccenda, affare *7* (*dello Stato, di enti*) prestazioni, organizzazione, uffici, ripartizione, reparto, personale □ (*al pl.*) terziario *8* (*da tè, da cucina, ecc.*) completo, batteria, attrezzatura, set (*ingl.*) *9* (*di appartamento*) disimpegno, office (*ingl.*) □ (*spec. al pl.*) bagno *10* (*sport*) battuta FRAS. *servizi segreti*, controspionaggio, intelligence (*ingl.*).

sèrvo *A* agg. (*lett.*) schiavo, oppresso, prigioniero, soggetto CONTR. affrancato, emancipato, liberato *B* s. m. servitore, domestico, famiglio (*lett.*), cameriere, garzone, fattorino, inserviente, valletto, servente, cagnotto, sottopancia, tirapiedi □ leccone, ligio, yes-man (*ingl.*) CONTR. libero, autonomo □ padrone, signore, arbitro.

sessantottìno [da *sessantotto*, anno in cui scoppiò la contestazione giovanile] s. m. (*est.*) contestatore.

sessióne s. f. seduta, tornata, udienza, commissione, adunanza, assemblea, consiglio, collegio.

sèsso s. m. *1* organi genitali *2* (*est.*) pene □ vulva *3* sessualità, erotismo, eros FRAS. *sesso forte*, uomini □ *sesso debole* o *gentil sesso*, donne □ *il sesso degli angeli*, problema irresolubile.

sessuàle agg. del sesso □ (*est.*) erotico, carnale, intimo, venereo.

sessualità s. f. (*est.*) erotismo, eros, sesso.

sèsto (1) agg. num. ord. e s. m. FRAS. *ora sesta*, mezzogiorno □ *sesta rima*, sestina □ *sesto continente*, mondo subacqueo; antartide □ *sesto senso*, capacità intuitiva, naso (*fig.*).

sèsto (2) s. m. (*arch.*) (*di arco*) curvatura FRAS. *a tutto sesto*, semicircolare □ *a sesto acuto*, ogivale, gotico.

sèsto (3) s. m. disposizione, posizione, ordine, assetto, sistemazione, giusta misura □ formato FRAS. *mettere in sesto*, sistemare □ *essere fuori sesto* (*fig.*), non essere in forma.

set /*ingl.* set/ [vc. ingl., propriamente 'partita'] s. m. inv. *1* (*sport*) (*di tennis*) partita *2* (*est.*) (*di film*) ripresa □ teatro di posa *3* (*di oggetti*) completo, serie, insieme, coordinato, batteria, attrezzatura, apparecchiatura □ linea.

setacciàre v. tr. *1* stacciare, vagliare, abburattare, crivellare, colare, passare *2* (*fig.*) esaminare, osservare, vagliare, studiare.

setàccio s. m. staccio, vaglio, buratto, crivello, cola.

séte s. f. *1* desiderio di bere, arsione (*lett.*), arsura, gola secca *2* (*est.*) aridità, secchezza, asciuttezza, siccità CONTR. umidità, acquosità *3* (*fig.*) (*di potere, di denaro, ecc.*) desiderio, brama, bramosia (*lett.*), avidità, fame, voglia CONTR. sazietà, pienezza, appagamento, soddisfacimento.

sétola s. f. pelo, tricoma, spazzola.

setolóso agg. coperto di setole, peloso □ ispido CONTR. liscio, morbido, vellutato □ delicato, fine, tenero.

sètta s. f. *1* fazione, partito, parte, associazione, combriccola, camarilla, congrega, conventicola, consorteria *2* società segreta.

settarìsmo s. m. faziosità, partigianeria, parzialità, spirito di parte, fanatismo, intolleranza, intransigenza, tendenziosità CONTR. imparzialità, moderazione, equilibrio. *V. anche* FANATISMO

sètte s. m. *1* (*fam.*) (*di stoffa*) strappo CONTR. toppa *2* (*sport*) (*nella pallanuoto*) squadra FRAS. *portare ai sette cieli* (*fig.*), esaltare molto.

settentrióne s. m. *1* nord, mezzanotte, borea (*lett.*), aquilone (*lett.*) CONTR. sud, meridione, mezzogiorno *2* tramontana □ regione boreale CONTR. sud, meridione, mezzogiorno, austro (*lett.*).

settimàna s. f. *1* ebdomada (*lett.*) □ (*borsa*) ottava *2* paga settimanale, argent de poche (*fr.*) *3* (*di gioco*) campana.

settimanàle s. m. periodico, rivista, giornale, rotocalco, ebdomadario (*lett.*).

sètto s. m. (*anat.*) parete, membrana divisoria, sepimento.

settóre *s. m.* ***1*** sezione, parte, porzione, comparto, divisione □ spazio, zona, quartiere, scacchiere, quadrante, reparto, corsia, stand (*ingl.*) ***2*** (*fig.*) (*di ricerca, di attività, ecc.*) ramo, campo, branca, ripartizione, suddivisione, dominio, sfera, specialità. *V. anche* PARTE

settoriàle *agg.* (*fig.*) particolare, circoscritto, limitato, ristretto **CONTR.** comune, complessivo, generale, universale.

severità *s. f.* ***1*** intransigenza, rigidità, rigore, rigidezza, rigorosità, fiscalismo, fiscalità □ asprezza, acerbità, crudezza, durezza, rudezza, energia, fermezza, inesorabilità, inflessibilità **CONTR.** indulgenza, benignità, bonarietà, benevolenza, clemenza, lassismo, mitezza, pazienza, sopportazione, tolleranza ***2*** (*est.*) austerità, serietà, solennità, sostenutezza **CONTR.** amenità, allegrezza, allegria, gaiezza, giocondità, giocosità, letizia ***3*** (*est.*) importanza, entità, consistenza, rilevanza. *V. anche* ENERGIA

sevèro *agg.* ***1*** intransigente, esigente, rigido, rigoroso, fiscale □ inflessibile, inesorabile, ferreo □ drastico, vessatorio, inquisitorio **CONTR.** indulgente, tollerante □ benigno, benevolo, lassista, permissivo, corrivo ***2*** (*est.*) austero, serio, compassato, contegnoso, fiero, solenne, sostenuto □ burbero, rude, arcigno, acerbo, agro, aspro, duro, crudo □ (*di vita, di esistenza*) monacale (*fig.*), conventuale (*fig.*), cenobitico (*fig.*), ascetico (*fig.*) **CONTR.** ameno, allegro, gaio, giocondo, giocoso, sorridente, lieto, ridente □ mondano, carnascialesco ***3*** (*est.*) (*di perdita, di controllo, ecc.*) grande, ingente, grave, rilevante □ profondo **CONTR.** leggero, lieve, piccolo □ superficiale ***4*** (*di stile, di linea, ecc.*) sobrio, semplice, schietto **CONTR.** ricco, carico, barocco, fastoso.

SEVERO
sinonimia strutturata

Chi o ciò che è rigorosamente legato a certi principi etici e sociali si definisce **severo**: *un padre severo*; *una famiglia severa e intransigente*; in questo senso ancor più incisivi sono **rigido**, **rigoroso** e soprattutto **intransigente** e **ferreo**, che richiamano un'idea di irremovibilità aspra e talvolta ottusa; anche **fermo** suggerisce una risolutezza decisa ma giusta. Chi è assolutamente alieno dall'indulgenza, dai compromessi, dalle concessioni può definirsi efficacemente con gli aggettivi **inflessibile**, **irremovibile**, che danno un'idea appunto di totale immobilità, oppure con **inesorabile**, **drastico**, che suggeriscono invece un modo di procedere senza lasciarsi frenare o scalfire da nulla. Se poi chi o ciò che è severo raggiunge la crudeltà o il sadismo può dirsi **vessatorio** o **inquisitorio**, che però si applica in genere al modo di indagare, di interrogare qualcuno; sinonimo degli aggettivi precedenti è **fiscale**, che però evoca anche una speciale e quasi maniacale pignoleria: *domande fiscali*; *è fiscale con i dipendenti*. **Imperativo** designa invece un atteggiamento di comando che non ammette repliche.

In senso lato, severo significa **austero**, **serio**, ossia grave nell'aspetto, nell'atteggiamento; **solenne** richiama anche un'idea di imponenza, di maestosità: *aspetto, sguardo severo*; *aria, portamento, tono solenne*. Simili semanticamente sono **compassato** e **contegnoso**, che però evocano un controllo volontario delle proprie maniere. **Fiero** e **sostenuto** suggeriscono invece una serietà che è frutto anche di orgoglio. Chi o ciò che è austero può apparire anche **burbero**, **rude**, cioè di difficile approccio; più forti sono **arcigno**, **aspro**, **duro** e **crudo**, che descrivono chi suscita reale antipatia ed è intrinsecamente scortese.

Severo inoltre, specialmente in riferimento alle arti plastiche e figurative, designa ciò che appare privo di elementi meramente esornativi: *la severa linearità di un palazzo cinquecentesco*; leggermente meno incisivi sono in questo senso **sobrio** e **semplice**. Molto più forti sono invece **monacale**, **conventuale**, **cenobitico**, **ascetico**, che evocano l'essenzialità della vita religiosa.

sevìzia *s. f. spec. al pl.* tormento, tortura, percossa, maltrattamento, martirio, supplizio, violenza, crudeltà, ferocia, atrocità, brutalità.

seviziàre *v. tr.* tormentare, torturare, martirizzare, incrudelire, percuotere, malmenare, maltrattare, brutalizzare, martoriare.

sex appeal /*ingl.* 'seks ə'pi:l / [vc. ingl., comp. di *sex* 'sesso' e *appeal* 'richiamo', propriamente 'richiamo del sesso'] *loc. sost. m. inv.* carica erotica, attrattiva, seduzione, fascino, charme (*fr.*), femminilità, virilità.

sex-shop /*ingl.* 'seks ʃɔp/ [vc. ingl., comp. di *sex* 'sesso' e *shop* 'negozio'] *s. m. inv.* pornoshop.

sexy /*ingl.* 'seksi/ [vc. ingl., agg. da *sex* 'sesso'] *agg. inv.* erotico, conturbante, eccitante, provocante, seducente, sensuale, procace (*lett.*).

sezionàre *v. tr.* ***1*** dividere, decomporre ***2*** (*med.*) anatomizzare, dissecare, tagliare, aprire, spaccare ***3*** (*fig.*) (*di argomento*) analizzare, sviscerare **CONTR.** sfiorare. *V. anche* DIVIDERE, TAGLIARE

sezionàto *part. pass. di* **sezionare**; *anche agg.* ***1*** diviso, tagliato, inciso, aperto □ anatomizzato ***2*** (*fig.*) (*di argomento*) analizzato, sviscerato **CONTR.** sfiorato.

sezióne *s. f.* ***1*** (*med.*) apertura, taglio, incisione, spaccatura □ autopsia, dissezione, sezionamento ***2*** (*di disegno*) spaccato □ (*di porta, di finestra*) partita □ (*di mobile, di scaffalatura*) casella ***3*** (*fig.*) (*di partito, di ospedale, ecc.*) ripartizione, divisione, suddivisione, reparto, scompartimento, settore □ succursale ***4*** (*di libro e sim.*) parte, partizione, segmento □ (*di giornale*) rubrica. *V. anche* PARTE

sfaccendàre *v. intr.* lavorare, affaccendarsi, faticare, sfacchinare, affannarsi, darsi d'attorno **CONTR.** oziare, poltrire, riposare, stare con le mani in mano, stare in panciolle, bighellonare, girovagare, vagabondare.

sfaccendàto *agg.*; *anche s. m.* fannullone, scioperato, ozioso, pigro, poltrone, girandolone, pelandrone, perditempo, zuzzurullone, scansafatiche, bighellone, perdigiorno, vagabondo, disoccupato (*lett.*), inoperoso, nullafacente **CONTR.** affaccendato, indaffarato, alacre, attivo, laborioso, lavoratore, operoso, solerte, dinamico.

sfaccettàre *v. tr.* tagliare, brillantare. *V. anche* TAGLIARE

sfaccettàto *agg.* (*fig.*) (*di argomento*) molteplice, vario.

sfaccettatùra *s. f.* faccetta □ (*fig.*) aspetto.

sfacchinàre *v. intr.* lavorare, sgobbare, faticare, sgropponarsi, affaticarsi, affaccendarsi, trottare **CONTR.** oziare, poltrire, riposarsi, stare con le mani in mano, stare in panciolle, lavoricchiare, bighellonare, girovagare, vagabondare.

sfacchinàta *s. f.* lavoro gravoso, lavoro pesante, sgobbata, galoppata, facchinata, sgropponata, sforzo, tour de force (*fr.*), corvé (*fr.*) **CONTR.** riposo, sinecura.

sfacciatàggine *s. f.* impertinenza, impudenza, audacia, intraprendenza, sfrontatezza, spudoratezza, insolenza, improntitudine, sfrontataggine, irriverenza, indiscrezione, spavalderia, strafottenza, sconvenienza, scortesia, villania, petulanza, protervia, cinismo, faccia, faccia tosta, faccia di bronzo, coraggio, disinvoltura, toupet (*fr., fig.*) □ immodestia, inverecondia, svergognatezza, procacità (*lett.*) **CONTR.** modestia, pudore, scrupolo, riguardo, riserbo, riservatezza, ritrosia, ritegno, rispetto, soggezione, discrezione, diplomazia □ pudicizia, verecondia, vergogna. *V. anche* INDISCREZIONE

sfacciàto *agg.; anche s. m.* **1** impertinente, audace, intraprendente, impudente, sfrontato, spavaldo, spudorato, svergognato, insolente, indiscreto, irriguardoso, irrispettoso, irriverente, strafottente, petulante, protervo, scortese, villano, cinico □ immodesto, inverecondo, procace (*lett.*) **CONTR.** modesto, pudico, riguardoso, riservato, diplomatico, rispettoso, discreto, ritroso, schivo, verecondo, timorato, vergognoso **2** (*di abbigliamento, di colore, ecc.*) chiassoso, vistoso, sgargiante, appariscente, abbagliante □ (*di fortuna*) incredibile, inaudito, smaccato **CONTR.** incolore, scialbo, smorto, insignificante. *V. anche* CINICO

sfacèlo *s. m.* **1** (*di organo*) dissoluzione, cancrena **2** (*fig.*) disfacimento, dissoluzione, degradazione, degrado, rovina, crollo, tracollo, sfascio, subisso, débacle (*fr.*).

sfagiolàre *v. intr.* (*pop., fam.*) andare a genio, andare, piacere **CONTR.** dispiacere.

sfagliàre *v. tr.* e *intr.* (*al gioco*) scartare.

sfàglio *s. m.* (*al gioco*) scarto.

sfaldàre **A** *v. tr.* sfogliare, squamare □ trinciare, disgregare, scomporre, corrodere, sfasciare **B** **sfaldarsi** *v. intr. pron.* sfogliarsi, squamarsi □ dividersi, disgregarsi, corrodersi, scomporsi, sfasciarsi.

sfalsàto *agg.* non allineato **CONTR.** allineato.

sfamàre **A** *v. tr.* levare la fame, dar da mangiare, nutrire, alimentare, mantenere, cibare, pascere, rifocillare, ristorare □ saziare, satollare, riempire, rimpinzare **CONTR.** affamare **B** **sfamarsi** *v. rifl.* levarsi la fame, mangiare, alimentarsi, cibarsi, nutrirsi, pascersi, rifocillarsi, ristorarsi, saziarsi, satollarsi, riempirsi, rimpinzarsi **CONTR.** morire di fame, digiunare, non toccar cibo.

sfarfallàre *v. intr.* **1** volare qua e là, svolazzare **2** (*est., fig.*) essere incostante, essere leggero **3** (*di luce e sim.*) tremolare, ondeggiare.

sfarfallìo *s. m.* tremolio, tremolamento (*raro*), sfarfallamento.

sfarfallóne *s. m.* (*fam.*) grave errore, sproposito, svarione, sbaglio, cantonata, strafalcione, marrone (*pop.*).

sfarinàre **A** *v. tr.* ridurre in farina □ (*est.*) polverizzare **B** *v. intr.* e **sfarinarsi** *intr. pron.* ridursi in farina □ polverizzarsi.

sfàrzo *s. m.* lusso, fasto, fastosità, magnificenza, pompa, pomposità, scialo, sfoggio, sfarzosità, sontuosità, splendore, gala, apparato, parata □ ostentazione, esibizione, mostra, vistosità, chiassosità **CONTR.** modestia, miseria, povertà, discrezione, semplicità, umiltà.

sfarzóso *agg.* fastoso, sontuoso, lussuoso, maestoso, scenografico, vistoso, appariscente, lauto, magnifico, pomposo, splendido, grandioso, dovizioso, prezioso, solenne, trionfale, ricco, dispendioso, principesco, regale, superbo, faraonico, hollywoodiano, sardanapalesco **CONTR.** meschino, misero, modesto, povero, dimesso, disadorno, discreto, semplice, umile, monastico, francescano.

sfasaménto *s. m.* **1** (*est.*) differenza, dislivello **CONTR.** parità, uguaglianza, collegamento **2** (*fig., fam.*) disorientamento, confusione.

sfasàre *v. tr.* (*fig., fam.*) disorientare, confondere, stordire.

sfasàto *part. pass.* di **sfasare**; *anche agg.* **1** (*elettr.*) fuori fase **2** (*fig., fam.*) disorientato, stordito, confuso **CONTR.** sveglio, attento, vigile.

sfasciacarròzze *s. m.* e *f. inv.* autodemolitore, demolitore.

sfasciàre (1) *v. tr.* sbendare **CONTR.** fasciare, bendare, involgere, involtare.

sfasciàre (2) **A** *v. tr.* (*anche fig.*) rompere, sconquassare, abbattere, distruggere, fracassare, scassare, infrangere, sgangherare, rovinare, scompaginare, sconnettere, scomporre, sfaldare, sfondare, dissolvere, mandare a catafascio **CONTR.** fare, costruire □ restaurare, riparare, ricostruire, riedificare, rifare, erigere, ricomporre, rimettere in sesto **B** **sfasciarsi** *v. intr. pron.* **1** (*di cosa*) rompersi, sconquassarsi, fracassarsi, scompaginarsi, sconnettersi, infrangersi, scassarsi □ sfaldarsi, dissolversi, crollare, disfarsi **2** (*fig.*) (*di persona*) perdere la linea, ingrassare **CONTR.** dimagrire, acquistare la linea.

sfasciàto *part. pass.* di **sfasciare (2)**; *anche agg.* **1** (*di cosa*) rovinato, sconquassato, crollato, rotto, sfatto, disfatto, infranto, distrutto, scompaginato, sfondato, sgangherato, sconnesso **CONTR.** restaurato, riparato, ricostruito, riedificato, rifatto □ florido, prosperoso **2** (*di persona*) grasso, grosso, adiposo, obeso, panciuto **CONTR.** agile, snello, slanciato, smilzo, sottile.

sfàscio *s. m.* sfacelo, rovina, disastro, dissoluzione, degradazione, degrado **CONTR.** floridezza, prosperità.

sfasciùme *s. m.* carcassa, rottame, relitto □ (*di persona*) larva, rudere □ (*fig., spreg.*) sfacelo.

sfatàre v. tr. (*est.*) smentire, screditare, demolire, esautorare **CONTR.** accreditare, confermare.

sfaticàto agg.; anche s. m. fannullone, scioperato, ozioso, poltrone, scansafatiche, svogliato, bighellone, perdigiorno, dondolone, infingardo, michelaccio, vagabondo **CONTR.** affaccendato, alacre, attivo, laborioso, lavoratore, operoso, solerte, dinamico.

sfàtto part. pass. di **sfare**; anche agg. **1** (*di vivanda*) stracotto **CONTR.** crudo □ al dente **2** (*di frutto*) troppo maturo **CONTR.** acerbo **3** (*di persona*) disfatto, appesantito, flaccido, floscio, sfasciato, avvizzito, vizzo, cadente, cascante, molle, moscio **CONTR.** duro, sodo, fiorente, florido, fresco, gagliardo, rigoglioso, vigoroso.

sfavillànte part. pres. di **sfavillare**; anche agg. scintillante, lampeggiante, luccicante, fiammeggiante, lucente, luminoso, rilucente, splendido, raggiante, radioso, brillante, splendente, rutilante, smagliante, sfolgorante, vivido, corrusco (*lett.*) **CONTR.** opaco, offuscato, fosco, appannato, buio.

sfavillàre v. intr. mandare faville □ balenare, luccicare, splendere, risplendere, tralucere, brillare, rifulgere, dardeggiare, fiammeggiare, folgorare, rutilare, scintillare, fulgere (*poet.*), raggiare, sfolgorare **CONTR.** essere opaco, essere offuscato, essere appannato. *V. anche* RIDERE

sfavillìo s. m. sfavillamento (*raro*), scintillamento (*raro*), scintillio, luccichio, brillio, luce, lucentezza, splendore, sfolgoramento (*raro*), sfolgorio **CONTR.** opacità, offuscamento, oscurità.

sfavorévole agg. (*di opinione, di giudizio, ecc.*) contrario, avverso, contrastante, maldisposto, nemico, ostile, opposto, negativo, alieno □ (*di esito*) dannoso, svantaggioso □ (*di circostanza e sim.*) negativo, cattivo, sfortunato, infelice, sinistro □ (*di tempo*) inclemente **CONTR.** favorevole, amico, secondo, propizio, assenziente, bendisposto, propenso □ utile, vantaggioso, conveniente, buono □ positivo, fausto, felice, benigno. *V. anche* DANNOSO

sfegatàrsi v. intr. pron. darsi da fare, affaticarsi, sforzarsi, affannarsi, scalmanarsi.

sfegatàto part. pass. di **sfegatarsi**; anche agg. e s. m. appassionato, sviscerato, fanatico, entusiasta **CONTR.** freddo, indifferente, tiepido, disinteressato, distaccato.

sfèra s. f. **1** (*est.*) spera (*lett.*), globo, orbe, palla, boccia, bulbo, occhio □ gomitolo, disco, tondo, pomo **2** (*di orologio*) lancetta, freccia **3** (*fig.*) condizione, grado, ambiente **4** (*fig.*) (*di attività, di ricerche, ecc.*) ambito, campo, settore, ramo, branca, dominio, impero, specialità **FRAS.** *a sfera*, sferico □ *penna a sfera*, biro.

sferétta s. f. dim. di **sfera**; bolla, perla, biglia, pallina.

sfèrico agg. a sfera, tondo, rotondo, globoso, globulare □ (*est.*) tondeggiante, rotondeggiante.

sferràre **A** v. tr. **1** (*di cavallo*) **CONTR.** ferrare **2** (*di prigioniero*) scatenare, liberare **CONTR.** incatenare **3** (*fig.*) (*di assalto, di pugno, ecc.*) tirare, lanciare, gettare, scagliare, dare, sparare **CONTR.** frenare, trattenere **B** **sferrarsi** v. intr. pron. avventarsi, gettarsi, scagliarsi, assalire **CONTR.** frenarsi, contenersi.

sfèrza s. f. **1** frusta, frustino, scudiscio, staffile, ferula, nervo, nerbo, flagello, disciplina **2** (*est.*) (*del sole, del caldo, ecc.*) violenza, colpo **3** (*fig.*) censura, rimprovero **CONTR.** approvazione, lode.

sferzànte part. pres. di **sferzare**; anche agg. (*di pioggia, di vento*) battente, violento □ (*di risposta, di critica, ecc.*) pungente, acre, aspro, mordace, satirico, amaro, caustico, tagliente, velenoso, maligno **CONTR.** innocuo, benevolo, benigno, bonario, blando, carezzevole, delicato.

sferzàre v. tr. **1** frustare, fustigare, scudisciare, staffilare, flagellare □ percuotere, battere **2** (*fig.*) (*di persona, di costumi, ecc.*) riprendere, biasimare, censurare, criticare, rimproverare, sgridare **CONTR.** adulare, elogiare, encomiare, esaltare, incensare, lodare, complimentare **3** (*fig.*) incitare, spingere, pungolare, sollecitare, stimolare. *V. anche* SPINGERE

sferzàta s. f. **1** frustata, scudisciata, staffilata **2** (*fig.*) frecciata, punzecchiatura, critica, rimprovero, sgridata **CONTR.** adulazione, elogio, encomio, esaltazione, incensamento, lode, complimento **3** (*fig.*) incitamento, sprone, pungolo □ spinta, impulso.

sfiammàre **A** v. tr. (*est.*) attenuare, mitigare, lenire **CONTR.** infiammare, irritare **B** v. intr. pron. attenuarsi, mitigarsi **CONTR.** infiammarsi.

sfiancàre **A** v. tr. **1** (*di argine, di riparo, ecc.*) rompere, sconquassare, sfondare **2** (*fig.*) (*di persona, di cavallo*) fiaccare, logorare, spossare, stremare, sfibrare, snervare, svigorire, stancare, stroncare, sovraffaticare, estenuare, indebolire □ (*raro*) slombare, sgroppare **CONTR.** rafforzare, rinforzare, invigorire, rinvigorire, irrobustire **3** (*di abito*) sciancrare, avvitare, attillare **CONTR.** allargare **B** **sfiancarsi** v. intr. pron. **1** rompersi, sconquassarsi **2** (*fig.*) perdere forza, indebolirsi, fiaccarsi, logorarsi, debilitarsi, sovraffaticarsi, stancarsi, svigorirsi, sfibrarsi, spossarsi **CONTR.** riposarsi, riprendere forza, rafforzarsi, rinforzarsi, rinvigorirsi, irrobustirsi. *V. anche* STANCARE

sfiatàre **A** v. intr. (*di gas, di vapore, ecc.*) uscire **B** **sfiatarsi** v. intr. pron. **1** (*di strumenti a fiato*) perdere il timbro **2** (*fig.*) (*di persona*) sgolarsi, spolmonarsi, gridare a squarciagola, urlare **CONTR.** tacere, far silenzio, ammutolire, azzittirsi. *V. anche* GRIDARE

sfiatatóio s. m. apertura, sfogo, sfogatoio, esalatore, ventilatore, sfiato, buco, fessura, spiraglio.

sfibrànte part. pres. di **sfibrare**; anche agg. debilitante, estenuante, massacrante, snervante, spossante.

sfibràre **A** v. tr. (*fig.*) indebolire, svigorire, estenuare, fiaccare, spossare, stremare, snervare, sfiancare, abbattere, debilitare **CONTR.** rafforzare, rinforzare, invigorire, rinvigorire, irrobustire **B** v. intr. pron. logorarsi, snervarsi, sfiancarsi, sfinirsi, strapazzarsi, debilitarsi.

sfibràto part. pass. di **sfibrare**; anche agg. (*fig.*) spossato, debole, indebolito, debilitato, estenuato, fiaccato, snervato, sfiancato, stremato, svigorito, sovraffaticato, strapazzato **CONTR.** energico, forte, gagliardo, robusto, rafforzato, rinforzato, irrobustito, rinvigorito.

sfida s. f. invito a battersi, provocazione, disfida (*lett.*), intimazione □ duello, gara, tenzone (*lett.*),

certame (*lett.*) □ incontro, partita, match (*ingl.*), derby (*ingl.*) □ competizione, ribellione.
sfidànte *part. pres. di* **sfidare**; *anche agg.* e *s. m.* e *f.* attaccante **CONTR.** sfidato.
sfidàre ***A*** *v. tr.* ***1*** invitare a battersi, provocare, disfidare (*lett.*) ***2*** (*est.*) (*a dire, a fare, ecc.*) incitare, esortare, indurre, spingere, spronare, stimolare **CONTR.** frenare, trattenere, dissuadere, distogliere ***3*** (*fig.*) (*di morte, di pericolo, ecc.*) affrontare, fronteggiare, andare incontro **CONTR.** evitare, eludere, fuggire, temere, sfuggire, scansare, schivare ***B*** **sfidarsi** *v. rifl. rec.* mandarsi la sfida, provocarsi, misurarsi. *V. anche* SPINGERE
sfidùcia *s. f.* ***1*** mancanza di fiducia □ diffidenza, dubbio, sospetto, incredulità □ discredito, scredito **CONTR.** fiducia, fede, affidamento □ credito, credibilità ***2*** abbattimento, avvilimento, sconforto, scoraggiamento, disfattismo, pessimismo, demoralizzazione, depressione **CONTR.** animo, baldanza, coraggio, ardimento, ardire, speranza ***3*** (*polit.*) voto negativo (al governo) **CONTR.** fiducia. *V. anche* SCORAGGIAMENTO
sfiduciàto *agg.* diffidente, dubbioso, sospettoso □ abbattuto, avvilito, scoraggiato, demoralizzato, sfervorato, distrutto, depresso, smarrito, disanimato, pessimista, disfattista, disperato **CONTR.** fiducioso, fidente (*lett.*) □ sicuro di sé, speranzoso, confidente, sereno.
sfìga *s. f.* (*volg.*) sfortuna, iella (*pop.*), iattura, disgrazia **CONTR.** fortuna, culo (*pop.*).
sfigàto *agg.*; *anche s. m.* (*volg.*) sfortunato, iellato (*pop.*), iettato, disgraziato **CONTR.** fortunato.
sfiguràre ***A*** *v. tr.* deturpare, alterare, sfregiare, devastare, imbruttire **CONTR.** adornare, imbellire ***B*** *v. intr.* fare cattiva figura, dare cattiva impressione, scomparire **CONTR.** fare bella figura, figurare bene, comparire, emergere.
sfiguràto *part. pass. di* **sfigurare**; *anche agg.* deturpato, stravolto, imbruttito, irriconoscibile, trasfigurato, rovinato, devastato □ sfregiato **CONTR.** abbellito, imbellito, rimbellito.
sfilacciàto *agg.* sfilato, sfrangiato.
sfilàre (1) ***A*** *v. tr.* ***1*** **CONTR.** infilare ***2*** (*di indumento*) togliere **CONTR.** infilare, mettere, calzare, vestire, indossare ***3*** (*di tessuto*) sfilacciare, sfrangiare ***B*** **sfilarsi** *v. intr. pron.* ***1*** (*di perle*) uscire dal filo ***2*** (*di tessuto*) sfilacciarsi, disfarsi.
sfilàre (2) *v. intr.* ***1*** (*di persona*) marciare, passare ***2*** (*fig.*) (*di pensieri, di ricordi, ecc.*) susseguirsi, succedersi.
sfilàta *s. f.* ***1*** (*di persone*) corteo, marcia, passaggio, parata, rivista, manifestazione ***2*** (*di moda*) passerella, defilé (*fr.*) ***3*** (*di cose*) serie, fila, successione, catena, corso, teoria, fuga.
sfilatino *s. m.* (*fam.*) (*di pane*) filoncino.
sfìlza *s. f.* serie, fila, successione, teoria, sequela, catena, bordata, sequenza, grande numero □ (*di insolenze*) rosario (*fig.*).
sfiniménto *s. m.* prostrazione, languore, languidezza, spossamento, spossatezza, debolezza, sfinitezza, abbattimento, deperimento, stanchezza, esaurimento, debilitazione, astenia, deliquio, snervatezza, strapazzo **CONTR.** energia, forza, gagliardia, resistenza, robustezza, vigore, vigoria. *V. anche* DEBOLEZZA
sfinìre ***A*** *v. tr.* spossare, stremare, esaurire, sfibrare, stroncare, indebolire, debilitare, svigorire, stancare, prostrare, far perdere le forze, spompare, stressare **CONTR.** dar riposo □ rafforzare, rinforzare, invigorire, rinvigorire, irrobustire ***B*** **sfinirsi** *v. intr. pron.* stancarsi, esaurirsi, strapazzarsi, consumarsi, languire, snervarsi, sfibrarsi **CONTR.** riposarsi, risparmiarsi, rafforzarsi, rinforzarsi, invigorirsi, rinvigorirsi, irrobustirsi. *V. anche* STANCARE
sfinìto *part. pass. di* **sfinire**; *anche agg.* stanco, stremato, spossato, stressato, spompato, sfiancato, prostrato, affranto, cotto, distrutto, esausto, logoro, esaurito, strapazzato **CONTR.** robusto, rinvigorito, rinforzato.
sfioràre *v. tr.* ***1*** rasentare, toccare appena □ (*di onda, di acqua, ecc.*) lambire, accarezzare, baciare □ (*fig.*) (*di successo*) avvicinarsi **CONTR.** urtare, investire ***2*** (*fig.*) (*di argomento*) trattare di sfuggita, toccare superficialmente **CONTR.** approfondire, sviscerare, studiare.
sfiorìre *v. intr.* ***1*** appassire, avvizzire, spampanarsi, seccare **CONTR.** fiorire, rifiorire, sbocciare, vegetare ***2*** (*fig.*) perdere la freschezza, decadere, ingiallirsi, seccarsi, invecchiare **CONTR.** ringiovanire.
sfiorìto *part. pass. di* **sfiorire**; *anche agg.* ***1*** appassito, avvizzito, spampanato, secco **CONTR.** fiorito, rifiorito, sbocciato, vegeto ***2*** (*fig.*) sciupato, invecchiato, sbiadito, fané (*fr.*) □ decaduto, passato **CONTR.** fiorente, florido, fresco, prosperoso, sano.
sfitto *agg.* non affittato, vuoto, libero **CONTR.** affittato, occupato.
sfìzio *s. m.* (*pop.*) voglia, capriccio, divertimento, uzzolo (*tosc.*).
sfocàto *agg.* ***1*** fuori fuoco **CONTR.** a fuoco ***2*** (*fig.*) (*di personaggio, di argomento, ecc.*) confuso, scialbo, scolorito **CONTR.** ben delineato, chiaro, marcato.
sfociàre *v. intr.* ***1*** sboccare, gettarsi, defluire, versarsi, riversarsi, scaricarsi, imboccare **CONTR.** nascere, scaturire, avere origine, derivare ***2*** (*fig.*) (*in una lite, in una scommessa, ecc.*) dar luogo, concludersi, risolversi, terminare, condurre, culminare **CONTR.** iniziare.
sfoderàre *v. tr.* ***1*** sguainare, snudare, cavare **CONTR.** infoderare (*lett.*) porre, riporre, inguainare ***2*** (*fig.*) (*di cultura, di grinta, ecc.*) mostrare, dimostrare □ esibire, ostentare, sfoggiare **CONTR.** celare (*lett.*), dissimulare, nascondere, occultare, tacere.
sfoderàto *part. pass. di* **sfoderare**; *anche agg.* ***1*** sguainato, snudato, nudo ***2*** (*fig.*) ostentato, sfoggiato **CONTR.** celato (*lett.*), nascosto.
sfogàre ***A*** *v. tr.* (*di sentimenti*) dare sfogo, dare libero corso, manifestare, esprimere, effondere **CONTR.** contenere, frenare, controllare, trattenere, ritenere, soffocare □ nascondere, dissimulare, tacere ***B*** *v. intr.* (*di acqua, di gas, ecc.*) sgorgare, esalare, emanare □ prorompere, scoppiare, erompere, sboccare ***C*** **sfogarsi** *v. intr. pron.* ***1*** confidarsi, liberarsi, aprirsi, svelenirsi, sbottare **CONTR.** dissimulare, tacere, tenere den-

tro di sé, trangugiare *2* (*di desiderio*) levarsi la voglia, scapricciarsi, sfrenarsi **CONTR.** bloccarsi, frenarsi, tenersi.

sfoggiàre ***A*** *v. tr.* (*anche fig.*) esibire, mettere in mostra, ostentare, affettare, sbandierare, sciorinare, sfoderare, vantare **CONTR.** celare (*lett.*), dissimulare, nascondere, occultare ***B*** *v. intr.* fare sfoggio, far pompa, pavoneggiarsi, grandeggiare, scialare □ vivere sfarzosamente.

sfòggio *s. m.* (*di abiti, di argenteria, ecc.*) ostentazione, esibizione, parata, ostentamento, sfarzo, scialo, sontuosità, fasto, fastosità, pompa, grandigia, opulenza, vistosità □ (*di doti, di cultura*) mostra, vanto, esaltazione, sbandieramento, sfoderamento **CONTR.** occultamento □ dissimulazione. *V. anche* VANTO

sfòglia *s. f.* falda, lamina, lamella, strato.

sfogliàre (1) ***A*** *v. tr.* levare le foglie, levare i petali, sfrondare, brucare □ scartocciare, spannocchiare ***B*** **sfogliarsi** *v. intr. pron.* perdere le foglie, sfrondarsi, perdere i petali **CONTR.** mettere le foglie.

sfogliàre (2) ***A*** *v. tr.* (*di libro e sim.*) scorrere, voltare in fretta, dare un'occhiata, scartabellare, squadernare (*raro*) **CONTR.** leggere attentamente ***B*** **sfogliarsi** *v. intr. pron.* sfaldarsi, squamarsi.

sfógo *s. m.* *1* passaggio, apertura, sfiatatoio, valvola, sfogatoio, sfiato, buco, fessura, spiraglio *2* sbocco, foce, uscita *3* (*fig.*) (*di sentimenti, di passioni*) libero corso, effusione, esplosione, espansione, slancio □ confidenza **CONTR.** dissimulazione, mortificazione, soffocazione, nascondimento (*lett.*), occultamento *4* (*pop.*) esantema, eruzione cutanea, dermatite, fioritura, efflorescenza.

sfolgorànte *part. pres. di* **sfolgorare**; *anche agg.* rilucente, splendente, splendido, risplendente, brillante, folgorante, fulgido, lucente, luminoso, vivido, sfavillante, rutilante □ radioso, solare, raggiante, smagliante **CONTR.** opaco, offuscato, appannato, annebbiato, adombrato, velato, oscuro, buio.

sfolgoràre *v. intr.* risplendere, splendere, folgorare, fiammeggiare, balenare, lampeggiare, rutilare (*lett.*), tralucere, raggiare, scintillare, rilucere, luccicare, corruscare (*lett.*) □ rifulgere, sfavillare, brillare **CONTR.** essere opaco, essere offuscato. *V. anche* RIDERE

sfolgorìo *s. m.* brillamento, brillio, balenio, bagliore, sfolgoramento (*raro*), fulgore, splendore, chiarore, luminosità, luccichio, sfavillamento, sfavillio, nimbo **CONTR.** opacità, offuscamento, oscurità.

sfollagènte *s. m. inv.* bastone, staffile, manganello.

sfollàre ***A*** *v. tr.* *1* sgombrare, disperdere, allontanare, sbandare □ evacuare □ spopolare **CONTR.** riunire *2* (*di personale*) sfoltire, diminuire, licenziare **CONTR.** assumere, aumentare ***B*** *v. intr.* disperdersi, allontanarsi, sbandarsi **CONTR.** affollarsi, ammassarsi, accalcarsi, assieparsi, convenire, affluire, accorrere.

sfoltìre ***A*** *v. tr.* *1* diradare **CONTR.** infittire, infoltire, ispessire *2* (*di personale*) diminuire, licenziare, sfollare **CONTR.** aumentare, assumere ***B*** **sfoltirsi** *v. intr. pron.* diradarsi **CONTR.** infittirsi, addensarsi, infoltirsi.

sfondaménto *s. m.* *1* rottura, sfasciamento, sfascio, scompaginamento, sfiancamento **CONTR.** restauro, riparazione, ricostruzione *2* (*di fronte*) rottura.

sfondàre ***A*** *v. tr.* *1* rompere il fondo *2* (*est.*) schiantare, sfasciare, scassare (*fam.*), sfiancare, scompaginare, fracassare, forzare, sprofondare □ consumare **CONTR.** restaurare, riparare, accomodare, aggiustare, ricostruire, rifare □ chiudere, coprire *3* (*di fronte*) rompere *4* (*fig.*) (*di limite*) superare, sforare (*fig.*) ***B*** *v. intr.* affermarsi, avere successo, riuscire, farsi avanti, farsi un nome **CONTR.** fallire, far fiasco ***C*** **sfondarsi** *v. intr. pron.* rompersi nel fondo, cedere **CONTR.** resistere.

sfondàto *part. pass. di* **sfondare**; *anche agg.* *1* col fondo rotto, senza fondo *2* (*est.*) rotto, scassato (*fam.*), sfasciato, scompaginato, fracassato, sfiancato **CONTR.** intero, integro, intatto *3* (*fam.*) (*di persona*) insaziabile, ingordo, ghiotto, vorace **CONTR.** moderato **FRAS.** *ricco sfondato* (*fam.*), ricchissimo.

sfóndo *s. m.* *1* (*di quadro*) campo, fondo *2* (*teat.*) fondale, scenario *3* (*fig.*) (*di avvenimento, di romanzo, ecc.*) ambiente, clima, temperie, cornice, contesto, retroterra, sostrato, background (*ingl.*) □ finalità, prospettiva.

sfondóne *s. m.* (*fam.*) erroraccio, marrone (*fam.*), castroneria, svarione, sproposito.

sforacchiàre *v. tr.* foracchiare, forare, bucare, bucherellare, perforare, traforare, crivellare **CONTR.** tamponare, chiudere.

sforàre ***A*** *v. tr.* superare un limite, oltrepassare un limite ***B*** *v. intr.* (*fig.*) sfondare un tetto.

sformàre *v. tr.* alterare, deformare, ammaccare, acciaccare, schiacciare, sgualcire **CONTR.** formare, plasmare, sagomare, modellare. *V. anche* GUASTARE, SCHIACCIARE

sformàto (1) *part. pass. di* **sformare**; *anche agg.* alterato, deformato, informe, deforme, ammaccato, schiacciato, sgualcito □ (*di scarpa*) scalcagnato **CONTR.** plasmato, modellato, sagomato. *V. anche* DEFORME

sformàto (2) *s. m.* (*est.*) soufflé (*fr.*), flan (*fr.*), pasticcio.

sfornàre *v. tr.* *1* estrarre dal forno **CONTR.** infornare *2* (*fig.*) produrre, buttare nel mercato, mandar fuori, scodellare.

sfornìto *agg.* privo, sguarnito, spogliato, spoglio, sprovvisto, destituito **CONTR.** fornito, armato, dotato, attrezzato, equipaggiato, corredato, guarnito, provveduto.

sfortùna *s. f.* cattiva fortuna, sorte avversa, malasorte, disdetta, iettatura, iattura, iella (*pop.*), sfiga (*volg.*), scalogna (*fam.*), pegola (*dial.*) □ disgrazia, disastro, disavventura, sventura, avversità, calamità, bastonata (*fig.*), sciagura, traversia, contrarietà **CONTR.** fortuna, buona sorte, culo (*pop.*), buona stella, provvidenza, ventura (*lett.*) □ felicità, prosperità, successo, manna, bazza, cuccagna, pacchia.

sfortunataménte *avv.* per cattiva sorte, per sfortuna, disgraziatamente, sciaguratamente, sventuratamente, malauguratamente, purtroppo **CONTR.** fortunatamente, felicemente, prosperamente.

sfortunàto *agg.* *1* (*di persona*) perseguitato dalla

sfortuna, disgraziato, sventurato, sciagurato, iettato, iellato (*pop.*), scalognato (*fam.*), sfigato (*volg.*), infelice, malavventurato (*lett.*), malcapitato, poveretto, poveraccio, misero, tristo **CONTR.** fortunato, avventurato, felice, beato **2** (*di anno, di esito, ecc.*) infausto, nefasto, avverso, sfavorevole, doloroso, maledetto, malaugurato **CONTR.** fausto, benedetto, prospero, roseo, propizio, favorevole, brillante **3** (*di film, di libro, ecc.*) senza successo, senza fortuna, scalognato (*fam.*) **CONTR.** fortunato, di successo.

sforzàre ***A*** *v. tr.* **1** sottoporre a sforzo, logorare **2** (*di porta, di serratura, ecc.*) forzare, scassinare, scassare, scardinare, rompere, sconquassare **CONTR.** restaurare, riparare, accomodare, aggiustare **3** (*a parlare, a mangiare, ecc.*) costringere, forzare, obbligare, coartare, violentare **CONTR.** dissuadere, distogliere ***B*** **sforzarsi** *v. intr. pron.* adoperarsi, affaccendarsi, affannarsi, arrabattarsi, industriarsi □ aguzzarsi, arrovellarsi, lambiccarsi, ingegnarsi, studiarsi □ sbracciarsi, scalmanarsi, sfiancarsi, impegnarsi, sfegatarsi, sgobbare, brigare, darsi da fare, cercare, faticare, tentare, sudare, lottare **CONTR.** rifiutarsi, ricusare, astenersi, opporsi, essere contrario. *V. anche* GUARDARE

sforzàto *part. pass. di* **sforzare**; *anche agg.* **1** fatto per forza, costretto, forzato, coatto **CONTR.** istintivo, spontaneo **2** (*di sorriso, di stile, ecc.*) innaturale, affettato, lambiccato, stiracchiato, tirato, artefatto, artificioso, astruso, contorto **CONTR.** naturale, genuino, schietto, semplice, spontaneo.

sfòrzo *s. m.* fatica, impegno, lavoro, applicazione, forza, pena, costo, sfacchinata, sudata, sudore □ conato □ tentativo, prova **CONTR.** abbandono, rinuncia, resa, cedimento, crollo □ freschezza, relax **FRAS.** *senza sforzo*, agevolmente.

sfóttere ***A*** *v. tr.* (*pop.*) farsi gioco, canzonare, beffare, burlare, deridere, dileggiare, schernire, prendere in giro ***B*** **sfottersi** *v. rifl. rec.* prendersi in giro, canzonarsi, deridersi, schernirsi.

sfottò *s. m.* sfottimento, sfottitura, presa in giro, derisione, burla, canzonatura.

sfracellàre ***A*** *v. tr.* rompere, schiacciare, massacrare, frangere (*lett.*), infrangere, fracassare, spezzare, frantumare, schiantare, stritolare, sbriciolare, sconquassare, spiaccicare, squarciare, rovinare **CONTR.** accomodare, aggiustare, restaurare, riparare, ricomporre, rimettere in sesto ***B*** **sfracellarsi** *v. intr. pron.* rompersi, schiacciarsi, spiaccicarsi, sbriciolarsi, infrangersi, fracassarsi, frantumarsi, schiantarsi, spezzarsi, squarciarsi. *V. anche* SCHIACCIARE

sfrangiàto *agg.* sfilacciato, sfilato **CONTR.** orlato.

sfrattàre ***A*** *v. tr.* dare lo sfratto, mandar via □ (*est.*) bandire, cacciare, espellere, esiliare, sloggiare, scacciare, licenziare □ (*dir.*) escomiare **CONTR.** accogliere, ospitare, alloggiare, sistemare ***B*** *v. intr.* andar via, allontanarsi, abbandonare **CONTR.** tornare, ritornare, rientrare.

sfràtto *s. m.* disdetta □ (*est.*) bando, cacciata, espulsione, esilio, licenziamento □ (*dir.*) escomio **CONTR.** accoglimento, accoglienza □ affitto.

sfrecciàre *v. intr.* passare velocissimo, volare (*fig.*).

sfregaménto *s. m.* sfregata, fregamento, strofinamento, strofinata, strofinio, stropicciamento, stropicciata, strusciamento, strusciata, attrito.

sfregàre ***A*** *v. tr.* **1** strofinare, fregare, strusciare, grattare, lisciare, stropicciare □ pulire, lucidare **2** sfregiare, graffiare ***B*** *v. tr.* e *intr.* strisciare. *V. anche* PULIRE

sfregàta *s. f.* sfregamento, strofinamento, strofinata, stropicciamento, stropicciata, strusciamento, strusciata.

sfregiàre ***A*** *v. tr.* deturpare con sfregi, sfigurare □ graffiare, rigare, sfregare, segnare, sfrisare (*dial.*) ***B*** **sfregiarsi** *v. intr. pron.* sfigurarsi, deturparsi, tagliarsi.

sfrégio *s. m.* **1** taglio, ferita, cicatrice, deturpazione □ (*est.*) graffio, rigatura **2** (*fig.*) offesa, disonore, insulto, villania, oltraggio, infamia **CONTR.** onore, ossequio, omaggio, complimento. *V. anche* INFAMIA

sfrenàre ***A*** *v. tr.* **1** (*raro*) togliere il freno **CONTR.** mettere il freno **2** (*fig.*) lasciar libero, sbrigliare, disfrenare, scatenare, sciogliere, svincolare **CONTR.** frenare, contenere, moderare, domare, dominare, trattenere, padroneggiare, vincere ***B*** **sfrenarsi** *v. intr. pron.* (*fig.*) scatenarsi, sfogarsi, perdere il controllo, sbrigliarsi, imperversare, passare i limiti □ (*di fantasia*) galoppare **CONTR.** frenarsi, contenersi, moderarsi, dominarsi, trattenersi, padroneggiarsi, vincersi.

sfrenatézza *s. f.* licenza, licenziosità, scapestrataggine, scostumatezza, sbrigliatezza, sregolatezza, disordine, smoderatezza, dissolutezza, immoralità, incontinenza, intemperanza, libertinaggio **CONTR.** freno, continenza, misura, ritegno, moderatezza, moderazione, moralità, morigeratezza, castigatezza, sobrietà, temperanza.

sfrenàto *part. pass. di* **sfrenare**; *anche agg.* senza freno, eccessivo, esagerato, esasperato, smodato, scatenato, irrefrenabile, sbrigliato □ licenzioso, scapestrato, scapigliato, scatenato, scostumato, sregolato, dissoluto, immorale, incontinente, intemperante □ satanasso, scavezzacollo □ dionisiaco, spinto **CONTR.** frenato, contenuto, misurato, moderato, morigerato, sobrio, parco, temperante, virtuoso, castigato, controllato.

sfrigolàre *v. intr.* scoppiettare, crepitare, sgrillettare.

sfrigolìo *s. m.* scoppiettio, crepitio.

sfrondàre ***A*** *v. tr.* **1** levare le fronde, diradare le fronde, sfogliare, scacchiare, brucare **2** (*fig.*) (*di scritto, di discorso, ecc.*) eliminare il superfluo, alleggerire, ridurre, semplificare, ripulire, snellire **CONTR.** appesantire, caricare, complicare, amplificare, esagerare, ingrandire ***B*** **sfrondarsi** *v. intr. pron.* perdere le fronde, sfogliarsi.

sfrontatézza *s. f.* impudenza, sfacciataggine, sfrontataggine (*raro*), spudoratezza, improntitudine, insolenza, arroganza, spavalderia, irriverenza, sconvenienza, disinvoltura, scortesia, petulanza, protervia, villania, cinismo, audacia, ardire, coraggio, faccia, faccia tosta, faccia di bronzo, toupet (*fr.*) **CONTR.** modestia, riguardo, riserbo, rispetto, riservatezza, ritegno, scrupolo, ritrosia, discrezione, pudore, verecondia, pudicizia, timidezza, vergogna. *V. anche* INDISCREZIONE

sfrontàto *agg.*; *anche s. m.* impudente, sfacciato, impertinente, spudorato, inverecondo, procace (*lett.*), svergognato, disinvolto, immodesto, insolente, indiscreto, petulante, protervo, arrogante, irrispettoso, irriguardoso, irriverente, scortese, villano, spavaldo, cinico, audace, faccia di bronzo CONTR. modesto, pudico, riguardoso, riservato, rispettoso, discreto, ritroso, schivo, verecondo, pudibondo. *V. anche* CINICO

sfruttaménto *s. m.* ***1*** (*di risorse, di impianti, ecc.*) utilizzazione, uso, valorizzazione CONTR. abbandono ***2*** (*di ambiente*) depauperamento, depauperazione, esaurimento, isterilimento □ profitto, abuso CONTR. risparmio ***3*** (*di persona*) abuso, speculazione, strozzinaggio.

sfruttàre *v. tr.* ***1*** (*di terreno, di risorse*) far rendere al massimo, utilizzare, valorizzare, valersi, usufruire, usare, impiegare, godere CONTR. abbandonare ***2*** (*di ambiente*) depauperare, esaurire, isterilire CONTR. risparmiare ***3*** (*fig.*) (*di persona, di situazione, ecc.*) profittare, abusare, strumentalizzare, mungere, smungere, spremere, succhiare, pelare, scorticare, spolpare, strozzare.

sfruttatóre *s. m.*; *anche agg.* (*f. -trice*) profittatore, strozzino, negriero, pirata, speculatore, succhione, vampiro, affamatore, usuraio, parassita, sciacallo □ (*di donne*) protettore, magnaccia, pappa, pappone, gigolo (*fr.*), macrò (*fr.*) CONTR. sfruttato.

sfuggènte *part. pres. di* **sfuggire**; *anche agg.* (*di individuo, di sguardo*) ambiguo, non chiaro, indefinibile, elusivo, evasivo, inafferrabile, poco leale, scivoloso, viscido CONTR. aperto, chiaro, leale, schietto, sincero, franco.

sfuggire ***A*** *v. tr.* schivare, evitare, eludere, fuggire, scansare, scapolare CONTR. affrontare, fronteggiare, sfidare ***B*** *v. intr.* ***1*** sottrarsi, scampare, salvarsi, liberarsi, svicolare CONTR. esporsi, offrirsi, presentarsi, tener fronte, incappare, incorrere ***2*** (*di cosa*) scivolare, cadere ***3*** (*di fatto, di notizia, ecc.*) passare inosservato ***4*** (*di parola, di ricordo, ecc.*) uscire dalla memoria. *V. anche* EVADERE

sfuggìta *s. f.* rapida corsa, scappata, puntata, fuga FRAS. *di sfuggita*, in fretta.

sfumàre ***A*** *v. tr.* (*di colore*) attenuare gradatamente, graduare, far digradare, fumeggiare, ombreggiare □ (*fig.*) smozzare, edulcorare CONTR. accrescere, intensificare, calcare, ravvivare ***B*** *v. intr.* ***1*** dissolversi, dileguarsi, disperdersi, evaporare, svaporare ***2*** (*fig.*) (*di sogno, di progetto, ecc.*) svanire, andare in fumo, perdersi, cadere, crollare CONTR. concretarsi, realizzarsi, profilarsi ***3*** (*di colore*) diminuire gradatamente, digradare CONTR. spiccare, risaltare, staccare.

sfumàto ***A*** *part. pass. di* **sfumare**; *anche agg.* ***1*** (*di paesaggio, di ricordo, ecc.*) vago, impreciso, evanescente, indefinito, impallidito CONTR. preciso, definito, netto ***2*** (*di sogno, di progetto, ecc.*) dissolto, svanito, dileguato, dissipato, disperso, frustrato CONTR. concretato, realizzato ***3*** (*di colore*) digradato, morbido, pastoso CONTR. intenso, vivo, vivace, marcato ***B*** *s. m.* chiaroscuro, flou (*fr., fot.*).

sfumatùra *s. f.* ***1*** tono, tonalità, gradazione, gamma, tocco, nuance (*fr.*), tinta, mezzatinta, ombratura, ombreggiamento, flou (*fr.*), evanescenza ***2*** (*fig.*) dettaglio, differenza, particolarità □ (*di ironia, di scherno, ecc.*) intonazione, accenno, allusione, traccia. *V. anche* TINTA

sfuocàre e deriv. *V.* **sfocare** e deriv.

sfurìàta *s. f.* ***1*** sfogo violento □ rabbuffo, rimprovero furioso, sgridata, invettiva, partaccia, ripassata ***2*** (*est.*) (*di tempo*) acquazzone, temporale, tempesta, burrasca, buriana (*region.*).

sfùso *agg.* ***1*** sciolto, fuso, liquefatto, squagliato CONTR. rappreso, coagulato, condensato, solidificato, indurito ***2*** (*di merce*) sciolto, non confezionato, non impacchettato CONTR. confezionato, impacchettato, imbottigliato.

sgabèllo *s. m.* sedile, seggiolino, panchetto, panchettino, deschetto, scanno, poggiapiedi, pouf (*fr.*).

sgabuzzìno *s. m.* stanzino, bugigattolo, ripostiglio, nicchia, stambugio.

sgamàre *v. intr.* (*gerg.*) intuire, capire, accorgersi.

sgambettàre ***A*** *v. intr.* ***1*** dimenare le gambe ***2*** camminare a passettini, correre, saltellare, zampettare ***B*** *v. tr.* fare lo sgambetto.

sgambétto *s. m.* gambetto FRAS. *fare lo sgambetto* (*fig.*), cercar di soppiantare.

sganasciàre ***A*** *v. tr.* ***1*** smascellare ***2*** (*est., tosc.*) sgangherare, sconnettere, sfasciare CONTR. accomodare, aggiustare, riparare ***B*** **sganasciarsi** *v. intr. pron.* ***1*** slogarsi le ganasce ***2*** (*est.*) (*dal ridere*) sbellicarsi, smascellarsi, sgangherarsi, scompisciarsi (*pop.*). *V. anche* RIDERE

sganascióne o **sganassóne** *s. m.* (*dial.*) ceffone, schiaffo, schiaffone, manrovescio, ganascione (*raro*).

sganciàre ***A*** *v. tr.* ***1*** liberare, staccare, aprire CONTR. agganciare, attaccare ***2*** (*fig., fam.*) (*di denaro*) sborsare, versare, spendere, snocciolare, mollare CONTR. incassare, introitare, riscuotere ***B*** **sganciarsi** *v. intr. pron.* ***1*** liberarsi, staccarsi CONTR. agganciarsi, attaccarsi ***2*** (*fig., fam.*) allontanarsi, tagliare la corda (*fam.*). *V. anche* SPENDERE

sgangheràto *agg.* ***1*** tolto dai gangheri, scardinato, scassinato, sconnesso □ sfasciato, sconquassato, rotto, spezzato □ scalcinato, malandato, consunto CONTR. incardinato □ accomodato, aggiustato, assestato, riassestato, riparato □ intatto, nuovo ***2*** (*est.*) sciancato, zoppicante ***3*** (*fig.*) (*di idea, di discorso, ecc.*) sconnesso, incoerente, illogico, confusionario, slegato CONTR. coerente, logico, legato, ragionato ***4*** (*fig.*) (*di risata, di voce, ecc.*) sguaiato, smodato, smoderato, volgare CONTR. composto, garbato, misurato, moderato.

sgarbatézza *s. f.* ***1*** sgarbataggine, sgarberia, malgarbo, inurbanità, malagrazia, indelicatezza, ineducazione, diseducazione, maleducazione, scortesia, sconvenienza, sguaiataggine, rozzezza, ruvidezza, grossolanità, zoticaggine, cafonaggine, zotichezza, villania, manieraccia, malacreanza, modaccio CONTR. cortesia, finezza, delicatezza, affabilità, gentilezza, garbo, garbatezza, grazia, charme (*fr.*), amabilità, creanza, educazione, urbanità ***2*** sgarbo, villanata, villania CONTR. cortesia, gentilezza □ complimento, galanteria.

sgarbàto *agg.*; *anche s. m.* scortese, villano, rozzo, rustico, ruvido, rude, brusco, scorbutico, burbero, dispettoso (*lett.*), ispido, grossolano, incivile, screanzato, indelicato, ineducato, diseducato, maleducato, sguaiato, zotico, triviale, volgare, selvaggio, becero (*tosc.*) □ (*spec. di risposta, di contegno, ecc.*) scorretto, asciutto, secco, oltraggioso, cafonesco, sgraziato, sconveniente **CONTR.** cortese, cordiale, fine, delicato, garbato, gentile, amabile, educato, carino, grazioso, ospitale, urbano, civile. *V. anche* ROZZO

sgarberìa *s. f. V.* **sgarbatezza**.

sgàrbo *s. m.* scortesia, scorrettezza, indelicatezza, villania, villanata, sgarberia, sgarbatezza, cafonata **CONTR.** garbo, cortesia, finezza, gentilezza, favore.

sgarbugliàre *v. tr.* ***1*** sbrogliare, districare, sgrovigliare **CONTR.** ingarbugliare, intricare ***2*** (*fig.*) (*di faccenda, di situazione, ecc.*) chiarire, delucidare, risolvere, spiegare **CONTR.** confondere, complicare.

sgargiànte *agg.* chiassoso, vistoso, allegro, appariscente, smagliante, fiammeggiante, pimpante, sfacciato **CONTR.** sbiadito, smorto, spento, scialbo, pallido, stinto.

sgarràre *v. tr.* e *intr.* errare, sbagliare **CONTR.** essere esatto, essere preciso.

sgàrro *s. m.* ***1*** inesattezza, imprecisione, sbaglio, errore **CONTR.** esattezza, precisione ***2*** (*dial.*) offesa, onta **CONTR.** lode, elogio.

sgarzìno *s. m.* cutter (*ingl.*).

sgattaiolàre *v. intr.* uscire velocemente □ (*est.*) svignarsela, fuggire, scappare, svicolare.

sgelàre ***A*** *v. tr.* disgelare, scongelare, sghiacciare, sciogliere, liquefare **CONTR.** gelare ***B*** *v. intr. impers.* sciogliersi, disgelarsi, scongelarsi, liquefarsi **CONTR.** gelarsi, raggelarsi, congelarsi.

sgèlo *s. m.* disgelo **CONTR.** gelo.

sghémbo *agg.* storto, torto, tortuoso, obliquo, sghimbescio, sguincio, trasversale **CONTR.** diritto, dritto.

sghignazzàre *v. intr.* ridere sguaiatamente, ridere scompostamente, ghignare **CONTR.** sorridere, sogghignare. *V. anche* RIDERE

sghimbèscio *agg.* sghembo, obliquo, storto, torto, tortuoso **CONTR.** diritto, dritto.

sghiribìzzo *s. m.* ghiribizzo, fantasia, capriccio, grillo.

sgobbàre *v. intr.* (*fam.*) faticare, lavorare, affaticarsi, affaccendarsi, sfacchinare, sgroppare, sforzarsi, sudare **CONTR.** bighellonare, lavoricchiare, oziare, poltrire, stare con le mani in mano, stare in panciolle.

sgobbàta *s. f.* (*fam.*) faticata, faticaccia, sfacchinata, sgobbo (*fam.*), sgropponata, sudata, tirata **CONTR.** ripòso, ozio, inerzia, inattività, poltroneria.

sgobbóne *s. m.* lavoratore accanito, stacanovista □ studioso, secchia (*fam.*), secchione (*fam.*) **CONTR.** fannullone, scioperato, ozioso, infingardo, scansafatiche, scaldapanche, perdigiorno, vagabondo.

sgocciolàre (1) *v. intr.* gocciare, gocciolare, stillare, colare, scolare.

sgocciolàre (2) ***A*** *v. tr.* scolare, vuotare, versare **CONTR.** imbevere ***B*** *v. intr.* scolare, vuotarsi, sgrondare.

sgocciolatóio *s. m.* scolapiatti, gocciolatoio.

sgocciolìo *s. m.* sgocciolamento, gocciolio, stillamento, stillicidio.

sgolàrsi *v. intr. pron.* sfiatarsi, spolmonarsi, gridare a squarciagola, vociare **CONTR.** ammutolire, tacere □ mormorare, sussurrare, bisbigliare, borbottare. *V. anche* GRIDARE

sgómbero *s. m.* ***1*** liberazione, disimpegno, decongestionamento, spostamento, rimozione □ sfollamento, evacuamento, evacuazione **CONTR.** ingombro ***2*** cambiamento di casa, trasloco, trasferimento.

sgombràre *v. tr.* ***1*** liberare, disimpegnare, rimuovere, spostare, sbarazzare, sbrogliare, sbrattare, decongestionare □ (*di tavola*) sparecchiare **CONTR.** ingombrare, impacciare, impedire, imbarazzare, ostruire ***2*** (*di luogo*) evacuare, abbandonare, lasciare, disoccupare, sfollare, uscire, vuotare, allontanarsi, andarsene, sloggiare **CONTR.** occupare, invadere ***3*** cambiar casa, traslocare, trasferirsi **CONTR.** domiciliarsi ***4*** (*di macerie, di nuvole, ecc.*) portare via, asportare, togliere, ripulire, spazzare **CONTR.** portare.

sgómbro *agg.* libero, vuoto, lasciato, disimpegnato, sgomberato, vacante **CONTR.** ingombro, occupato, pieno, ripieno, colmo, gremito, zeppo.

sgomentàre ***A*** *v. tr.* sbigottire, turbare, conturbare, scoraggiare, costernare, disanimare, perturbare (*raro*), impressionare □ spaventare, impaurire, intimorire, spaurire, intimidire, atterrire, terrorizzare **CONTR.** fare ridere, rallegrare □ calmare, tranquillizzare, rianimare, rincuorare, rinfrancare, incoraggiare, confortare, consolare, riconfortare, imbaldanzire, ringalluzzire ***B*** **sgomentarsi** *v. intr. pron.* provare sgomento, perdersi d'animo, disanimarsi, abbattersi, sbigottirsi, scoraggiarsi, sconfortarsi, avvilirsi, turbarsi, smarrirsi, conturbarsi □ intimorirsi, intimidirsi, impaurirsi, spaventarsi, temere, tremare **CONTR.** rallegrarsi □ rianimarsi, incoraggiarsi, riconfortarsi, rincuorarsi, rassicurarsi, imbaldanzirsi, ringalluzzirsi. *V. anche* IMPRESSIONARE

sgoménto (1) *s. m.* apprensione, turbamento, desolazione, depressione, ansia □ panico, sbigottimento, spavento, paura, timore, trepidazione, tremore, atterrimento, terrore **CONTR.** animo, ardimento, ardire, audacia, coraggio, cuore, fegato, intrepidezza, fermezza, baldanza, risolutezza, sicurezza. *V. anche* PAURA

sgoménto (2) *agg.* sgomentato, sbigottito, costernato, trepidante, smarrito, sbalordito, disorientato, frastornato □ spaventato, spaurito, atterrito, timoroso, terrorizzato **CONTR.** animoso, ardimentoso, ardito, audace, coraggioso, fermo, intrepido, risoluto, baldanzoso, imperterrito, sicuro, rassicurato, rinfrancato.

sgominàre *v. tr.* sconfiggere, vincere, debellare, sbaragliare, mettere in fuga, disperdere, scompigliare, rovesciare, sbandare **CONTR.** fuggire, scappare. *V. anche* VINCERE

sgomitolàre ***A*** *v. tr.* disfare un gomitolo □ dipanare **CONTR.** aggomitolare, raggomitolare ***B*** **sgomitolarsi** *v. intr. pron.* disfarsi.

sgonfiàre ***A*** *v. tr.* ***1*** togliere l'aria, togliere il gas, svuotare **CONTR.** gonfiare, dilatare, pompare ***2*** (*est.*) togliere il gonfiore **CONTR.** rigonfiare ***3*** (*pop.*) annoiare, infastidire, seccare, scocciare (*fam.*) **CONTR.** divertire **4** (*fig.*) (*di notizia, di fatto, ecc.*) sminuire, smontare, minimizzare □ (*di persona*) mortificare, umiliare **CONTR.** gonfiare, montare, esagerare, ingigantire, enfatizzare, pompare, ingrandire □ esaltare ***B*** **sgonfiarsi** *v. intr. pron.* e *intr.* ***1*** svuotarsi, afflosciarsi **CONTR.** gonfiarsi, riempirsi, dilatarsi **2** (*fig.*) (*di persona*) sbaldanzirsi (*ant.*), accasciarsi, avvilirsi, disanimarsi, scoraggiarsi **CONTR.** imbaldanzirsi, ringalluzzirsi, inorgoglirsi, darsi delle arie. *V. anche* SCHIACCIARE

sgórbia o **sgòrbia** *s. f.* gorbia, scalpello.

sgòrbio *s. m.* ***1*** macchia d'inchiostro □ (*est.*) scarabocchio, frego, fregaccio, sgorbiatura, ghirigoro, baffo, arabesco □ parola illeggibile, disegno malfatto **2** (*fig.*) (*di persona*) mostro, mostriciattolo **CONTR.** adone, apollo, fusto (*fam.*).

sgorgàre ***A*** *v. intr.* ***1*** (*di liquidi*) uscire, scaturire, erompere, schizzare, spicciare, sboccare, sfogare, sprizzare, effluire, effondere, fuoriuscire, zampillare, grondare, discendere, pullulare (*ant.*), riversarsi **CONTR.** entrare, penetrare **2** (*fig.*) (*di parole, di pensieri, ecc.*) scaturire, nascere, sorgere, erompere, provenire, derivare ***B*** *v. tr.* (*di condotto*) liberare, sturare, stasare, aprire **CONTR.** ingorgare, otturare, intasare, occludere, tappare, ostruire.

sgozzàre *v. tr.* ***1*** scannare, tagliare la gola, trucidare **2** (*fig.*) (*di usuraio*) strozzare, sfruttare.

sgradévole *agg.* ingrato, sgradito, brutto, spiacevole, indesiderabile, antipatico, fastidioso, noioso, ostico, urtante, irritante □ disgustoso, repellente, ripugnante, ributtante, rivoltante, nauseante, nauseabondo, repulsivo, stomachevole □ disarmonico, chioccio, stridulo, stridente, dissonante, cacofonico **CONTR.** gradevole, gradito, amabile, piacevole, bello, desiderabile, divertente, simpatico, attraente, seducente □ armonico, melodioso. *V. anche* SPIACEVOLE

sgradevolézza *s. f.* bruttezza, spiacevolezza, repellenza **CONTR.** gradevolezza.

sgradevolménte *avv.* spiacevolmente, antipaticamente, disgustosamente, fastidiosamente **CONTR.** gradevolmente, piacevolmente.

sgradìto *agg.* non gradito, sgradevole, spiacevole, malaccetto, impopolare □ antipatico, odioso, noioso, molesto, ostico, fastidioso □ disgustoso, repellente, ributtante, ripugnante, rivoltante, nauseante, nauseabondo, stomachevole □ (*spec. di persona*) indesiderato, indesiderabile, inviso, malvisto **CONTR.** gradito, gradevole, amabile, piacevole, simpatico, attraente, seducente. *V. anche* SPIACEVOLE

sgraffignàre *v. tr.* (*fam.*) grattare, fregare, portare via, rubare, carpire, sottrarre, taccheggiare.

sgranàre ***A*** *v. tr.* ***1*** sbucciare, sgusciare, sbaccellare **2** (*fig., fam.*) (*di occhi*) spalancare, sbarrare ***B*** **sgranarsi** *v. intr. pron.* disfarsi, rompersi, frantumarsi.

sgranchìre ***A*** *v. tr.* sciogliere, stirare, distendere, snodare **CONTR.** ingranchire ***B*** *v. intr. pron.* stiracchiarsi, stirarsi **FRAS.** *sgranchirsi le gambe*, fare due passi. *V. anche* SCIOGLIERE

sgranocchiàre *v. tr.* (*fam.*) mangiare, triturare, rodere, rosicchiare, rosicare, masticare.

sgrassàre *v. tr.* ***1*** digrassare **CONTR.** ingrassare, ungere **2** (*est.*) pulire, ripulire, smacchiare **CONTR.** macchiare, sporcare. *V. anche* PULIRE

sgravàre ***A*** *v. tr.* liberare, alleggerire, alleviare, scaricare **CONTR.** gravare, aggravare, onerare, appesantire, addossare, caricare, opprimere ***B*** **sgravarsi** *v. intr. pron.* liberarsi, alleggerirsi, scaricarsi, sbarazzarsi **CONTR.** gravarsi, caricarsi, accollarsi, addossarsi, assumersi ***C*** *v. intr.* e *intr. pron.* partorire **CONTR.** ingravidarsi, impregnarsi.

sgravàto *part. pass. di* **sgravare**; *anche agg.* libero, liberato, alleggerito **CONTR.** gravato, caricato, onerato, carico.

sgràvio *s. m.* ***1*** alleggerimento, alleviamento, liberazione, scarico, discarico, scaricamento, diminuzione, eliminazione, sollievo **CONTR.** aggravamento, aggravio, carico, onere, peso, gravame **2** (*fig.*) (*di morale, di coscienza, ecc.*) esonero □ discolpa, giustificazione, scusa **CONTR.** accusa, imputazione, incriminazione, addebito.

sgraziàto *agg.* goffo, brutto, deforme, grossolano, rozzo, disgraziato (*lett.*), racchio, inelegante, sciatto, scortese, sgarbato, sguaiato, rustico, materiale, villano, volgare **CONTR.** aggraziato, grazioso, bello, avvenente, carino, leggiadro, fine, garbato, gentile, cortese, delicato, compito, elegante, squisito, urbano. *V. anche* ROZZO

sgretolaménto *s. m.* sbriciolamento, frantumazione, rodimento, triturazione, sgretolio, stritolamento, disgregamento, sminuzzamento, scheggiamento, scheggiatura □ (*anche fig.*) disgregazione **CONTR.** conglomerazione, conglobamento □ consolidamento.

sgretolàre ***A*** *v. tr.* scheggiare, stritolare, sminuzzare, frantumare, triturare, rodere, rosicare, sbriciolare, sgranocchiare, rompere, cariare □ (*anche fig.*) disgregare, corrodere **CONTR.** accomodare, aggiustare, restaurare, riparare, racconciare, rabberciare, rifare, conglomerare, conglobare □ consolidare ***B*** **sgretolarsi** *v. intr. pron.* scheggiarsi, sminuzzarsi, screpolarsi, sbriciolarsi, frantumarsi, rompersi, disfarsi □ (*anche fig.*) disgregarsi, corrodersi **CONTR.** conglobarsi, conglomerarsi.

sgretolìo *s. m.* sgretolamento, scheggiamento, scheggiatura, sbriciolamento, sminuzzamento, stritolamento, frantumazione.

sgridàre *v. tr.* rimproverare, riprendere, rabbuffare, rimbrottare, strapazzare, rampognare, richiamare, redarguire, richiamare, sferzare, pettinare (*fig.*), ammonire **CONTR.** elogiare, encomiare, esaltare, lodare, magnificare. *V. anche* GRIDARE

sgridàta *s. f.* rimprovero, rabbuffo, rimbrotto, strapazzamento (*raro*), strapazzata, cicchetto, intemerata, partaccia, paternale, ramanzina, rampogna, reprimenda, ripassata, sfuriata, strigliata, tirata, sferzata, pettinata, lavata di capo, cazziata (*pop.*) **CONTR.** elogio, encomio, lode.

sgroppàre ***A*** *v. tr.* (*est.*) stancare, affaticare, sfiancare **CONTR.** riposare ***B*** *v. intr.* ***1*** inarcare la groppa **2** (*fig.*) faticare, sgobbare (*fam.*), affaticarsi, sfacchinare **CONTR.** oziare, poltrire, bighellonare, stare con le mani in mano, stare in panciolle ***C*** **sgropparsi** *v.*

intr. pron. stancarsi, sfiancarsi, sgropponarsi.

sgroppàta *s. f.* **1** inarcamento della groppa **2** cavalcata **3** (*di cavallo*) sgambatura **4** (*nel ciclismo*) corsa di allenamento **5** (*est.*) corsa.

sgrossàre **A** *v. tr.* **1** digrossare, assottigliare, abbozzare, sbozzare, sbozzacchire CONTR. finire, rifinire **2** (*fig.*) (*di persona, di mente, ecc.*) affinare, raffinare, dirozzare, sgrezzare, ingentilire, perfezionare CONTR. imbarbarire, involgarire **B** **sgrossarsi** *v. intr. pron.* ingentilirsi, dirozzarsi, raffinarsi CONTR. imbarbarirsi, involgarirsi.

sgrossatùra *s. f.* sgrossamento, sbozzamento (*raro*), sbozzatura, assottigliamento, digrossamento CONTR. rifinitura.

sgrovigliàre *v. tr.* **1** sbrogliare, districare, sgarbugliare, disfare, slegare, snodare, strigare CONTR. aggrovigliare **2** (*fig.*) (*di questione, di problema, ecc.*) chiarire, appianare, risolvere CONTR. complicare.

sgrugnàta *s. f.* (*pop.*) pugno, cazzotto.

sguaiatàggine *s. f.* scompostezza, volgarità, villania, sgarbatezza, inciviltà, inurbanità, malacreanza, maleducazione, trivialità, grossolanità (*raro*), chiassosità, scurrilità, rozzezza, zoticaggine, sgraziataggine CONTR. compostezza, educazione, civiltà, creanza, finezza, garbo, grazia, garbatezza, gentilezza, delicatezza, discrezione, riguardo, urbanità.

sguaiàto *agg.; anche s. m.* volgare, villano, sgarbato, scomposto, incivile, malcreato, sgraziato, screanzato, ineducato, inurbano, maleducato, triviale, grossolano, scurrile, rozzo, zotico, zoticone, cafonesco, sbracato, sgangherato, trivialone CONTR. educato, composto, fine, garbato, gentile, delicato, civile, compassato, discreto, riguardoso, urbano. *V. anche* ROZZO

sguainàre *v. tr.* (*anche fig.*) estrarre, sfoderare, snudare CONTR. inguainare, ringuainare, infoderare, rinfoderare.

sgualcìre **A** *v. tr.* spiegazzare, gualcire, sformare, stropicciare, sciupare, ciancicare, cincischiare, sbertucciare, sciamannare, sciupacchiare (*fam.*) CONTR. stirare, lisciare **B** **sgualcirsi** *v. intr. pron.* spiegazzarsi, gualcirsi, sciuparsi.

sgualdrìna *s. f.* prostituta, meretrice, puttana (*volg.*).

sguàrdo *s. m.* **1** occhiata, guardata, adocchiata (*raro*), sbirciata **2** (*di occhio*) espressione, piglio, ciglio (*poet.*) **3** (*est.*) vista, occhi **4** veduta, panorama.

sguarnìre *v. tr.* **1** togliere le guarnizioni CONTR. guarnire **2** (*di difesa, di mezzi, ecc.*) privare □ sfornire, sprovvedere, togliere □ lasciare senza difesa, disarmare CONTR. fortificare, difendere, armare, munire □ fornire, provvedere, dotare, corredare.

sguàttero *s. m.* aiutante cuoco, lavapiatti, lavastoviglie.

sguazzàre *v. intr.* **1** agitarsi nell'acqua, guazzare, diguazzare **2** (*di persona*) trovarsi a proprio agio, godere, gioire, divertirsi, dilettarsi, spassarsela CONTR. soffrire, patire, penare, tribolare, trovarsi a disagio **3** (*fig.*) (*nell'oro, nell'abbondanza, ecc.*) nuotare, navigare, scialare, traboccare CONTR. scarseggiare, mancare **4** (*di liquido*) sbattere, sciaguattare, sciabordare.

sguinzagliàre *v. tr.* **1** (*di cane*) sciogliere, liberare CONTR. legare, incatenare **2** (*fig.*) (*di poliziotti, di inseguitori, ecc.*) mettere alle calcagna, mandare alla ricerca, mettere sulle tracce, mandare all'inseguimento, aizzare CONTR. richiamare.

sgusciàre (**1**) **A** *v. tr.* (*di legumi, di castagne, ecc.*) sbaccellare, sgranare □ sbucciare **B** *v. intr.* (*di uccelli*) uscire dal guscio **C** **sgusciarsi** *v. intr. pron.* **1** sbucciarsi, sgranarsi **2** (*di rettili*) cambiar pelle.

sgusciàre (**2**) *v. intr.* **1** (*di cosa, di pesce*) scappare via, scivolare, sfuggire **2** (*fig.*) (*di persona*) sottrarsi, sfuggire, svicolare, uscire, schizzare, scappare, liberarsi, svignare, svignarsela, tagliare la corda CONTR. arrivare, giungere, presentarsi.

shock /*ingl.* ʃɔk/ [vc. ingl., propriamente 'colpo', da *to shock* 'percuotere'] *s. m. inv.* forte emozione, choc (*fr.*), colpo, impressione, spavento, scossa, turbamento, trauma.

shockànte *part. pres. di* **shockare**; *anche agg.* traumatizzante, sconvolgente, impressionante, emozionante, spaventevole, spaventoso, traumatico, traumatizzante.

shockàre *v. tr.* impressionare, sbalordire, emozionare, colpire, confondere, traumatizzare. *V. anche* IMPRESSIONARE

shopper /*ingl.* ˈʃɔpə*/ [vc. ingl., dove ha, però, il sign. di 'acquirente, chi va a comperare (*to shop*)'] *s. m. inv.* sacchetto, busta, sportina (*region.*).

shopping /*ingl.* ˈʃɔpiŋ/ [vc. ingl., propriamente gerundio di *to shop* 'comperare'] *s. m. inv.* compere, spese, acquisti.

shorts /*ingl.* ʃɔ:ts/ [vc. ingl., pl. sost. dell'agg. *short* 'corto'] *s. m. pl.* calzoncini corti, hot pants (*ingl.*), pantaloncini.

show /*ingl.* ˈʃou/ [vc. ingl., propriamente 'mostra, esibizione', da *to show* 'mostrare'] *s. m. inv.* **1** spettacolo di varietà □ spettacolo **2** (*est.*) numero, esibizione.

showgirl /*ingl.* ˈʃougə:l/ [vc. ingl., comp. di *show* 'spettacolo' e *girl* 'ragazza'] *s. f. inv.* ballerina, primadonna, soubrette (*fr.*).

showman /*ingl.* ˈʃoumən/ [vc. ingl., comp. di *show* 'spettacolo' e *man* 'uomo'] *s. m. inv.* **1** presentatore, conduttore, mattatore, intrattenitore, anchorman (*ingl.*) **2** (*est.*) esibizionista, attore nato.

show-room /*ingl.* ˈʃou ru:m/ [loc. ingl. 'sala di esposizione', comp. di *show* 'mostra' e *room* 'sala, stanza'] *loc. sost. m. inv.* sala di esposizione, mostra.

shuttle /*ingl.* ˈʃʌtəl/ [vc. ingl. d'origine germ.: 'navetta'] *s. m. inv.* navetta spaziale, navetta.

si *pron. pers. atono di terza pers. sing. e pl.* **1** sé **2** a sé □ per sé **3** uno, qualcuno.

sì (**1**) **A** *avv.* **1** certo, certamente CONTR. no **2** (*enf.*) davvero, proprio, veramente, esattamente, evidentemente, senz'altro **B** *s. m.* **1** assenso, consenso, approvazione, risposta affermativa, parere favorevole CONTR. no, rifiuto, risposta **2** (*spec. al pl.*) voto favorevole CONTR. voto contrario, no FRAS. *dire di sì*, affermare, accettare □ *se sì*, in caso affermativo □ *e sì che*, eppure, e dire che □ *un giorno sì e uno no*, a giorni alterni □ *tra il sì e il no*, incerto, indeciso □ *la lingua del sì*, l'italiano.

sì (2) ***A*** avv. (*lett.*) tanto, talmente, così ***B*** cong. a tal punto □ in modo che, in modo da.

sìa cong. tanto, così, non solo, come **FRAS.** *sia... sia*, non solo... ma anche.

siamése [da *Siam*, antico nome della Thailandia] agg.; anche s. m. e f. thailandese **FRAS.** *fratelli siamesi* (*fig., scherz.*), compagni inseparabili.

sibèria [dalla regione russa, nota per il suo rigidissimo clima invernale] s. f. (*fam.*) luogo freddissimo, ghiacciaia.

sibilàre v. intr. ***1*** emettere sibili, fischiare, zirlare, zufolare ***2*** (*fig.*) (*di vento*) soffiare.

sibìlla [da *Sibilla*, la mitica profetessa ispirata da Apollo] s. f. (*fig., scherz.*) indovina, cartomante, chiromante, sacerdotessa, pitonessa, pizia, oracolo (*est.*).

sibillìno agg. (*fig.*) oscuro, misterioso, enigmatico, ermetico, astruso, incomprensibile, cabalistico **CONTR.** chiaro, comprensibile, evidente, manifesto, palese, intelligibile, perspicuo. *V. anche* ENIGMATICO

sìbilo s. m. (*anche fig.*) fischio, fischiata, zufolio, zufolo, zirlo.

sicàrio s. m. assassino, uccisore, killer (*ingl.*) scherano, bravo, cagnotto **CFR.** mandante.

sicché cong. ***1*** così che, dimodoché, tanto che ***2*** e perciò, e quindi ***3*** (*ass.*) allora, dunque, e così, insomma.

siccità s. f. aridità, arsura, secchezza, secco, secca, asciutto, sete **CONTR.** umidità, umido, umore, acquosità, pioggia.

siccóme cong. ***1*** poiché, giacché, dal momento che ***2*** come, nel modo in cui ***3*** (*lett.*) come, in qual modo.

sicumèra s. f. ostentazione, presunzione, prosopopea, sussiego, sostenutezza, supponenza, boria, burbanza, arroganza, presuntuosità, spavalderia, iattanza **CONTR.** modestia, riserbo, ritegno, misura, semplicità, umiltà.

sicùra s. f. (*nelle armi, nei meccanismi*) congegno di sicurezza, fermo □ (*est.*) antifurto.

sicuraménte avv. ***1*** in modo sicuro, con sicurezza, senza pericolo, senza rischio, fidatamente **CONTR.** pericolosamente, rischiosamente, precariamente ***2*** di sicuro, senza dubbio, naturalmente, certamente, certo, sicuro, evidentemente, immancabilmente, infallibilmente □ incontrovertibilmente, indubbiamente, indubitabilmente **CONTR.** forse, probabilmente □ no □ dubitativamente, opinabilmente.

sicurézza s. f. ***1*** mancanza di pericolo, garanzia □ salvezza, sicuro □ (*di livello*) guardia □ (*di congegno*) affidabilità **CONTR.** pericolosità, pericolo, azzardo, rischio, repentaglio ***2*** (*di persona*) fede, fiducia, baldanza, confidenza, decisione, franchezza, disinvoltura, aplomb (*fr.*), serenità, tranquillità **CONTR.** sfiducia, diffidenza, disorientamento, esitazione, insicurezza, indecisione, irresolutezza, perplessità, paura, timore, sgomento, titubanza ***3*** (*di riuscire, di vincere, ecc.*) certezza, convinzione, convincimento, persuasione **CONTR.** incertezza, dubbio, apprensione ***4*** (*in un lavoro*) abilità, destrezza, perizia, bravura, affidamento, padronanza, pratica **CONTR.** inabilità, incapacità, imperizia, inettitudine **FRAS.** *uscita di sicurezza*, uscita di emergenza □ *congegno di sicurezza*, sicura □ *vetro di sicurezza*, vetro infrangibile □ *misure di sicurezza* (*fig.*), precauzioni □ *pubblica sicurezza*, polizia □ *agente di pubblica sicurezza*, poliziotto.

sicùro ***A*** agg. ***1*** (*di luogo*) senza pericoli, senza rischi, tranquillo, protetto, riparato, ben difeso, munito, agibile **CONTR.** indifeso, scoperto, insicuro, malsicuro, pericoloso, rischioso, pericolante ***2*** (*di fare, di venire, ecc.*) certo, deciso, convinto, persuaso **CONTR.** indeciso, tentennante, perplesso ***3*** (*di colpo, di riuscita, ecc.*) immancabile, infallibile, assicurato, garantito, incontestabile, indubbio, indubitabile □ (*di lavoro*) stabile **CONTR.** dubbio, discutibile, improbabile, ipotetico, eventuale, malcerto, problematico, aleatorio □ precario ***4*** (*di persona*) ardimentoso, ardito, animoso, coraggioso, baldanzoso, deciso, intrepido, risoluto, energico **CONTR.** incerto, indeciso, dubbioso, timoroso, pavido ***5*** (*in un lavoro*) abile, capace, destro, esperto, pratico, perito, bravo, buono **CONTR.** inabile, inetto, incapace, inesperto, incerto ***6*** (*di persona*) fidato, fedele, fido (*lett.*), devoto, leale, onesto, affidabile, raccomandabile, sincero **CONTR.** infido, sleale, perfido, disonesto, falso, malfido, traditore ***7*** (*di congegno, di arnese*) perfetto, funzionante □ (*di rimedio*) efficace ***8*** (*di verità, di fatto, di notizia, ecc.*) apodittico, assiomatico, comprovato, incontrovertibile, innegabile, indubitato, matematico, positivo, provato, tangibile **CONTR.** approssimativo, contestabile, controverso, imprecisato, opinabile, suppositivo, vago ***B*** in funzione di avv. certamente, sì, certo, sicuramente, senza dubbio **CONTR.** forse, probabilmente □ no ***C*** s. m. solo sing. ***1*** certezza, certo, sicurezza ***2*** luogo sicuro, luogo protetto, riparo **FRAS.** *a colpo sicuro*, senza possibilità di sbagliare □ *di sicuro*, senza dubbio, certamente, sicuramente □ *dare per sicuro*, avere la certezza □ *camminare sul sicuro* (*fig.*), non correre rischi.

sidecar /ingl. 'saidka:/ [vc. ingl., propriamente 'carrozzino (*car*) a lato (*side*)'] s. m. inv. motocarrozzetta.

sideràle agg. sidereo, stellare, astrale, celeste **CONTR.** terreno, terrestre.

siderurgìa s. f. metallurgia, industria pesante.

sièpe s. f. ***1*** (*di piante, di rami e sim.*) riparo, cinta, chiusura, spalliera ***2*** (*fig.*) (*di persone, di ostacoli, ecc.*) barriera, impedimento, riparo □ serie.

sièsta s. f. riposino pomeridiano, chilo, pisolino (*fam.*), sonnellino, pennichella (*dial.*).

sigarétta s. f. ***1*** bionda (*gerg.*), cicca ***2*** (*di filo*) spagnoletta.

sigillàre v. tr. ***1*** (*di plico, di lettera, ecc.*) chiudere, suggellare, piombare, impiombare **CONTR.** dissigillare, dissuggellare, spiombare ***2*** (*est.*) (*di finestra, di bottiglia, ecc.*) richiudere, tappare, turare, serrare **CONTR.** aprire, stappare, sturare, spalancare.

sigillatùra s. f. suggellamento, piombatura □ chiusura ermetica **CONTR.** apertura.

sigìllo *s. m.* ***1*** impronta, suggello (*lett.*), bollo, piombino, piombo, marchio, timbro ***2*** matrice, stampo ***3*** (*est.*) chiusura. *V. anche* BOLLO, IMPRONTA

sìgla *s. f.* ***1*** abbreviatura, abbreviazione, segno, simbolo, iniziali, cifre, monogramma, acronimo □ (*sui francobolli*) sovrastampa ***2*** firma, parafa **FRAS.** *sigla musicale*, motivetto, frase musicale.

SIGLA
sinonimia strutturata

Sigla è l'**abbreviazione** di una o più parole, specialmente nomi di enti, ditte o associazioni, generalmente formata dalle loro iniziali: *ACI è la sigla dell'Automobile Club Italiano*. Un'abbreviazione o **abbreviatura** è la scrittura di una parola in una forma ridotta. In particolare l'abbreviazione è anche la riduzione grafica di una parola o di una frase per mezzo di una sigla o in altra forma convenzionale; allo stesso modo, si dice abbreviazione anche una parola che ha subito tale riduzione. Nella metrica greca e latina, infine, col medesimo termine s'intende la riduzione a breve di una sillaba lunga.

Una sigla è anche una firma abbreviata apposta a un articolo, una lettera, un documento: *spesso i giornalisti usano la sigla invece della firma*. In questo senso coincide con **iniziale** cioè la prima lettera di una parola: *iniziale maiuscola, minuscola*; *codice con le iniziali miniate*. Specialmente al plurale, iniziali, si definiscono le lettere con cui cominciano il nome ed il cognome, specialmente come sigla: *ricamare le proprie iniziali sulla biancheria*. Anche il termine **cifra** può riferirsi all'abbreviazione di un nome per mezzo di lettere iniziali spesso unite o intrecciate: *un fazzoletto con le cifre ricamate*. Così pure **monogramma** indica l'intreccio delle iniziali o di alcune lettere di un nome proprio, usato come contrassegno o simbolo del nome stesso.

Noto agli appassionati di giochi enigmistici è l'**acronimo**, un nome costituito dalla lettera o dalle lettere iniziali di una o più parole: *TAC è l'acronimo di Tomografia Assiale Computerizzata*.

Di uso corrente è invece il termine **firma**, sottoscrizione del proprio nome e cognome per chiudere una scrittura, confermarla o renderne noto l'autore: *apporre, mettere la firma*; *firma chiara, leggibile, illeggibile, per esteso*; *firma falsa, imitata non autentica*. Decisamente inusuale è invece **parafa**, una sigla da apporsi in calce a un documento, specialmente diplomatico.

siglàre *v. tr.* ***1*** parafare, firmare ***2*** contrassegnare, marcare, cifrare ***3*** sottoscrivere, aderire, ratificare **CONTR.** denunciare.

significàre *v. tr.* ***1*** (*lett.*) (*di sentimenti, di pensiero, ecc.*) esprimere, comunicare, far conoscere, indicare, manifestare, estrinsecare, palesare, notificare, far intendere **CONTR.** celare (*lett.*), nascondere, occultare, dissimulare ***2*** (*di parola, di gesto, ecc.*) voler dire, denotare, dimostrare, suonare, indicare, equivalere, provare, rappresentare, riflettere, racchiudere, simboleggiare, segnalare □ preannunciare, presagire ***3*** (*nulla, poco, ecc.*) avere importanza, importare, valere.

significatìvo *agg.* ***1*** (*di discorso, di comportamento, ecc.*) indicativo, rappresentativo, emblematico, sintomatico □ importante, notabile, notevole, rilevante **CFR.** irrilevante, trascurabile ***2*** (*di sguardo, di scritto, ecc.*) ricco di significato, significante, eloquente, espressivo, efficace, energico **CONTR.** insignificante, inespressivo, fiacco, scialbo, indifferente, piatto, incolore.

significàto *s. m.* ***1*** concetto, senso, costrutto, spirito □ accezione, estensione, uso, valore ***2*** sostanza, nocciolo □ importanza, rilievo, portata.

signóra *s. f.* ***1*** (*lett.*) padrona, dominatrice, regina, matrona, madonna, monna **CONTR.** schiava, soggetta ***2*** padrona di casa **CONTR.** serva, domestica, cameriera, fantesca (*lett.* o *scherz.*), colf ***3*** moglie, coniuge, maritata ***4*** (*gener.*) donna, femmina **CONTR.** uomo, maschio ***5*** donna di classe, dama, gentildonna, lady (*ingl.*), madame (*fr.*) **CONTR.** donnetta, popolana ***6*** donna ricca, riccona **CONTR.** poveraccia, nullatenente, straccione ***7*** cliente **CONTR.** venditrice ***8*** spettatrice, ascoltatrice.

signóre *s. m.* ***1*** principe, sovrano, re, dominatore, padrone, reggitore, tiranno, arbitro, barone, castellano, cavaliere, donno (*lett.*), duce, imano, sire □ possidente, proprietario, possessore **CONTR.** schiavo, suddito ***2*** (*est.*) padrone di casa **CONTR.** servo, domestico, cameriere, dipendente ***3*** Dio, Gesù Cristo ***4*** marito, coniuge ***5*** (*gener.*) uomo, maschio, mister (*ingl.*) □ (*scherz.*) messere **CONTR.** donna, femmina ***6*** uomo di classe, raffinato, gentiluomo, gentleman (*ingl.*) **CONTR.** villanzone, zoticone, screanzato, cafone, plebeo ***7*** uomo ricco, riccone, miliardario, nababbo **CONTR.** poveraccio, miserabile, nullatenente, pezzente, straccione ***8*** cliente **CONTR.** venditore ***9*** spettatore, ascoltatore. *V. anche* SOVRANO

signorìa *s. f.* potere, potestà, sovranità, dominio, autorità, comando, dominazione, egemonia, predominio, padronanza, balìa (*lett.*), giurisdizione, governo, principato (*fig.*) **CONTR.** servitù, schiavitù, soggezione, sudditanza, dipendenza, vassallaggio, servaggio (*lett.*), sottomissione, subordinazione.

signorìle *agg.* ***1*** (*di palazzo, ecc.*) di signore, gentilizio, nobile **CONTR.** servile ***2*** (*di persona, di modi, ecc.*) distinto, raffinato, nobile, elegante, fine, bene, delicato **CONTR.** rozzo, grossolano, zotico, volgare, gretto, meschino, villano, screanzato, cafonesco (*dial.*).

signorilità *s. f.* ***1*** distinzione, eleganza, finezza, bon ton (*fr.*), compitezza, grazia, stile, delicatezza, nobiltà, aristocrazia, raffinatezza **CONTR.** grossolanità, rozzezza, volgarità, zoticaggine, villania, malacreanza, cafoneria (*dial.*) ***2*** generosità **CONTR.** grettezza. *V. anche* DIGNITÀ, ELEGANZA

signorìna *s. f.* ***1*** fanciulla, ragazza, giovane, giovinetta □ (*lett.*) madamigella, damigella, donzella □ miss (*ingl.*), fräulein (*ted.*) ***2*** nubile, zitella, single (*ingl.*) **CONTR.** signora, sposa, sposata.

signornò *avv.* nossignore.

signoróne *s. m.* ***1*** *accr. di* **signore** ***2*** (*fam.*) miliardario, nababbo, creso, riccone **CONTR.** miserabile, nullatenente, pezzente, poveraccio, straccione.

signorsì *avv.* sissignore.

silènzio *s. m.* **1** silenziosità □ (*est.*) pace, calma, quiete, tranquillità **CONTR.** suono □ rumore, rumorosità, fracasso, fragore, frastuono, chiasso, strepito, baccano **2** taciturnità, tacere □ omertà **CONTR.** loquacità, chiacchiericcio, vociferazione **3** (*est.*) dimenticanza, oblio **FRAS.** *fare silenzio*, tacere □ *ridurre al silenzio*, mettere a tacere, tacitare, soffocare.

silenzióso *agg.* **1** senza rumori □ quieto, tacito, tranquillo, silente (*lett.*), cheto □ (*di passo e sim.*) felpato **CONTR.** rumoroso, sonoro, fragoroso, chiassoso, rumoreggiante, strepitoso, strepitante **2** (*di persona*) taciturno, zitto, muto, quatto, di poche parole, laconico **CONTR.** loquace, garrulo, ciarliero, chiacchierino, chiacchierone.

silhouette /*fr.* si'lwɛt/ [vc. fr., dal nome del finanziere E. de *Silhouette*, con allusione all'estrema parsimonia della sua amministrazione] *s. f. inv.* contorno, sagoma, linea, disegno, profilo □ figura.

siliqua *s. f.* (*bot.*) baccello.

sillaba *s. f.* **1** (*di parola*) unità fonica **2** niente, nulla □ parola.

sillabàre *v. tr.* (*di parola*) compitare, scandire, spiccare, pronunciare **CONTR.** balbettare, farfugliare.

sillabàrio *s. m.* abbecedario, abbiccì.

sillabazióne *s. f.* compitazione.

sìlo *s. m.* granaio, magazzino, deposito di cereali.

siluràre *v. tr.* **1** (*di nave*) colpire con un siluro **2** (*fig.*) (*di persona*) bocciare, trombare (*fam.*), esonerare, licenziare, allontanare, deporre, destituire, rimuovere **CONTR.** promuovere, eleggere **3** (*fig.*) (*di progetto, di legge, ecc.*) mandare a monte, bocciare **CONTR.** accogliere, approvare.

silùro *s. m.* **1** (*est.*) torpedine **2** (*fig.*) manovra, minaccia, colpo.

simbiòsi *s. f.* **1** (*biol.*) associazione **2** (*fig.*) stretto rapporto, connessione, legame, interdipendenza.

simboleggiàre *v. tr.* simbolizzare, rappresentare, designare, esprimere, significare, configurare, personificare, raffigurare, figurare, adombrare (*poet.*), allegorizzare, metaforeggiare, metaforizzare (*raro*).

simbòlico *agg.* allegorico, metaforico, traslato, figurato, emblematico, paradigmatico, rappresentativo □ oscuro, misterioso **CONTR.** letterale, concreto, reale □ aperto, chiaro.

simbolizzàre *v. tr.* simboleggiare, rappresentare, raffigurare, configurare, personificare.

sìmbolo *s. m.* **1** emblema, figura, figurazione, incarnazione, prefigurazione, configurazione, raffigurazione, immagine, personificazione, rappresentazione □ allegoria, metafora, anagogia **CONTR.** significato letterale, concretezza, realtà **2** marchio, sigla, logo **3** abbreviazione □ segno **4** figura, immagine, segnacolo (*lett.*) □ insegna, bandiera, stemma, vessillo.

similàre *agg.* simile, omogeneo, della stessa natura, congenere, affine, analogo, somigliante **CONTR.** dissimile, diverso, eterogeneo, di altra specie. *V. anche* SIMILE

sìmile **A** *agg.* **1** affine, analogo, somigliante, rassomigliante, assomigliante, similare, parente, consimile, vicino, tendente, congenere □ comparabile, paragonabile □ corrispondente, equivalente, compagno, gemello, uguale, identico, conforme, omogeneo, uniforme **CONTR.** differente, dissimile, diverso, difforme, dissomigliante, discordante, altro, eterogeneo, contrario, opposto **2** tale, di tale fatta, di tale sorta, siffatto, cosiffatto **B** *s. m.* e *f.* **1** compagno □ persona della stessa condizione, persona della stessa classe, pari **2** (*spec. al pl.*) prossimo. *V. anche* VICINO

SIMILE

sinonimia strutturata

Si definisce **simile** ciò che presenta parziale identità con un'altra, o altre, persone o cose nelle caratteristiche, nelle qualità, nell'aspetto, ecc.: *avere gusti simili*; *persone di simile condizione*; *quell'albero è simile a una quercia*; *i due libri sono simili nella sostanza*; il termine equivale anche a **somigliante**, **rassomigliante** e **assomigliante**, adoperati di solito in riferimento all'esteriorità: *il ritratto è molto simile all'originale*; al contrario, **affine** evoca più spesso una conformità di sentimenti, di idee: *anime affini*; *teoria affine a un'altra*. Molto generali sono i sinonimi **analogo**, **congenere**, **similare**, **conforme**, il letterario **consimile** e il familiare **compagno**: *mi trovo in una situazione analoga alla tua*; *lavori, libri, articoli congeneri*; *prodotti similari*; *penne, matite e oggetti consimili*; *conforme al modello*; *un carattere conforme al mio*; *un vestito compagno a quello di suo fratello*.

Ciò che è simile può dirsi figuratamente **vicino**: *un colore vicino al verde*; *sono idee molto vicine alle nostre*; *le tue affermazioni sono molto vicine al vero*. Tra cose che si avvicinano, che hanno caratteristiche comuni si può istituire un confronto, per cui risultano **paragonabili** e **comparabili**: *la tua perspicacia non è assolutamente paragonabile alla sua*; *la sera è comparabile alla vecchiaia* (LEOPARDI). Più forte è **omogeneo**, che descrive cose dello stesso genere, specie o natura: *tessuti omogenei*; *materie omogenee*; l'aggettivo si applica anche a ciò che è costituito da elementi tra loro simili o strettamente connessi: *composto omogeneo*; *una pasta morbida e omogenea*; in questa seconda accezione il termine si avvicina moltissimo a **uniforme**, che indica ciò che è privo di variazioni, discontinuità, difformità: *superficie piatta e uniforme*; *idee uniformi, nate tra popoli sconosciuti tra loro, debbon avere un principio comune di vero* (VICO). Ugualmente incisivo è **equivalente**, che definisce ciò che ha uguale valore o significato: *questi due quadri sono equivalenti*; *i due concetti sono equivalenti*; più forti sono **gemello** e **identico**, che indicano identità perfetta. Ciò che è in una relazione di uguaglianza, somiglianza, equivalenza è **corrispondente**.

Simile equivale anche a **siffatto**, **cosiffatto**, ossia fatto in un certo modo: *con gente simile non si può parlare*; *non ho mai visto una cosa simile*; *uomini cosiffatti sono indegni di stima*; *aveva un siffatto vestito che suscitò l'ilarità di tutti*. Analogo significato hanno **tale**, **di tale fatta**, **di tale sorta**, cioè di questa o di quella specie, maniera, caratteristica, natura, ecc.: *tali discorsi non sono tollerabili*; *con persone di tale sorta non tratto!*

Come sostantivo, simile equivale a **parente** e di nuovo a compagno, che figuratamente definiscono una cosa affine: *l'appetito è parente della fame*. Inoltre, designa una persona della stessa condizione, della stessa classe, cioè dello stesso grado e livello, sociale o culturale, quindi un **pari**, un **uguale**: *simile qui con simile è sepolto* (DANTE); *è una nostra pari*; *tratta con i pari tuoi*; *tra uguali ci si intende meglio*. Infine, specialmente al plurale, il vocabolo equivale a **prossimo**, ossia agli altri, all'umanità in genere nei confronti del singolo: *ama i tuoi simili*; *parlare male del prossimo*.

similitùdine *s. f.* **1** (*raro, lett.*) somiglianza, conformità, affinità, analogia, omogeneità, rassomiglianza, parentela, equivalenza **CONTR.** differenza, dissomiglianza, diversità, difformità, discordanza, eterogeneità, varietà, opposizione **2** (*retorica*) comparazione, paragone, allegoria, analogia, figura, immagine, metafora, parallelo, traslato, tropo (*lett.*), parabola. *V. anche* PARAGONE

simmetrìa *s. f.* armonia, rispondenza, corrispondenza, parallelismo, disposizione ordinata, equilibrio, riscontro, proporzione, convenienza, concinnità (*lat.*) **CONTR.** asimmetria, disarmonia, sproporzione, squilibrio.

simmètrico *agg.* armonico, rispondente, corrispondente, equilibrato, proporzionato **CONTR.** asimmetrico, disarmonico, sproporzionato, squilibrato.

simpatìa *s. f.* attrazione, attrattiva, debole, penchant (*fr.*), conformità di sentimenti, amicizia, armonia, feeling (*ingl.*), sintonia, intesa, accordo, affinità □ affetto, affettuosità, affezione, tenerezza, tenero, infatuazione, amore □ favore, propensione, predilezione, dilezione (*lett.*), preferenza, predisposizione, inclinazione, tendenza, gradimento **CONTR.** antipatia, avversione, contrasto, ostilità, repulsione, ripugnanza, fobia, allergia, ruggine (*fig.*), incompatibilità, idiosincrasia, inimicizia. *V. anche* FAVORE

simpàtico *agg.* amabile, affettuoso, benigno, caro, cortese, cordiale, grato, delicato, espansivo, gentile, piacente, sensibile □ (*est.*) divertente, gradevole, grazioso, delizioso, piacevole, attraente, gustoso, seducente, sollazzevole, spassoso **CONTR.** antipatico, odioso, repellente, ripugnante, urtante, sgradevole, fastidioso, spiacevole, indisponente, irritante.

simpatizzànte *part. pres. di* **simpatizzare**; *anche agg.* e *s. m.* e *f.* amico, difensore, fautore, favoreggiatore, partigiano, sostenitore, fan (*ingl.*), tifoso, zelatore, seguace **CONTR.** avversario, nemico, antagonista, oppositore. *V. anche* SEGUACE

simpatizzàre *v. intr.* **1** provare simpatia, incontrarsi □ riuscire simpatico **CONTR.** essere in urto □ essere antipatico, essere inviso **2** (*per una persona, per una cosa*) sostenere, parteggiare, tifare (*fam.*), essere tifoso, propendere **CONTR.** avversare, contrariare, osteggiare (*lett.*).

simulàre *v. tr.* **1** fingere, ostentare, affettare, mostrare, inventare, fintare, colorare (*fig.*), colorire (*fig.*), infingersi (*lett.*), ammantarsi, travestirsi, far credere, dare a vedere, dare a intendere, dissimulare **CONTR.** palesare, rivelare **2** (*raro*) imitare, riprodurre, contraffare, copiare.

simulatóre *s. m.*; *anche agg.* (*f. -trice*) ipocrita, doppio, ingannatore, mentitore, mendace, dissimulatore □ gattamorta, tartufo, impostore, bugiardo, commediante **CONTR.** veritiero, leale, sincero, franco. *V. anche* IPOCRITA

simulazióne *s. f.* finzione, impostura, infingimento (*raro*), ipocrisia, falsità, menzogna, maschera, doppiezza □ sceneggiata, messinscena, commedia, mostra, apparenza, finta, sotterfugio □ dissimulazione **CONTR.** verità, veracità, franchezza, lealtà, schiettezza, sincerità, ingenuità, candore.

simultaneità *s. f.* contemporaneità, coincidenza, sincronismo, sincronia □ concomitanza, concorso □ (*di pulsazioni arteriose*) isocronismo **CONTR.** diacronia, diacronicità □ anteriorità, precedenza □ posteriorità, successione.

SIMULTANEITÀ
sinonimia strutturata

Ciò che si fa o che avviene nel medesimo momento è caratterizzato da **simultaneità**: *simultaneità di due avvenimenti, di due movimenti*. I sinonimi più vicini sono **coincidenza** e **concomitanza**, che designano appunto l'esatta sovrapposizione temporale di due o più fatti: *la coincidenza delle nostre partenze è casuale*; *concomitanza di eventi*. Il secondo di questi vocaboli inoltre può suggerire che la simultaneità sia una naturale conseguenza di qualcosa o favorisca una determinata cosa; in quest'ultima accezione si avvicina a **concorso**, che indica la convergenza, l'apparizione di più cose o persone in un momento o punto determinato e ne suggerisce una causalità: *c'è stato un concorso di circostanze avverse*.

Accanto a simultaneità, esistono alcuni termini affini che possono abbracciare un arco di tempo più ampio rispetto ai precedenti, che di solito si riferiscono ad un momento preciso e circoscritto; quest'accezione distingue i termini **contemporaneità** e **coesistenza**, che indicano l'appartenere allo stesso periodo di tempo, più che allo stesso attimo: *la contemporaneità dei due incarichi creava dei problemi*; *in quel periodo la coesistenza in lui di sentimenti opposti era evidente*.

Ciò che avviene nel medesimo tempo o nello stesso spazio di tempo avviene in **sincronia** o in **sincronismo**: *essere, stare in sincronia con qualche cosa*; *la sincronia di quegli avvenimenti*; entrambi i termini appartengono anche al linguaggio della tecnica fotografica e televisiva, e designano la contemporaneità dei suoni e delle immagini ad essi attinenti: così il *regolatore di sincronia* è un particolare circuito degli apparecchi televisivi che ha la funzione di mantenere il sincronismo. Un altro sinonimo tecnico è **isocronismo**, che in medicina indica la simultaneità delle pulsazioni arteriose.

simultàneo *agg.* contemporaneo, coincidente, isocrono, sincrono, sincronico, unisono □ concomitante, contestuale **CONTR.** anteriore, antecedente, precedente □ seguente, susseguente, successivo, posteriore.

sinagòga *s. f.* ***1*** (*degli ebrei*) tempio ***2*** adunanza ***3*** (*est.*) nazione ebraica, religione ebraica.

sinceraménte *avv.* ***1*** francamente, schiettamente, lealmente, spontaneamente, liberamente, sentitamente, candidamente, apertamente, ingenuamente, innocentemente, veracemente, genuinamente **CONTR.** falsamente, bugiardamente, ipocritamente, doppiamente, fintamente, slealmente, obliquamente, simulatamente, subdolamente, mendacemente (*lett.*), untuosamente ***2*** davvero, in verità, proprio.

sincerità *s. f.* ***1*** franchezza, schiettezza, lealtà, veridicità, buona fede □ spontaneità, candidezza, candore, limpidezza, naturalezza, ingenuità, innocenza **CONTR.** falsità, insincerità, bugiardaggine, ipocrisia, doppiezza, finzione, slealtà, ambiguità, furberia, inganno, simulazione, dissimulazione, menzogna ***2*** (*di prodotto, di codice, ecc.*) autenticità, purezza, genuinità, bontà **CONTR.** falsità. *V. anche* COSCIENZA

sincèro *agg.* ***1*** (*di cosa*) puro, genuino, autentico, pretto, non alterato, non adulterato, non sofisticato **CONTR.** adulterato, alterato, falsificato, sofisticato, artefatto, contraffatto, impuro, doloso ***2*** (*di persona, di parole, ecc.*) franco, schietto, chiaro, leale, semplice, candido, limpido, ingenuo, innocente, scoperto, aperto, veritiero, veridico, vero, verace (*lett.*), sicuro, reale (*tosc.*) **CONTR.** falso, insincero, doppio, ipocrita, finto, ambiguo, bugiardo, mendace, sleale, simulatore ***3*** (*di dolore, di gioia, ecc.*) non simulato, istintivo, naturale, sentito, spontaneo, caldo, immediato, cordiale **CONTR.** artificioso, forzato, teatrale, convenzionale, controllato, mascherato, simulato. *V. anche* SPONTANEO, VERO

sìncope *s. f.* ***1*** (*est.*) accorciamento **CONTR.** allungamento ***2*** (*med.*) perdita di coscienza, deliquio, svenimento, paralisi **CONTR.** rinvenimento.

sincronìa *s. f.* sincronismo, contemporaneità, simultaneità, coincidenza **CONTR.** diacronia, asincronia □ anteriorità □ posteriorità. *V. anche* SIMULTANEITÀ

sincrònico *agg.* sincrono.

sincronìsmo *s. m.* sincronia, contemporaneità, coincidenza, simultaneità, concomitanza **CONTR.** diacronia □ anteriorità, precedenza □ posteriorità, successione. *V. anche* SIMULTANEITÀ

sincronizzàre *v. tr.* rendere sincrono, mettere in sincronia, far corrispondere, coordinare, abbinare, regolare.

sìncrono *agg.* sincronico, contemporaneo, coincidente, simultaneo, concomitante, concorde **CONTR.** diacronico, asincrono □ anteriore, antecedente, precedente □ seguente, susseguente, posteriore, successivo.

sindacàre *v. tr.* ***1*** (*di operato, di attività, ecc.*) esaminare, controllare, vigilare, sorvegliare, rivedere i conti **CONTR.** trascurare ***2*** (*fig.*) (*di persona, di comportamento, ecc.*) biasimare, censurare, criticare, commentare, riprendere, condannare, disapprovare, riprovare **CONTR.** approvare, elogiare, encomiare, applaudire, esaltare, lodare, decantare. *V. anche* BIASIMARE

sindacàto *s. m.* ***1*** organizzazione di lavoratori, lega, corporazione, camera del lavoro, trade union (*ingl.*) ***2*** (*econ.*) cartello, accordo, pool (*ingl.*), trust (*ingl.*) ***3*** (*di malviventi*) racket (*ingl.*).

sìndaco *s. m.* ***1*** primo cittadino □ borgomastro, podestà, alcalde (*lett.*) ***2*** (*comm.*) revisore dei conti.

sìndrome *s. f.* (*med.*) sintomi, sintomatologia. *V. anche* MALATTIA

sinfonìa *s. f.* ***1*** (*est.*) concerto, brano strumentale ***2*** (*fig.*) (*di colori, di suoni, ecc.*) armonia **CONTR.** disarmonia ***3*** (*fig., fam., antifr.*) complesso sgradevole □ lagna, borsa (*pop.*), solfa.

singhiozzàre *v. intr.* ***1*** avere il singhiozzo ***2*** piangere dirottamente **CONTR.** ridere, sghignazzare ***3*** (*fig.*) avanzare a sbalzi. *V. anche* PIANGERE

singhiózzo *s. m.* ***1*** singulto □ stranguglione ***2*** (*spec. al pl.*) pianto dirotto, pianto convulso **CONTR.** riso, risata, sghignazzata ***3*** (*fig.*) sbalzo, interruzione.

single /*ingl.* 'siŋgl/ [vc. ingl., dal lat. *singŭlus* 'singolo'] *s. m.* e *f. inv.* scapolo, celibe, solo □ nubile, signorina, zitella **CONTR.** sposato, ammogliato, coniugato.

singolàre *agg.* ***1*** solo, unico, singolo, individuale **CONTR.** plurale, molteplice, collettivo, universale ***2*** (*est.*) (*di persona, di parlata, ecc.*) unico, caratteristico, particolare, determinato, spiccato, proprio, peculiare, personale, specifico, distinto, tipico, tipo, sui generis (*lat.*) □ eccellente, egregio, eccezionale, impareggiabile, esclusivo, esemplare, grandioso, inimitato, incomparabile, insolito, raro, straordinario, speciale **CONTR.** comune, normale, ordinario, solito, qualsiasi, usuale, consueto, diffuso □ modesto, modico, mediocre, volgare ***3*** (*di persona, di moda, ecc.*) originale, peregrino, eccentrico, strano, buffo, bizzarro, capriccioso, estroso, strambo, picchiatello, sorprendente, stravagante, curioso **CONTR.** naturale, normale, semplice. *V. anche* RARO

singolarménte *avv.* uno a uno, uno per volta, distintamente, pro capite (*lat.*), capillarmente, individualmente, disgiuntamente, isolatamente, separatamente □ in modo singolare, particolarmente, specificamente, tipicamente □ eccezionalmente, insolitamente, curiosamente, clamorosamente, sorprendentemente, impareggiabilmente, straordinariamente **CONTR.** collettivamente, coralmente, universalmente, complessivamente, cumulativamente, comunemente, normalmente, ordinariamente, solitamente, usualmente □ mediocremente, modestamente, modicamente.

sìngolo ***A*** *agg.* ***1*** considerato a sé, isolato ***2*** unico, unitario, personale, individuale, particolare, esclusivo **CONTR.** comune, collettivo, universale, corale, molteplice ***B*** *s. m.* ***1*** uomo, individuo, privato, persona □ single (*ingl.*) ***2*** (*sport*) (*nel tennis*) singolare □ (*nel canottaggio*) skiff (*ingl.*).

sinìstra *s. f.* ***1*** mano sinistra, manca, mancina **CONTR.** destra, dritta, diritta ***2*** (*polit.*) partiti di sinistra, progressisti, gauche (*fr.*) **CFR.** destra, centro ***3*** (*di un partito, di un movimento, ecc.*) ala progressista *4* (*mar.*) babordo.

sinistràto *agg.* e *s. m.* *1* danneggiato, infortunato, disastrato *2* senzatetto, sfollato.

sinistro ***A*** *agg.* *1* mancino, manco **CONTR.** destro, dritto *2* a sinistra **CONTR.** destro, dritto *3* (*fig.*) (*di sorte, di presagio, ecc.*) sfavorevole, avverso, contrario, funesto, lugubre, esiziale, dannoso, infausto, nefasto, malaugurato, negativo **CONTR.** fausto, favorevole, felice, lieto, propizio *4* (*fig.*) (*di persona, di sguardo, ecc.*) bieco, minaccioso, torvo, cagnesco, truce, spettrale, patibolare, losco, ostile, malvagio, maligno **CONTR.** amichevole, benigno, bonario, mite, ridente, sereno ***B*** *s. m.* disgrazia, accidente, disastro, incidente, infortunio, sciagura, catastrofe **CONTR.** fortuna, successo. *V. anche* DANNOSO

sinóra *avv.* finora, fino ad ora, ancora.

sinòssi *s. f.* (*lett.*) prospetto, compendio, sintesi, riassunto, prontuario, epitome, estratto, riepilogo, specchio, specchietto, quadro **CONTR.** analisi, trattazione diffusa, specificazione. *V. anche* RIASSUNTO

sinòttico *agg.* compendioso, riassuntivo, riepilogativo, sintetico, succinto, breve, conciso, concettoso, serrato, stringato **CONTR.** analitico □ diffuso, prolisso, ridondante, troppo lungo, profuso.

sìntesi *s. f.* *1* unione, riunione, fusione, unificazione, composizione, somma, sinossi, combinazione **CONTR.** analisi, scomposizione, anatomia, separazione *2* riassunto, condensato, sunto, compendio, epitome, ricapitolazione, riepilogo, estratto, quadro, sinossi, sommario, prospetto, conclusione, bignami (*gerg.*), bigino (*gerg.*) **CONTR.** ampliamento, allargamento, specificazione **FRAS.** *in sintesi*, in poche parole, in breve, sommariamente, per sommi capi, sinteticamente □ (*chim.*) *sintesi clorofilliana*, fotosintesi. *V. anche* QUADRO, RIASSUNTO

sinteticità *s. f.* brevità, cortezza, stringatezza, concettosità, sentenziosità.

sintètico *agg.* *1* (*est.*) essenziale, succinto, compendioso, sinottico, riassuntivo, sommario, rapido, breve, condensato, concettoso, sentenzioso, conciso, laconico, incisivo, serrato, stringato **CONTR.** analitico, particolareggiato, dettagliato, prolisso, profuso, diffuso, troppo lungo, ridondante *2* (*di prodotto*) ottenuto per sintesi □ artificiale □ ecologico **CONTR.** naturale.

sintetizzàre *v. tr.* riassumere, compendiare, condensare, sunteggiare, ricapitolare, riepilogare, restringere, stringere, ridurre, tracciare, toccare per sommi capi **CONTR.** allargare □ analizzare, specificare, dettagliare, sviluppare.

sintetizzatóre *s. m.* moog (*ingl.*), ampli-tuner (*ingl.*).

sintomàtico *agg.* (*fig.*) significativo, indicativo, rivelatore.

sintomatologìa *s. f.* (*med.*) sintomi, sindrome □ semeiotica, semiologia.

sìntomo *s. m.* *1* (*med.*) segno, prodromo □ sindrome **CONTR.** postumo *2* (*fig.*) (*di bontà, di fame, ecc.*) indizio, indice, indicatore, avvisaglia, cenno, segno, sentore, annuncio, preannuncio, presagio, spia, avviso, termometro (*fig.*) □ (*di imbroglio, di corruzione, ecc.*) puzza, puzzo **CONTR.** conseguenza, effetto, strascico.

sintonìa *s. f.* (*fig.*) accordo, armonia, concordia, coerenza, amicizia, intesa, dialogo (*est.*), simpatia, affinità, feeling (*ingl.*) **CONTR.** disaccordo, discordia, dissidio, contrasto.

sintonizzàre *v. tr.* e **sintonizzàrsi** *v. intr. pron.* (*fig.*) concordare, andare d'accordo, armonizzare **CONTR.** contrastare, litigare.

sintonizzatóre *s. m.* tuner (*ingl.*), radio.

sinuosità *s. f.* flessuosità, tortuosità, anfrattuosità, piega, piegatura, curva, giravolta, ansa, meandro, serpeggiamento, seno **CONTR.** linearità, rigidità, dirittura, rettifilo, rettilineo.

sinuóso *agg.* serpeggiante, tortuoso, curvo, curvilineo, ondulato, flessuoso, a zigzag, a giravolte, anfrattuoso, articolato **CONTR.** lineare, rigido, diritto, dritto, rettilineo.

sionìsmo *s. m.* (*est.*) ebraismo **CONTR.** antisionismo.

sionìsta *s. m.* e *f.* (*est.*) ebreo, ebraico **CONTR.** antisionista.

sipàrio *s. m.* *1* (*teat.*) tenda, tendone, tendaggio, tela, telone, velario *2* (*est.*) cortina □ confine **FRAS.** *calare il sipario su una cosa* (*fig.*), non parlarne più.

sire *s. m.* (*lett.*) signore, sovrano, re, monarca. *V. anche* SOVRANO

sirèna [da *Sirena*, il mitico mostro marino metà donna e metà pesce, il cui canto affascinava i naviganti e provocava naufragi] *s. f.* *1* (*fig.*) allettatrice, ammaliatrice, fascinatrice (*lett.*), donna fatale, vamp (*ingl.*), circe, maliarda, medusa, seduttrice, fata **CONTR.** megera, strega *2* (*fig.*) segnale acustico, allarme.

sirìnga *s. f.* *1* zampogna, flauto, fistola (*lett.*) *2* cilindro (di vetro) per iniezioni □ catetere, schizzetto, sonda.

siringàre *v. tr.* iniettare, inoculare, cateterizzare.

sìsmico *agg.* di terremoto, di sisma, tellurico **CONTR.** asismico.

sìsmo *s. m.* terremoto, scossa.

sissignóre *loc. avv.* *1* (*ints.*) sì, signorsì *2* (*fam., iron.*) certo, proprio così **CONTR.** nossignore.

sistèma *s. m.* *1* complesso, compagine, organismo, struttura, insieme, rete □ gruppo □ apparato *2* (*di insegnamento, di difesa, ecc.*) metodo, criterio, regola, principio □ modo, maniera, andamento, andazzo (*spreg.*) □ procedimento, tecnica, strada, via, segreto □ condotta, consuetudine, tattica □ (*di un pensatore*) idee, dottrina, filosofia, teoria *3* (*di riscaldamento, di illuminazione, ecc.*) impianto *4* (*politico, sociale, ecc.*) istituzione, regime, costituzione.

sistemàre ***A*** *v. tr.* *1* (*la casa, i conti, ecc.*) organizzare, ordinare, mettere a posto, accomodare, ripulire, assettare, assestare, correggere, moderare, regolamentare, regolare □ (*di libri e sim.*) disporre, distribuire, collocare, piazzare, mettere, posizionare **CONTR.** disordinare, confondere, scompigliare, mettere sottosopra, buttare all'aria, incasinare, rivoluzionare, sconvolgere *2* (*di affare, di lite, ecc.*) risolvere, definire, accomodare, concludere **CONTR.** cominciare, iniziare *3* (*est.*) (*di persona*) alloggiare, accogliere, allogare □ occupare, dare lavoro, procurare lavoro, collocare CONTR. sloggiare, sfrattare, cacciare *4* far sposare, maritare, accasare *5* (*fam.*) punire, castigare, dare una lezione, accomodare, conciare *6* (*di impianto e sim.*) congegnare, installare, montare □ (*di merce*) confezionare *B* **sistemarsi** *v. rifl.* *1* alloggiare, trovare alloggio, abitare, accomodarsi, allogarsi, piantarsi CONTR. sloggiare *2* occuparsi, impiegarsi, collocarsi, piazzarsi CONTR. licenziarsi *3* sposarsi, mettere su famiglia □ mettersi (con qc.) CONTR. dividersi, separarsi, divorziare *4* (*di faccenda*) accomodarsi, risolversi, assestarsi, aggiustarsi CONTR. complicarsi, imbrogliarsi *5* rassettarsi CONTR. disordinarsi. *V. anche* CORREGGERE

sistematicità *s. f.* metodicità, regolarità, periodicità CONTR. irregolarità, saltuarietà, disorganicità.

sistemàtico *agg.* *1* metodico, meticoloso, ordinato, coerente, preciso, regolare □ continuo, periodico CONTR. disordinato, confuso, caotico, incasinato (*fam.*), disorganizzato, capriccioso, improvviso □ saltuario, discontinuo *2* (*di opposizione, di rifiuto, ecc.*) fatto per principio, preconcetto, ostinato, caparbio, piccoso, puntiglioso, fazioso CONTR. impulsivo, irrazionale, blando.

sistemazióne *s. f.* *1* collocamento, collocazione, installazione, piazzamento, disposizione *2* ordine, assestamento, assetto, strutturazione, sesto, regolazione, regolamentazione, riordinamento CONTR. confusione, caos, disordine, scompiglio, sconvolgimento, trambusto, casino (*pop.*) *3* alloggio, ricovero *4* occupazione, lavoro, impiego *5* (*fig.*) risoluzione, accomodamento, definizione.

sìto *s. m.* (*lett.*) luogo, località, posizione, posto, positura (*lett.*), punto.

situàre *v. tr.* porre, collocare, mettere, posizionare, stabilire, ubicare CONTR. levare, togliere, rimuovere, spostare.

situazióne *s. f.* *1* condizione, stato, posizione □ dislocazione, giacitura, ubicazione *2* circostanza, contesto, clima (*fig.*), momento, congiuntura, contingenza, occasione.

skating /*ingl.* 'skeitiŋ/ [vc. ingl., da *to skate* 'pattinare'] *s. m. inv.* pattinaggio, schettinaggio.

sketch /*ingl.* sketʃ/ [vc. ingl., dall'ol. *schets*, deriv. dall'it. *schizzo*] *s. m. inv.* (*di varietà, pubblicitario, ecc.*) scenetta, numero, trovata, gag (*ingl.*).

ski-lift /*ingl.* 'ski:lift/ [vc. ingl., comp. di *ski* 'sci' e *lift* 'ascensore'] *s. m. inv.* sciovia.

slabbràre *A* *v. tr.* *1* (*di vaso e sim.*) sbreccare, scheggiare, sbocconcellare *2* (*di ferita*) allargare, lacerare CONTR. cucire *B* *v. intr.* traboccare *C* **slabbrarsi** *v. intr. pron.* scheggiarsi.

slabbratùra *s. f.* *1* (*di vaso e sim.*) scheggiatura, sbocconcellatura *2* (*di ferita*) apertura, lacerazione CONTR. cucitura.

slacciàre *A* *v. tr.* sciogliere, sfibbiare, sbottonare, slegare, aprire CONTR. allacciare, affibbiare, abbottonare, legare, unire, annodare *B* **slacciarsi** *v. rifl.* sfibbiarsi, sbottonarsi, sciogliersi, slegarsi, aprirsi CONTR. allacciarsi, affibbiarsi, abbottonarsi. *V. anche* SCIOGLIERE

slanciàre *A* *v. tr.* *1* (*raro*) lanciare, buttare, gettare, scagliare, scaraventare CONTR. fermare, tenere, trattenere *2* (*di abito, ecc.*) snellire, sveltire CONTR. ingoffare, appesantire *B* **slanciarsi** *v. rifl.* (*di persona*) gettarsi, buttarsi, avventarsi, scagliarsi, cacciarsi, precipitarsi, catapultarsi, scaraventarsi, correre, saltare, scattare CONTR. ritirarsi, ritrarsi, retrocedere, arretrare, indietreggiare, rinculare, frenarsi, trattenersi *C* *v. intr. pron.* (*di albero, di campanile, ecc.*) protendersi, svettare.

slanciàto *part. pass. di* **slanciare**; *anche agg.* *1* (*raro*) gettato, buttato, avventato, scagliato, scaraventato CONTR. ritirato, ritratto, frenato, trattenuto *2* alto, snello, longilineo, flessuoso, sottile, agile, svelto □ aerodinamico CONTR. basso, brevilineo, corpulento, grosso, massiccio, pesante, atticciato, tarchiato, tozzo, tracagnotto.

slàncio *s. m.* *1* balzo, salto, scatto, aire, volo, tuffo, zompo (*centr.*) □ sprint (*ingl.*) *2* (*fig.*) (*di rabbia, di generosità, ecc.*) entusiasmo, fervore, foga, calore, impetuosità, vivacità, ardore, concitazione, furia, vigoria, veemenza, voga □ impeto, impulso, moto, tendenza, empito (*lett.*), ali (*lett.*), scatto, scoppio, sfogo CONTR. indolenza, inerzia, pigrizia, indifferenza, apatia, flemma, disinteresse, freddezza, insensibilità. *V. anche* ENTUSIASMO

slang /*ingl.* slæŋ/ [vc. ingl., propriamente 'gergo'] *s. m. inv.* gergo, argot (*fr.*), lingua settoriale, dialetto.

slàrgo *s. m.* allargamento, allargatura □ largo, piazza, piazzale, piazzola CONTR. restringimento, strettoia, stretta.

slavàto *agg.* *1* sbiadito, smorto, scialbo, dilavato, pallido, scolorito CONTR. colorito, rosso, rubicondo, acceso, carico *2* (*fig.*) (*di stile, di figura, ecc.*) debole, incolore, inespressivo, fiacco, sbiadito, scialbo CONTR. energico, espressivo, efficace, colorito, vivace, vigoroso, brillante.

slavìna *s. f.* lavina, valanga □ (*est.*) frana.

sleàle *agg.* infedele, infido, insincero, fariseo, malfido, disonesto, birbone, fellone (*lett.*), perfido, traditore, proditorio, doppio, bifronte, obliquo, falso, subdolo, fedifrago, spergiuro, tortuoso, traverso, mancino, levantino (*spreg.*) CONTR. leale, fedele, fidato, fido, irreprensibile, integro, onesto, retto, schietto, sincero, sicuro, verace, aperto, franco, corretto, cavalleresco, sportivo.

slealtà *s. f.* infedeltà, insincerità, doppiezza, duplicità, fallacia, falsità, fraudolenza, frode, malafede, perfidia, fellonia (*lett.*), tradimento, scorrettezza, disonestà CONTR. lealtà, fede, buonafede, fedeltà, fidatezza, onestà, schiettezza, sincerità, veracità, franchezza, cavalleria, sportività.

sleeping-car /*ingl.* 'sli:piŋ ka:/ [vc. ingl., comp. di *sleeping*, propriamente gerundio di *to sleep* 'dormire' e *car* 'carrozza'] *s. m. inv.* (*ferr.*) vettura letto, vagone letto, wagon-lit (*fr.*).

slegàre *A* *v. tr.* sciogliere, slacciare, sfibbiare, snodare, aprire, sgrovigliare, sviluppare, svincolare, disarticolare, districare □ scollegare, staccare □ spacchettare □ (*lett.*) prosciogliere, liberare CONTR. legare, collegare, affibbiare, unire, allacciare, annodare, avvincere, assicurare, incatenare, serrare □ impacchettare □ vincolare ***B*** **slegarsi** *v. intr. pron.* sciogliersi, slacciarsi, svincolarsi, liberarsi, staccarsi. *V. anche* SCIOGLIERE

slegàto *part. pass. di* **slegare**; *anche agg.* ***1*** sciolto, disciolto, slacciato, staccato, scucito, sfibbiato, snodato, sgrovigliato, svincolato □ non rilegato **CONTR.** legato, allacciato, annodato, cinto, avvinto (*lett.*), assicurato, incatenato, serrato, vincolato □ rilegato ***2*** (*fig.*) (*di ragionamento, di pensiero, ecc.*) illogico, incoerente, sconnesso, disarticolato, inorganico, sgangherato (*fig.*), squinternato □ scollegato **CONTR.** coerente, connesso, logico, unito, concatenato □ collegato, correlato.

slide /*ingl.* 'slaid/ [vc. ingl., da *to slide* 'scivolare, scorrere'] *s. m. inv.* diapositiva, filmina.

slip /*ingl.* slip/ [vc. ingl., da *to slip* 'scivolare, scorrere', propriamente 'indumento che si infila con facilità'] *s. m. inv.* mutandine, monokini, tanga.

slìtta *s. f.* ***1*** traino, treggia, guidoslitta, toboga, troica, troika ***2*** (*mecc.*) scorrevole.

slittaménto *s. m.* ***1*** sdrucciolamento (*raro*), scivolamento, scivolata, scivolone, sbandamento ***2*** (*fig.*) (*di moneta, di prezzo, ecc.*) diminuzione, deprezzamento, svilimento, svalutazione, calo **CONTR.** apprezzamento, rincaro, rivalutazione, crescita ***3*** (*fig.*) (*di ideologia*) deviazione, spostamento **CONTR.** fedeltà, coerenza.

slittàre *v. intr.* ***1*** scivolare, sdrucciolare □ (*di ruota*) girare a vuoto □ (*di automobile*) sbandare, derapare, uscire di strada **CONTR.** far presa ***2*** (*fig.*) (*di moneta, di prezzo, ecc.*) diminuire, calare, deprezzarsi, ribassare, svalutarsi, svilirsi **CONTR.** apprezzarsi, crescere, rincarare, rivalutarsi.

slògan [vc. ingl., dallo scozzese *sluaghghairm* 'grido (*ghairm*) di guerra (*sluagh*)'] *s. m. inv.* motto □ frase pubblicitaria, réclame (*fr.*).

slogàre ***A*** *v. tr.* lussare, disarticolare ***B*** **slogarsi** *v. intr. pron.* lussarsi, disarticolarsi.

slogatùra *s. f.* lussazione.

sloggiàre ***A*** *v. tr.* sfrattare, scasare (*raro*) □ scacciare, allontanare, espellere, estromettere, mandare via **CONTR.** alloggiare, dare alloggio □ accogliere, accettare, ricevere ***B*** *v. intr.* cambiar casa, traslocare □ allontanarsi, partire, sgombrare, andare via, andarsene, far fagotto, abbandonare **CONTR.** entrare □ occupare, accamparsi, sistemarsi, domiciliarsi.

slum /*ingl.* slʌm/ [vc. ingl., di etim. incerta] *s. m. inv.* quartiere povero, baraccopoli, bidonville (*fr.*), favela (*sp.*).

smacchiàre *v. tr.* pulire, tergere, sgrassare **CONTR.** macchiare, sporcare, insozzare, insudiciare, ungere, chiazzare. *V. anche* PULIRE

smàcco *s. m.* insuccesso, sconfitta, onta, fiasco, ingiuria, vergogna, umiliazione **CONTR.** successo, vittoria, affermazione, trionfo.

smadonnàre *v. intr.* (*gerg.*) bestemmiare, smoccolare.

smagliànte *agg.* splendente, risplendente, sfavillante, lucente, splendido, vivido, rilucente, abbagliante □ (*anche fig.*) luminoso, brillante, sfolgorante, raggiante, radioso **CONTR.** offuscato, opaco, oscuro, smorto, spento, velato.

smagliatùra *s. f.* ***1*** rottura, strappo ***2*** (*fig.*) mancanza di coesione, incoerenza, sconnessione **CONTR.** coesione, coerenza, unità.

smagrìto *agg.* affilato, dimagrito, magro **CONTR.** ingrassato.

smaliziàre ***A*** *v. tr.* scaltrire, infurbire, disincantare, svegliare (*fig.*) ***B*** **smaliziarsi** *v. intr. pron.* scaltrirsi, farsi furbo, svegliarsi.

smaliziàto *part. pass. di* **smaliziare**; *anche agg.* scaltrito, disincantato, furbo, scaltro, malizioso, esperto **CONTR.** ingenuo, candido, innocente, inesperto, minchione (*pop.*), semplicione, fesso (*fam.*).

smaltàre *v. tr.* (*est.*) verniciare, laccare, incrostare.

smaltatùra *s. f.* laccatura, verniciatura, incrostazione.

smaltìre *v. tr.* ***1*** digerire, assimilare, mandar giù □ far passare ***2*** (*raro, fig.*) (*di offesa, di dolore, ecc.*) tollerare, sopportare, ingoiare (*fig.*) **CONTR.** reagire, ribellarsi ***3*** (*di merce*) vendere completamente, smerciare, liquidare, esitare, spacciare ***4*** (*di acque, di immondizie, ecc.*) dare scolo, scaricare □ eliminare.

smàlto *s. m.* ***1*** (*est.*) vernice, lacca ***2*** (*fig.*) capacità combattiva, impeto agonistico.

smammàre *v. intr.* (*dial., pop.*) levarsi di torno, andarsene, alzare il tacco.

smancerìa *s. f. spec. al pl.* leziosaggine, carezza, svenevolezza, languore, romanticheria, sentimentalismo, sdolcinatezza, sdolcinatura, affettazione, sdilinquimento, tenerume □ moine, complimenti, convenevoli, smorfie, cerimonie, fichi (*tosc.*), vezzi **CONTR.** rudezza, ruvidezza, sgarbataggine, sgarberia, sgarbo, scortesia, villania □ austerità, gravità, serietà, solennità. *V. anche* AFFETTAZIONE

smangiàre *v. tr.* corrodere, erodere, rodere, consumare.

smània *s. f.* ***1*** agitazione, inquietudine, affanno, ansia, impazienza, nervosismo, fastidio, frenesia, fermento, concitazione, irrequietezza, insofferenza, irrequietudine, nervoso, nervosismo, orgasmo, delirio, sovreccitazione **CONTR.** calma, pace, pazienza, quiete, serenità, tranquillità, equilibrio, impassibilità, imperturbabilità ***2*** (*fig.*) (*di successo, di divertimento, ecc.*) desiderio, brama, bramosia (*lett.*), fame, avidità, pretesa, passione, cupidigia, prurigine, prurito, mania, fregola, voglia **CONTR.** indifferenza, svogliatezza, apatia, avversione, ripugnanza **FRAS.** *dare in smanie*, dare in escandescenze, essere molto agitato. *V. anche* CUPIDIGIA

smaniàre *v. intr.* ***1*** agitarsi, affannarsi, arrovellarsi, impazientirsi, innervosirsi, inquietarsi, conturbarsi, eccitarsi, sovreccitarsi, delirare, impazzare, assillare (*lett.*) **CONTR.** stare calmo, essere tranquillo, non scomporsi □ pazientare, tollerare ***2*** (*fig.*) desiderare, bramare (*lett.*), struggersi, anelare, sognare, sospirare, concupire **CONTR.** disdegnare, aborrire, disinteressarsi.

smanióso *agg.* ***1*** affannato, agitato, ansioso, conturbato, impaziente, insofferente, inquieto, irrequieto, frenetico, sovreccitato, teso, nervoso CONTR. calmo, paziente, placido, pacifico, serafico, quieto, equilibrato, tranquillo, tollerante, pago *2* (*di denaro, di gloria, ecc.*) bramoso (*lett.*), desideroso, avido, cupido (*lett.*), voglioso, assetato, sitibondo (*lett.*) CONTR. disdegnoso, restio, indifferente.

smantellaménto *s. m.* *1* abbattimento, demolizione, distruzione, diroccamento, atterramento, spianamento CONTR. costruzione, edificazione, erezione *2* soppressione, dismissione □ (*fig.*) confutazione.

smantellàre *v. tr.* *1* abbattere, atterrare, demolire, diroccare, spianare CONTR. costruire, edificare, erigere, fondare *2* distruggere, disfare, sopprimere, rendere inefficiente, mettere fuori uso, dismettere CONTR. rendere efficiente, rimettere in funzione *3* (*fig.*) (*di idee, di ragionamento, ecc.*) confutare, dimostrare infondato, screditare, scardinare CONTR. accreditare, avvalorare, convalidare.

smargiàsso *s. m.* ammazzasette, fanfarone, gradasso, spaccone, millantatore, ballista, megalomane, sbruffone, sacripante, rodomonte, guascone, bravaccio, spaccamontagne, spavaldo, vanaglorioso, patacca (*dial.*) CONTR. modesto, umile, dimesso, discreto, riservato, semplice.

smarriménto *s. m.* *1* (*di cosa*) perdita, dimenticanza CONTR. ritrovamento, rinvenimento, reperimento, recupero *2* (*med.*) svenimento, perdita di coscienza, mancamento, deliquio, vertigine CONTR. rinvenimento *3* (*fig.*) confusione, crisi, disorientamento, insicurezza, spaesamento, sconcerto, sbigottimento, turbamento, perturbazione, rimescolamento, scombussolamento □ sconforto, scoraggiamento, costernazione, desolazione, sconvolgimento, paura, spavento, timore CONTR. calma, placidità, quiete, serenità, tranquillità, impassibilità, imperturbabilità. *V. anche* PAURA, SCORAGGIAMENTO

smarrìre ***A*** *v. tr.* perdere CONTR. trovare, rinvenire ***B*** **smarrirsi** *v. intr. pron.* *1* perdersi, disorientarsi □ sperdersi, sviarsi CONTR. ritrovare la strada, orizzontarsi, orientarsi *2* (*fig.*) turbarsi, confondersi, imbrogliarsi, sbigottirsi, sconcertarsi □ avvilirsi, disanimarsi, scoraggiarsi, accasciarsi, sgomentarsi, deprimersi, demoralizzarsi, spaurirsi, spaventarsi, intimidirsi, intimorirsi CONTR. rianimarsi, riaversi, rimettersi, rinfrancarsi, rincuorarsi, riprendersi, riconfortarsi, risollevarsi.

smascheràre ***A*** *v. tr.* *1* togliere la maschera *2* (*fig.*) rivelare, scoprire, svelare, denudare □ smentire, sbugiardare, svergognare CONTR. celare, coprire, nascondere, occultare, dissimulare, mascherare, velare ***B*** **smascherarsi** *v. rifl.* *1* togliersi la maschera *2* (*fig.*) rivelarsi, scoprirsi, svelarsi, tradirsi CONTR. nascondersi, celarsi, occultarsi, dissimularsi, mascherarsi.

smash /*ingl.* 'smæʃ/ [vc. ingl., da *to smash* 'colpire con violenza'] *s. m. inv.* (*sport*) (*nel tennis*) schiacciata.

smembraménto *s. m.* (*fig.*) divisione, disgregamento, frazionamento, scomposizione, separazione, scorporo CONTR. aggregamento, aggregazione, accorpamento, composizione, unione, costruzione.

smembràre *v. tr.* *1* (*raro*) tagliare a pezzi, sbranare, squartare *2* (*fig.*) dividere, disgregare, frazionare, scomporre, sciogliere, separare, staccare, disgiungere, sconnettere, scorporare CONTR. aggregare, comporre, accorpare, fondere, congiungere, unire, mettere insieme. *V. anche* DIVIDERE, SCIOGLIERE

smemoràto *agg.* e *s. m.* sbadato, disattento, distratto, dimentico, immemore, stordito, trasognato, sventato CONTR. memore (*lett.*), di buona memoria, attento, pronto.

smentìre ***A*** *v. tr.* *1* (*di persona, di notizia, ecc.*) negare, sfatare, contraddire, sbugiardare, svergognare, sconfessare, smascherare CONTR. approvare, confermare, riconfermare *2* (*di deposizione, di dichiarazione, ecc.*) ritrattare, ritrarre, disdire, rinnegare, rettificare CONTR. confermare, ribadire, attestare, testimoniare, convalidare *3* (*di aspettativa, di promessa, ecc.*) deludere, venir meno, mancare CONTR. mantenere, confermare ***B*** **smentirsi** *v. rifl.* contraddirsi, disdirsi, ritrattarsi CONTR. essere coerente.

smentita *s. f.* negazione, sconfessione, ritrattazione, rettifica, precisazione CONTR. approvazione, conferma, riconferma, convalida, ribadimento (*raro*). *V. anche* CONTRADDIZIONE

smentìto *part. pass.* di **smentire**; *anche agg.* *1* (*di persona, di notizia, ecc.*) negato, contraddetto, sconfessato, smascherato CONTR. approvato, confermato, riconosciuto *2* (*di deposizione, di dichiarazione, ecc.*) ritrattato, disdetto, rinnegato, rettificato CONTR. confermato, ribadito, convalidato *3* (*di aspettativa, di speranza, ecc.*) deluso CONTR. mantenuto.

smerciàre *v. tr.* vendere, spacciare, commerciare, smaltire, esitare CONTR. acquistare, comprare.

smèrcio *s. m.* vendita, spaccio, commercio, sbocco, esito CONTR. acquisto, compera.

smerigliàre *v. tr.* levigare, lucidare, polire, molare, lisciare.

smèrlo *s. m.* festone, ricamo, merlo, centina.

smésso *part. pass.* di **smettere**; *anche agg.* *1* interrotto, abbandonato, sospeso CONTR. cominciato, iniziato *2* (*di abito*) disusato, vecchio CONTR. rinnovato, spianato (*fam.*).

sméttere ***A*** *v. tr.* *1* interrompere, tralasciare, sospendere □ abbandonare, lasciare, piantare □ dismettere CONTR. cominciare, iniziare, principiare □ continuare, proseguire, ultimare *2* non indossare più, abbandonare CONTR. rinnovare, spianare (*fam.*), bagnare (*fam.*) ***B*** *v. intr.* desistere, cessare, terminare, finire, fermarsi, mollare, rinunciare □ (*di sentinella e sim.*) smontare □ (*lett.*) (*di vento, di bufera*) ristare, restare CONTR. cominciare, iniziare □ insistere, persistere, seguitare □ (*su un argomento*) battere, picchiare.

smidollàto *agg.* e *s. m.* debole, fiacco, privo di energia, sfibrato, slombato (*raro*), snervato, spossato, svigorito, rammollito, imbelle □ mollusco, debosciato, pappamolle CONTR. energico, dinamico, forte, vigoroso, virile.

smilitarizzàre *v. tr.* demilitarizzare, disarmare □ smobilitare CONTR. militarizzare □ mobilitare.

smìlzo *agg.* *1* magro, snello, esile, sottile, gracile, mingherlino, scarnito, allampanato, asciutto, secco, magrissimo **CONTR.** grasso, grosso, corpacciuto, corpulento, obeso, atticciato, quartato (*raro*), tarchiato, massiccio, pienotto, tozzo, tracagnotto ***2*** (*fig.*) (*di stile*) inconsistente □ essenziale, sobrio, povero, scarno **CONTR.** ricco, fiorito, forbito, smagliante, splendido.

sminuìre ***A*** *v. tr.* ***1*** (*raro*) diminuire, abbassare, calare, ridurre, scemare, impiccolire **CONTR.** accrescere, aumentare, ingrandire ***2*** (*fig.*) (*di merito, di importanza, ecc.*) deprezzare, menomare, svalutare, sottovalutare, offuscare, minimizzare, sgonfiare, svilire, invilire **CONTR.** apprezzare, esaltare, valorizzare, sottolineare, lodare, valutare, rivalutare ***B*** *v. rifl.* (*fig.*) svalutarsi, sottovalutarsi, diminuirsi **CONTR.** esaltarsi.

sminuzzàre ***A*** *v. tr.* sbriciolare, spezzettare, polverizzare, sgretolare, trinciare, smozzicare, tritare, triturare, pestare □ frantumare, disintegrare, disgregare, stritolare ***B*** **sminuzzarsi** *v. intr. pron.* sbriciolarsi, frantumarsi, sgretolarsi.

smistaménto *s. m.* ***1*** separazione, scomposizione, divisione, ripartizione, spoglio □ decentramento ***2*** (*sport*) (*del pallone*) passaggio.

smistàre *v. tr.* ***1*** selezionare, suddividere, cernere □ (*di corrispondenza e sim.*) spogliare, sbrigare, evadere **CONTR.** conglobare, raggruppare, fondere □ ricevere ***2*** inviare, trasferire □ distaccare, decentrare ***3*** (*sport*) (*di pallone*) passare.

smisuratézza *s. f.* enormità, illimitatezza, immensità, infinità, incommensurabilità, sterminatezza, dismisura (*ant.*) □ eccesso, esagerazione, smoderatezza **CONTR.** piccolezza, esiguità, limitatezza, modestia, pochezza, scarsità.

smisuràto *agg.* illimitato, incommensurabile, infinito, sconfinato, sterminato, vasto □ immenso, grandissimo, enorme, gigantesco, colossale, elefantiaco, immane, ingente, mastodontico □ esorbitante, eccessivo, esagerato, smoderato, spropositato, sproporzionato, stellare **CONTR.** piccolo, minimo, infinitesimale, minuscolo, minuto, misurato, microscopico, esiguo, limitato, modesto, scarso. *V. anche* GRANDE

smobilitàre *v. tr.* ***1*** congedare □ smilitarizzare, disarmare **CONTR.** mobilitare, armare □ militarizzare ***2*** (*di industria, di economia*) inattivare, bloccare, disattivare **CONTR.** allestire, potenziare.

smobilitazióne *s. f.* congedo □ smilitarizzazione, disarmo □ disattivazione **CONTR.** mobilitazione □ militarizzazione □ allestimento, potenziamento.

smoccolàre *v. intr.* (*pop.*) bestemmiare, imprecare, smadonnare (*gerg.*) **CONTR.** pregare, invocare, adorare.

smoderatézza *s. f.* immoderatezza, eccesso, esagerazione, smisuratezza □ intemperanza, sbrigliatezza, sfrenatezza, dissolutezza, incontinenza, sregolatezza **CONTR.** moderatezza, moderazione, misura, regolatezza, misuratezza □ discrezione, ritegno, freno, limite, regola, controllo, astinenza, castigatezza, sobrietà, modestia, temperanza.

smoderàto *agg.* smodato, immoderato, eccessivo, esagerato, sperticato, smisurato, iperbolico, strabocchevole, spropositato □ indiscreto, incontinente, intemperante, sfrenato, scatenato, scostumato, sregolato, senza controllo **CONTR.** moderato, misurato, modesto □ controllato, discreto, limitato, regolato, parco, sobrio, temperante, frugale.

smog /*ingl.* smɔg/ [vc. ingl., sovrapposizione di *smoke* 'fumo' a *fog* 'nebbia'] *s. m. inv.* (*di zone industriali*) nebbione, fumo, cappa di fumo. *V. anche* NEBBIA

smollàre *v. tr.* ***1*** (*raro*) mettere a mollo ***2*** (*pop.*) allentare **CONTR.** tendere, tirare.

smontàre ***A*** *v. tr.* ***1*** (*da un veicolo*) far scendere **CONTR.** far salire, caricare ***2*** (*di meccanismo, di giocattolo, ecc.*) scomporre, scommettere, disgiungere, scongiungere (*raro*), disfare □ (*est.*) distruggere, rendere inefficiente **CONTR.** montare, allestire, comporre, assemblare, costruire ***3*** (*anche fig.*) (*di panna, di notizia, ecc.*) sgonfiare **CONTR.** montare, gonfiare ***4*** (*fig.*) (*di persona*) abbattere, avvilire, disanimare, demoralizzare, deprimere, scorare, scoraggiare **CONTR.** animare, rianimare, incoraggiare, sollevare, risollevare, rinfrancare ***B*** *v. intr.* ***1*** scendere, discendere (*est.*) **CONTR.** montare, salire ***2*** (*di lavoratore, di sentinella, ecc.*) terminare, finire, smettere, staccare (*fam.*), uscire, lasciare il lavoro **CONTR.** attaccare (*fam.*), cominciare, iniziare ***3*** (*di colore*) schiarire, scolorire, stingere, stingersi, sbiadire, impallidire **CONTR.** colorarsi, colorirsi, tingersi ***4*** (*di panna, di uovo, ecc.*) sgonfiarsi **CONTR.** montare ***C*** **smontarsi** *v. intr. pron.* perdere l'entusiasmo, sfiduciarsi, abbattersi, avvilirsi, disanimarsi, demoralizzarsi, deprimersi, scorarsi, scoraggiarsi **CONTR.** animarsi, rianimarsi, incoraggiarsi, caricarsi, rinfrancarsi, risollevarsi. *V. anche* SCENDERE

smontàto *part. pass. di* **smontare**; *anche agg.* ***1*** (*di meccanismo, di giocattolo, ecc.*) scomposto, disfatto □ distrutto **CONTR.** montato, assemblato, composto, installato ***2*** (*anche fig.*) (*di panna, di notizia, ecc.*) sgonfiato **CONTR.** gonfiato ***3*** (*fig.*) (*di persona*) abbattuto, avvilito, demoralizzato, depresso **CONTR.** sollevato, rinfrancato, incoraggiato ***4*** disceso, sceso **CONTR.** salito ***5*** (*di colore*) stinto **CONTR.** colorito.

smòrfia *s. f.* ***1*** boccaccia, ghigno, lazzo, sberleffo, verso, versaccio ***2*** lezio, leziosaggine, affettazione, moina, svenevolezza, sdolcinatura, complimento, vezzo, smanceria, sdilinquimento. *V. anche* AFFETTAZIONE

smorfióso *agg.*; *anche s. m.* (*f. -a*) lezioso, svenevole, smanceroso, affettato, sdolcinato, caramelloso, sentimentale □ (*di donna*) civetta, fraschetta **CONTR.** brusco, duro, rude, sgarbato, rozzo, aspro.

smòrto *agg.* ***1*** (*di colore*) pallido, spento, sbiadito, scialbo, scolorito, squallido, dilavato, slavato **CONTR.** acceso, intenso, splendente ***2*** (*fig.*) (*di persona, di volto*) anemico, esangue, emaciato, cereo, giallo, grigio, sbattuto, sbiancato, verde, verdognolo □ (*di persona, di stile, ecc.*) privo di vigore, inespressivo, debole, dimesso, fiacco **CONTR.** colorito, rubicondo, roseo □ energico, espressivo, efficace, vigoroso, vivace, pimpante.

smorzàre ***A*** *v. tr.* ***1*** spegnere **CONTR.** accendere ***2*** (*di luce, di suono*) abbassare, attenuare, diminuire □ (*fig.*) (*di ira, di entusiasmo, di polemica, ecc.*) attutire, calmare, frenare, sopire, ovattare, moderare, scemare, temperare, estinguere, intiepidire, raffreddare **CONTR.** accrescere, intensificare, ravvivare, acuire, destare, fomentare, rinfocolare ***B*** **smorzarsi** *v. intr. pron.* (*anche fig.*) spegnersi, attenuarsi, attutirsi, abbassarsi, calmarsi, intiepidirsi, estinguersi, raffreddarsi **CONTR.** accendersi, accrescersi, rinforzarsi, intensificarsi, ravvivarsi, rinfocolarsi. *V. anche* DIMINUIRE

smòsso *part. pass. di* **smuovere**; *anche agg.* ***1*** mosso, spostato, instabile, malfermo, tentennante, traballante, vacillante **CONTR.** fermo, fisso, immobile, saldo, solido, stabile ***2*** (*di terra*) arato, lavorato da poco.

smottaménto *s. m.* scivolamento, cedimento, smottatura □ frana, franamento, lavina.

smozzicàre *v. tr.* ***1*** spezzettare, tagliuzzare, sbriciolare, sminuzzare, stritolare, tritare, triturare, trinciare ***2*** (*fig.*) (*di parola, di discorso e sim.*) abbreviare malamente □ spiccicare.

smùnto *agg.* pallido, emaciato, scarno, scavato, affilato, prosciugato, consunto, patito, sparuto, spolpato, spettrale, cadaverico □ secco, magrissimo, allampanato, mingherlino, macilento **CONTR.** fiorente, florido, grasso, grosso, corpulento, pieno, paffuto, prosperoso, rubicondo, robusto, vigoroso.

smuòvere ***A*** *v. tr.* ***1*** spostare, muovere, rimuovere, sommuovere **CONTR.** fermare, fissare ***2*** (*fig.*) (*da una decisione, da un'idea, ecc.*) allontanare, dissuadere, distogliere, rimuovere, stornare, distornare (*lett.*) **CONTR.** persuadere, indurre, convincere, incitare, spingere, stimolare, tentare ***3*** (*fig.*) (*di animo, di gente, ecc.*) muovere, commuovere, piegare, perturbare, scuotere, trascinare, mobilitare, sensibilizzare ***B*** **smuoversi** *v. intr. pron.* ***1*** spostarsi, muoversi **CONTR.** star fermo, stare immobile ***2*** (*fig.*) (*da una decisione, da un'idea, ecc.*) allontanarsi, discostarsi, abbandonare, rinunciare **CONTR.** prendere, aggrapparsi. *V. anche* SCUOTERE

smussàre ***A*** *v. tr.* ***1*** arrotondare, spianare, spuntare, ottundere (*lett.*), limare **CONTR.** appuntire, acuire, aguzzare, acuminare, affilare, affusolare, assottigliare ***2*** (*fig.*) (*di carattere, di difficoltà, ecc.*) addolcire, edulcorare, attenuare, attutire, diminuire, mitigare, moderare, temperare **CONTR.** accrescere, inasprire, irritare, esacerbare, esasperare, esulcerare ***B*** **smussarsi** *v. intr. pron.* perdere il filo, spuntarsi, arrotondarsi, spianarsi, limarsi **CONTR.** acuirsi, assottigliarsi, appuntirsi.

smussàto *part. pass. di* **smussare**; *anche agg.* ***1*** arrotondato, spianato, spuntato, limato, ottuso **CONTR.** appuntito, acuto, acuminato, affilato ***2*** (*fig.*) (*di carattere, di difficoltà, ecc.*) addolcito, attenuato, attutito, mitigato **CONTR.** inasprito, esasperato, esacerbato.

snack /*ingl.* snæk/ [vc. ingl.] *s. m. inv.* spuntino, merenda.

snack-bar /*ingl.* 'snæk ba:/ [vc. ingl., comp. di *snack* 'spuntino' e *bar*] *s. m. inv.* tavola calda.

snaturàre *v. tr.* (*anche fig.*) far cambiare natura, far degenerare, deviare (*raro*), alterare □ svisare, travisare, falsare, stravolgere.

snaturàto *agg.*; *anche s. m.* ***1*** alterato, deviato (*raro*) □ svisato, travisato, falsato, stravolto ***2*** (*est.*) crudele, duro, feroce, truce, efferato, disumano, inumano, barbaro, malvagio, scellerato, bestiale, brutale **CONTR.** benigno, bonario, buono, dolce, mansueto, mite, compassionevole, pietoso, umano. *V. anche* CRUDELE

snebbiàre *v. tr.* ***1*** sgombrare dalla nebbia, schiarire, illimpidire, rasserenare **CONTR.** annebbiare, offuscare, velare ***2*** (*fig.*) (*di senso, di significato, ecc.*) chiarire, chiarificare, delucidare □ (*di mente*) rischiarare, liberare **CONTR.** confondere, ottenebrare.

snellézza *s. f.* asciuttezza, sottigliezza □ agilità, leggerezza, eleganza, finezza, flessuosità, scioltezza, slancio, sveltezza, destrezza □ (*di stile*) scorrevolezza, spigliatezza, disinvoltura, facilità **CONTR.** goffaggine, grossezza, grassezza, pesantezza □ impaccio, lentezza. *V. anche* ELEGANZA

snellìre ***A*** *v. tr.* ***1*** (*di persona*) rendere snello, slanciare, sfinare (*fam.*) □ far dimagrire **CONTR.** appesantire ***2*** (*fig.*) (*di traffico, di servizi, ecc.*) rendere più rapido, rendere più efficiente, sveltire, velocizzare □ (*di stile*) sfrondare, semplificare, ripulire **CONTR.** intralciare, rallentare ***B*** **snellirsi** *v. intr. pron.* diventare snello, dimagrire **CONTR.** appesantirsi, ingrassare □ (*fig.*) congestionarsi.

snèllo *agg.* ***1*** (*di persona, di figura, ecc.*) agile, svelto, leggero, slanciato, smilzo, sottile, gracile, sciolto, nervoso, flessuoso, felino, snodato **CONTR.** grosso, grasso, goffo, corpacciuto, corpulento, atticciato, obeso, pesante, quartato (*raro*), tarchiato, massiccio, tozzo ***2*** (*fig.*) (*di stile, di romanzo, ecc.*) spigliato, agile, disinvolto, scorrevole, fluido **CONTR.** stentato, goffo, impacciato.

snervànte *part. pres. di* **snervare**; *anche agg.* spossante, debilitante, deprimente, estenuante, estenuativo, sfibrante, slombante (*raro*), stressante □ opprimente, asfissiante, assillante, soffocante **CONTR.** eccitante, rinforzante, corroborante, tonico □ rilassante, riposante, distensivo.

snervàre ***A*** *v. tr.* infiacchire, spossare, indebolire, spompare, stancare, debilitare, estenuare, sfiancare, sfibrare, svigorire, slombare (*raro*), abbattere **CONTR.** rinforzare, eccitare, corroborare, invigorire, temprare, rinvigorire ***B*** **snervarsi** *v. intr. pron.* infiacchirsi, spossarsi, estenuarsi, indebolirsi, debilitarsi, sfibrarsi, svigorirsi, sfinirsi, spomparsi, slombarsi (*raro*) **CONTR.** rafforzarsi, rinvigorirsi, irrobustirsi, temprarsi. *V. anche* STANCARE

snervàto *part. pass. di* **snervare**; *anche agg.* fiaccato, infiacchito, estenuato, affranto, cascante, debole, floscio, flaccido, debilitato, sfibrato, spompato, indebolito, fiacco, spossato, stremato, svigorito, slombato (*raro*) **CONTR.** energico, forte, gagliardo, rinforzato, rinvigorito, nerboruto, robusto, vigoroso, baldanzoso, maschio.

snidàre *v. tr.* ***1*** (*di animale*) stanare, scovare **CONTR.** annidare ***2*** (*fig.*) (*di persona*) fare uscire, cacciare fuori **CONTR.** rintanare, cacciare dentro.

snòb [vc. ingl., di origine scandinava, propriamente 'calzolaio, uomo rozzo'; divulgata dal *Libro degli*

Snob di Thackeray, ma presente nel gergo ant. dell'università di Cambridge per indicare ogni estraneo a quell'ambiente e quindi non socialmente qualificato] *s. m. e f. inv.; anche agg.* (*est.*) eccentrico, bizzarro, strambo, stravagante, esibizionista, dandy (*ingl.*) □ elegante, elegantone, ricercato, raffinato, sofisticato, chic (*fr.*) □ (*di atteggiamento, di ambiente*) elitario, mondano **CONTR.** conformista, comune □ buzzurro, sciattone (*fam.*) □ popolare.

SNOB
sinonimia strutturata

Colui che ostenta raffinatezza di gusti spesso unitamente a maniere eccentriche e ricercate, lontane dalle abitudini correnti della maggior parte delle persone, si definisce **snob**, vocabolo inglese di etimologia controversa, in quest'accezione diffuso in tutta Europa dal libro di W. Thackeray *The book of snobs* (1848); così lo **snobismo** è la caratteristica di chi o di ciò che è snob o manifesta atteggiamenti improntati ad esclusività di comportamenti o di giudizi: *è una donna molto snob*; *ha l'aria da snob*; *lo snobismo della vecchia aristocrazia, degli intellettuali*. Sinonimo parziale di snob è **dandy**, altro termine inglese per definire chi cura con compiaciuta raffinatezza ed eleganza l'aspetto fisico e il proprio abbigliamento: *è vestito come un dandy*. Un esempio tipico di dandy è Oscar Wilde (1854 - 1900), scrittore inglese la cui esistenza reale e letteraria fu contrassegnata da una compiaciuta e ricercata originalità.

Esistono poi altri termini che definiscono aspetti caratteriali o comportamentali in parte comuni a quelli dello snob o del dandy. Così, **eccentrico** in senso figurato designa qualcosa o qualcuno fuori della norma per aspetto, abitudini, modi di vita: *abito, atteggiamento eccentrico*; pressoché sinonimi di eccentrico sono **bizzarro** e **stravagante**, coi quali si indica chi o ciò che per natura o consapevolmente non segue comportamenti ritenuti comuni e abituali: *ha modi bizzarri*; *non gli badare, è un tipo bizzarro*; *gli artisti sono tutti un po' stravaganti*; anche **originale**, usato come sostantivo, designa una persona di comportamento o idee singolari e stravaganti: *per come vive, non si può dire che non sia un originale*. Diversamente, con **ricercato** e **raffinato**, quest'ultimo usato anche come sostantivo, si definisce chi o ciò che manifesta gusti esclusivi, ostenta eleganza o ama le squisitezze e gli agi della vita: *abito, vestito ricercato*; *stile raffinato*; *una compagnia di raffinati*.

Connotazioni più spiccatamente negative hanno i termini **affettato**, **manierato** ed **esibizionista**. I primi due aggettivi si riferiscono infatti a chi o a ciò che è privo di naturalezza, e manifesta leziosità, comportamento artificioso, ricercatezza eccessiva: *modi affettati*; *possiede un'eleganza troppo manierata per piacere*; col sostantivo esibizionista, al contrario, s'intende in modo specifico chi ha l'abitudine di mettersi in mostra, di far vedere e ammirare le proprie qualità e capacità: *quel tuo amico è soltanto un povero esibizionista*.

snobbàre *v. tr.* umiliare, disdegnare, disprezzare, sprezzare, ignorare **CONTR.** apprezzare, rispettare, stimare.

snobìsmo *s. m.* (*est.*) eccentricità, bizzarria, ricercatezza, raffinatezza, stravaganza, esibizionismo **CONTR.** conformismo, modestia, riservatezza, discrezione, umiltà. *V. anche* SNOB

snocciolàre *v. tr.* **1** togliere il nocciolo **2** (*fig.*) (*di bugie, di sentenze, ecc.*) dire rapidamente, spiattellare, spifferare, svelare, divulgare, strombazzare **CONTR.** tacere, celare (*lett.*), nascondere, occultare **3** (*fig., fam.*) (*di denaro*) sborsare, pagare.

snodàre **A** *v. tr.* **1** disfare il nodo, slegare, sgrovigliare, districare, sgroppare **CONTR.** annodare, legare, aggrovigliare **2** (*di membra*) sciogliere, sveltire, sgranchire **CONTR.** irrigidire, aggranchire **3** (*di elementi rigidi*) rendere mobile, rendere pieghevole, distendere, disarticolare, svolgere **B** **snodarsi** *v. intr. pron.* **1** piegarsi, flettersi **CONTR.** irrigidirsi **2** (*di tubazione, di elementi, ecc.*) articolarsi **3** (*di strada, di fiume, ecc.*) procedere serpeggiando, distendersi sinuosamente, andare a zigzag, passare, correre **CONTR.** andare dritto. *V. anche* SCIOGLIERE

snodàto *part. pass. di* **snodare**; *anche agg.* **1** slegato, sciolto □ articolato, mobile, pieghevole **CONTR.** annodato, legato □ fisso, rigido, tutto d'un pezzo **2** (*di atleta, di articolazioni*) agile, snello, dinoccolato, flessibile, flessuoso, sciolto, elastico **CONTR.** goffo, impacciato, pesante. *V. anche* FLESSIBILE

snòdo *s. m.* snodatura, giuntura, attacco, giunto, nocca, girella □ (*fig.*) ganglio, svincolo, nodo, diramazione.

snudàre *v. tr.* **1** denudare, spogliare **CONTR.** coprire, rivestire **2** (*di spada*) sfoderare, sguainare **CONTR.** inguainare, rinfoderare.

soap opera /so'pɔpera, *ingl.* 'soup 'ɔp(ə)rə/ [loc. ingl., comp. di *soap* 'sapone' e *opera* 'opera', perché furono le società produttrici di detersivi a patrocinare per prime il tipo di trasmissione negli Stati Uniti] *loc. sost. f. inv.* telenovela (*port.*), teleromanzo, serial (*ingl.*).

soàve *agg.* (*di profumo, di sensazione, ecc.*) amabile, buono, delicato, delizioso, gradevole, gradito, grato, dolce, squisito, piacevole □ blando, benigno, gentile, mansueto, mite, lene (*lett.*) □ (*di voce*) melodico, melodioso **CONTR.** aspro, aggressivo, duro, rozzo, rude, pungente, sgradevole, sgradito, ingrato, spiacevole, amaro.

soavità *s. f.* amabilità, delicatezza, delizia, dolcezza, gradevolezza (*raro*), piacevolezza □ benignità, bontà, gentilezza, grazia, mansuetudine, mitezza, squisitezza **CONTR.** asprezza, durezza, rozzezza, rudezza, spiacevolezza, amarezza.

sobbalzàre *v. intr.* **1** (*di persona o cosa*) balzare, sbalzare, rimbalzare, saltare **2** (*di persona*) trasalire, scuotersi, sussultare, rimescolarsi **CONTR.** rimanere impassibile.

sobbàlzo *s. m.* **1** balzo, sbalzo, rimbalzo, salto, scatto **2** scossa, soprassalto, convulsione, sussulto, trasalimento, tuffo.

sobbarcàre **A** *v. tr.* (*raro*) sottoporre, assoggettare, addossare **CONTR.** liberare, esonerare ***B*** **sobbarcarsi** *v. rifl.* assumersi, accollarsi, assoggettarsi, investirsi, sottoporsi, addossarsi, prendere su di sé, accettare **CONTR.** esimersi, sottrarsi, liberarsi, respingere, ricusare, rifiutare.

sobbórgo *s. m.* borgo, dintorni, suburbio, periferia, quartiere periferico, borgata (a Roma), banlieue (*fr.*), hinterland (*ted.*), faubourg (*fr.*).

sobillàre *v. tr.* istigare, aizzare, sollevare, eccitare, concitare, spingere, stimolare, subornare **CONTR.** calmare, frenare, trattenere, dissuadere, distogliere. *V. anche* ISTIGARE, SPINGERE

sobillatóre *s. m.; anche agg.* (*f. -trice*) agitatore, istigatore, arruffapopoli, tribuno, demagogo, fomentatore, aizzatore, eccitatore, perturbatore, provocatore, sovvertitore **CONTR.** conciliatore, pacificatore, paciere.

sobrietà *s. f.* misura, moderatezza, moderazione, continenza, risparmio, economia, parsimonia, regola, regolatezza, frugalità, austerità, astinenza, castigatezza, morigeratezza, temperanza □ semplicità, concisione, essenzialità **CONTR.** immoderatezza, smoderatezza, sregolatezza, incontinenza, intemperanza, eccesso, esagerazione □ ampollosità, enfasi. *V. anche* MISURA

sòbrio *agg.* ***1*** lucido, astemio **CONTR.** brillo, ubriaco ***2*** parco, parsimonioso, continente, astinente, temperante, moderato, misurato, frugale, economo, risparmiatore, morigerato **CONTR.** smodato, smoderato, immoderato, intemperante, incontinente, sregolato, eccessivo, sfrenato ***3*** (*di abbigliamento, di stile, ecc.*) semplice, disadorno, asciutto, essenziale, castigato, austero, sorvegliato, scarno, severo, francescano **CONTR.** ampolloso, barocco, enfatico, ridondante, sfarzoso. *V. anche* SEVERO

socchiùdere *v. tr.* schiudere, dischiudere, disserrare □ accostare **CONTR.** aprire, spalancare □ chiudere, serrare.

soccómbere *v. intr.* ***1*** cadere, procombere (*lett.*), cedere, soggiacere, sottostare **CONTR.** vincere, sconfiggere, dominare, trionfare ***2*** morire, perire **CONTR.** sopravvivere.

soccórrere ***A*** *v. tr.* e *intr.* aiutare, assistere, sostenere, proteggere, sorreggere, spalleggiare, appoggiare, favorire, beneficare, sussidiare, sovvenire (*lett.*) **CONTR.** avversare, combattere, danneggiare, colpire ***B*** *v. intr.* (*lett.*) venire alla mente, sovvenire (*lett.*). *V. anche* AIUTARE

soccorritóre ***A*** *s. m.; anche agg.* (*f. -trice*) aiutante, protettore, sovventore □ caritatevole, benevolo ***B*** *s. m.* (*mecc.*) relais (*fr.*).

soccórso (1) *part. pass. di* **soccorrere**; *anche agg.* aiutato, assistito, raccolto, sostenuto **CONTR.** danneggiato.

soccórso (2) *s. m.* ***1*** aiuto, salvataggio, assistenza, appoggio, sostegno, difesa, protezione, manforte, mano **CONTR.** ostacolo, danno ***2*** (*est.*) sussidio, sovvenzione, provvidenza, carità, elemosina, beneficenza ***3*** (*spec. al pl.*) rifornimenti, rinforzi. *V. anche* DIFESA

sociàle *agg.* ***1*** (*di persona*) socievole **CONTR.** asociale, isolato, antisociale ***2*** (*di servizio, di bene, ecc.*) comune, pubblico, civico, civile, collettivo, comunitario **CONTR.** individuale, privato ***3*** dei soci, della società, societario, associativo, dell'associazione **FRAS.** *animale sociale* (*per anton.*), uomo.

socialìsmo *s. m.* (*est.*) comunismo, collettivismo, marxismo **CONTR.** capitalismo, individualismo, liberalismo.

socializzàre ***A*** *v. tr.* nazionalizzare, statalizzare **CONTR.** privatizzare ***B*** *v. intr.* familiarizzare, inserirsi, legare, affiatarsi **CONTR.** isolarsi, segregarsi.

società *s. f.* ***1*** collettività, comunità, gruppo, consorzio umano, consorzio civile, umanità □ compagnia **CONTR.** individuo □ isolamento, solitudine ***2*** (*sportiva, musicale, ecc.*) associazione, compagnia, confraternita, congrega, congregazione, circolo, club, clan, consociazione, organizzazione, consorteria, corporazione, sodalizio, cooperativa, ente, agenzia, fazione, fratellanza, lega, ordine, partito, setta, chiesa (*est.*) ***3*** (*econ.*) ditta, azienda, impresa, casa, casa commerciale □ unione ***4*** ambiente elegante, ambiente mondano, mondo, ceto elevato **CONTR.** plebe, volgo **FRAS.** *fare società con uno*, mettersi in affari con uno □ *giochi di società*, passatempi da salotto □ *l'onorata società*, la mafia □ *abito da società*, abito scuro, smoking (*ingl.*) □ *alta società*, gran mondo.

sociévole *agg.* ***1*** sociale **CONTR.** asociale, isolato, ritirato ***2*** affabile, abbordabile, accostabile, accostevole (*lett.*), amabile, accessibile, avvicinabile, benigno, bonario, cordiale, cortese, compiacente, comunicativo, espansivo, conversevole, facile, gentile, semplice, trattabile, alla mano, alla buona **CONTR.** insocievole, chiuso, ritroso, scostante, selvatico, misantropo, ombroso, scontroso, inavvicinabile, intrattabile, orso.

socievolézza *s. f.* affabilità, amabilità, benignità, bonarietà, compiacenza, comunicativa, cordialità, cortesia, espansività, gentilezza, semplicità, trattabilità **CONTR.** insocialità (*lett.*), insocievolezza, asocialità, ritrosaggine, ritrosia, scontrosaggine (*raro*), scontrosità, selvatichezza, misantropia, gufaggine. *V. anche* AFFABILITÀ

sòcio *s. m.* ***1*** compagno, associato, consocio, partner (*ingl.*), affiliato, consociato, sodale (*lett.*), alleato, amico, confederato, collega, cooperatore, coadiuvante, coadiutore, confratello, gregario, partecipe, seguace, compare **CONTR.** avversario, antagonista, competitore, concorrente, contendente, contrario, emulo, nemico, oppositore ***2*** (*di associazione, di circolo, ecc.*) membro, iscritto, aderente, abbonato. *V. anche* SEGUACE

sòda *s. f.* ***1*** (*chim.*) carbonato di sodio ***2*** acqua gasata, seltz.

sodalìzio *s. m.* ***1*** associazione, società, club, confraternita, congregazione, compagnia ***2*** (*lett.*) comunanza di vita, fratellanza, amicizia, unione.

soddisfacènte *part. pres. di* **soddisfare**; *anche agg.* appagante, esauriente □ buono, discreto, lusinghiero, positivo □ appagante, gratificante **CONTR.** insoddisfacente, deludente, negativo.

soddisfàre ***A*** *v. tr.* e *intr.* ***1*** (*di domanda, di deside-*

rio, ecc.) appagare, compiacere, esaudire, accogliere, dare ascolto □ (*di desiderio, di ambizione*) dissetare, saziare **CONTR.** respingere, rifiutare, rigettare □ deludere **2** (*di pubblico, di lettori, ecc.*) contentare, gratificare, lusingare, accontentare □ piacere, talentare, andare a genio □ (*di speranza, di attese*) rispondere, corrispondere **CONTR.** deludere, ingannare, scontentare, contrariare, frustrare, dispiacere **3** (*di impegno, di debito, ecc.*) eseguire, sbrigare, assolvere, adempiere, ottemperare, compiere, attuare □ dare soddisfazione, fare ammenda, pagare, riparare, rimborsare, risarcire, onorare, tacitare **CONTR.** mancare, venir meno **4** (*di presupposti, di teorie, di legge, ecc.*) concordare, corrispondere, accordarsi, quadrare, rispettare **CONTR.** discordare, contrastare, stornare **B soddisfarsi** *v. rifl.* contentarsi, accontentarsi, appagarsi **CONTR.** essere insoddisfatto, brontolare, protestare. *V. anche* SBRIGARE, SCIOGLIERE

soddisfàtto *part. pass. di* **soddisfare**; *anche agg.* **1** appagato, contento, allegro, felice, beato, lieto, pago, entusiasta, compiaciuto, orgoglioso, superbo, trionfante, stracontento, gongolante □ sazio, saziato, satollo **CONTR.** insoddisfatto, deluso, scontento, malcontento, inappagato, frustrato, scottato, avvilito, contrariato **2** (*di dovere, di impegno, ecc.*) adempiuto, compiuto, assolto, esaudito **CONTR.** respinto, rifiutato, rigettato **3** (*di debito, di danno, ecc.*) pagato, risarcito, rimborsato, estinto.

soddisfazióne *s. f.* **1** compiacimento, compiacenza, appagamento, contentezza, felicità, gioia, allegria, beatitudine, letizia, gusto, sugo (*fig.*), godimento, gradimento, piacere, soddisfacimento, gratificazione **CONTR.** insoddisfazione, scontentezza, scontento, malcontento, malumore, amarezza, dispiacere, delusione, disappunto, disinganno, recriminazione, rincrescimento **2** (*di dovere, di impegno, ecc.*) adempimento, compimento, esecuzione, realizzazione **CONTR.** inadempimento, inadempienza **3** (*di debito, di danno, ecc.*) riparazione, risarcimento, pagamento, rimborso □ (*di offesa*) ragione **CONTR.** danno, danneggiamento. *V. anche* RAGIONE

sòdo **A** *agg.* **1** compatto, duro, tosto (*dial.*), consistente, massiccio, saldo, stabile, tenace, solido **CONTR.** molle, soffice, flaccido, floscio, moscio, cascante, molliccio **2** (*di materia*) denso, fitto, spesso, corposo **CONTR.** rado, rarefatto, diluito **3** (*di mani, di pugni, ecc.*) forte, pesante, robusto, resistente, gagliardo, vigoroso **CONTR.** debole, fiacco, leggero, lieve **4** (*fig.*) (*di argomento, di discorso, ecc.*) solido, consistente, fondato, ponderato, serio, sicuro **CONTR.** infondato, inconsistente, scarso, inadeguato **B** *in funzione di avv.* **1** (*di picchiare e sim.*) con forza, duramente **CONTR.** leggermente, lievemente, debolmente **2** (*di lavorare e sim.*) intensamente, seriamente, molto **CONTR.** poco, scarsamente, saltuariamente **3** (*di dormire*) profondamente **CONTR.** leggermente **C** *s. m.* **1** terreno duro, terreno massiccio **2** consistenza, reale valore **FRAS.** *venire al sodo*, al nocciolo della questione, al dunque.

sofà *s. m.* divano, canapè, ottomana.

sofferènte *part. pres. di* **soffrire**; *anche agg.* e *s. m.* e *f.* **1** malato, ammalato, affetto, doglioso, degente, infermo, paziente **CONTR.** sano **2** addolorato, dolorante, patito, travagliato, martire, vittima, spasimante □ (*ant.*) tollerante.

sofferènza *s. f.* **1** patimento, tormento, tribolazione, disagio, male, dolore, doglia (*lett.*), fitta, trafittura, pena, crepacuore, patema, spasimo, martirio, calvario, croce, cilicio, supplizio, tortura, strazio, travaglio, angoscia, passione, agonia □ (*ant.*) pazienza, sopportazione, tolleranza **CONTR.** gioia, godimento, diletto, piacere, delizia, sollievo, voluttà □ impazienza, insofferenza, intolleranza **2** (*fig.*) (*di pagamento*) ritardo **CONTR.** anticipo.

soffermàre **A** *v. tr.* fermare, trattenere **CONTR.** distogliere **B soffermarsi** *v. intr. pron.* fermarsi, sostare, trattenersi, arrestarsi, indugiare, indugiarsi □ diffondersi, prolungarsi **CONTR.** avanzare, andare □ abbreviare, stringere □ proseguire, continuare.

soffèrto *part. pass. di* **soffrire**; *anche agg.* **1** patito, sopportato, tollerato, sentito **2** (*di decisione, di separazione, ecc.*) travagliato, doloroso, tormentato, sudato (*fig.*) **CONTR.** pacifico, sereno.

soffiàre **A** *v. tr.* **1** (*di aria, di fuoco, ecc.*) emettere, buttar fuori **CONTR.** inspirare, immettere, aspirare **2** (*pop.*) (*di segreto, di notizia, ecc.*) insinuare, mormorare, spifferare (*fam.*), vociferare, spiattellare □ (*ass.*) fare la spia **3** (*est.*) (*di posto, di ragazza, ecc.*) sottrarre, portare via, rubare **4** (*nel gioco della dama*) mangiare, eliminare **B** *v. intr.* **1** (*di persona o animale*) alitare, sbuffare, buffare, affannare, ansare, ansimare **2** (*di vento*) spirare, tirare, fischiare, sibilare **CONTR.** cadere, cessare.

soffiàta *s. f.* **1** soffio **2** (*pop.*) spiata, delazione, spifferata.

sòffice *agg.* morbido, tenero, cedevole, duttile, elastico, molle, boffice (*raro*), delicato, vellutato, piumoso, spumoso, pastoso, fioccoso, vaporoso, spumeggiante (*lett.*) □ comodo **CONTR.** duro, resistente, consistente, rigido, sodo, legnoso □ incomodo, scomodo.

soffiétto *s. m.* **1** mantice **2** (*giorn.*) articolo elogiativo, elogio **CONTR.** critica.

sóffio *s. m.* **1** sbuffo, sbuffata, fiato, sospiro, afflato, respiro, spiro □ alito, buffo, folata, ventata, refolo, buffata, bava, spiffero **2** (*fig., lett.*) (*dell'arte, della poesia, ecc.*) ispirazione, impulso, estro, afflato **3** rumorino, ronzio, fruscio, stormire **CONTR.** rumore, frastuono. *V. anche* VENTO

soffìtta *s. f.* solaio, sottotetto, soppalco, lucernaio, piccionaia, mansarda.

soffìtto *s. m.* cielo, volta, plafond (*fr.*).

soffocànte *part. pres. di* **soffocare**; *anche agg.* **1** asfissiante, opprimente, insopportabile, afoso, canicolare, plumbeo **CONTR.** aerato, arieggiato, arioso, ventilato **2** (*fig.*) opprimente, reprimente, assillante, snervante.

soffocàre **A** *v. tr.* **1** strangolare, strozzare, asfissiare, affogare, uccidere **2** (*di caldo, di arsura, ecc.*) opprimere, mozzare il fiato, impedire il respiro **CONTR.** aerare, ventilare **3** (*di fuoco, di fiamme e sim.*) estinguere, spegnere, domare **CONTR.** attizzare, accendere

4 (*fig.*) (*di rivolta, di passione, di scandalo, ecc.*) reprimere, sedare, stroncare, schiacciare, domare, rintuzzare □ comprimere, dominare, signoreggiare □ frenare, contenere, coprire, imbavagliare, mettere a tacere, tacitare CONTR. scoprire, rivelare, mostrare, far luce □ sfogare, sbottare ***B*** **soffocarsi** *v. intr.* e *intr. pron.* non poter respirare, respirare male □ asfissiarsi.

soffocàto *part. pass. di* **soffocare**; *anche agg.* ***1*** asfissiato, affogato, strozzato ***2*** (*da caldo, da arsura, ecc.*) oppresso CONTR. ventilato, arioso ***3*** (*di passione, di scandalo, ecc.*) coperto, represso, impedito, trattenuto, compresso, domato, dominato, soppresso, estinto CONTR. scoperto ***4*** (*di suono*) attutito, ovattato, smorzato, attenuato, fioco.

soffrìbile *agg.* ***1*** sopportabile, tollerabile, patibile CONTR. insopportabile, intollerabile ***2*** compatibile, comprensibile, comportabile (*raro*), perdonabile, scusabile CONTR. incompatibile, imperdonabile, inescusabile.

soffrìggere *v. tr.* friggere leggermente, rosolare.

soffrìre ***A*** *v. tr.* (*di affanni, di dolori, ecc.*) patire, sostenere, subire, trangugiare (*fig.*) □ (*di freddo, di caldo, ecc.*) temere, sentire, risentire □ (*spec. in frasi negative*) sopportare, tollerare ***B*** *v. intr.* ***1*** penare, spasimare, tribolare, stentare, dolorare, gemere, piangere, affliggersi, angustiarsi, angosciarsi CONTR. allietarsi, gioire, giubilare, godere, ridere, esultare, rallegrarsi ***2*** (*di piante, di frutta, ecc.*) andare a male, avvizzire, deteriorarsi, guastarsi CONTR. godere. *V. anche* PIANGERE

soffùso *agg.* (*lett.*) cosparso, asperso, sparso □ (*fig.*) venato, pervaso □ (*di luce*) diffuso, attenuato.

sofisma *s. m.* cavillo, sottigliezza, arzigogolo, capziosità, paralogismo, bizantinismo, filosofema, speciosità.

sofisticaménte *avv.* cavillosamente, speciosamente, stravagantemente CONTR. francamente, semplicemente, genuinamente.

sofisticàre ***A*** *v. intr.* cavillare, sottilizzare, criticare, guardare per il sottile, trovar da ridire, cercare il pelo nell'uovo, spaccare un capello in quattro, stiracchiare ***B*** *v. tr.* (*di alimenti*) alterare, adulterare, contraffare, falsare, falsificare, denaturare, affatturare, manipolare, snaturare.

sofisticàto *part. pass. di* **sofisticare**; *anche agg.* ***1*** (*di alimento*) adulterato, alterato, contraffatto, affatturato, denaturato, falsificato, snaturato, artificiale, artefatto, manipolato CONTR. naturale, puro, genuino, casalingo, casereccio, nostrano, nature (*fr.*), vero, sincero ***2*** (*fig.*) (*di persona, di modi, ecc.*) raffinato, ricercato, snob (*ingl.*) CONTR. semplice, naturale, elementare ***3*** (*di ragionamento*) capzioso, cavilloso ***4*** (*di congegno, di impianto*) perfezionato, moderno CONTR. antiquato.

sofisticherìa *s. f.* ***1*** pedanteria, pignoleria, sottigliezza, meticolosità, meticolosaggine, cavillosità CONTR. naturalezza, semplicità, spontaneità, disinvoltura ***2*** cavillo, arzigogolo, capziosità, paralogismo.

sofìstico ***A*** *agg.* scrupolosissimo, cavilloso, meticoloso, pedante, pignolo, ipercritico, sottile, sentenzioso, avvocatesco CONTR. semplice, spontaneo, disinvolto, spiccio ***B*** *agg.*; *anche s. m.* esigente, di gusti difficili, schifiltoso, schizzinoso, incontentabile CONTR. facile, semplice, contentabile, di bocca buona, alla buona.

soft /*ingl.* sɔft/ [vc. ingl., propr. 'morbido'] *agg. inv.* dolce, soffice, morbido □ flessibile, elastico □ gradevole, rilassante CONTR. hard (*ingl.*), duro, rigido □ teso.

software /*ingl.* 'sɔftwɛə/ [vc. ingl., letteralmente 'elementi (*ware*) molli (*soft*)'] *s. m. inv.* (*elab., est.*) programmi CONTR. hardware (*ingl.*).

soggettista *s. m.* e *f.* (*di soggetti cinematografici, televisivi e sim.*) autore.

soggettivìsmo *s. m.* individualismo, egocentrismo, personalismo □ (*filos.*) solipsismo CONTR. oggettivismo, realismo.

soggettività *s. f.* particolarità, individualità, relatività, unilateralità CONTR. oggettività, obiettività, imparzialità, spassionatezza.

soggettìvo *agg.* personale, individuale, relativo, unilaterale, appassionato □ psicologico, introspettivo CONTR. oggettivo, disinteressato, obiettivo, spassionato □ esterno.

soggètto (1) *agg.* ***1*** sottomesso, sottoposto, asservito, assoggettato, dominato, soggiogato, dipendente, inferiore, succube, vassallo, schiavo, subalterno, subordinato, ligio CONTR. capo, dominante, egemone □ libero, indipendente, autonomo, emancipato, affrancato, redento, riscattato ***2*** (*est.*) (*a malattie, a entusiasmi, ecc.*) esposto, suscettibile □ disposto, predisposto, incline CONTR. resistente, refrattario, esente, immune.

soggètto (2) *s. m.* ***1*** argomento, tema, contenuto, terreno, materia, oggetto, assunto, concetto, canovaccio, intreccio, azione, trama, tesi, proposito ***2*** (*ling.*) attante ***3*** (*filos.*) io pensante CONTR. oggetto ***4*** (*med.*) paziente □ (*fam., spec. iron.* o *spreg.*) individuo, persona, tipo, personaggio ***5*** (*ant.*) suddito.

soggezióne *s. f.* ***1*** sottomissione, dipendenza, subordinazione, sudditanza, eteronomia, vassallaggio, vincolo, giogo, catena, obbedienza, prigionia, schiavitù, servitù, inferiorità CONTR. libertà, indipendenza, autonomia, emancipazione, affrancamento, ribellione □ dominio, dominazione, autorità, comando, potere, egemonia, superiorità, supremazia ***2*** (*verso persone o ambienti*) riguardo, rispetto, riverenza, devozione, timidezza, imbarazzo, timore, vergogna CONTR. disinvoltura, spigliatezza, scioltezza, sfacciataggine, faccia tosta, faccia di bronzo. *V. anche* RISPETTO, TIMORE

sogghignàre *v. intr.* ghignare, ridere sprezzantemente, ridere sotto i baffi CONTR. sghignazzare □ piangere. *V. anche* RIDERE

soggiacére *v. intr.* essere sottoposto, essere soggetto, sottostare, dipendere, servire, soccombere, star sotto, sottomettersi, subire □ essere esposto CONTR. sovrastare, dominare, imporsi, farsi valere □ ribellarsi, sollevarsi.

soggiogàre *v. tr.* ***1*** debellare, sottomettere, assoggettare, aggiogare, domare, umiliare, sottoporre, soverchiare, conquistare, conquidere (*lett.*), ridurre in schiavitù **CONTR.** liberare, affrancare, emancipare, redimere, riscattare ***2*** (*fig.*) (*con lo sguardo, con la parola, ecc.*) dominare, signoreggiare, vincere, incatenare, frenare, controllare **CONTR.** cedere, piegarsi.

soggiornàre *v. intr.* trattenersi, fermarsi, stare, vivere, abitare, dimorare, estivare, campeggiare.

soggiórno *s. m.* ***1*** sosta, dimora, permanenza □ villeggiatura ***2*** tinello, salotto, sala, salone, livingroom (*ingl.*) ***3*** (*di studio*) stage (*ingl.*).

sòglia *s. f.* ***1*** (*lett.*) limitare, limine ***2*** (*est.*) porta, entrata, ingresso ***3*** (*fig.*) (*di civiltà, di storia, ecc.*) primordio, principio, inizio **CONTR.** fine, termine, conclusione ***4*** (*fig.*) valore minimo, limite inferiore □ livello minimo **CONTR.** limite massimo, tetto.

sognàre ***A*** *v. tr.* ***1*** vedere in sogno, vedere ***2*** (*fig.*) (*di vacanze, di casetta, ecc.*) desiderare ardentemente, volere, bramare, sospirare, vagheggiare, concupire, smaniare **CONTR.** sdegnare, disdegnare (*raro*), disprezzare, infischiarsi, fregarsene (*pop.*) ***3*** (*fig.*) (*di promozione, di farcela, ecc.*) illudersi, sperare invano ***4*** (*fig.*) (*di vederti, di trovarti, ecc.*) immaginare, supporre, pensare, credere, sperare □ (*di progetto*) accarezzare (*fig.*) ***B*** *v. intr.* ***1*** fare sogni ***2*** (*fig.*) fantasticare □ stentare a credere ***C*** *v. intr.* e **sognarsi** *intr. pron.* vedere in sogno, vedere. *V. anche* PENSARE, VOLERE

sognatóre *s. m.; anche agg.* (*f. -trice*) idealista, utopista, illuso, vaneggiante, visionario **CONTR.** uomo pratico, realista, realizzatore.

sógno *s. m.* ***1*** visione onirica □ allucinazione, delirio, vaneggiamento, rêverie (*fr.*), visione **CONTR.** realtà, verità, concretezza ***2*** ambizione, speranza, ideale, aspirazione, vagheggiamento, desiderio □ fantasia, irrealtà, illusione, immaginazione, mito, idolo (*lett.*), vano desiderio, fantasticheria, vana speranza, miraggio, chimera, utopia, velleità **CONTR.** realtà, quotidianità □ delusione ***3*** (*di persona o cosa molto bella*) bellezza, meraviglia, incanto **CONTR.** orrore, mostro, schifezza. *V. anche* SPERANZA

solàio *s. m.* soffitta, soppalco, sottotetto □ mansarda.

solaménte *avv.* solo, soltanto, unicamente, esclusivamente, puramente **CONTR.** anche, inoltre, in aggiunta, per di più.

solàre *agg.* ***1*** (*poet.*) luminoso, radioso, splendente, risplendente, sfolgorante **CONTR.** cupo, fosco, offuscato, oscuro, appannato ***2*** (*fig., lett.*) (*di ragionamento, di discorso, ecc.*) lampante, evidente, chiarissimo, assiomatico **CONTR.** confuso, dubbio, incerto, ingarbugliato ***3*** (*di cura*) elioterapico ***4*** yang (*est.*) **CFR.** yin **FRAS.** *orologio solare*, meridiana.

solarium /*lat.* so'larium/ [vc. dotta, dal lat. *solarium* 'luogo esposto al sole'] *s. m. inv.* ***1*** terrazzo soleggiato ***2*** lettino solare.

solatìo *agg.* esposto al sole, esposto a sud, soleggiato, assolato, aprico (*lett.*) **CONTR.** esposto a nord, ombroso, bacìo **FRAS.** *a solatio*, a mezzogiorno, a sud **CONTR.** a bacìo.

solcàre *v. tr.* ***1*** fendere, arare, scavare, incavare ***2*** (*fig.*) (*di imbarcazione*) navigare, attraversare ***3*** (*fig.*) (*di segno, di coltello, ecc.*) rigare, segnare, segare, incidere, scanalare, intaccare.

solcàto *part. pass. di* **solcare**; *anche agg.* ***1*** (*di terreno*) arato, scavato, incavato ***2*** (*di viso*) rugoso, grinzoso □ (*di legno, ecc.*) rigato, segnato, inciso, scanalato, zigrinato ***3*** (*di mare*) percorso.

sólco *s. m.* ***1*** scavo, fossa, fosso, fenditura □ canale, canalone ***2*** (*est.*) (*di ruota, di coltello, ecc.*) incavatura, segno, riga, incisione, intaccatura, incavo, glifo □ rotaia, carreggiata □ (*di viso*) grinza, ruga ***3*** (*est.*) (*di imbarcazione, di stella, ecc.*) scia, traccia.

soldàto *s. m.* ***1*** militare, coscritto, armato, milite, armigero (*lett.*), uomo □ fante, legionario □ (*al pl.*) truppa, esercito **CONTR.** civile, borghese ***2*** uomo d'armi, combattente, guerriero ***3*** gregario **CONTR.** graduato ***4*** (*fig.*) difensore, propugnatore.

sòldo *s. m.* ***1*** (*est.*) moneta, quattrino, baiocco, centesimo, penny (*ingl.*) ***2*** (*al pl.*) (*gener.*) denari, quattrini, lire, bezzi, borsa, cocuzze, grana, schei (*dial.*), palanche ***3*** (*est.*) paga, mercede, stipendio **FRAS.** *non valere un soldo*, non valer nulla □ *fare i soldi*, arricchire. *V. anche* PAGA

sóle *s. m.* ***1*** (*est.*) luce □ calore del sole, raggio solare **CONTR.** ombra ***2*** (*gener.*) corpo celeste, astro, stella ***3*** (*poet.*) giorno ***4*** (*fig.*) splendore, bellezza, potenza ***5*** (*fig., poet.*) amato, amore **FRAS.** *colpo di sole*, insolazione □ *orologio a sole*, meridiana □ *vedere il sole a scacchi* (*scherz.*), essere in prigione □ *avere qualcosa al sole*, possedere terreni □ *chiaro come il sole*, lampante □ *alla luce del sole* (*fig.*), senza sotterfugi, apertamente.

solènne *agg.* ***1*** (*di cerimonia e sim.*) grandioso, fastoso, magnifico, sfarzoso, splendido, pomposo, straordinario □ (*di costruzione*) monumentale, maestoso, imponente **CONTR.** dimesso, ordinario, modesto, semplice, umile ***2*** (*di aspetto, di tono, ecc.*) augusto, aulico, regale, statuario, scultoreo, imponente, maestoso, serio, sostenuto, austero, ieratico, severo, sacramentale, contegnoso, togato, curiale, cattedratico, dottorale, professorale, paludato **CONTR.** scherzoso, faceto, giocoso, gaio, superficiale, salottiero ***3*** (*antifr.*) (*di mascalzone, di imbroglione, ecc.*) famoso, noto, matricolato, grosso ***4*** (*di schiaffo, di sgridata, ecc.*) forte, grosso, grande, pesante **CONTR.** piccolo, leggero, lieve ***5*** (*di promessa, di giuramento, ecc.*) formale, ufficiale **CONTR.** informale, ufficioso **FRAS.** *Messa solenne*, Messa cantata □ *festa solenne*, solennità. *V. anche* SEVERO

solennità *s. f.* ***1*** maestosità, maestà, apparato, grandiosità, fasto, fastosità, pompa, pomposità, imponenza **CONTR.** miseria, modestia, meschinità, povertà ***2*** festa, festività, giornata, giorno, cerimonia solenne, ricorrenza solenne, funzione, sagra **CONTR.** giorno feriale, giorno lavorativo ***3*** austerità, ieraticità, severità, prosopopea **CONTR.** giocosità, leggerezza.

solèrte *agg.* alacre, sollecito, attento, efficiente, diligente, attivo, industrioso, desto, vigile, insonne, ingegnoso, intraprendente, laborioso, operoso, zelante, premuroso, dinamico, energico, svelto, volenteroso □ (*spec. di lavoro*) accurato, preciso **CONTR.** lento, sfaticato, inerte, infingardo, indolente, fiacco, neghittoso, pigro, tardo, negligente, apatico, accidioso, svogliato, abulico, trascurato, sciatto.

solèrzia *s. f.* alacrità, sollecitudine, impegno, attività, laboriosità, industriosità, intraprendenza, operosità, zelo, premura, dinamismo, celerità, rapidità, prontezza, energia, sveltezza, volontà □ attenzione, accuratezza, cura, diligenza CONTR. inerzia, lentezza, fiacca, neghittosità, pigrizia, accidia, apatia, malavoglia, svogliatezza, abulia □ trascuratezza. *V. anche* INTRAPRENDENZA, RAPIDITÀ, ZELO

sòlfa *s. f.* ***1*** solfeggio ***2*** (*fig.*) tiritera, noia, monotonia, borsa (*pop.*), sinfonia, lagna, pizza.

solidàle *agg.* compartecipe, concorde, accomunato, unito, compatto, unanime, consenziente, sostenitore □ (*dir.*) mallevadore CONTR. avverso, avversario, rivale, contrario, nemico, ostile, geloso, discorde.

solidaménte *avv.* fermamente, stabilmente, saldamente, forte, duramente, robustamente CONTR. debolmente, fragilmente, instabilmente.

solidarietà *s. f.* ***1*** fratellanza, fraternità, unione, amicizia, amore CONTR. egoismo ***2*** umanitarismo, umanità, filantropia, cameratismo, aiuto vicendevole □ compattezza, accordo, consenso, partecipazione CONTR. avversione, animosità, inimicizia, ostilità □ disaccordo, dissenso, discordia.

SOLIDARIETÀ
sinonimia strutturata

Il sentimento di condivisione, di reciproco sostegno, materiale e morale, esistente tra i membri di una società o di una collettività si chiama **solidarietà**: *la solidarietà nazionale*; *fare appello alla solidarietà umana*. La solidarietà è quindi il frutto o la radice dell'**unione**, della **compattezza**, in senso figurato, di un gruppo, ossia della concordia che vi regna: *l'unione degli animi, dei propositi*; *l'unione fraterna di tutto il popolo*; *la compattezza di un gruppo di amici*. Più specifico è il termine **cameratismo**, che designa lo spirito amichevole che improntа i rapporti fra compagni d'arme, di studi, di fede politica o comunque appartenenti ad una cerchia determinata e limitata. Tutti questi sentimenti sfociano comunque nella disponibilità all'**aiuto vicendevole**, ovvero a prestare soccorso e assistenza a chi si trova in stato di pericolo o di bisogno.

Spesso, ma non necessariamente, questo senso di coesione si accompagna o nasce da un'uniformità di volontà, giudizi, opinioni e sentimenti, cioè dall'**accordo** o dal **consenso**: *accordo generale*; *consenso comune*; rispetto a questi, la parola **partecipazione** evoca maggiormente l'idea di una corrispondenza dell'animo, di un'adesione emotiva: *partecipazione al suo dolore, al suo lutto*. Così è anche per **fratellanza**, adoperato nel suo significato estensivo, e per **fraternità**, che indicano un legame affettivo che può essere anche del tutto disgiunto dall'intesa intellettuale: *prove di fratellanza*; *fraternità dei popoli*; *tra loro esiste un'intima fraternità d'intenti*. Si fonda invece di solito sia sulla consuetudine che sull'accordo l'**amicizia**, che è un affetto vivo e reciproco tra due o più persone o semplicemente una buona relazione non necessariamente tra individui: *amicizia fra Stati*.

Più intenso è l'**amore**, che in questa accezione designa proprio un sentimento di solidarietà e di carità verso gli esseri umani, o verso una data istituzione o comunità: *provare amore per gli oppressi, per i deboli*; *amore della patria, dell'umanità*. In questo coincide quasi perfettamente con la **filantropia**, che consiste appunto nell'amore per gli esseri umani in generale e nell'interesse che si realizzi la loro felicità: *opere di filantropia*. Pressoché equivalente a filantropia è l'**umanitarismo**, cioè la caratteristica di chi pensa ed opera secondo principi di generosità, comprensione, carità, amore verso il prossimo, prefiggendosi come scopo il miglioramento costante delle condizioni morali e materiali dell'uomo. Vicino ma più generico è il termine **umanità**, che per estensione indica il complesso di elementi spirituali quali la benevolenza, la comprensione e la carità verso gli altri, che sono o si ritengono propri dell'uomo in quanto essere civile e sociale: *avere un profondo senso di umanità*; *trattare qualcuno con umanità*.

solidarizzàre *v. intr.* fraternizzare, appoggiare, aiutare CONTR. avversare, combattere, contrastare, contrariare, odiare.

solidificàre ***A*** *v. tr.* rendere solido, coagulare, assodare, rassodare, indurire, cristallizzare, congelare, consolidare CONTR. liquefare, sciogliere, diluire, fondere, spappolare, stemperare, ammollire, rammollire, ammorbidire, intenerire ***B*** *v. intr.* e **solidificarsi** *intr. pron.* diventare solido, coagularsi, assodarsi, rassodarsi, indurirsi, congelarsi, consolidarsi, cristallizzarsi CONTR. liquefarsi, sciogliersi, fondersi, disfarsi, spappolarsi, ammollirsi, rammollirsi, ammorbidirsi, intenerirsi.

solidità *s. f.* ***1*** compattezza, durezza, sodezza, consistenza □ saldezza, tenuta, durevolezza, resistenza, robustezza CONTR. mollezza, flaccidità, floscezza (*raro*), debolezza, fragilità, delicatezza, inconsistenza ***2*** (*fig.*) (*di carattere, di teoria, ecc.*) fermezza, fondatezza, serietà, validità □ (*economica*) stabilità CONTR. debolezza, infondatezza, insussistenza, vacuità □ precarietà, dissesto.

sòlido *agg.* ***1*** compatto, duro, sodo, corposo, saldo, concreto CONTR. liquido □ gassoso □ molle, flaccido, floscio ***2*** (*di edificio, di fisico*) consistente, massiccio, stabile, resistente □ forte, robusto, vigoroso, piantato, quadrato, quadro CONTR. fragile, cadente, crollante, tremolante □ debole, delicato, esile ***3*** (*fig.*) (*di tradizioni e sim.*) profondo, radicato ***4*** (*fig.*) (*di ragionamento, di azienda, ecc.*) ben basato, fondato, serio, valido, sicuro □ prospero, stabile CONTR. infondato, inconsistente, vago, superficiale, incerto □ precario, dissestato ***5*** (*mat.*) tridimensionale. *V. anche* ROBUSTO

solilòquio *s. m.* monologo CONTR. dialogo, colloquio, conversazione.

solingo *agg.* ***1*** (*lett.*) (*di luogo*) non frequentato, deserto, disabitato CONTR. frequentato, abitato, affollato, popoloso ***2*** (*lett.*) (*di persona o animale*) solitario, solo, isolato, romito, ritirato **CONTR.** socievole. *V. anche* SOLITARIO

solitaménte *avv.* abitualmente, per lo più, di solito, comunemente, normalmente, generalmente, usualmente, tradizionalmente, ordinariamente **CONTR.** insolitamente, eccezionalmente, straordinariamente, incidentalmente, inusitatamente.

solitàrio (1) ***A*** *agg.* e *s. m.* ***1*** solo, isolato, appartato, ritirato, segregato, scompagnato (*lett.*) □ asociale, selvatico, introverso, solingo (*lett.*) □ anacoretico, cenobitico (*fig.*), certosino (*fig.*), claustrale (*fig.*) **CONTR.** socievole, estroverso, affabile, cordiale, festaiolo, buontempone, compagnone ***2*** (*di luogo*) non frequentato, deserto, remoto, riposto, ermo (*lett.*), disabitato, spopolato, vuoto, abbandonato □ fuori mano, sperduto, selvaggio, romito, appartato **CONTR.** frequentato, abitato, affollato, popolato, popoloso ***B*** *s. m.* anacoreta, eremita, misantropo.

SOLITARIO
sinonimia strutturata

Solitario descrive chi fugge la compagnia preferendo la solitudine, e, in riferimento ad esseri umani, è sinonimo del letterario **solingo**: *uno giovine gentile... cortese e ardito, ma sdegnoso e solitario* (COMPAGNI); *Pan l'eterno che su l'erme alture / a quell'ora e nei pian solingo va* (CARDUCCI); chi è solitario è solitamente **introverso**, ossia ripiegato su sé stesso e sulla propria interiorità; **asociale** descrive invece chi non solo è di carattere chiuso, ma anche evita sistematicamente i contatti. Più forte ancora è **selvatico**, che si dice di chi è poco socievole e anche privo di garbo e di difficile approccio: *è un uomo selvatico ma buono.*

In quest'accezione solitario può essere adoperato anche come sostantivo, ed equivale a **eremita** e **anacoreta** che indicano in senso estensivo chi vive per scelta appartato; più forte è **misantropo** che definisce chi nutre una vera avversione per i rapporti umani. Per tratteggiare lo stile di vita di chi volontariamente si isola si possono adoperare in senso estensivo gli aggettivi **anacoretico**, **cenobitico**, **certosino** e **claustrale**, che si legano al ritiro religioso dal mondo e indicano un regime di privazioni e solitudine.

Solitario è anche chi si trova **solo**, senza nessuno accanto: *viandante solitario*. Chi è solo perché è stato separato dai compagni si dice letterariamente **scompagnato**. Invece **ritirato**, **appartato**, **segregato** e **isolato** indicano chi vive mantenendo pochi contatti con l'ambiente circostante: *vive segregato dal mondo.*

Isolato e appartato descrivono anche un luogo lontano dal resto del mondo, cioè **sperduto**, o, nel linguaggio letterario, **remoto**, **romito** o **riposto**, e quindi solitario: *uno sperduto paese di montagna*; *pervenuti in un luogo molto solitario e rimoto* (BOCCACCIO); meno forte è l'espressione **fuori mano**, che si adopera in riferimento non solo alla lontananza ma alla scomodità: *una casa fuori mano*. I luoghi molto lontani dall'abitato possono risultare **selvaggi**, cioè, per estensione, privi di coltivazione, di vita umana: *piana, landa selvaggia.*

Sempre in quest'ambito semantico, solitario equivale a **non frequentato**, cioè pochissimo affollato; ancor più forti sono **deserto** e il letterario **ermo**, che indicano un posto **vuoto**, senza abitanti o occupanti: *spiaggia solitaria*; *cercai per poggi solitari ed ermi* (PETRARCA). Ciò che è privo di abitanti si dice specificamente **disabitato**: *casa, regione disabitata*; un luogo è **spopolato** invece quando ha perduto una parte o la totalità delle persone che lo abitavano o frequentavano: *campagne, regioni spopolate*; **abbandonato**, invece, si distingue perché indica ciò che è stato lasciato per sempre, spesso in modo volontario.

solitàrio (2) *s. m.* brillante □ (*est.*) anello con brillante.

sòlito ***A*** *agg.* abituale, consueto, ordinario, usuale, usato, usitato, adusato, comune, corrente, ovvio, quotidiano, consuetudinario, familiare, giornaliero, normale, regolare, tradizionale □ dozzinale, mediocre, trito, volgare, rifritto, convenzionale **CONTR.** insolito, inusitato, inusuale, nuovo, strano, singolare, accidentale, casuale □ straordinario, abnorme, anomalo, eccezionale □ desueto, infrequente, obsoleto, raro, irregolare ***B*** *s. m. solo sing.* abitudine, consueto, consuetudine, costume, usanza, usato **CONTR.** eccezione. *V. anche* ABITUDINE

solitùdine *s. f.* ***1*** isolamento, segregamento, segregazione, ritiro **CONTR.** compagnia, affollamento, società ***2*** eremo, eremitaggio, clausura, recesso, romitaggio, romitorio, ritiro □ deserto **CONTR.** calca, ressa.

sollazzàre ***A*** *v. tr.* divertire, rallegrare, allietare, deliziare, ricreare, dilettare, svagare, spassare, trastullare **CONTR.** affliggere, annoiare, infastidire, opprimere, tediare, seccare, stufare (*fam.*), scocciare (*fam.*), asfissiare ***B*** **sollazzarsi** *v. intr. pron.* divertirsi, ricrearsi, dilettarsi, rallegrarsi, compiacersi, svagarsi, spassarsela, trastullarsi, deliziarsi, distrarsi, spassarsi, giocare, gioire, godere **CONTR.** affliggersi, annoiarsi, immalinconirsi, infastidirsi, seccarsi, stuccarsi, stufarsi (*fam.*), scocciarsi (*fam.*), soffrire.

sollecitàre *v. tr.* ***1*** far fretta, far premura, premurare, pressare, affrettare, pungolare, incalzare, indurre, premere, spingere, spronare, sferzare, accelerare **CONTR.** frenare, ritardare, trattenere, rallentare, addormentare, indugiare, tardare ***2*** (*di favori, di incarichi, ecc.*) chiedere insistentemente, brigare per ottenere, domandare, richiedere, ridomandare **CONTR.** respingere, non accettare, ricusare, rifiutare, rigettare ***3*** (*di fantasia, di appetito, ecc.*) stimolare, eccitare, risvegliare, animare, acuire, intrigare, destare, spronare, provocare **CONTR.** attutire, spegnere. *V. anche* SPINGERE

sollecitazióne *s. f.* ***1*** fretta, insistenza, premura, uffici, pressione, sollecitamento, invito pressante, urgenza □ (*bur.*) sollecito, istanza **CONTR.** indugio, ritardo, temporeggiamento, lentezza ***2*** (*fig.*) (*a migliorare, a dipingere, ecc.*) incitamento, stimolo, consiglio, invito, sprone ***3*** (*mecc.*) trazione.

sollécito (1) *agg.* **1** (*lett.*) preoccupato, pensieroso **CONTR.** incurante **2** alacre, operoso, volonteroso, riguardoso, rispettoso, premuroso, vigile, appassionato, solerte, efficiente, zelante, servizievole □ pronto, celere, rapido, presto, spiccio, sbrigativo, sveglio, veloce, lesto, svelto, tempestivo □ (*di lavoro*) attento, diligente, accurato **CONTR.** inerte, lento, neghittoso, negligente, pigro, tardo, noncurante, indifferente, egoista □ trascurato.

sollécito (2) *s. m.* (*bur.*) sollecitatoria, sollecitazione, premura.

sollecitùdine *s. f.* **1** alacrità, impegno, operosità, solerzia, riguardo, rispetto, zelo □ prontezza, celerità, fretta, prestezza, rapidità, velocità, lestezza, speditezza, sveltezza, tempismo, tempestività □ diligenza, accuratezza, studio (*lett.*), coscienza □ interessamento, interesse, premura, cura, pensiero, attenzione **CONTR.** inerzia, lentezza, neghittosità, pigrizia, noncuranza, trascuratezza, indifferenza, egoismo **2** (*lett.*) affanno, preoccupazione, pensiero. *V. anche* RAPIDITÀ, RISPETTO, ZELO

solleóne *s. m.* (*est.*) canicola, calura, afa **CONTR.** gelo, freddo intenso, rigore.

solleticànte *part. pres. di* **solleticare**; *anche agg.* **1** stuzzicante, titillante, vellicante **2** (*fig.*) (*di cibo, di argomento, ecc.*) invitante, appetitoso, eccitante, elettrizzante, piacevole, gradevole, attraente, stimolante, stuzzicante, pruriginoso **CONTR.** nauseabondo, disgustoso, repellente, ributtante, ripugnante.

solleticàre *v. tr.* **1** stuzzicare, fare il solletico, titillare, vellicare, irritare **2** (*fig.*) (*di fantasia, di sensi, ecc.*) eccitare, stimolare, attivare, attrarre, allettare, lusingare **CONTR.** disgustare, nauseare, ributtare, ripugnare, stomacare.

sollético *s. m.* **1** stuzzicamento, solleticamento, titillamento, titillazione (*raro*), vellicamento, pizzicore, pizzicorino, prurito, prurigine (*lett.*) **2** (*fig.*) eccitamento, stimolo.

sollevaménto *s. m.* **1** innalzamento, erezione, elevamento, elevazione, alzata, alzamento, rialzamento **CONTR.** abbassamento, deposizione, posa, rovesciamento, balta, subsidenza **2** (*raro*) insurrezione, sollevazione, rivolta, sedizione, tumulto, moto.

sollevàre **A** *v. tr.* **1** levar su, levare, tirar su, alzare, elevare, issare, drizzare, rialzare, adergere (*lett.*), sublimare (*lett.*) □ togliere (*lett.*), raccattare, raccogliere, estirpare **CONTR.** abbassare, calare, adagiare, deporre, metter giù, abbattere, atterrare **2** (*fig.*) (*di preghiera, di invito, ecc.*) innalzare, rivolgere **3** (*fig.*) (*dalla miseria, dal dolore, ecc.*) risollevare, liberare, dar sollievo, alleggerire, alleviare, confortare, riconfortare, consolare, sorreggere, corroborare, mitigare, ricreare, rianimare, rilassare, rincuorare **CONTR.** affliggere, contristare, deprimere, accasciare, avvilire, gravare, aggravare, opprimere, disanimare, prostrare, schiacciare **4** (*fig.*) (*di persone*) fare insorgere, far ribellare, istigare, sobillare, ammutinare, esaltare, scatenare, aizzare, eccitare, stimolare **CONTR.** calmare, placare, sedare, quietare, frenare, trattenere **5** (*fig.*) (*di dubbio, di questione, ecc.*) far sorgere, causare, originare, suscitare, muovere **6** (*fig.*) (*da un obbligo*) liberare, esentare, disobbligare, alleggerire **7** (*fig.*) (*da un incarico*) rimuovere, destituire, esonerare, dimettere **CONTR.** confermare **B** **sollevarsi** *v. intr. pron.* **1** levarsi, alzarsi, elevarsi, innalzarsi, rizzarsi, drizzarsi, rialzarsi, risollevarsi, salire, sorgere, assurgere, volare, decollare **CONTR.** abbassarsi, calarsi, scendere, discendere, cascare, crollare □ adagiarsi, sdraiarsi, stendersi **2** (*fig.*) (*dalla miseria, dal dolore, ecc.*) riaversi, riprendersi, rianimarsi, rincorarsi, riconfortarsi, rilassarsi, risorgere, ricrearsi **CONTR.** abbattersi, affliggersi, avvilirsi, deprimersi, demoralizzarsi, disanimarsi, scoraggiarsi, sconfortarsi **3** (*fig.*) (*di persone*) ribellarsi, insorgere, ammutinarsi, disubbidire, scatenarsi **CONTR.** soggiacere, sopportare, subire, sottostare, cedere, chinarsi. *V. anche* ISTIGARE

sollevàto *part. pass. di* **sollevare**; *anche agg.* **1** levato in alto, elevato, innalzato, alzato, levato, rialzato, rizzato □ raccolto, raccattato □ diritto, eretto **CONTR.** abbassato, calato, adagiato, posato, tirato giù **2** (*fig.*) rianimato, confortato, rincuorato, consolato, corroborato, liberato **CONTR.** abbattuto, afflitto, avvilito, demoralizzato, abbacchiato, prostrato, smontato, depresso, sconfortato.

sollevazióne *s. f.* insurrezione, tumulto, rivolta, sedizione, sollevamento, sommovimento, sommossa, ammutinamento, ribellione, rivoluzione. *V. anche* RIBELLIONE

sollièvo *s. m.* alleviamento, alleggerimento, conforto, consolazione, lenimento, refrigerio, beneficio □ rilassamento, relax (*ingl.*), ristoro, respiro, riposo, distensione, benessere, contentezza, piacere, svago, ricreazione □ antidoto, balsamo, medicamento, medicina **CONTR.** affanno, afflizione, cruccio, aggravamento, carico, oppressione, peso, patema, pena, dolore, molestia, fastidio, noia, tormento, spasimo, strazio.

sollùchero *s. m. solo nelle loc. andare in solluchero*, provare piacere, gioire, provare contentezza e *mandare in solluchero*, dare grande gioia, fare molto piacere, rendere felice.

sólo **A** *agg.* **1** senza compagnia, scompagnato, non accompagnato □ soletto, solitario, solingo (*lett.*), ritirato, derelitto, appartato, segregato □ (*lett.*) (*di luogo*) remoto, isolato, abbandonato, deserto □ separato, single (*ingl.*) **CONTR.** accompagnato, in compagnia, insieme, associato, aggregato, imbrancato, unito □ sposato, accoppiato **2** (*di figlio, di verità, ecc.*) semplice, unico □ puro **CONTR.** più, diversi, vari, molteplici **B** *in funzione di avv.* solamente, soltanto, semplicemente, unicamente, esclusivamente **CONTR.** anche, inoltre, per di più, altresì **C** *in funzione di cong.* ma, però, tuttavia **D** *s. m.* (*mus.*) solista **FRAS.** *da solo*, senza gli altri; senza l'aiuto di altri □ *da solo a solo*, a quattr'occhi □ *solo che*, purché. *V. anche* SOLITARIO

soltànto *avv.* unicamente, semplicemente, solo, solamente, esclusivamente, limitatamente □ appena **CONTR.** anche, inoltre, per di più, altresì □ già.

solùbile *agg.* **1** scioglibile (*raro*), solvibile, dissolubile, decomponibile **CONTR.** insolubile **2** (*fig.*) (*di enigma, di problema, ecc.*) risolvibile, risolubile, spiegabile, esplicabile **CONTR.** irresolubile, inesplicabile, inspiegabile.

soluzióne *s. f.* **1** scioglimento, diluizione, liquefazione, squagliamento, bagno **CONTR.** rapprendimento, coagulamento, coagulazione, solidificazione **2** (*est.*) soluto □ miscela **CONTR.** solvente **3** (*di questione, di problema, ecc.*) spiegazione, risoluzione, chiarimento, precisazione □ appianamento, decisione, deliberazione, definizione, conclusione □ rimedio, alternativa, chiave (*fig.*), bandolo, sbocco, sfocio, via **CONTR.** complicazione, difficoltà, impedimento, incaglio, intoppo □ problema, dilemma **4** (*di debito*) pagamento, assolvimento **CONTR.** insolvenza **FRAS.** *soluzione di continuità*, interruzione □ *in un'unica soluzione*, in una sola volta.

solvènte *agg.*; *anche s. m.* **1** (*chim.*) diluente **CFR.** soluto **CONTR.** coagulante **2** (*di debitore*) solvibile **CONTR.** insolvente, insolvibile.

sòma *s. f.* **1** carico, fardello, bagaglio, basto **2** (*fig., lett.*) onere, responsabilità **3** (*fig., lett.*) oppressione, peso, giogo.

somaràggine *s. f.* **1** (*di qualità*) asinaggine, asineria, ciucaggine, bestialità, ignoranza, sciocchezza, stolidità, balordaggine **CONTR.** intelligenza, sapere, sapienza, dottrina, scienza, cultura, istruzione **2** (*di azione*) somarata (*raro*), asinata, bestialità, corbelleria, sproposito.

somaràta *s. f.* (*raro*) somaraggine, cretinata, sproposito.

somàro **A** *s. m.*; *anche agg.* **1** asino, ciuco, ciuccio (*merid.*) **2** (*fig.*) ignorantone, zuccone, testone, analfabeta, beota, bestia, idiota, cretino **CONTR.** saggio, colto, istruito, intelligente, acuto, capace, perspicace **B** *in funzione di agg.* ignorante.

somigliànte *part. pres. di* **somigliare**; *anche agg.* rassomigliante, simile, consimile, analogo, affine, similare, concorde, conforme, corrispondente, compagno, parente, equivalente, omogeneo, quasi uguale, comparabile, confrontabile, vicino **CONTR.** dissimile, dissomigliante, differente, diverso, disuguale, distinto, contrario, opposto, lontano, disparato. *V. anche* SIMILE, VICINO

somigliànza *s. f.* rassomiglianza, sembianza (*poet.*), specie (*lett.*), analogia, affinità, similitudine, similarità (*raro*), concordanza, conformità, corrispondenza, equivalenza, omogeneità, parentela, legame, rapporto, relazione, vicinanza, prossimità **CONTR.** dissomiglianza, differenza, diversità, disuguaglianza, ineguaglianza, disparità, contrarietà, opposizione, discordanza, discrepanza, dissonanza, contrapposizione, distanza.

somigliàre **A** *v. tr.* e *intr.* essere simile, assomigliare, rassomigliare, sembrare, parere, arieggiare, rammentare, ricordare, accostarsi **CONTR.** dissomigliare, differire, differenziarsi, discostarsi, distaccarsi, distinguersi, essere diverso **B** *v. tr.* (*lett.*) paragonare, comparare **C** **somigliarsi** *v. rifl. rec.* essere simili, assomigliarsi, rassomigliarsi **CONTR.** essere diversi, differire, differenziarsi, distinguersi.

sómma *s. f.* **1** importo, totale, ammontare **2** (*mat.*) addizione **CONTR.** sottrazione **3** (*di denaro*) quantità, quanto, cifra, conto, spesa □ scommessa, puntata □ posta, premio **4** (*di affari, di opere, ecc.*) complesso, insieme, totalità, massa **5** (*di un discorso, di un ragionamento, ecc.*) sostanza, conclusione, essenza, essenzialità, natura **6** (*raro*) compendio, sintesi, sommario, summa (*lat.*).

sommàre **A** *v. tr.* **1** addizionare, fare la somma, assommare **CONTR.** sottrarre, dedurre, defalcare **2** (*est.*) aggiungere, aggregare, conglobare, unire **CONTR.** detrarre, levare, togliere **B** *v. intr.* ammontare, ascendere, salire, arrivare, giungere. *V. anche* UNIRE

sommariaménte *avv.* per sommi capi, all'ingrosso, a grandi linee, brevemente, sinteticamente, rapidamente, schematicamente, concisamente, succintamente, in generale □ frettolosamente, grossolanamente, sbrigativamente **CONTR.** analiticamente, particolareggiatamente, circostanziatamente, meticolosamente, minuziosamente, diffusamente, partitamente, specificatamente.

sommàrio (1) *agg.* per sommi capi, schematico, sintetico, abbreviato, ristretto, rapido, complessivo □ approssimativo, affrettato, sbrigativo **CONTR.** analitico, particolareggiato, meticoloso, capillare, minuto, minuzioso, diffuso, specificato.

sommàrio (2) *s. m.* compendio, sintesi, sunto, riassunto, estratto, ricapitolazione, riepilogo, indice, breviario, canovaccio, specchietto, somma (*raro*), summa (*lat.*), abregé (*fr.*) □ panorama. *V. anche* RIASSUNTO

sommèrgere **A** *v. tr.* **1** coprire d'acqua, allagare, inondare **CONTR.** asciugare, scoprire **2** (*di imbarcazione, di carico, ecc.*) affondare, mandare a fondo, mandare a picco, inabissare, inghiottire, attuffare (*lett.*), immergere, annegare □ sprofondare **CONTR.** far emergere, mandar fuori **3** (*fig.*) (*di ricordo, di affanno, ecc.*) estinguere, far dimenticare, far scomparire, annullare, cancellare, eliminare, distruggere, disperdere **CONTR.** far riemergere, richiamare **4** (*fig.*) (*di doni, di richieste, ecc.*) coprire, subissare, tempestare □ (*nei debiti, nei guai*) ingolfare **B** *v. rifl.* e *intr. pron.* **sommergersi** affondarsi, inabissarsi, profondarsi, sprofondare **CONTR.** galleggiare.

sommergìbile *s. m.* sottomarino. *V. anche* NAVE

sommèrso *part. pass. di* **sommergere**; *anche agg.* **1** coperto dalle acque □ allagato, inondato □ immerso □ sprofondato **CONTR.** emerso, riemerso **2** affondato, colato a picco **CONTR.** emerso **3** (*fig.*) annullato, perduto **CONTR.** riaffiorato, richiamato **4** (*fig.*) coperto, subissato, tempestato **5** (*fig.*) (*di economia, ecc.*) sotterraneo, nascosto, occulto, nero **CONTR.** palese, evidente. *V. anche* NERO

sommessaménte *avv.* a bassa voce, sottovoce, basso, piano, flebilmente, bisbigliando **CONTR.** ad alta voce, forte, a squarciagola.

sommésso *agg.* **1** (*di persona, di atteggiamento, ecc.*) sottomesso, umile, dimesso, rispettoso, modesto **CONTR.** altero, altezzoso, borioso, burbanzoso, superbo, tracotante, tronfio, vanaglorioso **2** (*di voce, di pianto, ecc.*) basso, contenuto, piano, leggero, smorzato, debole, flebile **CONTR.** alto, elevato, forte, sonoro, squillante, acuto, assordante.

somministràre *v. tr.* ***1*** dare, fornire, servire, distribuire, erogare □ porgere, largire (*lett.*), amministrare, ministrare (*lett.*), provvedere, apprestare (*ant.*), propinare (qualcosa di nocivo) **CONTR.** accettare, accogliere, gradire, prendere, ricevere ***2*** (*scherz.*) (*di schiaffo e sim.*) appioppare (*fam.*), affibbiare **CONTR.** ricevere.

somministraziòne *s. f.* rifornimento, fornitura, distribuzione, erogazione, dispensa, provvedimento (*raro, lett.*) **CONTR.** accettazione, accoglimento, gradimento, ricevimento **FRAS.** *contratto di somministrazione*, contratto di fornitura.

sommità *s. f.* ***1*** cima, vertice, vetta, punta, cocuzzolo, cacume (*lett.*), colmo, culmine, cuspide, tetto, cresta, crinale, dosso, giogo, pinnacolo, pizzo, estremità **CONTR.** base, fondo ***2*** (*fig.*) (*del sapere, della gloria, ecc.*) eccellenza, sommo grado, apice, fastigio, sublimità, vertice, sommo, top (*ingl.*), zenit.

sómmo ***A*** *agg.* ***1*** (*di vetta, di monte, ecc.*) altissimo **CONTR.** bassissimo ***2*** (*fig.*) (*di bene, di grado, ecc.*) superiore, supremo, massimo, grandissimo, estremo, primo, eccellente, eccelso, insigne, sublime, sovrumano, divino, sovrano, superlativo, ultimo, non plus ultra (*lat.*) **CONTR.** infimo, piccolissimo, minimo, modesto, mediocre, misero, oscuro, trascurabile ***B*** *s. m.* sommità, colmo, apice, vertice **CONTR.** base, fondo. *V. anche* GRANDE, SOVRANO

sommòssa *s. f.* sollevazione, insurrezione, ribellione, rivolta, tumulto, moto, turbolenza, sedizione, rivoluzione, disordine, sommovimento. *V. anche* RIBELLIONE

sommozzatóre *s. m.* (*f. -trice*) sub, subacqueo □ uomo rana □ palombaro.

sonàglio *s. m.* campanello, campanellino, campanella, campano, bubbolo, tintinnabolo (*lett.*), bronzina, bronzino **FRAS.** *serpente a sonagli*, crotalo.

sonàta (1) *s. f.* (*di campanello*) scampanellata, squillo, trillo.

sonàta (2) *s. f.* ***1*** composizione strumentale ***2*** (*fam.*) spesa forte, conto salato, mazzata, batosta ***3*** (*fam.*) imbroglio, truffa ***4*** (*fam.*) bastonatura.

sónda *s. f.* ***1*** scandaglio, piombino, sagola ***2*** (*med.*) specillo, catetere, siringa ***3*** (*aer.*) veicolo spaziale, capsula spaziale □ pallone.

sondàggio *s. m.* ***1*** ricerca, scandagliata □ (*med.*) specillatura, siringatura ***2*** (*fig.*) (*di opinione, di intenzione, ecc.*) indagine, inchiesta, ricerca, rilevamento, exit poll (*ingl.*), esplorazione.

sondàre *v. tr.* ***1*** esaminare, esplorare ***2*** (*fig.*) saggiare, tastare, scandagliare, cercare, indagare, esplorare, interrogare. *V. anche* GIUDICARE

sonnacchióso *agg.* ***1*** pieno di sonno, sonnolento, assonnato, insonnolito, mezzo addormentato, imbambolato, intorpidito **CONTR.** desto, sveglio, vigile ***2*** (*fig., lett.*) indolente, lento, negligente, pigro, tardo, torpido **CONTR.** alacre, attivo, pronto, sveglio, vivace.

sonnecchiàre *v. intr.* ***1*** dormicchiare, pisolare (*fam.*), fare un pisolino, appisolarsi, riposare **CONTR.** essere desto, essere sveglio, vigilare □ dormire profondamente ***2*** (*fig.*) essere inerte, oziare, essere pigro, poltrire, andare a rilento **CONTR.** essere attivo, industriarsi, ingegnarsi, arrabattarsi, darsi d'attorno, affaccendarsi.

sonnellìno *s. m. dim. di* **sonno**; siesta, pisolino, pisolo, pennichella (*region.*).

sonnìfero *agg.*; *anche s. m.* ***1*** ipnotico, sedativo, tranquillante, soporifero (*raro*), narcotico, barbiturico, psicofarmaco, stupefacente, ipnogeno **CONTR.** eccitante, eccitativo, stimolante ***2*** (*fig.*) (*di discorso*) soporifero, noioso, pesante, tedioso, uggioso, barboso, lagnoso **CONTR.** divertente, piacevole, spassoso.

sónno *s. m.* ***1*** assopimento, dormita, dormire, nanna (*inft.*), sopore, torpore, riposo, pisolino, siesta, sonnolenza, letargo **CONTR.** risveglio, veglia, insonnia ***2*** torpore, inerzia, indolenza, pesantezza **CONTR.** attività, alacrità, prontezza, solerzia, sveltezza, vivacità, dinamismo ***3*** (*fig.*) calma, silenzio, quiete, pace **CONTR.** confusione, chiasso, fracasso, rumore ***4*** (*poet.*) sogno **FRAS.** *prender sonno*, addormentarsi □ *far venire sonno* (*fig.*), annoiare □ *l'ultimo sonno*, la morte.

sonnolènto *agg.* ***1*** (*di persona*) assonnato, pieno di sonno, sonnacchioso, insonnolito, intorpidito, mezzo addormentato **CONTR.** desto, sveglio, vigile, insonne ***2*** (*fig.*) (*di persona o cosa*) pigro, indolente, lento, negligente, tardo, torpido **CONTR.** alacre, attivo, pronto, sveglio, vivace, dinamico.

sonnolènza *s. f.* ***1*** torpore, torpidezza, sopore, pesantezza, cascaggine (*raro*) **CONTR.** veglia, vigilia, insonnia, eccitazione ***2*** (*fig.*) pigrizia, lentezza, inerzia, indolenza, apatia, torpore **CONTR.** alacrità, attività, prontezza, solerzia, sveltezza, vivacità, dinamismo. *V. anche* PIGRIZIA

sòno *V.* **suono**.

sonorità *s. f.* acustica, risonanza **CONTR.** sordità.

sonòro *agg.* ***1*** acustico □ sonante, risonante, argentino, squillante, tintinnante, tinnulo (*lett.*), trillante, vocale □ alto, chiaro, forte, limpido, vibrante □ rumoroso, rumoreggiante, fragoroso, reboante, chiassoso **CONTR.** cupo, afono, atono, sordo, smorzato, spento, flebile, sommesso, silenzioso, tacito ***2*** (*fig.*) (*di discorso, di stile*) enfatico, altisonante, gonfio, magniloquente (*lett.*), retorico, ampolloso, rotondo **CONTR.** dimesso, naturale, piano, schietto, semplice ***3*** (*fig.*) (*di sconfitta, di ceffone, ecc.*) pesante, notevole, considerevole, grave, grosso **CONTR.** leggero, lieve, modesto, piccolo ***4*** (*di cinema*) parlato **CONTR.** muto.

sontuosità *s. f.* fastosità, pompa, sfarzosità, sfarzo, fasto, lautezza, lusso, lussuosità, gala, sfoggio, ricchezza, magnificenza, maestosità, splendidezza, splendore **CONTR.** miseria, modestia, povertà, semplicità, naturalezza, umiltà.

sontuóso *agg.* fastoso, pomposo, sfarzoso, lussuoso, ricco, magnifico, maestoso, splendido, spettacoloso, vistoso, principesco, prezioso, regale, luculliano, sardanapalesco, hollywoodiano **CONTR.** misero, modesto, disadorno, squallido, povero, semplice, naturale, umile.

sopìre *v. tr.* ***1*** (*lett.*) (*di persona*) addormentare, assopire **CONTR.** destare, ridestare, svegliare, risvegliare ***2*** (*fig.*) (*di persona, di affanno, ecc.*) acquietare, calmare, placare, attutire, lenire, mitigare, addolcire, attenuare, smorzare **CONTR.** acuire, eccitare, esacerbare, esasperare, inasprire, irritare.

sopóre *s. m.* sonnolenza, sonno, assopimento, dormiveglia □ letargo, narcosi, coma **CONTR.** veglia, insonnia.

soporìfero *agg.* **1** (*raro*) sonnifero, ipnotico, sedativo, narcotico, anestetico, barbiturico **CONTR.** eccitante, stimolante **2** (*fig.*) (*di persona, di discorso, ecc.*) noioso, pesante, tedioso, uggioso, monotono, soporoso (*lett.*) **CONTR.** divertente, piacevole, spassoso, elettrizzante.

soppàlco *s. m.* palco, soffitta, solaio.

soppesàre *v. tr.* **1** pesare **2** (*fig.*) (*di vantaggi, di pro e contro, ecc.*) esaminare, ponderare, contrappesare, considerare, valutare, calcolare, dosare, misurare, scandagliare, vagliare, riflettere, tener presente.

soppiantàre *v. tr.* scavalcare, sostituire, surrogare, sottentrare, subentrare, fare lo sgambetto, soffiare il posto, passar davanti.

soppiàtto *agg. nella loc. avv. di soppiatto*, di nascosto, occultamente, celatamente, con sotterfugi, quatto quatto, slealmente, perfidamente **CONTR.** apertamente, manifestamente, palesemente, alla luce del sole, lealmente, schiettamente, sinceramente.

sopportàre *v. tr.* **1** (*di peso*) reggere, sostenere, portare **2** (*fig.*) (*di spesa, di dolore, ecc.*) sostenere, passare, superare, soffrire, patire, compatire, subire, ricevere, tollerare, assoggettarsi, sottostare, durare (*lett.*), inghiottire, ingoiare, ingozzare, trangugiare, sorbettarsi (*fam.*), sorbirsi, smaltire □ adattarsi, rassegnarsi, vincersi, pazientare, resistere **CONTR.** rifiutare, respingere, reagire, ribellarsi, insorgere, rivoltarsi, sollevarsi, opporsi, spazientirsi, adombrarsi **3** (*fig.*) (*di indugio, di scuse, ecc.*) accettare, tollerare, digerire, comportare (*raro*) **CONTR.** rifiutare **4** (*lett.*) concedere, permettere **CONTR.** impedire, vietare.

sopportàto *part. pass. di* **sopportare**; *anche agg.* **1** (*di spesa, di dolore, ecc.*) sostenuto, retto, sofferto, patito, subito, tollerato, ingoiato, inghiottito **CONTR.** rifiutato, respinto **2** (*fig.*) (*di indugio, di scusa, ecc.*) accettato, tollerato **CONTR.** negato, rifiutato.

sopportazióne *s. f.* pazienza, tolleranza, rassegnazione, adattamento, condiscendenza, compatimento, indulgenza, flemma **CONTR.** impazienza, intolleranza, insofferenza, opposizione, reazione, ribellione, inesorabilità, rigidezza, rigore, severità, durezza.

soppressióne *s. f.* **1** (*di legge, di libertà, ecc.*) abolizione, abrogazione, annullamento, cancellazione, espunzione, cassatura, cassazione, taglio, eliminazione, proscrizione (*fig.*), liquidazione □ repressione, soffocamento □ annientamento, abbattimento, distruzione □ (*ling.*) (*di vocale*) elisione **CONTR.** inaugurazione, instaurazione, impianto, creazione, riattivazione **2** (*di persona*) uccisione, assassinio, liquidazione □ eccidio.

sopprèsso *part. pass. di* **sopprimere**; *anche agg.* **1** (*di legge, di libertà, ecc.*) abolito, annullato, cancellato, distrutto, tagliato, cassato, eliminato, proscritto (*fig.*) □ represso, soffocato **CONTR.** emanato, inaugurato, instaurato, impiantato, riattivato □ aggiunto, interpolato □ dato, concesso **2** ucciso, assassinato, liquidato.

sopprìmere *v. tr.* **1** (*di legge, di libertà, ecc.*) abolire, annullare, cancellare, espungere, cassare, eliminare, scartare, proscrivere (*fig.*), distruggere □ reprimere, soffocare □ (*ling.*) (*di vocale*) elidere **CONTR.** emanare, inaugurare, instaurare, istituire, impiantare, riattivare, restaurare □ interpolare □ dare, concedere **2** uccidere, ammazzare, togliere di mezzo, assassinare, liquidare.

sópra ***A*** *prep.* **1** (*di luogo*) su, al di sopra **CONTR.** sotto, al di sotto **2** addosso **3** oltre, più in su di □ al di là di, più a nord di **CONTR.** al di qua di, più a sud di **4** (*di tempo*) dopo **CONTR.** prima **5** (*di argomento*) intorno a, riguardo, circa **6** (*di paragone*) più di, più che **CONTR.** meno di, meno che ***B*** *avv.* **1** in alto, disopra, superiormente **CONTR.** sotto, disotto, appiè, giù, di sotto **2** precedentemente, anteriormente, prima **CONTR.** dopo, sotto, posteriormente **3** oltre ***C*** *in funzione di agg. inv.* superiore, più alto **CONTR.** inferiore, più basso **FRAS.** *tornare sopra* (*fig.*), riesaminare □ *passare sopra* (*fig.*), trascurare; dimenticare; tollerare □ *mettere una pietra sopra* (*fig.*), dimenticare □ *prendere sopra di sé* (*fig.*), assumersi □ *essere sopra pensiero*, essere distratto □ *averne fin sopra i capelli* (*fig.*), essere stufo, essere nauseato.

sopràbito *s. m.* impermeabile, trench (*ingl.*), gabardine (*fr.*), overcoat (*ingl.*), spolverino, cappotto, pastrano, mantello, palandrana (*ant.*), palamidone (*scherz.*).

sopraccitàto *agg.* citato prima, succitato, sopraccennato, suaccennato, predetto, suddetto, sopraddetto, anzidetto, summenzionato, sopraindicato, precitato, già ricordato, sullodato.

sopraccopèrta ***A*** *s. f.* **1** copertina, fodera **2** (*mar.*) ponte di coperta **CONTR.** sottocoperta ***B*** *in funzione di avv.* sul ponte di coperta **CONTR.** sottocoperta.

sopraelevàre *v. tr.* alzare, sopredificare, elevare **CONTR.** abbassare.

sopraelevàta *s. f.* viadotto □ monorotaia **CONTR.** sotterranea.

sopraffàre *v. tr.* **1** dominare, opprimere, fare sopruso, usare violenza **CONTR.** aiutare, soccorrere **2** (*anche fig.*) (*di nemico, di avversario e sim.*) soverchiare, superare, vincere, sconfiggere, battere, sbaragliare, travolgere, conquidere (*lett.*), disarmare **CONTR.** essere vinto, essere sconfitto, perdere, avere la peggio. *V. anche* VINCERE

sopraffazióne *s. f.* soperchieria, sopruso, prepotenza, forza, violenza, affronto, arbitrio, tirannia, ingiuria, oltraggio, imposizione, pirateria, baronata **CONTR.** rassegnazione, sottomissione, adattamento, pazienza, tolleranza, umiliazione □ concessione, favore, piacere. *V. anche* PREPOTENZA

sopraffìno *agg.* **1** (*di pranzo, di oggetto, ecc.*) finissimo, eccellente, ottimo **CONTR.** pessimo, orrendo, disgustoso **2** (*fig.*) (*di malizia, di ragionamento, ecc.*) raffinato, straordinario **CONTR.** grossolano, ordinario, rozzo.

sopraggiùngere ***A*** *v. intr.* **1** arrivare, sopravvenire, venire, giungere, capitare, piombare □ avvenire, intervenire □ accadere, succedere, incogliere (*lett.*) **2**

(*di persona inattesa*) arrivare dopo, aggiungersi CONTR. precedere **B** *v. tr.* **1** cogliere, prendere **2** raggiungere.

sopraggiùnto *part. pass. di* **sopraggiungere**; *anche agg.* **1** arrivato, giunto, venuto, sopravvenuto, insorto, capitato, succeduto, successo CONTR. venuto prima **2** posteriore CONTR. precedente.

sopraindicàto *agg.* indicato prima, predetto, suddetto, sopraccennato, suaccennato, sopraddetto, succitato, sopraccitato, precitato, anzidetto, ricordato, sullodato, sunnominato, summenzionato.

sopralluògo *s. m.* visita, ispezione, perlustrazione, controllo, indagine.

soprammòbile *s. m.* oggettino, ninnolo, ornamento, suppellettile, bibelot (*fr.*) □ (*spreg.*) carabattola.

soprannaturàle *agg.* **1** sovrumano, trascendente, trascendentale, sopramondano (*raro*), ultranaturale, innaturale □ ultraterreno, oltremondano, celeste, spirituale, divino, sublime, santo CONTR. naturale, comune, ordinario □ terreno, materiale, umano **2** (*est., fig.*) meraviglioso, miracoloso, prodigioso, portentoso, grandissimo. *V. anche* GRANDE

soprannóme *s. m.* nome particolare, nomignolo, epiteto, appellativo. *V. anche* NOME

soprannominàre *v. tr.* designare, dire, chiamare, denominare, nomare (*lett.*).

soprannumeràrio *agg.* in più, extra, straordinario CONTR. ordinario.

soprappiù *s. m.* **1** eccedenza, eccesso, sopravanzo, sovrabbondanza, extra □ aggiunta, complemento, contentino, corollario **2** (*econ.*) surplus CONTR. deficit. *V. anche* SUPERFLUO

soprapprèzzo *s. m.* supplemento, maggiorazione.

soprassàlto *s. m.* balzo, scossa, sobbalzo, guizzo, sussulto, trasalimento.

soprassedére *v. intr.* differire, aspettare, attendere, indugiare, rimandare, rinviare, procrastinare, prorogare □ sospendere, lasciar perdere, tralasciare, omettere, abbandonare CONTR. decidersi, affrettarsi, sbrigarsi, spicciarsi, agire.

soprastànte *part. pres. di* **soprastare**; *anche agg.* e *s. m.* e *f.* **1** sovrastante **2** (*raro*) sorvegliante, soprintendente, capo CONTR. dipendente, subordinato.

soprattùtto *avv.* prima di tutto, particolarmente, principalmente, specialmente, specie, massimamente, eminentemente, massime.

sopravànzo *s. m.* avanzo, residuo, resto, rimasuglio, rimanenza, soprappiù, supero, eccedenza CONTR. ammanco, disavanzo.

sopravvalutàre *v. tr.* supervalutare (*raro*), stimare eccessivamente, dar troppo valore CONTR. sottovalutare, sminuire.

sopravvalutazióne *s. f.* valutazione eccessiva CONTR. sottovalutazione.

sopravvenìre *v. intr.* sopraggiungere, arrivare all'improvviso, giungere inaspettatamente □ capitare, accadere, succedere, intervenire (*raro*), darsi il caso, incogliere (*lett.*).

sopravvénto *s. m.* **1** CONTR. sottovento **2** (*fig.*) vantaggio, preminenza, preponderanza, prevalenza, superiorità, supremazia CONTR. svantaggio, inferiorità, scapito.

sopravvèste *s. f.* grembiule, mantello, vestaglia, palandrana, clamide (*lett.*), toga, cotta CONTR. sottoveste.

sopravvissùto *part. pass. di* **sopravvivere**; *anche agg.* e *s. m.* **1** rimasto in vita, scampato, superstite CONTR. morto, deceduto, defunto, vittima **2** (*fig.*) sorpassato, arretrato, retrivo, fuori tempo, fuori moda, matusa (*gerg.*), rottame (*fig.*), rudere (*fig.*) CONTR. moderno, innovatore.

sopravvivènza *s. f.* permanenza in vita.

sopravvìvere *v. intr.* **1** continuare a vivere, scampare, salvarsi, sfuggire, sottrarsi □ (*est.*) campare, vivere, vegetare, tirare avanti CONTR. morire □ soccombere **2** (*fig.*) (*di ricordo, di consuetudine, ecc.*) rimanere vivo, rimanere attuale, restare □ durare, perdurare CONTR. scomparire, svanire, finire.

soprintendènte *part. pres. di* **soprintendere**; *anche agg.* e *s. m.* e *f.* dirigente, direttore, governatore, vigilante, ispettore, funzionario.

soprintendènza *s. f.* ispettorato, sorveglianza.

soprintèndere *v. intr.* dirigere, soprastare, condurre □ vigilare, controllare, sorvegliare, curare.

soprùso *s. m.* prepotenza, soperchieria, sopraffazione, arbitrio, dispotismo, violenza, vessazione, affronto, ingiuria, oltraggio, angheria, dispetto, ingiustizia, torto, iniquità CONTR. rassegnazione, sottomissione, tolleranza, umiliazione. *V. anche* PREPOTENZA

soqquàdro *s. m.* confusione, scompiglio, sottosopra, grande disordine, caos, scombussolamento, rimescolamento, trambusto CONTR. ordine, assestamento, assetto, sistemazione FRAS. *a soqquadro*, sottosopra, in gran disordine. *V. anche* CONFUSIONE

sorbétto *s. m.* gelato.

sorbìre *v. tr.* **1** sorseggiare, centellinare, bere, succhiare CONTR. ingoiare, ingollare, tracannare **2** (*fig.*) sorbirsi, sopportare, sciropparsi (*fig.*), sorbettarsi (*fam.*), subire, cuccare. *V. anche* BERE

sórcio *s. m.* topo FRAS. *far vedere i sorci verdi* (*fig.*), sbalordire; mettere in gravi difficoltà; spaventare.

sordidézza *s. f.* **1** sozzura, sporcizia, sudiciume, sudiceria, lordezza, squallore, lordura CONTR. pulizia, lindezza, lindura (*raro*), mondezza, nettezza **2** (*fig.*) grettezza, esosità, spilorceria, lesina, avarizia, taccagneria, pidocchieria, tirchieria (*fam.*) CONTR. generosità, larghezza, liberalità, magnificenza, munificenza, signorilità, splendidezza, prodigalità.

sòrdido *agg.* **1** (*anche fig.*) sporco, sozzo, sudicio, lordo, lercio, squallido □ triste, miserevole, vile CONTR. pulito, lindo, mondo, netto, terso □ nobile, ricco **2** (*fig.*) avaro, spilorcio, egoista, esoso, taccagno, tirchio (*fam.*), pidocchioso, tirato CONTR. generoso, largo, liberale, magnifico, munifico, signorile, splendido, prodigo.

sordità *s. f.* **1** (*med.*) cofosi, ipoacusia **2** (*fig.*) scarsa sensibilità, insensibilità CONTR. sensibilità.

sórdo **A** *agg.* **1** audioleso **2** (*fig.*) (*a inviti, a preghiere, ecc.*) indifferente, insensibile CONTR. sensibile **3** poco sonoro, antiacustico **4** (*di suono*) basso, cupo, fondo, grave, smorzato, ottuso, gutturale □ disarmonico CONTR. chiaro, limpido, sonante, sonoro, squillante, vibrante □ armonico **5** (*fig.*) (*di guerra, di invidia, ecc.*) tacito, celato, nascosto, occulto, coperto **CONTR.** aperto, evidente, manifesto, palese **6** (*fig.*) (*di dolore*) continuo, diffuso **CONTR.** acuto, lacerante **B** *s. m.* audioleso.

sorèlla *s. f.* **1** germana (*raro*) **CONTR.** fratello **2** (*fig.*) (*di lingue, di nazioni, ecc.*) affine, analogo, simile **CONTR.** differente, diverso, dissimile **3** suora, monaca.

sorgènte *s. f.* **1** acqua sorgiva, fonte, polla, rampollo, vena, fontanile, fontana, bulicame (*raro*), scaturigine (*lett.*), zampillo **CONTR.** foce, sbocco **2** (*fig.*) (*di ricchezza, di odio, ecc.*) origine, provenienza, causa, cagione (*lett.*), principio, radice, seme, movente, madre, fucina **CONTR.** effetto, conseguenza **3** (*di luce, di onde, ecc.*) punto. *V. anche* CAUSA

sórgere **A** *v. intr.* **1** (*di persona*) alzarsi, tirarsi su, saltar su, levarsi, rizzarsi, drizzarsi, sollevarsi **CONTR.** abbassarsi, coricarsi, sedersi, sdraiarsi, stendersi **2** (*di monte, di edificio, ecc.*) elevarsi, emergere, innalzarsi, risaltare, spiccare **3** (*di astro*) nascere, alzarsi, spuntare, apparire, salire **CONTR.** tramontare, calare, declinare, discendere **4** (*di fiume e sim.*) scaturire, sgorgare, pullulare, riversarsi, spicciare, zampillare **5** (*fig.*) (*di dubbio, di idea, ecc.*) nascere, venire, derivare, germinare □ (*di amore*) sbocciare, incominciare □ (*di passione e sim.*) destarsi **6** (*fig.*) (*a potenza, a gloria, ecc.*) assurgere, elevarsi □ (*di governo, di regime*) nascere **CONTR.** cadere, crollare **B** *s. m.* (*di astro*) levata, alzata **CONTR.** tramonto, calata.

sorgìvo *agg.* **1** di sorgente, di fonte **2** (*fig.*) fresco, spontaneo, genuino, puro, autentico **CONTR.** artificioso, forzato, convenzionale. *V. anche* SPONTANEO

sormontàre **A** *v. tr.* **1** oltrepassare, valicare, varcare, sorpassare, sopravanzare, soverchiare **CONTR.** restare sotto **2** (*fig.*) (*di ostacolo, di competitore, ecc.*) vincere, superare, abbattere, sconfiggere, trionfare su **CONTR.** soggiacere, sottostare, cedere, soccombere **B** *v. intr.* sovrapporsi.

sornióne *agg.*; *anche s. m.* gattamorta, lumacone, acqua cheta, madonnina infilzata, furbastro, cheto, chiotto, finto tonto, subdolo **CONTR.** aperto, franco, leale, schietto, sincero.

sorpassàre *v. tr.* **1** superare, passare sopra, sormontare, valicare **CONTR.** passare sotto **2** (*di veicolo*) superare, oltrepassare, passare oltre, passare avanti □ (*fig.*) (*di difficoltà e sim.*) bypassare **3** (*di competitore e sim.*) sopravanzare, avanzare, vincere, essere superiore, precedere **CONTR.** cedere, essere inferiore **4** (*fig.*) (*di limiti*) eccedere, esorbitare, trascendere, trasmodare **CONTR.** frenarsi, moderarsi, limitarsi, trattenersi. *V. anche* VINCERE

sorpassàto *part. pass. di* **sorpassare**; *anche agg.* **1** oltrepassato **2** (*di veicolo*) superato **3** (*di competitore*) vinto **4** (*fig.*) (*di limiti*) trasceso **5** (*fig.*) (*di persona, di moda, ecc.*) superato, arretrato, arcaico, obsoleto, vecchio, disusato, datato, decrepito, démodé (*fr.*), fossilizzato, antidiluviano, mummificato, vieto (*lett.*), out (*ingl.*) **CONTR.** attuale, moderno, nuovo, in (*ingl.*), à la page (*fr.*), dernier cri (*fr.*). *V. anche* ANTICO

sorpàsso *s. m.* superamento.

sorprendènte *part. pres. di* **sorprendere**; *anche agg.* **1** impreveduto, imprevisto, inatteso **CONTR.** previsto, atteso **2** (*est.*) strano, singolare, inconsueto □ imprevedibile □ eccezionale, meraviglioso, sbalorditivo, stupefacente, stupendo, ammirabile, ammirevole, miracoloso, prodigioso, strabiliante **CONTR.** comune, naturale, normale, ordinario, usuale □ brutto, orrendo.

sorprèndere **A** *v. tr.* **1** cogliere, prendere, acchiappare, pescare, incogliere, beccare (*fam.*), pizzicare (*fam.*), trovare **2** (*fig.*) (*di buona fede e sim.*) carpire, ingannare **3** (*fig.*) meravigliare, sbalordire, stupire, stupefare, strabiliare, incantare, confondere, lasciare a bocca aperta **CONTR.** lasciare impassibile, lasciare indifferente **B** **sorprendersi** *v. intr. pron.* meravigliarsi, sbalordire, stupirsi **CONTR.** rimanere impassibile, rimanere indifferente, non scomporsi. *V. anche* PRENDERE

sorprésa *s. f.* **1** improvvisata □ scherzo □ contrattempo **2** meraviglia, sbalordimento, stupore, sensazione, stupefazione, trasecolamento **CONTR.** indifferenza, freddezza, disinteresse **3** (*est.*) dono, regalo, pensierino **4** rivelazione, scoperta **5** (*nell'uovo di Pasqua*) dono, regalo **FRAS.** *di sorpresa*, all'improvviso, senza preavviso; alla sprovvista, di contropiede.

sorpréso *part. pass. di* **sorprendere**; *anche agg.* **1** colto sul fatto, trovato, preso, pescato, beccato (*fam.*), pizzicato (*fam.*) **2** (*fig.*) meravigliato, sbalordito, stupito, attonito, interdetto, trasecolato, strabiliato, stupefatto **CONTR.** indifferente, freddo, disinteressato, incurante, noncurante.

sorrèggere **A** *v. tr.* **1** sostenere, reggere, tenere su, puntellare, sollevare **CONTR.** metter giù, posare, lasciar cadere **2** (*fig.*) (*di persona*) confortare, aiutare, soccorrere, favorire, affiancare, incoraggiare, rincuorare **CONTR.** abbandonare, lasciar solo **B** **sorreggersi** *v. rifl.* tenersi ritto, reggersi, sostenersi, appoggiarsi.

sorridènte *part. pres. di* **sorridere**; *anche agg.* ridente, gioviale, allegro, gaio, lieto, ilare, giocondo, felice, sereno **CONTR.** piangente, serio, severo, accigliato, aggrondato, burbero, cupo, imbronciato, ingrugnato, rabbuiato.

sorrìdere *v. intr.* **1** ridere a fior di labbra **CONTR.** sghignazzare □ oscurarsi, accigliarsi **2** (*fig.*) (*di fortuna, di vita, ecc.*) essere favorevole, arridere, aiutare **CONTR.** essere contrario, bersagliare **3** (*fig.*) (*di idea, di pensiero, ecc.*) fare piacere, allettare, attirare, riuscire gradito **CONTR.** spiacere, dispiacere, rincrescere, ripugnare, nauseare, stomacare. *V. anche* RIDERE

sorrìso *s. m.* **1** (*est.*) riso, risolino **2** (*fig., lett.*) (*della natura, dei fiori, ecc.*) letizia, bellezza, splendore.

sorseggiàre *v. tr.* sorbire, bere, centellinare, assaporare **CONTR.** tracannare, ingollare, ingurgitare, sbevazzare. *V. anche* BERE

sórso *s. m.* centellino (*raro*), sorsata, goccia, assaggio **CONTR.** trincata.

sòrta *s. f.* specie, qualità, genere, forma, guisa, categoria, classe, razza, tipo, varietà, fatta, stampo, taglia, lega, risma (*spreg.*). *V. anche* CATEGORIA

sòrte *s. f.* **1** caso, destino, fato, stella, fatalità, ventura, fortuna □ alea, azzardo, chance (*fr.*) **2** condizione, stato □ vita, avvenire, futuro **FRAS.** *estrarre a sorte*, sorteggiare. *V. anche* FORTUNA

sorteggiàre *v. tr.* tirare a sorte, estrarre.

sortéggio *s. m.* estrazione □ lotteria, lotto.

sortilègio *s. m.* magia, incantesimo, malia, stregoneria, maleficio, fattucchieria, incantamento, incanto, cabala. *V. anche* INCANTESIMO

sortire *v. tr.* **1** (*lett.*) assegnare, destinare **2** (*di effetto, di scopo, ecc.*) ottenere, conseguire, raggiungere □ produrre.

sortita *s. f.* **1** (*di assediati*) assalto, uscita improvvisa **2** entrata in scena **3** (*pop.*) uscita **CONTR.** entrata **4** battuta, frase spiritosa, arguzia, facezia, motto, spiritosaggine, gag (*ingl.*).

sórto *part. pass. di* **sorgere**; *anche agg.* **1** (*di edificio*) eretto, innalzato **CONTR.** abbattuto, crollato **2** (*di astro*) apparso, spuntato, nato **CONTR.** calato, tramontato, disceso **3** (*di dubbio, di idea, ecc.*) nato, venuto, originato, derivato, incominciato **CONTR.** caduto.

sorvegliànte *part. pres. di* **sorvegliare**; *anche s. m. e f.* assistente, custode, magazziniere □ guardiano, guardia, piantone □ osservatore, ispettore □ vigile, vigilatore, vigilante □ (*nei convitti*) censore, educatore □ bambinaia, baby-sitter (*ingl.*), bonne (*fr.*), fräulein (*ted.*), balia.

sorveglìanza *s. f.* vigilanza, guardia, custodia, veglia □ pattugliamento, ronda, picchetto, picchettaggio, picchettamento, piantonamento □ assistenza, cura □ controllo, bada, ispezione, soprintendenza □ (*di caldaia, di immobile*) conduzione.

sorvegliàre *v. tr.* **1** (*di persona*) tenere d'occhio, tenere sotto controllo, controllare, seguire, pedinare, spiare, guardare, non perdere di vista, vigilare, piantonare **2** (*di persona o cosa*) badare, custodire, curare, vegliare □ picchettare, ispezionare, pattugliare **CONTR.** trascurare, abbandonare, fregarsene (*pop.*), infischiarsi **3** (*di cosa*) dirigere, interessarsi, attendere, soprintendere, occuparsi **CONTR.** disinteressarsi. *V. anche* GUARDARE

sorvolàre *v. tr. e intr.* **1** (*di aereo e sim.*) volare sopra, passare sopra **2** (*fig.*) (*di particolare, di episodio, ecc.*) tralasciare, trascurare, omettere, glissare, saltare, non badare, non considerare **CONTR.** badare, considerare, curare, osservare, calcare, sottolineare.

S.O.S. [interpretata come sigla dell'espressione ingl. *Save Our Souls* 'salvate le nostre anime': in realtà la sigla è dovuta alla facilità di trasmissione: tre punti, tre linee, tre punti] *s. m.* segnale di soccorso, mayday (*ingl.*) **FRAS.** *lanciare un S.O.S.* (*fig.*), chiedere aiuto.

sòsia [da *Sosia*, il servo di Anfitrione nell'omonima commedia di Plauto e di Molière] *s. m. e f. inv.* persona somigliantissima, copia, gemello, controfigura.

sospèndere *v. tr.* **1** (*al muro, ad un ramo, ecc.*) attaccare, appendere, appiccare, agganciare, alzar su, sollevare □ (*raro*) impiccare **CONTR.** staccare, sganciare **2** (*fig.*) (*di lavoro, di riunione, ecc.*) interrompere, arrestare, fermare, cessare, chiudere, smettere, troncare, tralasciare, insabbiare (*fig.*) □ differire, prorogare, posticipare, procrastinare, aggiornare, soprassedere, rimandare, rinviare, congelare (*fig.*) **CONTR.** cominciare, iniziare □ finire, terminare □ riprendere, continuare, seguitare, proseguire **3** (*fig.*) (*da una carica, dalle lezioni, ecc.*) allontanare, rimuovere, destituire, licenziare □ (*sport*) squalificare **CONTR.** richiamare, reintegrare □ assumere.

sospensióne *s. f.* **1** agganciamento **CONTR.** sganciamento, distacco **2** (*di lavoro, di riunione, ecc.*) interruzione, cessazione, fermata, arresto □ (*di pratica, di proposta*) accantonamento, insabbiamento (*fig.*) □ pausa, intermezzo, intervallo □ vacanza □ (*di attività*) stasi, morta (*fig.*) □ differimento, dilazione, proroga, moratoria, indulto (*fig.*), rinvio, rimando, congelamento (*fig.*) □ (*di ostilità*) armistizio, tregua, cessate il fuoco **CONTR.** inizio □ fine, termine □ ripresa □ continuazione, prosecuzione, proseguimento, prosieguo, seguito **3** (*da una carica, dalle lezioni, ecc.*) allontanamento, rimozione, licenziamento, destituzione □ (*sport*) squalifica **CONTR.** richiamo, reintegrazione □ assunzione **4** (*fig.*) incertezza, apprensione, suspense (*ingl.*), ansia, ansietà, esitazione **CONTR.** calma, sicurezza, tranquillità **5** (*mecc.*) (*spec. al pl.*) balestre, ammortizzatori, molle, molleggio **6** (*chim.*) emulsione.

sospéso *part. pass. di* **sospendere**; *anche agg.* **1** (*al muro, ad un ramo, ecc.*) attaccato, appeso, agganciato, pendente, pensile, pendulo (*lett.*), penzolante, librato □ (*raro*) impiccato, appiccato **CONTR.** sganciato, staccato **2** (*di lavoro, di riunione, ecc.*) interrotto, differito, rimandato, rinviato, posticipato, procrastinato, aggiornato, congelato □ cessato, smesso □ (*di pratica, di proposta*) accantonato, insabbiato **CONTR.** cominciato, iniziato □ finito, terminato, definito, deciso □ continuato, proseguito **3** (*di animo, di situazione, ecc.*) incerto, ansioso, dubbioso, esitante, perplesso, titubante □ (*di problema e sim.*) sub iudice (*lat.*) **CONTR.** calmo, sicuro, tranquillo, impassibile, imperturbabile **4** (*di persona*) allontanato, rimosso, deposto □ (*sport*) squalificato, espulso. *V. anche* INCERTO

sospettàre **A** *v. tr.* (*di furto, di tradimento, ecc.*) ritenere colpevole □ (*spec. seguito da* che) credere, pensare, immaginare, supporre, intuire, subodorare, dubitare **B** *v. intr.* (*di persona*) nutrire sospetti □ diffidare, dubitare, temere, insospettirsi **CONTR.** fidarsi, confidare, affidarsi, aver fiducia. *V. anche* PENSARE

sospètto (1) *agg.* **1** (*di persona*) indiziato, sospettabile, chiacchierato **CONTR.** insospettabile, insospettato **2** (*di persona, di luogo, di faccenda, ecc.*) ambiguo, dubbio, dubbioso, dubitabile, equivoco, torbido, infido, malfido, poco sicuro **CONTR.** fidato, fido (*lett.*), leale, serio, pulito.

sospètto (2) *s. m.* **1** (*di reato*) indizio **2** diffidenza, dubbio, ombra, esitazione, incertezza, perplessità, sconcerto, titubanza □ (*di imbroglio, di corruzione*) puzzo, puzza **CONTR.** certezza, realtà, sicurezza **3** timore, tema, suspicione (*lett. dir.*) presentimento, apprensione, paura, impressione **CONTR.** convinzione, fiducia. *V. anche* PAURA

sospettóso *agg.* diffidente, dubbioso, cauto, circospetto, guardingo, ombroso, adombrabile, suscettibile, prudente, permaloso, geloso, timoroso □ (*spec. di sguardo, di contegno*) inquisitorio, ambiguo, equivoco, misterioso □ (*ant.*) (*di persona*) malfidato **CONTR.** fiducioso, confidente, sicuro, baldanzoso, animoso, speranzoso.

sospìngere *v. tr.* ***1*** spingere **CONTR.** tirare indietro, trascinare, trainare ***2*** (*fig.*) (*di persona*) spronare, incitare, muovere, incoraggiare, pressare, indurre, stimolare, urgere **CONTR.** distogliere, dissuadere, allontanare. *V. anche* SPINGERE

sospìnto *part. pass. di* **sospingere**; *anche agg.* ***1*** spinto, cacciato avanti **CONTR.** tirato indietro, tirato, trascinato ***2*** (*fig.*) (*di persona*) incitato, indotto, spronato, stimolato **CONTR.** distolto, dissuaso **FRAS.** *ad ogni piè sospinto*, a ogni passo; (*fig.*) molto spesso.

sospiràre ***A*** *v. intr.* emettere sospiri, trarre sospiri □ (*fig.*) lamentarsi, rammaricarsi ***B*** *v. tr.* ***1*** (*di vacanze, di promozione, ecc.*) desiderare, volere, bramare, anelare, smaniare, sognare, vagheggiare, agognare, aspirare, aspettare con ansia **CONTR.** odiare, disprezzare, sdegnare, disdegnare ***2*** (*di persona cara, di patria lontana, ecc.*) rimpiangere, avere nostalgia **CONTR.** esultare, gioire, rallegrarsi.

sospiràto *part. pass. di* **sospirare**; *anche agg.* aspettato, atteso, desiderato, bramato (*lett.*), agognato, anelato, invocato, vagheggiato □ rimpianto **CONTR.** odiato, detestato, deprecato □ temuto.

sospìro *s. m.* ***1*** (*est.*) respiro, soffio, alito □ inspirazione, espirazione □ gemito ***2*** (*fig.*) aspettazione, attesa, desiderio, brama, invocazione □ deplorazione, rimpianto, pena **FRAS.** *dare l'ultimo sospiro*, morire.

sòsta *s. f.* fermata, arresto, stazione, tappa, scalo, stazionamento, parcheggio □ (*di carrozza, di corriere*) posta □ dimora, soggiorno, permanenza □ (*est.*) interludio, pausa, intervallo, interruzione, break (*ingl.*) □ indugio, posa, quiete, calma, relax (*ingl.*), riposo, requie **CONTR.** continuazione, prosecuzione, proseguimento, ripresa, seguito.

sostantìvo *s. m.* nome, vocabolo, parola.

sostànza *s. f.* ***1*** (*di discorso, di questione, ecc.*) essenza, natura, realtà, esistenza, sussistenza, contenuto, tema, spirito, somma, merito □ midollo, sugo, succo, polpa, nocciolo, nodo, centro, cuore **CONTR.** apparenza, aspetto esteriore, forma, superficie, accidente ***2*** (*gener.*) materia, materiale, corpo □ composto, elemento, prodotto ***3*** (*di cosa*) parte importante, parte utile, fondamento ***4*** (*di alimento*) capacità nutritiva, nutrizione ***5*** (*spec. al pl.*) patrimonio, ricchezza, beni, capitale, censo, roba, averi **FRAS.** *in sostanza*, in conclusione, sostanzialmente. *V. anche* FORTUNA

sostanziàle *agg.* ***1*** concreto, reale, materiale **CONTR.** astratto, teorico, apparente ***2*** fondamentale, essenziale, basilare, capitale, centrale, principale, primario, più importante **CONTR.** accidentale, secondario, meno importante, accessorio, casuale, irrilevante, trascurabile.

sostanzióso *agg.* ***1*** nutriente, nutritivo, nutrizionale, energetico, succulento ***2*** (*fig.*) giovevole, concreto, utile, efficace, vantaggioso **CONTR.** inutile, vano, inefficace, dannoso ***3*** (*fig.*) consistente, cospicuo, rilevante, succoso, sugoso, corposo **CONTR.** esiguo, irrilevante, evanescente.

sostàre *v. intr.* ***1*** fermarsi, arrestarsi, soffermarsi, posarsi, stare, stazionare, ristare (*lett.*), rimanere, trattenersi, permanere, dimorare, indugiare **CFR.** arrivare, giungere □ andare, andarsene, avviarsi, allontanarsi, partire, ripartire, camminare, circolare, viaggiare ***2*** interrompere, astenersi, fare una pausa, riposare **CFR.** cominciare, iniziare □ continuare, proseguire, seguitare.

sostégno *s. m.* ***1*** appoggio, basamento, base, fondamento □ mensola, appiglio □ palo, traliccio, pilone □ armatura, intelaiatura, ossatura, carcassa □ fusto, gambo, stelo □ puntello, supporto, piede, piedistallo, piantana, trespolo □ (*di cannone*) affusto □ braccio, bracciolo ***2*** (*fig.*) (*della famiglia, della casa, ecc.*) aiuto, appoggio, conforto, difesa, protezione, perno, pilastro, caposaldo, cardine, colonna, bastone, consolazione □ (*di istituzione e sim.*) egida, assistenza, cooperazione, favore, fiancheggiamento, sostenimento, suffragio, avallo **CONTR.** attacco, ostruzionismo, sabotaggio. *V. anche* DIFESA, FAVORE

sostenére ***A*** *v. tr.* ***1*** reggere, sorreggere, puntellare, appuntellare, centinare, tener su, portare □ mantenere, rinforzare **CONTR.** lasciar cadere □ indebolire ***2*** (*fig.*) (*di impegno, di spesa, ecc.*) prendere su di sé, accollarsi, addossarsi, assumersi **CONTR.** esimersi, liberarsi, sottrarsi, respingere, rifiutare ***3*** (*fig.*) (*di prezzo, di azioni e sim.*) mantenere alto, alzare □ inflazionare **CONTR.** calare, diminuire □ deflazionare ***4*** (*fig.*) (*di persona, di candidatura, ecc.*) aiutare, confortare, soccorrere, consolare, rinfrancare □ proteggere, appoggiare, favorire, favoreggiare, affiancare, fiancheggiare, difendere, assistere, secondare, assecondare, parteggiare, tifare, simpatizzare, apologizzare, spalleggiare, supportare □ (*di iniziativa*) sottoscrivere, sovvenzionare, patrocinare, caldeggiare, propugnare **CONTR.** abbandonare, trascurare □ avversare, contrariare, contrastare, combattere, attaccare, sabotare, opporsi, ostacolare, osteggiare ***5*** (*fig.*) (*di alimento*) nutrire, dare vigore **CONTR.** impoverire, svigorire ***6*** (*fig.*) (*di tesi, di idea, ecc.*) asserire, dire, affermare, dichiarare, scrivere, teorizzare □ (*di ipotesi e sim.*) suffragare, avallare **CONTR.** negare ***7*** (*fig.*) (*di freddo, di assalto, ecc.*) tollerare, sopportare, subire, affrontare, resistere **CONTR.** soccombere, cedere ***B*** **sostenersi** *v. rifl.* ***1*** tenersi dritto, appoggiarsi, reggersi **CONTR.** lasciarsi andare, crollare, cadere ***2*** (*fig.*) mantenersi, sostentarsi, campare, cibarsi ***C*** *v. intr. pron.* ***1*** (*di cosa*) stare dritto, reggersi, poggiare, sorreggersi **CONTR.** cadere, crollare ***2*** (*fig.*) (*di idea, di ipotesi, ecc.*) essere plausibile, essere convincente, reggersi **CONTR.** non stare in piedi, crollare ***D*** *v. rifl. rec.* rincuorarsi, spalleggiarsi, aiutarsi. *V. anche* GRIDARE

sostenìbile *agg.* ***1*** (*di idea, di posizione, ecc.*) difendibile, logico, ragionevole **CONTR.** indifendibile, insostenibile, illogico, assurdo ***2*** (*di spesa, di impegno, ecc.*) possibile, assumibile **CONTR.** impossibile, insostenibile.

sostenitóre *agg.* e *s. m.* (*f.* *-trice*) difensore, zelatore, partigiano, fiancheggiatore, patrocinatore, protettore, amico, collaboratore □ fautore, favoreggiatore, propugnatore, assertore, apostolo, paladino, campione, teorico, simpatizzante, fanatico, fan (*ingl.*), tifoso, supporter (*ingl.*) **CONTR.** avversario, nemico, oppositore, critico, denigratore, detrattore.

sostentaménto *s. m.* ***1*** mantenimento, alimentazione, nutrimento, sussistenza ***2*** alimento, cibo, vitto, pane □ (*fig.*) viatico.

sostentàre ***A*** *v. tr.* mantenere, nutrire, alimentare, ristorare ***B*** **sostentarsi** *v. rifl.* mantenersi, sostenersi, nutrirsi, alimentarsi, mangiare, ristorarsi.

sostenutézza *s. f.* contegno sostenuto, altezzosità, affettazione, sicumera, sufficienza, sussiego □ gravità, serietà, austerità, distacco, riservatezza □ asprezza, durezza, fermezza, rigidezza, rigore, severità **CONTR.** affabilità, amabilità, confidenza, cordialità, espansività, gentilezza, giovialità, socievolezza.

sostenùto *part. pass. di* **sostenere**; *anche agg.* ***1*** sorretto, tenuto, portato, retto, puntellato □ mantenuto, rinforzato **CONTR.** lasciato cadere □ indebolito ***2*** (*di prezzo, di azioni e sim.*) alto **CONTR.** basso ***3*** (*fig.*) (*di impegno, di spesa, ecc.*) affrontato, accollatosi, assunto □ (*di gara*) disputato **CONTR.** rifiutato, respinto ***4*** (*fig.*) (*di persona, di candidatura, ecc.*) aiutato, appoggiato, difeso, protetto, favorito, secondato, soccorso, affiancato, fiancheggiato, spalleggiato, patrocinato, caldeggiato **CONTR.** abbandonato, trascurato □ avversato, combattuto, contrastato, ostacolato, osteggiato ***5*** (*fig.*) (*di tesi, di idea, ecc.*) asserito, detto, affermato, dichiarato □ (*di ruolo, di parte*) rappresentato **CONTR.** negato ***6*** (*fig.*) (*di freddo, di assalto, ecc.*) tollerato, sopportato ***7*** (*fig.*) (*di persona, di carattere, ecc.*) contegnoso, chiuso, serio, grave, riservato, austero, distaccato, compassato, sussiegoso, sufficiente, altezzoso □ duro, fermo, rigido, severo **CONTR.** affabile, amabile, aperto, cordiale, espansivo, confidenziale, gentile, gioviale, socievole ***8*** (*fig.*) (*di stile*) classico, elevato, nobile, severo, solenne **CONTR.** dimesso, sciatto, trascurato, trasandato, disadorno ***9*** (*mus.*) largo e grave **CONTR.** allegro, allegretto, presto ***10*** (*sport*) (*di velocità, di ritmo, ecc.*) elevato, intenso, grande, forte □ svelto, veloce, spedito, lesto, allegro, affrettato **CONTR.** debole, fiacco □ lento ***11*** (*di tessuto*) rigido **CONTR.** morbido, cascante. *V. anche* SEVERO

sostituìre ***A*** *v. tr.* (*di pneumatico, di lampadina, ecc.*) cambiare, mutare, convertire, rinnovare □ (*di persona*) rimpiazzare, surrogare, fungere, supplire □ rilevare, avvicendare, succedere, subentrare, soppiantare □ licenziare **CONTR.** assumere, chiamare, prendere ***B*** **sostituirsi** *v. rifl.* rimpiazzare, subentrare, succedere.

sostitùto *s. m.* facente funzione, supplente, vicario, vice, successore, subentrante, interino, luogotenente, reggente, alter ego (*lat.*), a latere (*lat.*), sottocapo □ controfigura, doppio □ tappabuchi (*scherz.*), tirapiedi (*spreg.*) **CONTR.** effettivo, titolare, stabile.

sostituzióne *s. f.* cambio, scambio, surroga, surrogamento, surrogazione, supplenza, avvicendamento, turnover (*ingl.*), interinato, successione, subentro, rimpiazzo □ conversione, commutazione □ correzione, rettifica.

sottàbito *s. m.* sottoveste.

sottacéto o **sott'acéto** ***A*** *avv.* a bagno nell'aceto, marinato ***B*** *in funzione di agg. inv.* conservato nell'aceto, marinato ***C*** *in funzione di s. m. pl.* alimenti sottaceto, alimenti marinati, giardiniera.

sottalimentazióne *s. f.* ipoalimentazione, iponutrizione **CONTR.** superalimentazione, supernutrizione, iperalimentazione, ipernutrizione.

sottàna *s. f.* ***1*** sottoveste □ gonna, gonnella, gonnellino ***2*** (*spec. al pl.*) (*per anton., fam.*) donne, femmine ***3*** (*eccl.*) veste talare, tonaca **CFR.** clergyman (*ingl.*).

sottécchi *avv. spec. nella loc. avv. di sottecchi*, di traverso, di sbieco □ di soppiatto, furtivamente, di straforo, celatamente, di nascosto **CONTR.** fisso, fissamente □ apertamente.

sotterfùgio *s. m.* accorgimento, scappatoia, espediente, stratagemma, pretesto, diverticolo (*lett.*), scusa □ inganno, frodo, insidia, imbroglio, malizia, tranello, simulazione. *V. anche* SCUSA

sotterrànea *s. f.* metropolitana, métro (*fr.*) **CFR.** soprelevata.

sotterràneo ***A*** *agg.* ***1*** sotterra, sottoterra **CONTR.** superficiale ***2*** (*fig.*) (*di manovre e sim.*) nascosto, segreto, occulto, celato, clandestino, riservato □ (*di economia*) sommerso **CONTR.** aperto, chiaro, evidente, manifesto, notorio, palese ***B*** *s. m.* cantina, scantinato, caveau (*fr.*), sottosuolo □ catacomba, cripta, segreta, ipogeo, grotta, latebra (*lett.*), galleria, tunnel.

sotterràre *v. tr.* ***1*** nascondere sotto terra, seppellire, infossare □ inumare, interrare, tumulare **CONTR.** dissotterrare, disseppellire □ esumare, riesumare ***2*** (*fig.*) (*di ricordo, di dispiacere, ecc.*) dimenticare, scordare **CONTR.** ricordare, rammentare.

sottigliézza *s. f.* ***1*** esilità, finezza, tenuità, esiguità, minutezza □ agilità, gracilità, magrezza, snellezza, leggerezza **CONTR.** grossezza, corpulenza, mole □ gonfiore ***2*** (*fig.*) (*di ingegno e sim.*) acume, acutezza, astuzia, finezza, penetrazione, perspicacia, raffinatezza, sagacia, argutezza, callidità (*lett.*), chiaroveggenza **CONTR.** goffaggine, grossolanità, ottusità, rozzezza ***3*** (*spec. al pl.*) (*fig.*) cavillo, sofisma, arzigogolo, bizantinismo, pedanteria, pignoleria, cineseria, minuzia, sofisticheria.

sottìle *agg.* ***1*** acuto, aguzzo, esile, esiguo, tenue (*lett.*), piccolo, fino, capillare, affilato, affusolato, aghiforme, filiforme **CONTR.** grosso, spesso ***2*** (*est.*) (*di persona, di collo, ecc.*) gracile, magro, minuto, smilzo, diafano (*lett.*) □ agile, snello, slanciato **CONTR.** grosso, massiccio, tarchiato, tozzo, atticciato, quadrato, quartato (*raro*) ***3*** (*fig.*) (*di aria, di brezza e sim.*) puro, fresco, leggero □ delicato **CONTR.** grave, greve, pesante ***4*** (*fig.*) (*di vista, di mente, ecc.*) acuto, arguto, astuto, callido (*lett.*), ingegnoso, fine, penetrante, dialettico, perspicace, raffinato, sagace, volpino **CONTR.** goffo, grossolano, ottuso, rozzo ***5*** (*fig.*) (*di discorso, di argomento, ecc.*) cavilloso, pedante, pedantesco, capzioso, pignolo, metafisico, sofistico **CONTR.** facilone, sbrigativo, spiccio, superficiale **FRAS.** *andare per il sottile*, badare alle minuzie □ *mal sottile* (*pop.*), tisi. *V. anche* ARGUTO, ROBUSTO

sottilizzàre *v. intr.* e *tr.* esaminare minuziosamente, guardare per il sottile, cavillare, arzigogolare, sofisticare **CONTR.** ragionare alla buona □ sintetizzare.

sottilménte *avv.* acutamente, finemente, argutamente □ diligentemente, raffinatamente, dialetticamente, sagacemente □ minutamente, minuziosamente, cavillosamente **CONTR.** goffamente, grossolanamente, ottusamente, rozzamente.

sottintèndere *v. tr.* **1** accennare, alludere, lasciar intendere □ comportare, implicare, includere, racchiudere **CONTR.** escludere, scartare **2** omettere, tacere, sottacere, tralasciare **CONTR.** dichiarare, manifestare, palesare, specificare.

sottintéso *part. pass. di* **sottintendere**; *anche agg.* non espresso, inespresso, tacito, implicito, omesso, sottaciuto, tralasciato **CONTR.** detto, dichiarato, espresso, esplicito **FRAS.** *è sottinteso*, è chiaro, è ovvio, s'intende □ *per sottintesi*, non esplicitamente □ *senza sottintesi*, chiaramente.

sótto ***A*** *prep.* **1** (*di luogo*) al di sotto, inferiormente **CONTR.** sopra, superiormente **2** presso, vicino **CONTR.** lontano **3** più in basso di □ inferiore a, meno di **CONTR.** più in alto di □ superiore a, più di **4** al di qua di, a sud di **CONTR.** al di là di, a nord di **5** (*fig.*) alle dipendenze di, sotto il comando di □ sotto il governo di **6** (*di causa*) per, a causa di **7** (*di tempo*) verso, nell'imminenza di, poco prima di, durante **CONTR.** subito dopo ***B*** *avv.* **1** abbasso, disotto □ (*est.*) al piano inferiore, nella parte inferiore, in fondo **CONTR.** sopra, su, disopra, nella parte superiore □ (*est.*) al piano superiore **2** (*fig.*) nell'intimo, nel profondo **3** oltre **4** addosso ***C*** *in funzione di agg. inv.* inferiore, più basso **CONTR.** superiore, più alto ***D*** *in funzione di s. m. inv.* basso, fondo **CONTR.** coperchio, cima, vetta, alto **FRAS.** *sott'occhio*, a portata dello sguardo □ *tenere sott'occhio*, non perdere di vista □ *guardare sott'occhio*, guardare di sottecchi □ *sotto le armi*, nell'esercito □ *farsi sotto*, avvicinarsi □ *mettere sotto*, investire □ *darci sotto*, impegnarsi □ *sotto sotto*, di nascosto.

sottoalimentàto *agg.* iponutrito, ipoalimentato **CONTR.** superalimentato, supernutrito, ipernutrito, iperalimentato.

sottoalimentazióne *s. f.* iponutrizione **CONTR.** superalimentazione, supernutrizione.

sottobànco *avv.* di nascosto **CONTR.** apertamente.

sottobicchière *s. m.* piattino, sottocoppa, centrino, tondino.

sottobòsco *s. m.* **1** arbusti, erbe **2** (*fig.*) corruzione, sottogoverno, illegalità, clientelismo.

sottocàpo *s. m.* aiutante, sostituto, vice.

sottochiàve *avv.* chiuso a chiave □ (*est.*) ben custodito.

sottocòsto *avv.* a prezzo inferiore, sottomercato, sottoprezzo.

sottocutàneo *agg.* ipodermico **CFR.** endomuscolare, intramuscolare.

sottofóndo *s. m.* **1** (*fig.*) sfondo, sostrato, retroterra, background (*ingl.*) **2** (*mus.*) commento musicale.

sottogàmba *avv.* disinvoltamente, trascuratamente, negligentemente, senza riguardo **CONTR.** accuratamente, diligentemente.

sottogónna *s. f.* jupon (*fr.*), crinolina.

sottolineàre *v. tr.* **1** (*di parola, di errore, ecc.*) segnare **2** (*fig.*) (*di discorso, di carattere, ecc.*) marcare, rimarcare, notare, rilevare, enucleare, evidenziare, calcare, accentuare, mettere l'accento **CONTR.** attenuare, attutire, sminuire.

sottomàno ***A*** *avv.* **1** a portata di mano, vicino **CONTR.** fuori mano, lontano **2** (*fig.*) di nascosto **CONTR.** apertamente ***B*** *in funzione di s. m.* mancia, regalia.

sottomarìno *s. m.* (*mar.*) sommergibile. *V. anche* NAVE

sottomésso *part. pass. di* **sottomettere**; *anche agg.* soggiogato, assoggettato, vinto, sottoposto, soggetto, domato, ridotto in servitù, suddito, subalterno, subordinato, vassallo □ prono, succube, supino □ docile, ossequente, remissivo, dimesso, sommesso, acquiescente, disciplinato, ligio, umile, rispettoso, ubbidiente **CONTR.** autonomo, affrancato, emancipato, indipendente, libero □ insofferente, intollerante, disubbidiente, renitente, ribelle.

sottométtere ***A*** *v. tr.* **1** assoggettare, soggiogare, aggiogare, asservire, infeudare, sottoporre, ridurre all'ubbidienza, condizionare, umiliare □ battere, domare, sconfiggere, vincere, soverchiare, conquistare, sbaragliare **CONTR.** liberare, affrancare, emancipare, redimere (*lett.*) **2** (*lett.*) (*di ragione, di morale, ecc.*) subordinare, posporre **CONTR.** anteporre **3** (*raro*) (*di problema, di merce, ecc.*) sottoporre, presentare ***B*** **sottomettersi** *v. intr. pron.* piegarsi, inginocchiarsi, adeguarsi, arrendersi, capitolare, adattarsi, uniformarsi, assoggettarsi, rassegnarsi, sottostare, sottoporsi, ubbidire, chinare il capo, soggiacere, umiliarsi **CONTR.** emanciparsi, insorgere, ribellarsi, reagire, disubbidire. *V. anche* OBBEDIRE

sottomissióne *s. f.* **1** (*di persona, di popolo*) conquista, assoggettamento, asservimento □ capitolazione **CONTR.** ribellione, rivolta, insurrezione, emancipazione, affrancamento, liberazione □ autonomia, autarchia, sovranità, prepotenza, sopraffazione, signoria, autorità **2** (*di condizione*) soggezione, sommissione, sudditanza, subordinazione, dipendenza □ docilità, ossequio, rispetto, ubbidienza, remissività, umiltà, rassegnazione, sopportazione, docilità **CONTR.** insofferenza, intolleranza, disobbedienza, resistenza.

sottopassàggio *s. m.* sottopasso **CONTR.** sovrappasso, cavalcavia, ponte, viadotto.

sottopàsso *s. m.* sottopassaggio **CONTR.** sovrappasso, cavalcavia, ponte, viadotto.

sottopórre ***A*** *v. tr.* **1** (*di persona, di popolo, ecc.*) assoggettare, soggiogare, sottomettere, aggiogare, asservire, ridurre all'ubbidienza **CONTR.** liberare, affrancare, emancipare, redimere (*lett.*) **2** (*a tortura, a prova, ecc.*) far subire, costringere **3** (*fig.*) (*un'idea, un progetto, ecc.*) presentare, illustrare, spiegare, proporre, esporre □ (*dir.*) deferire □ (*a un vincolo*) subordinare ***B*** **sottoporsi** *v. intr. pron.* sottomettersi, rassegnarsi, rimettersi, piegarsi, sottostare, subire, ubbidire □ assoggettarsi, sobbarcarsi **CONTR.** affrancarsi, emanciparsi, insorgere, ribellarsi, disubbidire □ esimersi, sottrarsi. *V. anche* OBBEDIRE

sottopósto ***A*** *part. pass. di* **sottoporre**; *anche agg.* ***1*** assoggettato, soggiogato, sottomesso, soggetto, asservito, succube **CONTR.** libero, liberato, affrancato, emancipato, esente ***2*** (*a tortura, a prova, ecc.*) costretto ***3*** (*di idea, di progetto, ecc.*) presentato, illustrato, spiegato, esposto, proposto ***B*** *s. m.* dipendente, subalterno, subordinato, inferiore □ suddito, vassallo, tributario **CONTR.** padrone, signore, superiore, capo, dirigente, comandante.

sottoscàla *s. f.* bugigattolo, ripostiglio.

sottoscrìtto ***A*** *part. pass. di* **sottoscrivere**; *anche agg.* firmato, infrascritto (*raro*) ***B*** *s. m.* scrivente, firmatario.

sottoscrìvere ***A*** *v. tr.* firmare, siglare ***B*** *v. tr. e intr.* ***1*** aderire, appoggiare, approvare, consentire, favorire, sostenere □ finanziare **CONTR.** avversare, contrastare, combattere, ostacolare, osteggiare ***2*** abbonarsi.

sottoscrizióne *s. f.* ***1*** firma, raccolta di firme □ raccolta di denaro, colletta ***2*** abbonamento.

sottosópra ***A*** *avv.* ***1*** alla rovescia, in modo capovolto, sossopra (*dial., lett.*) ***2*** (*est., fig.*) in gran disordine, in gran confusione, a soqquadro, in subbuglio, incasinato (*pop.*) □ scombussolato, in grande agitazione, in gran turbamento **CONTR.** in ordine, in pace, in quiete, in tranquillità ***B*** *in funzione di agg. inv.* turbato, confuso, sconvolto □ disordinato, incasinato (*pop.*) **CONTR.** calmo, sereno, tranquillo □ ordinato ***C*** *in funzione di s. m. inv.* confusione, scompiglio, soqquadro, scombussolamento, casino (*pop.*) **CONTR.** ordine, assetto, quiete. *V. anche* CONFUSIONE

sottospècie *s. f. inv.* (*est., spreg.*) qualità inferiore, varietà.

sottostànte *part. pres. di* **sottostare**; *anche agg.* ***1*** (*di cosa*) posto sotto, inferiore, ventrale (*est.*) **CONTR.** posto sopra, sovrastante, dominante, eminente ***2*** (*fig.*) (*di persona*) subordinato, dipendente, inferiore **CONTR.** superiore, dirigente, capo.

sottostàre *v. intr.* ***1*** (*raro, lett.*) stare sotto, essere situato sotto **CONTR.** soprastare, sovrastare ***2*** (*fig.*) essere sottoposto, essere soggetto, soggiacere, piegarsi, soccombere, cedere, adattarsi, assoggettarsi, rassegnarsi, sottoporsi, sottomettersi, ubbidire, rispondere, servire, chinare il capo, curvare la schiena, sopportare, subire **CONTR.** assoggettare, dominare, soggiogare, sottomettere □ reagire, ribellarsi, rivoltarsi, sollevarsi, disubbidire, insorgere. *V. anche* OBBEDIRE

sottosuòlo *s. m.* ***1*** **CONTR.** soprassuolo ***2*** sotterraneo, cantina, scantinato □ fondamenta, costruzione.

sottosviluppàto *agg.* poco sviluppato, arretrato, depresso, povero **CONTR.** avanzato, sviluppato, industrializzato, evoluto.

sottotèrra ***A*** *avv.* sotto il suolo, sotterra **CONTR.** sopra, in superficie ***B*** *in funzione di agg. inv.* (*raro*) sotterraneo ***C*** *in funzione di s. m. inv.* sotterraneo, cantina, scantinato.

sottotétto *s. m.* soffitta, mansarda □ solaio, piccionaia.

sottotìtolo *s. m.* (*edit.*) titolo secondario □ (*cine.*) didascalia.

sottovalutàre *v. tr.* svalutare, non valutare abbastanza □ sminuire, misconoscere, ignorare **CONTR.** sopravvalutare, supervalutare. *V. anche* DIMINUIRE

sottovèste *s. f.* sottabito, sottana **CONTR.** sopravveste.

sottovóce *avv.* a voce bassa, basso, bassamente, piano, pianino, flebilmente, sommessamente **CONTR.** ad alta voce, forte, acutamente, sonoramente, a gran voce, a squarciagola.

sottràrre ***A*** *v. tr.* ***1*** levare, togliere □ liberare, salvare, scampare, strappare, trarre **CONTR.** mettere, dare □ esporre, offrire, abbandonare ***2*** (*fig.*) (*di documento, di denaro, ecc.*) rapire, depredare, derubare, rubare, involare, portar via, soffiare, trafugare, sgraffignare (*fam.*), fregare (*pop.*) □ defraudare, distrarre, carpire, espropriare, estorcere **CONTR.** dare, offrire, procurare, procacciare, portare ***3*** (*mat.*) **CONTR.** addizionare ***4*** (*di spesa, di onere e sim.*) defalcare, detrarre, scorporare, trattenere, dedurre, scomputare **CONTR.** addizionare, aggiungere, sommare ***B*** **sottrarsi** *v. intr. pron.* sfuggire, cavarsi, fuggire, trarsi, liberarsi □ evitare, scampare, scapolare, scansare, schivare, eludere □ ricusarsi, rifiutare, ritrarsi, tenersi lontano □ esimersi □ (*alle tasse*) evadere **CONTR.** cercare, andare incontro, offrirsi, esporsi, abbandonarsi □ sobbarcarsi, sottoporsi, sostenere □ pagare. *V. anche* EVADERE, PRENDERE

sottràtto *part. pass. di* **sottrarre**; *anche agg.* ***1*** tolto, levato, preso □ liberato, strappato, scampato **CONTR.** messo, esposto ***2*** (*fig.*) (*di documento, di denaro, ecc.*) rapito, rubato, carpito, distratto **CONTR.** dato, attribuito, offerto, portato ***3*** (*mat.*) **CONTR.** addizionato, sommato ***4*** (*di spesa, di onere e sim.*) defalcato, dedotto, scomputato, detratto **CONTR.** aggiunto.

sottrazióne *s. f.* ***1*** furto, rapina, ruberia, ladreria, taccheggio, trafugamento, prelevamento, peculato **CONTR.** restituzione, riconsegna, rimborso ***2*** (*mat.*) differenza **CONTR.** addizione, somma ***3*** (*di spesa, di onere e sim.*) defalco, deduzione, decurtazione, detrazione, falcidia **CONTR.** aggiunta, aumento.

soubrette /*fr.* su'brɛt/ [vc. fr., dal provz. moderno *soubreto* '(ragazza) affettata', dall'ant. *sobrar* 'essere di troppo', risalente al lat. *superare*] *s. f. inv.* (*di varietà*) prima attrice, showgirl (*ingl.*).

souvenir /*fr.* suvə'nir/ [vc. fr., dal v. *souvenir* 'ricordare'] *s. m. inv.* ricordo, ricordino.

sovènte *avv.* (*lett.*) spesso, spesse volte, frequentemente, ripetutamente, ogni momento, reiteratamente **CONTR.** di rado, raramente, rare volte, quasi mai.

sovèrchio ***A*** *agg.* (*lett.*) eccessivo, esagerato, sovrabbondante, eccedente, sovreccedente, ridondante (*lett.*), esuberante, esorbitante, strabocchevole, smisurato, smaccato, superfluo, troppo **CONTR.** occorrente □ mancante, manchevole, difettoso, insufficiente, scarso, scarseggiante, poco ***B*** *s. m.* (*lett.*) superfluo, eccedenza, esorbitanza. *V. anche* SUPERFLUO

soviètico *agg.*; *anche s. m.* (*est.*) russo □ comunista.

sovrabbondànza *s. f.* eccedenza, sovreccedenza, eccesso, ridondanza, esagerazione, esuberanza, esorbitanza, piena, pletora, profusione, rigurgito, soprappiù, superfluità, eccessività, troppo □ pleonasmo **CONTR.** mancanza, deficienza, difetto, miseria, scarsità, scarsezza, insufficienza, penuria, pochezza, povertà, assenza, vuoto.

sovrabbondàre *v. intr.* eccedere, abbondare, esagerare, sovreccedere □ rigurgitare, straboccare, straripare, traboccare, riboccare, trascendere, essere strapieno, avanzare, crescere, ridondare (*lett.*) **CONTR.** limitarsi, contenersi □ mancare, difettare, scarseggiare, far difetto, non bastare.

sovraccaricàre *v. tr.* caricare troppo □ gravare, oberare, opprimere.

sovraccàrico ***A*** *agg.* troppo carico, stracarico, strapieno, pieno, zeppo, ingombro □ grave, pesante □ pletorico □ oberato **CONTR.** vuoto, semivuoto □ leggero □ scarso □ libero ***B*** *s. m.* carico eccessivo, eccesso.

sovraffaticàre ***A*** *v. tr.* affaticare eccessivamente, stancare troppo, sfiancare **CONTR.** riposare ***B*** **sovraffaticarsi** *v. intr. pron.* affaticarsi eccessivamente, stancarsi troppo, sfiancarsi **CONTR.** riposarsi, oziare.

sovraffaticàto *part. pass. di* **sovraffaticare**; *anche agg.* stanchissimo, molto affaticato, sfibrato, sfiancato **CONTR.** riposatissimo, freschissimo.

sovraffollàto *agg.* affollatissimo, strapieno, pieno zeppo **CONTR.** vuoto, deserto.

sovranità *s. f.* ***1*** (*dir.*) potere sovrano, potestà suprema ***2*** autorità, dominio, dominazione, potere, padronanza, indipendenza, signoria, egemonia, governo, regno, principato, imperio (*lett.*) **CONTR.** soggezione, sottomissione, sudditanza, dipendenza ***3*** (*fig.*) (*lett.*) superiorità, supremazia, eccellenza, eminenza, maestà **CONTR.** inferiorità.

sovràno ***A*** *agg.* ***1*** regale □ imperiale □ presidenziale ***2*** sommo, superiore, maggiore, massimo, eccellente, eccelso, sublime, eminente, altissimo, grandissimo □ totale, assoluto **CONTR.** peggiore, pessimo ***3*** (*dir.*) imperativo, supremo ***B*** *s. m.* re, sire, principe, imperatore, monarca, regnante, signore, padrone (*fig.*), tiranno, dominatore □ scià (*persiano*), negus (*etiopico*), zar (*russo*), mikado (*giapp.*), maharajah (*sanscrito*), sultano (*nel mondo musulmano*), aga kan (*turco*) □ (*pl.*) dinastia, casa regnante **CONTR.** suddito.

SOVRANO
sinonimia strutturata

Col termine **sovrano** si indica propriamente il capo di uno Stato monarchico, chiamato anche **re**, **monarca**; **principe** si distingue perché può riferirsi specificamente al sovrano di un principato, mentre **imperatore** suggerisce di solito un dominio molto vasto; più ricercato, il titolo **sire** si distingue perché è adoperato esclusivamente come formula allocutiva per rivolgersi a un re. Più generici sono **regnante**, **signore** e **dominatore**, il quale evoca un particolare potere e può per questo avvicinarsi addirittura a **tiranno**, che suggerisce usurpazione o dispotismo; in senso figurato e abbastanza raramente, sovrano significa **padrone**, massima autorità: *essere sovrano in casa propria*. Al plurale, sovrano indica la coppia costituita dal regnante e dal suo coniuge oppure la **casa regnante**, la **corona**, ovvero il casato che detiene il potere; **dinastia** si distingue perché evoca l'immagine della successione di sovrani di una stessa famiglia nel corso del tempo. Parlando di paesi non occidentali o comunque di tradizioni molto diverse dalle nostre, è opportuno riferirsi ai loro sovrani con termini presi dalla loro lingua, e spesso entrati ormai nell'uso comune, come **scià**, **negus**, **zar**, **mikado**, **maharajah**, **sultano**, **aga kan**, ecc.

In funzione aggettivale, ciò che appartiene o proviene dal capo di uno Stato retto a monarchia si definisce **sovrano**: *decreto sovrano*. In questo senso, l'aggettivo può corrispondere a **regale**, a **imperiale** o in senso lato a **presidenziale** a seconda che il capo dello Stato sia un re, un imperatore o un presidente. Ciò che è sovrano nasce dalla massima autorità, e per questo nel diritto l'aggettivo equivale a **imperativo**, ossia dotato del più alto potere di comando: *la Costituzione è sovrana*; più generico è **supremo**, che descrive ciò che non è subordinato a nulla: *potere sovrano*.

Sovrano coincide semanticamente anche con **sommo**, **massimo**, che descrivono chi o ciò che è superiore a ogni altro: *onore, pregio, maestro sovrano*; **eccelso**, **eccellente** e **sublime** sottolineano decisamente una eccezionalità qualitativa, mentre **eminente** richiama anche l'idea della stima per qualità e fama notevoli. Appena meno incisivi sono **altissimo** e **grandissimo**, che inoltre corrisponde a sovrano anche nel senso di **totale**, **assoluto**: *trattare qualcuno con sovrano disprezzo*.

sovrappórre ***A*** *v. tr.* ***1*** porre sopra, impilare, appoggiare, accavallare **CONTR.** porre sotto ***2*** (*fig.*) addossare, accollare, imporre ***3*** (*fig.*) anteporre, preporre, preferire **CONTR.** posporre, valutare meno ***B*** **sovrapporsi** *v. intr. pron.* ***1*** porsi sopra, accavallarsi □ (*fig.*) ostacolarsi, interferire ***2*** aggiungersi, unirsi, innestarsi, far seguito.

sovrapposizióne *s. f.* accavallamento □ interferenza, intromissione.

sovrappósto *part. pass. di* **sovrapporre**; *anche agg.* posto sopra, messo sopra, impilato, accavallato, appoggiato, imposto.

sovrastànte *part. pres. di* **sovrastare**; *anche agg.* ***1*** posto sopra, soprastante, eminente, superiore, dominante **CONTR.** sottostante ***2*** imminente, prossimo, incombente **CONTR.** lontano, remoto.

sovrastàre *v. tr. e intr.* ***1*** stare sopra, ergersi, elevarsi, dominare, torreggiare **CONTR.** stare sotto, sottostare (*lett.*) ***2*** (*fig.*) (*di pericolo, di minaccia, ecc.*) essere imminente, incombere, instare, approssimarsi, avvicinarsi **CONTR.** essere lontano ***3*** (*fig.*) (*per altezza, per ingegno, ecc.*) essere superiore, superare, vincere, eccellere, predominare, primeggiare, troneggiare, giganteggiare, grandeggiare **CONTR.** essere inferiore, cedere, soccombere, soggiacere.

sovrastruttùra *s. f.* ***1*** (*edil.*, *ferr.*) parte superiore, armamento CONTR. sottostruttura *2* (*fig.*) aggiunta inutile, orpello.

sovreccedènza *s. f.* sovrabbondanza, surplus (*fr.*) □ eccesso, esagerazione, esuberanza, piena, ridondanza, profusione, profluvio (*lett.*), rigurgito, soprappiù, superfluità CONTR. mancanza, deficienza, difetto, insufficienza, penuria, pochezza, povertà, assenza.

sovreccèdere *v. tr.* e *intr.* sovrabbondare, ridondare (*lett.*), rigurgitare, riboccare, traboccare, trascendere, essere strapieno, avanzare CONTR. mancare, difettare, scarseggiare, non bastare.

sovreccitàre *v. tr.* agitare molto, innervosire, irritare, scombussolare, conturbare CONTR. calmare, placare, rasserenare, tranquillizzare.

sovreccitazióne *s. f.* grave eccitazione, forte agitazione, scombussolamento, smania, turbamento, orgasmo CONTR. calma, flemma, serenità, tranquillità, impassibilità, imperturbabilità.

sovrumàno *agg.* *1* soprannaturale, divino CONTR. umano, naturale *2* (*est., fig.*) (*di sforzo e sim.*) grandissimo, eccezionale, straordinario □ (*di virtù e sim.*) sublime, eccelso, sommo, divino, meraviglioso, celestiale, paradisiaco CONTR. piccolissimo, debolissimo, pochissimo, meschino. *V. anche* GRANDE

sovvenìre *A* *v. tr.* e *intr.* (*lett.*) aiutare, soccorrere, sopperire, sovvenzionare, sussidiare CONTR. abbandonare □ avversare, danneggiare *B* *v. intr.* e **sovvenirsi** *v. intr. pron.* ricordare, ricordarsi, rimembrare, rammentare, tornare a mente, venire alla memoria CONTR. dimenticare, dimenticarsi *C* *s. m.* (*lett.*) ricordo, memoria.

sovvenzionàre *v. tr.* sussidiare, finanziare, sovvenire (*lett.*), sostenere, dotare di fondi, foraggiare, sponsorizzare.

sovvenzióne *s. f.* sussidio, finanziamento, aiuto finanziario, dotazione.

sovversióne *s. f.* turbamento, sconvolgimento, rivoluzione, sovvertimento □ sovversivismo, eversione, terrorismo, anarchia CONTR. ordine □ reazione.

sovversìvo *agg.*; *anche s. m.* ribelle, rivoluzionario, estremista, eversore, fazioso, perturbatore, demolitore, sovvertitore (*raro*), anarchico, nichilista, agitatore, ammutinato □ insurrezionale, sedizioso, eversivo, anarcoide, antisociale CONTR. conservatore, tradizionalista, uomo d'ordine, moderato, reazionario.

sovvertiménto *s. m.* sconvolgimento, sovversione, eversione, rivoluzione, rovesciamento, capovolgimento, perturbamento CONTR. ordine, assetto, assestamento, sistemazione.

sovvertìre *v. tr.* mandare sottosopra, mutare radicalmente, disordinare, rovinare, rivoluzionare, rovesciare, sconvolgere, capovolgere, turbare, perturbare, agitare, intorbidare, sommuovere (*lett.*) CONTR. mettere in ordine, ordinare, normalizzare, imporre □ difendere, mantenere, proteggere, salvaguardare.

sovvertitóre *s. m.*; *anche agg.* (*f. -trice*) (*raro*) rivoluzionario, ribelle, perturbatore, capopopolo, agitatore, cospiratore, eversore, sobillatore, sovversivo, turbolento, distruttore, pervertitore CONTR. uomo d'ordine, conservatore, reazionario □ instauratore, ordinatore.

sozzerìa *s. f.* (*dial.*) turpitudine, porcheria, sozzura.

sózzo *agg.* *1* sporco, lordo, imbrattato, sudicio, immondo, insozzato, macchiato, schifoso, lercio, lurido, puzzolente CONTR. pulito, lindo, mondo, nitido, netto, forbito, lavato *2* (*fig.*) (*di ambiente, di discorso, ecc.*) sordido, turpe, immorale, immondo, laido (*lett.*), merdoso (*fig., volg.*), basso, corrotto, disonesto, impuro, sporcaccione, osceno, indecente, vergognoso CONTR. onesto, pulito, morale, puro, casto, incorrotto, morigerato. *V. anche* OSCENO

sozzóne *agg.*; *anche s. m.* porco, sporcaccione, maiale, porcello, porcellone, sudicione.

sozzùra *s. f.* *1* sordidezza, lordura, lerciume, lordume, impurità, sporcizia, sudiciume, fradiciume, sozzume CONTR. pulizia, lindezza, nettezza *2* (*fig.*) bruttura, bruttezza, laidezza, turpitudine, indecenza, schifosaggine, vergogna, bassezza, putridume CONTR. bellezza, onore, meraviglia.

spaccamontàgne *s. m. inv.* spaccone, spaccamonti, millantatore, ostentatore, fanfarone, gradasso, smargiasso, rodomonte, ammazzasette, guascone, pataccone (*dial.*) CONTR. timido, riservato, introverso.

spaccapiètre *s. m.* e *f. inv.* tagliapietre.

spaccàre *A* *v. tr.* spezzare, rompere, fracassare, scassare, schiantare, stroncare, infrangere □ fendere, aprire, squarciare, sezionare, squartare, tagliare, scindere, dividere CONTR. attaccare, riattaccare, incollare, accomodare, aggiustare, rimettere insieme *B* **spaccarsi** *v. intr. pron.* rompersi, spezzarsi, fendersi, creparsi, aprirsi, scindersi, dividersi □ scoppiare, esplodere, fracassarsi, schiantarsi, squarciarsi CONTR. attaccarsi, unirsi, aggiustarsi. *V. anche* DIVIDERE, SCHIACCIARE, TAGLIARE

spaccàto *A* *part. pass. di* **spaccare**; *anche agg.* *1* spezzato, rotto, squarciato, crepato, fesso, aperto, scisso, diviso, squartato CONTR. attaccato, incollato, accomodato, aggiustato *2* (*fig.*) (*di adulazione, di bugiardo, ecc.*) patente, evidente, chiaro, manifesto □ tale e quale, stesso, identico, sputato *B* *s. m.* sezione, profilo, disegno □ (*fig.*) (*di realtà e sim.*) descrizione, rappresentazione.

spaccatùra *s. f.* *1* rottura, spacco, crepa, crepatura, fessura, spiraglio, squarcio, taglio, screpolatura □ apertura, breccia, falla □ fenditura, crepaccio *2* (*fig.*) (*di politica, di amicizia, ecc.*) divisione, scissione, rottura, frattura (*fig.*) □ divergenza CONTR. unione, unificazione □ convergenza.

spacchettàre *v. tr.* disfare, svolgere, slegare, scartare, aprire CONTR. impacchettare, incartare, legare, impaccare.

spacciàre *A* *v. tr.* *1* (*raro*) sbrigare, spicciare, disimpegnare, eseguire *2* (*di merce*) vendere, smerciare, smaltire, esitare, distribuire □ (*ass.*) vendere droga CONTR. acquistare, comperare *3* (*di moneta, di notizia, ecc.*) mettere in circolazione, diffondere, divulgare, propagare, propalare, spargere CONTR. ritirare □ ritrattare, negare *4* (*una cosa per un'altra*) fare passare, contrabbandare *5* (*fam.*) (*di persona*) dichiarare inguaribile, condannare, dare per morto, dare per finito *6* levar di mezzo, fare fuori, uccidere *B*

spacciarsi *v. rifl.* darsi a credere, farsi passare, gabellarsi, vantarsi, mascherarsi, figurare.

spacciàto *part. pass. di* **spacciare**; *anche agg.* **1** (*di merce*) venduto, smaltito, smerciato, distribuito **CONTR.** acquistato, comperato **2** (*di moneta, di notizia*) fatto circolare, messo in circolazione, diffuso, divulgato, propalato **CONTR.** ritirato, ritrattato **3** (*di una cosa per un'altra*) fatto passare, contrabbandato **4** (*fam.*) dichiarato inguaribile, condannato, spedito, dato per morto, andato □ finito, fottuto (*pop.*), rovinato.

spacciatóre *s. m.*; *anche agg.* (*f. -trice*) **1** (*di monete false, di droga, ecc.*) venditore, trafficante, distributore, pusher (*ingl.*) **2** (*fig.*) (*di idee, di notizie, ecc.*) diffusore, divulgatore, propagatore, propalatore.

spàccio *s. m.* **1** (*di merce*) vendita, smercio, esito **CONTR.** incetta **2** (*di locale*) bottega, rivendita, negozio, emporio, esercizio, magazzino □ privativa, tabaccheria □ bettolino **3** (*fig.*) (*di notizie e sim.*) diffusione, divulgazione, propagazione. *V. anche* MERCATO

spàcco *s. m.* **1** spaccatura, fenditura, rottura, fessura, crepa, crepatura, screpolatura, squarcio □ taglio, strappo **CONTR.** raccomodatura, racconciatura **2** (*di abito, di gonna*) apertura, taglio.

spacconàta *s. f.* vanteria, fanfaronata, smargiassata, millanteria, gradassata, guasconata, americanata, bravata, cannonata, pallonata, sbruffonata, sparata, rodomontata, pataccata (*dial.*).

spaccóne *s. m.* ammazzasette, fanfarone, ballista, sbruffone, smargiasso, millantatore, spaccamontagne, spaccamonti, gradasso, megalomane, pallonaio, blagueur (*fr.*), guascone, pataccone (*dial.*) **CONTR.** timido, riservato, introverso, modesto.

spàda *s. f.* **1** brando (*lett.*), gladio (*lett.*), acciaro (*lett.*), ferro (*lett.*), lama (*est.*), daga, durlindana, sciabola, scimitarra, stocco, fioretto **2** (*di persona*) spadaccino, schermidore **FRAS.** *passare a fil di spada*, trafiggere □ *a spada tratta* (*fig.*), con slancio, con impeto □ *spada di Damocle* (*fig.*), minaccia sempre incombente.

spadaccino *s. m.* schermidore, spada.

spadroneggiàre *v. intr.* padroneggiare, fare da padrone, signoreggiare, dominare, predominare, tiranneggiare, sovraneggiare (*raro*) **CONTR.** dipendere, servire, sottostare, soggiacere, ubbidire.

spaesàto *agg.* disambientato, disorientato, confuso, smarrito, sperduto, sperso, sbalestrato □ sradicato, déraciné (*fr.*) **CONTR.** ambientato, inserito, sicuro.

spaghétto *s. m.* **1** *dim. di* **spago** **2** (*spec. al pl.*) vermicelli, bucatini, bigoli (*region.*), foratini (*region.*) **FRAS.** *spaghetti-western*, western all'italiana.

spagnolésco *agg.* (*est.*) altezzoso, arrogante, borioso, burbanzoso, insolente, presuntuoso, superbo, tracotante, tronfio, vanaglorioso, sussiegoso □ barocco **CONTR.** dimesso, discreto, modesto, naturale, semplice, umile.

spagnolétta *s. f.* **1** (*raro*) sigaretta **2** (*per filati*) rotolo, cilindro **3** (*bot., dial.*) arachide, nocciolina americana.

spagnòlo *agg.*; *anche s. m.* ispano, ispanico, iberico (*est.*).

spàgo *s. m.* funicella, corda, cordicella, filo.

spaiàre *v. tr.* scompagnare, spariglìare, disappaiare, dividere, separare, scempiare **CONTR.** appaiare, appariglìare, accoppiare, accompagnare, abbinare, unire.

spalancàre **A** *v. tr.* aprire interamente, allargare, divaricare, disserrare □ (*di occhi*) sbarrare, sgranare, strabuzzare **CONTR.** chiudere, richiudere, serrare, sigillare, sbarrare, sprangare □ socchiudere **B** **spalancarsi** *v. intr. pron.* aprirsi del tutto, allargarsi **CONTR.** chiudersi, rinchiudersi.

spàlla *s. f.* **1** (*anat.*) omero (*lett.*) □ (*est.*) dorso, dosso (*lett.*), schiena, groppa, groppone **2** (*di monte*) falda □ contrafforte **3** argine, scarpata **4** (*teat.*) collaboratore, partner (*ingl.*) **FRAS.** *prendersi sulle spalle una cosa* (*fig.*), assumersene la responsabilità □ *vivere alle spalle* (*fig.*), farsi mantenere □ *voltare le spalle*, fuggire, andarsene; abbandonare □ *lavorare di spalle*, farsi largo a spallate □ *colpire alle spalle*, colpire a tradimento □ *ridere alle spalle di uno*, burlarsi di uno □ *violino di spalla*, primo violinista □ *mettere con le spalle al muro* (*fig.*), mettere alle strette.

spalleggiàre **A** *v. tr.* sostenere, proteggere, aiutare, appoggiare, assistere, affiancare, difendere, fiancheggiare, soccorrere **CONTR.** avversare, combattere, contrariare, osteggiare, perseguitare **B** **spalleggiarsi** *v. rifl. rec.* difendersi a vicenda, sostenersi, aiutarsi **CONTR.** combattersi, osteggiarsi.

spallétta *s. f.* **1** (*di ponte*) parapetto **2** (*di terreno*) rialzo, argine, muricciolo **3** (*arch.*) strombo, strombatura.

spallièra *s. f.* **1** schienale, tergale, dorsale **2** (*di letto*) sponda, testata, testiera.

spallina *s. f.* **1** bretella **2** (*mil., fig.*) grado di ufficiale.

spalmàre *v. tr.* stendere, distendere, spandere, ungere, cospargere.

spàlto *s. m.* **1** scarpata, bastione, parapetto **2** (*al pl.*) (*di stadio*) gradinate.

spanciàta *s. f.* scorpacciata, strippata (*pop.*), abbuffata, gran mangiata, panciata, pappata **CONTR.** digiuno.

spàndere **A** *v. tr.* **1** (*di grano, di cera, ecc.*) stendere, distendere, espandere, allargare, sparpagliare, disseminare, spargere □ spalmare **CONTR.** ammassare, ammucchiare, accumulare, stipare, ammonticchiare, raccogliere, radunare, riunire **2** (*di profumo, di odore, ecc.*) effondere, emanare **3** (*di liquido*) versare, riversare, rovesciare, spruzzare **4** (*fig., lett.*) (*di notizie, di voci e sim.*) divulgare, diffondere, propagare, propalare, pubblicare, diramare, far circolare **5** (*di denaro, di energie, ecc.*) scialacquare, sperperare, dilapidare, profondere, dissipare **CONTR.** risparmiare **B** **spandersi** *v. intr. pron.* **1** spargersi, allargarsi, sparpagliarsi, versarsi **2** (*di notizia, di profumo, ecc.*) diffondersi, effondersi, propagarsi □ circolare, divulgarsi, volare **3** (*lett.*) (*di persone*) riversarsi, rovesciarsi, affluire.

spànna *s. f.* **1** palmo **2** (*est.*) lunghezza minima □ minima distanza **FRAS.** *alto una spanna* (*fig.*), molto

piccolo.
spaparanzàrsi *v. rifl.* adagiarsi, sbracarsi, abbandonarsi.
spappolàre ***A*** *v. tr.* ridurre in pappa, ridurre in poltiglia, disfare □ maciullare, schiacciare, stritolare **CONTR.** rassodare, indurire, solidificare ***B*** **spappolarsi** *v. intr. pron.* ridursi in poltiglia, disfarsi, sbriciolarsi □ maciullarsi, stritolarsi, schiacciarsi **CONTR.** rassodarsi, indurirsi, solidificarsi.
sparagnìno *agg.; anche s. m.* (*dial., spreg.*) avaro, tirchio, tirato □ economo, parsimonioso **CONTR.** largo, prodigo, spendaccione, sprecone, dissipatore, scialacquatore.
sparàre ***A*** *v. tr.* ***1*** (*raro*) (*di arma da fuoco*) esplodere, scaricare ***2*** (*di calci, di pallone, ecc.*) tirare, scagliare, sferrare ***3*** (*fig.*) (*di fandonie e sim.*) inventare, sballare (*pop.*), esagerare ***4*** (*fig.*) (*di notizia, di titolo, ecc.*) far risaltare, dare grande rilievo **CONTR.** minimizzare, nascondere ***B*** *v. intr.* ***1*** far fuoco ***2*** (*tv.*) abbagliare **FRAS.** *sparare a zero*, sparare a bruciapelo; (*fig.*) attaccare violentemente □ *sparare nel mucchio* (*fig.*), colpire alla rinfusa.
sparàta *s. f.* ***1*** scarica, esplosione, sparo ***2*** (*di pallone, di prezzo, ecc.*) tiro, colpo ***3*** (*fig.*) millanteria, vanto, vanteria, smargiassata, spacconata, fanfaronata, pataccata (*dial.*). *V. anche* VANTO
sparàto *part. pass. di* **sparare**; *anche agg.* ***1*** (*di arma da fuoco*) esploso, scaricato ***2*** (*di calci, di pallone, ecc.*) tirato, scagliato, sferrato ***3*** (*di fandonie e sim.*) inventato, sballato (*pop.*), esagerato ***4*** (*fig.*) (*di notizia, di titolo, ecc.*) messo in risalto **CONTR.** minimizzato, nascosto ***5*** (*di arrivare, di partire, ecc.*) velocissimo, fulmineo **CONTR.** adagio adagio, lentissimo.
sparatòria *s. f.* spari, fucilate, scarica □ conflitto a fuoco.
sparecchiàre *v. tr.* ***1*** sgombrare, liberare □ (*ass.*) sgombrare la tavola **CONTR.** apparecchiare ***2*** (*fig.*) mangiare avidamente, strippare (*pop.*).
sparéggio *s. m.* ***1*** squilibrio, disparità, disuguaglianza **CONTR.** uguaglianza, equiparazione, perequazione ***2*** disavanzo, deficit (*lat.*), passivo **CONTR.** pareggio □ attivo, avanzo, eccedenza ***3*** (*sport*) partita decisiva, bella (*pop.*) □ (*ippica*) barrage (*fr.*).
spàrgere ***A*** *v. tr.* ***1*** gettare qua e là, cospargere, spandere, sparpagliare, disperdere, seminare, disseminare, stendere, distendere, allargare **CONTR.** raccogliere, racimolare, radunare, riunire, concentrare, ammassare, ammucchiare, accatastare, accumulare, ammonticchiare ***2*** (*di liquido*) versare, rovesciare, spruzzare, aspergere ***3*** (*di profumo, di calore, ecc.*) emanare, emettere, effondere, mandare intorno, spirare ***4*** (*di notizia e sim.*) diffondere, divulgare, propagare, rivelare, propalare, pubblicare, diramare, far circolare, spacciare ***5*** (*lett.*) (*di denaro, di lodi, ecc.*) dare, elargire, spendere, prodigare, profondere ***B*** **spargersi** *v. intr. pron.* ***1*** sparpagliarsi, spandersi, disperdersi, disseminarsi □ versarsi, riversarsi, rovesciarsi, dilagare □ (*di colore*) sbavare **CONTR.** affluire, ammassarsi ***2*** (*di notizia e sim.*) diffondersi, divulgarsi, propagarsi, diramarsi, propalarsi, circolare, girare.
spargiménto *s. m.* ***1*** diffusione, dispersione, disseminazione, distensione, sparpagliamento, emissione, propagazione **CONTR.** raccolta, riunione, concentramento, ammassamento, ammasso, accumulazione, accatastamento ***2*** (*di liquidi*) effusione, versamento, riversamento, flusso, scorrimento.
sparigliàre *v. tr.* spaiare, spareggiare, dividere, separare, sdoppiare, scompagnare **CONTR.** appaiare, accoppiare, abbinare, accompagnare, unire, riunire, apparigliare.
sparìre *v. intr.* ***1*** sottrarsi alla vista, disparire (*raro*), dileguarsi, perdersi, dissolversi, scomparire, svanire □ fuggire, andare, involarsi, volatilizzarsi, prendere il volo, evadere, rendersi irreperibile, ascondersi (*lett.*) **CONTR.** apparire, affacciarsi, riapparire, rispuntare, comparire, ricomparire, mostrarsi, farsi vedere, far ritorno ***2*** (*di persona, di usanza, ecc.*) morire, perire □ (*di speranza, di dubbio, ecc.*) svanire, tramontare **CONTR.** nascere, allignare □ affiorare ***3*** (*di cibo, di denaro, ecc.*) consumarsi presto, venir meno, finire □ (*di entusiasmo*) svaporare (*fig.*). *V. anche* EVADERE
sparizióne *s. f.* scomparsa, dileguamento (*lett.*), dissolvimento, eclisse, eclissamento □ fuga **CONTR.** apparizione, riapparizione, comparizione, comparsa, ricomparsa □ venuta, ritorno.
sparlàre *v. intr.* parlare male, far maldicenza, denigrare, diffamare, infamare, malignare, calunniare, screditare, spettegolare, vituperare, tagliare i panni addosso □ cianciare, mormorare, sussurrare, vociferare **CONTR.** dir bene, elogiare, encomiare, esaltare, lodare, onorare, incensare.
spàro *s. m.* sparata, colpo, scarica, tiro, fuoco □ fucilata, schioppettata, revolverata, rivoltellata □ rumore, detonazione, botta, botto, esplosione, rimbombo.
sparpagliàre ***A*** *v. tr.* spargere, spandere, seminare, disseminare, disordinare, distendere, allargare □ (*di persone*) disperdere, sperdere (*lett.*), mandare qua e là, sbandare, sbaragliare □ (*di nubi e sim.*) dissipare **CONTR.** raccogliere, riunire, concentrare, radunare, raggruppare, ammassare, ammucchiare, accatastare, cumulare, accumulare, ammonticchiare ***B*** **sparpagliarsi** *v. intr. pron.* spargersi, disperdersi, disseminarsi, sbrancarsi, sbandarsi **CONTR.** raccogliersi, riunirsi, radunarsi, accalcarsi, accentrarsi, convenire.
sparpagliàto *part. pass. di* **sparpagliare**; *anche agg.* sparso, sciolto, disunito, disordinato, dissipato, rado, scompigliato □ disperso, sperduto **CONTR.** raccolto, riunito, concentrato, ammassato, ammucchiato □ adunato, raggruppato.
spàrso *part. pass. di* **spargere**; *anche agg.* ***1*** sciolto, disciolto, disunito, diffuso, sparpagliato, disperso, profuso, dissipato, disseminato, disordinato, scompigliato, rado **CONTR.** raccolto, radunato, riunito, concentrato, ammassato, ammucchiato, accatastato, accumulato ***2*** cosparso ***3*** (*di liquidi*) versato, rovesciato, asperso.
spartàno *agg.* ***1*** di Sparta, lacedemone (*lett.*) ***2*** (*fig.*) fiero, austero, forte, rigido, duro □ frugale **CONTR.** molle, delicato, fiacco, effeminato.
spartiàcque *s. m. inv.* displuvio, crinale, cresta, dorsale □ (*fig.*) discriminante.

spartinéve *s. m. inv.* spazzaneve, sgombraneve.

spartìre *v. tr.* ***1*** dividere, disgiungere, suddividere, frazionare, distribuire, dispensare (*lett.*), compartire (*lett.*), ripartire, scompartire, partire (*lett.*) **CONTR.** raccogliere, radunare, riunire, accentrare, ammassare, ammucchiare, accumulare ***2*** (*di litiganti e sim.*) allontanare, separare. *V. anche* DIVIDERE

spartito (1) *part. pass. di* **spartire**; *anche agg.* diviso, distribuito, scompartito, suddiviso, frazionato, separato **CONTR.** raccolto, radunato, riunito □ complessivo, concentrato.

spartito (2) *s. m.* ***1*** (*mus.*) riduzione ***2*** (*mus.*) partitura, strumentatura.

spartitràffico *s. m.* rondò (*fr.*), rotonda, banchina, aiuola, colonnina.

spartizióne *s. f.* partizione, ripartizione, divisione, distribuzione, suddivisione, separazione, spartimento (*raro*) **CONTR.** raccolta, riunione, concentramento, accumulo, ammassamento, ammucchiamento.

sparùto *agg.* ***1*** magro, gracile, smunto, smorto, cadaverico, denutrito, scarno, secco, emaciato, pallido, scavato **CONTR.** fiorente, florido, paffuto, colorito, rubicondo, rubizzo, robusto, gagliardo, vigoroso ***2*** (*di gruppetto*) esiguo, piccolo, minuscolo, limitato **CONTR.** numeroso, grande.

spasimànte *s. m.* e (*raro*) *f.* (*scherz.*) innamorato, corteggiatore, cascamorto (*raro*), patito, amoroso, cavaliere, pretendente, vagheggino (*ant.*), flirt (*ingl.*) □ fan (*ingl.*).

spasimàre *v. intr.* ***1*** soffrire, penare, dolorare ***2*** (*fig.*) desiderare, agognare, bramare, concupire, anelare, struggersi, consumarsi, tormentarsi, agitarsi **CONTR.** essere indifferente, disprezzare, rifiutare, trascurare **FRAS.** *spasimare per una*, essere innamorato di una.

spàsimo *s. m.* ***1*** dolore acuto, dolore lancinante, fitta, trafittura □ spasmo, crampo, contrazione, convulsione ***2*** (*fig.*) affanno, ansia, pena, patimento, sofferenza, ferita, tormento, tribolazione, strazio **CONTR.** piacere, diletto, gioia, consolazione, contentezza, sollievo.

spàsmo *s. m.* (*med.*) contrazione muscolare, crampo, eclampsia.

spasmòdico *agg.* angoscioso, affannoso, inquieto, convulso, irrequieto, stressante **CONTR.** sereno, quieto, tranquillo.

spassàre ***A*** *v. tr.* divertire, trastullare, sollazzare **CONTR.** affliggere, annoiare, infastidire, rattristare, tediare, scocciare (*fam.*) ***B*** **spassarsi** *v. rifl.* divertirsi, distrarsi, godersela, sollazzarsi, svagarsi, sguazzare **CONTR.** affliggersi, annoiarsi, infastidirsi, rattristarsi, tediarsi, seccarsi, scocciarsi (*fam.*).

spassionataménte *avv.* imparzialmente, obiettivamente, oggettivamente, equamente, giustamente, disinteressatamente, serenamente, freddamente **CONTR.** appassionatamente, parzialmente, iniquamente, ingiustamente, soggettivamente, tendenziosamente, interessatamente.

spassionàto *agg.* imparziale, obiettivo, oggettivo, equanime, equo, giusto, neutrale, impersonale, disinteressato, sereno, freddo **CONTR.** parziale, partigiano, soggettivo, iniquo, ingiusto, fazioso, tendenzioso, interessato. *V. anche* OBIETTIVO

spàsso *s. m.* ***1*** divertimento, passatempo, svago, diletto, delizia, gioco, buontempo, sollazzo, sport, diporto, ricreazione □ trastullo, zimbello **CONTR.** afflizione, fastidio, noia, peso, tedio, tristezza, malinconia, mestizia ***2*** passeggiata, passeggiatina, passeggio **FRAS.** *mandare a spasso* (*fig.*), licenziare □ *essere a spasso* (*fig.*), essere disoccupato.

spassóso *agg.* divertente, dilettevole, piacevole, sollazzevole, comico, esilarante □ allegro, gioviale, simpatico, vivace **CONTR.** fastidioso, noioso, pesante, tedioso, triste, malinconico, mesto.

spauràcchio *s. m.* ***1*** spaventapasseri ***2*** (*fig.*) (*di persona*) mostro, orco, babau, barbablù, versiera (*lett.*), strega □ (*della guerra e sim.*) spettro, minaccia, deterrente.

spaurìre ***A*** *v. tr.* impaurire, intimidire, sbigottire, sgomentare, spaventare, turbare **CONTR.** rincuorare, rinfrancare, incoraggiare, rassicurare, rasserenare, tranquillizzare ***B*** **spaurirsi** *v. intr. pron.* impaurirsi, tremare, sbigottirsi, sgomentarsi, spaventarsi, intimorirsi, intimidirsi, turbarsi, smarrirsi **CONTR.** rinfrancarsi, incoraggiarsi, rassicurarsi, rasserenarsi, tranquillizzarsi.

spaurìto *part. pass. di* **spaurire**; *anche agg.* impaurito, sbigottito, sgomento, spaventato, turbato, smarrito **CONTR.** rianimato, rincorato, rinfrancato, coraggioso □ baldanzoso, spavaldo, temerario.

spavalderìa *s. f.* baldanza, ardimento, coraggio, temerarietà □ arroganza, insolenza, sfacciataggine, sfrontatezza, improntitudine □ millanteria, sicumera, vanto, prosopopea **CONTR.** timidezza, timore, panico, scoraggiamento, discrezione, moderatezza, modestia, mortificazione, riservatezza, umiltà. *V. anche* VANTO

spavàldo *agg.*; *anche s. m.* baldanzoso, temerario, ardito, coraggioso □ sfacciato, sfrontato □ millantatore, rodomonte, smargiasso, bullo **CONTR.** timido, timoroso, smarrito, moscio, spaurito □ discreto, moderato, modesto, umile.

spaventapàsseri *s. m.* ***1*** spauracchio ***2*** (*fig.*) (*di persona*) mostro, orrore.

spaventàre ***A*** *v. tr.* impaurire, inorridire, intimorire, sgomentare, turbare, conturbare, far tremare, spaurire, costernare, sbigottire, intimidire, disanimare, scorare, scoraggiare, allarmare, atterrire, terrificare, terrorizzare, agghiacciare **CONTR.** animare, rianimare, incoraggiare, rassicurare, rinfrancare, rincorare, rasserenare, tranquillizzare ***B*** **spaventarsi** *v. intr. pron.* costernarsi, sbigottirsi, sgomentarsi, intimidirsi, intimorirsi, allibire, smarrirsi, trasalire □ impaurirsi, atterrirsi, inorridire, agghiacciarsi, raccapricciare, tremare, rabbrividire **CONTR.** farsi coraggio, rianimarsi, rassicurarsi, rincuorarsi, rinfrancarsi, riprendersi, rasserenarsi, tranquillizzarsi.

spaventàto *part. pass. di* **spaventare**; *anche agg.* sgomentato, sgomento, costernato, sbigottito, disanimato, scoraggiato, sconvolto, allibito, esterrefatto, smarrito, allarmato, turbato, scombussolato, shoccato, scioccato □ atterrito, impaurito, intimidito, intimorito, minacciato, spaurito, agghiacciato □ terrorizzato, tremante, allucinato, tremebondo, pauroso **CONTR.** rianimato, rinfrancato, rincuorato, rassicurato, tranquillo □ animoso, impassibile, baldanzoso, coraggioso, audace, intrepido, imperterrito, risoluto.

spaventévole *agg.* spaventoso, orrendo, orribile, orrido, orripilante, obbrobrioso (*fig.*), pauroso, terribile, formidabile (*lett.*), terrificante, terrorizzante, tremendo, raccapricciante, agghiacciante, shockante, scioccante **CONTR.** allettante, attraente, bello, gradevole, piacevole □ confortante, rasserenante, rassicurante, incoraggiante.

spavènto *s. m.* sgomento, sbigottimento, timore, smarrimento, turbamento, allarme, batticuore, tremarella, apprensione, impressione, rimescolamento, raccapriccio, sconvolgimento, choc (*fr.*), shock (*ingl.*), paura, panico, atterrimento, terrore, orrore **CONTR.** ardimento, ardire, audacia, animo, coraggio, baldanza, intrepidezza, risolutezza, sicurezza, fegato. *V. anche* INFERNO, PAURA

spaventosaménte *avv.* orrendamente, orribilmente, paurosamente, spaventevolmente (*raro*) **CONTR.** amabilmente, deliziosamente, dolcemente, gradevolmente, piacevolmente.

spaventóso *agg.* ***1*** orrendo, orribile, bruttissimo, pauroso, orrido, orripilante, spaventevole, terribile, tremendo, allucinante, drammatico, aberrante, infernale, terrificante, terrorizzante, raccapricciante, agghiacciante, macabro, shoccante, scioccante **CONTR.** ammirevole, allettante, attraente, bello, gradevole, piacevole, paradisiaco □ confortante, incoraggiante, rasserenante, rassicurante ***2*** (*est., fam.*) grandissimo, enorme, formidabile, incredibile, immane, straordinario, mozzafiato **CONTR.** piccolissimo, esiguo.

spaziàle *agg.* (*est.*) aereo, cosmonautico, astronautico □ cosmico, stellare.

spaziàre ***A*** *v. intr.* ***1*** muoversi liberamente, librarsi, volteggiare □ allargarsi, distendersi, diffondersi, espandersi **CONTR.** restringersi, raccogliersi, rannicchiarsi, ridursi ***2*** (*fig.*) (*di sguardo, di pensiero, ecc.*) vagare, percorrere ***B*** *v. tr.* distanziare, intervallare, disporre, distribuire.

spaziàto *part. pass. di* **spaziare**; *anche agg.* rado, distanziato.

spazientìre ***A*** *v. intr.* e **spazientìrsi** *intr. pron.* perdere la pazienza, impazientirsi, adirarsi, irritarsi, sbuffare, stancarsi, inquietarsi, scocciarsi (*pop.*) **CONTR.** pazientare, sopportare, tollerare, abbozzare ***B*** *v. tr.* (*raro*) far perdere la pazienza, stancare, impazientire, scocciare (*pop.*). *V. anche* STANCARE

spazientìto *part. pass. di* **spazientire**; *anche agg.* irritato, urtato, stancato, stanco, impazientito, scocciato (*pop.*) **CONTR.** paziente, rassegnato, tollerante.

spàzio *s. m.* ***1*** (*di luogo*) estensione, distesa □ superficie, area, campo, largo, apertura, spiazzo, piazza, tratto, zona, posto, luogo, settore, terreno, circuito □ aria, cielo, immensità, infinito, universo, creato ***2*** intervallo, interstizio, intercapedine, vano, distanza, gioco, margine □ (*di un dattiloscritto*) battuta ***3*** (*di tempo*) estensione, arco, corso, giro, durata, tempo, periodo, lasso □ intervallo ***4*** (*fig.*) ambito, campo □ (*concedere, offrire*) opportunità, agio. *V. anche* TEMPO

spazióso *agg.* ampio, vasto, capace, esteso, largo, lato, aperto, arioso **CONTR.** angusto, stretto, breve, ristretto, chiuso, limitato, basso, soffocato.

spazzamìne *s. m. inv.* (*mar.*) dragamine.

spazzanéve *s. m. inv.* spartineve, sgombraneve.

spazzàre *v. tr.* ***1*** (*anche ass.*) pulire, ripulire, scopare, ramazzare (*fam.*), mondare, nettare **CONTR.** sporcare, imbrattare, insozzare, insudiciare, lordare ***2*** (*di pattume, di polvere, ecc.*) togliere, levare ***3*** (*fam.*) mangiare avidamente, divorare, ingollare, ingurgitare ***4*** (*fig.*) (*di pregiudizio, di nuvola, ecc.*) togliere di mezzo, sgombrare, eliminare, far sparire, allontanare **CONTR.** portare, produrre. *V. anche* PULIRE

spazzàta *s. f.* pulita, ripulita, scopata.

spazzatùra *s. f.* ***1*** pulitura, pulizia ***2*** immondezza, immondizia, pattume, sporcizia, sudiciume, rifiuti, concio (*tosc.*), monnezza (*dial.*), rusco (*dial.*) □ (*fig.*) volgarità, trash (*ingl.*). *V. anche* RIFIUTO

spazzìno *s. m.* scopino, netturbino, scopatore, operatore ecologico.

spàzzola *s. f.* setola, setolino, brusca, bruschino, striglia, scopetta.

spazzolàre *v. tr.* pulire, spolverare □ bruschinare, strofinare, strigliare **CONTR.** sporcare. *V. anche* PULIRE

speaker /*ingl.* 'spi:kə/ [vc. ingl., propriamente 'annunciatore', da *to speak* 'parlare'] *s. m. inv.* ***1*** (*radio, tv.*) annunciatore, lettore, commentatore ***2*** (*sport*) cronista ***3*** (*della camera dei deputati dei paesi anglosassoni*) presidente.

specchiàrsi ***A*** *v. rifl.* ***1*** guardarsi allo specchio, mirarsi allo specchio, contemplarsi ***2*** (*fig.*) prendere esempio, imitare, seguire ***B*** *v. intr. pron.* (*in uno specchio d'acqua*) riflettersi, rispecchiarsi, essere riflesso.

specchiàto *part. pass. di* **specchiarsi**; *anche agg.* ***1*** riflesso nello specchio, rispecchiato ***2*** (*fig.*) (*di persona, di onestà, ecc.*) puro, cristallino, integro, esemplare, probo, onesto, retto, virtuoso, incorrotto **CONTR.** dubbio, corrotto, disonesto, impuro, scostumato, immorale, vizioso. *V. anche* ONESTO

specchiétto *s. m.* ***1*** *dim. di* **specchio** ***2*** prospetto, nota, riassunto, riepilogo, compendio, statino, sommario, sinossi (*lett.*), epitome, tabella, prontuario, paradigma ***3*** (*per uccelli*) richiamo **FRAS.** *specchietto per le allodole* (*fig.*), vana lusinga, tranello, trappola.

spècchio *s. m.* ***1*** superficie riflettente □ cristallo (*lett.*) □ specchiera, caminiera ***2*** (*fig.*) immagine, ritratto ***3*** (*fig.*) (*di virtù, di onestà, ecc.*) esempio, esemplare, modello ***4*** superficie liscia □ cosa lucida ***5*** nota, prospetto, specchietto, compendio, sinossi (*lett.*), sommario, tabella, paradigma ***6*** (*sport*) (*nella pallacanestro*) tabellone □ (*nel calcio, di porta*) spazio frontale ***7*** (*mar.*) quadro di poppa.

speciàle *agg.* ***1*** (*est.*) particolare, singolare, caratteristico, tipico, individuale, peculiare, proprio, apposito, specifico, dato, determinato, privato, personale **CONTR.** comune, generale, generico, globale, totale ***2*** (*di cosa*) scelto, di buona qualità, ottimo, eccellente, eccezionale, raro, straordinario **CONTR.** normale, comune, usuale, dozzinale, mediocre, ordinario, scadente. *V. anche* RARO

specialìsta *s. m.* e *f.* ***1*** specializzato, esperto, perito, competente, tecnico, consulente □ conoscitore, intenditore, studioso, versato, padrone **CONTR.** inesperto, orecchiante, dilettante, praticone, incompetente, nullità, schiappa, cane ***2*** medico specializzato **CONTR.** medico generico.

specialìstico *agg.* tecnico, qualificato, specializzato.

specialità *s. f.* ***1*** (*raro*) particolarità, singolarità, peculiarità, specificità **CONTR.** generalità, genericità ***2*** (*di professionista, di studioso, ecc.*) ramo, settore, sfera, professione ***3*** (*sport*) tipo ***4*** prodotto tipico, esclusiva □ piatto caratteristico, manicaretto tipico ***5*** (*al pl.*) (*mil.*) reparti speciali, corpi speciali.

specializzàre ***A*** *v. tr.* qualificare □ perfezionare ***B*** **specializzarsi** *v. rifl.* qualificarsi □ perfezionarsi.

specializzàto *part. pass. di* **specializzare**; *anche agg.* ***1*** qualificato, scelto □ specialistico **CONTR.** comune, generico ***2*** abile, capace, competente, esperto, tecnico, perito, studioso, specialista **CONTR.** inabile, incompetente, incapace, inesperto, inetto.

specializzazióne *s. f.* qualificazione □ perfezionamento.

specialménte *avv.* specie, particolarmente, in modo particolare, principalmente, soprattutto, massime, massimamente, segnatamente, segnalatamente **CONTR.** generalmente, in genere.

spècie ***A*** *s. f. inv.* ***1*** (*lett.*) immagine, apparenza, aspetto, somiglianza ***2*** (*est.*) genere, razza, stirpe □ uomini, individui ***3*** caso particolare **CONTR.** caso generale ***4*** (*di cose*) sorta, qualità, genere, natura, tipo, varietà, forma, categoria, classe, fatta □ (*spreg.*) risma, stampo ***5*** impressione, meraviglia, stupore ***B*** *in funzione di avv.* in modo particolare, specialmente, principalmente, soprattutto **CONTR.** generalmente, in genere. *V. anche* CATEGORIA

specìfica *s. f.* descrizione analitica, nota, distinta, catalogo, elenco, lista, parcella.

specificàre *v. tr.* indicare, precisare, spiegare, chiarire, definire, determinare, individuare, individualizzare □ descrivere, dettagliare, circostanziare, esporre, illustrare, inquadrare, puntualizzare □ quantizzare, quantificare **CONTR.** generalizzare, sintetizzare □ alludere, sottintendere.

specificataménte *avv.* particolarmente, distintamente, esattamente, precisamente, propriamente **CONTR.** generalmente, sommariamente, indeterminatamente, vagamente.

specificàto *part. pass. di* **specificare**; *anche agg.* indicato, precisato, spiegato, determinato, puntualizzato, descritto, esposto, illustrato, dettagliato, circostanziato, inquadrato, quantizzato, quantificato **CONTR.** generico, indeterminato, indistinto, vago, sommario.

specificazióne *s. f.* indicazione, determinazione, individualizzazione, dichiarazione, spiegazione, puntualizzazione, precisazione, quantizzazione, quantificazione **CONTR.** sintesi, generalizzazione.

specìfico ***A*** *agg.* particolare, determinato, concreto, precisato, dato, caratteristico, peculiare, singolare, tipico, adatto, proprio □ (*di malattia, di male*) endemico □ (*farm.*) speciale, elettivo **CONTR.** generale, globale, generico ***B*** *s. m.* ***1*** medicamento particolare, farmaco ***2*** individualità, esclusività, peculiarità.

specimen /*lat.* 'spɛtʃimen/ [vc. lat., propriamente 'saggio, prova'] *s. m. inv.* saggio, campione, modello, facsimile, esemplare, prova, esempio □ dépliant (*fr.*), pieghevole, volantino □ fascicoletto (di un'opera).

speck /*ted.* ʃpɛk/ [vc. ted., propriamente 'lardo'] *s. m. inv.* prosciutto affumicato.

speculàre ***A*** *v. tr.* e *intr.* indagare, investigare, considerare, contemplare, riflettere, studiare, esaminare, osservare, scrutare ***B*** *v. intr.* ***1*** mercanteggiare, fare speculazioni, trafficare, trar profitto, lucrare ***2*** (*est.*) sfruttare, profittare.

specularménte *avv.* contrapposto.

speculatìvo *agg.* ***1*** teorico, teoretico, astratto, puro □ contemplativo, spirituale, cartesiano **CONTR.** pratico ***2*** (*econ.*) lucroso (*raro*), speculatorio, di lucro, di speculazione, di sfruttamento □ lucrativo, redditizio **CONTR.** disinteressato □ svantaggioso, dannoso.

speculatóre *s. m.*; *anche agg.* (*f. -trice*) ***1*** (*raro*) pensatore, filosofo, studioso, ricercatore ***2*** trafficante, affarista, profittatore, sfruttatore, faccendiere, maneggione, mercante □ strozzino, usuraio, vampiro **CONTR.** disinteressato, generoso.

speculazióne *s. f.* ***1*** ricerca, indagine, studio, contemplazione, meditazione, pensiero ***2*** affare, traffico, lucro, negozio, commercio, mercanteggiamento, aggiotaggio □ sfruttamento, strozzinaggio, usura **CONTR.** disinteresse, generosità ***3*** (*spec. in politica*) pretesto, opportunità, scusa, motivo.

spedire *v. tr.* (*di merce, di lettera, ecc.*) inviare, mandare, dirigere, avviare, indirizzare, trasmettere, destinare, impostare, far recapitare □ imbucare, rimettere □ (*di mandato*) spiccare **CONTR.** ricevere, avere **FRAS.** *spedire all'altro mondo*, uccidere.

speditaménte *avv.* celermente, prontamente, rapidamente, sollecitamente, sveltamente, velocemente, presto, prestamente, sbrigativamente □ scorrevolmente, spigliatamente, correntemente **CONTR.** lentamente, adagio, piano, pigramente, fiaccamente.

speditézza *s. f.* celerità, prontezza, rapidità, sveltezza, sollecitudine, scioltezza, velocità, agilità, leggerezza, spigliatezza **CONTR.** lentezza, fiacca, pigrizia, flemma.

spedìto ***A*** *part. pass. di* **spedire**; *anche agg.* ***1*** (*di merce, di lettera, di passo, ecc.*) inviato, mandato, trasmesso, indirizzato, destinato ***2*** (*di persona, di discorso, di passo, ecc.*) svelto, celere, veloce, attivo, sciolto, lesto, sollecito, facile, sbrigativo, scattante, spigliato, spiccio, spicciativo, pronto □ affrettato, sostenuto, allegro **CONTR.** lento, tardo, fiacco, pigro, flemmatico ***3*** (*fam.*) (*di persona*) spacciato, finito, morto **CONTR.** vivo, vegeto ***B*** *avv.* speditamente, velocemente, scioltamente **CONTR.** lentamente, pigramente, impacciatamente.

spedizióne *s. f.* ***1*** invio, rimessa, mandata **CONTR.** ricevimento ***2*** collo, pacco, plico ***3*** (*mil.*) operazione, impresa, campagna, guerra ***4*** esplorazione, viaggio di studio □ équipe (*fr.*).

spedizionière *s. m.* corriere, trasportatore, agente di trasporto □ vettore.

spègnere o **spégnere** ***A*** *v. tr.* ***1*** estinguere, smorzare, soffocare **CONTR.** accendere, riaccendere, dar fuoco ***2*** (*est.*) (*di circuito elettrico*) interrompere, aprire, bloccare **CONTR.** azionare, accendere, chiudere ***3*** (*est.*) (*di conto, di debito, ecc.*) chiudere, estinguere **CONTR.** aprire ***4*** (*fig.*) (*di ricordo, di odio, ecc.*) far svanire, distruggere, cancellare, far cessare, far dimenticare □ affievolire, placare, scolorire, attenuare, smorzare, calmare **CONTR.** riaccendere, infiammare, attizzare, inasprire, destare, fomentare, rinfocolare, svegliare, ravvivare ***B*** **spegnersi** *v. intr. pron.* ***1*** cessare di ardere, estinguersi **CONTR.** infiammarsi, riaccendersi, rinfocolarsi, imperversare ***2*** (*est.*) (*di apparecchiature elettriche*) non funzionare, interrompersi, bloccarsi **CONTR.** funzionare, accendersi, aprirsi ***3*** (*fig.*) (*di ricordo, di speranza, di passione, ecc.*) venir meno, affievolirsi, estinguersi, smorzarsi, infrangersi, dileguarsi, finire, svigorirsi, languire, sbiadirsi, svanire, inaridirsi, seccarsi, svaporare **CONTR.** accendersi, ravvivarsi, inasprirsi, ridestarsi, rivivere ***4*** (*euf.*) morire, decedere.

spegniménto *s. m.* smorzamento, estinzione □ interruzione **CONTR.** accensione.

spelacchiàre ***A*** *v. tr.* (*di animale, di pelliccia, ecc.*) pelare, spelare □ logorare ***B*** **spelacchiarsi** *v. intr. pron.* perdere il pelo, spelarsi □ logorarsi.

spelàre ***A*** *v. tr.* pelare, depilare, spelacchiare ***B*** **spelarsi** *v. intr.* perdere il pelo, pelarsi, spelacchiarsi.

spellàre ***A*** *v. tr.* ***1*** levare la pelle, scuoiare, scorticare ***2*** (*fam.*) escoriare, sbucciare, graffiare ***3*** (*fig., fam.*) (*al gioco, dal bottegaio, ecc.*) pelare, scorticare, scannare, strozzare, mettere in bolletta ***B*** **spellarsi** *v. intr. pron.* escoriarsi, graffiarsi, sbucciarsi, scorticarsi, lacerarsi.

spellatùra *s. f.* escoriazione, sbucciatura, scorticatura, abrasione, graffio, lacerazione.

spelling /*ingl.* 'speliŋ/ [vc. ingl., da *to spell* 'compitare'] *s. m. inv.* compitazione.

spendacciόne *s. m.* prodigo, sprecone, dissipatore, scialacquatore, dilapidatore, sperperatore, sciupone, spendereccio, scialone (*fam.*) **CONTR.** avaro, tirato, taccagno, tirchio (*fam.*), spilorcio, arpagone (*lett.*) □ economo, parsimonioso, risparmiatore.

spèndere *v. tr.* ***1*** pagare, sborsare, sganciare (*fig.*), corrispondere, versare, dare, erogare **CONTR.** incassare, riscuotere, introitare, intascare ***2*** (*ass.*) fare acquisti, fare spese, comprare, fare shopping ***3*** (*fig.*) (*di denaro, di tempo, ecc.*) consumare, dissipare, dilapidare, scialare (*raro*), scialacquare, sperperare, prodigare, macinare (*fig.*) **CONTR.** economizzare, risparmiare, lesinare □ accumulare, ammucchiare, mettere da parte, accantonare, tesorizzare, tesoreggiare, tesaurizzare ***4*** (*fig.*) (*di fatica, di tempo, ecc.*) trascorrere, adoperare, impiegare, usare, consacrare (*est.*), dedicare (*est.*).

SPENDERE
sinonimia strutturata

Si dice **spendere** innanzitutto il trasferire a qualcuno del denaro come pagamento di un acquisto, come compenso di una prestazione, ecc.: *spendere molto denaro*; *spendere tutto il proprio guadagno*; *spendere un milione di affitto*. Abbastanza generico è **pagare**, che indica sia il remunerare qualcuno con la somma che gli spetta sia il versare il prezzo pattuito per avere qualcosa: *pagare i dipendenti*; *pagare bene, profumatamente*; *pagare l'albergo, la merce*; il verbo si distingue da spendere perché può indicare le modalità di pagamento: *pagare a rate, anticipato*. **Corrispondere**, **dare** e **versare** si riferiscono anch'essi all'operazione di pagamento: *corrispondere uno stipendio, un'indennità*; *dare una lauta mancia*; *versare una rata*; versare indica anche il depositare una somma: *versare in banca il ricavato di una vendita*; *l'importo sarà versato allo Stato*. **Erogare** invece si riferisce a una spesa con un fine determinato: *erogare una somma in beneficenza, fondi per l'autostrada*. **Sborsare** indica il tirar fuori denaro dalla borsa e, estensivamente, il pagare in contanti: *sborsare diecimila lire*; lo sborsare denaro specialmente malvolentieri e dopo continue richieste si dice familiarmente e figuratamente **sganciare**: *quante storie per sganciare mille lire!*; *avanti, sgancia i soldi*.

Nel suo uso assoluto, spendere coincide col **comprare** qualcosa, cioè con l'appropriarsene pagando un prezzo: *comprare stoffe, una casa, a buon mercato, per un milione*; il comprare in generale si dice **fare spese**, **fare acquisti**: *spendere poco, molto, bene, male*; *sapere, non sapere fare acquisti*; *andare al mercato a fare spese*; **fare shopping** evoca più un'idea di passatempo, o di spese voluttuarie.

In un'ulteriore sfera semantica, spendere equivale figuratamente a **impiegare**, **usare**, **adoperare**, cioè a utilizzare: *spendere molto tempo in uno studio*; *impiegare il tempo libero a leggere*; impiegare e spendere significano anche metterci un certo tempo: *spendere un mese per correggere il libro*; *impiegare un quarto d'ora*.

Sempre in senso figurato, spendere significa dare via qualcosa, e non necessariamente beni materiali, invano o scioccamente: *non ha speso il fiato con lui*; *ha speso i suoi anni migliori inutilmente*. I sinonimi più vicini sono **dissipare**, cioè sprecare, e **sperperare**, che in senso proprio indica lo spendere senza discernimento e per estensione il consumare malamente: *dissipare le proprie sostanze, il proprio tempo*; *sperperare un'eredità, il proprio ingegno in studi inadatti*. **Dilapidare**, **scialacquare** e i più rari **scialare** e **macinare** si adoperano in riferimento a denaro o ricchezze: *dilapidare i propri averi*; *ha scialacquato il patrimonio di famiglia*; *devi abituarti a non scialacquare*; *ha scialato tutto quello che aveva*; *macinare tutti i propri risparmi*; scialare usato intransitivamente indica il fare vita comoda, spendendo e largheggiando: *in quella casa si usa scialare*;

scialacquare invece figuratamente e in contesti letterari significa profondere con eccessiva larghezza, cioè **prodigare** in senso figurato: *scialacquare complimenti, saluti*; *prodigare lodi, carezze*. In senso proprio, prodigare corrisponde a spendere largamente, donare con grande generosità: *prodigare tutte le proprie sostanze*. Molto più generale è **consumare**, che indica l'adoperare qualcosa esaurendola.

Spendere parole, energie per qualcuno significa **impegnarsi**, **adoperarsi** in suo favore nel senso di **raccomandarlo**, ossia segnalarlo a qualcuno perché venga appoggiato, favorito: *raccomandare qualcuno perché venga assunto*.

spennàre ***A*** *v. tr.* ***1*** levare le penne, spennacchiare ***2*** (*fig., fam.*) (*al gioco, dal bottegaio, ecc.*) pelare, scorticare, scannare, scuoiare, smungere, squattrinare, strozzare, succhiare, mettere al verde ***B*** **spennarsi** *v. intr. pron.* perdere le penne.

spennellàre *v. tr.* verniciare, dipingere.

spennellatùra *s. f.* ***1*** spennellata ***2*** (*med.*) pennellatura, toccatura.

spensieratàggine *s. f. V.* **spensieratezza**.

spensierataménte *avv.* ***1*** allegramente, beatamente, serenamente, tranquillamente, gaiamente, goliardicamente **CONTR.** tristemente, mestamente, cupamente, pensosamente ***2*** (*raro*) avventatamente, inconsultamente (*raro*), irriflessivamente, storditamente, sconsideratamente, sventatamente, a cuor leggero, alla carlona **CONTR.** attentamente, diligentemente, cautamente, ponderatamente, prudentemente, riflessivamente.

spensieratézza *s. f.* ***1*** allegria, felicità, gaiezza, giovialità, piacere, serenità, tranquillità **CONTR.** tristezza, mestizia, malinconia, preoccupazione ***2*** (*raro*) storditaggine, scapataggine, svagataggine, sventatezza, irriflessione **CONTR.** serietà, attenzione, ponderatezza, riflessione.

spensieràto *agg.* e *s. m.* ***1*** allegro, felice, sereno, tranquillo, goliardico □ buontempone, giocherellone **CONTR.** triste, mesto, cupo, malinconico, pensieroso ***2*** (*raro*) irriflessivo, sbadato, disattento, spericolato, sconsiderato, sventato, svagato, vanesio **CONTR.** attento, concentrato, compunto, diligente, cauto, ponderato, prudente, riflessivo, posato, equilibrato. *V. anche* SBADATO

spènto *part. pass. di* **spegnere**; *anche agg.* ***1*** (*di fuoco, di luce, ecc.*) estinto, smorzato □ (*di vulcano*) inattivo **CONTR.** acceso □ attivo ***2*** (*fig.*) (*di ricordo, di passione, ecc.*) svanito, cancellato, cessato, inaridito, placato, estinto, finito, passato □ (*di speranza e sim.*) infranto, svanito, tramontato **CONTR.** vivo, caldo, rinato □ suscitato, destato ***3*** (*fig.*) (*di colore, di suono, ecc.*) attenuato, attutito, fioco, scialbo, opaco, chiaro, esangue, smorto, morto, sbiadito, pallido □ cupo, scuro **CONTR.** forte, intenso, brillante, allegro, splendente, squillante, sgargiante, vivo, vivace, vivido.

spenzolàre ***A*** *v. tr.* far penzolare ***B*** *v. intr.* penzolare, pendere, ciondolare, sporgere ***C*** **spenzolarsi** *v. intr. pron.* sporgersi.

speránza *s. f.* ***1*** speme (*lett.*), fiducia, fede, attesa, aspettazione, aspettativa, assegnamento, affidamento □ augurio, auspicio, voto □ chimera, fantasia, illusione, lusinga, miraggio, sogno, utopia □ possibilità, probabilità, eventualità, prospettiva **CONTR.** abbattimento, avvilimento, costernazione, scoramento, sconforto, sfiducia, disperazione □ dubbio, diffidenza, incertezza □ certezza, convinzione, sicurezza ***2*** (*di persona*) promessa.

SPERANZA
sinonimia strutturata

Si chiama **speranza** l'attesa fiduciosa di qualcosa in cui si è certi o ci si augura che consista il proprio bene, o di qualcosa che ci si augura avvenga secondo i propri desideri: *concepire una speranza*; *aprire il cuore alla speranza*; sinonimo perfetto ma impiegato esclusivamente nel codice letterario del passato è **speme**. Abbastanza vicini sono **fede** e **fiducia**, che designano il credito che si dà a qualcosa basandosi però su qualche fondamento, e quindi suggeriscono una maggiore sicurezza: *aver fede nel trionfo della tecnica, nell'avvenire*; *fiducia nella vittoria, nelle proprie forze, nella propria riuscita*. Su una sicurezza ancora maggiore si fondano l'**affidamento** e l'**assegnamento**: *una persona che non dà nessun affidamento*; *quell'affare dà pieno affidamento*; così *fare affidamento, assegnamento su qualcosa, su qualcuno* significa contarci.

Ciò che si spera o si crede fortemente probabile corrisponde invece all'**aspettativa**: *essere inferiore, superiore all'aspettativa*; molto vicini sono **attesa** e il desueto **aspettazione**: *è stato un anno di intensa attesa*; *rispondere, venire meno all'aspettazione*; *deludere l'aspettazione*.

In alcuni sinonimi di speranza è invece più forte la sfumatura di desiderio che qualcosa avvenga; così è per **auspicio** e **voto**, quest'ultimo usato in quest'accezione soprattutto al plurale e in contesti letterari: *è nostro auspicio che la squadra vinca*; *formulare voti di vittoria*; *far voti per il successo*; pressoché equivalente è **augurio**, che però si usa più di frequente in relazione a qualcosa che si desidera per altri: *un augurio di prosperità, di guarigione*.

Vi sono poi vocaboli che definisono una speranza irrealizzabile; **illusione**, ad esempio, indica una falsa configurazione del reale che porta ad attribuire consistenza ai propri sogni e alle proprie speranze: *distruggere, dissipare, perdere le illusioni*; *farsi illusioni* significa sperare invano. Una cosa lontana dalla realtà viene detta anche **sogno**, parola che in senso esteso designa anche un pensiero in cui è dolce cullarsi: *la nostra speranza è un sogno*; *i dolci sogni della gioventù*; *l'uomo dei propri sogni*. Vicini sono l'uso figurato di **chimera** e **fantasia**, che indicano un'idea inverosimile, una fantasticheria: *perdersi dietro assurde chimere*; *inseguire una chimera*. Più forte è **utopia**, che si riferisce a un'aspirazione, idea, progetto, concezione vanamente proposti in quanto fantastici e irrealizzabili: *ciò che dici è molto nobile, ma è solo un'utopia*. **Miraggio** e **lusinga** evocano invece l'idea dell'inganno di una speranza seducente: *il miraggio di facili guadagni*; *le lusinghe della vita.*

La misura in cui si giudica che un avvenimento sia realizzabile si dice **probabilità**: *hanno una sola probabilità di salvarsi*; *ci sono pochissime probabilità di successo*; molto vicini sono **possibilità** e **eventualità**: *non c'è possibilità di riuscita*; *c'è l'eventualità che io mi trasferisca.* In senso figurato, ha uguale valore semantico **prospettiva**, che sottolinea l'aspetto di prevedibilità di qualcosa: *la prospettiva di una promozione è vana*; il vocabolo si avvicina particolarmente a speranza perché, soprattutto al plurale, può indicare anche la possibilità di futuri positivi sviluppi: *non ho prospettive*; *è una situazione senza prospettive.*

La parola speranza si adopera anche in riferimento alla persona o cosa in cui si ripone fiducia: *il figlio è la sua unica speranza*; *questo esame è la mia ultima speranza*; così, viene chiamato speranza o **promessa** un giovane che all'inizio di un'attività, specialmente sportiva o artistica, rivela buone doti: *una speranza del calcio italiano*; *le speranze del nostro cinema*; *una giovane promessa del teatro.*

speranzóso *agg.* (*anche scherz.*) pieno di speranza, fiducioso, fidente (*lett.*), illuso, ottimista **CONTR.** abbattuto, avvilito, distrutto, costernato, disperato, sconfortato, sfiduciato, pessimista.

speràre *v. tr.* e *intr.* aspettare fiduciosamente, attendersi, augurarsi, auspicare (*lett.*), fidare, confidare, aver fiducia, contare, fare assegnamento, credere, ripromettersi □ fantasticare, illudersi, lusingarsi, sognare, vagheggiare **CONTR.** disperare, abbattersi, avvilirsi, disanimarsi, sconfortarsi, scoraggiarsi, diffidare (*lett.*), sfiduciarsi (*raro*), sconsolarsi, disilludersi.

sperdùto *agg.* ***1*** disperso, sparpagliato, sbandato, randagio, vagante **CONTR.** raccolto, riunito, radunato ***2*** (*di luogo*) remoto, isolato, romito, ritirato, solitario, selvaggio ***3*** (*fig.*) (*di persona*) perduto, sperso, spaesato, sbalestrato, smarrito, a disagio, disambientato, sradicato **CONTR.** ambientato, inserito. *V. anche* SOLITARIO

sperequazióne *s. f.* ingiusta distribuzione, difformità, disparità, disuguaglianza, squilibrio, ingiustizia **CONTR.** perequazione, equiparazione, livellamento, uniformazione □ uniformità, equità, giustizia.

spergiuràre *v. intr.* giurare il falso □ mentire **CONTR.** giurare □ dire la verità.

spergiùro *agg.*; *anche s. m.* mentitore, mendace (*lett.*), menzognero, falso, bugiardo, fedifrago, impostore, sleale, infedele, rinnegato **CONTR.** aperto, franco, leale, schietto, sincero, veritiero, veridico, degno di fede.

spericolatézza *s. f.* temerarietà, imprudenza, incoscienza, leggerezza **CONTR.** prudenza, cautela.

spericolàto *agg.*; *anche s. m.* sprezzante del pericolo, temerario, imprudente, incosciente, sconsiderato, sventato, spensierato (*raro*), scapestrato **CONTR.** attento, avveduto, cauto, guardingo, prudente □ pusillanime, pauroso, timoroso, vile, fifone (*fam.*).

sperimentàle *agg.* ***1*** esperienziale, basato sull'esperienza, induttivo, empirico, prammatico (*raro*), pratico **CONTR.** teorico, puro, scientifico, razionale ***2*** (*di scuola, di campo, ecc.*) di sperimentazione, di prova, di avanguardia **CONTR.** conservatore, passatista.

sperimentàre ***A*** *v. tr.* ***1*** provare, verificare, saggiare, scandagliare, esperire, tentare, misurare, testare ***2*** (*di metodi, di sistemi, ecc.*) usare, ricorrere, servirsi **CONTR.** abbandonare, lasciare, respingere, disapprovare ***3*** (*fig.*) (*di volontà, di sentimenti, ecc.*) mettere alla prova, cimentare ***4*** (*di miseria, di fame, ecc.*) provare, conoscere, assaggiare, attraversare, vivere, imparare **CONTR.** ignorare ***B*** **sperimentarsi** *v. rifl.* cimentarsi, mettersi alla prova.

sperimentàto *part. pass. di* **sperimentare**; *anche agg.* ***1*** provato, verificato, tentato, saggiato, dimostrato, conosciuto per esperienza **CONTR.** ignoto, sconosciuto ***2*** (*di persona*) abile, capace, esperto perito, collaudato, pratico, vecchio **CONTR.** inabile, incapace, inesperto, inetto, imperito (*lett.*).

sperimentatóre *s. m.* ricercatore.

sperimentazióne *s. f.* indagine, esperienza, ricerca, esperimento, verifica, prova.

spèrma *s. m.* (*biol.*) liquido seminale, seme.

speronaménto *s. m.* urto, colpo □ tamponamento, investimento.

speronàre *v. tr.* (*mar.*) urtare, colpire □ investire, tamponare.

speróne *s. m.* ***1*** (*di nave*) rostro, prua ***2*** (*geogr.*) (*di contrafforte*) diramazione, rupe ***3*** (*mar.*) sporgenza ***4*** (*arch.*) contrafforte, rinforzo, barbacane.

sperperàre *v. tr.* dissipare, prodigare, scialacquare, scialare (*raro*), sprecare, profondere, dilapidare, disperdere, buttar via, spendere male, sciupare, spendere, spandere, mangiare, divorare □ (*est.*) consumare **CONTR.** economizzare, risparmiare, dosare, lesinare. *V. anche* SPENDERE

sperperàto *part. pass. di* **sperperare**; *anche agg.* dissipato, prodigato, scialacquato, sprecato, profuso, dilapidato, buttato via, gettato **CONTR.** economizzato, risparmiato, serbato, lesinato.

sperperatóre *s. m.* (*f. -trice*) dilapidatore, scialacquatore, dissipatore, spendaccione, sprecone **CONTR.** economizzatore, risparmiatore.

spèrpero *s. m.* dissipazione, dissipamento, scialo, spreco, dilapidazione, sperperamento (*raro*), sciupio, sciupo, scialacquamento, scialacquo, prodigalità, profusione, dispersione, consumazione, dispendio **CONTR.** economia, parsimonia, risparmio □ lesina, taccagneria, tirchieria, grettezza.

spèrso *agg.* perso, sperduto, disperso, smarrito □ disambientato, disorientato, spaesato **CONTR.** ritrovato, rinvenuto □ ambientato, orientato, inserito, a proprio agio.

sperticàrsi *v. intr. pron.* eccedere, esagerare, trascendere, trasmodare **CONTR.** contenersi, frenarsi, limitarsi, moderarsi, trattenersi.

sperticàto *agg.* ***1*** (*di collo, di naso, ecc.*) smisurato, enorme, sproporzionato, lunghissimo **CONTR.** piccolo, corto, proporzionato **2** (*fig.*) (*di lode, di complimento, ecc.*) esagerato, eccessivo, caricato, iperbolico, smoderato, smodato **CONTR.** moderato, contenuto, misurato, sobrio.

spésa *s. f.* **1** sborso, esborso, erogazione, importo, somma, conto, costo, prezzo, quota □ uscita, passivo, onere **CONTR.** incasso, introito, riscossione, provento, guadagno □ entrata, rendita, reddito **2** compera, compra, acquisto, shopping (*ingl.*) □ merce, roba comprata **CONTR.** vendita, esito, smercio **FRAS.** *a proprie spese* (*fig.*), a proprio danno.

spesàre *v. tr.* mantenere, pagare le spese.

spéso *part. pass. di* **spendere**; *anche agg.* dato, sborsato, impiegato, versato **CONTR.** intascato, incassato.

spessézza *s. f.* **1** grossezza **CONTR.** sottigliezza **2** frequenza **CONTR.** rarità.

spésso ***A*** *agg.* **1** (*di crema e sim.*) denso, addensato, condensato □ (*di bosco, di capelli, ecc.*) fitto, folto, compatto, unito **CONTR.** raro, rarefatto, diradato, rado, diluito **2** (*di misura*) grosso, largo, alto □ consistente, sodo □ tumido, turgido **CONTR.** sottile, tenue, fine, fino **3** (*est.*) (*di volte, ecc.*) numeroso, frequente **CONTR.** raro, rado ***B*** *avv.* di frequente, frequentemente, sovente, generalmente, perlopiù, quotidianamente, reiteratamente, ripetutamente **CONTR.** raramente, saltuariamente, di rado, poche volte, sporadicamente, poco, difficilmente. *V. anche* DENSO

spessóre *s. m.* grossezza, larghezza, altezza □ (*fig.*) (*culturale*) consistenza, profondità **CONTR.** finezza □ pochezza.

spettàbile *agg.* rispettabile, egregio, stimabile, onorevole, segnalato, cospicuo.

spettacolàre *agg.* **1** scenografico, teatrale, cinematografico, coreografico **2** spettacoloso, grandioso, enorme, eccezionale, straordinario, splendido, vistoso, fantasmagorico, hollywoodiano, magnifico, meraviglioso **CONTR.** povero, misero, modesto, scadente, squallido.

spettacolarità *s. f.* teatralità, coreografia □ grandiosità, eccezionalità, meraviglia.

spettàcolo *s. m.* **1** manifestazione, trattenimento, festa, serata, recita, commedia, dramma, tragedia, concerto, varietà, recital (*ingl.*), happening (*ingl.*), show (*ingl.*), rappresentazione, programma, trasmissione **2** veduta, vista, panorama, scena **3** (*fig.*) cannonata, fantasmagoria, splendore, meraviglia **FRAS.** *dare spettacolo* (*fig.*), attirare l'attenzione □ *spettacolo mediocre*, bufala (*scherz.*).

spettacolóso *agg.* spettacolare, appariscente, pomposo, sontuoso, vistoso, hollywoodiano □ straordinario, grandioso, eccezionale, enorme, magnifico, meraviglioso, splendido **CONTR.** misero, scadente, insignificante, povero, squallido.

spettànte *part. pres. di* **spettare**; *anche agg.* appartenente, dovuto, competente □ concernente, pertinente, relativo, attinente, riguardante, corrispettivo **CONTR.** alieno (*lett.*), estraneo.

spettànza *s. f.* **1** appartenenza, competenza, proprietà, attinenza, pertinenza, diritto, giurisdizione, ragione **2** (*spec. al pl.*) competenze, credito, diritti □ paga, onorario, compenso, tangente. *V. anche* PAGA

spettàre *v. intr.* appartenere, competere, concernere, attenere, riguardare, toccare, incombere, ricadere, stare.

spettatóre *s. m.*; *anche agg.* (*f.* -*trice*) **1** (*di spettacolo*) ascoltatore, uditore, telespettatore □ (*al pl.*) platea, pubblico □ astante, presente **2** (*di un fatto*) testimone.

spettegolàre *v. intr.* fare pettegolezzi, chiacchierare, pettegolare (*raro*), ciarlare, cianciare, cicalare, bisbigliare, vociare, sparlare, criticare, malignare, tagliare i panni addosso.

spettinàre ***A*** *v. tr.* arruffare, scarmigliare, scapigliare, scarruffare, rabbuffare, scompigliare **CONTR.** pettinare, acconciare, lisciare, ravviare, ordinare ***B*** **spettinarsi** *v. rifl. e intr. pron.* scapigliarsi, scarmigliarsi **CONTR.** pettinarsi, lisciarsi, rassettarsi, ravviarsi.

spettinàto *part. pass. di* **spettinare**; *anche agg.* scarmigliato, arruffato, scapigliato **CONTR.** pettinato, lisciato, ravviato.

spettràle *agg.* **1** di spettro □ simile a spettro, fantomatico □ (*fig.*) cadaverico, pallido, emaciato, smunto **2** (*est.*) (*di luce, di scena e sim.*) sinistro, irreale, macabro.

spèttro *s. m.* **1** fantasma, larva, ombra, apparizione, visione, spirito, anima, lemure (*lett.*) **2** (*fig.*) (*della guerra, della fame, ecc.*) paura, minaccia, pericolo, spauracchio **CONTR.** speranza, fiducia **3** campo di azione, raggio di azione **FRAS.** *spettro solare*, colori dell'iride.

speziàre *v. tr.* aromatizzare, insaporire, condire.

spèzie *s. f. pl.* (*cuc.*) aromi, droghe, coloniali, condimenti.

spezzàre ***A*** *v. tr.* **1** rompere, fendere, scindere, frangere (*lett.*), infrangere, frantumare, schiacciare, schiantare, troncare, dirompere (*lett.*), sfracellare, sgangherare, spaccare, fracassare □ (*di osso*) fratturare **CONTR.** accomodare, aggiustare, ricomporre, riparare, racconciare, restaurare, rifare, riassestare, ricostruire **2** (*fig.*) (*di giornata, di orario, ecc.*) dividere, interrompere ***B*** **spezzarsi** *v. intr. pron.* rompersi, frantumarsi, infrangersi, schiacciarsi, schiantarsi, spaccarsi, fracassarsi □ (*di osso*) fratturarsi. *V. anche* DIVIDERE, SCHIACCIARE, VINCERE

spezzàto ***A*** *part. pass. di* **spezzare**; *anche agg.* rotto, infranto, frantumato, schiacciato, schiantato, spaccato, fracassato, franto (*lett.*), fratto (*lett.*), troncato, tronco □ diviso, interrotto **CONTR.** intero, integro, intatto, sano ***B*** *s. m.* **1** (*cuc.*) spezzatino **2** (*ant., al pl.*) (*di moneta*) spiccioli.

spezzatùra *s. f.* **1** rompimento, rottura, frantumazione, frattura, fracassamento, infrazione, spaccatura **CONTR.** accomodamento, aggiustatura, restauro, riparazione, ricostruzione, rifacimento **2** (*econ.*) frazione.

spezzettàre *v. tr.* ridurre in pezzetti, sminuzzare, sbriciolare, smozzicare, tritare, triturare, stritolare, dividere, frammentare. *V. anche* DIVIDERE

spezzóne *s. m.* **1** bomba (d'aereo) **2** (*di pellicola, di stoffa, ecc.*) pezzo, parte, clip (*ingl.*) **CONTR.** intero.

spìa *s. f.* **1** confidente, delatore, accusatore, denunciatore, informatore, pentito, soffiatore □ spione (*spreg.*), sicofante (*lett.*), emissario, infiltrato, talpa (*fig.*) □ segugio, zero zero sette, detective (*ingl.*) ***2*** (*fig.*) (*di malattia, di crisi, ecc.*) indizio, sintomo, pronostico, segno, avvisaglia, indicatore ***3*** (*di apparecchio*) avvisatore, termometro, segnalatore, segnale, lampadina rossa ***4*** (*di uscio, di parete, ecc.*) spioncino, fessura, apertura, finestrina, buco.

spiaccicàre ***A*** *v. tr.* schiacciare, ammaccare, acciaccare, pestare ***B*** **spiaccicarsi** *v. intr. pron.* schiacciarsi, ammaccarsi, acciaccarsi, sfracellarsi. *V. anche* SCHIACCIARE

spiacènte *part. pres. di* **spiacere**; *anche agg.* dispiaciuto, rammaricato, dolente, afflitto, addolorato, dispiacente □ (*lett.*) sgradito **CONTR.** contento, felice, lieto, soddisfatto □ gradito.

spiacére ***A*** *v. intr.* dispiacere, affliggere, amareggiare, addolorare, rammaricare, rattristare, rincrescere, urtare **CONTR.** piacere, aggradare, garbare, rallegrare, allietare, divertire ***B*** **spiacersi** *v. intr. pron.* dispiacersi, rammaricarsi, addolorarsi, affliggersi, rattristarsi **CONTR.** rallegrarsi, divertirsi, compiacersi, gioire.

spiacévole *agg.* fastidioso, molesto, urtante, odioso, sgradevole, sgradito, detestabile, insopportabile, seccante, antipatico □ increscioso, deplorabile, deplorevole, indesiderabile □ brutto, cattivo, duro, amaro □ disgustoso, indigeribile, ributtante, ripugnante, rivoltante, nauseante, stomachevole **CONTR.** piacevole, piacente, attraente, accetto, amabile, allettante, desiderabile, gradevole, gradito, grato, simpatico, divertente, gustoso, incantevole, bello, caro.

SPIACEVOLE
sinonimia strutturata

Ciò che dà noia, disturbo, dolore si definisce **spiacevole**: *un dovere, una necessità spiacevole.* I vocaboli semanticamente più vicini sono **sgradevole** e **sgradito**, che indicano ciò che non è ben accetto: *persona, compagnia sgradevole*; *un incontro sgradito*; *una sgradita sorpresa*; un evento sgradito risulta **indesiderabile**, cioè non cercato, voluto, ma piuttosto evitato: *relazioni, amicizie indesiderabili.* Più forti sono **fastidioso** e **molesto**, che evocano un'idea di ripetuta importunità: *lavoro, clima fastidioso*; *bambino insistente e fastidioso*; *un vicino, un creditore molesto.*

Se la noia, il fastidio, il danno trascendono la tollerabilità, ciò che li provoca è **insopportabile**: *fame, fatica, caldo insopportabile*; il termine descrive anche chi o ciò che è degno di essere esecrato e aborrito, ovvero **detestabile** e **odioso**: *individuo, fatto detestabile*; *insinuazione odiosa*; *i paragoni sono odiosi.* Si distingue dagli aggettivi precedenti **amaro**, che figuratamente indica ciò che procura scoramento e dolore: *amare constatazioni.* Si dice **brutto** invece ciò che per aspetto o qualità intrinseche suscita impressioni sgradevoli, o anche ciò che è moralmente riprovevole: *una persona brutta*; *un film brutto*; *brutta azione.*

Spiacevole descrive anche ciò che è **increscioso**, che a sua volta designa di solito ciò che causa imbarazzo, o più raramente noia: *avvenimento spiacevole*; *situazione, faccenda incresciosa*; *argomento, lavoro increscioso.* In entrambe le accezioni increscioso si avvicina molto al senso figurato di **seccante** e ad **antipatico**: *un contrattempo seccante*; nella sua accezione più comune, in cui indica ciò che non piace al punto da irritare, antipatico equivale a **urtante**. Ciò che è increscioso nel senso di imbarazzante è solitamente **deplorevole** o **deplorabile**, ossia degno di riprovazione e biasimo: *condotta deplorevole*; *contegno deplorevole.*

Spiacevole può essere riferito anche a ciò che provoca avversione fisica o morale; in questo caso, si avvicina a **disgustoso**, **stomachevole**, **ripugnante**, **nauseante**, **ributtante** e **rivoltante**, che sono però più incisivi: *odore, contegno disgustoso*; *bevanda, spettacolo ripugnante*; *sapore, discorso rivoltante*; *cibo, cattiveria ributtante*; *gusto, comportamento nauseante.* **Indigeribile** designa un cibo non necessariamente cattivo ma molto indigesto, oppure, in accezione figurata, chi o ciò che è molto noioso o insopportabile: *individuo, discorso indigeribile.*

spiacevolménte *avv.* sgradevolmente, fastidiosamente, molestamente, odiosamente, incresciosamente, amaramente, duramente, disgustosamente, insopportabilmente **CONTR.** piacevolmente, soddisfacentemente, gradevolmente, amabilmente, deliziosamente, gustosamente, simpaticamente.

spiàggia *s. f.* costa, lido, costiera, arena (*lett.*), arenile, litorale, marina, piaggia (*ant.*), riviera, riva, sponda, proda □ battigia, bagnasciuga **FRAS.** *tipo da spiaggia* (*scherz.*), tipo stravagante □ *ultima spiaggia* (*fig.*), momento conclusivo (della vita); ultima possibilità, ultima speranza.

spianàre *v. tr.* ***1*** lisciare, levigare, piallare, distendere, pareggiare, uniformare, adeguare, agguagliare, livellare, rasare, smussare, stendere, stirare, polire □ cilindrare, calandrare □ rullare, ruspare **CONTR.** aggricciare, arricciare, corrugare, increspare, stropicciare ***2*** (*fig.*) (*di cammino, di strada, ecc.*) agevolare, appianare, facilitare **CONTR.** ostacolare, impedire, intralciare, impacciare, imbarazzare ***3*** (*di costruzione*) abbattere, demolire, diroccare, distruggere **CONTR.** erigere, costruire, edificare, innalzare, fabbricare ***4*** (*di arma*) puntare.

spianàta *s. f.* ripiano, pianoro, spiazzo, radura, piana, piano, pianura, piattaforma **CONTR.** dirupo.

spianàto *part. pass. di* **spianare**; *anche agg.* ***1*** liscio, levigato, stirato, lisciato, piallato, smussato, raso **CONTR.** ruvido, scabro, increspato, corrugato ***2*** (*fig.*) agevolato, facilitato **CONTR.** ostacolato, impedito ***3*** abbattuto, demolito, distrutto **CONTR.** costruito, eretto ***4*** (*di arma*) puntato.

spiàno *s. m.* (*raro*) ripiano, pianoro, spiazzo, largo **FRAS.** *a tutto spiano* (*fig.*), senza interruzione, continuamente; abbondantemente.

spiantàre ***A*** *v. tr.* ***1*** (*raro*) sradicare, svellere, divellere (*lett.*), estirpare, sbarbare, strappare **CONTR.** piantare, conficcare ***2*** (*fig.*) ridurre in miseria, rovinare, perdere, annientare **CONTR.** arricchire, salvare ***B***

spiantarsi *v. intr. pron.* andare in rovina, rovinarsi, perdersi **CONTR.** arricchirsi, salvarsi.

spiantàto *part. pass. di* **spiantare**; *anche agg. e s. m.* **1** sradicato, estirpato, sbarbato, strappato **CONTR.** piantato, radicato, conficcato **2** (*fig.*) ridotto in miseria, rovinato, miserabile, povero, nullatenente, disperato, squattrinato, diseredato, persona al verde, persona in bolletta □ disoccupato, senza lavoro **CONTR.** agiato, benestante, danaroso, facoltoso, grasso, ricco, ben provvisto, signore □ sistemato, occupato.

spiàre *v. tr.* **1** (*di persona*) pedinare, braccare, osservare, seguire, stare alle calcagna, appostare **2** (*di intenzioni, di mosse, ecc.*) cercare di conoscere, osservare segretamente, esplorare, indagare, inquisire, ascoltare, origliare, orecchiare, sorvegliare, tener d'occhio, studiare **3** (*est.*) (*di occasione, di momento, ecc.*) aspettare, cercare di cogliere.

spiàta *s. f.* delazione, denuncia, soffiata, spifferata.

spiattellàre *v. tr.* spifferare (*fam.*), soffiare, snocciolare, cantare, chiacchierare, cianciare, parlare, schiccherare, scodellare, squadernare, strombazzare, svelare, vuotare il sacco, buttare in faccia **CONTR.** tacere, sottacere, star zitto, non fiatare.

spiazzàto *agg.* sfavorito, handicappato **CONTR.** favorito.

spiàzzo *s. m.* spazio, largo, spiano, pianoro, zona, piana, spianata, radura □ rondò, piazza, piazzale, piazzola.

spiccàre **A** *v. tr.* **1** (*di fiore, di frutto, ecc.*) staccare, cogliere, disgiungere (*raro*), separare, strappare, brucare **CONTR.** attaccare, congiungere, unire **2** (*di parole, di sillabe*) pronunciare chiaramente, scandire, sillabare, spiccicare **CONTR.** confondere, mangiarsi **3** (*dir., comm.*) (*di mandato, di tratta, ecc.*) emettere, spedire **CONTR.** ritirare, annullare **B** *v. intr.* **1** (*di persona, di colore, ecc.*) fare spicco, brillare, distinguersi, dominare, primeggiare, stagliarsi, svettare, torreggiare, troneggiare □ risaltare, campeggiare, far effetto, colpire l'occhio **CONTR.** confondersi, sfumare, svanire, scomparire, spegnersi, velarsi **2** (*di struttura*) emergere, sporgere **CONTR.** rientrare **C** **spiccarsi** *v. intr. pron.* staccarsi **FRAS.** *spiccare un salto*, fare un salto □ *spiccare il volo*, alzarsi in volo; (*fig.*) fuggire.

spiccàto *part. pass. di* **spiccare**; *anche agg.* **1** (*di fiore, di frutto, ecc.*) staccato, colto **CONTR.** attaccato **2** (*di parola, di sillaba*) scandito, sillabato, pronunciato **CONTR.** confuso, mangiato **3** (*dir., econ.*) (*di mandato, di tratta, ecc.*) emesso, spedito **CONTR.** annullato, ritirato **4** (*di qualità*) grande, insigne, notevole, singolare **CONTR.** scarso, nessuno, pochissimo **5** (*di accento, di pronuncia, ecc.*) accentuato, marcato, forte, tipico **CONTR.** blando, vago, indistinto, neutro. *V. anche* GRANDE

spicchio *s. m.* (*est.*) fetta, parte, sezione, porzione □ (*di bussola e sim.*) quadrante. *V. anche* PARTE

spicciàre **A** *v. tr.* sbrigare, sbrogliare, disimpegnare, liberare **CONTR.** impegnare, fermare, trattenere **B** *v. intr.* (*di liquido*) sgorgare, schizzare, sprizzare, scaturire, sorgere, zampillare **CONTR.** stagnare, ristagnare **C** **spicciarsi** *v. intr. pron.* sbrigarsi, far presto, affrettarsi, sbrogliarsi, disimpegnarsi, districarsi, muoversi **CONTR.** fermarsi, andar piano, andare per le lunghe, attardarsi.

spicciatìvo *agg.* lesto, svelto, celere, veloce, spedito, sollecito □ sbrigativo, brusco, spiccio, energico, deciso, risoluto **CONTR.** blando, lento, tardo □ flemmatico, gentile.

spiccicàre **A** *v. tr.* **1** staccare, disgiungere, disunire, scollare **CONTR.** attaccare, incollare, unire **2** pronunciare, spiccare, smozzicare **B** **spiccicarsi** *v. intr. pron.* (*fig., fam.*) liberarsi, staccarsi.

spìccio (1) *agg.* **1** *V.* **spicciativo** **2** (*raro*) libero, disimpegnato, sgombro, pronto **CONTR.** impegnato, occupato.

spìccio (2) *V.* **spicciolo**.

spìcciolo **A** *agg.* **1** (*di moneta*) minuto, spezzato, in piccoli tagli **2** (*tosc.*) (*di persona*) ordinario, semplice, comune **CONTR.** importante, ragguardevole, cospicuo **B** *s. m. spec. al pl.* moneta spicciola, argent de poche (*fr.*).

spìcco *s. m.* risalto, rilievo, stacco, efficacia, evidenza, apparenza, mostra, vistosità, appariscenza.

spider /*ingl.* 'spaidə/ [vc. ingl., propriamente 'ragno'] *s. m. e f. inv.* automobile sportiva, dueposti **CONTR.** berlina.

spièdo *s. m.* **1** (*di arma*) asta, lancia **2** (*del girarrosto*) schidione.

spiegàbile *agg.* **1** comprensibile, definibile, conoscibile, intelligibile, percettibile □ decifrabile, dimostrabile, esplicabile, solubile, risolvibile, risolubile **CONTR.** inspiegabile, incomprensibile, indecifrabile, inesplicabile, indimostrabile, impenetrabile, indefinibile, imperscrutabile, astruso, misterioso, inintelligibile, arcano, enigmatico, sibillino **2** giustificabile, perdonabile, scusabile **CONTR.** ingiustificabile, imperdonabile, inconcepibile, inescusabile, insensato.

spiegaménto *s. m.* (*mil.*) schieramento □ concentramento, apparato.

spiegàre **A** *v. tr.* **1** (*di tovaglia, di bandiera, ecc.*) stendere, aprire, distendere, svolgere, srotolare, allargare, sciorinare **CONTR.** avvolgere, involgere, piegare, ripiegare, arrotolare **2** (*fig.*) (*di parola, di concetto, di enigma, ecc.*) far capire, chiarire, chiarificare, glossare, definire, delucidare, esporre, illustrare, divulgare, esplicare, esprimere, interpretare, volgarizzare, parafrasare, commentare, chiosare □ decifrare, risolvere □ (*di comportamento*) giustificare □ (*di strada, di posizione, di funzionamento, ecc.*) insegnare, indicare, mostrare, dimostrare, descrivere **3** (*mil.*) disporre, schierare **B** **spiegarsi** *v. rifl.* esprimersi, farsi capire, farsi intendere **C** *v. rifl. rec.* venire a una spiegazione, parlarsi chiaro **D** *v. intr. pron.* **1** (*di vela, di bandiera, ecc.*) aprirsi, spiegarsi, srotolarsi, svolgersi **2** diventare chiaro, diventare comprensibile **FRAS.** *spiegare le vele al vento*, salpare; (*est.*) partire. *V. anche* SCIOGLIERE

spiegàto *part. pass. di* **spiegare**; *anche agg.* **1** (*di tovaglia, di bandiera, ecc.*) steso, disteso, svolto, allargato, sciorinato, dilatato **CONTR.** piegato, avvolto, involto, ravvolto, ripiegato, arrotolato **2** (*fig.*) (*di parola, di enigma, di concetto, ecc.*) chiarito, definito, specificato, descritto, delucidato, interpretato, lumeggiato, motivato, parafrasato, precisato, illustrato, commentato □ risolto **CONTR.** inesplicato, insoluto **FRAS.** *a voce spiegata*, a piena voce.

spiegazióne *s. f.* ***1*** (*di parola, di regola, ecc.*) chiarificazione, chiarimento, delucidazione, dichiarazione, dimostrazione, precisazione, schiarimento, definizione, specificazione, esplicazione, decifrazione, illustrazione, interpretazione, volgarizzazione □ commento, parafrasi, chiosa, esegesi □ didascalia, leggenda, nota ***2*** (*di fatto, di atteggiamento, ecc.*) giustificazione, scusa, discolpa □ motivo, motivazione, chiave. *V. anche* INTERPRETAZIONE, RAGIONE, SCUSA

spiegazzàre *v. tr.* piegare malamente, gualcire, sgualcire, sciupare, sciamannare, ciancicare, cincischiare, accartocciare **CONTR.** lisciare, levigare, spianare, distendere, stirare.

spietataménte *avv.* crudelmente, inesorabilmente, disumanamente, inumanamente, implacabilmente, duramente, atrocemente, impietosamente, selvaggiamente, efferatamente, ferocemente, barbaramente, trucemente, brutalmente, malvagiamente, bestialmente, violentemente, diabolicamente, dispoticamente □ accanitamente, ostinatamente **CONTR.** benignamente, indulgentemente, bonariamente, compassionevolmente, mansuetamente, mitemente, misericordiosamente, pietosamente, umanamente, caritatevolmente.

spietatézza *s. f.* crudeltà, disumanità, atrocità, empietà, inumanità, inesorabilità, inclemenza, implacabilità, durezza, efferatezza, ferocia, barbarie, bestialità, brutalità, malvagità, violenza **CONTR.** benignità, bonarietà, mansuetudine, mitezza, dolcezza □ misericordia, indulgenza, longanimità, pietà, umanità.

spietàto *agg.* ***1*** senza pietà, crudele, cattivo, impietoso, inclemente, insensibile, inesorabile, inumano, disumano, duro, efferato, feroce, barbaro, empio, crudo, brutale, implacabile, malvagio, bestiale, sanguinario, selvaggio, terribile, truce, violento **CONTR.** benigno, bonario, buono, compassionevole, indulgente, dolce, mansueto, mite, pacifico □ pietoso, caritatevole, longanime, misericordioso, umano ***2*** (*fig.*) (*di corte, di concorrenza, ecc.*) accanito, implacabile, ostinato, insistente, senza quartiere. *V. anche* CRUDELE, NERO

spifferàre ***A*** *v. tr.* (*fam.*) spiattellare, chiacchierare, cianciare, ciarlare, raccontare, riferire, riportare, rivelare, schiccherare, scodellare, soffiare, snocciolare, strombazzare, svelare, vuotare il sacco **CONTR.** tacere, sottacere, star zitto, non fiatare ***B*** *v. intr.* (*di corrente d'aria*) fischiare.

spifferàta *s. f.* (*fam.*) spiata, soffiata (*pop.*).

spìffero *s. m.* (*fam.*) soffio di aria, corrente.

spiga *s. f.* ***1*** (*bot., est.*) resta, arista (*lett.*), pannocchia ***2*** (*abbigl.*) baghetta, baguette (*fr.*), spieghetta.

spigliatézza *s. f.* disinvoltura, brio, briosità, spontaneità, franchezza, naturalezza, prontezza, vivacità, spirito, verve (*fr.*) □ snellezza, scioltezza, speditezza, agilità **CONTR.** goffaggine, impaccio, imbarazzo, incertezza, indecisione, soggezione, irresolutezza, esitazione, titubanza □ affettazione, ricercatezza.

spigliàto *agg.* disinvolto, disimpacciato, franco, naturale, pronto, sveglio, spontaneo, brioso, vivace, spiritoso □ agile, snello, sciolto, spedito **CONTR.** goffo, legato, impacciato, imbarazzato, incerto, indeciso, irresoluto, imbranato, tentennante, titubante, mogio, esitante □ compassato, complimentoso, contegnoso □ affettato, ricercato, pedante. *V. anche* SPONTANEO

spignoràre *v. tr.* spegnare, disimpegnare, riscattare, liberare **CONTR.** pignorare, impegnare.

spìgolo *s. m.* ***1*** (*gener.*) (*di muro, di mobile, ecc.*) angolo, canto, cantonata, costolone, cantuccio, filo **CONTR.** curva, smussatura ***2*** (*spec. al pl.*) (*fig.*) (*di carattere*) asprezza, durezza, ruvidezza, scontrosità, suscettibilità, permalosità **CONTR.** affabilità, amabilità, bonarietà, gentilezza.

spigolóso *agg.* ***1*** pieno di spigoli, angoloso, angolato **CONTR.** liscio, smussato ***2*** (*fig.*) (*di persona, di carattere, ecc.*) aspro, duro, ruvido, permaloso, scontroso, suscettibile **CONTR.** affabile, amabile, bonario, cordiale, cortese, gentile, espansivo, socievole.

spigrìre ***A*** *v. tr.* spoltrire, spoltronire, sveltire, scuotere, svegliare **CONTR.** impigrire, impoltronire, intorpidire, addormentare ***B*** **spigrirsi** *v. intr. pron.* spoltrirsi, spoltronirsi, sveltirsi, scuotersi, svegliarsi **CONTR.** impigrirsi, impoltronirsi, intorpidirsi, bloccarsi. *V. anche* SCUOTERE

spìlla *s. f.* (*dial.*) spillo □ fermaglio, fermacravatte, fibbia, broche (*fr.*), clip (*ingl.*), pin (*ingl.*).

spillàre *v. tr.* ***1*** (*di liquido*) far uscire, far sgorgare, gocciare, scolare, prelevare, tirare ***2*** (*fig.*) (*di denaro, di segreto, ecc.*) ottenere astutamente, carpire, piluccare, estorcere, strappare.

spillo *s. m.* spilla (*dial.*) □ (*est.*) ago **FRAS.** *colpo di spillo* (*fig.*), malignità, punzecchiatura □ *a spillo*, appuntito.

spillóne *s. m.* ***1*** *accr. di* **spillo** ***2*** fermacapelli, fermaglio.

spilorcerìa *s. f.* avarizia, taccagneria, tirchieria (*fam.*), pidocchieria, grettezza, esosità, sordidezza, lesina, pitoccheria **CONTR.** generosità, larghezza, liberalità, magnificenza, munificenza, prodigalità, splendidezza, signorilità.

spilórcio *agg.*; *anche s. m.* avaro, avarissimo, esoso, pidocchioso, taccagno, tirchio (*fam.*), economo, gretto, stretto, tirato, sordido, pitocco, tignoso (*centr.*), pidocchioso, lesina, arpagone (*lett.*) **CONTR.** generoso, largo, liberale, magnifico, munifico, prodigo, splendido, signorile □ spendaccione, sprecone.

spilungóne *s. m.* stanga (*fig., pop.*), pertica (*fig., fam.*), perticone (*fig., fam.*), giraffa (*fig.*), allampanato **CONTR.** ometto, nanerottolo, tombolotto, tracagnotto.

spina *s. f.* ***1*** (*bot.*) spino (*dial.*), tribolo (*lett.*), rovo ***2*** (*zool.*) aculeo, pungiglione □ (*di pesce*) resta, lisca ***3*** (*fig., fam.*) trafittura, puntura, fitta ***4*** (*fig.*) dolore, pena, cruccio, rimorso, tribolazione, difficoltà, angustia **CONTR.** gioia, conforto, consolazione, contentezza, piacere, soddisfazione ***5*** (*elettr.*) spinotto, jack (*ingl.*) **CONTR.** presa ***6*** (*di botte*) foro □ cannella **FRAS.** *spina dorsale*, colonna vertebrale □ *stare* *sulle spine* (*fig.*), stare in ansia □ *birra alla spina*, birra spillata direttamente dalla botte.

spinétta *s. f.* cembalo, clavicembalo, arpicordo, virginale.

spìngere ***A*** *v. tr.* ***1*** sospingere, muovere, spostare □ addentrare, cacciare □ incalzare, urgere (*lett.*), pressare, premere, calcare, urtare □ mandare avanti □ dare impulso □ accelerare, affrettare, sollecitare, fare premura □ (*di auto*) lanciare **CONTR.** fermare, fissare, frenare, trattenere ***2*** (*di pulsante e sim.*) premere, schiacciare **CONTR.** tirare ***3*** (*fig.*) (*di sguardo, di occhio*) protendere, allungare ***4*** (*fig.*) (*a fare, a dire, ecc.*) stimolare, indurre, indirizzare, disporre, motivare, incitare, sferzare (*fig.*), sfidare, esortare, incentivare, invitare, persuadere, spronare □ eccitare, provocare □ sobillare, forzare, istigare, scatenare (*fig.*) □ (*dir.*) subornare **CONTR.** dissuadere, distogliere, sviare, sconsigliare, frenare, disincentivare, stornare (*fig.*), trattenere ***5*** (*ass.*) calcare, accalcarsi, fare ressa, dare spinte ***B*** *v. intr.* fare pressione, premere, calcare, urtarsi ***C*** **spingersi** *v. intr. pron.* ***1*** andare, inoltrarsi, addentrarsi, protendersi, penetrare, arrivare, giungere ***2*** (*fig.*) arrivare, osare. *V. anche* ISTIGARE, SCHIACCIARE

SPINGERE
sinonimia strutturata

L'esercitare una forte pressione, continua o meno, su qualcuno o qualcosa affinché si muova, si sposti o altro si definisce **spingere**: *spingere un carro, un tavolo*; *la folla lo spinse lontano*; *la corrente ha spinto la barca a riva*. Spingere o **sospingere** un oggetto ha l'effetto di **muoverlo**, di **spostarlo**, ossia di fargli cambiare posizione; se lo si spinge da dietro lo si **manda avanti**. Quest'ultima espressione se riferita alle persone descrive il risultato dello spingere, anche figuratamente, da vicino e insistentemente, ovvero dell'**incalzare**, **pressare**: *l'esercito incalzava il nemico in fuga*; *pressare qualcuno con richieste di aiuto*. Molto vicini a incalzare sono **sollecitare** e **fare premura**, che equivalgono a mettere fretta; **affrettare** e **accelerare** corrispondono di solito a rendere più veloce il ritmo, l'andamento di qualcosa: *affrettare il passo*; *accelerare la pratica*; molto vicino è **dare impulso**, che però solitamente si riferisce a una fase iniziale.

Pressare insieme a **calcare** definisce anche il premere con forza dall'alto verso il basso: *calcare i vestiti in una valigia*; in riferimento a un pulsante spingere equivale a **premere**, **schiacciare**. **Urtare** significa invece spingere bruscamente e spesso inavvertitamente.

Lo spingere una cosa dentro un'altra si dice **cacciare dentro**, **addentrare**; in questo senso, spingersi nella sua forma intransitiva pronominale significa **inoltrarsi**, **addentrarsi**, **penetrare**, e cioè entrare: *si è inoltrato nella foresta*; spingersi fino a un determinato punto equivale quindi ad **andarci**, ossia ad **arrivare** o **giungere**, dov'è sottesa l'idea di toccare un limite.

Invece, nel designare figuratamente il movimento in avanti spingere coincide con **protendere** e **allungare**: *protendere lo sguardo lontano*; *allungare una mano*; vicinissimo è anche **lanciare** che però suggerisce un gesto più repentino e di breve durata: *lanciare un'occhiata*.

Sempre figuratamente, ma in riferimento a persone, spingere equivale a convincere, ossia a **persuadere**; **invitare** evidenzia la gentilezza del convincimento, mentre **motivare** e soprattutto **incentivare** sottolineano le ragioni offerte per far assumere un dato comportamente; più generico è **stimolare**, che però rispetto a persuadere si riferisce più sovente a un'azione non esplicita: *l'ambizione lo stimola ad agire*. Un tentativo di persuasione molto energico consiste invece nell'**esortare** o **incitare**; equivalente è **spronare** che però, come i meno incisivi **indurre** e **disporre**, non indica necessariamente un'azione intenzionale o di una persona, ma anche l'influenza esterna di fatti o circostanze vincolanti: *indurre alla clemenza*; *disporre qualcuno all'ira, a una decisione*; **indirizzare** si differenzia perché evoca l'idea di un percorso o di un punto d'arrivo preciso: *indirizzare la gioventù agli studi, verso il bene*. Più forti dei verbi precedenti sono **scatenare**, che si avvicina figuratamente ad aizzare, **sferzare** inteso figuratamente, che indica uno smuovere con violenza, e **forzare**, che equivale a obbligare: *scatenare il popolo alla rivolta*; *forzare a fare ciò che non vorrebbe*.

Si può spronare qualcosa anche **sfidando** in senso lato, ossia incitando qualcuno a fare o dire qualcosa che si ritiene impossibile o comunque al di là delle sue capacità: *vi sfido a fare quello che faccio io*; propriamente, sfidare significa invitare un avversario a battersi con le armi o a misurarsi in una gara, specialmente sportiva. Spesso si risolve in una sfida anche l'atto del **provocare**, cioè dell'irritare qualcuno con un comportamento ostile o con ingiurie; il verbo inoltre coincide con **eccitare** sia nel senso di muovere, di determinare una reazione, sia nel significato estensivo di solleticare il desiderio erotico: *provocare il riso, il pianto, all'attenzione*; *le piace provocare gli uomini*. Il sollecitare le passioni si dice anche **istigare**, che più comunemente significa indurre a qualcosa di riprovevole: *istigare qualcuno al male, alla ribellione*. In particolare, lo spingere qualcuno alla rivolta si definisce **sobillare** o con termine letterario **sommuovere**: *sobillare gli animi*; *sommuovere il popolo contro l'oppressore*; il primo verbo in particolare suggerisce un'azione nascosta e tesa a provocare manifestazioni di ostilità e non necessariamente di ribellione.

spìno *s. m.* ***1*** (*dial.*) spina ***2*** rovo, pianta spinosa, brocco, bronco, stecco ***3*** pruno selvatico, prugnolo.

spinóso *agg.* ***1*** pieno di spine, irto, ispido ***2*** (*fig.*) (*di questione, di discorso, ecc.*) difficile, arduo, astruso □ scabroso, delicato **CONTR.** facile, liscio, piano, semplice ***3*** (*fig.*) (*di persona, di carattere*) burbero, intrattabile, ruvido, selvatico, scontroso **CONTR.** affabile, amabile, bonario, cordiale, gentile, cortese, garbato, socievole.

spinòtto *s. m.* (*elettr.*) spina □ jack (*ingl.*) **CONTR.** presa.

spinta *s. f.* ***1*** impulso, propulsione, urto, urtone, spintone, colpo □ impeto □ (*anche fig.*) abbrivo **CONTR.** freno ***2*** (*fig.*) (*a lavorare, allo studio, ecc.*) stimolo, esortazione, carica, consiglio, incentivo, incitamento, incentivazione □ istigazione □ molla, movente, leva, sprone, pungolo, sferzata **CONTR.** dissuasione, disincentivazione, freno, ostacolo, impedimento ***3*** (*fig.*) aiuto, appoggio, favoreggiamento, protezione, raccomandazione, calcio (*fam.*), spintarella, buona parola.

spinto *part. pass. di* **spingere**; *anche agg.* ***1*** sospinto, mosso, spostato, trascinato, tirato □ incalzato, pressato, premuto, calcato, toccato, urtato □ mandato avanti □ accelerato, affrettato, sollecitato **CONTR.** frenato, fermato, trattenuto ***2*** (*di pulsante e sim.*) premuto, schiacciato ***3*** (*di sguardo, di occhio*) proteso, allungato ***4*** (*a fare, a dire, ecc.*) stimolato, indotto, incitato, incentivato, invitato, esortato, persuaso □ aizzato, istigato □ (*dal bisogno*) costretto, stretto, forzato **CONTR.** dissuaso, sconsigliato, disincentivato, frenato, trattenuto, represso ***5*** (*verso l'arte, a perdonare, ecc.*) disposto, incline, inclinato, portato, propenso **CONTR.** alieno, avverso, contrario ***6*** (*di idee, di corte, ecc.*) eccessivo, esagerato, esasperato, estremistico, sfrenato, arrischiato **CONTR.** moderato, modico, misurato, parco, sobrio, temperato ***7*** (*di discorso, di film, ecc.*) audace, ardito, erotico, piccante, osé (*fr.*), indecente, scabroso, osceno, scurrile, pornografico, porno **CONTR.** decente, casto, castigato, morigerato, onesto, pudico, verecondo.

spintóne *s. m.* ***1*** *accr. di* **spinta**; urtone, carambola ***2*** (*fig.*) aiuto, raccomandazione, spinta, spintarella, appoggio, favoreggiamento, protezione, calcio (*fam.*), buona parola.

spionàggio *s. m.* attività spionistica, intelligence (*ingl.*) □ delazione.

spioncìno *s. m.* (*di porta, di muro*) spia, foro, buco.

spióne *s. m.* (*spreg.*) spia, informatore, delatore.

spiovènte ***A*** *part. pres. di* **spiovere**; *anche agg.* cascante, pendente, cadente, inclinato **CONTR.** ritto, diritto, dritto ***B*** *s. m.* ***1*** (*di tetto*) falda ***2*** (*geogr., raro*) versante, displuvio.

spiòvere *v. intr.* ***1*** (*di acqua*) scolare, scorrere ***2*** (*est.*) (*di capelli, di nastro, ecc.*) ricadere, cadere.

spira *s. f.* spirale, anello, avvolgimento, giro, voluta, circonvoluzione, giravolta □ (*fig.*) ingranaggio.

spiràglio *s. m.* ***1*** fessura, fenditura, apertura, interstizio, crepa, spaccatura, pertugio, buco □ (*est.*) soffio d'aria, raggio di luce ***2*** (*fig.*) (*di speranza e sim.*) barlume, indizio, segno, sintomo, possibilità.

spiràle ***A*** *agg.* a spire ***B*** *s. f.* ***1*** spira, avvolgimento, circonvoluzione, voluta, giro, anello, tortiglione □ (*fig.*) vortice, crescendo, escalation (*ingl.*) ***2*** (*med.*) IUD.

spiràre (1) ***A*** *v. intr.* ***1*** (*di aria, di vento*) soffiare, tirare, alitare (*lett.*) ***2*** (*di odore, di profumo*) esalare, emanare, aleggiare, provenire, diffondersi, uscir fuori ***B*** *v. tr.* ***1*** (*di profumo, di serenità, ecc.*) emanare, spargere, diffondere ***2*** (*poet.*) ispirare, infondere.

spiràre (2) *v. intr.* ***1*** morire, esalare l'ultimo respiro, decedere, trapassare ***2*** (*fig.*) (*di termine, di anno, ecc.*) terminare, finire, scadere, concludersi, trascorrere **CONTR.** cominciare, principiare.

spiritàto *agg. e s. m.* ***1*** ossesso, indemoniato, invasato ***2*** (*fig.*) agitatissimo, sovreccitato, frenetico, sconvolto, terrorizzato □ vivace, pieno di vita **CONTR.** calmo, sereno, tranquillo, impassibile, imperturbabile.

spiritèllo *s. m.* ***1*** *dim. di* **spirito (1)** ***2*** (*mitol.*) genio, folletto, elfo, gnomo, silfo.

spiritìsmo *s. m.* occultismo.

spìrito (1) *s. m.* ***1*** principio immateriale, natura incorporea **CONTR.** materia ***2*** (*gener.*) anima **CONTR.** corpo, carne ***3*** essere immateriale, essere soprannaturale □ (*est.*) fantasma, ombra, spettro, larva ***4*** (*di carità, di sacrificio, ecc.*) disposizione, inclinazione, tendenza, senso, sentimento ***5*** animo, intelletto, intelligenza, ingegno, mente, pensiero, psiche, coscienza ***6*** vivacità d'ingegno, vitalità, arguzia, brio, finezza, piacevolezza, umorismo, humour (*ingl.*), argutezza, lepidezza, sapidità, spigliatezza, vena comica, verve (*fr.*) **CONTR.** imbecillità, insulsaggine, insipidezza, scipitezza ***7*** (*est.*) grand'uomo, personaggio, personalità ***8*** (*di legge, di discorso, ecc.*) essenza, significato, sostanza, contenuto, intendimento, senso, valore, sale, succo, sugo **CONTR.** lettera □ apparenza, esteriorità ***9*** (*di un'epoca, di un ambiente*) caratteristiche, mentalità, carattere, natura **FRAS.** *spiriti celesti*, angeli □ *spiriti maligni*, demoni □ *spiriti beati*, anime del paradiso □ *povero di spirito*, persona semplice; (*est.*) sciocco □ *presenza di spirito*, prontezza □ *bollenti spiriti*, impulsi d'ira; entusiasmo improvviso, frenesia □ *spirito di parte*, partigianeria, faziosità, campanilismo □ *battuta di spirito*, arguzia □ *spirito di patata*, umorismo insulso. *V. anche* COSCIENZA

spìrito (2) *s. m.* alcol □ (*gener.*) alcol etilico.

spiritosàggine *s. f.* ***1*** argutezza, piacevolezza □ arguzia, freddura, frizzo, battuta, tratto di spirito, motto, facezia, sortita, barzelletta, gioco di parole, bisticcio **CONTR.** noiosità, pesantezza, borsa (*pop.*) ***2*** (*spreg.*) cretinata, stupidaggine, insulsaggine, balordaggine, goffaggine.

spiritosaménte *avv.* ***1*** argutamente, umoristicamente, amenamente, brillantemente, lepidamente, briosamente, facetamente, piacevolmente, scherzosamente **CONTR.** noiosamente, pedantemente ***2*** (*spreg.*) insulsamente, balordamente, scioccamente, stupidamente.

spiritóso *agg.* ***1*** (*raro*) alcolico ***2*** arguto, brioso, ameno, faceto, fine, frizzante, sottile, scherzoso, umoristico, brillante, burlone, lepido, comico, ridanciano, sapido, sollazzevole, spigliato, umorista **CONTR.** noioso, pedante, pesante, palloso (*gerg.*) ***3*** (*spreg.*) insulso, insipido, melenso, balordo, sciocco, stupido, cretino.

spirituàle *agg.* ***1*** dello spirito, immateriale, ideale, incorporeo, invisibile, trascendente, trascendentale, soprannaturale, soprasensibile □ mistico, contemplativo, ascetico, religioso, celeste □ (*di rapporto amo-*

roso) platonico, puro **CONTR.** materiale, corporeo, corporale, caduco, immanente, tangibile, visibile □ terrestre, mondano, secolare, temporale □ carnale, sensuale ***2*** intellettuale, intellettivo, speculativo, mentale □ interiore, intimo, interno, morale, sentimentale **CONTR.** materiale, sensibile □ istintivo, fisico.

spiritualità *s. f.* ***1*** essenza spirituale, anima, immaterialità, idealità, incorporeità **CONTR.** materialità, corporeità, animalità □ carnalità, sensualità ***2*** religiosità, mistica, ascetismo ***3*** (*est.*) elevatezza, bellezza, dignità, nobiltà **CONTR.** abiettezza, bassezza, volgarità.

spiritualménte *avv.* ***1*** **CONTR.** materialmente, umanamente ***2*** religiosamente, contemplativamente **CONTR.** irreligiosamente ***3*** idealmente **CONTR.** fisicamente, materialmente.

spizzicàre *v. tr.* spilluzzicare, piluccare, spiluccare, mangiucchiare, sbocconcellare **CONTR.** divorare, inghiottire, ingoiare, ingollare, ingurgitare, trangugiare.

spìzzico *s. m. usato nelle loc. avv.* *a spizzico, a spizzichi*, un po' per volta, a poco a poco, a piccole riprese.

splashdown /*ingl.* 'splæʃdaun/ [vc. ingl., comp. di *to splash* 'ammarare' e *down* 'giù'] *s. m. inv.* (*di veicolo spaziale, di missile*) ammaraggio.

spleen /*ingl.* spli:n/ [vc. ingl., propriamente 'milza', considerata la sede delle emozioni] *s. m. inv.* malinconia, malessere, insoddisfazione. *V. anche* MALINCONIA

splendènte *part. pres. di* **splendere**; *anche agg.* (*anche fig.*) lucente, lampante, rutilante, rilucente, tralucente, brillante, fulgente (*lett.*), rifulgente (*lett.*), fiammante, fiammeggiante, folgorante, fulgido, lampeggiante, lucido, limpido, lustro, luminoso, solare, radiante, radioso, raggiante, risplendente, scintillante, rutilante, sfavillante, sfolgorante, smagliante, splendido, aureo, chiaro, vivido **CONTR.** opaco, fosco, tenebroso, atro, offuscato, appannato, oscuro, scuro, smorto, spento, velato, crepuscolare.

splèndere *v. intr.* (*anche fig.*) risplendere, ardere, brillare, fulgere (*poet.*), tralucere, rifulgere, balenare, fiammeggiare, folgorare, sfolgorare, dardeggiare, luccicare, lampeggiare, radiare, raggiare, irraggiare, scintillare, sfavillare, abbagliare, sfolgorare, smagliare **CONTR.** offuscarsi, appannarsi, oscurarsi, ottenebrarsi, incupirsi, velarsi, spegnersi. *V. anche* RIDERE

splendidaménte *avv.* magnificamente, meravigliosamente, mirabilmente, stupendamente, superbamente □ fastosamente, lussuosamente, pomposamente, sfarzosamente, lautamente, riccamente, spettacolosamente, grandiosamente, preziosamente, dispendiosamente, trionfalmente, principescamente, regalmente, signorilmente, sontuosamente □ (*lett.*) generosamente, liberalmente, munificamente, prodigalmente **CONTR.** meschinamente, miseramente, modestamente, dimessamente, poveramente, semplicemente, umilmente □ grettamente, sordidamente, spilorciamente.

splèndido *agg.* ***1*** (*per luce*) splendente, risplendente, lucente, rilucente, lucido, chiaro, luminoso, brillante, fulgente (*lett.*), rifulgente (*lett.*), fiammante, fiammeggiante, folgorante, sfolgorante, fulgido, lampeggiante, radioso, raggiante, scintillante, sfavillante, smagliante, vivido **CONTR.** opaco, fosco, offuscato, appannato, oscuro, smorto, spento, velato ***2*** (*est.*) (*di donna, di festa, ecc.*) bello, delizioso, bellissimo, meraviglioso, stupendo, magnifico □ dovizioso, fastoso, lussuoso, ricco, sontuoso, maestoso, pomposo, sfarzoso, spettacoloso, favoloso, superbo, grandioso, prezioso, dispendioso, principesco, regale, trionfale □ lauto, lucculliano **CONTR.** orribile □ meschino, misero, minuscolo, smilzo, stentato, modesto, povero, sordido, dimesso, semplice, umile ***3*** (*fig.*) (*di persona*) generoso, largo, liberale, munifico, prodigo, signorile **CONTR.** avaro, gretto, meschino, taccagno, tirato, tirchio (*fam.*), spilorcio. *V. anche* GENEROSO

splendóre *s. m.* ***1*** (*di sole, di oro, ecc.*) lucentezza, luminosità, luce, lucidità, lume, candore, chiarezza, chiarore, fulgidezza (*raro*), fulgore, luccicore, lucidezza, lucore (*lett.*), nitidezza, nitore, fulgidità, sfavillio, sfavillamento, sfolgorio, sfolgoramento, bagliore, lampo **CONTR.** buio, tenebra, scuro, oscurità, offuscamento, ombra, nebbia, velo ***2*** (*fig.*) (*di festa, di gioielli, ecc.*) fasto, lusso, appariscenza, magnificenza, pompa, sfarzo, grandiosità, regalità, meraviglia, sontuosità, ricchezza, opulenza □ (*di donna*) bellezza, venustà, grazia, fulgore **CONTR.** meschinità, miseria, desolazione, squallore, modestia, povertà, semplicità, umiltà □ bruttezza, laidezza ***3*** (*di persona, di cosa splendida*) meraviglia, bellezza, prodigio, delizia, incanto, miracolo □ lustro, vanto **CONTR.** orrore, mostro, schifezza □ vergogna. *V. anche* VANTO

spòcchia *s. f.* boria, boriosità, vanteria, vanto, alterigia, altezzosità, iattanza, burbanza, grandigia, superbia, vanità, vanagloria, prosopopea, presunzione, millanteria, megalomania **CONTR.** moderazione, modestia, semplicità, umiltà. *V. anche* AMBIZIONE, VANTO

spocchióso *agg.* (*raro, tosc.*) altero, altezzoso, borioso, presuntuoso, superbo, sprezzante, burbanzoso, vanaglorioso, millantatore, megalomane **CONTR.** dimesso, modesto, semplice, umile.

spodestàre *v. tr.* ***1*** privare del potere, detronizzare, deporre, destituire □ scalzare, allontanare, rimpiazzare **CONTR.** intronizzare ***2*** (*raro*) espropriare, spossessare, spogliare.

spoetizzàre *v. tr.* disilludere, disincantare □ (*est.*) disgustare, nauseare, stomacare **CONTR.** estasiare □ piacere.

spòglia *s. f.* ***1*** (*lett.*) abito, vestito □ (*al pl.*) apparenze, nome ***2*** (*poet.*) cadavere, salma, morto, corpo, resti, ceneri ***3*** (*di animali in muta*) pelle □ buccia, scorza ***4*** (*al pl.*) armi, armatura □ (*est.*) preda, bottino.

spogliàre ***A*** *v. tr.* ***1*** svestire, denudare, scoprire, disabbigliare (*raro*), snudare **CONTR.** vestire, rivestire, ricoprire ***2*** (*est.*) (*di foglie, di ornamenti, ecc.*) privare, levare, togliere, sfornire, sprovvedere (*raro, lett.*) **CONTR.** fornire, provvedere, arredare, parare, guarnire, munire, corredare, dotare ***3*** (*fig.*) (*di denaro, di beni, ecc.*) depredare, rubare, derubare, devastare, espropriare, rapinare, svaligiare, saccheggiare, spodestare, spossessare □ sbancare, svenare, tosare **CONTR.** dare, attribuire, regalare ***4*** (*di dati, di corrispondenza, di documenti, ecc.*) fare lo spoglio, ordinare, classificare, consultare ***5*** (*di schede*) scrutinare ***B*** **spogliarsi** *v. rifl.* svestirsi, denudarsi, disabbigliarsi (*raro*), discoprirsi (*lett.*) **CONTR.** vestirsi, rivestirsi, ricoprirsi, abbigliarsi ***C*** *v. intr. pron.* ***1*** (*di qualcosa*) privarsi, sacrificare, cedere, donare, regalare **CONTR.** acquistare, fornirsi, procacciarsi, procurarsi ***2*** (*fig.*) (*dei pregiudizi, dei sospetti, ecc.*) lasciare, abbandonare, deporre, liberarsi ***3*** (*di albero, di bosco, ecc.*) diventare spoglio, perdere le foglie **CONTR.** rinverdire, rivestirsi.

spogliarèllo *s. m.* strip-tease (*ingl.*).

spòglio (1) *agg.* (*di albero, di ramo, ecc.*) spogliato, nudo, brullo □ (*di casa, di luogo*) dimesso, sfornito, privo, sprovveduto, sprovvisto, sguarnito □ (*fig.*) (*di prosa, di stile*) scarno, disadorno, essenziale □ (*fig.*) (*di pregiudizi*) esente, immune, libero, scevro, privo **CONTR.** vestito, rivestito, addobbato, ricoperto, fornito, munito, provvisto □ altisonante □ pieno.

spòglio (2) *s. m.* ***1*** (*raro, lett.*) spoliazione ***2*** (*di dati, di giornali, ecc.*) raccolta, ordinamento, classificazione, cernita, scelta, smistamento ***3*** (*di schede*) scrutinio. *V. anche* SCELTA

spoiler /*ingl.* 'spɔilə/ [vc. ingl., propriamente 'spogliatore, saccheggiatore', da *to spoil* 'guastare, saccheggiare'] *s. m. inv.* ***1*** (*aer.*) disruttore ***2*** (*autom.*) riduttore.

spòla *s. f.* ***1*** (*di filato*) bobina, rotolo ***2*** (*di macchina per cucire*) spoletta, rocchetto □ navetta **FRAS.** *fare la spola* (*fig.*), andare e venire.

spolmonàrsi *v. intr. pron.* sfiatarsi, sgolarsi, gridare, sbraitare, urlare **CONTR.** riprender fiato □ far silenzio, tacere. *V. anche* GRIDARE

spolpàre *v. tr.* ***1*** levare la polpa, scarnire, scarnificare ***2*** (*fig.*) (*di persona, di economia, ecc.*) snervare, svigorire, indebolire, esaurire **CONTR.** rafforzare, rinvigorire, irrobustire ***3*** (*fig.*) (*di denaro, di beni*) impoverire, mungere, smungere, spremere, pelare (*fam.*), sfruttare, strozzare **CONTR.** rimpolpare, arricchire.

spolveràre ***A*** *v. tr.* ***1*** togliere la polvere, pulire, ripulire, spazzolare **CONTR.** impolverare ***2*** (*di zucchero, di cacao, ecc.*) spruzzare, cospargere ***3*** (*fig.*) divorare, ingurgitare, ingoiare, trangugiare, far fuori ***4*** (*fig.*) rubare, sgombrare, vuotare ***B*** *v. intr.* levare la polvere. *V. anche* PULIRE

spolveràta *s. f.* ***1*** spolveratura, pulitura, pulita, ripulita, pulitina, spazzolata ***2*** (*di zucchero, di neve, ecc.*) spruzzata.

spolverizzàre *v. tr.* ***1*** polverizzare ***2*** (*di sostanza in polvere*) cospargere, spruzzare.

spompàre ***A*** *v. tr.* (*fam.*) estenuare, esaurire, sfinire, snervare, svigorire, indebolire, spossare ***B*** **spomparsi** *v. rifl.* (*fam.*) estenuarsi, esaurirsi, snervarsi, svigorirsi, indebolirsi, spossarsi.

spompàto *part. pass. di* **spompare**; *anche agg.* (*fam.*) estenuato, esaurito, sfinito, snervato, svigorito, indebolito, spossato **CONTR.** forte, robusto, vigoroso, gagliardo.

spónda *s. f.* ***1*** (*di mare, di fiume e sim.*) proda, argine, ciglione, ripa, riva, riviera, margine, lido, spiaggia ***2*** (*di letto, di carro, ecc.*) spalliera, bordo, ciglio, orlo, estremità ***3*** (*di ponte, di fosso, ecc.*) parapetto, riparo ***4*** (*est., lett.*) regione, paese ***5*** (*fig.*) (*di persona*) aiuto, appoggio, difesa, protezione.

sponsor /*ingl.* 'spɔnsə/ [vc. ingl., propriamente 'padrino, garante', dal lat. *sponsor* 'garante'] *s. m. inv.* ***1*** finanziatore, promotore, mecenate ***2*** garante, protettore.

sponsorizzàre *v. tr.* ***1*** finanziare, sovvenzionare ***2*** garantire, proteggere.

sponsorizzazióne *s. f.* ***1*** finanziamento, sovvenzione ***2*** garanzia, protezione.

spontaneaménte *avv.* naturalmente, schiettamente, sinceramente, ingenuamente, immediatamente, impulsivamente, spigliatamente, disinvoltamente, istintivamente, francamente, semplicemente, genuinamente □ volontariamente, liberamente, motu proprio (*lat.*) **CONTR.** artificiosamente, forzatamente, sforzatamente, studiatamente □ obbligatoriamente, coercitivamente.

spontaneità *s. f.* naturalezza, schiettezza, freschezza, ingenuità, sincerità, immediatezza, disinvoltura, spigliatezza, impulsività, istintività, franchezza, semplicità, genuinità □ volontarietà **CONTR.** artificio, artificiosità, calcolo, forzatura, sforzo, insincerità, cerimoniosità □ imposizione, obbligo.

spontàneo *agg.* (*di atteggiamento, di persona*) naturale, schietto, nativo (*est.*), sincero, vero, franco, genuino, semplice, disinvolto, disarmante, spigliato □ (*di reazione e sim.*) immediato, incontrollato, impulsivo, istintivo, intuitivo □ (*fig.*) (*di discorso, di stile*) fresco, sorgivo □ (*di gesto e sim.*) volontario, libero **CONTR.** artificiale, artificioso, artefatto, forzato, insincero, stereotipato, sforzato □ studiato □ manierato, elaborato, convenzionale □ obbligatorio, imposto, coercitivo. *V. anche* VERO

SPONTANEO
sinonimia strutturata

Si definisce **spontaneo** ciò che si fa per proprio libero impulso, senza che vi siano costrizioni, imposizioni o sollecitazioni esterne: *atto, aiuto spontaneo*; *rinuncia, offerta spontanea*; *il tributo di simpatia è stato spontaneo*; *sono venuto qui di mia spontanea volontà* significa in modo **volontario**, ossia per scelta; spontaneo descrive anche ciò che nasce dall'animo, che è dettato dal sentimento e dall'istinto: *uno spontaneo moto dell'animo*; *quel pensiero gli venne spontaneo*; *ha per noi un affetto sincero e spontaneo*; in questo senso, ciò che è spontaneo risulta privo di artifizio e di finzione, ossia **naturale**, nell'uso estensivo e familiare del termine: *stile spontaneo*; *espressione spontanea*; *gli viene naturale fare così*; *una posa naturale*; *essere naturale nel parlare*.

Alcuni sinonimi, come **genuino**, **schietto**, **franco** e **sincero**, tra loro quasi perfettamente equivalenti, sottolineano l'autenticità di ciò che è spontaneo: *una* *ragazza genuina*; *testimonianza genuina*; *parole schiette*; *sentimento schietto*; *linguaggio, discorso, atteggiamento franco*; *amicizia sincera*; *pianto sincero.* Molto vicino è **vero**, che però si usa soprattutto in riferimento a sentimenti, di cui sottolinea anche l'intensità e la profondità: *vero amore*; *vera amicizia*; *vera passione artistica.* Al contrario **semplice**, detto di persona, ne sottolinea la schiettezza e l'assenza di malizia, ma suggerisce nel contempo un'idea di ingenuità, di sprovvedutezza: *gente semplice*; *è un ragazzo semplice e buono.*

Ciò che è spontaneo perché innato si definisce invece **connaturale** o, molto raramente, **nativo**: *comportamento connaturale all'uomo*; *una nativa eleganza.* Anche **impulsivo**, **istintivo** e **immediato** in senso figurato designano qualcosa che scaturisce dal nostro intimo; di solito però descrivono un moto dell'animo, un atto compiuto senza dilazione rispetto all'impulso, qualcosa insomma che non è permanente come una disposizione innata, ma che anzi spesso è addirittura **incontrollato**: *carattere, temperamento impulsivo*; *atti impulsivi*; *movimento istintivo*; *reazione immediata ed eccessiva*; *ira incontrollata*; impulsivo e istintivo si adoperano infatti in riferimento a chi agisce o parla seguendo i propri impulsi, senza riflettere su ciò che fa, senza misurare o controllare i propri atti: *persona impulsiva*; *ragazzo istintivo.*

Infine, spontaneo comprende un'area semantica in cui si riferisce a comportamenti, atteggiamenti, espressioni non artefatte: *bambino, scrittore, poeta spontaneo.* Chi è spontaneo è **spigliato** e **disinvolto**, ossia privo di impacci, timidezze, indecisioni o affettazioni, e quindi semplice: *maniere spigliate*; *parlare in modo spigliato*; *avere, assumere un contegno disinvolto*; *una persona disinvolta*; chi è spontaneo appare spesso **cordiale**, cioè aperto e gentile nei rapporti con gli altri; *uno stile, un linguaggio spigliato* possono essere definiti figuratamente **freschi** o, con termine letterario, **sorgivi**.

spopolaménto *s. m.* diradamento della popolazione □ esodo, emigrazione, sfollamento **CONTR.** popolamento □ immigrazione.

spopolàre ***A*** *v. tr.* diradare la popolazione, sfollare **CONTR.** popolare, affollare ***B*** *v. intr.* (*fam.*) (*di cantante, di attore, ecc.*) avere grande successo, fare furore, eccellere **CONTR.** fallire ***C*** **spopolarsi** *v. intr. pron.* vuotarsi **CONTR.** popolarsi, affollarsi.

spopolàto *part. pass. di* **spopolare**; *anche agg.* poco abitato □ disabitato, deserto, desolato, solitario **CONTR.** abitato, frequentato, popoloso, affollato. *V. anche* SOLITARIO

sporadicaménte *avv.* saltuariamente, episodicamente, ogni tanto, infrequentemente, limitatamente **CONTR.** continuamente, assiduamente, ripetutamente, costantemente, ininterrottamente, spesso, sempre.

sporadicità *s. f.* discontinuità, saltuarietà, intermittenza, infrequenza, interruzione **CONTR.** continuità, costanza.

sporàdico *agg.* isolato, discontinuo, raro, saltuario, episodico, infrequente, intermittente, interrotto **CONTR.** continuo, continuato, assiduo, ripetuto, ininterrotto, costante, generale □ epidemico. *V. anche* RARO

sporcacciόne *agg.*; *anche s. m.* ***1*** molto sporco, lordo, sozzo, sudicione, brodolone, puzzone (*centr.*) **CONTR.** pulito, lindo, mondo, netto ***2*** (*fig.*) maiale (*fig.*), porcaccione, porcellone, porco, scostumato, laido (*lett.*), osceno, sconcio, schifoso, turpe, vergognoso **CONTR.** morigerato, onesto, pudico, puro, virtuoso, verecondo.

sporcàre ***A*** *v. tr.* ***1*** imbrattare, insozzare, insudiciare, bruttare (*lett.*), lordare, chiazzare, impataccare, impolverare, ungere, smerdare, maculare, imbrodolare, impiastricciare, infangare □ contaminare, inquinare **CONTR.** pulire, ripulire, mondare, nettare (*tosc.*), tergere, detergere, smacchiare, spazzare □ purificare, depurare ***2*** (*fig.*) (*di nome, di onore, ecc.*) deturpare, disonorare, macchiare **CONTR.** onorare, riscattare ***B*** **sporcarsi** *v. rifl.* e *intr. pron.* insudiciarsi, imbrattarsi, lordarsi, macchiarsi, conciarsi, impolverarsi, insozzarsi, ungersi, impataccarsi, imbrodolarsi, impiastricciarsi, infangarsi **CONTR.** pulirsi, ripulirsi, mondarsi, nettarsi, tergersi, detergersi, lavarsi.

sporcìzia *s. f.* (*anche fig.*) sporcheria (*ant.*), porcheria, luridezza (*raro*), luridume, sordidezza, sudiciume, sudiceria, schifosaggine, bruttura, schifezza, turpitudine, squallore □ sporco, immondezza, immondizia, sozzura, impurità, spazzatura, lerciume, lordezza, lordume, lordura, illuvie (*raro*) **CONTR.** pulizia, nettezza, lindezza, lindura (*raro*), nitore, pulitezza.

spòrco ***A*** *agg.* ***1*** sozzo, sudicio, imbrattato, insudiciato, chiazzato, impiastricciato, insozzato, immondo, lordo, lurido, laido (*lett.*), macchiato, lercio, sordido, unto, bisunto **CONTR.** pulito, lindo, mondo, netto, nitido, puro, terso ***2*** (*fig.*) (*di persona, di affare, ecc.*) volgare, turpe, impuro, torbido, squallido, schifoso □ (*di discorso, di gesto, ecc.*) ardito, audace, immorale, osceno, indecente, inverecondo, sconcio, scurrile, scandaloso □ disonesto **CONTR.** morale, castigato, decente, decoroso, bello, nobile, puro, immacolato, virtuoso, verecondo □ onesto ***B*** *s. m. solo sing.* sporcizia, immondezza **CONTR.** pulito, pulizia. *V. anche* OSCENO

sporgènte *part. pres. di* **sporgere**; *anche agg.* prominente, rilevato, proteso, protuberante, in fuori, aggettante, pronunciato, emergente, emerso, saliente, spiccante **CONTR.** rientrato, rientrante, incassato, incavato, cavo, scavato, profondo, avvallato, schiacciato, depresso, affondato.

sporgènza *s. f.* prominenza, protuberanza, gobba, rilievo, aggetto, avancorpo, sporto, rialto, rialzo □ sperone, spuntone, balzo, escrescenza, bernoccolo **CONTR.** rientranza, depressione, cavità, concavità, incavo, affossamento, avvallamento, buca, sprofondamento.

spòrgere ***A*** *v. tr.* tendere, protendere, stendere, porgere, allungare, spenzolare □ (*fig.*) (*di denuncia, di reclamo*) presentare **CONTR.** ritirare, ritrarre, tirare indietro ***B*** *v. intr.* aggettare, fare aggetto, venire in fuori, uscire, aver rilievo, spiccare, sopravanzare, risaltare, strapiombare, soverchiare CONTR. incavarsi, affossarsi, avvallarsi, rientrare, sprofondare **C sporgersi** *v. rifl.* tendersi, allungarsi, protendersi, affacciarsi, stendersi, spenzolarsi CONTR. tirarsi indietro, ritirarsi, rientrare.

sport /*ingl.* spɔ:t/ [vc. ingl., in origine 'divertimento', dall'ant. fr. *desport*] *s. m. inv.* **1** CFR. diporto, giochi, esercizi fisici, gara, competizione, incontro, spettacolo **2** (*est.*) (*della caccia, della pesca, ecc.*) divertimento, passatempo, svago, spasso, ricreazione, sollazzo (*lett.*).

spòrta *s. f.* **1** borsa □ paniere, cesta **2** (*est.*) grande quantità, abbondanza, mucchio.

sportèllo *s. m.* **1** imposta girevole, anta □ battente **2** (*di veicolo*) porta, portiera, portello **3** usciolino, portello, chiusino, porticina □ apertura **4** (*est.*) (*di banca*) cassa □ ufficio, agenzia, filiale FRAS. *sportello automatico*, Bancomat.

sportivaménte *avv.* da sportivo □ lealmente, correttamente CONTR. slealmente, scorrettamente.

sportività *s. f.* spirito sportivo □ lealtà, correttezza CONTR. slealtà, scorrettezza.

sportivo **A** *agg.* **1** di sport, atletico, agonistico **2** amante dello sport □ tifoso CONTR. sedentario **3** (*est.*) leale, corretto CONTR. sleale, scorretto **4** (*di abbigliamento*) comodo, pratico, casual (*ingl.*) **B** *s. m.* **1** sportsman (*ingl.*) □ atleta **2** amante dello sport, tifoso.

spòsa *s. f.* **1** (*dial.*) fidanzata, promessa sposa **2** moglie, metà (*fam.*) coniuge, consorte, donna □ squaw (*presso gli Indiani d'America*) CFR. nubile, signorina **3** (*fig.*) compagna, donna FRAS. *sposa di Dio*, Chiesa □ *sposa di Cristo*, Chiesa; suora, monaca.

sposalìzio *s. m.* matrimonio, nozze, maritaggio, unione, sponsali (*lett.*).

sposàre **A** *v. tr.* **1** maritare, prendere per marito, ammogliare, prendere in moglie, impalmare (*lett.*) CONTR. ripudiare, dividersi, separarsi, divorziare **2** (*di sacerdote, di sindaco, ecc.*) unire in matrimonio, congiungere in matrimonio, celebrare il matrimonio, coniugare **3** dare in moglie, dare per marito, ammogliare, maritare, accasare, collocare, accoppiare (*raro*) **4** (*raro, fig.*) mescolare, congiungere CONTR. dividere, separare **5** (*fig.*) (*di causa, di idea, ecc.*) abbracciare, sostenere, appoggiare, accettare, aderire CONTR. respingere, rifiutare, rigettare, ripudiare, scartare **B** *v. intr.* (*dial.*) sposarsi, maritarsi, ammogliarsi **C sposarsi** *v. rifl.* e *rifl. rec.* ammogliarsi, maritarsi, accasarsi, unirsi in matrimonio, coniugarsi, contrarre matrimonio, stringersi in matrimonio, mettersi a posto, sistemarsi, metter su casa CONTR. restare scapolo, restare zitella □ dividersi, separarsi, divorziare **D** *v. intr. pron.* (*fig.*) (*di vino, di cravatta, ecc.*) accordarsi, accompagnarsi CONTR. stonare, fare a pugni.

sposàto *part. pass. di* **sposare**; *anche agg.* **1** coniugato, ammogliato, maritato, congiunto in matrimonio, accasato CONTR. scapolo, giovane, giovanotto □ nubile, zitella □ diviso, separato, divorziato □ single (*ingl.*) **2** (*fig.*) unito, congiunto CONTR. diviso, separato.

spòso *s. m.* **1** (*dial.*) fidanzato **2** marito, coniuge, metà (*fam.*), consorte, uomo **3** (*al pl.*) coniugi, marito e moglie, coppia.

spossànte *part. pres. di* **spossare**; *anche agg.* snervante, sfibrante, estenuante, logorante, debilitante, defatigante, massacrante CONTR. rafforzante, tonificante, rinforzante, tonico, energetico, corroborante, ristoratore.

spossàre **A** *v. tr.* estenuare, fiaccare, sfinire, stancare, straccare, affaticare, defatigare, indebolire, stremare, svigorire, sfiancare, spompare, prostrare, sfibrare, snervare, slombare (*raro*), debilitare, stroncare, esaurire, infiacchire CONTR. irrobustire, rafforzare, rinforzare, invigorire, rinvigorire, tonificare, ritemprare, fortificare, ingagliardire, ristorare **B spossarsi** *v. intr. pron.* stancarsi, affaticarsi, estenuarsi, fiaccarsi, sfiancarsi, spomparsi, strapazzarsi, slombarsi (*raro*), indebolirsi, smidollarsi, snervarsi, straccarsi, esaurirsi, debilitarsi CONTR. riposare, irrobustirsi, rafforzarsi, rinforzarsi, invigorirsi, rinvigorirsi, ritemprarsi, ingagliardirsi. *V. anche* STANCARE

spossatézza *s. f.* debolezza, sfinimento, spossamento, stanchezza, affaticamento, fiacca, fiacchezza, esaurimento, debilitazione, languidezza, languore, lassitudine (*lett.*), estenuazione, prostrazione, sfinitezza, snervatezza CONTR. energia, forza, gagliardia, vigore, vigoria, tono, robustezza, freschezza.

spossàto *part. pass. di* **spossare**; *anche agg.* abbattuto, affranto, esausto, stanco, affaticato, strapazzato, cotto, debole, estenuato, sfinito, finito, esaurito, fiaccato, infiacchito, fiacco, indebolito, debilitato, sfiancato, spompato, slombato (*raro*), logoro, provato, stremato, sfibrato, smidollato, snervato, svigorito, prostrato CONTR. fresco, riposato, tonificato, energico, forte, gagliardo, rafforzato, irrobustito, rinvigorito, vigoroso.

spostaménto *s. m.* rimozione, dislocamento, dislocazione, trasloco, trasferimento, traslazione, trasposizione, trasporto □ movimento, scorrimento, slittamento □ escursione, gioco □ (*di orario*) posticipo, differimento CONTR. collocamento, sistemazione □ blocco □ conferma, anticipo.

spostàre **A** *v. tr.* **1** muovere, rimuovere, levare, smuovere, cambiare di posto, traslocare, trasporre, trasportare, trasferire CONTR. collocare, sistemare, situare, fissare **2** (*di appuntamento, di impegno, ecc.*) differire, dilazionare, rimandare, rinviare, posticipare □ confermare, anticipare **3** (*fig.*) danneggiare, nuocere, dissestare CONTR. favorire, essere utile **B spostarsi** *v. rifl.* (*di persona*) muoversi, traslocare, trasferirsi, trapiantarsi, recarsi, andare, circolare, girare, viaggiare □ (*fig.*) (*in un sistema telematico*) navigare CONTR. restare, rimanere, fermarsi, trattenersi, installarsi, stazionare **C** *v. intr. pron.* (*di cosa*) muoversi CONTR. fermarsi. *V. anche* SPINGERE

spostàto *part. pass. di* **spostare**; *anche agg.* e *s. m.* **1** mosso, fuori posto, rimosso, smosso, spinto, tolto, trasportato, trasferito, trasposto CONTR. fermo, fisso, fissato, a posto **2** (*di appuntamento, di impegno, ecc.*) differito, rimandato, rinviato, posticipato □ confermato, anticipato **3** (*fig.*) (*di persona*) sbandato, disinserito, sbalestrato, squilibrato, sciroccato (*gerg.*), fallito **CONTR.** realizzato.

spot /*ingl.* spɔt/ [vc. ingl., abbr. di *spotlight* 'proiettore luminoso, faro'] *s. m. inv.* **1** spazio pubblicitario, pubblicità televisiva, commercial (*ingl.*) **2** proiettore, faretto.

sprànga *s. f.* barra, sbarra, bandella, paletto, catenaccio, traversa, graffa, grappa.

sprangàre *v. tr.* sbarrare, chiudere, serrare **CONTR.** aprire, disserrare, spalancare.

spray /*ingl.* 'sprei/ [vc. ingl., propriamente 'spruzzo, getto vaporizzato'] **A** *s. m. inv.* **1** spruzzatore, nebulizzatore, polverizzatore **2** (*est.*) liquido nebulizzato **B** *in funzione di agg. inv.* (*posposto al s.*) **1** fornito di spray, con nebulizzatore **2** nebulizzato, vaporizzato.

spràzzo *s. m.* **1** spruzzo, sprizzo, getto, spargimento, zampillo **2** (*fig.*) (*di luce, di sole, ecc.*) baleno, lampo, raggio, fascio, scintilla **3** (*fig.*) (*di ingegno, di intelligenza*) lampo, colpo, illuminazione.

sprecàre **A** *v. tr.* (*spec. di tempo, di intelligenza, di fatica, di occasioni, ecc.*) usare malamente, spendere male, buttar via, buttare, gettar via, perdere, sacrificare, sciupare □ (*spec. di denaro e sim.*) sperperare, dilapidare, dissipare, divorare, scialacquare, prodigare, consumare, mangiare **CONTR.** spendere bene, utilizzare □ risparmiare, economizzare, conservare **B** **sprecarsi** *v. intr. pron.* **1** affaticarsi inutilmente, perdersi, bruciarsi **2** (*dial., iron.*) esaurirsi, affaticarsi, sforzarsi.

sprecàto *part. pass. di* **sprecare**; *anche agg.* buttato via, sciupato, usato malamente, bruciato, consumato, gettato, perso, sacrificato □ dissipato, dilapidato, scialacquato, sperperato **CONTR.** speso bene, utilizzato, risparmiato, economizzato, tenuto da conto.

sprèco *s. m.* perdita, sciupio, dispersione, dispendio, consumo inutile □ dissipazione, dissipamento, dilapidazione, scialo, sperpero, sperperamento, scialacquamento **CONTR.** risparmio, economia, parsimonia □ guadagno, profitto.

sprecóne *agg.*; *anche s. m.* dissipatore, scialacquatore, dilapidatore, sciupone, spendaccione, spendereccio, sperperatore, prodigo **CONTR.** risparmiatore, economizzatore, economo, parsimonioso □ avaro, tirato, taccagno, tirchio (*fam.*), spilorcio, arpagone (*lett.*).

spregévole *agg.* ignobile, miserabile, disprezzabile, abietto, basso, indegno, vile, esecrabile, esecrando, ignominioso, inqualificabile □ lurido, marcio, meschino, fetente, fottuto (*volg.*) **CONTR.** encomiabile, rispettabile, stimabile □ pregevole, nobile, degno, dignitoso, stimato.

spregiàre *v. tr.* sdegnare, disprezzare, dispregiare, disistimare, deridere, svilire, abominare, schifare, vilipendere **CONTR.** apprezzare, pregiare, esaltare, lodare, rispettare, onorare, stimare, accettare.

spregiativo *agg.* offensivo, sprezzante □ (*ling.*) dispregiativo, peggiorativo **CONTR.** elogiativo, laudativo (*lett.*).

spregiàto *part. pass. di* **spregiare**; *anche agg.* sdegnato, disprezzato, odiato, vilipeso **CONTR.** apprezzato, stimato, rispettato, lodato.

sprègio *s. m.* (*lett.*) dispregio, disprezzo, sdegno, disistima, derisione, irrisione, scherno **CONTR.** apprezzamento, stima, considerazione, elogio, lode, rispetto, ossequio, pregio.

spregiudicatézza *s. f.* **1** (*raro*) assenza di pregiudizi **CONTR.** parzialità **2** cinismo, impudenza, disinvoltura, disonestà, funambolismo, machiavellismo **CONTR.** scrupolo, onestà, probità, rettitudine.

spregiudicàto *agg.*; *anche s. m.* **1** (*raro*) privo di pregiudizi **CONTR.** parziale **2** privo di scrupoli, emancipato, libero, scanzonato, scapigliato, scapestrato □ disonesto, cinico, machiavellico **CONTR.** timoroso, timorato □ scrupoloso, onesto, probo, retto. *V. anche* CINICO

sprèmere *v. tr.* **1** premere, stringere, schiacciare, pigiare, pressare, torchiare, strizzare, estrarre, far sprizzare □ mungere **CONTR.** imbevere **2** (*fig.*) (*di denaro, di persona*) cavare, estorcere, far sborsare □ mungere (*fig.*), smungere, succhiare, pelare, scorticare, spolpare, dissanguare, sfruttare **CONTR.** dare, regalare. *V. anche* SCHIACCIARE

spremùta *s. f.* **1** spremitura **2** (*est.*) (*di arancia, di limone, ecc.*) succo □ aranciata, limonata.

spremùto *part. pass. di* **spremere**; *anche agg.* **1** premuto, pressato, pigiato, schiacciato, strizzato, torchiato **2** (*di denaro, di persona*) munto (*fig.*), sfruttato.

sprezzànte *part. pres. di* **sprezzare**; *anche agg.* sdegnoso, altero, disdegnoso, cinico, altezzoso, borioso, orgoglioso, burbanzoso, superbo, presuntuoso, spocchioso, tracotante, spregiatore, sarcastico, menefreghista **CONTR.** affabile, amabile, benigno, cordiale, compiacente, comprensivo, garbato, gentile □ ossequente, rispettoso, umile. *V. anche* CINICO

sprezzàre *v. tr.* (*lett.*) disprezzare, sdegnare, disdegnare, snobbare, schifare, calpestare **CONTR.** ammirare, elogiare, esaltare, lodare, onorare □ ossequiare, rispettare.

sprèzzo *s. m.* disprezzo, sdegno, altezzosità, cinismo, menefreghismo □ noncuranza **CONTR.** ammirazione, rispetto, riguardo.

sprigionàre **A** *v. tr.* **1** (*raro*) scarcerare, liberare **CONTR.** imprigionare, incarcerare **2** (*fig.*) (*di gas, di calore, ecc.*) emettere, emanare, effondere, irradiare, irraggiare, espandere, esalare, sviluppare □ (*fig.*) sprizzare, manifestare, esprimere **CONTR.** tenere, contenere, trattenere **B** **sprigionarsi** *v. intr. pron.* sprizzare, sgorgare □ manifestarsi, effondersi, espandersi, emanare, esalare, uscire, irradiare.

sprint /*ingl.* sprint/ [vc. ingl., propriamente 'scatto'] **A** *s. m. inv.* **1** (*sport*) scatto, volata finale **2** (*est.*) slancio □ entusiasmo, dinamismo **3** (*di automobile*) ripresa **B** *in funzione di s. f. inv.* automobile sportiva **C** *in funzione di agg. inv.* (*posposto al s.*) (*di automobile*) sportivo, veloce □ (*est.*) scattante, dinamico **FRAS.** *avere dello sprint* (*fig.*), essere dinamico, essere veloce. *V. anche* ENTUSIASMO

sprinter /*ingl.* 'sprintə/ [vc. ingl., propriamente 'velocista', da *sprint*] *s. m. e f. inv.* (*sport*) velocista, scattista.

sprizzàre **A** *v. intr.* e *tr.* scaturire, zampillare, schizzare, sgorgare, sprigionarsi, spicciare, spruzzare **B** *v. tr.*

(*fig.*) (*di gioia, di salute, ecc.*) esprimere, sprigionare, manifestare **CONTR.** nascondere.

sprìzzo *s. m.* ***1*** getto, sprazzo, spruzzo, schizzo, zampillo ***2*** (*fig.*) lampo, sprazzo.

sprofondàre ***A*** *v. tr.* precipitare, gettar giù, affondare, inabissare, subissare, immergere, sommergere, tuffare **CONTR.** elevare, innalzare ***B*** *v. intr.* ***1*** (*di nave*) inabissarsi, immergersi, affondare, profondarsi, sommergersi □ (*di pavimento, di terreno*) infossarsi, aprirsi, abbassarsi □ (*di tetto, di casa, ecc.*) cadere giù, crollare, franare, rovinare, piombare **CONTR.** salire, affiorare, emergere □ sporgere □ sollevarsi, innalzarsi ***2*** (*nel fango, nella neve, ecc.*) affondare, immergersi ***3*** (*fig.*) (*nel dolore, nella miseria, ecc.*) lasciarsi vincere, abbandonarsi, cedere **CONTR.** opporsi, resistere ***C*** **sprofondarsi** *v. rifl. e intr. pron.* ***1*** (*di pavimento, di muro, ecc.*) avvallarsi, franare, crollare, rovinare ***2*** (*nel divano e sim.*) abbandonarsi, lasciarsi andare, sedersi, schiaffarsi ***3*** (*fig.*) (*nel lavoro, nella lettura, ecc.*) lasciarsi assorbire, immergersi, tuffarsi **CONTR.** distrarsi.

sprofondàto *part. pass. di* **sprofondare**; *anche agg.* ***1*** inabissato, immerso, sommerso □ avvallato, affondato, affossato □ seppellito, sepolto □ crollato **CONTR.** emerso, riemerso, affiorato □ innalzato ***2*** (*nel divano e sim.*) abbandonato ***3*** (*fig.*) (*nel lavoro, nella lettura, ecc.*) assorbito, assorto, immerso, preso **CONTR.** distratto.

sprolòquio *s. m.* tirata, tiritera, discorso enfatico, discorso inconcludente, sermone (*scherz.*), filastrocca, cantafavola, chiacchierata, cicalata, concione, pappardella, lungaggine, lungagnata, vaniloquio **CONTR.** discorso conciso, discorso laconico.

spronàre *v. tr.* ***1*** (*di animale*) stimolare **CONTR.** trattenere ***2*** (*fig.*) (*allo studio, al lavoro, ecc.*) stimolare, pungolare, eccitare, sospingere, sfidare, incitare, esortare, incoraggiare, indurre, sollecitare, spingere, urgere **CONTR.** dissuadere, distogliere, stornare, frenare. *V. anche* SPINGERE

spróne *s. m.* ***1*** (*fig.*) stimolo, pungolo, incitamento, esortazione, incoraggiamento, sollecitazione, spinta, sferzata, esempio, edificazione (*lett.*) **CONTR.** dissuasione, freno ***2*** (*abbigl.*) carré (*fr.*).

sproporzionàto *agg.* ***1*** asimmetrico, disarmonico, discordante, disadatto, inadeguato, sconveniente, incongruo, antiestetico, irregolare, sperequato, deforme **CONTR.** proporzionale, armonico, adatto, adeguato, congruo, conveniente, perequato, conforme, debito, euritmico, simmetrico ***2*** (*est.*) eccessivo, enorme, abnorme, esagerato, gigantesco, grossissimo, smisurato, smodato, esorbitante, spropositato, strabocchevole **CONTR.** modesto, moderato, modico □ adeguato, misurato, giusto, equo, ragionevole. *V. anche* DEFORME

sproporzióne *s. f.* ***1*** disarmonia, asimmetria, difformità, inadeguatezza, incongruità, irregolarità, sconvenienza **CONTR.** proporzione, armonia, euritmia, equilibrio, adeguatezza, perequazione, congruenza, corrispondenza, conformità, convenienza, simmetria ***2*** (*est.*) enormità, esagerazione, eccesso, dismisura, smodatezza **CONTR.** modestia, moderazione, economia, misura □ nullità, nulla, niente, minimo.

spropositàto *agg.* ***1*** (*di parole, di discorso, ecc.*) pieno di spropositi, errato, erroneo, sbagliato, madornale, marchiano **CONTR.** esatto, giusto, preciso ***2*** (*fig.*) (*di spesa, di altezza, ecc.*) enorme, eccessivo, esagerato, irragionevole, smisurato, smodato, sproporzionato, abissale, mastodontico, smoderato, esasperato, stratosferico, strabocchevole **CONTR.** proporzionato, moderato, modesto, modico, misurato, giusto, piccolo, minimo.

spropòsito *s. m.* ***1*** cosa fuor di proposito, sbaglio, asineria, bestialità, corbelleria, enormità, scempiaggine, sciocchezza, castroneria, gaffe (*fr.*), minchioneria, somaraggine, somarata, indegnità, sconvenienza, indecenza ***2*** quantità enorme, eccesso, esagerazione, mucchio (*fig., fam.*) □ enormità **CONTR.** pochissimo ***3*** errore, grosso sbaglio, sfarfallone (*fam.*), sfondone (*fam.*), farfallone (*fam.*), strafalcione, svarione, sgrammaticatura, topica (*fam.*), granchio, cantonata, marrone (*fam.*), lapsus (*lat.*), papera, eresia.

sprovvedùto ***A*** *agg.* ***1*** sprovvisto, privo, sfornito, sguarnito, spoglio, manchevole **CONTR.** provveduto, provvisto, fornito, guarnito, munito ***2*** impreparato, incolto, malaccorto, malavveduto, inerme, indifeso **CONTR.** preparato, colto, accorto ***B*** *s. m.* ingenuo, credulone, sciocco, inesperto, baccellone (*tosc.*).

sprovvìsto *agg. e s. m.* ***1*** privo, sprovveduto, sfornito, sguarnito, manchevole, privato, spogliato, spoglio, nudo (*est.*) **CONTR.** provveduto, provvisto, fornito, guarnito, munito, dotato, equipaggiato ***2*** sprovveduto, impreparato, incolto **CONTR.** preparato, colto.

spruzzàre *v. tr.* ***1*** (*di liquido*) aspergere, bagnare, cospergere (*lett.*), annaffiare, innaffiare, irrorare, sbruffare, schizzare, sprizzare, spandere □ (*di sudore, di rugiada*) imperlare ***2*** (*est.*) (*di zucchero, di cacao, ecc.*) spolverare, cospargere, polverizzare.

spruzzàta *s. f.* ***1*** spruzzo, spruzzamento, annaffiata, bagnata, aspersione ***2*** (*di zucchero, di cacao, ecc.*) spolverata, sbruffata, sbruffo ***3*** (*fig.*) pioggerellina, pioggia, annaffiata, annacquata.

spruzzatóre *s. m.* nebulizzatore, polverizzatore, vaporizzatore, spray (*ingl.*) □ schizzatoio, schizzetto **CONTR.** aspiratore.

sprùzzo *s. m.* getto, schizzo, sprizzo, sprazzo, spruzzata, sprillo (*raro*), sbruffo, zampillo, fiotto, zaffata □ (*di fango*) zacchera.

spudoratézza *s. f.* ***1*** impudenza, petulanza, sfacciataggine, audacia, faccia tosta, faccia di bronzo, sfrontatezza, sfrontataggine, immodestia, disinvoltura, cinismo, improntitudine, indiscrezione, temerarietà **CONTR.** educazione, civiltà, virtù, discrezione, riserbo, riguardo, riservatezza ***2*** impudicizia, oscenità, immoralità, indecenza, disonestà, scostumatezza, svergognatezza, inverecondia **CONTR.** pudicizia, pudore, moralità, morigeratezza, verecondia, vergogna, rossore. *V. anche* INDISCREZIONE

spudoràto *agg.*; *anche s. m.* ***1*** impudente, petulante, sfacciato, sfrontato, audace, cinico, indiscreto, disinvolto, temerario, impertinente **CONTR.** educato, civile, discreto, riguardoso, riservato, schivo **2** impudico, immodesto, osceno, immorale, inverecondo, indecente, disonesto, dissoluto, svergognato, sboccato **CONTR.** pudico, casto, morigerato, onesto, puro, verecondo, vergognoso, pudibondo. *V. anche* CINICO, OSCENO

spùgna *s. f.* (*fig.*) beone, bevitore, ubriacone **FRAS.** *dare un colpo di spugna* (*fig.*), cancellare, dimenticare □ *gettare la spugna* (*fig.*), arrendersi.

spugnóso *agg.* poroso, bucherellato, celluloso, boffice, soffice **CONTR.** compatto, denso.

spulciàre ***A*** *v. tr.* ***1*** togliere le pulci ***2*** (*fig.*) esaminare minuziosamente, cercare diligentemente, compulsare, scartabellare, consultare, controllare ***B*** **spulciarsi** *v. rifl.* togliersi le pulci.

spùma *s. f.* ***1*** schiuma, effervescenza, bollicine ***2*** (*est.*) (*di bibita*) gassosa ***3*** (*cuc.*) mousse (*fr.*), pâté (*fr.*) ***4*** (*miner.*) spuma di mare, magnesite, sepiolite.

spumànte ***A*** *part. pres. di* **spumare**; *anche agg.* spumoso, spumeggiante, effervescente, frizzante, gassoso, schiumante, schiumoso, mussante ***B*** *s. m.* vino frizzante □ champagne (*fr.*).

spumàre *v. intr.* spumeggiare, frizzare, schiumare, mussare.

spumeggiànte *part. pres. di* **spumeggiare**; *anche agg.* ***1*** spumante, spumoso, effervescente, ribollente, gassoso, schiumante, schiumoso, mussante ***2*** (*fig.*) (*di discorso, di commedia, ecc.*) vivace, frizzante, brioso, movimentato, pirotecnico ***3*** (*fig., lett.*) (*di tessuto, di pizzo, ecc.*) soffice, vaporoso, leggerissimo.

spumeggiàre *v. intr.* spumare, frizzare, schiumare, mussare, fiottare, ribollire.

spumóso *agg.* ***1*** spumante, spumeggiante, effervescente, gassoso, schiumoso, schiumante, mussante ***2*** (*fig.*) (*di stoffa, di dolce, ecc.*) vaporoso, leggerissimo, soffice.

spuntàre (1) ***A*** *v. tr.* ***1*** privare della punta, accorciare, scorciare, cimare, scamozzare, scapezzare, scapitozzare, tarpare, stemperare (*raro*), ottundere (*lett.*), smussare, svettare □ (*di penne*) tarpare **CONTR.** fare la punta, appuntare, appuntire, aguzzare, acuminare, affilare ***2*** (*di fermaglio, di nastro, ecc.*) staccare, levare, togliere **CONTR.** mettere ***3*** (*fig.*) (*di difficoltà, di ostacolo, ecc.*) superare, vincere, rimuovere ***B*** *v. intr.* ***1*** (*di pianta, di dente, ecc.*) nascere, venir fuori, sbocciare, germinare, germogliare **CONTR.** cadere, morire ***2*** (*di astro*) sorgere, salire, alzarsi, levarsi □ albeggiare **CONTR.** scomparire, tramontare, calare, coricarsi ***3*** (*di essere o cosa*) apparire, affiorare, comparire, emergere, balzar fuori, saltar fuori, uscire **CONTR.** scomparire, svanire, disparire (*lett.*) ***C*** **spuntarsi** *v. intr. pron.* ***1*** perdere la punta, stemperarsi, smussarsi ***2*** (*fig.*) (*di ira, di furore, ecc.*) affievolirsi, perdere forza, calmarsi, quietarsi **CONTR.** accrescersi, esacerbarsi, inasprirsi ***D*** *s. m. solo sing.* apparizione, nascita **CONTR.** scomparsa, tramonto **FRAS.** *spuntarla*, averla vinta, farcela.

spuntàre (2) *v. tr.* (*di elenco, di nota e sim.*) controllare, riscontrare.

spuntàto *part. pass. di* **spuntare (1)**; *anche agg.* ***1*** privo di punta, smussato, ottuso, svettato, accorciato, scorciato □ (*di penne*) tarpato **CONTR.** appuntito, acuto, aguzzo, acuminato, affilato, puntuto ***2*** (*di astro, di dente, ecc.*) apparso, comparso, nato, sorto □ affiorato, venuto fuori, balzato fuori, uscito **CONTR.** scomparso, sparito, tramontato, calato, svanito.

spuntìno *s. m.* merendina, stuzzichino, ristoro, asciolvere (*lett.*) □ breakfast (*ingl.*), lunch (*ingl.*), snack (*ingl.*) □ picnic (*ingl.*).

spùnto *s. m.* ***1*** suggerimento □ prima battuta ***2*** (*est.*) (*di racconto, di azione, ecc.*) mossa, occasione, inizio, principio, avvio, punto di partenza ***3*** (*di vino*) acidità.

spuntóne *s. m.* ***1*** (*di roccia*) sporgenza ***2*** lancia, punta, spunzone (*tosc.*) ***3*** spina □ (*ant.*) pungiglione.

sputàre ***A*** *v. tr.* ***1*** (*di saliva, di catarro, ecc.*) espellere, emettere ***2*** (*fig.*) (*di lava, di fumo, ecc.*) gettare fuori, lanciare, vomitare, scagliare ***B*** *v. intr.* espellere sputo, sputacchiare, espettorare, scatarrare, scaracchiare (*pop.*) **FRAS.** *sputar sangue* (*fig.*), faticare molto □ *sputar veleno* (*fig.*), vomitare ingiurie □ *sputar sentenze* (*fig.*), parlare con saccenteria □ *sputare l'osso* (*fig.*), dire ciò che si vorrebbe tacere; restituire ciò che si è tolto.

sputàto *part. pass. di* **sputare**; *anche agg.* ***1*** emesso, espulso ***2*** (*fig.*) vomitato, scagliato, lanciato **FRAS.** *nato e sputato* (*fig.*), identico, tale e quale.

spùto *s. m.* espettorazione, muco, scaracchio (*pop.*), saliva, sputacchio, escreato **FRAS.** *fatto con lo sputo* (*fig.*), fragilissimo.

sputtanàre ***A*** *v. tr.* (*volg.*) far perdere la reputazione, screditare, discreditare, diffamare, svergognare **CONTR.** esaltare, elogiare ***B*** **sputtanarsi** *v. rifl.* (*volg.*) perdere la reputazione, screditarsi, discreditarsi **CONTR.** farsi stimare.

squàdra *s. f.* ***1*** unità, compagnia, gruppo, schiera, comitiva, brigata, drappello □ banda, fazione, clan, gang (*ingl.*) □ nucleo, pool (*ingl.*), staff (*ingl.*), team (*ingl.*), équipe (*fr.*) ***2*** (*sport*) formazione, compagine □ (*nel calcio*) undici □ (*nella pallanuoto*) sette □ (*nel rugby*) quindici □ (*nell'automobilismo*) scuderia.

squadràre *v. tr.* ***1*** mettere in squadra, riquadrare, refilare □ (*di pietra*) conciare ***2*** (*est.*) (*di persona*) osservare, guardare da capo a piedi, misurare, guardare, guatare (*lett.*), riguardare **CONTR.** guardare di sfuggita. *V. anche* GUARDARE

squadrìglia *s. f.* (*mil.*) (*di aerei, di navi*) unità, gruppo.

squadróne *s. m.* ***1*** *accr. di* **squadra**; folto gruppo, schiera numerosa, torma **CONTR.** squadretta ***2*** (*di cavalleria*) unità.

squagliàre ***A*** *v. tr.* liquefare, sciogliere, disciogliere, fondere, disfare, struggere, stemperare **CONTR.** coagulare, cagliare, condensare, rapprendere, rassodare, indurire ***B*** **squagliarsi** *v. intr. pron.* ***1*** liquefarsi, sciogliersi, disciogliersi, fondersi, struggersi, colare **CONTR.** coagularsi, condensarsi, cagliare, rapprendersi, solidificarsi, rassodarsi, indurirsi ***2*** (*fig.*) (*di per-

sona) andarsene furtivamente, dileguarsi, svignarsela, svicolare, evadere, tagliare la corda (*fig.*), scomparire, volatilizzarsi **CONTR.** comparire. *V. anche* EVADERE, SCIOGLIERE

squalìfica *s. f.* (*sport*) esclusione, eliminazione, espulsione **CONTR.** ammissione.

squalificàre ***A*** *v. tr.* ***1*** riconoscere non idoneo, scartare, bocciare, declassare, degradare, dequalificare □ (*fig.*) screditare **CONTR.** accreditare, promuovere, qualificare □ onorare ***2*** (*sport*) sospendere, escludere, eliminare, espellere □ punire **CONTR.** ammettere ***B*** **squalificarsi** *v. rifl.* dimostrarsi incapace e farsi bocciare □ screditarsi **CONTR.** essere promosso □ accreditarsi, farsi stimare.

squalificàto *part. pass. di* **squalificare**; *anche agg.* ***1*** dichiarato non idoneo, scartato, bocciato, declassato, degradato, dequalificato **CONTR.** qualificato, idoneo, promosso ***2*** (*sport*) sospeso, escluso, espulso, eliminato □ punito, multato **CONTR.** assunto, ingaggiato ***3*** screditato, disonorato, infamato, compromesso **CONTR.** accreditato, onorato, stimato.

squàllido *agg.* ***1*** (*di ambiente, di vita*) misero, povero, desolato, inameno, triste □ deserto, abbandonato, disadorno, scialbo, brullo, nudo □ derelitto, negletto (*lett.*), trascurato □ turpe, sporco, sordido **CONTR.** bello, adorno, ornato, ricco, sontuoso, elegante, netto, mondo, pulito, curato □ nobile ***2*** (*lett.*) (*di persona*) emaciato, macilento, pallido, smorto, smunto, scolorito, sofferente **CONTR.** lieto, vivace, florido, prestante, rubicondo, gagliardo, vigoroso.

squallóre *s. m.* ***1*** squallidezza (*raro*), miseria, povertà, desolazione, tristezza, mestizia, abbandono, trascuratezza, sporcizia □ sordidezza **CONTR.** bellezza, ricchezza, sontuosità, splendore, eleganza, pulizia, nettezza, accuratezza □ nobiltà ***2*** (*di persona*) pallore, pallidezza **CONTR.** floridezza, prestanza, bell'aspetto, vigore, esuberanza.

squàlo *s. m.* (*zool., est.*) pescecane **FRAS.** *squalo azzurro*, verdone, verdesca, canesca.

squàma *s. f.* scaglia, lamina, lamella □ scorza, crosta, pellicola.

squarciagóla *vc.*; *solo nella loc. avv. a squarciagola*, a tutta voce, fortissimo **CONTR.** sommessamente, sottovoce, pianissimo.

squarciàre ***A*** *v. tr.* ***1*** sbrindellare, lacerare, sdrucire, strappare, stracciare □ fendere, rompere, spezzare, spaccare, tagliare □ squartare, sbranare □ schiantare, sfracellare □ ferire **CONTR.** accomodare, aggiustare, riparare, ricomporre, ricostruire, rifare, riassestare □ curare, medicare ***2*** (*fig.*) (*di mistero, di destino, ecc.*) aprire, svelare, rivelare, scoprire **CONTR.** celare (*lett.*), coprire, occultare, nascondere ***B*** **squarciarsi** *v. intr. pron.* (*anche fig.*) fendersi, aprirsi, creparsi, lacerarsi, rompersi, sfracellarsi, spaccarsi, stracciarsi, strapparsi, esplodere, scoppiare. *V. anche* TAGLIARE

squarciàto *part. pass. di* **squarciare**; *anche agg.* ***1*** lacerato, sdrucito, stracciato, strappato □ crepato, spaccato, squartato, tagliato, schiantato, rotto, spezzato □ ferito **CONTR.** intatto, intero, sano ***2*** (*di mistero, di destino, ecc.*) aperto, svelato, rivelato, scoperto **CONTR.** celato (*lett.*), coperto, occultato, nascosto.

squàrcio *s. m.* ***1*** lacerazione, taglio, squarciamento, laceramento, strappo, falla, fenditura, breccia, spaccatura, spacco, buca, buco, rottura, ferita **CONTR.** rappezzo, toppa, rattoppo, accomodatura ***2*** (*fig.*) (*di romanzo, di musica, ecc.*) brano, passo, stralcio, frammento, pezzo **CONTR.** intero, tutto.

squartàre *v. tr.* dividere, tagliare, smembrare, squarciare, spaccare, rompere, spezzare, spartire □ (*est.*) massacrare, trucidare **CONTR.** ricomporre, ricucire, rimettere insieme, ricostruire, rifare. *V. anche* TAGLIARE

squartàto *part. pass. di* **squartare**; *anche agg.* diviso, tagliato, smembrato, squarciato, spaccato, rotto, spezzato **CONTR.** intatto, intero.

squassàre *v. tr.* scuotere, agitare, crollare, scrollare **CONTR.** fermare. *V. anche* SCUOTERE

squattrinàto *agg.*; *anche s. m.* spiantato, dissestato, povero, poveraccio, disperato, rovinato **CONTR.** quattrinaio, agiato, danaroso, ricco, miliardario.

squilibràre ***A*** *v. tr.* ***1*** sbilanciare, scompensare, sperequare, spareggiare **CONTR.** equilibrare, bilanciare, compensare, pareggiare ***2*** (*fig.*) dissestare, rovinare **CONTR.** sanare, risanare ***B*** **squilibrarsi** *v. intr. pron.* ***1*** (*raro*) perdere l'equilibrio **CONTR.** equilibrarsi ***2*** (*fig.*) dissestarsi, rovinarsi.

squilibràto *part. pass. di* **squilibrare**; *anche agg. e s. m.* ***1*** sbilanciato, sperequato, scompensato, dissestato **CONTR.** bilanciato, compensato, proporzionato ***2*** (*fig.*) (*di persona*) privo di equilibrio, sbalestrato, scriteriato, spostato, dissennato, strambo, svitato, mattoide, pazzo, pazzoide **CONTR.** equilibrato, assennato, quadrato, controllato, coerente, saggio.

squilìbrio *s. m.* ***1*** mancanza di equilibrio, sbilanciamento (*raro*) □ (*fig.*) asimmetria **CONTR.** equilibrio, bilanciamento (*raro*), assestamento, stabilità ***2*** (*fig.*) (*di persona*) dissennatezza, insensatezza □ pazzia, follia, demenza **CONTR.** assennatezza, saggezza, equilibrio ***3*** (*econ.*) differenza, sbilancio, spareggio, sperequazione, scompenso, divario, distacco **CONTR.** parità, uguaglianza.

squillànte *part. pres. di* **squillare**; *anche agg.* ***1*** (*di suono*) chiaro, limpido, acuto, sonoro, argentino, cristallino, trillante, tinnulo, tintinnante, sonante **CONTR.** afono, basso, cupo, cavernoso, sepolcrale, grave, profondo, smorzato, sommesso, sordo ***2*** (*fig.*) (*di colore*) vivo, vivace, brillante, intenso **CONTR.** sbiadito, smorto, spento.

squillàre *v. intr.* suonare □ (*di campanello*) trillare, tintinnare, tinnire.

squìllo *s. m.* suono, clangore (*lett.*) □ tintinnio, tintinno, tinnito, trillo □ (*lett.*) diana **FRAS.** *squillo* o *ragazza squillo* (*est.*), prostituta, call-girl (*ingl.*) □ *casa squillo*, casa di appuntamenti.

squinternàto *agg. e s. m.* ***1*** squadernato, sfogliato, slegato **CONTR.** ricomposto, riunito, rilegato ***2*** (*fig.*) strambo, scriteriato, squilibrato, dissennato, mattoide, pazzoide **CONTR.** equilibrato, assennato, controllato, prudente, saggio.

squisitézza *s. f.* ***1*** bontà, delicatezza, distinzione, eccellenza, eleganza, forbitezza, graziosità, finezza, raffinatezza, sciccheria, perfezione □ amabilità, cortesia, garbo, gentilezza, grazia, sensibilità, soavità tatto **CONTR.** indelicatezza, grossolanità, rozzezza, trivialità, volgarità, sgraziataggine **2** (*spec. al pl.*) (*est.*) delicatezze, leccornie, prelibatezze □ chicca, manna, ambrosia **CONTR.** schifezza, sbobba. *V. anche* ELEGANZA

squisìto *agg.* **1** (*di cibo*) eccellente, prelibato, buono, saporito, saporoso, gustoso, ghiotto, succulento, ottimo, gradevole, delicato, soave **CONTR.** cattivo, disgustoso, nauseabondo, nauseante, ripugnante, repellente, schifoso, stomachevole **2** (*fig.*) (*di persona, di modi, ecc.*) fine, fino, cortese, delizioso, perfetto, distinto, eletto, scelto, raro, ricercato, raffinato, elegante, chic (*fr.*) **CONTR.** grossolano, ordinario, rozzo, triviale, volgare, brutto.

sradicàre *v. tr.* **1** strappare, asportare, estirpare, svellere, avellere, sbarbicare, spiantare, diradicare, divellere (*lett.*), sbarbare, staccare, cavare, togliere **CONTR.** ficcare, conficcare, piantare **2** (*fig.*) estirpare, distruggere, eliminare, rimuovere.

sradicàto *part. pass. di* **sradicare**; *anche agg.* e *s. m.* **1** strappato, estirpato, divelto, svelto, spiantato, sbarbato, tolto **CONTR.** abbarbicato, conficcato, piantato, radicato **2** (*fig., est.*) spaesato, disambientato, sperduto, disinserito, disadattato, déraciné (*fr.*) **CONTR.** ambientato, integrato, inserito, adattato, a proprio agio.

sragionàre *v. intr.* ragionare male, sconnettere, vaneggiare, sbalestrare, delirare, farneticare, dare i numeri **CONTR.** ragionare, argomentare, riflettere, meditare, ponderare, raziocinare.

sregolatézza *s. f.* disordine, dismisura, eccesso, sbrigliatezza, smoderatezza, intemperanza □ dissolutezza, scostumatezza, scapestrataggine, sfrenatezza, deboscia, incontinenza, dissipatezza, dissipazione, libertinaggio, licenza, pervertimento, licenziosità, depravazione **CONTR.** regola, regolatezza, correttezza, misura, equilibrio, moderazione, sobrietà □ morigeratezza, continenza, temperanza, castigatezza. *V. anche* DEPRAVAZIONE

sregolàto *agg.* senza regola, privo di misura, disordinato, trasmodato, sbrigliato, sfrenato, smoderato □ scapestrato, scapigliato, scioperato, incontinente, debosciato, scavezzacollo, intemperante, dissoluto, scostumato, libertino, licenzioso, vizioso **CONTR.** regolato, ordinato, misurato, moderato, sobrio, temperante □ continente, costumato, morigerato, casto, castigato, onesto.

srotolàre **A** *v. tr.* svolgere, stendere, distendere, spiegare, dispiegare, aprire, sciogliere **CONTR.** arrotolare, rotolare, avvolgere, involgere, avviluppare, ravvolgere **B** **srotolarsi** *v. intr. pron.* stendersi, distendersi, spiegarsi.

stàbbio *s. m.* **1** (*per animali*) recinto, addiaccio, stazzo **2** letame, stallatico, concime, concio (*tosc.*), sterco.

stàbile **A** *agg.* **1** (*di edificio, di scala, ecc.*) saldo, fisso, inamovibile, fermo, immobile, statico □ forte, sodo, solido, robusto, massiccio, resistente **CONTR.** instabile, malfermo, malsicuro, pericolante, traballante, vacillante □ debole, fragile **2** (*fig.*) (*di persona, di propositi, ecc.*) sicuro, costante, continuo, durevole □ (*di impiego, di situazione, ecc.*) duraturo, continuativo, permanente, invariabile, invariato, persistente, immutabile, stabilizzato □ (*meteor.*) stazionario □ (*di popolazione*) sedentario, stanziale **CONTR.** instabile, volubile □ provvisorio, avventizio, interinale, precario, temporaneo □ variabile □ nomade **B** *s. m.* edificio, casa, fabbricato, immobile, casamento, costruzione.

stabiliménto *s. m.* **1** fabbrica, officina, opificio, industria, manifattura **2** (*termale, ospedaliero, ecc.*) fabbricati, complesso, attrezzature □ kursaal (*ted.*) **3** (*al pl.*) colonia, possedimento. *V. anche* POSSEDIMENTO

stabilìre **A** *v. tr.* **1** (*di sede, di attività, ecc.*) istituire, organizzare, costituire, fondare, instaurare □ (*di sede, di dimora*) fissare □ collocare, porre, piantare, impiantare, mettere, fermare, stanziare **CONTR.** trasferire, levare, togliere, allontanare, rimuovere **2** (*di verità, di fatti, ecc.*) accertare, assodare, chiarire, constatare □ (*di accordo, di obiettivo, ecc.*) definire, determinare, prefissare, precisare, combinare, concertare, concordare **3** (*di legge, di regola, ecc.*) statuire, sancire, dettare, deliberare, decretare, convenire, disporre, risolvere □ comandare, volere, ordinare, prescrivere **CONTR.** annullare, ritirare, ritirarsi **4** (*di partire, di tornare, di fare*) decidere, proporsi, prefiggersi **B** **stabilirsi** *v. rifl.* domiciliarsi, insediarsi, installarsi, fissarsi, impiantarsi, stanziarsi, abitare, dimorare, risiedere **CONTR.** andarsene, trasferirsi, traslocare, espatriare □ migrare. *V. anche* CONSTATARE, VOLERE

stabilità *s. f.* **1** (*di edificio e sim.*) fermezza, saldezza, solidità, consistenza, resistenza, durevolezza, fissità, immobilità, equilibrio, statica, quiete **CONTR.** instabilità, caducità, insicurezza, pericolosità **2** (*fig.*) (*di persona, di propositi, di sentimenti, ecc.*) costanza, perseveranza, persistenza, pertinacia, continuità, immutabilità, incrollabilità, tenacia □ (*di situazione, di tempo, ecc.*) invariabilità **CONTR.** instabilità, volubilità, precarietà, fragilità, fugacità, labilità, mobilità, mutabilità, squilibrio □ variabilità. *V. anche* COSTANZA

stabilito *part. pass. di* **stabilire**; *anche agg.* **1** (*di sede, di attività, ecc.*) istituito, organizzato, costituito, fissato, fondato, collocato, posto, fermato **CONTR.** levato, tolto, rimosso, trasferito **2** (*di legge, di regola, ecc.*) disposto, fissato, decretato, deciso, definito, deliberato, determinato, precisato, convenuto, prescritto, sancito, comandato, sanzionato □ (*di accordo, di patto, di prezzo, ecc.*) programmato, concertato, concordato, contratto, pattuito, prestabilito □ istituito **CONTR.** abolito, abrogato, annullato, cancellato, ritirato.

stabilizzàre **A** *v. tr.* consolidare, rafforzare, rinsaldare □ (*di dipendente*) rendere stabile, mettere in ruolo, assumere **CONTR.** destabilizzare, indebolire □ licenziare **B** **stabilizzarsi** *v. intr. pron.* diventare stabile, consolidarsi □ fermarsi, bloccarsi **CONTR.** indebolirsi □ oscillare.

stabilizzàto *part. pass. di* **stabilizzare**; *anche agg.* **1** consolidato □ stabile, fermo, bloccato **CONTR.** instabile **2** (*di dipendente*) stabile, in ruolo **CONTR.** precario, supplente.

stabilizzatóre *s. m.* equilibratore □ giroscopio □ valvola.

stabilménte *avv.* fermamente, saldamente, solidamente, durevolmente □ (*fig.*) costantemente, immutabilmente, invariabilmente, incrollabilmente, permanentemente **CONTR.** instabilmente, volubilmente, mutevolmente, precariamente, provvisoriamente, transitoriamente, temporaneamente.

stacanovismo [dal n. del minatore russo A. G. *Stachanov*, che nel 1935 segnò un primato nella quantità di carbone estratto] *s. m.* (*iron.*) (*nel lavoro*) zelo eccessivo, esagerato entusiasmo, efficientismo **CONTR.** abulia, lentezza, indifferenza.

stacanovista *s. m. e f.; anche agg.* (*iron.*) (*nel lavoro*) eccessivamente zelante, maniaco, fanatico, gran lavoratore, sgobbone **CONTR.** scansafatiche, perdigiorno, perditempo, abulico, lento, indifferente.

staccàre ***A*** *v. tr.* ***1*** (*ciò che è attaccato o congiunto*) distaccare, scindere, scollegare, disgiungere, disunire, dividere, spiccicare, disfare, scollare, scucire, sganciare, sciogliere, schiodare, sconficcare, scombaciare, scommettere, smembrare □ (*di corrente*) togliere, disattivare □ (*di frutto, di pianta*) spiccare, cogliere, strappare, svellere, sradicare □ (*il cavallo*) slegare □ (*di assegno*) spiccare, emettere □ (*di mobile dalla parete*) scostare, separare, allontanare **CONTR.** attaccare, incollare, appiccicare, saldare, congiungere, unire, accoppiare, legare, intrecciare, agganciare ***2*** (*fig.*) (*di persona*) isolare, segregare □ (*dal lavoro*) disaffezionare □ (*di occhi*) togliere, distogliere, distrarre ***3*** (*sport*) (*di avversari*) distanziare, distaccare, seminare, avvantaggiarsi ***B*** *v. intr.* ***1*** risaltare, spiccare, campeggiare, stagliarsi, fare spicco, fare effetto, avere rilievo **CONTR.** sfumare, svanire, spegnersi, confondersi, annullarsi ***2*** (*fam.*) smontare, cessare il lavoro, smettere di lavorare, andare a casa **CONTR.** attaccare, cominciare, montare ***C*** **staccarsi** *v. intr. pron.* ***1*** separarsi, disunirsi, slegarsi, scollarsi, sciogliersi, schiodarsi, strapparsi, divellersi **CONTR.** attaccarsi, aderire, incollarsi, saldarsi, congiungersi, unirsi, legarsi, aggrapparsi ***2*** (*di bottone, di foglio, ecc.*) venir via, saltar via, cadere ***3*** (*fig.*) (*dalla famiglia, dalle abitudini, dal lavoro, ecc.*) allontanarsi, abbandonare, disancorarsi, disaffezionarsi, disamorarsi, sganciarsi, distaccarsi, distogliersi **CONTR.** ancorarsi, radicarsi □ inserirsi. *V. anche* DIVIDERE

staccàto *part. pass. di* **staccare**; *anche agg.* ***1*** spiccato, distaccato, disgiunto, disunito, diviso, separato, slegato, scollato, sconnesso, schiodato, sciolto □ (*di luce, di corrente, di impianto*) tolto, disattivato, inattivo **CONTR.** attaccato, incollato, congiunto, unito, saldato, legato ***2*** (*fig.*) autonomo, distinto, avulso, scisso **CONTR.** unito, collegato.

stacciàre *v. tr.* setacciare, vagliare, passare, crivellare, abburattare.

stàccio *s. m.* setaccio, vaglio, crivello, buratto, ventilabro.

staccionàta *s. f.* ***1*** steccato, steccata, stecconata, palizzata, recinzione ***2*** (*sport*) (*ippica*) traversa, ostacolo.

stàcco *s. m.* ***1*** distacco, divisione, separazione, strappo **CONTR.** commessura, connettitura ***2*** (*fig.*) (*tra parole, tra scene, ecc.*) intervallo □ discontinuità, salto, dislivello, passaggio brusco □ (*radio-tv.*) annuncio pubblicitario **CONTR.** continuità, continuazione ***3*** (*fig.*) risalto, spicco, rilievo, contrasto, evidenza **CONTR.** uniformità, piattezza, confusione ***4*** (*sport*) elevazione, salto, slancio, alzata **CONTR.** caduta.

stadèra *s. f.* bilancia, bascula.

stàdio *s. m.* ***1*** campo sportivo, arena, anfiteatro, circo (*ant.*) ***2*** (*fig.*) (*di malattia, di lavoro, ecc.*) fase, grado, livello, punto, periodo, momento, parte.

staff /*ingl.* sta:f/ [vc. ingl., propriamente 'bastone', perché questo è simbolo di autorità] *s. m. inv.* (*di ricercatori, di consulenti, ecc.*) gruppo, nucleo, pool (*ingl.*), équipe (*fr.*), team (*ingl.*).

stàffa *s. f.* predellino, montatoio **FRAS.** *perdere le staffe* (*fig.*), perdere la pazienza □ *tenere il piede in due staffe* (*fig.*), fare il doppio gioco □ *il gol della staffa*, il punto di prestigio □ *il bicchiere della staffa*, l'ultimo bicchiere, il bicchiere del commiato.

staffétta *s. f.* corriere, cursore □ battistrada.

staffilàta *s. f.* ***1*** frustata, sferzata, scudisciata, nerbata □ (*nel calcio*) cannonata, stangata ***2*** (*fig.*) critica, biasimo, censura **CONTR.** elogio, encomio, lode, approvazione.

staffile *s. m.* frusta, sferza, scudiscio, frustino, nerbo, nervo, verga, flagello, curbascio, sfollagente, knut (*russo*).

stage /*fr.* staʒ/ [vc. fr., propriamente 'tirocinio'] *s. m. inv.* periodo di addestramento, soggiorno-studio, tirocinio.

stagionàre ***A*** *v. tr.* invecchiare, maturare □ frollare □ asciugare, prosciugare, seccare, disseccare ***B*** *v. intr.* e **stagionarsi** *intr. pron.* invecchiarsi, maturarsi □ frollarsi □ asciugarsi, prosciugarsi, seccarsi, disseccarsi.

stagionàto *part. pass. di* **stagionare**; *anche agg.* ***1*** invecchiato, vecchio, maturato, fatto □ asciugato, prosciugato, seccato, disseccato **CONTR.** fresco, recente, novello, novellino, acerbo, verde, immaturo, molle, umido ***2*** (*scherz.*) (*di persona*) attempato, in là con gli anni, maturo, anzianotto, vecchiotto **CFR.** bambino, fanciullo, giovane, di primo pelo, adolescente □ vecchio. *V. anche* ANTICO

stagionatùra *s. f.* invecchiamento, maturazione □ frollatura.

stagióne *s. f.* ***1*** periodo ***2*** (*est.*) clima, tempo, aria, cielo ***3*** tempo propizio, tempo adatto, tempo opportuno ***4*** (*poet.*) epoca, età **FRAS.** *mezza stagione*, primavera; autunno.

stagliàre ***A*** *v. tr.* tagliare grossolanamente □ frastagliare ***B*** **stagliarsi** *v. intr. pron.* risaltare, spiccare, torreggiare, campeggiare, contrastare, distinguersi, staccarsi, profilarsi, essere evidente, colpire l'occhio **CONTR.** confondersi, mescolarsi, uniformarsi.

stagnànte *part. pres. di* **stagnare**; *anche agg.* ***1*** ristagnante, paludoso, acquitrinoso, pantanoso, fermo □ putrido **CONTR.** corrente, scorrente, vivo, fluente, fluido □ pulito ***2*** (*fig.*) immobile, immutabile, statico **CONTR.** mobile, mutevole, dinamico.

stagnàre *v. intr.* **1** (*di acqua*) ristagnare, impaludarsi, fermarsi, imputridire, marcire **CONTR.** fluire, scorrere, sgorgare **2** (*est.*) (*di aria, di odore, ecc.*) non circolare, fermarsi **CONTR.** circolare, passare **3** (*fig.*) (*spec. di economia*) ristagnare, languire, essere fermo **CONTR.** essere attivo, fiorire.

stagnatùra *s. f.* saldatura.

stagnazióne *s. f.* crisi, ristagno, depressione, recessione **CONTR.** boom, espansione, sviluppo crescita.

stàgno (1) *s. m.* acqua stagnante, acqua morta, acquitrino, palude, padule, guazzo, pantano, gora, laguna **CONTR.** acqua corrente.

stàgno (2) *agg.* a tenuta d'acqua, impermeabile, impenetrabile, ermetico, sigillato **CONTR.** permeabile, poroso **FRAS.** *compartimento stagno* (*fig.*), ambiente chiuso.

stàlla *s. f.* **1** ricovero, presepe (*lett.*), presepio (*lett.*), stallaggio, chiuso **CFR.** scuderia, bovile, ovile, porcile, vaccheria **2** (*fig.*) ambiente sporco, stamberga.

stàllo *s. m.* **1** sedile, scanno, seggio, cattedra, scranna, posto **2** (*fig.*) impossibilità di muoversi, blocco, arresto, stasi.

stamattina *avv.* stamane, stamani, questa mattina.

stambèrga *s. f.* tugurio, topaia, abituro, bicocca, buco, antro, bugigattolo, capanna, caverna, covile, spelonca, tana, catapecchia, casupola, stalla (*fig.*) **CONTR.** palazzo, villa, villetta, reggia. *V. anche* TOMBA

stàmpa ***A*** *s. f.* **1** impressione, impronta, carattere, tiratura, edizione □ (*su tessuti*) stampaggio **2** grafica **3** (*gener.*) pubblicazione, copia, giornale, periodico, opuscolo, rivista **4** (*gener.*) giornalisti, pubblicisti □ editoria, giornalismo, informazione **5** riproduzione, incisione, disegno, veduta, illustrazione **6** (*fig.*) (*di persona*) indole, carattere □ sorta, specie **7** (*fig.*) reputazione, fama ***B*** *in funzione di agg. inv.* (*posposto al s.*) giornalistico □ riservato ai giornalisti **FRAS.** *dare alle stampe*, pubblicare □ *stampa gialla*, stampa scandalistica □ *stampa rosa*, stampa sentimentale, stampa galante □ *libertà di stampa*, libertà di espressione.

stampàre ***A*** *v. tr.* **1** (*di segno, di orma, ecc.*) imprimere, improntare, marcare, segnare **CONTR.** cancellare **2** (*di giornale, di libro, ecc.*) pubblicare, dare alle stampe, editare (*raro*), tirare □ riprodurre □ (*est.*) scrivere **3** (*fig.*) (*nella mente, nel cuore, ecc.*) imprimere, incidere, fissare, conficcare **CONTR.** cancellare, dimenticare ***B*** **stamparsi** *v. intr. pron.* (*anche fig.*) restare impresso, imprimersi, fissarsi.

stampàto ***A*** *part. pass. di* **stampare**; *anche agg.* **1** (*di segno, di orma, ecc.*) impresso, marcato, segnato **CONTR.** cancellato **2** pubblicato, edito, tirato □ (*est.*) scritto **3** (*fig.*) (*nella mente, nel viso, ecc.*) impresso, inciso, visibile, evidente, manifesto, palese **CONTR.** confuso, incerto, indistinto, vago ***B*** *s. m.* foglio, fascicolo, tabulato, modulo, modello, opuscolo, pubblicazione □ volantino, locandina, dépliant (*fr.*).

stampatóre ***A*** *s. m.* (*f. -trice*) tipografo, editore ***B*** *agg.* tipografico, editore.

stampèlla *s. f.* gruccia, bastone.

stamperìa *s. f.* tipografia, casa editrice.

stampigliàre *v. tr.* timbrare.

stàmpo *s. m.* **1** impronta, modello, matrice, bollo, conio, forma, marchio, punzone, timbro, stampiglia, stampino, sigillo **2** (*fig.*) (*di persona*) indole, carattere, natura □ qualità, sorta, specie, tempra, categoria, genere, tipo, cliché (*fr.*) □ (*spreg.*) risma. *V. anche* BOLLO, CATEGORIA, IMPRONTA, INDOLE, MODELLO

stanàre *v. tr.* (*anche fig.*) snidare, scovare, braccare, levare, fare uscire □ rintracciare, trovare.

stancànte *part. pres. di* **stancare**; *anche agg.* faticoso, defatigante, debilitante, estenuante, gravoso.

stancàre ***A*** *v. tr.* **1** affaticare, estenuare, spossare, fiaccare, infiacchire, abbattere, accasciare, indebolire, debilitare, defatigare (*lett.*), prostrare, logorare, sfinire, sfiancare, slombare (*raro*), snervare, straccare, stremare, ammazzare (*fig.*), svigorire **CONTR.** rafforzare, rinforzare, invigorire, rinvigorire, ritemprare, irrobustire, rianimare **2** (*est.*) annoiare, tediare, infastidire, molestare, spazientire, nauseare, disgustare, saziare, seccare, scocciare (*fam.*), stuccare, puzzare (*fig.*), ristuccare, rompere (*gerg.*) **CONTR.** divertire, interessare, invogliare, rallegrare ***B*** **stancarsi** *v. intr. pron.* **1** affaticarsi, faticare, fiaccarsi, indebolirsi, estenuarsi, logorarsi, infiacchirsi, abbattersi, accasciarsi, spossarsi, prostrarsi, sfinirsi, sfiancarsi, ammazzarsi (*fig.*), slombarsi (*raro*), svigorirsi, straccarsi **CONTR.** rafforzarsi, rinforzarsi, rinvigorirsi, rianimarsi, ritemprarsi, resistere **2** annoiarsi, infastidirsi, tediarsi, nausearsi, saziarsi, seccarsi, scocciarsi (*fam.*), spazientirsi, stuccarsi, rompersi (*gerg.*) **CONTR.** divertirsi, interessarsi, rallegrarsi, piacere.

STANCARE
sinonimia strutturata

Il rendere desideroso di riposo, psichico o fisico, si definisce **stancare**: *la corsa mi ha stancato*; *lo studio stanca*. Sinonimi pressoché equivalenti sono **affaticare**, il meno frequente **straccare** e il letterario **defatigare**. Molto più incisivi sono **stremare**, **ammazzare**, **sfinire**, **spossare**, **estenuare**, **sfiancare**, **accasciare**, che indicano il risucchiare ogni forza vitale rendendo temporaneamente privi di energia e quindi incapaci di azione. Mentre i verbi precedenti sono usati più spesso in relazione a grandi fatiche fisiche, di solito circoscritte nel tempo, sono spesso sventure o gravi prove psicologiche ed emotive a **prostrare** e **abbattere**. Vicino è **snervare**, che però di solito coincide con l'imporre stress e una continua fatica psicologica: *questa continua incertezza mi snerva*; *è un lavoro che snerva*. **Infiacchire** e **fiaccare** sono invece più blandi, e si riferiscono di solito all'esaurimento progressivo della forza vitale; in questo senso si avvicinano molto a **debilitare**, **indebolire** e **svigorire** che suggeriscono addirittura un declino della salute.

In accezione estesa, stancare corrisponde ad **annoiare**, **tediare**, ossia a procurare disinteresse o persino fastidio: *le sue parole mi annoiano*; *per non tediarvi, sarò breve*. Più incisivi sono **stuccare**, **ristuccare**, **saziare**, e particolarmente **nauseare**, **disgustare** che suggeriscono un superamento del limite di tolleranza nel sopportare qualcuno. **Infastidire**, **molestare**, **seccare**, i familiari e informali **rompere** e **scocciare** corrispondono a importunare insistentemente, e in genere si riferiscono a un'azione specifica e talvolta intenzionale: *una sete continua mi molesta*; *smetti di infastidire il cane*; *ci secca con continue telefonate*; *smettila di rompere!*; *lo sai che mi hai scocciato?*. Un fastidio o una noia che si protrae a lungo può indurre a **spazientirsi**, ossia ad esaurire la propria capacità di sopportazione, oppure può **logorare**, cioè consumare non solo psicologicamente ma anche fisicamente: *si spazientisce subito*; *il computer mi ha logorato la vista*.

stanchézza *s. f.* **1** spossatezza, spossamento, abbattimento, accasciamento, affaticamento, fatica, debolezza, esaurimento, infrollimento, estenuazione, fiacchezza, infiacchimento, fiacca, abbiocco (*region.*), debilitazione, prostrazione, rilassamento, rilassatezza, sfinimento, snervatezza, snervamento (*raro*), stracchezza, sfiancamento (*raro*) **CONTR.** energia, forza, gagliardia, instancabilità, resistenza, vigore, vigoria, vivacità □ riposo, ristoro **2** noia, fastidio, nausea, sazietà, tedio, rottura (*gerg.*) **CONTR.** divertimento, interesse, piacere. *V. anche* DEBOLEZZA

stànco *agg.* **1** fiacco, spossato, abbattuto, accasciato, abbioccato (*region.*), affaticato, debole, debilitato, indebolito, esaurito, esausto, estenuato, prostrato, bolso, sfinito, sfiancato, trafelato, infrollito, distrutto, slombato (*raro*), snervato, stracco, provato, stremato, logoro, consunto, svigorito **CONTR.** energico, forte, gagliardo, instancabile, resistente, vigoroso, vivace, fresco, riposato **2** annoiato, sazio, stufo, stucco, stufato □ infastidito, disgustato, seccato, nauseato, stomacato, spazientito, rotto (*gerg.*) **CONTR.** divertito, interessato, rallegrato.

stand /*ingl.* stænd/ [vc. ingl., da *to stand* 'stare'] *s. m. inv.* **1** (*di mostra e sim.*) reparto, settore, padiglione, esposizione **2** (*sport*) (*di tiro a volo*) campo.

stàndard [vc. ingl., propriamente 'insegna' e poi 'livello, qualità', dall'ant. fr. *estendart* 'stendardo'] ***A*** *s. m. inv.* **1** modello, esempio, campione □ valore, norma □ punto di riferimento **2** (*di vita, di allenamento, ecc.*) qualità, livello, tenore, grado ***B*** *in funzione di agg. inv.* (*posposto al s.*) **1** tipico, tipo, unificato, uniforme **CONTR.** diversificato, diverso, vario **2** (*di misura*) normale **CFR.** grande, large (*ingl.*), king-size (*ingl.*).

standardizzàre *v. tr.* unificare, uniformare, normalizzare, tipizzare, tipicizzare (*raro*) □ (*fig.*) massificare **CONTR.** diversificare, differenziare □ individualizzare.

standardizzàto *part. pass. di* **standardizzare**; *anche agg.* unificato, uniformato, tipizzato, normalizzato □ normale, comune □ (*fig.*) massificato, conformistico **CONTR.** diversificato, differenziato □ diverso, originale, singolo.

stànga *s. f.* **1** barra, sbarra, palo, pertica, bastone, legno, leva, traversa **2** (*fig., pop.*) (*di persona*) spilungone, pertica (*fig., fam.*).

stangàre *v. tr.* **1** (*di cosa*) sbarrare, puntellare **2** (*di persona*) percuotere, picchiare, bastonare, legnare, randellare **3** (*fig.*) (*in affari, a scuola, ecc.*) danneggiare □ torchiare, tartassare, bocciare **CONTR.** avvantaggiare, favorire, promuovere **4** (*sport*) (*nel calcio*) tirare.

stangàta *s. f.* **1** colpo di stanga, bastonata, colpo, percossa, legnata, randellata **2** (*fig.*) batosta, rovescio □ (*di spesa e sim.*) danno, perdita, salassata □ (*a scuola*) torchiata, tartassata, bocciatura **CONTR.** vantaggio, utile, promozione **3** (*sport*) (*nel calcio*) tiro forte, cannonata.

stantìo *agg.*; *anche s. m.* **1** rancido, irrancidito, raffermo, mucido, vieto (*lett.*), invecchiato **CONTR.** fresco, novello, appena fatto **2** (*est.*) (*di discorso, di usanza, ecc.*) vecchio, disusato, vieto, antiquato, sorpassato, non più attuale, out (*ingl.*) **CONTR.** attuale, giovane, nuovo, recente, in (*ingl.*).

stantùffo *s. m.* (*mecc.*) pistone.

stànza *s. f.* **1** (*raro, lett.*) dimora, sede, domicilio, alloggiamento, abitazione, soggiorno, luogo **2** (*gener.*) ambiente, camera, locale, vano, sala, salotto, tinello, studio, ufficio **3** (*letter.*) strofe, ottava.

stanziaménto *s. m.* **1** (*di denaro*) assegnazione, dotazione, elargizione, erogazione □ budget (*ingl.*) **2** (*in una zona*) insediamento, stabilimento.

stanziàre ***A*** *v. tr.* mettere in bilancio, inserire in bilancio, preventivare, assegnare, erogare, decretare, dotare, predisporre, stabilire ***B*** *v. intr.* (*ant.*) dimorare ***C*** **stanziarsi** *v. intr. pron.* stabilirsi, domiciliarsi, fissarsi, impiantarsi, insediarsi, abitare, dimorare, risiedere □ popolare **CONTR.** andarsene, partire, trasferirsi, traslocare, espatriare, errare.

stanzìno *s. m.* **1** *dim. di* **stanza** **2** ripostiglio, spogliatoio, bugigattolo, sgabuzzino, stambugio, camerino □ (*euf.*) gabinetto.

stappàre *v. tr.* sturare, aprire **CONTR.** tappare, turare, chiudere.

star /*ingl.* sta:/ [vc. ingl., propriamente 'stella'] *s. f. inv.* **1** stella, attrice, attore, diva, divo, protagonista, vedetta, vedette (*fr.*) □ (*est.*) personaggio **2** (*mar.*) imbarcazione da regata, stella.

stàre *v. intr.* **1** (*lett.*) essere fermo, essere immobile, non muoversi, non allontanarsi □ restare, rimanere, sostare, trattenersi, fermarsi □ giacere, sedere **CONTR.** muoversi, spostarsi, andare, allontanarsi **2** indugiare, tardare, ritardare, temporeggiare **CONTR.** affrettarsi, sbrigarsi, spicciarsi **3** (*di ricordo, di segno, ecc.*) durare, mantenersi **CONTR.** scomparire, sparire **4** essere domiciliato, abitare, risiedere, soggiornare, dimorare, alloggiare □ vivere **5** essere, trovarsi, essere collocato, essere posto, essere situato □ essere contenuto, entrarci □ (*in un elenco e sim.*) figurare **6** (*a me, a te, ecc.*) spettare, competere, toccare **7** (*in me, in te, ecc.*) dipendere □ consistere, trovarsi **8** (*ai consigli, all'argomento, ecc.*) aderire, attenersi, seguire **CONTR.** derogare **9** (*al gioco, ad una spesa, ecc.*) partecipare, intervenire **FRAS.** *stare bene*, essere in salute; essere ricco □ *stare a cuore*, importare □ *lasciar stare*, non occuparsi; non dar noia □ *starci*, acconsentire □ *stare per*, essere sul punto di □ *non stare né in cielo né in terra* (*fig.*), essere assurdo, essere privo di senso □ *stare sulle sue*, mostrarsi riservato.

starlet /*ingl.* 'sta:lit/ [vc. ingl., propriamente dim. di *star* 'stella'] *s. f. inv.* attricetta, stellina.

starnazzàre *v. intr.* **1** agitare le ali, sbattere le ali **2** (*fig., scherz.*) agitarsi scioccamente, far chiasso.

start /*ingl.* sta:t/ [vc. ingl., propriamente 'partenza'] *s. m. inv.* **1** (*di film*) fotogramma di partenza, fotogramma di inizio **2** (*est.*) avvio, partenza, punto di partenza, via.

stàrter [vc. ingl., propriamente 'mossiere', da *to start* 'partire'] *s. m. inv.* **1** (*sport*) mossiere **2** (*autom.*) dispositivo d'avviamento.

stàsi *s. f.* (*anche fig.*) rallentamento, ristagno, arresto, paralisi, inazione, immobilità, staticità, inerzia, stallo, morta, pausa **CONTR.** avvio, corsa, flusso, ripresa, fermento, risveglio.

statàle **A** *agg.* dello Stato, nazionale, pubblico, demaniale **CONTR.** privato **B** *s. m.* e *f.* impiegato dello Stato **C** *s. f.* (*gener.*) strada, via.

staticità *s. f.* immobilità, fermezza □ (*fig.*) paralisi, ristagno, stasi **CONTR.** movimento, moto □ avvio, corsa, flusso, ripresa, dinamismo.

stàtico *agg.* **1** fermo, fisso, immobile, quieto □ stabile, in equilibrio **CONTR.** mosso, instabile, mutevole **2** (*fig.*) (*di economia, di situazione, ecc.*) senza sviluppo, morto, ristagnante, stagnante **CONTR.** dinamico, mobile, vivo, vivace.

station wagon /*ingl.* 'steiʃən 'wægən/ [loc. ingl., comp. di *station* 'stazione, sosta' e *wagon* 'carro coperto'] *loc. sost. f. inv.* familiare, giardinetta, break (*ingl.*).

statìstica *s. f.* (*est.*) campionamento, raccolta di dati □ calcolo, indagine.

stàto *s. m.* **1** modo di essere, condizione, grado, situazione, fase, termini, salute, sorte □ (*di una situazione, di una trattativa*) punto **2** modo di vivere □ condizione economica □ posizione sociale **3** classe sociale, ceto, categoria **4** organizzazione politica, nazione, governo, impero, regno, repubblica, confederazione □ Paese, terra □ potenza **FRAS.** *di Stato*, pubblico □ *affare di Stato* (*fig.*), cosa troppo importante □ *quarto Stato*, proletariato □ *uomo di Stato*, statista. *V. anche* NAZIONE

stàtua *s. f.* scultura, figura, marmo, bronzo, simulacro (*lett.*), cariatide □ monumento.

statuàrio *agg.* **1** di statua, da statua **2** (*est.*) (*di posa, di figura, ecc.*) scultoreo, imponente, maestoso, solenne **CONTR.** dimesso.

statunitènse *agg.*; *anche s. m.* e *f.* (*est.*) americano, nordamericano □ (*spreg. scherz.*) yankee (*ingl.*).

statu quo /*lat.* 'statu 'kwɔ/ [loc. lat., propriamente *statu quo ante* 'nello stato in cui (si trovava) prima'] *loc. sost. m. inv.* situazione di fatto.

statùra *s. f.* **1** altezza □ lunghezza, corporatura, taglia, grandezza, mole □ persona, personale **2** (*fig.*) elevatezza, levatura, tacca, dignità, nobiltà, valore, distinzione, signorilità **CONTR.** abiezione, bassezza, viltà.

status /*lat.* 'status/ [vc. lat., propriamente 'stato, condizione'] *s. m. inv.* posizione sociale, posizione, condizione sociale, classe □ stato giuridico.

status quo /*lat.* 'status 'kwɔ/ *V.* **statu quo**.

statùto *s. m.* **1** (*di Stato*) legge fondamentale, costituzione, carta **2** (*est.*) (*di società*) ordinamento, regolamento, norme, normativa.

stazionàre *v. intr.* sostare, parcheggiare, posteggiare □ attendere **CONTR.** andarsene, allontanarsi, muoversi, spostarsi.

stazionàrio *agg.* **1** fermo, fisso, stabile, invariabile □ stanziale **CONTR.** mobile, mosso, in movimento, variabile □ migratore, di passaggio **2** (*fig.*) (*di situazione, di temperatura, ecc.*) costante, immutato, uguale, invariato **CONTR.** mutevole, variabile, incostante, in movimento, fluido **3** (*mat.*) autonomo.

stazióne *s. f.* **1** (*raro*) fermata, sosta, scalo, base, stazionamento, parcheggio, posteggio **2** (*ass., est.*) ferrovia **3** (*di villeggiatura, di cura, ecc.*) località, luogo **4** (*di meteorologia, di astronomia, ecc.*) osservatorio **5** (*raro*) (*del corpo*) posizione, modo di stare **6** (*mil.*) nucleo, minima unità **FRAS.** *stazione termale*, terme □ *stazione di servizio*, autostazione.

stàzza *s. f.* (*di nave*) stazzatura, volume, capacità, tonnellaggio, portata.

stàzzo *s. m.* (*di gregge*) recinto, stabbio, addiaccio.

stécca *s. f.* **1** asticella, bastoncino, bacchetta, riga, righello, righino, verghetta, pertica **2** (*fig.*) stonatura, nota stonata **3** (*gerg.*) mazzetta, tangente, pizzo, bustarella **FRAS.** *passare la stecca* (*fig.*), dare le consegne.

steccàre **A** *v. tr.* **1** cingere, recingere, recintare, contornare **2** (*di frattura*) fasciare, immobilizzare, ingessare **3** (*cuc.*) lardellare **4** (*fig.*) (*di nota*) sbagliare **B** *v. intr.* stonare.

steccàto *s. m.* **1** steccata, stecconata, staccionata, rastrello (*dial.*), assito, palizzata □ riparo, recinto, recinzione, cinta, divisione, sbarramento, chiuso, barriera **2** (*nell'ippica*) corda.

stecchìno *s. m.* **1** *dim. di* **stecco** **2** stuzzicadenti.

stecchìre **A** *v. intr.* e **stecchìrsi** *intr. pron.* diventare secco, dimagrire, rinsecchire □ irrigidirsi **CONTR.** ingrassare, ingrossare □ rammollirsi **B** *v. tr.* **1** (*raro*) rinsecchire **2** uccidere sul colpo, freddare, fulminare.

stécco *s. m.* ramoscello secco, fuscello, sterpo, aculeo, pruno, brocca, brocco, bronco, festuca, spino **FRAS.** *essere uno stecco* (*fig.*), essere magrissimo **CFR.** acciuga, baccalà, chiodo.

stecconàta *s. f.* steccato, steccata, staccionata, assito, barriera, palizzata, chiuso, recinto, riparo.

stèle *s. f.* colonna sepolcrale, lastra funeraria □ colonna votiva, cippo, erma (*lett.*), pilastro.

stélla *s. f.* **1** astro **2** (*al pl.*) (*poet.*) cielo, paradiso **3** (*al pl.*) (*fig.*) occhi lucenti, occhi brillanti, occhi meravigliosi **4** destino, sorte, fato **5** (*poet.*) donna bellissima □ donna amata **6** star (*ingl.*), attrice, attore, vedetta, vedette (*fr.*), diva, divo □ personaggio **7** (*mar.*) star (*ingl.*) **8** (*tip.*) asterisco **9** protettore **FRAS.** *stella alpina*, edelweiss (*ted.*), fiore nobile □ *vedere le stelle* (*fig.*), sentire un dolore acuto □ *portare alle stelle* (*fig.*), esaltare □ *salire alle stelle* (*fig.*), rincarare moltissimo.

stellétta *s. f.* **1** *dim. di* **stella** **2** (*al pl.*) (*mil.*) grado □

distintivo *3* (*edit., giorn.*) asterisco.

stellina *s. f.* *1* *dim. di* **stella** *2* attricetta, giovane attrice, starlet (*ingl.*).

stèlo *s. m.* *1* (*bot.*) fusto, culmo, calamo (*lett.*), caule, filamento, pedicello, gambo, peduncolo, rizoma, stocco, paglia *2* (*est.*) asta, sostegno.

stèmma *s. m.* scudo gentilizio, arma, blasone □ insegna, emblema, simbolo, colore.

stemperàre *A* *v. tr.* *1* diluire, allungare, liquefare, sciogliere, dissolvere, disciogliere, disfare, intridere, mischiare, squagliare, struggere CONTR. condensare, concentrare, coagulare, raggrumare, indurire, assodare, rassodare, solidificare *2* togliere la tempera CONTR. temperare, dare la tempera *3* (*raro*) spuntare CONTR. appuntire, temperare *B* **stemperarsi** *v. intr. pron.* *1* perdere la tempera *2* spuntarsi *3* (*raro*) struggersi, sciogliersi. *V. anche* SCIOGLIERE

stendàrdo *s. m.* insegna, bandiera, pennone, vessillo □ gonfalone, gagliardetto, orifiamma, labaro. *V. anche* BANDIERA

stèndere *A* *v. tr.* *1* allungare, distendere, allargare, aprire, estendere, prolungare, protendere, tendere, decontrarre □ spiegare, dispiegare (*raro*), srotolare, svolgere, sviluppare CONTR. contrarre, ridurre, stringere, restringere □ piegare, accartocciare, rannicchiare *2* (*di panni*) sciorinare, mettere all'aria *3* (*di colore, di unto, ecc.*) spianare, spalmare, spargere, spandere *4* adagiare, sdraiare, distendere CONTR. rizzare, sollevare *5* (*con un pugno, ecc.*) abbattere, mettere K.O. □ (*est.*) uccidere *6* (*di lettera, di verbale, ecc.*) scrivere, compilare, stipulare, vergare, redigere, stilare, rogare *B* **stendersi** *v. rifl.* allungarsi, distendersi, stiracchiarsi, adagiarsi, coricarsi, rilassarsi CONTR. alzarsi, tirarsi su, levarsi, sollevarsi *C* *v. intr. pron.* estendersi, prolungarsi, protendersi, arrivare, andare FRAS. *stendere la mano*, chiedere l'elemosina.

stenogràfico *agg.* *1* di stenografia *2* (*est.*) (*di discorso e sim.*) rapidissimo, velocissimo, conciso, condensato CONTR. lungo, diffuso, prolisso.

stentàre *v. intr.* *1* durare fatica, faticare, penare, patire, affannarsi, incontrare difficoltà CONTR. riuscire facilmente *2* (*ass.*) non avere il necessario, passarsela male, campicchiare, soffrire, tribolare CONTR. star bene, passarsela bene.

stentataménte *avv.* *1* a stento, con stento, a fatica, a mala pena, lentamente, difficilmente, faticosamente, laboriosamente CONTR. facilmente, agevolmente, comodamente *2* di stenti, miseramente, meschinamente, poveramente CONTR. riccamente, splendidamente, da nababbo.

stentàto *part. pass. di* **stentare**; *anche agg.* *1* faticoso, tirato via CONTR. diligente, accurato *2* (*di saluto, di invito, ecc.*) non spontaneo, artificioso, convenzionale CONTR. naturale, spontaneo, genuino, schietto, semplice *3* (*di vita e sim.*) pieno di sofferenze, pieno di privazioni, povero, misero, disagiato, tribolato □ (*di successo*) risicato □ (*di ragionamento*) stiracchiato CONTR. agiato, comodo, ricco, prospero, splendido □ sicuro, largo □ lineare, scorrevole *4* (*di bambino, di pianta, ecc.*) debole, gracile, patito, striminzito, rachitico, tisico, tristo, secco CONTR. forte, gagliardo, robusto, rigoglioso, vigoroso, prestante, aitante, atletico.

stènto *s. m.* *1* patimento, pena, sofferenza, privazione, bisogno, disagio, miseria, povertà, ristrettezza CONTR. abbondanza, agiatezza, benessere, larghezza, dovizia (*lett.*), ricchezza *2* difficoltà, fatica, sforzo, stiracchiatura, stentatezza CONTR. facilità, comodità, agio FRAS. *a stento*, stentatamente, con difficoltà, faticosamente, a mala pena.

stentòreo [da *Stentore*, eroe omerico dal potente grido di guerra] *agg.* (*di voce*) forte e chiaro, forte, tonante, bronzeo, possente CONTR. debole, fievole, fioco, sommesso, basso, roco.

stéppa *s. f.* (*est.*) prateria, brughiera, pampa (*sp.*), puszta (*ungh.*).

stèrco *s. m.* (*di animali*) escrementi, feci, merda (*volg.*), meta □ letame, stabbio, fimo (*lett.*).

stereotipàto *agg.* (*fig.*) (*di sorriso*) impersonale, uniforme, grigio □ (*di frase*) convenzionale, conformistico, vieto, rifritto CONTR. spontaneo, vivace □ originale, nuovo.

stereòtipo *s. m.* luogo comune, cliché (*fr.*).

stèrile *agg.* *1* (*di persona*) infecondo CONTR. fecondo, fertile, prolifico *2* (*di pianta, di terreno*) improduttivo, infruttifero, infruttuoso, arido, secco, brullo, povero CONTR. fecondo, fertile, fruttifero, fruttifico (*raro*), fruttuoso, produttivo *3* (*fig.*) (*di tentativo*) inefficace, inutile □ (*di chiacchiere, di polemica, ecc.*) vacuo, vano, vuoto CONTR. efficace, utile, necessario, proficuo, vantaggioso, fruttuoso *4* (*di soluzione, di garza, ecc.*) sterilizzato, asettico CONTR. infetto, inquinato.

sterilità *s. f.* *1* infecondità □ improduttività, isterilimento, aridità CONTR. fecondità, fertilità, prolificità □ feracità, produttività *2* (*fig.*) infruttuosità, inefficacia, inutilità, vacuità, vanità CONTR. efficacia, utilità, vantaggio, proficuità (*raro*).

sterilizzàre *v. tr.* *1* rendere sterile, isterilire □ (*est.*) castrare *2* disinfestare, disinfettare, purificare □ pastorizzare CONTR. infettare, inquinare.

sterilizzàto *part. pass. di* **sterilizzare**; *anche agg.* *1* isterilito □ (*est.*) castrato CONTR. fecondato *2* sterile, disinfettato, purificato, asettico, disinfestato □ pastorizzato CONTR. infettato, inquinato.

sterilizzazióne *s. f.* *1* (*med., est.*) castrazione *2* disinfezione, disinfestazione, purificazione, antisepsi, asepsi □ pastorizzazione CONTR. infezione, inquinamento, sepsi.

sterminàre *v. tr.* distruggere, annientare, far sparire, decimare, falcidiare, devastare, disperdere, mandare in rovina, far fuori, uccidere, liquidare CONTR. perdonare, risparmiare □ salvare.

sterminàto (1) *part. pass. di* **sterminare**; *anche agg.* distrutto, annientato, disperso, liquidato CONTR. perdonato, risparmiato.

sterminàto (2) *agg.* (*di luogo, di ignoranza, ecc.*) grande, enorme, infinito, amplissimo, immenso, illimitato, smisurato, sconfinato, incommensurabile, vastissimo, oceanico CONTR. esiguo, limitato, circoscritto, piccolo, ristretto. *V. anche* GRANDE

sterminatóre *s. m.*; *anche agg.* (*f. -trice*) distruttore, devastatore, vandalo.

stermìnio *s. m.* **1** ammazzamento, decimazione, uccisione, falcidia □ carneficina, eccidio, massacro, strage, macello, carnaio, ecatombe, strazio, scempio □ annientamento, liquidazione in massa **2** (*fig., fam.*) quantità enorme, visibilio, mucchio (*pop., fam.*), massa (*fam.*), sacco (*pop., fam.*), fracco (*pop., fam.*).

sterpàia *s. f.* sterpaio, sterpeto, macchia, roveto.

sterpàio *s. m.* sterpaia, sterpeto.

stèrpo *s. m.* ramo secco, pruno spinoso, bronco, broncone, brocca, brocco, stecco.

sterràre *v. tr.* scavare.

stèrro *s. m.* scavo □ scavatura □ fossa, buca.

sterzàre *v. tr.* e *intr.* **1** (*di veicolo*) voltare, curvare, girare, dirigersi, prendere **2** (*fig., fam.*) (*di persona, di partito*) cambiare idea, cambiare opinione □ spostarsi, virare.

sterzàta *s. f.* **1** (*di veicolo*) voltata **2** (*fig., fam.*) (*di persona*) cambiamento d'idea □ spostamento, virata.

stèrzo *s. m.* (*di automobile*) volante □ (*di bicicletta, di moto*) manubrio.

stésa *s. f.* distesa, estensione, sciorinamento (*raro*) □ serie, sequela.

stéso *part. pass. di* **stendere**; *anche agg.* **1** disteso, allungato, allargato, aperto, esteso, teso, prolungato, proteso □ spiegato, svolto, sviluppato, sciorinato □ adagiato, sdraiato **CONTR.** piegato, ripiegato, avvolto, raccolto, accartocciato, riunito □ ritto, alzato **2** (*di colore, di unto, ecc.*) spalmato, sparso **3** (*di lettera, di verbale, ecc.*) scritto, vergato, redatto, stilato.

stésso ***A*** *agg. dimostr.* **1** medesimo, identico, uguale, pari, tale, tale e quale, preciso, compagno, gemello, equipollente (*raro*), congenere, equivalente, uniforme **CONTR.** altro, differente, dissimile, diverso, contrario, opposto **2** (*raff.*) proprio, in persona, addirittura, anche, persino, perfino, nientemeno ***B*** *pron. dimostr.* **1** medesima persona **2** (*solo sing.*) medesima cosa, idem (*lat.*) **FRAS.** *lo stesso*, ugualmente; la stessa cosa, indifferente.

stesùra *s. f.* redazione, scrittura, compilazione, componimento.

stìa *s. f.* (*per polli*) gabbia, capponaia, pollaio.

stick /*ingl.* stik/ [vc. ingl., propriamente 'bastone'] *s. m. inv.* (*di rossetto, di sapone, ecc.*) bastoncino, cilindretto, tubetto.

stigmatizzàre *v. tr.* **1** (*raro*) imprimere lo stigma, marchiare **2** (*fig.*) bollare, marchiare, censurare, criticare, biasimare, rimproverare, condannare **CONTR.** approvare, elogiare, esaltare, lodare. *V. anche* BIASIMARE

stilàre *v. tr.* (*bur.*) redigere, scrivere, stendere.

stìle *s. m.* **1** (*di scritto, di pittura, ecc.*) espressione, modo, forma, maniera, gusto, intonazione, taglio, tocco, tono, mano, classe, arte □ lingua, prosa, frasario, eloquio □ linea, scuola, genere, tendenza **2** (*est.*) (*di vita, di modi, ecc.*) abitudine, consuetudine, costume, uso, usanza □ atteggiamento, comportamento, condotta, contegno, carattere, natura, look (*ingl.*) □ (*ass.*) correttezza, signorilità **3** (*di indumento, di pettinatura, ecc.*) foggia, taglio, moda **4** stiletto **FRAS.** *in grande stile*, di grandi proporzioni □ *stile libero*, (*nel nuoto*) crawl (*ingl.*). *V. anche* IMPRONTA, MODA

stilétto *s. m.* pugnale, sica, stilo, stocco.

stilìsta *s. m.* e *f.* **1** scrittore raffinato, cesellatore **2** modellista, creatore di moda, designer (*ingl.*), couturier (*fr.*), sarto.

stilìta [dal greco *stylítes* da *stŷlos* 'colonna'; *stilita* era infatti nella chiesa orientale l'anacoreta che passava la vita sopra una colonna] *s. m.* (*est.*) anacoreta, eremita, romito.

stilizzàre *v. tr.* schematizzare, semplificare **CONTR.** particolareggiare.

stìlla *s. f.* (*lett.*) goccia, gocciolo, gocciola, lacrima.

stillàre *v. tr.* e *intr.* gocciare, colare, gocciolare, sgocciolare, gemere, lacrimare, piangere, fuoriuscire, scaturire, trapelare, trasudare, versare □ (*raro*) filtrare, distillare **CONTR.** inondare □ scrosciare, grondare.

stillicìdio *s. m.* **1** gocciolio, gocciolamento, sgocciolio **CONTR.** scroscio, inondazione **2** (*fig.*) ripetizione continua, ripetizione monotona.

stìma *s. f.* **1** (*di cosa*) valutazione, estimo, calcolo, misura, misurazione, perizia, quotazione □ prezzo **2** (*di persona*) opinione buona, opinione favorevole, buon concetto, ammirazione, apprezzamento, fiducia, favore □ considerazione, credito, fama, grido, nome, autorità, nominanza (*lett.*), onore, pregio, reputazione, riguardo, rinomanza, rispettabilità, rispetto **CONTR.** disistima, discredito, disprezzo, dispregio, disonore. *V. anche* FAVORE, REPUTAZIONE, RISPETTO

stimàre ***A*** *v. tr.* **1** (*di cosa*) determinare il prezzo, valutare, calcolare, contare, misurare, periziare, quotare **2** (*giusto, onesto, ecc.*) reputare, giudicare, ritenere, considerare, trovare, tenere, pensare, credere □ parere, sembrare **3** (*di persona*) tenere in considerazione, ammirare, apprezzare, onorare, benvolere, rispettare, pregiare (*lett.*), venerare **CONTR.** disistimare, disprezzare, spregiare, denigrare, vilipendere (*lett.*), schernire ***B*** **stimarsi** *v. rifl.* **1** giudicarsi, ritenersi, considerarsi, credersi, reputarsi, tenersi, contarsi (*raro*) **2** vantarsi, gloriarsi, avere grande stima di sé **CONTR.** disprezzarsi, diminuirsi, deprimersi, umiliarsi. *V. anche* GIUDICARE, PENSARE

stimàto *part. pass. di* **stimare**; *anche agg.* **1** (*di cosa*) valutato, quotato □ presunto, previsto, creduto, immaginato **2** (*di persona*) ammirato, apprezzato, considerato, accreditato, celebre, famoso, noto, nominato, onorato, pregiato, rinomato, reputato, rispettato, autorevole, benvoluto, influente, onorevole, riverito **CONTR.** disistimato, disprezzato, spregiato (*lett.*), screditato, disonorato, biasimato, criticato, denigrato. *V. anche* FAMOSO

stimatóre *s. m.* (*f. -trice*) (*raro*) estimatore, intenditore, perito, esperto.

stimolànte ***A*** *part. pres. di* **stimolare**; *anche agg.* **1** (*di medicamento, di clima, ecc.*) eccitante, energetico, ricostituente, tonico, tonificante, corroborante □ (*raro*) eccitativo, stimolatore **CONTR.** calmante, sedativo **2** (*fig.*) (*di persona, di spettacolo, ecc.*) solleticante, interessante, suggestivo, stuzzicante, pungente, provocante **CONTR.** stucchevole ***B*** *s. m.* eccitante, tonico, corroborante CONTR. calmante, sedativo, tranquillante.

stimolàre *v. tr.* **1** (*raro, lett.*) (*di animale*) pungolare **2** (*fig.*) (*di persona, di fantasia, ecc.*) destare, ridestare, rinfocolare, risvegliare, suscitare □ incitare, invogliare, animare, spronare, sferzare, esortare, eccitare, caricare, infiammare, spingere, sollecitare, solleticare, stuzzicare, titillare, vellicare, suggestionare □ istigare, sobillare, sollevare, fomentare, aizzare □ (*di investimenti e sim.*) incentivare, promuovere CONTR. calmare, frenare, placare, contenere, impedire, moderare, sedare, trattenere, deprimere □ scoraggiare, disincentivare. *V. anche* ISTIGARE, SPINGERE

stimolazióne *s. f.* stimolo, eccitazione, provocazione, incentivo, incitamento, invito, incoraggiamento, sprone CONTR. freno, impedimento.

stìmolo *s. m.* **1** (*raro*) (*per animali*) pungolo **2** (*fig.*) (*della fame, del guadagno, ecc.*) bisogno, necessità, assillo □ molla, lievito, motivo, motore, movente, occasione □ incentivo, incitamento, incentivazione, eccitamento, eccitazione, sollecitazione, impulso, incoraggiamento, invito, istigazione, persuasione, spinta, sprone CONTR. freno, dissuasione, disincentivo, impedimento, blocco.

stìnco *s. m.* (*pop.*) tibia □ (*di equino*) cannone.

stìngere ***A*** *v. tr.* scolorire, sbiadire, scolorare, discolorare (*lett.*) CONTR. colorare, tingere ***B*** *v. intr.* e **stingersi** *intr. pron.* scolorirsi, scolorarsi, sbiadire, smontare CONTR. tingersi, colorirsi, ravvivarsi.

stìnto *part. pass. di* **stingere**; *anche agg.* scolorito, sbiadito, scialbo, smontato CONTR. colorito, vivace, vistoso, sgargiante.

stipàre ***A*** *v. tr.* ammassare, ammucchiare, gremire, stivare, addensare, accalcare, inzeppare, condensare, calcare, riempire, ricolmare, pigiare, affollare, radunare CONTR. vuotare □ allargare, diradare, disseminare, spandere, spiegare ***B*** **stiparsi** *v. intr. pron.* accalcarsi, pigiarsi, affollarsi, ammassarsi, insaccarsi, raccogliersi, ammucchiarsi, addensarsi CONTR. allargarsi, diradarsi, disseminarsi, spiegarsi. *V. anche* COSTRINGERE

stipàto *part. pass. di* **stipare**; *anche agg.* affollato, pieno, pigiato, stivato, zeppo, carico, colmo, ricolmo, pieno, zeppo □ ammassato, ammonticchiato CONTR. libero, vuoto □ sparso, largo.

stipendiàre *v. tr.* **1** pagare, retribuire, salariare **2** assumere CONTR. licenziare.

stipendiàto *part. pass. di* **stipendiare**; *anche agg.* e *s. m.* **1** pagato, retribuito, salariato **2** dipendente, impiegato.

stipèndio *s. m.* retribuzione, rimunerazione, mercede (*lett.*), pagnotta (*fam.*) □ paga, salario, soldo, compenso, assegno, appannaggio, mesata, mensile, mensualità, fisso, guadagno, onorario, emolumento, propina (*bur.*). *V. anche* GUADAGNO, PAGA

stìpite *s. m.* **1** (*bot.*) fusto □ gambo **2** (*di porta, di finestra e sim.*) battente, piedritto (*arch.*) **3** (*fig.*) (*di persona*) ceppo, tronco, capostipite, progenitore □ famiglia, progenie (*lett.*), razza, schiatta (*lett.*), stirpe.

stìpo *s. m.* armadietto, scrigno, cassaforte, cofano, mobiletto, bureau (*fr.*).

stìpsi *s. f.* (*med.*) stitichezza, costipazione CONTR. diarrea, dissenteria.

stìpula *s. f.* stipulazione, rogito □ contratto CONTR. disdetta.

stipulàre *v. tr.* redigere, stendere, scrivere □ (*est.*) concludere, celebrare, pattuire CONTR. disdettare, sciogliere, annullare.

stiracchiàre ***A*** *v. tr.* **1** (*raro*) tirare, distendere, allungare, allargare CONTR. contrarre, restringere **2** (*fig., fam.*) lesinare, risparmiare ***B*** *v. tr.* e *intr.* **1** (*fam.*) mercanteggiare, lesinare CONTR. largheggiare, regalare **2** (*fam.*) cavillare, arzigogolare, sofisticare □ forzare, sforzare CONTR. interpretare giustamente ***C*** **stiracchiarsi** *v. rifl.* stirarsi, sgranchirsi, stendersi, distendersi.

stiracchiàto *part. pass. di* **stiracchiare**; *anche agg.* **1** (*di membra*) sgranchito, disteso **2** (*fig.*) (*di ragionamento, di racconto, ecc.*) forzato, sforzato, stentato, striminzito, faticoso CONTR. naturale, spontaneo, scorrevole.

stiracchiatùra *s. f.* **1** (*di membra*) stiracchiamento, sgranchimento **2** (*fig.*) (*di ragionamento, di racconto, ecc.*) interpretazione forzata, forzatura, sforzatura, stento, arzigogolamento, lambiccamento CONTR. naturalezza, spontaneità, semplicità.

stiraménto *s. m.* distensione, spianamento, stendimento □ stiratura □ stiracchiamento, sgranchimento □ strappo CONTR. contrazione, accorciamento, rattrappimento.

stiràre ***A*** *v. tr.* stendere, distendere, tirare, allungare □ lisciare, spianare, levigare, cilindrare CONTR. aggrinzire, raggrinzire, gualcire, sgualcire, spiegazzare ***B*** **stirarsi** *v. rifl.* (*fam.*) sgranchirsi, stendersi, stiracchiarsi CONTR. contrarsi, rattrappirsi.

stiratùra *s. f.* **1** (*di panni e sim.*) stiro, lisciatura, spianamento **2** (*med.*) (*di muscoli*) stiramento.

stìrpe *s. f.* schiatta (*lett.*), origine, casata, casato, casa, famiglia, prosapia, prole, gente, parentela, genia (*ant.*), seme, sangue, nascita, natali, stipite, lignaggio, nazione, popolo, popolazione, razza, ceppo, ramo, tronco, classe, specie □ (*dir.*) discendenza, generazione, progenie. *V. anche* FAMIGLIA

stitichézza *s. f.* stipsi costipazione CONTR. diarrea, dissenteria.

stìtico *agg.*; *anche s. m.* **1** costipato □ (*fig.*) lento, faticoso □ restio, ritroso CONTR. veloce, deciso □ accondiscendente, arrendevole, cedevole **2** (*fig.*) avaro, tirato, taccagno, tirchio CONTR. generoso, largo, liberale, munifico, prodigo, splendido.

stìva *s. f.* (*di nave*) magazzino, deposito.

stivàle *s. m.* **1** gambale **2** (*pop., per anton.*) Italia FRAS. *lustrare gli stivali* (*fig.*), adulare □ *dei miei stivali* (*fig., spreg.*), da nulla.

stivàre *v. tr.* sistemare nella stiva, immagazzinare □ (*raro*) stipare, pigiare.

stìzza *s. f.* collera, rabbia, irritazione, ira, dispetto, paturnie (*pop.*), bile, bizza, capriccio, corruccio, furia, rovello, arrovellamento, accanimento, sdegno CONTR. calma, pazienza, sopportazione, impassibilità, imperturbabilità. *V. anche* IRA

STIZZA
sinonimia strutturata

Un'irritazione acuta ma di breve durata, dovuta specialmente a scontentezza, contrarietà, impazienza, si dice **stizza**: *rodersi di stizza*; *essere pieno di stizza*; *avere, provar stizza di qualche cosa*. Chi è sdegnato o ha perso la calma si dice anche preda di **irritazione**: *sentire, provare irritazione verso qualche cosa, verso qualcuno*; sempre di durata limitata è il **dispetto**, che però è permeato di solito da una vena di **invidia**: *prova dispetto per la nostra vittoria*; *è roso dal dispetto*; *non riesce a nascondere il suo dispetto*; lo **sdegno** evoca invece un'idea di riprovazione, ed è di solito provocato da ciò che sembra dannoso o intollerabile: *provare, nutrire, sentire sdegno*; *trattenere lo sdegno*; *parola, gesto di sdegno*.

Un'agitazione collerica generica è la **furia**, che però può avere durata maggiore della stizza, e che comunque si distingue perché non è mai trattenuta, ma sempre si manifesta nelle parole e nel comportamento: *lasciamogli sbollire la furia*; *essere in furia*; *andare su tutte le furie*; pressoché equivalente è la **bizza**, che si distingue solo perché indica un accesso di collera momentaneo, e perché evoca l'idea del **capriccio**: *fare le bizze* e *fare i capricci* sono infatti espressioni semanticamente identiche.

Ira e **collera** sono sinonimi tra di loro pressoché perfetti, e indicano un impeto dell'animo improvviso e violento che si rivolge contro qualcuno o qualcosa; rispetto ai precedenti, però, questi termini indicano sentimenti di maggiore durata e veemenza: *infiammarsi, accendersi, avvampare, ardere d'ira*; *trattenere, placare l'ira*; *andare, montare in collera*; *essere in collera con qualcuno*; accessi d'ira e reazioni incontrollate sono provocate in genere dalla **rabbia**, cioè da un senso di sdegno o grande irritazione: *essere in preda alla rabbia*; *parole piene di rabbia*; *consumarsi dalla rabbia*; molto vicino è **bile**, in senso figurato: *sputare, ingoiare bile*; *rodersi, crepare dalla bile*. La rabbia può dare origine all'**accanimento**, cioè, nel significato estensivo del vocabolo, a un odio, a una furia di cui si sottolinea la tenacia, l'ostinazione: *perseguitare con accanimento un rivale*. L'accanimento può derivare anche dal **rovello** o dall'**arrovellamento**, che corrispondono a una stizza rabbiosa e durevole, a un tormentoso risentimento interiore: *liberarsi da un rovello*; quasi equivalente è **corruccio**, che però non è altrettanto forte e indica uno sdegno, un'ira mista a dolore: *dimostrare, nascondere il proprio corruccio*.

stizzìre ***A*** *v. tr.* indispettire, irritare, indignare, incollerire, fare arrabbiare **CONTR.** calmare, placare, quietare, rabbonire, tranquillizzare ***B*** *v. intr.* e **stizzirsi** *intr. pron.* arrabbiarsi, adirarsi, sdegnarsi, inquietarsi, esasperarsi, incollerirsi, indispettirsi, irritarsi, impermalirsi, imbizzarrirsi, imbizzirsi (*tosc.*), corrucciarsi, crucciarsi, impennarsi, seccarsi, scocciarsi (*fam.*) **CONTR.** calmarsi, placarsi, quietarsi, rabbonirsi, tranquillizzarsi.

stizzóso *agg.* pieno di stizza, rabbioso, iracondo, ringhioso, bilioso, bizzoso, collerico, capriccioso, insofferente, permaloso, bisbetico, atrabiliare (*lett.*) □ caratterino **CONTR.** benigno, bonario, arrendevole, calmo, paziente, tollerante, indulgente, placido, sereno, tranquillo.

'sto *agg. dimostr.* (*pop., fam.*) questo, codesto.

stoccafisso *s. m.* ***1*** merluzzo disseccato □ (*est.*) baccalà ***2*** (*fig., fam.*) magrone, allampanato, stecco, stuzzicadenti, quaresima (*fig.*), acciuga (*fig.*), baccalà (*fig.*) **CONTR.** grassone, ciccione, pletorico.

stoccàggio *s. m.* ***1*** accumulazione, immagazzinamento □ magazzinaggio ***2*** deposito, magazzino.

stoccàre *v. tr.* immagazzinare, accumulare, caricare **CONTR.** liberare, scaricare.

stoccàta *s. f.* ***1*** colpo di stocco, colpo, stilettata, pugnalata, puntata ***2*** (*nel calcio*) tiro violento, cannonata ***3*** (*fig.*) allusione pungente, battuta, motteggio, scherno, freccia, frecciata, punzecchiatura.

stock /*ingl.* stɔk/ [vc. ingl., propriamente 'tronco, ceppo', poi 'rifornimento, provvista'] *s. m. inv.* deposito, provvista, giacenza, rimanenza □ partita, quantità, blocco.

stòffa *s. f.* ***1*** tessuto, panno, drappo, roba, pezza ***2*** (*fig., fam.*) capacità, abilità, qualità, dote □ attitudine, inclinazione, disposizione **CONTR.** incapacità, inettitudine.

stoicaménte *avv.* fermamente, coraggiosamente, impassibilmente, imperturbabilmente, serenamente **CONTR.** paurosamente, timorosamente, vilmente, mollemente.

stoicìsmo [dal n. della scuola filosofica greca fondata da Zenone nel III sec. a.C.] *s. m.* (*est.*) fermezza, impassibilità, coraggio, sangue freddo **CONTR.** impressionabilità, paura, timore, trepidazione, viltà, mollezza.

stòico *agg.* (*est.*) fermo, coraggioso, impassibile, imperturbabile, sereno **CONTR.** impressionabile, pauroso, timoroso, pavido (*lett.*), trepidante, vile, molle.

stòlido *agg.*; *anche s. m.* scemo, stupido, imbecille, idiota, cretino, deficiente, scimunito, balordo, citrullo, credulo, fesso, grullo, insulso, melenso, minchione, sciocco, vacuo, tonto, gonzo, babbeo, zuccone **CONTR.** intelligente, sveglio, scaltro, furbo, astuto.

stoltaménte *avv.* scioccamente, insensatamente, irragionevolmente, insipientemente, stupidamente, balordamente, cretinamente, stolidamente **CONTR.** intelligentemente, sagacemente, astutamente, scaltramente.

stoltézza *s. f.* scemenza, stupidaggine, stupidità, imbecillaggine, imbecillità, dabbenaggine, zucconaggine, balordaggine, fesseria, cretinismo, cretineria, insensatezza, insipienza, fatuità, dissennatezza, minchioneria **CONTR.** intelligenza, perspicacia, furberia, scaltrezza, accortezza.

stólto *agg.*; *anche s. m.* scemo, stupido, imbecille, idiota, cretino, calandrino, citrullo, fatuo, fesso, insipiente, deficiente, scimunito, sciocco, scriteriato, tonto, gonzo, babbeo □ folle, insensato, irragionevole **CONTR.** intelligente, sveglio, scaltro, furbo, astuto, accorto, saggio, savio. *V. anche* MATTO

stomacàre ***A*** *v. tr.* ***1*** (*di cibo*) nauseare, disgustare, far vomitare, far rivoltare lo stomaco **CONTR.** piacere, ingolosire, tentare, gustare (*fam.*) ***2*** (*fig.*) (*di cosa*) disgustare, nauseare, ripugnare, repellere, ributtare, schifare, spoetizzare (*est.*), far ribrezzo **CONTR.** allettare, attrarre, sedurre, sorridere, essere gradito, far piacere ***B*** **stomacarsi** *v. intr. pron.* ***1*** (*di cibo*) sentirsi rivoltare lo stomaco ***2*** (*fig.*) (*di cosa*) disgustarsi, nausearsi, schifarsi **CONTR.** compiacersi, rallegrarsi.

stomachévole *agg.* (*anche fig.*) disgustoso, nauseante, nauseabondo, schifoso, stomacante (*raro*), ripugnante, repulsivo, rivoltante, sgradevole, repellente, ributtante, sconcio, schifoso **CONTR.** appetitoso, gustoso, delizioso, squisito □ allettante, attraente, gradevole, gradito, piacevole. *V. anche* SPIACEVOLE

stòmaco *s. m.* ***1*** epigastrio (*est.*), sacco (*pop. scherz.*) □ (*di bovini*) trippa ***2*** (*fig., fam.*) audacia, coraggio, spudoratezza **FRAS.** *avere sullo stomaco*, non aver digerito; (*fig.*) non poter sopportare □ *dare di stomaco*, vomitare □ *fare stomaco, rivoltare lo stomaco* (*anche fig.*), stomacare, nauseare □ *avere uno stomaco di ferro, avere uno stomaco di struzzo* (*fig.*), digerire tutto.

stonàre ***A*** *v. tr.* e *intr.* uscire di tono, fare stecche, steccare, scantinare (*raro*) **CONTR.** essere intonato ***B*** *v. intr.* non armonizzarsi, contrastare, discordare, dissonare, stridere **CONTR.** armonizzarsi, accordarsi, intonarsi.

stonàto *part. pass. di* **stonare**; *anche agg.* ***1*** fuori di tono, scordato □ (*fig.*) turbato, confuso, stordito **CONTR.** intonato □ normale ***2*** non armonizzato, disarmonico, contrastante, dissonante, discordante **CONTR.** accordato, armonizzato, intonato.

stòp [vc. ingl., propriamente 'fermata', da *to stop* 'fermarsi'] *s. m. inv.* ***1*** (*nei messaggi telegrafici*) punto ***2*** (*di autoveicolo*) fanalino d'arresto □ obbligo d'arresto ***3*** ordine di fermarsi, arresto, fermata □ alt, altolà, ferma □ basta **CONTR.** avanti □ ancóra.

stóppa *s. f.* capecchio, cascame **FRAS.** *color stoppa*, biondo slavato □ *essere come un pulcino nella stoppa* (*fig.*), essere impacciato.

stoppàccio *s. m.* (*di cartuccia*) borra, zaffo □ tampone.

stoppàre *v. tr.* fermare, bloccare, arrestare **CONTR.** liberare, scagliare, lanciare.

stòpper [vc. ingl., da *to stop* 'fermare'] *s. m. inv.* (*sport*) marcatore, stoppatore, terzino.

stóppia *s. f. spec. al pl.* stipa, stipula (*ant.*), paglia.

stoppìno *s. m.* ***1*** (*di candela*) lucignolo □ (*est.*) cerino ***2*** (*di fuochi d'artificio*) miccia.

stoppóso *agg.* tiglioso, duro, coriaceo, filamentoso, filoso **CONTR.** tenero, frollo □ (*di frutto*) succoso, sugoso.

stòrcere ***A*** *v. tr.* ***1*** torcere, contorcere, distorcere, piegare □ (*di occhi*) stralunare **CONTR.** raddrizzare, tirare, distendere ***2*** (*raro, fig.*) (*di discorso*) fraintendere, travisare, stravolgere **CONTR.** capire, comprendere, intendere ***B*** **storcersi** *v. rifl.* contorcersi, dimenarsi.

stordiménto *s. m.* assordamento, confusione, frastornamento, intontimento, intronamento, rintronamento □ disorientamento, annebbiamento, obnubilamento (*lett.*), tramortimento, turbamento □ sbalordimento, sbigottimento, stupore, meraviglia □ ebbrezza, capogiro, vertigine **CONTR.** calma, fermezza, impassibilità, imperturbabilità, saldezza, serenità, tranquillità, autocontrollo.

STORDIMENTO
sinonimia strutturata

Si chiama **stordimento** l'effetto di forte turbamento e confusione, che impedisce temporaneamente l'udito e altera l'equilibrio psichico; il **turbamento** è appunto un'agitazione, uno sconvolgimento della serenità, del normale equilibrio: *provare, sentire turbamento*; *i primi turbamenti amorosi*. Nello stordimento però il turbamento si unisce alla **confusione**, estensivamente intesa, e al **disorientamento**, cioè alla mancanza di chiarezza di pensiero: *la sua confusione era palese*; *provava un forte disorientamento*. In questo senso, lo stordimento può dirsi anche **annebbiamento**, **obnubilazione** o, con termine letterario, **obnubilamento**, vocaboli che indicano figuratamente un offuscamento della mente e delle facoltà sensitive. Abbastanza simile è **intontimento**, che indica uno stato di torpore, di stanchezza e come di stupidità. **Assordamento**, **rintronamento** e **intronamento** si distinguono perché indicano un intorpidimento mentale dovuto a rumori eccessivi; molto simile è il **frastornamento**, che però non è dovuto sempre e solo a chiasso, ma anche ad altri tipi di disturbo o distrazione. Uno sconcerto molto forte, che sgomenta in modo da far quasi perdere la capacità di reagire, si dice **sbigottimento**, o ancor più incisivamente **tramortimento**: *lo sbigottimento generale*.

Lo sbigottimento comprende anche la stupefazione, e infatti lo stordimento può essere provocato da **stupore**, **meraviglia**, ossia da un sentimento improvviso di viva sorpresa che lascia attoniti e quasi senza parole: *essere preso, colto da stupore*; *trasecolare di stupore*; *destare, muovere la meraviglia*; stupore si avvicina a stordimento anche come termine medico, perché indica la condizione in cui l'individuo, sebbene non incosciente, appare insensibile agli stimoli e dimostra perdita dell'orientamento e attività molto limitata. Semanticamente equivalente a stordimento ma più incisivo è **sbalordimento**, che indica un'impressione di disorientamento ancora più profonda.

Anche la **vertigine**, cioè il turbamento della sensibilità spaziale accompagnata da una sensazione di spostamento dell'ambiente circostante e del corpo, rientra in questo stesso campo semantico, benché vertigine nel linguaggio comune e specialmente al plurale sia piuttosto sinonimo di **capogiro**, ossia di giramento di testa: *a guardare dall'alto vengono le vertigini*. La corrispondenza con stordimento esiste anche quando vertigine è usato figuratamente e indica una perdita momentanea dell'equilibrio psichico, sentimentale, o un intenso turbamento dell'animo: *una improvvisa vertigine lo travolse*. In quest'ultima accezione vertigine si avvicina a **ebbrezza**, che designa un perturbamento, uno stordimento simile all'ubriachezza dovuto a sentimenti o emozioni particolarmente intensi: *l'ebbrezza dei sensi*.

stordìre ***A*** *v. tr.* ***1*** privare dei sensi, tramortire □ assordare, confondere, disorientare, frastornare, intontire, rintontire, intronare, rintronare □ annebbiare, obnubilare (*lett.*), ubriacare, sfasare, inebetire, sconcertare, turbare **CONTR.** far rinvenire □ calmare, rasserenare, tranquillizzare ***2*** (*fig.*) far rimanere attonito, sbalordire, meravigliare, stupire, stupefare, abbagliare **CONTR.** lasciare indifferente ***B*** *v. intr.* (*raro*) rimanere attonito, rimanere sbalordito ***C*** **stordirsi** *v. rifl.* (*fig.*) distrarsi, ubriacarsi (*fig.*), svagarsi, togliersi le preoccupazioni.

storditàggine *s. f.* balordaggine, buaggine, dabbenaggine, grullaggine, melensaggine, sbadataggine, sventataggine, smemorataggine □ confusione, turbamento, storditezza (*raro*), spensieratezza, sconsideratezza, insensatezza □ dimenticanza, leggerezza, sciocchezza, stupidaggine **CONTR.** assennatezza, equilibrio, giudizio, ponderatezza, ponderazione, riflessione, senno, consideratezza, serietà, autocontrollo.

stordìto *part. pass. di* **stordire**; *anche agg.* e *s. m.* ***1*** privo di sensi, tramortito □ assordato, confuso, disorientato, frastornato, intontito, intronato, rintronato, annebbiato, inebetito, groggy (*ingl.*), stonato, sfasato, turbato, istupidito □ sbigottito, sbalordito, stupefatto, attonito **CONTR.** lucido, vigile, presente, padrone di sé ***2*** sbadato, inconsiderato, sconsiderato, sventato, irriflessivo, leggero, disattento, distratto, grullo, melenso, smemorato **CONTR.** assennato, giudizioso, ponderato, prudente, ragionatore, riflessivo, savio.

stòria *s. f.* ***1*** eventi umani, vicende umane, evento **CFR.** leggenda, mito ***2*** storiografia □ narrazione, cronaca, cronologia, storiografia, cronistoria, biografia, annali, esposizione, serie di ricordi, memoriale □ racconto, saga, novella □ (*di film, di romanzo, ecc.*) trama □ (*di una scienza, di fenomeni naturali*) evoluzione ***3*** fatto, vicenda ***4*** (*gener.*) faccenda, questione, discorso ***5*** fandonia, invenzione □ favola ***6*** scusa, pretesto ***7*** (*spec. al pl.*) tergiversazioni, smancerie ***8*** relazione, flirt (*ingl.*), amore. *V. anche* SCUSA

storicaménte *avv.* nei fatti, di fatto, realmente, sicuramente.

stòrico (**1**) *agg.* ***1*** della storia ***2*** accaduto, vero, reale, documentato, documentabile, esatto **CONTR.** inventato, fittizio, favoloso, leggendario, mitologico, falso, immaginario ***3*** (*est.*) memorabile, memorando (*lett.*), importante, grande, famoso, indimenticabile **CONTR.** insignificante, trascurabile, banale. *V. anche* FAMOSO, GRANDE

stòrico (**2**) *s. m.* storiografo, annalista, narratore, saggista, cronista, biografo.

storièlla *s. f.* ***1*** *dim. di* **storia** ***2*** fatterello, aneddoto, barzelletta, facezia, novellata (*ant.*) ***3*** bugia, fandonia, frottola, invenzione, pretesto, scappatoia, scusa **CONTR.** vero, verità, realtà, fatto. *V. anche* SCUSA

stormìre *v. intr.* frusciare, sfrusciare, sfrascare (*raro*), crepitare, rumoreggiare, mormorare, sussurrare.

stórmo *s. m.* volo, volata □ branco, schiera, nugolo, nuvolo, nuvola, stuolo, gruppo, moltitudine, folla, formicolio, frotta, torma (*lett.*), turba, caterva □ compagnia, drappello, unità **FRAS.** *suonare a stormo*, suonare a martello.

stornàre *v. tr.* ***1*** (*di indagini, di pericolo, ecc.*) deviare, evitare, parare, rimuovere, sviare □ (*lett.*) distornare, disviare ***2*** (*fig.*) (*di persona, di attenzione, ecc.*) distogliere, distrarre, dissuadere, allontanare, sconsigliare, smuovere **CONTR.** persuadere, consigliare, indurre, spingere, spronare, stimolare ***3*** (*rag.*) (*di denaro, di conto*) girare □ trasferire □ correggere, rettificare ***4*** (*comm.*) (*di affare*) annullare, estinguere, rompere **CONTR.** concludere.

stórno *s. m.* ***1*** (*rag.*) (*di denaro, di conto*) giro □ trasferimento □ rettifica ***2*** (*comm.*) (*di contratto*) annullamento **CONTR.** conclusione.

storpiàre ***A*** *v. tr.* ***1*** (*di persona, di membra*) rendere storpio, sciancare (*raro*), deformare, azzoppare, rovinare **CONTR.** raddrizzare ***2*** (*fig.*) (*di parola*) pronunciare male, pronunciare erroneamente, deformare ***B*** **storpiarsi** *v. intr. pron.* diventare storpio, sciancarsi, deformarsi.

storpiàto *part. pass. di* **storpiare**; *anche agg.* ***1*** (*di persona, di membra*) sciancato, storpio, stroppio (*pop.*), storto, contorto, sbilenco, deforme, rattrappito, rattratto **CONTR.** dritto, diritto, eretto, ben fatto ***2*** (*di parola*) pronunciato male, deformato.

storpiatùra *s. f.* ***1*** storpiamento ***2*** (*fig.*) deformazione, alterazione.

stòrpio *agg.*; *anche s. m.* storpiato, sciancato, sbilenco, storto, deforme, rattrappito, rattratto, cionco (*region.*), claudicante, zoppo, zoppicante **CONTR.** dritto, diritto, eretto, ben fatto. *V. anche* DEFORME

stòrta (**1**) *s. f.* ***1*** storcimento, contorcimento, torsione **CONTR.** raddrizzamento ***2*** (*fam.*) distorsione, lussazione.

stòrta (**2**) *s. f.* alambicco, lambicco, serpentina, distillatore, distillatoio.

stòrto ***A*** *part. pass. di* **storcere**; *anche agg.* ***1*** torto, contorto, distorto, ritorto, stravolto, tortuoso, strambo (*raro*) □ ricurvo, curvo, adunco, gobbo □ obliquo, sbieco, sbilenco, a sghembo, a sghimbescio, fuori sesto □ sciancato, storpio, storpiato, stroppio (*pop.*), rattrappito, rattratto, deforme, malfatto **CONTR.** diritto, dritto, eretto, ben fatto ***2*** (*fig.*) (*di ragionamento, di idee, ecc.*) errato, sbagliato, falso, fallace, zoppicante **CONTR.** esatto, giusto, preciso, vero ***3*** (*fig.*) (*di sguardo*) torvo, bieco, minaccioso, ostile **CONTR.** diretto, franco ***B*** *in funzione di avv.* obliquamente, stortamente, torvamente, di tralice, di traverso **CONTR.** dritto.

stortùra *s. f.* ***1*** (*di arto*) storpiamento, lussazione ***2*** (*fig.*) ingiustizia □ (*di ragionamento*) deviazione, falsa interpretazione.

stovìglia *s. f. spec. al pl.* piatti, vasellame, terraglie, bicchieri, scodelle, tazze.

stràbico *agg.* e *s. m.* guercio, losco (*ant.*), strambo (*raro*).

strabiliànte *part. pres. di* **strabiliare**; *anche agg.* incredibile, inaudito, straordinario □ sbalorditivo, sorprendente, stupefacente, mirabolante, prodigioso, meraviglioso, strepitoso, esplosivo, scioccante, stupendo **CONTR.** comune, banale, mediocre, da nulla, normale, ordinario, solito, usuale.

strabiliàre ***A*** *v. intr.* sbalordire, stupirsi, meravigliarsi, trasecolare, sorprendersi, rimanere attonito, cadere dalle nuvole **CONTR.** rimanere freddo, rimanere impassibile, rimanere imperturbabile ***B*** *v. tr.* sbalordire, stupire, meravigliare, stupefare, sorprendere, far restare di sasso **CONTR.** lasciare freddo, lasciare indifferente.

strabiliàto *part. pass. di* **strabiliare**; *anche agg.* sbalordito, stupito, stupefatto, esterreffatto, meravigliato, attonito, sorpreso, trasecolato **CONTR.** freddo, impassibile, imperturbabile, indifferente.

straboccàre *v. intr.* (*pop.*) traboccare, sovrabbondare, rigurgitare □ straripare, debordare, tracimare, prorompere **CONTR.** scarseggiare, difettare, mancare.

strabuzzàre *v. tr.* stralunare, torcere, stravolgere, spalancare.

stracàrico *agg.* sovraccarico, strapieno, stracolmo, zeppo **CONTR.** scarico, scaricato, vuoto.

straccàre ***A*** *v. tr.* stancare, fiaccare, sfinire, spossare, stremare, sfiancare, slombare (*raro*), esaurire, estenuare, indebolire, strapazzare, svigorire **CONTR.** riposare, ristorare, ricreare, sollevare, invigorire, rinvigorire, fortificare, rinforzare, ingagliardire ***B*** **straccarsi** *v. intr. pron.* stancarsi, fiaccarsi, sfinirsi, spossarsi, stremarsi, sfiancarsi, slombarsi (*raro*), esaurirsi, indebolirsi, strapazzarsi, svigorirsi **CONTR.** riposarsi, ricrearsi, ristorarsi, sollevarsi, invigorirsi, rinvigorirsi, rinforzarsi. *V. anche* STANCARE

stracchìno *s. m.* (*region.*) crescenza, certosa, certosino.

stracciàre ***A*** *v. tr.* ***1*** lacerare, strappare, fare a pezzi, rompere, sdrucire, sbrindellare, squarciare, sbranare **CONTR.** rammendare, rappezzare, rattoppare, ricucire, accomodare, aggiustare ***2*** (*fig., pop., sport*) (*di avversario*) stravincere, schiacciare, surclassare, annientare ***B*** **stracciarsi** *v. intr. pron.* lacerarsi, strapparsi, rompersi, squarciarsi. *V. anche* SCHIACCIARE

stracciàto *part. pass. di* **stracciare**; *anche agg.* ***1*** (*di carta, di stoffa, ecc.*) lacerato, strappato, rotto, sbrindellato, squarciato, sdrucito, straccio **CONTR.** rammendato, rappezzato, rattoppato, ricucito, aggiustato ***2*** cencioso, povero, lacero ***3*** (*fig.*) (*di prezzo*) bassissimo, assai ribassato **CONTR.** altissimo, da capogiro.

stràccio *s. m.* ***1*** cencio, brandello, brindello, pezza, brano, strofinaccio ***2*** (*fam.*) panno, vestito vecchio, vestito logoro ***3*** (*fam.*) (*di persona*) cencio (*fig.*).

straccióne *s. m.* pezzente, povero, miserione (*raro*), miserabile, scalzacane, ciabattone, cencioso, sbrendolone (*tosc.*), sciattone, brindellone, sbrindellone, pidocchioso **CONTR.** signore, elegantone, damerino, zerbinotto, gagà (*fr.*), figurino.

straccivéndolo *s. m.* cenciaiolo, cenciaio, rigattiere, robivecchi, rivendugliolo, stracciaiolo.

stràcco *agg.* ***1*** (*pop.*) (*di persona*) stanco, esausto, affaticato, fiaccato, sfinito, spossato, stremato, sfiancato, slombato (*raro*), esaurito, estenuato, indebolito, svigorito □ fiacco, languido **CONTR.** riposato, ricreato, ristorato, sollevato, energico, forte, gagliardo, robusto, vigoroso ***2*** (*fig.*) (*di macchina, di stampa, ecc.*) logoro, logorato, vecchio **CONTR.** nuovo.

stracontènto *agg. sup.* contentissimo, soddisfattissimo, felicissimo **CONTR.** scontentissimo, tristissimo.

stracòtto ***A*** *agg.* ***1*** cotto troppo, scotto, sfatto **CONTR.** crudo ***2*** (*fig., scherz.*) innamoratissimo ***B*** *s. m.* stufato, brasato, arrosto.

stràda *s. f.* ***1*** via □ (*est.*) stradone, viale, corso, passeggio, contrada (*region.*), calle (*poet.*) □ statale, autostrada, arteria, rotabile, carrozzabile □ viottolo, sentiero, pista, carraia, scorciatoia, mulattiera, traccia, tratturo ***2*** (*fig.*) cammino, percorso, tragitto ***3*** (*fig.*) condotta, modo di procedere, comportamento, contegno ***4*** (*gener.*) passaggio, varco ***5*** (*fig.*) (*per ottenere uno scopo*) mezzo, modo, metodo, sistema, tramite, trafila, iter (*lat.*) ***6*** (*fig.*) lastrico, disoccupazione, miseria ***7*** (*fig.*) carriera, professione □ successo **FRAS.** *strada ferrata*, ferrovia □ *strada traversa*, scorciatoia □ *tagliare la strada* (*fig.*), ostacolare □ *donna di strada* (*fig.*), prostituta □ *buttare sulla strada* (*fig.*), licenziare, rovinare □ *farsi strada* (*fig.*), affermarsi □ *essere fuori strada* (*fig.*), essere in errore □ *mettere fuori strada* (*fig.*), indurre in errore.

stradàle *agg.* viabile, viario.

strafalcióne *s. m.* errore madornale, sproposito, enormità, farfallone, sfarfallone (*fam.*), svarione, papera.

strafàre *v. intr.* esagerare, eccedere, uscire dai limiti, trasmodare **CONTR.** frenarsi, limitarsi, moderarsi, contenersi, trattenersi.

strafottènte *agg.* e *s. m.* e *f.* sfacciato, irriguardoso, irrispettoso, arrogante, impertinente, menefreghista (*fam.*) **CONTR.** discreto, modesto, riguardoso, rispettoso.

strafottènza *s. f.* sfacciataggine, arroganza, impertinenza, menefreghismo (*fam.*) **CONTR.** discrezione, modestia, riguardo, rispetto.

stràge *s. f.* ***1*** (*di persone e animali*) carneficina, massacro, sterminio, macello, scempio, eccidio, ecatombe, carnaio, falcidia, decimazione, uccisione in massa, genocidio ***2*** (*di cose*) distruzione, rovina ***3*** (*fig.*) (*in esami e sim.*) disastro ***4*** (*per antifr.*) grande quantità, enormità, montagna, mare, mucchio **CONTR.** esiguità, scarsità.

stragrànde *agg.* grandissimo, enorme, gigantesco, immenso, colossale **CONTR.** piccolissimo, minimo, minuscolo, microscopico, infinitesimale.

stralciàre *v. tr.* togliere, levar via, eliminare, escludere, liquidare, detrarre **CONTR.** aggiungere, accludere, allegare, includere, introdurre, inserire.

stràlcio *s. m.* ***1*** scelta, cernita, selezione □ passo, brano, estratto ***2*** liquidazione, svendita. *V. anche* SCELTA

stralunàto *agg.* stravolto, fuori di sé, sconvolto □ (*di occhi*) sbarrato **CONTR.** calmo, sereno, impassibile, imperturbabile.

stramazzàre *v. intr.* piombare a terra, cadere, crollare, cascare, precipitare, capitombolare, abbattersi

CONTR. alzarsi, rialzarsi, tirarsi su, scattare in piedi. *V. anche* CADERE

stramberìa *s. f.* ***1*** (*di caratteristica*) bizzarria, stranezza, stravaganza, eccentricità, singolarità, originalità, strampaleria, pazzia **CONTR.** assennatezza, buonsenso, criterio, discernimento, giudizio, normalità, saggezza, senno, posatezza, serietà ***2*** (*di atto, di discorso, ecc.*) capriccio, mattana, mattata, stranezza. *V. anche* CAPRICCIO

stràmbo *agg.* ***1*** (*di persona, di discorso*) strano, bizzarro, stravagante, bislacco, singolare, strampalato, cervellotico, illogico, grottesco, pazzesco, peregrino □ (*spec. di persona*) eccentrico, lunativo, balengo (*dial.*), originale, snob (*ingl.*), capriccioso □ svitato, sbullonato (*gerg.*), sciroccato (*gerg.*), squinternato, picchiato, picchiatello, mattoide, pazzo, pazzerello, toccato, tocco **CONTR.** logico, normale □ assennato, giudizioso, posato, savio, serio ***2*** (*raro*) (*di gambe, di occhi*) torto, storto, strabico **CONTR.** diritto, dritto.

stràme *s. m.* paglia, fieno, foraggio, erba □ giaciglio, lettiera.

strampalàto *agg.* strano, stravagante, balzano, bizzarro, balordo, bislacco, ridicolo, strambo, curioso □ illogico, sconclusionato, cervellotico **CONTR.** assennato, giudizioso, logico, normale, posato, saggio, serio, equilibrato □ scialbo.

stranaménte *avv.* bizzarramente, strambamente, eccentricamente, illogicamente, stravagantemente, cervelloticamente, curiosamente □ inconsuetamente, insolitamente, originalmente, sorprendentemente, incomprensibilmente **CONTR.** assennatamente, giudiziosamente, logicamente, saviamente, seriamente □ normalmente.

stranézza *s. f.* ***1*** (*di caratteristica*) bizzarria, stramberia, stravaganza, eccentricità, originalità, illogicità, paradosso, pazzia, strampaleria □ anormalità, particolarità, singolarità, incredibilità, curiosità **CONTR.** assennatezza, buonsenso, criterio, discernimento, giudizio, logicità, normalità, posatezza, senno, serietà □ normalità, ovvietà ***2*** (*di atto, di discorso, ecc.*) americanata, capriccio, diavoleria.

strangolàre ***A*** *v. tr.* ***1*** soffocare, strozzare □ impiccare ***2*** (*fig.*) (*di cravatta e sim.*) stringere il collo, impedire di respirare ***3*** (*fig.*) (*di debitore, ecc.*) rovinare, taglieggiare, scannare **CONTR.** favorire ***B*** **strangolarsi** *v. intr. pron.* morire strozzato.

strangolatóre *s. m.* (*f. -trice*) strozzatore.

straniàre ***A*** *v. tr.* (*lett.*) allontanare, estraniare, alienare **CONTR.** accogliere, accettare, ricevere ***B*** **straniarsi** *v. rifl.* estraniarsi, allontanarsi, alienarsi, scostarsi **CONTR.** avvicinarsi, accostarsi, unirsi, riunirsi.

stranièro ***A*** *agg.* ***1*** estero, forestiero, allogeno, esotico, immigrato, extracomunitario □ alieno, avventizio, diverso, esterno, estraneo **CONTR.** nazionale, patrio, casalingo, autoctono, natio, nativo, aborigeno, indigeno ***2*** (*di esercito, di popolo e sim.*) nemico, invasore **CONTR.** amico, alleato ***B*** *s. m.* ***1*** forestiero □ (*per i greci e i romani*) barbaro **CONTR.** compatriota, conterraneo, concittadino, compaesano, corregionale, connazionale ***2*** nemico, invasore **CONTR.** alleato.

stranìto *agg.* smarrito, intontito, turbato, stupefatto □ inquieto, innervosito, irritato **CONTR.** sereno, tranquillo.

stràno *agg.* bizzarro, strambo, stravagante, eccentrico, fantasioso, ghiribizzoso, strampalato, toccato, tocco □ balzano, bislacco, buffo, inconsueto, insolito, inusitato, esotico, eteroclito (*lett.*), curioso, sorprendente, raro, originale, sui generis (*lat.*), singolare, peregrino, speciale, incredibile, incomprensibile, inconcepibile, innaturale, grottesco, sorprendente, inverosimile, straordinario **CONTR.** comune, consueto, normale, naturale, ordinario, banale, convenzionale, solito, usuale, semplice.

straordinarietà *s. f.* eccezionalità, rarità, singolarità, unicità □ enormità, incredibilità, ineffabilità, meraviglia, incomparabilità **CONTR.** naturalezza, normalità, ordinarietà □ semplicità, mediocrità, meschinità, pochezza, scarsità.

straordinàrio *agg.* ***1*** (*di fenomeno, di spesa, ecc.*) fuori dell'ordinario, non ordinario, non comune, inconsueto, insolito, inusitato, inusuale, episodico, originale, particolare, speciale □ una tantum (*lat.*), unico, extra (*lat.*) **CONTR.** ordinario, comune, quotidiano, abituale, usuale, regolare ***2*** (*di successo, di spettacolo, ecc.*) grandissimo, colossale, notevolissimo, eccezionale, enorme, sovrumano, superiore, superlativo, clamoroso, sensazionale, strepitoso, sbalorditivo, stupefacente, strabiliante, fuoriclasse, fuoriserie □ inaudito, incredibile, raro, singolare □ fantastico, fiabesco, favoloso, leggendario, mitico, magico □ bellissimo, mirabile, mirabolante, mirifico, mostruoso, fenomenale, meraviglioso, miracoloso, portentoso, prodigioso □ senza precedenti, incomparabile, insuperabile, impareggiabile, indicibile, ineffabile, inenarrabile **CONTR.** comune, consueto, naturale, normale, ordinario, solito, semplice □ mediocre, modesto, meschino, piccolo, scarso. *V. anche* GRANDE, MATTO, RARO

straparlàre *v. intr.* vaneggiare, sproloquiare, concionare, ciarlare, cianciare.

strapazzàre ***A*** *v. tr.* ***1*** (*di persona*) maltrattare, offendere, bistrattare, umiliare, tartassare, tormentare, vessare □ rimproverare, rimbrottare, sgridare, bastonare (*fig.*), redarguire, rabbuffare, rampognare, richiamare, riprendere **CONTR.** approvare, elogiare, encomiare, esaltare, incensare, lodare, blandire, rispettare ***2*** (*di cosa*) adoperare senza riguardo, non aver cura, malmenare, sciupare, calpestare, conciare, abborracciare, acciabattare, scardassare **CONTR.** curare, risparmiare, aver cura, fare accuratamente ***3*** (*di vista, di salute, ecc.*) affaticare eccessivamente, logorare **CONTR.** far riposare, far respirare ***B*** **strapazzarsi** *v. rifl.* faticare, affaticarsi troppo, spossarsi, sfibrarsi, straccarsi, sfinirsi, stremarsi **CONTR.** riposarsi, ricrearsi.

strapazzàta *s. f.* ***1*** grave rimprovero, sgridata, rabbuffo, cicchetto, partaccia, rampogna, reprimenda, rimprovero, rimbrotto, ripassata **CONTR.** elogio, encomio, esaltazione, lode ***2*** fatica, faticaccia, strapazzo, surmenage (*fr.*).

strapazzàto *part. pass. di* **strapazzare**; *anche agg.* ***1***

(*di cosa*) maltrattato, sciupato, malandato, malconcio, rovinato **CONTR.** curato, tenuto con cura, ben conservato ***2*** (*di persona, di vita, ecc.*) affaticato, spossato, sfibrato, sfinito, stremato **CONTR.** riposato, ricreato ***3*** (*raro*) strapazzoso.

strapàzzo *s. m.* grave affaticamento, spossamento, sfinimento, strapazzata **CONTR.** riposo, respiro, sosta **FRAS.** *da strapazzo*, di poco valore.

strapièno *agg.* zeppo, rigurgitante, straripante, traboccante □ sovraccarico, sovraffollato, stracarico.

strapiombàre *v. intr.* non cadere a piombo, sporgere, pendere **CONTR.** cadere a piombo.

strapiómbo *s. m.* luogo scosceso, scoscesità, scoscendimento, precipizio, parete a picco, baratro, burrone, dirupo.

strappàre ***A*** *v. tr.* ***1*** (*di pianta e sim.*) sradicare, svellere, estirpare, sbarbare, spiantare, sbarbicare, diradicare, sconficcare, divellere (*lett.*), avellere (*lett.*) □ brucare □ (*di frutti*) spiccare **CONTR.** ficcare, conficcare, piantare ***2*** (*di persona, di cosa*) allontanare, staccare, separare, sottrarre □ rimuovere, togliere, cavare, prendere, arraffare, asportare, rapire, portar via □ (*di denaro e sim.*) spillare, scroccare **CONTR.** rendere, restituire, ricondurre, riportare, riunire ***3*** (*di carta, di stoffa, ecc.*) stracciare, lacerare, sbrandellare, sbrindellare, sminuzzare, sbranare, rompere, squarciare, sdrucire **CONTR.** accomodare, aggiustare, cucire, ricucire, rammendare, rimarginare, riparare ***4*** (*fig.*) (*di promessa, di segreto, ecc.*) riuscire a ottenere, carpire, estorcere ***B*** **strapparsi** *v. intr. pron.* lacerarsi, stracciarsi, rompersi, squarciarsi, staccarsi. *V. anche* PRENDERE

strappàta *s. f.* strappo, tirata, tiro, tratta, tratto □ (*fig., fam.*) passaggio, strappo.

strappàto *part. pass. di* **strappare**; *anche agg.* ***1*** (*di pianta e sim.*) sradicato, divelto, estirpato, tolto, spiantato, avulso **CONTR.** piantato, conficcato, fitto ***2*** (*di persona, di cosa*) rimosso, allontanato, tolto, portato via, rapito, sottratto, arraffato **CONTR.** reso, restituito, riportato ***3*** (*di carta, di stoffa, ecc.*) lacerato, lacero, stracciato, sdrucito, sbrindellato, rotto, squarciato **CONTR.** nuovo, intatto, integro, rammendato.

stràppo *s. m.* ***1*** (*med.*) stiramento ***2*** (*raro*) (*lo strappare*) tirata, tiro, tratta □ (*di stoffa, di carta, ecc.*) strappamento, strappatura, laceramento, lacerazione, dilacerazione, smagliatura, spacco, rottura, sbrego (*sett.*), sdrucio (*tosc.*), squarcio, sette (*fam.*) **CONTR.** rappezzatura, rattoppo, rappezzo, toppa ***3*** (*fig.*) (*di regola, di legge e sim.*) infrazione, violazione, eccezione, deroga ***4*** (*sport*) scatto ***5*** (*fig., pop.*) (*in macchina*) passaggio, strappata. *V. anche* DEROGA

straripaménto *s. m.* traboccamento, tracimazione □ inondazione, alluvione, piena, proluvie (*lett.*), allagamento.

straripànte *part. pres. di* **straripare**; *anche agg.* (*spec. fig.*) traboccante, straboccante, riboccante, rigurgitante, pieno, ricolmo □ zeppo, strapieno, stracolmo, affollatissimo □ eccedente, esuberante, eccessivo **CONTR.** scarso, manchevole, insufficiente.

straripàre *v. intr.* ***1*** (*di liquidi*) traboccare, versarsi, straboccare, tracimare, debordare, uscire, prorompere, espandersi, allagare, inondare, dilagare ***2*** (*anche fig.*) eccedere, sovrabbondare, riboccare, ridondare □ rigurgitare, essere affollatissimo **CONTR.** scarseggiare, mancare.

strascicàre ***A*** *v. tr.* ***1*** trascinare, strascinare, tirarsi dietro ***2*** (*fig.*) (*di lavoro, di compito e sim.*) fare lentamente, fare di malavoglia ***3*** (*fig.*) (*di parole*) pronunciare lentamente, pronunciare malamente **CONTR.** scandire ***B*** **strascicarsi** *v. rifl.* trascinarsi, camminare a stento, camminare a fatica, ciabattare **CONTR.** correre, camminare spedito ***C*** *v. intr.* toccare terra, strisciare.

stràscico *s. m.* ***1*** strascicamento, trascinamento, strascinamento ***2*** (*di vestito*) coda ***3*** (*di persone*) corteo, accompagnamento, codazzo, seguito ***4*** (*di debiti, di impegni, ecc.*) residuo, segno ***5*** (*di guerra, di malattia, ecc.*) conseguenza spiacevole, postumo **CONTR.** sintomo.

stratagèmma *s. m.* accorgimento, arte, artificio, astuzia, espediente, escamotage (*fr.*), frode, inganno, trucco, manovra, invenzione, malizia, ripiego, risorsa, sotterfugio, trovata □ trabocchetto, tranello, trappola, insidia. *V. anche* ARTIFICIO, FRODE

strategìa *s. f.* ***1*** arte militare □ tattica ***2*** (*fig.*) abilità, astuzia, capacità □ piano, disegno.

stratègico *agg.* importante, decisivo □ (*fig.*) abile, astuto **CONTR.** tattico □ ingenuo, sciocco.

stratègo *s. m.* comandante, condottiero, capitano, generale, duce.

stràto *s. m.* ***1*** crosta, incrostamento, falda, sfoglia □ (*di concime, di foglie*) letto □ (*di frutta*) palco, piano □ (*di muro, di metallo*) pelle □ (*di erba, di fiori*) tappeto □ (*di intonaco e sim.*) rivestimento, superficie ***2*** (*di vernice, di burro, ecc.*) mano, fondo, spalmatura, patina, velo, velatura, spalmata ***3*** (*di nebbia, di nubi, ecc.*) coltre, banco, cortina ***4*** (*fig.*) ceto, classe, grado sociale, casta, condizione, ordine.

stratosfèrico *agg.* (*fig.*) fantastico, astruso □ altissimo, spropositato **CONTR.** reale, concreto.

stràtta *s. f.* strappata, strappo, strattone, tirata, tratta.

strattóne *s. m.* scossa, strappo, stratta, tratta.

stravaccàto *agg.* (*dial.*) sdraiato scompostamente, seduto scompostamente, abbandonato.

stravagànte ***A*** *agg.* fuori del comune, straordinario, singolare □ assurdo, balzano, cervellotico □ fantasioso, ghiribizzoso, grottesco, snobistico **CONTR.** comune, ordinario, banale, solito ***B*** *agg.*; *anche s. m.* (*est.*) bizzarro, balengo (*dial.*), strano, eccentrico, originale, strambo, bislacco, buffo, capriccioso, curioso, inusitato, inverosimile, illogico, pazzesco, strampalato, singolare, sofistico, paradossale □ artista, lunatico, pazzerello, pazzoide, picchiatello, sagoma, scentrato, sciroccato (*gerg.*), snob, svitato, sbullonato (*gerg.*), tocco, tomo **CONTR.** naturale, normale, logico, ragionevole, sensato, semplice, verosimile. *V. anche* ASSURDO, SNOB

stravagànza *s. f.* bizzarria, originalità, stramberia, stranezza, eccentricità, snobismo, illogicità, singolarità, strampaleria, sofisticheria, assurdità □ capriccio, diavoleria, mattana, paradosso, pazzia **CONTR.** buonsenso, naturalezza, normalità, logicità, ragionevolezza, sensatezza, semplicità, verosimiglianza, equilibrio, giudizio. *V. anche* CAPRICCIO

stravècchio *agg.* ***1*** vecchissimo **CONTR.** nuovissimo ***2*** (*di vino, di formaggio e sim.*) invecchiato, stagionato a lungo **CONTR.** freschissimo.

stravedére *v. tr.* e *intr.* travedere, vedere male **FRAS.** *stravedere per* (*fig.*), ammirare moltissimo, amare moltissimo.

stravìncere *v. tr.* stracciare, surclassare, trionfare.

stravìzio *s. m.* disordine, eccesso, bagordo, gozzoviglia, gavazzamento (*lett.*), bisboccia, crapula, orgia, deboscia **CONTR.** digiuno, temperanza, astinenza.

stravòlgere ***A*** *v. tr.* ***1*** (*raro*) volgere con violenza □ deviare, torcere, contorcere, storcere, distorcere □ (*fig.*) (*di decisione, di ordine*) invertire, rovesciare **CONTR.** drizzare, raddrizzare □ mantenere ***2*** (*fig.*) (*di persona*) turbare, agitare, sconvolgere **CONTR.** lasciare impassibile, lasciare indifferente ***3*** (*fig.*) (*di pensiero, di discorso e sim.*) interpretare male, travisare, fraintendere, distorcere, svisare, snaturare, alterare **CONTR.** capire, comprendere, intendere ***B*** **stravolgersi** *v. rifl.* torcersi, contorcersi.

stravòlto *part. pass. di* **stravolgere**; *anche agg.* ***1*** deviato, torto, contorto, storto, distorto **CONTR.** drizzato, raddrizzato ***2*** (*fig.*) (*di persona*) alterato, sconvolto, stralunato □ (*per la stanchezza*) cotto □ turbato, agitato **CONTR.** calmo, sereno, tranquillo ***3*** (*fig.*) (*di pensiero, di discorso e sim.*) interpretato male, travisato, frainteso, distorto, alterato **CONTR.** inteso, compreso, capito.

straziànte *part. pres. di* **straziare**; *anche agg.* angoscioso, dolorosissimo, acutissimo, dilaniante, penetrante, atroce, doloroso, lacerante, lancinante, tormentoso **CONTR.** gradevole, gradito, piacevole, dolce.

straziàre *v. tr.* ***1*** tormentare, lacerare, suppliziare, torturare, attanagliare, dilaniare ***2*** (*di pensiero, di rimorso, ecc.*) affliggere, addolorare, angosciare, distruggere, dilacerare (*lett.*), travagliare, tribolare (*lett.*) **CONTR.** allietare, rallegrare ***3*** (*fig.*) (*di cosa*) fare cattivo uso, sciupare, rovinare, guastare **CONTR.** aver cura, conservare, custodire, risparmiare.

straziàto *part. pass. di* **straziare**; *anche agg.* ***1*** torturato, lacerato, dilaniato, attanagliato ***2*** (*di pensiero, di rimorso, ecc.*) tormentato, addolorato, afflitto, travagliato, tribolato, angosciato, distrutto **CONTR.** allegro, contento, lieto, soddisfatto ***3*** (*di cosa*) sciupato, rovinato, guastato **CONTR.** curato, conservato, custodito, risparmiato.

stràzio *s. m.* ***1*** supplizio, tormento, tortura, sbranamento, macello, martirio, scempio, sterminio □ dolore atroce, crepacuore, spasimo, ferita □ cordoglio, sofferenza □ pena, dannazione **CONTR.** godimento, piacere, diletto, gioia, delizia, sollievo, voluttà ***2*** (*fam.*) fastidio, noia, seccatura **CONTR.** divertimento, passatempo, spasso, svago ***3*** (*fig.*) (*di cose*) sciupio, consumo, spreco **CONTR.** economia, risparmio.

strèga *s. f.* ***1*** maga, maliarda, fattucchiera, incantatrice, versiera (*lett.*) **CONTR.** fata ***2*** (*fig.*) donna perfida, donna malefica, arpia, megera □ vecchiaccia, befana **CONTR.** donna angelica, fatina, sirena, venere.

stregàre *v. tr.* ***1*** affatturare, affattucchiare (*raro*) ***2*** (*fig.*) ammaliare, sedurre, affascinare, incantare, adescare, allettare, attrarre, calamitare, abbagliare, irretire, lusingare **CONTR.** allontanare, disgustare, respingere. *V. anche* SEDURRE

stregóne *s. m.* ***1*** mago, fattucchiere, incantatore, negromante, indovino, maliardo, sciamano ***2*** (*est.*) guaritore, santone.

stregonerìa *s. f.* incantesimo, incanto, magia, malia, ammaliamento, fattura, fattucchieria, cabala, maleficio, sortilegio □ prodigio. *V. anche* INCANTESIMO

strégua *s. f.* misura, proporzione, criterio, ragguaglio **FRAS.** *alla stregua di*, come.

stremàre *v. tr.* ridurre allo stremo, indebolire, sfiancare, slombare (*raro*), sfibrare, spossare, debilitare, defatigare, stancare molto, massacrare, prostrare, esaurire, sfinire, stroncare, svigorire, straccare, abbattere, logorare, consumare **CONTR.** rafforzare, rinforzare, invigorire, rinvigorire, irrobustire, ingagliardire, ringagliardire, corroborare, fortificare. *V. anche* STANCARE

stremàto *part. pass. di* **stremare**; *anche agg.* stanchissimo, indebolito, esaurito, esausto, fiaccato, sfiancato, affranto, cotto, debilitato, sfibrato, fiacco, slombato (*raro*), snervato, sfinito, prostrato, provato, spossato, stroncato, strapazzato, abbattuto, consumato **CONTR.** rafforzato, rinforzato, invigorito, rinvigorito, ingagliardito, ringagliardito, irrobustito, corroborato, fortificato □ energico, forte, gagliardo, robusto, vigoroso, instancabile.

strènna *s. f.* regalo, dono, donativo (*lett.*), mancia, presente. *V. anche* REGALO

strenuaménte *avv.* valorosamente, coraggiosamente, arditamente, animosamente, audacemente, intrepidamente □ tenacemente, fortemente, ostinatamente, infaticabilmente **CONTR.** paurosamente, vilmente, vigliaccamente, timorosamente, pavidamente □ debolmente, fiaccamente.

strènuo *agg.* ***1*** valoroso, coraggioso, ardimentoso, ardito, animoso, audace, intrepido, impavido, virile, prode **CONTR.** pauroso, vile, vigliacco, timoroso, trepidante, trepido (*lett.*), pavido ***2*** (*est.*) (*di lavoratore, di ricercatore, ecc.*) tenace, infaticabile, instancabile, inesauribile **CONTR.** fiacco, sfaticato. *V. anche* PRODE

strepitàre *v. intr.* fare strepito, rumoreggiare, rimbombare, rombare, rintronare, rugghiare (*lett.*), scrosciare, stridere, strepere (*poet.*) □ (*di uccelli*) garrire □ parlare forte, gridare, schiamazzare, strillare, vociare, ruzzare, urlare, gracchiare (*fig.*), protestare, rimostrare, sbraitare **CONTR.** tacere, star zitto □ bisbigliare, mormorare, sussurrare. *V. anche* GRIDARE, PARLARE

strepitìo *s. m.* rumorio, crepitio □ chiasso, rumoreggiamento. *V. anche* CHIASSO

strèpito *s. m.* frastuono, fracasso, fragore, rumore, rumoreggiamento, rombo, rimbombo, rintronamento, scroscio □ baccano, clamore, chiasso, schiamazzo, cancan, caciara, canea, casino, chiassata, gazzarra, putiferio, vociare **CONTR.** calma, pace, quiete, silenzio, tranquillità □ bisbiglio, mormorio, sussurro. *V. anche* CHIASSO

strepitóso *agg.* **1** (*di rumore*) clamoroso, chiassoso, fragoroso, rumoroso, rumoreggiante, rombante, rimbombante, rintronante, scrosciante **CONTR.** silenzioso, tacito, tranquillo, sommesso, muto □ bisbigliante, mormorante, sussurrante **2** (*fig.*) (*di vittoria, di successo, ecc.*) eccezionale, enorme, grandissimo, straordinario, eclatante, strabiliante, clamoroso **CONTR.** limitato, moderato, modesto, piccolo, scarso. *V. anche* GRANDE

stress /*ingl.* stres/ [vc. ingl., propriamente 'sforzo, spinta'] *s. m. inv.* choc (*fr.*), shock (*ingl.*) □ tensione, affaticamento, logorio. *V. anche* EMOZIONE

stressànte *part. pres. di* **stressare**; *anche agg.* shoccante, scioccante □ logorante, defatigante, snervante, spasmodico, affaticante, estenuante **CONTR.** calmante, riposante, tranquillo.

stressàre *v. tr.* shoccare, scioccare, colpire □ logorare, affaticare, estenuare, sfinire, defatigare **CONTR.** calmare, riposare.

stressàto *part. pass. di* **stressare**; *anche agg.* shoccato, scioccato, colpito □ logorato, affaticato, estenuato, sfinito, esaurito **CONTR.** riposato, calmo.

stretch /*ingl.* 'stretʃ/ [vc. ingl., dal v. *to stretch* 'tendere, tirare'] **A** *s. m. inv.* tessuto elasticizzato **B** *agg.* (*di tessuto*) elastico, cedevole.

strétta *s. f.* **1** stringimento, pressione, compressione, morsa, strettura (*raro*) □ abbraccio, amplesso (*lett.*) □ (*di mano*) presa **CONTR.** allargamento, allentamento, dilatamento, espansione, estensione, spiegamento **2** (*fig.*) turbamento, commozione, affanno, fitta, trafittura, oppressione **3** (*di persone*) folla, calca, mischia, ressa **4** momento critico, punto culminante □ conclusione, fase risolutiva **5** varco angusto, gola, strettoia **6** situazione difficile, strettezza, bisogno, penuria □ (*econ.*) difficoltà, strozzatura.

strettézza *s. f.* **1** (*di luogo*) angustia, brevità, piccolezza, ristrettezza **CONTR.** ampiezza, grandezza, larghezza, vastità, spaziosità **2** (*fig.*) (*di tempo, di denaro, ecc.*) scarsezza, scarsità, insufficienza, deficienza, limitatezza **CONTR.** abbondanza, ricchezza, sufficienza **3** (*fig.*) (*di mezzi*) miseria, penuria, povertà, indigenza, stretta, ristrettezza **CONTR.** agiatezza, benessere, dovizia, opulenza, ricchezza, copia.

strétto (1) **A** *part. pass. di* **stringere**; *anche agg.* **1** premuto, serrato, calcato, pressato, compresso, pigiato, chiuso, legato, allacciato, annodato, attanagliato □ cinto, circondato **CONTR.** aperto, dischiuso, allentato, lento, rilassato, disteso, allargato, divaricato, largo **2** (*a persona o cosa*) vicinissimo, rasente, addossato □ abbracciato, avviato, avviticchiato **CONTR.** discosto, diviso, scostato, separato **3** (*di amicizia, di affetto, ecc.*) legato □ intimo, profondo **CONTR.** superficiale **4** (*di parente*) prossimo **CONTR.** lontano **5** (*da necessità, da bisogno e sim.*) costretto, spinto, indotto, forzato, obbligato **6** (*di necessità e sim.*) urgente, impellente, assoluto, estremo, imprescindibile **7** (*di luogo, di abito, di scarpe e sim.*) attillato, striminzito, aderente, piccolo, scomodo □ (*di valle, di piume, ecc.*) incassato, strozzato, angusto **CONTR.** ampio, vasto, esteso, largo, spazioso, capace, comodo **8** (*di persona*) avaro, spilorcio, tirchio, tirato, meschino, taccagno **CONTR.** generoso, prodigo **9** (*di sorveglianza, di obbedienza, ecc.*) rigoroso, severo, rigido, esatto, meticoloso, capillare, preciso, scrupoloso **CONTR.** negligente, tiepido **10** (*parlata*) puro, schietto **B** *in funzione di avv.* strettamente, stringendo.

strétto (2) *s. m.* braccio di mare, canale, bocca.

strettóia *s. f.* **1** (*di passaggio*) restringimento □ bocca, buca, cruna (*lett.*), stretta **CONTR.** slargo **2** (*fig.*) momento grave, difficoltà, angustia, complicazione.

striàre *v. tr.* segnare di strie, listare, rigare, marezzare, venare, marmorizzare.

striatùra *s. f.* stria, striscia, riga, vena, rigatura, marezzatura, venatura, variegatura, tigratura, zebratura □ (*di capelli*) mèche (*fr.*).

stridènte *part. pres. di* **stridere**; *anche agg.* **1** (*di rumore*) cigolante, rumoroso, scricchiolante, stridulo, acuto, aspro, sgradevole **CONTR.** cupo, profondo **2** (*fig.*) (*di colori, di aspetti, ecc.*) contrastante, discordante, dissonante □ (*di contrasto e sim.*) evidente **CONTR.** armonico, concordante, consonante (*raro*), gradevole, melodioso, piacevole.

strìdere *v. intr.* **1** (*di cosa*) cigolare, cricchiare, crocchiare, scricchiare (*raro*), scricchiolare, crepitare **2** (*di persona o animale*) strillare, gridare, strepitare, urlare □ squittire, fischiare, frinire, garrire, zigare, zirlare **3** (*fig.*) (*di colori, di aspetti, ecc.*) contrastare, discordare, stonare **CONTR.** accordarsi, armonizzarsi, intonarsi. *V. anche* GRIDARE

stridóre *s. m.* cigolio, scricchiolio, rumore aspro, rumore sgradevole **CONTR.** armonia, melodia, suono dolce. *V. anche* CHIASSO

strìdulo *agg.* stridente, acuto, cigolante, garrulo, aspro, sgradevole, spiacevole, fesso **CONTR.** armonioso, dolce, gradevole, melodioso, piacevole.

strìglia *s. f.* spazzola, pettine, brusca.

strigliàre **A** *v. tr.* **1** (*con spazzola, con striglia*) fregare, pulire, spazzolare, pettinare **2** (*fig.*) (*di persona*) criticare aspramente, rimproverare, riprendere, censurare, rampognare, richiamare, rimbrottare, frustare, sindacare **CONTR.** adulare, approvare, blandire, elogiare, esaltare, incensare, lodare **B** **strigliarsi** *v. rifl.* (*scherz.*) spazzolarsi bene, ripulirsi. *V. anche* PULIRE

strigliàta *s. f.* **1** passata di striglia, spazzolata **2** (*fig.*) duro rimprovero, sgridata, paternale, cicchetto, pettinata, rampogna, rabbuffo, ramanzina, lavata di capo, ripassata, risciacquata, critica, riprensione (*lett.*), censura **CONTR.** adulazione, approvazione, elogio, esaltazione, incensamento, lode.

strillàre **A** *v. intr.* **1** gridare, urlare, strepitare, sbraitare, stridere, vociare **CONTR.** tacere, far silenzio **2** (*est.*) parlare forte **CONTR.** bisbigliare, mormorare, sussurrare **3** (*fig.*) protestare **B** *v. tr.* **1** urlare, gridare **2** (*fam.*) rimproverare, sgridare **CONTR.** elogiare, lodare. *V. anche* GRIDARE

strillo *s. m.* grido, urlo, strido **CONTR.** pispiglio.

striminzìto *agg.* **1** misero, stretto, ristretto, scarso, scomodo **CONTR.** ampio, largo, comodo **2** (*di discorso e sim.*) esiguo, scarso, stiracchiato, stentato

CONTR. ampio, esauriente **3** (*di persona*) magrissimo, esile, gracile, mingherlino, rachitico, stecchito, stentato **CONTR.** aitante, forte, forzuto, gagliardo, robusto, vigoroso, atletico.

strimpellàre *v. tr.* suonare male, trimpellare, strapazzare, grattare.

strinàre A *v. tr.* bruciacchiare, abbruciacchiare, abbronzare, abbrustolire, avvampare **B strinarsi** *v. intr. pron.* bruciacchiarsi, bruciarsi □ abbrustolirsi.

strinàto *part. pass. di* **strinare**; *anche agg.* bruciacchiato, bruciato, abbronzato, abbrustolito.

strìnga *s. f.* **1** nastro, laccio, laccetto, cordella, lacciolo, guiggia, legaccio, aghetto (*tosc.*) **2** (*ling.*) sequenza.

stringàre *v. tr.* **1** legare, stringere **CONTR.** allargare, allentare, sciogliere **2** (*fig.*) (*di scritto, di discorso*) rendere conciso, condensare, restringere **CONTR.** ampliare, amplificare, diluire.

stringatézza *s. f.* brevità, concettosità, concisione, compendiosità, asciuttezza, schematicità, laconicità, sinteticità, cortezza, brachilogia (*ling.*) **CONTR.** ampiezza, diffusione, estensione, lunghezza, prolissità, ampollosità, ridondanza, logorrea.

stringàto *part. pass. di* **stringare**; *anche agg.* **1** legato, stretto **2** (*fig.*) (*di scritto, di discorso, di stile*) conciso, succinto, laconico, asciutto, breve, corto, schematico, serrato, compendioso, sintetico, sinottico, brachilogico (*ling.*), nervoso, tacitiano, telegrafico **CONTR.** ampio, diffuso, prolisso, ampolloso, dettagliato, retorico, ridondante.

stringènte *part. pres. di* **stringere**; *anche agg.* **1** (*di argomento, di ragionamento, ecc.*) persuasivo, convincente **2** (*di necessità e sim.*) pressante, urgente, incalzante.

strìngere A *v. tr.* **1** avvicinare, congiungere, vincolare, serrare, brancare (*ant.*) □ premere, comprimere, calcare, pigiare, spremere, pressare, soppressare, schiacciare, torchiare □ ammorsare, imbracare, inchiavardare, attanagliare, cerchiare, strizzare, avvitare □ annodare, legare, avvincere, avvinghiare **CONTR.** allargare, aprire, slargare, allentare, mollare, lasciare, rilassare, separare, allontanare, scostare **2** (*lett.*) (*di arma*) brandire, prendere, tenere, impugnare **3** (*d'assedio*) cingere, circondare, chiudere **CONTR.** liberare, sciogliere **4** (*raro*) (*di persona*) obbligare, costringere, spingere **5** (*di patto, di rapporti e sim.*) concludere, contrarre, stipulare, stabilire, intrecciare, allacciare, cementare **6** (*di abito e sim.*) ridurre le misure, rimpicciolire, restringere, riprendere, striminzire **CONTR.** allargare, ampliare **7** (*fig.*) (*di discorso, di scritto*) riassumere, compendiare, tagliare, stringare, riepilogare, sintetizzare **CONTR.** allungare, dettagliare, dilungarsi, estendere **B** *v. intr.* **1** (*di tempo, di impegno, ecc.*) incalzare, urgere, premere **2** (*di abito, di scarpa*) essere stretto **CONTR.** essere largo **3** (*di alimento*) rendere stitico **CONTR.** provocare diarrea **C stringersi** *v. rifl.* **1** accostarsi, farsi molto vicino, serrarsi □ aggrapparsi, allacciarsi □ avvinghiarsi □ restringersi (nelle spalle) **CONTR.** allontanarsi, scostarsi, slargarsi **2** contrarsi **CONTR.** dilatarsi **FRAS.** *stringere i tempi* (*fig.*), affrettarsi, accelerare □ *stringere il cuore* (*fig.*), addolorare profondamente; commuovere profondamente. *V. anche* COSTRINGERE, TAGLIARE

stringiménto *s. m.* restringimento, restrizione, stretta, strizzata, pressione, compressione, pressatura, torchiatura, contrazione, allacciamento, annodamento **CONTR.** allargamento, allentamento, rilassamento **FRAS.** *stringimento di cuore* (*fig.*), stretta al cuore.

strip /*ingl.* strip/ [vc. ingl., da *strip* 'striscia'] *s. f. inv.* fumetto, striscia, cartone, cartoon (*ingl.*).

strippàta *s. f.* (*pop.*) grande mangiata, abbuffata, scorpacciata, spanciata.

strip-tease /*ingl.* strip 'ti:z/ [vc. ingl., comp. di *to strip* 'svestire' e *tease* 'provocazione'] *s. m. inv.* spogliarello.

strìscia *s. f.* **1** fettuccia, nastro, banda, benda, balza, bindella, pezza, lembo, lista, fascia, linguetta, briglia, cinghia □ (*di bandiera*) cantone **2** riga, linea, segmento, tratto, stria, striatura **3** fumetto, strip (*ingl.*), cartone, cartoon (*ingl.*) **4** (*al pl.*) attraversamento pedonale, zebratura, zebre **5** (*di terra*) lingua, zona.

strisciànte *part. pres. di* **strisciare**; *anche agg.* **1** serpeggiante, reptante **2** (*fig., spreg.*) (*di persona, di atteggiamento, ecc.*) subdolo, insinuante, servile, falso, ipocrita, sornione □ (*di inflazione, di guerra, ecc.*) lento, continuo, latente **CONTR.** aperto, franco, leale, schietto, sincero □ rapido, evidente. *V. anche* IPOCRITA

strisciàre A *v. tr.* **1** sfregare, graffiare, sfregiare □ strofinare, stropicciare, strusciare **2** toccare appena, sfiorare, rasentare, passare rasente **CONTR.** colpire, urtare **3** (*a carte*) lisciare **CONTR.** bussare **B** *v. intr.* **1** passare sfiorando, sfiorare, sfregare, passare rasente, rasentare, scorrere **2** (*di pianta*) crescere rasoterra **3** (*fig.*) (*di persona*) umiliarsi, essere servile, lusingare, adulare, blandire, incensare, lisciare, piaggiare **CONTR.** umiliare □ insuperbirsi, montarsi **C strisciarsi** *v. rifl.* **1** sfregarsi, strofinarsi, strusciarsi **2** (*fig.*) (*a qualcuno*) lusingare, adulare, umiliarsi, lisciare.

strisciàta *s. f.* **1** strisciatura, striscio, strofinamento, strusciamento, strusciatura **2** (*fig.*) adulazione, lisciata.

strìscio *s. m.* strisciata, strisciatura, strofinamento, strusciamento, strusciatura **FRAS.** *di striscio*, non in pieno, sfiorando.

stritolaménto *s. m.* tritamento (*raro*), trituramento (*raro*), spezzettamento, spezzettatura, sbriciolamento, frantumazione, sgretolio, sgretolamento, macinatura, macinazione □ maciullatura, schiacciamento.

stritolàre *v. tr.* **1** tritare, triturare, sminuzzare, spezzettare, sbriciolare, sgretolare, polverizzare, macinare, pestare, frantumare, smozzicare □ schiacciare, spappolare, infrangere, rompere, disintegrare, distruggere, maciullare, mandare in pezzi, sfracellare **CONTR.** accomodare, aggiustare, restaurare, riparare, ricomporre, rifare **2** (*fig.*) (*di avversario*) annientare, demolire, screditare **CONTR.** accreditare, avvalorare. *V. anche* SCHIACCIARE

strìzza *s. f.* (*fam.*) paura, fifa (*fam., scherz.*). *V. anche* PAURA

strizzacervèlli *s. m.* e *f.* (*scherz.*) psicanalista, psicoterapeuta, analista.

strizzàre *v. tr.* stringere, comprimere, pigiare, premere, spremere, torcere **CONTR.** bagnare, imbevere, intridere, inzuppare **FRAS.** *strizzare l'occhio*, ammiccare □ *strizza strizza* (*fam., fig.*), in conclusione.

strizzàta *s. f.* compressione, pressione, torsione.

strofinàccio *s. m.* cencio, canovaccio, straccio, panno.

strofinàre ***A*** *v. tr.* fregare, sfregare, soffregare, stropicciare, strusciare, passare, pulire, spazzolare, lisciare □ frizionare, massaggiare ***B*** **strofinarsi** *v. intr. pron.* ***1*** strisciarsi, sfregarsi, stropicciarsi, strusciarsi ***2*** (*fig.*) adulare, blandire, incensare, lisciare, piaggiare **CONTR.** umiliare, denigrare, offendere. *V. anche* PULIRE

strofinìo *s. m.* attrito, sfregamento, fregamento.

strologàre *v. intr.* (*pop., est.*) almanaccare, arzigogolare, fantasticare, lambiccarsi il cervello, stillarsi il cervello.

strombazzàre ***A*** *v. tr.* vantare, divulgare, far sapere a tutti, snocciolare, spiattellare, scodellare, svelare, chiacchierare, spifferare (*fam.*), esaltare **CONTR.** celare (*lett.*), coprire, occultare, nascondere, tacere ***B*** *v. intr.* (*raro*) strombettare.

strombazzàto *part. pass. di* **strombazzare**; *anche agg.* divulgato, vantato, decantato **CONTR.** celato (*lett.*), coperto, nascosto, occulto, taciuto.

stroncàre *v. tr.* ***1*** troncare, schiantare, spezzare, spaccare, rompere ***2*** (*fig.*) (*moralmente, fisicamente*) fiaccare, spossare, stremare, sfinire, sfiancare, slombare (*raro*), abbattere **CONTR.** corroborare, rafforzare, rinforzare, invigorire, rinvigorire ***3*** (*fig.*) (*di rivolta, di opposizione, ecc.*) reprimere, soffocare, domare, schiacciare ***4*** (*fig.*) (*di libro, di film, ecc.*) criticare aspramente, demolire, denigrare, censurare, frustare **CONTR.** approvare, elogiare, lodare, vantare.

stroncatùra *s. f.* ***1*** troncamento, troncatura (*raro*), spezzamento, spaccamento, spaccatura ***2*** (*fig.*) (*di libro, di film, ecc.*) critica aspra, demolizione, censura **CONTR.** elogio, lode, apologia, panegirico.

strong /*ingl.* strɔŋ/ [vc. ingl. 'forte, potente'] *agg. inv.* (*di carta*) forte, resistente **CONTR.** debole, leggero.

strónzo *s. m.* ***1*** (*volg.*) sterco, merda (*volg.*) ***2*** (*fig., volg.*) (*di persona*) stupido, cretino, odioso, maligno, carogna, ignorante, ignorantone **CONTR.** gentiluomo.

stropicciàre ***A*** *v. tr.* ***1*** strofinare, fregare, sfregare, soffregare, strusciare, strisciare □ massaggiare, frizionare ***2*** (*region.*) (*di abiti, di stoffa e sim.*) gualcire, sgualcire **CONTR.** lisciare, spianare, stirare, distendere ***B*** **stropicciarsi** *v. intr. pron.* ***1*** gualcirsi ***2*** (*pop.*) infischiarsi, disinteressarsi, fregarsene (*volg.*) **CONTR.** interessarsi, curarsi.

stròzza *s. f.* fauci □ (*est.*) gola, gorgia (*lett.*), gorgozzule.

strozzaménto *s. m.* ***1*** (*di persona*) strozzatura, strangolamento, soffocamento ***2*** (*di cosa*) restringimento, riduzione **CONTR.** allargamento, dilatazione, espansione.

strozzàre ***A*** *v. tr.* ***1*** (*di persona*) strangolare, iugulare (*lett.*), uccidere strangolando, impiccare ***2*** (*est.*) impedire il respiro, soffocare ***3*** (*est.*) (*di conduttura, di passaggio, ecc.*) restringere, ridurre □ (*est.*) impedire, bloccare, ostruire **CONTR.** allargare, ampliare, dilatare ***4*** (*fig.*) (*di venditore*) far pagare troppo, pelare, spellare, spolpare, spennare, scorticare, sgozzare, scannare, mungere, smungere, succhiare, sfruttare, prendere per la gola ***B*** **strozzarsi** *v. intr. pron.* ***1*** morire strozzato ***2*** (*per cibo*) soffocare ***3*** (*di conduttura, di passaggio, ecc.*) restringersi, ridursi □ (*est.*) bloccarsi, ostruirsi **CONTR.** dilatarsi, allargarsi ***C*** *v. rifl.* strangolarsi, impiccarsi.

strozzàto *part. pass. di* **strozzare**; *anche agg.* ***1*** strangolato, soffocato, impiccato ***2*** stretto □ ostruito, bloccato, impedito □ (*di voce, di grido*) soffocato, stentato **CONTR.** dilatato, allargato.

strozzatùra *s. f.* ***1*** strozzamento, strangolamento, soffocamento ***2*** (*di conduttura, di passaggio, ecc.*) restringimento, riduzione **CONTR.** allargamento, dilatazione, espansione ***3*** (*fig., econ.*) stretta, difficoltà, blocco, impedimento.

strozzinàggio *s. m.* usura □ esosità, sfruttamento, speculazione, borsanera.

strozzìno *s. m.* ***1*** usuraio, sanguisuga, scortichino ***2*** (*est.*) esoso, profittatore, speculatore, negriere, sfruttatore, vampiro, sciacallo **CONTR.** sfruttato □ donatore, benefattore, mecenate.

struggènte *part. pres. di* **struggere**; *anche agg.* ardente, vivissimo, cocente □ tormentoso, doloroso, estenuante, toccante, disperato.

strùggere ***A*** *v. tr.* ***1*** liquefare, sciogliere, fondere, squagliare, stemperare, disciogliere, disfare **CONTR.** coagulare, condensare, far rapprendere, rassodare, solidificare, concentrare ***2*** (*fig.*) (*di dolore, di passione, ecc.*) consumare, estenuare, far soffrire, affliggere, tormentare, addolorare **CONTR.** allietare, confortare, rallegrare ***B*** **struggersi** *v. intr. pron.* ***1*** fondersi, sciogliersi, disciogliersi, liquefarsi, squagliarsi, stemperarsi, disfarsi **CONTR.** coagularsi, condensarsi, rapprendersi, rassodarsi, solidificarsi, concentrarsi ***2*** (*fig.*) (*di dolore, di passione, ecc.*) consumarsi, logorarsi, languire, affliggersi, ardere, disperarsi, macerarsi, rodersi, divorarsi, estenuarsi, smaniare, tormentarsi, friggere, essere in ansia □ agognare, concupire, spasimare **CONTR.** allietarsi, esultare, gioire, giubilare, godere, rallegrarsi.

struggiménto *s. m.* affanno, ansia, irrequietezza, irrequietudine, languore, logorio, macerazione, rovello, rodimento, smania, tormento □ rodimento, cordoglio, crepacuore □ brama, desiderio, passione **CONTR.** appagamento, contentezza, gioia, gaudio, giubilo, godimento, placamento (*raro*), sfogo, soddisfazione.

strumentàle *agg.* ***1*** (*mus.*) **CFR.** vocale ***2*** utensile □ utilizzabile □ pratico, funzionale ***3*** (*fig.*) (*di polemica e sim.*) tendenzioso, finalizzato **CONTR.** disinteressato.

strumentalizzàre *v. tr.* servirsi, sfruttare, utilizzare **CONTR.** trascurare.

struménto *s. m.* ***1*** (*gener.*) apparecchio, arnese, attrezzo, aggeggio, congegno, dispositivo, ferro, macchina, meccanismo, utensile, ordigno, organo □ (*al pl.*) armamentario, equipaggiamento, materiale, armamento, strumentazione □ (*per anton.*) strumento musicale ***2*** (*fig.*) (*per uno scopo*) mezzo, intermediario, pedina, mediatore, tramite ***3*** atto notarile, atto pubblico, scrittura, contratto **FRAS.** *strumento universale* (*elettr.*), multimetro.

strusciàre ***A*** *v. tr.* e *intr.* ***1*** strofinare, strisciare, fregare, sfregare, soffregare, stropicciare □ consumare, logorare, rovinare, sciupare **CONTR.** battere, percuotere, picchiare ***2*** (*fig.*) adulare, lisciare, piaggiare **CONTR.** denigrare, insultare, offendere ***B*** **strusciarsi** *v. rifl.* strofinarsi, sfregarsi, strisciarsi, fregarsi.

strùtto ***A*** *part. pass. di* **struggere**; *anche agg.* liquefatto, sciolto, squagliato **CONTR.** coagulato, condensato, indurito, rassodato, solidificato ***B*** *s. m.* (*gener.*) grasso fuso, lardo, sugna, unto.

struttùra *s. f.* ***1*** (*di materia*) composizione, costituzione, conformazione, compagine, insieme, forma, organismo, sistema □ (*di fisica*) anatomia, membratura, complessione, configurazione, figura, aspetto □ (*di nave, di ponte, ecc.*) scheletro, ossatura, armatura, montatura, impalcatura, telaio, costruzione, edificio ***2*** (*est.*) (*di lingua, di romanzo, ecc.*) disposizione, ordine, assetto, sistemazione, architettura, economia, organizzazione, orditura, ordito, testura (*lett.*).

strutturalménte *avv.* costituzionalmente, complessivamente, organicamente.

strutturàre ***A*** *v. tr.* dare una struttura, organizzare, disporre, ordinare, congegnare **CONTR.** distruggere, scompaginare ***B*** **strutturarsi** *v. intr. pron.* ordinarsi, organizzarsi.

stuccàre ***A*** *v. tr.* ***1*** riempire, saziare, satollare, nauseare, ripugnare **CONTR.** piacere, essere gradito ***2*** (*fig.*) infastidire, annoiare, stancare, stufare, seccare, scocciare (*fam.*) **CONTR.** allietare, allettare, dilettare, divertire, interessare, rallegrare, sollazzare ***B*** **stuccarsi** *v. intr. pron.* infastidirsi, annoiarsi, stancarsi, stufarsi, seccarsi, scocciarsi (*fam.*) **CONTR.** allietarsi, dilettarsi, divertirsi, interessarsi, rallegrarsi, sollazzarsi. *V. anche* STANCARE

stucchévole *agg.* ***1*** nauseante, nauseabondo, stomacante, disgustoso **CONTR.** appetitoso, stimolante, stuzzicante ***2*** (*fig.*) fastidioso, noioso, tedioso, sdolcinato, smaccato, svenevole **CONTR.** gradevole, piacevole, ameno.

studènte *s. m.* alunno, allievo, discente, discepolo, scolaro, educando, uditore **CONTR.** maestro, docente, professore, insegnante, istitutore, istruttore, pedagogo.

studiàre ***A*** *v. tr.* ***1*** applicarsi mentalmente, dedicarsi allo studio, coltivare gli studi, cercare di conoscere, istruirsi, imparare, apprendere, addottrinarsi, acculturarsi, stare curvo sui libri, stare a tavolino ***2*** (*ass.*) seguire gli studi, andare a scuola, frequentare gli studi ***3*** (*di argomento, di problema, ecc.*) esaminare, indagare, meditare, cercare, ricercare, osservare, speculare, analizzare, approfondire, considerare, vagliare □ (*di libro e sim.*) consultare □ (*di gesti e sim.*) seguire, spiare, guardare □ preparare, progettare **CONTR.** sfiorare ***4*** (*di situazione, di contegno, ecc.*) ponderare, misurare, controllare ***B*** *v. intr.* e **studiarsi** *intr. pron.* industriarsi, sforzarsi, curarsi, ingegnarsi, cercare, fare in modo, adoperarsi ***C*** *v. rifl.* osservarsi, esaminarsi, contemplarsi. *V. anche* GUARDARE

studiàto *part. pass. di* **studiare**; *anche agg.* ***1*** imparato, appreso, conosciuto ***2*** (*di argomento, di problema, ecc.*) esaminato, indagato, meditato, cercato, analizzato, osservato □ preparato, progettato ***3*** (*di contegno, di discorso, ecc.*) meditato, elaborato, artificioso, lambiccato, manierato, affettato, non spontaneo, ricercato **CONTR.** naturale, spontaneo, intuitivo, semplice, rozzo, rude.

stùdio *s. m.* ***1*** applicazione mentale □ apprendimento ***2*** scuola, scuole ***3*** (*di argomento, di problema, ecc.*) indagine, meditazione, ricerca, riflessione, osservazione, analisi, speculazione □ scritto, monografia, saggio, trattato, trattazione, dissertazione, lavoro, lezione ***4*** (*di costruzione, di opera artistica, ecc.*) progetto, disegno, preparazione, lavoro preparatorio, esercizio, abbozzo, bozzetto, schizzo, sbozzatura ***5*** (*lett.*) cura, diligenza, sollecitudine, premura, impegno, attenzione, zelo **CONTR.** negligenza, pigrizia, trascuratezza, disattenzione ***6*** (*di locale*) stanza da studio, biblioteca □ ufficio, bureau (*fr.*) □ laboratorio, bottega, atelier (*fr.*), gabinetto, ambulatorio ***7*** (*nel medioevo*) università, ateneo ***8*** (*cine., tv.*) teatro di posa, sala di ripresa. *V. anche* ZELO

studióso ***A*** *agg.* ***1*** diligente, volonteroso, zelante □ sgobbone, secchione (*fam.*) **CONTR.** negligente, pigro, disattento, distratto, svogliato □ asino, somaro ***2*** (*raro, lett.*) premuroso, sollecito ***B*** *s. m.* uomo colto, uomo di cultura, intellettuale, testa d'uovo, dotto, erudito, teorico, speculatore, ricercatore □ specialista, specializzato, cultore, conoscitore, critico, amatore, appassionato **CONTR.** dilettante, superficiale, ignaro, inesperto, profano.

stufàre ***A*** *v. tr.* ***1*** cuocere lentamente ***2*** (*fig., fam.*) annoiare, infastidire, seccare, saziare, scocciare (*fam.*), stuccare, tediare, rompere le scatole (*fam.*) **CONTR.** divertire, dilettare, interessare, rallegrare, sollazzare ***B*** **stufarsi** *v. intr. pron.* (*fig., fam.*) annoiarsi, infastidirsi, seccarsi, scocciarsi (*fam.*), stuccarsi, tediarsi, rompersi le scatole (*fam.*) **CONTR.** divertirsi, dilettarsi, interessarsi, rallegrarsi, sollazzarsi.

stufàto ***A*** *part. pass. di* **stufare**; *anche agg.* ***1*** cotto lentamente ***2*** stufo (*fam.*), stanco, seccato, infastidito **CONTR.** divertito, rallegrato, contento ***B*** *s. m.* (*di vivanda*) stracotto, brasato □ ratatouille (*fr.*).

stùfo *agg.* (*fam.*) stufato, annoiato, infastidito, seccato, scocciato (*fam.*), nauseato, sazio, pieno, stanco, stucco, tediato **CONTR.** allietato, dilettato, divertito, interessato, rallegrato, sollazzato □ desideroso, avido, bramoso.

stunt-man /*ingl.* ˈstʌnt mən/ [vc. ingl., propriamente 'uomo (*man*) di destrezza, di acrobazia (*stunt*)'] *s. m. inv.* (*cine., sport*) cascatore, saltatore □ controfigura.

stuòia *s. f.* graticcio, canniccio □ stuoino, zerbino, tappeto.

stuòino *s. m.* tappetino, zerbino.

stuòlo *s. m.* (*gener.*) schiera, moltitudine, folla, falange, stormo, quantità, massa, mucchio (*pop.*), caterva, torma, tribù, turba, nugolo, sciame. *V. anche* FOLLA

stupefacènte ***A*** *part. pres. di* **stupefare**; *anche agg.* sorprendente, sbalorditivo, strabiliante, incredibile □ meraviglioso, mirabile, ammirabile, ammirevole, mirabolante, straordinario, eccezionale, portentoso, prodigioso, miracoloso, epico □ fenomeno (*posposto al s.*) **CONTR.** comune, naturale, normale, ordinario, solito, usuale ***B*** *s. m.*; *anche agg.* droga, narcotico, allucinogeno □ sonnifero, ipnotico □ calmante □ eccitante.

stupefàre ***A*** *v. tr.* meravigliare, strabiliare, stupire, sbalordire, sorprendere, sbigottire, stordire, intontire **CONTR.** lasciare impassibile, lasciare indifferente ***B*** *v. intr.* e **stupefarsi** *intr. pron.* (*raro*) rimanere attonito, trasecolare, meravigliarsi, stupirsi, sorprendersi **CONTR.** rimanere indifferente.

stupefàtto *part. pass. di* **stupefare**; *anche agg.* pieno di stupore, stupito, meravigliato, esterrefatto, sbalordito, sorpreso, strabiliato, sbigottito, allibito, stordito, intontito, attonito, incantato, confuso, intronato, trasecolato (*raro*), stranito, pietrificato **CONTR.** impassibile, indifferente, insensibile, freddo, imperturbabile, abulico.

stupendaménte *avv.* meravigliosamente, mirabilmente, magnificamente, splendidamente, ammirabilmente, ammirevolmente, incantevolmente □ sorprendentemente, straordinariamente, eccezionalmente, pazzescamente, splendidamente.

stupèndo *agg.* splendido, magnifico, divino, fantastico, meraviglioso, mirabile, ammirabile, ammirevole, bellissimo, incantevole, inebriante, ammaliante, paradisiaco, forte (*gerg.*), incantato, coi fiocchi, da luna (*gerg.*) sbalorditivo, sorprendente, strabiliante, straordinario, eccezionale □ fenomeno (*posposto al s.*) **CONTR.** bruttissimo, pessimo, orrendo, orribile, orrido, nauseante, disgustoso, repellente, ripugnante, schifoso.

stupidàggine *s. f.* ***1*** stupidità, stoltezza, grullaggine, insensatezza, citrullaggine, minchioneria, storditezza, idiozia, scemenza, balordaggine, banalità **CONTR.** ingegno, sagacia, astuzia, scaltrezza ***2*** sciocchezza, cretinata, cavolata, baggianata, cazzata (*pop*), fregna (*volg.*), puttanata (*pop.*), stronzata (*volg.*) ***3*** (*est.*) inezia, bagattella, bazzecola, quisquilia, fesseria, bubbola, pinzillacchera.

stupidaménte *avv.* scioccamente, stoltamente, cretinamente, balordamente, idiotamente, insensatamente, insipientemente, insulsamente, stolidamente, storditamente, ottusamente **CONTR.** intelligentemente, saggiamente, astutamente, acutamente, genialmente, ingegnosamente, scaltramente, seriamente.

stupidàta *s. f.* baggianata, cretinata, cavolata.

stupidità *s. f.* sciocchezza, stoltezza, asineria, buaggine, citrullaggine, grullaggine, imbecillità, insipienza, ottusità, idiozia, cretineria, scemenza, vuotaggine, stolidità, minchionaggine, deficienza, microcefalia **CONTR.** intelligenza, saggezza, cervello, genialità, ingegnosità, mente, talento □ astuzia, scaltrezza, fiuto.

stùpido *agg.*; *anche s. m.* sciocco, insensato, insipiente, imbecille, idiota, ottuso, scemo, cretino, deficiente, ebete, fesso, interdetto, microcefalo, scimunito, stolido, stolto, grullo, gonzo, tonto, babbeo, minchione (*pop.*), maccherone, maccabeo, baggiano, balordo, bischero (*pop., tosc.*), citrullo, coglione (*volg.*), pirla (*sett., volg.*), merlo, oca, talpa, rapa □ (*di discorso e sim.*) futile, insulso **CONTR.** intelligente, acuto, sveglio, scaltro, astuto, furbo □ equilibrato, assennato □ serio. *V. anche* MATTO

stupìre ***A*** *v. tr.* riempire di stupore, meravigliare, sorprendere, incantare, stordire, abbagliare, disorientare, sbalordire, strabiliare, stupefare **CONTR.** lasciare impassibile, lasciare indifferente ***B*** *v. intr.* e **stupirsi** *intr. pron.* restare attonito, meravigliarsi, stupefarsi, sorprendersi, strabiliare, strabiliarsi, incantarsi, trasecolare, restare di sasso, restare di stucco **CONTR.** restare impassibile, restare indifferente.

stupìto *part. pass. di* **stupire**; *anche agg.* meravigliato, attonito, stupefatto, sorpreso, strabiliato, interdetto, incantato, abbagliato, estasiato, esterrefatto, sbalordito, sbigottito, trasecolato, di stucco **CONTR.** impassibile, freddo, indifferente, insensibile, disinteressato, incurante.

stupóre *s. m.* meraviglia, sorpresa, sbalordimento, stordimento, stupefazione, sbigottimento, intontimento, trasecolamento (*raro*), estasi, ammirazione, rapimento □ sensazione, impressione **CONTR.** impassibilità, indifferenza, insensibilità, disinteresse, freddezza, noncuranza. *V. anche* STORDIMENTO

stupràre *v. tr.* abusare (sessualmente), usare violenza, violentare.

stupratóre *s. m.* violentatore, bruto, mostro.

stùpro *s. m.* abuso (sessuale), violenza (sessuale).

sturàre ***A*** *v. tr.* ***1*** (*di bottiglia, di botte e sim.*) aprire, stappare **CONTR.** tappare, chiudere ***2*** (*di tubatura, di vasca, ecc.*) liberare, sgorgare, stasare, disintasare **CONTR.** occludere, otturare, ingorgare, intasare, ostruire ***B*** **sturarsi** *v. intr. pron.* stapparsi **CONTR.** intasarsi, otturarsi.

stuzzicadènti *s. m.* ***1*** stecchino ***2*** (*fig.*) (*di persona*) chiodo (*fig.*), stoccafisso (*fig.*), allampanato **CONTR.** grassone, ciccione.

stuzzicànte *part. pres. di* **stuzzicare**; *anche agg.* (*di argomento, di proposta, ecc.*) eccitante, intrigante, solleticante, ghiotto, stimolante, allettante, appetibile, piacevole, seducente □ pepato, pruriginoso, provocante □ (*di cibo*) saporito, appetitoso, piccante **CONTR.** disgustoso, nauseante, nauseabondo, stucchevole, repellente, ributtante, ripugnante, schifoso, stomachevole.

stuzzicàre *v. tr.* ***1*** frugare leggermente, toccare insistentemente, pungere, punzecchiare, titillare, vellicare, solleticare ***2*** (*fig.*) (*di persona o animale*) molestare, irritare, provocare, pizzicare, punzecchiare, tormentare, sfruculiare (*merid.*), indispettire, infastidire, seccare, scocciare (*fam.*), tediare **CONTR.** lasciare in pace ***3*** (*fig.*) (*di appetito, di curiosità, ecc.*) stimolare, eccitare, incitare, istigare, spingere, destare, risvegliare, accendere, attizzare, aguzzare, svegliare, suscitare **CONTR.** calmare, contenere, frenare, placare, sedare, trattenere. *V. anche* ISTIGARE

stuzzicàto *part. pass. di* **stuzzicare**; *anche agg.* **1** toccato insistentemente, titillato **2** (*fig.*) (*di persona o animale*) molestato, irritato, punzecchiato, pizzicato, provocato, tormentato, infastidito, seccato, scocciato (*fam.*) **CONTR.** calmato, placato **3** (*fig.*) (*di appetito, di curiosità, ecc.*) stimolato, eccitato, incitato, istigato, risvegliato, acceso **CONTR.** calmato, frenato, contenuto, placato.

stuzzichìno *s. m.* cibo appetitoso, leccornia, manicaretto □ tartina, salatino □ spuntino.

su A *prep. che introduce diverse determinazioni* **1** (*di luogo*) sopra □ contro, verso **CONTR.** sotto **2** (*d'argomento*) riguardo a, intorno a **3** (*di tempo, di età, di stima, di prezzo, di peso, di misura*) circa **B** *avv.* in alto, verso l'alto □ (*est.*) al piano superiore **CONTR.** sotto, giù, dabbasso, disotto □ al piano inferiore.

suadènte *agg.* (*lett.*) lusinghiero, allettante, avvincente, invitante, persuasivo, carezzevole, insinuante, suasivo (*lett.*), suggestivo **CONTR.** dissuasivo, scoraggiante.

sub *s. m.* e *f. inv.* sommozzatore, subacqueo □ uomo-rana □ palombaro.

subàcqueo A *agg.* (*di pianta, di cavo, ecc.*) posto sott'acqua, vivente sott'acqua **CONTR.** sopracqueo, superficiale **B** *s. m.* sub, sommozzatore □ palombaro.

subaltèrno *agg.* e *s. m.* dipendente, inferiore, in sott'ordine, soggetto, sottomesso, sottoposto, subordinato, gregario **CONTR.** dirigente, superiore, gerarca, capo, principale, padrone □ indipendente.

subbùglio *s. m.* confusione, disordine, scompiglio, terremoto (*fig.*), tumulto, fermento, trambusto, agitazione, putiferio, caos, cancan (*fr.*), parapiglia, quarantotto, sconvolgimento, casino (*pop.*), bordello (*pop.*) **CONTR.** ordine, calma, pace, placidità, quiete, riposo, serenità, stasi, tranquillità.

sùbdolo *agg.* falso, ambiguo, doppio, astuto, fraudolento (*lett.*), ingannatore, ingannevole, equivoco, ipocrita, gesuitico, losco, infido, malfido, sleale, sinistro, sornione, torbido, untuoso, strisciante □ impostore, serpe **CONTR.** aperto, franco, fido (*lett.*), fidato, leale, onesto, schietto, sincero, probo, retto. *V. anche* IPOCRITA

subentràre *v. intr.* sottentrare, succedere, rimpiazzare, surrogare, supplire, sostituirsi, sostituire, soppiantare, rilevare **CONTR.** andarsene.

subéntro *s. m.* sostituzione, successione, surroga, surrogazione, surrogamento.

subìre *v. tr.* assoggettarsi, sottostare, capitolare, cedere, soggiacere, sottoporsi, essere sottoposto □ soffrire, sopportare, sostenere, incassare, inghiottire, ingoiare, sorbirsi, trangugiare, patire, tollerare, consentire, ammettere **CONTR.** reagire, ribellarsi, opporsi, insorgere, sollevarsi.

subissàre A *v. tr.* **1** inabissare, sprofondare, rovinare, far precipitare **CONTR.** innalzare, rialzare, sollevare, risollevare **2** (*fig.*) (*di doni, di richieste, ecc.*) colmare, riempire, ricoprire, sommergere, tempestare **B** *v. intr.* (*raro*) sprofondare, precipitare.

subìsso *s. m.* **1** (*lett.*) grande rovina, sterminio, sfacelo **2** (*fig., fam.*) grande quantità, abbondanza, moltitudine, fracasso (*fam.*), abisso, fracco (*fam.*), infinità, caterva, grandinata, alluvione, flagello, gragnola, profluvio (*lett.*), proluvie (*lett.*), scarica, valanga **CONTR.** scarsità, scarsezza, insufficienza, mancanza, penuria.

subitàneo *agg.* repentino, improvviso, imprevisto, inatteso, istantaneo, inopinato, repente (*lett.*) □ impulsivo, involontario **CONTR.** lento, tardo, progressivo □ meditato, premeditato, pensato, preparato, preordinato.

sùbito (1) *avv.* **1** immediatamente, incontanente (*lett.*), istantaneamente, subitamente, all'istante, senza indugio, presto, ratto (*lett.*), tosto, immantinente (*lett.*), prontamente, di colpo, sul momento, improvvisamente, in un attimo, lì per lì, ipso facto (*lat.*) □ direttamente, difilato **CONTR.** poi, dopo, in seguito, più tardi, successivamente, col tempo, lentamente **2** (*est.*) in brevissimo tempo, prestissimo **FRAS.** *subito che* (*lett., pop.*), non appena.

subìto (2) *part. pass. di* **subire**; *anche agg.* ricevuto, patito, incassato, ingoiato, inghiottito, tollerato **CONTR.** respinto.

sublimàre A *v. tr.* (*lett.*) innalzare, elevare, sollevare, esaltare, estollere (*lett.*), glorificare, magnificare, commendare (*lett.*), nobilitare, rendere sublime, trasfigurare **CONTR.** abbassare, deprimere, disonorare, biasimare, criticare, denigrare, vituperare **B sublimarsi** *v. intr. pron.* (*fig.*) elevarsi spiritualmente.

sublìme A *agg.* **1** (*lett.*) alto, altissimo, elevatissimo, eccelso **CONTR.** basso, bassissimo, infimo **2** (*fig.*) illustre, nobile, eccelso, eccellente, insigne, eminente, grandissimo, meraviglioso, supremo, sommo, impareggiabile, sovrano, soprannaturale, celeste, divino, sovrumano, trascendentale, magnifico, splendido **CONTR.** abietto, basso, mediocre, meschino, ignobile, indegno, spregevole, volgare **B** *s. m. solo sing.* sublimità, massimo grado **CONTR.** infimo grado, abiezione. *V. anche* GRANDE, SOVRANO

sublimità *s. f.* altezza, eccellenza, elevatezza, magnificenza, nobiltà, sommità, fastigio, grandezza, grandiosità **CONTR.** abiezione, bassezza, indegnità, mediocrità, meschinità, spregevolezza, volgarità.

subnormàle *agg.*; *anche s. m.* ipodotato, ritardato, deficiente, minorato, down (*ingl.*), handicappato □ (*psicol.*) oligofrenico, frenastenico **CONTR.** normale, intelligente □ iperdotato, superdotato.

subodoràre *v. tr.* presentire, intuire, indovinare, accorgersi, fiutare, odorare, sospettare, temere, aver sentore.

subordinàre *v. tr.* far dipendere, assoggettare, sottomettere, sottoporre, posporre, condizionare **CONTR.** anteporre, preporre, preferire.

subordinàta *s. f.* (*ling.*) dipendente, secondaria **CONTR.** principale, reggente, coordinata.

subordinàto A *part. pass. di* **subordinare**; *anche agg.* **1** (*raro*) disciplinato, ubbidiente, rispettoso, ossequente **CONTR.** insubordinato, indisciplinato, disubbidiente, ribelle, refrattario, restio **2** (*di lavoro, di lavoratore*) dipendente, sottoposto, subalterno **CONTR.** dirigente, superiore □ indipendente, autonomo **3** condizionato, vincolato **CONTR.** anteposto **4** (*ling.*) ipotattico, dipendente **CONTR.** coordinato, paratattico, indipendente ***B*** *s. m.* dipendente, impiegato, gregario **CONTR.** capo, dirigente, padrone, principale.

subordinazióne *s. f.* ***1*** dipendenza, inferiorità, soggezione, sudditanza, sottomissione, servitù, ubbidienza □ condizionamento, secondarietà **CONTR.** indipendenza, autonomia, superiorità □ reazione, ribellione, insubordinazione, disubbidienza □ preminenza, primato ***2*** (*ling.*) ipotassi, dipendenza **CONTR.** paratassi, coordinazione.

subùrbio *s. m.* periferia, hinterland (*ted.*), sobborgo, borgata (*a Roma*), banlieue (*fr.*), cintura, comprensorio **CONTR.** città, metropoli, centro.

succedàneo *agg.; anche s. m.* surrogato.

succèdere ***A*** *v. intr.* ***1*** (*di persona*) subentrare, sottentrare, sostituire, supplire, surrogare, rimpiazzare, prendere il posto, entrare nel posto, ereditare ***2*** (*di effetto, di pensiero, ecc.*) venire dopo, seguire, conseguire, susseguire, derivare **CONTR.** precedere, venir prima ***3*** (*di fatto, di avvenimento, ecc.*) avvenire, accadere, capitare, darsi, incogliere (*lett.*), intervenire, occorrere (*lett.*), sopraggiungere, sopravvenire ***B*** **succedersi** *v. intr. pron.* susseguirsi, venire l'uno dopo l'altro, alternarsi, avvicendarsi, ripetersi.

successióne *s. f.* ***1*** (*dir.*) sostituzione, surroga, passaggio, subentro □ eredità ***2*** (*di fatti, di numeri, ecc.*) alternanza, avvicendamento, vicenda □ ordine, serie, sequela, sequenza, seguito, ciclo, cronologia, continuazione, concatenamento, concatenazione, catena, fila, filza, sfilza, sfilata, processo, progressione, dinamica **CFR.** anteriorità □ concomitanza, simultaneità, sincronismo.

successivaménte *avv.* ***1*** in ordine successivo, progressivamente ***2*** in seguito, poi, dipoi (*lett.*), posteriormente, dopo, quindi **CONTR.** prima, precedentemente, antecedentemente.

successìvo *agg.* consecutivo, seguente, susseguente, conseguente, appresso, posteriore, prossimo, ulteriore, secondario, seriore (*lett.*) **CONTR.** anteriore, antecedente, precedente, simultaneo, concomitante.

succèsso (1) *part. pass. di* **succedere**; *anche agg.* ***1*** (*di persona*) sottentrato, subentrato ***2*** (*di fatto, di avvenimento, ecc.*) accaduto, avvenuto, capitato, sopraggiunto, sopravvenuto.

succèsso (2) *s. m.* ***1*** (*ant.*) avvenimento, evento, caso, fatto, avventura ***2*** (*buono, cattivo, ecc.*) esito, risultato, riuscita, seguito, risultanza ***3*** (*ass.*) (*di artista, di atleta, di film, ecc.*) esito favorevole, favore, buon risultato, trionfo, fortuna, ottima riuscita □ affermazione, vittoria □ strada, ascesa, carriera, popolarità, boom (*ingl.*), voga □ (*in amore*) conquista **CONTR.** insuccesso, fallimento, fiasco, flop (*ingl.*), smacco, disfatta, sconfitta, tracollo, batosta (*fam.*). *V. anche* FAVORE, FORTUNA

SUCCESSO
sinonimia strutturata

Anticamente **successo** era sinonimo di **avvenimento**, **evento**, **fatto**, e definiva quindi qualcosa che accade; quasi equivalenti, in quest'accezione, sono **caso** e **avventura**, che però si avvicinano a imprevisto. Il vocabolo si trova ormai molto di rado in questo significato, ed è in disuso anche nel senso di **esito**, **risultato**, che indicano la conseguenza, l'effetto di qualcosa: *avere un buon, un cattivo successo*; *il risultato delle elezioni sarà comunicato stasera*; abbastanza vicino è **seguito**, che però evoca un'idea di proseguimento. Soprattutto nel gergo burocratico, risultato viene sostituito da **risultanza**, usato soprattutto al plurale: *le risultanze dell'inchiesta ministeriale saranno pubblicate presto*.

Molto vicino a risultato in genere è **riuscita**, che però si usa più spesso per indicare un **buon esito**; il termine quindi si avvicina al significato attualmente più comune di successo, quello cioè di **buon risultato** o addirittura di **ottima riuscita**: *un film di successo*. Ancor più pregnante è **trionfo**, che in senso lato indica, nei campi più disparati, il raggiungimento pieno di un risultato: *lottare per il trionfo di una nobile causa*; *la recita è stata un trionfo*. Un esito positivo può essere dovuto alla **fortuna**, ossia alla sorte propizia; così *un'invenzione, un libro che ha avuto fortuna* ha incontrato il **favore** del pubblico, ossia ha riscosso simpatia e consensi, e quindi ottenuto **popolarità**. Ciò che in un dato momento è popolare, ovvero largamente conosciuto e diffuso, è in **voga**, cioè di moda: *una musica, un cantante molto in voga*. Abbastanza vicino è l'inglese **boom**, che figuratamente indica la popolarità immediatamente conseguita di un prodotto, di un'invenzione, ecc.; il termine si riferisce anche al rapido fiorire di un'industria, di un'azienda, oppure a un periodo di intenso sviluppo económico generale, spesso seguito da una brusca inversione di tendenza: *il boom dell'industria automobilistica*.

In amore il successo corrisponde alla **conquista**, che in senso lato consiste nel far innamorare o nel sedurre colui o colei che si desidera: *è un uomo a cui non mancano le conquiste*. Il temine denomina anche un progresso, un miglioramento raggiunto attraverso lotte, sacrifici, difficoltà in un campo specifico della scienza o dell'attività umana: *le conquiste della scienza*. In quest'accezione può corrispondere a **vittoria**, a un'**affermazione** in uno scontro armato, una contesa, un confronto, una competizione: *le innumerevoli vittorie della medicina*; *una grande affermazione della nostra squadra*.

successóre *s. m.; anche agg.* (*f.* *succeditrice*) subentrante, sostituto, sostitutore (*raro*) □ erede, figlio, discendente □ delfino □ continuatore, epigono **CONTR.** predecessore, antecessore, antenato.

succhiàre *v. tr.* ***1*** (*di persona o animale*) suggere (*lett.*) □ poppare, ciucciare (*fam.*), succiare, tirare, tettare (*region.*) □ lambire, leccare **CONTR.** sputare, espellere, rigettare, vomitare ***2*** (*di cosa*) assorbire, attrarre, imbeversi ***3*** (*di bevanda*) sorbire, sorseggiare, centellinare, libare (*lett.*) **CONTR.** ingollare, ingurgitare, tracannare ***4*** (*fig.*) (*di venditore, di usuraio, ecc.*) sfruttare, pelare, spennare, scorticare, dissanguare, mungere, spremere, strozzare.

succhièllo *s. m.* trapano, trivella, trivello, foratoio,

menarola, allargatoio.
succhiòtto *s. m.* tettarella, ciuccio (*fam.*).
succìnto *agg.* **1** (*raro, lett.*) (*di veste*) legato alla vita, sollevato **2** (*di abito*) corto, scollato, ridotto □ provocante **CONTR.** lungo, accollato **3** (*fig.*) (*di resoconto, di relazione e sim.*) breve, conciso, compendioso, sintetico, schematico, sinottico, stringato, serrato, concettoso, laconico, riassuntivo, telegrafico, tacitiano, scheletrico, scabro **CONTR.** analitico, dettagliato, abbondante, diffuso, esteso, lungo, prolisso.
succitàto *agg.* suddetto, predetto, anzidetto, sopraddetto, sunnominato, surricordato (*raro*), precitato, sopraccitato, sullodato, sopraindicato, preannunciato, surriferito (*raro*), summenzionato.
sùcco *s. m.* **1** (*di frutta e sim.*) sugo, spremuta □ (*bot.*) latte, umore, linfa, latice **2** (*fig.*) (*di discorso, di scritto e sim.*) sostanza, essenza, parte essenziale, spirito, sugo, polpa.
succóso *agg.* **1** (*di frutto, di condimento, ecc.*) sugoso, succulento, saporoso **CONTR.** asciutto, stopposo, secco, tiglioso **2** (*fig.*) (*di discorso, di scritto, ecc.*) sostanzioso, ricco, polposo, interessante □ conciso, denso, condensato, essenziale **CONTR.** mediocre, povero, scadente.
sùccube o **sùccubo** *s. m.* e *f.* dominato, soggetto, sottomesso, eteronomo, sottoposto, prono, schiavo **CONTR.** dominatore, padrone.
succulènto *agg.* **1** (*di frutto e sim.*) sugoso, succoso **2** (*est.*) (*spec. di cibo*) gustoso, sostanzioso, saporito, saporoso, prelibato, eccellente, squisito **CONTR.** scipito, insapore, disgustoso, ripugnante, nauseante, nauseabondo, scadente.
succursàle *s. f.* (*di società, di scuola, ecc.*) sede secondaria, dipendenza, filiale, agenzia, ufficio, sezione, dépendance (*fr.*) **CONTR.** centrale, sede.
sud *s. m. inv.* mezzogiorno, meridione, austro, ostro (*lett.*) **CONTR.** nord, settentrione, borea, aquilone, mezzanotte.
sudàre **A** *v. intr.* **1** emettere sudore, traspirare, trasudare, scalmanarsi □ grondare, disfarsi **2** (*fig.*) affaticarsi, lavorare molto, penare, sforzarsi, sgobbare **CONTR.** oziare, poltrire, bighellonare, stare in panciolle, stare con le mani in mano **B** *v. tr.* **1** trasudare **2** guadagnarsi con fatica **3** (*di sangue, di fatica, ecc.*) affaticarsi, penare.
sudàto *part. pass. di* **sudare**; *anche agg.* **1** bagnato di sudore, grondante di sudore, madido, molle, fradicio, scalmanato, accalorato, accaldato **CONTR.** asciutto **2** (*fig.*) fatto con fatica, guadagnato con fatica, sofferto **CONTR.** facile.
suddétto *agg.* anzidetto, sopraddetto, predetto, succitato, sopraccennato, sopraccitato, summenzionato, sunnominato, sullodato, surricordato (*raro*), surriferito (*raro*), sopraindicato, preannunciato, precitato.
sudditànza *s. f.* dipendenza, giogo, schiavitù, servitù, soggezione, sottomissione, subordinazione, vassallaggio **CONTR.** autonomia, indipendenza, sovranità, padronanza.
sùddito *s. m.* dipendente, soggetto, sottomesso, sottoposto, subordinato, tributario, vassallo, satellite **CONTR.** autonomo, indipendente □ capo, comandante, padrone, superiore, dirigente, re, sovrano.
suddivìdere *v. tr.* dividere, ripartire, spartire, frazionare, segmentare, lottizzare □ articolare □ smistare □ rateare, rateizzare **CONTR.** raggruppare, riunire, congiungere, unificare, cumulare. *V. anche* DIVIDERE
suddivisióne *s. f.* **1** divisione, distinzione, ripartizione, frazionamento, frammentazione, segmentazione, lottizzazione, compartimento, compartimentazione, scompartimento (*raro*), spartizione **CONTR.** raggruppamento, riunione, congiunzione, unificazione **2** (*di libro, di scaffalatura, di organismo, ecc.*) capitolo, casella, gruppo, sezione, settore, branca, ramo.
sùdicio **A** *agg.* **1** imbrattato, sporco, lercio, lurido, lordo, macchiato, impataccato, sozzo, sucido, unto, bisunto, immondo, sordido, puzzolente **CONTR.** pulito, mondo, netto, lindo, immacolato, terso **2** (*fig.*) disonesto, turpe, immorale, spregevole, indecente, sconcio, osceno, brutto, inverecondo, laido (*lett.*), schifoso, scurrile, porco **CONTR.** pulito, onesto, morale, decente, puro, pudico, verecondo **B** *s. m. solo sing.* sudiciume, sporco **CONTR.** pulizia, pulito. *V. anche* OSCENO
sudicióne *s. m.* **1** sporcaccione, porcellone, porcello, sozzone, maiale (*fig.*), porco (*fig.*), puzzone, caprone **CONTR.** puro, onesto **2** (*fig.*) disonesto, immorale **CONTR.** galantuomo, onest'uomo.
sudiciùme *s. m.* **1** lerciume, luridume, porcheria, bruttura, illuvie, immondezza, immondizia, spazzatura, putridume, sozzume, sudiceria, untume, sozzura, sporcizia **CONTR.** pulizia, lindezza (*raro*), lindura, mondezza (*lett.*), nettezza **2** (*fig.*) immoralità, disonestà, oscenità, sconcezza, sordidezza, letame, porcaio, porcile **CONTR.** moralità, onestà, pudicizia, purezza.
sudorazióne *s. f.* sudore, traspirazione, diaforesi (*med.*) **CFR.** perspirazione.
sudóre *s. m.* **1** traspirazione, sudorazione, umore (*lett.*) **2** (*fig.*) fatica, lavoro, sforzo.
sufficiènte **A** *agg.* **1** bastante, bastevole, necessario, occorrente □ adatto, atto, idoneo, adeguato, capace □ (*in una valutazione*) soddisfacente, passabile **CONTR.** insufficiente, manchevole, scarso, carente, deficiente □ inadatto, inadeguato, inidoneo **2** (*di aria, di atteggiamento e sim.*) borioso, presuntuoso, altezzoso, altero, saccente, sostenuto, sussiegoso, disdegnoso, spocchioso **CONTR.** modesto, riservato, riguardoso, semplice, spontaneo, umile **B** *s. m. solo sing.* ciò che basta, necessario.
sufficiènza *s. f.* **1** bastevolezza (*ant.*), idoneità □ (*come valutazione scolastica*) sei **CONTR.** insufficienza, inidoneità, carenza, inadeguatezza **2** (*fig.*) (*di persona*) presunzione, boria, superbia, alterezza, altezzosità, saccenteria, sicumera, sostenutezza, spocchia, sussiego, aria, importanza **CONTR.** modestia, riguardo, riservatezza, semplicità, spontaneità, umiltà. *V. anche* AMBIZIONE
suffràgio *s. m.* **1** voto **2** (*lett.*) parere favorevole, approvazione, favore **CONTR.** biasimo, disapprovazione, denigrazione **3** (*est.*) aiuto, appoggio, rimedio, sostegno □ convalida, prova **CONTR.** contrasto, opposi-

zione, ostacolo **4** (*per i morti*) preghiera, opera di carità. *V. anche* FAVORE, VOTAZIONE

suffumìgio *s. m.* fumigazione, vaporizzazione, inalazione, fomentazione, fomento.

suggellàre *v. tr.* **1** (*lett.*) (*di lettera, di plico, ecc.*) sigillare, chiudere, bollare **CONTR.** dissuggellare, dissigillare **2** (*fig.*) (*di patto, di amicizia, ecc.*) confermare, concludere, ratificare, sancire, sanzionare **CONTR.** disfare, disdire, rompere, sciogliere.

suggèllo *s. m.* **1** (*lett.*) (*per lettere, per plichi, ecc.*) sigillo, bollo, piombo **2** (*fig.*) (*di patto, di amicizia, ecc.*) compimento, conclusione, ratifica **CONTR.** rottura, fine. *V. anche* BOLLO, IMPRONTA

suggeriménto *s. m.* consiglio, avvertimento, imbeccata, indicazione, spunto, ispirazione, indettatura (*raro*), dettame, esortazione, suggestione, proposta. *V. anche* CONSIGLIO

suggerire *v. tr.* **1** rammentare, far ricordare, ricordare, richiamare alla mente, avvertire, dare l'imbeccata, imboccare, imbeccare, dire, indicare, dettare □ (*di sospetto, di desiderio, di odio, ecc.*) ispirare, insinuare, instillare, inoculare **2** consigliare, esortare, persuadere, proporre, raccomandare, avvisare, ammonire **CONTR.** comandare, imporre, intimare, ordinare.

suggeritóre *s. m.* (*f. -trice*) esortatore, ispiratore, suscitatore, consigliatore (*raro*), consigliere □ rammentatore (*raro*).

suggestionàre **A** *v. tr.* **1** impressionare, turbare □ indurre, influenzare, condizionare, eccitare, sobillare, subornare **2** ipnotizzare, calamitare, magnetizzare, plagiare **B** **suggestionarsi** *v. intr. pron.* impressionarsi, turbarsi, restare colpito. *V. anche* IMPRESSIONARE, ISTIGARE

suggestionàto *part. pass. di* **suggestionare**; *anche agg.* **1** colpito, impressionato, scosso, turbato, shoccato, scioccato □ condizionato **CONTR.** freddo, impassibile, indifferente **2** ipnotizzato, magnetizzato, calamitato, plagiato.

suggestióne *s. f.* **1** (*est., raro*) istigazione, suggerimento, insinuazione, ispirazione, sobillazione, subornazione, spinta, stimolo **2** (*fig.*) fascino, impressione, incanto, attrazione, malia, magia, magnetismo, effetto **CONTR.** orrore, raccapriccio.

suggestìvo *agg.* (*fig.*) allettante, attraente, avvincente, bello, affascinante, fascinoso, magico, evocativo, eccitante, incantevole, meraviglioso, surreale, pittoresco, splendido, straordinario, stimolante **CONTR.** brutto, orrendo, orrido, orribile, disgustoso, nauseante, repellente, ripugnante.

sùghero *s. m.* (*est.*) tappo, turacciolo □ galleggiante, gavitello.

sùgna *s. f.* grasso di maiale, grascia (*ant.*) □ strutto.

sùgo *s. m.* **1** (*di frutto, di erba, ecc.*) succo, spremitura □ umore, latice **2** (*di vivanda*) condimento, intingolo, salsa, ragù, guazzetto, umido, unto **3** (*fig.*) (*di discorso, di scritto e sim.*) sostanza, essenza, idea fondamentale, senso, significato essenziale, costrutto, spirito, sugosità **4** (*est.*) gusto, soddisfazione.

sugóso *agg.* **1** (*di frutto e sim.*) ricco di sugo, succoso, umido, succulento **CONTR.** arido, asciutto, secco, stopposo **2** (*fig.*) (*di discorso, di scritto e sim.*) sostanzioso, vigoroso, espressivo, significante, significativo **CONTR.** insignificante, inespressivo, insulso, insipido, scialbo.

suicidàrsi *v. rifl.* **1** ammazzarsi, uccidersi, togliersi la vita, sopprimersi, darsi la morte **2** (*fig.*) danneggiarsi, rovinarsi.

suìno **A** *agg.* porcino **B** *s. m.* maiale, porco.

suite /*fr.* sɥit/ [vc. fr., propriamente 'seguito', da *suivre* 'seguire'] *s. f. inv.* **1** (*mus.*) serie (di pezzi musicali) **2** (*di albergo*) appartamento.

sulfùreo *agg.* solforoso.

sultàno *s. m.* (*st.*) imperatore turco □ califfo, imano **FRAS.** *vita da sultano* (*fig., scherz.*), vita lussuosa, vita sfarzosa. *V. anche* SOVRANO

sùmma [dal lat. mediev. *summa*(*m*) 'compendio'] *s. f.* (*est.*) raccolta sistematica, trattazione, compendio, sommario, somma.

summit /*ingl.* 'sʌmit/ [vc. ingl., propriamente 'sommità, cima'] *s. m. inv.* vertice, riunione al vertice, incontro al vertice.

sunnominàto *agg.* nominato prima, anzidetto, sopraddetto, predetto, suddetto, precitato, succitato, sopraccitato, surricordato, surriferito, summenzionato, sullodato, sopraindicato.

sunteggiàre *v. tr.* compendiare, riassumere, ridurre, riepilogare, abbreviare, restringere, sintetizzare **CONTR.** ampliare, amplificare, dettagliare, allungare, estendere, diluire.

sùnto *s. m.* compendio, riassunto, sommario, riduzione, riepilogo, epitome, estratto, ricapitolazione, sintesi, ristretto, condensato, bignami **CONTR.** ampliamento, analisi, esposizione minuta. *V. anche* RIASSUNTO

sùo *agg. e pron. poss. di terza pers. sing.* **1** di lui, di lei, di essi, di esse, di loro (*pop.*) **CONTR.** altrui **2** particolare, peculiare, proprio **CONTR.** comune, generale, universale **3** consueto, solito **CONTR.** inconsueto, insolito **4** adatto, conveniente, opportuno □ corrispondente, relativo, correlativo **CONTR.** disadatto, inadatto, inopportuno **5** (*al pl.*) familiari, parenti, cari **FRAS.** *stare sulle sue*, non dare confidenza □ *dire la sua*, dire la propria opinione.

suòla *s. f.* (*di scarpa*) pianta □ (*dello sci e sim.*) fondo, soletta.

suòlo *s. m.* **1** superficie, parte superficiale, strato superficiale, impiantito, pavimento, terra, terreno **2** fondo, piano, parte inferiore **3** (*fig., lett.*) luogo, paese.

suonàre **A** *v. tr.* **1** (*di allarme, di ore, ecc.*) annunciare, dare il segno, dare il segnale, chiamare **2** (*di musica*) interpretare, eseguire **3** (*spreg.*) (*di strumento*) strimpellare **4** (*di strumenti a corda*) pizzicare **5** (*di campanello*) premere, pigiare □ tirare **6** (*fam.*) picchiare, percuotere, bastonare **B** *v. intr.* **1** (*di campana, di telefono, ecc.*) mandare un suono, trillare, squillare, tintinnare □ (*di sirena*) fischiare **2** (*di ore, a festa, ecc.*) rintoccare, battere, scoccare **3** (*lett.*) (*di fischi, di urla, ecc.*) risuonare, rimbombare **4** (*di orchestra, di musicista, ecc.*) dare concerto, esibirsi **C** *v. tr. e intr.* (*lett.*) (*di parole, di discorso e sim.*) significare, esprimere, voler dire **FRAS.** *suonar-*

sele (*fam.*), azzuffarsi.

suonàta V. **sonata**.

suonàto *part. pass. di* **suonare**; *anche agg.* **1** emesso mediante uno strumento **2** compiuto, finito, passato **3** (*fig.*) imbrogliato, ingannato **4** (*fig.*) rimbambito, toccato, picchiato, imballato, sciroccato (*gerg.*).

suonatóre *s. m.* (*f. -trice*) musicante, musico, esecutore **CFR.** pianista, violinista, flautista, violoncellista, concertista, solista, strumentista, chitarrista, professore d'orchestra, orchestrale, bandista.

suòno *s. m.* **1** (*est.*) armonia, melodia, consonanza, concento (*lett.*) □ voce, canto, verso □ rumore, risonanza, vibrazione, squillo, clangore (*lett.*) □ (*tv*) audio **CONTR.** pace, quiete, silenzio **2** tono, tonalità **3** parola, voce □ discorso **4** (*ling.*) fonema **5** (*poet.*) fama.

suòra *s. f.* **1** (*poet.*) sorella **2** monaca, religiosa, vergine, consorella **3** (*fig., fam.*) scaldino da letto, scaldaletto, monaco, prete, trabiccolo.

sùper A *in funzione di agg. inv.* eccellente, superiore, extra **B** *in funzione di s. f. inv.* (*fam.*) benzina super, supercarburante.

superàbile *agg.* oltrepassabile, varcabile, valicabile □ sormontabile, sorpassabile, vincibile **CONTR.** insormontabile, invalicabile, insuperabile, invincibile, inarrivabile.

superàre *v. tr.* **1** essere superiore, distinguersi, eccellere, eclissare, emergere, offuscare, oscurare, precedere, essere più bravo, essere più valente □ predominare, preponderare, prevalere □ battere, vincere, sconfiggere, sopravanzare, sovrastare, surclassare, sopraffare □ distanziare, distaccare, bruciare □ eccedere, soverchiare, trascendere, esorbitare **CONTR.** essere inferiore, rimanere al disotto, perdere, soggiacere, sottostare **2** (*di luogo, di tempo, ecc.*) andare oltre, oltrepassare, sorpassare, attraversare, passare, scavalcare, sormontare, valicare, travalicare (*raro*), varcare □ percorrere, traversare □ (*di limite*) sforare **3** (*fig.*) (*di esame, di crisi, ecc.*) affrontare vittoriosamente, sostenere felicemente, uscire senza danno, sopportare, bypassare (*est.*) **CONTR.** essere sconfitto, essere bocciato, perdere. V. *anche* TRAVERSARE, VINCERE

superàto *part. pass. di* **superare**; *anche agg.* **1** battuto, vinto, sopraffatto, sconfitto **CONTR.** insuperato, invitto, vincitore, vittorioso **2** non più valido, scontato, vieto, non più attuale, inattuale, datato, decrepito, fossile, antidiluviano, antiquato, vecchio, sorpassato, fuori moda, à la page (*fr.*), passato, ammuffito, frusto, anacronistico, decrepito, out (*ingl.*) **CONTR.** attuale, nuovo, recente, aggiornato, moderno, alla moda, in (*ingl.*), up-to-date (*ingl.*). V. *anche* ANTICO

supèrbia *s. f.* alterezza, alterigia, altezzosità, albagia, arroganza, boria, boriosità (*raro*), burbanza, disdegno, grandigia, iattanza, immodestia, sussiego, vanto, sdegnosità, impertinenza, oltracotanza (*lett.*), orgoglio, ostentazione, ostentamento, presunzione, presuntuosità, prosopopea, protervia, spocchia, tracotanza, imperiosità, tronfiezza (*raro*), vanità, vanagloria, sufficienza, gonfiezza **CONTR.** modestia, remissività, umiltà □ discrezione, misura, ritegno, riguardo, ossequio, riserbo, semplicità. V. *anche* AMBIZIONE, VANTO

supèrbo A *agg.* **1** (*di persona, di comportamento, ecc.*) altero, altezzoso, arrogante, borioso, burbanzoso, sprezzante, disdegnoso, immodesto, impertinente, oltraggioso, oltracotante (*lett.*), gonfiato, gonfio, sdegnoso, superbioso, sussiegoso, pettoruto, presuntuoso, protervo, imperioso, spocchioso (*raro, tosc.*), tracotante, tronfio, vanaglorioso **CONTR.** dimesso, modesto, remissivo, umile □ discreto, misurato, riguardoso, riservato, semplice **2** (*di pavone, di gallo e sim.*) tronfio **3** (*per qualcuno, per qualcosa*) fiero, compiaciuto, contento, soddisfatto, orgoglioso **CONTR.** scontento, insoddisfatto **4** (*di palazzo, di bellezza, ecc.*) grandioso, imponente, fastoso, magnifico, stupendo, meraviglioso, splendido, straordinario, sfarzoso, bellissimo, eccezionale **CONTR.** brutto, meschino, misero, povero, disadorno **B** *s. m.* ambizioso, altezzoso, borioso, presuntuoso, vanaglorioso **CONTR.** modesto, umile, semplice.

superdotàto *agg.*; *anche s. m.* iperdotato, intelligentissimo, genio **CONTR.** ipodotato, subnormale, deficiente, idiota.

superficiàle A *agg.* **1** (*di strato, di parte, ecc.*) della superficie, superiore **CONTR.** interno, intimo, inferiore, sotterraneo, subacqueo **2** (*di ferita, di macchia, ecc.*) epidermico, esterno, esteriore **CONTR.** interno, interiore, profondo **3** (*di lavoro, di occhiata, ecc.*) poco profondo, rapido, sbrigativo, veloce, generico, dispersivo, acritico **CONTR.** approfondito, rigoroso, severo, accurato, diligente, esauriente, meditato **4** (*di discorso, di tono*) frivolo, stupido, salottiero, futile, banale □ (*di argomento*) marginale, periferico **CONTR.** serio, solenne, profondo, riflessivo **B** *agg.*; *anche s. m. e f.* (*di persona, di intelligenza, ecc.*) leggero, distratto, impulsivo, irriflessivo, facilone, semplicista, orecchiante, dilettante **CONTR.** serio, riflessivo, attento, diligente, meticoloso.

superficialità *s. f.* esteriorità, genericità, apparenza, scarsa profondità □ verbalismo, retorica □ empirismo, dilettantismo, faciloneria, leggerezza, dispersività, semplicismo, distrazione, irriflessione □ frivolezza, futilità **CONTR.** profondità, accuratezza, diligenza, riflessività, scrupolo, scampolosità, serietà.

superficialménte *avv.* (*anche fig.*) in superficie, epidermicamente, esteriormente, apparentemente □ genericamente, leggermente, acriticamente, dispersivamente, distrattamente, grossolanamente, sommariamente, trascuratamente, sbrigativamente, irriflessivamente **CONTR.** profondamente, intimamente □ accuratamente, minuziosamente, rigorosamente, diligentemente, riflessivamente.

superfìcie *s. f.* **1** piano, livello □ esterno, parte esteriore, cotenna, cotica, buccia, crosta, pelle, scorza □ faccia, facciata, parete □ (*di liquido*) pelo □ suolo, campo, terra, terreno, spazio, zona **CONTR.** interno, fondo **2** (*fig.*) esteriorità, apparenza, aspetto, facciata **CONTR.** essenza, intimo, sostanza, midollo **3** (*est.*) (*di intonaco, di colore, ecc.*) strato, spessore, mano **4** (*geom.*) area, estensione. V. *anche* MISURA

supèrfluo A *agg.* eccedente, eccessivo, soverchio,

esuberante, inutile, disutile, ridondante, sovrabbondante, sovreccedente, traboccante □ accessorio, pleonastico, riempitivo □ (*di spesa e sim.*) voluttuario □ (*di ragionamento*) ozioso **CONTR.** deficiente, insufficiente, mancante, manchevole, bisognevole, scarso □ indispensabile, necessario, utile, basilare, vitale, essenziale ***B*** *s. m. solo sing.* eccedenza, eccessività, esorbitanza, superfluità □ sovrappiù, surplus (*fr.*), complemento **CONTR.** mancanza, insufficienza, penuria □ esigenza, necessità.

SUPERFLUO
sinonimia strutturata

L'aggettivo **superfluo** descrive tutto ciò che è in più, che non è necessario, che eccede il bisogno: *spese, parole, chiacchiere superflue*; alcuni sinonimi sono **eccedente**, il raro **sovreccedente**, **esuberante**, che si applicano in particolare a ciò che resta, a ciò che è d'avanzo: *quantità eccedente*; *manodopera esuberante*. Ciò che è in sovrappiù spesso coincide con ciò che non produce nessun effetto o giovamento, e che è quindi **inutile** o **disutile**: *discorso, rimedio, tentativo inutile*; *è inutile che tu insista*; *una fatica, un lavoro disutile*.

Evocano invece un'idea non di superfluità ma di esagerazione **eccessivo** e il letterario **soverchio**: *il caldo oggi è eccessivo*; *velocità eccessiva*; *soverchio amor proprio*; *sapevo ch'ella non faceva spesa soverchia* (CASTIGLIONE). Se qualcosa è esagerato dal punto di vista quantitativo, si può definire **sovrabbondante**: *in questa zona la frutta è sovrabbondante*. Si avvicina molto **ridondante**, che designa ciò che è eccessivamente ricco, sovrabbondante o superfluo, e di solito è usato in relazione a discorsi o scritti: *testo ridondante di citazioni*. Sempre in riferimento al modo di esprimersi, sono **pleonastiche** quelle parole, in genere pronomi e aggettivi, sintatticamente e logicamente superflue ma usate spesso con valore rafforzativo o per connotare un particolare registro linguistico: *espressione pleonastica*; in senso estensivo, pleonastico si usa anche in altri ambiti, e si avvicina molto a **ozioso**, che descrive ciò che potrebbe essere evitato perché di nessuna utilità specifica: *precisazioni oziose*.

In generale, si può considerare superfluo tutto ciò che è **accessorio** o **complementare**, ossia che non è necessario ma che si aggiunge o accompagna ad altro elemento principale ed essenziale: *elemento accessorio*; *questioni accessorie*; *pena accessoria*; *nozioni complementari*; *disposizione complementare*. **Voluttuario** designa invece ciò che non solo non è indispensabile, ma che è di lusso o comunque fonte di piacere: *spese voluttuarie*.

Superfluo è anche un sostantivo, e come tale viene usato solo al singolare e designa ciò che è in più rispetto al necessario: *eliminare, evitare il superfluo*; *fare a meno del superfluo*. In questo senso coincide con **superfluità**, che compare quasi sempre al plurale, e con **soprappiù**: *rinunciare alle superfluità*; *quel vestito nuovo è proprio un sovrappiù*. Così, la quantità che supera il limite prefissato, ossia l'avanzo, ciò che eccede, si dice **eccedenza** o eccedente: *c'è un'eccedenza di centomila lire sulla spesa prevista*; *eliminare le eccedenze*. L'eccedenza in senso lato è un **surplus**, che propriamente è un termine usato in economia per indicare l'eccesso di produzione sul consumo, di offerta sulla domanda, di crediti sui debiti.

superióra *s. f.* (*di convento*) badessa, madre, generalessa, priora.

superióre ***A*** *agg.* ***1*** (*di luogo*) posto sopra, più in alto, sovrastante, dominante, supero (*lett.*), superno (*lett.*) **CONTR.** inferiore, più basso, sottostante ***2*** (*di statura, di intelligenza, di numero, ecc.*) più alto, maggiore, migliore □ preponderante, predominante, prevalente □ eccellente, eccelso, egregio, eccezionale □ preminente, principale, primo, primario, sommo, sovrano, supremo □ straordinario, fuoriclasse, extra, super **CONTR.** inferiore, minore, impari □ peggiore, meschino, modesto, scarso ***3*** (*di persona*) disinteressato, distaccato, al di sopra **CONTR.** meschino, intrigante ***B*** *s. m.* maggiore di grado, dirigente, direttore, capo, principale, comandante, rettore, presidente □ abate, archimandrita, priore **CONTR.** inferiore, subordinato, sottoposto, subalterno, dipendente ***C*** *s. f. spec. al pl.* scuola di 2° grado **CFR.** liceo, ginnasio, istituto tecnico, istituto professionale **FRAS.** *istruzione superiore*, istruzione universitaria.

superiorità *s. f.* eccellenza, egemonia, predominio, eminenza, preminenza, primato, supremazia □ (*di forze, di mezzi*) preponderanza □ sopravvento, prevalenza, vantaggio □ sussiego **CONTR.** inferiorità, subordinazione, soggezione, dipendenza.

superlatìvo *agg.* massimo, sommo, eminente, eccellente, eccezionale, straordinario □ (*ling.*) elativo **CONTR.** minimo, modestissimo, scarsissimo.

supermercàto *s. m.* ipermercato, centro commerciale, grande magazzino, emporio, supermarket (*ingl.*). *V. anche* MERCATO

supernutrizióne *s. f.* (*med.*) ipernutrizione, superalimentazione, iperalimentazione **CONTR.** iponutrizione, sottoalimentazione, ipoalimentazione.

supèrstite ***A*** *agg.*; *anche s. m. e f.* rimasto in vita, scampato, naufrago, sopravvivente, sopravvissuto □ reduce, veterano **CONTR.** deceduto, morto, perito, scomparso, vittima ***B*** *agg.* restante, rimanente, rimasto.

superstizióne *s. f.* credenza assurda, credenza irrazionale, credenza vana □ pregiudizio, preconcetto, ubbia □ scrupolo eccessivo □ tabù □ scaramanzia. *V. anche* PREGIUDIZIO

superstizióso *agg.* ***1*** credulo □ credulone, ubbioso (*raro*) **CONTR.** incredulo, scettico ***2*** (*est.*) scaramantico.

superuòmo *s. m.* (*est., iron.*) uomo superbo, dio (*fig.*), semidio (*iron.*), presuntuoso, saccentone, sapientone, sputasentenze **CONTR.** semplice, umile.

supervisióne *s. f.* (*cine., tv.*) direzione generale □ (*gener.*) controllo, ispezione, visita, revisione.

supervisóre *s. m.* (*gener., cine., tv.*) direttore generale, controllore.

supìno *agg.* **1** sul dorso, arrovesciato, riverso, rovesciato **CONTR.** prono, bocconi **2** (*fig.*) accondiscendente, ligio, ossequente, servile, sottomesso, passivo **CONTR.** autonomo, insofferente, intollerante, renitente, ricalcitrante, riluttante, ribelle **FRAS.** *ignoranza supina*, ignoranza crassa.

suppellèttile *s. f. spec. al pl.* arredi, arredamento, mobili, mobilia, mobilio, roba, soprammobili, masserizie, carabattole.

suppergiù *avv.* (*fam.*) circa, più o meno, pressappoco, pressoché, approssimativamente **CONTR.** esattamente, precisamente.

supplementàre *agg.* aggiuntivo, addizionale, complementare, integrativo, suppletivo, suppletorio □ (*di treno e sim.*) bis, extra (*lat.*) **CONTR.** essenziale, fondamentale, effettivo, reale.

suppleménto *s. m.* **1** aggiunta, maggiorazione, giunta, appendice, complemento, integrazione □ (*turistico*) extra (*lat.*) □ (*di enciclopedia e sim.*) aggiornamento □ (*di giornale*) fascicolo, inserto **CONTR.** detrazione **2** (*ferr.*) sovrapprezzo **CONTR.** sconto.

supplènte *part. pres. di* **supplire**; *anche agg.* e *s. m.* e *f.* sostituto, sostitutore, vice, vicario, luogotenente, rappresentante, reggente, facente funzione, incaricato, interino, coadiutore, coadiuvante, tappabuchi (*iron.*) □ (*di attore*) doppio **CONTR.** effettivo, stabile, stabilizzato, titolare.

supplènza *s. f.* sostituzione, incarico, interinato, precariato, luogotenenza, reggenza, vicariato, surrogazione (*raro*) **CONTR.** stabilità, ruolo.

sùpplica *s. f.* preghiera, prece, implorazione, impetrazione, invocazione, supplicazione (*raro*), scongiuro □ istanza, petizione, domanda, ricorso, memoriale **CONTR.** comando, ordine, esigenza, imposizione, intimazione, pretesa.

supplicàre *v. tr.* e *intr.* pregare, chiedere, implorare, impetrare, invocare, postulare, scongiurare, raccomandarsi **CONTR.** comandare, ordinare, esigere, imporre, ingiungere, intimare, pretendere.

supplichévole *agg.* supplicante, supplice (*lett.*), implorante **CONTR.** imperioso, altero, orgoglioso, prepotente.

supplìre **A** *v. intr.* (*a una lacuna, a una mancanza*) sopperire, rimediare, compensare, far fronte **B** *v. tr.* sostituire, fare le veci, prendere il posto, rimpiazzare, subentrare, sottentrare, succedere.

supplìzio *s. m.* **1** pena, tormento, tortura, martirio, strazio, sevizie □ pena di morte, esecuzione capitale **2** (*fig.*) afflizione, pena, dolore, croce, cilicio, patimento, sofferenza, strazio **CONTR.** piacere, gioia, godimento, gaudio, diletto, contentezza, soddisfazione.

supponènte *agg.*; *anche s. m.* e *f.* altezzoso, sussiegoso, arrogante **CONTR.** modesto, umile.

supponènza *s. f.* alterigia, sussiego, altezzosità, fierezza, arroganza, sicumera **CONTR.** modestia, umiltà.

suppórre *v. tr.* immaginare, opinare, argomentare, arguire, pensare, credere, giudicare, sospettare, temere □ presumere, congetturare, presupporre, figurarsi, fingere, ammettere, ipotizzare, porre, mettere il caso, far conto **CONTR.** affermare, asserire, constatare, avere la certezza. *V. anche* GIUDICARE, PENSARE

supportàre *v. tr.* sostenere, appoggiare, incoraggiare **CONTR.** scoraggiare, disincentivare □ boicottare, sabotare.

supporter /*ingl.* sə'pɔ:tə/ [vc. ingl., da *to support* 'sostenere'] *s. m. inv.* (*sport*) tifoso, sostenitore, fan (*ingl.*).

suppòrto *s. m.* **1** sostegno, appoggio, base, piedistallo □ puntello, rinforzo □ (*di tavolo e sim.*) gamba □ (*di filo, di carta, ecc.*) bobina □ (*di quadro, di occhiali, ecc.*) cornice, montatura **2** (*fig.*) aiuto, appoggio □ (*di dottrina e sim.*) cardine.

suppositivo *agg.* immaginabile, immaginario, ipotetico, ipotizzabile, supposto, presunto, congetturale **CONTR.** certo, reale, effettivo, concreto, positivo, sicuro, vero, documentato, provato. *V. anche* IMMAGINARIO

supposizióne *s. f.* congettura, finzione, ipotesi, concessione, presunzione, presupposto, presupposizione, induzione, calcolo □ pensiero, opinione, idea **CONTR.** certezza, realtà, concretezza, sicurezza, verità.

suppósto *part. pass. di* **supporre**; *anche agg.* creduto, ritenuto, pensato, immaginato, immaginario, ipotetico, congetturale, suppositivo, presupposto, presunto, preteso, ipotizzato □ ammesso, posto, concesso **CONTR.** certo, concreto, effettivo, positivo, accertato, documentato, provato, sicuro, vero. *V. anche* IMMAGINARIO

suppuràre *v. intr.* venire a suppurazione, marcire, maturare.

suppurazióne *s. f.* suppuramento (*raro*), marcia (*pop.*), pus, sepsi (*med.*), infezione, putrefazione, purulenza, putredine, maturazione, marcimento (*raro*).

supremazìa *s. f.* autorità assoluta, autorità suprema, egemonia, dominio, predominio, potere, preponderanza, sopravvento, prevalenza, superiorità, preminenza, primato, sovranità **CONTR.** inferiorità, dipendenza, soggezione, sottomissione, subordinazione, servitù, vassallaggio.

suprèmo *agg.* **1** (*fig.*) (*di bene, di capo, ecc.*) sommo, massimo, altissimo, eccelso, principale, sublime, superiore, sovrano, superno (*lett.*), supero (*lett.*) **CONTR.** bassissimo, imo (*lett.*), infimo, minimo, inferiore, vile **2** (*fig.*) (*di parole, di volontà, ecc.*) estremo, ultimo, finale **CONTR.** primo, iniziale. *V. anche* SOVRANO

surclassàre *v. tr.* (*di concorrenti*) superare, stravincere, dominare, umiliare, stracciare (*fig.*), bruciare (*fig.*) **CONTR.** perdere, essere superato.

surf /*ingl.* sə:f/ [vc. angloamericana, ricavata da *surf-board*, comp. di *surf* 'frangente, cresta d'onda' e *board* 'asse'] *s. m. inv.* **1** (*sport*) tavola da salto, acquaplano **2** windsurf (*ingl.*).

surgelàre *v. tr.* congelare.

surgelàto *agg.*; *anche s. m.* supercongelato, congelato.

surplus /*fr.* syr'ply/ [vc. fr., comp. di *sur* 'sur-' e *plus* 'più'] *s. m. inv.* (*econ.*) eccedenza, eccesso, sovrapproduzione, sovreccedenza, esubero, sovrappiù

□ avanzo, resto, rimanenza, residuo **CONTR.** deficienza, mancanza, deficit (*lat.*). *V. anche* SUPERFLUO
surreàle *agg.* irrazionale, irreale, inconscio, suggestivo, fantastico **CONTR.** reale.
surriscaldàto *agg.* **1** caldissimo **CONTR.** rinfrescato **2** (*fig.*) agitatissimo, nervosissimo, molto teso **CONTR.** calmo, disteso, pacifico, sereno, tranquillo.
surrogàre *v. tr.* **1** (*di cosa*) mettere al posto, sostituire, cambiare, supplire, rimpiazzare **2** (*di persona*) subentrare, prendere il posto, sottentrare, succedere, soppiantare, scavalcare.
surrogàto **A** *part. pass. di* **surrogare**; *anche agg.* sostituito, sostituibile **B** *s. m.* succedaneo, prodotto sintetico.
suscettibile *agg.* **1** (*di modifica, di proroga, ecc.*) capace di subire, passibile, soggetto **2** facile a offendersi, sensibile, ombroso, fragile, sovreccitabile, adombrabile, spigoloso, irascibile, irritabile, ipersensibile, permaloso, piccoso, geloso, scontroso, diffidente, sospettoso **CONTR.** equilibrato, sereno, calmo, socievole, remissivo.
suscettibilità *s. f.* ombrosità, permalosità, fragilità, irritabilità, scontrosità, diffidenza, piccosità, nevrastenia, sospettosità **CONTR.** equilibrio, serenità, socievolezza, remissività.
suscitàre *v. tr.* **1** (*lett.*) (*spec. fig.*) far sorgere, sollevare, risollevare **CONTR.** abbassare, far scendere **2** (*fig.*) (*di sentimento, di interesse, di rivolta, ecc.*) cagionare, muovere, promuovere, produrre, procurare, provocare, creare, generare, ingenerare, eccitare, concitare (*lett.*), destare, svegliare, risvegliare, accendere, inoculare, insinuare, seminare, ispirare, incutere, infondere, stimolare, stuzzicare, fomentare, attizzare **CONTR.** calmare, placare, quietare, sedare, smorzare, sopire, spegnere, appianare.
suscitàto *part. pass. di* **suscitare**; *anche agg.* destato, ispirato, infuso, eccitato, mosso, promosso, provocato, prodotto, creato, generato, suggerito, dato, lasciato **CONTR.** calmato, placato, sedato, smorzato, sopito, spento.
suspense /*ingl.* sə'spens/ [vc. ingl., dal fr. (*en*) *suspens* '(in) sospeso'] *s. f.* (*raro*) *m. inv.* attesa ansiosa, ansia, emozione □ incertezza, indecisione, sospensione. *V. anche* EMOZIONE
susseguìre **A** *v. tr.* e *intr.* seguire, venire dopo, conseguire, continuare, succedere, tener dietro, derivare **CONTR.** venir prima, antecedere (*raro*), precedere, precorrere, essere anteriore **B** **susseguirsi** *v. rifl. rec.* verificarsi a breve distanza, succedersi, succedere, accadere, capitare, sopravvenire, venire □ (*di sgridate, di pugni, ecc.*), fioccare, grandinare □ (*di applausi, di risa, ecc.*) scrosciare □ (*di ricordi, di pensieri*) sfilare.
sussidiàrio **A** *agg.* accessorio, ausiliario, ausiliare, secondario, di appoggio **CONTR.** principale, primario **B** *s. m.* (*nelle scuole elementari*) libro di testo.
sussìdio *s. m.* **1** aiuto, soccorso, difesa, appoggio, apporto, sostegno, presidio, guida **2** (*di denaro*) sovvenzione, finanziamento, borsa □ beneficenza, elemosina.
sussiègo *s. m.* contegnosità, gravità, sostenutezza, supponenza, prosopopea, alterezza, altezzosità, alterigia, sicumera, sufficienza, boria, orgoglio, superbia, burbanza, affettazione, superiorità **CONTR.** affabilità, benignità, bonarietà, cordialità, cortesia, garbo, gentilezza, modestia, naturalezza, semplicità, spontaneità.
sussiegóso *agg.* altezzoso, contegnoso, sostenuto, borioso, superbo, sdegnoso, di sufficienza, sufficiente, pretenzioso, supponente, dottorale, dottoresco, inamidato, pontificale **CONTR.** affabile, benigno, bonario, cordiale, cortese, garbato, gentile, modesto, naturale, semplice, spontaneo.
sussistènza *s. f.* **1** esistenza, realtà, fondatezza, effettività (*raro*), sostanza **CONTR.** insussistenza, inesistenza, infondatezza **2** (*mil.*) sostentamento, vettovaglie, vettovagliamento, viveri.
sussìstere *v. intr.* **1** esistere, essere □ conservarsi, durare, perdurare, persistere, rimanere **CONTR.** mancare, venir meno **2** (*di motivo, di sospetto, ecc.*) essere fondato, aver consistenza, essere valido, valere, reggere, contare **CONTR.** essere infondato, essere inconsistente.
sussultàre *v. intr.* balzare, sobbalzare, saltare, trasalire □ scuotersi, riscuotersi, rimescolarsi, sconvolgersi, palpitare, pulsare **CONTR.** fermarsi, restare immobile, restare calmo.
sussùlto *s. m.* balzo, sobbalzo, scossa, convulsione □ scatto, trasalimento, riscuotimento, guizzo, salto □ (*fig.*) tuffo, palpitazione, palpito, brivido, fremito, soprassalto.
sussurràre **A** *v. tr.* **1** dire piano, bisbigliare, pispigliare, mormorare, borbottare, parlottare, brusire (*lett.*), confabulare **CONTR.** gridare, sbraitare, urlare, strepitare **2** dire segretamente □ sparlare **CONTR.** dire apertamente, proclamare, propalare **B** *v. intr.* **1** (*di fronde, di acqua, ecc.*) frusciare, mormorare, stormire **2** sparlare di nascosto, mormorare. *V. anche* PARLARE
sussùrro *s. m.* bisbiglio, mormorio, murmure (*poet.*), fremito, pispiglio, ronzio **CONTR.** grido, clamore.
sutùra *s. f.* **1** (*anat.*) congiunzione, articolazione fissa, rafe **2** (*chir.*) cucitura **3** (*raro*) collegamento.
suturàre *v. tr.* (*chir.*) cucire, ricucire **CONTR.** togliere i punti, aprire.
suvvìa *inter.* orsù!, animo!, coraggio!, forza!, alé!
svagàre **A** *v. tr.* distrarre, distogliere □ divertire, ricreare, divagare, sollazzare, rallegrare, trastullare **CONTR.** annoiare, infastidire, seccare, svariare (*raro*), scocciare (*fam.*), tediare **B** **svagarsi** *v. intr. pron.* **1** distrarsi, distogliersi **CONTR.** badare, concentrarsi **2** divertirsi, evadere, ricrearsi, divagarsi, spassarsi, trastullarsi, sollazzarsi, stordirsi, giocare **CONTR.** annoiarsi, infastidirsi, seccarsi, scocciarsi (*fam.*), tediarsi.
svagàto *part. pass. di* **svagare**; *anche agg.* distratto, disattento, spensierato, sbadato, assente, con la testa fra le nuvole, picchiatello **CONTR.** attento, intento, concentrato.
svàgo *s. m.* distrazione, divagazione, diversivo, evasione, divertimento, passatempo, sollievo, sollazzo, gioco, ricreazione, distensione, vacanza, diletto, di-

porto, ludo (*lett.*), spasso, scacciapensieri, hobby (*ingl.*), relax (*ingl.*) **CONTR.** afflizione, fastidio, molestia, noia, peso, seccatura, scocciatura (*fam.*), tedio □ applicazione, lavoro.

svaligiàre *v. tr.* rubare, derubare, depredare, saccheggiare, spogliare, vuotare.

svalutàre ***A*** *v. tr.* ***1*** (*di moneta, di beni*) ridurre di valore, deprezzare, ribassare □ inflazionare **CONTR.** rivalutare ***2*** (*fig.*) (*di lavoro, di merito, ecc.*) sminuire, svilire, avvilire, sottovalutare **CONTR.** apprezzare, valorizzare ***B*** **svalutarsi** *v. intr. pron.* diminuire di valore, perdere valore, calare, slittare, deprezzarsi **CONTR.** rivalutarsi, aumentare, crescere. *V. anche* SCADERE

svalutazióne *s. f.* ***1*** (*econ.*) (*di moneta, di beni*) riduzione del valore, deprezzamento, calo, slittamento, perdita □ riallineamento (*euf.*) □ inflazione **CONTR.** rivalutazione, aumento ***2*** (*fig.*) (*di lavoro, di merito, ecc.*) sminuimento, svilimento, sottovalutazione **CONTR.** apprezzamento, valorizzazione.

svampìto *agg.*; *anche s. m.* (*di persona*) svaporato, svanito, istupidito, scemo □ vanesio, vuoto, fatuo □ cervellino **CONTR.** sveglio, desto, posato.

svanìre *v. intr.* ***1*** (*di profumo, di caldo, ecc.*) disperdersi, finire in nulla, evaporare, svaporare, vaporizzarsi, esalare **CONTR.** giungere, arrivare ***2*** (*di apparizione, di illusione, ecc.*) dileguarsi, scomparire, dissolversi, disparire, sparire, dissiparsi, volatilizzarsi, sfumare, tramontare, andare in fumo, spegnersi, venir meno, infrangersi, perdersi, crollare, cadere **CONTR.** apparire, comparire, manifestarsi, mostrarsi, profilarsi, presentarsi, spuntare, concretarsi ***3*** (*fig.*) (*di forza, di ira, ecc.*) esaurirsi, indebolirsi, placarsi, calmarsi **CONTR.** crescere, irrobustirsi, rinsaldarsi.

svanìto *part. pass. di* **svanire**; *anche agg.* ***1*** (*di profumo, di caldo, ecc.*) disperso, esalato, evaporato, svaporato, finito **CONTR.** giunto, arrivato ***2*** (*anche fig.*) (*di apparizione, di illusione, ecc.*) dileguato, scomparso, sparito, dissipato, sfumato, tramontato, spento, infranto, frustrato, venuto meno **CONTR.** apparso, affiorato, comparso, spuntato, presente, concretato ***3*** (*fig.*) (*di forza, di ira, ecc.*) esaurito, indebolito, placato, calmato **CONTR.** cresciuto, irrobustito ***4*** (*fig.*) (*di persona*) svampito, svaporato, intontito, istupidito, pazzo, scemo □ cervellino **CONTR.** sveglio, intelligente, perspicace, pronto.

svantaggiàto *agg.* danneggiato, handicappato **CONTR.** avvantaggiato, favorito.

svantàggio *s. m.* ***1*** disfavore, sfavore, incomodo, inconveniente, detrimento, scapito, discapito, difetto, handicap (*ingl.*) □ pregiudizio, danno, iattura (*raro*), nocumento (*lett.*) **CONTR.** vantaggio, beneficio, comodità, privilegio □ frutto, guadagno, profitto, tornaconto, utile, utilità, favore ***2*** (*sport*) distacco, perdita **CONTR.** vantaggio, rimonta. *V. anche* PREGIUDIZIO

svantaggiosaménte *avv.* male, dannosamente, sfavorevolmente, pregiudizialmente, pregiudizievolmente **CONTR.** vantaggiosamente, favorevolmente, utilmente, convenientemente, profittevolmente.

svantaggióso *agg.* dannoso, cattivo, nocivo, controproducente, negativo, contrario □ sconveniente, sfavorevole, pregiudiziale, pregiudizievole **CONTR.** vantaggioso, favorevole, fruttuoso, proficuo, conveniente, utile. *V. anche* DANNOSO

svànzica [dal ted. *zwanzig* (*Kreuzer*) 'venti (soldi)'] *s. f. spec. al pl.* (*fam., scherz.*) denaro, quattrini.

svaporàre *v. intr.* ***1*** (*di sostanza*) perdere odore, perdere aroma, perdere sapore, evaporare, vaporizzarsi, volatilizzarsi ***2*** (*fig.*) (*di entusiasmo, di forze, ecc.*) svanire, esaurirsi, scomparire, perdersi, sparire, dileguarsi, sfumare, spegnersi **CONTR.** apparire, comparire, manifestarsi, crescere, aumentare.

svaporàto *part. pass. di* **svaporare**; *anche agg.* ***1*** (*di sostanza*) evaporato ***2*** (*fig.*) (*di persona*) svampito, leggero, sciocco, svanito **CONTR.** sveglio, intelligente, perspicace, pronto.

svariàre *v. tr.* ***1*** rendere vario, rendere più vario, rendere più attraente, variare ***2*** (*fig.*) svagare, distrarre.

svariataménte *avv.* variamente, diversamente **CONTR.** ugualmente, uniformemente.

svariatézza *s. f.* molteplicità, varietà **CONTR.** unicità, uniformità.

svariàto *part. pass. di* **svariare**; *anche agg.* ***1*** vario, variato, diverso, molteplice, multiforme, eterogeneo, disparato **CONTR.** uguale, unico, uniforme, identico, monotono ***2*** (*al pl.*) molti, numerosi, parecchi, diversi, molteplici **CONTR.** pochi.

svarióne *s. m.* grosso errore, sbaglio, sfarfallone (*pop.*), sfondone (*fam.*), sproposito, strafalcione, granchio, cantonata, topica (*fam.*), marrone (*pop.*).

svasàre *v. tr.* ***1*** (*di pianta*) cambiare di vaso, rinvasare ***2*** (*di vestito*) allargare in basso, scampanare.

svasàto *part. pass. di* **svasare**; *anche agg.* scampanato.

svasatùra *s. f.* ***1*** (*di pianta*) cambio di vaso, rinvasatura ***2*** (*di vestito*) allargamento in basso, svasamento, scampanatura, strombatura, strombo.

svecchiàre *v. tr.* rinnovare, innovare, ringiovanire, ammodernare, rammodernare, rimodernare, riformare **CONTR.** invecchiare.

svedése *agg.*; *anche s. m. e f.* della Svezia □ (*est.*) scandinavo **FRAS.** *fiammifero svedese*, fiammifero di sicurezza.

svéglia *s. f.* ***1*** risveglio **CONTR.** assopimento ***2*** (*mil.*) diana, orologio con suoneria **FRAS.** *dare la sveglia*, svegliare.

svegliàre ***A*** *v. tr.* ***1*** (*di persona*) risvegliare, destare, ridestare, dissonnare (*lett.*), scuotere dal sonno, chiamare **CONTR.** addormentare, sopire, assopire, far prendere sonno ***2*** (*fig.*) scuotere, spigrire, spoltronire, sveltire □ scaltrire, scantare (*fam.*), smaliziare, disincantare **CONTR.** intontire, intorpidire, impigrire, incretinire ***3*** (*fig.*) (*di desiderio, di appetito, ecc.*) eccitare, suscitare, stimolare, provocare, stuzzicare **CONTR.** calmare, placare, sedare, attutire, smorzare, spegnere ***B*** **svegliarsi** *v. intr. pron.* ***1*** risvegliarsi, destarsi, ridestarsi, scuotersi dal sonno **CONTR.** addormentarsi, assopirsi, appisolarsi ***2*** (*fig.*) scaltrirsi, smaliziarsi, farsi furbo, scantarsi (*fam.*), scuotersi, scrollarsi, spigrirsi, spoltronirsi, sveltirsi **CONTR.** intorpidirsi, impigrirsi, incretinirsi, istupidirsi ***3*** (*fig.*) (*di appetito, di male, ecc.*) manifestarsi, mettersi in azione, rimuoversi **CONTR.** calmarsi, assopirsi, placarsi. *V. anche* SCUOTERE

svegliàto *part. pass. di* **svegliare**; *anche agg.* destato, sveglio, desto, insonne **CONTR.** addormentato.

svéglio *agg.* **1** svegliato, desto, insonne **CONTR.** addormentato, assopito **2** (*fig.*) attento, vigile, vigilante, sollecito **CONTR.** disattento, svanito, distratto, spensierato, svagato **3** (*fig.*) intelligente, aperto, intraprendente, pronto, alacre, vispo, veloce, svelto, accorto, avveduto, spigliato, vivace **CONTR.** beota, cretino, lento, ottuso, torpido, incantato, tonto, oca **4** (*fig., fam.*) astuto, furbo, dritto (*fam.*), navigato, callido (*lett.*) **CONTR.** ingenuo, candido, fesso.

svelaménto *s. m.* (*spec. fig.*) scoprimento, smascheramento.

svelàre **A** *v. tr.* **1** (*raro*) togliere il velo, scoprire, spogliare, denudare **CONTR.** velare, vestire, coprire **2** (*fig.*) (*di segreto, di mistero, di intenzione, ecc.*) confessare, diffondere, propalare, divulgare, riferire, rivelare, scoprire, squarciare, smascherare, dissuggellare, snocciolare, parlare, spifferare (*fam.*), tradire, strombazzare, spiattellare, mettere in piazza □ mostrare, dichiarare, palesare **CONTR.** celare, coprire, mascherare, nascondere, dissimulare, occultare, tacere **B** **svelarsi** *v. rifl.* (*fig.*) palesarsi, rivelarsi, mostrarsi, dimostrarsi, smascherarsi **CONTR.** mascherarsi. *V. anche* PARLARE

svelàto *part. pass. di* **svelare**; *anche agg.* **1** (*raro*) scoperto **CONTR.** velato **2** (*fig.*) (*di segreto, di intenzione, ecc.*) rivelato, confessato, confidato, dichiarato, pubblicato, riferito, divulgato, spifferato (*fam.*) **CONTR.** celato, coperto, nascosto, mascherato, dissimulato.

sveltézza *s. f.* **1** agilità, lestezza, rapidità, prontezza, speditezza, velocità, celerità □ abilità, destrezza, intraprendenza, alacrità, solerzia, sollecitudine **CONTR.** lentezza, pigrizia, pesantezza, flemma, torpore **2** (*di fisico*) forma slanciata, snellezza, scioltezza **CONTR.** goffaggine. *V. anche* INTRAPRENDENZA, RAPIDITÀ

sveltiménto *s. m.* snellimento, fluidificazione, alleggerimento.

sveltìre **A** *v. tr.* **1** (*di persona*) rendere più svelto, rendere più disinvolto, svegliare, scuotere, spigrire **CONTR.** addormentare, intorpidire **2** (*di traffico, di procedimento, ecc.*) snellire, velocizzare, accelerare **CONTR.** rallentare, bloccare, intasare **3** (*di fisico*) slanciare, snellire, snodare **CONTR.** ingoffare, appesantire **B** **sveltirsi** *v. intr. pron.* diventare più svelto, diventare più disinvolto, svegliarsi, scuotersi, spigrirsi **CONTR.** intorpidirsi. *V. anche* SCUOTERE

svèlto *agg.* **1** veloce, rapido, lesto, celere, accelerato, ratto (*lett.*), presto (*lett.*), frettoloso □ (*di passo*) affrettato, allegro, sostenuto, spedito □ agile, disinvolto, scattante, arzillo □ pronto, sbrigativo, spicciativo, spiccio, sollecito, alacre **CONTR.** lento, tardo, goffo, impacciato, intrigato, pesante, torpido, neghittoso, pigro **2** (*di fisico*) sottile, slanciato, elastico, snello, agile **CONTR.** pesante, goffo, basso, tozzo **3** (*di persona, di mente, ecc.*) sveglio, vivace, brioso, capace, aperto, vispo **CONTR.** duro, ottuso, tardo **FRAS.** *alla svelta*, presto, rapidamente □ *svelto di lingua*, maldicente, ciarlone □ *svelto di mano*, ladro; manesco.

svenàre **A** *v. tr.* **1** dissanguare **2** (*fig.*) (*di strozzino e sim.*) privare di tutto, spogliare (*fig.*), rovinare **B** **svenarsi** *v. rifl.* **1** tagliarsi le vene, dissanguarsi **2** (*fig.*) sacrificarsi, impoverirsi, rovinarsi, dissanguarsi **CONTR.** rinsanguarsi, rimpolparsi.

svéndere *v. tr.* vendere sotto costo, ribassare, abbacchiare (*fig., tosc.*), liquidare **CONTR.** rincarare.

svéndita *s. f.* liquidazione, vendita, saldo, stralcio.

svenévole *agg.* languido, lezioso, caramelloso, zuccheroso, sdolcinato, mieloso, melato, smanceroso, smorfioso, affettato, manieroso, arcadico, caricato, cascante, stucchevole, patetico, sentimentale **CONTR.** energico, forte, gagliardo, robusto □ rude, ruvido, sgarbato.

svenevolézza *s. f.* leziosaggine, sdolcinatezza, sdolcinatura, languidezza, languore, effemminatezza, tenerume, romanticheria, leziosità, sdilinquimento, smanceria, moina, vezzo, smorfia, affettazione, stucchevolezza **CONTR.** energia, forza, gagliardia, robustezza □ rudezza, ruvidezza, sgarbatezza, sgarberia, sgarbo.

sveniménto *s. m.* perdita di sensi, perdita di coscienza, deliquio, mancamento, sdilinquimento, smarrimento, tramortimento, malore, collasso, lipotimia (*med.*), sincope **CONTR.** ritorno in sé, rinvenimento.

svenìre *v. intr.* perdere i sensi, cadere in deliquio, afflosciarsi, mancare, venir meno, tramortire, basire (*lett.*), languire (*lett.*), perdere coscienza **CONTR.** rinvenire, tornare in sé, riaversi, riprendere i sensi.

sventagliàta *s. f.* (*di arma automatica*) raffica, scarica.

sventàre *v. tr.* mandare a vuoto, rendere vano, fare fallire, neutralizzare, disturbare, eludere, evitare **CONTR.** organizzare, preparare, architettare.

sventataménte *avv.* avventatamente, sbadatamente, distrattamente, imprudentemente, disavvertitamente, irriflessivamente, leggermente, spensieratamente (*ant.*), sconsideratamente, storditamente **CONTR.** attentamente, diligentemente, ponderatamente, prudentemente, riflessivamente.

sventatézza *s. f.* avventatezza, sbadataggine, disattenzione, disavvertenza, distrazione, scapataggine, imprevidenza, imprudenza, leggerezza, sconsideratezza, inavvedutezza, spensieratezza (*ant.*), sventataggine (*raro*), smemorataggine **CONTR.** avvedutezza, attenzione, diligenza, accortezza, serietà, ponderatezza, prudenza, riflessione.

sventàto *agg.*; *anche s. m.* sbadato, scapato, leggero, sconsiderato, spensierato (*ant.*), stordito, dimentico, imprevidente, scervellato, smemorato, distratto, disattento, irriflessivo, imprudente, rompicollo, spericolato **CONTR.** attento, avveduto, accorto, diligente, ponderato, prudente, riflessivo, calcolatore. *V. anche* SBADATO

svèntola *s. f.* **1** ventola **2** (*est.*) schiaffone **3** (*nel pugilato*) swing (*ingl.*), castagna (*gerg.*) **FRAS.** *orecchie a sventola*, in fuori.

sventolàre **A** *v. tr.* **1** (*di bandiera, di fazzoletto, ecc.*) muovere al vento, agitare, ventilare **2** (*di luo-

go) dare aria, arieggiare ***B*** **sventolarsi** *v. rifl.* farsi vento ***C*** *v. intr.* muoversi, fluttuare, svolazzare, agitarsi, garrire (*lett.*).

sventolio *s. m.* agitamento, sventolamento.

sventraménto *s. m.* ***1*** sbudellamento ***2*** (*di edifici*) demolizione, abbattimento **CONTR.** costruzione, ricostruzione, erezione.

sventràre *v. tr.* ***1*** sbudellare, sviscerare, sbuzzare (*tosc.*) ***2*** (*est.*) trafiggere, ferire al ventre ***3*** (*fig.*) (*di edifici*) demolire, abbattere, buttar giù **CONTR.** costruire, ricostruire, edificare, erigere, alzare.

sventùra *s. f.* ***1*** mala ventura, mala sorte, infelicità, sfortuna, disdetta, disavventura, iettatura, iella (*dial.*), scalogna (*fam.*) **CONTR.** fortuna, buona ventura, buona sorte, provvidenza, felicità, prosperità ***2*** disgrazia, sciagura, disastro, dramma, traversia, procella (*lett.*), calamità, castigo, avversità, cataclisma, catastrofe, iattura (*raro*), infortunio, sinistro, guaio, tegola (*fam.*) **CONTR.** fortuna, caso fortunato, piacere.

sventuràto *agg.* e *s. m.* ***1*** (*di persona*) disgraziato, infelice, sciagurato, malcapitato, tapino, misero, povero, meschino, sfortunato, tristo, scalognato (*fam.*), scarognato (*pop.*), iellato (*dial.*) **CONTR.** fortunato, avventurato, felice, lieto ***2*** (*di caso, di giorno, ecc.*) doloroso, infausto, malaugurato **CONTR.** fausto, favorevole, propizio.

svenùto *part. pass. di* **svenire**; *anche agg.* esanime, tramortito, privo di sensi.

svergognàre *v. tr.* ***1*** far vergognare, scornare, scorbacchiare (*raro*), rimproverare, mortificare, umiliare, disonorare, vituperare (*lett.*), sputtanare (*volg.*), smerdare (*volg.*) **CONTR.** elogiare, encomiare, incensare, lodare, onorare ***2*** smascherare, smentire, sbugiardare.

svergognàto *agg.*; *anche s. m.* spudorato, impudente, sfacciato, sfrontato, cinico □ impudico, inverecondo, osceno **CONTR.** timido, discreto, riguardoso, delicato, riservato □ pudico, pudibondo, verecondo, vergognoso. *V. anche* OSCENO

svernàre ***A*** *v. intr.* passare l'inverno □ (*zool.*) ibernare ***B*** *v. tr.* fare passare l'inverno **CONTR.** estivare.

svestìre ***A*** *v. tr.* privare delle vesti, spogliare, disabbigliare, denudare □ scoprire **CONTR.** vestire, rivestire □ coprire, ammantare ***B*** **svestirsi** *v. rifl.* spogliarsi, denudarsi, scoprirsi, liberarsi □ cambiarsi **CONTR.** vestirsi, rivestirsi, coprirsi.

svestito *part. pass. di* **svestire**; *anche agg.* spogliato, disabbigliato, denudato, scoperto, nudo, ignudo **CONTR.** vestito, coperto, ricoperto.

svettàre (1) *v. tr.* potare, cimare, scamozzare, scapezzare, scapitozzare, decapitare, spuntare.

svettàre (2) *v. intr.* ***1*** (*di albero*) flettere la cima, piegarsi ***2*** (*est.*) (*di campanile, di monte, ecc.*) ergersi, alzarsi, spiccare, slanciarsi, spuntare.

svezzaménto *s. m.* divezzamento, slattamento **CONTR.** allattamento.

svezzàre ***A*** *v. tr.* ***1*** disabituare, disassuefare, disavvezzare **CONTR.** abituare, assuefare, avvezzare ***2*** (*di lattante*) slattare, spoppare, divezzare **CONTR.** allattare, dare il latte ***B*** **svezzarsi** *v. intr. pron.* disabituarsi, disavvezzarsi **CONTR.** abituarsi, assuefarsi, avvezzarsi.

sviàre ***A*** *v. tr.* ***1*** (*di indagine, di attenzione, ecc.*) deviare, volgere altrove, fuorviare, depistare, dirottare **CONTR.** indirizzare, instradare, rivolgere ***2*** (*fig.*) (*dal lavoro, dallo studio, ecc.*) distogliere, distrarre, allontanare, fuorviare, disviare (*lett.*), rimuovere, stornare **CONTR.** incitare, persuadere, spingere ***3*** (*fig.*) (*di persona*) traviare, corrompere, viziare **CONTR.** edificare, redimere ***B*** *v. intr.* e **sviarsi** *intr. pron.* ***1*** uscire di strada, sbagliare strada, perdersi, smarrirsi **CONTR.** trovare la strada ***2*** (*fig.*) corrompersi, depravarsi, traviarsi, aberrare (*lett.*) **CONTR.** correggersi, emendarsi, redimersi.

sviàto *part. pass. di* **sviare**; *anche agg.* e *s. m.* ***1*** fuori strada, perso, smarrito ***2*** (*fig.*) corrotto, depravato, traviato **CONTR.** puro, pulito, innocente.

svicolàre *v. intr.* scantonare, sfuggire, sgattaiolare, sgusciare, squagliarsela (*fam.*), andarsene, svignare, svignarsela (*fam.*) **CONTR.** arrivare, giungere.

svignàre *v. intr.* allontanarsi in fretta **CONTR.** arrivare, giungere **FRAS.** *svignarsela* (*fam.*), andarsene di nascosto, scantonare, svicolare, sgaiattolare, sgusciare, evadere, fuggire, scappare, squagliarsela, battersela. *V. anche* EVADERE

svigorìre ***A*** *v. tr.* infiacchire, abbattere, debilitare, defatigare, indebolire, snervare, estenuare, prostrare, spompare, stancare, spossare, straccare, sfibrare, slombare (*raro*), sfiancare, smidollare, sfinire, stremare, macerare, svirilizzare **CONTR.** rafforzare, rinforzare, invigorire, rinvigorire, fortificare, ritemprare, irrobustire, ingagliardire ***B*** **svigorirsi** *v. intr. pron.* (*di fisico, di mente, di carattere*) indebolirsi, deperire, imbolsire, smidollarsi, snervarsi, spomparsi, appassirsi, infiacchirsi, straccarsi, sfiancarsi, infrollirsi, slombarsi (*raro*), stancarsi □ atrofizzarsi, arrugginirsi (*fig.*) **CONTR.** rafforzarsi, rinforzarsi, invigorirsi, rinvigorirsi, irrobustirsi, rinsanguarsi, ingagliardirsi. *V. anche* STANCARE

sviliménto *s. m.* ***1*** deprezzamento, svalutazione, degradazione, disprezzo **CONTR.** rivalutazione, valorizzazione, stima, apprezzamento ***2*** corruttela, slittamento, prostrazione.

svilìre *v. tr.* togliere valore, togliere pregio, avvilire, spregiare, deprezzare, svalutare, deprimere, degradare, impoverire, invilire, sminuire, vilipendere **CONTR.** apprezzare, rivalutare, valorizzare, stimare, nobilitare.

sviluppàre ***A*** *v. tr.* ***1*** (*lett.*) (*di nodo e sim.*) disfare, sciogliere, slegare, strigare, dispiegare, stendere, sballare **CONTR.** avviluppare, inviluppare, avvitichiare, torcere ***2*** (*di argomento, di discorso, ecc.*) trattare, svolgere, descrivere, approfondire, allungare, dettagliare, circostanziare, particolareggiare, illustrare □ (*di attività*) esplicare □ (*di progetto e sim.*) maturare **CONTR.** compendiare, schematizzare, condensare, riassumere, sintetizzare ***3*** (*di industria, di turismo, ecc.*) far progredire, accrescere, allargare, estendere, ampliare, aumentare, dilatare, espandere, incrementare, ingrandire, moltiplicare, potenziare **CONTR.** arrestare, calare, diminuire, frenare, contenere, limitare, ridurre, scemare **4** (*di esplosione, di calore, ecc.*) far nascere, produrre, suscitare, sprigionare CONTR. spegnere, impedire **B sviluparsi** *v. rifl.* (*lett.*) liberarsi, districarsi, sciogliersi **C** *v. intr.* e *intr. pron.* (*di persona, di pianta*) crescere, evolversi, formarsi □ raggiungere la pubertà **D** *v. intr. pron.* **1** (*di economia, di studi, ecc.*) progredire, evolversi, crescere, accrescersi, dispiegarsi, ampliarsi, procedere, prosperare, fiorire CONTR. arrestarsi, atrofizzarsi, ristagnare, calare, diminuire, regredire **2** (*di incendio, di epidemia, ecc.*) prodursi, manifestarsi, esplodere, diffondersi, espandersi, estendersi CONTR. finire, cessare. *V. anche* SCIOGLIERE

sviluppàto *part. pass. di* **sviluppare**; *anche agg.* **1** (*di persona, di pianta*) cresciuto, evoluto, adulto, fatto, maturato, formato □ pubere **2** (*di incendio, ecc.*) aumentato, ampliato □ (*di economia, di Paese, ecc.*) avanzato, moderno, industrializzato, progredito, ricco □ robusto CONTR. calato, diminuito, scemato □ sottosviluppato, arretrato, povero.

svilùppo *s. m.* **1** accrescimento, allargamento, ampliamento, aumento, crescita, dilatazione, espansione, estensione, ingrandimento, ingrossamento, incremento, potenziamento, promozione, rifiorimento, rifioritura, risveglio □ (*econ.*) industrializzazione, boom (*ingl.*) □ progresso, avanzamento, evoluzione CONTR. arresto, calo, diminuzione, limitazione, riduzione, involuzione, regresso □ recessione, ristagno **2** (*di un fenomeno*) andamento, cammino, processo, dinamica, decorso □ (*di argomento*) svolgimento, trattazione, descrizione, illustrazione □ (*di attività*) esplicazione **3** (*di adolescente*) pubertà **4** (*mat.*) proiezione.

svincolàre A *v. tr.* (*raro*) liberare, sciogliere, disciogliere (*lett.*) □ (*fig.*) affrancare, riscattare, sdoganare, disobbligare, emancipare, liberalizzare, sbloccare CONTR. vincolare, legare, impegnare, condizionare, obbligare **B svincolarsi** *v. rifl.* liberarsi, slegarsi, disciogliersi, sciogliersi □ (*fig.*) affrancarsi, emanciparsi, esimersi, riscattarsi, disobbligarsi, esonerarsi CONTR. vincolarsi, legarsi □ impegnarsi, obbligarsi. *V. anche* SCIOGLIERE

svìncolo *s. m.* **1** affrancamento, riscatto, liberazione, liberalizzazione, svincolamento CONTR. legame, vincolo, impegno, obbligazione **2** (*di strada*) collegamento, raccordo, complanare, bretella, diramazione, rotonda, quadrifoglio (*est.*).

sviolinàre *v. tr.* (*fam.*) adulare, blandire, incensare, lusingare CONTR. censurare, criticare, denigrare, screditare.

sviolinàta *s. f.* (*fam.*) adulazione, incensamento, sviolinatura, piaggeria, blandizia, lusinga CONTR. censura, critica, denigrazione.

svisàre *v. tr.* travisare, alterare, cambiare, falsare, fraintendere, snaturare, stravolgere, deformare, distorcere CONTR. capire, comprendere, intendere.

svisceràre A *v. tr.* **1** (*raro*) privare dei visceri, sventrare **2** (*fig.*) (*di argomento*) indagare, investigare, analizzare, approfondire, scandagliare, scavare, sezionare CONTR. sfiorare, trattare superficialmente **B sviscerarsi** *v. rifl.* (*fig.*) amare molto, stimare molto CONTR. disinteressarsi, fregarsene (*pop.*).

sviscerataménte *avv.* appassionatamente, con tutto il cuore, intensamente, profondamente, eccezionalmente, straordinariamente CONTR. moderatamente, poco, scarsamente, blandamente.

svisceràto *part. pass. di* **sviscerare**; *anche agg.* **1** (*di argomento*) indagato, investigato, approfondito, scandagliato CONTR. sfiorato, toccato di sfuggita **2** (*fig.*) appassionato, veemente, intenso, grandissimo, profondo, eccezionale, straordinario CONTR. blando, moderato, scarso **3** (*spreg.*) esagerato, eccessivo, insincero CONTR. misurato.

svìsta *s. f.* disattenzione, distrazione, inavvertenza □ sbaglio, abbaglio, cantonata, errore, topica (*fam.*), toppata (*gerg.*), bufala (*scherz.*), lapsus (*lat.*).

svitàre A *v. tr.* (*di vite*) allentare, togliere, sbullonare □ disunire CONTR. avvitare, invitare (*raro*) **B svitarsi** *v. intr. pron.* allentarsi, togliersi □ disunirsi CONTR. avvitarsi.

svitàto A *part. pass. di* **svitare**; *anche agg.* (*di vite*) allentato, sbullonato CONTR. avvitato, invitato (*raro*) **B** *agg.*; *anche s. m.* (*fam.*) (*di persona*) sconclusionato, stravagante, strambo, scentrato, sbullonato (*fig., gerg.*), sciroccato (*gerg.*), squilibrato, bizzarro, lunatico CONTR. posato, riflessivo, serio, equilibrato.

svìzzero A *agg.*; *anche s. m.* elvetico **B** *s. m.* guardia pontificia.

svogliatézza *s. f.* abulia, accidia, fiacca, fiacchezza, negligenza, neghittosità, pigrizia, disamore, indolenza, inerzia, infingardaggine, svogliataggine, malavoglia, indifferenza, rilassatezza, apatia CONTR. alacrità, ardore, attività, dinamismo, attivismo, fervore, impegno, laboriosità, operosità, slancio, solerzia, passione, volontà. *V. anche* PIGRIZIA

svogliàto *agg.*; *anche s. m.* abulico, accidioso, fiacco, neghittoso, negligente, pigro, indolente, inerte, indifferente, apatico, fannullone, infingardo, inattivo, sfaticato, lento □ disamorato CONTR. alacre, ardente, dinamico, attivo, assiduo, industre, laborioso, operoso, zelante, solerte, volenteroso, diligente □ desideroso, interessato.

svolazzàre *v. intr.* **1** volare qua e là, volteggiare, aleggiare, sfarfallare **2** (*fig.*) (*di mente*) vagare qua e là **3** sbattere le ali, frullare **4** (*di tenda, di bandiera, ecc.*) essere agitato dal vento, sventolare.

svolàzzo *s. m.* **1** svolazzamento (*raro*), volo, frullo **2** (*di lettera, di calligrafia*) ornamento, ghirigoro, girigogolo, arzigogolo, arabesco, voluta **3** (*spec. al pl.*) (*fig.*) ornamento eccessivo, frangia, fronzolo, ricercatezza.

svòlgere A *v. tr.* **1** (*di involto*) aprire, scartare, scartocciare, spacchettare, sviluppare, disfare, sciogliere, disinvolgere (*lett.*) □ (*di gomitolo, di filo, ecc.*) distendere, spiegare, dipanare, dispiegare, srotolare, stendere CONTR. avvolgere, involgere, ravvolgere, avvoltare, avviluppare, inviluppare, ripiegare, arrotolare **2** (*fig.*) (*di argomento, di tema*) sviluppare, affrontare, trattare estesamente, elaborare, illustrare CONTR. compendiare, riassumere, sintetizzare **3** (*di attività, di professione*) mettere in opera, esplicare, ricoprire, adempiere, fare, esercitare □ (*di causa, di *processo*) celebrare **4** (*raro*) distogliere, dissuadere, allontanare **CONTR.** consigliare, indurre, persuadere, spingere ***B* svolgersi** *v. rifl.* (*da impedimento, da impaccio, ecc.*) liberarsi, sciogliersi, svilupparsi **CONTR.** implicarsi, impegolarsi ***C*** *v. intr. pron.* **1** (*di filo, di sguardo, ecc.*) distendersi, spiegarsi, dispiegarsi, aprirsi **2** (*di vita, di romanzo, ecc.*) accadere, avvenire, succedere, esserci, avere luogo, tenersi, compiersi, procedere □ essere ambientato, ambientarsi. *V. anche* SCIOGLIERE

svolgiménto *s. m.* **1** (*di avvenimento, di fatto*) sviluppo, spiegamento, andamento, dinamica, meccanica, corso, decorso, processo, evoluzione, procedimento □ (*di tempo*) arco, estensione **2** (*di argomento, di tema*) trattazione, elaborazione, illustrazione □ componimento, tema **CONTR.** schematizzazione, imbastitura **3** (*di attività*) esplicazione.

svòlta *s. f.* **1** curva, giro, gomito, tornante, tourniquet (*fr.*), voltata, svoltata, giravolta □ cantonata, canto, angolo **CONTR.** rettilineo, rettifilo **2** (*fig.*) (*nella vita, nella storia, ecc.*) mutamento importante, cambiamento, punto critico, rivoluzione, giro di boa (*fig.*).

svoltàre *v. intr.* mutare direzione, voltare, piegare, curvare **CONTR.** andare diritto, procedere in linea retta.

svòlto *part. pass. di* **svolgere**; *anche agg.* **1** steso, disteso, spiegato □ scartato **CONTR.** avvolto, piegato **2** (*fig.*) elaborato, trattato, affrontato, sviluppato.

svuotaménto *s. m.* vuotamento, evacuazione, scarico **CONTR.** riempimento.

svuotàre ***A*** *v. tr.* **1** (*di fiasco, di serbatoio, ecc.*) vuotare, evacuare, scaricare, sgonfiare, esaurire, liberare **CONTR.** empire, riempire, colmare, saturare, far traboccare **2** (*fig.*) privare di significato ***B* svuotarsi** *v. intr. pron.* esaurirsi, vuotarsi □ (*fig.*) perdere di significato **CONTR.** riempirsi, saturarsi.

t, T

tabaccàio *s. m.* tabacchino (*dial.*).
tabaccherìa *s. f.* spaccio, privativa, rivendita, appalto (*region.*).
tabàcco ***A*** *s. m.* trinciato □ (*est.*) fumo ***B*** *in funzione di agg. inv.* (*di colore*) marrone dorato, avana.
tabarin */fr.* taba'rɛ̃/ [vc. fr., sott. *bal* 'il ballo di *Tabarin*', n. di una maschera buffa del teatro fr.] *s. m. inv.* locale notturno, night (*ingl.*), night-club (*ingl.*), music-hall (*ingl.*), café-chantant (*fr.*), varietà, varieté (*fr.*).
tabèlla *s. f.* ***1*** prospetto, specchietto, specchio, tavola, schema, elenco, albo, catalogo, nota, cartellone, tabellone, avviso, quadro, tabulazione, tableau (*fr.*) ***2*** (*fig.*) (*di tempi di lavoro*) prospetto, scadenze, orario. *V. anche* QUADRO
tabellóne *s. m.* ***1*** cartellone, prospetto, tabella ***2*** (*per affissioni di manifesti*) tavola, quadro, albo.
tabernàcolo *s. m.* ***1*** edicola, cappella, sacello, nicchia ***2*** (*di altare*) ciborio, sancta sanctorum (*lat.*) ***3*** (*per le tavole della legge ebraica*) tenda.
tableau */fr.* ta'blo/ [vc. fr., dim. di *table* 'tavola'] *s. m. inv.* ***1*** (*di roulette*) tappeto ***2*** (*di informazioni*) tabella, quadro **FRAS.** *tableau vivant*, quadro vivente.
tabloid */ingl.* 'tæblɔid/ [vc. ingl., comp. di *table* 'tavol(ett)a' e il suff. *oid*, dal gr. *êidos* 'forma'] ***A*** *s. m. inv.* giornale (di piccolo formato) ***B*** *agg.* (*di giornale*) di piccolo formato, piccolo **CONTR.** grande.
tabù [dal fr. *tabou*, da una vc. di origine polinesiana (*tapu*) col senso di 'sacro, proibito', letteralmente 'segnato (*ta*) straordinariamente (*pu*)'] ***A*** *s. m. inv.* ***1*** divieto sacrale ***2*** (*est.*) proibizione, interdizione, divieto □ cosa vietata □ pregiudizio, preconcetto, superstizione **CONTR.** permesso, licenza ***B*** *agg. inv.* ***1*** sacro, sottoposto a divieto sacrale, inviolabile ***2*** (*est., scherz.*) innominabile, indiscutibile, inviolabile, intoccabile, vietato, proibito **CONTR.** permesso, lecito, consentito, pronunziabile, nominabile. *V. anche* PREGIUDIZIO
tabula rasa */lat.* 'tabula 'raza/ [loc. lat., letteralmente 'tavola (*tabula*) raschiata (dal part. pass. di *rādere*, che significava 'cancellare', raschiando la cera incisa con scrittura)'] *loc. sost. f. inv.* **FRAS.** *fare tabula rasa* (*fig.*), eliminare completamente, annullare, eliminare, togliere tutto, fare piazza pulita □ *essere tabula rasa* (*fig.*), non saper nulla, essere ignorante.
tabulàto *s. m.* (*elab.*) elenco dei dati, prospetto, stampato, elaborato.
tabulazióne *s. f.* tabella, prospetto.
tàcca *s. f.* ***1*** intaccatura, scanalatura, incisione, taglio, tagliatura, intacco, intaglio, dente, dentello, unghia, cocca ***2*** (*fig.*) (*di persona*) statura, levatura ***3*** macchia, chiazza, venatura, screziatura ***4*** (*fig.*) magagna, difetto, neo, vizio **FRAS.** *di mezza tacca*, di media statura; (*fig.*) di poco valore.
taccagnerìa *s. f.* avarizia, pitoccheria, spilorceria, tirchieria, lesina, micragna (*fam.*), grettezza, esosità, ingenerosità, sordidezza **CONTR.** generosità, prodigalità, liberalità, larghezza, magnificenza, magnanimità □ sperpero, dilapidazione.
taccàgno *agg.*; *anche s. m.* avaro, spilorcio, tirchio (*fam.*), ingeneroso, pidocchioso, esoso, micragnoso, stretto, tirato, pitocco, pidocchio, tignoso (*centr.*), sordido, gretto, arpagone (*lett.*), stitico (*fig.*), economo **CONTR.** generoso, prodigo, munifico, splendido, liberale, magnanimo, largo □ dissipatore, spendaccione.
taccheggiàre *v. tr. e intr.* rubare, derubare, rapinare, arraffare, grattare (*fam.*), sgraffignare (col taccheggio) (*fam.*).
tacchéggio *s. m.* furto, ruberia, rapina, borseggio, sottrazione, ratto (*ant.*).
tacciàre *v. tr.* incolpare, imputare, attribuire, etichettare, bollare, accusare □ biasimare **CONTR.** discolpare, scagionare.
tàcco *s. m.* ***1*** (*di scarpa*) rialzo ***2*** cuneo, zeppa **FRAS.** *battere* (o *alzare*) *il tacco* (*fig.*), andarsene, fuggire.
taccuìno *s. m.* ***1*** (*per appunti*) quadernetto, agenda, notebook (*ingl.*), carnet (*fr.*), libretto, vademecum, memorandum, blocco, rubrica, bloc-notes, notes, calepino ***2*** (*ant.*) lunario, almanacco, calendario.
tacére ***A*** *v. intr.* ***1*** (*di persona*) stare zitto, astenersi dal parlare, non parlare, far silenzio, essere silenzioso □ cessare di parlare, azzittirsi, interrompersi, ammutire (*raro*), ammutolire **CONTR.** parlare, intervenire, aprirsi, dialogare, conversare, ciarlare, chiacchierare, sfogarsi ***2*** (*di persona*) non dire, non rivelare, non riferire nulla, non fiatare, non aprire bocca, chiudersi nel silenzio, chiudersi nel mutismo, mantenere il silenzio **CONTR.** dire, rivelare, rispondere, cantare, riferire, confessare, sbottonarsi, rompere il silenzio, interloquire, informare ***3*** (*di cose*) essere silenzioso, non fare rumore, non farsi più sentire, non manifestarsi **CONTR.** far rumore, rumoreggiare, farsi sentire, manifestarsi ***B*** *v. tr.* (*anche fig.*) non dire, passare sotto silenzio, non rivelare, tenere segreto, nascondere, celare (*lett.*), mascherare, velare, dissimulare, sottacere, omettere, ascondere (*lett.*), sottintendere **CONTR.** nominare, citare, dire, narrare, riportare, snocciolare, spifferare, svelare, menzionare, esprimere, proclamare, rivelare, strombazzare, propalare ***C*** *in funzione di s. m.* silenzio.

tachicardìa *s. f.* (*med.*) palpitazione, batticuore, cardiopalmo **CONTR.** brachicardia, bradicardia.

tachìmetro *s. m.* misuratore di velocità, contagiri, contachilometri.

tacitaménte *avv.* ***1*** in silenzio, quatto quatto, silenziosamente, zitto zitto **CONTR.** rumorosamente, chiassosamente, strepitosamente ***2*** in segreto, nascostamente, alla chetichella, sotto sotto □ implicitamente **CONTR.** palesemente, clamorosamente, apertamente □ esplicitamente.

tacitàre *v. tr.* ***1*** (*di creditore*) pagare, soddisfare ***2*** subornare, comperare il silenzio, rendere connivente ***3*** (*est.*) mettere a tacere, ridurre al silenzio, soffocare.

tàcito *agg.* ***1*** (*di persona*) silenzioso, silente (*lett.*), muto, quieto, taciturno, ammutolito, cheto, chiotto, quatto, zitto **CONTR.** loquace, ciarliero, rumoroso, fragoroso, chiassoso, inquieto ***2*** (*di assenso, di rimprovero, ecc.*) non espresso, inespresso, sottinteso, implicito, velato, alluso, accennato □ nascosto, occulto **CONTR.** espresso, affermato, dichiarato, proclamato, palese, sonoro, strepitoso, detto a chiare note, detto in modo aperto, clamoroso, esplicito.

tacitùrno *agg.* ***1*** silenzioso, tacito, cheto, chiotto, zitto, silente (*lett.*), muto, quatto, quieto, ammutolito, di poche parole **CONTR.** loquace, chiacchierone, ciarlone, parolaio, prolisso, fragoroso, verboso, logorroico ***2*** pensieroso, pensoso, malinconico, chiuso, introverso, misantropo, asociale, imbronciato, musone, tetro, cupo ***3*** riservato, abbottonato **CONTR.** ciarliero, pettegolo, linguacciuto.

taciùto *part. pass. di* **tacere**; *anche agg.* sottaciuto, celato, omesso, nascosto **CONTR.** detto, annunciato, segnalato, confessato.

tackle /*ingl.* tækl/ [vc. ingl., letteralmente ‘affrontare, trattenere (un avversario)’, in origine ‘attaccare con una taglia (*tackle*)’] *s. m. inv.* (*sport*) (*nel calcio*) scontro, lotta, dribbling (*ingl.*), contrasto.

tafàno *s. m.* ***1*** (*zool.*) estro bovino, assillo, moscone, mosca canina, mosca cavallina, ronzone (*pop.*) ***2*** (*fig.*) (*di persona*) importuno, sfruttatore, succhiasangue, rompiscatole, seccatore.

tafferùglio *s. m.* mischia, parapiglia, putiferio, zuffa, scaramuccia, colluttazione, baruffa, rissa, tumulto, lite, litigio, alterco, scompiglio, disordine, ribellione, caos, confusione. *V. anche* ZUFFA

tàglia *s. f.* ***1*** prezzo per il riscatto, riscatto □ (*est.*) imposta, tributo, tassazione, contribuzione □ premio, ricompensa ***2*** (*di persona, di abito, ecc.*) statura, mole, corporatura, figura, complessione, physique du rôle (*fr.*) □ qualità, sorta □ misura, numero, formato □ drop (*ingl.*). *V. anche* MISURA

tagliabórse *s. m. e f. inv.* borsaiolo, borseggiatore, ladro. *V. anche* LADRO

tagliabòschi *s. m. inv.* boscaiolo, taglialegna, legnaiolo.

taglialégna *s. m. inv.* tagliaboschi, boscaiolo, spaccalegna, legnaiolo.

tagliàndo *s. m.* cedola, talloncino, figlia, tessera, biglietto, coupon (*fr.*), ticket (*ingl.*), voucher (*ingl.*), bolletta, scontrino, buono, fiche (*fr.*).

tagliapiètre *s. m. inv.* scalpellino, spaccapietre, marmista.

tagliàre ***A*** *v. tr.* ***1*** (*con arnese tagliente*) separare, fendere, dividere, scindere, recidere, incidere, tagliuzzare, affettare, ritagliare, partire, rescindere (*lett.*), tranciare, trinciare, mozzare, squartare, squarciare, sezionare, segare, succidere, resecare □ mutilare, ferire **CONTR.** unire, congiungere, attaccare ***2*** (*di arnese, di cosa*) essere tagliente, essere affilato ***3*** (*di diamante*) sfaccettare ***4*** (*di vino*) mescolare, annacquare ***5*** (*di unghie, di rami, ecc.*) accorciare, amputare, segare, potare ***6*** (*di erba, di barba, ecc.*) falciare, mietere, radere, tosare ***7*** (*di montagna, di pietra e sim.*) spaccare, rompere, fendere ***8*** (*di scritto, di discorso e sim.*) accorciare, ridurre, abbreviare, compendiare, decurtare, espungere, censurare, raccorciare, stringere **CONTR.** allargare, allungare, ampliare ***9*** (*di comunicazione, di viveri, ecc.*) interrompere, bloccare **CONTR.** aprire, sbloccare ***10*** (*di strada, di fiume, ecc.*) attraversare, incrociare ***B*** *v. intr.* attraversare, passare, accorciare ***C*** **tagliarsi** *v. rifl.* prodursi tagli, ferirsi, sfregiarsi, recidersi ***D*** *v. intr. pron.* spezzarsi, rompersi, dividersi, lacerarsi, trinciarsi **FRAS.** *tagliare i panni addosso* (*fig.*), sparlare □ *tagliare la testa al toro* (*fig.*), prendere una decisione. *V. anche* DIVIDERE

TAGLIARE
sinonimia strutturata

Tagliare equivale a **dividere**, **separare**, **scindere**, **partire**, ossia staccare un corpo usando una o più volte una lama affilata o un altro arnese tagliente: *tagliare qualcosa con un coltello, una lametta, la falce*; *tagliare un tronco con la scure*; *tagliare un panno con le forbici*; in riferimento a utensili o a cose il verbo viene infatti usato assolutamente per descrivere il loro essere affilati, essere taglienti: *una lama che taglia*; *questo rasoio non taglia* .

Tagliare ha vari sinonimi che riflettono lo strumento o la maniera scelti; il tagliare con la sega ad esempio si definisce naturalmente **segare**, mentre **falciare** segnala l'uso della falce: *ho dovuto segare quel ramo*; *falciare l'erba*; in particolare, il segare o tagliare parti di una pianta per regolarne la forma, la produzione dei frutti o altro consiste nel **potare**. **Sfaccettare** indica il lavoro di taglio eseguito sulle pietre preziose.

Anche il dividere in più parti in modo adatto si definisce tagliare: *tagliare l'arrosto*; il ridurre in varie fette, in varie porzioni qualcosa, di solito cibo, si dice **affettare**: *affettare il pane, il salame*. **Tagliuzzare** equivale a tagliare minutamente, in pezzettini o striscioline: *tagliuzzare un nastro*; al contrario, **squartare** significa tagliare in quarti o comunque in grossi pezzi: *squartare un vitello macellato*. **Incidere** si distingue perché indica il formare con un gesto netto in un corpo un'apertura, e si riferisce quindi a un momento che precede o addirittura non presuppone la divisione vera e propria: *incidere la corteccia di un albero*. L'incidere può precedere immediatamente il **sezionare**, che in campo medico equivale a separare chirurgicamente tessuti o organi, e che quindi nel significato più generale indica il tagliare con particolare attenzione. Il ridurre invece in brandelli, l'aprire con violenza, anche figuratamente, corrisponde a **squarciare**: *squarciare le bende*; *squarciarsi le vesti*; *un urlo squarciò il silenzio*.

Una divisione netta, con un sol colpo, è descritta da **recidere**: *recidere l'erba con la falce, i rami con la scure*; lo stesso vale per **mozzare** e **tranciare**, che però evocano maggiore violenza; spesso questi verbi si usano infatti come sinonimi di **mutilare**, che significa privare di una parte del corpo: *la ruota gli mutilò la gamba*; *recidere un arto*; *mozzare il capo*; vicinissimo è **amputare**, che però si adopera anche e soprattutto nel caso di mutilazioni non accidentali: *hanno dovuto amputargli un piede*. **Ferire** indica invece il ledere la cute e i tessuti sottostanti con un corpo contundente o penetrante: *ferire di coltello*.

Il tagliare può risolversi nel **rompere** o nel più deciso atto di **spaccare**, che pure evoca un'azione forte, rapida e solitamente imprecisa o addirittura involontaria; **fendere** suggerisce invece una divisione trasversale: *fendere una pietra, la testa con un colpo*.

Il tagliare ad esempio i capelli, le unghie, l'erba ha per scopo il ridurne la lunghezza, e pertanto coincide con l'**accorciare**. Il verbo accorciare si usa anche in riferimento a scritti, discorsi, come equivalente di tagliare e di **abbreviare**, **raccorciare** e **ridurre**: *tagliare un articolo, una conferenza*; **compendiare** e **stringere** evocano più chiaramente il concetto di riassunto. Per accorciare bisogna **espungere**, ossia togliere, alcune parti: *tagliare una sequenza cinematografica, un intervento televisivo*; equivale ad eliminare anche **censurare**, che però richiama un intento morale: *sono state tagliate le scene più scabrose*.

Sia tagliare che ridurre si usano anche come sinonimi di **decurtare**, cioè diminuire: *tagliare le spese, i tempi*.

Infine, tagliare si adopera come equivalente di **attraversare**, ossia passare in mezzo: *la via consolare taglia l'abitato*; abbastanza vicino è **incrociare**, che però è semanticamente più simile a intersecare: *poche strade tagliano la tangenziale*.

tagliàta *s. f.* ***1*** taglio, tagliatura, trinciata, riduzione ***2*** (*di ramo*) potatura ***3*** (*di erba, di grano e sim.*) falciata, falciatura ***4*** (*cuc.*) costata.

tagliatèlla *s. f. spec. al pl.* (*di pasta*) fettuccia, fettuccina, pappardella, lasagna, tagliolino, trenetta.

tagliàto *part. pass. di* **tagliare**; *anche agg.* ***1*** separato, diviso, reciso, mozzato, inciso, sezionato, squarciato, squartato, affettato, trinciato, accorciato, raccorciato, tarpato, tronco, ridotto **CONTR.** intero, intatto, intonso ***2*** (*di norma e sim.*) tolto, eliminato, soppresso, abolito **CONTR.** introdotto ***3*** (*di scritto, di discorso, ecc.*) abbreviato, compendiato, accorciato **CONTR.** allungato, prolungato, ampliato, allargato ***4*** (*di vino*) mescolato, miscelato, annacquato **CONTR.** genuino, integro ***5*** (*di carattere*) fatto, formato, conformato ***6*** (*fig.*) (*di persona*) portato, predisposto, incline, versato **CONTR.** refrattario, sordo, negato.

tagliaùnghie *s. m. inv.* tronchesina.

taglieggiàre *v. tr.* imporre taglie, imporre tributi, tassare, ricattare, strangolare, vessare.

tagliènte ***A*** *agg.* ***1*** (*di arnese*) affilato, arrotato, acuminato, aguzzo **CONTR.** smussato, ottuso, spuntato ***2*** (*fig.*) (*di discorso, di lingua e sim.*) mordace, maldicente, acre, aspro, reciso, incisivo, sferzante, graffiante, pungente, trinciante, caustico, velenoso, viperino **CONTR.** benevolo, benigno, cortese ***3*** (*di profilo*) senza sfumature, netto ***B*** *s. m.* taglio, parte affilata.

taglière *s. m.* (*di cucina*) asse, battilardo, quadra.

taglierìna *s. f.* tagliatrice, trinciatrice, trancia.

taglierìno *s. m.* ***1*** *dim. di* **tagliere** ***2*** (*spec. al pl.*) tagliatella, tagliolino, tagliatino.

tàglio *s. m.* ***1*** tagliatura, accorciatura, falciatura, mietitura, potatura, tosatura, tranciatura □ incisione, intaglio, sezionamento, sezione, squarcio, tacca, fenditura, intaccatura □ rottura, spaccatura, spacco, divisione, apertura ***2*** (*del corpo*) ferita, lesione, lacerazione, amputazione, decapitazione, mutilazione, recisione, sfregio, resezione ***3*** (*fig.*) (*di parola, di parte, ecc.*) soppressione, eliminazione, espunzione, decurtazione **CONTR.** introduzione, prosecuzione, prolungamento ***4*** (*di abito*) foggia, linea, fit (*ingl.*) ***5*** (*fig.*) (*di scritto, di film e sim.*) angolazione, stile, strutturazione, impostazione ***6*** (*di stoffa, di carne, ecc.*) pezzo ***7*** (*di lama*) parte tagliente, filo, lama ***8*** (*di cosa*) formato, dimensione, misura, pezzatura, valore ***9*** (*di pietra preziosa*) forma **FRAS.** *di taglio*, di fianco, di lato □ *di un bel taglio*, ben proporzionato □ *vino da taglio*, vino da mescolare a vini più leggeri □ *a doppio taglio* (*fig.*), che può rivolgersi contro chi l'usa □ *dare un taglio* (*fig.*), troncare, dire basta, interrompere.

tagliòla *s. f.* ***1*** trappola ***2*** (*fig.*) inganno, insidia, trabocchetto.

tagliolìno *s. m.* taglierino, tagliatella.

taglióne *s. m.* contrappasso, occhio per occhio, dente per dente □ pena, punizione, supplizio. *V. anche* PUNIZIONE

tagliuzzàre *v. tr.* tagliare minutamente, tagliare a pezzetti, sbriciolare, trinciare, tritare, triturare, smozzicare, frastagliare, sforbiciare, cincischiare. *V. anche* TAGLIARE

takeaway /*ingl.* 'teikəwei/ [vc. ingl., propr. 'prendere (*to take*) via (*away*)'] *s. m. inv.* rosticceria □ cibo da asporto.

take off /*ingl.* 'teik ɔ:f/ [loc. ingl., comp. di *to take* 'prendere' e dall'avv. *off* 'via, lontano, distante'] *s. m. inv.* ***1*** (*di aereo, di missile*) decollo, partenza **CONTR.** atterraggio, arrivo ***2*** (*est., fig.*) (*di industria, di attività*) decollo, decollo economico **CONTR.** fine.

tàlamo *s. m.* ***1*** camera nuziale ***2*** (*lett.*) letto coniugale, letto matrimoniale ***3*** (*fig.*) nozze, matrimonio ***4*** (*bot.*) ricettacolo.

talàre *agg.* (*eccl.*) lungo **FRAS.** *veste talare, abito talare*, veste sacerdotale, sottana, tonaca **CFR.** clergyman (*ingl.*).

tàle ***A*** *agg. dimostr.* (troncato in **tal** spec. davanti a parole che cominciano per consonante) ***1*** simile, siffatto, cosiffatto, così, cotale, di questa sorta, di quella sorta ***2*** così grande ***3*** (*in correl. con* tale) identico, uguale ***4*** questo, quello ***B*** *agg. indef.* ***1*** (*al sing. sempre preceduto dall'art. indet. con valore raff.*) certo ***2*** (*preceduto dall'art. det.*) quello ***C*** *pron. dimostr.* questa persona, quella persona ***D*** *pron. indef.* (*preceduto dall'art. indet.*) un tizio, una certa persona, uno sconosciuto, uno **FRAS.** *il tal dei tali*, quella persona □ *tale quale*, uguale, identico □ *un tal quale* (*fam.*), un certo. *V. anche* SIMILE

talèa *s. f.* (*bot.*) getto, pollone, barbata, barbatella, margotta, magliolo, propaggine, ramoscello.

talènto *s. m.* ***1*** (*lett.*) voglia, desiderio, brama, capriccio, gusto, piacere, propensione, disposizione, volontà **CONTR.** avversione, disgusto, malanimo ***2*** ingegno, capacità, abilità, valentia, valore, virtù, intelligenza, genialità □ vocazione, attitudine, predisposizione **CONTR.** incapacità, inettitudine, inabilità, ottusità, stolidità, stupidità, asinità ***3*** genio, cima **FRAS.** *a proprio talento*, spontaneamente □ *andare a talento*, piacere, andare a genio.

talent scout /*ingl.* 'tælənt 'skaut/ [loc. ingl., letteralmente 'scopritore (*scout*) di talenti (*talent*)'] *loc. sost. m.* e *f. inv.* (*nell'editoria, nello spettacolo, ecc.*) ricercatore di talenti, scopritore di talenti.

talismàno *s. m.* amuleto, portafortuna □ idolo, feticcio, formula magica, segno magico, simbolo magico.

tàllo *s. m.* (*bot.*) germoglio, getto, pollone, virgulto, cimolo, gettata, innesto.

tallonaménto *s. m.* ***1*** inseguimento, pedinamento, marcatura, pressione ***2*** (*mecc.*) impuntamento.

tallonàre *v. tr.* inseguire, pedinare, rincorrere, incalzare, braccare, premere, marcare, stare alle calcagna, tampinare (*region.*).

tallonàto *part. pass. di* **tallonare**; *anche agg.* seguito, pedinato, incalzato, marcato, controllato.

talloncìno *s. m.* ***1*** *dim. di* **tallone** (2) ***2*** tagliando, cedola, buono, ticket (*ingl.*), cedoletta, biglietto, contromarca, coupon (*fr.*) □ (*di medicinali*) fustella.

tallóne (1) *s. m.* ***1*** (*anat.*) calcagno, astragalo ***2*** (*di calza*) rinforzo ***3*** (*di cosa*) parte sporgente, sporgenza **FRAS.** *tallone d'Achille* (*fig.*), punto debole.

tallóne (2) *s. m.* tagliando, cedola, biglietto, coupon (*fr.*).

talménte *avv.* così, tanto, a tal punto, cotanto (*lett.*).

talóra *avv.* (poet. troncato in **talor**) talvolta, alle volte, qualche volta, di tanto in tanto **CONTR.** mai, giammai.

tàlpa ***A*** *s. f.* ***1*** (*fig.*) (*di persona*) ottuso, sciocco, stupido, tardo **CONTR.** intelligente, acuto, perspicace, sveglio, pronto ***2*** (*fig.*) spia, infiltrato, informatore ***B*** *in funzione di agg. inv.* (*di colore*) grigio-nero.

talùno ***A*** *agg. indef.* qualche, alcuno, certo ***B*** *pron. indef.* qualcuno, qualcheduno, certuno **CONTR.** nessuno.

talvòlta *avv.* talora, alle volte, qualche volta, di tanto in tanto **CONTR.** mai, giammai, continuamente, ripetutamente.

tamàrro *s. m.* (*region.*) zotico, burino, buzzurro.

tambureggiaménto *s. m.* ***1*** (*di tamburo*) rullio, rullo □ (*est.*) crepitio, crepito ***2*** (*fig.*) martellamento, sequela □ (*pubblicitario*) battage (*fr.*).

tambureggiàre ***A*** *v. intr.* ***1*** stamburare (*raro*), battere il tamburo ***2*** (*di tamburi*) risuonare ***3*** (*di armi da fuoco*) crepitare, rumoreggiare ***B*** *v. tr.* (*fig.*) battere insistentemente, colpire fittamente.

tamburellàre ***A*** *v. intr.* suonare il tamburello, picchierellare ***B*** *v. tr.* e *intr.* picchiettare (*fig.*), battere rapidamente, percuotere insistentemente.

tambùro *s. m.* ***1*** timballo (*lett.*), timpano (*lett.*), grancassa, tamtam ***2*** suonatore di tamburo, tamburino ***3*** (*tecnol.*) cilindro rotante **FRAS.** *a tamburo battente* (*fig.*), in tutta fretta □ *battere il tamburo* (*fig.*), farsi molta pubblicità.

tampinàre *v. tr.* (*region.*) tormentare, molestare, importunare, non dare pace, non dare tregua □ pedinare, tallonare, stare continuamente alle costole.

tamponaménto *s. m.* ***1*** (*di buco, di ferite e sim.*) chiusura, blocco **CONTR.** apertura, sblocco ***2*** (*di veicolo*) urto, cozzo, collisione, scontro, speronamento.

tamponàre ***A*** *v. tr.* ***1*** (*di buco, di ferita, ecc.*) chiudere, bloccare, fermare, tappare, arginare, stagnare, turare □ asciugare, assorbire **CONTR.** aprire, sbloccare, bucare ***2*** (*fig.*) rimediare ***3*** (*di veicoli*) cozzare, urtare, colpire, speronare ***B*** **tamponarsi** *v. intr. pron.* (*di veicoli*) urtarsi, scontrarsi, colpirsi.

tampóne ***A*** *s. m.* ***1*** batuffolo, stoppaccio, zaffo □ assorbente interno ***2*** (*di timbro*) cuscinetto ***B*** *agg. inv.* provvisorio, d'emergenza.

tamtàm o **tam-tam** *s. m. inv.* tamburo, gong □ (*fig.*) (*di notizie, ecc.*) circolazione, diffusione.

tàna *s. f.* ***1*** (*di animali*) buca, antro, covile, canile, covo, cuccia, nido, fossa, riparo ***2*** (*fig.*) (*di persona*) casa, rifugio, covo, nascondiglio ***3*** (*fig.*) (*di locale*) tugurio, stamberga, topaia, cava, caverna, buco, bugigattolo, spelonca.

tàndem [applicazione scherzosa della vc. lat. *tandem* che fra gli studenti valeva anche 'alla lunga', 'per la lunghezza'] *s. m. inv.* ***1*** bicicletta a due posti ***2*** (*di atleti*) coppia □ accoppiata, duo.

tànfo *s. m.* odore di rinchiuso, odore di muffa □ (*est.*) tanfata, puzzo, puzza, cattivo odore, esalazione, miasma, fetore, lezzo, peste, pestilenza, effluvio (*iron.*) **CONTR.** profumo, aroma, fragranza.

tangènte ***A*** *agg.* che tocca, che sfiora ***B*** *s. f.* ***1*** (*mat.*) tangenziale (*raro*) ***2*** (*di denaro*) parte, porzione, quota, rata, percentuale, spettanza ***3*** (*est.*) mazzetta (*pop.*), bustarella, mediazione, denaro estorto, pizzo, stecca (*gerg.*), compenso illecito **FRAS.** *filare per la tangente*, svignarsela.

tangenziàle ***A*** *agg.* di tangente, di tangenza ***B*** *s. f.* ***1*** (*raro, mat.*) tangente ***2*** (*di strada*) circonvallazione.

tànghero *s. m.* villano, villanzone, incivile, ineducato, rozzo, screanzato, ignorantone, cafone, zotico, buzzurro, caprone, facchino (*spreg.*), cavernicolo **CONTR.** educato, civile, raffinato, fine, garbato, cortese.

tangìbile *agg.* ***1*** (*al tatto*) toccabile, palpabile, corporeo, sensibile, reale, effettivo, ponderabile **CONTR.** impalpabile, incorporeo, immateriale, immaginario, ideale ***2*** (*est., fig.*) evidente, chiaro, palese, sicuro, certo, concreto, lampante, eclatante, palmare, manifesto **CONTR.** oscuro, occulto, celato, nascosto. *V. anche* VERO

tangibilità *s. f.* materialità, sensibilità, effettività **CONTR.** immaterialità.

tangibilménte *avv.* concretamente, realmente.

tànica *s. f.* (*per liquidi*) recipiente, contenitore, serbatoio, fusto, bidone, canister (*ingl.*), canestro, stagna.

tank /*ingl.* tænk/ [vc. ingl., dal sign. originario di 'serbatoio'] *s. m. inv.* carro armato, panzer (*ted.*), autoblindo, autoblinda.

tànto (1) ***A*** *agg. indef.* ***1*** (*al sing.*) così molto, così grande, così intenso ***2*** (*di numero o quantità*) molto, assai **CONTR.** poco, scarso, punto (*tosc.*), esiguo ***3*** altrettanto ***4*** tanto tempo, tanto denaro, tante cose, ecc. ***B*** *pron. indef.* ***1*** (*al pl.*) molti, parecchi, certuni, alcuni, diversi **CONTR.** pochi ***2*** (*in correl. con* quanto) altrettanto ***C*** *con funzione di pron. dimostr.* questo, ciò ***D*** *con funzione di s. m.* una certa quantità, un tot **FRAS.** *a dir tanto, a far tanto*, al massimo □ *essere da tanto*, essere capace, essere all'altezza □ *di tanto in tanto*, talora, di quando in quando □ *né tanto né quanto*, per niente, niente affatto.

tànto (2) ***A*** *avv.* ***1*** così, in questo modo, in questa misura ***2*** (*in correl. con* quanto *o* tanto) così, altrettanto ***3*** molto, assai ***4*** solamente, soltanto, solo ***B*** *cong.* ***1*** tuttavia, però, ma, comunque ***2*** ormai **FRAS.** *per una volta tanto*, soltanto per una volta.

tapìno *agg.; anche s. m.* (*lett.*) misero, infelice, meschino, gramo, miserabile, miserevole, miserando, poveraccio, poveruomo, povero, sventurato, poveretto, tribolato **CONTR.** felice, fortunato, ricco.

tapis roulant /*fr.* ta'pi ru'lã/ [loc. fr., letteralmente 'tappeto (*tapis*) rotolante (*roulant*)'] *loc. sost. m. inv.* nastro trasportatore, piano scorrevole, scala girevole.

tàppa *s. f.* ***1*** fermata, sosta, posta ***2*** bivacco, riposo ***3*** (*in un giro ciclistico, motociclistico, ecc.*) frazione, giornata, percorso giornaliero ***4*** (*fig.*) fase, momento, occasione **FRAS.** *bruciare le tappe* (*fig.*), affermarsi rapidamente, fare presto.

tappabùchi *s. m.* e *f.* (*scherz.*) sostituto, supplente, turabuchi.

tappàre ***A*** *v. tr.* chiudere, turare, bloccare, tamponare, ostruire, fermare, otturare, piombare, zaffare, stoppare, sigillare, chiudere bene, serrare con cura, sbarrare, coprire **CONTR.** stappare, sturare, aprire, liberare, sbloccare, dissigillare □ bucare, forare ***B*** **tapparsi** *v. rifl.* chiudersi, rinchiudersi, serrarsi, rinserrarsi, trincerarsi, asserragliarsi, sprangarsi, nascondersi, ritirarsi, segregarsi **FRAS.** *tapparsi le orecchie, gli occhi, la bocca* (*fig.*), non voler udire, vedere, parlare □ *tappare la bocca a uno* (*fig.*), impedirgli di parlare.

tapparèlla *s. f.* (*pop.*) persiana avvolgibile, avvolgibile, veneziana.

tappàto *part. pass. di* **tappare**; *anche agg.* chiuso, ostruito, bloccato, piombato, sigillato, tamponato, sbarrato, turato **CONTR.** sbloccato, sturato, aperto, liberato, dissigillato.

tappetino *s. m.* ***1*** *dim. di* **tappeto** ***2*** zerbino, stuoino, scendiletto.

tappéto *s. m.* ***1*** arazzo, drappo □ pedana, scendiletto, passatoia, guida, stuoia, moquette (*fr.*) ***2*** (*est.*) (*di erba, di fiori, ecc.*) spesso strato, manto, mantello, coltre ***3*** (*sport*) pedana ***4*** (*nel pugilato*) quadrato □ (*est.*) ring (*ingl.*) ***5*** (*di roulette*) tableau (*fr.*) **FRAS.** *bombardamento a tappeto* (*fig.*), bombardamento fitto □ *mettere sul tappeto* (*fig.*), intavolare una trattativa □ *mettere al tappeto, mandare al tappeto*, atterrare, abbattere; (*fig.*) rovinare del tutto.

tappezzàre *v. tr.* rivestire, ricoprire, foderare □ parare, addobbare, decorare, ornare □ riempire, attaccare dappertutto.

tappezzerìa *s. f.* ***1*** tessuto □ (*est.*) carta da parati, drappo, parato, addobbo, arazzo ***2*** bottega di tappezziere □ arte del tappezziere.

tàppo *s. m.* ***1*** turacciolo, sughero, zaffo, cocchiume, zipolo ***2*** (*fig., scherz.*) persona piccola e tarchiata, nano, lillipuziano, pigmeo, bassotto, tracagnotto **CONTR.** alto e snello.

tàra *s. f.* ***1*** malattia ereditaria ***2*** (*fig.*) difetto, handicap (*ingl.*), pecca, imperfezione, macchia, magagna, neo, vizio. *V. anche* IMPERFEZIONE

taràllo *s. m.* ciambellina, biscotto.

taràre *v. tr.* ***1*** fare la tara ***2*** (*di strumento*) mettere a punto, verificare, graduare, adattare.

taràssaco *s. m.* (*bot.*) dente di leone.

taràto (1) *part. pass. di* **tarare**; *anche agg.* ***1*** (*di peso*) netto da tara ***2*** (*di strumento*) messo a punto, verificato, graduato.

taràto (2) *agg.; anche s. m.* (*anche fig.*) (*di persona*) malato, anormale, viziato, bacato **CONTR.** sano, integro, robusto.

tarchiàto *agg.* grosso, quadrato, massiccio, atticciato, robusto, piantato, corpulento, inquartato, quartato, membruto, tracagnotto, tozzo, brevilineo, tombolotto (*fam.*) **CONTR.** esile, smilzo, mingherlino, segaligno, allampanato, secco, sottile, gracile, magro, slanciato, snello. *V. anche* ROBUSTO

tardàre ***A*** *v. intr.* ritardare, indugiare, far tardi, temporeggiare, dimorare, stare **CONTR.** affrettarsi, spicciarsi, fare presto, sbrigarsi ***B*** *v. tr.* ritardare, procrastinare, differire, aggiornare, rimandare, prorogare **CONTR.** affrettare, sollecitare, pressare, stimolare, decidere.

tàrdi *avv.* ***1*** a ora avanzata **CONTR.** presto, di buonora ***2*** con ritardo, fuori ora, tardivamente **CONTR.** subito, prossimamente, puntualmente □ prematuramente **FRAS.** *sul tardi*, verso sera □ *presto o tardi*, prima o poi □ *al più tardi*, al massimo.

tardìvo *agg.* ***1*** (*di pianta, di stagione, ecc.*) lento, tardo, serotino, avanzato **CONTR.** precoce, primaticcio, prematuro, anticipato, novello ***2*** (*fig.*) (*di persona, di mente*) tonto, duro, ritardato **CONTR.** acuto, sveglio, intelligente, precoce ***3*** inopportuno, intempestivo, inutile ***4*** (*di riconoscimento*) postumo.

tàrdo *agg.* ***1*** (*lett.*) pigro, lento, lungo, flemmatico, sonnacchioso, sonnolento □ ottuso, beota, tonto, torpido, melenso, pesante, bue (*fig., spreg.*) **CONTR.** pronto, svelto, alacre, lesto, presto (*lett.*) □ intelligente, sveglio, pronto, perspicace ***2*** (*di tempo*) inoltrato, avanzato □ (*di stagione*) tardivo **CONTR.** primo, iniziale □ precoce.

tardóne *agg.*; *anche s. m.* **1** *accr. di* **tardo** **2** (*fam.*) lento, pigro **CONTR.** agile, lesto, svelto, veloce, presto (*lett.*) **3** (*di mente*) ottuso, lento, ritardato **CONTR.** pronto, intelligente.

tàrga *s. f.* **1** lastra, placca, piastra, cartello, insegna, tabella, etichetta **2** (*st.*) scudo.

target /*ingl.* 'ta:git/ [vc. ingl., propriamente 'scudo, targa'] *s. m. inv.* (*comm.*) obiettivo, meta.

targhétta *s. f.* **1** *dim. di* **targa** **2** etichetta.

tarìffa *s. f.* listino, tabella, calmiere, mercuriale □ prezzo, costo.

tariffàrio ***A*** *agg.* di tariffa ***B*** *s. m.* lista di tariffe, prezzario, prontuario (delle tariffe), elenco, listino.

tarlàre ***A*** *v. tr.* tarmare, rodere, guastare, bucherellare, rovinare ***B*** **tarlarsi** *v. intr.* e *intr. pron.* intarlarsi, intarmarsi, guastarsi, rovinarsi.

tàrlo *s. m.* **1** (*pop.*) gorgoglione, punteruolo **2** (*fig.*) tormento, pena, incubo, assillo, rodimento, chiodo, rimorso.

tàrma *s. f.* (*zool.*) tignola, camola (*region.*), verme.

tarmàre ***A*** *v. tr.* (*di tarme*) guastare, tarlare, rodere, rovinare ***B*** **tarmarsi** *v. intr.* e *intr. pron.* intarmarsi, guastarsi, rovinarsi.

tarpàre *v. tr.* (*di penne*) spuntare, tagliare in punta **FRAS.** *tarpare le ali, tarpare il volo* (*fig.*), impedire, ostacolare, indebolire.

tartagliàre ***A*** *v. intr.* balbettare, balbutire (*lett.*), barbugliare, biascicare, cingottare, ciangottare, ciancicare, farfugliare, incespicare, annaspicare (*raro*), impappinarsi **CONTR.** parlare speditamente, parlare chiaramente ***B*** *v. tr.* dire a fatica, dire confusamente, biascicare **CONTR.** dire chiaramente. *V. anche* BALBETTARE

tartàna *s. f.* **1** piccolo veliero, paranza, barca (da pesca) **2** (*pesca*) rete a strascico.

tàrtaro *s. m.* **1** (*nelle botti*) incrostazione, gromma, gruma, taso **2** (*miner.*) cristallizzazione calcarea **3** (*med.*) odontolito.

tartarùga [forse dal greco *tartarôuchos* 'abitante del tartaro', perché ritenuto animale demoniaco] *s. f.* **1** testuggine, chelone **2** (*fig.*) persona lenta **3** scaglia cornea, osso (di tartaruga).

tartassàre *v. tr.* (*raro*) vessare, angariare □ (*fam.*) maltrattare, strapazzare, stangare, scorticare, scannare, malmenare **CONTR.** rispettare, onorare, curare, riverire, avere riguardo.

tartìna *s. f.* tramezzino, panino imbottito, canapè, sandwich (*ingl.*), crostino, panino, stuzzichino, toast (*ingl.*).

tàsca *s. f.* **1** saccoccia (*dial.*), scarsella (*dial.*), bisaccia, sacco, sacca, borsa **2** (*est.*) (*di borse, di valigie, ecc.*) scomparto, scompartimento **FRAS.** *starsene con le mani in tasca* (*fig.*), restare inoperoso □ *conoscere come le proprie tasche* (*fig.*), conoscere molto bene □ *rompere le tasche* (*fig.*), annoiare, seccare, infastidire, scocciare (*fam.*) □ *averne piene le tasche* (*fig.*), essere annoiatissimo, essere scocciato (*fam.*).

tascàbile ***A*** *agg.* **1** che si può portare in tasca **2** (*est.*) piccolo, esiguo, ridotto **CONTR.** grande, largo, lungo, esteso ***B*** *s. m.* libriccino, dispensa, fascicolo, pocket book (*ingl.*).

tascapàne *s. m.* borsa, sacca, zaino.

tàssa *s. f.* contributo, contribuzione, tassazione, imposta, imposizione, tributo, balzello, aggravio, gabella, decima, gravame, dazio, pedaggio, diritto □ bollo.

tassàmetro *s. m.* (*di vettura*) contatore, contagiri □ parchimetro.

tassàre *v. tr.* sottoporre a tassa, imporre, gravare, gabellare, daziare, onerare, taglieggiare **CONTR.** detassare, esonerare, sgravare.

tassatìvo *agg.* precisato, specificato, determinato □ imperativo, categorico, inderogabile, perentorio, assoluto, obbligatorio **CONTR.** indeterminato, indefinito, imprecisato □ relativo, libero.

tassazióne *s. f.* imposizione, gravame, tassa.

tassèllo *s. m.* (*di legno o altro materiale*) blocchetto, pezzetto, tessera, tarsia, zeppa, cuneo, incastro.

tàsso *s. m.* rapporto, indice, quoziente, percentuale □ interesse, saggio, prime rate (*ingl.*).

tassonomìa *s. f.* classificazione, ordinamento, descrizione.

tassonòmico *agg.* classificatorio.

tastàre *v. tr.* **1** palpare, palpeggiare, brancicare, tasteggiare, frugare, maneggiare, toccare **2** (*di cibo*) assaggiare, gustare **3** scandagliare, saggiare, sondare, esperire, tentare **FRAS.** *tastare il polso* (*fig.*), cercare di conoscere le intenzioni □ *tastare il terreno* (*fig.*), cercare di rendersi conto della situazione.

tastàta *s. f.* tastamento (*raro*), palpamento, palpeggiamento, toccata, tocco, toccamento (*raro*).

tastàto *part. pass. di* **tastare**; *anche agg.* toccato, palpato, maneggiato □ tentato, provato □ assaggiato.

tastièra *s. f.* (*mus.*) tasti □ console (*fr.*), consolle.

tàsto *s. m.* **1** toccamento (*raro*), palpamento, tatto **2** (*di apparecchi vari*) bottone, pulsante □ (*al pl.*) tastiera **3** (*di materiali*) prelievo, saggio **FRAS.** *toccare un brutto tasto, toccare un tasto delicato, toccare un tasto falso* (*fig.*), affrontare un argomento spiacevole o inopportuno.

tastóni o (*raro*) **tastóne** *avv.* **1** tentoni, brancoloni (*raro*), brancicando, annaspando **CONTR.** a occhi aperti **2** (*fig.*) alla cieca, in modo incerto **CONTR.** sicuramente, con sicurezza.

tàta *s. f.* (*inft.*) bambinaia, dada (*fam.*), baby-sitter (*ingl.*), bonne (*fr.*).

tàttica *s. f.* **1** (*mil.*) disposizione, schieramento □ strategia **2** (*sport*) sistema, schieramento **3** (*est.*) metodo, sistema, modo, condotta, strategia, manovra **4** (*fig.*) prudenza, accortezza, diplomazia, accorgimento, astuzia, scaltrezza **CONTR.** avventatezza, imprudenza, leggerezza, sconsideratezza. *V. anche* PRUDENZA

tatticìsmo *s. m.* (*anche spreg.*) manovra, espediente, tattica, diplomazia.

tàttico *agg.* **1** (*mil.*) di tattica □ strategico □ (*di obiettivo, di successo, ecc.*) parziale **CONTR.** decisivo **2** (*fig.*) accorto, astuto, prudente, scaltro **CONTR.** ingenuo, candido, semplice □ avventato, sconsiderato, imprudente.

tatticóne s. m. (*fam.*) accorto, astuto, furbone, maneggione, manovriero **CONTR.** ingenuo, semplicione.

tàtto s. m. ***1*** tattilità, facoltà tattile ***2*** (*fig.*) garbo, maniera, cortesia, educazione, delicatezza, squisitezza □ accortezza, prudenza, destrezza, diplomazia, politica, discernimento, scrupolo, savoir-faire (*fr.*), discrezione, riservatezza, misura, riguardo, discretezza **CONTR.** scortesia, malgarbo, malagrazia, sgarbo (*raro*), sgarbatezza □ indelicatezza, indiscrezione, improntitudine. *V. anche* MISURA, PRUDENZA

taumatùrgico agg. miracoloso □ (*est.*) prodigioso, portentoso, straordinario.

taumatùrgo s. m. operatore di miracoli □ guaritore.

taurìno agg. ***1*** di toro, da toro ***2*** (*fig.*) vigoroso, robusto, muscoloso, nerboruto **CONTR.** esile, gracile, delicato.

tautologìa s. f. diallelo, concetto ripetuto, circolo vizioso.

tavellóne s. m. ***1*** accr. di **tavella** ***2*** laterizio forato, forato, bucato.

tavèrna s. f. trattoria, osteria, mescita, cantina, bettola, gargotta, tavernetta, bistrot (*fr.*) □ night-club (*ingl.*), cave (*fr.*).

tàvola s. f. ***1*** (*di legno o altro materiale*) asse ***2*** (*est.*) lastra, lamina ***3*** (*al pl.*) tavolato, pavimento di legno, parquet (*fr.*) ***4*** tavolo □ scrivania, scrittoio ***5*** desco, mensa □ vivande, cucina, gastronomia ***6*** banco (da lavoro) ***7*** quadro, dipinto (su tavola di legno), ancona, anta, pittura, pannello ***8*** (*di libro*) pagina illustrata, illustrazione ***9*** tabella, albo, tabellone, prospetto, schema, prontuario **FRAS.** *tavola calda* (*fig.*), self-service (*ingl.*), fast food (*ingl.*) □ *mettere le carte in tavola* (*fig.*), rivelare con chiarezza le proprie intenzioni □ *tavola rotonda* (*fig.*), dibattito, convegno, panel (*ingl.*) □ *tavola reale*, tric trac, backgammon (*ingl.*). *V. anche* QUADRO

tavolàccio s. m. ***1*** pegg. di **tavolo** ***2*** (*nelle carceri*) pancaccio, giaciglio.

tavolàme s. m. legname, assi.

tavolàto s. m. ***1*** assito, asse, tavola, palco, pavimento, impiantito, tassellato, parquet (*fr.*) □ chiudenda, divisorio, tramezzo ***2*** (*geogr.*) altipiano livellato.

tavolétta s. f. ***1*** dim. di **tavola** □ assicella, lista, listello □ mensola, pannello ***2*** panetto, stecca □ pezzo rettangolare, tabloide ***3*** (*di autoveicolo*) pedale dell'acceleratore, acceleratore ***4*** abaco **FRAS.** *andare a tavoletta*, premere al massimo l'acceleratore.

tavolière s. m. ***1*** (*nel gioco della dama, degli scacchi, ecc.*) tavolino ***2*** (*geogr.*) regione piatta, pianoro, pianura, piano.

tavolìno s. m. ***1*** dim. di **tavolo** ***2*** tavolo □ scrittoio, scrivania □ tavolo da gioco, tavoliere □ (*di calzolai*) deschetto, bischetto.

tàvolo s. m. tavola, tavolino, banco.

tavolòzza s. f. ***1*** (*per pittore*) assicella (dei colori) ***2*** (*est.*) colori preferiti, colori caratteristici (di un pittore).

tàxi s. m. inv. tassì, auto pubblica, automobile di piazza, vettura.

tàzza s. f. ***1*** boccale, gotto, chicchera, ciotola, scodella ***2*** (*di fontana*) vaso, vasca ***3*** (*di macchine varie*) coppa, contenitore ***4*** (*fam.*) water closet (*ingl.*), water (*ingl.*), vaso.

tazzìna s. f. ***1*** dim. di **tazza** ***2*** chicchera.

team /*ingl.* ti:m/ [vc. ingl., propriamente 'gruppo'] s. m. inv. ***1*** (*sport*) squadra, formazione, scuderia (*fig.*) ***2*** (*di studiosi, di ricercatori*) gruppo, nucleo, squadra, équipe (*fr.*), pool (*ingl.*), staff (*ingl.*).

teatràle agg. ***1*** di teatro ***2*** (*fig., spreg.*) esagerato, caricato, pomposo, innaturale, patetico, drammatico, melodrammatico, plateale **CONTR.** spontaneo, naturale, semplice, istintivo, sincero.

teatralità s. f. (*fig.*) esagerazione, artificiosità, pomposità, spettacolarità, melodrammaticità **CONTR.** semplicità, spontaneità, naturalezza.

teatrànte s. m. e f. ***1*** (*raro* o *spreg.*) attore □ comico ***2*** (*fig.*) commediante, istrione, esagerato, melodrammatico.

teàtro s. m. ***1*** arena, anfiteatro, politeama, odeon, ribalta ***2*** (*est.*) rappresentazione teatrale, recita, commedia, opera ***3*** pubblico, spettatori ***4*** (*di avvenimento importante*) luogo, zona, scena, scenario, scacchiere ***5*** (*per le lezioni universitarie*) aula **FRAS.** *gente di teatro*, attori, cantanti, ballerini, registi, ecc.

tèca s. f. ***1*** (*raro*) custodia, astuccio, cassetta, scrigno, scatola □ bacheca, vetrinetta ***2*** reliquiario □ ciborio.

tècnica s. f. ***1*** norme, regole, legge □ tecnologia, arte ***2*** procedimento, modo di lavorare, metodologia, sistema, maniera ***3*** ingegnosità, capacità, abilità, perizia, scuola, pratica, tecnicismo (*spec. spreg.*) **CONTR.** imperizia, inesperienza, incapacità.

tecnicaménte avv. con tecnica, secondo la tecnica, sotto l'aspetto tecnico.

tecnicìsmo s. m. ***1*** (*spesso in senso spreg.*) tecnica, meticolosità, pignoleria, perfezionismo ***2*** (*di parola, di modo di dire*) termine tecnico.

tècnico ***A*** agg. proprio di una tecnica, proprio di una scienza □ specialistico, pratico, tecnologico, meccanico ***B*** s. m. specialista, specializzato, operatore □ conoscitore, esperto, perito, tecnocrate, colletto bianco **CONTR.** incompetente, inesperto, impreparato.

tecnòcrate s. m. tecnico, competente.

tecnocrazìa s. f. ***1*** (*in politica*) governo dei tecnici ***2*** potere dei tecnici.

tecnologìa s. f. tecnica □ scienza tecnica, meccanica.

tecnològico agg. della tecnologia, tecnico.

teddy boy /*ingl.* 'tedi 'bɔi/ [loc. ingl., 'ragazzo (*boy*) vestito alla moda del regno di Edoardo VII (*Edward*, e per vezz. *Teddy*)'] loc. sost. m. inv. teppista □ giovinastro, ragazzaccio, discolo.

tedésco agg.; anche s. m. della Germania, germano, germanico, gotico, teutone, teutonico, alemanno, crucco (*spreg.*).

tediàre ***A*** v. tr. annoiare, infastidire, disturbare, importunare, perseguitare, stuzzicare, irritare, molestare, incomodare, nauseare, scocciare (*fam.*), seccare, stancare, stufare, saziare **CONTR.** divertire, dilettare, deliziare, sollazzare, svagare, trastullare, rallegrare, ricreare □ distrarre ***B*** **tediarsi** v. intr. pron. annoiarsi, infastidirsi, irritarsi, seccarsi, stancarsi, stufarsi, scocciarsi (*fam.*) **CONTR.** divertirsi, dilettarsi, rallegrarsi, divagarsi, svagarsi, trastullarsi, ricrearsi. *V. anche* STANCARE

tèdio *s. m.* noia, fastidio, disgusto, molestia, seccatura, peso, nausea, ripugnanza, avversione, uggia, barba, uggiosità, stanchezza □ tristezza, malinconia **CONTR.** gioia, gaudio, contentezza □ serenità, tranquillità □ divertimento, spasso, sollazzo, divagazione. *V. anche* MALINCONIA

tedióso *agg.* noioso, barboso, indigesto, pedantesco, fastidioso, molesto, pesante, soporifero, stucchevole, seccante, seccatore, importuno, uggioso **CONTR.** amabile, divertente, piacevole, sollazzevole, simpatico, spassoso.

teen-ager /*ingl.* 'ti:n 'eidʒə/ [vc. ingl., comp. di *-teen* (da *ten* 'dieci') e *ager*, da *age* 'età'] *s. m.* e *f. inv.* adolescente, ragazzino, ragazzina.

tegàme *s. m.* teglia, terrina, testo, padella, pentola, casseruola.

téglia *s. f.* tegame, padella, terrina, testo.

tégola *s. f.* **1** coppo, embrice, tegolo, laterizio **2** (*fig.*) accidente, disgrazia, guaio, infortunio, sciagura, sventura, avversità, contrarietà **CONTR.** fortuna, cuccagna, bazza.

teièra *s. f.* bricco, samovar.

téla *s. f.* **1** tessuto, cotone **2** quadro (su tela), pittura, dipinto, olio **3** sipario, schermo, telo, telone, tendone, tenda **4** (*di libro*) trama, intreccio **5** (*fig.*) imbroglio, insidia, macchinazione, raggiro, tranello, trappola. *V. anche* QUADRO

telàio *s. m.* **1** macchina tessile **2** ossatura, armatura, carcassa, castello, montatura, cornice, intelaiatura, struttura, affisso □ scheletro metallico □ châssis (*fr.*), scocca.

teleabbonàto *s. m.* abbonato alla televisione, teleutente □ telespettatore.

telecàmera *s. f.* videocamera, camera.

telecòpia *s. f.* facsimile, telefax, fax.

telecopiatrìce *s. f.* fax, telefax, telecopiatore.

telecrònaca *s. f.* videocronaca □ reportage (*fr.*).

telecronìsta *s. m.* e *f.* videocronista □ reporter (*ingl.*).

teledipendènte *agg.*; *anche s. m.* e *f.* videodipendente.

teledipendènza *s. f.* videodipendenza.

tèlefax *s. m. inv.* **1** facsimile, fax, telecopia **2** telecopiatrice, telecopiatore.

telefèrica *s. f.* funivia, funicolare.

telefonàre **A** *v. tr.* comunicare per telefono, chiamare, gettonare (*gerg.*) **B** *v. intr.* parlare per telefono.

telefonàta *s. f.* comunicazione telefonica, chiamata telefonica, colpo di telefono.

telefonìno *s. m.* **1** *dim. di* **telefono** **2** cellulare, telefono cellulare, telefono portatile.

telefonìsta *s. m.* e *f.* **1** addetto ai telefoni □ centralinista **2** impiegato del telefono.

telèfono *s. m.* apparecchio telefonico, apparecchio, microfono **FRAS.** *telefono cellulare, portatile*, telefonino, cellulare □ *telefono rosso*, linea diretta che collega la Casa Bianca al Cremlino □ *telefono azzurro*, per la difesa dei minori che subiscono violenze □ *telefono rosa*, per denunce di donne che hanno subito abusi o violenze.

telegràfico *agg.* **1** del telegrafo, per telegrafo **2** (*fig.*) conciso, stringato, breve, succinto, compendioso, incisivo, serrato, laconico, lapidario, tacitiano, epigrafico **CONTR.** prolisso, profuso (*raro*), verboso, diffuso, lungo.

telegràmma *s. m.* comunicazione telegrafica, dispaccio.

teleguidàre *v. tr.* telecomandare, guidare a distanza.

telemàtico *agg.* **FRAS.** *spostarsi in un sistema telematico*, navigare.

telenovela /*port.* teleno'vela/ [vc. port., da *tele-* e *novela* 'romanzo'] *s. f. inv.* teleromanzo, soap opera (*ingl.*).

telerìe *s. f. pl.* biancheria.

teleromànzo *s. m.* romanzo televisivo, telenovela (*sp.*), soap opera (*ingl.*).

teleschérmo o **teleschèrmo** *s. m.* schermo televisivo, video □ (*est.*) televisione.

telescòpico *agg.* **1** di telescopio, col telescopio **2** (*est.*) visibile col telescopio **3** (*fig.*) lontanissimo, remoto **CONTR.** vicinissimo **4** allungabile, prolungabile, rientrabile.

telespettatóre *s. m.* (*f. -trice*) spettatore (di trasmissioni televisive) □ teleabbonato, teleutente.

teleutènte *s. m.* e *f.* teleabbonato □ telespettatore.

televisióne *s. f.* **1** trasmissione a distanza **2** (*fam.*) televisore, tivù (*fam.*), apparecchio televisivo, TV, video, teleschermo □ network (*ingl.*), rete.

televisóre *s. m.* apparecchio televisivo, apparecchio ricevente, televisione (*fam.*), tivù (*fam.*), TV, video, piccolo schermo.

tellìna *s. f.* cozza, mitilo, peocio (*dial.*), vongola, arsella.

tellùrico *agg.* terrestre, della terra □ sismico **FRAS.** *movimento tellurico*, terremoto.

télo *s. m.* pezzo di tela, tela, drappo □ telone.

telóne *s. m.* **1** *accr. di* **telo** **2** (*teat.*) sipario, schermo, telo, tela, tenda, tendone.

tèma *s. m.* **1** (*di uno scritto, di un discorso, ecc.*) argomento, soggetto, oggetto, assunto, contenuto, concetto, questione, materia, motivo, sostanza, tesi, proposito **2** (*scolastico*) componimento, composizione, svolgimento, lavoro, elaborato, compito **3** (*mus.*) idea melodica, motivo, leitmotiv (*ted.*) **4** (*ling.*) radice, parte invariabile **CONTR.** desinenza.

temàtica *s. f.* temi, motivi, contenuti, concetti, tesi, argomenti.

temerarietà *s. f.* **1** imprudenza, sconsideratezza, follia, irriflessione, irriflessività, temerità, spericolatezza □ leggerezza **2** arditezza, audacia, coraggio, ardimento, fegato **CONTR.** avvedutezza, cautela, circospezione, precauzione, oculatezza, riflessione, prudenza □ pavidità **3** arroganza, spavalderia, spudoratezza.

temeràrio **A** *agg.* e *s. m.* **1** imprudente, sconsiderato, inconsulto, sconsigliato, irragionevole, impetuoso □ ardito, audace, coraggioso, fegataccio **CONTR.** prudente, cauto, circospetto, guardingo, oculato, riflessivo, ragionevole □ pauroso, pavido, vigliacco, pusillanime **2** (*raro*) arrogante, spavaldo, spudorato **B** agg. (*di impresa, di giudizio, ecc.*) avventato, precipitoso, arrischiato, azzardoso, incauto, rischioso, spericolato, rocambolesco. *V. anche* PRODE

temére **A** v. tr. **1** paventare (*lett.*), avere paura **CONTR.** affrontare, sfidare **2** sospettare, dubitare, subodorare, supporre, presupporre, prevedere **CONTR.** fidarsi, confidare, essere certo **3** riverire, rispettare, onorare □ venerare **CONTR.** disprezzare, spregiare, schernire, sdegnare, disdegnare, impiparsi **4** patire, soffrire, risentire **B** v. intr. **1** preoccuparsi, spaventarsi, intimorirsi, sgomentarsi, tremare, titubare, trepidare **CONTR.** farsi coraggio, osare, ardire, arrischiare **2** sospettare, diffidare, dubitare **CONTR.** confidare, fidarsi, essere certo.

temìbile agg. pericoloso, terribile, pauroso.

tempàccio s. m. **1** pegg. di **tempo** **2** cattivo tempo, brutto tempo, maltempo, intemperie.

tèmpera s. f. **1** pittura ad acqua, guazzo, gouache (*fr.*) **2** (*est.*) quadro a tempera **3** V. **tempra**. *V. anche* QUADRO

temperalàpis s. m. inv. temperamatite.

temperamatìte s. m. inv. temperalapis, temperino □ coltellino.

temperaménto s. m. **1** addolcimento, alleggerimento, alleviamento, diminuzione, mitigamento (*raro*), mitigazione, sollievo **CONTR.** aggravamento, inasprimento, peggioramento, recrudescenza **2** indole, natura, carattere, complessione, abito, animo, disposizione, tempra, umore, qualità, fondo **3** carattere, personalità. *V. anche* INDOLE

temperànte agg. continente, astinente, frugale, parco, misurato, parsimonioso, temperato, regolato, disciplinato, moderato, sobrio, astemio □ casto, castigato, costumato, morigerato, virtuoso **CONTR.** intemperante, smodato, sregolato, incontinente, mangione, trincatore □ gaudente, dissoluto, libertino, scostumato, vizioso.

temperànza s. f. astinenza, continenza, frugalità, misura, parsimonia, regolatezza, moderazione, freno, sobrietà □ castità, costumatezza, virtù, morigeratezza, castimonia, compostezza, decenza **CONTR.** intemperanza, incontinenza, sregolatezza, eccesso, abuso, esagerazione, smoderatezza □ dissolutezza, libertinaggio, scostumatezza, licenziosità. *V. anche* MISURA

temperàre **A** v. tr. **1** (*spec. di vino con l'acqua*) mescolare, adacquare, annacquare, stemprare **2** (*fig.*) (*di dolore, di carattere, ecc.*) alleviare, mitigare, lenire, attenuare, calmare, placare □ addolcire, smorzare, chetare, smussare, moderare, contemperare, rammorbidire, quietare, raddolcire, edulcorare, conciliare **CONTR.** inasprire, esacerbare, esasperare, irritare **3** (*di matita, di lama, ecc.*) affilare, aguzzare, appuntire **B** **temperarsi** v. intr. pron. **1** moderarsi, frenarsi **2** V. **temprarsi**.

temperàto part. pass. di **temperare**; anche agg. **1** (*di clima, ecc.*) moderato, mite, tiepido, mesotermo, dolce **2** (*di prezzo*) non eccessivo, modico **3** (*di persona*) moderato, misurato, frugale, parco, parsimonioso, sobrio, temperante **CONTR.** smodato, smoderato, intemperante, incontinente, disordinato, eccessivo, esagerato, sfrenato.

temperatùra s. f. **1** (*di corpo, di liquido, ecc.*) calore, grado di calore □ febbre, ipertermia (*med.*) **2** (*di atmosfera*) clima, stato termico, condizione, tempo.

tempèrie s. f. inv. **1** stato dell'atmosfera **2** clima mite **CONTR.** intemperie **3** (*fig.*) (*di periodo, di ambiente, ecc.*) carattere, caratteristica, sfondo.

temperino s. m. temperamatite, temperalapis □ coltellino.

tempèsta s. f. **1** temporale, bufera, nubifragio, burrasca, ciclone, fortunale, procella (*lett.*), tifone, mareggiata, turbine, uragano □ (*di neve*) tormenta □ (*dial.*) grandine, gragnola **CONTR.** bonaccia, calma, placidità, serenità **2** (*fig.*) (*di sentimenti*) veemenza, tumulto, sfuriata, impeto, furia, tormento **CONTR.** calma, pacatezza, posatezza, ponderazione, riflessione **3** (*fig.*) sconvolgimento, violenta agitazione. *V. anche* BURRASCA

tempestàre **A** v. tr. **1** picchiare, cazzottare (*pop.*), battere, colpire, percuotere furiosamente □ assillare, ossessionare, bersagliare, subissare, sommergere **2** ornare fittamente **B** v. intr. impers. fare tempesta, infuriare la tempesta, grandinare.

tempestàto part. pass. di **tempestare**; anche agg. **1** battuto, colpito, percosso, picchiato **2** (*fig.*) adorno, carico, incrostato, sommerso, smaltato.

tempestivaménte avv. per tempo, puntualmente, provvidenzialmente, opportunamente, a tempo opportuno □ rapidamente, sollecitamente **CONTR.** intempestivamente, inopportunamente □ tardi.

tempestività s. f. tempismo, puntualità, rapidità, sollecitudine, efficientismo □ opportunità, convenienza **CONTR.** lentezza, ritardo □ inopportunità, intempestività, imprudenza.

tempestivo agg. rapido, sollecito □ opportuno, provvidenziale, provvido, puntuale, tempista, a proposito, al momento giusto **CONTR.** lento, tardo, tardivo, postumo □ inopportuno, impolitico, intempestivo.

tempestóso agg. **1** (*di tempo, di mare, ecc.*) burrascoso, temporalesco, procelloso (*lett.*), turbinoso, vorticoso, rovinoso **CONTR.** calmo, immobile, placido, sereno **2** (*fig.*) (*di colloquio, di vita, ecc.*) agitato, turbato, irato, inquieto, turbolento, violento, sconvolto, vulcanico, fortunoso □ contrastato, ostacolato, difficile **CONTR.** calmo, flemmatico, posato, riflessivo, pacifico, pacioso, sereno, idilliaco, idillico.

tèmpio s. m. **1** basilica, chiesa, duomo, cattedrale, santuario, ara, sacrario, delubro (*lett.*), monumento □ (*presso gli ebrei*) sinagoga □ (*presso i musulmani*) moschea **2** (*fig.*) luogo sacro, luogo venerabile **3** (*di massoneria*) loggia.

tempìsmo s. m. tempestività, puntualità □ prontezza, alacrità, immediatezza, rapidità, sollecitudine **CONTR.** lentezza, indugio, pigrizia, ritardo.

tempìsta s. m. e f. (*fig.*) tempestivo, puntuale □ pronto, alacre, immediato, rapido, sollecito **CONTR.** lento, indolente, pigro, tardo.

tèmpo s. m. **1** periodo, epoca, età, era, evo □ corso

dei secoli □ (*al pl.*) condizioni, circostanze storiche **2** spazio, tratto, intervallo, durata, lasso, corso **3** agio, occasione, opportunità, possibilità □ momento adatto, momento conveniente, ora **4** (*mus.*) unità ritmica, misura, battuta □ ritmo, movimento, passo **5** (*di partita, di spettacolo, ecc.*) parte, frazione, atto **6** (*meteor.*) cielo, clima, aria, temperatura **7** (*di motore*) fase **FRAS.** *dare tempo al tempo*, aspettare il momento opportuno □ *in tempo, a tempo, per tempo*, senza ritardo □ *di tempo in tempo*, ogni tanto □ *in tempo*, nel tempo stabilito, in tempo utile, in orario □ *senza por tempo in mezzo*, senza indugio □ *un tempo*, una volta □ *al tempo dei tempi*, nella notte dei tempi, nella più remota antichità □ *avere fatto il proprio tempo*, essere passato di moda; non contare più □ *a tempo e luogo*, nel momento adatto □ *lascia il tempo che trova*, non ha alcun risultato □ *fare il buono e il cattivo tempo* (*fig.*), dettar legge, avere autorità assoluta.

TEMPO
sinonimia strutturata

In generale si può descrivere il **tempo** come lo spazio indefinito nel quale si verifica l'inarrestabile fluire degli eventi, dei fenomeni e delle esistenze, in una successione illimitata di istanti; *in senso assoluto, il tempo si può dunque definire come la durata globale del fluire delle cose*: *l'idea, la coscienza del tempo*; *il trascorrere del tempo*. Questa durata globale si può suddividere in porzioni limitate e distinguibili, in una successione cronologica di eventi, rispetto a un "prima" e un "dopo", ossia in **periodi**: *il periodo più bello della mia vita*. Molto vicino è il concetto di **epoca**, che però suggerisce maggiore estensione e, in riferimento al passato, maggiore lontananza dal presente; alla determinazione di un'epoca concorrono fattori di carattere storico, sociale e simili: *l'epoca risorgimentale*; *le epoche della vita umana*. Ancor più connotati in questo senso sono **età** e **era**, che richiamano uno spazio temporale inserito nel **corso dei secoli**, ossia nella storia del mondo; più specifico è **evo**, che denomina ciascuno dei grandi periodi in cui si usa suddividere la storia dell'umanità: *evo antico, medio, moderno*. Questi vocaboli quindi possono tutti riferirsi alle **condizioni**, alle **circostanze storiche**, ossia alla situazione globale peculiare di un dato momento, spesso denominata genericamente **tempi**, al plurale: *tempi bui, antichi*. Si ricollegano a quest'area semantica le locuzioni *al tempo dei tempi, nella notte dei tempi*, che significano appunto nella più remota antichità; meno incisiva è *un tempo*, che equivale a una volta. *Ha fatto il suo tempo* si dice di chi ha ormai superato il suo periodo di popolarità, potere, autorità.

Una porzione circoscritta di tempo che occorre, viene previsto o deciso perché si compia un'azione, si verifichi un fenomeno o un avvenimento si dice anche **spazio**, **intervallo**, **tratto**, **lasso** di tempo; equivalente è **durata**, che però suggerisce maggiore lunghezza. In questo senso, *di tempo in tempo* significa appunto ogni tanto, mentre le espressioni frequentissime *in tempo* e *per tempo*, significano entro l'intervallo stabilito, senza ritardi; *senza por tempo in mezzo* significa subito, senza indugio. Chi ha tempo più che sufficiente per fare comodamente qualcosa ha l'**agio**, la **possibilità**, l'**opportunità** di farlo con calma; gli ultimi due termini si sovrappongono anche ad **occasione**, che indica lo spazio di tempo, anche brevissimo, più indicato e talvolta irripetibile per l'esecuzione o l'espletamento di qualcosa, e quindi si avvicina molto al **momento adatto**, al **momento conveniente**: *non ha saputo cogliere il tempo*; *è tempo che tu gli parli*; aspettare che questo momento giusto maturi si dice *dare tempo al tempo*, mentre coglierlo e quindi agire in una situazione favorevole si dice muoversi *a tempo e luogo*.

temporàle (**1**) *agg.* **1** di tempo **2** passeggero, caduco, fuggevole, temporaneo, transitorio □ mondano, profano, secolare **CONTR.** duraturo, eterno, perpetuo, stabile □ religioso, sacro, spirituale.

temporàle (**2**) *s. m.* **1** burrasca, tempesta, procella (*lett.*) □ ciclone, nembo, nubifragio, uragano, turbine, fortunale, tifone **CONTR.** bonaccia, calma, placidità, serenità **2** (*fig.*) aspra lite, reazione violenta, sfuriata. *V. anche* BURRASCA

temporalésco *agg.* burrascoso, tempestoso, procelloso (*lett.*) **CONTR.** calmo, sereno.

temporaneaménte *avv.* provvisoriamente, fugacemente, pro tempore (*lat.*), ad interim (*lat.*), momentaneamente, frattanto, per il momento, precariamente, transitoriamente **CONTR.** definitivamente, perennemente, durevolmente, permanentemente, persistentemente, stabilmente.

temporaneità *s. f.* precarietà, provvisorietà, transitorietà, caducità, fugacità **CONTR.** durevolezza, permanenza, continuità, perennità, eternità, perpetuità, saldezza.

temporàneo *agg.* provvisorio, momentaneo □ precario, avventizio, passeggero, interino, interinale, transeunte, transitorio, caduco, effimero, fugace **CONTR.** durevole, permanente, cronico, continuo, perpetuo, perenne, definitivo, stabile, duraturo, inestinguibile. *V. anche* FUGACE

temporeggiaménto *s. m.* indugio, tergiversazione (*raro*), traccheggio □ (*ant.*) dilazione, proroga, rinvio, ritardo, aggiornamento **CONTR.** prontezza, immediatezza, alacrità, sollecitudine, sollecitazione, puntualità.

temporeggiàre ***A*** *v. intr.* indugiare, stare, tergiversare, traccheggiare, tardare, guadagnar tempo, menare il can per l'aia **CONTR.** fare subito, affrettarsi ***B*** *v. tr.* (*ant.*) differire, dilazionare, procrastinare, rimandare, rinviare, ritardare, aggiornare **CONTR.** anticipare, accelerare.

temporizzatóre *s. m.* timer (*ingl.*).

tèmpra *s. f.* **1** (*di metalli*) durezza, resistenza □ indurimento **2** (*fig.*) natura, qualità, stampo, indole, carattere, temperamento □ costituzione (fisica), salute, fibra, robustezza **3** (*di voce o strumento musicale*) timbro, metallo. *V. anche* INDOLE

tempràre ***A*** *v. tr.* **1** (*di metalli*) indurire □ dare la tempra **2** (*est., fig.*) fortificare, consolidare, irrobustire, rinvigorire, rafforzare, agguerrire, abituare CONTR. indebolire, fiaccare, infiacchire, prostrare, snervare, svigorire ***B*** **temprarsi** *v. rifl.* e *intr. pron.* fortificarsi, irrobustirsi, rafforzarsi, agguerrirsi, ferrarsi, rinvigorirsi, rinsaldarsi CONTR. indebolirsi, infiacchirsi, snervarsi, svigorirsi.

tempràto *part. pass. di* **temprare**; *anche agg.* (*fig.*) forgiato, fortificato, agguerrito, formato, assuefatto, rafforzato.

temùto *part. pass. di* **temere**; *anche agg.* ***1*** paventato CONTR. desiderato, sospirato □ impensabile ***2*** rispettato, ossequiato, riverito CONTR. disprezzato.

tenàce *agg.* ***1*** forte, resistente, robusto, saldo ***2*** (*di terreno*) sodo, compatto, consistente ***3*** vischioso, viscoso, adesivo, attaccaticcio ***4*** (*fig.*) (*di persona*) fermo, forte, costante, ferreo, indomabile, insistente, irremovibile, irriducibile, accanito, perseverante, fisso, persistente □ ostinato, pertinace, puntiglioso, rigido, caparbio, cocciuto, duro, coriaceo, incapato (*tosc.*), intestato, incaponito, pervicace, protervo CONTR. incostante, volubile, leggero, instabile, mutabile, mutevole □ labile, mobile, elastico. *V. anche* CAPARBIO

tenàcia *s. f.* ***1*** (*di materia*) resistenza, forza □ viscosità, vischiosità ***2*** (*fig.*) (*di persona*) costanza, fermezza, saldezza, stabilità, rigorosità, rigore, insistenza, resistenza, accanimento, irriducibilità, perseveranza, pertinacia □ caparbietà, puntigliosità, cocciutaggine, ostinazione, ostinatezza, pervicacia, protervia CONTR. incostanza, volubilità, leggerezza, instabilità, mutabilità, mutevolezza. *V. anche* COSTANZA

tenàglia *s. f.* ***1*** (*spec. al pl.*) pinze, pinzette, molle ***2*** (*spec. al pl., pop.*) (*di crostacei o scorpioni*) chele.

tènda *s. f.* ***1*** drappo, cortina, cortinaggio, sipario, tendale, tendina, tela, telone, velo, velario, rideau (*fr.*) ***2*** padiglione, attendamento, baracca □ baldacchino, tabernacolo FRAS. *piantare le tende* (*fig.*), accamparsi □ *levare le tende* (*fig.*), andarsene.

tendàggio *s. m.* tende, cortinaggio, sipario, velario.

tendènza *s. f.* ***1*** propensione, abito, animo, disposizione, predisposizione, attitudine, inclinazione, impulso, ispirazione, istinto, proclività (*lett.*), simpatia, slancio, estro, umore, genio, natura, indole, vocazione CONTR. avversione, incompatibilità, contrarietà, antipatia, odio, ostilità, ripugnanza, idiosincrasia ***2*** (*di movimenti culturali o politici*) corrente, orientamento, indirizzo, movimento, scuola □ (*gener.*) (*di avvenimenti*) andamento, direzione, piega □ (*spreg.*) andazzo, stile. *V. anche* INDOLE, MODA

tendenziosità *s. f.* parzialità, favoritismo, partigianeria, settarismo, mistificazione, manipolazione CONTR. equità, imparzialità, giustizia, neutralità, serenità, spassionatezza.

tendenzióso *agg.* parziale, partigiano, interessato, ingiusto, iniquo, settario, capzioso, strumentale CONTR. imparziale, equo, disinteressato, giusto, neutrale, sereno, spassionato.

tèndere ***A*** *v. tr.* ***1*** (*di corda, di filo, ecc.*) tirare, distendere, spiegare, dispiegare, stendere, tesare, sciorinare □ preparare CONTR. allentare, ammollare, abbandonare, avvolgere, aggomitolare, ravvolgere ***2*** (*di mano, di collo, ecc.*) porgere, allungare, stendere, protendere, aguzzare, sporgere CONTR. ritirare, ritrarre ***3*** (*fig.*) preparare, organizzare CONTR. sventare ***B*** *v. intr.* ***1*** (*di persona*) aspirare, anelare, ambire, desiderare, inclinare, mirare, propendere, pendere, preferire □ appuntarsi, puntare, dirigersi ***2*** contrarsi, irrigidirsi, agitarsi CONTR. rilassarsi, allentarsi, scaricarsi ***3*** (*di colore, di tempo*) avvicinarsi, volgere CONTR. allontanarsi ***C*** **tendersi** *v. rifl.* allungarsi, sporgersi CONTR. ritirarsi, ritrarsi.

tendìna *s. f.* ***1*** *dim. di* **tenda** ***2*** cortina, tenda.

tendóne *s. m.* ***1*** grossa tenda ***2*** (*di teatro*) sipario, telone, velario, tela ***3*** baraccone.

tendòpoli *s. f.* campeggio, camping (*ingl.*), bivacco □ baraccopoli, baraccamento.

tènebra o (*raro*) **tenèbra** *s. f.* ***1*** (*spec. al pl.*) oscurità, scuro, buio pesto, tenebrore (*lett.*), tenebrìa (*lett.*) □ notte □ ombra, caligine CONTR. luce, fuoco, luminosità, splendore, chiarore, fulgore □ semioscurità ***2*** (*fig.*) ignoranza CONTR. sapienza.

tenebróso *agg.* ***1*** oscuro, buio, scuro, nero, cieco □ cupo, caliginoso, nebbioso CONTR. luminoso, chiaro, sereno, fulgido, risplendente, splendido ***2*** (*fig.*) misterioso, occulto, nascosto, enigmatico, incomprensibile, segreto CONTR. aperto, chiaro, manifesto, palese. *V. anche* ENIGMATICO, NERO

teneraménte *avv.* (*fig.*) dolcemente, affettuosamente, amorevolmente, blandamente, caramente, idillicamente, poeticamente, compassionevolmente CONTR. aspramente, duramente, rigidamente, ruvidamente, disdegnosamente.

tenére ***A*** *v. tr.* ***1*** avere in mano, reggere, stringere, trattenere, portare, non lasciarsi sfuggire CONTR. abbandonare, lasciare, lasciar andare, lasciar cadere, mollare ***2*** mantenere, conservare, custodire, possedere, detenere, riservare, serbare, lasciare □ osservare CONTR. ridare, riconsegnare □ buttar via, gettare, sprecare □ trasgredire ***3*** (*di riso, di pianto, ecc.*) trattenere, frenare, dominare, controllare CONTR. sfogare, sfrenare, sprigionare ***4*** (*di posto, di luogo*) occupare, ingombrare □ presidiare, difendere, proteggere ***5*** (*di recipiente*) contenere ***6*** (*di direzione*) seguire, mantenere ***7*** ritenere, considerare, stimare, credere, giudicare, reputare □ trattare ***8*** fare, organizzare, eseguire □ (*con il 'si' passivante*) aver luogo, svolgersi ***B*** *v. intr.* ***1*** resistere, reggere, sopportare, sostenere □ tener duro, tener testa, stare saldo CONTR. cedere, piegarsi, ritirarsi, arrendersi ***2*** (*fig.*) contare, valere, essere valido CONTR. decadere, scadere ***3*** (*di chiusura*) reggere, stare ben chiuso, non aprirsi ***4*** (*di recipiente*) non lasciare uscire il liquido, non perdere CONTR. perdere ***5*** (*di colla, di calce, ecc.*) far presa CONTR. staccarsi, scollarsi ***6*** (*di pianta*) attecchire CONTR. seccarsi, morire ***7*** (*per qualcuno*) parteggiare, appoggiare, favorire, sostenere, spalleggiare □ fare il tifo CONTR. biasimare, disapprovare, fischiare, schernire □ dare addosso ***8*** dare importanza, avere a cuore CONTR. trascurare ***C*** **tenersi** *v. rifl.* ***1*** aggrapparsi, attaccarsi, afferrarsi □ reggersi, stare CONTR. staccarsi, distaccarsi, allontanarsi ***2*** (*di direzione*) seguire, andare verso, mantenersi **3** attenersi, osservare, ubbidire **CONTR.** disattendere, sconfinare, trasgredire **4** (*dal ridere, dal piangere, ecc.*) trattenersi, contenersi, frenarsi **CONTR.** sfrenarsi, sfogarsi **5** ritenersi, stimarsi, giudicarsi, credersi, considerarsi **FRAS.** *tenere da conto*, custodire con cura □ *tenere d'occhio*, vigilare □ *tenere la strada*, non sbandare □ *tenere duro*, resistere □ *tenersi sulle sue* (*fig.*), trattare con distacco. *V. anche* OBBEDIRE

tenerézza *s. f.* **1** (*di cosa*) mollezza, morbidezza, cedevolezza, delicatezza **CONTR.** durezza, consistenza, rigidità, saldezza, solidità, sodezza **2** (*fig.*) (*di persona, di sentimento*) delicatezza, amorevolezza, dolcezza, affetto, affezione, affettuosità, emozione, commozione, amore, idillio, sentimento, languore, intenerimento, sensibilità, simpatia □ pietà, compassione **CONTR.** asprezza, durezza, crudezza, rigidità, rigore, ruvidezza, intrattabilità, disdegno **3** (*al pl.*) affettuosità, premure, carezze, espansività, effusioni □ atti dolci, parole dolci **CONTR.** crudeltà. *V. anche* AMORE

tènero ***A*** *agg.* **1** (*di cosa*) molle, morbido, cedevole, delicato, soffice, burroso, boffice, pastoso **CONTR.** duro, consistente, rigido, saldo, solido, sodo, coriaceo, legnoso, stopposo, raffermo **2** (*di pianta, di bimbo*) nato da poco □ spuntato recentemente, novello, erbaceo **CONTR.** adulto, cresciuto **3** (*fig.*) (*di persona, di sentimento*) dolce, poetico, fraterno, affettuoso, affezionato, arrendevole, blando, carezzevole, espansivo, amorevole, sentimentale, amoroso, intenerito, compassionevole, pietoso, premuroso, sensibile **CONTR.** aspro, duro, crudele, inflessibile, rigido, rigoroso, ruvido, intrattabile, sdegnoso, arcigno, sgarbato ***B*** *s. m.* **1** parte tenera **CONTR.** duro **2** (*di persona*) simpatia, affetto, debole, affezione, amicizia, amore, predilezione, propensione □ benevolenza, indulgenza **CONTR.** asprezza, durezza, rigidità, rigore, ruvidezza, intrattabilità, disdegno.

tenerùme *s. m.* **1** tenero, parte tenera **CONTR.** duro, durezza **2** (*di carne*) cartilagine **3** (*fig.*) (*di persona*) smancerie, leziosaggine, leziosità, moine, svenevolezze.

tènnis [vc. ingl., dal fr. *tenez!* 'tenete!', voce usata spesso lanciando la palla] *s. m. inv.* **FRAS.** *tennis da tavolo*, ping-pong.

tenóre *s. m.* **1** (*di persona*) comportamento, condotta, andamento, atteggiamento, contegno, modo, metodo **2** (*di una lettera, di un discorso, ecc.*) forma, tono, contenuto, concetto, soggetto, sostanza **3** (*di una soluzione*) proporzione, percentuale, livello, standard.

tensióne *s. f.* **1** (*di cosa*) stendimento (*raro*), trazione, espansione **CONTR.** allentamento, allargamento, distensione **2** (*fig.*) (*di persona*) ansia, apprensione, stress (*ingl.*), nervoso, nevrastenia, nervosismo, affanno, ansietà, angustia, eccitazione, eccitamento, allarme, convulsione, elettricità, dramma, orgasmo □ angoscia, turbamento **CONTR.** distensione, rilassamento, quiete, relax (*ingl.*), riposo, pacatezza **3** (*fig.*) contrasto, attrito, inimicizia, ostilità □ atmosfera ostile, bufera (*fig.*), gelo (*fig.*) **CONTR.** distensione, disgelo (*fig.*) □ miglioramento di rapporti **4** (*med.*) pressione. *V. anche* ANGOSCIA

tentacolàre *agg.* **1** (*di animale*) con tentacoli □ (*est.*) ramificato **2** simile a tentacolo **3** (*fig.*) (*di città, di vita, ecc.*) avvincente, seducente, attraente, ammaliatore (generalmente in senso negativo) **CONTR.** monotono, grigio, tranquillo.

tentàcolo *s. m.* **1** (*di animale*) appendice mobile, branca **2** (*fig.*) attrattiva, allettamento, seduzione.

tentàre *v. tr.* **1** (*lett.*) (*di persona o cosa*) toccare lievemente, toccare, tastare, palpare, titillare **2** (*di cosa*) sperimentare, esperimentare, esperire, assaggiare, provare, provarsi, avventurarsi, buttarsi, cercare, sforzarsi, arrischiare, azzardare, vedere **CONTR.** abbandonare, rinunciare, ricusare, rifiutare **3** (*di persona*) istigare, incitare, eccitare, invogliare, insidiare, aizzare □ allettare, attirare, attrarre, indurre in tentazione **CONTR.** dissuadere, distogliere, smuovere □ ripugnare, nauseare, disgustare, stomacare □ ispirare avversione. *V. anche* GUARDARE, ISTIGARE

tentatìvo *s. m.* prova, abbozzo, esperimento, sforzo, passo, conato, cimento, sondaggio, ballon d'essai (*fr.*), scandaglio.

tentàto *part. pass. di* **tentare**; *anche agg.* **1** (*di cosa*) provato, sperimentato, esperimentato **CONTR.** intentato **2** (*di persona*) istigato, incitato, eccitato, indotto, invogliato, aizzato □ allettato, attirato, attratto **CONTR.** dissuaso, distolto, smosso □ stomacato, nauseato, disgustato.

tentatóre *s. m.; anche agg.* (*f. -trice*) allettatore, istigatore, seduttore, ammaliatore, provocante, corruttore □ demonio, satana **CONTR.** salvatore, angelo.

tentazióne *s. f.* **1** istigazione, allettamento, lusinga, titillamento, corruzione, seduzione **2** voglia, desiderio, brama, capriccio, curiosità **CONTR.** avversione, disgusto, opposizione, resistenza.

tentennaménto *s. m.* **1** (*di cosa*) oscillazione, ondeggiamento, pencolamento, traballamento, vacillamento **CONTR.** saldezza, stabilità **2** (*fig.*) (*di persona*) esitazione, indecisione, titubanza, tentennio, tergiversazione, dubbio, indugio, irresolutezza, perplessità **CONTR.** decisione, energia, determinatezza, determinazione, fermezza, sicurezza.

tentennànte *part. pres. di* **tentennare**; *anche agg.* **1** (*di cosa*) oscillante, vacillante, traballante, pencolante, malfermo, smosso **CONTR.** fermo, saldo, stabile **2** (*fig.*) (*di persona*) esitante, indeciso, titubante, dubbioso, irresoluto, diviso, incerto, perplesso **CONTR.** deciso, determinato, energico, fermo, granitico, reciso, sbrigativo, spigliato, risoluto, sicuro. *V. anche* INCERTO

tentennàre ***A*** *v. intr.* **1** oscillare, vacillare, traballare, pencolare, dondolare, ciondolare, ondeggiare, brandeggiare, barellare (*lett.*), trimpellare (*tosc.*), ciurlare (*ant.*), tremare **CONTR.** star fermo, star saldo **2** (*fig.*) esitare, dubitare, titubare, indugiare, nicchiare, tergiversare, pendere **CONTR.** decidersi, decidere, risolversi □ agire prontamente ***B*** *v. tr.* scuotere, scrollare, dondolare, dimenare □ muovere in qua e in là, fare oscillare **CONTR.** arrestare, fermare, frenare. *V. anche* SCUOTERE

tènue *agg.* **1** (*lett.*) sottile, esile, leggero, piccolo, lieve, lene (*lett.*), fino, fine, filiforme, esiguo, fragile, impalpabile, vaporoso **CONTR.** grosso, massiccio, spesso, voluminoso, corposo, grande **2** (*di colore*) delicato, pallido, chiaro, cinereo, velato, discreto, evanescente **CONTR.** acceso, carico, vivo, denso, intenso, violento, vivace **3** (*di luce, di suono*) fioco, debole, flebile, fievole **CONTR.** forte **4** (*fig.*) scarso, poco, modico, di poco rilievo **CONTR.** importante, notevole, prepotente, profondo, reboante, scrosciante.

tenuità *s. f.* sottigliezza, esilità □ leggerezza, levità, lievità, finezza, esiguità, piccolezza, inconsistenza, fragilità, scarsezza, vaporosità **CONTR.** grossezza, grandezza, voluminosità, turgescenza, turgidità, turgore, gonfiore □ abbondanza, intensità, densità, profondità, serietà.

tenùta *s. f.* **1** (*di un recipiente*) resistenza, solidità, saldezza □ capienza, capacità **2** (*di atleti*) resistenza **CONTR.** crisi **3** (*di terreno*) possedimento, fondi, terra, terre, terreni, campagna, fattoria, grande podere, masseria, predio, feudo, possessione, estesa proprietà fondiaria, estancia (*sp.*), fazenda (*port.*), hacienda (*sp.*) **4** abito, veste, abbigliamento, assetto □ uniforme, divisa. *V. anche* POSSEDIMENTO

tenùto *part. pass. di* **tenere**; *anche agg.* **1** (*di terreno*) coltivato, lavorato **2** (*di nota*) sostenuto □ prolungato **3** (*di persona*) obbligato, impegnato, costretto, vincolato **CONTR.** disimpegnato, disobbligato, esente **4** portato, retto, posseduto, conservato.

teorìa *s. f.* **1** principi generali □ dottrina, sistema □ ideologia **2** principio, norma, programma **CONTR.** prassi, pratica □ empirismo, induzione, prammatismo **3** opinione, congettura, credenza, idea, pensiero **4** (*lett.*) processione, corteo, fila, riga, sfilata, infilata, filza, sfilza, seguito, insieme.

teoricaménte *avv.* con deduzioni teoriche, speculativamente, in teoria, in modo teorico, idealmente, virtualmente **CONTR.** praticamente, de facto (*lat.*), empiricamente, concretamente, in pratica.

teòrico **A** *agg.* teoretico, speculativo, astratto, virtuale, dottrinale, ideale, puro, nominale, concettuale **CONTR.** pratico, empirico, applicato, concreto, sperimentale **B** *s. m.* **1** pensatore, studioso, ideologo **CONTR.** pratico, praticone **2** sostenitore, fautore **CONTR.** nemico, avversario.

tepóre *s. m.* calduccio, caldino, calorino, tiepidezza □ temperatura mite □ (*fig.*) dolcezza **CFR.** fresco, freddo, gelo, rigore □ afa, ardore, caldura, calura.

téppa [vc. lombarda, col sign. di 'zolla d'erba', assunto poi da una società di rissosi compagnoni, chiamati scherzosamente *Compagnia della Teppa*] *s. f.* **1** (*bot.*) borraccina **2** (*sett.*) feccia, gentaglia, teppaglia, plebaglia.

teppìsmo *s. m.* vandalismo, violenza □ delinquenza, malavita, mala (*gerg.*).

teppìsta *s. m. e f.* vandalo, violento □ teddy boy (*ingl.*), hooligan (*ingl.*) □ delinquente, malvivente, malavitoso (*gerg.*), bullo, canaglia, giovinastro, uligano, guappo, ribaldo.

terapèutico *agg.* curativo □ medicinale, medico.

terapìa *s. f.* terapeutica □ medicina curativa □ cura, trattamento, medicamento, indicazione **FRAS.** *terapia fisica*, fisioterapia.

tèrgere *v. tr.* (*lett.*) forbire, nettare, detergere, astergere, lavare, lucidare, pulire, ripulire, mondare, smacchiare, sbrattare □ rasciugare, asciugare **CONTR.** insudiciare, imbrattare, insozzare, macchiare, sporcare □ bagnare, inumidire. *V. anche* PULIRE

tergicristàllo *s. m.* (*di auto*) tergivetro.

tergiversàre *v. intr.* indugiare, esitare, titubare, barcamenarsi, cavillare, eludere, nicchiare, rinviare, procrastinare (*raro*), traccheggiare (*raro*), temporeggiare, tentennare, trimpellare (*tosc.*), fluttuare, altalenare, destreggiarsi, ciurlare nel manico, menare il can per l'aia □ addurre pretesti **CONTR.** decidersi, decidere, risolvere, risolversi □ agire prontamente.

tèrgo *s. m.* **1** (*lett.*) dorso, dosso, schiena **CONTR.** petto, seno, fronte **2** retro, rovescio □ parte posteriore **CONTR.** davanti □ parte anteriore.

termàle *agg.* delle terme, balneare □ minerale □ curativo, terapeutico.

tèrme *s. f. pl.* bagno pubblico, acque □ stabilimento termale, kursaal.

terminal /*ingl.* 'tə:minl/ [vc. ingl., acrt. di *air terminal* 'aerostazione', da *air* 'aria' e *terminal* 'capolinea'] *s. m. inv.* **1** (*di stazione, di aeroporto, ecc.*) terminale, capolinea, casello **2** (*di apparecchio*) punto estremo, terminale.

terminàle **A** *agg.* **1** di confine **2** finale, estremo, ultimo, all'ultimo stadio □ inguaribile, irrecuperabile **CONTR.** iniziale, embrionale, intermedio **B** *s. m.* **1** estremità, punto estremo, terminal (*ingl.*), casello, capolinea □ morsetto **2** (*elab.*) unità periferica.

terminàre **A** *v. tr.* **1** (*di opera*) ultimare, compiere, finire, chiudere, definire, espletare, concludere, coronare, completare, esaurire, rifinire, integrare, definire □ cessare, smettere **CONTR.** cominciare, abbozzare, attaccare, iniziare, principiare, imbastire, impiantare, impostare, avviare, intraprendere, sbozzare □ debuttare, esordire □ continuare, proseguire **2** (*raro*) (*di spazio*) limitare, delimitare □ porre termini, porre i confini **B** *v. intr.* **1** (*di cosa*) finire, concludersi, culminare, cessare □ avere fine, tramontare, arrivare al termine □ (*di strada, ecc.*) condurre, imboccare, sboccare, sfociare **CONTR.** nascere, aprirsi, farsi, muovere, originare, procedere, scaturire □ avere inizio, iniziarsi **2** (*di parola*) uscire, finire **CONTR.** cominciare, iniziare.

terminàto *part. pass. di* **terminare**; *anche agg.* ultimato, finito, concluso, completato, risolto □ cessato, tramontato **CONTR.** iniziato, cominciato, avviato, abbozzato, impostato, istituito, intrapreso □ sospeso.

tèrmine *s. m.* **1** (*di luogo*) confine, limite, demarcazione □ cippo, pietra miliare **2** (*di tempo*) limite, scadenza, finis (*lat.*) **3** (*di cosa*) fine, estremità, terminazione, estremo □ conclusione, compimento, chiusura, espletamento, coronamento, epilogo, tramonto, occaso (*lett.*) □ omega **CONTR.** inizio, alba, aurora, principio □ avvio, avviamento □ debutto, esordio **4** (*fig.*) punto, grado **5** (*fig.*) meta, scopo, traguardo □ punto di arrivo **CONTR.** genesi, radice, scaturigine, origine **6** stato, condizione □ modo di essere **7** parola, vocabolo, espressione, locuzione, nome, voce ***8*** (*mat.*) fattore **FRAS.** *a rigor di termini*, secondo il significato delle parole □ *in altri termini*, per parlare più chiaro □ *mezzo termine* (*fig.*), espediente, ripiego □ *senza mezzi termini* (*fig.*), senza sotterfugi, apertamente.

terminologia *s. f.* frasario, fraseologia, nomenclatura, termini.

termoconvettóre *s. m.* termosifone, calorifero.

termòmetro *s. m.* ***1*** misuratore di temperatura □ pirometro ***2*** (*fig.*) (*di situazione*) indizio, sintomo, segno, indicatore, spia.

termoregolatóre *s. m.* termostato.

termosifóne *s. m.* calorifero, radiatore.

termòstato *s. m.* termoregolatore.

tèrna *s. f.* (*di persone e di cose*) gruppo di tre elementi □ terzetto, trio.

tèrno *s. m.* (*al lotto*) giocata di tre numeri **FRAS.** *un terno al lotto* (*fig.*), fortuna insperata.

tèrra ***A*** *s. f.* ***1*** mondo, orbe, globo terrestre, globo terracqueo, superficie emersa, terraferma □ mare, cielo ***2*** vita terrena **CFR.** mondo soprannaturale, aldilà ***3*** territorio, regione, paese, zona, landa □ stato, patria ***4*** suolo □ pavimento □ superficie **CFR.** etere, etra (*poet.*) ***5*** terreno, terriccio, polvere □ humus □ sostanza polverulenta ***6*** campagna □ tenuta, fondo, predio, possesso, possedimento ***7*** (*raro*) borgo, borgata □ città ***B*** *in funzione di agg. inv.* ***1*** terreno ***2*** (*di colore*) marrone chiaro **FRAS.** *cercare per terra e per mare* (*fig.*), cercare dappertutto □ *prendere terra*, atterrare □ *scendere a terra*, sbarcare □ *Terra Santa*, la Palestina □ *fare terra bruciata* (*fig.*), distruggere tutto, fare il deserto □ *essere a terra* (*fig.*), essere molto avvilito; essere esausto, essere a pezzi, essere malridotto □ *stare con i piedi in terra* (*fig.*), essere realista □ *a fior di terra*, raso terra, al livello del suolo □ *terra terra*, vicino al suolo; (*fig.*) mediocre □ *terra nera*, cernozëm (*russo*). *V. anche* PARTE, POSSEDIMENTO

terracòtta *s. f.* ceramica, porcellana, cotto, coccio, creta, terraglia, maiolica.

terrafèrma *s. f.* ***1*** continente **CONTR.** isole ***2*** terra, asciutto **CONTR.** mare.

terràglia *s. f.* ***1*** ceramica, maiolica, porcellana, cotto, terracotta, coccio, gres ***2*** (*al pl.*) vasellame, oggetti in terraglia, stoviglie.

terrapièno *s. m.* argine, scarpa, scarpata □ riparo di terra □ diga, molo, ciglione.

terràzza *s. f.* ***1*** balcone, balconata, altana, belvedere, ballatoio, loggia, terrazzo, veranda, roof-garden (*ingl.*), poggiolo, rotonda ***2*** cengia, cornice.

terrazzìno *s. m.* ***1*** *dim. di* **terrazzo** ***2*** balaustrata, ballatoio, poggiolo, verone (*lett.*).

terràzzo *s. m.* terrazza, balcone, loggetta, poggiolo, verone (*lett.*) □ (*di terreno*) ripiano, scaglione, gradone, lenza.

terremotàto *agg.* e *s. m.* danneggiato dal terremoto, colpito da terremoto, sinistrato, disastrato.

terremòto *s. m.* ***1*** sisma, sismo, movimento tellurico, scossa □ maremoto ***2*** (*fig.*) (*di persona*) indemoniato, scatenato, demonio, diavolo, giamburrasca ***3*** (*fig.*) (*di situazione*) sconvolgimento □ rivoluzione, perturbamento, subbuglio, sconquasso, pandemonio, quarantotto.

terréno (1) ***A*** *agg.* ***1*** terrestre □ mondano, profano, secolare **CONTR.** celeste, ultraterreno, divino, oltremondano, soprannaturale, superno (*lett.*), siderale, etereo, contemplativo, olimpico ***2*** (*di piano*) a livello del suolo, a livello della strada ***B*** *s. m.* livello stradale, livello del suolo.

terréno (2) *s. m.* ***1*** terra, suolo, spazio, posto □ campagna, campo, appezzamento, tenuta, proprietà, possedimento, fondo □ terra coltivata, superficie ***2*** area fabbricabile ***3*** campo di battaglia □ campo di gioco ***4*** (*fig.*) (*di discussione, di ricerca, ecc.*) soggetto, argomento, materia □ ambito, livello.

tèrreo *agg.* (*di carnagione*) giallognolo, pallido, cereo, cinereo, livido, giallastro, verde, verdognolo, olivastro, terrigno **CONTR.** rubicondo, colorito, rubizzo.

terrèstre ***A*** *agg.* ***1*** della terra, terreno, tellurico, terragno, terricolo **CFR.** marino, acquatico, celeste, astrale, aereo ***2*** (*di bene, di gloria, ecc.*) di questa terra, mondano, profano, caduco **CONTR.** celeste, ultraterreno, divino, etereo, spirituale, superno ***B*** *s. m.* e *f.* abitante della terra **CFR.** marziano, extraterrestre, alieno.

terrìbile *agg.* ***1*** (*di cosa, di persona*) spaventevole, spaventoso, orribile, orrendo, orrido, mostruoso, apocalittico, drammatico, atroce, tremendo, pauroso, truculento, terrificante **CONTR.** allettante, amabile, attraente, piacevole, simpatico ***2*** (*di persona*) crudele, spietato, fiero, grifagno, indiavolato, feroce, truce, boia, disumano, implacabile, inesorabile **CONTR.** buono, benigno, bonario, mite, pacioccone (*fam.*) ***3*** (*di dolore, di freddo, ecc.*) eccessivo, enorme, esagerato, immane, infernale, micidiale, formidabile, smisurato, smodato, soverchio □ notevole, rilevante, cospicuo **CONTR.** moderato, misurato □ debole, piccolo. *V. anche* CRUDELE

terribilménte *avv.* ***1*** spaventosamente, orribilmente, atrocemente, tremendamente, mostruosamente, orrendamente, trucemente, paurosamente **CONTR.** amabilmente, piacevolmente ***2*** (*di misura*) molto, assai, straordinariamente, enormemente, eccessivamente, maledettamente **CONTR.** minimamente.

terrìccio *s. m.* humus (*lat.*) □ terra vegetale.

terrièro ***A*** *agg.* di terra, agrario ***B*** *s. m.* proprietario di terre, agrario.

terrificànte *agg.* terribile, spaventevole, formidabile (*lett.*), spaventoso, agghiacciante, orribile, orrendo, orrido, truculento, mostruoso, pauroso, raccapricciante, terrorizzante **CONTR.** allettante, amabile, attraente, piacevole.

terrìna *s. f.* zuppiera □ insalatiera, tegame, teglia, scodella.

territoriàle *agg.* comprensoriale **CONTR.** extraterritoriale.

territòrio *s. m.* regione, paese, terra, mondo, luogo, parte, plaga, piaggia, lido, contrada □ provincia, giurisdizione, circondario, circoscrizione, zona, comprensorio, agro □ ambiente, natura. *V. anche* PARTE

terróne *s. m.* (*dial., spreg.*) meridionale.

terróre *s. m.* spavento, sgomento, sbigottimento, raccapriccio, panico, psicosi, orrore, paura, fifa (*pop.*) □ forte timore. *V. anche* PAURA

terrorismo *s. m.* terrore, paura □ eversione, sovversione, banditismo, brigantaggio □ intimidazione.

terrorista *s. m.* e *f.* dinamitardo, eversore, attentatore, bandito, brigante, assassino, bombarolo □ brigatista.

terrorizzànte *part. pres. di* **terrorizzare**; *anche agg.* spaventoso, orribile, terrificante, spaventevole, orrendo, orrido, raccapricciante, orripilante, tremendo, mostruoso **CONTR.** rassicurante, tranquillizzante □ attraente, allettante, piacevole.

terrorizzàre *v. tr.* atterrire, spaventare, sgomentare, terrificare, impaurire, sbigottire **CONTR.** rassicurare, tranquillizzare.

tèrso *part. pass. di* **tergere**; *anche agg.* **1** (*di cosa*) nitido, pulito, forbito, lindo, cristallino, lucente, mondo, netto, puro, trasparente **CONTR.** appannato, annebbiato, fosco, offuscato, torbido, sudicio, sporco, limaccioso, macchiato, insozzato, immondo, lurido **2** (*di cielo*) azzurro, limpido, sereno **CONTR.** nebbioso, nuvoloso, nuvolo (*region.*), nebuloso, brumale (*lett.*), brumoso (*lett.*), caliginoso, coperto **3** (*di scritto*) chiaro, elegante, forbito, raffinato, ornato **CONTR.** sciatto, trasandato, trascurato, negligente, fumoso. *V. anche* TRASPARENTE

terzétto *s. m.* (*mus., anche fig.*) trio, terna.

terziàrio ***A*** *s. m.* **1** (*geol.*) era cenozoica **CFR.** primario, secondario, quaternario **2** (*econ.*) settore dei servizi **3** francescano ***B*** *agg.* **1** cenozoico **2** dei servizi **CFR.** primario, secondario.

terzìglio *s. m.* (*di gioco di carte*) calabresella.

terzino *s. m.* (*nel calcio*) difensore, difesa, stopper.

tèrzo *s. m.* **1** terza parte **2** (*dir.*) estraneo, altra persona **FRAS.** *il terzo Stato*, la borghesia □ *terza pagina* (*nei giornali*), pagina culturale □ *terza rima*, terzina □ *di terz'ordine* (*fig.*), di qualità scadente □ *per conto di terzi*, per conto di altre persone □ *terzo incomodo*, importuno □ *terza età*, vecchiaia □ *terzo sesso*, omosessuali.

tésa *s. f.* **1** (*di cappello*) ala, falda, visiera **2** (*di caccia*) paretaio, roccolo, uccellanda, appostamento.

tesàre *v. tr.* (*di corda*) tendere, stendere **CONTR.** allentare.

tesaurizzàre *v. tr.* e *intr.* tesoreggiare, accumulare ricchezze □ ammucchiare, conservare, serbare □ (*fig.*) far tesoro **CONTR.** dilapidare, dissipare, spendere, sperperare, sprecare, scialacquare.

tèschio *s. m.* cranio.

tèsi *s. f.* **1** argomento, soggetto, assunto, enunciato, proposizione, asserzione, problema, tema, tematica □ trattazione, trattato, dissertazione **2** idea, opinione, convinzione, pensiero **3** (*mus.*) **CONTR.** arsi.

téso *part. pass. di* **tendere**; *anche agg.* **1** tirato, disteso, steso, allungato, allargato, aperto, spiegato **CONTR.** contratto, piegato, riccio, crespo, retratto, allentato, sgonfiato **2** (*fig.*) intento, rivolto, volto, diretto **3** (*fig.*) (*di persona, di situazione, ecc.*) agitato, ansioso, inquieto, nervoso, smanioso □ critico, difficile, caldo, esplosivo **CONTR.** calmo, tranquillo, pacifico, quieto, sereno, disteso, rilassato.

tesorerìa *s. f.* erario, cassa.

tesorière *s. m.* cassiere.

tesòro *s. m.* **1** cosa preziosa □ preziosi, gioielli □ monete □ caveau (*fr.*) **2** (*est.*) molto denaro, ricchezze **3** (*fig.*) ricchezza naturale, bene, capolavoro artistico **4** (*fig.*) (*di persona*) amore, delizia, persona amatissima, cocco, bijou (*fr.*), perla **5** erario, fisco □ ministero del Tesoro **FRAS.** *far tesoro*, tesaurizzare, tenere in gran conto, giovarsi.

tèssera *s. f.* **1** (*di riconoscimento*) cartoncino, libretto, carta, documento, biglietto, abbonamento, ticket (*ingl.*), tagliando **2** (*nel domino*) pezzo **3** (*di mosaico*) tassello, pietruzza □ (*fig.*) elemento.

tesseraménto *s. m.* **1** (*di associazione*) iscrizione **2** (*di viveri, ecc.*) razionamento.

tesseràre ***A*** *v. tr.* **1** (*ad associazione*) iscrivere, provvedere di tessera **2** (*di viveri, di vestiario, ecc.*) razionare ***B*** **tesserarsi** *v. intr. pron.* (*ad associazione*) iscriversi, munirsi di tessera.

tesseràto *part. pass. di* **tesserare**; *anche agg.* e *s. m.* **1** (*di associazione*) iscritto, munito di tessera, associato **2** (*di viveri, di vestiario, ecc.*) razionato.

tèssere *v. tr.* **1** lavorare al telaio **2** intessere, contessere (*lett.*), intrecciare **CONTR.** stessere (*lett.*), disfare, sciogliere, scomporre **3** (*fig.*) comporre con arte, compilare con cura **4** (*di trame, di imbrogli, ecc.*) macchinare, ordire, tramare **FRAS.** *tessere le lodi* (*fig.*), lodare.

tessitóre *s. m.* (*f. -trice*) **1** operaio tessile □ filatore, cotoniere, lanaiolo **2** (*fig.*) (*di trame, di imbrogli, ecc.*) orditore, macchinatore.

tessitùra *s. f.* **1** il tessere, testura **2** (*fig.*) (*di opera letteraria*) composizione, intreccio, trama, contesto.

tessùto ***A*** *part. pass. di* **tessere**; *anche agg.* intessuto, intrecciato ***B*** *s. m.* **1** stoffa, drappo, panno, tela, pezzo **CFR.** bouclé (*fr.*), canneté (*fr.*), écru (*fr.*), lamé (*fr.*), tricot (*fr.*), stretch (*ingl.*) **2** (*fig.*) insieme, complesso, contesto, intreccio, trama.

test /*ingl.* test/ [vc. ingl., dall'ant. fr. *test*, originariamente 'vaso per saggiare i metalli'] *s. m. inv.* quesito, reattivo mentale □ prova, saggio, verifica, controllo □ esperimento, esperienza □ interrogatorio, intervista, questionario, esercizio, inchiesta. *V. anche* ESAME

tèsta *s. f.* **1** (*di persona, di animale*) capo, fronte □ cranio □ (*scherz.*) capoccia, coccia, cocuzza, pera, zucca □ persona **2** (*di cosa*) cima, vetta, inizio, parte superiore, davanti, parte anteriore, estremità, testata, testiera **CONTR.** parte terminale, fine, coda, parte bassa, piede **3** (*di azienda, di associazione, ecc.*) comandante, comando, capoccia, capofila, dirigente, leader (*ingl.*) **CONTR.** dipendente, subordinato **4** mente □ cervello, intelligenza, intelletto, ingegno, genio, comprendonio, senno □ memoria **5** vita, esistenza **FRAS.** *chinare la testa* (*fig.*), rassegnarsi, sottomettersi □ *lavata di testa* (*fig.*), severo rimprovero □ *dare alla testa*, inebriare; (*fig.*) esaltare □ *mettersi in testa*, convincersi, decidere fermamente □ *avere la testa tra le nuvole* (*fig.*), essere distratto □ *mettere la testa a posto* (o *a partito*) (*fig.*), mettere giudizio □

testa d'uovo (*iron.*), intellettuale, scienziato □ *a testa*, a persona.
testardàggine *s. f.* caparbietà, cocciutaggine, caponaggine, ostinatezza, ostinazione, pervicacia, inflessibilità, zucconaggine **CONTR.** arrendevolezza, condiscendenza, docilità, malleabilità, acquiescenza.
testàrdo *agg.*; *anche s. m.* caparbio, cocciuto, ostinato, pervicace, testone, incaponito, tignoso (*centr.*), macigno, duro, inflessibile, zuccone, mulo **CONTR.** arrendevole, condiscendente, docile, malleabile. *V. anche* CAPARBIO
testàre *v. tr.* mettere alla prova, esaminare, verificare, controllare □ saggiare, sperimentare.
testàta *s. f.* ***1*** colpo con la testa, capata, capocciata (*region.*), zuccata (*scherz.*) ***2*** (*di ponte, di valle, ecc.*) estremità □ parte anteriore, inizio ***3*** (*di rivista, di giornale*) titolo, parte superiore, capopagina, intestazione, intitolazione □ (*est.*) giornale ***4*** (*di letto*) spalliera, testa, testiera, dorsale **CONTR.** piede.
tèste *s. m.* e *f.* (*dir.*) testimone, testimonio (*pop.*).
tèster *s. m. inv.* multimetro, analizzatore universale.
testìcolo *s. m.* (*anat.*) ghiandola genitale maschile, palla (*pop.*), coglione (*volg.*), didimo (*lett.*).
testièra *s. f.* (*di letto*) spalliera, testata, testa, dorsale.
testimòne ***A*** *s. m.* e *f.* ***1*** (*di persona*) teste, testimonio (*pop.*), padrino □ presente, spettatore ***2*** (*est., fig.*) (*di cosa*) attestazione, testimonianza, prova, indizio ***B*** *s. m.* ***1*** (*nella staffetta*) bastoncino ***2*** (*di roccia*) carota, campione, nucleo.
testimoniànza *s. f.* ***1*** attestazione, dichiarazione, deposizione, documento, documentazione, affermazione, assicurazione, ricordo **CONTR.** smentita, negazione, sconfessione, ritrattazione ***2*** garanzia, pegno, indizio, traccia, dimostrazione, prova ***3*** monumento, vestigia.
testimoniàre ***A*** *v. tr.* ***1*** (*in tribunale*) testificare (*raro*), affermare, asserire, dichiarare, assicurare, certificare, attestare **CONTR.** smentire, negare, ritrattare, sconfessare ***2*** (*fig.*) (*di cosa*) attestare, provare, fare fede ***B*** *v. intr.* ***1*** (*in tribunale*) deporre, fare testimonianza ***2*** (*est.*) riferire.
testìna *s. f.* ***1*** *dim. di* **testa** ***2*** (*di registratore, di giradischi, ecc.*) puntina, pick-up (*ingl.*), fonogeno, fonorivelatore.
tèsto *s. m.* ***1*** (*di scritto*) contenuto, contesto, copione, parole ***2*** originale, lezione □ scrittura originale ***3*** libro, libretto, volume, manuale, opera **FRAS.** *libro di testo*, libro scolastico.
testóne *s. m.* ***1*** *accr. di* **testa**; testa grossa ***2*** (*fig.*) testa dura, caparbio, cocciuto, ostinato, testardo, mulo, ciuco, capoccione, zuccone, rapa, asino □ ottuso **CONTR.** arrendevole, condiscendente, docile, malleabile □ sveglio, intelligente.
testuàle *agg.* ***1*** del testo ***2*** fedele al testo, letterale □ esatto, preciso, fedele **CONTR.** impreciso, inesatto, infedele.
tête-à-tête /*fr.* 'tɛt a 'tɛt/ [loc. fr., letteralmente 'testa a testa'] *s. m. inv.* colloquio a quattr'occhi, conversazione intima, incontro riservato.
tetracromìa *s. f.* quadricromia **CFR.** monocromia, bicromia, tricromia, policromia.
tetràggine *s. f.* cupezza, tristezza, pessimismo, ipocondria, malinconia **CONTR.** allegria, festosità, ottimismo, comicità.
tètro *agg.* ***1*** scuro, buio, oscuro, plumbeo, fosco □ lugubre, luttuoso, funebre, pauroso, orrido, macabro **CONTR.** chiaro, risplendente, limpido, luminoso, illuminato ***2*** (*fig.*) (*di persona*) cupo, imbronciato, taciturno, malinconico, accigliato, triste, mesto, ipocondriaco **CONTR.** allegro, felice, lieto, festoso, ridente, comico, faceto. *V. anche* NERO, TOMBA
tétta *s. f.* (*fam.*) poppa, mammella, seno □ petto.
tettarèlla *s. f.* succhiotto, ciuccio.
tétto *s. m.* ***1*** (*di edificio*) copertura, coperto □ riparo, asilo, ricovero, rifugio □ coperchio **CONTR.** fondamento ***2*** (*est.*) casa, abitazione ***3*** (*fig.*) apice, culmine, fastigio, limite, vertice, sommità, top (*ingl.*), non plus ultra □ limite massimo, plafond (*fr.*) **CONTR.** livello minimo, soglia.
tettóia *s. f.* ***1*** capannone, pensilina ***2*** (*est.*) riparo, copertura.
tettùccio *s. m.* ***1*** *dim. di* **tetto** ***2*** capote (*fr.*).
tèutone [da *Teutoni*, popolazione germanica annientata da Mario nel 102 a.C.] *s. m.* (*spreg.*) tedesco, germanico, teutonico, alemanno.
teutònico *agg.*; *anche s. m.* (*spesso spreg.*) tedesco, germanico, teutone, alemanno.
thailandése *s. m.* e *f.*; *anche agg.* tailandese, siamese.
thriller /*ingl.* 'θrilə/ [vc. ingl., da *thrill* 'fremito, brivido'] *s. m. inv.* thrilling (*ingl.*), giallo, nero.
thrilling /*ingl.* 'θriliŋ/ [vc. ingl., propriamente part. pres. di *to thrill* '(per)forare, trafiggere'] ***A*** *agg. inv.* emozionante, appassionante, orripilante ***B*** *s. m. inv.* giallo, thriller (*ingl.*).
tiàra *s. f.* triregno.
tìbia *s. f.* ***1*** (*anat.*) stinco ***2*** (*archeol.*) flauto.
tic *s. m. inv.* ***1*** colpetto □ clic, scatto ***2*** ticchio □ contrazione nervosa ***3*** (*fig.*) capriccio, ghiribizzo, uzzolo (*tosc.*), vezzo, mania, voglia, estro.
ticchettio *s. m.* picchiettio, tacchettio, tic tac.
tìcchio *s. m.* ***1*** tic ***2*** (*di animale*) vizio abituale ***3*** (*fig.*) (*di persona*) capriccio, fisima, ghiribizzo, uzzolo (*tosc.*), vezzo, verso, voglia, mania, fissazione, estro, grillo.
ticket /*ingl.* 'tikit/ [vc. ingl., dal fr. *estiquette*, var. ant. di *étiquette* 'etichetta'] *s. m. inv.* biglietto, cedola, scontrino, tagliando, buono, coupon (*fr.*), talloncino, bolletta, contromarca, tessera, ricevuta, fattura □ contributo, quota.
tic tac *in funzione di s. m. inv.* ticchettio.
tièpido *agg.* ***1*** (*di temperatura*) tepente (*lett.*), dolce, mite, moderato, temperato **CFR.** ardente, cocente, bruciante, infocato, caldo □ freddo, gelido ***2*** (*fig.*) (*di temperamento, di sentimenti*) fiacco, debole □ poco affettuoso, poco zelante, poco sensibile **CONTR.** alacre, energico, entusiasta, sfegatato □ zelante, affettuoso, caloroso.
tifàre *v. intr.* (*fam.*) (*per una persona, per una cosa*) sostenere, parteggiare, fare il tifo, simpatizzare **CONTR.** gufare (*gerg.*).
tifo *s. m.* (*fam.*) (*per una persona, per una cosa*) fa-

natismo, entusiasmo, passione **CONTR.** indifferenza, apatia **FRAS.** *fare il tifo*, tifare, sostenere, esaltare. *V. anche* FANATISMO

tifóne [dall'ingl. *typhoon*, dal cinese *t'ai-fung* 'vento che soffia da *Tai(wan)* o Formosa'] *s. m.* ciclone, uragano, vento, tempesta, tromba d'aria, tornado, turbine. *V. anche* VENTO

tifóso *agg.*; *anche s. m.* (*fam.*) fanatico, entusiasta, sostenitore, appassionato, sportivo, esaltato, fan (*ingl.*), hooligan (*ingl.*), aficionado (*sp.*), fedele, patito, simpatizzante, supporter (*ingl.*).

tigì o **tiggì** *s. m.* telegiornale, notiziario televisivo.

tiglióso *agg.* fibroso, stopposo, duro, coriaceo, legnoso **CONTR.** tenero, frollo □ mangiabile, succoso.

tigna *s. f.* **1** alopecia, pitiriasi □ (*dial.*) rogna, scabbia **2** (*centr.*) puntiglio, capriccio.

tignòla *s. f.* (*zool.*) tarma, camola.

tignóso *agg.*; *anche s. m.* **1** malato di tigna □ (*dial.*) rognoso **2** (*fig.*) fastidioso, molesto, importuno, rompiscatole (*pop.*) **CONTR.** divertente, gradito, piacevole **3** (*centr.*) puntiglioso, capriccioso, testardo **CONTR.** arrendevole, docile **4** (*centr.*) avaro, taccagno, spilorcio.

tigràto *agg.* striato, zebrato.

tilt /*ingl.* tilt/ [vc. ingl., che significa 'colpo, inclinazione'] *s. m. inv.* arresto, blocco, scacco, panne **FRAS.** *andare in tilt*, fermarsi, bloccarsi, arrestarsi.

timbàllo *s. m.* **1** (*mus.*) timpano □ (*lett.*) tamburo **2** (*cuc.*) pasticcio al forno, budino, flan.

timbràre *v. tr.* bollare, vidimare, marcare, marchiare, stampigliare □ annullare, obliterare.

timbratùra *s. f.* timbro, bollatura, bollo, marchiatura, stampigliatura □ annullo, obliterazione. *V. anche* BOLLO

tìmbro *s. m.* **1** bollo, bollatura, timbratura, vidimazione, stampiglia, stampigliatura, marcatura □ annullo, obliterazione □ impronta, segno, sigillo, marca, marchio, stampo **2** (*di voce, di strumento*) colore **3** (*fig.*) (*di opera letteraria*) tono. *V. anche* BOLLO, IMPRONTA

timer /*ingl.* 'taimə/ [vc. ingl., da *time* 'tempo'] *s. m. inv.* temporizzatore, contatore □ cronometro, cronografo, contasecondi.

timidaménte *avv.* timorosamente, trepidamente, pavidamente, paurosamente, peritosamente (*lett.*) pudicamente, vergognosamente, dubitativamente **CONTR.** arditamente, audacemente, coraggiosamente, decisamente, impavidamente, sfacciatamente, risolutamente.

timidézza *s. f.* **1** insicurezza, impaccio, ritrosia, modestia, riservatezza, timidità (*ant., lett.*), soggezione, vergogna **2** (*raro*) timore, apprensione, pavidità, trepidazione **3** esitazione, incertezza **CONTR.** disinvoltura, intraprendenza, aplomb (*fr.*), spavalderia, sfacciataggine, sfrontatezza □ ardire, coraggio, audacia □ risolutezza, sicurezza.

tìmido *agg.* **1** (*di persona*) insicuro, impacciato, schivo, ritroso, riservato, introverso, vergognoso **CONTR.** disinvolto, sicuro, sfacciato, sfrontato **2** (*raro*) (*di persona* o *animale*) pavido, pusillanime, pauroso, timoroso, peritoso (*lett.*), trepido □ indeciso, irresoluto **CONTR.** ardito, audace, coraggioso, impavido □ deciso, risoluto **3** (*di cosa*) vago, indeciso **CONTR.** chiaro, preciso.

TIMIDO
sinonimia strutturata

Timido descrive chi manca di disinvoltura, mostra soggezione e si dimostra impacciato: *con i superiori diventa timido*; *farsi timido* significa arrossire, balbettare, mostrarsi nell'aspetto come una persona timida. **Impacciato** è molto vicino, ma sottolinea particolarmente che la goffaggine e l'imbarazzo nascono dalla timidezza: *atteggiamento, discorso impacciato*; *al microfono è molto impacciato*. La timidezza che si traduce in goffaggine è propria di chi è **insicuro**, ossia di chi non crede sufficientemente in sé stesso: *ragazzo insicuro*. Altrimenti, la timidezza può essere un tratto caratteriale tipico di chi è **introverso**, ossia ripiegato su sé stesso e non molto aperto al contatto; mentre dal lato degli atteggiamenti esteriori **riservato** designa chi è discreto e pieno di riserbo: *riservato nel parlare, nelle amicizie*. Più incisivi sono **schivo** e soprattutto **ritroso**, che indica chi vuole aver poco a che fare con gli altri ed è poco socievole al punto da diventare scontroso; ancor più forte è **vergognoso**, che si caratterizza perché evoca un'idea di verecondia: *parlò con tono timido e vergognoso*; *mi guardò arrossendo, con occhi vergognosi*.

Timido si usa anche in riferimento ad atteggiamenti, comportamenti che rivelano timidezza: *una domanda timida ed esitante*; *un timido tentativo*; per estensione, l'aggettivo corrisponde a **vago** e **indeciso**, che designano ciò che è incerto e sfumato: *un timido accenno di sole*; *fare un vago accenno a qualcosa*; *colori tenui e indecisi*.

Raramente o in contesti letterari si definisce timido anche chi si spaventa o si scoraggia facilmente: *un timido coniglio*; *Nastagio... tutto timido divenuto e non avendo pelo addosso che arricciato non fosse* (BOCCACCIO). In questo senso si avvicina a **pavido**, **pauroso** e **timoroso**, che descrivono chi per natura ha sempre paura o ciò che è momentaneamente impaurito: *animo pavido*; *sguardo pavido*; *è pauroso come una lepre*; *se ne stava tutto pauroso in un angolo*; *una risposta timorosa*; molto vicino è **trepido**, che può riferirsi anche a chi è pieno di apprensione e inquietudine, più che di vera paura: *madre trepida*; *attendere, ascoltare qualcosa con cuore trepido*. Più forte è **pusillanime**, che spesso ha valore spregiativo e si differenzia perché indica chi o ciò che denota debolezza d'animo, mancanza di volontà e vigliaccheria: *comportamento, mentalità pusillanime*; *non essere così pusillanime con i superiori!* Infine, chi è timido, timoroso o ha delle esitazioni può risultare **irresoluto** e indeciso: *una persona irresoluta*; *un uomo indeciso in tutte le sue azioni*; *atteggiamento indeciso*.

timóne *s. m.* **1** (*di nave, di carro, ecc.*) organo direzionale, barra **2** (*est., poet.*) carro **3** (*fig.*) governo, guida, direzione, gestione.

timonière *s. m.* nocchiero, guida, guidatore, pilota.

timoràto *agg.* scrupoloso, onesto, coscienzioso, retto, modesto □ riguardoso **CONTR.** spregiudicato, disonesto, impudico, scostumato □ irriguardoso, sfacciato, sfrontato.

timóre *s. m.* ***1*** ansia, ansietà, batticuore, apprensione, allarme, preoccupazione, pensiero, ombra, dubbio, sospetto, diffidenza, titubanza, turbamento, paura, sgomento, smarrimento, sbigottimento, spavento, tema (*lett.*), tremore, tremarella, trepidazione **CONTR.** ardire, audacia, ardimento, coraggio, risolutezza, sicurezza □ sfacciataggine, sfrontatezza ***2*** rispetto, scrupolo, timidezza, riguardo, riverenza, soggezione, vergogna **CONTR.** irriverenza, disprezzo, scherno, spregio. *V. anche* PAURA, RISPETTO

TIMORE
sinonimia strutturata

Il termine **timore** indica uno stato d'animo che riflette un sentimento di paura o di ansia provocato da un male imminente, vero o creduto tale e al quale ci si vorrebbe sottrarre: *vivere in continuo timore*; *avere timore degli esami*. Indica anche **rispetto**, **soggezione**: *avere timore dei più anziani*; *timore filiale*.

Con **apprensione** si intende uno stato di inquietudine, più o meno irragionevole, derivante dal timore di eventi dolorosi, pericoli e simili: *destare apprensione*; *mettere, vivere, stare in apprensione*; *provare apprensione per la salute di qualcuno*.

Dal significato più forte del precedente è **turbamento**, con cui si indica il sovvertimento del normale ordine di qualcosa, o anche una agitazione, uno sconvolgimento della serenità e del normale equilibrio psichico di qualcuno: *turbamento della pace, dell'ordine pubblico*; *provocare, sentire turbamento*; *essere preda di un profondo turbamento*. L'**ansia** correntemente designa uno stato d'animo di preoccupazione: *essere in ansia per qualcuno, stare in ansia se qualcuno ritarda*. Una valenza psicologicamente più opprimente riveste l'**angustia**. In senso figurato indica ristrettezza, povertà o angoscia, affanno: *dare, recare angustia, stare in angustia per qualcuno o qualcosa*. Propriamente indica mancanza o scarsità di spazio: *l'angustia di una stanza, di un appartamento*.

Il **dubbio** è lo stato d'animo di chi dubita, ha gravi perplessità o incertezze: *essere in dubbio tra due diverse soluzioni*; *vivere continuamente nel dubbio*. Denota anche il sospetto, l'inquietudine, o il timore: *ho il dubbio che abbia detto la verità*; *i vostri dubbi sono infondati*; *tenere per sé i propri dubbi*. Un dubbio è anche un dilemma, un problema, una questione: *esprimere, manifestare, esporre un dubbio*; *un dubbio difficile da risolvere*; *dubbi di natura filosofica, morale, religiosa*.

Il termine **inquietudine** rappresenta la condizione di colui che è inquieto, turbato, agitato in profondità: *destare inquietudine*; *tenere nell'inquietudine*; *quell'affare è la sua inquietudine*.

L'**incertezza** riflette la mancanza di certezza intorno a qualcosa o ai suoi risultati: *l'incertezza della notizia*; *avere qualche incertezza riguardo agli effetti di un provvedimento, di una legge*. Esprime, quindi, esitazione, dubbio, perplessità: *avere delle incertezze sulla validità di una azione*; *vivere, stare nelle incertezze*; *tenere qualcuno nell'incertezza*; *togliere qualcuno dall'incertezza* o irresolutezza, indecisione: *avere un'incertezza sul da farsi*.

Con **esitazione** si intende indecisione, perplessità e in generale lo stato di chi agisce in maniera timorosa, non risoluta: *esitazione nel rispondere, nell'operare*. Lo **scrupolo** è timore, apprensione, inquietudine morale che porta a considerare colpa o peccato ciò che in realtà non è tale, o che fa sorgere dubbi e timori riguardo alla bontà, all'opportunità di un'azione: *scrupolo religioso, morale, di coscienza*; *essere tormentato dagli scrupoli*; *essere pieno di scrupoli*; *lasciare da parte gli scrupoli*.

timorosaménte *avv.* timidamente, pavidamente, paurosamente, trepidantemente, peritosamente (*ant., lett.*), trepidamente, dubbiosamente □ vergognosamente **CONTR.** arditamente, audacemente, coraggiosamente, decisamente, disinvoltamente, impavidamente, risolutamente □ sfacciatamente, spavaldamente, sfrontatamente.

timoróso *agg.* pavido, pusillanime, apprensivo, sospettoso, tremebondo, tremante, trepidante, sgomento, vigliacco, pauroso, peritoso (*ant., lett.*), trepido □ timido, impacciato, diffidente, smarrito, indeciso, titubante, irresoluto □ rispettoso, riguardoso, riverente, vergognoso **CONTR.** ardito, audace, coraggioso, impavido, intrepido, strenuo, spavaldo, spericolato □ disinvolto, sicuro, deciso, chiaro, intraprendente, risoluto □ sfacciato, sfrontato. *V. anche* TIMIDO

tìmpano *s. m.* ***1*** (*dell'orecchio*) membrana ***2*** (*mus.*) timballo □ (*lett.*) tamburo ***3*** (*arch.*) frontespizio, frontone.

tinèllo *s. m.* ***1*** *dim. di* **tino** ***2*** saletta da pranzo □ soggiorno.

tìngere ***A*** *v. tr.* ***1*** colorare, colorire, dipingere, tinteggiare, inverniciare, verniciare **CONTR.** stingere, discolorare, scolorare, scolorire ***2*** (*est., anche fig.*) macchiare, imbrattare, sporcare, insozzare, insudiciare **CONTR.** pulire, detergere, nettare (*tosc.*) ***B*** **tingersi** *v. rifl.* imbellettarsi, truccarsi ***C*** *v. intr. pron.* colorarsi, dipingersi **CONTR.** scolorarsi, stingersi.

tinòzza *s. f.* (*per il bagno*) vasca, baignoire (*fr.*), bagnarola (*dial.*), mastello, lavacro (*lett.*).

tìnta *s. f.* ***1*** colore, vernice, tintura, mestica, materia colorante □ colorazione, sfumatura □ carnagione, colorito, cera ***2*** (*di descrizione, di narrazione*) tratto, tocco, colorito, tono, maniera ***3*** (*fig., fam.*) tendenza, opinione politica, partito **FRAS.** *mezza tinta*, sfumatura □ *a forti tinte* (*fig.*), con effetti drammatici □ *a fosche tinte* (*fig.*), pessimisticamente.

TINTA
sinonimia strutturata

La materia con cui si fa assumere a qualcosa un colore diverso da quello originario si chiama in generale **tinta**: *scatola con le tinte*; *dare una mano di tinta al muro*; *tinta per le scarpe*; suoi sinonimi più o meno equivalenti secondo i contesti sono **colore**, **materia colorante** e **tintura**, che indicano appunto qualsiasi sostanza usata per dipingere tingere, verniciare, ecc.: *colori a olio, ad acqua, a tempera*; *materie coloranti naturali, artificiali*; *tintura per i capelli*. Più specifico è **vernice**, che designa una sostanza capace di lasciare, essiccando, una pellicola dura e resistente, più o meno flessibile, incolore o colorata, protettiva o decorativa, sulla superficie su cui è stata stesa in strato sottile: *passare la vernice*; *dare una mano di vernice*. Molto circoscritto è il significato di **mestica**, che è una miscela di colori a base di olio di lino che si stende su tavole o tele per potervi dipingere.

La tinta è anche il colore assunto da qualcosa in seguito a tintura, o in senso lato, il suo colore naturale: *quel mobile ha preso una tinta troppo cupa*; *una tinta calda*; *la tinta del cielo, del mare, dei capelli*. In quest'accezione il termine è sinonimo di **colorazione** e di **sfumatura**, che è ancora più preciso e designa il passaggio di tono dal chiaro allo scuro, o viceversa, di un medesimo colore: *una delicata sfumatura di rosa*.

Il vocabolo **carnagione**, invece, si usa esclusivamente in riferimento alla qualità e all'aspetto della pelle umana, e specialmente dei colori del volto: *carnagione bruna, rosea, delicata, olivastra*; equivalente è **colorito** e il corrente **cera**, che si adopera per indicare l'aspetto del viso in un determinato momento: *avere una bella, una brutta cera*. Colorito si usa come sinonimo di tinta anche in accezione figurata; in questo caso, la tinta o il colorito è il tono di una composizione letteraria, o il modo di presentare la narrazione, il resoconto di un fatto: *un racconto dal colorito malinconico*; *raccontò l'accaduto con tinte molto suggestive*; così le espressioni figurate *calcare, attenuare le tinte* corrispondono a esagerare, attenuare l'importanza o la gravità di un fatto; sempre in senso figurato, *a fosche tinte, a forti tinte* significano tratteggiare qualcuno o qualcosa (ad es. un personaggio di un romanzo, o una situazione particolare) in modo pessimistico o drammatico.

tintarèlla *s. f.* (*fam.*) abbronzatura.

tinteggiàre *v. tr.* colorire, colorare, tingere, dipingere, pitturare, pittare (*merid.*), verniciare □ (*di parete*) imbiancare.

tinteggiatùra *s. f.* tingitura, coloritura, pittura, verniciatura □ (*di pareti*) imbiancatura.

tintinnànte *part. pres. di* **tintinnare**; *anche agg.* squillante, trillante, risonante, sonoro, tinnulo (*lett.*).

tintinnàre *v. intr.* squillare, risuonare, suonare, tinnire (*lett.*), trillare □ scampanellare.

tintinnìo *s. m.* squillio, squillo, trillo, tinnito (*lett.*), bubbolio □ scampanellio.

tìnto *part. pass. di* **tingere**; *anche agg.* colorato, colorito, tinteggiato, inverniciato, dipinto, verniciato □ macchiato, imbrattato, insudiciato **CONTR.** stinto, scolorito, decolorato.

tintorìa *s. f.* (*est.*) lavanderia, lavasecco.

tintùra *s. f.* **1** colorazione, inverniciatura, colore, tinta, cachet (*fr.*) □ colorante, sostanza colorante □ belletto **2** (*farm.*) infusione, infuso. *V. anche* TINTA

tipicaménte *avv.* propriamente, specialmente, particolarmente, peculiarmente, prettamente, squisitamente, specificatamente, specificamente, spiccatamente, inconfondibilmente, inequivocabilmente, caratteristicamente **CONTR.** atipicamente, genericamente.

tìpico *agg.* caratteristico, classico, particolare, peculiare, emblematico, paradigmatico, proprio, singolare, speciale, specifico, inconfondibile, spiccato, pretto, standard, rappresentativo, tipo **CONTR.** atipico, generale, generico, aspecifico.

tipizzàre *v. tr.* uniformare, standardizzare, tipicizzare (*raro*) **CONTR.** individualizzare.

tìpo ***A*** *s. m.* **1** (*di moneta, di medaglia*) impronta, segno, stampo, conio □ (*tip.*) carattere mobile □ (*solo al pl.*) torchio, edizione, casa editrice **2** (*di persona o cosa*) modello, esemplare, esempio, immagine, emblema, prototipo, espressione, personificazione, quintessenza, specchio **3** (*anche iron.*) (*di prodotto, di persona*) genere, categoria, fatta, forma, qualità, natura, sorta, razza, specie, specialità, risma, varietà, campione **4** (*di stirpe, di popolazione*) fisionomia, caratteristica **5** (*est.*) (*di persona*) originale, singolare, bizzarro, personaggio, eccentrico, soggetto, strambo, stravagante ***B*** *in funzione di agg. inv.* tipico, medio, campione, modello, esemplare, standard **CONTR.** particolare, singolare, eccezionale, atipico **FRAS.** *un tipo*, un tale □ *tipo da spiaggia* (*scherz.*), eccentrico, stravagante. *V. anche* CATEGORIA, IMPRONTA, INDOLE, MODELLO

tipografìa *s. f.* stamperia.

tipògrafo *s. m.* stampatore, impressore, grafico.

Tir [sigla di *T*(*ransports*) *I*(*nternationaux*) *R*(*outiers*)] *s. m. inv.* (*est.*) autotreno, autoarticolato, camion con rimorchio.

tiràggio *s. m.* **1** (*nei camini*) aspirazione **2** (*fig., fam.*) (*di persona*) attrattiva, attrazione.

tiraménto *s. m.* **1** (*raro*) tensione, stiramento **CONTR.** torcimento, torcitura **2** (*volg.*) eccitazione.

tiranneggiàre ***A*** *v. tr.* signoreggiare, padroneggiare, opprimere, angariare, tormentare, vessare, assoggettare, asservire, calpestare, soffocare **CONTR.** affrancare, liberare ***B*** *v. intr.* spadroneggiare, infierire, incrudelire, imperversare.

tirannìa *s. f.* **1** tirannide, dittatura, autocrazia, arbitrio, dispotismo, oppressione, assolutismo, potere assoluto **CONTR.** democrazia **2** (*est.*) prepotenza, sopraffazione, sopruso **CONTR.** mitezza, dolcezza, moderazione, umanità **3** (*fig.*) costrizione, necessità, limitazione **CONTR.** libertà, licenza.

tirannicaménte *avv.* arbitrariamente, prepotentemente, dispoticamente, totalitariamente, crudelmente **CONTR.** mitemente, dolcemente, moderatamente, umanamente, liberamente.

tirànnico *agg.* dispotico, dittatoriale, assolutista, autoritario, autocratico, dittatorio, illiberale, liberticida, totalitario, oppressivo □ crudele, vessatorio, prepotente, violento **CONTR.** mite, dolce, moderato, umano, libero. *V. anche* CRUDELE

tirànno ***A*** *s. m.* ***1*** (*st.*) signore, principe □ sovrano assoluto ***2*** (*est.*) autocrate, despota, dittatore, oppressore, usurpatore, conculcatore, prepotente, liberticida, soverchiatore, nerone, carnefice, carceriere, vessatore **CONTR.** liberatore ***B*** *in funzione di agg.* dispotico, prepotente, imperioso **CONTR.** mite, dolce □ indulgente, liberale, moderato, umano. *V. anche* SOVRANO

tirànte *s. m.* biella, fune, catena, chiavarda, controvento, cordone, laccio.

tirapièdi ***A*** *s. m.* aiutante del boia ***B*** *s. m.* e *f.* (*fig., spreg.*) lacchè, scagnozzo, sottopancia, satellite, portaborse, servo, ruffiano, accolito □ assistente, aiutante □ sostituto.

tiràre ***A*** *v. tr.* ***1*** portare verso di sé, trarre a sé, avvicinare a sé **CONTR.** spingere, respingere, allontanare ***2*** (*fig.*) (*di attenzione, di odio, ecc.*) attrarre, attirare **CONTR.** allontanare, rimuovere, respingere ***3*** (*di filo, di corda, ecc.*) tendere, distendere, allungare, stirare, stiracchiare **CONTR.** allentare, mollare, ammollare, abbandonare, lasciare, lasciare andare □ storcere, arricciare ***4*** (*di carro, di slitta, ecc.*) trainare, trascinare, rimorchiare **CONTR.** spingere, sospingere ***5*** (*di oggetto*) muovere, spostare, mutare di posto ***6*** (*di sasso, di palla, ecc.*) lanciare, gettare, buttare, calciare, stangare, battere, scoccare, sferrare, scagliare, scaraventare ***7*** (*di colpo*) sparare, esplodere, vibrare ***8*** (*di linea, di segno, ecc.*) tracciare, disegnare, segnare ***9*** (*di neonato*) succhiare, poppare ***10*** (*di somma, di conseguenze, ecc.*) ricavare, dedurre, spillare ***11*** (*di libri*) stampare, pubblicare ***B*** *v. intr.* ***1*** (*di persona*) procedere, continuare, proseguire **CONTR.** fermarsi, arrestarsi, retrocedere ***2*** (*fig.*) (*al bene, a campare, ecc.*) tendere, mirare, inclinare ***3*** (*di persona, di colore, ecc.*) assomigliare, avvicinarsi, richiamare ***4*** (*di sterzo, ecc.*) tendere, deviare ***5*** (*del vento*) soffiare, spirare **CONTR.** cadere, cessare ***6*** (*di camino*) aspirare ***7*** (*di attività*) essere in espansione, andare bene, rendere **CONTR.** essere in crisi, essere in recessione ***8*** (*fig.*) lesinare □ ridurre le spese, essere avaro **CONTR.** largheggiare, grandeggiare □ essere prodigo, essere generoso ***9*** (*di vestito*) stringere **CONTR.** essere largo ***10*** (*di arma*) sparare □ avere una gittata ***11*** (*di scherma, di boxe, ecc.*) praticare ***C*** **tirarsi** *v. rifl.* farsi, spostarsi **FRAS.** *tirare la cinghia* (*fam.*), vivere stentatamente □ *tirare l'acqua al proprio mulino* (*fig.*), fare il proprio interesse □ *tirare su*, sollevare; (*fig.*) allevare, nutrire; (*fig.*) aiutare a superare una crisi □ *tirare via* (*fig.*), fare in fretta □ *tirare avanti*, campare, vivacchiare □ *tirarsi su*, alzarsi; (*fig.*) sollevarsi, farsi coraggio □ *tirarsi indietro*, ritirarsi.

tiràta *s. f.* ***1*** strappo, strappone, strappata, strappamento, stratta, strattone, tratta, tratto ***2*** (*fam.*) (*di fumo, di aria*) boccata, tiro ***3*** (*fig.*) sgridata, paternale, ripassata, risciacquata, partaccia, rimprovero, rabbuffo **CONTR.** elogio, lode ***4*** sgobbata, faticaccia, sgropponata (*fam.*) ***5*** (*di discorso*) sproloquio, lungagnata, tiritera, cantafavola, cantilena □ invettiva □ catena, sequenza **FRAS.** *far tutta una tirata*, non fermarsi, andare sempre di seguito.

tiratàrdi *s. m.* e *f.* ***1*** nottambulo ***2*** trottapiano, lumacone.

tìra tìra o **tiratìra** *s. m. inv.* ***1*** (*fam.*) grande interesse, passione ***2*** gara, contesa.

tiràto *part. pass. di* **tirare**; *anche agg.* ***1*** (*di corda, di filo, ecc.*) teso, disteso, allungato **CONTR.** allentato, lento □ crespo, arricciato ***2*** (*di veicolo, di peso, ecc.*) trainato, trascinato, tratto **CONTR.** spinto, sospinto ***3*** (*di sasso, di colpo, ecc.*) lanciato, scagliato, buttato, vibrato, gettato, sparato ***4*** (*fig.*) (*di discorso, di ragionamento, ecc.*) stentato, sforzato, artificioso, pompato, non spontaneo **CONTR.** naturale, spontaneo, istintivo, immediato ***5*** (*di lineamenti*) irrigidito, teso **CONTR.** rilassato, disteso ***6*** (*di vestiti*) stretto **CONTR.** largo ***7*** (*di persona*) avaro, sordido, spilorcio, pitocco, taccagno, sparagnino, gretto, arpagone, stitico, tirchio (*fam.*) □ parsimonioso, economo **CONTR.** generoso, liberale, prodigo □ dissipatore, scialacquatore, sciupone, spendaccione, sprecone, spendereccio ***8*** (*di pubblicazione*) stampato.

tiratóre *s. m.* (*f.* *-trice*) sparatore, battitore, lanciatore, miratore, fuciliere, fucilatore **FRAS.** *franco tiratore*, partigiano, guerrigliero; (*in una votazione*) avversario nascosto.

tiratùra *s. f.* (*di libri, di francobolli, ecc.*) stampa □ edizione □ numero.

tirchierìa *s. f.* (*fam.*) avarizia, esosità, grettezza, lesina, sordidezza, pitoccheria, spilorceria, taccagneria **CONTR.** generosità, larghezza, liberalità, prodigalità, magnificenza, signorilità □ dissipazione, sperpero, scialacquo.

tìrchio *agg.*; *anche s. m.* (*fam.*) avaro, spilorcio, taccagno, pitocco, gretto, esoso, sordido, arpagone, sparagnino, stitico, stretto, tirato, lesina **CONTR.** generoso, largo, liberale, prodigo □ spendaccione, spendereccio, dilapidatore, dissipatore, scialacquatore.

tiremmòlla *s. m. inv.* tergiversazione, incertezza, indugio, incostanza **CONTR.** decisione, determinazione, prontezza, risolutezza, risoluzione.

tirétto *s. m.* (*pop.*) cassetto.

tiritèra *s. f.* ***1*** cantilena, filastrocca, cantafavola ***2*** (*est.*) sproloquio, lungagnata, litania, menata (*volg.*), pizza, pappardella, solfa, tirata.

tìro *s. m.* ***1*** tirata, tratta, tratto (*raro*), strappo, strappata □ traino ***2*** (*di armi, di sasso, ecc.*) sparo, sparata, scarica, colpo □ lancio, calcio, getto □ gittata, portata ***3*** (*fig.*) colpo, tentativo □ trappola, inganno, macchinazione □ scherzo ***4*** (*pop.*) (*di fumo*) boccata **FRAS.** *essere a tiro*, essere a portata dell'arma; (*fig., fam.*) essere a portata di mano □ *venire a tiro, capitare a tiro* (*fig., fam.*), capitare nel momento opportuno.

tirocinànte *agg.*; *anche s. m.* e *f.* apprendista, principiante, praticante, allievo, novellino, novizio, esordiente, recluta, tirone (*ant.*) **CONTR.** maestro, esperto, provetto, anziano.

tirocìnio *s. m.* apprendistato, addestramento, pratica, praticantato, scuola, stage (*ingl.*), apprentissage (*fr.*), prova, noviziato, volontariato.

tirolése *agg.*; *anche s. m. e f.* (*est.*) altoatesino, sudtirolese.
tisàna *s. f.* decotto, infuso, pozione.
tìsi *s. f. inv.* (*med.*) tubercolosi, etisia, tisichezza, mal sottile □ consunzione.
tìsico ***A*** *agg.* ***1*** tubercolotico, tubercoloso ***2*** (*est.*) macilento, gracile, consunto **CONTR.** forte, gagliardo, robusto, sano, vigoroso ***3*** (*fig.*) (*di idee, di scritto, ecc.*) stentato, misero, fiacco, vuoto, povero ***B*** *s. m.* tubercolotico, etico (*raro*).
titànico *agg.* (*est.*) gigantesco, eccezionale, ciclopico, grande, enorme, immenso, colossale, poderoso, prometeico **CONTR.** piccolo, limitato, meschino, modesto. *V. anche* GRANDE
titàno [dal greco *Titán*, prob. origine dall'Asia Minore col senso di 'figlio del sole'; nella mitol. greca i Titani erano giganti che tentarono di assalire l'Olimpo] *s. m.* (*fig.*) gigante, colosso, uomo fortissimo □ genio **CONTR.** nano, ometto.
titillàre *v. tr.* ***1*** solleticare, fare il solletico, vellicare ***2*** (*fig.*) lusingare, attrarre, tentare, stimolare, stuzzicare.
titolàre ***A*** *agg.* ***1*** di ruolo, effettivo **CONTR.** sostituto, incaricato, supplente, vicario ***2*** (*di santo*) patrono, protettore ***B*** *s. m. e f.* ***1*** (*di ufficio*) responsabile **CONTR.** incaricato, supplente, vicario ***2*** (*di azienda, di documento, ecc.*) proprietario, locatore □ intestatario.
titolàto *s. m.* nobile, aristocratico, blasonato, patrizio.
tìtolo *s. m.* ***1*** (*di libro, di film, ecc.*) intitolazione, nome, intestazione, testata, iscrizione, rubrica □ didascalia, dicitura ***2*** (*di richiesta, di pretesa, ecc.*) giustificazione, condizione, motivazione, motivo, ragione, diritto, causa, requisito, potere □ certificato, documento □ (*di studio*) attestato, licenza, diploma, laurea ***3*** (*di carica, di dignità, ecc.*) qualifica, qualità, attributo, appellativo, denominazione, qualificazione □ (*est.*) fama, nomea, vanto □ (*iron., scherz.*) epiteto, insulto ***4*** (*chim.*) percentuale, proporzione, rapporto ***5*** (*banca*) azione, obbligazione, valore, cartevalori **FRAS.** *a titolo di*, sotto forma di, con valore di, come. *V. anche* NOME, VANTO
titubànte *part. pres. di* **titubare**; *anche agg.* incerto, indeciso, esitante, irresoluto, dubbio, dubbioso, perplesso, sospeso, combattuto, vacillante, pencolante, tentennante, timoroso, rinunciatario **CONTR.** deciso, determinato, deliberato, energico, fermo, pronto, risoluto. *V. anche* INCERTO
titubànza *s. f.* dubbio, esitazione, esitanza, incertezza, indecisione, tentennamento, irresolutezza, perplessità, timore, sospetto, imbarazzo **CONTR.** decisione, determinazione, energia, fermezza, prontezza, risolutezza, sicurezza, decisionismo.
titubàre *v. intr.* dubitare, esitare, nicchiare, tentennare, tergiversare, ciurlare nel manico, pencolare, vacillare □ essere indeciso, essere in forse, temere **CONTR.** decidersi, osare, determinarsi, risolversi, essere risoluto, tagliare corto.
tivù *s. f. inv.* (*fam.*) televisione, televisore, TV.
tìzio *s. m.* uno, tale, persona qualsiasi, individuo, elemento, pinco pallino.
tìzzo *s. m.* tizzone, legno acceso, carbone acceso.
tizzóne *s. m.* tizzo, legno acceso, carbone acceso, brace.
to' *inter.* (*fam.*) eccoti, prendi, piglia.
toast /*ingl.* 'toust/ [vc. ingl., da *to toast* 'tostare'] *s. m. inv.* tartina, tosto, tramezzino, panino imbottito, sandwich (*ingl.*).
toccàbile *agg.* ***1*** palpabile, tattile, tangibile, corporeo **CONTR.** impalpabile, intoccabile, intangibile ***2*** (*fig.*) (*di prova, ecc.*) concreto, certo, sicuro, vero **CONTR.** incerto, immaginario, irreale, fittizio. *V. anche* VERO
toccànte *agg.* commovente, emozionante, patetico, pietoso, struggente.
toccàre ***A*** *v. tr.* ***1*** tangere (*lett.*), tastare, sfiorare, premere, palpare, palpeggiare, tentare, brancicare □ spingere, urtare, colpire □ (*di strumento musicale*) far vibrare ***2*** (*di fiume, di strada, ecc.*) lambire, bagnare, sfiorare, raggiungere, passare, pervenire, arrivare, essere a contatto ***3*** (*di cosa*) spostare □ usare, consumare, manomettere, maneggiare, danneggiare □ cambiare, modificare, alterare ***4*** riguardare, concernere, interessare, vertere, trattare, riferirsi ***5*** (*fig.*) (*di coscienza, di sensibilità, ecc.*) offendere, pungere, urtare □ colpire, commuovere, emozionare, parlare ***6*** (*fig.*) (*di argomento*) accennare, trattare brevemente, affrontare ***B*** *v. intr.* ***1*** (*di fortuna, di malattia, ecc.*) capitare, avvenire, accadere ***2*** (*di persona*) competere, dovere, essere dovere, essere compito, essere obbligato, essere costretto ***3*** (*di cosa*) appartenere, spettare, riguardare, ricadere, incombere □ essere dovuto ***C*** **toccarsi** *v. rifl. rec.* tastarsi, sfiorarsi, palparsi, palpeggiarsi, pomiciare (*pop.*), premersi, urtarsi □ essere a contatto **FRAS.** *toccare il cielo con un dito* (*fig.*), essere al colmo della felicità □ *toccare sul vivo* (*fig.*), irritare, colpire nel punto debole. *V. anche* IMPRESSIONARE
toccasàna *s. m. inv.* panacea, balsamo, rimedio.
toccàta *s. f.* ***1*** tocco, contatto, toccamento (*raro*), palpamento, palpata, palpeggiamento (*raro*), tastata ***2*** (*mus.*) sonata.
toccatìna *s. f.* ***1*** *dim. di* **toccata** ***2*** (*fig.*) allusione, accenno, riferimento.
toccàto *part. pass. di* **toccare**; *anche agg.* ***1*** tastato, palpato, palpeggiato, maneggiato, premuto, colpito, urtato, spinto □ lambito, sfiorato, bagnato ***2*** (*fig.*) punto sul vivo, colpito, offeso □ commosso ***3*** capitato, accaduto, occorso, successo □ spettato, venuto ***4*** (*di persona*) tocco, picchiato, suonato, stravagante, mattoide, scombinato, strano, strambo, bizzarro, lunatico **CONTR.** assennato, giudizioso, prudente, saggio, sano, savio, sensato ***5*** (*di argomento*) sopraccennato, suaccennato, trattato, affrontato, visto, sviscerato.
tócco (**1**) ***A*** *part. pass. di* **toccare**; *anche agg.* (*lett.*) toccato ***B*** *agg.* ***1*** (*raro*) (*di frutto*) ammaccato, guasto, mezzo **CONTR.** intatto, sano ***2*** (*di persona*) toccato, stravagante, strano, strambo, bislacco, picchiatello, bizzarro, lunatico, mattoide, scombinato **CONTR.** assennato, giudizioso, prudente, saggio, savio, sensato.

tócco (2) *s. m.* ***1*** toccamento (*raro*), toccata, contatto, palpamento, palpata, palpeggiamento (*raro*), tastata ***2*** (*mus.*) mano, modo, maniera, arte ***3*** (*est.*) (*di artista*) impronta caratteristica, impronta personale, stile, mano, pennellata □ (*di stile*) sfumatura, tinta ***4*** (*est.*) colpo ***5*** (*di orologio*) rintocco, botto □ (*est.*) l'una, le tredici.

tòcco (3) *s. m.* ***1*** (*di pane, di carne, ecc.*) pezzo, grosso pezzo, grosso frammento ***2*** (*fig.*) persona robusta.

tòga *s. f.* mantello, sopravveste.

togàto *agg.* ***1*** con la toga ***2*** (*fig.*) (*di stile*) ampolloso, aulico, gonfio, solenne **CONTR.** dimesso, familiare, modesto, piano, semplice.

tògliere ***A*** *v. tr.* ***1*** levare, rimuovere, eliminare, scartare, cavare, cancellare, obliterare (*lett.*), spostare, allontanare, staccare, separare, dividere □ (*di macchia, ecc.*) detergere, spazzare, sgombrare □ strappare, sradicare, estirpare, svellere **CONTR.** mettere, porre, collocare, accludere, allegare, applicare, frapporre, infilare, inserire, interporre, piazzare, situare, rimettere □ avvicinare, attaccare, congiungere, completare, unire ***2*** (*di possesso*) riprendere, ripigliare (*fam.*), ritogliere, ritirare, prendere, asportare, prelevare □ privare, espropriare **CONTR.** dare, ridare, rendere, restituire ***3*** (*di numero, di spese, ecc.*) dedurre, defalcare, sottrarre, depennare, scomputare, scorporare, spuntare, stralciare □ (*di errore*) eliminare, espungere □ derubricare **CONTR.** addizionare, aggiungere, sommare, includere ***4*** (*da vincoli*) liberare, disimpegnare, levare, sciogliere, prosciogliere, svincolare □ affrancare, emancipare, redimere, riscattare **CONTR.** cacciare, ficcare, affibbiare, imporre, spingere, intrappolare, irretire ***5*** (*di abito, di cappello, ecc.*) levarsi, cavarsi, sfilare **CONTR.** mettersi, indossare, vestire, calzare ***6*** (*lett.*) impedire, proibire, vietare, escludere **CONTR.** permettere, concedere, consentire, accordare, autorizzare, dare la facoltà, dare la licenza ***7*** (*raro, lett.*) sollevare, prendere su, alzare da terra **CONTR.** deporre, mettere giù, riporre, piantare, posare a terra ***8*** (*lett.*) (*da un autore, da un'opera*) derivare, trarre, ricavare, estrarre ***B*** **togliersi** *v. rifl.* (*da un luogo*) allontanarsi, scostarsi, levarsi, andarsene, partirsene, cavarsi **CONTR.** venire, arrivare, avvicinarsi, collocarsi, mettersi, ficcarsi **FRAS.** *togliersi una spina dal cuore* (*fig.*), liberarsi da un cruccio □ *togliersi la maschera* (*fig.*), rivelare la propria natura □ *togliersi di mezzo*, levarsi dai piedi, andarsene □ *togliere di mezzo*, allontanare; uccidere, sopprimere □ *togliere la parola di bocca a uno*, dire quello che l'altro stava per dire □ *ciò non toglie che*, ciò non esclude che. *V. anche* PRENDERE, SCIOGLIERE

toilette */fr.* twa'lɛt/ [vc. fr., ant. dim. di *toile* 'tela', propriamente 'piccola tela'] *s. m. inv.* ***1*** mobile a specchiera ***2*** toletta, toeletta, gabinetto, bagno, cesso (*pop.*), servizi, ritirata, camerino ***3*** (*di donna*) acconciatura, trucco ***4*** abito, veste, vestito, abbigliamento **FRAS.** *fare toilette*, abbigliarsi, agghindarsi.

tòlda *s. f.* (*di nave*) coperta, ponte.

tolemàico *agg.* (*astron.*) geocentrico **CONTR.** eliocentrico, copernicano.

tolleràbile *agg.* ***1*** sopportabile, soffribile (*raro*) **CONTR.** intollerabile, insopportabile, lancinante, insoffribile, indigeribile, irrespirabile ***2*** (*di comportamento, di atto, ecc.*) compatibile, comprensibile, perdonabile, scusabile, accettabile, concepibile, plausibile, ammissibile **CONTR.** incompatibile, inaccettabile, inammissibile, impossibile, insostenibile, imperdonabile, inescusabile (*lett.*) ***3*** (*di opera*) passabile, mediocre.

tollerànte *part. pres. di* **tollerare**; *anche agg.* ***1*** che tollera, che sopporta, che regge □ resistente **CONTR.** inadattabile ***2*** paziente, indulgente, accondiscendente, condiscendente, comprensivo, clemente, transigente, conciliante, arrendevole, adattabile, liberale, longanime □ permissivo, facile, corrivo **CONTR.** impaziente, intollerante, intransigente, fanatico, integralista □ rigido, inflessibile, severo □ insofferente, permaloso, ombroso.

tollerànza *s. f.* ***1*** pazienza, sopportazione, adattabilità, arrendevolezza, indulgenza, mitezza, clemenza, transigenza, condiscendenza, comprensione, longanimità, liberalità □ permissività, permissivismo □ compassione, compatimento **CONTR.** impazienza, intolleranza, intransigenza, dogmatismo, esclusivismo, fanatismo, inadattabilità □ rigore, inflessibilità, severità, fiscalismo ***2*** (*di orario*) ritardo ammesso ***3*** (*di prezzo, di quantità, di misura, ecc.*) scarto, margine, divergenza, riduzione, variabilità.

tolleràre *v. tr.* ***1*** sopportare, pazientare, comprendere, soffrire, sostenere, subire, patire, reggere, resistere **CONTR.** rifiutare, insorgere □ cedere, arrendersi ***2*** accettare, autorizzare, permettere, accogliere, ammettere, approvare, indulgere □ (*di offesa, ecc.*) fare buon viso, chiudere un occhio, incassare, digerire, inghiottire, ingoiare, ingozzare, trangugiare **CONTR.** respingere, ricusare, rigettare, scartare, escludere, negare, proibire.

tòlto *part. pass. di* **togliere**; *anche agg.* ***1*** levato, rimosso, spostato, allontanato □ levato via, preso via □ staccato, strappato, sradicato, svelto, tagliato, estratto, eliso, separato, diviso **CONTR.** messo, posto, collocato, avvicinato □ attaccato, accluso, interposto, inserito, congiunto, unito ***2*** (*di possesso*) ripreso, ripigliato (*fam.*), ritolto □ privato **CONTR.** dato, assegnato, attribuito, ridato, reso, restituito, reintegrato ***3*** (*di numero, di spese, ecc.*) dedotto, defalcato, detratto, sottratto **CONTR.** addizionato, aggiunto, sommato ***4*** escluso, eccettuato **CONTR.** compreso, incluso.

tómba *s. f.* ***1*** sepolcro, sepoltura, fossa, arca, avello (*lett.*), sarcofago, tumulo, urna □ mausoleo □ sepolcreto, cimitero, camposanto, ossario, colombario, catacomba □ dolmen ***2*** (*fig.*) morte, fine, estinzione, rovina **CONTR.** nascita, vittoria **FRAS.** *dalla culla alla tomba*, dalla nascita alla morte □ *muto come una tomba* (*lett.*), molto riservato.

TOMBA
sinonimia strutturata

Ogni luogo di sepoltura per una o più salme è una **tomba**: *inumare una salma nella tomba di famiglia*; *rispettare le tombe*. Un suo sinonimo è **fossa**, che propriamente indica la buca in cui si cala la bara: *essere messo, calato nella fossa.* In contesti letterari sono spesso usati come sinonimi **avello** e, soprattutto al plurale, **urna**: *a egregie cose il forte animo accendono / l'urne de' forti* (FOSCOLO); nel suo uso assoluto, urna corrisponde a urna cineraria, cioè al recipiente che contiene le ceneri dei morti: *le urne delle necropoli etrusche.* Una grossa urna sepolcrale in marmo, pietra, terracotta, alabastro o legno, spesso scolpita o istoriata, usata nell'antichità per racchiudere i defunti è il **sarcofago**; un sarcofago che per struttura e decorazioni assume carattere monumentale è un'**arca**.

Più generale è **sepoltura**, che designa semplicemente il luogo in cui un morto è deposto: *non conoscere la sepoltura di qualcuno*; presso alcuni popoli antichi sopra la sepoltura si elevava un mucchietto di terra, un **tumulo**; per estensione nella lingua letteraria la parola indica semplicemente una tomba.

Il luogo in cui si conservano le ossa dei defunti è detto **ossario**; più spesso il termine indica una costruzione funeraria, in genere di notevole importanza architettonica, eretta per raccogliere e comporre le ossa dei caduti in una battaglia.

Un defunto illustre è spesso custodito e insieme commemorato da un monumento funebre detto **sepolcro**: *il sepolcro degli Scipioni.* Ancor più grandioso e monumentale è il **mausoleo**. Monumenti funerari particolari sono; il **cenotafio** che è eretto a ricordo di un personaggio sepolto altrove; la **màstaba**, tipica degli antichi Egizi e che ha la forma di un tronco di piramide; il **dolmen**, un monumento megalitico assai diffuso nelle regioni europee, costituito da due lastre di pietra di supporto e una di copertura.

Figuratamente, tomba rappresenta un **luogo buio, tetro**, ossia scuro e triste, oppure un **luogo angusto**, cioè stretto, disagevole, che suscita un senso di costrizione: *quel carcere è una tomba.* In particolare, si dice tomba una casa bassa e priva di luce. Molto vicino è in senso figurato **caverna**, che richiama anche un'idea di trascuratezza, e pressoché equivalenti sono **topaia**, **tugurio**, **abituro**, **stamberga** e **catapecchia**, che suggeriscono vecchiume, squallore e miseria.

tombàle *agg.* ***1*** di tomba, sepolcrale, cimiteriale ***2*** (*fig.*) funereo, lugubre, cupo, triste, pauroso **CONTR.** allegro, ameno, gaio, gioioso, lieto, piacevole, ridente.

tombìno *s. m.* ***1*** *dim. di* **tomba** ***2*** chiusino, caditoia, bocchetta □ cloaca, chiavica, fogna.

tómbola (1) *s. f.* (*di gioco*) lotteria familiare □ bingo □ (*est.*) pesca.

tómbola (2) *s. f.* (*fam.*) caduta, capitombolo, ruzzolone.

tombolàre *v. intr.* (*fam.*) capitombolare, precipitare, ruzzolare □ cadere a testa in giù **CONTR.** alzarsi, rialzarsi, risollevarsi.

tómbolo (1) *s. m.* capitombolo, ruzzolone, tombola (*fam.*), tombolata (*fam.*), caduta, cascata.

tómbolo (2) *s. m.* ***1*** cuscino, rullo ***2*** (*per la lavorazione dei merletti*) cuscinetto ***3*** (*fam., scherz.*) persona grassoccia, bombolo (*scherz.*), bombolotto.

tòmo (1) *s. m.* volume, libro. *V. anche* LIBRO

tòmo (2) *s. m.* (*fam.*) persona strana, bell'umore, bel tipo, originalone, stravagante.

tònaca *s. f.* abito talare, saio, sacco, veste sacerdotale, cotta, sottana **CFR.** clergyman (*ingl.*) **FRAS.** *vestire la tonaca*, farsi frate, farsi prete, farsi monaca □ *gettare la tonaca alle ortiche* (*fig.*), sfratarsi, spretarsi, smonacarsi.

tonàle *agg.* di tono, del tono, di tonalità.

tonalità *s. f.* (*di colore, di suono*) sfumatura, gradazione, cromia, gamma, tono, intonazione, suono.

tonànte *agg.* rimbombante, risonante, rombante, roboante, reboante, rintronante, rumoroso, chiassoso, rumoreggiante, echeggiante □ stentoreo **CONTR.** basso, fievole, fioco, sommesso, debole.

tondeggiànte *part. pres. di* **tondeggiare**; *anche agg.* rotondeggiante, arrotondato, tondo, rotondo, bombato, sferico, sferoidale, convesso, mammellonato, panciuto **CONTR.** acuto, acuminato, cuspidale, schiacciato, concavo.

tondeggiàre ***A*** *v. intr.* rotondeggiare, tendere al tondo ***B*** *v. tr.* (*raro*) arrotondare, rendere tondo **CONTR.** appianare, spianare, lisciare.

tondìno *s. m.* ***1*** *dim. di* **tondo** ***2*** piatto, piattino □ sottobicchiere, sottocoppa □ centrino ***3*** (*arch.*) bastoncino, bacchetta, astragalo, fusaiola.

tóndo ***A*** *agg.* ***1*** rotondo, tondeggiante, rotondeggiante, rotondato (*raro*), attondato (*raro*), arrotondato, circolare, sferico, globoso, globulare, anulare **CFR.** piano, piatto, spianato, liscio, cubico, poliedrico, angolare ***2*** (*di persona*) grasso, paffuto, carnoso **CONTR.** magro ***3*** (*fig.*) (*di tempo, di numero, ecc.*) compiuto, preciso, esatto, chiaro **CONTR.** approssimato, approssimativo □ a un di presso, all'incirca, pressappoco ***B*** *s. m.* ***1*** globo, circolo, sfera, occhio, cerchio, disco ***2*** (*pitt.*) dipinto circolare, affresco circolare.

tónfo *s. m.* ***1*** rumore, colpo sordo, busso, tuffo ***2*** caduta, cascata □ (*fig.*) crollo, tracollo.

tòni [ingl. *Tony*, dim. di (*An*)*tony* 'Antonio', ma fam. 'semplicione, babbeo'] *s. m.* pagliaccio, clown (*ingl.*).

tònico ***A*** *agg.* ***1*** (*ling.*) accentato **CONTR.** atono, privo di accento ***2*** (*anche fig.*) (*di bevanda, di cibo, ecc.*) corroborante, eupeptico, fortificante, rinforzante, ricostituente, nutriente, eccitante, stimolante, stuzzicante **CONTR.** debilitante, deprimente, logorante, spossante, snervante ***B*** *s. m.* ricostituente, energetico, corroborante, elisir, eccitante, stimolante **CONTR.** calmante, sedativo, tranquillante.

tonificànte ***A*** *part. pres. di* **tonificare**; *anche agg.* (*anche fig.*) (*di bevanda, di cibo, ecc.*) corroborante, eupeptico, fortificante, rassodante, ricostituente, eccitante, stimolante, stuzzicante **CONTR.** debilitante, deprimente, logorante, spossante ***B*** *s. m.* energetico, ricostituente, eccitante, stimolante **CONTR.** calmante.

tonificàre *v. tr.* (*anche fig.*) rinforzare, fortificare, rinvigorire, ricostituire, irrobustire, corroborare, eccitare, stimolare, stuzzicare **CONTR.** debilitare, indebolire, deprimere, logorare, spossare, affaticare, imbolsire.

tonificàto *part. pass. di* **tonificare**; *anche agg.* (*anche fig.*) rinforzato, fortificato, rinvigorito, irrobustito, corroborato, eccitato, stimolato **CONTR.** debilitato, indebolito, abbattuto, depresso, spossato, affaticato.

tonnellàggio *s. m.* (*mar.*) stazza, stazzatura, volume.

tonnellàta *s. f.* mille chili, dieci quintali.

tòno *s. m.* **1** (*di suono, di voce*) volume, elevazione □ nota □ modulazione, intonazione, espressione, timbro, accento, corda, pronunzia, sfumatura, suono, voce **2** (*di colore*) grado di luminosità, grado di intensità, tonalità, riflesso, sfumatura, nuance (*fr.*) **3** (*di discorso, di scritto, ecc.*) stile, chiave, carattere, senso, sapore **4** (*di comportamento*) aria, atteggiamento, piglio, tenore, maniera, modo **5** (*di organismo*) energia, vigore, vigoria, forza **CONTR.** atonia, debolezza, fiacca, spossatezza, sfinitezza, snervatezza, rilassamento **FRAS.** *rispondere a tono*, rispondere adeguatamente; controbattere vivacemente. *V. anche* IMPRONTA

tonsùra *s. f.* (*eccl.*) chierica.

tónto *agg.*; *anche s. m.* stupido, cretino, deficiente, tardo, sciocco, babbeo, balordo, beota, capocchione (*fam.*), citrullo, ciuco, macaco, carciofo, gonzo, grullo, idiota, imbecille, fesso, imbranato, sciroccato (*gerg.*), merlo, sempliciotto, melenso, minchione (*pop.*), maccabeo, rapa, rimbambito, scemo, scimunito, stolido, stolto, testone, zuccone, papero **CONTR.** acuto, intelligente, pronto, sveglio, vivace, aperto, geniale, aquila (*fig.*), perspicace.

top /*ingl.* tɔp/ [vc. ingl., propriamente 'vetta, cima'] *s. m. inv.* culmine, vertice, apice, tetto, sommità, grado più elevato, primo posto, non plus ultra (*lat.*) **CONTR.** fondo, ultimo posto.

topàia *s. f.* **1** nido di topi, tana di topi **2** (*fig.*) abituro, bicocca, buco, casupola, catapecchia, spelonca, tana, cimiciaio, caverna, capanna, antro, tomba, stamberga, tugurio **CONTR.** palazzo, villa, reggia, magione (*lett.*), palagio (*lett.*). *V. anche* TOMBA

tòpica *s. f.* (*fam.*) errore, sbaglio, svarione, svista, abbaglio, cantonata, granchio, bestialità, sciocchezza, scorrettezza, sproposito □ gaffe (*fr.*).

tòpico *agg.* **1** (*med.*) locale, esterno **2** (*lett.*) fondamentale, decisivo, cruciale **CONTR.** secondario.

topless /*ingl.* 'tɔplis/ [vc. ingl., da *top* 'copertura' e *less* 'privo'] *s. m. inv.* monokini **CFR.** bikini.

tòpo *s. m.* ratto, sorcio **FRAS.** *topo d'albergo* (*fig.*), ladro d'albergo.

tòppa *s. f.* **1** rappezzo, rappezzatura, rappezzamento, rattoppo, rattoppatura, rammendo, rammendatura, pezza, taccone **CONTR.** rottura, lacerazione, sdrucio (*tosc.*), sdrucitura, sbrano, strappo, squarcio, sette **2** (*fig.*) riparo, rimedio provvisorio, palliativo **3** buco (della serratura).

toppàre *v. intr.* (*gerg.*) fallire, sbagliare.

toppàta *s. f.* (*gerg.*) errore madornale, svista clamorosa.

top secret /*ingl.* ˌtɔp 'si:krit/ [loc. ingl., letteralmente 'segreto (*secret*) che sta in cima (*top*)'] *loc. agg. inv.* (*di notizia*) segretissimo, riservatissimo **CONTR.** aperto, manifesto, notorio, palese.

toràce *s. m.* (*anat.*) petto, torso, tronco, cassa toracica, gabbia toracica, costato, busto, fusto, sterno **CFR.** dorso, dosso.

tórbido ***A*** *agg.* **1** (*di liquido*) fangoso, limaccioso, melmoso, appannato, impuro, oscuro, scuro, sporco, feccioso, torbo (*tosc.*), torbidiccio **CONTR.** cristallino, limpido, lucente, trasparente, pulito **2** (*fig.*) (*di cielo, di aria, ecc.*) annuvolato, nuvoloso, fosco, conturbato (*ant.*), minaccioso **CONTR.** chiaro, limpido, nitido, terso, diafano, puro, sereno **3** (*di persona, di sguardo, ecc.*) accigliato, aggrondato □ ambiguo, equivoco, subdolo, peccaminoso, sospetto, poco onesto, poco rassicurante **CONTR.** onesto, franco, rassicurante, sincero ***B*** *s. m.* **1** ambiguità, equivoco, cosa poco chiara, situazione poco onesta **2** (*al pl.*) tumulti, disordini **FRAS.** *pescare nel torbido*, trarre profitto da situazioni equivoche.

tòrcere ***A*** *v. tr.* **1** (*di cosa*) avvolgere, attorcere, contorcere, ritorcere, scontorcere, attorcigliare, accordellare, arricciare, rattorcere (*lett.*), strizzare **CONTR.** svolgere, disinvolgere, distendere, disfare, disvolgere, spiegare, sviluppare (*lett.*) **2** (*di collo, di ramo, ecc.*) piegare, curvare, flettere, incurvare, inarcare □ (*di occhi*) roteare, strabuzzare, stralunare □ storcere **CONTR.** addrizzare, drizzare, raddrizzare, raddirizzare (*raro*) **3** (*fig.*) (*di persona, di pensiero, ecc.*) allontanare, deviare, fare deviare, distogliere, stravolgere **CONTR.** ricondurre, rimettere, riportare ***B*** *v. intr.* (*raro*) piegare, voltare, mutare direzione ***C*** **torcersi** *v. rifl.* **1** contorcersi, attorcigliarsi, piegarsi, ripiegarsi **2** (*lett.*) volgersi, voltarsi **FRAS.** *non torcere un capello*, non fare alcun male □ *dare del filo da torcere* (*fig.*), ostacolare, procurare noie.

torchiàre *v. tr.* **1** comprimere col torchio, premere, pressare, schiacciare, soppressare, spremere, comprimere, stringere **2** (*fig., fam.*) interrogare a lungo, interrogare duramente, stangare. *V. anche* SCHIACCIARE

torchiàta *s. f.* **1** torchiatura, premitura, pressatura, spremitura **2** (*fig., fam.*) interrogazione pesante, duro interrogatorio, stangata.

torchiatùra *s. f.* torchiata, compressione, pressatura, premitura, soppressatura (*ant.*), spremitura, pigiamento (*raro*), pigiatura.

tòrchio *s. m.* pressa, pressatrice, soppressa (*ant.*), spremitoio, strettoio, frantoio, trappeto (*region.*) □ (*per coniare*) bilanciere **FRAS.** *sotto il torchio*, in corso di stampa; (*fig.*) sotto duro interrogatorio.

tòrcia *s. f.* **1** fiaccola, face (*lett.*), teda (*lett.*) □ (*elettrica*) pila **2** cero, candelotto, candela, lume, quadrone, torcetto.

toreador /*sp.* torea'dor/ [vc. sp., da *torear* 'combattere col toro'] *s. m.* torero □ matador (*sp.*), espada (*sp.*).

torèro *s. m.* toreador (*sp.*) □ matador (*sp.*), espada (*sp.*).

torinista *s. m. e f.*; *anche agg.* (*calcio*) granata.

tórma *s. f.* **1** (*lett.*) (*di soldati*) schiera, drappello, contingente, gruppo, stuolo, reggimento, coorte □ (*di* *cavalieri*) squadrone **2** (*est.*) (*di persone*) folla, moltitudine, orda, ressa, accozzaglia, carnaio, caterva, calca, frotta, massa, turba, nugolo □ pigia pigia **3** (*di animali*) branco, mandria, stormo. *V. anche* FOLLA

torménta *s. f.* bufera, tempesta, procella (*lett.*), uragano. *V. anche* BURRASCA

tormentàre ***A*** *v. tr.* **1** (*di fisico*) torturare, straziare, martoriare, martirizzare, suppliziare (*raro*), crocifiggere, dilaniare, flagellare, percuotere, seviziare □ angariare, maltrattare, opprimere, affliggere, assediare, bersagliare, premere, pungere, punzecchiare, perseguitare, tiranneggiare, travagliare, tribolare, vessare □ tampinare, importunare, molestare, seccare, scocciare (*fam.*), ossessionare **2** (*est.*) maneggiare nervosamente, strapazzare, cincischiare, spiegazzare **3** (*fig.*) (*di morale*) affliggere, angustiare, assillare, crucciare, infastidire, accorare, angosciare, arrovellare, attanagliare, divorare, trivellare, impensierire, turbare **CONTR.** allietare, deliziare, dilettare, divertire, rallegrare, distrarre, svagare, confortare, consolare ***B*** **tormentarsi** *v. rifl.* affliggersi, angosciarsi, angustiarsi, dannarsi, macerarsi, penare, friggere (*fig. fam.*), spasimare, rodersi, struggersi, torturarsi, tribolare, crucciarsi, accorarsi, addolorarsi, amareggiarsi, contristarsi, rattristarsi **CONTR.** allietarsi, deliziarsi, dilettarsi, divertirsi, rallegrarsi, svagarsi, confortarsi, consolarsi.

tormentàto *part. pass. di* **tormentare**; *anche agg.* **1** (*di fisico*) torturato, straziato, dilaniato, flagellato, martirizzato, morso, martoriato, maltrattato, vessato **2** (*est.*) strapazzato, cincischiato, spiegazzato □ (*di terreno*) accidentato **3** (*fig.*) (*di morale*) afflitto, addolorato, affannato, turbato, crucciato, angosciato, angustiato, desolato □ angariato, assillato, molestato, perseguitato, martellato, punzecchiato, stuzzicato, tampinato, seccato, scocciato (*fam.*) **CONTR.** allietato, dilettato, deliziato, divertito, rallegrato, confortato, consolato **4** (*fig.*) (*di vita, di decisione, ecc.*) travagliato, tribolato, sofferto, difficoltoso, tormentoso **CONTR.** calmo, facile, lieto, piacevole.

tormentatóre *s. m.; anche agg.* (*f. -trice*) **1** aguzzino, carnefice, torturatore, martirizzatore, martoriatore, flagellatore, seviziatore □ angariatore, oppressore, persecutore, tiranno, vessatore **2** (*fig.*) noioso, seccatore, fastidioso, importuno, molesto, annoiatore, scocciatore (*fam.*) **CONTR.** divertente, affabile, faceto, spassoso, gioviale, gradevole, simpatico.

torménto *s. m.* **1** (*di fisico*) tortura, martirio, strazio, supplizio, scempio, sevizia □ sofferenza, spasimo, travaglio, afflizione, agonia, dolore atroce, calvario, cilicio □ angheria, maltrattamento, oppressione, persecuzione, castigo, dannazione, sopruso, tribolazione, vessazione **2** (*fig.*) (*di morale*) assillo, ansietà, inquietudine, disperazione, ossessione, macerazione, cruccio, angoscia, pena, morso, chiodo (*fig.*), peso, preoccupazione, rimorso, rodimento, tempesta, inferno, gelosia, struggimento, fastidio, molestia, seccatura, scocciatura (*fam.*) **CONTR.** gioia, gaudio, godimento, delizia, letizia, piacere, distrazione, sollievo, requie. *V. anche* ANGOSCIA, INFERNO

tormentóso *agg.* **1** (*di male, di sete, ecc.*) doloroso, straziante, torturante, crudele **CONTR.** piacevole, delizioso **2** (*di pensiero, di preoccupazione, ecc.*) assillante, angoscioso, fastidioso, molesto, cocente, ossessivo, ossessionante, struggente **CONTR.** divertente, rallegrante, piacevole **3** (*fig.*) (*di vita, di vicenda, ecc.*) travagliato, tribolato, difficoltoso, penoso, desolante, gravoso, tormentato **CONTR.** felice, facile. *V. anche* CRUDELE

tornacónto *s. m.* utile, guadagno, profitto, ricavo, utilità, economicità, interesse, opportunità, comodo, vantaggio □ convenienza, pro **CONTR.** danno, perdita, scapito, svantaggio, detrimento. *V. anche* GUADAGNO

tornàdo *s. m.* ciclone, tifone, turbine, tromba d'aria □ (*fig.*) furia.

tornànte *s. m.* (*di strada*) serpentina, gomito, svolta, curva stretta, zigzag □ tourniquet (*fr.*).

tornàre ***A*** *v. intr.* **1** ritornare, rivenire, rientrare, fare ritorno, riedere (*lett.*) □ andare di nuovo □ (*fig.*) riandare, ripensare, rievocare **CONTR.** andare, ripartire, assentarsi, fuggire **2** riapparire, ripassare, ricomparire, ripresentarsi, riportarsi, rinnovarsi **CONTR.** mancare **3** (*raro, lett.*) trasformarsi, cambiarsi, mutarsi □ volgersi, riuscire □ essere **4** ridiventare, ridivenire, rifarsi **5** (*di conto, di ragionamento, ecc.*) quadrare, riquadrare (*raro*), corrispondere, risultare esatto ***B*** *v. tr.* **1** (*lett.*) ricondurre, rimettere, riportare, restituire **2** (*lett.*) girare, volgere **FRAS.** *tornare in sé*, riprendere i sensi; (*fig.*) ravvedersi □ *tornare alla carica*, insistere □ *tornare a galla*, riemergere; (*fig.*) tornare di attualità.

tornasóle *s. m. inv.* (*chim.*) laccamuffa □ reagente, reattivo **FRAS.** *cartina di tornasole* (*fig.*), prova, verifica.

tornàta *s. f.* **1** (*raro, lett.*) ritorno **CONTR.** andata, partenza **2** (*lett.*) commiato, congedo **3** (*di assemblea*) sessione, giornata, riunione, seduta, incontro.

tornèo *s. m.* **1** (*st.*) giostra, carosello, gualdana, torneamento (*ant.*) **2** (*sport*) gare eliminatorie □ campionato.

tornìre *v. tr.* **1** arrotondare, levigare, lavorare al tornio **2** (*fig.*) (*di discorso, di stile, ecc.*) rifinire, perfezionare, affinare, abbellire, ripulire □ rendere armonioso **CONTR.** abborracciare, raffazzonare, impasticciare, improvvisare.

tornìto *part. pass. di* **tornire**; *anche agg.* **1** arrotondato, levigato, lavorato al tornio **2** (*fig.*) (*di discorso, di stile, ecc.*) elegante, forbito, ornato □ (*di membra*) armonioso, aggraziato, perfetto, ben fatto, rotondo e liscio **CONTR.** abbozzato, sgrossato □ angoloso, ruvido, rozzo, sgraziato □ sgraziato, mal fatto.

tornitùra *s. f.* **1** levigazione, arrotondamento, rifinitura, lavorazione al tornio **2** (*fig.*) (*di discorso, di stile, ecc.*) affinamento, perfezionamento, rifinimento, rifinitura, ripulimento, ultima mano **CONTR.** peggioramento, deterioramento, imbarbarimento.

tòro *s. m.* **1** (*zool.*) maschio dei bovini **2** (*fig.*) (*di persona*) ercole **CONTR.** mingherlino, debole, gracile **3** (*in borsa*) rialzo □ speculatore al rialzo, bull (*ingl.*), rialzista **CONTR.** orso, ribasso □ bear (*ingl.*), ribassista **FRAS.** *prendere il toro per le corna* (*fig.*), affrontare l'ostacolo senza esitazione □ *tagliare la testa al toro* (*fig.*), risolvere decisamente; troncare la discussione.

torpedinièra *s. f.* silurante, cacciatorpediniere, lanciasiluri, lanciamissili.

torpedóne *s. m.* pullman, autopullman, corriera, autocorriera, autobus, bus.

tórpido *agg.* **1** (*di membra*) intorpidito, intirizzito, intormentito, torpente (*lett.*), sonnacchioso **CONTR.** agile, elastico, sciolto, spedito, scattante **2** (*est.*) (*di mente, di temperamento*) pigro, lento, apatico, ignavo, indolente, neghittoso, poltrone, sonnolento □ tardo, ottuso **CONTR.** alacre, attivo, operoso, pronto, rapido, fervido, solerte, sollecito, sveglio, intraprendente, svelto, vivace.

torpóre *s. m.* **1** (*di fisico*) torpidezza, torpidità (*raro*), intorpidimento, intirizzimento, intormentimento, formicolio □ sonnolenza, sonno, sopore, letargo, letargia **2** (*est.*) (*di mente, di comportamento*) pigrizia, apatia, ignavia, accidia, indolenza, lentezza, intontimento **CONTR.** sollecitudine, sveltezza, vivacità, alacrità, attività, operosità, prontezza, rapidità, solerzia. *V. anche* PIGRIZIA

torrefàre *v. tr.* tostare, abbrustolire.

torrefazióne *s. f.* (*di caffè, di orzo e sim.*) tostatura, abbrustolimento.

torreggiàre *v. intr.* (*anche fig.*) levarsi, dominare, grandeggiare, ergersi, innalzarsi, soverchiare, sovrastare, spiccare, stagliarsi □ eccellere, primeggiare.

torrènte *s. m.* **1** borro, botro, fiumana, fossato, fiumara **2** (*est.*) (*di parole, di insulti, ecc.*) fiume, flusso, profluvio, abbondanza, moltitudine, gran quantità, marea.

torrenziàle *agg.* **1** torrentizio **2** (*est.*) (*di pioggia*) scrosciante, impetuoso, diluviale, violento □ a torrenti, a catinelle **CONTR.** leggero, lieve, minuto, sottile.

tòrrido *agg.* ardente, bruciante, rovente, cocente, estivo, caldissimo, afoso, canicolare, tropicale □ arso, riarso, bruciato, secco **CONTR.** gelido, gelato, glaciale, freddissimo, agghiacciato, ghiacciato, diaccio.

torrióne *s. m.* **1** *accr. di* **torre** **2** maschio, mastio.

torróne *s. m.* mandorlato, croccante.

torsióne *s. f.* torcimento, torcitura, strizzata □ storcimento, scontorcimento, contorcimento, contorsione, storta.

tórso *s. m.* **1** (*di frutti*) torsolo, parte centrale **2** (*anat.*) busto, tronco, cassa, petto, torace.

tórsolo *s. m.* (*di piante erbacee*) fusto □ (*di frutti*) torso, parte centrale.

tórta *s. f.* dolce, dolciume, gateau (*fr.*), sfogliata □ focaccia.

tortellìno *s. m.* **1** *dim. di* **tortello** **2** cappelletto, agnellotto, agnolotto.

tortèllo *s. m.* raviolo, agnolotto.

tortiglióne *s. m.* **1** (*zool.*) rinchite, sigaraio **2** (*mecc.*) spirale, elica.

tòrtile *agg.* a spirale, a elica, elicoidale, tortuoso, serpeggiante.

tòrto *s. m.* ingiustizia, iniquità, angheria, ingiuria, offesa, schiaffo, lesione, slealtà, sopruso □ colpa, errore, demerito, difetto **CONTR.** beneficio, favore, cortesia, giustizia □ diritto, ragione, merito **FRAS.** *avere torto*, non avere ragione □ *non avere tutti i torti*, avere le proprie ragioni □ *a torto*, ingiustamente.

tortuosità *s. f.* **1** (*di percorso, di fiume, ecc.*) sinuosità, serpeggiamento, anfrattuosità, meandro, giravolta, ansa, curva, piegatura, ravvolgimento, zigzag **CONTR.** dirittura, retta, linea diritta **2** (*fig.*) (*di discorso, di comportamento*) ambiguità, obliquità, involuzione **CONTR.** chiarezza.

tortuóso *agg.* **1** (*di percorso, di fiume, ecc.*) sinuoso, serpeggiante, anfrattuoso, curvo, piegato, labirintico, tortile (*lett.*), a zigzag **CONTR.** diritto, rettilineo, diretto, in linea retta **2** (*fig.*) (*di discorso, di comportamento, ecc.*) ambiguo, intricato, contorto, complicato, involuto, obliquo, sleale, storto, sghimbescio, subdolo **CONTR.** aperto, franco, sincero, lineare, leale, schietto, cristallino, spontaneo.

tortùra *s. f.* **1** (*di fisico*) martirio, sevizie, strazio, atrocità, supplizio, autodafé **2** (*est.*) (*di morale*) sofferenza, dolore, pena, angoscia, ambascia, tormento, grave afflizione, cilicio (*fig., lett.*) □ (*fig.*) fastidio **CONTR.** sollievo, conforto.

torturàre ***A*** *v. tr.* **1** (*di fisico*) martirizzare, seviziare, brutalizzare, dilaniare, incrudelire, lacerare, martoriare, straziare, suppliziare (*raro*) **2** (*fig.*) (*di morale*) tormentare, angariare, addolorare, fare soffrire, angustiare, affliggere, accorare (*lett.*), contristare, travagliare (*lett.*), tribolare (*lett.*), angosciare, crocifiggere (*fig.*), trivellare (*fig.*) □ infastidire, assillare, molestare **CONTR.** confortare, sollevare, rallegrare ***B*** **torturarsi** *v. rifl.* tormentarsi, affliggersi, addolorarsi, macerarsi **CONTR.** allietarsi, rallegrarsi, confortarsi.

torturatóre *s. m.* seviziatore, aguzzino, martirizzatore □ tormentatore, persecutore.

tórvo *agg.* bieco, losco, scuro, storto, obliquo, sinistro, feroce, malvagio, patibolare, cagnesco □ accigliato, truculento, minaccioso **CONTR.** aperto, benigno, bonario, franco, gaio, ridente, sereno.

tósa *s. f.* (*dial.*) fanciulla, ragazza.

tosàre ***A*** *v. tr.* **1** radere, rasare, tagliare, abradere, tondere (*lett.*) **2** (*di siepi, di piante, ecc.*) potare, cimare, pareggiare **3** (*est., scherz.*) pelare, rapare, zucconare **4** (*fig.*) (*di fisco, di bottegaio, ecc.*) spogliare, pelare ***B*** **tosarsi** *v. rifl.* (*scherz.*) radersi, raparsi.

tosàto *part. pass. di* **tosare**; *anche agg.* tagliato, potato □ (*scherz.*) rasato, rapato **CONTR.** intonso.

tosatùra *s. f.* **1** tosamento (*raro*), rasatura, cimatura, taglio, tosa (*raro*) **2** (*scherz.*) (*di capelli*) pelata, rapatura, rapata.

tòssico ***A*** *agg.* velenoso, nocivo, dannoso, venefico, velenifero, virulento, avvelenato, attossicato □ malefico, pestifero **CONTR.** atossico, svelenito □ innocuo, inoffensivo ***B*** *s. m.* **1** veleno **CONTR.** contravveleno, balsamo **2** (*est.*) cibo disgustoso **3** (*gerg.*) tossicodipendente.

tossicodipendènte *s. m. e f.; anche agg.* tossicomane, cocainomane, morfinomane, eroinomane, drogato abituale, tossico (*gerg.*).

tossicodipendènza *s. f.* tossicomania.

tossicòmane *s. m. e f.; anche agg.* tossicodipendente, drogato abituale.

tossicomanìa *s. f.* (*med.*) tossicodipendenza, morfinismo, morfinomania, cocainismo, cocainomania, eroinomania, intossicazione abituale.

tostàre *v. tr.* abbrustolire, torrefare □ arrostire, cuocere.

tostatùra *s. f.* abbrustolimento, torrefazione.

tòsto *agg.* ***1*** (*dial.*) sodo, duro **CONTR.** floscio, molle ***2*** (*pop.*) deciso, risoluto, determinato **CONTR.** indeciso, incapace, pappamolle **FRAS.** *faccia tosta* (*fig.*), sfrontato, sfacciato, ardito.

tòt [dal lat. *tot* 'tanti'] ***A*** *agg. indef.* ***1*** (*al pl.*) tanti, tante ***2*** (*al sing.*) tale ***B*** *pron. indef.* un tanto, una certa quantità, tanto, tanti.

totàle ***A*** *agg.* pieno, intero, completo, integrale, compiuto □ globale, plenario, unanime, totalitario, incondizionato, illimitato, perfetto, radicale, assoluto, generale, universale, cosmico □ complessivo, onnicomprensivo **CONTR.** parziale, particolare, speciale, unitario, frazionario, incompleto, incompiuto, carente, relativo ***B*** *s. m.* (*di addizione*) somma, risultato, ammontare, entità, totalità **CONTR.** aliquota, avanzo, elemento. *V. anche* SOVRANO

totalità *s. f.* totale, insieme, somma, tutto, tutti □ globalità, complesso, generalità, universalità, completezza, integrità, interezza, unità, pienezza **CONTR.** particolare, frammento □ particolarità.

totalitàrio *agg.* ***1*** (*raro*) totale, pieno, assoluto, completo, compiuto □ globale, generale **CONTR.** parziale, particolare, frazionario, incompiuto, incompleto, relativo ***2*** (*di governo*) assoluto, dispotico, dittatoriale, tirannico **CONTR.** democratico, liberale, pluralista.

totalitarìsmo *s. m.* assolutismo, dispotismo, dittatura, tirannide □ fascismo, nazismo, comunismo **CONTR.** democrazia, liberalismo, pluralismo.

totalizzàre *v. tr.* ***1*** calcolare in totale ***2*** (*di punti, di tempi, ecc.*) conseguire, raggiungere.

totalizzatóre *s. m.* ***1*** (*negli ippodromi*) gioco di scommesse □ (*est.*) banco di scommesse ***2*** (*di macchina*) addizionatrice, calcolatrice.

totalménte *avv.* pienamente, interamente, completamente, compiutamente, complessivamente, globalmente, in toto, integralmente, letteralmente, assolutamente, generalmente, universalmente, del tutto, incondizionatamente, radicalmente, tutto, affatto **CONTR.** parzialmente, incompletamente, incompiutamente, in parte, relativamente, pressappoco, pressoché, punto.

tòtano *s. m.* (*zool., est.*) calamaro.

tòtem [dall'algonchino *t* 'suo' e *ote*(*m*) 'segno', 'famiglia'] *s. m. inv.* segno della tribù, segno del clan, feticcio, idolo.

totonéro *s. m.* calcioscommesse.

toupet /*fr.* tu'pɛ/ [vc. fr., dim. dell'ant. fr. *top*, dal francone *top* 'cima, vetta'] *s. m. inv.* ***1*** posticcio, parrucchino, parrucca ***2*** (*raro*) sfrontatezza, sfacciataggine, faccia tosta, faccia di bronzo **CONTR.** discrezione, riguardo, riserbo, riservatezza, peritanza (*raro, lett.*).

tour /*fr.* tur/ [vc. fr., letteralmente 'giro'] *s. m. inv.* ***1*** giro turistico, viaggio ***2*** (*per anton.*) giro ciclistico di Francia.

tour de force /*fr.* 'tur d 'fɔrs/ [loc. fr., letteralmente 'giro (*tour*) di (*de*) forza (*force*)'] *loc. sost. m. inv.* (*est.*) sforzo intenso, fatica prolungata, sfacchinata **CONTR.** riposo, relax (*ingl.*).

tournée /*fr.* tur'ne/ [vc. fr., letteralmente 'girata'] *s. f. inv.* (*di artisti, di sportivi, ecc.*) serie di incontri, serie di spettacoli □ itinerario.

tour operator /*ingl.* 'tuər 'ɔpəreitə/ [loc. ingl., comp. di *tour* 'giro' e *operator* 'operatore'] *loc. sost. m. inv.* operatore turistico.

tovàglia *s. f.* mantile, drappo, panno □ (*d'altare*) nappa.

tovagliòlo *s. m.* salvietta, bavaglino, mantile.

tòzzo (1) *agg.* atticciato, grosso, massiccio, tarchiato, tombolotto (*fam.*), tracagnotto, brevilineo **CONTR.** esile, slanciato, longilineo, segaligno, secco, smilzo, snello, sottile, mingherlino □ aerodinamico, affusolato.

tòzzo (2) *s. m.* (*di pane*) crosta, pezzo, tocco, boccone.

tra *prep.* ***1*** (*di luogo*) fra, in mezzo a, frammezzo a □ da ***2*** (*di tempo*) fra, entro ***3*** (*di compagnia*) con, insieme con ***4*** (*partitivo*) fra, di ***5*** (*di causa*) per, a causa di ***6*** (*di relazione, di reciprocità*) fra **FRAS.** *tra tutti*, in tutto, tutti compresi □ *tra noi* (*fig.*), in confidenza.

traballànte *part. pres. di* **traballare**; *anche agg.* (*anche fig.*) barcollante, ciondolante, dondolante, ondeggiante, ondulante (*lett.*), oscillante, fluttuante, smosso, tremolante, tentennante, cadente, pericolante, vacillante, vibrante, zoppo, zoppicante **CONTR.** immobile, immoto, fisso, saldo, stabile, inerte.

traballàre *v. intr.* (*anche fig.*) barcollare, ciondolare, dondolare, fluttuare, ondeggiare, ballare, barellare (*lett.*), ondulare (*lett.*), oscillare, tentennare, tremolare, vacillare, pericolare, vibrare, scricchiolare, ciurlare (*ant.*), zoppicare **CONTR.** stare saldo, stare diritto, stare immobile, stare fisso.

trabalzóne *s. m.* scossone.

trabeazióne *s. f.* cornice, cornicione, architrave, fregio.

trabìccolo *s. m.* ***1*** scaldaletto, prete □ scaldino ***2*** (*scherz.*) baracca, baracchino, trappola (*fam.*) ***3*** (*scherz.*) carretta, macinino, bagnarola (*region.*).

traboccànte *part. pres. di* **traboccare**; *anche agg.* (*anche fig.*) riboccante (*ant.*), ridondante, rigurgitante, straboccante (*pop.*), strabocchevole, strapieno, straripante, tracimante, prorompente, saturo, ricolmo, ripieno, pieno, colmo □ abbondante, copioso, gonfio, carico, zeppo □ sovrabbondante, soverchiante, eccedente, superfluo, eccessivo □ troppo **CONTR.** scarso, povero, misero, manchevole, insufficiente.

traboccàre *v. intr.* ***1*** (*di liquido*) versarsi, rigurgitare, riboccare (*ant.*), sboccare (*raro*), straboccare (*pop.*), straripare, prorompere, riversarsi, uscire, debordare, slabbrare, tracimare ***2*** (*anche fig.*) eccedere, abbondare, sovrabbondare, sopreccedere, ridondare, soverchiare **CONTR.** scarseggiare, mancare, difettare, essere insufficiente.

trabocchétto ***A*** *s. m.* ***1*** botola, bocca di lupo □ trappola, tagliola, calappio, laccio, chiapparello (*dial.*), rete ***2*** (*fig.*) inganno, tranello, insidia, trama, macchinazione, stratagemma ***B*** *in funzione di agg. inv.* ingannevole, insidioso, subdolo.

tracagnòtto *agg.*; *anche s. m.* atticciato, grosso, massiccio, corpacciuto, corpulento, tarchiato, tombolotto (*fam.*), tappo (*scherz.*), tozzo **CONTR.** esile, slanciato, spilungone, smilzo, snello, sottile, mingherlino.

tracannàre *v. tr.* ingoiare, ingollare, ingurgitare, sbevacchiare, sbevazzare, bere, inghiottire, trangugiare, scolare, cioncare (*region.*) **CONTR.** libare, centellinare, sorseggiare, assaporare, succhiare. *V. anche* BERE

traccheggiàre *v. intr.* temporeggiare, tergiversare, indugiare, nicchiare, menare il can per l'aia, trimpellare (*tosc.*).

tràccia *s. f.* ***1*** impronta, orma, pedata, zampata, pesta, scia, solco □ (*lett.*) cammino, pista, strada ***2*** (*est.*) indizio, segno, resto, testimonianza, ricordo, sfumatura, venatura, accenno, cenno, vestigio, indice, puzzo ***3*** (*di argomento*) schema, sommario, scaletta, bozza, abbozzo, canovaccio, schizzo, imbastitura. *V. anche* IMPRONTA, SCHIZZO

tracciàre *v. tr.* ***1*** (*di linea, di confine, ecc.*) segnare, indicare, tirare, rigare, delineare, demarcare, descrivere □ (*est.*) disegnare **CONTR.** cancellare, cassare, fare scomparire ***2*** (*fig.*) (*di argomento*) abbozzare, fare lo schema, schizzare, ordire □ sintetizzare **CONTR.** dettagliare, circostanziare, particolareggiare.

tracciàto ***A*** *part. pass. di* **tracciare**; *anche agg.* delineato, indicato, descritto ***B*** *s. m.* (*di strada*) percorso, itinerario, circuito, linea.

tracimàre *v. intr.* (*di liquido*) straripare, traboccare, straboccare (*pop.*), debordare, dilagare, uscire, rompere **CONTR.** incanalarsi.

tracimazióne *s. f.* (*di liquido*) straripamento, traboccamento (*raro*) **CONTR.** incanalatura.

trackball /*ingl.* 'træk bɔ:l/ [vc. ingl., comp. di *to track* 'seguire le tracce' e *ball* 'palla'] *s. m. inv.* **CFR.** mouse (*ingl.*).

tracòlla *s. f.* bandoliera, balteo (*lett.*), armacollo, cinturone, traversa □ (*est.*) borsa, sacco.

tracollàre *v. intr.* perdere l'equilibrio, cadere, rovinare, precipitare.

tracòllo *s. m.* (*spec. fig.*) caduta, crollo, tonfo, disastro, disgrazia, fallimento, perdita, rovina, grave danno, fine disastrosa, crack (*ingl.*), crac, bancarotta **CONTR.** ascesa, salita, successo, vantaggio, utile, utilità, tornaconto.

TRACOLLO
sinonimia strutturata

Il verbo tracollare in senso proprio indica il perdere l'equilibrio e dà origine al significato proprio e concreto di **tracollo**, che però in quest'accezione si incontra assai di rado. Frequente è invece il suo uso figurato, in cui indica un notevolissimo peggioramento: *avere un tracollo finanziario*; *ha avuto un tracollo di salute*. Il suo sinonimo più generale è **caduta**, che figuratamente si riferisce a una capitolazione, a una resa, o a una rovina: *per la sì presta caduta della città erano forte imbaldanziti* (BARTOLI); *la caduta dell'Impero Romano*. Una caduta disastrosa e definitiva, ad esempio morale od economica, è detta in senso figurato **crollo**: *il crollo delle nostre speranze*; *il crollo della fede nella giustizia*; *crollo in borsa*; il *crollo dei prezzi* è il loro improvviso e forte ribasso. Equivalente è **rovina**, che in senso lato designa un danno gravissimo, mentre nell'accezione propria indica lo sfacelo, lo scempio, il disfacimento di istituzioni, governi, civiltà: *la rovina della nazione è irreparabile*; *mandare, andare in rovina*. **Disastro** denomina una sciagura che arreca gravissimi danni alle cose o alle persone, ed estensivamente un danno irrimediabile: *la crisi economica fu un disastro per tutti*; molto vicina è la parola **disgrazia**, che però suggerisce maggiormente che la causa delle calamità o degli eventi luttuosi o spiacevoli sia l'avversità della sorte.

Un tracollo prettamente economico è indicato dagli usi figurati dei termini specifici **crac** e **bancarotta**; in particolare, i primi due di solito si riferiscono a un evento improvviso: *il crac di una banca*; *un clamoroso crac finanziario*; bancarotta è invece un termine giuridico che definisce l'insolvibilità colposa (*bancarotta semplice*) o dolosa (*bancarotta fraudolenta*) di un imprenditore commerciale dichiarato fallito: *imprenditore condannato per bancarotta*; talvolta il termine viene adoperato in senso figurato per designare genericamente una cattiva riuscita, un insuccesso: *la bancarotta dei nostri progetti*. In modo analogo si articolano i significati di **fallimento**, che nel significato giuridico si riferisce al procedimento giudiziale per la liquidazione del patrimonio di un imprenditore insolvente, e in senso lato, nel linguaggio corrente, indica un disastro, un insuccesso totale: *la festa si risolse in un vero fallimento*.

tracotànte *agg.*; *anche s. m.* e *f.* arrogante, burbanzoso, borioso, iattante, presuntuoso, prepotente, insolente, oltraggioso, protervo, superbo, sprezzante, sdegnoso, irriverente, petulante, oltracotante (*lett.*) **CONTR.** accomodante, affabile, amabile, bonario, conciliante, cordiale, cortese, dolce, mite, mogio, sommesso.

tracotànza *s. f.* arroganza, burbanza, prepotenza, boria, superbia, iattanza, insolenza, presunzione, protervia, sdegnosità, presuntuosità, petulanza, oltracotanza (*lett.*) **CONTR.** amabilità, affabilità, bonarietà, cordialità, cortesia, gentilezza, mitezza. *V. anche* PREPOTENZA

trade mark /*ingl.* 'treid ma:k/ [loc. ingl., letteralmente 'segno (*mark*) di commercio (*trade*)'] *loc. sost. m. inv.* marchio di fabbrica.

tradiménto *s. m.* ***1*** infedeltà, fellonia (*raro, lett.*), perfidia, diserzione, defezione, slealtà, voltafaccia, rinnegamento, ripudio □ adulterio **CONTR.** fedeltà, fede, lealtà ***2*** (*est.*) inganno, frode, imbroglio **CONTR.** onestà, rettitudine, dirittura, integrità, probità **FRAS.** *a tradimento*, con l'inganno; (*est.*) all'improvviso.

tradìre ***A*** *v. tr.* ***1*** (*di persona*) mancare alla fede, essere infedele, cornificare (*pop.*), essere perfido, rinnegare, ripudiare, defezionare, ingannare, vendersi **CONTR.** essere fedele, essere leale, mantenere la fede, mantenersi fedele, corrispondere **2** (*fig.*) (*di fiducia, di speranza, ecc.*) mancare, venir meno, deludere, disattendere □ (*di fede, di idea, ecc.*) abiurare, apostatare, disertare □ (*di segreto*) divulgare, svelare **CONTR.** mantenere, tenere fede, osservare **3** (*di sentimento*) rivelare, manifestare, scoprire **CONTR.** celare (*lett.*), occultare, nascondere, tacere, tenere segreto **B tradirsi** *v. rifl.* (*di persona*) scoprirsi, smascherarsi, manifestarsi **CONTR.** dissimularsi, nascondersi.

tradìto *part. pass. di* **tradire**; *anche agg.* ingannato, deluso, frodato, imbrogliato, raggirato, truffato □ ripudiato, cornuto (*pop.*) **CONTR.** rispettato, onorato, mantenuto, osservato.

traditóre A *s. m.* (*f. -trice*); *anche agg.* fedifrago (*lett.*), apostata, defezionista, disertore, giuda, marrano (*lett.*), rinnegato, transfuga, fellone (*lett.*), infedele, infido, perfido, sleale **CONTR.** fedele, fidato, fido (*lett.*), leale **B** *agg.* (*di vino, di parole, ecc.*) che tradisce, ingannatore, imbroglione, infido **CONTR.** genuino, sicuro.

tradizionàle *agg.* della tradizione, convenzionale, classico, folcloristico □ solito, usuale, consuetudinario, sacramentale, ordinario, consueto, abituale, proverbiale **CONTR.** nuovo, recente, fresco □ insolito, inusitato, mai visto, audace.

tradizionalìsmo *s. m.* conservatorismo, passatismo, attaccamento alla tradizione, accademismo **CONTR.** progressismo, riformismo, innovazione, avvenirismo.

tradizionalìsta *s. m.* e *f.* conservatore, passatista, nostalgico, benpensante **CONTR.** progressista, riformatore, avanzato, avvenirista, innovatore, novatore.

tradizióne *s. f.* **1** (*di memorie, di leggi, ecc.*) trasmissione orale, credenza **2** consuetudine, costumanza, convenzione, costume, memoria, usanza, uso, abitudine □ folklore **3** ciclo, leggenda, saga, filone **4** (*giur.*) consegna. *V. anche* LEGGENDA

tradótto *part. pass. di* **tradurre**; *anche agg.* **1** (*bur.*) (*di detenuto*) condotto, portato, trasportato, trasferito **2** (*di scritto, di discorso*) volto, trasportato, interpretato, doppiato.

tradùrre *v. tr.* **1** (*di scritto, di discorso*) volgere, trasportare, rendere, traslatare (*ant.*), voltare, interpretare, volgarizzare **2** (*bur.*) (*di detenuto*) portare, condurre, trasferire **FRAS.** *tradurre in atto* (*fig.*), realizzare.

traduttóre *s. m.* (*f. -trice*) **1** (*di scritto, di discorso*) interprete, doppiatore, volgarizzatore, traslatore (*ant.*) **2** (*di libro*) bigino.

traduzióne *s. f.* **1** versione, volgarizzamento, traslazione (*raro*), volgarizzazione, doppiaggio, trascrizione □ parafrasi, spiegazione, interpretazione **2** (*bur.*) (*di detenuto*) trasporto, trasferimento, trasferta. *V. anche* INTERPRETAZIONE

trafelàto *agg.* affannato, ansante, ansimante, esausto, spossato, stanco, col fiato grosso **CONTR.** fresco, riposato, ristorato.

trafficànte A *part. pres. di* **trafficare B** *s. m.* e *f.* **1** commerciante, mercante, negoziante □ bottegaio, venditore, rivenditore **2** (*spreg.*) speculatore, affarista, armeggione, faccendiere, maneggione, profittatore, spacciatore, trafficatore (*raro*), traffichino **CFR.** narcotrafficante.

trafficàre A *v. intr.* **1** (*di cose*) commerciare, negoziare, comprare, vendere, comprare e vendere **2** (*est.*) (*per uno scopo*) affaccendarsi, industriarsi, adoperarsi, ingegnarsi, armeggiare, brigare, trescare (*spreg.*), tramenare (*tosc.*), darsi d'attorno, darsi da fare **CONTR.** oziare, poltrire, bighellonare, ciondolare, stare con le mani in mano, stare in panciolle **B** *v. tr.* (*spec. spreg.*) vendere, mercanteggiare, speculare, spacciare.

trafficàto *part. pass. di* **trafficare**; *anche agg.* (*gerg.*) (*di luogo*) frequentato, battuto, movimentato.

traffichìno *s. m.* trafficante, armeggione, trafficone, faccendiere, intrigante, maneggione, procacciatore.

tràffico *s. m.* **1** (*di cose*) commercio, movimento d'affari, giro, scambio, compravendita □ speculazione **CFR.** narcotraffico **2** (*di persone, di veicoli*) movimento, vita, passaggio, circolazione, transito, andirivieni, va e vieni, viavai.

trafficóne *s. m.* (*f. -a*) mestatore, intrallazzatore, maneggione, faccendiere, intrigante, procacciante, traffichino **CONTR.** fannullone.

trafìggere *v. tr.* **1** infilzare, infilare, trapassare, passare da parte a parte, sventrare **2** (*est.*) pungere, ferire, bucare, forare, crivellare, trapanare **3** (*fig.*) (*di persona*) pungere, colpire, ferire, addolorare, affliggere **CONTR.** lusingare, fare piacere.

trafìla *s. f.* **1** filiera **2** (*fig.*) (*per uno scopo*) via, strada, sequenza, sequela, tramite, iter (*lat.*).

trafilétto *s. m.* (*giorn.*) stelloncino, asterisco, corsivo, articoletto, breve articolo.

trafìtto *part. pass. di* **trafiggere**; *anche agg.* infilzato, infilato, trapassato, crivellato □ (*anche fig.*) punto, colpito, ferito.

trafittùra *s. f.* trafitta, ferita, puntura, trapanatura, trapanazione □ strale, stilettata, chiodo (*pop.*), spina, punta □ dolore, fitta, sofferenza, spasimo.

traforàre *v. tr.* **1** perforare, sforacchiare, passare da parte a parte □ bucare, forare **2** lavorare di traforo.

traforàto *part. pass. di* **traforare**; *anche agg.* perforato, forato, sforacchiato, bucherellato, lavorato al traforo, à jour (*fr.*).

trafóro *s. m.* **1** traforazione (*raro*), perforazione □ foro, buco **2** galleria, tunnel **3** ricamo a intaglio.

trafugaménto *s. m.* sottrazione, furto, rubamento (*raro*), rapina □ occultamento.

trafugàre *v. tr.* sottrarre, portare via (di nascosto), rubare, rapire, rapinare □ occultare.

tragèdia *s. f.* **1** componimento tragico, dramma tragico **CONTR.** comica, commedia, farsa **2** (*est.*) vicenda tragica, dramma, calamità, catastrofe, disastro, disgrazia, lutto, rovina, sciagura, sinistro **CONTR.** fortuna, festa, successo, fausto evento **3** (*spreg., scherz.*) commedia, sceneggiata.

tragediògrafo *s. m.* autore tragico, tragedo (*lett.*), tragediante, drammaturgo.

traghettàre *v. tr.* tragittare (*raro*), trasbordare, trasportare, portare, fare passare, fare attraversare, attraversare, passare, valicare (*raro*).

traghettatóre *s. m.* (*f. -trice*) tragittatore (*raro*), navicellaio (*lett.*), trasportatore, passatore □ barcaiolo.

traghétto *s. m.* **1** (*da una sponda all'altra*) passaggio, attraversamento, traghettamento, trasporto, tragitto (*raro*), corsa, traversata **2** stazione d'imbarco, imbarcadero, molo **3** (*di mezzo*) barca, battello, nave, imbarcazione, ferry-boat (*ingl.*), aliscafo. *V. anche* NAVE

tragicaménte *avv.* atrocemente, crudelmente, dolorosamente, funestamente, luttuosamente, mortalmente, catastroficamente, fatalmente, tristemente **CONTR.** comicamente, piacevolmente, ridicolmente, umoristicamente.

tràgico **A** *agg.* **1** di tragedia **CONTR.** comico, farsesco **2** (*est., fig.*) atroce, cruento, crudele, doloroso, drammatico, funesto, luttuoso, mortale, catastrofico, fatale, triste, violento □ allarmista, disfattista, apprensivo **CONTR.** comico, umoristico, ridicolo, farsesco, burlesco, divertente, lieto, piacevole □ ottimista, calmo **B** *s. m.* tragediografo **C** *s. m. solo sing.* tragicità. *V. anche* CRUDELE

tragìtto *s. m.* **1** passaggio, traversata □ (*ant.*) traghetto **2** (*est.*) cammino, camminata, percorso, percorrenza, strada, via, itinerario, viaggio, corsa, trasporto □ traiettoria.

traguàrdo *s. m.* **1** arrivo, punto di arrivo, linea di arrivo **CONTR.** partenza, punto di partenza, linea di partenza **2** (*fig.*) fine, meta, termine, obiettivo, scopo □ (*di strumento*) livello.

traiettòria *s. f.* parabola, orbita □ linea, volo, percorso, tragitto.

trainàre *v. tr.* tirare, trascinare, rimorchiare, trasportare □ strascicare, strascinare **CONTR.** spingere, sospingere.

trainer /*ingl.* 'treinə/ [vc. ingl., dal v. *to train* 'trascinare, allenare, addestrare'] *s. m. inv.* allenatore, addestratore, preparatore, istruttore, mister (*ingl.*), coach (*ingl.*).

training /*ingl.* 'treiniŋ/ [vc. ingl., da *to train* 'trascinare, trainare'] *s. m. inv.* allenamento, addestramento, tirocinio **FRAS.** *training autogeno*, autodistensione.

tràino *s. m.* **1** (*di azione*) trascinamento, tiro □ strascicamento, strascinamento, trasporto **2** (*di mezzo*) treggia, slitta □ troika □ veicolo **3** (*di merce*) carico, peso.

trait d'union /*fr.* 'trɛ d y'njɔ̃/ [vc. fr., letteralmente 'tratto (*trait*) di unione (*d'union*)'] *loc. sost. m. inv.* **1** lineetta, trattino **2** (*est.*) (*di persona*) intermediario □ vincolo, legame, anello di congiunzione, nesso.

tralasciàre *v. tr.* **1** (*di lavoro, di cura, ecc.*) interrompere, sospendere, abbandonare, soprassedere, lasciare, lasciare a mezzo, mollare □ differire, rimandare, rinviare, posporre **CONTR.** continuare, proseguire, ricominciare, persistere, riprendere **2** (*di attività*) cessare, finire, desistere, smettere, terminare, dismettere **CONTR.** ricominciare, ritornare, riprendere □ attendere, intraprendere **3** prescindere, sottacere, sorvolare, saltare, sottintendere, omettere, trascurare, dimenticare, scordare **CONTR.** ricordare, inserire, menzionare, includere, tener presente, considerare.

tralasciàto *part. pass. di* **tralasciare**; *anche agg.* dimenticato, mancato, saltato, sottaciuto, sottinteso □ abbandonato, smesso **CONTR.** considerato, contato, tenuto presente, inserito □ continuato, proseguito.

tràlcio *s. m.* (*di rampicante*) sarmento, viticcio, palmite (*poet.*) □ ramo, fronda, rametto, ramoscello, ramo giovane □ pampano (*tosc.*), pampino.

tralìccio *s. m.* **1** tela robusta, fodera **2** (*di struttura*) armatura, ossatura, intelaiatura, sostegno, castelletto, cavalletto, pilone, castello, derrick (*ingl.*), reticolato.

tralìce *vc.*; *solo nella loc. avv. in tralice*, obliquamente □ di traverso □ di sottecchi.

tralùcere *v. intr.* **1** (*di cosa*) trasparire □ (*raro*) lasciar passare la luce, essere trasparente **CONTR.** essere opaco **2** (*anche fig.*) brillare, splendere, fulgere (*poet.*), luccicare, rifulgere, rilucere, risplendere, scintillare, sfavillare, sfolgorare **CONTR.** essere appannato, essere annebbiato, essere offuscato, essere oscuro, essere scuro, essere velato.

tràma *s. f.* **1** (*di tessuto*) ordito, tessitura, canovaccio, intreccio, tessuto **2** (*fig.*) maneggio, armeggio, complotto, macchinazione, retroscena, imbroglio, inganno, manipolazione, cabala, congiura, cospirazione, mena, insidia, intrigo, raggiro, tranello, trappola, trabocchetto, trappoleria, tresca, turlupinatura, rete, tela, ragnatela (*fig.*), matassa **3** (*fig.*) (*di opera narrativa, teatrale, ecc.*) intreccio, azione, copione, contesto, intelaiatura, scenario, canovaccio, orditura, schema, schizzo, argomento, fatto, soggetto, storia, plot (*ingl.*).

tramandàre *v. tr.* trasmettere, perpetuare □ consegnare, passare **CONTR.** ricevere.

tramàre *v. tr.* **1** (*di tessuto*) ordire, tessere, intessere **2** (*fig.*) tessere, macchinare, meditare, premeditare, ordire, concertare, architettare, armeggiare, complottare, congiurare, cospirare, insidiare, intrigare, lavorare, lavorare sott'acqua, cabalare.

trambùsto *s. m.* agitazione, babele, baraonda, tumulto, buriana, caos, finimondo, parapiglia, fuggifuggi, casino (*pop.*), confusione, disordine, putiferio, scompiglio, sconquasso, soqquadro, subbuglio, chiasso, fracasso, cancan, diavolo a quattro **CONTR.** ordine, calma, quiete, tranquillità, pace. *V. anche* CHIASSO

tramestìo *s. m.* **1** tramenio, confusione, disordine, rimescolio, rimescolamento, rivoltolio, movimento, rimestio **2** (*est.*) (*di persone*) andirivieni, viavai, chiasso **3** (*di cose spostate*) rumore, rumorio.

tramezzàre *v. tr.* interporre, frammezzare, frammettere, frapporre, intramezzare, interpolare.

tramezzìno *s. m.* **1** *dim. di* **tramezzo** **2** tartina, tosto, toast (*ingl.*), panino imbottito, sandwich (*ingl.*).

tramèzzo **A** *avv.* frammezzo **B** *s. m.* assito, tramezza, diaframma, divisorio, paratia, paravento, tavolato, parete, barra, sbarra.

tràmite **A** *s. m.* **1** (*lett.*) sentiero □ corso, passaggio, mezzo di passaggio **2** (*fig.*) via, mezzo, trafila, percorso, strada, canale, strumento, veicolo **3** (*fig.*) (*di persona*) intermediario, mediatore, collegamento **B** *in funzione di prep.* per mezzo di.

tramontàna s. f. **1** (*di vento*) aquilone, borea □ buriana, sizza (*tosc.*), bora, vento freddo **2** (*di punto cardinale*) nord, settentrione, mezzanotte, baciò **CONTR.** mezzogiorno, sud **FRAS.** *perdere la tramontana* (*fig.*), perdere il controllo, perdere la bussola.

tramontàre v. intr. **1** (*di sole, di luna, ecc.*) calare, morire, declinare, discendere, coricarsi, scomparire, sparire **CONTR.** sorgere, nascere, alzarsi, destarsi, levarsi, risorgere, apparire, spuntare, albeggiare, salire **2** (*fig.*) finire, cadere, crollare, decadere, avere fine, volgere alla fine, terminare, aver termine, volgere al termine, svanire, venir meno □ morire **CONTR.** cominciare, iniziare, avere inizio, sbocciare, principiare, aver principio.

tramontàto part. pass. di **tramontare**; anche agg. **1** (*di sole, di luna, ecc.*) calato, declinato, disceso, scomparso, sparito **CONTR.** nato, sorto, risorto, spuntato **2** (*fig.*) finito, terminato, svanito, spento, caduto, decaduto **CONTR.** cominciato, iniziato, principiato.

tramónto s. m. **1** (*di sole, di luna, ecc.*) calata, declino, discesa, occaso (*lett.*), espero (*lett.*), vespro, ovest, declinare **CONTR.** nascita, il sorgere, levata, il levarsi, lo spuntare **2** crepuscolo, sera, occaso (*lett.*), vespero (*poet.*) **CONTR.** aurora, alba **3** (*di punto cardinale*) occidente, ponente **CONTR.** oriente, levante **4** (*fig.*) decadenza, crepuscolo, declino, eclissi, fine, notte, termine, conclusione, il venir meno **CONTR.** alba, inizio, principio □ apice, apogeo, colmo, culmine, pienezza, sommità, vertice, vetta.

tramortìre **A** v. intr. venire meno, svenire **CONTR.** rinvenire, riaversi, riprendersi **B** v. tr. stordire, fare svenire, sbalordire (*raro*) □ (*est.*) narcotizzare, ubriacare **CONTR.** rianimare.

trampolìno s. m. (*sport*) pedana, piattaforma **FRAS.** *fare da trampolino a uno* (*fig.*), servirgli di aiuto (nella carriera).

tramutàre **A** v. tr. **1** (*di cose*) trasferire, traslocare, trasportare **2** (*di liquido*) travasare **3** (*di pianta*) trapiantare **4** mutare, trasformare, cambiare, permutare, commutare, trasmutare (*lett.*), convertire **B** **tramutarsi** v. rifl. e intr. pron. cambiarsi, mutarsi, convertirsi, trasformarsi, prendere l'aspetto di.

trance /ingl. 'tra:ns/ [vc. ingl., dall'ant. fr. *transe* 'trapasso'] s. f. inv. **1** sonno ipnotico, ipnosi **2** (*fam.*) estasi.

tranche /fr. trãʃ/ [vc. fr., da *trancher* 'trinciare'] s. f. inv. **1** fetta, porzione **2** (*comm.*) quota, parte.

trància s. f. **1** taglierina, cesoia meccanica, tagliatrice, tranciatrice **2** fetta, porzione, trancio.

tranciàre v. tr. tagliare, recidere, troncare. *V. anche* TAGLIARE

tranciatùra s. f. taglio, recisione.

tràncio s. m. trancia, fetta, porzione.

tranèllo s. m. trappola, laccio, lacciolo, inganno, insidia, malizia, agguato, imboscata, imbroglio, macchinazione, raggiro, turlupinatura, truffa, trabocchetto, trama, sotterfugio, stratagemma, pania, ragna, rete, sirte (*lett.*).

trangugiàre v. tr. **1** inghiottire, ingoiare, ingollare, ingozzare, ingerire, divorare, ingurgitare, tracannare **CONTR.** rigettare, vomitare □ assaporare, sbocconcellare, spizzicare **2** (*fig.*) (*di dispiaceri, di umiliazioni, ecc.*) sopportare, subire, soffrire, tollerare **CONTR.** sfogare, dare sfogo **3** (*fig.*) (*di beni*) sperperare, dissipare, dilapidare, scialacquare, sprecare **CONTR.** economizzare, risparmiare. *V. anche* BERE

trànne prep. eccetto, eccettuato, salvo, fuorché, oltre a, all'infuori di, meno **CONTR.** compreso, incluso.

tranquillaménte avv. con calma, flemmaticamente, lentamente, pacatamente, pazientemente, pacificamente, placidamente, posatamente, chetamente, quietamente, serenamente, spensieratamente, bonariamente □ senza paura, imperturbabilmente, bellamente □ senza rischi, comodamente, fiduciosamente **CONTR.** affannosamente, ansiosamente, inquietamente, irrequietamente, freneticamente, concitatamente, febbrilmente.

tranquillànte **A** agg. **1** (*di aspetto, di situazione*) rassicurante, tranquillizzante, rasserenante, rilassante **CONTR.** elettrizzante, ossessionante, deterrente (*lett.*) **2** (*di medicina*) calmante, sedativo **CONTR.** eccitante, energetico, stimolante, tonico **B** s. m. sedativo, psicofarmaco, sonnifero, calmante, analgesico, barbiturico, ipnotico, narcotico **CONTR.** eccitante, tonico.

tranquillità s. f. **1** (*d'animo*) calma, flemma, impassibilità, imperturbabilità, filosofia, sangue freddo, pacatezza, placidità, posatezza, spensieratezza **CONTR.** affanno, agitazione, ansia, angoscia, nervosismo, irrequietudine, turbamento **2** (*di situazione*) pace, quiete, riposo, serenità, bonaccia, nirvana (*fig.*), silenzio, sicurezza **CONTR.** confusione, babele, casino (*pop.*), finimondo, putiferio.

tranquillizzànte part. pres. di **tranquillizzare**; anche agg. calmante, confortante, tranquillante (*raro*), confortevole (*raro*), consolatorio, rassicurante, rasserenante, riposante **CONTR.** inquietante, allarmante, angosciante, terrorizzante.

tranquillizzàre **A** v. tr. acquietare, acchetare, calmare, chetare, pacificare, abbonire, quietare □ rassicurare, confortare, consolare, rasserenare, risollevare □ placare, rabbonire, sedare, tranquillare **CONTR.** agitare, esacerbare, commuovere, sovreccitare, invasare, eccitare, molestare, sconvolgere, turbare □ allarmare, inquietare, ossessionare, impensierire **B** **tranquillizzarsi** v. intr. pron. acquietarsi, rabbonirsi, calmarsi, placarsi, chetarsi, quietarsi, rasserenarsi, rassicurarsi, tranquillarsi, darsi pace **CONTR.** affannarsi, alterarsi, angosciarsi, concitarsi, stizzirsi, agitarsi, commuoversi, inquietarsi, turbarsi.

tranquìllo agg. **1** (*d'animo, di persona*) calmo, fiducioso, olimpico, serafico, spensierato, sereno, beato, flemmatico, impassibile, imperturbabile □ buono, bonaccione, mite, pacioso, pacifico, placido, pacato, posato, quieto, cheto, zitto, riposato **CONTR.** ansioso, affannato, inquieto, agitato, irrequieto, teso □ alterato, arrabbiato, bellicoso, furioso, irato, imbestialito, rissoso, scalmanato, turbolento **2** (*di luogo e sim.*) raccolto, silente (*lett.*), riparato, silenzioso **CONTR.** burrascoso, angoscioso.

transatlàntico **A** agg. transoceanico **B** s. m. nave transoceanica. *V. anche* NAVE

transazióne *s. f.* **1** accomodamento, accordo, aggiustamento, componimento, compromesso, composizione, conciliazione, concordato, convenzione, modus vivendi (*lat.*) **CONTR.** dissidio, controversia, discordia, rottura **2** compravendita, business (*ingl.*). *V. anche* CONCILIAZIONE

transeat /*lat.* 'transeat/ [letteralmente 'passi', congv. pres. di *transire* 'passare'] *inter.* sia pure, lasciamo correre, vada pure.

transènna *s. f.* **1** (*arch.*) lastra divisoria, parapetto, divisorio, divisione **2** barriera, sbarramento, cancello.

transessuàle *s. m.* e *f.* travestito.

trànsfuga *s. m.* e *f.* (*lett.*) disertore, fuggitivo, fuggiasco □ apostata, voltabandiera, voltacasacca, voltagabbana, traditore **CONTR.** coerente, fedele, fido (*lett.*), leale.

transìgere *v. tr.* accomodarsi, aggiustarsi, arrendersi, cedere, patteggiare, scendere a patti, venire a patti, venire a un compromesso, fare concessioni **CONTR.** essere inflessibile, essere intransigente, essere intollerante □ ostinarsi, irrigidirsi, resistere.

transitàbile *agg.* (*di luogo*) agibile, percorribile, valicabile, viabile, rotabile **CONTR.** intransitabile, inagibile, invalicabile.

transitabilità *s. f.* (*di luogo*) agibilità, percorribilità, viabilità **CONTR.** intransitabilità, inagibilità, blocco.

transitàre *v. intr.* passare, percorrere **CONTR.** soffermarsi, sostare, rimanere, permanere.

trànsito *s. m.* **1** passaggio, traffico □ passo, attraversamento □ trasferimento, trasmigrazione, transizione □ valico, varco, via **CONTR.** permanenza, sosta, dimora **2** (*lett.*) morte, trapasso, decesso.

transitorietà *s. f.* fugacità, fuggevolezza, momentaneità, instabilità, labilità, caducità, precarietà, provvisorietà, temporaneità **CONTR.** durevolezza, durata, immutabilità, perennità, perpetuità, stabilità.

transitòrio *agg.* **1** (*di moda, di bene, ecc.*) caduco, effimero, fugace, instabile, labile, fragile, fuggevole, precario, transeunte, passeggero, momentaneo, temporale, sfuggevole **CONTR.** duraturo, durevole, fisso, immutabile, continuo, cronico, stabile, permanente, perpetuo, sempiterno **2** (*di legge, di provvedimento*) provvisorio, temporaneo, ponte **CONTR.** inappellabile, definitivo. *V. anche* FUGACE

transizióne *s. f.* passaggio □ trapasso, transito.

transoceànico *agg.* oltreoceanico, transatlantico, intercontinentale.

transumànza *s. f.* (*di gregge*) trasferimento, migrazione.

tran tran o **trantràn** *s. m.* (*della vita, di un'attività*) andamento monotono, monotonia, uniformità, routine (*fr.*), quotidianità **CONTR.** varietà.

trapanàre *v. tr.* (*anche fig.*) forare, perforare, trivellare, trafiggere, incidere (col trapano), bucare.

tràpano *s. m.* perforatrice, trapanatrice, trivella, trivello, succhiello, verrina, foratoio, menarola.

trapassàre *A v. tr.* **1** trafiggere, infilare, infilzare, penetrare, perforare, forare, bucare, trivellare, crivellare, passare da parte a parte **2** (*fig.*) (*di sentimenti*) affliggere, addolorare profondamente **CONTR.** allietare, confortare, rallegrare **3** (*lett.*) (*di limite, di misura, ecc.*) oltrepassare, superare, varcare, valicare, travalicare, trascendere, eccedere *B v. intr.* **1** (*lett.*) passare, attraversare, andare oltre, trascorrere **2** (*raro*) cessare, finire □ morire, decedere, spirare.

trapassàto *A part. pass. di* **trapassare**; *anche agg.* **1** trafitto, infilato, infilzato, crivellato, perforato, forato, bucato, passato da parte a parte **2** (*fig.*) (*di sentimenti*) afflitto, addolorato **CONTR.** allegro, contento, felice, gaio **3** (*lett.*) (*di tempo*) trascorso, passato **4** (*lett.*) morto, defunto, deceduto *B s. m. spec. al pl.* (*lett.*) (*di persona*) morto, defunto, buonanima.

trapàsso *s. m.* **1** passaggio, varco, valico, guado, passo, transito **2** (*fig.*) transizione, passaggio **3** (*lett.*) morte, decesso.

trapelàre *v. intr.* **1** (*di liquido, di luce*) filtrare, trasparire, colare, gocciare, gocciolare, spillare, stillare, affiorare, emanare, trasudare, traspirare, uscire **2** (*fig.*) (*di notizie, di sentimenti, ecc.*) manifestarsi, palesarsi, rivelarsi, sapersi, conoscersi, diffondersi, riflettere, sfuggire, filtrare **CONTR.** rimanere celato, rimanere nascosto, rimanere occulto.

trapelàto *part. pass. di* **trapelare**; *anche agg.* **1** (*di liquido, di luce*) filtrato, colato, gocciolato, trasudato, infiltrato **2** (*fig.*) rivelatosi, uscito, sfuggito, affiorato.

trapiantàre *A v. tr.* **1** (*di piante*) strapiantare (*pop.*), smargottare, tramutare, travasare, innestare, porre a dimora **2** (*fig.*) trasferire, trasportare, introdurre, traslocare, trasporre *B* **trapiantarsi** *v. intr. pron.* trasferirsi, emigrare, trasmigrare, spostarsi, andare a vivere altrove **CONTR.** restare, rimanere.

trapiànto *s. m.* **1** (*di pianta*) trapiantamento (*raro*), tramutamento, travasamento (*raro*), travaso **2** (*fig.*) (*di moda, di usanza, ecc.*) introduzione, trasposizione **3** (*chir.*) (*di organo*) trasferimento, innesto, impianto, trasporto **CFR.** espianto.

tràppola *s. f.* **1** calappio, laccio, lacciolo, tagliola, pania, ragna, roccolo, trabocchetto **2** (*fig.*) agguato, imboscata □ imbroglio, inganno, insidia, macchinazione, accalappiamento, circonvenzione, manipolazione, stratagemma, mistificazione, raggiro, trappoleria (*raro*), truffa, turlupinatura, bidone, tiro, trama, rete, tela, astuzia, tranello, fregatura (*pop.*) **3** (*fam.*) frottola, fandonia, balla (*pop.*) **4** (*fam.*) (*di oggetto, di veicolo che funziona male*) baracca, macinino, trespolo (*scherz.*), trabiccolo (*scherz.*).

trappolóne *s. m.* **1** (*di persona*) imbroglione, baro, bidonista, ciarlatano, ingannatore, ciurmatore (*raro*), truffatore, turlupinatore **2** (*di luogo*) garçonnière (*fr.*), pied-à-terre (*fr.*).

trapùnta *s. f.* coperta imbottita, imbottita, coltrone, piumone, piumino.

trapuntàre *v. tr.* ricamare, impuntire, trapungere (*lett.*), cucire.

tràrre *A v. tr.* **1** (*lett.*) tirare, trascinare, muovere **CONTR.** spingere **2** (*anche fig.*) portare, condurre □ attirare, attrarre, incitare, indurre, invogliare **CONTR.** dissuadere, distogliere, trattenere **3** (*lett.*) (*di sasso, di proiettile, ecc.*) gettare, lanciare, scagliare **4** levare, togliere **CONTR.** dare, offrire, porgere ***5*** (*di minerali e sim.*) cavare, estrarre **CONTR.** immettere, introdurre, mettere ***6*** (*anche fig.*) (*di guadagno, di vantaggio, ecc.*) ottenere, ricavare, ricevere, raccogliere, derivare, trovare, rilevare, attingere, percepire ***7*** (*di somma*) dedurre, sottrarre, detrarre, defalcare ***8*** (*di conclusioni, ecc.*) dedurre, desumere, evincere ***B*** *v. intr.* ***1*** (*lett.*) accorrere, recarsi □ passare, procedere, muoversi ***2*** (*di mandato, di tratta e sim.*) spiccare, emettere ***C*** **trarsi** *v. rifl.* ***1*** (*raro*) (*da un luogo*) spostarsi, muoversi ***2*** (*da difficoltà*) levarsi, cavarsi, liberarsi, sottrarsi, togliersi **FRAS.** *trarre in inganno*, ingannare; indurre in errore □ *trarre d'impaccio*, togliere da una difficoltà.

trasaliménto *s. m.* balzo, scossa, guizzo, riscuotimento, sobbalzo, sussulto, soprassalto.

trasalìre *v. intr.* sussultare, balzare, sobbalzare, saltare, scuotersi, riscuotersi, rimescolarsi, provare una scossa, spaventarsi **CONTR.** rimanere impassibile, rimanere immobile, rimanere imperturbabile. *V. anche* SCUOTERE

trasandatézza *s. f.* sciatteria, trascuratezza **CONTR.** cura, accuratezza □ eleganza.

trasandàto *agg.* ***1*** (*di persona*) sciatto, malmesso, trascurato, disordinato, sciamannato, bracalone, sbracato, scamiciato, sciattone **CONTR.** agghindato, attillato, azzimato, assettato, elegante, lindo, ordinato, elegantone, dandy (*ingl.*) ***2*** (*fig.*) (*di lavoro, di stile, ecc.*) dimesso, disadorno, negletto (*lett.*), ciarlatanesco, inordinato, negligente, sciatto **CONTR.** accurato, diligente, ornato, leccato, terso, ricercato, forbito, finito.

trasbordàre ***A*** *v. tr.* (*di persone o cose*) trasferire, trasportare, traghettare, far passare ***B*** *v. intr.* (*di persona*) passare, trasferirsi.

trasbórdo *s. m.* trasferimento, passaggio, traghettamento, trasporto.

trascendentàle *agg.* ***1*** (*filos.*) trascendente, soprannaturale, spirituale, soprasensibile, inconoscibile, noumenico **CONTR.** empirico, fenomenico, immanente ***2*** (*est.*) eccezionale, sublime **CONTR.** facile, istintivo, logico, semplice.

trascendènte *agg.* (*filos.*) trascendentale, soprasensibile, spirituale, ultraterreno, soprannaturale, inconoscibile, noumenico **CONTR.** empirico, fenomenico, realistico, immanente.

trascéndere ***A*** *v. tr.* oltrepassare, sorpassare, superare, trapassare □ eccedere ***B*** *v. intr.* eccedere, esagerare, esorbitare, sovrabbondare, sopreccedere, sconfinare, trasmodare, sperticarsi, passare i limiti, passare il segno, varcare il segno □ andare fuori dei gangheri, perdere le staffe **CONTR.** contenersi, dominarsi, regolarsi, frenarsi, moderarsi, padroneggiarsi, rimanere nei limiti, mantenere l'equilibrio.

trascinaménto *s. m.* traino, trazione, strascico, strascinamento □ (*fig.*) coinvolgimento.

trascinànte *part. pres. di* **trascinare**; *anche agg.* travolgente, affascinante, entusiasmante, avvincente, appassionante, esaltante, coinvolgente.

trascinàre ***A*** *v. tr.* ***1*** strascinare, strascicare, strisciare, trainare, condurre, convogliare, trasportare, rimorchiare, trarre, tirare, menare, tirarsi dietro, smuovere, travolgere **CONTR.** spingere, sospingere ***2*** (*fig.*) attirare, coinvolgere, implicare, indurre, attrarre, avvincere **CONTR.** allontanare, disgustare, dispiacere ***3*** (*est.*) condurre a forza, portare con la forza **CONTR.** accompagnare, andare insieme ***B*** **trascinarsi** *v. rifl.* strisciare (per terra), portarsi con fatica, strascicarsi, recarsi a fatica ***C*** *v. intr. pron.* (*di causa, di riunione, ecc.*) prolungarsi, protrarsi, non accennare a finire **CONTR.** concludersi, decidersi.

trascinàto *part. pass. di* **trascinare**; *anche agg.* ***1*** trainato, tirato, rimorchiato, trasportato, portato, convogliato **CONTR.** spinto, sospinto ***2*** (*fig.*) attirato, attratto, avvinto, coinvolto, implicato **CONTR.** allontanato, disgustato.

trascinatóre *s. m.*; *anche agg.* (*f. -trice*) (*fig.*) esaltatore, seduttore, magnetizzatore.

trascórrere ***A*** *v. tr.* ***1*** (*lett.*) percorrere, attraversare ***2*** (*est.*) (*con gli occhi*) scorrere, sorvolare, leggere in fretta **CONTR.** soffermarsi ***3*** (*di tempo*) passare, consumare, spendere, vivere, occupare, menare, impiegare ***B*** *v. intr.* ***1*** (*lett.*) andare oltre, correre oltre, trapassare ***2*** (*di tempo*) passare, correre, scorrere, decorrere, fluire, andare, andarsene.

trascórso ***A*** *part. pass. di* **trascorrere**; *anche agg.* (*di tempo*) passato, scorso, antecedente, consumato, decorso, corso, andato, vissuto, trapassato, intercorso, impiegato, condotto **CONTR.** futuro, venturo, avvenire, di là da venire, presente ***B*** *s. m.* errore, fallo, sbaglio, scappata.

trascrìvere *v. tr.* ***1*** copiare, ricopiare, fare copia, riprodurre, riscrivere □ mettere in bella copia ***2*** (*da un alfabeto a un altro*) traslitterare □ (*di messaggio e sim.*) cifrare.

trascrizióne *s. f.* ***1*** copia, duplicato, copiatura, ricopiatura **CONTR.** capostipite, archetipo ***2*** (*giur.*) iscrizione, inserzione, codifica, codificazione ***3*** scrittura, traduzione, traslitterazione.

trascuràbile *agg.* insignificante, esiguo, irrisorio, minimo, nullo, piccolo, minuto □ irrilevante, poco importante, disprezzabile, marginale **CONTR.** cospicuo, grande, notevole, considerevole □ significante, significativo, saliente, vitale, rilevante, essenziale, emblematico, importante.

trascuràre ***A*** *v. tr.* ***1*** trasandare (*raro*), disinteressarsi, infischiarsi, negligere (*lett.*), non badare, non curare, abbandonare, non darsi cura, non darsi pensiero, non dare importanza, disprezzare □ omettere, tralasciare, trasgredire, dimenticare, obliare, ignorare, prescindere, posporre, sorvolare **CONTR.** interessarsi, occuparsi, curarsi, curare, prendersi cura, dedicarsi, avere a cuore, prendersi a cuore □ notare, considerare, menzionare ***2*** non tenere conto, non calcolare, non computare **CONTR.** calcolare, computare, contare ***B*** **trascurarsi** *v. rifl.* non curarsi, lasciarsi andare, non badare a sé, abbandonarsi, sbracarsi **CONTR.** curarsi, avere cura di sé.

trascuratézza *s. f.* trascurataggine, trascuranza (*lett.*), trascuraggine (*raro*), incuria, incuranza, negligenza, oscitanza (*raro*), pigrizia, noncuranza, sciatteria, malgoverno, squallore, disordine, abbandono □ dimenticanza, disinteresse, disattenzione, inavvertenza, sbadataggine **CONTR.** accuratezza, acribia (*lett.*), cura, diligenza, esattezza, meticolosità, scrupolo, solerzia, sollecitudine, studio, zelo. *V. anche* PIGRIZIA

trascuràto *part. pass. di* **trascurare**; *anche agg.* **1** trasandato, sciattone, dimesso, negletto (*lett.*), bracalone, ciabattone, sciamannato, disordinato, malmesso □ (*di scritto, di discorso, di stile, ecc.*) non curato, sciatto, confuso, rozzo □ (*di impegno, di qualità, ecc.*) dimenticato, ignorato, inosservato, misconosciuto, disatteso □ (*di luogo*) squallido, maltenuto □ (*di barba, di capelli*) incolto **CONTR.** curato □ ordinato, attillato, azzimato, lindo, stilé, elegante □ forbito, levigato, nitido, ricercato □ adempiuto, rispettato **2** (*fig.*) incurante, negligente, pigro, noncurante, oscitante (*raro*), dimentico, indolente, sbadato **CONTR.** diligente, scrupoloso, meticoloso, solerte, sollecito, zelante. *V. anche* SBADATO

trasecolàre *v. intr.* stupefare (*raro*), stupefarsi (*raro*), stupire, stupirsi, strabiliare, meravigliarsi molto, rimanere stupefatto, cascare dalle nuvole, restare di stucco, restare di sasso, restare stordito **CONTR.** rimanere impassibile, rimanere indifferente, rimanere imperturbabile, rimanere imperturbato.

trasecolàto *part. pass. di* **trasecolare**; *anche agg.* sbalordito, stupito, stupefatto, esterrefatto, sorpreso, strabiliato, meravigliato, di stucco, di sasso **CONTR.** impassibile, imperturbabile, imperturbato, indifferente.

trasferìbile *agg.* trasportabile, traslocabile, movibile, amovibile, rimovibile, portatile, trasmissibile, reversibile □ cedibile, alienabile **CONTR.** intrasferibile, intrasportabile, inamovibile □ non cedibile, inalienabile.

trasferiménto *s. m.* **1** (*di sede, di luogo, di residenza, ecc.*) trasloco, traslocamento, sgombero, mutamento, cambiamento □ spostamento, dislocamento, dislocazione, trasposizione, trasbordo, trasporto, traslazione, transito, migrazione, transumanza □ comando, deferimento, deportazione, traduzione, trasferta **CONTR.** stabilizzazione **2** (*di proprietà, di beni, ecc.*) alienazione, passaggio, trasmissione, cessione, devoluzione, vendita □ bancogiro, girata, storno.

trasferìre **A** *v. tr.* **1** (*di sede, di residenza, ecc.*) traslocare, trasportare, far passare, trasbordare □ condurre, mandare, comandare, distaccare, deportare □ dislocare, portare, riportare, smistare, spostare **CONTR.** fermare, fissare, stabilire **2** (*di proprietà, di beni, ecc.*) alienare, passare, dare, cedere, devolvere, girare, stornare **B** **trasferirsi** *v. intr. pron.* cambiare residenza, cambiare domicilio, traslocare, cambiare sede, andare ad abitare, andare a stare, andare, partire, portarsi, recarsi, spostarsi, trapiantarsi, emigrare □ trasbordare □ (*di greggi*) transumare **CONTR.** fermarsi, insediarsi, domiciliarsi, stanziarsi, stabilirsi, fissarsi.

trasfèrta *s. f.* **1** trasferimento, traduzione **2** indennità di trasferimento, diaria, missione **3** (*sport*) incontro in campo avversario.

trasfiguràre **A** *v. tr.* trasformare, fare cambiare aspetto □ alterare, far apparire diverso, mutare □ idealizzare, sublimare **B** **trasfigurarsi** *v. rifl.* cambiare figura, cambiare aspetto, trasformarsi, mutare □ trasumanarsi.

trasfigurazióne *s. f.* trasformazione, metamorfosi, trasfiguramento (*raro*), cambiamento di aspetto, mutamento □ sublimazione, idealizzazione, trasumanazione **CONTR.** immutabilità, inalterabilità. *V. anche* TRASFORMAZIONE

trasfóndere *v. tr.* **1** (*raro*) (*di liquido*) travasare, far passare **2** (*fig.*) (*di idee, di sentimenti*) infondere, trasmettere, trasferire, immettere, inculcare, inoculare, instillare, distillare (*raro*), partecipare, comunicare.

trasformàbile *agg.* cambiabile, convertibile, mutabile, commutabile, modificabile, riducibile, tramutabile **CONTR.** immutabile, inalterabile.

trasformàre **A** *v. tr.* (*di forma, di sentimenti, ecc.*) cambiare, variare, far cambiare, far mutare, commutare, permutare, convertire, elaborare, riconvertire, rinnovare, riformare, rivoluzionare, capovolgere, modificare □ tramutare, trasfigurare □ camuffare, travestire, truccare **CONTR.** lasciare immutato, lasciare inalterato **B** **trasformarsi** *v. intr. pron.* cambiare, mutare, mutarsi, tramutarsi, trasfigurarsi, convertirsi, modificarsi, cangiarsi, divenire, diventare □ travestirsi, cambiarsi, camuffarsi, contraffarsi □ cambiare carattere, cambiare idee, evolversi.

trasformàto *part. pass. di* **trasformare**; *anche agg.* cambiato, mutato, trasfigurato, modificato, elaborato, lavorato, variato, convertito, riformato, capovolto □ contraffatto, travestito, truccato **CONTR.** immutato, inalterato.

trasformatóre *s. m.*; *anche agg.* (*f. -trice*) **1** modificatore **2** (*elettr.*) commutatore, bobina di accensione, convertitore, riduttore.

trasformazióne *s. f.* cambiamento, mutamento, mutazione, modifica, modificazione, metamorfosi □ rinnovamento, palingenesi, trasfiguramento (*raro*), trasfigurazione □ (*di decreto*) conversione **CONTR.** immutabilità, inalterabilità.

TRASFORMAZIONE
sinonimia strutturata

Il termine **trasformazione** abbraccia una gamma di significati molto ampia. Nella sua accezione più generale, designa ogni mutamento di forma, di aspetto, di modo di pensare o altro: *la trasformazione di un insetto*; *la trasformazione di un progetto*; *in lui si è verificata una vera trasformazione.* In questo senso la parola ha numerosi sinonimi; i più generici sono **cambiamento**, **mutamento** e **mutazione**, che pure indicano il divenire o il far divenire diverso: *l'industrializzazione ha causato un forte cambiamento nell'aspetto di questa regione*; *il mutamento di un sospetto in certezza*; *queste sono le mutazioni da apportare.* In particolare, mutazione in biologia indica un'alterazione accidentale nel patrimonio genetico che porta a una modificazione nella sintesi delle proteine e nei caratteri ereditari di un individuo animale o vegetale, i quali possono risultare variati rispetto alla norma: *mutazione genetica*.

Tra loro perfettamente equivalenti sono **modifica** e **modificazione**, che rispetto ai termini precedenti suggeriscono un cambiamento più specifico e circoscritto: *essere soggetto a modificazione*; *apportare delle modifiche alla legge, alla traduzione*. Al contrario **metamorfosi**, in senso figurato, evoca l'idea di una trasformazione globale o particolarmente profonda: *una grande, improvvisa metamorfosi*; *nella sua mente, Angiolina subì una metamorfosi strana* (SVEVO). Molto vicini sono **trasfigurazione** e **trasfiguramento**, quest'ultimo di uso raro e prevalentemente letterario, che indicano una trasformazione nell'aspetto o nella figura, oppure un mutamento esteriore suscitato da una viva commozione. Ancor più intenso di metamorfosi è **palingenesi**, termine d'origine greca che nella sua accezione originaria indica il rinnovamento finale del mondo dopo la distruzione o, nella religione cristiana, la restaurazione finale del regno di Dio, e che in senso estensivo significa invece un rinnovamento di istituti, concezioni, mentalità: *palingenesi politica*. Il medesimo vocabolo viene usato anche in geologia per definire la trasformazione per fusione delle rocce in magma, a causa delle temperature e delle pressioni elevate nelle parti profonde della crosta terrestre. Un sinonimo più corrente e generico di palingenesi è **rinnovamento**, che indica il modo, l'atto o l'effetto del rendere nuovo: *operare un rinnovamento politico*; *un importante rinnovamento sociale*.

trasformìsmo *s. m.* **1** (*polit.*) equilibrismo, opportunismo, adattamento, doppiogioco CONTR. coerenza **2** (*biol.*) evoluzionismo, darwinismo.

trasformìsta *s. m. e f.* **1** (*polit.*) equilibrista, opportunista CONTR. coerente **2** (*est.*) camaleonte, girella, banderuola, doppiogiochista.

trasfusióne *s. f.* **1** (*raro*) travaso, immissione, travasamento **2** (*med.*) apporto di sangue, traslazione di sangue CONTR. salasso, prelievo.

trasgredìre *v. tr. e intr.* contravvenire, disubbidire, eludere, infrangere, violare, prevaricare, travalicare, derogare, offendere, non osservare, non rispettare CONTR. osservare, rispettare, adempiere, seguire, ubbidire, attenersi, ottemperare.

trasgressióne *s. f.* violazione, disubbidienza, elusione, inadempienza, inosservanza, contravvenzione, infrazione, prevaricazione, trasgredimento (*raro*), inottemperanza □ anticonformismo, iconoclastia CONTR. osservanza, ubbidienza, adempimento, rispetto.

trasgressóre *s. m.* (*f. trasgreditrice*) contravventore, inadempiente, inosservante, disubbidiente, prevaricatore, violatore, trasgreditore (*raro*) CONTR. osservante, ubbidiente, rispettoso, ligio.

trash /trɛʃ*, *ingl.* træʃ/ [vc. ingl., propr. 'rifiuti'] **A** *agg. inv.* (*di gusto*) deteriore, volgare **B** *s. m. inv.* brutto, grottesco, volgare CFR. spazzatura.

traslàto **A** *agg.* **1** (*lett.*) trasferito, trasportato **2** metaforico, figurato, simbolico, allegorico CONTR. proprio **B** *s. m.* (*ling.*) tropo, metafora, figura, metonimia, sineddoche, allegoria, parola figurata, espressione figurata, similitudine.

traslazióne *s. f.* **1** trasporto, trasferimento, spostamento □ (*psicol.*) transfert (*ingl.*) **2** (*giur.*) passaggio di proprietà **3** (*ant.*) traduzione.

traslitteràre *v. tr.* trascrivere.

traslitterazióne *s. f.* trascrizione.

traslocàre **A** *v. tr.* trasferire, spostare, sgombrare, trasportare, trapiantare, portare, mandare CONTR. fermare, fissare, stabilizzare **B** *v. intr.* e **traslocarsi** *intr. pron.* trasferirsi, cambiare sede, cambiare domicilio, andare a stare, andare ad abitare □ sloggiare, sgomberare CONTR. fermarsi, stabilizzarsi, domiciliarsi, stabilirsi, stanziarsi, fissarsi.

traslòco *s. m.* **1** trasferimento, spostamento, traslocamento (*raro*), cambiamento, mutamento CONTR. stabilizzazione **2** sgombero, sgombro, trasporto.

traslùcido *agg.* diafano, semitrasparente, tralucente, pellucido, opalescente, opalino □ (*lett.*) cristallino, ialino, limpido, luminoso CONTR. opaco, oscuro, scuro, torbo (*tosc.*), torbido. *V. anche* TRASPARENTE

trasméttere **A** *v. tr.* **1** (*di usi, di leggende, ecc.*) tramandare, far passare □ (*di sentimenti*) infondere, trasfondere, instillare **2** (*di lettera, di libro, ecc.*) passare, inviare, dare, portare, mandare, spedire, inoltrare, indirizzare, far giungere, far arrivare, far pervenire □ (*di notizia e sim.*) diffondere, diramare, comunicare, segnalare CONTR. ricevere **3** (*di malattia*) attaccare, comunicare, veicolare, diffondere **B** *v. intr. pron.* comunicarsi, attaccarsi, diramarsi, rimbalzare.

trasmettitóre *s. m.; anche agg.* (*f. -trice*) trasmittente.

trasmissióne *s. f.* **1** trasferimento, passaggio □ (*di notizia e sim.*) comunicazione, diramazione, invio, lancio, diffusione **2** (*fis.*) propagazione, conduzione **3** (*di malattia*) contagio **4** (*est.*) (*di radio, tv., ecc.*) programma, spettacolo.

trasmittènte **A** *part. pres. di* **trasmettere**; *anche agg.* trasmettitore **B** *s. f.* emittente, stazione radio □ stazione televisiva.

trasognàto *agg.* distratto, smemorato, assorto, estatico, incantato, imbambolato □ sbalordito, sbigottito CONTR. attento, vigile, con i piedi per terra.

trasparènte *agg.* **1** (*fis.*) (*di corpo*) diafano, traslucido (*lett.*), cristallino, ialino, limpido, luminoso, nitido, puro, pellucido CONTR. opaco, torbo (*tosc.*), torbido **2** (*est., anche iron.*) (*di cosa, di persona*) sottilissimo, esilissimo CONTR. grosso, spesso **3** (*fig.*) (*di discorso, di bilancio, ecc.*) chiaro, evidente, perspicuo, comprensibile, esplicito CONTR. oscuro, dubbio, incerto **4** (*fig.*) (*di persona*) schietto, franco, semplice, ingenuo CONTR. falso, ipocrita **5** (*di stile*) nitido, appropriato, lucido, terso CONTR. astruso, complicato, oscuro.

TRASPARENTE
sinonimia strutturata

È **trasparente** un corpo che lascia passare la luce: *il vetro è trasparente*; un *colore trasparente* non ha corpo o non è opaco, ed è usato in pittura per dipingere stoffe, vetri, ecc.; pressoché equivalente è **dia-**

fano: *velo diafano*; *aria diafana*. Un termine letterario che designa ciò che somiglia al vetro è **ialino**, usato anche in riferimento a minerali trasparenti e incolori. Ciò che è semitrasparente si dice invece **pellucido**: *membrana pellucida*; molto vicino è **traslucido**, che indica un corpo che lascia passare parzialmente la luce, ma non permette di distinguere i contorni di ciò che è dietro di esso.

Trasparente evidenzia anche la chiarezza di qualcosa, ed equivale così a **limpido** e a **puro**, che descrivono appunto anche ciò che non è offuscato: *cielo trasparente*; *orizzonte limpido*; *cristallo, vino limpido*; *acque limpide*; *luce pura*; pressoché equivalente è **nitido**, che si avvicina a **luminoso** perché evoca un'idea di luce: *oggi c'è un cielo sereno e luminoso*. Equivalente è **cristallino**, che richiama la luminosità, la limpidezza del cristallo: *sorgente, aria cristallina*.

In senso lato si dice trasparente tutto ciò che lascia intravedere ciò che ricopre: *camicetta trasparente*; ma in contesti figurati e ironici il termine può designare una cosa **sottilissima** o di spessore comunque troppo limitato: *una fetta di carne trasparente*; in questo senso, è anche sinonimo di **esilissimo**, ossia molto magro o gracile: *dopo la malattia è diventata trasparente*.

Si dice trasparente anche ciò che è immediatamente interpretabile benché non esplicito, e dunque anche ciò che non presenta lati oscuri e ambiguità: *allusione trasparente*; *una politica, un bilancio trasparente*. Sinonimi equivalenti sono nel loro uso figurato **chiaro** e il più ricercato **perspicuo**, che descrivono ciò che non lascia spazio a dubbi: *linguaggio chiaro*; *ragionamento perspicuo*; così, ciò che non ha bisogno di dimostrazioni è **evidente**: *colpa evidente*. Meno pregnante è **comprensibile**, che descrive ciò che può essere capito ma che non è necessariamente facile: *finalmente ha tenuto una lezione comprensibile*. Più forte è invece **esplicito**, che designa ciò che viene subito messo in chiaro, evitando sottintesi, e richiama un'idea di intenzionalità in quello che viene espresso: *obbligo esplicito*; *mi oppose un esplicito rifiuto*.

Un'ulteriore accezione della parola si riferisce a una persona o ad un carattere privo di finzioni, che lascia scorgere ciò che pensa o vuole: *un volto trasparente*; *un animo trasparente*. È dunque trasparente chi è **semplice**, cioè lontano da affettazione e malizia: *un ragazzo semplice e buono*; entrambi gli aggettivi possono diventare sinonimi di **ingenuo**, che designa qualcuno che è candido ma anche inesperto: *una contadina semplice e rozza*; *un ragazzo troppo ingenuo*. Più spesso, però, trasparente trova equivalenza semantica in **franco** e **schietto**, che indicano apertura e sincerità: *voglio essere franco con te*; *atteggiamento franco*; *parole schiette*.

Infine, l'aggettivo sottolinea la linearità elegante di uno stile; una *prosa trasparente* può definirsi anche in senso figurato **nitida** o **tersa**: *una pagina, una prosa tersa*.

trasparènza *s. f.* **1** chiarezza, diafanità, diafaneità, limpidità, limpidezza, luminosità, nitidezza, serenità, purezza, pellucidità, tersità, traslucidità (*lett.*) CONTR. opacità, oscurità, nebulosità, caligine, torbidezza, torbidità, offuscamento, impurità **2** (*fig.*) (*di discorso, di bilancio, ecc.*) evidenza, perspicuità, chiarezza CONTR. ambiguità **3** (*fig.*) (*di morale*) onestà, rettitudine CONTR. doppiezza, ipocrisia.

trasparìre *v. intr.* **1** (*di corpo*) tralucere, risplendere **2** (*fig.*) (*di idee, di sentimenti, ecc.*) mostrarsi, manifestarsi, palesarsi, trapelare CONTR. nascondersi, celarsi, occultarsi **3** (*raro*) essere trasparente, lasciar passare la luce CONTR. essere opaco, essere offuscato, essere fosco, essere torbido, essere impuro.

traspiràre **A** *v. intr.* **1** (*di acqua, di sudore, ecc.*) esalare, evaporare, filtrare, sudare, trasudare, trapelare **2** (*fig.*) (*di idee, di sentimenti, ecc.*) mostrarsi, manifestarsi, palesarsi, trapelare, trasparire CONTR. celarsi, nascondersi, occultarsi **B** *v. tr.* (*raro, anche fig.*) lasciare trasparire, fare intravedere CONTR. nascondere.

traspirazióne *s. f.* sudore, esalazione, evaporazione, sudorazione, trasudazione, trasudamento (*raro*) CFR. perspirazione.

traspórre *v. tr.* trasferire, trasportare, trapiantare, spostare, cambiare di posto, mutare di posto CONTR. fissare, fermare.

trasportàre *v. tr.* **1** portare, recare, veicolare, trasferire, traslatare (*lett.*), spostare, trasporre, tramutare, dislocare, condurre, convogliare, traslocare, barellare, trasbordare, tragittare (*raro*), traghettare □ rinviare CONTR. fissare, fermare **2** trascinare, spingere a forza, strascinare, trainare **3** (*fig.*) (*di sentimenti*) vincere, sopraffare, prendere, trascinare **4** (*di disegno e sim.*) riprodurre, copiare, riportare, rapportare **5** (*ant.*) tradurre.

trasportàto *part. pass. di* **trasportare**; *anche agg.* **1** portato, trasferito, traslato (*lett.*), spostato, condotto, convogliato, dislocato CONTR. fissato, fermato **2** trascinato, spinto a forza, strascinato, trainato **3** (*fig.*) (*da sentimenti*) vinto, sopraffatto, preso, trascinato **4** (*di disegno e sim.*) riprodotto, copiato **5** (*ant.*) tradotto.

trasportatóre *s. m.*; *anche agg.* (*f.* -*trice*) portatore, latore, conduttore, traslatore, traghettatore, spedizioniere.

traspòrto *s. m.* **1** trasferimento, passaggio, spostamento, trasbordo, traduzione (*bur.*), trapianto, trasloco, traslazione, trasposizione, dislocamento □ carreggio, traino, portatura (*raro*), vettura (*ant.*), tragitto (*ant.*), traghetto **2** (*di costo del trasporto*) porto, facchinaggio, nolo, noleggio, viaggio **3** (*fis.*) conduzione, propagazione **4** (*fig.*) (*di sentimenti*) impeto, impulso, moto, entusiasmo, passione, incendio, ardore. *V. anche* ENTUSIASMO

trastullàre **A** *v. tr.* **1** divertire, baloccare, intrattenere, rallegrare, ricreare, sollazzare, spassare, distrarre, svagare, ninnolare CONTR. annoiare, tediare □ affliggere, contristare, rattristare **2** illudere, lusingare, ingannare, adescare, allettare, sedurre CONTR. disilludere, disingannare **B** **trastullarsi** *v. rifl.* **1** divertirsi, baloccarsi, giocare, rallegrarsi, sollazzarsi, spassarsi, scherzare, distrarsi, svagarsi **CONTR.** annoiarsi, tediarsi □ affliggersi, rattristarsi ***2*** (*est.*) gingillarsi, giocherellare, oziare, bighellonare, cincischiare, perdere tempo **CONTR.** lavorare, essere attivo, non perdere tempo. *V. anche* SEDURRE

trastùllo *s. m.* ***1*** divertimento, gioco, passatempo, diversivo, sollazzo, spasso **CONTR.** afflizione, tristezza, cruccio □ noia ***2*** balocco, giocattolo, ninnolo, gingillo □ (*fig.*) zimbello. *V. anche* GIOCO

trasudàre ***A*** *v. intr.* ***1*** filtrare, stillare, gemere, lacrimare, gocciare, distillare, gocciolare, uscire, spillare (*raro*), trapelare, traspirare □ sudare □ esalare, evaporare ***2*** mandare fuori ***B*** *v. tr.* ***1*** (*di umidità e sim.*) lasciare passare ***2*** (*fig.*) (*di sentimenti*) manifestare, mostrare, palesare, esprimere, rivelare **CONTR.** celare, nascondere, occultare.

trasversàle ***A*** *agg.* ***1*** obliquo, diagonale, traverso, traversale (*raro*), sghembo, sghimbescio, di sbieco **CFR.** diritto, dritto, ortogonale, perpendicolare, longitudinale ***2*** intersecante, incidente ***3*** (*fig.*) indiretto ***B*** *s. f.* linea trasversale □ (*di strada*) laterale, traversa, diramazione **FRAS.** *trasversale semplice*, (*alla roulette*) sestina.

trasversalménte *avv.* traversalmente, diagonalmente, obliquamente, di sghembo, di traverso, di sbieco **CFR.** dritto, perpendicolarmente, longitudinalmente.

trasvèrso *agg.* ***1*** (*raro*) trasversale, obliquo, diagonale, di sbieco **CFR.** dritto, perpendicolare, a piombo ***2*** (*fig.*) (*di discorso, di azione*) tortuoso, ambiguo, equivoco **CONTR.** chiaro, evidente, limpido.

trasvolàre ***A*** *v. tr.* attraversare a volo, traversare volando, volare oltre, attraversare, passare ***B*** *v. intr.* (*fig.*) accennare di sfuggita, trattare brevemente **CONTR.** analizzare, approfondire, sviscerare.

trasvolàta *s. f.* attraversamento a volo, attraversata, passaggio.

tràtta *s. f.* ***1*** (*raro*) tirata, tiro, strappata, strattone, strappo, stratta, tratto (*raro*) **CONTR.** allentamento, rilassamento ***2*** (*ant.*) intervallo, periodo ***3*** (*ferr.*) distanza, percorso, tratto, tronco ***4*** (*di persona*) mercato illegale, traffico illegale ***5*** (*comm.*) cambiale, titolo di credito, pagherò.

trattàbile *agg.* ***1*** (*di materia*) lavorabile, manipolabile, cedevole, duttile, malleabile, pieghevole ***2*** (*di strumento*) maneggiabile, maneggevole, facile, agevole, adoperabile, usabile **CONTR.** difficile, difficoltoso ***3*** (*med.*) curabile ***4*** (*di prezzo*) discutibile, negoziabile, commerciabile, contrattabile **CONTR.** indiscutibile, fisso ***5*** (*fig.*) (*di persona*) accessibile, abbordabile, frequentabile □ affabile, amabile, aperto, acquiescente, conciliante, condiscendente, cortese, benigno, bonario, mansueto, compiacente, cordiale, docile, gentile, espansivo, socievole, alla mano **CONTR.** intrattabile, inavvicinabile, misantropo, ritroso, orso, scontroso, selvatico, insocievole, asociale.

trattaménto *s. m.* ***1*** (*di cosa*) manipolazione, lavorazione, concia, conciatura □ (*di dati*) elaborazione ***2*** (*di persona*) tratto, modo, maniera, accoglienza, modo di accogliere, accoglimento (*lett.*), ricevimento □ rinfresco, vitto ***3*** (*med.*) cura, terapia.

trattàre ***A*** *v. tr.* ***1*** (*di cosa*) lavorare, manipolare, sottoporre a lavorazione, raffinare, conciare ***2*** (*di ammalato*) curare ***3*** (*di affare*) negoziare, combinare, condurre, contrattare, patteggiare, pattuire ***4*** (*di argomento*) parlare, discutere, esporre, sviluppare, svolgere, affrontare, agitare, discettare, disquisire, narrare, spiegare, illustrare, analizzare, esaminare, elaborare ***5*** (*di persona*) agire, procedere, comportarsi, contenersi, usare ***B*** *v. intr.* ***1*** (*di argomento*) discutere, discorrere, dissertare, ragionare, dibattere, disputare, parlamentare, parlare, scrivere □ vertere, concernere, attenere, toccare ***2*** (*di persona*) avere a che fare, avere relazione, avere rapporti, colloquiare, conferire, frequentare, praticare ***C*** **trattarsi** *v. impers.* essere oggetto, essere materia, riguardare, essere in discussione, essere in ballo ***D*** *v. rifl.* governarsi, curarsi, vivere. *V. anche* NARRARE, PARLARE, PRENDERE

trattatìva *s. f. spec. al pl.* preliminari, negoziato, negozio, contrattazione, mercanteggiamento, negoziazione, patteggiamento □ maneggio.

trattàto *s. m.* ***1*** (*di libro*) opera, libro, studio, scritto, monografia, trattazione, esposizione, dissertazione, tesi ***2*** (*di politica, di affari, ecc.*) patto, convenzione, concordato, capitolato, accordo, contratto □ gentlemen's agreement (*ingl.*).

trattazióne *s. f.* ***1*** (*di argomento*) esposizione, esame, analisi, relazione, illustrazione, discettazione, dissertazione, svolgimento, sviluppo □ dibattimento, discussione ***2*** (*di libro*) studio, scritto, monografia, trattato, summa, tesi. *V. anche* ESAME

tratteggiàre *v. tr.* ***1*** (*di disegno*) delineare, fare tratti, disegnare, ombreggiare □ abbozzare ***2*** (*fig.*) (*di scena, di personaggio, ecc.*) descrivere, narrare, rappresentare, dipingere, modellare. *V. anche* NARRARE

trattenére ***A*** *v. tr.* ***1*** fermare, fare restare, fare rimanere, fare indugiare, non lasciare andare □ (*di pratica e sim.*) ritardare **CONTR.** congedare, accomiatare, dimettere, lasciare andare, mandar via □ accelerare, velocizzare ***2*** (*di ospite, di spettatori, ecc.*) ricevere, intrattenere, divertire, far compagnia ***3*** (*di ostaggio, di arrestato, ecc.*) tenere fermo, tenere a bada, imprigionare, inceppare, legare, brancare (*ant.*) **CONTR.** rilasciare, ridare, rimandare ***4*** (*di cosa*) tenere per sé, sequestrare, appropriarsi **CONTR.** cedere, consegnare, dare, rendere, buttare, riportare ***5*** (*di sentimenti, di respiro, ecc.*) frenare, comprimere, contenere, raffrenare, dominare, signoreggiare, impedire, rattenere (*lett.*), ritenere, reprimere **CONTR.** sfogare, effondere, emettere, mandare, scatenare, sfrenare, sprigionare, dare libero corso ***6*** (*dal fare, dal dire, ecc.*) distogliere, dissuadere, sconsigliare **CONTR.** persuadere, consigliare, spingere, indurre, incitare, muovere ***7*** (*di somma*) sottràrre, dedurre, defalcare **CONTR.** aggiungere ***B*** **trattenersi** *v. rifl.* astenersi, frenarsi, dominarsi, moderarsi, tenersi, reprimersi, ritenersi, raffrenarsi, reggersi, resistere, evitare **CONTR.** avventarsi, buttarsi, gettarsi, slanciarsi □ prorompere, abbandonarsi, sbottare, eccedere, esorbitare, sbrigliarsi, sfrenarsi, scatenarsi, strafare ***C*** *v. intr. pron.* rimanere, indugiare, aspettare, attardarsi, attendere, dimorare, restare, fermarsi, soffermarsi, sostare, soggiornare, stare **CONTR.** andarsene, allontanarsi, partire, spostarsi, scappare. *V. anche* COSTRINGERE, VINCERE

trattenimènto *s. m.* **1** indugio, ritardo, dilazione **CONTR.** sollecitudine, premura, fretta **2** ricevimento, festa, festino, party (*ingl.*), garden-party (*ingl.*), intrattenimento, ritrovo, festicciola, veglia □ divertimento, passatempo, spettacolo, accademia.

trattenùta *s. f.* ritenuta.

trattino *s. m.* **1** *dim. di* **tratto** **2** lineetta, breve tratto, riga, rigo, trait d'union (*fr.*).

tràtto (1) *part. pass. di* **trarre**; *anche agg.* (*fig.*) attinto, dedotto, derivato, desunto, ricavato.

tràtto (2) *s. m.* **1** (*raro*) tiro, tirata, strappata, strappo **2** rigo, riga, segno, linea, filetto, frego □ pennellata, tinta, tratteggio **3** (*spec. al pl.*) (*di fisico*) lineamenti, fattezze **4** (*spec. al pl.*) (*fig.*) caratteristiche, elementi distintivi, modi, connotati, connotazione **5** (*raro*) divario, differenza **6** (*di cielo, di mare, ecc.*) spazio, striscia, distesa, pezzo, zona, tratta □ distanza, percorso □ (*di ferrovia, di strada*) tronco **7** (*di scritto*) pezzo, brano, parte **8** (*di tempo*) spazio, momento, periodo **9** (*di carattere*) comportamento, contegno, atteggiamento, condotta. *V. anche* PARTE, TEMPO

trattóre *s. m.* (*f. -trice, pop. -tora*) gestore di trattoria, oste, albergatore, locandiere.

trattorìa *s. f.* ristorante, ristoratore (*raro*), osteria, taverna, locanda, bettola (*spreg.*).

tràuma *s. f.* **1** (*med.*) lesione, ferita, contusione **2** (*fig.*) profondo turbamento, colpo (*fig.*), scossone (*fig.*), shock (*ingl.*), choc (*fr.*).

traumàtico *agg.* **1** (*med.*) provocato da trauma **2** (*fig.*) traumatizzante, scioccante, sconvolgente, impressionante.

traumatizzàre *v. tr.* **1** (*med.*) provocare trauma □ ferire, lesionare **2** (*fig.*) sconvolgere, impressionare, scioccare, shoccare, emozionare. *V. anche* IMPRESSIONARE

traumatizzàto *part. pass. di* **traumatizzare**; *anche agg.* e *s. m.* **1** colpito da trauma □ ferito, lesionato **2** (*fig.*) sconvolto, emozionato, impressionato, scioccato, shoccato.

travagliàre ***A*** *v. tr.* **1** (*lett.*) (*anche fig.*) tormentare, affannare, torturare, angariare, straziare, crocifiggere, martellare, fare soffrire **2** (*fig.*) affliggere, agitare, affaticare, inquietare, addolorare, vessare, maltrattare, perseguitare, angosciare, angustiare, contristare, crucciare, tribolare, molestare, rimordere, sconvolgere, turbare **CONTR.** acquietare, calmare, consolare, confortare, incoraggiare, pacificare, rasserenare, sollevare ***B*** *v. intr.* (*lett.*) affannarsi, affaticarsi, affliggersi, agitarsi, inquietarsi, angosciarsi, angustiarsi, crucciarsi, dannarsi, preoccuparsi, rodersi **CONTR.** calmarsi, acquietarsi, tranquillizzarsi, essere in pace.

travagliàto *part. pass. di* **travagliare**; *anche agg.* **1** (*lett.*) tormentato, torturato, martoriato, straziato, maltrattato, perseguitato, addolorato, sofferente **2** (*fig.*) afflitto, affannato, agitato, affaticato, angosciato, angustiato, combattuto, inquieto, preoccupato, trepido, trepidante, mesto, sconvolto, tribolato, gramo (*lett.*), turbato **CONTR.** calmo, quieto, pacifico, sereno, felice, tranquillo **3** (*di decisione*) sofferto, tormentoso □ (*di evento*) fortunoso.

travàglio *s. m.* **1** (*lett.*) lavoro duro, lavoro faticoso **2** (*di fisico*) sofferenza, tormento, dolore, malessere, malattia, disturbo, patimento **CONTR.** benessere **3** (*di animo*) angoscia, afflizione, ambascia, angustia, calvario, cordoglio, rodimento, affanno, gravezza, dolore, inquietudine, pena, preoccupazione, sconvolgimento, tribolo, tribolazione, fatica (*fig.*), turbamento **CONTR.** calma, quiete, gioia, godimento, letizia, pace, riposo, serenità, tranquillità.

travasàre ***A*** *v. tr.* **1** (*di liquido*) versare, passare **2** (*fig.*) (*di cultura, di affetto, ecc.*) infondere, trasfondere, trasferire, trapiantare, tramutare ***B*** **travasarsi** *v. intr. pron.* (*di liquido*) versarsi, passare.

travàso *s. m.* **1** (*di liquido*) travasamento (*raro*), trasfusione (*raro*), passaggio, versamento **2** (*med., raro*) fuoriuscita **3** (*fig., lett.*) tramutamento, trapiantamento, trapianto.

tràve *s. f.* putrella, longherina, longarina, travatura, palanca, puntello, palo.

travéggole *s. f. pl. solo nella loc. avere le traveggole*, vedere una cosa per l'altra □ (*est., fig.*) ingannarsi, prendere un abbaglio.

travèrsa *s. f.* **1** sbarra, stanga, asta, spranga, staccionata □ (*di ferrovia*) traversina **2** (*ell.*) via traversa, trasversale, laterale, diramazione, accorciatoia, scorciatoia.

traversàre *v. tr.* **1** attraversare, passare attraverso, passare da una parte all'altra, incrociare □ oltrepassare, superare, valicare, varcare □ guadare **2** (*fig.*) ostacolare, impedire, contrastare **CONTR.** agevolare, aiutare, facilitare, appianare, spianare.

TRAVERSARE
sinonimia strutturata

L'azione dello spostarsi da una parte all'altra di qualcosa, cioè di **passare attraverso** quest'ultima è definita dal verbo **traversare**, che può essere adoperato anche in senso figurato: *traversare un paese, un bosco, una regione*; *traversare un fiume a nuoto*; *traversare la strada, la via*. Un suo sinonimo perfetto è **attraversare**: *per uscire attraversarono la siepe*; *durante il suo viaggio ha attraversato tutta l'Europa*; *il fiume attraversa tutta la città*; *un sospetto gli attraversò la mente*. L'attraversare in senso trasversale, invece, è indicato specificamente dal verbo **incrociare**: *la ferrovia incrocia la carrozzabile*.

Tra i sinonimi di traversare, il più duttile è **superare**, che si usa spesso nel suo significato figurato e che precisamente designa l'andare oltre un determinato limite: *la scala non supera i tre metri*; *il fiume ha superato il livello di guardia*; *ha superato il traguardo, il confine*; *ha superato il limite della sopportazione*; *quella donna ha superato la trentina*. L'oltrepassare qualcosa corrisponde appunto all'attraversarla, all'andare al di là, ma il verbo ha anche il significato di sostenere con successo, uscire senza danno da una situazione difficile o pericolosa: *superare una prova, una difficoltà, un pericolo, un osta-*

colo, una crisi, una malattia. Molto vicino semanticamente è **varcare**, che pure può essere adoperato anche in modo figurato: *varcare una gola, una strada, un burrone*; *varcò il mare a bordo d'un veliero*; *ha appena varcato la soglia di casa*; *ha appena varcato la sessantina*. **Valicare** si distingue dai termini precedenti perché è usato solitamente in senso proprio: *valicare un passo dolomitico, valicare le Alpi*; *valicare un fiume*. In quest'ultimo esempio, il verbo potrebbe essere sostituito con il più appropriato **guadare**, che indica specificamente l'attraversare un corso d'acqua, in una zona poco profonda, a piedi, a cavallo o con veicoli vari.

traversàta s. f. ***1*** attraversata, passaggio, attraversamento ***2*** (*est.*) navigazione, traghetto (*raro*), tragitto, viaggio.

traversìa s. f. ***1*** (*mar., raro*) vento impetuoso ***2*** (*spec. al pl.*) (*fig.*) disavventura, disgrazia, contrarietà, avversità, disdetta, sfortuna, iella (*pop.*), iettatura, scalogna, scarogna (*pop.*), peripezia, sciagura, sventura, vicissitudine, vicenda, avventura **CONTR.** fortuna, felicità, bazza, cuccagna, prosperità, buona sorte, buona ventura.

travèrso ***A*** agg. ***1*** trasversale, obliquo, diagonale, sghembo, indiretto, traversale, di sbieco **CONTR.** diritto, dritto, diretto □ perpendicolare ***2*** (*fig.*) (*di atto, di parola, ecc.*) sleale, perfido, disonesto, infido **CONTR.** leale, onesto, retto, schietto, sincero ***B*** s. m. (*mar.*) fianco, lato **FRAS.** *via traversa*, strada secondaria □ *per vie traverse* (*fig.*), indirettamente, in modo sleale □ *colpo traverso*, manrovescio.

traversóne s. m. ***1*** accr. di **traversa**; grossa traversa ***2*** (*raro*) (*di vento*) maestrale ***3*** (*di sciabola*) fendente obliquo, sciabolata, rovescione, obliqua ***4*** (*nel calcio*) centrata, centro, cross (*ingl.*).

travestiménto s. m. ***1*** mascheramento, mascherata, camuffamento, truccatura ***2*** (*fig.*) trasformazione, trasfiguramento, mutamento ***3*** maschera, domino.

travestìre ***A*** v. tr. ***1*** mascherare, camuffare, truccare ***2*** (*fig.*) trasformare, cambiare, mutare profondamente ***B*** **travestirsi** v. rifl. ***1*** mascherarsi, camuffarsi, contraffarsi, trasformarsi ***2*** (*fig.*) fingersi, farsi credere, voler sembrare, simulare.

travestìto ***A*** part. pass. di **travestire**; anche agg. (*anche fig.*) mascherato, camuffato, contraffatto, truccato □ trasformato ***B*** s. m. (*euf.*) omosessuale (in abiti femminili), transessuale.

traviàre ***A*** v. tr. ***1*** (*raro, lett.*) portare fuori strada, far uscire di strada ***2*** (*fig.*) fuorviare, far deviare, pervertire, sviare, corrompere, guastare, depravare, viziare, inquinare (*fig.*), far tralignare **CONTR.** riscattare, redimere, riabilitare, indirizzare al bene, mettere sulla retta via ***B*** **traviarsi** v. intr. pron. guastarsi, sviarsi, deviare, fuorviare, corrompersi. *V. anche* GUASTARE

traviàto part. pass. di **traviare**; anche agg. corrotto, guastato, depravato, pervertito, sviato, tralignato, deviato, guasto, viziato, vizioso, peccatore **CONTR.** incorrotto, integro, incontaminato, illibato, onesto, puro, retto.

travisaménto s. m. alterazione, falsificazione, fraintendimento, stravolgimento, snaturamento, distorsione, svisamento, errata interpretazione **CONTR.** rispetto, fedeltà, giusta interpretazione.

travisàre v. tr. ***1*** (*raro*) (*di aspetto*) far cambiare, alterare ***2*** (*fig.*) (*di parole, di fatti, ecc.*) svisare, falsare, falsificare, equivocare, alterare, cambiare, deformare, distorcere, storcere, scontorcere (*raro*), capovolgere, snaturare, stravolgere, tradire, fraintendere, interpretare erroneamente **CONTR.** rispettare, rimaner fedele, interpretare rettamente, capire, intendere, afferrare.

travisàto part. pass. di **travisare**; anche agg. (*fig.*) falsato, frainteso, stravolto, snaturato, deviato, distorto **CONTR.** afferrato, capito, riprodotto fedelmente.

travolgènte part. pres. di **travolgere**; anche agg. ***1*** (*di vento, di pioggia, ecc.*) impetuoso, rovinoso, violento, rapinoso, vorticoso, veemente **CONTR.** leggero, lieve ***2*** (*fig.*) (*di persona, di vicenda, ecc.*) trascinante, affascinante, irresistibile, sconvolgente **CONTR.** insignificante, incolore ***3*** (*di passione, di entusiasmo, ecc.*) incontenibile, cieco, irrefrenabile □ struggente.

travòlgere v. tr. ***1*** (*di vento, di acqua, ecc.*) sconvolgere, abbattere, rovesciare, investire, trascinare, seppellire □ (*di fiume*) convogliare ***2*** (*est., fig.*) (*di persona, di vicenda, ecc.*) sopraffare, sconvolgere, turbare, mettere sottosopra.

trebbiàre v. tr. (*di cereali, ecc.*) battere.

trebbiatrìce s. f. trebbia, battitrice, trebbiatoio, coreggiato, correggiato.

trebbiatùra s. f. (*di cereali, ecc.*) battitura, trebbia.

tréccia s. f. ***1*** (*di capelli*) coda, codino ***2*** (*est.*) (*di fili, di nastri, ecc.*) intreccio, intrecciatura, passamano, intrecciamento (*raro*).

trédici agg. num. card.; anche s. m. e f. inv. **FRAS.** *le tredici*, l'una (del pomeriggio), il botto, il tocco □ *fare tredici*, nel gioco del totocalcio, realizzare la massima vincita.

trégua s. f. ***1*** (*di guerra, di contese, ecc.*) armistizio, cessate il fuoco **CONTR.** continuazione, prosecuzione, proseguimento ***2*** (*fig.*) riposo, sosta, requie, pace, pausa, respiro, intervallo, quiete, oasi **CONTR.** lotta, battaglia, pena, molestia, travaglio, surmenage (*fr.*), tribolazione.

tremànte part. pres. di **tremare**; anche agg. ***1*** (*per vento, per età, ecc.*) tremolante, ondeggiante, oscillante, tremulo, vacillante **CONTR.** fermo, immoto, rigido, immobile, saldo, solido ***2*** (*fig.*) (*spec. per paura*) tremebondo (*lett.*), trepidante, trepido, palpitante, pauroso, spaventato, timoroso **CONTR.** coraggioso, animoso, ardimentoso, ardito, baldanzoso, impavido, intrepido, risoluto, prode, valoroso □ calmo, tranquillo ***3*** (*fig.*) (*di voce*) esitante, incerto, timido, rotto **CONTR.** fermo. *V. anche* INCERTO

tremàre v. intr. ***1*** (*spec. per il freddo*) rabbrividire, fremere, battere i denti ***2*** (*per vento, per età, ecc.*) oscillare, ondeggiare, dondolare, ciondolare, tentennare, tremolare, vacillare, fluttuare **CONTR.** stare fermo, stare immobile, stare immoto, stare rigido, stare saldo ***3*** (*fig.*) (*per paura, ecc.*) trepidare, temere, paventare (*lett.*), impaurirsi, avere paura, intimorirsi, spaurirsi, spaventarsi, sbigottirsi, sgomentarsi, trepidare, essere in ansia **CONTR.** ardire, osare, avere coraggio □ restare calmo, restare tranquillo ***4*** (*fig.*) (*di aria*) essere mosso **CONTR.** essere calmo, essere immobile ***5*** (*di luce, di suono*) essere intermittente, essere discontinuo, variare d'intensità **CONTR.** essere fisso, essere continuo ***6*** (*di vista*) offuscarsi, confondersi **CONTR.** essere chiaro.

tremarèlla *s. f.* (*fam.*) ***1*** tremito ***2*** batticuore, tremore, agitazione, trepidazione, paura, timore, spavento, raccapriccio, fifa (*fam.*), cacarella (*fam.*) **CONTR.** coraggio, animo, ardire, ardimento, audacia, baldanza, cuore, fegato, intrepidezza, sangue freddo. *V. anche* PAURA

tremèndo *agg.* ***1*** terribile, orrendo, orrido, orribile, spaventevole, spaventoso, pauroso, raccapricciante, agghiacciante, atroce, formidabile (*lett.*), terrorizzante □ disastroso **CONTR.** allettante, attraente, delizioso, piacevole ***2*** (*est.*) (*di bimbo*) vivacissimo, irrequieto, sfrenato, pestifero **CONTR.** calmo, tranquillo ***3*** (*est.*) (*di calamità*) gravissimo, dolorosissimo, difficilissimo ***4*** (*fam., iperbolico*) (*di caldo, di freddo, ecc.*) grandissimo, intensissimo, insopportabile **CONTR.** limitato, misurato, moderato.

trèmito *s. m.* ***1*** tremore, vibrazione ***2*** (*est.*) fremito, brivido, scossa, batticuore, palpito, tremarella.

tremolànte *part. pres. di* **tremolare**; *anche agg.* oscillante, tremulo, ondeggiante, palpitante, vacillante, traballante, lievemente tremante □ (*di luce, di voce*) esitante, incerto **CONTR.** fermo, immobile, immoto, rigido, saldo, solido.

tremolàre *v. intr.* ***1*** tremare, oscillare, ondeggiare, fluttuare, palpitare, vacillare, traballare, ciondolare, ciurlare **CONTR.** stare fermo, stare immobile, stare immoto, stare rigido, stare saldo ***2*** (*est.*) (*di voce, di luce*) vibrare, sfarfallare.

tremolìo *s. m.* oscillazione, vibrazione, fremito, brivido, tremolamento, traballamento □ brillio, luccichio, scintillio, sfarfallamento, sfarfallio.

tremóre *s. m.* ***1*** (*di febbre, di freddo, ecc.*) tremito, brivido, fremito ***2*** (*fig.*) spavento, paura, timore, tema, agitazione, commozione, ansia, apprensione, angustia, batticuore, palpito, sbigottimento, sgomento, tremarella **CONTR.** coraggio, animo, ardire, ardimento, baldanza, fortezza, forza d'animo, intrepidezza, prodezza, valore □ calma, tranquillità. *V. anche* PAURA

trèmulo *agg.* tremolante, tremante, oscillante, ondeggiante, palpitante, vacillante **CONTR.** fermo, immobile, immoto, rigido, saldo, solido **FRAS.** *pioppo tremulo*, tremola, tremula.

trench /*ingl.* trentʃ/ [vc. ingl., riduzione di *trench coat* 'impermeabile militare', letteralmente 'soprabito (*coat*) da trincea (*trench*)'] *s. m. inv.* impermeabile, soprabito.

trend /*ingl.* trend/ [vc. ingl., letteralmente 'inclinazione, tendenza'] *s. m. inv.* ***1*** (*econ.*) tendenza ***2*** (*est.*) andamento, movimento □ tenore. *V. anche* MODA

trèno *s. m.* ***1*** convoglio ferroviario ***2*** (*mil.*) affusto di cannone ***3*** (*fig.*) modo di vivere, tenor di vita, andamento ***4*** (*di gomme, di ingranaggi, ecc.*) insieme, serie, successione.

trepidànte *part. pres. di* **trepidare**; *anche agg.* ansioso, agitato, inquieto, preoccupato, turbato, pauroso, timoroso, apprensivo, tremante, tremebondo (*lett.*), trepido, travagliato, sgomento, pavido, anelo (*lett.*) **CONTR.** coraggioso, animoso, ardimentoso, ardito, baldanzoso, impavido, audace, imperterrito, strenuo, stoico, intrepido, risoluto, prode, valoroso □ calmo, tranquillo.

trepidàre *v. intr.* tremare, palpitare, temere, paventare, essere in ansia, affannarsi, essere agitato, essere inquieto, essere in angustia, essere in apprensione, essere spaventato, essere sbigottito **CONTR.** ardire, arrischiare, attentarsi, azzardare, avere l'audacia, avere coraggio □ restare calmo, restare tranquillo.

trepidazióne *s. f.* trepidanza (*lett.*), trepidità (*ant.*), agitazione, ansia, ansietà, inquietudine, apprensione, angustia, batticuore, cardiopalmo, sbigottimento, sgomento, tremarella (*fam.*), paura, timore, tema, timidezza **CONTR.** coraggio, animo, ardire, ardimento, baldanza, fortezza, forza d'animo, intrepidezza, prodezza, valore □ calma, serenità, impassibilità, tranquillità, stoicismo. *V. anche* PAURA

trèpido *agg.* trepidante, ansioso, agitato, inquieto, preoccupato, turbato, pauroso, timoroso, timido, tremante, tremebondo (*lett.*), travagliato **CONTR.** coraggioso, animoso, audace, strenuo, ardimentoso, ardito, baldanzoso, impavido, intrepido, risoluto, prode, valoroso □ calmo, tranquillo. *V. anche* TIMIDO

treppiède o **treppièdi** *s. m.* cavalletto, trespolo, tripode.

trésca *s. f.* ***1*** (*fig.*) intrigo, imbroglio, giro, maneggio, macchinazione, trama, cabala ***2*** (*fig.*) amorazzo, adulterio, relazione illecita, intrigo amoroso.

tréspolo *s. m.* ***1*** cavalletto, treppiede, treppiedi, sostegno, portavasi, tripode ***2*** (*fig., scherz.*) (*di veicolo*) baracca, trappola (*fam.*), macinino.

tribolàre ***A*** *v. tr.* ***1*** (*di fisico*) tormentare, angariare, maltrattare, infierire, perseguitare, travagliare, martoriare, torturare, straziare, vessare, far soffrire **CONTR.** dare piacere, alleviare ***2*** (*fig.*) (*di animo*) affliggere, accorare, affannare, angustiare, contristare, agitare, affaticare, inquietare, molestare, sconvolgere, turbare **CONTR.** acquietare, calmare, consolare, confortare, divertire, incoraggiare, lenire, pacificare, rasserenare, dare gioia, dar sollievo ***B*** *v. intr.* penare, patire, soffrire, stentare, angosciarsi, affliggersi, tormentarsi, essere travagliato **CONTR.** godere, gioire, divertirsi, rasserenarsi, riposarsi, provar piacere, sguazzare, provar sollievo.

tribolàto *part. pass. di* **tribolare**; *anche agg.* tormentato, travagliato, vessato, maltrattato, angariato, perseguitato □ afflitto, straziato, addolorato, angustiato, infelice, misero, povero, tapino (*lett.*), gramo (*lett.*) □ stentato **CONTR.** allegro, gaio, giocondo, gioioso, lieto, sereno, contento, felice.

tribolazióne *s. f.* ***1*** (*di fisico*) sofferenza, dolore, malessere, malattia, tormento, patimento, disturbo **CONTR.** piacere, benessere ***2*** (*di animo*) angoscia, afflizione, affanno, dolore, inquietudine, pena, preoccupazione, angustia, infelicità, sconvolgimento, travaglio, turbamento, spina (*fig.*), croce, spasimo, calvario **CONTR.** calma, quiete, gioia, letizia, delizia, felicità, godimento, paradiso, pace, tregua, riposo, serenità, tranquillità.

trìbolo *s. m.* **1** (*bot.*) rovo, cespuglio spinoso, spina **2** (*fig.*) (*di animo*) tribolazione, tormento, preoccupazione, angoscia, afflizione, affanno, dolore, inquietudine, pena, sconvolgimento, travaglio, turbamento **CONTR.** calma, quiete, gioia, letizia, pace, riposo, serenità, tranquillità.

tribórdo *s. m.* (*mar.*) dritta, destra **CONTR.** babordo.

tribù *s. f. inv.* **1** clan, gente, gens (*lat.*), gruppo di famiglie **2** (*fig., scherz.*) (*di persone*) moltitudine, caterva, stuolo, sciame, massa, legione, gran numero.

tribùna *s. f.* **1** palco, podio, piattaforma **2** (*nelle antiche basiliche cristiane*) abside **3** (*nelle chiese*) pulpito, ambone, pergamo, cattedra, rostro.

tribunàle *s. m.* **1** organo giudiziario, giustizia **2** palazzo di giustizia □ curia, foro.

tribùno [da *tribuno*, funzionario molto importante nell'antica Roma] *s. m.* (*fig.*) oratore □ (*fig., spreg.*) demagogo, arruffapopoli, agitatore, capopopolo, caporione, mestatore, politicante, fanatico, settario, sobillatore, rivoluzionario.

tributàre *v. tr.* dare, rendere, concedere **CONTR.** negare, rifiutare.

tributàrio *agg.* **1** soggetto a tributo, contribuente, suddito **CONTR.** governante **2** erariale, fiscale **3** (*geogr.*) affluente □ immissario **CONTR.** emissario.

tribùto *s. m.* **1** imposizione, imposta, tassa, pedaggio, dogana, aggravio, gravame, balzello, gravezza (*ant.*), taglia, contribuzione, contributo, decima **2** (*fig.*) contribuzione, impegno morale, dovere, obbligo **FRAS.** *pagare il proprio tributo alla natura* (*fig.*), morire.

tricolóre **A** *agg.* di tre colori **CFR.** monocolore, bicolore **B** *s. m.* bandiera tricolore □ (*per anton.*) bandiera italiana.

tricòrno *s. m.* cappello a tre punte □ nicchio □ lucerna.

tric-trac *s. m. inv.* **1** (*gioco*) tavola reale, backgammon (*ingl.*) **2** mortaretto, bomba di carta.

tridènte *s. m.* forca, forcone **CFR.** bidente.

trifòglio *s. m.* (*est.*) erba medica.

trilióne *s. m.* (*in Italia, Francia e USA*) mille miliardi □ (*in Germania e Gran Bretagna*) un miliardo di miliardi.

trillàre *v. intr.* **1** (*di voce*) gorgheggiare, cinguettare, garrire **2** (*di campanello, di metalli*) squillare, suonare, scampanellare, trilleggiare (*raro*), tintinnare, tinnire (*lett.*), tintinnire (*raro*), risuonare □ vibrare.

trìllo *s. m.* **1** (*di voce*) gorgheggio, canto, cinguettio **2** (*di campanello, di metallo*) tintinno, tintinnio, tinnito (*lett.*), squillo, scampanellio, sonata □ vibrazione.

trìna *s. f.* pizzo, merletto, dentelle (*fr.*), gala, blonda □ lavoro a trafori.

trincàre *v. tr.* sbevazzare, sbevacchiare, bere avidamente, bere smodatamente, cioncare (*region.*), schiccherare (*raro*) **CONTR.** sorseggiare, sorsare (*raro*), centellinare, centellare (*raro*). *V. anche* BERE

trincèa *s. f.* **1** (*mil.*) fosso con parapetto, vallo □ (*est.*), camminamento, sbarramento, barricata **2** (*di fondamenta*) scavo **FRAS.** *guerra di trincea*, guerra di posizione.

trinceraménto *s. m.* **1** trincee, difesa, fortificazione **2** luogo trincerato □ camminamento. *V. anche* DIFESA

trinceràre **A** *v. tr.* **1** munire di trincee, difendere con trincee **2** (*est.*) chiudere, difendere, fortificare **B** **trincerarsi** *v. intr. pron.* **1** proteggersi con trincee, difendersi con trincee, fortificarsi **2** (*fig.*) difendersi, chiudersi, farsi scudo, farsi forte **3** (*fig.*) (*in casa*) chiudersi, barricarsi, tapparsi.

trinciàre **A** *v. tr.* **1** tagliuzzare, sminuzzare, smozzicare, tritare, tagliare in striscioline, tagliare in pezzetti, cincischiare **2** (*anche fig.*) tagliare **B** **trinciarsi** *v. intr. pron.* tagliarsi, tagliuzzarsi.

trinciàto **A** *part. pass. di* **trinciare**; *anche agg.* tagliuzzato, tagliato, sminuzzato, smozzicato, tritato **B** *s. m.* tabacco (in sottili striscioline).

trìo *s. m.* (*est.*) terzetto, terna, triade, tris, trittico.

trionfàle *agg.* **1** di trionfo, da trionfo **2** (*est.*) grandioso, magnifico, fastoso, pomposo, sfarzoso, splendido, superbo **CONTR.** modesto, semplice, umile.

trionfànte *part. pres. di* **trionfare**; *anche agg.* **1** vincitore, vittorioso, trionfatore, debellatore **CONTR.** vinto, sconfitto, soccombente, sopraffatto, umiliato **2** (*est.*) contento, esultante, entusiasta, gioioso, raggiante, giubilante, soddisfatto **CONTR.** abbattuto, accasciato, avvilito, demoralizzato, depresso, prostrato, sconfortato, scoraggiato, scornato.

trionfàre *v. intr.* **1** (*nell'antica Roma*) ottenere il trionfo **2** (*est.*) vincere gloriosamente, ottenere una grande vittoria, stravincere, debellare, annientare, prevalere, sconfiggere, umiliare **CONTR.** perdere, soggiacere, soccombere, essere vinto, essere sconfitto, essere umiliato **3** (*est., fig.*) avere la meglio, dimostrarsi più forte □ ottenere grande successo, riuscire **CONTR.** fallire, deludere, subire uno scacco, scornarsi, naufragare (*fig.*) **4** (*fig.*) esultare, festeggiare, gioire, giubilare, tripudiare, rallegrarsi **CONTR.** affliggersi, accorarsi, amareggiarsi, rattristarsi. *V. anche* VINCERE

trionfatóre *s. m.; anche agg.* (*f. -trice*) trionfante, vincitore, vittorioso, debellatore □ conquistatore **CONTR.** vinto, abbattuto, sconfitto, sopraffatto, soccombente, debellato.

triónfo [da *trionfo*, il massimo onore che il senato romano concedeva al generale vittorioso o all'imperatore] *s. m.* **1** (*est.*) grande vittoria, vittoria, grande successo □ esito positivo, riuscita, successo **CONTR.** sconfitta, rotta, disfatta, sbaraglio, scacco, débâcle (*fr.*), fallimento, fiasco, flop (*ingl.*) **2** esaltazione, glorificazione, celebrazione, apoteosi, alloro **CONTR.** umiliazione, mortificazione **3** (*nel gioco dei tarocchi*) tarocco. *V. anche* SUCCESSO

triplicàre **A** *v. tr.* **1** moltiplicare per tre, rendere triplo, rinterzare (*lett.*) **CFR.** duplicare, quadruplicare, quintuplicare, ecc. **2** (*est.*) moltiplicare, intensificare, accrescere notevolmente, aumentare molto **CONTR.** diminuire molto **B** **triplicarsi** *v. intr. pron.* **1** aumentare di tre volte **CFR.** duplicarsi, quadruplicarsi, ecc. **2** (*est.*) aumentare molto **CONTR.** diminuire molto.

trìpode *s. m.* treppiede, treppiedi, cavalletto, trespolo, sedile a tre gambe, tavolo a tre gambe.

trìppa *s. f.* **1** (*di bovino macellato*) stomaco, busecca (*dial.*) **2** (*est., fam., scherz.*) pancia, ventre, ventraia (*raro, lett.*), epa (*poet.*).

trippóne *s. m.* **1** *accr. di* **trippa** nel sign. 2 **2** (*est.*) grassone, obeso, pancione □ (*raro*) mangione **CONTR.** magrolino.

tripudiàre *v. intr.* esultare, festeggiare, trionfare, gioire, giubilare, rallegrarsi, gongolare, godere **CONTR.** affliggersi, accorarsi, amareggiarsi, rattristarsi. *V. anche* RIDERE

tripùdio *s. m.* **1** festa grande, rumorosa allegria □ esultanza, felicità, gaudio, gioia, giubilo, giolito (*ant.*) □ baldoria, gazzarra **CONTR.** afflizione, accoramento, amarezza, costernazione, mestizia, tristezza □ lutto **2** (*fig.*) (*di luce e sim.*) sfavillio, aspetto gaio, aspetto gioioso, orgia.

trirégno *s. m.* tiara.

trìste *agg.* **1** (*di persona*) afflitto, malinconico, mesto, abbacchiato, abbattuto, accorato, addolorato, avvilito, contristato, crucciato, costernato, depresso, desolato, dolente, infelice, compunto, demoralizzato, cupo, sconfortato, amareggiato, sconsolato, immalinconito, intristito, ipocondriaco, rammaricato, rattristato, rannuvolato, sospiroso **CONTR.** allegro, beato, contento, euforico, gioioso, giubilante, raggiante, spensierato, divertito, felice, festoso, gaio, giocondo, ilare, lieto **2** (*di cosa*) grigio, depressivo, deprimente, desolante, doloroso, fosco, elegiaco (*lett.*), inameno, nero, penoso, pietoso, tragico, drammatico, uggioso, squallido, brullo, misero, povero, sordido, tetro, infausto □ funesto, sepolcrale, funebre, funereo, luttuoso, macabro, lugubre **CONTR.** ameno, piacevole, festevole, inebriante, pittoresco, ridente, vago, leggiadro, radioso, roseo, dorato, sollazzevole, vivace, sereno, umoristico, comico **3** (*est.*) (*di esperienza, di evento e sim.*) cattivo, negativo, lacrimevole, oscuro, deprimente, spiacevole, amaro **CONTR.** bello, divertente, simpatico, esilarante, ricreativo, spassoso. *V. anche* NERO

tristeménte *avv.* accoratamente, amaramente, desolatamente, dolorosamente, malinconicamente, mestamente, infaustamente, penosamente, infelicemente, sconsolatamente, tragicamente **CONTR.** allegramente, beatamente, gioiosamente, felicemente, festosamente, gaiamente, giocondamente, lietamente, comicamente, spassosamente.

tristézza *s. f.* **1** (*di persona*) afflizione, accoramento, dolore, malinconia, mestizia □ abbattimento, avvilimento, costernazione □ malumore, noia, tedio, uggia, paturnie (*pop.*) □ scoraggiamento, demoralizzazione, depressione, infelicità, sconforto, sconsolazione (*ant.*), sconsolatezza, ipocondria, lipemania (*psicol.*) **CONTR.** allegria, contentezza, allegrezza, buonumore, gioia, felicità, festosità, gaiezza, spensieratezza, giocondità, ilarità, letizia **2** (*di cose, di avvenimento, ecc.*) grigiore, squallore, cupezza, tetraggine, desolazione, lutto, miseria, povertà □ amarezza **CONTR.** amenità, bellezza, piacevolezza, festevolezza, suggestività, vaghezza. *V. anche* MALINCONIA, SCORAGGIAMENTO

trìsto *agg.* **1** (*lett.*) sventurato, sciagurato, infelice, malcapitato, sfortunato **CONTR.** felice, fortunato, beato **2** cattivo, malvagio, maligno, perfido, iniquo, improbo, malnato, reo, ribaldo, rio (*lett.*), birbone, briccone, infame, perverso, scellerato, sciagurato **CONTR.** buono, benigno, mite, onesto, retto **3** astuto, furbo, malizioso **CONTR.** ingenuo, bonario, benigno, franco, semplice, sincero **4** (*di pianta, di animale*) stentato, malandato, misero **CONTR.** rigoglioso, lussureggiante, abbondante, copioso (*lett.*) **5** meschino, povero, scadente **CONTR.** eccellente, ottimo, splendido.

tritàre *v. tr.* triturare, sminuzzare, smozzicare, stritolare, trinciare, spezzettare, sbriciolare, tagliuzzare, macinare, battere, pestare, grattugiare, maciullare, frantumare, polverizzare, tagliare in pezzetti, rodere.

tritàto *part. pass. di* **tritare**; *anche agg.* triturato, trinciato, sminuzzato, spezzettato, sbriciolato, tagliuzzato, macinato, pestato, frantumato, polverizzato, trito, grattugiato.

trìto *agg.* **1** (*di carne, di pane, ecc.*) tritato, sminuzzato, triturato, spezzettato, sbriciolato, battuto, tagliuzzato, macinato, frantumato, polverizzato **2** (*fig.*) (*di notizia, di argomento, ecc.*) risaputo, notissimo, conosciutissimo, banale, consunto, logoro, convenzionale, rifritto, solito, abusato, usuale, vieto, vecchio, ovvio, scontato, già detto, già ripetuto, detto e ridetto **CONTR.** ignorato, inusitato, insolito, originale, inedito, nuovo, capriccioso, non comune. *V. anche* BANALE

tritùme *s. m.* **1** minuzzaglia, sbriciolatura, sbriciolamento, tritatura, detriti, paglione, pula, rimasuglio, scamuzzoli (*tosc.*), brincelli (*tosc.*), calia (*ant.*) **2** (*fig., spreg.*) banalità, cose comuni **CONTR.** novità, originalità.

trituràre *v. tr.* tritare, sminuzzare, smozzicare, sgretolare, sgranocchiare, stritolare, spezzettare, sbriciolare, frantumare, rompere, macinare, polverizzare, tagliuzzare, tagliare in pezzetti.

triturazióne *s. f.* trituramento (*raro*), sminuzzamento, frantumazione, macinatura, macinazione, polverizzazione, tagliuzzamento, spezzettamento, spezzettatura, sgretolamento, masticazione □ (*farm.*) quassazione.

trivèlla *s. f.* trivellatore, trapano, succhiello, trivello, foratoio □ perforatrice.

trivellàre *v. tr.* **1** bucare, forare, perforare, trapanare, trapassare **2** (*fig.*) (*di pensiero, di preoccupazione, ecc.*) assillare, inquietare, rodere, tormentare, torturare, turbare **CONTR.** calmare, acquietare, chetare, quietare, placare, tranquillare, tranquillizzare.

trivellazióne *s. f.* trivellamento (*raro*), trivellatura, perforamento, perforatura (*raro*), perforazione.

trivèllo *s. m.* trivella, trapano, succhiello, foratoio □ perforatore, perforatrice, trivellatrice.

triviàle [dal lat. *triviāle(m)*, da *trĭvium*, cioè 'che si trova nei crocicchi' e, quindi, 'comune, volgare'] *agg.* **1** volgare, scurrile, osceno, licenzioso, sconcio, indecente □ sguaiato, grossolano, plebeo, villano, sgarbato, zotico, ignobile, plateale (*raro*), rozzo, pacchiano, cafonesco, facchinesco **CONTR.** distinto, educato, fine, eletto, garbato, gentile, squisito, cortese, compito, raffinato, signorile, urbano **2** (*lett.*) dozzinale, banale, comune, ordinario.

trivialità *s. f.* **1** volgarità, scurrilità, oscenità, licenziosità, sconcezza, indecenza □ sguaiataggine, bassezza, villania, zoticaggine, zotichezza, rozzezza, cafonaggine, cafoneria **CONTR.** distinzione, educazione, finezza, garbo, gentilezza, compitezza, raffinatezza, nobiltà, squisitezza, signorilità, urbanità **2** (*lett.*) banalità.

trivialóne *s. m.* (*f. -a*) volgarone, villanzone, zoticone, sguaiato, ignorantone, cafonaccio, plebeo, carampana, ciana (*tosc.*) **CONTR.** raffinatissimo, gran signore, gentiluomo.

trivio *s. m.* incrocio (di tre strade), crocevia, crocicchio **CFR.** bivio, quadrivio **FRAS.** *da trivio*, volgare, scurrile, sguaiato.

trofèo [dal lat. *trop(h)ăeu(m)*, dal gr. *trópaion*, propriamente 'monumento per la sconfitta (*tropḗ*, letteralmente 'rivolgimento') del nemico'] *s. m.* **1** armi e spoglie (dei vinti) **2** (*fig., lett.*) vittoria **3** (*est.*) coppa, medaglia **4** (*mil.*) distintivo.

troglodìta [vc. dotta, lat. *trōglŏdyta(s)* (pl.), dal gr. *trōglodýtēs*, 'chi è solito entrare (*dýein*) in caverne (*trṓglai*)', propriamente 'fori scavati da animali roditori', da *trṓgein* 'mangiare'] *s. m.* e *f.* **1** cavernicolo, abitatore delle caverne **2** (*fig.*) rozzo, incolto, incivile, primitivo, selvaggio, zoticone, ignorantone **CONTR.** civile, fine, raffinato.

tròia *s. f.* **1** (*pop.*) scrofa, porca, maiala **2** (*fig., volg.*) prostituta, donnaccia, sgualdrina, puttana (*volg.*).

trómba *s. f.* **1** (*mus.*) tuba, buccina, bombardino, bombardone, cornetta, flicorno, oricalco (*poet.*) **2** (*fig.*) trombettiere, suonatore di tromba, trombettista **3** (*di scala*) vano **4** (*idraul.*) pompa **5** (*di insetto*) proboscide, apparato succhiatore □ (*di elefante*) proboscide **6** (*anat.*) condotto, tuba, canale **7** (*meteor.*) vortice turbinoso, turbine, ciclone, uragano, tornado **8** (*al pl.*) clacson **FRAS.** *partire in tromba* (*fig., fam.*), lanciarsi con entusiasmo.

trombàre *v. tr.* **1** (*raro*) (*di vino*) travasare **2** (*fig., scherz.*) (*a esami, a elezioni e sim.*) bocciare, respingere, silurare **CONTR.** promuovere, eleggere, approvare, candidare **3** (*est.*) (*di proposta*) fare fallire **CONTR.** favorire, fare riuscire.

trómbo *s. m.* (*med.*) coagulo, embolo.

trombóne *s. m.* **1** *accr.* di **tromba** **2** (*fig.*) suonatore di trombone **3** (*fig., spreg.*) vanaglorioso, enfatico, gradasso, pataccone (*dial.*) **4** schioppo a bocca svasata, archibugio.

troncaménto *s. m.* **1** (*di cosa*) troncatura, spezzamento, recisione, mozzamento (*raro*), mozzatura, rottura, stroncatura (*raro*) □ amputazione, asportazione, mutilazione **2** (*fig.*) (*di azione*) interruzione, sospensione, taglio **CONTR.** ripresa, continuazione, continuità, prosecuzione, proseguimento, prosieguo **3** (*ling.*) apocope.

troncàre *v. tr.* **1** (*di cosa*) rompere, spezzare, recidere, rescindere (*lett.*), scapezzare, mozzare, stroncare, tranciare, tagliare d'un colpo **2** privare di una parte, amputare, mutilare □ (*ling.*) apocopare **3** (*fig.*) (*di fatica, di preoccupazione, ecc.*) fiaccare, infiacchire, spossare, stroncare, svigorire, prostrare, stremare **CONTR.** rinvigorire, rinforzare, irrobustire **4** (*fig.*) (*di azione*) interrompere, sospendere, tagliare bruscamente, desistere, lasciare a metà, abbandonare, dirimere, risolvere, decidere **CONTR.** riprendere, seguitare, continuare, concludere, proseguire. *V. anche* SCIOGLIERE

troncàto *part. pass.* di **troncare**; *anche agg.* **1** (*di cosa*) rotto, tagliato d'un colpo, spezzato, reciso, rescisso (*lett.*), monco, mutilo, mozzato, mozzo, stroncato □ amputato, mutilato **2** (*di azione*) interrotto bruscamente, sospeso bruscamente, lasciato a metà **CONTR.** ripreso, seguitato, prolungato, concluso, compiuto, definito **3** (*raro*) (*di parola, di sillaba*) tronco.

tronchesìna *s. f.* tagliaunghie.

trónco (1) *agg.* **1** (*di cosa*) troncato, reciso, mozzato, mozzo, monco, spezzato, scavezzato, tagliato, raccorciato **2** (*di parola, di sillaba*) troncato (*raro*), ossitono **3** (*fig.*) (*di azione*) interrotto, sospeso, lasciato a metà **CONTR.** ripreso, seguitato, continuo **4** (*raro, fig.*) (*per fatica, per preoccupazione, ecc.*) fiaccato, infiacchito, spossato, stroncato, svigorito, prostrato, stremato **CONTR.** rinvigorito, rinforzato, irrobustito **FRAS.** *in tronco*, incompiuto; a mezzo; senza preavviso.

trónco (2) *s. m.* **1** (*bot.*) fusto legnoso, ceppo **2** (*fig.*) ceppo, stipite □ stirpe, famiglia, progenie, schiatta **3** (*anat.*) torso, busto, torace, fusto, cassa **4** (*fig.*) (*di strade, di ferrovie*) tratto, tratta.

troncóne *s. m.* **1** *accr.* di **tronco (2)** **2** (*di albero*) piede, ceppo **3** (*est.*) moncone, moncherino.

troneggiàre *v. intr.* **1** sedere come sul trono **2** (*est., scherz.*) (*di persona*) sovrastare, dominare, imporsi, spiccare **3** (*est.*) (*di cosa*) far bella mostra.

trónfio *agg.* **1** (*di persona*) altezzoso, altero, borioso, impettito, orgoglioso, presuntuoso, pettoruto, superbo, pavone, inorgoglito, vanaglorioso, pieno di sé **CONTR.** dimesso, modesto, semplice, umile, discreto **2** (*est.*) (*di stile*) ampolloso, gonfio, ridondante, altisonante, bolso, fumoso, gonfiato, tumido (*lett.*), pomposo, reboante, spagnolesco **CONTR.** asciutto, conciso, rapido, robusto, secco, terso.

tròno *s. m.* **1** seggio, soglio (*lett.*), cattedra **2** (*fig.*) regalità, autorità sovrana □ regno, monarchia.

tropicàle *agg.* **1** dei tropici **2** (*est.*) torrido, caldissimo, equatoriale **CONTR.** gelido, glaciale, freddissimo. *V. anche* VENTO

tròppo ***A*** *agg. indef.* eccessivo, soverchio (*lett.*), esagerato, sopreccedente, eccedente, esorbitante, sovrabbondante, strabocchevole, traboccante, fuori misura, oltre la misura, più del dovuto, più del necessario **CONTR.** poco, scarso, esiguo, insufficiente, modico ***B*** *pron. indef.* quantità esagerata, esagerazione, sovrabbondanza, soverchio (*lett.*) **CONTR.** poco ***C*** *avv.* eccessivamente, soverchiamente (*lett.*), oltremodo, smoderatamente, smodatamente, più del dovuto, più del necessario **CONTR.** poco, scarsamente, insufficientemente, inadeguatamente □ modicamente, moderatamente ***D*** *s. m. solo sing.* eccesso, eccedenza **CONTR.** mancanza.

trottapiàno *s. m.* e *f. inv.* tiratardi, lumacone.

trottàre *v. intr.* ***1*** (*di cavaliere*) andare di trotto **CFR.** galoppare, trotterellare ***2*** (*anche scherz.*) (*di persona*) correre, camminare svelto, andare in fretta, andare senza sosta □ darsi da fare, sfacchinare, affaccendarsi **CONTR.** camminare adagio, passeggiare, fare quattro passi.

trottatóre *s. m.* ***1*** cavallo da trotto, trotter (*ingl.*) ***2*** (*fig., scherz.*) persona dal passo veloce, corridore **CONTR.** posapiano, lumaca, tartaruga.

troupe /*fr.* trup/ [vc. fr., equivalente a *truppa*] *s. f. inv.* (*teat., cine.*) compagnia, équipe (*fr.*).

trousse /*fr.* trus/ [vc. fr., da *trousser*, propriamente 'caricare la bestia da soma'] *s. f. inv.* ***1*** astuccio, fodero, custodia ***2*** borsetta (per signora), beauty-case (*ingl.*), nécessaire (*fr.*).

trovàre ***A*** *v. tr.* ***1*** (*di persona*) incontrare, imbattersi, incocciare, incappare, scorgere **CONTR.** cercare ***2*** (*di cosa*) rinvenire, recuperare, ritrovare, reperire, rintracciare, scovare, ripescare **CONTR.** perdere, smarrire, dimenticare ***3*** ottenere, procacciarsi, conseguire, procurarsi, rimediare □ ricavare, trarre **CONTR.** rimetterci, perderci ***4*** (*di ladro, di spia, ecc.*) sorprendere, cogliere, pescare, scoprire, stanare, scovare **CONTR.** ricercare, investigare ***5*** avere □ (*est.*) ricevere ***6*** escogitare, inventare, scoprire, discoprire (*lett.*), concepire, immaginare, individuare, vedere ***7*** riconoscere, riscontrare ***8*** pensare, giudicare, ritenere, stimare □ notare, accorgersi, avvedersi ***B*** **trovarsi** *v. rifl. rec.* incontrarsi, vedersi, darsi appuntamento ***C*** *v. intr. pron.* ***1*** essere, stare, restare, sedere, versare, allignare, figurare ***2*** arrivare, capitare, convenire ***3*** essere posto, essere collocato **FRAS.** *andare a trovare*, far visita, visitare □ *trovi?*, ti sembra proprio? *V. anche* GIUDICARE, PENSARE

trovaròbe *s. m.* e *f. inv.* (*teat.*) attrezzista.

trovàta *s. f.* ***1*** pensata, pensiero, invenzione, idea, parto, creazione, ispirazione, scoperta □ espediente, artificio, stratagemma, ripiego, cavatina ***2*** pretesto, scusa, appiglio, appicco (*raro*) ***3*** battuta, mattata, scappata, sketch (*ingl.*), boutade (*fr.*). *V. anche* ARTIFICIO, SCUSA

trovatèllo *s. m.* bambino abbandonato, esposto, innocente, bastardo.

trovàto ***A*** *part. pass. di* **trovare**; *anche agg.* ***1*** incontrato, scorto **CONTR.** cercato ***2*** rinvenuto, recuperato, reperito, ritrovato, rintracciato, scovato, ripescato **CONTR.** perso, perduto, disperso, dimenticato, smarrito ***3*** ottenuto, conseguito ***4*** (*di ladro, di spia, ecc.*) sorpreso, colto, pescato, scoperto ***5*** avuto, ricevuto ***6*** escogitato, inventato, concepito, immaginato, visto ***7*** riconosciuto, riscontrato ***B*** *s. m.* (*raro, lett.*) invenzione, scoperta ***C*** *inter.* eureka.

trovatóre *s. m.* (*f. -trice*) ***1*** (*ant.*) scopritore, inventore, esploratore ***2*** poeta, musico, rapsodo.

truccàre ***A*** *v. tr.* ***1*** modificare, cambiare, trasformare, alterare ***2*** travestire, mascherare, camuffare ***3*** (*fig.*) falsificare, alterare □ manomettere ***4*** imbellettare, dipingere ***B*** **truccarsi** *v. rifl.* ***1*** mascherarsi, camuffarsi ***2*** (*est.*) imbellettarsi, orpellarsi, pitturarsi, dipingersi, tingersi, acconciarsi, darsi il trucco, farsi il maquillage.

truccàto *part. pass. di* **truccare**; *anche agg.* ***1*** trasformato, travestito, mascherato ***2*** falsificato, contraffatto, addomesticato, falso, alterato □ manomesso □ (*di motore*) elaborato ***3*** imbellettato, dipinto, bistrato.

truccatóre *s. m.* (*f. -trice*) (*teat.*) specialista del trucco, visagista.

trùcco *s. m.* ***1*** camuffamento, mascheramento, truccatura ***2*** belletto, cerone, cosmetico, maquillage (*fr.*), make-up (*ingl.*), toilette ***3*** (*est.*) frode, inganno, imbroglio, malizia, raggiro □ stratagemma, espediente, scorciatoia, diavoleria, escamotage (*fr.*), mezzuccio, furberia, furbata (*fam.*), giochetto, inghippo □ (*del mestiere*) segreto.

trùce *agg.* ***1*** minaccioso, torvo, bieco, fiero, sinistro, terribile **CONTR.** lieto, sereno, sorridente, tranquillo ***2*** crudele, feroce, disumano, sanguinario, efferato, snaturato, truculento, spietato, cannibalesco **CONTR.** buono, benigno, bonario, dolce, mite, misericordioso, pietoso, umano. *V. anche* CRUDELE

trucidàre *v. tr.* uccidere crudelmente, massacrare, scannare, sgozzare, macellare, fare a pezzi, fare scempio.

trucidàto *part. pass. di* **trucidare**; *anche agg.* crudelmente ucciso, macellato, massacrato, scannato, sgozzato, fatto a pezzi.

trùciolo *s. m.* piallatura, riccio.

truck /*ingl.* trʌk/ [vc. ingl., probabilmente dal gr. *trochós* 'ruota'] *s. m. inv.* ***1*** carrello, carretto ***2*** registratore su ruote ***3*** autocarro.

truculènto *agg.* truce, torvo, bieco, crudele, terribile □ sanguinoso, grandguignolesco, terrificante **CONTR.** sereno, pacifico, tranquillo. *V. anche* CRUDELE

trùffa *s. f.* frode, dolo, estorsione, ladrocinio, ciurmeria (*raro*), imbroglio, inganno, bidonata, bidone, broglio, insidia, raggiro, abbindolamento, buggeratura, buscheratura, fregata (*fam.*), infinocchiatura, suonata, trappola, tranello, fregatura (*pop.*), turlupinatura, mistificazione, pirateria, fraudolenza. *V. anche* FRODE

truffaldino ***A*** *s. m.* imbroglione, truffatore, lestofante, ciurmatore (*raro*), ladruncolo, baro **CONTR.** galantuomo ***B*** *agg.* ladresco, da truffatore, doloso, piratesco **CONTR.** onesto, pulito.

truffàre *v. tr.* frodare, ciurmare (*raro*), imbrogliare, ingannare, raggirare, fregare (*pop.*), abbindolare, bidonare (*pop.*), buggerare, buscherare, gabbare, impastocchiare, trappolare, intrappolare, turlupinare □ carpire, rubare, defraudare □ barare.

truffatóre *s. m.* (*f. -trice*) imbroglione, lestofante, ciurmatore (*raro*), raggiratore, abbindolatore, ciarlatano, farabutto, frodatore, gabbamondo, ingannatore, truffaldino, ladruncolo, baro, bidonista, pataccaro **CONTR.** galantuomo.

trùppa *s. f.* ***1*** soldati, soldatesca (*spreg.*), militari, forza, milizia, presidio, esercito ***2*** (*fig.*) (*spec. scherz.* o *spreg.*) frotta, moltitudine, attruppamento, gruppo, grande numero.

tu *pron. pers. m.* e *f.* **FRAS.** *dare del tu* (*est.*), avere familiarità e confidenza □ *trovarsi a tu per tu*, trovarsi a faccia a faccia.

tùba *s. f.* **1** tromba **2** (*est., lett.*) tromba di guerra **3** cilindro, cappello a staio, gibus **4** (*anat.*) salpinge, tromba, canale, condotto.

tubàre *v. intr.* (*fig., scherz.*) (*di innamorati*) amoreggiare teneramente, sussurrare dolci parole, scambiarsi affettuosità.

tubatùra *s. f.* tubi, tubazione, conduttura, pipeline (*ingl.*), condotto, scolo.

tubazióne *s. f.* tubatura, tubi, condotta, pipeline (*ingl.*).

tubèrcolo *s. m.* (*med.*) nodulo, granuloma, bitorzolo, pustola, ascesso, tumoretto.

tubercolosàrio *s. m.* sanatorio.

tubercolòsi *s. f.* (*med.*) tisi, etisia, consunzione, mal sottile, tabe polmonare, tbc.

tubercolóso *agg.*; *anche s. m.* tubercolotico, tisico, etico (*raro*).

tùbero *s. m.* radice, fusto, bulbo.

tuberosità *s. f.* protuberanza.

tubétto *s. m.* **1** *dim. di* **tubo** **2** stick (*ingl.*).

tubicìno *s. m.* **1** *dim. di* **tubo** **2** cannella, cannula.

tùbo *s. m.* **1** canna, cannello, doccione, doccia, dotto, condotto, via, cavo **2** (*anat.*) canale, budello **3** (*fig.*) (*euf.*) niente, acca, corno.

tubolàre ***A*** *agg.* **1** a forma di tubo, tubiforme **2** formato di tubi ***B*** *s. m.* **1** (*di bicicletta*) pneumatico **2** (*edil.*) piantana.

tuffàre ***A*** *v. tr.* immergere, sommergere, attuffare (*raro*), affondare, cacciare sott'acqua □ intingere **CONTR.** estrarre, far emergere, tirar fuori ***B*** **tuffarsi** *v. rifl.* **1** (*in acqua*) immergersi, buttarsi dentro **CONTR.** emergere **2** (*est.*) gettarsi giù, scendere velocemente **3** (*fig.*) lanciarsi, precipitarsi, scagliarsi **4** (*fig.*) (*nello studio, nel lavoro, ecc.*) sprofondarsi, dedicarsi interamente, dedicarsi con passione.

tùffo *s. m.* **1** immersione, tuffata, salto in acqua, tonfo, sommersione (*raro*) **CONTR.** emersione **2** (*est.*) caduta in basso **3** (*fig.*) salto, slancio **4** (*fig.*) sobbalzo, sussulto, scossa, scatto, viva impressione, forte emozione.

tugùrio *s. m.* abituro, stamberga, tana, topaia, catapecchia, bicocca, baracca, casupola, capanna, antro, spelonca, caverna, buco, cimiciaio **CONTR.** palazzo, villa, reggia, magione (*lett.*). *V. anche* TOMBA

tùlle [dal n. della città di *Tulle*, dove era originariamente fabbricato] *s. m. inv.* (*est.*) velo.

tumefàre ***A*** *v. tr.* gonfiare, enfiare, rigonfiare, ingrossare, inturgidire, intumidire, dilatare **CONTR.** sgonfiare, svuotare ***B*** **tumefarsi** *v. intr. pron.* gonfiarsi, enfiarsi, rigonfiarsi, ingrossarsi, intumidire (*lett.*), inturgidire, inturgidirsi, dilatarsi **CONTR.** sgonfiarsi, svuotarsi.

tumefàtto *part. pass. di* **tumefare**; *anche agg.* gonfio, gonfiato, enfiato, enfio, rigonfio, ingrossato, inturgidito, turgido, tumescente, tumido, dilatato **CONTR.** sgonfio, sgonfiato, svuotato.

tumefazióne *s. f.* (*med.*) gonfiore, gonfiezza, edema, bubbone, escrescenza, turgescenza, enfiagione, enfiatura (*raro*), ingrossamento, intumescenza, tumidezza, turgidezza, turgore **CONTR.** sgonfiamento, sgonfiatura.

tumescènza *s. f.* gonfiore, gonfiezza, tumefazione **CONTR.** sgonfiamento.

tumidézza *s. f.* gonfiore, gonfiezza, edema, enfiagione, enfiatura (*raro*), ingrossamento, intumescenza, tumefazione, turgescenza, turgidità, turgidezza, turgore **CONTR.** sgonfiamento, sgonfiatura.

tùmido *agg.* **1** gonfio, gonfiato, tumefatto, enfiato, rigonfio, ingrossato, grosso, inturgidito, dilatato **CONTR.** sgonfio, sgonfiato, svuotato, schiacciato, piatto **2** carnoso, spesso, turgido **CONTR.** fine, sottile **3** (*fig., lett.*) (*di stile*) ampolloso, ridondante (*lett.*), roboante, reboante, pomposo **CONTR.** asciutto, arido, conciso, dimesso, disadorno, secco, semplice **4** (*fig., lett.*) (*di persona*) altezzoso, altero, superbo, pettoruto, spocchioso, tronfio **CONTR.** modesto, dimesso, umile, semplice, alla buona, alla mano.

tumóre *s. m.* **1** (*med.*) cancro, canchero (*pop.*), carcinoma **2** (*raro*) tumefazione, gonfiore, bubbone, gonfiezza, edema.

tumulàre *v. tr.* seppellire, sotterrare, inumare **CONTR.** disseppellire, dissotterrare, esumare, riesumare.

tumulàto *part. pass. di* **tumulare**; *anche agg.* sepolto, seppellito, sotterrato, inumato **CONTR.** dissepolto, dissotterrato, esumato.

tumulazióne *s. f.* seppellimento, sepoltura, sotterramento, inumazione **CONTR.** disseppellimento, dissotterramento, esumazione.

tùmulo *s. m.* **1** cumulo **2** (*est.*) tomba, sepolcro, sepoltura. *V. anche* TOMBA

tumùlto *s. m.* **1** sommossa, sollevazione, sollevamento (*raro*), insurrezione, rivolta, rivoluzione, ammutinamento, ribellione, sommovimento, sedizione, agitazione **2** confusione, bagarre (*fr.*), chiasso, vociare, clangore (*lett.*), rumoreggiamento, baraonda, baruffa, rissa, clamore, fermento, trambusto, parapiglia, tafferuglio, putiferio, subbuglio, serra serra, pandemonio, quarantotto, disordine, caos, casino (*pop.*) **CONTR.** calma, pace, quiete, silenzio **3** (*fig.*) (*dell'animo*) turbamento, agitazione, inquietudine, eccitazione, eccitamento, sconvolgimento, tempesta **CONTR.** impassibilità, imperturbabilità, serenità, tranquillità. *V. anche* CHIASSO, RIBELLIONE

tumultuàre *v. intr.* fare tumulto, ribellarsi, rivoltarsi, ammutinarsi, rumoreggiare □ essere in agitazione, essere inquieto **CONTR.** sottomettersi □ stare in pace, stare tranquillo.

tumultuóso *agg.* **1** (*di persona, di sentimento*) tumultuante, agitato, inquieto, esagitato, clamoroso, rumoroso, burrascoso, in tumulto □ confuso **CONTR.** calmo, pacifico, quieto, tranquillo □ chiaro, logico **2** (*di acqua, di vento, ecc.*) impetuoso, procelloso, veemente, violento **CONTR.** lento, calmo.

tùndra *s. f.* pianura □ deserto.

tuner /*ingl.* 'tju:nə/ [vc. ingl., da *to tune* 'accordare'] *s. m. inv.* sintonizzatore, radio.

tùnica *s. f.* **1** sottoveste, veste, cotta **2** (*biol.*) membrana, rivestimento.

tùnnel [vc. ingl., dall'ant. fr. *tonnel*, dim. di *tonne* 'botte'] *s. m. inv.* galleria, traforo, sotterraneo, cunicolo.

tùo ***A*** *agg. poss. sing.* di te ***B*** *pron. poss. sing.* ***1*** ciò che ti appartiene ***2*** (*al pl.*) i tuoi familiari, i tuoi parenti, i tuoi amici.

tuonàre *v. intr.* ***1*** scoppiare tuoni ***2*** (*est.*) (*di cielo, di cannone, ecc.*) brontolare, bubbolare, rimbombare, rintronare, rombare, ringhiare (*lett.*), rumoreggiare □ (*di vento, di tempesta, ecc.*) ruggire ***3*** (*fig.*) (*di persona*) parlare a gran voce, gridare, urlare □ inveire, scagliarsi, assalire (a parole). *V. anche* GRIDARE

tuòno *s. m.* ***1*** (*meteor.*) rimbombo, fragore, scoppio, boato, brontolio, rombo ***2*** (*est.*) (*di cannone, di applausi, ecc.*) cannonata, rintronamento, rumoreggiamento, strepito, fragore, frastuono, chiasso, rumore.

tuòrlo *s. m.* (*dell'uovo*) giallo, vitello, deutoplasma, lecite.

turàcciolo *s. m.* tappo, sughero, cocchiume (*raro*), turo (*raro*), zaffo, zipolo.

turàre ***A*** *v. tr.* ***1*** (*di bottiglia, di botte, ecc.*) tappare, chiudere, stoppare, sigillare, zaffare **CONTR.** stappare, sturare, aprire, forare, bucare ***2*** (*di falla*) bitumare, calafatare, impeciare, coprire ***3*** (*di condotto*) occludere, otturare, intasare, ostruire, stuccare, oppilare (*raro*) □ tamponare **CONTR.** stasare, liberare, disoppilare (*raro*) ***B*** **turarsi** *v. intr. pron.* chiudersi, occludersi **CONTR.** aprirsi, schiudersi.

tùrba (1) *s. f.* (*anche spreg.*) moltitudine, folla, caterva, esercito, legione, reggimento, schiera, sciame, stormo, frotta, stuolo, torma, orda, volgo, massa, calca, carnaio, ressa, infinità, accozzaglia. *V. anche* FOLLA

tùrba (2) *s. f.* (*med.*) turbamento, alteramento (*raro*), alterazione.

turbaménto *s. m.* ***1*** (*di situazione*) perturbazione, sovvertimento, pervertimento, rivolgimento, ribollimento, sovversione, tumulto, confusione, crisi, rimescolio, scompiglio, turbolenza **CONTR.** pacificazione, placamento (*raro*) ***2*** (*fig.*) (*di sentimenti*) agitazione, apprensione, alterazione, concitazione, eccitamento, eccitazione, sovreccitazione, tensione □ perturbazione, perturbamento, commozione, vergogna, disorientamento, imbarazzo, impaccio, incubo, malessere, sbandamento, sbigottimento, emozione, brivido, tribolazione, inquietudine, vertigine, stordimento, smarrimento, sconcerto □ cruccio, preoccupazione, timore, sgomento, spavento □ rimescolamento, scombussolamento, sconvolgimento, scossa, scossone, trauma, choc (*fr.*) **CONTR.** imperturbabilità, impassibilità, placidità, quiete, serenità, tranquillità, filosofia, atarassia (*lett.*), inalterabilità, olimpicità, autocontrollo, dominio di sé, padronanza di sé. *V. anche* EMOZIONE, TIMORE, STORDIMENTO

turbàre ***A*** *v. tr.* ***1*** (*lett.*) (*di liquido*) intorbidare, intorbare (*raro*), intorbidire, offuscare **CONTR.** illimpidire, rendere chiaro, rendere trasparente ***2*** (*di affare, di progetto, ecc.*) guastare, sconvolgere, sbilanciare, mandare a monte **CONTR.** appoggiare, aiutare, favorire, secondare, assecondare, sostenere ***3*** (*di persona, di sentimenti*) disturbare, importunare, indisporre, infastidire, molestare □ agitare, concitare, confondere, invasare, eccitare, scombussolare, stordire, ubriacare □ contristare, commuovere, conturbare, emozionare, impressionare, suggestionare, sgomentare, inquietare, preoccupare □ crucciare, impensierire, ottenebrare, sbalordire, sconcertare, sbigottire, scandalizzare, spaurire, spaventare, tormentare, travagliare, travolgere, scomporre, stravolgere, sconvolgere, scioccare **CONTR.** fare piacere, rallegrare, calmare, placare, quietare, rasserenare, rassicurare, tranquillare, tranquillizzare, pacificare ***4*** (*di situazione, di ambiente, ecc.*) sovvertire, sommuovere, destabilizzare, devastare, disordinare, disorganizzare, rivoltare, scompaginare, squinternare, stravolgere, rivoluzionare **CONTR.** ristabilire, restituire, conservare, mantenere ***B*** **turbarsi** *v. intr. pron.* ***1*** (*lett.*) (*del tempo*) guastarsi, annuvolarsi **CONTR.** rasserenarsi ***2*** (*fig.*) (*di persona*) agitarsi, eccitarsi, impressionarsi, impaurirsi, inquietarsi, impensierirsi, commuoversi, preoccuparsi, crucciarsi, sconvolgersi, accendersi, alterarsi □ confondersi, disorientarsi, smarrirsi, emozionarsi, suggestionarsi, sconcertarsi □ adombrarsi, aggrondarsi, rannuvolarsi, rimescolarsi, rabbuiarsi **CONTR.** rasserenarsi, quietarsi, placarsi, tranquillarsi, tranquillizzarsi, dominarsi, ricomporsi, padroneggiarsi. *V. anche* GUASTARE, IMPRESSIONARE, SCUOTERE

turbàto *part. pass. di* **turbare**; *anche agg.* (*spec. fig.*) agitato, concitato, affannato, alterato, sottosopra, eccitato, esagitato □ commosso, emozionato, trepidante, confuso, vergognoso, crucciato, esacerbato, impensierito, impressionato, suggestionato, inquieto, interdetto, perturbato, scombussolato, disorientato, sbalordito, allibito, sbigottito, scosso, spaventato, stordito, stonato, sconcertato, sconvolto, stravolto, tormentato, travagliato, scioccato □ (*di volto*) aggrondato, rannuvolato **CONTR.** calmo, impassibile, imperturbabile, imperterrito, imperturbato, olimpico, serafico, pacifico, quieto, sereno, tranquillo, disteso, tranquillizzato.

turbìna *s. f.* ***1*** (*mecc.*) (*ad acqua*) idromotore ***2*** (*aer.*) turbomotore.

turbinàre *v. intr.* (*anche fig.*) mulinare, girare vorticosamente, frullare, brulicare, roteare, agitarsi.

tùrbine *s. m.* ***1*** vortice, vento vorticoso, mulinello, tromba d'aria □ bufera, tempesta, burrasca, temporale, procella (*lett.*), aeromoto, ciclone, tifone, uragano, tornado **CONTR.** bonaccia, calma, quiete ***2*** (*fig.*) (*di pensieri, di idee, ecc.*) turbinio, brulichio, vortice, ridda, carosello, infinità, grande quantità. *V. anche* BURRASCA, VENTO

turbinìo *s. m.* ***1*** vortice ***2*** (*fig.*) (*di pensieri, di idee, ecc.*) turbine, ridda, carosello, brulichio, vortice, infinità, grande quantità.

turbinóso *agg.* (*anche fig.*) vorticoso, vertiginoso, burrascoso, impetuoso, tempestoso, procelloso (*lett.*) □ convulso **CONTR.** fermo, immobile, calmo, quieto, tranquillo.

turbogètto *s. m.* turboreattore, motore a reazione.

turbolènto *agg.* ***1*** (*raro*) (*di liquido*) torbido, torbo (*tosc.*), torbiccio, turbato (*lett.*), fangoso, offuscato **CONTR.** chiaro, limpido, terso, trasparente ***2*** (*di persona*) agitatore, turbatore (*raro*), scalmanato, perturbatore, sovvertitore, sedizioso, sobillatore, sollevatore, fazioso, demagogo, arruffapopoli, rivoluzionario CONTR. conservatore, moderato, benpensante, uomo d'ordine ***3*** (*est.*) (*di persona, di carattere, ecc.*) inquieto, irrequieto, indisciplinato, disubbidiente, molesto, ribelle CONTR. calmo, pacifico, placido, pacioso, pacato, pacioccone, tranquillo ***4*** (*fig.*) (*di tempi*) burrascoso, procelloso (*lett.*), cattivo, agitato, tempestoso CONTR. quieto, tranquillo.

turbolènza *s. f.* ***1*** (*raro*) (*di liquido*) torbidità, torbidezza, fangosità CONTR. chiarezza, limpidezza, trasparenza ***2*** (*di persona*) inquietudine, turbamento, irrequietudine, indisciplinatezza, insubordinazione CONTR. calma, pacatezza, placidità ***3*** (*fig.*) (*di tempi*) agitazione, sconvolgimento CONTR. calma, pace, quiete, tranquillità ***4*** (*raro*) disordine, sommossa, rivolta.

turboreattóre *s. m.* turbogetto, motore a reazione.

tùrca *s. f.* (*di mobile*) ottomana, sultana.

turcàsso *s. m.* faretra, portafrecce.

turchése [ant. fr. *turqueise*, propriamente '(pietra) turca'] *agg.*; *anche s. m.* (*di colore*) azzurro pallido.

turchìno *agg.*; *anche s. m.* azzurro cupo, blu, cobalto.

tùrco *agg.*; *anche s. m.* ottomano, saraceno FRAS. *fumare come un turco* (*fig.*), fumare moltissimo □ *bestemmiare come un turco* (*fig.*), bestemmiare moltissimo □ *parlare turco* (*fig.*), parlare in modo incomprensibile □ (*divano alla*) *turca*, ottomana.

turgidézza *s. f.* turgidità, turgescenza, turgore, tumidezza, gonfiezza, intumescenza, rigonfiamento, tumefazione, gonfiore □ (*lett.*) marinismo, ampollosità CONTR. sottigliezza, sottilità (*raro*), tenuità □ stringatezza, sobrietà.

tùrgido *agg.* ***1*** gonfio, rigonfio, gonfiato, enfiato, inturgidito, carnoso, tumido, tumefatto, tumescente □ grosso, pingue, spesso CONTR. piatto, schiacciato, sgonfiato, sottile ***2*** (*di stile*) ampolloso, ridondante (*lett.*), roboante, reboante, pomposo CONTR. arido, asciutto, conciso, dimesso, disadorno, secco, semplice, sobrio.

turgóre *s. m.* turgidezza, turgidità, turgescenza, tumefazione, tumidezza, gonfiezza, gonfiore, rigonfiamento CONTR. sottigliezza, sottilità (*raro*), tenuità, finezza.

turìbolo *s. m.* incensiere.

turìsmo *s. m.* ***1*** gite, viaggi, escursioni, escursionismo ***2*** attività turistica.

turìsta *s. m.* e *f.* viaggiatore, gitante, vacanziere, passeggero, escursionista, forestiero, visitatore.

turìstico *agg.* ***1*** del turismo, dei turisti ***2*** (*di agenzia*) di viaggi FRAS. *classe turistica*, terza classe (sui transatlantici di lusso); seconda classe (sulle navi e aerei di linea) □ *assegno turistico*, traveller's cheque (*ingl.*).

turlupinàre [da *Turlupin*, nomignolo di Henry le Grand, famoso attore comico francese del '600] *v. tr.* imbrogliare, ingannare, ciurmare (*raro*), raggirare, infinocchiare (*fam.*), abbindolare, buscherare (*pop.*), buggerare (*region.*), frodare, gabbare, irretire, mistificare, trappolare, truffare, beffare, fregare (*pop.*).

turlupinatùra *s. f.* imbroglio, inganno, mistificazione, ciurmeria (*raro*), raggiro, trama, tranello, trappola, truffa, buggeratura (*region.*), infinocchiatura, buscheratura (*region.*), fregatura (*pop.*).

tùrno *s. m.* ***1*** avvicendamento, turnover (*ingl.*), cambio, giro, volta, vicenda (*raro, lett.*), rotazione, ruota, alternanza ***2*** periodo di servizio, servizio FRAS. *a turno*, un po' per uno □ *essere di turno*, essere di servizio, toccare a.

turnover /*ingl.* 'tə:n'ouvə/ [loc. ingl., comp. di *turn* 'rotazione' e *over* 'in eccesso'] *s. m. inv.* ***1*** turno, avvicendamento, rotazione, ricambio, alternanza ***2*** (*di personale*) sostituzione ***3*** giro di affari, volume di affari.

tùrpe *agg.* ***1*** (*lett.*) (*di aspetto*) brutto, deforme, mostruoso, orrendo, orribile, orrido CONTR. bello, aggraziato, carino, grazioso, leggiadro, vezzoso ***2*** (*di accusa, di comportamento, ecc.*) infame, ignobile, vergognoso, vituperevole (*lett.*), indegno, infamante, nefando, obbrobrioso, inconfessabile, innominabile, inqualificabile ***3*** (*di discorso, di persona, ecc.*) immondo, laido (*lett.*), osceno, indecente, squallido, lordo, lubrico, lurido, sporcaccione, sudicio, schifoso, sconcio, sozzo, sporco □ abietto, disonesto, immorale, perverso, vile CONTR. nobile, onesto, morale, onorevole, pulito, puro, illibato, decoroso, decente, dignitoso.

turpilòquio *s. m.* linguaggio turpe, linguaggio scurrile, linguaggio osceno, linguaggio infame, oscenità, turpitudine □ (*est.*) bestemmia.

tùta [fr. *tout-de-même*, letteralmente 'tutto della stessa', sottinteso 'stoffa'] *s. f.* (*da lavoro*) blusa, camiciotto □ salopette (*fr.*) □ (*di astronauti*) scafandro □ (*di sub*) muta.

tutèla *s. f.* patrocinio, potestà, protezione, difesa, salvaguardia, custodia, presidio, vigilanza □ (*fig.*) ombra □ (*di Dio, dei santi*) benedizione CONTR. distruzione, rovina. *V. anche* DIFESA

tutelàre ***A*** *v. tr.* difendere, salvaguardare, patrocinare, salvare, presidiare, custodire, aiutare, proteggere, assicurare, cautelare, garantire □ (*di Dio, dei santi*) benedire CONTR. distruggere, rovinare, compromettere ***B*** **tutelarsi** *v. rifl.* cautelarsi, premunirsi, salvaguardarsi, salvarsi, proteggersi CONTR. esporsi, compromettersi.

tutina *s. f.* salopette (*fr.*) □ body (*ingl.*), guaina, calzamaglia.

tutóre *s. m.* (*f. -trice*) ***1*** (*dir.*) (*di minorenne*) incaricato della tutela ***2*** (*est.*) protettore, paladino, difensore, salvaguardia, custode CONTR. accusatore, inquisitore, avversario FRAS. *tutore dell'ordine*, agente di polizia.

tutt'al più *avv.* al massimo, nel peggiore dei casi.

tuttavìa *cong.* ***1*** pure, malgrado ciò, nondimeno, con tutto ciò, benché, ciononostante, ciononondimeno, comunque, eppure, nonpertanto, nulladimeno, però ***2*** (*lett.*) ancora, sempre, continuamente.

tùtto ***A*** *agg. indef.* ***1*** intero, completo ***2*** compreso, incluso ***3*** tutti quanti, tutto quanto, tutti insieme, tutto insieme CONTR. nessuno ***4*** ogni, qualsiasi ***5*** (*con valore intensivo*) interamente, totalmente, in ogni parte, solo, esclusivamente ***6*** (*seguito da agg.*) molto, assai, oltremodo **CONTR.** poco ***B*** *pron. indef.* ***1*** ogni cosa **CONTR.** niente, nulla, un accidente, un cazzo (*volg.*) ***2*** ognuno ***C*** *avv.* completamente, interamente **CONTR.** per nulla ***D*** *in funzione di s. m. inv.* l'intero, il totale, l'insieme, il complesso **CONTR.** frazione, parte, elemento, lotto **FRAS.** *a tutt'oggi*, fino a oggi incluso □ *tutto a un tratto*, improvvisamente □ *una volta per tutte*, una volta per sempre □ *di tutto punto*, perfettamente □ *a tutto andare*, con grande velocità □ *a tutto spiano*, senza interruzione □ *in tutto*, complessivamente □ *in tutto e per tutto*, completamente □ *con tutto che*, nonostante □ *del tutto*, interamente.

tuttofàre ***A*** *agg. inv.* che fa qualsiasi lavoro ***B*** *s. m. e f. inv.* factotum, jolly (*ingl.*).

tuttòlogo *s. m.* (*iron.*) saccentone, satutto.

tuttóra *avv.* ancora, ancora adesso.

tutù *s. m. inv.* (*di ballerina*) gonnellino di tulle.

TV *s. f. inv.* ***1*** tivù (*fam.*), televisione ***2*** televisore, apparecchio televisivo.

u, U

ubbidìre e deriv. *V.* **obbedire** e deriv.

ubertóso *agg.* (*lett.*) (*di suolo, di piante*) fertile, fecondo, opulento, grasso, rigoglioso, ricco, florido, pingue, ubere (*poet.*), produttivo, copioso (*lett.*) CONTR. sterile, infecondo, infruttifero, infruttuoso, improduttivo, misero, arido, brullo, povero.

ubicàre *v. tr.* (*di abitato, di edificio*) disporre, situare, collocare, porre.

ubicàto *part. pass. di* **ubicare**; *anche agg.* (*di abitato, di edificio*) sito, situato, posto, collocato.

ubicazióne *s. f.* (*di abitato, di edificio*) posizione, collocazione, punto, disposizione, situazione, posto.

ubiquità *s. f.* onnipresenza.

ubriacàre ***A*** *v. tr.* ***1*** rendere ubriaco, sborniare (*pop.*), avvinazzare (*raro*), inebriare ***2*** (*fig.*) (*di rumore, di movimento, ecc.*) stordire, frastornare, intontire, rimbecillire, rintronare, istupidire ***3*** (*fig.*) (*di sentimenti*) offuscare, ottenebrare, eccitare, confondere, turbare, sconcertare, sconvolgere, obnubilare (*lett.*), disorientare ***B*** **ubriacarsi** *v. intr. pron.* ***1*** (*di vino, di alcol*) sborniarsi (*pop.*), sbronzarsi (*fam.*), inciuccarsi (*region.*), inebriarsi, avvinazzarsi (*raro*), bere (*ass.*), prendere la sbornia, alzare il gomito, andare in cimbali, fare gli occhi lustri CONTR. essere astemio ***2*** (*fig.*) (*di sentimenti*) eccitarsi, confondersi, turbarsi, sconcertarsi, sconvolgersi, disorientarsi, stordirsi, ottenebrarsi ***3*** (*di amore*) innamorarsi, prendere una cotta, prendere una scuffia (*pop.*), invaghirsi.

ubriacatùra *s. f.* ***1*** ubriacamento, mina (*region.*), sbornia (*pop.*), sbronza (*pop.*), ciucca (*region.*), scuffia (*fig., pop.*), balla (*dial.*), vinolenza (*lett.*), fumi del vino ***2*** (*fig.*) (*di sentimenti*) esaltazione, passione, fanatismo, entusiasmo, sconvolgimento, turbamento, confusione, disorientamento ***3*** (*di amore*) infatuazione, cotta (*pop.*), scuffia (*pop.*). *V. anche* ENTUSIASMO, FANATISMO

ubriachézza *s. f.* ***1*** ebbrezza, ebrietà (*raro, lett.*) ***2*** vinolenza (*lett.*), vino (*fig.*), vizio del bere, bacco (*scherz.*), alcolismo, etilismo ***3*** (*fig.*) (*di sentimenti*) esaltazione, eccitamento, confusione, turbamento, sconvolgimento, disorientamento.

ubriàco *agg.*; *anche s. m.* ***1*** sbronzo (*fam.*), ebbro, brillo, bevuto (*fam.*), ciucco (*region.*), alticcio, sborniato (*pop.*), in cimbali, cotto (*fig.*) □ beone, etilista, alcolizzato, avvinazzato, ubriacone CONTR. lucido, sobrio □ astemio ***2*** (*fig.*) (*di sentimenti*) esaltato, eccitato, confuso, turbato, sconvolto, disorientato ***3*** (*fig., est.*) (*di rumore, di movimento*) frastornato, stordito, rintronato, rimbecillito.

ubriacóne *s. m.* ***1*** *accr. di* **ubriaco** ***2*** avvinazzato, bevitore, beone, etilista, alcolizzato, sbornione (*pop.*), spugna (*fig.*), trincatore (*pop.*), trincone (*pop.*) CONTR. astemio.

uccellièra *s. f.* ***1*** voliera, aviario, muda ***2*** gabbia.

uccèllo *s. m.* ***1*** volatile, pennuto, augello (*poet.*) ***2*** (*pop., volg.*) pene FRAS. *uccello mosca*, colibrì □ *uccello del paradiso*, paradisea □ *uccello delle tempeste*, procellaria □ *uccel di bosco* (*fig.*), fuggiasco, fuggitivo □ *uccello del malaugurio* (*pop.*), civetta; (*fig.*) iettatore, menagramo, scalognatore □ *uccello di passo* (*fig.*), persona inquieta o incostante, volubile □ *essere uccel di gabbia* (*fig.*), essere in prigione; avere pochissima libertà □ *a volo d'uccello*, dall'alto; (*fig.*) globalmente, rapidamente.

uccìdere ***A*** *v. tr.* ***1*** ammazzare, assassinare, freddare, stendere (*est.*), accoppare, sopprimere, estinguere (*lett.*), eliminare, liquidare, spacciare, abbattere, fulminare (*est.*), finire (*est.*), sterminare, trucidare, massacrare, far fuori (*pop.*), far morire, dare la morte, togliere la vita, far la pelle, far la festa, mandare all'altro mondo CONTR. risuscitare, far rivivere □ creare, generare □ salvare, risparmiare ***2*** (*est.*) (*di malattia, di disgrazia, ecc.*) condurre a morte, portare alla morte ***3*** (*est.*) (*di prodotto, di manifestazione, ecc.*) far perire, mandare in rovina, mandare in malora, rovinare CONTR. dare vita, vivificare, rinvigorire, dare impulso ***4*** (*fig.*) (*di vizio, di passione, ecc.*) distruggere, eliminare, estirpare, sradicare, soffocare CONTR. alimentare, coltivare ***B*** **uccidersi** *v. rifl.* suicidarsi, ammazzarsi, sopprimersi, accopparsi, togliersi la vita ***C*** *v. intr. pron.* (*per incidente*) perdere la vita, morire.

uccisióne *s. f.* ***1*** ammazzamento, assassinamento (*lett.*), assassinio, omicidio, delitto □ liquidazione, esecuzione, soppressione, eliminazione ***2*** eccidio, massacro, strage, sterminio, macello, carneficina, ecatombe □ immolazione, sacrificio, martirio.

uccìso *part. pass. di* **uccidere**; *anche agg.* e *s. m.* ammazzato, assassinato, accoppato, massacrato, abbattuto, eliminato, liquidato, soppresso, fatto fuori (*pop.*), morto, vittima CONTR. vivo.

udiènza *s. f.* ***1*** ascolto ***2*** colloquio, incontro, ricevimento, seduta, sessione ***3*** processo ***4*** (*raro*) audience (*ingl.*).

udìre *v. tr.* ***1*** (*di suono*) percepire, sentire, intendere, avvertire, cogliere ***2*** (*est.*) (*di notizie*) venire a sapere, raccogliere, apprendere, essere informato, scoprire, sentire dire ***3*** (*lett.*) (*di messa, ecc.*) ascoltare, assistere, seguire ***4*** (*di testimone, di imputato*) ascoltare, accogliere le deposizioni ***5*** (*lett.*) (*di preghiera, di comando*) dare ascolto, accogliere, accettare, ricevere **CONTR.** rifiutare, respingere ***6*** capire, comprendere.

UDIRE
sinonimia strutturata

Il percepire con l'orecchio suoni, voci, rumori si dice **udire**: *udire una melodia, un grido*; *non odo nulla*; *l'abbiamo udito più volte lamentarsi*. Più generali sono **percepire**, **avvertire** e **cogliere** che indicano l'assumere i dati della realtà esterna mediante i sensi o l'intuito: *percepire con gli occhi, con l'udito*; *percepì un mutamento nel rapporto*; *avvertire la stanchezza, un lieve rumore*; *cogliere il rumore di un passo lontano*. Invece **sentire** e **intendere** designano l'apprendere con l'udito oppure il giungere a conoscenza, cioè **apprendere**, **venire a sapere**: *sentire uno sparo, una musica*; *intendere un suono*; *ho sentito che ti sei sposato*; *ha appreso la notizia dal giornale*; *l'hanno inteso da amici comuni*; *siete venuti a sapere le novità?* Vicinissimo è **essere informati**, che può suggerire però un ragguaglio più ampio: *siamo stati informati da loro dell'accaduto, sullo svolgimento dei fatti*. **Scoprire**, invece, si caratterizza perché sottolinea come ciò che si arriva a conoscere fosse prima del tutto ignoto: *scoprire la verità*; *scoprire la ragione, la causa di qualcosa*; *ho scoperto che è molto malato*.

Udire, sentire e intendere equivalgono anche a **sentir dire**, ossia apprendere da voci, da chiacchiere: *se ne sentono delle belle sul tuo conto*; *chissà se è vero quel che abbiamo udito*; *abbiamo inteso voci e chiacchiere strane*.

In contesti letterari, il verbo può assumere il significato di **ascoltare**, cioè di stare a sentire attentamente: *udire messa*; *udire i piagnistei di qualcuno*; *ascoltare la lezione*; *ascoltava con interesse ciò che il professore diceva*; in un processo *udire i testimoni, le parti, l'imputato* significa **accoglierne le deposizioni**, ossia ascoltarne le dichiarazioni.

Sempre con connotazione letteraria, udire è sinonimo di **dare ascolto** a preghiere, comandi, ecc.: *Dio ode le invocazioni dei deboli, dei poveri*; in questo senso, dare ascolto corrisponde al dare retta, ossia all'**accogliere**, all'**accettare**: *accogliere un'istanza*; *accettare un parere*. In questo senso, per estensione udire può coincidere con mettere in pratica, seguire: *udire il consiglio di qualcuno*. Infine, udire significa **capire** e **comprendere** nel senso di afferrare, penetrare con la mente: *se ho ben udito, non hai intenzione di andartene*.

udito ***A*** *part. pass. di* **udire**; *anche agg.* ***1*** (*di suono*) sentito, percepito, inteso, avvertito, colto ***2*** (*est.*) (*di notizia, di chiacchiera e sim.*) sentito dire, conosciuto, saputo, raccolto ***3*** (*lett.*) (*di messa*) ascoltato ***4*** (*di preghiera, di comando*) accolto, accettato **CONTR.** rifiutato, respinto ***B*** *s. m.* (*est.*) orecchio.

uditóre *s. m.* (*f. -trice*) ***1*** (*spec. al pl.*) ascoltatore, spettatore ***2*** (*ant.*) (*di scuola*) studente, alunno, allievo, scolaro ***3*** magistrato.

uditòrio *s. m.* ascoltatori, pubblico.

ufficiàle (**1**) *agg.* ***1*** (*di documento, di notizia, ecc.*) pubblico, formale, protocollare □ solenne, autorevole □ autentico **CONTR.** privato, ufficioso, riservato, informale ***2*** (*est.*) (*di manifestazione, di comizio e sim.*) autorizzato, permesso, consentito **CONTR.** proibito, vietato ***3*** (*est.*) fatto pubblicamente, detto pubblicamente, noto a tutti **CONTR.** riservato, confidenziale, segreto, nascosto, personale.

ufficiàle (**2**) *s. m.* (*f. -essa*) ***1*** funzionario ***2*** (*mil.*) militare graduato, graduato **CFR.** sottufficiale, soldato semplice.

ufficialità *s. f.* pubblicità, autenticità, formalità **CONTR.** ufficiosità, privatezza, riservatezza.

ufficializzàre *v. tr.* ***1*** formalizzare, sancire ***2*** burocratizzare.

ufficialménte *avv.* formalmente, solennemente, notoriamente **CONTR.** ufficiosamente.

ufficiàre ***A*** *v. tr.* e *intr.* officiare, celebrare, esercitare ***B*** *v. tr.* (*bur.*) invitare, sollecitare con ossequio.

ufficio *s. m.* ***1*** compito, dovere, incarico, uffizio, parte (*fig.*), missione, responsabilità, mansione, attribuzione ***2*** (*est., raro*) beneficio, favore, servigio ***3*** (*est.*) intervento, raccomandazione, sollecitazione ***4*** (*est.*) incarico, servizio, commissione, lavoro, mestiere, faccenda, incombenza ***5*** (*dir.*) funzione, grado, carica, qualifica, ruolo ***6*** (*di dipendente*) impiego, posto, lavoro, professione, occupazione, collocamento, collocazione ***7*** (*est.*) (*di impiegato, di dirigente e sim.*) stanza, luogo di lavoro, gabinetto, studio ***8*** (*dir.*) organo ***9*** (*di un'azienda*) sede □ reparto, dipartimento, sezione □ filiale, agenzia, succursale ***10*** parte, veci, funzioni, ruolo, vesti ***11*** (*relig.*) preghiera, cerimonia, funzione **FRAS.** *d'ufficio*, d'autorità. *V. anche* CARICA, FUNZIONE, LAVORO

ufficiosità *s. f.* ***1*** (*raro*) gentilezza, cortesia, premura **CONTR.** ignoranza, rozzezza, sgarbatezza, villania ***2*** semiufficialità, privatezza, riservatezza **CONTR.** ufficialità.

ufficióso *agg.* ***1*** (*raro, lett.*) gentile, cortese, premuroso **CONTR.** ignorante, rozzo, sgarbato, villano ***2*** (*di bugia*) pietoso ***3*** (*di notizia, di comunicazione e sim.*) non ufficiale, semiufficiale, confidenziale, riservato, privato, informale **CONTR.** ufficiale, solenne, pubblico, formale.

ùfo (**1**) *vc.; solo nella loc. avv. a ufo*, senza pagare, a spese altrui, gratis, gratuitamente, a sbafo **CONTR.** pagando, a pagamento.

UFO (**2**) o **Ùfo** *s. m. inv.* disco volante.

ugèllo *s. m.* (*mecc.*) condotto, beccuccio, erogatore, cannello, cannella.

ùggia *s. f.* ***1*** (*raro*) (*di albero*) ombra ***2*** (*fig.*) noia, tedio, uggiosità, fastidio, molestia □ malinconia, tristezza □ malumore **CONTR.** gioia, gaiezza, allegria, felicità ***3*** (*fig.*) antipatia, avversione, odio **CONTR.** simpatia. *V. anche* MALINCONIA

uggiolàre *v. intr.* (*del cane*) lamentarsi, guaire, ustolare, gagnolare **CFR.** abbaiare, latrare.

uggiolìo *s. m.* (*del cane*) lamentio, guaito, gagnolio, ustolio, mugolio **CFR.** urlo, latrato.

uggióso *agg.* **1** (*raro, lett.*) (*di luogo*) ombroso, umido **2** (*fig.*) tedioso, barboso (*pop.*), palloso (*volg.*), noioso □ malinconico, triste **CONTR.** interessante □ gioioso, gaio, allegro, sollazzevole (*lett.*) **3** fastidioso, molesto, indigesto (*fig.*), antipatico, rognoso (*fig., fam.*).

ùgola *s. f.* (*est., scherz.*) gola **FRAS.** *ugola d'oro* (*fig.*), grande cantante; cantante di successo □ *bagnarsi l'ugola* (*fig.*), bere.

uguagliànza *s. f.* **1** identicità, identità, equivalenza, equipollenza, parità **CONTR.** disuguaglianza, differenza, ineguaglianza, diversità **2** (*est.*) equità, equilibrio, parità, par condicio (*lat.*) **CONTR.** disparità, squilibrio, divario **3** corrispondenza, coincidenza, concordanza **CONTR.** discordanza, dissonanza, discrepanza.

uguagliàre ***A*** *v. tr.* **1** (*in un confronto*) rendere uguale, agguagliare, livellare, equiparare, accomunare, adeguare, conguagliare, parificare, mettere alla pari, assimilare **CONTR.** differenziare, disuguagliare (*raro*), diversificare, distinguere **2** (*di cose accidentate, di situazioni, ecc.*) pareggiare, livellare, rendere liscio, rifilare, rendere omogeneo **CONTR.** spareggiare **3** (*fig.*) essere uguale, raggiungere, equivalere **4** (*di record*) conseguire **CFR.** superare, fallire **5** (*di cose, di persone*) confrontare, paragonare, considerare uguale, mettere sullo stesso piano, mettere alla pari ***B*** **uguagliarsi** *v. rifl.* mettersi sullo stesso piano, identificarsi, paragonarsi, confrontarsi **CONTR.** differenziarsi, diversificarsi ***C*** *v. intr. pron.* essere uguale, divenire uguale, coincidere, collimare, equivalere, concordare **CONTR.** discordare, differire.

uguàle ***A*** *agg.* **1** simile, consimile, congenere □ identico, preciso, medesimo, pari, stesso, gemello, compagno □ concorde, conforme, corrispondente □ equivalente, equipollente □ invariato, stazionario **CONTR.** differente, disuguale, diverso, dissimile, dissomigliante, distante, lontano □ contrastante, discrepante □ opposto, rivale **2** (*di superficie, di livello, di trattamento*) piano, liscio, privo di asperità, allo stesso livello, livellato, spianato □ unificato, assimilato, unito **CONTR.** disuguale, scosceso, ruvido, accidentato, scabroso □ distinto, altro, vario **3** (*fig.*) (*di moto, di andatura e sim.*) omogeneo, uniforme **CONTR.** difforme, diverso ***B*** *in funzione di avv.* allo stesso modo ***C*** *s. m.* e *f. spec. al pl.* (*di persone dello stesso ceto*) pari **CONTR.** ineguale, impari, diverso. *V. anche* SIMILE

ugualménte *avv.* **1** in ugual modo, parimenti, altrettanto, analogamente, idem, parallelamente, similmente □ omogeneamente, uniformemente, equamente **CONTR.** diversamente, altrimenti, differentemente, difformemente **2** (*con significato avvers. conc.*) lo stesso, nonostante, nonostante tutto, indistintamente, indifferentemente **CONTR.** contrariamente.

ùlcera *s. f.* (*med.*) ulcerazione, lesione, piaga, fistola □ (*ass.*) ulcera gastrica, ulcera duodenale.

ulceràre ***A*** *v. tr.* (*med.*) lesionare, piagare ***B*** *v. intr.* (*med.*) degenerare in ulcera ***C*** **ulcerarsi** *v. intr. pron.* divenire ulceroso, piagarsi, lesionarsi.

ulterióre *agg.* **1** (*di collocazione*) al di là, oltre **CONTR.** citeriore, al di qua **2** (*est.*) (*di cose, di situazioni, ecc.*) nuovo, successivo, posteriore **CONTR.** precedente, antecedente, anteriore.

ulteriorménte *avv.* al di là, più oltre □ poi, più avanti, in seguito **CONTR.** più indietro □ precedentemente, anteriormente.

ultimaménte *avv.* di recente, in questi ultimi tempi, recentemente, poco fa.

ultimàre *v. tr.* condurre a termine, terminare, compiere, finire, concludere, chiudere, completare □ ripulire (*fig.*), rifinire (*fig.*) □ smettere, cessare **CONTR.** iniziare, cominciare, principiare, dare inizio □ ricominciare, continuare.

ultimàtum [vc. lat., di creazione moderna, da *ultimus* 'ultimo, estremo'] *s. m. inv.* **1** (*dir.*) ultime condizioni **2** (*est., fig.*) proposta perentoria, proposta finale.

ultimìssima *s. f.* **1** (*di giornale*) ultima edizione **2** (*al pl.*) ultime notizie, novità recentissime.

ùltimo ***A*** *agg.* **1** (*nel tempo, nello spazio*) finale, terminale, estremo, postremo (*lett.*), conclusivo **CONTR.** primo, iniziale □ primigenio, primitivo **2** (*fig.*) (*di parola, di promessa e sim.*) decisivo, risolutivo, definitivo, ultimativo **3** (*di notizie, di moda, ecc.*) recente, recentissimo, nuovissimo, modernissimo, up-to-date (*ingl.*) **4** (*di luogo, di spazio*) più lontano, estremo **CONTR.** più vicino **5** (*fig.*) (*di importanza, di merito, ecc.*) inferiore, peggiore, infimo **CONTR.** superiore, migliore **6** (*fig.*) massimo, sommo, supremo **CONTR.** minimo, infimo **7** (*fig., lett.*) primario, fondamentale ***B*** *s. m.* **1** **CONTR.** primo **2** (*fig.*) momento finale, momento conclusivo, conclusione finale □ limite **FRAS.** *all'ultimo*, in ultimo, alla fine □ *da ultimo*, infine □ *fino all'ultimo*, fino alla fine □ *l'ultimo arrivato, l'ultimo venuto*, il meno importante, il meno capace □ *l'ultima ruota del carro* (*fig.*), la persona meno importante □ *all'ultima moda*, modernissimo □ *dell'ultima ora* (*fig.*), recentissimo.

ultrà *s. m.* e *f. inv.*; *anche agg.* estremista (spec. in politica).

ultraràpido *agg.* rapidissimo **CONTR.** lentissimo.

ultrarósso *agg.*; *anche s. m.* infrarosso **CFR.** ultravioletto.

ultrasensìbile *agg.* sensibilissimo **CONTR.** insensibile.

ultrasinìstra *s. f.* sinistra extraparlamentare.

ultraterréno *agg.* **1** (*relig.*) eterno, trascendente, divino **2** soprannaturale, oltremondano □ extraterrestre **CONTR.** terreno, mondano, terrestre, caduco.

ululàre *v. intr.* **1** (*di cane, di lupo*) urlare, emettere ululati **2** (*est., lett.*) (*di persona*) lamentarsi cupamente □ ruggire (*fig.*) **3** (*fig.*) (*del vento, del mare, ecc.*) rumoreggiare cupamente.

ululàto *s. m.* **1** (*di cane, di lupo*) urlo, ululo **2** (*est., lett.*) (*di persona*) urlo cupo, urlo lamentoso □ grido, urlo **3** (*di vento, di mare, ecc.*) suono cupo, cupo rumore, rumoreggiamento, rimbombo.

ùlulo *s. m.* ululato, urlo.

umanaménte *avv.* **1** dal punto di vista umano, materialmente, naturalmente **CONTR.** divinamente, spiritualmente ***2*** cortesemente, civilmente, affabilmente, cordialmente, urbanamente, educatamente □ generosamente, con umanità, benignamente, benevolmente, clementemente, indulgentemente □ caritatevolmente, pietosamente, compassionevolmente **CONTR.** disumanamente, inumanamente, crudelmente, spietatamente, impietosamente, senza umanità, atrocemente, malvagiamente, efferatamente, ferocemente, scelleratamente, trucemente □ incivilmente, cafonamente, maleducatamente, incivilmente, villanamente.

umanésimo *s. m.* ***1*** (*est.*) rinascimento letterario ***2*** (*est.*) studi classici.

umanista *s. m.* e *f.* (*est.*) letterato, classicista.

umanìstico *agg.* ***1*** dell'umanesimo, degli umanisti ***2*** (*est.*) classico, letterario ***3*** (*est.*) (*di facoltà universitaria*) letterario **CFR.** scientifico, giuridico, ecc.

umanità *s. f.* ***1*** natura umana **CONTR.** divinità ***2*** (*est.*) benevolenza, bontà, generosità, altruismo, benignità, comprensione, pietà, carità, clemenza, indulgenza □ affabilità, cortesia, cordialità, filantropia, filantropismo **CONTR.** disumanità, bestialità, crudeltà, spietatezza, cattiveria, egoismo, durezza, dispotismo, inumanità □ atrocità, efferatezza ***3*** (*raro, lett.*) studi letterari, letteratura ***4*** uomo (*est.*), genere umano, consorzio umano, specie umana, società, prossimo, gente, mondo, universo, uomini. *V. anche* SOLIDARIETÀ

umanitàrio *agg.*; *anche s. m.* umano, generoso, comprensivo, caritatevole, benefico, pietoso, altruista, filantropico, filantropo **CONTR.** egoista, egoistico.

umanizzàre *v. tr.* ***1*** rendere umano, incivilire **CONTR.** disumanare, imbarbarire ***2*** conferire natura umana **CONTR.** divinizzare.

umàno ***A*** *agg.* ***1*** di uomo, dell'uomo, degli uomini, antropico ***2*** (*est.*) naturale, proprio della natura umana, comprensibile □ materiale, contingente □ mortale **CONTR.** sovrumano, divino, soprannaturale, immortale, eterno ***3*** generoso, comprensivo, benevolo, benigno, benefico, altruista, buono □ pietoso, compassionevole, caritatevole, umanitario □ filantropo, filantropico □ clemente, indulgente □ gentile, cortese, cordiale, affabile, educato, urbano, civile **CONTR.** malvagio, crudele, feroce, belluino, bestiale, animalesco, efferato, ferino, barbaro □ disumano, impietoso, duro, spietato, diro (*lett.*), inumano □ incivile, inurbano, cafone, maleducato, villano, scortese ***4*** (*fig.*) (*di sguardo, di voce e sim. spec. di animali*) parlante, espressivo **CONTR.** inespressivo ***B*** *s. m. spec. al pl.* (*lett.*) uomo, genere umano, umanità, mondo.

umbràtile *agg.* ***1*** (*lett.*) (*di luogo*) ombroso, ombreggiato **CONTR.** soleggiato, aprico (*lett.*) ***2*** (*fig.*) (*di persona*) introverso, solitario, ritroso, riservato, schivo, modesto **CONTR.** estroverso, esuberante, esibizionista.

umettàre ***A*** *v. tr.* umidificare, inumidire, bagnare, bagnare superficialmente **CONTR.** asciugare, detergere □ essiccare ***B*** **umettarsi** *v. rifl.* inumidirsi.

umidìccio ***A*** *agg.* ***1*** (*di atmosfera, di cose*) piuttosto umido, bagnaticcio **CONTR.** arsiccio (*est.*) ***2*** (*di parti del corpo*) sudaticcio, sgradevolmente umido, molliccio ***B*** *s. m.* umido, madore, uligine (*raro, lett.*), umidore (*lett.*), umidità.

umidificàre *v. tr.* inumidire, umettare **CONTR.** seccare, asciugare, essiccare.

umidificatóre *s. m.* vaporizzatore, nebulizzatore.

umidità ***A*** *s. f.* umido, umidezza, umore (*lett.*), uligine (*raro, lett.*), umidore (*lett.*), acquosità □ vapor acqueo **CONTR.** asciuttezza, aridità, secco, secchezza, arsura, siccità ***B*** *avv.* (*raro*) bagnato.

ùmido ***A*** *agg.* impregnato di umidità, bagnato, acquoso, rugiadoso, umidiccio, inumidito, madido, uggioso, rorido (*poet.*) □ non completamente asciutto □ sugoso **CONTR.** asciutto, secco, arido, arso, riarso ***B*** *s. m.* ***1*** umidità ***2*** (*cuc.*) sugo, vivanda al sugo, guazzetto **FRAS.** *in umido*, nel sugo, al sugo.

ùmile *agg.* ***1*** (*di grado sociale*) modesto, basso, povero, oscuro, poco elevato **CONTR.** nobile, aristocratico, alto, elevato ***2*** (*est.*) (*di cose*) povero, modesto, dimesso, semplice, piccolo, piccino **CONTR.** elegante, fastoso, sontuoso, principesco ***3*** (*est.*) (*di lavoro, di paga, ecc.*) meschino, misero, vile **CONTR.** bello, gratificante, buono, soddisfacente □ qualificato, prestigioso ***4*** (*di persona*) modesto, semplice, dimesso **CONTR.** immodesto, superbo, altezzoso, tronfio, burbanzoso, presuntuoso, arrogante, borioso, spocchioso □ fiero, altero, orgoglioso, dignitoso ***5*** (*verso l'autorità*) ossequiente, obbediente, rispettoso **CONTR.** ribelle, indocile, irrispettoso, sprezzante, oltraggioso.

umiliànte *part. pres. di* **umiliare**; *anche agg.* che umilia, avvilente, bruciante, mortificante, inglorioso, imbarazzante, degradante □ demoralizzante, sconfortante, scoraggiante, deprimente **CONTR.** confortante, incoraggiante, dignitoso □ esaltante, eccitante □ gratificante.

umiliàre ***A*** *v. tr.* ***1*** mortificare □ svergognare □ offendere **CONTR.** esaltare, gratificare, lodare, onorare, glorificare ***2*** (*di superbia, ecc.*) reprimere, rintuzzare, domare, annientare, abbattere, piegare, prostrare **CONTR.** alimentare, esaltare, insuperbire ***3*** (*di persona, di rivale, di nemico, ecc.*) piegare, sottomettere, fiaccare, soggiogare, schiacciare □ ecclissare, surclassare ***B*** **umiliarsi** *v. rifl.* degradarsi, avvilirsi, abbassarsi □ invilirsi, farsi umile, sottomettersi, inchinarsi, chinarsi, inginocchiarsi, genuflettersi, prostrarsi, strisciare, abbassare la cresta, chinare il capo, battersi il petto **CONTR.** insuperbirsi, inorgoglirsi, esaltarsi, gonfiarsi. *V. anche* IMBARAZZARE, SCHIACCIARE

umiliazióne *s. f.* mortificazione, offesa □ schiaffo, smacco, scorno □ avvilimento □ sottomissione **CONTR.** esaltazione, elevazione, glorificazione, deificazione, onore, lode, ossequio.

umilménte *avv.* ***1*** modestamente, poveramente, dimessamente, ossequiosamente, rispettosamente, semplicemente **CONTR.** superbamente, altezzosamente, arrogantemente ***2*** servilmente, bassamente, supplichevolmente **CONTR.** alteramente □ orgogliosamente, fieramente, dignitosamente.

umiltà *s. f.* ***1*** modestia, semplicità **CONTR.** superbia, alterigia, altezzosità ***2*** deferenza, reverenza, servilismo, rispetto CONTR. irriverenza, impudenza, insolenza □ alterezza, fierezza, orgoglio, dignità.

umlaut /*ted.* 'umlaut/ [vc. ted., comp. di *um*, che indica cambiamento e *Laut* 'suono'] *s. m. inv.* **1** (*ling.*) metafonesi, metafonia **2** (*est.*) dieresi.

umóre *s. m.* **1** (*lett.*) umidità, umido, liquido, succo, secrezione, linfa, succhio (*bot.*), fluido, essudato, sudore **2** (*fig.*) (*di persona*) indole, carattere, natura, temperamento, tendenza **3** (*est.*) (*di animo*) disposizione, inclinazione. *V. anche* INDOLE

umorìsmo *s. m.* humour (*ingl.*), umore (*raro*), spirito, arguzia, ironia, comicità, comico, vena comica, vis comica (*lat.*), brio CONTR. tragicità.

umorìsta **A** *s. m.* e *f.* barzellettista, vignettista □ comico **B** *agg.* umoristico, spiritoso CONTR. triste.

umorìstico *agg.* comico, ridicolo, arguto, ironico, esilarante, burlesco, spiritoso, faceto CONTR. triste, tragico, serio.

unànime *agg.* **1** (*di pluralità di persone*) concorde, consenziente, d'accordo, unito, compatto, solidale, all'unisono, dello stesso parere CONTR. discorde, diviso, discordante, dissenziente, in disaccordo **2** (*di parere, di emozione, di idea, ecc.*) condiviso da tutti, approvato da tutti, generale, universale, collettivo, corale, completo, totale □ plebiscitario, plenario CONTR. discorde, discordante, parziale.

unanimeménte *avv.* all'unanimità, coralmente, plebiscitariamente, concordemente, tutti, da tutti, solidalmente CONTR. discordemente.

unanimità *s. f.* (*di idee, di aspirazioni e sim.*) totale concordanza, pieno accordo, consenso generale, compattezza, concordanza, concordia, consonanza, coralità CONTR. discordanza, dissonanza, dissenso, dissidenza, divergenza, disunione □ guerra, secessione FRAS. *all'unanimità*, col consenso di tutti, unanimemente.

una tantum /*lat.* 'una 'tantum/ [loc. lat., letteralmente 'una volta (*una*) soltanto (*tantum*)'] **A** *loc. agg.* (*di retribuzione, di premio e sim.*) straordinario, eccezionale CONTR. ordinario, comune, normale **B** *s. f.* imposta straordinaria.

uncinàre *v. tr.* **1** afferrare con un uncino **2** (*fig.*) (*di pallone*) arrestare al volo.

uncinàto *part. pass. di* **uncinare**; *anche agg.* **1** a uncino, adunco, gammato CFR. dritto, aguzzo, appuntito **2** (*di amo*) artigliato FRAS. *croce uncinata*, svastica.

uncinétto *s. m.* **1** *dim. di* **uncino** **2** (*per lavori a maglia o a rete*) ago uncinato, croscé, crochet (*fr.*).

uncìno *s. m.* **1** ronciglio, raffio, gancio, griffa, rampino, ganghero, granfia (*ant.*), rampone, arpione, amo, grappino **2** (*fig.*) scusa, pretesto, cavillo **3** (*sport*) (*nel pugilato*) gancio, hook (*ingl.*).

underground /*ingl.* 'ʌndəgraund/ [vc. ingl., letteralmente 'sotterraneo', da *under* 'sotto' e *ground* 'fondo'] *agg. inv.* **1** segreto, clandestino, alla macchia CONTR. pubblico, aperto **2** (*di musica, di arte, di letteratura*) anticonformista, contestatario CONTR. conformista.

ùndici *s. m. inv.* (*fig.*) squadra di calcio FRAS. *l'undici azzurro*, la squadra nazionale.

ùngere **A** *v. tr.* **1** (*anche ass.*) (*di sostanze grasse*) spalmare, cospargere **2** (*est.*) macchiare d'unto, sporcare CONTR. smacchiare, pulire **3** (*est.*) oliare, ingrassare, lubrificare CONTR. sgrassare, digrassare **4** (*fig.*) (*di persona*) blandire, lisciare, adulare **5** (*fig.*) pagare, corrompere, oliare **6** (*relig.*) consacrare **B** **ungersi** *v. rifl.* (*di sostanze grasse*) spalmarsi **C** *v. intr. pron.* (*di unto, di sugo e sim.*) macchiarsi, sporcarsi, impiastrarsi FRAS. *ungere le ruote, ungere le carrucole* (*fig.*), adulare, lusingare; corrompere.

ungherése *agg.*; *anche s. m.* e *f.* ungarico (*lett.*), magiaro.

ùnghia *s. f.* **1** (*anat.*) artiglio **2** (*al pl.*) (*fig.*) grinfie, mani, potere □ rapacità, avidità **3** (*fig.*) (*di misura*) distanza minima, grandezza minima, quantità minima, minimo **4** (*di coltello, di attrezzo*) taglio, tacca, intaccatura □ (*est.*) attrezzo con tacca FRAS. *pagare sull'unghia* (*fig.*), pagare subito e in contanti □ *mancarci un'unghia* (*fig.*), mancare pochissimo □ *mettere le unghie addosso* (*fig.*), avere in proprio potere □ *avere le unghie lunghe* (*fig.*), rubare, essere propenso al furto □ *mettere fuori le unghie* (*fig.*), mostrare la propria aggressività □ *coi denti e con le unghie* (*fig.*), con ogni mezzo.

unghiàta *s. f.* **1** colpo d'unghia, colpo con le unghie, graffio, graffiata **2** (*su coltello, su temperino, ecc.*) intaccatura, tacca, unghia.

unguènto *s. m.* **1** unto, untume, pomata, medicamento, manteca, linimento, balsamo, impasto profumato, profumo **2** (*relig.*) crisma.

unicaménte *avv.* soltanto, solamente, solo, esclusivamente □ semplicemente, puramente.

unicameràle *agg.* (*polit.*) monocamerale CFR. bicamerale.

unicellulàre *agg.* (*biol.*) di una sola cellula, monocellulare CONTR. multicellulare, pluricellulare.

unicità *s. f.* **1** singolarità, straordinarietà □ esclusività, particolarità □ eccezionalità, irripetibilità CONTR. molteplicità, pluralità, varietà **2** indivisibilità, unità □ monotonia.

ùnico **A** *agg.* **1** singolare, solo, singolo □ semplice, uno □ unitario, indiviso, indivisibile CONTR. numeroso, molteplice, diverso, plurimo, miscellaneo, composito **2** (*dell'elemento di una coppia*) spaiato, scompagnato CONTR. appaiato □ (*di logica, di direzione*) duplice, binario **3** (*di bellezza, di valore, ecc.*) incomparabile, raro, prezioso, esclusivo, impareggiabile, straordinario, eccezionale, irripetibile CONTR. comune, ordinario, normale **B** *s. m.* solo CONTR. numerosi, diversi, parecchi. *V. anche* RARO

unicòrno **A** *agg.* (*di animale*) con un corno solo **B** *s. m.* **1** (*nella mitologia*) liocorno **2** (*zool.*) narvalo.

unidisciplinàre *agg.* monodisciplinare CONTR. multidisciplinare.

unifamiliàre *agg.* (*di casa*) per una sola famiglia, monofamiliare CONTR. plurifamiliare, multifamiliare.

unificàre **A** *v. tr.* **1** (*di elementi*) fondere, unire, rendere unito, aggregare, accorpare □ centralizzare CONTR. dividere, distinguere, separare, suddividere, frantumare, frazionare, lottizzare, ripartire, scaglionare, decentralizzare **2** (*di prodotto, di misura, ecc.*) standardizzare, uniformare, rendere uguale, normalizzare **CONTR.** diversificare ***B*** **unificarsi** *v. rifl. rec.* unirsi, fondersi, uniformarsi, diventare uguali **CONTR.** dividersi, separarsi, diversificarsi.

unificàto *part. pass. di* **unificare**; *anche agg.* ***1*** fuso, unito, aggregato □ centralizzato **CONTR.** diviso, suddiviso, separato, frazionato, decentralizzato **2** uniforme, uniformato, uguale, standardizzato, standard, normalizzato **CONTR.** diverso, diversificato.

unificazióne *s. f.* ***1*** (*di elementi*) unità, fusione, aggregazione □ accorpamento, conglobamento, conglobazione □ centralizzazione □ sintesi **CONTR.** analisi, scomposizione, divisione, geminazione, separazione, suddivisione, frantumazione □ lottizzazione, frazionamento, ripartizione □ decentralizzazione □ analisi **2** (*di prodotto, di misura, ecc.*) standardizzazione, uniformazione, uguagliamento, normalizzazione **CONTR.** differenziazione, diversificazione.

uniformàre ***A*** *v. tr.* ***1*** (*di superficie*) rendere uniforme, spianare, appiattire, rendere pari, livellare □ agguagliare □ levigare, polire, lisciare **2** (*di gusti, di criteri, ecc.*) adeguare, accordare, conformare, adattare, massificare, standardizzare, normalizzare, unificare **CONTR.** distinguere, diversificare ***B*** **uniformarsi** *v. rifl.* adeguarsi, adattarsi, seguire, conformarsi, ottemperare, unificarsi, sottomettersi **CONTR.** divergere, risaltare, stagliarsi □ ribellarsi, dissentire.

uniformazióne *s. f.* uniformità, standardizzazione, massificazione, unificazione **CONTR.** diversificazione □ diversità, difformità.

unifórme (1) *agg.* ***1*** (*di superficie, di colore*) uguale, pari, liscio, piano, regolare □ omogeneo, unito **CONTR.** mosso, irregolare, ineguale, accidentato, disuguale, eterogeneo, composto, screziato, variegato **2** (*fig.*) (*di scritto, di paesaggio, ecc.*) monocorde, piatto, monotono, grigio (*fig.*) **CONTR.** eclettico, vario, vivace, variato **3** (*di comportamento, di azione, ecc.*) uguale, simile, somigliante, medesimo, stesso, concorde **CONTR.** difforme, diverso, discorde **4** (*di moto, di velocità e sim.*) costante, continuo **CONTR.** difforme, incostante, irregolare, variabile. *V. anche* SIMILE

unifórme (2) *s. f.* (*di militari, di collegiali, ecc.*) divisa, livrea, tenuta, assisa, montura (*raro, tosc.*) □ veste, abito.

uniformità *s. f.* ***1*** (*di paesaggio, di stile, ecc.*) uguaglianza, monotonia, piattezza □ routine (*fr.*), tran tran □ omogeneità, armonia □ costanza, regolarità **CONTR.** difformità, disuguaglianza, diversità, varietà, incostanza □ diversificazione, eterogeneità, poliedricità **2** (*di opinioni, di sentimenti e sim.*) conformità, coincidenza, concordanza, concordia, accordo □ uniformazione, conformismo **CONTR.** differenza, disaccordo, disparità, discordanza, contrasto. *V. anche* COSTANZA

unilateràle *agg.* ***1*** rivolto a un solo lato **CONTR.** plurilaterale, multilaterale **2** (*tecnol.*) unidirezionale **CONTR.** pluridirezionale **3** (*di promessa, di impegno, ecc.*) di una sola parte, di uno solo **CONTR.** bilaterale, reciproco **4** (*fig., est.*) (*di opinione, di interesse, ecc.*) personale, parziale, soggettivo, tendenzioso, arbitrario **CONTR.** generale, pluralistico.

unilateralità *s. f.* (*spec. fig.*) parzialità, soggettività, settarietà **CONTR.** pluralità, pluralismo.

unióne *s. f.* ***1*** (*di parti*) connessione, congiungimento, congiunzione, congiuntura, giuntura, giunzione, collegamento, attacco, attaccamento (*raro*), attaccatura, commessura, commettitura, aggiuntatura □ accorpamento, annessione, assemblaggio, fusione, aggregamento, incorporamento, incorporazione, aggregazione, abbinamento, accoppiamento, appaiamento □ sintesi □ (*di elementi, di materiali*) aggregato, combinazione, amalgama, miscela, mistura, mescolanza, mistione (*lett.*), commistione (*raro*), miscuglio, misto, complesso, assieme, cumulo □ (*di beni*) comunione, comunanza, commistione (*dir.*) **2** (*ling.*) nesso, relazione, copula, crasi □ (*di lingue*) commistione (*fig.*) **3** (*di persone, di popoli, ecc.*) legame, vincolo, unità, catena (*fig.*) □ connubio (*lett.*), matrimonio, sposalizio, nozze, copulazione (*raro, lett.*) **CONTR.** libertà, autonomia, indipendenza □ separazione, divorzio, smembramento, scissione, scisma (*est.*), secessione **4** (*di organizzazione politica, economica, ecc.*) associazione, accordo, consorzio, consociazione, cooperazione, raggruppamento, aggruppamento (*raro*), alleanza, fronte □ gruppo, lega, cooperativa, federazione, confederazione, società, sodalizio □ congregazione, confraternita, club (*ingl.*), blocco, coalizione, compagine **CONTR.** partizione, segmentazione □ scioglimento, dissociazione □ distaccamento **5** (*fig.*) (*di animo, di propositi e sim.*) accordo, intesa, affiatamento, concordia, solidarietà, compattezza (*fig.*), comunanza, consonanza, concordanza **CONTR.** discordia, disaccordo, contrasto, incomprensione, dissonanza, discrepanza, dissenso, dissidio, divergenza, distanza **6** (*di opera letteraria, artistica e sim.*) continuità, coesione, coerenza, armonia **CONTR.** discontinuità, incoerenza, disarmonia. *V. anche* COALIZIONE, SOLIDARIETÀ

unionìsta *s. m. e f.*; *anche agg.* ***1*** (*di organismi politici, economici e sim.*) fusionista, fautore dell'unità, sostenitore dell'unione **CONTR.** separatista, scissionista **2** (*st.*) nordista **CONTR.** secessionista, sudista.

unìre ***A*** *v. tr.* ***1*** (*di cose, di parti, ecc.*) congiungere, giungere, accostare, commettere (*raro*), connettere, collegare, concatenare (*raro*), saldare □ assemblare, assiemare, attaccare, accoppiare, appaiare, montare, aggraffare, agganciare, legare, allacciare, affibbiare, cucire **CONTR.** separare, staccare, smontare, scommettere, sconnettere, disgiungere, disconnettere, scollegare, sganciare, slacciare, slegare **2** aggiungere, addizionare, coniugare, sommare, aggiuntare □ aggregare, combinare, mescolare, amalgamare **CONTR.** dedurre, detrarre, togliere, levare **3** (*est.*) (*di capitali, di forze, ecc.*) fondere, associare, riunire, raccogliere, unificare, far confluire, mettere insieme, accorpare **CONTR.** dividere, dissociare, frammentare, smembrare, frazionare **4** (*est.*) (*di persona, di animi, ecc.*) sposare, maritare □ stringere, legare, annodare, aggregare, raggruppare, aggruppare (*raro*), affratellare, associare, avvicinare, avvincere, cementare, coalizzare, accomunare, saldare, vincolare, impegnare □ consociare □ (*di unità politiche*) confederare, federare **CONTR.** separare □ disunire, disgregare, segmentare □ distaccare, segregare, isolare ***5*** (*di via di comunicazione*) collegare, legare, congiungere, raccordare, mettere in comunicazione **CONTR.** separare, dividere ***6*** (*di documenti*) accludere, allegare, accompagnare **CONTR.** togliere ***B*** **unirsi** *v. rifl. rec.* ***1*** (*di persone*) mettersi insieme, formare una unione, appaiarsi, associarsi, coalizzarsi □ sposarsi, maritarsi, accoppiarsi **CONTR.** dividersi, separarsi ***2*** (*di cose, di parti, ecc.*) collegarsi, congiungersi, accostarsi, mescolarsi, amalgamarsi, fondersi, incorporarsi, inserirsi □ aggiungersi **CONTR.** separarsi, staccarsi, scindersi, slegarsi, disgiungersi, distaccarsi ***3*** (*est.*) (*per uno scopo*) fare causa comune, allearsi, stringersi, coalizzarsi, confederarsi, consociarsi, federarsi, associarsi **CONTR.** disunirsi, spaccarsi ***C*** *v. intr. pron.* ***1*** (*di persone*) accompagnarsi, mettersi insieme, aggregarsi, raggrupparsi, mischiarsi **CONTR.** dividersi, disgregarsi ***2*** (*di vie di comunicazione*) (*anche fig.*) collegarsi, congiungersi, raccordarsi, convergere, confluire, unificarsi, concatenarsi **CONTR.** separarsi, divergere, biforcarsi. *V. anche* MESCOLARE

UNIRE
sinonimia strutturata

Il mettere insieme sostanze diverse, o distinte qualità di una stessa sostanza, così da formare una sola massa, consiste nel **mescolare**: *mescolare l'acqua col vino, lo zucchero con il cacao*; *mescolare due mucchi di farina*. In senso meno generico, mescolare significa **amalgamare**, **incorporare**, ossia **miscelare** due o più elementi in modo da formare un composto, con caratteristiche proprie: *amalgamare i colori e l'olio, il latte e la farina*; *incorporando l'acqua col sale e la farina si ottiene una pasta*; *miscelare uno sciroppo con acqua*; incorporare si avvicina anche ad **aggiungere**, ossia ad unire: *aggiungere lentamente il latte*. Rispetto a quest'ultimo verbo, **sommare** si differenzia perché si adopera soprattutto figuratamente o in riferimento a denaro: *al guadagno devi sommare il denaro risparmiato*; **addizionare** invece si usa di solito in relazione a sostanze particolari, come miscele e composti liquidi.

Congiungere, **giungere** e **attaccare** non si riferiscono invece alla fusione di due sostanze, ma al porre due pezzi, due cose l'una accanto all'altra, eventualmente fissandoli insieme ossia **saldandoli**; così **assemblare** significa **combinare**, ossia mettere insieme vari pezzi già predisposti per essere montati. **Collegare** e **connettere** richiamano più l'idea del creare una comunicazione, del raccordare, e infatti si usano spesso riferendosi a porte, strade, ecc.: *un corridoio collega i due appartamenti*.

In senso lato, in riferimento non a materiali ma persone o cose diverse, unire equivale a **mettere insieme**, ad **accostare**, che evoca vicinanza più che vera compenetrazione: *mescolare varie lingue*; *accostare vecchi e ragazzi*; unire significa anche **fondere** in un unico complesso o possedere contemporaneamente: *unire le voci*; *un dramma che fonde il magico col reale*; in quest'ultima accezione si avvicina molto a **raccogliere**, che richiama il concetto di radunare, **comprendere**, **includere**, evocando quindi un luogo o un insieme circoscritto.

Sempre per estensione, in relazione a persone, unire significa portare o indurre a un comune consenso, impegno, determinazione, ecc.: *la loro comune matrice culturale li unisce*; *spesso il dolore e la sofferenza uniscono gli uomini*. In questo senso, il verbo corrisponde ad **avvicinare**, ad **accomunare** e ai più incisivi **immedesimare** e **affratellare**, che richiamano l'idea di un'intima comunanza di sentire. Allacciare con vincoli di natura ad esempio morale, economica o giuridica si dice invece **legare**: *legati da una visione del mondo*; *legati in matrimonio*; **vincolare** si distingue perché evoca una condizione caratterizzata da obblighi o limitazioni della libertà. **Aggregare**, **raggruppare** significano invece riunire in un gruppo, in un insieme di persone; si distinguono leggermente **consociare** e **associare** perché suggeriscono una particolare intenzionalità; lo stesso vale per **alleare** e **coalizzare**, che di solito si riferiscono a situazioni in cui ci si lega per uno scopo preciso e circoscritto. **Federare** e **confederare** si usano solamente in relazione a unità politiche.

Infine, unire si usa spesso nel linguaggio burocratico, ad esempio in riferimento a documenti, fotografie, e in questo caso equivale perfettamente ad **accludere** e **allegare**: *ho unito il curriculum alla domanda*; *è necessario allegare tutta la documentazione utile*.

unìsono ***A*** *agg.* ***1*** (*mus.*) simultaneo, della stessa nota, della stessa altezza **CONTR.** dissonante ***2*** (*fig.*) in pieno accordo, corale, concorde, conforme **CONTR.** discorde, diverso, discordante, dissidente ***3*** (*ling.*) omofono ***B*** *s. m.* (*fig.*) totale concordanza, pieno accordo, piena armonia **CONTR.** discordia, dissonanza, dissidenza, dissidio.

unità *s. f.* ***1*** (*di spirito, di Dio e sim.*) indivisibilità, totalità, unicità, unitezza, unitarietà, singolarità **CONTR.** molteplicità, diversità, divisibilità, pluralità ***2*** (*di nazione, di lingue, ecc.*) unione, omogeneità, coesione □ unificazione **CONTR.** divisione, diversità ***3*** (*di metodi, di interessi, ecc.*) convergenza, concordia, identità **CONTR.** divergenza, discordanza, diversità, contraddittorietà, scollamento ***4*** (*di complesso, di insieme*) elemento, parte, oggetto, capo, individuo, gruppo ***5*** (*mat.*) numero uno, uno □ i numeri da 0 a 9 ***6*** (*fis.*) (*di misura*) grandezza ***7*** (*med.*) dose, misura □ reparto ***8*** (*econ.*) (*di sistema monetario*) moneta, divisa ***9*** (*mil.*) brigata, divisione, corpo, corpo d'armata, formazione, legione, squadra, squadriglia, squadrone, stormo □ nave, aereo ***10*** (*tel.*) scatto.

unitaménte *avv.* insieme, in blocco, congiuntamente **CONTR.** separatamente, disgiuntamente, distintamente, isolatamente.

unitàrio *agg.* **1** (*di complesso*) unico, unito, indivisibile **CONTR.** divisibile, diviso, vario **2** (*di posto, di prezzo, ecc.*) per unità, singolo **CONTR.** forfettario, complessivo, globale, totale **3** (*di metodi, di intenti, ecc.*) organico, armonico, continuo **CONTR.** disorganico, disarmonico, discontinuo, episodico, frammentario **4** (*fis.*) (*di misura*) che vale uno, di valore uno, pari all'unità □ (*est.*) elementare.

unìto *part. pass. di* **unire**; *anche agg.* **1** (*di materia*) compatto, fitto, denso, spesso □ aggregato, mescolato, misto **CONTR.** rado, raro, poroso, spugnoso **2** (*di mani, di braccia*) giunto, conserto, incrociato **3** (*di parti, di elementi*) accluso, allegato, annesso □ addizionato, aggiunto □ accoppiato, accompagnato □ annodato, attaccato, cucito **4** (*di persone*) solidale, concorde, unanime □ accomunato, legato □ consociato, alleato, coalizzato □ affezionato, affiatato, attaccato □ maritato, ammogliato, coniugato, sposato □ (*di stato*) uno, confederato, federato, fuso, indiviso, unitario, unificato **CONTR.** dissociato, discorde □ diviso, disunito □ divorziato, separato, solo, single (*ingl.*) □ staccato, disgregato □ segmentato, frazionato **5** (*di evento*) concatenato, collegato, connesso **CONTR.** isolato **6** (*di tinta, di colore e sim.*) uniforme, uguale, senza disegni **CONTR.** variegato, policromo, fantasia, multicolore, a disegni.

universàle ***A*** *agg.* **1** dell'universo, cosmico **2** generale, comune, di tutti **CONTR.** particolare, singolare, unico, caratterisitico, peculiare **3** (*di concilio, di assemblea, ecc.*) mondiale, internazionale, ecumenico, cosmopolita **CONTR.** settoriale **4** (*di questioni, di problemi, ecc.*) mondiale, di tutti □ (*est.*) importantissimo **CONTR.** specifico, particolare, locale **5** (*di cose, di beni, ecc.*) totale, globale, assoluto **CONTR.** parziale, limitato **6** (*di erede*) dell'intero patrimonio, di tutto il patrimonio **7** (*di dispositivo, di attrezzo e sim.*) polifunzionale, adatto a tutto, atto a ogni condizione **CONTR.** monofunzionale ***B*** *s. m.* (*lett.*) (*di persone, di cose*) totalità, complesso, universalità, generalità **CONTR.** particolare, particolarità, unicità.

universalità *s. f.* **1** globalità, generalità, totalità **CONTR.** particolarità, unicità **2** universalismo, universale, ecumene, cosmopolitismo, internazionalismo **CONTR.** particolarismo, particolare, individualismo, nazionalismo.

universalizzàre ***A*** *v. tr.* **1** rendere universale **2** (*est.*) generalizzare, estendere, diffondere al massimo **CONTR.** limitare, localizzare, delimitare, restringere ***B*** **universalizzarsi** *v. intr. pron.* estendersi, generalizzarsi, diffondersi al massimo **CONTR.** limitarsi, localizzarsi, delimitarsi, restringersi.

universalménte *avv.* **1** a tutti, comunemente, generalmente, totalmente **CONTR.** individualmente, unicamente, singolarmente **2** (*lett.*) completamente, del tutto **CONTR.** parzialmente.

università *s. f.* **1** (*di arti, di mestieri nel medioevo*) corporazione, associazione **2** (*di centro di studi*) archiginnasio (*st.*), ateneo, accademia, politecnico, istituto di studi superiori □ (*est.*) studio.

universitàrio ***A*** *agg.* dell'università, accademico ***B*** *s. m.* **1** studente dell'università **2** docente, professore dell'università, cattedratico, accademico, clinico (*est.*).

univèrso *s. m.* **1** cosmo, infinito, spazio □ (*est.*) natura, creato, creazione, materia **CONTR.** nulla **2** terra, globo terrestre, mondo, cielo e terra □ umanità, uomini.

univoco *agg.* **1** che ha un solo nome, che ha una sola definizione **2** che ha un solo significato **CONTR.** equivoco, ambiguo, anfibolo (*filos.*).

ùno ***A*** *agg. num. card.* **1** **CFR.** due, tre, ecc. **2** (*est.*) unico, solo **CONTR.** molti, diversi, vari **3** (*est., lett.*) (*di idee, di sentimenti, ecc.*) unito, compatto **CONTR.** disunito, diviso, discorde ***B*** *s. m.* **1** primo numero naturale **2** unità ***C*** *art. indet. m. solo sing.* **1** **CFR.** il, lo **2** (*pleon.*) (*di misura*) circa, pressappoco ***D*** *pron. indef.* **1** un tale, una certa persona, tizio, qualcuno, altri **2** (*preceduto da* se, *con valore impersonale*) chi **3** (*correl. con* altro) questo **4** uno qualunque, uno qualsiasi, qualsivoglia ***E*** *agg. indef.* qualche □ ciascuno, ogni, tutti **FRAS.** *l'uno e l'altro*, ambedue, entrambi □ *l'un l'altro*, vicendevolmente, reciprocamente □ *a uno a uno*, uno alla volta.

ùnto (1) ***A*** *part. pass. di* **ungere**; *anche agg.* **1** spalmato di grasso □ oleoso, untuoso □ sporco di grasso, bisunto, frittelloso, impataccato (*fam.*) □ sporco, sudicio **2** (*di ingranaggio, di ruota e sim.*) ingrassato, lubrificato, oliato **CONTR.** sgrassato, secco **3** (*di cibo*) molto condito, grasso **CONTR.** magro ***B*** *s. m.* (*relig.*) (*nella tradizione biblica*) eletto da Dio, Messia □ (*nell'ebraismo, e poi nel cristianesimo*) re, sacerdote (consacrato da Dio) □ (*est.*) Cristo.

ùnto (2) *s. m.* **1** grasso, sostanza grassa, untume, untuosità, grassume, morchia **2** (*di macchia di grasso*) frittella, patacca (*fam.*) **3** (*di condimento*) grasso, sugo, strutto **4** olio, grasso, lubrificante **5** (*ant.*) pomata, unguento.

untuosità *s. f.* **1** (*di materia*) grasso, untume, grassume, unto, viscidume, oleosità **2** (*fig.*) (*di comportamento*) ipocrisia, adulazione, piaggeria, servilismo, viscidità, falsa umiltà **CONTR.** sincerità, franchezza □ dignità, orgoglio, alterezza, fierezza □ rudezza.

untuóso *agg.* **1** (*di materia*) unto, viscido, grasso, oleoso, scivoloso **2** (*fig.*) (*di comportamento*) ipocrita, mellifluo, servile, viscido, subdolo, insinuante, eccessivamente cortese **CONTR.** sincero, franco □ orgoglioso, altero, fiero, dignitoso, brusco, rude. *V. anche* IPOCRITA

uòmo *s. m.* **1** essere umano **2** (*est.*) specie umana, umanità, umano, uomini □ (*al pl.*) mondo, universo **3** persona, essere, individuo, mortale, cittadino, creatura, cristiano (*est.*), figlio di Adamo (*fig.*), prossimo, gente **4** maschio □ adulto **CONTR.** femmina, donna □ bambino **5** (*pop.*) marito, sposo, coniuge, amante, compagno **CFR.** moglie, sposa, compagna **6** (*manodopera*) operaio, dipendente, lavoratore, lavorante, addetto **7** (*mil.*) soldato, militare, armigero, milite, armato □ (*mar.*) marinaio **8** (*gener.*) uno, qualcuno □ tizio, tale, signore **FRAS.** *da uomo*, maschile; come un uomo □ *come un sol uomo*, tutti insieme □ *uomo di paglia* (*spreg.*), prestanome □ comparsa □ *da uomo a uomo*, in confidenza; con franchezza □ *uomo di mondo*, uomo di grande esperienza □ *uomo della strada*, cittadino comune, uomo qualunque □ *uomo di Stato*, statista □ *uomo d'onore*, persona corretta; (*fig.*) mafioso □ *uomo nero*, babau, spauracchio □ *l'uomo della situazione*, la persona adatta □ *uomo del giorno* (*fig.*), personaggio di cui tutti parlano □ *uomo di penna*, giornalista, scrittore □ *uomo di legge*, giurista, avvocato □ *uomo d'affari*, finanziere; commerciante □ *uomo d'arma*, soldato, spadaccino □ *uomo di mare*, marinaio □ *uomo di lettere*, letterato □ *uomo di scienza*, scienziato □ *uomo-rana*, sommozzatore.

uòvo *s. m.* (*per anton.*) uovo di gallina, cocco (*fam.*) □ (*finto*) endice □ (*di insetto*) cacchione **FRAS.** *bianco d'uovo*, chiara, albume □ *rosso d'uovo*, tuorlo □ *pelle d'uovo* (*fig.*), tela finissima □ *l'uovo di Colombo* (*fig.*), espediente facilissimo, trovata elementare □ *cercare il pelo nell'uovo* (*fig.*), essere pignolissimo □ *rompere le uova nel paniere* (*fig.*), rovinare un'iniziativa altrui □ *testa d'uovo* (*spreg.*), intellettuale.

up-to-date /*ingl.* ʌp tə'deit/ [loc. ingl., letteralmente 'sulla (*up to*) data (*date*)'] *loc. agg. inv.* ***1*** (*di persona*) aggiornatissimo, al giorno, informatissimo, à la page (*fr.*) **CONTR.** arretrato, disinformato ***2*** (*di moda, di abito, ecc.*) modernissimo, d'attualità, ultimo, recentissimo, in (*ingl.*), alla moda **CONTR.** vecchio, fuori moda, out (*ingl.*), superato, antiquato.

uragàno [da *Huracàn*, il dio caraibico che personificava i venti impetuosi] *s. m.* ***1*** (*est.*) ciclone, turbine, fortunale, tifone, tempesta, tromba d'aria (*meteor.*), bufera, nubifragio □ burrasca, tormenta, diluvio, procella (*lett.*), violento temporale ***2*** (*fig.*) (*di applausi, di fischi, ecc.*) grande quantità, scroscio, bordata □ frastuono, finimondo, fracasso, putiferio. *V. anche* BURRASCA

urbanità *s. f.* educazione, civiltà, creanza, cortesia, correttezza, garbo, garbatezza, grazia, gentilezza, compitezza, buona creanza, galateo, belle maniere **CONTR.** inurbanità, inciviltà, cafonaggine, rozzezza, scortesia, sgarbatezza, ignoranza, villania, maleducazione, malcreanza, malacreanza. *V. anche* AFFABILITÀ

urbanizzàre ***A*** *v. tr.* (*fig.*) incivilire, ingentilire, educare **CONTR.** imbarbarire, imbarbonire (*fig., scherz.*) ***B*** **urbanizzarsi** *v. rifl.* educarsi, ingentilirsi, incivilirsi ***C*** *intr. pron.* diventare città.

urbanizzazióne *s. f.* ***1*** inurbamento ***2*** sistemazione urbanistica, urbanesimo.

urbàno *agg.* ***1*** della città, civico, cittadino, comunale **CONTR.** extraurbano □ rurale, campagnolo ***2*** (*fig.*) civile, cortese, educato, gentile, manierato, garbato, compito, beneducato **CONTR.** inurbano, rozzo, ignorante, incivile, rude, screanzato, zotico, villano, cafone, maleducato.

ùrbe *s. f. solo sing.* (*lett.*) città **FRAS.** *l'Urbe* (*per anton.*), Roma.

urbi et orbi /*lat.* 'urbi e't orbi/ [loc. lat., letteralmente 'alla città (*urbi*) e al mondo (*et orbi*)', dalla formula di indirizzo dei decreti della Santa Sede e della benedizione papale solenne] *loc. agg. inv.* e *avv.* (*fig., scherz.*) a tutti, dappertutto.

urgènte *part. pres. di* **urgere**; *anche agg.* impellente, pressante, incombente, premente, incalzante, stringente □ indilazionabile, improrogabile, indifferibile, stretto **CONTR.** prorogabile, dilazionabile, differibile, non necessario.

urgènza *s. f.* ***1*** premura, fretta, furia □ pressione, sollecitazione □ necessità, bisogno impellente, occorrenza estrema ***2*** rapidità, sollecitudine **CONTR.** calma, lentezza, tranquillità.

ùrgere ***A*** *v. tr.* ***1*** (*lett.*) (*di avvenimento, di tempo, ecc.*) spingere, incalzare, premere, spronare, sospingere, far premura **CONTR.** rallentare, frenare, ritardare, dilazionare ***2*** (*est., ass.*) esercitare una pressione, premere, calcare ***3*** (*fig.*) (*di persone*) incitare, spronare, stimolare, sollecitare, assillare **CONTR.** calmare, frenare, ostacolare ***B*** *v. intr.* essere necessario, necessitare, occorrere, incombere.

urlàre ***A*** *v. intr.* ***1*** (*di animale*) emettere urli, ululare, ruggire, barrire ***2*** (*est.*) (*di persona*) gridare, strillare, zigare (*sett.*), berciare (*tosc.*) **CONTR.** mormorare, brusire, bisbigliare, sussurrare, pispigliare (*raro*) ***3*** (*est.*) (*spec. di rimprovero, di discussione, ecc.*) alzare la voce, sbraitare, vociare, baccagliare (*region.*), blaterare (*spreg.*), inveire, strepitare, vociferare, tuonare, spolmonarsi ***B*** *v. tr.* ***1*** (*di insulti, di parolacce, ecc.*) dire a voce alta, vomitare (*fig.*) ***2*** (*di canzone*) cantare a piena voce. *V. anche* GRIDARE

urlìo *s. m.* urlo, stridio, gridio, ululio, urlare continuo, chiassata.

ùrlo *s. m.* ***1*** (*di animale*) grido, ululato, ululo, mugghio, muglio (*lett.*), ruggito, rugghio (*lett.*), barrito, bramito, muggito, latrato ***2*** (*est.*) (*di tempesta, di mare, ecc.*) strepito, fragore, stridore, sibilo ***3*** (*di persona*) grido, strillo, urlio, bercio (*tosc.*), strido **CONTR.** bisbiglio, pispiglio (*raro*), mormorio, sussurro, sussurrio ***4*** (*est.*) canto sguaiato.

ùrna *s. f.* ***1*** (*per reliquie, per ceneri, ecc.*) recipiente, cassetta, vaso, reliquiario ***2*** (*spec. al pl.*) (*est., lett.*) tomba, sepolcro, sacello ***3*** (*ass.*) cassetta elettorale, bossolo, bussola, bussolotto □ (*nel gioco del lotto*) ruota ***4*** (*spec. al pl.*) (*fig.*) votazione, consultazione elettorale, elezione ***5*** (*bot.*) (*nei muschi*) sporangio. *V. anche* TOMBA, VOTAZIONE

urrà *inter.* evviva, viva, forza, bene, bravo.

urtànte *part. pres. di* **urtare**; *anche agg.* (*fig.*) antipatico, spiacevole, irritante, odioso, sgradevole, indisponente, offensivo, provocante **CONTR.** simpatico, piacevole, accattivante, allettante, attraente, gradevole, gradito. *V. anche* SPIACEVOLE

urtàre ***A*** *v. tr.* ***1*** andar contro, picchiar contro, investire, speronare, prendere (*fam.*), beccare (*pop.*), tamponare, toccare, colpire □ spingere, spintonare (*dial.*) **CONTR.** evitare, mancare ***2*** (*fig.*) (*di comportamento*) indisporre, irritare, spiacere, dispiacere, indispettire, infastidire, offendere, disgustare **CONTR.** fare piacere, piacere, garbare ***B*** *v. intr.* ***1*** (*contro ostacoli*) scontrarsi, sbattere, cozzare, inzuccarsi, inciampare, collidere (*raro*), dare, incocciare (*dial.*), intoppare, intopparsi, dar di cozzo, andare a sbattere, inzuccarsi (*fam.*), intruppare (*fam.*), inciampare ***2*** (*fig.*) imbattersi, incappare, scontrarsi, incorrere ***C*** **urtarsi** *v. rifl. rec.* ***1*** scontrarsi, investirsi, tamponarsi, toccarsi, collidere **CONTR.** evitarsi, mancarsi ***2*** (*fig.*) essere in contrasto, inimicarsi **CONTR.** pacificarsi, riconciliarsi, far la pace ***D*** *v. intr. pron.* irritarsi, indispettirsi, infastidirsi, indisporsi, offendersi. *V. anche* SPINGERE

ùrto ***A*** *s. m.* ***1*** spinta, spintone, cozzo, contraccolpo, botta □ (*est.*) choc, shock (*ingl.*) ***2*** (*di autoveicoli*) scontro, collisione, investimento, tamponamento □ (*di imbarcazioni*) speronamento □ impatto, colpo, schianto ***3*** (*di armati*) scontro ***4*** (*fig.*) (*di carattere, di idee, ecc.*) contrasto, attrito, screzio, discordia, conflitto **CONTR.** concordia, armonia, accordo, consenso ***B*** *in funzione di agg. inv.* (*spec. riferito a dosi di medicinali*) superiore alla media, forte, massiccio **CONTR.** ridotto, blando, debole **FRAS.** *terapia d'urto*, terapia iniziale ad alto dosaggio □ *entrare in urto*, mettersi in dissidio □ *urto di vomito*, conato. *V. anche* DISCORDIA

usàbile *agg.* utilizzabile, adoperabile, fruibile, servibile, godibile □ disponibile □ (*di metallo*) trattabile, duttile **CONTR.** inusabile, inservibile, inutilizzabile.

usànza *s. f.* ***1*** consuetudine, costume, costumanza, tradizione, abitudine □ maniera, modo ***2*** (*est.*) rito, prassi, pratica, metodo, regola, uso □ (*pl.*) convenzione ***3*** (*est.*) moda, voga, foggia, stile, guisa, maniera (*est.*). *V. anche* ABITUDINE, MODA, RITO

usàre ***A*** *v. tr.* ***1*** adoperare, impiegare, servirsi, utilizzare □ sfruttare, manovrare (*fig.*) □ (*di gas, di acqua, di abiti, di tempo, ecc.*) consumare, spendere (*fig.*) □ (*di occhiali, ecc.*) portare ***2*** (*di attrezzi*) maneggiare ***3*** (*di forza, di modi, ecc.*) ricorrere, adottare, far valere, applicare, esercitare, mettere in atto, recare a effetto ***4*** (*di favore, di cortesia e sim.*) fare ***5*** avere l'abitudine, essere solito, solere ***B*** *v. intr.* ***1*** servirsi, far uso, profittare (*est.*), usufruire, fruire, godere □ destinare, adibire ***2*** operare, agire, comportarsi, trattare ***3*** essere di moda, essere in voga, andare (*fig.*) **CONTR.** essere in disuso ***C*** *v. intr. impers.* essere solito, essere normale, essere corrente, essere comune, costumare. *V. anche* PRENDERE, SPENDERE

usàto ***A*** *part. pass. di* **usare**; *anche agg.* ***1*** (*di attrezzo, di metodo, ecc.*) utilizzato, applicato, adoperato, impiegato □ adibito, destinato □ (*fig.*) (*di persona*) manovrato, sfruttato **CONTR.** serbato, risparmiato, conservato □ perduto, perso ***2*** (*di abito ecc.*) già adoperato, portato, non nuovo, vecchio □ liso, logoro, consumato **CONTR.** nuovo □ perfetto, intatto ***3*** (*lett.*) (*di persona*) accostumato (*lett.*), avvezzo, abituato, pratico ***4*** (*lett.*) (*di lavoro, di ambiente*) consueto, solito, abituale, ordinario, quotidiano, usitato (*lett.*) □ diffuso, invalso **CONTR.** insolito, disusato, inconsueto, inusato (*raro, lett.*), inusitato ***B*** *s. m.* ***1*** uso, abitudine, consuetudine, prassi, regola ***2*** (*spec. di merce*) roba già adoperata, roba non nuova **CONTR.** nuovo.

uscière *s. m.* ***1*** (*di uffici, di enti, di ministeri, ecc.*) messo, valletto, messo donzello (*ant.*), donzello (*ant.*), bidello, custode, ostiario, portiere □ famiglio (*lett.*) ***2*** (*raro, dir.*) ufficiale giudiziario.

ùscio *s. m.* porta, entrata, uscita, limitare □ comunicazione **FRAS.** *infilare l'uscio, prendere l'uscio* (*fig.*), andarsene.

uscìre *v. intr.* ***1*** (*di persona*) andare fuori, venire fuori, sortire (*lett.*) □ andarsene, sgombrare, scappare, sgusciare, tagliare la corda **CONTR.** entrare □ accomodarsi □ infilarsi, infiltrarsi, introdursi □ infognarsi (*fig., fam.*), impantanarsi ***2*** (*est.*) andare a spasso, andare a passeggio, andar fuori □ (*dal posto di lavoro*) smontare **CONTR.** chiudersi □ (*fig.*) murarsi, seppellirsi, rintanarsi □ rincasare, rientrare ***3*** (*est.*) (*da un gruppo*) allontanarsi, distaccarsi ***4*** (*est.*) (*di liquidi, di gas, ecc.*) scaturire, venir fuori, defluire, effluire (*raro*), fuoriuscire, sgorgare, zampillare, gocciolare, gocciare, colare, trapelare, trasudare, sfiatare, esalare, filtrare, sprigionarsi, liberarsi, emanare, passare **CONTR.** entrare ***5*** (*est.*) (*di chi esce bruscamente, inaspettatamente*) saltar fuori, spuntare, balzar fuori, comparire, sbucare, emergere ***6*** (*fig.*) (*di persona agitata, in collera*) sbottare, esclamare ***7*** (*est.*) (*da uno spazio, da un limite, ecc.*) andare fuori, sconfinare, tracimare, traboccare, straripare **CONTR.** infiltrarsi, addentrarsi, insinuarsi ***8*** (*est., anche fig.*) (*da una strada, da uno spazio*) sbandare, deviare, slittare ***9*** (*est.*) (*da una superficie*) sporgere, aggettare **CONTR.** rientrare, incassarsi, incunearsi ***10*** (*est.*) (*da un sorteggio*) essere sorteggiato, essere estratto ***11*** (*fig.*) (*da una situazione e sim.*) lasciare, abbandonare, ritirarsi □ (*dai guai*) liberarsi, cavarsi **CONTR.** cacciarsi, ficcarsi, imbarcarsi ***12*** (*est.*) (*dall'ordinario, dal comune e sim.*) emergere, esulare, eccedere, superare, oltrepassare, esorbitare, trascendere ***13*** (*fig.*) (*di derivazione*) trarre origine, provenire, venire, discendere, derivare ***14*** (*est.*) risultare, riuscire, essere scelto, essere eletto ***15*** (*di libri, di giornali e sim.*) essere pubblicato, essere edito, essere stampato, venire alla luce ***16*** (*fig., ling.*) avere desinenza, terminare, finire **CONTR.** cominciare, iniziare **FRAS.** *uscire dal seminato* (*fig.*), tralignare; deviare dall'argomento □ *uscire dai gangheri* (*fig.*), infuriarsi, arrabbiarsi □ *uscire di mano* (*fig.*), sfuggire al controllo □ *uscire di sé, uscire di senno* (*fig.*), impazzire.

uscìta *s. f.* ***1*** (*di persona*) partenza, dipartita (*lett.*), sortita (*pop.*) □ (*di folla, di pubblico*) deflusso (*fig.*) **CONTR.** ingresso, entrata □ rientro, ritirata ***2*** (*di liquidi, di gas, ecc.*) fuoriuscita, emanazione, deflusso, efflusso (*raro*), esalazione, zampillo, fuga □ (*di energia*) emissione ***3*** (*mil.*) sortita ***4*** (*teat.*) entrata in scena ***5*** (*da un luogo, da una situazione*) (*anche fig.*) apertura, egresso (*raro, lett.*), via, passaggio, varco, porta, uscio □ sbocco, scarico, sfogo □ (*di autostrada*) casello **CONTR.** ingresso, entrata ***6*** (*ling.*) desinenza, terminazione, caso ***7*** (*econ.*) esito, spesa, passivo, deficit (*lat.*), somma erogata **CONTR.** entrata, introito, incasso, fatturato, reddito, rendita, assegnamento (*raro, lett.*), attivo ***8*** (*di prodotti editoriali*) pubblicazione, edizione, stampa, distribuzione ***9*** (*fig.*) frase spiritosa, frase scherzosa, motto di spirito, battuta **FRAS.** *via d'uscita* (*fig.*), via di scampo, via di salvezza □ *uscita di sicurezza*, uscita di emergenza.

ùso (1) *agg.* (*lett.*) abituato, avvezzo, solito, usato (*lett.*).

ùso (2) *s. m.* ***1*** (*di cose*) impiego, utilizzo, utilizzazione, sfruttamento □ consumo, utenza □ (*di moneta*) corrente ***2*** logorio, invecchiamento, sfruttamento, consunzione ***3*** (*di ragione, di parte del corpo, ecc.*) capacità, facoltà, possibilità di usare **CONTR.** disuso ***4*** (*dir.*) godimento, usufrutto, possesso, destinazione □ dotazione, fruizione ***5*** (*di arte, di tecnica, ecc.*) esercizio, esperienza, pratica, maneggio **CONTR.** disuso ***6*** abitudine, consuetudine, usanza, costume, costumanza, tradizione, rito, rituale, regola, maniera, metodo, prassi, prammatica ***7*** (*est.*) voga, moda, vezzo, andazzo ***8*** modo, maniera, guisa, stile ***9*** (*est.*) (*di parola, di termine e sim.*) senso, significato **FRAS.** *d'uso*, usato, corrente, comune □ *a uso di*, fatto per, destinato a □ *fuori uso, fuori d'uso*, inservibile, inutilizzabile; fuori moda; fuori corso; disusato, dissueto □ *all'uso di*, secondo la moda di, secondo il metodo di, secondo il sistema di, secondo i gusti di □ *uso* ..., da usare per; che imita, simile a. *V. anche* MODA

ustionàre ***A*** *v. tr.* scottare, bruciare ***B*** **ustionarsi** *v. rifl.* e *intr. pron.* scottarsi, bruciarsi.

ustióne *s. f.* (*med.*) scottatura, scottamento, bruciatura.

usuàle *agg.* ***1*** solito, ordinario, rituale, tradizionale, usitato (*lett.*), consueto, consuetudinario, frequente, abituale, quotidiano, normale **CONTR.** nuovo, insolito, inconsueto, inusuale, inusitato, straordinario, raro, eccezionale, singolare □ vecchio, trito □ (*est.*) comune, corrente, andante, dozzinale, banale, grossolano **CONTR.** alternativo, strano □ scelto, speciale, ricercato, raro ***2*** ovvio, naturale, regolare **CONTR.** atipico, anomalo. *V. anche* FREQUENTE

usualménte *avv.* di solito, solitamente, generalmente, abitualmente, ordinariamente, normalmente, per lo più, comunemente, correntemente, tradizionalmente **CONTR.** straordinariamente, eccezionalmente, inconsuetamente, sorprendentemente □ raramente, quasi mai.

usucapióne *s. f.* (*dir.*) prescrizione acquisitiva.

usufruìre *v. intr.* ***1*** (*dir.*) godere l'usufrutto ***2*** (*est.*) giovarsi, avvantaggiarsi, usare, godere, servirsi, sfruttare, adoperare, utilizzare, valersi.

usufrùtto *s. m.* (*di frutti, di beni*) godimento, uso, beneficio.

usùra (1) *s. f.* (*di denaro prestato*) eccessivo interesse, interesse illecito, strozzinaggio, speculazione.

usùra (2) *s. f.* ***1*** (*di cose, di congegni*) degradazione, consumo, deterioramento ***2*** (*fig.*) logoramento, logorio.

usuràio *s. m.* ***1*** strozzino, scortichino (*fig.*), speculatore ***2*** (*est.*) avido, avarone, sfruttatore, negriero, vampiro, sanguisuga, mignatta (*fig.*), succhione.

usurpàre *v. tr.* ***1*** (*di un bene, di un posto, ecc.*) appropriarsi ingiustamente, sottrarre (con inganno, con forza), carpire, prendere, occupare, invadere, portare via, rapinare, impadronirsi ***2*** (*est.*) (*di fama, di gloria e sim.*) godere indegnamente, arrogarsi **CONTR.** conquistare, guadagnare, meritare. *V. anche* PRENDERE

usurpatóre *s. m.*; *anche agg.* (*f. -trice*) ***1*** chi usurpa, che usurpa, occupante illecito ***2*** (*est.*) tiranno, intruso, invasore, conquistatore, predone, rapinatore.

utensìle o **utènsile** ***A*** *agg.* che serve, utile, strumentale ***B*** *s. m.* attrezzo, arnese, strumento, congegno, ordigno, aggeggio, apparecchio, macchina, meccanismo, mezzo, utensileria (*pl.*).

utènte *s. m.* e *f.* fruitore, consumatore, utenza (*pl.*) **CONTR.** fornitore.

ùtile ***A*** *agg.* ***1*** (*di persona, di cosa*) che serve, efficace, pratico, efficiente, valido, valevole, vantaggioso, proficuo, produttivo, fruttuoso, buono, giovevole □ benefico, salutare **CONTR.** inutile, svantaggioso, dannoso, pernicioso, nocivo, sterile, infruttuoso, inutilizzabile, nullo, inefficace ***2*** (*di tempo, di occasione, ecc.*) conveniente, confacente, comodo, favorevole, adatto, propizio, acconcio, opportuno □ provvidenziale, provvido **CONTR.** scomodo, sfavorevole, inadatto, inopportuno, contrario ***3*** importante, necessario, occorrente **CONTR.** superfluo, voluttuario, vano, futile ***B*** *s. m.* ***1*** vantaggio, utilità, giovamento, beneficio, tornaconto, interesse, bene **CONTR.** svantaggio, dispendio ***2*** (*di attività economica*) guadagno, provento, profitto, resa, frutto, ricavato, ricavo, entrata, rendimento, rendita, reddito, attivo, dividendo **CONTR.** perdita, danno, passivo, deficit (*lat.*). *V. anche* GUADAGNO

utilità *s. f.* ***1*** utile, vantaggio, beneficio, profitto, tornaconto, interesse, guadagno, ricavo, ricavato, pro □ opportunità, convenienza, giovamento, bontà, bene, virtù **CONTR.** detrimento, disutilità, infruttuosità, sterilità ***2*** efficacia, efficienza, praticità, validità, comodità **CONTR.** inutilità, vanità, svantaggio, danno, nocumento (*lett.*), male, guaio, inefficacia, dannosità. *V. anche* GUADAGNO

utilitàrio ***A*** *agg.* ***1*** (*di sistema, di morale, ecc.*) utilitaristico ***2*** (*di cose*) vantaggioso, economico **CONTR.** costoso, lussuoso, antieconomico ***B*** *s. m.* utilitarista, calcolatore, interessato **CONTR.** disinteressato, generoso.

utilitarìsta *s. m.* e *f.* calcolatore, interessato, materialista, venale, avido, avaro **CONTR.** disinteressato, generoso.

utilizzàbile *agg.* usabile, adoperabile, disponibile, sfruttabile, usufruibile, godibile **CONTR.** inutilizzabile, inservibile, inagibile, indisponibile, irrecuperabile.

utilizzàre *v. tr.* adoperare, usare, ricorrere, servirsi, sfruttare, valersi, fare uso, usufruire, impiegare □ consumare □ occupare, prendere □ mettere a profitto, valorizzare **CONTR.** dissipare, perdere, sprecare, sciupare, buttare. *V. anche* PRENDERE

utilizzàto *part. pass. di* **utilizzare**; *anche agg.* adoperato, consumato, impiegato, usato **CONTR.** perso, sprecato, dissipato, inutilizzato.

utilizzazióne *s. f.* uso, utilizzo, impiego, sfruttamento, utilizzabilità, godibilità.

utilìzzo *s. m.* utilizzazione.

utilménte *avv.* vantaggiosamente, proficuamente, bene, convenientemente, profittevolmente, efficacemente, giovevolmente, fruttuosamente, opportunamente, produttivamente **CONTR.** inutilmente, svantaggiosamente, male, dannosamente, disutilmente, infruttuosamente, invano, sterilmente.

utopìa [dal nome del paese immaginato da Tommaso Moro, derivato dal gr. *ou tópos* 'non luogo, nessun luogo'] *s. f.* chimera, sogno, speranza, fantasia, mito, fantasticheria, cosa irrealizzabile, illusione **CONTR.** realtà. *V. anche* SPERANZA

utòpico *agg.* utopistico, chimerico, fantastico, irrealizzabile, illusorio **CONTR.** realistico, realizzabile, concreto, positivo.

utopìsta *s. m. e f.* sognatore, visionario, illuso **CONTR.** realista.

ùva *s. f.* grappolo della vite **FRAS.** *uva di mare*, sargasso □ *uva spina*, uva selvatica, uva dei frati, ribes, uva crispa □ *uva turca*, fitolacca □ *cura dell'uva*, ampeloterapia, botrioterapia.

uvétta *s. f.* **1** *dim. di* **uva** **2** uva passa, uva sultanina.

ùzzolo *s. m.* (*tosc.*) desiderio intenso, capriccio, ticchio, voglia, fregola, sfizio, ghiribizzo.

v, V

vacànte *agg.* **1** (*di impiego, di carica, ecc.*) vuoto, libero, mancante, privo **CONTR.** occupato, preso, assegnato, ricoperto **2** (*est.*) disponibile **CONTR.** indisponibile, impegnato, occupato.

vacànza *s. f.* **1** (*di impiego, di carica e sim.*) disponibilità, vuoto, vacazione **CONTR.** indisponibilità **2** (*di attività, di lavoro, ecc.*) sospensione, chiusura, interruzione, cessazione, libertà **CONTR.** apertura, funzionamento **3** (*est.*) ferie, villeggiatura, ponte, festa, week-end (*ingl.*), riposo, svago **CONTR.** lavoro.

vacanzière *s. m.* villeggiante, turista.

vàcca *s. f.* mucca, giovenca, vaccina.

vaccàio o **vaccàro** *s. m.* bovaro, mandriano, buttero, bifolco □ cow-boy (*ingl.*).

vaccinàre **A** *v. tr.* immunizzare **B** **vaccinarsi** *v. intr. pron.* **1** immunizzarsi **2** (*fig.*) premunirsi, difendersi, divenire insensibile.

vaccinàto *part. pass. di* **vaccinare**; *anche agg.* **1** immunizzato, immune **2** (*fig.*) difeso, premunito, corazzato, insensibile, indifferente.

vaccinazióne *s. f.* immunizzazione, immunoprofilassi, vaccino □ inoculazione, innesto.

vaccìno **A** *agg.* **1** (*di latte*) di vacca, di mucca **2** (*di carne*) bovino **B** *s. m.* vaccinazione.

vacillànte *part. pres. di* **vacillare**; *anche agg.* **1** (*anche fig.*) barcollante, ondeggiante, pencolante, traballante, cadente, fluttuante, smosso, oscillante, tremolante, ciondolante, zoppicante **CONTR.** stabile, fermo, saldo, immobile **2** (*fig.*) (*di persona*) tentennante, titubante, esitante, incerto, dubbioso, perplesso, irresoluto **CONTR.** sicuro, certo, deciso, reciso, risoluto, saldo, fermo. *V. anche* INCERTO

vacillàre *v. intr.* **1** (*anche fig.*) barcollare, pencolare, tentennare, tremare, scricchiolare (*fig.*), trimpellare (*tosc.*), traballare, ondeggiare, zoppicare, claudicare, barellare (*lett.*), ciondolare, oscillare **CONTR.** essere stabile, essere saldo, stare fermo **2** (*fig.*) (*di persona*) titubare, esitare, traccheggiare (*raro*), tentennare, dubitare **CONTR.** essere sicuro, essere deciso, essere costante **3** (*fig.*) (*di luce, di memoria, ecc.*) affievolirsi, tremolare, fluttuare, attenuarsi, indebolirsi, infiacchirsi, svigorirsi **CONTR.** rafforzarsi, aumentare, rinvigorirsi.

vacuità *s. f.* **1** vuoto, vuotezza (*raro*), vuotaggine (*raro*) □ (*fig.*) fatuità, vanità, leggerezza, futilità, inanità (*lett.*), frivolezza, inutilità **CONTR.** pienezza, consistenza, validità, solidità **2** (*fig.*) (*di pensieri, di concetti, ecc.*) povertà, scarsità, pochezza, meschinità, miseria, nullità, sterilità, verbalismo **CONTR.** ricchezza, consistenza, abbondanza, efficacia.

vàcuo **A** *agg.* **1** (*raro, lett.*) vuoto **CONTR.** pieno, colmo, zeppo **2** (*fig.*) (*di idee, di significato, ecc.*) vuoto, fatuo, vano, leggero, inutile, sterile, futile, salottiero, inane (*lett.*), frivolo, povero, insipiente, stolido, sciocco, puerile, melenso **CONTR.** valido, consistente, ricco, intelligente, efficace **B** *s. m.* vuoto **CONTR.** pieno.

vademècum [vc. lat., propriamente 'vieni con me'] *s. m. inv.* prontuario, formulario, taccuino, manuale, trattatello, prospetto □ guida, bädecker (*ted.*). *V. anche* MANUALE

va e vièni *loc. sost. m.* andirivieni, viavai, movimento, traffico **CONTR.** immobilità.

vagabondàggine *s. f.* **1** oziosità, oziosaggine, scioperataggine, fannullaggine, poltroneria, inattività, inoperosità, inazione, scioperatezza **CONTR.** operosità, attività, laboriosità, alacrità, dinamicità **2** vagabondaggio, nomadismo.

vagabondàggio *s. m.* **1** vita vagabonda, peregrinazione □ nomadismo **CONTR.** stabilità **2** (*fig.*) vagabondaggine, ozio, oziosità, fannullaggine, poltroneria, scioperataggine **CONTR.** attività, operosità, laboriosità, lavoro.

vagabondàre *v. intr.* **1** fare il vagabondo □ oziare, bighellonare, ciondolare **CONTR.** lavorare, affannarsi, arrabattarsi, sfacchinare **2** (*est.*) peregrinare, girovagare, gironzolare, girandolare, vagare, girellare, errare, camminare, ramingare (*lett.*), vagolare, pellegrinare (*lett.*) **CONTR.** fermarsi, sostare, stare, rimanere, stabilirsi, impiantarsi, dimorare **3** (*fig.*) (*di fantasia*) vagare, divagare, volare **CONTR.** fermarsi. *V. anche* CAMMINARE

vagabóndo **A** *agg.* **1** errante, errabondo (*lett.*), ramingo (*lett.*), erratico, randagio (*lett.*), vagante, peregrinante, peregrino (*lett.*) **CONTR.** sedentario, fisso, stabile, fermo, immobile **2** (*fig.*) svogliato, ozioso, sfaticato, sfaccendato, nullafacente, inattivo **CONTR.** laborioso, affaccendato, operoso, attivo, alacre, solerte, fattivo **B** *s. m.* **1** girovago, giramondo, viaggiatore, girandolone, pellegrino, nomade, girellone, ambulante, picaro (*sp., spreg.*), zingaro □ (*est.*) barbone, clochard (*fr.*) **CONTR.** sedentario **2** (*est., fig.*) fannullone, scioperato, bighellone, sfaccendato, sfaticato, scansafatiche, poltrone, lazzarone, michelaccio, perdigiorno **CONTR.** lavoratore, sgobbone.

vagaménte *avv.* imprecisamente, confusamente, genericamente, indistintamente, velatamente, nebulosamente, approssimativamente, pressappoco **CONTR.** precisamente, aritmeticamente, esattamente, sicuramente, distintamente, specificatamente, nitidamente, esplicitamente.

vagànte *part. pres. di* **vagare**; *anche agg.* errante, errabondo, erratico, vagabondo, nomade, ramingo, vagolante, randagio □ divagante, vago, fantasticante **CONTR.** fisso, stabile, fermo, sedentario.

vagàre *v. intr.* **1** errare, vagabondare, camminare, passeggiare, aggirarsi, peregrinare, viaggiare, gironzolare, girellare, vagolare, girovagare, ramingare **CONTR.** fermarsi, stabilirsi, sostare, indugiare, soffermarsi **2** (*fig.*) (*di pensiero, di fantasia*) divagare, fantasticare, spaziare, volare **CONTR.** fermarsi, indugiare □ ponderare, riflettere. V. *anche* CAMMINARE

vagheggiàre *v. tr.* **1** (*lett.*) contemplare, mirare, rimirare, guardare, ammirare **CONTR.** disdegnare, disprezzare, aborrire **2** (*est., fig.*) desiderare, desiare (*poet.*), bramare (*lett.*), amare, corteggiare, agognare, anelare □ sognare, sospirare, aspirare, sperare, mulinare, fantasticare, idoleggiare, ambire, inseguire **CONTR.** disprezzare, disdegnare, odiare □ aborrire. V. *anche* GUARDARE

vaghézza *s. f.* **1** indeterminatezza, genericità, nebulosità, vaporosità, imprecisione, incertezza, approssimazione, limbo **CONTR.** precisione, esattezza, sicurezza, categoricità **2** bellezza, estetica, grazia, attrattiva, leggiadria, amenità, charme (*fr.*), eleganza, desiderabilità **CONTR.** bruttezza **3** piacere, diletto **CONTR.** dispiacere, tristezza, disgusto, nausea **4** (*lett.*) desiderio, voglia, curiosità, capriccio, attrazione, inclinazione **CONTR.** indifferenza, apatia. V. *anche* ELEGANZA

vagìna *s. f.* **1** (*lett.*) (*di arma*) guaina, fodero **2** vulva.

vagìre *v. intr.* (*di neonato*) piangere, frignare, piagnucolare, lamentarsi. V. *anche* PIANGERE

vàglia *s. m. inv.* (*gener.*) titolo di credito, assegno, effetto **FRAS.** *vaglia cambiario*, pagherò, cambiale.

vagliàre *v. tr.* **1** (*di granaglie, di legumi, ecc.*) setacciare, stacciare, mondare, nettare, cribrare (*lett.*), colare, crivellare, scernere, spulare, ventilare, filtrare, purgare, cernere, abburattare **2** (*di ragione, di prova, ecc.*) valutare, esaminare, soppesare, analizzare, controllare, dibattere, giudicare, ponderare, studiare, meditare, sceverare, selezionare, considerare. V. *anche* GIUDICARE

vagliatùra *s. f.* **1** (*di granaglie, di legumi, ecc.*) setacciatura, stacciatura, mondatura, purgatura **2** (*di ciò che resta*) mondiglia, mondatura, pula, lolla, loppa, scarto.

vàglio *s. m.* **1** (*di attrezzo*) staccio, crivello, cribro (*lett.*), setaccio, buratto, colino □ ventilabro **2** (*fig.*) (*di idea, di proposta, ecc.*) esame, valutazione, attenzione, considerazione □ scelta, cernita. V. *anche* ESAME, SCELTA

vàgo **A** *agg.* **1** (*lett.*) (*di persona*) vagante, errabondo, errante, instabile **CONTR.** fermo, stabile, fisso, sedentario **2** (*est.*) (*di cosa*) indeterminato, approssimativo, imprecisabile, imprecisato, indefinito, indefinibile, sfumato, lieve, indistinto, fuggevole, incerto, astratto, generale, approssimato, confuso, nebuloso, fumoso, lontano, pallido □ semplicistico, impreciso □ evasivo, generico **CONTR.** determinato, definito, distinto, nitido, incisivo, specificato, fotografico, tangibile, solido, positivo, sicuro □ preciso, serio □ chiaro, certo, deciso **3** (*lett.*) (*di persona*) voglioso, desideroso, attratto, bramoso (*lett.*), avido **CONTR.** indifferente, apatico **4** (*fig.*) amabile, bello, grazioso, leggiadro, aggraziato, attraente, soave, dolce, allettante, desiderabile **CONTR.** brutto, sgradevole, triste, sgraziato, ripugnante, scostante **B** *s. m.* indeterminatezza, imprecisione, incertezza, astrattezza, astratto **CONTR.** determinatezza, precisione, concretezza, concreto. V. *anche* INCERTO, TIMIDO

vagolàre *v. intr.* vagare, errare, vagabondare, gironzolare, girellare, ramingare (*lett.*) **CONTR.** fermarsi, sostare, stare.

vagonàta *s. f.* (*fig., fam.*) grande quantità.

vagoncìno *s. m.* **1** *dim. di* **vagone** **2** (*di teleferica, di cantiere*) carrello.

vagóne *s. m.* **1** (*di treno*) carro, vettura, carrozza **2** (*pop.*) ciccione, grassone **FRAS.** *vagone letto*, wagon-lit (*fr.*), sleeping-car (*ingl.*) □ *vagone ristorante*, wagon-restaurant (*fr.*).

vaiolóso *agg.* butterato.

valànga *s. f.* **1** (*di neve*) slavina, lavina □ (*est.*) frana **2** (*fig.*) grande quantità, caterva, scarica, massa, sacco (*fam.*), abbondanza, subisso, miriade, profusione, cumulo, ammasso, infinità, profluvio, inondazione, proluvie (*lett.*) **FRAS.** *a valanga* (*fig.*), irruentemente, violentemente; in grande quantità.

valènte *part. pres. di* **valere**; *anche agg.* bravo, buono, idoneo, esperto, agguerrito, provetto, abile, egregio, degno, qualificato, capace, valido, idoneo, eccellente, competente □ (*lett.*) valoroso, prode, coraggioso **CONTR.** inabile, inetto, incapace, inesperto, incompetente, dappoco, scadente. V. *anche* PRODE

valére **A** *v. intr.* **1** (*di persona*) contare, potere, eccellere □ essere stimato, essere considerato, essere reputato **2** (*di persona o cosa*) meritare, avere valore **3** (*di rimedio, di parole, ecc.*) giovare, influire, fruttare, servire **4** (*di documento, di ragionamento, ecc.*) servire, contare, vigere, avere valore □ (*est.*) essere regolare, essere legittimo **CONTR.** scadere, essere inutile, non avere efficacia **B** *v. intr.* e *tr.* **1** (*di cose*) costare **2** (*di numero, di segno, ecc.*) equivalere, corrispondere **3** significare, volere dire **4** (*di beni, di terreni, ecc.*) fruttare, rendere **C** *v. tr.* (*di lode, di rimprovero, ecc.*) procurare, cagionare, attirare **D** **valersi** *v. intr. pron.* servirsi, giovarsi, utilizzare, adoperare, fruire, godere, ricorrere, usufruire, avvantaggiarsi, sfruttare, approfittare, avvalersi **FRAS.** *valere un Perù*, valere moltissimo.

valévole *agg.* utile, efficace, giovevole, buono □ valido **CONTR.** inutile, dannoso, nocivo, pernicioso, inefficace □ scaduto.

valicàre *v. tr.* varcare, passare, oltrepassare, sorpassare, superare, trapassare (*lett.*), travalicare (*lett.*), scavalcare, attraversare, traversare, traghettare, guadare, sormontare. V. *anche* TRAVERSARE

vàlico *s. m.* varco, passaggio, transito, trapasso □ forcella, passo, forca, giogo, sella, colle, porta □ frontiera.

validaménte *avv.* vigorosamente, gagliardamente, coraggiosamente □ fortemente, robustamente □ efficientemente, efficacemente **CONTR.** debolmente, fiaccamente.

validità *s. f.* ***1*** (*di persona*) resistenza, forza, gagliardia, solidità, vigore, vigoria, potenza **CONTR.** invalidità, debolezza, impotenza, incapacità ***2*** (*fig.*) (*di documento, di legge, ecc.*) efficacia, valore, legittimità, regolarità, autenticità, effetto **CONTR.** inefficacia, illegittimità, rescindibilità, irregolarità, nullità ***3*** (*di contratto, di documento, ecc.*) durata ***4*** (*di affare, di opera, ecc.*) positività, utilità, bontà, pregio, merito **CONTR.** negatività ***5*** (*di argomento e sim.*) correttezza, serietà, consistenza, fondatezza **CONTR.** inconsistenza, fragilità.

vàlido *agg.* ***1*** forte, gagliardo, saldo, solido, vigoroso, resistente, potente, robusto, poderoso, possente **CONTR.** debole, invalido, impotente, fiacco, fragile, inconsistente ***2*** capace, abile, agguerrito, competente, qualificato, valente, valoroso, esperto, provetto, bravo **CONTR.** inabile, inetto, incapace, inesperto, maldestro ***3*** (*dir.*) valevole, in corso □ legale, legittimo, ratificato, autentico, canonico, rato **CONTR.** scaduto, finito, fuori corso, perento □ nullo, illegittimo, irrito ***4*** (*di aiuto, di rimedio, ecc.*) efficace, efficiente, idoneo, giovevole, utile **CONTR.** inefficace, inutile, dannoso ***5*** (*di affare, di opera, ecc.*) positivo, buono **CONTR.** negativo, brutto ***6*** (*di argomento e sim.*) serio, consistente, ragionevole, fondato **CONTR.** cattivo, inconsistente, fragile, infondato.

valigerìa *s. f.* pelletteria.

valigétta *s. f.* borsa, necessaire (*fr.*), beauty-case (*ingl.*), ventiquattr'ore.

valìgia *s. f.* bagaglio, sacca, borsa.

vallàta *s. f.* valle, bacino, vallea (*poet.*) **CONTR.** monte, montagna, altura. *V. anche* VALLE

vàlle *s. f.* ***1*** (*geogr.*) vallata, vallea (*poet.*), vallone, convalle, forra, gola, canyon (*ingl.*) **CFR.** altura, monte, montagna, piana ***2*** bacino, avvallamento, laguna, conca **CFR.** altopiano **FRAS.** *valle di lacrime* (*fig.*), il mondo, la terra □ *a valle* (*fig.*), alla fine, nella fase finale.

VALLE
sinonimia strutturata

Una forma concava di terreno racchiusa fra montagne e delimitata da due versanti è definita **valle**: *entrata, sbocco della valle*; *valle bassa, profonda, stretta*; *uscire dalla valle*; *pareti, fianchi della valle*; in particolare, una *valle fluviale* ha la caratteristica forma a V dovuta all'erosione di un fiume, mentre la forma a U, modellata dall'erosione di un ghiacciaio, è tipica della *valle glaciale*, detta anche trogolo glaciale. Pressoché equivalenti sono i rari **vallea** e **convalle**, usati in poesia, e **vallata**, che si distingue dal termine principale perché suggerisce un'idea di ampiezza, di estensione, di piacevolezza paesaggistica: *le verdi vallate alpine*; il termine convalle propriamente in geografia indica una valle che sbocca in un'altra.

Numerosi sono i vocaboli che descrivono valli strette e profonde: uno di questi è **vallone**, che può anche essere un semplice accrescitivo di valle, oppure corrispondere a **burrone**, che a sua volta indica uno scoscendimento nel terreno particolarmente profondo e con pareti dirupate; un fossato ripido scavato dall'erosione delle acque può definirsi con un termine meno frequente **forra**. Leggermente più specifica è anche la parola di origine spagnola **cañón** più spesso scritta (e pronunciata) **canyon** come in inglese, che designa particolarmente una valle stretta e profonda originata dall'erosione fluviale su rocce relativamente tenere in regioni aride. La **gola** è invece lo stretto passaggio tra due monti, oppure, se riferita a un orrido o a un fossato, la sua parte più stretta e profonda.

Anche alcune zone lagunari con aree depresse e stagni costieri nell'Adriatico settentrionale sono dette valli: *le valli di Comacchio*; il termine può essere usato anche per designare uno specchio d'acqua lagunare destinato all'allevamento dei pesci o alla caccia: si definisce appunto *caccia di valle* ogni genere di caccia su acque aperte. All'interno di quest'ambito semantico, si definisce *valle aperta* quella che è in diretta comunicazione col mare, mentre la *valle semiarginata* lo è solo in parte e la *valle chiusa* o *arginata*, riceve acqua attraverso i canali. Per questo significato di valle si può usare come equivalente il più generale **laguna**, che comunque indica uno specchio d'acqua litoraneo, comunicante col mare, da cui è separato per alcune strisce di terra; altrimenti si può ricorrere a **bacino**, che designa uno specchio d'acqua riparato naturalmente o artificialmente e che può corrispondere anche ad **avvallamento** e **conca**, che si allontanano ulteriormente da valle perché si riferiscono semplicemente ad una depressione del terreno rispetto alle zone circostanti, ricollegandosi così al suo significato primo.

Infine, il vocabolo valle è adoperato figuratamente in contesti letterari per rappresentare il mondo come luogo pieno di dolore dove scorrono le esistenze dei singoli, o, per estensione, la vita terrena in genere: *questa valle di lacrime*; *finché saremo in questa valle.*

vallétto *s. m.* (*f. -a*) ***1*** paggio, staffiere, donzello, lacchè, damigello, servo, servitore ***2*** (*di ufficio*) servente, usciere, messo, bidello ***3*** (*tv.*) aiutante.

vàllo *s. m.* ***1*** (*mil.*) palizzata, steccato, fortificazione □ fossato ***2*** (*est.*) trincea, barricata, argine, difesa, baluardo.

vallóne *s. m.* ***1*** *accr. di* **valle** ***2*** burrone, borro (*lett.*), botro, forra, fossato. *V. anche* VALLE

valóre *s. m.* ***1*** merito, capacità, bravura, competenza, efficienza, abilità, bontà, importanza, valentia, vaglia, qualità, virtù, pregio, classe, statura, talento **CONTR.** incapacità, inabilità, inettitudine, incompetenza, inesperienza ***2*** coraggio, audacia, ardimento, eroismo, eroicità, ardire, prodezza, baldanza, intrepidezza, fermezza, forza, vigore, virilità, strenuità **CONTR.** paura, pusillanimità, viltà, vigliaccheria, codardia, timore, debolezza, dappocaggine ***3*** (*di cosa*) prezzo, costo, pregio, quotazione, valutazione, ofelimità (*econ.*), valsente (*raro*) ***4*** (*di pietra preziosa*) peso, purezza, taglio, preziosità ***5*** (*di documento, di* *rimedio, ecc.*) validità, efficacia **CONTR.** nullità, inefficacia **6** (*al pl.*) gioielli, titoli, obbligazioni, valuta, capitale, patrimonio, proprietà **7** (*di cosa*) importanza, rilievo, funzione, gravità, peso, livello, ordine, portata, consistenza, dimensione, rilevanza, entità, considerazione, standard **8** virtù, qualità, dote, ideale **9** (*fis.*) misura **10** equivalente, equivalenza **11** (*di parola*) significato, accezione, senso, spirito **12** (*al pl.*) (*di opera d'arte*) elemento stilistico, pregio. *V. anche* FUNZIONE, MISURA

valorizzàre *v. tr.* **1** avvalorare, dare valore, appoggiare, fare risaltare, esaltare, fare conoscere **CONTR.** svalutare, deprezzare, svilire, screditare, sminuire **2** (*di territorio, di risorse, ecc.*) utilizzare, rivalutare, sfruttare, dare valore.

valorizzazióne *s. f.* **1** apprezzamento, esaltazione **CONTR.** svilimento **2** (*di territorio, di risorse, ecc.*) sfruttamento, utilizzazione, il dare valore **CONTR.** deprezzamento, svalutazione.

valorosaménte *avv.* coraggiosamente, intrepidamente, animosamente, arditamente, eroicamente, audacemente, prodemente, strenuamente, virilmente, impavidamente **CONTR.** vilmente, vigliaccamente, codardamente, paurosamente.

valoróso ***A*** *agg.* **1** coraggioso, intrepido, audace, animoso, prode, eroico □ strenuo, fiero, ardimentoso, impavido, imperterrito, leonino, virile, gagliardo, valido, aitante **CONTR.** pauroso, codardo, vile, vigliacco, pusillanime, imbelle, tremebondo **2** valente, abile, capace, agguerrito, provetto, bravo, provato **CONTR.** incapace, inetto, inabile ***B*** *s. m.* eroe, prode **CONTR.** vile. *V. anche* PRODE

valùta *s. f.* **1** moneta, denaro, divisa, carta moneta, valsente (*raro*) **2** valore.

valutàbile *agg.* **1** calcolabile, computabile, stimabile, misurabile, quantificabile, determinabile, ponderabile, apprezzabile, classificabile **CONTR.** incalcolabile, imponderabile, indeterminabile **2** (*fig.*) (*di idea, di discorso, ecc.*) analizzabile, vagliabile, giudicabile, esaminabile.

valutàre *v. tr.* **1** (*di prezzo, di valore*) determinare, calcolare, contare, conteggiare, computare, pesare, quantificare, quantizzare, commensurare, stimare, commisurare, misurare, attribuire, quotare, ponderare, periziare, stabilire □ (*di popolazione, di voti*) censire, scrutinare **2** (*fig.*) (*di persona*) stimare, apprezzare, considerare, reputare, pregiare **CONTR.** sminuire, deprezzare, svilire **3** (*fig.*) (*di idea, di discorso, ecc.*) vagliare, analizzare, criticare, interpretare, classificare, soppesare, giudicare, esaminare, contrappesare, ventilare, distinguere. *V. anche* GIUDICARE

valutazióne *s. f.* **1** (*di persona*) vaglio, stima, apprezzamento □ (*di candidati*) voto, giudizio, scrutinio **2** (*di cosa*) estimazione, calcolo, classificazione, valore, conto, misurazione, quantizzazione, quotazione, determinazione, perizia, estimo, prezzo □ (*di situazione, di proposta, ecc.*) considerazione, opinione, vaglio, analisi, diagnosi.

vàlvola *s. f.* **1** (*est.*) interruttore, regolatore, stabilizzatore, erogatore, relais (*fr.*), relé **2** (*est., fig.*) sfogo, momento liberatorio.

vamp /*ingl.* væmp/ [vc. ingl. d'Amer. *vamp*, abbr. di *vampire* 'vampiro'] *s. f. inv.* fatalona, seduttrice, bambolona, circe, fata, venere, pin-up (*ingl.*), maliarda, donna vampiro (*scherz.*).

vàmpa *s. f.* **1** calore, fiammata, fuoco, lampo, vampata, fiamma □ canicola, calura **2** (*fig.*) ardore, veemenza □ rossore □ caldana. *V. anche* CALORE

vampàta *s. f.* vampa, fiamma, fiammata, fuoco □ (*fig.*) veemenza □ (*fig.*) rossore □ scalmana.

vampìro [dal nome dello spettro che, secondo la leggenda popolare, lascia la tomba di notte e assale i vivi per succhiarne il sangue] *s. m.* (*fig.*) (*di persona*) dissanguatore, strozzino, usuraio, ingordo, speculatore, parassita, succhiasangue, sfruttatore, profittatore, sanguisuga.

vanaglòria *s. f.* boria, millanteria, vanità, vanto, albagia, superbia, presunzione, autoammirazione, narcisismo, gigionismo, fatuità, burbanza, alterigia, spocchia, vanteria, ostentazione, iattanza, megalomania **CONTR.** umiltà, modestia, discrezione. *V. anche* VANTO

vanaglorióso *agg.* e *s. m.* borioso, millantatore, vanitoso, ostentatore, pavone, esibizionista, gigione, vanesio, velleitario, fatuo, tronfio, superbo, pretenzioso, presuntuoso, spocchioso (*raro, tosc.*), smargiasso, trombone **CONTR.** modesto, umile, discreto, riservato, schivo, misurato, sommesso.

vandàlico *agg.* devastatore, distruttore, teppistico, barbarico.

vandalìsmo *s. m.* devastazione, distruzione, saccheggio □ delinquenza, teppismo.

vàndalo [dai *Vandali*, popolazione germanica che invase i territori dell'impero romano, assalì e saccheggiò Roma] *s. m.* **1** (*fig.*) devastatore, saccheggiatore, distruttore, demolitore, sterminatore, flagello, rovina, attila (*fig.*) **2** (*est.*) barbaro, incolto, teppista.

vaneggiaménto *s. m.* farneticamento, vaniloquio, delirio, fantasticheria, farnetico, insensatezza, insania **CONTR.** ragionamento, logica, raziocinio, sensatezza, riflessione.

vaneggiàre *v. intr.* **1** delirare, farneticare, sragionare, strasognare, straparlare, folleggiare **CONTR.** ragionare, riflettere, pensare, raziocinare, argomentare **2** (*lett.*) fantasticare.

vanèsio [da *Vanesio*, protagonista di alcune commedie di G.B. Fagiuoli, 1700] *agg.*; *anche s. m.* fatuo, vuoto, vano, frivolo, leggero, spensierato, chiappanuvole □ vanitoso, civettone, narciso, pavone □ vanaglorioso, pretenzioso □ sciocco, svampito, irriflessivo, sconsiderato **CONTR.** serio, assennato, equilibrato, sensato, discreto, concreto.

vànga *s. f.* (*est.*) pala.

vangàre *v. tr.* dissodare, rivoltare, zappare.

vangèlo *s. m.* **1** buona novella, Nuovo Testamento **2** (*fig.*) ideologia **3** (*fig.*) verità assoluta, verità indiscutibile, breviario.

vanificàre *v. tr.* neutralizzare, frustrare, mandare a monte, rendere inutile, annullare.

vanilòquio *s. m.* delirio, vaneggiamento, farneticamento, chiacchiera, ciancia, ciarla, sproloquio **CONTR.** discorso sensato.

vanità *s. f.* **1** (*di persona*) ambizione, vanagloria, ostentazione, autoammirazione, narcisismo, immodestia, superbia, spocchia, albagia, boria, sicumera, fumo **CONTR.** modestia, umiltà, semplicità, discrezione **2** (*di sforzo, di promessa, ecc.*) inutilità, inanità (*lett.*), sterilità, inefficacia, inconsistenza, infruttuosità □ (*lett.*) (*di cosa*) apparenza, illusorietà, caducità, falsità, illusione, incorporeità **CONTR.** utilità, efficacia □ concretezza **3** lusinga, miraggio, pompa **4** (*di persona o cosa*) futilità, vacuità, fatuità, leggerezza, frivolezza, mondanità, vuotaggine, civetteria, mania □ debolezza **CONTR.** serietà, concretezza, validità.

vanitóso *agg.*; *anche s. m.* ambizioso, presuntuoso, vanaglorioso, borioso, immodesto □ fatuo, vano, vanesio, narciso, futile, vuoto **CONTR.** modesto, umile, discreto, semplice, sensato, serio.

vàno **A** *agg.* **1** (*di cosa*) vuoto, vacuo (*raro, lett.*) **CONTR.** pieno, colmo, sostanzioso **2** incorporeo, aereo **3** (*fig.*) (*di persona*) futile, frivolo, leggero, vanitoso, vanesio, fatuo □ vanaglorioso, tronfio, pretenzioso, presuntuoso □ sciocco **CONTR.** umile, dimesso, modesto, saggio, assennato **4** (*fig.*) (*di tentativo, di promessa, ecc.*) inutile, inefficace, inconsistente, inane (*lett.*) □ nullo, fallito, infruttifero, infruttuoso, infecondo, sterile □ falso, ingannevole □ inconcludente, ozioso □ (*di cosa*) futile, frivolo, caduco, effimero, irrito (*lett.*) **CONTR.** utile, buono, necessario, efficace, vantaggioso, fecondo □ realistico, fondato **B** *s. m.* **1** spazio □ (*est.*) finestra **2** (*in un muro*) apertura, cavità, incavo, luce □ cabina, tromba, nicchia, gabbia **3** (*di appartamento e sim.*) ambiente, stanza, locale, camera, cella.

vantàggio *s. m.* **1** beneficio, bene, comodo, favore, facilitazione, agevolazione, agevolezza, giovamento, comodità, fortuna □ privilegio, superiorità, prerogativa □ sopravvento **CONTR.** svantaggio, aggravio, discapito, impaccio, sfavore, pregiudizio, detrimento, danno, inconveniente, difetto, scapito, handicap (*ingl.*) **2** (*di affare*) profitto, utile, guadagno, frutto, convenienza, opportunità, interesse, tornaconto, ricavo, beneficio, pro, utilità **CONTR.** inutilità, perdita, inconvenienza, infruttuosità, rimessa, stangata, tracollo, pacca (*fam.*) **3** (*sport*) distacco, abbuono, giunta, buona misura, sovrappiù **CONTR.** svantaggio, handicap (*ingl.*). *V. anche* FAVORE, FORTUNA, GUADAGNO, PRIVILEGIO

vantaggióso *agg.* favorevole, benefico, buono, positivo, utile, sostanzioso, giovevole, salutare, acconcio, comodo, fortunato, propizio, ideale □ proficuo, conveniente, lucroso, lucrativo, profittevole, fruttifero, fruttuoso, produttivo, redditizio, speculativo, rimunerativo **CONTR.** svantaggioso, contrario, controproducente, avverso, calamitoso (*raro, lett.*), negativo, nocivo, inefficace, infruttuoso, inutile, dannoso, pregiudizievole, sfortunato, vano.

vantàre **A** *v. tr.* lodare, ostentare, affettare, esaltare, magnificare, ingrandire, sbandierare, sfoggiare, decantare, gloriare, millantare, strombazzare **CONTR.** denigrare, detrarre (*raro, lett.*), screditare, oscurare, calunniare, diffamare, stroncare **B** **vantarsi** *v. rifl.* gloriarsi, pavoneggiarsi, esaltarsi, imbaldanzire, stimarsi, lodarsi, glorificarsi, gonfiarsi, fregiarsi, millantarsi, spacciarsi, vanagloriarsi, compiacersi, bluffare, sbruffare **CONTR.** denigrarsi, screditarsi, calunniarsi, diffamarsi, diminuirsi, mortificarsi.

vanterìa *s. f.* **1** millanteria, ostentazione, vanagloria, iattanza, ostentamento, strombazzamento, spocchia **CONTR.** modestia, umiltà **2** spacconata, guasconata, fanfaronata, blague (*fr.*), bluff (*ingl.*), cannonata, sparata, smargiassata, bravata, vanto. *V. anche* VANTO

vànto *s. m.* **1** ostentazione, ostentamento (*raro*), sfoggio, vanteria, sparata (*fig.*), esaltazione, millanteria, iattanza, superbia, vanagloria, burbanza, presunzione, spocchia, spavalderia **CONTR.** umiltà, modestia, mortificazione, ritrosia, riserbo, semplicità, discrezione **2** pregio, merito, privilegio, onore, orgoglio, gloria, titolo (*est.*), gemma (*fig.*), lustro (*fig.*), splendore (*lett.*) **CONTR.** demerito, colpa □ onta, obbrobrio, disonore, vergogna. *V. anche* LODE

VANTO
sinonimia strutturata

Innanzitutto si dice **vanto** il magnificare qualcosa o il decantare le proprie doti, proprietà o altro e l'andarne orgoglioso: *menar vanto* significa appunto gloriarsi di qualcosa; molto generico è il sinonimo **esaltazione**, che corrisponde a magnificazione, lode: *esaltazione dei pregi, delle virtù di qualcuno*. Anche **ostentazione**, il raro **ostentamento** e **sfoggio** descrivono l'azione o l'esito del mostrare qualcosa con affettazione e sussiego all'attenzione altrui per ambizione o altro: *fare sfoggio di abiti, di cultura*; *esibisce una inutile ostentazione*. Molto vicini sono **vanteria** e **millanteria**, che designano una lode eccessiva di sé, di meriti o qualità reali o più spesso immaginari: *le assurde vanterie di uno spaccone*; *le sue millanterie ci hanno stancato*; l'ultimo sinonimo in senso lato indica anche ciò che si decanta in modo esagerato, e coincide in questo senso con **sparata** inteso figuratamente: *è la sua solita sparata*.

Questi comportamenti si radicano nella **superbia** o **presunzione**, **spocchia**, **iattanza**, **burbanza**, cioè in una opinione esagerata di sé, delle proprie capacità o dei propri meriti che esteriormente si manifesta in un atteggiamento di superiorità o di disprezzo degli altri: *essere gonfio di superbia*; *la sua presunzione non ha limiti*; *è pieno di spocchia*. Più debole è **spavalderia**, che evoca una notevolissima sicurezza di sé più che vera e propria tracotanza. Se l'eccessiva autostima determina un fatuo e smoderato desiderio di lodi per ragioni inconsistenti si dice **vanagloria**.

Anche ciò che costituisce motivo di lode, di stima si definisce **vanto**: *abbiamo il vanto di essere accorsi per primi*; molto vicini sono **privilegio** e **merito**, che pure indicano una caratteristica positiva: *il libro ha il privilegio della chiarezza*; *il suo merito è la volontà*; **pregio** si distingue leggermente perché designa il valore vero e proprio: *riconoscere il pregio di una persona, di un'opera*; questi vocaboli, con **onore**, **gloria**, **lustro** e **titolo** equivalgono a vanto anche nel definire la particolare distinzione, la rinomanza dovuta alle qualità intrinseche di una persona o da essa acquisita con le opere: *a lui solo spettano il vanto e la lode*; *dobbiamo dire ciò apertamente, a vostro onore e vanto*; *un'impresa che dà lustro al paese*; *non tutti hanno il privilegio di conoscerlo*; *poi ven colei / che ha 'l titol d'esser bella* (PETRARCA). Gloria in senso lato e lustro nel linguaggio letterario corrispondono anche alla persona o alla cosa che è fonte di onore o vanto, e coincidono così col significato estensivo di **orgoglio** e di **gemma** nonché con l'uso letterario di **splendore**: *Virgilio è una gloria dei latini*; *essere l'orgoglio, il lustro della famiglia*; *le gemme della nostra letteratura*.

vànvera *s. f. nella loc. avv. a vanvera*, a casaccio, senza fondamento, insensatamente, sconclusionatamente, incoerentemente, senza riflessione, disordinatamente **CONTR.** sensatamente, ordinatamente, coerentemente.

vapóre *s. m.* **1** (*chim., fis.*) aeriforme **2** (*ferr.*) vaporiera, locomotiva **3** (*mar.*) piroscafo **4** (*spec. al pl.*) fumo, nebbia, esalazione, effumazione, miasma, fumosità, effluvio □ vampa di calore **FRAS.** *a tutto vapore* (*fig.*), a gran velocità. *V. anche* NEBBIA

vaporizzàre **A** *v. tr.* (*di liquido*) nebulizzare, atomizzare, polverizzare **CONTR.** condensare, liquefare **B** *v. intr.* e **vaporizzarsi** *intr. pron.* evaporare, svaporare, volatilizzare, svanire.

vaporizzàto *part. pass. di* **vaporizzare**; *anche agg.* evaporato □ nebulizzato, polverizzato, spray (*ingl.*) **CONTR.** condensato, liquefatto.

vaporizzatóre *s. m.* evaporatore □ nebulizzatore, polverizzatore, atomizzatore, spray (*ingl.*), umidificatore, spruzzatore **CONTR.** condensatore.

vaporizzazióne *s. f.* evaporazione, svaporazione □ volatilizzazione, nebulizzazione, atomizzazione □ suffumigio **CONTR.** condensazione, liquefazione.

vaporosità *s. f.* **1** (*di stoffa, di capelli, ecc.*) leggerezza, tenuità, evanescenza, levità, lievità, impalpabilità **CONTR.** pesantezza, grossolanità **2** (*fig.*) (*di discorso, di promessa, ecc.*) indeterminatezza, vaghezza, nebulosità, imprecisione, confusione **CONTR.** precisione, nitidezza, chiarezza.

vaporóso *agg.* **1** (*di luogo, di materia*) fumoso, caliginoso, nebbioso **CONTR.** limpido, terso, pulito, trasparente **2** (*fig.*) (*di stoffa, di capelli, ecc.*) leggero, tenue, evanescente, diafano, aereo, svaporante (*raro*), impalpabile, morbido, soffice, bouffant (*fr.*), spumoso **CONTR.** pesante, grosso, greve, grossolano, massiccio, rozzo **3** (*fig.*) (*di discorso, di promessa, ecc.*) indeterminato, vago, inconsistente, impreciso, nebuloso, fumoso **CONTR.** preciso, chiaro, esatto.

varàre **A** *v. tr.* **1** (*di nave*) inaugurare **2** (*fig.*) (*di opera*) finire, pubblicare, rappresentare, presentare **3** (*di legge*) approvare, ratificare, promulgare, omologare, convalidare **CONTR.** bocciare, respingere **B vararsi** *v. intr. pron.* (*mar.*) arenarsi, incagliarsi.

varcàbile *agg.* superabile, oltrepassabile, sormontabile, valicabile, traversabile **CONTR.** insuperabile, insormontabile, invalicabile, invarcabile.

varcàre *v. tr.* **1** (*di luogo*) oltrepassare, valicare, passare, guadare, superare, trapassare, sormontare, saltare, traversare, attraversare **2** (*fig.*) (*di anni*) superare **3** (*fig.*) (*di limite, di confine, ecc.*) eccedere, superare, oltrepassare. *V. anche* TRAVERSARE

vàrco *s. m.* **1** (*di luogo*) passaggio, adito, accesso, guado, strada, via, uscita □ apertura, finestra, feritoia, porta, meato (*raro, lett.*) **2** (*geogr.*) passo, transito, valico, colle, forcella, sella, foce (*raro*), callaia (*raro, lett.*).

varechìna o **varecchìna** *s. f.* candeggina, liscivia.

varia /*lat.* 'varja/ [lat., nt. pl. di *vărius* 'vario'] *s. f. pl.* cose varie, argomenti vari.

variàbile *agg.* instabile, mutabile, modificabile, modulabile, flessibile, mutevole, fluttuante, incostante, volubile, cangiante (*lett.*), variante, ineguale □ (*spec. di tempo*) incerto, vario, balordo □ (*ling.*) declinabile **CONTR.** invariabile, immutabile, inalterabile, costante, continuo, uniforme, fisso, fermo □ stabile, stazionario □ (*ling.*) invariabile, indeclinabile. *V. anche* INCERTO

variabilità *s. f.* instabilità, mutabilità, volubilità, fluidità, incertezza, incostanza, mutevolezza, varietà □ scarto, tolleranza **CONTR.** invariabilità, costanza, fermezza, stabilità, inalterabilità, immutabilità.

variaménte *avv.* diversamente, differentemente, disugualmente, svariatamente **CONTR.** uniformemente, monotonamente, ugualmente.

variànte **A** *part. pres. di* **variare**; *anche agg.* variabile, mutabile **CONTR.** immutabile, invariabile **B** *s. f.* **1** (*in un progetto, in un lavoro*) mutamento, modifica, variazione, mutazione, cambiamento, emendamento, correzione, modificazione □ (*di un prodotto*) modello, versione, tipo **2** (*filologia*) forma, lezione, redazione.

variàre **A** *v. tr.* e *intr.* **1** mutare, cambiare, trasformare, modificare, emendare, ritoccare, correggere, cangiare (*lett.*) □ diversificare, differenziare **2** (*est.*) (*di motivo musicale, di testo, ecc.*) abbellire, migliorare, modulare, svariare **B** *v. intr.* cambiare, mutare, oscillare □ differire, discordare **CONTR.** stabilizzarsi □ corrispondere, coincidere. *V. anche* CORREGGERE

variàto *part. pass. di* **variare**; *anche agg.* vario, diverso, svariato, ineguale, assortito, variegato, disuguale, molteplice, multiforme, modulato □ mutato, cambiato, modificato, corretto, trasformato **CONTR.** uguale, invariato, uniforme, monotono, immutabile, unico.

variazióne *s. f.* **1** cambiamento, mutamento, mutazione, trasformazione, diversità, modificazione, diversificazione, differenziazione, oscillazione, fluttuazione □ rettifica, emendamento, variante, modifica, ritocco □ scarto, escursione, stacco, salto **CONTR.** immutabilità, uniformità, invariabilità, unicità, monotonia, uguaglianza, stabilità **2** (*mus.*) modulazione **3** (*mat.*) gradiente.

variegàto *agg.* screziato, variopinto, striato, multicolore, policromo, maculato, macchiato, macchiettato, marezzato, brizzolato, cangiante, venato, variato, vaio **CONTR.** uniforme, monotono, monocromo, monocromatico.

varietà (**1**) *s. f.* **1** molteplicità, complessità, eterogeneità, svariatezza, diversificazione, fantasmagoria, poliedricità, promiscuità □ ricchezza, assortimento, scelta, gamma, variabilità **CONTR.** uniformità, unicità, monotonia, fissità ***2*** (*tra persone o cose*) differenza, divario, diversità, disuguaglianza **CONTR.** uguaglianza, similitudine ***3*** (*di piante, di minerali, ecc.*) qualità, specie, sottospecie, genere, tipo ***4*** (*biol.*) gruppo, razza, sorta. *V. anche* SCELTA

varietà (2) *s. m.* ***1*** (*di spettacolo*) variété (*fr.*), avanspettacolo, rivista, musical (*ingl.*) ***2*** (*di locale*) night-club (*ingl.*), night (*ingl.*), tabarin (*fr.*), cabaret (*fr.*), café-chantant (*fr.*).

vàrio ***A*** *agg.* ***1*** disuguale, diverso, multiforme, molteplice, assortito, composito, eterogeneo, misto, svariato, differente, cangiante, poliedrico, polivalente, promiscuo, proteiforme (*fig.*), sfaccettato, variato **CONTR.** uniforme, monotono, monocorde, immutabile, uguale, omogeneo, unico ***2*** (*di clima, di carattere, ecc.*) instabile, mutevole, incostante, volubile, variabile **CONTR.** fermo, costante, stabile, saldo, immutabile ***B*** *in funzione di agg. indef. solo pl.* disparati, parecchi, diversi, molti, numerosi **CONTR.** pochi, rari ***C*** *in funzione di pron. indef. pl.* diverse persone, diversi, molti, numerosi **CONTR.** pochi, rari **FRAS.** *varie*, (*di libri, di scritti, di miscellanee, di rubriche*) argomenti vari.

variopìnto *agg.* multicolore, variegato, screziato, policromo, policromatico, iridescente, arlecchino (*inv.*) **CONTR.** monocromatico, unitonale.

vàro *s. m.* ***1*** (*mar.*) (*di nave*) battesimo, lancio, inaugurazione ***2*** (*fig.*) (*di opera*) via, presentazione, rappresentazione ***3*** (*di legge, di progetto*) approvazione, ratifica, promulgazione, emanazione, convalida **CONTR.** bocciatura, rifiuto.

vàsca *s. f.* ***1*** (*per bagno*) tinozza, bagno, bagnarola (*region.*), lavatoio ***2*** (*per liquidi*) tinozza, cisterna, acquaio, bacino, serbatoio, trogolo, conca, coppa □ peschiera □ abbeveratoio ***3*** piscina.

vascèllo *s. m.* (*mar.*) nave, bastimento, veliero. *V. anche* NAVE

vaschétta *s. f.* ***1*** *dim. di* **vasca** ***2*** bacinella, catinella, catino, bacile, conca, raccoglitore, pila, abbeveratoio.

vasellàme *s. m.* stoviglie □ ceramiche, maioliche, terraglie.

vasétto *s. m.* ***1*** *dim. di* **vaso** ***2*** ampolla, barattolo.

vàso *s. m.* ***1*** recipiente, barattolo, contenitore ***2*** (*est.*) ciotola, anfora, cratere, orcio, giara, conca, coppa, bucchero, cantaro, cista, coccio, doglio (*lett.*), gotto, olla (*lett.*), urna ***3*** (*da notte*) orinale, pitale, buglиolo, water, tazza ***4*** (*anat.*) condotto, canale, arteria, vena.

vassallàggio *s. m.* (*est.*) sudditanza, soggezione, servitù, sottomissione **CONTR.** signoria, supremazia.

vassàllo ***A*** *s. m.* (*est.*) suddito, sottoposto, sottomesso, subordinato, satellite ***B*** *agg.* soggetto, sottoposto, dipendente, assoggettato, soggiogato **CONTR.** indipendente, autonomo, libero.

vassóio *s. m.* piatto, cabarè, cabaret (*fr.*), guantiera, plateau (*fr.*), fiamminga (*region.*), portadolci.

vastità *s. f.* spaziosità, ampiezza, grandezza, estensione, larghezza, immensità, infinità, sterminatezza, oceano (*fig.*) **CONTR.** piccolezza, ristrettezza, strettezza, angustia, brevità, limitatezza.

vàsto *agg.* spazioso, ampio, grande, grosso, esteso, disteso, immenso, smisurato, aperto, largo, lato (*lett.*), dilatato, capace, capiente □ (*fig.*) importante, significativo, profondo **CONTR.** stretto, limitato, piccolo, breve, esiguo, insignificante, ristretto. *V. anche* GRANDE

vàte *s. m.* ***1*** (*lett.*) indovino, profeta, augure, chiaroveggente, veggente ***2*** poeta, aedo, bardo (*lett.*), cantore.

vaticàno ***A*** *agg.* (*est.*) pontificio, papale ***B*** *s. m.* Chiesa cattolica.

vaticinàre *v. tr.* predire, indovinare, profetare, pronosticare, annunziare, auspicare (*lett.*), divinare, vedere, preannunziare, presagire, prevedere, profetizzare.

vaticìnio *s. m.* profezia, predizione, pronostico, auspicio, oracolo, divinazione, preannunzio, presagio.

vattelappésca [da una forma dial. *vattelo a pesca* 'vattelo a pescare'] *avv.* (*fam.*) chissà, indovinalo, vallo a indovinare.

vé ***A*** *pron. pers. atono di seconda pers. m.* e *f. pl.* a voi, vi ***B*** *avv.* là, lì, sopra.

ve' *inter.* ***1*** bada, vedi, attento ***2*** oh!, veh!

vecchiàia *s. f.* vecchiezza, invecchiamento, senescenza, decrepitezza, obsolescenza (*lett.*), vetustà (*lett.*), senilità, canizie, terza età, quarta età, tarda età, età senile □ anzianità, longevità □ infanzia, adolescenza, giovinezza, gioventù, maturità.

vecchiézza *s. f.* ***1*** (*di persona*) *V.* **vecchiaia** ***2*** (*di cosa*) vetustà (*lett.*), antichità, inattualità, obsolescenza **CONTR.** modernità, attualità, novità.

vècchio ***A*** *agg.* ***1*** (*di persona*) anziano, attempato, senile, decrepito, centenario, bacucco, cadente, venerando, canuto **CFR.** infantile, adolescenziale, giovane, giovanile, maturo, fiorente ***2*** (*di cosa*) annoso, antico, vetusto (*lett.*), arcaico, obsolescente, passato, secolare **CONTR.** giovane, nuovo, rigoglioso, corrente ***3*** (*di formaggio, di vino, ecc.*) maturo, stagionato **CONTR.** fresco, nuovo, novello, recente ***4*** (*est.*) stantio, rancido, raffermo, ammuffito, irrancidito **CONTR.** fresco, nuovo ***5*** (*di costruzione*) antico, cadente, cascante **CONTR.** recente, moderno ***6*** (*est., fig.*) (*di notizia, di abitudine e sim.*) trito, vieto, superato, prescritto, inveterato, antiquato, usuale, arretrato **CONTR.** attuale, up-to-date (*ingl.*), aggiornato, recente ***7*** (*fig.*) (*di persona, di metodo, ecc.*) pratico, navigato, veterano, valente, provato, sperimentato, provetto **CONTR.** inesperto, novellino, principiante, novizio ***8*** (*fig.*) (*di abito, di moda, ecc.*) usato, portato, logoro, consunto, smesso, sorpassato, out (*ingl.*), antiquato, frusto, liso **CONTR.** alla moda, in (*ingl.*), dernier cri (*fr.*) ***9*** (*fig.*) cauto, esperto ***B*** *s. m.* ***1*** anziano, vegliardo, seniore, veglio (*lett.*), nonno, matusa, matusalemme □ bambino, ragazzo, giovane, giovanotto, adulto, uomo maturo ***2*** (*al pl.*) (*di persone*) genitori, nonni □ antichi, predecessori, antenati. *V. anche* ANTICO

vecchióne *s. m.* e *agg. accr. di* **vecchio**; matusa, matusalemme, vecchiardo.

vecchiòtto *agg.* alquanto vecchio, un po' vecchio, anziano, attempato, stagionato □ antiquato, disusato **CONTR.** nuovo, fresco □ alla moda.

vecchìssimo *agg. sup. di* **vecchio**; decrepito, antidiluviano, stravecchio, secolare, preistorico, fossile (*scherz*).

vecchiùme *s. m.* (*spreg.*) rancidume, anticaglia **CONTR.** innovazione.

véce *s. f.* **1** (*lett.*) vicenda, mutamento, mutazione, volta, avvicendamento **2** (*spec. al pl.*) funzione, mansione, ufficio, parte **FRAS.** *in vece di*, al posto di. *V. anche* FUNZIONE

vedére **A** *v. tr.* **1** (*degli occhi*) percepire, scorgere, intravedere, adocchiare, avvistare, guardare, ravvisare, osservare, scernere (*lett.*), discernere, notare, riscontrare, trovare, distinguere **2** (*di spettacolo*) assistere **3** (*di scritti, di conti, ecc.*) esaminare, leggere, rivedere, visionare, riesaminare, controllare **4** (*fig.*) (*di proposta, di azione, ecc.*) giudicare, discernere, reputare **5** visitare **6** (*di persona*) incontrare **7** (*fig.*) (*di Dio*) contemplare **8** (*di avvenimento*) prevedere, vaticinare, antivedere (*lett.*) **9** (*fig.*) (*di notizie, di voci, ecc.*) sentire **10** accorgersi **11** (*fig.*) intendere, conoscere, capire **12** tentare, provare, saggiare, cercare □ fare attenzione, badare **13** riferirsi, essere in rapporto **B** **vedersi** *v. rifl.* **1** guardarsi, rimirarsi, osservarsi, scorgersi **2** (*fig.*) (*di persona*) credersi, ritenersi, sentirsi **3** (*fig.*) riconoscersi, ravvisarsi **C** *v. rifl. rec.* incontrarsi **D** *in funzione di s. m.* opinione, giudizio, parere, criterio **FRAS.** *vederci chiaro*, capire, indagare, scoprire □ *vedere la luce*, nascere □ *vedere rosso*, incollerirsi, adirarsi □ *vedere nero*, essere pessimista □ *vedersela brutta*, essere in una situazione pericolosa □ *non vedere l'ora, il momento* (*fig.*), essere molto impaziente □ *vedere qc. di buon occhio* (*fig.*), averlo in stima □ *vedere qc. di malocchio* (*fig.*), non stimarlo, averlo in antipatia □ *non poter vedere qc.* (*fig.*), averlo in antipatia. *V. anche* GIUDICARE

vedétta *s. f.* **1** (*mil.*) (*di luogo*) veletta (*lett.*) **2** (*est.*) (*di persona*) guardia, sentinella, osservatore, scolta (*lett.*) **3** (*teat., cine.*) vedette (*fr.*).

vedette /*fr.* vəˈdɛt/ [vc. fr., dall'it. *vedetta*] *s. f. inv.* divo, diva, stella, star (*ingl.*).

vedùta *s. f.* **1** (*di luogo*) panorama, vista, visione, visuale, scena, spettacolo, paesaggio, prospettiva **2** (*di paesaggio, di monumento, ecc.*) riproduzione, immagine, incisione, stampa, quadro, bozzetto, disegno, fotografia **3** (*fig.*) (*di persona*) idea, convinzione, principio, mentalità, opinione, modo di pensare.

veemènte *agg.* impetuoso, intenso, violento, focoso, irruente, dirompente, prorompente, travolgente, tumultuoso, precipitoso, ardente, vibrante, cocente □ (*spec. di temperamento*) impulsivo, aggressivo, fiero, forte, furibondo, furioso, sanguigno, infiammato **CONTR.** calmo, tranquillo, placido, fiacco, frigido, debole, blando, lento.

veemènza *s. f.* (*spec. di mare, di vento, ecc.*) foga, impetuosità, forza, intensità, impeto, furore, ira, violenza, furia □ (*spec. di temperamento*) irruenza, impulsività, ardore, fervore, aggressività, rabbia, slancio, vampata, enfasi, frenesia, passione **CONTR.** calma, pacatezza, placidità, lentezza, fiacchezza, flemma, tranquillità.

vegetàle **A** *agg.* arboreo, vegetativo **B** *s. m.* (*est.*) albero, pianta, erba, arbusto, frutice □ (*al pl.*) vegetazione.

vegetàre *v. intr.* **1** (*di pianta*) crescere, vivere, fiorire, pullulare, germogliare, verdeggiare **CONTR.** appassire, sfiorire, seccarsi, morire **2** (*fig.*) (*di persona*) sopravvivere, campare, vivacchiare.

vegetazióne *s. f.* flora, verde, verzura (*lett.*), verdeggiamento (*raro*), vegetali, piante.

vègeto *agg.* **1** (*di pianta*) rigoglioso, prospero, fiorente **CONTR.** sfiorito, appassito **2** (*est.*) (*di persona*) sano, vigoroso, gagliardo, florido, rubizzo, arzillo, robusto, forte, vivace **CONTR.** debole, ammalato, fiacco, cascante, cadente.

veggènte **A** *part. pres. di* **vedere**; *anche agg.* (*ant.*) vedente **CONTR.** cieco **B** *s. m. e f.* **1** (*lett.*) profeta, vate (*lett.*) **2** mago, indovino, chiromante, negromante, aruspice, presciente, cartomante, chiaroveggente.

véglia *s. f.* **1** nottata, vigilia (*lett.*), dormiveglia **CONTR.** dormita, sonno **2** vigilanza, sorveglianza **3** (*di festa*) festicciola, serata, trattenimento, ballo, veglione.

vegliàre **A** *v. intr.* **1** vigilare, badare, sorvegliare **CONTR.** dormire, poltrire □ trascurare **2** (*su persona o cosa*) proteggere, difendere **B** *v. tr.* curare, assistere **CONTR.** trascurare.

veglióne *s. m.* gran ballo, festa danzánte, veglia.

veicolàre *v. tr.* trasportare, trasmettere □ (*est., fig.*) diffondere, fare circolare.

veìcolo *s. m.* **1** mezzo di trasporto, macchina □ (*veicolo spaziale*) navicella, nave, astronave, satellite, sonda **2** (*fig.*) (*di malattie, di idee, ecc.*) mezzo, tramite, via, canale **CONTR.** impedimento, ostacolo **3** (*chim.*) eccipiente.

véla *s. f.* **1** (*mar.*) velame (*ant.*), velatura **2** (*est.*) veliero, nave **FRAS.** *a gonfie vele* (*fig.*), benissimo □ *raccogliere le vele* (*fig.*), concludere □ *calare le vele* (*fig.*), cedere, arrendersi.

velàme *s. m.* **1** (*lett.*) velo **2** (*fig., lett.*) apparenza, esteriorità **CONTR.** realtà, verità **3** vele, velatura.

velàre **A** *v. tr.* **1** coprire, nascondere, proteggere, schermare, mascherare, rivestire □ cospargere **CONTR.** svelare, scoprire, rivelare, smascherare, snebbiare **2** (*fig.*) (*di luce, di sorriso, ecc.*) appannare, offuscare, indebolire, coprire, annebbiare, rannuvolare, adombrare **CONTR.** rischiarare, illuminare, rasserenare, illimpidire **3** (*fig.*) (*di verità, di sentimenti e sim.*) nascondere, dissimulare, adombrare, mascherare, tacere, celare (*lett.*) **CONTR.** svelare, manifestare, dichiarare, esternare, esplicitare, esprimere, palesare, rivelare, chiarire **B** **velarsi** *v. intr. pron.* **1** coprirsi **CONTR.** scoprirsi **2** offuscarsi, appannarsi, annebbiarsi, rannuvolarsi **CONTR.** risplendere, rilucere, schiarirsi, brillare **C** *v. rifl.* **1** coprirsi **CONTR.** scoprirsi **2** monacarsi, prendere il velo **CONTR.** gettare il velo, smonacarsi.

velataménte *avv.* vagamente, indirettamente, oscuramente, mascheratamente, allusivamente, copertamente **CONTR.** apertamente, chiaramente, scopertamente, palesemente.

velàto *part. pass. di* **velare**; *anche agg.* **1** (*di stoffa, di indumento e sim.*) trasparente, tenue, diafano **CONTR.** pesante, spesso **2** (*fig.*) (*di parole, di allusioni, ecc.*) coperto, nascosto, dissimulato, tacito, celato (*lett.*), schermato, mascherato, attenuato, indiretto, ambiguo, equivoco, oscuro **CONTR.** chiaro, aperto, lucido, esplicito, svelato, scoperto, palese, evidente, manifesto **3** (*fig.*) (*di cielo*) caliginoso, brumoso, offuscato, fumoso □ (*di sguardo, di voce, ecc.*) appannato, fioco, rauco, debole, annebbiato, incerto **CONTR.** chiaro, forte, sicuro. *V. anche* INCERTO

velatùra *s. f.* (*mar.*) velame, vele.

veleggiàre *v. intr.* navigare.

veléno [dal latino *venenu(m)*, da *Venus* 'Venere', col senso di 'filtro d'amore'] *s. m.* **1** tossico, tosco (*ant.*) □ (*fig.*) droga **CONTR.** antidoto, contravveleno **2** (*est.*) (*di cosa disgustosa*) porcheria, schifezza, schifenza (*raro*) **3** (*fig.*) astio, rancore, odio, malignità, perfidia, cattiveria, livore, velenosità, acrimonia, animosità, fiele **CONTR.** affetto, simpatia, bontà, dolcezza, generosità.

velenosità *s. f.* tossicità, virulenza □ (*fig.*) veleno, mordacità.

velenóso *agg.* **1** (*di sostanza*) tossico, venefico, velenifero, mortifero, attossicato, avvelenato, virulento **CONTR.** atossico, commestibile, innocuo □ disintossicante **2** (*fig.*) (*di film, di libro e sim.*) nocivo, dannoso **CONTR.** benefico, utile, giovevole **3** (*fig.*) (*di parola, di scritto, ecc.*) astioso, malevolo, caustico, mordace, sarcastico, sferzante, tagliente, viperino, maligno, ostile, malefico **CONTR.** benevolo, buono, amichevole, gentile. *V. anche* DANNOSO

velièro *s. m.* nave, bastimento, vascello, vela (*lett.*). *V. anche* NAVE

velìna *s. f.* **1** carta velina **2** copia **3** (*fig.*) circolare.

velìvolo *s. m.* (*aer.*) aeroplano, aeromobile, aereo, apparecchio, aliante, deltaplano, idrovolante.

velleità *s. f.* ambizione, desiderio, aspirazione, voglia, sogno, capriccio, bizzarria **CONTR.** realtà, ragionevolezza. *V. anche* AMBIZIONE

velleitàrio *agg.* (*di persona*) ambizioso, dilettante, capriccioso □ (*di progetto e sim.*) impossibile, astratto, utopistico, irrealizzabile **CONTR.** concreto, positivo □ realistico, ragionevole, credibile.

vèllo *s. m.* **1** (*di animale*) pelo, lana, pelame, pelliccia, tosone **2** (*est., poet.*) chioma.

vellutàto *agg.* **1** liscio, morbido, soffice, delicato, felpato, serico (*fig.*), tomentoso (*bot.*) **CONTR.** ruvido, duro, granelloso, setoloso, scabro **2** (*fig.*) (*di colore*) intenso, caldo, morbido, lucente **CONTR.** freddo, tenue, sbiadito **3** (*fig.*) (*di voce, di suono*) armonioso, dolce, flautato, delicato **CONTR.** aspro, disarmonico, stonato.

vellùto *s. m.* felpa, velours (*fr.*), peluche (*fr.*).

vélo *s. m.* **1** (*di tessuto*) garza, benda, tulle (*fr.*), organza **2** (*est.*) veletta, zendado, crespo □ chador (*persiano*) **3** (*di riparo*) tenda, conopeo, zanzariera, drappo, cortina, velario **4** (*fig.*) (*di polvere, di vernice, ecc.*) patina, patinatura, strato, pellicola **5** (*fig.*) (*di passione, di ignoranza e sim.*) offuscamento, nebbia, nube, obnubilamento, ombra, buio, ottundimento **6** (*fig.*) (*di idee*) pregiudizio, fanatismo, ubbia **7** (*lett.*) apparenza, maschera, illusione, velame, parvenza **FRAS.** *prendere il velo*, farsi monaca **CONTR.** deporre il velo. *V. anche* PREGIUDIZIO

velóce *agg.* **1** (*spec. di persona*) celere, rapido, lesto, svelto, sollecito, ratto (*lett.*), frettoloso, scattante □ (*spec. di cosa*) folgorante, fulmineo, accelerato, affrettato, repentino, spedito, vertiginoso, breve, serrato, sprint □ (*di traffico e sim.*) scorrevole □ (*di lavoro, ecc.*) sbrigativo, superficiale **CONTR.** lento, lungo, tardo, eterno **2** (*fig.*) (*di modi, di mente, ecc.*) sollecito, spicciativo □ sveglio, pronto **CONTR.** indolente, flemmatico, pigro □ tardo.

veloceménte *avv.* presto, ratto (*lett.*), celermente, rapidamente, lestamente, sveltamente, precipitevolmente, sollecitamente, fulmineamente, urgentemente, repentinamente, speditamente, prontamente, brevemente, fugacemente **CONTR.** lentamente, piano, adagio, tardamente, pigramente, flemmaticamente.

velocìssimo *agg. sup. di* **veloce**; fulmineo, lampo, a razzo, sparato (*fam.*), vorticoso, alipede (*fig., lett.*).

velocista *s. m.* e *f.* scattista, centista, centometrista, sprinter (*ingl.*).

velocità *s. f.* **1** rapidità, celerità, alacrità, speditezza □ fretta □ sveltezza, dinamicità, dinamismo, lestezza, prontezza, prestezza (*raro*), brevità □ solerzia, sollecitudine **CONTR.** lentezza, indugio, ritardo, lungaggine, torpore, calma, flemma, pigrizia **2** (*di autoveicolo*) marcia, andatura □ (*di persona*) passo **3** (*nel parlare*) tachifasia **CONTR.** bradifasia. *V. anche* RAPIDITÀ

velocizzàre *v. tr.* accelerare, sveltire, affrettare □ snellire **CONTR.** rallentare, frenare, trattenere.

véna *s. f.* **1** vaso sanguigno □ (*est.*) arteri **2** (*fig., poet.*) sangue **3** (*est.*) (*di marmo, di legno, ecc.*) venatura, screziatura, segno, striatura **4** (*fig.*) traccia, indizio, segno, ombra, venatura **5** (*di acqua e sim.*) meato, polla, sorgente, fonte, scaturigine (*lett.*) **6** (*di minerale*) filone, giacimento **7** (*fig.*) estro, fantasia, creatività, ispirazione, ingegno **8** (*fig.*) disposizione, inclinazione, voglia **FRAS.** *essere in vena*, essere ben disposto.

venàle *agg.* **1** (*di cosa*) commerciabile, mercatabile (*ant.*) **2** (*di prezzo*) corrente, normale, di mercato **3** (*fig.*) (*di persona*) disonesto, corruttibile, corrompibile, prezzolato, mercenario, corrotto **CONTR.** incorruttibile, onesto **4** (*fig.*) (*di persona*) avido, interessato, utilitarista, calcolatore **CONTR.** disinteressato, generoso.

venalità *s. f.* corruttibilità, disonestà □ avidità, interesse, cupidigia, brama **CONTR.** incorruttibilità, onestà □ disinteresse, noncuranza, generosità. *V. anche* CUPIDIGIA

venàre ***A*** *v. tr.* screziare, striare, rigare, listare, marezzare ***B*** **venarsi** *v. intr. pron.* striarsi, rigarsi □ (*fig.*) colorirsi.

venàto *agg.* **1** striato, rigato, screziato, variegato, filigranato, marezzato, macchiato, listato **2** (*fig.*) (*di malinconia, di nostalgia e sim.*) pervaso, soffuso, sotteso.

venatùra *s. f.* segno, screziatura, vena, striatura, marezzatura, marezzo, macchia, filone, pelo, tacca, variegatura □ (*fig.*) vena, traccia, ombra.

vendémmia *s. f.* raccolta dell'uva □ (*fig.*) messe, raccolta.

vendemmiàre **A** *v. tr.; anche intr.* **1** (*di uva*) raccogliere **2** (*fig., raro*) (*di cosa*) spogliare, depredare □ procacciare, mietere (*fig.*), guadagnare **B** *v. intr.* raccogliere l'uva, fare la vendemmia.

véndere **A** *v. tr.* **1** smerciare, alienare, cedere □ commerciare, trafficare, spacciare, collocare, esitare, piazzare, rivendere □ liquidare, svendere □ mercanteggiare, contrattare **CONTR.** comprare, acquistare, prendere, servirsi **2** (*fig.*) (*di lavoro, di animo, ecc.*) concedere, dare, accordare **CONTR.** negare, rifiutare **3** (*est.*) (*di patria, di amici, ecc.*) tradire **4** (*di persona, di idee*) prostituire **5** (*fig.*) (*di fandonia e sim.*) spacciare, presentare **B** **vendersi** *v. rifl.* **1** (*di persona*) prostituirsi □ tradire, farsi corrompere **2** farsi credere, spacciarsi, presentarsi, passare.

vendétta *s. f.* **1** rappresaglia, rivincita, rivalsa, contraccambio, faida, ritorsione, ripicca, nemesi (*lett.*) □ (*gerg.*) regolamento di conti **CONTR.** perdono, misericordia **2** (*spec. divina*) castigo, punizione **CONTR.** perdono. *V. anche* PUNIZIONE

vendìbile *agg.* alienabile, commerciabile, smerciabile, esitabile, negoziabile, vendereccio, lucrabile, cedibile **CONTR.** invendibile, inalienabile □ comprabile.

vendicàre **A** *v. tr.* **1** (*di torto, di delitto, ecc.*) ricambiare, restituire, fare pagare **CONTR.** perdonare, rimettere, condonare **2** far giustizia, punire **CONTR.** perdonare **B** **vendicarsi** *v. rifl.* rivalersi, rifarsi, farsi giustizia **CONTR.** perdonare, condonare.

vendicatìvo *agg.; anche s. m.* che si vendica, che non perdona, astioso, implacabile, inesorabile, crudele **CONTR.** indulgente, generoso. *V. anche* CRUDELE

vendicatóre *s. m.; anche agg.* (*f. -trice*) vindice (*lett.*), ultore (*poet.*) □ Rambo **CONTR.** indulgente, generoso.

véndita *s. f.* **1** (*dir.*) alienazione, cessione, dismissione, trasferimento, commercio **CONTR.** compra, acquisto, compera, spesa, incetta **2** (*di prodotto*) smercio, distribuzione, liquidazione, svendita, esito **3** (*al pl.*) fatturato, ricavi **4** (*di locale*) negozio, bottega, spaccio, esercizio, rivendita.

venditóre *s. m.; anche agg.* (*f. -trice*) **1** commerciante, mercante, grossista, concessionario, piazzista, operatore, agente □ (*spreg.*) trafficante, spacciatore **CONTR.** compratore, consumatore, acquisitore **2** bottegaio, negoziante, esercente, commesso, banchista, banconiere, banconista **CONTR.** compratore, acquirente, cliente, avventore **FRAS.** *venditore di fumo* (*fig.*), fanfarone, imbroglione □ *venditore all'ingrosso*, grossista □ *venditore al minuto*, minutante (*raro*), dettagliante.

vendùto **A** *part. pass. di* **vendere**; *anche agg.* (*di cosa*) smerciato, alienato, ceduto □ (*spreg.*) spacciato **CONTR.** invenduto □ comprato, preso, acquistato **B** *agg. e s. m.* (*fig.*) (*di persona*) corrotto, prezzolato, prostituito, guasto, subornato **CONTR.** incorrotto, incorruttibile, onesto.

venèfico *agg.* **1** tossico, velenoso **CONTR.** innocuo **2** (*est.*) nocivo, insalubre, dannoso, deleterio, infetto, malsano **CONTR.** sano, salubre **3** (*fig.*) (*di persona, di propaganda, ecc.*) pernicioso, perfido, maligno, malefico, malvagio **CONTR.** buono, benevolo, benigno.

veneràbile **A** *agg.* **1** venerando, onorando (*lett.*), onorabile, augusto, rispettabile **CONTR.** disprezzabile, spregevole, trascurabile **2** (*relig.*) santificabile, canonizzabile, santo, sacro, sacrato (*lett.*), benedetto, reverendo **B** *s. m.* (*di loggia massonica*) presidente.

venerabilità *s. f.* onorabilità, rispettabilità, santità **CONTR.** indegnità.

veneràndo *agg.* degno di venerazione, venerabile, reverendo (*lett.*), onorabile, onorando (*lett.*), sacro **CONTR.** indegno, spregevole.

veneràre *v. tr.* onorare, riverire, rispettare, adorare, amare, idolatrare, idoleggiare, santificare, ossequiare, stimare **CONTR.** disprezzare, spregiare, trascurare, bistrattare, profanare.

venerazióne *s. f.* **1** rispetto, ossequio, omaggio, onore, reverenza, stima, considerazione, riguardo, deferenza **CONTR.** disprezzo, spregio, noncuranza, disistima, irreverenza **2** devozione, culto, adorazione, pietà **CONTR.** profanazione, vilipendio, sacrilegio. *V. anche* RISPETTO

vènere [da *Venere*, la dea dell'amore] *s. f.* **1** (*est.*) bellissima donna, vamp (*ingl.*), fata, maliarda **CONTR.** arpia, megera, strega, scorfano **2** (*fig.*) sensualità, sesso, erotismo, desiderio, lussuria **3** (*est.*) prostituta.

venèreo [da *Venere*] *agg.* **1** (*lett.*) sensuale, erotico, lascivo, lussurioso, lubrico, procace □ afrodisiaco **2** (*med.*) sessuale □ celtico.

veneziàna [acrt. di 'chiusura alla maniera *veneziana*'] *s. f.* tapparella, persiana avvolgibile.

vènia *s. f.* (*lett.*) indulgenza, perdono, grazia, remissione, comprensione, compatimento **CONTR.** castigo, punizione. *V. anche* PERDONO

veniàle *agg.* **1** (*di peccato*) leggero **CONTR.** mortale, capitale **2** (*est.*) (*di errore*) perdonabile, meritevole d'indulgenza **CONTR.** imperdonabile.

venìre *v. intr.* **1** giungere, arrivare, sopraggiungere, comparire, avvicinarsi, appressarsi, approssimarsi □ provenire, procedere □ ritornare, redire (*lett.*), capitare □ camminare **CONTR.** andare, recarsi, ritirarsi, andarsene, uscire, allontanarsi, partire, fuggire **2** (*fig.*) (*a patti, a conclusioni, ecc.*) pervenire, addivenire, scendere **3** (*anche fig.*) (*di origine, di provenienza*) provenire, derivare, uscire, sorgere, generarsi, avere origine **4** (*di fatto, di fenomeno*) presentarsi, manifestarsi, susseguirsi, capitare, accadere, sopraggiungere **5** (*di pianta*) attecchire, crescere, svilupparsi **CONTR.** morire, seccarsi **6** (*di lavoro, di opera*) riuscire, risultare **7** (*di calcolo*) ottenere, risultare **8** (*di prezzo*) costare **9** (*di festa, di anniversario e sim.*) ricorrere, capitare, cadere **10** (*di cosa*) staccarsi, cedere **CONTR.** resistere **11** (*fam.*) (*di denaro, di eredità, ecc.*) toccare, spettare **12** (*fam.*) raggiungere l'orgasmo, godere **FRAS.** *venire alla luce*, nascere; manifestarsi, rivelarsi, emergere □ *venire meno*, svenire; mancare; (*a promessa o sim.*) sottendere, contravvenire, violare.

ventàglio *s. m.* ***1*** ventola, flabello ***2*** (*fig.*) (*di proposte, di richieste, ecc.*) serie, elenco, sequenza, gamma ***3*** (*zool.*) pettine.

ventaròla *s. f.* banderuola, ventola, rosta (*raro*).

ventàta *s. f.* ***1*** folata, soffio, refolo, buffa, buffo, raffica ***2*** (*fig.*) (*di sentimenti, di ribellione*) impulso, moto.

venticèllo *s. m. dim. di* **vento**; arietta, aura, brezza, zefiro, rezzo (*poet.*) **CONTR.** afa □ raffica.

ventilàre *v. tr.* ***1*** (*agr.*) (*di sementi*) spulare, vagliare ***2*** (*fig.*) (*di proposta, di idea e sim.*) proporre, esporre, progettare, esaminare, discutere, valutare, soppesare ***3*** (*di locale*) arieggiare, areare, aerare, sventolare.

ventilàto *part. pass. di* **ventilare**; *anche agg.* ***1*** (*di locale*) arieggiato, areato, aerato, arioso □ ventoso **CONTR.** soffocato, chiuso, soffocante, afoso, opprimente, asfissiante ***2*** (*fig.*) (*di proposta, di idea e sim.*) proposto, esposto, progettato, esaminato, discusso, valutato, soppesato.

ventilatóre *s. m.* sfiatatoio, aeratore, condizionatore.

ventilazióne *s. f.* aerazione □ aria, brezza.

ventiquattr'óre o **ventiquattróre** ***A*** *s. f. pl.* giorno, giornata ***B*** *s. f. inv.* valigetta da viaggio.

vènto *s. m.* ***1*** (*est.*) aria, corrente, fiato, bava, soffio, alito, refolo, buffo, brezza, folata, raffica, turbine, ciclone, tifone ***2*** (*euf.*) peto, scoreggia (*volg.*) ***3*** (*fig.*) preannuncio, segnale **FRAS.** *ai quattro venti* (*fig.*), a tutti □ *buttare al vento* (*fig.*), sprecare, sciupare □ *voltarsi a tutti i venti* (*fig.*), essere volubile, essere incostante □ *col vento in poppa* (*fig.*), benissimo.

VENTO
sinonimia strutturata

Propriamente, si chiama **vento** lo spostamento prevalentemente orizzontale delle masse d'aria; la sua forza o velocità è espressa in numeri della scala Beaufort, o talora in chilometri orari. In parole composte del linguaggio specialistico, il vento e l'aria vengono sostituiti dal prefisso d'origine greca **anemo-**: *anemofilo, anemometro*.

In senso estensivo, il termine corrisponde a **corrente** e ad **aria**, ossia a un movimento di una massa aeriforme: *in questo punto c'è troppa aria*; nel linguaggio quotidiano, corrente si usa soprattutto riferendosi ad ambienti chiusi: *chiudi quella finestra, c'è corrente*. Un venticello leggero è detto figuratamente **alito**, **soffio** o in contesti letterari **fiato**: *non spira un alito di vento*; *un soffio gelato*; in particolare, un vento debole e moderato che si genera tra zone vicine sottoposte a diverso riscaldamento si definisce **brezza**: *brezza di terra, di mare*; un soffio leggero di vento, specialmente sul mare tranquillo, si dice invece **bava**: *bava di scirocco, d'aria*.

Un soffio leggero di vento che a tratti cresce e diminuisce, comunemente residuo di tempesta, si chiama **refolo**; se diventa impetuoso e improvviso è un **buffo** o una **folata**: *giungevano buffi salmastri* (MONTALE); equivalente è **raffica**, che designa anche una variazione improvvisa della velocità del vento durante un breve intervallo di tempo: *Le raffiche sbattono e lo schiaffeggiano fischiando* (MORANTE).

Decisamente più violento è il **turbine**, che consiste in un movimento vorticoso dell'aria di limitata estensione, tale da sollevare dal suolo polvere, sabbia o detriti a forma di colonna quasi verticale; *un turbine di vento* è una colonna d'aria in rapida successione. Un vento tempestoso, vorticoso e di straordinaria violenza distruttiva si definisce per estensione **tifone**; propriamente, il termine designa un **ciclone tropicale** dei Mari della Cina o della zona nord-occidentale del Pacifico, ossia una depressione profonda e di limitata estensione con forti venti vorticosi e piogge torrenziali.

In contesti figurati, vento equivale a **preannuncio**, a **segnale**, ossia a ciò che preavverte o fa presagire qualcosa: *venti di guerra, di fronda, di scioperi*. Inoltre, numerosissime sono le locuzioni figurate in cui compare il termine vento: ad esempio *ai quattro venti* significa a tutti: *dire, gridare, spargere ai quattro venti*; *buttare al vento* equivale a sciupare, sprecare: *fatica buttata al vento*; *col vento in poppa* si dice di cosa che procede benissimo o di persona che ottiene risultati lusinghieri; *è solito voltarsi ai quattro venti chi è volubile e incostante, come una banderuola.*

vèntola *s. f.* ***1*** sventola, ventaglio, ventarola ***2*** (*di candele, di lampade*) braccio, paralume, applique (*fr.*) **FRAS.** *muro a ventola*, tramezzo, muro divisorio.

ventóso *agg.* ***1*** (*di luogo, di giorno*) ventilato, pieno di vento ***2*** (*fig., lett.*) (*di persona, di discorso*) ampolloso, vuoto, tronfio, vanitoso **CONTR.** modesto.

ventràle *agg.* ***1*** (*anat.*) addominale **CONTR.** dorsale ***2*** (*est.*) inferiore, sottostante, basso **CONTR.** dorsale, superiore.

vèntre *s. m.* ***1*** pancia, addome, corpo (*pop.*), intestino, visceri, budella, buzzo (*pop.*), trippa (*fam., scherz.*), pancetta, epa (*lett.*) ***2*** (*est., lett.*) utero, seno ***3*** (*fig.*) grembo, viscere, interno, cavità, alveo, alvo ***4*** (*est.*) (*di oggetto*) rigonfiamento ***5*** (*tecnol.*) intradosso **CONTR.** estradosso.

ventrièra *s. f.* panciera, cinto, reggipancia, guaina, fascia.

ventùra *s. f.* ***1*** (*lett.*) destino, sorte, caso, fato, evenienza, combinazione, fatalità, rischio, cimento ***2*** fortuna, buona sorte **CONTR.** disgrazia, sventura, sfortuna, avversità, calamità, iattura. *V. anche* FORTUNA

ventùro *agg.* (*lett.*) futuro, avvenire, prossimo, nuovo, entrante, altro **CONTR.** passato, scorso, trascorso □ questo, corrente.

venùta *s. f.* arrivo, avvento, comparsa **CONTR.** partenza, allontanamento, dipartita (*lett.*), scomparsa.

venùto ***A*** *part. pass. di* **venire**; *anche agg.* ***1*** giunto, arrivato, comparso, sopraggiunto **CONTR.** partito, uscito, andato ***2*** (*di origine*) derivato, originato, proveniente, sceso, sorto ***3*** (*di fatto, di fenomeno*) presentatosi, manifestatosi, capitato, accaduto ***4*** (*di pianta*) attecchito, cresciuto CONTR. morto, seccatosi *5* (*di lavoro, di opera*) riuscito *6* (*di calcolo*) ottenuto, risultato *7* (*di prezzo*) costato *8* (*di festa, di anniversario e sim.*) avvenuto, caduto *9* (*di denaro, di eredità, ecc.*) toccato, spettato *B* *s. m.* giunto, arrivato, comparso, sopraggiunto CONTR. partito, scomparso.

véra *s. f.* *1* (*sett.*) fede, anello matrimoniale *2* (*di pozzo*) puteale.

veràce *agg.* *1* (*lett.*) vero, reale CONTR. falso, finto, simulato, fallace *2* sincero, veritiero, veridico □ (*region.*) autentico, naturale, schietto, genuino CONTR. menzognero, bugiardo, mendace, insincero, sleale □ alterato, artefatto, sofisticato.

veraménte *avv.* *1* realmente, effettivamente, autenticamente, decisamente, propriamente, proprio, sicuramente, in verità CONTR. falsamente, fallacemente, fintamente *2* davvero *3* però, a dire il vero, ma, nondimeno, tuttavia.

verànda *s. f.* loggia, balconata, loggiato, portico, terrazzo coperto, bow-window (*ingl.*).

verbàle *A* *agg.* *1* orale, a voce, a parole, di parole CFR. scritto □ (*di testamento*) olografo □ gestuale *2* (*est., fig.*) superficiale, esteriore, apparente CONTR. concreto, reale, sincero *B* *s. m.* documento, atto, rapporto, relazione, resoconto.

verbalizzàre *A* *v. tr.* mettere a verbale, registrare *B* *v. intr.* fare il verbale, redigere il verbale.

verbalménte *avv.* a voce, a parole, oralmente CFR. per scritto, con gesti.

vèrbo *s. m.* *1* (*lett.*) parola □ linguaggio *2* (*relig.*) Gesù Cristo.

verbosità *s. f.* prolissità, loquacità, ampollosità, facondia (*spreg.*), ridondanza, chiacchiera, ciarla, logorrea, lungaggine, parlantina, verbalismo CONTR. concisione, compendiosità, concettosità, brevità, laconicità.

verbóso *agg.* prolisso, lungo, parolaio, loquace, chiacchierone, facondo (*spreg.*), ciarliero, logorroico, chiacchierino CONTR. taciturno, conciso, laconico, asciutto, concettoso, epigrafico, telegrafico, breve, stringato, tacitiano, serrato.

vérde *A* *agg.* *1* color erba, color prato *2* (*est.*) verdeggiante, virente (*poet.*), rigoglioso, lussureggiante CONTR. ingiallito, intristito, appassito, brullo, riarso *3* (*fig.*) (*di persona*) pallidissimo, livido, terreo, cereo, smorto, esangue CONTR. colorito, rubicondo *4* (*di frutto*) acerbo CONTR. maturo *5* (*est.*) (*di ortaggi, di legna e sim.*) fresco, nuovo CONTR. secco, stagionato *6* (*fig.*) (*di età*) giovane, giovanile, fiorente, vigoroso, florido *7* (*fig., econ.*) agricolo, agrario □ ecologico *B* *s. m.* *1* colore erba, colore prato *2* (*di semaforo*) luce verde □ via, avanti *3* (*est.*) vegetazione, zona erbosa, verzura, verdura *4* (*fig.*) (*di età*) vigore, rigoglio, vigoria, fiore, floridezza, freschezza CONTR. vecchiaia, senilità *5* (*polit.*) ecologista, ambientalista FRAS. *essere al verde* (*fig.*), essere in bolletta.

verdeggiànte *part. pres. di* **verdeggiare**; *anche agg.* rigoglioso, lussureggiante, frondoso, fronzuto, frondeggiante, virente (*poet.*), verzicante (*lett.*) CONTR. avvizzito, brullo, riarso, ingiallito, intristito.

verdeggiàre *v. intr.* *1* essere verde, tendere al verde, diventare verde *2* germogliare, vegetare, inverdire, inverdirsi, rinverdire, frondeggiare, lussureggiare CONTR. appassire, avvizzire, ingiallire, intristire.

verdétto *s. m.* giudizio, decisione, sentenza, deliberazione.

verdógnolo *agg.* *1* verdiccio, verdolino *2* (*fig.*) (*di persona*) verdastro, livido, pallido, terreo, cereo, smorto, esangue CONTR. colorito, rubicondo.

verdóne *s. m.* *1* verdello *2* verdesca, squalo azzurro, canesca.

verdùra *s. f.* *1* (*raro*) verde, verzura, vegetazione *2* (*spec. al pl.*) erba, erbaggio, insalata, ortaggio.

verduràio *s. m.* erbivendolo, fruttivendolo.

verecóndia *s. f.* pudicizia, pudore, decenza, costumatezza, virtù, vergogna □ modestia, riserbo, ritegno CONTR. sfacciataggine, lascivia, lubricità, inverecondia, spudoratezza, impudicizia, oscenità.

verecóndo *agg.* pudico, pudibondo, casto, puro, castigato, decente, costumato, contegnoso, riguardoso □ schivo, vergognoso, modesto, discreto, riservato, composto CONTR. inverecondo, spudorato, procace, provocante, sconcio, lascivo, disonesto, osceno, svergognato, scostumato □ sfacciato, sfrontato, immodesto.

vérga *s. f.* *1* (*raro*) ramoscello *2* bacchetta, bastoncello, bastone, ferula (*lett.*), staffile, asta *3* (*di re, di capo*) scettro *4* (*di metallo*) barra, lingotto *5* (*pop.*) pene.

vergàre *v. tr.* *1* (*raro*) percuotere, vergheggiare *2* listare, rigare *3* manoscrivere, scrivere, stendere.

vergàro *s. m.* (*centr.*) capoccia, capomandriano □ (*est.*) capofamiglia.

verginàle *agg.* *1* virgineo (*lett.*) *2* (*est.*) monacale *3* (*fig.*) candido, ingenuo, casto, intatto, incontaminato, fresco, soave, puro, delicato CONTR. impuro, corrotto, contaminato, malizioso.

vérgine *A* *s. f.* *1* ragazza, giovinetta, fanciulla, pulcella (*lett.*) *2* (*est.*) monaca, suora *3* (*per anton.*) Madonna *B* *agg.* *1* immacolato, incorrotto, puro, illibato, casto, intatto CONTR. impuro, corrotto, contaminato *2* (*est.*) innocente, candido, semplice, ingenuo □ libero, scevro, immune CONTR. smaliziato, corrotto, impuro *3* (*fig.*) (*di prodotto*) integro, genuino, naturale, grezzo, puro □ (*di foresta, ecc.*) inviolato, incontaminato CONTR. contaminato, corrotto, devastato, profanato, adulterato.

verginità *s. f.* *1* integrità, castità, illibatezza, incontaminatezza, purezza, purità CONTR. impurità, corruzione, depravazione *2* (*fig.*) innocenza, candore, ingenuità, freschezza CONTR. malizia, corruzione, impurità *3* (*fig.*) integrità, rettitudine, lealtà, schiettezza, sincerità, onestà CONTR. disonestà, corruzione, slealtà.

vergógna *s. f.* *1* turbamento, pentimento, ritegno CONTR. impassibilità, imperturbabilità *2* (*est.*) soggezione, timore, imbarazzo, pudore, modestia, riserbo, timidezza, verecondia, confusione, impaccio CONTR. sfacciataggine, protervia, sfrontatezza, cinismo, impudenza, sguaiataggine, svergognatezza, spudoratezza *3* rossore *4* onta, disdoro, disonore, abiezione, ignominia, obbrobrio, vituperio (*raro*, *lett.*), abominio, infamia □ smacco, ignobiltà, nefandezza, sozzura, oscenità, sconcezza, sconcio, schifo, scorno, macchia, magagna, scandalo **CONTR.** onore, lustro, vanto, orgoglio, gloria, decoro, splendore, dignità ***5*** (*al pl.*) organi genitali, pudende. *V. anche* INFAMIA

vergognàrsi *v. intr. pron.* sentire vergogna, provare vergogna, peritarsi (*raro*) □ scandalizzarsi □ arrossire □ intimidirsi, confondersi, smarrirsi, imbarazzarsi, mortificarsi, impacciarsi **CONTR.** fregiarsi, onorarsi.

vergognosaménte *avv.* ***1*** vergognandosi, turbandosi, confusamente **CONTR.** spudoratamente, svergognatamente, cinicamente ***2*** pudicamente, timorosamente, timidamente **CONTR.** sfacciatamente, impudentemente, sfrontatamente, protervamente ***3*** ignominiosamente, vilmente, ingloriosamente, obbrobriosamente, turpemente, ignobilmente □ oscenamente, indecorosamente, laidamente, scandalosamente, sconciamente, sozzamente, impudicamente, immondamente **CONTR.** nobilmente, dignitosamente, onorevolmente, decorosamente, inappuntabilmente □ pudicamente, castigatamente.

vergognóso *agg.* ***1*** turbato, confuso, timoroso **CONTR.** spudorato, protervo, cinico ***2*** schivo, riservato, verecondo, pudibondo, pudico, peritoso (*raro, lett.*), contegnoso, timido **CONTR.** temerario, sfacciato, svergognato, spudorato, audace ***3*** ignominioso, disonorante, disonorevole, inaccettabile, intollerabile, inammissibile, indecoroso, scandaloso, vituperoso, vituperabile □ vile, turpe, immorale, ignobile, indegno, immondo □ sconcio, osceno, licenzioso, sozzo, laido, inconfessabile, obbrobrioso **CONTR.** onorevole, nobile, lodevole, puro, dignitoso, glorioso. *V. anche* OSCENO, TIMIDO

veridicità *s. f.* veracità, verità, sincerità, realtà, storicità, esattezza, autenticità **CONTR.** falsità, bugia, menzogna, erroneità, mendacità.

verìfica *s. f.* accertamento, constatazione, ricognizione, esame, riprova, cartina di tornasole, prova, verificazione, sperimentazione, riscontro, controprova, collaudo, test (*ingl.*), taratura, controllo, convalida □ (*di campagna pubblicitaria*) posizionamento. *V. anche* ESAME

verificàre ***A*** *v. tr.* accertare, appurare, assicurarsi, sincerarsi, constatare, controllare, provare, collaudare, saggiare, sperimentare, testare, esaminare, riscontrare, riguardare, rivedere, convalidare ***B*** **verificarsi** *v. intr. pron.* avverarsi, realizzarsi, adempiersi, compiersi, operarsi, accadere, avvenire, intervenire. *V. anche* CONSTATARE

verìsmo *s. m.* ***1*** realismo, naturalismo **CFR.** idealismo ***2*** (*est., fig.*) crudezza, brutalità.

verìsta ***A*** *s. m.* e *f.* naturalista **CFR.** idealista ***B*** *agg.* realistico, naturalistico, veristico **CFR.** idealistico.

verìstico *agg.* verista, realistico, naturalistico **CFR.** idealistico.

verità *s. f.* veridicità, veracità, autenticità, realtà, certezza, esattezza, giustezza □ vero **CONTR.** falsità, fallacia □ falso, errore, inganno, menzogna, bugia, balla, diceria, fandonia, finzione, bestialità, invenzione, simulazione, supposizione.

veritièro *agg.* vero, veridico, verace, sincero, schietto, attendibile, credibile, reale, naturale, fedele, esatto **CONTR.** falso, menzognero, bugiardo, insincero, mendace, fallace, ingannatore, sballato.

vèrme *s. m.* ***1*** anellide, ascaride, lombrico ***2*** (*al pl.*) (*pop.*) parassiti intestinali ***3*** (*fam.*) bruco, larva, baco, bacherozzo, bigatto ***4*** (*fig.*) essere abbietto, vile, vigliacco, canaglia, furfante, mascalzone, farabutto, cialtrone ***5*** (*scherz.*) nullità, sciocco ***6*** (*fig.*) (*di invidia, di gelosia, ecc.*) tarlo, tormento, assillo.

vermìglio ***A*** *agg.*; *anche s. m.* rosso porpora, porporino, cinabro, cremisi, rubino ***B*** *s. m.* cocciniglia.

vermiglióne *s. m.* minio, antiruggine, cinabro, ossido di piombo.

vernacolàre *agg.* (*est.*) dialettale.

vernàcolo ***A*** *agg.* (*raro*) paesano, locale, nativo ***B*** *s. m.* parlata locale □ (*est.*) dialetto, volgare. *V. anche* LINGUA

vernìce (1) *s. f.* ***1*** (*est.*) smalto, tinta, copale ***2*** (*fig.*) apparenza, infarinatura, verniciatura, lustro, patina **CONTR.** sostanza, realtà **FRAS.** *mano di vernice*, verniciata. *V. anche* TINTA

vernìce (2) *s. f.* (*di mostra*) vernissage (*fr.*), inaugurazione.

verniciàre *v. tr.* dipingere, tingere, inverniciare, pitturare, tinteggiare, colorare, spennellare, pennellare □ smaltare.

verniciàto *part. pass. di* **verniciare**; *anche agg.* inverniciato, dipinto, pitturato, tinteggiato, tinto □ smaltato.

verniciatùra *s. f.* ***1*** inverniciatura, tinteggiatura, patinatura, invetriatura, smaltatura ***2*** verniciata, inverniciata, passata, spennellata, tinta, imbiancatura ***3*** (*fig.*) vernice, apparenza, patina **CONTR.** sostanza, realtà.

vernissage /fr. vɛrniˈsaʒ/ [vc. fr., da *vernis* 'vernice'] *s. m. inv.* (*di mostra*) inaugurazione, vernice.

véro ***A*** *agg.* ***1*** reale, concreto (*est.*), toccabile (*fig.*), tangibile (*fig.*), positivo, storico □ veridico, veritiero, verace (*lett.*), effettivo, attendibile, credibile, certo, sacrosanto (*est.*) **CONTR.** nominale, apparente, fittizio, posticcio, irreale, illusorio, insussistente, immaginario, ideale, leggendario, favoloso □ falso, fallace, ingannevole, ingannatore, bugiardo, inventato, contraffatto, artefatto, inattendibile, surrettizio ***2*** (*di risposte, di problema, ecc.*) giusto, esatto, proprio, preciso, reale **CONTR.** sbagliato, impreciso, erroneo, errato, inesatto ***3*** (*di prodotto*) genuino, autentico, schietto, naturale, puro, mero (*ant.*), pretto □ nostrano, originale **CONTR.** fasullo, artificioso, adulterato, sofisticato, finto ***4*** (*fig.*) (*di sentimento, di persona*) autentico, intenso, sincero, profondo, schietto, franco, leale, sentito, spontaneo **CONTR.** falso, insincero, doppio, simulato, dissimulato, menzognero, ipocrita, finto ***B*** *s. m.* verità □ realtà **CONTR.** falso □ immaginazione, fantasia **FRAS.** *a onor del vero*, in verità. *V. anche* SPONTANEO

VERO
sinonimia strutturata

Si dice **vero** ciò che possiede totalmente e incontestabilmente le caratteristiche del suo essere, della sua natura, del proprio ruolo, ecc.: *quello è il mio vero padre*; *il vero colpevole sono io*; *il vero padrone non è qui*. Vero corrisponde quindi a **effettivo**, **reale**, ossia corrispondente alla sostanza dei fatti e non all'apparenza: *la vera ragione del suo operato*; *guadagno effettivo*; *reale miglioramento*. Molto vicini sono **concreto** e, in senso figurato, **tangibile** e **toccabile**, che descrivono ciò che ha uno stretto legame con la realtà, così come essa è percepita nella vita di ogni giorno, o con la realtà come oggetto o sede di attività ed esperienza specifiche: *passare dalle astrazioni ai fatti concreti*; *prova tangibile*. Equivalente è **positivo**, che designa anche ciò che comunque si fonda su elementi concreti, sperimentabili: *dato positivo*; *conoscenza positiva*.

In senso lato, positivo coincide con vero nel designare ciò che è pienamente conforme alla realtà oggettiva, che si è effettivamente verificato, ecc. Molto vicini sono **certo** e per estensione il più colorito **sacrosanto**, che sottolineano la sicurezza, l'incontrovertibilità. Meno incisivi sono **credibile** e **attendibile**, che evidenziano la plausibilità.

Vero corrisponde anche a **giusto**, **esatto**, che descrivono ciò che coglie nel segno o che è conforme al vero: *il vero vocabolo è questo*; *osservazione, interpretazione giusta*; *il suo racconto era esatto*; *l'esatto svolgimento dei fatti*.

Di un prodotto, di un materiale si dice che è vero quando non è falso o finto: *vere perle orientali*; *vera cucina casalinga*; *vero marsala siciliano*. Sinonimi abbastanza generali sono **autentico**, che descrive ciò che proviene con certezza da chi ne è indicato come autore, e **originale**, che indica anche ciò che dell'autore è proprio: *documento autentico*; *firma autentica*; *manoscritto originale*; i due aggettivi si equivalgono anche nel loro significato estensivo, che definisce ciò che è proprio del luogo d'origine o dell'epoca di produzione attribuita: *un mobile autentico del '700*; *seta indiana originale*; infine, figuratamente si sovrappone a **genuino**, che descrive ciò che è naturale, non sofisticato o contraffatto: *vino genuino*; *prodotti genuini*.

Si dice genuino anche chi o ciò che appare quale è naturalmente o non presenta alterazioni: *uno degli aspetti più autentici della nostra civiltà*; *ragazza genuina*; *testimonianza genuina*. In questo senso, l'aggettivo si avvicina al significato figurato di vero, che corrisponde a **sincero**, **franco**, **leale**, **schietto**, **spontaneo**, e descrive l'atteggiamento, il comportamento di chi non finge; **sentito** si adopera per ciò che si fa o si avverte con viva partecipazione. **Intenso** sottolinea la passionalità, la forza di un sentimento, mentre **profondo** ne evidenzia anche la solidità e ne suggerisce durevolezza.

Sempre in senso figurato, vero viene preposto o, più raramente, posposto a un sostantivo, spesso in unione con *proprio*, per accentuare il significato delle parole, precisare l'ambito del concetto espresso e aggravare la portata dell'affermazione: *vera sapienza, bellezza, giustizia, arte*; *un'infamia vera e propria*; in questo caso, sinonimo perfetto è autentico, mentre **puro** e **mero** si usano per restringere e quindi evidenziare il significato del sostantivo cui si riferiscono ed escludere altre definizioni o ipotesi: *la pura verità*; *per puro caso*; *una mera ipotesi*; **pretto** si distingue perché oltre alla purezza di qualcosa ne designa la tipicità: *pretto romanesco*.

veróne *s. m.* (*lett.*) terrazzo, balcone, terrazzino, poggiolo, loggia.

veronése *agg.*; *anche s. m.* e *f.* scaligero.

verosimigliànza *s. f.* credibilità, attendibilità, plausibilità, concepibilità, probabilità, possibilità **CONTR.** incredibilità, improbabilità, inattendibilità, impossibilità, inverosimiglianza, stravaganza.

verosìmile *agg.* plausibile, probabile, verosimigliante (*raro*), credibile, attendibile, presumibile, possibile, logico, facile **CONTR.** inverosimile, improbabile, inattendibile, impossibile, incredibile, falso, assurdo, stravagante, difficile.

verricèllo *s. m.* argano, burbera, paranco.

vèrro *s. m.* maiale, porco.

verrùca *s. f.* (*med.*) porro, escrescenza, protuberanza.

versàccio *s. m. pegg. di* **verso**; smorfia, sberleffo.

versaménto *s. m.* ***1*** travasamento, decorrimento, scorrimento, deflusso, flusso, spargimento, effusione, rigurgito, sgorgo ***2*** (*med.*) travaso, fuoriuscita, perdita, essudato **CONTR.** assorbimento ***3*** (*di denaro*) deposito, consegna, pagamento, esborso **CONTR.** riscossione, incasso, esazione.

versànte *s. m.* ***1*** (*di monte*) declivio, displuvio, spiovente, pendice, pendio, fianco, costa ***2*** (*est.*) lato, parte. *V. anche* PARTE

versàre (1) ***A*** *v. tr.* ***1*** spandere, spargere, gettare, scaricare, rovesciare **CONTR.** raccogliere, riunire ***2*** (*di liquido*) mescere, far uscire, travasare, spargere, grondare, instillare □ (*di lacrime*) piangere **CONTR.** introdurre ***3*** (*di minestra*) scodellare ***4*** (*ass.*) (*di recipiente*) perdere, sgocciolare, stillare, colare, gocciare ***5*** (*est.*) (*di fiume, di corso d'acqua*) riversare, scaricare, gettare ***6*** (*fig.*) (*di sentimento e sim.*) effondere (*lett.*), prodigare, confidare ***7*** (*di denaro*) depositare, pagare, sborsare, corrispondere, sganciare, spendere **CONTR.** riscuotere, attingere, prelevare, ritirare ***B*** **versarsi** *v. intr. pron.* ***1*** spargersi, spandersi, traboccare, rovesciarsi, rigurgitare, vuotarsi **CONTR.** empirsi ***2*** (*di fiume e sim.*) sboccare, confluire, sfociare, gettarsi, scaricarsi □ straripare **CONTR.** defluire ***3*** (*fig.*) (*di folla*) riversarsi **CONTR.** ritirarsi, allontanarsi. *V. anche* SPENDERE

versàre (2) *v. intr.* trovarsi, essere, navigare.

versàtile *agg.* ***1*** (*raro, lett.*) girevole, instabile, flessibile **CONTR.** rigido, immobile, fermo ***2*** (*fig.*) (*di persona, di ingegno e sim.*) multiforme, proteiforme, agile, duttile, flessibile, eclettico, adattabile, enciclopedico, molteplice, poliedrico **CONTR.** chiuso, unilaterale, rigido. *V. anche* FLESSIBILE

versatilità *s. f.* agilità, elasticità, flessibilità, eclettismo, poliedricità, adattabilità **CONTR.** rigidezza, chiusura.

versàto (1) *part. pass. di* **versare (1)**; *anche agg.* **1** colato, rovesciato, sparso, instillato **2** pagato, corrisposto.

versàto (2) *part. pass. di* **versare (2)**; *anche agg.* dotato, esperto, tagliato, pratico, abile, ferrato, perito, provetto, esercitato, competente, dotto, sapiente, specialista **CONTR.** inabile, inesperto, inadatto, maldestro, inetto.

verseggiàre *v. intr.; anche tr.* versificare, rimare, ritmare, poetare.

versificàre *v. tr. e intr.* verseggiare, rimare, poetare.

versificazióne *s. f.* metrica.

versióne *s. f.* **1** traduzione **2** (*est.*) (*di avvenimenti*) narrazione, esposizione, resoconto □ interpretazione, campana (*fig.*), punto di vista **3** (*di film, di spettacolo, ecc.*) adattamento, arrangiamento **4** variante, variazione. *V. anche* INTERPRETAZIONE

vèrso (1) *s. m.* rovescio, retro **CONTR.** retto, recto (*lat.*).

vèrso (2) *s. m.* **1** (*di poesia*) riga, unità ritmica □ (*al pl.*) poesia, composizione poetica, metrica, rima, canto **2** (*di persona, di animale*) grido, suono, voce, lamento, richiamo, modulazione **3** (*di persona*) atto, gesto, ticchio, atteggiamento **4** (*fam.*) boccaccia, smorfia, sberleffo **5** (*di pelo, di fibra*) direzione, orientamento **6** (*di luogo*) senso, volta, direzione □ (*fig.*) piega **7** (*di cosa*) lato, parte **8** (*fig.*) modo, maniera, mezzo, motivo, metodo.

vèrso (3) *prep.* **1** alla volta di, in direzione di, contro, incontro **2** dalle parti di, nelle vicinanze di, in prossimità di **3** circa, poco prima, poco dopo **4** prossimo, vicino **5** nei riguardi di, nei confronti di **6** (*lett.*) rispetto a, in confronto a **7** contro, dietro.

vertènza *s. f.* lite, controversia, questione, pendenza, contesa, contrasto, litigio, disputa, dibattito, discussione **CONTR.** accordo, accomodamento, conciliazione, concordato.

vèrtere *v. intr.* **1** (*raro*) essere in corso, esserci **2** trattare, parlare, riguardare, aggirarsi, consistere. *V. anche* PARLARE

verticàle *agg.* perpendicolare, ortogonale, diritto, a piombo, ritto **CONTR.** orizzontale, longitudinale, adagiato, steso, diagonale, obliquo.

verticalménte *avv.* perpendicolarmente, ortogonalmente, appiombo **CONTR.** orizzontalmente, diagonalmente, longitudinalmente, obliquamente.

vèrtice *s. m.* **1** (*anche fig.*) cima, sommità, culmine, cresta, vetta, apice, cuspide, punta, estremità, sommo, colmo, apogeo, auge, zenit, tetto, top (*ingl.*), non plus ultra (*lat.*) **CONTR.** fondamento, base □ (*fig.*) tramonto, declino **2** (*est.*) esecutivo, dirigenti, massime autorità **CONTR.** base **3** (*est.*) summit (*ingl.*) **FRAS.** *al vertice* (*fig.*), al massimo livello.

verticìsmo *s. m.* dirigismo.

vertìgine *s. f.* **1** capogiro, giramento, stordimento **2** (*fig.*) turbamento, smarrimento, ebbrezza, sconvolgimento, alterazione, eccitazione, inquietudine. *V. anche* STORDIMENTO

vertiginóso *agg.* **1** vorticoso, veloce, turbinoso, turbinante **CONTR.** lento, calmo, quieto **2** (*fig.*) esagerato, eccessivo, incredibile, pazzesco, sbalorditivo, straordinario, da capogiro □ febbrile, frenetico, rapidissimo **CONTR.** moderato □ lento, calmo.

verve /*fr.* vɛrv/ [vc. fr., dal lat. parl. **vĕrva* per *vĕrba* 'parole'] *s. f. inv.* brio, briosità, vivacità, spigliatezza, esuberanza, estro, spirito, arguzia, disinvoltura, vivezza, animazione **CONTR.** noiosità, grigiore, goffaggine, imbarazzo, impaccio.

vérza *s. f.* cavolo.

vescìca *s. f.* bolla, bollicina, gonfietto, vescicola, cisti.

vescichétta *s. f. dim. di* **vescica**; bolla, galla, vescicola.

vescìcola *s. f.* bollicina, bolla, vescichetta.

vescovàdo *s. m.* episcopio, episcopato □ diocesi.

vescovìle *agg.* episcopale, pastorale, pontificale.

véscovo *s. m.* episcopo (*ant.*), pastore, presule, ordinario □ (*al pl.*) episcopato.

vèspa [*marchio registrato*; dal nome dell'insetto per la velocità e il leggero rumore] *s. f.* motoretta, motoscooter, motociclo **CFR.** lambretta.

vespàio *s. m.* **1** nido di vespe **2** (*fig.*) ginepraio, pericolo, difficoltà, intrico, imbroglio □ pettegolezzo, scandalo **3** (*med.*) favo, antrace **4** (*arch.*) solaio.

vespasiàno [dal n. dell'imperatore *Vespasiano*, che installò in Roma i primi orinatoi] *s. m.* orinatoio, pisciatoio (*volg.*), latrina.

vespertìno *agg.* serale, serotino (*lett.*).

vèspro *s. m.* **1** tardo pomeriggio, crepuscolo, sera, tramonto, avemaria **CFR.** alba, primo mattino **2** (*eccl.*) ufficio serale.

vessàre *v. tr.* tartassare, angariare, taglieggiare, perseguitare, tiranneggiare, maltrattare, molestare, tormentare, flagellare, scannare, tribolare, opprimere, strapazzare, travagliare, affliggere, bersagliare **CONTR.** favorire, assistere, aiutare, confortare, facilitare, beneficare.

vessatóre *s. m.; anche agg.* (*f. -trice*) oppressore, tiranno, despota, soverchiatore, aguzzino, carnefice (*fig.*), prepotente, sopraffattore, tormentatore **CONTR.** protettore, sostenitore.

vessatòrio *agg.* persecutorio, tirannico, oppressivo, opprimente, molesto, fiscale **CONTR.** favorevole, benevolo, benefico, compiacente. *V. anche* SEVERO

vessazióne *s. f.* angheria, molestia, oppressione, tormento, croce, tribolazione, violenza, sopruso, persecuzione, fiscalità, fiscalismo **CONTR.** favore, aiuto, protezione, assistenza, benevolenza.

vessìllo *s. m.* (*anche fig.*) bandiera, insegna, gonfalone, labaro, orifiamma, gagliardetto, stendardo □ emblema, simbolo. *V. anche* BANDIERA

vestàglia *s. f.* veste da camera □ negligé (*fr.*), déshabillé (*fr.*), scendiletto (*raro*), palandrana (*raro*).

vestàle [dal lat. *Vestalem*, sacerdotessa del tempio di Vesta e custode del fuoco sacro] *s. f.* **1** sacerdotessa □ (*fig.*) donna austera **2** (*fig., est.*) custode fedele, custode intransigente.

vèste *s. f.* **1** (*di persona*) abito, vestito, indumento, panno, costume, tenuta, vestimento, divisa, uniforme **2** (*spec. al pl.*) vestiario, mise (*fr.*), abbigliamento, panni, toilette (*fr.*) **3** (*est.*) (*di cosa*) rivestimento, copertura, involucro, confezione **4** (*fig.*) forma, aspetto, apparenza **5** (*fig.*) (*di persona*) autorità, diritto **6** (*fig.*) qualità, funzione, titolo, facoltà, ufficio. *V. anche* FACOLTÀ, FUNZIONE

vestiàrio *s. m.* **1** abbigliamento, effetti, vestito, vesti **2** guardaroba, corredo □ costumi.

vestìbolo *s. m.* **1** (*di edificio*) atrio, hall (*ingl.*), ingresso, entrata, anticamera, andito, adito, foyer (*fr.*) □ pronao, propileo, nartece, porticato, protiro, portico **2** (*anat.*) cavità.

vestìgio *s. m.* **1** impronta, orma, traccia, pedata **2** (*spec. al pl.*) avanzo, residuo, resto, rudere, rovina □ documento, reliquia, ricordo **3** (*fig.*) esempio **4** (*fig.*) traccia, indizio, segno. *V. anche* IMPRONTA

vestìre **A** *v. tr.* **1** (*di persona*) coprire, rivestire, ammantare, abbigliare, agghindare, rimpannucciare, infagottare **CONTR.** spogliare, svestire, disabbigliare, scoprire, denudare, alleggerire **2** (*di capo d'abbigliamento*) indossare, mettere, infilare, calzare **CONTR.** sfilare, togliere, levare, deporre **3** (*est.*) portare, avere, cingere **4** calzare, attagliare, adattarsi, stare a pennello **5** (*fig.*) (*di cosa*) rivestire, foderare, incamiciare, inguainare, fasciare, tappezzare **CONTR.** svestire, sfasciare **6** (*fig.*) (*di sole, di primavera, ecc.*) ricoprire, ammantare, avvolgere, riempire **CONTR.** spogliare **7** (*fig.*) adornare, addobbare, decorare, ornare **CONTR.** sguarnire **B** **vestìrsi** *v. rifl.* **1** coprirsi, rivestirsi, cambiarsi, mettersi, abbigliarsi, attillarsi, agghindarsi, acconciarsi **CONTR.** spogliarsi, disabbigliarsi, discoprirsi, svestirsi, denudarsi, scoprirsi, togliersi **2** (*fig.*) (*di bosco, di prato, ecc.*) ammantarsi, ornarsi, ricoprirsi **CONTR.** spogliarsi **C** *s. m.* abito, abbigliamento, vestiario, veste.

vestìto (**1**) *part. pass. di* **vestire**; *anche agg.* **1** (*di persona*) coperto, abbigliato, avvolto, fasciato, rivestito **CONTR.** svestito, scoperto, nudo, ignudo (*lett.*), denudato, spogliato **2** (*di abito*) messo, indossato, infilato **3** (*fig.*) (*di bosco, di prato, ecc.*) ammantato, ornato, ricoperto **CONTR.** spoglio, privo.

vestìto (**2**) *s. m.* **1** abito, veste, indumento, vestimento (*lett.*) **2** (*al pl.*) vestiario, abbigliamento, vesti □ toilette (*fr.*), mise (*fr.*), acconciatura.

veteràno **A** *s. m.* **1** reduce □ militare anziano, nonno (*gerg.*) **CONTR.** recluta, burba (*gerg.*), cappellone (*scherz.*) **2** (*est., fig.*) esperto, anziano, senior **CONTR.** apprendista, principiante, praticante, debuttante, esordiente, matricola, pivello, novellino, sbarbatello (*scherz.*) **B** *agg.* vecchio, anziano, esperto, perito, pratico, navigato **CONTR.** giovane, inesperto.

vèto *s. m.* **1** (*dir.*) opposizione, divieto **2** (*est.*) proibizione, rifiuto, divieto, disapprovazione, negazione **CONTR.** consenso, assenso, approvazione, benestare, nullaosta, placet (*lat.*), exequatur (*lat.*).

vetrìna *s. f.* **1** (*di negozio*) mostra **2** (*di mobile*) armadio, armadietto, alzata, scansia, credenza, cristalliera, bacheca **3** (*al pl.*) (*fig., scherz.*) occhiali.

vetrinétta *s. f. dim. di* **vetrina**; bacheca, mostra, mostrino, teca.

vetrìno *s. m.* **1** *dim. di* **vetro** **2** lastrina.

vetriòlo *s. m.* **1** (*pop.*) acido solforico **2** (*zool.*) martin pescatore.

vétro *s. m.* **1** cristallo **2** bicchiere, boccia, bottiglia, damigiana, vaso **3** (*di finestra, di vetrina, ecc.*) lastra **4** (*di occhiali, di cannocchiali, ecc.*) lente.

vétta *s. f.* **1** cima, sommità, sommo, estremità, picco, cresta, cuspide, cocuzzolo, corno, pinnacolo, colmo, cacume (*lett.*), pizzo, punta **CONTR.** abisso, voragine **2** (*est.*) monte **3** (*fig.*) vertice, primo posto, testa **CONTR.** fondo, fanalino di coda, coda **4** (*fig.*) apice, culmine, apogeo, acme, non plus ultra **CONTR.** tramonto, declino.

vettóre *s. m.* **1** spedizioniere □ (*biol.*) intermediario **2** missile, lanciatore.

vettovàglia *s. f.* (*spec. al pl.*) rifornimenti, provviste, scorte, cibarie, alimenti, derrate, viveri, vitto, provvigione, sussistenza, annona, salmerie. *V. anche* NUTRIMENTO

vettovagliaménto *s. m.* approvvigionamento, foraggiamento, annona, rifornimento, sussistenza.

vettùra *s. f.* **1** carrozza, veicolo, calesse, carrozzone, diligenza, carrozzella, landò **2** autovettura, automobile, auto, macchina □ autobus, filobus, bus, taxi, vagone, tram.

vetturìno *s. m.* cocchiere, auriga (*lett.*), conducente, vetturale, fiaccheraio.

vetùsto *agg.* **1** (*lett.*) antico, annoso, secolare, millenario, arcaico, decrepito **CONTR.** moderno, recente, attuale, odierno **2** (*lett.*) vecchio **CONTR.** giovane. *V. anche* ANTICO

vezzeggiàre *v. tr.* accarezzare, carezzare, coccolare, corteggiare □ (*raro*) blandire, adulare, lusingare, lisciare **CONTR.** maltrattare, malmenare.

vezzeggiatìvo *agg. e s. m.* (*est.*) ipocoristico (*ling.*), diminutivo **CFR.** peggiorativo, accrescitivo.

vézzo *s. m.* **1** abitudine, vizio, uso, ticchio, ghiribizzo, civetteria, tic, pratica, mania **2** carezza, tenerezza **3** (*al pl.*) moine, smorfie, smancerie, effusioni, leziosaggini, svenevolezze, lusinghe **CONTR.** sgarbo, sgarberia **4** grazia, leggiadria, fascino, brio, attrattiva, seduzione **CONTR.** goffaggine, sgraziataggine **5** monile, ornamento, collare, collier (*fr.*), collana. *V. anche* ABITUDINE

vezzosità *s. f.* grazia, leggiadria, bellezza **CONTR.** bruttezza, rozzezza.

vezzóso *agg.* **1** leggiadro, bello, aggraziato, grazioso, avvenente, carino, seducente, carezzevole **CONTR.** brutto, goffo, sgraziato **2** (*di discorso, di modi, ecc.*) lezioso, smanceroso, sdolcinato, sdilinquito **CONTR.** rude, rozzo, burbero, sgarbato, scostante.

vi **A** *pron. pers.* **1** voi **2** a voi **B** *pron. dimostr.* (*di cosa*) a ciò, in ciò **C** *avv.* **1** (*di luogo*) qui, in questo luogo, là, in quel luogo, ci **2** per questo luogo, per quel luogo.

vìa (**1**) *s. f.* **1** strada, viale, corso, arteria, calle, vicolo, rotabile, statale, carreggiata, contrada **2** (*est.*) pista, sentiero, varco, passaggio, viottolo, scorciatoia, tratturo, uscita, attraversamento **3** (*anat.*) canale, transito, passaggio, condotto, dotto, tubo **4** (*est.*) percorso, itinerario, tragitto, direzione **5** (*mar.*) rotta

6 (*est., lett.*) spazio *7* (*est.*) cammino, viaggio *8* (*fig.*) carriera, professione, attività, vocazione *9* (*fig.*) parte, lato *10* (*fig.*) mezzo, tramite, possibilità, sistema *11* (*fig.*) modo, maniera *12* (*per uno scopo*) accorgimento, partito, soluzione, stratagemma, compromesso *13* ragionamento, dimostrazione, argomentazione *14* causa, cagione *15* (*bur.*) procedimento, trafila **FRAS.** *via libera*, disco verde, benestare **CONTR.** disco rosso □ *via di mezzo*, compromesso □ *via d'uscita*, via di salvezza; soluzione □ *in via eccezionale*, eccezionalmente. *V. anche* ARGOMENTAZIONE

via (2) *A avv. 1* fuori, lontano, altrove, distante, lungi (*lett.*) *2* eccetera, e così di seguito, e così via, e via dicendo *B inter. 1* fuori!, lontano! *2* (*come segnale di partenza, di inizio*) parti!, partite!, comincia!, cominciate! **CONTR.** alt *3* (*per incoraggiare, incitare, ecc.*) coraggio!, forza!, animo!, avanti! *C s. m. inv. 1* (*di gara, di partenza*) segnale, start (*ingl.*) □ (*di semaforo*) verde **CONTR.** rosso, stop *2* (*di lavoro*) inizio, varo **FRAS.** *via via*, di volta in volta, a mano a mano, man mano □ *andare via*, partire; sparire □ *mandare via*, spedire, cacciare; sciogliere, dissolvere □ *dare il via*, iniziare.

viàbile *agg.* viario, stradale □ transitabile, carrabile, percorribile **CONTR.** impercorribile, intransitabile.

viabilità *s. f. 1* praticabilità, percorribilità, frequentabilità, transitabilità **CONTR.** impraticabilità, intransitabilità *2* insieme delle strade, rete stradale, rete viaria.

via crucis /*lat.* 'via 'krutʃis/ [loc. lat., letteralmente 'via della croce'] *s. f. inv.* (*fig.*) serie di dolori, serie di sofferenze, doloroso percorso, calvario.

viado /*port.* 'vjadu/ [vc. del port. brasiliano, forse lo stesso di *veado* 'cervo', 'cerbiatto'] *s. m. inv.* travestito, transessuale.

viadótto *s. m.* cavalcavia, ponte, soprelevata **CONTR.** sottopassaggio.

viaggiànte *part. pres. di* **viaggiare**; *anche agg.* e *s. m.* e *f.* circolante, itinerante □ passeggero **CONTR.** fisso, stabile.

viaggiàre *A v. intr. 1* andare, recarsi, errare, peregrinare, vagare, girare, navigare, pellegrinare, volare **CONTR.** stare, rimanere, sostare, permanere, indugiare, restare *2* (*di mezzi di trasporto*) andare, muoversi, spostarsi **CONTR.** fermarsi *3* (*di merce*) essere trasportato *B v. tr.* attraversare, visitare, percorrere, esplorare.

viaggiatóre *agg.* e *s. m.* (*f. -trice*) *1* passeggero □ turista, forestiero, villeggiante *2* viandante, itinerante, escursionista, esploratore, pellegrino, globe-trotter (*ingl.*), nomade, vagabondo **CONTR.** sedentario *3* commesso viaggiatore, piazzista.

viàggio *s. m. 1* cammino, via, rotta, percorrenza, itinerario, percorso, tragitto, traversata, navigazione, crociera, volo □ (*di mezzo di trasporto*) corsa **CONTR.** permanenza, sosta *2* escursione, gita, raid (*ingl.*), tour (*fr.*), giro, esplorazione *3* pellegrinaggio, peregrinazione *4* (*fam.*) (*di merci, di suppellettili e sim.*) trasporto *5* (*gergo giovanile*) evasione, distrazione.

viàle *s. m.* stradone, passeggiata, lungolago, lungomare, boulevard (*fr.*), avenue (*fr.*), corso, passeggio.

viandànte *s. m.* e *f.* passante, pellegrino, passeggero, nomade, viaggiatore, globe-trotter (*ingl.*) **CONTR.** sedentario.

viàrio *agg.* stradale, viabile.

viàtico *s. m. 1* (*nell'antica Roma*) vettovaglie, provviste *2* (*fig., lett.*) conforto, consolazione, sostentamento, aiuto *3* (*relig.*) (*a un moribondo*) comunione, ostia.

viavài *s. m.* andirivieni, traffico, carosello, flusso, movimento, animazione, folla, tramestio, va e vieni, su e giù, avanti e indietro. *V. anche* FOLLA

vibrànte *part. pres. di* **vibrare**; *anche agg. 1* (*raro*) oscillante □ (*est.*) risonante, sonoro, trillante *2* (*fig.*) fremente, concitato, appassionato, palpitante, veemente, caldo, caloroso, risoluto, impetuoso **CONTR.** cupo, sordo □ quieto, pacato, calmo, freddo, gelido.

vibràre *A v. tr. 1* (*lett.*) agitare, scuotere, scrollare *2* (*est.*) (*di lancia, di palla, ecc.*) lanciare, scagliare, tirare, scoccare, gettare **CONTR.** trattenere *3* (*di colpo, di pugno, ecc.*) assestare, dare, menare, affibbiare, appioppare, avventare, accoccare, azzeccare, scaricare *B v. intr. 1* (*di cosa*) oscillare, ondeggiare, traballare, tremolare *2* (*fig.*) (*di passioni*) fremere, palpitare, agitarsi, appassionarsi *3* (*fig.*) (*di suono*) risuonare, trillare, tremolare, echeggiare *4* (*fig.*) (*di luce, di lacrima, ecc.*) trasparire, trapelare **CONTR.** celarsi, nascondersi.

vibratóre *s. m.*; *anche agg.* (*f. -trice*) massaggiatore.

vibrazióne *s. f. 1* (*fis.*) oscillazione, onda □ ondulazione □ traballamento, sballottamento, scossa *2* (*fig.*) (*di voce, di stella, ecc.*) tremolio, tremito, tremore, trillo *3* (*fig.*) (*di sentimenti*) fremito.

vicàrio *s. m.*; *anche agg.* supplente, vice, sostituto, coadiuvante, coadiutore **CFR.** titolare **FRAS.** *Vicario di Cristo, Vicario di Dio*, papa, pontefice.

vìce *s. m.* e *f. inv.* sostituto, vicario, supplente, secondo, in seconda, luogotenente, sottocapo, a latere (*lat.*).

vicènda *s. f. 1* (*lett.*) successione, altalena, vece (*lett.*), avvicendamento, serie, cambiamento, ricambio □ fortuna, destino *2* (*agr.*) (*di colture*) avvicendamento, rotazione *3* caso, fatto, evento, circostanza, avvenimento, avventura, faccenda, storia, vicissitudine, peripezia, traversia, episodio, accidente, occasione *4* (*raro, lett.*) turno, volta, giro **FRAS.** *a vicenda*, vicendevolmente, l'un l'altro, scambievolmente, reciprocamente, mutuamente; a turno, alternativamente.

vicendévole *agg.* scambievole, reciproco, mutuo, alterno.

vicendevolménte *avv.* a vicenda, l'un l'altro, scambievolmente, reciprocamente, mutuamente, insieme □ a turno, alternativamente.

vicevèrsa *A avv.* all'inverso, all'opposto, al contrario, contrariamente □ altrettanto *B cong.* (*fam.*) invece, al contrario, diversamente **CONTR.** infatti, appunto.

vicìna *s. f.* comare (*fam.*).

vicinànza *s. f. 1* prossimità, contiguità, attiguità, propinquità (*lett.*), contatto, adiacenza □ (*nel tempo*) prossimità, imminenza **CONTR.** lontananza, distacco, distanza **2** (*fig.*) (*di idee, di colori, ecc.*) affinità, somiglianza, analogia, conformità **CONTR.** diversità, differenza, dissomiglianza, disparità, antagonismo **3** (*al pl.*) adiacenze, paraggi, dintorni, pressi, circondario.

vicìno **A** *agg.* **1** prossimo, attiguo, adiacente, contiguo, circonvicino, comunicante, confinante, collaterale, limitrofo, a un tiro di schioppo, circostante, consecutivo, finitimo, contermine (*lett.*), propinquo (*lett.*), viciniore (*bur.*) **CONTR.** lontano, distante, staccato, remoto, appartato, discosto, disgiunto, separato **2** (*di avvenimento*) prossimo, imminente □ recente, fresco **CONTR.** lontano, remoto, passato **3** (*fig.*) (*di idee e sim.*) affine, simile, affiatato, affezionato □ (*di parente*) stretto, diretto □ (*di colori*) somigliante, tendente □ partecipe **CONTR.** diverso, differente, dissimile, contrario, opposto □ lontano **B** *s. m.* coinquilino, coabitante, condomino, confinante **C** *avv.* accanto, daccanto (*raro*), accosto, a lato, allato (*lett.*), appresso, dappresso, attorno, dattorno, presso, sottomano **CONTR.** lontano, fuori, lungi (*lett.*), disparte (*raro*) **D** *nella loc. prep. vicino a* **1** accanto a, a fianco, presso, rasente a **CONTR.** lontano da **2** nei pressi di, nei paraggi di, nelle vicinanze di, verso. *V. anche* SIMILE

VICINO
sinonimia strutturata

Ciò che si trova a una distanza relativamente piccola rispetto al punto a cui si fa riferimento si definisce **vicino**: *la strada è vicina*; *il traguardo è ormai vicino*. Il termine descrive anche cose o persone che si trovano a breve distanza l'una dall'altra: *due case vicine*; *quei quadri sono molto vicini*. In entrambe le accezioni, si avvicina al letterario **propinquo** e ad **adiacente**: *adiacente al giardino*; *strade adiacenti*; molto spesso questo aggettivo è usato come sinonimo di **contiguo** e **attiguo**, che descrivono ciò che è così vicino a qualcosa da toccarla: *abitare nell'appartamento contiguo*; *nella stanza attigua*. Molto simili semanticamente sono **confinante**, **finitimo** e il più raro **contermine**, che indicano ciò che ha un lato, un confine in comune: *Stati confinanti*; *terreni finitimi*; appena meno forte è **limitrofo**, che descrive ciò che è vicino ai confini: *paesi limitrofi*. Si dice **circostante**, **circonvicino** ciò che sta intorno: *colline circostanti*; *i paesi circonvicini*.

Diverso è **rasente**, che denota uno sfiorare in un movimento continuo: *camminare rasente il muro*; *tagliare un albero rasente le radici*.

In riferimento al corso del tempo e al succedersi degli eventi, si dice vicino ciò che è **prossimo** o **imminente**, ossia che sta per accadere: *la partenza è prossima*; *la stagione invernale è ormai imminente*; allo stesso modo, l'aggettivo designa anche ciò che si è appena verificato, concluso, e in questo senso equivale a **recente** e al più colloquiale **fresco**: *eventi storici ancora troppo recenti*; *una notizia fresca*.

In senso figurato, vicino indica il sentirsi emotivamente coinvolto in una vicenda che riguarda altri, cioè l'essere **partecipe**: *sono partecipe del tuo dolore*.

Inoltre, sempre in usi figurati, vicino designa ciò che presenta una parziale identità con altra o altre persone o cose, che è cioè **simile**, o, in riferimento soprattutto alla caratteristiche esteriori, **somigliante** e **tendente**: *un colore simile al verde*; *un ritratto molto somigliante*; *un cielo tendente al grigio*. **Affine** evoca più spesso una conformità di sentimenti, di idee: *anime affini*; *teoria affine a un'altra*.

Nella sua funzione di sostantivo, infine, vicino denomina ogni abitante di una casa, di una via, di un rione rispetto a un altro: *rispettare i vicini*; *essere in buoni, in cattivi rapporti con i propri vicini*; *cerca di non disturbare i vicini*.

vicissitùdine *s. f.* **1** (*raro*) vicenda, evento, caso, avvenimento, accadimento **2** (*spec. al pl.*) peripezia, traversia, odissea, avversità, disgrazia, disavventura.

vìcolo *s. m.* vico, viuzza, stradetta, chiasso, angiporto, budello, carruggio (*region.*), calle (*region.*) **FRAS.** *vicolo cieco*, senza sbocco; (*fig.*) situazione senza soluzione, cul-de-sac (*fr.*).

vìdeo **A** *s. m.* **1** schermo televisivo, teleschermo, display (*ingl.*), monitor **2** (*elab.*) videoterminale **3** videocassetta **B** *agg. inv.* televisivo **CFR.** audio.

videocàmera *s. f.* telecamera.

videocassétta *s. f.* video, videotape (*ingl.*), videonastro, cassetta, home video.

videocitòfono *s. m.* intervideo.

videocrònaca *s. f.* telecronaca.

videocronìsta *s. m.* e *f.* telecronista.

videodipendènte *agg.*; *anche s. m.* e *f.* teledipendente.

videodipendènza *s. f.* teledipendenza.

videogame /*ingl.* 'vidiou geim/ [vc. ingl., da *video-* 'video-' e *game* 'gioco'] *s. m. inv.* videogioco.

videogiòco *s. m.* videogame (*ingl.*), computer game (*ingl.*).

videonàstro *s. m.* videocassetta, videotape (*ingl.*).

videotape /*ingl.* 'vidiou teip/ [vc. ingl., comp. di *video-* 'video-' e *tape* 'nastro'] *s. m. inv.* videocassetta, videonastro.

videotèl [comp. di *video-* 'video-' e *tel*(*efono*)] *s. m. inv.* (*est.*) videotex.

videoterminàle *s. m.* video, monitor, schermo.

videotèx [comp. di *video-* 'video-' e *tex*, forse da avvicinare a *telex*] *s. m. inv.* (*est.*) videotel.

vidimàre *v. tr.* autenticare, vistare, firmare, timbrare, bollare, convalidare.

vidimazióne *s. f.* visto, autenticazione, firma, timbro, convalida.

vietàre *v. tr.* impedire, proibire, interdire, inibire, ostacolare, opporsi, negare, rifiutare, togliere (*lett.*), ostare, precludere, proscrivere, bloccare **CONTR.** permettere, consentire, autorizzare, ammettere, concedere, agevolare, facilitare.

vietàto *part. pass. di* **vietare**; *anche agg.* proibito, precluso, off-limits (*ingl.*), tabù □ impedito, interdetto, proscritto □ illecito, illegale, clandestino **CONTR.** permesso, consentito, concesso, autorizzato □ lecito, le-

gale, libero.
vièto *agg.* ***1*** (*tosc.*) (*di alimento*) stantio, rancido, appassito, putrido **CONTR.** fresco ***2*** (*spreg.*) (*di parola, di argomento, ecc.*) disusato, antiquato, vecchio, abbandonato, sorpassato, obsoleto, antico, inattuale, trito, sfruttato, frusto, primitivo, antidiluviano, superato, ripetuto, sentito, stereotipato **CONTR.** attuale, recente, moderno, vigente, contemporaneo, odierno, insolito, ardito.
vigènte *part. pres. di* **vigere**; *anche agg.* attuale, in vigore, corrente, presente **CONTR.** abrogato, abolito, annullato, prescritto, decaduto, mutato.
vìgere *v. intr.* essere in vigore, valere **CONTR.** essere decaduto.
vigilànte (1) ***A*** *part. pres. di* **vigilare**; *anche agg.* (*raro*) vigile, sveglio, oculato, attento, desto, diligente ***B*** *s. m.* e *f.* sorvegliante, vigilatore, guardiano.
vigilànte (2) [vc. sp. *vigilante* 'guardia, guardiano'] *s. m.* guardia privata □ gorilla (*fig.*).
vigilànza *s. f.* ***1*** sorveglianza, guardia, piantonamento, custodia, controllo, assistenza, veglia, tutela ***2*** attenzione, cura, diligenza, oculatezza, sollecitudine, accortezza, premura, solerzia **CONTR.** noncuranza, trascuratezza, indifferenza, incuria, negligenza, inavvedutezza, inavvertenza.
vigilàre ***A*** *v. tr.* (*di persone, di cose*) sorvegliare, controllare, guardare, piantonare, custodire ***B*** *v. intr.* ***1*** (*lett.*) (*di persona*) vegliare, star desto, osservare, invigilare (*raro*) □ presiedere, sindacare **CONTR.** dormire, sonnecchiare ***2*** (*con* che *o* affinché) badare, sorvegliare, provvedere, guardare, curare, soprintendere, dirigere **CONTR.** trascurare, abbandonare. *V. anche* GUARDARE
vìgile ***A*** *agg.* attento, accorto, sollecito, vigilante, guardingo, prudente, solerte, oculato, desto, sveglio, avveduto, avvertito, cauto **CONTR.** sbadato, trascurato, distratto, imbambolato, stordito, trasognato, avventato, noncurante, disattento, divagato ***B*** *s. m.* guardia, guardiano, pizzardone (*region.*), ghisa (*region.*), policeman (*ingl.*), sorvegliante, sentinella **FRAS.** *vigile del fuoco*, pompiere.
vigìlia *s. f.* ***1*** (*lett.*) veglia ***2*** digiuno, astinenza, astensione ***3*** giorno precedente, giorno prima.
vigliaccaménte *avv.* vilmente, codardamente, pavidamente □ meschinamente **CONTR.** audacemente, coraggiosamente, intrepidamente, arditamente □ nobilmente.
vigliaccàta *s. f.* vigliaccheria, bassezza, carognata, puzzonata.
vigliaccherìa *s. f.* ***1*** codardia, pusillanimità, viltà, paura, fifa (*fam.*) □ abiezione **CONTR.** ardire, audacia, coraggio, ardimento, baldanza □ nobiltà, virtù, valore, dignità ***2*** vigliaccata, bassezza. *V. anche* PAURA
vigliàcco *agg.*; *anche s. m.* ***1*** codardo, pusillanime, vile, imbelle, poltrone (*ant.*), pappamolle, timoroso, pauroso, coniglio, pavido, cacasotto (*fam.*), calabrache, fifone **CONTR.** coraggioso, animoso, impavido, intrepido, audace, temerario, ardito, ardimentoso, risoluto, prode, eroico ***2*** meschino, abietto, carogna, verme (*spreg.*) **CONTR.** nobile, dignitoso.
vignétta [fr. *vignette*, propriamente dim. di *vigne* 'vigna': detta così perché un tempo l'inizio della prima pagina di un libro o anche dei capitoli era ornato con tralci e viticci] *s. f.* illustrazione satirica, barzelletta □ figura, disegno.
vignettìsta *s. m.* e *f.* disegnatore umoristico, cartonista, umorista, barzellettista.
vigógna *s. f.* ***1*** (*zool.*) lama, alpaca ***2*** lana, flanella.
vigóre *s. m.* ***1*** forza, vigoria, gagliardia, possa (*lett.*), vigorosità, virilità, robustezza, esuberanza, floridezza, sanità, instancabilità, efficienza, lena, rigoglio, rigogliosità, vita, vitalità, tono, stenia (*med.*) **CONTR.** debolezza, stanchezza, prostrazione, delicatezza, fiacca, spossatezza, fragilità, fralezza (*lett.*), esilità, deperimento, languore, rilassatezza, atonia, astenia, cachessia (*med.*) ***2*** (*fig.*) (*di ingegno, di fantasia, di stile, ecc.*) energia, calore, ardore, fuoco, sangue, nervo, polso, fibra, nerbo, potenza, vivacità, espressività, intensità **CONTR.** debolezza, grigiore, povertà ***3*** (*dir.*) efficacia, potere, obbligatorietà, validità, autorità, valore **CONTR.** nullità, invalidità, inefficacia. *V. anche* ENERGIA
vigorìa *s. f.* vigore, gagliardia, forza, esuberanza, rigoglio, prestanza, virilità, robustezza, floridezza, vitalità, energia, lena, fibra, nerbo (*est.*) □ (*spec. fig.*) vivacità, vivezza, efficienza, slancio, baldanza **CONTR.** debolezza, fiacca, indolenza, lassitudine (*ant.*), sfinimento, snervatezza, spossatezza, ignavia, svogliatezza, torpore, rilassatezza □ fiacchezza. *V. anche* ENERGIA
vigorosaménte *avv.* energicamente, forte, impetuosamente, gagliardamente, potentemente, robustamente, fortemente, validamente, efficacemente, vibratamente **CONTR.** debolmente, fiaccamente, straccamente, delicatamente, effeminatamente.
vigorosità *s. f.* rigoglio, forza, vigore, robustezza, floridezza □ (*fig.*) incisività, efficacia, nervosità **CONTR.** debolezza, gracilità, delicatezza □ fiacchezza, prolissità.
vigoróso *agg.* ***1*** energico, robusto, muscoloso, aitante, atletico, forte, gagliardo, prestante, forzuto, virile, maschio, prospero, esuberante, fiorente, florido, infaticabile, possente, potente, piantato, saldo, solido □ (*di vegetazione, di pianta*) rigoglioso, lussureggiante □ (*di terreno*) fertile □ (*di vino*) corposo, robusto **CONTR.** debole, fiacco, debilitato, bolso, deperito, gracile, cadente, delicato, esausto, esaurito, estenuato, finito, floscio, smidollato, snervato, spompato, stremato, impotente □ appassito, vizzo □ sterile □ leggero ***2*** (*fig.*) (*di discorso, di scritto*) veemente, vibrato, concitato, impetuoso, efficace, espressivo, intenso, sugoso, valido, vivo, vivace **CONTR.** fiacco, blando, stentato, esile, slavato, anodino, inefficace, grigio, debole. *V. anche* ROBUSTO
vìle ***A*** *agg.* ***1*** (*lett.*) (*di prezzo, di merce, ecc.*) ordinario, basso, povero **CONTR.** alto, ricco ***2*** (*est., lett.*) (*di vita*) misero, meschino **CONTR.** ricco, bello ***3*** (*fig.*) (*di atto, di comportamento, ecc.*) basso, spregevole, proditorio, sciagurato, vergognoso, miserabile, servile, ignobile, abbietto, turpe, sordido, infame, degradante **CONTR.** nobile, eletto, pregevole, generoso, dignitoso ***4*** (*lett.*) (*di condizione sociale*) ple-

beo, povero, infimo CONTR. elevato, nobile, augusto *5* (*fig.*) (*di persona*) codardo, pusillanime, vigliacco, pavido, pauroso, fifone, imbelle, poltrone (*ant.*) CONTR. valoroso, coraggioso, ardito, ardimentoso, audace, baldo, eroico, intrepido, prode, fiero *B* *s. m.* e *f.* *1* vigliacco, coniglio, codardo, pecorone CONTR. eroe, coraggioso *2* verme, miserabile.

vilipèndere *v. tr.* disprezzare, schernire, insultare, offendere, ingiuriare, denigrare, spregiare, oltraggiare, vituperare (*lett.*), conculcare (*raro*), svilire CONTR. stimare, apprezzare, pregiare, rispettare, lodare, esaltare, glorificare, onorare.

vilipèndio *s. m.* ludibrio, scherno, disprezzo, umiliazione, scorno, oltraggio, ingiuria, infamia, offesa, disistima CONTR. stima, apprezzamento, lode, esaltazione, venerazione, glorificazione, santificazione, onore. *V. anche* INFAMIA

vilipéso *part. pass. di* **vilipendere**; *anche agg.* disprezzato, offeso, leso, schernito, insultato, ingiuriato, denigrato, conculcato (*raro*), spregiato, svilito, infamato CONTR. stimato, apprezzato, rispettato, lodato, glorificato, santificato, esaltato, magnificato, pregiato.

vìlla *s. f.* *1* casa di campagna, cottage (*ingl.*), chalet (*fr.*) □ (*est.*) castello, palazzo, residenza signorile CONTR. abituro, catapecchia, topaia, tugurio *2* (*lett.*) campagna, contado, podere *3* (*poet.*) villaggio, paese, borgo.

villàggio *s. m.* paese, paesello, borgo, borgata, borghetto, villa (*lett.*), vico (*raro, lett.*) CFR. città, metropoli.

villanàta *s. f.* villania, cafonata, sgarbo CONTR. gentilezza, cortesia, garbatezza.

villanìa *s. f.* *1* (*di caratteristica*) maleducazione, diseducazione, cafonaggine, inurbanità, zotichezza, malgarbo, malagrazia, inciviltà □ impertinenza, scortesia, malacreanza, sfrontatezza, sguiataggine, sfacciataggine, ruvidezza, volgarità CONTR. cortesia, gentilezza, creanza, compitezza, amabilità, delicatezza, discrezione, garbo, urbanità, galanteria, signorilità, grazia *2* (*di atto, di gesto, ecc.*) sgarbo, sfregio, sgarberia, ingiuria, affronto, insolenza, prepotenza, offesa, contumelia, oltraggio, dispetto, villanata, bifolcheria (*raro*), insulto, improperio CONTR. complimento, cortesia, lode, omaggio. *V. anche* PREPOTENZA

villàno *A* *s. m.* *1* (*lett.*) contadino, agricoltore, campagnolo, rurale, villico (*lett.*), bifolco CONTR. cittadino *2* (*di modi*) zoticone, cafone, buzzurro, tanghero, selvaggio, villanzone, screanzato, carrettiere, bifolco, mascalzone, zulù CONTR. gentiluomo, signore, aristocratico *B* *agg.* rozzo, ruvido, incivile, selvatico, sgraziato, ineducato, inurbano, rustico, grossolano □ maleducato, scortese, irrispettoso, ignorante, screanzato, sgarbato, insolente, zotico, prepotente, offensivo, sfacciato, sfrontato, cafone, sguaiato CONTR. educato, beneducato, compito, discreto, galante, signorile, delicato, cortese, garbato, gentile, civile, urbano. *V. anche* ROZZO

villanzóne *s. m.* zoticone, bifolco, buzzurro, cafone, cavernicolo, villano, zotico, contadino (*spreg.*), facchino (*spreg.*), marrano (*scherz.*), zoccolaio (*spreg.*), trivialone, screanzato, tanghero, mascalzone, cialtrone CONTR. signore, gentiluomo.

villeggiànte *part. pres. di* **villeggiare**; *anche s. m.* e *f.* e *agg.* vacanziere, bagnante, turista.

villeggiatùra *s. f.* ferie, vacanza, riposo □ soggiorno.

villétta *s. f.* *1* *dim. di* **villa** *2* chalet (*fr.*), dacia, casino, casetta.

villìno *s. m.* *1* *dim. di* **villa** *2* villetta, casa, casetta, casino, chalet (*fr.*), cottage (*ingl.*), bungalow (*ingl.*).

villosità *s. f.* peluria.

villóso *agg.* peloso, lanoso, irsuto CONTR. glabro, pelato, spelacchiato, sbarbato, imberbe.

vilménte *avv.* pavidamente, codardamente, vigliaccamente □ abiettamente, vergognosamente CONTR. audacemente, coraggiosamente, impavidamente, virilmente □ dignitosamente, generosamente.

viltà *s. f.* *1* (*di caratteristica*) codardia, pusillanimità, debolezza, pavidità, vigliaccheria, fifa (*fam.*) CONTR. coraggio, ardimento, ardire, baldanza, audacia, intrepidezza *2* (*di azione*) bassezza, abiezione, abiettezza, meschinità, grettezza CONTR. valore, nobiltà, dignità, statura (*fig.*), elevatezza, cuore, generosità, virtù. *V. anche* DEBOLEZZA

vilùppo *s. m.* *1* (*di cose*) intreccio, groviglio, aggrovigliamento, avvolgimento, groppo, matassa, gomitolo, nodo, garbuglio, confusione, arruffio, mucchio *2* (*fig.*) (*di situazioni, di fatti, ecc.*) imbroglio, intrico, complicazione, ginepraio, pasticcio, rigiro.

vìmine *s. m. spec. al pl.* vinco, giunco.

vinàio *s. m.* oste, bettoliere (*lett.*), cantiniere, taverniere, vinattiere (*lett.*).

vincènte *part. pres. di* **vincere**; *anche agg.* e *s. m.* e *f.* vincitore, vittorioso □ superiore, prevalente, prevalso CONTR. perdente, soccombente, sconfitto, vinto.

vìncere *A* *v. tr.* *1* superare, sorpassare, avanzare (*fig.*), battere, sconfiggere, sgominare, debellare □ sopraffare, bruciare (*fig.*), annientare, abbattere, atterrare, espugnare, sbaragliare □ asservire, sottomettere, assoggettare, conquistare, conquidere (*lett.*) □ (*fig.*) domare, piegare, spezzare, soggiogare, fiaccare, prostrare CONTR. perdere, fallire, soccombere, naufragare (*fig.*) □ arretrare, retrocedere *2* (*di premio, di gara, ecc.*) conseguire, ottenere, aggiudicarsi, guadagnare, meritare □ sbancare CONTR. perdere *3* (*fig.*) (*di impulso, di sentimento*) reprimere, comprimere, frenare, rattenere (*lett., fig.*), trattenere, contenere, moderare, domare, soffocare CONTR. sfrenare *4* (*fig.*) (*di eloquenza, di parole e sim.*) persuadere, convincere CONTR. dissuadere, distogliere *5* (*fig.*) (*in bellezza, in abilità, ecc.*) superare, eclissare, sorpassare, sovrastare, sopravanzare *B* *v. intr.* trionfare, predominare, prevalere, preponderare (*raro*), eccellere, emergere, distinguersi CONTR. soccombere, perdere *C* **vincersi** *v. rifl.* dominarsi, frenarsi, sopportare, padroneggiarsi, rattenersi, contenersi, ritenersi.

VINCERE
sinonimia strutturata

L'avere la meglio su un avversario in uno scontro armato, una contesa verbale o una competizione pacifica consiste nel **vincere**: *vincere qualcuno in battaglia, in duello*; *vincere qualcuno nel salto, nella corsa*; *vincere gli oppositori*. Il vincere decisamente, con grande scarto si dice **trionfare**; appena meno incisivi sono **prevalere** e **predominare**, quest'ultimo anche in relazione ad una situazione di vantaggio momentaneo: *le forze dell'inferno non prevarranno*; *predominare gli avversari*. **Eccellere**, **distinguersi** ed **emergere** si distinguono perché richiamano l'attenzione sulle qualità che permettono a chi gareggia di mettersi in luce; inoltre non possono essere usati in relazione a scontri militari, e questo vale anche per **sorpassare**, **superare** e il più forte **bruciare**, sinonimi di vincere usato transitivamente, e quindi in esplicito riferimento a un avversario.

Possono essere riferiti sia a eventi bellici sia a lotte di altro tipo **sconfiggere**, **battere** e i più espressivi **sbaragliare**, **debellare**, **annientare**: *Corradino di Svevia fu sconfitto a Tagliacozzo*; *la rappresentativa italiana ha battuto quella francese*; *il nostro partito sbaraglierà tutti gli altri*; *debellare un esercito, il vizio*. **Sopraffare** si distingue perché può evocare prepotenza: *sopraffare i deboli*. Vicino a sbaragliare ma usato solo per descrivere scenari di guerra è **sgominare**, che significa non solo sconfiggere ma anche mettere in fuga rovinosa.

Di solito come segno tangibile di vittoria viene assegnato un premio; vincere significa quindi anche **ottenere**, **aggiudicarsi**, **conseguire**, **guadagnare**, ossia avere questo riconoscimento o ciò per cui si è lottato o gareggiato: *vincere un posto*; *ottenere una cattedra*; *aggiudicarsi una coppa, una medaglia, il premio Nobel, la maglia iridata*; *conseguire il titolo di campione olimpico*; **meritare** si distingue perché non indica semplicemente il procurarsi un premio, ma anche l'esserne degno.

Vincere si avvicina a guadagnare anche in riferimento a successi al gioco: *vincere a poker, al totocalcio*; in caso di una vincita in un gioco d'azzardo superiore alla somma disponibile da chi da chi tiene banco, si usa il verbo **sbancare**.

Figuratamente vincere significa **reprimere**, ossia soffocare la forza o l'impeto di qualcosa che tende a prorompere, agitarsi con moto istintivo: *vincere la paura del buio, la propria timidezza*; *reprimere un gesto di stizza, di sorpresa*; *un lieve sapore d'ironia ch'egli non poté reprimere* (Nievo). Rispetto a reprimere, **frenare** evoca un'azione dall'effetto parziale, e si avvicina perciò a **contenere**, **comprimere**, **trattenere** entro i dovuti limiti: *frenare il pianto, le passioni, l'ira, l'orgoglio*; *frenare la lingua*; ancor più connotato in questo senso è **moderare**, che corrisponde più da vicino ad attenuare, controllare: *moderare l'entusiasmo*.

Sempre in senso figurato, vincere equivale a **domare**, **piegare**, **spezzare**, ossia ad avere la meglio su qualcosa che ci si oppone energicamente: *vincere la resistenza, l'opposizione, l'ostinazione di qualcuno*; *domare la malattia, la violenza dell'infezione*.

Infine, si risolvono nel vincere anche il **persuadere**, il **convincere**, ossia il muovere all'assenso: *la sua eloquenza ci ha vinto*.

vìncita *s. f.* vittoria, successo, colpo □ premio **CONTR.** perdita.

vincitóre *s. m.*; *anche agg.* (*f. -trice*) trionfatore, trionfante, vincente, vittorioso, conquistatore, dominatore, espugnatore, debellatore, primo, campione **CONTR.** vinto, perdente, soccombente, sconfitto, conquiso (*lett.*), superato.

vìnco *s. m.* ***1*** (*bot.*) salice, salcio (*pop.*), vetrice ***2*** (*bot.*) vimine, giunco.

vincolàre *v. tr.* ***1*** (*lett.*) legare, stringere, frenare, unire, incatenare, allacciare **CONTR.** sciogliere, liberare, slegare ***2*** (*fig.*) (*di legge, di promessa, ecc.*) obbligare, impedire, condizionare, costringere, impegnare **CONTR.** svincolare, assolvere, riscattare, dispensare, esimere, esonerare, disobbligare, prosciogliere, sbloccare, liberalizzare ***3*** (*banca*) immobilizzare **CONTR.** svincolare. *V. anche* COSTRINGERE, UNIRE

vincolàto *part. pass. di* **vincolare**; *anche agg.* (*spec. fig.*) assoggettato, obbligato, costretto, legato, subordinato, necessitato, tenuto **CONTR.** libero, indipendente, slegato, prosciolto, sbloccato, svincolato, disobbligato.

vìncolo *s. m.* ***1*** (*raro, lett.*) laccio, legame, catena, nodo ***2*** (*fig.*) (*di legge, di patto, ecc.*) obbligo, impegno, condizione, servitù, costrizione, obbligatorietà, obbligazione, soggezione, promessa, guinzaglio, pastoia **CONTR.** svincolo, liberalizzazione, proscioglimento, rilascio, sblocco, esonero, dispensa ***3*** (*di parentela, di affetto e sim.*) rapporto, unione, relazione, legame.

vinèllo *s. m.* mezzo vino, secondo vino, acquerello.

vìnto ***A*** *part. pass. di* **vincere**; *anche agg.* ***1*** sconfitto, battuto, sgominato, debellato, sottomesso, schiacciato, sopraffatto, superato, abbattuto, annientato, sbaragliato □ conquistato, conquiso (*lett.*), espugnato □ (*fig.*) prostrato, domato, domo, piegato, represso, spezzato, soggiogato, fiaccato **CONTR.** imbattuto, insuperato, invitto □ vincente ***2*** (*di premio, di gara, ecc.*) conseguito, ottenuto, guadagnato, meritato **CONTR.** perduto ***3*** (*fig.*) (*da parole, da ragionamento, ecc.*) persuaso, convinto **CONTR.** dissuaso, distolto ***B*** *s. m.* perdente, soccombente, sconfitto **CONTR.** vincitore, vincente, trionfatore.

viòla ***A*** *s. f.* ***1*** (*est.*) mammola, malva ***2*** (*calcio*) gigliato, fiorentino ***B*** *in funzione di agg. inv.*; *anche s. m. inv.* ***1*** (*di colore*) rosso-turchino, violetto, violaceo ***2*** (*calcio*) fiorentino, gigliato.

violàceo *agg.*; *anche s. m.* violetto, viola, violato (*ant.*), rosso prugna, prugna □ livido, paonazzo, bluastro.

violàre *v. tr.* ***1*** (*di legge, di patto, ecc.*) trasgredire, infrangere, disobbedire, mancare, eludere, contravvenire, prevaricare, calpestare, derogare, conculcare **CONTR.** rispettare, osservare, attenersi, ubbidire, mantenere ***2*** (*di cose sacre*) profanare, oltraggiare, contaminare, offendere **CONTR.** rispettare, venerare, santificare ***3*** (*di blocco, di porta, ecc.*) forzare, manomettere, rompere ***4*** (*di segreto*) propalare, diffondere, divulgare **CONTR.** mantenere ***5*** (*di donna*) violentare, deflorare, disonorare, stuprare.

violàto *part. pass. di* **violare**; *anche agg.* leso, rotto, conculcato, calpestato □ profanato □ manomesso **CONTR.** inviolato, intatto.

violazióne *s. f.* ***1*** (*di legge, di patto, ecc.*) trasgressione, trasgredimento, infrazione, inosservanza, contravvenzione, disobbedienza, strappo, travalicamento, irregolarità **CONTR.** osservanza, rispetto ***2*** (*di cosa sacra*) profanazione, oltraggio, contaminazione, violenza, offesa, sacrilegio **CONTR.** rispetto, ubbidienza, venerazione ***3*** (*di cosa*) manomissione, rottura ***4*** (*di segreto*) propalazione, diffusione, divulgazione.

violentàre *v. tr.* ***1*** (*di persona, di coscienza, ecc.*) costringere, forzare, obbligare, coartare, sforzare, sopraffare, conculcare, angariare, indurre ***2*** (*di persona, d'onore, ecc.*) profanare, offendere, oltraggiare □ abusare, deflorare, brutalizzare, disonorare, stuprare, violare **CONTR.** rispettare, venerare. *V. anche* COSTRINGERE

violentatóre *s. m.*; *anche agg.* (*f. -trice*) stupratore, defloratore □ bruto, mostro.

violenteménte *avv.* con violenza, energicamente, irruentemente, aggressivamente, faziosamente, prepotentemente, spietatamente, brutalmente, furiosamente, rabbiosamente □ veementemente, impetuosamente, turbolentemente, tempestosamente, turbinosamente **CONTR.** tranquillamente, piano, pacatamente, serenamente, pacificamente, blandamente, dolcemente.

violènto ***A*** *agg.* ***1*** aggressivo, brutale, cattivo, bruto, dispotico, prepotente, iroso, facinoroso, rabbioso, rissoso, feroce, manesco, furibondo, irascibile, iracondo, spietato, crudele, inumano, tirannico **CONTR.** mite, gentile, garbato, dolce, carezzevole, tranquillo, bonario, pacifico, placido, ragionevole ***2*** (*di rivolta, di vento, di pioggia, ecc.*) travolgente, torrenziale, sferzante, battente, impetuoso, burrascoso, dirotto, procelloso, tumultuoso, rapinoso, tempestoso, furioso, turbinoso **CONTR.** debole, blando ***3*** (*di discorso e sim.*) energico, fiero, irruente, aggressivo, veemente, irresistibile, virulento, turbinoso, duro **CONTR.** calmo, pacato, sereno, insinuante ***4*** (*fig.*) (*di colore, di suono, di odore, ecc.*) carico, intenso, acuto, acre **CONTR.** debole, tenue, delicato, leggero ***B*** *s. m.* oppressore, facinoroso, bruto, bravaccio, despota, energumeno, guappo, selvaggio, soperchiatore (*lett.*), teppista, prepotente **CONTR.** pacifico, agnellino.

violènza *s. f.* ***1*** (*di caratteristica*) aggressività, brutalità, bestialità, ferocia, inumanità, spietatezza, forza, veemenza, impeto, insistenza, furia, furore, irruenza, impetuosità, virulenza **CONTR.** dolcezza, mitezza, persuasione, bontà, bonarietà, amabilità, ragionevolezza ***2*** (*di azione*) angheria, prepotenza, aggressione, teppismo, vandalismo, assassinio, coartazione, coercizione, soperchieria, sopraffazione, maltrattamento, oltraggio, sopruso, costrizione, abuso, stupro, sevizia, vessazione **CONTR.** diritto □ generosità, gentilezza. *V. anche* PREPOTENZA

violétta *s. f.* ***1*** *dim. di* **viola** ***2*** (*bot.*) viola mammola.

violétto *s. m.*; *anche agg.* violaceo, viola, violato (*ant.*), livido, malva, lilla, indaco.

viòttolo *s. m.* sentiero, cavedagna, andana, mulattiera, tratturo, redola (*tosc.*), viottola (*raro*), callaia (*raro*), calle (*poet.*).

vip [vc. ingl., da *v*(*ery*) *i*(*mportant*) *p*(*erson*) 'personaggio molto importante'] *s. m. e f. inv.*; *anche agg.* personaggio, notabile, boss (*ingl.*), persona importante, celebrità, personalità, magnate, big (*ingl.*), grande, divo, star, protagonista. *V. anche* GRANDE

vìpera *s. f.* ***1*** aspide ***2*** (*fig.*) (*di persona*) malalingua, linguaccia, detrattore, denigratore, calunniatore, sparlatore, malvagio.

viperìno *agg.* ***1*** di vipera ***2*** (*fig.*) malvagio, iroso, velenoso, perfido, rabbioso, malefico, maledico (*lett.*), maldicente, tagliente **CONTR.** buono, mansueto, benigno, umano, mite.

viràgo *s. f.* (*spec. scherz. o spreg.*) donnone, bersagliera, generalessa, gendarme (*scherz.*).

viràre ***A*** *v. tr.* girare, cambiare, invertire ***B*** *v. intr.* voltare, girare, sterzare □ invertire la rotta.

viràta *s. f.* ***1*** viraggio, viramento ***2*** (*anche fig.*) inversione, cambiamento, voltata, sterzata.

virgolettàre *v. tr.* ***1*** (*raro*) virgolare ***2*** mettere le virgolette □ evidenziare, citare testualmente.

virgùlto *s. m.* ***1*** (*di pianta*) germoglio, pollone, cespo, tallo, rimessiticcio, getto, vermena (*lett.*), arboscello, ramoscello ***2*** (*fig., lett.*) (*di persona*) rampollo, discendente.

virìle *agg.* ***1*** maschio, mascolino, maschile **CONTR.** femmineo, femminile, donnesco, muliebre, effeminato, efebico □ evirato, impotente (*med.*) ***2*** maturo **CONTR.** infantile, immaturo, impubere, puerile ***3*** (*est., fig.*) (*di contegno, di comportamento, ecc.*) forte, equilibrato, sicuro, energico, risoluto, coraggioso, valoroso, gagliardo, strenuo, intrepido, vigoroso **CONTR.** debole, fiacco, imbelle, smidollato, sdolcinato, languido, codardo, molle.

virilità *s. f.* ***1*** maturità **CONTR.** immaturità, acerbità, adolescenza ***2*** mascolinità, maschiezza (*raro*) **CONTR.** femminilità, effeminatezza □ impotenza (*med.*) ***3*** (*est., fig.*) (*di comportamento*) coraggio, serietà, risolutezza, energia, fermezza, valore, gravità, vigore, vigoria, forza **CONTR.** debolezza, pusillanimità, languidezza, mollezza, fiacchezza, cedevolezza.

virilménte *avv.* da uomo, maschiamente, energicamente, risolutamente, coraggiosamente, valorosamente **CONTR.** debolmente, sdolcinatamente □ puerilmente □ codardamente, vilmente.

virtù *s. f.* ***1*** bontà, perfezione □ fortezza, giustizia, prudenza, temperanza □ fede, speranza, carità □ probità, integrità **CONTR.** vizio, peccato ***2*** (*ass.*) verecondia, castità, pudore, modestia, pudicizia, santità **CONTR.** inverecondia, impudicizia, immoralità, impurità, depravazione, dissolutezza, spudoratezza ***3*** (*est.*) qualità, capacità, proprietà, pregio, dote, requisito, prerogativa, merito **CONTR.** difetto, debolezza, macchia, magagna, mancanza, pecca ***4*** (*lett.*) abilità, efficienza, preziosità, bravura, capacità, valentia, talento **CONTR.** inabilità, incapacità, ignoranza, incompetenza, vizio **5** (*est., lett.*) valore, coraggio, forza, ardimento, eroismo, prodezza **CONTR.** viltà, vigliaccheria, codardia, paura, pusillanimità **6** (*lett.*) facoltà, dono, potenza, potere, forza, privilegio, volontà **7** (*di medicina, di rimedio, ecc.*) efficacia, potenza, utilità **CONTR.** inefficacia, inutilità **FRAS.** *in virtù di*, in forza di □ *per virtù di*, grazie a. *V. anche* FACOLTÀ, LODE

virtuàle *agg.* **1** potenziale, implicito, possibile, latente, eventuale **CONTR.** attuale, reale, effettivo **2** (*est.*) teorico **CONTR.** reale.

virtualménte *avv.* potenzialmente, teoricamente **CONTR.** realmente, effettivamente.

virtuosìsmo *s. m.* **1** abilità, padronanza, perfezione, virtuosità, maestria **CONTR.** inabilità, imperizia, incapacità **2** (*est., spreg.*) esibizione, accademia.

virtuóso *agg.*; *anche s. m.* **1** onesto, probo, giusto □ temperante, morigerato, castigato, casto, illibato, integro, immacolato, innocente □ specchiato, incorruttibile, morale, leale, buono, santo **CONTR.** vizioso, corrotto, dissoluto, debosciato, immorale, libertino, pervertito, depravato, degenerato, scostumato **2** (*di artista*) abile, esperto, bravo, perfetto **CONTR.** inabile, inesperto, incapace.

virulènto *agg.* **1** (*di microbo, di infezione, ecc.*) maligno, velenoso, tossico, infettivo, settico □ acuto, violento **CONTR.** innocuo, benigno □ leggero **2** (*fig.*) (*di discorso, di scritto, ecc.*) maligno, mordace, rabbioso, aspro, acre, corrosivo, velenoso, invelenito **CONTR.** mite, benevolo, dolce, umano, affettuoso, indulgente, affabile.

virulènza *s. f.* **1** (*di microbo, di infezione, ecc.*) velenosità, malignità, tossicità **CONTR.** innocuità, benignità **2** (*fig.*) (*di discorso, di scritto, ecc.*) violenza, asprezza, malignità, mordacità **CONTR.** mitezza, dolcezza, benevolenza, umanità.

vìrus *s. m.* **1** (*med.*) bacillo, agente infettivo, ultravirus, microrganismo **2** (*fig.*) germe □ (*elab.*) programma di sabotaggio.

visceràle *agg.* **1** dei visceri **2** (*fig.*) (*di odio, di amore, ecc.*) profondo, intenso, istintivo, irrazionale, emotivo, uterino **CONTR.** superficiale □ motivato, ragionato.

vìscere *s. m. al pl.* **1** interiora, intestini, budella, stomaco, frattaglie **2** (*est., lett.*) utero, grembo **3** (*raro, fig.*) cuore, sentimento, sensibilità, passione, calore **CONTR.** indifferenza **4** (*fig.*) (*di terra, di vulcano, ecc.*) profondità, intimo, intimità, interno **CONTR.** cima, superficie, esterno.

vìschio *s. m.* **1** pania **2** (*raro, fig.*) lusinga, esca, inganno, allettamento, adescamento **3** (*lett., fig.*) legame.

vischiosità *s. f.* viscosità, collosità, gommosità, resistenza, tenacia, tenacità, mucosità **CONTR.** fluidità.

vischióso *agg.* viscoso, colloso, gommoso, mucoso, attaccaticcio, appiccicoso, appiccicaticcio, tenace, appiccicante, glutinoso, filante **CONTR.** fluido, scorrevole.

vìscido *agg.* **1** gelatinoso, lubrico (*lett.*), molle, molliccio, mucillaginoso □ scivoloso, sdrucciolevole **CONTR.** scabro, ruvido **2** (*fig.*) (*di persona, di modi, ecc.*) sfuggevole, insinuante, equivoco, strisciante, untuoso □ rettile **CONTR.** chiaro, aperto. *V. anche* IPOCRITA

vìsciola *s. f.* (*bot.*) amarena, marasca, ciliegia, agriotta.

vìsciolo *s. m.* (*bot.*) ciliegio, agriotto, marasco.

viscosità *s. f.* tenacità, resistenza □ collosità, mucosità, vischiosità □ (*fis., chim.*) attrito **CONTR.** fluidità, liquidità, scorrevolezza.

visìbile *agg.* **1** vedibile, distinguibile, percettibile, percepibile, osservabile, discernibile, corporeo, esterno **CONTR.** invisibile, incorporeo, immateriale, spirituale, impercettibile, insensibile **2** (*est.*) (*di commozione, di gioia, ecc.*) chiaro, manifesto, scoperto, patente, evidente, cospicuo (*lett.*), palese, indubbio, certo **CONTR.** nascosto, furtivo, celato (*lett.*), occulto, riservato.

visibìlio [dalle parole del credo: *Visibilium omnium et invisibilium* 'delle cose visibili e invisibili'] *s. m.* (*fam.*) quantità, abbondanza, sterminio (*fig.*) **FRAS.** *andare in visibilio*, entusiasmarsi, andare in estasi, estasiarsi, strabiliare.

visibilità *s. f.* (*est.*) vista, visuale.

visibilménte *avv.* evidentemente, patentemente, manifestamente **CONTR.** nascostamente, segretamente.

visièra *s. f.* **1** (*di elmo*) buffa **2** (*di schermidore*) maschera **3** (*di cappello*) tesa, falda.

visionàre *v. tr.* controllare, osservare, esaminare, vedere.

visionàrio *s. m.*; *anche agg.* **1** allucinato, vaneggiante, vaneggiatore (*raro*) **2** (*fig.*) sognatore, utopista, idealista, illuso **CONTR.** positivo, pratico, realista, prosaico.

visióne *s. f.* **1** vista, veduta, panorama, paesaggio □ esame, osservazione **2** (*di film*) proiezione, spettacolo **3** (*est.*) (*del mondo, della realtà, ecc.*) idea, concetto, quadro, immagine, weltanschauung (*ted.*) **4** (*est.*) scena, spettacolo **5** apparizione □ estasi **6** (*est.*) allucinazione, sogno, fantasia **7** fantasma, spettro. *V. anche* QUADRO

vìsita *s. f.* **1** visitazione (*ant.*), abboccamento, incontro, scappata, corsa **2** (*med.*) esame, controllo, seduta, consulto, consultazione **3** (*a scuola, a caserma, ecc.*) ispezione, perlustrazione, controllo, sopralluogo, supervisione □ perquisizione.

visitàre *v. tr.* **1** fare visita, andare a trovare **2** (*med.*) esaminare **3** (*di città, di museo, ecc.*) vedere, girare, percorrere **4** (*raro*) controllare, ispezionare.

visitìna *s. f. dim. di* **visita**; capatina, scappata, salto.

visìvo *agg.* visuale.

vìso *s. m.* **1** faccia, volto, fronte, muso (*spreg.*), mostaccio, grugno (*spreg.*), ceffo (*spreg.*) **2** (*est.*) espressione, fisionomia, aspetto, sembiante, cera, lineamenti, fattezze □ piglio, atteggiamento.

visóre *s. m.* **1** mirino **2** microlettore.

vìspo *agg.* pronto, svelto, brioso, vivace, agile, celere, ridente, sveglio, arzillo, birichino, pimpante, ringalluzzito, allegro, irrequieto **CONTR.** tardo, lento, pesante, torpido, ottuso, inebetito.

vissùto **A** *part. pass. di* **vivere**; *anche agg.* **1** trascorso, passato ***2*** (*di persona*) esperto □ navigato, blasé **CONTR.** inesperto, ingenuo ***B*** *s. m.* passato, esperienza.

vìsta *s. f.* ***1*** sguardo, occhio, lume, visus □ percezione, avvistamento ***2*** occhiata, guardata □ impressione ***3*** visualità, campo visivo ***4*** (*raro, edil.*) luce, finestra, apertura ***5*** (*di luogo*) panorama, paesaggio, prospettiva, scena, spettacolo, visuale, veduta, visione ***6*** aspetto, apparenza, parvenza, sembianza ***7*** (*raro*) ostentazione, mostra **FRAS.** *in vista*, (*di persona*) noto, importante □ *in vista di*, vicino a; in considerazione di; nell'imminenza di □ *a vista* (*econ.*), alla presentazione □ *punto di vista*, opinione, parere, giudizio □ *sparare a vista*, sparare senza preavviso □ *avere la vista lunga* (*fig.*), essere lungimirante.

vistàre *v. tr.* vidimare, autenticare, firmare, bollare, avallare.

vìsto (1) *s. m.* vidimazione, autenticazione, firma, approvazione, autorizzazione, exequatur (*lat.*), okay (*ingl.*).

vìsto (2) *part. pass. di* **vedere**; *anche agg.* veduto □ (*fig.*) considerato **FRAS.** *visto che*, poiché, dato che.

vistosità *s. f.* appariscenza, risalto, evidenza, spicco □ sfoggio, sfarzo, ostentazione, eccentricità, chiassosità, speciosità (*lett.*) **CONTR.** modestia, squallore, insipidità, mediocrità, meschinità.

vistóso *agg.* ***1*** (*di colore, di vestito, ecc.*) chiassoso, fiammante, sgargiante, appariscente, eccentrico, pacchiano, sfacciato, smagliante, ostentato, evidente □ coreografico, sfarzoso, sontuoso, lussuoso, ricco, spettacolare, hollywoodiano, pomposo, spettacoloso **CONTR.** modesto, severo, misero, squallido, insipido, mediocre, incolore, stinto, insulso ***2*** (*fig.*) (*di somma, di vincita, ecc.*) notevole, considerevole, ingente, importante, imponente, cospicuo, ragguardevole, rilevante **CONTR.** esiguo, piccolo, mediocre, irrilevante, da poco.

visuàle ***A*** *agg.* visivo ***B*** *s. f.* ***1*** veduta, panorama, vista, visibilità, prospetto, prospettiva ***2*** campo visivo.

vita (1) *s. f.* ***1*** esistenza, realtà □ essere, anima, fiato, spirito **CONTR.** morte ***2*** pelle, ghirba (*gerg.*), buccia (*fam.*), incolumità ***3*** (*fig.*) durata **CONTR.** fine ***4*** modo di vita, vivere ***5*** persona, individuo, essere ***6*** vigore, vitalità, vivacità, fervore, energia, esuberanza, forza, spirito, brio **CONTR.** inerzia, debolezza, fiacchezza, indolenza ***7*** (*fig.*) animazione, fermento, movimento, traffico **CONTR.** calma, quiete, silenzio ***8*** fama, nome, celebrità, gloria, notorietà, rinomanza, risonanza **CONTR.** oscurità ***9*** biografia, autobiografia, memorie ***10*** mondo.

vìta (2) *s. f.* ***1*** cintura, cintola, fianco ***2*** (*est.*) torace, busto, corpo.

vitàle *agg.* ***1*** della vita, esistenziale □ vivificatore, vivificante, vivifico (*lett.*), ravvivante **CONTR.** letale, micidiale, mortale ***2*** (*fig.*) (*di interesse, di questione, ecc.*) fondamentale, essenziale, necessario, primario, importante, capitale **CONTR.** trascurabile, secondario, superfluo ***3*** (*fig.*) (*di industria, di persona, ecc.*) produttivo, attivo, dinamico, esuberante, vivace **CONTR.** improduttivo, passivo, bolso, decrepito, asfittico.

vitalità *s. f.* vivacità, vigoria, esuberanza, dinamismo, vivezza, vita, energia, vigore, forza, spirito, brio, euforia, calore, impeto **CONTR.** inerzia, debolezza, impotenza, morte, fiacchezza, bolsaggine, inattività, indolenza. *V. anche* ENERGIA

vitalìzio *s. m.* pensione, rendita.

vitamìna *s. f.* **FRAS.** *vitamina A*, carotene □ *vitamina B_1*, tiamina □ *vitamina B_2*, riboflavina □ *vitamina B_5*, acido pantotenico □ *vitamina B_8*, piridossina □ *vitamina B_{12}*, cianocobalamina □ *vitamina C*, acido ascorbico □ *vitamina D*, calciferolo □ *vitamina E*, tocoferolo □ *vitamina F*, acido linoleico □ *vitamina H*, biotina □ *vitamina K*, naftochinone □ *vitamina M, B_c*, acido folico □ *vitamina P*, citrina □ *vitamina PP*, niacina.

vìte *s. f.* pampini, vitigno.

vitèllo *s. m.* ***1*** lattone, lattonzolo **CFR.** manzo, bue ***2*** (*biol.*) (*di uovo*) tuorlo.

vitellóne [nel sign. 2, dal film di Fellini, *I vitelloni*, 1953] *s. m.* ***1*** *accr. di* **vitello** □ giovenco **CFR.** manzo ***2*** (*fig.*) perditempo, fannullone, figlio di papà.

viticcio *s. m.* ***1*** (*bot.*) tralcio, cirro ***2*** (*di ornamento*) voluta.

vìtreo *agg.* ***1*** vetroso, vetrigno (*raro*), invetriato, cristallino ***2*** (*di sguardo, di occhio*) fisso, immobile, inespressivo, sbarrato, dilatato **CONTR.** vivido, vivace, mobile, espressivo.

vìttima *s. f.* ***1*** (*relig.*) olocausto, offerta ***2*** (*di fede, di tirannide, ecc.*) martire, perseguitato, sofferente **CONTR.** carnefice, persecutore ***3*** (*di terremoto, di guerra, ecc.*) morto, caduto, ucciso **CONTR.** superstite, sopravvissuto ***4*** (*fig.*) zimbello, capro espiatorio, scherno, cireneo, cavia.

vittimìsmo *s. m.* autocompatimento, autocommiserazione **CONTR.** narcisismo, autocompiacimento, autoesaltazione, autoammirazione.

vìtto *s. m.* alimentazione, alimenti, mantenimento, nutrizione, nutrimento, cibo, pasto, vettovaglie, viveri, sostentamento, vivande. *V. anche* NUTRIMENTO

vittòria *s. f.* ***1*** successo, vincita, affermazione, riuscita, trionfo, conquista □ trofeo, palma, scudetto, alloro **CONTR.** sconfitta, disfatta, debacle (*fr.*), perdita, resa, rotta, insuccesso, fiasco, scacco, smacco, trombatura, fallimento, tomba (*fig.*) ***2*** (*sulla droga, sull'analfabetismo, ecc.*) eliminazione, debellamento ***3*** (*come grido di gioia*) evviva, alalà **FRAS.** *cantar vittoria* (*fig.*), rallegrarsi. *V. anche* SUCCESSO

vittorióso *agg.*; *anche s. m.* trionfante, vincitore, campione, trionfatore, conquistatore, espugnatore, vincente **CONTR.** vinto, sconfitto, battuto, superato, soccombente, debellato.

vituperàre *v. tr.* offendere, infamare, oltraggiare, ingiuriare, insultare, svergognare, disonorare, diffamare, sparlare, biasimare, denigrare, infangare, vilipendere **CONTR.** onorare, rispettare □ esaltare, lodare, encomiare, incensare, adulare, magnificare. *V. anche* BIASIMARE

vitupèrio *s. m.* ***1*** ingiuria, improperio, insulto, oltraggio, contumelia, parolaccia, bestemmia, offesa, diffamazione **CONTR.** elogio, lode, encomio, incensamento, adulazione, lusinga, piaggeria, allettamento ***2***

(*lett.*) onta, disonore, vergogna, obbrobrio, abominio, disdoro, scorno, ignominia, infamia □ (*ant.*) biasimo, condanna **CONTR.** onore, merito, gloria, esaltazione.

viùzza *s. f.* **1** *dim. di* **via** **2** vicolo, stradina, chiasso, calle (*region.*), vico **CONTR.** viale.

vìva ***A*** *inter.* evviva, urrà, alleluia, deo gratias (*lat.*) **CONTR.** abbasso ***B*** *s. m.* plauso, approvazione, evviva, osanna **CONTR.** rimprovero, disapprovazione.

vivacchiàre *v. intr.* campare, campicchiare, arrabattarsi, arrangiarsi, vegetare.

vivàce *agg.* **1** (*lett.*) (*spec. di pianta*) rigoglioso, vegeto, vitale, lussureggiante, vigoroso **CONTR.** stentato, intristito, avvizzito **2** (*di persona*) esuberante, allegro, festoso, pimpante, arzillo, spigliato, attivo, deciso, effervescente, focoso, scattante, dinamico, agile, impulsivo □ (*di bambino*) birichino, irrequieto, monello **CONTR.** calmo, quieto, posato, fiacco, stanco □ pigro, indolente □ addormentato, intontito, lagnoso **3** (*di ingegno, di mente, ecc.*) sveglio, attento, pronto, desto, fervido, perspicace, acuto, vivido, vispo **CONTR.** lento, tardo, inerte, arruginito, torpido **4** (*est.*) (*di stile, di scrittore, ecc.*) brioso, scorrevole, spigliato, spumeggiante, fresco, arguto, spassoso, sciolto, saporoso, animato, brillante, gaio, movimentato, colorito, fantasioso, mosso **CONTR.** serio, pedante, piatto, sbiadito, scialbo, inespressivo, insipido, compassato, triste **5** (*fig.*) (*di parole*) animoso, eccitato, risentito, concitato **CONTR.** tranquillo, pacato **6** (*fig.*) (*di colore*) intenso, forte, brillante, vivido **CONTR.** pallido, tenue, debole, chiaro, sbiadito, stinto, spento, smorto **7** (*fig.*) (*di vino*) giovane, frizzante **CONTR.** fermo. *V. anche* ARGUTO

vivaceménte *avv.* **1** brillantemente, briosamente, animatamente, dinamicamente **CONTR.** pedantemente, pignolescamente, pigramente, grigiamente **2** animosamente, concitatamente **CONTR.** pacatamente, tranquillamente **3** intensamente, brillantemente, vivamente **CONTR.** pallidamente, piattamente, squallidamente, grigiamente.

vivacità *s. f.* **1** (*lett.*) (*di pianta*) vitalità, rigoglio **CONTR.** languore, stentatezza **2** (*di persona*) esuberanza, dinamicità, alacrità, attività, dinamismo, agilità, slancio, fervore, vigoria, energia, vigore **CONTR.** stanchezza, torpidezza, apatia, pesantezza, lentezza, indolenza, fiacchezza, pigrizia, ebetaggine **3** (*di discorso, di scritto, ecc.*) brio, gaiezza, scorrevolezza, argutezza, fantasmagoria, pittoricità, colore, verve (*fr.*), vivezza, acutezza, arguzia, prontezza **CONTR.** lentezza, monotonia, pedanteria, grigiore, insipidezza, opacità, aridità **4** irrequietezza, concitazione, animazione, impeto, foga, impulsività, passione **CONTR.** pacatezza, calma, tranquillità. *V. anche* ENERGIA

vivacizzàre *v. tr.* animare, ravvivare, avvivare, colorire, movimentare, vivificare **CONTR.** smorzare, scolorire, mortificare, sclerotizzare, intristire.

vivàgno *s. m.* **1** cimosa, bordatura, lisiera **2** (*est., lett.*) orlo, lembo, margine, balza.

vivàio *s. m.* **1** (*di piante*) semenzaio, serra, seminario (*ant.*), brolo, conserva **2** (*di pesci*) peschiera.

vivaménte *avv.* calorosamente, caldamente, ferventemente, intensamente, sentitamente, vivacemente, efficacemente, grandemente, impetuosamente, molto **CONTR.** impassibilmente, freddamente, poco, tenuemente.

vivànda *s. f.* cibo, alimento, mangiare, portata, pietanza, piatto, manicaretto □ (*al pl.*) vitto, tavola, cucina, menu. *V. anche* NUTRIMENTO

vivènte ***A*** *part. pres. di* **vivere**; *anche agg.* vivo, in vita, esistente **CONTR.** morto, deceduto, defunto ***B*** *s. m.* essere vivente, uomo.

vìvere ***A*** *v. intr.* **1** esistere, respirare □ (*di pianta*) allignare **CONTR.** morire **2** campare, sopravvivere, vivacchiare, mantenersi, stentare, vegetare **CONTR.** crepare, defungere (*lett.*), perire, trapassare **3** (*in un luogo*) stare, abitare, risiedere, dimorare, soggiornare, alloggiare, essere **4** (*da galantuomo, da studioso, ecc.*) comportarsi, agire, trattarsi, procedere **5** godere **6** (*fig.*) (*di fama, di ricordo, ecc.*) durare, sopravvivere, perdurare, prolungarsi, resistere, conservarsi, continuare **CONTR.** finire, cessare ***B*** *v. tr.* **1** (*di vita, di anni*) trascorrere, passare, fare, condurre **2** (*di sensazioni, di esperienze, ecc.*) provare, sperimentare, sentire ***C*** *s. m.* vita, esistenza.

vìveri *s. m. pl.* vettovaglie, derrate, cibarie, salmerie, alimenti, cibo, provviste, sussistenza, scorte, vitto, grascie (*ant.*), annona (*st.*).

viveur */fr.* vi'vœr/ [vc. fr., da *vivre* 'vivere'] *s. m. inv.* vitaiolo, dongiovanni, festaiolo, gaudente **CONTR.** asceta, morigerato, persona austera.

vìvido *agg.* **1** (*lett.*) vivo, vivace, vigoroso, rigoglioso **CONTR.** debole, vizzo, fiacco **2** (*di colore, di luce, ecc.*) intenso, brillante, splendido, luminoso, splendente, sfavillante, lucente, caldo, fiammante, acceso, scintillante, raggiante, sfolgorante, smagliante, rilucente, rutilante **CONTR.** opaco, spento, smorto, fioco, pallido, scuro, tetro, fosco, annebbiato **3** (*fig.*) (*di ingegno, di fantasia, ecc.*) acuto, penetrante, vivace, pronto, perspicace **CONTR.** ottuso, lento, tardo, appannato, inerte.

vìvo ***A*** *agg.* **1** vivente, vitale **CONTR.** morto, deceduto, defunto, estinto, ucciso, perito, inanime **2** (*di piante*) rigoglioso, fiorente **CONTR.** secco, intristito, avvizzito, appassito **3** (*est.*) (*di lingua, di consuetudine, ecc.*) attuale, parlato, contemporaneo, in uso **CONTR.** morto **4** (*di persona, di sguardo, ecc.*) espressivo, vivace, vigoroso, esuberante, brioso, allegro, attivo, irrequieto **CONTR.** fiacco, pigro, spento, rammollito, indolente, inerte **5** (*di ingegno, di mente, ecc.*) acuto, versatile, vivido, aguzzo, incisivo, fervido, pronto, vivace **CONTR.** lento, tardo **6** (*di discussione, di polemica, ecc.*) accanito, animato, fervente, aggressivo **CONTR.** calmo, pacato, quieto, sfumato, smorzato **7** (*di mercato, di attività, ecc.*) attivo, operoso, animato, mosso **CONTR.** statico, fermo **8** (*di luce, di colore, ecc.*) intenso, forte, violento, brillante, luminoso, acceso, caldo **CONTR.** spento, tenue, delicato, sbiadito, impallidito, morbido, pallido, scuro, freddo **9** (*di rumore, di suono e sim.*) acuto, forte, chiaro, squillante **CONTR.** tenue, debole, attutito, smorzato **10** (*di sentimento, di passione*) forte, intenso, ardente, esaltante, pulsante, fervido, sentito, palpitante **CONTR.** debole, languido, fiacco ***11*** (*fig.*) (*di aria, di clima, ecc.*) fresco, puro, frizzante **CONTR.** pesante, afoso ***12*** (*di acqua*) corrente **CONTR.** stagnante ***13*** (*di roccia, di carne*) nudo, scoperto **CONTR.** ricoperto ***14*** (*di angolo, di spigolo*) acuto **CONTR.** smussato ***B*** *s. m.* ***1*** vivente **CONTR.** morto ***2*** (*di un discorso, di una questione, ecc.*) intimo, profondo, cuore, essenza **CONTR.** superficie, esterno **FRAS.** *mangiarsi vivo uno* (*fig.*), sopraffarlo □ *farsi vivo* (*fig.*), dare notizie di sé, farsi vedere □ *non c'è anima viva* (*fig.*), non c'è nessuno □ *argento vivo* (*fig.*), irrequietezza □ *a fuoco vivo*, a fiamma alta □ *a viva forza*, con violenza □ *a viva voce*, di persona □ *dal vivo*, dal vero; in diretta, live (*ingl.*).

viziàre ***A*** *v. tr.* ***1*** corrompere, guastare, macchiare, depravare, traviare, pervertire, adulterare, falsare, falsificare, degradare, deviare, sviare, fuorviare, rovinare □ (*di aria, di acqua, ecc.*) inquinare, infettare, ammorbare, contaminare **CONTR.** correggere, raddrizzare, moralizzare, educare, mondare □ depurare ***2*** abituare male □ coccolare, educare nella bambagia ***3*** invalidare, annullare, inficiare, infirmare **CONTR.** convalidare, confermare ***B*** **viziarsi** *v. intr. pron.* ***1*** (*di persona*) contrarre vizi, depravarsi, fuorviarsi **CONTR.** correggersi, raddrizzarsi ***2*** (*di cosa*) logorarsi, sciuparsi. *V. anche* GUASTARE

viziàto *part. pass. di* **viziare**; *anche agg.* ***1*** depravato, traviato, pervertito, corrotto, contaminato, bacato, guasto, tarato, deviato, fuorviato **CONTR.** educato, corretto, raddrizzato, moralizzato, immacolato, intatto ***2*** educato male, malavvezzo, guastato ***3*** (*dir.*) invalido, irregolare, infirmato **CONTR.** valido, regolare ***4*** (*di acqua, di aria, ecc.*) inquinato, infettato, ammorbato, contaminato □ pesante, irrespirabile **CONTR.** puro.

vìzio *s. m.* ***1*** malcostume, corruzione, dissolutezza, depravazione, perversione, colpa, peccato, corruttela, pervertimento, scostumatezza, malattia (*fig.*), infezione (*fig.*), macchia (*fig.*), lebbra (*fig.*) **CONTR.** virtù, morigeratezza, qualità, virtuosità ***2*** (*est.*) (*del fumo, del bere, ecc.*) difetto, vezzo, cattiva abitudine, debolezza, capriccio, passione **CONTR.** dote ***3*** (*anat.*) alterazione, malformazione, imperfezione ***4*** (*di cosa*) imperfezione, difetto, tacca, guasto, magagna, pecca, tara **CONTR.** qualità, pregio ***5*** (*di scrittura, di ortografia e sim.*) errore, scorrettezza **CONTR.** correttezza ***6*** (*dir.*) irregolarità, non conformità **CONTR.** regolarità, conformità. *V. anche* ABITUDINE, DEBOLEZZA, DEPRAVAZIONE, IMPERFEZIONE

vizióso ***A*** *agg.* ***1*** corrotto, dissoluto, depravato, traviato, degenerato, degenere, debosciato, libertino, licenzioso, peccaminoso, lussurioso, peccatore, pervertito, perverso, scostumato, sregolato **CONTR.** virtuoso, morigerato, casto, temperante, giusto, morale, integro, incorruttibile, onesto, misurato ***2*** (*est.*) (*di cosa*) difettoso, anomalo, guasto, magagnato, irregolare **CONTR.** perfetto, sano ***3*** (*di pronuncia, di discorso, ecc.*) imperfetto, inesatto, scorretto, errato □ tautologico **CONTR.** giusto ***B*** *s. m.* (*di persona*) dissoluto, depravato, debosciato, pervertito **FRAS.** *circolo vizioso*, tautologia.

vìzzo *agg.* appassito, grinzoso, cascante, avvizzito, rugoso, floscio, aggrinzito, increspato, raggrinzito, flaccido, incartapecorito, mencio (*tosc.*), moscio, sfatto, consunto **CONTR.** liscio, sodo, fresco, fiorente, vigoroso, rigoglioso, saldo, levigato, turgido.

vocabolàrio *s. m.* ***1*** dizionario, glossario, calepino ***2*** (*di un autore, di una persona, di un gruppo, ecc.*) lessico, linguaggio, gergo □ vocaboli, parole □ parlata.

vocàbolo *s. m.* ***1*** parola, voce, nome, termine, lemma, esponente, entrata ***2*** (*lett.*) nome proprio **CONTR.** nome comune.

vocàle (1) *agg.* ***1*** di voce, della voce **CFR.** (*mus.*) strumentale ***2*** (*poet.*) sonoro, canoro.

vocàle (2) *s. f.* **CFR.** consonante □ semivocale, semiconsonante.

vocazióne *s. f.* ***1*** (*relig.*) chiamata, elezione, ispirazione ***2*** (*fig.*) (*per una cosa*) inclinazione, disposizione, tendenza, passione, predisposizione, propensione, bernoccolo, attitudine, talento, dote **CONTR.** avversione, contrarietà, riluttanza, idiosincrasia.

vóce *s. f.* ***1*** suono, fiato (*lett.*) □ grido □ tono, accento, inflessione ***2*** persona □ cantante ***3*** (*est.*) (*di animale*) verso, canto, grido, urlo ***4*** (*est.*) (*di strumento musicale*) armonia, accordo ***5*** (*di vento, di tuono, ecc.*) rumore, fragore, scroscio, rombo, fruscio, brontolio ***6*** (*fig.*) (*della cultura, della finanza, ecc.*) personaggio, esponente, personalità ***7*** (*del lessico*) parola, vocabolo, termine, lemma, nome, esponente, entrata ***8*** (*di verbo*) forma ***9*** (*fig.*) (*della coscienza, della natura, ecc.*) richiamo, suggerimento, ammonimento, insegnamento □ istinto, impulso ***10*** (*al pl.*) sensazione, allucinazione ***11*** (*di persona*) voto □ diritto, autorità ***12*** opinione □ fama, reputazione ***13*** notizia, informazione, eco, diceria, chiacchiera, ciarla, bisbiglio, favola, pettegolezzo, indiscrezione □ maldicenza, calunnia ***14*** (*di elenco, di spesa, ecc.*) elemento, articolo, oggetto, argomento ***15*** audio, suono, sonoro **CFR.** video ***16*** (*ling.*) forma verbale **FRAS.** *dar sulla voce*, contraddire, zittire □ *senza voce*, afono □ *fare la voce grossa* (*fig.*), minacciare □ *a una voce*, simultaneamente; (*fig.*) concordemente, unanimemente □ *spargere la voce*, diffondere una notizia □ *voci di corridoio*, indiscrezioni, pettegolezzi. *V. anche* INDISCREZIONE, INFORMAZIONE

vociàre ***A*** *v. intr.* ***1*** sbraitare, gridare, berciare (*tosc.*), sgolarsi, schiamazzare, strepitare, urlare, strillare, baccagliare (*region.*), ragliare, latrare **CONTR.** sussurrare, bisbigliare ***2*** (*est.*) pettegolare, spettegolare, ciarlare, cianciare ***B*** *s. m.* ***1*** rumore, clamore, vocio, gridio, schiamazzo, strepito, gazzarra, tumulto **CONTR.** silenzio, calma ***2*** (*est.*) chiacchiera, pettegolezzo. *V. anche* GRIDARE

vociferàre ***A*** *v. intr.* (*raro*) parlare, urlare, schiamazzare ***B*** *v. tr.* dire, insinuare, sparlare, soffiare, spifferare, mormorare. *V. anche* PARLARE

vocìo *s. m.* parlottio, brusio, sussurrio, chiacchierio, gridio, stridio, vociferazione, chiacchiericcio **CONTR.** bisbiglio, sussurro.

vóga *s. f.* ***1*** (*mar.*) spinta, remata ***2*** (*fig.*) impeto, slancio, entusiasmo, passione **CONTR.** apatia, indifferenza, calma *3* (*fig.*) moda, uso, usanza, consuetudine, costumanza, costume, foggia, corrente (*fig.*) *4* (*fig.*) notorietà, popolarità, successo, attualità, favore, fama, gloria *5* (*sport*) vogatore. *V. anche* MODA, SUCCESSO

vogàre *v. intr.* remare, remigare (*raro, lett.*), remeggiare, pagaiare, arrancare.

vogatóre *s. m.* (*f. -trice*) *1* rematore, remigatore (*raro, lett.*), remigante (*lett.*), canottiere, barcaiolo *2* (*di indumento*) canottiera.

vòglia *s. f.* *1* desiderio, volontà, vaghezza (*lett.*), aspirazione, intenzione, propensione □ brama, cupidigia, sete, golosità, ingordigia, appetito, avidità **CONTR.** ripugnanza, avversione, odio, idiosincrasia □ sazietà *2* (*euf.*) bramosia (*lett.*), foia, libidine, concupiscenza *3* capriccio, talento, sfizio, ghiribizzo, grillo, pizzicore, prurigine, ruzzo, velleità, tic, ticchio, libito (*lett.*), smania, uzzolo (*tosc.*), tentazione, fregola, prurito, fantasia *4* (*pop.*) (*della pelle*) neo, macchia, angioma. *V. anche* CUPIDIGIA

voglióso *agg.* desideroso, vago (*lett.*), desioso (*lett.*), bramoso (*lett.*) □ avido, ingordo, famelico, sitibondo (*lett., fig.*), smanioso □ concupiscente, libidinoso, cupido (*lett.*) **CONTR.** indifferente, svogliato □ sazio, pago □ nauseato.

vói *pron. pers. m. e f. di seconda pers. pl.* *1* voialtri *2* vi, ve **FRAS.** *da voi*, al vostro paese, in casa vostra, nel vostro ufficio, ecc. □ *a voi!*, forza!, coraggio!

voilà /*fr.* vwa'la/ [vc. fr., comp. di *voi(s)* 'vedi' e *là* 'là'] *inter.* ecco qua, ecco fatto, ecco.

volàno *A* *s. m.* *1* organo rotante, ruota *2* (*est., fig.*) margine, riserva *B* *in funzione di agg. inv.* (*di circuito*) oscillatorio.

volant *s. m. inv.* volante, gala, falpalà, balza, balzo.

volànte (1) *A* *part. pres. di* **volare**; *anche agg.* *1* alato, volatile, svolazzante, volteggiante *2* (*di foglio, di appunto, ecc.*) staccato, distaccato **CONTR.** fisso, fissato *3* (*di lavoratore, di occupazione, ecc.*) saltuario, discontinuo, intermittente **CONTR.** fisso, stabile, costante *4* (*fig.*) (*di squadra, di colonna, ecc.*) celere, veloce, rapido, pronto *B* *s. f.* (*di squadra di polizia*) polizia, celere, 113.

volànte (2) *s. m.* sterzo, manubrio, ruota.

volantìno *s. m.* foglietto, stampato, manifestino □ dépliant (*fr.*), specimen (*lat.*) □ locandina.

volàre *v. intr.* *1* muoversi nell'aria, aleggiare, librarsi, svolazzare, volteggiare, planare, sorvolare, trasvolare, navigare, incrociare □ (*di insetto*) ronzare *2* (*est.*) viaggiare □ (*con la fantasia*) vagare, vagabondare *3* (*fig.*) (*di persona, di tempo, ecc.*) correre, sfrecciare, passare in fretta, fuggire, andarsene *4* (*da un luogo*) precipitare, cascare, piombare, rovinare *5* (*est.*) (*di palloncino, di aquilone e sim.*) innalzarsi, sollevarsi, andare *6* (*di notizia*) diffondersi, propagarsi, spandersi.

volàta *s. f.* *1* volo *2* (*est.*) corsa *3* (*sport*) scatto, sprint (*ingl.*), spunto *4* (*est.*) (*di uccelli*) branco, stormo.

volàtile *A* *agg.* *1* (*raro*) (*di animale*) volante *2* (*chim.*) evaporabile *B* *s. m.* (*gener.*) uccello, pennuto.

volatilizzàre *A* *v. intr.* e **volatilizzarsi** *intr. pron.* (*di sostanza*) svaporare, evaporare, vaporizzarsi, sublimare *B* *v. intr. pron.* (*fig.*) (*di persona*) dileguarsi, scomparire, svanire, sparire, squagliarsi, dissolversi **CONTR.** apparire, comparire, presentarsi.

volènte *part. pres. di* **volere**; *anche agg.* disposto, consenziente **CONTR.** nolente, contrario.

volenteróso *agg.* volonteroso, zelante, diligente, pronto, sollecito, solerte, intraprendente, alacre, attivo, operoso **CONTR.** svogliato, abulico, negligente, noncurante.

volentièri *avv.* di buon grado, con piacere, di buona voglia, con gioia, volenterosamente **CONTR.** malvolentieri, svogliatamente, controvoglia, forzatamente, a malincuore, obtorto collo (*lat.*).

volére *A* *v. tr.* *1* desiderare, proporsi, aspirare, ambire *2* esigere, pretendere, chiedere, richiedere, reclamare *3* comandare, stabilire, ordinare, disporre, fissare, imporre *4* desiderare, appetire (*lett.*), concupire (*lett.*), sognare, sospirare *5* (*lett.*) stimare, ritenere, considerare *6* permettere, consentire, acconsentire, accordare, concedere, ammettere **CONTR.** vietare, impedire *7* accettare, gradire, piacere, preferire *8* (*di cosa*) richiedere, pretendere, presupporre, esigere, domandare *9* (*di impegno, di lavoro, ecc.*) comportare, richiedere *10* (*di denaro, di aiuto, ecc.*) esserci bisogno, necessitare, avere bisogno, occorrere *11* (*gener. con* che *e il cong.*) credere, ritenere, affermare, pensare *12* tramandare, asserire *13* (*con l'inf.*) risolversi, decidersi *14* (*di verbo*) reggere *15* (*di piovere, di nevicare e sim.*) stare per, essere imminente, essere probabile *B* *s. m.* *1* volontà, desiderio *2* intento, determinazione **FRAS.** *voler dire*, significare, intendere; equivalere □ *vuoi... vuoi*, sia... sia; tanto... quanto □ *volere bene*, amare □ *volere male*, odiare □ *volere piuttosto*, preferire □ *non vuol dire*, non ha importanza. *V. anche* PENSARE

VOLERE
sinonimia strutturata

Si definisce **volere** il tendere con decisione ferma, o anche col solo desiderio, al conseguimento o alla realizzazione di qualcosa: *vuole il successo, essere indipendente, cambiare vita*; *perché vuoi sempre fare di testa tua?*

Nel primo caso, volere equivale ai più incisivi **esigere** e **pretendere**, che evocano un'idea di autorità o in certi casi addirittura di prepotenza, di richiesta eccessiva: *voglio che facciate silenzio*; *il direttore vuole che siate puntuali.* Meno forti sono **chiedere**, **richiedere**, e **domandare** che indicano non necessariamente l'avanzare una pretesa, ma anche il prospettare o esprimere un desiderio, un'esigenza per ottenerne il soddisfacimento: *chiedere un prestito, un permesso*; *chiedere qualcosa in regalo, una donna in moglie.*

Un senso di autorità, di supremazia gerarchica è suggerito anche da **comandare**, **ordinare** e **imporre**, che indicano il chiedere presupponendo ed esigendo obbedienza: *comandiamo che tutti siano presenti alla prossima riunione*; *vi comando il silenzio*;

gli ordinarono di partire; *imporre a qualcuno di giurare*. **Disporre** si distingue perché si riferisce di solito a un'azione risoluta ma meno energica e talvolta più impersonale e sistematica: *la legge dispone di perseguire gli evasori fiscali*. Molto vicini sono **stabilire** e **fissare**, che evocano una decisione ferma.

Ha invece valore attenuativo il sinonimo di volere **desiderare**: *desiderare la pace*; *le grandi potenze non desideravano la guerra*; *desidero che chiariate la vostra posizione*. Questo verbo corrisponde a volere anche nel significato più forte di tendere intensamente a fare o a ottenere qualcosa: *desiderare la ricchezza, la fama, una casa, la vostra amicizia, la vicinanza dei genitori*; *è capriccioso e vuole tutto ciò che vede*. Più incisivi sono **sognare** e soprattutto **aspirare** e **ambire**, che suggeriscono un oggetto del desiderio o uno scopo particolarmente elevato e difficile da raggiungere. Tra due o più cose o alternative, il desiderarne maggiormente una equivale a **preferirla**.

Specialmente in frasi negative per indicare un'ostinata fermezza, anche in cose o animali, quasi si trattasse di volontà contraria, volere si usa come sinonimo di **decidersi**, **risolversi**: *non vuol rassegnarsi*; *oggi il motore non vuol funzionare*; *la primavera non vuol arrivare*.

Volere equivale anche a **comportare**, ossia implicare, oppure a **richiedere**: *questo incarico vuole grande responsabilità*; in relazione a forme grammaticali, volere può essere sostituito da **reggere**: *verbi che vogliono l'accusativo*; *questo costrutto vuole il congiuntivo*. Molto vicino è l'uso di volere nel senso di **necessitare**, **aver bisogno**, ossia non poter fare a meno di qualcosa: *un malato che vuole continua assistenza*; in questo caso, la forma **volerci** equivale a **occorrere**, **esserci bisogno**: *ci vuole un bel coraggio a dire cose simili*; *mi ci vorrebbe proprio una bella vacanza*.

Infine, volere significa anche **essere imminente**, prossimo o **stare per**, essere sul punto di fare qualcosa, succedere: *vuol piovere*; *si direbbe che il tempo voglia rimettersi*. **Essere probabile** evoca un senso di concreta possibilità più che di vicinanza temporale: *vuol essere una crisi lunga e complessa*.

volgàre ***A*** *agg.* ***1*** (*raro, spec. di lingua*) popolare, plebeo, popolaresco, contadinesco (*spreg.*) **CONTR.** nobile, signorile, aristocratico, eletto, elevato □ colto, letterario, dotto ***2*** (*fig., spreg.*) (*di cosa*) comune, corrente, solito, consueto, banale, usuale, ordinario, normale, mediocre, quotidiano, ovvio, trito, prosaico, pedestre, pedissequo **CONTR.** raro, eccezionale, insolito, singolare, peregrino (*lett.*), infrequente, straordinario ***3*** (*fig., spreg.*) (*di persona o cosa*) rozzo, grossolano, contadino (*spreg.*), dozzinale, sconcio, sboccato, osceno, grasso (*fig.*), crasso (*fig.*), trash (*ingl.*), triviale, facchinesco (*fig.*), plateale (*raro*), becero, scurrile, cafonesco, pacchiano, meschino, sguaiato, sgraziato, sciatto, zotico **CONTR.** distinto, fine, delicato, aggraziato, raffinato, squisito, gentile, chic (*fr.*) ***B*** *s. m.* idioma, dialetto, vernacolo. *V. anche* OSCENO, ROZZO

volgarità *s. f.* ***1*** (*di caratteristica*) scurrilità, trivialità, cafonaggine, inciviltà, prosaicità, sguaiataggine, zoticaggine, grossolanità, bassezza, brutalità, pacchianeria, rozzezza, sgarbatezza, materialità, oscenità **CONTR.** garbo, delicatezza, raffinatezza, signorilità, squisitezza, gentilezza, distinzione, finezza, nobiltà, cortesia ***2*** (*di atto*) sgarbo, villania, scortesia, cafonata, facchinata, parolaccia.

volgarizzàre *v. tr.* ***1*** tradurre ***2*** (*est.*) popolarizzare, spiegare, interpretare, chiarire, divulgare, diffondere.

volgarizzatóre *s. m.* (*f. -trice*) traduttore, divulgatore, compilatore.

volgarménte *avv.* ***1*** rozzamente, grossolanamente, trivialmente, brutalmente, ignobilmente, inelegantemente, scurrilmente, cafonescamente, oscenamente, sguaiatamente, sgraziatamente **CONTR.** distintamente, finemente, dignitosamente, nobilmente, signorilmente, delicatamente, raffinatamente, poeticamente, squisitamente, gentilmente ***2*** usualmente, normalmente, comunemente, solitamente, quotidianamente, prosaicamente **CONTR.** eccezionalmente, raramente, straordinariamente, infrequentemente.

vòlgere ***A*** *v. tr.* ***1*** (*di sguardo, di pensiero, ecc.*) dirigere, indirizzare, girare, rigirare, rivolgere, voltare, muovere, piegare **CONTR.** distogliere, stornare ***2*** (*fig.*) (*in bene, in male, ecc.*) mutare, capovolgere, ritorcere, rivoltare, convertire, invertire, cambiare ***3*** tradurre ***B*** *v. intr.* e **volgersi** *intr. pron.* ***1*** (*a destra, a valle, ecc.*) piegare, dirigersi, girare, pendere, inclinare ***2*** (*al termine, al bello, ecc.*) avvicinarsi, approssimarsi, accostarsi, tendere ***3*** (*di colore*) tendere ***C*** **volgersi** *v. rifl.* ***1*** (*a destra, a valle, ecc.*) rivolgersi, dirigersi, piegarsi, voltarsi, rivoltarsi, girarsi ***2*** (*fig.*) (*allo studio, al lavoro, ecc.*) dedicarsi, indirizzarsi, incamminarsi ***D*** *v. intr. pron.* (*contro uno*) sfogarsi, riversarsi.

vólgo *s. m.* ***1*** popolino, plebe **CONTR.** patriziato, nobiltà, aristocrazia ***2*** (*est., spreg.*) gente, popolo, turba, massa, moltitudine, folla. *V. anche* FOLLA

volièra *s. f.* uccelliera, gabbia, aviario.

volitìvo *agg.* forte, energico, caparbio, risoluto, deciso, inflessibile, fermo, ferreo **CONTR.** debole, fiacco, irresoluto, inconcludente, neghittoso, abulico, apatico □ influenzabile, plagiabile. *V. anche* CAPARBIO

vólo *s. m.* ***1*** volata, ascesa, salita, svolazzo, svolazzamento (*raro*) ***2*** (*est.*) traiettoria ***3*** (*est.*) salto, caduta ***4*** (*est.*) corsa, volata, slancio ***5*** (*fig.*) intuizione, fantasticheria ***6*** (*in aereo*) viaggio, crociera ***7*** (*est.*) stormo **FRAS.** *al volo* (*fig.*), subito, all'istante □ *prendere il volo* (*fig.*), fuggire, sparire □ *in un volo* (*fig.*), subito.

volontà *s. f.* ***1*** volere **CFR.** istinto **CONTR.** indifferenza, apatia, abulia, inerzia, accidia, svogliatezza ***2*** intenzione, arbitrio, piacere, proposito, proponimento, decisione, determinazione, voglia, desiderio **CONTR.** indifferenza, malavoglia, svogliatezza, negligenza ***3*** (*di studiare, di lavorare, ecc.*) disposizione, inclinazione, alacrità, intraprendenza, solerzia, puntiglio, talento **CONTR.** incompatibilità, ripugnanza, avversione, idiosincrasia. *V. anche* INTRAPRENDENZA

volontariàto *s. m.* **1** tirocinio, apprendistato **2** servizio volontario □ assistenza volontaria **3** associazioni di assistenza volontaria.

volontàrio *agg.* libero, voluto, scelto, spontaneo, elettivo □ intenzionale, doloso **CONTR.** forzato, obbligato, obbligatorio, imposto, costretto, coatto, coercitivo, doveroso, forzoso □ involontario, automatico, inconsapevole, incontrollato, istintivo, meccanico □ preterintenzionale, colposo. *V. anche* APPRENDISTA, SPONTANEO

vólpe *s. f.* (*fig.*) astuto, furbo, furbone, dritto (*fam.*) **CONTR.** ingenuo, semplice, candido, merlotto, allocco, pollo, gonzo, scemo, credulone, coglione (*volg.*), sempliciotto.

volpìno *agg.* **1** di volpe, da volpe **2** (*di cane*) simile a volpe **3** (*fig.*) astuto, accorto, avveduto, abile, destro, furbo, perspicace, scaltro, sottile **CONTR.** semplice, ingenuo.

volpóne *s. m.* **1** *accr. di* **volpe** **2** (*fig.*) furbo, furbacchione, furbone, dritto (*fam.*), pellaccia (*fam.*) ganzo **CONTR.** ingenuo, allocco, fanciullone, sempliciotto, credulone, coglione (*volg.*).

vòlta (1) *s. f.* **1** (*raro*) volgimento □ giro, svolta, piega, torsione □ rovesciamento, rivolgimento, balta **2** direzione, verso **3** (*fig.*) turno, vece, vicenda, avvicendamento, turnover (*ingl.*), successione, rotazione, alternanza **4** circostanza, momento, tempo **5** (*al pl.*) (*mat.*) (*nelle moltiplicazioni*) per, moltiplicato **FRAS.** *dar di volta il cervello* (*fig.*), impazzire □ *una buona volta*, alla fine □ *una volta per tutte*, definitivamente □ *alla volta di*, verso, per.

vòlta (2) *s. f.* (*est.*) copertura, soffitto, cielo, cappa (*fig.*), plafond (*fr.*), fornice □ arco, arcata, voltone □ (*anat.*) calotta.

voltafàccia *s. m. inv.* (*fig.*) (*di idee, di parole, ecc.*) cambiamento, mutamento, dietro front, revirement (*fr.*) □ tradimento.

voltagabbàna *s. m. e f. inv.* voltacasacca, opportunista, traditore, camaleonte (*fig.*), banderuola, girandola, girella, burattino, pulcinella, pupazzo, misirizzi.

voltàre *A v. tr.* **1** (*di sguardo, di corpo, ecc.*) girare, rigirare, ruotare, volgere, piegare **2** (*di veicolo, di animale*) dirigere, guidare, condurre **3** (*raro*) (*di frase, di strada, ecc.*) mutare, cambiare, trasformare, deviare □ tradurre **4** (*di medaglia, di frittata, ecc.*) rivoltare, rovesciare, girare, capovolgere **5** (*di angolo e sim.*) oltrepassare, superare, sorpassare ***B*** *v. intr.* girare, virare, sterzare, svoltare, curvare ***C*** **voltarsi** *v. intr. pron.* (*di tempo, di vento, ecc.*) mutare, cambiare ***D*** *v. rifl.* (*di persona*) girarsi, volgersi, piegarsi, rigirarsi, rivoltarsi, torcersi.

voltastòmaco *s. m.* **1** nausea, vomito, controstomaco **2** (*fig.*) disgusto, ribrezzo, ripugnanza, fastidio, repulsione, schifo **CONTR.** piacere.

voltàta *s. f.* **1** (*di spalle, di arrosto, ecc.*) girata **2** (*di strada*) svolta, cantonata, curva, gomito **3** virata, sterzata, inversione **4** (*fig.*) cambiamento.

voltàto *part. pass. di* **voltare**; *anche agg.* capovolto, girato, piegato, volto, rovesciato.

volteggiàre *v. intr.* **1** volare, svolazzare, librarsi **2** (*est.*) girare, ruotare, roteare □ piroettare, danzare □ (*in equitazione*) caracollare.

voltéggio *s. m.* piroetta, giravolta.

vòlto (1) *part. pass. di* **volgere**; *anche agg.* **1** (*di sguardo, di corpo, ecc.*) girato, voltato, piegato □ (*anche fig.*) rivolto, teso, diretto **2** (*di veicolo, di animale*) diretto, indirizzato, guidato, condotto **3** (*verso un luogo*) inclinato, orientato, prospiciente **4** (*raro*) (*di frase, di strada, ecc.*) mutato, cambiato, trasformato, deviato, tradotto.

vólto (2) *s. m.* **1** (*lett.*) viso, faccia, muso (*spreg.*), fronte (*est.*), ciglio (*poet.*), guancia (*est.*) **2** (*fig.*) aspetto, figura, fisionomia, sembiante, espressione, fattezze, lineamenti **3** (*fig.*) carattere, essenza, natura **4** (*fig.*) ritratto.

voltóne *s. m. accr. di* **volta**; arco, fornice.

volùbile *agg.* **1** (*lett.*) (*di ruota, di asse, ecc.*) girevole **CONTR.** fisso **2** (*lett.*) (*di tempo, di onda, ecc.*) mobile **CONTR.** immobile **3** (*fig.*) (*di persona, di carattere, ecc.*) instabile, mutevole, capriccioso, frivolo, incostante, variabile, lunatico, giornaliero, mutabile, uterino (*spec. spreg.*) **CONTR.** costante, fermo, abitudinario, consuetudinario, metodico, perseverante, saldo, tenace, stabile.

volubilità *s. f.* instabilità, incostanza, leggerezza, mutabilità, mobilità, mutevolezza, variabilità, discontinuità, frivolezza **CONTR.** costanza, fermezza, immutabilità, perseveranza, pertinacia, ostinatezza, persistenza, pervicacia, tenacia, saldezza, stabilità.

volùme *s. m.* **1** (*est.*) (*di misura*) mole, massa, corpo, stazza, portata, capienza, capacità, tonnellaggio, cubatura, dimensione, ingombro, grossezza **2** (*fig.*) (*di affari, di produzione, ecc.*) quantità, giro, quantitativo, ammontare **3** (*di suono*) intensità **4** libro, tomo **5** (*est.*) opera, testo. *V. anche* LIBRO

voluminóso *agg.* **1** (*di cosa*) ingombrante, grande, grosso **CONTR.** piccolo, esiguo **2** (*est.*) (*di persona*) grasso, grosso, massiccio, corpulento **CONTR.** piccolo, esile, tenue, impalpabile □ snello, mingherlino. *V. anche* GRANDE

volùta *s. f.* **1** (*di conchiglia, di fumo, ecc.*) spira, spirale, circonvoluzione, giro, giravolta, ruota **2** (*arch.*) ornamento, viticcio, avvolgimento, ricciolo □ (*est.*) arzigogolo, arabesco, svolazzo **3** (*di violino*) riccio, chiocciola.

volutaménte *avv.* avvertitamente, studiatamente, intenzionalmente, ponderatamente **CONTR.** involontariamente, fortuitamente, casualmente.

volùto *part. pass. di* **volere**; *anche agg.* desiderato, premeditato, intenzionale, cercato, volontario □ (*fig.*) artificioso, ricercato **CONTR.** automatico, istintivo, involontario, preterintenzionale, casuale □ (*fig.*) spontaneo.

voluttà *s. f.* **1** godimento, piacere, diletto, ebbrezza, delizia, ebrietà, dolcezza, voluttuosità **CONTR.** sofferenza, pena, strazio, dolore **2** passione, libidine, concupiscenza, carnalità, sensualità, lussuria, eros **CONTR.** temperanza, continenza, castità.

voluttuàrio *agg.* superfluo, inutile, eccessivo, eccedente, accessorio, di lusso **CONTR.** necessario, utile, indispensabile. *V. anche* SUPERFLUO

voluttuóso agg. inebriante, piacevole □ libidinoso, sensuale, lussurioso, sibaritico, concupiscente, carnale CONTR. continente, temperante.

vomitàre v. tr. e intr. *1* (*di cibo, di sangue, ecc.*) rigettare, rimettere, recere (*raro*), raccare (*gerg.*), vomire (*raro, lett.*) CONTR. ingurgitare, ingoiare, deglutire *2* (*fig.*) (*di insolenze e sim.*) emettere, eruttare, abbaiare (*lett.*), dire rabbiosamente, sputare, scagliare *3* (*est.*) (*di vulcano e sim.*) emettere, lanciare, eruttare.

vòmito s. m. *1* rigurgito, conato □ voltastomaco, nausea *2* (*fig.*) disgusto, ripugnanza, fastidio, repulsione, schifo.

vóngola s. f. (*zool.*) mitilo, arsella, tellina.

voràce agg. *1* (*di animale*) edace (*lett.*) *2* (*est.*) (*di persona*) ingordo, divoratore, avido, insaziabile, famelico, goloso, mangiatore, mangione, ghiotto, sfondato (*fam.*), lurco (*lett.*) CONTR. parco, sobrio, temperante *3* (*fig.*) (*di fuoco, di acqua, ecc.*) divorante, consumante.

voracità s. f. golosità, gola, ghiottoneria □ (*anche fig.*) fame, ingordigia, avidità, insaziabilità, cupidigia, brama CONTR. sobrietà, temperanza, misura, moderazione, frugalità □ inappetenza. *V. anche* CUPIDIGIA

voràgine s. f. *1* abisso, baratro, burrone, precipizio, inghiottitoio, foiba, dolina, profondità, buco, buca CONTR. culmine, cima, vetta *2* (*est.*) (*di mare, di fiume, ecc.*) gorgo, vortice *3* caverna, antro.

vòrtice s. m. *1* turbine, gorgo, mulinello, ciclone, risucchio *2* (*fig.*) (*di fatti, di pensieri*) turbinio, ridda, carosello, spirale, brulichio □ (*fig.*) (*di passioni*) forza, turbine, impeto, richiamo irrefrenabile.

vorticóso agg. *1* (*di acqua, di vento, ecc.*) turbinoso, tempestoso, velocissimo CONTR. statico, fermo, immobile, stagnante, immoto *2* (*fig.*) (*di attività, di danza, ecc.*) travolgente, impetuoso, vertiginoso, sconvolgente, frenetico CONTR. placido, tranquillo, calmo.

vòstro *A* agg. poss. di seconda pers. pl. di voi *B* agg. (*fam.*) abituale, consueto, solito □ personale.

votànte part. pres. di **votare**; anche agg. e s. m. e f. elettore □ (*al pl.*) elettorato.

votàre *A* v. tr. *1* (*di legge, di candidato, ecc.*) approvare, deliberare, suffragare, eleggere CONTR. respingere *2* (*relig.*) offrire, destinare, donare *B* v. intr. (*dir.*) deliberare CONTR. astenersi *C* **votarsi** v. rifl. darsi, offrirsi, consacrarsi, dedicarsi, donarsi, promettersi, obbligarsi.

votazióne s. f. *1* (*spec. al pl.*) voto, suffragio, elezioni, urne (*fig.*), referendum, plebiscito □ designazione, ballottaggio *2* (*scol.*) voto, media.

VOTAZIONE
sinonimia strutturata

L'espressione della propria volontà attraverso il voto si chiama **votazione**; nel diritto, il termine designa propriamente un procedimento di elezione o di deliberazione attuato mediante il voto: *votazione segreta*; *ripetere le votazioni*; *votazioni a scrutinio segreto*; inoltre, può indicare anche il risultato di questo procedimento: *votazione favorevole, contraria*; in tutte queste accezioni, votazione corrisponde esattamente a **voto**: *voto palese, per appello nominale, per alzata e seduta*; *diritto di voto*. Il voto per elezione è designato anche dal termine **suffragio**; molto usata è l'espressione *suffragio universale*, che indica l'estensione del diritto di voto a tutti i cittadini, uomini e donne, senza vincoli di carattere economico o culturale, a partire da una determinata età; il *diritto di suffragio* è il diritto a votare.

Una votazione intesa a scegliere, nei modi stabiliti dalla legge, rappresentanti popolari o persone atte a ricoprire una data carica o ufficio, si definisce propriamente **elezione**: *l'elezione del presidente, dell'amministratore delegato*; in particolare, le *elezioni politiche* servono a scegliere deputati e senatori, mentre le *elezioni amministrative* procurano i membri dei consigli regionali, provinciali e comunali; un sinonimo figurato di elezione è **urna**, che con questo significato è usato quasi sempre al plurale: *attendere l'esito, il responso delle urne*; *andare alle urne*; *disertare le urne*; *ricorrere alle urne*. Talvolta la struttura dell'elezione richiede di scegliere il vincitore tra i due candidati che hanno riportato più voti nel primo scrutinio, ricorrendo ad un secondo scrutinio decisivo detto **ballottaggio**: *l'elezione del sindaco avverrà al ballottaggio*. Molto più generico rispetto a tutti i precedenti è il termine **designazione**, che indica il proporre o destinare qualcuno a un incarico o a un ufficio: *la designazione del suo successore era scontata*.

Al contrario dei termini trattati sopra, si riferiscono a votazioni deliberative e non elettive **plebiscito** e **referendum**. Il primo vocabolo nel linguaggio giuridico designa l'istituto con cui il popolo è chiamato ad approvare o disapprovare un fatto che riguarda la struttura dello Stato o del governo, e in senso figurato indica un consenso unanime: *il plebiscito sull'unità d'Italia*; *la nomina del direttore è stata un plebiscito*. Il referendum è invece l'istituto giuridico con cui il popolo è chiamato a votare su questioni di interesse nazionale, specialmente ad approvare o ad abrogare un atto normativo: *indire un referendum sulla caccia*.

Nel linguaggio della pubblica istruzione, la parola votazione è adoperata anche per designare l'insieme dei voti conseguiti da uno studente nel corso dell'anno scolastico o come esito di un esame, o da chi partecipa a concorsi: *aspettare con ansia la votazione finale*; equivale al voto, ossia ad un giudizio di merito, espresso specialmente con numeri, relativo al grado di preparazione dimostrato: *voti bassi, medi, alti*; *diplomarsi, laurearsi col massimo dei voti*; *ottenere un buon voto in una prova scritta, orale*; l'espressione *a pieni voti* significa col massimo dei voti. La **media** si differenzia dalla singola votazione perché risulta dalla somma di tutti i voti ottenuti divisa per il numero delle prove sostenute: *essere promosso con la media del sette*.

vóto s. m. *1* (*relig.*) promessa, impegno, proposito, giuramento, fioretto *2* (*est.*) ex voto *3* (*fig., lett.*) volontà, desiderio, speranza, aspirazione ***4*** augurio, auspicio ***5*** (*dir., est.*) votazione, dichiarazione ***6*** (*est.*) scheda ***7*** (*di merito*) giudizio, valutazione. *V. anche* SPERANZA, VOTAZIONE

voucher /*ingl.* 'vautʃə/ [vc. ingl., 'tagliando, buono', da *to vouch* 'garantire, attestare'] *s. m. inv.* buono, tagliando, coupon (*fr.*).

vu cumprà o **vucumprà** *loc. sost. m.* e *f. inv.* ambulante, abusivo □ extracomunitario.

vulcànico *agg.* ***1*** di vulcano ***2*** (*fig.*) (*di temperamento, di amore, ecc.*) impetuoso, ardente, fervido, impulsivo, irruente, instancabile, tempestoso **CONTR.** calmo, tranquillo, posato, freddo, frigido.

vulcàno [da *Vulcano*, il dio del fuoco e della metallurgia] *s. m.* (*fig.*) (*di persona*) entusiasta, instancabile, irruente, mente fervida **CONTR.** apatico, povero di idee.

vulneràbile *agg.* ***1*** feribile **CONTR.** invulnerabile, inviolabile ***2*** (*est.*) attaccabile, danneggiabile **CONTR.** invulnerabile, inattaccabile ***3*** (*fig.*) sensibile, emotivo **CONTR.** insensibile, indifferente.

vulnerabilità *s. f.* feribilità, attaccabilità, fragilità **CONTR.** invulnerabilità.

vùlva *s. f.* vagina.

vuotàre ***A*** *v. tr.* svuotare, evacuare, scaricare, sgomberare, sbarazzare □ derubare, svaligiare, rovesciare **CONTR.** empire, riempire, colmare, stipare, gremire, farcire, inzeppare, pigiare, rimpinzare, saturare ***B*** **vuotarsi** *v. intr.* svuotarsi, sgombrarsi, spopolarsi **CONTR.** riempirsi, colmarsi, impregnarsi, congestionarsi, popolarsi.

vuòto ***A*** *agg.* ***1*** senza contenuto, vacuo (*raro, lett.*), scarico □ sgombro, disimpegnato, sfitto, disponibile, deserto, libero, vacante, solitario, disabitato **CONTR.** pieno, colmo, occupato, stipato, gremito, affollato, saturo, ingombro, zeppo □ farcito, pregno ***2*** (*fig.*) (*di discorso, di mente, ecc.*) privo, mancante □ vano, fatuo, frivolo, insignificante, leggero, evanescente, inconsistente, retorico, sterile, inane (*lett.*), vanesio, svampito, sciocco **CONTR.** interessante, concettoso, intelligente, impegnato ***B*** *s. m.* ***1*** cavità, cavo, buco, vano, incavo, iato (*anat.*), nicchia, intercapedine ***2*** (*fig.*) nulla □ iato (*fig.*) ***3*** (*fig.*) mancanza, carenza, insufficienza, deficienza, lacuna, assenza, vacanza, vacuità **CONTR.** ricchezza, abbondanza, sovrabbondanza ***4*** recipiente, bottiglia **FRAS.** *a vuoto*, invano, inutilmente, senza effetto □ *andare a vuoto*, fallire □ *assegno a vuoto*, assegno non coperto □ *vuoto di cassa*, ammanco □ *a mani vuote*, senza nulla □ *vuoto a rendere, a perdere*, recipiente di cui è prevista o non la restituzione. *V. anche* SOLITARIO

w, W

wafer /*ingl.* 'weifə/ [vc. ingl., letteralmente 'cialda'] *s. m. inv.* cialda, biscotto di cialde.

wagon-lit /*fr.* va'gɔ̃ 'li/ [vc. fr., comp. di *wagon* 'vettura ferroviaria' e *lit* 'letto'] *loc. sost. m. inv.* vagone letto, vettura-letto, carrozza-letto, sleeping-car (*ingl.*).

wagon-restaurant /*fr.* va'gɔ̃ rɛstɔ'rã/ [vc. fr., comp. di *wagon* 'vettura ferroviaria' e *restaurant* 'ristorante'] *loc. sost. m. inv.* vagone-ristorante, vettura-ristorante, carrozza-ristorante.

walkie-talkie /*ingl.* 'wɔ:ki 'tɔ:ki/ [vc. espressiva ingl., che vale '(apparecchio) parlatore (da *to talk* 'parlare') da passeggio (da *to walk* 'camminare, passeggiare')'] *loc. sost. m. inv.* ricetrasmettitore, ricetrasmittente.

wàter /'vater, *ingl.* 'wɔ:tə/ *s. m. inv.* vater, vaso, tazza □ latrina, gabinetto, cesso (*pop.*), bagno, ritirata, water closet (*ingl.*).

water closet /*ingl.* 'wɔ:tə 'klɔzit/ [vc. ingl., comp. di *water* 'acqua' e *closet* 'camerino'] *loc. sost. m. inv.* water (*ingl.*).

waterproof /*ingl.* 'wɔ:təpru:f/ [comp. ingl., letteralmente 'a prova (*proof*) di acqua (*water*)'] *agg.* impermeabile.

watùsso [dal nome dei *Watussi*, popolazione africana di alta statura] *s. m.* (*est.*) gigante, corazziere, granatiere, omone **CONTR.** nano, pigmeo.

week-end /*ingl.* 'wi:k end/ [comp. ingl. di *week* 'settimana' e *end* 'fine'] *loc. sost. m. inv.* ***1*** fine settimana □ vacanza di fine settimana ***2*** (*est.*) vacanza, riposo.

west /*ingl.* west/ [vc. ingl., letteralmente 'ovest', da avvicinare al gr. *hésperos*, da cui anche il lat. *vesper* e l'it. *vespro*] *s. m. inv.* ovest, ponente **CONTR.** est.

western /*ingl.* 'westən/ [vc. ingl., propriamente 'occidentale'] ***A*** *agg. inv.* dell'ovest ***B*** *s. m. inv.* film dell'ovest, film di indiani **FRAS.** *western all'italiana*, spaghetti-western.

whisky /*ingl.* 'wiski/ [vc. ingl., dall'irl. e gaelico *uisce* 'acqua', per abbreviazione di *uisce-beathad* 'acqua (*uisce*) di vita (*beathad*)'] *s. m. inv.* acquavite □ scotch, bourbon.

windsurf /*ingl.* 'windsə:f/ [vc. ingl., comp. da *wind* 'vento' e *surf* 'frangente, cresta dell'onda'] *s. m. inv.* tavola a vela □ sport della tavola a vela.

würstel /'vyrstəl, *ted.* 'vyrstl/ [vc. ted., dim. di *Wurst* 'salsiccia'] *s. m. inv.* salsiccia, frankfurter (*ted.*).

x, X

x ***A*** *s. f.* o *m.* ***1*** ics □ (*mat.*) incognita ***2*** (*nel gioco*) parità, pareggio, pari ***B*** *in funzione di agg. inv.* ***1*** indeterminato, sconosciuto, indefinibile, incerto, vago **CONTR.** noto, conosciuto □ definito, determinato, preciso, esatto ***2*** (*di evento, di ora e sim.*) cruciale, fatale, decisivo, importante, critico.

xenofilìa *s. f.* esterofilia **CONTR.** xenofobia, esterofobia.

xenòfilo *agg.*; *anche s. m.* esterofilo **CONTR.** xenofobo, esterofobo.

xenofobìa *s. f.* esterofobia **CONTR.** xenofilia, esterofilia.

xenòfobo *agg.*; *anche s. m.* esterofobo **CONTR.** xenofilo, esterofilo.

xerocòpia *s. f.* fotocopia.

xerocopiàre *v. tr.* fotocopiare.

xilografia e deriv. *V.* **silografia** e deriv.

y, Y

yacht /*ingl.* jɔt/ [vc. ingl., dal neerlandese *jacht*, per *jacht*(*schiff*) 'battello (*schiff*) da caccia (*jacht*)'] *s. m. inv.* panfilo, barca (*gerg.*).

yang /*cin.* jaŋ/ [vc. cin., propr. 'brillante, luminoso'] *s. m. inv.* (*est.*) maschile □ positivo □ solare **CFR.** yin.

yankee /*ingl.* 'jæŋki/ [forse dal n. neerlandese *Janke* (dim. di *Jan* 'Giovanni'), con cui i coloni ol. di New York chiamavano gli inglesi del Connecticut] *s. m. inv.*; *anche agg.* (*spec. spreg.* o *scherz.*) americano, statunitense.

yes-man /*ingl.* 'jesmən/ [vc. ingl., comp. di *jes* 'sì' e *man* 'uomo'] *s. m. inv.* persona servile, servo.

yèti [vc. di origine tibetana] *s. m. inv.* uomo delle nevi.

yin /*cin.* jiŋ/ [vc. cin., propr. 'oscuro'] *s. m. inv.* (*est.*) femminile □ negativo □ lunare **CFR.** yang.

yùppie o **yùppy** /juppi, *ingl.* 'jʌpi/ [vc. ingl., da *jup* (*young urban professional*, 'giovane professionista cittadino')] *agg.* e *s. m.* e *f. inv.* (*est.*) giovane rampante, arrampicatore, arrivista.

z, Z

z *s. f.* o *m.* ultima lettera dell'alfabeto **FRAS.** *dall'a alla z* (*fig.*), dal principio alla fine.
zaffàta *s. f.* (*di liquido, di gas*) spruzzo, getto □ ondata, tanfata.
zafferàno ***A*** *s. m.* croco ***B*** *in funzione di agg. inv.* giallo, giallo intenso, croceo (*raro*).
zàffo *s. m.* ***1*** (*enol.*) tappo, turacciolo, zipolo, cavicchio ***2*** (*med.*) tampone, batuffolo, stuello ***3*** borra, stoppaccio.
zàgara *s. f.* fiore d'arancio.
zàino *s. m.* sacco (da montagna), bisaccia, tascapane.
zàmpa *s. f.* ***1*** (*di animale*) arto, artiglio, grinfia, granfia, branca (*lett.*) ***2*** (*fig., spreg.*) (*di persona*) mano, braccio, gamba, piede **FRAS.** *metter le zampe su*, impadronirsi di qualcosa, di solito illecitamente □ *giù le zampe!*, non toccare □ *allungare le zampe*, toccare senza permesso, di solito una donna □ *zampe di gallina* (*fig.*), scrittura illeggibile; piccole rughe attorno agli occhi □ *zampe di mosca* (*fig.*), scrittura minuta e confusa.
zampàta *s. f.* ***1*** (*di animale*) colpo di zampa, rampata, artigliata, brancata, granfiata ***2*** (*est.*) (*di persona*) calcio ***3*** (*di animale*) orma, pesta, traccia, impronta ***4*** (*fig.*) colpo, manata. *V. anche* IMPRONTA
zampettàre *v. intr.* (*est., scherz.*) sgambettare, saltellare.
zampillàre *v. intr.* sgorgare, sprizzare, schizzare, scaturire, uscire, rampollare (*lett.*).
zampìllo *s. m.* getto, sprizzo, spruzzo, schizzo, rampollo (*lett.*), fiotto (*est.*), sprazzo (*lett.*) □ sorgente, fonte, fontana.
zampìno *s. m.* ***1*** *dim. di* **zampa** ***2*** (*est., iron.*) grinfia, artiglio **FRAS.** *mettere lo zampino* (*fig.*), immischiarsi, intromettersi, intrufolarsi □ *zampino del diavolo* (*fig.*), intervento o evento disastroso.
zampógna *s. f.* cornamusa, piva.
zanzàra *s. f.* (*fig., est.*) persona molesta, fastidioso, importuno, seccatore.
zanzarièra *s. f.* velo, reticella, conopeo (*ant.*).
zàppa *s. f.* **FRAS.** *zappa a due denti*, bidente □ *zappa meccanica*, zappatrice □ *fatto con la zappa* (*fig.*), malfatto, grossolano □ *darsi la zappa sui piedi* (*fig.*), dire o fare qualcosa che torna a proprio danno.
zappàre *v. tr.* dissodare, rivoltare, vangare, zappettare □ (*est.*) coltivare.
zar [dal lat. *Cāesar* 'Cesare, imperatore'] *s. m. inv.* (*di Bulgaria e di Russia*) imperatore, sovrano, re, monarca. *V. anche* SOVRANO
zàttera *s. f.* ***1*** barcaccia, chiatta ***2*** (*est.*) galleggiante.
zavòrra *s. f.* ***1*** peso, massa ***2*** (*fig., spreg.*) ingombro, impiccio, fardello.
zàzzera *s. f.* ***1*** capigliatura, chioma, capelli ***2*** (*est., spreg.* o *scherz.*) capelli lunghi e incolti.
zebràto *agg.* ***1*** striato, rigato, tigrato ***2*** (*est., pop.*) (*di passaggio pedonale*) a strisce.
zèbre [dall'immagine della *zebra*, il mammifero con mantello a strisce] *s. f. pl.* (*fig., pop.*) strisce pedonali, strisce, passaggio zebrato.
zèfiro *s. m.* ***1*** vento di ponente, vento primaverile ***2*** (*est., lett.*) venticello, brezza, aura **CFR.** ventaccio, turbine, tempesta.
zelànte *agg.* sollecito, diligente, volonteroso, attivo, premuroso, coscienzioso, assiduo, pronto, solerte, operoso, studioso, volenteroso **CONTR.** trascurato, negligente, noncurante, svogliato, lento, inerte, pigro, ozioso, menefreghista, accidioso.
zèlo *s. m.* ***1*** (*di sentimento*) fervore, forza, ardore, entusiasmo, passione □ accanimento, impeto **CONTR.** tiepidezza, inerzia, fiacca, disinteresse ***2*** (*di attività*) diligenza, impegno, sollecitudine, premura, studio (*lett.*), interessamento, operosità, industria (*lett.*), solerzia, assiduità, attenzione, interesse, prontezza □ religiosità (*fig.*), gelosia, cura, amore **CONTR.** trascuratezza, lentezza, assenteismo, menefreghismo, noncuranza, incuranza, incuria, negligenza, pigrizia, accidia, sbadataggine. *V. anche* ENTUSIASMO, FANATISMO

ZELO
sinonimia strutturata

Con **zelo** si intende il trasporto che spinge ad adoperarsi per il conseguimento di un fine o la diffusione di un ideale: *zelo patriottico*; *avere zelo del proprio dovere*; *avere zelo per la causa degli oppressi*; in senso propriamente religioso, è l'impegno del cattolico militante nella glorificazione di Dio, che si manifesta con la preghiera, l'apostolato e la salvezza delle anime. Quest'intensità di sentimento equivale all'**ardore** e al **fervore**: *desiderare con ardore qualcosa*; *studiare con ardore, con fervore*. Più ampio è il significato di **entusiasmo**, che indica un'esaltazione a un sentimento particolarmente intenso nei confronti di qualcuno o di qualche attività particolare: *è pieno di entusiasmo*; *mettersi con entusiasmo a fare qualche cosa*; l'entusiasmo, come la **passione** e l'**amore**, che sono frutto di forte inclinazione personale, può tramutarsi in dedizione totale: *abbracciare con entusiasmo un ideale*; *esercitare con passione la medicina*; *dedicarsi con amore all'insegnamento*. I vocaboli precedenti esprimono un'idea di **forza**, di potenza di sentimento, che può essere tale da sfociare in un impulso violento e incontrollato, cioè in un

impeto: *un impeto d'amore*; *in un impeto d'ira si gettò su di lui*; l'impeto può coincidere anche con la foga: *impeto oratorio*. L'**accanimento** corrisponde invece alla tenacia, all'ostinazione: *accanimento nello studio*; *lavorare con accanimento*; più debole è **assiduità**, che equivale a costanza.

Lo zelo è anche l'**impegno** nell'agire, la **diligenza**, ossia l'impiego scrupoloso e volonteroso delle proprie forze e qualità: *ha portato a termine l'incarico col massimo zelo*; *lavorare con impegno*; *è abituato a porre grande diligenza in ciò che fa*. Equivalente è **solerzia**: *attendere con solerzia a un ufficio*. L'**operosità** consiste in un'abituale laboriosità: *sviluppare l'operosità dei traffici*; *ammirare l'operosità di un professionista*; l'**industria** si differenzia perché corrisponde a un'alacrità che può anche essere volta al raggiungimento di uno scopo specifico: *l'industria umana*; *l'industria delle api*.

Estensivamente, zelo corrisponde a **premura**, **sollecitudine**, ed è usato in quest'accezione anche in senso peggiorativo: *sono accorsi con zelo ammirevole*; *prodigarsi con grande zelo*; *sarà mia premura iscriverti*; *con gran sollecitudine lavoravo, per finire la mia opera* (CELLINI); gli ultimi due termini suggeriscono anche mancanza di indugio, e si avvicinano così a **prontezza**, che equivale a **lestezza**, **rapidità**. **Interesse** e **interessamento** indicano invece viva partecipazione o curiosità: *mostrare vivo interesse per qualcosa*; *lo seguivano negli studi con vivo interessamento*; l'interessamento può sfociare in un intervento diretto di qualcuno mirato al raggiungimento di un obiettivo: *ho ottenuto il posto grazie al vostro interessamento*.

L'interesse si accompagna spesso a una **cura**, a un'**attenzione** particolari: *lavoro eseguito con cura*; *mettere attenzione nel fare qualcosa*; uguale significato ma connotazione letteraria ha **studio**. Più incisivi, **religiosità** ed **esattezza** evocano non solo accuratezza ma rigore: *eseguire con religiosità gli ordini*; *lavorare con grande esattezza*.

zènit *s. m. inv.* **1** **CONTR.** nadir **2** (*est.*) vertice, sommità, cima, apice.

zéppa *s. f.* **1** bietta, cuneo, conio, calzuolo, calzatoia, cavicchio □ tassello **2** (*in tipografia*) listello **3** (*fig.*) (*contro danni, contro pericoli, ecc.*) rimedio, provvedimento, ripiego, riparo, pezza **4** (*fig.*) (*di frase, di parola*) riempitivo, taccone (*dial.*), ridondanza, superfluità, pleonasmo **5** (*raro*) rincalzo, tacco **FRAS.** *mettere una zeppa* (*fig.*), trovare un rimedio temporaneo.

zéppo *agg.* pieno, strapieno, ripieno, stipato, gremito, calcato, imbottito, rimpinzato, colmo, carico, stracarico, ricolmo, pigiato, rigurgitante, straboccante, traboccante, straripante **CONTR.** vuoto, sgombro.

zerbìno *s. m.* stoino, stuoino, tappetino, stuoia, puliscipiedi.

zerbinòtto [da *Zerbino*, il giovane elegante personaggio dell'*Orlando Furioso*] *s. m.* damerino, bellimbusto, moscardino (*raro*), elegantone, figurino, vagheggino, ganimede, gagà, playboy (*ingl.*), dandy (*ingl.*) **CONTR.** straccione, pezzente, sciattone, sbrendolone, sbrindellone.

zèro *s. m.* **1** (*est.*) niente, nulla **CONTR.** tutto **2** (*est.*) (*di persona*) nessuno, nullità **FRAS.** *sparare a zero* (*fig.*), criticare violentemente □ *essere a zero* (*fig.*), mancare del tutto □ *essere uno zero* (*fig.*), essere una nullità □ *partire da zero*, cominciare dal nulla □ *ripartire da zero* (*fig.*), ricominciare daccapo □ *ritornare a zero* (*fig.*), tornare al punto di partenza □ *ridursi a zero*, finire, esaurirsi □ *spaccare lo zero* (*fig.*), cavillare su una sciocchezza □ *zero via zero*, assolutamente niente □ *zero al quoto* (*fig.*), assolutamente niente □ *tagliare a zero*, tagliare il più corto possibile, di capelli, di un prato e simili □ *zero assoluto* (*fis.*), temperatura di -273,15°C.

zèro zèro sètte o **zerozerosètte** o **007** [dal numero di riconoscimento dell'agente segreto britannico, protagonista dei romanzi polizieschi di J. Fleming] *s. m. inv.* **1** agente segreto **2** (*est., scherz.*) investigatore, ispettore, spia, detective (*ingl.*).

zèta *s. f.* o *m.* (*fig.*) fine **FRAS.** *dall'a alla zeta* (*fig.*), dal principio alla fine.

zibaldóne *s. m.* **1** mescolanza, miscuglio, confusione, polpettone, guazzabuglio, disordine, pot-pourri (*fr.*) **2** (*di scritti*) miscellanea, antologia, raccolta, crestomazia (*lett.*), centone.

zigàno **A** *s. m.* zingaro ungherese, zingaro magiaro □ zingaro, gitano, zingano (*pop.*) **B** *agg.* zingaresco, zingaro, gitano.

zìgomo *s. m.* pomello (*pop.*).

zigrinàto *agg.* (*di metallo, di carta, ecc.*) righettato, rigato, solcato, sabbiato.

zigzàg *s. m. inv.* tortuosità, serpeggiamento, giravolta, serpentina □ tornante, curva, tourniquet (*fr.*) **CONTR.** rettilineo.

zigzagàre *v. intr.* serpeggiare, andare a zigzag **CONTR.** andare diritto.

zimbèllo *s. m.* **1** (*nella caccia*) richiamo, fischietto, chioccolo, quagliere **2** (*fig.*) lusinga, allettamento, esca, richiamo, adescamento, adulazione, seduzione, blandizia **3** (*fig.*) (*di persona*) giocattolo, burattino, marionetta, trastullo, vittima, oggetto di derisione. *V. anche* GIOCO

zingarésco *agg.* **1** (*di persona, di modi, ecc.*) da zingaro, da gitano, zigano, zingaresco **2** (*est.*) (*di persona*) nomade, errabondo, girovago, vagabondo, randagio, errante **CONTR.** sedentario.

zìngaro *s. m.* **1** gitano, zigano, tzigano **2** (*fig., est.*) nomade, girovago, vagabondo, giramondo **CONTR.** sedentario **3** (*spreg.*) trasandato, trascurato **CONTR.** elegantone, bellimbusto.

zìnna *s. f.* (*centr., pop.*) poppa, mammella, tetta, petto, seno, zizza (*dial.*).

zìo *s. m.* **1** fratello del padre, fratello della madre, barba (*raro, region.*), zi' (*dial.*) **2** (*euf.*) Dio **FRAS.** *lo zio Sam* (*fig.*), il governo degli Stati Uniti.

zip [vc. ingl., di origine onomat.] *s. m. inv.* chiusura lampo, lampo, cerniera.

zirlàre *v. intr.* (*di tordo, di topo, ecc.*) fischiare, sibilare, stridere.

zìrlo *s. m.* sibilo, fischio, stridio.

zitèlla *s. f.* (*di donna*) nubile, non maritata, non sposata, signorina, ragazza, single (*ingl.*) □ bisbetica **CFR.** scapolo, celibe.

zitellóne *s. m.* (*scherz., spreg.*) scapolo, scapolone, celibe □ bisbetico.

zittìre *v. tr.* far tacere, interrompere, fischiare (*est.*), disapprovare **CONTR.** applaudire, approvare, acclamare.

zìtto ***A*** *agg.* ***1*** silenzioso, taciturno, muto, tacito, silente (*lett.*), ammutolito □ quatto **CONTR.** loquace, ciarliero, garrulo, rumoroso, chiacchierone ***2*** (*est.*) cheto, tranquillo, acquiescente, consenziente, remissivo, arrendevole **CONTR.** dissenziente, ribelle ***B*** *inter.* silenzio! ***C*** *avv.* silenziosamente.

zizzània *s. f.* ***1*** (*bot., raro*) loglio ***2*** (*fig.*) discordia, malcontento, dissapore, dissidio, contrasto, lite, disaccordo **CONTR.** concordia, pace, armonia, intesa **FRAS.** *seminare zizzania* (*fig.*), fomentare discordie. *V. anche* DISCORDIA

zòccola *s. f.* ***1*** (*merid.*) topo di fogna, pantegana (*ven.*), ratto ***2*** (*fig., volg.*) prostituta, puttana (*volg.*).

zòccolo *s. m.* ***1*** (*di cavallo*) unghia, unghione, ungula ***2*** (*di edificio, di mobile e sim.*) basamento, piedistallo, base, plinto, piede, fondamento □ (*di parete*) battiscopa ***3*** (*fig.*) zoccolaio.

zolfanèllo *s. m.* fiammifero, cerino, zolfino, legnone (*region.*).

zòlla *s. f.* ***1*** (*di terra*) gleba (*lett.*) ***2*** (*est.*) campo, terreno ***3*** (*di zucchero e sim.*) pezzo, pezzetto, cubetto.

zombie /*ingl.* 'zɔmbi/ [vc. creola, di origine sconosciuta] *s. m. inv.* ***1*** (*nelle Antille*) spirito che resuscita ***2*** cadavere resuscitato ***3*** (*est., fig.*) (*di persona*) apatico, abulico **CONTR.** volitivo, energico.

zompàre *v. intr.* (*centr.*) saltare, saltellare, ballonzolare.

zómpo *s. m.* (*dial.*) salto, balzo.

zòna *s. f.* ***1*** fascia, striscia, settore, porzione, bacino ***2*** (*est.*) superficie, spazio, area, lato, lembo, tratto, distesa, piazza, spiazzo, posto, luogo, parte, quartiere, raggio, cerchio, rione, distretto, comprensorio □ compartimento, compartizione, comparto ***3*** (*est.*) territorio, luogo, regione, paese, contrada, terra, località, plaga ***4*** (*est.*) ambiente, mondo ***5*** (*di combattimento*) teatro, campo ***6*** (*di abbigliamento*) fascia, striscia, cintura. *V. anche* PARTE

zónzo *nella loc. avv. a zonzo*, a spasso, a passeggio, qua e là, gironzolando, girellando, bighellonando.

zòo *s. m. inv.* giardino zoologico, serraglio.

zoom /*ingl.* zu:m/ [da *Zoomak*, l'obiettivo a focale variabile costruito nel 1948 dalla ditta *Zoomar*] *s. m. inv.* (*est.*) carrellata (ottica), zumata.

zoppicànte *part. pres. di* **zoppicare**; *anche agg.* ***1*** (*di persona, di animale*) claudicante, sbilenco, ranco (*raro, est.*) **CONTR.** diritto, eretto ***2*** (*fig.*) (*di mobile, ecc.*) storto, malfatto, sgangherato, traballante, malfermo, vacillante, malsicuro, difettoso, sconnesso, irregolare **CONTR.** stabile, saldo, fermo, sicuro ***3*** (*di verso, di ragionamento, ecc.*) monco, difettoso, incompleto, debole, incoerente **CONTR.** lineare, coerente, giusto.

zoppicàre *v. intr.* ***1*** claudicare, rancare (*raro, est.*) ***2*** (*est.*) (*di mobile, di ragionamento, ecc.*) traballare, vacillare, difettare, essere debole, pencolare **CONTR.** essere sicuro, essere saldo □ filare.

zoppicóni *avv.* zoppicando, claudicando.

zòppo *agg.; anche s. m.* zoppicante, claudicante, sciancato, storpio, sbilenco, ranco (*raro, est.*) **CONTR.** diritto, eretto □ sano, normale.

zòtico ***A*** *agg.* ***1*** incolto, incivile, selvaggio, selvatico, rozzo, grossolano, rustico, ignorante, maleducato, ineducato, malcreato, sgarbato, villano, ruvido, scortese, inurbano, facchinesco, sguaiato **CONTR.** garbato, cortese, gentile, educato, distinto, raffinato, fine, signorile, compito, delicato, urbano, aristocratico ***2*** (*raro, est.*) (*di panno*) ruvido **CONTR.** morbido ***B*** *s. m.* cafone, burino, villanzone, becero (*tosc.*), buzzurro, tanghero, screanzato, contadino, villano, zoccolaio, caprone **CONTR.** persona civile, persona educata, signore, gentiluomo. *V. anche* ROZZO

zùcca *s. f.* ***1*** (*bot.*) cucurbita, cocuzza ***2*** (*scherz.*) testa, capo □ testa vuota, testone, testa dura, zuccone, ignorante, sciocco, testardo, rapa **CONTR.** intelligente, saggio, persona aperta, persona ragionevole **FRAS.** *andar fuori di zucca* (*pop.*), perdere la ragione.

zuccàta *s. f.* ***1*** (*scherz.*) testata, capata, capocciata ***2*** zucca candita.

zuccheràre *v. tr.* (*anche fig.*) inzuccherare, addolcire, indolcire, raddolcire, dolcificare, edulcorare.

zuccheràto *part. pass. di* **zuccherare**; *anche agg.* ***1*** dolcificato, inzuccherato, edulcorato, dolce, addolcito **CONTR.** amaro ***2*** (*fig.*) (*di maniere, di parole, ecc.*) mellifluo, insinuante, melato, lusingatore **CONTR.** aspro, acre, rude □ schietto, sincero.

zuccherièro ***A*** *agg.* dello zucchero, saccarifero ***B*** *s. m.* industriale dello zucchero.

zuccherìno ***A*** *agg.* saccarifero □ (*di sapore*) dolce ***B*** *s. m.* ***1*** dolcino, confetto, bonbon, caramella, chicca ***2*** (*fig.*) favore, gentilezza, affettuosità, moina, carezza, lusinga, smanceria □ consolazione, ricompensa **CONTR.** sgarbo, sgarberia, freddezza, ruvidezza **FRAS.** *dare lo zuccherino* (*fig.*), rabbonire qualcuno per trarne beneficio □ *essere uno zuccherino* (*fig.*), essere dolce (*di persona*); essere facile o gradevole (*di situazione, lavoro e sim.*).

zùcchero *s. m.* ***1*** (*di barbabietola o di canna*) saccarosio □ fruttosio, levulosio, maltosio, xilosio, glucosio, destrosio, esosio ***2*** (*est.*) cibo dolce, bevanda dolce □ lattemiele ***3*** (*fig.*) (*di persona*) persona buona, persona mite **FRAS.** *essere zucchero e miele* (*fig.*), essere molto dolci (*di persona*); essere facile e remunerativo (*di situazione, lavoro e sim.*).

zuccheróso *agg.* ***1*** dolce, dolciastro, melato, mielato **CONTR.** amaro, aspro ***2*** (*fig.*) (*di parole, ecc.*) lusinghiero, mellifluo, insinuante, lusingatore **CONTR.** aspro, acre, rude, schietto, sincero ***3*** (*di persona, di discorso, ecc.*) sdolcinato, stucchevole, melenso, lezioso, svenevole, smanceroso, dolciastro, sdilinquito **CONTR.** rude, brusco, immediato, energico.

zuccóne *s. m.; anche agg.* ***1*** *accr. di* **zucca** ***2*** (*pop.*) testone, zucca ***3*** (*est.*) (*di persona*) testardo, ostinato, caparbio, cocciuto, pervicace, puntiglioso **CONTR.** arrendevole, cedevole, remissivo, docile, persuadibile ***4*** (*fig., spreg.*) ottuso, tonto, sciocco, stolido, stolto, ignorante, stupido **CONTR.** intelligente, sagace, sveglio.

zùffa *s. f.* combattimento, mischia, battaglia, scontro, scaramuccia, lotta, azzuffamento (*raro*), colluttazione, pestaggio, rissa, cazzottata (*pop.*), cazzottatura (*pop.*), tafferuglio, accapigliamento (*fig.*) □ contesa, litigio, baruffa **CONTR.** intesa, accordo, pacificazione, concordia, armonia, pace, calma.

ZUFFA
sinonimia strutturata

Si chiama **zuffa** uno scontro non lungo ma accanito: *gettarsi, entrare nella zuffa*; *la zuffa ebbe inizio da un banale diverbio*; *una zuffa tra cani*. In senso figurato la zuffa è una violenta polemica o **contesa** su argomenti letterari, scientifici e simili: *fra i sostenitori dei due artisti si è accesa una zuffa*. In quest'accezione figurata, la zuffa è vicina al **litigio**, ossia ad un animato contrasto di parole; se l'alterco è molto confuso e rumoroso si dice anche **baruffa**: *far baruffa con qualcuno*; *sono piccole baruffe da innamorati*. Si avvicinano abbastanza anche la **schermaglia** e la **scaramuccia**, che pure figuratamente designano una discussione vivace condotta con abili mosse di attacco e di difesa: *scaramucce letterarie*; l'ultimo termine si differenzia perché designa un contrasto di minore durata, e anche perché compare talvolta nel suo significato proprio di scontro armato di entità minore rispetto alla **battaglia**; quest'ultima è uno scontro tra eserciti o grandi unità nemiche: *battaglia difensiva, offensiva*; *battaglia aerea, terrestre*; *dare, ingaggiare, rifiutare, attaccare, accettare battaglia*; molto vicino è **combattimento**, che denomina un atto della battaglia limitato nel tempo, nello spazio e nell'entità delle forze: *combattimento offensivo*; il termine può avere anche un significato figurato oppure generico ed estensivo, in cui equivale a **scontro**, che a sua volta può denominare anche un combattimento di breve durata tra forze contrapposte casualmente imbattutesi: *combattimento improvviso, aspro, decisivo*; *cercare il combattimento*; *combattimento di galli*; scontro compare molto spesso nel significato figurato di manifestazione accesa di opinioni divergenti: *avere uno scontro con qualcuno*; *scontro verbale*.

Come combattimento, grande ampiezza semantica ha **lotta**, che nel significato più generale designa un contrasto in cui le parti si sforzano al massimo per ottenere un predominio: *la lotta di due eserciti*; *lotta politica, di classe*; il termine designa anche un combattimento corpo a corpo senza uso di armi: *ingaggiare una lotta mortale con un nemico*; per estensione si avvicina molto a **mischia**, che denomina uno scontro fisico violento e disordinato tra più persone: *la lotta tra il cobra e la mangusta*; *entrare, gettarsi, cacciarsi nella mischia, in mezzo alla mischia*; *nel furore della mischia molti caddero*. Una mischia può coincidere con un **pestaggio** o con una **colluttazione**, cioè col picchiarsi violentemente: *vi fu una colluttazione fra poliziotti e ladri*; il secondo termine in particolare indica una lotta corpo a corpo e inoltre può essere inteso figuratamente come una vivace disputa; il venire alle mani è indicato anche dal più raro e meno incisivo **azzuffamento** e da **accapigliamento**, che può essere inteso anche figuratamente. Molto vicino è **rissa**, che designa uno scambio di ingiurie e di percosse: *il litigio finì in un rissa collettiva*; *fare, attaccare, trovarsi in una rissa*; una *rissa letteraria* è una polemica che può anche degenerare in scambio di offese; quando le persone coivolte sono numerose e provocano molto scompiglio e rumore si usa il termine **tafferuglio**: *trovarsi in un tafferuglio*; *è nato un tafferuglio*; un suo sinonimo quasi perfetto è **parapiglia**, che però non si riferisce necessariamente a una zuffa, ma anche semplicemente a un'improvvisa confusione di persone e cose: *successe un gran parapiglia*. I termini popolari **cazzottata** e **cazzottatura** indicano specificamente uno scambio di pugni.

zufolàre *v. intr.; anche tr.* ***1*** fischiare, fischiettare, sibilare ***2*** (*fig.*) sussurrare, bisbigliare, mormorare, pispigliare (*raro*) **CONTR.** gridare, urlare ***3*** (*di discorso*) dire, riportare, riferire.

zufolìo *s. m.* fischiettio, sibilo.

zùfolo *s. m.* ***1*** (*di strumento*) fischietto, piffero, flauto ***2*** fischio, sibilo ***3*** (*fig., raro*) (*di persona*) sciocco, balordo, minchione (*pop.*) **CONTR.** furbo, furbacchione, scaltro.

zulù [dal nome di una popolazione bantu dell'Africa meridionale] *s. m.* e *f. inv.; anche agg.* (*fig., spreg.*) incivile, incolto, maleducato, villano, rozzo, baluba **CONTR.** civile, raffinato.

zùppa *s. f.* ***1*** (*di alimento*) pancotto, pappa ***2*** minestra ***3*** (*fig.*) (*di cose*) confusione, mescolanza, pasticcio, intruglio □ (*di discorso, ecc.*) lungaggine, barba, noia **FRAS.** *fare la zuppa nel paniere* (*fig.*), fare una cosa stupida e inutile □ *la solita zuppa*, la stessa cosa □ *se non è zuppa è pan bagnato* (*fig.*), fra le due cose non c'è una differenza sostanziale.

zuppièra *s. f.* terrina.

zùppo *agg.* inzuppato, intriso, bagnato, madido, fradicio, imbevuto **CONTR.** asciutto, arido, secco, seccato.

zuzzurullóne o **zuzzurellóne** *s. m.* (*fam., tosc.*) giocherellone, trastullone, ozioso, sfaccendato.

SINONIMI GEOGRAFICI

Aachen *ted.* Aquisgrana
Aa di Curlandia Lielupe
Aa di Livonia Gauja
Aalesund Ålesund
Aalst *neerl.* Alost *fr.*
Aargau *ted.* Argovia
Abbazia Opatija *serbo-croato*
Aberdare, monti *stor.* Nyanda, monti
Abilao *stor.* Tell Abil
Abissinia Etiopia
Åbo *sved.* Turku *finl.*
Abqayq Buqayq
Abtei *ted.* Badia
Abu Tulayh Klea
Acheloo Aspropotamo
Acinipo *stor.* Ronda Vieja
Açores *port.* Azzorre
Adalia Antalya *turco*
Adamclissi Tropeaum Trajani *stor.*
Adam's Peak *ingl.* Sri Pada
Adapazari Sakarya
Ad' Damir Ed Damer
Ad Dawhah Doha
Addis Harar Diredawa
Adelsberg *ted.* Postumia
Aden Baladiyat 'Adan *ar.*
Adige Etsch *ted.*
Adrianopoli *stor.* Edirne
Aenus *ant.* Inn
Africa del Sud-Ovest *stor.* Namibia
Afrodisia *stor.* Geyre
Afyon Afyonkarahisar
Afyonkarahisar Afyon
Agiostrati Ayios Evstrátios *gr.*
Agrigento Akragas *stor.*; Girgenti *stor.*
Ahaggar Hoggar
Ahrn *ted.* Aurino
Ahrntal *ted.* Valle Aurina
L'Aia Den Haag *neerl.*; s'-Gravenhage *neerl.*
Aïn el Hadjadj Takket
Aix-en-Provence Aquae Sextiae *stor.*
Aix-la-Chapelle *fr.* Aquisgrana
Aíyina *gr.* Egina
'Akko San Giovanni d'Acri *stor.*
Akragas *stor.* Agrigento
Aksu Perge *stor.*
Akyab Sittwe
Alabanda *stor.* Arabhisar
Al-'Alamayn El-Alamein
Alalia *stor.* Aleria
Al-'Awaynat Sardalas
Alba Iulia *rum.* Karlsburg *ted.*
Albani, colli Laziali, colli
Albano, lago di Castel Gandolfo, lago di
Al-Basrah *ar.* Bassora
Al-Beqaa *ar.* Bekaa
Albertville *stor.* Kalemie
Albione *stor.* Gran Bretagna
Alčevs'k Kommunarsk *stor.*
Aldein *ted.* Aldino
Alderney *ingl.* Aurigny *fr.*
Aldino Aldein *ted.*
Aleppo Halab *ar.*
Aleria Alalia *stor.*
Alessandretta *stor.* Iskenderun
Alessandria d'Egitto Al Iskandariyah *ar.*
Alessandria degli Ari *stor.* Herat
Alessandria di Aracosia *stor.* Kandahar
Alessio Lezhë *albanese*
Ålesund Aalesund
Al-Fashir El-Fasher
Al-Furat *ar.* Eufrate
Algeri Al-Jaza'ir *ar.*
Algovia Allgäu *ted.*
Algund *ted.* Lagundo
Al-Hadr Hatra
Al-Hijaz Hegiaz
Al-Hudaydah *ar.* Hodeida
Al-Hufuf Hofuf
Aliákmon *gr.* Vistrizza
Ali Bey *turco* Arginuse *stor.*
Al-Iskandariyah *ar.* Alessandria d'Egitto
Al-Jaghbub *ar.* Giarabub
Al-Jaza'ir *ar.* Algeri
Al-Jizah *ar.* Giza
Al-Junaynah *ar.* Geneina
Al-Khalil *ar.* Hebron
Al-Khums Homs di Libia *stor.*
Al-Ladhiqiyah *ar.* Latakia
Allenstein *ted.* Olsztyn *pol.*
Allgäu *ted.* Algovia
Alma Ata *stor.* Almaty
Al-Madinah *ar.* Medina
Al-Manamah *ar.* Manama
Almansor Al-Mansura
Al-Mansura Almansor
Al-Marj Barce
Almaty Alma Ata *stor.*
Al-Mukha Mocha
Alost *fr.* Aalst *neerl.*
Alpi Dinariche Alpi Bebie
Alpi Apuane Panie
Alpi Bebie Alpi Dinariche
Alpi Noriche Norische Alpen *ted.*
Alpi Transilvaniche Carpazi Meridionali
Al-Qahirah *ar.* Il Cairo
Al-Qasrayn Kasserine *stor.*
Al-Qayrawan *ar.* Kairouan
Alsace *fr.* Alsazia
Alsazia Alsace *fr.*
Alsium *stor.* Palo Laziale
Altacomba Hautecombe *fr.*
Altavilla Hauteville *fr.*
Altdorf *ted.* Bassecourt *fr.*
Altin-Tagh Altun Shan
L'Altissima Hochwilde *ted.*
Alto Adige Südtirol *ted.*
Alto Volta *stor.* Burkina Faso
Altrei *ted.* Anterivo
Altun Shan Altin-Tagh; Astin Tagh
Al-Uqsur *ar.* Luxor
Alvernia Auvergne *fr.*
Amara Amhara
Amaravati Amravati
Amazzoni, Rio delle Río Amazonas *sp.*
Amboina Ambon
Ambon Amboina
Amburgo Hamburg *ted.*
Amhara Amara
Amiens Samarobriva *stor.*
Amisos *stor.* Samsun
Amiternum *stor.* San Vittorino
Amman Filadelfia *stor.*
Ammassalik Angmagssalik
Ammóchostos *gr.* Famagosta
Amorgo Amorgos *gr.*
Amorgos *gr.* Amorgo
Amoy Xiamen
Ampurias Emporiae *stor.*
Amravati Amaravati
Anáfi *gr.* Nanfio
Anamur Anemurium *stor.*
Anaunia Val di Non
Ancyra *stor.* Ankara *turco*
Andikíthira *gr.* Cerigotto
Andiparo Andíparos *gr.*
Andíparos *gr.* Andiparo
Andrian *ted.* Andriano
Andriano Andrian *ted.*
Andro Ándros *gr.*
Andropov *stor.* Rybinsk
Ándros *gr.* Andro
Anemurium *stor.* Anamur
Angara Tunguska Superiore
Angers Iuliomagus *stor.*
Angiò Anjou *fr.*
Angmagssalik Ammassalik
Angora *stor.* Ankara
Anhui Anhwei
Anhwei Anhui
Aniene Teverone
Anjou *fr.* Angiò
Ankara *turco* Ancyra *stor.*
Ankara *turco* Angora *stor.*
An-Muileann-Cearr *gael.* Mullingar *ingl.*
Annaba Bona *stor.*
An Nhon Binh Dinh *stor.*
Ansab Nisab
Antakya *turco* Antiochia *stor.*
Antalya *turco* Adalia
Antananarivo Tananarive *stor.*
Anterivo Altrei *ted.*
Antibes Antipolis *stor.*
Antille, mare delle Caribico, mare
Antiochia *stor.* Antakya; Hatay *turco*
Antipolis *stor.* Antibes
Antivari Bar *serbo-croato*
Antseranana Diego Suarez *stor.*
Antung Dandong
Antwerpen *neerl.* Anversa
Anvers *fr.* Anversa
Anversa Antwerpen *neerl.*; Anvers *fr.*
Aomen *cin.* Macao
Aosta Aoste *fr.*; Augusta Praetoria *stor.*
Aoste *fr.* Aosta
Apamea *stor.* Qalat al-Mudik
Apollonia *stor.* Shahhat
Apollonia d'Illiria *stor.* Poiani
Appiano sulla Strada del Vino Eppan an der Weinstrasse *ted.*
Apuseni, monti Bihor
Aqmola Celinograd *stor.*
Aqtau Sevčenko *stor.*
Aquae Neri *stor.* Neris
Aquae Sextiae *stor.* Aix-en-Provence
Aquincum *stor.* Budapest
Aquisgrana Aachen *ted.*; Aix-la-Chapelle *fr.*
Aquitaine *fr.* Aquitania
Aquitania Aquitaine *fr.*
Aquitania Guienna
Arabhisar Alabanda *stor.*
Arabico, golfo Persico, golfo
Aragón *sp.* Aragona
Aragona Aragón *sp.*
Araks Arasse *ant.*
Arasse *ant.* Araks
Arausio *stor.* Orange
Arbe Rab *serbo-croato*
Arbela Arbil; Erbil
Arbil Arbela
Arcangelo Arhangelsk *russo*; Novy Cholmogory *stor.*

Ardeal *rum.* Transilvania
Arelate *stor.* Arles
Aretium *stor.* Arezzo
Arezzo Aretium *stor.*
Argentera, colle dell' Maddalena, colle della
Argentoratum *stor.* Strasburgo
Arginuse *stor.* Ali Bey *turco*
Argirocastro Gjirokastër *albanese*
Argo Árgos *gr.*
Árgos *gr.* Argo
Argovia Aargau *ted.*
Arhangelsk Arcangelo
Ariminum *stor.* Rimini
Arles Arelate *stor.*
Armavir Oktemberjan *stor.*
Armorica Armorique *fr.*
Armorique *fr.* Armorica
Ar-Riyad Riyadh
Aryana Varejo *stor.* Iran
Ascalona *stor.* Ashqelon
Ashqelon Ascalona *stor.*
Ash Shurayf *stor.* Khaybar
Aspropotamo Acheloo
Assia Hessen *ted.*
Assiut Asyut
Assuan Syene *stor.*; Aswan *ar.*
Assuan, lago di Nasser, lago
As-Suwais *ar.* Suez
Astigi *stor.* Ecija
Astin Tagh Altun Shan
Asturias *sp.* Asturie
Asturie Asturias *sp.*
Astypálaia *gr.* Stampalia
Aswan *ar.* Assuan
Asyut Assiut
Atella *stor.* Orta di Atella
Atene Athínai *gr.*
Athínai *gr.* Atene
Atyrau Gurjev *stor.*
Audenarde *fr.* Oudenaarde *neerl.*
Auer *ted.* Ora
Augsburg *ted.* Augusta; Augusta Vindelicum *stor.*
Augst Augusta Rauricorum *stor.*
Augusta Augsburg *ted.*
Augusta Emerita *stor.* Mérida *sp.*
Augusta Praetoria *stor.* Aosta
Augusta Rauricorum *stor.* Augst
Augusta Taurinorum *stor.* Torino
Augusta Treverorum *stor.* Treviri
Augusta Vindelicum *stor.* Augsburg *ted.*
Augustodunum *stor.* Autun *fr.*
Augustoritum *stor.* Limoges *fr.*
Aulide Aulís *gr.*
Aulís *gr.* Aulide
Aurigny *fr.* Alderney *ingl.*
Aurino Ahrn *ted.*
Aurora, isole dell' Ratak, isole
Auschwitz *ted.* Oświecim *pol.*
Australi, isole Tubuai
Austria Österreich *ted.*
Autun *fr.* Augustodunum *stor.*
Auvergne *fr.* Alvernia
L'Avana La Habana *sp.*
Avaricum *stor.* Bourges
Avelengo Hafling *ted.*
Axia *stor.* Castel d'Asso
Aydin Tralle *stor.*
Ayios Evstrátios *gr.* Agiostrati
Azeglio, lago d' Viverone, lago di
Azov, mare Meotide *stor.*
Azzah *ebr.* Gaza
Azzorre Açores *port.*
Baalbek Ba'lbakk; Eliopoli *stor.*
Babele Babilonia
Babilonia Babele
Baderna Mompaderno
Badia Abtei *ted.*
Baeterrae *stor.* Bézieres
Bagrawia Meroe
Bahia do São Salvador *stor.* Salvador
Bahr al-Ahmar *ar.* Rosso, mar
Baile Átha Cliath *gael.* Dublino
Bainsizza, altopiano della Banjska Planot *slov.*
Baja California *sp.* Bassa California
Bakar *serbo-croato* Buccari
Bakhtaran Kermanshah
Bakwanga *stor.* Mbuji-Mayi
Baladiyat 'Adan *ar.* Aden
Balat Mileto *stor.*
Ba'lbakk Baalbek
Bâle *fr.* Basilea
Balhisa Pessinous *stor.*
Balkis Zeugma *stor.*
Ballihisar Pessinunte *stor.*
Ballina Ballinasloe
Ballinasloe Ballina
Bălţi Belcy
Bamberg *ted.* Bamberga
Bamberga Bamberg *ted.*
Banaba Ocean, isola
Banda Aceh Kutaraja
Bandar-e Khomeyni Bandar-e Shahpur
Bandar-e Shahpur Bandar-e Khomeyni
Bangkok Krung Tep *thai*
Banjska Planot *slov.* Bainsizza, altopiano della
Banjul Bathurst *stor.*
Banzart Biserta
Bar *serbo-croato* Antivari
Barbian *ted.* Barbiano
Barbiano Barbian *ted.*
Barce Al-Marj
Baroda Vadodara
Barqa Cirenaica
Basche, Province País Vasco *sp.*
Basel *ted.* Basilea
Basilea Bâle *fr.*; Basel *ted.*
Basilicata Lucania
Bassa California Baja California *sp.*
Bassa Sassonia Niedersachsen *ted.*
Bassecourt *fr.* Altdorf *ted.*
Bassora Al-Basrah *ar.*
Bastenaken *neerl.* Bastogne *fr.*
Bastogne *fr.* Bastenaken *neerl.*
Basutoland *stor.* Lesotho
Batalpašinsk Čerkessk *stor.*
Bathurst *stor.* Banjul
Baviera Bayern *ted.*
Bayern *ted.* Baviera
Bayrut *ar.* Beirut
Bayt Lahm *ar.* Betlemme
Bechuanaland *stor.* Botswana
Beciuania *stor.* Botswana
Beijing pechino
Beirut Berytus *stor.*; Bayrut *ar.*
Beitin Betel *stor.*
Bejaïa *ar.* Bougie *fr.*
Bekaa Al-Beqaa *ar.*; Celesiria *stor.*
Belaja Cerkov Bila Tserkva
Belarus Bielorussia; Russia Bianca
Belau Palau
Belcy Bălţi
Belém Pará
Belfiore Porcile *stor.*
België *neerl.* Belgio
Belgien *ted.* Belgio
Belgio Belgique *fr.*; België *neerl.*; Belgien *ted.*
Belgique *fr.* Belgio
Belgrado Songidunum *stor.*
Belingwe Mberengwa
Belize Honduras Britannico *stor.*
Belkis Cizico *stor.*
Belpasso Malpasso *stor.*; Fenicia Moncada *stor.*
Belveglio Malamorte *stor.*
Benaco Garda, lago di
Benares Varanasi
Bender Cassim B'saso
Bendery Tighina
Benevento Maleventum *stor.*
Benin Dahomey *stor.*
Berat *albanese* Perati
Beresina Berezina *russo*
Berezina *russo* Beresina
Bergama Pergamo *stor.*
Bergen *neerl.* Mons *fr.*
Bermejo, passo di Cumbre, paso de la
Bern *ted.* Berna
Berna Bern *ted.*; Berne *fr.*
Berne *fr.* Berna
Berner Oberland *ted.* Oberland Bernese
Berytus *stor.* Beirut
Betania *stor.* el-'Azarije
Betel *stor.* Beitin
Bêth Lehem *ebr.* Betlemme
Betlemme Bayt Lahm *ar.*; Bêth Lehem *ebr.*
Bézieres Baeterrae *stor.*
Biel *ted.* Bienne *fr.*
Bielorussia Belarus; Russia Bianca
Bienne *fr.* Biel *ted.*
Bihor Apuseni, monti
Bijagos Bissagos
Bila Tserkva Belaja Cerkov
Binh Dinh *stor.* An Nhon
Birkenkofel *ted.* Croda dei Baranci
Birmania *stor.* Myanmar
Bir Moghreim Fort Trinquet *stor.*
Bisanzio *stor.* Istanbul
Biscaglia Vizcaya *sp.*
Biserta Banzart *ar.*
Biškek Frunze *stor.*
Bissagos Bijagos
Bitola Bitolj *serbo-croato*
Bitolj *serbo-croato* Bitola
Björneborg *sved.* Pori *finl.*
Blufi Malupassu *stor.*
Bobriki Novomoskovsk
Bocchetta d'Altare Cadibona, colle di
Bodensee *ted.* Costanza, lago di
Bodrum Halikarnassos *stor.*
Boeo, capo Lilibeo, capo
Boghari Ksar el Buokhari *ar.*
Bogotá Santa Fe de Bogotá
Bo Hai mar Bianco
Bois-le-Duc *fr.* Hertogenbosch 's- *neerl.*
Boka Kotorska *serbo-croato* Cattaro, bocche
Bolgar Kujbysev (*Russia, Om'*) *stor.*
Bologna Bononia *stor.*; Felsina *stor.*
Bolsena Volsinii *stor.*
Bolzano Bozen *ted.*
Bomba, lago di Sangro, lago di

Bombay Mumbai
Bon, capo Ra's at Tib *ar.*
Bona *stor.* Annaba
Bononia *stor.* Bologna
Bordeaux Burdigala *stor.*
Bordj Omar Driss Fort Flatters *stor.*
Borgo San Donnino *stor.* Fidenza
Borneo Kalimantan *indonesiano*
Boscoducale Hertogenbosch 's- *neerl.*
Botswana Bechuanaland *stor.*; Beciuania *stor.*
Bougie *fr.* Bejaïa *ar.*
Boulogne Gesoriacum Bononia *stor.*
Bourges Avaricum *stor.*
Bovec' *slov.* Plezzo
Boyoma, cascate Stanley, cascate *stor.*
Bozcaada Tenedo *stor.*
Bozen *ted.* Bolzano
Brac' *serbo-croato* Brazza
Braies Prags *ted.*
Branzoll *ted.* Bronzolo
Bratislava Pressburg *ted.*; Pozsony *ungh.*
Brazza Brac' *serbo-croato*
Brda Collalto
Breisgau *ted.* Brisgovia
Brema Bremen *ted.*
Bremen *ted.* Brema
Brenner *ted.* Brennero
Brennero Brenner *ted.*
Brescia Brixia *stor.*
Breslau *ted.* Breslavia
Breslavia Breslau *ted.*; Wroclaw *pol.*
Bressanone Brixen *ted.*
Brezhnev *stor.* Nabereżnyje
Brig *ted.* Briga
Briga Brig *ted.*; Brigue *fr.*
Brigantium *stor.* La Coruña
Brigue *fr.* Briga
La Brigue Brigue-de-Nice *stor.*
Brigue-de-Nice *stor.* La Brigue
Brijuni *serbo-croato* Brioni
Brindisi Brundisium *stor.*
Brioni Brijuni *serbo-croato*
Brisgovia Breisgau *ted.*
Brixen *ted.* Bressanone
Brixia *stor.* Brescia
Brno *ceco* Brúnn *ted.*
Bronzolo Branzoll *ted.*
Bruges *fr.* Brugge *neerl.*
Brugge *neerl.* Bruges *fr.*
Brundisium *stor.* Brindisi
Bruneck *ted.* Brunico
Brunico Bruneck *ted.*
Brúnn *ted.* Brno *ceco*
Brussa Bursa *turco*
Brussel *neerl.* Bruxelles *fr.*
Bruxelles *fr.* Brussel *neerl.*
B'saso Bender Cassim
Bucarest București *rum.*
Buccari Bakar *serbo-croato*
Buccino Volcei *stor.*
București *rum.* Bucarest
Budapest Aquincum *stor.*
Buie d'Istria Buje *serbo-croato*
Buje *serbo-croato* Buie d'Istria
Buqayq Abqayq
Burdigala *stor.* Bordeaux
Burgstall *ted.* Postal
Burkina Faso Alto Volta *stor.*
Bursa *turco* Brussa
Bur Sa'id *ar.* Porto Said
Bur Sudan *ar.* Port Sudan
Busan Pusan
Cabo Verde *port.* Capo Verde
Cadibona, colle di Bocchetta d'Altare
Cadice Gades *stor.*; Cádiz *sp.*
Cádiz *sp.* Cadice
Caere *stor.* Cerveteri
Caerleon Isca *stor.*
Caerwent Venta *stor.*
Caesarodunum *stor.* Tours
Caffa Kefa
Cahul Kagul
Caienna Cayenne *fr.*
Caines Kuens *ted.*
Il Cairo Al-Qahirah *ar.*
Caisle-án-Bharraigh *gael.* Castlebar *ingl.*
Călărași Kalaraš
Calcedonia Chalkedon *stor.*
Calchi Khálki *gr.*
Calcide Khalkís *gr.*
Caldaro Kaltern *ted.*
Caldaro sulla Strada del Vino Kaltern an der Weinstrasse *ted.*
Calicut *stor.* Kozhikode
Calino Kálimnos *gr.*
Calpe *stor.* Gibilterra
Calvario, monte Podgora
Cambay Khambhat
Camciatca Kamčatka
Campine *fr.* Kempen *neerl.*
Campo di Trens Freienfeld *ted.*
Campo Tures Sand in Taufers *ted.*
Camulodunum *stor.* Colchester
Cana *stor.* Kafr Kana
Cañada Verde Villa Huidobro
Canale, isole del Normanne, isole
Canale d'Agordo Forno di Canale *stor.*
Canarias *sp.* Canarie
Canarie Canarias *sp.*
Canatha *stor.* Quanawat
Candia *stor.* Creta
La Canea Khaniá *gr.*
Cáparra Capera *stor.*
Capera *stor.* Cáparra
Cape Town *ingl.* Città del Capo
Capodistria Koper *slov.*
Caporetto Kobarid *slov.*
Capo Verde Cabo Verde *port.*
Caprivi Strip *ingl.* Dito di Caprivi
Caravanche Karawanken *ted.*
Carezza, lago di Karersee *ted.*
Cargados Carajos *sp.* Saint Brandon *ingl.*
Caribico, mare Antille, mare delle
Caricyn Stalingrado *stor.*; Volgograd *stor.*
Carinzia Kärnten *ted.*
Carlantino, lago Occhito, lago
Carlowitz *stor.* Karlovci *serbo-croato*
Caronie Nebrodi, monti
Carpazi Meridionali Alpi Transilvaniche
Carreum *stor.* Chieri
Carso, monti del Kras *slov.*
Cartagine Carthago *stor.*
Carthago *stor.* Cartagine
Casablanca Dar el Beida *ar.*
Caso Kásos *gr.*
Cassai Kasai
Castelbello Ciardes Kastelbell Tschars *ted.*
Castel d'Asso Axia *stor.*
Castel Gandolfo, lago di Albano, lago di
Castelrosso Kastelórizon *gr.*
Castelrotto Kastelruth *ted.*
Castiglia Castilla *sp.*
Castilla *sp.* Castiglia
Castlebar *ingl.* Caisle-án-Bharraigh *gael.*
Castrogiovanni *stor.* Enna
Catalogna Cataluña *sp.*; Catalunya *catal.*
Cataluña *sp.* Catalogna
Catalunya *catal.* Catalogna
Catania Katane *stor.*
Catinaccio Rosengarten *ted.*
Cattaro Kotor *serbo-croato*
Cattaro, bocche Boka Kotorska *serbo-croato*
Caudio Caudium *stor.*
Caudium *stor.* Caudio
Caulonia Kaulon *stor.*
Cawnpore *stor.* Kanpur
Cayenne *fr.* Caienna
Cefalonia Kefallinía *gr.*
Celebes Sulawesi
Celesiria *stor.* Bekaa
Celinograd *stor.* Aqmola
Cenemelum *stor.* Cimiez (*Nizza*)
Ceo Kéa *gr.*; Zea *gr.*
Ceram Seram
Ceresio, lago di Lugano, lago di
Cerigo Kíthira *gr.*
Cerigotto Andikíthira *gr.*
Čerkessk *stor.* Batalpašinsk
Cermes Tscherms *ted.*
Cernighiv *ucraino* Černigov *russo*
Černigov *russo* Cernighiv *ucraino*
Cerveteri Caere *stor.*
Cervina, punta Hirzer Spitze *ted.*
Cervino Matterhorn *ted.*
Cesarea (*Anatolia*) *stor.* Kayseri
Cesarea (*Mauretania*) *stor.* Cherchell
Cesarea (*Palestina*) *stor.* Cesarea Marittima
Cesarea Marittima Cesarea (*Palestina*) *stor.*
Cetinje Cettigne
Cettigne Cetinje
Cevedale Zufall Spitz *ted.*
Chagos Islands Oil Islands
Chalkedon *stor.* Calcedonia
Chang Jiang Yangtze Kiang; Fiume Azzurro
The Channel *ingl.* Manica, La
Chattagam Chittagong
Chechaouen Xauen
Chegga Ichig
Chegutu Hartley
Cheju Jeju
Chemnitz Karl-Marx-Stadt *stor.*
Chemtou Simitto *stor.*
Cheongjin Ch'ongjin
Cheongju Ch'ongju
Cherchell Cesarea (*Mauretania*) *stor.*; Iol *stor.*
Cheren Keren
Cherso Cres *serbo-croato*
Cherson Herson
Chersoneso Cimbrico *stor.* Jutland
Chersoneso Taurico *stor.* Crimea
Chersoneso Tracico *stor.* Gelibolu
Chester Deva *stor.*
Chew Bahir Stefania, lago
Chiai Chiayi
Chiaravalle Clairvaux *fr.*
Chiayi Chiai
Chienes Kiens *ted.*
Chieri Carreum *stor.*

Chieti Teate *stor.*
Chile *sp.* Cile
Chimanimani Melsetter *stor.*
Chinchow Jinzhou
Chinmen Quemoy
Chio Khíos *gr.*
Chisimaio Kismayu
Chişinău *moldavo* Kisinev *russo*
Chittagong Chattagam
Chiusa Klausen *ted.*
Chiusi Clusium *stor.*
Chomolungma *tibetano* Everest
Ch'ongjin Cheongjin
Ch'ongju Cheongju
Chongqing Chungking
Christmas Kiritimati
Chrysopolis *stor.* Uskudar
Chungking Chongqing
Chur *ted.* Coira
Cibyra *stor.* Horzum
Cile Chile *sp.*
Cill Chainnigh *gael.* Kilkenny
Cill Mhanntáin *gael.* Wicklow
Cimiez (*Nizza*) Cenemelum *stor.*
Cinquechiese Pécs *ungh.*
Cipro Kibris *turco*; Kypros *gr.*
Circassia Karačajevo-Čerkessia
Cirenaica Barqa
Cirene *stor.* Shahat
Città del Capo Cape Town *ingl.*
Città del Capo Kaapstad *afrikaans*
Città del Messico Ciudad de México *sp.*
Cittanova d'Istria Novigrad *serbo-croato*
Ciudad de México *sp.* Città del Messico
Ciudi, lago dei Peipus
Civita Castellana Falerii Veteres *stor.*
Cizico *stor.* Belkis
Cizio *stor.* Larnaca
Clairvaux *fr.* Chiaravalle
Claudia *stor.* Klagenfurt
Cleves *stor.* Kleve
Clipperton Pasión, Isla de la *sp.*
Clunia *stor.* Peñalba de Castro
Clusium *stor.* Chiusi
Coblenza Koblenz *ted.*
Cocos Keeling
Coira Chur *ted.*; Cuera *romancio*
Colchester Camulodunum *stor.*
Collagna Culagna *stor.*
Collalto Hochgall *ted.*
Colle Isarco Gossensass *ted.*
Collina, passo della Porretta, passo della
Colmar Kolmar *ted.*
Colón, arcipelago di Galápagos
Colonia Köln *ted.*
Colonne, capo *stor.* Soúnion, capo
Comacina, isola S. Giovanni, isola di
Comana *stor.* Sar
Comeno Komen *slov.*
Como, lago di Lario
Comrat Komrat
Confederazione Elvetica Svizzera
Congaz Kangaz
Congo Zaire
Consilinum *stor.* Padula
Coo Kós *gr.*
Copenaghen Kobenhavn *dan.*
Corcaigh *gael.* Cork *ingl.*
Corcira *stor.* Corfù
Corfù Kérkyra *gr.*; Corcira *stor.*
Corinto Kórinthos *gr.*
Corizza Korçë *albanese*
Cork *ingl.* Corcaigh *gael.*
Cornedo all'Isarco Karneid *ted.*
Corneşti Kornesty
Corn Islands *ingl.* Maíz, Islas del *sp.*
Corse *fr.* Corsica
Corsica Corse *fr.*
Cortaccia sulla Strada del Vino Kurtatsch an der Weinstrasse *ted.*
Cortina sulla Strada del Vino Kurtinig an der Weinstrasse *ted.*
Cortona Corythus *stor.*
La Coruña Brigantium *stor.*
Corvara *ted.* Corvara in Badia
Corvara in Badia Corvara *ted.*
Corythus *stor.* Cortona
Costa Azzurra Côte d'Azur *fr.*
Costa d'Avorio Côte-d'Ivoire *fr.*
Costalunga, passo di Karerpass *ted.*
Costanţa *rum.* Costanza (*Romania*)
Costantina Qacentina *ar.*
Costantinopoli *stor.* Istanbul
Costanza (*Germania*) Konstanz *ted.*
Costanza (*Romania*) Costanţa *rum.*; Tomis *stor.*
Costanza, lago di Bodensee *ted.*
Côte d'Azur *fr.* Costa Azzurra
Côte-d'Ivoire *fr.* Costa d'Avorio
Courtrai *fr.* Kortrijk *neerl.*
Cracovia Krakow *pol.*
Crampel Kaga Bandoro
Crenides Filippi *stor.*
Cres *serbo-croato* Cherso
Creta Candia *stor.*; Kríti *gr.*
Crimea Krym *russo*; Chersoneso Taurico *stor.*
Crna Gora *serbo-croato* Montenegro
Croazia Hrvatska *serbo-croato*
Croda dei Baranci Birkenkofel *ted.*
Croda dei Toni Zwölferkofel *ted.*
Crotone Kroton *stor.*
Culagna *stor.* Collagna
Cuando Kwando
Cuango Kwango
Cuanza Kwanza
Cuera *romancio* Coira
Cufra Wahat Al-Kufrah *ar.*
Cumbre, paso de la Uspallata, passo di
Cumbre, paso de la Bermejo, passo di
Cunene Kunene
Curdistan Kurdistan
Curili, isole Kuril'skie Ostrova *russo*
Curlandia Kurljandja *russo*; Kurzeme *lettone*
Curon Venosta Graun im Vinschgau *ted.*
Cursk Kursk
Curzola Korčula *serbo-croato*
Cusio, lago di Orta, lago d'
Cuzza Sušak *serbo-croato*
Cymru *gael.* Galles
Dacca Dhaka
Daegu Taegu
Daejon Taejon
Dafni Daphné *gr.*
Dahomey *stor.* Benin
Dairen Lüda
Dakhla Villa Cisneros *sp.*
Daman Diu
Damasco Dimashq *ar.*
Damietta Dumyat
Dandong Antung, Tantung
Danubio Donau *ted.*; Duna *ungh.*; Dunaj *russo*; Dunărea *rum.*; Dunav *serbo-croato, bulgaro*; Dunaw *ceco*
Danzica Gdańsk *pol.*
Daphné *gr.* Dafni
Dapsang K2
Dardanelli Ellesponto *stor.*
Dar el Beida *ar.* Casablanca
Darnah Derna
Darnis *stor.* Derna
Daugavpils Dvinsk
Dauphiné *fr.* Delfinato
De Behagle Lai
Dekani Villa Decani
Delfinato Dauphiné *fr.*
Delo Dhílos; Délos *gr.*
Délos *gr.* Delo
Demre Myra *stor.*
Den Bosch *neerl.* Hertogenbosch 's- *neerl.*
Den Haag *neerl.* L'Aia
Derna Darnah; Darnis *stor.*
Deutschland *ted.* Germania
Deutschnofen *ted.* Nova Ponente
Deva *stor.* Chester
Dezful Dizful
Dhaka Dacca
Dhílos Delo
Diego Suarez *stor.* Antseranana
Digione Dijon *fr.*
Dignano d'Istria Vodnjan *serbo-croato*
Dijon *fr.* Digione
Dimashq *ar.* Damasco
Diredawa Addis Harar
Dito di Caprivi Caprivi Strip *ingl.*
Diu Daman
Divodurum *stor.* Metz
Dizful Dezful
Djakarta Giacarta
Djanet Fort Charlet *stor.*
Djerba *ar.* Gerba
Djibuti *fr.* Gibuti
Dnepr Dnipr
Dnestr *ucraino* Nistru *moldavo*
Dnipr Dnepr
Dniprodzerzinsk *stor.* Kamenskoje
Dnipropetrovsk *stor.* Ekaterinoslav
Dobbiaco Toblach *ted.*
Dobrič Tolbuhin *stor.*
Docimio *stor.* Iscehisar
Doha Ad Dawhah
Donau *ted.* Danubio
Donec Donez
Doneck *stor.* Juzovka
Donez Donec
Doornik *neerl.* Tournai *fr.*
Douala Duala
Dougga Thugga *stor.*
Douro *port.* Duero *sp.*
Dover Dubris *stor.*
Dra Drâa
Drâa Dra
Drau *ted.* Drava
Drava Drau *ted.*
Dreiherrn Spitze *ted.* Tre Signori, picco dei
Drei Zinnen *ted.* Tre Cime di Lavaredo

Dresda Dresden *ted.*
Dresden *ted.* Dresda
Drobeta-Turnu Severin Turnu Severin *stor.*
Drochia Drokija
Drokija Drochia
Duala Douala
Dubăsari Dubossary
Dublin *ingl.* Dublino
Dublino Baile Átha Cliath *gael.*; Dublin *ingl.*
Dubossary Dubăsari
Dubris *stor.* Dover
Dubrovnik *serbo-croato* Ragusa
Duca degli Abruzzi, Villaggio *stor.* Jowhar
Duero *sp.* Douro *port.*
Dugi Otok *serbo-croato* Lunga, isola
Dumbrek Simoenta *stor.*
Dumyat Damietta
Duna *ungh.* Danubio
Dunaj *russo* Danubio
Dunărea *rum.* Danubio
Dunav *serbo-croato, bulgaro* Danubio
Dunaw *ceco* Danubio
Dura Europos *stor.* Salahyie
Durango Victoria de Durango
Durazzo Dyrrachion *stor.*; Durrës *albanese*
Durocortorum *stor.* Reims
Durrës *albanese* Durazzo
Dutovlje Duttogliano
Duttogliano Dutovlje
Dvinsk Daugavpils
Dyrrachion *stor.* Durazzo
Ebla *stor.* Tell Mardikh
Eboracum *stor.* York
Ebridi, isole Hebrides *ingl.*
Ecija Astigi *stor.*
Ed Damer Ad' Damir
Edessa *stor.* Urfa
Edfu Idfu
Edimburgo Edinburgh *ingl.*
Edinburgh *ingl.* Edimburgo
Edinţi Jedincy
Edirne Adrianopoli *stor.*
Edo *stor.* Tokyo
Edoardo, lago *stor.* Rutanzige
Efes *turco* Efeso
Efeso Efes *turco*; Ephesos *stor.*
Ege Vergina *stor.*
Eggental *ted.* Val d'Ega
Egina Aíyina *gr.*
Egina, golfo di Saronico, golfo di
Egna Neumarkt *ted.*
Egospotami *stor.* Karakovader
Eilat Elat

Eire *gael.* Irlanda
Eisack *ted.* Isarco
Eisacktal *ted.* Val d'Isarco
Ekaterinburg Sverdlovsk *stor.*
Ekaterinodar Krasnodar *stor.*
Ekaterinoslav Dnipropetrovsk *stor.*
El-Alamein Al-'Alamayn
Elat Eilat
el-'Azarije Betania *stor.*
Elba Elbe *ted.*; Labe *ceco*
Elbe *ted.* Elba
El-Bir Teouit
Elefantina Gheziret Aswan *ar.*
El-Fasher Al-Fashir
El-Homr Fort McMahon *stor.*
Eliopoli *stor.* Heliopolis *gr.*; Baalbek
Elisabethville *stor.* Lubumbashi
El-Jem Tisidro *stor.*
Ellás *gr.* Grecia
Ellesponto *stor.* Dardanelli
Elsinore *ingl.* Helsingor *dan.*
Emden, abisso di Mindanao, fossa di
Emona *stor.* Lubiana
Emporiae *stor.* Ampurias
En *romancio* Inn
Engadin *ted.* Engadina
Engadina Engadin *ted.*
Engels *stor.* Pokrovsk
'Enisej Jenisej
Enna Castrogiovanni *stor.*
Enneberg *ted.* Marebbe
Eolie, isole Lipari, isole
Ephesos *stor.* Efeso
Eporedia *stor.* Ivrea
Eppan an der Weinstrasse *ted.* Appiano sulla Strada del Vino
Equateurville *stor.* Mbandaka
Eraclea *stor.* Ereğli
Erbil Arbela
Ercolano Resina
Erdély *ungh.* Transilvania
Ereğli Eraclea *stor.*
Eridano *stor.* Po
Eridio Idro, lago d'
Eriha *ar.* Gerico
Ermopoli Hermoúpolis *gr.*
Escaut *fr.* Schelda
Esdrèlon Jezreel
Esfahan Isfahan
Eshnunna *stor.* Tell Asmar
España *sp.* Spagna
Espejo Ucubi *stor.*
Esperia *stor.* Italia
Esseg *ted.* Osijek *serbo-croato*
Etiopia Abissinia

Etna Mongibello
Etsch *ted.* Adige
Eubea Negroponte *stor.*
Eufrate Al-Furat *ar.*
Eupatoria Jevpatorija
Eurimedonte *stor.* Köprüsu
Everest Chomolungma *tibetano*; Sagarmatha *nepalese*
Évros *gr.* Marizza
Ez-Zaqaziq Zagazig
Faesulae *stor.* Fiesole
Faizabad Feysabad
Falerii Veteres *stor.* Civita Castellana
Falkland Malvinas *sp.*
Falzes Pfalzen *ted.*
Famagosta Ammóchostos *gr.*; Magosa *turco*
Famars Fanum Martis *stor.*
Fanum Martis *stor.* Famars
Fanum Voltumnae *stor.* Montefiascone
Faro, punta del Peloro, capo
Færöer *dan.* Föroyar
Fashoda *stor.* Kodok
Favale San Cataldo *stor.* Valsinni
Fdérik Fort Gouraud *stor.*
Feldthurns *ted.* Velturno
Felsina *stor.* Bologna
Fenice, isole della Phoenix Islands *ingl.*
Fenicia Moncada *stor.* Belpasso
Fere *stor.* Velestínon
Fermo Firmum *stor.*
Ferro Hierro *sp.*
Feysabad Faizabad
Fiandra Occidentale Vest-Vlaanderen *neerl.*
Fiandra Orientale Oost-Vlaanderen *neerl.*
Fiandre Flandre *fr.*; Vlaanderen *neerl.*
Fidenza Borgo San Donnino *stor.*
Fié allo Sciliar Völs am Schlern *ted.*
Fiesole Faesulae *stor.*
Filadelfia (*USA*) Philadelphia *ingl.*
Filadelfia *stor.* Amman
Filippi *stor.* Crenides
Filippopoli *stor.* Plovdiv
Finlandia Suomi *finl.*
Firenze Florence *fr.*, *ingl.*; Florenz *ted.*
Firmum *stor.* Fermo
Fiume Rijeka *serbo-croato*
Fiume Azzurro Chang Jiang
Fiume Giallo Huang He
Fiume Rosso Song Hong-Ha
Flandre *fr.* Fiandre
Flessinga Vlissingen *neerl.*

Florence *fr.*, *ingl.* Firenze
Florenz *ted.* Firenze
Focea Phokaia *gr.*
Foresta Nera Schwarzwald *ted.*
Formica di Montecristo Scoglio d' Africa
Forno di Canale *stor.* Canale d'Agordo
Föroyar Færöer *dan.*
Fort Archambault *stor.* Sarh
Fort Brussaux *stor.* Markounda
Fort Charlet *stor.* Djanet
Fort de Polignac *stor.* Illizi
Fortezza Franzensfeste *ted.*
Fort Flatters *stor.* Bordj Omar Driss
Fort Foureau *stor.* Kousseri
Fort Gardel *stor.* Zaouatallaz
Fort Gouraud *stor.* Fdérik
Fort Lamy *stor.* N'Djamena
Fort Laperrine *stor.* Tamenghest
Fort McMahon *stor.* El-Homr
Fort Motylinski *stor.* Tarahouahout
Fort Trinquet *stor.* Bir Moghreim
Fort Victoria *stor.* Masvingo
Forum Cornelii *stor.* Imola
Forum Julii *stor.* Fréjus
Fournoi *gr.* Furni
Francesco Giuseppe, Terra di Frantza-Iosifa Zemlja *russo*
Franceville Masuku
Francoforte sull'Oder Frankfurt an der Oder *ted.*
Francoforte sul Meno Frankfurt am Main *ted.*
Franconia Franken *ted.*
Franken *ted.* Franconia
Frankfurt am Main *ted.* Francoforte sul Meno
Frankfurt an der Oder *ted.* Francoforte sull'Oder
Fränkische Saale *ted.* Saale di Franconia
Frantza-Iosifa Zemlja *russo* Francesco Giuseppe, Terra di
Franzensfeste *ted.* Fortezza
Freiburg *ted.* Friburgo
Freiburg im Breisgau *ted.* Friburgo in Brisgovia
Freienfeld *ted.* Campo di Trens
Freising *ted.* Frisinga
Fréjus Forum Julii *stor.*
Fribourg *fr.* Friburgo
Friburgo Freiburg *ted.*; Fribourg *fr.*
Friburgo in Brisgovia Freiburg im Breisgau *ted.*

Friesland *ted.* Frisia
Frisia Friesland *ted.*; Frysland *frisone*; Vriesland *neerl.*
Frisinga Freising *ted.*
Frunze *stor.* Biškek
Frysland *frisone* Frisia
Fundres Pfunders *ted.*
Funes Villnöss *ted.*
Fünfkirchen *ted.* Pécs *ungh.*
Furni Fournoi *gr.*
Gabala *stor.* Jeble
Gabès Qabis *ar.*
Gadara *stor.* Umm Qeish
Gaderthal *ted.* Val Badia
Gades *stor.* Cadice
Gaeseong Kaesong
Gafsa Qafsah *ar.*
Galápagos arcipelago di Colón
Galicia *sp.* Galizia (*Spagna*)
Galicja *pol.* Galizia (*Polonia*)
Galitzija *russo* Galizia (*Polonia*)
Galizia (*Spagna*) Galicia *sp.*
Galizia (*Polonia*) Galicja *pol.*; Galitzija *russo*; Galizien *ted.*
Galizien *ted.* Galizia (*Polonia*)
Galles Cymru *gael.*; Wales *ingl.*
Gampenjoch *ted.* Le Palade, passo
Gand *fr.* Gent *neerl.*
Gangchhendzönga Kanchenjunga
Gaoxiong Kaohsiung
Garda, lago di Benaco
Gardo Qardo
Gardula Gidole
Gargazon *ted.* Gargazzone
Gargazzone Gargazon *ted.*
Garonna Gironda
Gascogne *fr.* Guascogna
Gatooma Kadoma
Gauja Aa di Livonia
Gaza Azzah *ebr.*; Ghazzah *ar.*
Gdańsk *pol.* Danzica
gebel al-Tariq *stor.* Gibilterra
Gebel Dukhân Mons Porphyrites *stor.*
Gebel el-Sheik *ar.* Hermon
Gebel Fatîreh Mons Claudanus *stor.*
Gedda Gidda
Gelderland *neerl.* Gheldria
Gelibolu Chersoneso Tracico *stor.*
Geneina Al-Junaynah *ar.*
Gênes *fr.* Genova
Genève *fr.* Ginevra
Genf *ted.* Ginevra
Genoa *ingl.* Genova
Genova Gênes *fr.*; Genoa *ingl.*; Genua *ted.*
Gent *neerl.* Gand *fr.*
Genua *ted.* Genova
George Town Pinang
Gerasa *stor.* Jerash
Gerba Djerba *ar.*
Gerico Eriha *ar.*
Germania Deutschland *ted.*
Gesoriacum Bononia *stor.* Boulogne
Geyre Afrodisia *stor.*
Ghazaouet Nemours *stor.*
Ghazzah *ar.* Gaza
Gheldria Gelderland *neerl.*
Gheorghe Gheorghiu-Dej *stor.* Onești
Gheorghiu-Dej *stor.* Liski
Ghezirat Aswan *ar.* Elefantina
Giacarta Djakarta
Giamaica Jamaica *ingl.*
Giamame Jamame
Giannina Ioánnina *gr.*
Giarabub Al-Jaghbub *ar.*
Gibilterra Gibraltar *ingl.*; gebel al-Tariq *stor.*; Calpe *stor.*
Gibraltar *ingl.* Gibilterra
Gibuti Djibouti; Djibuti *fr.*
Gidda Gedda; Jeddah *ar.*; Jiddah *ar.*
Gidole Gardula
Gijón Xixón
Gimino Zminj
Gimma Jimma
Ginevra Genève *fr.*; Genf *ted.*
Ginevra, lago di Lemano, lago
Gioher J'whar
Giordano Sheriat el Kebir *ar.*
Girgenti *stor.* Agrigento
Gironda Garonna
Giuba Juba
Giura Jura *fr.*
Giza Al-Jizah *ar.*
Gjandz Kirovabad *stor.*
Gjirokastër *albanese* Argirocastro
Glåma Glomma
Glaris *fr.* Glarona
Glarona Glaris *fr.*; Glarus *ted.*
Glarus *ted.* Glarona
Glockenkarkopf *ted.* Vetta d'Italia
Glomma Glåma
Glorenza Glurns *ted.*
Glurns *ted.* Glorenza
Godwin Austen *stor.* K2
Gökçeada Imroz
Gorica *slov.* Gorizia
Gorizia Görz *ted.*; Gorica *slov.*
Gor'kij *stor.* Nižnij Novgorod *stor.*
Gorlivka Gorlovka
Gorlovka Gorlivka
Gortina Górtis *gr.*
Górtis *gr.* Gortina
Görz *ted.* Gorizia
Gossensass *ted.* Colle Isarco
Gottinga Göttingen *ted.*
Göttingen *ted.* Gottinga
Gottwaldov *stor.* Zlín
Gran Bretagna Albione *stor.*
Graubünden *ted.* Grigioni
Graun im Vinschgau *ted.* Curon Venosta
s'-Gravenhage *neerl.* Aia, L'
Grecia Ellás *gr.*
Grigioni Graubünden *ted.*; Grischun *romancio*; Grisons *fr.*
Grischun *romancio* Grigioni
Grisons *fr.* Grigioni
Grödnertal *ted.* Val Gardena
Groenlandia Kalâtdlit-Nunât
Gsies *ted.* Casies, valle di
Guadalupa Guadeloupe *fr.*
Guadeloupe *fr.* Guadalupa
Guanahani San Salvador *sp.*
Guascogna Gascogne *fr.*
Gubbio Iguvium *stor.*
Guben Wilhelm-Pieck--Stadt-Guben *stor.*
Guidjiba Ngaoundéré
Guienna Aquitania; Guyenne *fr.*
Gurjev *stor.* Atyrau
Guruve Sipolilo
Guyenne *fr.* Guienna
Güzelyurt Morphou
La Habana *sp.* L'Avana
Hadrumentum *stor.* Sousse
Hafling *ted.* Avelengo
Hághion Óros *gr.* Monte Santo
Haifa Hefa
Hainaut Henegouwen
Halab *ar.* Aleppo
Halikarnassos *stor.* Bodrum
Hälsingborg *stor.* Helsingborg
Hamburg *ted.* Amburgo
Hancești *moldavo* Kotovsk *russo*
Hangchow Hangzhou
Hangzhou Hangchow
Harare Salisbury *stor.*
Harkiv Harkov
Harkov Harkiv
Hartley Chegutu
Hatay *turco* Antiochia
Hatra Al-Hadr *ar.*
Hattu Hattusas
Hattusas Hattu
Hautecombe *fr.* Altacomba
Hauteville *fr.* Altavilla
Hawaii, isole Sandwich, isole *stor.*
Heba *stor.* Magliano
Hebrides *ingl.* Ebridi
Hebron Al-Khalil *ar.*
Hefa Haifa
Hegiaz Al-Hijaz
Heilongjiang Heilungkiang
Heilungkiang Heilongjiang
Heliopolis *gr.* Eliopoli
Helsingborg Hälsingborg *stor.*
Helsingfors *sved.* Helsinki *finl.*
Helsingor *dan.* Elsinore *ingl.*
Helsinki *finl.* Helsingfors *sved.*
Henegouwen Hainaut
Herákleion Iráklion
Herat Alessandria degli Ari *stor.*
Heristal *fr.* Herstal *neerl.*
Hermon Gebel el-Sheik *ar.*
Hermoúpolis *gr.* Ermopoli
Herson Cherson
Herstal *neerl.* Heristal *fr.*
s'-Hertogenbosch *neerl.* Bois-le-Duc *fr.*; Boscoducale; Den Bosch *neerl.*
Hessen *ted.* Assia
Hierapytna *stor.* Ievraptra
Hierro *sp.* Ferro
Hims Homs
Hindenburg *ted.* Zabrze *pol.*
Hirschberg *ted.* Jelenia Gora *pol.*
Hirzer Spitze *ted.* Cervina, punta
Hispalis *stor.* Siviglia
Hmelnicki Hmelnitsk
Hmelnitsk Hmelnicki
Hochgall *ted.* Collalto
Hô Chi Minh Saigon *stor.*
Hochwilde *ted.* L'Altissima
Hodeida Al-Hudaydah *ar.*
Hodžent Leninabad *stor.*
Hofuf Al-Hufuf
Hoggar Ahaggar
Holland *neerl.* Olanda
Homs Hims
Homs di Libia *stor.* Al--Khums
Hondo *stor.* Honshu
Honduras Britannico *stor.* Belize
Honshu Hondo *stor.*
Hordio Hurdiyo
Horn, capo Hornos, cabo de *sp.*
Hornos, cabo de *sp.* Horn, capo
Horzum Cibyra *stor.*

Hrvatska *serbo-croato* Croazia
Huang Hai Mar Giallo
Huang He Fiume Giallo
Hubei Hupeh
Hull Kingston-upon-Hull
Hupeh Hubei
Hurdiyo Hordio
Hvar *serbo-croato* Lesina
Icaria Ikaría *gr.*
Içel Mersin
Ichig Chegga
Iconium *stor.* Konya
Idfu Edfu
Idhra *gr.* Idra
Idra Idhra *gr.*
Idra Ydra *gr.*
Idria Idrijca *serbo-croato*
Idrijca *serbo-croato* Idria
Idro, lago d' Eridio, lago
Ieper *neerl.* Ypres *fr.*
Ierapoli *stor.* Pammukkale
Ievraptra Hierapytna *stor.*
Iguvium *stor.* Gubbio
IJsselmeer Zuiderzee
Ikaría *gr.* Icaria
Ilio Troia
Illizi Fort de Polignac *stor.*
Imera meridionale Salso
Imola Forum Cornelii *stor.*
Imroz Gökçeada
Incoronata Kornat *serbo-croato*
Indaur Indore
Indore Indaur
Inguscezia Ingušetija *russo*
Ingušetija *russo* Inguscezia
Inn Aenus *ant.*; En *romancio*
Innichen *ted.* San Candido
Interamnia Nahars *stor.* Terni
Io Ios *gr.*
Ioánnina *gr.* Giannina
Iol *stor.* Cherchell
Ios *gr.* Io
Iráklion Herákleion
Iran Persia *stor.*; Aryana Varejo *stor.*
Irlanda Eire *gael.*
Isarco Eisack *ted.*
Isca *stor.* Caerleon
Iscehisar Docimio *stor.*
Ischia Pithekoussai *stor.*
Iseo, lago d' Sebino, lago
Isfahan Esfahan
Iskenderun Alessandretta *stor.*
Isola d'Istria Ižola *serbo-croato*
Isonzo Soča *slov.*
Issyk-Kul' Rybačje
Istanbul Costantinopoli *stor.*; Bisanzio *stor.*
Istra *serbo-croato* Istria
Istria Istra *serbo-croato*
Itaca Itháki *gr.*
Italia Esperia *stor.*
Itháki *gr.* Itaca
Iuliomagus *stor.* Angers
Iuvavum *stor.* Salisburgo
Ivrea Eporedia *stor.*
Iževsk Ustinov
Izmir *turco* Smirne
Izmit Nicomedia *stor.*
Izmit Kocaeli
Iznik Nicea *stor.*
Ižola *serbo-croato* Isola d'Istria
Jadotville *stor.* Likasi
Jalta Yalta
Jamaica *ingl.* Giamaica
Jamame Giamame
Jamame Margherita
Jamna Yamuna
Jargalant Kobdo
Jaufen Pass *ted.* Monte Giovo, passo di
Javlant Uljasutaj
Jeble Gabala *stor.*
Jeddah *ar.* Gidda
Jedincy Edinți
Jeju Cheju
Jelenia Gora *pol.* Hirschberg *ted.*
Jenesien *ted.* San Genesio Atesino
Jenisej 'Enisej
Jerash Gerasa *stor.*
Jesselton *stor.* Kota Kinabalu
Jevpatorija Eupatoria
Jezreel Esdrèlon
Jglau *ted.* Jihlava *ceco*
Jiddah *ar.* Gidda
Jihlava *ceco* Jglau *ted.*
Jimma Gimma
Jinnampo Namp'o
Jinzhou Chinchow
Ji-Paraná Rondônia
Jiulong Kowloon
Jowhar Villaggio Duca degli Abruzzi
Juba Giuba
Jura *fr.* Giura
Jutland *ted.*; Jylland *dan.*; Chersoneso Cimbrico *stor.*
Juventud, Isla de la Pini, isola dei
Juzovka Doneck *stor.*; Stalino *stor.*
J'whar Gioher
Jylland *dan.* Jutland *ted.*
K2 Dapsang; Godwin Austen *stor.*
Kaapstad *afrikaans* Città del Capo
Kadesh Qadesh
Kadoma Gatooma
Kaesong Gaeseong
Kafr Kana Cana *stor.*
Kaga Bandoro Crampel
Kagera Magharibi Ziwa Magharibi
Kagul Cahul
Kairouan Al-Qayrawan
Kalaraš Călărași
Kalâtdlit-Nunât Groenlandia
Kalemie Albertville *stor.*
Kalimantan *indonesiano* Borneo
Kálimnos *gr.* Calino
Kalinin *stor.* Tver
Kaliningrad Königsberg *stor.*
Kalinino *stor.* Tashir
Kaltern *ted.* Caldaro
Kaltern an der Weinstrasse *ted.* Caldaro sulla Strada del Vino
Kamčatka Camciatca
Kamenskoje Dniprodzerzinsk *stor.*
Kâmpóng Saôm *stor.* Sihanoukville
Kananga Luluabourg *stor.*
Kanchenjunga Gangchhendzönga
Kandahar Alessandria di Aracosia *stor.*
Kandahar Qandahar
Kanesh *stor.* Kültepe
Kangaz Congaz
Kanpur Cawnpore *stor.*
Kaohsiung Gaoxiong
Kapsukas Mariampole
Karačajevo-Čerkessia Circassia
Karakovader Egospotami *stor.*
Karawanken *ted.* Caravanche
Karerpass *ted.* Costalunga, passo di
Karersee *ted.* Carezza, lago di
Karl-Marx-Stadt *stor.* Chemnitz
Karlovci *serbo-croato* Carlowitz *stor.*
Karlovy Vary *ceco* Karlsbad *ted.*
Karlsbad *ted.* Karlovy Vary *ceco*
Karlsburg *ted.* Alba Iulia *rum.*
Karnataka Mysore *stor.*
Karneid *ted.* Cornedo all'Isarco
Kärnten *ted.* Carinzia
Kárpathos *gr.* Scarpanto
Kasai Cassai
Kásos *gr.* Caso
Kaspijski Lagan
Kasserine *stor.* Al-Qasrayn
Kastelbell Tschars *ted.* Castelbello Ciardes
Kastelórizon *gr.* Castelrosso
Kastelruth *ted.* Castelrotto
Katane *stor.* Catania
Katanga *stor.* Shaba
Kauen *ted.* Kaunas *lituano*
Kaulon *stor.* Caulonia
Kaunas *lituano* Kauen *ted.*
Kaunas *lituano* Kovno *russo*
Kayseri Cesarea (*Anatolia*) *stor.*
Kéa *gr.* Ceo
Keeling Cocos
Kefa Caffa
Kefallinía *gr.* Cefalonia
Kelemis Patara *stor.*
Kempen *neerl.* Campine *fr.*
Kerch Panticapaion *stor.*
Keren Cheren
Kérkyra *gr.* Corfù
Kermanshah Bakhtaran
Khálki *gr.* Calchi
Khalkís *gr.* Calcide
Khambhat Cambay
Khaniá *gr.* Canea, La
Khaybar Ash Shurayf *stor.*
Khíos *gr.* Chio
Khorsabad Tepe Gawra
Kibris *turco* Cipro
Kiens *ted.* Chienes
Kiev Kijev
Kijev Kiev
Kilkenny Cill Chainnigh *gael.*
Kingissepp Kuressaare
Kingston-upon-Hull Hull
Kinshasa Leopoldville *stor.*
Kiritimati Christmas
Kirov *stor.* Vjatka
Kirovabad *stor.* Gjandz
Kirovakan *stor.* Vanadzor
Kisangani Stanleyville *stor.*
Kisinev *russo* Chișinău *moldavo*
Kismayu Chisimaio
Kíthira *gr.* Cerigo
Kithnos *gr.* Termia
Klagenfurt Virunum *stor.*; Claudia *stor.*
Klaipeda *lituano* Memel *ted.*
Klausen *ted.* Chiusa
Klea Abu Tulayh
Kleve Cleves *stor.*
Kobarid *slov.* Caporetto
Kobdo Jargalant
Kobenhavn *dan.* Copenaghen
Koblenz *ted.* Coblenza
Kocaeli Izmit
Kodok Fashoda *stor.*
Koko Nur Qinghai, lago
Kolmar *ted.* Colmar
Köln *ted.* Colonia
Kolonia Palikir
Koltsugino Leninsk-Kuznecki *stor.*
Komen *slov.* Comeno

Kom Giéif Naukratis *stor.*
Kommunarsk *stor.* Alčevs'k
Komrat Comrat
Konedobu Port Moresby
Königsberg *stor.* Kaliningrad
Konstanz *ted.* Costanza (*Germania*)
Konya Iconium *stor.*
Koper *slov.* Capodistria
Köprüsu Eurimedonte *stor.*
Korçë *albanese* Corizza
Korčula *serbo-croato* Curzola
Kórinthos *gr.* Corinto
Kornat *serbo-croato* Incoronata
Kornesty Cornești
Kortrijk *neerl.* Courtrai *fr.*
Kós *gr.* Coo
Kostolac Viminacium *stor.*
Kota Kinabalu Jesselton
Kotor *serbo-croato* Cattaro
Kotovsk *russo* Hancești *moldavo*
Kousseri Fort Foureau *stor.*
Kovno *russo* Kaunas *lituano*
Kowloon Jiulong
Kozhikode Calicut *stor.*
Krakatau Krakatoa; Rakata
Krakatoa Krakatau; Rakata
Krakow *pol.* Cracovia
Kras *slov.* Carso, monti del
Krasnodar *stor.* Ekaterinodar
Kreuzbergpass *ted.* Monte Croce di Comelico, passo di
Kristiania *stor.* Oslo
Kríti *gr.* Creta
Krivoj Rog *russo* Krjvij Rig *ucraino*
Križ, Rt *serbo-croato* Santa Croce, punta
Krjvij Rig *ucraino* Krivoj Rog *russo*
Krk *serbo-croato* Veglia
Kronschlot *stor.* Kronštadt
Kronštadt Kronschlot *stor.*
Kroton *stor.* Crotone
Krung Tep *thai* Bangkok
Krym *russo* Crimea
Ksar el Buokhari *ar.* Boghari
Kuçove Qyteti Stalin *stor.*
Küçük Menderes Scamandro *stor.*
Kuens *ted.* Caines
Kujbysev (*Russia, Om'*) *stor.* Bolgar
Kujbysev (*Russia, Samara F.*) *stor.* Samara
Kültepe Kanesh *stor.*
Kumajri Leninakan *stor.*
Kŭmya Yonghung
Kunene Cunene
Kurdistan Curdistan
Kuressaare Kingissepp
Kuril'skie Ostrova *russo* Curili, isole
Kurljandja *russo* Curlandia
Kursk Cursk
Kurtatsch an der Weinstrasse *ted.* Cortaccia sulla Strada del Vino
Kurtinig an der Weinstrasse *ted.* Cortina sulla Strada del Vino
Kurzeme *lettone* Curlandia
Kutaraja Banda Aceh
Kvarner *serbo-croato* Quarnaro
Kwando Cuando
Kwango Cuango
Kwanza Cuanza
Kypros *gr.* Cipro
Laas *ted.* Lasa
Labdah Leptis Magna *stor.*
Labe *ceco* Elba
Laces Latsch *ted.*
Laconia Lakonía *gr.*
Lagan Kaspijski
Lagosta Lastovo *serbo-croato*
Lagundo Algund *ted.*
Lai De Behagle
Laion Lajen *ted.*
Laives Leifers *ted.*
Lajen *ted.* Laion
Lakonía *gr.* Laconia
Lalitpur *stor.* Patan
Lambaesis *stor.* Lambese
Lambese Lambaesis *stor.*
Langkofel *ted.* Sassolungo
Languedoc *fr.* Linguadoca
Lanovium *stor.* Lanuvio
Lanuvio Lanovium *stor.*
Laodicea al Libano Laodicea Scabiosa
Laodicea al Mare *stor.* Latakia
Laodicea Scabiosa Laodicea al Libano
Larche, col de *fr.* Maddalena, colle della
Lario Como, lago di
Larnaca Cizio *stor.*
Lasa Laas *ted.*
Lastovo *serbo-croato* Lagosta
Latakia Laodicea al Mare *stor.*; Al-Ladhiqiyah *ar.*
Latina Littoria *stor.*
Latsch *ted.* Laces
Lauregno Laurein *ted.*
Laurein *ted.* Lauregno
Laurio Lávrion *gr.*
Lausanne *fr.* Losanna
Lausitz *ted.* Lusazia
Lausitzer Neisse *ted.* Nysa Luzycka *ceco*
La Valle Wengen *ted.*
Lávrion *gr.* Laurio
Laziali, colli Albani, colli
Lecce Lupiae *stor.*
Lechemti Nekemt
Leeward Islands *ingl.* Sottovento, isole
Lefkáda *gr.* Leucade
Lefkosa *turco* Nicosia
Leghorn *ingl.* Livorno
Legnica *pol.* Liegnitz *ted.*
Leida Leiden *neerl.*
Leiden *neerl.* Leida
Leifers *ted.* Laives
Leipzig *ted.* Lipsia
Le Kef Sicca Veneria *stor.*
Lemano, lago Ginevra, lago di
Leme, canale di Limski Kanal *serbo-croato*
Lemesós *gr.* Limassol
Lemno Límnos *gr.*
Leninabad *stor.* Hodžent
Leninakan *stor.* Kumajri
Leningrado *stor.* San Pietroburgo
Leninsk-Kuznecki *stor.* Koltsugino
Lentia *stor.* Linz
Lentini Leontinoi *stor.*
Leonte *stor.* Litani
Leontinoi *stor.* Lentini
Leopoldville *stor.* Kinshasa
Leopoldo II, lago *stor.* Mai-Ndombe
Leopoli Lv'ov *russo*; Lviv *ucraino*
Lepanto Náupaktos *gr.*
Leptis Magna *stor.* Labdah
Lero Léros *gr.*
Léros *gr.* Lero
Lesbo Lésvos *gr.*; Mitilene *stor.*
Lesina Hvar *serbo-croato*
Lesotho Basutoland *stor.*
Lésvos *gr.* Lesbo
Leucade Lefkáda *gr.*
Leukosía *gr.* Nicosia
Leuthen *ted.* Lutynia *pol.*
Leuven *neerl.* Lovanio
Levkás *gr.* Santa Maura
Lezhë *albanese* Alessio
Libau *ted.* Liepaja *lettone*
Liberi Schiavi *stor.*
Liège *fr.* Liegi
Liegi Liège *fr.*; Luik *neerl.*
Liegnitz *ted.* Legnica *pol.*
Lielupe Aa di Curlandia
Liepaja *lettone* Libau *ted.*
Lier *neerl.* Lierre
Lierre Lier *neerl.*
Likasi Jadotville *stor.*
Lilibeo, capo capo Boeo
Lilla Lille *fr.*
Lille *fr.* Lilla
Limassol Lemesós *gr.*
Límnos *gr.* Lemno
Limoges Augustoritum *stor.*
Limonum *stor.* Poitiers
Limosino Limousin *fr.*
Limousin *fr.* Limosino
Limski Kanal *serbo-croato* Leme, canale di
Line Islands Sporadi Equatoriali *stor.*
Linguadoca Languedoc *fr.*
Linz Lentia *stor.*
Lione Lugdunum *stor.*; Lyon *fr.*
Lipari, isole Eolie, isole
Lipsia Leipzig *ted.*
Lisboa *port.* Lisbona
Lisbona Lisboa *port.*
Liski Gheorghiu-Dej *stor.*
Lissa Vis
Litani Nahr Al-Litani *ar.*; Leonte *stor.*
Littoria *stor.* Latina
Livingstone *stor.* Maramba
Livorno Leghorn *ingl.*; Livourne *fr.*
Livourne *fr.* Livorno
Ljubljana *slov.* Lubiana
Lorena Lorraine *fr.*
Lorraine *fr.* Lorena
Losanna Lausanne *fr.*
Lošinj *serbo-croato* Lussino
Lourenço Marques *stor.* Maputo
Louvain *fr.* Lovanio
Lovanio Leuven *neerl.*; Louvain *fr.*
Lubecca Lübeck *ted.*
Lübeck *ted.* Lubecca
Lubiana Emona *stor.*; Ljubljana *slov.*
Lubumbashi Elisabethville *stor.*
Lucania Basilicata
Lucca Lucques *fr.*
Lucerna Lucerne *fr.*; Luzern *ted.*
Lucerna, lago di Quattro Cantoni, lago dei
Lucerne *fr.* Lucerna
Lucques *fr.* Lucca
Lüda Dairen
Lugano, lago di Ceresio, lago di
Lugansk Vorošilovgrad *stor.*
Lugdunum *stor.* Lione
Lugdunum Convenarum *stor.* Saint Bernard de Comminges
Lughansk Vorosilovgrad *stor.*
Luik *neerl.* Liegi
Luluabourg *stor.* Kananga
Luna *stor.* Luni
Lundi Runde
Lunga, isola Dugi Otok *serbo-croato*
Luni Luna *stor.*
Lupiae *stor.* Lecce

Lusazia Lausitz *ted.*
Lüsen *ted.* Luson
Lüshun *cin.* port Arthur
Luson Lüsen *ted.*
Lussingrande Veli Losinj *serbo-croato*
Lussino Lošinj *serbo-croato*
Lussinpiccolo Mali Losinj *serbo-craoto*
Lutetia Parisiorum *stor.* Parigi
Lutynia *pol.* Leuthen *ted.*
Luxor Al-Uqsur *ar.*
Luzern *ted.* Lucerna
Lviv *ucraino* Leopoli
Lv'ov *russo* Leopoli
Lyon *fr.* Lione
Maas *neerl.* Mosa
Macallé Makale
Macao Aomen *cin.*; Macau *port.*
Macau *port.* Macao
Maddalena, colle della Argentera, colle dell'
Maddalena, colle della Larche, col de *fr.*
Mae Nam Menam
Maggiore, lago Verbano
Magliano Heba *stor.*
Magonza Mogontiacum *stor.*; Mainz *ted.*
Magosa *turco* Famagosta
Magrè sulla Strada del Vino Margreid an der Weinstrasse *ted.*
Mahabalipuram Mamallapuram
Mahajanga Majunga *stor.*
Mahó *catal.* Mahón *sp.*
Mahón *sp.* Mahó *catal.*
Mahoré Mayotte
Mailand *ted.* Milano
Main *ted.* Meno
Mai-Ndombe Leopoldo II, lago *stor.*
Mainz *ted.* Magonza
Maiorca Mallorca *sp.*
Maíz, Islas del *sp.* Corn Islands *ingl.*
Majunga *stor.* Mahajanga
Makale Macallé
Makassar *stor.* Ujungpandang
Makejevka *russo* Makijivka *ucraino*
Makharadze Ozurgeti
Makijivka *ucraino* Makejevka *russo*
Makkah *ar.* La Mecca
Malabo Santa Isabel *stor.*
Malamorte *stor.* Belveglio
Malawi, lago Niassa, lago *stor.*
Malbork *pol.* Marienburg *ted.*
Maleventum *stor.* Benevento
Mali Losinj *serbo-croato* Lussinpiccolo
Malines *fr.* Mechelen *neerl.*
Malles Venosta Mals *ted.*
Mallorca *sp.* Maiorca
Maloggia Maloja
Maloja Maloggia
Malpasso *stor.* Belpasso
Mals *ted.* Malles Venosta
Malupassu *stor.* Blufi
Malvinas *sp.* Falkland, isole
Mamallapuram Mahabalipuram
Manama Al-Manamah *ar.*
Melma *stor.* Silea
La Manche *fr.* Manica, La
La Manica La Manche *fr.*; The Channel *ingl.*
Mantoue *fr.* Mantova
Mantova Mantoue *fr.*; Mantua *ted.*
Mantua *ted.* Mantova
Manzanares *sp.* Manzanarre
Manzanarre Manzanares *sp.*
Maputo Lourenço Marques *stor.*
Maramba Livingstone *stor.*
Marandellas *stor.* Marondera
Mar Bianco Bo Hai
Marburg *ted.* Maribor *slov.*
Marburg an der Lahn *ted.* Marburgo
Marburgo Marburg an der Lahn *ted.*
March *ted.* Morava
Marchesi, isole Marquises, Îles *fr.*
Marcianopoli *stor.* Reka Devnia
Marebbe Enneberg *ted.*
Margherita Jamame
Mar Giallo Huang Hai
Margreid an der Weinstrasse *ted.* Magrè sulla Strada del Vino
Mariampole Kapsukas
Mariana Islands *ingl.* Marianne, isole
Marianne, isole Mariana Islands *ingl.*
Marianské Lázně *ceco* Marienbad *ted.*
Maribor *slov.* Marburg *ted.*
Marica Marizza
Marienbad *ted.* Marianské Lázně *ceco*
Marienburg *ted.* Malbork *pol.*
Mariupol' Zdanov *stor.*
Marizza Marica; Evros *gr.*; Meriç *turco*
Markounda Fort Brussaux *stor.*
Marlengo Marling *ted.*
Marling *ted.* Marlengo
Marmara, mar Propontide *stor.*
Marmara Proconneso *stor.*
Marondera Marandellas *stor.*
Maroni Marowijne *neerl.*
Marowijne *neerl.* Maroni
Marquises, Îles *fr.* Marchesi, isole
Mar Rosso Bahr al-Ahmar *ar.*
Marseille *fr.* Marsiglia
Marsiglia Marseille *fr.*; Massilia *stor.*
Martell *ted.* Martello
Martello Martell *ted.*
Martelltal *ted.* Val Martello
Martigny Octodurus *stor.*
Mascate Masqat
Masqat Mascate; Muscat
Massaua Mitsiwa
Massilia *stor.* Marsiglia
Masuku Franceville
Masuria Mazury *pol.*
Masvingo Fort Victoria *stor.*
Matapan, capo Tenaro
Matterhorn *ted.* Cervino
Mauls *ted.* Mules
Maurienne *fr.* Moriana
Mayotte Mahoré
Mazury *pol.* Masuria
Mbandaka Equateurville *stor.*
Mberengwa Belingwe
Mbini Río Muni *stor.*
Mbuji-Mayi Bakwanga *stor.*
Meandro Menderes *turco*
La Mecca Makkah *ar.*
Mechelen *neerl.* Malines *fr.*
Medina Al-Madinah *ar.*
Mediolanum *stor.* Milano
Medjerda Megerda
Medveži Ostrova *russo* Orsi, isole degli
Megalopoli Megalópolis *gr.*
Megalópolis *gr.* Megalopoli
Megerda Medjerda
Megista Meyísti *gr.*
Melada Molat *serbo-croato*
Melitopil' *ucraino* Melitopol' *russo*
Melitopol' *russo* Melitopil' *ucraino*
Melsetter *stor.* Chimanimani
Meltina Mölten *ted.*
Memel *ted.* Klaipeda *lituano*
Menam Mae Nam
Mendelpass *ted.* Mendola, passo della
Menderes *turco* Meandro
Mendola, passo della Mendelpass *ted.*
Meno Main *ted.*
Mensk Minsk
Meotide *stor.* Azov, mare
Meran *ted.* Merano
Merano Meran *ted.*
Merga Nukhaylak
Meriç *turco* Marizza
Mérida *sp.* Augusta Emerita *stor.*
Meroe Bagrawia
Mersin Içel
Mesológgion *gr.* Missolungi
Messembria *stor.* Nesebar
Messina Zankle *stor.*
Mestghanem Mostaganem
Metz Divodurum *stor.*
Meuse *fr.* Mosa
Meyísti *gr.* Megista
Micono Míkonos *gr.*
Miha Chakaja Senaki
Mikolajiv *ucraino*; Nikolaev *russo*; Vernoleninsk *stor.*
Mikonos *gr.* Micono
Milano Mediolanum *stor.*; Mailand *ted.*
Mileto *stor.* Balat
Mindanao, fossa di Emden, abisso di
Minho *port.* Miño *sp.*
Miño *sp.* Minho *port.*
Minsk Mensk
Misis Mopsuestia *stor.*
Misratah *ar.* Misurata
Missolungi Mesolóngion *gr.*
Misurata Misratah *ar.*
Mitilene Mytilíni *gr.*; Lesbo *stor.*
Mitsiwa Massaua
Mocha Al-Mukha
Moero Mweru
Mogontiacum *stor.* Magonza
Molat *serbo-croato* Melada
Moldau *ted.* Moldava
Moldava Moldau *ted.*; Vltava *ceco*
Moldavia Moldova *moldavo*
Moldova *moldavo* Moldavia
Mölten *ted.* Meltina
Mompaderno Baderna
Monaco di Baviera München *ted.*
Monastero Münster *ted.*; Müstair *romancio*
Moncenisio Mont Cenis *fr.*
Mönchengladbach *ted.* München-Gladbach *stor.*
Mongibello Etna
Monginevro Montgenèvre *fr.*
Monguelfo Welsberg *ted.*
Mons *fr.* Bergen *neerl.*
Monsagrat Montserrat
Monsalvat *stor.* Montserrat
Mons Claudanus *stor.* Gebel Fatîreh
Mons Porphyrites *stor.* Gebel Dukhân
Montagna Montan *ted.*
Montan *ted.* Montagna

Mont Cenis *fr.* Moncenisio
Monte Croce di Comelico, passo di Kreuzbergpass *ted.*
Montefiascone Fanum Voltumnae *stor.*
Monte Giovo, passo di Jaufen Pass *ted.*
Montenegro Crna Gora *serbo-croato*
Monte Santo Hághion Óros *gr.*
Monte Ventoso Mont Ventoux *fr.*
Montgenèvre *fr.* Monginevro
Montona Motovun
Montserrat Monsagrat; Monsalvat *stor.*
Mont Ventoux *fr.* Monte Ventoso
Moos in Passeier *ted.* Moso in Passiria *ted.*
Mopsuestia *stor.* Misis
Morat *fr.* Murten *ted.*
Morava March *ted.*; Velika Morava *serbo-croato*
Morea Peloponneso
Moriana Maurienne *fr.*
Morphou Güzelyurt
Mosa Maas *neerl.*; Meuse *fr.*
Mosca Moskva *russo*
Moscova Moskva (*fiume*) *russo*
Mosel *ted.* Mosella
Mosella Moselle *fr.*; Mosel *ted.*
Moselle *fr.* Mosella
Moskva *russo* Mosca
Moskva (*fiume*) *russo* Moscova
Moso in Passiria Moos in Passeier *ted.*
Mostaganem Mestghanem
Motovun Montona
Mouhoun Volta Nero
Mühlbach *ted.* Rio di Pusteria
Mühlwald *ted.* Selva dei Molini
Mukden *stor.* Shenyang
Mules Mauls *ted.*
Mullingar *ingl.* An-Muileann-Cearr *gael.*
Mumbai Bombay
München *ted.* Monaco di Baviera
München-Gladbach *stor.* Mönchengladbach *ted.*
Münster *ted.* Monastero
Murlo Poggio Civitate *stor.*
Murten *ted.* Morat *fr.*
Muscat Masqat
Müstair *romancio* Monastero
Mutare Umtali *stor.*
Mwenezi Nuanetsi
Mweru Moero
Myanmar Birmania *stor.*
Myra *stor.* Demre
Mysore *stor.* Karnataka
Mytilíni *gr.* Mitilene
Naberežnyje Brezhnev *stor.*
Nahr Al-Litani *ar.* Litani
Nahr an Nil *ar.* Nilo
Najd Neged
Nakambe Volta Bianco
Nalles Nals *ted.*
Nals *ted.* Nalles
Namen *neerl.* Namur *fr.*
Namibia Africa del Sud-Ovest *stor.*
Namp'o Jinnampo
Namur *fr.* Namen *neerl.*
Nanfio Anáfi *gr.*
Nansei Shoto Ryukyu, isole
Nansha Spratly
Naples *fr., ingl.* Napoli
Napoli Neapolis *stor.*; Naples *fr., ingl.*; Neapel *ted.*
Narenta Neretva *serbo-croato*
Nasser, lago Assuan, lago di
Nasso Náxos *gr.*
Naturno Naturns *ted.*
Naturns *ted.* Naturno
Natz-Schabs *ted.* Naz-Sciaves
Naukratis *stor.* Kom Giéif
Náupaktos *gr.* Lepanto
Nauplia Návplion *gr.*
Navarino Pílos *gr.*
Návplion *gr.* Nauplia
Náxos *gr.* Nasso
Nazareth Nazerat *ebr.*
Nazerat *ebr.* Nazareth
Nazinon Volta Rosso
Naz-Sciaves Natz-Schabs *ted.*
N'Djamena Fort Lamy *stor.*
Neapel *ted.* Napoli
Neapolis *stor.* Napoli
Nebrodi, monti Caronie
Neged Najd
Negroponte *stor.* Eubea
Nekemt Lechemti
Neman *russo* Nemunas *lituano*; Niemen *pol.*
Nemausus *stor.* Nîmes
Nemours *stor.* Ghazaouet *ar.*
Nemunas *lituano* Neman *russo*
Neretva *serbo-croato* Narenta
Neris Aquae Neri *stor.*
Nesebar Messembria *stor.*
Netze *ted.* Noteć *pol.*
Neuchâtel *fr.* Neuenburg *ted.*
Neuenburg *ted.* Neuchâtel *fr.*
Neumarkt *ted.* Egna
Neuss *ted.* Nyon *fr.*
Newfoundland *ingl.* Terranova
New Zealand *ingl.* Nuova Zelanda
Ngaoundéré Guidjiba
Ngwane Swaziland
Niassa, lago *stor.* Malawi, lago
Nice *fr.* Nizza
Nicea *stor.* Iznik
Nicomedia *stor.* Izmit
Nicosia Lefkosa *turco*; Leukosía *gr.*
Niederdorf *ted.* Villabassa
Niedersachsen *ted.* Bassa Sassonia
Niemen *pol.* Neman *russo*
Nijmegen *neerl.* Nimega
Nikolaev *russo* Mikolajiv *ucraino*
Nikolski *stor.* Sarpajev
Nilo Nahr an Nil *ar.*
Nimega Noviomagus *stor.*; Nijmegen *neerl.*; Nimwegen *ted.*
Nîmes Nemausus *stor.*
Nimwegen *ted.* Nimega
Ningsia Hui Ningxia Huizu
Ningxia Huizu Ningsia Hui
Niš *serbo-croato* Nissa
Nisab Ansab
Nissa Niš *serbo-croato*
Nistru *moldavo* Dnestr *ucraino*
Niue Savage *stor.*
Nižnij Novgorod *stor.* Gor'kij *stor.*
Nizza Nice *fr.*
Noord-Holland *neerl.* Olanda Settentrionale
Nord, capo Nordkapp *norv.*
Nordkapp *norv.* Nord, capo
Nordrhein-Westfalen *ted.* Renania Settentrionale-Westfalia
Norimberga Nürnberg *ted.*
Norische Alpen *ted.* Alpi Noriche
Normanne, isole Canale, isole del
Noteć *pol.* Netze *ted.*
Nouadhibou Port-Étienne
Nova Levante Welschnofen *ted.*
Nova Ponente Deutschnofen *ted.*
Novigrad *serbo-croato* Cittanova d'Istria
Noviomagus *stor.* Nimega
Novj Uzen' Žanhaözen
Novokazalinsk Žangaqazaly
Novomoskovsk Bobriki
Novo-Nikolaevsk Novosibirsk *stor.*
Novosibirsk *stor.* Novo-Nikolaevsk
Novy Cholmogory *stor.* Arcangelo
Nuanetsi Mwenezi
Nueva San Salvador Santa Tecla *stor.*
Nukhaylak Merga
Nuova Zelanda New Zealand *ingl.*
Nürnberg *ted.* Norimberga
Nyanda, monti Aberdare, monti *stor.*
Nylands *sved.* Uudenmaan *finl.*
Nyon *fr.* Neuss *ted.*
Nysa *stor.* Sultanhisar
Nysa Luzycka *ceco* Lausitzer Neisse *ted.*
Oberland Bernese Berner Oberland *ted.*
Occhito, lago Carlantino, lago
Ocean, isola Banaba
Ocriculum *stor.* Otricoli
Ocrida Ohrid *serbo-croato*
Octodurus *stor.* Martigny
Ödenburg *ted.* Sopron *ungh.*
Oder *ted.* Odra *pol.*
Odra *pol.* Oder *ted.*
Oea *stor.* Tripoli (*Libia*)
Ogr Sharafah
Ohrid *serbo-croato* Ocrida
Oil Islands Chagos Islands
Oktemberjan *stor.* Armavir
Olanda Paesi Bassi; Holland *neerl.*
Olanda Meridionale Zuid-Holland *neerl.*
Olanda Settentrionale Noord-Holland *neerl.*
Olang *ted.* Valdaora
Oldoway Olduvai
Olduvai Oldoway
Olib *serbo-croato* Ulbo
Olimpo di Bitinia *stor.* Ulu Dag
Olmütz *ted.* Olomouc *ceco*
Olomouc *ceco* Olmütz *ted.*
Olsztyn *pol.* Allenstein *ted.*
Oulu *finl.* Uleåborg *sved.*
Omdurman Umm Durman *ar.*
Onești Gheorghe Gheorghiu-Dej *stor.*
Oostende *neerl.* Ostenda
Oost-Vlaanderen *neerl.* Fiandra Orientale
Opatija *serbo-croato* Abbazia
Opava *ceco* Troppau *ted.*
Oporto Porto *port.*
Ora Auer *ted.*
Orange (*Francia*) Arausio *stor.*
Orange Oranje *afrikaans*
Oranje *afrikaans* Orange
Orano Ouahran *ar.*
Orcadi, isole Orkney Islands *ingl.*
Ordžonikidze *stor.* Vladi-

kavkaz
Orgejev *russo* Orhei *moldavo*
Orhei *moldavo* Orgejev *russo*
Orkney Islands *ingl.* Orcadi, isole
Orsi, isole degli Medveži Ostrova *russo*
Orta, lago d' Cusio
Orta di Atella Atella *stor.*
Ortisei Sankt Ulrich *ted.*
Ortler *ted.* Ortles
Ortles Ortler *ted.*
Orumiyeh Urmia
Orvieto Volsinii Veteres *stor.*
Osijek *serbo-croato* Esseg *ted.*
Oslo Kristiania *stor.*
Ostenda Oostende *neerl.*
Österreich *ted.* Austria
Oświecim *pol.* Auschwitz *ted.*
Otricoli Ocriculum *stor.*
Ouahran *ar.* Orano
Oubangui Ubangi
Oudenaarde *neerl.* Audenarde *fr.*
Oviedo Uvieu *sp.*
Ozurgeti Makharadze
Padoue *fr.* Padova
Padova Padoue *fr.*; Padua *ingl.*
Padua *ingl.* Padova
Padula Consilinum *stor.*
Paesi Bassi Olanda
Paestum Posidonia *stor.*
Pafo Páphos *gr.*
Pag *serbo-croato* Pago
Pago Pag *serbo-croato*
País Vasco *sp.* Basche, Province
Le Palade, passo Gampenjoch *ted.*
Palagruža *serbo-croato* Pelagosa
Palatinato Pfalz *ted.*
Palau Belau
Palestrina Praeneste *stor.*
Palikir Kolonia
Palla Bianca Weisskugel *ted.*
Palmira *stor.* Tadmor
Palo Laziale Alsium *stor.*
Pammukkale Ierapoli *stor.*
Panfilov Sarkent
Panie Alpi Apuane
Pannicocoli *stor.* Villaricca
Panticapaion *stor.* Kerch
Páphos *gr.* Pafo
Pará Belém
Parcines Partschins *ted.*
Parenzo Poreč *serbo-croato*
Parigi Lutetia Parisiorum *stor.*
Partschins *ted.* Parcines
Pascua, Isla de *sp.* Pasqua, isola di
Pasión, Isla de la *sp.* Clipperton
Pasqua, isola di Pascua, Isla de *sp.*; Rapa Nui *maori*
Passeiertal *ted.* Val Passiria
Passo Paxoí *gr.*
Pasto San Juan de Pasto
Patan Lalitpur *stor.*
Patara *stor.* Kelemis
Pátrai *gr.* Patrasso
Patrasso Pátrai *gr.*
Paumotu Tuamotu
Paxoí *gr.* Passo
Pazin *serbo-croato* Pisino
Pechino Beijing
Pécs *ungh.* Cinquechiese; Fünfkirchen *ted.*
Peipus Ciudi, lago dei
Peiraieús *gr.* Pireo
Pelagosa Palagruža *serbo-croato*
Pelio Pilion *gr.*
Pelješac *serbo-croato* Sabbioncello
Peloponneso Morea
Peloro, capo Faro, punta del
Peñalba de Castro Clunia *stor.*
Penang Pinang
Pendolasco *stor.* Poggiridenti
Peneo Piníos *gr.*
Pentadattilo Taygétos *gr.*
Perati Berat *albanese*
Perca Percha *ted.*
Percha *ted.* Perca
Pergamo *stor.* Bergama
Perge *stor.* Aksu
Périgueux Vesunna *stor.*
Perouse *fr.* Perugia
Persia *stor.* Iran
Persico, golfo Arabico, golfo
Perugia Perusia *stor.*; Perouse *fr.*
Perusia *stor.* Perugia
Pessinous *stor.* Balhisa
Pessinunte *stor.* Ballihisar
Peterhof *ted.* Petrodvorec *russo*
Petescia *stor.* Turania
Petra *stor.* Selah
Petrodvorec *russo* Peterhof *ted.*
Pfalz *ted.* Palatinato
Pfalzen *ted.* Falzes
Pfitscher Tal *ted.* Val di Vizze
Pflerscher Tribulaun *ted.* Tribulaun, monte
Pfunders *ted.* Fundres
Philadelphia *ingl.* Filadelfia (*USA*)
Philippeville *stor.* Skikda
Phoenix Islands *ingl.* Fenice, isole della
Phokaia *gr.* Focea
Piacenza Plaisance *fr.*
Pietrogrado *stor.* San Pietroburgo
Pilion *gr.* Pelio
Pílos *gr.* Navarino
Pilsen *ted.* Plzen *ceco*
Pinang George Town; Penang
Pini, isola dei Juventud, Isla de la
Piníos *gr.* Peneo
Piran *serbo-croato* Pirano
Pirano Piran *serbo-croato*
Pirenei Pirineos *sp.*; Pyrénées *fr.*
Pireo Peiraieús *gr.*
Pirineos *sp.* Pirenei
Pisino Pazin *serbo-croato*
Pithekoussai *stor.* Ischia
Pizzo Rosso di Predoi Rötspitze *ted.*
Plaisance *fr.* Piacenza
Plezzo Bovec' *slov.*
Plovdiv Filippopoli *stor.*
Plzen *ceco* Pilsen *ted.*
Po Eridano *stor.*
Podgora Calvario, monte
Podgorica Titograd *stor.*
Po di Primaro Reno, foce del
Poggio Civitate *stor.* Murlo
Poggiridenti Pendolasco *stor.*
Poiani Apollonia d'Illiria *stor.*
Poitiers Limonum *stor.*
Pokrovsk Engels *stor.*
Pola Pula *serbo-croato*
Pomerania Pommern *ted.*; Pomorze *pol.*
Pommern *ted.* Pomerania
Pomorze *pol.* Pomerania
Ponape Ponhpei
Ponhpei Ponape
Ponte Gardena Waidbruck *ted.*
Pontine, isole Ponziane, isole
Ponziane, isole Pontine, isole
Poona Pune
Porcile *stor.* Belfiore
Poreč *serbo-croato* Parenzo
Pori *finl.* Björneborg *sved.*
Porretta, passo della Collina, passo della
Port Arthur Lüshun *cin.*; Tali *stor.*
Port-Étienne Nouadhibou
Port Moresby Konedobu
Porto *port.* Oporto
Porto Azzurro Porto Longone *stor.*
Porto Edda *stor.* Saranda *albanese*
Porto Longone *stor.* Porto Azzurro
Porto Said Bur Sa'id *ar.*
Port Sudan Bur Sudan *ar.*
Poschiavo Puschlav *ted.*
Posen *ted.* Poznań *pol.*
Posidonia *stor.* Paestum
Postal Burgstall *ted.*
Postojna *slov.* Postumia
Postumia Postojna *slov.*; Adelsberg *ted.*
Poznań *pol.* Posen *ted.*
Pozsony *ungh.* Bratislava
Prad am Stilfserjoch *ted.* Prato allo Stelvio
Praeneste *stor.* Palestrina
Praetuttiorum Interamnia *stor.* Teramo
Prags *ted.* Braies
Prato allo Stelvio Prad am Stilfserjoch *ted.*
Predoi Prettau *ted.*
Pressburg *ted.* Bratislava
Prettau *ted.* Predoi
Preussen *ted.* Prussia
Priene *stor.* Turunçlar
Proconneso *stor.* Marmara
Prome Pyé
Propontide *stor.* Marmara, mar
Proveis *ted.* Proves
Proves Proveis *ted.*
Prussia Preussen *ted.*
Ptolemais *stor.* Tolmeta
Pula *serbo-croato* Pola
Pune Poona
Punicum *stor.* Santa Marinella
Pusan Busan
Puschlav *ted.* Poschiavo
Puškin *stor.* Tsarskoe Selo
Pustertal *ted.* Val Pusteria
Pyé Prome
Pyrénées *fr.* Pirenei
Pyrgi *stor.* Santa Severa
Qabis *ar.* Gabès
Qacentina *ar.* Costantina
Qadesh Kadesh
Qafsah *ar.* Gafsa
Qalat al-Mudik Apamea *stor.*
Qandahar Kandahar
Qardo El-Lagodei
Qardo Gardo
Qinghai, lago Koko Nur
Qinling Shan Tsinling
Qiqihar Tsitsihar
Qom Qum
Quanawat Canatha *stor.*
Quarnaro Kvarner *serbo-croato*
Quattro Cantoni, lago dei Lucerna, lago di; Vierwaldstätter See *ted.*
Quemoy Chinmen
Quetta Shalkot
Qum Qom

Qyteti Stalin *stor.* Kuçove
Rab *serbo-croato* Arbe
Rabat Sala *stor.*
Racibórz *pol.* Ratibor *ted.*
Racines Ratschings *ted.*
Ragusa Dubrovnik *serbo-croato*
Rakata Krakatau; Krakatoa
Ralik, isole Tramonto, isole del
Rangoon *stor.* Yangon
Rapa Nui *maori* Pasqua, isola di
Ra's at Tannurah Ras Tanura
Ra's at Tib *ar.* Bon, capo
Rasen Antholz *ted.* Rasun Anterselva
Rashid *ar.* Rosetta
Rastadt Rastatt
Ras Tanura Ra's at Tannurah
Rastatt Rastadt
Rasun Anterselva Rasen Antholz *ted.*
Ratak, isole Aurora, isole dell'
Ratibor *ted.* Racibórz *pol.*
Ratisbona Regensburg *ted.*
Ratschings *ted.* Racines
Răuţ Reut
Reate *stor.* Rieti
Regae *stor.* Regisvilla
Regensburg *ted.* Ratisbona
Reggio Calabria Rhegion *stor.*
Regisvilla Regae *stor.*
Reims Durocortorum *stor.*
Reka Devnia Marcianopoli *stor.*
Renania Rheinland *ted.*
Renania-Palatinato Rheinland-Pfalz *ted.*
Renania Settentrionale-Westfalia Nordrhein-Westfalen *ted.*
Reno Rhein *ted.*; Rhin *fr.*; Rijn *neerl.*
Reno, foce del Po di Primaro
Renon Ritten *ted.*
Reschen *ted.* Resia
Reschenpass *ted.* Resia, passo di
Reschensee *ted.* Resia, lago di
Resia Reschen *ted.*
Resia, lago di Reschensee *ted.*
Resia, passo di Reschenpass *ted.*
Resina Ercolano
Réthimnon *gr.* Retimo
Retimo Réthimnon *gr.*
Reut Răuţ
Reval *ted.* Tallinn *estone*
Rhegion *stor.* Reggio Calabria
Rhein *ted.* Reno
Rheinland *ted.* Renania
Rheinland-Pfalz *ted.* Renania-Palatinato
Rhin *fr.* Reno
Rhône *fr.* Rodano
Rîbniţa Rybnica
Ridanna Ridnaun *ted.*
Ridnaun *ted.* Ridanna
Rieti Reate *stor.*
Rienz *ted.* Rienza
Rienza Rienz *ted.*
Riffian *ted.* Rifiano
Rifiano Riffian *ted.*
Rijeka *serbo-croato* Fiume
Rijn *neerl.* Reno
Rijswijk Ryswick
Rimini Ariminum *stor.*
Río Amazonas Amazzoni, Rio delle
Rio di Pusteria Mühlbach *ted.*
Río Muni *stor.* Mbini
Ritten *ted.* Renon
Rivne Rovno
Riyadh Ar-Riyad
Rodano Rhône *fr.*
Rodeneck *ted.* Rodengo
Rodengo Rodeneck *ted.*
Rodez Segodunum *stor.*
Ródhos *gr.* Rodi
Rodi Ródhos *gr.*
Rodolfo, lago *stor.* Turkana, lago
Rom *ted.* Roma
Roma Rom *ted.*; Rome *fr.*, *ingl.*
Rome *fr.*, *ingl.* Roma
Ronda Vieja Acinipo *stor.*
Rondônia Ji-Paraná
Roselle Rusellae *stor.*
Rosengarten *ted.* Catinaccio, monte
Rosetta Rashid *ar.*
Rossiglione Roussillon *fr.*
Rötspitze *ted.* Pizzo Rosso di Predoi
Roussillon *fr.* Rossiglione
Rovigno Rovinj *serbo-croato*
Rovinj *serbo-croato* Rovigno
Rovno Rivne
Rovuma Ruvuma
Runde Lundi
Rusellae *stor.* Roselle
Russia Bianca Bielorussia
Rutanzige, lago Edoardo, lago *stor.*
Ruvuma Rovuma
Rybačje Issyk-Kul'
Rybinsk Andropov *stor.*
Rybnica Rîbniţa
Ryswick Rijswijk
Ryukyu, isole Nansei Shoto
Saale di Franconia Fränkische Saale *ted.*
Saale di Turingia Thüringer Saale *ted.*
Saar *ted.* Sarre *fr.*
Saargemünd *ted.* Sarreguemines *fr.*
Sabbioncello Pelješac *serbo-croato*
Sachsen *ted.* Sassonia
Sachsen-Anhalt *ted.* Sassonia-Anhalt
Saelices Segobriga *stor.*
Sagarmatha *nepalese* Everest
Saharaoui Saharawi
Saharawi Saharaoui
Saiani, monti Sajani
Saigon *stor.* Hô Chi Minh
Saint Albans Verulanium *stor.*
Saint Bernard de Comminges Lugdunum Convenarum *stor.*
Saint Brandon *ingl.* Cargados Carajos *sp.*
Saint Christopher and Nevis Saint-Kitts-Nevis
Saint-Gall *fr.* San Gallo
Saint-Gothard *fr.* San Gottardo
Saint Helena *ingl.* Sant'Elena
Saint-Kitts-Nevis Saint Christopher and Nevis
Saint Lawrence *ingl.* San Lorenzo
Saint-Martin Sint Maarten *neerl.*
Saint-Moritz San Murezzan *romancio*; Sankt Moritz *ted.*
Saint-Nicolas *fr.* Sint Niklaas *neerl.*
Saint-Quentin *fr.* San Quintino
Saint-Victor *fr.* San Vittore
Sajani Saiani, monti
Sakarya Sangario *stor.*; Adapazari
Sala *stor.* Rabat
Salahyie Dura Europos *stor.*
Salamina Salamís *gr.*
Salamís *gr.* Salamina
Salice d'Ulzio Sauze d'Oulx *fr.*
Salisburgo Salzburg *ted.*; Iuvavum *stor.*
Salisbury *stor.* Harare
Salona Solin *serbo-croato*
Salonicco Tessalonica; Thessaloníki *gr.*
Salop *stor.* Shropshire
Salorno Salurn *ted.*
Salso Imera meridionale
Salurn *ted.* Salorno
Salvador Bahia do São Salvador *stor.*
Salvore, punta Savudrija, Rt *serbo-croato*
Salzburg *ted.* Salisburgo
Salzgitter Watenstedt *stor.*
Samara Kujbysev *stor.*
Samaria Shomron *ebr.*
Samarobriva *stor.* Amiens
Samsun Amisos *stor.*
San Bernardino, passo del Sankt Bernhardin Pass *ted.*
San Candido Innichen *ted.*
Sand in Taufers *ted.* Campo Tures
Sandwich, isole *stor.* Hawaii, isole
San Gallo Sankt Gallen *ted.*; Saint-Gall *fr.*
Sangario Sakarya *turco*
San Genesio Atesino Jenesien *ted.*
San Giacomo di Bombunetto *stor.* Villarosa
S. Giovanni, isola di Comacina, isola
San Giovanni d'Acri *stor.* 'Akko
San Gottardo Saint-Gothard *fr.*; Sankt Gotthard *ted.*
Sangro, lago di Bomba, lago di
San Juan de Pasto Pasto
Sankt Bernhardin Pass *ted.* San Bernardino, passo del
Sankt Christina in Gröden *ted.* Santa Cristina Valgardena
Sankt Gallen *ted.* San Gallo
Sankt Gotthard *ted.* San Gottardo
Sankt Leonhard in Passeier *ted.* San Leonardo in Passiria
Sankt Lorenzen *ted.* San Lorenzo di Sebato
Sankt Martin in Passeier *ted.* San Martino in Passiria
Sankt Martin in Thurn *ted.* San Martino in Badia
Sankt Moritz *ted.* Saint-Moritz
Sankt Pankraz *ted.* San Pancrazio
Sankt Ulrich *ted.* Ortisei
San Leonardo in Passiria Sankt Leonhard in Passeier *ted.*
San Lorenzo Saint Lawrence *ingl.*
San Lorenzo di Sebato Sankt Lorenzen *ted.*
San Martino in Badia Sankt Martin in Thurn *ted.*
San Martino in Passiria Sankt Martin in Passeier *ted.*
San Murezzan *romancio* Saint-Moritz
San Pancrazio Sankt Pankraz *ted.*
San Paolo São Paulo *port.*
San Pietroburgo Leningrado *stor.*; Pietrogrado *stor.*

San Quintino Saint-Quentin *fr.*
San Salvador *sp.* Guanahani; Watling Island *ingl.*
Santa Cristina Valgardena Sankt Christina in Gröden *ted.*
Santa Croce, punta Križ, Rt *serbo-croato*
Santa Fe de Bogotá Bogotá
Santa Isabel *stor.* Malabo
Santa Marinella Punicum *stor.*
Santa Maura Levkás *gr.*
Santa Severa Pyrgi *stor.*
Santa Tecla *stor.* Nueva San Salvador
Santi Quaranta Saranda *albanese*
Santorini *gr.* Santorino
Santorino Santorini *gr.*; Thíra *gr.*
San Vittore Saint-Victor *fr.*
San Vittorino Amiternum *stor.*
Saona Saône *fr.*
Saône *fr.* Saona
São Paulo *port.* San Paolo
Sar Comana *stor.*
Saragozza Zaragoza *sp.*
Saranda *albanese* Sarandë *albanese*; Santi Quaranta; Porto Edda *stor.*
Sarandë Saranda
Sardalas Al-'Awaynat
Sarentini, monti Sarntoler Alpen *ted.*
Sarentino Sarnthein *ted.*
Sarh Fort Archambault *stor.*
Sarkent Panfilov
Sarnthein *ted.* Sarentino
Sarntoler Alpen *ted.* Sarentini, monti
Saronico, golfo Egina, golfo di
Sarpajev Nikolski *stor.*
Sarre *fr.* Saar *ted.*
Sarreguemines *fr.* Saargemünd *ted.*
Sassolungo Langkofel *ted.*
Sasso Nero Schwarzenstein *ted.*
Sassonia Sachsen *ted.*
Sassonia-Anhalt Sachsen-Anhalt *ted.*
Sauze d'Oulx *fr.* Salice d'Ulzio
Sava Save *ted.*; Száva *ungh.*
Savage *stor.* Niue
Save *ted.* Sava
Savudrija, Rt *serbo-croato* Salvore, punta
Sawba Sobat
Sawhaj Sohag
Sbeitla Sufetula *stor.*
Scamandro *stor.* Küçük Menderes
Scarbantia *stor.* Sopron
Scarpanto Kárpathos *gr.*
Scena Schenna *ted.*
Schaffhausen *ted.* Sciaffusa
Schelda Escaut *fr.*; Schelde *neerl.*
Schelde *neerl.* Schelda
Schenna *ted.* Scena
Schiavi *stor.* Liberi
Schlanders *ted.* Silandro
Schlern *ted.* Sciliar
Schlesien *ted.* Slesia
Schluderns *ted.* Sluderno
Schmalkalden *ted.* Smalcalda
Schnals *ted.* Senales
Schnalser Tal *ted.* Val Senales
Schwaben *ted.* Svevia
Schwarzenstein *ted.* Sasso Nero
Schwarzwald *ted.* Foresta Nera
Schweiz *ted.* Svizzera
Sciaffusa Schaffhausen *ted.*
Sciliar Schlern *ted.*
Scioa *stor.* Shoa
Scirè *stor.* Shire
Sciro Skíros *gr.*
Scoglio d'Africa Formica di Montecristo
Scopelo Skópelos *gr.*
Scutari (*Albania*) Shkodër *albanese*
Scutari (*Turchia*) Üsküdar *turco*
Sebaste *stor.* Selçikler
Sebastopoli Sevastopol' *russo*
Sebenico Šibenik *serbo-croato*
Sebino Iseo, lago d'
Segna Senj *serbo-croato*
Segobriga *stor.* Saelices
Segodunum *stor.* Rodez
Seicelle Seychelles
Seine *fr.* Senna
Seiser Alm *ted.* Siusi, Alpe di
Selah Petra *stor.*
Selçikler Sebaste *stor.*
Seleucia *stor.* Silifke
Selimiye Side *stor.*
Selukeia *stor.* Tel Umar
Selukwe Shurugwi
Selva dei Molini Mühlwald *ted.*
Selva di Val Gardena Wolkenstein in Gröden *ted.*
Selve Silba *serbo-croato*
Semendria Smederevo *serbo-croato*
Semey Semipalatinsk
Semipalatinsk Semey
Sempione, passo del Simplonpass *ted.*
Senaki Miha Chakaja
Senales Schnals *ted.*
Senale-San Felice Unsere Liebe Frau im Walde-Sankt Felix *ted.*
Senj *serbo-croato* Segna
Senna Seine *fr.*
Seoul Seul
Seram Ceram
Serbia Srbija *serbo-croato*
Seret *russo* Siret
Sergheijev Posad Zagorsk
Sesto Sexten *ted.*
Setif Sitifis *stor.*
Seul Seoul
Sevastopol' *russo* Sebastopoli
Sevčenko *stor.* Aqtau
Sevilla *sp.* Siviglia
Sexten *ted.* Sesto
Seychelles Seicelle
Sfacteria Sfaktiría *gr.*
Sfaktiría *gr.* Sfacteria
Shaba Katanga *stor.*
Shabani *stor.* Zvishavane
Shahat Cirene *stor.*
Shahhat Apollonia *stor.*
Shalkot Quetta
Sharafah Ogr
Shenyang Mukden *stor.*
Sheriat el Kebir *ar.* Giordano
Shire Scirè *stor.*
Shkodër *albanese* Scutari
Shoa Scioa *stor.*
Shomron *ebr.* Samaria
Shropshire Salop *stor.*
Shurugwi Selukwe
Siam *stor.* Thailandia
Šibenik *serbo-croato* Sebenico
Sicandro Síkinos *gr.*
Sicca Veneria *stor.* Le Kef
Sicilia Trinacria *stor.*
Side *stor.* Selimiye
Siders *ted.* Sierre *fr.*
Siebenbürgen *ted.* Transilvania
Sierre *fr.* Siders *ted.*
Sigacik Teos *stor.*
Sihanoukville Kâmpóng Saôm *stor.*
Síkinos *gr.* Sicandro
Silandro Schlanders *ted.*
Silba *serbo-croato* Selve
Silea Melma *stor.*
Silifke Seleucia *stor.*
Simbirsk Uljanovsk *stor.*
Simitto *stor.* Chemtou
Simoenta *stor.* Dumbrek
Simplonpass *ted.* Sempione, passo del
Singidunum *stor.* Belgrado
Sint Maarten *neerl.* Saint-Martin
Sint Niklaas *neerl.* Saint-Nicolas *fr.*
Sion *fr.* Sitten *ted.*
Sipolilo Guruve
Sira Síros *gr.*
Siracusa Syracuse *fr.*, *ingl.*
Siret Seret *russo*
Sirmio *stor.* Sremska Mitrovica *serbo-croato*
Síros *gr.* Sira
Sitifis *stor.* Setif
Sitten *ted.* Sion *fr.*
Sittich Sticna *stor.*
Sittwe Akyab
Siusi, Alpe di Seiser Alm *ted.*
Siviglia Hispalis *stor.*
Siviglia Sevilla *sp.*
Skikda Philippeville *stor.*
Skíros *gr.* Sciro *gr.*
Skópelos *gr.* Scopelo
Slask *pol.* Slesia
Slesia Slezsko *ceco*; Schlesien *ted.*; Slask *pol.*
Slezsko *ceco* Slesia
Sligeach *gael.* Sligo *ingl.*
Sligo *ingl.* Sligeach *gael.*
Sliven Slivno
Slivno Sliven
Slobodzeja Slobozia
Slobozia Slobodzeja
Sluderno Schluderns *ted.*
Smalcalda Schmalkalden *ted.*
Smederevo *serbo-croato* Semendria
Smirne Smyrna *stor.*; Izmir *turco*
Smyrna *stor.* Smirne
Soana Sovana
Sobat Sawba
Soča *slov.* Isonzo
Società, isole della Societé, Îles de la *fr.*
Societé, Îles de la *fr.* Società, isole della
Socotra Suqutra
Sohag Sawhaj
Soletta Soleure *fr.*; Solothurn *ted.*
Soleure *fr.* Soletta
Solin *serbo-croato* Salona
Solothurn *ted.* Soletta
Song Hong-ha Fiume Rosso
Songhua Jiang Sungari
Sopron Ödenburg *ted.*; Scarbantia *stor.*
Soroca Soroki
Soroki Soroca
Sottovento, isole Leeward Islands *ingl.*
Soúnion, capo capo Colonne *stor.*
Sousse *fr.* Hadrumentum *stor.*; Susa
Sovana Soana; Suana *stor.*

Spagna España *sp.*
Spalato Split *serbo-croato*
Speyer *ted.* Spira
Spira Speyer *ted.*
Spitzbergen Svalbard
Split *serbo-croato* Spalato
Spluga, passo dello Splügen Pass *ted.*
Splügen Pass *ted.* Spluga, passo dello
Sporadi Equatoriali *stor.* Line Islands
Spratly Nansha
Sprea Spree *ted.*
Spree *ted.* Sprea
Srbija *serbo-croato* Serbia
Sremska Mitrovica *serbo--croato* Sirmio *stor.*
Sri Pada Adam's Peak *ingl.*
Stalingrado *stor.* Caricyn
Stalino *stor.* Juzovka
Stampalia Astypálaia *gr.*
Stanley, cascate *stor.* Boyoma, cascate
Stanleyville *stor.* Kisangani
Stavropol *stor.* Togliatti
Stefania, lago Chew Bahir
Steiermark *ted.* Stiria
Steinamanger *ted.* Szombathely *ungh.*
Stelvio Stilfs *ted.*
Stelvio, passo dello Stilfserjoch *ted.*
Stepanakert Xankändi
Sterzing *ted.* Vipiteno
Stettino Szczecin *pol.*
Sticna *stor.* Sittich
Stilfs *ted.* Stelvio
Stilfserjoch *ted.* Stelvio, passo dello
Stiria Steiermark *ted.*
Stoccarda Stuttgart *ted.*
Stoccolma Stockolm *sved.*
Stockolm *sved.* Stoccolma
Strasbourg *fr.* Strasburgo
Strasburgo Strasbourg *fr.*; Strassburg *ted.*; Argentoratum *stor.*
Strassburg *ted.* Strasburgo
Streymoy Stromo
Strimón *gr.* Struma
Strofádhes *gr.* Strofadi
Strofadi Strofádhes *gr.*
Stromo Streymoy
Struma Strimón *gr.*
Stuhlweissenburg *ted.* Székesfehérvár *ungh.*
Stuttgart *ted.* Stoccarda
Suana *stor.* Sovana
Südtirol *ted.* Alto Adige
Suez As-Suwais *ar.*
Sufetula *stor.* Sbeitla
Suisse *fr.* Svizzera
Sulawesi Celebes
Suldental *ted.* Val di Solda
Sultanhisar Nysa *stor.*
Sungari Songhua Jiang
Suomi *finl.* Finlandia
Suqutra Socotra
Sur Tiro *stor.*
Susa Sousse *fr.*
Sušak *serbo-croato* Cuzza
Svalbard Spitzbergen
Sverdlovsk *stor.* Ekaterinburg
Svevia Schwaben *ted.*
Svizzera Confederazione Elvetica
Svizzera Schweiz *ted.*; Suisse *fr.*; Svizzra *romancio*
Svizzra *romancio* Svizzera
Swaziland Ngwane
Syene *stor.* Assuan
Syktyvkar Ust Sysolsk *stor.*
Syracuse *fr., ingl.* Siracusa
Száva *ungh.* Sava
Szczecin *pol.* Stettino
Székesfehérvár *ungh.* Stuhlweissenburg *ted.*
Szombathely *ungh.* Steinamanger *ted.*
Tadmor Palmira *stor.*
Taegu Daegu
Taejon Daejon
Tago Tajo *sp.*; Tejo *port.*
Taichung Taizhong
Taigeto Taygétos *gr.*
Taizhong Taichung
Tajo *sp.* Tago
Takket Aïn el Hadjadj
Talamone Telamon *stor.*
Tali *stor.* Port Arthur
Tallinn *estone* Reval *ted.*
Tamanrasset Tamenghest
Tamatave *stor.* Toamasina
Tamenghest Fort Laperrine *stor.*; Tamanrasset
Tamigi Thames *ingl.*
Tamiš *serbo-croato* Timis *rum.*
Tammerfors *sved.* Tampere *finl.*
Tampere *finl.* Tammerfors *sved.*
Tananarive *stor.* Antananarivo
Tanganica *stor.* Tanzania
Tangeri Tingis *stor.*; Tanja *ar.*
Tanja *ar.* Tangeri
Tanzania Tanganica *stor.*
Taormina Taurommenium *stor.*
Tapso Thapsus *stor.*
Tarabulus *ar.* Tripoli (*Libano, Libia*)
Tarahouahout Fort Motylinski *stor.*
Taranto Tarent *ted.*; Tarente *fr.*
Tarent *ted.* Taranto
Tarente *fr.* Taranto
Tarso *stor.* Tarsus *turco*
Tarsus *turco* Tarso *stor.*
Tartus Tortosa *stor.*
Tashir Kalinino *stor.*
Taso Thássos *gr.*
Tauern *ted.* Tauri
Taufers im Münstertal *ted.* Tubre
Tauri Tauern *ted.*
Taurommenium *stor.* Taormina
Taygétos *gr.* Pentadattilo; Taigeto
Tbilisi Tiflis *russo*
Teate *stor.* Chieti
Tebe Thívai *gr.*
Tebessa Theveste *stor.*
Tebourba Thuburbo Minus *stor.*
Tejo *port.* Tago
Telamon *stor.* Talamone
Tell Abil Abilao *stor.*
Tell Asmar Eshnunna *stor.*
Tell Mardikh Ebla *stor.*
Tell Umar Selukeia *stor.*
Tenaro, capo Matapan, capo
Tenda Tende *fr.*
Tende *fr.* Tenda
Tenedo *stor.* Bozcaada
Teos *stor.* Sigacik
Teouit El-Bir
Tepe Gawra Khorsabad
Tepelenë *albanese* Tepeleni
Tepeleni Tepelenë *albanese*
Teplice *ceco* Teplitz--Schönau *ted.*
Teplitz-Schönau *ted.* Teplice *ceco*
Teramo Praetuttiorum Interamnia *stor.*
Terenten *ted.* Terento
Terento Terenten *ted.*
Tergestum *stor.* Trieste
Terlan *ted.* Terlano
Terlano Terlan *ted.*
Termeno sulla Strada del Vino Tramin an der Weinstrasse *ted.*
Termia Kithnos *gr.*
Termopili Thermopíles *gr.*
Terni Interamnia Nahars *stor.*
Terranova Newfoundland *ingl.*
Tesimo Tisens *ted.*
Tesprozia Thesprotía *gr.*
Tessaglia Thessalía *gr.*
Tessalonica Salonicco
Tessin *ted.* Ticino
Teutoburger Wald *ted.* Teutoburgo, selva di
Teutoburgo, selva di Teutoburger Wald *ted.*
Teverone Aniene
Teverya Tiberiade
Thailandia Siam *stor.*
Thames *ingl.* Tamigi
Thamugadi *stor.* Timgad
Thapsus *stor.* Tapso
Thássos *gr.* Taso
Thermopíles *gr.* Termopili
Thesprotía *gr.* Tesprozia
Thessalía *gr.* Tessaglia
Thessaloníki *gr.* Salonicco
Theveste *stor.* Tebessa
Thíra *gr.* Santorino
Thívai *gr.* Tebe
Thorn *ted.* Toruń *pol.*
Thuburbo Minus *stor.* Tebourba
Thugga *stor.* Dougga
Thun, lago di Thuner See *ted.*
Thuner See *ted.* Thun, lago di
Thurgau *ted.* Turgovia
Thurgovie *fr.* Turgovia
Thüringen *ted.* Turingia
Thüringer Saale *ted.* Saale di Turingia
Tianjin Tientsin
Tiaret Tihert
Tiberiade Teverya
Tibisco Tisa *serbo-croato*; Tisza *ungh.*
Tibur *stor.* Tivoli
Ticino Tessin *ted.*
Tientsin Tianjin
Tiers *ted.* Tires
Tiflis *russo* Tbilisi
Tighina Bendery
Tigray Tigré
Tigré Tigray
Tihert Tiaret
Tilimsen Tlemcen
Tilo Tílos *gr.*
Tílos *gr.* Tilo
Timbuctù Tombouctou
Timgad Thamugadi *stor.*
Timis *rum.* Tamiš *serbo--croato*
Tingis *stor.* Tangeri
Tirana Tiranë *albanese*
Tiranë *albanese* Tirana
Tires Tiers *ted.*
Tirnovo *stor.* Veliko Tarnovo
Tiro *stor.* Sur
Tirol *ted.* Tirolo
Tirolo Tirol *ted.*
Tisa *serbo-croato* Tibisco
Tisens *ted.* Tesimo
Tisidro *stor.* El-Jem
Tisza *ungh.* Tibisco
Titograd *stor.* Podgorica
Tivoli Tibur *stor.*
Tlemcen Tilimsen
Toamasina Tamatave *stor.*
Toblach *ted.* Dobbiaco
Togliatti *stor.* Stavropol *stor.*
Tokelau Unione, isole dell' *stor.*
Tokyo Edo *stor.*

Tolbuhin *stor.* Dobrič
Toledo Toletum *stor.*
Tolemaide *stor.* Tolmeta; Tulmaythah *ar.*
Toletum *stor.* Toledo
Tolmeta Ptolemais *stor.*; Tolemaide *stor.*
Tolmin *slov.* Tolmino
Tolmino Tolmin *slov.*
Tolone Toulon *fr.*
Tolosa Toulouse *fr.*
Tombouctou Timbuctù
Tomis *stor.* Costanza (*Romania*)
Torino Turin *fr., ingl., ted.*; Augusta Taurinorum *stor.*
Tortosa *stor.* Tartus
La Tortue *fr.* Tortuga
Tortuga La Tortue *fr.*
Toruń *pol.* Thorn *ted.*
Toulon *fr.* Tolone
Toulouse *fr.* Tolosa
Touraine *fr.* Turenna
Tournai *fr.* Doornik *neerl.*
Tours Caesarodunum *stor.*
Trabzon *turco* Trebisonda
Tralle *stor.* Aydin
Tramin an der Weinstrasse *ted.* Termeno sulla Strada del Vino
Tramonto, isole del Ralik, isole
Transilvania Ardeal *rum.*; Erdély *ungh.*; Siebenbürgen *ted.*
Trapezous *stor.* Trebisonda
Traù Trogir *serbo-croato*
Trebisonda Trapezous *stor.*; Trabzon *turco*
Tre Cime di Lavaredo Drei Zinnen *ted.*
Trento Tridentum *stor.* Trient *ted.*
Tre Signori, picco dei Dreiherrn Spitze *ted.*
Treviri Augusta Treverorum *stor.*; Trier *ted.*
Tribulaun, monte Pflerscher Tribulaun *ted.*
Tricorno Triglav *serbo-croato*
Tridentum *stor.* Trento
Trient *ted.* Trento
Trier *ted.* Treviri
Triest *ted.* Trieste
Trieste Tergestum *stor.*; Triest *ted.*; Trst *slov.*
Triglav *serbo-croato* Tricorno
Trinacria *stor.* Sicilia
Tripoli (*Grecia*) Trípolis *gr.*
Tripoli (*Libano*) Tarabulus *ar.*
Tripoli (*Libia*) Oea *stor.*; Tarabulus *ar.*
Trípolis *gr.* Tripoli (*Grecia*)
Trodena Truden *ted.*
Trogir *serbo-croato* Traù
Troia Ilio
Tropeaum Trajani *stor.* Adamclissi
Troppau *ted.* Opava *ceco*
Trst *slov.* Trieste
Truden *ted.* Trodena
Tsarskoe Selo Puškin *stor.*
Tscherms *ted.* Cermes
Tsinling Qinling Shan
Tsitsihar Qiqihar
Tuamotu Paumotu
Tubinga Tübingen *ted.*
Tübingen *ted.* Tubinga
Tubre Taufers im Münstertal *ted.*
Tubuai Australi, isole
Tulmaythah Tolemaide *stor.*
Tunguska Superiore Angara
Turania Petescia *stor.*
Turenna Touraine *fr.*
Turfan, depressione di Turpan, depressione di
Turgovia Thurgau *ted.*; Thurgovie *fr.*
Turin *fr., ingl., ted.* Torino
Turingia Thüringen *ted.*
Turkana, lago lago Rodolfo *stor.*
Turku *finl.* Åbo *sved.*
Turnu Severin *stor.* Drobeta-Turnu Severin
Turpan, depressione di Turfan, depressione di
Turunçlar Priene *stor.*
Tver Kalinin *stor.*
Ubangi Oubangui
Ucubi *stor.* Espejo
Uebi Scebeli *stor.* Webbe Shibeli
Ugliano Ugljan *serbo-croato*
Ugljan *serbo-croato* Ugliano
Ujungpandang Makassar *stor.*
Ulaanbaatar Ulan-Bator
Ulan-Bator Ulaanbaatar
Ulan-Ude *stor.* Verkhneudinsk
Ulbo Olib *serbo-croato*
Ulcigno Ulcinj *serbo-croato*
Ulcinj *serbo-croato* Ulcigno
Uleåborg *sved.* Oulu *finl.*
Uljanovsk *stor.* Simbirsk
Uljasutaj Javlant
Ulten *ted.* Ultimo
Ulten Tal *ted.* Val d'Ultimo
Ultimo Ulten *ted.*
Ulu Dag Olimpo di Bitinia *stor.*
Umag *serbo-croato* Umago
Umago Umag *serbo-croato*
Umm Durman *ar.* Omdurman
Umm Qeish Gadara *stor.*
Umtali *stor.* Mutare
Unie Unije *serbo-croato*
Unije *serbo-croato* Unie
Unione, isole dell' *stor.* Tokelau
Unsere Liebe Frau im Walde-Sankt Felix *ted.* Senale-San Felice
Urfa Edessa *stor.*
Urmia Orumiyeh
Usedom *ted.* Uznam *pol.*
Üsküdar *turco* Chrysopolis *stor.*; Scutari
Uspallata, passo di Cumbre, paso de la
Ustinov Iževsk
Ust Sysolsk *stor.* Syktyvkar
Uudenmaan *finl.* Nylands *sved.*; Uusimaa *stor.*
Uusimaa *stor.* Uudenmaan *finl.*
Uvieu *sp.* Oviedo
Uznam *pol.* Usedom *ted.*
Vadodara Baroda
Vahrn *ted.* Varna
Le Valais *fr.* Vallese
Val Badia Gaderthal *ted.*
Val Casies Gsies *ted.*
Valchiusa Vaucluse *fr.*
Valdaora Olang *ted.*
Val d'Ega Eggental *ted.*
Val di Funes Vilnösstal *ted.*
Val di Non Anaunia
Val d'Isarco Eisacktal *ted.*
Val di Solda Suldental *ted.*
Val di Vizze Pfitscher Tal *ted.*
Val d'Ultimo Ulten Tal *ted.*
Valence *fr.* Valenza
Valencia *sp.* Valenza
Valenza Valence *fr.*; Valencia *sp.*
Val Gardena Grödnertal *ted.*
Valle Aurina Ahrntal *ted.*
Vallese Le Valais *fr.*
Vallese Wallis *ted.*
Vallonia Wallonie *fr.*
Val Martello Martelltal *ted.*
Valona Vlorë *albanese*
Val Passiria Passeiertal *ted.*
Val Pusteria Pustertal *ted.*
Val Senales Schnalser Tal *ted.*
Valsinni Favale San Cataldo *stor.*
Val Venosta Vinschgau *ted.*
Vanadzor Kirovakan *stor.*
Vandea Vendée *fr.*
Vandoies Vintl *ted.*
Varanasi Benares
Varna Vahrn *ted.*
Varsavia Warszawa *pol.*
Vaucluse *fr.* Valchiusa
Vaud *fr.* Waadt *ted.*
Veglia Krk *serbo-croato*
Velestínon Fere *stor.*
Velika Morava *serbo-croato* Morava
Veliko Tarnovo Tirnovo *stor.*
Veli Losinj *serbo-croato* Lussingrande
Velturno Feldthurns *ted.*
Vendée *fr.* Vandea
Venedig *ted.* Venezia
Venezia Venedig *ted.*; Venise *fr.*; Venice *ingl.*
Venice *ingl.* Venezia
Venise *fr.* Venezia
Venta *stor.* Caerwent
Ventimiglia Vintimille *fr.*
Verano Vöran *ted.*
Verbano Maggiore, lago
Vergina *stor.* Ege
Verkhneudinsk Ulan-Ude *stor.*
Vernoleninsk *stor.* Mikolajiv
Verulanium *stor.* Saint Albans
Vestfalia Westfalia
Vest-Vlaanderen *neerl.* Fiandra Occidentale
Vesunna *stor.* Périgueux
Vetera *stor.* Xanten
Vetta d'Italia Glockenkarkopf *ted.*
Vicence *fr.* Vicenza
Vicenza Vicence *fr.*
Victoria de Durango Durango
Vienna Wien *ted.*; Vindobona *stor.*
Vierwaldstätter See *ted.* Quattro Cantoni, lago dei
Vijosë *albanese* Vojussa
Villabassa Niederdorf *ted.*
Villa Cisneros *sp.* Dakhla
Villa Decani Dekani
Villa Huidobro Cañada Verde
Villanders *ted.* Villandro
Villandro Villanders *ted.*
Villaricca Pannicocoli *stor.*
Villarosa San Giacomo di Bombunetto *stor.*
Villnöss *ted.* Funes
Vilna Vilnius
Vilnius Vilna
Vilnösstal *ted.* Val di Funes
Viminacium *stor.* Kostolac
Vindobona *stor.* Vienna
Vindonissa *stor.* Windisch
Vinnica Vinnitsa
Vinnitsa Vinnica
Vinschgau *ted.* Val Venosta
Vintimille *fr.* Ventimiglia
Vintl *ted.* Vandoies
Vintschgau *ted.* Val Venosta
Vipacco Vipava
Vipava Vipacco
Vipiteno Sterzing *ted.*
Virunum *stor.* Klagenfurt
Vis *serbo-croato* Lissa

Vistola Weichsel *ted.*; Wisla *pol.*
Vistrizza Aliákmon *gr.*
Viverone, lago di Azeglio, lago d'
Vizcaya *sp.* Biscaglia
Vjatka Kirov *stor.*
Vlaanderen *neerl.* Fiandre
Vladikavkaz Ordžonikidze *stor.*
Vlissingen *neerl.* Flessinga
Vlorë *albanese* Valona
Vltava *ceco* Moldava
Vodnjan *serbo-croato* Dignano d'Istria
Vojussa Vijosë *albanese*
Vojvodina *serbo-croato* Voivodina
Volcei *stor.* Buccino
Volgograd *stor.* Caricyn
Völs am Schlern *ted.* Fié allo Sciliar
Volsinii *stor.* Bolsena
Volsinii Veteres *stor.* Orvieto
Volta Bianco Nakambe
Volta Nero Mouhoun
Volta Rosso Nazinon
Vöran *ted.* Verano
Vorošilovgrad *stor.* Lugansk
Vosges *fr.* Vosgi
Vosgi Vosges *fr.*
Vrangel, isola Wrangel, isola
Vriesland *neerl.* Frisia
Waadt *ted.* Vaud *fr.*
Wahat Al-Kufrah *ar.* Cufra
Waidbruck *ted.* Ponte Gardena
Walbrzych Waldenburg *ted.*
Waldenburg *ted.* Walbrzych
Wales *ingl.* Galles
Wallis *ted.* Vallese
Wallonie *fr.* Vallonia
Walvisbaai *afrikaans* Walvis Bay *ingl.*
Walvis Bay *ingl.* Walvisbaai *afrikaans*
Warszawa *pol.* Varsavia
Watenstedt *stor.* Salzgitter
Watling Island San Salvador *sp.*
Wau Waw
Waw Wau
Webbe Shibeli Uebi Scebeli *stor.*
Weichsel *ted.* Vistola
Weisskugel *ted.* Palla Bianca
Welsberg *ted.* Monguelfo
Welschnofen *ted.* Nova Levante
Wengen *ted.* La Valle
Westfalen *ted.* Westfalia
Westfalia Vestfalia; Westfalen *ted.*
Wicklow Cill Mhanntáin *gael.*
Wien *ted.* Vienna
Wilhelm-Pieck-Stadt-Guben *stor.* Guben
Windisch Vindonissa *stor.*
Wisla *pol.* Vistola
Wolkenstein in Gröden *ted.* Selva di Val Gardena
Wrangel, isola Vrangel, isola
Wroclaw *pol.* Breslavia
Xankändi Stepanakert
Xanten Vetera *stor.*
Xauen Chechaouen
Xiamen Amoy
Xixón Gijón
Yalta Jalta
Yamuna Jamna
Yangon Rangoon *stor.*
Yangtze Kiang Chang Jiang
Ydra *gr.* Idra
Yonghung Kŭmya
York Eboracum *stor.*
Ypres *fr.* Ieper *neerl.*
Zabrze *pol.* Hindenburg *ted.*
Zacinto Zante
Zadar *serbo-croato* Zara
Zagabria Zagreb *serbo-croato*
Zagazig Ez-Zaqaziq
Zagorsk Sergheijev Posad
Zagreb *serbo-croato* Zagabria
Zaire Congo
Zákinthos *gr.* Zante
Žangaqazaly Novokazalinsk
Žanhaözen Novj Uzen'
Zankle *stor.* Messina
Zante Zacinto; Zákinthos *gr.*
Zaouatallaz Fort Gardel *stor.*
Zaporižja Zaporosje
Zaporosje Zaporižja
Zara Zadar *serbo-croato*
Zaragoza *sp.* Saragozza
Zdanov *stor.* Mariupol'
Zea *gr.* Ceo
Zeugma *stor.* Balkis
Ziwa Magharibi Kagera Magharibi
Zlín Gottwaldov *stor.*
Zminj Gimino
Zufall Spitz *ted.* Cevedale
Zuiderzee IJsselmeer
Zuid-Holland *neerl.* Olanda Meridionale
Zürich *ted.* Zurigo
Zurigo Zürich *ted.*
Zvishavane Shabani *stor.*
Zwölferkofel *ted.* Croda dei Toni

PSEUDONIMI

Abate Ciccio *soprannome di* Solimena, Francesco
Abate Prévost *soprannome di* Prévost d'Exiles, Antoine François
Abbadidi Beni 'Abbad
Abbasidi Beni Abbas
Abd al-Aziz Abdulaziz
Abd al-Kader Abd al-Quadir al-Hagg
Abdallah Abd Allah ibn al-Husayn
Abd Allah ibn al-Husayn Abdallah
Abd al-Quadir al-Hagg Abd al-Kader
Abdulaziz Abd al-Aziz
Abdullah Jaffa Anver Bey Khan *vero nome di* Joffrey, Robert
Abe Kimifusa *vero nome di* Abe Kobo
Abe Kobo *pseud. di* Abe Kimifusa
Abelardo, Pietro *nome it. di* Pierre Abélard
Abenceragi Beni al-Sarrag
Abraham Abenezra Judaens, Abraham
Abraham a Sancta Clara *soprannome di* Megerle, Johannes Ulrich
Abram Fëdorovič Joffé Ioffe, Abram Fëdorovič
Abramovich, Shalom Ja'aqov *vero nome di* Mendele Mokher Sefarim
Abravanel, Jehudah *vero nome di* Leone Ebreo
Abu Abd Allah *vero nome di* Boabdil
Abu Ali al-Husayn ibn Sina Avicenna
Abu al-Raihan Muhammad ibn Ahmad *vero nome di* Biruni, al-
Abu Ammar, Mohammed Abdel Rauf al Qudwa al Husseini, *vero nome di* Arafat, Yasir
Abu Atahiya *pseud. di* ibn al-Qasim, Ismail
Abubacer Ibn Tufayl
Abulcasis Abu 'l-Qasim az-Zahrawi
Abulfeda Abu 'l-Fida
Abu 'l-Fida Abulfeda
Abu'l Qasim *vero nome di* Firdusi
Abu 'l-Qasim az-Zahrawi Abulcasis
Abu Nuwas *pseud. di* al-Hasan ibn Hani
Abu Ubayd Abd Allah ibn Abd al--Aziz *vero nome di* Bakri al-
Achmatova, Anna Andrejevna *pseud. di* Gorenko, Anna Andrejevna
Acuto, Giovanni *nome it. di* Hawkwood, John
Adoian, Vosdanig Manoog *vero nome di* Gorky, Arshile
Adorno, Luisa *pseud. di* Mila, Stella
Adriano IV *al sec.* Breakspear, Nicholas
Adriano V *al sec.* Fieschi di Lavagna, Ottobono
Adriano VI *al sec.* Florisz Boeyens, Adriaan
Aelredo Ethelred
Aertsen, Pieter *detto* Pietro il Lungo
Afro *pseud. di* Basaldella, Afro
Agnolo di Cosimo *vero nome di* Bronzino
Agnon, Shemuel Josef *già* Czaczkes, Shemuel Josef
Agricola, Johann *soprannome di* Schneider, Johann
Ahmose Amosi
Alain *pseud. di* Émile-Auguste Chartier
Alain-Fournier, Henri *pseud. di* Henri--Alban Fournier
Alano di Lilla *nome it. di* de l'Isle o de Lille, Alain
Alas y Ureña, Leopoldo *vero nome di* Clarín
Albach-Retty, Rosemarie Magdalena *vero nome di* Schneider, Romy
Albani, Giovan Francesco *papa* Clemente XI
Albatenio *nome it. di* al-Battani
al-Battani Albatenio
Albert i Paradís, Catarina *vero nome di* Català, Victor
Alberto di Morra *papa* Gregorio VIII
Alberto di Sassonia *detto* Albertus Parvus
Albertus Parvus *soprannome di* Alberto di Sassonia
al-Biruni *al sec.* Abu al-Raihan Muhammad ibn Ahmad
al-Din 'Abdullah, Muslih *vero nome di* Sa'di
al-Din Abu Abd Allah Muhammad, Sharaf *vero nome di* Ibn Battuta
Aldobrandini, Ippolito *papa* Clemente VIII
Aleardi, Aleardo *soprannome di* Aleardi, Gaetano Maria
Aleijadinho *soprannome di* Lisboa, Antonio Francisco
Alekseev, Konstantin Sergeevič *vero nome di* Stanislavskij, Konstantin Sergeevič
Alepoudhelis, Odysseus *vero nome di* Elytis, Odysseus
Aleramo, Sibilla *pseud. di* Faccio, Rina
Alessandro II *al sec.* Anselmo da Baggio
Alessandro III *al sec.* Bandinelli, Rolando
Alessandro IV *al sec.* Rainaldo dei conti di Segni
Alessandro V *al sec.* Filargis, Pietro
Alessandro VI *al sec.* de Borja y Doms, Rodrigo o Borgia, Rodrigo
Alessandro VII *al sec.* Chigi, Fabio
Alessandro VIII *al sec.* Ottoboni, Pietro Vito
Alessandro de' Medici *papa* Leone XI
al-Farghani Alfraganus
Alfraganus *al sec.* ibn Muhammad ibn Kathir, Ahmad o al.Farghani
al-Ghazali *al sec.* at-Tusi, Abu Hamid Muhammad ibn Muhammad
al-Hasan ibn Hani *vero nome di* Abu Nuwas
Allegri, Antonio *vero nome di* Correggio
Allen, Woody *pseud. di* Konigsberg, Allen Stuart
Allucingoli, Ubaldo *papa* Lucio III
al-Muammad ibn Musa *vero nome di* Khuwarizmi, al
Altenburger, Alida Maria *vero nome di* Valli, Alida
Althusius, Johannes *nome lat. di* Altusio, Giovanni
Altieri, Emilio Bonaventura *papa* Clemente X
Altomonte *nome it. di* Hohenberg
Altusio, Giovanni *nome it. di* Althusius, Johannes
Alunno *soprannome di* Niccolò di Liberatore
Álvarez, Alejandro Rodríguez *vero nome di* Casona, Alejandro
Amado, José *vero nome di* Nervo, Amado
Ambrogini, Agnolo *vero nome di* Poliziano
Ambrogio da Calepio *vero nome di* Calepino
Ambrogio da Fossano *vero nome di* Bergognone
Amedeo VIII di Savoia *antipapa* Felice V
Amenofi Amenophis o Amenothep
Amenophis Amenofi
Amenothep Amenofi
Améry, Jean *pseud. di* Mayer, Johann
Ammirabile *soprannome di* Ruysbroeck, Jan
Amosi Ahmose
Anacleto II *al sec.* Pietro de' Pierleoni
Anastasio IV *al sec.* Corrado della Suburra
Anczel, Paul *vero nome di* Celan, Paul
Anders, Günther *pseud. di* Stern, Günther
Andersson, Bibi *soprannome di* Andersson, Birgitta
Andrade, Eugenio de *pseud. di* Fontinha, José
Andrea da Firenze Andrea di Bonaiuto
Andrea d'Agnolo di Francesco *vero nome di* Andrea del Sarto
Andrea da Pontedera *vero nome di* Andrea Pisano
Andrea de Chirico *vero nome di* Savinio, Alberto
Andrea del Sarto *soprannome di* Andrea d'Agnolo di Francesco
Andrea di Bonaiuto Andrea da Firenze
Andrea di Cione *vero nome di* Orcagna

Andrea di Francesco di Cione *vero nome di* Verrocchio
Andrea di Pietro della Gondola *vero nome di* Palladio, Andrea
Andrea Pisano *soprannome di* Andrea da Pontedera
Andrews, Julie *pseud. di* Julia Welles
Angelo da Cingoli *soprannome di* Clareno, Angelo
Angiolini, Gasparo *pseud. di* Gasparini, Angelo
Aniante, Antonio *pseud. di* Rapisarda, Antonio
Anna di Francia Beaujeu, Anna di
Anselmo da Baggio *papa* Alessandro II
An-Ski, Shelomoh *pseud. di* Rapaport, Shelomoh Sanvil
Ansolini, Pietro Pietro da Eboli
Antonello da Messina *soprannome di* Antonello degli Antoni
Antoniazzo Romano *soprannome di* Aquili, Antonio
Antonio da Noli *vero nome di* Usodimare, Antoniotto
Antonio d'Errico *vero nome di* Tanzio da Varallo
Apollinaire, Guillaume *pseud. di* Kostrowitzky, Wilhelm Apollinaris de
Apollonio di Nestore Apollonio di Atene
Aquili, Antonio *vero nome di* Antoniazzo Romano
Arafat, Yasir *soprannome di* Abu Ammar, Mohammed Abdel Rauf al Qudwa al Husseini,
Arambillet Veiga, Filasado *vero nome di* Rey, Fernando
Arango, Doroteo *vero nome di* Villa, Pancho
Arcipreste de Hita *soprannome di* Ruiz, Juan
Arghezi, Tudor *pseud. di* Teodorescu, Ian
Arjiumand Banu Begum *detta* Mahal, Mumtaz
Arletty *pseud. di* Bathiat, Arlette-Léonie
Arman *pseud. di* Fernández, Armand
Armstrong, Louis Daniel *detto* Satchmo
Arnaldo Daniello *nome it. di* Daniel, Arnaut
Arouet, François-Marie *vero nome di* Voltaire
Arp, Hans Arp, Jean
Arrighi, Cletto *pseud. di* Righetti, Carlo
Arrigo il Tedesco *soprannome di* Isaac, Heinrich
Arsete Serse III
Arzachel *al sec.* az-Zarqali
Asimov, Isaac *pseud. di* French, Paul
Aspazija *pseud. di* Rosenberg Pliekšane, Elsa
Assurbanipal Sardanapalo
Astaire, Fred *pseud. di* Austerlitz, Frederick E.
Atatürk *soprannome di* Kemal, Mustafa
at-Tusi, Abu Hamid Muhammad ibn Muhammad *vero nome di* al-Ghazali
Aubert, Étienne *papa* Innocenzo VI
Auerbach, Berthold *pseud. di* Baruch, Moyses
Auersperg, Anton Alexander von *vero nome di* Grün, Anastasius
Austerlitz, Frederick E. *vero nome di* Astaire, Fred
Avempace *nome it. di* Ibn Bagiah
Avenzoar *nome it. di* Ibn Zuhr
Averroè *nome it. di* Ibn Rushd, Muhammad
Averulino, Antonio *vero nome di* Filarete
Avicenna *nome it. di* Abu Ali al-Husayn ibn Sina
Azorín *pseud. di* Martínez Ruiz, José
az-Zarqali *al sec.* ibn Yahya, Ibrahim
Baber *soprannome di* Zahir al-Din Muhammad
Babeuf, François Noël *detto* Gracchus
Baccio d'Agnolo *soprannome di* Baglioni, Bartolomeo
Baccio da Montelupo *soprannome di* Sinibaldi, Bartolomeo
Bachiacca *soprannome di* d'Ubertino, Francesco
Baciccia *soprannome di* Gaulli, Giovanni Battista
Baçó, Jaime *detto* Jacomart
Bacon, Francis Bacone, Francesco
Bacon, Roger Bacone, Ruggero
Bacone, Francesco *nome it. di* Bacon, Francis
Bacone, Ruggero *nome it. di* Bacon, Roger, detto Doctor Mirabilis
Baden, Max von Massimiliano di Baden
Baglioni, Bartolomeo *vero nome di* Baccio d'Agnolo
Bagrjana, Elisaveta *pseud. di* Belčeva, Elisaveta
Bai Zhouyi Po Chu-i
Bakalov, Canko *vero nome di* Cerkovski, Canko
Baker Mortenson, Norma Jean *vero nome di* Monroe, Marilyn
Bakri al- *al sec.* Abu Ubayd Abd Allah ibn Abd al-Aziz
Bakst, Léon *pseud. di* Rosenberg, Lev Samoïlevič
Balanchine, George *pseud. di* Balančivadze, Georgij Melitovič
Balančivadze, Georgij Melitovič *vero nome di* Balanchine, George
Balbulus *soprannome di* Notker I
Baldaccini, César *vero nome di* César
Balsamo, Giuseppe *vero nome di* Cagliostro, Alessandro, conte di
Baltazarini di Belgioioso, Baldassarre *nome it. di* de Beaujoyeux, Balthazar
Balthus *pseud. di* Klossowski, Balthazar
Bambaia *soprannome di* Busti, Agostino
Bamboccio *soprannome di* Van Laer, Pieter
Bandinelli, Rolando *papa* Alessandro III
Bandini, Giovanni *detto* dell'Opera, Giovanni
Banti, Anna *pseud. di* Longhi Lopresti, Lucia
Bao Dai Vinh Thuy, Nguyen
Barbarossa *soprannome di* Khayr al-Din
Barbarossa *soprannome di* Federico I Hohenstaufen
Barbatelli, Bernardino *vero nome di* Poccetti
Barberini, Maffeo Vincenzo *papa* Urbano VIII
Barbieri, Giovan Francesco *vero nome di* Guercino
Barbo, Pietro *papa* Paolo II
Bargeo, Pier Angelo *vero nome di* Pietro degli Angeli
Barilli, Giuseppe *vero nome di* Filopanti, Quirico
Barisini, Tommaso *vero nome di* Tommaso da Modena
Barocci *soprannome di* Fiori, Federico
Barone Rosso *soprannome di* Richthofen, Manfred von
Barozzi, Jacopo *vero nome di* Vignola
Bartolomeo della Gatta *soprannome di* Pietro d'Antonio Dei
Bartošová, Marie *vero nome di* Majerová, Marie
Baruch, Moyses *vero nome di* Auerbach, Berthold
Basaldella, Afro *vero nome di* Afro
Basaldella, Mirko *vero nome di* Mirko
Baselitz, Georg *pseud. di* Kern, Hans Georg
Basho *pseud. di* Matsuo Munefusa
Bastard, Lucien *vero nome di* Estang, Luc
Bathiat, Arlette-Léonie *vero nome di* Arletty
Battistello *soprannome di* Caracciolo, Giovanni Battista
Bayazid I *detto* Yildirim
Bazin, Hervé *pseud. di* Hervé-Bazin, Jean-Pierre
Bazna, Elyesa *vero nome di* Cicero
Bazzi, Giovanni Antonio *vero nome di* Sodoma
B.B. King *soprannome di* King, Riley Ben
Beato Angelico *soprannome di* Guido di Pietro
Beauchamp, Kathleen *vero nome di* Mansfield, Katherine
Beaujeu, Anna di Anna di Francia
Beccadelli, Antonio *vero nome di* Panormita
Beccafumi, Domenico *detto* Mecherino
Beedle, William Franklin *vero nome di* Holden, William
Béjart, Maurice *pseud. di* Berger,

Maurice
Belčeva, Elisaveta *vero nome di* Bagrjana, Elisaveta
Belle Cordière *soprannome di* Labé, Louise
Bellini, Giovanni *detto* Giambellino
Bello, Francesco *vero nome di* Cieco da Ferrara
Bellotto, Bernardo *detto* Canaletto il Giovane
Belyj, Andrej *pseud. di* Bugaev, Boris Nikolaevič
Benci, Antonio *vero nome di* Pollaiolo
Bencivenne Cenne da la Chitarra
Benedetto VIII *al sec.* Teofilatto dei conti di Tuscolo
Benedetto IX *al sec.* Teofilatto dei conti di Tuscolo
Benedetto X *al sec.* Giovanni di Velletri
Benedetto XI *al sec.* Boccasini, Niccolò
Benedetto XII *al sec.* Fournier, Jacques
Benedetto XIII *al sec.* de Luna, Pedro
Benedetto XIII *al sec.* Orsini, Pier Francesco
Benedetto XIV *al sec.* Lambertini, Prospero
Benedetto XV *al sec.* Della Chiesa, Giacomo
Benefial, Marco Beneficiale, Marco
Beneficiale, Marco Benefial, Marco
Ben Gurion, David *già* Grün, David
Beni 'Abbad o Abbas Abbadidi
Beni al-Sarrag Abenceragi
Benozzo Gozzoli *soprannome di* Benozzo di Lese
Benvenuti, Giovan Battista *vero nome di* Ortolano
Ben Zvi, Izhak *già* Schimschelewitz, Itzhak
Beolco, Angelo *vero nome di* Ruzzante
Berger, Maurice *vero nome di* Béjart, Maurice
Bergognone *soprannome di* Ambrogio da Fossano
Berkeley, Busby *pseud. di* Enos, William Berkeley
Berliowsky, Louise *vero nome di* Nevelson, Louise
Bermejo *soprannome di* de Cárdenas, Bartolomé
Bernadette *soprannome di* Soubirous, Marie Bernarde
Bernard, Carlo *vero nome di* Bernari, Carlo
Bernard, Henriette-Rosine *vero nome di* Bernhardt, Sarah
Bernardino di Betto *vero nome di* Pinturicchio
Bernardo d'Aosta Bernardo di Mentone
Bernardo di Mentone Bernardo d'Aosta
Bernari, Carlo *pseud. di* Bernard, Carlo
Bernhardt, Sarah *pseud. di* Bernard, Henriette-Rosine
Bernstein, Morris *vero nome di* Louis, Morris
Berrettini, Pietro *vero nome di* Pietro da Cortona
Bertelli, Luigi *vero nome di* Vamba
Berthold von Regensburg Bertoldo di Ratisbona
Bertini, Francesca *pseud. di* Seracini Vitiello, Elena
Bertoja *soprannome di* Zanguidi, Jacopo
Bertoldo di Ratisbona *nome it. di* Berthold von Regensburg
Bertolotti, Gaspare *vero nome di* Gasparo da Salò
Bertrand, Aloysius Bertrand, Louis
Bertrand de Got *papa* Clemente V
Bertrand du Pouget Bertrando del Poggetto
Bertrando del Poggetto *nome it. di* Bertrand du Pouget
Beyle, Marie-Henri *vero nome di* Stendhal
Beza, Teodoro di *nome it. di* de Bèze, Théodore
Bibbiena *soprannome di* Dovizi, Bernardo
Biden, Edmund Preston *vero nome di* Sturges, Preston
Bigordi, Domenico *vero nome di* Ghirlandaio
Biondi, Biondo *vero nome di* Biondo Flavio
Biondo Flavio *soprannome di* Biondi, Biondo
Birks, John *vero nome di* Gillespie, Dizzy
Bitzius, Albert *vero nome di* Gotthelf, Jeremias
Blair, Eric Arthur *vero nome di* Orwell, George
Blashki, Philip *vero nome di* Evergood, Philip
Blau, Eugene *vero nome di* Ormandy, Eugene
Blount, Herman *vero nome di* Sun Ra
Boabdil *soprannome di* Abu Abd Allah
Boccasini, Niccolò *papa* Benedetto XI
Bodenstein, Andreas Rudolf *vero nome di* Carlostadio, Andrea
Boeri, Cini *soprannome di* Mariani, Maria Cristina
Bogarde, Dirk *pseud. di* Van Den Bogaerde, Derrek
Bogdanov, Aleksandr *pseud. di* Malinovskij, Aleksandr
Böhl de Faber y Larrea, Cecilia *vero nome di* Fernán Caballero
Boileau, Nicolas *detto* Boileau-Despréaux
Boileau-Despréaux *soprannome di* Boileau, Nicolas
Bologna *soprannome di* Primaticcio, Francesco
Bolognese, Onesto *soprannome di* Onesto degli Onesti
Bombast von Hohenheim, Philipp Theophrast *vero nome di* Paracelso
Bonaccorsi, Pietro *vero nome di* Perin del Vaga
Bonamico di Cristoforo *vero nome di* Buffalmacco
Bonardi, Luigi *vero nome di* Malerba, Luigi
Boncompagni, Ugo *papa* Gregorio XIII
Bonichi, Gino *vero nome di* Scipione
Bonifacio VIII *al sec.* Caetani, Benedetto
Bonifacio IX *al sec.* Tomacelli, Pietro
Bonifacio de' Pitati *vero nome di* Bonifacio Veronese
Bonifacio Veronese *soprannome di* Bonifacio de' Pitati
Bonomini, Paolo Vincenzo *detto* Borromino
Bonvicino, Alessandro *vero nome di* Moretto da Brescia
Borbone, Carlo III duca di *detto* Conestabile di Francia
Borbone-Spagna, Carlos María di *detto* don Carlos
Borbone-Spagna, Carlos María Isidro di *detto* don Carlos
Bordoni, Giulio Cesare *vero nome di* Scaligero, Giulio Cesare
Borel *soprannome di* Oddone I
Borel, Petrus *pseud. di* Borel d'Hauterive, Pierre-Joseph
Borghese, Camillo *papa* Paolo V
Borgia, Alfonso *papa* Callisto III
Borgia, Rodrigo *papa* Alessandro VI
Borgognone *soprannome di* Courtois, Jacques
Borromini *soprannome di* Castelli, Francesco
Borromino *soprannome di* Bonomini, Paolo Vincenzo
Bosch, Hieronymus *soprannome di* Van Aeken, Jeroen
Botticelli, Sandro *soprannome di* Filipepi, Alessandro di Mariano
Bouche-Villeneuve, Christian François *vero nome di* Marker, Chris
Boukharouba, Mohammed Ben Brahim *vero nome di* Boumedienne, Houari
Boumedienne, Houari *soprannome di* Boukharouba, Mohammed Ben Brahim
Bourdin, Maurizio *antipapa* Gregorio VIII
Bouts, Dierik Bouts, Thierry
Bouvier de La Motte, Jeanne-Marie *vero nome di* Guyon, M.me de
Bovillo, Carlo *nome it. di* de Bouelles, Charles
Braccio da Montone *soprannome di* Fortebracci, Andrea
Brahe, Tyge Ticone
Bramante *soprannome di* Donato di Pascuccio d'Antonio
Bramantino *soprannome di* Suardi, Bartolomeo
Brandano *nome it. di* Brénainn
Brandauer, Jacob Prandtauer, Jacob
Brandt, Willy *soprannome di* Frahm,

Herbert Ernst Karl
Braschi, Giovanni Angelo *papa* Pio VI
Brassaï *soprannome di* Halász, Gyula
Braxatoris, Ondrej *vero nome di* Sládkovič, Andrej
Breakspear, Nicholas *papa* Adriano IV
Brénainn Brandano
Březina, Otokar *pseud. di* Jebavý, Václav Ignác
Brick, Elsa *vero nome di* Triolet, Elsa
Briosco, Andrea *detto* Riccio
Bronštein, Lev Davidovič *vero nome di* Trockij, Lev Davidovič
Bronzino *soprannome di* Agnolo di Cosimo
Brooks, Mel *pseud. di* Kaminsky, Melvin
Broschi, Carlo *vero nome di* Farinelli
Brown, Lancelot *vero nome di* Capability Brown
Broz, Josip *vero nome di* Tito
Bruckner, Ferdinand *pseud. di* Tagger, Theodor
Bruller, Jean *vero nome di* Vercors
Brunetti, Angelo *vero nome di* Ciceruacchio
Brunone dei conti di Egisheim-Dagsburg *papa* Leone IX
Brunone di Carinzia *papa* Gregorio V
Bruto, Lucio Giunio *detto* Bruto Maggiore
Bruto, Marco Giunio *detto* Bruto Minore
Bruto Maggiore *soprannome di* Bruto, Lucio Giunio
Bruto Minore *soprannome di* Bruto, Marco Giunio
Buccapeco, Tebaldo *antipapa* Celestino II
Bucero, Martino *detto* Butzer, Martin
Bucero, Martino *nome it. di* Kuhhorn, Martin
Buffa, Salvatore Amedeo *vero nome di* Nazzari, Amedeo
Buffalmacco *soprannome di* Bonamico di Cristoforo
Buffalo Bill *soprannome di* Cody, William Frederick
Bugaev, Boris Nikolaevič *vero nome di* Belyj, Andrej
Bundsmann, Emil Anton *vero nome di* Mann, Anthony
Buonamici, Agostino *vero nome di* Tassi
Buonconsiglio, Giovanni *detto* Marescalco
Buranello *soprannome di* Galuppi, Baldassarre
Burchiello *soprannome di* Domenico di Giovanni
Burleus *soprannome di* Burley, Walter
Burley, Walter *detto* Burleus
Burne, Clendennin Jr. *vero nome di* Hawkes, John
Burton, Richard *pseud. di* Jenkins, Richard
Busi, Giovanni *vero nome di* Cariani
Bussone, Francesco *vero nome di* Carmagnola
Busti, Agostino *vero nome di* Bambaia
Butzer, Martin *soprannome di* Bucero, Martino
Caccia, Guglielmo *vero nome di* Moncalvo
Caccianimici, Gherardo *papa* Lucio II
Caccini, Giulio *detto* Romano, Giulio
Cacoyannis, Michael *pseud. di* Kakogiannis, Mikhalis
Cadalo, Pietro *antipapa* Onorio II
Cadamosto, Alvise Ca' da Mosto, Alvise
Caetani, Benedetto *papa* Bonifacio VIII
Caffa, Melchiorre *detto* Maltese
Cagliostro, Alessandro, conte di *pseud. di* Balsamo, Giuseppe
Caitanya *pseud. di* Mishra, Vishvambhara
Caldara, Polidoro *vero nome di* Polidoro da Caravaggio
Caldarelli, Nazareno *vero nome di* Cardarelli, Vincenzo
Calepino *soprannome di* Ambrogio da Calepio
Caletti-Bruni, Pier Francesco *vero nome di* Cavalli, Francesco
Caliari, Paolo *vero nome di* Veronese
Callas, Maria *pseud. di* Kalogerópoulos, Maria
Callisto II *al sec.* Guido di Borgogna
Callisto III *al sec.* Borgia, Alfonso
Callisto III *al sec.* Giovanni di Strumi
Calvaert, Denijs *detto* Dionisio Fiammingo
Calvino, Giovanni *nome it. di* Cauvin, Jean
Cambiasi Negretti, Amaliana *vero nome di* Liala
Camino y Galicia, Leóon Felipe *vero nome di* Felipe, León
Cammelli, Antonio *detto* Pistoia
Campaña, Pedro Kempener, Peter de
Campofregoso Fregoso
Canal, Giovanni Antonio *vero nome di* Canaletto
Canaletto *soprannome di* Canal, Giovanni Antonio
Canaletto il Giovane *soprannome di* Bellotto, Bernardo
Candid *soprannome di* Witte, Pieter de
Canepanova, Pietro *papa* Giovanni XIV
Canova, Francesco *vero nome di* Francesco da Milano
Cansino, Margarita Carmen *vero nome di* Hayworth, Rita
Canth, Minna *soprannome di* Canth, Ulrika Wilhelmina
Capa, Robert *pseud. di* Friedmann, André
Capability Brown *soprannome di* Brown, Lancelot
Capodiferro *soprannome di* Pandolfo di Capua
Capone, Al *soprannome di* Capone, Alfonso
Cappellari, Bartolomeo Alberto *papa* Gregorio XVI
Cappuccino o il Prete genovese *soprannome di* Strozzi, Bernardo
Caracciolo, Giovanni Battista *vero nome di* Battistello
Caradosso *soprannome di* Foppa, Cristoforo
Carafa, Gian Pietro *papa* Paolo IV
Caramanlís, Constantín Karamanlís, Konstantín
Caran D'Ache *pseud. di* Poiré, Emmanuel
Caravaggio *soprannome di* Merisi, Michelangelo
Carco, Francis *pseud. di* Carcopino-Tusoli, François
Carcopino-Tusoli, François *vero nome di* Carco, Francis
Cardarelli, Vincenzo *pseud. di* Caldarelli, Nazareno
Cardi, Ludovico *vero nome di* Cigoli
Carducci, Bartolomeo *nome it. di* Carducho Bartolomé
Carducho Bartolomé Carducci, Bartolomeo
Carette, Louis *vero nome di* Marceau, Felicien
Cariani *soprannome di* Busi, Giovanni
Cariteo *soprannome di* Gareth, Benedetto
Carlostadio, Andrea *soprannome di* Bodenstein, Andreas Rudolf
Carmagnola *soprannome di* Bussone, Francesco
Carmontelle *pseud. di* Carrogis, Louis
Carnovali, Giovanni *vero nome di* Piccio
Carolus-Duran *pseud. di* Duran, Charles-Émile-Auguste
Carpenter, Harlean *vero nome di* Harlow, Jean
Carrogis, Louis *vero nome di* Carmontelle
Carroll, Lewis *pseud. di* Dodgson, Charles Lutwidge
Carson, Kit *soprannome di* Carson, Christopher
Cartesio, Renato *nome it. di* Descartes, René
Carton d'Ancourt, Florent *vero nome di* Dancourt
Carucci, Jacopo *vero nome di* Pontormo
Casona, Alejandro *pseud. di* Álvarez, Alejandro Rodríguez
Cassandre *pseud. di* Mouron, Adolphe
Castagna, Giambattista *papa* Urbano VII
Castelli, Francesco *vero nome di* Borromini
Castiglione, Giovanni Benedetto *vero nome di* Grechetto
Castiglioni, Francesco Saverio *papa* Pio VIII

Conti, Gregorio *papa* Vittore IV
Conti, Michelangelo *papa* Innocenzo XIII
Contucci, Andrea *vero nome di* Sansovino, Andrea
Cooper, Gary *pseud. di* Cooper, Frank James
Corbière, Tristan *pseud. di* Corbière, Édouard-Joachim
Cordegliaghi *soprannome di* Previtali, Andrea
Cordini, Antonio *vero nome di* Sangallo, Antonio da, il Giovane
Corea, Chick *soprannome di* Corea, Armando
Corneille *soprannome di* Van Beverloo, Cornelis Guillaume
Corrado da Ratisbona Konrad von Regensburg
Corrado della Suburra *papa* Anastasio IV
Corrado di Landau *detto* Conte Lando
Correggio *soprannome di* Allegri, Antonio
Correr, Angelo *papa* Gregorio XII
Corsi, Franco *vero nome di* Zeffirelli, Franco
Corsini, Lorenzo *papa* Clemente XII
Cossa, Baldassarre *antipapa* Giovanni XXIII
Costa Gavras, Constantin *pseud. di* Gávras, Konstantínos
Costantino *vero nome di* Cirillo di Tessalonica
Coupling, J.J. *pseud. di* Pierce, John
Courteline, Georges *pseud. di* Moinaux, Georges
Courtois, Jacques *vero nome di* Borgognone
Crawford, Joan *pseud. di* Le Sueur, Lucille Fay
Crébillon *pseud. di* Jolyot de Crais-Billon, Prosper
Crébillon fils *soprannome di* Claude-Prosper
Crescenzi, Giovanni *papa* Giovanni XIII
Crespi, Giovanni Battista *vero nome di* Cerano
Crespi, Giuseppe Maria *detto* Spagnolo
Cresti, Domenico *vero nome di* Passignano
Cristina di Francia *detta* Madama Reale
Crivelli, Uberto *papa* Urbano III
Croce, Giovanni *detto* Chiozzotto
Cronaca *soprannome di* Simone del Pollaiolo
Crosby, Bing *pseud. di* Crosby, Harry Lillis
Cuiacio, Iacopo *nome it. di* Cujas, Jacques
Cujas, Jacques Cuiacio, Iacopo
Ćulinović, Giorgio *vero nome di* Schiavone
Curato d'Ars *soprannome di* Giovanni Maria Battista Vianney
Curtiz, Michael *pseud. di* Kertész, Mihály
Cusano, Nicola *nome it. di* Chrypffs, Nikolaus
Cybo, Giovanni Battista *papa* Innocenzo VIII
Czaczkes, Shemuel Josef Agnon, Shemuel Josef
Dabrowski, Jan Henryk Dombrowski, Jan Henryk
Dagerman, Stig *pseud. di* Jansson, Halvard
Dai Jin Tai Chin
Dal Monte, Toti *pseud. di* Meneghelli, Antonietta
D'Ambra, Lucio *pseud. di* Manganella, Renato Eduardo
Dancourt *soprannome di* Carton d'Ancourt, Florent
Daniel, Arnaut Arnaldo Daniello
Daniele da Volterra *soprannome di* Ricciarelli, Daniele
Daniel-Rops *pseud. di* Petiot, Jean-Charles Henri
Dannay, Frederic *soprannome di* Nathan, Daniel, noto come Ellery Queen
Dao Ji Tao-chi o Shih-t'ao
Da Ponte, Lorenzo *pseud. di* Conegliano, Emanuele
Darío, Rubén *pseud. di* García Sarmiento, Félix Rubén
Darsa, Marino *nome it. di* Držic, Marin
D'Arzo, Silvio *pseud. di* Comparoni, Ezio
Da Verona, Guido *soprannome di* Verona, Giovanni
David d'Angers *soprannome di* David, Pierre-Jean
Davis, Bette *pseud. di* Davis, Ruth Elisabeth
de Beaujoyeux, Balthazar Baltazarini di Belgioioso, Baldassarre
de Beauvoir de Havilland, Joan *vero nome di* Fontaine, Joan
de Bèze, Théodore Beza, Teodoro di
Deborah Jane Kerr-Trimmer *vero nome di* Kerr, Deborah
de Borja y Doms, Rodrigo Borgia, Rodrigo *papa* Alessandro VI
de Bouelles, Charles Bovillo, Carlo
de Boulogne o Valentin de Boulogne, Jean *vero nome di* Valentin
de Cárdenas, Bartolomé *vero nome di* Bermejo
de Chamisso, Luis Charles Adélaïde *vero nome di* Chamisso, Adalbert von
de' Ciocchi del Monte, Giovanni Maria *papa* Giulio III
de Curtis, Antonio *vero nome di* Totò
De Ferrari, Defendente Ferrari, Defendente
de Grimoard, Guillaume *papa* Urbano V
de Guiche, Lillian *vero nome di* Gish, Lillian
de Hauteclocque, Philippe Marie *vero nome di* Leclerc
de la Boe, Franz *vero nome di* Franciscus Sylvius
de La Caille, Nicolas Louis Lacaille, Nicolas Louis de
de la Cruz, al sec. Juan de Yepes y Álvarez, Juan Giovanni della Croce
de La Motte-Ango, Robert Pellevé *vero nome di* Flers, Robert de
de la Pailleterie, Alexandre Davy Dumas, Alexandre
de la Ramée, Pierre Ramo, Pietro
Delaroche, Paul *soprannome di* Delaroche, Hyppolite
de le Boë, Franz *vero nome di* Silvio
Delgado, Francisco Delicado, Francisco
Delicado, Francisco Delgado, Francisco
de Lille, Alain Alano di Lilla
de l'Isle, Alain Alano di Lilla
Della Chiesa, Giacomo *papa* Benedetto XV
della Paglia, Antonio *vero nome di* Paleario, Aonio
Della Porta, Antonio *detto* Tamagnino
Dell'Arco, Mario *pseud. di* Fagiolo, Mario
della Rovere, Francesco *papa* Sisto IV
della Rovere, Giuliano *papa* Giulio II
dell'Opera, Giovanni *soprannome di* Bandini, Giovanni
de Luna, Pedro *antipapa* Benedetto XIII
del Valle y Peña, Ramón *vero nome di* Valle-Inclán, Ramón María del
del Zucca, Iacopo Zucchi, Iacopo
de Magalhães, Fernão Magellano, Ferdinando
De' Maria, Mario *detto* Marius Pictor
de Marseille, Folquet Folchetto di Marsiglia
Demetrio I Otrep'ev, Grigorij
de' Migliorati, Cosimo *papa* Innocenzo VII
de Montcorbier, François *vero nome di* Villon, François
Demsky, Issur Danielovič *vero nome di* Douglas, Kirk
de Muñoz, Gill-Sánchez *antipapa* Clemente VIII
Deneuve, Catherine *pseud. di* Dorléac, Catherine
de Paul, Vincent Vincenzo de' Paoli
De Pisis, Filippo *pseud. di* Tibertelli, Filippo
De Prés, Josse Desprez, Josquin o Jodocus Pratensis
de Riquetti de Mirabeau, Sibylle Gabrielle *vero nome di* Gyp
de Rubeis, Aloysius Rossi, Luigi
de' Sacchis, Giovan Antonio *vero nome di* Pordenone
Descartes, René Cartesio, Renato
Desiderio da Montecassino *papa* Vittore III

Deslonges, prob. vero nome di Philippe Verdelot, Philippe
Desprez, Josquin De Près, Josse o Jodocus Pratensis
Destouches *pseud. di* Néricault, Philippe
Destouches, Louis-Ferdinand *vero nome di* Céline, Louis-Ferdinand
De Valois, Ninette *pseud. di* Stannus, Edris
de Vriendt, Cornelis *vero nome di* Floris, Cornelis II
Dias, Bartholomeu Diaz, Bartolomeo
Diaz, Bartolomeo *nome it. di* Dias, Bartholomeu
Díaz de Vivar, Rodrigo *vero nome di* Cid Campeador
Dietrich, Marlene *pseud. di* Losch, Marie Magdalene von
Dionisio Fiammingo *soprannome di* Calvaert, Denijs
Ditzen, Rudolf *vero nome di* Fallada, Hans
Doctor Mirabilis *soprannome di* Bacone, Ruggero
Dodgson, Charles Lutwidge *vero nome di* Carroll, Lewis
Doganiere *soprannome di* Rousseau, Henri
Dolcino, fra *soprannome di* Tornielli, Dolcino
Dolin, Anton *pseud. di* Healy-Kay, Patrick
Dombrowski, Jan Henryk Dabrowski, Jan Henryk
Domenichino *soprannome di* Zampieri, Domenico
Domenico di Bartolomeo *vero nome di* Domenico Veneziano
Domenico di Giovanni *vero nome di* Burchiello
Domenico Veneziano *soprannome di* Domenico di Bartolomeo
Donatello *soprannome di* Donato di Niccolò Betto Bardi
Donato di Niccolò Betto Bardi *vero nome di* Donatello
Donato di Pascuccio d'Antonio *vero nome di* Bramante
don Carlos *soprannome di* Borbone-Spagna, Carlos María di
don Carlos *soprannome di* Borbone-Spagna, Carlos María Isidro di
Donducci, Giovanni Andrea *vero nome di* Mastelletta
Dorléac, Catherine *vero nome di* Deneuve, Catherine
Dossi, Carlo *soprannome di* Pisani Dossi, Carlo Alberto
Dossi, Dosso *pseud. di* Luteri, Giovanni
Douglas, Kirk *pseud. di* Demsky, Issur Danielovič
Douwes Dekker, Eduard *vero nome di* Multatuli
Dovizi, Bernardo *vero nome di* Bibbiena
Dragut Turghud
Druso, Claudio Nerone *detto* Druso Maggiore
Druso Giulio Cesare *detto* Druso Minore
Druso Maggiore *soprannome di* Druso, Claudio Nerone
Druso Minore *soprannome di* Druso Giulio Cesare
Držic, Marin Darsa, Marino
d'Ubertino, Francesco *vero nome di* Bachiacca
Ducasse, Isidore Lucien *vero nome di* Lautréamont, conte di
Duccio *soprannome di* Galimberti, Tancredi
Duchamp, Gaston *vero nome di* Villon, Jacques
Duèse, Jacques *papa* Giovanni XXII
Dughet, Gaspard *detto* Poussin, Gaspard
Duknović, Giovanni *vero nome di* Giovanni Dalmata
Dulac, Germaine *pseud. di* Saisset-Schneider, Germaine
Dumarchais, Pierre *vero nome di* Mac Orlan, Pierre
Dumas, Alexandre de la Pailleterie, Alexandre Davy
Duns Scotus, John Giovanni Duns Scoto
Duparc, Henri *pseud. di* Fouques-Duparc, Marie-Eugène Henri
Dupin, Armandine Lucie Aurore *vero nome di* Sand, George
Duquesnoy, François *detto* Francesco Fiammingo
Duran, Charles-Émile-Auguste *vero nome di* Carolus-Duran
Dursi, Massimo *pseud. di* Vecchietti, Otello
Duvalier, François *detto* Papa Doc
Dylan, Bob *pseud. di* Zimmermann, Bob
Džugašvili, Iosif Visarionovič *vero nome di* Stalin
Eckart, Johannes *detto* Meister Eckhart
Ecolampadio, Giovanni *pseud. di* Husschin, Johann
Egk, Werner *pseud. di* Mayer, Werner
Eldridge, Roy *detto* Little Jazz
El Inca *soprannome di* Vega, Garcilaso de la
Elin-Pelin *pseud. di* Jotov, Dimitar Ivanov
Eliot, George *pseud. di* Evans, Mary Ann
Ellington, Duke *soprannome di* Ellington, Edward Kennedy
El Lissickij *soprannome di* Lissickij, Lasar' Marcovič
Elsschot, Willem *pseud. di* Ridder, Alfons Jozef de
Éluard, Paul *pseud. di* Grindel, Eugène
Elytis, Odysseus *pseud. di* Alepoudhelis, Odysseus
Émile-Auguste Chartier *vero nome di* Alain
Eminescu, Mihail *pseud. di* Eminovici, Mihail
Eminovici, Mihail *vero nome di* Eminescu, Mihail
Emin Pascià *soprannome di* Schnitzer, Eduard
Emmanuel, Pierre *pseud. di* Mathieu, Noël
Empoli *soprannome di* Chimenti, Jacopo
Encina, Juan del *pseud. di* Fermoselle, Juan de
Enos, William Berkeley *vero nome di* Berkeley, Busby
Erasmo da Narni *vero nome di* Gattamelata
Erasmo da Rotterdam *nome it. di* Geertsz, Geert
Erckmann-Chatrian *pseud. di* Erckmann, Émile
Ericson, Walter *vero nome di* Fast, Howard Melvin
Erté *pseud. di* Tirtoff, Romain de
Escobar, Marisol *vero nome di* Marisol
Estang, Luc *pseud. di* Bastard, Lucien
Esteve Rodenas, Antonio *vero nome di* Gadés, Antonio
Ethelred Aelredo
Eudes Oddone
Euffreducci, Oliviero *vero nome di* Oliverotto da Fermo
Eugenio III *al sec.* Paganelli, Bernardo
Eugenio IV *al sec.* Condulmer, Gabriele
Euler, Leonhard Eulero
Eulero *nome it. di* Euler, Leonhard
Evans, Mary Ann *vero nome di* Eliot, George
Evergood, Philip *pseud. di* Blashki, Philip
Fabritius, Carel *soprannome di* Pietersz, Carel
Facchinetti, Giovanni Antonio *papa* Innocenzo IX
Faccio, Rina *vero nome di* Aleramo, Sibilla
Fagiolo, Mario *vero nome di* Dell'Arco, Mario
Fairbanks, Douglas *pseud. di* Ulman, Douglas Elton
Fairfield, Cecily Isabel *vero nome di* West, Rebecca
Fajnzil'berg, Il'ja Arnal'dovič *vero nome di* Il'f e Petrov
Falca, Pietro *vero nome di* Longhi, Pietro
Fal de Saint Phalle, Marie Agnès *vero nome di* Saint Phalle, Niki de
Fallada, Hans *pseud. di* Ditzen, Rudolf
Farfa *pseud. di* Tommasini, Vittorio
Farigoule, Louis *vero nome di* Romains, Jules
Farinelli *pseud. di* Broschi, Carlo
Farnese, Alessandro *papa* Paolo III
Fast, Howard Melvin *pseud. di* Ericson, Walter
Fatha Hines *soprannome di* Hines, Earl Kenneth

Fattore *soprannome di* Penni, Giovan Francesco

Febronio, Giustino *pseud. di* Hontheim, Johann Nikolaus von

Fedeli, Domenico *vero nome di* Maggiotto

Federico di Lorena *papa* Stefano X o IX

Federico I Hohenstaufen *detto* Barbarossa

Feinstein, Daniel Isaac *vero nome di* Spoerri, Daniel

Felice V *al sec.* Amedeo VIII di Savoia

Felipe, León *pseud. di* Camino y Galicia, Leóon Felipe

Fermoselle, Juan de *vero nome di* Encina, Juan del

Fernán Caballero *pseud. di* Böhl de Faber y Larrea, Cecilia

Fernandel *pseud. di* Contandin, Fernand

Fernández, Armand *vero nome di* Arman

Fernández, Gregorio Hernández, Gregorio

Ferrari, Defendente De Ferrari, Defendente

Ferrer, Vicente Vincenzo Ferreri

Feuchtwanger, Lion *pseud. di* Wetcheek, Lion

Feyder, Jacques *pseud. di* Frédérix, Jacques

Fiasella, Domenico *detto* Sarzana

Fibonacci, Leonardo *detto* Leonardo Pisano o Bigollo

Fieschi, Sinibaldo *papa* Innocenzo IV

Fieschi di Lavagna, Ottobono *papa* Adriano V

Filagato, Giovanni *papa* Giovanni XVI

Filarete *soprannome di* Averulino, Antonio

Filargis, Pietro *antipapa* Alessandro V

Filipepi, Alessandro di Mariano *vero nome di* Botticelli, Sandro

Fillia *pseud. di* Colombo, Luigi

Filopanti, Quirico *pseud. di* Barilli, Giuseppe

Fiori, Federico *vero nome di* Barocci

Firdusi *soprannome di* Abu'l Qasim

Firenzuola, Agnolo *soprannome di* Giovannini, Michelangiolo

Flers, Robert de *pseud. di* de La Motte-Ango, Robert Pellevé

Fliegel, Hellmuth *vero nome di* Heym, Stefan

Flores, Isabella *vero nome di* Rosa da Lima

Floris, Cornelis II *soprannome di* de Vriendt, Cornelis

Florisz Boeyens, Adriaan *papa* Adriano VI

Folchetto di Marsiglia *nome it. di* de Marseille, Folquet

Folengo, Teofilo *nome relig. di* Folengo, Gerolamo

Folgore, Luciano *pseud. di* Vecchi, Omero

Folgore da San Gimignano *pseud. di* Iacopo di Michele

Fontaine, Joan *pseud. di* de Beauvoir de Havilland, Joan

Fonteyn Margot *pseud. di* Hookham, Margaret

Fontinha, José *vero nome di* Andrade, Eugenio de

Foppa, Cristoforo *vero nome di* Caradosso

Ford, Ford Madox *pseud. di* Hueffer, Ford Hermann

Ford, John *pseud. di* O'Feeney, Sean Aloysius

Forsnäs, Veikko Antero *vero nome di* Koskenniemi, Veikko Antero

Fortebracci, Andrea *vero nome di* Braccio da Montone

Fortini, Franco *pseud. di* Lattes, Franco

Foster, Jodie *soprannome di* Foster, Alicia Christian

Foulques, Guy *papa* Clemente IV

Fouques-Duparc, Marie-Eugène Henri *vero nome di* Duparc, Henri

Fournier, Jacques *papa* Benedetto XII

Fra Diavolo *soprannome di* Pezza, Michele

Fra' Galgario *soprannome di* Ghislandi, Vittore

Frahm, Herbert Ernst Karl *vero nome di* Brandt, Willy

France, Anatole *pseud. di* Thibault, Anatole-François

Franceschini, Baldassarre *vero nome di* Volterrano

Francesco da Barberino *soprannome di* Francesco di Neri di Ranuccio

Francesco da Milano *soprannome di* Canova, Francesco

Francesco di Cristoforo *vero nome di* Franciabigio

Francesco di Neri di Ranuccio *vero nome di* Francesco da Barberino

Francesco di Stefano *vero nome di* Pesellino

Francesco Fiammingo *soprannome di* Duquesnoy, François

Francesco Saverio *soprannome di* Francisco de Jaso

Francia *soprannome di* Raibolini, Francesco

Franciabigio *soprannome di* Francesco di Cristoforo

Francisco de Jaso *vero nome di* Francesco Saverio

Franciscus Sylvius *nome lat. di* de la Boe, Franz

Franciscus Vieta *nome lat. di* Viète, François

Franco, Battista *detto* Semolei

François de Viette Viète, François

Francone *soprannome di Bonifacio VII*

Frank, Jacob *soprannome di* Lejbowicz, Jakob Jozef

Frauenlob *pseud. di* Meissen, Heinrich von

Frederic Dannay e Manfred B. Lee *pseud. comune di* Queen, Ellery

Frédérix, Jacques *vero nome di* Feyder, Jacques

Fregoso Campofregoso

French, Paul *vero nome di* Asimov, Isaac

Frey, Valentin Ludwig *vero nome di* Valentin, Karl

Frida, Emil *vero nome di* Vrchlický, Jaroslav

Friedmann, André *vero nome di* Capa, Robert

Friedrich Adolf Axel principe di Liliencron *vero nome di* Liliencron, Detlev von

Fry, Christopher *pseud. di* Hammond, Christopher

Fuchs, Johann Joseph Fux, Johann Joseph

Fulcodi, Guido *papa* Clemente IV

Fuseli, Henri Füssli, Johann Heinrich

Füssli, Johann Heinrich Fuseli, Henri

Fux, Johann Joseph Fuchs, Johann Joseph

Gabin, Jean *pseud. di* Moncorgé, Jean-Alexis

Gabo, Naum *pseud. di* Pevsner, Naum

Gadés, Antonio *pseud. di* Esteve Rodenas, Antonio

Gaeta, Gioviano *vero nome di* Mario, E.A.

Gaetano *soprannome di* Pulzone, Scipione

Galimberti, Tancredi *detto* Duccio

Galuppi, Baldassarre *detto* Buranello

Gamberelli, Antonio *vero nome di* Rossellino, Antonio

Gamberelli, Bernardo *vero nome di* Rossellino, Bernardo

Gandolin *soprannome di* Vassallo, Luigi Arnaldo

Ganganelli, Giovanni Vincenzo *papa* Clemente XIV

Garbo, Greta *pseud. di* Gustafsson, Greta Louisa

García Sarmiento, Félix Rubén *vero nome di* Darío, Rubén

Gardel, Carlos *pseud. di* Gardés, Charles

Gardés, Charles *vero nome di* Gardel, Carlos

Gareth, Benedetto *vero nome di* Cariteo

Gargiulo, Domenico *vero nome di* Micco Spadaro

Garland, Judy *pseud. di* Gymm, Frances

Garofalo *soprannome di* Tisi, Benvenuto

Gary, Romain *pseud. di* Kacev, Romain

Gasparini, Angelo *vero nome di* Angiolini, Gasparo

Gasparo da Salò *soprannome di* Bertolotti, Gaspare

Gassend, Pierre *vero nome di* Gassendi

don Pascià
Gordon Pascià *soprannome di* Gordon, Charles George
Gorenko, Anna Andrejevna *vero nome di* Achmatova, Anna Andrejevna
Gor'kij, Maksim *pseud. di* Peškov, Aleksej Maksimovič
Gorky, Arshile *pseud. di* Adoian, Vosdanig Manoog
Gossaert, Jan *vero nome di* Mabuse
Gosset, William Sealy *vero nome di* Student
Gotthelf, Jeremias *pseud. di* Bitzius, Albert
Gracchus *soprannome di* Babeuf, François Noël
Gracq, Julien *pseud. di* Poirier, Louis
Grandville *pseud. di* Gérard, Jean-Ignace-Isidore
Granger, Stewart *pseud. di* Stewart, James Lablache
Grant, Cary *pseud. di* Leach, Alexander Archibald
Grazzini, Anton Francesco *detto* Lasca
Grechetto *soprannome di* Castiglione, Giovanni Benedetto
Greco, El *soprannome di* Theotokópulos, Doménikos
Green, Henry *pseud. di* Yorke, Henry Vincent
Gregorio V *al sec.* Brunone di Carinzia
Gregorio VI *al sec.* Giovanni Graziano
Gregorio VII *al sec.* Ildebrando di Soana
Gregorio VIII *al sec.* Alberto di Morra
Gregorio VIII *al sec.* Bourdin, Maurizio
Gregorio IX *al sec.* Ugolino dei conti di Segni
Gregorio X *al sec.* Visconti, Tebaldo
Gregorio XI *al sec.* Roger de Beaufort, Pierre
Gregorio XII *al sec.* Correr, Angelo
Gregorio XIII *al sec.* Boncompagni, Ugo
Gregorio XIV *al sec.* Sfondrati, Niccolò
Gregorio XV *al sec.* Ludovisi, Alessandro
Gregorio XVI *al sec.* Cappellari, Bartolomeo Alberto
Greif, Andreas Gryphius, Andreas
Grieve, Christopher Murray *vero nome di* MacDiarmid, Hugh
Grindel, Eugène *vero nome di* Éluard, Paul
Gris, Juan *pseud. di* González, José Victoriano
Grock *pseud. di* Wettach, Adrian
Grossatesta, Roberto *nome it. di* Robert Greathead
Grossi da Viadana, Lodovico Viadana, Lodovico
Groto, Luigi *detto* Cieco d'Adria
Grozio, Ugo *nome it. di* Van Groot, Huig
Grumbach, Jean-Pierre *vero nome di* Melville, Jean-Pierre
Grün, Anastasius *pseud. di* Auersperg, Anton Alexander von
Grün, David Ben Gurion, David
Grünewald *soprannome di* Neithardt Gothart, Mathias
Gryphius, Andreas *nome lat. di* Greif, Andreas
Guardati, Tommaso *vero nome di* Masuccio Salernitano
Guarino de' Guarini *detto* Guarino Veronese
Guarino Veronese *soprannome di* Guarino de' Guarini
Guarneri del Gesù *soprannome di* Guarneri Bartolomeo Giuseppe
Gudjónsson, Halldór Kiljan *vero nome di* Laxness, Halldór Kiljan
Guercino *soprannome di* Barbieri, Giovan Francesco
Guevara de la Serna, Ernesto *detto* Che
Guglielmi, Rodolfo Pietro *vero nome di* Valentino, Rodolfo
Guglielmo d'Alvernia *nome it. di* Guillaume d'Auvergne
Guglielmo di Machaut Machaut, Guillaume de
Guiberto di Ravenna *antipapa* Clemente III
Guido da Crema *antipapa* Pasquale III
Guido di Borgogna *papa* Callisto II
Guido di Città di Castello *papa* Celestino II
Guido di Pietro *vero nome di* Beato Angelico
Guilbert, René *vero nome di* Ghil, René
Guillaume d'Auvergne Guglielmo d'Alvernia
Guitry, Sacha *soprannome di* Guitry, Alexandre
Guittoncino de' Sighibuldi *vero nome di* Cino da Pistoia
Gu Kaizhi Ku K'ai-chih
Guldino *nome it. di* Habacuc Guldin, o Paul Guldin
Guo Moruo *soprannome di* Guo Khaizen
Guo Moruo Kuo Mo-jo
Guo Xi Kuo Hsi
Gustafsson, Greta Louisa *vero nome di* Garbo, Greta
Guyon, M.me de *soprannome di* Bouvier de La Motte, Jeanne-Marie
Gymm, Frances *vero nome di* Garland, Judy
Gyp *pseud. di* de Riquetti de Mirabeau, contessa, Sibylle Gabrielle
Habacuc Guldin *vero nome di* Guldin, Paul, detto Guldino
Hafiz *pseud. di* Shams al-Din Muhammad
Halász, Gyula *vero nome di* Brassaï
Hammond, Christopher *vero nome di* Fry, Christopher
Hamsun, Knut *pseud. di* Pedersen, Knut
Hansen, Emil *vero nome di* Nolde, Emil
Hardenberg, Friedrich von *vero nome di* Novalis
Harlow, Jean *pseud. di* Carpenter, Harlean
Harrison, Rex *pseud. di* Harrison, Reginald Carey
Hartley, Vivian Mary *vero nome di* Leigh, Vivien
Harunobu Suzuki *pseud. di* Hozumi Jihei
Hawkes, John *pseud. di* Burne, Clendennin Jr.
Hawkwood, John Acuto, Giovanni
Hayworth, Rita *pseud. di* Cansino, Margarita Carmen
Healy-Kay, Patrick *vero nome di* Dolin, Anton
Heartfield, John *pseud. di* Herzfeld, Helmut
Hedayat, Mohammed *vero nome di* Mossadegh
Hemerken, Thomas *vero nome di* Tommaso da Kempis
Hendrix, Jimi *soprannome di* Hendrix, James Marshall
Henri-Alban Fournier *vero nome di* Alain-Fournier, Henri
Henschke, Alfred *vero nome di* Klabund
Hepburn, Audrey *pseud. di* Van Heemstra Hepburn Ruston, Edda
Herbert of Cherbury *soprannome di* Herbert, Edward
Herbrand *pseud. di* Herbrand, Jacques
Hergé *pseud. di* Rémi, Georges
Hernández, Gregorio Fernández, Gregorio
Hertz, Henrik *pseud. di* Heymann, Henrik
Hervé *pseud. di* Ronger, Florimond
Hervé-Bazin, Jean-Pierre *vero nome di* Bazin, Hervé
Herzfeld, Helmut *vero nome di* Heartfield, John
Herzog, Émile *vero nome di* Maurois, André
Herzog, Werner *pseud. di* Stipetic, Werner
Hevelius, Johannes *nome lat. di* Höwelke, Johannes
Heym, Stefan *pseud. di* Fliegel, Hellmuth
Heymann, Henrik *vero nome di* Hertz, Henrik
Hildegard von Bingen Ildegarda di Bingen
Hines, Earl Kenneth *detto* Fatha Hines
Hô Chi Minh *pseud. di* Nguyen Tat Tan
Hohenberg Altomonte
Holden, William *pseud. di* Beedle, William Franklin
Holiday, Billie *soprannome di* Holiday, Eleanor
Hontheim, Johann Nikolaus von *vero nome di* Febronio, Giustino
Hookham, Margaret *vero nome di*

Fonteyn Margot
Houdini, Harry *pseud. di* Weiss, Erich
Howard, Leslie *pseud. di* Stainer, Leslie Howard
Höwelke, Johannes Hevelius, Johannes
Hozumi Jihei *vero nome di* Harunobu Suzuki
Hsia Kuei Xia Gui
Hudson, Rock *pseud. di* Scherer, Roy Jr.
Hueffer, Ford Hermann *vero nome di* Ford, Ford Madox
Hugenszoon, Lucas *vero nome di* Luca da Leida
Hundertwasser, Friedensreich *pseud. di* Stowasser, Friedrich
Husschin, Johann *vero nome di* Ecolampadio, Giovanni
Husson, Jules *vero nome di* Champfleury
Iacopo di Iacobello dei Benedetti *vero nome di* Iacopone da Todi
Iacopo di Michele *vero nome di* Folgore da San Gimignano
Iacopone da Todi *soprannome di* Iacopo di Iacobello dei Benedetti
Ibárruri Gómez, Dolores *detta* Pasionaria
ibn 'Affan, Uthman Othman
ibn al-Qasim, Ismail *vero nome di* Abu Atahiya
Ibn Bagiah Avempace
Ibn Battuta *al sec.* al-Din Abu Abd Allah Muhammad, Sharaf
Ibn Ezra Abraham *detto* Iudaeus, Abraham
Ibn Haji Mehmet, Piri *vero nome di* Piri Reis
ibn Muhammad ibn Kathir, Ahmad *vero nome di* Alfraganus
Ibn Rushd, Muhammad Averroè
Ibn Tufayl Abubacer
ibn Yahya, Ibrahim *vero nome di* az-Zarqali
Ibn Zuhr Avenzoar
Ierone Gerone
Ildebrando di Soana *papa* Gregorio VII
Ildegarda di Bingen *nome it. di* Hildegard von Bingen
Il'f e Petrov *pseud. comune di* Fajnzil'berg, Il'ja Arnal'dovič e Kataev, Evgenij Petrovič
Indiana, Robert *pseud. di* Clark, Robert
Indres Boemo, Giovanni Maria *pseud. di* Marini, Giovanni Ambrogio
Ingenheim, Luciano von *vero nome di* Zuccoli, Luciano
Innocenzo II *al sec.* Papareschi, Gregorio
Innocenzo III *al sec.* Lando di Sezze
Innocenzo III *al sec.* Lotario dei conti di Segni
Innocenzo IV *al sec.* Fieschi, Sinibaldo
Innocenzo V *al sec.* Pietro di Tarantasia
Innocenzo VI *al sec.* Aubert, Étienne
Innocenzo VII *al sec.* de' Migliorati, Cosimo
Innocenzo VIII *al sec.* Cybo, Giovanni Battista
Innocenzo IX *al sec.* Facchinetti, Giovanni Antonio
Innocenzo X *al sec.* Pamphili, Giovanni Battista
Innocenzo XI *al sec.* Odescalchi, Benedetto
Innocenzo XII *al sec.* Pignatelli, Antonio
Innocenzo XIII *al sec.* Conti, Michelangelo
Invrea, Gaspare *vero nome di* Zena, Remigio
Ioffe, Abram Fëdorovič Abram Fëdorovič Joffé
Isaac, Heinrich *detto* anche Arrigo il Tedesco
Isai Jesse
Isou, Isidore *pseud. di* Goldstein, Jean Isidore
Iudaeus, Abraham *soprannome di* Ibn Ezra Abraham
Ivens, Joris *pseud. di* Ivens, George Henri Anton
Jacob, Antoine *vero nome di* Montfleury
Jacob, René-Pierre Louis *vero nome di* Tal Coat, Pierre
Jacomart *soprannome di* Baçó, Jaime
Janenz, Theodor Friedrich Émil *vero nome di* Jannings, Emil
Jannings, Emil *pseud. di* Janenz, Theodor Friedrich Émil
Jansen, Cornelis Giansenio, Cornelio
Jansson, Halvard *vero nome di* Dagerman, Stig
Jaques-Dalcroze, Émile *pseud. di* Jaques, Émile
Jasieński, Bruno *pseud. di* Zyskind, Bruno
Javacheff, Christo *vero nome di* Christo
Jay Jay *soprannome di* Johnson, James Louis
Jean de Boulogne *vero nome di* Giambologna
Jean de Meung *soprannome di* Chopinel, Jean
Jeanne d'Arc Giovanna d'Arco
Jeanneret, Charles-Édouard *vero nome di* Le Corbusier
Jebavý, Václav Ignác *vero nome di* Březina, Otokar
Jefferson, Arthur Stanley *vero nome di* Laurel, Stan
Jehudah Sommo *soprannome di* Portaleone de' Sommi, Leone
Jenkins, Richard *vero nome di* Burton, Richard
Jesse Isai
Jodocus Pratensis *nome lat. di* Desprez, Josquin o De Près, Josse
Joffrey, Robert *pseud. di* Abdullah Jaffa Anver Bey Khan
Johannes von Tepl Saaz, Johannes von
Johnson, James Louis *detto* Jay Jay
Jolson, Al *pseud. di* Yoelson, Asa
Jolyot de Crais-Billon, Prosper *vero nome di* Crébillon
Joseph, le Père *soprannome di* Le Clerc du Tremblay, François
Jotov, Dimitar Ivanov *vero nome di* Elin-Pelin
Joyaux, Philippe *vero nome di* Sollers, Philippe
Judaens, Abraham Abraham Abenezra
Julia Welles *vero nome di* Andrews, Julie
Jung-Stilling, Johann Heinrich *pseud. di* Jung, Johann Heinrich
Kacev, Romain *vero nome di* Gary, Romain
Kailas, Uuno *pseud. di* Salonen, Frans Uuno
Kakogiannis, Mikhalis *vero nome di* Cacoyannis, Michael
Kalogerópoulos, Maria *vero nome di* Callas, Maria
Kamenev *pseud. di* Rosenfeld, Lev Borisovič
Kaminker, Simone *vero nome di* Signoret, Simone
Kaminsky, Melvin *vero nome di* Brooks, Mel
Kane, Francis *vero nome di* Robbins, Harold
Karagjeorgje *soprannome di* Petrović, Gjorgje
Karamanlís, Konstantín Caramanlís, Constantín
Karloff, Boris *pseud. di* Pratt, William Henry
Kataev, Evgenij Petrovič *vero nome di* Il'f e Petrov
Kaufman, Denis Arkad'evič *vero nome di* Vertov, Dziga
Kaufmann, Nicolaus *vero nome di* Mercatore
Kaverin, Venjamin Aleksandrovič *pseud. di* Zil'ber, Venjamin Aleksandrovič
Kazan, Elia *pseud. di* Kazanjoglous, Elia
Kazanjoglous, Elia *vero nome di* Kazan, Elia
Keaton, Buster *pseud. di* Keaton, Joseph Francis
Kellner, Sándor Lászlo *vero nome di* Korda, Alexander
Kelly, Gene *pseud. di* Kelly, Eugene Curran
Kelvin, lord *al sec.* Thomson, William, barone di Kelvin
Kemal, Mustafa *detto* Atatürk
Kempener, Peter de Campaña, Pedro
Kenyatta, Jomo *soprannome di* Kenyatta, Kamau wa Ngengi Johnstone
Kepler, Johannes Keplero, Giovanni
Keplero, Giovanni *nome it. di* Kepler, Johannes
Kern, Hans Georg *vero nome di* Base-

litz, Georg
Kerouac, Jack *soprannome di* Kerouac, John
Kerr, Deborah *pseud. di* Deborah Jane Kerr-Trimmer
Kertész, Mihály *vero nome di* Curtiz, Michael
Khayr al-Din *vero nome di* Barbarossa
Khuwarizmi, al *soprannome di* al--Muammad ibn Musa
Kibalčić S., Viktor Lvovič *vero nome di* Serge, Victor
Kienzle, Raymond Nicholas *vero nome di* Ray, Nicholas
Kimitake, Hiraoka *vero nome di* Mishima, Yukio
King, Albert *soprannome di* Nelson, Albert
King, Riley Ben *detto* B.B. King
Kirov *pseud. di* Kostrikov, Sergej Mironovič
Kivi, Aleksis *pseud. di* Stenvall, Aleksis
Klabund *pseud. di* Henschke, Alfred
Klossowski, Balthazar *vero nome di* Balthus
Komenský, Jan Amos Comenio
Konigsberg, Allen Stuart *vero nome di* Allen, Woody
Königstein, François Claudius *vero nome di* Ravachol
Konrad von Regensburg Corrado da Ratisbona
Korczak, Janos *soprannome di* Goldszmit, Henryk
Korda, Alexander *pseud. di* Kellner, Sándor Lászlo
Kornbliet, Aleksandr Jakovlevič *vero nome di* Tairov, Aleksandr Jakovlevič
Korzeniowski, Józef Teodor Konrad *vero nome di* Conrad, Joseph
Kosač-Kvitka, Larisa Petrovna *vero nome di* Ukrajinka, Lesja
Koskenniemi, Veikko Antero *pseud. di* Forsnäs, Veikko Antero
Kostrikov, Sergej Mironovič *vero nome di* Kirov
Kostrowitzky, Wilhelm Apollinaris de *vero nome di* Apollinaire, Guillaume
Kremer, Gerhard *vero nome di* Mercatore
Kronland, Marci von *soprannome di* Marci, Iohannes Marcus
Kruger, Stephanus Johannes Paulus *detto* Oom Paul
Kuhhorn, Martin Bucero, Martino
Ku K'ai-chih Gu Kaizhi
Kuo Hsi Guo Xi
Kuo Mo-jo Guo Moruo
Küpper, Christian E.M. *vero nome di* Van Doesburg, Théo
Labé, Louise *detta* Belle Cordière
Labeone o Teutonico *soprannome di* Notker III
Labrunie, Gérard *vero nome di* Nerval, Gérard de
Lacaille, Nicolas Louis de de La Caille, Nicolas Louis
La Chaise, François d'Aix de *detto* Père de La Chaise
Lackritz, Steven *vero nome di* Lacy, Steve
Lacy, Steve *pseud. di* Lackritz, Steven
Lakatos, Imre *pseud. di* Lipschitz, Imre
Lambertini, Prospero *papa* Benedetto XIV
La Menthe Morton, Ferdinand Joseph *vero nome di* Morton, Jelly Roll
Lancellotti, Secondo *soprannome di* Lancellotti, Vincenzo
Landauer, Walter *vero nome di* Landor, Walter
Landi, Stefano *pseud. di* Pirandello, Stefano
Lando di Sezze *antipapa* Innocenzo III
Landor, Walter *soprannome di* Landauer, Walter
Lang, Isaac *vero nome di* Goll, Ivan
Lapofsky, Manford *vero nome di* Lee, Manfred B.
Lardner, Ring *pseud. di* Lardner, Ringgold Wilmer
Lasca *soprannome di* Grazzini, Anton Francesco
Latas, Mihajl *vero nome di* Omar Pascià
Lattes, Franco *vero nome di* Fortini, Franco
Lauchen, Georg Joachim von Retico, Giorgio Gioacchino
Laurel, Stan *soprannome di* Jefferson, Arthur Stanley
Lauri Volpi, Giacomo *pseud. di* Volpi, Giacomo
Lautréamont, conte di *pseud. di* Ducasse, Isidore Lucien
Lawrence d'Arabia *soprannome di* Lawrence, Thomas Edward
Laxness, Halldór Kiljan *pseud. di* Gudjónsson, Halldór Kiljan
Leach, Alexander Archibald *vero nome di* Grant, Cary
Leadbelly *pseud. di* Ledbetter, Huddie William
Lebrecht, Danilo *vero nome di* Montano, Lorenzo
Le Carré, John *pseud. di* Moore Cornwell, David John
Lechoń, Jan *pseud. di* Serafinowicz, Leszek
Leclerc *soprannome di* de Hauteclocque, Philippe Marie
Le Clerc du Tremblay, François *vero nome di* Joseph, le Père
Leconte de Lisle *soprannome di* Leconte, Charles-René-Marie
Le Corbusier *pseud. di* Jeanneret, Charles-Édouard
Ledbetter, Huddie William *vero nome di* Leadbelly
Lee, Israel *vero nome di* Strasberg, Lee
Lee, Manfred B. *soprannome di* Lapofsky, Manford, noto come Ellery Queen
Lee, Spike *soprannome di* Lee, Shelton Jackson
Le Fèvre-Géraldy, Paul *vero nome di* Géraldy, Paul
Leigh, Vivien *pseud. di* Hartley, Vivian Mary
Leine, Fritz von der *vero nome di* Löns, Hermann
Leino, Eino *pseud. di* Lönnbohm, Armas Eino Leopold
Lejbowicz, Jakob Jozef *vero nome di* Frank, Jacob
Lely, Peter *soprannome di* Van der Faes, Pieter
Lemmon, Jack *pseud. di* Lemmon, John Ulmer
Lenau, Nikolaus *pseud. di* Strehlenau, Nikolaus Franz Niembsch Edler von
Lenclos, Anne *detta* Ninon de Lenclos
Lenin, Nicolaj *pseud. di* Ul'janov, Vladimir Il'ič
Leonardi, Leoncillo *vero nome di* Leoncillo
Leonardo Pisano o Bigollo *soprannome di* Fibonacci, Leonardo
Leoncillo *pseud. di* Leonardi, Leoncillo
Leone IX *al sec.* Brunone dei conti di Egisheim-Dagsburg
Leone X *al sec.* Giovanni de' Medici
Leone XI *al sec.* Alessandro de' Medici
Leone XII *al sec.* Sermattei della Genga, Annibale
Leone XIII *al sec.* Pecci, Vincenzo Gioacchino
Leone Ebreo *soprannome di* Abravanel, Jehudah
Léonin *detto* Magister Leoninus
le Sâr Péladan *soprannome di* Péladan, Joseph
Leslie-Satie, Alfred-Érik *vero nome di* Satie, Eric
Le Sueur, Lucille Fay *vero nome di* Crawford, Joan
Leuvielle, Gabriel-Maximilien *vero nome di* Linder, Max
Levitch, Joseph *vero nome di* Lewis, Jerry
Levy, Marion *vero nome di* Goddard, Paulette
Lewis, Jerry *pseud. di* Levitch, Joseph
Lewis, Matthew Gregory *detto* Monk Lewis
l'Hermite, François *vero nome di* Tristan l'Hermite
Liala *pseud. di* Cambiasi Negretti, Amaliana
Ligg Kasa *vero nome di* Teodoro II
Liliencron, Detlev von *pseud. di* Friedrich Adolf Axel principe di Liliencron
Linder, Max *pseud. di* Leuvielle, Gabriel-Maximilien
Linneo, Carlo *nome it. di* Linné, Carl von
Lipschitz, Imre *vero nome di* Lakatos, Imre
Lisboa, Antonio Francisco *detto* Aleijadinho
Lissandrino *soprannome di* Magnasco, Alessandro
Lissickij, Lasar' Marcovič *detto* El

Lissickij
Little, Malcolm *vero nome di* Malcolm X
Little Jazz *soprannome di* Eldridge, Roy
Litvinov, Maksim Maksimovič *pseud. di* Wallach, Meir
Livi, Ivo *vero nome di* Montand, Yves
Lombard, Carole *pseud. di* Peters, Jane Alice
London, Jack *soprannome di* London, John Griffith
Longhi, Pietro *pseud. di* Falca, Pietro
Longhi Lopresti, Lucia *vero nome di* Banti, Anna
Longo Sofista *soprannome di* Longo
Lönnbohm, Armas Eino Leopold *vero nome di* Leino, Eino
Löns, Hermann *pseud. di* Leine, Fritz von der
Loren, Sophia *pseud. di* Scicolone, Sofia
Lorenzaccio *soprannome di* Lorenzino de' Medici
Lorenzini, Carlo *vero nome di* Collodi, Carlo
Lorenzino de' Medici *detto* Lorenzaccio
Lorenzo di Pietro *vero nome di* Vecchietta
Lorenzo Monaco *pseud. di* Pietro di Giovanni
Loriti, Heinrich *vero nome di* Glareanus
Lorrain, Claude *pseud. di* Gellée, Claude
Losch, Marie Magdalene von *vero nome di* Dietrich, Marlene
Lotario dei conti di Segni *papa* Innocenzo III
Loti, Pierre *pseud. di* Viaud, Julien
Louis, Morris *pseud. di* Bernstein, Morris
Louis, Pierre *vero nome di* Louÿs, Pierre
Louÿs, Pierre *pseud. di* Louis, Pierre
Luca da Leida *soprannome di* Hugenszoon, Lucas
Luca di Borgo *soprannome di* Pacioli, Luca
Luciani, Albino *papa* Giovanni Paolo I
Luciani, Sebastiano *vero nome di* Sebastiano del Piombo
Lucio II *al sec.* Caccianimici, Gherardo
Lucio III *al sec.* Allucingoli, Ubaldo
Ludovisi, Alessandro *papa* Gregorio XV
Ludwig, Emil *pseud. di* Cohn, Emil
Lugné, Aurélien *vero nome di* Lugné-Poe
Lugné-Poe *pseud. di* Lugné, Aurélien
Luillier, Claude Emmanuel *vero nome di* Chapelle
Luis de Granada *pseud. di* Sarria, Louis de
Lulli, Gian Battista *nome it. di* Lully, Jean-Baptiste
Lully, Jean-Baptiste Lulli, Gian Battista
Luteri, Giovanni *vero nome di* Dossi, Dosso
Lutero, Martin *nome it. di* Luther, Martin
Luther, Martin Lutero, Martin
Lu Xun *pseud. di* Zhou Zuren
Luzzo, Lorenzo *vero nome di* Morto da Feltre
Mabuse *pseud. di* Gossaert, Jan
MacDiarmid, Hugh *pseud. di* Grieve, Christopher Murray
Machaut, Guillaume de Guglielmo di Machaut
Mackenzie, Compton *pseud. di* Compton, Edward Montague
Mac Laine, Shirley *pseud. di* MacLean Beaty, Shirley
MacLean Beaty, Shirley *vero nome di* Mac Laine, Shirley
McMath, Virginia Katherine *vero nome di* Rogers, Ginger
Mac Orlan, Pierre *pseud. di* Dumarchais, Pierre
Madama Reale *soprannome di* Cristina di Francia
Maelwael, Jean Malouel, Jean
Maestro Bertram *soprannome di* Minden, Bertram von
Magellano, Ferdinando *nome it. di* de Magalhães, Fernão
Maggiotto *soprannome di* Fedeli, Domenico
Maginulfo *antipapa* Silvestro IV
Magister Leoninus *soprannome di* Léonin
Magnasco, Alessandro *detto* Lissandrino
Mahal, Mumtaz *soprannome di* Arjiumand Banu Begum
Maier, Simone Giovanni *nome it. di* Mayr, Simon Johann
Maimon, Salomon *pseud. di* Solomon ben Joshua
Maimonide, Mosè *nome lat. di* Mosheh ben Maimôn
Mainardi, Arlotto *vero nome di* Piovano Arlotto
Maine de Biran *pseud. di* Gonthier de Biran, Marie-François-Pierre
Majerová, Marie *pseud. di* Bartošová, Marie
Maksimov, Vladimir Emel'janovič *pseud. di* Samsonov, Lev Alekseevič
Malaparte, Curzio *pseud. di* Suckert, Kurt Erich
Malatesta, Laura *vero nome di* Parisina
Malcolm X *pseud. di* Little, Malcolm
Malerba, Luigi *pseud. di* Bonardi, Luigi
Malespini, Celio *soprannome di* Malespini, Orazio
Malinovskij, Aleksandr *vero nome di* Bogdanov, Aleksandr
Malosso *soprannome di* Trotti, Giovanni Battista
Malouel, Jean Maelwael, Jean
Maltese *soprannome di* Caffa, Melchiorre
Mancini, Evelina Cattermole *vero nome di* Contessa Lara
Manganella, Renato Eduardo *vero nome di* D'Ambra, Lucio
Mangel, Marcel *vero nome di* Marceau, Marcel
Mann, Anthony *pseud. di* Bundsmann, Emil Anton
Mannozzi, Giovanni *vero nome di* Giovanni da San Giovanni
Man Ray *pseud. di* Radensky, Man Emmanuel
Mansfield, Katherine *pseud. di* Beauchamp, Kathleen
Manzù, Giacomo *pseud. di* Manzoni, Giacomo
Marceau, Felicien *pseud. di* Carette, Louis
Marceau, Marcel *pseud. di* Mangel, Marcel
Marcello II *al sec.* Cervini, Marcello
Marci, Iohannes Marcus *detto* Kronland, Marci von
Marcoussis *pseud. di* Markous, Louis Casimir Ladislas
Mardersteig, Giovanni *soprannome di* Mardersteig, Hans
Marek, Kurt W. *vero nome di* Ceram, C.W.
Marescalco *soprannome di* Buonconsiglio, Giovanni
Margarito di Magnano *vero nome di* Margaritone d'Arezzo
Margaritone d'Arezzo *soprannome di* Margarito di Magnano
Margherita d'Angoulême Margherita di Navarra
Margherita di Navarra Margherita d'Angoulême
Maria II *detta* Maria da Gloria
Maria Beatrice d'Este Maria di Modena
Maria da Gloria *soprannome di* Maria II
Maria di Magdala Maria Maddalena
Maria di Modena Maria Beatrice d'Este
Maria Maddalena Maria di Magdala
Mariani, Maria Cristina *vero nome di* Boeri, Cini
Maricourt, Pierre de *detto* Petrus Peregrinus
Marigliano, Giovanni *vero nome di* Giovanni da Nola
Marini, Giovanni Ambrogio *vero nome di* Indres Boemo, Giovanni Maria
Marino I Martino II
Marino II Martino III
Mario, E.A. *pseud. di* Gaeta, Gioviano
Marisol *pseud. di* Escobar, Marisol
Marius Pictor *soprannome di* De' Maria, Mario
Marker, Chris *pseud. di* Bouche-Villeneuve, Christian François
Markos *pseud. di* Vafiádis, Márkos
Markous, Louis Casimir Ladislas *vero nome di* Marcoussis

Markova, Alicia *pseud. di* Marks, Lilian Alicia
Marks, Lilian Alicia *vero nome di* Markova, Alicia
Marley, Bob *pseud. di* Nesta, Robert
Martens, Aldemar *vero nome di* Ghelderode, Michel de
Martínez de Picabia de la Torre, Francisco *vero nome di* Picabia, Francis
Martínez Ruiz, José *vero nome di* Azorín
Martino II Marino I
Martino III Marino II
Martino IV *al sec.* Simon de Brie o de Brion
Martino V *al sec.* Colonna, Oddone
Martino da Udine *soprannome di* Pellegrino da San Daniele
Martire, Pietro Pietro da Verona
Martov *pseud. di* Cederbaum, Julij Osipovič
Marx, Chico *soprannome di* Marx, Leonard
Marx, Groucho *soprannome di* Marx, Julius
Marx, Harpo *soprannome di* Marx, Adolph
Marx, Zeppo *soprannome di* Marx, Herbert
Masaccio *soprannome di* Tommaso di ser Giovanni di Mone Cassai
Masaniello *soprannome di* Tommaso Aniello d'Amalfi
Masci, Girolamo *papa* Niccolò IV
Masolino da Panicale *soprannome di* Tommaso di Cristoforo Fini
Massari, Lea *pseud. di* Massatani, Anna Maria
Massatani, Anna Maria *vero nome di* Massari, Lea
Massimiliano di Baden *nome it. di* Baden, Max von
Massine, Léonide *soprannome di* Mjasin, Leonid Fedorovič
Mastai-Ferretti, Giovanni Maria *papa* Pio IX
Mastelletta *soprannome di* Donducci, Giovanni Andrea
Masuccio Salernitano *soprannome di* Guardati, Tommaso
Mata-Hari *pseud. di* Zelle, Margaretha Geertruida
Mathieu, Noël *vero nome di* Emmanuel, Pierre
Matsuo Munefusa *vero nome di* Basho
Matteo da Siena Matteo di Giovanni
Matteo di Giovannello *vero nome di* Gattapone
Matteo di Giovanni Matteo da Siena
Matthau, Walter *pseud. di* Matuschankaynsky, Walter
Mattiuzzi, Odorico *vero nome di* Odorico da Pordenone
Matuschankaynsky, Walter *vero nome di* Matthau, Walter
Maurois, André *pseud. di* Herzog, Émile
Mayer, André *vero nome di* Schwob, Marcel
Mayer, Gustav *vero nome di* Meyrink, Gustav
Mayer, Johann *vero nome di* Améry, Jean
Mayer, Werner *vero nome di* Egk, Werner
Mayer Beer, Jakob Liebmann *vero nome di* Meyerbeer, Giacomo
Mayr, Simon Johann Maier, Simone Giovanni
Mazepa-Kolendinskij, Ivan Stepanovič Mazeppa
Mazeppa Mazepa-Kolendinskij, Ivan Stepanovič
Mazzola, Francesco *vero nome di* Parmigianino
Mazzoni, Guido *detto* Paganino
Mazzucchelli, Pier Francesco *vero nome di* Morazzone
Mecherino *soprannome di* Beccafumi, Domenico
Medici, Giovanni Angelo *papa* Pio IV
Megerle, Johannes Ulrich *vero nome di* Abraham a Sancta Clara
Meibom, Heinrich Meibomio
Meibomio *nome it. di* Meibom, Heinrich
Meiji Tenno *soprannome di* Mutsuhito
Meir, Golda *soprannome di* Meyerson, Golda Mabovič
Meissen, Heinrich von *vero nome di* Frauenlob
Meister Eckhart *soprannome di* Eckart, Johannes
Melantone, Filippo *soprannome di* Philipp Schwarzert
Meldolla, Andrea *vero nome di* Schiavone
Melozzo da Forlì *soprannome di* Melozzo degli Ambrosi
Melville, Jean-Pierre *pseud. di* Grumbach, Jean-Pierre
Mendele Mokher Sefarim *pseud. di* Abramovich, Shalom Ja'aqov
Meneghelli, Antonietta *vero nome di* Dal Monte, Toti
Mercatore *soprannome di* Kremer, Gerhard
Mercatore *soprannome di* Kaufmann, Nicolaus
Mercurio *soprannome di* Giovanni II
Merisi, Michelangelo *vero nome di* Caravaggio
Merlano di Negro, Giorgio *vero nome di* Merula, Giorgio
Merlotti, Claudio Merulo, Claudio
Merula, Giorgio *pseud. di* Merlano di Negro, Giorgio
Merulo, Claudio Merlotti, Claudio
Messager, Charles *vero nome di* Vildrac, Charles
Met de Bles, Herri *vero nome di* Civetta
Metius, Adriaen Schelven, Adriaen
Meyerbeer, Giacomo *soprannome di* Mayer Beer, Jakob Liebmann
Meyerson, Golda Mabovič *vero nome di* Meir, Golda
Meyrink, Gustav *pseud. di* Mayer, Gustav
Miani, Girolamo Girolamo Emiliani
Miaúlis *pseud. di* Vókos, Andréas
Micco Spadaro *pseud. di* Gargiulo, Domenico
Michel, Claude *detto* Clodion
Michele VII Ducas *detto* Parapinace
Michele di Bartolomeo Odasi *vero nome di* Odasi, Tifi
Michiel, Meister *soprannome di* Sittow, Michael
Mignanego, Pier Leone *vero nome di* Ottone, Piero
Mihajlović, Draža *soprannome di* Mihajlović, Draqcljub
Miholy, Aurel M. de *vero nome di* Milloss, Aurel M.
Mikael, Walatta *vero nome di* Taitù
Mila, Stella *vero nome di* Adorno, Luisa
Miller, Agata Mary *vero nome di* Christie, Agata
Milloss, Aurel M. *pseud. di* Miholy, Aurel M. de
Milstein, Nathan *soprannome di* Mironovitch, Natan
Minden, Bertram von *vero nome di* Maestro Bertram
Minič, Nikita *vero nome di* Nikon
Minturno, Antonio *pseud. di* Sebastiani, Antonio
Miradori, Luigi *detto* Genovesino
Mirko *pseud. di* Basaldella, Mirko
Mironovitch, Natan *vero nome di* Milstein, Nathan
Mishima, Yukio *pseud. di* Kimitake, Hiraoka
Mishra, Vishvambhara *vero nome di* Caitanya
Mistral, Gabriela *pseud. di* Godoy de Alcayaga, Lucila
Mjasin, Leonid Fedorovič *vero nome di* Massine, Léonide
Moinaux, Georges *vero nome di* Courteline, Georges
Molière *pseud. di* Poquelin, Jean-Baptiste
Molotov *soprannome di* Skrjabin, Vjaceslav Michajlovič
Moncalvo *soprannome di* Caccia, Guglielmo
Moncorgé, Jean-Alexis *vero nome di* Gabin, Jean
Mondino dei Liuzzi Raimondino dei Liucci
Mondrian, Piet *soprannome di* Mondriaan, Pieter Cornelis
Monk Lewis *soprannome di* Lewis, Matthew Gregory
Monrealese *soprannome di* Novelli, Pietro
Monroe, Marilyn *pseud. di* Baker Mortenson, Norma Jean
Mons, Philippus Monte, Philippe de
Monsignori, Giovanni *vero nome di*

Giocondo, fra

Montand, Yves *pseud. di* Livi, Ivo

Montano, Lorenzo *pseud. di* Lebrecht, Danilo

Monte, Philippe de Mons, Philippus

Montfleury *soprannome di* Jacob, Antoine

Montini, Giovanni Battista *papa* Paolo VI

Moore Cornwell, David John *vero nome di* Le Carré, John

Moor Van Dashorst, Anthonis *vero nome di* Moro, Antonio

Morando, Paolo *vero nome di* Cavazzola

Moravia, Alberto *soprannome di* Pincherle Moravia, Alberto

Moray, James Stuart, conte di Murray, James Stuart

Morazzone *soprannome di* Mazzucchelli, Pier Francesco

More, Thomas Tommaso Moro

Moréas, Jean *pseud. di* Papadiamantópoulos, Ioánnis

Moretto da Brescia *soprannome di* Bonvicino, Alessandro

Morgan, Michele *pseud. di* Roussel, Simone

Morganfield, McKinley *vero nome di* Muddy Waters

Moro *soprannome di* Torbido, Francesco

Moro, Antonio *soprannome di* Moor Van Dashorst, Anthonis

Morosini, Francesco *detto* Peloponnesiaco

Morrison, Marion Michael *vero nome di* Wayne, John

Morrison, Toni *pseud. di* Wofford, Chloe Anthony

Morto da Feltre *soprannome di* Luzzo, Lorenzo

Morton, Jelly Roll *pseud. di* La Menthe Morton, Ferdinand Joseph

Mosheh ben Maimôn Maimonide, Mosè

Mossadegh *soprannome di* Hedayat, Mohammed

Mouron, Adolphe *vero nome di* Cassandre

Muddy Waters *pseud. di* Morganfield, McKinley

Muggeridge Muybridge, Edward *vero nome di* Muybridge, Eadweard

Múgica, Rafael *vero nome di* Celaya, Gabriel

Mulier il Giovane, Pieter *vero nome di* Tempesta

Müller, Maler *soprannome di* Müller, Friedrich

Multatuli *pseud. di* Douwes Dekker, Eduard

Munk, Kaj *pseud. di* Petersen, K.H.L.

Munnings, Hilda *vero nome di* Sokolova, Lydia

Murnau, Friedrich Wilhelm *pseud. di* Plumpe, Wilhelm Friedrich

Murray, James Stuart Moray, James Stuart, conte di

Mutsuhito *detto* Meiji Tenno

Muybridge, Eadweard *soprannome di* Muggeridge Muybridge, Edward

Nabucodonosor Nebukadnezar

Nadar *pseud. di* Tournachon, Félix

Nana Sahib *soprannome di* Panth, Dandhu

Nanni, Giovanni *vero nome di* Giovanni da Udine

Nanni di Banco *soprannome di* Giovanni di Antonio di Banco

Napier, barone di Merchiston, John Nepero

Nathan, Daniel *vero nome di* Dannay, Frederic

Nazzari, Amedeo *pseud. di* Buffa, Salvatore Amedeo

Nebukadnezar Nabucodonosor

Neera *pseud. di* Zuccari Radius, Anna

Neftalí Reyes Basoalto, Ricardo *vero nome di* Neruda, Pablo

Negretti, Iacopo *vero nome di* Palma il Giovane

Negretti, Iacopo *vero nome di* Palma il Vecchio

Negri, Pola *pseud. di* Chalupiec, Barbara Apolonia

Nehru, Jawaharlal *detto* Pandit

Neithardt Gothart, Mathias *vero nome di* Grünewald

Nelson, Albert *vero nome di* King, Albert

Němcová, Božena *pseud. di* Panklová, Barbara

Nepero *nome it. di* Napier, barone di Merchiston, John

Néricault, Philippe *vero nome di* Destouches

Neruda, Pablo *pseud. di* Neftalí Reyes Basoalto, Ricardo

Nerval, Gérard de *pseud. di* Labrunie, Gérard

Nervo, Amado *pseud. di* Amado, José

Nesta, Robert *vero nome di* Marley, Bob

Nevelson, Louise *pseud. di* Berliowsky, Louise

Nguyen Tat Tan *vero nome di* Hô Chi Minh

Niccolò II *al sec.* Gérard de Bourgogne

Niccolò III *al sec.* Orsini, Giovanni Gaetano

Niccolò IV *al sec.* Masci, Girolamo

Niccolò V *al sec.* Rainallucci, Pietro

Niccolò V *al sec.* Parentucelli, Tommaso

Niccolò da Bari Niccolò dell'Arca

Niccolò da Cusa *nome it. di* Chrypffs, Nikolaus

Niccolò dell'Arca Niccolò da Bari

Niccolò di Liberatore *detto* Alunno

Niccolò di Raffaello de' Pericoli *vero nome di* Tribolo

Nichols, Mike *pseud. di* Pschkowsky, Michael Igor

Nicola da Leida *pseud. di* Van Leyden, Gerhaert Nikolaus

Nicola di Lorenzo *vero nome di* Cola di Rienzo

Nicolas, Sébastien Roch *vero nome di* Chamfort, Nicolas de

Nicolucci, Giovanni Battista *vero nome di* Pigna

Nikon *soprannome di* Minič, Nikita

Ninon de Lenclos *soprannome di* Lenclos, Anne

Nolde, Emil *pseud. di* Hansen, Emil

Nordau, Max *pseud. di* Südfeld, Max Simon

Nostradamus *nome lat. di* Nostre-Dame, Michel de

Nostre-Dame, Michel de Nostradamus

Notker I *detto* Balbulus

Notker III *detto* Labeone o Teutonico

Novalis *pseud. di* Hardenberg, Friedrich von

Novelli, Pietro *detto* Monrealese

Noventa, Giacomo *pseud. di* Ca' Zorzi, Giacomo

Novych, Grigorij Efimovič *vero nome di* Rasputin

O'Brien, Flann *pseud. di* O'Nuallain, Brian

Occam, Guglielmo di *nome it. di* William of Ockham

Odasi, Tifi *pseud. di* Michele di Bartolomeo Odasi

Oddone Eudes

Oddone I *detto* Borel

Odescalchi, Benedetto *papa* Innocenzo XI

Odorico da Pordenone *soprannome di* Mattiuzzi, Odorico

Oertel, Abraham *vero nome di* Ortelio, Abramo

O'Feeney, Sean Aloysius *vero nome di* Ford, John

O. Henry *pseud. di* Porter, William Sydney

Ohrenstein, Jiří *vero nome di* Orten, Jiří

Olieu, Pierre de Jean Olivi, Pietro di Giovanni

Oliver, King *soprannome di* Oliver, Joseph

Olivero, Magda *soprannome di* Olivero, Maria Maddalena

Oliverotto da Fermo *soprannome di* Euffreducci, Oliviero

Olivi, Pietro di Giovanni *nome it. di* Olieu, Pierre de Jean

Omar Pascià *soprannome di* Latas, Mihajl

Onesto degli Onesti *detto* Bolognese, Onesto

Onorio II *al sec.* Scannabecchi, Lamberto

Onorio II *al sec.* Cadalo, Pietro

Onorio III *al sec.* Savelli, Cencio

Onorio IV *al sec.* Savelli, Giacomo

O'Nuallain, Brian *vero nome di* O'Brien, Flann

Oom Paul *soprannome di* Kruger, Stephanus Johannes Paulus

Ophüls, Max *pseud. di* Oppenheimer, Maximilian
Oppenheimer, Maximilian *vero nome di* Ophüls, Max
Orbetto *soprannome di* Turchi, Alessandro
Orcagna *soprannome di* Andrea di Cione
Orléans, Louis-Philippe-Joseph, duca di *detto* Philippe Égalité
Orléans, Pulzella d' *soprannome di* Giovanna d'Arco
Ormandy, Eugene *soprannome di* Blau, Eugene
Orsini, Giorgio *vero nome di* Giorgio da Sebenico
Orsini, Giovanni Gaetano *papa* Niccolò III
Orsini, Pier Francesco *papa* Benedetto XIII
Ortelio, Abramo *soprannome di* Oertel, Abraham
Orten, Jiří *pseud. di* Ohrenstein, Jiří
Ortolano *soprannome di* Benvenuti, Giovan Battista
Orwell, George *pseud. di* Blair, Eric Arthur
Othman ibn 'Affan, Uthman
Otrep'ev, Grigorij Demetrio I
Ottaviano dei conti di Tuscolo *papa* Giovanni XII
Ottaviano di Monticelli *antipapa* Vittore IV
Ottoboni, Pietro Vito *papa* Alessandro VIII
Ottone, Piero *pseud. di* Mignanego, Pier Leone
Ottone di Lagery *papa* Urbano II
Pacelli, Eugenio *papa* Pio XII
Pacioli, Luca *detto* Luca di Borgo
Pacot, Pinin *pseud. di* Pacotto, Giuseppe
Pacotto, Giuseppe *vero nome di* Pacot, Pinin
Padovanino *soprannome di* Varotari, Alessandro
Paganelli, Bernardo *papa* Eugenio III
Paganino *soprannome di* Mazzoni, Guido
Palazzeschi, Aldo *pseud. di* Giurlani, Aldo
Paleario, Aonio *pseud. di* della Paglia, Antonio
Palladio, Andrea *soprannome di* Andrea di Pietro della Gondola
Palma il Giovane *soprannome di* Negretti, Iacopo
Palma il Vecchio *soprannome di* Negretti, Iacopo
Pamphili, Giovanni Battista *papa* Innocenzo X
Pandit *soprannome di* Nehru, Jawaharlal
Pandolfo di Capua *detto* Capodiferro
Panklová, Barbara *vero nome di* Němcová, Božena
Pannella, Marco *soprannome di* Pannella, Giacinto
Panormita *soprannome di* Beccadelli, Antonio
Pantaléon, Jacques *papa* Urbano IV
Panth, Dandhu *vero nome di* Nana Sahib
Paolazzi, Leo *vero nome di* Porta, Antonio
Paolino *detto* Paolo d'Aquileia
Paolo *soprannome di* Sha'ul
Paolo II *al sec.* Barbo, Pietro
Paolo III *al sec.* Farnese, Alessandro
Paolo IV *al sec.* Carafa, Gian Pietro
Paolo V *al sec.* Borghese, Camillo
Paolo VI *al sec.* Montini, Giovanni Battista
Paolo d'Aquileia *soprannome di* Paolino
Paolo Diacono *soprannome di* Varnefrido, Paolo
Paolo Uccello *soprannome di* Paolo di Dono
Papadiamantópoulos, Ioánnis *vero nome di* Moréas, Jean
Papa Doc *soprannome di* Duvalier, François
Papareschi, Gregorio *papa* Innocenzo II
Paracelso *soprannome di* Bombast von Hohenheim, Philipp Theophrast
Parapinace *soprannome di* Michele VII Ducas
Parentucelli, Tommaso *papa* Niccolò V
Parisina *soprannome di* Malatesta, Laura
Parisio, Giovanni Paolo *vero nome di* Parrasio, Aulo Giano
Parmeggiani, Tancredi *vero nome di* Tancredi
Parmigianino *soprannome di* Mazzola, Francesco
Parrasio, Aulo Giano *pseud. di* Parisio, Giovanni Paolo
Pascin, Jules *soprannome di* Pincas, Julius
Pasionaria *soprannome di* Ibárruri Gómez, Dolores
Pasquale II *al sec.* Raniero
Pasquale III *al sec.* Guido da Crema
Passatore *soprannome di* Pelloni, Stefano
Passignano *soprannome di* Cresti, Domenico
Patti, Adela Juana María *vero nome di* Patti, Adelina
Patti, Adelina *soprannome di* Patti, Adela Juana María
Pauker, Anna *pseud. di* Rabinsohn, Aanna
Pecci, Vincenzo Gioacchino *papa* Leone XIII
Pedersen, Knut *vero nome di* Hamsun, Knut
Péladan, Joseph *detto* le Sâr Péladan
Pélerin le Viateur, Jean *detto* Peregrinus Viator
Pellegrini *soprannome di* Tibaldi, Pellegrino
Pellegrino da San Daniele *detto* Martino da Udine
Pelloni, Stefano *vero nome di* Passatore
Peloponnesiaco *soprannome di* Morosini, Francesco
Penck, A.R. *pseud. di* Winkler, Ralf
Penni, Giovan Francesco *detto* Fattore
Père de La Chaise *soprannome di* La Chaise, François d'Aix de
Peregrinus Viator *soprannome di* Pélerin le Viateur, Jean
Pereira Teixeira de Vasconcelos, Joaquim *vero nome di* Teixeira de Pascoaes
Peretti, Felice *papa* Sisto V
Perin del Vaga *soprannome di* Bonaccorsi, Pietro
Perlini, Memè *soprannome di* Perlini, Aurelio
Pérotin *detto* Perotinus Magnus
Perotinus Magnus *soprannome di* Pérotin
Pesellino *soprannome di* Francesco di Stefano
Peškov, Aleksej Maksimovič *vero nome di* Gor'kij, Maksim
Peters, Jane Alice *vero nome di* Lombard, Carole
Petersen, K.H.L. *vero nome di* Munk, Kaj
Pétion *soprannome di* Sabès, Anne Alexandre
Petiot, Jean-Charles Henri *vero nome di* Daniel-Rops
Petrović, Gjorgje *vero nome di* Karagjeorgje
Petrus Peregrinus *soprannome di* Maricourt, Pierre de
Pevsner, Naum *vero nome di* Gabo, Naum
Pezza, Michele *vero nome di* Fra Diavolo
Philippe Égalité *soprannome di* Orléans, Louis-Philippe-Joseph, duca di
Philipp Schwarzert *vero nome di* Melantone, Filippo
Piaf, Édith *pseud. di* Gassion, Édith Giovanna
Picabia, Francis *soprannome di* Martínez de Picabia de la Torre, Francisco
Piccio *soprannome di* Carnovali, Giovanni
Piccolomini, Enea Silvio *papa* Pio II
Pickel, Konrad *vero nome di* Celtis, Conrad
Pickford, Mary *pseud. di* Smith, Gladys Mary
Pierce, John *vero nome di* Coupling, J.J.
Piero di Cosimo *soprannome di* Pietro di Lorenzo di Chimenti
Pierre Abélard Abelardo, Pietro
Pierre Valdès Valdo, Pietro
Pietersz, Carel *vero nome di* Fabritius, Carel
Pietro *soprannome di* Simone bar-Jona
Pietro Angelari del Morrone *papa*

Celestino V
Pietro da Cortona *soprannome di* Berrettini, Pietro
Pietro da Eboli Ansolini, Pietro
Pietro d'Amiens Pietro l'Eremita
Pietro d'Antonio Dei *vero nome di* Bartolomeo della Gatta
Pietro da Verona Martire, Pietro
Pietro de' Cerroni *vero nome di* Cavallini, Pietro
Pietro degli Angeli *pseud. di* Bargeo, Pier Angelo
Pietro de' Pierleoni *antipapa* Anacleto II
Pietro di Giovanni *vero nome di* Lorenzo Monaco
Pietro di Giuliano *papa* Giovanni XXI
Pietro di Lorenzo di Chimenti *vero nome di* Piero di Cosimo
Pietro di Tarantasia *papa* Innocenzo V
Pietro il Lungo *soprannome di* Aertsen, Pieter
Pietro Ispano *papa* Giovanni XXI
Pietro l'Eremita Pietro d'Amiens
Pigna *soprannome di* Nicolucci, Giovanni Battista
Pignatelli, Antonio *papa* Innocenzo XII
Pil'njak, Boris *pseud. di* Vogau, B. Andreevič
Pincas, Julius *vero nome di* Pascin, Jules
Pincherle Moravia, Alberto *vero nome di* Moravia, Alberto
Pinturicchio *soprannome di* Bernardino di Betto
Pio II *al sec.* Piccolomini, Enea Silvio
Pio III *al sec.* Todeschini Piccolomini, Francesco
Pio IV *al sec.* Medici, Giovanni Angelo
Pio V *al sec.* Ghislieri, Antonio Michele
Pio VI *al sec.* Braschi, Giovanni Angelo
Pio VII *al sec.* Chiaramonti, Gregorio Luigi Barnaba
Pio VIII *al sec.* Castiglioni, Francesco Saverio
Pio IX *al sec.* Mastai-Ferretti, Giovanni Maria
Pio X *al sec.* Sarto, Giuseppe
Pio XI *al sec.* Ratti, Ambrogio Damiano Achille
Pio XII *al sec.* Pacelli, Eugenio
Piovano Arlotto *soprannome di* Mainardi, Arlotto
Pippi, Giulio *vero nome di* Giulio Romano
Pirandello, Stefano *vero nome di* Landi, Stefano
Piri Reis *soprannome di* Ibn Haji Mehmet, Piri
Pisanello *soprannome di* Pisano, Antonio
Pisani Dossi, Carlo Alberto *vero nome di* Dossi, Carlo
Pisano, Antonio *vero nome di* Pisanello
Pistoia *soprannome di* Cammelli, Antonio
Piteo Pitide
Pitide Piteo
Pitigrilli *pseud. di* Segre, Dino
Pitocchetto *soprannome di* Ceruti, Giacomo
Plantery, Gian Giacomo Plantieri, Gian Giacomo
Plantieri, Gian Giacomo Plantery, Gian Giacomo
Platina *pseud. di* Sacchi, Bartolomeo
Plemiannikov, Roger Vadim *vero nome di* Vadim, Roger
Pliekšans, Janis *vero nome di* Rainis
Plumpe, Wilhelm Friedrich *vero nome di* Murnau, Friedrich Wilhelm
Poccetti *soprannome di* Barbatelli, Bernardino
Po Chu-i Bai Zhouyi
Poiré, Emmanuel *vero nome di* Caran D'Ache
Poirier, Louis *vero nome di* Gracq, Julien
Poli, Umberto *vero nome di* Saba, Umberto
Polidoro da Caravaggio *soprannome di* Caldara, Polidoro
Poliziano *soprannome di* Ambrogini, Agnolo
Pollaiolo *soprannome di* Benci, Antonio
Pol Pot *soprannome di* Saloth Sor
Pomarancio *soprannome di* Roncalli, Cristoforo
Ponselle, Rosa *pseud. di* Ponzillo, Rosa Melba
Pontecorvo, Gillo *soprannome di* Pontecorvo, Gilberto
Pontormo *soprannome di* Carucci, Jacopo
Ponzillo, Rosa Melba *vero nome di* Ponselle, Rosa
Poquelin, Jean-Baptiste *vero nome di* Molière
Pordenone *soprannome di* de' Sacchis, Giovan Antonio
Porta, Antonio *pseud. di* Paolazzi, Leo
Portaleone de' Sommi, Leone *detto* Jehudah Sommo
Porter, William Sydney *vero nome di* O. Henry
Postl, Karl Anton *vero nome di* Sealsfield, Charles
Poupard, Henri-Pierre *vero nome di* Sauguet, Henri
Poussin, Gaspard *soprannome di* Dughet, Gaspard
Powell, Bud *soprannome di* Powell, Earl
Prandtauer, Jacob Brandauer, Jacob
Pratt, William Henry *vero nome di* Karloff, Boris
Prem Chand *pseud. di* Raj, Dhanpat
Presto Gianni Prete Gianni
Prete genovese *soprannome di* Strozzi, Bernardo
Prete Gianni Presto Gianni
Preti, Mattia *detto* Cavaliere calabrese
Previtali, Andrea *detto* Cordegliaghi
Prévost d'Exiles, Antoine François *detto* Abate Prévost
Prignano, Bartolomeo *papa* Urbano VI
Primate *soprannome di* Ugo di Orléans
Primaticcio, Francesco *detto* Bologna
Prudhomme, René-François-Armand *vero nome di* Sully Prudhomme
Prus, Boleslaw *pseud. di* Glowacki, Aleksandr
Pschkowsky, Michael Igor *vero nome di* Nichols, Mike
Pulzone, Scipione *detto* Gaetano
Qianlong Ch'ien Lung
Queen, Ellery *pseud. comune di* Frederic Dannay e Manfred B. Lee
Quoirez, Françoise *vero nome di* Sagan, Françoise
Rabinovitz, Shalom *vero nome di* Shalom Aleichem
Rabinsohn, Aanna *vero nome di* Pauker, Anna
Radek, Karl Bernhardovič *soprannome di* Sobelsohn, Karl
Radensky, Man Emmanuel *vero nome di* Man Ray
Radomyls'skij, Grigorij Evseevič Apfelbaum *vero nome di* Zinov'ev, Grigorij Evseevič
Raibolini, Francesco *vero nome di* Francia
Raimann, Ferdinand *vero nome di* Raimund, Ferdinand
Raimondino dei Liucci Mondino dei Liuzzi
Raimondo Pons *soprannome di* Raimondo III
Raimund, Ferdinand *pseud. di* Raimann, Ferdinand
Rainaldo dei conti di Segni *papa* Alessandro IV
Rainallucci, Pietro *antipapa* Niccolò V
Rainis *pseud. di* Pliekšans, Janis
Raj, Dhanpat *vero nome di* Prem Chand
Ramo, Pietro *nome it. di* de la Ramée, Pierre
Raniero *papa* Pasquale II
Rapaport, Shelomoh Sanvil *vero nome di* An-Ski, Shelomoh
Rapisarda, Antonio *vero nome di* Aniante, Antonio
Rasputin *soprannome di* Novych, Grigorij Efimovič
Ratti, Ambrogio Damiano Achille *papa* Pio XI
Ravachol *soprannome di* Königstein, François Claudius
Ray, John Wray, John
Ray, Nicholas *pseud. di* Kienzle, Raymond Nicholas
Raymond, René Brabazon *vero nome di* Chase, James Hadley
Razin, Stepan Timofeevič *detto* Sten'ka Razin

Rees Williams, Ella Gwendolen *vero nome di* Rhys, Jean
Reiling, Netty *vero nome di* Seghers, Anna
Reinhardt, Django *soprannome di* Reinhardt, Jean
Reinhardt, Max *pseud. di* Goldmann, H.
Reizenstein, Elmer *vero nome di* Rice, Elmer
Remarque, Erich Maria *pseud. di* Remark, Erich Paul
Rémi, Georges *vero nome di* Hergé
Retico, Giorgio Gioacchino *nome it. di* Lauchen, Georg Joachim von
Revelli, Nuto *soprannome di* Revelli, Benvenuto
Rey, Fernando *pseud. di* Arambillet Veiga, Filasado
Rezzonico, Carlo *papa* Clemente XIII
Rhys, Jean *pseud. di* Rees Williams, Ella Gwendolen
Ribera, Jusepe de *detto* Spagnoletto
Ricciarelli, Daniele *vero nome di* Daniele da Volterra
Riccio *soprannome di* Briosco, Andrea
Rice, Elmer *pseud. di* Reizenstein, Elmer
Richthofen, Manfred von *detto* Barone Rosso
Ridder, Alfons Jozef de *vero nome di* Elsschot, Willem
Ridolini *pseud. di* Semon, Larry
Riefenstahl, Leni *soprannome di* Riefensthal, Helene Berta Amalic
Righetti, Carlo *vero nome di* Arrighi, Cletto
Rivarol, conte di *pseud. di* Rivaroli, Antoine
Robbins, Harold *pseud. di* Kane, Francis
Robert Greathead Grossatesta, Roberto
Roberto di Ginevra *antipapa* Clemente VII
Robinson, Edward G. *pseud. di* Goldenberg, Emanuel
Robusti, Jacopo *vero nome di* Tintoretto
Roger de Beaufort, Pierre *papa* Clemente VI
Roger de Beaufort, Pierre *papa* Gregorio XI
Rogers, Ginger *pseud. di* McMath, Virginia Katherine
Rogers, Steve *vero nome di* Shepard, Sam
Rohmer, Eric *pseud. di* Scherer, Jean-Marie Maurice
Rollins, Sonny *soprannome di* Rollins, Theodore Walter
Romains, Jules *pseud. di* Farigoule, Louis
Romanino *soprannome di* Girolamo da Romano
Romano, Adriano *nome it. di* Van Roomen, Adriaan
Romano, Giulio *soprannome di* Caccini, Giulio
Roncalli, Angelo Giuseppe *papa* Giovanni XXIII
Roncalli, Cristoforo *vero nome di* Pomarancio
Ronger, Florimond *vero nome di* Hervé
Rosa da Lima *soprannome di* Flores, Isabella
Rosenberg, Lev Samoïlevič *vero nome di* Bakst, Léon
Rosenberg Pliekšane, Elsa *vero nome di* Aspazija
Rosenfeld, Lev Borisovič *vero nome di* Kamenev
Rosentock, Samuel *vero nome di* Tzara, Tristan
Rospigliosi, Giulio *papa* Clemente IX
Rossellino, Antonio *soprannome di* Gamberelli, Antonio
Rossellino, Bernardo *soprannome di* Gamberelli, Bernardo
Rossi, Angelo *vero nome di* Tasca, Angelo
Rossi, Luigi de Rubeis, Aloysius
Rosso Fiorentino *soprannome di* Giovanni Battista di Jacopo
Rousseau, Henri *detto* Doganiere
Roussel, Simone *vero nome di* Morgan, Michele
Roux, Pierre Paul *vero nome di* Saint-Pol-Roux
Rowlands, John *vero nome di* Stanley, Henry Morton
Ruini, Meuccio *soprannome di* Ruini, Bartolomeo
Ruiz, Juan *detto* Arcipreste de Hita
Ruysbroeck, Jan *detto* Ammirabile
Ruzzante *pseud. di* Beolco, Angelo
Saaz, Johannes von Johannes von Tepl
Saba, Umberto *pseud. di* Poli, Umberto
Sabès, Anne Alexandre *vero nome di* Pétion
Sacchi, Bartolomeo *vero nome di* Platina
Sa'di *pseud. di* al-Din 'Abdullah, Muslih
Sagan, Françoise *pseud. di* Quoirez, Françoise
Sagittarius *soprannome di* Schütz, Heinrich
Saint-John Perse *pseud. di* Saint-Léger Léger, Alexis
Saint-Léger Léger, Alexis *vero nome di* Saint-John Perse
Saint Phalle, Niki de *soprannome di* Fal de Saint Phalle, Marie Agnès
Saint-Pol-Roux *pseud. di* Roux, Pierre Paul
Saisset-Schneider, Germaine *vero nome di* Dulac, Germaine
Saladino *soprannome di* Salah al-Din, Yusuf ibn Ayyub
Salah al-Din, Yusuf ibn Ayyub *vero nome di* Saladino
Salimbene da Parma *soprannome di* Salimbene de Adam
Salmasio *soprannome di* Saumaise, Claude
Salonen, Frans Uuno *vero nome di* Kailas, Uuno
Saloth Sor *vero nome di* Pol Pot
Saltykov-Ščedrin *soprannome di* Saltykov, Michail Evgrafovič
Salustri, Carlo Alberto *vero nome di* Trilussa
Salvi, Giovanni Battista *vero nome di* Sassoferrato
Salviati, Cecchino *soprannome di* Salviati, Francesco De' Rossi
Salzmann, Rudolf *vero nome di* Slánský, Rudolf
Samsonov, Lev Alekseevič *vero nome di* Maksimov, Vladimir Emel'janovič
Sand, George *pseud. di* Dupin, Armandine Lucie Aurore
Sangallo, Antonio da, il Giovane *soprannome di* Cordini, Antonio
Sangallo, Antonio da, il Vecchio *soprannome di* Giamberti, Antonio
Sangallo, Giuliano da *soprannome di* Giamberti, Giuliano
Sansovino, Andrea *soprannome di* Contucci, Andrea
Sansovino, Jacopo *soprannome di* Tatti, Jacopo
Sardanapalo Assurbanipal
Sarria, Louis de *vero nome di* Luis de Granada
Sarto, Giuseppe *papa* Pio X
Sarzana *soprannome di* Fiasella, Domenico
Sassetta *soprannome di* Stefano di Giovanni di Consolo da Cortona
Sassoferrato *soprannome di* Salvi, Giovanni Battista
Satchmo *soprannome di* Armstrong, Louis Daniel
Satie, Eric *pseud. di* Leslie-Satie, Alfred-Erik
Sauguet, Henri *pseud. di* Poupard, Henri-Pierre
Saumaise, Claude *noto come* Salmasio
Sauser Halle, Frédéric *vero nome di* Cendrars, Blaise
Savelli, Cencio *papa* Onorio III
Savelli, Giacomo *papa* Onorio IV
Savelli, Sperandio *vero nome di* Sperandio da Mantova
Savinio, Alberto *pseud. di* Andrea de Chirico
Scaliger, Joseph-Juste Scaligero, Giuseppe Giusto
Scaligero, Giulio Cesare *pseud. di* Bordoni, Giulio Cesare
Scaligero, Giuseppe Giusto *nome it. di* Scaliger, Joseph-Juste
Scanderbeg *soprannome di* Castriota, Giorgio
Scannabecchi, Lamberto *papa* Onorio II
Scantrel, Félix-André-Yves *vero nome di* Suarès, André
Scarsella, Ippolito *vero nome di* Scar-

sellino
Scarsellino *soprannome di* Scarsella, Ippolito
Scheffler, Johann *vero nome di* Silesius Angelus
Schelven, Adriaen Metius, Adriaen
Scherer, Jean-Marie Maurice *vero nome di* Rohmer, Eric
Scherer, Roy Jr. *vero nome di* Hudson, Rock
Schiavone *soprannome di* Meldolla, Andrea
Schiavone *soprannome di* Ćulinović, Giorgio
Schimschelewitz, Itzhak Ben Zvi, Izhak
Schlesinger, Bruno Walter *vero nome di* Walter, Bruno
Schmidt, Johann Kaspar *vero nome di* Stirner, Max
Schmitz, Aron Hector *vero nome di* Svevo, Italo
Schneider, Johann *vero nome di* Agricola, Johann
Schneider, Romy *pseud. di* Albach-Retty, Rosemarie Magdalena
Schnitzer, Eduard *vero nome di* Emin Pascià
Schönbeck, Virgilio *vero nome di* Giotti, Virgilio
Schulze, Wolfgang *vero nome di* Wols
Schütz, Heinrich *detto* Sagittarius
Schwob, Marcel *pseud. di* Mayer, André
Scicolone, Sofia *vero nome di* Loren, Sophia
Sciltian, Gregorio *soprannome di* Siltian, Gregor
Scipione *pseud. di* Bonichi, Gino
Scolari, Paolo *papa* Clemente III
Sealsfield, Charles *pseud. di* Postl, Karl Anton
Sebastiani, Antonio *vero nome di* Minturno, Antonio
Sebastiano del Piombo *soprannome di* Luciani, Sebastiano
Seferiádis, Ghiorghios *vero nome di* Seféris, Ghiorgos
Seféris, Ghiorgos *pseud. di* Seferiádis, Ghiorghios
Seghers, Anna *pseud. di* Reiling, Netty
Segre, Dino *vero nome di* Pitigrilli
Selznick, David O. *soprannome di* Zeleznik, David Oliver
Semolei *soprannome di* Franco, Battista
Semon, Larry *vero nome di* Ridolini
Seneca il Retore *soprannome di* Seneca, Lucio Anneo
Sennett, Mack *soprannome di* Sinnott, Michael
Seracini Vitiello, Elena *vero nome di* Bertini, Francesca
Serafino Aquilano *pseud. di* Serafino dei Ciminelli
Serafinowicz, Leszek *vero nome di* Lechoń, Jan
Serge, Victor *soprannome di* Kibalčić S., Viktor Lvovič
Sermattei della Genga, Annibale *papa* Leone XII
Sermoneta *soprannome di* Siciolante, Girolamo
Serse III Arsete
Šestov, Lev *pseud. di* Švarcman, Lev Isaakovič
Seymour, Chim *soprannome di* Seymour, David
Sfondrati, Niccolò *papa* Gregorio XIV
Shalom Aleichem *pseud. di* Rabinovitz, Shalom
Shams al-Din Muhammad *vero nome di* Hafiz
Sha'ul *vero nome di* Paolo
Shepard, Sam *pseud. di* Rogers, Steve
Shih-t'ao Dao Ji
Siccone *papa* Giovanni XVII
Siciolante, Girolamo *detto* Sermoneta
Sierck, Claus Detlef *vero nome di* Sirk, Douglas
Signoret, Simone *soprannome di* Kaminker, Simone
Silberman, Jerry *vero nome di* Wilder, Gene
Silesius Angelus *pseud. di* Scheffler, Johann
Silone, Ignazio *pseud. di* Tranquilli, Secondo
Siltian, Gregor *vero nome di* Sciltian, Gregorio
Silvestro II *al sec.* Gerberto di Aurillac
Silvestro III *al sec.* Giovanni di Sabina
Silvestro IV *al sec.* Maginulfo
Silvio *pseud. di* de le Boë, Franz
Simon, Jules *pseud. di* Suisse, François-Jules-Simon
Simon de Brie o de Brion *papa* Martino IV
Simone bar-Jona *vero nome di* Pietro
Simone del Pollaiolo *vero nome di* Cronaca
Simone di Bruges *al sec.* Stevino, Simone
Simonetta, Cicco *soprannome di* Simonetta, Francesco
Sinibaldi, Bartolomeo *vero nome di* Baccio da Montelupo
Sinnott, Michael *vero nome di* Sennett, Mack
Sirk, Douglas *soprannome di* Sierck, Claus Detlef
Sisto IV *al sec.* della Rovere, Francesco
Sisto V *al sec.* Peretti, Felice
Sittow, Michael *detto* Michiel, Meister
Skrjabin, Vjaceslav Michajlovič *vero nome di* Molotov
Sládkovič, Andrej *pseud. di* Braxatoris, Ondrej
Slánský, Rudolf *soprannome di* Salzmann, Rudolf
Smith, Bessie *soprannome di* Smith, Elizabeth
Smith, Gladys Mary *vero nome di* Pickford, Mary
Sobelsohn, Karl *vero nome di* Radek, Karl Bernhardovič
Sodoma *soprannome di* Bazzi, Giovanni Antonio
Sofronij, Vračanski *pseud. di* Vladislavov, Stojko
Sokolova, Lydia *pseud. di* Munnings, Hilda
Solimena, Francesco *detto* Abate Ciccio
Sollers, Philippe *pseud. di* Joyaux, Philippe
Sologub, Fëdor Kuzmič *pseud. di* Teternikov, Fëdor Kuzmić
Solomon ben Joshua *vero nome di* Maimon, Salomon
Soubirous, Marie Bernarde *vero nome di* Bernadette
Spagna *soprannome di* Giovanni di Pietro
Spagnoletto *soprannome di* Ribera, Jusepe de
Spagnolo *soprannome di* Crespi, Giuseppe Maria
Sperandio da Mantova *soprannome di* Savelli, Sperandio
Spillane, Mickey *pseud. di* Spillane, Frank Morrison
Spoerri, Daniel *pseud. di* Feinstein, Daniel Isaac
Stabili, Francesco *vero nome di* Cecco d'Ascoli
Stainer, Leslie Howard *vero nome di* Howard, Leslie
Stalin *pseud. di* Džugašvili, Iosif Visarionovič
Stamic, Jan Václav Antonín *nome boemo di* Stamitz, Johann Wenzel Anton
Stamitz, Johann Wenzel Anton Stamic, Jan Václav Antonín
Stanislavskij, Konstantin Sergeevič *pseud. di* Alekseev, Konstantin Sergeevič
Stanley, Henry Morton *soprannome di* Rowlands, John
Stannus, Edris *vero nome di* De Valois, Ninette
Stanwyck, Barbara *pseud. di* Stevens, Ruby
Starnina *soprannome di* Gherardo di Iacopo
Stefano X o IX *al sec.* Federico di Lorena
Stefano di Giovanni di Consolo da Cortona *vero nome di* Sassetta
Stendardo *soprannome di* Van Bloemen, Pieter
Stendhal *pseud. di* Beyle, Marie-Henri
Sten'ka Razin *soprannome di* Razin, Stepan Timofeevič
Steno *pseud. di* Vanzina, Stefano
Stenvall, Aleksis *vero nome di* Kivi, Aleksis
Stern, Günther *vero nome di* Anders, Günther
Sternberg, Joseph von *soprannome di* Sternberg, Jonas
Stevens, Ruby *vero nome di* Stanwyck, Barbara

Stevino, Simone *detto* Simone di Bruges

Stewart, James Lablache *vero nome di* Granger, Stewart

Stiller, Mauritz *soprannome di* Stiller, Moses

Stipetic, Werner *vero nome di* Herzog, Werner

Stirner, Max *pseud. di* Schmidt, Johann Kaspar

Stokowski, Leopold *soprannome di* Stokowski, Antoni Stanislaw Boleslawowicz

Stoppard, Tom *soprannome di* Straussler, Tomas

Stowasser, Friedrich *vero nome di* Hundertwasser, Friedensreich

Strasberg, Lee *pseud. di* Lee, Israel

Straussler, Tomas *vero nome di* Stoppard, Tom

Strehlenau, Nikolaus Franz Niembsch Edler von *vero nome di* Lenau, Nikolaus

Strepponi, Giuseppina *soprannome di* Strepponi, Clelia Maria Josepha

Stroheim, Erich von *soprannome di* Stroheim, Erich Oswald

Strozzi, Bernardo *detto* Cappuccino o il Prete genovese

Strozzi, Filippo *soprannome di* Strozzi, Giovanni Battista

Student *pseud. di* Gosset, William Sealy

Sturgeon, Theodore *pseud. di* Waldo, Edward Hamilton

Sturges, Preston *pseud. di* Biden, Edmund Preston

Sturzwage, Léopold *vero nome di* Survage

Suardi, Bartolomeo *vero nome di* Bramantino

Suarès, André *pseud. di* Scantrel, Félix-André-Yves

Suckert, Kurt Erich *vero nome di* Malaparte, Curzio

Südfeld, Max Simon *vero nome di* Nordau, Max

Sue, Eugène *soprannome di* Sue, Marie-Joseph

Suginomori Nobumori *vero nome di* Chikamatsu Monzaemon

Suisse, François-Jules-Simon *vero nome di* Simon, Jules

Suitgero di Morsleben e Hornburg *papa* Clemente II

Sully Prudhomme *pseud. di* Prudhomme, René-François-Armand

Sun Ra *pseud. di* Blount, Herman

Sun Wen *vero nome di* Sun Zhongshan

Sun Zhongshan *soprannome di* Sun Wen

Suppé, Franz von *pseud. di* Suppe-Demelli, Francesco Ezechiele

Suppe-Demelli, Francesco Ezechiele *vero nome di* Suppé, Franz von

Survage *soprannome di* Sturzwage, Léopold

Švarcman, Lev Isaakovič *vero nome di* Šestov, Lev

Svevo, Italo *pseud. di* Schmitz, Aron Hector

Tagger, Theodor *vero nome di* Bruckner, Ferdinand

Tagore *soprannome di* Thakur, Rabindranath

Tai Chin Dai Jin

Tailleferre, Marcelle-Germaine Taillefesse

Taillefesse Tailleferre, Marcelle-Germaine

Tairov, Aleksandr Jakovlevič *pseud. di* Kornbliet, Aleksandr Jakovlevič

Taitù *soprannome di* Mikael, Walatta

Tal Coat, Pierre *soprannome di* Jacob, René-Pierre Louis

Tamagnino *soprannome di* Della Porta, Antonio

Tancredi *pseud. di* Parmeggiani, Tancredi

Tanzio da Varallo *pseud. di* Antonio d'Errico

Tao-chi, Shih-t'ao Dao Ji

Tarassov, Lev *vero nome di* Troyat, Henri

Tasca, Angelo *soprannome di* Rossi, Angelo

Tassi *soprannome di* Buonamici, Agostino

Tati, Jacques *soprannome di* Tatiščev, Jacques

Tatiščev, Jacques *vero nome di* Tati, Jacques

Tatti, Jacopo *vero nome di* Sansovino, Jacopo

Teixeira de Pascoaes *pseud. di* Pereira Teixeira de Vasconcelos, Joaquim

Téllez, Gabriel *vero nome di* Tirso de Molina

Tempesta *pseud. di* Mulier il Giovane, Pieter

Teodorescu, Ian *vero nome di* Arghezi, Tudor

Teodoro II *al sec.* Ligg Kasa

Teodoro di Cirene *detto* l'Ateo

Teodosio di Bitinia Teodosio Tripolita

Teodosio Tripolita Teodosio di Bitinia

Teofilatto dei conti di Tuscolo *papa* Benedetto IX

Teofilatto dei conti di Tuscolo *papa* Benedetto VIII

Teternikov, Fëdor Kuzmić *vero nome di* Sologub, Fëdor Kuzmič

Thakur, Rabindranath *vero nome di* Tagore

Theotokópulos, Doménikos *vero nome di* Greco, El

Thibault, Anatole-François *vero nome di* France, Anatole

Thomson, William, barone di Kelvin *detto* Kelvin, lord

Tibaldi, Pellegrino *detto* Pellegrini

Tibertelli, Filippo *vero nome di* De Pisis, Filippo

Ticone Brahe, Tyge

Tintoretto *pseud. di* Robusti, Jacopo

Tirso de Molina *pseud. di* Téllez, Gabriel

Tirtoff, Romain de *vero nome di* Erté

Tisi, Benvenuto *vero nome di* Garofalo

Tito *soprannome di* Broz, Josip

Tito Flavio Clemente *vero nome di* Clemente Alessandrino

Todeschini Piccolomini, Francesco *papa* Pio III

Tomacelli, Pietro *papa* Bonifacio IX

Tommasini, Vittorio *vero nome di* Farfa

Tommaso Aniello d'Amalfi *vero nome di* Masaniello

Tommaso da Kempis *soprannome di* Hemerken, Thomas

Tommaso da Modena *pseud. di* Barisini, Tommaso

Tommaso di Cristoforo Fini *vero nome di* Masolino da Panicale

Tommaso di ser Giovanni di Mone Cassai *vero nome di* Masaccio

Tommaso Moro *nome it. di* More, Thomas

Torbido, Francesco *detto* Moro

Tornielli, Dolcino *vero nome di* Dolcino, fra

Totò *pseud. di* de Curtis, Antonio

Tournachon, Félix *vero nome di* Nadar

Toussaint Louverture *soprannome di* Toussaint, Pierre-Dominique

Tranquilli, Secondo *vero nome di* Silone, Ignazio

Tribolo *pseud. di* Niccolò di Raffaello de' Pericoli

Trilussa *pseud. di* Salustri, Carlo Alberto

Triolet, Elsa *pseud. di* Brick, Elsa

Tristan l'Hermite *pseud. di* l'Hermite, François

Trockij, Lev Davidovič *soprannome di* Bronštein, Lev Davidovič

Trotti, Giovanni Battista *detto* Malosso

Troyat, Henri *pseud. di* Tarassov, Lev

Turchi, Alessandro *detto* Orbetto

Turghud Dragut

Turner, Lana *soprannome di* Turner, Julia Jean Mildred Frances

Twain, Mark *pseud. di* Clemens, Samuel Langhorne

Tzara, Tristan *pseud. di* Rosentock, Samuel

Ugo di Fleury Ugo di Sainte-Marie

Ugo di Orléans *detto* Primate

Ugo di Sainte-Marie Ugo di Fleury

Ugolino dei conti di Segni *papa* Gregorio IX

Ukrajinka, Lesja *pseud. di* Kosač-Kvitka, Larisa Petrovna

Ulfila Wulfila

Ul'janov, Vladimir Il'ič *vero nome di* Lenin, Nicolaj

Ulman, Douglas Elton *vero nome di* Fairbanks, Douglas

Urbano II *al sec.* Ottone di Lagery

Urbano III *al sec.* Crivelli, Uberto

Urbano IV *al sec.* Pantaléon, Jacques
Urbano V *al sec.* de Grimoard, Guillaume
Urbano VI *al sec.* Prignano, Bartolomeo
Urbano VII *al sec.* Castagna, Giambattista
Urbano VIII *al sec.* Barberini, Maffeo Vincenzo
Usodimare, Antoniotto *soprannome di* Antonio da Noli
Vadim, Roger *soprannome di* Plemiannikov, Roger Vadim
Vafiádis, Márkos *vero nome di* Markos
Valdo, Pietro *nome it. di* Pierre Valdès
Valentin *soprannome di* de Boulogne o Valentin de Boulogne, Jean
Valentin, Karl *pseud. di* Frey, Valentin Ludwig
Valentino, Rodolfo *pseud. di* Guglielmi, Rodolfo Pietro
Valle-Inclán, Ramón María del *pseud. di* del Valle y Peña, Ramón
Valli, Alida *pseud. di* Altenburger, Alida Maria
Vamba *pseud. di* Bertelli, Luigi
Van Aeken, Jeroen *vero nome di* Bosch, Hieronymus
Van Beverloo, Cornelis Guillaume *vero nome di* Corneille
Van Bloemen, Pieter *detto* Stendardo
Van Den Bogaerde, Derrek *vero nome di* Bogarde, Dirk
Vanderbilt, Cornelius *detto* Commodoro Vanderbilt
Van der Faes, Pieter *vero nome di* Lely, Peter
Van Dine, S.S. *pseud. di* Wright, Willard Huntington
Van Doesburg, Théo *pseud. di* Küpper, Christian E.M.
Van Dongen, Kees *pseud. di* Van Dongen, Cornelius Theodorus Marie
Vangeon, Henri Léon *vero nome di* Ghéon, Henri
Van Groot, Huig Grozio, Ugo
Van Heemstra Hepburn Ruston, Edda *vero nome di* Hepburn, Audrey
Van Honthorst, Gerrit *detto* Gherardo delle Notti
Van Laer, Pieter *vero nome di* Bamboccio
Van Leyden, Gerhaert Nikolaus *vero nome di* Nicola da Leida
Vann'Antò *pseud. di* Giovanni Antonio di Giacomo
Van Roomen, Adriaan Romano, Adriano
Van Wassenhove, Joost *vero nome di* Giusto di Gand
Vanzina, Stefano *vero nome di* Steno
Varnefrido, Paolo *vero nome di* Paolo Diacono
Varotari, Alessandro *vero nome di* Padovanino
Vassallo, Luigi Arnaldo *detto* Gandolin
Vecchi, Omero *vero nome di* Folgore, Luciano
Vecchietta *soprannome di* Lorenzo di Pietro
Vecchietti, Otello *vero nome di* Dursi, Massimo
Vega, Garcilaso de la *detto* El Inca
Vercors *pseud. di* Bruller, Jean
Verdelot, Philippe Deslonges, prob. n. d'a. di Philippe
Verona, Giovanni *vero nome di* Da Verona, Guido
Veronese *soprannome di* Caliari, Paolo
Verrocchio *soprannome di* Andrea di Francesco di Cione
Vertov, Dziga *pseud. di* Kaufman, Denis Arkad'evič
Vésale, André Vesalio, Andrea
Vesalio, Andrea *nome it. di* Vésale, André
Viadana, Lodovico Grossi da Viadana, Lodovico
Viaud, Julien *vero nome di* Loti, Pierre
Viète, François François de Viette
Viète, François *lat.* Franciscus Vieta
Vignola *soprannome di* Barozzi, Jacopo
Vildrac, Charles *pseud. di* Messager, Charles
Villa, Pancho *soprannome di* Arango, Doroteo
Villon, François *pseud. di* de Montcorbier, François
Villon, Jacques *pseud. di* Duchamp, Gaston
Vincent, Francis *vero nome di* Zappa, Frank
Vincenzo de' Paoli *nome it. di* de Paul, Vincent
Vincenzo Ferreri *nome it. di* Ferrer, Vicente
Vinh Thuy, Nguyen Bao Dai
Visconti, Tebaldo *papa* Gregorio X
Vitale da Bologna *soprannome di* Vitale degli Equi
Vitale degli Equi *vero nome di* Vitale da Bologna
Vitellione *pseud. di* Ciolek, Erazm
Vitti, Monica *pseud. di* Ceciarelli, Maria Luisa
Vittore II *al sec.* Gebardo di Dollnstein-Hirschberg
Vittore III *al sec.* Desiderio da Montecassino
Vittore IV *al sec.* Conti, Gregorio
Vittore IV *al sec.* Ottaviano di Monticelli
Vittorino da Feltre *pseud. di* Vittorino dei Rambaldoni
Vittorino dei Rambaldoni *vero nome di* Vittorino da Feltre
Vladislavov, Stojko *vero nome di* Sofronij, Vračanski
Vogau, B. Andreevič *vero nome di* Pil'njak, Boris
Vókos, Andréas *vero nome di* Miaúlis
Volpi, Giacomo *vero nome di* Lauri Volpi, Giacomo
Voltaire *pseud. di* Arouet, François-Marie
Volterrano *soprannome di* Franceschini, Baldassarre
Vô Nguyen *vero nome di* Giap
Voss, Gerhard Johannes Vossius Gerardus
Vossius Gerardus *nome lat. di* Voss, Gerhard Johannes
Vrchlický, Jaroslav *pseud. di* Frida, Emil
Waldo, Edward Hamilton *vero nome di* Sturgeon, Theodore
Wallach, Meir *vero nome di* Litvinov, Maksim Maksimovič
Waller, Fats *soprannome di* Waller, Thomas Wright
Walter, Bruno *pseud. di* Schlesinger, Bruno Walter
Warhol, Andy *pseud. di* Warhola, Andrew
Warhola, Andrew *vero nome di* Warhol, Andy
Wayne, John *pseud. di* Morrison, Marion Michael
Weinstein, Nathan *vero nome di* West, Nathanael
Weiss, Erich *vero nome di* Houdini, Harry
Wert, Giaches de Werth, Jacques
Werth, Jacques Wert, Giaches de
Wertmüller, Lina *soprannome di* Wertmüller von Egg, Arcangela
West, Nathanael *pseud. di* Weinstein, Nathan
West, Rebecca *pseud. di* Fairfield, Cecily Isabel
Wetcheek, Lion *vero nome di* Feuchtwanger, Lion
Wettach, Adrian *vero nome di* Grock
Wilder, Billy *soprannome di* Wilder, Samuel
Wilder, Gene *pseud. di* Silberman, Jerry
William of Ockham Occam, Guglielmo di
Williams, Tennessee *pseud. di* Williams, Thomas Lanier
Winkler, Ralf *vero nome di* Penck, A.R.
Witelo *pseud. di* Ciolek, Erazm
Witte, Pieter de *detto* Candid
Wofford, Chloe Anthony *vero nome di* Morrison, Toni
Wojtyla, Karol *papa* Giovanni Paolo II
Wols *pseud. di* Schulze, Wolfgang
Wray, John Ray, John
Wright, Willard Huntington *vero nome di* Van Dine, S.S.
Wright of Derby *soprannome di* Wright, Joseph
Wulfila Ulfila
Xia Gui Hsia Kuei
Yildirim *soprannome di* Bayazid I
Yoelson, Asa *vero nome di* Jolson, Al
Yorke, Henry Vincent *vero nome di* Green, Henry
Yourcenar, Marguerite *pseud. di* Cleenewerck de Crayencour, Margue-

rite

Yupanqui Atahualpa *soprannome di* Chavero, Héctor Roberto

Zahir al-Din Muhammad *vero nome di* Baber

Zampieri, Domenico *vero nome di* Domenichino

Zanguidi, Jacopo *vero nome di* Bertoja

Zanini, Luigi *detto* Gigiotti

Zappa, Frank *soprannome di* Vincent, Francis

Zeffirelli, Franco *pseud. di* Corsi, Franco

Zeleznik, David Oliver *vero nome di* Selznick, David O.

Zelle, Margaretha Geertruida *vero nome di* Mata-Hari

Zena, Remigio *pseud. di* Invrea, Gaspare

Zeno Zenone

Zenone Zeno

Zhou Zuren *vero nome di* Lu Xun

Zil'ber, Venjamin Aleksandrovič *vero nome di* Kaverin, Venjamin Aleksandrovič

Zimbalo, Giuseppe *detto* Zingarello

Zimmermann, Bob *vero nome di* Dylan, Bob

Zingarello *soprannome di* Zimbalo, Giuseppe

Zinov'ev, Grigorij Evseevič *soprannome di* Radomyls'skij, Grigorij Evseevič Apfelbaum

Zog I *soprannome di* Zogu, Ahmed

Zogu, Ahmed *vero nome di* Zog I

Zuccari Radius, Anna *vero nome di* Neera

Zucchi, Iacopo del Zucca, Iacopo

Zuccoli, Luciano *pseud. di* Ingenheim, Luciano von

Zyskind, Bruno *vero nome di* Jasieński, Bruno